番号	部首	異体・参照	頁
107	皮		918
108	皿		919
109	目	（罒）	923
110	矛		937
111	矢		937
112	石		941
113	示	（礻）	954
114	禸		965
115	禾		965
116	穴		980
117	立		988
◉	旡	→无	615
◉	歺	→歹	728
◉	母	→毋	736
◉	氺	→水	743
◉	牙	→牙	849
◉	罒・冈	→网	1061
◉	衤	→衣	1189

六画

番号	部首	異体・参照	頁
118	竹		993
119	米		1012
120	糸		1020
121	缶		1060
122	网	（罒・冈・⺳）	1061
123	羊	（⺷）	1065
124	羽	（羽）	1070
125	老	（耂）	1074
126	而		1077
127	耒	（耒）	1078
128	耳		1079
129	聿		1085
130	肉	（月）	1085
131	臣	→七画	1348
132	自		1105
133	至		1109
134	臼	（臼）	1110
135	舌		1111
136	舛	（舛）	1112
137	舟		1113
138	艮		1116
139	色		1118
140	艸	（艹）	1119
141	虍		1166
142	虫		1169
143	血		1183
144	行		1185
145	衣	（衤）	1189
146	襾	（覀・西）	1202
(97)	瓜		1205

七画

番号	部首	異体・参照	頁
147	見		1206
148	角		1211
149	言		1214
150	谷		1247
151	豆		1248
152	豕		1250
153	豸		1251
154	貝		1252
155	赤		1267
156	走		1269
157	足	（⻊）	1272
158	身		1281
159	車		1282
160	辛		1293
161	辰		1295
162	辵	（辶・辶）	1296
163	邑	（阝(右)）	1329
164	酉		1337
165	釆		1344
166	里		1344
(131)	臣		1348
◉	臼	→臼	1110
◉	舛	→舛	1112
◉	麦	→麥	1504

八画

番号	部首	異体・参照	頁
167	金		1350
168	長		1376
169	門		1379
170	阜	（阝(左)）	1389
171	隶		1405
172	隹		1406
173	雨		1413
174	青	（青）	1423
175	非		1426
◉	飠	→食	1451
◉	斉	→齊	1513

九画

番号	部首	異体・参照	頁
176	面		1427
177	革		1429
178	韋	（韋）	1432
179	韭		1433
180	音		1433
181	頁		1435
182	風		1446
183	飛		1450
184	食	（飠・飠）	1451
185	首		1459
186	香		1460

十画

番号	部首	異体・参照	頁
187	馬		1461
188	骨		1471
189	高		1472
190	髟		1475
191	鬥		1477
192	鬯		1477
193	鬲		1478
194	鬼		1478
◉	韋	→韋	1432
◉	竜	→龍	1516

十一画

番号	部首	異体・参照	頁
195	魚		1481
196	鳥		1490
197	鹵		1501
198	鹿		1501
199	麥	（麦）	1504
200	麻	（麻）	1505
◉	黄	→黃	1506
◉	黒	→黑	1507
◉	亀	→龜	1518

十二画

番号	部首	異体・参照	頁
201	黃	（黄）	1506
202	黍		1507
203	黑	（黒）	1507
204	黹		1510
◉	歯	→齒	1514

十三画

番号	部首	異体・参照	頁
205	黽		1510
206	鼎		1511
207	鼓		1511
208	鼠		1512

十四画

番号	部首	異体・参照	頁
209	鼻	（鼻）	1513
210	齊	（斉）	1513

十五画

番号	部首	異体・参照	頁
211	齒	（歯）	1514

十[illegible]

番号	部首	異体・参照	頁
212	龍	[illegible]	[illegible]
213	龜	[illegible]	[illegible]

十[illegible]

番号	部首	異体・参照	頁
214	龠		[illegible]

大きな活字の

新明解 現代漢和辞典

影山輝國（編集主幹）・伊藤文生
山田俊雄・戸川芳郎

三省堂

■編者

編集主幹　影山輝國（かげやまてるくに）　実践女子大学教授

伊藤文生（いとうふみお）　私塾講師

山田俊雄（やまだとしお）　成城大学名誉教授

戸川芳郎（とがわよしお）　東京大学名誉教授

■編集・執筆

小山大地（こやまだいち）

西譲二（にしじょうじ）

はしがき

漢字はもともと中国語を表記するための文字である。文字をもたなかったわれわれの祖先が漢字と出合い、これを用い始めてから千五百年以上が経過した。この間、われわれの祖先は漢籍を読み解くため、漢字の意味・用法を理解することにつとめるとともに、漢字を用いて日本語を書き表す工夫を間断なく続けてきた。さらに幕末から明治にかけて西洋語が大量に流入してくると、その意味・概念を表現するのに新しい熟語を造ったり、すでにある熟語に新しい意味を付与したりした。こうした長い年月にわたる漢字使用の結果、現在われわれが用いている漢字・熟語の中には、中国には存在しない日本独自のものがあり、また、中国起源のものであってもその意味・用法が異なるものが数多く存在することになったのである。

従来の漢和辞典は漢文を読むことを主眼として編集されており、採録されている熟語は中国の古典に登場するものが大部分を占めていた。この傾向は多かれ少なかれ現在も続いており、さらにこれを推し進め、純粋に漢文解読に資することをめざして漢字・熟語の古代中国における意味・用法を詳述した辞典がある。これに対して、漢字・熟語はすでに日本語であるとの立場から、日本における意味・用法を中心に記述した漢字辞典も生まれている。こうした二つの流れを一本の木にたとえれば、一方はふだん隠れていてあまり現れない本源的存在である木の根に焦点をあてたものであり、他方は地上に生い茂る木の幹や枝葉を見渡したものということができるであろう。また、時間にたとえれば、一方は過去に重点を置いたものであり、他方は現代に着目したものであるといえようか。

本書は、〝木〟の全体像を示し、〝過去〟と〝現在〟とを比較してその違いがわかる漢和辞典となることを企図した。すでに世に問い好評を得ている『例解新漢和辞典』は、現代の普通の文章にあらわれる漢字語を解説する目的で編纂し、日本で造られた熟語を数多く採録し、その意味を詳しく説明してある。今回はこれをもとにして、漢字を増補し、漢字の意味説明を充実させ、詩韻・現代中国音表示・古訓などを補充するとともに、中国古典にみえる多くの熟語を追加して、高等学校や大学で漢文を学習するのにも十分な内容とした。また、漢字・熟語の中国における原義と、日本における意味・用法の広がりとを区別して示した。こうしてこそ、われわれの教養の源になっている漢文の理解に役立つばかりでなく、現代の文章の読み書きにも便利なものになるからである。『例解新漢和辞典』では漢字の「日本語での用法」を別欄に収める工夫をしたが、本書ではこれを熟語にまで及ぼし、日本で造られた熟語、あるいは中国に古くからある熟語であっても、日本で生まれた新しい意味に日の記号を付けた。日を付けるか否かの判断は多くの使用例を検討した結果であり、今後新しい証拠の発見で変更することもありえようが、こうした編纂意図を了解し、ご意見・ご批正をいただければ幸甚である。

本書が世代を問わず大勢の方々に利用していただけることを心から願うものである。

編集にあたっては、三省堂辞書出版部の山本康一さん、奥川健太郎さん、塩野谷嘉子さんをはじめとする多くの方々にご協力をいただいた。ここに記して感謝申し上げる。

影山　輝國

二〇一一年九月

協力者一覧

■執筆者

秋吉英理子
安部聡一郎
岩生　陽一
内山　直樹
梅田　雅子
小野寺　淳
近藤　武司
中田　嘉種
中田　妙葉
廣瀬　薫雄
古橋　紀宏
堀内　淳一
由井志津子
渡辺　雅之

■編集協力者

川口恵美子
小林　幹三
山本　厚子
和田　　徹

■校正

伊藤　康司
伊藤　敏江
井戸川理佳
大場　志野
佐藤　　守
境田　稔信
椎　　壽子
長坂　亮子
広地ひろ子
穂満　玲子
皆川　　秀
村本　瑛子
吉岡　幸子

■組版

〈本文〉三省堂印刷ＣＰＭ
〈付録〉三省堂データ編集室

■データ処理・進行

鹿島　康政
加地　耕三

■イラスト

脇田　悦郎

■紙面設計

木村多恵子

■装丁

三省堂デザイン室

目次

記号一覧

- [常用] 常用漢字
- [教1] 教育漢字（学習漢字） 数字は配当学年
- [人] 人名用漢字
- [国字] 日本で作られた漢字
- [付表] 常用漢字表の付表に掲げられている語
- ▼ 常用漢字表にない漢字
- 〈 〉 漢籍の作者名・書名など
- 「 」 和書の作者名・書名など
- ⇩ 同じ意味の熟語項目・漢字項目への参照
- ↓ 参考項目への参照
- (通) 同じ音と意味をもつ漢字
- (類) 類似の意味をもつ語
- (対) 主に反対の意味をもつ語
- ▽ [一]、[二]内の①②……全体に当てはまる
- (=……) 語句や文の説明
- [日] 日本で作られた熟語や日本特有の意味をもつ熟語
- (慣) 慣用音
- (漢) 漢音
- (呉) 呉音
- (唐) 唐音

- ◺ 平声
- ◤ 上声
- ◥ 去声
- ◣ 入声
- 〔医〕 医学
- 〔化〕 化学
- 〔経〕 経済
- 〔言〕 言語
- 〔数〕 数学
- 〔生〕 生物
- 〔哲〕 哲学
- 〔仏〕 仏教
- 〔物〕 物理
- 〔法〕 法律

この辞書の構成と使い方

一 編集方針

1 高校生の国語・漢文の学習に、中国の古典に接する大学生の漢文読解のために、そして、一般社会人の日常生活での漢字使用に役立つ辞書であることを目指した。

2 漢字および熟語の意味が、本来の意味か派生義かを見極めるには、漢字や熟語の原義を探究した上で、その用法を過去から現代にわたって比較・検討する必要がある。記述に当たってはその推移を特に重視した。そのために、漢字の意味解説の後に 日本語での用法 を別枠で扱い、古訓 欄を設けて過去の時代の幅広い訓の運用を見たり、親字と呼応する形で、熟語項目に 日 の略号を用いたりした。

3 漢字についての多くの情報の中から、現代において有益なもの、過去から受け継ぎ後世に伝え遺すべき事柄を精選して掲載した。記号類の多用をなるべく避け、一項目中で十分な理解が得られるよう、分かりやすく読みやすい文章表現を心がけた。

二 親字・熟語の収録範囲

1 親字は、常用漢字二一三六字(平成二十二年十一月内閣告示)、人名用漢字八六一字(平成二十二年改正)、そのほかに必要な漢字と、それらの異体字(旧字体・本字・俗字・別体字・古字)などおよそ一〇七〇〇字を採用した。(JIS第一水準から第四水準までの漢字一〇〇五〇字をこの中に含む)

2 熟語は、日常普通に用いられる基本語に加え、中国古典の読解に必要な語、およそ五四〇〇〇語を選んだ。(いわゆる連綿語、例 に掲げた熟語で解説をほどこしたものなどをこの中に含む)

三 部首・配列について

1 部首は、原則として『康熙字典(コウキジテン)』二一四部の部首分類に従って漢字を配列した。部首には1から214までの番号をつけ、部首の画数・部首の形・部首の名称を記し、その働きや所属する漢字の特徴などを説明した。字形の上で、従来の部首では引きにくい新字体などは214の部首のいずれかに所属させた。ただし、「瓜」は六画の最後、「臣」は七画の最後に置いた。

2 部首解説の後に、その部首に所属する漢字を画数順に並べた。部首と一致する漢字は先頭に配列し(「玉」と「王」は、「玉」が先)、同画数の場合は漢字の代表音訓の順とした。常用漢字は赤字で掲げた。□囲みの数字は部首内の画数、その下の数字は本文のページを示す。また、部首を間違えやすい漢字は、この部首に所属しない漢字 として掲げ、↓の下に所属部首とその漢字が掲載されているページを示した。異体字は親字のページを示した。

3 読みが同音の場合は、おおむね ①教育漢字 ②常用漢字 ③人名用漢字 ④JISコード ⑤ユニコード ⑥JISコードもユニコードもないもの の順とした。

四　親字について

1　見出し

和　口5（8）　1 4734　548C　教3

一カ（クヮ）漢　ワ呉　箇 hé
二カ（クヮ）漢　ワ呉
オ（ヲ）唐　歌 hè

やわらぐ（やは-らぐ）・やわらげる・なごむ・なごやか・なぐ・あえる（あ-ふ）

付表 日和（ひより）・大和（やまと）

［咊］口5（8）　4 0376　548A　本字。

［龢］龠5（22）　3 9489　9FA2　別体字。

筆順　ノ 二 千 禾 禾 和 和

なりたち　
［形声］「口（＝くち）」と、音「禾ヵ」とから成る。相手に応たえる。

- 親字
- 部首　部首内画数
- 総画数
- JIS 1 2 3 4 の水準、区点コード
- ユニコード
- 教育・常用・人名・国字の別
- 音　赤字は常用漢字表の音　（　）内は字音仮名遣い　一二は、音・詩韻・ピンインの別
- 詩韻
- ピンイン
- 訓　赤字は常用漢字表の訓と派生訓　（　）内は歴史的仮名遣い
- 付表 に示された語
- 異体字
- 筆順
- なりたち

①親字の囲みと種別

［龢］龠5（22）　⇩ 和ヮ（243ジペー）

- 異体字の見出し
- 親字
- 親字の掲載ページ

上　一2（3）　1 3069　4E0A　教1
奥　大9（12）　1 1792　5965　常用

教育漢字・常用漢字は赤い太罫

佑　亻5（7）　1 4504　4F51　人

人名用漢字は黒い太罫

壜　土16（19）　2 5264　58DC
壢　土16（19）　4 0521　58E2

表外漢字は黒い罫

②字体

親字の字体は原則として、常用漢字については常用漢字表に示された字体、人名用漢字については、「人名用漢字別表」に示された字体に従った。それ以外の漢字については、「表外漢字字体表」に示された字体を勘案しつつ、なりたちや一般の漢字使用の実態をふまえ、本書での統一を心がけた。

おおむねＪＩＳ第一・第二水準および重要と思われる漢字は親字を大きく掲げ、第三・第四水準漢字は親字を小さくした。

③ＪＩＳコード・ユニコード

親字の総画数の下にＪＩＳコードとユニコードとを示した。四角で囲んだ数字 1 2 3 4 は、第一・第二・第三・第四水準を示す。該当するコードがない場合は ― で表示した。→付録「漢字解説」(1579ページ)

④音と訓

親字の下部に現代仮名遣いによって音と訓を示した。

音は片仮名で、慣用音・漢音・呉音・唐音をこの順に、慣 漢 呉 唐 の略号によって表示し、常用漢字表に掲げられた音は赤字にした。漢字の音によって意味が分かれるものは、一 二 三…とした。現代仮名遣いと字音仮名遣いが異なるものは、(　)に字音仮名遣いの表記形を示した。

訓は平仮名で、常用漢字表に掲げられた読みと、その派生の関係にある読みは赤字で表示し、送り仮名は細字とした。それ以外の訓は - で送り仮名の部分を区別した。現代仮名遣いと歴史的仮名遣いが異なるものは、(　)に歴史的仮名遣いの表記形を示し - で送り仮名の部分を示した。

⑤詩韻

字音に対応させて、詩韻(百六韻)を示した。→付録「韻目表」(1578ページ)

⑥漢字の音の下に、現代中国語の標準発音を、「漢語拼音(ピンイン)方案」によるローマ字で示した。

⑦付表の語

常用漢字表に示されている「付表の語(いわゆる当て字や熟字訓など、主として一字一字の音訓としては挙げにくいもの)」を 付表 として訓の後に示した。

2 異体字の種別

異体字とは、見出し字と同音・同義で字体の異なる漢字である。見出し字の左側に、旧字体・本字・俗字・別体字・古字　の種別を示し、この順に掲げた。異体字はおよそ次のような基準によって分類した。

旧字体…常用漢字・人名用漢字として新字体が採用された親字の旧来の字体。いわゆる正字・康熙字典体。

本　字…『説文解字(セツモンカイジ)』の小篆(ショウテン)にもとづく字体。
〈例〉廣(広)　圖(図)

俗　字…字形がくずれたり簡略化されたりして、形の変わった字体。
〈例〉邨(村)　咊(和)

別体字…親字とは点画の構造(組み立て)が異なる字体のうち、旧字体・本字・俗字・古字を除いたもの。
〈例〉髙(高)　觧(解)

古　字…『説文解字』の古文・籀文(チュウブン)にもとづく字体。
〈例〉烟(煙)　泪(涙)
〈例〉銕(鉄)　埜(野)

3 筆順

常用漢字二一三六字には標準的な筆順を教科書体の活字により、最多八段階で示した。常用漢字表に掲げられた許容字体の五字　餌[餌]・餅[餅]・謎[謎]・遡[遡]・遜[遜] については、[　] 内の許容字体の形で筆順を示した。

4 なりたち

常用漢字と人名用漢字を対象に、その漢字の組み立てを、段玉裁(ダンギョクサイ)の『説文解字注(セツモンカイジチュウ)』に基づいて解説し、小篆(ショウテン)(稀に、古文(コブン)・籀文(チュウブン))を示した上で、六書のうち、象形・指事・会意・形声の四種の別を示した。『説文解字』に無い漢字および国字については、六書にならってその別を示し解説をつけた。

5 字体は同じだが、音や意味が異なる「同形異字」や、新字体と旧字体とでもともと音や意味の区別のあるものは、A B…で区別した。

缶 缶0(6) 1 2044 7F36 常用 A フウ㊥ フ㊤ 有 fǒu B **カン**(クヮン)㊥㊤ 翰 guàn ほとぎ・かま

［罐］ 缶17(23) 2 7005 7F50 旧字体。

筆順 

なりたち A［缶］  ［象形］ 腹部のふくれた土器の形。

B［罐］  ［形声］「缶(=かめ)」と、音「雚(カン)」とから成る。水などをくむ、うつわ。

参考 「缶(フウ)」と「罐(カン)」とは本来別字であるが、日本では「罐」の略字として「缶」を用いる。

意味 A［缶］ ❶酒や酢を入れる土器。**ほとぎ**。 ❷容量の単位。十六斗。一説に三十二斗。

日本語での用法 《**カン**》「缶(カ)ジュース・空(ア)き缶(カン)・ドラム缶(カン)」▼アルミニウム・スチール・ブリキなどでつくった容器。

意味 B［罐］ 陶製または金属製の、水をくんだり煮たきに用いたりする、円形の容器。

日本語での用法 《**カン**》《**かま**》「罐焚(かまた)き・汽罐(キカン)・薬罐(ヤカン)」▼汽船のかまやふろがまなどの、湯をわかす装置や道具。

古訓 A［缶］ 中古 ほとき・もたひ 中世 つぼ・ほとぎ・もたひ 近世 ほとぎ B［罐］ 中古 つるべ・ほとき 中世 かめ・つるべ・もたひ 近世 こがめ・つるべ

6 意味

① 漢字の音によって意味が分かれるものは、音の区分と対応させ、一 二 三…とし、さらに❶❷❸…、㋐㋑㋒…と分けて記述した。

② 原義を最初に示し、派生義は後に置いた。記述は簡潔明瞭を第一とし、分かりやすく平易な文章にすることを心がけた。

③ 漢文の訓読に必要な助字としての用法の解説は意味区分の後ろに置き、具体的な漢文例を掲げるようにした。

④ 通 は、同じ音と意味をもつ漢字、対 は反対の意味、あるいは意味上、対になって使われる漢字であることを示す。

7 日本語での用法

漢字の原義にはないが、意味や訓を転用したり、訓としての読み方からさらに意味を拡大させたりした日本独自の漢字の用法・意味を、日本語での用法 として意味の後に置き、漢字の柔軟な運用が漢字の原義との対比によって際立つように工夫した。

読みを《　》の中に示し、「　」に文例・語例などを掲げ、▼の下にその意味をまとめた。読みを複数示すときは 一 二 三…で区別した。中国で用いられる意味・用法であっても、それが日本で生まれたことが明らかな場合は、ここに示した。

8 古訓

親字の、日本での用法を知る手がかりとして、中古・中世・近世 に分けて、古訓を掲げた。主に古辞書類を資料として調査をおこなった。主として用いた文献は左のとおりである。

紙幅の関係から調査したものすべてを掲げることはできず、やむを得ず取捨をした。なお、掲出にあたっては、歴史的仮名遣いによる平仮名で示したが、外来要素(字音語を含む)については片仮名でこれを示した。

中古 類聚名義抄(観智院本)・色葉字類抄(三巻本)

中世 温故知新書・運歩色葉集・和玉篇・キリシタン版落葉集・節用集

［近世］ 増続大広益会玉篇大全(毛利貞斎編)・節用集

「倭」の古訓

古訓 ［中古］えらぶ・おもねる・かたむ・へつらふ・まがる・まぐ・ゆづる・をこつる ［中世］あまねし・いたむ・おもねる・したがふ・ねがふ・へつらふ・をこつる ［近世］したがふ・つつしむ・やまと

9 **参考** には、なりたち・意味・用法・用例の助けとなる事柄を適宜示した。

10 **人名** には、人の名として用いられる読み方をまとめた。親字の音訓と人名の読み方が重なる場合は人名の読みを省略した。

11 **難読** には、読み方の難しい語をまとめて示した。

五　熟語について

1 熟語には、中国古典に出現する語・日常使用する語のほか、漢字で書きあらわされる、和語・外来語・専門用語などを幅広く採録した。

2 親字を一字めに持つ熟語を掲げ、その下に読みを示した。読みの五十音順に配列し、原則として音は片仮名、訓は平仮名とし、音があるものは、音を優先して配列した。また、語の構成を示すため、漢字に対応して読みは二行割りにして示した。

3 同音・同画数のものは、二字めの漢字の総画数順に配列した。

4 複合語の前半部を共通とする語は、子項目として見出しを一字下げて示した。

【泰山】タイザン ①五岳の一つ。山東省にある名山。聖山として崇拝される。太山（タイザン）。②大きな山。大山。

【泰山不レ譲二土壌一】タイザンはドジョウをゆずらず 泰山は小さな土くれもこばまずとりこんで、大きな山を形作っている。大人物になるには、心を広くもって、さまざまな人の意見を受けいれなければならない、ということ。〈李斯・諫逐客書〉

【泰山北斗】タイザンホクト 泰山と北斗星。ともに人々が仰ぎ尊ぶもの。泰斗（タイト）。〈新唐・韓愈伝・賛〉

5 読みが二つ以上あるものは、｜で区切って読みを掲げ、最初の読みの五十音順に配列した。

【刷子】シッ｜サけは 動物の毛をそろえ束ねて柄（え）をつけた道具。塗料をぬったり、ほこりをはらったりするのに用いる。ブラシ。

6 語義区分は、読みが変わる場合は ［一］［二］［三］…、その下の分類は ①②③…、㋐㋑㋒…とした。

【修行】［一］シュコウ ①徳行をおさめる。②正しい行為。③遵守する。［二］シュギョウ ①〔仏〕㋐仏道にはげむ。㋑托鉢（タクハツ）して歩く。②学問を身につけ、また、技芸をみがくためにはげむ。［例］武者—。

7 ［日］の略号について

親字の意味中に設けた **日本語での用法** に対応するものとして、熟語の、日本独特の意味・用法に ［日］ の略号をつけた。おおむね次のような考え方を基準に、語義区分の一つ一つについて詳細な調査を重ね、従来よりもやや踏み込んだ判定をおこなった。

①日本で作られた熟語、および中国起源の熟語ではあるが、日本で付与された新しい意味に ［日］ をつけた。（原義を省き、［日］ をつけて日本での意味だけを記述したものもある）②日本において主として同音の漢字によって中国起源の熟語を書きかえたものには、原則としてもとの表記を示し、［日］ をつけなかった。

【改悪】カイアク ①悪いことをあらためる。②［日］あらためた結果、かえって前よりわるくなる。また、前よりわるくする。［対］改善。［例］制度の—。

【改易】カイエキ ①あらためかえる。②［日］江戸時代の武士の刑罰で、身分や役職をうばい、財産を没収し、平民にすること。

【改札】カイサツ ［日］駅の出入り口で、乗車券などを調べること。また、その場所。［例］—口（ぐち）。自動—機。

8 語義の属する部門や分野を〔　〕で囲んで次のように示した。

〔医〕医学　〔化〕化学　〔経〕経済　〔言〕言語　〔数〕数学
〔生〕生物　〔哲〕哲学　〔仏〕仏教　〔物〕物理　〔法〕法律

9 熟語の二字めの漢字についての説明、語源、用法などの説明は語義解説の前に置き、補助的な説明は語義解説の後ろに〔　〕で囲んで示した。

10 表記 には、国語審議会の「同音の漢字による書きかえ」（昭和三十一年報告）の語のうち、差異の認められるものを選び、現代表記を 現、もとの表記を 旧 として示した。また、一字の書きかえとして示されているものはその旨を注記した。

【展眉】ビテン　まゆをのぶ　〔ひそめていたまゆをのばす意〕心配ごとがなくなり、表情がほぐれる。類 開眉。例 十五始展レ眉（ジュウゴはじめてまゆをのぶ）（＝十五歳になり《結婚生活に慣れて》やっと愁眉を開いた）。〈李白・長干行〉

11 類 は原則として熟語として掲げてはいないが当該の語と類似の意味を持つ語で、対 は熟語と反対の意味あるいは意味上、対になって使われる語であることを示す。

12 故事成語・四字熟語・慣用句

主要な故事成語・四字熟語・慣用句など、およそ六〇項目は上下に赤い色の罫をつけて示した。故事の背景や登場人物の活躍などが生きとらえられるような解説を ➡ の後に示した。

【季札▼挂レ剣】キサツ　ケンをかく　信義を重んずること。➡春秋時代、呉の公子、季札（＝延陵の季子）が使者として北方に行く途中、徐（ジョ）の君主と面会した。徐君は、口にこそ出さなかったが季札の剣がたいそう気に入ったようであったので、季札は任を終えたら帰りに贈ろうと心に決めた。帰途、徐に立ち寄ったところ、徐君はすでに亡くなっていた。そこで季札は墓に植えてある木に自らの剣を掛けて立ち去った。……〈史記・呉太伯世家〉

13 後熟語

熟語項目の後に、親字が下につく熟語を ● 印をつけて掲げた。

六　用例・出典・語例について

親字および熟語には、漢籍から漢文例を収録し、返り点・書き下し文・現代語訳をつけた。引用は国語・漢文の教科書にしばしば採録される、経典・歴史書・諸子・詩文集などから選んだ。現代語訳は前後の文章を要約したり人物名を補ったりすることで文意が正確に伝わり、古典としての楽しみが味わえるようにした。漢籍の引用例には〈　〉で、日本文の引用例には〔　〕で、適宜、書名・篇名・巻数、詩題・文題などを掲げた。↓出典表示一覧（14ページ）

また、漢文例に続けて熟語例や日常目にすることの多い慣用的な表現を積極的に採り入れ、特に 日 の略号のついた語や語義には作例を掲げて、語義の違いや意味のとらえ方の違いがわかるようにした。

【東▼嚮】【東向】【東郷】トウキョウ　東を向く。例 項王・項伯東嚮坐、亜父南嚮坐。亜父者范増也。沛公北嚮坐、張良西嚮侍（コウオウ・コウハクはトウキョウしてザし、アホはナンキョウしてザす。アホとはハンゾウなり。ハイコウはホッキョウしてザし、チョウリョウはセイキョウしてジす）（＝項王《＝項羽》と項伯は東を向いて座り、亜父は南を向いて座った。亜父とは范増である。沛公《＝劉邦（リュウホウ）》は北に向いて座り、張良は西に向かって控えていた）。〈史記・項羽紀〉参考 古来中国では、南面（＝北側の席）は君主の、北面（＝南側の席）は臣下の位置とされている。しかし、宴席のような場では、東面（＝西側の席）が上座（ザかみ）で、西面（＝東側の席）が下座（ザしも）であった。

【鞭声】ベンセイ　ウマなどをむちで打つ音。例 鞭声粛粛夜渡レ河（ベンセイシュクシュクよるかわをわたる）（＝むちの音も静かに《軍勢は》夜陰に乗じて川を渡った）。〔頼山陽・題不識庵撃機山図〕

七　付録について

付録として、本文を補い、さらに漢字・漢文を理解する上で参考となる基本的な資料を類別してまとめた。

「人名解説」「書名解説」には、漢文と関わりのある主要な人物および書物を掲げてわかりやすく解説した。

「中国の姓」は、漢文に登場する主な人名から選んだ。

また、「二十四節気」や「十干十二支／時刻・方位」など、日常生活にも深く関わりのある事柄を取り上げて解説した。

「旧国名（州名）地図」は、中国風に「州」をつけた名称を地図上にあらわした。

さらに、「人名用漢字一覧」など、現在の漢字使用に関する資料を添えた。

出典表示一覧

引用にあたって書名全体を示したものや、類推が可能なものなどについては、記載していないものがある。〈 〉の中は、本文での略称。

漢籍

〔経部〕……儒教の経典

易経 〈易・乾〉〈易・乾・文言〉
書経 〈書経・盤庚上〉
詩経 〈詩経・邶風・柏舟〉
周礼 〈周礼・地官・大司徒〉
礼記 〈礼記・曲礼上〉〈大学〉〈中庸〉
大戴礼 〈大戴・曽子制言中〉
春秋左氏伝 〈左伝・隠元〉〈左伝・隠五・経〉
春秋公羊伝 〈公羊・僖三〉
春秋穀梁伝 〈穀梁・荘元〉
春秋繁露 〈繁露・奉本〉
論語 〈論語・学而〉〈論語義疏・序〉
孟子 〈孟子・梁恵王上〉
孝経 〈孝経・三才・疏〉

〔史部〕……歴史書

史記 〈史記・刺客伝・荊軻〉
漢書 〈漢書・外戚伝上・李夫人〉
後漢書 〈後漢書・方術伝下・左慈〉
三国志 〈魏志・武帝紀注・魏書〉〈呉志・趙達伝注・呉録〉〈蜀志・先主伝・注〉
晋書 〈晋書・符堅載記下〉
宋書 〈宋書・夷蛮伝・呵羅単国〉
南斉書 〈南斉・劉悛伝〉
梁書 〈梁書・謝挙伝・賛〉
魏書 〈魏書・李沖伝〉
北斉書 〈北斉・文宣帝紀〉
南史 〈南史・陳・後主紀〉
旧唐書 〈旧唐・隠逸伝・衛大経〉
新唐書 〈新唐・孝友伝・張琇〉
旧五代史 〈旧五代・唐・荘宗紀〉
新五代史 〈新五代・南唐世家〉
宋史 〈宋史・兵志二〉
資治通鑑 〈通鑑・周・赧王一六〉
国語 〈国語・周下〉
戦国策 〈戦国策・趙三〉
山海経 〈山海・西山〉
晏子春秋 〈晏子・諫上〉
呉越春秋 〈呉越・夫差内伝〉
列女伝 〈列女・母儀〉

〔子部〕……思想書や小説

孔子家語 〈家語・六本〉
荀子 〈荀子・勧学〉
塩鉄論 〈塩鉄・殊路〉
潜夫論 〈潜夫・思賢〉
貞観政要 〈政要・任賢〉
近思録 〈近思・為学〉
朱子語類 〈語類・二五〉
伝習録 〈伝習・中〉
顔氏家訓 〈家訓・序致〉
管子 〈管子・君臣上〉
韓非子 〈韓非・外儲説左上〉
黄帝内経 〈素問・風論〉
太玄経 〈太玄・養〉
墨子 〈墨子・非攻下〉
呂氏春秋 〈呂覧・察賢〉
淮南子 〈淮南・説林〉
世説新語 〈世説・言語・注〉
捜神記 〈捜神・五〉
三国志演義 〈三国演義・三九〉
聊斎志異 〈聊斎・嬰寧〉
老子 〈老子・八〇〉
荘子 〈荘子・逍遥遊〉
抱朴子 〈抱朴・至理〉

〔集部〕……詩や文

楚辞 〈楚辞・九章・惜誦〉
詩 〈古詩十九首〉〈杜甫・春望〉〈白居易・長恨歌〉
賦 〈班固・西都賦〉〈蘇軾・赤壁賦〉
文 〈諸葛亮・出師表〉〈陶淵明・桃花源記〉〈柳宗元・捕蛇者説〉
玉台新詠 〈玉台・為焦仲卿妻作〉

和書

平家物語 [平家・二]
日本外史 [外史・上杉氏]
童子教 [童子教]
詩文 [菅原道真・九月十日][芭蕉・奥の細道][頼山陽・題不識庵撃機山図][月性・将東遊題壁][西郷隆盛・偶成]

索引

音訓索引

・本辞典に収録した親字（および異体字）の主要な音・訓を五十音順に配列し、総画数は算用数字で、本文の掲載ページは漢数字で示した。異体字は親字の掲載ページを示した。
・音はカタカナ、訓はひらがなで示し、同音・同訓の場合は音を先とし訓を後としたうえで、総画数順に配列した。
・赤色の漢字は常用漢字であることを示す。

あ

い

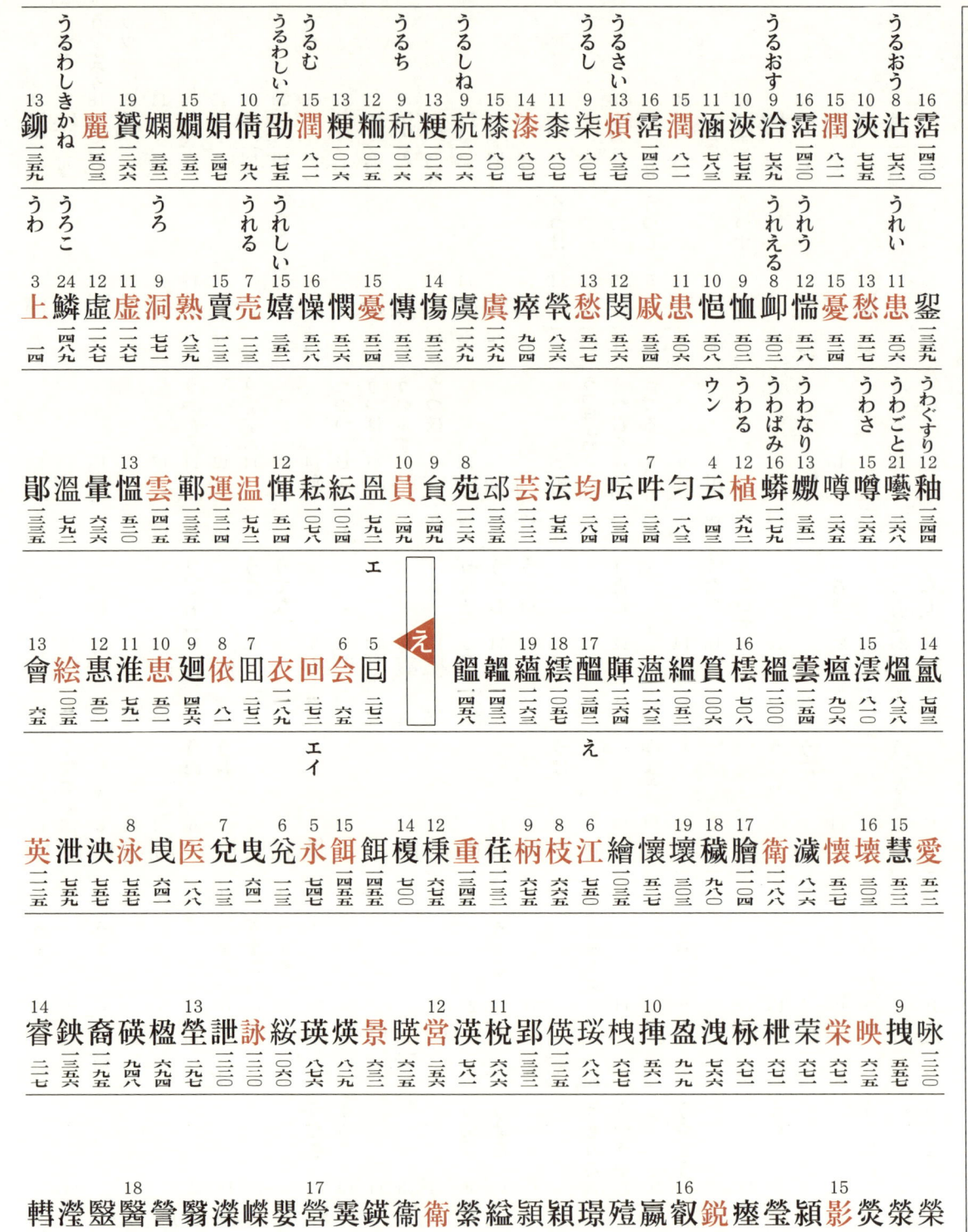

さ

と

に

ひ

ふ

ほ

総画索引

・本辞典に収録した親字（および異体字）を総画数順に配列し、本文の掲載ページを漢数字で示した。異体字は親字の掲載ページを示した。
・同画数の場合は部首順とし、部首を小字で示した。
・草かんむり（艹）とあげまき（廾）は、「艹」の形に統一して三画と数え、しんにょう（辶・辶）は、それぞれ三画・四画と数えた。瓜は六画に、臣は七画に数えた。
・赤色の漢字は常用漢字であることを示す。

孔〔子〕三五五　少〔小〕三九七　尣〔尢〕三九九　尤 三九九　尹〔尸〕四〇一　尺 四〇一　屯〔屮〕四〇九　乢〔山〕四一一　乢 四一一　巴〔己〕四二六　币〔巾〕一八八　幻〔幺〕四四三　开〔廾〕四五七　廿 四五七　弌〔弋〕一　引〔弓〕四六〇　弔 四六二　弖 四六二　心〔心〕四八六　⺗ 四八八　戈〔戈〕五三一　戸〔戸〕五三七　戶 五三七

手〔手〕五四〇　扎 五四二　支〔支〕五八八　攴〔攴〕五八九　攵 五八九　文〔文〕六〇二　斗〔斗〕六〇四　斤〔斤〕六〇六　方〔方〕六一〇　无〔无〕六一五　旡 六一五　日〔日〕六一六　曰〔曰〕六四一　月〔月〕六四五　木〔木〕六五三　欠〔欠〕七一七　止〔止〕七二三　歹〔歹〕七二八　殳〔殳〕七三三　毋〔毋〕七三六　毌 七三六　比〔比〕七三七　毛〔毛〕七三九

氏〔氏〕七四〇　气〔气〕七四二　水〔水〕七四四　火〔火〕八一二　灬 八一三　爪〔爪〕八四五　⺥ 八四五　爫 八四五　父〔父〕八四六　爻〔爻〕八四七　爿〔爿〕八四七　片〔片〕八四八　牙〔牙〕八四九　牛〔牛〕八五〇　犬〔犬〕八五五　王〔玉〕八六九　礻〔示〕九五四　罒〔网〕一〇六一　耂〔老〕一〇七六　艹〔艸〕一一一九　艹 一一一九　辶〔辵〕一二九七

五画

且〔一〕三　丘 三　世 三　丗 三　丕 一四　丙 一四　丱〔丨〕一六　巨 一六　主〔丶〕二〇　丼 二三　乎〔丿〕二三　乍 二四　以〔人〕五八　仡 五九　仚 五九　仕 五九　仔 六〇　仗 六〇　仞 六〇　仭 六〇　仙 六〇　仟 六二　他 六二

代 六二　付 六二　仫 六二　令 六二　仝 一三〇　兄〔儿〕一一九　冋〔冂〕一二五　冊 一二九　册 一二九　冉 一二九　冄 一二九　囘 二七二　写〔冖〕一四一　冬〔冫〕一三八　夅 三三三　処〔几〕一四七　凧 一四七　凹〔凵〕一四九　出 一四九　凸 一五一　刊〔刀〕一五五　刋 一五五　㓛 一七三

加〔力〕一七三　功 一七三　匆〔勹〕一八四　匃 一八四　包 一八四　包 一八四　北〔匕〕一八五　匜〔匚〕一八七　匝 一八八　升〔十〕一九三　卉 一九三　半 一九三　半 一九三　占〔卜〕二〇〇　卡 二〇一　卮〔卩〕二〇一　卯 二〇一　去〔厶〕二〇九　厺 二〇九　右〔口〕二一九　㕣 二二〇　可 二二〇　叱 二二〇

叺 二二〇　叴 二二〇　叶 二二〇　句 二二一　古 二二三　叩 二二三　号 二二三　司 二二三　史 二二四　只 二二四　叱 二二四　召 二二四　台 二二五　叮 二二六　叨 二二六　叭 二二六　叵 二二六　叫 二二七　四〔囗〕二六九　囚 二七一　囙 二七一　圧〔土〕二八〇　圦 二八一

圣 二八一　冬〔夂〕三〇八　夘〔夕〕二〇一　外 三一一　央〔大〕三一九　失 三一九　夯 三二〇　夲 六五四　奵〔女〕三二八　奴 三二八　奶 三二八　孕〔子〕三五五　宂〔宀〕一四〇　宄 三六二　它 三六二　宁 三六二　尔〔小〕八四七　尓 八四七　尻〔尸〕四〇一　尼 四〇一　岁〔山〕四一一　巨〔工〕一六　巧 四二三

左 四二三　㠯〔己〕五八　市〔巾〕四二七　布 四二八　平〔干〕四三八　平 四三八　幼〔幺〕四四三　広〔广〕四四五　庁 四四五　弁〔廾〕四五七　弍〔弋〕四一　弘〔弓〕四六一　弗 四六三　必〔心〕四八八　忉 四八八　忇 四八九　戉〔戈〕五三一　戊 五三一　扐〔手〕五四二　打 五四二　扒 五四二　払 五四二　扑 五四三

斥〔斤〕六〇六　旧〔日〕六一七　旦 六一九　札〔木〕六五四　朮 六五四　本 六五四　末 六五六　未 六五七　正〔止〕七二三　歺〔歹〕七二八　母〔毋〕七三六　氐〔氏〕七四〇　民 七四一　氺〔水〕七四七　永 七四七　氶 七四七　氷 七四七　氿 七四八　汁 七四八　汀 七四九　汃 七四九　氾 七四九　牙〔牙〕八四九

犮〔犬〕八五五　犰 八五五　犯 八五五　玄〔玄〕八六六　玉〔玉〕八六七　玊 八七〇　瓦〔瓦〕八八二　甘〔甘〕八八四　生〔生〕八八四　用〔用〕八八七　田〔田〕八八八　甲 八八九　申 八九〇　由 八九〇　疋〔疋〕八九八　⺪ 八九九　疒〔疒〕九〇〇　癶〔癶〕九〇八　白〔白〕九一一　皮〔皮〕九一八　皿〔皿〕九一九　目〔目〕九二三　矛〔矛〕九三七

矢〔矢〕九三七　石〔石〕九四一　示〔示〕九五四　礼 九五四　内〔禸〕九六五　禾〔禾〕九六五　穴〔穴〕九八一　立〔立〕九八八　罒 一〇六一　罓〔网〕一〇六一　艾〔艸〕一一一九　艾 一一一九　艽 一一二〇　芀 一一二〇　衤〔衣〕一一八九　辶〔辵〕一二九七　込 一二九七　辺 一二九七

六画

丞〔一〕一四　両 一四　㐂 二五七　月〔丿〕二四

彳		彡	彑			弓		廾			廴			广	幺			巾			己	巛
徊	彥	彦	彖	弯	弭	弧	弇	弈	廼	建	廻	度	庠	庥	幽	帝	帥	帟	巷	巷	巻	𡿺
四七四	四七〇	四七〇	四六八	四六七	四六三	四六三	四五八	四五八	一三〇四	四五六	四五六	四四八	四四八	四四八	四四三	四三〇	四三〇	四三〇	四二七	四二七	四二六	四二三
																心						
惆	恪	恢	恢	悔	怤	怒	怠	怱	怎	思	怘	急	急	恠	怨	恊	律	徉	待	徇	很	後
五〇一	五〇〇	五〇〇	五〇〇	四九九	四九八	四九八	四九七	四九七	四九七	四九六	四九六	四九五	四九五	四九四	四九四	一九五	四七七	四七七	四七七	四七六	四七六	四七四
				手			戸															
挂	拽	挧	按	拜	扁	扁	扃	泰	悅	恫	恬	恌	恂	恤	恃	恨	㤚	恍	恰	恆	恒	恇
五三七	五三七	五三七	五三七	五三四	五二九	五二九	五二八	七六〇	五〇五	五〇三	五〇三	五〇三	五〇二	五〇二	五〇二	五〇二	五〇二	五〇二	五〇二	五〇一	五〇一	五〇一
	攴																					
政	故	捞	挐	拝	拼	挑	挃	挙	拵	拭	拯	拾	持	指	拶	拷	挍	拱	挟	拮	括	挌
五九二	五九一	七三九	五七三	五六一	五六一	五六一	五六一	五六一	五六一	五六一	五六一	五六〇	五六〇	五三九	五三九	五三九	五三九	五三八	五三八	五三七	五三七	五三七
																		日		方	斤	
昇	昺	昞	昳	昶	昼	星	昰	是	昭	春	昵	昨	昡	昫	映	昱	昬	昻	斿	施	斫	敉
六三八	六三八	六三八	六三八	六三八	六三八	六三七	六三七	六三七	六三七	六三六	六三六	六三五	六三五	六三五	六三五	六三五	六三三	六三一	六二二	六二二	六〇七	五九三
														木	月	日						
枢	枳	柬	柑	柿	枴	柯	枷	架	标	枻	荣	栄	柗	柰	朏	曷	昿	昑	昜	昧	昢	昴
六七二	六七二	六七二	六七二	六七二	六七二	六七二	六七一	六七一	六七一	六七一	六七一	六七一	六六五	三一三	六四九	六四三	六四〇	六三九	六三九	六三九	六三八	六三八
柏	栂	柮	栃	柢	柱	柝	染	柛	柷	柔	柊	柊	柘	枲	柞	柵	柤	査	柙	枯	枸	枵
六七五	六七五	六七五	六七五	六七五	六七四	六七四	六七四	六七四	六七四	六七三	六七三	六七三	六七三	六七三	六七三	六七三	六七三	六七三	六七三	六七三	六七三	六七三
殳				歹	止	欠																
段	殄	殆	殂	殃	歪	欪	柁	柒	柆	柃	栁	柳	杭	柚	柾	某	枰	柄	柎	枹	柀	柈
七三三	七三〇	七三〇	七三〇	七三〇	七二七	七一九	一一二五	八〇七	六七六	六七六	六七六	六七六	六七六	六七六	六七六	六七五	六七五	六七五	六七五	六七五	六七五	六七五
																			水			比
洙	洒	洱	洽	洸	洪	洴	洫	洶	洎	洹	活	洄	海	洿	洩	洧	洟	洤	泉	毗	毘	毖
七六九	七六九	七六九	七六九	七六九	七六八	七六八	七六八	七六八	七六八	七六八	七六七	七六七	七六六	七六六	七六六	七六五	七六五	七五九	七五九	七三八	七三八	七三八
	火																					
炬	為	泰	洼	洌	洛	洋	洀	洦	派	派	洞	洮	洊	洗	浅	泚	津	浄	洳	洵	洶	洲
八二五	八二五	七六九	七七三	七七三	七七三	七七三	七七三	七七三	七七三	七七三	七七一	七七一	七七一	七七一	七七〇	七七〇	七七〇	七六九	七六九	七六九	七六九	七六九
			犬				牛	爻	爪													
狠	狡	狐	狭	牴	牮	牲	牯	爼	爰	炯	炮	炳	点	炭	炟	炱	炻	炤	炷	炸	炫	炯
八五九	八五八	八五八	八五八	八五三	八五三	八五三	八五三	九一	八四三	八三五	八二七	八二七	八二六	八二六	八二六	八二六	八二六	八二六	八二六	八二六	八二六	八二五
瓦																		玉	玄			
瓫	玲	珋	珉	珌	珀	玻	玷	珎	珍	玳	珅	玿	珊	玹	玵	珈	珂	珏	玅	狢	独	狩
八八二	八七三	八七三	八七三	八七三	八七三	八七三	八七三	八七一	八七一	八七一	八七一	八七一	八七一	八七一	八七一	八七一	八七一	八七〇	三四一	一三五三	八五九	八五九

				石		矢										目						
砧	砠	砥	砡	砙	矩	矩	眠	眛	眜	眙	眚	眞	真	眤	眩	眴	盇	盌	盍	盉	盎	益
九二四	九二四	九二四	九二四	九二四	九二九	九二九	九三二	九三二	九三二	九三二	九三二	九三〇	九三〇	九三〇	九三〇	九三〇	一三五九	九二〇	九二〇	九二〇	九二〇	九一九

	禾														示							
秬	秧	祕	祥	祐	祓	祚	祖	祟	神	祝	祗	祠	祢	祜	祛	砿	砺	砬	砰	砲	砲	破
九七〇	九七〇	九七二	九六一	九六〇	九六〇	九六〇	九五九	九五九	九五七	九五七	九五七	九五七	九五六	九五六	九五六	一三五七	九五三	九四六	九四六	九四六	九四六	九四五

				竹			立				穴											
笑	竿	笏	笒	笈	站	竚	竝	窅	窈	窄	穿	秞	秣	秘	秡	秩	租	秦	秤	秤	称	秫
九二四	九二四	九二四	九二四	九二四	九二〇	七	三五	九八四	九八四	九八四	九八四	九七三	九七三	九七三	九七三	九七一	九七一	九七一	九七一	九七一	九七〇	九七〇

											糸						米					
紞	素	紝	紓	純	紙	索	紗	紘	紒	紜	級	粍	粉	粃	粐	粏	粋	笋	笄	笆	笔	笊
一〇二七	一〇二六	一〇二六	一〇二六	一〇二五	一〇二五	一〇二四	一〇二四	一〇二四	一〇二四	一〇二四	一〇二三	一〇二四	一〇二三	一〇二三	一〇二三	一〇二三	一〇二三	九九八	九九七	九九五	九九五	九九五

羽						羊			网			缶										
翁	养	羕	羔	羖	羐	羞	罠	罡	罟	䍃	缼	缺	𥿻	紣	紋	紡	紛	紊	紕	納	納	紐
一〇七一	四五五	一〇六七	一〇六六	一〇六六	一〇六六	一〇六五	一〇六二	一〇六二	一〇六二	一〇六〇	七七	七七	一〇六〇	一〇四三	一〇二九	一〇二九	一〇二八	一〇二八	一〇二八	一〇二七	一〇二七	一〇二七

			肉				耳							耒			老					
胯	脅	胸	胳	聃	耽	耿	耻	耗	耗	耙	耖	耕	耕	耘	耊	耄	耆	翆	翄	翅	翃	翁
一〇九四	一〇九三	一〇九三	一〇九三	一〇八〇	一〇八〇	一〇八〇	五〇三	一〇七九	一〇七九	一〇七八	一〇七八	一〇七八	一〇七八	一〇七八	一〇七七	一〇七七	一〇七七	一〇七三	一〇七一	一〇七一	一〇七一	一〇七一

		舟	舌	臼	至		自															
般	航	航	舐	舁	致	臬	臭	脍	胼	脎	脇	脇	脈	脈	能	胴	脊	脆	胵	脂	胻	胱
一二一四	一二一三	一二一三	一二一二	一二一〇	一二一〇	一二〇九	一二〇八	一二〇四	一〇九九	一〇九五	一〇九五	一〇九五	一〇九五	一〇九五	一〇九四	一〇九四	一〇九四	一〇九四	一〇九四	一〇九四	一〇九四	一〇九四

																			艸			
莇	莝	莎	荸	莫	莢	莒	莍	莧	莟	莞	莪	華	荷	莚	莊	莕	莓	莖	芻	舮	舩	舫
一二三七	一二三七	一二三七	一二三七	一二三七	一二三七	一二三七	一二三七	一二三七	一二三七	一二三七	一二三七	一二三六	一二三五	一二三五	一二三四	一二三三	一二二九	一二二七	一二二三	一二一六	一二一四	一二一四

	虫		虍																			
蚊	蚓	虓	虔	莱	莵	莨	莅	莉	莠	莤	莽	莆	莩	莫	荵	荳	荻	莛	荼	荿	荽	莘
一二七〇	一二七〇	一二六七	一二六七	一二四三	一二四一	一二三八	一二三八	一二三八	一二三八	一二三八	一二三八	一二三八	一二三八	一二三八	一二三八	一二三八	一二三七	一二三七	一二三七	一二三七	一二三七	一二三七

						衣	血															
衮	袪	袘	衰	衾	袁	衷	衄	蚌	蚨	蚍	蚪	蚤	蚇	蚋	蚣	蚝	蚩	蚕	蚑	蚘	蚜	蚤
一二九三	一二九三	一二九三	一二九一	一二九一	一二九一	一二九〇	一二八四	一二七三	一二七三	一二七三	一二七一	一二七一	一二七一	一二七一	一二七一	一二七一	一二七一	一二七一	一二七一	一二七一	一二七一	一二七〇

豕		豆												言								
豗	豇	豈	討	託	訑	訕	訒	訊	訌	訐	訓	訔	訖	記	袍	被	袢	袙	袓	袮	袗	袖
一二五〇	一二四九	一二四八	一二一七	一二一七	一二一七	一二一七	一二一七	一二一七	一二一七	一二一七	一二一六	一二一六	一二一六	一二一六	一二九三	一二九三	一二九三	一二九三	一二九三	一二九三	一二九三	一二九三

							辵	辰				車	身			走			貝			豸
送	逅	逆	适	逄	逈	迹	迴	辱	軑	軔	軒	軏	躬	赳	起	起	財	貢	貤	豹	豹	豺
一三〇二	一三〇二	一三〇一	一三〇一	一三〇一	一三〇〇	一二七四	四五六	一二九五	一二八五	一二八五	一二八五	一二八五	一二八二	一二七〇	一二六九	一二六九	一二五四	一二五四	一二五四	一二五三	一二五三	一二五一

十二画

筱 一〇〇七　篆 一〇〇七　筹 一〇一一　〔米〕粳 一〇一六　糀 一〇一六　粲 一〇一六　粱 一〇一六　粮 一〇二〇　〔糸〕絃 一〇二四　經 一〇二九　綗 一〇三一　綛 一〇四〇　綛 一〇四〇　綠 一〇四〇　継 一〇四〇　綌 一〇四一　絹 一〇四一　綆 一〇四一　綃 一〇四一　絛 一〇四一　綏 一〇四一　続 一〇四一　絺 一〇四二

綈 一〇四二　紹 一〇四二　綟 一〇四七　綊 一〇五七　綉 一〇五八　〔网〕罨 一〇六二　罫 一〇六二　罪 一〇六二　署 一〇六二　罧 一〇六二　置 一〇六二　罩 一〇六三　罭 一〇六三　〔羊〕義 一〇六八　群 一〇六八　羣 一〇六八　羨 一〇六九　〔羽〕翛 一〇七三　〔耒〕耡 一〇七九　〔耳〕聖 一〇八一　聖 一〇八一　聘 一〇八二　〔聿〕肅 四六八

肄 一〇八五　肆 一〇八五　〔肉〕腳 一〇九六　腦 一〇九七　腱 一〇九九　腫 一〇九九　腎 一〇九九　腥 一一〇〇　腺 一一〇〇　腨 一一〇〇　腠 一一〇〇　腯 一一〇〇　腸 一一〇〇　腩 一一〇〇　腹 一一〇〇　腴 一一〇一　腧 一一〇一　腰 一一〇一　腔 一一〇三　腮 四四三　腭 一五一六　〔至〕臺 三三五　〔臼〕與 一八

[illegible] 一二一一　舅 一二一一　〔舌〕𦧲 一二一三　〔舛〕舜 一二一三　〔舟〕艇 一二一五　艉 一二一五　艀 一二一五　艅 一二一五　艆 一二一五　〔艸〕萬 一〇〇七　蒭 一二三三　蒞 一二三八　葦 一二四七　蓊 一二四七　蒯 一二四七　蓋 一二四七　蒦 一二四八　蒹 一二四八　蒿 一二四八　蕢 一二四八　蒟 一二四八　蓑 一二四八　莝 一二四八

蒴 一二四八　蒜 一二四八　蓍 一二四八　蒔 一二四八　蒺 一二四八　蒻 一二四八　蒐 一二四八　蓚 一二四九　蒸 一二四九　蓐 一二四九　蓁 一二四九　蓆 一二四九　蒼 一二四九　蓀 一二五〇　蓄 一二五〇　蓎 一二五〇　蓜 一二五〇　蓓 一二五〇　蓖 一二五〇　蒲 一二五〇　蒡 一二五一　蓂 一二五一　蒁 一二五一

蒙 一二五一　蓉 一二五一　蓮 一二五一　蒗 一二五一　蒋 一二五三　〔虍〕號 三三　虞 一二六九　虞 一二六九　虜 一二六九　〔虫〕蜹 一二七一　蜒 一二七四　蜎 一二七四　蛾 一二七四　蚤 一二七四　蛺 一二七四　蜐 一二七四　蜆 一二七四　蜈 一二七四　蜱 一二七四　蜍 一二七四　蛸 一二七四　蛸 一二七四　蜀 一二七四

蜃 一二七五　蛻 一二七五　蜑 一二七五　蜓 一二七五　蜇 一二七五　蛽 一二七五　蜉 一二七五　蜅 一二七五　蜂 一二七五　蛹 一二七五　蜊 一二七五　蜋 一二七九　〔行〕衙 一二八七　〔衣〕装 一二九四　裔 一二九五　裘 一二九五　裟 一二九五　裊 一二九五　裒 一二九六　裹 一二九六　裏 一二九六　褂 一二九七　褐 一二九七

裾 一二九七　裼 一二九八　䘺 一二九八　褄 一二九八　裰 一二九八　裨 一二九八　裱 一二九八　裸 一二九八　裲 一二九八　裛 一三〇〇　〔角〕解 一三二三　觧 一三二三　觚 一三二三　觥 一三二三　觜 一三二三　触 一三二三　〔言〕詠 一三三三　詿 一三三三　該 一三三三　詭 一三三三　詰 一三三四　詡 一三三四　詣 一三三四

誇 一三三四　詬 一三三四　詩 一三三四　試 一三三五　訾 一三三六　詢 一三三六　詳 一三三六　詵 一三三六　誠 一三三六　詮 一三三七　詹 一三三七　詫 一三三七　誅 一三三七　誂 一三三七　誉 一三三七　誄 一三三七　話 一三三七　〔豆〕豊 一三四九　〔豕〕豢 一三五〇　〔豸〕貉 一三五二　貊 一三五二　貅 一三五二　〔貝〕賈 一三五九

資 一三五九　貲 一三六〇　賊 一三六〇　賃 一三六〇　賂 一三六一　賄 一三六一　賎 一三六三　賍 一三六七　〔走〕趑 一三七一　〔足〕跪 一三七四　跬 一三七四　跫 一三七四　跨 一三七四　跟 一三七四　跡 一三七四　践 一三七五　跣 一三七五　跳 一三七五　路 一三七五　〔身〕躱 一三八二　〔車〕較 一三八八　載 一三八八　軾 一三八九

輊 一三八九　輈 一三八九　輑 一三八九　輅 一三八九　輌 一三九〇　輀 一三九三　〔辛〕辞 一三九四　辟 一三九四　〔辰〕農 一三九六　〔辵〕遏 一三一四　遖 一三一四　運 一三一四　過 一三一五　遐 一三一六　遇 一三一六　遃 一三一六　遑 一三一六　遒 一三一六　遂 一三一六　遄 一三一七　達 一三一七　遉 一三一八　道 一三一八

遁 一三一九　逼 一三一九　遍 一三一九　逾 一三一九　遊 一三一九　違 一三二二　違 一三二二　遠 一三二二　遣 一三二三　遡 一三二三　遜 一三二三　〔邑〕鄉 一三三三　鄖 一三三五　鄔 一三三五　鄒 一三三五　〔酉〕酬 一三四〇　酩 一三四〇　酪 一三四〇　〔金〕鉰 一三五六　鉞 一三五六　鉛 一三五六　鉄 一三五六　鉗 一三五六

十七画

十九画

二十画

1 1画

一 いち部

横線一本で、数のはじめ、「ひとつ」の意をあらわす。「一」をもとにしてできている漢字と、「一」の字形を目じるしにして引く漢字とを集めた。

0 1 一 1 6 丂 七 丁 𠂉 2 8 下 三 上 丈 万 与 3 18 丏 丈 丑 刃 不 丐 4 22 且 丘 世 丗 丕 丙 5 24 乇 丞 両 7 25 並

この部首に所属しない漢字

二→二 41　十→十 189　兀→儿 117　才→才 541
五→二 43　互→二 46　戸→戸 537　可→口 220
旦→日 619　正→止 723　瓦→瓦 882　亘→二 46
再→冂 139　吏→口 234　死→歹 728　百→白 914
而→而 1077　西→西 1202　亜→二 47　更→曰 642
求→氺 748　甫→用 888　豆→豆 1248　酉→酉 1337
東→木 667　雨→雨 1413　昼→日 628　歪→止 727
面→面 1427　頁→頁 1435　爾→爻 847

一

一0 (1)　1 1676 4E00　教1

イツ㊌漢 イチ㊌呉 質 yī

ひと・ひとつ・はじめ

付表 一日(ついたち)・一人(ひとり)

[弌] 弋1 (4)　2 4801 5F0C　古字。

筆順 一

なりたち [指事] 横線一本で、天地・万物のはじめをあらわす。

意味 ❶数の名。**ひとつ**。〈論語・公冶長〉 例 聞レ一以知レ十(イチをききてもってジュウをしる)。一葉(イチヨウ)。一計(イッケイ)。万一(マンイチ)。❷ひとたび。例 一読(イチドク)。一回(イッカイ)。❸最初。**はじめ**。はじめの。例 一月(イチガツ)。一次試験(イチジシケン)。一姫二太郎(イチひめニタロウ)。❹最高。最上の。例 一流(イチリュウ)。随一(ズイイチ)。❺ひとつにする。同じくする。例 百将一レ心、三軍同レ力(ヒャクショウこころをイツにし、サングンちからをおなじくす)(=すべての将軍は心を一つに合わせ、すべての軍隊は力を合わせる)。〈荀子・議兵〉 一様(イチヨウ)。均一(キンイツ)。❻すべて。全部。すっかり。例 一任(イチニン)。一転(イッテン)。一変(イッペン)。❼もっぱら。ひたすら。例 一途(イチズ)。一念(イチネン)。専一(センイツ)。❽あるひとつ(の)。ほか(の)。例 一説(イッセツ)。一方(イッポウ)。❾すこし。わずか。例 一助(イチジョ)。一考(イッコウ)。❿あるいは…。…したり、…したり。例 一喜一憂(イッキイチユウ)。一長一短(イッチョウイッタン)。

参考 商売や契約の文書では、数字を書きかえられないよう、同音の「壱」や「壹」を使うことがある。

古訓 中古 おなじ・きはむ・すくなし・はじめ・ひとつ・ひとり・もはら 中世 おなじ・かず・かたくなし・きはまる・すくなし・はじめ・ひとつ・ひとつら・ひとへに・ひとり・もっぱら 近世 おなじ・かず・かたきなし・きはまる・すくなし・はじめ・ひとつ・ひとつら・ひとへに・ひとり・まこと・もっぱら

人名 おさむ・か・かず・かた・かつ・くに・さね・すすむ・たか・ただ・ち・のぶ・はじむ・ひ・ひじ・ひで・ひとし・まこと・まさし・まさる・もと・もろ

難読 一(ひ)、二(ふ)、三(み) 一(ひ)一(い)・二(ふ)一(う)・三(み)一(い)・一口(いもあらい)・一切衆生(さしもぐさ)

【一握】イチアク ①ひとにぎり。少しの量。例 —の砂。②にぎりこぶしの中。掌中。

【一意】イチイ ①一つの考え。自分の考え。例 孤立行二一意一而已(コリツしてイチイをおこなうのみ)(=たったひとりで自分の考えをひたすら実行する)。〈史記・酷吏伝・張湯〉 ②同じ考え。③同じ意味。④一つのことに心を集中すること。ひたすら。もっぱら。例 専心一意(センシンイチイ)(=ひたすら集中するさま)。〈新語・懐慮〉

【一意専心】イチイセンシン ひたすらそのことだけに心を集中すること。例 —目標の達成に努める。

【一衣帯水】イチイタイスイ 〔「衣帯」は、着物の帯の意〕 一本の帯のように、細くて長い川や海峡。また、それに隔てられているだけの、近い距離にあること。〈南史・陳・後主紀〉

【一因】イチイン いくつかある原因のうちの一つ。例 収益悪化の—となる。

【一韻到底】イチイントウテイ 古詩の韻の踏み方で、一首の初めから終わりまで一種類の韻字だけが用いられていること。〈日知録・二二〉 対 換韻。

【一宇】イチウ 〔「宇」は、家、また屋根の意〕 ①一軒の家。一つの建物。②同じ屋根の下にあること。例 八紘(ハッコウ)—(=世界は一つである)。

【一円】イチエン 日 ある地域や場所の全体。全域。一帯。例 関東—。

【一往】イチオウ ①一度出かけて行く。また、一度。一回。②ひたすら。いちずに。③日 とりあえず。ひとまず。一応。

【一涯】イチガイ 一方の果て。例 相去万余里、各在二天一涯一(あいさることバンヨリ、おのおのテンのイチガイにあり)(=互いに一万里以上も隔たって、それぞれが天の果てにいるようです)。〈古詩十九首〉

【一概】イチガイ ①すべて。まったく。②同じ。③小さな違いを無視して、おおまかに。おしなべて。例 —に悪いとは言えない。

【一丸】イチガン ①ひとかたまり。ひとまとまり。②一つの丸薬。③一つの弾丸。

【一義】イチギ ①一つの意味。一つの解釈。②同じ意味。同じ道理。③最も大切な意味。根本の意義。第一義。例 人命の尊重を—に置く。

【一議】イチギ 日 一度の会議。一回の議論。例 —に及ばず(=なんら論ずるまでもなく)決定した。

【一隅】イチグウ ①四すみのうちの一つ。例 挙二一隅一不下以二三隅一反上(イチグウをあぐるにサングウをもってかえさず)(=ものごとの一端を示してもその他の三つについて反応がない)。〈論語・述而〉 ②片すみ。

【一芸(藝)】イチゲイ ①一つの経書(ケイショ)。②ある一つの技術や芸能。例 —にひいでる。

【一撃】イチゲキ ①ひとうち。一回の打撃。例 —のもとに敵を倒す。②一回の羽ばたき。鳥が飛び立つ。

【一月】イチゲツ ①イチガツ 一年の最初の月。正月。睦月(むつき)。②ひとつき ㋐一か月。㋑一つの月。

【一元】イチゲン ①もののはじめ。②ものごとの根本。③古代の暦法で、四千五百六十年をいう。④ある一つの元号。例 一世—(=君主一代に一つの元号を用いること)。⑤〔数〕代数方程式で、未知数が一つであること。対 二元・多元。⑥日 ものごとや考え方のもとが一つであること。対 二元・多元。例 —論。

【一元論】イチゲンロン 日〔哲〕 ものごとは、ただ一つの原因や原理で説明されるという考え方。〔立場によって異なり、唯心論・唯物論などがある〕 対 二元論・多元論。

【一言】イチゲン/イチゴン ①ひとこと、ものを言うこと。例 一言以蔽レ之(イチゴンもってこれをおおう)(=ひとことで全体を要約する)。〈論語・為政〉 ②短いことば。類 一字・一語・一句。

【一言居士】イチゲンコジ 日 何ごとにも自分の意見をひとこと述べないと気がすまない性格の人。〔少しからかった言い方〕

【一言半句】イチゴンハンク ちょっとしたことばの一つ一つ。片言隻句(ヘンゲンセキク)。〈語類・二〉 例 —聞きもらすまいと耳をかたむけた。

【一▼毫】イチゴウ 〔「毫」は、細い毛の意〕 ごくわずか。ほんの少し。[例]―の疑いをさしはさむ余地もない。

【一座】イチザ ①その場にいる人みな。満座。[例]―を笑わせる。②(仏像や祖霊をまつる廟ビョウを数えて)ひとつ。③[日]芝居などを興行する一団。また、その人々。[例]―の花形役者。

【一字千金】イチジセンキン 一字だけで千金もの価値があること。みごとな文章や格言・筆跡のたとえ。〔「有下能増二損一字一者上予二千金一(=一字でも増減できるものがいれば、千金を与えよう)」〈史記・呂不韋伝〉から〕

【一日三秋】イチジツサンシュウ|イチニチサンシュウ 〔「秋」は、年の意〕一日が三年もの長さに感じられるほど、待ちどおしい。一日千秋イチジツセンシュウ。〔「一日不レ見、如二三秋一兮(=一日会わないと、三年もたったような思いがする)」〈詩経・王風・采葛〉から〕

【一日千秋】イチジツセンシュウ|イチニチセンシュウ 「一日三秋サンシュウ」に同じ。

【一日千里】イチジツセンリ|イチニチセンリ 名馬は一日に千里走るということ。すぐれた人の能力のたとえ。〈荀子・君道〉

【一日長】イチジツのチョウ 年齢や経験、技能などが少しだけ上回っていること。[例]吾一日長二乎爾一(=私はおまえたちより少しだけ年長である)。〈論語・先進〉

【一字師】イチジのシ ①転写や写本などで、誤字を訂正する師のような人。②詩文の文字を添削してくれる人。〈唐摭言・五〉

【一字褒▼貶】イチジホウヘン たった一字の使い方で、人をほめたりけなしたりすること。「春秋の筆法」をいう。〔「以二一字一為二褒貶一」〈杜預・左伝序〉から〕

【一汁一菜】イチジュウイッサイ [日](主食のほかに)一杯の汁と一品のおかずという質素な食事。

【一乗】イチジョウ ①四頭だての兵車一両。また、部隊の編制上の単位。一両ごとに甲士(=よろいを着けた兵)三人、歩兵七十二人、運搬兵二十五人がつく。②矢四本。③〔仏〕〔「乗」は、悟りに至る乗り物〕衆生シュジョウを救う唯一の仏の教え。法華経ホケキョウをいう。

【一場】イチジョウ ①一つの場所。その場所。②見た夢を数えることば。[例]一場春夢イチジョウのシュンム(=春の短い夜の、はかない夢)。〈侯鯖録・七〉③試験を数えることば。

【一陣】イチジン ①雨や風が、ひとしきり降ったり吹いたりすること。[例]―の雨。②戦陣の一隊。転じて、ひといくさ。一陣ジイチン。③[日]最前線の陣地。第一陣。

【一▼朶】イチダ ①一房の花。ひとえだ。[例]―の花。②ひとかたまり。[例]―の雲。

【一代】イチダイ ①一つの王朝や一人の君主が存続する期間。②人ひとりの一生。生まれてから死ぬまで。[例]―記。③一つの時代。ある時代。[例]―の碩学セキガク(=大学者)。

【一諾千金】イチダクセンキン 信頼できる約束には千金の価値があるということ。〔楚ソの季布は一度承諾したことは必ず実行したことから、彼の一諾は黄金百斤に勝るといわれた。〈史記・季布伝〉から〕

【一段】イチダン ①階段や段階・等級のひときざみ。②文章や物語、事件のひと区切り。③縦と横に直線で区切られた図表の、横の一つの並び。④[日]ひときわ。いっそう。[例]―(と)進歩した。

【一弾指】イチダンシ|イッタンジ|イチタンジ 〔仏〕指を一回はじくほどのきわめて短い時間。

【一同】イチドウ ①百里四方の土地。②同時に。一緒に。③[日]その立場にいる人のすべて。[例]職員生徒―。

【一堂】イチドウ ①一つの表座敷。一つの部屋。また、一つの建物。[例]会員が―に会する。②同じ所にいる人すべて。

【一道】イチドウ ①一つの道すじ。一つの道理。一つの方法。②ある一つの専門。一つの分野。[例]―の達人。③光や煙などの、ひと筋。

【一入】[一]イチニュウ ①一度中へはいる。また、いれる。②イチジュウ|ひとしお 布などを、染料の中に一度つける。[二]ひとしお [日]いちだんと。いっそう。ひときわ。[例]寒さが―身にしみる。

【一如】イチニョ ①まったく…のようである。②〔仏〕真理は、現象としてはさまざまに見えても、ただ一つであるということ。[例]物心―。

【一人】[一]イチニン|ひとり 人数が一であること。[二]イチジン ①〔天下にただひとりのお方という意味から〕天子。②大臣。国政に参与する人。

【一人当千】イチニントウセン ひとりで千人分の働きができるほど能力があること。〈北斉・唐邕伝〉

【一人敵】イチニンのテキ|イチジンのテキ ひとりを相手にするだけのとるに足りない武勇。[対]万人敵バンジンのテキ。[例]剣一人敵ケンはイチニンのテキ(=剣はひとりを相手にするだけの武術だ)。〈史記・項羽紀〉

【一任】イチニン (仕事や判断などを)すべてまかせる。

【一人称】イチニンショウ [日]話し手や書き手が自分や自分たちを指すことば。「わたくし」「わたくしたち」「ぼく」「ぼくら」「われ」「われわれ」など。自称。[対]二人称・三人称。

【一念】イチネン ①つよく一つのことを思いこむ心。ひたすらな思い。一心。②〔仏〕短い時間。

【一念発起】イチネンホッキ [日]〔仏の道に入ろうと決心する意から〕新たに何かを始めようと一大決心をする。

【一暴十寒】イチバクジッカン 〔一日、日にあてて暖め、十日冷やす意〕せっかくの努力を無駄にすることのたとえ。〔「一日暴レ之十日寒レ之(=一日努力して十日怠ける)」〈孟子・告子上〉から〕

【一分】[一]イチブ 〔「分」は、長さ・重さの単位〕①ごくわずかなこと。[例]―のすきもない。②十分の一。[例]―咲き。[二]イップン 〔「分」は、時間の単位〕六十秒。[三]イチブン [日]一身の面目。[例]武士の―が立たない。

【一物】[一]イチブツ 一つのもの。[例]此一物足三以釈二西伯一(=(たくさんの贈り物の中の)一つの物で西伯を許すには十分だ)。〈史記・周紀〉[二]イチモツ [日]①たくらみ。[例]腹に―ある。②あれ。あのもの。言いにくいものを遠回しに言う。

【一文】[一]イチブン ①一つの文章。②一つのまだら模様。[二]イチモン ①銅貨一枚分。ごくわずかなお金。[例]―無し。②文字一つ。[例]―不通の愚痴(=一字も読めないほどの愚か者)。

【一別】イチベツ ある時の、人との別れ。[例]一別音容両渺茫(=あの時お別れしてから(玄宗皇帝の)お声もお姿もどちらもはるか遠ざかってしまいました)。〈白居易・長恨歌〉―以来、はや十年になる。

【一▼瞥】イチベツ ちらりと見る。[例]―もくれない。

【一望】[一]イチボウ 一度、見わたす。また、一度で見渡すことのできる景色。[例]―千里。[二]イチモウ [日]ただ一つののぞみ。[例]もはや私の生涯にこの―あるのみ。

【一抹】イチマツ ①はけや筆でひとなすりすること。[例]―の白雲。②かすかなこと。[例]―の不安がある。③弦楽器で、弦を軽くおさえつけて抑揚をつける演奏法。

【一味】[一]イチミ ①一つの味。②一品だけの質素な料理。③一つのことに集中する。ひたすら。もっぱら。④薬種一つ。[例]―唐辛子。⑤[日]協力し合う仲間。主として悪だくみに用いる。[例]盗賊の―。⑥[日]ちょっとした趣があること。[例]―の涼風。[二]ひとあじ [日]味わいや印象のちょっとした感じ。[例]―ちがう。

【一脈】イチミャク ひとすじのつながり。[例]―相通ず(=何らかの関係や共通点が認められる)。

【一名】(イチメイ・イツメイ) ①別名。またの名。別の言い方。②科挙(=官吏登用試験)に最優秀で合格すること。③ひとり。一人(イチニン)。

【一命】(イチメイ・イツメイ) ①官吏にはじめて任命されること。②一つの命令。③同じ運命。④たったひとつのかけがえのないいのち。例 —をとりとめる。

【一網打尽】(イチモウダジン) 〔一網(ひとあみ)でその場所の魚をとりつくす意〕悪者の一味をそっくりとらえること。〈東軒筆録・四〉

【一目】(イチモク・イチボク) ①一つの目。片目。②一度だけ見る。例 —瞭然(リョウゼン)。③ある場所で一度見わたすこと。④網の目などの一つ。例 一目之羅不ㇾ可三以得二鳥(イチモクのラもってとりをうべからず)(=網の目一つでは鳥をつかまえることはできない)。〈淮南・説林〉⑤碁盤上の線が直角に交差する点。また、その一つに置く碁石。例 —置く。

【一目瞭然】(イチモクリョウゼン) ひとめ見ただけではっきりとわかるさま。〈語類・一三七〉

【一▼沐三握ㇾ髪】(イチモクにみたびかみをにぎる) 一度髪を洗う間に、何度も洗いかけの髪を握ったまま来客に面会すること。→【吐哺握髪】(トホアクハツ)(230ジペー)

【一門】(イチモン) ①一つの門。②血統を同じくする人たち。一族。例 平家—。③宗教・学問・武道・芸能などで、流派を同じくする人たち。例 —の弟子たち。

【一躍】(イチヤク) ①ひととび。一回の跳躍。②急に。一挙に名声などを得ること。例 —名士になった。

【一▼揖】(イチユウ) 軽くお辞儀をする。例 二拍二拝—の礼。

【一葉】(イチヨウ) ①一枚の木の葉。②紙などのように、平らで、うすいもの一枚。③小舟一艘(ソウ)。ひとはぶね。例 —の軽舟。

【一葉落知二天下秋一】(イチヨウおちてテンカのあきをしる) (他の木よりはやく落葉するアオギリの)落ち葉一枚を見て、秋のおとずれを知る。わずかな前兆によって、全体の変化を察知する意。〔「見二一葉落一而知二歳之将一ㇾ暮(イチヨウのおつるをみてとしのまさにくれなんとするをしる)(=他の木にさきがけて落葉するアオギリの)落ち葉一枚を見てはやくも秋のおとずれを知る)。〈淮南・説山〉」から〕

【一陽来復】(イチヨウライフク) 〔易(エキ)で、陰がきわまり、陽が復活することから〕①冬が去り、春が来る。②しばらく不運が続いたあと、幸運がやって来る。例 景気に—のきざしがある。

【一翼】(イチヨク) ①鳥の左右のつばさの、どちらか片方。②大きな仕事や組織の一部分。一つの役割。例 —をになう。

【一覧】(イチラン) ①一度見る。ちょっと見る。②全体を見る。全体にざっと目を通す。③見やすく整理して全体を簡単に見わたせるようにしたもの。例 —表。

【一理】(イチリ) ①一つの道理。②同じ道理。

【一律】(イチリツ) ①一つの音律。②同じ調子の音律。③すべてを同じ扱いにすること。例 —には論じられない。④変化がなく、同じ調子で続くこと。例 千編—。

【一里塚】(イチリづか) 日 江戸時代、江戸の日本橋を起点にして、諸国へ通じる街道の一里ごとに設けた道しるべ。土を盛り、エノキなどを植えた。里程標。

【一流】(イチリュウ) ①(品質・地位・人などの評価で)最上のもの。対 二流・三流。例 —の人物。②同じ流れの中にいる仲間。同類。例 孫仲謀・司馬宣王一流人(ソンチュウボウ・シバセンオウイチリュウのひとなり)(=孫権や司馬懿(シバイ)と同類の人である)。〈世説・容止〉③一つの流派。例 華道の—。④日 ほかに例のない独特のやり方。例 彼—のやり方。

【一両日】(イチリョウジツ) 〔「両」は、二の意〕この一日か二日。

【興二一利一不ㇾ如ㇾ除二一害一】(イチリをおこすはイチガイをのぞくにしかず) 有益なことを一つ始めるよりは、有害なものを一つ除くほうがよい。〈元史・耶律楚材伝〉

【一▼縷】(イチル) ①ひとすじの糸。細く長く続くもの。一糸(イッシ)。②頼りにならないほどの、かすかなつながり。例 —の望みを託す。

【一▼蓮▼托生】(イチレンタクショウ) ①〔仏〕死後、極楽にある同じ蓮華(レンゲ)の上に生まれかわる、という希望もしくは想像。②一緒に行動し、最後まで運命を共にすること。

【聞ㇾ一以知ㇾ十】(イチをきいてもってジュウをしる) 一部を聞いて、全部を理解する。聡明(ソウメイ)であることのたとえ。〈論語・公冶長〉

【一家】(イッカ) ①一つの家族を形づくる人間の集まり。一つの世帯。例 —のあるじ。②家中残らず。家族みな。③学術・技芸などで、独立した専門家。例 学問で—を成す。④日 親分・子分の関係のうえに成り立つ集団。例 次郎長(ジロチョウ)—。

【一家言】(イッカゲン) その人独特の見解や主張。例 —をもつ。

【一過】(イッカ) ①一つの過失。②一度通りすぎる。③さっと通りすぎる。例 台風—のあとの秋空。

【一介】(イッカイ) 〔「介」は「个(カ)」に通じて、ひとつの、の意。また、「芥(カイ)」に通じて、小さな・とるに足りないの意〕①ひとり。例 —の青年。②ほんのわずか。③(卑下もしくは軽蔑(ケイベツ)の気持ちで)とるに足りない、ただの。例 —のサラリーマン。

【一塊】(イッカイ) ひとかたまり。例 —の土くれ。

【一角】(イッカク) 一 ①一つのすみ。かたすみ。一部分。例 町の—。氷山の—。②一本のつの。例 —獣。③図形の部分の名で、一つの角。例 三角形の—。二 日 ひときわすぐれていること。また、一人前。一廉(ひとかど)。例 —の人物。

【一画】(イッカク) ①漢字を書くときの一回の筆の動き。ひとふでで書かれる線や点。例 一点—を丁寧に書く。②ひとくぎり。ひと区画。一劃(イッカク)。例 分譲地の—。

【一郭】(イッカク) 塀などで囲み、ひと続きに区切った地域。表記 旧 一▼廓

【一▼攫千金】(イッカクセンキン) 日 〔大金をひとつかみにする意〕一度に大もうけをすること。ぬれ手で粟(あわ)。一獲千金。例 —を夢見る。

【一括】(イッカツ) ①ひもや縄で、ものを一つにくくりまとめる。また、ひとまとまり。②ひとまとめにあつかう。例 三議案を—上程する。

【一喝】(イッカツ) 大声で一声(ひとこえ)しかりつける。例 老師の—。

【一貫】(イッカン) 始めから終わりまで、きまった一つの考えや方法でつらぬく。例 終始—。首尾—。

【一環】(イッカン) ①鎖の輪の一つ。②大きなまとまりのなかの一部分。例 震災復興事業の—として公園を造る。

【一気】(イッキ) ①天地の間にみなぎっている気。②万物の根元であり、万物を貫く気。③途中で休まず。いっぺんに。ひといきに。例 —に敵陣に攻め入る。

【一気▼呵成】(イッキカセイ) ひといきで詩や文章を書きあげること。ものごとを急いで仕上げること。〈詩藪・内編・五〉

【一▼揆】(イッキ) ①揆(キ)を一(イツ)にす 考え方・やり方・程度・種類などが同じであること。②日 昔、農民や一向宗の信徒などが支配者の圧政に対し、武装して抵抗したこと。例 一向—。

【一期】(イッキ) 一 ①いくつかに区切られている期間のなかの最初。第一期。②ある決められた期間ひとつ。③一年。二(イチゴ) 一生。生まれてから死ぬまで。例 —の思い出。—の不覚(=一生涯での大失敗)。

【一期一会】(イチゴイチエ) 日 〔「一会(イチエ)」は、一回の出会いの意〕茶道で、そのときの茶会の客は一生にただ一度出会うと心得て、主人も客も、誠意を尽くすべきだという考え。

【一▼簣】(イッキ) もっこ一杯の土。例 —の功(=あとひといきの努力)。→【九仞功虧二一簣一】(キュウジンのコウをイッキにかく)(36ジペー)

【一喜一憂】(イッキイチユウ) なりゆきの変化に応じて、喜んだり心配

したりする。〈法苑珠林・一五〉例 病状に―する。

【一▼掬】イッキク 〔「掬」は、両手を合わせて水などをすくいとる意〕ひとすくい。ひとくみ。〔両手にあふれるほど「多い」という意味にも、手でくむほど「少ない」の意味にも使う〕例 一掬土（＝わずかな土）。〈仏国記〉わき水を―して喉をうるおす。

【一▼掬涙】イッキクのなみだ ①両手にあふれるほど多くの涙。例 遥伝二一掬涙一（＝この両の手にあふれる涙を遠く揚州まで届けてほしい）。〈李白・秋浦歌〉②日 少しの涙。

【一騎当千】イッキトウセン｜イッキトウゼン 日 一騎で、千人の敵を相手にできるほど武勇にすぐれていること。

【一▼饋十起】イッキにとたびたつ 〔「饋」は、食事の意〕夏の禹王は食事中に十回も席を立って来訪者に面談したということから、賢者を求めることに熱心なことのたとえ。〈淮南・氾論〉類 一饋七起。

【一挙】イッキョ ①一回の動作・行動。例 ―一動。②一つのくわだての決行。例 国家安危、在二此一挙一（＝国家の存亡は今回の決行次第である）。〈史記・項羽紀〉③いっぺんに。ひといきに。例 ―にかたづける。

【一挙一動】イッキョイチドウ 一つ一つの動作。〈宣和遺事・前集〉

【一挙両得】イッキョリョウトク 一つのことをして二つの利益をあげること。一石二鳥。〈東観漢記・耿弇伝〉

【一▼匡】イッキョウ 統一して正す。天下を統一し、秩序をつける。例 一二匡天下一（＝《管仲は斉の桓公を補佐し》天下を統一して秩序を正した）。〈論語・憲問〉

【一曲▼之士】イッキョクのシ 考え方が一方にかたよっていて全体を見通せない人。〈荘子・天下〉類 一曲之人。

【一挙手一投足】イッキョシュイットウソク ①〔一度手をあげ、一度足を動かす意〕わずかの労力。〈韓愈・応科目時与人書〉②日 動作の一つ一つ。一挙一動。例 ―を注視する。

【一系】イッケイ ①ひとすじ。ひと続き。②昔から続く、同じ血筋。一つの血統。例 万世―の皇統。

【一計】イッケイ 一つのはかりごと。ある計画・計略。例 ―を案じる。―をめぐらす。

【一決】イッケツ 議論・相談などが一つにまとまる。また、思い切りよく決める。例 衆議―する。

【一見】イッケン ㊀ ①一度見る。例 百聞不レ如二一見一（＝百回聞くことは一度見ることにおよばない）。〈漢書・趙充国伝〉②ちらっと見る。例 ―して健康そのもの。③一度面会する。㊁ ゲイチ 日 はじめて。例 ―の客。

【一見如レ旧】イッケンキュウのごとし 一度会っただけなのに、古くからの友人のように親しく理解しあえる。〈新唐・房玄齢伝〉

【一献】㊀ イッケン 祭祀や小さな酒宴で、酒を一度だけ勧めること。㊁ イッコン 日 〔一度酒杯を差す意〕一杯の酒。また、酒をふるまうこと。例 ―傾ける。―さしあげる。

【一己】イッコ 自分ひとり。一個人。例 わたくし―の問題ではない。

【一顧】イッコ ①一度ふりかえって見る。ちょっとふりかえって見る。例 一顧傾二人城一（＝《絶世の美女が》一度ふりかえって見ると、《君主が色香に迷って政治がおろそかになり》町が滅びる）。〈漢書・外戚伝上・李夫人〉②一度は考えてみる。例 ―もしてくれない。

【一向】イッコウ ①一点に向かって進む。②ひたすら。もっぱら。例 ―に念仏する。③すべて。まったく。例 ―平気だ。④日 〔下に打ち消しのことばをともなって〕まるで。少しも。例 ―に改まらない。⑤日「一向宗」の略。浄土真宗の別名。例 ―一揆。

【一考】イッコウ ①〔「考」は、考試（＝試験）〕一度の試験。②ちょっとかんがえてみる。例 ―を要する。

【一行】㊀ イッコウ ①一定のやり方でおこなう。②連れだって行く人々。同行者全員。③一列。ひとすじ。④一度行く。㊁ イチギョウ ①文字の一列。②〔仏〕一事に専念する。

【一更】イッコウ 五更（＝一晩を五つに分けた時間）の第一。初更。

【一▼狐▼裘三十年】イッコキュウサンジュウネン きわめて質素なことのたとえ。晏嬰の狐裘。〔春秋時代、斉の宰相の晏嬰が、一枚のキツネのかわごろもを三十年間も着続けたことから〕〈礼記・檀弓下〉

【一刻】イッコク ①一昼夜の百分の一の時間。②わずかな時間。例 ―千金。③日 昔の時間で、一時の四分の一。三十分。④日 頑固で片意地なこと。例 ―者。

【一刻千金】イッコクセンキン 好もしいひとときは千金の値うちがあるほど貴重だということ。〔「春宵一刻直千金」（＝春の夜のひとときは千金の価値がある）。〈蘇軾・春夜〉」から〕

【一切】イッサイ｜イッセツ ①臨時の。②一律に。③すべての。全部。例 ―を部下にまかせる。④日 〔下に打ち消しのことばをともなって〕まったく。全然。例 今後は―面倒を見ない。

【一切衆生】イッサイシュジョウ｜さしもぐさ 〔仏〕この世に生きているすべての命あるもの。生きとし生けるもの。〔「さしもぐさ」の原義はヨモギ〕〈大智度論〉

【一策】イッサク ①一通の文書。②一つのはかりごと。ある考え・計画。例 窮余（＝苦しまぎれ）の―。

【一札】イッサツ ①一通の文書。②日 のちの証拠のために書きつけた文書。例 ―入れる。

【一撮】イッサツ 〔「撮」は、つまむの意〕ひとつまみほど。ほんの少量。例 一撮土（＝わずかばかりの土地）。〈中庸〉

【一散】イッサン ①〔「散」は、容量五升の杯〕一つの杯。②ひとたび散る。③日 わき目もふらず急ぐさま。一目散。逸散。例 ―に走って逃げた。

【一糸（絲）】イッシ 一本の糸。織物のごく小さな部分。例 ―まとわず（＝すっぱだかで）。―乱れず（＝少しの乱れもなく）。

【一子相伝】イッシソウデン ①親の遺志を代々子供に伝えていくこと。②日 学問や芸能などの奥義を、わが子のひとりだけに伝えていくこと。例 ―の秘術。

【一視同仁】イッシドウジン すべての人を、分けへだてなく見て仁愛をほどこすこと。〔「聖人一視而同仁（＝聖人はすべての生き物を同等に見て恵みを与える）。〈韓愈・原人〉」から〕

【一▼瀉千里】イッシャセンリ 〔「瀉」は、水が流れ落ちる意〕①水の流れが速く、勢いがあること。〈陳亮・与辛幼安殿撰〉②文書や弁舌の勢いがよいこと。立て板に水。例 ―の演説。③一気にものごとが進行すること。

【一蹴】イッシュウ｜イッシュク ①物をひとけりする。②地面を一回けって跳躍する。③相手の要求や抗議・挑戦などを簡単にしりぞける。例 群小の敵を―する。

【一宿一飯】イッシュクイッパン 日 旅の途中、ひと晩泊めてもらい、食べさせてもらうこと。例 ―の恩義。

【一瞬】イッシュン 一回まばたきするほどのごく短い時間。一瞬間。

【一所】イッショ 一つの場所。例 ―不住の（＝同じ場所に定住しない）僧。

【一所懸命】イッショケンメイ 日 ①中世の日本で、武士が主君から与えられた土地を生計のもととして大切にしたこと。例 ―の地。②「一生懸命」に同じ。

【一緒】イッショ ①〔「緒」は、糸の筋〕ひとすじ。ひとつながり。②同じであること。例 君のネクタイと―だ。③日 ともに同じ行動をとること。また、その状態。例—に暮らす。④日別々のものを一つにすること。例なにもかも—くたにする。

【一笑】イッショウ 一度笑う。ちょっと笑う。例回レ眸一笑百媚生（ひとみをめぐらしてイッショウすればヒャクビショウず）（＝ひとみを動かしてひとたびにっこり笑うと、なまめかしさがあふれ出る）。〈白居易・長恨歌〉破顔—（＝顔をほころばせてにっこりと笑う）。

【一生懸命】イッショウケンメイ 日〔「一所懸命（イッショケンメイ）」の変化〕いのちがけで何かをすること。最善を尽くして努力すること。例—に働く。

【一将功成万骨枯】イッショウコウなりてバンコツかる ひとりの将軍の功名のかげには、死体を戦場にさらした多くの兵士の犠牲がある。代表者・幹部には成功の栄誉が与えられるが、それを支えた多くの下積みの人々は、むなしく忘れられる意。〈曹松・己亥歳〉

【一唱三嘆】【一▼倡三▼歎】イッショウサンタン 〔先祖の祭りで、一人が歌い三人がこれに合わせたことから〕すぐれた詩や文を読んで、何度もそのよさをたたえること。〈荀子・礼論〉類一読三嘆。

【一触即発】イッショクソクハツ ちょっとしたきっかけがあると大事が発生しそうな、緊迫した情勢。例政情不安で、—の情勢。

【一心】イッシン ①一つのものごとに集中した心。ひたむきであること。例—不乱。②（ふたり以上の人が）心を一つにすること。例—同体。

【一心同体】イッシンドウタイ 別の人間でありながら身も心も一つになるほど、強く結びついていること。思想や行動が一致すること。同心同徳。〈西遊記・三〉

【一心不乱】イッシンフラン 心を一つのことに集中させ、そのことだけを考えるさま。例—に読みふける。

【一新】イッシン ①ものごとのすべてを新しくする。例人心を—する。②日〔「御一新」の形で〕明治維新。御維新。

【一進一退】イッシンイッタイ 前進したり後退したりする。また、病状などが、よくなったり悪くなったりする。

【一炊▼之夢】イッスイのゆめ 飯を一回炊いている間、うたたねをしたときに見た、はかない夢。→【黄粱一炊夢】コウリョウイッスイのゆめ（1507ジペー）

【一寸】イッスン 一 〔「寸」は、長さの単位〕①一尺の十分の一。例—法師ボウシ。②わずかな数・時間や程度。例—のがれ（＝その場限りの責任のがれ）。二ちょっと 日①わずか。②手軽に。時間をかけずに。すぐ。例—見当がつかない。▽鳥渡ちょっと。

【一寸光陰不レ可レ軽】イッスンのコウインかろんずべからず ⇩【少年易レ老学難レ成】ショウネンおいやすくガクなりがたし（397ジペー）

【一世】一イッセ ①〔仏〕前世ゼン・現世ゲン・来世ライの三世サンゼのうちの一つ。特に、現世を指す。例親子は—、夫婦は二世ニセ（＝親子の縁は現世だけで、夫婦の縁は来世まで続く）。②一生。例—一代。二イッセイ ①三十年。②ある一つの時代。例—を風靡フウビする。③一生。④日ひとりの天皇の在位期間。例—一元イチゲン。⑤日同名の人。特に皇帝や法王などで、その名の最初の人。例ナポレオン—。⑥日海外移住者などで最初の世代の人。例ハワイ移民—。

【一世一代】イッセイチダイ 日〔「一世」も「一代」も一生の意。二語を重ねて、強調したもの〕①一生に一度。例—の大演説。②役者が引退に際して演じる、生涯一度の晴れ舞台。例—の舞台をつとめる。

【一斉】イッセイ ①そろっている。ひとしい。みな同じである。例万物一斉孰短孰長バンブツイッセイ、いずれをかタンとしいずれをチョウとせん（＝すべてのものは等しく長短の区別はできない）。〈荘子・秋水〉②平等にすべて統治する。③一度に。そろって。例—に飛び出す。

【一石】イッセキ ①一つのいし。例—を投ずる（＝問題を投げかける）。②〔「石」は、重さの単位〕百二十斤。③イッコク〔「石」は、容量の単位〕十斗。

【一石二鳥】イッセキニチョウ 日一つの石を投げて同時に二羽の鳥をしとめること。一つの行為で二つの利益を得ること。一挙両得。例—の妙案。

【一席】イッセキ ①一枚のむしろ。②一回の宴会。例—設ける。③日一回の演芸・演説など。例お笑いを—。④日作品コンクールなどでの第一位。例—を得る。

【一隻眼】イッセキガン ①一つの目。②ものごとを見ぬく独特の能力。ひとかどの見識。例書画には—の持ち主だ。

【一節】一イッセツ ①一貫していて常に変わらない節操。②使者に与える割り符の片方。③日催し物やスポーツの試合の、日程全体をいくつかに分けた、ひとまとまり。二イッセツ・ひとふし ①竹の一つのふし。②詩・文章・音楽などの、ひと区切り。三ひとふし 日ひとつの目立った点。興味をひかれるところ。

【一説】イッセツ ある一つの説。また、通説とは違うが、成り立つ別の考え。例—によれば。それも—だろう。

【一▼閃】イッセン ぴかっと光る。ひらめく。例白刃ハクジン—。

【一線】イッセン ①一本の（まっすぐな）線。例—に並ぶ。②区切るための線。例—を画カクする（＝はっきり区別する）。③「第一線」の略。その方面での重要な役割や立場。例社会の—で活躍する。

【一双】イッソウ 二つでひと組みのもの。一対。例我持二白璧一双一（われハクヘキイッソウをジす）（＝私は白い璧玉を一対持っている）。〈史記・項羽紀〉六曲—の屛風ビョウブ。雉きじ—を贈る。

【一掃】イッソウ ①すべてを払い清める。例南風一掃胡塵静（ナンプウイッソウしてコジンしずかなり）（＝南風がすべてを払い清めて北方の異民族の巻きおこす砂塵も静かになる）。〈李白・永王東巡歌〉②残らずなくす。すっかりとりのぞく。例在庫の—。

【一層】イッソウ ①雲や、建物の床の重なりの、ひと重ね。②さらに。もっと。ひときわ。例ないと—ほしくなる。③日〔「イッソ」と発音することが多い〕かえって。思い切って。例—のこと。

【一体】イッタイ ①からだの一部分。片手・片足など。〔両手・両足・頭で五体〕②一つのからだ。例三位サンミ—。③部分と部分、部分と全体が密接に結びついて一つにまとまっていること。例渾然コンゼン—。④神仏（の像）、一つ。例金銅仏コンドウブツ—をまつる。⑤一つの様式・スタイル。⑥日だいたい。もともと。例—君は人がよすぎる。⑦日（疑問や、相手を問いつめる気持ちで）本当に。例—どうしたんだ。⑧日全般に。総じて。例今年の夏は—に暑い。

【一帯】イッタイ ①ひと続き。多く、川の流れにいう。②あたり一面。また、ひと続きの地域全体。一円。例付近—が類焼した。

【一旦】イッタン ①ある朝。②ひとたび。もしも。一朝イッチョウ。例—有事の際。③（いきさつがあったあと）一度。例—決めたことは守ろう。④日ひとまず。ちょっと。例—中断する。

【一端】一イッタン ①一方のはし。片はし。②全体のなかの小さな部分。例これは事件の—に過ぎない。二イッぱし 日一人前（に）。人並み（に）。例—の口を利きく。—役に立つ。

【一知半解】イッチハンカイ なまかじりで、十分に理解していないこと。〈滄浪詩話・詩弁〉例—の者。

【輸二一▼籌一】イッチュウをユす 〔「籌」は、勝負事で点を数える竹の棒。「輸」は、負けるの意〕わずかの差で負けること。

【一朝】イッチョウ ①ある朝。ひと朝。ある日。例一朝選在二君王側一（イッチョウえらばれてクンオウのかたわらにあり）（＝ある日選ばれて皇帝のそばに召し出された）。〈白居易・長恨歌〉②朝早く。例一朝右レ之（イッチョウこれをすすむ）（＝朝早く酒を勧める）。〈詩経・小雅・彤弓〉③わずかの時間。一時イットき。例—にして崩壊した。④一度朝貢する。一度朝見する。⑤あるとき急に。ひとたび。一旦（イッタン）。例 ―事有るときの用意。

【一朝一夕】（イッチョウイッセキ） わずかの日時。例 ―には達成できない。

【一朝▼之▼忿】（イッチョウのいかり） 一時的な怒り。例 一朝之忿忘二其身一（イッチョウのいかりにそのみをわする）（＝いっときの怒りにかられて、自分の身を粗末にする）。〈論語・顔淵〉

【一張一▼弛】（イッチョウイッシ） ①弓や琴などの弦をぴんと張ったり、ゆるめたりすること。②厳格と寛容をほどよくおこなうこと。〈礼記・雑記下〉

【一張羅】（イッチョウラ） 日 ①とっておきの晴れ着。②代わりがなくて、それ一着だけの着物。例 夏冬―で過ごす。

【一丁字】（イッテイジ） 〔「丁」は、「一个（イッコ）（＝一個）」の書き誤りによる〕一つの文字。一字。例 不レ如レ識二一丁字一（イッテイジをしるにしかず）（＝一つの字を覚えた方がよい）。〈旧唐・張弘靖伝〉―を識しらず（＝一つの字も知らない）。

【一▼擲】（イッテキ） ①一挙にすべてを放り出す。②さいころを一度投げる。例 乾坤（ケンコン）―。

【一▼擲賭二乾▼坤一】（イッテキケンコンをトす） 〔易キエの八卦カッハで「乾」は天を、「坤」は地を象徴する〕さいころのひと投げに命運をかける。思いきって事にあたる。〈韓愈・過鴻溝〉

【一徹】（イッテツ） 日 一つのことを思いこんで押し通すこと。かたくなこと。例 老いの―。

【一天】（イッテン） ①全天。空一面。例 ―にわかにかき曇る。②ただ一人の君主。天子。例 ―の君みき（＝天子）。③日 天下すべて。全世界。一天下。

【一天万乗】（イッテンバンジョウ） 日 〔「万乗」は、一万台の兵車を出すことのできる力。絶大な権力の意〕天下を統治する地位。また、天子や天皇。

【一途】 一（イット） ①ひとすじの道。②方向や方針・方法が一つであること。例 戦況は悪化の―をたどった。二（イチズ） 日 一つの方向・一つのことだけを追い求めるさま。例 ―な気持ち。

【一統】（イットウ） ①世の中を一つの秩序で治める。例 天下を―する。②日 一つにまとまっている全員。例 貴家ご―様のご多幸をいのります。

【一刀両断】（イットウリョウダン） ①ひと太刀たちで真っ二つに切る。〈語類・六九〉例 ―に裁決する。②てばやく判断し、あざやかに処置する。

【一敗塗レ地】（イッパイチにまみる） ただ一度の敗北で、二度と立ち上がれないほどになる。〈史記・高祖紀〉

【一髪】（イッパツ） ①ひとすじの髪の毛。また、それほどのわずかなすきま。例 危機―（＝ひどく危険がせまっている状態）。②山や地平線などが、はるかかなたにかすかに見えることのたとえ。

【一髪引二千▼鈞一】（イッパツセンキンをひく） 一本の髪の毛で非常に重いものを引く。いつ切れるかわからず、きわめて危険であることのたとえ。〈韓愈・与孟尚書書〉

【一般】（イッパン） ①全体にひろく共通していること。普遍。㊀特殊。例 ―教養。②普通。例 ―席。③同じであること。同列。同等。例 不心得なことはあの輩やからと―だ。

【一斑】（イッパン） 〔「斑」は、ヒョウのからだのまだら模様〕一部分。

【一斑評二全▼豹一】（イッパンもてゼンピョウをヒョウす） ヒョウの皮の斑点テンハン一つを見て毛皮全体を批評する。ものごとの一部を見て全体をおしはかること。一斑を見て全豹を知る。一斑を見て全豹をトクボす。〔〈晋書・王献之伝〉から〕

【一飯三吐レ哺】（イッパンにみたびホをはく） 一度の食事中に何度も口に含んだものをはき出して、来客に面会すること。→【吐哺握髪】（トホアクハツ）（230ページ）

【一▼臂】（イッピ） ①片方の腕。②ささやかな援助。例 ―の労をとる。

【一匹】【一▼疋】（イッピキ） ①織物の長さ四丈。日本では和服の布地二反タン。例 羽二重ぶたえ―。②ウマ一頭、または、その他の動物や魚・虫・鳥など一つ。例 ―の小犬。③日「ひとりの人間」を強調したり、ぞんざいに表現したりすることば。例 男―。―狼おおかみ。

【一筆】（イッピツ） ①ちょっと書くこと。また、簡単な文章や手紙。例 ―書きそえる。②ひとふで 途中で墨つぎをせず、一気に書くこと。例 ―書き。

【一品】（イッピン） ①一つの品。ひとしな。例 みんなが―ずつ持ち寄る。②世に二つとないすぐれた品。例 天下―。③官吏の最高の位。

【一▼顰一笑】【一▼嚬一笑】（イッピンイッショウ） ちょっと顔をしかめたり、ちょっと笑ったりすること。顔の表情のわずかな変化。例 愛二一顰一笑一（イッピンイッショウをおしむ）（＝表情を軽々しく変えない）。〈韓非・内儲説上〉

【一夫】（イップ） ①ひとりの男。特に、つわもの。例 一夫当レ関万夫莫レ開（イップカンにあたればバンプもひらくなし）（＝ひとりの男が関所を守ったならば、一万人の兵でも破ることはできない。地形の険しいことをいう）。〈李白・蜀道難〉②ひとりのおっと。例 ―一婦。

【一封】（イップウ） 手紙または金銭などの、封をしたもの一つ。例 一封朝奏九重天（イップウあしたにソウすキュウチョウのテン）（＝一通の密封した上奏文を、朝、宮中の天子に奉った）。〈韓愈・左遷至藍関示姪孫湘〉金キン―（＝祝儀や賞与など、金額を明らかにしない包み金キン）。

【一服】（イップク） ①周代、王畿キオウ（＝王城の周囲千里四方）の外、五百里ごとの地域。②薬・茶・タバコなどを一回のむ。また、その一回分の量。例 ―の清涼剤。③日 ひと休みする。例 疲れたから―しよう。

【一幅】（イップク） 書画などの掛け軸一つ。例 ―の絵。

【一▼碧万頃】（イッペキバンケイ） 〔「頃」は、面積の単位〕海や湖の水面が見渡す限り青々と広がっているさま。例 上下天光、一碧万頃イッペキバンケイ（ジョウゲテンコウ、）（＝日の光は天にも湖面にも輝き渡り、水面は青々としている）。〈范仲淹・岳陽楼記〉

【一片】（イッペン） ①平たく薄いもの一つ。ひとひら。一枚。例 一片花飛減二却春一（イッペンのはなとんではるをゲンキャクす）（＝ひとひらの花びらが飛んだだけでも春らしさが失われていく）。〈杜甫・曲江〉②ひときれ。ひとかけら。例 一片氷心（イッペンのヒョウシン）（＝ひとかけらの氷のようにすみきった心境）。〈王昌齢・芙蓉楼送辛漸〉―の雲。③少量。わずか。例 ―の良心すらない。

【一変】（イッペン） ①ひとたび変わる。ちょっと変わる。例 魯一変至二於道一（ロイッペンせばみちにいたらん）（＝魯国は少し変われば道徳政治にゆきつけよう）。〈論語・雍也〉②がらりと変わる。すっかり変える。例 状況が―する。

【一▼抔土】（イッポウのド） 〔「抔」は、手のひとすくいの意〕①両手にひとすくいの土。②墳墓。

【一際】（ひときわ） 日 多くの中で、特別に目立って。一段と。例 ―目につく美しさ。

【一筋】（ひとすじ） 日 ①細長く続く一つのもの。例 ―の流れ。②ただそのことだけに力を尽くすさま。例 学問―の人。

丂

一1（2）

4 0102 4E02

コウ（カウ）漢 コウ呉 皓 kǎo

意味 ❶たくみ。通巧。❷かんがえる。通考。

七

一1（2）

1 2823 4E03 教1

シチ・シツ漢 シチ呉 質 qī

なな・ななつ・なの

付表 七夕たなばた

筆順 一 七

なりたち [会意]「一(=陽の気)」と「かすかな陰の気が内側から出てくる形」とから成る。ななつ。

意味 ❶数の名。**ななつ。なな。** 例 七五三(シチゴサン)。七福神(シチフクジン)。七草(ななくさ)。❷ななたび。また、何回も。例 七生(シチショウ)。七転八倒(シチテンバットウ)。❸ななつめ。例 七月(シチガツ)。七夜(シチヤ)。

日本語での用法《ななつ》「七(なな)つ下(さ)がり(=午後四時すぎ)・お江戸(えど)日本橋(にほんばし)七(なな)つ立(だ)ち(=早朝四時の出発)」▼昔の時刻の名。

参考 商売や契約の文書では、数字を書きかえられないよう、同音の「漆」や「柒」を使うことがある。

古訓 中古 ななつ・ななところ 中世 ななつ 近世 かず・ななつ

人名 かず・な

難読 七五三縄(しめなわ)・七種粥(ななくさがゆ)

【七音】(シチオン) ①中国の伝統的な音楽で、旋律の基本となる七つの音階。宮・商・角・徴(チ)・羽・変宮・変徴。②発音器官により分けた七種の子音の音声。唇音・舌音・牙(ガ)音・歯音・喉(コウ)音・半舌音・半歯音。

【七月】(シチガツ) ①一年の七番目の月。文月(ふみづき)。②七か月間。

【七去】(シチキョ) 儒教で、妻を離縁できる七つの理由。父母に従順でない、子ができない、品行が悪くみだらである、嫉妬(シット)深い、盗みをする、おしゃべりである、不治の病がある の七種。一種でもあれば離縁できた。類 七出(シチシュツ/シチスイ)。参考 離縁が許されないのは、「三不去」という。

【七教】(シチキョウ) ①父子・兄弟・夫婦・君臣・長幼・朋友(ホウユウ)・賓客の七つの人間関係における道義。〈礼記・王制〉②民を治めるために大切な七つの教え。敬老・順齢(=年長者を尊ぶ)・楽施(=施すことをよろこぶ)・親賢(=賢人と親しくする)・好徳・悪貪(オドン)(=貪欲をにくむ)・強果(=へりくだる)。

【七▼竅】(シチキョウ) 〔「竅」は、穴の意〕①人間の顔にある七つの穴。二穴の耳・目・鼻と口。例 人皆有二七竅一、以視聴食息(ひとみなシチキョウあり、もってシチョウショクソクす)(=人にはみな七つの穴があり、見たり聞いたり食べたり息をしたりしている)。〈荘子・応帝王〉②聖人の心臓にあるといわれる七つの穴。

【七経】(シチケイ) 儒教の七種の経典(ケイテン)。①『易経(エキキョウ)』『詩経』『書経』『礼記(ライキ)』『楽記(ガクキ)』『春秋』『論語』の七書。②『易経』『詩経』『書経』『礼記』『周礼(シュライ)』『儀礼(ギライ)』『春秋』の七書。ほかにも諸説ある。

【七賢】(シチケン) 〔七人の賢人の意〕①周の七賢。伯夷(ハクイ)・叔斉(シュクセイ)・虞仲(グチュウ)・夷逸(イイツ)・朱張(シュチョウ)・柳下恵(リュウカケイ)・少連(ショウレン)。②西晋(セイシン)の七賢。→【竹林七賢】(チクリンのシチケン)(993ジペー)

【七国】(シチコク) 「七雄(シチユウ)」に同じ。

【七言古詩】(シチゴンコシ) 一句が七字から成る古詩。句数に制限がなく韻律も自由。七古(シチコ)。

【七言絶句】(シチゴンゼック) 一句七字、全体が四句から成る絶句。唐代に完成。七絶(シチゼツ)。

【七言律詩】(シチゴンリッシ) 一句七字、全体が八句から成る律詩。唐代に完成。七律(シチリツ)。

【七七日】(シチシチニチ/なななぬか) 〔仏〕人の死後四十九日目の日。死者の霊を供養する法要をおこなう。四十九日。〔この日まで死者はこの世と来世とのあいだをさまようといわれる〕

【七十子】(シチジッシ) 孔子の弟子で、特にすぐれた七十余人。七十二人とも、七十七人ともされる。

【七尺去って師の影を踏まず】(シチシャクさってシのかげをふまず) 日 弟子が師の供をするときは、師を敬って、七尺(=おとなの背たけ)の間をおいて、その影をも踏まないように、という戒め。「七尺下がって…」とも。三尺去って師の影を踏まず。〔童子教〕

【七十二候】(シチジュウニコウ) 陰暦で、一年を七十二に区分した季節。五日を一候、三候を一気、六候を一月、七十二候(=二十四気)を一年とする。

【七生】(シチショウ) 〔仏〕この世に七回生まれ変わること。転じて、永遠の意。例 —報国(=七たび生まれ変わっても永遠に国のために尽くすこと)。

【七情】(シチジョウ) 〔七つの感情の意〕①喜・怒・哀・懼(ク)(=おそれる)・愛・悪(オ)(=にくむ)・欲。〈礼記・礼運〉②〔仏〕喜・怒・哀・楽・愛・悪・欲。

【七縦七▼擒】(シチショウシチキン) 〔「縦」は、釈放する、「擒」は、捕捉(ホソク)する意〕七度逃がし、七度とりこにする。敵をあやつり、服従させること。〔三国時代、諸葛亮(ショカツリョウ)が敵将の孟獲(モウカク)に用いた兵法〕類 七擒七縦。

【七夕】(シチセキ/たなばた) 五節句の一つ。年に一度、七月七日の夜に、牽牛(ケンギュウ)星(=ひこぼし)と織女(ショクジョ)星(=おりひめ)が天の川で会うという伝説にもとづく祭り。乞巧奠(キッコウデン)。日本では、たなばた祭り。星祭り。

【七大】(シチダイ) 〔仏〕宇宙の万物を生成する根元的な七つの要素。地・水・火・風・空・見・識。

【七転八倒】【七▼顛八倒】(シチテンバットウ/シチテンハットウ/シッテンバットウ) ①何回もころんだりたおれたりする。②日 苦痛のためにあちらこちらにころげ回る。例 —の苦しみ。

【七堂】(シチドウ) 「七堂伽藍(シチドウガラン)」に同じ。

【七堂▼伽藍】(シチドウガラン) 日〔仏〕寺の主要な七つの建物。宗派によって異なるが、一般に、金堂(コンドウ)・塔・講堂・鐘楼・経蔵(キョウゾウ)・食堂(ジキドウ)(または中門)・僧坊を指す。七堂。例 奈良七重(ななえ)七堂伽藍八重桜。〔芭蕉〕

【七徳】(シチトク) 武力の七つの長所。暴を禁ずる、兵を治める、大を保つ、功を定める、民を安定させる、人々を平和にする、財を豊かにする。〈左伝・宣一二〉

【七難】(シチナン) ①〔仏〕この世で遭う七つの災難。経典(キョウテン)によって異なるが、風水害・火災・疫病・他国の侵入や内乱・日食・月食・日照りなど。②日 多くの欠点。人の容貌(ヨウボウ)についていうことが多い。例 色の白いは—かくす。

【七福神】(シチフクジン) 日 七人の福の神。大黒天(ダイコクテン)・恵比須(えびす)・毘沙門天(ビシャモンテン)・弁財天(ベンザイテン)・福禄寿(フクロクジュ)・寿老人(ジュロウジン)・布袋(ホテイ)。例 —めぐり。

【七変化】(シチヘンゲ) 日 ①舞踊の一形式。ひとりの役者が姿を変えながら七種の踊りをおどるもの。七化(ななば)け。②アジサイの別名。

【七宝】(シチホウ/シッポウ) 一 仏教でいう七種の宝物。金・銀・瑠璃(ルリ)(=青色の宝石)・玻璃(ハリ)(=水晶)・硨磲(シャコ)(=シャコガイ)・珊瑚(サンゴ)・瑪瑙(メノウ)。玻璃の代わりに琥珀(コハク)(=樹脂の化石)とすることもある。二(シッポウ) 日「七宝焼」の略。銀や銅の面に琺瑯(ホウロウ)を塗って美しい模様を焼き付けたもの。

【七歩▼之才】(シチホのサイ) 作詩の才能。すばやく詩を作る能力。〔三国時代、魏(ギ)の文帝(=曹丕(ソウヒ))が、弟の曹植に、七歩あるく間に詩を作らなければ殺すと命じたところ、弟は、すぐにみごとな詩を作ったという故事〈世説・文学〉から〕→萁(キ)

【七夜】(シチヤ) 意味(1139ジペー) ①七晩。②日 子供が生まれて七日目の夜。命名して祝う習慣がある。お七夜。

【七雄】(シチユウ) 戦国時代の七つの強国。斉(セイ)・楚(ソ)・秦(シン)・燕(エン)・趙(チョウ)・魏(ギ)・韓(カン)。七国。

【七曜】(シチヨウ) ①日(=太陽)・月と木星・火星・土星・金星・水星の、七つの天体。宇宙を支配すると考えられた。②一週七日のそれぞれの日に「①」を配した呼び名。順序は、日・月・火・水・木・金・土。すなわち、日曜から土曜まで。例 —表。

丁

一1（2）
1 3590
4E01
教3

■一 テイ㊩ チョウ（チャウ）㊒ 青 dīng
■二 トウ（タウ）㊩ チョウ（チャウ）㊒ 庚 zhēng
ひのと

筆順 一 丁

なりたち 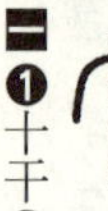 ［象形］夏に万物がさかんになるさま。借りて、十干の第四に用いる。

意味 ■一 ❶十干の四番目。ひのと。方位では南、五行では火にあてる。例 甲乙丙丁。❷からだが丈夫である。つよい。例 丁壮。丁丁■一。❸成人した男子。働きざかりの若者。例 壮丁。❹職人、あるいは下働きの男。下男。しもべ。例 園丁。馬丁。❺出遭う。あたる。例 独丁二斯時一（＝ちょうどこの時代にめぐりあわせた）。〈後漢書・岑彭伝〉丁憂。❻鉦（＝戦いを告げるどら）。❼⇩【丁冬】 ❽⇩【丁寧】 ■二⇩【丁丁】■三

日本語での用法 《チョウ》①「五ゴ、六丁行ゆくと堀ほりに出でる」▼「町チョウ」の略字。地上の平面で長さをはかる単位。六十間ケン。約一一〇メートル。②「一丁目イッチョウめ・銀座ギンザ八丁ハッチョウ」▼同じ町内の区分。③「丁チョウか半ハンか」▼偶数。④「乱丁ランチョウのある本ホン」▼書物の、紙一枚（＝表と裏の二ページ）を数えることば。⑤「豆腐トウフ一丁イッチョウ・二丁拳銃ニチョウケンジュウ」▼銃・弓・豆腐などを数える単位。挺チョウ。⑥「丁丁発止チョウチョウハッシと打うち合あう」▼ものが激しくぶつかりあう音。また、打ち合う音。

古訓 中古 あたる・あつ・うつ・ひのと・よほろ 中世 さかんなり・つよし・ひのと 近世 あたる・さかんなり・つよし・ひのと

人名 あたる・あつ・つよし

難読 丁よほろ・丁翁あけび

【丁合】チョウあい 日 製本の前に、印刷された紙をページ順にそろえる。例 ―をとる（＝ページが整っているかどうかを調べる）。

【丁数】チョウスウ 日 ①二で割り切れる整数。偶数。②（和とじの）書物の紙数。二つ折りにした紙を、折り目を同じ側にして重ねてそろえ、反対側の一辺でとじる場合の、表裏二ページ分を一丁と数える。

【丁度】チョウド 日 ①大きさ・数・時刻などが、ぴったり合っていること。例 ―三時だ。②おりよく。都合よく。③まるで。

【丁半】チョウハン 日 ①丁（＝偶数）と半（＝奇数）。②二つのさいころを振り、出た目の合計が偶数か奇数かを当てるばくち。例 ―ばくち。

【丁▼髷】ちょんまげ 日 明治時代以前の男の髪型の一つ。相撲の力士が結っている髪のかたち。

【丁銀】■一 テイギン 成人に課した人頭税。類 丁賦。■二 チョウギン 日 江戸時代の銀貨。

【丁口】テイコウ ①成年男子。また、その人数。②人口。人民の数。

【丁字路】テイジロ 丁字形に交わっている道路。T字路。

【丁壮】テイソウ ①兵役・労役にたえうる一人前の成年男子。丁男。丁夫。壮丁。②からだが丈夫で強いこと。

【丁男】テイダン 「丁壮①」に同じ。

【丁稚】■一 テイチ 若者。■二 デッチ 日 商人や職人の家に住みこみで働く少年。小僧。例 ―奉公。

【丁重】テイチョウ 礼儀正しく丁寧なさま。例 ―に断る。表記 ⑪▼鄭重

【丁丁】■一 テイテイ 壮健なさま。■二 トウトウ おので木を切る音。■三 チョウチョウ 日 ものを続けて打つ音の響き。また、そのさま。打打チョウチョウ。例 ―発止（＝互いに刀などで激しく打ち合うさま。また、激しく議論を戦わせることのたとえ）。

【丁冬】【丁東】【丁当】【丁▼璫】テイトウ ①風鈴や玉石、かんざしが触れ合う音。②琵琶の音。

【丁寧】テイネイ ①楽器の名。鉦。また、その音。②（言動が）礼儀正しく心がこもっているさま。叮嚀。▽叮噹。

【丁年】テイネン 一人前の男として認められる年齢。満二十歳。成年。例 丁年奉レ使、皓首而帰（＝血気さかんな年に使者の命を受け、白髪頭になって帰ってくる）。〈李陵・答蘇武書〉

【丁夜】テイヤ 昔の時刻の呼び名で、五夜の一つ。およそ午前二時、およびその前後の二時間。四更。丑の刻。

【丁憂】テイユウ 父や母の死にあうこと。類 丁艱。

𠂉

一1（2）
4 0101
20089

（漢字の字体記述要素）

下

一2（3）
1 1828
4E0B
教1

■一 カ㊩ ゲ㊒ 馬 xià
■二 カ㊩ ゲ㊒ ア㊝ 禡 xià

した・しも・もと・さげる（さ-ぐ）・さがる・くだる・くだす・くださる・おろす・おりる（お-る）

付表 下手へた

筆順 一 丅 下

なりたち  ［指事］ものが「一（＝基準）」のしたにある。「二（＝上）」を反転した形。低いところ。

意味 ■一 ❶位置が低い。した。しも。例 下部。下方。下段。❷価値や程度が低い。おとっている。例 下級。下愚。下品。❸地位や年齢が低い人。例 下人。臣下。目下。❹あるもののした。影響のおよぶ範囲。そのあたり。もと。例 下風。治下。配下。監督下。❺外から見えない部分。例 意識下。水面下。靴下。❻時間・順序があと。例 下記。下巻。■二 ❶高いところから低い方へ移動する。さげる。さがる。くだる。おろす。おりる。例 下降。下山。落下。❷乗り物からおりる。例 下車。下船。❸命令や品物を与える。出す。くだす。例 下賜。下付。宣下。❹地方や民間へ行く。くだる。くだり。例 下向。下野。南下。❺少ない。低い。くだる。例 攻者不レ下二十余万之衆一（＝攻める者は十余万人より少ないことはない）。〈尉繚・守権〉❻征服する。降服させる。降服する。くだす。例 靡二敵不一レ下（＝征服できない敵はいない）。〈逸周書・允文〉❼へりくだる。例 柔弱謙下（＝よわよわしい態度でへりくだる）。〈呉澄・道徳真経註四〉

日本語での用法 ■一《した》「下見したみ・下絵したエ・下調したしらべ・下ごしらえ」▼あらかじめおこなっておくこと。■二《しも》「舞台の下手しもて」▼客席から見て左の方。

古訓 中古 いたる・いやし・おつ・おる・おろす・くだり・くだる・さがる・した・しも・ふもと・まかる・みじかし・もと 中世 おるる・くだる・さがる・した・しも・すそ・ひきし・ふもと 近世 おつる・くだる・さがる・した・しも・すそ・ひきし・ふもと・もと

難読 下枝しずえ・下野しもつけ

【下▼帷】カイ 帷いをくだす （帷とばりをおろして俗事を離れる意）①読書・勉学に専念する。②塾を開いて子弟を教育する。

【下学上達】カガクジョウタツ 身近なところから学びはじめて、やがて深い学問にいたること。〈論語・憲問〉

【下記】カキ ①上官から部下に文書を送る。②日 書類や文章で、そこよりあとに書きしるされた事柄。対 上記。

【下愚】カグ ①どうしようもないおろか者。愚者。対 上知。②わたくし。↓

【上知与二下愚一不レ移】ジョウチとカグとはうつらず（15ページ）

自己の謙称。

【下元】カゲン 陰暦十月十五日。三元の一つ。

【下弦】カゲン 〔「弦」は、半月の直線部分を弓のつるに見立てたもの〕満月から新月にいたる中間の、陰暦二十二、三日ごろの月。左半分が光り輝く半月。㊥上弦。例—の月。

【下限】カゲン ①数量や値段の下の方の限界。例—を定める。②過去の時代や年代の最も現在に近い時期。例作品成立の—を推定する。▽㊥上限。

【下交】カコウ 上位の者が下位の者と交際する。㊥上交。

【下降】カコウ ①段階や程度が低くなる。㊥上昇。例—気流。②天子の娘が臣下と結婚する。

【下国】㊀カコク ①諸侯。諸侯の国。②小国。田舎。③自国の謙称。㊁ゲコク 日国司が任地におもむく。

【下士】㊀カシ ①周代の官職である士のうちの最下位。㊥上士・中士。②取るに足らないつまらない人。③日身分の低い武士。㊥上士。④日「下士官」の略。㊁シにくだる 士ほどの低い身分の者に対してもへりくだる。

【下士官】カシカン 日軍隊で、准士官の下、兵の上の階級の武官。下士。〔日本の旧陸軍では曹長・軍曹・伍長(ゴチョウ)、旧海軍では上等・一等・二等兵曹。自衛隊では一曹・二曹・三曹〕

【下肢】カシ 人間の足。また、四つ足動物の後足。㊥上肢。

【下賜】カシ 日〔天子など身分の高い人が、ものを〕くださる。たまわる。例—された品。

【下手】㊀カシュ｜ゲシュ｜てをくだす 自ら実行する。㊁へた 日①技術がおとっていること。例—の横好き。②やりかたがまずいこと。例—に手を出すな。㊥上手(ジョウズ)。㊂したて｜でした 日①地位・立場などが他よりも低い。例—に出る。②相撲で、四つに組んだとき、相手の腕の下に手を差し入れること。また、その手。㊥上手(うわて)。例—(した)て投げ。③囲碁や将棋で、段・級の下の人。また、弱い方の人。㊃しもて 日①川の下流。②舞台の、客席から見て左の方。下座(しもざ)。▽㊥上手(かみて)。

【下種】㊀カシュ 種をまく。㊁ゲス 日①身分の低い人。②品性がいやしく、心がひねくれている人。▽下衆(ゲス)。

【下寿】カジュ｜ゲジュ 長寿を上寿・中寿・下寿の三段階に分けたうちの最下位。八十歳。一説に、六十歳。

【下酒物】カシュブツ 酒のさかな。㊎下物(カブツ｜ゲブツ)。

【下▼舂】カショウ 夕日の沈むころ。夕方。日暮れ。

【下情】カジョウ ①民衆の様子。しもじもの実情。例—上通(＝民衆の様子や意向が為政者によく伝わること)。②自分の心情を謙遜(ケンソン)していう語。

【下人】㊀カジン｜ゲニン ①身分の低い者。②召し使い。しもべ。下僕。③能力の低い人。㊁ひとにくだる 人にへりくだる。

【下世】カセイ ①世を去る。死ぬ。②後世。③下界。また、下界におりる。

【下走】カソウ 〔「走」は、走り使いの意〕①自己の謙称。わたくし。②使用人。召し使い。

【下層】カソウ ①重なったものの下の方。例—雲。②社会的地位が低く、生活が豊かでない階層。㊥上流。例—階級。

【下体】カタイ ①〔からだの下部の意〕植物の根や茎。人間の下半身、また、陰部。②身をかがめて謙遜(ケンソン)する。③自分の意思を曲げて人に従う。

【下第】カダイ ①科挙(＝官吏登用試験)で不合格となった者。②試験で成績の悪い者。また、低い等級。

【下達】カタツ ①財利などの下賤(ゲセン)なことに通じる。②下の者に上の者の意向が伝わる。例上意—。▽㊥上達。

【下地】㊀カチ ①大地。天下。②耕作に適さない、やせた土地。㊁したジ 日①ものごとの基礎となる準備や教養。素養。例画家としての—がある。②〔表面にはあらわれていない〕本来の性質。素地(ソジ)。例—が出る。③土台となる加工。例—塗り。④しょうゆの別称。

【下土】カド ①大地。地上。㊥上天。②世間。この世。天下。③辺鄙(ヘンピ)な土地。④低い土地。

【下奴】カド ①召し使い。②自己の謙称。

【下等】カトウ ①品質が悪く、おとっているさま。低級。劣等。㊥上等。例—な品。②等級・段階、また、進化の程度などが低い。㊥高等。例—植物(＝藻類・菌類など)。

【下輩】カハイ｜ゲハイ ①身分の低い人。②子孫。また、一族中の一世代下の人。

【下▼婢】カヒ 召し使いの女の人。下女(ゲジョ)。

【下筆】カヒツ 詩文を作ったり、書画をかいたりする。

【下品】㊀カヒン ①等級が下のもの。②地位の低い家柄。▽㊥上品・中品。㊁ゲボン 〔仏〕極楽を上・中・下の三段階に分けた最下位。㊂ゲヒン 日言動や好みにつつしみがなく、不快な感じを与えるさま。㊥上品。例—な話。

【下付】【下附】カフ 政府・役所が文書や金品を一般の人に下げわたす。

【下風】㊀カフウ ①かざしも。②人より低い地位。例—に立つ。㊁したかぜ 日ものの下を吹く風。例荻(おぎ)の—。

【下方】カホウ ①下のほう。下部。②南と西。〔陰気が発生する方向であることから〕▽㊥上方(ジョウホウ)。

【下命】カメイ 日①命令を下す。②下の者に何かを命じる。また、その命令。例ご—を受ける。

【下問】カモン 目下の者にたずねる。例不レ恥二下問一(カモンをはじず)(＝目下の者に質問して教わることを恥だと思わない)。〈論語・公冶長〉

【下▼游】カユウ ①河口。また、その付近の地域。②低い地位。下流。

【下吏】㊀カリ 下級官吏。地位の低い役人。㊁リにくだす 身柄を司法官に下げわたし、尋問させる。

【下里】カリ ①村里。田舎。②死者を葬る所。③民間の歌。〔古代中国の通俗的な歌の曲名「下里巴人(ハジン)」による〕

【下流】カリュウ ①川の流れの、河口に近い方。㊥上流。②川を下る。③低い地位。〔「上流」「中流」に対して、社会的地位の低い階層を指すこともある〕

【下僚】カリョウ 役所などで、地位が下の職員。下役(したヤク)。

【下界】ゲカイ ①〔仏〕〔天上の仏の世界から見た〕人間の世界。この世。②高い所から見た地上。例—を見下ろす。

【下官】ゲカン｜カカン ①下級の官吏・官職。②官吏が自分を謙遜(ケンソン)していうことば。

【下戸】ゲコ ①貧しい人民。②日生まれつきあまり酒の飲めないこと。また、その人。㊥上戸(ジョウゴ)。

【下向】ゲコウ 日①高い所から低い所におりていく。②都から地方へ行く。例—のみぎり。③神仏にお参りして帰る。

【下獄】ゲゴク 牢獄(ロウゴク)に入れられる。また、牢獄にはいる。入獄。㊥出獄。

【下克上】【下▼剋上】ゲコクジョウ 日地位の低い者が、上の者を倒して勢力をふるうこと。室町時代から戦国時代にかけて武家社会で多くみられた。

【下根】ゲコン 〔仏〕〔根性がおとっている意〕仏道を修める能力に欠けている者。㊎下機根・下機。㊥上根。

【下座】ゲザ ①しもざ 年齢や地位の下の人がすわる席。末座。末席。㊥上座(ジョウザ｜かみザ)。例—に下がる。②日芝居で、下手(しもて)(＝舞台の向かって左)にある囃子方(はやしかた)のいる場所。また、その囃子方。③日土下座(ドゲザ)。

【下剤】ゲザイ 腸にある便を体外に出す薬。通じ薬。下(くだ)し薬。

【下策】ゲサク 下手なやり方。まずい計画。

【下山】ゲザン|ゲサン ①山をおりる。㊚登山。②寺での修行を終えて家へ帰る。

【下知】ゲジ|ゲチ 日下の者に指図する。命令。いいつけ。例—をつかわす。

【下車】ゲシャ ①車からおりる。降車。㊚乗車。例途中—。②官吏が任地へ着く。③葬儀の際、墓に入れる車。

【下宿】ゲシュク 日部屋代や食費などを払って、他人の家の一室で一定期間生活する。また、その部屋。例—屋。

【下旬】ゲジュン 〔「旬」は、十日の意〕ひと月の二十一日から終わりまでの間。㊚上旬。例三月—。

【下女】ゲジョ ①身分の低い女。②仕事のできない女。③炊事や掃除などの雑用をするために人の家に雇われた女性。下婢カヒ。女中。㊚下男。

【下乗】ゲジョウ ①カジョウ 足の遅いウマ。また、能力のおとる人。②日（身分の高い人に敬意をあらわすため）ウマや車などの乗り物からおりる。〔神社や寺の境内に車馬の乗り入れを禁じることにもいう〕

【下城】ゲジョウ 日城を出て家に帰る。㊚登城トジョウ。

【下水】ゲスイ ①水を流す。②流れにのってくだる。③日家庭や工場で使われたあと捨てられる汚れた水。また、それを流す排水路。㊚上水。例—道。

【下船】ゲセン 船からおりる。㊚上船・乗船。

【下▼賤】ゲセン 身分が低く貧しいこと。また、そのような人。㊚高貴。例—の者。

【下足】ゲソク ①足の遅いウマ。②身分のいやしい人。③日（客の）ぬいだはきもの。また、その番をする人。例—札ふだ。—を取る（＝ぬいだはきものを保管する）。

【下駄】ゲタ 日①厚手の板をくりぬくか、または板をはめこんで歯とし、鼻緒はなおをつけたはきもの。例—箱。②校正刷りで、必要な活字がないときに、かりに活字を逆さにして入れておく、げたの歯の跡のような形「〓」。

【下男】ゲナン 庭掃除や力仕事などの雑用をするために雇われた男性。下僕ゲボク。㊚下女。

【下馬】ゲバ ①バカ 質の悪いウマ。②ウマからおりる。特に、社寺や城門の前などで、敬意をあらわしてウマからおりる。また、その場所。下乗。例—札ふだ。

【下馬評】ゲバヒョウ 日〔下馬（＝ウマをおりた場所）で、供ともの者たちが主人の帰りを待つ間、世間話をしていたことから〕世間のうわさ。評判。例—が高い。

【下僕】ゲボク 召し使いの男。下男。しもべ。

【下野】ゲヤ 一ゲヤ|ヤにくだる ①（地位の高い）官職をしりぞいて民間人となる。〔「野」は民間の意で、「朝チョウ」に対する〕—して悠々自適する。②与党が政権を離れて野党となる。例—。
二しもつけ 日旧国名の一つ。今の栃木県にあたる。野州ヤシュウ。

【下落】ゲラク|カラク ①きまりがつく。落ち着く。②落ち着き場所。居場所。③日ものの値段や値打ちが下がる。㊚騰貴。例株価が—する。

【下劣】ゲレツ 行動や考え方に品がなく、おとっているさま。

【下郎】ゲロウ 日人に召し使われる、身分の低い男。〔人をさげすんだ言い方としても使う〕例—、さがりおろう。

【下絵】したエ 日①下がきの絵。②下地の絵。刺繍シシュウや彫刻のめやすとなる輪郭をかいたもの。③詩文を書く紙に装飾として薄くかかれた絵。

【下心】したごころ 日①おもてに出さずひそかに考えている、よくない事柄。たくらみ。例—がある。②漢字の部首の一つ。「恭」「慕」などの「⺗」。

【下見】したみ 日①前もって実際に見て、調べておく。㊫下検分。②あらかじめ読んでおく。下読み。③木造家屋の外側に横長の板を張って壁としたもの。例—板いた。—張り。

【下役】したヤク 日ある地位の人より低い地位の人。㊚上役うわヤク。

【下総】しもうさ 日旧国名の一つ。今の千葉県北部と茨城県南部にあたる。北総ホクソウ。

【下肥】しもごえ 日人の大小便を肥料としたもの。

●以下イカ・階下カイカ・眼下ガンカ・机下キカ・却下キャッカ・降下コウカ・傘下サンカ・足下ソッカ・直下チョッカ・沈下チンカ・低下テイカ・天下テンカ・投下トウカ・配下ハイカ・門下モンカ・零下レイカ・廊下ロウカ

三

一2（3） 1 2716 4E09 教1

一サン（サム）漢呉 覃 sān
二サン（サム）漢呉 勘 sàn
み・みっつ・みっつ
付表 三味線しゃみせん

［弎］ 弋3（6） 4 1214 5F0E 古字。

筆順 一 二 三

なりたち 三 ［指事］横線一本に同様な二本を並べそえて、天・地・人を示す。すべてがそなわった数。みっつ。

意味 一 ❶数の名。みっ。みっつ。み。例三国サンゴク。三世サンセイ|サンゼ。三権分立サンケンブンリツ。三遷之教サンセンのおしえ。❷みたび。例三顧サンコ。三更サンコウ。二 たびたび。しばしば。何度も。❸みっつめ。例三省サンセイ。三嘆サンタン。再三サイサン。三月サンガツ。

日本語での用法 《サン》「三州サンシュウ」▼旧国名「三河みかわ（＝今の愛知県中部・東部）」の略。

参考 商売や契約の文書では、数字を書きかえられないよう、同音の「参」を使うことがある。

古訓 中古 み・みつ・みところ 中世 みたび・みつ 近世 みたび・みつ

人名 かず・さ・さぶ・そ・そう・ぞう・ただ・はる・みつる

難読 三十日みそか・三五月もちづき・三枝さいぐさ|みくさ・三毬杖サギチョウ

【三悪道】サンアクドウ|サンナクドウ|サンマクドウ 〔仏〕悪事をはたらいたために、死後行くといわれる、地獄道・餓鬼道・畜生道の三つの世界。㊫三悪趣。

【三畏】サンイ 君子が敬うべき三つの事柄。天命、大人タイジン、聖人の言。

【三韻】サンイン 律詩の一つ。六句から成り、第二・四・六句の句末の三字が韻を踏むもの。

【三易】一サンエキ 夏カ・殷イン・周の三代に伝わった三つの易（＝占いの書）。夏のを「連山」、殷のを「帰蔵」、周のを「周易」という。二サンイ 作文時に心がけるべき三つの容易なこと。内容がわかりやすい、文字がわかりやすい、読みやすい。

【三王】サンオウ|サンノウ 中国古代の三人の王。夏カの禹ウ、殷インの湯トウ、周の文または武。

【三夏】サンカ ①孟夏モウカ・仲夏・季夏の総称。夏の三か月。陰暦四月・五月・六月。②夏が三度めぐってくること。三年。③春秋末期、晋シンを三分した韓カン・趙チョウ・魏ギ。④『詩経』の三系統、斉セイ・韓・魯ロ。⑤『易経エキキョウ』の三派、施セ・孟モウ・梁丘リョウキュウ。

【三家】一サンカ ①三つの家柄。②「三桓サンカン」に同じ。二サンケ 日江戸時代、徳川の三家、尾張おわり・紀伊きい・水戸みと。

【三戒】サンカイ 三つのつつしむべき行為。少年期は色欲、壮年期は喧嘩ケンカ、老年期は物欲。

【三界】サンガイ 〔仏〕①人間をはじめすべての生き物が生死を繰り返す、欲界ヨッカイ・色界シキカイ・無色界ムシキカイの三つの世界。三世サンゼ。例—に家なし。②過去・現在・未来の三つの世界。三世サンゼ。③「三千大千世界」の略。→【三千世界】サンゼンセカイ①

【三▼桓】サンカン 春秋時代、魯ロの国で政治の実権を握った孟孫モウソン氏・叔孫氏・季孫氏。三家サンカ。〔魯の桓カン公から分か

れた家柄であることから〕

【三韓】サンカン ①古代、朝鮮半島南部を支配した三つの部族。馬韓・辰韓・弁韓。②日「①」の支配地に、のちに建てられた、百済・高句麗・新羅の三国。

【三寒四温】サンカンシオン 日冬から春先にかけて、三日ほど寒さが続き、つぎの四日ほどは暖かい日が続く天候。

【三器】サンキ ①君主が国家を統治するための三つの手段。号令(=命令)・斧鉞(=刑罰)・禄賞(=褒美)。②日茶道の三つの道具。茶入れ・茶杓・仕服(=道具入れの袋)。

【三脚】サンキャク 日画板やカメラ、望遠鏡、観測鏡などをのせて安定させる、三本足の台。

【三峡】サンキョウ 長江上流にある三つの峡谷。巫峡・瞿塘峡・西陵峡。例 夜発二清渓一向二三峡一(=夜に清渓を出発し三峡に向かう)。〈李白・峨眉山月歌〉

【三教】サンキョウ ①三つの教え。中国では、儒教(=孔子の教え)・仏教(=釈迦の教え)・道教(=老子の教え)。日本では、神道・儒教・仏教。〔『三教指帰』は、空海作の仏教書〕例 ―一致。②夏・殷・周の三王朝の教育の基本となった、忠・敬・文の三つの徳目。③日三つの宗教。仏教・神道・キリスト教。

【三曲】サンキョク 日琴・三味線・尺八(または胡弓)の三つの楽器。また、その合奏。例 ―合奏。

【三極】サンキョク 「三才①」に同じ。

【三軍】サングン ①古代中国の兵制で、一軍は一万二千五百人をいい、計三万七千五百人の軍隊。また、大軍。例 行二三軍一(=大国の軍隊を指揮する)。〈論語・述而〉②軍全体。③日陸軍・海軍・空軍の総称。

【三径】サンケイ 庭にある三つの小道。また、隠遁者の庭をいう。〔漢の蔣詡が庭に三つの小道をつくり、マツ・キク・タケを植えたことによる〕例 三径就レ荒、松竹猶存(=庭はすっかり荒れ果ててしまったが、マツやタケはまだ残っている)。〈陶淵明・帰去来辞〉

【三計】サンケイ 一年・十年・一生の計の三つ。一年の計は穀物を植え、十年の計は木を植え、一生の計は人を植える(=賢人を登用する)こと。

【三経】サンケイ ①〔三つの経(=従うべき規範)の意〕天の時(=タイミング)・地の利(=土地の条件)・人の和(=人間関係)。②三部の経書。『易経』『詩経』『春秋』、『詩経』『書経』『周礼』、『孝経』『論語』『孟子』など諸説ある。

【三傑】サンケツ 三人のすぐれた人。例 漢の高祖の―(=張良・蕭何・韓信)。蜀の―(=諸葛亮・関羽・張飛)。維新の―(=西郷隆盛・大久保利通・木戸孝允)。

【三▼愆】サンケン 〔「愆」は、過失の意〕目上の人に仕えるときの三つのあやまち。話しかけられていないのに話しかけること(躁)、話しかけられているのに黙っていること(隠)、相手の顔色を見ずに一方的に話すこと(瞽)。〈論語・季氏〉

【三元】サンゲン ①三つの根源。天・地・人。道家では天・地・水とする。②元日。〔「三」は、年・月・日。「元」は、はじめ〕③陰暦の一月・七月・十月の十五日を上元・中元・下元といい、その総称。④清代の科挙(=官吏登用試験)の郷試・会試・廷試の三試験の首席の及第者。解元・会元・状元の総称。

【三弦】【三▼絃】サンゲン ①弦を三本張った弦楽器。三味線のもとになったといわれる。②日三味線。③日雅楽の三つの弦楽器。琵琶・和琴・箏。

【三孤】サンコ 三公(=太師・太傅・太保)を補佐する官。少師・少傅・少保。類三少。

【三鼓】サンコ ①進軍の合図に三度鼓を鳴らすこと。②三更(=夜中の十二時)のこと。その時刻を知らせるために三度鼓をたたいた。③日三つの鼓。太鼓・鉦鼓・羯鼓。

【三顧】サンコ 礼節を尽くして賢人を招くこと。例 三二顧臣於草廬之中一(=私を三たび草屋に訪ねてくださった)。〈諸葛亮・出師表〉→【三顧礼】サンコのレイ

【三顧礼】サンコのレイ 目上の人が礼を尽くして熱心に、すぐれた人物を招くこと。草廬三顧。〔三国時代、蜀の劉備が諸葛亮の家を三度訪れ、軍師として自分に仕えてほしいと頼んだ故事から〕例 ―を尽くす。

【三公】サンコウ ①臣下として最高の三つの位。㋐周で、太師(=天子の教育係)・太傅(=天子の補佐)・太保(=天子の徳育係)。㋑前漢で、丞相(=人民を教化する長官)・太尉(=軍事の長官)・御史大夫(=土地と民事の長官)。▽三台・三能。②日太政大臣・左大臣・右大臣。または、左大臣・右大臣・内大臣の総称。

【三光】サンコウ ①日と月と星。②二十八宿のうち、房・心・尾の三つの星座。③日〔鳴き声を「ツキヒホシ(月日星)」と聞いたことから〕ウグイス。また、ヒタキ科の鳥のサンコウチョウ(三光鳥)。

【三后】サンコウ ①三人の君主。②三人の皇后。③日太皇太后(=先々代の天皇の皇后)・皇太后(=先代の天皇の皇后)・皇后。類三宮。

【三行】サンコウ ①三つのよいおこない。親孝行、すぐれた友を尊敬すること、先生に対して従順であること。②酒杯が三度めぐってくること。

【三更】サンコウ 「五更①」の三番目。午前零時、およびその前後の二時間。子の刻。丙夜。

【三皇】サンコウ 中国古代の伝説上のすぐれた天子。天皇・地皇・人皇。また、燧人・伏羲・神農などの説がある。

【三皇五帝】サンコウゴテイ 三皇と五帝。→【五帝】ゴテイ(45ページ)

【三綱】サンコウ 一君臣・父子・夫婦の間の秩序。二〔仏〕寺院で主要な役割を担う三つの職。上座(=長老)・寺主(=事務)・維那(=規律)。

【三業】サンゴウ 〔仏〕①身業(=からだを使う行為)・口業(=ことば)・意業(=心のはたらき)の三つの行為。②善業・悪業・無記業(=善悪どちらでもない行為)。

【三国】サンゴク ①三つの国。②後漢末におこった三つの国。魏・呉・蜀。例 ―志。③日天竺(=インド)・唐(=中国)・日本。また、全世界。例 ―伝来(=インドから中国を経て日本に伝来すること)。④日「三韓②」に同じ。

【三献】サンコン・サンケン ①酒を三度酌むこと。②日酒席の儀式の一つ。酒と肴の膳を出し酒を三杯飲ませて膳を下げることを一献とし、それを三回繰り返すこと。三三九度のもととなった。式三献。

【三才】サンサイ ①(宇宙のおもな要素としての)天と地と人。宇宙間の万物。三極。〈易・説卦〉類三材・三儀。例 ―図絵。②三人の才能ある人物。

【三災】サンサイ 〔仏〕この世の終わりに起こる三つのわざわい。戦争・疫病・飢饉の小三災と、火災・風害・水害の大三災。

【三彩】サンサイ 唐代から作られた陶器。赤・黄・緑・白・藍などのうわぐすりのうち、三色のとりあわせで焼かれているものが多い。例 唐―。奈良―。

【三▼尸】サンシ 道家の説で、人の体内にいるという三つの虫。庚申（コウシン）の夜、体内から出て天帝にその人の罪過を告げ、寿命を縮めるという。類三虫。

【三▼巳】サンシ 陰暦三月三日の節句。上巳（ジョウシ）。

【三司】サンシ 〔三つの官司の意〕①後漢の三公である、太尉・司空・司徒。②唐代に裁判をつかさどった、御史大夫（ギョシタイフ）・中書・門下。③唐・宋（ソウ）代に財政をつかさどった、塩鉄・度支（タクシ）・戸部。④明（ミン）代、対外貿易をつかさどり、広州・明州・杭州（コウシュウ）に設置された市舶司。⑤明代の各省に設置された都指揮司・布政司・按察（アンサツ）司。それぞれ、軍事・行政・司法を担当した。

【三史】サンシ 『史記』『漢書』『後漢書』の三つの歴史書。〔魏晋（ギシン）南北朝時代は『史記』『漢書』と散逸した『東観漢記』とをいった〕

【三思】サンシ ①何度もよく考える。例三思而後行（サンシしてのちおこなう）（＝よく考えてから実行する）。〈論語・公冶長〉②君子が考えておくべき三つの事柄。幼いときに学ばないと成長して無能になる、高年になって人に教えなければ死後慕われることがない、裕福なときに施しをしないと自分が貧乏になったときに助けてもらえない、の三つ。〈荀子・法行〉

【三師】サンシ ①北魏（ホクギ）以降、太師・太傅（タイフ）・太保の三官。②〔「師」は、軍隊の意〕三か国の軍隊。

【三時】サンジ ①豊作に大切な三つの季節。春・夏・秋。②〔仏〕仏陀（ブッダ）の死後、仏法の興廃に基づいて区分される三つの時期。正法（ショウボウ）・像法・末法。

【三▼豕渉レ河】サンシかわをわたる｜サンシショウカ 文字の書きあやまり、誤読のたとえ。亥豕之譌（ガイシのカ）。〔「己亥（キガイ）渉レ河」の己亥を三豕と読みあやまり、三匹のブタが川を渡る、と解したことによる〕〈呂覧・察伝〉

【三枝礼】サンシのレイ 親への礼儀をわきまえる心のたとえ。〔ハトは、親鳥のとまっている枝から三本下の枝にとまる、といわれることから〕

【三舎】サンシャ 〔「舎」は、古代中国の軍隊の一日の行軍距離〕古代中国の軍隊の三日分の行軍距離。当時の里程で九十里。

【避二三舎一】サンシャをさく ①相手に敬意を表する。三舎を譲る。〔楚（ソ）の国に亡命した晋（シン）の公子が、楚王に感謝して、今後、かりに両国が兵を交えることがあった場合でも、三舎分だけ晋の兵を引こうと約束した故事〈左伝・僖二三〉から〕②日遠くおよばないと認めて引き下がる。

【三秋】サンシュウ ①孟秋（モウシュウ）・仲秋・季秋の総称。秋の三か月。陰暦七月・八月・九月。②秋が三度めぐってくること。三年。→【一日三秋】イチジツサンシュウ（2ページ）

【三従】サンジュウ 女性の心得。生家では父に、嫁ぎ先では夫に、夫の死後は子にしたがうということ。〈儀礼・喪服〉

【三十▼而立】サンジュウにしてたつ 三十歳になって学問や見識が身につき、ひとり立ちができた。而立（ジリツ）。〔孔子が、三十歳で自らの立場を確立したと述べたことから〕〈論語・為政〉

【三十二相】サンジュウニソウ 〔仏〕仏陀（ブッダ）が有していたという、常人にはない三十二の身体的特徴。

【三十六計】サンジュウロッケイ 兵法にある三十六の計略。いろいろなはかりごと。例―逃げるにしかず（＝あれこれ策を立てるよりも、逃げて身の安全をはかるのがいちばんである）。

【三春】サンシュン ①孟春（モウシュン）・仲春・季春の総称。春の三か月。陰暦一月・二月・三月。例三春行楽在二誰辺一（サンシュンのコウラクたがほとりにかある）（＝春の行楽はいったいだれのところにあるというのだろう）。〈劉希夷・代悲白頭翁〉②春が三度めぐってくること。三年。

【三旬】サンジュン ①月の上旬と中旬と下旬。②三十日。

【三焦】サンショウ 漢方でいう「六腑（ロップ）」の一つ。消化や排泄（ハイセツ）をつかさどるとされる。

【三上】サンジョウ 文章を作るのに適した三つの場所。馬上・枕上（チンジョウ）（＝まくらもと）・厠上（シジョウ）（＝便所）。〈欧陽脩・帰田録二〉

【三乗】サンジョウ ①三台の乗り物。また、三頭の馬。②道教・仏教などで、三つの教え。③〔数〕同じ数や式を三個かけあわすこと。また、その積。立方。例―根（コン）。

【三▼辰】サンシン 日・月・星。

【三▼晋】サンシン 春秋末期、晋（シン）を三分した韓（カン）・魏（ギ）・趙（チョウ）の三国。

【三神山】サンシンザン 東海中にあり、仙人が住むといわれる三つの山。蓬莱（ホウライ）・方丈・瀛州（エイシュウ）。

【三途】サンズ 〔仏〕①悪事をはたらいた者が死後に行く所。火途（＝地獄道）・血途（＝畜生道）・刀途（＝餓鬼道）。三悪道。②「三途の川」の略。

【三途の川】サンズのかわ 〔仏〕死者が冥土（メイド）に行く途中に渡る川。橋・浅瀬・急流の深みの三つの道が罪に応じて用意されているという。三瀬川（みつせがわ）。三途。

【三寸舌】サンズンのした 弁舌。口先。

【三世】㊀サンセイ｜㊁サンゼ ㊀①父・子・孫の三代。②公羊（クヨウ）学で歴史の段階をあらわす語。自分と父の時代（実際に見る世）、祖父の時代（直接話に聞く世）、遠い先祖の時代（伝聞によって知る世）の三つの世。㊁サンゼ 〔仏〕①過去・現在・未来。②前世（ゼンセ）・現世（ゲンセ）・来世（ライセ）。例―の縁。㊂サンセイ 日孫の代の者。三代目。例ナポレオン―。

【三牲】サンセイ 祭祀（サイシ）に供えられる三種の犠牲（いけにえ）。牛・羊・豕（ぶた）。

【三省】サンセイ 三回反省する。また、何度も自分をかえりみる。例吾日三二省吾身一（われひにわがみをサンセイす）（＝私は毎日何度も自分を反省する）。〈論語・学而〉

【三聖】サンセイ ①古代中国の三人の聖人。伏羲（フッキ）・文王・孔子、また堯（ギョウ）・舜（シュン）・禹（ウ）などを指す。②日世界の三人の聖人。釈迦（シャカ）・孔子・キリスト。③日その道ですぐれた三人。例和歌の―（＝柿本人麻呂（かきのもとのひとまろ）・山部赤人（やまべのあかひと）・衣通姫（そとおりひめ））。

【三▼蹟】【三跡】サンセキ 日平安時代中期の三人の書道の達人。小野道風（おののみちかぜ）・藤原佐理（ふじわらのすけまさ）・藤原行成（ふじわらのゆきなり）。また、その筆跡。三筆（サンピツ）。

【三千世界】サンゼンセカイ ①〔仏〕「三千大千世界」の略。ひとりの仏の教化する世界。須弥山（シュミセン）を中心とする広大な地域を一世界とし、それを千倍した小千世界、それをまた千倍した中千世界、さらにそれを千倍して大千世界となる。小中大の千世界を合わせて「三千大千世界」となる。三界（サンガイ）。②広い世界。

【三遷▼之教】サンセンのおしえ 子供の教育には環境が大切であるという教え。→【孟母三遷】モウボサンセン（359ページ）

【三▼蘇】サンソ 北宋（ホクソウ）の文人、蘇洵（ソジュン）と、その子の蘇軾（ソショク）・蘇轍（ソテツ）。文章家の父子として知られ、三人をそれぞれ老蘇・大蘇・小蘇とも呼ぶ。

【三蔵】サンゾウ 〔仏〕①仏教の経典の総称で、経（＝仏の説法）・律（＝仏徒の戒律）・論（＝経の説明）の三つ。②「①」に精通した高僧。

【三族】サンゾク 三つの親族。父の一族・母の一族・妻の一族。また、父・子・孫、父母・兄弟・妻子など諸説ある。例累を―におよぼす。

【三尊】㊀サンソン ㊁サンゾン ㊀とうとぶべき三つのもの。主君・父・師。㊁〔仏〕①仏・法・僧。三宝（サンボウ）。②三体ひと組みの仏像。中尊（＝中心の仏）と、左右の脇侍（キョウジ）。三尊仏（サンゾンブツ）。

【三多】サンタ ①多福(=幸福)・多寿(=長寿)・多男子(=男の子が多い)の三つ。祝いのことばとされる。②文章上達の三条件。多く読む、多く作る、多く考える。③学者に必要な三条件。読書量、持論、著述が多いこと。
【三体】サンタイ ①三つの形体。例 ―詩(=唐代の、七言絶句・七言律詩・五言律詩を集めた詩集。南宋の周弼の編)。②三つの書体。真(=楷)・行・草。例 ―千字文。③日 物質の三つの状態。固体・液体・気体。三態。
【三代】サンダイ ①親・子・孫の三つの世代。例 親子―。②中国古代の三王朝。夏・殷・周。③日 第三代。三代目。例 徳川―将軍家光。
【三台】【三能】サンダイ／サンタイ ①北極星近くにある上台・中台・下台各一対の合計六つの星。三台星。②「三公①」に同じ。
【三嘆】【三▼歎】サンタン 深く感心し、何度もほめる。例 一読―。
【三通】サンツウ 制度史に関する三つの書。唐の杜佑の『通典』、宋の鄭樵の『通志』、元の馬端臨の『文献通考』。
【三伝】サンデン 経書『春秋』の三つの注釈書。『左氏伝』『公羊伝』『穀梁伝』。
【三都】サント 〔三つの都城の意〕①漢代の長安・洛陽・南陽。②三国時代の鄴(魏都)・建業(呉都)・成都(蜀都)。
【三冬】サントウ ①孟冬・仲冬・季冬の総称。冬の三か月。陰暦十月・十一月・十二月。②冬が三度めぐってくること。三年。
【三徳】サントク ①三つの徳目。知・仁・勇、正直・剛克・柔克、天徳・地徳・人徳など諸説ある。②〔仏〕法身・般若・解脱の三つ。③日 三とおりの使い道のあるもの。例 ―ナイフ。
【三人行必有二我師一▼焉】さんにんおこなえばかならずわがしあり 三人で何かをおこなうとき、(よい行動をとる人は模範となり、悪い行動をとる人は反省の材料となるので)学ぶべき手本は必ずある。〈論語・述而〉
【三人為二市虎一】サンニンシコをなす 市中にトラがいるというような明らかなうそでも、三人がいると言えば信じてしまう。どんなうそでも多くの人が言えば信じこませることができる意。→【市虎】(428ジ)
【三人称】サンニンショウ 日 話し手が、自分と聞き手以外の人やものを指していうことば。「これ」「あれ」「あいつ」「彼」「彼女」など。他称。対 一人称・二人称。
【三年不レ▼窺レ園】サンネンえんをうかがわず 一心不乱に勉学に励むこと。〔漢代の大学者董仲舒が三年間、庭にも出ないで勉学に励んだという故事による〕〈漢書・董仲舒伝〉
【三年不レ▼蜚不レ鳴】サンネンとばずなかず 〔「蜚」は、「飛」の意〕長い間何もしない。また、大望を実現する機会をじっと待つこと。〔春秋楚の荘王が即位後三年間遊びにふけり政務につかないのをいさめるため、臣下の伍挙が三年間鳴きも飛びもしない鳥にたとえた故事から〕〈史記・楚世家〉
【三▼巴】一 サンパ 後漢代、巴・巴東・巴西の三郡の総称。今の四川省の東部にあたる。二 みつどもえ 日 ①家紋の一つ。②三者が争いあうこと。
【三拝九拝】サンパイキュウハイ 日 〔「拝」は、つつしんで礼をする意〕①三度の拝礼と九度の拝礼。②何度もお辞儀して誠意をあらわす。例 ―してたのみこむ。③手紙の終わりに書くことばの一つ。深い敬意をあらわす。
【三羽▼烏】さんばがらす 日 ある部門や弟子たちの中で、すぐれている三人。
【三筆】サンピツ 日 三人の書道の達人。特に、平安時代初期の嵯峨天皇・空海・橘逸勢。三蹟。
【三百代言】サンビャクダイゲン 日 〔「三百」は銭三百文で、わずかな金額。「代言」は代言人のことで、弁護士の意〕①明治のはじめごろ、資格をもたないもぐりの弁護士や、金もうけばかりを考える弁護士をののしっていったことば。三百。②つじつまの合わないことを言いくるめる人。
【三苗】サンビョウ 悪事をはたらいて舜の討伐を受けたという国。
【三品】一 サンピン ①金・銀・銅。②供物用・賓客用・自分用の、三種の狩猟の獲物。③漢代の貨幣の、竜幣・馬幣・亀幣。④人の性の上・中・下の三段階。二 サンボン 〔仏〕極楽浄土に往生する人の三階級。上品・中品・下品。
【三伏】サンプク 夏至のあとの第三の庚の日(初伏)、第四の庚の日(中伏)、立秋のあとの最初の庚の日(末伏)の総称。夏の最も暑い時期。
【三幅対】サンプクツイ 日 〔「幅」は、掛け軸を数える単位〕①三つでひと組みの掛け物。②三つでひとそろいのもの。
【三分▼鼎足】サンブンテイソク 鼎の三本足のように、三人の英雄が並び立って天下を三分している状態。〈史記・淮陰侯伝〉
【三変】サンペン 三たび変化すること。例 君子有二三変一(=君子の印象は三度変化する)。〈論語・子張〉
【三▼輔】サンポ 漢代、首都周辺を三分割した行政区。また、その長官の総称。京兆尹・左馮翊・右扶風。
【三方】サンボウ 日 神仏・貴人に供えるものをのせる白木の台。三方に穴がある。
【三宝】サンボウ ①三つの大切なもの。例 我有二三宝一…一曰慈、二曰倹、三曰不二敢為二天下先一(=私には三つの宝がある。…一つめは慈愛、二つめは倹約、三つめは世の人々より先に立たないことだ)。〈老子・六七〉②⇒【仏法僧】①(58ジ)
【三本】サンポン 荀子の説く礼の三つの根本。生命の根本である天地、人類の根本である先祖、世を治める根本である君師。〈荀子・礼論〉
【三昧】サンマイ ①〔仏〕〔梵語 samādhi の音訳〕精神を集中し無我の境に入った状態。例 ―境。②日 ひとつのことに熱中すること。例 読書―。③日 勝手気ままにすること。例 ぜいたく―。
【三位一体】サンミイッタイ 〔英 Trinity の訳語〕①キリスト教で、父なる神と、子なるイエス=キリストと、聖霊との三者は、本来一つの神のあらわれであるという教え。②日 三つのものが心を一つにすること。
【三民主義】サンミンシュギ 清末期に孫文がとなえた中国革命の基本的考え方。民族主義(=民族の独立)、民権主義(=国民の政治的平等)、民生主義(=国民の経済的平等)の三つから成る。
【三面六▼臂】サンメンロッピ 〔「臂」は、腕の意で、ひじではない〕①三つの顔と六つの腕があること。②ひとりで数人分の働きをすることのたとえ。八面六臂。例 ―の大活躍。
【三文】サンモン 日 一文銭三枚。わずかなお金。きわめて価値の低いもの。例 二束―。
【三門】サンモン 禅宗寺院の正門。〔人が悟りの境地に達するには、空・無相・無作の三つの解脱門を開かなければならないことから〕
【三役】サンヤク 日 ①政党・組合などで、重要な三つの役職。例党—。②相撲で、大関・関脇・小結。

【三友】①友人の三類型をいう。自分にとって有益な友人(益者三友)として、直(=正直な人)・諒(=誠実な人)・多聞(=博識な人)。有害な友人(損者三友)として、便辟(=おべっかを使う人)・善柔(=うわべだけの人)・便佞(=ことば巧みな人)。〈論語・季氏〉②歳寒(=冬)の三友として、マツ・タケ・ウメ。③琴・酒・詩。〈白居易・北窓三友〉

【三余(餘)】読書するのに最適な三つの時。冬(=年の余り)、夜(=日の余り)、雨(=時の余り)。読書三余。

【三礼】㊀礼についての三つの経典。『周礼』『儀礼』『礼記』。㊁天・地・人(=先祖)を祭る礼。

【三楽】㊀君子の三つの楽しみ。肉親が元気でいること、心にやましいことがないこと、英才を教育すること。〈孟子・尽心上〉㊁君子の三つの願い。〈論語・季氏〉

【三流】①(品質・地位・人などの評価で)おとっているもの。(対)一流・二流。②三つの流れ・流派。

【三▼閭大夫】戦国時代の楚の国の昭氏・屈氏・景氏の三王族をつかさどる官職。屈原が任ぜられた。

【三老】①秦・漢代、郡・県・郷に置かれた役職。徳行の長老が民衆の教化につとめた。②人が天から受ける三つの寿命。上寿(=百歳以上)・中寿(=九十歳以上)・下寿(=八十歳以上)。

【三老五更】老齢のために官吏を辞した有徳の人々。周の天子は、父兄に仕える礼で遇したという。

【三河】㊐旧国名の一つ。今の愛知県の中部と東部とにあたる。三州。
●再三・七五三・無二無三

上

一2 (3)
1 3069
4E0A
教1

㊀ショウ(シャウ)(漢) ジョウ(ジャウ)(呉) 漾 shàng
㊁ショウ(シャウ)(漢) ジョウ(ジャウ)(呉) 養 shǎng

うえ(うへ)・うわ(うは)・かみ・あげる(あ-ぐ)・あがる・あがり・のぼる・のぼり・のぼせる(のぼ-す)・のぼす・たてまつ-る・ほとり

付表 上手

筆順 一 ト 上

なりたち 二 [指事] ものが「一(=基準)」のうえにある。たかいところ。うえ。

意味 ㊀❶位置が高い。うえ。かみ。例上段。上部。上方。❷価値や程度が高い。すぐれている。例上級。上品。❸地位や年齢が高い。目上の人。例上意。長上。下克上。❹君主。天子。例上一人(=天子)。今上(=現在の天子)。❺表面。…のうえ(で)。例水上。地上。理論上。❻その近く。ほとり。例子在㆓川上㆒曰(=先生は川のほとりでいわれた)。〈論語・子罕〉海上。湖上。❼順序が先の。例上巻。上記。❽とうとぶ。(通)尚。例楚人上レ左(=楚人は左の位置をとうとぶ)。〈左伝・桓八〉
㊁❶低いところから高い方へ移動する。あげる。あがる。のぼる。のる。例上昇。向上。浮上。❷さしあげる。たてまつる。例上申。献上。❸中央へ行く。のぼる。のぼり。例上京。上洛。北上。❹くわえる。ほどこす。例草上之風必偃(=草は風に吹かれれば必ずたおれる)。〈論語・顔淵〉❺[shǎng とも]漢字の四声(=四つの音調)の一つ。例上声。

日本語での用法 ㊀《ジョウ》「上州」▼旧国名「上野」(=今の群馬県)」の略。㊁《かみ》「舞台の上手」▼客席から見て右の方。

古訓 中古 あぐ・うへ・かみ・すぐる・たかし・たてまつる・のぼる・のる・ほとり・まぼる 中世 あがる・あぐ・あぐる・うへ・かみ・たてまつる・のぼる・のる 近世 あがる・うへ・かみ・たかし・たてまつる・のぼる

人名 うら・すすむ・たか・たかし・ひさ・ほず

難読 上月(=姓)

【上役】㊐職場で、ある地位の人より高い地位の人。上司。(対)下役。

【上総】㊐旧国名の一つ。今の千葉県中央部。南総。総州。

【上野】㊐旧国名の一つ。今の群馬県全体。上州。

【上衣】上半身に着る洋服。また、重ねて着るときに、いちばん上に着るもの。上着。

【上意】①支配者や政府の、考えや命令。上命。②㊐江戸時代、主君である将軍や大名の命令。例—討ち。

【上意下達】上意を下の者に徹底させること。〈歴代名臣奏議・六〉

【上謁】〔「謁」は、名刺の意〕名刺を差し出して身分の高い人に面会する。

【上▼苑】天子の庭園。

【上界】天界。天上界。仙人や仏の住むところ。(対)下界。

【上気】①咳をする。②㊐暑さや興奮のために顔がほてる。のぼせる。例—した顔。

【上記】㊐書類や文章で、そこより前に書いてある事柄。上述。(対)下記。例—のとおり。

【上客】①立派な客人。また、尊い食客。②上座にすわる客。正客。例—として招かれる。③㊐商店などで、大切な客。お得意さま。顧客。例—としてあつかう。

【上空】㊐①空の高いところ。例—の寒気団。②ある地点の上方の空。例東京—。

【上京】㊀①天子のいる町。都。②都に行く。㊁㊐地方から都会に出る。古くは京都に行くこと、現代では東京に行くことをいう。

【上計】①秦・漢代、地方統治の役人が、年度末に上京して天子に会計報告をした制度。②すぐれたはかりごと。(類)上策。

【上掲】上にかかげる。また、前に述べる。前掲。例説明は—する図による。

【上▼卿】周代、卿の最高位の職。

【上元】①陰暦正月十五日。三元の一つ。〔この日の夜を元夜・元宵という〕②神話に出てくる仙女。上元夫人。

【上弦】〔「弦」は、半月の直線部分を弓のつるに見立てたもの〕新月から満月にいたる中間の、陰暦七、八日ごろの月。右半分が光り輝く半月。(対)下弦。

【上限】①数量や値段の上の方の限界。例年齢の—。②歴史や時代の古い方の限界。例—までさかのぼる。▽(対)下限。

【上戸】㊀上等の家。律令制で、一戸に成年男子六、七人をもつ家。㊁㊐①大酒を飲めること。また、その人。酒飲み。(対)下戸。②酒に酔ったときに出る癖。例泣き—。

【上古】①大昔。古代。太古。②㊐時代区分の一つで、中古の前の時代。大和・奈良時代。

【上甲】①陰暦で毎月上旬の甲の日。②科挙(=

官吏登用試験)で最優秀の人々。
【上交】ジョウコウ ①下位の者が上位の者と交際する。㊀下交(カコウ)。②重要な友好関係。上佼(ジョウコウ)。
【上皇】ジョウコウ ①天帝。上帝。②上古の帝。特に、伏羲(フッキ)をいう。③日譲位したあとの天皇を敬っていうことば。太上天皇(ダイジョウテンノウ)。院。
【上国】ジョウコク ①都より西の地域。〔中国の川は一般に西から東の海へと流れているので西方は上流にあたるから〕②春秋時代の中原諸国。③中国の自称。〔周辺異民族に対していう〕④外国の尊称。貴国。⑤首都。京師(ケイシ)。⑥日大宝令(タイホウリョウ)制で、国を四段階に分けた第二位の国。山城(やましろ)・摂津(せっつ)など。
【上根】ジョウコン〔仏〕仏教の悟りを開く能力がすぐれていること。㊀下根(ゲコン)。
【上座】ジョウザ｜かみザ 年齢や地位が上の人のつく席。上席。㊀下座(ゲザ｜しもザ)。
【上士】ジョウシ ①周代の官職である士のうちの最上位。㊀中士・下士。②徳のすぐれた人。
【上▼巳】ジョウシ〔はじめの巳(み)の日の意〕①古代中国で陰暦三月の最初の巳の日(魏(ギ)以降は三月三日)におはらいをした行事。②日五節句の一つ。三月三日の桃の節句。ひな祭り。
【上司】ジョウシ ①仕事上の地位が自分より上の人。上役(うわヤク)。②上級の役所や官僚。
【上旨】ジョウシ 天子の意向。おぼしめし。上指。
【上使】ジョウシ 日江戸幕府から諸大名へ、上意(=将軍の意向)を伝えるために、つかわされた者。
【上肢】ジョウシ〔「肢」は、手足の意〕人間の手。また、四つ足動物の前足。㊀下肢(カシ)。
【上指】ジョウシ ①上に逆立つ。怒った人の髪の毛にいう。例頭髪上指、目眥尽裂(トウハツジョウシし、モクシことごとくさく)(=頭の毛は逆立ち、目は大きく見開いていた)。〈史記・項羽紀〉②「上旨(ジョウシ)」に同じ。
【上▼梓】ジョウシ〔版木に梓(あずさ)の木を用いたことから〕書物を印刷・出版する。㊥上木(ジョウボク)。例歌集を—する。
【上日】ジョウジツ ①月の第一日。ついたち。②よい日。
【上寿】ジョウジュ ①長寿を上寿・中寿・下寿の三段階に分けたうちの最上位。百歳以上。一説に、八十歳。②長寿を祝う。

【上述】ジョウジュツ 文章などで、前にすでにのべたこと。上記。前述。㊀後述。例—のとおり。
【上旬】ジョウジュン〔「旬」は、十日の意〕ひと月の一日から十日までの間。初旬。㊀下旬。
【上書】ジョウショ 君主や上官へ意見を述べた文書を差し出す。また、その書面。上表。
【上声】ジョウショウ｜ジョウセイ ①漢字音の四声(シセイ)(=平声(ヒョウショウ)・上声・去声(キョショウ)・入声(ニッショウ))の一つ。しり上がりに発音する。②日漢字音や声調などの高く平らな調子をいう。
【上昇】ジョウショウ 段階や程度が高くなる。㊀下降。例—志向。
【上将】ジョウショウ ①軍の総大将。総帥。②星の名。
【上乗】ジョウジョウ ①四頭だての馬車。②〔仏〕最もすぐれた教え。大乗。③たいへんよいこと。最上。上上。
【上場】ジョウジョウ ①役者が舞台に登場する。芝居を上演する。②日〔経〕証券取引所や商品取引所で、株式や社債、商品が売買される。例—会社。
【上申】ジョウシン 上役や上官に、事情説明をしたり意見をもうしたてたりする。
【上手】一ジョウズ ①技術がすぐれているさま。㊀下手(へた)。例—な絵。②やりかたがうまいさま。例聞き—。③日おせじ。例お—を言う。二うわて 日①「三①」に同じ。㊀下手(したて)。②相撲で、相手の差し手の上からまわしをつかむこと。㊀下手(したて)。例—投げ。③囲碁や将棋の段位が高い人。④力量が他よりもすぐれていること。例—に出る。三かみて 日①上の方。高い方。川の上流。②舞台の、客席から見て右の方。▽㊀下手(しもて)。
【上水】ジョウスイ ①水が上に向かう。②水の流れをさかのぼる。③日おもに飲料用として管や水路を通して導かれる水。また、それを導く設備。㊀下水。例—道。
【上世】ジョウセイ 遠い昔。大昔。
【上席】ジョウセキ ①上位の者がつく席。上座。㊀末席。例—につく。②階級や等級、席次が上であること。
【上仙】ジョウセン ①天上の神仙。②道教で、九階級ある仙人の最高位。③天に昇って仙人になること。④「天子の死」の婉曲(エンキョク)表現。崩御。
【上船】ジョウセン 船に乗る。乗船。㊀下船。例天子呼来不レ上レ船(テンシよびきたるもふねにのぼらず)(=天子に召し出されても《酔っぱらって》天子のいる船に乗らない)。〈杜甫・飲中八仙歌〉
【上善】ジョウゼン 最高の善。例上善如レ水(ジョウゼンはみずのごとし)(=上善は水のようなものだ)。〈老子・八〉
【上奏】ジョウソウ 大臣などが天子へ、事実や意見を申し上げる。奏上。
【上足】ジョウソク ①優秀な弟子。高足。②良馬。
【上代】ジョウダイ ①大昔の時代。②日日本の文学史・言語史の時代区分の一つ。仮名文字が生まれる以前の、大和時代・奈良時代をいう。参考 日本史では、「古代」を用いる。
【上第】ジョウダイ 試験で最優秀の成績を収めた者。
【上達】ジョウタツ ①仁義などの高尚なことに通じる。㊀下達(カタツ)。例下学而上達(カガクしてジョウタツす)(=身近なことを学んで高尚なことに通じる)。〈論語・憲問〉②練習を積んで、学芸や技術が進む。うまくなる。例努力して—する。③上の者に下の者の事情や意向が伝わる。㊀下達(カタツ)。例下意(カイ)—。
【上知】【上▼智】ジョウチ 知的能力の高い、すぐれた人。
【上知与二下愚一不レ移】ジョウチとカグとはうつらず(人は習うことによって善くも悪くもなるが)いたって賢い人と、いたっておろかな人とは、変わらない。〈論語・陽貨〉
【上潮】ジョウチョウ｜あげしお ①潮が満ちること。②満ちてくる潮。満ち潮。▽㊀引き潮。
【上帝】ジョウテイ 天上で万物を支配する神。天帝。造物主。〔中国ではキリスト教の「神」の意にも用いた〕
【上程】ジョウテイ ①旅に出かける。②会議に議案をかける。例予算案の—。
【上天】ジョウテン ①そら。天。②天帝。造物主。上帝。③天にのぼる。昇天。
【上田】ジョウデン 肥沃(ヒヨク)な田地。
【上等】ジョウトウ ①等級や段階が高いこと。例—兵。②品質や程度がすぐれているさま。例—な素材。㊀下等。
【上頭】ジョウトウ ①十五歳になった女子が髪に笄(こうがい)をさす儀式。②二十歳になった男子が冠をつける儀式。③列の前方にいること。④最初。
【上道】ジョウドウ ①君主としての道。②出発する。
【上棟式】ジョウトウシキ 日家を建てるとき、柱などを組んで建物の骨組みができた段階でおこなう神式の儀式。棟上(むねあ)げ。建前(たてまえ)。
【上人】一ショウニン〔仏〕①修行を積んで知恵と徳をそなえたすぐれた僧。例お—さま。②僧の名につける敬称。例明恵(ミョウエ)—。二ジョウジン 高い道徳をもった人。

【上納】(ジョウノウ) ①政府や上部団体に金品をおさめる。例 ―金。②日 年貢。年貢米。

【上農】(ジョウノウ) ①収穫を多くあげる農夫。②農業を重んじること。

【上▼膊】(ジョウハク) ひじから肩までの部分。二の腕。類 上腕。対 下膊(カハク)。

【上平】(ジョウヒョウ) 一 〔言〕漢字の音韻分類で、平声(ヒョウショウ)を上下に分けたうちの一つ。二(ジョウヘイ) 文章中で貴人について述べるとき、行を改めて書きはじめること。

【上表】(ジョウヒョウ) 君主へ意見書を差し上げる。また、その文書。上書。

【上品】(ジョウヒン) 一 ①等級が上のもの。②地位の高い家柄。▽対 中品(チュウヒン)・下品(カヒン)。③やぼったさがなく、好ましい感じを与えるさま。対 下品(ゲヒン)。例 ―な服装。二(ジョウボン) 〔仏〕極楽を上・中・下の三段階に分けた最上位。

【上賓】(ジョウヒン) ①貴い客。上客。②帝王の死。〔天帝の客となる意から〕③道教で、天に昇って仙人になること。

【上聞】(ジョウブン) ①君主の耳に届く。例 ―に達する。②君主に申し上げる。例 ―に入れる。

【上方】 一(ジョウホウ) ①上のほう。上部。②北と東。〔陽気が生ずる方向であることから〕▽対 下方(カホウ)。二(かみがた) 日 京都・大阪周辺。

【上諭】(ジョウユ) 天子が人々に教えさとすことば。聖諭。

【上▼游】(ジョウユウ) ①川の上流。また、その付近の地。②高い地位。

【上▼洛】(ジョウラク) ①都へのぼる。②日 地方から京都へ行く。入洛(ジュラク)。〔中国の都、洛陽(ラクヨウ)から借りて、京都に「洛」をあてたことから〕▽上京(ジョウキョウ―ジョウケイ)。

【上覧】(ジョウラン) 身分の高い人がご覧になる。天覧。

【上陸】(ジョウリク) 船や海から陸へあがる。海外からはいる人や文物・資本のほか、台風についてもいう。

【上流】(ジョウリュウ) ①川の流れの水源に近い方。川上(かわかみ)。対 下流。例 利根(ねと)川の―。②社会的地位が高く経済的に豊かな階層。上層。対 下層。例 ―階級。

【上▼臈】【上▼臘】(ジョウロウ) 〔「臈・臘」は、年功による地位〕①長い年月、修行を積んだ位の高い僧。②日 地位・身分の高い人。③日 身分の高い婦人。上位の女官(ニョカン)や御殿女中。

●炎上(エンジョウ)・屋上(オクジョウ)・海上(カイジョウ)・階上(カイジョウ)・逆上(ギャクジョウ)・計上(ケイジョウ)・啓上(ケイジョウ)・下克上(ゲコクジョウ)・献上(ケンジョウ)・口上(コウジョウ)・極上(ゴクジョウ)・参上(サンジョウ)・史上(シジョウ)・紙上(シジョウ)・席上(セキジョウ)・奏上(ソウジョウ)・卓上(タクジョウ)・地上(チジョウ)・頂上(チョウジョウ)・天上(テンジョウ)・同上(ドウジョウ)・途上(トジョウ)・返上(ヘンジョウ)・無上(ムジョウ)・路上(ロジョウ)

丈 ［𠀋］

丈 一2(3) 1 3070 4E08 常用

𠀋 一3(4) 3 1402 2000B 俗字。

チョウ(チャウ)漢 ジョウ(ヂャウ)呉 養 zhàng

たけ

筆順 一 ナ 丈

なりたち 〔象形〕「又(=手)」に「十」を持つ形。十尺。

意味 ❶長さの単位。十尺。例 丈六(ジョウロク)。方丈(ホウジョウ)。白髪三千丈(ハクハツサンゼンジョウ)。❷土地を測量する。はかる。例 丈量(ジョウリョウ)(=土地の面積をはかる)。❸一人前の男子。例 丈夫(ジョウフ)。❹長老および目上の人を敬っていうことば。例 丈人(ジョウジン)。岳丈(ガクジョウ)(=妻の父)。

日本語での用法 一《ジョウ》①「菊五郎丈(キクゴロウジョウ)」▼役者の芸名にそえて敬意をあらわすことば。②▼尺貫法の長さの単位。一丈は十尺(=約三・〇三メートル)。二《たけ》「背丈(せたけ)・居丈高(いたけだか)」▼身長。三《だけ》「それ丈(だけ)の事(こと)・二人(ふたり)丈(だけ)」▼助詞「だけ」にあてる。

古訓 中世 たけ・つよし・つゑ 近世 たけ・たすく・ながさ

人名 たけし・たすく・つかさ・とも・ひろ・ます

難読 丈夫(ますらお)

【丈室】(ジョウシツ) 一丈四方の狭い部屋。

【丈尺】(ジョウシャク) ①たけ。長さ。寸法。②日 長さ一丈のものさし。

【丈人】(ジョウジン) ①老人の敬称。②家長。主人。③妻の父。岳父。

【丈夫】 一(ジョウフ) 〔周の制度で成年男子の身長を一丈としたことから〕一人前の成人男子。勇ましく立派な男性。ますらお。例 大(ダイ)―。二(ジョウブ) 日 ①健康で病気にならないさま。例 ―なからだ。②しっかりしていて壊れにくいさま。例 ―な厚紙。

【丈母】(ジョウボ) ①父方のおじの妻。②妻の母。岳母。

【丈余(餘)】(ジョウヨ) 一丈にあまりある高さや長さ。例 ―の積雪。

【丈六】(ジョウロク) ①立った高さが一丈六尺の仏像。〔釈迦(カシャ)の身長が普通の人の身長の二倍にあたる一丈六尺あったとする信仰から、丈六を仏像の標準とする〕②日 〔仏像が多く足を組んですわっていることから〕あぐらをかくこと。

万 ［萬］

万 一2(3) 1 4392 4E07 教2

萬 艹9(12) 2 7263 842C 人 旧字体。

バン漢 マン呉 願 wàn

よろず(よろづ)

筆順 一 ㄏ 万

なりたち 〔象形〕毒虫のサソリの形。借りて、千の十倍。

参考 「万」は、「萬」の俗字として古くから用いられる。

意味 ❶数の名。千の十倍。よろず。例 一万(イチマン)。千万(センマン)。百万(ヒャクマン)。❷数が非常に多い。あまたの。すべての。よろず。例 万感(バンカン)。万事(バンジ)。万物(バンブツ)。❸必ず。どうしても。例 万不レ得レ已(バンやむをえず)(=どうしても仕方がない)。万万(バンバン)。

日本語での用法 《ま》「万利(まり)・也万(やま)」▼「ま」の音にあてた万葉仮名。

古訓 中古 あまたたび・よろづ 中世 もも・よろづ 近世 はち・よろづ

人名 かず・かつ・すすむ・たか・たかし・つむ・つもる・みつる

難読 万里小路(までのこうじ)・万年青(おもと)

【万化】(バンカ) ①万物。大自然。②さまざまに変化すること。例 千変―。

【万巻】(バンカン―マンガン) 多くの書物。例 ―の書をひもとく。

【万感】(バンカン) 一度に心に起こるさまざまな気持ち。例 ―胸にせまる。

【万機】【万▼幾】(バンキ) 天子の政務などにおける、細かい事柄。例 万機公論に決すべし(=天下の政治は世論に従って決定すべきだ。「五箇条(ゴカジョウ)の御誓文(ゴセイモン)」の一部)。

【万金】(バンキン―マンキン) ①多くの金銭。千金。例 家書抵二万金一(カショバンキンにあたる)(=家族からの手紙は大金に相当する)。〈杜甫・春望〉②〔杜甫(トホ)「春望」より〕家族からの手紙。

【万頃】(バンケイ) 〔「頃」は、面積の単位〕非常に広いこと。

【万戸】(バンコ) ①一万戸。②数多くの家々。例 万戸擣レ衣声(バンコきぬをうつのこえ)(=そこかしこの家からきぬたを打つ音が聞こえてくる)。〈李白・子夜呉歌〉③〔万夫の長の意〕宋(ソウ)・元代、各地に派遣され、軍隊を統轄した官職。

【万戸侯】(バンココウ―バンコのコウ) 一万戸の領地をもつ大諸侯。

【万古】(バンコ) ①大昔。大昔から今まで。永久。永遠。万世(バンセイ)。例―不易(フエキ)（＝いつまでも変わらない）。②日「万古焼」の略。江戸中期に、伊勢(いせ)で作り始めた硬質の陶器。

【万▼斛】(バンコク) 〔「斛」は、容量の単位〕非常に多くの分量。

【万骨】(バンコツ) 多くの人々のほね。大きな犠牲。→【一将功成万骨枯】(イッショウコウなりてバンコツかる)（5ページ）

【万歳】一(バンザイ) ①〔古くは、「バンゼイ」「マンザイ」とも〕長い年月。例千秋―。②祝意や喜びをあらわし、おおぜいで一緒にとなえることば。例―三唱。③日〔両手をあげることから〕降参する。お手上げ。二(マンザイ) 日 新年に家々を訪れて祝いのことばを述べたり踊ったりする二人組みの芸人。

【万死】(バンシ) ①助かる見こみがないこと。九死。②何回も死ぬこと。例罪、―に値する。

【万死一生】(バンシイッショウ) 助かりそうもない危険からのがれて生きのびる。九死一生。〔〈漢書・司馬遷伝〉から〕 類万死(のうち)に一生を得(う)る。例―の危難をのがれる。

【万事】(バンジ) すべてのこと。あらゆること。例一事が―（＝一つの事例で他のすべてのことが推しはかられること）。

【万事休】(バンジキュウす) すべてのことが終わる。もはやどうにもならない。〈白居易・老熱〉

【万寿】(バンジュ) 長寿。長命。また、長寿を祝うことば。例―無疆(ムキョウ)たれ（＝長生きしてくださいませ）。

【万象】(バンショウ) 多くの事物のさまざまなかたち。例森羅―（＝天地・宇宙のすべてのもの）。

【万障】(バンショウ) いろいろなさしさわり。例―を繰り合わせて出席する。

【万▼鍾】(バンショウ) 〔「鍾」は、容量の単位〕多くの穀物。手厚い俸禄(ホウロク)をいう。

【万丈】(バンジョウ) 〔一丈の一万倍の意から〕①非常に高い、また長い、深いこと。例―の山。②激しいこと。意気さかんなこと。例波乱―。

【万乗】(バンジョウ) ①〔「乗」は、兵車を数えることば〕兵車一万台。例万乗之国、弑二其君一者、必千乗之家(バンジョウのくにの、そのきみをシイするものは、かならずセンジョウのいえなり)（＝一万台の兵車を出すことのできる国で、君主を殺すのは、千台の兵車を出すことのできる大夫(タイフ)である）。〈孟子・梁恵王上〉②〔天子は戦争のとき、一万台の兵車を出したことから〕天子。また、天子の位。千乗。例―の君(きみ)。

【万世】(バンセイ) 永久。永遠。とわ。万古(バンコ)。例―不朽。

【万世一系】(バンセイイッケイ) 一つの血統が永久に続くこと。

【万世不易】(バンセイフエキ) いつまでも変わらないこと。〔〈荀子・正論〉から〕 類万古(バンコ)不易。

【万姓】(バンセイ) ①すべての役人。百官。②あらゆる人々。万民。

【万石】(バンセキ) 〔一万石(セキ)の意〕①漢代、俸禄(ホウロク)が最高である三公の別称。後代は、広く高官を指した。②一家で五人が各二千石の年俸を受けた家。

【万全】(バンゼン) 少しの手落ちもなく完全なこと。例―を期す。

【万▼朶】(バンダ) 〔「朶」は、垂れた花の枝の意〕たくさんの花が咲いた枝。例―の桜。

【万端】(バンタン) あることにかかわるあらゆる事柄。例準備―整う。

【万難】(バンナン) 多くの障害や困難。例―を排す。

【万人】(バンニン・バンジン) すべての人。多くの人。例―向き。

【万人敵】(バンジンのテキ・バンニンのテキ) 一万人を相手にする戦法。対一人敵(イチニンのテキ)。例学二万人敵一(バンジンのテキをまなばん)（＝一万人を相手にできる兵法を学びたい）。〈史記・項羽紀〉

【万能】日 一(バンノウ) 〔古くは「マンノウ」とも〕①何でもよくできること。例―選手。②すべてに効き目があること。例―薬(ヤク)。二(マンノウ) 「万能鍬(マンノウぐわ)」の略。牛馬に引かせて田畑の土を細かくくだく農具。

【万万】(バンバン・マンマン) ①〔一万個が一万という意〕一億。②非常に大きな数。例以二万万一計(バンバンをもってかぞう)（＝(流行病にかかった人々は)膨大な数にのぼった）。〈後漢書・隗囂伝〉③十分に。よく。例―(バン)承知の上で。④万が一にも。よもや。必ず。例―(バン)失敗はあるまいが。

【万般】(バンパン) あることに関するいろいろな方面のこと。

【万夫】(バンプ) 多くの男子。また、多くの兵士。例―不当（＝多くの男でもかなわないほど強い）。→【一夫】(イップ)（6ページ）

【万福】(バンプク) 多くの幸せ。多幸。例―を祈る。

【万物】(バンブツ) 多くのもの。あらゆるもの。例天地者万物之逆旅(テンチはバンブツのゲキリョ)（＝天地はあらゆるものの仮の宿である）。〈李白・春夜宴桃李園序〉

【万別】(バンベツ) さまざまな違いがあること。例千差―。

【万方】(バンポウ) ①天下の諸侯。また、天下の国々。全国各地。例誕告二万方一(おおいにバンポウにつぐ)（＝広く天下の諸侯に告げる）。〈書経・湯誥〉②あらゆる方面。

【万邦】(バンポウ) あらゆる国々。類万国。例―の共存共栄。

【万民】(バンミン) ①すべての国民。例―法。②諸侯の民。

【万目】(バンモク・マンモク) 多くの人の目。衆目。

【万有】(バンユウ) 宇宙にあるすべてのもの。万物。例―引力（＝二つの物体間の互いに引き合う力）。

【万雷】(バンライ) ①たくさんのかみなり。②鳴りひびく大きな音。例―の拍手。

【万▼籟】(バンライ) 〔「籟」は、音やひびきの意〕風に吹かれて起こるいろいろな物音やひびき。衆籟(シュウライ)。例―死して静寂に帰する。

【万里】(バンリ) 〔一万里の意から〕非常に遠くて長い距離。例―の望み（＝遠い将来への希望）。

【万里侯】(バンリコウ) 都から遠く離れた地方で手柄をあげて、諸侯に封(ホウ)ぜられた者。

【万里同風】(バンリドウフウ) 天下が統一され、万里の遠くまで風俗や文化が同じになる。〈漢書・終軍伝〉

【万里長城】(バンリチョウジョウ) 戦国時代、匈奴(キョウド)の侵入を防ぐために秦(シン)・趙(チョウ)・燕(エン)の国々が北辺に築いた城壁を、秦の始皇帝が中国統一後につなぎ合わせて整えた長い城壁。東は遼東(リョウトウ)から西は臨洮(リントウ)まで続く。その後も歴代王朝によって改築・補充され、現在の姿になったのは明(ミン)代。

【万緑】(バンリョク) 一面、見渡す限りの緑色。

【万緑▼叢中紅一点】(バンリョクソウチュウコウイッテン) ①多くのものの中で一つだけがすぐれて目立つこと。②多くの男性の中にたったひとりの女性がまじっていること。紅一点。

【万言】(マンゲン・バンゲン) 多くのことば。例この感動は―を費やしても言いあらわせない。

【万▼劫】(マンゴウ) 〔「劫(コウ)」は、きわめて長い時間の意〕非常に長い年月。永久。例―末代(マツダイ)。

【万▼仞】【万尋】(マンジン・バンジン) 〔「仞・尋」は、長さの単位〕非常に高くそびえているさま。また、深く切りたっているさま。

【万灯(燈)】(マントウ・マンドウ・バントウ) ①数多くのともしび。②日柄(え)のついた行灯(アンドン)。例―会(エ)（＝多くの灯明(トウミョウ)をともしておこなう供養）。

【万病】(マンビョウ) あらゆる病気。例風邪は―のもと。

【万葉】(マンヨウ) ①たくさんの木の葉。②(バンヨウ) 多くの時代。万世(バンセイ)。よろずよ。③日『万葉集』の略。奈良時代以前の歌を集めた日本最古の歌集。例―調。

【万葉仮名】(マンヨウがな) 日〔『万葉集』に多く用いられたことから〕平仮名・片仮名ができる以前、日本語を書きあらわすために、漢字の音や訓を使って日本語の音節をあらわした漢字の文字列。特に、一字で一音節をあらわしたもの。たとえば、「春」を「波流」、「山」を「也末」、「大和」を「八間跡」と書くもの。真仮名。

【万力】（マンリキ） 日 ①材料をはさんでねじで締め、加工しやすいように固定する工作器具。バイス。②船具で、綱のはしに鉤のついたもの。③物を上げ下げする滑車。轆轤。

与

一2（3） 1 4531 4E0E 常用

一 ヨ 漢 呉 語 yǔ
二 ヨ 漢 呉 御 yù
三 ヨ 漢 呉 魚 yú
あたえる（あた-ふ）・くみ-する（くみ-す）・あず-かる（あづ-かる）

[與] 臼6（13） 2 7148 8207 人 旧字体。

筆順 一 与 与

なりたち [会意]「両手でもちあげる形」と「与（＝あたえる）」とから成る。仲間になる。

意味 一 ❶仲間になる。親しむ。たすける。くみする。例 与国。与党。❷対処する。あしらう。くみする。例 易レ与（くみしやすし）（＝相手として、あつかいやすい）。❸一緒に（する）。ともに。ともにす。くみする。例 豎子不レ足二与謀一（ジュシともにはかるにたらず）（＝あの小僧はともに謀をめぐらすには値しない）。〈史記・項羽紀〉❹あたえる。例 与奪。給与。❺…と。並列をあらわす。例 子罕言二利与レ命与レ仁一（シまれにリとメイとジンとをいう）（＝孔子は利益と運命と仁のことはめったに話さなかった）。〈論語・子罕〉❻…より。比較をあらわす。例 礼与二其奢一也、寧倹（レイはそのシャならんよりは、むしろケンなれ）（＝礼はぜいたくよりは、質素な方がよい）。〈論語・八佾〉❼…のために。例 嘗与レ人傭耕（かつてひとのためにヨウコウす）（＝かつて人にやとわれて土地を耕していた）。〈史記・陳渉世家〉 二 ❶参加する。かかわる。あずかる。例 関与。参与。❷⇩【与与】 三 疑問・感嘆の語気をあらわすことば。…か。…かな。通 歟。例 是魯孔丘与（これロのコウキュウか）（＝この人は魯の孔丘ですか）。〈論語・微子〉

古訓 中古 あたふ・あづかる・かな・くみす・ため・と・とも・ともがら・ともなふ・ともに・ゆるす・より 中世 あたふ・あたふる・くみす・ため・と・ともなふ・ともに・ゆるす 近世 あたふ・あづかる・および・か・くみ・くみする・しく・と・まつ・ゆるす・よし

人名 あたう・あたえ・あと・あとう・くみ・すえ・たすく・ため・とも・ひとし・もと・もろ・よし・より

【与議】（ヨギ） 関係者や当事者と語り合う。議論や相談の相手となる。例 恥二悪衣悪食一者、未レ足二与議一也（アクイアクショクをはじるものは、いまだともにはかるにたらず）（＝粗末な衣裳や食事を恥じる者は、語り合うに足りない）。〈論語・里仁〉

【与国】（ヨコク） 互いに助け合う約束をした国。同盟国。例 ヨーロッパ連合の―となる。

【与奪】（ヨダツ） あたえることと、うばうこと。例 生殺―の権。

【与知】（ヨチ） そのことに関係して知っている。

【与党（黨）】（ヨトウ） 日 ①政党政治で、政権を担当している政党。対 野党。②仲間。同志。

【与与】（ヨヨ） ①草木や作物が生い茂るさま。②作法にかなっているさま。威儀が整っているさま。〔一説に、落ち着いているさま〕③行ったり来たりするさま。④ためらっているさま。

●関与（カンヨ）・給与（キュウヨ）・寄与（キヨ）・参与（サンヨ）・授与（ジュヨ）・賞与（ショウヨ）・贈与（ゾウヨ）・貸与（タイヨ）・天与（テンヨ）・投与（トウヨ）

丐

一3（4） 2 4802 4E10

カイ 漢 泰 gài
こ-う（こ-ふ）

意味 ❶ものをねだる。こう。例 丐取（カイシュ）。❷こじき。例 乞丐（キッカイ・コツガイ）。❸あたえる。例 貸丐（タイカイ）。

難読 乞丐（ものもらい）

【丐者】（カイシャ） 物乞いをする人。こじき。丐夫（カイフ）。

【丐取】（カイシュ） ゆすり取る。おどし取る。恐喝する。

【丐命】（カイメイ） 命乞いをする。助命をこいねがう。

[丈] 一3（4） ⇩丈（ジョウ）（16ページ）

丑

一3（4） 1 1715 4E11 人

チュウ（チウ） 漢 有 chǒu
うし

[丒] 一3（4） 4 0104 4E12 俗字。

なりたち [象形] 人が手の指を曲げて、ものをつかむ形。借りて、十二支の第二に用いる。

意味 十二支の二番目。方位では北北東、時刻では午前二時、およびその前後の二時間、月では陰暦の十二月、動物ではウシにあてる。うし。例 丑寅（うしとら）。丑三つ時（うしみつどき）。

古訓 中古 うし 中世 うし 近世 うし・てがし・むすぶ

【丑▼寅】（うしとら） 〔「丑」「寅」は、ともに十二支の一つ〕丑と寅の中間の方角で、北東。鬼門にあたる。易（エキ）で「艮（コン）」を配するところから「艮」の字をあてる。

【丑三つ】【丑満】（うしみつ） 日 昔の時刻で、丑の刻を四つに分けたうちの三番目。午前二時から二時半ごろ。真夜中。例 草木も眠る―時。

不

一3（4） 1 4152 4E0D 教4

一 ブ 慣 フ 漢 呉 物 bù
二 フウ 漢 フ 呉 有 fǒu

筆順 一 ア 不 不

なりたち [象形]「一（＝天）」と、鳥が飛び立ってその羽や尾が見える形。鳥がおりてこない。派生して「そうではない」の意。

意味 一「ず」と読み、…でない・…しない、の意。否定をあらわす。例 人不レ知而不レ慍（ひとしらずしていきどおらず）（＝他人が理解してくれなくても、いからない）。〈論語・学而〉 不正（フセイ）。 二「（や）いなや」と読み、…なのかどうか、の意。通 否。例 可レ予不（あたうべきやいなや）（＝与えてよいかどうか）。〈史記・廉頗藺相如伝〉

古訓 中古 あらず・いな・いなや・ず・せず・なし 中世 あらず・いなや・ず 近世 あらじ・あらず・いなや・しからず・せず

人名 ず

難読 不知火（しらぬい）・不如帰（ほととぎす）・不相変（あいかわらず）・不拘（かかわらず）・不味（まずい）・不知不識（しらずしらず）・我不関焉（われカンせずエン）

【不安】（フアン） ①心配なこと。気がかりで落ち着かないさま。例 居処不レ安（キョショやすからず）（＝日常生活も落ち着かない）。〈論語・陽貨〉 ②世の中が落ち着かず、これからどうなるかよくわからないこと。例 政情―。

【不意】（フイ） 思いがけないこと。突然であるさま。例 ―の出費。

【不一】【不乙】（フイツ） 手紙の終わりに書くことば。不具。不二（フジ）。不悉（フシツ）。不尽。〔十分に内容や気持ちを述べ尽くしていない意〕

【不運】（フウン） 運が悪いこと。幸せにめぐまれないさま。対 幸運。

【不壊】（フエ） 〔仏〕こわれない。滅びない。永遠不滅。例 金剛（コンゴウ）―。

【不易】 一（フエキ） 変わらないこと。不変。例 ―流行。 二（イフ） 簡単ではないこと。多難。

【不縁】（フエン） 日 ①夫婦や養子などの縁が切れること。離縁。例 つりあわぬは―のもと。②縁組みがまとまらないこと。

【不穏】（フオン） おだやかでないこと。事件や争いなどが起こるおそれがあるさま。例 ―な状況が続く。

【不可】カフ ①よくないこと。また、できないこと。例入室ー。可もなくーもない。②…することができない。例ー抗力。③日試験の成績を評価することばで、不合格。例優・良・可・ー。

【不可解】フカカイ 理解できないこと。わけのわからないさま。例ーな行動。

【不可欠(缺)】フカケツ 欠くことができないこと。どうしても必要なこと。例必要ー。

【不可思議】フカシギ 人間の知識ではとても理解できないさま。不思議。例ーな事件。

【不可侵】フカシン 侵害を許さないこと。例ー条約。

【不可能】フカノウ できないこと。例計画の実現はーになった。

【不可避】フカヒ さけることができないこと。例これで議会の解散はーになった。

【不可分】フカブン わけることができないこと。切り離しては考えられないさま。例密接ーな関係。

【不快】フカイ ①おもしろくないこと。不愉快なさま。例ーに思う。ーな顔をする。②体調がよくないこと。気分がすぐれないさま。例ごーの由よし。

【不覚】フカク ①おぼえず 気づかない。意識しない。例春眠不レ覚レ暁シュンミンあかつきをおぼえず(=春の眠りは心地よく、いつ夜が明けたのかわからない)。〈孟浩然・春暁〉②はっきり意識しないこと。例前後ーに酔っぱらう。③日心がまえがしっかりできていないこと。油断して思わぬ失敗をすること。例ーを取る。

【不刊】フカン 〔「刊」は、竹簡に書いた誤りを削り取ること〕変更する必要のない。永久不変の。例ーの書(=不変の書)。

【不軌】フキ ①法や規則を守らないさま。例豪快でーな態度。②反逆すること。例ーをくわだてる。

【不帰】フキ 二度と帰らないこと。例ーの客となる(=死ぬ)。

【不起】フキ 病気に回復の見こみがないこと。

【不▼諱】フキ 〔「諱」は、忌み避ける意〕①ごまかさずに、はっきり言う。直言する。②君主や父兄など、目上の人の本名を避けずに用いる。〔中国では名を直言するのは非礼とされていた〕③死の婉曲エンキョク表現。〔死はだれにも避けられないことから〕

【不▼羈】フキ 〔「羈」は、つなぐ意〕①束縛を受けず自由にふるまうこと。例奔放ー。ー独立。②才能が人よりもはるかにすぐれていて、おさえつけられないこと。非凡。例ーの才。

【不義】フギ ①人としての正しい道にはずれること。②日男女間の道にはずれた関係。例ー密通。

【不吉】フキツ 何かよくないことが起こりそうな兆しがあること。縁起が悪いさま。例ーな夢を見る。

【不気味】ブキミ 日得体が知れず気味が悪いさま。無気味ブキミ。例ーな笑いをうかべる。

【不朽】フキュウ いつまでも価値を失わないこと。のちの世に長く残ること。例文章経国之大業、不朽之盛事ブンショウはケイコクのタイギョウにして、フキュウのセイジなり(=文学は国を治めるための重要な事業であり、永久に価値を失うことのない偉大な事業である)。〈曹丕・典論〉ーの名作。

【不漁】一フギョ ギョせず 魚を捕らない。二フリョウ 日漁の獲物が少ないこと。対大漁。

【不共】フキョウ 〔「共」は恭で、慎む意〕慎みに欠けている。

【不況】フキョウ 〔「況」は、ありさまの意〕景気が悪いこと。不景気。対好況。例長引くー。類

【不興】フキョウ ①盛んにならない。起こらない。②日目上の人の機嫌をそこねること。例上役のーを買う。③日おもしろくないこと。興がさめること。

【不器用】ブキヨウ ①才能がないこと。②日手先を使う仕事が下手なこと。無器用。対器用。③日ものごとの処理や人とのつきあい方が下手なこと。要領が悪いさま。無器用。

【不行状】フギョウジョウ よくないおこないや、ふるまい。類不行跡ギョウセキ。

【不具】フグ ①備わっていない。②身体の一部に障害があること。③手紙の終わりに書くことば。不一イツ。不二ジ。不悉シツ。不尽。〔十分に内容や気持ちを述べ尽くしていない意〕

【不虞】フグ ①思いがけない。予期しない。また、そのような事柄。例不虞之誉フグのほまれ(=思いがけずに得る名誉)。〈孟子・離婁上〉②死の婉曲エンキョク表現。

【不遇】フグウ 能力や才能がありながら、世間から十分な評価を受けないこと。例ーをかこつ。

【不▼倶戴天】フグタイテン ともにテンをいただかず 同じ天の下に生きていられないと思うほど、深くうらみにくむこと。〔〈礼記・曲礼上〉から〕例ーの敵かたき。

【不屈】フクツ どんな困難や障害にもくじけないこと。例不撓フトウー。

【不群】フグン グンせず 傑出している。とび抜けてすぐれている。群を抜く。例白也詩無レ敵、飄然思不レ群ハクやシにテキなく、ヒョウゼンとしておもいグンせず(=李白ハクは詩において並ぶものがなく、着想は高々と他よりとび抜けている)。〈杜甫・春日憶李白〉

【不経】フケイ 〔「経」は、つね・道理の意〕①常道をふみはずすこと。正道にそむくこと。②根拠のないでたらめ。荒唐無稽ケイで道理に合わないこと。

【不敬】フケイ ①慎みがなく失礼である。②日皇室や社寺に対して失礼な言動をとること。例ー罪。

【不潔】フケツ ①よごれていて、きたないさま。例ーな身なり。②けがらわしい。正しくない。例不レ屑二不潔一フケツをいさぎよしとせず(=不正な行為をいやがる)。〈孟子・尽心下〉▽対清潔。

【不言実行】フゲンジッコウ あれこれ言わずに、やるべきことをきちんとやること。例ーの人。

【不言▼之教】フゲンのおしえ ことばによらず、自然のうちに人をさとす教え。老荘の無為自然の教え。〈老子・二〉

【不▼辜】フコ 〔「辜」は、罪の意〕罪のないこと。また、その者。無辜ム。

【不孝】フコウ 親を大切にしなかったり、親の気持ちに逆らったりすること。例親ー。

【不幸】フコウ ①幸福でないさま。ふしあわせ。対幸福。例不幸短命死矣フコウタンメイにしてシせり(=不幸にも年若くして死んだ)。〈論語・雍也〉②親戚シンセキや知り合いの死。

【不▼苟】フコウ いやしくもせず いい加減にしない。なおざりにしない。

【不穀】フコク 〔「穀」は、善の意〕古代の王や諸侯の、自己の謙称。わたくし。例不穀之国雖レ小フコクのくにショウなりといえども(=わたくしの国は小さくはございますが)。〈韓非・十過〉

【不才】フサイ ①才能がないこと。例自らのーを嘆く。②自分を、へりくだっていうことば。非才。

【不在】フザイ ①その場にいないこと。また、留守であること。例ただいまーです。②死。

【不作】フサク ①仕事をしない。農作業をしない。②おこらず 世にあらわれない。③日農作物のできが悪いこと。対豊作。例ー続き。④日(人や作品などで)優秀なものが見られないこと。例今年の絵画界はーだ。

【不二】フジ ①二つとないこと。ただ一つであること。②変心しないこと。ふたごころがないこと。③日手紙の終わりに書くことば。不一イツ。不具。不悉シツ。不尽。〔十分に内容や気持ちを述べ尽くしていない意〕④日富士山。

【不時】フジ ①ときならず 適当な時でないとき。例不レ時不レ食ときならざればくらわず(=季節はずれのものは食べない)。〈論語・郷党〉②思いがけないとき。予期しないとき。例ーの来客。

【不思議】フシギ なぜそうなのかわからないこと。普通では考えられない、あやしいこと。例 世界の七な—。

【不▼悉】フシツ 手紙の終わりに書くことば。不一フイツ。不具。不尽。〔十分に内容や気持ちを述べ尽くしていない意〕

【不日】フジツ 何日もたたないうち。近いうち。近日中。例 —参上いたします。

【不実】フジツ ①誠実でないこと。例 —を責める。②真実と違うこと。例 —の記事。

【不▼躾】ぶしつけ 日 しつけ・作法がよくないこと。失礼なさま。例 —なお願い。

【不死身】フジみ 日 ①どんなひどい目にあっても死なないこと。また、そのようなからだ。②どんな苦しみにもたえて、くじけないこと。また、そのような人。

【不淑】フシュク 〔「淑」は、よいの意〕①よくない。②弔問のことば。おくやみ。例 如何不淑いかんぞフシュクなる（＝何というご不幸でございましょう）。〈礼記・雑記上〉

【不純】フジュン ①純粋でないこと。まじっている。例 —物。②純真でないこと。また、ことばやおこないに、何か下心が感じられる。例 動機が—だ。▽対 純粋・純真。

【不順】フジュン ①道理にそむく。②日 順調でないこと。例 生理—。③日 気候が安定しないこと。

【不肖】フショウ 〔「肖」は、似る意〕①親や師に似ないで、できが悪い。自分をへりくだっていうことば。例 —の子。②おろかなこと。不才。例 —ながら全力を尽くします。

【不承】フショウ 日 「不承知」の略。承知しないこと。

【不祥】フショウ ①縁起のよくないこと。めでたくないさま。不吉。例 —な兆し。②好ましくないこと。よくないこと。例 —事。

【不詳】フショウ くわしくわからないこと。はっきりしないこと。不明。未詳。例 不レ詳二其姓字一そのセイジをつまびらかにせず（＝姓と字あざなもはっきりわからない）。〈陶淵明・五柳先生伝〉 年齢—。

【不浄】フジョウ ①清浄でないこと。けがれていること。対 清浄。例 —の金かね。②日 〔「ご不浄」の形で〕便所。はばかり。トイレ。〔女性のことば。やや古い言い方〕

【不精】ブショウ 日 めんどうくさがって怠けること。無精。例 筆—。

【不臣】フシン ①臣下にふさわしくない行動をとる。②臣下でも敬意をもって遇する。例 —の礼（＝臣下として下に見ることはしない礼法）。

【不信】フシン ①信用しないこと。信じないこと。例 人間—。②信義に反すること。例 —を責める。

【不振】フシン 勢い・はたらき・成績などがふるわないこと。例 食欲—。

【不審】フシン ①よく調べていないこと。②不明な点があること。はっきりしないさま。③日 疑わしいこと。あやしいこと。例 —をいだく。

【不仁】フジン ①人としての思いやりに欠けていること。薄情。②皮膚が感覚を失ったり、手足がしびれたりする病。

【不尽】フジン ①つきないこと。つくさないこと。例 審理—。②手紙の終わりに書くことば。不一フイツ。不具。不悉フシツ。〔十分に内容や気持ちを述べ尽くしていない意〕

【不寝番】フシンバン 日 寝ずの番をつとめること。また、その人。

【不随】フズイ からだが思うように動かないこと。例 半身—。

【不粋】ブスイ 日 人情の機微や風流な趣などについてのこまやかな心の動きがわからないさま。無粋。野暮やぼ。例 —な人。

【不世】フセイ めったに世にあらわれることのない。非凡。例 不世之功フセイのコウ（＝非常にすぐれた功績）。〈後漢書・隗囂伝〉

【不正】フセイ 正しくないこと。例 —行為。

【不世出】フセイシュツ めったに世にあらわれることがないほどにすぐれていること。例 略不世出者也リャクはフセイシュツなるものなり（＝知謀は世にもまれな人である）。〈史記・淮陰侯伝〉

【不▼屑】フセツ ①価値を認めない。②気にかけない。もののかずにしない。

【不宣】フセン ①世に広めて明らかにしない。②手紙の末尾に書くことば。〔細かく述べ尽くせなかったという意〕

【不全】フゼン 状態やはたらきが十分でないこと。不完全。不良。例 発育—。

【不善】フゼン よくないこと。→【小人間居為二不善一】ショウジンカンキョしてフゼンをなす（395ページ）

【不然】フゼン ①正しくない。間違い。②しからず（上に述べたことを否定して）そうではない。③命令に従わない。

【不足】フソク ①たりないこと。類 不十分。例 —の金額。②ものたりないこと。不満。例 相手にとって—はない。

【不測】フソク 前もって知ることができないこと。予測できないこと。例 —の事態。

【不即不離】フソクフリ ①〔仏〕現象面では異なっていても、本質は同じということ。〈円覚経・上〉②くっつきすぎもせず、はなれすぎもしない距離にあること。例 —の関係を保つ。

【不遜】フソン 自分をすぐれた者として、まわりを見くだした態度をとること。高慢。対 謙遜。例 奢則不遜おごればすなわちフソン（＝贅沢ゼイタクをすれば他人を見くだすようになる）。〈論語・述而〉 傲岸ガン—。

【不第】フダイ 落第。科挙（＝官吏登用試験）に合格しないこと。

【不退転】フタイテン 強い意志をもち、けっしてあとに引かないこと。例 改革には—の決意でのぞむ。

【不断】フダン ①絶えず続けること。例 —の努力。②決断力がないこと。例 優柔—。③日 いつも。日ごろ。つねに。普段。例 —着ぎ。

【不治】フチ・フジ ①人や国を治めない。②治まらず不安定である。③回復の見こみがないこと。例 —の病におかされる。

【不中】フチュウ ①目標に当たらない。命中しない。②適当でない。③悪い。ひどい。よくない。④落第する。

【不忠】フチュウ ①他人に対して真心を尽くさない。例 為レ人謀而不レ忠乎ひとのためにはかりてチュウならざるか（＝人のために考えて、真心を尽くさなかったのではないか）。〈論語・学而〉②主君に忠義を尽くさないこと。例 —の臣。

【不調】フチョウ ①まとまらないこと。ととのわないこと。例 交渉は—に終わる。②日 調子がよくないこと。順調でないこと。対 好調。例 からだの—をうったえる。

【不調法】ブチョウホウ 日 ①てぎわが悪いこと。下手なこと。例 —者ですが、よろしくお願いいたします。②不注意などによるあやまち。失敗。例 —をしでかす。③酒・タバコ・芸事などをたしなまないこと。例 酒はとんと—でございます。▽無調法。

【不通】フツウ ①鉄道や道路などの交通が通じないこと。②意味が通じないこと。例 文意—。③手紙などのやりとりがないこと。例 音信—。

【不弟】【不▼悌】フテイ 兄や年長者に対して従順でないさま。

【不定】フテイ さだまらないこと。決まっていないこと。例 —の収入。住所—。

【不貞】フテイ ①節義を守らない。正しくない。②貞操を守らないこと。例 —をはたらく。

【不庭】フテイ 〔朝廷に出かけないことから〕王命に服さないこと。反逆。例 不庭之臣フテイのシン（＝反逆の心をもった臣下）。〈呉越・夫差内伝〉

【不▼逞】フテイ ①心に不平不満をもつこと。ふとどきなこと。

例 —の徒。②反乱をおこす。③わがまま。

【不定称】フテイショウ 日〔言〕指示代名詞の一つ。「どれ」「どこ」「どちら」「だれ」など。

【不敵】フテキ ①テキせず 相手の力が強くて敵対できない。相手にならない。例 衆寡不レ敵(シュウカテキせず)(=少数では多数にかなわない)。〈魏志・張範伝〉 ②敵対するものがいない。無敵。③日おそれないこと。ものおじしないこと。例 大胆—。

【不当】フトウ 正当でないこと。適当でないさま。対正当。例 —な要求。

【不倒】フトウ たおれないこと。例 最長—距離。

【不倒翁】フトウオウ 起き上がりこぼし。

【不等】フトウ ひとしくないこと。均等でないこと。例 —沈下。

【不同】フドウ 同じでないこと。また、そろわないで、ばらばらなこと。例 大小—。

【不動】フドウ ①動かないこと。例 —の地位。②〔仏〕「不動明王(ミョウオウ)」の略。五大明王の一つ。右手に剣、左手に縄をもち、炎を背に負って、怒りの相をあらわす。

【不▼撓不屈】フトウフクツ 〔「撓」は、曲げる・たわめる意〕どんな困難にあっても、くじけないこと。例 —の精神。

【不徳】フトク ①徳の足りないこと。例 私の—のいたすところです。②道徳に反すること。背徳。例 —漢。

【不得要領】フトクヨウリョウ 要領をえないさま。例 —な説明。

【不如意】フニョイ ①思うようにならないこと。②日お金がなくて生活が苦しいこと。例 手もと—。

【不▼佞】フネイ ①弁舌の才がない。口下手。例 雍也、仁而不佞(ヨウや、ジンにしてネイならず)(=冉雍(ゼンヨウ)は、仁をそなえるが弁が立たない)。〈論語・公冶長〉 ②自己の才能を謙遜(ケンソン)していうことば。不才。

【不燃】フネン もえないこと。対可燃。例 —物。

【不能】フノウ ①できないこと。不可能。対可能。例 再起—。②才能や能力がないこと。無能。③日男としての性的な能力がないこと。インポテンツ。

【不発】フハツ ①矢・弾丸が発射されないこと。また、砲弾・爆弾などが破裂しないこと。例 —弾。②ハッせず 明らかにしない。教え導かない。例 不レ悱不レ発(ヒせずんばハッせず)(=言おうとして、言いあぐねるほどにならなければ、教え導かない)。〈論語・述而〉 ③ある計画などが実行されないこと。例 —に終わる。

【不抜】フバツ 強くてしっかりしていること。ゆるがないこと。例 堅忍—。

【不備】フビ ①十分にととのっていないこと。例 書類に—がある。②手紙の終わりに書くことば。不一(フイツ)。不二(フジ)。不具。不悉(フシツ)。〔十分に意を尽くしていない意〕

【不評】フヒョウ 日評判がよくないこと。不評判。対好評。例 —を買う。

【不敏】フビン ①頭の回転がにぶく、仕事がおそい。②自己の才能を謙遜(ケンソン)していうことば。不才。

【不▼憫】【不▼愍】フビン 日かわいそうなこと。あわれなこと。気の毒。不便(フビン)。例 残された子が—だ。

【不服】フフク ①不満なこと。納得できないこと。例 —を申し立てる。②従わないこと。不服従。

【不文法】フブンホウ 日〔法〕文章に書きあらわしてない法律。慣習法や判例法など。不文律。対成文法。

【不文律】フブンリツ 日①「不文法(フブンホウ)」に同じ。②そのグループ内では、特に言わなくてもみんなが心得ている決まり。

【不平】フヘイ ①平らでない。②公平でない。③気に入らなくて不満なこと。例 —不満。

【不変】フヘン かわることがないこと。対可変。例 —の真理。

【不偏】フヘン かたよらないこと。例 公正—の態度。

【不偏不党(黨)】フヘンフトウ 中立の立場をとり、どの考え方にも、どのグループにも味方しないこと。〈墨子・兼愛下〉

【不便】[一]フベン 便利でないこと。対便利。例 —な土地。—を生じる。[二]フビン 日「不憫(フビン)」に同じ。

【不法】フホウ 法にはずれること。例 —出国。

【不磨】フマ すり減ることがない。不朽。不滅。例 —の大典(タイテン)。

【不満】フマン ①満ち足りない。いっぱいにならない。②満足できない。もの足りない。納得できない。例 —な結果に終わる。

【不眠】フミン ねむらないこと。また、ねむれないこと。例 —症。

【不眠不休】フミンフキュウ ねむらず、休まず努力すること。

【不明】フメイ ①あきらかでないこと。はっきりしないこと。不詳。例 原因—。②道理をわきまえないこと。十分な才能や能力がないこと。〔多く、謙遜(ケンソン)していう〕例 —を恥じる。

【不滅】フメツ いつまでもなくならないこと。永久に消えないこと。

【不面目】フメンボク・フメンモク 世間的に恥ずかしいこと。面目をつぶすさま。類不名誉。例 まったく—なことです。

【不毛】フモウ ①土地がやせていて作物が育たないこと。対肥沃(ヒヨク)。例 深入二不毛一(ふかくフモウにいれり)(=作物が育たないような奥地にまで進攻した)。〈諸葛亮・出師表〉 ②日成果がないさま。例 —な議論。

【不問】フモン 問題にしないこと。問いただしたりしないこと。例 —に付す。

【不夜城】フヤジョウ ①漢代、夜間にも太陽が出て照らしたという伝説上の城。②夜でも真昼のように明るく、にぎやかな場所。例 都会の盛り場はまさに—だ。

【不友】フユウ 兄弟の仲が悪い。

【不予(豫)】フヨ 〔「予」は、もと「豫」で、よろこぶ意〕①よろこばないこと。不快。②天子の病気。不例。

【不用】フヨウ ①使わないこと。対入用。例 —の品物。②役に立たないこと。無用。例 —品。

【不要】フヨウ ①してはいけない。しないほうがいい。②日必要でないこと。いらないこと。対必要。例 —不急。

【不養生】フヨウジョウ 健康に気を配らないこと。類不摂生。例 医者の—。

【不▼埒】フラチ 日ふるまいが人をないがしろにしていて、けしからぬこと。例 —者(もの)。

【不利】フリ ①利益がないこと。損をすること。例 —な状況。②戦争や試合で、勝つ見こみのないこと。例 形勢—。▽対有利。

【不立文字】フリュウモンジ 〔仏〕禅宗での考え方で、悟りは文字やことばで伝えられるものではないということ。〈五灯会元・七仏・釈迦牟尼仏〉

【不慮】フリョ ①思慮・配慮がないこと。例 所二不慮而知一者、其良知也(フリョにしてしるところのものは、そのリョウチなり)(=考えなくても生まれつきわかっていることが良知である)。〈孟子・尽心上〉 ②思いがけないこと。〔よくないことについていう〕例 —の事故。

【不良】フリョウ ①よくないこと。例 発育—。②悪いおこないをすること。また、その人。例 素行(ソコウ)—。

【不猟】フリョウ ①リョウせず 狩りをしない。②狩猟の獲物が少ないこと。対大猟。

【不料簡】【不了簡】フリョウケン 日考え方がよくないこと。例 —をおこす。

【不倫】フリン ①程度・種類が違う。②日人として守るべき道にはずれていること。特に、男女の許されない恋愛関係。

【不例】フレイ 日〔普通ではない意〕身分の高い人の病気。不予。例 ご—。

【不老不死】フロウフシ いつまでも年をとらないで、死なないこと。〈列子・湯問〉

【不▼禄】ロク ①士の身分である人の死をいうことば。②諸侯や大夫タイの死亡を他国に伝えるときに用いる謙称。例寡君不禄カクンフロクせり(=当国の君主が死亡しました)。〈礼記・雑記上〉

【不和】ワ ①ワせず 調和しない。例小人同而不レ和ショウジンはドウじてワせず(=つまらない人物は、見さかいなく人に同調するが調和しない)。〈論語・子路〉②仲が悪いこと。例家庭―。③表情がなごやかでないさま。

【不惑】ワク ①まどわず 心がとらわれず、迷いのないこと。②四十歳の別名。[「四十而不レ惑シジュウにしてまどわず(=四十歳になって、まどうことがなくなった)。〈論語・為政〉」から]

丏

一3(4) 4 0103 4E0F ベン漢 メン呉 銑 miǎn

意味 ❶おおわれて見えない。❷矢を避けるためのかきね。

且

一4(5) 1 1978 4E14 常用 一シャ漢呉 馬 qiě 二ショ漢 ソ呉 魚 jū かつ・しばら-く・も-し

筆順 丨 冂 月 月 且

なりたち [象形] まないたの形。借りて「そのうえに、さらに」の意。

意味 一❶かつ。そのうえに。さらに。二つのことを重ねる意をあらわす。例不義而富且貴、於レ我如二浮雲一フギにしてとみかつたっときは、われにおいてフウンのごとし(=道にはずれたことをして富を得、その上高い地位につくのは、わたしにとっては何の値打ちもない)。〈論語・述而〉❷かつ。そもそも。問題を提起する意をあらわす。例且予与三其死二於臣之手一也かつわれそれシンのてにてしなんよりは(=そもそも私は、にせの家臣にみとられて死ぬよりは)。〈論語・子罕〉❸しばらく。ひとまず。動作がとりあえずおこなわれることをあらわす。例先生且休矣、吾将レ念レ之センセイしばらくやすめ、われまさにこれをおもわんとす(=先生はしばらくお休みください。私はこれを考えてみます)。〈史記・淮陰侯伝〉❹「まさに…す」と読む再読文字。今にも…しそうになる。行為や事態がおころうとする意をあらわす。例引レ酒且レ飲レ之さけをひきてまさにこれをのまんとす(=酒をひきよせ、今にも飲もうとする)。〈戦国策・斉二〉❺…すらかつ。…さえなお。抑揚の表現で用いる。例死且不レ避シすらかつさけず(=死でさえなお恐れない)。〈史記・項羽紀〉❻もし。かりに。仮定をあらわす。例君且欲二覇王一、非二管夷吾一不可きみもしハオウたらんとほっせば、カンイゴにあらずんばフカなり(=わが君がもし覇王になることをお望みなら、管夷吾を用いなければなりません)。〈史記・斉太公世家〉

二❶まないた。机。祭りの供え物をのせる台。❷多いさま。❸陰暦六月の別称。例且月ショゲツ。

古訓 中古 かつがつ・かつは・しばしば・しばらく・また 中世 かつ・まさに・また 近世 おほし・かつ・かりそめ・これ・しばらく・すすむ・すなはち・つつしむ・ほとんど・まさに・また・ゆく

人名 あき・あきら・すすむ

【且月】ショゲツ 陰暦六月の別称。

丘

一4(5) 1 2154 4E18 常用 キュウ(キウ)漢 ク呉 尤 qiū おか(をか)

[坵] 土5(8) 4 0472 5775 別体字。

筆順 ノ 丿 𠂆 斤 丘

なりたち [会意]「北(=人の住むところから見て北のほう)」と「一(=地)」とから成る。自然に土の高くなっている所。一説に、四方が高く中央が低くなった、おかの形。

意味 ❶低い山。小高い地形・土地。おか。例丘陵キュウリョウ。砂丘サキュウ。❷小高く土を盛った墓。つか。例丘墳キュウフン。丘墓キュウボ。❸むかし都市のあった跡地。廃墟ハイキョ。例丘墟キュウキョ。❹村落。また、土地の区画単位。❺大きい。例丘牛キュウギュウ(=大きなウシ)。❻空っぽの。例丘城キュウジョウ(=空き城)。

古訓 中古 つか・をか 中世 つか・をか 近世 あつまる・つか・をか

人名 たか・たかし

【丘▼軻】キュウカ 孔子と孟子モウシ。[孔子の名は丘、孟子の名は軻であることから]

【丘▼壑】キュウガク [「壑」は、谷の意] ①丘陵と渓谷。丘と谷。②隠者が住む、俗世間を離れた所。

【丘▼墟】キュウキョ ①荒れ果てた土地。廃墟。②丘陵。

【丘索】キュウサク 『八索』と『九丘』という古代伝説上の書物。のち、古書や古典をいう。

【丘山】キュウザン ①丘と山。②山林。③非常に重要なこと。また、非常に多いこと。山のようにあること。

【丘首】キュウシュ [キツネが死ぬとき自分がすんでいる丘の方に頭を向けるということから] ふるさとを思うこと。首丘。

【丘▼冢】【丘塚】キュウチョウ 墓。墳墓。丘土。丘隴キュウロウ。

【丘土】キュウド ①丘。②「丘冢キュウチョウ」に同じ。

【丘墳】キュウフン ①丘。②墓。

【丘墓】キュウボ はか。つか。

【丘民】キュウミン 田舎に住む民。例得二乎丘民一而為二天子一キュウミンにえられてテンシとなる(=田野の民に信頼されて天子になる)。〈孟子・尽心下〉

【丘里】キュウリ 村里。村落。

【丘陵】キュウリョウ ①小さな山。丘。②なだらかな小山が続いている所。例―地帯。

【丘▼隴】キュウロウ [「隴」も、丘の意] ①丘。②「丘冢キュウチョウ」に同じ。③田野。田園。

●砂丘サキュウ・段丘ダンキュウ・比丘ビク

世

一4(5) 1 3204 4E16 教3 セイ漢 セ呉 霽 shì よ・よよ

[丗] 一4(5) 2 5034 4E17 俗字。 [卋] 十4(6) 534B 俗字。

筆順 一 十 卄 廿 世

なりたち [会意]「十」を三つ合わせたもの。三十年。

参考 俗字「丗」は、数字の三十として用いられることがある。

意味 ❶三十年間。よ。例如有二王者一、必世而後仁もしオウジャあらば、かならずセイにしてのちジンならん(=もし天命を受けて王者があらわれたとしても、(この乱世では)きっと三十年たってから初めて、仁の世界が実現するだろう)。〈論語・子路〉❷父のあとを継いでから、その地位を子供に譲るまでの間。よ。例治世チセイ。万世バンセイ。❸人の一生。一代。よ。例世代セダイ。終世シュウセイ。❹あとつぎ。よつぎ。子孫。❺時代。時勢。とき。よ。例世紀セイキ。時世ジセイ。中世チュウセイ。❻よのなか。社会。よ。例世間セケン。世相セソウ。出世シュッセ。❼代々続く。よよ。例項氏世世為二楚将一コウシよよソショウたり(=項氏は代々楚の国の将である)。〈史記・項羽紀〉世家セイカ。世襲セシュウ。❽受け継ぐ。よよにす。例世二其家一そのいえをよよにす(=その家業を受け継いだ)。〈漢書・賈誼伝〉❾生まれる。例随世随死したがいてうまれしたがいてシす(=生まれては死ぬ)。〈列子・天瑞〉❿世を去る。死ぬ。例早世ソウセイ。

古訓 中古 つぐ・よ・よよ 中世 かはる・よ・よよ 近世 うまる・かはる・つぎ・はへる・よ

人名 つぎ・つぐ・とき・ひろ・ひろし

【世運】セイウン・セウン 世の中のなりゆき。例静かに―を見定める。

【世栄】セイエイ 世俗の栄誉。官位や富貴など。
【世家】セイカ ①古代、君主から代々俸禄(ホウロク)を与えられていた家柄。諸侯の類。②『史記』など紀伝体の歴史書で、諸侯などの家の歴史を述べた部分。㊇本紀(ホンギ)・列伝。
【世外】セイガイ|セガイ 俗世間を離れた別天地。世表(セイヒョウ)。
【世紀】セイキ ①帝王の系統を記録した書。例 帝王―。②日 ㋐西暦で、百年間をひと区切りにする年代の数え方。たとえば二十世紀は一九〇一年から二〇〇〇年まで。㋑(ある主題にとって特別と考えられる)時代。年代。例 技術革命の―。㋒(「世紀の」の形で) 一世紀に一度しかあらわれないほどの。最大の。例 ―の祭典。
【世業】セイギョウ|セギョウ ①祖先から代々伝わってきた事業・職業。②祖先からの遺産。③代々受け継ぐ田地。④昔の人のおこなった功労。
【世系】【世▼繫】セイケイ ①祖先から、代々続いている系統。血筋。血統。②系図。系譜。
【世▼卿】セイケイ 世襲の家老職。
【世子】セイシ 天子や諸侯のあとつぎ。皇太子。世嗣(セイシ)。
【世嗣】セイシ|よつぎ 「世子(セイシ)」に同じ。
【世事】一 セイジ|ジセ ①代々伝えられている専門職や技能。②世間の事柄。世の中のできごと。例 ―にうとい。③世間でのつきあい。二 セイジ 日〔仏〕僧が、決められた時間以外に食事をすること。三 ジセ 日「世辞(ジセ)」に同じ。例 ―を言う。
【世儒】セイジュ ①世間の俗な学者。②経学の教師。儒学者。
【世臣】セイシン 昔から代々仕えている家来。譜代の家来。
【世世】セイセイ|よよ ①代を重ねること。代々。また、多くの世。例 生生(ショウジョウ)―(セゼ)(=生死をくり返してめぐる多くの世)。②〔仏〕過去・現在・未来。未来永劫(エイゴウ)。
【世祖】セイソ 中国で、太祖・太宗などに次いで功績のあった皇帝におくられた尊号。後漢(ゴカン)の光武(コウブ)帝・元のフビライ・清(シン)の順治帝など。
【世▼冑】セイチュウ 〔「冑」は、世継ぎ・子孫の意〕 代々続いた、格式のある家の子孫。名家のあとつぎ。
【世嫡】セイテキ|セイチャク 家を継ぐ男子。正妻の長子。また、嫡系の子孫。
【世道】セイドウ|セドウ ①人が守るべき道義。②変化の連続で、何が起こるかわからないこの世のありさま。
【世徳】セイトク 先祖代々積み重ねてきた功徳(クドク)。
【世表】セイヒョウ|セヒョウ ①各時代の出来事を並べ記したもの。②模範。手本。③〔「表」は、外の意〕 世間の外。別天地。世外(セイガイ)。
【世父】セイフ 父の(いちばん年長の)兄。伯父。
【世譜】セイフ 先祖からの血筋を記した系譜。系図。
【世変】セイヘン ①世の中の変遷。②世の中の乱れ。
【世母】セイボ 父の兄の妻。伯母。
【世務】セイム|セム ①世の中のために、今まさにしなければならない仕事。②世俗的な仕事。
【世累】セイルイ|セルイ 世の中のわずらわしい事柄。
【世路】セイロ|セロ ①世の中を生きてゆく方法。世渡り。例 ―の辛酸をなめる。②仕官の道。役人になる道。③世俗。④世の中のありさま。世情。
【世▼禄】セイロク|セロク 代々、子孫にいたるまで受ける俸禄(ホウロク)。
【世論】一 セイロン|セロン ①世間の人々の意見。②〔仏〕他学派の理論。二 セロン|よロン 日 一般世間の多くの人々の意見。大衆の見方や考え方。例 ―調査。―の動向。参考 もともと「輿論(ヨロン)」という語があり、現代表記で「輿」を「世」に書きかえて「世論(よロン)」としたため、現在は、「世論」に「セロン」「よロン」両方の読み方がある。
【世界】セカイ ①〔仏〕〔「世」は、過去・現在・未来の三世(サンゼ)、「界」は、東西南北上下〕 時間的・空間的に、この世の一切。すべて。例 三千―(=「三千大千世界」の略。広い世間)。②世の中。人間社会。生活の場。例 彼とは住む―が違う。③ある限られた範囲・分野。例 医学の―。④日 すべての天体を含み、無限の広がりをもった空間。宇宙。⑤日 地球上にあるすべての国・地域。
【世間】セケン ①〔仏〕すべての生き物が寄り集まって生活する所。娑婆(シャバ)。②人々がかかわりあって生きている場。世の中。例 ―知らず。③日 人々。例 ―が黙ってはいない。
【世間体】セケンテイ 日 世間の人に対する体裁や見え。例 ―を気にする。
【世故】セコ ①生計。生活。②世間の事柄。俗事。③代々にわたってのつきあい。また、古くからのつきあい。④騒乱や内乱などが起こり、世の中が不安定な状態にあること。動乱。⑤日 世の中の習慣。生きるための知恵。例 ―にたけた人。
【世才】セサイ 日 世の中のいろいろな事情に通じている才能。世渡りの才能。世知。例 ―にたける。
【世辞】セジ 日 相手を喜ばせるために言う、本心からではないことば。おべっか。追従口(ツイショウぐち)。世事。例 お―を言う。
【世襲】セシュウ|セイシュウ 職業・地位・財産・名前などを子孫が代々受け継ぐこと。例 ―制。
【世上】セジョウ 世の中。世間。例 ―に取りざたされる。
【世情】セジョウ ①その時代のもつ気風。その時代の雰囲気。②俗な気持ち。俗気。③世の中の事情。世態人情。例 ―にうとい。
【世人】セジン 世の中の人。世間の人。例 ―の批判をあびる。
【世▼塵】セジン 俗世。世の中。また、世の中のわずらわしい事柄。例 ―を避ける。
【世相】セソウ ①〔仏〕世の中の事物や現象。世間相。②世の中のありさま。その時代の様子。例 ―を反映した作品。
【世俗】セゾク ①世の中。世間。また、世間でおこなわれているやり方や考え方。②世間一般の人。③僧以外の人。俗人。
【世尊】セソン 〔仏〕〔梵語(ボンゴ) Bhagavat (=福徳ある者)の訳語〕 仏、すなわち釈迦(シャカ)の尊称。
【世帯】セタイ 日 ①一戸をかまえて暮らすこと。例 ―道具。②同じ家に住み、生計を共にしている者の集まり。例 ―主。参考 「所帯(ショタイ)」と混同して用いるが、「所帯」は、もと、資産・領地の意。
【世態】セタイ 世の中のありさま。世間の様子。例 ―人情。
【世諦】セタイ 〔仏〕「世俗諦」の略。世間に通用する真理。俗諦。㊇真諦(シンタイ)。
【世代】セダイ|セタイ ①時代。特に、ある王朝の統治期間。朝代。②年代。③代々。累代。④日 生まれた年や育った時期で、人々を分けたひと区切り。また、その人々。ジェネレーション。例 ゲーム―。
【世知】【世▼智】セチ ①〔仏〕世俗一般の知恵。②日 世渡りの知恵や才能。世才。例 ―辛(がら)い(=計算高い。暮らしにくい)。―にたける。
【世知弁(辦)】【世▼智弁(辦)】セチベン ①〔仏〕世知にたけていること。②日 わずかのことにも損得を気にするさま。例 ―なこと。
【世評】セヒョウ 世の中の評判。うわさ。例 ―が高い。
【世話】セワ 日 ①世間でのもの言い。例 下(ゲ)―。②庶民的・現代的であること。日常の。例 ―狂言。③人や生き物の面倒をみること。気を配ること。例 ―になる。―を焼く。
●隔世(カクセイ)・近世(キンセイ)・警世(ケイセイ)・現世(ゲンセ|ゲンセイ)・後世(コウセイ|ゴセ)・辞世(ジセイ)・処世(ショセイ)・絶世(ゼッセイ)・前世(ゼンセ|ゼンセイ)・早世(ソウセイ)・治世(チセイ)・中世(チュウセイ)・当世(トウセイ)・渡世(トセイ)・遁世(トンセイ)・来世(ライセ|ライセイ)

乱世セラン/セイラン

丕

一4（5） 2 4803 4E15 ヒ漢呉 支 pī おお-きい（おほ-いなり）

意味 さかん。立派。**おおきい**。多く、天子に関する事柄にいう。例 丕業ヒギョウ。

【丕業】ヒギョウ 大きな事業。立派な仕事。洪業。

【丕承】ヒショウ 帝位を立派に受け継ぐ。

丙

一4（5） 1 4226 4E19 常用 ヘイ漢 梗 bǐng ひのえ

筆順 一 ㄧ 冂 丙 丙

なりたち ［会意］「一（=陽の気）」が「冂」に「入（=はいる）」意。陽が欠け陰のきざしが見える。借りて、十干の第三に用いる。

意味 ❶十干の三番目。**ひのえ**。方位では南、五行ゴギョウでは火にあてる。例 甲乙丙丁コウオツヘイテイ。丙午ひのえうま/ヘイゴ。❷ものの順序・種類で、三番目。例 丙科ヘイカ。❸あきらか。通 炳ヘイ。例 丙火ヘイカ（=明るい火。特に太陽を指す）。

古訓 中古 ひのえ 中世 あきらかなり・ひのえ 近世 あきらか・うをのを・ひかり・ひのえ

人名 あき・あきら・あきらか

【丙科】ヘイカ 科挙（=官吏登用試験）で、第三等級の合格成績。甲科・乙科カツに次ぐ。

【丙午】ヘイゴ/ひのえうま ①〔「午」は、十二支の七番目〕干支えとの一つ。乙巳きのとみの次、丁未ひのとひつじの前。②「①」にあたる年。また、「①」の年に生まれた人。〔中国では災厄のある年とされ、また、日本では、この年生まれの女性は、気性が激しく夫に害を与えるという俗信がある〕

【丙丁】ヘイテイ 火のこと。〔十干のうち、丙・丁は五行ゴギョウ説で火にあたることから〕例 —に付す（=燃やす）。

【丙夜】ヘイヤ 時刻の呼び名で、五夜の一つ。およそ午前零時、およびその前後の二時間。三更。子ねの刻。

㐂

一5（6） ⇨喜キ（257ページ）

丞

一5（6） 1 3071 4E1E 人 ショウ漢 ジョウ呉 蒸 chéng たす-ける（たす-く）・すけ

なりたち ［会意］両手で人を高くもちあげるさま。上位の者をつつしんでたすける。

意味 ❶天子や長官を補佐する。また、その役。副官。例 丞相ジョウショウ。❷うける。通 承。例 丞二上指一ジョウシをうく（=天子の命を受ける）。〈史記・酷吏伝・張湯〉

日本語での用法《ジョウ》「民部丞ミンブのジョウ・大蔵丞おおくらのジョウ」▼律令制の四等官シトウカンで八省の第三位。

古訓 中世 たすくる 近世 うくる・たすく・たすくる・つぐ

人名 すすむ・たすく・つぐ

【丞史】ジョウシ 〔「史」も、補佐する意〕中央・地方官庁の長官を補佐する役人。

【丞相】ジョウショウ 〔「相」も、助ける・補佐する意〕①天子を助けて政務を執った最高の官。宰相。相国ショウコク。②日 大臣の、中国風の呼び名。〔古く、「ショウジョウ」と発音。たとえば、「菅丞相カンショウジョウ（=右大臣菅原道真すがわらのみちざね）」など〕

両

一5（6） 1 4630 4E21 教3 一 リョウ（リャウ）漢呉 養 liǎng 二 リョウ（リャウ）漢呉 漾 liàng ふた-つ・もろ

［兩］入6（8） 2 4932 5169 旧字体。

筆順 一 ㄧ 冂 币 両 両

なりたち ［会意］「一」と「㒳リョウ（=ちょうど二つに分ける）」とから成る。古代のおもり二つの重さ。借りて「ふたつ」の意。

意味 一 ❶二つでひと組みになるものの双方。ふたつとも。**ふたつ**。**もろ**。例 両眼リョウガン。両翼リョウヨク。❷二。**ふたつ**。例 両朝リョウチョウ。一挙両得イッキョリョウトク。❸重さの単位。一斤の十六分の一。二 車を数えることば。通 輛リョウ。例 五両連結ゴリョウレンケツ。

日本語での用法《リョウ》「千両箱センリョウばこ」▼近世の貨幣の単位。金貨で一分ブの四倍、一朱の十六倍。ただし、常に変動した。

古訓 中古 かざる・かたきあり・ふたたび・ふたつ・ふたり 中世 かざる・ふたたび・ふたつ・ふたつながら 近世 かざる・くつ・くつのひぼ・くつひぼ・くるま・たぐひ・ならぶ・ふたたび・ふたつ

人名 ふた

難読 両個リャンコ・両班ヤンバン・両下まや・両舌いつわり/いつわる/いやしくも

【両可】リョウカ 双方ともによい。どちらもよい。例 —説（=相互に矛盾・対立した命題をともに容認すること）。

【両界】リョウカイ/リョウガイ 〔仏〕密教で、金剛ゴンゴウ界（=大日如来の知恵の世界）と胎蔵界（=大日如来の慈悲の世界）。両部。例 —曼陀羅マンダラ。

【両替】リョウがえ 日 ①ある通貨を、別の種類の通貨に等価で取りかえる。②大きな単位の貨幣を同じ額の小さな単位の貨幣に取りかえる。

【両間】リョウカン ①二つのものの間。②天地の間。③〔「間」は、梁はりと梁とのあいだの意〕小屋。

【両漢】リョウカン 前漢（西漢）と後漢ゴカン（東漢）。

【両眼】リョウガン 左右二つの目。双眼。対 隻眼。

【両岐】リョウキ ①ふたまたに分かれること。②ムギ。また、穂先が二つに分かれた実の多いムギ。転じて、豊作。③意見などが分かれること。

【両儀】リョウギ 太極から生じた相対する二つのもの。天と地、陰と陽など。

【両極】リョウキョク ①最北の地と最南の地。北極と南極。②日 電気や磁気のプラス（陽極）とマイナス（陰極）。例 電池の—。③日 正反対で隔たりのある二つのもの。特に、かけ離れた二つのもの。両極端。例 —に分かれる。

【両京】リョウケイ 一 ①二つの都。ア周の鎬京コウケイ（宗周）と洛邑ラクユウ（成周）。イ漢・唐の長安（西京セイケイ）と洛陽（東京トウケイ）。ウ北宋ホクソウの開封カイホウ府（東京）と河南府（西京）。エ元の大都と上都。オ明ミン・清シンの北京ペキンと南京ナンキン。②前漢と後漢ゴカン。両漢。三 リョウキョウ 日 東京と京都。

【両虎相闘】リョウコあいたたかう 〔二頭のトラが対戦する意〕英雄どうし、強国どうしが戦うこと。例 今両虎共闘、其勢不二俱生一いまりょうこともにたたかはば、そのいきおいともにはいきざらん（=今この国を支えている二人が争ったら、必ずどちらかは滅びるであろう。〔国の安泰のために私的な争いは避けたい〕）〈史記・廉頗藺相如伝〉

【両周】リョウシュウ 西周と東周。周王朝（前一一〇〇ごろ—前二五六）を二期に分け、平王が洛邑ラクユウに東遷する（前七七〇ごろ）までを西周、以後を東周という。

【両刃】リョウジン/リョウば/もろは 両面または両側に刃のついている刃物。対 片刃かたば。例 —の剣つるぎ（=役に立つ反面、害にもなることのたとえ）。

【両性】リョウセイ 日 ①雄と雌。男と女。また、それら二つの肉体上の仕組みや心理上の特質。②違いのある二つの性質。

【両税法】リョウゼイホウ 唐の徳宗の時、楊炎ヨウエンの建議によって採用された税法。一年に春と秋の二回、徴税した。
【両舌】リョウゼツ 〔仏〕十悪の一つ。ふたりの人に相反することを言って、仲を割くこと。二枚舌。
【両全】リョウゼン 二つともに完全であること。例 文武に—を得た士。
【両端】リョウタン ①もののはしとはし。両はし。②大小・厚薄など、正反対のもの。また、違いのはなはだしいもの。③ものごとの始めと終わり。本末。
【持㆓両端㆒】リョウタンをジす どちらに味方するのがよいかを、状況を見てから決めようとしているさま。〈史記・魏公子伝〉
【両断】リョウダン 二つに切る。例 一刀—。
【両朝】リョウチョウ ①君主二代にわたる朝廷。例 両朝開済老臣心リョウチョウカイサイすロウシンのこころ(=二代にわたる朝廷を創始し完成させた老臣の心)。〈杜甫・蜀相〉②二つの朝廷。二つの国家。
【両刀】リョウトウ ①二本のかたな。大小の二本のかたな。③日「両刀遣い」の略。②日武士が腰に差した、大小の二本のかたな。㋐二刀流。㋑二つのことをたくみにおこなうこと。例 創作と演出との—。㋒菓子と酒とを、ともに好むこと。
【両当】リョウトウ ①二つのものや両面に当たる。②そでがなく、胸腹部と背部の両面をおおう衣服や鎧よろい。類両襠リョウトウ。
【両頭蛇】リョウトウダ 頭が二つあるヘビ。このヘビを見た者は死ぬといわれる。◆春秋時代の楚ソの孫叔敖ソンシュクゴウが、まだ子供のときに両頭のヘビを見て、ほかの人の目に触れぬよう殺してうめた。死ぬのが恐ろしくて泣いていると母に尋ねられ、わけを話すと、他人のためによいことをしたのだから、きっとよい報いがあるとなぐさめられた。孫叔敖はのちに、楚の国の宰相になった。………〈新書・春秋〉
【両得】リョウトク｜リョウドク ①二重に利益をえること。例 一挙—。②日両方ともに利益をえること。例 —で双方が満足した。▽対両損。
【両▼鬢】リョウビン 〔「鬢」は、耳のそばの髪の毛〕左右両方の鬢の毛。
【両部】リョウブ ①二つの部分。②音楽隊の座部ザブと立部リッブ。③〔仏〕金剛界と胎蔵界。両界。
【両部鼓吹】リョウブのコスイ カエルが盛大に鳴くこと。〔南斉セイの孔稚珪コウチケイが、庭で鳴くカエルを「両部リョウブ②」になぞらえた故事による〕〈南斉・孔稚珪伝〉
【両▼髦】リョウボウ 〔「髦」は、幼児の垂れ髪の意〕左右に分けた幼児の垂れ髪。
【両雄】リョウユウ ふたりのすぐれた人物。ふたりの英雄。例 両雄不㆓俱立㆒リョウユウともにはたたず(=ふたりの英雄が並び立つことはできない)。〈史記・酈生伝〉—並び立たず。
【両用】リョウヨウ ①二つのものを用いる。併用。②二つのことに用いる。使い道が二つあること。兼用。例 水陸—の乗り物。
【両翼】リョウヨク ①鳥の左右二つのつばさ。②軍隊を並べるときの右手の方向と左手の方向。また、そこに配置される軍勢。③日航空機などで、機体の左右両側についている主翼。④日野球場で、本塁から見て左翼と右翼。
【両両】リョウリョウ 二つずつ。二つとも。あれもこれも。例 —相俟あいまって(=ともに助け合って)。
【両輪】リョウリン ①日と月。日輪ニチリンと月輪ゲツリン。②左右両方の車輪。二つのことが、バランスよくひと組みになって役立つことをいう。例 車の—のように機能する。
【両論】リョウロン 両方の意見。二つの異なった考え方。例 賛否—。

並

一7（8）
1 4234
4E26
教6

一 ヘイ㊈ ビョウ(ビャウ)㊉ 迥 bìng
二 ホウ(ハウ)㊈ 漾 bàng
なみ・ならべる(なら-ぶ)・ならぶ・ならびに・な-べて

［竝］立5（10）
2 6777
7ADD
旧字体。

筆順 丶 丷 䒑 并 并 並 並

なりたち  ［会意］「立(=たつひと)」が二つから成る。ならぶ。

意味 一 ❶二つ以上のものがならび立つ。ならぶ。ならべる。例 並存ヘイソン。並置ヘイチ。並列ヘイレツ。❷ともに。みな。あまねく。一様に。ならびに。例 並受㆓其福㆒ならびにそのフクをうく(=ともに福をさずかる)。〈詩経・小雅・賓之初筵〉 二 よりそう。そう。通傍。例 遂並レ海西ついにうみにそいてにしす(=かくして海に沿って西に向かった)。〈史記・始皇紀〉

日本語での用法 《なみ》「世間並セケンなみ・上ジョウでなくて並なみでよい・並なみの力ちからがある」▼等級を分けるときの、普通の方。

古訓 中古 そふ・ならび・ならぶ・みな・よる 中世 なみ・なみゐる・ならぶ・みな 近世 ともに・ならび・ならぶ・みな

人名 み・みつ

【並肩】ヘイケン｜かたをならぶ 互いに対等の地位に立つ。同じ程度の能力をもつ。同列。併肩。比肩。
【並行】ヘイコウ ①二つ以上のものがならんでいく。例 与㆓先生㆒並行センセイとヘイコウす(=〔一歩下がって従うべきなのに〕年長者と肩をならべて歩く)。〈論語・憲問〉②二つの事柄が同時におこなわれる。例 解体作業と組み立て作業を—する。
【並称】ヘイショウ ①人々がみなほめる。②すぐれたものとして、ならべていう。また、人などを合わせて呼ぶ。併称。例 李白リハクと杜甫トホは、李杜リトと—される。
【並世】ヘイセイ｜よにならぶ 時代を同じくする。同時代に生きる。
【並存】ヘイソン｜ヘイゾン 二つ、または二つ以上のものが同時に存在する。例 新旧両制度が—する。
【並置】ヘイチ 二つ、または二つ以上のものを同じ所に設置する。例 大学に研究所を—する。
【並立】ヘイリツ 二つ以上のものや人がならび立つ。例 同じ党から候補が—する。
【並列】ヘイレツ ①いくつかのものがならびつらなる。また、人などをならべる。②日いくつかの電池やコンデンサー・抵抗器などの、同じ極どうしをつなげる。パラレル。対直列。例 —接続。

2 1画

丨 ぼう たてぼう部

縦線を引いて、上から下につらぬく意をあらわす。「丨」をもとにしてできている漢字と、「丨」の字形を目じるしにして引く漢字とを集めた。

この部首に所属しない漢字
巾→巾 427　弔→弓 461　出→凵 149　半→十 193
旧→日 617　甲→田 889　申→田 890　由→田 890

丨

丨0（1）
3 1404
4E28
コン㊈ 阮 gǔn
意味 上下に通じる。すすむ。

丩

丨1（2）
4 0105
4E29
キュウ(キウ)㊈ 尤 jiū

意味 くくる。もつれあう。

丫 丨2(3) 4 0106 4E2B ア漢 麻 yā あげまき

意味 ❶ふたまたに分かれたもの。例 丫枝。丫木。❷昔の子供の髪型。**あげまき**。例 丫角（=あげまき。また、子供）。丫童（=あげまきの子供）。

【丫▼髻】 あげまきに結った髪。転じて、女児や下女をいう。類 丫頭。

个 丨2(3) 2 4804 4E2A カ漢 コ唐 箇 gè

意味 ❶人やものを数えることば。通 個・箇。例 一个条。一个の臣。❷正堂のわきにある部屋。例 左个。右个。

参考 「一ヶ所」「一ヶ」などの「ヶ」は、「个」の字の変形とも、「箇」の字の竹冠の片方を省略したものともいう。

丰 丨3(4) 3 1405 4E2F カイ漢 卦 jiè

意味 草。通 芥。

丮 丨3(4) 4 0107 4E2E ケキ漢 陌 jǐ もつ

参考 「円」は、「丮」が左右相対する形。

意味 にぎって持つ。

中 丨3(4) 1 3570 4E2D 教1

一 ジュウ(ヂュウ)慣 チュウ(チウ)漢呉 東 zhōng
二 チュウ(チウ)漢呉 送 zhòng
なか・うち・あ-たる・あ-てる(あ-つ)

筆順 丶 ㄇ 口 中

なりたち  [会意]「口(=とりかこむ)」と「丨(=引いた一線)」とから成る。引かれた一線が貫通する。うち。

意味 一 ❶内部。うちがわ。**うち**。**なか**。例 胸中。市中。❷まんなか。**なか**。例 中央。中核。❸二つのものにはさまれたところ。あいだ。例 中間。中略。上中下。❹ひと続きのもののなかほど。なかば。例 中継。中途。途中。❺ものごとの終わらないうち。さいちゅう。例 寒中。暑中。授業中。❻かたよらない。ちょうどよい。例 中正。中庸。❼「中国」の略。例 中印（=中国とインド）。訪中。二 ❶**あたる**。**あてる**。ぴったり合う。遭遇する。例 中毒。卒中。的中。命中。❷兄弟のうちの二番目。また、四季それぞれの三か月のうちの、二番目。通 仲。例 中秋。中春。

古訓 中古 あたる・あつ・うち・こころ・なか・なかご・なかごろ・へだつ・やぶる 中世 あたる・うち・そこなふ・なか・なかごろ・やぶる 近世 あたる・いるる・うち・たひらか・なか・なかごろ・なる・へだつ・みつる・やはらぐ・よろし

人名 あつ・かなめ・ただ・ただし・とおる・なかば・のり・ひとし・みつる

難読 就中・人中

【▼雖レ不レ中不レ遠▼矣】 正確に当たらなくても大きく外れることはない。〈大学〉

【中尉】 ①秦・漢代の官名。都の警備にあたった。②日 軍隊の階級で、尉官の二番目。大尉と少尉の間。

【中陰】 〔仏〕人が死んでから四十九日の間、次の生に生まれ変わるまでさまよっていること。また、その期間。中有。七七日。四十九日。

【中有】 〔仏〕四有の一つ。中陰。例 —の旅（=生まれ変わるまで迷っていること。冥土の旅）。

【中央】 ①まんなか。また、そのあたり。例 宛在二水中央一（=ちょうど川の中ほどにいるかのようだ）。〈詩経・秦風・蒹葭〉②ある範囲の土地や人民の、政治・経済・文化の中心地域。国の場合、多くはその首都。対 地方。例 —の政治。③日 組織のうえで中心となる立場や位置。例 —銀行。

【中央集権】 日 政治上の力をすべて中央の機関に集めて、全国をまとめること。例 —国家。

【中夏】 ①中国。中華。②⇩【仲夏】（69ジベー）③盛夏。

【中華】 ①〔世界の中心にあり、最もすぐれている意〕漢民族が自分の国をいうことば。中国。中州。②日「中華料理」の略。

【中華人民共和国】 毛沢東の率いる中国共産党が中国国民党政権（=蔣介石が率いていた）を倒して一九四九年に成立した社会主義国家。首都は北京。

【中華民国】 一九一二年、辛亥革命により中国に成立した共和国。政権争いが続いたが、蔣介石の率いる中国国民党が南京に国民党政権を樹立して政治的統一をみた。その後の内戦を経て一九四九年に中国共産党の中華人民共和国が成立し、国民党政府は台湾へ移って現在にいたる。

【中懐】 心の中。胸中の思いや考え。

【中外】 ①国内と国外。世界中。②朝廷の内と外。国中。③家庭の内と外。④父の姉妹の子と、母の兄弟姉妹の子。

【中核】 ものごとの中心。最も重要な部分。例 地域の—となる病院。

【中官】 ①朝廷に出仕する官僚。②後宮に仕える宦官。

【中間】 一 ①ものごとと、ものごとの間。例 —搾取。②位置や時間について、二つのちょうどまんなか。また、なかほど。例 東京と大阪の—。③ものごとの途中。なかほど。例 —発表。二 日 昔、武家で下働きをした者。仲間。

【中気】 ①二十四節気を陰暦の各月に配したとき、その後半の節気。中。②脳卒中。類 中風。

【中貴】 宮中で天子に重用される近臣。のち、宦官のこと。類 中貴人。

【中▼饋】 ①〔「饋」は、煮炊きする意〕婦人が家の中で食事を作る。②婦人。妻。

【中宮】 一 ①皇后のいる宮殿。②皇后。③中央の位置。五行説で、土にあてる。④北極星。二 日 ①平安時代、皇后よりあとから入内した、皇后と同じ資格の女性。②皇后・皇太后・太皇太后の総称。

【中空】 ①内部に、広い空間があること。また、その部分。がらんどう。②日 目で見て確認できる程度の範囲の空。

【中軍】 戦陣の中央に位置する大将の軍。

【中啓】 日 畳んでも少し開いているように作ってある、儀式用の扇。

【中継】 日 ①ものや事柄をつないで、先にわたす。なかつぎ。例 駅伝競走の—点。②「中継放送」の略。ある局の放送を別の放送局を通して伝えること。また、スタジオ以外の場所から放送すること。例 現場からの—。

【中堅】 ①戦いのとき、総大将が率いる精鋭部隊。中軍。②日職場や会社、業界などの組織で、中心となって働く部分。例―の企業。③日剣道・柔道など武道の団体戦で、先鋒と副将・大将の間に出場する選手。④日野球で、右翼と左翼の中間。また、そこを守る選手。センター。

【中元】チュウゲン ①陰暦七月十五日。三元の一つで、仏教の盂蘭盆会と重なる。②日七月上旬から十五日までに、贈り物をすること。また、その品物。お中元。

【中原】チュウゲン ①広い平野の中央部にあたる地域。②昔の中国の中心部にあたる、黄河の流域。古来、覇権を争う場になった。

【中原逐レ鹿】チュウゲンにしかをおう 〔「鹿」は、帝位のたとえ〕天下の支配者になる目的で争う。逐鹿。〔「中原還逐レ鹿 チュウゲンまたしかをおう」〈魏徴・述懐〉から〕

【中古】チュウコ ①大昔ほど古くはない昔。②上古と近古の間の時代。③日日本史(特に文学史)では、平安時代をいう。例―文学。④チュウぶる ほかの人がすでに使った品物。

【中耕】チュウコウ 農作物の生長をうながすために、畑のうねとうねとの間を浅くたがやすこと。中打ち。

【中興】チュウコウ 一度衰えたものを盛り返して繁栄させる。例建武の―。

【中国】チュウゴク ①国の中で中央にあたる地域。中原。②「中華人民共和国」の略。③日「中国地方」の略。鳥取・島根・岡山・広島・山口の各県。例―山地。

【中佐】チュウサ ①特にすぐれているわけでもない、普通程度の補佐役。例僅得二中佐一(＝人並みの補佐役がいさえすれば)。〈史記・始皇紀〉②日軍隊の階級で、佐官の二番目。大佐と少佐の間。

【中座】チュウザ ①座席のなかほどのところ。②日会合や宴会などの途中で、その場を離れる。例急用で―する。

【中歳】チュウサイ ①農作物の収穫が平年並みの年。平作の年。②人生の中ごろ。中年。

【中山】チュウザン ①戦国時代、今の河北省定県の周辺にあった国。また、その地域。②「①」で生産された美酒。転じて、美酒。③琉球の別称。④孫文の号。〔日本亡命中に用いた中山樵という偽名にちなむ〕⑤山中。

【中止】チュウシ 計画や試合などを、進行途中でとりやめにする。また、とりやめになる。

【中使】チュウシ ①天子が内密に出す、私的な使者。②日宮中からの使者。勅使。

【中食】チュウジキ―チュウショク ①食事の最中。②〔仏〕日中(＝正午)に食べる食事。斎食。③ショクにあたる 食あたりする。④日昼に食べる食事。ひるめし。昼食。⑤日茶席で昼に出す食事。

【中軸】チュウジク ①ものの中央部分にある軸。②日組織で、中心となって働く人。例研究グループの―。

【中酒】チュウシュ ①酒宴の途中。②シュにチュウす―さけにあたる 酒を飲み過ぎて、気分が悪くなる。

【中州】チュウシュウ 一チュウシュウ ①「中華①」の主要な領土にあたる地域全体。②黄河流域で、現在の河南省のあたり。中原。③日日本の中央部、大和地方を指した。二なかす 川の中で、土や砂がたまって島のように水面上にあらわれた所。州す。

表記 二は 旧中▼洲

【中秋】チュウシュウ ①⇩【仲秋】チュウシュウ(69ジペー) ②陰暦の八月十五日。秋の真ん中。例―の名月。

【中春】チュウシュン ①⇩【仲春】チュウシュン(69ジペー) ②陰暦の二月十五日。

【中書】チュウショ ①中書令。漢代、宮中の文書をつかさどった。魏晋以降は権限が増し、唐代には国政をあずかる宰相職の一つとなる。②中書省。③宮中の蔵書。

【中書省】チュウショショウ ①三国時代、魏のときに置かれた官庁。宮廷の文書や詔勅などをあつかった。唐代では、権限が強化され、尚書省・門下省とともに三省と呼ばれて、政治の中枢機関を形成した。②日「中務省」の中国風の呼び名。

【中宵】チュウショウ 真夜中。夜半。中夜。

【中傷】チュウショウ 人の名誉を傷つけようとして、悪口を言う。また、その悪口。例いわれのない―。

【中将】チュウジョウ ①中程度の能力の将軍。②日昔、左右の近衛府(＝宮中の警護などをおこなった役所)の次官。例左―。右―。③日能楽に用いられる面の一つ。悲しみの表情をうかべた貴公子をあらわす。④日軍隊の階級で、大将と少将の間。

【中情】チュウジョウ ①心の中。真心。本心。②内面の実情。外面にはあらわれない才能。

【中庶子】チュウショシ ①庶子(＝周代、卿・大夫・士の子で爵のない者)の中で、王宮の護衛にあたる者。②秦以後、太子の属官として太子を教育した官。太子中庶子。

【中心】チュウシン ①心。心の中。例中心欣然愛レ人(＝心からよろこんで人を愛する)。〈韓非・解老〉②真ん中。例街の―。③最も重要なこと。また、そういうところ。例話の―が定まらない。④指示を出したりとりまとめたりする最も重要な役目をするところ。また、その人。⑤〔数〕図形や立体の真ん中にあたるところ。また、ものを回転させるときの軸の部分。例円の―。

【中身】一チュウシン ①(人の寿命を百歳とみて)五十歳のころ。②身体のなかほど。胴体。二なかみ 日①中に入れてあるもの。例箱の―。②(外見に対して)内容。実質。実み。例―のない研究発表。▽中味なかみ。

【中人】チュウジン ①中程度の人。普通の人。例中人以上可二以語一レ上也(＝中程度以上の人には、すぐれたことを話すことができる)。〈論語・雍也〉②後宮に仕える女官や宦官。③中国人。対西人(＝西洋人)。④紹介者。仲介者。⑤チュウニン 日入場料や、乗り物の運賃などの料金区分で、大人と小人の間。普通、小・中学生を指す。

【中枢】チュウスウ 〔「枢」は、扉を回転し、開閉するときの軸〕ものごとの中心となる大切なところ。重要なことをつかさどる部分。例―神経。

【中世】チュウセイ ①大昔ではない、中程度の昔。②時代区分の一つ。古代と近世との間の時代。中国史では、唐の滅亡後から明の末まで。日本史では、鎌倉・室町時代。西洋史では、五世紀のゲルマン民族の大移動から十六世紀の宗教改革のころまで。例―の都市国家。

【中正】チュウセイ かたよらずに正しいさま。公正。

【中性】チュウセイ 日①〔化〕酸性でもアルカリ性でもない性質。②男らしくもなく、女らしくもない性質。また、そのような人。③〔言〕インドヨーロッパ語などの文法上の性の一つ。男性・女性以外の性。④〔物〕陰の電荷も陽の電荷も帯びていないこと。

【中夕】チュウセキ よなか。夜半。

【中絶】チュウゼツ ①進行中のものごとを途中でとりやめる。また、途中で止まる。②日「人工妊娠中絶」の略。

【中男】チュウダン ①次男。②チュウナン 青年男子。税法上、壮年の丁男と区別され、負担が軽減された。

【中断】チュウダン ①真ん中から切る。また、半分に切る。②進行中のものごとを、途中で一時とりやめる。

【中朝】チュウチョウ ①朝廷。②中原の王朝。東晋・南宋に対する西晋・北宋など。③中国。④中朝官。漢代の武帝以降、官僚は内朝官と外朝官の別があり、内朝官を中朝官ともいった。㊊外朝官。

【中腸】(チュウチョウ) 心の中。はらわた。

【中庭】(チュウテイ) ①にわのなかほどのところ。②朝廷のにわ。③なかにわ 敷地内で、建物に囲まれたにわ。

【中天】(チュウテン) ①天の真ん中。なかぞら。中空。例 —の月。②チュウにテンす 天の運気がさかんな時期になる。

【中途】(チュウト) ①道のりの半ば。途中。例 —で引き返す。②一つの定まった課程のなか。例 —退学。

【中土】(チュウド) ①中央の地域。②中原。③中国。

【中冬】(チュウトウ) ⇩【仲冬】(チュウトウ)(69ペ-ジ)

【中唐】(チュウトウ) ①唐代の詩の流れを四期(=初唐・盛唐・中唐・晩唐)に分けた第三番目。七六六年から八三六年の間。代表的詩人に韓愈・柳宗元・白居易らがいる。②廟の門から廟に通じる中庭の道。

【中道】(チュウドウ) 一 ①中正で、かたよらないこと。例 —政治。②何かをしている途中。目的を達しないうち。例 創業未レ半而中道崩殂(=事業が半分も終わらないうちに、途中で崩御した)。〈諸葛亮・出師表〉③みちにあたる 礼節にかなっている。二なかみち 日 真ん中の道。

【中毒】(チュウドク) ①ドクにあたる 毒性のあるものを体内に取り入れたために障害が起こる。例 食—。一酸化炭素—。②アルコールや薬物など、それがなくては生きていけなくなった状態。依存症。例 覚醒剤—。

【中二千石】(チュウニセンセキ) 〔二千石に満つの意〕漢代、俸禄の数量であらわした職階の一つ。年俸が二千百六十石であるものをいう。

【中日】一(チュウニチ) ①一日おき。隔日。②〔仏〕春と秋の彼岸の七日間の真ん中の日。春分の日と秋分の日。お中日。例 彼岸の—。③中国と日本とを並べていうときの、中国側の表現。〔日本では「日中」という〕例 —友好。二なかび 日 ある期間の真ん中にあたる日。特に、芝居や相撲などの興行のちょうど真ん中の日。

【中年】(チュウネン) ①平年並みの作柄の年。②一年おき。③陰暦二月のこと。④青年と老年の間の年ごろ。四十歳前後から五十歳代を指す。また、その人。例 —太り。

【中盤】(チュウバン) 日 ①囲碁・将棋で、勝負がなかほどまで進んで、本格的な戦いにはいるころ。②ものごとで、なかほどまで進んだ時期。例 選挙戦も—だ。

【中品】一(チュウヒン) ①等級が中程度のもの。②地位が中程度の家柄。▽㊊上品・下品。二(チュウボン)〔仏〕極楽を上・中・下の三段階に分けた中間の位。

【中▼孚】(チュウフ) 易の六十四卦の一つ。☴☱ 兌下巽上。沢上を風が吹く象。

【中腹】(チュウフク) 山の頂上とふもととの中間。また、そのあたり。

【中分】(チュウブン) 半分に分ける。例 天下を—す。

【中門】(チュウモン) ①古代中国の宮廷の正面にあった五重の門の真ん中の門。②日 寝殿造りで、表の門と建物との間の門。③日 寺院で、楼門と拝殿との間の門。

【中夜】(チュウヤ) ①よなか。中宵。②一夜を三つに分けた真ん中。午後十時ころから午前二時ころまで。▽夜半。

【中庸】(チュウヨウ) ①かたよらず中正であること。例 —を得た考え。②四書の一つ。もとは『礼記』の一編。③普通の人。平凡な人。

【中葉】(チュウヨウ) ある時代のなかごろ。中期。例 十八世紀の—。

【中立】(チュウリツ) ①かたよらないこと。②対立・抗争があるとき、そのどちら側にも加わらないこと。例 —国。

【中流】(チュウリュウ) ①川の水源から河口までのなかほどのところ。②川の流れの真ん中あたり。③かたよりのない程よいもので、広く世の中でおこなわれているもの。例 是礼之中流也(=これが礼の程よいものである)。〈荀子・礼論〉④日 その国に住む人々を、おもに経済的な面からみたときの、中くらいの位置。例 —階級。

【中▼﨟】(チュウロウ) 日〔「﨟」は、年功による地位〕上﨟と下﨟との間。僧・女官・奥女中などについていう。

【中和】(チュウワ) ①中正でかたよらず、性格や気持ちが穏やかなこと。②日〔化〕酸と塩基がまじりあって、どちらの性質も示さないこと。③日 違う性質のものがまざりあって、それぞれの本来の性質があらわれなくなる。

【中山道】【中仙道】(なかセンドウ) 日 江戸時代の五街道の一つ。江戸日本橋から上野(=群馬)・信濃(=長野)・美濃(=岐阜)・尾張(=愛知)を経て、近江(=滋賀)の草津で東海道と合流して京都へいたる道。
●懐中カイチュウ・寒中カンチュウ・眼中ガンチュウ・忌中キチュウ・宮中キュウチュウ・胸中キョウチュウ・空中クウチュウ・在中ザイチュウ・集中シュウチュウ・水中スイチュウ・地中チチュウ・的中テキチュウ・道中ドウチュウ・途中トチュウ・日中ニッチュウ・熱中ネッチュウ・夢中ムチュウ・命中メイチュウ・喪中もチュウ・連中レンジュウ

丯
丨3(4) ③1406 4E30
ボウ㊖ ホウ㊊ フウ㊐ 冬 fēng

意味 ❶草木が茂るさま。例 丯丯ボウボウ。❷容貌ヨウボウがふっくらしているさま。例 丯腴ホウユ(=豊満)。❸風貌。すがた。㊟風。例 丯貌ボウフウ(=すがた)。
【丯采】(フウサイ) 立派な態度や美しい姿。風采。㊖丯姿フウシ。

丱
丨4(5) ②4805 4E31
カン(クヮン)㊊㊐ 諫 guàn
あげまき

意味 ❶(古代の)幼い子供の髪型。つのがみ。**あげまき**。総角。例 丱角カンカク。❷幼い。例 丱歳カンサイ(=幼年)。丱童カンドウ(=幼い子供)。

日本語での用法 《**びんずら**》《**みずら**》▼古代の男性の髪型。平安時代には少年の髪型。つのがみ。

【丱角】(カンカク) ①昔の、子供の髪の結い方。頭の両側に二本の角のように束ねて結ぶもの。総角あげまき。角髪つのがみ。②幼い子供。幼童。

【丱女】(カンジョ) 女の子。幼女。例 童男ドウナン—。

巨
丨4(5) ①2180 5DE8 常用
〔巨〕工2(5) 旧字体。

コ㊖ キョ㊊ ゴ㊐ 語 jù
おお-きい(おほ-いなり)

筆順

なりたち

〔象形〕手に、さしがねを持つ形。借りて「おおきい」の意。

意味 ❶**おおきい**。例 巨漢キョカン。巨人キョジン。巨大キョダイ。❷数量がきわめて多い。例 巨額キョガク。巨万キョマン。巨利キョリ。❸たいへんすぐれている。例 巨匠キョショウ。巨頭キョトウ。❹どうして。なんぞ。あに。反語の表現に用いる。㊟詎キョ。例 公巨能入乎コウなんぞよくいらんや(=あなたはどうして《関中に》入れたでしょうか)。〈漢書・高帝紀上〉

古訓 中古 おほいなり・おほきなり・おほし 中世 おほいなり 近世 あに・おほいなり・のり

人名 お・おお・なお・まさ・み

難読 巨勢こせ(=地名・姓)・巨指おおゆび・巨椋おぐら(=地名)
【巨億】(キョオク) 数量が非常に多いこと。
【巨▼魁】(キョカイ) (賊徒などの)首領。親玉。渠魁キョカイ。
【巨額】(キョガク) けたはずれに多い金額。例 —の脱税。

【巨漢】キョカン なみはずれてからだの大きな男性。例 ―力士。
【巨▼軀】キョク 特別大きなからだ。巨体。
【巨材】キョザイ ①きわめて大きな材木。②きわめてすぐれた人物。偉大な人物。
【巨財】キョザイ きわめて多くの財産・財宝。巨富。
【巨刹】キョサツ 大きな寺院。大伽藍(ダイガラン)。大刹(タイサツ)。
【巨子】キョシ 墨家(ボッカ)で、深い真理を体得した人の尊称。鉅子(キョシ)。
【巨室】キョシツ ①大きな家。大きな部屋。②権勢を代々世襲している貴族や豪族。大家(タイケ)。
【巨視的】キョシテキ 日①人間の目で見分けられる大きさであるさま。②細部を気にせず、全体をとらえようとする見方や考え方。大局的。▽対微視的。
【巨匠】キョショウ 日学問・芸術・技術などの分野で、非常にすぐれた人。第一人者。大家(タイカ)。例 ルネサンスの絵画の―。
【巨商】キョショウ 経済的に大きな力をもっている商人。大商人。豪商。大賈(タイコ)。
【巨人】キョジン ①からだが特に大きい人。②伝説や物語などに登場する、なみはずれて大きな人。ジャイアント。③特にすぐれた業績を残した偉大な人。例 明治の―福沢諭吉。
【巨星】キョセイ ①恒星のうち、大きさも光の強さも非常に大きい星。②きわめてすぐれた人物。偉大な人物。例 ―墜(お)つ(=偉大な人物が亡くなる)。
【巨族】キョゾク 大きな権勢を誇る家柄。豪族。
【巨体】キョタイ 非常に大きなからだ。巨軀(キョク)。例 ―をゆすって笑う。
【巨大】キョダイ きわめて大きいこと。
【巨頭】キョトウ ①大きなあたま。②日国家や政界・財界など、大きな組織の長。大御所。例 ―会談。
【巨費】キョヒ きわめて多額の費用。例 ―を投じる。
【巨富】キョフ きわめて多くの富。巨万の富。例 ―を築く。
【巨編】キョヘン 小説や映画などで、大規模な作品。また、特にすぐれた作品。例 ―を編む。表記 ⑪巨▼篇
【巨砲】キョホウ とりわけ大きな大砲。例 大艦―。
【巨万】キョマン 数量が非常に多いこと。金銭についていうことが多い。巨億。例 ―の富。
【巨利】キョリ 大きな利益。莫大(バクダイ)なもうけ。大利(タイリ)。例 ―をむさぼる。
【巨細】キョサイ|コサイ ①大きいことと小さいこと。細大。大小。例 ―となく事情を知らせる。②大も小もすべて。みな。③詳細。委細。また、一部始終。すべて。例 ―に説明する。

串

丨6 (7)
1 2290 4E32 常用

一 セン 漢呉 霰 chuàn
二 カン(クヮン) 漢呉 諫 guàn
くし

筆順 丶 ㄇ 口 吕 串 串

なりたち [象形] ものを串(くし)ざしにした形。

意味 一 ❶穴をあけて通す。つらぬく。通 穿(セン)。例 貫串(カンセン)。❷つらねて一つにしたものを数えることば。例 銭一串(イッセン)。❸演奏する。上演する。また、素人芝居をする。例 串戯(ギセン)。
二 なれ親しむ。なれる。通 慣。

日本語での用法 《くし》「串柿(くしがき)・串刺(くしざ)し・串団子(くしダンご)・竹串(たけぐし)」▼ものにさし通す細い棒。

古訓 中古 くし・つらぬく・ならふ 中世 うがつ・くし・つらぬく・ならふ 近世 うがつ・かさぬる・つらぬく・くし・ならふ

【串戯】ギセン ①演じる。芝居をする。②演劇。芝居。

3 1画 丶 てん部

一個の点で、「てん、しるし」の意をあらわす。「丶」をもとにしてできている漢字と、「丶」の字形を目じるしにして引く漢字とを集めた。

0 29 丶 2 29 丸 之 3 30 丹 4 30 主 丼

この部首に所属しない漢字

以→人 58　斥→斤 606　朮→木 654　永→水 747
氷→水 747　甫→用 888　良→良 1116　為→灬 825

丶

丶0 (1)
2 4806 4E36

チュ(チウ) 漢呉 麌 zhǔ

意味 ❶文章の切れ目につけるしるし。てん。読点(トウテン)。❷ともしび。〔「主(シュ)」の古字〕

丸

丶2 (3)
1 2061 4E38 教2

カン(クヮン) 漢
ガン(グヮン) 呉 寒 wán
まる・まるい(まる-し)・まるめる(まる-む)・たま

筆順 ノ 九 丸

なりたち  [指事] 「仄(ソク)(=かたむく)」を、左右反対向きにした形。かたむけると、ころがるもの。「まるい」の意。

意味 ❶球形のもの。まる。まるい。例 丸薬(ガンヤク)。六神丸(ロクシンガン)。❷はじき弓や銃砲のたま。たま。例 弾丸(ダンガン)。砲丸(ホウガン)。(=丸薬の名)。

日本語での用法 一《まる》①「丸五年(まるゴネン)・丸出(まるだ)し・丸儲(まるもう)け・丸まで違(ちが)う」▼全部。すっかり。そっくり。②「丸(まる)をつける・丸本(まるホン)」▼完全。正解。無欠。③「日(ひ)の丸(まる)・丸首(まるくび)」▼円形。④「丸腰(まるごし)・丸寝(まるね)」▼なにも加えない、もとのまま。そのまま。⑤「牛若丸(うしわかまる)・氷川丸(ひかわまる)・鬼丸(おにまる)」▼男子や、船・刀などの名にそえることば。⑥「丸(まる)の内(うち)・本丸(ホンまる)・二(に)の丸(まる)・北(きた)の丸(まる)」▼城の内部。また、その一区画。二《まるめる》①「頭(あたま)を丸(まる)めて謝罪(シャザイ)する」▼髪の毛をそる。②「端数(ハスウ)を丸(まる)める」▼切りのいい数字にする。

古訓 中古 まどかに・まりりか・まろかす・まろなり 中世 しなだま・たまとる・つぶて・まる・まるめる・まろし 近世 たまとる・はじきゆみのたま・まろし・まろぶ

人名 まるし・まろ・まろむ

【丸薬】ガンヤク 材料を練って、またはいくつかの材料を練り合わせて、小さくまるめたくすり。
【丸木】まるき 日切り出したままの木。また、皮をはいだままのまるい材木。丸太。例 ―橋。
【丸腰】まるごし 日①武士が腰に刀を差していないこと。②武器を身につけていないこと。無防備のたとえ。例 ―でたたかう。
【丸裸】まるはだか 日①からだになにも着ていないこと。まっぱだか。すっぱだか。②財産や身を守るものが、まったくないこと。
【丸▼髷】まるまげ 日日本髪の髪型の一つ。明治・大正の時代、未婚の女性の島田まげに対して、既婚の女性が結った。
●一丸(イチガン)・弾丸(ダンガン)・砲丸(ホウガン)

之

丶2 (3)
1 3923 4E4B 人

シ 漢呉 支 zhī
の・ゆ-く・こ-れ・こ-の

なりたち 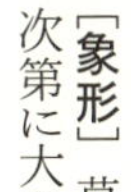 [象形] 草が地面からのび出て、枝や茎が次第に大きく茂る形。出る。派生して「ゆく」の意。

意味 ❶ゆく。いたる。例 子之二武城一(シブジョウにゆく)(=先生が武

城に行かれた）。〈論語・陽貨〉❷「これ」「この」と読み、人や物を指し示す。例 我見ニ相如一、必辱レ之（われショウジョをみば、かならずこれをはずかしめん）（＝私が藺相如に会ったら、きっと恥をかかせてやる）。〈史記・廉頗藺相如伝〉❸「の」と読み、主語や所有を示す。例 夫子之道（フウシのみち）（＝先生の教え）。〈論語・里仁〉❹語調をととのえる助字で、普通「これ」と読むが、特に指すものはない。例 知レ之為レ知レ之（これをしるをこれをしるとなす）（＝知っていることを、知っていることとする）。〈論語・為政〉❺動詞と目的語の間に入れる助字で、語順を倒置させる。例 宋何罪之有（ソウなんのつみかこれあらん）（＝宋国にどういう罪があるのでしょうか）。〈墨子・公輸〉

古訓 中古 いたる・この・これ・の・ゆく 中世 いたる・これ・の・ゆく 近世 あひだ・いたる・いづる・えだ・かな・かはる・この・これ・すすむ・の・ゆく・わしる

人名 いずる・いたる・くに・すすむ・たか・つな・のぶ・ひさ・ひで・ゆき・よし・より

難読 之遶（シニョウ／シンニュウ）

【仰レ之弥高】（これをあおげばいよいよたかし） 見上げれば見上げるほど高い。顔淵（ガンエン）が、師である孔子の徳が限りなく高いことをたたえて言ったことば。〈論語・子罕〉

丹

丶3（4） 1 3516 4E39 常用 タン㊥㊤ 寒 dān に・あか

筆順 丿 冂 冃 丹

なりたち  ［象形］井戸と、そこからとれる赤い石の形。

意味 ❶硫黄と水銀が化合したあかい色の鉱物。に。例 丹砂（タンシャ）。❷あかい色。に。あか。例 丹英（タンエイ）。丹頂（タンチョウ）。❸まごころ。例 丹心（タンシン）。丹誠（タンセイ）。❹不老不死の仙薬の原料。また、練りあげた薬。例 丹薬（タンヤク）。煉丹（レンタン）（＝丹薬を練りあげる）。

日本語での用法 《タン》「丹州（タンシュウ）」▼旧国名「丹波（たんば）」（＝今の京都府中部と兵庫県中東部）」「丹後（たんご）（＝今の京都府北部）」の略。

古訓 中古 あかし・に 中世 あかし・に 近世 あかいろ・あかし

人名 あかし・あきら・まこと

難読 丹羽（にわ）（＝姓）・丹生（にう）（＝地名・姓）・伊丹（いたみ）（＝地名・姓）

【丹▼堊】（タンアク）〔「堊」は、土壁の意〕赤色に塗られた壁。朱塗りの壁。

【丹鉛】（タンエン）①丹砂と鉛粉（＝おしろい）。②校訂。〔書物の校勘で赤色の字を書いたり、字を訂正したりするときに丹砂と鉛粉を用いたことから〕③女性の化粧品。おしろい。

【丹▼霞】（タンカ）〔「霞」は、もやの意〕赤いもや。また、夕焼け雲。

【丹▼闕】（タンケツ）宮城の朱塗りの門。

【丹後】（たんご）日 旧国名の一つ。今の京都府北部。丹州（タンシュウ）。

【丹冊】（タンサク）「丹書（タンショ）④」に同じ。

【丹脂】（タンシ）ほお紅や口紅など、化粧に用いる赤いあぶら。

【丹砂】（タンシャ／タンサ）水銀と硫黄の化合物。赤色の鉱物で水銀の原料になる。顔料や鎮痛・解毒用の漢方薬にも使う。辰砂（シンシャ）。朱砂（シュシャ）。

【丹朱】（タンシュ）赤い色。赤い色の絵の具。

【丹書】（タンショ）①赤色の文字で書かれた文書。②犯罪者の罪状を記した朱書きの文書。③古代中国の伝説で、赤烏（セキウ）また赤雀（セキジャク）が口にくわえて持ってきたとされる書物。④天子が功績のあった臣下に世襲の特権を与える際、その証書として発給した朱書きの文書。丹冊（タンサク）。

【丹▼霄】（タンショウ）①夕焼けの空。②天子の居所。

【丹心】（タンシン）いつわりのない心。まごころ。丹誠。赤心。例 —を尽くす。

【丹唇】【丹▼脣】（タンシン）①赤色の美しいくちびる。朱唇。紅唇。②少年。

【丹青】（タンセイ）①赤い色と青い色。〔もと、その原料となる丹砂（タンシャ）と青臒（セイワク）〕②絵の具。彩色。③彩りのある絵画。④丹冊（タンサク）と青史（＝歴史書）。歴史書。⑤はっきりとして疑う余地のないことのたとえ。

【丹誠】（タンセイ）いつわりのない心。まごころ。例 —を尽くす。

【丹精】（タンセイ）日 心をこめて、丁寧に作ったり世話したりすること。例 —して育てたキクの鉢。

【丹▼墀】（タンチ）赤色に塗られた宮殿前の階段や広場。

【丹頂】（タンチョウ）頭のてっぺんの皮膚が露出して赤くなっているツル。日本では特別天然記念物。タンチョウヅル。

【丹田】（タンデン）へその下三寸（＝指の幅三本分）のあたり。道教で生命のエネルギーを集めるところとされ、東洋医学・武道などでも意識を集中させるところとされる。例 臍下（セイカ）—。

【丹念】（タンネン）日 細かいところにまで心をくばり、丁寧にするさま。例 —な調査。

【丹波】（たんば）日 旧国名の一つ。今の京都府中部と、兵庫県中東部にあたる。丹州（タンシュウ）。

【丹陛】（タンペイ）①赤色に塗られた宮殿の階段。②天子の宮殿。

【丹▼碧】（タンペキ）①赤と青。また、彩色。②彩色画。

【丹薬】（タンヤク）仙人の作るくすり。不老不死など、不思議な効き目がある。仙薬。

主

丶4（5） 1 2871 4E3B 教3 シュ㊥ ス㊤ 麌 zhǔ ぬし・おも・あるじ

筆順 丶 亠 亍 主

なりたち  ［象形］燭台（ショクダイ）で燃えている、ろうそくの火の形。借りて「あるじ」の意。

意味 ❶一国・一家・一団の、かしら・支配者。あるじ。ぬし。例 主人（シュジン）。亭主（テイシュ）。君主（クンシュ）。盟主（メイシュ）。一国一城（イッコクイチジョウ）の主（あるじ）。❷中心的なはたらきをする。支配する。管理する。つかさどる。例 主査（シュサ）。主宰（シュサイ）。施主（セシュ）。❸中心となる。重要な。おもな。おもに。例 主題（シュダイ）。主賓（シュヒン）。主要（シュヨウ）。❹所有者。持ちぬし。ぬし。例 株主（かぶぬし）。地主（ジぬし）。領主（リョウシュ）。❺祭祀（サイシ）のときに神や死者の代わりとするもの。かたしろ。位牌（イハイ）。❻尊ぶ。重んじる。主張する。例 主ニ忠信一（チュウシンをシュとす）（＝忠と信をとうとぶ）。〈論語・学而〉❼「公主」の略。天子の娘。例 主第（シュテイ）（＝公主の邸宅）。

古訓 中古 あるじ・つかさどる・ぬし・まぼる 中世 あるじ・つかさ・つかさどる・ぬし・まぼる 近世 あるじ・きみ・つかさ・つかさどる・ぬし・まもる

人名 かず・きみ・つか・つかさ・まもる・もり

難読 坊主（ボウズ）・主水（もんど）

【主位】（シュイ）①全体の中で最も重要な地位。君主。主人。例 —に立つ。②日 中心となる地位。対客位。例 —概念。

【主意】（シュイ）①君主の心。②中心となる意味や考え。ねらい。主眼。例 論文の—をつかむ。③日 感情や理知よりも、意志を重んじること。対主情・主知。例 —主義。

【主因】（シュイン）おもな原因。対副因・従因。例 死亡の—。

【主翁】（シュオウ）〔客、また、下僕に対して〕主人。

【主恩】（シュオン）主君あるいは主人から受けた恩義。

【主家】（シュカ）①主人・主君の家。また、役人が天子を、妻が夫を指していうことば。②天子の娘。公主。

【主我】(シュガ) 日①〔哲〕感じたり考えたり行動したりする主体としての自己。自我。②自分の利益だけを考えて動くこと。利己。例 —主義。

【主客】(シュカク・シュキャク) ①漢代、朝貢など外国の使節の対応をつかさどった官・役所。②主人と客。例 —共にくつろぐ。③おもなものとそうでないもの。主体と客体。④〔言〕主語と客語(=目的語)。

【主客転倒】(シュカクテントウ・シュキャクテントウ) 日ものごとの順序や軽重が、逆にあつかわれる。例 —した議論。表記 旧主客▼顚倒

【主幹】(シュカン) 中心となって仕事を進める人。例 編集—。

【主観】(シュカン) 日①その人だけの個人的な考えや感じ方。②〔哲〕ものごとを感じたり考えたりするはたらき。また、その主体。▽対客観。

【主眼】(シュガン) 日ものごとの、最も重要な点。ねらい。眼目。かなめ。例 —点。

【主器】(シュキ) 〔祖先を祭る祭器をつかさどる意〕長男。

【主義】(シュギ) ①行動のもとになる一定の方針や考え方。例 事なかれ—。②日特定の原理や理念にもとづく思想・学説。また、制度・体制。例 自然—。

【主君】(シュクン) ①自分が仕えている主人。君主。②他人に対する敬称。

【主計】(シュケイ) 会計を担当する役職。もとは漢代の職名。例 財務省の—官。

【主権】(シュケン) ①君主の権力。②日国家の意思や政治のあり方を最終的に決定することのできる権利。日本の旧憲法では天皇にあり、現在の憲法では国民にある。例 —在民。③日領土および国民を支配する権利。統治権。

【主戸】(シュコ) 土着の家。本籍地に居住している人。対客戸。

【主語】(シュゴ) 〔言〕文の成分の一つ。述語のあらわす状態の主体を指す。「鳥が鳴く」の、「鳥が」の部分。対述語。

【主査】(シュサ) 日中心となって調査や審査をする。また、それをする人や役職。対副査。

【主宰】(シュサイ) ①すべてをつかさどる。例 心者一身之主宰(こころはイッシンのシュサイなり)(=心はわが身をつかさどるものである)〈語類・五〉②多くの人々の中心となって指導したり、全体をとりまとめたりする。また、その人。

【主催】(シュサイ) 日中心となって会やもよおしものを運営する。また、その人や組織・団体。例 講演会の—者。

【主司】(シュシ) ①担当の役人。担当官。係官。②科挙(=官吏登用試験)の試験官。主文。

【主旨】(シュシ) 日文章や語が伝えようとする肝心なところ。例 論文の—。

【主事】(シュジ) ①ものごとをとりしきる。②漢代以降に置かれた官名。漢代は光禄勲(コウロククン)(=宮廷侍従長)の属官。下級の事務をつかさどった。③〔仏〕禅宗の僧職の名。④日官庁・学校・研究施設などで、一定の仕事や事務を管理・運営する職。例 研究所の—。

【主持】(シュジ) ①とりしきる。②主張する。

【主軸】(シュジク) 日①中心の軸。②原動機から動力を直接受けてほかに伝える軸。③ものごとを中心になって進める人。

【主従】(シュジュウ) 日主人と家臣・従者。主人と使用人。例 —は三世(サンゼ)(=主従の間柄は過去・現在・未来にわたる)。

【主将】(シュショウ) ①全軍の総大将。首将。②日競技で、そのチームを率いる人。キャプテン。対副将。

【主唱】(シュショウ) 日人々の中心になって影響力のある意見を述べる。例 和平を—する。

【主上】(シュジョウ) 天子。君主。お上(かみ)。

【主情】(シュジョウ) 日意志や理性よりも、感情を重んじる。対主意・主知。例 —主義。

【主食】(シュショク) ①天子の食事をとりしきる役目。②日日常の食事の中心となる食品。米・パン・めん類など。対副食。

【主審】(シュシン) 日競技の複数の審判員の中で筆頭となる人。フットボールなどのレフェリーや野球の球審。対副審。

【主人】(シュジン) ①一家の責任をとる立場にある人。あるじ。亭主。②自分の仕えている人。③客をむかえるがわの人。ホスト。対客人。④日妻が自分の夫を指していうことば。

【主席】(シュセキ) ①宴席を主催する人。②席次の第一。③国や団体を代表する最高指導者。例 国家—。

【主体】(シュタイ) ①天子の地位。また、天子。②日組織や団体の中心となる部分。例 学生を—とした実行委員会。③日意志や考えをもち、他のものにはたらきかけるもの。対客体。

【主題】(シュダイ) 日①小説・演劇・映画などで、作者が最も強く表現しようとする思想内容。テーマ。②研究・論文などの主要な題目。対副題。③音楽で、曲全体の中心的な旋律。テーマ。例 —と変奏。

【主知】(シュチ) 日感情や意志よりも知性・理性・合理性を重んじること。対主意・主情。例 —主義。

【主張】(シュチョウ) ①主宰する。つかさどる。②自分の考えを通そうとして強く述べたてる。例 権利を—する。③日ごろ持ち続けている考え。持論。例 青年の—。

【主潮】(シュチョウ) 日ある時代・社会の中で、代表的な思想や文化の傾向。例 現代演劇の—。

【主調】(シュチョウ) 日楽曲の中心となる調子。基調。

【主導】(シュドウ) 中心となって他を指導したりものごとを進行させたりする。例 —権。

【主任】(シュニン) 日ある範囲の仕事を、責任と一定の権限をもって中心になって進める人。例 教務—。現場—。

【主犯】(シュハン) 日二人以上でおかした犯罪の中心人物。正犯(セイハン)。例 誘拐事件の—。

【主筆】(シュヒツ) 新聞社や雑誌社で、社説や重要な論説を書く第一位の記者。—格。

【主賓】(シュヒン) ①主人と客。主客(シュカク)。②客の中で最上のもてなしを受ける人。正客(ショウキャク)。正賓(セイヒン)。例 —席。

【主父】(シュフ・シュホ) 主人。下僕が男性の主人に対していうことば。対主母。

【主婦】(シュフ) ①祭祀(サイシ)の主たる役割をになう女性。②一家の主人の妻で、家庭の生活を支える人。

【主文】(シュブン) ①科挙(=官吏登用試験)の試験官。②日文章の中で最も重要な一文。③日〔法〕裁判の判決書の中で、判決の結論が書かれている部分。

【主▼辦】(シュベン) とりしきる。また、その者。

【主母】(シュボ) ①主人。下僕が女性の主人に対していうことば。対主父。②君主の母親。太后。

【主簿】(シュボ) 文書や事務をつかさどる官。

【主峰】(シュホウ) その山地・山脈の中でいちばん高い山。

【主謀】(シュボウ) 悪事や陰謀などを中心となってくわだてること。また、その人物。首謀。例 —者。

【主命】(シュメイ) 主人や主君の命令。例 —に従う。

【主役】(シュヤク) 日①演劇・映画などの主人公を演じる役の人。対脇役(わきヤク)・端役(はヤク)。②最も重要な役目。また、その役の人。

【主要】(シュヨウ) 最も大切なこと。例 —科目。

【主翼】(シュヨク) 日飛行機の胴体から両わきに張り出した大きなつばさ。機体を支え、浮揚力を与える。対尾翼。

【主流】(シュリュウ) 日①川の中心となる流れ。本流。対支流。②

思想や学問などで最も有力な流派や傾向。㊟傍流。③組織・団体の中で最も勢力のあるグループ。例反—派。
【主力】日①全体の中で最も大きな部分を占める勢力。例—部隊。②もっている力の大部分。例—を注ぐ。
●君主・自主・城主・施主・藩主・坊主・民主・名主・盟主・喪主・領主

丼
丶4（5）
2 4807
4E3C
常用
一 セイ漢 梗 jǐng
二 タン（タム）漢 トン（トム）呉 感 dǎn
どんぶり・どん

筆順 一 二 ナ 井 丼

なりたち ⇩井（46ページ）

意味 一 いど。い。通井。二 井戸にものを投げこんだときの音。どんぶり。どぶん。

日本語での用法《どんぶり》《どん》①「丼鉢」・鰻丼・天丼」▼深くて口の広い陶器。「どん」は「どんぶり」の略。②「丼勘定・腹掛けの丼に小銭を入れる」▼(どんぶりのように)入れるものを区別せず、一緒にしておくこと。また、大ざっぱな計算。

古訓 近世 どんぶり

【丼勘定】日 収入と支出を正確におさえず、大ざっぱにお金の出し入れをすること。例—の商売。

4 1画

丿の部

右上から左下にななめに曲がる様子をあらわす。「丿」の字形を目じるしにして引く漢字を集めた。

0 32 丿 乀 1 32 乂 乃 2 32 久 及 乇 么 3 33 乏 4 33 乎 乍 5 34 月 𠂭 自 𠂢 6 34 乕 7 34 乖 8 34 乗 9 34 乘

この部首に所属しない漢字

九→乙 35　千→十 191　午→十 193　升→十 193
壬→士 306　天→大 325　尹→戸 401　屯→中 409
斤→斤 606　毛→毛 739　氏→氏 740　爪→爪 845
丘→一 22　失→大 329　生→生 884　白→白 911
矢→矢 937　先→儿 120　年→干 440　朱→木 659
自→自 1105　舟→舟 1113　血→血 1183　兎→儿 123
我→戈 533　系→糸 1021　身→身 1281　垂→土 286
秉→禾 968　卑→十 199　胤→月 1089　禹→内 965
重→里 1345　奥→大 335

丿
丿0（1）
2 4808
4E3F
ヘツ漢 ヘチ呉 屑 piě

意味 漢字の筆画の一つ。左はらい。撇。永字八法の「掠」。

日本語での用法《ペッ》《ピョッ》「丿乀」▼摩擦によって生じる、ピョッピョッ・ポッポッなどと聞こえる音の形容。

【丿乀】①漢字の左はらいと右はらい。②日 左右にゆれるさま。

乀
丿0（1）
4 0108
4E40
フツ漢 ホツ呉 物 fú

意味 漢字の筆画の一つ。右はらい。捺。永字八法の「磔」。

乂
丿1（2）
2 4809
4E42
ガイ漢 隊 yì
おさ-める（をさ-む）・か-る

意味 ❶草をかりとる。かる。通刈。❷ととのえる。おさめる。おさまる。例乂安。❸才能がすぐれている。例乂俊。英乂。

【乂安】世の中がよく治まっていて、やすらかであるさま。艾安。

乃
丿1（2）
1 3921
4E43
人
ダイ漢 ナイ呉 賄 nǎi
の・なんじ（なんぢ）・すなわ-ち（すなは-ち）

なりたち [象形] ことばがすらすらと出ない形。〔ことばを転じる場合に用いる〕

意味 ❶君。おまえ。なんじ。例乃父。❷この。このように。かの。かく。例子無二乃称一（＝君はそのように言わないでくれ）。〈荘子・徳充符〉❸つまり。これこそまさに。すなわち。例吾乃梁人也（＝私は梁の人である）。〈戦国策・趙三〉❹そこで。そういうわけで。すなわち。例吾能弭レ謗矣、乃不二敢言一（＝私は《民衆の》悪口をやめさせることができた。そういうわけで《民衆は》悪口を言おうとはしないのだ）。〈国語・周上〉❺そこではじめて。ようやく。やっと。例凡三往乃見（＝全部で三度出かけて、やっと会うことができた）。〈蜀志・諸葛亮伝〉❻たった。わずかに。例至二東城一、乃有二二十八騎一（＝東城にたどりついたときには、たった二十八騎しかいなかった）。〈史記・項羽紀〉❼しかし。かえって。なんと。意外にも。例乃不レ知レ有レ漢（＝なんと漢王朝のあったことを知らなかった）。〈陶淵明・桃花源記〉

日本語での用法《の》「乃利（＝法）・多乃牟（＝ねがう）・若乃花」▼「の」の音にあてた万葉仮名。

古訓 中古 いまし・すなはち・なむぢ 中世 いましい・すなはち・なんぢ 近世 いまし・すなはち・なんぢ・ゆく

人名 いまし・おさむ・ゆき

難読 無乃・爾乃・木乃伊

【乃翁】①〔なんじの翁（＝おまえのおやじ）の意〕子と話すときに父が自分を指していうことば。乃父。乃公。②人の父を指していうことば。

【乃公】①〔なんじの君の意〕目下の者に対して、あるいは、自分を偉い者としていうことば。而公。迺公。〔漢の高祖が自分をこう呼んだことに始まる〕②「乃翁①」に同じ。

【乃者】さきに。以前に。迺者。

【乃父】①「乃翁①」に同じ。②一般に、父。

【乃至】①数量の下限と上限をあげて範囲を示す言い方。…から…まで。例三名—五名。②日 または。あるいは。もしくは。例保護者—保証人の承諾を要す。

久
丿2（3）
1 2155
4E45
教5
キュウ（キウ）漢 ク呉 有 jiǔ
ひさしい（ひさ-し）

筆順 ノ ク 久

なりたち [象形] 人の両方のすねを、後ろからひきとめる形。後ろからひきとめる。派生して、「ひさしい」の意。

意味 ❶長い時間が経過している。昔からの。ひさしい。例丘之禱久矣（＝私《丘は孔子の名》は長い間祈っていた）。〈論語・述而〉久闊。久遠。恒久。❷もてな

す。まつ。例 是以久レ子（＝こういうわけで、あなたをもてなした）。〈左伝・昭二四〉▼

日本語での用法 《く》「久野・久留島・久志本」▼「く」の音にあてた万葉仮名。

古訓 中古 ひさし 中世 ながし・ひさし 近世 ながし・ひさし・まつ

人名 つね・とし・なが・ひさ・ひさし・ゆき

【久逸】【久▼佚】長い間安らかに楽しむ。

【久▼淹】「淹」は、滞在する意〕長い間とどまる。類 久滞。

【久遠】㊀ 非常に長い時間。例 舜・禹・益相去久遠（＝舜と禹と益は年がかなり離れている）。〈孟子・万章上〉 ㊁〔仏〕過去も未来も含めて、時間が果てしなく続くこと。永遠。〔雅語としても用いる〕例 —の光。

【久▼闊】〔「闊」は、へだたる意〕長い間会わないこと。また、長い間便りをしないこと。無沙汰。例 —を叙する（＝無沙汰の挨拶をする）。

【久故】古くからの友人。故旧。

【久▼曠】〔「曠」は、空にする意〕①官位などを長い間欠けたままにしておく。②月日を長い間無駄についやす。

【久視】①長時間見つめる。②〔「視」は、生きる意〕長く生きる。長寿。

【久疾】〔「疾」は、病の意〕長い間の病気。ながわずらい。

【久要】昔からの約束。

【久離】日 江戸時代、町人や農民の家で、別居や失踪した身持ちの悪い子や兄弟などの連帯責任などを避けるため、親族の縁を切ること。勘当。例 —を切る（＝親子の縁を切る）。

●永久・恒久・持久・耐久・悠久

及

丿2（3） ［及］又2（4）　旧字体。

1 2158 53CA 常用

キュウ（キフ）漢 ギュウ（ギフ）呉 緝 jí

およぶ・および・およぼす・し-く

筆順 ノ 乃 及

なりたち  ［会意］「又（＝手でつかまえる）」と「人（＝ひと）」とから成る。人を後ろから手でつかまえる。およぶ。

意味 ❶追いつく。およぶ。例 及第。追及。❷いたる。到達する。およぶ。例 賓入及レ庭（＝賓客は入って庭のところまでくる）。〈儀礼・燕礼〉❸行きわたらせる。およぼす。例 波及。普及。❹…のときになって。…のちに。および。例 及レ反、市罷（＝かえってくると、市場は閉まっていた）。〈韓非・外儲説左上〉❺…と。ならびに。および。例 好二酒及色一（＝酒と女色とを好んだ）。〈史記・高祖紀〉❻弟が兄の位を継承する。つぐ。例 兄死弟及（＝兄が死んで弟が位をつぐ）。〈史記・宋微子世家〉

日本語での用法 《およぶ》「とかく言うに及ばず・出頭に及ばない」▼「…におよばず」「…におよばない」の形で、「（…の）必要がない」「（…するに）いたらない」の意。

古訓 中古 いたる・おふ・およぶ・と・ともにす 中世 いたる・およぶ・ともに・まで・みづから 近世 いたる・およぶ・つらなる・つらぬる・ともに・ひく

人名 いたる・しき・たか・ちか

難読 及位（＝地名）・比及

【及▼瓜】㊀ ①任期が満了すること。〔春秋時代、斉の襄公が、瓜の実のなるころに臣下を地方に赴任させ、翌年の同じ時期に任務を交代させると約束したことから〕〈左伝・荘八〉②女子の十六歳。成年になる。

【及時】㊀ ①時を得る。よい時期にめぐりあう。ちょうどよい時期に合致していること。適時なこと。例 —雨（＝よい時期に降る雨）。②時を逃さない。時に乗じる。④その時になると。

【及第】試験に合格する。また、まずまずの水準に達している。対 落第。例 —点。

【及門】弟子になる。門下に入る。

【及落】及第と落第。合格と不合格。例 —を分ける。

●過不及・言及・遡及・追及・波及・普及・論及

乇

丿2（3） 4 0109 4E47

タク 漢 陌 zhé

意味 草の葉。

么

丿2（3） 4 0110 4E48

㊀ ヨウ（エウ）漢 蕭 yāo ㊁ マ・モ mó/ma/me

意味 ㊀ ❶小さい。通 幺。❷「一」の言い換え語。通 幺。㊁「麼」の簡体字。例 么麼（＝小さい）。

乏

丿3（4） 1 4319 4E4F 常用

ホウ（ハフ）漢 ボウ（バフ）呉 洽 fá

とぼしい（とぼ-し）

筆順 ノ ィ 乏 乏

なりたち  ［指事］「正」を、左右反対向きにした形。正常でない。とぼしい。

意味 ❶不足している。貧しい。とぼしい。例 窮乏。欠乏。貧乏。❷疲れる。例 疲乏。❸仕事をおろそかにする。務めを果たさない。例 乏興（＝軍隊の徴発に従わない）。乏徭（＝労役の義務を果たさない）。

古訓 中古 すくなし・とぼし・まづし 中世 とぼし・とぼしし 近世 とぼし・なし・むなし

【乏▼匱】〔「匱」も、とぼしい意〕物が足りない。とぼしい。

【乏月】陰暦四月のこと。〔前年に収穫した穀物がなくなり、夏のムギの収穫時まで食糧が欠乏することから〕

【乏絶】物資などがなくなる。

●窮乏・欠乏・耐乏・貧乏

乎

丿4（5） 1 2435 4E4E 人

オ（ヲ）慣 コ 漢 虞 hū

か・や

なりたち 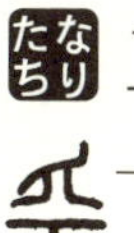 ［指事］「兮（＝語気がとどまる）」と「丿（＝高くあがる）」から成る。声が高くあがる形。ことばの延長の語気。

意味 ❶「か」「や」と読み、…であろうか、の意。疑問をあらわす。例 学レ詩乎（＝詩を学んだか）。〈論語・季氏〉❷「や」と読み、…であろうか、そうではない、の意。反語をあらわす。例 不二亦説一乎（＝なんとよろこばしいことではないか）。〈論語・学而〉❸「かな」と読み、詠嘆をあらわす。例 惜乎（＝残念だなあ）。❹「や」または「よ」と読み、呼びかけに用いる。例 参乎（＝曽参よ）。〈論語・里仁〉❺語のあとにそえる助字で、状態をあらわす。例 確乎。断乎。❻あとに来る語に「…に」「…を」「…より」と送りがなを付す助字で、場所・対象・比較などをあらわす。訓読では読まない。例 楚人生二乎楚一、長二乎楚一（＝楚人は楚で生まれ、楚で育つ）。〈呂覧・用衆〉

古訓 中古 かな・や 中世 や 近世 ああ・か・なげく・や

難読 弖爾乎波

【乎古止点】【乎己止点】日〔「乎」は、訓読では

「を」にあたる」平安時代に、漢文を訓読するとき、漢字の周囲や字そのものの上に「・」「、」「ー」「ㇾ」「フ」などのしるしをつけ、その形や位置によって、送りがなに相当する助詞・助動詞・活用語尾などの読み方を示した符号。ヲコト点。〔「博士家」の流儀では、漢字の右肩のしるしが「を」「こと」をあらわすのでこの名がある〕

乍
丿4(5) 1 3867 4E4D サ漢呉 禡 zhà たちま-ち・なが-ら

意味 ❶急に。さっと。ふと。しばらく。たちまち。例 今人乍見二孺子将一レ入二於井一（=ある人がふと幼児が井戸に落ちようとしているのを見て）。〈孟子・公孫丑上〉 ❷〔「乍…乍…」と重ねて用いて〕あることが起こると、また別のことが起こるさま。…したり…したり。たちまち。例 乍寒乍暑（=寒くなったり暑くなったり）。〈繁露・基義〉 ❸…したばかり。たちまち。例 暮雨乍歇（=夕暮れの雨はさっきやんだばかり）。〈柳永・傾盃楽〉

日本語での用法 一《ながら》「然乍ら（=そうだがしかし）」▼…ではあるが。二《つつ》《ながら》「見乍つ偲ぶ・聞き乍ながら眠る」▼…する一方で。二つのことが並んでおこなわれるさま。

月
丿5(6) 4 0113 3406 イン漢 吻 yǐn

参考「月」は「身」を左右反対向きにした形。

意味 ❶帰る。❷身をひるがえす。

乑
丿5(6) 4 0112 4E51 一ギン漢 侵 yín 二ハン漢 删 pān 三シュウ漢 送 zhòng

意味 一ならび立つ。二たよる。通攀ハ。三多い。通衆。

自
丿5(6) ⇩堆イタ(292ページ)

𠂢
丿5(6) 4 0111 200A2 ハイ漢 卦 pài

意味 川の支流。通派ハ。

乕
丿6(7) ⇩虎コ(1166ページ)

乖
丿7(8) 2 4810 4E56 カイ(クヮイ)漢 佳 guāi そむ-く・もと-る

意味 ❶道理にはずれる。もとる。そむく。例 乖乱カイラン。❷わかれる。はなれる。例 乖離カイリ。

【乖違】カイイ そむく。はなれる。

【乖隔】カイカク 遠く離れている。

【乖▼忤】カイゴ 〔「忤」も、そむく意〕食い違う。そむく。乖戻カイレイ。類乖悖カイハイ。

【乖乱】【乖濫】カイラン そむく。不当なおこないをする。

【乖離】カイリ つながりがなくなる。はなればなれ。例 父子相疑、上下乖離（=父と子は互いに不信感を抱き、身分の上下関係はばらばらになる）。〈荀子・天論〉

【乖戻】カイレイ そむく。違背。乖忤カイゴ。

乗
丿8(9) 1 3072 4E57 教3 一ショウ漢 ジョウ呉 蒸 chéng 二ショウ漢 ジョウ呉 径 shèng のる・のせる(の-す)

〔乘〕丿9(10) 2 4811 4E58 人 旧字体。

筆順 

なりたち  〔象形〕人が、木の上にのっている形。

参考 もと、「入」と「桀」とから成る会意文字であるという。

意味 一❶ウマ・車・船などにのる。のぼる。のる。例 乗客ジョウキャク・乗船ジョウセン・同乗ドウジョウ。❷機会を利用する。つけいる。例 乗二人之危一（=人が困難な状況にあるのにつけいる）。〈後漢書・蓋勲伝〉 ❸しいたげる。勝つ。しのぐ。例 乗レ人（=人をしいたげる）。❹追いたてる。おう。例 大呼乗レ之（=大声を挙げて追いたてた）。〈漢書・陳湯伝〉 ❺計算する。はかる。例 乗二其財用之出入一（=その財物の収支を計算する）。〈周礼・天官・宰夫〉 ❻かける。かけあわせる。また、かけ算。例 乗法ジョウホウ。加減乗除カゲンジョウジョ。❼仏教で、悟りに到達させる乗り物にたとえて、教えの種別を示すことば。例 小乗ショウジョウ。大乗ダイジョウ。二❶兵車と兵の数をあらわすことば。周代には、兵車一乗に兵三人がのり、歩兵七十二人、輜重シチョウ（=軍用の荷を運ぶ兵）二十五人がついた。例 万乗バンジョウの国。❷四頭のウマをつけた車一台。❸四つでひとそろいのもの。例 乗矢ジョウシ。❹春秋時代の晋シンの国の歴史書。のち、広く歴史書。例 日乗ニチジョウ（=日誌）。

日本語での用法《のり》《のる》「乗りのいい人・リズムに乗って踊る」▼調子にのってはずむ。音楽の調子に合う。

古訓 中古 かぞふ・かつ・のぼる・のり・のりもの・のる・まもる 中世 おもふ・のりもの・のる・まぼる 近世 おほふ・かつ・こゆる・しのぐ・のぼる・のる・はかる・ふせぐ・まもる・よつ・よつのや・をさむ

人名 あき・かつ・しげ・のぼる・のり

【乗矢】ジョウシ 四本でひとそろいの矢。

【乗車】ジョウシャ ❶人が乗るための車。対兵車。例 食必太牢、出必乗車（=食事は必ず最高級の料理を、外出時には必ず乗用の車を用意します）。〈戦国策・斉四〉 ❷日 車に乗る。対下車・降車。例 一券。

【乗車▼之会】ジョウシャのカイ 諸侯の平和的な会合。衣裳之会イショウのカイ。〔諸侯が兵車ではなく、平時の車で会場へやって来ることから〕対兵車之会。

【乗除】ジョウジョ ❶〔数〕掛け算と割り算。計算。例 加減一。❷功と罪と、栄と衰とのつり合いがとれること。〔掛けて割ればもとの数になることから〕

【乗数】ジョウスウ 〔数〕掛け算で、掛けるほうの数。対被乗数。

【乗船】ジョウセン ❶船に乗る。対下船。例 横浜で一した。❷乗るべき船。また、乗っている船。

【乗田】ジョウデン 春秋時代の魯ロ国で、家畜の飼育を担当した役職。

【乗伝】ジョウデン ❶駅継ぎの馬車に乗る。❷四頭立ての駅継ぎの馬車。

【乗馬】ジョウバ ❶ウマに乗る。❷ある人が乗ることに決めているウマ。また、乗っているウマ。❸四頭立ての車を引く、四頭のウマ。

【乗法】ジョウホウ 〔数〕掛け算。対除法。

【乗▼輿】ジョウヨ ❶天子の乗り物。❷天子の婉曲エンキョクな表現。

●下乗ゲジョウ・自乗ジジョウ・添乗テンジョウ・同乗ドウジョウ・分乗ブンジョウ

乘
丿9(10) ⇩乗ジョウ(34ページ)

5 1画

乙 おつ おつにょう（乚 つりばり）部

草木が曲がりくねって芽生えるさまをあらわす。「乙」が旁(=漢字の右側の要素)になるときは「乚(つりばり)」となる。「乙」をもとにしてできている漢字と、「乙(乚)」の字形を目じるしにして引く漢字とを集めた。

この部首に所属しない漢字

丸→丶 29　孔→子 355　胤→月 1089　亀→亀 1518

[0] 35 乙 乚 [1] 35 九 [2] 36 乞 也 [5] 37 乩 [6] 37 乱 [7] 38 乳 乳 [8] 38 乹 [10] 38 乾 [12] 39 亂

乙

乙0 (1)　[1]1821　4E59　常用

イツ㊦漢　オツ㊦呉　質 yǐ

おと・きのと　付表 乙女(おとめ)

筆順 乙

なりたち [象形] 春に草木の芽が曲がりくねってのび出る形。借りて、十干の第二に用いる。

意味 ❶十干の二番目。**きのと**。方位では東、五行(ゴギョウ)では木にあてる。❷二番目。第二位。例 乙科(オツカ)。乙第(オツダイ)。甲乙丙丁(コウオツヘイテイ)。❸ツバメ。例 乙鳥(イッチョウ)。❹文章につける符号。どこまで読み終えたかを示すためにつけたり、文字が前後逆になっているところや文字を増減するところにつけたりする。例 乙正(イッセイ)(=文字を前後逆にして正す)。❺⇩【乙乙】(イツイツ)

日本語での用法 [一]《**オツ**》「乙(オツ)に澄(す)ました顔(かお)・乙(オツ)な味(あじ)」▼いつもとちがって妙に。また、気がきいている。[二]《**おと**》「乙女(おとめ)・乙姫(おとひめ)」▼幼い。美しい。若い。年下の。二番目の。

古訓 [中古]おとす・おとる・かなづ・きのと [中世]おと・かなづ・きのと・つばめ・める [近世]かがまる・きのと・つばめ・とどまる・をはり

人名 いち・お・くに・くま・たか・つぎ・つぐ・と・とどむ

難読 早乙女(さおとめ)・乙鳥(つばくら)・乙甲(めりかり)・乙張(めりはり)

【乙乙】(イツイツ) ①なかなか出ないさま。②一つ一つ。いちいち。逐一(チクイチ)。

【乙科】(カイッ/カオッ) ①漢代、三部門あった官吏任用試験のうちの第二。②科挙(=官吏登用試験)の各科にあった等級区分の一つで、下級のもの。また、その合格者。乙第(オツダイ)。③明(ミン)・清(シン)代、挙人の通称。

【乙第】(ダイイツ/テイイツ/ダイオツ) ①〔二番目の屋敷の意〕別邸。②「乙科(カイッ)②」に同じ。

【乙鳥】(イッチョウ) ツバメ。玄鳥。類 乙禽(イッキン)。

【乙夜】(ヤイッ/ヤオッ) 昔の時刻の呼び名で、五夜の一つ。およそ午後十時、およびその前後二時間。二更。亥(イ)の刻。

【乙夜覧】(イツヤのラン/オツヤのラン) 天子の読書。類 乙覧(イツラン/オツラン)。〔政務にいそがしく、書物を見るのは、乙夜(=夜の十時過ぎ)になることから〕〈三朝北盟会編・一六五〉

【乙姫】(おとひめ) 日 ①年下の姫。妹の姫。弟姫(おとひめ)。②浦島太郎の話に出てくる、竜宮城の主である美しい女性。

【乙女】(おとめ) 日 ①年の若い娘。少女。例 うら若い―。②未婚の女性。処女。▽少女(おとめ)。

乚

乚0 (1)　[4]0115　4E5A

イン㊦漢　吻 yǐn

意味 かくれる。かくす。通 隠。

九

乙1 (2)　[1]2269　4E5D　教1

[一]キュウ(キウ)㊦漢　ク㊦呉　有 jiǔ
[二]キュウ(キウ)㊦漢　ク㊦呉　尤 jiū

ここの・ここのつ

筆順 ノ 九

なりたち [象形] 曲がりくねり、つきる形。きわまる。ひとけたの数のきわまり。ここのつ。

意味 [一] ❶数の名。**ここのつ**。例 九州(キュウシュウ)。九輪(クリン)。❷ここのたび。例 九拝(キュウハイ)。❸ここのつめ。例 九月(クガツ)。❹数量・程度が大きい。たくさん。あまた。例 九死一生(キュウシイッショウ)。九牛一毛(キュウギュウのイチモウ)。❺易(エキ)で陽の爻(コウ)をあらわす。対 六。[二] あつまる。あつめる。通 糾・鳩(キュウ)。

参考 商売や契約の文書では、数字を書きかえられないよう、同音の「玖」を使うことがある。

古訓 [中古]きよし・ここのつ・ここのところ [中世]いさぎよし・ここのたび・ここのつ [近世]きはまる・ここのつ・ただす

人名 あつむ・かず・ここ・ただし・ちか・ちかし・ひさ・ひさし

難読 九孔螺(あわび)・九十九折(つづらおり)・九十九(つくも)

【九▼夷】(キュウイ) 東方の九つの異民族。また、その居住地域。

【九▼淵】(キュウエン) 非常に深いふち。

【九夏】(キュウカ) ①夏の三か月、九十日間のこと。②周代の九種類の朝廷音楽。

【九華】(キュウカ) ①花びらが重なっている花。特に、キク。②安徽(アンキ)省青陽県にある山。峰の形がハスの花のように見えることから、唐の李白(リハク)が名づけた。明(ミン)の王陽明がこの山中で良知説を悟ったという。

【九▼垓】【九▼陔】【九▼畡】【九▼閡】(キュウガイ) 〔「垓・陔・畡・閡」は、層をなすものの意〕天。また、天下。全土。

【九官】(キュウカン) 古代中国で、国務をおこなうために置かれた九人の大臣。のちの九卿(キュウケイ)に相当する。司空(=総理)・后稷(コウショク)(=農政)・司徒(=教育)・士(=刑罰)・共工(=技術)・虞(グ)(=山林・沼沢)・秩宗(チツソウ)(=礼儀・祭祀(サイシ))・典楽(=音楽)・納言(ノウゲン)(=天子と、臣下や人民との間の意見の伝達)。

【九牛一毛】(キュウギュウのイチモウ) 〔九頭(=多数)のウシの、その中の一本の毛の意〕多くのものの中のごく少ないもの。また、とるにたらない事柄。九牛毛(キュウギュウモウ)。例 仮令僕伏レ法受レ誅、若三九牛亡二一毛一(たといボクホウにふしチュウをうくるも、キュウギュウのイチモウをうしなうがごとし)(=たとえ私が法に従って死刑になっても、《世間の人々には》とるにたらないことです)。〈司馬遷・報任少卿書〉

【九▼竅】(キュウキョウ) 〔「竅」は、穴の意〕人体にある九つの穴。両目・両耳・鼻の二つの穴と口、および大小便の出る穴。

【九▼衢】(キュウク) 〔「衢」は、大通りの意〕縦横に交差する道路。また、にぎわう都市。

【九刑】(キュウケイ) 周代の九種の刑罰。墨(=入れ墨)・劓(ギ)(=鼻そぎ)・剕(ヒ)(=足切り)・宮(=生殖器の除去)・大辟(タイヘキ)(=死刑)の五種の正刑に、流(=追放)・贖(ショク)(=罰金)・鞭(ベン)(=むちうち)・朴(=棒たたき)を加えた刑。

【九経】(キュウケイ) ①九つの経書。一般には、『易経(エキキョウ)』『書経』『詩経』『周礼(シュライ)』『儀礼(ギライ)』『礼記(ライキ)』『春秋左氏伝』『春秋公羊伝(クヨウデン)』『春秋穀梁伝(コクリョウデン)』をいう。②国家を治めるための九つの原則。

【九▼卿】(キュウケイ) 〔九種の大臣職の意〕①周代、三孤(=少師・少傅(ショウフ)・少保)と六卿(リクケイ)(=冢宰(チョウサイ)・司徒・宗伯(ソウハク)・司馬・司寇(シコウ)・司空)。②秦(シン)代、奉常・郎中令・衛尉・太僕・廷尉・典客(テンカク)・宗正(ソウセイ)・治粟内史(チゾクナイシ)・少府。③漢代の九寺の長官。太常・光禄勲(コウロククン)・衛尉・太僕・廷尉・大鴻臚(ダイコウロ)・宗正・大司農・少府。

【九原】(キュウゲン) ①古代中国の九州の大地。中国全土。②春秋晋(シン)で、卿大夫(ケイタイフ)を葬った墓地の名。③「九泉(キュウセン)①」に同じ。

【九江】(キュウコウ) ①『書経』に見える、禹(ウ)の時代の九つの川。諸説あるが洞庭湖に注ぐ沅(ゲン)・湘(ショウ)など。また、洞庭湖の古称。②南方の九つの川の総称。浙(セツ)・長・楚(ソ)・湘・荊(ケイ)・漢・南・呉・松の九江。③江西省九江市。長江に臨み、名峰廬山(ロザン)があり、陶淵明や白居易など、多くの文人ゆかりの地。

【九▼皐】(キュウコウ) 〔「皐」は、湿地の意〕広い湿地。

【九合】(キュウゴウ) 九回会合させる。また、幾度も会合させる。〔一説に、「九」は「糾」に通じ、会合を開いて取り締まる意〕

【九思】キュウシ　君子が心がけるべき九つの事柄。視には明（＝あきらか）、聴には聡ソウ（＝耳ざとい）、色（＝顔つき）には温（＝穏やか）、貌ボウ（＝姿かたち）には恭（＝うやうやしい）、言には忠（＝まごころ）、事（＝おこない）には敬（＝慎み敬う）、疑には問（＝人に聞く）、忿フン（＝怒り）には難（＝災い）、得（＝利益）には義。〈論語・季氏〉

【九死一生】キュウシイッショウ　絶体絶命の場面で、奇跡的に助かる。九死に一生を得る。〔「十死一生」〈新書・匈奴〉から〕

【九州】キュウシュウ　①古代中国で、全土を九つの州に分けたときの呼び方。『書経』では冀キ・兗エン・青セイ・徐ジョ・揚ヨウ・荊ケイ・予ヨ（豫）・梁リョウ・雍ヨウの各州であるとされるが、『周礼シュライ』では徐・梁の二州に代えて、幽ユウと幷ヘイの二州を入れる。転じて、中国全土を指す。②㊐日本列島をかたちづくっている四つの大きな島の一つ。福岡・佐賀・長崎・熊本・大分・宮崎・鹿児島の七県から成る。〔もと、筑前チクゼン・筑後チクゴ・豊前ブゼン・豊後ブンゴ・肥前ひぜん・肥後ひご・日向ひゅうが・大隅おおすみ・薩摩さつまの九国〕

【九秋】キュウシュウ　秋の三か月、九十日間のこと。

【九春】キュウシュン　①春の三か月、九十日間のこと。②三年。

【九章】キュウショウ　①天子の衮衣コンイ（＝礼服）に用いる九つの模様。②行軍の旗の九種の模様。③「九章律」の略。漢の蕭何ショウカが秦シンの律をもとに作った九章の律。④数学書『九章算術』の略。⑤「九疇キュウチュウ」に同じ。

【九▼仞功▼虧二一▼簣一】キュウジンのコウをイッキにかく　〔「簣」は、もっこ、「虧」は、そこなうの意〕土を運んで高い山を造ろうとしても、最後にもっこ一ぱい分の土を運ぶことをおこたれば、山はできあがらない。積み重ねてきた努力も、ちょっとした気のゆるみで、だいなしになるということのたとえ。功虧二一簣一コウイッキにかく。〈書経・旅獒〉から〕 類九仞一簣。→簣キ（1009ページ）

【九星】キュウセイ　①陰陽家オンヨウカで、人の生まれ年にあてはめて運勢を占うのに用いる九つの星。一白イッパク・二黒ジコク・三碧サンペキ・四緑シロク・五黄ゴオウ・六白ロッパク・七赤シチセキ・八白ハッパク・九紫キュウシの九つ。②「九曜クヨウ」に同じ。

【九折】キュウセツ　道や川などが、くねくねと折れ曲がり、長くつらなっていること。類九十九折つづらおり。

【九川】キュウセン　①古代中国の九州の主要な川。②禹ウが治水した九つの川。

【九泉】キュウセン　①墓地。よみじ。九原。②地下の深い所。地の底。③深いふち。④社会の底辺。

【九族】キュウゾク　自分を中心として、先祖と子孫それぞれ四代の親族を指す。高祖・曽祖ソウソ・祖父・父・自分・子・孫・曽孫・玄孫。また、父方の親族四代・母方の親族三代・妻方の親族二代をあわせたものという。〔他の説もある〕例わざわいが一におよぶ。

【九▼疇】キュウチュウ　〔「疇」は、類の意〕天が禹ウに与え、のちに箕子キシが武王に伝えたという、天下を治める九種類の大法。九章。

【九重】キュウチョウ・ここのえ　①雲や衣などがいくえにもかさなる。②〔門を九つかさねて作られたことから〕天子の宮殿。また、天子の住む所。宮廷。

【九重天】キュウチョウテン　①天。〔古代、天は九層構造であるとされたことから〕②天子。また、朝廷。

【九天】キュウテン　①古代、天（＝空全体）を方角によって九つに分けたもの。②空の最も高いところ。③宮中。

【九天直下】キュウテンチョッカ　天の高いところからまっすぐに落ちること。例飛流直下三千尺、疑是銀河落二九天一（ヒリュウチョッカサンゼンジャク、うたごうらくはこれギンガのキュウテンよりおつるかと）（＝滝がまっすぐ三千尺を下ってくる様子は、天の川が大空から落ちてくるかと思うほどである）。〈李白・望廬山瀑布〉 参考 もじって「急転直下」という語が生じた。

【九冬】キュウトウ　冬の三か月、九十日間のこと。

【九拝】キュウハイ　①古代、祭祀サイシのときの九種の敬礼。稽首ケイシュ・頓首トンシュ・空首・吉拝・凶拝・奇拝・褒拝・粛拝・振動。②九回お辞儀をして深い敬意をあらわす。例三拝一。③㊐手紙の終わりに書き、敬意をあらわすことば。

【九伯】キュウハク｜キュウ　古代中国の九州の各長官の総称。

【九品】キュウヒン　㊀①三国魏ギに始まる官職の等級。一品から九品までに分かれ、時代によって、正従、さらに上下に細分される。②魏晋ギシン南北朝時代、公的な人物を評価した九つの等級。㊁クホン〔仏〕浄土に往生する者の九つの等級。上品ジョウボン・中品チュウボン・下品ゲボンをそれぞれさらに上生・中生・下生に分ける。

【九賓】キュウヒン　①周代、天子が賓客としてもてなす九種の人々。公・侯・伯・子・男・孤・卿ケイ・大夫タイフ・士。②天子の行事に参列する九種の賓客。③〔「賓」は擯で、みちびくの意〕賓客をもてなすときの主人側の（九人の）介添え。主賓間のことばを伝達する。④賓客をもてなす盛大な儀式。

【九服】キュウフク　周代、王畿オウキ（＝千里四方の王の直轄地）の外側に、五百里ずつの幅で順に定められた九つの地域。類九畿。

【九牧】キュウボク　①古代中国の九州の長官。のち、地方の長官。九伯。②中国全土。九州。

【九流】キュウリュウ　①先秦センシン時代の代表的な九つの学派。儒家・道家・陰陽インヨウ家・法家・名家・墨家・縦横家・雑家・農家。②多くの学派。

【九月】ガツ　一年の九番目の月。長月ながつき。

【九曜】クヨウ　「九曜星クヨウセイ」の略。陰陽道オンミョウドウで、七曜（＝日・月・木・火・土・金・水の七星）に二星（＝計都・羅睺ゴラ）を加えたもの。人の生年にあてはめて、吉凶などを判断する。九星。

【九輪】クリン　①古代中国の伝説にある九つの太陽。②〔仏〕寺の塔の屋根の上に飾りとしてつける九つの金属製の輪。屋根の上の台と水煙との間の部分にあたる。相輪ソウリン。

乞

乙2（3）　1 2480　4E5E　常用

㊀キツ漢　コツ呉　物 qǐ　㊁キ漢　未 qì　こう（こ-ふ）・こい（こひ）

筆順　ノ　𠂉　乞

なりたち　〔象形〕気が流れ出る形。

意味　㊀❶求める。要求する。こう。例乞命キツメイ。乞巧奠キッコウデン。❷ものごいをする。人に、ものをねだる。こう。例乞丐コツガイ。乞食コツジキ。㊁与える。例買臣乞二其夫銭一、令レ葬（バイシンそのおっとにぜにをキし、ソウせしむ）（＝朱買臣は（自殺した妻の）夫に銭を与え、葬式をおこなわせた）。〈漢書・朱買臣伝〉

古訓　中古 あたふ・こふ・めぐむ　中世 あたふ・こひねがふ・こふ・もとむ　近世 あたへる・くも・こふ・もとむ

難読　乞児もらい

【乞▼丐】キッカイ｜コツガイ　〔「丐」も、乞こう・求める意〕食べ物などを人からもらうこと。また、その人。ものごい。例一の身。

【乞巧▼奠】キッコウデン｜キコウデン　〔「奠」は、祭りの意〕「乞巧」は、手先が器用になることを願う意。機織り・手習い・裁縫などの上達を願う祭り。七夕祭りの古い呼び名。星祭り。

【乞食】キッショク　㊀食べ物をこい求める。㊁コツジキ〔仏〕僧が人家の門前で、ものをもらい受けながら修行すること。托鉢人。ものごい。三（ジキコ）働かずに、他人から食べ物をもらって生活する人（ハッタク）。ものごい。

【乞命】（キツメイ・メイコウ）いのちを助けてくれと相手にたのみこむ。いのちごい。

也

乚2（3） 1 4473 4E5F 人 ヤ 漢 呉 馬 yě なり

なりたち ［象形］女性の性器の形。借りて、助字に用いる。参考 水差し、あるいはヘビなどの形とする説もある。

意味 ❶「なり」と読み、…である、の意。断定をあらわす。例 仁人心也（ジンはひとのこころなり）（＝仁は人の心である）。〈孟子・告子上〉 ❷「や」と読み、…は…ということは、の意。例 回也不レ愚（カイやグならず）（＝顔回は賢者だ）。〈論語・為政〉 ❸「や」「か」と読み、疑問・反語・詠嘆をあらわす。例 何謂也（なんのいいぞや）（＝どういう意味か）。〈論語・為政〉

古訓 中古 なり・また 中世 なり・また 近世 ことば・この・これ・なり・また

人名 あり・これ・なる・また

乩

乚5（6） 4 0116 4E69 ケイ 漢 斉 jī うらな-う（うらな-ふ）

意味 盆に盛った砂に、ふたりで一本の錐（きり）を使って文字を書いて占う。**うらなう**。うらない。例 乩盤（ケイバン）（＝うらないに用いる、砂を盛った盆）。乩筆（ケイヒツ）（＝占いに用いる錐）。

乱

乚6（7） 1 4580 4E71 教6 **ラン** 漢 呉 **ロン** 唐 翰 luàn **みだれる**（みだ-る）・**みだれ**・**みだす**

［亂］乚12（13） 2 4812 4E82 旧字体。

筆順 ノ 二 千 千 舌 舌 乱

なりたち ［会意］「乚（＝みだれをおさめる）」と「𤔔（＝おさまらない）」とから成る。おさまらない。みだれる。

意味 ❶秩序やまとまりがない。いりまじる。**みだれる**。**みだす**。例 乱雑（ランザツ）。混乱（コンラン）。❷争い。騒動。世のみだれ。**みだれ**。例 治而不レ忘レ乱（チにしてランをわすれず）（＝平和な時にも、戦時の用意をおこたらない）。〈易・繫辞下〉 戦乱（センラン）。反乱（ハンラン）。❸やたらと。むやみに。通 濫。例 乱発（ランパツ）。乱用（ランヨウ）。❹おさめる。とりまとめる。例 乱臣（ランシン）。❺川を渡る。わたる。例 乱二于河一（カをわたる）（＝黄河をわたる）。〈書経・禹貢〉 ❻音楽や文章で、まとめとなる最後の一章。

古訓 中古 みだりがはし・みだる・わたる・をさむ 中世 みだる・みだるる・わたる・をさまる 近世 みだるる・わたる・をさむる・をはり

人名 おさむ

難読 胡乱（ウロン）

【乱雲】（ランウン）①天空にみだれ飛ぶくも。②あまぐも。乱層雲。

【乱階】（ランカイ）①乱のきっかけ。②日 順序をこえて位階を進める。越階（エッカイ）。

【乱獲】（ランカク）日 獣・鳥・魚などを、何の計画も配慮もなく手当たり次第にとらえる。濫獲。

【乱行】（ランギョウ・ランコウ）①隊列を乱す。②気ままに遊びごとやかけごとなどにふけること。③とりみだしてあばれること。例 ―におよぶ。

【乱▼杙】【乱▼杭】（ランぐい）日 ①敵を防ぐために、地面や水辺などにふぞろいに打ちこんだくい。②「乱杙歯（ランぐいば）」の略。ふぞろいで、並びの悪い歯。

【乱軍】（ラングン）①軍隊の統率を乱す。②敵と味方が入りみだれて戦うこと。乱戦。

【乱雑】（ランザツ）かたづいていないこと。散らかっているさま。

【乱山】（ランザン）高さがそろっていない連山。

【乱酒】（ランシュ）①度を過ごして大酒を飲むこと。②日 宴会などの酒席で、入りみだれて飲み騒ぐこと。どんちゃん騒ぎ。

【乱臣】（ランシン）①〔「乱」は、治める意〕国をきちんと治める、よい家来。賢臣。例 予有二乱臣十人一（われにランシンジュウニンあり）（＝私には国を治めるよい家臣が十人いる）。〈論語・泰伯〉 ②国を混乱させるような家来。悪臣。

【乱臣賊子】（ランシンゾクシ）〔「賊子」は、親を害する子の意〕君主や親に対して、道にはずれたことをする家来や子。例 孔子成二春秋一而乱臣賊子懼（コウシシュンジュウをなしてランシンゾクシおそる）（＝孔子が『春秋』を作ったので、道にはずれた人々は恐れて悪事をしなくなった）。〈孟子・滕文公下〉

【乱酔】（ランスイ）正気を失うほど酒を飲む。泥酔。爛酔（ランスイ）。

【乱世】（ランセイ）争いや戦いが続いて、治まらない世の中。対 治世。例 ―の英雄。

【乱政】（ランセイ）①（まつりごとをおさむ）〔「乱」は、治める意〕正しい政治をする。②政治をみだす。③みだれた政治。

【乱戦】（ランセン）①敵と味方が入りみだれてたたかうこと。乱軍。②（スポーツや勝負ごとで）決着の予測のつかないたたかい。混戦。

【乱造】（ランゾウ）品質のよしあしを考えずにただ多くつくる。濫造。例 粗製―。

【乱丁】（ランチョウ）日 本を作るときにページの順序をまちがえてとじること。また、そのページ。例 ―本。

【乱調】（ランチョウ）日 ①リズムがくるっていること。乱調子。②決まりどおりに作られていない詩歌。

【乱闘】（ラントウ）何人かの人が入りみだれて、激しくたたかう。

【乱道】（ランドウ）①でたらめを言う。②自作の詩文を謙遜（ケンソン）していうことば。

【乱読】（ランドク）日 順序も目的もなく、手当たり次第に本を読む。濫読。例 小説を―する。

【乱入】（ランニュウ）建物などに無理に、また、荒々しく、はいりこむ。

【乱伐】（ランバツ）日 あとのことを考えもせず、手当たり次第に樹木を切る。濫伐。例 自然林の―が進む。

【乱発】（ランパツ）①弓矢・銃などをむやみに発射する。②日 債券や貨幣などを無計画に発行する。▽濫発。

【乱髪】（ランパツ）みだれた髪の毛。

【乱費】（ランピ）費用・資材・力などを無計画に使う。無駄づかい。濫費。例 ―を戒める。

【乱筆】（ランピツ）日 丁寧でなく、うまくない筆跡。〔自分の手紙の文字を謙遜（ケンソン）していう〕例 ―乱文。

【乱舞】（ランブ）〔古くは「ラップ」とも〕入りみだれて、まい踊る。踊りくるう。例 狂喜―。

【乱文】（ランブン）まとまりがなかったり、順序が整っていなかったりしている文章。〔おもに、自分の手紙の文章を謙遜（ケンソン）していう〕例 ―多謝。

【乱暴】（ランボウ）日 ①ものをこわしたり、人にけがをさせたりして、あばれる。例 ―者。②ことばづかいやふるまいが荒々しくて、おだやかでないさま。③粗雑で、論理が通らないさま。例 ―な議論。▽乱妨。濫妨。

【乱麻】（ランマ）〔もつれたアサ糸の意〕ものごとが複雑に入りみだれていたり、世の中が混乱していたりすること。例 快刀―を断つ（＝混乱状態を一気にすっきりさせることのたとえ）。

【乱脈】（ランミャク）日 決まりを守らずにいいかげんになっていること。また、そのさま。例 経営の―を正す。

【乱用】（ランヨウ）必要以上に、むやみに使う。濫用。例 職権―。

【乱離】（ランリ）①〔「離」は、憂いの意〕政治が乱れ、国に憂うべき災いがもたらされる。②戦乱に遭い、親しい者どうしが離れ離れになる。

【乱立】(ランリツ) 日 ①ある地域に同じ種類のものが、必要以上に多くできる。例 —する私立大学。②多くのものがむやみに立つ。例 候補者が—する。

【乱流】(ランリュウ) ①水が不規則に流れる。②川を横切って渡る。③わがまま勝手にふるまう。

【乱倫】(ランリン) 人として、してはならないことをする。また、そのおこない。例 潔レ身乱レ倫(=わが身を清らかにしようとして道をみだす)。〈韓愈・寄盧仝〉

● 一心不乱(イッシンフラン)・狂乱(キョウラン)・混乱(コンラン)・錯乱(サクラン)・散乱(サンラン)・戦乱(センラン)・大乱(タイラン)・内乱(ナイラン)・波乱(ハラン)・反乱(ハンラン)・腐乱(フラン)

乳

乚7 (8) 1 3893 4E73 教6

ジュ(ジウ)漢 ニュウ(ニウ)呉 麌 rǔ

ちち・ち

付表 乳母(うば)

[乳] 乚7 (8) — 旧字体。

筆順 乳

なりたち [会意]「孚(=卵をかえす)」と「乚(=ツバメ、子さずけの使者)」とから成る。人や鳥が子を生み育てる。

意味 ❶子を生む。また、やしない育てる。例 乳育(ニュウイク)。乳母(ボ)。❷ちち。また、ちちに似た白い液体。例 乳液(ニュウエキ)。乳牛(ギュウ)。母乳(ボニュウ)。❸ちぶさ。また、ちぶさの形をしたもの。例 乳房(ニュウボウ)。鍾乳石(ショウニュウセキ)。❹生まれてまもない。おさない。例 乳児(ニュウジ)。乳歯(ニュウシ)。

古訓 中古 うむ・ち・やしなふ 中世 うまるる・ち・やしなふ 近世 うむ・ち・ちしる・ちち・やしなふ

【乳育】(ニュウイク) 子をそだてやしなうこと。

【乳▼媼】(ニュウウ) 母親に代わって子供にちちを与え、世話をして育てる人。乳母(ぼう)。類 乳媪(ニュウオウ)・乳人(ニュウジン)。

【乳気】(ニュウキ) ①ちちのにおい。転じて、子供らしさ。②霧。

【乳牛】(ニュウギュウ|うしちち) ちちをしぼるために飼うウシ。対 肉牛・役牛(エキギュウ)。

【乳虎】(ニュウコ) 子がいて、気が荒くなっているトラ。

【乳児】(ニュウジ) 生後一年くらいまでの子供。ちのみご。

【乳臭】(ニュウシュウ) ちちのにおい。転じて、経験不足で未熟なこと。例 —児(=ちちくさい子供。青二才)。

【乳汁】(ニュウジュウ) 乳腺(ニュウセン)から分泌される白くて栄養のある液体。ちち。

【乳腺】(ニュウセン) 日 ちぶさの中にあって、出産すると乳汁を分泌する腺。

【乳糖】(ニュウトウ) 日 哺乳動物のちちに含まれる糖分。

【乳頭】(ニュウトウ) ちぶさの先端の部分。乳児が吸いつくところ。乳首(ちくび)。

【乳鉢】(ニュウバチ|ニュウハチ) 乳棒を使って薬などを、すりつぶしたり混ぜ合わせたりするための、うつわ。ガラスや陶磁器製。

【乳▼糜】(ニュウビ) ①ちちや乳脂肪でつくった粥(かゆ)。②日「乳酪(ニュウラク)」に同じ。

【乳母】(ニュウボ|ばうめのと) 母親に代わって乳児にちちを与えて育てる人。

【乳房】(ニュウボウ|ちぶさ) 哺乳動物の雌の胸(または腹部)にあるふくらみ。哺乳期には、中央の乳首から乳汁を分泌する。

【乳棒】(ニュウボウ) 日 乳鉢に入れた薬などをくだいたりすりつぶしたりするときに使う、先の太い棒。ガラスや陶磁器製。

【乳酪】(ニュウラク) ウシやヒツジのちちから造った食品。クリーム・バター・チーズなど。特に、バター。乳糜(ニュウビ)。

● 牛乳(ギュウニュウ)・授乳(ジュニュウ)・粉乳(フンニュウ)・母乳(ボニュウ)・離乳(リニュウ)・練乳(レンニュウ)

[乹] 乚8 (9) ⇩乾(カン)(38ジペー)

乾

乙10 (11) 1 2005 4E7E 常用

一 カン漢呉 寒 gān 二 ケン漢 先 qián

かわく・かわかす・ひ-る・ほ-す・いぬい(いぬゐ)

[乹] 乚8 (9) — 4E79 俗字。

筆順 乾

なりたち [形声]「乙(=上に出る)」と、音「倝(カン)(=日が出はじめて光りかがやく)」とから成る。上に出る。派生して「かわく」の意。

意味 一 水分がなくなる。かわく。かわかす。ほす。通 干。例 乾季(カンキ)。乾燥(カンソウ)。乾物(カンブツ)。二 ❶易(エキ)の卦(カ)。㋐八卦(ハッカ)の一つ。☰ 天をかたどり、天・男・父など、陽性・剛健をあらわす。方位では北西にあたる。対 坤(コン)。㋑六十四卦(カ)の一つ。䷀ 乾下乾上(ケンカケンショウ)。天の運行が強健である象。❷⇩【乾乾(ケンケン)】

古訓 中古 いぬゐ・かわく・ひる・ほす 中世 いぬゐ・かわく・きみ・そら・ひる・ほす 近世 いぬゐ・かわく・きみ・そら・つくる・ひる

人名 いぬ・かみ・すすむ・たか・たけし・つとむ・つよし

【乾魚】(カンギョ) 保存がきくように干したさかな。干物。干しうお。

【乾▼涸】(カンコ) 川や池などがひからびる。

【乾▼餱】(カンコウ) 〔「餱」は、ほしいい〕干した飯。保存食や携帯食にする。類 乾飯(カンパン)・乾糧。

【乾児】(カンジ) 親子の縁を結んだ子供。養子。

【乾湿】(カンシツ) 空気などのかわきと、しめり。乾燥と湿気。例 —球湿度計(「乾湿計」とも)。

【乾浄】(カンジョウ) 清潔なさま。すっきりしているさま。

【乾性】(カンセイ) かわいている性質。また、かわきやすい性質。対 湿性・不乾性。例 —油。—肋膜炎(ロクマクエン)。

【乾草】(カンソウ) かりとって、かわかした草。貯蔵して家畜の飼料とする。干しくさ。

【乾燥】(カンソウ) ①かわいている。また、かわかす。例 —剤。—機。②おもしろみがないこと。例 無味—。

【乾田】(カンデン) 日 水はけがよく、畑にもなる水田。対 湿田。

【乾杯】(カンパイ) お祝いごとや健康を祝し、みんなで一斉に杯をさしあげてその酒を飲みほす。例 —の音頭をとる。

【乾物】(カンブツ) ①乾燥させた食品。干しうお・豆・昆布・かんぴょう・干ししいたけなど。ひもの。例 —屋。②ものをかわかす。

【乾没】(カンボツ) ①機会に乗じて利益を得る。また、幸運によって利益を得る。②他人の財産や利益を横取りする。

【乾酪】(カンラク) チーズ。

【乾乾】(ケンケン) たゆまず努力するさま。

【乾元】(ケンゲン) 万物の源となる、天の根本的な原理。

【乾綱】(ケンコウ) ①天の法則。②君主の権力。

【乾▼坤】(ケンコン) ①天と地。例 乾坤日夜浮(ケンコンニチヤうかぶ)(=天地万物が昼も夜も〔この広大無辺の洞庭湖の〕水面に浮かんでいる)。〈杜甫・登岳陽楼〉②陽と陰。③日と月。④男と女。⑤いぬい(=北西)と、ひつじさる(=南西)。

【乾▼坤一▼擲】(ケンコンイッテキ) 〔「擲」は、さいころを投げる意〕天地を賭(か)け、のるかそるか運にまかせてやってみること。〔「真成一擲賭乾坤(まことにイッテキをなしてケンコンをトす)」〈韓愈・過鴻溝〉」から〕例 —の大勝負。

【乾徳】(ケントク) ①万物を支配する天の徳。天の力。②天子の徳。▽対 坤徳(コントク)。

［亂］乚12（13）⇩乱（37ページ）

6 1画

亅 はねぼう部

かぎの形をあらわす。「亅」をもとにしてできている漢字と、「亅」の字形を目じるしにして引く漢字とを集めた。

この部首に所属しない漢字

丁→一 8　于→二 43　乎→丿 33

亅

亅0（1）　2 4813　4E85

ケツ㊥ 月 jué

意味 つり針のような形の鉤。かぎ。はり。

了

亅1（2）　1 4627　4E86　常用

リョウ（レウ）㊥㊤ 篠 liǎo

お-わる（を-はる）・しま-う（しま-ふ）

筆順 フ 了

なりたち  ［象形］腕のない子供の形。足がもつれる。派生して「おわる」の意。

意味 ❶ひとつのことがすっかり終わる。けりがつく。**おわる**。おえる。例 完了。終了。満了。❷よくわかる。さとる。例 了解。了承。❸明らかなさま。はっきりしているさま。例 一目了然。通 瞭。❹少しも。まったく。否定文に使う。ついに。例 了無二喜色一（＝まったくうれしそうな様子がない）。〈晋書・謝安伝〉

古訓 中古 さとる・つひに・やむ・をはる 中世 さとる・つひに・をはる 近世 あきらか・さとる・つひに・をはる

人名 あき・あきら・おさむ・さと・さとし・さとる・すみ・のり

【了解】理由や意味などがよくわかって、みとめる。理解して承知する。例 お互いの一事項。一を求める。表記 旧 ▼諒解

【了見】【了簡】日 ①ものごとについての、その人の考え方や行動のしかた。例 一がせまい。②我慢して相手を許してやる。勘弁してやる。例 一がならぬ。▽料簡。

【了悟】はっきりわかる。さとる。

【了察】相手の事情を思いやる。例 よろしくご一ください。表記 旧 ▼諒察

【了承】日 内容や事情をよく理解して承知する。例 相手の一を得る。表記 旧 ▼諒承

【了然】①あきらかなさま。瞭然。②全然。まったく。

【了知】事柄の内容や事情を理解している。例 前から一していたこと。

【了得】よく悟り納得する。

【了了】①ものごとがはっきりとわかるさま。かしこいさま。②あいまいなところがなく、明らかなさま。例 一として疑いがない。

●完了・校了・修了・終了・投了・読了・満了・未了・魅了

予

亅3（4）　1 4529　4E88　教3

A 一 ヨ㊥㊤ 語 yǔ　二 ヨ㊥㊤ 魚 yú

B ヨ㊥㊤ 御 yù

あた-える（あた-ふ）・われ・あらかじ-め・かね-て

［豫］豕9（16）　2 4814　8C6B　旧字体。

筆順 フ マ ヱ 予

なりたち A［予］ ［象形］手でものをおしやり、相手にあたえる形。

B［豫］ ［形声］「象（＝ゾウ）」と、音「予ヨ」とから成る。ゾウの大きなもの。借りて「あらかじめ」の意。

意味 A［予］一 ❶**あたえる**。通 与。例 予奪。賜予。天予。❷認める。ゆるす。たたえる。例 春秋予レ之（＝『春秋』はこれをほめたたえる）。〈漢書・外戚伝下・趙皇后〉二 一人称の代名詞。自分。**われ**。通 余。例 予輩。予一人。

B［豫］❶よろこぶ。たのしむ。心がやすらかである。例 悦予。不予。❷ためらう。ぐずぐずする。例 猶予。❸前もって（そなえる）。**あらかじめ**。例 予感。予言。予備。❹掛け値をいう。ごまかす。例 予価。❺なまける。例 予怠。❻古代の九州の一つ。予州。今の河南省の地域。❼易の六十四卦の一つ。☳☷ 坤下震上。雷が地から出て鳴る象。

日本語での用法 一《よ》「伊予国」▼「よ」の音にあてた万葉仮名。二《ヨ》「予州・予讃線」▼旧国名「伊予（＝今の愛媛県）」の略。

古訓 A［予］中古 あたふ・いたる・おのれ・よし・われ 中世 われ 近世 あたへる・やつがれ・われ B［豫］中古 あづかる・あらかじめ・いとふ・たのしぶ・たのしむ・はやし・やすし・よろこぶ 中世 あらかじめ・おこたる・はやし・やすし・よろこぶ 近世 あそぶ・あらかじめ・いとふ・おこたる・たのしむ・ついづる・はやし・やすし・やすんず

人名 かね・たのし・まさ・やす・やすし

【予一人】［自分も他の人と同じ一個の人間である、という意］天子の自称。また、謙称。

【予（豫）価】①値段をごまかす。掛け値をする。②日 発売前の、予定の価格。

【予（豫）科】日 ①本科に進む前の課程。②一部の旧制大学で学部入学の前段階として設けていた、旧制高等学校に相当する課程。大学予科。▽対 本科。

【予（豫）覚】何となく事前にわかる。予感。例 危険を一していた。

【予（豫）感】前もって何となく感じる。予覚。例 不吉な一がする。

【予（豫）期】次に起こることを予想し、心の準備をする。例 一しない事態。

【予（豫）見】将来のこと、未来のことを見通す。予知。例 百年前に今日の日本を一していた。

【予（豫）言】①未来を見通して言う。また、そのことば。例 一どおりになった。②宗教で、人の口をかりて告げられる神のことばを、人々に伝える。また、そのことば。▽預言。

【予（豫）後】日 ①病状の経過や、この先どうなるかの医学上の見通し。例 一不良。②治療したあとの病状の経過。例 一を観察する。

【予（豫）行】日 儀式や行事を前もって本番どおりに練習する。リハーサル。例 運動会の一演習。

【予（豫）告】何かがおこなわれることを、前もって知らせる。

【予（豫）算】①前もって見積もった費用。例 一を組

む。②〔法〕国家や地方公共団体などが、法律に従って立てる、次の年度の歳入・歳出に関する計画。例補正―。

【予(豫)習】ヨシュウ 日これから教わることを、前もって勉強しておく。下調べ。対復習。

【予小子】ヨショウシ われ ①天子が祖先に対して用いる自称。②天子の自称。また、謙称。

【予(豫)審】ヨシン 日〔法〕旧刑事訴訟法で、公判の前に裁判官が非公開でおこなった審理。

【予(豫)選】ヨセン 日前もって、出場者や参加作品をふるい分ける。また、そのための試合や審査。対本選。

【予(豫)▼餞会】ヨセンカイ 日〔「餞」は、はなむけの意〕卒業や旅立ちの前に、あらかじめおこなう送別会。

【予(豫)想】ヨソウ これからどうなるか見当をつける。また、その内容。予測。例―が的中する。

【予(豫)測】ヨソク ある事実をもとに将来の見通しをつける。また、その内容。予想。例需要を―する。

【予(豫)怠】ヨタイ 安逸をむさぼってなまける。

【予(豫)断】ヨダン 日結果を前もって判断する。例事態は―を許さない。

【予(豫)知】ヨチ ものごとが起こる前にそれと知る。予測。予見。例地震の―。

【予(豫)兆】ヨチョウ 何かが起こる前ぶれ。きざし。前兆。例事件の起こる―。

【予(豫)定】ヨテイ あらかじめ決めておく。また、その日程・行事・行動など。スケジュール。例行事―表。

【予(豫)備】ヨビ ①前もって用意しておくこと。例―知識。②足りない場合にそなえて多めに用意しておくこと。また、そのもの。例―費。

【予(豫)報】ヨホウ あらかじめ知らせる。また、その知らせ。例天気―。

【予(豫)防】ヨボウ 病気や災害などの発生を、あらかじめふせぐ。例―注射。

【予(豫)約】ヨヤク 前もって(売り買いなどの)約束をする。また、その約束。例―席。

【予(豫)鈴】ヨレイ 日授業や芝居・業務などの開始を知らせる本鈴の少し前に鳴らす、ベルやチャイム。対本鈴。

争

亅5 (6) 1 3372 4E89 教4

一ソウ(サウ)漢 庚 zhēng
二ソウ(サウ)漢 敬 zhèng
あらそう(あらそ-ふ)

[爭] 爫4 (8) 2 6407 722D 人 旧字体。

筆順 ノ ク ク 乌 乌 争

なりたち  〔会意〕「爫(=両手)」と「亅(=引く)」とから成る。自分のほうに引きよせようと、あらそう。

意味 一❶勝とうとして互いにせりあう。きそう。うばいあう。たたかう。あらそう。あらそい。例争議ソウギ。争奪ソウダツ。競争キョウソウ。❷どうして。いかでか。反語の意をあらわす。例見レ此争無二一句詩一(これをみてはいかでかいっくのしなからんや)(=これを見てどうして詩を一句作らずにおれようか)。〈白居易・題峡中石上〉 二(おもに目上の人の)あやまりをはっきり指摘し、直すように言う。忠告する。いさめる。通諍ソウ。例争臣ソウシン。

日本語での用法《いかで》「争かいで勝かたむ」▼なんとかして。どうにかして。願望の意をあらわす。

古訓 中古あらがふ・あらそふ・いかでか・いづくぞ・きほふ・なぞ・なんぞ 中世あらそふ・いかでか・いさむる・ひく 近世あらそふ・いさむる・きそふ・をさむ

【争議】ソウギ ①互いに意見を主張し、議論すること。②日使用者と労働者とのあらそい。労働争議。例―権。
【争衡】ソウコウ コウをあらそう 〔「衡」は、はかりの意〕天下の覇権をあらそう。
【争子】ソウシ 親のあやまちをいさめる子。諍子ソウシ。
【争訟】ソウショウ 〔あらそい訴える意〕①訴えごと。もめごと。②訴えを起こす。裁判であらそう。
【争臣】ソウシン 君主に対し、自分の思っていることをはっきりと述べる臣下。
【争奪】ソウダツ 自分のものにしようと、力でうばい合う。例争奪生而辞譲亡焉(ソウダツショウじてジジョウほろぶ)(=うばい合いが起こり、ゆずり合いがなくなる)。〈荀子・性悪〉―戦。
【争端】ソウタン あらそいのきっかけ。もめごとの発端。
【争長】ソウチョウ チョウをあらそう 席次の上下をあらそう。
【争闘】ソウトウ あらそい。闘争。
【争覇】ソウハ ①支配者になろうとしてあらそう。②日スポーツで、優勝をあらそう。
【争▼鋒】ソウホウ ホウをあらそう 〔「鋒」は、ほこの意〕武力であらそう。勝敗を決する。
【争友】ソウユウ 心から忠告してくれる友人。
【争乱】ソウラン あらそいが起こって、世の中がみだれること。
【争論】ソウロン 言いあらそい。いさかい。
●競争キョウソウ・係争ケイソウ・抗争コウソウ・戦争センソウ・闘争トウソウ・紛争フンソウ・論争ロンソウ

[爭] 亅6 (7) ⇨事ジ(40ページ)

事

亅7 (8) 1 2786 4E8B 教3

ズ慣 シ漢 ジ呉 寘 shì
こと・つか-える(つか-ふ)

[亊] 亅6 (7) 2 4815 4E8A 俗字。

[叓] 又5 (7) 4 0361 355D 俗字。

筆順 一 丆 戸 戸 亘 亘 亊 事

なりたち 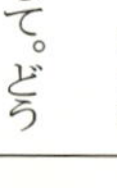 〔形声〕「史」と、音「之シ」の省略体とから成る。つとめる。

意味 ❶職業。任務。業務。仕事。こと。例事業ジギョウ。事務ジム。理事リジ。❷国家の大事。おもに祭祀サイシと戦争を指す。こと。例季氏将レ有二事於顓臾一(キシまさにセンユにことあらんとす)(=季氏は顓臾と戦争を起こそうとしている)。〈論語・季氏〉❸できごと。ものごと。ことがら。こと。例事実ジジツ。事物ジブツ。時事ジジ。❹仕事とする。つとめる。実践する。こととする。例回雖レ不敏一、請事二斯語一矣(カイやフビンなりといえども、こうこのゴをこととせん)(=私、顔回は愚か者ですが、このことばを努力しておこなってまいりたいと思います)。〈論語・顔淵〉❺目上の人に奉仕する。つかえる。例事大ジダイ。兄事ケイジ。師事シジ。❻用いる。つかう。例無レ所レ事レ信(シンをつかうところなし)(=韓信カンシンを用いる場所がない)。〈史記・淮陰侯伝〉

古訓 中古あづかる・こと・さしはさむ・つかうまつる・つかふ・つかまつる・わざ 中世こと・つかうまつる・つかふ・わざ 近世いとなむ・こと・さぐる・さしはさむ・しわざ・たつる・つかふ・つとむ・なす

人名 おさむ・つとむ・わざ

【事半功倍】ことなかばにしてコウバイす 少ない労力で大きな功績をあげる。〈孟子・公孫丑上〉
【事無二二成一】ことにニセイなし 二つのことを同時になしとげることはできない。〈左伝・成八〉
【事以レ密成】ことはミツをもってなる ものごとは秘密を守ることで成功する。〈韓非・説難〉
【事機】ジキ 事をおこなうのによい機会。
【事宜】ジギ 事の道理にかなっていること。
【事況】ジキョウ 事情。状態。

【事業】ジギョウ ①社会的・計画的・組織的で、規模の大きな仕事。例 慈善―。②日 利益を上げることを目的とした経済活動。実業。例 ―家。

【事件】ジケン ①ことがら。事の次第。②日 犯罪・争い・災害など、人々が強い関心をもつようなできごと。例 大―。③日 裁判所が扱うようなことがら。例 訴訟―。

【事故】ジコ ①思いがけなく発生する悪いできごと。②さしつかえ。支障。例 ―あるときはやむをえない。③わけ。事情。

【事後】ジゴ 何かがおこなわれた、あと。対 事前。例 ―承諾。

【事項】ジコウ 日 ことがら。例 注意―。

【事事】ジジ 一 あらゆることがら。二 ことをことす なすべきことをする。

【事事物物】ジジブツブツ あらゆるものごと。万事万端バンジバンタン。〈大学惑問〉

【事実】ジジツ ①実際に起きたできごとや、現実に存在することがら。例 ―無根。②日 本当に。実際に。

【事象】ジショウ 日 ①事実や現象。できごと。例 自然界の―を観察する。②〔数〕試行の結果として起こることがら。例 その―が起こる確率。

【事情】ジジョウ ①事実。真相。②日 ものごとの裏にかくれている原因・理由など。例 内部の―に通じている。

【事跡】【事▼迹】【事▼蹟】ジセキ ものごとのおこなわれたことを示す、あと・しるし。例 聖書の中のキリストの―。

【事績】ジセキ 〔「績」は、紡いだ糸の意。転じて、仕事の成果の意〕ある人のなしとげた仕事と、その功績。例 故人の―。

【事前】ジゼン 何かがおこなわれる、まえ。対 事後。例 ―協議。

【事態】ジタイ 日 ことのなりゆき。形勢。状況。例 非常―。

【事大】ジダイ 〔大ダイに事かえる意〕弱く小さい者が、強く大きい者に従うこと。自主性がなく、強大な者に身を寄せること。

【事典】ジテン ①国を統治するための法規。制度。②ことがらを一定の基準で集めて配列し、説明した書物。〔「字典」「辞典」と区別して、俗に「ことてん」という〕例 百科―。

【事物】ジブツ ことがらや物の様子。例 身近な―を観察する。

【事柄】ジヘイ ①ものごとの根源。ものごとの核心。②権力。③ことがら 日 ものごと。また、ものごとのありさまや内容。事項。

【事変】ジヘン ①ものごとの変化。②天災や突発的な騒動など、異常で社会的影響の大きいできごと。変事。③日 宣戦布告をしないで始まった国家間の武力紛争。例 満州―。

【事務】ジム ①政治的業務。つとめ。②日 書類の取り扱いや計算など、主として机の上でする仕事。例 ―室。―用品。

【事由】ジユウ あることがらが起こった事情と理由。

【事理】ジリ ①こうあるべきであるというすじみち。わけ。例 ―を明らかにする。②〔仏〕個々の現象としての「事」と、その背後にある真理としての「理」。例 事理もとより二つならず(＝ものごとの現象と真理は、元来別々のものではない)。〔徒然草〕

【事例】ジレイ ①過去にあったという事実。先例。②それぞれの具体的な実例。例 似たような―が多い。

●悪事アクジ・火事カジ・家事カジ・幹事カンジ・記事キジ・議事ギジ・行事ギョウジ・軍事グンジ・兄事ケイジ・刑事ケイジ・検事ケンジ・工事コウジ・故事コジ・雑事ザツジ・惨事サンジ・師事シジ・時事ジジ・従事ジュウジ・小事ショウジ・食事ショクジ・炊事スイジ・大事ダイジ・知事チジ・珍事チンジ・判事ハンジ・万事バンジ・無事ブジ・返事ヘンジ・法事ホウジ・用事ヨウジ・理事リジ・領事リョウジ

7 2画

二 に部

横線二本で、「ふたつ」「平行」「両端」の意をあらわす。「二」をもとにしてできている漢字と、「二」の字形を目じるしにして引く漢字とを集めた。

0 二 41　1 亍 43　于 43　2 云 五 互 井 43　4 亙 亘 46　5 亜 47　6 亞 亟 些 亝 47

この部首に所属しない漢字

三→一 10　干→干 437　元→儿 118　夫→大 328　井→丶 32　平→干 438　未→木 657　示→示 954　弐→弋 460

二

二0 (2)　1 3883 4E8C　教1

ジ漢 ニ呉 寘 èr

ふた・ふたつ・ふ・ふう

付表 十重二十重とえはたえ・二十はたち・二十歳はたち・二十日はつか・二人ふたり・二日ふつか

[弍]

弋2 (5)　2 4817 5F0D

古字。

筆順 一 二

なりたち [指事] 長さが等しい線を並べ重ねて、ふたつの意をあらわす。

意味 ❶数の名。ふた。ふたつ。例 二元ニゲン。二者択一ニシャタクイツ。無二ムニ。❷ふたたび。例 二期作ニキサク。二重ニジュウ。二度ニド。❸ふたつめ。つぎの。例 二月ニガツ。二次ニジ。二世ニセイ。❹別な考えをする。忠実でない。例 二心ニシン。❺並ぶ。匹敵する。例 功無レ二二於天下一コウテンカにたぐいなし(＝その功績は天下に並ぶものがない)。〈史記・淮陰侯伝〉

参考 商売や契約の文書では、数字を書きかえられないよう、同音の「弐」や「貳」を使うことがある。

古訓 中古 ふたたび・ふたつ・ふたり 中世 つぎ・ふたたび・ふたつ・ふたり 近世 つぎ・ふたたび・ふたつ・ふたり

人名 かず・さ・すすむ・つぎ・つぐ・ぶ

【二乗】ジジョウ｜ニジョウ ①主人の車につき従う車。副車。②〔仏〕大乗と小乗。③日〔数〕ある数・式に、それと同じ数・式をかけ合わせること。自乗。平方。

【二院】ニイン 日 国会を構成する二つの議院。日本の衆議院と参議院、アメリカの上院と下院など。

【二王】ニオウ ①ふたりの君主。例 地に―なし。②ふたりの王姓の人。東晋トウシンの王羲之オウギシと王献之オウケンシなど。③⇩【仁王】ニオウ(57ページ)

【二階】ニカイ 日 建物の、地上から二番目の階。例 ―家や。

【二月】ニガツ｜ニゲツ 一年の二番目の月。如月きさらぎ。

【二月花】ニガツのはな｜ジゲツのはな 陰暦二月ごろに咲く花。モモの花など。例 霜葉紅二於二月花一ソウヨウはニガツのはなよりもくれないなり(＝霜に色づいたもみじ葉は春の花よりも赤い)。〈杜牧・山行〉

【二気】ニキ 陰の気と陽の気。

【二儀】ニギ 天と地。日と月。陽と陰。両儀。

【二期作】ニキサク 日 同じ田畑で年に二回、同じ作物をつくること。〔おもに稲作についていう〕→【二毛作】ニモウサク

【二極】ニキョク ①南極と北極。②君主と両親。③中心勢力が二つあること。

【二元】ニゲン ①二番目の元号。②〔数〕代数方程式で未知数が二つあること。対 一元・多元。例 連立二元一次方程式。③日 対立する二つの根本原理。対 一元・多元。例 物心ブッシンの―要素。④日 二つの別々の場所。対 一元・多元。例 ―放送。

【二元論】ニゲンロン 日〔哲〕対立する二つの根本原理によってすべてを説明しようという方法。たとえば、陰と陽、善と

悪、精神と物質など。対一元論・多元論。

【二更】ニコウ 「五更①」の二番目。午後十時、およびその前後の二時間。亥イの刻。乙夜イツヤ。

【二言】㊀ゴン ①漢字二字。②いつわり。うそ。例口無二二言一くちにニゴンなし（＝うそを言ったことがない）。〈旧唐・隠逸伝・衛大経〉㊁ふたこと 日二つのことば。

【二三】ニサン 二つか三つ。少々。少しばかり。

【二三子】ニサンシ ①何人かの人。②諸君。おまえたち。〔数人に呼びかけていうことば。師が門人たちに用いる〕例二三子、偃之言是也ニサンシよ、エンのゲンはぜなり（＝〔孔子は言った〕諸君、言偃ゲンエンのことばは正しい）。〈論語・陽貨〉

【二次元】ニジゲン 日縦と横だけの広がりの平面。対一次元・三次元・四次元。

【二十歳】ニジッサイ|はたち 成人の年である二〇歳。二十はたち。

【二十世紀】ニジッセイキ 日①西暦一九〇一年から二〇〇〇年までの百年間。②ナシの一品種。

【二四不同二六対】ニシフドウニロクツイ 七言律詩や七言絶句の決まりの一つ。同じ句の中では二字目と四字目は平仄ヒョウソクが一致してはならず、また二字目と六字目とでは平仄が同じでなければならない、ということ。→【平仄】ヒョウソク①（438ジペー）

【二者択一】ニシャタクイツ 日二つのものごとの、どちらか一方をえらぶこと。例—をせまられる。

【二▼豎】ニジュ 〔「豎」は、子供の意〕重い病気のたとえ。例—が訪れる。→【病入二膏肓一】やまいコウコウにいる（902ジペー）

【二重】日㊀ジュウ 〔同じようなものが、また、まれに正反対のものが〕かさなること。かさねること。重複すること。例—窓。㊁ふたえ かさなり。重複。例—まぶた。

【二重唱】ニジュウショウ 日ふたりが別々の声部を受けもって、一緒に歌うこと。デュエット。

【二重人格】ニジュウジンカク 日ひとりの人間の中に二つの人格が存在していて、別人のような言動をすること。多重人格。

【二重奏】ニジュウソウ 日二種の楽器、または同種の二つの楽器による合奏。デュエット。例ピアノ—。

【二十四気】ニジュウシキ 「二十四節気ニジュウシセッキ」に同じ。

【二十四孝】ニジュウシコウ 昔の中国で、代表的な親孝行の二十四人をいうことば。舜シュン、漢の文帝、曽参シンなど。〔日本には、江戸時代に作られた名作「本朝二十四孝」がある〕

【二十四節気】ニジュウシセッキ 陰暦で、一年を季節にしたがって、十五日ずつ二十四の期間に分けて与えた名。二十四気。〔春から順に、立春リッシュン・雨水ウスイ・啓蟄ケイチツ・春分シュンブン・清明セイメイ・穀雨コクウ・立夏リッカ・小満ショウマン・芒種ボウシュ・夏至ゲシ・小暑ショウショ・大暑タイショ・立秋リッシュウ・処暑ショショ・白露ハクロ・秋分シュウブン・寒露カンロ・霜降ソウコウ・立冬リットウ・小雪ショウセツ・大雪タイセツ・冬至トウジ・小寒ショウカン・大寒ダイカン〕

【二十八宿】ニジュウハッシュク|ニジュウハッシュク 古代中国で、天体の位置を示す基準とした二十八の星座。角カク・斗ト・昴ボウなど。

【二心】ニシン|ふたごころ 主人や味方を裏切り、信頼にそむく心。不忠。例—を抱いだく。

【二伸】ニシン 日〔「伸」は、申す・述べる意〕手紙で、あとから書き足すときに用いることば。追って書き。追伸。

【二進法】ニシンホウ 日〔数〕数を1と0との二つだけであらわす方法。コンピューターに応用されている。十進法の2は10、3は11、4は100、5は101となる。

【二世】㊀セイ ①二代。②第二代。皇帝などの二代目。例—皇帝。③日その国に移住した初代（＝一世）の子で、その国の市民権をもつ人。また、一般に、二代目。④日その人の子供。ジュニア。例—が誕生した。㊁ニセ 〔仏〕現世ゲンセと来世ライセ。この世とあの世。例—の契り（＝夫婦の、あの世までも続く、という固い約束）。

【二姓】ニセイ ①夫の実家と妻の実家。②二つの異なる王朝。③ふたりの夫。

【二聖】ニセイ ①ふたりの聖人。周の文王と武王、あるいは周公と孔子、または禹ウと孔子を指す。②日㋐ふたりの歌聖。柿本人麻呂かきのもとのひとまろと山部赤人やまべのあかひと。㋑ふたりの書聖。嵯峨サガ天皇と空海。

【二千石】ニセンセキ 〔「石」は、米穀などの容量の単位で、漢代に郡の太守の年俸が二千石であったことから〕地方長官のこと。

【二千里外故人心】ニセンリガイコジンのこころ 〔「故人」は、旧友の意〕（月をながめながら）はるか遠くにいる親友の身の上を思う心。〈白居易・八月十五日夜禁中独直対月憶元九〉

【二足】ニソク 日はきもの二対ツイ。

【二足の草▼鞋】ニソクのわらじ 日同じ人が同時に二つの職業につくこと。例—を穿はく（＝江戸時代には、ばくち打ちが捕方とりかたとして十手ジッテをあずかるような場合をいった）。

【二束三文】ニソクサンモン 日数は多くても値打ちがないこと。〔二束ふたたばで三文とも、わらじが二足でも三文にしかならないの意ともいう〕例—で家財道具を売り払う。

【二尊】ニソン 〔二つの尊いもの〕①父母。②釈迦シャカと弥陀ミダ。③日伊奘諾尊いざなぎのみことと伊奘冉尊いざなみのみこと。

【二程】ニテイ 北宋ホクソウの学者、程顥テイコウと程頤テイイの兄弟。二程子。

【二天】ニテン 恩人。自分を庇護ヒゴしてくれる人に感謝していう。〔天恩を与えてくれる天のほかに、天にも等しい恩人がある、という意〕〈後漢書・蘇章伝〉

【二▼兎】ニト 二羽のウサギ。

【二▼兎を追おう者ものは一▼兎トイッをも得えず】日同時に二つのことをしようとする者は、両方ともに失敗する。虻蜂あぶはち取らず。〔ローマの古いことわざにもとづく〕

【二桃殺二三士一】ニトウサンシをころす はかりごとによって、人を死に追いやること。〔梁父吟リョウホギンに詠まれた故事〕◆斉セイの宰相晏嬰アンエイは、勇士だが国を危うくする者と見た三人に、斉王から二つの桃を贈らせ、功労の大きさにより桃を取るように命じて競わせ、互いに恥じて自ら死ぬようにしむけた。……〈晏子・諫下〉

【二刀流】ニトウリュウ 日①両手に一本ずつの刀を持って戦う剣術の流派。〔普通、右手に長い刀、左手に短い刀。逆に持つのを逆二刀という〕②酒も、甘いものも好きな人。▽両刀遣い。

【二難】ニナン ①二つの困難なこと。②二つの得がたいもの。賢明な君主と優秀な賓客。③賢明さで優劣のつけがたい兄弟。

【二人同レ心▼其利断レ金】ニニンこころをおなじくすればそのときことキンをたつ 〔「利」は、するどい意〕ふたりが心を同じくすれば、その鋭利さは金をたち切る。心をあわせて事にあたれば、どんな困難なことでもなしとげられるということ。〈易・繋辞上〉

【二人称】ニニンショウ 日自分と話している相手を指すことば。「あなた」「きみ」「おまえ」「なんじ」など。対称。対一人称・三人称。

【二百十日】ニヒャクとおか 日立春から数えて二百十日目。九月一日ごろ。〔台風の来る時期の、厄日の一つとした〕類二百二十日ニヒャクはつか。

【二拍子】ニビョウシ 日強弱の二拍が一単位である拍子。

【二部】ニブ ①二冊またはふた組みの書籍。②日二つの部分。例—合唱。—授業。③日第二の部。催し物などの、全体を区分して、その第二を指す。④日大学の夜間部。

【二分】ニブン ①春分と秋分。②二つにわける。

【二柄】(ニヘイ) 二つの権力。君主のもつ賞と罰の権限。

【二枚舌】(ニマイじた) 日平気でうそをついたり、つじつまの合わないことを言ったりすること。例 —を使う。

【二枚目】(ニマイめ) 日美男子。やさおとこ。〔昔、芝居の看板で二枚目に名前が書かれたことから〕 対三枚目。

【二毛】(ニモウ) 〔白と黒のまざった髪の毛。ごま塩頭の意〕老人。対黄口(コウコウ)(=子供)。例 不レ禽二二毛一(ニモウをとりこにせず)(=白髪まじりの者は捕虜にしない)。〈左伝・僖三〉

【二毛作】(ニモウサク) 日同じ田畑で年に二回、違う作物をつくること。イネのあとにムギをつくるなど。〔一毛作は、年に一回、主要な作物(おもにイネ)をつくること〕→【二期作】(ニキサク)

【二▼酉】(ニユウ) 湖南省沅陵(ゲンリョウ)県の西北にある大西山・小西山の二山。洞穴から古書千巻が発見されたということから、書籍の多い場所にたとえる。

【二流】(ニリュウ) ①二つの川の流れ。②日(品質・地位・人などの評価で)最上よりややおとっているもの。対一流・三流。例 —作家。—映画。③日二つの流れ。二つの流派。

【二六時中】(ニロクジチュウ) 〔昔、一日を昼六時、夜六時に分けていたところから〕一昼夜。一日じゅう。不断に。四六時中(シロクジチュウ)。例 —何かを気にかけて落ち着かない。

【二葉】(ふたば) 日①芽生えたばかりの二枚の小さな葉。②幼児のころ。また、ものごとの初め。例 栴檀(センダン)は—より芳(かんば)し。▽双葉(ふたば)。

【二股▼膏薬】(ふたまたゴウヤク) 日(内股(うちまた)にはった膏薬が股の左右につくように)あちらについたり、こちらについたり、態度がはっきりしない人をたとえていう。内股膏薬(うちまたゴウヤク)。

于

二1(3) 2 4818 4E8E

一 ウ 漢呉 虞 yú
二 ウ 慣 ク 漢 虞 xū
ここ-に・ゆ-く

参考 「干(カン)」は別の字。

意味 一 ❶ゆく。いく。例 君子于レ役(クンシエキにゆく)(=あなたは《命じられて》国境の守備にゆく)。〈詩経・王風・君子于役〉 ❷国名。呉の別称。例 于越(ウエツ)。❸姓の一つ。例 于公(ウコウ)。❹あとに来る語に「…に」「…を」「…より」と送りがなを付す助字で、場所・対象・比較などをあらわす。訓読では読まない。例 志二于学一(ガクにこころざす)(=学問に志を立てた)。〈論語・為政〉 ❺⇩ 通 吁(ク)。例 于嗟(ウサ)(ああ)。 二 喜び・悲しみの気持ちをあらわすことば。ああ。

【于于】(ウウ) ①ゆったりとしたさま。また、満足したさま。②連なるさま。

【于越】(ウエツ) ①越の国。於越(オエツ)。②呉と越。干越(カンエツ)。③遼(リョウ)代の最高官職。無類の功績をあげた重臣に限り授けられる特別の官。

【于公高門】(ウコウコウモン) 余徳によって子孫が繁栄することのたとえ。◆前漢の于公は公平な裁判をおこなって、人々の信頼を得ていた。彼は自分の子孫に高官が出ることを予期して、高官の車が通れるよう門を高く造ったという。果たして、子の定国は丞相(ジョウショウ)となった。……〈漢書・于定国伝〉

【于▼嗟】(ウサ) ああ 悲しみ・喜びなど、ものに感じて発する声。

【于▼闐】(ウテン) 漢代、西域(サイイキ)にあった国。今の新疆(シンキョウ)ウイグル自治区ホータンあたりにあり、美玉を産した。

【于帰】(ウキ) ゆきとつぐ ここにとつぐ 嫁にゆく。例 之子于帰、宜二其室家一(このこゆきとつぐ、そのシツカによろしからん)(=この子は嫁にゆく、お似合いの夫婦になるだろう)。〈詩経・周南・桃夭〉

亍

二1(3) 3 1407 4E8D

チョク 漢 沃 chù

意味 ❶止まる。たたずむ。❷こまたで歩く。例 彳亍(テキチョク)。

云

二2(4) 1 1730 4E91 人

ウン 漢呉 文 yún
い-う(い-ふ)

なりたち [象形] うずまく雲の形。借りて「いう」の意。

意味 ❶…という。他人のことばや書物から引いていう場合に用いることば。いう。例 詩云(シにいう)。❷「ここに」「これ」と読み、語調を整える。例 云誰之思(ここにたれをかこれおもう)(=だれのことを思うのか)。〈詩経・鄘風・桑中〉 ❸「…(する)ところ」と読み、動作の対象・内容・場所などを指し示す。

古訓 中古 いはく・いふ・ここに・これ・まうす 中世 いはく・いふ・ゆふ 近世 いはく・いふ・おほし・かへる・めぐる

人名 これ・とも・ひと

【云何】(ウンカ) いかん どうして。どうやって。疑問をあらわすことば。如何(いかん)。奈何(いかん)。

【云為】(ウンイ) ①言論と行為。言行。②〔「云」は、所の意〕人のなすところ。

【云▼爾】【云耳】(ウンジ) しかいう のみ しかり というのみ …ということだ。上の文の結びを強調して示すことば。例 不レ知二老之将一レ至二云爾(おいのまさにいたらんとするをしらざるのみ)(=老境にさしかかっていることに気づかない)。〈論語・述而〉

【云云】(ウンヌン) ①引用する文が長かったり、確かでなかったりして、あとを省略する場合に用いる。しかじか。これこれ。例 如二後云云一(のちにウンヌンするがごとし)(=後にしかじかと言うとおりだ)。〈白居易・与微之書〉 ②あれこれ口出しする。とやかく言う。例 他人が—することではない。③ものの多く盛んなさま。

五

二2(4) 1 2462 4E94 教1

ゴ 漢呉 麌 wǔ
いつ・いつ-つ・い

付表 五月(さつき)・五月雨(さみだれ)

筆順 一 丆 五 五

なりたち [指事] 陰と陽の二気が天と地との間で交わる形。五行(ゴギョウ)(=木(モク)・火(カ)・土(ド)・金(ゴン)・水(スイ)の気のめぐり)のこと。派生して「いつつ」の意。

意味 ❶数の名。いつ。いつつ。例 五感(ゴカン)。五山(ゴザン)。❷いつたび。例 五回(ゴカイ)。❸いつつめ。例 五月(ゴガツ)。五更(ゴコウ)。❹多くの。あらゆる。例 五穀(ゴコク)。五色(ゴシキ)。五体(ゴタイ)。

日本語での用法 《いつつ》「やがて五(いつ)つという頃(ころ)」▼辰(たつ)の刻(=今の午前八時)、および戌(いぬ)の刻(=今の午後八時)。

参考 商売や契約の文書では、数字を書きかえられないよう、同音の「伍」を使うことがある。

古訓 中古 いつつ 中世 いつつ 近世 いつつ・ゆく

人名 あつみ・あつむ・いず・かず・ゆき

難読 五十(い)・五十嵐(いがらし)・五十鈴(いすず)・五浦(いづら)(=地名)・五百城(いおき)・五架(ごうぎ)・五月蠅(さばえ)

【五悪】(ゴアク) ①五つの悪いこと。ものごとに通じていて陰険、おこないがかたよっていて頑固、ことば巧みでうそつき、怪異なことを広く知っている、悪事をはたらいてうわべをとりつくろおうとする。〔〈荀子・宥坐〉から〕②中国医学で、避けなければならない五つのもの。熱・寒・風・湿・燥。〈素問・宣明五気〉③〔仏〕五戒を破る悪行。殺生(セッショウ)・偸盗(チュウトウ)・邪淫(ジャイン)・妄語(モウゴ)・飲酒(オンジュ)。

【五音】(ゴイン|ゴオン) ①東洋音楽の五つの音階。低い方から、宮(キュウ)・商(ショウ)・角(カク)・徴(チ)・羽(ウ)の五つ。五声。②中国音韻学で、発音器官の部位によって分けた五つの語頭音。唇音・舌音・歯音・牙音(ガオン)・喉音(コウオン)。

【五雲】(ゴウン) ①青・白・赤・黒・黄の五種の雲。その変化を見て吉凶を占った。②五色を兼ね備えた雲。吉兆であり、また、仙女の遊んでいる所ともいう。

【五戒】ゴカイ 〔仏〕在家の仏教信者が守るべき五つのいましめ。殺生戒（＝生き物を殺さない）・偸盗戒（＝盗みをしない）・邪淫戒（＝夫婦間以外に性交をしない）・妄語戒（＝うそをつかない）・飲酒戒（＝酒を飲まない）の五つ。

【五岳】ゴガク 中国で、天下の鎮めとして信仰された東・西・南・北と中央の、五つの霊山。泰山（＝東岳）・華山（＝西岳）・霍山（のちに衡山＝南岳）・恒山（＝北岳）・嵩山（＝中岳）。五山。

【五月】ゴガツ｜さつき 一年の五番目の月。皐月。例 —晴れ。

【五花馬】ゴカバ 唐代、たてがみを切りそろえ五つのふさに束ねたウマ。多く駿馬を指す。一説に青毛と白毛のまだらのウマ。類五花・五花驄。

【五官】ゴカン ①目・耳・鼻・舌・皮膚の、五つの感覚器官。②周代、司徒・宗伯・司馬・司寇・司空の五つの官職。

【五感】ゴカン 日 五官によって得られる五つの感覚。視覚・聴覚・嗅覚・味覚・触覚。例 —をとぎすます。

【五紀】ゴキ ①時を秩序づける五つのもの。歳・月・日・星辰・暦数。②六十年。〔一紀は十二年〕

【五逆】ゴギャク 〔仏〕無間地獄へ落とされる五つの悪業。父を殺す、母を殺す、阿羅漢を殺す、僧の団結を乱す、仏身を傷つける。

【五教】ゴキョウ ①人として守るべき五つの道徳。五典。㋐「五常②」に同じ。㋑「五倫」に同じ。②君子が人を教化する五つの方法。

【五経】ゴキョウ｜ゴケイ 漢代、儒教で最も大切とされた五つの経典。『易』『書』『詩』『礼』『春秋』。五典。

【五経博士】ゴキョウハカセ｜ゴケイハカセ｜ゴキョウハクシ｜ゴケイハクシ 官名。漢の武帝の時、それまでの博士を整えて設置された。それぞれの五経の専門家が経義を伝授し、また、皇帝の諮問に答えた。

【五行】ゴギョウ ①古くからの中国の考え方で、万物の根源となる五つの元素。木・火・土・金・水。②「五常①」に同じ。③〔仏〕菩薩の修行する五種の行。たとえば、大乗起信論では、布施・持戒・忍辱・精進・止観。

【五行説】ゴギョウセツ 戦国中期に斉の学者騶衍が唱えた説。歴代の王朝交代を、五行の相剋によって理論づけた。前漢末期には陰陽説と結びつき、陰陽五行説へと発展した。

【五行相▼剋】ゴギョウソウコク 五行が火・水・土・木・金の順に運行するとする説。水は火に勝ち、土は水に勝ち、というようにめぐりゆくものとする。類五行相勝。

【五行相生】ゴギョウソウセイ｜ゴギョウソウショウ 五行が木・火・土・金・水の順に運行するとする説。木は火を生じ、火は土を生じ、というようにめぐりゆくものとする。

【五金】ゴキン 金・銀・銅・鉄・鉛（一説に錫）の五種の金属。また、各種の金属をいう。

【五苦】ゴク 〔仏〕人生の五つの苦しみ。生老病死苦・愛別離苦・怨憎会苦・求不得苦・五陰盛苦。ほかにも諸説ある。

【五刑】ゴケイ ①古代中国でおこなわれた五種の刑罰。墨（＝いれずみ）・劓（＝鼻をそぐこと）・刖（＝足首から下を切ること）・宮（＝男子は去勢、女子は幽閉）・大辟（＝首きり）。②日 隋以降おこなわれたものにならって日本の律令制で定められた五種の刑罰。笞（＝むちで打つこと）・杖（＝棒たたき）・徒（＝懲役）・流（＝島流し）・死（＝死刑）。

【五原】ゴゲン ①漢代の郡の一つ。今の内蒙古自治区五原県のあたりにあった。②唐の韓愈が書いた、原道・原性・原人・原鬼・原毀の五つの文章。

【五▼胡】ゴコ 西晋から北魏までに華北に侵入した五種の異民族。匈奴・羯・鮮卑・氐・羌。

【五▼胡十六国】ゴコジュウロッコク 三〇四年から四三九年までの間に華北を中心に興亡を繰り返した、五胡および漢人の建てた十六の国。匈奴の前趙・北涼・夏、羯の後趙、鮮卑の前燕・後燕・南燕・西秦・南涼、氐の前秦・成漢・後涼、羌の後秦、漢人の前涼・西涼・北燕。

【五更】ゴコウ ①日没から夜明けまでを、初更・二更・三更・四更・五更の五つに等分して呼んだ名。一更の長さは季節によって長短の差がある。五夜。②「①」の五番目。午前四時、およびその前後の二時間。寅の刻。戊夜。

【五穀】ゴコク ①五種類の主要な穀物。㋐麻・菽（＝マメ）・麦・稷（＝コーリャン）・黍（＝モチキビ）。時代により稲が加わる。㋑日 米・麦・粟・黍・豆。②穀物の総称。例 —豊穣。

【五言】ゴゴン 漢詩で、漢字五字から成る一句。

【五言古詩】ゴゴンコシ 一句が五字から成り、句数に制限がなく、韻律なども自由な漢詩の形式。類五古。

【五言絶句】ゴゴンゼック 唐代に完成した、平仄や押韻に決まりのある漢詩の形式。一句が五字、全体が四句から成る。五絶。→【絶句】（1039ページ）

【五言律詩】ゴゴンリッシ 唐代に完成した、平仄や押韻に決まりのある漢詩の形式。一句が五字、全体が八句から成る。五律。→【律詩】（477ページ）

【五山】ゴザン｜ゴサン ①五つの名山。華山・首山・太室・泰山・東萊。②仙人が住む五つの山。岱輿・員嶠・方壺・瀛州・蓬萊。③「五岳」に同じ。④インドで、祇園・竹林・大林・誓多林の各精舎と那蘭陀寺。類五精舎。⑤南宋の朝廷が定めた径山寺・育王寺・天竜寺・雲隠寺・浄慈寺の、五つの禅宗の寺院。⑥日 禅宗で格の高い五つの寺。京都では、天竜寺・相国寺・建仁寺・東福寺・万寿寺。鎌倉では、建長寺・円覚寺・寿福寺・浄智寺・浄妙寺。

【五指】ゴシ 手の五本のゆび。例 —にはいる（＝第五位までにかぞえられる）ほどの強さ。—に余る（＝五つ以上もある）。

【五色】ゴシキ ①青・黄・赤・白・黒の五つのいろ。②さまざまな美しいいろ。例 —の短冊。

【五七調】ゴシチチョウ 日 和歌・詩・文などで、五音と七音のことばを繰り返す形式。対七五調。

【五十歩百歩】ゴジッポヒャッポ 実は、違いがないこと。◆戦場でいざ戦いが始まろうとするとき、よろいをぬぎすて武器を投げすてて逃げ出す者がいた。ある者は百歩逃げて止まり、ある者は五十歩逃げて止まった。このとき、五十歩逃げた者が百歩逃げた者を、臆病だと言って笑った。たとえ五十歩でも、逃げたことには変わりがない。……〈孟子・梁恵王上〉

【五車】ゴシャ ①君主の乗る五種の車。②五種の兵車。③蔵書の多いこと。また、博識のたとえ。〔戦国時代、宋の恵施は、多方面にわたる蔵書が、五台の車に積むほどであったという故事による〕例 五車之書。〈荘子・天下〉

【五爵】ゴシャク 公・侯・伯・子・男の五等の爵位。類五侯。

【五十音】ゴジュウオン 日 ①仮名文字で書きあらわす、日本語の五十の音。②「五十音図」のこと。あ行からわ行までの十行とあ段からお段までの五段の、合計五十の音の表。〔今の実際の発音の種類は四十四〕

【五十▼而知二天命一】ゴジュウにしてテンメイをしる　孔子が、五十歳になって天が自分に与えた使命を悟ったこと。〈論語・為政〉→【知命】チメイ（939ページ）

【五常】ゴジョウ　①儒教で、人が常におこなうべき五つの道徳。仁・義・礼・知・信。五行。五典。②父の義・母の慈・兄の友・弟の恭・子の孝。五品。五教。

【五情】ゴジョウ　①五種の感情。喜・怒・哀・楽・怨（一説に、欲）。②〔仏〕眼・耳・鼻・舌・身から生まれる五種の欲情。

【五丈原】ゴジョウゲン　陝西省岐山県の南方にある地。三国時代、蜀の諸葛孔明が、魏の司馬仲達とここで対陣したが、病のため死んだ。→【死諸葛走二生仲達一】（729ページ）

【五衰】ゴスイ　〔仏〕天人の臨終のときにあらわれるという五つのおとろえの相。（涅槃経に説く）衣服のけがれ、頭上の花のしぼみ、身の光の消失、わきの下の汗、天人でありながら楽しまない、というもの。天人の五衰。

【五声】ゴセイ　「五音①」に同じ。

【五星】ゴセイ　五つの惑星。木星・火星・土星・金星・水星。

【五牲】ゴセイ　五種のいけにえ。牛・羊・豕（＝豚）・犬・鶏。

【五尺▼之童】ゴセキのドウ　子供。〔五尺は約一一〇センチメートルで、十歳程度の子供を指す。一説に、一尺は二歳半をいい、五尺で十二歳から十五歳までの子供をいう〕

【五絶】ゴゼツ　①「五言絶句」の略。②他に抜きん出た五つのもの。㋐南朝宋の杜道鞠の弾棋、范悦の詩、褚欣遠の模書、褚胤の囲碁、徐道度の医術。㋑唐の虞世南の徳行、忠直、博学、文詞、書簡。

【五節句】【五節供】ゴセック　〔日〕一年間の主要な五つの節句。人日（＝七草、一月七日）・上巳（＝ひな祭り。三月三日）・端午（＝五月五日）・七夕（＝七月七日）・重陽（＝九月九日）。

【五線】ゴセン　〔日〕音符を書きこむのに使う、平行に引いた五本の横線。例 ―譜。

【五臓六▼腑】ゴゾウロップ　内臓のすべて。腹の中全体を指す。五臓は、肺臓・心臓・腎臓・肝臓・脾臓。六腑は、大腸・小腸・胃・胆・膀胱・三焦（＝呼吸・消化・排泄をつかさどる器官）。例 ―にしみわたる酒。

【五体】ゴタイ　①人体の五つの部分。頭と両手・両足。または、頭・首・胸・手・足。②全身。③五つの書体。㋐篆・隷・楷・行・草。㋑古文・大篆・小篆・隷書・草書。

【五大】ゴダイ　〔仏〕宇宙を構成する五つの要素。地・水・火・風・空。五輪。

【五代】ゴダイ　五つの時代。①唐・虞・夏・殷・周の五つの時代。②黄帝・帝堯・帝舜・禹王・湯王の五人の時代。③唐末から宋の成立まで、華北を中心に興亡した五つの王朝。後梁・後唐・後晋・後漢・後周。

【五畜】ゴチク　五種の家畜。牛・羊・豕（＝豚）・鶏・犬。

【五帝】ゴテイ　古代中国の伝説上の五人の皇帝。『易経』では、伏羲・神農・黄帝・堯・舜。『帝王世紀』では、少昊・顓頊・帝嚳・堯・舜。『史記』では、黄帝・顓頊・帝嚳・堯・舜。

【五典】ゴテン　①「五常①」に同じ。②「五経」に同じ。

【五徳】ゴトク　①五行説で、土徳・木徳・金徳・火徳・水徳のこと。各王朝はいずれかの徳を受けて建国するとされた。②儒教で、温・良・恭・倹・譲の五つの徳。③〔日〕火鉢や炉の灰の上にすえて、釜・鉄瓶などをのせる台。

【五斗米】ゴトベイ　〔五斗（＝今の五升。約一〇リットル）の米の意〕わずかな給料。例 吾不レ能下為二五斗米一折上腰（＝私はわずかな給料のために人の機嫌をとりながら仕えることはできない）。〈晋書・隠逸伝・陶潜〉

【五斗米道】ゴトベイドウ　後漢の末、張陵（張道陵とも）が蜀（今の四川省）で開いた宗教と、その教団。道教の源流の一つとされる。天師道。〔張陵に学んだ者は謝礼に米五斗を納めたことから〕

【五内】ゴナイ・ゴダイ　五臓のこと。また、からだの中全体。→【五臓六腑】

【五覇】【五伯】ゴハ　盟主として諸侯を統率した五人の覇者。①春秋時代の、斉の桓公・晋の文公・楚の荘王ならびに㋐秦の穆公・宋の襄公。㋑秦の穆公・呉王夫差。㋒呉王夫差・越王句践。②夏の昆吾・商の大彭と豕韋・周代の斉の桓公と晋の文公。

【五百羅漢】ゴヒャクラカン　〔仏〕〔「羅漢」は、仏教で、悟りをひらいた最高位の修行僧〕釈迦の死後、結集（＝教えをまとめる）のために集まった五百人の弟子。五百阿羅漢。

【五品】ゴヒン　「五常②」に同じ。

【五風十雨】ゴフウジュウウ　〔五日に一度風が吹き、十日に一度雨が降る意〕気候が順調で、作物が実り、天下太平であること。〈論衡・是応〉から

【五服】ゴフク　①〔「服」は、服従の意〕古代、王城を中心とした千里四方の地（王畿）の外側を、五百里ごとに区切って設けた五つの地区。王畿に近い順に侯服・甸服・綏服・要服・荒服と呼ぶ。周朝では侯服・甸服・男服・采服・衛服と呼んだ。②天子・諸侯・卿・大夫・士の礼服。③服喪のとき、その期間などで分けた五種の喪服。斬衰（三年）・斉衰（一年）・大功（九か月）・小功（五か月）・緦麻（三か月）。

【五方】ゴホウ　東西南北の四方と中央。転じて、広く各地方をいう。また、中国とその四方の異民族。

【五味】ゴミ　五種のあじ。鹹（＝塩からい）・酸（＝すっぱい）・辛（＝からい）・苦（＝にがい）・甘（＝あまい）。

【五夜】ゴヤ　日没から夜明けまでを五等分して呼んだ名。甲夜・乙夜・丙夜・丁夜・戊夜の五つ。五更。

【五欲】【五▼慾】ゴヨク　①耳・目・鼻・口・心にある欲望。②〔仏〕色欲・声欲・香欲・味欲・触欲。また、財欲・色欲・飲食欲・名声欲・睡眠欲。

【五里霧中】ゴリムチュウ　「五里霧」は五里四方にたちこめる霧。その霧の中ということで、何も見えず、どの方向に進めばよいのかわからない状態をいう。◆後漢の張楷という人は、すぐれた学者で古典の著作も多かったが、また、不思議な力をもっていて、五里四方（一里は約四二八メートル）にわたって霧をおこすことができたという。……〈後漢書・張楷伝〉

【五柳先生】ゴリュウセンセイ　東晋の詩人、陶淵明が自ら使った呼び名。〔庭に五本のヤナギが植えられていたことから〕

【五陵】ゴリョウ　長安の北西にあった、漢の高祖・恵帝・景帝・武帝・昭帝の墓の総称。また、その近くの土地。多くの富豪が住み、政治・経済上の有力者を輩出した。

【五倫】ゴリン　孟子の教えで、人が守るべき五つの道。父子の親・君臣の義・夫婦の別・長幼の序・朋友の信。五教。

【五輪】ゴリン　①〔仏〕密教で、万物を形づくる、地・水・火・風・空の「五大」を、欠けるところのない輪にたとえたもの。

②日オリンピックのマーク。また、オリンピックのこと。世界の五大陸を五つの輪(わ)で表現したもの。
【五輪塔】(ゴリントウ)〔仏〕密教で説く「五大」をかたどった塔。墓標に使われる。下から地(=四角)・水(=円)・火(=三角)・風(=半円)・空(=宝珠)の順に積み上げる。

【五礼】(ゴレイ)①五つの儀礼制度。吉礼(=祭祀(サイシ)の礼)・凶礼(=喪葬の礼)・賓礼(ヒンレイ)(=賓客を迎える礼)・軍礼(=軍事に関する礼)・嘉礼(カレイ)(=元服や結婚の礼)。②公・侯・伯・子・男の各諸侯の儀礼。③天子・諸侯・卿大夫(ケイタイフ)・士・庶民の礼。

【五月雨】(さみだれ｜さつきあめ) 日六月(陰暦五月)ごろに降り続く雨。梅雨。
●三三五五(サンサンゴゴ)

互

二2(4) 1 2463 4E92 常用

コ漢 ゴ呉 遇 hù
たがい(たがひ)・かたみ-に

筆順 一 ㇀ 互 互

なりたち 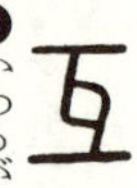 [象形] 縄をたがいちがいに巻きとる道具の形。派生して「たがい」の意。

意味 ❶かわるがわる。**たがい**。たがいに。例 互換(ゴカン)。交互(コウゴ)。❷くいちがったさま。入り乱れた。例 乖互(カイゴ)。参互(サンゴ)。❸いけにえの肉をかける棚。❹人馬の通行をさえぎるための、さく。らち。

古訓 中古 たがひに・たがふ 中世 たがひ 近世 かはるがはる・たがひ・たがふ

難読 互折(つづらおり)・互先(たがいセン｜かたみセン)

【互角】(ゴカク) 日〔もとは「牛角(ゴカク)」と書き、ウシの二本のつのの長さ・太さが同じことから〕力に勝り劣りのないこと。五分五分(ゴブゴブ)。例 —の戦い。—にわたりあう。

【互換】(ゴカン) 日同じ価値やはたらきのものと取りかえる。また、取りかえて利用することができる。例 —機。

【互訓】(ゴクン) 二つの文字の解釈に、たがいに相手の字を使うこと。古辞書『爾雅(ジガ)』の説で、「宮は室なり、室は宮なり」とする類をいう。

【互恵】(ゴケイ) たがいに特別の利益や恩恵を与えあうこと。例 —条約。

【互市】(ゴシ) ①外国と貿易をすること。②権力者たちがたがいに援助しあうこと。

【互助】(ゴジョ) たがいにたすけあう。例 —会。

【互譲】(ゴジョウ) たがいにゆずりあう。例 —の精神。

【互生】(ゴセイ) ①次々に生じる。②植物で、葉が、茎や枝の節(ふし)ごとにたがい違いにつくこと。キクやバラなど。対対生・輪生。

【互選】(ゴセン) 日たがいの中からえらんで決めること。また、その選挙。例 委員長は委員の中から—される。

【互文】(ゴブン) 対になった二つの文や句で、一方で述べたことを他方で省略し、たがいに補いあって意味を構成する方法。たとえば「天長地久(テンチョウチキュウ｜テンはながくチはひさし)」〈老子・七〉の場合、長は地にも、久は天にもかかり、天も地も長く久しい、天地は長久である、の意味をなす。

井

二2(4) 1 1670 4E95 常用

セイ漢 ショウ(シャウ)呉 梗 jǐng
い(ゐ)

筆順 一 二 ナ 井

なりたち  [象形] いどのわくの形。中央の「・」は、つるべをあらわす。

意味 ❶地面を深く掘って地下水などをくみあげるための穴。いど。**い**。例 井蛙(セイア)。油井(ユセイ)。❷いげたのようにきちんと区切られた形。例 井然(セイゼン)。天井(テンジョウ)。❸人が集まって住んでいるところ。まち。〔いどの周囲に人が集まって集落ができることから〕例 郷井(キョウセイ)。市井(シセイ)。❹二十八宿の一つ。ちちりぼし。例 井宿(セイシュウ｜セイシュク)。❺易(エキ)の六十四卦(カ)の一つ。☵☴ 巽下坎上(ソンカカンショウ)。木の上に水がある象。

古訓 中古 ふかし・ゐ 中世 ゐ・ゐど・ゐのもと 近世 ふかし・ゐ・ゐのもと

人名 きよし・ふかし

【井▼蛙】(セイア) 井戸の中のカエル。視野がせまく、先の見通しのきかないことのたとえ。井底(テイテイ)の蛙(ア)。例 —の見。

【井▼蛙不レ可三以語二▼於海一】(セイアはもってうみをかたるべからず) 井戸の中のカエルに海を語り聞かせることはできない。せまい考えの人には、広大な見識を語ってもわからない意。井底(セイテイ)の蛙(ア)。類井(い)の中の蛙(かわず)大海を知らず。◆黄河の河伯(カハク)という神がはじめて海へ行って、その果てしない広さに驚き、「黄河がいちばん大きいと思っていたのに、こんなに広いものがあるとは」と北海(ホッカイ)の神の若(ジャク)に述べた。それを聞いて若が言った。「井戸の中のカエルには海の話をしてもわからない。それは、カエルがせまいところにいるからだ。夏の虫には、冬の氷のことを話してもわからない。それは、虫が季節というものは夏だけだと思いこんでいるからだ。今、あなたは海を見て、自らの視野のせまいことに気がついた。あなたにも大きな真理について語ることができるようになった」。……………〈荘子・秋水〉

【井臼】(セイキュウ) 井戸水をくみ、うすで米をつく。家事をおこなうこと。例 井臼之労(セイキュウのつとめ)(=家事)。〈柳宗元・送従弟謀帰江陵序〉

【井戸】(セイコ) 一 地下の水をくみ上げて塩を作る民家。二(いど) 日地面に穴を掘って、水をくみあげるようにしたもの。例 —水。—を掘る。

【井桁】一(セイコウ) 二(いげた) 日 井戸のまわりに「井」の字形に組んだ木の枠。二 日「井」の字の形や模様。

【井井】(セイセイ) 秩序正しく、整っているさま。井然(セイゼン)。例 —として乱れず。

【井然】(セイゼン) 秩序正しく、整っているさま。整然。

【井▼竈】(セイソウ) 井戸と、かまど。転じて、家のこと。

【井底の▼蛙】(セイテイのア)「井蛙(セイア)」に同じ。

【井田】(セイデン) 周代の土地制度。一定の土地を「井」の字の形に区切って九つに分け、周囲の八つを八戸に与え、中央の一つを共同で耕し、その収穫を国に納める決まり、と伝えられる。例 —法。

【▼坐レ井▼而観レ天】(セイにザしてテンをみる) 井戸の中から天をあおぎ見る。見識のせまいこと。〈韓愈・原道〉類坐レ井窺レ天(セイにザしてテンをうかがう)。

亙

二4(6) 1 4742 4E99 人

コウ漢呉 径 gèn
わた-る

なりたち  [会意]「舟(=ふね)」と「二(=水流の間)」とから成る。きわめる。

参考「亘(セン)」は、「亙(コウ)」とは別の字だが、「亘」を「亙」のかわりに用いることがある。

意味 一方の端から他方の端までつらなる。**わたる**。例 亙古(コウコ)(=昔から今にいたるまで)。半世紀(ハンセイキ)に亙(わた)る治世(チセイ)。南北(ナンボク)五千(ゴセン)キロに亙(わた)る航程(コウテイ)。

人名 とおる・のぶ・ひろし・わたり

亘

二4(6) 1 4743 4E98 人

一 セン漢 先 xuān
二 コウ漢呉 径 gèn
わた-る

なりたち 㔾 [会意]「二（=上下）」と「日（=まわる）」とから成る。ぐるぐるまわる。
意味 [一] ぐるりとめぐる。めぐらす。[二] 端から端へつらなる。**わたる**。例 五十年(ゴジュウネン)に亘(わた)って君臨(クンリン)する。
参考 「[二]」は、「亙(コウ)」と混同された用法。
古訓 中古 あまねし・きはむ・のぶ・わたる・をはる 近世 しく・もとむ
人名 たかし・たけ・とおる・のぶ・ひろし・もと・わたり
難読 亘理(わたり)（=地名・姓）

亜

二5（7） [1]1601 4E9C 常用 **ア** 漢 呉 禡 yà
つ-ぐ

[亞]

二6（8） [2]4819 4E9E 人 旧字体。

筆順 一 丆 ㄒ 亓 亞 亞 亜

なりたち 亞 [象形] 背中が曲がった人の形。一説に、「つぐ」「つぎの」の意。

意味 ❶主となるものにつぐ。**つぐ**。準じる。二番目の。例 亜聖(アセイ)。亜流(アリュウ)。亜熱帯(アネッタイ)。❷無機酸の種類を示すことば。酸素原子が通常より一つ少ないこと。例 亜硫酸(アリュウサン)。❸同類。たぐい。例 亜匹(アヒツ)（=同類の人物）。❹「亜細亜(アジア)」の略。例 欧亜(オウア)。東亜(トウア)。

日本語での用法 《ア》「亜刺比亜(アラビア)・亜爾加里(アルカリ)」▼外来語の「ア」の音訳。

古訓 中古 いやし・つぎ・つぐ・にくむ 中世 つぎ・つぐ 近世 あし・つぎ・つぐ・ぬる・みにくし

人名 つぎ

【亜寒帯】アカンタイ 寒帯と温帯の間の地帯。対 亜熱帯。
【亜▼卿】アケイ 正式の卿ではなく、それに準ずる卿。
【亜子】アシ 次男。
【亜細亜】アジア 六大州の一つ。ユーラシア大陸のウラル山脈・カスピ海より太平洋にわたる東の部分と、そのまわりの多くの島々とから成る地域。例 —の一員としての日本。
【亜相】アショウ ①宰相に次ぐ位の大臣。唐代では御史大夫(ギョシタイフ)を指した。類 亜台。②日 大納言(ダイナゴン)。
【亜将】アショウ ①副将。②日 近衛(コノエ)の中将(チュウジョウ)・少将の中国風の呼び名。
【亜聖】アセイ 聖人に次ぐ、立派な人。特に、孔子に次ぐ人として孟子(モウシ)をいう。
【亜熱帯】アネッタイ 熱帯と温帯の間の地帯。対 亜寒帯。
【亜父】アホ 父の次に尊敬する人。〔楚ソの項羽が臣下の范増(ハンゾウ)を敬って呼んだことから〕〈史記・項羽紀〉
【亜▼弗利加】アフリカ 日〔英 Africa の音訳〕地中海をへだて、ヨーロッパの南にある大陸。阿弗利加(アフリカ)。
【亜麻】アマ 日 アマ科の一年草。茎の繊維でリンネルなどの布を作ったり、種から亜麻仁(アマニ)油をとったりする。
【亜米利加】アメリカ 日〔英 America の音訳〕①「アメリカ合衆国」の略。北アメリカ大陸の中央部とアラスカ・ハワイから成る連邦共和国。首都はワシントン。米国。②北アメリカ大陸と南アメリカ大陸。
【亜▼刺比亜】アラビア 日〔英 Arabia の音訳〕アジアの西南部にある世界最大の半島。
【亜流】アリュウ 日 独創性がなく、一流の人をまねているだけの人。エピゴーネン。
【亜鈴】アレイ 日 短い棒の両端に重い球のついた体操用具。上半身、特に腕をきたえるのに用いる。ダンベル。例 鉄—。
参考 本来は、英 dumbbell（=音のしない鈴）の訳語として「唖鈴」と書く。

[亞]

二6（8） ⇩亜ア（47ジペー）

亟

二6（8） [2]4820 4E9F
[一] キョク 漢 呉 職 jí
[二] キ 漢 呉 寘 qì
しばしば・すみ-やか

[亟]

灬7（11） [3]8744 710F 俗字。

意味 [一] ❶たゆまずに急いで。**すみやか**。例 亟疾(キョクシツ)（=すみやか。火急）。❷緊急の。さしせまった。例 亟務(キョクム)。[二] 何回も繰り返して。**しばしば**。例 好レ従レ事而亟失レ時(ことにしたがうをこのみてしばしばときをうしなう)（=仕事をしたいと思いながら、たびたび時機をのがす）。〈論語・陽貨〉

【亟務】キョクム 急いでするべき重要な用事。緊急のつとめ。

些

二6（8） [1]2619 4E9B 人
[一] サ 慣 シャ 漢 麻 xiē
[二] サ 漢 箇 suò
いささ-か・すこ-し・ち-と・ちっ-と

なりたち [形声]「此（=足をちぐはぐにする）」と「二（=並べる）」とから成る。いくつかのものをざっと並べる。こまかくて数多い。

意味 [一] ほんのわずか。**いささか**。**すこし**。例 些細(ササイ)。些少(サショウ)。[二] 文末に置く助字で、語気を強める。訓読では読まない。例 魂兮帰来、君無レ上レ天些(たましいよかえりきたれ、きみテンにのぼるなかれ)（=魂よ戻って来てくれ、天にのぼらないでほしい）。〈楚辞・招魂〉

古訓 中世 すこし・ちと 近世 いささか・この・すくなし・すこし・ちつと

【些些】ササ わずかばかり。例 —たることを大げさに言いなす。
【些細】ササイ とりたてて問題とするにあたらないさま。瑣細(ササイ)。
【些事】サジ とるにたりないこと。瑣事(サジ)。例 —にこだわる。
【些少】サショウ わずかなこと。すくないこと。例 —ですがお納めください。
【些末】サマツ 重要でないこと。瑣末(サマツ)。

亝

二6（8） [4]0117 4E9D
[一] セイ 漢 サイ 呉 斉 qí
[二] サイ 漢 佳 zhāi

意味 [一] ととのう。そろう。通 斉。[二] 物忌(ものいみ)みする。通 斎。

---

8 2画

亠 なべぶた けいさんかんむり 部

字形に特に意味はないが、文字の整理上立てた部首。その形から「なべぶた」「けいさん（卦算(=文鎮)）かんむり」「けいさん（卦算）」「てんいち（丶一）」という。「亠」の字形を目じるしにして引く漢字を集めた。

[0] 48 亠 [1] 48 亡 亡 [2] 48 亢 [4] 48 亦 亥 亥 交 [5] 50 亨 充 [6] 50 京 享 [7] 51 京 亯 亭 亮 [8] 51 亳 [11] 51 亶 [20] 51 亹

この部首に所属しない漢字

六→八 130	玄→玄 866	衣→衣 1189	卒→十 195	斉→斉 1513	帝→巾 430	畜→田 893	商→口 253
文→文 602	立→立 988	弁→廾 696	夜→夕 315	哀→口 245	彦→彡 470	衰→衣 1191	牽→牛 853
方→方 610	充→儿 120	忘→心 491	盲→目 926	変→夊 309	衷→衣 1190	旁→方 613	毫→毛 740
市→巾 427	妄→女 340	肓→月 1087	育→月 1087	奕→大 334	恋→心 503	高→高 1472	烹→灬 829

率→玄 867	稟→示 975	豪→豕 1250	褻→衣 1200
産→生 887	稟→禾 975	齊→齊 1513	甕→瓦 883
蛮→虫 1173	裏→衣 1196	褒→衣 1199	
棄→木 696	膏→月 1101	襄→衣 1200	

亠
亠0 (2) 2 4821 4EA0
トウ 漢 尤 tóu

意味 漢字の部首の一つ。文字としての意味は特にない。

亡
亠1 (3) 1 4320 4EA1 教6

一 ボウ(バウ) 漢 モウ(マウ) 呉 陽 wáng
二 ブ 漢 ム 呉 虞 wú
ない・なくなる・なくす・ほろ-びる(ほろ-ぶ)・ほろ-ぶ・ほろ-ぼす

[亡] 亠1 (3) ―― 旧字体。

筆順 丶 亠 亡

なりたち  [会意]「亠(=はいる)」と「乚(=かくれるところ)」とから成る。にげる。

意味 一 ❶逃げこむ。姿をかくす。例 亡羊(ボウヨウ)。逃亡(トウボウ)。❷あったものがなくなる。なくす。例 亡失(ボウシツ)。亡命(ボウメイ)。❸死ぬ。なくなる。例 亡父(ボウフ)。亡霊(ボウレイ)。死亡(シボウ)。❹すっかりなくなる。ほろびる。ほろぼす。例 亡国(ボウコク)。存亡(ソンボウ)。滅亡(メツボウ)。❺わすれる。通 忘。例 為二長夜之飲一、亡二其甲子一(=チョウヤのインをなし、そのコウシをわする)(=何日も続く宴会をして、月日を忘れてしまった)。〈論衡・語増〉 二 ない。通 無(ブ|ム)。例 亡聊(ボウリョウ)。

古訓 中古 うしなふ・しぬ・ないがしろ・なし・なみす・にぐ・ほろぶ・わするる 中世 うしなふ・なし・にぐる・ほろぶ 近世 うしなふ・さる・しぬる・なし・にげる・のがる・ほろぶ

【亡骸】(なきがら) 日 死んだ人のからだ。しかばね。遺体。

【亡状】(ブジョウ|ムジョウ) 〔「状」は、おこないの意〕無礼なふるまい。無状(ブジョウ|ムジョウ)。

【亡頼】(ブライ|ライ) 正業につかない人。やくざ者。無頼(ブライ)。

【亡慮】(ブリョ|ムリョ) おおむね。ざっと。数が多いときに驚きをこめて使う。無慮(ブリョ|ムリョ)。例 虜数(=とりこの数)一二三万人。

【亡▼聊】(ブリョウ) 〔「聊」は、楽しむ意〕心配ごとがあって楽しくない。無聊(ブリョウ)。

【亡逸】【亡▼佚】(ボウイツ) ①逃亡する。②散り散りになってなくなる。

【亡君】(ボウクン) 死んだ主君。先君。

【亡国】(ボウコク) ①ほろびた国。また、国がほろびること。例 一の危機。一の民(たみ)。②国をほろぼすこと。例 一の徒。

【亡国▼之音】(ボウコクのオン) ほろびた国の音楽。また、国をほろぼすような音楽。みだらな音楽。鄭声(テイセイ)。〈礼記・楽記〉

【亡魂】(ボウコン) ①死者の霊魂。亡霊。②驚いて度を失うこと。

【亡妻】(ボウサイ) 死んだつま。対 亡夫。

【亡児】(ボウジ) 死んだ子供。

【亡失】(ボウシツ) なくす。うしなう。

【亡者】一 (ボウシャ) 死んだ人。死者。二 (モウジャ) ①〔仏〕死後、成仏できずに、迷っている魂。②金銭などに異常にこだわる人。例 我利我利一(=欲のかたまり)。金(かね)の一。

【亡臣】(ボウシン) 国外に逃げ出して、他国にいる家来。亡命の臣。

【亡人】(ボウジン) ①逃亡者。②死者。

【亡年友】(ボウネンのとも) 年齢の違いを気にせずに、信頼して親しくつきあう友。忘年友(ボウネンのとも)。類 忘年の交わり。

【亡夫】(ボウフ) 死んだおっと。対 亡妻。

【亡父】(ボウフ) 死んだちち。対 亡母。

【亡母】(ボウボ) 死んだはは。対 亡父。

【亡命】(ボウメイ) 〔「命」は、名籍(=戸籍)の意〕国外に逃げて、戸籍が削られてなくなること。例 張耳嘗亡命游二外黄一(=チョウジかつてボウメイしてガイコウにあそぶ)(=張耳は以前亡命して、外黄の地をさすらった)。〈史記・張耳陳余伝〉

【亡友】(ボウユウ) 死んだ友達。例 一との思い出を語る。

【亡羊】(ボウヨウ) 逃げて見失ってしまったヒツジ。

【亡羊▼之嘆】(ボウヨウのタン) ⇒【多岐亡羊】(タキボウヨウ)(314ページ)

【亡羊補▼牢】(ボウヨウホロウ) ヒツジが逃げたあとで囲いを修理する。失敗したことをすぐに改めることのたとえ。〈戦国策・楚四〉

【亡霊】(ボウレイ) ①死んだ人の魂。②幽霊。
●興亡(コウボウ)・死亡(シボウ)・衰亡(スイボウ)・存亡(ソンボウ)・逃亡(トウボウ)・滅亡(メツボウ)

亢
亠2 (4) 2 4822 4EA2

一 コウ(カウ) 漢 陽 gāng
二 コウ(カウ) 漢 漾 kàng
たか-ぶる

意味 一 人のくびすじ。のど。通 吭(コウ)・頏(コウ)。二 ❶高くあがる。例 亢竜(コウリョウ)。❷たかぶる。例 亢進(コウシン)。亢奮(コウフン)。❸ひでり。例 亢旱(コウカン)。亢陽(コウヨウ)。❹匹敵する。対等な。通 抗。例 亢礼(コウレイ)。❺二十八宿の一つ。あみぼし。例 亢宿(コウシュウ|コウシュク)。

【亢▼旱】(コウカン) ひどいひでり。亢陽。
【亢傲】(コウゴウ) 思いあがって傲慢になる。
【亢進】(コウシン) 日 たかぶること。激しくなること。昂進(コウシン)。例 心悸(シンキ)一。
【亢奮】(コウフン) 日 ①刺激を受けて生体のはたらきが盛んになる。②刺激を受けて気持ちが激しくたかぶる。表記 ▽現 興奮
【亢陽】(コウヨウ) ①ひでり。亢旱(コウカン)。②陽の気が最も高まっている状態。転じて、君主が傲慢(ゴウマン)で思いやりに欠けること。
【亢竜有レ悔】(コウリョウくいあり) 地位や富をきわめた者は、よくよくつつしまないと、身を滅ぼすことになる。〔天上にのぼりつめた竜(リュウ)は、落ちる以外に行き場を失い後悔するという話による〕〈易・乾〉
【亢礼】(コウレイ) 対等に礼をする。また、その礼。

亦
亠4 (6) 1 4382 4EA6 人
エキ 漢 ヤク 呉 陌 yì
また

なりたち  [指事] 人の両わきの下にしるしをつけた形。わき。派生して「…もまた」の意。

意味 ❶「…(も)また」と読み、同じことがもう一度起こることをあらわす。例 魚我所レ欲也、熊掌亦我所レ欲也(=うおはわがほっするところなり、ユウショウもまたわがほっするところなり)(=魚は美味だから私の欲しいものだ。クマの手のひらも美味だから私の欲しいものだ)。〈孟子・告子上〉 ❷「不二亦…一乎」の形で」なんと…ではないか、いかにも…ではないか、の意をあらわす。例 不二亦説一乎(=またよろこばしからずや)(=なんとうれしいことではないか)。〈論語・学而〉

古訓 中古 また・をさむ 中世 ひぢ・ふたたび・また 近世 ひぢ・ふたたび・また・わき

亥
亠4 (6) 1 1671 4EA5 人
カイ 漢 ガイ 呉 賄 hài
い(る)

[亥] 亠4 (6) ―― 本字。

なりたち  [会意]「二(=陰の気が上にある)」と、男女ふたりが子をあやす形とから成る。陰が極まり陽が芽生える。借りて十二支の第十二に用いる。

意味 十二支の十二番目。方位では北北西、時刻では午後十時、およびその前後の二時間。月では陰暦の十月。動物ではブタ(日本ではイノシシ)にあてる。い。

古訓 中古 ゐ 中世 よる・ゐ 近世 くさのね・よる・ゐ

人名 いさ・かね・より

【亥▼豕▼之▼謁】ガイシのカ 〔「謁」は、誤りの意〕「亥」と「豕」の字形が似ていることから、似た形の漢字をまちがえること。魯魚之誤（ロギョのあやまり）。焉馬之謁（エンバのあやまり）。帝虎之謬（テイコのあやまり）。→【三豕渉レ河】（サンシかわをわたる）（12ページ）

交

亠4（6）

1 2482 4EA4 教2

コウ（カウ）漢 キョウ（ケウ）呉 有 jiāo

まじわる（まじ-はる）・**まじえる**（まじ-ふ）・**まじる**・**まざる**・**まぜる**（ま-ず）・**かう**（か-ふ）・**かわす**（か-はす）・こもごも

筆順 丶 亠 六 六 交

なりたち  ［象形］人が脛（すね）を交差させている形。まじわる。

意味 ❶十文字に組みあう。**まじわる**。例 交差（コウサ）。❷つきあう。行き来しあう。**まじわる**。また、つきあい。まじわり。例 刎頸之交（フンケイのまじわり）（＝頸（くび）を刎（は）ねられても悔いないほどの親しい交わり）。〈史記・廉頗藺相如伝〉 交際（コウサイ）。旧交（キュウコウ）。絶交（ゼッコウ）。❸男女が性関係をもつ。**まじわる**。雌雄・牝牡（ヒンボ）がつがう。つるむ。例 交接（コウセツ）。交尾（コウビ）。性交（セイコウ）。❹いりくむ。いりまじる。**まじる**。例 交錯（コウサク）。混交（コンコウ）。❺やりとりする。とりかえる。**かう**。**かわす**。例 交易（コウエキ）。交換（コウカン）。交代（コウタイ）。❻かわりめ。例 殷周（インシュウ）の交（コウ）。明治（メイジ）大正（タイショウ）の交（コウ）。❼かわるがわる。**こもごも**。たがいに。例 上下交征レ利（ショウカこもごもリをとる）（＝上の者も下の者も互いに利益を取り合う）。〈孟子・梁恵王上〉 交互（コウゴ）。❽⇩【交交】一コウコウ

古訓 中古 あはひ・かはる・かはるがはる・こもごも・つるぶ・にはかに・はさみ・はさむ・まじはる 中世 あはひ・かはる・こもごも・たがひ・まじはる 近世 あふ・かはる・こもごも・すぶる・たがひ・つるむ・ともなふ・ともに・まじはる

人名 あう・かた・とも・みち・ゆき・よし・よしみ

難読 交野（かたの）

【交易】コウエキ 〔古くは「キョウヤク」とも〕①物品を交換して、商売をすること。②往来する。例 交易為レ言（コウエキしてゲンをなす）（＝往来して悪口を言う）。〈公羊・宣二三〉

【交会】コウカイ まじりあう。であう。また、であうところ。例 何時復交会（いつかまたコウカイせん）（＝いつまた会えるだろう）。〈後漢書・列女・董祀妻〉

【交換】コウカン たがいに取りかえる。入れかえる。例 物物（ブツブツ）―。

【交感】コウカン ①たがいに感じ合う。②反応する。例 ―神経。

【交関】コウカン ①交際する。結託する。②往来する。③交易する。④ちょうつがい。⑤ごちゃごちゃと混雑する。混乱する。⑥関連する。⑦非常に多い。

【交歓】【交款】【交▼懽】【交▼驩】コウカン ①たがいに楽しむ。うちとけて楽しく過ごす。例 ―会。海外からの留学生と―する。②男女がねんごろになる。

【交▼誼】コウギ 親しいつきあい。例 ―を結ぶ。

【交響楽】コウキョウガク 日〔英 symphony の古い訳語〕①オーケストラのための管弦楽曲。交響曲。シンフォニー。②交響曲・交響詩などの管弦楽の曲をまとめていうことば。

【交▼衢】コウク 十字路。道路が交差する要地。

【交▼戟】コウゲキ ①ほこを十文字状に交差する。また、そのようにして門を守衛する者。衛兵。例 交戟之衛士（コウゲキのエイシ）。〈史記・項羽紀〉②宮廷。

【交結】コウケツ ①交際して親しい関係を結ぶ。②結託する。ぐるになる。

【交互】コウゴ かわるがわる。かわりばんこ。例 ―にボールを打つ。

【交交】一コウコウ ①鳥の鳴き声。②（木々などが）ごちゃごちゃとからみあっているさま。二こもごも 日代わる代わる。例 悲喜―至る。

【交▼媾】コウコウ 陰と陽がまじわる。男女・雌雄のまじわり。交合。

【交合】コウゴウ 男女・雌雄のまじわり。交媾（コウコウ）。

【交差】コウサ 日二つ以上の線または線状のものが、直角や斜めにまじわる。例 ―点。立体―。**表記** 旧交▼叉

【交際】コウサイ つきあう。つきあい。例 交際何心也（コウサイなにをかこころとすべき）（＝つきあいにはどんな心がけが大切か）。〈孟子・万章下〉

【交錯】コウサク いくつかのものが入りまじる。入り乱れる。例 喜びと悲しみが―する。

【交雑】コウザツ ①入りまじる。②日〔生〕動植物で、遺伝子の型の違うものの間で受精がおこなわれる。また、受精させる。交配。例 ―育種。

【交子】コウシ 宋（ソウ）代に流通した中国最初の紙幣。

【交▼趾】【交▼阯】コウシ・コウチ・コーチ 漢の武帝の時、今のベトナム北部に設置された郡の名。のち、今の広東（カントン）・広西両省および、ハノイを中心とするトンキン地方の一帯をも指すようになる。

【交手】コウシュ てをまじう ①手をとりあう。②両手を胸の前で重ね、敬意を示すときにする礼。拱手（キョウシュ）。③（いくさやばくちなどで）勝負に出る。

【交渉】コウショウ ①ある事柄について、相手と話し合う。かけあい。例 団体―。②かかわりあい。関係。

【交▼鈔】コウショウ 金・元代に発行された紙幣。

【交情】コウジョウ 親しいつきあい。

【交織】コウショク ①織機の梭（ひ）のように、車や人が往来する。②毛と綿、毛と絹などのように、違う種類の糸をまぜておること。また、その織物。まぜおり。

【交信】コウシン ①こもごもシンず 互いに信じ合う。例 上下交信（ショウカこもごもシンず）（＝上の者と下の者とが信頼し合う）。〈大戴・千乗〉②日無線などで通信をかわす。

【交接】コウセツ ①つきあい。交際。②男女のまじわり。性交。交合。③交戦する。

【交戦】コウセン たたかいをまじえる。例 両国が―状態にはいる。

【交代】【交替】コウタイ 日ほかのものとかわる。入れかわる。例 選手―。運転を―する。

【交態】コウタイ 人とのつきあいのありさま。例 君不レ見今人交態薄（きみみずやキンジンコウタイのうすきを）（＝見たまえ、今の世の人々の交際の軽薄さを）。〈高適・邯鄲少年行〉

【交通】コウツウ ①行き来する。交際する。また、つきあい。交際。②こもごもツウず 互いに通じる。例 阡陌交通（センパクこもごもツウず）（＝あぜ道が縦横に通じている）。〈陶淵明・桃花源記〉③日乗り物などを利用して行き来する。例 ―量を調べる。④日自動車・鉄道・飛行機・船など、人や荷物を運ぶ手段。例 ―網（モウ）。―の便（ベン）がよい。

【交点】コウテン ①〔数〕二つの線がまじわる点。また、線と面がまじわる点。②惑星や彗星（スイセイ）の軌道が黄道とまじわる点。

【交配】コウハイ 日〔生〕動植物で、受精がおこなわれる。また、受精させる。交雑。

【交▼臂】コウヒ ①手を胸の前で交差させて恭順を示す礼。②腕をとりあう。親密であることをいう。③後ろ手にしばる。

【交尾】コウビ 動物の雄と雌が生殖のためにまじわる。例 ―期。トンボの―。

【交付】コウフ （役所などが一般の人や団体に）書類やお金をさげわたす。例 ―金。証明書を―する。

【交分】コウブン 交際のあり方。交際するうちに生じてくる互いの感情。例 終論二平生交分一（おわりにヘイセイのコウブンをロンず）（＝最後にわれわ

れ両人のふだんの交際について書かれてあった）。〈白居易・与微之書〉

【交友】 友達としてつきあう。また、つきあっている友達。例 —関係。

【交遊】【交▼游】 親しくつきあう。交際。

【交流】 ①川がまじわって流れる。合流する。②行きかう。また、往来する。③日 一定時間ごとに方向を交互に変える電流。対 直流。④日 異なる系統のものが入りまじる。例 東西の文化が—する町。⑤日 互いに入れ替える。交換し合う。例 人事—。

【交絶不レ出二悪声一】（まじわりたゆるもアクセイをいださず） （人徳のある人は）つきあいが絶えたあとでも相手のことを悪く言わない。〈史記・楽毅伝〉

●外交・国交・社交・修交・手交・親交・絶交・団交・断交

亨 亠5（7） 1 2192 4EA8 人

一キョウ（キャウ）漢 養 xiǎng 二コウ（カウ）漢 庚 hēng 三ホウ（ハウ）漢 庚 pēng とお-る（とほ-る）・たてまつ-る

なりたち ⇨享（50ページ）

意味 一神や客をもてなす。**たてまつる**。通 享。二（もてなして誠意が）通じる。**とおる**。例 亨通。三（もてなすためのごちそうを）煮る。通 烹。例 狡兎死良狗亨（=すばしこいウサギが死ぬと、《猟犬は不要となり》煮て食われてしまう）。〈史記・淮陰侯伝〉

古訓 中古 とほる 中世 たてまつる・とほる 近世 たてまつる・とほる・にる

人名 あき・あきら・うけ・さとる・すすむ・たかし・とし・なお・なが・まこと・みち・ゆき

【亨運】 思いどおりにはこぶ、めぐまれた運勢。

【亨通】 順調にいく。うまくいく。

㐬 亠5（7） 4 0118 342C

一リュウ（リウ）漢 尤 liú 二トツ 漢 月 tū

意味 一はたあし。ふきながし。通 旒。二にわかに出る。通 突。

京 亠6（8） 1 2194 4EAC 教2

ケイ 漢 キョウ（キャウ）呉 キン 唐 庚 jīng

みやこ

[亰] 亠7（9） 2 4823 4EB0 俗字。

筆順 丶 亠 亠 古 古 亨 京

なりたち [象形] 人がつくりあげた、特に高い丘の形。

意味 ❶王宮や政府のあるところ。天子のいるところ。また、大都会。**みやこ**。例 京師。上京。平安京。❷「北京」の略。例 京劇。❸大きい。高い。❹数の単位。京は、兆の一万倍。〔古くは万の千倍をいった〕

日本語での用法 一《キョウ》「京人形・京風・京童・京の着倒れ」▼「京都」の略。また、「都会的で洗練されている」の意をそえる。二《ケイ》「京浜・京葉」▼「東京」の略。

古訓 中古 おほいなり・おほきに・みやこ 中世 おほいなり・みやこ 近世 おほいなり・たかし・みやこ

人名 あつ・あつし・おさむ・たかし・ひろし

【京女】 日 京都の女性。〔昔から女性の代表とされる〕対 東男。例 東男に—。

【京劇】 清代の北京にはじまった中国の代表的な古典劇。歌や踊りを組み合わせてにぎやかに演じる。

【京菜】 日「水菜」の別名。アブラナ科の一、二年草。ひと株に細い葉が数百つき、漬物や汁の実などに用いる。〔古くから京都を中心に栽培されたので、この名がある〕

【京▼洛】 ①洛陽。②都。③日 京都。

【京童】 日 物見高くて口やかましい京都の若者たちを指したことば。〔「京」は平安京のこと。古語の「京童部」が元のことば〕

【京▼尹】 ①「京兆尹」の略。②日 江戸時代、「京都所司代」の別名。

【京華】 都の美称。花の都。

【京官】 都にいる中央官吏。地方官（外官）に対していう。内官。

【京畿】 ①都とその周辺の、行政のおよぶ地域。②日（皇居周辺の地の意）京都周辺の国々。畿内。

【京▼闕】 都の宮城の門。また、都。

【京国】 都。

【京師】 〔「師」は「衆」と同じで、人が多いところの意〕都。京都。帝都。

【京城】 ①都の宮城。また、都。京闕。②日 韓国の首都ソウルの、日本植民地時期における呼び名。

【京兆】 ①京兆尹の治める地。漢代は西安の東の地、明・清代は北京付近の地をいう。②「京兆尹」の略。

【京兆▼尹】 漢代、首都周辺の行政区の一つ。また、そこの行政長官。武帝の時、左馮翊・右扶風の行政区と合わせた三輔の一つとして置かれた。京兆。京尹。

【京都】 一 宮城のある地。京師。二 日「京都府・京都市」の略。

【京▼邑】 都。

●帰京・上京

享 亠6（8） 1 2193 4EAB 常用

キョウ（キャウ）漢 養 xiǎng

たてまつ-る・すす-める（すす-む）・う-ける（う-く）

[亯] 亠7（9） 4EAF 本字。

筆順 丶 亠 亠 古 古 亨 享

なりたち [会意]「日」と「高（=たかくささげる）」の省略体とから成る。たてまつる。

意味 ❶ごちそうをしてもてなす。供え物をして神をまつる。**たてまつる**。**すすめる**。例 享宴。享祭。❷（天や他人から）与えられ自分のものとする。**うける**。例 享受。享年。享楽。

古訓 中古 あたる・あつもの・うく・かよふ・たてまつる・とほる・むかふ 近世 あたる・うくる・すすむ・たてまつる・のぞむ・まつる・まみゆる・むかふ

人名 あきら・すすむ・たか・たかし・つら・ゆき

【享宴】 もてなしの酒宴。饗宴。

【享国】 国を受けついで君主の位にあること。饗国。

【享祭】 祭祀をおこなう。ものを供えて神をまつる。類 享祀。

【享祉】 幸福をさずかる。幸福にめぐまれる。類 享福。

【享受】 ①受ける。②日 受け入れて味わう。自分のものとして楽しむ。エンジョイする。例 新しい生活を—する。

【享食】 ①宴会でもてなす。饗食。②領地を受ける。封建される。

【享年】キョウネン 天から受けた年数。生きていた年数のことで、死後にいう。行年ギョウネン・コウネン。例 ―七十。

【享有】キョウユウ (権利・能力などを)生まれながらにもっている。例 人として―する権利。

【享楽】キョウラク 日 快楽を求め、十分に味わう。例 人生を―する。

[京] 亠7(9) ⇩京キョウ(50ジペー)

[亯] 亠7(9) ⇩享キョウ(50ジペー)

亭 亠7(9)

1 3666 4EAD 常用

テイ漢 チン唐 青 tíng

あずまや(あづまや)・とど-まる

筆順 亠 … 亭

なりたち 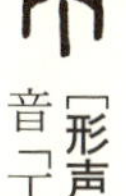 [形声]「高(=たかい建物)」の省略体と、音「丁テイ」とから成る。人が安心して休めるところ。

意味 ❶秦シン・漢代で「郷キョウ」の下、「里」の上の行政単位。例 亭長テイチョウ。❷やどや。宿場。例 駅亭エキテイ。郵亭ユウテイ。料亭リョウテイ。❸物見の台。たかどの。例 亭候テイコウ。❹庭園などにあって、人が休むことのできる簡単な建物。**あずまや。ちん。** 例 山亭サンテイ。蘭亭ランテイ。❺あるところに**とどまる**。また、あるところに至る。例 亭午テイゴ。❻公平に処理する。おさめる。ととのえる。例 平亭ヘイテイ。❼高くそびえ立つさま。例 亭亭テイテイ。

日本語での用法《テイ》「末広亭すえひろテイ・三遊亭サンユウテイ・春風亭シュンプウテイ・二葉亭四迷ふたばテイシメイ」▼旅館・料亭・寄席よせなどの屋号や、文人のペンネーム、芸能人の芸名につけることば。

古訓 中古 あばら・あばらや・かよふ・たかし・とどむ・まらうとる 中世 あばらや・あれる 近世 あばらや・うてな・たかし・たひらか・とどまる・ひとし・ひとや

人名 あきら・たかし・とおる・ひとし・ゆき

難読 亭たび・草亭あばらや

【亭午】テイゴ (「亭」は至る、「午」は真南の意) 真昼。正午。

【亭候】【亭▼堠】テイコウ 見張り台。おもに辺境に築かれた。

【亭次】テイジ 宿駅。宿場。

【亭主】テイシュ ①駅亭の管理人。②日 一家の主人。あるじ。特に宿屋や茶店の主人。例 この家の―。③日 茶道で、茶会をもよおし、接待する主人。④日 夫。対 女房。

【亭主関白】テイシュカンパク 日 家庭内で、夫が最も権威をもち、いばっていること。

【亭然】テイゼン ひときわ高くそびえ立っているさま。

【亭台(臺)】テイダイ 庭園の中などにある、あずまや。

【亭長】テイチョウ 宿駅の長。秦シン・漢代、十里(=十の村里)ごとに置かれた亭で、宿駅の管理や警察事務をおこなった。

【亭亭】テイテイ ①(樹木などが)高くまっすぐにそびえ立っているさま。例 ―たる老樹。②はるかに遠いさま。③美しいさま。④時の過ぎ去るのが速いさま。

●芸亭ウンテイ・駅亭エキテイ・席亭セキテイ・池亭チテイ・蘭亭ランテイ・料亭リョウテイ・旅亭リョテイ

亮 亠7(9)

1 4628 4EAE 人

一リョウ(リャウ)漢呉 漾 liàng 二リョウ(リャウ)漢 陽 liáng

あき-らか・すけ

なりたち  [会意]「儿(=ひと)」と「高(=たかい)」の省略体とから成る。人が高いところにいて、見とおしが明るい。

意味 一❶光や色がさえる。明るくはっきりしている。**あきらか。** 例 亮察リョウサツ。❷信じる。まこと。通 諒リョウ。❸補佐する。たすける。例 亮采リョウサイ(=政治を補佐する)。翼亮ヨクリョウ。
二 ⇩【亮陰】リョウアン

日本語での用法《すけ》「右京亮ウキョウのすけ・修理亮シュリのすけ」▼律令制の四等シトウ官で、諸職ショシキ・東宮坊トウグウボウの第二位。次官すけ。

古訓 中古 あきらかなり・さやかなり・さやかに・たすく・ほがらか・まこと 中世 すけ・たすく・ほがらか・まこと 近世 あきらか・すけ・たすく・ほがらか・まこと・みちびく

人名 あき・あきら・きよし・たすく・とおる・ふさ・まこと・よし

【亮陰】【亮闇】リョウアン 天子が父母の喪に服する期間。政務は大臣にまかせて口を出さない。諒陰リョウアン。諒闇リョウアン。

【亮察】リョウサツ ①はっきりと理解する。②相手の思いやりや推察に対する敬語。お察し。例 ご―ください。▽諒察リョウサツ。

【亮然】リョウゼン (声などが)あきらかなさま。はっきりしているさま。例 ―と澄んだ音。

【亮直】リョウチョク 心がまっすぐで正しい。また、その人。

亳 亠8(10)

2 4824 4EB3

ハク漢 薬 bó

意味 ❶殷インの都の名。例 亳社ハクシャ。❷漢代、長安の近くにあった宿駅の名。

【亳社】ハクシャ 殷インのやしろ。

亶 亠11(13)

2 4825 4EB6

一タン漢呉 旱 dǎn 二タン漢呉 旱 dǎn

あつ-い(あつ-し)・まこと

意味 一❶穀物が多い。ゆたか。❷手厚くする。**あつい。** ❸まことに。**まこと。** 二ただ…だけ。通 但タ。

【亶父】【亶▼甫】タンポ 周の文王の祖父にあたる太タイ王の名。古公亶父ココウタンポ。

亹 亠20(22)

4 0120 4EB9

一ビ漢 尾 wěi 二ボン漢 モン呉 元 mén

意味 一 ⇩【亹亹】ビビ 二 渓流の両岸が門のようになっている所。

【亹亹】ビビ ①たゆまず努力するさま。②少しずつ進むさま。③水の流れるさま。

9 2画 人ひと(亻にんべん・𠆢ひとがしら)部

人が立っている姿を横から見た形で、「ひと」の意をあらわす。「人」が偏になるときは「亻(にんべん)」、上につくときは「𠆢(ひとがしら・ひとやね)」となる。「人」をもとにしてできている漢字と、「𠆢」の字形を目じるしにして引く漢字とを集めた。

倶倶倔倞倪倹倦個候倖倥倗倅儕借
修俶倡倘倢倩倉倧倬倓値御倀倜倎
倒俳倍俾俵俯併倣俸俣們倮倆倫倭
⑨ 102 偓偉偃偣假偕偐偽偶偈健倦做
偲偖偆偦偁偗偰偂偬側停偵偸偪偏
偏㑾偎 ⑩ 106 偉傀傕僅傒傑傔傚傘傓
傖傣備備傅傍傜傈 ⑪ 108 傴僅傾傑傲
傻債催傪傷從僉僊僧傺傳働僤僄傭
僘僇僂 ⑫ 112 僩僖僞僑僥儌僡僙僦集
儁僳僭僣僎僢僐僧像僔僮僕僬僚 ⑬
113 億價儈儀僵儇儉儃儋儂僻舗僂僕
⑭ 115 儗儕儞儒儘儔儛儡 ⑮ 116 償儲優
儡儖 ⑯ 117 儲 ⑰ 117 儼儳儵 ⑲ 117 儺儷 ⑳
117 儼儻

この部首に所属しない漢字

个→丨 26　含→口 234　念→心 493　食→食 1452　貧→貝 1256　條→糸 1041　舘→舌 1457
化→匕 185　坐→土 285　金→金 1350　條→木 661　舒→舌 1112　斡→斗 606
欠→欠 717　巫→工 424　臾→臼 1110　倏→犬 860　會→曰 65　舗→舌 114
合→口 228　命→口 243　臥→臣 1349　脩→月 1096　禽→内 965　翰→羽 1073

人

人0（2）
①3145
4EBA
教1

ジン㊥漢 ニン㊥呉 真 rén
ひと
付表 大人（おとな）・玄人（くろうと）・素人（しろうと）・仲人（なこうど）・一人（ひとり）・二人（ふたり）・若人（わこうど）

筆順 ノ人

なりたち ［象形］腕と足のある、ひとの形。

意味 ❶霊長目ヒト科の哺乳類。最も脳が発達した動物。**ひと**。例 人跡（ジンセキ）。人類（ジンルイ）。人非人（ニンピニン）。❷自分以外のひと。例 不レ患三人之不二己知一（ひとのおのれをしらざるをうれえず）（＝他人が自分を理解してくれないことを気にかけない）。〈論語・学而〉 落二人後一（ジンゴにおつ）。❸能力などのすぐれたひと。例 人材（ジンザイ）。人士（ジンシ）。その人とあり（ひとあり）。❹ひとりひとり。ひとごとに。例 人給家足（ジンキュウカソク）（＝どの人もどの家も不足がない。世の中が豊かなさま）。〈史記・太史公自序〉 ❺人を数えることば。例 十八人（ジュウハチニン）。

日本語での用法《て》《と》《たり》「稼人（かせぎて）・玄人（くろうと）・一人（ひとり）・二人（ふたり）・幾人（いくたり）」▼労働力としての人、しかるべき人などの意をあらわしたり、和語の数詞について人を数えたりする。

古訓 中古 さね・ひと 中世 さね・たみ・ひと 近世 おほだから・たみ・ひと・ひとくさ

人名 さね・たみ・と・ひこ・ひとし

【人為】（ジンイ）自然のままではなく、人の力が加わること。人間のしわざ。人工。人造。対 自然・天然。例 ―の遠くおよばない世界。―的。

【人員】（ジンイン）ある職務に従事する人。会社や団体などの集団に属する人。また、その人数。例 募集―。

【人影】（ジンエイ｜ひとかげ）人のすがた。例 荒れ果てて―もない家。

【人役】（ジンエキ｜ひとのエキ）①人に使われている、身分の卑しい者。②民に課される力役（リキエキ）。賦役（フエキ）。

【人煙】【人▼烟】（ジンエン）人家のかまどから立つけむり。炊事のけむり。例 平沙万里絶二人煙一（ヘイサバンリジンエンたつ）（＝砂漠がはるか遠くまで広がり、一筋の人家の煙さえ見当たらない）。〈岑参・磧中作〉

【人屋】（ジンオク）人の住む家屋。人家。例 山中に―を見る。

【人家】（ジンカ）人が住んでいる家。例 白雲生処有二人家一（ハクウンショウずるところジンカあり）（＝白い雲が湧（わ）くような高所にも人の住まいがある）。〈杜牧・山行〉

【人我】㊀（ジンガ）他人と自分。㊁（ニンガ）〔仏〕人間の内面にあり、その人間を根拠づける究極的本質。仏教では、その存在を否定する。

【人界】㊀（ジンカイ）人間の住む世界。㊁（ニンガイ）〔仏〕十界の一つ。人間の住む世界。人間界。

【人外】㊀（ジンガイ）俗世間の外。㊁（ニンガイ）日 人の道にはずれたおこないをする人。

【人格】（ジンカク）日〔英 personality の訳語〕①人柄。品性。人品（ジンピン）。例 好ましい―。②〔法〕法律上、権利や義務をもつと認められる資格。例 ―権。③人としての心のはたらきのまとまった全体。例 二重―。多重―。

【人間】㊀（ジンカン）人の住む世界。世の中。㊁（ゲニン）①〔仏〕「人間道（ニンゲンドウ）」の略。六道（ロクドウ）の一つ。人としての世界。人界（ニンガイ）。人間界。②日 ひと。人類。例 ―工学。―関係。③日 人柄。人物。例 ―ができている。―をつくる。㊂（ひとま）日 人の見ていないとき。また、人の見ていない場所。例 ―をねらって盗みにはいる。

【人間到処有二青山一】（ジンカンいたるところセイザンあり）〔「青山」は、墓地の意〕広い世の中には、どこにでも骨をうずめるところはある。生まれ育った土地を離れて、大いに活躍すべきことをいったもの。〔月性・題壁〕

【人間万事塞翁馬】（ジンカンバンジサイオウがうま）〔「ニンゲン」と読みならわしているが、本来は「ジンカン」と読む〕⇩【塞翁馬（サイオウがうま）】（298ページ）

【人▼寰】（ジンカン）人間の住む世界。俗世間。人境。例 回レ頭下望二人寰一処、不レ見二長安一見二塵霧一（こうべをめぐらしてしもジンカンをのぞむところ、チョウアンをみずジンムをみる）（＝ふりかえって下の方の人間世界をながめると、長安は見えず、ただちりや煙が見えるだけだ）。〈白居易・長恨歌〉

【人気】㊀（ジンキ｜ニンキ）人の心・気風・性質。例 未レ達二人気一（いまだジンキにタッせず）（＝まだ人の心というものがわかっていない）。〈荘子・人間世〉㊁（ニンキ）日 世間に、好ましいものとして受け入れられること。例 ―者（もの）。―商売。―が出る。㊂（ひとケ）日 人がいると感じられること。人の気配。例 ―のない工場。

【人鬼】㊀（ジンキ）死者の霊魂。㊁（ニンキ）〔仏〕人間と霊魂。

【人境】（ジンキョウ）人間の住んでいるところ。世間。例 結レ廬在二人境一（いおりをむすんでジンキョウにあり）（＝人里の中に粗末な家を構えた）。〈陶淵明・飲酒〉

【人琴▼倶亡】（ジンキンともにほろぶ）人の死を非常に悲しむこと。〔東晋（シントウ）の王献之（オウケンシ）が死んだ時、献之の愛用していた琴の調子まで乱れてしまったことを、兄の王徽之（オウキシ）がなげいて言ったことば〕〈世説・傷逝〉 類 人琴之嘆（ジンキンのタン）。

【人君】（ジンクン）国を治め、人々をまとめる者。君主。きみ。

【人形】㊀（ジンケイ｜ニンギョウ｜ひとがた）①人のかたち。②人のかたちに似せて作ったもの。でく。㊁（ニンギョウ）日 ①人や動物のかたちに似せて作ったおもちゃ。例 ひな―。着せかえ―。②自分の考えをもたず、他人の言いなりになっている人。ロボット。

【人径】【人▼逕】（ジンケイ）①人の通ってできる小道。②人生。

【人傑】（ジンケツ）すぐれた知識・才能と、強い実行力をもつ人。例 夫劉備、人傑也（かのリュウビは、ジンケツなり）（＝あの劉備こそ傑物だ）。〈魏志・武帝紀〉 明治維新の―。

【人権】（ジンケン）日〔法〕人が生まれながらにもっている生存・自由・平等などの権利。例―侵害。―を守る。
【人後】（ジンゴ）①他人のあと。他人より下。例―に落ちない（＝他人よりおとっていない）。②他家のあとをつぐ。
【落二人後一】（ジンゴにおつ）人のしりにつく。他人におとる。例風流肯落二他人後一（フウリュウあえてタニンのあとにおちんや）（＝風流では人に負けようか）。〈李白・流夜郎贈辛判官〉
【人語】（ジンゴ）①人の話し声。例但聞二人語響一（ただジンゴのひびきをきくのみ）（＝ただ人の話し声が聞こえてくるだけだ）。〈王維・鹿柴〉②人間のことば。例―を解する犬。
【人口】（ジンコウ）①一定の地域に住んでいる人の総数。人の数。例―密度。②人のうわさ。人の口。例―にのぼる。
【▼膾二▼炙人口一】（ジンコウにカイシャす）〔「膾」は、細かく切った生の肉で、なます。「炙」は、あぶった肉。ともに、人々が好む食べ物〕広く人々の口にのぼってもてはやされる。〈唐摭言・一〇〉
【人工】（ジンコウ）人の手を加えること。人の力でつくりだすこと。人為。人造。対自然・天然。例―の美。―衛星。―呼吸。―的。
【人皇】一（ジンコウ）伝説上の太古の帝王である三皇のひとり。二（ニンノウ）日 神武天皇以降の歴代の天皇。〔それ以前を神代（ジンダイ・かみよ）とするのに対していう〕
【人骨】（ジンコツ）人間のほね。
【人才】（ジンサイ）①能力のすぐれた人物。人材。②人の才能。
【人災】（ジンサイ）人の不注意・怠慢などが原因となって起こる災害。対天災。
【人材】（ジンザイ）才能がある人。役に立つ人。例広く―を集める。―登用。
【人士】（ジンシ）地位や教養のある人。例風流―。
【人事】一（ジンジ）①自然現象などに対して、人間に関する事柄。②人としてなしうる事柄。③人の身分・地位・能力などに関する事柄。例―異動。二（ひとごと）日 自分に関係のないこと。他人事（ひとごと）。例―だと思って少しも聞いていない。
【尽二人事一▼而待二天命一】（ジンジをつくしてテンメイをまつ）力の限りをつくして、その結果は天にまかせる。〈致堂読史管見〉
【人事不省】（ジンジフセイ）意識を失うこと。昏睡（コンスイ）状態におちいること。〈名医類案・三〉
【人質】一（ジンシツ）人の実体。二（ひとジチ）日 約束を守るという保証として相手側に預ける、自分側の人。例わが子を―にさし出す。

【人日】（ジンジツ）五節句の一つ。陰暦正月七日のこと。七草がゆを食べる風習がある。なくさ。
【人爵】（ジンシャク）位などの、人が定めた栄誉。対天爵。
【人種】（ジンシュ）①子孫。②日 骨格や皮膚の色などの身体的特徴によって分けた、人類の種類。例黄色―。③日 社会的地位・職業・気質・趣味・考え方などで、人を分けたもの。例苦労を知らない―。
【人寿】（ジンジュ）人間の寿命。
【人▼蹤】（ジンショウ）人の足あと。人通り。例万径人蹤滅（バンケイジンショウメッす）（＝多くの小道には人の足あとが消えた）。〈柳宗元・江雪〉
【人色】（ジンショク）人の生き生きとした顔色。例無二人色一（ジンショクなし）（＝〔恐怖や疲労のために〕血の気が引く）。〈漢書・李広伝〉
【人心】（ジンシン）①人の心。②世間の人々の心。庶民の心。例―をまどわす。
【人心▼之不レ同如二▼其面一▼焉】（ジンシンのおなじからざるそのメンのごとし）人の心は顔がそれぞれ違うように、みなそれぞれに異なっている。〈左伝・襄三一〉
【人臣】（ジンシン）家来。臣下。例位（くらい）―をきわめる。
【人身攻撃】（ジンシンコウゲキ）日 人の身の上や個人的なおこないなどをとりあげて、非難すること。例―に終始する。
【人世】（ジンセイ）人の世。世間。世の中。例無レ意二於人世一（ジンセイにいなし）（＝人の世に未練がない）。〈韓愈・祭十二郎文〉
【人生】（ジンセイ）人がこの世で生きること。また、その期間。一生。例―の意義。―の浮き沈み。
【人生感二意気一】（ジンセイイキにかんず）人は、金や名誉のためではなく、自分を理解してくれる人の気持ちに感動し、それにこたえようとして行動するものだ。〈魏徴・述懐〉
【人生七十古来▼稀】（ジンセイシチジュウコライまれなり）人の一生は短いもので、昔から七十歳まで生きる人は少ない。〔ここから、「七十歳」を「古稀（コキ）」という〕〈杜甫・曲江〉
【人生如二朝露一】（ジンセイはチョウロのごとし）人生は、あさつゆが日の光ですぐに消えてしまうように、はかないものである。〈漢書・蘇武伝〉
【人性】（ジンセイ）人が生まれながらにもっている性質。
【人跡】【人▼迹】【人▼蹟】（ジンセキ）人の足あと。人が通ったあと。人蹤（ジンショウ）。
【人跡未踏】（ジンセキミトウ）だれもまだ足をふみ入れていないこと。

【人選】（ジンセン）日 目的に合った人をえらぶ。例委員の―。―に当たる。

【人造】（ジンゾウ）人間がつくり出すこと。また、つくったもの。人工。人為。対自然・天然。例―湖。

【人足】一（ジンソク）①だれも皆満足する。例家給人足（いえごとにキュウし、ひとごとにたる）（カキュウジンソク）（＝どの家もどの人も不足がない。世の中が豊かなさま）。〈史記・商君伝〉②人の足。二（ニンソク）日 おもに力仕事をする労働者。〔古い言い方〕

【人体】一（ジンタイ）人のからだ。例―実験。―模型。―に有害な物質。二（ニンテイ）日 ①生まれ。人品。例見すぼらしい―。②身なり。例―いやしからぬ老紳士。

【人代名詞】（ジンダイメイシ）日 文法で、人を指し示すことば。「わたくし」「ぼく」「きみ」「あなた」「かれ」「だれ」など。人称代名詞。

【人知】【人▼智】（ジンチ）人間の知恵。例―のおよばない大宇宙。

【人畜】一（ジンチク）人間と家畜。例―無害。二（ニンチク）日 思いやりやさしさなどのない人をののしっていうことば。ひとでなし。類人畜生（ニンチクショウ）。

【人中之▼騏▼驥】（ジンチュウのキキ）〔「騏驥」は、一日に千里を駆ける名馬〕とびぬけて優秀な人のたとえ。〈南史・徐勉伝〉

【人定】（ジンテイ）①（ひとさだまる）真夜中、人が寝しずまる。また、そのとき。〔五更では二更にあたる〕②日 人為的にさだめること。例―法。③日〔法〕裁判官が証人に対して、その人であることを確認すること。例―尋問。

【人的】（ジンテキ）日 人に関する事柄。対物的。例―資源。―被害。

【人天】一（ジンテン）①人の住む世と天上世界。②食物。民天。〔人々にとって食は天と同じように絶対に不可欠なものであるから〕③君主。二（ニンテン）〔仏〕六道（ロクドウ）のうちの人道と天道。転じて、衆生（シュジョウ）をいう。

【人頭】（ジントウ・ニントウ）①人のあたま。②日 人の数。人数。例―税。

【人道】一（ジンドウ）①人として守りおこなうべき道。人倫。例―的。―にはずれる。②日 人の歩く道。歩道。二（ニンドウ）〔仏〕人間界。

【人徳】（ジントク・ニントク）その人にそなわっている徳。人としての良さ。例―がある。

【人馬】(ジンバ) 人とウマ。例 —一体となって進む。

【人表】(ジンピョウ) 人の模範・手本。例 —となる。

【人品】(ジンピン) ①人柄。品性。②(外見上の)その人の様子。例 —いやしからぬ老人。

【人物】(ジンブツ) ①人と物。②ひと。人間。例 歴史上の—。怪しい—を見かける。③人格・能力などがすぐれている人。例 彼はなかなかの—だ。④人柄。例 —評。

【人文】(ジンブン・ジンモン) ①人類の文化。②人に関する事柄。対 自然。

【人文科学】(ジンブンカガク) 日 人類の文化に関する学問の総称。言語・政治・経済・制度・法律・歴史・文学・芸術などについての各科学。対 自然科学・社会科学。

【人別】一(ジンベツ) ひとりひとり。例 —の割り当て。二(ニンベツ) 日「人別帳(ニンベツチョウ)」の略。江戸時代の戸籍。

【人望】(ジンボウ) 人々から寄せられる信頼や尊敬。例 —があつい。—を失う。

【人牧】(ジンボク) 〔「牧」は、養う意〕①人々を治める者。君主。②地方の統治にあたる諸侯や地方官。

【人脈】(ジンミャク) 日 政治・経済・学問などの世界で、一つの同じ結びつきでつながっている人間関係。例 政界や財界に—をもつ。

【人民】(ジンミン) 社会をつくっている人々。特に、国家の支配層に対して、一般の人々。例 —の—による—のための政治(=リンカーンの演説中のことば)。

【人名】(ジンメイ) 人の名前。例 —事典。—用の漢字。

【人命】(ジンメイ) 人のいのち。例 —救助。—にかかわる事件。

【人面】(ジンメン・ニンメン) 人の顔。また、人の顔に似ているもの。例 —疽(ソ)(=人の顔の形に見える、悪性のできもの)。

【人面獣心】(ジンメンジュウシン) 顔は人間だが、心は獣と同じであること。恩や恥、情けを知らぬ人をののしっていうことば。〈漢書・匈奴伝下・賛〉

【人妖】(ジンヨウ) ①人によってひき起こされる怪異な現象。悪政の結果生じる人間界の災いなどをいう。②常人と異なる、怪異な人間。

【人▼籟】(ジンライ) 〔「籟」は、笛、また自然界の音やひびきの意〕人が吹き鳴らす笛の音(ね)。また、人の出すさまざまな音。

【人里】(ジンリ・ひとざと) 田舎の村などの、人が集まり住んでいる所。例 —(ひとざと)離れた場所。

【人理】(ジンリ) 人として守るべき道理。人倫。人道。

【人力】一(ジンリキ・ジンリョク) ①人間の力。人間の能力。②人手(ひとで)。使用人。二(ジンリキ) 日「人力車(ジンリキシャ)」の略。人を乗せて、人が引いて走る二輪車。力車(リキシャ)。腕車(ワンシャ)。

【人倫】(ジンリン) ①人としての道。人道。例 —をわきまえる。②人間(ニンゲン)。人類。例 天文・地理・—の分類。

【人類】(ジンルイ) 人間をほかの動物と区別していうことば。例 —の幸福のため。

【人類愛】(ジンルイアイ) 日 人種や国などの違いをこえて、広く人類を愛すること。例 —の精神。

【人類学】(ジンルイガク) 日 人類の起源や形質・文化・社会などを明らかにする学問。アントロポロジー。例 文化—。

【人霊】(ジンレイ) ①人の精神。②〔「霊」は、すぐれたものの意〕人というすぐれたもの。人間(ニンゲン)。

【人和】(ジンワ・ひとのワ) 人々が親しみ和すること。人心の和合。例 地利不レ如二人和一(チのリはひとのワにしかず)(=(戦争においては)地勢・堅固(ケンゴ)な自然の要害も、人の和にはおよばない)。〈孟子・公孫丑下〉

【人魚】(ニンギョ) ①サンショウウオ。②上半身は人間で、下半身は魚という想像上の動物。特に、上半身女性のマーメイドをいう。例 —姫。③〔昔、航海者が遠くから見て、その形が「②」のモデルになったということから〕ジュゴンの別名。

【人称】(ニンショウ) 日 文法で、人を指すことばのうち、話し手自身(一人称・自称)・相手(二人称・対称)・それ以外(三人称・他称)を区別した言い方。パーソン。日本語では、はっきりしないものを指す不定称がある。

【人情】(ニンジョウ) ①人が生まれつきもっている人間らしい気持ち。特に、思いやりの気持ち。例 義理—。—としてしのびない。②人間一般の考え。人心。例 不レ近二人情一(ニンジョウにちかからず)(=普通の考え方とかけ離れている)。〈荘子・逍遥遊〉

【人数】(ニンズウ・ニンズ) ①人のかず。②多くの人。

【人相】(ニンソウ) ①人の顔つき。顔の様子。例 —のよくない男。②顔つきからわかる、その人の運勢。例 —見(み)。

【人非人】(ニンピニン) ①〔仏〕夜叉(ヤシャ)。②日 人の道にはずれたおこないを平気でやる人。人でなし。人畜(ニンチク)。類 人畜生(ニンチクショウ)。

【人夫】(ニンプ) 力仕事にたずさわる労働者。人足(ニンソク)。

【人衆者勝レ天】(ひとおおければテンにかつ) 多くの人が強くまとまり、勢いが盛んなときは、天もこれをどうすることもできない。〈史記・伍子胥伝〉

【人柄】(ひとがら) 日 その人のもつ、人としての性質。品格。例 —のよさで気に入られる。

【人魂】(ひとだま) 日 死者のたましいと考えられた、青白くかがやいて空中を飛ぶ火の玉。例 —が飛ぶ。

【為レ人】(ひととなり) 〔漢文の、「為人」を訓読したもの。普通、「人となり」と書く〕生まれつきの人柄、また、性質。→【為人】(イジン)①(825ページ)

【成二人▼之美一】(ひとのビをなす) 人の美点・長所を助けて完成させる。→【成美】(セイビ)(532ページ)

【人▼之将レ死▼其言▼也善】(ひとのまさにシせんとするそのゲンやよし) 人間が死ぬまぎわに残すことばはなんと立派なことか。〈論語・泰伯〉

【人柱】(ひとばしら) 日 ①昔、橋や城などの難工事を完成させるために、神へのいけにえとして人を水の底や地中に埋めたこと。また、そうされた人。②ある目的のために犠牲になる人。

【人▼莫レ▼躓二▼於山一▼而▼躓二▼於▼垤一】(ひとはやまにつまずくことなくしてテツにつまずく) 〔「躓」は、つまずく意〕人は大きな山にはつまずかないが、小さな蟻塚(ありづか)にはつまずくものである。重要なことには気をつけるが、小さな事柄は軽く考えがちなのでかえって失敗しやすいということ。〈淮南・人間〉

【人一能レ▼之己百レ▼之】(ひとひとたびしてこれをよくせばおのれこれをヒャクたびす) 他人が一回でできることを自分ができない場合は、百回やって努力する。〈中庸〉

【人身御供】(ひとみゴクウ) 日 人の生身(なまみ)をいけにえとして神にささげること。転じて、多くの人のためといって犠牲を出すこと。また、欲や出世のために弱者を犠牲にすること。

【人山】(ひとやま) 日 おおぜいの人が集まっているのを、山にたとえたことば。ひとだかり。

● 悪人(アクニン)・恩人(オンジン)・各人(カクジン)・奇人(キジン)・求人(キュウジン)・巨人(キョジン)・玄人(くろうと)・軍人(グンジン)・芸人(ゲイニン)・下手人(ゲシュニン)・古人(コジン)・故人(コジン)・個人(コジン)・罪人(ザイニン)・防人(さきもり)・殺人(サツジン)・詩人(シジン)・死人(シニン)・支配人(シハイニン)・囚人(シュウジン)・衆人(シュウジン)・住人(ジュウニン)・主人(シュジン)・上人(ショウニン)・証人(ショウニン)・職人(ショクニン)・素人(しろうと)・新人(シンジン)・先人(センジン)・仙人(センニン)・善人(ゼンニン)・達人(タツジン)・他人(タニン)・知人(チジン)・超人(チョウジン)・町人(チョウニン)・当人(トウニン)・犯人(ハンニン)・番人(バンニン)・美人(ビジン)・病人(ビョウニン)・婦人(フジン)・文人(ブンジン)・別人(ベツジン)・変人(ヘンジン)・邦人(ホウジン)・法人(ホウジン)・凡人(ボンジン)・本人(ホンニン)・無人(ムジン)・名人(メイジン)・門人(モンジン)・友人(ユウジン)・隣人(リンジン)・老人(ロウジン)

亻

亻0 (2)

4 0121 4EBB

⇩部首解説

八 八0 (2) 4 0122 201A2 ⇩部首解説

亼 八1 (3) 4 0123 4EBC シュウ(シフ)漢 緝 jí

意味 あつまる。通 集。

介 八2 (4) 1 1880 4ECB 常用

カイ 漢 呉 卦 jiè すけ・たす-ける(たす-く)

筆順 ノ 人 介 介

なりたち  [会意]「人(=ひと)」と「八(=わける)」とから成る。人があいだにわけ入る。

意味 ❶間にはいる。はさまる。例 介在(カイザイ)。介入(カイニュウ)。仲介(チュウカイ)。人を介(カイ)する。意(イ)に介(カイ)さない。❷間にはいって、助ける。たすける。例 介護(カイゴ)。介錯(カイシャク)。介抱(カイホウ)。❸(人が間にはいる)よろい。例 介冑(カイチュウ)。❹(よろいのような)甲羅(コウラ)。貝殻。例 魚介類(ギョカイルイ)。❺(よろいのように)かたい。例 狷介(ケンカイ)。❻ひとりきり。孤独な。例 介特(カイトク)。❼大きい。例 介福(カイフク)。❽ひとつの。とるにたりない。(「个(カ)」と通用されたもの) 例 一介(イッカイ)の学生(ガクセイ)。❾⇩【介介(カイカイ)】

日本語での用法 《すけ》「出羽介(でわのすけ)・常陸介(ひたちのすけ)」▼律令制の四等(シトウ)官で、国司の第二位。次官(ジカン)。

古訓 中古 おほきなり・たすく・はさまる・はさむ・ひとり・やどる・よる・よろひ 中世 おほいなり・すけ・たすく・はさまる・はさむ・よし 近世 おほいなり・かぎる・かぶと・すけ・そへる・たすく・ひとり・ほとり・やどる・よし・よる

人名 あきら・かたし・たすく・ゆき・よし

【介意】(カイイ) 気にする。気にかける。心配する。類 介懐。例 弱者に━(カイイ)する政治。

【介介】(カイカイ) ①引き離す。仲たがいさせる。②節操を守り俗世間と相いれないさま。

【介殻】(カイカク) 日 貝殻(かいがら)。

【介居】(カイキョ) ①間にはさまっている。介在。②世と交わらず、ひとりでいる。孤立している。介立。

【介護】(カイゴ) 日 病人・老人・身体障害者に手を貸して、日常的にその世話をする。

【介在】(カイザイ) 間に何かがある。介立。例 二人の間に━する不信感。

【介士】(カイシ) ①よろいをつけた兵士。②節操のかたい人。

【介詞】(カイシ) 名詞・代名詞などの前につき、後ろの動詞と結びついて動作の対象や方向、時間を示すことば。たとえば、「自二遠方一来(エンポウよりきたる)(=遠くからやって来る)」の「自」で、ほかに「於(=おいて)」や「以(=もって)」などがある。前置詞。類 介字。

【介助】(カイジョ) 日 病人や老人・身体障害者などに手を貸して、助ける。

【介錯】(カイシャク) 日 ①つきそって世話をする。例 ━人(ニン)。②切腹する人のかたわらに立ち、その首を切る。

【介紹】(カイショウ) とりつぐ。紹介。

【介心】(カイシン) ①心がしっかりしていること。かたい意志。②気にかける。介意。

【介石】(カイセキ) 石のようにかたく節義を守ること。

【介然】(カイゼン) ①堅固(ケンゴ)なさま。②超然として節義があるさま。③不安があって落ち着かないさま。④間があいているさま。

【介虫(蟲)】(カイチュウ) かたい殻をもつ動物。カメや貝などの類。

【介▼冑】(カイチュウ) よろいと、かぶと。

【介特】(カイトク) ①身よりのない人。ひとりぼっち。②俗世間から離れた孤高の人。類 介独。

【介入】(カイニュウ) 日 割りこんではいる。しいてかかわる。例 軍事━。武力━する。

【介福】(カイフク) 大いなる幸福。

【介抱】(カイホウ) 日 病人やけが人などの世話をする。例 病身の父を━する。

【介立】(カイリツ) ①他のものから離れてひとりでいる。自立している。②自らの節義をかたく守り、安易に人に同調しないこと。③日 間にはさまっている。介在。

【介▼鱗】(カイリン) 甲羅のある生物と、うろこのある生物。カメやスッポンなどと、魚類。

● 一介(イッカイ)・魚介(ギョカイ)・紹介(ショウカイ)・媒介(バイカイ)・厄介(ヤッカイ)

仇 亻2 (4) 1 2156 4EC7

一 キュウ(キウ) 漢 尤 qiú 二 キュウ(キウ) 漢 尤 chóu あだ・かたき

意味 一 一緒になる仲間。相手。つれあい。例 好仇(コウキュウ)。二 ❶恨みのある敵。あだ。かたき。例 仇敵(キュウテキ)。❷恨み。あだ。例 仇怨(キュウエン)。報仇(ホウキュウ)(=あだを討つ)。❸かたきとする。恨む。❹⇩【仇仇(キュウキュウ)】

日本語での用法 《あだ》「仇情(あだなさけ)・仇花(あだばな)」▼相手・敵の意の「あた」と、むだ・徒労の意の「あだ」とが混同されて、すべて「あだ」というようになり、「仇」にも、いたずら・かいなし・かりそめの意を認めて用いる。

【仇波】(あだなみ) 日 いたずらに立ちさわぐ波。また、人の心の変わりやすいことを、たとえていう。徒浪(あだなみ)。

【仇怨】(キュウエン) うらみ。怨恨(エンコン)。

【仇仇】(キュウキュウ) 傲慢(ゴウマン)なさま。

【仇隙】(キュウゲキ) うらみ。また、うらみのある相手。かたき。

【仇恨】(キュウコン) うらみ。仇怨(キュウエン)。怨恨。

【仇▼讐】(キュウシュウ) かたき。

【仇敵】(キュウテキ) 深い恨みや憎しみをいだいている相手。例 長年の━を倒す。

今 八2 (4) 1 2603 4ECA 教2

キン(キム) 漢 コン(コム) 呉 侵 jīn いま 付表 今日(きょう)・今朝(けさ)・今年(ことし)

筆順 ノ 人 亼 今

なりたち  [会意]「亼(=あわせる)」と「乛(=およぶ)」とから成る。目の前の、このとき。

意味 ❶現在。このとき。いま。例 今後(コンゴ)。今昔(コンセキ)。現今(ゲンコン)。❷いまの。この。例 今回(コンカイ)。今度(コンド)。❸「いま」と読み、仮定をあらわす。例 今人乍見二孺子将一入二於井一(いまひとたちまちジュシのまさにセイにいらんとするをみれば)(=いまかりに、ある人がふと幼児が井戸に落ちそうになっているのを見るとすれば)。〈孟子・公孫丑上〉

日本語での用法 《いま》「今参(いままいり)・今入(いまいり)・今渡(いまわたり)」▼新しい、の意。

古訓 中古 いま・けふ・これ 中世 いま・この 近世 いま・けふ・このとき・たちまち

難読 今度(このたび)・今般(いまは|このたび)

【今雨】(キンウ|コンウ) 新しい友人。〔杜甫(トホ)の文章「秋述」にもとづくことば〕対 旧雨。

【今古】(キンコ) いまと昔。古今。

【今者】(キンシャ|いま) 〔「者」は、時をあらわす語のあとにそえる助字〕最近。現在。

【今上】(キンジョウ) 現在、位についている天子。例 ━陛下。

【今体】(キンタイ) ①駢儷(ベンレイ)文。②「今体詩」の略。③書道で、楷書(カイショ)体。

【今体詩】(キンタイシ) 唐代以後の、字数や平仄(ヒョウソク)などにきまりのある詩文のこと。律詩・絶句・排律など。今体。対 古体詩。

【今文】キンブン 秦シン代より前の文字(＝古文)に対して漢代の隷書をいう。㊟古文。

【今文学】キンブンガク 「今文」で書かれた経書ケイショを研究する学問。前漢に成立した。㊟古文学。

【今様】㊀キンヨウ いまのありさま。㊁いまヨウ 日①いまの。いまどきの。また、いまどきの型。例―業平なりひら。②現代風。当世風。例―の流行の服。③「今様歌いまようた」の略。平安時代に流行した七五調の四句から成る歌。

【今隷】キンレイ 魏晋ギシン以降に書かれるようになった楷書カイショのこと。㊟古隷。

【今回】コンカイ このたび。今度。

【今期】コンキ 日ただいまの期間。この期間。現在の期間。㊟先期・次期・来期。例―の営業成績。

【今暁】コンギョウ きょうの夜明け方。けさ。今朝コンチョウ。

【今月】コンゲツ この月。いまの月。本月。

【今後】コンゴ これから先。いまからのち。以後。例―の予定。

【今次】コンジ このたび。今回。

【今時】コンジ|いまどき いま。このごろ。当世。例―いまどきの若い者には、何かと驚かされる。

【今秋】コンシュウ ことしの秋。この秋。

【今週】コンシュウ 日この週。いまの週。

【今春】コンシュン ことしの春。この春。例今春看又過コンシュンみすみすまたすぐ(＝今年の春もみるみるうちに過ぎ去った)。〈杜甫・絶句〉

【今宵】コンショウ|こよい きょうの夜。今夜。今晩。

【今生】コンジョウ 〔仏〕いまの世。この世。この世に生きている間。㊟後生ゴショウ・他生タショウ。例―の見おさめ。―の別れ。

【今夕】コンセキ|コンゆう きょうの夕方。この夕方。今晩。

【今昔】コンジャク|コンセキ ①昨夜。②いまとむかし。現在と過去。

【今昔▼之感】コンセキのカン|コンジャクの むかしといまをくらべて、その違いの大きさに驚く気持ち。

【今是昨非】コンゼサクヒ|いまはぜにしてきのうはひなり 今日は正しく昨日は間違っていた。あやまちを初めて悟ったとき、後悔をこめていうことば。〈陶淵明・帰去来辞〉

【今朝】コンチョウ|けさ きょうのあさ。このあさ。例―けさの冷えこみ。

【今度】コンド 日①このたび。今回。例―来た新人だ。②この次。次回。〔近い将来を指していう〕例―の日曜日。

【今日】コンニチ ①いま。現代。現在。この時代。例―の発展をだれが想像しただろうか。②きょう 本日。

【今年】コンネン|ことし この年。いまの年。本年。例―は雪が多い。

【今晩】コンバン きょうの晩。今夜。今宵こよい。

【今般】コンパン このたび。今度。今回。㊟先般。例―の事態を受けて。

【今夜】コンヤ きょうの夜。この夜。今晩。例―は月がきれいだ。

【今来】コンライ ①いま。ただいま。②これから先。

●現今ゲンコン・古今ココン|コキン・昨今サッコン・当今トウコン

仐
人2(4) ⇩傘サン(107ページ)

什
亻2(4) 1 2926 4EC0

㊀シュウ(シフ)漢 ジュウ(ジフ)呉 緝 shí
㊁シュウ(シフ)慣 ソ唐 shén
あつ-まる・とお(とを)

意味 ㊀❶十人をひとまとまりとした、古代の兵制。また、十戸をひとまとまりとした、古代の行政単位。❷『詩経』の雅・頌ショウの十篇ずつのひとまとまり。また、ひとまとまりの詩文。❸数の名。とお。また、十倍。㊙十。例什佰ジュウハク。❹十等分。例什一ジュウイチ。❺たくさんの。いろいろな。日常の。例什器ジュウキ。㊁どのような。なに。例什麼ソモ|シュウモ。

難読 什麼いかに|なに|いずれ

【什一】ジュウイチ|ジュウイツ ①十分の一。②十分の一の税。③商いで、一割の利益を得ること。また、商売。

【什器】ジュウキ ふだん使う、さまざまな家具や道具類。什物ジュウブツ。

【什▼伍】【什五】ジュウゴ ①十分の五。②十軒または五軒を一組みとする単位。連帯責任を負わせ、互いに監視させた。③十人または五人の兵士を一組みとした軍の組織。

【什襲】ジュウシュウ|シッシュウ いくえにも包むこと。大切にしまっておくこと。十襲。

【什長】ジュウチョウ 兵制で、十人の兵士をまとめる長。㊝什吏ジュウリ。

【什▼佰】【什伯】ジュウハク|ジュウヒャク ①十倍と百倍。②十人または百人の兵士の組。転じて、軍隊を構成する部隊。▽十百ジュウヒャク。

【什▼佰▼之器】【什伯▼之器】ジュウハクのキ|ジュウヒャクのキ さまざまな道具。一説に、常人に十倍百倍する才能の持ち主。〈老子・八〇〉

【什物】㊀ジュウブツ 日常使用する道具。什器。㊁ジュウモツ 日大切にしまっている宝物。什宝。

【什宝】ジュウホウ 日大切にしまっている宝物。什物ジュウモツ。

【什▼麼】シュウモ|ソモ 〔疑問をあらわすことばで、禅宗の問答などで用いる〕なに。いかなる。どんな。

【什▼麼生】ソモサン いかに。どうだ。作麼生ソモサン。

从
人2(4) ⇩従ジュウ(477ページ)

仍
亻2(4) 2 4827 4ECD

ジョウ漢 蒸 réng
しき-りに・しばしば・すなわ-ち(すなは-ち)・なお(なほ)・また・よ-りて・よ-って・よ-る

意味 ❶そのままに従う。よる。例仍貫ジョウカン。仍旧ジョウキュウ。❷「よりて」「すなわち」と読み、そこで、かくして、の意。上文を受けて続ける。例仍父子再亡レ国よりてフシふたたびくにをうしなう(＝かくて父と子の二度までも国を失った)。〈史記・淮南衡山伝・賛〉❸「なお」と読み、やはり、依然として、の意。例頭仍重あたまなおおもし(＝頭がまだ重い)。〈白居易・早興〉❹「しばしば」「しきりに」と読み、何度も、の意。例仍見レ上しばしばショウにまみゆ(＝たびたび天子に謁した)。〈後漢書・蓋勲伝〉❺⇩【仍仍】ジョウジョウ

【仍貫】ジョウカン 古くからの習慣に従うこと。今までどおりにすること。仍旧ジョウキュウ。〔「仍二旧貫一如レ之何キュウカンによらばこれをいかん(＝これまでのしきたりどおりにしたらどうだろうか)〈論語・先進〉」から〕

【仍旧】ジョウキュウ 「仍貫ジョウカン」に同じ。例山月幾回いくめぐりして仍旧円まどかなり。〔新撰朗詠集〕

【仍仍】ジョウジョウ ①失意のうちにあって茫然ボウゼンとしているさま。②多いさま。③しきりに。

【仍世】ジョウセイ 何代も続いていること。代々。世々。累代。

【仍孫】ジョウソン 子孫を数えるときの呼び名。自分を一代目としたときの八代目。〔子・孫・曽孫ソウソン|ひまご・玄孫ゲンソン|やしゃご・来孫・昆孫・仍孫・雲孫の順〕

仁
亻2(4) 1 3146 4EC1 教6

㊁慣 ジン漢 ニン呉 真 rén
ひと・さね

筆順 ノ イ 仁 仁

なりたち [会意]「亻(＝ひと)」と「二(＝ならぶ)」とから成る。近づき親しむ。

意味 ❶人としてたがいに思いやる心(がある)。例仁愛ジンアイ。仁者ジンシャ。仁政ジンセイ。❷ひと。㊙人。例御仁ゴジン。朴念仁ボクネンジン。❸果実の種の中心部。さね。例亜麻仁アマニ。杏仁

キョウニン。桃仁（トウニン）。❹感覚がある。例 不仁（フジン）（=手足のしびれ）。

古訓 中古 いつくし・きみ・たふとし・ひと・めぐむ・よし 中世 あはれむ・いつくしみ・いつくしむ・きみ・さね・ひと 近世 あはれむ・いつくしむ・したしむ・しのぶ・ひと

人名 あつし・きみ・きん・しのぶ・たかし・ただし・と・とよ・のり・ひさし・ひとし・ひろし・まこと・まさ・まさし・まさる・み・めぐみ・めぐむ・やすし・よし

難読 薏苡仁（ヨクイニン）

【仁愛】（ジンアイ） 相手を思いやり、いたわるやさしい気持ち。いつくしみ。また、いつくしむ。例 仁二愛士卒一（シソツをジンアイす）（=兵士をいたわった）。〈史記・袁盎伝〉

【仁義】（ジンギ） ①仁と義。仁愛と義理。人が守り、おこなうべき道徳。②日 やくざ仲間での初対面の挨拶（アイサツ）。また、おきて、しきたり。例 ―を切る。―にはずれる。

【仁義礼知】（ジンギレイチ）【仁義礼▼智】 仁・義・礼・知（智）の四つの徳。人にはこれを実現する素質が生まれながらにそなわっていると孟子（モウシ）は説く。〈孟子・告子上〉

【仁義礼知信】【仁義礼▼智信】（ジンギレイチシン） 人としておこなうべき、仁・義・礼・知（智）・信の五つの徳。五常。〔「仁誼礼知信」〈漢書・董仲舒伝〉〕

【仁君】（ジンクン） ①仁徳のある君主。②他人を敬っていうことば。

【仁兄】（ジンケイ） 友人を尊敬していうことば。貴兄。大兄（タイケイ）。〔手紙などで用いる〕

【仁恵】（ジンケイ） 人を思いやる気持ち。めぐみ。いつくしみ。

【仁厚】（ジンコウ） いつくしみが深く、心が広いこと。

【仁者】（ジンシャ） 仁徳のある人。また、情け深い人。仁人（ジンジン）。

【仁者楽レ山】（ジンシャはやまをたのしむ） 仁者は天命に心をゆだねて、心が落ち着いているので、どっしりと動かない山を愛する。〔「知者楽レ水（チシャはみずをたのしみ）」に続く〕〈論語・雍也〉

【仁寿】（ジンジュ） 仁徳があるために長生きする。〔「仁者寿（ジンシャはいのちながし）（=仁者は長生きする）。〈論語・雍也〉」から〕

【仁獣】（ジンジュウ） 想像上の動物、麒麟（キリン）のこと。生き物を食べず、生えている草を踏まず、徳の高い王者の治める世にあらわれるという。

【仁▼恤】（ジンジュツ） あわれんで、情けをかける。

【仁術】（ジンジュツ） ①仁徳をおこなう方法。思いやりといたわりにもとづいたおこない。例 医は―。②医術。

【仁▼恕】（ジンジョ） いつくしみが深く、心が広いこと。

【仁心】（ジンシン） 人を思いやり愛する心。情け深い心。

【仁人】（ジンジン） 仁徳のある人。仁者。

【仁声】（ジンセイ） ①風俗をよい方向へ教化する力のある音楽。②仁徳がそなわっているという評判。▽類 仁聞（ジンブン）。

【仁政】（ジンセイ） 人々のためを考えた、情け深い政治。仁徳にもとづく政治。例 ―をしく。

【仁沢】（ジンタク） 仁徳がおよぼす恩恵。

【仁道】（ジンドウ） 仁をおこなう道。人の守りおこなうべき道。

【仁徳】（ジントク） 他を思いやり、いたわる徳。仁愛の徳。

【仁篤】（ジントク） いつくしみが深く、思いやりのあること。

【仁風】（ジンプウ） ①仁徳で人々を教え導くこと。〔仁徳は風のように遠くまでおよぶのでいう〕②扇の別名。

【仁里】（ジンリ） 仁者の住んでいる所。また、正しい風俗の村。〔「里仁為レ美（ジンにおるをビとなす）（=仁者がいる場所に住むのがよい）。〈論語・里仁〉」から〕

【仁王】（ニオウ） 仏法を守る神として寺の門の両わきに安置する一対の金剛力士像。二王（ニオウ）。例 ―立ち。

●一視同仁（イッシドウジン）・御仁（ゴジン）

仄

人2（4）

2 4828 4EC4

ソク 慣 ショク 漢 職 zè

ほの-か・ほの-めく・ほの-めかす

意味 ❶かたむく。かたよる。例 仄日（ソクジツ）。傾仄（ケイソク）。❷近くのあたり。かたわら。通 側。例 仄聞（ソクブン）。❸身分が低い。❹四声のうち、音の平らな平声（ヒョウショウ）を除いた、上声（ジョウショウ）・去声（キョショウ）・入声（ニッショウ）の総称。例 仄声（ソクセイ）。平仄（ヒョウソク）。

日本語での用法 《ほの》《ほのか》「仄明（ほのあ）かり・仄聞（ほのき）く・仄暗（ほのぐら）い・仄（ほの）かに見（み）える」▼かすかに。わずかに。それとなく。

【仄字】（ソクジ） 漢字で、仄声の字。対 平字（ヒョウジ）。

【仄日】（ソクジツ） 傾いた太陽。夕日。斜陽。

【仄声】（ソクセイ） 漢字音の四声（シセイ）のうち、平声（ヒョウショウ）以外の三つをまとめていう。類 仄韻。対 平声。→【平仄】（ヒョウソク）（438ページ）

【仄聞】（ソクブン） ①そばにいて、また、人づてに聞く。側聞。②日 どこからともなく、かすかに聞く。ほのきく。例 ―したことから想像すると…。

【仄目】（ソクモク） （恐怖や嫌悪、ねたみなどのために）正視しない。目をそらす。側目。

【仄▼陋】（ソクロウ） ①（家などが）せまくて粗末なこと。②身分がいやしい。また、そのような人。

【仄起】（ソッキ|ソクおこり） 絶句や律詩で、第一句の二字目に仄字（ソクジ）を用いた詩。

【仄径】（ソッケイ|ソクケイ）【仄▼逕】 傾斜の急な細い道。

仃

亻2（4）

4 0124 4EC3

テイ 漢 青 dīng

意味 「伶仃（レイテイ）」は、孤独の意。

仈

亻2（4）

4 0125 4EC8

ハツ 漢 黠 bā

意味 姓の一つ。参考 仈（ばいな）（=姓）。

仆

亻2（4）

2 4829 4EC6

フ 漢 呉 遇 fù

ホク 漢 職 pū

たお-れる（たふ-る）・ふ-す

意味 うつぶせにぱったり倒れる。たおれる。ふす。例 衛士仆レ地（エイシチにたおる）（=門番の兵士は地に倒れた）。〈史記・項羽紀〉

【仆▼僵】（フキョウ|ホクキョウ） 〔「僵」も、倒れる意〕たおれる。

仏

亻2（4）

1 4209 4ECF

教5

一 フツ 漢 物 fú

二 フツ 漢 ブツ 呉 物 fó

三 ヒツ 漢 質 bì

ほとけ

[佛]

亻5（7）

2 4839 4F5B

人 旧字体。

筆順 ノ イ 仏 仏

なりたち 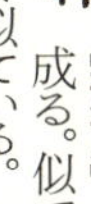 [形声]「亻（=ひと）」と、音「弗（フツ）」とから成る。似ていて見分けがつかない。

意味 一 ❶よく似ている。例 仿仏（ホウフツ）（=彷彿（ホウフツ））。❷拒否する。さからう。通 払。❸ねじる。通 払。二 真理を悟った人。特に、仏教の開祖、釈迦（シャカ）をいう。ほとけ。〔仏陀（ブッダ）は、梵語（ボンゴ）Buddha の音訳〕例 仏教（ブッキョウ）。仏像（ブツゾウ）。大仏（ダイブツ）。三 たすける。通 弼（ヒツ）。

日本語での用法 一《フツ》「仏語（フツゴ）・英仏（エイフツ）・日仏（ニチフツ）」▼「仏蘭西（フランス）」の略。二《ほとけ》「仏（ほとけ）になる」▼俗に、死者をいう。

古訓 中古 おほきなり・たすく・ほとけ 中世 かなしむ・さとる・たつとし・ひとはて・ほとけ・ほとぼり 近世 おほいなり・さとる・たすく・ほとけ

人名 さとし・さとる

難読 仏掌薯（つくねいも）

【仏宇】（ブツウ） 寺。寺院。

【仏縁】（ブツエン） 仏（ほとけ）とのあいだの縁。また、仏の引き合わせ。

【仏恩】（ブツオン） 仏（ほとけ）の恩。仏のめぐみ。

【仏果】(ブッカ) 仏道を修行することによって得られる、成仏(ジョウブツ)という最高の結果。悟り。

【仏家】(ブッカ|ブッケ) ①僧の家。寺院。寺。②僧。③仏教の信者。また、その集団。④仏(ほとけ)の住む浄土。

【仏画】(ブツガ) 仏教に関する事柄を描いた絵画。

【仏閣】(ブッカク) 寺。寺の建物。例 神社―。

【仏眼】(ブツガン|ブツゲン) 仏(ほとけ)の目。悟りを開いた者がもつ、すべてを見通す目。

【仏▼龕】(ブツガン) ①仏像を納める厨子(ズシ)・石室。②寺。

【仏教】(ブッキョウ) 〔仏陀(ブッダ)の教えの意〕紀元前五世紀のはじめ、古代インドで釈迦(シャカ)を開祖としておこった宗教。

【仏経】(ブッキョウ) 仏教の経典(キョウテン)。お経。

【仏具】(ブツグ) 日 仏事に用いる道具。仏壇に置く花瓶や香炉など。法具。

【仏▼偈】(ブツゲ) 仏(ほとけ)をほめたたえる詩。四句で構成されることが多い。偈。

【仏語】(ブツゴ) 一 ①仏(ほとけ)のことば。仏の教えたことば。②仏教で用いることば。仏教用語。二(フツゴ) 日「仏蘭西(フランス)語」の略。

【仏国】(ブッコク) 一 仏(ほとけ)のいる国。それぞれの仏のいる浄土。二(フッコク) 日 フランス(仏蘭西)。

【仏座】(ブツザ) 一 仏像を安置する台。蓮台(レンダイ)。二(ほとけのザ) 日 ①キク科の二年草。春の七草の一つ。コオニタビラコ。漢名、稲槎菜(トウササイ)。②カスミソウの別名。

【仏刹】(ブッサツ|ブッセツ) ①仏教の寺院。てら。仏寺。②仏(ほとけ)の住む国。極楽浄土。

【仏子】(ブッシ) ①菩薩(ボサツ)のこと。②仏門に入った人。③一切の衆生(シュジョウ)。〔すべての人が仏性をもっていることから〕

【仏師】(ブッシ) 仏像を作る人。

【仏▼祠】(ブッシ) 仏像を安置する所。仏堂。

【仏寺】(ブツジ) 仏教の寺院。てら。仏刹(ブッサツ)。

【仏事】(ブツジ) 仏(ほとけ)を供養する儀式。法会や法事などの仏教の行事。

【仏式】(ブッシキ) ①仏教の儀式。②日 仏教のやり方。仏教での方式。例 葬儀は―でとりおこなう。

【仏者】(ブッシャ) 仏門にはいった人。僧。出家。

【仏舎利】(ブッシャリ) 釈迦(シャカ)の遺骨。舎利。

【仏書】(ブッショ) 仏教に関する本。仏典。

【仏性】(ブッショウ) 一 ①仏(ほとけ)となりうる性質。転じて、仏門の弟子が静かに修行にはげむ心。②仏の本性。二(ほとけショウ) 日 仏のように慈悲深い性質。

【仏▼餉】(ブッショウ) 仏前の供え物。

【仏生会】(ブッショウエ) 仏(ほとけ)の誕生を祝う儀式。灌仏会(カンブツエ)。

【仏生日】(ブッショウニチ) 釈迦(シャカ)の誕生日。陰暦四月八日とされ、仏生会(ブッショウエ)がおこなわれる。類 仏誕日(ブッタンニチ)。

【仏心】(ブッシン) ①仏(ほとけ)のもつ慈悲深い心。②人に本来そなわっている仏の心のような慈悲深い心。

【仏跡】(ブッセキ) ①釈迦(シャカ)に縁のある遺跡。また、仏教に関係のある古い遺跡。②釈迦の足あと。

【仏説】(ブッセツ) 仏(ほとけ)の説いた教え。仏教の教義。例 ―阿弥陀経(アミダキョウ)。

【仏前】(ブツゼン) 仏(ほとけ)のまえ。また、仏壇のまえ。

【仏祖】(ブッソ) ①仏教を開いた人、釈迦(シャカ)。②仏(ほとけ)と、仏の教えを受けついで各宗を開いた人。

【仏像】(ブツゾウ) 祈りをささげるために作られた、仏(ほとけ)の姿をかたどった彫刻や絵。

【仏桑花】(ブッソウゲ) アオイ科の常緑低木。ハイビスカス。夏から秋にかけて、五枚の赤い花びらを開く。

【仏足石】(ブッソクセキ) 釈迦(シャカ)が残したという足あとをきざんだ石。奈良の薬師寺に伝わるものが、日本最古。

【仏足石歌】(ブッソクセキカ) 日 仏足石をたたえる内容の、五・七・五・七・七・七調の二十一首の和歌。七五三(天平勝宝五)年に、奈良の薬師寺の仏足石のわきに建てられた石碑にきざまれている和歌。

【仏▼陀】(ブッダ) 〔梵語(ボンゴ) Buddha(=悟った人の意)の音訳〕釈迦(シャカ)をたっとんでいう言い方。ほとけ。→【釈迦】(シャカ)(1344ページ)

【仏壇】(ブツダン) ①寺などで、仏像を安置するために設けた壇。②家庭の一室に、位牌(イハイ)や仏像などを安置するために小さな堂に似せて作ったもの。厨子(ズシ)。例 ―に花を供える。

【仏頂面】(ブッチョウづら) 日 不満や不機嫌が見てとれる顔。ふくれっつら。

【仏敵】(ブッテキ) 日 仏教に敵対するもの。仏教に害をなすもの。外道(ゲドウ)。

【仏典】(ブッテン) ①仏教の経典(キョウテン)。内典。②仏教に関する書物。仏書。

【仏図】(ブット) 仏塔。また、仏寺。浮図(フト)。

【仏塔】(ブットウ) 寺院の塔。

【仏堂】(ブツドウ) 仏像を安置した堂。てら。類 仏殿。

【仏道】(ブツドウ) ①仏(ほとけ)の説いた道。仏の教え。仏法。例 ―を修行する。②仏教と道教。

【仏罰】(ブツバチ|ブツバツ) 日 仏(ほとけ)からうける罰。ほとけのばつ。例 ―をこうむる。

【仏文】(ブツブン) 日 〔「仏」は、「仏蘭西(フランス)」の略〕①フランス語の文章。例 ―和訳。②「仏蘭西文学(科)」の略。

【仏法】(ブッポウ) 仏(ほとけ)の教え。仏の述べた道。仏道。例 ―にすがる。

【仏法僧】(ブッポウソウ) ①仏(ほとけ)と、仏の教えを説く経典(キョウテン)と、仏の教えを奉ずる僧。三宝(サンボウ)。②日 ブッポウソウ科の渡り鳥。日本で夏をすごし、冬は南方にわたる。ハトほどの大きさで、くちばしと足が赤く、からだは青緑色。③日 コノハズクの別名。フクロウ科の鳥で、「ブッポーソー」と鳴く。三宝鳥。

【仏▼菩▼薩】(ブツボサツ) 仏(ほとけ)と菩薩。

【仏間】(ブツま) 日 仏壇を置いてある部屋。

【仏名会】(ブツミョウエ) 日 陰暦十二月十九日から三日間、三世の三千の仏の名前を唱え続けて罪の消滅を祈る法会(ホウエ)。

【仏滅】(ブツメツ) ①釈迦(シャカ)の死。入滅。②日「仏滅日(ブツメツニチ)」の略。六曜の一つ。何ごとをするにもよくないとされる日。

【仏門】(ブツモン) 仏(ほとけ)の説いた道。仏教。例 ―に入(い)る(=出家する)。

【仏老】(ブツロウ) ①釈迦(シャカ)と老子。②仏教と道教。

【仏郎機】【仏▼狼機】(フランキ) 〔アラビア語 Farangi の音訳〕明(ミン)代、ポルトガル人・スペイン人の別名。また、彼らがもたらした鉄砲。〔清(シン)代にはフランス人も指すようになった〕

【仏▼蘭西】(フランス) 日〔France の音訳〕ヨーロッパ西部にある共和国。首都はパリ。仏国(フッコク)。

●成仏(ジョウブツ)・神仏(シンブツ)・新仏(あらぼとけ|にいぼとけ)・石仏(セキブツ|いしぼとけ)・大仏(ダイブツ)・念仏(ネンブツ)・排仏(ハイブツ)・秘仏(ヒブツ)

仂

亻2 (4)

2 4830 4EC2

一 リョク 漢 職 lì
二 ロク 漢 職 lè

つと-める(つと-む)

意味 一 はげむ。**つとめる**。通 力。二 数のあまり。はんぱ。

参考 日本では「働」の略字として用いることがある。

以

人3 (5)

1 1642 4EE5

教4

イ 漢 呉 紙 yǐ

もっ-て

【㠯】巳2（5） 4 0879 382F 本字。

筆順 ㇑ ㇑ ㇑ 以

なりたち ［指事］「巳（＝やめる）」を上下反対向きにした形。やめないで、おこなう。もちいる。

参考 「以」は、さらに右側に「人」を加えてできた形。

意味 ❶使う。もちいる。例 不ㇾ使三大臣怨二乎不ㇾ以（＝大臣に、自分のことばが採用されないことを恨ませない）。〈論語・微子〉 ❷ひきつれる。ひきいる。例 以二八千人一渡ㇾ江而西（＝八千人を率いて長江を渡って西に向かった）。〈史記・項羽紀〉 ❸そこを基点として。より。から。例 以外（ガイ）。以上（ジョウ）。❹思う。考える。例 自以寿不ㇾ得ㇾ長（＝自分は寿命が長くはあるまいと思った）。〈史記・賈生伝〉 ❺わけ。理由。ゆえ。例 良有ㇾ以也（＝なるほどもっともなことである）。〈李白・春夜宴桃李園序〉 ❻「もって」「もってす」と読み、…によって…で、の意。手段・方法を示す。例 以ㇾ刀断二両紲一（＝刀で二本の綱をたち切った）。〈呉志・董襲伝〉 ❼「もって」と読み、そして…、…しながら、の意。順接・逆接を示す。例 聞ㇾ一以知ㇾ十（＝一つのことを聞いたならば、十のことを悟る）。〈論語・公冶長〉 三二分天下一有二其二一、以服二事殷一（＝天下の三分の二を保有していながら、殷に仕えた）。〈論語・泰伯〉

古訓 中古 おもふ・おもんみる・これをもって・すでに・もちゐる・もつ・もとも・ゆゑ 中世 おもんみる・これをもって・もちゆ・もちゐる・もつて 近世 おもんみる・ともに・にたり・もって・やむ・ゆゑ

人名 これ・さね・しげ・とも・のり・もち・もつ・ゆき・より

難読 以呂波（いろは）・所以（ゆえん）

【以遠】（イエン） そこより遠い所。そこから先の方。例 京都—。

【以往】（イオウ） ①ある時期よりのち。以後。以降。②〔すでに過ぎ去ったという意味の「已往（イオウ）」と混同して〕以前。昔。③日 ある時点より前。

【以下】（イカ） ①数・量・程度を示すことばについて、それよりも少ないあるいは低いことをあらわす。対 以上。②あるものを代表として、それと同類のものをひっくるめていう。…ほか。例 社長—五名。③これよりあと。例 —省略。—同文。▽已下（イカ）。

【以外】（イガイ） あることについて、それを除いたほかのもの。そのほか。例 彼—は賛成した。

【以還】（イカン） ①以下。②以後。以来。

【以後】（イゴ） ①その時よりあと。対 以前。②今からあと。今後。例 —気をつけなさい。▽已後（イゴ）。

【以降】（イコウ） ある時からあとずっと。已降（イコウ）。〔「以後」よりも文語的〕例 明治—。五時—入室を禁ず。

【以上】（イジョウ） ①数・量などをあらわすことばについて、それよりも多いことをあらわす。対 以下。②それまで述べてきたことすべて。例 —のとおり報告いたします。③日 文章や話の最後につけて「おしまい」の意をあらわす。④日〔「…した以上は」の形で〕…したからには当然。▽已上（イジョウ）。

【以心伝心】（イシンデンシン） ①〔仏〕禅宗で、師の心から弟子の心へ直接教えをつたえること。②日 無言のうちに心が通じ合うこと。

【以西】（イセイ） そこより西。対 以東。例 静岡—。

【以前】（イゼン） ①その時よりもまえ。対 以後。②今よりもまえ。昔。例 —はこのあたりは野原だった。—、まだ父が元気だったころ。▽已前（イゼン）。

【以東】（イトウ） そこより東。対 以西。例 岡山—。

【以内】（イナイ） ①空間をあらわすことばについて、それよりも内側。例 会社から十キロ—に家をさがす。②数量をあらわすことばについて、それよりも少ないこと。例 一時間—にもどる。

【以南】（イナン） そこより南。対 以北。例 九州—。

【以北】（イホク） そこより北。対 以南。例 仙台—。

【以来】（イライ） ある時から今までずっと。已来（イライ）。例 卒業—会っていない。

【以為】【以▼謂】（おもえらく） 〔…と思う意〕思うことには。思ったことには。

仡

亻3（5） 3 1408 4EE1

一 キツ 慣 ギツ 漢 物 yì
二 ゴツ 漢 月 wù

意味 一 勇ましい。例 仡仡（キツキツ）。仡然（キツゼン）。二 ⇩【仡仡】二（ゴツゴツ）

【仡仡】 一（キツキツ） ①血気盛んで勇ましいさま。対 番番（ハハ）。②高くそびえるさま。③懸命に努力するさま。④おそれいってことばが出ないさま。二（ゴツゴツ） 船がゆれるさま。

【仡然】（キツゼン） ①勇ましいさま。②直立して動かないさま。

仚

へ3（5） 4 0128 4EDA

ケン 漢 先 xiān

意味 ❶人が山の上にいる。❷軽やかにあがるさま。❸仙人。

［人（亻・𠆢）］ 3画 ▼仡 仚 仕

仕

亻3（5） 1 2737 4ED5 教3

シ 漢 ジ 呉 紙 shì
つかえる（つか-ふ）・つかまつ-る・す-る（す）

参考 「仙（セン）」の本字とされる。

筆順 ノ 亻 仁 什 仕

なりたち ［形声］「亻（＝ひと）」と、音「士シ（＝官職につく）」とから成る。学んで官職につく。

意味 ❶役所につとめる。つかえる。例 仕官（シカン）。出仕（シュッシ）。❷（目上の人のそばについて）はたらく人。例 仕丁（シチョウ）。給仕（キュウジ）。奉仕（ホウシ）。

日本語での用法 一《し（シ）》《す》《する》「仕合（しあい）・仕方（しかた）・仕事（しごと）・仕様（シヨウ）・仕（す）る」▼動作・行為・作用・はたらきをあらわす動詞「す」「する」と、その活用形にあてる。参考 常用漢字表では「シ」を字音とするので本文ではそのあつかいとするが、字音の「シ」と、動詞「す」「する」の未然形・連用形の「し」とは同音なので区別しにくい。近世以来の用法として、動詞「す」「する」の各活用形に「仕」を用いている。二《つかまつる》「失礼（シツレイ）仕（つかまつ）る」▼「する」の意のへりくだった言い方。

古訓 中古 あたる・つかうまつる・つかふ・つかまつる 中世 つかふ・つかふる・つかまつる 近世 つかふ・つかうまつる・まなぶ

人名 つかう・つかえ・つこう・まなぶ

【仕方】（シかた） 日 ものごとをおこなう方法。やり方。例 運転の—。挨拶（アイサツ）の—。

【仕官】（シカン） ①武士が主君につかえる。②官職につく。役人になる。

【仕儀】（シギ） 日 ことのなりゆき。結果。事情。例 いかなる—と相成りましたか。やむを得ぬ—で。

【仕種】【仕草】（しぐさ） 日 ①何かをするときの、からだの動かし方。例 かわいい—。②俳優の演技の動作。所作（ショサ）。

【仕事】（シごと） 日 ①ある目的のために頭やからだを使うこと。働くこと。②職業。例 親の—をつぐ。③〔物〕物体に力がはたらいて移動したとき、力と距離の積であらわされる量。仕事量。▽為事（しごと）。

【仕進】（シシン） ①仕官する。②官位が進む。

【仕度】（シタク） 日 用意する。準備する。参考 「支度」が本来の書き方。

【仕丁】（シチョウ｜ジチョウ） 日 昔、雑役に従事した者。雑役夫。

【仕手】(して) 日①する人。為手(して)。例 仕事の—をさがす。②〔ふつう「シテ」と書く〕能・狂言で、主役。③〔経〕大量に株の売買をおこなって相場を動かす人。例 —株。

【仕途】【仕塗】(シト) 役人になる道。官途。

【仕舞】(しまい) 日①能楽で、装束をつけず、また、囃子(はやし)もない略式の舞。②終わりの方。終わり。最後。終(しま)い。例 —まで読みなさい。

【仕訳】【仕分】(しわけ) 日①区分すること。分類。②〔経〕簿記で、項目を分けて、貸し借りを記入すること。

【仕業】(しわざ) 日したこと。おこない。所業。例 彼の—に違いない。だれの—だ。

●沖仲仕(おきなかシ)・給仕(キュウジ)・出仕(シュッシ)・奉仕(ホウシ)

仔

亻3 (5)　1 2738 4ED4　人

一 シ 漢 支 zī　二 シ 漢 紙 zǐ　こ

なりたち  ［形声］「亻(=ひと)」と、音「子(シ)」とから成る。もちこたえる。

意味 一 任にたえる。例 仔肩(シケン)。二 ❶(家畜などの)こども。こ。例 仔犬(こいぬ)。仔馬(こうま)。❷小さい。くわしい。こまかい。例 仔細(シサイ)。

古訓 中古 たふ 中世 よし 近世 かつ・たへたり

【仔肩】(シケン) ①責任。任務。②持ちこたえる。

【仔細】(シサイ) ①くわしく。こまかに。例 —に説明する。②くわしい事情。わけ。例 事の—を語る。③日 不都合なこと。さしつかえ。例 特に—はない。▽子細(シサイ)。

仗

亻3 (5)　2 4831 4ED7

チョウ(チャウ) 漢　ジョウ(ヂャウ) 呉　養 zhàng

よ-る・つえ(つゑ)

意味 ❶(手に持って使う)武器・兵器。例 儀仗(ギジョウ)。兵仗(ヘイジョウ)。❷つえにする。手に持つ。通 杖(ジョウ)。例 仗剣(ジョウケン)(=武装する)。仗策(ジョウサク)(=馬のむちをたずさえる)。❸たよる。従う。よる。例 仗気(ジョウキ)。仗義(ジョウギ)。

【仗気】(ジョウキ)(キによる) ①気ままにする。②血気にはやる。

【仗義】(ジョウギ)(ギによる) 正義に従う。

【仗身】(ジョウシン) 護衛の兵士。

【仗馬】(ジョウバ) 天子などの行事に用いる、飾りをつけたウマ。行事中、静かにしていればたくさんのえさがもらえるところから、高禄(コウロク)を受けている者が保身をはかり、権力者に批判的な発言をしないことにたとえる。

仞

亻3 (5)　2 4832 4EDE

ジン 漢　震 rèn

ひろ

［仭］

亻3 (5)　2 4833 4EED

俗字。

意味 ❶長さの単位。両腕を上下に広げた長さ。七尺。一説に八尺、また五尺六寸。ひろ。例 九仞功(キュウジンのコウ)。千仞(センジン)。❷深さを測る。はかる。

日本語での用法 《ジン》《ひろ》▼長さの単位。一般に「尋」と同じように用い、六尺(=約一・八メートル)。

仙

亻3 (5)　1 3271 4ED9　常用

セン 漢 呉　先 xiān

やまびと・セント

［僊］

亻11 (13)　2 4902 50CA

本字。

［僲］

亻12 (14)　3 1438 50F2

別体字。

筆順 ノ 亻 仆 仙 仙

なりたち  ［会意］「亻(=ひと)」と「䙴(セン)(=高くあがる)」とから成る。長生きをして天高く上ぼっていく。

参考 「仙」は、「亻(=ひと)」と「山(=やま)」とから成る。「山に入って修行する人」の意。

意味 ❶俗世間を離れて山の中で修行し、不老不死の術や神通力を身につけた、といわれる人。例 仙人(センニン)。神仙(シンセン)。❷世間離れした、非凡な人。例 自称臣是酒中仙(みずからショウすシンはこれシュチュウのセンと)(=李白(ハク)は)私は酒びたりの仙人だと自称した)。〈杜甫・飲中八仙歌〉 歌仙(カセン)。詩仙(シセン)。酒仙(シュセン)。❸軽やかなさま。例 仙仙(センセン)。❹アメリカ合衆国の貨幣単位セント(cent)の音訳。セント。

古訓 中古 かしこし・ひじり・ひと 中世 うつる・ひじり・やまびと 近世 うつる・ひじり・やまびと

人名 うつる・たか・たかし・のり・ひさ・ひと

【仙院】(センイン) ①唐代の集賢殿書院。中書省に属し、書籍の管理や書写などをおこなった。〔もと集仙殿といったことによる〕②日 上皇・法皇の御所。

【仙雲】(センウン) 仙人が乗る雲。

【仙▼掖】(センエキ) 〔「掖」は、両わきにあるものの意〕門下省と中書省。〔唐代、両省が宮中の左右にあったことから〕

【仙果】(センカ) ①仙境に実る果実。転じて、進物の果物の美称。②モモの別名。③仙人になること。

【仙▼娥】(センガ) ①女の仙人。②美女。▽仙女。

【仙界】(センカイ) 仙人の住む世界。また、俗世間を離れたところ。仙境。例 —に遊ぶ。

【仙客】(センカク) ①仙人。②ツル・ホトトギス・白色のシカなどの別名。③モクセイの別名。

【仙閣】(センカク) ①仙人の住む重層の建物。②道観や天子の住む宮殿。③尚書省の別称。

【仙楽】(センガク) ①仙人がいる天上世界の音楽。転じて、美しい音楽。例 如レ聴ニ仙楽一耳暫明(センガクをきくがごとくみみしばらくあきらかなり)(=まるで仙人がかなでる音楽でも聞いているように、わたしの耳はしばしすがすがしい心地になった)。〈白居易・琵琶行〉 ②宮中での音楽。

【仙境】【仙郷】(センキョウ) 仙人の住むところ。俗界から離れた清らかなところ。仙界。

【仙源】(センゲン) ①仙人のいるところ。②桃源。

【仙骨】(センコツ) 仙人のような骨相。世間一般の人とは違った様子。非凡な風貌(フウボウ)。例 —をそなえた老人。

【仙才】(センサイ) ①仙人になる素質。②非凡な才能。

【仙山】(センザン) 仙人のいる山。

【仙子】(センシ) ①仙人。転じて、道士。②仙女。美女。

【仙姿玉質】(センシギョクシツ) 世俗を超えた美しい容姿と、玉のように清らかな品格。

【仙術】(センジュツ) 仙人がおこなうという不思議な術。

【仙掌】(センショウ) ①天からの甘露を受ける盆(承露盤)をささげ持った仙人の銅像。漢の武帝がたてたという。②承露盤を持った人の銅像。▽仙人掌。

【仙籍】(センセキ) ①仙人の名簿。②科挙(=官吏登用試験)に及第した者の戸籍。③日 殿上(テンジョウ)に出仕する人の姓名などを記した札。

【仙仙】(センセン) (舞うときの)軽やかなさま。

【仙台(臺)平】(センダイひら) 日 男子用の上等の絹のはかま地。仙台地方で産する。

【仙丹】(センタン) 飲むと不老不死の仙人になるという薬。仙薬。

【仙洞】(セントウ) ①仙人の住んでいるところ。②日 上皇・法皇の御所。院の御所。仙洞御所。③日 上皇・法皇。

【仙童】【仙▼僮】(センドウ) 仙人に仕える子供の召し使い。

【仙女】(センニョ)(センジョ) ①女の仙人。②美女。▽仙娥(センガ)。

【仙人】(センニン) ①山の奥に住み、かすみを食べて生き、神通力をもつという不老不死の人。仙客(センカク)。例久米(くめ)の―。②欲がなく、世間離れしている人。

【仙人掌】(センニンショウ) ①サボテンの漢名。常緑の多年草で、砂漠などに分布し、多くはとげをもつ。②「仙掌(センショウ)」に同じ。

【仙▼蹕】(センピツ) 天子の車。

【仙風道骨】(センプウドウコツ) ①仙人や道士のような風格。②非凡な風格。凡俗でない人物。〈李白・大鵬賦序〉

【仙▼袂】(センベイ) 仙人の服のたもと。また、たもとの美称。例風吹二仙袂一飄飄挙(かぜはセンベイをふいてヒョウヒョウとしてあがる)(＝仙衣のたもとは風に吹かれてひらひらと舞う)。〈白居易・長恨歌〉

【仙門】(センモン) ①仙人の住まいの門。②宮城の門。

【仙薬】(センヤク) ①飲むと不老不死の仙人になるというくすり。仙丹(センタン)。②すばらしい効き目のくすり。妙薬。霊薬。

【仙遊】(センユウ) ①俗世間を忘れさせる自然をたずねて、その美しさを楽しみ味わうこと。②天子のおでかけ。みゆき。行幸。③人が死ぬこと。類仙逝。

【仙▼輿】(センヨ) ①仙人の乗り物。②天子の車。③日上皇・法皇の車。

【仙霊】(センレイ) 仙人。神仙。

仟

亻3 (5) 2 4834 4EDF セン 漢 先 qiān

意味 ❶千人をひきいる長。かしら。おさ。例仟佰(センパク)。❷「千」の大字(ダイジ)。商売や契約の文書で、数字を書きかえられないように使う。❸南北に通じるあぜ道。通阡(セン)。例仟伯(センパク)。
【仟▼佰】【仟伯】(センパク) ①古代中国の兵制で、千人の兵の長と百人の兵の長。〔一説に「什佰(ジュウハク)」を誤ったものとし、その場合は十人の兵の長、百人の兵の長の意となる〕②耕地と耕地との間の道。あぜ道。〔南北に通る道を「仟」、東西に通る道を「佰(ハク)」という。一説に、南北に通る道を「佰」、東西に通る道を「仟」という〕

他

亻3 (5) 1 3430 4ED6 教3 タ 漢 呉 歌 tā ほか・あだ-し

筆順 ノ 亻 仂 什 他

なりたち  [象形] 本字は「它」で、ヘビの形。借りて「ほか」の意。

意味 ❶ほか。ほかの。それとは別の。自分以外の。例他国(タコク)。他人(タニン)。自他(ジタ)。❷彼。彼女。三人称代名詞。

古訓 中古 かの・かれ・ひと・ほか 中世 かれ・ひと・よそ 近世 こと なり・ことびと・たそ・たれ
人名 ひと・よそ
難読 他眼(ひとめ)・他人事(ひとごと)・他心(あだしごころ)

【他意】(タイ) ①二心(ふたごころ)。異心。②別の考え。今言っているほかに心で思っていること。例―はありません。

【他家】(タカ/タケ) ①他人の家。②それ。彼。彼女。

【他界】(タカイ) ①他の地方。②日別の世界。③日人が死ぬ。あの世へ行く。例昨年―しました。

【他郷】(タキョウ) 自分の国や生まれ育ったのではない、よその土地や国。他国。異郷。例―に暮らす。

【他行】(タギョウ/タコウ) 出かける。外出する。他出。

【他見】(タケン) その人以外の人が見ること。また、他人に見せること。例―をはばかる。

【他故】(タコ) ①別の理由・事情。〔多く、「無二他故一(タコなし)」のように否定形を用い、次に述べる理由や事情を強調する〕②他のこと。▽它故(タコ)。

【他校】(タコウ) よその学校。例―の生徒。

【他国】(タコク) よその国。また、生まれ故郷ではない、よその土地。異国。他郷。対自国。例―に住む。

【他言】(タゴン/タゲン) ①他人に話す。他にもらす。口外。例―無用。②そのほかのことば。

【他殺】(タサツ) だれかに殺されること。対自殺。例―死体。

【他山▼之石】(タザンのいし) 他人のよくない言行も自分の反省の材料になるということ。〔「他山之石、可二以攻一レ玉(タザンのいし、もってたまをおさむべし)」(＝よその山の質の悪い石でも、砥石(といし)として宝玉をみがくのに役立つ)。〈詩経・小雅・鶴鳴〉から〕

【他日】(タジツ) ①今より前の日。これまでの日。以前。②そのときから後の日。③将来のいつか。別の日。例―の再会を期す。

【他社】(タシャ) 日よその会社。対自社。例―の製品。

【他者】(タシャ) 自分以外のもの。ほかの人。対自己。

【他出】(タシュツ) よそへ出かける。外出する。他行。

【他所】(タショ) ほかの場所。よそ。例―をさがす。

【他生】(タショウ) 〔仏〕今、生きているこの世(今生(コンジョウ))に対し、生まれる前の世(前世(ゼンセ))と、死んだあとの世(来世(ライセ))。対今生(コンジョウ)。例―の縁。→【多生】(タショウ)(314ページ)

【他称】(タショウ) 日文法で、第三人称。「これ」「それ」「あれ」「彼」「彼女」など。対自称・対称。

【他心】(タシン) 別のもくろみ。また、反逆の考え。二心(ニシン/ふたごころ)。

【他薦】(タセン) 日本人以外の人が推薦する。対自薦。

【他端】(タタン) 別の意図。

【無レ他】(タなし) ①ほかでもない。〔次に述べることを強調することば〕②無事である。変わりない。③二心(ふたごころ)をいだかない。誠実である。▽無它(タなし)。無佗(タなし)。

【他人】(タニン) ①自分以外の人。ほかの人。例―まかせ。②血縁関係のない人。例赤の―。③そのことにかかわりのない人。第三者。例―は口出しするな。

【他人行儀】(タニンギョウギ) 日(親しい仲なのに)他人どうしのように改まってふるまうこと。例―な挨拶(アイサツ)。

【他年】(タネン) ①将来のいつか、ある年。後年。例再会を―に期す。②往年。以前。

【他念】(タネン) 日ほかのことを考える気持ち。余念。例―なく仕事にはげむ。

【他物】(タブツ) ほかのもの。他人のもの。

【他聞】(タブン) 日当事者以外の人が聞くこと。他人に聞かれること。例―をはばかる。

【他方】(タホウ) ①別の地方。他国。②日別の方向。別の方面。③日二つのうちの、もう一方。例―の言い分も聞く。④日一方。別の一面として。例穏やかだが、―厳しい面がある。

【他面】(タメン) 日①別の面。また、別の見方。例―を見ると必ずしもよくない。②別の面では。他方。

【他用】(タヨウ) 日①ほかの用事。例―で外出する。②ほかのことに用いること。例―に供する。

【他力】(タリキ) ①〔仏〕「他力本願」の略。すべての人を救おうとする阿弥陀仏(アミダブツ)の力によって救われること。〔転じて、自分で努力することなく他人をあてにすることをもいう〕②日他人の力。▽対自力。

【他律】(タリツ) 日自分の意志でするのではなく、他人の命令や規則などに従って行動すること。対自律。例―的な行動。

【他流】(タリュウ) 日よその流派・流儀。例―試合(ジアイ)。
●自他(ジタ)・排他(ハイタ)・利他(リタ)

代

亻3 (5) 1 3469 4EE3 教3 タイ 漢 ダイ 呉 隊 dài かわる(か-はる)・かわり(か-はり)・かえる(か-ふ)・よ・しろ

【筆順】ノ亻仁代代

【なりたち】 ［形声］「亻(＝ひと)」と、音「弋ヨク→タイ」とから成る。かわる。

【意味】❶人やものが入れかわる。かわる。かえる。例 代理ダイリ。交代コウタイ。新陳代謝シンチンタイシャ。❷かわっていく時世。よ。例 現代ゲンダイ。古代コダイ。時代ジダイ。❸人が、ある地位にいるあいだ。例 一代イチダイ。先代センダイ。祖父ソフの代ダイ。

【日本語での用法】㊀《ダイ》《しろ》「代価ダイカ・代金ダイキン・修理代シュウリダイ・飲のみ代しろ・身みの代しろ金キン」▼あるものを手に入れるために支払う金。つぐなうためのもの。㊁《しろ》「代しろ掻かき・苗代なわしろ」▼田。田の一区画。

【古訓】中古 かはる・かはるがはる・かふ・しろ・よ・よよ 中世 かはる・しろ・よ 近世 かはり・かはる・かはるがはる・さらに・しろ・よ

【人名】とし・のり・より

【代案】ダイアン 日 それにとってかわるような他の案。例 ―を示す。

【代価】ダイカ 日 ①品物の値段。②あることをなしとげるために、さけられない犠牲や損害のたとえ。

【代官】ダイカン ①世襲の役人。②先任者と交代する新任の役人。③日 中世、主君の代理をつとめた人。守護代・目代モクダイ。④日 江戸時代、幕府が管理する土地を治めた人。年貢の取り立てなどをおこなった。郡代の次の位。例 ―所ショ。

【代議】ダイギ 日 ①ほかの人にかわって協議する。②公選された人が、その組織を代表して必要な事柄について協議する。例 ―員。―制度。

【代議士】ダイギシ 日 国会議員。一般には衆議院議員を指す。

【代休】ダイキュウ 日 休日に出勤したとき、そのかわりに休む日。例 ―をとる。

【代金】ダイキン 日 品物を買った人が、売り手に支払うお金。例 本の―。旅行の―。

【代稽古】ダイゲイコ 日 武道や芸能で、師匠のかわりに弟子にけいこをつけてやること。また、その人。

【代言】ダイゲン 日 ①法廷などで、本人にかわって述べる。②「代言人ニン」の略。「弁護士」の古い言い方。

【代行】ダイコウ ある職務を、その本来の担当者にかわっておこなう。また、その人。例 ―業者。

【代耕】ダイコウ ①［農夫が役人となって耕作にかわる禄高ロクダカを受ける意］仕官すること。②他人にかわって耕作する。

【代講】ダイコウ 日 本来する人にかわって講義をする。また、その人。

【代▼赭】タイシャ ①赤土色の顔料。［中国、山西省代州からとれる代赭石セキの粉末から作る］②「代赭色いろ」の略。茶色がかっただいだい色。赤土色。

【代謝】タイシャ・ダイシャ ［「謝」は、いれかわる意］①古いものと新しいものが入れかわる。②日 生体内で、外界から取り入れた物質をエネルギーに変え、不要なものを排出する。物質交代。例 ―異常。新陳―。

【代舎】ダイシャ 賓客用の宿舎。［孟嘗君モウショウクンが、食客に提供する宿舎を上位の順に代舎、幸舎、伝舎に分けたことによる］〈史記・孟嘗君伝〉

【代書】ダイショ ①その人にかわって書く。代筆。②日「代書人ニン」の略。かつて役所に出す書類を、その人にかわって書いた職業の人。［今の「司法書士」「行政書士」に相当］

【代署】ダイショ その人にかわって署名する。また、そのサイン。代理署名。対 自署。

【代序】ダイジョ ①順々に入れかわる。②先祖代々の血筋。家系。③序にかわる文章。

【代償】ダイショウ ①その人にかわってつぐなう。②相手に与えた損害をつぐなうために差し出すお金や品物・労力など。賠償。補償。例 ―を提供して和解する。③あることをなしとげるために払う犠牲や損害。代価。

【代診】ダイシン 日 担当の医師にかわって診察する。また、その医師。［古い言い方では、「代脈」］

【代数】ダイスウ ①世代のかず。②［数］「代数学」の略。未知数を文字であらわすことによって、かずの性質や計算の法則などを研究する学問。

【代替】ダイタイ ほかのものを、そのかわりにする。例 ―品。―バス。

【代代】ダイダイ 何代も続いていること。よよ。歴代。

【代地】ダイチ 日 その土地のかわりの土地。代替地。

【代読】ダイドク 本人にかわって読みあげる。例 市長の祝辞を―する。

【代人】ダイニン 本人のかわりの人。例 ―を立てる。

【代納】ダイノウ ①ある人のかわりにお金や品物をおさめる。②日 お金のかわりに品物などでおさめる。

【代馬】ダイバ 中国北方の代ダイの地に産する良馬。［「代」は、山西省北部の郡とも、北方異民族の地ともいう］

【代馬依二北風一】ダイバホクフウによる 代馬は北風が吹くとその方向へ向かう。故郷をしたうことをいう。〈韓詩外伝・九〉

【代筆】ダイヒツ その人にかわって、手紙や書類を書く。また、書いたもの。代書。対 自筆。例 礼状を―する。

【代表】ダイヒョウ ①団体や多くの人々にかわってその意思を外部にあらわす。また、その人。例 会社の―者。②最もすぐれているとして選ばれた人やもの。例 日本の―選手。③その一つで、全体の特徴をあらわすようなもの。

【代品】ダイヒン かわりの品物。代用品。

【代物】㊀ダイブツ かわりのもの。代用品。㊁しろもの 日 ものや人物をおとしめた言い方。例 とんだ―をつかまされた。

【代弁(辨)】ダイベン 日 ①本人の代わりに弁償する。②事務などを代行する。

【代弁】【代▼辦】ダイベン ①人にかわって処理する。②近代以降の外交使節の階級の一つ。代理公使。

【代弁(辯)】ダイベン 日 本人にかわって意見を述べる。

【代名詞】ダイメイシ 日 ①品詞の一つ。自立語で活用はしない。人・もの・場所などを、その名前を言わないで指し示すことば。主語になることができる。「わたし」「きみ」「かれ」「これ」「それ」「あれ」「どれ」、「ここ」「そこ」「あそこ」「どこ」など。名詞とともに体言とよばれる。②同類のものを代表して指し示すことば。例 石川五右衛門ゴエモンは盗人ぬすっとの―だ。

【代役】ダイヤク 日 芝居などで、別の役者がかわってその役をつとめる。また、その役者。例 ―をつとめる。

【代用】ダイヨウ 本来使うもののかわりに、まにあわせに使う。

【代理】ダイリ その人にかわって処理する。また、その人。例 課長―。父の―で出席する。

●足代あしダイ・一代イチダイ・現代ゲンダイ・交代コウタイ・古代コダイ・時代ジダイ・初代ショダイ・身代シンダイ｜みのしろ・世代セダイ・先代センダイ・総代ソウダイ・当代トウダイ・年代ネンダイ・譜代フダイ・末代マツダイ・御代みよ・歴代レキダイ

［仝］𠆢3(5) ⇩同ドウ(230ページ)

付

亻3(5)

1 4153 4ED8 教4

フ漢 呉 遇 fù

つける(つ-く)・つく

【筆順】ノ亻仁付付

【なりたち】 ［会意］「亻(＝ひと)」と「寸(＝手)」とから成る。ものを持って人とむきあう。あたえる。

意味 ❶手わたす。あたえる。例 付与ヨフ。給付キュウフ。交付コウフ。❷(おしつけて)まかせる。たのむ。例 付託タクフ。❸つけくわえる。つける。つく。通附。例 付録ロクフ。添付テンプ。

古訓 中古 あたふ・さづく・つく 中世 さづく・さづくる・つく 近世 あたへる・さづくる・つく・つける・まつる

人名 とも

【付加】フカ 今あるものに、さらにつけくわえる。附加。例 —価値。注意をもう一点—する。

【付会】フカイ ①自分の都合のいいようにこじつける。例 牽強ケンキョウ—。—の説。②つきしたがう。▽附会。

【付記】フキ 日 本文につけたして書く。また、その記事。附記。例 注意書きを—する。

【付近】フキン ①ある場所の近く。そのあたり。近所。例 現場—を調査する。②近づく。接近する。▽附近。

【付言】フゲン 日 あとからつけくわえていう。また、そのことば。附言。例 さらに—すれば…。

【付載】フサイ ①乗り物に乗る。②本文のつけたしとしてのせる。例 巻末に年表を—する。▽附載。

【付▼梓】フシ〔「梓」はアズサの木で、版木ぎハンに用いる〕文章を版木にほること。また、書物を出版すること。上梓ジョウシ。

【付属】フゾク 一 フショク ゆだねる。たのむ。委嘱ショクイ。付嘱ショクフ。二 ①つきしたがう。従属する。②日 機能・機構上、おもなものにつきしたがっていること。例 —部品。大学に—する病院。③日「付属学校」の略。例 —に通っている。▽附属。

【付図】フズ 付属する地図や図面・図表。附図。例 —参照。

【付随】フズイ つきしたがう。あることにともなって起こる。附随。例 この計画にはさまざまな問題が—して生じるだろう。

【付設】フセツ おもなものに付属して設置する。附設。例 本部建物に計算機センターを—する。

【付説】フセツ あとにつけくわえて説明する。また、その説明。附説。例 地名の由来を—する。

【付箋】フセン 日 本や書類などに疑問や目じるしのためにはりつける小さな紙切れ。附箋センフ。例 —をはる。

【付則】フソク 日 本則を補うためにつけられた規則。附則。

【付帯】フタイ 日 おもなものごとにともなってある。附帯。例 —条件。—決議。

【付託】フタク ①ほかにたのみ、任せる。②日 議会で審議などを委員会などの機関に任せる。▽附託。

【付置】フチ 日 もとの機関につけくわえて設置する。あわせて設置する。附置。例 大学院に—する文献センター。

【付着】フチャク くっついて離れない。附着。例 床に—した汚れ。

【付注】フチュウ 注をつける。また、その注。附注。例 —参照。

【付表】フヒョウ 本体にあわせてつけられている表。附表。対 本表。

【付与】フヨ (名誉・権限・称号などを)さずけあたえる。例 広い教養を—する。

【付録】フロク 本体となるものにつけくわえてあるもの。附録。例 別冊—。

【付和】フワ 自分の意見をもたず、他人の意見や行動につきしたがう。附和。

【付和雷同】フワライドウ 日 しっかりした考えもなしに他人の言動にむやみに同調する。附和雷同。阿付迎合アフゲイゴウ。

●還付カンプ・寄付キフ・給付キュウフ・交付コウフ・送付ソウフ・添付テンプ・納付ノウフ・配付ハイフ・番付バンづけ

仏

亻3 (5)
4 0127
4EEB

ムー mù

意味「仏佬ムーラオ族」は、広西チワン族自治区に住む少数民族の名。

令

へ3 (5)
1 4665
4EE4
教4

一 レイ漢 リョウ(リャウ)呉 敬 ling
二 レイ漢 リョウ(リャウ)呉 庚 ling
しーむ

筆順 ノ 人 𠆢 今 令

なりたち  [会意]「𠆢(=あつめる)」と「卩(=わりふ)」とから成る。召集の合図を発する。

意味 一 ❶上からの言いつけ・指示。例 令状ジョウレイ。号令ゴウレイ。法令ホウレイ。命令メイレイ。❷おきて。きまり。のり。例 禁令キンレイ。政令セイレイ。❸長官。おさ。例 県令ケンレイ。❹立派な。よい。例 令色ショクレイ。令名メイレイ。❺他人の親族を敬っていうことば。例 令室シツレイ。令嬢ジョウレイ。二「(…をして)…(せ)しむ」と読み、…に…させる、の意。使役をあらわす。例 令二騎皆下レ馬歩行一(=騎兵に命じてみな馬から下りて歩かせた)。〈史記・項羽紀〉

古訓 中古 しむ・たとふ・のり・よし・をしふ 中世 せしむる・のり・よし・をしふ 近世 いましめ・おほせ・して・せしむ・つかふ・つぐる・のり・めす・よし・よぶ・をしへ

人名 おさ・さとし・さとる・つかさ・つぐる・なり・のり・はる・よし

【令旨】リョウジ|レイシ ①帝王の命令。宋ソウ・元代は太子の命令。金代は太后の命令。②日 皇太子・三后(=太皇太后・皇太后・皇后)・皇族の命令をしるした文書。

【令愛】レイアイ 他人の娘の敬称。類 令女。

【令▼尹】レイイン ①春秋戦国時代の楚ソの官名。政務の統括者で、他国の「相ショウ」にあたる。②地方の長官。

【令顔】レイガン 美しいかお。

【令兄】レイケイ 他人の兄の敬称。対 令弟。

【令▼閨】レイケイ 他人の妻の敬称。令室。令夫人。

【令月】レイゲツ ものごとをするのに縁起のよい月。例 —吉日キツジツ(=よい月のよい日)。

【令厳】レイゲン ①命令が厳格であること。②他人の父を敬っていうことば。

【令甲】レイコウ 法令。〔漢代、律リツ以外に皇帝が立法した法令を集め、「令甲」以下、「令乙レイイツ」「令内レイヘイ」などといった、その第一編にあたることから〕

【令子】レイシ【令嗣】レイシ 他人のあととり息子の敬称。令息。類 令郎。

【令史】レイシ 一 官名。漢代、文書の事務をおこなった下級官吏。二 さかん 日 律令制の四等トウシ官の第四位。

【令姉】レイシ 他人の姉の敬称。対 令妹。

【令慈】レイジ 他人の母の敬称。令堂。

【令室】レイシツ 他人の妻の敬称。内室。令夫人。令閨レイケイ。

【令日】レイジツ ものごとをするのに縁起のよい日。吉日。類 令辰レイシン。

【令終】レイシュウ ①よい評判のまま一生を終える。②ものごとを立派に終える。有終の美を飾る。

【令称】レイショウ ①よい評判。②よい名前。▽令名。

【令▼丞】レイジョウ ①県令と県丞。県の長官と次官。②尚書省・中書省などの長官と次官。

【令状】レイジョウ 日 ①命令を書き付けた書状。例 召集—。②〔法〕裁判所が出す命令の書状。逮捕状・捜索状・差押え状など。

【令嬢】レイジョウ ①他人の娘の敬称。お嬢さん。②良家の娘。例 深窓の—。▽対 令息。

【令色】レイショク ①うわべだけよい顔つき。②にこやかな顔つき。→【巧言令色】コウゲンレイショク(423ジペー)

【令人】レイジン 立派な人。
【令節】レイセツ ①立派な節義。②めでたい日。祝日。佳節。
【令息】レイソク 他人の息子の敬称。令子。㊟令嬢。
【令孫】レイソン 他人の孫の敬称。
【令尊】レイソン 他人の父親の敬称。
【令弟】レイテイ 他人の弟の敬称。㊟令兄。
【令典】レイテン ①立派な法典。また、法典の美称。②立派な儀式。③すぐれた書物。
【令堂】レイドウ 他人の母の敬称。ご母堂。令慈。
【令夫人】レイフジン 他人の妻の敬称。令室。令閨(レイケイ)。
【令聞】レイブン よい評判。㊜令誉。
【令望】レイボウ ①立派な姿。②よい評判。
【令妹】レイマイ 他人の妹の敬称。㊟令姉。
【令名】レイメイ ①よい名前。②よい評判。名声。例―が高い。―を馳(は)せる。
●号令(ゴウレイ)・司令(シレイ)・指令(シレイ)・辞令(ジレイ)・政令(セイレイ)・伝令(デンレイ)・発令(ハツレイ)・法令(ホウレイ)・命令(メイレイ)・律令(リツレイ|リツリョウ)

伊

亻4 (6) 1 1643 4F0A 人 イ 漢 呉 支 yī かれ・これ・ただ

なりたち [会意]「亻(=ひと)」と「尹(=おさめる)」とから成る。王に代わって天下を治める人。

意味 ❶殷(イン)代の賢人「伊尹(イイン)」のこと。例伊呂(イリョ)(=伊尹と呂尚(リョショウ))。❷かれ。彼。第三人称。❸これ。この。近称。例伊人(イジン)(=この人)。❹強調の語気を示す助詞。「これ」「ただ」と訓読する。例伊昔紅顔美少年(これむかしコウガンのビショウネン)(=むかしは血色のよい美少年だった)。〈劉希夷・代悲白頭翁〉❺⇩【伊吾】(イゴ)

日本語での用法 《イ》①「伊国大使(イコクタイシ)・日伊(ニチイ)」▼「伊太利(イタリア)」の略。②「伊州(イシュウ)」▼旧国名「伊賀(いが)」の略。

古訓 中古 ここに・これ 中世 いづれ・かしこに・かれ・ここに・これ・よる 近世 かれ・この・これ・ただ・よる

人名 いい・いさ・いは・えい・おさむ・ただし・よし・より

難読 伊曽保(イソップ)・伊蘇普(イソップ)

【伊賀】いが 日 旧国名の一つ。今の三重県西部。伊州(イシュウ)。例―衆。―者(もの)。
【伊▼吾】【伊▼唔】イゴ ①書物を音読する声をあらわす擬声語。②地名「ウイグル」の音訳。今の新疆(シンキョウ)ウイグル自治区哈密(ハミ)県周辺。

【伊豆】いず 日 旧国名の一つ。今の静岡県伊豆半島と伊豆諸島。豆州(ズシュウ)。
【伊勢】いせ 日 旧国名の一つ。今の三重県北部と中部。勢州(セイシュウ)。
【伊川】イセン ①河南省を流れる川の名。伊水。また、今の河南省嵩(スウ)県・伊川(イセン)県周辺。②北宋(ホクソウ)の学者、程頤(テイイ)の号。伊川先生。〔伊水の流域に住んでいたことから〕
【伊予】いよ 日 旧国名の一つ。今の愛媛県全域にあたる。予州。例―飛白(がすり)。
【伊▼洛】イラク ①伊川(イセン)と洛水。また、その流域。②〔伊川・洛水の流域で学を講じたことから〕北宋(ホクソウ)の学者、程顥(テイコウ)・程頤(テイイ)兄弟の学問。また、朱子がその学を継いだことから、広く程朱の学を指す。
【伊呂波】いろは 日 ①「いろは歌(うた)」の略。四十七字の異なった仮名を使って作った、七五調の歌。②〔いろは歌の初めの三文字であることから〕四十七字の、仮名のこと。江戸時代には「京」が、現代では「ん」が加わっている。例―順。③初歩。ABC。例―からやり直す。▽以呂波(いろは)。
【伊達】だて 日 ①派手な身なりや様子で人目を引こうとすること。また、男気(おとこぎ)をたてること。例―男。―者(しゃ)。②見栄(みえ)をはること。例―の薄着(うすぎ)。

仮

亻4 (6) 1 1830 4EEE 教5
一 カ 漢 ケ 呉 馬 jiǎ
二 カ 漢 ケ 呉 禡 jià
三 カ 漢 麻 xiá
四 カク 漢 陌 gé
かり・か-る 付表 仮名(かな)

[假] 亻9 (11) 2 4881 5047 旧字体。

筆順 ノ イ 仁 仮 仮

なりたち [形声]「亻(=ひと)」と、音「叚カ(=かりる)」とから成る。真でない。

意味 一 ❶本物でない。見せかけだけの。かり。かりの。㊟真。例仮死(カシ)。仮病(ケビョウ)。❷貸す。与える。例大塊仮レ我以二文章一(タイカイわれにかすにブンショウをもってす)(=造化の神が美しい景色をわれわれに貸し与えてくれる)。〈李白・春夜宴桃李園序〉❸助けをえる。借りる。例仮二虎威一(とらのイをかる)。仮借(カシャ|カシャク)。❹まにあわせとして。かりに。例仮設(カセツ)。❺もしも。かりに。たとえ。例仮令(たとい|たとえ)。二 休む。いとま。通暇。三 遠方。かなた。通遐(カ)。例登仮(カトウ)(=昇天する)。四 いたる。通格(カク)。例登仮(カトウ)(=のぼり至る)。

古訓 中古 いたる・いとま・おほきなり・かす・かり・かる・たとふ・よる 中世 いたる・いとま・かりに・かる・たとひ 近世 いとま・おほいなり・かり・かる・とほし・はるか

【仮王】カオウ 正式に王位についていない、かりの王。
【仮▼寓】カグウ 一時的に住む。また、その住まい。例おじの家に―する。
【仮▼髻】カケイ 女性がもとどりを作るために頭につける装飾用のかつら。
【仮言】カゲン ①うそ。いつわり。②日 仮定して言う。論理学では、仮定をともなう言明。例―三段論法。
【仮構】カコウ 日 ①かりにかまえる。例―の舞台。②現実にはないことを、かりにあるとして組み立てること。虚構。例―の世界。
【仮根】カコン 日 コケやモなどにある、根のように見えて実際は根ではないもの。他に付着したり、養分を吸収したりする。
【仮作】カサク 日 ①一時的につくる。また、そのもの。②真実ではないことを、本当らしくつくりあげること。仮構。虚構。例―の話。
【仮山】カザン 庭園の中に人工的に造られた山。築山(つきやま)。
【仮死】カシ ①意識がなく、一時的に呼吸が止まり、外見は死んでいるようになること。例―状態。②道教で、遺体を残して仙界に行くこと。
【仮字】カジ|かな 日「仮名日(かな)」に同じ。
【仮借】カシャ 一 シャ ①漢字の六書(リクショ)の一つ。あることばをあらわすのに、意味とは関係なく、発音の同じ漢字を借りて示すこと。たとえば、「豆(トウ)」は、もともと食物などを盛ったうつわ、「たかつき」の意であったが、同音の「マメ」の意をあらわす字として使った。②日 漢字の音を借りてことばを書きあらわす方法。たとえば、「山(やま)」を「也末(やま)」、「桜(さくら)」を「佐久良(さくら)」と書くなど。二 シャク ①物を借りる。助けを借りる。②許す。見のがしてやる。例―なく責めたてる。
【仮称】カショウ ①正式の名が決まるまで、かりの名前で呼ぶ。また、そのかりの名。②いつわって称する。
【仮寝】一 カシン 一時的にねむること。仮眠。二 かりね 日 旅寝。野宿。▽仮枕(かりまくら)。
【仮睡】カスイ 日 うたたねする。仮眠。
【仮性】カセイ 日 その病気とよく似ている症状や性質。㊟真性。例―近視。
【仮設】カセツ ①一時的にまにあわせのためにつくる。例―住宅。②日実際にはないものを、かりにあるとする。虚構。例―の登場人物。③日「仮定②」の古い言い方。
【仮説】カセツ ①虚構の話。②日ある現象を統一的に説明するために、あらかじめたてておく、かりの説。例―をたてる。
【仮装】カソウ 別のものに見せかける。かりに姿をまねる。
【仮想】カソウ 日かりにそうだと思う。そのように想定する。例―敵国。
【仮貸】カタイ ①借りる。また、貸す。貸借。②寛大に処置する。大目にみて許す。
【仮託】カタク ①他のものにかこつける。ことよせる。例小説の主人公に―して思いを述べる。②頼みとする。たよる。
【仮定】カテイ 日①かりにそうだと定める。例―形。②数学や論理学で、ある結論をみちびくための前提条件。〔「仮設」よりも新しい言い方〕
【仮泊】カハク 日船が一時的にある場所に停泊すること。
【仮▼寐】カビ 冠や衣を着けたまま一時的に寝る。うたたね。
【仮母】カボ 実の母ではない母親。継母、庶母、乳母、養母など。
【仮眠】カミン 日休養のために一時的にねむること。仮睡。仮寝。例―をとる。
【仮名】□一カメイ □二かな 日□一本名をかくして、別の名をつける。また、別の名を名乗る。また、その名。対実名。□二①日本で生まれた、日本語の音節を示すのに用いる文字。「ひらがな」「かたかな」の二種ある。対漢字・真名。例―遣い。―書き。②⇩【万葉仮名】マンヨウがな（17ページ）▽仮字。
【仮面】カメン 顔にかぶる面。本性や本心をおおいかくすもののたとえにもいう。例―をかぶる。―をはぐ。
【仮枕】かりまくら 日「仮寝」に同じ。
【仮病】ケビョウ 日実際は病気ではないのに、病気のふりをすること。例―をつかう。
【仮令】たとえ 〔「たとい」が、古くからの語形〕「とも」「ども」などと一緒に使って逆接条件をあらわす。縦令。設令。設令。例仮令事成、両主分争、患乃益生（＝たとえ事が成就したとしても、ふたりの君主が分かれて争い、災いがますます発生するでしょう）。〈漢書・呉王濞伝〉

会

へ4（6）　□1 1881 4F1A　教2
□一カイ（クヮイ）漢　エ（ヱ）呉　泰 huì
□二カイ（クヮイ）漢　泰 kuài
あう（あーふ）・たまたま

［曾］日9（13）　□2 4882 6703　旧字体。

筆順　ノ 人 亼 亼 会 会

なりたち  〔会意〕「亼（＝あわせる）」と「曾（＝増す）」の省略体とから成る。集まって顔をあわせる。あわせる。あう。

意味 □一❶人と人とが一緒になる。集まって顔をあわせる。**あう**。例会見。再会。集会。❷人の集まり。例会員。同好会。入会。❸人が多く集まる場所。例会式。都会。❹思いあたる。心にかなう。さとる。例会得。会心。理会。❺めぐりあった、ちょうどそのとき。**たまたま**。例機会。❻きっと。かならず。例天上人間会相見（＝天上界と人間界とに分かれていても、必ず会うことができましょう）。〈白居易・長恨歌〉□二かぞえる。例会計。

古訓 中古 あつまる・あつむ・あふ・あへしらふ・かなふ・かならず・しる・たまたま・ひだめ・みる・むかふ 中世 あつまる・あふ・かなふ・かならず・たまたま・たまふ・つどふ・むかふ 近世 あつまる・あふ・かなめ・すぶる・つどふ・はかる

人名 あい・あつむ・かず・さだ・さとる・はる・もち

難読 度会（＝姓・地名）

【会式】エシキ 〔仏〕①法会の儀式。②日日蓮宗で、日蓮の命日（＝十月十三日）におこなう法会。お会式。
【会釈】エシャク ①〔仏〕仏の教えを理解し解釈する。②日軽く頭を下げて挨拶する。③日相手のことを思いやる。斟酌。例遠慮―もなく。
【会者定離】エシャジョウリ 〔仏〕会った者は必ずいつかは別れるということ。この世の無常をいう。例生者必滅―。
【会得】エトク 技術や知識などを十分に理解し、自分のものとする。例技術を―する。
【会意】カイイ 漢字の六書の一つ。二つ以上の漢字の意味を組み合わせて、新しい漢字をつくること。たとえば、「人＋言→信」「木＋木→林」など。
【会員】カイイン 会を構成している人。例―を募集する。
【会館】カイカン 会議・儀式・宿泊・食事・集会などに使う建物。
【会規】カイキ 日会の規則。例―にしたがって総会を開く。
【会期】カイキ ①会盟をおこなう日どり。②日会がおこなわれる期間・時期。例―を延長する。
【会議】カイギ 集まって、ある問題について話し合う。
【会遇】カイグウ ①会う。会見する。②めぐりあう。出あう。
【会計】カイケイ ①歳末の総決算。②お金の計算・管理をあつかう仕事。また、その係。③天子が諸侯を集め、論功行賞をおこなう。④日宿泊や飲食などの、代金の支払い。勘定。例―をすませる。
【会稽】カイケイ ①今の浙江省紹興県にある山。禹がここに諸侯を集めて功績を計ったことからの名という。また、春秋時代、越王句践が呉王夫差に攻められてこの山で敗北を喫した。会稽山。②今の浙江省紹興市周辺の地。
【会稽▼之恥】カイケイのはじ 〔春秋時代、越王の句践が会稽山で呉王の夫差と戦って敗れ、受けた恥をのちにすすいだ故事から〕人から受けた、はずかしめ・屈辱。〈史記・越王句践世家〉例―を雪ぐ。
【会見】カイケン ①諸侯が天子に拝謁する。②人と会う。対面する。面会する。
【会合】カイゴウ 寄り集まる。つどう。また、集まり。集会。
【会試】カイシ 科挙（＝官吏登用試験）で、郷試（＝地方試験）の合格者が受ける第二次試験。さらに第三次の試験として殿試がある。
【会社】カイシャ 日利益を追求しながら、事業をおこなう団体。例株式―。
【会所】カイショ ①人やものなどの、出あうところ。集会所。②日集まって何かをする場所。例碁―。
【会場】カイジョウ 日会や催し物が開かれる場所。
【会食】カイショク 人々が集まって食事をする。
【会心】カイシン 自分の気持ちにかなって心から満足すること。例―の笑み。―の作。―の一打。
【会席】カイセキ 日①会合・宴会などの席。②茶道や俳諧などの席。③「会席料理」の略。簡略な宴会用の料理。例―膳。
【会葬】カイソウ 葬式に列席する。例―者。
【会談】カイダン 日責任のある立場にいる人々が、公式に話し合う。例首脳―。企業のトップが―する。
【会長】カイチョウ 日①会を代表し、責任を負う立場にある人。

②会社などで、社長の上に位置する人。

【会頭】(トウ) ①会または大きな組織を代表する人。例 商工会議所—。学会—。

【会同】(ドウ) ①(川などが)合流する。②周代、諸侯が天子にお目にかかる。のち、広く朝見することをいう。③集まって会議をする。例 裁判官—。

【会堂】(ドウ) ①集会のための建物。②「教会堂」の略。キリスト教の教会。

【会費】(ヒ) 日 会を運営するための費用。例 —を集める。

【会盟】(メイ) 諸侯が会合して盟約を結ぶこと。

【会友】(ユウ) ①ともにする 同志を集める。例 君子以レ文会レ友、以レ友輔レ仁(クンシはブンをもってともをカイし、ともをもってジンをたすく)(=君子は学問によって同志を集め、同志によって自らの仁の徳を養う)。〈論語・顔淵〉②会員である仲間。③日 会員ではないが、会に深いかかわりをもつ人。

【会猟】(リョウ) ①大がかりな狩り。②戦争することの遠まわしな表現。例 方与二将軍一会二猟於呉一(まさにショウグンとゴにカイリョウせんと)(=これから将軍と呉で会戦いたしましょう)。〈曹操・与孫権書〉

【会話】(ワ) 日 互いにことばをかわす。例 —文。英—。—を楽しむ。

●宴会(エンカイ)・園遊会(エンユウカイ)・開会(カイカイ)・学会(ガッカイ)・機会(キカイ)・議会(ギカイ)・協会(キョウカイ)・教会(キョウカイ)・県会(ケンカイ)・国会(コッカイ)・再会(サイカイ)・参会(サンカイ)・散会(サンカイ)・司会(シカイ)・自治会(ジチカイ)・社会(シャカイ)・集会(シュウカイ)・照会(ショウカイ)・盛会(セイカイ)・総会(ソウカイ)・大会(タイカイ)・朝会(チョウカイ)・展覧会(テンランカイ)・都会(トカイ)・入会(ニュウカイ)・閉会(ヘイカイ)・忘年会(ボウネンカイ)・面会(メンカイ)・流会(リュウカイ)・例会(レイカイ)

价

イ4 (6)　2 4835　4EF7

カイ 漢　卦 jiè
よ-い(よ-し)

意味 ❶りっぱな。よい。例 价人(カイジン)(=有徳の人)。❷よろいを着けた人。通 介。❸使いの者。例 使价(シカイ)(=使い走りをする者)。

企

へ4 (6)　1 2075　4F01　常用

キ 漢 呉　紙 qǐ
くわだてる(くはだ-つ)・くわだて(くはだ-て)・たくら-む

筆順 ノ 人 个 仒 企 企

なりたち [会意]「人(=ひと)」と「止(=かかと)」とから成る。かかとをあげる。

意味 ❶かかとをあげて、つま先で立つ。つま立つ。また、つま立ちして待ち望む。例 企望(キボウ)。❷遠くまで見通して計画する。もくろむ。くわだてる。例 企画(キカク)。企図(キト)。

古訓 中古 くはたつ・のぞむ 中世 くはたつ・くはたつる・のぞむ 近世 くはだつる・くびすをあぐる・のぞむ

人名 たくみ・とも・のぞむ・もと

【企画】【企▼劃】(カク) 日 新しく仕事を始めるために計画を立てる。くわだて。例 新事業の—を立てる。

【企及】(キュウ) 同じ程度のことをくわだてて追いつく。肩を並べる。例 凡人の—すべからざる技。

【企業】(ギョウ) 日 利益をあげることを目的としておこなう事業。また、それをおこなう組織。例 大—。中小—。

【企▼踵】(ショウ) 〔「踵」は、かかと〕かかとを上げて、つま先で立つ。強く待ち望んでいる様子。例 延頸企踵(エンケイキショウ)す(=首を長くし、つま先立って待ち望む)。〈漢書・蕭望之伝〉

【企羨】(セン) 敬いしたう。

【企図】(ト) 日 くわだてる。計画。例 政界再編の—をもつ。

【企望】(ボウ) 〔つま立ちして待ちのぞむ意〕心からのぞむ。強く願う。例 各人の協力を—する。

伎

イ4 (6)　1 2076　4F0E　常用

一 キ 漢 ギ 呉　紙 jì
二 キ 漢　支 qí
わざ

筆順 ノ イ 仁 什 伎 伎

なりたち [形声]「イ(=ひと)」と、音「支(シ)→キ」とから成る。くみする。派生して「わざおぎ」の意。

意味 一 ❶すぐれた腕前。わざ。通 技。例 伎倆(ギリョウ)。❷歌や踊りを職業とする人。芸者。わざおぎ。通 妓(ギ)。例 伎女(ギジョ)。二 ⇒【伎伎】(キキ)

古訓 中古 ころす・しわざ・たくみ 中世 しわざ・やぶる 近世 かたぶく・しづか・そこなふ・ともに・やぶる・わざ

【伎楽】(ガク) 仮面をつけ音楽に合わせて踊る古代の劇。中国から百済(くだら)を経て日本に伝えられた。例 —面。

【伎伎】(キキ) ゆったりと歩くさま。

【伎女】(ギジョ) ①昔、歌や踊りを演じた女性。②あそびめ。

【伎▼癢】(ギヨウ) 自分の腕前を示したくてむずむずすること。腕が鳴ること。技癢(ギヨウ)。

【伎▼倆】(ギリョウ) ⇒【技量】(ギリョウ)(544ページ)

休

イ4 (6)　1 2157　4F11　教1

一 キュウ(キウ) 漢　ク 呉　尤 xiū
二 ク 漢　麌 xǔ
やすむ・やすみ・やすまる・やすめる(やす-む)・や-む

筆順 ノ イ 仁 什 休 休

なりたち [会意]「イ(=ひと)」が「木(=き)」によりかかる。いこい、やすむ。

意味 一 ❶からだや心の疲れがなおるようにする。やすむ。やすまる。やすめる。例 休憩(キュウケイ)。休息(キュウソク)。定休(テイキュウ)。❷一時的にやめる。やむ。例 休止(キュウシ)。休戦(キュウセン)。❸官を辞す。職を退く。やむ。例 官応二老病休一(カンはまさにロウビョウにてやむべし)(=老いと病のため官職を退かねばならぬ)。〈杜甫・旅夜書懐〉❹幸い。めでたい。よろこび。例 休戚(キュウセキ)。❺立派な。よい。例 休徳(キュウトク)。❻「やめよ」「なかれ」と読み、…するなの意。禁止をあらわす。例 休レ道(いうをやめよ)(=言うな)。❼⇒【休休】一(キュウキュウ) 二 ⇒【休休】二(クク)

古訓 中古 いこふ・やすむ・やむ 中世 いこふ・やすむ・やむ 近世 いこふ・いたる・とどまる・やすむ・よし

人名 のぶ・やす・よし

【休暇】(カ) ①官吏の休日。②日 学校や会社などで、日曜・祝日以外のやすみ。例 夏季—。有給—。

【休▼嘉】(カ) ①めでたいこと。吉祥。②ほめる。めでる。

【休学】(ガク) 日 学生・生徒が、外国留学や病気、家庭の都合などのため、一定期間、学校をやすむ。

【休刊】(カン) 日 定期的に発行している新聞や雑誌などの刊行をやすむ。

【休館】(カン) 日 美術館・図書館・博物館などが業務をやすむ。例 —日(び)。

【休休】一(キュウキュウ) ①のんびりとして、安らかで楽しいさま。②心が広い。度量が大きい。二(クク) はあはあと息を吐く音。

【休▼咎】(キュウ) よいことと悪いこと。善悪。吉凶。

【休業】(ギョウ) 日 商店などが、仕事をやすむ。例 臨時—。

【休憩】(ケイ) 日 続けていた仕事・運動などをしばらくやすむ。ひとやすみ。例 —室。—時間。

【休▼歇】(ケツ) 止まる。やむ。

【休光】(コウ) ①美しい光。②美徳やすぐれた功績。

【休校】(コウ) 日 学校の授業がやすみになる。

【休耕】(コウ) 田畑の耕作をしばらくやめる。例 —田。

【休講】キュウコウ 教師が病気や出張などで、講義をやすむ。
【休告】キュウコク 官吏が休暇を願い出る。また、休暇。
【休止】キュウシ 仕事・運動・活動などを一時的にやめる。例 運転ー。
【休日】キュウジツ 業務をおこなわないと定めてある日。普通、祝日・日曜を含む。例 ー出勤。
【休舎】キュウシャ 休息する。
【休祥】キュウショウ めでたいこと。よろこびごと。吉祥。特に、子宝をさずかること。
【休場】キュウジョウ 日 ①競技場の営業や、催し物などをやすむ。②力士・選手などが休んで出場しない。欠場。対出場。
【休職】キュウショク 勤め人が、その資格を失わないで、会社や役所などをある期間やすむ。対復職。例 自己都合によりー。
【休心】【休神】キュウシン 日 心をやすめる。安心する。放念。〔手紙などで使う〕例 どうぞーください。
【休診】キュウシン 医者や病院が診療をやすむ。例 本日ー。
【休戚】【休▼慼】キュウセキ 〔「休」は、喜び、「戚・慼」は、うれい、いたみ〕喜びと悲しみ。よいことと悪いこと。例 ーを分かつ。
【休戦】キュウセン 敵と味方が話し合って、一時的にたたかいをやめる。例 ー協定。
【休息】キュウソク 仕事や運動などをやめて、からだをやすめる。
【休惰】キュウダ おこたる。なまける。気をぬく。油断する。
【休題】キュウダイ それまでの話を少しの間やすむこと。例 閑話ー(=無駄話はこれくらいでやめて)本筋にもどれば…。
【休兆】【休徴】キュウチョウ めでたいことが起こるきざし。吉兆。
【休廷】キュウテイ 日 法廷での裁判の審理を一時やすむ。
【休図】キュウト 立派なはかりごと。
【休徳】キュウトク 美徳。立派な徳。
【休寧】キュウネイ 平和をもたらす。安定させる。安寧。
【休眠】キュウミン 日 ①動物や植物が、生活に不適当な期間、活動をやめていること。冬眠・夏眠など。②活動・運用・利用などが、ほとんど止まっている状態。例 ーしている会社。
【休命】キュウメイ 大いなる命令。天や天子の命令をいう。
【休明】キュウメイ 美しくかがやかしいさま。
【休▼沐】キュウモク 〔「沐」は、あらう意〕官吏の休暇。〔役人は髪やからだを洗うために休暇が与えられたことから〕
【休▼祐】キュウユウ 〔「祐」は、福の意〕しあわせ。幸福。天や神の助けをいう。
【休養】キュウヨウ ①元気を回復するために、仕事をやすんで疲れをとる。静養。保養。②民や兵をやすませて、力役リキエキなどの税を軽くする。
【休烈】キュウレツ 〔「烈」は、功業の意〕大いなる功績。すばらしい大事業。
【休和】キュウワ 安定して平和なこと。
● 運休ウンキュウ・週休シュウキュウ・代休ダイキュウ・定休テイキュウ・不眠不休フミンフキュウ・無休ムキュウ・遊休ユウキュウ・連休レンキュウ

伋

亻4 (6) 3 1412 4F0B キュウ(キフ)漢 緝 jí

意味 ❶人名に用いる字。例 孔伋コウキュウ(=孔子の孫。子思シシ)。❷「伋伋キュウキュウ」は、いつわるさま。

仰

亻4 (6) 1 2236 4EF0 常用 コウ(カウ)慣 ギョウ(ギャウ)漢 ゴウ(ガウ)呉 養 yǎng あおぐ(あふ-ぐ)・おおせ(おほせ)・おっしゃ-る

筆順 ノ イ 亻 仰 仰 仰

なりたち 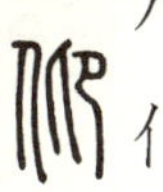 [会意]「亻(=ひと)」と「卬ゴウ→ギョウ(=望む)」とから成る。あおぎ見る。

意味 ❶顔を上にむける。あおぐ。対俯フ。例 仰視ギョウシ。仰天ギョウテン。俯仰フギョウ。❷自分より上のものと見なして、それにならう。あがめる。例 仰慕ギョウボ。信仰シンコウ。❸上を向いて一気に飲む。あおぐ。例 仰毒ギョウドク(=毒薬をあおって飲む)。

日本語での用法 《おおせ》「仰おおせにしたがう・仰おおせのとおり」▼ご命令。おことば。

古訓 中古 あふぐ・おほす・たのむ 中世 あふぐ・おほせ・たのむ 近世 あふぐ・あふむく・おほせ・たかし・たのむ・みあぐる

人名 たか・たかし・もち

難読 仰向あおむく・仰のけ反ぞる・仰有おっしゃる

【仰不▼愧▼於天】あおいでテンにはじず やましいところがまったくない。心やおこないが正しいこと。俯仰フギョウ天地テンチに愧はじず。例 仰不レ愧ニ於天一、俯不レ怍ニ於人一(あおいでテンにはじず、ふしてひとにはじず)〈孟子・尽心上〉
【仰▼臥】ギョウガ あおむけに寝る。対伏臥・横臥。
【仰角】ギョウカク 日 見上げたとき、目の高さの水平面と、目と物を結ぶ線とが作る角度。対俯角フカク。
【仰企】ギョウキ 〔「企」は、待ち望む意〕人をしたう。〔顔を上に向け、足をつま立てて待ち望むことから〕
【仰▼欽】ギョウキン 人を敬う。
【仰止】ギョウシ 〔「止」は、語句の下につけてリズムを整えるためのことば〕①あおぐ。敬いしたう。②あこがれる。
【仰視】ギョウシ あおぎ見る。対俯視フシ。
【仰首伸眉】ギョウシュシンビ 〔「仰首」は、うつむいた顔を上げること。「伸眉」は、まゆの間のしわを伸ばすこと〕人に屈せず、堂々として意気盛んなさま。〈司馬遷・報任少卿書〉
【仰▼韶】ギョウショウ ヤンシャオ 河南省澠池メンチ県の村名。一九二一年に、紀元前四千年ごろの新石器時代の遺跡が発見された。彩陶が多く、この地一帯の文化を「仰韶文化」という。
【仰羨】ギョウセン あこがれる。したう。
【仰▼瞻】ギョウセン 〔「瞻」は、見る意〕あおぎ見る。
【仰嘆】【仰▼歎】ギョウタン 天をあおいで、ため息をつく。
【仰天】ギョウテン ①天をあおいでため息をついたり、大笑いしたりする。②日 ひどくおどろく。あきれる。例 びっくりーする。
【仰慕】ギョウボ 敬い、したうこと。
【仰望】ギョウボウ あおぎ見る。見上げる。また、敬う。したう。
【仰▼秣】ギョウマツ ウマが首を上げて、音楽を聞きながら秣まぐさを食べる。〔伯牙ハクガという琴の名人の演奏に、秣を食べていたウマが首を上げて聞きほれたという故事から〕〈荀子・勧学〉
● 渇仰カツゴウ・信仰シンコウ

仱

亻4 (6) 4 0129 4EF1 キン(キム)漢 侵 qín

意味 古代中国の少数民族の音楽。

件

亻4 (6) 1 2379 4EF6 教5 ケン漢 銑 jiàn くだり・くだん

筆順 ノ イ 亻 仁 件 件

なりたち 「半(=分ける)」がくずれた形。

参考 一説に、「亻(=分ける)」と「牛(=ウシ)」とから成り、大きなウシを「切り分けた一つ一つのもの」の意。

意味 一つ一つに分けられる事柄。また、事柄を数えることば。例 案件アンケン。一件イッケン。

日本語での用法 《くだり》《くだん》「物語ものがたりの有名メイな件くだりを暗唱アンショウする・件くだんの人物ジンブツ・よって件くだんのごとし(=以上述べたとおりである)」▼文章や話の一部分。また、もうすでに述べた事柄。「くだん」は「くだり」の変化したもの。

古訓 中古 かきすつ・くだむの・はらふ・わかつ 中世 かいつくろふ・くだん 近世 くだん・わかつ
人名 かず・なか・わか
【件件】一件一件。どれもこれもみな。例 件件是佳句(=どれもみなすぐれた句だ)。〈冷斎夜話・満城風雨近重陽〉
【件数】事柄や事件のかず。例 犯罪―。
【件名】事柄を分類するのに用いる、一つ一つの項目となることば。例 ―索引。
●案件・一件・雑件・条件・物件・本件・用件・要件

伍
亻4 (6) 1 2464 4F0D 人 ゴ 漢 呉 麌 wǔ

なりたち  [会意]「亻(=ひと)」と「五(=いつつ)」とから成る。五人が仲間になる。

意味 ❶五人をひとまとまりとした、古代の兵制。また、五戸をひとまとまりとした、古代の行政単位。例 伍長。❷ひとまとまりの軍隊・仲間。例 隊伍。落伍。❸仲間にはいる。同列に並ぶ。例 伍する。❹「五」の大字。商売や契約の文書で、数字を書きかえられないように使う。

古訓 中古 いつつ・つらなる・とも・ともがら 中世 いつつ・つらなる・ならぶ・まじはる 近世 あつまる・いつたり・つらなる・ならぶ・まじはる

人名 あつむ・いつ・くみ・ひとし
【伍長】①軍隊で、五人組の兵士の長。伍伯。②五家一組みの隣組の長。伍伯。③日 日本の旧陸軍の下士官のうちで、最下位のもの。軍曹の下、兵長の上。
【伍伯】①「伯」は、長、かしらの意〕「伍長①②」に同じ。②貴人の行列の先払いをしたり、罪人を杖(=棒状の刑具の一つ)で打ったり、盗賊の逮捕をしたりした小役人。伍百。

仵
亻4 (6) 4 0130 4EF5 ゴ 漢 麌 wǔ
さか-らう(さか-らふ)

意味 ❶同等である。おなじ。❷そむく。さからう。通 迕。

伉
亻4 (6) 2 4836 4F09
一 コウ(カウ) 漢 漾 kàng
二 コウ(カウ) 漢 陽 gāng
たぐい(たぐひ)

意味 一 ❶ならぶもの。配偶者。たぐい。例 伉儷。❷対等な。通 抗。例 伉礼。二 剛直。一本気。例 伉直。

【伉直】強くてまっすぐなこと。剛直。

【伉礼】対等の礼で相手に接する。抗礼。

【伉▼儷】〔「儷」も、つれあいの意〕①つれあい。②夫婦。

[伜] 亻4 (6) ⇩倅(97ページ)

伀
亻4 (6) 4 0131 4F00 ショウ 漢 冬 zhōng

意味 ❶夫の父。また、夫の兄。❷おそれる。例 伀矇(=おそれとまどう)。

全
𠆢4 (6) 1 3320 5168 教3
セン 漢 ゼン 呉 先 quán
まったく・まっとうする(まったうす)・すべて

[全] 𠆢4 (6) ― 旧字体。

筆順 ノ 入 亼 仐 仝 全

なりたち  [会意]「入(=みがきあげる)」と「王(=玉)」とから成る。欠けたところのないたま。

意味 ❶きずや、欠けたところがなく、そろっている。まったい。例 全知全能。完全。万全。❷ことごとく。みな。すべて。例 全員。全体。全滅。❸完全になしとげる。まっとうする。例 保全。天寿を全うする。

古訓 中古 こぞて・つかさ・またく・またし・もはら・よし 中世 つぶさ・またし・まつたく・まつたし 近世 そなはる・そなふ・たもつ・つぶさ・まつたし

人名 あきら・たけ・たもつ・とおる・まさ・まさし・また・またし・まる・みつ・みな・やす・やすし

【全域】すべての地域。

【全員】日 すべての人々。あるところに所属しているすべての人。

【全音】日 音楽で、一オクターブを構成する、五つの広い音程と二つのせまい音程のうち、広い音程。対 半音。

【全科】全部の科目。

【全会】日 会議に出席しているすべての人。例 ―一致。

【全快】日 病気や傷などが完全によくなる。全治。類 全癒。例 ―祝い。

【全開】日 いっぱいにあける。また、能力いっぱいに動かす。対 半開。例 窓を―する。エンジンを―にする。

【全壊】【全潰】家などが完全にこわれてしまう。対 半壊。例 ―家屋。

【全学】①あらゆる学問。②日 学校・学園・大学の全体。学内の学生・教職員すべて。例 ―あげて取り組む。

【全額】①決められた数のすべて。②日 すべての金額。ある金額の全部。例 ―を一度で払う。

【全巻】①複数の巻でまとまっている書物のすべて。例 ―をそろいで購入する。②一巻の本のすべて。

【全館】①いくつかある館のすべて。②その建物全体。例 ―冷房。

【全局】①すべての局面。②囲碁・将棋などで、すべての対局。例 ―を観戦する。

【全軍】①いくつかの部隊から成る軍隊のすべて。②その部隊の全員。

【全形】全体のかたち。完全なかたち。

【全景】全体の景色。ながめ。

【全権】①すべての権限。例 ―を委任する。②すべての権力。例 ―を掌握する。

【全戸】①うちじゅう。その家全部。②ある地域のすべての家。例 ―焼失。

【全校】①その学校の全体。②すべての学校。

【全国】国の全体。くにじゅう。全土。

【全山】①山全体。満山。例 ―紅葉する。②すべての山。③(規模の大きな寺の)寺全体。例 ―の僧。

【全紙】日 ①何種類かある新聞のすべて。例 ―がトップに取り上げる。②新聞の紙面全体。③工場で、A判・B判などの規格に合わせて大きく切った紙。全判。

【全日】①一日じゅう。まる一日。例 ―営業する。②すべての日。例 一週間―出勤する。

【全集】ある人、または、ある分野の著作を集めた書物。例 シェークスピア―。日本文学―。

【全書】その分野に関係する事柄や資料を広く集めた書物。例 六法―。古典―。

【全勝】すべての試合や勝負にかつ。対 全敗。

【全焼】火事で、建物などが全部やけてしまう。対 半焼。例 家が―する。

【全身】からだ全体。頭から足の先まで。対 半身。例 喜びを―であらわす。―全霊。

【全真】自然の本性を完全に保つ。

【全真教】ゼンシンキョウ 道教の一派。宋(ソウ)代、金の道士王嚞(オウテツ)が儒教や仏教の一部を取り入れて興した。
【全人】ゼンジン 天地自然の道と合一し、人と自分とを区別しない人。聖人。神人。〈荘子・庚桑楚〉
【全数】ゼンスウ ①概数。端数を切り捨てた数。②日すべての数量。例—調査(=対象全体をもれなく調査すること)。
【全盛】ゼンセイ 勢いが最もさかんな状態にあること。例—期。
【全線】ゼンセン 日①列車・電車・バスなどの路線のすべて。例大雨で—不通。②すべての戦線。
【全然】ゼンゼン まったく。まるで。例—打てなくなる。—だめだ。
【全速力】ゼンソクリョク 日出せる限りのはやさ。フルスピード。例—で走る。
【全体】ゼンタイ ①全身。②全部。すべて。③日もともと。元来。④日〔下に、相手をたしなめたり、疑問の意味をあらわすことばをともなって〕一体。一体全体。例—どういうわけなんだろう。
【全治】ゼンチ・ゼンジ ①世の中がよく治まる。②日病気やけがや故障がすっかりなおる。全快。例—二週間。
【全知全能】ゼンチゼンノウ【全▼智全能】ゼンチゼンノウ 何でも知っていて、何でもできる能力。完全無欠。例—の神。
【全長】ゼンチョウ あるものの全体の長さ。例—三〇メートルのクジラ。
【全通】ゼンツウ ①すべてに通暁(ギョウ)している。②日列車・電車・バスなどの路線の全体が開通する。全線開通。
【全的】ゼンテキ 日全面的。全般的。
【全店】ゼンテン 日①ある地域のすべての店。②その店全体。例—改装のため休業。
【全土】ゼンド その国土・地域全体。例日本—。
【全徳】ゼントク 完全な徳。
【全納】ゼンノウ 日税金・授業料などを一回で全部おさめる。対分納。
【全能】ゼンノウ 何でもできること。例聖人無㆓全能㆒(セイジンはゼンノウなることなし)(=聖人はあらゆる能力があるわけではない)。〈列子・天瑞〉全知—。
【全敗】ゼンパイ すべての試合や勝負に負ける。対全勝。
【全廃】ゼンパイ すべてやめる。完全に廃止する。
【全判】ゼンバン 日「全紙(ゼンシ)③」に同じ。
【全般】ゼンパン ある事柄の全体。総体。
【全▼豹】ゼンピョウ 〔ヒョウのからだ全体の模様の意〕ものごとの全体の様子。例未㆑窺㆓全豹㆒(いまだゼンピョウをうかがわず)(=まだ全体を見ていない)。〈聊斎・司文郎〉→【一斑評㆓全豹㆒】(イッパンもてゼンピョウをヒョウす)(6ジ)
【全部】ゼンブ ①ひとそろいの書物、ひと続きのもの、すべてそろったもの。例—二十八冊の著作集。②すべて。みな。例外なく。対一部。
【全幅】ゼンプク ①布のはばいっぱい。②あらんかぎり。最大限。例—の信頼をよせる。
【全文】ゼンブン ある文章の全体。例—を朗読する。
【全編】ゼンペン 書物や詩文の全体。例—涙をさそう作品。表記旧全▼篇
【全貌】ゼンボウ 日ものごとの全体の様子・ありさま。全容。例事件の—を明らかにする。
【全滅】ゼンメツ すべてほろびる。完全に滅亡する。
【全面】ゼンメン ①あらゆる方面。すべての部門。例—的。—講和。②日新聞・雑誌などの一ページ全体。例—広告。
【全盲】ゼンモウ 日両眼ともにまったく見えないこと。
【全訳】ゼンヤク 外国語の原文を全部翻訳する。また、その訳文。完訳。対抄訳。例ホメロスの詩の—。
【全容】ゼンヨウ 日全体の姿・様子。全貌(ゼンボウ)。例事件の—。古墳の—が明らかになる。
【全裸】ゼンラ 日何も身につけていないこと。まるはだか。すっぱだか。あかはだか。対半裸。
【全力】ゼンリョク 出しうるかぎりの力。もっているすべての力。例—を尽くす。—を出しきる。
【全霊】ゼンレイ 精神力のすべて。魂のすべて。例全身—を傾けて事にあたる。
●安全(アンゼン)・完全(カンゼン)・健全(ケンゼン)・万全(バンゼン)・不全(フゼン)・保全(ホゼン)

仲

亻4 (6) 1 3571 4EF2 教4 チュウ(チウ)漢 送 zhòng なか 付表 仲人(なこうど)

筆順 ノ イ 仆 仲 仲 仲

なりたち 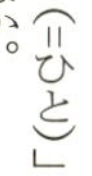 [会意]「亻(=ひと)」と「中(チュウ)(=なか)」とから成る。なか。

意味 ❶兄弟の順序が二番目であること。なか。年齢順に「伯・仲・叔・季」。また、「孟・仲・季」ともいう。例仲兄(チュウケイ)。❷三つ並んだうちの二番目。一年を三か月ずつ春夏秋冬と分けたそれぞれの真ん中の月。〔時節順に「孟・仲・季」〕例仲夏(チュウカ)。仲秋(チュウシュウ)。仲春(チュウシュン)。❸人と人との間に立つ。なかだち。例仲介(チュウカイ)。仲裁(チュウサイ)。

日本語での用法 《なか》「仲(なか)がいい・犬猿(ケンエン)の仲(なか)」▼人と人との間柄。友人としての関係。

古訓 中古 しづかなり・なか・なかなか・むなし 中世 おとな・さいはひ・つぎ・なか 近世 つぎ・なか・なかごろ

人名 あたる・しずか・つづき・のぶ

【仲夏】チュウカ 暦の上で、夏の三か月の真ん中の月。陰暦の五月(=今の六月ごろ)。また、そのころ。中夏。
【仲介】チュウカイ 日二つのものの間に立って、話をまとめる。なかだち。例—の労をとる。売買を—する。
【仲兄】チュウケイ 男兄弟のうちの二番目にあたる兄。
【仲間】日一 チュウゲン 昔、武家屋敷で下働きをした者。中間(チュウゲン)。例—部屋。二 なかま ①仕事や遊びなどをともにする人どうし。例仕事—。②動植物で、同じ類として、まとめられるもの。例ピーマンやトマトはナスの—だ。
【仲裁】チュウサイ 日争っている人と人、国と国などの間に立って、和解させる。例けんかの—。
【仲子】チュウシ 次男。
【仲尼】チュウジ 孔子の字(あざな)。
【仲秋】チュウシュウ 暦の上で、秋の三か月の真ん中の月。陰暦の八月(=今の九月ごろ)。また、そのころ。中秋。
【仲春】チュウシュン 暦の上で、春の三か月の真ん中の月。陰暦の二月(=今の三月ごろ)。また、そのころ。中春。類仲陽。
【仲冬】チュウトウ 暦の上で、冬の三か月の真ん中の月。陰暦の十一月(=今の十二月ごろ)。また、そのころ。中冬。
【仲人】一 チュウニン ①仲介をする人。②仲裁をする人。参考「仲」と「中」は通用し、明(ミン)代、間に入って人を紹介したり証人になったりする人のことを「中人」といった。二 なこうど 日結婚のなかだちをする人。媒酌人。月下氷人。
【仲父】一 チュウフ 父のすぐ下の弟。おじ。二 チュウホ ①斉(セイ)の宰相、管夷吾(カンイゴ)(管仲)をとうとんでいう呼び名。〔桓公(カンコウ)から厚く信頼された管夷吾の字(あざな)が仲であり、父のように敬することから〕②天子が信頼する重臣に対して、とうとんで用いる呼び名。呂不韋(リョフイ)、王導などがその称を受けた。③孔子のこと。〔孔子の字が仲尼(チュウジ)であることから〕
【仲呂】チュウリョ ①音楽の十二律の一つで、第六番目の律。②陰暦四月。
【仲買】なかがい 日品物や不動産などの売り手と買い手の間に

立って手数料などの利益を得る職業。また、その職業の人。

●伯仲(ハクチュウ)

伝

亻4（6）

1 3733 4F1D 教4

［傳］亻11（13） 2 4903 50B3 人 旧字体。

一テン漢 デン呉 先 chuán
二テン漢 デン呉 霰 zhuàn
つたわる（つたは-る）・つたえる（つたへ-ふ）・つたう（つた-ふ）・つて

付表 手伝(てつだ)う・伝馬船(テンマセン)

筆順 ノ 亻 仁 伝 伝

なりたち  ［形声］「亻（＝ひと）」と、音「専(セン)→(テン)」とから成る。次々につたえる。

意味 一 ❶次から次へとわたしていく。つたえる。つたわる。例 伝(つた)えざるを不(ならわ)習(ざるを)乎(か)（＝習得していないことを人に伝えていないか）。〈論語・学而〉 伝送(デンソウ)。伝達(デンタツ)。伝来(デンライ)。 ❷つたえて広める。遠くつたわる。例 伝染(デンセン)。宣伝(センデン)。 二 ❶つたえられた話。言いつたえ。例 伝説(デンセツ)。口伝(クデン)。 ❷人の言行や一生を書きつたえるもの。例 伝記(デンキ)。自伝(ジデン)。 ❸古典の注釈。例 経伝(ケイデン)。古事記伝(コジキデン)。 ❹宿場から宿場へと人や物を送りとどけるための施設やウマ。例 伝馬(テンマ)。駅伝(エキデン)。

日本語での用法 一《デン》「いつもの伝(デン)で」▼受けついできて知っている方法。やりかた。 二《つて》「伝(つて)をたよる・伝(つて)がない」▼目標に達するまでに、たよるもの。 三《つたう》「壁(かべ)を伝(つた)って歩(ある)く・頬(ほお)を伝(つた)う涙(なみだ)」▼沿う。

古訓 中古 いたる・おくる・たすく・つたふ・ゆづる 中世 いたる・さづく・たすく・つたふ 近世 さづく・しく・つたふ・つづく・をしゆる

人名 ただ・つぐ・つた・つたえ・つとう・つとむ・のぶ・のり・ひろし

【伝駅】(デンエキ) 宿場。

【伝家】(デンカ) ①家業を子孫につたえる。 ②その家に代々つたわっていること。例 ―衣鉢(イハツ)あり（＝家に代々つたわる教えがある）。

【伝家(デンカ)の宝刀(ホウトウ)】日 ①宝物として代々その家につたわっている刀。 ②いざというとき以外は用いることのない、とっておきの手段のたとえ。例 ―を抜く。

【伝奇】(デンキ) ①普通には考えられない不思議なこと。珍しいこと。また、それを書き記した物語。例 唐代―小説。 ②明(ミン)代に南方でさかんであった戯曲。南曲。対 雑劇。

【伝記】(デンキ) ①「伝」「記」は、ともに儒教経典(ケイテン)の内容を解説したもの。 ②人の一生をくわしく書いた記録や物語。一代記。

【伝言】(デンゴン／デンゲン) ①ことばを発する。また、人の発言につづけて言う。 ②ことづける。ことづけ。メッセージ。 ③言いつたえ。うわさ。 ④ことわざ。

【伝呼】(デンコ) ①大声で人々に告げる。 ②ことばで次々につたえる。例 ―の謬(ビュウ)（＝口伝えによる誤り）。 ③呼び出す。呼びつける。

【伝国璽】(デンコクのジ) 秦(シン)の始皇帝以来、各王朝の天子が代々受けついできた印章。〔秦の伝国璽には「命を天からさずかり、国は永遠にさかえる」の意味の八文字があったという〕

【伝賛】(デンサン) 伝記を書いた人が、その伝記のあとに付け加える、批評のことば。

【伝車】(デンシャ) 駅つぎの馬車。公文書伝達のために各駅に備えられた馬車。

【伝舎】(デンシャ) 旅館。

【伝受】(デンジュ) （学問・武術・技芸などを）教えつたえてもらって受けつぐ。

【伝授】(デンジュ) （学問・武術・技芸などを）つたえさずける。例 奥義(オウギ)を―する。

【伝習】(デンシュウ) 学問・技芸などを師からつたえられ習う。習得する。〔「伝(つた)えざるを不(ならわ)習(ざるを)乎(か)（＝習得していないことを人に伝えていないか）。〈論語・学而〉」から〕

【伝書】(デンショ) ①書物をつたえる。 ②手紙を届ける。例 ―バト。 ③受けつがれてきた書物。例 世阿弥(ゼアミ)の能―。

【伝承】(デンショウ) 日 古くからつたわってきたものごとを受けつぐ。また、そのしきたりや言いつたえ。例 民間―。

【伝唱】(デンショウ) ①高らかにつたえ広める。 ②歌いつぐ。歌いつたえる。

【伝▼誦】(デンショウ) 古くからつたえられてきた物語や詩歌などを、語りつたえる。例 ―文学。

【伝世】(デンセイ) 次々と世につたえる。例 ―品（＝長い時代を大切にされてきた品）。

【伝声】(デンセイ) ことづける。また、ことづけ。伝言。例 よろしく御―下さい。

【伝説】(デンセツ) ①昔からの言いつたえ。 ②うわさ。風評。 ③儒教経典(ケイテン)の内容を解説した書物。

【伝染】(デンセン) ①病気がうつって、広がる。感染。例 ―病。 ②考え方ややり方などが、次々にうつり広がる。

【伝奏】(デンソウ) ①取り次いで天子に申し上げる。 ②(テンソウ) 日 江戸時代、武家から天皇・朝廷に申し上げることを取り次いだこと。また、その役。

【伝送】(デンソウ) 次から次へとつたえおくる。例 荷物の―。通信を―する。

【伝達】(デンタツ) ①次々につたえてゆき、到達する。 ②意思・計画・命令や指示などをつたえる。また、その内容。例 本社の意向を各支店に―する。 ③日 互いに意思を通じあわせる。コミュニケーション。

【伝逓】(デンテイ) 次々につたえる。宿場から次の宿場へものを送りわたす。逓伝。

【伝灯(燈)】(デントウ) 〔仏〕〔「灯」は、世を照らすところから、仏の教えのたとえ〕 仏の教えを受けつたえること。

【伝統】(デントウ) ①長い歴史を通して受けつぎ、続いている文化・学問・芸術・制度・思想などの人間の活動。また、その精神。例 ―工芸。 ②絶えることなく長く続いていること。

【伝道】(デンドウ) ①昔からの言いつたえ。伝説。 ②聖人の教えを世につたえる。 ③宗教・政治思想にかかわる教えを広める。

【伝導】(デンドウ) ①（異界などに）呼び入れる。 ②〔物〕電気や熱がものを通してつたわる。例 超―。熱―。

【伝▼播】(デンパ) ①ものごとが、つたわり広まる。また、ものごとをつたえ広める。例 西域の文化が東方に―した。 ②〔物〕波動が広がっていくこと。参考 「デンパン」と読むのは誤り。

【伝票】(デンピョウ) 日 銀行・会社・商店などで、お金や商品などの出し入れを記して、取引の内容を記録する用紙。例 入金―。―を切る。

【伝聞】(デンブン) 直接に見たり聞いたりしたことでなく、人を通して聞く。きつたえ。又聞き。風聞。

【伝聞不レ如ニ親見一】(デンブンはシンケンにしかず) 〔「親」は、みずからの意〕人から話を聞いても、それは自分の目で直接確かめるのにはおよばない。自分の目で見るのがいちばんだということ。〈後漢書・馬援伝〉

【伝法】(デンポウ／デンボウ) ①〔仏〕仏の教えをつたえる。 ②方法をつたえ教える。また、秘伝の法。 ③日 言動が粗暴なこと。例 ―な口のきき方。 ④日 言動にあらわれている、いかにも男らしい気性。例 ―肌の下町娘。

【伝馬】(テンマ) ①(デンバ) 公の用のために、宿場と宿場の間の取り次ぎに用いられたウマ。 ②日「伝馬船」の略。

【伝馬船】テンマ|テンマぶね ①日本船に積んであり、岸に荷物をあげるのに用いる小型のふね。伝馬テンマ。
【伝命】デンメイ 命令をつたえる。伝令。
【伝来】デンライ ①外国からつたえられる。例 中国から—した道教。②その家で代々つたえてくる。例 父祖—の家屋敷。
【伝令】デンレイ 軍隊などで、命令や通報をつたえる。また、その役をする人。例 —を出す。
●遺伝イデン・駅伝エキデン・口伝クデン・直伝ジキデン・自叙伝ジジョデン・自伝ジデン・宣伝センデン・相伝ソウデン・秘伝ヒデン・評伝ヒョウデン・免許皆伝メンキョカイデン・列伝レツデン

伖

亻4 (6) ④0132 4F16 ド慣 トウ(タウ)漢 養 tǎng

意味 かねぐら。通 帑ド。参考 伖司ジュウ(=人名)。

任

亻4 (6) ①3904 4EFB 教5 一 ジン(ジム)漢 ニン(ニム)呉 沁 rèn 二 ジン(ジム)漢 ニン(ニム)呉 侵 rén まかせる(まか-す)・まかす・まま

筆順 ノ亻仁仟任任

なりたち [形声]「亻(=ひと)」と、音「壬ジ」とから成る。かかえこんで、もちこたえる。

意味 一 ❶かかえこんで、自分の仕事とする。例 兼任ケンニン。担任タンニン。❷信用して任せる。**まかせる**。**まかす**。役目につける。対 免。例 任命ニンメイ。任用ニンヨウ。❸つとめおおせる。たえる。例 病不レ任レ行やみてゆくにたえず(=病気で行くことができない)。〈史記・白起伝〉❹まかせて自由にさせる。勝手にさせる。例 任意ニンイ。放任ホウニン。❺まかされた務め。役目。→【任重而道遠】ニンおもくしてみちとおし 二 こびへつらう。通 壬ニ。例 任人ジン。

古訓 中古 いだく・おふ・おほきなり・たつ・たふ・ほしいまま・まかす・まま 中世 たちやすらふ・たへる・ほしいままにす・まかす・まかする・まま 近世 おひめ・たつる・たもつ・ねぢける・はらむ・まかす

人名 あたる・あつし・たえ・たか・たかし・ただ・たね・たもつ・とう・ひで・まかし・まこと・まさし

難読 任他さもあらばあれ・藤原公任ふじわらのきんとう・時任ときとう(=姓)

【任委】ニンイ ①まかせる。ゆだねる。②信頼し重用する。例 任委過二于往時一ニンイオウジにすぐ(=信任の度合いは昔を上回る)。〈王禹偁・答鄭褒書〉
【任意】ニンイ ①自分自身の考えで決めること。例 —加入。②数学・論理学で、どれでもかまわず、無作為に選ぶこと。例 —抽出。直線AB上の—の一点。
【任重▼而道遠】ニンおもくしてみちとおし 背負うべき荷物は重く、行くべき道のりは遠い。任務が重大で、達成まで長期を要すること。〈論語・泰伯〉
【任官】ニンカン 官吏に任命される。また、任命する。
【任期】ニンキ 日 法律・規定などに決められている、その職にある期間。例 —満了。—が切れる。
【任▼侠】ニンキョウ 弱い者を助け、乱暴者をこらしめることを好み、男らしさをほこること。男だて。男気おとこぎ。義侠。仁侠キョウ。例 —の徒。
【任国】ニンコク|ニンゴク 日 ①大使・公使・領事などの外交官が任務として、おもむく先の国。②昔、国司として勤めることを命じられて行った国。例 —に下る。
【任子】ニンシ|ニンジ ①功績のあった人の子弟を官吏に登用すること。②人質。
【任使】ニンシ 仕事を任せて働かせる。
【任縦】ニンショウ 「「縦」は、ほしいままの意」気ままにする。好きなようにする。
【任人】ニンジン|ジンジン こびへつらう人。佞人ネイジン。
【任他】ニンタ|さもあらばあれ (他の人にまかせる意)しかたなしに、なりゆきにまかせること。どうであろうと。ままよ。
【任達】ニンタツ 思いのままに、のびのびとふるまう。
【任那】ミマナ|ニンナ 昔、朝鮮半島の南部にあった加羅カラという国の、日本からの呼び名。新羅シラぎ・百済クダらとの間にあって、日本との関係を深めたが、六世紀になって新羅に滅ぼされた。
【任負】ニンプ 背負う。のせる。
【任務】ニンム しなくてはならない仕事。例 —を果たす。
【任命】ニンメイ ①命令を受ける。②(役人としての)仕事を命じる。対 罷免ヒメン。③メイにまかす 運命にまかせる。
【任免】ニンメン 任命と免職。仕事を命じることと、やめさせること。
【任用】ニンヨウ 役人として採用し、仕事をさせる。
●一任イチニン・委任イニン・解任カイニン・兼任ケンニン・後任コウニン・再任サイニン・自任ジニン・辞任ジニン・就任シュウニン・主任シュニン・常任ジョウニン・信任シンニン・新任シンニン・責任セキニン・専任センニン・前任ゼンニン・大任タイニン・退任タイニン・担任タンニン・着任チャクニン・適任テキニン・転任テンニン・赴任フニン・放任ホウニン・留任リュウニン・歴任レキニン

伐

亻4 (6) ①4018 4F10 常用 ハツ漢 バツ呉 月 fá う-つ・き-る・ほこ-る

筆順 ノ亻仁代伐伐

なりたち [会意]「亻(=ひと)」が「戈(=ほこ)」を持つ。うつ。きりころす。

意味 ❶(ほこで)人をきりころす。敵をうちやぶる。**うつ**。例 殺伐サツバツ。征伐セイバツ。乱伐ランバツ。❷ばっさりと木をきりたおす。**きる**。例 伐採サイ。乱伐バツ。❸棒などでたたく。例 伐鼓バッコ(=たいこを打ち鳴らす)。❹自慢して、ひけらかす。**ほこる**。例 伐功バッコウ(=功をほこる)。❺手柄。功績。例 五覇之伐ゴハのバツ(=春秋の五覇にも匹敵する功績)。〈史記・魏公子伝〉

古訓 中古 うつ・きる・とる・ほこる 中世 うつ・きる・とる・ほこる 近世 いさをし・うつ・おごる・きる・たて

人名 いさお・のり

【伐閲】バツエツ 功績と経歴。閥閲バツエツ。
【伐▼柯】カをきる|バッカ 「「柯」は、斧おのの柄えの意」手に持っている斧を見本として、その斧の柄に適する木を切ること。見本・基準となるものが手近にあることのたとえ。〈詩経・豳風・伐柯〉例 —人ジン(=なこうど。媒酌人)。
【伐採】バッサイ 木を切りたおす。例 森林—。
【伐性▼之▼斧】バッセイのおの 人間の身心をそこなう斧。美人や甘美な音楽などをいう。〈呂覧・本生〉類 伐性刀バッセイのトウ。
【伐氷▼之家】バッピョウのいえ 卿大夫ケイタイフ以上の貴族の家柄。〔卿大夫以上の貴族だけが喪祭ソウサイで氷を用いることを許されていたことから〕〈大学〉
【伐木】バツボク 木を切る。伐採。
●間伐カンバツ・殺伐サツバツ・征伐セイバツ・誅伐チュウバツ・討伐トウバツ・乱伐ランバツ・濫伐ランバツ

份

亻4 (6) ③1409 4EFD 一 ヒン漢 真 bīn 二 フン fèn

意味 一 外見と内容とがそなわっている。通 彬ヒン。二 ❶全体の一部。❷ひとそろいのものを数えることば。

伏

亻4 (6) ①4190 4F0F 常用 一 フク漢 ブク呉 屋 fú 二 フ漢 宥 fù ふせる(ふ-す)・ふす

筆順 ノ亻仁什伏伏

なりたち  [会意]「亻(=ひと)」と「犬(=イヌ)」とから成る。イヌが、人のそばにひれふす。

意味 一 ❶うつぶせになる。ふせる。ふす。例 俯伏(フフク)。平伏(ヘイフク)。❷ひれふして、したがう。服従する。通 服。例 屈伏(クップク)。降伏(コウフク)。❸ふせて、かくす。かくれる。例 伏兵(フクヘイ)。潜伏(センプク)。❹陰暦六月の節(セツ)の名。初伏(ショフク)・中伏(チュウフク)・末伏(マップク)の三伏(サンプク)で、暑さの激しい時期。例 九夏三伏(キュウカサンプク)の候(コウ)。 二 卵をかえす。通 孵(フ)。

古訓 中古 うつふす・かくす・かくる・したがふ・はらばふ・ふす 中世 うつぶく・うつぶす・かくす・したがふ・ふす 近世 うかがふ・かくす・かくるる・のべふす・はらばふ・ふす

人名 ふし・やすし・より

【伏謁】(フクエツ) 平伏してお目にかかる。

【伏▼臥】(フクガ) うつぶせに寝る。対 仰臥(ギョウガ)。

【伏在】(フクザイ) 表面にあらわれないで、隠れている。

【伏罪】(フクザイ) ①罪に服する。犯罪者が処罰を受ける。②まだ発覚していない犯罪。

【伏▼竄】(フクザン) かくれる。逃亡する。例 無ㇾ所㆓伏竄㆒(フクザンするところなし)(=どこにも逃げ場所がない)。〈左伝・襄三〉

【伏▼屍】【伏▼尸】(フクシ) ①たおれている死体。②死体に取りすがる。

【伏事】(フクジ) ①秘密のこと。密事。②仕える。

【伏日】(フクジツ) 三伏(サンプク)の日。一年中で最も暑い日とされる。↓

【三伏】(サンプク)(13ページ)

【伏線】(フクセン) 日 小説・戯曲などで、あとで述べることについて、あらかじめほのめかしておくこと。例 —を敷く。—を張る。

【伏奏】(フクソウ) 平伏して、貴人に申し上げる。

【伏▼弩】(フクド) 〔「弩」は、ばねじかけの弓の意〕かくれて待ちぶせしている弩(はじきゆみ)の射手。また、その弩。

【伏匿】(フクトク) かくれる。例 騏驥伏匿而不ㇾ見兮(キキフクトクしてあらわれず)(=駿馬(シュンメ)は姿をかくして出てこない)。〈楚辞・九弁〉

【伏兵】(フクヘイ) ①敵を不意打ちにするため、かくれて待つ兵。例 —を配する。②思いもかけない相手や事柄。

【伏魔殿】(フクマデン) ①悪魔がかくれ住んでいる屋敷。②たくらみのおこなわれる所。悪人のかくれが。例 政界の—。

【伏流】(フクリュウ) 地上を流れる水が、ある部分、地下をくぐって流れる。また、その地下の流れ。

【伏竜】(フクリョウ|フクリュウ) まだ天にのぼらず、池や沼にかくれている竜。まだ世間に知られずにいる、すぐれた人物のたとえ。臥竜(ガリョウ)。潜竜(センリョウ)。

【伏竜▼鳳▼雛】(フクリョウホウスウ) 〔「鳳雛」は、鳳凰(ホウオウ)のひな〕才能・人格を世に認められずにいる、すぐれた人物のたとえ。三国時代、司馬徽(シバキ)が諸葛亮(ショカツリョウ)を伏竜に、龐統(ホウトウ)を鳳雛(ホウスウ)にたとえた。臥竜(ガリョウ)鳳雛。

【伏▼櫪】【伏歴】(フクレキ|フクレキ) 〔「櫪・歴」は、かいばおけ。また、うまやの意〕①ウマが人に飼育されること。②うまやで飼育されているウマ。例 伏歴千駟(フクレキセンシ)(=飼っているウマが四千頭)。〈漢書・梅福伝〉③すぐれた才能を発揮する機会を待つこと。例 老驥伏ㇾ櫪、志在㆓千里㆒(ロウキレキにフクすも、こころざしセンリにあり)(=老いた名馬は馬小屋で飼育される身となっても、千里を駆ける気力をもっている)。〈曹操・歩出夏門行〉

【伏▼臘】(フクロウ) ①〔「伏」は、夏の三伏の日におこなう祭り、「臘」は、冬至のあとの三度目の戌(いぬ)の日におこなう祭り〕伏祭と臘祭。②日々の生活。また、生活必需品。

【伏剣】(フッケン) 剣の上に身を伏せて自殺する。類 伏刃(フクジン)。

● 屈伏(クップク)・雌伏(シフク)・折伏(セップク|シャクブク)・潜伏(センプク)・調伏(チョウブク|チョウフク)・平伏(ヘイフク)

仿

亻4 (6)

3 1410 4EFF

一 ホウ(ハウ)漢 養 fǎng
二 ホウ(ハウ)漢 陽 páng
なら-う(なら-ふ)・に-る

意味 一 ❶似ている。にる。例 仿像(ホウゾウ)(=よく似る)。仿仏(ホウフツ)。❷模倣する。まねる。ならう。例 仿効(ホウコウ)。仿製(ホウセイ)(=模造する)。 二 ❶⇩【仿偟】(ホウコウ) ❷⇩【仿佯】(ホウヨウ)

【仿効】【仿▼傚】(ホウコウ) 見習う。まねをする。例 民相仿効(たみあいホウコウす)(=民は互いにまねをし合う)。〈塩鉄・未通〉

【仿▼偟】(ホウコウ) さまよう。彷徨(ホウコウ)。

【仿仏】(ホウフツ) ①よく似ているさま。②ぼんやりしたさま。彷彿(ホウフツ)。髣髴(ホウフツ)。

【仿▼佯】(ホウヨウ) さまようさま。彷徉(ホウヨウ)。

伃

亻4 (6)

3 1411 4F03

ヨ 漢 魚 yú

意味 ❶「倢伃(ショウヨ)」は、女官の位の名。婕妤(ショウヨ)。❷美しいさま。

位

亻5 (7)

1 1644 4F4D

教4

イ(ヰ)漢 呉 寘 wèi

くらい(くらゐ)

筆順 ノ 亻 亻' 亻亠 亻立 位

なりたち  [会意]「亻(=ひと)」と「立(=たつ)」とから成る。家臣が序列にしたがって立つところ。

意味 ❶その人が立つべきところ。くらい。例 位階(イカイ)。即位(ソクイ)。地位(チイ)。❷人やものの、おかれているところ。例 位置(イチ)。方位(ホウイ)。❸ある一定の評価によって、おかれるところ。例 一位(イチイ)。下位(カイ)。首位(シュイ)。❹あるべきところにおかれ(てい)る。くらいする。例 天地位焉(テンチくらいす)(=天地があるべきようにある)。〈中庸〉❺(敬意をこめて)人を数えることば。例 各位(カクイ)。❻数のけた。例 位(くらい)どり。千(セン)の位(くらい)。

日本語での用法 《くらい》《ぐらい》「二日(ふつか)位(くらい)待(ま)ってください・これ位(ぐらい)の痛(いた)みはがまんしろ」▼程度・範囲を示すことば。

古訓 中古 くらゐ・しな・ただ・たひら・たひらかに・のる・ひら・よし 中世 くらゐ・ただし 近世 くらゐ・ただし・つらなる・のぞむ

人名 くら・たか・たかし・ただ・ただし・つら・なり・のぞむ・のり・ひこ・ひなた・ひら

難読 三位一体(サンミイッタイ)・従三位(ジュサンミ)

【位階】(イカイ) ①官位の等級。例 —勲等。②日 国のおこなう栄典制度の一つ。国のために尽くした功績をたたえて与える位。死亡した人を対象とする。

【位官】(イカン) 位階と官職。

【位勲】(イクン) 位階と勲等。

【位次】(イジ) ①官職の等級。例 位次第一(イジダイイチ)(=最高の地位)。〈史記・陳丞相世家〉②順序。位置。▽類 位序。

【位相】(イソウ) 日 ①〔物〕周期運動で、その時々にどのような位置や状態にあるかということ。②〔言〕性別・年齢・職業などによって、ことばづかいに違いがあること。例 ことばの—を調査する。

【位置】(イチ) ものや事柄のある場所。また、人のいる場所。

【位▼牌】(イハイ) 死んだ人の名前や戒名・法名(ホウミョウ)などを書いた木の札。死者をあらわすしるしとする。

【位望】(イボウ) 地位と人望。

【位極㆓人臣㆒】(くらいジンシンをきわむ) 臣下として最も高い地位につくこと。〈呉志・孫綝伝〉

● 一位(イチイ)・王位(オウイ)・下位(カイ)・各位(カクイ)・学位(ガクイ)・皇位(コウイ)・首位(シュイ)・順位(ジュンイ)・上位(ジョウイ)・水位(スイイ)・即位(ソクイ)・体位(タイイ)・退位(タイイ)・単位(タンイ)・地位(チイ)・品位(ヒンイ)・方位(ホウイ)・優位(ユウイ)

佚

亻5 (7)　2 4837 4F5A

一イツ漢 質 yì　二テツ漢 屑 dié　のが-れる(のが-る)

意味 一 ❶世間からのがれて、隠れている人。**のがれる**。例 佚民。❷隠れて見あたらなくなる。うしなう。通逸。例 佚書。散佚。❸(一定の枠からのがれて)気ままにする。通逸。例 佚楽。安佚。放佚。❹美しい。また、みだらな。通昳。例 佚女。二⇩【佚宕】

【佚書】書名や内容の一部が他の書物に引用されているだけで、一冊の本としては残っていないもの。逸書。

【佚女】①美女。②みだらな女。淫女。

【佚民】①世間とのつながりを捨てて暮らす人。世捨て人。例 太平の—。②気ままに、自由に暮らす人。▽逸民。

【佚遊】【佚▼游】気ままにあそぶ。逸遊。

【佚楽】気ままにあそび、たのしむ。逸楽。

【佚老】①世を捨てた老人。②老後を楽しく生きる。③老人をいたわる。

【以レ佚待レ労】〔兵法家、孫子の説いた戦争の必勝法〕味方は十分に休養をとって力をたくわえ、疲れ果てた敵を待ちうけて攻めること。〈孫子・軍争〉

【佚▼宕】①かわるがわる害をなす。②何ものにもとらわれず自由なこと。例 任二文林一而佚宕(=文学界に生きて自由気ままに暮らす)。〈梁簡文帝・玄虚公子賦〉

何

亻5 (7)　1 1831 4F55　教2

一カ漢 哿 hé　二カ漢 ガ呉 歌 hē　なに・なん・いず-れ(いづ-れ)・ど-れ・ど-の

筆順 ノ 亻 仁 仃 何 何 何

なりたち 〔形声〕「亻(=ひと)」と、音「可カ」とから成る。かつぐ。

意味 一になう。かつぐ。通荷。二❶「なに」「なんぞ」「いずれ」などと読み、なに・なぜ・どれ、などの意。疑問をあらわす。例 何謂二君子一(=なにを君子というのか)。〈家語・五儀解〉❷「なんぞ」と読み、どうして…か、の意。反語・詠嘆をあらわす。例 天之亡レ我、我何渡為(=天が私を滅ぼすのであるから、私はどうして川を渡って逃げたりしようか)。〈史記・項羽紀〉

古訓 中古 いかに・いづくぞ・いづれ・なぞ・なに・なんぞ・になふ 中世 いかに・いづくんぞ・いづれ・なに・なんぞ 近世 いかん・いくばく・いづくんぞ・いづれ・おふ・たそ・たれ・なに・なんぞ・になふ

人名 いず・いつ

難読 何首烏・何程・何様

【何如】①どのような状態であるか。どういうことか。例 今日之事何如(=今日のことはどんな様子か)。〈史記・項羽紀〉②どのような。いかなる。例 何如人(=どんな人か)。〈史記・張釈之伝〉▽何奈。何若。

【何奈】【何若】「何如」に同じ。

【何処】どれ。どちら。いずれのところ。例 読書之楽何処尋(=読書の楽しみはどこにあるのだろう)。〈翁森・四時読書楽〉

【何某】日①その人の名がわからないときや、省略して言うとき、また、理由があってはっきり言えないときに使うことば。だれだれ。だれそれ。なになに。某。例 山田—の書いた文章。②はっきり示せない数量をいう。いくら。いくらか。

【何事】一①どんなこと。どのようなこと。例 —が起きたか。②問題とすべきこと。とりたててこれといったこと。例 その夜は—もなく過ぎた。③すべてのこと。あらゆること。例 精神一到、何事不レ成(=精神を集中すれば、どんなこともできないことはない)。〈語類・八〉④人をとがめる気持ちをあらわすことば。どういうつもり。例 仕事をさぼるとは—だ。二何を仕事にするのか。どんなことを心掛けるか。例 士何事(=士たる者はどんなことを心掛けるべきか)。〈孟子・尽心上〉

【何物】どんな。どういうもの。どんなもの。例 何物老嫗、生二寧馨児一(=どんなばあさんが、こんな立派な子を生んだのか)。〈晋書・王衍伝〉

【何者】一どんな人。いかなる人。だれ。二なぜかというと。なぜならば。例 何者、上下之分也(=なぜならば、それが上下の区別だからである)。〈史記・儒林伝・轅固生〉

【何時】一はっきり決められないときをあらわすことば。例 —取りに来ますか。いつ—災難にあうかわからない。二日時刻をたずねるときに用いることば。例 いま—ですか。

【何等】①なに。どのような。例 何等木(=どのような木なのか)。〈漢紀・成帝紀三〉②〔下に打ち消しのことばをともなって〕少しも。なにも。例 —思いあたることがない。

●如何・若何・幾何

伽

亻5 (7)　1 1832 4F3D　人

キャ慣 カ漢 ガ呉 歌 qié　とぎ

なりたち 〔形声〕「亻(=ひと)」と、音「加カ」とから成る。

意味 ❶梵語ボンの「カ」「ガ」「キャ」の音訳。例 伽藍ガラン。伽羅キャラ。閼伽アカ。❷ナス科の一年草。ナス。通茄カ。

日本語での用法 《とぎ》「お伽ばなし・御伽婢子・夜伽よとぎ」▼ともにいる・相手をつとめる、の意。

古訓 中古 ゆたかに・より・よる 中世 かしこし・しなふ・とぎ・のり 近世 えびす・とぎ・のり

【伽▼耶】⇩【加羅】(173ページ)

【伽藍】〔仏〕〔梵語 saṃghārāma の音訳〕僧が集まって修行をする所。寺院。精舎ショウジャ。例 七堂—。

【伽羅】〔梵語 tagara からという〕①インド・中国などに産する香木。水に沈むので、沈香ジンコウ・沈水香ジンスイコウともいう。②キャラの木から作られた香料。③日〔仏〕禅宗の僧が用いる袈裟ケサの一種。

佉

亻5 (7)　3 1415 4F49

一キャ漢 カ呉 歌 qiā　二キョ漢 魚 qū

意味 一「佉盧キャロ」は、古代インドの文字を作ったと伝えられる人。二梵語ボンの音訳字。

佝

亻5 (7)　2 4840 4F5D

コウ漢 ク呉 宥 gōu

意味 ⇩【佝僂】

【佝▼僂】背中が丸くつき出したように曲がった人。痀瘻ク。傴僂ウル。

【佝▼僂病】〔医〕背中や手足の骨が曲がる病気。幼児期のビタミンD不足が原因。痀瘻病クルビョウ。

估

亻5 (7)　2 4838 4F30

コ漢 呉 麌 gū　あきな-う(あきな-ふ)・う-る

意味 ❶商人。あきんど。例 估客(=行商人)。商估。❷値踏みをする。見積もる。例 估価。❸おしはかる。

日本語での用法 《コ》《うる》「估券・估却(=売却)」▼「沽コ」と同じように、売るの意味で用いる。

【估価】カコ ①値段をつけること。見積もり。②値段。売り値。
【估券】コケン 日〔もと、土地の売買のときの証文の意〕人の値打ち、体面、品位。面目。沽券。例 —にかかわる。

佐

亻5 (7) 1 2620 4F50 常用

サ 漢 呉 箇 zuǒ

すけ・たす-ける（たす-く）

筆順 ノ 亻 仁 什 佐 佐 佐

なりたち ［会意］「亻（＝ひと）」と「左（＝手でたすける）」とから成る。たすける（人）。

意味 ❶力をかす。たすける。例 佐幕。補佐。❷たすける人。たすけ。例 王佐。僚佐。❸すすめる。例 佐酒（＝酒をすすめる）。佐食（＝食事をすすめる）。

日本語での用法 一《すけ》「衛門佐・兵衛佐」▼律令制の四等官で、衛門府・兵衛府などの第二位。次官。二《サ》「佐州」▼「佐渡（＝今の佐渡島）」の略。

古訓 中古 すけ・たすく 中世 すけ・たすく・たすけ 近世 すけ・そはる・そふ・たすく・たすけ

人名 たすく・よし

【佐官】サカン 日 軍隊の階級で、将官の下、尉官の上。大佐・中佐・少佐をいう。
【佐弐】サジ 補佐官。
【佐車】サシャ 天子や諸侯が乗る予備の車。副車。戦争や狩りに用いられる。弐車。
【佐渡】さど 日 旧国名の一つ。今の新潟県に属す、日本海にある佐渡島のこと。古くから金を産出した。佐州。
【佐幕】サバク 日 ①将軍の陣営にいて将軍をたすけること。②江戸時代の末期、尊王攘夷派に対抗して、徳川幕府を支持する運動とその一派。対 勤王。
【佐命】サメイ 天子をたすける。天子をたすけて政治をおこなう。
【佐吏】サリ 地方長官のもとで働く下級官吏。地方下級職員。
【佐理】サリ 〔「理」は、おさめる意〕君主を補佐して政治をおこなう。

●大佐・中佐・補佐

作

亻5 (7) 1 2678 4F5C 教2

サク 漢 呉　ソ 唐　サ 漢 呉　箇 zuò　薬

つくる・な-す

筆順 ノ 亻 𠂉 作 作 作 作

なりたち 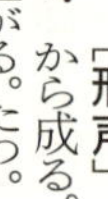 ［形声］「亻（＝ひと）」と、音「乍サ→サク」とから成る。起つ（＝はじまる。おこる）。

意味 ❶立ち上がる。たつ。例 舎レ瑟而作（＝瑟《楽器の一つ》を置いて立ち上がった）。〈論語・先進〉❷ふるいおこす。おこる。例 振作。❸おこなう。なす。おこない。はたらき。例 作為。作用。動作。❹こしらえる。つくる。例 作成。作文。創作。❺つくられて、できたもの。例 近作。傑作。❻農作物のできばえ。例 作柄。平年作。❼いつわる。例 作り笑い。

日本語での用法 《サク》「作州」▼旧国名「美作（＝今の岡山県北東部）」の略。

古訓 中古 おこす・おこる・おふ・す・する・たつ・たり・つくる・なす・なる・はぐ・ゆく・をさむ 中世 おこる・たつ・つくる・なす・はぐ・をさむ 近世 おこす・おこなふ・おこる・たつ・つくる・なす・なる・はじめ

人名 あり・おき・たつ・とも・なお・なり・のり・はじめ・ふか

難読 矢作

【作業】サギョウ 一定の手順に従い、からだを動かして仕事をする。また、その仕事。例 —衣。農—。
【作為】サクイ ①つくる。こしらえる。②つくりごと。こしらえごと。例 —のあとがうかがえる。
【作意】サクイ ①芸術作品で、作者が表現しようとする考えや意図。例 一連の作品から—をくみとる。②心を用いる。気をつける。③日 たくらみ。例 特別の—はない。
【作男】サクおとこ 日 やとわれて農作業をする男。〔古い言い方〕
【作柄】サクがら 日 農作物のできぐあい。
【作劇】サクゲキ ①苦労して農作業をする。例 農夫作劇（＝農夫が苦労して働く）。〈塩鉄・水旱〉②戯曲をつくる。
【作詞】サクシ 歌のことばをつくる。対 作曲。
【作者】サクシャ ①制度を初めてつくる人。②詩歌や小説、絵画や彫刻などの作品をつくった人。
【作条】サクジョウ 日 種をまくため、畑の表面に一定の距離をおいて平行に掘ってつける、浅い溝のすじ。
【作色】サクショク 怒りやいかめしい気持ちで顔色を変える。例 孔子愀然作レ色（＝孔子はさっと顔色を変えた）。〈礼記・哀公問〉
【作新】サクシン 人民の心をふるい立たせて、新しくする。
【作人】サクジン ①民を教化して古いならわしを改める。②人材を育成する。例 学校作レ人。〈大同書・戊〉③人夫や職人などの労働者。④人格。例 皇太子作レ人何似（＝皇太子の人格はどのようなものか）。〈世説・方正〉
【作成】サクセイ ①つくりあげる。②日 書類・計画などをつくる。例 報告書を—する。復興の案を—する。
【作製】サクセイ ものをつくる。製作。例 彫刻の—にとりかかる。年表を—する。
【作戦】サクセン ①たたかいをする。②軍隊が、戦略的規模で、ある期間、計画どおりにおこなう行動。策戦。例 上陸—を展開する。③日 試合やたたかいで、相手に勝つために考えておくたたかい方。例 —を練る。
【作品】サクヒン ①つくり出すもの。また、つくり出されたもの。②おもに絵画・彫刻・音楽・文学などで、芸術としての、創作の成果。
【作風】サクフウ 作品にあらわれる作者の特徴・制作態度・芸術に対する考え方。
【作物】一サクブツ ①ものをつくる。また、造物主。②日（絵画・彫刻・文学などの）作品。二サクモツ 日 田や畑に植えて、育てるもの。米・野菜・果物など。農作物。例 —の出来。三つくりもの 日 自然物でない人為的なもの。また、にせもの。
【作文】一サクブン ある主題について、文章をつくる。また、その文章。例 宣伝文句の—。二サクモン 日 漢詩をつくること。また、その詩。
【作文三上】サクブンのサンジョウ ⇩【三上】サンジョウ（12ページ）
【作法】一サクホウ ①法律をつくる。②詩・短歌・俳句・文章のつくり方。例 俳句の—。二サホウ 日 社会生活を送る上で、昔から伝えられてきた、ことばや動作についての一定の決まり。エチケット。例 礼儀—。お茶の—。
【作▼俑】サクヨウ（ヨウをつくる）〔死者とともに埋める木製の人形をつくる意で、殉死の風習のもととなったことから〕悪いことの糸口をつくることのたとえ。
【作例】サクレイ 日 ①詩や文の模範となる例。②辞書などで、用例をつくること。また、その用例。
【作労】サクロウ 働くこと。特に、苦労して農作業をすること。
【作家】一サッカ ①家をきりもりする。②（絵画・彫刻・文章などの）作品をつくることを仕事としている人。特に、文芸作品についていう。例 写真—。二サッケ ひとかどの禅僧。

【作曲】サッキョク 曲をつくる。また、詩や歌詞に曲をつける。㊟作詞。
【作興】サッコウ ①おこる。さかんになる。②推進する。促進する。③重用する。引き立てる。
【作用】サヨウ ①行為。しわざ。②力がはたらいて他に影響をおよぼす。また、そのはたらき。例 薬の副—。③生物が生きていくために示すはたらき。例 呼吸—。消化—。
【作略】サリャク ①相手をだましたり、やっつけたりするための計画。はかりごと。計略。策略。②ものごとがうまく進むようにすること。うまくとりはからうこと。▽差略。
【作▼麼生】ソモサン いかに。どうだ。どうする。什麼生。〔唐末以降の口語。日本では禅宗の問答に用いる〕
●遺作・合作・凶作・原作・工作・小作・試作・所作・新作・制作・操作・大作・著作・動作・不作・米作・豊作・名作・輪作・連作

伺
亻5（7） 1 2739 4F3A 常用
シ㊕㊍ 寘 sì
うかがう（うかが-ふ）・うかがい（うかが-ひ）

筆順 ノ 亻 … 伺

なりたち [形声]「亻（＝ひと）」と、音「司シ」とから成る。様子をみる。

意味 ❶人の動きをさぐる。**うかがう**。例 伺察。奉伺。❷待つ。機会をうかがう。例 伺晨（＝暁を待つ）。伺隙。❸（cì）そばにいて、世話をする。例 伺候①。

日本語での用法 《うかがい》《**うかがう**》「お伺いをたてる・ご機嫌を伺う・お宅に伺う・進退を伺う」▼たずねる・きく・命令を受けに出る、の意を、へりくだっていう。

古訓 中古 うかがふ・さぶらふ 中世 うかがふ・みる 近世 あきらか・うかがふ・まつ・みる

人名 み

【伺隙】ゲキ ゲキをうかがう つけこむ機会を待つ。
【伺候】シコウ ①身分の高い人に付き従って、仕える。祗候。例 殿の御前に—する。②待つ。ねらいうかがう。偵察する。また、その人。祗候。③日 身分の高い人・目上の人のところへ参上する。
【伺察】シサツ 様子をうかがう。さぐる。また、それをする人。例 敵情を—する。
●奉伺

似
亻5（7） 1 2787 4F3C 教5
シ㊕ ジ㊍ 紙 sì
にる・にせる（に-す）

[佀]
亻5（7） — 4F40 本字。

筆順 ノ 亻 … 似

なりたち [形声]「亻（＝ひと）」と、音「㠯イ→ジ」とから成る。にている。

意味 ❶形や性質が、同じように見える。にている。**にる**。例 疑似。近似。類似。❷つぐ。継承する。㊞嗣シ。例 似続（＝跡をつぐ）。

古訓 中古 あえたり・ごとし・ちかし・ともがら・にたり・のる 中世 あやかる・ごとし・しめす・ちかし・ともがら・にたり・のれり 近世 さぐ・しめす・つぐ・にたり・にる・まね

難読 真似

【似非】【似▼而非】えせ にてヒなる 似てはいるが、本物ではないこと。にせ。まやかし。〔おもに、悪い意味で用いる〕例 悪ニ似而非者一（＝似てはいるが本物でないものをにくむ）。〈孟子・尽心下〉—学者。
【似顔絵】にがおエ 日 ①その人の顔に似せてかいた絵。②浮世絵で、歌舞伎役者や美人を描いたもの。
●酷似・相似・空似

你
亻5（7） 3 1413 4F60
ジ（ヂ）㊕ ニ㊍ 紙 nǐ
なんじ（なんぢ）

[儞]
亻14（16） 3 1445 511E 本字。

意味 二人称の代名詞。あなた。おまえ。きみ。**なんじ**。例 你好ニーハオ（＝現代中国語で、こんにちは、の意）。

佘
𠆢5（7） 4 0137 4F58
シャ㊕ 麻 shé

意味 姓の一つ。

住
亻5（7） 1 2927 4F4F 教3
チュウ（チウ）㊕ ジュウ（ヂウ）㊍ 遇 zhù
すむ・すまう（す-まふ）・すまい（すまひ）

筆順 ノ 亻 … 住

なりたち [形声]「亻（＝ひと）」と、音「主シュ→チュウ」とから成る。人がとどまる。

意味 ❶あるところから動かないでいる。とどまる。例 一所不住。❷やむ。停止する。例 両岸猿声啼不レ住（＝両岸のサルのなき声がやまない）。〈李白・早発白帝城〉❸とどまり、そこで生活する。**すむ**。**すまう**。例 住宅。居住。定住。

古訓 中古 すみか・すむ・たつ・とどまる・とどむ・をり 中世 すむ・とどまる 近世 すむ・たつ・とどまる・とどめる・やめる・ゐる・をる

人名 おき・すみ・もち・よし

難読 住江・住吉・住家

【住居】ジュウキョ すむこと。また、家。すまい。例 —を構える。—を定める。
【住持】ジュウジ 住職。例 当山の—。
【住職】ジュウショク 寺のあるじとしてつとめる僧。住持。
【住宅】ジュウタク 人がすむ建物。家。すまい。例 —の供給。高級—。集合—。
【住人】ジュウニン 日 その家に、また、その土地にすむ人。居住者。例 マンションの—。大都会の—。
【住民】ジュウミン 日 都道府県や市町村に、または、一定地域に暮らす人。例 —登録。—票。—の意思。東京の—。
●安住・移住・永住・現住・在住

伸
亻5（7） 1 3113 4F38 常用
シン㊕㊍ 真 shēn
のびる（の-ぶ）・のばす・のべる（の-ぶ）・の-す

筆順 ノ 亻 … 伸

なりたち [形声]「亻（＝ひと）」と、音「申シ」とから成る。のびる。

意味 ❶まっすぐになる。ながくなる。**のびる**。また、ながくする。**のばす**。例 伸縮。伸長。屈伸。❷述べる。言う。㊞申。例 追伸。二伸。❸無実を晴らす。すすぐ。例 伸冤。

古訓 中古 のびあがる・のびす・のぶ 中世 のび・のびあがる・のぶる 近世 きはまる・なほし・のびす・のびる・のぶる・のべる・をさむ

人名 おさむ・すすむ・のぶ・のぶる・のぼる・ひろし

【伸▼冤】シンエン 無実の罪を晴らす。申冤。
【伸縮】シンシュク のびることとちぢむこと。また、のびたりちぢんだりする。例 —自在。

【伸長】シンチョウ 力やものの長さなどがのびる。また、のばす。例体力が―する。表記 旧伸▼暢

【伸張】シンチョウ 勢力などの範囲が広がる。また、広げる。例貿易圏を―する。

【伸展】シンテン 勢力などが広がる。また、広げる。例勢力の―をはかる。

【伸眉】シンビ ひそめたまゆを開く。心配ごとが解決したこと、また、念願がかなったことをいう。

【伸腰】シンヨウ ①腰をまっすぐにする。姿勢を正す。②疲れた腰をのばす。一休みすること。

●欠伸(あくび)・屈伸(クッシン)・追伸(ツイシン)

佗

亻5(7) 2 4841 4F57

一 タ 漢 呉 歌 tuó
二 タ 漢 呉 歌 tuō/tā
ほか・わ-びる(わ-ぶ)・わび-しい(わび-し)・わ-び

意味 一 せおう。通駄タ・駝タ。例佗負フタ。二 ❶べつの。よその。ほか。通他。例佗境キョウ(=他の土地)。❷彼。

日本語での用法 《わび》《わびる》①「嵯峨野さがのの佗わび住ずまい・佗びや寂さびを解カイする」▼世俗を離れる。風流に親しむ。②「罪つみを佗わびる」▼相手に、ことば・態度で、あやまる。③「住すみ佗わびる・待まち佗わびる」▼困る。気をつかい、苦しむ。

参考 「わびる」に「佗」をあてるのは「侘タ」と混同した誤用によるもの。

【佗負】フタ 荷物を背に負う。特に、ウマなどに負わせることをいう。

体

亻5(7) 1 3446 4F53 教2
テイ 漢 タイ 呉 斉 tǐ
からだ

[體] 骨13(23) 2 8183 9AD4 旧字体。

[躰] 身5(12) 2 7728 8EB0 別体字。

[軆] 身13(20) 2 7729 8EC6 別体字。

筆順 ノ 亻 亻一 什 休 体

なりたち  [形声]「骨(=ほね)」と、音「豊イレ→イテ」とから成る。人のからだのすべて。

参考 「体」は、もとは「ホン」と読み、「笨ホン(=粗あらい。劣る)」の意であったが、「體タイ」の俗字として用いられるようになった。

意味 ❶人(や動物)を一つのものとして見たすべて。全身。からだ。例体温オンタイ・体重ジュウ・肉体ニクタイ。❷外から見えるすがた。かたち。例体格カク・体裁サイ・形体ケイタイ。❸型かた。形式。例書体ショタイ・文体ブンタイ。❹(外から見えない)はたらきのおおもと。例実体ジッタイ・本体ホンタイ。❺自分のものとする。身をもってする。よくわきまえる。例体験ケン・体得トク・意イを体タイする。❻ばらばらにする。分割する。例体解カイ・体国経野タイコクケイヤ(=都市と田野をそれぞれ区画し、経営する)。〈周礼・天官・序官〉❼親しむ。親密にする。例体遠タイエン(=遠大な才のある者と親しむ)。

日本語での用法 《タイ》「数体スウタイ」▼仏像や遺体を数えることば。

古訓 [体] 中世 かたち・すがた 近世 あらし・おとる・すがた [體] 中古 かたち・かなふ・さとる・すがた・み・わかつ 中世 かたち・かなふ・さとる・すがた・わかつ 近世 かたち・かたちづくる・かたどる・からだ・すがた・そだつる・つらなる・はぎ・まじはる・み・わかつ

人名 なり・み・みる・もと

【体位】タイイ 日 ①体格・能力・健康など、肉体の状態をまとめていうことば。例―の向上をはかる。②運動あるいは静止しているときのからだの位置や姿勢。例―を変える。

【体育】タイイク 日 ①成長を助け、健康なからだをつくるためにおこなう、学校での教育。また、その教科の名。対知育・徳育。②教育の一領域としての、武道やスポーツ全体をいうことば。例―会。

【体液】タイエキ ①動物のからだの中にある、血液・リンパ液などの液体。②〔直接に言うのをさけて〕唾液ダエキ・精液などのこと。

【体温】タイオン 日 動物のからだの温度。例―計。

【体会】タイカイ 体験によって自分のものとする。十分に理解し身につける。

【体解】タイカイ からだをばらばらに切りはなす。

【体外】タイガイ からだのそと。対体内。

【体格】タイカク ①詩文や書画の形式や品格。②身長・肩はば・骨の太さ・足の長さ・肉づきなどのからだの状態。からだつき。例―がいい。貧弱な―。

【体幹】タイカン からだ。身体。

【体▼軀】タイク 〔「軀」も、からだの意〕からだ。体格。例堂々たる―。

【体刑】タイケイ 日 ①からだに苦痛を与える刑罰。昔のむち打ちの刑など。例―を加える。②犯罪者の自由をうばう刑罰。懲役・禁固・拘留の三つがある。

【体形】タイケイ もののかたち。すがた。また、からだ全体のすがた。フォーム。

【体系】タイケイ 日 調和のある、まとまった組み立て。矛盾のないようにまとめられたものごとの全体。システム。例―的。―づける。学問の―。参考 「古典文学大系」「漢文大系」のように、ある特定の方面の著作・論文などを集めたものには「大系」を使う。

【体型】タイケイ 日 やせ型がた・肥満型などの体格の種類。タイプ。例やせた―。年をとって―が変わる。

【体験】タイケン 実際にしてみて経験する。例―して学習する。―談。

【体言】タイゲン 日〔言〕文法で、自立語のうち活用がなくて、文の主語になることができる語。名詞と代名詞とをまとめていうことば。対用言。

【体現】タイゲン 考えや思想などを、形をもったものとしてあらわす。例自らの希望を―する。

【体▼腔】タイコウ・タイクウ 日 動物の胸や腹などの内部の、内臓がおさまっているところ。〔胸のほうは胸腔キョウコウ、腹のほうは腹腔フクコウ・フッコウという〕

【体裁】一 タイサイ 二 テイサイ 一 ①物の様子。ありさま。②詩文の形式や風格。二 日 ①よそから見たときの姿。かっこう。外見。例―が悪い(=恥ずかしい思いをする)。②一定の形式。例―を整える。③〔「お体裁」の形で〕人に気に入られるような、飾ったことばや態度。例お―を言う。

【体察】タイサツ ①体験によって理解し考えること。②自分で考察する。

【体質】タイシツ ①生まれながらの、からだの性質。例アレルギー―。特異―。②日 組織・団体・会社などに特有の性質。例輸出依存の―。

【体臭】タイシュウ 日 からだのにおい。例―を消す。作家の―まで感じられる作品。

【体重】タイジュウ からだの重さ。例―測定。

【体制】タイセイ ①詩文や書画などの形式や風格。②日 ㋐国家・社会・組織・団体などをまとめて動かしている仕組み。例資本主義―。社会主義―。㋑〔生〕生き物のからだの、部分をなす器官の一つ一つがそれぞれのはたらきをして、全体としてまとまっている仕組み。例脊椎セキツイ動物の―。

【体勢】タイセイ ①形勢。様子。②詩文や書画などの形式や風格。③からだの構え。姿勢。例―を立て直す。

【体製】タイセイ ①詩文や書画などの形式や風格。体制。②かたち。規準。

【体積】タイセキ 日空間の中に、その立体が占める大きさ。立方メートル・立方センチメートルなどの単位であらわす。かさ。容積。

【体操】タイソウ 日①一定の規則や計画に従ってからだを動かす運動。例準備—。ラジオ—。②学校の授業としてのスポーツの古い言い方。体育。③「体操競技」の略。鉄棒・平行棒・鞍馬・跳馬・平均台・つり輪・ゆか運動などの種目の総称。

【体側】タイソク からだの右がわと左がわ。

【体長】タイチョウ 動物のからだの長さ。

【体調】タイチョウ ①格調。②日からだのぐあい。例—がすぐれない。—を整える。

【体得】タイトク 知識や技術を、身をもって習いおぼえる。例柔道の投げ技を—した。

【体内】タイナイ からだの中。対体外。例—にみちる元気。

【体罰】タイバツ 日からだに痛みを与えてこらしめること。例—禁止。—を加える。

【体表】タイヒョウ 日からだの表面。

【体膚】タイフ からだと皮膚。からだ。

【体貌】タイボウ ①風貌や姿。②礼儀正しい態度で人に接する。礼接。

【体面】タイメン ①姿や顔つき。②名誉。例—を傷つけられた。面目。体裁。世間体。例—を保つ。③世間から見られる、外見による評判。

【体用】タイヨウ ものごとの本体と、その作用。

【体要】タイヨウ ①ものごとが的確にまとめられていること。例辞尚二体要一(=文章は的確にまとめられていることを重んじる)。〈書経・畢命〉②ものごとの要点。

【体力】タイリョク からだの運動能力・耐久力。病気やけがに抵抗する力。例—測定。—の衰えが激しい。

【体例】タイレイ ①著作・文章の形式。②ものごとの概要と、その細かい内容。

●遺体・一体・液体・解体・合体・気体・巨体・具体・抗体・国体・固体・個体・死体・字体・自体・実体・車体・重体・主体・正体・上体・書体・身体・人体・図体・世間体・船体・全体・総体・大体・団体・天体・胴体・肉体・風体・物体・文体・母体・本体・容体・裸体・立体

但

亻5 (7) 1 3502 4F46 常用

タン漢 ダン呉 旱 dàn

ただし

【筆順】ノ 亻 亻 亻口 但 但 但

【なりたち】[形声]「亻(=ひと)」と、音「旦タン」とから成る。肩ぬぎする。

【意味】❶衣服の腰から上をぬぐ。通袒タ。例但割タンカツ(=肌脱ぎで家畜を切り裂き料理する)。❷「ただ…(のみ)」と読み、ただ…だけ、の意。限定・強調をあらわす。例但聞二人語響一(ただジンゴのひびきをきくのみ)(=人の声がひびいているだけだ)。〈王維・鹿柴〉

【日本語での用法】一《タン》「但州タンシュウ・播但バンタン」▼旧国名「但馬たじま(=今の兵庫県北部)」の略。二《ただし》「但ただし書がき」▼しかし。だが。除外や例外を付け足すときの接続詞。

【古訓】中古ただ・ただし・つたなし 中世ただ・ただし 近世いたづら・およそ・かたぬぐ・さもあらばあれ・すべて・ただ・ただし

【人名】ただ

【但馬】たじま 日旧国名の一つ。今の兵庫県北部にあたり、昔の山陰道に属する。但州タンシュウ。例—牛うし(=代表的な和牛。神戸牛こうべうし)。

[佃]

亻5 (7) ⇩冑チュウ(1091ジペー)

佇

亻5 (7) 2 4842 4F47

チョ漢 ジョ(ヂョ)呉 語 zhù

たたず-む

[竚]

立5 (10) 2 6776 7ADA

別体字。

【意味】❶ある場所に長いあいだ立っている。じっとたちどまる。たたずむ。例佇立チョリツ。延佇エンチョ(=いつまでもとどまる)。❷待つ。待ち望む。例佇望チョボウ(=待望)。

【佇見】チョケン たたずんでながめる。類佇眄チョベン。

【佇立】チョリツ しばらく動かずに立っている。たたずむ。

低

亻5 (7) 1 3667 4F4E 教4

テイ漢 斉 dī

ひく-い(ひく-し)・ひく-める(ひく-む)・ひく-まる・た-れる(た-る)

【筆順】ノ 亻 亻 亻 低 低 低

【なりたち】[会意]「亻(=ひと)」と「氐テイ(=ねもと)」とから成る。ひくい。

【意味】❶ある基準よりも下である。ひくい。対高。例低級テイキュウ。高低コウテイ。最低サイテイ。❷ある基準よりも下にする。さげる。ひくめる。たれる。また、さがる。ひくまる。例低下テイカ。低頭テイトウ。❸⇩【低回】テイカイ

【古訓】中古かたぶく・たる 中世うなたる・たるる・ひきし 近世うなだる・さがる・たるる・ひとし・へたる

【人名】ひら

【低圧】テイアツ 日気圧・水圧・電圧などが弱いこと。または、ひくいこと。対高圧。例大気中の—部。

【低位】テイイ 地位・段階・等級・場所などがひくいこと。対高位。例—にあまんじた。

【低音】テイオン 日①ひくい音や声。②音楽で、男声の最もひくい声域。バス。▽対高音。

【低温】テイオン 日ひくい温度。対高温。例—殺菌の牛乳。

【低下】テイカ ①ものごとの度合いがひくくなる。例気温が—する。②ものごとの程度が悪くなる。対向上。例体力が—する。③衰える。力がなくなる。例肝臓のはたらきが—する。

【低回】【低▼佪】【低▼徊】テイカイ ①立ち去りがたい様子で行きつ戻りつする。②考えごとをしながら、立ちどまったりあちこち歩きまわったりする。③道などがくねくねとめぐる。▽低佪テイカイ。

【低回趣味】テイカイシュミ 日人の生き方や芸術などについて、直接かかわりのない立場から余裕をもってながめようとする態度。〔小説家、夏目漱石なつめソウセキがとなえた文学上の態度〕

【低額】テイガク 日少ない金額。対高額。例—の融資。

【低気圧】テイキアツ 日①大気の中で、まわりよりも気圧のひくいところ。対高気圧。例温帯—。熱帯—。②機嫌の悪いことを、天気にたとえていうことば。ごきげんななめ。例社長はいま—だよ。

【低級】テイキュウ 日等級や品質・性能・程度などが、おとっていること。対高級。例—な話題。—な遊び。

【低吟】テイギン ひくい小さな声で歌や詩を口ずさむ。

【低空】テイクウ 空の、地面や水面に近いところ。対高空。例—飛行。

【低減】テイゲン 日 費用や値段などの数値をへらす。また、へる。例 必要経費を―する。
【低語】テイゴ 小声で語る。
【低▼卬】【低仰】【低▼昂】テイコウ 高くなったりひくくなったりしていて、起伏がある。
【低次元】テイジゲン 日 ①次元(=ものの大きさ・広がりなどをとらえるための基準)がひくい。②考え・おこない・話題などの程度がひくい。レベルがひくい。例 ―の争い。
【低姿勢】テイシセイ 日 ①からだの位置・姿勢をひくくすること。②自分の気持ちをおさえて、相手に対し強い態度をとらないこと。対 高姿勢。例 ―でお願いする。
【低湿】テイシツ 土地がひくく、じめじめとしているさま。対 高燥(コウソウ)。
【低所】テイショ 日 ひくいところ。対 高所。
【低唱】テイショウ 軽くなめらかに歌う。
【低速】テイソク 日 速度がおそいこと。対 高速。
【低俗】テイゾク 日 程度がひくく、品(ヒン)が悪いこと。下品。対 高尚。例 ―な内容の雑誌。
【低地】テイチ 周囲にくらべてひくい土地。対 高地。
【低調】テイチョウ 日 ①調子が出ずはかばかしくないさま。例 期待に反して結果は―なものだった。②低水準であるさま。
【低頭】テイトウ ―こうべをたる ①あたまをひくく下げる。例 低レ頭思ニ故郷一(こうべをたれてコキョウをおもう)(=頭を下げて故郷を思う)。〈李白・静夜思〉 ②へりくだったさま。屈服したさま。
平身―(ヘイシンテイトウ)。神前に―(テイトウ)する。
【低眉】テイビ ―まゆをたる ①ふし目になる。例 低レ眉信レ手続続弾(まゆをたれてにまかせてゾクゾクとしてダンず)(=ふし目がちに手の動くままに《琵琶(ビワ)を》続けざまにかきならす)。〈白居易・琵琶行〉 ②恭順な様子を示す。
【低木】テイボク 日 たけのひくい木。ツツジやアジサイなど。〔普通高さが二、三メートル以下のもの。もと、灌木(カンボク)〕 対 高木。
【低迷】テイメイ ①雲などがひくくたれこめている。例 暗雲が―する。②はっきりしないさま。③日 調子が出ない。素質があるのに成績が悪い。例 業績はここ数年―している。④日 株式市場などで、値が悪かったり取引が思わしくないこと。例 株価の―。
【低利】テイリ 日 利率(=利息のつく割合)がひくいこと。対 高利。例 ―での貸し付け。
【低率】テイリツ 日 割合がひくい。率が悪い。対 高率。
【低劣】テイレツ 質が悪く、品(ヒン)がよくない。
【低廉】テイレン 値段が安い。廉価。
●眼高手低(ガンコウシュテイ)・高低(コウテイ)・最低(サイテイ)

佔　亻5(7)　4 0136 4F54

一 テン(テム)漢 塩 chān
二 セン(セム)漢 艶 zhàn
うかが-う(うかが-ふ)・し-める(し-む)

意味 一 見る。うかがう。通 覘(テン)。例 佔畢(テンヒツ)(=「畢」は、書物。書物の字面を見るだけで、文義を理解しないこと)。二 自分のものとする。しめる。通 占。

佃　亻5(7)　1 3649 4F43　人

一 テン漢 デン呉 霰 diàn
二 テン漢 デン呉 先 tián
つくだ

なりたち [形声]「亻(=ひと)」と、音「田(テン)」とから成る。田をたがやす人。

意味 一 他人の田畑をたがやす(人)。小作人。例 佃戸(デンコ)(=小作人)。二 ❶田畑をたがやす。通 畋(デン)。例 佃作(デンサク)。❷狩りをする。通 畋(デン)。例 佃漁(デンギョ)。

日本語での用法 《つくだ》▼開墾された田畑。作り田。

古訓 中古 つくだ・つくりた 中世 つくだ・つくりた 近世 かり・たつくる・つくだ

【佃煮】つくだに 日 小魚や貝、海藻などを、しょうゆ・みりん・砂糖などで濃い味に煮た食品。
【佃器】デンキ 農耕のための道具。田具。類 佃具(デング)。
【佃漁】デンギョ｜デンリョウ 鳥や獣の猟と、魚をとらえる漁。田漁。
【佃作】デンサク 農作業をする。

佟　亻5(7)　3 1417 4F5F

トウ漢 冬 tóng

意味 姓の一つ。

佞　亻5(7)　2 5304 4F5E
［佞］　亻6(8)　2 5305 4FAB　俗字。

ネイ漢 径 nìng
おもね-る・へつら-う(へつら-ふ)

意味 ❶口がうまい。弁がたつ。例 仁而不レ佞(ジンなれどもネイならず)(=仁の徳はあるが口べただ)。〈論語・公冶長〉 ❷ことばたくみに相手に取り入る。口先だけで心がねじけている。例 佞臣(ネイシン)。佞人(ネイジン)。便佞(ベンネイ)。❸才能がある。かしこい。例 不佞(フネイ)(=自分をへりくだっていう言い方)。

【佞悪】ネイアク 心がひねくれていて、わるがしこい。また、そういう人。例 性―な人。
【佞▼猾】ネイカツ 口先でうまく人をだまし、悪がしこい。また、そういう人。
【佞▼姦】【佞▼奸】ネイカン 口先がうまくて心がねじけている。姦佞。
【佞給】ネイキュウ 〔「給」は、弁が立つ意〕ことばたくみに人にへつらう。
【佞言】ネイゲン 相手に取り入るために、うまく語ることば。こびへつらうことば。佞弁。例 ―は忠に似たり。
【佞巧】ネイコウ ことばたくみにこびへつらう。
【佞幸】【佞▼倖】ネイコウ ことばたくみにへつらい、君主に気に入られること。また、その人。
【佞才】ネイサイ 話し上手で、人に取り入ることにたくみな能力。
【佞臣】ネイシン 話がたくみで、主人に取り入ることのうまい家来。
【佞人】ネイジン 話し上手で、人に取り入ることのうまい人。類 佞者。例 遠ニ佞人一(ネイジンをとおざく)(=口ばかり達者な人を遠ざける)。〈論語・衛霊公〉
【佞▼媚】ネイビ こびへつらう。また、その人。
【佞弁(辯)】ネイベン ①相手にうまく取り入ること。②相手にうまく取り入るためのことば。おべっか。佞言。例 ―をもって聞こえた者。
【佞▼諛】ネイユ こびへつらう。

伯　亻5(7)　1 3976 4F2F　常用

一 ハク漢 陌 bó
二 ハ漢 禡 bà
付表 伯父(おじ)・伯母(おば)

筆順 ノ 亻 亻' 伯 伯 伯

なりたち [形声]「亻(=ひと)」と、音「白(ハク)」とから成る。かしらとなる人。

意味 一 ❶最上位に立つ人。かしら。おやかた。おさ。❷兄弟のなかの、いちばんの年長者。例 伯兄(ハクケイ)。伯仲(ハクチュウ)。❸父の兄。対 叔。例 伯父(ハクフ)。❹年長の男性。例 老伯(ロウハク)。❺一芸に長じた人。例 画伯(ガハク)。❻五階級の爵位(=公・侯・伯・子・男)の第三位。例 伯爵(ハクシャク)。二 諸侯の長。はたがしら。通 覇(ハ)。例 伯主(ハシュ)(=諸侯の盟主)。

日本語での用法 《ハク》①「日伯協会(ニチハクキョウカイ)」▼「伯剌西爾(ブラジル)」の略。②「伯州(ハクシュウ)」▼旧国名「伯耆(ほうき)(=今の鳥取県西部)」の略。③「神祇伯(ジンギハク)」▼律令制の四等官(シトウカン)で、神祇官の第一位。長官(かみ)。

古訓 中古 かみ・ながし 中世 かみ・ながし・をさ・をぢ 近世 あに・うまのかみ・かしら・つかさ・むままつり・をぢ
人名 お・おさ・く・たか・たけ・とも・のり・はか・ほ・みち
難読 伯労もず(=鳥の名)

【伯▼夷叔斉】ハクイシュクセイ 伯夷と叔斉という二人の兄弟の名。節義を守る、清廉セイレンの士としてたたえられる。
【伯牙】ハクガ 春秋時代の琴キンの名手。
【伯牙絶弦】【伯牙絶▼絃】ハクガゼツゲン 自分のよき理解者の死をなげく意。伯牙は、自分の腕前をよく理解していた鍾子期ショウシキという友が死んだあとは、琴の弦を断ち切り二度と琴にさわらなかったという。〈呂覧・本味〉類伯牙断琴。→【知音】チイン(938ジペー)→【高山流水】コウザンリュウスイ(1473ジペー)
【伯魚】ハクギョ 孔子の長子、孔鯉コウリの字あざな。
【伯兄】ハクケイ 兄弟の中でいちばん年上のあに。長兄。類伯氏。
【伯爵】ハクシャク 貴族の階級の一つ。五等爵(=公・侯・伯・子・男)の第三位。また、その位をもつ人。
【伯叔】ハクシュク 〔「叔」は、弟の意〕①兄と弟。②伯父ハクフ(=父の兄)と叔父シュクフ(=父の弟)。
【伯仲】ハクチュウ ①兄と弟。②どちらもすぐれていて優劣をつけられない。例—の間カン。実力—。
【伯仲叔季】ハクチュウシュクキ 兄弟の順序をあらわすことば。〔長男を「伯」、次男を「仲」、その次を「叔」、末男バツナンを「季」という〕
【伯父】一 ハクフ ①父親の兄をいう。対伯母ハクボ。②君主が同姓の諸侯を敬っていうことば。二 おじ 日 両親の兄。対伯母おば。
【伯母】一 ハクボ 父親の兄の妻をいう。対伯父ハクフ。二 おば 日 両親の姉。対伯父おじ。
【伯楽】一 ハクラク ①星の名。天馬をつかさどるという。②春秋時代の人。姓は孫、名は陽。良馬の見分け方にすぐれていたので、「①」にちなんで呼ばれた。→【千里馬】センリのうま①(192ジペー)③人物を見分けることにすぐれている人。二 バクロウ 日 ウマの売買を仕事にする人。馬喰バクロウ。博労バクロウ。
【伯楽一顧】ハクラクのイッコ 名君・賢宰相に見いだされて知遇と評価を受けること。〔伯楽が市場で品定めしたウマの値段が十倍になったという説話から〕〈戦国策・燕二〉
【伯林】【伯霊】ベルリン 〔英 Berlin の音訳〕ドイツ連邦共和国の首都。柏林ベルリン。
【伯▼耆】ほうき 日 旧国名の一つ。今の鳥取県西部にあたる。伯州ハクシュウ。
●画伯ガハク・侯伯コウハク/ハクコウ

伴
イ5(7) 1 4028 4F34 常用
一 ハン漢 バン呉 翰 pàn
二 ハン漢 旱 bàn
ともなう(ともなーふ)・とも

[伴] イ5(7) 旧字体。

筆順 ノ イ 亻 亻 伴 伴

なりたち  [形声]「亻(=ひと)」と、音「半ハン」とから成る。ともなう人。

意味 一 ❶一緒について助け合える人。とも。例伴侶ハンリョ。❷一緒について行く。ともなう。例伴奏バンソウ。同伴ドウハン。二⇩【伴奐】ハンカン

古訓 中古 とも・ともがら・ともなふ 中世 とも・ともがら・ともだち・ともなふ 近世 おほいなり・とも・ともがら・ともなふ・はんべる
人名 すけ

【伴天連】バテレン 日〔ポルトガル padre(=父・神父)の音訳〕①(室町時代末期以後、布教のために来日した)カトリック教の宣教師。パードレ。パーデレ。②キリスト教の信者。
【伴▼奐】ハンカン ゆったりとしてゆとりのあるさま。
【伴食】バンショク ①人のおともをして一緒に食事をする。相伴ショウバン。陪食。②能力がないのに、職にあって高官としての給料をもらう。例—大臣(=役に立たない高官を悪くいうことば)。
【伴接】ハンセツ/ハンショウ 客を接待する。もてなす。接伴。
【伴走】バンソウ 日 長距離競走の走者の近くを車などに乗って走る。例マラソンの—車。
【伴奏】バンソウ 日 歌や楽器の主たる演奏にそえられる、他の楽器などによる演奏。例ピアノで—する。
【伴僧】バンソウ 日 法事や葬儀のとき、導師につきそう僧。
【伴侶】ハンリョ ①結婚している相手。夫から見た妻、妻から見た夫。つれあい。例良い—を得る。②行動をともにする人。また、身近に持つもの。つれ。例旅の—に好適の案内記。
●相伴ショウバン・随伴ズイハン・同伴ドウハン

伾
イ5(7) 4 0135 4F3E ヒ漢 支 pī

意味 力強い。例伾伾ヒヒ(=力強いさま)。

佖
イ5(7) 3 1416 4F56 ヒツ漢 質 bì

意味 ❶「佖佖ヒツヒツ」は、酔って威儀をそこなうさま。❷みちる。❸ならぶ。

佈
イ5(7) 3 1414 4F48 ホ漢 フ呉 遇 bù

意味 平らに広げる。広く行きわたらせる。しく。通布。例佈告フコク。佈達フタツ。

[佛]
イ5(7) ⇩仏ブツ(57ジペー)

佑
イ5(7) 1 4504 4F51 人 ユウ(イウ)漢 宥 yòu たすーける(たすーく)

なりたち [会意]「亻(=ひと)」と「右ユウ(=たすける)」とから成る。人をたすける。

意味 かばって助ける。たすける。たすけ。通祐ユウ。例佑助ユウジョ。神佑シンユウ。天佑テンユウ。

日本語での用法《ジョウ》「内膳司ナイゼンシの佑ジョウ・造酒司みきのつかさの佑ジョウ」▼律令制の四等シトウ官で、神祇官ジンギカン・諸司などの第三位。判官ジョウ。

古訓 中古 ジョウ・たすく 中世 さいはひ・ジョウ・たすく 近世 ジョウ・たすく
人名 さち・すけ・たすく・たすけ

【佑啓】ユウケイ(ひたすけひらく) 理解を助け、教えさとす。
【佑助】ユウジョ たすけること。たすけ。祐助ユウジョ。

余
へ5(7) 1 4530 4F59 教5 ヨ漢呉 魚 yú あまる・あまり・あます

[餘] 食7(16) 2 8117 9918 旧字体。

筆順 ノ 人 亼 亼 仒 余 余

なりたち A[餘]  [形声]「食(=たべもの)」と、音「余ヨ」とから成る。ゆたかにみちたりる。
B[余]  [形声]「八(=口から出る語気、ことば)」と、音「舍ヤ…ヨ」の省略体とから成る。ことばがのび広がる。派生して「われ」の意。

意味 A[餘] ❶みちたりてあまる。あまる。あまり。例余剰

余人(ジョウ)。余分(ヨブン)。残余(ザンヨ)。❷それ以外。ほか(の)。例 余罪(ヨザイ)。余人(ヨジン)。

B[余] ❶自分を指す代名詞。われ。通 予。例 余輩(ヨハイ)。❷陰暦四月の異称。例 余月(ヨゲツ)。

古訓 A[餘] 中古 あます・あまり・あまる・あまれり・のこる・ほか・みな・ゆたかなり 中世 あまり・あまる・わけ 近世 あまり・おほし・のこり・みな・わけ B[余] 中古 あまれり・おのれ・たつ・なんぢ・われ 中世 み・われ 近世 あまり・み・わけ・われ

人名 われ

難読 余波(なごり)・余風(なごり)

【余(餘)哀】ヨアイ つきない悲しみ。

【余(餘)威】ヨイ ①ありあまった勢い。余勢。例 ―をふるう。②その人の死後も残る威光。

【余(餘)音】ヨイン 声や楽器の響きが、あとまで残っていること。人を感動させることの形容としてもいう。例 余音嫋嫋(ヨインジョウジョウ)(＝あとまで残る響きが細く長く続く)。〈蘇軾・赤壁賦〉

【余(餘)韻】ヨイン ①詩や文章のことばを通して伝わるおもむき。余情。例 ―縹渺(ヒョウビョウ)。②事が終わったあとまで残る、好ましい感じや味わい。例 ―にひたる。③鐘をついたあとなどに残るひびき。余音。

【余(餘)▼蘊】ヨウン 全部があらわれているのではなく、かくれている部分が残っていること。

【余(餘)映】ヨエイ ①入り日の最後の輝き。②消え残る輝き。余光。残光。

【余(餘)栄】ヨエイ ①身にあまる栄誉。②その人の死後にまで残る名誉。

【余(餘)▼裔】ヨエイ ①(学派などの)末流。②子孫。末裔(マツエイ)。

【余(餘)▼贏】【余(餘)▼嬴】ヨエイ 〔「贏・嬴」も、あまりの意〕あまり。

【余(餘)炎】ヨエン ①残暑。②燃え残りのほのお。

【余(餘)▼殃】ヨオウ 先祖の悪事の報いとして、その子孫に残るわざわい。対 余慶(ヨケイ)。例 積不善之家必有二余殃一(セキフゼンのいえにはかならずヨオウあり)(＝不善を積みかさねた家では、かならずわざわいが子孫におよぶ)。〈易・坤・文言〉

【余(餘)暇】ヨカ 仕事や勉強から解放されて、楽しむ時間。ひま。レジャー。例 ―利用。

【余(餘)角】ヨカク 〔数〕二つの角の和が直角であるとき、一方の角を他方の角に対していう。

【余(餘)割】ヨカツ 〔数〕三角関数の一つ。コセカント。

【余(餘)寒】ヨカン 立春を過ぎても感じられる寒さ。例 ―なお厳しい時節。

【余(餘)間】【余(餘)閑】ヨカン ゆとり。余暇。

【余(餘)▼暉】ヨキ ①夕日。日没後の残照。②十分な明るさ。③(天子の)めぐみ。恩沢。④偉人・偉業のなごり。

【余(餘)技】ヨギ (専門・職業以外の)趣味としてもつ技芸。例 ―として俳句をたしなむ。

【余(餘)儀】ヨギ 日 ほかの方法。それに取って代わる方法。〔普通「余儀ない」「余儀なく」の形で使われる〕例 責任上―なく身を引く。中止を―なくされる。

【余(餘)興】ヨキョウ ①尽きないおもしろみ。②日 宴会や集会で、出席者を楽しませるためにおこなう、演芸やかくし芸。座興。アトラクション。例 宴会の―に一曲歌う。

【余(餘)響】ヨキョウ あとまで残っているひびき。遺響。余音。

【余(餘)業】ヨギョウ ①先人がうちたて、後々まで伝えられている功業。遺業。②本業以外の仕事。副業。

【余(餘)薫】ヨクン ①あとまで残るかおり。残り香(が)。余香。②先人の恩恵。先人の恩徳。余徳。余光。

【余(餘)▼醺】ヨクン まださめきらずに残っている酒の酔い。

【余(餘)計】ヨケイ 日 一 ①一定の分量より多くあるさま。例 少しでも―に仕事を進める。②必要以上にあるさま。不必要だ。無用だ。例 ―者。―なことを言うな。二 ①他とくらべて程度・分量が多いさま。例 人より―に働く。②ある理由が加わって、さらにいっそうその程度がますさま。

【余(餘)慶】ヨケイ ①先祖の善行のおかげで、その子孫に報いとしてくるよい結果。対 余殃(ヨオウ)。→【積善之家必有二余慶一(セキゼンのいえにはかならずヨケイあり)】(979ジ ペー) ②他人の善行のおかげ。例 先賢の―に浴す。

【余月】ヨゲツ 陰暦四月の別名。

【余(餘)月】ヨゲツ 閏月(うるうづき)。

【余(餘)▼孽】ヨゲツ 滅びずに残っている悪人。また、その勢力。

【余(餘)▼妍】ヨケン (女性の)あふれんばかりのなまめかしさ。

【余(餘)弦】ヨゲン 〔数〕三角関数の一つ。コサイン。

【余(餘)光】ヨコウ ①残った光。日没のあとに空に残る光。余映。残光。②先人の仕事のおかげ。余徳。例 先代の―にあずかる。

【余(餘)香】ヨコウ あとまで残るかおり。残り香(が)。余薫(ヨクン)。例 捧持毎日拝二余香一(ホウジしてマイニチヨコウをハイす)(＝毎日(恩賜(オンシ)の衣を)ささげもってたきしめられた残り香をなつかしむ)。〔菅原道真・九月十日〕

【余(餘)罪】ヨザイ ①つぐないきれない罪。死んでも残る罪。②日 いま問われている罪以外におかしている別の罪。例 ―が発覚する。―を追及する。

【余(餘)子】ヨシ ①卿大夫(ケイタイフ)の家で、嫡出の長子以外の子。庶子。②周代の軍制で、一家からひとりを正卒として出したあとに残されている青年男子。羨卒(センソツ)。③そのほかの人。余人。④年少者。

【余(餘)事】ヨジ ①ほかのこと。別のこと。他事。②余力や余暇ですること。

【余(餘)日】ヨジツ ①(期限までに)まだ残っている日数。例 年内―なく。②ひまな日。③その日以外の、別の日。他日。例 あとは―を期する。④晩年。

【余(餘)習】ヨシュウ ①ふだんからの習慣。例 余習所レ牽、便成二三韻一(ヨシュウにひかれ、すなわちサンインをなせり)(＝日ごろの習慣にひかれて筆をとったところ、六句の詩ができた)。〈白居易・与微之書〉②昔から伝えられ、改められていないならわし。因習。

【余(餘)剰】ヨジョウ のこり。あまり。剰余。例 ―米(マイ)。

【余(餘)情】ヨジョウ ①あとあとまで心に残る味わい。②詩や文章のことばから受ける、しみじみとした思い。

【余(餘)▼饒】ヨジョウ ありあまること。豊かで余裕があること。

【余(餘)震】ヨシン 日 ①地震のとき、大きなゆれのあとに続いて起こる小さなゆれ。ゆりかえし。②事件のあとに残る影響。

【余(餘)人】ヨジン ほかの人。別の人。例 ―を交えず話す。―をもって代えがたい。

【余(餘)▼塵】ヨジン ①人や馬車が通ったあとに立つほこり。後塵(コウジン)。②前人の残した影響。余風。

【余(餘)▼燼】ヨジン ①(火事などで)消え残った火。燃えさし。例 大火の―なお消えやらぬ。②敗残兵。戦争で生き残った兵。③日 事件などのあとに、なお残る、その影響。

【余(餘)生】ヨセイ ①残りの人生。老後に残された生活。余命。例 静かな―を送る。―を楽しむ。②かろうじて助かった命。

【余(餘)勢】ヨセイ ①十分な力。ありあまる勢力。②何かをしたあと、まだ残っているいきおい。はずみ。例 成功の―を駆って、事業を拡張する。

【余(餘)接】【余(餘)切】ヨセツ 〔数〕三角関数の一つ。コタンジェント。

【余(餘)▼喘】ヨゼン ①やっと続いている息。虫の息。②死に近づいた命。余命。例―を保つ。

【余(餘)所】よそ 日①ほかの場所。例―へ行く。②見も知らぬ遠いところ。例―の国。③他人。他人の家。例―の子。④関係がないこと。無関係だとすること。例親の心配を―にむちゃをする。▽他所よそ。

【余(餘)沢】ヨタク ①〔「沢」は、うるおい、めぐみの意〕先人の残した恩恵。余徳。例先帝の―に浴す。②大きな沼沢。

【余(餘)談】ヨダン ①一言半句。わずかのことば。②(本題ではない)別の話。例これは―ですが…。

【余(餘)地】ヨチ ①あまっている土地。空き地。②あまっている部分。あき。すきま。例立錐リッスイの―もない。③(何かができる)余裕。ゆとり。可能性。例疑いをいれる―もない。

【余(餘)滴】ヨテキ (雨の降ったあとや筆の先、杯の酒などの)あまったしずく。例研究―(=こぼれ話)。

【余(餘)党(黨)】ヨトウ ①(悪人などの)仲間。②賊徒の、討ちもらされて残っている者。残党。余類。

【余(餘)得】ヨトク 日余分のもうけ。利益。(その地位にあることで手にはいる)正規の収入以外の利益。余禄ヨロク。役得。

【余(餘)徳】ヨトク 先人の残した恩恵。余沢。

【余(餘)毒】ヨドク 周辺や後世にまでおよぶ災い。

【余(餘)熱】ヨネツ ①残暑。例―のいまだ厳しいころ。②火を消したあともまだ残っているあたたかみ。ほとぼり。例―利用。

【余(餘)年】ヨネン ①晩年。余生。②ほかの年。

【余(餘)念】ヨネン (よけいな)ほかの考え。雑念。他意。例準備に―がない。

【余(餘)波】ヨハ ①風がおさまったあとも立っている波。なごり。例台風の―。②ものごとがすんだあとにも残っている、その影響。あおり。例地震の―で列車ダイヤが乱れている。

【余輩】ヨハイ 話し手が自分を含めた複数の人々を指すことば。わがはい。われ。また、自分たち。われわれ。予輩。

【余(餘)白】ヨハク 日(文字や図などのある紙面のうち)何も書いてない白い部分。空白。例ページの―。

【余(餘)病】ヨビョウ ①治りきらない症状。②ある病気にともなって起こるほかの病気。例―を併発する。

【余(餘)夫】ヨフ 古代中国で、一家の長としての田地をさずけられない、老少の男子。

【余(餘)風】ヨフウ 前の時代から残っている風習や風俗。遺風。

【余(餘)憤】ヨフン おさまらないまま残っている怒り、いきどおり。例いまだ―おさまらず。

【余(餘)分】ヨブン ①一定の分量をこえて多い分。例―に支払う。②必要以上で、なくてもいいもの。余計。

【余(餘)弊】【余(餘)▼敝】ヨヘイ ①以前から伝えられて残っている悪い風習。②日ある事柄にともなって起こる弊害。

【余(餘)芳】ヨホウ ①あとに残っているかおり。余香。②死後も伝えられている徳。

【余(餘)程】よほど 日①普通の程度をこえているさま。かなり。相当。例―うれしかったようだ。②いっそのこと。例―やめようかと思った。

【余(餘)命】ヨメイ (これから先の)残り少ないいのち。死ぬまでに生きる年数。余喘ヨゼン。例―いくばくもない。

【余(餘)裕】ヨユウ ①ありあまっていること。また、そのあまりの部分。ゆとり。例家計に―がある。②ゆったり落ち着いていること。

【余(餘)裕▼綽▼綽】ヨユウシャクシャク 心に十分な余裕があって、ゆったり落ち着いているさま。例まだまだ―たるものだ。

【余(餘)▼姚▼之学】ヨヨウのガク 明ミンの王守仁(王陽明)の学派。陽明学。〔余姚は浙江セッコウ省の地で、王守仁の故郷〕

【余(餘)力】ヨリョク (使ってもなお)あまっている力。余裕。余勢。例行有二余力一、則以学レ文(おこないてヨリョクあらば、すなわちもってブンをまなべ)(=実践してなおゆとりがあれば、書物を学べ)。〈論語・学而〉

【余(餘)類】ヨルイ メンバーが欠けたあとまで残った仲間。残党。

【余(餘)齢】ヨレイ 晩年。余生。

【余(餘)▼瀝】ヨレキ ①杯に残された酒などのしずく。余滴。②他人からの恩恵や、他人の残したわずかな利益。

【余(餘)烈】ヨレツ ①祖先が残した功績。死後にもほめたたえられる忠義のおこない。余威。例―をたたえる行事。②先人の残した悪行。例遺毒―。

【余(餘)▼禄】ヨロク 正規の収入以外の利益。余得。例―を期待する。

【余(餘)話】ヨワ 日あるできごとについての、人には知られていない話。こぼればなし。エピソード。例明治維新史の―。

●窮余キュウヨ・残余ザンヨ・剰余ジョウヨ・有余ユウヨ

伶

亻5(7) 1 4666 4F36 人 レイ漢 リョウ(リャウ)呉 青 líng

なりたち  [形声]「亻(=ひと)」と、音「令レイ」とから成る。わざおぎ。

意味 ❶音楽や踊りで神や人の心をなごませる人。わざおぎ。例伶官レイカン。伶人レイジン。❷召し使い。小者。例使伶シレイ。❸⇩【伶俜】レイヘイ ❹⇩【伶俐】レイリ

古訓 中古 さすらふ・ほこる 中世 さまよふ・ひとり・もてあそぶ・やすらふ 近世 つかはれびと・ひとり・もてあそばれもの

人名 さとし

【伶官】レイカン 音楽の演奏や作曲を仕事とする役人。伶工。伶人。

【伶工】レイコウ 音楽の演奏者。俳優。伶人レイジン。

【伶人】レイジン 音楽の演奏者。特に、雅楽の奏者。楽人ガクジン。伶工。

【伶▼俜】レイヘイ ひとりぼっちで孤独なさま。また、落ちぶれてさまようさま。

【伶▼俐】レイリ 利口なこと。かしこいこと。また、そのさま。聡明ソウメイ。怜悧レイリ。対愚鈍・暗愚。例―な子供。

佤

亻5(7) 4 0133 4F64 ワ wǎ

意味 中国の少数民族の名。佤族ワゾク。

侒

亻6(8) 4 0145 4F92 アン漢 寒 ān

意味 やすらか。通安。

依

亻6(8) 1 1645 4F9D 常用 イ漢 エ呉 微 yī よ-る

筆順 

なりたち  [形声]「亻(=ひと)」と、音「衣イ」とから成る。よる。もたれる。

意味 ❶よりかかる。**よる**。もたれかかる。通倚イ。例白日依レ山尽(ハクジツやまによりてつく)(=太陽が山によりそうように向こうへと沈む)。〈王之渙・登鸛鵲楼〉 帰依キエ。❷たのみにする。たよる。例依存イソン。依頼イライ。❸そのことにもとづく。よりどころにする。**よる**。例

依願(イガン)。依拠(イキョ)。❹もとのまま。例 依然(イゼン)。❺⇩【依依(イイ)】❻⇩【依稀(イキ)】❼⇩【依遅(イチ)】❽⇩【依微(イビ)】❾⇩【依約(イヤク)】

古訓 中古 うつくしぶ・うつくしみ・たすく・たとひ・たのむ・たより・ほのかなり・よて・より・よる 中世 たすく・たのむ・よる 近世 したがふ・たすく・たとへる・たのむ・つく・よつて・よる

人名 のり・より

難読 依網(よさみ)・依田(よだ)（＝地名・姓）・玉依姫(たまよりひめ)

【依▼阿】(イア) 人にへつらって、言いなりになる。

【依依】(イイ) ①枝がしなやかなさま。また、茂るさま。②名残おしく離れがたいさま。③遠くてぼんやりしているさま。④おどおどしているさま。

【依▼倚】(イイ) よりかかる。たよる。

【依違】(イイ) ためらうさま。どっちつかずで、はっきりしないさま。

【依願】(イガン) 日（命令や強制ではなく）本人のねがいによる（ものとして取りあつかう）こと。例 ―退職。―免官。

【依帰】(イキ) ①たよりにする。すがる。②〔仏〕仏教を深く信じる。帰依(キエ)。

【依▼稀】(イキ) ①ぼんやりとして、はっきりしないさま。②似かよっている。

【依拠】(イキョ) （書物や原則などを）もとにする。また、そのもとになるもの。例 新法に―した制度。

【依▼恃】(イジ) 〔「恃」は、たのむ意〕たよりにする。依怙(イコ)。たのむ。たよる。例 立案を―する。

【依嘱】(イショク) たのむ。たよる。例 立案を―する。

【依然】(イゼン) ①少しも変わらず、もとのままであるさま。例 旧態―としたやり方。②昔をなつかしむさま。③木々がさかんに茂るさま。

【依存】(イソン／イゾン) （他の人やものに）たよって存在する。例 大国に―した外交。

【依託】(イタク) ①あるものごとを他人にたのんでやってもらう。②かこつける。③日ものにもたせかける。例 ―射撃。

【依遅】(イチ) ぐずぐずしているさま。名残をおしむ。

【依微】(イビ) ①ぼんやりとして、はっきりしないさま。②細かいさま。

【依▼憑】(イヒョウ) たよる。よりどころとする。

【依附】(イフ)【依▼坿】(イフ) たよる。よりすがる。したがう。

【依約】(イヤク) ①よる。依拠する。②ぼんやりとしたさま。

【依頼】(イライ) ①よりかかる。②日たのむこと。たのみ。例 ―心。―状。執筆を―する。

【依▼怙】(イコ) ①たよること。②日片方だけに力を貸すこと。例 ―の沙汰(サタ)。

【依▼怙地】(イコジ／エコジ) 日片意地を張ること。例 ―になって反対する。

【依▼怙▼贔▼屓】(エコヒイキ) 日自分の好きなものだけを特にかわいがる。

佾

亻6（8）
3 1420
4F7E

イツ 漢 質 yì

意味 中国古代の楽舞の行列。天子には八人八列、諸侯には六人六列、大夫(タイフ)には四人四列で舞った。

価

亻6（8）
1 1833
4FA1
教5

カ 漢 ケ 呉 禡 jià
あたい（あたひ）

［價］亻13（15）
2 4911
50F9
人 旧字体。

筆順 ノ 亻 亻 亻 価 価 価 価

なりたち ［会意］「亻（＝ひと）」と「賈コ→カ（＝あきなう）」とから成る。もののあたい。ねだん。

意味 ❶ものの値段。あたい。例 不レ二レ価(あたいをふたつにせず)。価格(カカク)。物価(ブッカ)。❷（世間で認められる）人・ものごとの値打ち。例 価値(カチ)。声価(セイカ)。評価(ヒョウカ)。

古訓 中古 あたひ・ふるまひ・ものかふ 中世 あたひ・かふ 近世 あたひ・おほいなり

難読 酒価(さかて)

【不レ二レ価】(あたいをふたつにせず) 相手によって値段を高くしたりはしない。掛け値を言わない。無レ二レ価(あたいをふたつにすることなし)。

【待レ価▼而▼沽】(あたいをまちてうる) 値上がりを待って売る。よい時節を待って行動する、特に仕官することのたとえ。〔「沽レ之哉、我待レ賈者也(これをうらんかな、われはあたいをまつものなり)（＝売ろうではないか。私はよい値がつくのを待っているのだ）。〈論語・子罕〉」から〕

【価格】(カカク) 日値段。ものを売り買いするときの金額。例 卸売(おろしうり)―。―を据え置く。待賈(タイコ／タイカ)。

【価値】(カチ) ①ものごとの意義や有用性。ねうち。例 ―判断。存在―。②土地や金品のもつ効用の程度。例 交換―。

●安価(アンカ)・栄養価(エイヨウカ)・原価(ゲンカ)・高価(コウカ)・真価(シンカ)・代価(ダイカ)・単価(タンカ)・地価(チカ)・定価(テイカ)・特価(トッカ)・評価(ヒョウカ)・物価(ブッカ)

佳

亻6（8）
1 1834
4F73
常用

カ・カイ 漢 ケ・ケイ 呉 佳 jiā
よ-い（よ-し）

筆順 ノ 亻 亻 仕 仕 佳 佳 佳

なりたち ［形声］「亻（＝ひと）」と、音「圭ケイ→カ」とから成る。よい。美しい。

意味 ❶すっきりと形よくととのっている。美しい。よい。例 佳人(カジン)。佳麗(カレイ)。❷すぐれている。例 佳句(カク)。佳作(カサク)。❸おいしい。例 佳肴(カコウ)。❹めでたい。通 嘉(カ)。例 佳節(カセツ)。

古訓 中古 おほいなり・よし 中世 おほいなり・おほし・よし 近世 おほいなり・よし

人名 よし・よしみ・よろし

【佳会】(カカイ) ①あいびき。②高雅なつどい。

【佳客】(カカク／カキャク) 身分や教養のある立派な客。また、好ましい客。嘉客(カカク)。類 佳賓。

【佳気】(カキ) ①めでたい雲気。②すっきりとして快い香り。

【佳期】(カキ) ①よい時節。めでたい日。佳節。②〔美人と会う日の意〕成婚の日。吉日(キチジツ)。

【佳境】(カキョウ) ①（景色・詩文・味などの）たいへんよいところ・部分。②ものごとが進行して好ましい状態になったところ。おもしろくなったところ。クライマックス。例 ―に入(い)る。

【佳句】(カク) ①歌や詩などの、よい語句。②日すぐれた俳句。秀句。

【佳偶】(カグウ) 申し分のない、つれあい。よい配偶者。嘉配(カハイ)。類 佳配。

【佳景】(カケイ) よいながめ。気持ちのよい景色。

【佳言】(カゲン) （教訓に富む）味わい深いことば。また、縁起のよいことば。

【佳▼肴】(カコウ) 〔「肴」は、ごちそうの意〕おいしい料理。嘉肴(カコウ)。例 美酒―。

【佳作】(カサク) ①できのよい作品。②日入選に次いでよい作品。例 選外―。

【佳日】(カジツ) よい日。日柄のよい日。めでたい日。吉日。嘉日(カジツ)。例 ご結婚の―。

【佳▼什】(カジュウ) すぐれた詩。嘉什(カジュウ)。

【佳勝】(カショウ) ①名声のある人。②美しい。

【佳城】(カジョウ) 墓のこと。

【佳▼辰】(カシン) 〔「辰」は、日の意〕よい日。めでたい日。佳日カツ。佳節。吉日。嘉辰(カシン)。

【佳人】カジン ①美しい女性。美人。 ②賢者。忠臣。 ③夫。〔妻が自分の夫をいうことば〕

【佳人薄命】カジンハクメイ 〔「薄命」は、不幸、特に短命であること〕美人は不幸で若くて死ぬことが多いということ。美人薄命。〔「自レ古佳人多二命薄一(いにしえよりカジンメイハクなるものおおし)(=昔から美人は若死にする者が多い)。〈蘇軾・薄命佳人〉」から〕

【佳節】カセツ 祝日。めでたい日。佳日(カジツ)。佳辰(カシン)。嘉節(カセツ)。 例 毎レ逢二佳節一倍思レ親(カセツにあうごとにますますシンをおもう)(=めでたい《重陽の》節句になるたび、いっそう《故郷の》親兄弟のことがしのばれる)。〈王維・九月九日憶山東兄弟〉

【佳絶】カゼツ きわめてよい。絶佳。

【佳致】カチ 優美なおもむきがあること。

【佳品】カヒン よい品物。立派な品物。

【佳聞】カブン よい評判。

【佳編】カヘン （文学作品などで）よい作品。よい文章。 表記 ⑪佳▼篇

【佳妙】カミョウ うるわしいこと。美妙。

【佳名】カメイ よい名。よい評判。令名。嘉名(カメイ)。

【佳▼茗】カメイ よい茶。よい茶葉。

【佳容】カヨウ よい顔だち。美しい姿かたち。

【佳例】カレイ めでたい先例。吉例。嘉例(カレイ)。 例 ―に従う。

【佳麗】カレイ 美しい。きれい。また、美しい人。 例 後宮佳麗三千人(コウキュウのカレイサンゼンニン)(=奥御殿の美人は三千人)。〈白居易・長恨歌〉

【佳話】カワ よいはなし。気持ちのよい内容のはなし。美談。

●絶佳(ゼッカ)

佪

亻6 (8) 3 1418 4F6A

カイ(クヮイ)漢 灰 huí/huái

意味 ❶さまよう。通徊(カイ)。 例 徘佪(ハイカイ)。 ❷心が明らかでない。 例 佪佪(カイカイ)(=意識がはっきりしない)。 ❸度数をあらわすことば。通回。

侅

亻6 (8) 4 0144 4F85

カイ漢 ガイ呉 灰 gāi

意味 並みでない。 例 奇侅(キカイ)(=奇異な。また、邪悪な行為)。

佸

亻6 (8) 4 0140 4F78

カツ漢 曷 huó

あ-う(あ-ふ)

意味 出会う。あう。

侃

亻6 (8) 1 2006 4F83 人

カン漢 旱 kǎn

つよ-い(つよ-し)

なりたち 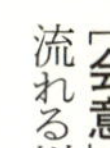 [会意]「㐰(=信(まこと))」と「川(=たゆまず流れる川)」とから成る。剛直。意志が強くてまっすぐ。

意味 ❶正しくひたむきで信念を曲げないさま。つよい。 例 侃諤諤(カンカンガクガク)。 ❷のびのびとして楽しむさま。やわらぐ。 例 侃爾(カンジ)。

人名 あきら・すなお・たかし・ただ・ただし・つよし・なお・やす

【侃侃】カンカン ①意志が強く、正しいと信じることを曲げないさま。剛直。 例 ―たる正論をはく。 ②おだやかなさま。やわらいださま。 例 朝与二下大夫一言、侃侃如也(チョウしてカカタイフといういに、カンカンジョたり)(=朝廷で下位の大夫と話すときは、おだやかに打ち解けた様子だった)。〈論語・郷党〉

【侃侃▼諤▼諤】カンカンガクガク 正しいと信じることを遠慮なく言うこと。侃諤。 例 ―の議論。 参考 「ケンケンガクガク」と読むのは「喧喧囂囂(ケンケンゴウゴウ)(=多くの人が勝手にしゃべってやかましいさま)」との混同で、誤り。

【侃▼爾】カンジ ゆったりとしたさま。

佹

亻6 (8) 4F79

キ(クヰ)漢 紙 guǐ

意味 正常ではない。あやしい。通詭(キ)。 例 佹異(キイ)(=奇異)。

【佹弁(辯)】キベン 道理に合わないこじつけの議論。詭弁(キベン)。

佶

亻6 (8) 2 4843 4F76

キツ漢 質 jí

意味 ❶ただしい。 ❷たくましい。すこやか。 ❸⇩【佶屈】クキツ ❹⇩【佶栗】リキツ ❺⇩【佶慄】リキツ

【佶屈】クキツ 文章が難解であるさま。

【佶屈▼聱牙】キックツゴウガ 〔「聱牙」は、語句や文章がわかりにくい意〕文章がかたくるしくて読みにくいこと。〈韓愈・進学解〉

【佶▼栗】リキツ 寒さにふるえるさま。

【佶▼慄】リキツ 勇猛なさま。

供

亻6 (8) 1 2201 4F9B 教6

一 キョウ漢 ク・グ呉 宋 gòng
二 キョウ漢 ク・グ呉 冬 gōng

そなえる（そな-ふ）・そなえ（そなへ）・とも・ども

筆順 ノ 亻 亻 仕 仕 供 供 供

なりたち 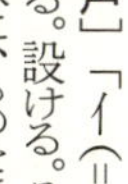 [形声]「亻(=ひと)」と、音「共(キョウ)」とから成る。設ける。そなえる。

意味 一 ❶神仏や貴人に、ものをささげる。そなえる。 例 供花(キョウカ)。節供(セック)。人身御供(ひとみゴクウ)。 ❷貴人に仕えて用をつとめる。 例 供奉(グブ)。 ❸わけを述べる。取り調べに対して事情を述べる。 例 供述(キョウジュツ)。自供(ジキョウ)。 二 求めに応じてさし出す。利用してもらうよう、さし出す。 例 供給(キョウキュウ)。提供(テイキョウ)。閲覧(エツラン)に供(キョウ)する。

日本語での用法 一《とも》「お供(とも)・供人(ともびと)」▼従者。 二《ども》「子供(こども)」▼複数をあらわすことば。

古訓 中古 そなふ・たてまつる・つかまつる・のぞむ・まうく 中世 そなふ・たてまつる・とも 近世 さづくる・すすむ・そなへる・たてまつる・とも・まつる・やしなふ

難読 御影供(みエイク)

【供応】キョウオウ ①必要なものをやりくりしてそろえる。 ②ごちそうをして人をもてなす。接待。 例 ―にあずかる。―を強いる。 表記 ②は ⑪▼饗応

【供花】キョウカ/クゲ 日 死者や仏に、花をそなえること。

【供給】キョウキュウ ①求められているものを与える。供与。 例 ガスを―する。資金を―する。 ②販売のために商品を市場(シジョウ)に出す。また、その量。 例 ―量。―不足。▽対需要。

【供御】キョウギョ 一 天子に献上する。また、そのもの。 二 ゴクギョ 日 ①天皇や皇后などの飲食物。また、将軍家についてもいう。 ②〔女房詞(ニョウボウことば)〕ごはん。米のめし。

【供具】キョウグ 一 ①宴会の席で、飲食物をそなえるのに用いる器具。 ②ごちそう。また、ごちそうを用意する。 二 グク 神仏へのそなえもの。また、それに用いる器具。

【供出】キョウシュツ 日〔統制経済の制度で〕 ①国など公の求めに応じて、金品を差し出す。 ②民間の物資を定められた価格によって政府に売りわたす。 例 ―米(マイ)。

【供述】キョウジュツ 被告人・被疑者・証人などが知覚した事実を述べること。 例 ―書。目撃者の―。

【供託】キョウタク 日〔法〕公的な保証を得るために、金銭や物品などを法律で定められた機関(=供託所)にあずける。 例 ―金(キン)。

【供帳】キョウチョウ 宴会などの場所に垂れ幕を張ること。宴会の準備をすること。供張。

【供奉】(キョウホウ) 一 (兵や食料を)供給して役立てる。また、その人。 二(グブ) ①天子のそば近く仕える。また、その人。②唐代の官名。一芸一能にひいでていて朝廷に仕えたもの。例 翰林(カンリン)—(=詩文や学問についての天子の顧問)。③日 天皇や貴人の外出のおともをする。また、その人。例 行幸(ギョウコウ)に—する。

【供米】日 一(キョウマイ) 生産した米を供出すること。また、その米。供出米。二(クマイ) 神仏にそなえる米。

【供与】(キョウヨ) 日 (物品・資金・権利などを)提供し、あたえる。例 開発資金を—する。便宜を—する。

【供養】一(キョウヨウ) ①父母や祖父母をやしなう。②祖先の廟(ビョウ)に食物をそなえる。二(クヨウ) 〔仏〕仏や死者の霊を、そなえものをしたり経を読んだりして、なぐさめる。

【供覧】(キョウラン) 多くの人々が見物できるようにする。

【供物】(クモツ) 日 神仏にそなえるもの。おそなえ。例 お—。

●子供(こども)・自供(ジキョウ)・提供(テイキョウ)・人身御供(ひとみゴクウ)

[侠] 亻6 (8) ⇩俠(キョウ)(88ページ)

佼

亻6 (8) 1 2483 4F7C

一 コウ(カウ) 漢 巧 jiǎo
二 コウ(カウ) 漢 肴 jiāo

意味 一 ❶顔だちが美しい。なまめかしい。例 佼人(コウジン)。❷悪がしこい。通 狡(コウ)。❸ ⇩【佼佼(コウコウ)】② 二 ❶まじわる。通 交。

例 私佼(シコウ)(=こっそりつきあう)。❷ ⇩【佼佼(コウコウ)】①

【佼佼】(コウコウ) ①あちこちへ飛ぶさま。②抜きん出てすぐれているさま。

【佼人】(コウジン) 美人。姣人(コウジン)。

【佼童】(コウドウ) 美しい子供。美少年。

侊

亻6 (8) 3 1421 4F8A

コウ(クヮウ) 漢 呉 陽 guāng

意味 ❶大きなさま。さかんなさま。❷小さなさま。

佷

亻6 (8) 4 0139 4F77

一 コン 漢 阮 hěn
二 コウ 漢 蒸 héng

意味 一 すなおに従わない。さからう。もとる。通 很(コン)。 二「佷山(コウザン)」は、漢代の県名。今の湖北省にあった。

使

亻6 (8) 1 2740 4F7F 教3

一 シ 漢 呉 紙 shǐ
二 シ 漢 呉 寘 shì(旧 shì)

つかう(つか-ふ)・つかい(つかひ)

筆順 ノ 亻 亻 仁 佢 佢 使 使

なりたち  [形声]「亻(=ひと)」と、音「吏(リ→シ)」とから成る。言いつける。派生して「つかう」の意。

意味 一 ❶はたらかせる。もちいる。**つかう**。例 使役(シエキ)。使用(シヨウ)。行使(コウシ)。❷「(…をして)…(せ)しむ」と読み、…に…させる、の意。使役をあらわす。例 使二子路問一レ津焉(シロをしてシンをとわしむ)(=子路に渡し場をたずねさせた)。〈論語・微子〉 二 ❶任務を帯びて出かける人。**つかい**。例 使者(シシャ)。大使(タイシ)。❷使者として出かける。つかいする。例 使二於四方一、不レ辱二君命一(シホウにつかいして、クンメイをはずかしめず)(=諸国に使者として行き、君命をそこなわず立派に使命を果たす)。〈論語・子路〉

古訓 中古 かみ・しむ・せしむ・たとひ・たとふ・つかはす・つかひ・つかふ 中世 して・しむる・せしむる・つかさ・つかひ・つかふ 近世 したがふ・して・せしむ・つかひ・つかふ

【使役】(シエキ) ①人を使って働かせる。人にある行為をさせる。②人に仕える。従事する。③日 人にある行為をさせることをあらわす語法。助動詞「せる」「させる」(文語は「す」「さす」「しむ」)を用いた言い方。

【使気】(シキ) ①(キをつかう) 気ままにする。好き勝手にふるまう。②意気ごむ。りきむ。

【使君】(シクン) 天子の命令で地方や国外につかわされる勅使を敬っていうことば。

【使者】(シシャ) ①君主の命令を受けて他国へつかわされる人。②命令や伝言を伝えるためにつかわす人。使い。例 —を立てる。

【使酒】(シシュ) (さけをつかう) 酒に酔って気ままにふるまう。

【使臣】(シシン) 外交などで、君主の特命を帯びて派遣される臣下。

【使節】(シセツ) ①天子や諸侯の使者が、主君から与えられる身分証明。②君主の特命を帯びて派遣される使者。③国家や政府を代表して、外国へ派遣される人。外交官。例 親善—。

【使▼嗾】(シソウ) そそのかす。けしかける。指嗾(シソウ)。

【使丁】(シテイ) 日 (役所などで)雑役を仕事とする人。小使い。仕丁。

【使典】(シテン) ①(テンをつかう) 古典の内容をふまえて文章を作る。②下級官吏。小役人。

【使徒】(シト) ①キリスト教会の初期に、キリストの救いの教えを伝える役割を果たした人々。例 十二—。②日 社会事業など尊い仕事に自らをささげる人。例 平和の—。

【使途】(シト) 日 物品や金銭の使いみち。例 —不明金。—を明白にする。

【使▼聘】(シヘイ) 他国に使者を派遣すること。

【使幣】(シヘイ) ①使者と贈り物。②使者が持参する進物。

【使命】(シメイ) ①使者に与えられる任務。例 重大な—を帯びる。②その人の果たすべき重大な任務。特に、生涯をかけて実現すべき、人としてのつとめ。天職。例 —感に燃える。

【使用】(シヨウ) 人・金品・施設などを使う。用いる。例 —者(=使用する人)。—人(=使われる人)。

【使令】(シレイ) ①指図して人を使う。また、その命令。例 —によって行動する。②召し使い。使伶(シレイ)。

●急使(キュウシ)・駆使(クシ)・検非違使(ケビイシ)・公使(コウシ)・行使(コウシ)・酷使(コクシ)・大使(タイシ)・勅使(チョクシ)・天使(テンシ)・特使(トクシ)・密使(ミッシ)

侈

亻6 (8) 2 4844 4F88

シ 漢 紙 chǐ

おご-る

意味 ❶おごりたかぶる。えらそうにする。**おごる**。例 侈傲(シゴウ)。❷ぜいたくをする。度をすごす。例 奢侈(シャシ)。❸ほしいまま。勝手放題。例 放辟邪侈(ホウヘキジャシ)。❹大きい。例 侈口(シコウ)(=大きい口)。❺ ⇩【侈侈(シシ)】

【侈傲】(シゴウ) 〔「傲」も、おごりたかぶる意〕 おごりたかぶって人をあなどること。また、おごり。傲侈。

【侈侈】(シシ) 繁栄するさま。豊かなさま。

【侈▼奢】(シシャ) ぜいたくをすること。奢侈。

【侈泰】(シタイ) ①ぜいたくをする。②おごりたかぶる。

【侈▼靡】(シビ) ぜいたくをする。

佽

亻6 (8) 4 0142 4F7D

シ 漢 寘 cì

意味 ❶役に立つ。❷助ける。❸ならぶ。

侍

亻6 (8) 1 2788 4F8D 常用

シ 漢 ジ 呉 寘 shì

さむらい(さむらひ)・はべ-る・さぶら-う(さぶら-ふ)

筆順 ノ 亻 仁 什 仕 侍 侍 侍

なりたち 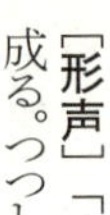 [形声]「亻(=ひと)」と、音「寺(シ)」とから成る。つつしんでうけたまわる。

意味 ❶身分の高い人のそば近くに仕える。**はべる**。**さぶらう**。例 侍医(ジイ)。侍従(ジジュウ)。近侍(キンジ)。❷やしなう。扶養する。例 侍老（ロウジ）（＝老人をやしなう）。❸進言する。諫言（カンゲン）する。例 侍言（ジゲン）（＝天子に進言する）。

日本語での用法 一《さむらい》《さぶらい》①「若侍（わかざむらい）・青侍（あおざむらい）」▼武士。②「遠侍（とおざむらい｜とおさぶらい）・内侍（うちさぶらい）」▼武士が出勤して詰めている所。二《すけ》「典侍（ナイシのすけ）」▼宮中の女官（ニョカン）の官位。律令制の四等（シトウ）官で、内侍司（ナイシのつかさ）の第二位。次官（すけ）。

古訓 中古 さぶらひ・さぶらふ・したがふ・つかうまつる・つかふ・のぞむ・はべり・はむべり・やしなふ 中世 うけたまはる・さぶらひ・さむらひ・したがふ・つかふ・のぞむ・はむべり・はんべり・やしなふ 近世 さぶらふ・さむらひ・つかふ・はんべる

難読 侍宿（とのい）

【侍医（醫）】ジイ 身分の高い人に専属して働く医者。
【侍衛】ジエイ 貴人の護衛をする。また、その人。
【侍御】ジギョ 主君のそば近くに仕える。また、その人。
【侍講】ジコウ ①師に従って学問をする。②天子や太子に仕え、学問を講じる人。また、その役職。
【侍座】【侍▼坐】ジザ 貴人の近くにひかえてすわる。
【侍史】ジシ ①罪人の子でありながら、才知があるため役所で使われた女子。侍使。②貴人に専属する書記。右筆（ユウヒツ）。③〔直接にではなく、書記の侍史を通じて手紙を差し上げる意〕脇付（わきづけ）の一つ。敬うべき年長者や、師や友に差し出す手紙のあて名にそえることば。類 侍曹（ジソウ）。
【侍児】ジジ 侍女。
【侍者】ジシャ ①貴人のそば近くに仕え、身の回りの世話をする人。②住職や高僧に仕えて雑用をする僧。
【侍▼豎】ジジュ 〔「豎」は、子供の意〕貴人のそば近くに仕える子供。侍童。小姓（こショウ）。
【侍従】ジジュウ 天子や皇族のそば近くに仕えること。また、その人。
【侍女】ジジョ 貴人のそば近くに仕える女性。腰元。
【侍臣】ジシン 天子や貴族のそばに仕える臣下。
【侍中】ジチュウ 古代中国で、天子に申し上げる事柄をつかさどった官。唐代には宰相の職となった。
【侍童】【侍▼僮】ジドウ 子供の召し使い。
【侍読】ジドク｜ジトウ 天子や太子に仕え、書を講じること。また、その人。侍講。
【侍養】ジヨウ そば近くで世話をして扶養する。
【侍立】ジリツ 貴人につき従って、そのそばにひかえて立つ。
【侍郎】ジロウ 秦（シン）・漢代、宮殿の門戸の守備をつかさどった官。唐代には、侍中に次ぐ宰相の職となった。

舎

人6（8） 1 2843 820E 教5

一 シャ 漢 呉 禡 shè
二 シャ 漢 呉 馬 shě
三 セキ 漢 陌 shì

やど・おーく 付表 田舎（いなか）

［舍］舌2（8） 2 7150 820D 旧字体。

筆順 ノ 人 亼 仐 全 舎 舎 舎

なりたち

［会意］「亼（＝集まる）」と「十（＝屋根）」と「口（＝囲い）」とから成る。客が集まり、とどまる建物。やど。

意味 一 ❶泊まる。やどる。人を泊めるところ。**やど**。やどや。例 舎営（シャエイ）。旅舎（リョシャ）。❷いえ。建物。家屋。例 舎屋（シャオク）。殿舎（デンシャ）。校舎（コウシャ）。❸自分の家。みうち。例 舎弟（シャテイ）。❹軍隊が行軍して泊まること。例 舎次（シャジ）。❺軍隊が一日に行軍する距離。周代には三十里。例 其辟レ君三舎（それきみをさくることサンシャせん）（＝あなたの軍勢に対して三日分の行程を後退しましょう）。〈左伝・僖二三〉❻休息する。いこう。例 休舎（キュウシャ）（＝休息する）。二 ❶とどまる。**おく**。例 逝者如レ斯夫、不レ舎二昼夜一（ゆくものはかくのごときかチュウヤをおかず）（＝過ぎ去っていくものは、みなこのとおりなのか。昼も夜もとどまることがない）。〈論語・子罕〉❷すてる。通 捨。例 舎業（シャギョウ）。三 ❶すえる。**おく**。通 釈（セキ）。例 舎采（セキサイ）。舎奠（セキテン）。❷解ける。通 釈（セキ）。例 舎然（セキゼン）。

古訓 中古 おく・おろす・すつ・ぬぐ・のぞく・はなつ・やどる・やむ・ゆるす 中世 いへ・いほり・すつる・とどむ・はなつ・みや・やど・やどる 近世 あたる・いへ・いほり・おく・すつる・とく・とどまる・とどめる・のぞく・はなつ・やどり・やどる

人名 いえ・や・やどる

難読 学び舎（まなびや）

【舎営】シャエイ 日 軍隊が民家で休養したり、宿泊したりすること。対 露営・野営。
【舎下】シャカ 自分の家のへりくだった言い方。拙宅（セッタク）。
【舎監】シャカン 日 生徒や学生などの寄宿舎に住みこんで、生活上の指導や監督にあたる人。
【舎館】シャカン 宿屋。
【舎業】シャギョウ｜すつ ギョウを 学業をやめる。
【舎兄】シャケイ｜キョウ 実のあに。自分のあに。家兄。対 舎弟。
【舎次】シャジ ①（軍隊が）宿営すること。②仮の宿りをすること。〔一晩の宿営を「舎」、二晩を「信」、それ以上を「次」という〕
【舎人】一 シャジン ①貴族の家来。食客。②官名。秦（シン）以降、皇帝や太子の側近。二 とねり 日 ①昔、天皇や皇族のそばに仕え雑役に従事した役人。②貴人の車馬の世話を仕事とした、しもべ。
【舎弟】シャテイ ①実のおとうと。自分のおとうと。家弟。対 舎兄。②日（やくざなどの）おとうと分。
【舎匿】シャトク 罪人などを家の中にかくまう。
【舎利】シャリ ①〔仏〕釈迦（シャカ）や聖者の遺骨。仏舎利。例 ―殿（デン）。―塔。〔仏を火葬した骨（コツ）の意の、梵語（ボンゴ）sarira の音訳〕②日 白い米つぶ。ご飯つぶ。例 銀―の飯（めし）。
【舎密】セイミ 日〔オランダ chemie の音訳〕化学。
【舎采】セキサイ はじめて学校にはいるとき、昔の聖人（＝周公や孔子）に野菜をささげること。のち、学校でおこなわれた、野菜だけをささげる、略式の孔子祭。釈采（セキサイ）。釈菜（セキサイ）。
【舎然】セキゼン 疑念や迷いが消え、すっきりとするさま。釈然（シャクゼン｜セキゼン）。
【舎▼奠】セキテン ①天子が諸侯との会合からもどったときにおこなう祭礼。②学校で四季ごとにおこなわれた、古代の聖人を祭る祭礼。ウシやヒツジなどの犠牲（いけにえ）や供え物をささげた。釈奠（セキテン）。

●官舎（カンシャ）・宿舎（シュクシャ）・庁舎（チョウシャ）

侏

亻6（8） 2 4845 4F8F

シュ 漢 虞 zhū

意味 ❶短い。短小。例 侏儒（シュジュ）。❷肥えている。例 侏大（シュダイ）（＝肥大したさま）。❸⇩【侏離】（シュリ）

【侏儒】シュジュ ①人なみよりも背の低い人。こびと。②見識のない人をののしっていうことば。③（王侯貴族に召しかかえられた背の低い）芸人。④家屋の梁（はり）の上で棟木を支える短い柱。うだつ。▽朱儒。
【侏離】シュリ ①西方の異民族の舞楽。②（方言や外国語など）理解できないことば。例 語言侏離（ゴゲンシュリ）（＝ことばが理解できない）。〈後漢書・南蛮伝〉③異民族。また、外国人。

佝

亻6（8） 4 0146 4F9A

シュン 漢 ジュン 呉 震 xùn

意味 すばやい。さとい。例 佝斉（シュンセイ）（＝はやい）。

[侭] 亻6(8) ⇩儘ジン(115ジペー)

佺 亻6(8) 4 0141 4F7A セン 漢 先 quán

意味 ❶「偓佺アクセン」は、伝説上の仙人の名。❷「沈佺期シンセンキ」は、唐代の詩人の名。

侘 亻6(8) 2 4846 4F98 タ 漢 呉 禡 chà わ-びる(わ-ぶ)・わび-しい(わび-し)・わ-び

意味 ❶ほこる。自慢する。❷「侘傺テイ」は、失望して茫然ボウゼンとするさま。

日本語での用法 一《わび》《わびる》①「(都みやこを)住すみ侘わびる」▼(にぎやかな都を)住みにくく思う。②「侘わび茶チャ」▼質素をむねとする茶の湯。二《わびしい》「侘わびしい家庭テイ」▼豊かでなく、さむざむとしたさま。

侂 亻6(8) 4 0143 4F82 タク 漢 薬 tuō

意味 身を寄せる。たよる。通託。

佻 亻6(8) 2 4847 4F7B 一チョウ(テウ)漢 蕭 tiāo 二チョウ(テウ)漢 蕭 tiáo かる-い(かる-し)

意味 一❶軽薄な。軽々しい。**かるい**。例 佻巧チョウコウ。軽佻浮薄ケイチョウフハク(=落ち着きがなく、うわついている)。❷ぬすむ。かすめとる。例 佻窃チョウセツ(=ぬすむ)。二一人で。単独。例 佻佻チョウチョウ。

【佻巧】チョウコウ 軽薄で、ことばが上手であること。

【佻佻】チョウチョウ 一人で旅を行くさま。〔一説に、往来するさま。また一説に、立派なさま〕

[侹] 亻6(8) ⇩娗テイ(346ジペー)

侗 亻6(8) 3 1423 4F97 一トウ 漢 東 tōng 二トウ 漢 ドウ 呉 東 tóng 三トウ 漢 董 tǒng

意味 一❶大きい。例 侗長トウチョウ(=長大)。❷痛む。通恫トウ。二幼稚で、ものを知らない。おさない。例 侗而不レ愿トウにしてゲンならず(=おさないのにまじめでない)。〈論語・泰伯〉三まっすぐ通じるさま。例 侗然トウゼン。

[侫] 亻6(8) ⇩佞ネイ(78ジペー)

佩 亻6(8) 2 4848 4F69 ハイ 漢 呉 隊 pèi お-びる(お-ぶ)・は-く

意味 ❶貴人が帯につける飾り玉。おびだま。通珮ハイ。例 佩玉ハイギョク。❷身につける。腰にさげる。**おびる**。**はく**。例 佩剣ハイケン。佩刀ハイトウ。❸しっかりと心にとどめる。例 感佩カンパイ(=心に感じて忘れない)。

【佩▼韋】ハイイ ⇩【韋弦之佩】イゲンのハイ(1432ジペー)

【佩環】ハイカン 輪の形をしたおびだま。また、女性のこと。〔女性の装飾品でもあったことから〕

【佩玉】ハイギョク 古代中国で、貴人が帯にかけて腰に垂らした飾り玉。玉佩。

【佩剣】ハイケン 剣を腰にさげること。また、その剣。佩刀。

【佩弦】ハイゲン ⇩【韋弦之佩】イゲンのハイ(1432ジペー)

【佩▼綬】ハイジュ 〔「綬」は、官職をあらわすひも〕官につくこと。

【佩帯】ハイタイ 腰につける。身(おもに胴まわり)につける。

【佩刀】ハイトウ 刀を腰につける。また、その刀。帯刀。佩剣。〔「御佩刀みはかし」「御佩刀みはかせ」は、貴人の帯刀をいう〕

【佩▼犢】ハイトク 〔刀剣を腰にさげる代わりに〕子牛を飼う。武事をやめ、ウシを飼うなどして農業に重点を置くことをいう。

【佩服】ハイフク ①身につける。帯びる。②心にきざみこんで、忘れないようにする。③従う。④感服する。信服する。

【佩用】ハイヨウ 身につけて用いる。例 勲章を―する。

佰 亻6(8) 2 4849 4F70 一ハク 漢 ヒャク 呉 陌 bǎi 二バク 漢 陌 mò もも

意味 一❶百人をひとまとまりとした、古代の兵制。例 什佰ジュウハク。❷「百」の大字ダイジ。商売や契約の文書で、数字を書きかえられないように使う。二東西に通るあぜみち。通陌バク。例 佰仟バクセン(=東西・南北に通じる、あぜみち)。仟佰センパク。

侮 亻6(8) 1 4178 4FAE 常用 ブ 漢 麌 wǔ あなど-る・あなど-り

[侮] 亻7(9) 3 1424 FA30 人 旧字体。

筆順
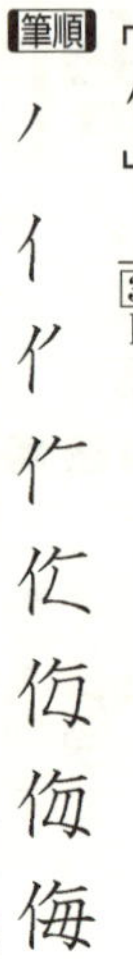

なりたち

[形声]「亻(=ひと)」と、音「毎バイ→ブ」とから成る。かろんじる。

意味 ばかにする。**あなどる**。例 侮辱ブジョク。軽侮ケイブ。

古訓 中古 あなづる・いやし 中世 あなづる・あなどる 近世 あなどる・かろんず・もてあそぶ・をかす

【侮▼翫】【侮玩】ブガン 見くだしてばかにする。類侮弄ブロウ。

【侮▼狎】ブコウ なれ親しんでかろんじる。なれなれしくする。

【侮辱】ブジョク 人をあなどりはずかしめる。恥をかかせる。

【侮蔑】ブベツ 人を軽視し、ばかにする。あなどりさげすむ。

【侮慢】ブマン 〔「慢」も、ばかにする意〕他人やそのことばをかろんじあなどる。

●外侮ガイブ・軽侮ケイブ

併 亻6(8) 1 4227 4F75 常用 一ヘイ 漢 敬 bìng 二ヘイ 漢 梗 bìng あわせる(あは-す)・なら-ぶ・しか-し

[倂] 亻8(10) 3 1428 5002 旧字体。

筆順
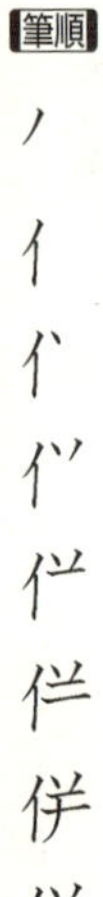

なりたち

[形声]「亻(=ひと)」と、音「幷ヘイ(=あわせる)」とから成る。並ぶ。

意味 一❶一つにまとめる。**あわせる**。例 併合ヘイゴウ。併呑ヘイドン。合併ガッペイ。❷すぐ近くに置く。二つのものが同時におこる。**ならぶ**。ならべる。通並。例 併記ヘイキ。併称ヘイショウ。併設ヘイセツ。二取り除く。しりぞく。通屏ヘイ。例 併二己之私欲一おのれのシヨクをしりぞく(=自分の私欲を取りのぞく)。〈荀子・彊国〉

日本語での用法 一《しかし》「併しかしそれは事実ジジツと異ことなる」▼けれども。逆接をあらわす。二《しかしながら》「併しかしながら天照大神あまてらすおおみかみの御おんはからい」▼そのまま。そっくり。すべて。

古訓 中古 あはす・かくす・しかしながら・つらぬ・ならぶ 中世 いつはる・しかしながら・つらなる 近世 あはす・あらそふ・かぬる・きそふ・つらなる・ともに・ならぶ・ふせぐ・まじへる

【併願】ヘイガン 日 ①同時にいくつかの進学先や就職先に志願する。②同時にいくつかの願いをもつ。また、その願い。

【併記】ヘイキ 一緒にあわせて書く。並べて書く。

【併肩】ヘイケン かたを並べる。同じ地位にいる。例 併レ肩而事レ主かたをならべてシュにつかう(=肩を並べて同じ主君に仕える)。〈漢書・田儋伝〉

【併行】ヘイコウ ①並んで行く。②いくつかの事象が同時に進行する。▽並行。

【併合】ヘイゴウ いくつかのものをあわせて一つにする。また、一つになる。

【併称】ヘイショウ ①みなが一斉にほめる。②一つの呼び方と別な呼び方を同時にする。並べて呼ぶ。③まとめてほめる。

【併存】ヘイソン・ヘイゾン 同時にいくつかのものが存在する。共存。

【併置】ヘイチ いくつかのものを一緒に置く。並置。

【併読】ヘイドク 並行して読む。同時に読む。

【併▼呑】ヘイドン ①一つに呑のみこむ。②他国を自国の支配下に置く。

【併発】ヘイハツ いくつかのことが同時に起こる。

【併有】ヘイユウ いくつかのものを一緒にもつ。

【併用】ヘイヨウ 一緒に使う。

侔

亻6 (8) 3 1422 4F94 ボウ 漢 尤 móu

意味 ❶同じようにそろっている。ひとしい。❷求めて、奪い取る。通牟ボウ。

侑

亻6 (8) 2 4850 4F91 人 ユウ(イウ) 漢 有 yòu すす-める(すす-む)・たす-ける(たす-く)

なりたち [形声]「亻(=ひと)」と、音「有ユ」とから成る。そばについて、たすける。

意味 ❶たすける。通佑ユウ。❷食事などをすすめる。すすめる。例 侑歓カンユウ(=いっそうよろこばせる)。例 侑食ショクユウ。❸ゆるす。例 侑赦シャユウ(=罪を許す)。

古訓 中古 あふ・すすむ・むくふ・むくゆ 中世 あつむ・すすむ・すすむる・とどまる 近世 すすむる・たぐひ・たすく・むくゆる・ゆるうす

人名 あつむ・すすむ・たすく

【侑▼觴】ユウショウ 〔「觴」は、酒杯の意〕酒をすすめる。さかずきをすすめる。

【侑食】ユウショク ①目上の人に食事をすすめる。②食事を供えて祭る。

佯

亻6 (8) 2 4851 4F6F ヨウ(ヤウ) 漢 陽 yáng いつわ-る(いつは-る)・いつわ-り(いつはり)

意味 うわべだけそれらしく見せかける。ふりをする。いつわる。例 佯狂キョウヨウ。佯言ゲンヨウ。佯降コウヨウ(=降参したふりをする)。

難読 佯狂そらとぼけ

【佯狂】ヨウキョウ わざと気がちがったように、ふるまうこと。また、その人。陽狂。例 ―苦肉の計。

【佯言】ヨウゲン 事実をねじまげて言うこと。いつわりのことば。類 佯語・佯話。

【佯走】ヨウソウ 敵をあざむくため、負けたふりをしてわざと逃げること。佯北。

【佯病】ヨウビョウ 病気のふりをする。

【佯北】ヨウホク・ヨウボク 負けたふりをしてわざと逃げること。佯走。

[來]

人6 (8) ⇩来イラ(663ページ)

佬

亻6 (8) 3 1419 4F6C 一 リョウ(レウ) 漢 蕭 liáo 二 ラオ lǎo

意味 一「僚佬リョウコウ」は、大きなさま。二❶年長者を(軽んじて)いうことば。❷「仏佬ラムー族」は、中国の少数民族の名。

[倆]

亻6 (8) ⇩倆リョウ(101ページ)

侖

𠆢6 (8) 2 4853 4F96 一 リン 漢 真 lún 二 ロン 漢 元 lún

意味 一きちんとそろえる。通倫リン。二❶まるい。❷「昆侖コンロン」は、山の名。崑崙コンロン。

例

亻6 (8) 1 4667 4F8B 教4 レイ 漢 霽 lì たと-える(たと-ふ)・たと-えば(たと-へば)・ため-し

筆順 ノ 亻 亻 仴 伢 例 例

なりたち [形声]「亻(=ひと)」と、音「列レツ→イレ」とから成る。ならべる。

意味 ❶似ているものを引き合いに出して、くらべてみせる。たとえる。例 例解カイレイ。例示ジレイ。例証ショウレイ。❷説明のために引き合いに出される事柄。たとえ。例 例文ブンレイ。実例ジツレイ。用例ヨウレイ。❸いつものとおりの。ならわし。ためし。例 慣例カンレイ。定例テイレイ。❹さだめ。決まり。例 条例ジョウレイ。凡例ハンレイ。

古訓 中古 つねなり・とこしなへ・ともがら・ならふ 中世 たぐひ・ためし・つね・とこしなへ 近世 おほむね・たぐひ・ためし・ならぶ・まち・みな

人名 ただ・つね

【例会】レイカイ 日 時期や日程をいつも大体同じように決めて開く会。例 毎月の―。

【例解】レイカイ 日 ①具体的な例をあげて、ことばや文字の意味・用法などを説明する。②(試験問題などの)解答の例。例 ―を示す。

【例外】レイガイ 決まりにあてはまらないこと。普通の例から、はずれること。例 ―として認める。―のない規則はない。

【例規】レイキ ①ならわし。慣例。②規則。

【例言】レイゲン 日 ①書物の初めに、その本のねらいや方針、構成や表記の約束などを述べたことば。凡例ハンレイ。②例として述べる。

【例祭】レイサイ 日 (神社で)毎年決まった時期におこなわれるまつり。

【例示】レイジ 日 例としてしめす。

【例式】レイシキ 日 通常のやり方。決まった儀式。

【例証(證)】レイショウ 日 例をあげて証明する。また、その例。

【例題】レイダイ 日 (教科書や参考書で)定理や公式を習得させるために出す具体的な問題。

【例年】レイネン 日 いつもの年。毎年。例 ―のとおり。

【例文】レイブン 日 ①具体的に見本となるような文章。例 案内状の―。②書物の前書き。緒言ショゲン。

【例話】レイワ 日 あることの説明のために実例として示す話。たとえばなし。

●異例イレイ・慣例カンレイ・実例ジツレイ・条例ジョウレイ・先例センレイ・通例ツウレイ・特例トクレイ・凡例ハンレイ・比例ヒレイ・用例ヨウレイ・類例ルイレイ

俤

亻7 (9) 2 4863 4FE4 国字 おもかげ

意味 あるものにとどめられた昔の姿や雰囲気。おもかげ。例 昔むかしの俤おもかげ。母ははの俤おもかげ。

俄

亻7 (9) 1 1868 4FC4 人 ガ 漢 歌 é にわ-か(には-か)

なりたち [形声]「亻(=ひと)」と、音「我ガ」とから成る。頭がかたむく。しばらく。

意味 ❶急に。たちまち。にわか。例 俄然ガゼン。俄頃ガケイ。❷かたむく。例 俄景ガケイ(=西にかたむいた日の光)。❸「ロシア」の中国語訳である「俄羅斯オロシャ|オロス」の略。例 中俄辞典チュウガジテン。

日本語での用法 《にわか》「俄狂言にわかキョウゲン・俄にわか仕込じこみ」▼即興の。まにあわせの。

古訓 中古 かたぶく・しばらく・すみやかに・たちまち・つらぬ・ななめなり・にはかに 中世 かたぶく・しばらく・たちまち・にはか 近世 か

たぶく・しばらく・たちまち・にはか

【俄羅▼斯】(オロシャ)〔「ロシア」の中国語訳〕江戸時代のロシアの呼び名。略して「俄(ガ)」「俄国(ガコク)」ともいう。

【俄頃】(ガケイ) しばらく。やがて。暫時(ザンジ)。類俄刻(ガコク)。

【俄▼爾】(ガジ) すぐに。たちまち。突然。俄然。

【俄然】(ガゼン) 急に。にわかに。突然。俄爾(ガジ)。

【俄狂言】(にわかキョウゲン) 日江戸時代中期、京都・大坂の祭りのときに始まった、即興的に演じられるこっけいな劇。茶番狂言。仁輪加(にわか)。

俅

亻7(9) 4 0150 4FC5 キュウ(キウ) 漢 尤 qiú

意味 ❶冠の飾りがととのっているさま。例 俅俅(キュウキュウ)。❷たすける。すくう。例 俅援(キュウエン)(=救援)。参考 高俅(コウキュウ)(=人名)。

侠

亻7(9) 3 1426 4FE0 人 キョウ(ケフ) 漢 葉 xiá きゃん・おとこだて(をとこだて)

[俠] 亻6(8) 1 2202 4FA0 俗字。

なりたち [形声]「亻(=ひと)」と、音「夾(キョウ)」とから成る。おとこだて。

意味 ❶強きをくじき、弱きを助け、一度約束したことは必ず果たす。おとこだて。おとこぎ。例 侠気(キョウキ)。義侠(ギキョウ)。任侠(ニンキョウ)。❷美しい。美女。例 佳侠(カキョウ)(=美人)。

日本語での用法 《きゃん》「お侠(きゃん)な娘(むすめ)」▼若い女性が活発で、おてんばな様子。

古訓 中古 はさむ・わきばさむ 中世 たうとし・はさむ・まじへたり・わきばさむ・わきまふ 近世 うでこき・たもつ・ちかづく・ならぶ

人名 たもつ

【侠客】(キョウカク) 弱い者の味方を売り物に、世をわたる者。おとこだて。類侠者。

【侠気】(キョウキ) 弱い者を助けて、強い者に立ち向かう気持ち。おとこぎ。侠骨。例 ―に富む。

【侠骨】(キョウコツ) 侠気。例 ―のある男。

【侠勇】(キョウユウ) 男気があって勇ましい。

俥

亻7(9) 2 4864 4FE5 国字 くるま

意味 人力車(ジンリキシャ)。くるま。

係

亻7(9) 1 2324 4FC2 教3 ケイ 漢 霽 xì かかる・かかり・かか-わる(かか-はる)

筆順 係

なりたち [形声]「亻(=ひと)」と、音「系(ケイ)」とから成る。しばってつなぐ。

意味 ❶つなぐ。むすびつける。通繫(ケイ)。例 係留(ケイリュウ)。係累(ケイルイ)。連係(レンケイ)。❷かかわる。かかわり。例 関係(カンケイ)。連係(レンケイ)。❸…である。かかる。通是(ゼ)。例 確係二事実一(たしかにジジツにかかる)(=確かに事実である)。

日本語での用法 《かかり》「係長(かかりチョウ)・戸籍係(コセキがかり)」▼役所や会社の、課の中の一部署。

古訓 中古 かかる・かく・つかぬ・つなぐ・つらぬ・むすぶ 中世 かかる・かくる・つぐ・つなぐ・つらなる 近世 かかる・かける・しばる・つぐ・つなぐ・つらぬ・つらぬる

人名 たえ

【係員】(かかりイン) 日組織の中でその仕事を担当している職員。掛員(かかりイン)。

【係官】(かかりカン) 日官庁で、その仕事を担当している公務員。

【係り結び】(かかりむすび) 日〔言〕文語文で、文中の係助詞(ケイジョシ)に応じて、文末が特定の活用形で結ばれること。

【係嗣】(ケイシ) あとつぎ。嫡男(チャクナン)。継嗣(ケイシ)。

【係▼踵】(ケイショウ) くびすを接する。次々にあらわれる。

【係数】(ケイスウ) 日①代数で、その項に含まれている数字の部分。3xyでは、3。②物理や化学で、比例の率をあらわす数字。例 摩擦―。

【係▼紲】【係▼緤】(ケイセツ) 縄でつかまえてしばる。

【係船】(ケイセン) ①船をつなぎとめる。また、その船。②船の使用を一時的にやめる。また、その船。▽繫船(ケイセン)。

【係争】(ケイソウ) 日あらそいが続いている。特に訴訟が起こされ、当事者間であらそわれている。繫争(ケイソウ)。例 現在―中の問題。

【係属】(ケイゾク) ①つながる。関係ができる。②日〔法〕事件の訴訟が続いていること。例 ―中の事件。▽繫属(ケイゾク)。

【係風捕景】(ケイフウホエイ) 風をしばり、影をつかまえる。つかみどころのないこと。不可能なことのたとえ。〈漢書・郊祀志下〉

【係留】(ケイリュウ) ①(罪人などを)拘留する。②船などをつなぎ止める。▽繫留(ケイリュウ)。

【係虜】(ケイリョ) ①捕虜にする。また、捕虜。②つかまえてとじこめる。拘禁する。

【係累】(ケイルイ) ①つなぎ止める。(罪人などを)縄でしばる。②心身を束縛する。③身の束縛となる家族や縁者。足手まとい。例 ―のない身軽さ。▽繫累(ケイルイ)。

●関係(カンケイ)・拘係(コウケイ)・連係(レンケイ)

俔

亻7(9) 2 4855 4FD4 一ケン 漢 銑 xiàn 二ケン 漢 霰 qiàn うかが-う(うかが-ふ)・たと-える(たと-ふ)

意味 一のぞき見する。うかがう。二たとえる。

俉

亻7(9) 3 1425 4FC9 一ゴ 漢 遇 wù 二ゴ 漢 虞 wú

意味 一むかえる。通迕(ゴ)。二からだが大きく立派なさま。例 魁俉(カイゴ)(=魁梧(カイゴ))。

侯

亻7(9) 1 2484 4FAF 常用 コウ 漢 尤 hóu

[矦] 矢4(9) 4 8222 77E6 本字。

筆順 侯

なりたち [会意]「亻(=ひと)」と「厂(=まと)」と「矢(=や)」とから成る。宴席や儀式で矢を射るときの、まと。

意味 ❶弓矢のまと。例 射侯(シャコウ)。❷封建時代の国君。例 王侯(オウコウ)。諸侯(ショコウ)。❸五階級の爵位(=公・侯・伯・子・男)の第二位。例 侯爵(コウシャク)。❹「これ」「ここに」と読み、文のリズムを整える。例 侯誰在矣(これたれかある)(=だれがいようか)。〈詩経・小雅・六月〉

古訓 中古 いる・きみ・これ・したがふ・まと 中世 きみ 近世 うかがふ・きみ・これ・すなはち・よし

人名 きみ・よし

【侯王】(コウオウ) 諸国の領主である王や侯。

【侯▼鵠】(コウコク) 弓の的(まと)。〔方形の獣の皮を「侯」、その中の標的を「鵠」という〕

【侯爵】(コウシャク) 貴族の階級の一つ。五等爵(=公・侯・伯・子・男)の第二位。また、その位をもつ人。

【侯伯】一(コウハク) ①侯爵と伯爵。②諸侯。諸大名。二(コウハ)

〔「伯」は、覇ハの意〕諸侯の長。

【侯服】コウフク ①五服の一つ。夏カの時代、王城の周囲五百里四方から千里四方までの地域の呼び名。②九服の一つ。周代、王城の周囲千里四方から千五百里四方までの地域の呼び名。③王侯の着る服。また、豪華な衣服。例侯服玉食コウフクギョクショク（＝豪華な衣服と豪勢な食事）。〈漢書・叙伝下〉

●王侯オウコウ・諸侯ショコウ・藩侯ハンコウ・列侯レッコウ

侾
亻7 (9) ④0149 4FBE コウ（カウ）漢 肴 xiāo

意味 「侾佬コウリョウ」は、大きなさま。

俒
亻7 (9) ④0153 4FD2 コン漢 願 hùn

意味 完全な。まったい。

俟
亻7 (9) ②4856 4FDF シ漢 紙 sì まーつ

意味 待つ。待ちうける。例百年俟ニ河清一ヒャクネンカセイをまつ（＝黄河コウガの水が澄むのを百年待つことから、いつまで待っても無駄なことのたとえ）。〔「俟ニ河之清一、人寿幾何カのすむをまたば、ジンジュいくばくぞ」〈左伝・襄ジョウ〉から〕

俊
亻7 (9) ①2951 4FCA 常用 シュン漢 震 jùn すぐーれる（すぐーる）

［儁］亻12 (14) ②4914 5101 別体字。

筆順 ノ 亻 亻' 亻ム 仫 伒 俊 俊 俊

なりたち ［形声］「亻（＝ひと）」と、音「夋シュン」とから成る。千人にひとりというほど、すぐれた人。

意味 ❶才知が抜きん出てすぐれている。また、そういう人。例俊才シュンサイ。英俊エイシュン。❷ずばぬけて速いさま。通駿シュン。例俊足シュンソク。俊馬シュンバ・シュンメ。

古訓 中古 さかし・さとし・すぐる・すぐれたり・すみやかなり・すみやかに・とし 中世 かしこし・すぐれたり・とし 近世 すぐれたり・とし

人名 さとし・すぐる・たか・たかし・とし・ひで・まさる・よし

【俊異】シュンイ 抜きん出てすぐれていること。また、その人。非凡。

【俊偉】シュンイ 才知がすぐれ、立派なこと。また、その人。

【俊逸】シュンイツ 才知がすぐれていて、立派なこと。また、その人。

【俊英】シュンエイ 才知がすぐれていること。また、その人。俊秀。

【俊▼穎】シュンエイ 〔「穎」は、ムギなどの穂の先〕才知がすぐれ、ひいでていること。また、その人。

【俊▼乂】【俊▼艾】シュンガイ 才徳が抜きん出てすぐれている人。一説に、すぐれた徳と政治の才能をもつ人。

【俊器】シュンキ すぐれた才能をもつ人。

【俊▼慧】シュンケイ 抜きん出て聡明メイであること。

【俊傑】シュンケツ 才知や能力がすぐれた人物。俊豪。

【俊▼彦】シュンゲン 才徳のすぐれた立派な男子。

【俊豪】シュンゴウ 才知や力量がすぐれた大人物。俊傑。

【俊才】シュンサイ すぐれた才知。また、その持ち主。英才。秀才。表記 旧▼駿才

【俊材】シュンザイ すぐれた人材。俊才。例―を募る。

【俊士】シュンシ ①周代、庶人の子弟で、大学の入学を許された者。②才徳のすぐれた男子。

【俊秀】シュンシュウ 才知にすぐれ優秀なこと。また、その人。俊英。俊茂シュンボウ・シュンモ。例門下の―。

【俊声】シュンセイ 才知がすぐれているという評判。

【俊爽】シュンソウ ①人品がすぐれ、立派である。②山などの姿が特に立派であること。③才知にすぐれている。

【俊足】シュンソク 旧①足のはやいこと。また、そのような人やウマ。駿足シュンソク。②弟子のなかですぐれた人。高足。例孔子門下の―。

【俊達】シュンタツ 才知にすぐれ、道理に通じていること。

【俊哲】シュンテツ 才知にすぐれている。また、その人。

【俊徳】シュントク ①才徳にすぐれた人。②すぐれた徳。

【俊馬】シュンバ・シュンメ すぐれたウマ。抜きん出て速いウマ。駿馬シュンメ。

【俊抜】シュンバツ 群をぬいてすぐれている。傑出している。

【俊敏】シュンビン 頭がよくて、的確な判断がすばやくできるさま。例―な動作。

【俊▼邁】シュンマイ 才知が非常にすぐれている。英邁。

【俊茂】シュンボウ・シュンモ 才知にすぐれ優秀なこと。また、その人。俊秀。

【俊雄】シュンユウ すぐれて強い人。

【俊良】シュンリョウ 才能がすぐれている。また、その人。

●英俊エイシュン・才俊サイシュン

俏
亻7 (9) ④0152 4FCF 一ショウ（セウ）漢 嘯 qiào 二ショウ（セウ）漢 嘯 xiào にーる・やつーす

意味 一 姿かたちが美しい。みめよい。二 似ている。にる。にせる。通肖。

日本語での用法《やつす》「恋こいに身みを俏やつす」▼やつれる。心を悩ます。

信
亻7 (9) ①3114 4FE1 教4 一シン漢呉 震 xìn 二シン漢呉 真 shēn まこと

筆順 ノ 亻 亻' 仁 信 信 信 信

なりたち ［会意］「亻（＝ひと）」と「言（＝いう）」とから成る。人が言うことば。うそがない。

意味 一 ❶うそやいつわりがない。真実。約束にそむかない。まこと。例信義シンギ。忠信チュウシン。背信ハイシン。❷たしかなこととして、うたがわない。しんじる。例信用シンヨウ。信頼シンライ。自信ジシン。❸神仏をあがめ、たのみとし、その教えに従う。例信仰シンコウ。信者シンジャ。迷信メイシン。❹まかせる。そのまま従う。例信レ馬帰うまにまかせてかえる（＝ウマの歩むにまかせて帰った）。〈白居易・長恨歌〉❺便り。手紙。合図。例信号シンゴウ。音信オンシン。通信ツウシン。❻しるし。証拠。例信璽シンジ（＝天子の公印の一種）。棨信ケイシン（＝宮門の出入りに用いる証明書）。❼行軍で一か所に二泊すること。〔一泊を「舎シャ」、三泊以上を「次ジ」という〕例信宿シンシュク。二 のばす。のびる。通伸。

日本語での用法 一《シン》「信州シンシュウ・信越線シンエツセン」▼旧国名「信濃しなの（＝今の長野県）」の略。二《し》「信濃しなの・信太しだ・信楽しがらき・男信なましな」▼「し」「しな」「しの」「しが」の音にあてた万葉仮名。

古訓 中古 あきらか・あきらかに・かたみ・きはまる・きはむ・さね・しるし・つかひ・つかふ・つつしむ・とし・のぶ・ふたよ・まかす・まこと 中世 あきらか・かたみ・しるし・つかひ・つつしむ・のぶ・のぶる・まかす・まかする・まこと 近世 あきらか・おとづれ・かさぬる・かたみ・きはまる・しるし・つかひ・つつしむ・まこと・まこととす・もちゆる・やどる

人名 あき・あきら・こと・さだ・さね・しげ・しの・ただ・ちか・とき・とし・のぶ・のぶる・みち

難読 信夫摺しのぶずり・男信なましな（＝語学書の名）

【信濃】しなの 旧 旧国名の一つ。今の長野県全体にあたる。信

州シュウ。
【信愛】シンアイ 信じ愛する。例 ―する先輩。
【信印】シンイン 証拠となる印章。
【信管】シンカン 日 爆弾や弾丸などを、爆発させるためにつけてある装置。
【信義】シンギ 約束を誠実に果たし、人のなすべきことをきちんとおこなうこと。例 ―に厚い。―を守る。
【信教】シンキョウ 日 宗教を信じること。例 ―の自由を尊重する。
【信▼禽】シンキン 雁ガンの別名。春分を過ぎると北へ去り、秋分を過ぎると南に戻るので、季節のたよりを運ぶ鳥と考えられた。
【信験】シンケン 証拠。あかし。
【信口】シンコウ|くちにまかす 口から出まかせをいう。例 読書未レ百巻、信レ口嘲二風花一(ドクショいまだヒャッカンならず、くちにまかせてフウカをあざける)(=それほど読書もせず、口から出まかせに風花の詩をもてあそぶ)。〈白居易・答故人〉
【信仰】シンコウ 神や仏などを、神聖なもの、絶対的なものとして信じあがめて、その教えに従う。信心シンジン。例 ―心。―を深める。―に目ざめる。
【信号】シンゴウ 日 一定の符号を約束として用い、離れたところに意思を伝えるしくみ。合図。サイン。シグナル。例 交通―。
【信士】シンシ 一 誠実な人。二 シンシ|シンジ 〔仏〕〔「清信士ショウシンジ」の略〕①出家していない仏教信者の男性。優婆塞ウバソク。②男性の戒名カイミョウの下につける称号の一つ。▽対信女シンニョ。
【信実】シンジツ 誠実で我欲のないこと。また、そのさま。まごころ。正直。例 ―な人。
【信者】シンジャ ①ある宗教を信仰する人。信徒。例 カトリック―。②日 神仏を信仰するように、何かを信じる人。例 健康食品の―。
【信宿】シンシュク ①二晩続けて宿泊すること。②二、三日間。
【信書】シンショ ①個人の手紙。書簡。書状。私信。例 ―の秘密。②皇帝の言行や国家の政治を書いた実録。
【信証(證)】シンショウ 証拠。
【信条】シンジョウ ①信仰の箇条。信ずべき一つ一つの事柄。教義。②正しいと信じて、それに従って生活している事柄。モットー。例 思想―の自由。
【信賞必罰】シンショウヒツバツ 賞罰のけじめを厳正におこなうこと。〈韓非・外儲説右上〉
【信臣】シンシン ①君主に忠誠を尽くす臣下。②使者。
【信人】シンジン ①誠実な人。②文書を伝送する使者。
【信心】シンジン (神仏を)神聖なものとして信じて疑わない。例 鰯いわしの頭も―から(=些細サイなものでも、信じこむ人にとっては神仏同様の存在となる)。
【信託】シンタク 日 ①信用してまかせる。例 ―統治。②〔法〕一定の目的に従って財産の管理や処分をまかせる。例 ―銀行。
【信天翁】シンテンオウ|あほうどり アホウドリ科の大形で白色の海鳥。特別天然記念物。〔漢名の「信天翁」は、えさの魚が来なくても場所を変えず、そこにじっとしていることから、「天翁(=神)を信じる」ということでついた名〕
【信徒】シント ある宗教を信仰している人。信者。
【信女】シンニョ 〔仏教で「清信女ショウシンニョ」の略〕①出家していない仏教信者の女性。優婆夷ウバイ。②女性の戒名カイミョウの下につける称号の一つ。▽対信士。
【信任】シンニン 信じて、ものごとの処理をまかせる。例 ―投票。首相不―。
【信認】シンニン 日 信頼し承認する。例 前任者の方針を―する。
【信念】シンネン ①信じて仕事をまかせる。信任。②日 信仰する心。信仰心。例 ―をもつ。③日 かたく信じこんでいる心。例 ―をつらぬく。
【信▼憑】シンピョウ ものごとが確実だと信頼する。例 ―するに足る。―性が高い。
【信風】シンプウ 一 ①季節風。〔季節の便りを運ぶことから〕②貿易風のこと。北半球では北東の風、南半球では南東の風。恒信風。二 かぜにまかす ①風の吹くのにまかせて。風に吹かれて。②風の力による。
【信服】シンプク【信伏】シンプク 信じて、服従する。
【信望】シンボウ 信用と人望。人に信頼され尊敬されること。例 ―が厚い。―を集める。
【信奉】シンポウ (ある教えや考え方を)かたく信じて大切にする。例 ―者。
【信用】シンヨウ ①信じて任用する。②日 社会的に認められ、よい評判を得る。例 ―が厚い。③日〔経〕支払い能力のあることを前提としておこなわれる取引。例 ―貸し。
【信頼】シンライ 信じてまかせる。
●音信オンシン・確信カクシン・過信カシン・交信コウシン・私信シシン・自信ジシン・受信ジュシン・所信ショシン・送信ソウシン・通信ツウシン・電信デンシン・発信ハッシン・不信フシン・返信ヘンシン・迷信メイシン

侵

侵 亻7 (9) 1 3115 4FB5 常用
[侵] 亻7 (9) 旧字体。

一 シン(シム)漢呉 侵 qīn
二 シン(シム)漢 寝 qǐn
おかす

筆順

なりたち

〔会意〕「亻(=ひと)」と「𠬶(=手にほうきを持ってはく)」とから成る。次第にはいりこみ、害を与える。おかす。

意味 一 ❶相手の縄張りにはいりこみ、害を与える。おかす。例 侵害シンガイ。侵攻シンコウ。侵入シンニュウ。❷次第に。ようやく。通寖シン。例 侵食シンショク。二 容貌ヨウボウが醜い。みにくい。通寝。例 貌侵ボウシン。

古訓 中古 ねがふ・ねぶる・はるかに・ひたす・やうやく・をかす 中世 はるか・やぶる・をかす 近世 けづる・すすむ・やぶる・をかす

【侵淫】シンイン すこしずつ進む。次第に発達してくる。類 侵尋シンジン。例 賊勢侵淫ゾクセイシンインす(=賊の勢力が次第に強くなる)。〈魏書・李崇伝〉
【侵害】シンガイ 人の所有物や権利を不当にそこない、害を与える。例 権利の―。プライバシーの―。
【侵漁】シンギョ 〔「漁」は、むさぼる意〕利益をむさぼる。例 侵二漁百姓一(ヒャクセイをシンギョす)(=人民の利益をむさぼりとる)。〈漢書・宣帝紀〉
【侵攻】シンコウ 他国へせめ入る。侵略。侵犯。例 ―作戦。参考 古くは「侵寇」と書いた。
【侵▼寇】シンコウ 国境をおかして攻めこむ。例 匈奴侵寇甚(キョウドのシンコウはなはだし)(=匈奴が何度も国境を侵して攻めてきた)。〈漢書・食貨志下〉
【侵食】【侵▼蝕】シンショク 次第におかし、そこなう。むしばむ。蚕食。例 他国の領土を―する。
【侵▼晨】シンシン|シンをおかす 〔「晨」は、早朝の意〕朝早く。あさまだき。類 侵早。
【侵奪】シンダツ 力ずくでうばい取る。例 項羽数侵二奪漢甬道一(コウウしばしばカンのヨウドウをシンダツす)(=項羽はたびたび漢軍の防壁で囲った食糧補給路を襲い、食糧を奪い取った)。〈史記・高祖紀〉
【侵盗】シントウ ①領域をおかして奪い取る。②盗み取る。
【侵入】シンニュウ はいるべきでないところに不法にはいりこむ。例不法―。
【侵犯】シンパン 他国の権利や領土などを、不当におかしそこなう。侵攻。侵略。例 領空―。
【侵冒】シンボウ 領土などをおかす。侵犯。
【侵略】【侵▼掠】シンリャク 他国に攻め入って、領土や物品をうばいとる。侵攻。侵犯。例 ―戦争。
【侵陵】【侵▼凌】【侵▼淩】シンリョウ 〔「陵・凌・淩」も、おかす意〕おかす。しいたげる。例 諸侯を―す。
●不可侵フカシン

侲
イ7 (9) 4 0148 4FB2 シン漢 震 zhèn

意味 幼児。こども。わらべ。例 侲子シンシ。

俎
人7 (9) 2 4857 4FCE ショ漢 ソ呉 語 zǔ まないた

[爼] 爻5 (9) 2 6412 723C 俗字。

意味 ❶神に祭るときに、いけにえをのせた台。例 俎豆ソトウ。❷魚や肉などを調理する台。まないた。例 俎上肉ソジョウのニク。
【俎上肉】ソジョウのニク まないたの上の肉。相手に運命をゆだねなければならないほど、無力な存在。まないたの上の鯉こい。類 俎上の魚うお。
【俎豆】ソトウ 〔「豆トウ」は、長い足のついたうつわの意〕「俎」も「豆」も、神を祭るときの供え物をのせる台。広く、祭器や祭祀サイシをいう。例 俎豆之事、則嘗聞レ之矣ソトウのことは、すなわちかつてこれをきけり(=祭祀については、学んだことがある)。〈論語・衛霊公〉

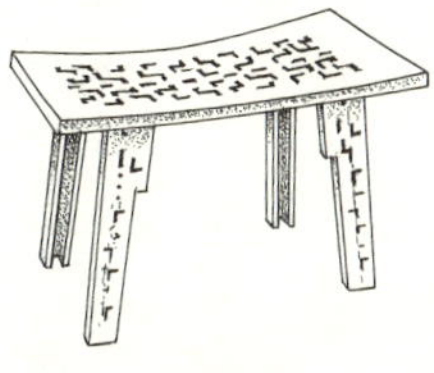
[俎❶]

促
イ7 (9) 1 3405 4FC3 常用 ショク漢 ソク呉 沃 cù うながす

筆順 亻 … 促

なりたち [形声]「亻(=ひと)」と、音「足ショ」とから成る。せまる。せきたてる。

意味 ❶早くするように急がせる。せきたてる。うながす。例 促進ソクシン。催促サイソク。督促トクソク。❷間をつめる。ちぢまる。せまる。例 促音ソクオン。

古訓 中古 うながす・すみやかに・せめとる・ちかし・ちかづく・つづまる・つづむ・つとむ・みじかし・もよほす 中世 うながす・すみやか・せまる・せめとる・ちかづく・つづむる・つとむ・もよほす 近世 うながす・きびし・しじまる・すみやか・せまる・ちかづく・ちひさし・みじかし・もよほす
人名 ゆき
難読 促織きりぎりす(=今のコオロギ)・延促ちぢみ
【促音】ソクオン 日〔言〕つまるような感じで発音される音。「っ」「ッ」で書かれる。「いっぱい」「ミット」など。
【促音便】ソクオンビン 日〔言〕音便の一つ。「去りて」が「去って」、「やはり」が「やっぱり」のように、ある音が、つまる音に変わったり、二つの音のあいだにつまる音がはいったりするもの。→【音便】オンビン(1434ページ)
【促▼坐】ソクザ つめ合わせてすわる。
【促膝】ソクシツ ひざをつきあわせてすわる。親しく語り合ったり、密談したりするさま。
【促織】ソクショク コオロギの別名。〔「織」は、機織はたおり。鳴き声が、冬にそなえて機織りを急げと、せきたてるように聞こえるということから〕
【促進】ソクシン ものごとが順調に進行するように、はたらきかける。例 計画を―する。
【促成】ソクセイ うながして早く完成させる。例 ―栽培。
【促促】ソクソク ①時間や長さが短い。例 促促百年ソクソクヒャクネン(=あっというまの百年)。〈曹植・蒼舒誄〉②あわただしいさま。せわしないさま。③慎重細心なさま。
【促歩】ソクホ 早足で歩く。
【促急】ソッキュウ ①厳格である。寛容でない。②せっかち。短気。おこりっぽい。例 太陽之地、人民促急タイヨウのチ、ジンミンソッキュウなり(=南方熱帯に住む人々はせっかちである)。〈論衡・言毒〉
●催促サイソク・督促トクソク

俗
イ7 (9) 1 3415 4FD7 常用 ショク漢 ゾク呉 沃 sú

筆順 亻 … 俗

なりたち [形声]「亻(=ひと)」と、音「谷コク→ショク」とから成る。ならわし。

意味 ❶生活上のならわし。特有のしきたり。風習。例 習俗シュウゾク。風俗フウゾク。民俗ミンゾク。❷世間なみの。ありふれた。例 俗説ゾクセツ。俗解ゾッカイ。通俗ツウゾク。❸つまらない。下品な。低級の。対 雅。例 俗悪ゾクアク。低俗テイゾク。卑俗ヒゾク。❹出家していない。一般の人。対 僧。例 俗世ゾクセ。俗名ゾクミョウ。僧俗ソウゾク。

古訓 中古 あるじ・ならひ・よをとこ 中世 たみ・ならひ・ならふ・ひと・をとこ 近世 つぐ・ならはし・ならふ
人名 よ
【俗悪】ゾクアク 低級で、ひどくみにくいこと。低俗。
【俗韻】ゾクイン ①通俗的な音楽。②品のないさま。
【俗縁】ゾクエン ①世俗との縁。世間での縁故。②出家以前の親類縁者。
【俗化】ゾッカ｜ゾクカ ①風俗が教化されてよくなる。②日 もとのよさが失われて、俗っぽいものになる。例 秘境といわれた土地が、どんどん―する。
【俗学】ゾクガク 世間でおこなわれている通俗的な学問。
【俗眼】ゾクガン ①利益や権力のことしか考えない俗物の目。②世間一般の人の見方。つまらない俗人の見解。
【俗気】ゾクケ｜ゾッキ｜ゾッケ 金銭や地位にこだわる俗っぽい気風や根性。俗臭。例 ―がぬけない。
【俗言】ゾクゲン ①ふだんの会話などに使われることば。俗語。俚言リゲン。対 雅言ガゲン。②ことわざ。俗諺ゾクゲン。③世間のうわさ。ゴシップ。例 ―にまどわされる。
【俗▼諺】ゾクゲン 世間一般に通用していることわざ。俚諺リゲン。
【俗語】ゾクゴ ①(詩や文章に用いる雅語に対して)日常会話に用いることば。俗言。口語。②世間の言い伝え。ことわざ。③方言。④品位がなく改まった場では使いにくい、くだけたことば。卑語。スラング。
【俗才】ゾクサイ 世間のこまごました事柄を、うまく処理する才能。また、世わたりの才能。世才セサイ。例 ―にたけた人。
【俗士】ゾクシ ①凡人。世間の人。②程度の低い人物。見識のせまい人。
【俗字】ゾクジ 正体セイタイではないが、世間に通用し、認められている漢字の字体。たとえば、「虎」に対する「乕」、「走」に対する「赱」、「恥」に対する「耻」、「卒」に対する「卆」など。
【俗耳】ゾクジ ①俗世間の声にけがされた耳。②日 世間一般の人の理解力。例 ―に入いりやすい(=一般の人に理解されやすい)。
【俗事】ゾクジ 人とのつきあいなど、本来の仕事とは別の、社会生活上の用事。例 ―にかまける。

【俗儒】(ゾクジュ) 見識のせまい学者。

【俗臭】(ゾクシュウ) 品がなくいやしい気風。俗っぽさ。俗気(ゾクケ)。例 —を帯びる。—芬々(フンプン)たる人物。

【俗習】(ゾクシュウ) 世間一般におこなわれている習慣。世俗のならわし。例 —に従う。

【俗書】(ゾクショ) ①正体(セイタイ)ではないが、世間に通用している字体。俗字。②気品のない筆跡。類俗筆。③低級な、つまらない書物。

【俗称】(ゾクショウ) ①正式ではないが世間に通用している呼び名。通称。俗名(ゾクメイ)。②僧の出家する前の名前。俗名(ゾクミョウ)。

【俗情】(ゾクジョウ) ①世間一般の感情。世間の人々の気持ち。②富や名誉にあこがれる気持ち。

【俗信】(ゾクシン) 日世間で信じられおこなわれてきた、占いやまじないなど。

【俗人】(ゾクジン) ①金銭や名誉にとらわれやすく、芸術や風流を理解しない人。俗物。②世間一般の人。民衆。③僧でない人。

【俗▼塵】(ゾクジン) 世間のこまごまとしたわずらわしい事柄を、塵(ちり)にたとえたことば。俗世間。例 —にまみれる。

【俗世】(ゾクセ|ゾクセイ) 人間が生きていく、この世の中。俗世間。俗界。例 —を離れる。

【俗世間】(ゾクセケン) 日日常一般の生活が営まれる、この世。うき世。俗世。俗界。類俗世界。例 —の雑事。

【俗説】(ゾクセツ) ①世間で言い伝えられている説。根拠にとぼしい説。②世間一般に通用していることわざ。俗諺(ゾクゲン)。

【俗僧】(ゾクソウ) 名誉や利益にとらわれた凡俗な僧。なまぐさ坊主。

【俗体】(ゾクタイ) ①格調のない文体。②漢字の、俗字の字体。③日僧の姿ではない、普通の人の姿。対法体(ホッタイ)。④日おもむきがなく、下品なさま。

【俗諦】(ゾクタイ) 〔仏〕世間一般の人々が考える真理。対真諦。

【俗調】(ゾクチョウ) ①低俗な趣。例 談諧無二俗調一(ダンかいてゾクチョウなし)(=二人の)話はよく合って、低俗な趣がない)。〈陶淵明・答龐参軍〉②通俗的な音楽。

【俗念】(ゾクネン) 利益や名誉などに心ひかれる考え。世俗的な欲望や関心。俗情。類俗心。例 —を断つ。

【俗輩】(ゾクハイ) 良識や品位のない者たち。

【俗評】(ゾクヒョウ) 日世間一般の人たちがくだす評価。世評。

【俗物】(ゾクブツ) ①世間的な地位や階級に強い関心をもち、自分より上の階級の人たちの生活態度をまねしたがる人。スノッブ。②金銭や、地位や名誉などにしか関心をもたない人。俗人。③格調のない品。

【俗▼氛】(ゾクフン) 品のない気風。俗臭。

【俗文】(ゾクブン) ①俗体ではあるがわかりやすい文章。対雅文。②低俗な内容の文章。③仏教経典の内容をわかりやすく説いた書物。

【俗本】(ゾクホン) 世間に流布している、誤字の多い不正確な本。

【俗名】(ゾクミョウ) 一 ①僧の出家する前の名前。俗称。対法名(ホウミョウ)。②戒名(カイミョウ)や法名に対して、死者の生前の名前。二(ゾクメイ) ①動植物などで、世間一般に通用している名前。俗称。異名(イミョウ)。対学名・和名。②日世間のとるにたりない評判。つまらない名声。

【俗務】(ゾクム) 社会生活上さけられないわずらわしい事柄。雑務。俗用。

【俗用】(ゾクヨウ) ①世間で用いる。②日世間のこまごまとした用事。俗事。雑用。例 —に追われる。

【俗謡】(ゾクヨウ) 日民衆の間で歌われてきた歌謡。特に、小唄(こうた)・端唄(はうた)や民謡をいう。

【俗吏】(ゾクリ) つまらない仕事をしている無能な小役人。〔官吏をいやしめていう〕

【俗流】(ゾクリュウ) ①(学問的な態度、真実を追求する態度より、むしろ)世の中に普通に通用しているやり方。例 —にならう。②格調のないさま。また、その人。

【俗累】(ゾクルイ) 世間のわずらわしさ。

【俗▼陋】(ゾクロウ) いやしい。下品な。低俗な。

【俗論】(ゾクロン) 見識の低い、とるにたりない意見。俗人の議論。例 —に終始する。

【俗界】(ゾッカイ) わずらわしく、くだらないことの多いこの世の中。俗世間。

【俗解】(ゾッカイ) 専門的でない、一般の人にわかりやすい解釈。学問的ではない、通俗的な解釈。例 語源—。

【俗間】(ゾッカン) 一般の世の中。世間。巷間(コウカン)。民間。例 —に伝わる迷信。

【俗忌】(ゾッキ) 世間でいみ嫌われていること。

【俗境】(ゾッキョウ) この世。現世。俗世。俗界(ゾッカイ)。

【俗曲】(ゾッキョク) ①通俗的な歌曲。②日三味線などに合わせてうたう大衆的な歌。端唄(はうた)や都々逸(どどいつ)など。

【俗骨】(ゾッコツ) 平凡な才能。凡庸なさま。

●還俗(ゲンゾク)・公序良俗(コウジョリョウゾク)・習俗(シュウゾク)・脱俗(ダツゾク)・通俗(ツウゾク)・低俗(テイゾク)・卑俗(ヒゾク)・風俗(フウゾク)・凡俗(ボンゾク)・民俗(ミンゾク)

俋
亻7 (9)
4 0151 4FCB
チュウ(チフ)・ユウ(イフ)漢 緝 yì

意味 「俋俋(チュウチュウ|ユウユウ)」は、耕すさま。また、勇ましいさま。いさむ。

[俦]
亻7 (9) ⇨儔(チュウ)(115ページ)

俘
亻7 (9)
2 4858 4FD8
フ漢 虞 fú
とりこ

意味 いけどる。とらえる。また、敵につかまった人。**とりこ**。例 俘囚(フシュウ)。俘虜(フリョ)。

【俘▼馘】(フカク) 〔「馘」は、耳を切りとる意〕①生け捕りにした捕虜と、殺した敵兵の左耳。これらの数によって手柄の大きさが示された。②敵を生け捕ったり殺したりする。

【俘級】(フキュウ) 俘虜(フリョ)と首級。捕虜と敵兵の首級。

【俘囚】(フシュウ) 捕虜。とりこ。

【俘醜】(フシュウ) 〔「醜」は「衆」と同じで、多くの人の意〕多くの捕虜。捕虜ども。

【俘虜】(フリョ) 戦争などで敵国にとらえられた人。

俛
亻7 (9)
2 4859 4FDB
一 フ漢 麌 fǔ
二 ベン漢 銑 miǎn
つと-める(つと-む)・ふ-せる(ふ-す)・ふ-す

意味 一 身をかがめたり、顔を下の方へ向けたりする。うつぶせになる。うつむく。**ふす**。通俯(フ)。例 俛仰(フギョウ)。俛伏(フフク)(=ふせる)。二 努力する。つとめ、はげむ。**つとめる**。例 俛焉(ベンエン)。

【俛仰】(フギョウ) ①下を向くことと、上を向くこと。うつむくことと、あおむくこと。また、立ち居ふるまい。例 俛仰周旋威儀之礼(フギョウシュウセンイギのレイ)(=立ち居ふるまいに関する礼)。〈墨子・節用中〉②上がったり下がったりする。昇降。③応対する。対処する。▽俯仰(フギョウ)。

【俛仰▼之間】(フギョウのカン) うつむいたり、あおむいたりするほどの、ごくわずかのあいだ。俯仰之間(フギョウのカン)。〈荘子・在宥〉

【俛首】(フシュ|くびをふす) 首を垂れる。うなだれる。頭を下げる。

【俛▼焉】(ベンエン) 努力するさま。まじめにはげむさま。

[侮]
亻7 (9) ⇨侮(ブ)(86ページ)

便

亻7 (9)
1 4256 4FBF
教4

一ヘン漢 ベン・ビン呉 霰 biàn **二**ヘン漢 ベン呉 先 pián

たより・すなわ-ち(すなは-ち)・よすが

筆順 

なりたち  [会意]「亻(=ひと)」と「更(=あらためる)」とから成る。不都合を改める。

意味 **一** ❶都合がいい。手軽ですぐ役に立つ。例 便宜ベンギ。簡便カンベン。交通の便ベ。❷正式でない。日常的な。例 便衣ベンイ。便殿デンベン。便服ベンプク。❸すばしこい。身軽な。例 便捷ベンショウ。便体ベンタイ。❹熟練する。長じている。ならう。例 便二弓馬一キュウバにならう(=弓術や馬術に長じている)。〈魏志・呂布伝〉❺ちょうどよい機会。**たより**。例 乗レ便ジョウにベンず(=都合のよい機会を利用する)。〈史記・始皇紀〉❻排泄ハイセツする。また、排泄物ブツ。例 便所ベンジョ。便旋ベンセン②。大便ダイベン。❼「**すなわち**」と読み、すぐに、たやすく、の意。時間的連続をあらわす。例 林尽二水源一便得二一山一はやしスイゲンにつき、すなわちイチザンをえたり(=林が水源の所で尽きると、すぐそこに山があった)。〈陶淵明・桃花源記〉 **二** ❶くつろぐ。やすらか。例 便寧ベンネイ(=やすらかで不安がない)。❷口が達者である。例 便佞ベンネイ(=口先はうまいが誠意がない)。❸区別する。分かつ。例 便章ベンショウ。❹⇩【便娟】ベンケン ❺⇩【便旋】ベンセン ①❻⇩【便便】ベンベン ①②③

日本語での用法 **一**《ビン》①「郵便ユウビン・航空便コウクウビン・船便ふなビン」▼行ったり来たりの方法や手段。②「便箋ビンセン」▼手紙。**二**《**たより**》「便たよりがない・花便はなだより」▼手紙。情報。

古訓 中古 すなはち・たやすく・たより・にはかなり・にはかに・やがて・わきまふ 中世 すなはち・たより・やすし・わきまふ 近世 いばり・かが・さくる・したがふ・すなはち・たより・ちかづく・やすし・よろし

人名 やす

【便乗】ビンジョウ 日 ①ほかのものを運ぶついでに、また、ほかの人が乗る乗り物に、ついでに乗せてもらう。②機会をとらえ、自分に都合よく事を運ぶ。例 ―値上げ。時局に―する。

【便船】ビンセン ちょうど都合よく乗ることのできる船。

【便箋】ビンセン 日 手紙を書くための用紙。

【便覧】ビンラン|ベンラン ある分野で知りたい事柄の全体が、ひとめでわかるようにまとめられた、簡単な本。ハンドブック。例 学生―。市勢―。

【便衣】ベンイ ①丈を短くして、そでを小さくした衣服。②ふだん着。私服。例 ―隊(=平服で一般人にまぎれて行動する兵隊)。

【便意】ベンイ ①都合がよい。便利。②日 大小便をしたいという気持ち。例 ―をもよおす。

【便益】ベンエキ 役立ち、得になること。便利。例 ―をはかる。

【便器】ベンキ 大小便を受ける、うつわ。おまる。おかわ。〔便所に据え付けるものと、持ち運びができるもの(=おまる・しびん)の両方を指す〕

【便宜】ベンギ|ビンギ 何かをする上で好都合なこと。得になること。また、特別な扱いや取りはからい。例 ―的。―をはかる。

【便計】ベンケイ 有利なはかりごと。利益をもたらすはかりごと。

【便▼娟】ベンケン ①たおやかで美しいさま。②ひらひらと舞うさま。

【便言】ベンゲン 話がうまい。弁が立つ。類 便口ベンコウ。

【便巧】ベンコウ ①ことばたくみにへつらう。②動作がすばやい。からだがよく動く。③道具などがよくできていて使いやすい。

【便座】【便▼坐】ベンザ ①別室。〔正室の両わきにある〕②別室にすわる。③日 洋式便器で、腰をおろす長円形の輪の部分。

【便所】ベンジョ 日 大小便をするための場所。手洗い。トイレ。はばかり。かわや。例 公衆―。

【便▼捷】ベンショウ|ビンショウ すばやい。敏捷ビンショウ。

【便章】ベンショウ 区別し、明らかにする。弁章。平章ベンショウ。

【便旋】ベンセン ①あてどなく歩きまわる。徘徊ハイカイする。②小便をする。放尿する。

【便体】ベンタイ からだつきが軽やかである。

【便地】ベンチ (戦の時)形勢が有利となる土地。便利な土地。地形のよい土地。

【便通】ベンツウ 日 大便が出ること。(お)通じ。例 ―がある。

【便殿】ベンデン|デビン 天子が休息するための建物。

【便道】ベンドウ ①官職をさずけられたのち、朝廷に参内せず、直接任地へおもむくこと。②道中のついで。③近道。

【便秘】ベンピ 腸に大便がたまっているのに、出ないこと。糞づまり。例 慢性の―症。

【便風】ベンプウ 順風。追い風。

【便服】ベンプク ふだん着。礼服や制服でない服。

【便▼嬖】ベンペイ (君主におもねって)寵愛チョウアイを受け、そば近くに仕える臣下。お気に入りの臣下。便辟ベンペイ。

【便▼辟】【便▼僻】 **一** ベンペキ こびへつらう。おべっかを使う。また、その人。例 友二便辟一ベンペキをともとす(=おべっかを使う人を友人にする)。〈論語・季氏〉 **二** ベンペイ「便嬖ベンペイ」に同じ。

【便便】ベンベン ①はっきりとものを言うさま。②よく治まっているさま。③太って腹が出ているさま。例 ―たる太鼓腹。④日 だらだらと無駄に時間を過ごすさま。例 ―と日を暮らす。

【便法】ベンポウ ①便利な方法。②一時しのぎの、まにあわせの手段。例 ―を講じる。

【便面】ベンメン 扇の一種。〔手軽に顔をかくすためのもの〕

【便▼蒙】ベンモウ 〔童蒙(=子供)に便なる本の意〕初心者用のわかりやすい本。

【便利】ベンリ ①すばやい。②利口である。③何かをするのに、役に立つこと。都合がいいこと。例 ―な道具。④大小便をする。

●音便オンビン・穏便オンビン・簡便カンベン・軽便ケイベン・検便ケンベン・船便センビン|ふなビン・増便ゾウビン・定期便テイキビン・排便ハイベン・不便フベン・別便ベツビン・方便ホウベン・郵便ユウビン

保

亻7 (9)
1 4261 4FDD
教5

ホウ(ハウ)漢 ホ・ホウ呉 皓 bǎo

たもつ・やす-んじる(やす-んず)・もつ

筆順 

なりたち  [形声]「亻(=ひと)」と、音「呆ホウ」とから成る。やしなう。

意味 ❶世話をする。やしなう。まもる。**やすんじる**。例 保育ホイク。保護ホゴ。保養ホヨウ。❷ある状態を変えずに続ける。**たもつ**。例 保守ホシュ。保留ホリュウ。確保カクホ。❸責任をもってひきうける。うけあう。例 保険ホケン。保証ホショウ。担保タンポ。❹雇われ人。例 酒保シュホ。

日本語での用法《ほ》「伊香保いかほ(=地名)・宇津保物語うつぼものがたり・佐保姫さほひめ」▼「ほ」の音にあてる万葉仮名。

古訓 中古 あかふ・あたる・きる・しる・たもつ・まぼる・まもる・やしなふ・やすし・ゐる 中世 さだむ・たもつ・つくのふ・まぼる・やしなふ・やすし 近世 いだく・かかへる・しる・たもつ・まもる・むつき・やしなふ・やすんず・よる

人名 お・すけ・まもる・もち・もり・やす・やすし・より

【保安】ホアン 人の安全や社会の秩序をたもつ。例 ―林。―警察。

【保育】ホイク 養育する。子を育てる。例 ―器。―士。

【保育所】ホイクショ|ホイクジョ 日 一日のうちの決められた時間、乳

幼児を預かり、世話をするところ。保育園。〔児童福祉法による施設の一つ〕

【保温】ホオン 日温度を一定にたもつ。特に、あたたかいまま冷めないようにすること。例—装置。

【保革】ホカク 日①革かわの表面をなめらかに、きずつかないようにすること。例—油ユ。②保守派と革進派。例—連合政権。

【保管】ホカン ①保証する。②日預かって管理する。例—料。

【保菌者】ホキンシャ 日発病はしていないが、病原菌をからだの中にもっている人。キャリア。

【保健】ホケン 日健康をたもつこと。健康がたもたれるようにすること。例—室。—体育（=保健学科と体育実技からなる学習科目）。

【保険】ホケン ①要害の地にたてこもる。②日ふだんからお金（掛け金キン）を積み立てておき、事故や病気、火災や死亡などのとき、損害に応じて補償金が支払われる制度。例—をかける。生命—。

【保護】ホゴ 危険な目にあったり、被害を受けたりしないように、かばったり守ったりする。例自然—。迷子を—する。

【保甲】ホコウ 宋ソウ代、王安石が定めた新法の一つ。自衛のための制度で、十戸を一保、五十戸を一大保、五百戸を一都保とし、それぞれに長を置いて組織した。また、一戸に二人以上の成年男子がいる場合には一人を保丁とし、地方の自衛にあたらせた。

【保持】ホジ ①保護し助ける。②独占する。支配する。③その状態を守り続ける。例機密—。一位を—する。

【保釈】ホシャク 日裁判の判決が出る前に、保釈金を納めさせて、勾留コウリュウ中の刑事被告人を釈放する。

【保守】ホシュ ①たもち守る。維持する。例保二守宗廟一ソウビョウをホシュす（=祖先のみたまやを守る）。〈漢書・五行志上〉②ものごとの改変を望まず、古くからのやり方を守ろうとすること。対革新。例—派。③（機械などが）正常に動くよう、注意して見る。例—点検。—管理。

【保守的】ホシュテキ 日これまでの慣習や伝統を守り続けていこうとするさま。対進歩的。

【保証（證）】ホショウ まちがいなく確かであると、うけあう。例—人ニン。身元を—する。一年間の—つき。

【保障】ホショウ ①とりで。要塞ヨウサイ。②守り防ぐ。③日危険や被害にあわないよう保護する。例安全—条約。生活—。

【保身】ホシン みをたもつ ①自分のからだの健康や安全を守る。②自分の社会的な地位や名声が上がることだけを考え、そのために行動すること。例—ホシンの術に長たけている。

【保真】ホシン シンをたもつ 〔「真」は、純真の意〕生まれながらの本性をもち続ける。

【保全】ホゼン 保護して、安全や権利を守る。例財産の—。環境を—する。

【保息】ホソク 民政を安定させ、子孫を増やす政策。

【保存】ホゾン ①大切に守る。②その状態をたもつようにとっておく。例永久—。冷凍—。

【保定】ホテイ 安定させる。

【保任】ホニン ①保持する。例不レ能三保二任其父之労一そのちちのロウをホニンするあたわず（=父の功績を維持できなかった）。〈左伝・襄三〉②保証する。また、保証人。

【保▼傅】ホフ ①〔「傅」は、守り役〕王侯貴族の子弟の教育にあたる役職。守り役。②教え導く。補佐する。

【保母】【保▼姆】ホボ ①宮廷で子供の世話をする女性。②人に雇われて子供の世話や家事などをする女性。③日女性の保育士の旧称。

【保有】ホユウ 自分のものとして持ち続けている。例核兵器を—する国。

【保養】ホヨウ ①守り育てる。②心身をくつろがせ休養をとって、健康を回復する。例—所。—地。③日美しいものや高価なものを見たりして、心を楽しませる。例目の—をする。

【保留】ホリュウ ①留任する。②ものごとの決定や発表など、しなければならないことを先にのばす。ペンディング。留保。例議決を—する。

●確保カクホ・担保タンポ・留保リュウホ

俣

亻7 (9) 1 4383 4FE3 人 国字 また

［俁］亻8 (10) 4 0162 3468 別体字。

なりたち 国字。［会意］「俁（=まつ）」が変形してできた字。

意味 川や道の分岐するところ。また。例川俣温泉かわまたオンセン（=栃木県北部にある）。

古訓 中古また 中世おほきなり・また 近世また

俑

亻7 (9) 2 4860 4FD1 ヨウ漢 腫 yǒng

意味 死者を葬るとき、殉死者のかわりに埋める人形。ひとがた。例陶俑トウヨウ。兵馬俑ヘイバヨウ。

【作俑】ヨウをつくる ⇩【作俑】サクヨウ（74ページ）

［俑］

俐

亻7 (9) 2 4862 4FD0 人 リ漢 寘 lì

なりたち ［形声］「亻（=ひと）」と、音「利リ」とから成る。かしこい。

意味 頭のはたらきがすぐれている。かしこい。さとい。するどい。通悧リ。例伶俐レイリ。

古訓 近世さとし

人名 さとし・とし

俚

亻7 (9) 2 4861 4FDA リ漢呉 紙 lǐ

意味 民間の。田舎くさい。俗っぽい。ひなびた。卑しい。対雅。例俚言ゲン。俚謡ヨウ。

【俚言】リゲン ①方言の中で、その地方独特のことば。なまり。さとことば。例—をまじえて語る昔話。②卑俗なことば。俗語。対雅言ガゲン。例—集覧。▽里言。

【俚▼諺】リゲン 民間に伝わる通俗的なことわざ。里諺。俗諺。例—にいわく。

【俚耳】リジ 俗人の耳。高尚な音楽を解さない人の耳。里耳。

【俚謡】リヨウ 民間に古くから伝わる歌。俗謡。民謡。表記 現里謡

侶

亻7 (9) 1 4623 4FB6 常用 リョ漢 リョ・ロ呉 語 lǚ

とも

筆順 亻 … 侶 侶

なりたち 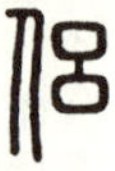 ［形声］「亻（=ひと）」と、音「呂リョ」とから成る。連れのもの。

意味 つれあい。道づれ。とも。また、ともにする。例学侶ガクリョ。僧侶ソウリョ。伴侶ハンリョ。

古訓 中古 とも・ともがら 中世 とも・ともがら 近世 たぐひ・とも・ともがら・ともなふ

倚

亻8 (10) 2 4865 501A

一 イ 漢 紙 yǐ
二 キ 漢 支 jī
よ-る・たの-む

意味 一 ❶よりかかる。もたれる。たよる。**よる**。例 倚子(イシ)(=椅子)。倚門(イモン)。❷かたよる。例 偏倚(ヘンイ)。二 ❶珍しい。不思議な。通 奇。例 倚魁(キカイ)(=風変わりである)。倚人(キジン)。❷ひとつの。通 奇。例 倚輪(キリン)(=戦車一台)。

【倚▼几】(イキ) ①ひじかけ。脇息(キョウソク)。②脇息によりかかる。

【倚馬▼之才】(イバのサイ) 抜きん出た文才。〔晋(シン)の袁宏(エンコウ)がウマによりかかりながらみごとな長文を書きあげた故事〈世説・文学〉による〕

【倚伏】(イフク) 禍(カ)と福とは互いに依存しあい、代わる代わるやってくる。〔「禍兮福所ㇾ倚、福兮禍所ㇾ伏(カはフクのよるところ、フクはカのフクするところ)」(=禍は福の原因となり、福は禍の元となる)。〈老子・五八〉から〕

【倚門】(イモン) ①門によりかかる。倚閭(イリョ)。②門によりかかり客をひく。転じて、売春をすること。

【倚門▼之望】(イモンのボウ) 家の門によりかかりながら、母がわが子の帰りを今か今かと待っていること。わが子を思う母の愛のたとえ。〔「倚ㇾ門而望(モンによりてのぞむ)」〈戦国策・斉六〉から〕 類 倚閭望(イリョのボウ)。

【倚▼閭】(イリョ) 〔「閭」は、村の門の意〕村の入り口の門によりかかる。子の帰りを待ちわびること。倚門。

【倚▼廬】(イロ) 父母の喪に服する間生活する、門に木をたてかけただけの粗末な小屋。

[偀]

亻8 (10) ⇩英(エイ)(1125ページ)

俺

亻8 (10) 1 1822 4FFA 常用

一 エン(エム) 漢 艶 yǎn
二 アン 漢 旱 ǎn
おれ

筆順 亻 仁 仛 伏 依 侤 俺 俺

なりたち [形声]「亻(=ひと)」と、音「奄(エン)」とから成る。大きい。

意味 一 大きい。二 われ。**おれ**。一人称の代名詞。

古訓 中古 おほいなり・おほきなり 中世 おほいなり 近世 おほいなり・おろか・われ

倨

亻8 (10) 2 4866 5028

キョ 漢 コ 呉 御 jù
おご-る

意味 ❶自分をほこり、人を見くだしたようなふるまいをする。おごりたかぶる。**おごる**。例 何前倨而後恭也(なんぞまえにはおごりてあとにはうやうやしくするや)(=以前はいばっていたが今はどうして丁寧なのか)。〈史記・蘇秦伝〉 倨気(キョキ)。倨傲(キョゴウ)。❷足を投げ出して、だらしなく座る。通 踞(キョ)。例 沛公方倨ㇾ牀(ハイコウまさにショウにキョす)(=沛公はちょうど寝台に足を投げ出して座っていた)。〈史記・酈食其伝〉 ❸ ⇩【倨倨】(キョキョ)

【倨気】(キョキ) おごりたかぶった気持ち。

【倨倨】(キョキョ) ①何も考えないさま。②傲慢(ゴウマン)なさま。

【倨傲】【倨▼敖】【倨▼驁】(キョゴウ) 〔「傲・敖・驁」も、おごりたかぶる意〕他人を見くだして、えらぶった態度をとること。傲慢(ゴウマン)。例 ―で尊大なふるまい。

【倨視】(キョシ) おごりたかぶった目で人を見る。

【倨色】(キョショク) おごりたかぶった顔つき。例 ―をあらわす。

倶

亻8 (10) 3 1401 4FF1 人

ク 漢 ク・グ 呉 虞 jù
とも-に

[俱]

亻8 (10) 1 2270 5036 俗字。

なりたち [形声]「亻(=ひと)」と、音「具(ク)」とから成る。ともに。

意味 ❶一緒にそろって。つれだって。**ともに**。例 倶存(グソン)。不倶戴天(フグタイテン)。❷ひとしい。同じ。例 才倶(サイひとし)(=才能が等しい)。❸そなわる。通 具。例 忠義倶(チュウギそなわる)(=忠義がそなわっている)。❹梵語(ボン)の音訳。例 倶梨迦羅(クリカラ)。

古訓 中古 とも・ともがら・ともに・みな 中世 とも・ともがら・みな 近世 ともに・みな

人名 とも・ひろ

【倶存】(グソン) そろって生存している。例〈父母倶存、兄弟無ㇾ故、一楽也(フボともにソンし、ケイテイことなきは、ひとつのたのしみなり)(=両親が健在で、兄弟に事故がないのはひとつの楽しみである)。〈孟子・尽心上〉

【倶発】(グハツ) ①二つ以上の事柄が同時に起こる。②同じ人物の犯罪が同時に複数発覚する。

【倶楽部】(クラブ) 日〔英 club の音訳〕共通の趣味や目的をもち、一定の決まりを守る人々の集まり。また、その集会場所。例 記者―。少年―。

【倶梨▼迦羅】【倶梨▼伽羅】(クリカラ) 〔仏〕〔梵語(ボン) kulika の音訳〕不動明王の化身(ケシン)。黒色の竜が剣にからみついた形をしている。

倔

亻8 (10) 2 4867 5014

クツ 漢 物 jué
こわ-い(こは-し)・つよ-い(つよ-し)

意味 ❶意地っ張りで、頑固。強情な。例 倔強(クッキョウ)。❷突出したさま。例 倔起(クッキ)。

【倔起】(クッキ) 低い身分の者が突如として身を起こす。

【倔強】【倔▼彊】(クッキョウ) 強情で人のいうことに従わないこと。→【屈強】(クッキョウ)(404ページ)

倞

亻8 (10) 4 0160 501E

一 キョウ 慣 ケイ 漢 敬 jìng
二 リョウ(リャウ) 漢 漾 liàng
つよ-い(つよ-し)

意味 一 **つよい**。二 あかるい。通 亮(リョウ)。

倪

亻8 (10) 2 4868 502A

ゲイ 漢 斉 ní
きわ(きは)・はし

意味 ❶おさなご。かよわい。❷**きわ**。**はし**。例 端倪(タンゲイ)。❸横目で見る。流し目。通 睨(ゲイ)。

倹

亻8 (10) 1 2380 5039 常用

ケン(ケム) 漢 琰 jiǎn
つづま-やか・つま-しい(つま-し)

[儉]

亻13 (15) 2 4913 5109 人 旧字体。

筆順 亻 仒 仒 佮 佮 倹 倹

なりたち [形声]「亻(=ひと)」と、音「僉(セン→ケン)」とから成る。たばねてひきしめる。

意味 ❶きりつめて、無駄づかいをしない。節約する。**つましい**。例 倹約(ケンヤク)。節倹(セッケン)。❷不作。凶作。例 倹歳(ケンサイ)。❸ひかえめにする。へりくだる。**つづまやか**。通 謙。例 恭倹(キョウケン)。

古訓 中古 いましむ・かしこし・けはし・すくなし・ちひさし・つつしむ 中世 せばし・つづまやか 近世 あきたらず・けはし・すくなし・つづまやか

【倹歳】(ケンサイ) 凶作の年。不作の年。

【倹▼嗇】(ケンショク) ものおしみする。けちである。類 倹吝(ケンリン)。

【倹素】(ケンソ) 無駄をはぶいて質素なこと。地味でつましい。

【倹徳】ケントク 倹約の美徳。無駄づかいをしないという立派なおこない。例 君子以二倹徳一辟レ難クンシケントクをもってナンをさく(＝君子は倹約によって危難をのがれる)。〈易・否・象〉
【倹薄】ケンパク 暮らしが貧しく財産が乏しいこと。貧乏。例 倹薄不レ充ケンパクにしてみたず(＝貧乏して物に不自由している)。〈後漢書・周磐伝〉
【倹朴】ケンボク 質素で飾りけがない。
【倹約】ケンヤク 無駄な出費をはぶいて、お金を節約する。例 ―につとめる。―家。
●恭倹キョウケン・勤倹キンケン・節倹セッケン

倦

亻8 (10) 1 2381 5026 人 ケン漢 霰 juàn
うーむ・あーきる(あーく)・あぐーむ

[倦] 亻9 (11) 俗字。

なりたち  [形声]「亻(＝ひと)」と、音「巻ケ」とから成る。疲れる。

意味 あきていやになる。疲れる。うむ。例 誨レ人不レ倦ひとをおしえてうまず(＝人を教育してうみあきることがない)。〈論語・述而〉倦厭ケンエン。倦怠ケンタイ。

古訓 中古 うみぬ・うむ・おこたる・たゆむ・つかる・ものうし 中世 うむ・ものうし 近世 いとふ・うむ・おこたる・つかる

【倦▼厭】ケンエン あきて、いやになる。
【倦色】ケンショク ものにあきた顔つき。また、疲れた顔つき。
【倦怠】ケンタイ ①あきあきして、その動作や状態を続けるのがいやになる。また、なまける。例 (夫婦の)―期。②からだがだるく気分が落ちこんで、疲れる。疲労。例 ―感。
【倦▼憊】ケンパイ 疲れる。類 倦罷ケンピ・倦労。

個

亻8 (10) 1 2436 500B 教5 コ慣 カ漢 箇 gè

筆順 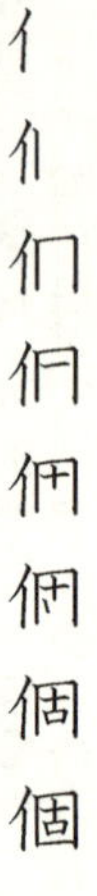

なりたち [形声]「亻(＝ひと)」と、音「固コ→カ」とから成る。通 箇コ。

意味 ❶固形物やうつわを数えるのに用いることば。例 個数コスウ。リンゴ三個サンコ。❷全体に対して、独立した一つのもの。例 個人コジン。個性コセイ。個こを生いかす。

古訓 中世 かたつかた 近世 かず・かたかた

【個個】ココ 一つ一つ。それぞれ。ひとりひとり。おのおの。めいめい。例 ―人。―別。
【個室】コシツ 日 共同でなく、ひとりで使う部屋。
【個人】コジン 日 ①国家や社会を構成しているひとりひとりの人。例 ―の社会的責任。②地位や身分などの立場を離れた、ひとりの人間。例 ―の意見は差し控える。
【個性】コセイ 日 その人だけがもっていて、他の人と区別ができるような、特徴のある性格。パーソナリティー。例 ―が強い。―を伸ばす。
【個体】コタイ 日 ①〔哲〕それぞれに独立して存在し、他と区別できるもの。②〔生〕独立して生存する生物。例 ―の発生。
【個展】コテン 日〔個人展覧会の意〕ある人の作品だけを展示する展覧会。例 ―を開く。
【個物】コブツ 日〔哲〕〔英 individual の訳語〕これ、あれ、と区別できるもの。感覚で認識できる一つ一つ。個体。対 普遍。
【個別】コベツ 日 一つ一つ。ひとりひとり。例 ―指導。
●好個コウコ・別個ベッコ

候

亻8 (10) 1 2485 5019 教4 コウ漢 宥 hòu
そうろう(さうらーふ)・さぶらーう(さぶらーふ)

筆順 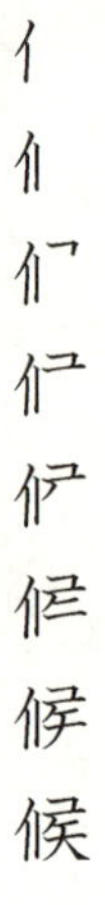

なりたち  [形声]「亻(＝ひと)」と、音「矦コウ」とから成る。様子をうかがう。

意味 ❶うかがい見る。様子をさぐる。うかがう。例 斥候セッコウ。❷ものみ。ものみ台。通 堠コウ。❸待つ。待ち受ける。例 稚子候レ門チシモンにまつ(＝小さな子供が門の所で待っている)。〈陶淵明・帰去来辞〉候補コウホ。❹貴人のそばに近くつかえる。はべる。例 伺候シコウ。❺とき。時節。季節。例 気候キコウ。時候ジコウ。秋冷の候シュウレイのコウ。❻きざし。しるし。様子。例 症候ショウコウ。兆候チョウコウ。

日本語での用法 《そうろう》《そろ》「賀ガし奉たてまつり候そうろう・今日きょうは暖あたたかく候そろ」▼「あり」「なり」の丁寧語として、候文ソウロウブンに用いる。「…でございます」の意。

古訓 中古 うかがふ・さぶらふ・たづぬ・とき・はべり・まつ・もとむ・むかふ 中世 うかがふ・さうらふ・さぶらふ・しるし・とき・とし・まつ 近世 うかがふ・さぶらふ・さむらふ・とぶらふ・とむらふ・まつ・ものみ

人名 とき・まもる・よし

【候火】コウカ ①のろし。②客を出むかえる、かがり火。
【候▼雁】コウガン 渡り鳥のガン。カリ。〔春は北へ、秋は南へと時候で移動することから〕
【候騎】コウキ 敵情を見張り、うかがう騎馬の兵。
【候視】コウシ ①調べる。②見舞う。ご機嫌をうかがう。③偵察する。
【候者】コウシャ 物見。斥候セッコウ。候人。
【候人】コウジン ①他国からの賓客を国境まで送りむかえする役人。②ひそかに敵情をさぐる者。物見。斥候セッコウ。
【候補】コウホ〔「補」は、官職の欠員を補充する意〕①清代、科挙(＝官吏登用試験)に合格し、任用を待っている者。②ある地位や役職につくための素質や能力、また条件などがそろっていて、それに選ばれるのを待つこと。例 大統領―。
【候問】コウモン ご機嫌をうかがう。
【候文】ソウロウブン 日 文語の丁寧語「候そうろう」を文末に用いた文体。特に手紙文で使う。「心中お察し申し上げ候」「恐縮に存じ奉たてまつり候」のように用いる。
●居候いそうろう・気候キコウ・伺候シコウ・時候ジコウ・天候テンコウ

倖

亻8 (10) 1 2486 5016 人 コウ(カウ)漢 梗 xìng
さいわーい(さいはひ)

なりたち [会意]「亻(＝ひと)」と「幸コウ(＝さいわい)」とから成る。思いもよらないしあわせ。

意味 ❶思いがけない幸運。さいわい。通 幸。例 僥倖ギョウコウ。射倖心シャコウシン。❷へつらう(人)。(主君や天子の)お気に入り。例 佞倖ネイコウ。

表記 現代表記では「幸」に書きかえることがある。熟語は「幸」も参照。

古訓 中古 さいはひ 中世 さいはひ 近世 さいはひ・したしむ・もとる

難読 僥倖さいわい

【倖臣】コウシン 君主の寵愛チョウアイを受けている臣下。お気に入りの臣下。幸臣。
【倖▼嬖】コウヘイ 寵愛チョウアイを受ける。気に入られる。

倥

亻8 (10) 2 4869 5025 一 コウ漢 東 kōng 二 コウ漢 董 kǒng

意味 一 ⇨【倥侗】コウトウ 二 ⇨【倥偬】コウソウ

日本語での用法《ぬかり》《ぬかる》「倥ぬからぬように手配する」▼手落ちや失敗を生じる。

難読 倥侗・倥偬

【倥▼偬】①処理すべきことが多いこと。忙しいこと。②苦しむさま。また、あわただしいさま。

【倥▼侗】愚かなさま。無知なさま。たわけ。

[倁]
亻8 (10) ⇩俲(107ジペー)

倅 [伜]
亻8 (10) 2 4870 5005
亻4 (6) 2 4871 4F1C 俗字。

一サイ漢 隊 cuì　二ソツ漢 月 cù
せがれ

意味 一そえ。たすけ。ひかえ。副。二にわか。急に。通猝・卒。

日本語での用法《せがれ》「小倅・倅も十五になりました」▼自分の息子をへりくだっていうことば。悴。

[倸]
亻8 (10) ⇩儕(115ジペー)

借
亻8 (10) 1 2858 501F 教4

セキ漢 シャク呉 陌　シャ漢呉 禡 jiè
かりる(か-る)・かり

筆順 亻仁什…借

なりたち [形声]「亻(=ひと)」と、音「昔セキ」とから成る。かりる。

意味 ❶他のものを一時使わせてもらう。かりる。かり。例借用。借金。拝借。❷別のものを流用する。かり。例仮借。❸貸し与える。かす。例有レ馬者借レ人乗レ之(うまあらばひとにかしてこれにのらしむ)(=ウマをもっていたら人に貸して乗らせてやる)。〈論語・衛霊公〉❹相手をゆるす。見のがす。例仮借。❺かりに。こころみに。ちょっと。例借問。

古訓 中古 かす・かり・かる・たとひ・たとふ・つかふ 中世 かす・かり・かる 近世 かす・かりに・かる・すすむる

【借財】日 多額の借金。負債。例―がかさむ。

【借銭】①かりたお金。借金。②お金をかりる。

【借地】日 土地をかりる。かりている土地。かり地。例―法。―権。

【借間】日 部屋をかりる。かりている部屋。間借り。

【借用】お金やものを、一時的に人からかりて使う。例―証書。無断で―する。

【借家】日 家賃を払って、家をかりる。また、その家。例―人。

【借款】〔「款」は、金銭、経費の意〕①人にお金をかりる。また、かりたお金。②政府間などでの、資金の貸し借り。例対日―。政府―。

【借金】日 お金をかりる。また、かりたお金。例―取り。

【借景】日 遠くの山や木などの自然の景色を、庭の一部として取り入れること。例山を―とした庭園。

【借問】①たずねる。問う。②こころみに問う。「それでは」と、ちょっと問うこと。例借問酒家何処有(しゃもんすしゅかいずれのところにかある)(=ちょっと尋ねたい、酒屋はどこにあるのか)。〈杜牧・清明〉

●仮借・寸借・前借・租借・貸借・賃借

修
亻8 (10) 1 2904 4FEE 教5

シュウ(シウ)漢 シュ呉 尤 xiū
おさめる(をさ-む)・おさまる(をさ-まる)

筆順 亻亻亻亻亻攸修修

なりたち [形声]「彡(=かざる)」と、音「攸ユウ→シュウ」とから成る。かざる。

意味 ❶手を入れて形をととのえる。㋐より美しくする。かざる。例修辞。修飾。㋑正しくなおす。おさめる。例修正。修繕。修理。㋒書物にまとめる。例監修。編修。❷学んで身につける。心を正しくする。おさめる。例修学。修養。修行。❸きちんとおこなう。例修好。❹立派な。よい。例修名(=よい評判。名声)。修態(=美しい姿)。❺長い。例修短。修竹。❻梵語の音訳。例阿修羅。修多羅。

古訓 中古 いたはる・おこなふ・かざる・したがふ・つくる・のぶ・をさむ 中世 あざやか・いたはる・おこなふ・したがふ・つくる・つくろひ・ながし・めぐる・をさむ 近世 あつむ・かざる・つつしむ・ととのふ・ととのへる・ならふ・をさむ・をさむる

人名 あつむ・おさ・おさむ・おさめ・さね・すけ・なお・なが・ながき・ながし・なり・のぶ・ひさ・まなぶ・みち・もと・もろ・よし・よしみ

【修学】学問をおさめる。知識を身につける。

【修業】①功業をなしとげる。功を立てる。②学業や技芸などを習い、身につける。

【修▼禊】陰暦三月の最初の巳の日に、水辺でおこなわれた邪気をはらう行事。上巳の祓。三国魏以降、三月三日に定着し、後世、曲水の宴もよおされた。

【修好】【修交】国と国とが貿易・文化交流などで親しくつきあう。例―条約。

【修行】一 ①徳行をおさめる。②正しい行為。③遵守する。二 ①〔仏〕㋐仏道にはげむ。㋑托鉢して歩く。②学問を身につけ、また、技芸をみがくためにはげむ。例武者―。

【修己治人】儒教の根本的な精神を示すことばで、自分自身がまず修養を積み人格をみがいた上で、人々を導き世を正しくすること。〈大学章句・序〉

【修斎】①物忌みをして祭りを営むこと。②〔仏〕僧を招いて食事をふるまうこと。

【修士】①徳が高く、おこないが立派な人。②日 大学院に二年以上在学して、定められた単位をとり、論文の審査と最終試験に合格した者に与えられる学位。マスター。例―課程。文学―。

【修史】(公式の)歴史書を編纂する。

【修辞】①文を書く。また、その文。②ことばの使い方をくふうし、たくみに美しく表現すること。また、その技術。レトリック。例―法。―学。

【修飾】①文章やことばを、立派に美しくととのえる。②化粧する。装飾する。③徳を治める。修養する。④日 文法で、他の語句や文節について、その意味や内容をくわしく説明すること。例―語。

【修身】①心がけやおこないを正しくすること。例修身斉家治国平天下(=身を正し、家を整え、国を治め、天下を安定させる)。〈大学〉から〕②日 もと、小・中学校などでの教科の一つ。現在の「道徳」にあたる。

【修正】①正しいことをおこなう。また、その人。②まちがいや不十分なところを直して、正しくする。例データの―。字句を―する。

【修整】①ととのえ、直す。②日 写真の画面を鮮明にしたり、美麗にしたりするために、手を加える。

【修▼撰】①書物を編纂する。②公式の歴史書の編纂を担当する官。

【修繕】建物や家具などの、いたんだところをつくろい直す。修理。例屋根を―する。
【修造】シュウゾウ 建物などの、いたんだところをつくろい直す。修理。修築。
【修短】シュウタン 長いことと短いこと。また、長さ。長短。脩短(シュウタン)。
【修竹】シュウチク 長いタケ。長く伸びたタケ。脩竹(シュウチク)。
【修築】シュウチク 建物や橋などの、いたんだところを直す。修造。例宮殿を―する。
【修▼飭】シュウチョク ①おこないを正し、つつしむ。②整える。整備する。
【修訂】シュウテイ 書籍などで、内容の不十分なところを直して、よりよくすること。例辞書の―版。
【修道】一シュウドウ 人としておこなうべき学問や芸術、また道徳などを身につけ、おさめる。二シュドウ〔仏〕仏道を修行する。
【修道院】シュウドウイン キリスト教のおもにカトリックで、清貧・貞潔・服従の誓いを立てた修道士、または修道女が、教会の規律のもとに、それぞれに共同生活をするところ。
【修得】シュウトク 学問や技術を学び、自分のものとする。例決められた科目を―する。
【修徳】一シュウトク すぐれた人格を身につける。二シュトク〔仏〕努力して身につけた徳。
【修復】シュウフク ①こわれたところを元どおりに直す。例仏像や絵画を―する。②ぎくしゃくしてしまった関係を、もとの良好な状態にもどす。例関係の―をはかる。
【修文】シュウブン ①文教や法律の制度を整える。文治をおこなう。②文人の死。〔晋(シン)の蘇韶(ソショウ)が死後よみがえり、顔回と卜商(ボクショウ)(=ともに孔子の弟子)があの世で修文郎(=文章をつかさどる官)となっていたと語ったことから〕
【修法】一シュウホウ 法令に従う。二シュホウ／ズホウ／スホウ〔仏〕密教でおこなう加持祈禱(カジキトウ)。本尊の前で護摩(ゴマ)をたき、供物(モツ)をそなえて祈る。
【修明】シュウメイ ①輝かせる。②はっきりさせる。③整って明らかなさま。
【修容】シュウヨウ ①外見を整え正す。ふるまいをつつしみ正す。②三国魏(ギ)に置かれた、宮女の官名。
【修養】シュウヨウ 学問をおさめるとともに、人間性にみがきをかける。また、人格を高めようとする。例精神の―につとめる。―を積む。
【修理】シュウリ 〔古くは「スリ」とも〕こわれたところをつくろい直す。修繕。例パンクを―する。
【修了】シュウリョウ 日学業や技芸などの、一定の課程をおさめおえる。例―証書。
【修練】【修錬】シュウレン 武道や技芸などにはげんで技術を高め、心身をきたえる。鍛錬。修養。例厳しい―を重ねる。心身の―。
【修験者】シュゲンジャ／スゲンザ 日〔仏〕修験道を身につけるために修行している人。験者(ゲンジャ)。山伏(やまぶし)。
【修験道】シュゲンドウ 日〔仏〕密教の一派。山中での難行(ナンギョウ)を通して仏道を修行し、悟りを開くことを目的とする。
【修多羅】シュタラ／スタラ〔仏〕〔梵語(ボンゴ) sūtra の音訳〕①経文(キョウモン)。経典(キョウテン)。②袈裟(ケサ)につける飾りの組みひも。
【修羅】シュラ〔仏〕①「阿修羅(アシュラ)」の略。争いを好み、仏法を滅ぼそうとする、インド神話の悪神。釈迦(シャカ)に教化されたとして、仏教では守護神とされる。②戦い。闘争。例―の巷(ちまた)。③大木や大石を運ぶのに用いられた車、または、そり。修羅車(シュラぐるま)。
【修羅場】一シュラジョウ〔阿修羅(アシュラ)が帝釈天(タイシャクテン)と戦った場所の意から〕激しい戦いがおこなわれる場所。例―と化す。二シュラば 日（演劇・映画・講談などで）激しい戦いがくりひろげられる場面。例―を演じる。
●改修(カイシュウ)・監修(カンシュウ)・研修(ケンシュウ)・必修(ヒッシュウ)・編修(ヘンシュウ)・補修(ホシュウ)・履修(リシュウ)

俶
亻8 (10)
②4872 4FF6
一シュク漢 屋 chù
二テキ漢 錫 tì
はじ-め・よ-い(よ-し)

意味 一 ❶きちんと整っていて、よい。よい。通淑。❷はじめる。はじめ。例俶献(シュクケン)(=四季の初物を君主に献上する)。❸建造する。たてる。例俶建(シュクケン)(=建造する)。❹整える。例俶装(シュクソウ)。二⇩【俶儻】(テキトウ)
【俶装】シュクソウ 旅装を整える。
【俶▼儻】テキトウ 〔「儻」は、すぐれるの意〕①すぐれた頭のはたらきによって、他に抜きん出ていること。②束縛されず、こだわらない。▽倜儻(テキトウ)。

倡
亻8 (10)
②4873 5021
一ショウ(シャウ)漢呉 漾 chàng
二ショウ(シャウ)漢呉 陽 chāng
とな-える(とな-ふ)・わざおぎ(わざをぎ)

意味 一 ❶うたう。❷先立って言いはじめる。となえる。通唱。例倡言(ショウゲン)。二歌や踊りを職業とする人。わざおぎ。通娼(ショウ)。例倡伎(ショウギ)。

倘
亻8 (10)
③1430 5018
一ショウ(シャウ)漢 陽 cháng
二トウ(タウ)漢 養 tǎng

意味 一「倘佯(ショウヨウ)」は、さまよう。徜徉(ショウヨウ)。二あるいは。もし。通儻(トウ)。

倢
亻8 (10)
④0161 5022
ショウ(セフ)漢 葉 jié

意味 ❶さとい。すばやい。❷「倢伃(ショウヨ)」は、漢代の女官の官名。婕妤(ショウヨ)。

倩
亻8 (10)
②4874 5029
一セン漢 霰 qiàn
二セイ漢 敬 qìng
うるわ-しい(うるは-し)・むこ・やと-う(やと-ふ)・つらつら

意味 一 ❶男子の美称。古代、中国人の字(あざな)に用いた。例曼倩(マンセン)(=前漢の文人、東方朔(トウボウサク)の字)。❷愛らしく笑うさま。例巧笑倩兮(コウショウセンたり)(=にっこり笑うと愛らしい)。〈詩経・衛風・碩人〉倩笑(センショウ)。倩倩(センセン)。二❶むこ。例妹倩(マイセイ)(=妹のむこ)。❷人にたのんでしてもらう。やとう。例倩筆(セイヒツ)(=代筆をたのむ)。

日本語での用法 《つらつら》「倩(つらつら)思(おも)うに・倩倩(つらつら)」▼よくよく。つくづく。

【倩粧】【倩▼妝】センショウ 美しいよそおい。
【倩倩】センセン 笑顔のかわいらしいさま。
【倩▼盼】【倩▼眄】センベン かわいらしい口もとと、美しい目もと。美人を形容することば。

倉
𠆢8 (10)
①3350 5009
教4
ソウ(サウ)漢呉 陽 cāng
くら

筆順

なりたち

〔会意〕「食(=穀物)」の省略体と「口(=くらの形)」とから成る。穀物ぐら。

意味 ❶穀物をしまっておくところ。また、さまざまな品物をおさめておく建物。くら。例倉庫(ソウコ)。穀倉(コクソウ)。米倉(こめぐら)。❷青い。通蒼(ソウ)。例倉海(ソウカイ)。❸⇩【倉庚】(ソウコウ)❹⇩【倉皇】(ソウコウ)❺⇩【倉卒】(ソウソツ)

古訓 中古 きぬかさ・くら・ほろぶ 中世 くら 近世 あをうみ・あをし・くら・をさむ

【倉▼囷】(ソウキン) 穀物のくら。倉廩(ソウリン)。㊫倉庾(ソウユ)。

【倉庫】(ソウコ) 〔「倉」は穀物のくら、「庫」は器物を入れておくくら、の意〕物品を保管しておく建物。くら。例 資材―。

【倉▼庚】(ソウコウ) 鳥の名。ウグイス。

【倉皇】【倉黄】(ソウコウ) あわてるさま。あわただしいさま。倉卒。蒼惶(ソウコウ)。例 ―として立ち去る。

【倉▼粟】(ソウゾク) くらの中にたくわえられた穀物。

【倉卒】【倉▼猝】(ソウソツ) ①ものごとが急に起こる。②落ち着きがない。倉皇。例 ―の間(カン)に決す。▽怱卒(ソウソツ)。匆卒(ソウソツ)。

【倉府】(ソウフ) 穀物をたくわえるくらと、金銭をたくわえるくら。

【倉▼廩】(ソウリン) 穀物を貯蔵しておく、くら。

【倉▼廩実則知二礼節一】(ソウリンみつればすなわちレイセツをしる) 人は、経済的に豊かになってはじめて、礼儀や道徳を重んじることができる。〈管子・牧民〉
●穀倉(コクソウ)・酒倉(さかぐら)・船倉(センソウ)・弾倉(ダンソウ)

倧
亻8 (10) 3 1431 5027
ソウ漢 冬 zōng
意味 仙人。

倬
亻8 (10) 2 4875 502C
タク漢 覚 zhuō
おお-きい(おほい-なり)・あき-らか
意味 ❶目立って大きい。おおきい。例 倬彼雲漢(タクたるかのウンカン)(=大きくはるかな天(あま)の川)。〈詩経・大雅・雲漢〉 ❷目立ってすぐれる。例 倬詭(タクキ)(=とびぬけてすぐれる)。

倓
亻8 (10) 4 0158 5013
タン(タム)漢 覃 tán
意味 安らか。しずか。例 倓然(タンゼン)。

値
亻8 (10) 1 3545 5024 教6
チ漢 寘 / チョク漢 ジキ(ヂキ)呉 職 zhí
ね・あたい(あたひ)・あ-う(あ-ふ)
筆順 亻 仁 什 什 佔 值 値 値
なりたち 
[形声]「亻(=ひと)」と、音「直(チョク→チ)」とから成る。つりあう。
意味 ❶もののねうち。そのものに見合った金額。あたい。ね。例 値段(ねダン)。価値(カチ)。 ❷(数学で)計算や測定の結果、得られる数。あたい。例 数値(スウチ)。近似値(キンジチ)。偏差値(ヘンサチ)。 ❸ある事態に出あう。当たる。あう。例 後値二傾覆一(のちケイフクにあう)(=その後危難に出遭った)。〈諸葛亮・出師表〉 値遇(チグウ)。

古訓 中古 あたる・あつ・あふ・かはる・かふ 中世 あたる・あつ・あふ・もつ 近世 あたる・あふ・さす・すつる・たもつ
【値遇】(チグウ) ①出会うこと。②日⇩【知遇】(チグウ)(938ページ)
【値段】(ねダン) 日 商品についている金額。あたい。価格。
【値幅】(ねはば) 日 ①同じものの、最高価格と最低価格との差。②〔経〕相場で、値が上がったり下がったりするときの、高値と安値との差。例 ―が小さい。
●閾値(イキチ・しきいチ)・卸値(おろしね)・価値(カチ)・近似値(キンジチ)・数値(スウチ)・絶対値(ゼッタイチ)

倁
亻8 (10) 3 1427 5001
チ漢 支 zhī
意味 行く。

倀
亻8 (10) 4 0156 5000
チョウ(チャウ)漢 陽 chāng
意味 ❶狂う。 ❷「倀倀(チョウチョウ)」は、迷って、どうしたらよいかわからないさま。

倜
亻8 (10) 4 0159 501C
テキ漢 錫 tì
意味 ❶⇩【倜儻】(テキトウ) ❷はるかに遠いさま。また、まわりくどいさま。例 倜然(テキゼン)。
【倜▼儻】(テキトウ) ①とびぬけてすぐれている。例 倜儻非常之人(テキトウヒジョウのひと)(=秀でていて尋常でない人)。〈司馬遷・報任少卿書〉 ②ものごとにこだわらず世間にしばられない。

倎
亻8 (10) 3 1429 500E
テン漢 銑 tiǎn
意味 厚い。通 腆(テン)。

倒
亻8 (10) 1 3761 5012 常用
一 トウ(タウ)漢呉 皓 dǎo
二 トウ(タウ)漢呉 号 dào
たお-れる(たふ-る)・たお-す(たふ-す)・こ-ける(こ-く)・さかさま
筆順 亻 仁 仫 伾 侄 侄 倒 倒
なりたち 
[形声]「亻(=ひと)」と、音「到(トウ)」とから成る。たおれる。
意味 一 たおれる。たおす。つぶれる。つぶす。例 倒壊(トウカイ)。倒幕(トウバク)。打倒(ダトウ)。将棋倒(ショウギだお)し。 二 ❶上下や順序が、さかさまになる。ひっくりかえす。さかさま。例 倒置(トウチ)。倒立(トウリツ)。 ❷程度のはなはだしい状態をあらわすことば。例 圧倒(アットウ)。傾倒(ケイトウ)。一辺倒(イッペントウ)。 ❸さからう。そむく。例 倒行逆施(トウコウゲキシ)。

古訓 中古 あふ・かたぶく・かへりて・くつがへす・くづる・さかさま・さかさまにす・さかしま・たふす・たふる・ひるがへす 中世 かたぶく・くつがへす・さかさま・さかしま・たふる・たふるる・まぼる・まろぶ 近世 あらし・おいたり・おちぶるる・おちぶれる・さかさま・さかしまにす・たふす・たふるる
【倒影】【倒景】(トウエイ) ①(水面などに)物のかげが、さかさまに映ること。また、そのかげ。②天上の最も高い所。〔太陽や月も下の位置にあり、照らされた影がさかさまに映るから〕③夕日の照り返し。

【倒▼戈】(トウカ・ほこをさかしまにす) 武器を味方の方に向ける。裏切る。寝返る。

【倒壊】【倒潰】(トウカイ) (建造物が)たおれて、こわれる。例 地震で家屋が―する。

【倒閣】(トウカク) 日 内閣を総辞職に追いこむ。例 ―運動。

【倒句】(トウク) 意味を強めるために語の順序を逆にする。また、そのことば。

【倒懸】(トウケン) からだをさかさにつるすこと。非常な苦痛をいう。例 ―の苦しみ。

【倒語】(トウゴ) あることばの文字を、さかさまにして作ったことば。

【倒行逆施】(トウコウゲキシ) 道理に反した行為をする。無理を押し通すこと。〈史記・伍子胥伝〉

【倒錯】(トウサク) ①ものごとの順序がさかさまになる。②社会的・道徳的に正しいとされる言動と正反対になる。また、正常なものと逆になる。例 ―した欲望。

【倒産】(トウサン) ①子が足から先に生まれてくること。逆子(さかご)。②日 会社などの経営が行きづまって、事業が成り立たなくなる。つぶれる。

【倒生】(トウセイ) ①草木のこと。〔草木は頭である根を地面につけて、足である枝を上にのばすことから〕②樹木が下に向かって生長すること。

【倒置】(トウチ) 上下の位置や前後の順序などを、逆にする。

【倒幕】(トウバク) 日 幕府をたおして政権をうばうこと。特に江戸幕府についていうことが多い。例 ―運動。

【倒伏】(トウフク) 日 イネなど、立っていたものが、たおれること。

【倒木】(トウボク) 強風のために、たおれた木。また、たおれている木。

【倒立】(トウリツ) さかだちをする。例 ―運動。組み体操で―する。
●圧倒(アットウ)・一辺倒(イッペントウ)・傾倒(ケイトウ)・卒倒(ソットウ)・打倒(ダトウ)・転倒(テントウ)・面倒(メンドウ)

俳

亻8 (10) 1 3948 4FF3 教6
ハイ 漢 呉 佳 pái
わざおぎ(わざおぎ)

筆順 亻 亻 仴 仴 俳 俳 俳 俳

なりたち [形声]「亻(=ひと)」と、音「非ヒ→ハイ」とから成る。ざれごとをいう人。芸人。

意味 ❶芸人。役者。わざおぎ。例 俳優ハイユウ。❷たわむれ。あそび。おどけ。こっけい。例 俳諧ハイカイ。❸⇒【俳徊】ハイカイ

日本語での用法《ハイ》「俳人ハイジン・俳壇ハイダン・俳名ハイメイ・俳論ハイロン・雑俳ザッパイ」▼「俳句」「俳諧ハイカイ」の略。

古訓 中古 たちやすらふ・たはぶる・めぐる 中世 たちやすらふ・たほぶる 近世 たちもとほる・たはぶる・たほむる

【俳画】ハイガ 日 俳句のような趣を描いた日本画。墨絵や、うすく色をつけた絵で、俳句を書き入れることもある。

【俳▼徊】ハイカイ あてもなくさまよう。ぶらつく。裴徊ハイカイ。徘徊ハイカイ。

【俳諧】ハイカイ ①おどけ。また、こっけいなことば。②日「俳諧の連歌」の略。もと、余興として作られた、こっけいみを帯びた連歌。③日 俳句。また、俳文・俳論など、俳句に関連する文学をいう。▽誹諧ハイカイ。

【俳▼謔】ハイギャク 冗談。ユーモア。

【俳句】ハイク 日 五・七・五の三句十七音で完結する、日本独特の短い詩。季語を読みこむという一定の決まりがある。

【俳号】ハイゴウ 日 俳句の作者が、本名とは別に用いる雅号。

【俳書】ハイショ 日 俳諧ハイカイや俳句に関する本。

【俳人】ハイジン 日 俳諧ハイカイや俳句を作ることを専門にしている人。

【俳聖】ハイセイ 日 〔「聖」は、道をきわめた人の意〕特にすぐれた俳人として、古来定評のある人。例 ―松尾芭蕉まつおバショウ。

【俳壇】ハイダン 日 俳句を作る人たちによって構成される社会。また、その仲間。

【俳風】ハイフウ 日 俳句の作風。作品にあらわれた作者の個性や流派の特徴。

【俳文】ハイブン ①たわむれに書かれた文章。②日 俳諧風ハイカイフウの味わいをもつ文章。

【俳味】ハイミ 日 俳諧ハイカイ特有の趣。おもしろみだけでなく、軽妙・洒脱シャダツ・新奇など、さまざまな雰囲気をいう。例 ―のある文章。

【俳優】ハイユウ ①こっけいな身ぶりや踊りなどで人を楽しませる芸人。②日 演劇・映画・テレビなどで、演技することを職業にする人。役者。例 舞台―。

【俳論】ハイロン 日 俳諧ハイカイや俳句についての理論や評論。向井去来むかいキョライの『去来抄』など。

【俳話】ハイワ 日 俳諧ハイカイや俳句についての話。類 俳談。

倍

亻8 (10) 1 3960 500D 教3
ハイ 漢 バイ 呉 賄 bèi
ま-す・そむ-く

筆順 亻 亻 仕 位 位 倍 倍 倍

なりたち [形声]「亻(=ひと)」と、音「咅ホウ→ハイ」とから成る。人にそむく。

意味 ❶二つにはなれる。そむく。通 背ハイ。例 倍心ハイシン(=そむくこころ)。倍反ハイハン。❷同じ数量を二回、またはそれ以上加える。ます。例 倍増バイゾウ。人一倍ひといちバイの努力。❸暗唱する。そらんじる。通 背ハイ。例 倍文ハイブン(=書物をそらで読む)。❹ますます。いよいよ。例 毎レ逢二佳節一倍思レ親カセツにあうごとにますますシンをおもう(=めでたい(重陽チョウヨウの)節句になるたび、いっそう故郷の親兄弟がしのばれる)。〈王維・九月九日憶山東兄弟〉

日本語での用法《へ》《べ》「安倍あべ・女倍之おみなえし」▼「へ」「べ」の音にあてた万葉仮名。

古訓 中古 あつつかへ・くはふ・そむく・はべり・はんべり・へかる・へぐ・へなる・まさる・ます・ますます 中世 そむく・まさる・ます・ますます 近世 そむく・ます・ますます

人名 かず・のぶ・ます・やす

【倍加】バイカ 数量などが二倍、または大幅に増える。倍増。

【倍額】バイガク 二倍の金額。例 ―を支払う。

【倍旧】バイキュウ 以前よりもずっと多くなること。例 ―のお引き立てをお願いいたします。

【倍▼蓰】バイシ 〔「蓰」は、五倍の意〕数倍。

【倍日▼幷行】バイジツヘイコウ 〔ひをバイしコウをあわす〕行程を倍にして進む。一日で二日分の行程を進む。昼夜兼行。〈史記・孫臏伝〉

【倍数】バイスウ 〔数〕ある整数の整数倍にあたる数。対 約数。

【倍増】バイゾウ|バイまし 数量が二倍に増える。程度などが大きくなる。倍加。例 所得―バイゾウ。

【倍反】ハイハン【倍畔】ハイハン そむく。裏切る。背反。表記 旧 倍▼叛

【倍率】バイリツ 日 ①定員に対する希望者数の比率。競争率。例 ―が高い。②顕微鏡や望遠鏡などで見られる像の大きさと、実際の大きさとの比。また、拡大や縮小された図や像の、もとの図や実物との大きさの比。例 成人は子供の―を服用する。

【倍量】バイリョウ ある数量の二倍の量。

俾

亻8 (10) 2 4876 4FFE
一 ヒ 漢 紙 bǐ
二 ヘイ 漢 霽 pì
しもべ・し-む・にら-む

意味 一 ❶おぎなう。増す。通 裨ヒ。例 俾益ヒエキ。❷召し使い。しもべ。通 婢ヒ。❸「(…をして)…(せ)しむ」と読み、…に…させる、の意。使役をあらわす。例 無レ俾二民憂一たみをしてうれえしむるなかれ(=民に心配させないように)。〈詩経・大雅・民労〉 二 にらむ。通 睥ヘイ。例 俾倪ヘイゲイ。

【俾益】ヒエキ 役立って利益を与える。裨益ヒエキ。

【俾▼倪】ヘイゲイ ①横目でにらむ。②あたりをにらみつけて勢いを示す。例 天下を―する。③城壁の上にある低い垣根。▽睥睨ヘイゲイ。

俵

亻8 (10) 1 4122 4FF5 教5
ヒョウ(ヘウ) 漢 嘯 biào
たわら(たはら)

筆順 亻 仁 仕 仹 俵 俵 俵 俵

なりたち [形声]「亻(=ひと)」と、音「表ヒョウ」とから成る。分け与える。

意味 分かち与える。わける。例 俵散ヒョウサン(=分配する)。

日本語での用法 一《たわら》「桟俵さんだわら・徳俵とくだわら」▼米や炭などを詰める、わらなどで編んで作った袋。二《ヒョウ》「米百俵こめヒャッピョウ・土俵ドヒョウ」▼たわらに詰めたもの。また、それを数える単位。

古訓 中古 たはら 中世 たはら・ちる 近世 あらく・たはら・ちる

難読 俵子たわらご(=ナマコ)

俯

亻8 (10) 2 4877 4FEF
フ 漢 麌 fǔ
ふ-す・うつむ-く・うつぶ-す

意味 ❶顔やからだの正面を下の方へ向ける。うつむく。ふす。対 仰ギョウ。例 俯瞰フカン。俯仰フギョウ。俯伏フフク。❷かくれる。とじこもる。例 蟄虫咸俯在レ穴チッチュウみなフしてあなにあり(=冬ごもりの虫はみな穴の中にもぐった)。〈呂覧・季秋〉

【俯角】フカク 日 見下ろしたとき、目の高さの水平面と、目と物を結ぶ線とが作る角度。対 仰角ギョウカク。

【俯▼瞰】(フカン) 高いところから、下の方を広く見わたす。鳥瞰(チョウカン)。例 山頂から、ふもとの町を―する。

【俯▼瞰図】(フカンズ) 日 高い視点から、地上の広い範囲を見下ろしたときに見える景色を、そのままの形で写しとった図。鳥瞰図(チョウカンズ)。

【俯仰】(フギョウ) 〔うつむいたり、あおぎ見たりする意〕立ち居ふるまいや動作。転じて、自分の行動全体。

【俯仰天地に▼愧じず】(フギョウテンチにはじず) 自分の行動にうしろめたい点がない。公明正大。〔「仰不レ愧二於天一、俯不レ怍二於人一(あおいでテンにはじず、ふしてひとにはじず)」〈孟子・尽心上〉から〕

【俯伏】(フフク) 頭を低く下げて平伏する。ひれふす。例 俯伏侍取レ食(フフクしてジしてショクをとる)(＝うつむいたまま、かしずいて給仕した)。〈史記・蘇秦伝〉

[併] 亻8 (10) ⇩併(へイ)(86ページ)

倣
亻8 (10) 1 4279 5023 常用 ホウ(ハウ) 漢 養 fǎng ならう(なら-ふ)

筆順 亻 亻 仿 仿 仿 倣 倣

なりたち [形声]「亻(＝ひと)」と、音「放(ホ)」とから成る。まねる。

意味 あるものを手本にして同じようにする。まねる。ならう。例 模倣(モホウ)。

古訓 中古 なずらふ・ならふ・はじむ・はじめ 中世 ならふ 近世 ならふ・まなぶ・よる

人名 より

俸
亻8 (10) 1 4280 4FF8 常用 ホウ 漢 宋 fèng ふち

筆順 亻 仁 仨 伕 侏 倭 俸

なりたち [形声]「亻(＝ひと)」と、音「奉(ホ)」とから成る。役人に支給される給料。

意味 役人が給料として与えられるお金や品物。禄(ロク)。扶持(フチ)。例 俸給(ホウキュウ)。俸禄(ホウロク)。年俸(ネンポウ)。

古訓 中古 おきて・たまたま・つかふ 中世 ささぐ・そなふ・たまもの 近世 すこし・たまもの・ちいさし

【俸給】(ホウキュウ) ①官吏に支払われる給料。②日 会社員や公務員などに定期的に支払われるお金。給料。サラリー。例 ―生活者(＝サラリーマン)。

【俸銭】(ホウセン) 官吏に支払われる金銭。

【俸▼禄】(ホウロク) 主君が臣下に与えた給与。扶持(フチ)。類 俸秩。例 ―を食(は)む。
●加俸(カホウ)・減俸(ゲンポウ)・増俸(ゾウホウ)・本俸(ホンポウ)

[俣] 亻8 (10) ⇩俣(また)(94ページ)

們
亻8 (10) 2 4878 5011 メン mén/men

意味 (俗語で)人を示す名詞・代名詞のあとについて、複数をあらわすことば。…ら。…ども。例 他們(タメン)(＝彼ら)。

倮
亻8 (10) 3 1432 502E ラ 漢 呉 哿 luǒ

意味 はだか。通 裸。例 倮身(ラシン)。倮虫(ラチュウ)(＝羽毛や鱗(うろこ)のない動物。人のこと)。

倆
亻8 (10) 2 4879 5006 リョウ(リャウ) 漢 養 liǎng

意味 ❶「伎倆(ギリョウ)」は、腕前、わざ。❷(liǎ) ふたり。ふたつ。通 両。例 倆人(リョウニン)(＝ふたりの人)。

[𠈓] 亻6 (8) 4 0138 20213 俗字。

倫
亻8 (10) 1 4649 502B 常用 リン 漢 呉 真 lún

筆順 亻 亻 仒 伶 伶 倫 倫 倫

なりたち [形声]「亻(＝ひと)」と、音「侖(リ)」とから成る。同類。仲間。また、人の道。

意味 ❶同類の仲間。たぐい。例 絶倫(ゼツリン)。比倫(ヒリン)。❷人のふみおこなうべき道。人と人とのあるべき間柄。道理。例 倫理(リンリ)。人倫(ジンリン)。不倫(フリン)。❸順序。次第。例 倫次(リンジ)。

古訓 中古 たぐひ・たぐひ・たくらぶ・とも・ともがら・ならぶ・ひとし 中世 したがふ・たぐひ・たくらぶ・とも・ともがら・ならぶ・みち 近世 えらむ・くるしむ・ことわり・しな・すぢめ・たぐひ・ついで・ともがら・なみ・ひとし・みち・みちびく

人名 おさむ・つぐ・つね・とし・とも・のぶ・のり・ひと・ひとし・みち・みつ・もと

難読 倫敦(ロンドン)

【倫次】(リンジ) 一定の法則に従った順序。秩序。類 倫序。

【倫匹】(リンピツ) ①仲間。同輩。類 倫輩(リンパイ)。②つれあい。配偶者。

【倫理】(リンリ) ①ものごとのすじみち。道理。②人のふみおこなうべき道。道徳を支える原理(＝根本的な理論)。モラル。例 ―感。政治―。③日「倫理学」の略。

【倫理学】(リンリガク) 日〔英 ethics の訳語〕哲学の一部門。人としての生き方、その原理などを研究する学問。たとえば、善悪や正邪の基準、社会での人間のあり方など。

【倫理的】(リンリテキ) 日 人としてのあり方にかかわるさま。例 ―に許されない行為。

【倫類】(リンルイ) ①ものごとのすじみち。道理。倫理。②仲間。同類。③人の守るべき道義、規範。
●人倫(ジンリン)・破倫(ハリン)・比倫(ヒリン)

倭
亻8 (10) 1 4733 502D 人 一 イ(ヰ) 漢 呉 支 wēi 二 ワ 漢 呉 歌 wō やまと・しず(しづ)

なりたち [形声]「亻(＝ひと)」と、音「委(イ)」とから成る。したがうさま。従順なさま。

意味 一 ❶⇩【倭迤】(イイ) ❷⇩【倭遅】(イチ) 二 昔、中国で日本および日本人を指していったことば。やまと。「和(ワ)」に通じて用いる。例 倭寇(ワコウ)。倭国(ワコク)。倭人(ワジン)。

古訓 中古 えらぶ・おもねる・かたむ・へつらふ・まがる・まぐ・ゆづる・をこつる 中世 あまねし・いたむ・おもねる・したがふ・ねがふ・へつらふ・をこつる 近世 したがふ・つつしむ・やまと

人名 かず・くに・やす・やま

難読 倭文織(しずおり)・倭文機(しずはた)・倭文(しず)の苧環(おだまき)

【倭▼迤】(イイ) 曲がりくねって遠く長く連なるさま。例 ―たる山道をのぼる。
【倭遅】(イチ) うねうねと曲がって遠いさま。
【倭▼寇】(ワコウ) 鎌倉(かまくら)・室町時代に中国大陸や朝鮮半島沿岸で密貿易や強奪をおこなった日本の海賊集団を、中国や朝鮮側から呼んだ言い方。
【倭漢】(ワカン) ⇩【和漢】(ワカン)(244ページ)
【倭訓】(ワクン) ⇩【和訓】(ワクン)(244ページ)
【倭語】(ワゴ) ⇩【和語】(ワゴ)(244ページ)
【倭国】(ワコク) ①日本の国。日本。②昔の中国で、日本を指していったことば。▽和国。

【倭字】(ジワ) ⇩【和字】(ジワ)(244ジペー)

【倭人】(ジワジン) 昔、中国人やアイヌ民族が日本人を指していったことば。和人。

【倭奴】(ドワ) かつて中国人が日本人をいやしめて呼んだことば。

偓
亻9 (11) 4 0166 5053
アク㊥ 覚 wò

意味 「偓佺(アクセン)」は、仙人の名。

[偉]
亻9 (11) ⇩偉(イ)(106ジペー)

偃
亻9 (11) 2 4880 5043
エン㊥㊤ 阮 yǎn
ふ-せる(ふ-す)

意味 ❶あおむけに倒れる。たおす。**ふせる**。例 偃臥(エンガ)。偃草(エンソウ)。❷やめる。例 偃武(エンブ)。❸便所。かわや。例 偃溲(エンシュウ)(=便所)。❹⇩【偃蹇】(エンケン)

難読 偃息図(オソクズ/オンソクズ)(=春画)

【偃▼臥】(エンガ) あおむけに寝る。偃息(エンソク)。

【偃革】(エンカク) 〔「革」は、よろいの意〕武器をしまう。戦争をやめること。類偃甲(エンコウ)。

【偃月】(エンゲツ) ①まだ、半月にならない細い月。弦月(ゲンゲツ)。弓張り月。②骨相学で、女性の額の骨が弓張り月のような形をしていること。皇后になる相という。③戦いで、弓張り月のような形をした布陣。

【偃月刀】(エンゲツトウ) 古代の刀。全体が弓張り月の形で、長い柄(え)がついている。

【偃▼蹇】(エンケン) ①がっちりとして高くそびえているさま。②おごりたかぶっているさま。③たくさんあって盛んなさま。④困窮していること。

【偃仰】(エンコウ/エンギョウ) ①うつむいたり、あおむいたりする。②浮き沈みがあること。③世の変化に対応する。④のんびりと暮らす。⑤おごりたかぶっているさま。

【偃草】(エンソウ) 風が吹いて草をなびかせるように、君子の徳が人々を教化することのたとえ。〈論語・顔淵〉から〕

【偃▼鼠飲レ河不レ過二満腹一】(エンソかわにのむもマンプクにすぎず) 〔「偃」は「鼹(エン)」、モグラの意〕モグラは河で水を飲んでも、腹いっぱいになる以上の量は飲まない。人はそれぞれの分に応じて満足するのがよいというたとえ。飲河満腹(インカマンプク)。〈荘子・逍遥遊〉

【偃息】(エンソク) ①寝転んで休む。②やめる。

【偃武】(エンブ) 武器をしまうこと。戦争をやめること。〔「偃レ武修レ文(ブをふせブンをおさむ)」(=武器をしまって学問をおさめる)。〈書経・武成〉」から〕例 元和偃武(ゲンナエンブ)(=大坂夏の陣によって豊臣(とよとみ)氏が滅亡し、天下がようやく治まったこと。そのとき「元和(ゲンナ)」に改元したことからいう)。

倍
亻9 (11) 4 0168 5063
エン(エム)㊥ 塩 yān

意味 ❶けがれていない。きよい。❷けがれている。

[假]
亻9 (11) ⇩仮(カ)(64ジペー)

偕
亻9 (11) 2 4883 5055
カイ㊥㊤ 佳 xié
とも-に

意味 ❶いっしょに。**ともに**。例 偕楽(カイラク)。偕老同穴(カイロウドウケツ)。❷⇩【偕偕】(カイカイ)

【偕偕】(カイカイ) 強くて盛んなさま。

【偕偶】(カイグウ) 一つになって助け合う。協力する。

【偕行】(カイコウ) ①(ともにおこなう) 一緒におこなう。〔「凡益之道、与レ時偕行(およそエキのみち、ときとともにおこなわる)」(=すべて利益をもたらす道は、時機に応じておこなわれる)。〈易・益・彖〉」から〕②(ともにゆく) 一緒に行く。例 与レ子偕行(シとともにゆかん)(=あなたとともに行こう)。〈詩経・秦風・無衣〉

【偕楽】(カイラク) 多くの人と一緒に、たのしむ。ともにたのしむ。例 一園(=茨城県水戸(みと)市にある公園。観梅の名所)。

【偕老同穴】(カイロウドウケツ) ①夫婦が仲よく、ともに長生きして、死後も同じ墓に入ること。〔「与レ子偕老(シとともにおいん)」(=おまえと一緒に年をとろう)。〈詩経・邶風・撃鼓〉」と「死則同レ穴(シしてはすなわちあなをおなじくせん)」(=死んだら同じ墓穴に入ろう)。〈詩経・王風・大車〉」とから〕②日 深海の泥の中にいる海綿動物。体内に雌雄一対のドウケツエビがすんでいることがあり、このエビは生涯、外へ出ることがない。

偐
亻9 (11) 2 4884 5050
ガン㊥ 諌 yàn
にせ

意味 にせもの。**にせ**。通贋(ガン)。例 偐紫田舎源氏(にせむらさきいなかゲンジ)(=柳亭種彦(リュウテイたねひこ)作の『源氏物語』の翻案小説)。

偽
亻9 (11) 1 2122 507D 常用
ギ(グヰ)㊥㊤ 寘 wěi
いつわる(いつは-る)・いつわり(いつはり)・にせ

[僞]
亻12 (14) 2 4906 50DE 人 旧字体。

筆順 

なりたち  [形声]「亻(=ひと)」と、音「爲(イ→ギ)」とから成る。いつわる。

意味 ❶真実でないことを、本当のように見せかける。**いつわる**。**いつわり**。**にせ**。例 偽善(ギゼン)。真偽(シンギ)。真(まっ)赤(か)な偽(いつわ)り。❷人間のわざ。人為。例 人之性悪、其善者偽也(ひとのセイはアクなり、そのゼンなるものはギなり)(=人の本性は悪であって、その善行は作為によるものである)。〈荀子・性悪〉

古訓 中古 あやまつ・いつはり・いつはる・うかす・うごかす・うごく・そらごと・はぢ・はづ・まねく 中世 いつはり・いつはる・そらごと 近世 いつはり・にせ

【偽悪】(ギアク) 日〔「偽善」に対してつくられたことば〕悪人のように見せかけること。対偽善。例 一家。一趣味。

【偽学】(ギガク) うそいつわりの学問。〔宋(ソウ)代、韓侂冑(カンタクチュウ)が、利をむさぼるのが人の真情であるとし、朱子の主張した道学を偽学とした〕

【偽▼贋】(ギガン) にせもの。まがいもの。

【偽言】(ギゲン) うそ。つくりごと。

【偽詐】(ギサ) だます。いつわる。

【偽作】(ギサク) にせものをつくる。また、そのにせもの。特に、書画や骨董(コットウ)などについていう。贋作(ガンサク)。対真作。

【偽書】(ギショ) ①作者や時代をいつわって、似せて作った書物。②本人が書いたように見せかけて、別人が書いた手紙。

【偽称】(ギショウ) ①氏名や職業また地位などを、いつわって言う。②日 いつわりの名。偽名。

【偽証(證)】(ギショウ) ①いつわりの証明。②偽造された証拠。③日〔法〕裁判で、証人がいつわりの証言をする。また、いつわりの証言。例 一の罪に問われる。

【偽善】(ギゼン) 善人のように見せかけること。また、うわべだけの善行。対偽悪。例 一者。

【偽装】(ギソウ) ①別のもののふりをする。②他人をごまかすための、よそおいや手段。カムフラージュ。例 一工作。③日 敵軍をあざむくために、いつわりの装備をする。例 戦車を一する。▽擬装。

【偽造】(ギゾウ) にせものをつくる。また、そのにせもの。変造。模造。例 一コイン。公文書一。

【偽足】(ギソク) 日アメーバなどの原生動物や白血球が、食物摂取や運動のために、伸縮させる突起。擬足。仮足。虚足。

【偽朝】(ギチョウ) 正統でない王朝。敵対する王朝を指していう。

【偽筆】(ギヒツ) 他人の文字や絵に似せて書いたもの。対真筆。

【偽物】(ギブツ・にせもの) 本物でないこと。贋物。

【偽▼朋】(ギホウ) 利害関係だけで結ばれた仲間。いつわりの友。

【偽名】(ギメイ) にせの氏名。対実名。例—を使う。

◐虚偽・真偽

偶

亻9 (11)　1 2286　5076　常用

一 グウ 慣　ゴウ 漢　グ 呉　有 ǒu

二 グウ 慣　ゴウ 漢　グ 呉　宥 ǒu

たぐい(たぐひ)・たまたま・たま

筆順

なりたち [形声]「亻(=ひと)」と、音「禺グ→グウ」とから成る。桐で作った、ひとがた。

意味 一 ❶人の形をしたもの。でく。ひとがた。例偶像。土偶。木偶。❷対になる。向かい合う。ならぶ。なかま。たぐい。例偶語。対偶。配偶。❸二で割り切れる。対奇。例偶数。二 思いがけず。ふと。たまたま。例偶有二名酒一(=思いがけずいい酒が手に入った)。〈陶淵明・飲酒序〉偶然。偶発。

古訓 中古 あふ・たぐひ・たまさか・たまたま・ともがら・ひとところへり・ます・より・よる 中世 あふ・たぐひ・たまたま・ひとがた 近世 あふ・かど・すみ・たぐひ・たまたま・ならぶ・ひとがた

人名 とも・ます

難読 偶人(ひとがた)・偶奇(チョウハン)・木偶(でく)

【偶因】(グウイン) 日根本の原因ではなく、たまたまそうなった原因や事情。

【偶詠】(グウエイ) ふと心に思いうかんだままを、詩や歌によむ。また、その作品。偶作。

【偶感】(グウカン) ふと心にうかんだ思い。例—を書き留める。

【偶語】(グウゴ) 向かい合って話をする。話し合う。

【偶合】(グウゴウ) ①ぴったり一致する。合致する。②たまたま一致する。

【偶▼坐】(グウザ) 向かい合ってすわる。

【偶作】(グウサク) ふとした機会にできた詩や歌。偶成。偶詠。類偶吟。

【偶視】(グウシ) 向かい合って見る。目を合わせる。

【偶処】(グウショ) 一緒にいる。同居する。

【偶人】(グウジン) 土や木で作った人形。ひとがた。でく。

【偶数】(グウスウ) 〔数〕二で割り切れる整数。丁(チョウ)の数。対奇数。例—月(づき)。

【偶成】(グウセイ) ふとした機会にできる詩や歌。偶詠。偶作。例—の詩。

【偶然】(グウゼン) ①思いがけないこと。対必然。例—の一致。②思いがけず。たまたま。例—出会った。

【偶像】(グウゾウ) ①神仏にかたどって作り、信仰の対象とする像。例—崇拝。②日崇拝やあこがれの対象。また、対象となる人。アイドル。例—視する。

【偶発】(グウハツ) ものごとが思いがけずに起こる。例—事故。

【偶有】(グウユウ) ある性質を、たまたまそなえている。

【偶力】(グウリョク) 日〔物〕方向が反対で、平行にはたらく、大きさの等しい二つの力。この力がはたらくと物体は回転する。

◐対偶・土偶・配偶・木偶

偈

亻9 (11)　2 4885　5048

一 ケツ 漢　屑 jié

二 ケイ 漢　ゲ 呉　霽 jì

意味 一 ❶速く走るさま。例偈偈(=疾駆するさま)。❷勇ましいさま。二 梵語 gāthā の音訳「偈陀」の略。仏の教えや徳をたたえる詩。また、悟りの境地をあらわした詩。例偈頌。頌偈。詩偈。四句の偈。

【偈▼頌】(ゲジュ・ゲショウ) 〔仏〕仏の徳をたたえる韻文。また、一定の曲調でとなえる文句。伽陀。頌偈。

健

亻9 (11)　1 2382　5065　教4

ケン 漢　コン 呉　願 jiàn

すこやか・すく-よか・たけ-し

[健] 亻9 (12)　4 1224　5FA4　俗字。

筆順

なりたち [形声]「亻(=ひと)」と、音「建ケン」とから成る。つよい。

意味 ❶しっかりして力強い。たけし。例健脚。健闘。剛健。❷からだが丈夫で元気である。すこやか。例健康。健児。健全。壮健。❸たけている。上手だ。よく…する。例健啖。健忘。❹さかんに。程度がはなはだしい。例健仰(=つよく慕う)。健黠(=きわめて悪がしこい人)。

古訓 中古 こはし・すくやかなり・すくよかなり・たけ・たけし・つよし 中世 けなげ・こはし・したたか・すくやか・すこやか・つよし 近世 あぐる・あたる・かたんず・けやけし・すくやか・すこやか・ただちに・つよし・はばむ

人名 かつ・きよし・たけ・たける・たつ・たて・たる・つよ・つよし・まさる・やす・やすし

難読 健(したたか・けなげ)・健男(ますらお)

【健脚】(ケンキャク) 足が強く、長時間歩いても疲れないこと。類健歩。例—家。—をほこる。

【健康】(ケンコウ) ①からだや心がすこやかで、悪いところがないさま。元気。例—な子供。—に暮らす。②いいか悪いかの、からだの状態。例—に気をつける。—を損なう。

【健在】(ケンザイ) ①いつも元気で、健康に暮らしていること。例両親は—です。②衰えることなく、十分に役立っていること。例フロンティア精神は—です。

【健児】(ケンジ) 一①体力や気力にあふれた若者。②士卒。兵。二(コンデイ) 日古代の兵制で、諸国に配置された武芸にひいでた兵士。平安時代中期以後、消滅した。

【健勝】(ケンショウ) 日健康がすぐれ、からだが達者なこと。〔手紙や挨拶状で相手の安否をたずねるのに用いる〕例ご—のことと存じます。

【健常】(ケンジョウ) 日心身に障害がないこと。〔障害のある状態に対していうことば〕例—者。

【健羨】(ケンセン) ①貪欲であること。非常に欲深いこと。例去二健羨一(=欲深さを取りのぞく)。〈史記・太史公自序〉②非常にうらやましく思うこと。

【健全】(ケンゼン) 日①からだが丈夫で健康なこと。②ものの考え方やものごとの状態が、かたよらず、危なげなく、常識的なこと。例—経営。—な娯楽。

【健▼啖】(ケンタン) 〔「啖」は、食う意〕食欲がさかんで、何でもたくさん食べること。大食。例—家。

【健闘】(ケントウ) 力強く立ち向かって、あきらめずに精いっぱい努力し、よくたたかう。例予想以上に—した。

【健筆】(ケンピツ) ①文章や文字が上手である。また、その文章や文字。達筆。類健毫。例—家。②小説・戯曲・詩・歌などの創作や評論を数多く、さかんに書くこと。例—をふるう。

【健婦】(ケンプ) 健康で気性のしっかりした女性。

【健忘】ケンボウ よくものわすれする。わすれっぽい。例—症。
【健吏】ケンリ しっかりした役人。有能な官吏。
●穏健オンケン・頑健ガンケン・壮健ソウケン・保健ホケン

【倦】亻9(11) ⇨倦ケン（96ジペー）

做
亻9(11) ②4886 505A サ漢呉 箇 zuò なす

意味 する。おこなう。なす。例 言いい做なす。見做みなす。
参考 もとは「作」の俗字。中国では、「作」と「做」とは併用されているが、日本では、「做」は「…做なす」という場合以外には、あまり使われない。

偲
亻9(11) ①2837 5072 人 一サイ漢呉 灰 cāi 二シ漢 支 sī しの-ぶ

なりたち  [形声]「亻(=ひと)」と、音「思シ→サイ」とから成る。才能がある。
意味 一才能がある。例 其人美且偲そのひとビにしてかつサイなり(=その人は美男で才能もある)。〈詩経・斉風・盧令〉 二「偲偲シシ」は、相手を思い、はげます。
日本語での用法 《しのぶ》「友ともを偲しのぶ・昔むかしを偲しのぶ・故人コジンを偲しのぶ」▼思いおこして、なつかしむ。したう。
【偲ぶ草】しのぶぐさ 日思いしたう心をおこさせる、たねとなるもの。忍ぶ草。

偖
亻9(11) ②4887 5056 シャ漢 馬 chě さて

意味 割く。ひらく。
日本語での用法 《さて》「偖さて、仕事しごとにとりかかろうか」▼発語のことば。さあ。ところで。「扠」と書くことが多い。

偆
亻9(11) ④0164 5046 シュン漢 軫 chǔn

意味 ❶富む。❷厚い。

偦
亻9(11) ④0169 5066 ショ漢 語 xǔ

意味 小役人。通胥ショ。

偁
亻9(11) ③1435 5041 ショウ漢 蒸 chēng

意味 ことあげする。ほめる。通称。

偗
亻9(11) ④0167 5057 セイ漢 梗 shěng

意味 ❶まっすぐなさま。❷長いさま。

偰
亻9(11) ④0171 5070 セツ漢 屑 xiè

意味 ❶殷インの始祖の名。契セツ。❷けがれがない。きよい。

偂
亻9(11) ④0163 5042 セン漢 先 qián

意味 進み出る。すすむ。通前セン。

偬
亻9(11) ②4888 506C 一ソウ漢 董 zǒng 二ソウ漢 東 cōng

意味 一❶「倥偬コウソウ」は、苦しむさま。また、あわただしいさま。❷「偬恫ソウトウ」は、おろかなさま。 二せわしい。にわか。通怱ソウ。例 偬偬ソウソウ(=あわただしいさま)。
難読 倥偬いそがわしい

側
亻9(11) ①3406 5074 教4 ソク慣 ショク漢 シキ呉 職 cè がわ(がは)・かわ(かは)・かたわ-ら(かたはら)・そば・そば-める(そば-む)・はた

筆順 
なりたち 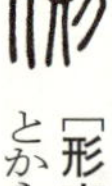 [形声]「亻(=ひと)」と、音「則ソク→ショク」とから成る。かたわら。
意味 ❶すぐ近くのあたり。わき。**そば**。**かたわら**。例 側近ソッキン。君側クンソク。❷仕官していない。在野の。例 側微ソクビ。側陋ソクロウ。❸ものの横の面。**かわ**。例 側面ソクメン。舷側ゲンソク。❹片方によせる。かたむける。そばだてる。**そばめる**。例 側耳ソクジ。側目ソクモク。❺ひとつ。ひとり。特に。例 側席ソクセキ。❻いたむ。通惻ソク。例 側側ソクソク。❼永字八法の一つ。点の書き方。
日本語での用法 一《**かわ**》《**がわ**》「右側みぎがわ・東側ひがしがわ・市民シミンの側がわ」▼対ツイになる一方の面。一方の立場。二《**がわ**》「金側キンがわ・時計ケイの側がわ」▼中身を包んでいるもの。
古訓 中古 かくる・かたはら・かたぶく・すみ・そばだつ・そばむ・そる・たちもとほる・つたふ・はかる・はし・はた・ほとり・ほのか 中世 かたはら・かたぶく・そばだつ・そばむ・ほとり・ほのか 近世 かたはら・かたぶく・ことに・そば・そばだつ・たふる・ひとり・ほとり・ほのか
【側▼臥】ソクガ ①片方のわきを下にして寝る。②かたわらで一緒に寝る。添い寝。
【側耳】ソクジ 聞き耳を立てて聞く。
【側室】ソクシツ ①「正室①」のわきの部屋。②身分や地位の高い人のめかけ。そばめ。③正妻でない女性が生んだ子。庶子。④正妻の長男以外の子。▽対正室。
【側身】ソクシン ①身をちぢこませる。おそれや不安をあらわす。②身を横に向ける。③身を置く。
【側席】ソクセキ ①一つだけ席を設ける。②席のすみにすわる。うれいやおそれを示したり、尊敬の念をもって賢人を待つこと。③かたわらの席。
【側側】ソクソク (悲しみを)身にしみて感じるさま。惻惻ソクソク。例—として胸をうつ。
【側聴】ソクチョウ ①耳をかたむける。注意深く聞く。②立ち聞きする。
【側転】ソクテン 日「側方転回」の略。体操で、足を少し開き、両腕を斜め上方にのばした姿勢のまま、片手を順に地面につけ、それを支点として足が空中に弧を描くように横向きに転回すること。
【側微】ソクビ 身分が卑しい。
【側聞】ソクブン ①そばで聞く。②うわさで、それとなく聞く。仄聞ソクブン。
【側壁】ソクヘキ 側面のかべや仕切り。
【側方】ソクホウ 左右の方向。
【側面】ソクメン ①上下や前後の面ではなく、横の面。②顔を横に向ける。また、横顔。③日わき。横の方。例—からの援助。④日さまざまな性質や様子などの中の一面。例よき父親としての—を知る。
【側目】一ソクモク 正面から見ず、伏し目や横目で見る。二そばめ 日わきのほうから、第三者として見ること。はため。
【側▼陋】ソクロウ ①辺鄙ヘンピな土地で粗末な家に住む賢人。また、低い身分にいるが有能な人。②せまくむさくるしい場所。
【側近】ソッキン ①そば。付近。②地位の高い人や権力者のそば近くに仕え働く人。
【側行】ソッコウ 身をちぢめて行く。相手に対する尊敬の気持ちをあらわす。
【側溝】ソッコウ 道路などの水はけをよくするため、わきにつくったみぞ。
【側▼杖】そばづえ 日無関係の、思わぬ災難や被害。とばっちり。まきぞえ。傍杖そばづえ。例—をくう。

●縁側(エンがわ)・外側(がいそく・そとがわ)・体側(タイソク)・反側(ハンソク)・両側(リョウがわ)

停

亻9 (11)　[1]3668 505C　教4

テイ㊤漢 [青] tíng　チョウ(チャウ)㊤慣　とど-まる・とど-める(とど-む)・と-まる・と-める(と-む)

筆順 亻 … 停

なりたち [形声]「亻(=ひと)」と、音「亭(テイ)」とから成る。止まる。

意味 ❶一か所にとまる。じっとしている。**とどまる**。例 停滞(テイタイ)。停泊(テイハク)。停留所(テイリュウジョ)。❷やめる。中止する。**とめる。とどめる**。例 停止(テイシ)。停戦(テイセン)。調停(チョウテイ)。❸⇩【停停(テイテイ)】

古訓 [中古]つづるる・とどこほる・とどまる・とどむ・やすむ・やどる・やむ [中世]とどこほる・とどまる・とどむ・やすむ・やむ [近世]しづめる・とどまる・とどめる・やむ

人名 とどむ

【停雲】(テイウン) ①動かずにとまっている雲。多く、親友を思う意に用いる。〔陶淵明の詩「停雲」に、雲が動かずにとまっているのは親友を思っているからだ、とあるのによる〕②流れゆく雲の動きをとめる。歌声が美しいことのたとえ。〔秦青(シンセイ)という歌の名人の美しい歌声に、雲も動きをとめたという故事から。〈列子・湯問〉〕

【停学】(テイガク) 日 学生や生徒に対する罰として、一定の期間、登校を禁止すること。例 一週間の―処分。

【停止】(テイシ) ①(動いているものが)とまる。また、とめる。例 ―信号。一時―。②(ものごとの進行を)途中でやめさせる。例 営業―。

【停車】(テイシャ) ①車などを一時的にとめる。例 停レ車坐愛楓林晩(くるまをとどめてそぞろにあいすフウリンのくれ)(=車をとめて何となく楓(フウ)の林の夕暮れをめでる)。〈杜牧・山行〉②日 列車やバスなどが、駅や停留所にとまる。例 急行の―駅。

【停車場】(テイシャジョウ・テイシャば) 日 駅。

【停職】(テイショク) 公務員などへの処罰の一つ。一定期間、職務につくことをさしとめ、その間は給料を支払わないこと。

【停船】(テイセン) 航行中の船がとまる。また、船をとめる。例 ―命令。

【停戦】(テイセン) 戦争中に、互いに合意の上で、一時的に戦いをやめること。休戦。例 ―協定。

【停滞】(テイタイ) ものごとが一か所にとどまって、うまく進まない。例 景気が―する。

【停停】(テイテイ) ①高くそびえたつさま。亭亭。②妥当である。適切な状態にあること。例 ―当当(トウトウ)。

【停電】(テイデン) 日 電気の供給が、一時的にとまる。

【停頓】(テイトン) 〔「頓」も、とどまる意〕①とどまる。停留する。②停滞する。とどこおる。

【停年】(テイネン) 日 退職しなければならない一定の年齢。定年。

【停泊】(テイハク) 船が、港など同じ場所にとどまる。表記 ㊉▼碇泊

【停留】(テイリュウ) 一つの場所にとどまる。例 ―所。

●調停(チョウテイ)・電停(デンテイ)

偵

亻9 (11)　[1]3669 5075　常用

テイ㊤漢 [庚] zhēn　うかが-う(うかが-ふ)

筆順 亻 … 偵

なりたち [形声]「亻(=ひと)」と、音「貞(テイ)」とから成る。問う。

意味 こっそり様子をさぐる。また、その人。**うかがう**。例 偵察(テイサツ)。探偵(タンテイ)。内偵(ナイテイ)。

古訓 [中世]うかがふ・ひらめかして [近世]うかがふ・さぐる・しのび・ただし・とふ

難読 遊偵(しのびのもの)

【偵候】(テイコウ) 様子をさぐる。また、その人。偵察。㊪偵伺(テイシ)。

【偵察】(テイサツ) (敵や対戦相手などの)状態や様子をひそかに調べる。例 敵情を―する。

【偵人】(テイジン) ①敵のまわし者。スパイ。間者(カンジャ)。間諜(カンチョウ)。②番兵。

【偵▼邏】【偵羅】(テイラ) 見まわって様子をさぐる。また、その人。巡察。

【偵吏】(テイリ) 日 ひそかに人の動静や、犯罪について調査する役人。刑事。

●探偵(タンテイ)・内偵(ナイテイ)・密偵(ミッテイ)

偸

亻9 (11)　[2]4889 5078

トウ㊤漢 チュウ(チウ)㊤呉 [尤] tōu　ぬす-む

意味 ❶他人のものを気づかれないようにぬきとる。こっそり不正をはたらく。**ぬすむ**。例 偸盗(チュウトウ)。❷本来ないものを作り出す。見つけ出す。**ぬすむ**。例 偸閑(トウカン)。❸一時的に。かりそめに。いいかげんに。例 偸安(トウアン)。❹人情がうすい。薄情。うすい。例 故旧不レ遺、則民不レ偸(コキュウわすれざれば、すなわちたみうすからず)(=むかしなじみを見すてなければ、人民も薄情でなくなる)。〈論語・泰伯〉偸薄(トウハク)。

【偸盗】(チュウトウ・トウトウ) 他人のものをぬすむこと。また、ぬすびと。どろぼう。

【偸安】(トウアン・やすきをぬすむ) あとのことを考えずに、現在の安楽にひたり、一時的な気休めを求めること。例 ―(トウアン)の日々を暮らす。

【偸閑】【偸間】(トウカン・ひまをぬすむ) 忙しいときに、時間を見つけて楽しむこと。

【偸合】(トウゴウ) いいかげんに相手に調子を合わせる。迎合する。

【偸児】(トウジ) どろぼう。ぬすびと。

【偸取】(トウシュ) ぬすみとる。

【偸儒】(トウジュ) いいかげんに事をすませて怠ける。㊪偸惰(トウダ)。

【偸生】(トウセイ・セイをぬすむ) ①生命に執着して、無駄に生きながらえる。例 ただ―(トウセイ)の時を過ごす。②からくも生きながらえる。例 存者且偸レ生(ソンするものはしばらくセイをぬすむ)(=生きている者は、まあなんとか命をつないでおりましょう)。〈杜甫・石壕吏〉

【偸薄】(トウハク) 人情がうすい。不親切。

【偸楽】(トウラク) 安逸をむさぼる。何もせずに遊びほうける。

【偸利】(トウリ) 正しくないやり方で利益を得る。

偪

亻9 (11)　[4]0170 506A

フク㊤慣 ヒョク㊤漢 ヒツ㊤呉 [職] bī

意味 ❶満ちる。❷さしせまる。㊣逼(ヒョク)。

【偪側】【偪▼仄】(フクソク) ①せまる。②密集する。ひしめく。③狭い。

偏

亻9 (11)　[1]4248 504F　常用

［偏］亻9 (11)　旧字体。

ヘン㊤漢㊤呉 [先] piān　かたよ-る・かたよ-り・ひとえ-に(ひとへ-に)

筆順 亻 … 偏

なりたち [形声]「亻(=ひと)」と、音「扁(ヘン)」とから成る。かたよる。

意味 ❶一方にずれる。公正でない。**かたよる**。例 偏見(ヘンケン)。不偏不党(フヘンフトウ)(=どの主義や党派にも加わらない)。❷中央から遠く離れたところ。㊣辺。例 心遠地自偏(こころとおければチおのずからヘンなり)(=

心が世俗から遠く離れているので土地も自然と辺鄙（ヘンピ）となる）。〈陶淵明・飲酒〉偏土（ヘンド）。❸たすけ。補佐。例偏将（ヘンショウ）。❹漢字を構成する、左側の部分。へん。対旁（ボウ）。例偏旁冠脚（ヘンボウカンキャク）。❺ひたすら。いちずに。**ひとえに**。例偏守二新城一（ひとえにシンジョウをまもる）（＝ひたすら新たに攻め取った町を守る）。〈史記・張儀伝〉

古訓 中古あまねし・いやし・かたおもて・かたつかた・かたはら・かたぶく・さかる・たぐひ・たすく・ともがら・ひとつ・ひとへに・ひとり・ほとり 中世かたおつる・かたつかた・ひとつ・ひとへ・ひとへに・ひとり 近世いやし・かたはら・かたぶく・かたよる・なかば・なめ・ひとへ・ひとへに・ひるがへる

人名 とも・ゆき

【偏愛】ヘンアイ 特定の人や、ものだけに愛情をそそぐ。えこひいき。
【偏介】ヘンカイ 自己の考えに固執して頑固である。
【偏奇】ヘンキ 〔「奇」は、普通とは違っている意〕世俗とは異なって傑出している。例—を愛する。
【偏▼諱】ヘンキ 二字から成る名のうちの一字。また、その字の使用をさけること。〔もと中国で、「二名（メイ）（＝二字の名）は偏諱せず」〈礼記・曲礼上〉といい、天子や父祖が二字の名のとき、臣下や子孫がその二字を同時に使用することは避けねばならないが、一字一字を別々に使用することはかまわないとする規定があった〕
【偏狭】ヘンキョウ ①土地がせまいさま。例—な国土。②考え方がかたよっていて、自分とは異なる考えや価値観を許そうとしないさま。狭量。例—で排他的な性格。
【偏屈】ヘンクツ 自分の考えにこだわって、他からは気むずかしく見えること。また、そのさま。例—な老人。
【偏見】ヘンケン あやまった先入観などによる、かたよったものの見方や考え方。例根強い—がある。独断と—。
【偏険】ヘンケン 心がかたよってひねくれている。
【偏枯】ヘンコ ①からだの片方が不自由なこと。半身不随。②かたよりがあって、釣り合いがとれない。
【偏向】ヘンコウ 公正であるはずのものが、かたよった傾向を示す。例政治的に—している報道。
【偏差】ヘンサ 日〔数〕統計などで、数値が、標準からどれくらい離れているかを示す数値。
【偏差値】ヘンサチ 日①偏差の度合いを示す数値。②テストの得点が全体の中でどの水準にあるかを、平均点からのへだたりによって示す値（あたい）。五〇を平均として、一〇から七〇の範囲になるのが普通。
【偏在】ヘンザイ （ものごとが）ある部分だけに集中して存在する。例集落が—する。
【偏▼衫】ヘンサン｜ヘンザン 〔「衫」は、衣の意〕僧が着る衣の一種。左肩から右わきの下方へ斜めに着る。
【偏私】ヘンシ 私情にとらわれ不公正なこと。
【偏師】ヘンシ 主力軍以外の一部の軍隊。
【偏執】ヘンシツ｜ヘンシュウ ①一つのものごとに、異常にこだわること。例—狂（キョウ）（＝モノマニア）。—病（＝パラノイア）。②自分の考えに固執して、他の意見を受けつけないこと。
【偏将】ヘンショウ 副将。また、全軍中の一部隊の将軍。
【偏食】ヘンショク 日食べ物の好き嫌いが激しい。また、好きなものだけを食べて、栄養がかたよる。
【偏頭痛】ヘンズツウ 頭の片側だけにおこる発作的な痛み。片頭痛（ヘンズツウ）。例—に悩む。
【偏西風】ヘンセイフウ 日緯度三〇度から六〇度の範囲の上空を、西から東へ吹く強い風。
【偏▼袒】ヘンタン｜ヘンダン ①上半身のどちらか片側だけ着物をぬぐこと。②〔仏〕法衣（ホウエ）の右肩をぬぐこと。相手を敬うときや、作業をするときなどにする。例—して合掌する。
【偏重】ヘンチョウ 一つのことだけを、おもく見る。例学歴—。
【偏土】ヘンド 都会から遠く離れた土地。片田舎。僻地（ヘキチ）。
【無レ偏無レ党（黨）】ヘンなくトウなし ⇩【無偏無党】ムヘンムトウ（835ページ）
【偏▼頗】ヘンパ 〔「頗」も、かたよっている意〕かたよっていて不公平なこと。
【偏廃】ヘンパイ ①一方を取ることによって他方を捨てること。②半身不随になること。
【偏▼僻】ヘンペキ ①心にかたよりがあること。不公平なこと。②辺鄙（ヘンピ）である。人里離れている。
【偏▼旁冠脚】ヘンボウカンキャク 日漢字の「へん（偏）」「つくり（旁）」「かんむり（冠）」「あし（脚）」のこと。部首。
●糸偏（いとへん）・牛偏（うしへん）・言偏（ゴンベン）・土偏（つちへん）・不偏（フヘン）

倻
亻9（11） 3 1434 503B
ヤ yē
意味 「伽倻（カヤ）」は、古代朝鮮の国名。加羅（カラ）。韓（から）。「伽耶・加耶・加良・駕洛」などとも書いた。

偎
亻9（11） 4 0165 504E
ワイ漢 灰 wēi
意味 ❶親しくする。したしむ。❷ぴったりとつく。

偉
亻10（12） 1 1646 5049 常用
［偉］亻9（11） 旧字体。
イ（ヰ）漢 尾 wěi
えらい（えら-し）

筆順 

なりたち 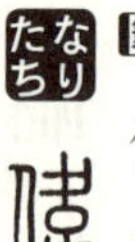 〔形声〕「亻（＝ひと）」と、音「韋（イ）」とから成る。普通でなく、すぐれている。

意味 なみはずれて、すぐれている。立派な。大きな。**えらい**。例偉業（ギョウ）。偉大（ダイ）。

古訓 中古あやし・いかし・うらむ・うるはし・おむかし・こゆ・たくまし・たたはし・めづらし 中世あやし・あやしとす・おほいなり・よし 近世あやし・おほいなり

人名 いさむ・えら・おおい・すぐる・たけ・まさる・より

【偉観】イカン 圧倒されるほどすばらしい景色。壮観。例—を呈する。
【偉器】イキ 大人物。すぐれた人材。大器。
【偉挙】イキョ 非常にすぐれた、おこない。例—をたたえる。
【偉業】イギョウ 非常にすぐれた業績。例歴史的な—をなしとげる。
【偉勲】イクン 大きな手柄。偉功。偉烈。例—を立てる。
【偉功】イコウ 大きな手柄。立派な功績。偉勲。例—を顕彰する。
【偉効】イコウ 目立ったききめ。すぐれた効果。例—を奏する。
【偉才】イサイ 大変すぐれた才能をもつ人。偉材。
【偉材】イザイ 大変すぐれた人物。偉才。例在野の—。
【偉丈夫】イジョウフ｜イジョウブ ①体格が大きな男。②人格がすぐれた、立派な男子。例たくましい—。
【偉人】イジン すぐれた人。大人物。
【偉大】イダイ ①非常に大きい。巨大。②大変すぐれているさま。例—な貢献。
【偉徳】イトク 非常にすぐれた、おこない。また、立派な人格。例—をしのぶ。—をたたえる。
【偉容】イヨウ 〔「容」は、姿かたちの意〕堂々として立派な姿。威容。例富士山の—。
【偉力】イリョク 非常に大きな力。すぐれた力量。
【偉烈】イレツ 〔「烈」は、手柄の意〕大きな手柄。偉勲。偉功。例維新の元勲たちの—。

●魁偉（カイイ）

傀
イ10（12）　2 4890　5080
一 カイ（クヮイ）漢 灰 guī　二 カイ（クヮイ）漢 賄 kuǐ

意味 一 ❶目立って大きいさま。通魁（カイ）。例 傀然（カイゼン）。❷奇怪なさま。あやしい。例 傀異（カイイ）。傀奇（カイキ）。二 ⇒【傀儡（カイライ）】

難読 傀儡（くぐつ）

【傀然】（カイゼン） 偉大なさま。〔一説に、何ものにも頼らず独立しているさま〕

【傀▼儡】（カイライ） ①操り人形。くぐつ。②（人形のように）他人の思うままに動かされる人。例 ―政権。

【傀▼儡師】（カイライシ） ①操り人形をつかって芸を演じる人。人形遣い。②自分は表面に立たず、背後から他人を思いのままに動かして目的を達しようとする人。黒幕。策士。

傕
イ10（12）　4 0176　5095
カク漢 覚 què/jué

意味 ❶（què）姓の一つ。❷（jué）人名に用いる字。例 李傕（カク）

[僅]
イ10（12）　⇩僅（キン）（108ページ）

傒
イ10（12）　4 0174　5092
一 ケイ漢 斉 xī　二 ケイ漢 霽 xì

意味 一 ❶待つ。まつ。通徯（ケイ）。❷こみち。通蹊（ケイ）。二 つなぐ。通繫（ケイ）。

[傑]
イ10（12）　⇩傑（ケツ）（109ページ）

傔
イ10（12）　3 1436　5094
ケン（ケム）漢 艶 qiàn

意味 ❶つきしたがう。はべる。❷従者。おそばづき。

傚
イ10（12）　2 4891　509A
コウ（カウ）漢 效 xiào
なら-う（なら-ふ）

意味 他人をまねる。**ならう**。まなぶ。通効。例 傚慕（コウボ）。

[俲]
イ8（10）　4 0155　4FF2
別体字。

【傚慕】（コウボ） あるものにあこがれて、そっくりまねようとすること。

傘
人10（12）　1 2717　5098　常用
サン漢 呉 旱 sǎn
かさ・からかさ

[仐]
人2（4）　4 0126　4ED0
俗字。

筆順

なりたち [象形] かさを広げた形。

意味 からかさ・雨がさ・日がさなど、かさの類をいう。例 傘下（サンカ）。落下傘（ラッカサン）。

古訓 中古 きぬがさ・ひがさ 中世 かさ・からかさ・きぬがさ・さしかさ・ひがさ 近世 あまがさ・からかさ・さしがさ

【傘下】（サンカ） 日〔ひろげた傘（かさ）の下の意〕有力な人物や、大きな組織の支配下。翼下（ヨッカ）。例 大会社の―にはいる。―団体。

【傘寿】（サンジュ） 日〔「八十」が、「傘」の俗字である「仐」と似ていることから〕八十歳。また、八十歳の祝い。例 ―をお祝いする。

●雨傘（あまがさ）・唐傘（からかさ）・番傘（バンがさ）

傓
イ10（12）　4 0175　5093
セン漢 霰 shàn

意味 盛んとなる。さかん。通煽（セン）。

傖
イ10（12）　4 0177　5096
ソウ（サウ）漢 庚 cāng

意味 俗っぽく下品なさま。卑しい。例 傖人（ソウジン）。

傣
イ10（12）　4 0172　50A3
タイ dǎi

意味 中国の少数民族の名。雲南省に居住。傣族（タイゾク）。

備
イ10（12）　1 4087　5099　教5
ヒ漢 ビ呉 寘 bèi
そな-える（そな-ふ）・そな-え（そなへ）・そな-わる（そなは-る）・つぶさ-に

[僃]
イ10（12）　50C3
本字。

筆順

なりたち

[形声]「イ（=ひと）」と、音「𤰈ヒ（=そなえる）」とから成る。用心してそなえる。

意味 ❶前もって用意する。**そなえる**。例 備品（ビヒン）。準備（ジュンビ）。❷十分にととのっている。そろっている。**そなわる**。例 完備（カンビ）。不備（フビ）。❸何から何まで。ことごとく。**つぶさに**。例 備嘗レ之矣（つぶさにこれをなむ）（=《艱難（カンナン）を》ことごとく味わい尽くした）。〈左伝・僖二八〉

日本語での用法 一《び》「甘南備河（かんなびがわ）・可奈之備（かなしび）」▼「び」の音にあてた万葉仮名。二《ビ》「備州（ビシュウ）・備前（ビゼン）・備中（ビッチュウ）・備後（ビンゴ）」▼「吉備（きび）（=今の岡山県と広島県東部）の古い呼び方」の略。

古訓 中古 あづかる・きはむ・ことごとく・すくふ・そなはる・そなふ・そなへ・そふ・つぶさに・ととのふ・とも・ともがら・みな 中世 あづかる・きはむ・そなはる・そなふ・そなゆる・つくす・つぶさ・つぶさに・みな 近世 あらかじめ・おぎなふ・くくり・ことごとく・そへる・そなはる・そなふ・つつしむ・つぶさ・なる・ふせぐ・みな

人名 くる・そなう・たる・とも・なが・なり・のぶ・まさ・みつ・よ・よし・より

【有レ備無レ患】（そなえあればうれいなし） ふだんから、いざというときのために十分な準備をしていれば心配はない。〈書経・説命中〉

【無レ求二備▼於一人一】（そなわるをイチニンにもとむるなかれ） ひとりの人間に完全無欠であることを要求してはならない。君主の心得を説いたことば。〈論語・微子〉

【備位】（ビイ） ある官職・地位に加わる。官位についているだけで無能・無為であること。

【備員】（ビイン） 一員として加わっているだけで、何の役にも立たない。〔へりくだっていう言い方〕〈史記・平原君伝〉

【備具】（ビグ） すっかりそなわる。完備。

【備考】（ビコウ） 参考のために書きそえておく。例 ―欄。

【備荒】（ビコウ） 凶作や災害のときのために、あらかじめたくわえておくこと。救荒。備蓄。例 ―作物。

【備▼悉】（ビシツ） ①詳細をきわめている。②すっかり知りつくしている。例 備二悉国章一（コクショウをビシツす）（=国の法を知りつくしている）。〈隋書・蘇威伝〉

【備前】（ビゼン） 日 旧国名の一つ。今の岡山県の南東部。例 ―焼（やき）。

【備蓄】（ビチク） 日 万一のときにそなえて、ふだんからたくわえておく。備荒。例 石油を―する。

【備中】（ビッチュウ） 日 旧国名の一つ。今の岡山県の西部。

【備品】（ビヒン） ①品数（しなかず）をそろえる。②日 建物や施設にそなえつけてある物品。机や書架など。

【備忘】（ビボウ） うっかり忘れてしまったときのために、あらかじめ書きつけておくこと。例 ―録。―のための覚え書き。

【備後】（ビンゴ） 日 旧国名の一つ。今の広島県の東部。

◯完備（ビカン）・軍備（ビグン）・警備（ケイビ）・兼備（ケンビ）・守備（シュビ）・準備（ジュンビ）・常備（ジョウビ）・整備（セイビ）・設備（セツビ）・装備（ソウビ）・配備（ハイビ）・不備（フビ）・防備（ボウビ）

傅
亻10（12） 2 4892 5085

一フ 漢 遇 fù　二フ 漢 虞 fū

もり・つ-く・かしず-く（かしづ-く）

意味 一 ❶そばにつきそう（役の人）。養育係。**もり**。**かしずく**。例 傅育（フイク）。師傅（シフ）（=周の時代、天子の相談役や太子の養育係）。❷くっつく。くっつける。**つく**。通附。例 皮之不存、毛将安傅（かわのソンせずんば、けはいずくにつかん）（=皮がなければ、毛は一体どこに付着できるか）。〈左伝・僖十四〉 二 のべひろげる。しく。通敷。❸こじつける。通附。例 傅会（フカイ）。

難読 傅子（めのと）（=主人の子の養育係をする者の息子）・抱傅（もりだき）

【傅育】（フイク） もり役として、かしずき育てる。扶育（フイク）。例 ―官。

【傅説】（フエツ） ①殷（イン）の高宗武丁王の宰相として活躍したとされる人物。②星の名。後宮で子を求めるときに祭るという。

【傅会】（フカイ） ①くっつける。②こじつける。付会。③（文章の初めから終わりまでの）調子を合わせる。

【傅▼婢】（フヒ） 侍女。腰元（こしもと）。

【傅母】（フボ） 貴人の子女を教育し、育てる女性。

傍
亻10（12） 1 4321 508D 常用

一ホウ（ハウ）漢 **ボウ**（バウ）呉 漾 bàng　二ホウ（ハウ）漢 **ボウ**（バウ）呉 陽 páng

かたわら（かたはら）・はた・わき・そば・かたえ（かたへ）

筆順 亻 … 傍 傍

なりたち ［形声］「亻（=ひと）」と、音「旁（ボウ）（=そば）」とから成る。そばに寄る。

意味 一 そばに寄る。添う。二 ❶ものごとの中心からはずれて、わきにあること。**そば**。**かたわら**。**はた**。例 傍観（ボウカン）。傍若無人（ボウジャクブジン）。路傍（ロボウ）。傍杖（そばづえ）を食（く）う。❷漢字を構成する右側の部分。つくり。通旁（ボウ）。❸⇩【傍偟】（ボウコウ）

古訓 中古 あまねし・かたかた・かたはら・そば・そふ・ちかし・となり・ならぶ・ほとり・よる 中世 あまねし・かたかた・かたはら・かたへ・そば・そふ・ちかし 近世 かたはら・そば・ちかし・ちかづく・とどろく・ほとり・みだり・むつき・やまず・よる

人名 かた

難読 傍惚（おかぼれ）・傍焼（おかやき）・傍目八目（おかめハチモク）・畝傍（うねび）（=地名）

【傍観】（ボウカン） （事件などに）かかわることをさけて、部外者として見ている。旁観（ボウカン）。例 ―者（シャ）。騒ぎを―する。

【傍訓】（ボウクン） ①本文のわきに付けられた注。旁訓（ボウクン）。②日 漢字のそばにつける読みがな。ふりがな。ルビ。

【傍系】（ボウケイ） 日 ①親子関係でつながる直系に対して、そこから分かれる系統。兄弟・おじ・おいなど。対直系。例 ―親族。②主になる系統から分かれ出た系統。▽傍流。

【傍▼偟】（ボウコウ） 歩きまわる。さまよう。彷徨（ホウコウ）。

【傍若無人】（ボウジャクブジン）（かたわらにひとなきがごとし） 周囲の人の気持ちや迷惑を考えずに、自分のしたいようにふるまうこと。旁若無人（ボウジャクブジン）。〈後漢書・延篤伝〉例 ―の行動。

【傍証（證）】（ボウショウ） 日 事実や主張を裏付けるために、間接的に役立つ証拠。例 ―を集める。

【傍線】（ボウセン） 日 縦書きの文章で、注意をうながすために、文字や語句の右または左のわきに引く線。下線。例 ―部。

【傍題】（ボウダイ） 本や文章などに、主になる題とは別に、付け加える題。副題。サブタイトル。

【傍注】（ボウチュウ） 本文の理解を助けるために、本文の横に書き加える注釈。旁註（ボウチュウ）。傍註。

【傍聴】（ボウチョウ） ①そばで聞く。②日 会議や裁判、公聴会や演説会などを、当事者でない人が、議場・法廷・会場などの中で聞くこと。発言は許されない。例 ―席。公判を―する。

【傍点】（ボウテン） 日 ①読者に注意をうながすために、文字の右わきにつける点。例 ―をふる。―を付す。②漢文を訓読するとき読み方を示すために、漢字のわきにつける訓点。

【傍輩】（ボウハイ・ホウバイ） 日 ①同じ主人や先生に仕え、ほぼ同じ地位にある仲間。同輩。②友人。仲間。朋輩（ホウバイ）。

【傍白】（ボウハク） 演劇で、観客だけに聞かせる形で言うせりふ。わきぜりふ。独白。

【傍流】（ボウリュウ） ①本流の途中から分かれた流れ。支流。②日 ものごとの主流からはずれていること。傍系。例 ―に甘んじる。

◯近傍（キンボウ）・路傍（ロボウ）

［傜］ 亻10（12） ⇩徭（ヨウ）（484ページ）

傈
亻10（12） 4 0173 5088

リツ 漢 質 lì

意味 ❶位牌（イハイ）の材とする木。通栗（リツ）。❷「傈傈族（リツリツゾク）」は、雲南省に居住する少数民族の名。

傴
亻11（13） 2 4893 50B4

ウ 漢 呉 麌 yǔ

かが-む

意味 背骨の曲がる病気。また、背を曲げて身をかがめる。**かがむ**。例 傴僂（ウル）。

【傴▼僂】（ウル・ルロウ） ①背骨が曲がって前かがみになっている人。向僂（クル）。②前かがみになること。

僅
亻11（13） 1 2247 50C5 常用

一**キン** 漢 震 jǐn　二キン 漢 震 jìn

わずか（わづ-か）・わず-かに（わづ-かに）

［僅］ 亻10（12） 俗字。

筆順 亻 … 僅

なりたち ［形声］「亻（=ひと）」と、音「堇（キン）」とから成る。かろうじてできる。

意味 一 ほんの少し。**わずか**。**わずかに**。例 僅差（キンサ）。僅少（キンショウ）。二 なんなんとする。近い。ほとんど。例 山城僅百層（サンジョウほとんどヒャクソウなり）（=山城はほとんど百層近くもある）。〈杜甫・泊岳陽城下〉

古訓 中古 すくなし・つとむ・わづかに・わづらはす 中世 すくなし・わづか 近世 あまり・おとる・すこし・わづか

【僅僅】（キンキン） ①（数量が）ほんの少しであるさま。②わずかに。ほんの少し。

【僅差】（キンサ） ほんのわずかの差。例 ―で勝つ。

【僅少】（キンショウ） ごくわずか。ほんの少しであること。例 残部―の本。

傾
亻11（13） 1 2325 50BE 常用

ケイ 漢 キョウ（キャウ）呉 庚 qīng

かたむ-く・**かたむ-ける**（かたむ-く）・**かたむ-き**・かし-ぐ・かし-げる（かし-ぐ）・かた-げる（かた-ぐ）・なだ-れる（なだ-る）

筆順 亻 … 傾

なりたち 傾 [会意]「亻(=ひと)」と「頃ケイ(=かたむく)」とから成る。かたむく。

意味 ❶斜めになる。一方にかたよる。**かたむく**。例 傾向ケイコウ。傾斜ケイシャ。右傾ウケイ。❷くつがえす。あやうくする。**かたむける**。例 傾国ケイコク。傾城ケイセイ。❸一つのことに集中する。身を入れる。**かたむける**。例 傾注ケイチュウ。傾聴ケイチョウ。傾倒ケイトウ。❹慕う。心を寄せる。例 傾慕ケイボ。傾葵ケイキ(=ヒマワリが日に向かうように慕う)。❺きそう。争う。例 傾奪ケイダツ(=争う)。相傾あいかたむく(=互いに競争する)。❻まさる。しのぐ。例 欲三以傾二魏其諸将相一(もってギキのショショウショウをかたむけんとほっす)(=〔武安侯は〕魏其侯一派の将軍・大臣たちを圧倒しようとした)。〈史記・魏其武安侯伝〉

古訓 中古 うごく・おつ・かたぶく・こぞる・まじはる・をしふ 中世 かたぶく・かたむく・まじはる 近世 うつす・かたぶく・かたむく・きずつく・しばらく・そばだつ・ふす・むなしうす・やぶる

人名 かたぶ

【傾家】ケイカ ①家の財産を全部つぎこむ。②一家全員で。家じゅう。

【傾河】ケイガ ①川の水を飲みつくすこと。②(明け方に、斜めにかたむいて見える)天あまの川。また、夜明け。

【傾蓋】ケイガイ 〔車の傘をかたむける意〕初対面でありながら親しく交わる。〔「傾蓋如レ故ケイガイコのごとし」(=道ばたでちょっと車の傘をかたむけて語り合っただけでもうちとけて親しく交わりあえる)。〈史記・鄒陽伝〉から〕

【傾危】ケイキ ①国をあやうくする。また、国が衰え危機におちいる。例 傾危之士ケイキのシ(=国をあやうくさせる詐謀の士)。〈史記・張儀伝・賛〉②斜めにかたむいて倒れようとしている。

【傾巧】ケイコウ ずるがしこい。うまくたちまわること。

【傾向】ケイコウ ものごとが、ある特定の方向にかたむいていること。また、その方向の特色。

【傾国】ケイコク ①国を衰えさせる。②君主がその魅力におぼれて、国を滅ぼしてしまうほどの美女。傾城ケイセイ。〔前漢の武帝の李リ夫人の美しさをうたった詩「一顧傾二人城一、再顧傾二人国一(イッコすればひとのしろをかたむけ、サイコすればひとのくにをかたむく)」(=一度見ただけで城を捨ててもいいという気になり、もう一度見たときには国などいらないという気持ちになる)。〈漢書・外戚伝上・李夫人〉から〕例 ―の美女。④回 遊女。傾城ケイセイ。③国を挙げて。人を大動員して。例 ―の大事業。

【傾斜】ケイシャ ①(水平なものが)斜めにかたむいている。②回 あるものにばかり心がひかれる。例 平和への―を深める。

【傾身】ケイシン(みをかたむく) ①全身の力をふりしぼる。②身を滅ぼす。

【傾尽】ケイジン 〔すっかりかたむけてしまう意から〕持てるもののすべてを出しきる。例 あらゆる努力を―して目標を達成する。

【傾城】ケイセイ ①美女。②回 遊女。▽傾国。

【傾側】ケイソク【傾▼仄】ケイソク 〔「側・仄」も、かたむく意〕①かたむく。かたむける。②正しくない。③人に従う。

【傾▼頽】ケイタイ かたむきくずれる。衰え滅びる。例 親二小人一遠二賢臣一、此後漢所三以傾頽一也(ショウジンにしたしみケンシンをとおざく、これゴカンのケイタイせしゆえんなり)(=小人に親しみ、賢臣を遠ざけたことが、後漢の滅亡した原因なのです)。〈諸葛亮・出師表〉

【傾注】ケイチュウ 〔容器の中の液体をそそぐ意から〕一つのことに、全力で打ちこむ。また、気持ちを集中させる。例 全精力を―する。

【傾聴】ケイチョウ 耳をかたむけて聞く。心を集中して聞く。例 彼の説は―に値する。

【傾度】ケイド 回 ものがかたむいている度合い。かたむいているものと、水平面とが成す角度。例 ―の測定。

【傾倒】ケイトウ ①かたむきたおれる。また、かたむけたおす。②深く心を寄せる。心服する。例 フランス文学に―する。③残らず話す。吐露トロする。

●右傾ウケイ・左傾サケイ

傑

亻11(13) 1 2370 5091 常用 ケツ漢 屑 jié すぐ-れる(すぐ-る)

[傑] 亻10(12) 旧字体。 [杰] 木4(8) 2 5931 6770 俗字。

筆順 … 傑

なりたち [形声]「亻(=ひと)」と、音「桀ケツ」とから成る。一万人に一人というほどすぐれた人。

意味 ❶人々の中できわだって抜きん出ている、大人物。例 豪傑ゴウケツ。❷**すぐれる**。ひいでる。例 傑作ケッサク。傑出ケッシュツ。

古訓 中古 いちしるし・かしこし・さかし・すぐる・すぐれたり・ぬく・ひじり・わざ 中世 いちじるし・しるす・すぐるる・すぐれびと 近世 おごる・すぐるる・とる・ぬきんづる・ひいづる

人名 きよし・すぐる・たかし・たけし・つよし・まさる

【傑作】ケッサク ①きわめてすぐれた作品。名作。対 愚作・駄作。例 近年にない―。②回 こっけいでおかしいさま。皮肉をこめて用いることがある。例 ―な男。

【傑士】ケッシ 非常にすぐれた人物。傑人。傑物。

【傑出】ケッシュツ 多くのものや人の中で、並はずれてすぐれている。抜群。例 ―した才能。

【傑人】ケツジン とびぬけてすぐれた人物。傑士。傑物。

【傑物】ケツブツ きわだってすぐれている人物。傑士。傑人。

●怪傑カイケツ・豪傑ゴウケツ・俊傑シュンケツ・女傑ジョケツ

傲

亻11(13) 2 4894 50B2 常用 一ゴウ(ガウ)漢呉 号 ào 二ゴウ(ガウ)漢呉 豪 áo おご-る・あなど-る

[慠] 忄11(14) 4 1267 6160 別体字。

筆順 … 傲

なりたち [形声]「亻(=ひと)」と、音「敖ゴウ」とから成る。おごる。

意味 一❶自分をえらいものとして、わがままな態度をとる。**おごる**。ほこる。例 傲然ゴウゼン。傲慢ゴウマン。❷ものともしない。負けない。例 傲霜ゴウソウ。二気ままに遊ぶ。自分の思うようにして楽しむ。通 遨ゴウ。例 傲遊ゴウユウ。

古訓 中古 おごる・かたどる・さわがし・ならふ・ほこる 中世 あなづる・あなどる・おごる・ほこる 近世 あそぶ・あなどる・おごる・たのしむ

【傲岸】ゴウガン 〔「岸」は、切り立っている意〕えらそうな態度で他人を見くだすこと。傲慢ゴウマン。例 ―不遜フソンな性格。

【傲▼倨】【傲▼踞】ゴウキョ 他人を見くだして、いばった態度をとること。倨傲。例 ―な男。

【傲骨】ゴウコツ ほこり高く、人に屈しないこと。〔唐の詩人李白リハクが人に屈しないのは、腰に傲骨があるからだと人々が評した故事から〕

【傲世】ゴウセイ 世間の人をあなどる。

【傲然】ゴウゼン ①おごりたかぶって人を見くだすさま。例 ―たる態度。②気ままに暮らす。例 傲然自足ゴウゼンジソク(=気ままに暮らして不満を感じない)。〈陶淵明・勧農〉

【傲霜】ゴウソウ 霜しもの寒さをものともしない。

【傲慢】ゴウマン 自分だけがすぐれていると思いこんで、他人を見くだしあなどること。また、そのようなさま。尊大。傲岸。対 謙虚。例 ―無礼な態度。

【傲遊】ゴウユウ 気ままにあそぶ。

●寄傲ゴウをよす・驕傲キョウゴウ・踞傲キョゴウ

傻 亻11(13) 4 0183 50BB サ漢 セ呉 [馬] shǎ

意味 ❶おろかな。❷こざかしい。

債 亻11(13) 1 2636 50B5 常用 サイ漢呉 [卦] zhài かり

筆順 亻 仁 仕 佳 倩 倩 債 債 債

なりたち [会意]「亻(=ひと)」と「責(サク→サイ)(=せめる)」とから成る。返済をせまられる金銭。

意味 ❶金を借りていること。返すべきつとめ。負い目。かり。例 債券・債務・負債。❷貸し。また、貸した金を取り立てる。例 債鬼・債権。

日本語での用法 《サイ》「公債・公社債・国債」▼「債券」の略。

古訓 中古 うるはし・おとす・かがむ・せむ・つくのふ・つひえ・つひやす・つひゆ・ともし・なずまし・なづむ・はたる・もとむ 中世 おひめ・おひもの・かがむ・かまふ・なづまし・はたる・わたる 近世 おひめ・せむる・せめる・はたる

【債鬼】サイキ 日 借金取り。厳しく取り立てに来る人を、鬼にたとえたことば。

【債権】サイケン 日〔法〕財産権の一つ。貸した金銭や財産などを返してもらう権利。対 債務。例 ―を譲渡する。

【債主】サイシュ 金を貸す人。高利貸し。貸し手。

【債人】サイジン 金を借りている人。借り手。

【債負】サイフ ①借金をする。②金を貸す。

【債務】サイム 日〔法〕借りた金銭や財産などを、返さなければならない義務。対 債権。例 ―不履行。

● 公債・国債・社債・負債

催 亻11(13) 1 2637 50AC 常用 サイ漢 [灰] cuī もよおす(もよほ-す)・もよおし(もよほし)・うなが-す

筆順 亻 仆 仙 仙 伴 併 催

なりたち [形声]「亻(=ひと)」と、音「崔(サイ)」とから成る。相手にせまって、せきたてる。

意味 ❶はやくするようにせきたてる。対応をせまる。うながす。例 催告・催促。❷ある気分や状態をひきおこす。きざす。もよおす。例 催眠・催涙。

日本語での用法 《サイ》《もよおし》《もよおす》「開催・主催・共催・文化祭の催し・演説会を催す」▼行事や会合(をくわだてておこなう)。

古訓 中古 うながす・こぶる・そそくる・はばむ・もよほす 中世 うながす・そそくる・つきくる・もよほす 近世 せまる・もよほす

人名 とき

難読 雨催(あめもよい)・雪催(ゆきもよい)

【催告】サイコク 日〔法〕相手側に一定の行為(=金銭の返済や、法律上の権利の行使など)をするよう、請求する。例 債務の履行を―する。

【催租】サイソ 租税を取り立てる。

【催促】サイソク 早く実行するよう相手をうながす。せきたてる。例 矢の―。

【催馬楽】サイバラ 日 平安時代の歌謡の一つ。古代の民謡や、流行の歌謡の歌詞を、唐から伝来した雅楽の伴奏で歌曲としたもの。

【催眠】サイミン 日 ①ねむけをもよおさせること。例 ―薬。②薬や暗示などで、半分目覚めたような、半分ねむったような心理状態にさせること。例 ―療法。

【催涙】サイルイ ①自然と涙がこぼれる。②日(ガスや薬品などで)目からなみだを出させて、行動をにぶくさせること。例 ―ガス。―弾。

● 開催・共催・主催

傪 亻11(13) 4 0179 50AA サン(サム)漢 [覃] cān

意味 (女性の手が)しなやかで美しいさま。通 摻(サン)。

傷 亻11(13) 1 2993 50B7 教6 ショウ(シャウ)漢呉 [陽] shāng きず・いた-む・いた-める(いた-む)

筆順 亻 作 佈 作 倬 傷 傷

なりたち [形声]「亻(=ひと)」と、音「煬(ショ)」の省略体とから成る。きず。

意味 ❶けが。いたみ。きず。例 傷跡・重傷・負傷。❷けがをさせる。きずつける。いためる。例 傷害・殺傷。❸悪くいう。そしる。例 中傷。❹悲しい思いをする。心をいためる。いたむ。例 傷心・感傷・愁傷。

日本語での用法 《いたむ》「刺身が傷んでいる」▼腐敗する。

古訓 中古 あはれぶ・いたし・いたむ・きず・きずつく・そこなふ・にくむ・ひはる・やぶる 中世 いたましむ・いたむ・うれふ・うれふる・かなしむ・きず・きずつく・そこなふ・やぶる 近世 いたみ・いたむ・うれふ・きず・きずつく・そこなふ・なげく・やぶる・わかじに

難読 浅傷(あさで)・深傷(ふかで)・火傷(やけど)・傷手(いたで)・刃傷(ニンジョウ)

【傷跡】きずあと 日 ①きずが治ったあとに、皮膚に残るあと。②災害や戦争による被害。また、心に受けたきずなどのなごり。

【傷▼痍】【傷▼夷】ショウイ〔「痍・夷」も、きずつける意〕けが。きず。きずを受ける。類 傷創。例 ―軍人。

【傷害】ショウガイ 人にけがをさせる。きずつける。また、けがをする。例 ―事件。―罪。―保険。

【傷寒】ショウカン チフスなど、高熱を出す熱病を広く指す古語。

【傷痕】ショウコン きずあと。例 心に―を残す。

【傷▼嗟】ショウサ いたみなげくこと。傷嘆。

【傷心】【傷神】ショウシン 苦しみや悲しみのために、心をいためる。また、その気持ち。例 ―をいやす。―をなぐさめる。

【傷▼悴】ショウスイ 悲しみ悩む。悩みやつれる。

【傷嘆】【傷▼歎】ショウタン いたみ悲しむ。傷嗟。

【傷病】ショウビョウ ①きずつけたり病ませたりする。②負傷と病気。けが人と病人。例 ―兵。

【傷兵】ショウヘイ 日 きずついた兵士。負傷兵。

【傷目】ショウモク 目をいたませる。見る人の心を悲しくさせる。

● 外傷・感傷・殺傷・愁傷・重傷・食傷・致命傷・中傷・負傷

傱 亻11(13) 4 0181 50B1 ショウ漢 [腫] sǒng

意味 「傱傱(ショウ)」は、(風が)速いさま。

僉 人11(13) 2 4901 50C9 セン(セム)漢 [塩] qiān みな

意味 みんなで。ともに。みな。例 僉議・僉望(=多くの人の期待)。

【僉議】センギ 多くの人が集まって相談する。全体の会議。衆議。例 ―の沙汰。

【僊】亻11(13) ⇨仙(セ)(60ページ)

僧 亻11(13) 1 3346 50E7 常用 ソウ漢呉 ス唐 [蒸] sēng

【僧】 亻12 (14) 3 1441 FA31 人 旧字体。

筆順 亻 亻' 亻'' 亻''' 僧 僧 僧 僧

なりたち 【形声】「亻(=ひと)」と、音「曾ソウ」とから成る。仏道に帰依キエした人。

意味 出家して仏道に入った人。法師。沙門シャモン。比丘ビク。〔「僧」は、梵語ボン saṁgha の音訳「僧伽ソウギャ」の略。仏道修行する人の集団を指し、ひいてはそのメンバーひとりをも指すようになった〕 対俗。例 僧院ソウイン。僧侶ソウリョ。高僧コウソウ。

古訓 中古 さとる・ねむごろ・ひじり 中世 さとる・すみぞめ・ねんごろ・ひじり・よすびと 近世 かど・ひじり・よすびと

難読 売僧マイス

【僧▼庵】ソウアン 僧が住む、粗末な家。類 僧廬ソウロ。

【僧衣】ソウイ|ソウエ 僧が着る衣服。ころも。法衣。

【僧位】ソウイ 僧としてのくらい。日本では、法印・法眼ホウゲン・法橋ホッキョウなどがあり、もとは朝廷から与えられた。

【僧院】ソウイン ①僧が、修行しながら住む寺院。②日 キリスト教(おもにカトリック)で、修道院。

【僧▼伽】ソウカ|ソウギャ ⇩意味

【僧官】ソウカン 〔仏〕朝廷から僧に与えられた官職。日本では、僧正ソウジョウ・僧都ソウズなど。

【僧形】ソウギョウ 日 頭をそった僧の姿。例 出家して―となる。

【僧綱】ソウゴウ 〔仏〕僧官の名。日本では、僧正ソウジョウ・僧都ソウズ・律師など。

【僧正】ソウジョウ 〔仏〕①僧官の名。②日 僧綱ソウゴウの最上位。また、その位にある人。のちに各宗派の僧の階級の一つをいう。例 大―。権ゴン―。

【僧都】ソウズ 〔仏〕①僧官の名。②日 僧正ソウジョウに次ぐ位。また、その位にある人。のちに各宗派の僧の階級の一つとなる。

【僧籍】ソウセキ ①僧や尼の名前が記載してある登録簿。②僧・尼としての身分。

【僧俗】ソウゾク 出家した僧と、出家していない俗人。転じて、すべての人。例 貴賤キセン―を問わず集まる。

【僧徒】ソウト 〔「徒」は、仲間の意〕僧たち。例 一山イッサンの―が参集する。

【僧堂】ソウドウ 〔仏〕禅宗の寺で、僧が座禅を組んだり、修行をしたりする建物。

【僧尼】ソウニ 〔仏〕僧とあま。出家した男女をまとめていう。

【僧兵】ソウヘイ 仏法保護の名のもとに、武器を持ち、戦闘に参加した僧。また、その集団。日本では、平安時代末の、興福寺コウフクジや延暦寺エンリャクジなどのものが有名。

【僧坊】ソウボウ【僧房】ソウボウ 寺の中で、僧が日常生活を送る建物や部屋。

【僧侶】ソウリョ 〔「侶」は、仲間。もとは、僧の集団の意〕出家して仏門に入った人。坊さん。僧。

●悪僧アクソウ・高僧コウソウ・小僧こゾウ・虚無僧コムソウ・尼僧ニソウ・売僧マイス・名僧メイソウ

傺 亻11 (13) 4 0182 50BA

テイ 漢 霽 chì

意味 ❶とどまる。❷「侘傺タテイ」は、失望して茫然ボウゼンと立ち尽くすさま。

傳 亻11 (13)

⇩伝デン(70ページ)

働 亻11 (13) 1 3815 50CD 教4 国字

ドウ はたらく・はたらき

筆順 亻 亻' 佰 偅 偅 働 働

なりたち 国字。【会意】「亻(=ひと)」と「動ドウ(=うごく)」とから成る。人が動いてはたらく。

意味 仕事をする。うごく。特定の作用や機能(を果たす)。**はたらく**。**はたらき**。例 働はたらき手て。稼働カドウ。実働ジツドウ。労働ロウドウ。

古訓 中世 はたらく 近世 はたらく

人名 つとむ

●稼働カドウ・実働ジツドウ・労働ロウドウ

𠌫 亻11 (13) 4 0180 2032B

ヒツ 漢 質 bì

意味 (木簡に記された)書物。通 畢ヒツ。例 佔𠌫テンヒツ(=文字面モジづらを見るだけで、その深い意味を理解しない)。

僄 亻11 (13) 4 0184 50C4

ヒョウ(ヘウ) 漢 嘯 piào はや-い(はや-し)

意味 身軽で、すばやい。通 剽ヒョウ・嫖ヒョウ・慓ヒョウ。例 僄軽ヒョウケイ|ヒョウキン。

傭 亻11 (13) 1 4535 50AD 人

一 ヨウ 漢 呉 冬 yōng 二 チョウ 漢 冬 chōng やと-う(やと-ふ)・やと-い(やとひ)

なりたち 【形声】「亻(=ひと)」と、音「庸ヨウ」とから成る。ひとしい。

意味 一 賃金を払って人を働かせる。**やとう**。また、やとわれる。例 傭役ヨウエキ。傭兵ヨウヘイ。雇傭コヨウ。二 公平なさま。ひとしい。

古訓 中古 あきなふ・あたひ・つくのふ・なほし・ひとし 中世 あきなふ・あたひ・つくのふ・なほし・やとはる 近世 すなほ・ひとし・やとはれびと・やとふ

【傭役】ヨウエキ (人を)やとって働かせる。また、(人に)やとわれて使われる。

【傭客】ヨウカク やとわれて働く人。下僕ゲボク。類 傭徒・傭僕。

【傭工】ヨウコウ やとわれて仕事をする職人。

【傭耕】ヨウコウ (人に)やとわれて、他人の土地を耕作する。例 陳渉少時嘗与レ人傭耕チンショウわかきとき、かつてひとのためにヨウコウす(=陳渉は若いころ、小作人として働いていた)。〈史記・陳渉世家〉

【傭作】ヨウサク やとわれて働く。庸作ヨウサク。

【傭書】ヨウショ やとわれて文書の筆写をする。

【傭兵】ヨウヘイ 日 金銭でやとわれて、戦いに参加する兵士。雇兵。例 ―部隊。

【傭保】ヨウホ やとわれる。また、その人。

僌 亻11 (13) 3 1437 50CC

ヨウ 漢 蒸 yíng

意味 おさめる。ととのえる。

僇 亻11 (13) 4 0185 50C7

リク 漢 屋 lù ころ-す・はずかし-める(はづかし-む)

意味 ❶命をうばう。**ころす**。通 戮リク。例 僇死リクシ(=刑死)。❷侮辱する。**はずかしめる**。通 戮リク。例 僇辱リクジョク(=罰してはずかしめる)。

僂 亻11 (13) 2 4904 50C2

ル 漢 麌 lǚ ロウ 漢 尤 lóu かが-む

意味 ❶背骨が曲がって前かがみになる病気。例 僂背ロウハイ(=病気で背骨が曲がっている)。佝僂クル。❷曲げる。前かがみになる。折る。**かがむ**。例 一命而僂、再命而傴、三命而俯イチメイしてルし、サイメイしてウし、サンメイしてフす(=初めて任命されて前かがみになり、再度任命されてさらに腰をかがめ、三度任命されてほとんど伏すほどに身をつつしむ)。〈左伝・昭七〉❸はやい。すばやい。例 僂指ロウシ。

難読 傴僂せむし|くぐせ

【僂指】ロウシ|シルシ|ゆびをかがむ ①すばやく指し示して述べる。すぐに説明する。②指折り数える。

僩 亻12(14) 4 0193 50E9 カン漢 潸 xiàn
意味 ❶たけだけしいさま。❷ゆったりとおおらかなさま。

僖 亻12(14) 2 4905 50D6 キ漢呉 支 xī たの-しむ
意味 よろこぶ。**たのしむ**。通 嬉(キ)。

[僞] 亻12(14) ⇩偽(ギ)(102ジペー)

僑 亻12(14) 1 2203 50D1 キョウ(ケウ)漢 蕭 qiáo
意味 旅先で仮住まいをする(人)。他郷に身を寄せる(人)。例 僑居(キョウキョ)。華僑(カキョウ)。
【僑居】キョウキョ 一時的に住む。仮住まい。仮寓(カグウ)。寓居(グウキョ)。
【僑▼寓】キョウグウ 仮住まいする。寄留する。また、その人。
【僑士】キョウシ 他国から来て仕官している人。類 僑人。

僥 亻12(14) 2 4907 50E5 一 ギョウ(ゲウ)慣 キョウ(ケウ)漢 篠 jiǎo 二 ギョウ(ゲウ)漢 蕭 yáo
意味 一 得がたいものを求める。ねがう。例 僥倖(ギョウコウ)。二「焦僥(ショウギョウ)」は、伝説上の小人の国。
【僥▼倖】ギョウコウ 思いもよらない幸運。例 ―にめぐまれる。―を頼む。

儆 亻12(14) 3 1442 5106 ケイ漢 梗 jǐng いまし-める(いまし-む)
意味 警戒する。身を引きしめて用心する。**いましめる**。例 儆戒(ケイカイ)(=警戒)。

[僡] 亻12(14) ⇩恵(ケイ)(501ジペー)

僙 亻12(14) 4 0191 50D9 コウ(クヮウ)漢 陽 guāng
意味 たけだけしいさま。

僦 亻12(14) 3 1440 50E6 シュウ(シウ)漢 宥 jiù やと-う(やと-ふ)・あたい(あたひ)
意味 ❶代金を払って人や乗り物を使う。**やとう**。❷賃金。**あたい**。

[亻集] 亻12(14) ⇩集(シュウ)(1407ジペー)

[儁] 亻12(14) ⇩俊(シュン)(89ジペー)

僳 亻12(14) 4 0186 50F3 ス sù
意味 「僳僳族(リスゾク)」は、雲南省に居住する少数民族の名。

僭 亻12(14) 2 4908 50ED セン(セム)漢 艶 jiàn おご-る
[僣] 亻12(14) 2 4909 50E3 俗字。
意味 身分をこえて下の者が上の者をまねる。上の者の領分をおかす。**おごる**。例 僭越(センエツ)。僭主(センシュ)。僭称(センショウ)。
【僭越】センエツ 自分の身分や立場、能力などをこえて、差し出た行動をとること。僭踰(センユ)。例 ―ながら、私から提案がございます。
【僭号】センゴウ 天子や王など、高い地位の称号を勝手に名乗る。僭称。
【僭恣】センシ 自分の身分や立場をわきまえずに、わがままにふるまうこと。僭縦(センショウ)。例 ―のふるまい。
【僭主】センシュ ①武力で君主の位をうばい、勝手に君主を名乗ること。②日 古代ギリシャで、貴族と平民の勢力争いに乗じて、非合法的に権力をにぎった独裁者。タイラント。例 ―政治。
【僭称】センショウ 身分をこえて帝や王などの称号を勝手に名乗る。また、その称号。僭号。例 王を―する。
【僭縦】センショウ 身分をこえて、好き勝手にふるまうこと。僭恣(センシ)。
【僭上】センジョウ 自分の身分をわきまえず、差し出たふるまいをするさま。例 ―の沙汰(サタ)。
【僭▼踰】センユ 身分や地位によって定められた上限をこえること。僭越。

僎 亻12(14) 4 0188 50CE セン漢 銑 zhuàn
意味 そなえる。そなわる。

[僊] 亻12(14) ⇩仙(セン)(60ジペー)

僐 亻12(14) 3 1439 50D0 セン漢 ゼン呉 銑 shàn
意味 すがたをととのえる。

[僧] 亻12(14) ⇩僧(ソウ)(110ジペー)

像 亻12(14) 1 3392 50CF 教5 ショウ(シャウ)漢 ゾウ(ザウ)呉 養 xiàng かたち・かたど-る
筆順 
なりたち  [形声]「亻(=ひと)」と、音「象(ショウ)」とから成る。人の姿に似せる。かたどる。
意味 ❶似せて作る。**かたどる**。例 想像(ソウゾウ)。❷似すがた。ありさま。**かたち**。例 偶像(グウゾウ)。銅像(ドウゾウ)。仏像(ブツゾウ)。❸したがう。例 載₂驕主₁而像₂其意₁(キョウシュをのせてそのイにしたがう)(=驕慢な君主をかついで、その意に追随する)。〈淮南・覧冥〉
古訓 中古 おもひやる・かたしろ・かたち・かたどる・にたり・のとる・ほのか 中世 うつす・おもかげ・おもひやる・かたち・かたどる・にたり・よそほひ 近世 うつす・かたち・かたどる・にせる
人名 かた・すえ・のり・み
【像教】ゾウキョウ ①「像法(ゾウボウ)」に同じ。②仏教。
【像賛】【像▼讃】ゾウサン 肖像画にそえた文章。肖像画の画賛。
【像法】ゾウボウ 〔仏〕正法(ショウボウ)・像法・末法(マッポウ)の「三時」のうち、二番目の時期。正法の次の五百年あるいは千年間。仏教が衰退に向かい、修行をしても、悟りを得る者はいなくなるという。像教。
●映像(エイゾウ)・画像(ガゾウ)・現像(ゲンゾウ)・座像(ザゾウ)・自画像(ジガゾウ)・肖像(ショウゾウ)・塑像(ソゾウ)・彫像(チョウゾウ)・木像(モクゾウ)・立像(リツゾウ)

僔 亻12(14) 4 0190 50D4 ソン漢 阮 zǔn あつ-まる
意味 ❶人があつまる。例 僔沓(ソントウ)(=集まって語り合う)。僔僔(ソンソン)(=集まるさま)。❷へりくだる。例 恭敬而僔(キョウケイにしてソンす)(=うやうやしくへりくだる)。〈荀子・仲尼〉

僮 亻12(14) 2 4910 50EE トウ漢 ドウ呉 東 tóng わらべ・しもべ
意味 ❶未成年の子供。**わらべ**。通 童。例 僮子(ドウシ)。❷(子供のような)おろかもの。おろかで無知なさま。例 僮然(ドウゼン)。僮蒙(ドウモウ)。❸召し使い。**しもべ**。通 童。例 僮僕(ドウボク)。家僮(カドウ)。❹⇩【僮僮】ドウドウ
【僮然】ドウゼン おろかなさま。無知。
【僮僮】ドウドウ つつしむさま。
【僮僕】ドウボク ⇩【童僕】ドウボク(991ジペー)

【僮▼蒙】ドウモウ ⇩【童蒙】ドウモウ（991ページ）

僕 亻12 (14) 1 4345 50D5 常用 ホク漢 ボク呉 沃入 pú
しもべ・やつがれ

[僕] 亻13 (15) 4 0194 3492 別体字。

筆順

なりたち 【会意】「亻(=ひと)」と「菐ホク(=こまごまとはたらく)」とから成る。貴人に仕える者。

意味 ❶男の召し使い。従者。**しもべ**。例 僕僮ボクドウ。下僕ゲボク。神かみの僕しもべ。❷車を操る人。御者。例 子適レ衛、冉有僕シエイにゆく、ゼンユウボクたり(=孔子が衛の国へ行かれたとき、冉有が御者であった)。〈論語・子路〉僕御ボクギョ。僕夫ボクフ。❸男子が、自分をへりくだっていうことば。**やつがれ**。ぼく。

古訓 中古 つかふ・つく・つぶね・やつかれ・やつこ・ゆるなり・われ 中世 あやし・しもべ・つかひびと・やつこ 近世 しもべ・つく・はづかしめ・みだり・むれとぶ・やつがれ・やつこ

【僕御】ボクギョ 御者。馬車のウマを操る従者。
【僕従】ボクジュウ 召し使い。下僕。奴婢ヌヒ。
【僕▼妾】ボクショウ 下男ナンと下女。召し使い。僕婢ボクヒ。
【僕賃】ボクチン 召し使いとして雇われる。また、召し使いを雇う。
【僕▼僮】【僕童】ボクドウ 子供のしもべ。年少の召し使い。
【僕▼婢】ボクヒ 下男ゲナンと下女。僕妾ボクショウ。
【僕夫】ボクフ ①貴人の乗る馬車の御者。②周代、天子のウマを管理する役人。③召し使い。下僕ゲボク。
【僕射】ボクヤ 官名。秦シン・漢代、いくつかの部署の長官。後漢末以降、尚書令ショウショレイの副官。左右二人置かれた。その後、尚書令は任命されないことが多く、唐代に廃止され、僕射は宰相の官の一つとなった。
●下僕ゲボク・公僕コウボク・従僕ジュウボク

僊 亻12 (14) 4 0187 20381 国字 み

意味 忍者文字の「み」。

僚 亻12 (14) 1 4629 50DA 常用 一 リョウ(レウ)漢呉 蕭平 liáo 二 リョウ(レウ)漢呉 篠上 liǎo
とも

筆順

なりたち 【形声】「亻(=ひと)」と、音「尞リョウ」とから成る。好ましい。借りて「なかま」の意。

意味 一 ❶同じ仕事をしている仲間。ともがら。**とも**。例 僚友リョウユウ。同僚ドウリョウ。官僚カンリョウ。幕僚バクリョウ。❷役人。つかさ。二 美しいさま。例 佼人僚兮コウジンリョウたり(=美人はまことにうるわしい)。〈詩経・陳風・月出〉

古訓 中古 おほやけ・とも・ともがら・もてあそぶ 中世 おほやけ・つかさ・つかひ・ともがら・ともに・もてあそぶ 近世 おもむろ・たはぶる・たほむる・つかへびと・よし

人名 あきら

【僚官】リョウカン ①属官。下役。②同じ職場で働いている仲間の役人。
【僚艦】リョウカン 日ともに参戦している味方の軍艦。
【僚機】リョウキ 日ともに参戦している味方の飛行機。
【僚佐】リョウサ 補佐官。
【僚船】リョウセン 日ともに航行している仲間の船。
【僚友】リョウユウ 同じ職場の仲間や友人。同僚。
●閣僚カクリョウ・官僚カンリョウ・属僚ゾクリョウ・同僚ドウリョウ・幕僚バクリョウ

億 亻13 (15) 1 1815 5104 教4 オク漢呉 職入 yì
おしはか-る

筆順

なりたち 【形声】「亻(=ひと)」と、音「意イ→オク」とから成る。心が安らか。借りて「十万」の意。

意味 ❶数の単位。万の一万倍。また、きわめて多い数。〔古くは万の十倍をいった〕例 億兆オクチョウ。億万長者オクマンチョウジャ。巨億キョオク。十万億土ジュウマンオクド(=仏教で、この世から極楽浄土にいたるまでの間に無数にあるという仏の世界のこと)。❷心の中であれこれ考える。**おしはかる**。おもんぱかる。通憶。臆オク。例 億則屢中おもんばかればしばしばあたる(=予測がよく的中する)。〈論語・先進〉億測オクソク。❸やすんずる。やすらか。例 心億則楽こころやすらかなればすなわちたのしむ(=心が安らかになれば楽しくなる)。〈左伝・昭二一〉億寧オクネイ(=安んずる)。

古訓 中古 おもはかる・おもふ・おもみれば・おもんみる・かならず・やすし 中世 おもんばかる・かず・かならず・はるか・ももち・やすし 近世 はかる・やすんず

人名 かず・はかる・やす・やすし

【億▼劫】一 オクゴウ 〔仏〕〔「劫」は、時の単位〕一劫の一億倍。きわめて長い時間。二 オックウ 日 時間が長くかかってやりきれない。めんどうくさい。
【億載】オクサイ 一億年。一億年の後。はるか後の世。
【億測】オクソク おしはかる。推量する。類 億度オクタク。
【億兆】オクチョウ ①きわめて多い数。②無数の人民。万民。例 ―の民たみ。
【億万】オクマン 数量が非常に多いこと。例 ―長者。
●巨億キョオク・千億センオク

[價] 亻13 (15) ⇩価カ（82ページ）

儈 亻13 (15) 4 0301 5108 カイ(クヮイ)漢 泰去 kuài
なかがい(なかがひ)

意味 売買の仲介をする(人)。**なかがい**。例 牙儈すあい・すわい(=仲介業。また、仲介料)。

儀 亻13 (15) 1 2123 5100 常用 ギ漢呉 支平 yí
のり

筆順

なりたち 【形声】「亻(=ひと)」と、音「義ギ」とから成る。法律や制度などの、決まり。

意味 ❶正しい作法(にかなった動作や行事)。手本。**のり**。例 儀式ギシキ。律儀リチギ。❷姿かたち。容貌ヨウボウ。例 容儀ヨウギ。❸手本とする。のっとる。例 儀刑ギケイ。❹贈り物。例 謝儀シャギ(=謝礼)。盛儀セイギ(=手厚い贈り物)。❺つれあい。配偶者。例 実維我儀わがぎなり(=まことに私のつれあいとなる方だ)。〈詩経・鄘風・柏舟〉❻はかる。推測する。例 儀測ギソク。❼器械。模型。例 渾天儀コンテンギ。地球儀チキュウギ。

日本語での用法 《ギ》「公儀コウギ・内儀ナイギ・余儀ヨギ・別儀ベツギ・私儀わたくしギ」▼名詞や代名詞の下につけて「…に関すること」の意味をあらわす。

古訓 中古 おほいなり・かたち・きたる・すがた・たぐひ・ならふ・のり・のりとる・ふるまひ・めづらし・よし・よそふ・よそほひ 中世 おほいなり・かたち・きたる・すがた・たぐひ・ならふ・のとる・のり・ふるまひ・めづらし・よし・よそほひ・よる・よろし 近世 かたち・かたちづくり・きたる・たぐひ・ただし・ただす・なずらふ・なぞらふ・のつとる・のり・はかる・もと・よし・よろし

人名 ただ・ただし・はかる・よし・よろし

【儀羽】ギウ ①鳳凰ホウオウの別名。②人々の模範となるさま。

【儀衛】ギエイ 儀式の警護にあたる兵士。儀杖兵ギジョウヘイ。

【儀軌】キギ ①礼についての決まり。礼儀。②〔仏〕密教で、儀式の作法についての決まり。

【儀▼矩】ギク 礼についての決まり。儀法。

【儀刑】ギケイ ①手本とする。立派な点をまねる。例 儀二刑文王一ブンオウにギケイす(=文王を手本とする)。〈詩経・大雅・文王〉 ②模範。手本。

【儀式】ギシキ ①決まり。規則。②礼儀のやり方。作法。③日(宗教行事や伝統行事、成人式や結婚式など)一定の決まりに従っておこなわれる行事。例 ―ばった態度。―に列席する。

【儀▼仗】ギジョウ〔「仗」は、武器の意〕儀式に用いる形式的な飾りの武器。例 ―兵。

【儀装】ギソウ 日 儀式のために飾りつけをする。儀式の設備をととのえる。

【儀状】ギジョウ 動作や態度。立ち居ふるまい。

【儀制】ギセイ 儀礼の制度。儀式上の決まり。

【儀態】ギタイ 礼儀にかなった態度や動作。

【儀注】ギチュウ ①天文上の法則を記した書物。②儀式の方法を記した書物。

【儀▼狄】ギテキ ①夏カの禹ウ王のとき、酒造にたくみであった人の名。②酒や酒造のこと。

【儀典】ギテン 儀式における決まりやしきたり。典礼。亀鑑キカン。

【儀同三司】ギドウサンシ ①〔「三司」は、三公の意〕後漢以降、三公ではないが、儀礼上は三公と同等の地位の称号。隋ズイ以降、職務のない官職となった。②日 准大臣の異称。官位は大臣の下、納言ナゴンの上。

【儀範】ギハン 礼儀の模範。礼儀にかなった態度や動作の手本。また、模範・手本となる。

【儀表】ギヒョウ ①〔「表」は、手本の意〕模範。手本。②暦をつくるため、日かげの長さを測る器具。③礼儀にかなった姿かたち。

【儀容】ギヨウ 礼儀にかなってよく整った姿や態度、ふるまい。

【儀礼】ギレイ ①社会的習慣や伝統として、重んじられる礼儀作法。②一定の決まりに従っておこなわれる行事。例 通過―(=社会生活の上で、年齢の節目に経験すべき儀礼)。

【儀礼的】ギレイテキ 日 真心からではなく、ただ形式的に礼儀に従っているさま。例 ―な挨拶アイサツをかわす。

●威儀イギ・行儀ギョウギ・婚儀コンギ・祝儀シュウギ・葬儀ソウギ・大儀タイギ・地球儀チキュウギ・難儀ナンギ・羅針儀ラシンギ・律儀リチギ・流儀リュウギ・礼儀レイギ

僵

亻13 (15) 2 4912 50F5

キョウ(キャウ)漢 陽 jiāng
たお-れる(たふ-る)

意味 ❶たおれて死ぬ。たおれる。例 僵仆キョウフ。❷人がからだをこわばらせる。

【僵▼仆】キョウフ たおれる。死ぬ。

儇

亻13 (15) ― 5107

ケン漢 先 xuān
はや-い(はや-し)・とし

意味 ❶軽薄で、こざかしい。とし。例 儇媚ケンビ(=こざかしく、口がうまい)。❷すばしこい。はやい。例 儇佻ケンチョウ。

【儇▼佻】ケンチョウ ①すばやい。②浅はかである。軽薄である。

[儉]

亻13 (15) ⇩倹ケン(95ページ)

儃

亻13 (15) 3 1443 5103

━セン漢 先 chán
━タン漢 旱 tǎn

意味 ━「儃佪センカイ」は、足が進まないさま。また、徘徊ハイカイする。━「儃儃タンタン」は、ゆっくりとしたさま。

儋

亻13 (15) 3 1444 510B

━タン(タム)漢 覃 dān
━タン(タム)漢 勘 dàn
にな-う(にな-ふ)・もたい(もたひ)

意味 ━❶肩にかつぐ。になう。通 担。例 負儋フタン。❷耳たぶが肩まで垂れたさま。例 儋耳タンジ。❸地名。例 儋州タンシュウ(=今の海南省)。━口が小さく中央部がふくらんだ容器。容量は約一石セキ。かめ。もたい。例 儋石タンセキ。

【儋石】タンセキ わずかな分量。〔「儋━」に入る一石セキほどの量ということから〕

儂

亻13 (15) 2 4915 5102

ドウ漢 冬 nóng
わし・われ

意味 ❶おれ。わし。われ。例 儂家ドウカ(=わし。われ。わが家)。❷あなた。おまえ。

僻

亻13 (15) 1 4240 50FB

ヘキ漢 陌 pì
ひが-む

意味 ❶中心から遠く離れている。かたよる。例 僻遠ヘキエン。僻地ヘキチ。❷心がひねくれる。まちがっている。よこしま。例 僻事ひがごと(=道理に合わないこと)。僻見ヘキケン。邪僻ジャヘキ。❸さける。通 辟ヘキ・避ヘキ。例 外挙不レ僻レ讐ガイキョはあだをさけず(=外国からの登用にあたっては仇敵キュウテキも避けない)。〈史記・甘茂伝〉

【僻耳】ひがみみ 日 聞きちがえ。聞きあやまり。

【僻目】ひがめ 日 ①視線の方向がずれている目。やぶにらみ。②見まちがい。③かたよったものの見方や考え方。例 このように考えるのは、わたしの―だろうか。

【僻遠】ヘキエン 都などから遠くへだたっていること。また、そのような土地。僻地。辺鄙ヘンピ。例 ―の地。

【僻見】ヘキケン かたよったものの見方や考え方。偏見。

【僻在】ヘキザイ ①かたよって存在する。偏在。②政治や文化の中心地から、遠く離れた場所にある。へんぴなところにいる。田舎住まい。

【僻者】ひがもの 日 心がねじけた人。

【僻邪】ヘキジャ よこしまである。

【僻処】ヘキショ 中心から離れた(静かな)場所にいる。へんぴなところにいる。

【僻壌】ヘキジョウ へんぴな土地。僻地。類 僻土ヘキド。

【僻▼陬】ヘキスウ〔「陬」は、かたすみの意〕都会から離れた、へんぴな土地。僻地。例 ―の地。

【僻説】ヘキセツ かたよって公正でない説。道理にはずれた意見。

【僻村】ヘキソン ①へんぴなところにある村。寒村。②自分の住む村を、へりくだっていうことば。

【僻地】ヘキチ 政治や文化の中心地から離れた、へんぴな土地。辺地。例 ―医療。過疎化の進む―。

【僻▼陋】ヘキロウ ①都から遠く離れ、習俗が粗野である。②さびれている。③教養がなく、洗練されていない。

【僻論】ヘキロン まちがった考え。かたよっていて、公正を欠く意見。

舗

へ13 (15) 1 4262 8217 常用

━ホ漢
━ホ漢 フ呉 虞 pū 遇 pù
しーく
付表 老舗しにせ

[舖] 舌9 (15) 2 7152 8216 旧字体。

[鋪] 金7 (15) 1 4263 92EA 本字。

筆順 𠆢 亼 全 舎 舍 舍 舗 舗 舗

なりたち 鋪 [形声]「金(=かなぐ)」と、音「甫ホ」とから成る。門に引き手をつける金具。

意味 ━❶門にはりつける金具。〔トラやカメなどの形で、金属製の環がついており、それで門をたたいて来訪を告げる〕❷ぴたりとはりつける。並べる。**しく**。例 舗装（ホソウ）。舗道（ホドウ）。❸ひろく。あまねく。例 舗観（ホカン）（＝広く見渡す）。二❶商品を並べて売るところ。みせ。例 店舗（テンポ）。本舗（ホンポ）。老舗（ロウホ）。❷宿場。宿駅。例 逓舗（テイホ）。

古訓 中古 あまねし・しく・のぶ・まうく・やしなふ 中世 しく・のぶ・はる・まうく・やしなふ 近世 あむ・いちぐら・おほいにす・くぎかくし・しく・つらぬる・のぶる・はる・まうく

人名 しげ・すけ・のぶ・はる

【舗設】ホセツ ①設ける。設置する。しつらえる。②店を開く。③述べる。

【舗装】ホソウ 日 道路の表面に、アスファルトやコンクリート、また、れんがなどを敷く。例 ―工事。

【舗陳】ホチン ①述べる。叙述する。②敷き並べる。

【舗道】ホドウ 日 舗装した道。

●店舗（テンポ）・本舗（ホンポ）・老舗（ロウホ）

僈

亻13（15） 2 4919 511A

ボウ 漢 東 méng

はかな-い（はかな-し）

意味 くらい。くらくてぼんやりする。

日本語での用法 《はかない》「僈（はか）なく消（き）えた虹（にじ）」▼あてにならない。かいがない。長続きしない。

［僕］

亻13（15） ⇩僕（ボク）（113ジペー）

儗

亻14（16） 4 0303 5117

ギ 漢 紙 nǐ

なぞら-える（なぞら-ふ）

意味 ❶身分をこえて下の者が上の者をまねる。おごる。例 儗僭（ギセン）。❷模倣する。**なぞらえる**。例 儗似（ギジ）。❸くらべる。

儕

亻14（16） 2 4917 5115

［侪］ 亻8（10） 4 0154 346A 俗字。

セイ 慣 サイ 漢 佳 chái

たぐい（たぐひ）・ともがら・ばら・わなみ

意味 ❶同類の人。仲間。**たぐい**。**ともがら**。例 儕徒（サイト）。儕輩（サイハイ）。儕類（サイルイ）。❷一緒に。ともに。例 儕居（サイキョ）。❸道連れ。つれあい。

日本語での用法 一《ばら》「奴儕（きゃつばら）・党儕（やつばら）」▼熟字訓では、多数を示す接尾語「ばら」にあたる。二《わなみ》「吾儕（わなみ）・和儕（わなみ）（＝わし・わがはい）」と複合して用いる。

【儕等】サイトウ 「儕輩（サイハイ）」に同じ。

【儕輩】サイハイ 仲間。同僚。同輩。儕等（サイトウ）。

［儞］

亻14（16） ⇩你（ジ）（75ジペー）

儒

亻14（16） 1 2884 5112 常用

ジュ 漢 虞 rú

筆順 亻 仁 仁 㐰 俨 俨 傉 儒 儒

なりたち ［形声］「亻（＝ひと）」と、音「需（ジュ→シユ）」とから成る。やわらげる。派生して、人を安らかにさせることができる人。

意味 ❶学者。人を教え導く人。先生。例 通儒（ツウジュ）（＝博識の学者）。碩儒（セキジュ）。大儒（タイジュ）。❷孔子を祖とした学問と、その学派や学者。例 儒学（ジュガク）。儒教（ジュキョウ）。儒者（ジュシャ）。❸臆病（オクビョウ）な。よわい。通 懦（ダ）。例 儒弱（ジュジャク）。

古訓 中古 さかし・ハカセ・ひきうど・みじかし 中世 さとし・ハカセ・ひきうど・ものしり・やはらか 近世 うるほす・ハカセ・ものしり・やはらか・やはらぐ

人名 はか・ひと・みち・やす・よし

難読 儒（ものしり）・侏儒（ひきうど）

【儒家】ジュカ ①儒学を専門とする学者。また、その学派。

【儒雅】ジュガ ①学問が優秀な儒者。②儒学。③洗練されている。みやびである。

【儒学】ジュガク 儒教。また、儒教の精神について研究する学問。例 ―者。

【儒官】ジュカン 儒学を教える官吏。儒学をおさめて政治上の諮問にあずかった官。例 昌平黌（ショウヘイコウ）の―となる。

【儒冠】ジュカン 儒者のかぶるかんむり。転じて、儒者。

【儒教】ジュキョウ 孔子に始まる、政治や道徳についての教え。「仁（ジン）」を根本理念とし、日常の人間関係、道徳や政治のあり方、教育について説く。長く中国思想の中心となり、日本や朝鮮などにも大きな影響を与えた。

【儒者】ジュシャ ①儒教を研究し、それを教える人。類 儒士・儒生。②日 江戸時代、幕府の役職の一つ。文学や教育をつかさどり、将軍に儒学を講義した。林家（リンケ）（＝林（はやし）氏）が世襲した。

【儒釈】ジュシャク 儒教と仏教。

【儒術】ジュジュツ 儒家の学問や思想。

【儒臣】ジュシン ①儒学を教える官吏。博士。②儒学の教養がある官吏。

【儒宗】ジュソウ 儒家の中の偉大な学者。

【儒道】ジュドウ ①儒学のみち。②儒家（ジュカ）と道家（ドウカ）。また、儒教と道教。例 ―二家（ニカ）を折衷する。

【儒服】ジュフク 儒者の服装。また、儒者。類 儒衣。

【儒仏】ジュブツ 儒教と仏教。例 ―二道。

【儒門】ジュモン 儒教を専門とする学派。儒家。

【儒林】ジュリン 〔「林」は、人やものが多く集まるところの意〕儒学者の仲間。儒学者の社会。

●犬儒（ケンジュ）・坑儒（コウジュ）・侏儒（シュジュ）・大儒（タイジュ）

儘

亻14（16） 2 4854 5118

［侭］ 亻6（8） 1 4389 4FAD 俗字。

ジン 慣 シン 漢 軫 jìn

まま・ことごと-く

意味 ❶**ことごとく**。みな。通 尽。❷…するにまかせて。…のままに。**まま**。例 開花落花儘二他意一（カイカラッカはタイのままなり）（＝花が咲くも落ちるも花の気持ち次第だ）。〈楊万里・夜聞風声〉

日本語での用法 《まま》「有（あ）りの儘（まま）・思（おも）いの儘（まま）・我（わ）が儘（まま）」▼なりゆきにまかせる。あるがまま。思いどおりであること。

【儘教】ジンキョウ さもあらばあれ（さもあらばあれ）｜ままよ どうにでもなれ。どうなってもかまわない。遮莫（さもあらばあれ）。〔悪い事態を、不本意ながら受け入れる気持ちをあらわす〕

儔

亻14（16） 2 4918 5114

［俦］ 亻7（9） 4 0147 4FE6 俗字。

チュウ（チウ） 漢 呉 尤 chóu

とも・ともがら・なら-ぶ

意味 ❶同じような仲間。**ともがら**。例 儔匹（チュウヒツ）。儔侶（チュウリョ）。❷匹敵する。**ならぶ**。たぐう。例 適戍之衆、非レ儔二於九国之師一也（タクジュのシュウ、キュウコクのシにたぐうにあらず）（＝辺境に流刑になっていた連中では、九か国の軍隊に匹敵するわけはない）。〈史記・陳渉世家〉

【儔匹】チュウヒツ 〔「匹」も、仲間・たぐいの意〕仲間。ともがら。たぐい。儔侶（チュウリョ）。類 儔類。

【儔侶】チュウリョ 〔「侶」も、仲間の意〕「儔匹（チュウヒツ）」に同じ。

［儛］

亻14（16） ⇩舞（ブ）（1112ジペー）

儷 亻14 (16) 4 0302 203F9 国字 ほとけ

意味 「儷沢（ほとけさわ）」は、青森県の地名。

償 亻15 (17) 1 2994 511F 常用 ショウ(シャウ)漢 陽 cháng つぐなう(つぐな-ふ)・つぐない(つぐなひ)

筆順 亻 … 償

なりたち [形声]「亻(=ひと)」と、音「賞（ショウ）」とから成る。借りを返す。

意味 ❶受けた恩や労力に対して、むくいる。例 代償（ダイショウ）。報償（ホウショウ）。❷相手に与えた損失や、罪に対するうめあわせをする。**つぐなう**。**つぐない**。例 賠償（バイショウ）。弁償（ベンショウ）。

古訓 中古 あかふ・あたる・あつ・かへす・かへる・たくらぶ・たまふ・つくのふ・つひゆ・むくふ・むくゆ・もよほす 中世 つくのふ・むくふ 近世 あつる・かへす・そなふ・そなへる・つぐなふ・つぐのふ・むくふ

【償還】ショウカン 借金や債務を返済する。償却。例 負債を—する。

【償却】ショウキャク ①かかった費用などを、うめあわせる。借金などを返済する。償還。例 債務を—する。②日「減価（ゲンカ）償却」の略。

【償金】ショウキン 他に与えた損害をうめあわせるために支払うお金。賠償金。

●代償（ダイショウ）・賠償（バイショウ）・報償（ホウショウ）・補償（ホショウ）・無償（ムショウ）

[儲] 亻15 (17) ⇩儲（チョ）(117ジペー)

優 亻15 (17) 1 4505 512A 教6 ユウ(イウ)漢 ウ呉 尤 yōu やさしい(やさ-し)・すぐれる(すぐ-る)・まさ-る

筆順 亻 … 優

なりたち [形声]「亻(=ひと)」と、音「憂（ユウ）」とから成る。たっぷりとある。

意味 ❶ゆったりとして余裕がある。例 優閑（ユウカン）（=ゆったりとしていて、ひまがある）。❷上品で美しい。**やさしい**。例 優雅（ユウガ）。優美（ユウビ）。❸手厚い。親切に特に目をかける。例 優遇（ユウグウ）。優待（ユウタイ）。❹他よりも内容や程度が上である。**まさる**。**すぐれる**。例 優越（ユウエツ）。優秀（ユウシュウ）。優劣（ユウレツ）。❺役者。芸人。例 女優（ジョユウ）。俳優（ハイユウ）。

古訓 中古 あつし・うれふ・すぐる・たはぶる・たはぶれ・なだむ・にぎはし・まさる・ますます・めぐし・めぐむ・めごむ・やすし・ゆたかなり・ゆたかに 中世 まさる・ます・やさし・やすし・ゆたかなり 近世 おほし・かつ・たはぶる・たはむる・となふ・やはらぐ・ゆたか

人名 あつし・かつ・ひろ・ひろし・まさ・まさし・ゆたか

難読 俳優（わざおぎ）

【優曇華】ウドンゲ 〔「優曇」は、梵語（ボンゴ）udumbara の音訳「優曇波羅（ウドンバラ）」の略〕①〔仏〕三千年に一度花が咲くという植物。非常にまれなことにたとえる。例 盲亀（モウキ）の浮木（フボク）、—の花(=めったにないことのたとえ。また、思いがけない幸運にめぐりあうこと)。②クサカゲロウの卵。

【優▼婆▼夷】ウバイ〔仏〕〔梵語（ボンゴ）upāsikā の音訳〕出家していない、女性の仏教信者。対 優婆塞（ウバソク）。

【優婆塞】ウバソク〔仏〕〔梵語（ボンゴ）upāsaka の音訳〕出家していない、男性の仏教信者。対 優婆夷（ウバイ）。

【優形】やさがた 日 ①姿や形がすんなりとして優美なこと。例 —のいい男。②気だてやふるまいが上品で、やさしいこと。

【優▼渥】ユウアク ①雨が十分に降って、うるおっている。②待遇が手厚い。ねんごろ。例 —なることば。

【優位】ユウイ 他よりすぐれた状態。高い地位。有利な立場。優勢。上位。対 劣位。例 —に立つ。—を占める。

【優異】ユウイ ①特別な待遇をする。②待遇や恩恵などが特に厚いこと。③特にすぐれている。

【優越】ユウエツ 他よりすぐれている。対 劣等。例 —した地位を占める。

【優越感】ユウエツカン 日 自分がほかの人とくらべてすぐれていると思う気持ち。対 劣等感。例 —にひたる。—をいだく。

【優▼婉】【優艶】ユウエン やさしく上品で、あでやかなさま。

【優雅】ユウガ ことばや動作などがゆったりしていて上品なさま。対 粗野。例 —な生活。—な舞。

【優遇】ユウグウ 特別に手厚い扱いをする。厚遇。優待。対 冷遇。例 経験者を—する。

【優秀】ユウシュウ すぐれていること。特に抜きん出ていること。優良。

【優柔】ユウジュウ ①やさしい。温和である。②ゆったりしている。ものやわらかである。③ゆったりと味わう。例 優二柔墳籍一（フンセキをユウジュウす）(=古典をゆったりと味わう)。〈北史・鄭道昭伝〉④迷ってなかなか決断できないこと。優柔不断。

【優柔不断】ユウジュウフダン ぐずぐずと迷って決断をなかなかくだせないさま。

【優▼倡】ユウショウ 歌舞や雑技。また、それを演じる芸人。

【優勝】ユウショウ ①まさっている。すぐれている。②すぐれた者が勝つこと。例 —劣敗。③日 競技で第一位になること。最もすぐれていること。例 —杯。

【優勝劣敗】ユウショウレッパイ 日 すぐれた者が勝ち、おとった者が負けること。生存競争で強いものや環境に適応したものが栄え、そうでないものが滅びること。適者生存。

【優詔】ユウショウ 天子のありがたいおことば。優諚（ユウジョウ）。

【優▼諚】ユウジョウ 天子のありがたいおことば。優詔。例 —をおしいただく。

【優性】ユウセイ 日 ①遺伝で、親の形質が子にあらわれる形。例 —遺伝。②すぐれた性質。▽対 劣性。

【優勢】ユウセイ 日 いきおいがまさっていること。対 劣勢。例 —を保つ。—に転じる。

【優先】ユウセン 日 他をあとまわしにして、さきに対処する。例 —権。—席。歩行者—。

【優待】ユウタイ 特別に有利なもてなしをする。優遇。例 —券。—セール。

【優長】ユウチョウ ①すぐれている。②日 のんびりとして急がないこと。悠長。

【優▼寵】ユウチョウ 特別にひきたてること。

【優等】ユウトウ 成績や能力が抜きん出てよいこと。対 劣等。例 —賞。—生。

【優美】ユウビ 上品でうつくしいこと。例 —な物腰。

【優▼游】ユウユウ ①のんびりする。ゆったりする。②なかなか決断できないこと。優柔。

【優優】ユウユウ ①なごやかなさま。②立派なさま。盛大なさま。③ゆったりとするさま。

【優良】ユウリョウ 品質や程度がすぐれていること。優秀。対 劣悪。例 —品。健康—児。

【優麗】ユウレイ 日 上品で美しい。

【優劣】ユウレツ すぐれていることと、おとっていること。どちらがすぐれ、どちらがおとっているか。甲乙。例 —をつけがたい。—を争う。

●女優（ジョユウ）・声優（セイユウ）・男優（ダンユウ）・名優（メイユウ）

儡 亻15 (17) 2 4920 5121 一 ライ漢 灰 léi 二 ライ漢 賄 lěi

意味 一 落ちぶれる。疲れる。例 儡身ライシン(=落ちぶれた身の上)。儡儡ライライ(=気落ちして、くたびれたさま)。二「傀儡カイライ」は、操り人形。でく。

難読 傀儡くぐつ

儖

亻15(17) 2 4916 5116

ラン(ラム)漢 覃 lán

意味 「儖儳ランザン」は、みにくいさま。また、入り乱れるさま。

儲

亻16(18) 1 4457 5132 人

チョ漢 魚 chǔ(旧chú)

もう-け(まうけ)・もう-ける(まう-く)・もう-かる(まう-かる)・たくわ-え(たくは-へ)・たくわ-える(たくは-ふ)・そ-え(そ-へ)

[儲] 亻15(17) ——俗字。

なりたち [形声]「亻(=ひと)」と、音「諸シヨ→チヨ」とから成る。たくわえて、そなえる。もうける。

意味 ❶たくわえる。また、ためておいて不足したときにそなえる。もうける。通 貯。例 儲積チョセキ。❷主君になると予定されている人。太子。もうけのきみ。例 儲位チョイ。儲君チョクン。

日本語での用法 一《もうけ》《もうける》「金儲かねもうけ」▼利益を上げる。二《もうける》「一男一女イチナンイチジョを儲もうける」▼子ができる。子をもつ。

古訓 中古 たくはふ・まうく・まうけ 中世 たくはふ・はげます・まうく・まうくる 近世 そへる・たくはへる・まうく

【儲位】チョイ 東宮トウグウ(=皇太子)のくらい。

【儲君】チョクン 天子の後継者。皇太子。または皇位をつぐことになっている皇子や皇女。もうけのきみ。類 儲宮チョキュウ・儲后チョコウ・儲嗣チョシ・儲弐チョジ・儲嫡チョテキ・儲副チョフク。

【儲積】チョセキ 備えとしてたくわえる。たくわえ。蓄積。類 儲蓄チョチク。

【儲▼胥】チョショ ①柵サク。かきね。②たくわえ。③下僕。召し使い。④漢の宮殿の名。のちに、天子の宮殿や朝廷を指す。

【儲蔵】チョゾウ たくわえとしてしまっておく。貯蔵。

●皇儲コウチョ

[儼] 亻17(19) ⇩儼ゲン(117ページ)

儳

亻17(19) —5133

一ザン(ザム)漢 咸 chán 二ザン(ザム)漢 陥 chàn

意味 一 きちんと整っていないさま。例 儖儳ランザン(=乱れたさま)。二❶わりこむ。わりこませる。例 儳言ザンゲン。❷すみやか。はやい。例 儳道ザンドウ(=近道)。

【儳言】ザンゲン ①他人の話が終わっていないうちに横から口をはさむ。例 長者不レ及毋ニ儳言一(長者ちょうじゃおよばざればザンゲンすることなかれ)(=年長者が言及しないうちは、自分から話し出してはならない)。〈礼記・曲礼上〉②口数が多いこと。おしゃべり。

儵

亻17(19) 3 1446 5135

シュク漢 呉 屋 shū

意味 ❶黒い色。くろい。❷すみやかに。にわかに。束つかの間。通 倏シュク。例 儵忽シュクコツ(=すばやいさま)。❸中国神話に見える南海の帝。例 南海帝為レ儵、北海帝為レ忽(ナンカイのテイをシュクとなし、ホッカイのテイをコツとなす)(=南海の帝を儵、北海の帝を忽といった)。〈荘子・応帝王〉

儺

亻19(21) 2 4921 513A

ダ漢 ナ呉 歌 nuó

おにやらい(おにやらひ)

意味 ❶歩調がリズミカルなさま。例 佩玉之儺ハイギョクのダ(=佩玉が歩くリズムにつれて鳴る)。〈詩経・衛風・竹竿〉❷疫病神ヤクビョウがみを追いはらう儀式。おにやらい。本来は、陰暦のおおみそかの行事で、後に日本では節分の行事となった。例 追儺ツイナ。

難読 追儺やらい|おにやらい

儷

亻19(21) 2 4922 5137

レイ漢 霽 lì

なら-ぶ

意味 ❶二つが対ツイになっている。ならぶ。例 駢儷体ベンレイタイ。❷夫婦。つれあい。例 伉儷コウレイ(=つれあい)。

【儷皮】レイヒ 贈り物に用いられた一対のシカの皮。

儼

亻20(22) 2 4923 513C

ゲン(ゲム)漢 呉 琰 yǎn

おごそ-か

[儼] 亻17(19) 4 0305 2044A 俗字。

意味 重々しくて、いかめしい。おごそか。例 儼然ゲンゼン。

【儼▼恪】ゲンカク つつしむ。

【儼▼乎】ゲンコ おごそかなさま。

【儼然】ゲンゼン 近づくことがはばかられるほど、重々しくいかめしいさま。例 望レ之儼然(これをのぞめばゲンゼンたり)(=遠くから眺めると重々しくて近づきがたい)。〈論語・子張〉 表記 現 厳然

儻

亻20(22) 2 4924 513B

トウ(タウ)漢 呉 養 tǎng

すぐ-れる(すぐ-る)・たぐい(たぐひ)・たまたま・も-し

意味 ❶「倜儻テキトウ」は、とびぬけて、すぐれていること。❷うっとりする。例 儻乎トウコ(=うっとりとしたさま)。❸たまたま。例 儻来トウライ(=たまたま来る)。❹「もし」と読み、ひょっとして、そうなったら、の意。仮定をあらわす。通 倘トウ。例 儻有ニ他意一、為レ難不レ小(もしタイあらば、ナンたることショウならず)(=ひょっとすると二心をいだくかもしれず、そうなると、その弊害は小さくない)。〈魏志・董昭伝〉

【儻若】【儻▼或】【儻▼忽】【儻▼其】もしも もしも。→意味❹

10 2画 儿 ひとあし にんにょう 部

人がひざまずいた形で、「ひと」の意をあらわす。「儿」をもとにしてできている漢字と、「儿」の字形を目じるしにして引く漢字とを集めた。

儿

儿0(2) 2 4925 513F

一ジン漢 真 rén 二ジ漢 支 ér

ひと かたむ-く・ひと

意味 一ひと。「人ジン」の古字。二「児ジ」の俗字として用いる。

兀

儿1(3) 2 4926 5140

コツ慣 ゴツ漢 月 wù

意味 ❶(山が)高くつきでているさま。また、山に草木のないさま。例 兀然ゴツゼン。兀立コツリツ。❷心を静めて動かないさま。例 兀坐コツザ。❸足首をたち切る刑罰。例 兀者コツシャ。

【兀兀】コツコツ|ゴツゴツ ①高くそびえるさま。②動かないさま。③無

知なさま。④一心にうちこむさま。矻矻コツコツ。例―コツコツと努力する。

【兀▼坐】コツザ／ゴツザ 心静かにじっと座る。無心に座り続ける。例兀坐如二枯株一コツザするこ とコシュのごとし(=枯れた切り株のように無心に座り続けた)。〈蘇軾・客位仮寐〉

【兀者】コツシャ／ゴツシャ ①刑罰によって片足を失った人。②金・元ゲンの代、今の吉林省北部国境付近に居住していた部族の総称。

【兀然】コツゼン／ゴツゼン ①山などが高くつきでているさま。②動かないさま。

【兀立】コツリツ／ゴツリツ 山などがつきでて、高くそびえている。

允

儿2（4） 1 1684 5141 人

イン（ヰン）漢 軫 yǔn
まこと・まこと-に・ゆる-す

なりたち 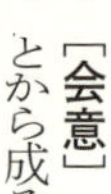 ［会意］「ム(=もちいる)」と「儿(=ひと)」とから成る。信用できる人。

意味 ❶まじめに。本当に。正しくて道理にかなう。**まこと。まことに。** 例允執二其中一まことにそのチュウをとれ(=まじめにかたよらない政治を執りおこなえ)。〈論語・尭日〉允文允武インブンインブ。❷**ゆるす。** みとめる。例允可インカ。允許インキョ。❸おさめる。養成する。例允徳イントク(=道徳心をやしなう)。

日本語での用法 《ジョウ》「玄蕃允ゲンバのジョウ・内蔵允くらのジョウ」▼律令制の四等シトウ官で、寮の第三位。判官ジョウ。

古訓 中古 あたる・かなふ・ジョウ・たかし・ちか・つくす・ふせく・まこと・まことなるかな・まさ・まさし 中世 あたる・ジョウ・ちか・まこと 近世 あたる・うけがふ・えびす・おもねる・きたのえびす・ジョウ・まこと

人名 あえ・おか・こと・さね・じょう・すけ・たか・たかし・ただ・ただし・ちか・とう・のぶ・まさ・みつ・みつる・よし

【允可】インカ 許す。許可。允許。

【允許】インキョ 認めゆるす。聞き届ける。許可。認可。允可。例―を得る。

【允恭】インキョウ まことにうやうやしい。例允恭克譲まことにうやうやしくよくゆずる(=まことにうやうやしく、よく人に譲る)。〈書経・尭典〉

【允文允武】インブンインブ／まことにブンまことにブ 天子が文武の徳を備えていることを、たたえていうことば。〈詩経・魯頌・泮水〉

元

儿2（4） 1 2421 5143 教2

ゲン（グェン）漢 ガン（グヮン）呉 元 yuán
もと

筆順 一 二 テ 元

なりたち  ［形声］「二(=いち。はじめ)」と、音「兀ゴツ→ゲン」とから成る。始め。

意味 ❶ものごとを成り立たせているもの。**もと。** また、もとになるもの。例元金ガンキン。元素ゲンソ。根元コンゲン。❷ものごとのはじめ。例元祖ガンソ／ゲンソ。元旦ガンタン。元年ガンネン。❸かしら。㋐いちばん上の地位にある人。例元首ゲンシュ。元帥ゲンスイ。㋑あたま。こうべ。例元服ゲンプク。❹民衆。たみ。例元元ゲンゲン。黎元レイゲン。❺年号。例元号ゲンゴウ。紀元キゲン。❻よい。大きい。例元勲ゲンクン。元老ゲンロウ。❼中国北部を支配していたモンゴル族のフビライが建てた王朝。一二七一年に都を大都(=北京ペキン市)に移して国号を元とし、一二七九年、南宋ナンソウを滅ぼして全中国を支配するようになったが、やがて明ミンに滅ぼされた。(一二七一―一三六八) 例元曲ゲンキョク。元寇ゲンコウ。❽貨幣やその単位。例銀元ギンゲン(=銀の円形貨幣の通称)。

古訓 中古 あぐ・あたる・おたひかになり・おほきなり・おほきに・きはまる・きはむ・たかし・たくらぶ・ちか・はじむ・はじめ・ふせく・まさ・もと 中世 おほい・おほいなり・かうべ・はじめ・もと・もとより・よし・をさ 近世 おほいなり・かうべ・かしら・くび・つかさ・はじめ・もと・よし・をさ

人名 あき・あさ・おさむ・ちか・つかさ・なが・はじむ・はじめ・はる・まこと・まさ・ゆき・よし

【元金】ガンキン／もときん ㊀①利息がつくもとになるお金。元本ガンポン。㊉利息・利子。例―据え置き。②もとで。資本金。資金。

【元日】ガンジツ ①一年の最初の日。一月一日。②吉日。

【元旦】ガンタン 一月一日の朝。元朝ガンチョウ。元日ガンジツ。

【元朝】㊀ガンチョウ 一月一日の朝。元旦ガンタン。㊁ゲンチョウ 元ゲンの朝廷、また、元の王朝。

【元年】ガンネン ある年号の、最初の年。例平成―。

【元来】ガンライ もともとその状態であったさま。もともと。そもそも。本来。例―の正直者。

【元悪】ゲンアク 大悪人。また、主犯。首謀者。例元悪大憝ゲンアクおおいににくまる(=大悪人はひどく憎まれる)。〈書経・康誥〉

【元▼愷】ゲンガイ 「八元八愷ハチゲンハチガイ」の略。伝説で、高辛コウシン氏の八人の子を「八元」、高陽コウヨウ氏の八人の子を「八愷」といい、その子孫は代々賢者であったという。転じて、賢人のこと。〔〈左伝・文一八〉から〕

【元気】ゲンキ ①万物の根本になる気。②人の精気。③活動のもとになる気力。活気。活力。④日健康で活発なさま。

例―な子供。

【元凶】【元▼兇】ゲンキョウ 悪事をはたらく中心人物。また、悪事のおおもと。例治安悪化の―。

【元曲】ゲンキョク 元ゲン代、大都(=今の北京ペキン市)を中心に流行した、四幕から成る歌劇。北曲。

【元君】ゲンクン ①〔「元」は、善の意〕よい君主。立派な君主。②女性の仙人の美称。③祖先。

【元勲】ゲンクン 最高の手柄。大きな功績。また、その功績のある人。例維新の―。

【元軽白俗】ゲンケイハクゾク 元稹ゲンシンの詩は軽薄で、白居易の詩は通俗的であるという批評。白俗元軽。〈蘇軾・祭柳子玉文〉

【元元】ゲンゲン ①民衆。人民。例全二天下元元之民一テンカのゲンゲンのたみをまっとうす(=天下の人民の安全を保つ)。〈漢書・文帝紀〉②本源。おおもと。

【元功】ゲンコウ 大きな功績。また、その功績のあった臣下。

【元后】ゲンコウ ①天子。②天子の正妻。皇后。

【元▼寇】ゲンコウ 日鎌倉かまくら時代、中国の元ゲン軍が日本に来襲したこと。文永十一年(一二七四)と弘安コウアン四年(一二八一)の二度にわたり来襲したが、失敗に終わった。文永・弘安の役エキ。蒙古モウコ襲来。

【元号】ゲンゴウ 年号。

【元▼亨利貞】ゲンコウリテイ 易エキにおいて、天のはたらきである乾ケンがもつ四つの徳。「元」はおおもと、「亨」は滞りがない、「利」は和合、「貞」は正しい。

【元子】ゲンシ 天子・諸侯の嫡長子。のち、広く嫡長子をいう。例建二爾元子一、俾レ侯二于魯一なんじのゲンシをたて、ロにコウたらしむ(=おまえの嫡長子を封ホウじて、魯の君にさせよう)。〈詩経・魯頌・閟宮〉

【元始】ゲンシ ものごとのおこり。はじめ。原始。

【元▼祀】ゲンシ ①元年ガンネン。②大祭。

【元二】ゲンジ 元年ガンネンと二年。例元二之間、嘉徳布流ゲンジのカン、カトクフリュウす(=元年と二年のうちに、立派な徳が天下に行きわたった)。〈論衡・恢国〉

【元首】ゲンシュ ①頭。かしら。②国家機関の長で、国を代表する主権者。君主国では君主、共和国では大統領など。

【元▼戎】ゲンジュウ ①古代に用いられた大型の戦車。例元戎十乗、以先啓レ行ゲンジュウジュウジョウ、もってまずみちをひらく(=大型の戦車十台を用いて、最初に道を開く)。〈詩経・小雅・六月〉②大軍。③将軍。軍団の長。

【元宵】ゲンショウ ①陰暦一月十五日(上元節)の夜。唐代以来、灯籠(トウロウ)をかけて祝う風習がある。類元夕(ゲンセキ)・元夜。②「①」のときに食べるだんご。

【元▼辰】ゲンシン ①元旦(ガンタン)。②よい日。吉日。

【元帥】ゲンスイ ①全軍を統率する総大将。②日 陸海軍大将のうち、元帥府に列せられた者の名誉称号。

【元祖】一 ゲンソ 先祖。祖先。始祖。二 ガンソ 日 あるものごとを始めた最初の人。創始者。また、あるものごとの始まり。

【元素】ゲンソ 日 ①万物をつくりあげるおおもと。たとえば、ギリシャ哲学では土・空気・火・水、仏教では五大(=地・水・火・風・空)。②化学的にはこれ以上分解できない物質。金・銀・酸素・水素・窒素など。化学元素。例 ―記号。

【元白】ゲンパク 中唐の詩人、元稹(ゲンシン)と白居易(ハクキョイ)のこと。ふたりは親友であったので、併称された。

【元妃】ゲンピ 諸侯の正妻。また、広く、正妻をいう。

【元服】ゲンプク/ゲンブク ①〔元(=頭)に服する(=つける)意〕冠(かんむり)。例 加二元服一(ゲンプクをくわう)(=冠をつける。成人になる儀礼)。〈儀礼・士冠礼〉②日 公家(クゲ)や武家の男子の成人式。髪型や服装をあらため、大人の名をつけた。十二歳前後におこなわれることが多かった。

【元物】ゲンブツ 日〔法〕利益を生み出すもとになるもの。乳牛・果樹・貸家など。

【元本】一 ゲンポン ①第一に重要なもの。おおもと。根本。例 陰陽之元本(インヨウのゲンポン)(=陰陽の根本)。〈晋書・天文志上〉②元(ゲン)王朝のときに出版された書籍。元版(ゲンパン)。二 ガンポン 日 ①もとで。元金(ガンキン)。②利益を生み出すもとになる財産や権利。

【元良】ゲンリョウ たいへん善良である。また、たいへん善良な人。

【元老】ゲンロウ ①すぐれた功績のある高齢の臣下。②長いあいだ一つの部署にいて功労のある人。③日 明治中期から昭和初期、重要な国家の政務に、天皇を補佐した政治家。

【元▼禄】ゲンロク 日 ①江戸時代中期、東山(ひがしやま)天皇の代の年号(一六八八―一七〇四)。文化や経済が栄えた。また、繁栄する時代のたとえ。例 ―文学。昭和―。②「元禄袖(ゲンロクそで)」の略。和服の袖形の一つ。袖たけは短く、たもとの丸みが大きい。

【元手】もとで 日 商売や事業をする、もとになる資金。また、能力。資本。元金(ガンキン)。例 ―のいらない商売。からだが―だ。

【元結】もとゆい/もっとい 日 和風の髪を結うときに使う細い糸やひも。今は多く、水引(みずひき)のこよりを用いる。例 ―紙(がみ)。

●網元(あみもと)・家元(いえもと)・還元(カンゲン)・次元(ジゲン)・単元(タンゲン)・中元(チュウゲン)・版元(ハンもと)・復元(フクゲン)・身元(みもと)

兄

儿3(5) 1 2327 5144 教2

一 ケイ(クェイ)漢 キョウ(キャウ)呉 ヒン唐 庚 xiōng
二 キョウ(キャウ)漢 漾 kuàng
あに 付表 兄(にい)さん

筆順 丨 口 口 尸 兄

なりたち [会意]「儿(=ひと)」と「口(=くち。ことばが尽きない)」とから成る。尽きることなく、そだつ。派生して「あに」の意。

意味 一 ❶先に生まれた男子。**あに**。また、二者をくらべてみると、ややすぐれている者のたとえ。兄弟(キョウダイ)。義兄(ギケイ)。対弟。例 難レ兄難レ弟(ケイたりがたくテイたりがたし)。❷同輩や友人を敬っていうことば。例 貴兄(キケイ)。仁兄(ジンケイ)。大兄(タイケイ)。二 ❶ますます。いよいよ。例 王兄自縦(おうますますほしいままにす)(=王はますます勝手しほうだいをした)。〈墨子・非攻下〉❷「いわんや(…をや)」と読み、まして…はなおさらだ、の意。通況(キョウ)。

古訓 中古 あに・いろね・え・えだ・かつ・このかみ・しげし 中世 あに・えだ・このかみ 近世 あに・いはんや・おほいなり・このかみ・せな・たくらぶ・ます・ますます

人名 え・えだ・き・これ・さき・しげ・ただ・よし

難読 従兄弟(いとこ)・妹兄(いもせ)・師兄(ヒンス)(=禅宗で、兄弟子)

【兄嫁】あによめ 日 兄の妻。義姉。嫂(あによめ)。

【兄弟】ケイテイ/キョウダイ ①あにと、おとうと。②同じ親から生まれた子供たち。姉や妹も含める。③日 おもに男性が親しい仲間を呼ぶことば。兄弟分。例 おい、―(キョウダイ)。

【兄弟▼鬩二▼于▼牆一、外▼禦二其務一】ケイテイかきにせめげども、そとそのあなどりをふせぐ 兄弟は、家の中では争っていても、一家が外部からあなどられるときには力を合わせて立ち向かう。〈詩経・小雅・常棣〉

【兄弟▼之国】ケイテイのくに ①自分の兄弟が治める国。②同姓の君主が治める国。③姻戚(インセキ)関係にある国。

【兄事】ケイジ 相手を実の兄のように敬愛し、仕える。

【難レ兄難レ弟】ケイたりがたくテイたりがたし 両者ともにすぐれていて、優劣がつけにくいことのたとえ。〈世説・徳行〉から

●賢兄(ケンケイ)・次兄(ジケイ)・実兄(ジッケイ)・父兄(フケイ)

兇

儿4(6) 1 2204 5147

キョウ漢 冬 xiōng
おそ-れる(おそ-る)・わる-い(わる-し)

意味 ❶びくびくとこわがる。**おそれる**。例 兇懼(キョウク)(=深くおそれること)。❷わるもの。**わるい**。通凶。例 元兇(ゲンキョウ)。❸人を傷つける。通凶。例 兇器(キョウキ)。

表記 現代表記では「凶」に書きかえることがある。熟語は「凶」も参照。

光

儿4(6) 1 2487 5149 教2

[炗] 火2(6) 4 7957 706E 本字。 [灮] 火4(8) 4 7963 7097 古字。

コウ(クヮウ)漢呉 陽 guāng
ひかる・ひかり

筆順 丨 丷 ⺌ 业 光 光

なりたち [会意]「火(=ひ)」が「儿(=ひと)」の上にある。明るく照らす。

意味 ❶かがやく。てらす。**ひかる**。**ひかり**。例 光線(コウセン)。光明(コウメイ)。発光(ハッコウ)。❷かがやかしさ。ほまれ。例 光栄(コウエイ)。栄光(エイコウ)。❸ありさま。けしき。例 光景(コウケイ)。観光(カンコウ)。風光(フウコウ)。❹時間。とき。例 光陰(コウイン)。消光(ショウコウ)。寸光(スンコウ)。❺むき出しにする。例 光頭(コウトウ)。❻充満する。みちる。みつ。例 惟公徳明、光二于上下一(これコウのトクメイ、ジョウゲにみつ)(=周公の明徳は天地に充満した)。〈書経・洛誥〉❼すっかりなくなる。ない。例 光前絶後(コウゼンゼツゴ)(=空前絶後)。❽人が来ることを敬っていうことば。おでまし。例 光降(コウコウ)。光臨(コウリン)。

古訓 中古 あきら・あり・うるはし・おほきなり・さかゆ・つややかなり・てる・ひかり・ひかる・ひこ・みつ 中世 おほひなり・てらす・てる・ひかり・ひかる・みつ 近世 あきらか・かかやく・かがやく・てる・ひかり・ひかる

人名 あき・あきら・あり・かぬ・かね・さかえ・つや・てる・ひこ・ひろ・ひろし・みつ・みつる

【光陰】コウイン〔「陰」は、移りゆく日影(ひかげ)から、時間の意〕月日。年月。時間。→【少年易レ老学難レ成】ショウネンおいやすくガクなりがたし(397ペ)

【光陰如レ▼箭】コウインやのごとし 月日のたつのは、放たれた矢のように速い。〈蘇軾・行香子・秋興〉

【光栄】コウエイ 名誉。ほまれ。名声。例 身に余る―。

【光炎】コウエン 光とほのお。燃えあがる火。また、勢いがさかんなこと。例 光焰万丈長(コウエンバンジョウながし)(=詩文などに勢いがあって立派なこと)。〈韓愈・調張籍〉 表記 旧光▼焰

【光価】コウカ 名をあらわす。有名になる。例 毛氏光二価於河

間一（＝毛氏《の伝えた詩経》は河間の地で有名になった）。〈毛詩正義・序〉

【光華】①美しくひかる、その光。かがやき。光彩。光輝。②栄えること。

【光学】光の現象を研究する学問。例 ―プリズム。

【光輝】【光▼暉】【光▼煇】ひかり。かがやき。また、かがやくような名誉のたとえ。例 ―ある伝統。

【光景】①ひかり。かがやき。②時間。③景色。様子。

【光源】光を出すもと。

【光彩】美しいかがやき。例 ―を放つ。

【光彩陸離】光が入り乱れて美しくきらめくさま。〈揚州画舫録・橋東録〉

【光線】ひかり。光のすじ。例 太陽―。レーザー―。

【光宅】①徳などが満ちあふれて広くおおうこと。②立派に居を構える。都を置くことなどをいう。例 光二宅曲阜一（＝曲阜に国都を定める）。〈阮籍・為鄭沖勧晋王箋〉③大きな邸宅。

【光沢】ものの表面のかがやき。つや。

【光度】①光っている物体の、光の強さの程度。単位は、カンデラ。記号 cd ②星の明るさ。普通、等級であらわす。

【光頭】①髪のない頭。はげあたま。②帽子をかぶっていない、むき出しの頭。

【光熱】日 家庭や仕事場で人が活動するのに使う、照明や燃料。例 ―費。

【光波】〔物〕光の波動。

【光背】仏像の後ろにあって、仏が発する光明をあらわす飾り。後光。御光。例 舟形―。

【光被】光が行きわたるように、君主の徳が人々に行きわたること。例 光二被四表一（＝四方に徳があまねくいきわたる）。〈書経・堯典〉

【光風】雨がやんで日が出たあとに吹く、おだやかな風。

【光風▼霽月】雨がやみ日が出て吹くおだやかな風と、雨上がりの晴れわたった月。雨上がりのすがすがしい景色。また、政局がおだやかなことや、人格や心が清らかでさっぱりしていることのたとえ。〈宋史・周敦頤伝〉

【光復】復興する。

【光▼芒】放射状にかがやく明るい光。例 ―を放つ。

【光明】一 ①あかるい光。光輝。②光りかがやく。③世の中に広め明らかにする。④裏表がなく、かたよりがない。公明。例 ―正大。二 ①〔仏〕仏の心身から出る徳の光。知恵や慈悲をあらわす。例 ―遍照。②日 問題解決の手がかり。また、希望。例 前途に―を見いだす。

【光明正大】心に少しもいつわりやましいところがなく、正しくて大きいこと。公明正大。〈語類・七三〉

【光有】大いに保有する。広く統治する。例 光二有天下一（＝広く天下を領有した）。〈左伝・昭二八〉

【光▼耀】①輝き。②恩沢。例 光耀加二於百姓一（＝恩沢が万民に加わる）。〈呂覧・孝行〉

【光輪】日 宗教画で、聖霊や聖人の頭に描く光の輪。

【光臨】相手が自分のところに来ることを、光がさしこむようだと、敬っていうことば。例 幸見二光臨一（＝幸いにもおいでくださった）。〈曹植・七啓〉

【光烈】偉大な功績。類 光勲。

【光▼禄勲】官名。漢代の九卿の一つ。もと郎中令といい、武帝のときに改名した。宮門の警備をつかさどる。

●威光・栄光・感光・観光・眼光・脚光・逆光・旭光・蛍光・月光・後光・採光・残光・消光・日光・発光・陽光

充

儿4（6）
1 2928
5145
常用

シュウ（シウ）漢
ジュウ呉 東 chōng
あてる（あ-つ）・み-ちる（み-つ）・み-たす

筆順

なりたち

［形声］「儿（＝ひと）」と、音「育（クイ→シュウ）」の省略体とから成る。大きくなる。みちる。

意味 ❶いっぱいになる。ふさがる。みちる。例 充実。充満。❷欠けているところをうめる。あてる。みたす。例 充二炭直一（＝炭の代価に当てる）。〈白居易・売炭翁〉充当。補充。❸担当する。あたる。例 吾充二重任一（＝私は重い職責を負っている）。〈魏志・武帝紀注・魏書〉❹繁多。おおい。例 事充政重（＝労役が多く、租税が重い）。〈左伝・哀二〉充斥。

古訓 中古 あたる・あつ・そふ・たる・はじめ・みち・みつ・をり 中世 あつ・あつる・あて・あてる・みち・みつ・みつる・ゆく 近世 あてる・うつくし・おこなふ・こえる・そなはる・たかし・ながし・ふさがる・みつる・よし

人名 あつ・たかし・まこと・みち・みつ・みつる

【充位】高い地位についているだけで、何の功績もないこと。

【充▼溢】満ちあふれる。例 気力―。

【充員】日 不足している人員をおぎなう。例 ―を計る。

【充血】動脈内の血液の流れが、一か所に異常に集まる。

【充耳】①耳をふさぐ。②音声が耳に満ちる。③冠の両側から垂らして耳をふさぐ飾り玉。

【充実】内容が豊かで、いっぱいに満ちている。例 充実之謂レ美（＝《善が》いっぱいに満ちていることを美という）。〈孟子・尽心下〉―感。気力が―している。

【充▼牣】【充▼仞】充満する。

【充斥】〔「斥」も、多いの意〕①多い。②充満する。

【充羨】〔「羨」は、余るの意〕満ちあふれる。満ち足りて余る。

【充足】十分に満ちたりる。また、満たす。例 ―感。

【充塞】①いっぱいになって、ふさがる。②さえぎってじゃまする。例 充二塞仁義一（＝仁義をさえぎる）。〈孟子・滕文公下〉

【充填】あいているところに入れて、満たす。

【充電】日 ①蓄電池に電気エネルギーをたくわえる。蓄電。対 放電。②実力をたくわえたり、次の活動にそなえて休養したりする。例 ―期間。

【充当】①職務を担当する。ある身分に就く。②日 金銭や人員などの不足を、うめあわせる。充足。補填。例 欠員を新人で―する。

【充棟】積み重ねた書物が棟木にとどく。蔵書や著作が多いことをいう。→【汗牛充棟】（749ページ）

【充分】満ちたりているさま。十分。

【充満】気体やにおい、また、雰囲気などが、いっぱいになる。例 充二満天下一（＝天下にみちあふれる）。〈呂覧・当染〉

●拡充・補充

先

儿4（6）
1 3272
5148
教1

一 セン 漢 呉 霰 xiān/xiàn
二 セン 漢 呉 先 xiān
さき・さき-んじる（さき-んず）・ま-ず（ま-づ）・さっき

筆順

なりたち 先 [会意]「儿(=ひと)」と「生(=出ていく)」とから成る。前進する。

意味 一 前に進む。他のものの前を行く。**さきんじる**。さきだつ。例 先行(センコウ)。先導(センドウ)。率先(ソッセン)。二 ❶ 場所で前のほう。時間で早いほう。**さき**。対 後。例 先日(センジツ)。先端(センタン)。先頭(セントウ)。❷ 亡くなった(人)。例 先君(センクン)。先考(センコウ)。先人(センジン)。❸ はじめにする。**まず**。例 先決(センケツ)。優先(ユウセン)。

日本語での用法 《さき》①「老(お)い先(さき)・先(さき)が思(おも)いやられる」▼これからあと。将来。②「先様(さきさま)・送(おく)り先(さき)」▼かかわりや交渉をもつ相手。

古訓 中古 さき・さきだつ・すすむ・はじめ・はやく・まづ・まへ 中世 さき・さきだつ・さきに・すすむ・はじめ・まづ 近世 さき・さきだつ・さきんずる・すすむ・たかし・はじめ・ふるし・まづ・みちびく・もと

人名 すすむ・たかし・はじめ・はやし・ひこ・もと・ゆき

【先即制レ人】(さきんずればすなわちひとをセイす) 人より先に行動すれば、主導権を握ることができる。〔「後則為二人所レ制一(おくるればすなわちひとのセイするところとなる)」と続く〕〈史記・項羽紀〉

【先鋭】(センエイ) ①さきがするどくとがっている。②考えや行動が過激なさま。例 —分子。—的な思想。表記 ▽旧▼尖鋭

【先王】(センオウ/センノウ) ①前の王。先代の王。②古代の聖王。堯(ギョウ)・舜(シュン)・禹(ウ)・湯(トウ)・文(ブン)・武(ブ)など、儒家の理想とする天子。例 —の道。

【先覚】(センカク) ①人にさきんじ、さき行きを見通したり価値を評価したりする。先駆。例 —者。②他者にさきんじてさとる。先知。対 後覚。例 使三先覚覚二後覚一(センカクをしてコウカクをさとらしむ)(=さきにさとった者に、おくれてさとる者をさとらせる)。〈孟子・万章上〉③日 学問上の先輩。先学。

【先学】(センガク) 日 ある分野で自分よりもさきに研究をはじめ、すぐれた成果をあげている人。先覚。対 後学(コウガク)。

【先期】(センキ) 日 一つ前の期。前期。対 今期・来期。

【先議】(センギ) 日 さきに審議すること。特に、二院制の議会で、一方の議院が他方よりさきに法案を審議すること。

【先客】(センキャク) 日 自分よりさきに相手を訪ねている客。

【先駆】(センク) ①ウマに乗って先導する。また、その人。さきがけ。前駆。②人よりもさきにその価値を認め、実行する。また、その人。先覚。例 —的作品。

【先口】(センくち) 日 順番や申しこみの早いほう。対 後口(あとくち)。

【先君】(センクン) ①先代の君主。例 —の遺命。②死んだ父。亡父。先考。③祖先。

【先決】(センケツ) ほかのことよりさきにきめる。例 —問題。

【先月】(センゲツ) 今月の前の月。前月。対 来月。

【先見】(センケン) このさきに起こることを予測する。事が起こる前にそれを見ぬく。例 —の明(メイ)がある。

【先遣】(センケン) 日 本隊を派遣するにあたり、まず少人数の部隊をさきに送る。例 —隊。

【先賢】(センケン) 昔の賢人。前賢。先哲。

【先後】(センゴ/センコウ) ①あとさき。時間やできごとの起きた順番。前後。②兄弟の妻どうし(が互いに相手を呼ぶ称)。あいよめ。③前後から助け導くこと。

【先後生】(センコウセイ/センゴセイ) さきに生まれたか、あとから生まれたか。例 夫庸知三其年之先二後-生於吾一乎(それなんぞそのとしのわれよりセンコウセイなるをしらんや)(=いったい、どうしてその人の生まれ年が、私より先かあとかを問題にすることがあろうか)。〈韓愈・師説〉

【先考】(センコウ) 死んだ父。亡父。先君。対 先妣(センピ)。

【先行】(センコウ) ①さきに行く。さきに進む。例 時代に—する。—車。②さき立っておこなう。

【先攻】(センコウ/さきぜめ) 日 攻守交替するスポーツで、さきに攻撃する。また、その側。対 後攻(コウコウ)。

【先刻】(センコク) 日 ①さっき。少し前。例 —からお待ちです。②前から。とっくに。例 それは—承知のことだ。

【先妻】(センサイ) 現在の妻に対して、前の妻。対 後妻(ゴサイ)。

【先子】(センシ) ①祖先。②亡父。

【先史】(センシ) 文字などで書かれた記録のない、古い時代。有史以前。例 —時代。

【先師】(センシ) ①なくなった先生。②昔の聖人。先賢。③孔子を指していう。例 —廟(ビョウ)(=孔子を祭る廟)。

【先日】(センジツ) このあいだ。この前。過日。

【先手】(センシュ/センて) 一 ①試合や勝負で、相手よりもさきに攻撃をしかけて、勢いを失わせること。例 —必勝(センてヒッショウ)。—(センて)を打つ。②囲碁や将棋で、第一手を打ったり指したりするほう。また、その人。先番。▽対 後手(コウシュ/ごて)。二(さきて) 日 ①先頭の部隊。先陣。②江戸時代、将軍を護衛する役。

【先週】(センシュウ) 日 今週のすぐ前の週。例 —の日曜日。

【先住】(センジュウ) 日 ①さきにその土地に住んでいること。例 —民。②〔仏〕先代の住職。

【先勝】(センショウ) ①戦争を始める前に、勝利する条件を作り出す。②何回かおこなう試合で、まず初めにかつ。③(センかち/さきがち) 日「先勝日(センショウニチ)」の略。六曜の一つ。午前は吉で午後は凶。急用や訴訟などによいとされる。

【先▼蹤】(センショウ) 昔の人のおこないで、のちの人にとっての手本や参考や基準となるもの。先例。前例。

【先臣】(センシン) 君主に対し、自分の亡き祖先をいうときの呼称。

【先▼秦】(センシン) 秦が中国を統一する前の時代。多く、春秋戦国時代をいう。

【先進】(センシン) ①学問などが自分よりもさきに進んでいる人。先輩。②さきに進む。また、他よりも進んでいること。例 —国。—技術。▽対 後進(コウシン)。

【先人】(センジン) ①昔の人。昔のえらい人。対 後人(コウジン)。例 —の教え。②先祖。亡父。例 —の遺言。

【先陣】(センジン) 日 ①戦いで、本陣の前にあって最初に敵と戦う部隊。先鋒(センポウ)。対 後陣(コウジン)。②敵陣への一番乗り。さきがけ。例 —争い。

【先世】(センセイ) 祖先。

【先生】(センセイ) ①自分よりさきに生まれた人。対 後生(コウセイ)。②学問や技芸を人に教え伝える人。師匠や教師。③学識があり技芸にすぐれた人の敬称。教師・学者・医者・芸術家・作家・弁護士・議員などに使う。④日 からかいの気持ちをこめて人を呼ぶことば。

【先制】(センセイ) 日 相手よりさきに行動を起こし、有利な立場に立つ。機先を制する。例 —攻撃。

【先聖】(センセイ) 昔の聖人。特に、孔子。

【先声後実】(センセイコウジツ) 威嚇(イカク)をさきにおこない、武力行使は後まわしにする。武力行使をせずに敵を屈服させる戦術をいう。〈史記・淮陰侯伝〉

【先先】(センセン) 日〔「先先…」の形で〕前の前。例 —月。

【先祖】(センゾ) ①その家系の第一代の人。始祖。初代。②その家系のなかで、今の代より前の代。対 子孫。

【先代】(センダイ) ①今より前の時代。前代。②日 当代の一代前の人。対 当主。例 —の社長。—菊五郎。

【先達】(センダツ/センダチ) ①学問や技芸などを深く学び、後進を導く人。先覚。②日 案内人。道案内。例 先達はあらまほしきことなり。〔徒然草吾〕

【先端】(センタン) ①長いものの、最前部。②とがったものの、さきの部分。例 針の—。③先頭。例 時代の最—を行く。表記 ▽旧▼尖端

【先知】(センチ) ①他者にさきんじて道理を知る。先覚。対 後知(コウチ)。例 使三先知覚二後知一(センチをしてコウチをさとらしむ)(=さきに知った者

に、あとから知る者を教えさとらせる)。〈孟子・万章上〉②将来を予見する。予知。また、その能力をもつ人。予言者。

【先着】(センチャク) 日さきに、そこにつく。また、その人。例 —順。

【先帝】(センテイ) 先代の天子。さきのみかど。

【先哲】(センテツ) 昔のすぐれた思想家。先賢。

【先天】(センテン) ①天よりもさきにおこなう。例 先レ天而天弗レ違(テンにさきだちてテンたがわず)(=もし天よりさきにおこなったとしても、天に合致する)。〈易・乾・文言〉②学問や経験によるのではなく、生まれながらに身についている資質。生まれつき。天性。アプリオリ。対後天(コウテン)。例 —的。

【先途】(セント) 日①行き着くさき。最後。②勝敗や運命の決まる重要なとき。せとぎわ。例 ここを—と戦う。

【先頭】(セントウ) いちばんさき。はじめ。トップ。対後尾(コウビ)。例 —集団。—を切る。

【先導】(センドウ) さきに立って案内をする。みちびく。

【先入】(センニュウ) ①前もって心にはいる。②その場所にさきにはいる。例 —車。

【先入観】(センニュウカン) 日自分なりにいだいているイメージや考え。正しい観察や判断のさまたげとなる。偏見。類先入主。例 —にとらわれる。

【先入為レ主】(センニュウシュとなる) さきに耳に入ったことばを信じ、他の意見をうけつけないこと。〈漢書・息夫躬伝〉

【先任】(センニン) さきにその任務や役職についていること。また、その人。前任。対後任(コウニン)・新任。

【先年】(センネン) 過ぎ去った年。むかし。今年を基準にして、いく年か前のある年。対後年(コウネン)。例 —話題になった壺(つぼ)。

【先輩】(センパイ) ①世代が上の者に対する敬称。②ある分野で、自分よりも経験を積んでいる人。▽対後輩。

【先発】(センパツ) 他よりさきに出発したり、手がけたりする。対後発(コウハツ)。例 —隊。

【先番】(センバン) 日①順番にものごとをおこなう場合に、さきになること。②囲碁や将棋で、先手(センて)。

【先般】(センパン) 日このあいだ。さきごろ。せんだって。先日。過日。対今般。例 —お知らせしました件。

【先▼妣】(センピ) 死んだ母。亡母。対先考。

【先非】(センピ) 過去のあやまち。前非。例 —を悔いる。

【先便】(センビン) 日前回のたより。前便。

【先負】(センブ・センまけ・さきまけ) 日「先負日(センブニチ)」の略。六曜の一つ。午前は凶で午後は吉。急用や訴訟などは避けるとされる。

【先▼鞭】(センベン) 人に先立って着手すること。さきがけとなること。例 —をつける。◆東晋(トウシン)の劉琨(リュウコン)が「ほこを枕にして夜明けを待ち、いち早く敵をさらし首にしてやりたい。心配なのは友人の祖逖(ソテキ)(=祖生)が自分より先に鞭(むち)を手に出陣してしまうことだ」と言った。〈晋書・劉琨伝〉

【先方】(センポウ) 日①相手側。相手の人。対当方。例 —の意向。②向こう。例 —に着き次第連絡します。

【先▼鋒】(センポウ) 戦闘や運動などで、先頭に立って積極的に進む人。先陣。例 急—。

【先民】(センミン) ①古代の賢人。②昔の人。先人。

【先務】(センム) 最初にしなければならない、つとめ。急務。例 急二先務一(センムをキュウとす)(=まずしなければならないことをいそいでおこなう)。〈孟子・尽心上〉

【先夜】(センヤ) 先日の夜。このあいだの夜。

【先約】(センヤク) それよりさきに決めた約束。また、前からの約束。前約。例 —がある。

【先憂後楽】(センユウコウラク) 〔「先二天下之憂一而憂、後二天下之楽一而楽(テンカのうれいにさきんじてうれえ、テンカのたのしみにおくれてたのしむ)。〈范仲淹・岳陽楼記〉」から〕政治家はだれよりもさきに国家のことを心配し、民衆が安楽に暮らせるようになってはじめて楽しむ。〔東京と岡山にある庭園「後楽園」の命名の由来となった〕

【先例】(センレイ) 前におこなわれた例。以前からのしきたり、ならわし。また、手本となる例。前例。例 —がない。—にならう。

【先従レ▼隗始】(まずカイよりはじめよ) ⇩【先従レ隗始】(まずカイよりはじめよ)(1402ジペー)

◯機先(キセン)・祖先(ソセン)・率先(ソッセン)・矛先(ほこさき)・優先(ユウセン)

[兌] 儿4(6) ⇩兌ダ(123ジペー)

兆 儿4(6)

1 3591 5146 教4

チョウ(テウ)漢 篆 zhào
きざす・きざし

筆順 ノ ﾘ ﾘ 北 兆 兆

なりたち  [会意]「八(=わける)」を重ねた形。分かれる。亀卜(キボク)(=カメうらない)の割れ目。

意味 ❶うらない。例 兆占(チョウセン)。❷何かが起こる前ぶれ。きざし。しるし。例 兆候(チョウコウ)。吉兆(キッチョウ)。❸前ぶれがあらわれる。きざす。例 我独泊兮其未レ兆(われひとりハクとしてそれいまだきざさず)(=私はひとり心静かに、何の気配も示さない)。〈老子・二〇〉❹はじめる。例 兆二其謀一(そのはかりごとをはじむ)(=その計略を実行し始める)。〈左伝・哀元〉❺墓。墓地。例 兆域(チョウイキ)。❻数の単位。兆は億の一万倍。また、きわめて多い数。〔古くは万の百倍〕例 兆民(チョウミン)。億兆(オクチョウ)。

古訓 中古 きざし・きざす・はじむ・はじめ 中世 うらかた・うらて・うらなふ・かたち・きざし・きざす・しるす 近世 あらはる・うらかた・おほし・きざし・きざす・さかひ・ほとり・わかつ

人名 かず・はじめ・よし

【兆域】(チョウイキ) 墓地。

【兆候】(チョウコウ) 日何か事が起こりそうだと予感させる動き。前ぶれ。きざし。しるし。徴候。例 風邪の—があらわれる。

【兆占】(チョウセン) うらない。

【兆民】(チョウミン) 多くの人民。万民。

克 儿5(7)

1 2578 514B 常用

コク漢呉 職 kè
か-つ・よ-く

筆順 一 十 ㅜ 古 古 克

なりたち  [象形] 上部は屋根、下部は木を刻む形。屋内でかたい木を刻む。できる。たえる。

意味 ❶能力があって、できる。よくす。あたう。例 吾不レ克レ救也(われすくうあたわざるなり)(=私には救えない)。〈左伝・襄三〉❷十分に。よく。例 克明(コクメイ)。❸欲望や困難にうちかつ。かつ。例 克服(コクフク)。克己(コッキ)。通剋(コク)。

古訓 中古 あたふ・かつ・たふ・にぶし・よく・よし 中世 あたふ・かつ・すぐるる・よく・よし 近世 うる・かつ・すぐるる・よくす

人名 いそし・かつみ・すぐる・たえ・なり・まさる・よし

【克伐怨欲】(コクバツエンヨク) 四つの不道徳。克は人に勝つのを好む、伐は自慢する、怨はささいな恨みを根にもつ、欲は貪欲(ドンヨク)。〈論語・憲問〉

【克服】(コクフク) 困難な問題や状況を努力して解決し、乗りきる。例 難病を—する。

【克復】(コクフク) ①もとの状態にもどす。②戦いに勝ってとりもどす。例 克二復旧都一(キュウトをコクフクす)(=旧都をとりもどす)。〈諸葛亮・為後帝伐魏詔〉③「克己復礼(コッキフクレイ)」の略。

【克明】(コクメイ) ①賢人や是非を見ぬくことができる。〈書経・尭典〉②日細かく、くわしいさま。丹念。例 —な記録。

【克己】(コッキ・おのれにかつ) 意志の力で、欲望やなまけ心に勝つ。例

―心。

【克己復礼】(コッキフクレイ)(おのれにかちてレイにかえる) 自らにうち勝って、礼儀に従う。克復。例 克レ己復レ礼為レ仁(おのれにかちてレイにかえるをジンとなす)(=自己にうち勝って礼儀に従うのが仁である)。〈論語・顔淵〉

児 儿5(7) 1 2789 5150 教4

一ジ㊥ ニ㊨ 支 ér 二ゲイ㊥ 斉 ní こ・ご 付表 稚児(ちご)

[兒] 儿6(8) 2 4927 5152 人 旧字体。

筆順 丨 ‖ ⺆ 旧 旧 旧 児 児

なりたち  [会意]「儿(=ひと)」と「臼(=赤んぼうの頭の骨の形)」とから成る。乳飲み子。

意味 一❶幼い子供。こ。例 児童(ジドウ)・愛児(アイジ)・幼児(ヨウジ)・稚児(ちご)。❷親にとっての子供。例 児孫(ジソン)。❸若者。男子。例 球児(キュウジ)・風雲児(フウウンジ)。二❶年老いて歯が抜けたあと、ふたたび生える小さな歯。通 齯(ゲイ)。例 児歯(ゲイシ)。❷姓の一つ。例 児寛(ゲイカン)(=前漢の儒学者)。

古訓 中古 こ・ちご・わらはべ・をさなし 中世 こ・ちご 近世 いとけなし・こ・ちご・はじめ・みどりご・をさなご・をさなし・をのこわらは

人名 のり・る

参考 鹿児島(かごしま)(=県名)。

難読 天児(あまがつ)・可児(かに)(=地名・姓)・健児(コンディ)

【児戯】(ジギ) 子供の遊びやいたずら。また、とるにたりないおこない。例 ―に等しい。

【児子】(ジシ) ①赤ん坊。嬰児(エイジ)。②子供。息子と娘。多く、息子を指していう。

【児女】(ジジョ) ①子供。息子と娘。②若い男女。③婦女。女性。

【児孫】(ジソン) 子や、まご。子孫。例 不下為二児孫一買中美田上(ジソンのためにビデンをかわず)(=子孫に財産を残さない)。〔西郷隆盛・偶成〕

【児童】(ジドウ) 子供。幼児。

【児輩】(ジハイ) 子供たち。類 児曹(ジソウ)。

●愛児(アイジ)・育児(イクジ)・遺児(イジ)・園児(エンジ)・孤児(コジ)・小児(ショウニ)・女児(ジョジ)・男児(ダンジ)・幼児(ヨウジ)

兕 儿5(7) 3 1449 5155

シ㊥ ジ㊨ 紙 sì

意味 野牛に似た一角の獣。厚い皮でよろいなどを作った。例 兕虎(ジコ)(=兕とトラ。猛獣)。兕甲(ジコウ)(=兕の皮で作ったよろい)。

【兕▼觥】(ジコウ) 兕の角(つの)で作った大きな杯。のち広く、杯をいう。

兌 儿5(7) 2 4928 514C

一タイ㊥ ダ㊨ 泰 duì 二エイ㊥ 霽 ruì 三エツ㊥ 屑 yuè

[兊] 儿4(6) 3 1447 514A 俗字。

意味 一❶とおる。ぬけでる。❷とりかえる。ひきかえる。例 兌換(ダカン)。発兌(ハツダ)。❸易(エキ)の卦(カ)。㋐八卦(ハッカ)の一つ。☱ 自然では湿地、方位では西をあらわす。例 兌域(ダイキ)(=西方)。㋑六十四卦(カ)の一つ。☱☱ 兌下兌上(ダカダショウ)。二つの湿地が連なる象。二するどい。通 鋭。例 兌利(エイリ)。三よろこぶ。通 悦・説。例 兌悦(エツエツ)。

【兌換】(ダカン) ①ひきかえる。とりかえる。②紙幣を正貨(=金貨や銀貨)とひきかえる。〔日本では、この制度は一九四二(昭和十七)年に廃止された〕

兎 儿5(7) 1 3738 514E 人

ト㊥㊨ 遇 tù うさぎ・う

[兔] 儿6(8) ― 2F80F 本字。 [兔] 儿6(8) ― ― 俗字。

[兔] 儿6(8) 2 4929 5154 別体字。

なりたち  [象形] すわって尾を後ろに出しているウサギの形。

意味 ❶ウサギ目の哺乳動物。**ウサギ**。例 脱兎(ダット)。❷月のたとえ。〔月の中にウサギがすむという伝説から〕例 兎影(トエイ)(=月。また、月の光)。兎烏(トウ)。玉兎(ギョクト)(=月)。

古訓 中古 うさぎ 中世 うさぎ 近世 うさぎ

難読 兎(と)に角(かく)・兎(と)も角(かく)・兎(と)や角(かく)

【兎▼烏】(トウ) 月日。歳月。光陰。また、太陽と月。烏兎(ウト)。〔月にはウサギ、太陽には三本足のカラスがいるという伝説による〕

【兎園冊】(トエンサツ) ①五代から宋(ソウ)にかけて、初学者向けの教科書として民間に流行した書物の名。②浅はかでつまらない書物。類 兎園(トエン)・兎冊(トサツ)。

【兎角】(トカク) 一「兎角亀毛(トカクキモウ)」に同じ。二〔とかく〕〔あて字〕①なにやかや。かれこれ。いろいろ。例 ―するうちに。②ややもすると。ともすれば。どうかすると。例 人は―感情に流されやすい。

【兎角亀毛】(トカクキモウ) ウサギの角(つの)と、カメの毛。ありえないことのたとえ。亀毛兎角。本来は戦争のきざしを指す。〈捜神・六〉から〕

【兎走▼烏飛】(トソウウヒ) 〔「兎」は月、「烏」は日(=太陽)の意〕月日が早く過ぎていくことのたとえ。烏飛兎走(ウヒトソウ)。

売 儿5(7) 1 3968 58F2 教2

バイ㊥ マイ㊨ 卦 mài うる・うれる(う―る)

[賣] 貝8(15) 2 7646 8CE3 人 旧字体。

筆順 一 十 士 圭 声 声 売

なりたち  [形声]「士(=出す)」と、音「買バ(=かう)」とから成る。品物を出して人に買わせる。

意味 ❶代金とひきかえに品物をわたす。あきなう。ひさぐ。**うる**。例 売店(バイテン)。売買(バイバイ)。商売(ショウバイ)。❷自分の利益のために裏切る。例 売国(バイコク)。売僧(マイス)。❸顕示する。ひけらかす。例 売名(バイメイ)。

古訓 中古 うる・かはる・かふ 中世 あきなふ・うる 近世 うる

難読 焼売(シューマイ)

【売価】(バイカ) ものを売るときの値段。売り値。対 買価。

【売官】(バイカン) お金を出した人に官位をさずける。金銭で官位を売る。

【売却】(バイキャク) 売りはらう。例 土地を―する。

【売国】(バイコク) 自分の国の秘密を敵国にもらして私利を図ること。例 ―奴(ド)。

【売春】(バイシュン) 日 女性がお金のために、不特定の男性にからだを売る。売笑。淫売(インバイ)。

【売女】(バイジョ)(ばいた) 日 売春婦。また、女性をののしることば。

【売笑】(バイショウ) ①「売春(バイシュン)」に同じ。②遊女が客にこびをうる。

【売店】(バイテン) 日 駅や劇場や公園などで、タバコ・菓子・雑誌・日用品などを売る、小さい店。

【売人】(バイニン) 日 品物の売り手。また、ひそかに麻薬を売りさばく役割の者。

【売買】(バイバイ) 売ることと買うこと。売り買い。あきない。例 ―

契約。株の―。

【売文】バイブン 自分の書いた文章を売って、収入を得ること。原稿料や印税で生活すること。〔自ら卑下したり、人の行為をさげすんだりしていうことが多い〕例―の徒。

【売▼卜】バイボク 占いを職業として金銭を得る。

【売名】バイメイ 見えや利益のために、自分の名を世間に広めようとすること。例―行為。

【売約】バイヤク 商品を売る約束をする。また、その約束。例―済み。

【売薬】バイヤク ①くすりを売る。②日薬局で一般に売っているくすり。

【売友】バイユウ ともをうる 自分の利益のために友人を裏切る。

【売力】バイリキ／バイリョク 力仕事をして生計を立てる。また、その人。

【売弄】バイロウ ①主君の恩顧をかさに着て権力をひけらかす。②もてあそぶ。

【売僧】マイス 日「マイ」も「ス」も唐音。〔商売を第一にする堕落した僧の意〕仏道を忘れて世俗的利益を求める僧。また、僧をののしっていうことば。

●競売キョウバイ／ケイバイ・商売ショウバイ・専売センバイ・即売ソクバイ・直売チョクバイ・転売テンバイ・特売トクバイ・発売ハツバイ・販売ハンバイ・密売ミツバイ

[免] 儿5(7) ⇩免メン(124ページ)

[尭] 儿6(8) 1 2238 5C2D 人 ギョウ(ゲウ)漢呉 蕭 yáo たか-い(たか-し)

[堯] 土9(12) 2 8401 582F 人 旧字体。

なりたち  [会意]「垚(=積み上げた土)」が「兀(=上がたいらで高い)」の上にある。非常に高い。

意味 ❶崇高な。たかい。例 尭尭ギョウギョウ。❷伝説上の聖天子のひとり。例 尭舜ギョウシュン。帝尭テイギョウ。

古訓 中古 たか・たかし・とき・むかし・よし 中世 あきらか・きみ・さとる・たか・たかし・とむ 近世 たかし・とほし

人名 あき・あきら・たか・たかし・のり

【尭尭】ギョウギョウ 山などの非常に高いさま。

【尭▼舜】ギョウシュン ①古代の聖天子と伝えられる尭と舜。②徳高いすぐれた君主。

【尭風▼舜雨】ギョウフウシュンウ ①古代の聖天子とされる尭と舜の徳が、広く天下に行きわたったことを、風雨の恵みにたとえたことば。②太平の世。▽類尭雨舜風ギョウウシュンプウ。

[兒] 儿6(8) ⇩児ジ(123ページ)

[兎] 儿6(8) ⇩兎ト(123ページ)

[兔] 儿6(8) ⇩兎ト(123ページ)

[兔] 儿6(8) ⇩兎ト(123ページ)

[免] 儿6(8) 1 4440 514D 常用 ベン漢 メン呉 銑 miǎn まぬかれる(まぬか-る)・まぬがれる(まぬが-る)・ゆる-す

[免] 儿5(7) 3 1448 FA32 旧字体。

筆順 

なりたち  [会意]「兔(=ウサギ)」がすばやく走って、「丶(=足)」が見えない。ウサギがはやくにげて、人につかまらない。まぬがれる。

意味 ❶好ましくないこと、危ないことからのがれる。まぬかれる。まぬがれる。例 民免而無レ恥たみまぬかれてはじなし(=法令や刑罰によって民を治めようとするだけで、悪事を恥じることがない)。〈論語・為政〉免疫メンエキ。免責メンセキ。❷罪・罰・義務から自由にしてやる。ゆるす。例 免罪メンザイ。免除メンジョ。放免ホウメン。❸辞めさせる。職をとく。対任。例 免職メンショク。罷免ヒメン。❹はなれる。まぬかれる。例 子生三年、然後免二於父母之懐一こうまれてサンネン、しかるのちにフボのふところをまぬかる(=子供は生後三年して、父母の懐から離れる)。〈論語・陽貨〉❺取り去る。ぬぐ。例 君子死而冠不レ免クンシはしすともかんむりをぬがず(=君子は死ぬときにも冠を脱がない)。〈史記・仲尼弟子伝・子路〉❻子を産む。うむ。通娩ベ。例 免身ベンシン。

日本語での用法《メン》「仮免かりメン」▼「免許」の略。

古訓 中古 いきづく・のがる・はなつ・まぬかる・やすし・ゆるす 中世 さる・とぢる・ぬぐ・まぬかる・ゆるす 近世 あざらけし・こうむる・しりぞく・すつる・はなつ・まぬかる・まぬがる・やめる・ゆるす

【免役】メンエキ 労役や兵役の義務を免除すること。

【免疫】メンエキ ①〔医〕病気に抵抗する抗体が体内にできて、病気にかかりにくくなること。②日何度も経験して慣れてしまうこと。

【免官】メンカン 官職をやめさせる。例 依願―。

【免許】メンキョ 日 ①政府や官公庁が、許可を与える。例 運転―証。―状。②師匠が弟子に、最も大切な教えをさずけること。また、それを記した文書。ゆるし。例 ―皆伝。

【免罪】メンザイ つみを許す。例 ―符。

【免除】メンジョ ①取り除く。なくす。②義務や役割を、果たさなくてもよいと許す。例 授業料を―する。

【免状】メンジョウ 日 ①免許を証明する書類。免許状。例 調理師の―を持つ。②卒業や修了を証明する書類。卒業証書。修了証書。

【免職】メンショク 職を辞めさせる。解職。解雇。例 ―処分。懲戒―。

【免身】一 メンシン 災いをこうむらずにすむ。二 ベンシン 子を産む。出産。

【免税】メンゼイ 税金を納めなくてもよいとする。税金をかけない。免租。例 ―品。―店。

【免責】メンセキ 責任を問われることを、まぬがれる。

【免租】メンソ 租税を一部分あるいは全部、納めなくてもよいとする。

【免訴】メンソ 〔法〕刑事訴訟で、被告人の有罪や無罪の判断を下さずに、訴訟を打ち切ること。

【免▼黜】メンチュツ 官職を辞めさせる。罷免する。

●減免ゲンメン・御免ゴメン・赦免シャメン・罷免ヒメン・放免ホウメン

[兗] 儿7(9) 3 1450 5157 エン漢 銑 yǎn

意味 ❶川の名。兗水エンスイ。❷古代の九州の一つ。兗州エンシュウ。今の山東省北西部から河北省南西部にかけての地域。

[党] 儿8(10) 1 3762 515A 教6 A 一 トウ(タウ)漢呉 養 dǎng 二 トウ(タウ)漢呉 養 tǎng B トウ(タウ)漢呉 養 dǎng

[黨] 黒8(20) 2 8362 9EE8 旧字体。

筆順 

なりたち A[黨]  [形声]「黒(=くろ)」と、音「尚ショウ→トウ」とから成る。黒ずんで、あざやかでない。派生して「村里」の意。 B[党][形声]「儿(=ひと)」と、音「尚ショウ→トウ」とから成る。中国古代の民族の名。

意味 A[黨] 一 ❶同じ村里に集まって住む人々。村。ふるさと。〔周代の行政区画で、五百家を一党といった〕例 郷党キョウトウ。❷同志の集まり。ともがら。仲間。例 党派トウハ。徒党トウ。❸助けあって悪事をかくす。例 君子不レ党(クンシはトウせず)(=君子は仲間だからといって、ひいきすることはない)。〈論語・述而〉 ❹政治的な団体。例 党員(トウイン)。党首(トウシュ)。政党(セイトウ)。 二 ❶偶然に。たまたま。通 儻(トウ)。❷正直なさま。通 讜(トウ)。例 党正(トウセイ)。
B [党] ❶「党項(タングート)」は、中国北部にいたチベット系の民族。❷姓の一つ。

古訓 A [黨] 中古 あた・あぢはひ・あつまる・したし・たすく・とも・ともがら・とる・むつまし・むらがる・もと・やしなふ 中世 かたひく・たすく・たまたま・ともがら・やから 近世 あきらか・うつくし・かさぬる・かたよる・きたなし・しきり・たぐひ・たすくる・ただし・たつとぶ・とき・ところ・とも・ともがら・ほがらか・まじはる

人名 あきら・とも・まさ

【党(黨)引】トウイン 結束して助けあう。

【党(黨)員】トウイン 日 政党に加わっている人。

【党(黨)▼魁】トウカイ 党派の中心人物。

【党(黨)紀】トウキ 日 党の風紀・規律。

【党(黨)議】トウギ ①人々が集まって議論をする。例 群居党議(グンキョトウギす)(=集まって議論をする)。〈漢書・劉勝伝〉 ②党派間で非難しあう。争う。例 終陥二党議一(ついにトウギにおちいる)(=最後は党派間の争いにまきこまれてしまった)。〈後漢書・党錮伝〉 ③日 政党内の会議。また、そこで決定した事柄。例 —を経る。

【党(黨)禁】トウキン ①党派に属する者の任官を禁じること。②政府が反対政党の活動を禁止または制限すること。

【党(黨)錮】トウコ 後漢(ゴカン)末、宦官(カンガン)の専権に反対して一部の官僚と学生が連帯して宦官勢力に対抗したが、党派を結成した罪で弾圧され、殺されたり任官を禁じられたりした事件。党錮之禍(トウコのわざわい)。

【党(黨)首】トウシュ 日 政党の最高責任者。政党の代表者。例 —会談。

【党(黨)人】トウジン ①ある目的のために党派を組む人々。仲間。②同じ郷里の人。③日 ある政党に属する人。特に、はじめからその政党に属して活動している政治家。例 —派。

【党(黨)是】トウゼ 日 その政党が、よいと判断して決めた方針。例 —にのっとる。

【党(黨)正】トウセイ ①周代の地方組織である党の長。②ことばが正しいこと。讜正(トウセイ)。

【党(黨)勢】トウセイ 日 政党の勢力。党派の勢力。

【党(黨)籍】トウセキ ①ある目的のために党派を組む人々の名簿。②日 党員の名前が記されている名簿。例 —を離脱する。

【党(黨)争】トウソウ 党派どうしのあらそい。

【党(黨)則】トウソク 党の規則。類 党規。

【党(黨)同伐異】トウドウバツイ 自分と主義や思想などが同じ者と結束し、異なる者を攻撃する。〈後漢書・党錮伝・序〉

【党(黨)派】トウハ ①主義・思想を同じくする人々の集まり。党。セクト。②日 政党の中の分派。

【党(黨)閥】トウバツ 日 ①政党内で権力を握る中心人物。②同じ党派の者による排他的な集まり。

【党(黨)費】トウヒ 日 ①党を運営するための費用。②党員が党を運営するために党に納めるお金。

【党(黨)弊】トウヘイ 日 ①徒党を組むことによって生じる弊害。②徒党内にある弊害。

【党(黨)利】トウリ 日 党派の利益。例 —党略。

【党(黨)略】トウリャク 日 党利のための謀略。例 党利—。

【党(黨)類】トウルイ ①同じ党派に属する仲間。類 党与。②同類。

【党(黨)歴】トウレキ 日 ①党の歴史。②党員としての経歴。

【党(黨)論】トウロン ①正しい義論。正論。讜論(トウロン)。②党派間の論争。
●悪党(アクトウ)・甘党(あまトウ)・辛党(からトウ)・挙党(キョトウ)・結党(ケットウ)・公党(コウトウ)・残党(ザントウ)・政党(セイトウ)・徒党(トトウ)・入党(ニュウトウ)・野党(ヤトウ)・与党(ヨトウ)・立党(リットウ)・離党(リトウ)・郎党(ロウトウ|ロウドウ)

兜
儿9(11) 1 1985 515C 人 トウ 漢 ト 呉 尤 dōu かぶと

[兠] 儿10(12) 4 0306 5160 俗字。

なりたち  [会意]「兜(=おおいかくす)」と「皃(=人の頭)」の省略体とから成る。かぶと。

意味 ❶兵士が頭や首を守るためにかぶる武具。かぶと。例 兜鍪(トウボウ)(=かぶと)。鉄兜(テツかぶと)。❷布などで作ったかぶりもの。ずきん。例 兜巾(トキン)(=山伏(やまぶし)がかぶる小さなずきん)。❸まよう。まどう。例 使レ勿レ兜(まどうことなからしむ)(=惑わないようにさせる)。〈国語・晋六〉

古訓 中世 かぶと 近世 かぶと・さわがし・まどふ

[兠]
儿10(12) ⇩兜(トウ)(125ページ)

兢
儿12(14) 2 4930 5162 キョウ 漢 キョウ(キャウ) 呉 蒸 jīng おそ-れる(おそ-る)・つつし-む

意味 ❶(緊張して)つつしむ。おそれる。例 戦戦兢兢(センセンキョウキョウ)(=おそれつつしむさま)。❷強健なさま。つよいさま。例 兢兢

【兢兢】キョウキョウ ①おそれつつしむさま。②強健なさま。
【兢▼惶】キョウコウ おそれつつしむ。類 兢懼(キョウク)・兢惕(キョウテキ)。

11 2画 入 いる(𠆢 いりがしら いりやね)部

上から下にはいっていく意をあらわす。「入」が上につくときは「𠆢(いりがしら・いりやね)」となる。「入」をもとにしてできている漢字と、「𠆢」の字形を目じるしにして引く漢字とを集めた。

この部首に所属しない漢字

鳰→鳥 1491

入
入0(2) 1 3894 5165 教1 ジュ 慣 ジュウ(ジフ) 漢 ニュウ(ニフ) 呉 緝 rù いる・いれる(い-る)・はいる

筆順 ノ 入

なりたち  [象形] 上から下へ、外から中へすすんでいく形。はいる。

意味 ❶外から内にはいる。ある範囲の中にうつる。はいる。いる。対 出。例 返景入二深林一(ヘンケイシンリンにいる)(=夕日の光が深い林の奥までさしこむ)。〈王維・鹿柴〉 入院(ニュウイン)。入門(ニュウモン)。侵入(シンニュウ)。❷おさめる。いれる。例 収入(シュウニュウ)。納入(ノウニュウ)。❸達する。いたる。例 入神(ニュウシン)。入妙(ニュウミョウ)。❹意見などをききいれる。受け入れる。いれる。例 諫而不レ入(いさむれどもいれられず)(=忠告しても受け入れられない)。〈左伝・宣二〉 ❺所得。みいり。例 竭二其廬之入一(そのロのニュウをつくす)(=その家の収入をすべてはき出す)。〈柳宗元・捕蛇者説〉 ❻漢字の四声(シセイ)の一つ。入声(ニッショウ)。例 入声音(ニッショウオン)。

日本語での用法 《しお》「一入(ひとしお)・寒(さむ)さが一入(ひとしお)身(み)にしみ

る」▼染め物を染料にひたす回数を数えることば。また、「いちだんと・いっそう」の意に使う。

古訓 中古 いる・したがふ・しほ・しむ・はる・まゐる・より・よる・をさむ 中世 いる・いるる・しほ・しむ・すすむ・はむる・まゐる 近世 いる・いれる・うる・しづむ・しほ・しむ・すすむ・はまる・をさむる

人名 いり・しお・すすむ・なり

難読 入母屋もや

【量レ入以為レ出】いるをはかりていだすをなす 収入を計算してから支出を決める。〈礼記・王制〉

【入魂】ジッコン|ジュコン|ジュッコン 日 一 親しいこと。昵懇ジッコン。懇意。二 ニュウコン あることに精神を注ぎこむ。打ちこむ。例 —の一球。

【入内】ジュダイ 日 妃ききさとして、皇后や中宮チュウグウが正式に内裏にはいる。

【入木】ジュボク|ニュウボク ①木に突き刺さる。木にはいりこむ。②書跡。墨跡。例 入木道ジュボクドウ（＝書道）。③版木を彫って出版する。④棺カンおけにはいる。類 入棺。

【入木三分】ニュウボクサンプ 筆力が強いこと。転じて、文章の描写が深いことのたとえ。◆晋シの王羲之ギシが墨書した板を削ったところ、墨が三分（＝約一センチメートル）も木にしみこんでいたという。……〈書断・二・王羲之〉

【入▼洛】ジュラク|ニュウラク 〔「洛」は、昔の中国の都「洛陽ラクヨウ」の意〕①都にはいる。②日 京都にはいる。類 入京。

【入声】ニッショウ|ニュウセイ 漢字の四声シセイ（＝平声ヒョウショウ・上声ジョウショウ・去声キョショウ・入声）の一つ。語尾が k・t・p で終わり、つまるように短く発音する。入声の字は、昔からの漢字音のかな書き（＝歴史的かなづかい）では、フ・ツ・ク・チ・キで終わる。たとえば、狭ケフ・吉キツ・陸リク・一イチ・域イキなど。

【入唐】ニットウ|ニュウトウ 日 奈良・平安時代、日本から唐に行く。特に、使者や留学生、僧などが行くことについていう。

【入院】ニュウイン 日 病気やけがを治療するために、ある期間病院にはいる。対 退院。

【入営】ニュウエイ 日 兵士として兵営にはいる。入隊。対 除隊。

【入荷】ニュウカ 日 一 商品が市場や商店に届く。荷物がはいってくる。対 出荷。二 にいり 倉庫に積まれている荷物。

【入会】ニュウカイ 日 一 会にはいり、会員になる。対 退会・脱会。例 —金。二 いりあい 〔法〕一定地域の住民が、習慣として一定の山林や漁場などを共同で利用し、利益を上げること。また、その権利。入合いりあい。例 —権。

【入閣】ニュウカク 日 大臣になり内閣の一員となる。

【入学】ニュウガク 学校にはいって、児童や生徒や学生となる。対 卒業。例 —式。—試験。

【入官】ニュウカン ①官職につく。任官する。②相続人のない財産や犯罪者の財産などを国庫に没収する。

【入館】ニュウカン 図書館や博物館などにはいる。対 退館。例 —料。—時間。

【入居】ニュウキョ 日 住宅にはいって住む。例 —者を募集する。

【入御】ニュウギョ|ジュギョ 高貴な人が室内にはいる。

【入金】ニュウキン ①お金を受け取る。また、その金銭。対 出金。②お金をはらいこむ。また、その金銭。例 通帳に—があった。

【入庫】ニュウコ 倉庫・車庫などに品物や車がはいる。また、品物や車などをいれる。対 出庫。例 —伝票。

【入貢】ニュウコウ 外国から使節が、みつぎものを持ってくる。来貢。

【入▼寇】ニュウコウ 外敵が攻めこむ。

【入港】ニュウコウ 船がみなとにはいる。対 出港。

【入稿】ニュウコウ 日 ①出版社が著者からの原稿を入手する。②原稿が組版所にわたる。

【入国】ニュウコク 他の国にはいる。対 出国。例 密—。

【入獄】ニュウゴク （罪人として）牢屋ロウやや刑務所にはいる。入所。入牢。下獄ゲゴク。対 出獄。

【入札】ニュウサツ|いれふだ 日 売買などで、複数の希望者がいるときに、最もよい条件の人と契約する約束で、見積もりの金額を書いて出してもらうこと。

【入山】ニュウザン ①山にはいる。登山。②僧が修行のために寺にはいる。

【入試】ニュウシ 日「入学試験」の略。入学希望者の中から、入学させる者を選ぶためにおこなわれる試験。例 —問題。

【入室】ニュウシツ ①部屋にはいる。対 退室。例 —禁止。②学問の奥義に達することのたとえ。例 由也升レ堂矣、未レ入二於室一也ユウやドウにのぼれり、いまだシツにいらざるなり（＝由（＝子路。孔子の弟子）は堂（＝表おもての間）には上がったが、まだ室（＝奥の間）には入っていないくらいの段階だ）。〈論語・先進〉

【入寂】ニュウジャク 〔仏〕僧が死ぬ。入滅ニュウメツ。入定ニュウジョウ。

【入手】ニュウシュ ①手にいれる。自分のものにする。②着手する。

【入所】ニュウショ 日 ①研究所や療養所などに、それぞれの目的のためにはいる。対 退所。②刑に服するために、刑務所や拘置所にはいる。対 出所。

【入相】一 ニュウショウ ①朝廷にはいって宰相となる。→【出将入相】シュッショウニュウショウ（150ページ）②舞台の入り口。二 いりあい 日 日暮れ。夕暮れ。例 —の鐘。

【入賞】ニュウショウ 日 競技会や展覧会などで、よい成績で賞をもらう。例 一位に—する。

【入定】ニュウジョウ 〔仏〕〔禅定ゼンジョウに入いる、の意〕①精神を集中し、真理を考える。②高僧などの死を敬っていうことば。入寂ニュウジャク。入滅ニュウメツ。

【入城】ニュウジョウ 城の中にはいる。

【入場】ニュウジョウ 競技場や会場などに、はいる。対 退場。例 —券。—無料。

【入植】ニュウショク 日 植民地や開拓地にはいって、その土地を開墾して暮らす。例 南米に—した。

【入信】ニュウシン 信仰の道にはいる。また、信者となり、その教団に属する。

【入神】ニュウシン|シンにいる 技術などが神技と思われるほど、すぐれていること。例 精レ義入レ神ギをくわしくしてシンにいる（＝道理をくわしく研究して神域にはいる）。〈易・繋辞下〉

【入水】一 ニュウスイ ①水にはいる。②水をいれる。対 出水。例 —口。二 ジュスイ 日 水に飛びこんで死ぬ。身投げ。投身。

【入籍】ニュウセキ 名簿に名をのせる。特に、結婚や養子縁組などで、別の戸籍にはいる。

【入選】ニュウセン 審査に合格する。当選する。対 落選。

【入隊】ニュウタイ 軍隊などにはいって、その一員になる。入営。対 除隊。

【入団】ニュウダン 日 劇団や球団などにはいって、その一員になる。対 退団。例 チームに—する。

【入質】一 ニュウチ 人質になる。また、人質をいれる。例 燕王喜使三太子丹入二質於秦一エンオウキタイシタンをしてシンにニュウチせしむ（＝燕王の喜は太子の丹を人質として秦に行かせた）。〈史記・甘茂伝〉二 シチいれ 日 しちいれする。例 指輪を—する。

【入朝】ニュウチョウ 外国の使節などが朝廷に参内サンダイする。来朝。

【入廷】ニュウテイ 日 裁判官や被告人、弁護士などの関係者が法廷にはいる。対 退廷。

【入電】ニュウデン 日 国外から電信によりニュースがはいる。また、そのニュース。例 —したばかりの情報。

【入党（黨）】ニュウトウ 日 政党にはいり、その一員になる。対 離党。

【入湯】ニュウトウ 日 風呂フロにはいる。特に、温泉にはいる。

【入道】ニュウドウ ①聖人の道にはいる。②僧侶や道士になる。③日僧侶。特に、昔、天皇や公家などが出家したときの呼び名。例 —相国（＝太政大臣平清盛）。④日坊主頭の人。⑤日坊主頭の化け物。例 大おお—。

【入念】ニュウネン 日細かいところまで注意深くおこなうこと。念入り。丹念。例 —に仕上げる。

【入梅】ニュウバイ 梅雨の季節。また、その季節にはいること。つゆいり。

【入費】ニュウヒ 日あることをおこなうのに必要なお金。費用。ついえ。かかり。いりめ。例 —をおさえる。

【入部】ニュウブ 日学校や会社などで、体育会や文化部やクラブの一員になる。対退部。

【入幕】ニュウマク 日相撲の番付で、十両の力士が昇進して、幕内にはいる。

【入滅】ニュウメツ 〔仏〕①釈迦の死。②高僧の死を敬っていうことば。入寂。入定。例 —を果たす。

【入門】ニュウモン ①門から中にはいる。②先生について学ぶ。弟子入り。③学問や技術の初歩を学ぶ。④学びはじめの人のために、わかりやすく書かれている本。手引き。例 —書。

【入用】ニュウヨウ ①あるものごとに必要なこと。また、必要なもの。いりよう。対不用。例 旅行に—なものをそろえる。②日あるものごとをおこなうのに必要なお金。費用。出費。

【入浴】ニュウヨク 風呂にはいる。湯あみ。入湯。例 —券。

【入来】ニュウライ|ジュライ はいってくる。やってくる。他人の来訪を敬っていうことば。例 来賓のかたがたのご—です。

【入力】ニュウリョク 日①機械や装置を動かすために必要なエネルギーを、他から与える。また、そのエネルギーの量。②コンピューターなどに、情報をいれる。インプット。例 —者。—ミス。▽対出力。

【入路】ニュウロ 日高速道路などへはいるための道路。進入路。

【入▼牢】ニュウロウ|ジュロウ 日牢にはいる。

●加入カニュウ・記入キニュウ・購入コウニュウ・収入シュウニュウ・出入シュツニュウ・進入シンニュウ・潜入センニュウ・転入テンニュウ・投入トウニュウ・導入ドウニュウ・突入トツニュウ・没入ボツニュウ・輸入ユニュウ・乱入ランニュウ

［内］入2（4）⇩内イナ（136ジペー）

［全］入4（6）⇩全ゼン（68ジペー）

［兩］入6（8）⇩両リョウ（24ジペー）

兪

入7（9）
2 4933
516A

一 ユ 漢 呉 虞 yú　二 ユ 漢 呉 麌 yù　三 シュ 漢 遇 shù

いよいよ・うつぼぶね・しか-り・やわ-らぐ（やは-らぐ）

意味 一 ❶木をくりぬいて造った舟。**うつぼぶね**。❷承諾をあらわすことば。**しかり**。二 ❶やすらかで、こころよい。**やわらぐ**。通愉。例 兪兪ユユ。❷かつ。まさる。通愈ユ。例 我毋レ兪ニ於人一乎われひとにまさることなきか（＝私は人よりすぐれているところがないのか）。〈墨子・耕柱〉❸次第に。**いよいよ**。通愈ユ。例 辞兪卑、礼兪尊ジいよいよひくく、レイいよいよたかし（＝ことばはますますへり下り、儀礼はますます荘重になった）。〈国語・越下〉❹病気が次第によくなる。いえる。いやす。通癒。例 未レ有ニ兪レ疾之福一いまだやまいをいやすのフクあらず（＝病気をなおす幸いはない）。〈荀子・解蔽〉三 身体のつぼ。通腧ユシ。

【兪兪】ユユ 心がやすらかなさま。ゆったりとしたさま。

12 2画 八 はち はちがしら部

互いにそむき合っている二本の線で、「わかれる」の意をあらわす。「八」をもとにしてできている漢字と、「八」の字形を目じるしにして引く漢字とを集めた。「八」は「丷」の形になることもある。

0 127 八 2 128 兮 公 六 4 132 共 关 关 5 132 兵 6 133 其 具 典 8 134 兼 兼 兼 14 135 冀

この部首に所属しない漢字

丷→丷 1119	分→刀 153	父→父 846	兌→儿 123
呉→口 236	巻→㔾 426	酋→酉 1337	真→目 930
眞→目 930	曽→曰 644	奠→大 336	巽→己 427
曾→曰 644	與→臼 18	興→臼 1111	輿→車 1292

八

八0（2）
1 4012
516B
教1

筆順 ノ 八

ハツ 漢　ハチ 呉　黠 bā

や・やっ-つ・やっ-つ・よう（やう）

付表 八百屋やおや・八百長やおちょう

なりたち ［象形］分かれて、互いにそむく形。半分さらに半分と分けられる数。

意味 ❶数の名。**やっつ**。例 八景ハッケイ。❷やたび。例 法華八講ホッケハッコウ。❸やっつめ。例 八月ハチガツ。❹八方。例 八紘一宇ハッコウイチウ。❺数の多いこと。例 八百万やおよろず。八達ハッタツ。

日本語での用法《やつ》「お八ゃつ・八ゃつの刻コ」▼昔の時刻の呼び名。午前と午後の二時ごろ。

参考 商売や契約の文書では、数字を書きかえられないよう、同音の「捌」を使うことがある。

古訓 中古 やつ 中世 やつ 近世 やつ・わかつ

人名 かず・わかつ

難読 八十一クク

【八▼佾】ハチイツ 〔「佾」は、舞いの列の意〕八人ずつ八列に並び、六十四人で演じる、天子のための舞楽。

【八音】ハチイン|ハチオン|ハッチン ①中国の伝統楽器の八種の分類。金キン（＝鐘ショウ）・石セキ（＝磬ケイ。石でできた打楽器）・糸シ（＝琴瑟キンシツ。弦楽器）・竹チク（＝管籥カンショウ。ふえ）・匏ホウ（＝笙ショウ）・土ド（＝つちぶえ）・革カク（＝太鼓タイコ）・木モク（＝柷敔シュクギョ。木でできた打楽器）。②楽器や音楽。

【八▼垓】ハチガイ 〔「垓」は、界の意〕八方の地の果て。また、天下。類八荒ハッコウ・八垠ハチギン。

【八月】ハチガツ 一年の八番目の月。葉月はづき。

【八寒地獄】ハチカンジゴク|ハッカンジゴク 〔仏〕厳しい寒さに苦しめられる八種の地獄。対八大地獄。

【八虐】ハチギャク【八逆】ハチギャク 日律リツで定められている八種の重い罪。謀反ムヘン・謀大逆ボウタイギャク・謀叛ボウホン・悪逆・不道・大不敬・不孝・不義。

【八元八▼愷】ハチゲンハチガイ ⇩【元愷】ガイゲン（118ジペー）

【八十八夜】ハチジュウハチヤ 日立春から八十八日目の日。太陽暦の五月一、二日ごろ。種まきや茶つみに最適の時期。

【八条目】ハチジョウモク 四書の一つ『大学』に説く、修養と実践の八つの段階。格物・致知・誠意・正心・修身・斉家セイカ・治国・平天下のこと。朱子学によって提唱された。

【八代】ハチダイ ①中国太古の伝説上の帝王である三皇と五帝。類八世。②後漢ゴカン・魏ギ・晋シン・宋ソウ・斉セイ・梁リョウ・陳チン・隋ズイの八つの時代。宋の蘇軾ソショクは、文章が形式に流れて衰えた時代として、「八代の衰イス」といった。〈蘇軾・潮州韓文公廟碑〉

【八大地獄】ハチダイジゴク 〔仏〕厳しい熱さに苦しめられる八種

［入（入）］2—7画▼内 全 兩 兪 ［八］0画▼八

の地獄。八熱地獄。㊟八寒地獄。

【八道】ハチドウ 日 畿内五国を除いた、八つの地域。奈良時代の七道である、東海道・東山道・北陸道・山陰道・山陽道・南海道・西海道に、明治以後の北海道を加えた八つ。

【八分】一ハチブ ①全体の十分の八。八割。例 腹―に医者いらず。②日「村八分」の略。村のきまりを破った者や家を、のけ者としてあつかうこと。二ハップン 漢字の書体の一つ。隷書の一種とされる。

【八面▼玲▼瓏】ハチメンレイロウ 〔「玲瓏」は、あざやかで美しいさま〕①どの面から見ても、あざやかで美しい。②人づきあいがうまく、だれとも仲良くつきあえること。

【八▼卦】ハッカ/ハッケ 易で、吉凶を占うのに用いる八種の符号。陰爻(⚋)と陽爻(⚊)を三つ組み合わせて作る。☰乾・☱兌・☲離・☳震・☴巽・☵坎・☶艮・☷坤。例 ―見(＝易者)。

【八角】ハッカク ①八つの角。また、「八角形」の略。②香辛料の一つ。実は八角の放射状。八角茴香。大茴香。

【八家文】ハッカブン 唐宋八大家の文章。→【唐宋八大家】(251ページ)

【八旗】ハッキ ①清の軍事制度。黄・白・紅・藍の四色の軍隊がそれぞれ正・鑲の二つに分かれ、八つの軍隊を構成する。本来は主として満州人によって構成されたが、清初に蒙古八旗と漢軍八旗が増設された。②満州人。

【八極】ハッキョク 八方の遠い地の果て。㊟八荒。

【八苦】ハック 〔仏〕人間にとってのあらゆる苦しみ。生・老・病・死の四苦に、愛別離苦(＝愛する人と別れる苦しみ)・怨憎会苦(＝恨みのある人と顔を合わせる苦しみ)・求不得苦(＝求めても得られない苦しみ)・五陰盛苦(＝欲がさかんであるために受ける心身の苦しみ)を加えたもの。〈涅槃経〉

【八景】ハッケイ 景色のよい八か所。〔中国の「瀟湘八景」にはじまる〕例 近江―。

【八▼紘】ハッコウ 〔「紘」は、綱の意〕①〔八方を綱でつないでいるという意〕八方の地の果て。②全世界。天下。例 ――宇(＝全世界を一つの家のようにして、平和を願うこと)。

【八股文】ハッコブン 〔「股」は、対偶(＝対句)の意〕明・清代に、科挙(＝官吏登用試験)の答案に用いられた文章形式。文章の後半部分は起股・中股・後股・束股の四段落に分けられ、各段落で対句の文章を二つずつ用いることからいう。

【八▼朔】ハッサク 日 ①陰暦八月朔日。その年初めての収穫を祝う。②ミカンの一種。ナツミカンより小さめで甘い。

【八州】ハッシュウ ①古代中国の九州のうち、都のある州を除いた八州。地方。また、中国全土のこと。②やしま 日〔「州」は、島の意〕日本全土。大八州。③日〔「州」は、国の意〕江戸時代に関東八か国を指した。武蔵・相模・上野・下野・安房・上総・下総・常陸。関八州。表記 ②は 旧 八▼洲

【八宗】ハッシュウ 日〔仏〕古く日本に伝わった仏教の八つの宗派。倶舎・成実・律・法相・三論・華厳・天台・真言。例 ―兼学(＝広く教義を学ぶこと。ものごとに通達すること)。

【八▼駿】ハッシュン 周の穆王が得て車を駆っていたという八頭の名馬。

【八体】ハッタイ ①秦代に定められた、漢字の八つの書体。㋐大篆・小篆・刻符・虫書・摹印・署書・殳書・隷書。〈説文解字・叙〉㋑古文・大篆・小篆・隷書・飛白・八分・行書・草書。〈張懐瓘・書断〉②八つの文体。〈雕竜・体性〉

【八達】ハッタツ ①道が、八方へつながっていること。交通の便が非常によいこと。例 四通―。②八人のすぐれた人物。

【八珍】ハッチン 八種類の珍味。

【八表】ハッピョウ 〔「表」は、外の意〕八方の外。僻遠の地。また、天下。全世界。

【八方】ハッポウ ①四方と四すみ。②あらゆる方向。あらゆる方面。例 ―ふさがり。―破れ。

【八方美人】ハッポウビジン 日 だれからも、よく思われるように、愛想よく、要領よくふるまう人。無節操で、ぬけめがないという意味で使われる。

【八重】やえ 日 ①八つにかさなっていること。また、いくつにもかさなっていること。例 ―の潮路(＝はるか遠い海路)。②「八重咲き」の略。花びらがかさなって咲くこと。例 ―桜。

【八百長】やおチョウ 日 試合や勝負ごとなどで、勝ち負けを前もって打ち合わせたとおりにすること。いんちき。例 ―試合。

【八百万】やおよろず 日 数が非常に多いこと。千万。例 ―の神。

【八千代】やちよ 日 非常に長い年月。例 千代に―に。

難読 間八・尺八

兮

八2(4) 2 4934 516E

ケイ 漢 斉 xī

意味 韻文の中に用いる助字で、語調をととのえたり詠嘆をあらわしたりする。訓読では読まない。例 力抜レ山兮気蓋レ世(ちからはやまをぬき きはよをおおう)(＝力は山を引きぬくほどの勢い、意気は天下をおおいつくすほど盛んだ)。〈史記・項羽紀〉

公

八2(4) 1 2488 516C 教2

コウ 漢 ク 呉 東 gōng

おおやけ(おほやけ)・きみ

筆順 ノ 八 公 公

なりたち  [会意]「八(＝そむく)」と「ム(＝自分のものとする)」とから成る。自分勝手にせず、平均して分ける。

意味 ❶おおやけ。㋐国・朝廷・政府・地方行政組織など。㊟私。例 公営・公職・公務員。㋑社会全体に広くかかわる。㊟私。例 公害・公共・公衆。㋒かたよらず、ただしい。㊟私。例 公正・公平。㋓広く全体に共通している。例 公理・公約数。㋔外に向かって明らかなさま。おもてむき。例 公言・公然・公表。❷諸侯。きみ。例 公卿・公子。❸五等爵(＝公・侯・伯・子・男)の最上位。例 公爵。❹親族の年長者や他人を敬っていうことば。例 貴公。

日本語での用法 一《コウ》①「公武合体」▼おおやけ。天皇および天皇の家族。②「熊公・八公」▼人や動物の名前の下につけて、親しみや軽蔑の気持ちをあらわす。二《ク》①「犬公方・公方家」▼将軍家。②「公家」▼朝廷に仕える者。武家に対していう。

古訓 中古 あらはす・あらはに・あらはる・おこなふ・おほやけ・きみ・こと・それ・たぐひ・つかうまつる・とも・ともがら 中世 あらはをし・おほやけ・かがまる・かがむ・きみ・ただし・とほる・とも 近世 いさをし・おほやけ・きみ・こと・ただし・たひらか・つまびらか・とほる・とも・に・みかど

人名 あきら・いさお・きん・さと・たか・ただ・ただし・とおる・とも・なお・ひと・ひろ・まさ・ゆき

難読 公孫樹・公魚

【公羊学】クヨウガク 『春秋』を「公羊伝」によって解釈する学

問。後漢(ゴカン)以降、古文経学の流行によって衰えていたが、清(シン)末に康有為(コウユウイ)らによって、社会の変革を目ざす歴史観が再び注目された。

【公安】(コウアン) ①明(ミン)代の袁宏道(エンコウドウ)兄弟を代表とする文学流派。〔公安(=今の湖北省にある地名)の出身であったことから〕②社会の治安。例―委員会。

【公案】(コウアン) ①中国で、役所が作る調書。②訴訟事件。③〔仏〕禅宗で、座禅修行する者に与えられる問題。

【公営】(コウエイ) 日国や地方公共団体などが経営すること。対私営・民営。例―住宅。

【公益】(コウエキ) 日社会全体の利益。公共の利益。対私益。例―事業。

【公演】(コウエン) 公衆の前で演劇や音楽などを演じる。上演。例定期―。

【公家】(コウカ) 一(コウカ) ①君主の家。また、王室。国家。おおやけ。②公卿(コウケイ)の家。二(クゲ) 日①天皇。朝廷。おおやけ。②朝廷に仕える者。対武家。

【公会】(コウカイ) ①一般の人々に公開しておこなう会議。②おおやけの会合や会議。例―堂。

【公海】(コウカイ) 日どの国にも属さず、各国が自由に使用できる海。対領海。例―条約。―自由の原則。

【公開】(コウカイ) 日一般の人が見たり聞いたりして、利用できるようにする。例―質問状。―討論会。

【公害】(コウガイ) 日自動車の排気ガスや騒音、工場から出る有毒廃棄物や排煙などが、川や海や大気をよごし、人々の健康などに害を与えること。また、その害。例―病。

【公刊】(コウカン) 日広く一般の人々に向けて、新聞や雑誌や書籍などを出版する。

【公館】(コウカン) ①官吏の宿舎。官舎。②大使館。公使館。領事館。例在外―。

【公器】(コウキ) 公用の器物。公共の役に立つべきもの。

【公義】(コウギ) 公正な道理。個人的な利害をこえた普遍的な正義。例以二公義一勝二私欲一(コウギをもってシヨクにかつ)(=公正な道理によって私欲にうちかつ)。〈荀子・脩身〉

【公儀】(コウギ) 日①おおやけ。表向き。②政府。朝廷。③幕府。将軍家。

【公議】(コウギ) ①公衆の議論。輿論(ヨロン)。世論。②広く皆で議論する。公平に論じる。

【公休】(コウキュウ) ①公式に認められた休みの日。②日同業者がとりきめて、一斉に休む日。定休。例―日。

【公許】(コウキョ) 日官公庁から許可を得る。官許。

【公共】(コウキョウ) 社会一般(の人々)。また、社会全体にかかわること。例―事業。―心。―団体。

【公金】(コウキン) 政府や公共団体が所有するお金。おおやけのお金。例―横領。

【公▼卿】一(コウケイ) ①最高位の官職。公とそれに次ぐ卿。三公と九卿(キュウケイ)。②高位高官。二(クギョウ・クゲ) 日太政(ダイジョウ)大臣・摂政(セッショウ)・関白や、大納言(ダイナゴン)・中納言・参議・三位(サンミ)以上の貴族の総称。上達部(かんだちめ)。月卿(ゲッケイ)。

【公言】(コウゲン) ①自分の気持ちや考えを、世間に対してはっきりという。明言。例―してはばからない。②公衆の言論。

【公告】(コウコク) 日国や地方公共団体が公報などで、広く一般の人に知らせる。例―手続き。

【公債】(コウサイ) 日国や地方公共団体が、必要な経費を補うために発行する債券。〔債券とひきかえにお金を集めるもので、国債と地方債とがある〕対社債。

【公算】(コウサン) 日①「確率」の古い言い方。②ある事柄が起こる可能性の度合い。確かさ。見込み。確率。蓋然性(ガイゼンセイ)。例実現の―が大きい。

【公子】(コウシ) ①諸侯や貴族の子。②天子や諸侯の庶子。③諸侯の娘。

【公私】(コウシ) おおやけと、わたくし。社会や自分が属している団体にかかわることと、個人的なこと。官と民。例―のけじめをつける。―混同する。

【公使】(コウシ) ①朝廷が派遣した使者。②「特命全権公使」「弁理公使」「代理公使」などの略。国を代表して外国に派遣される官吏。大使に次ぐ地位の外交官。例―館。

【公示】(コウジ) 日おおやけの機関が、広く一般の人にしめす。例総選挙の―。

【公事】一(コウジ) ①おおやけの仕事。公務。②公共の事柄。対私事。二(クジ) 日①朝廷の仕事や儀式。②租庸調などの税。③うったえ。訴訟。

【公式】(コウシキ) ①役所や団体などが、ものごとをおこなうときの表立った正式なやり方。例―発表。②日〔数〕計算の決まりを記号であらわした式。例―を当てはめて解く。

【公社】(コウシャ) ①国家の社(=祭祀(サイシ)をおこなう場所)。②日もと、国が資金を全額出してつくった企業体。

【公車】(コウシャ) ①君主の兵車。②官有の車。官用車。③官庁の名。皇宮の司馬門の出入りを管理し、各地からの上書や貢物を受理する。

【公舎】(コウシャ) 公務員が、在任中に住む場所として与えられる、家屋や宿舎。官舎。

【公爵】(コウシャク) 貴族の階級の一つ。五等爵(=公・侯・伯・子・男)の最上位。また、その位をもつ人。

【公主】(コウシュ) ①天子の娘。また、その人の称号。②女性の尊称。

【公衆】(コウシュウ) 日国や社会を構成している人々。社会の一般の人々。大衆。例―道徳。―電話。―衛生。

【公述】(コウジュツ) 日公聴会など公式の場で意見をのべる。

【公序】(コウジョ) 日社会が安全かつ健全であるために、みんなが守るべき決まり。公共の秩序。

【公序良俗】(コウジョリョウゾク) 日公共の秩序と善良な風俗。

【公相】(コウショウ) 三公と宰相。臣下としての最高の地位。

【公称】(コウショウ) 日(数量や名称などについて)実際は別として、表向きの発表。例―十万部。

【公証(證)】(コウショウ) 日私法上の事実や権利関係の存在を公的に証明すること。登記や証明書の発行など。

【公傷】(コウショウ) 日公務の仕事中に受けたきず。対私傷。

【公職】(コウショク) おおやけの職務。特に、公務員や議員としての仕事。例―につく。

【公人】(コウジン) ①官吏。②日公務員や議員など公職についている人。また、その立場。対個人・私人。例―の立場で発言する。

【公正】(コウセイ) かたよりやあいまいさがなく、社会から正しいと認められること。例―無私。

【公選】(コウセン) ①公平に選ぶ。②日公開の場で人々の投票によって議員などを選挙する。民選。対官選。

【公然】(コウゼン) 世間に知れわたっているさま。また、ものごとをかくさず、明らかにするさま。例―と言い放つ。

【公孫】(コウソン) ①諸侯の孫。②貴人の子孫に対する尊称。

【公孫樹】(コウソンジュ・いちょう) イチョウ科の落葉高木。雌雄異株。葉はおうぎ形で切れこみがあり、秋に黄葉する。雌株にできる実がギンナン。〔老木になってから実ができるので、孫の代に実る木の意で公孫樹という〕

【公団】(ダン) 日政府や地方公共団体の出資と、民間からの資金の借り入れとによってつくられた特殊法人。

【公定】(テイ) 日おおやけの機関が、公式のものとして決める。

例—歩合(ブあい)。

【公邸】(コウテイ) 日高級公務員の在任中の住居として、国や公共団体が提供する邸宅。官邸。対私邸。

【公的】(コウテキ) 日おおやけのことに関するさま。対私的。例—年金。—な立場。

【公転】(コウテン) 日天体が他の天体のまわりを、規則的に回る。対自転。例地球は太陽のまわりを—する。

【公田】(コウデン) ①井田(セイデン)制で、民が共同して耕作し、その収穫を官に納める田地。→【井田】(セイデン)(46ジペー) ②官有の田地。官田。③一族や村などの共有の田地。▽対私田。

【公党(黨)】(コウトウ) 日主義や政策を公表し、社会からも党として認められている政党。

【公堂】(コウドウ) ①学校。②官庁。③役所で事件の裁きをおこなう場所。④共有の建物。

【公道】(コウドウ) ①社会に認められている正しい道理。対私道。例—をふむ。②だれでも通行できる公共の道路。例棄二灰于公道一者、断二其手一(はいをコウドウにすつるものは、そのてをたつ)(＝灰を公共の道路にすてた者は、その手を切断する)。〈韓非・内儲説上〉

【公徳】(コウトク) 社会生活上、守るべき心がけ。公衆道徳。

【公徳心】(コウトクシン) 社会生活をおくる中で、道徳を大切にしようとする心。

【公認】(コウニン) 日官庁や公共団体、政党などが、正式に事実や価値や資格などをみとめる。例—記録。

【公判】(コウハン) 日公開の法廷でおこなわれる裁判。例—調書。

【公費】(コウヒ) 国や公共団体から出る費用。対私費。例—による出張。

【公表】(コウヒョウ) 日発表して、一般の人々に知らせる。公開。例—をはばかる。事件の真相を—する。

【公賓】(コウヒン) 日政府が、正式に客としてもてなす、外国の王族や大臣など。(国家元首などの「国賓」に次ぐ待遇)

【公布】(コウフ) ①一般の人に告げ知らせる。②法律・政令・条約・予算などを、官報などで発表して、人々に知らせる。

【公武】(コウブ) 日公家(クゲ)と武家。朝廷と幕府。例—合体。

【公憤】(コウフン) ①民衆のいかり。②日社会の悪に対して、正義のために感じるいかり。義憤。対私憤。

【公文】 一(コウブン) 国や地方公共団体が正式に出す文書。公文書。例—で通達する。二(クモン) 日昔、諸国の国司から朝廷にさし出された文書。

【公文書】(コウブンショ) 国や地方公共団体または官吏が、職権により一定の形式で作った文書。対私文書。例—偽造。

【公平】(コウヘイ) かたよりがなく平等であるさま。えこひいきしないさま。例—無私。—な見方。

【公募】(コウボ) 日広く一般から募集する。

【公方】 一(コウホウ) 私心がなく正しいこと。公正。二(クボウ) 日①天皇または朝廷をいう。②江戸時代、将軍の尊称。例—様。

【公報】(コウホウ) 日①官庁から出される、国民向けの公式の通知。例選挙—。②地方公共団体が発行する広報のための文書。

【公僕】(コウボク) 日(公衆に奉仕する人の意)公務員。

【公民】(コウミン) 日(英 citizen の訳語)①政治に参加する権利と義務とをもっている国民。例—館。—権。②高等学校の教科の一つ。現代社会・政治経済・倫理から成る。

【公務】(コウム) 国や公共団体の仕事。公用。例—員。—執行妨害。

【公明正大】(コウメイセイダイ) やましいところがなく、公平で堂々としているさま。法律や道徳を守り、恥じるところがないさま。

【公約】(コウヤク) 公衆や公共に対して、約束する。特に、選挙の立候補者が、当選したら必ず実行すると約束する。また、その約束。例—にかかげる。—を果たす。

【公有】(コウユウ) 国や公共団体が所有する。国有。官有。対私有。例—地。—林。

【公用】(コウヨウ) 日①国や公共団体の仕事や用事。例—車。—で出かける。②勤務先の用事。例—で海外へ行く。▽公務。対私用。

【公用語】(コウヨウゴ) 日国あるいは国際機関が、公式の場で使用する言語。

【公吏】(コウリ) 日「地方公務員」の古い呼び方。

【公理】(コウリ) ①一般に広く通用する道理。だれもがそう思う考え方のすじみち。②日(英 axiom の訳語)証明を必要としない、明らかな真理。

【公立】(コウリツ) 日地方公共団体が設立して、維持し運営すること。また、そのもの。学校・病院・図書館など。対私立。例—高校。

【公廉】(コウレン) 公正で清廉潔白。私心がなく清らかなこと。

【公論】(コウロン) ①世間一般が支持する意見。世論。②公平で正しい議論。

●郭公(カッコウ)・主人公(シュジンコウ)・奉公(ホウコウ)

六

八2 (4)

1 4727 516D 教1

リク漢 ロク呉 屋 liù

む・むっ・むっつ・むい

筆順 丶 亠 亠丿 六

なりたち

[会意]「亠(＝はいる)」と「八(＝はち)」とから成る。易(エキ)で、「八」に変化すると考えられた数。

意味 ❶数の名。むっつ。むつ。例六書(リクショ)。六法(リクホウ/ロッポウ)。❷むたび。例六倍(ロクバイ)。❸むっつめ。例六月(ロクガツ)。❹易(エキ)で陰の爻(コウ)をあらわす。対九。

日本語での用法《むつ》「明(あ)け六(む)つ・暮(く)れ六(む)つ」▼昔の時刻の呼び名。午前と午後の六時ごろ。

参考 商売や契約の文書では、数字を書きかえられないよう、同音の「陸」を使うことがある。

古訓 中古 つみ・むつ・むゆ 中世 む・むつ 近世 む・むつ

人名 かず

難読 六十(むそ/むそじ)・六連星(むつらぼし)

【六学】(リクガク) ①「六経(リクケイ)」に同じ。②六種の学校。周代の小学・東学・南学・西学・北学・太学。また、唐代の国子学・太学・四門・律学・書学・算学。

【六気】(リクキ/ロッキ) ①天の六つの現象。六種の気象。陰(＝寒冷)・陽(＝温暖)・風・雨・晦(カイ)(＝暗)・明。②人の六つの感情。好・悪(オ)・喜・怒・哀・楽。六情。

【六義】(リクギ) ①『詩経(シキョウ)』の詩の六つの分類。風(フウ)(＝民謡)・雅(ガ)(＝宮廷の音楽)・頌(ショウ)(＝宗廟(ソウビョウ)祭祀(サイシ)の楽歌)と、賦(フ)(＝ありのままを叙述する)・比(ヒ)(＝比喩(ヒユ))・興(キョウ)(＝ある事柄を述べて、主題をおこす)。風・雅・頌は詩の内容の区別、賦・比・興は表現方法の区別。②「六書(リクショ)①」に同じ。

【六宮】(リッキュウ/リクキュウ) 皇后の六つの宮殿。また、皇后の居所。後宮。転じて、皇后のこと。→【粉黛】(フンタイ)(1014ジペー)

【六経】(リクケイ/リッケイ) 六種の経書(ケイショ)。『易(エキ)』『詩(シ)』『書(ショ)』『春秋(シュンジュウ)』『礼(ライ)』『楽(ガク)』。六学(リクガク)。六芸(リクゲイ)。

【六芸(藝)】(リクゲイ) ①六つの技芸。周代に、士が学ぶべきだとされた教養。礼(レイ)(＝礼儀)・楽(ガク)(＝音楽)・射(シャ)(＝弓術)・御(ギョ)(＝馬術)・書(ショ)(＝書道)・数(スウ)(＝算術)。②「六経(リクケイ)」に同じ。

【六合】(リクゴウ) 上・下・東・西・南・北の六つの方向。天地四方。全世界。天下。

【六書】リクショ ①漢字の構成と用法を説明する六種の分類。象形・指事・会意・形声（＝以上、構成法）・転注・仮借（＝以上、運用法）。六義。②「六体」に同じ。

【六情】リクジョウ｜ロクジョウ ①人の六つの感情。喜・怒・哀・楽・愛・悪。②「六根」に同じ。

【六尺】㊀リクセキ 未成年の男子。春秋戦国時代の一尺は二十三センチメートル弱に当たるから、六尺は一三八センチメートル程であり、十四、五歳以下の男子の身長。例六尺之孤（＝未成年のみなし子。特に、幼少で即位した君主を指す）。〈論語・泰伯〉 ㊁ロクシャク 日①一尺の六倍。約一・八メートル。鯨尺では約二・三メートル。②「六尺褌」の略。鯨尺で六尺のさらしもめんを使ったふんどし。③身分の高い人のかごをかついだ人。また、下男。

【六大】㊀リクダイ 古代の六つの大官。大宰・大宗・大史・大祝・大士・大卜。 ㊁ロクダイ 〔仏〕万物を構成する六つの元素。地・水・火・風・空・識。

【六朝】リクチョウ 三国時代から南北朝時代に、建業（＝のち建康と改名。今の南京）を都としておこった、呉・東晋・宋・斉・梁・陳の六つの王朝。

【六典】リクテン ①周代、国を治めるために整備されたという六種の法。治典・礼典・教典・政典・刑典・事典。②『唐六典』の略。

【六▼韜三略】リクトウサンリャク 〔『六韜』も『三略』も、中国の著名な兵法書〕兵法などの極意。また、虎の巻。秘訣。奥の手。

【六博】リクハク すごろく。六本の箸（＝さいころにあたるもの）を投げ、六つの棊（＝こま）を動かして遊ぶ。

【六部】㊀リクブ 隋・唐以降清まで、行政事務を分掌した中央の六つの機関。唐代には尚書省に属し、吏部・戸部・礼部・兵部・刑部・工部に分かれた。元のときに中書省に属し、明では皇帝に直属した。 ㊁ロクブ 日「六十六部」の略。日本全国六十六の霊場に法華経を一部ずつ奉納してまわった僧。

【六法】㊀リクホウ｜ロッポウ ①六つの規準。規（＝コンパス）・矩（＝さしがね）・権（＝おもり）・衡（＝はかり）・準（＝みずもり）・縄（＝すみなわ）。②六つの画法。気韻生動・骨法用筆・応物象形・随類賦彩・経営位置・伝移模写。 ㊁ロッポウ 日近代の六つの、おもな法律。憲法・民法・商法・刑法・民事訴訟法・刑事訴訟法。例—全書。

【六味】リクミ｜ロクミ 六種の味。苦・酸・甘・辛・鹹・淡。

【六欲】【六▼慾】㊀リクヨク 生・死・耳・目・口・鼻から生じる六つの欲望。 ㊁ロクヨク 〔仏〕凡夫が異性に対してもつ六つの欲望。色欲・形貌欲・威儀姿態欲・語言音声欲・細滑欲・人相欲。

【六律】リクリツ 音楽で、十二律のうち、陽に属する六つの音名。黄鐘・太蔟・姑洗・蕤賓・夷則・無射。対六呂。

【六呂】リクリョ 音楽で、十二律のうち、陰に属する六つの音名。大呂・夾鐘・仲呂・林鐘・南呂・応鐘。対六律。

【六礼】リクレイ ①六種の儀礼。冠・昏（婚）・喪・祭・郷（郷飲酒）と郷射・相見。〈礼記・王制〉②諸侯が天子にまみえるときの六種の礼。朝・宗・覲・遇・会・同。③婚礼における六段階の礼。納采・問名・納吉・納徴・請期・親迎。

【六花】リッカ｜ロッカ 雪のこと。むつのはな。〔雪の結晶を六枚の花弁に見立てたもの〕

【六家】リッカ 前漢初期以前の六つの主要な学派。陰陽家・儒家・墨家・名家・法家・道家。

【六官】リッカン｜ロッカン ①『周礼』における六つの行政機関。天官（＝国政総理および宮廷事務）・地官（＝人民の教化および管理）・春官（＝祭祀および儀礼）・夏官（＝軍事）・秋官（＝法務および外務）・冬官（＝建設）。②『周礼』における六つの行政機関の長官。大宰・司徒・宗伯・司馬・司寇・司空。六卿。③隋・唐以後の六部の長官。六卿。

【六▼卿】リッケイ ①「六官②③」に同じ。②天子に直属する六つの軍団の将軍。③六つの卿（＝君主を補佐して政治をおこなう大臣）。春秋時代晋国の六卿（范氏・中行氏・知氏・趙氏・韓氏・魏氏）が有名。

【六国】リッコク 戦国時代の強国のうち、秦以外の六つの国。すべて秦に滅ぼされた。燕・斉・楚・韓・魏・趙。

【六穀】リッコク｜ロッコク 六種の重要な穀物。稌・黍・稷・粱・麦・苽。

【六月】ロクガツ 一年の六番目の月。水無月。

【六軍】ロクグン｜リクグン 天子に直属する六つの軍団。類六師。

【六親】ロクシン｜リクシン 自分に最も身近な六種の親族。近親。父・母・兄・弟・妻・子とする説や、父・子・兄・弟・夫・婦とする説など、諸説ある。例—眷属（＝血族と姻族のすべて）。

【六体】ロクタイ｜リクタイ 漢字の六種の書体。大篆・小篆・八分・隷書・行書・草書。または、古文・奇字・篆書・隷書・繆書・虫書。六書。

【六畜】ロクチク｜リクチク｜リッキク｜リッキュウ 六種の家畜。ウマ・ウシ・ヒツジ・ブタ・イヌ・ニワトリ。

【六道】ロクドウ 〔仏〕すべての生物が、生きていたときのおこないによって生死を繰り返すという、六つの世界。地獄・餓鬼・畜生・修羅・人間・天上。例—輪廻。

【六波羅蜜】ロクハラミツ 〔仏〕涅槃（＝煩悩を去った理想の境地）に達するためにおこなう六つの修行。布施（＝他人にほどこすこと）・持戒（＝自分をいましめること）・忍辱（＝苦しみをたえしのぶこと）・精進（＝戒律を守り信仰にはげむこと）・禅定（＝真理を観察し、心身を安定した状態におくこと）・智慧（＝ものごとを正しく認識すること）。類六度。→【波羅蜜】（762ページ）

【六分儀】ロクブンギ 〔ラテン sextant の訳語〕洋上の船などで、天体の高度を測って、緯度や経度を知るのに用いる器械。〔円周の六分の一のおうぎ形をした目盛り盤がついているところから〕

【六曜】ロクヨウ 日日の吉凶をみる基準となる六つの日。先勝・友引・先負・仏滅・大安・赤口。類六輝。

【六角】ロッカク ①六つの角。②「六角形」の略。六本の直線で囲まれた平面図形。

【六根】ロッコン 〔仏〕六つの感覚器官と、その認識能力。眼・耳・鼻・舌・身・意。六情。

【六根清浄】ロッコンショウジョウ 〔仏〕六根から起こる欲望をたちきって、きよらかになること。霊山に参る信者などが、登りながらこのことばをとなえる。〈法華経〉

【六▼腑】ロップ｜リクフ 漢方でいう、六種の内臓。大腸・小腸・胆・胃・三焦・膀胱。例五臓—。

【六方】ロッポウ ①東西南北（＝四方）と天地（＝上下）の六方向。②六つの平面で囲まれた立体。六面体。例—体。③日歌舞伎で、役者が花道から退場するときに、手を大きくふり、足を高くつきだして進む動作。例—を踏む。

●甚六・双六

共

八4（6）

1 2206 5171 教4

一 キョウ㊈漢 ク・クウ・グ㊈呉 宋 gòng
二 キョウ㊈漢 ク・クウ・グ㊈呉 冬 gōng
三 キョウ㊈漢 腫 gǒng
とも・ともに

筆順 一 十 廾 廾 共 共

なりたち 〔会意〕「廿（＝二つの十が合わさる）」と「廾（＝両手でささげ持つ）」とから成る。二十人でささげ持つ。ともにする。

意味 一 ❶一緒に（する）。とも。ともに。例 共感キョウカン。共通キョウツウ。共同キョウドウ。反共ハンキョウ。❷「共産主義」「共産党」の略。例 中共チュウキョウ。参考 英語の communism の日本語訳「共産主義」が、中国でも用いられた。二 ❶うやうやしくする。通恭。例 共行キョウコウ（＝つつしんでおこなう）。❷供給する。そなえる。通供。例 共給キョウキュウ。三 ❶両手を胸の前で重ね合わせる。こまぬく。通拱キョウ。例 共手キョウシュ。❷とりまく。むかう。通拱キョウ。例 如$_{下}$北辰居$_{二}$其所$_{一}$、而衆星共$_{レ}$之ホクシンそのところにいて、シュウセイこれにむかうがごとし（＝為政者の徳は）北極星が天の一点にとどまり、多くの星がそれを中心に動くようなものだ）。〈論語・為政〉

日本語での用法 《とも》《ども》「私共わたくしども・身共みども」▼複数や多数をあらわすことば。へりくだった気持ちを含む。

古訓 中古 うけたまはる・うやうやし・おなじ・そなふ・つつしむ・とも・ともがら・ともに・とる 中世 うやうやし・おなじ・おほし・そなふ・そなへ・とも・ともに・みな 近世 あはす・おなじ・おほし・おほやけ・そなへる・つつしむ・ともに・のり・みな・むかふ

人名 たか

【共栄】キョウエイ ともにさかえる。例 共存—。

【共益】キョウエキ 共通の利益。共同の利益。例 —費。

【共演】キョウエン 日 映画・演劇・音楽などで、俳優や歌手などの二人以上が、一緒に出演する。

【共学】キョウガク 日 男女が同じ学校や教室で、一緒に学ぶ。対 別学。例 男女—。

【共感】キョウカン 日 他人の考えや行動に対して、自分もまったくそのとおりだと感じる。共鳴。同感。例 —を呼ぶ。

【共工】キョウコウ ①官名。尭ギョウ・舜シュンのとき、工作・建設をつかさどったという。②伝説上の神の名。人面蛇身で、顓頊センギョクと帝位を争い、天柱を折ったために天地が傾いたという。

【共済】キョウサイ 〔「済」は、救う意〕互いに力を合わせ、助け合うこと。例 —制度。—組合。

【共催】キョウサイ 日「共同主催」の略。二種以上の団体や個人が、共同で一つのもよおしをおこなう。

【共産】キョウサン 日 土地や財産などを共有すること。例 —社会。

【共産主義】キョウサンシュギ 日〔英 communism の訳語〕私有財産を否定し、土地や工場などを共有して、平等な社会を実現しようとする考え。↓【資本主義】シホンシュギ（1260ページ）↓【社会主義】シャカイシュギ（955ページ）

【共生】キョウセイ ①一緒に生活していく。②日 違った種類の生物が、互いに利益を受け合うなどして、共同生活をする。例 ヤドカリとイソギンチャクの—。↓【寄生】キセイ（378ページ）

【共存】キョウソン・キョウゾン ともに生存したり存在したりする。例 —共栄。平和—。

【共著】キョウチョ 日 二人以上の人が共同で本を書くこと。

【共通】キョウツウ 日 二つ以上のものごとのどれにも当てはまる。

【共通語】キョウツウゴ 日 ①ある国のなかで、地域や階層に関係なく通用することば。対 方言。参考「標準語」のように人為的・規範的なものではない。②異なった言語を使う民族や国家の間で通用する言語。国際語。例 国際的—としての英語。

【共同】キョウドウ ①複数の人が一つの目的のために力を合わせる。例 —経営。②多くの人が使用したり、かかわったりする。例 —浴場。

【共犯】キョウハン 日 複数の者が共同して犯罪をおこなうこと。例 —者。

【共編】キョウヘン 日 書物などを、二人以上で編集する。

【共謀】キョウボウ 共同で悪事をたくらむ。

【共鳴】キョウメイ 日 ①〔物〕発音体が、外部から音波の刺激を受けて振動を起こし、音を出す現象。ともなり。類 共振。例 音叉オンサが—する。②他人の言動に影響を受けて、それに調子を合わせる。共感。

【共有】キョウユウ 複数の人や団体が、一つのものを共同で所有する。対 専有。例 —財産。

【共用】キョウヨウ 共同で使用する。対 専用。例 —スペース。

【共立】キョウリツ 日 ①並び立つ。②共同で設立する。

【共和】キョウワ ①複数の人が共同して事にあたること。②君主を立てないで政治をおこなうこと。周の厲王レイオウが無道な政治をおこなったため、国民が反乱を起こして王が出奔した。その後、召公と周公の二人の宰相が共同でおこなった政治。〈史記・周紀〉

【共和国】キョウワコク 日 共和制をとる国家。

【共和制】キョウワセイ 日 国民に主権があり、国民に選ばれた代表者が合議で政治をおこなう制度。共和政体。

【共に天を戴かず】ともにテンをいただかず ⇩【不倶戴天】フグタイテン（19ページ）

关

八4（6）

4 0307 20509

（漢字の字体記述要素）

关

丷4（6）

4 0308 5173

（漢字の字体記述要素）

兵

八5（7）

1 4228 5175 教4

ヘイ㊈漢 ヒョウ（ヒャウ）㊈呉 庚 bīng
つわもの（つはもの）

筆順 ノ 厂 斤 丘 乒 兵

なりたち 〔会意〕「廾（＝両手）」で「斤（＝おの）」を持つ。武器。また、それを使う人。

意味 ❶武器。はもの。つわもの。例 兵刃ヘイジン。短兵タンペイ（＝刀や剣）。長兵チョウヘイ（＝やりや弓矢）。❷軍人。軍隊。つわもの。例 兵士ヘイシ。徴兵チョウヘイ。歩兵ホヘイ。❸いくさ。軍事。戦争。例 兵法ヘイホウ・ヒョウホウ。兵家ヘイカ。

古訓 中古 いくさ・つはもの 中世 たけし・つはもの 近世 つはもの・はもの

人名 たけ・たけし・つよし・まもる・むね

難読 兵衛ヒョウエ・ヒョウベ・兵庫ヒョウゴ・兵六玉ヒョウロクだま・兵児帯へこおび

【兵糧】【兵▼粮】ヒョウロウ 軍隊の食糧。一般に、補給すべき消費財すべてを指す。例 —攻ぜめ。

【兵員】ヘイイン 日 兵士（の数）。例 —増強。

【兵営】ヘイエイ 兵隊が居住するところ。兵舎のある区域。軍営。陣営。

【兵役】ヘイエキ 国民が軍隊に編入され、軍務につくこと。例 —義務。—に服する。

【兵▼戈】ヘイカ ①武器。例 —を交える。②戦争。例 —の巷ちまたと化す。

【兵火】ヘイカ 戦争（による火災）。

【兵家】ヘイカ 諸子百家の一つ。兵法ヘイホウ家。戦術・用兵の専門家。代表的人物は孫武ソンブ・呉起ゴキ。

【兵器】ヘイキ 戦争で用いる機器。武器。例 —庫。核—。
【兵機】ヘイキ 軍事上のはかりごと。
【兵権】ヘイケン ①軍事上のはかりごと。戦略。②軍隊を指揮する権限。
【兵▼伍】ヘイゴ 軍隊の編制で、最小の部隊となる兵士の五人組。また、兵士。
【兵庫】ヘイコ 武器を入れる倉庫。武器庫。
【兵甲】ヘイコウ ①武器とよろい。また、軍備。②軍隊。③戦争。
【兵士】ヘイシ 兵隊。兵卒。
【兵車】ヘイシャ 戦争に用いる馬車。戦車。
【兵舎】ヘイシャ 兵士が日常寝起きする建物。
【兵術】ヘイジュツ 用兵術。戦術。兵法(ヘイホウ)。
【兵書】ヘイショ 軍略や戦術などを記した書物。『孫子』『呉子』『六韜(リクトウ)』『三略』などがある。
【兵▼仗】ヘイジョウ 一 (儀仗に対して実戦用の)武器。武具。兵杖(ヘイジョウ)。二 ヒョウジョウ 日 武器を持った護衛官。随身(ズイジン)。
【兵刃】ヘイジン 武器。やいば。
【兵▼燹】ヘイセン 〔「燹」は、兵火の意〕戦争による火災や破壊。戦災。
【兵曹】ヘイソウ ①軍事をつかさどる官署。また、その役人。②日 旧海軍の下士官。上等・一等・二等に分ける。
【兵卒】ヘイソツ 兵隊。兵士。例 一—(イッペイソツ)(=比喩(ヒユ)的には、命令のままに働く者)。
【兵隊】ヘイタイ 組織された兵の集団。軍隊。また、兵士。
【兵▼站】ヘイタン 〔「站」は、ある業務をおこなうために作られた機構の意〕前線部隊の後方で、軍需品の確保や補給などの任務をする機関。例 —部。
【兵団】ヘイダン 日 いくつかの師団や旅団を合わせた部隊。
【兵馬】ヘイバ ①武器と軍馬。また、兵士と軍馬。②軍隊。軍備。戦争。例 —の権。
【兵貴二神速一】(ヘイはシンソクをたっとぶ) 軍隊を動かすときは、神のごとき迅速さを重んじる。〈魏志・郭嘉伝〉
【兵者不祥▼之器】(ヘイはフショウのキ) 武器は不吉な忌むべき道具である。〈老子・三一〉
【兵備】ヘイビ 日 戦争へのそなえ。軍備。
【兵部】ヘイブ 一 隋(ズイ)以後、兵事や軍政を担当した部局。六部(リクブ)の一つ。二 ヒョウブ 日「兵部省(ヒョウブショウ)」の略。律令制で、八省の一つ。武官の人事など、軍事行政を担当した。
【兵法】ヘイホウ ヒョウホウ ①用兵や戦闘の方法。②日 武術。剣術。例 生—(なまビョウホウ)は大けがのもと(=いいかげんな知識や技術は大失敗をまねく)。
【兵乱】ヘイラン 戦争によってもたらされる混乱。戦乱。
【兵略】ヘイリャク いくさの作戦。軍略。戦略。
【兵力】ヘイリョク 兵員や兵器の数量や規模など、総合的な戦闘力。例 —削減。—を増強する。
【兵児】へこ 日 鹿児島地方で、十五歳以上二十五歳以下の男子。例 —帯(へこおび)(=子供や男性用の、やわらかい帯)。
● 騎兵(キヘイ)・挙兵(キョヘイ)・小兵(こヒョウ)・雑兵(ゾウヒョウ)・撤兵(テッペイ)・派兵(ハヘイ)・番兵(バンペイ)・伏兵(フクヘイ)

[皃] 八5(7) ⇩ 貌(ボウ)(1252ジペー)

其

八6(8) 1 3422 5176 人 キ漢 ゴ呉 支 qí
そ-れ・そ-の

なりたち [象形]「箕(=み)」の籀文(チュウブン)。

意味 ❶「その」と読み、人やものごとを指し示す。❷「それ」と読み、推測や仮定などの意味をあらわしたり、語調をととのえたりする。㋐あるいは。おそらく。推測をあらわす。例 従レ我者其由与(われにしたがうものはそれユウか)(=わたしについてくるのは、あるいは由(=子路。孔子の弟子)であろうか)。〈論語・公冶長〉 ㋑もし。仮定をあらわす。例 其若レ是、孰能禦レ之(それかくのごとくんば、たれかよくこれをふせがん)(=もしこのようになったら、だれがそれをはばむことができるでしょう)。〈孟子・梁恵王上〉 ㋒語調をととのえる字。実質的な意味はない。例 北風其涼(ホクフウそれリョウたり)(=北風が冷たい)。〈詩経・邶風・北風〉

古訓 中古 あに・その・それ・なぞ・なんぞ 中世 その・それ 近世 あに・ことば・その・それ

人名 とき・もと

【不レ知二其子一視二其友一】(そのこをしらざればそのともをみよ) どんな子かよくわからないときは、その友人を見ればよい。〈荀子・性悪〉
【無レ出二其右一】(そのみぎにいずるなし) その人よりもすぐれた人がいない。〔〈史記・田叔伝〉から〕

具

八6(8) 1 2281 5177 教3 ク漢 グ呉 遇 jù
そな-える(そな-ふ)・そな-わる(そな-はる)・つぶさ-に
そな-え(そなへ)

筆順 丨 冂 冃 目 且 具 具

なりたち [会意]「廾(=両手)」と「貝(=たから)」の省略体とから成る。そなえ置く。

意味 ❶欠けることなくそろう。ととのう。そなわる。そなえる。例 一一為具備(グビ)。不具(フグ)。❷こまかに。くわしく。つぶさに。例 一一言レ所レ聞(イチイチためにきくところをいう)(=聞き知っていることを(皆のために)一つ一つことこまかに話した)。〈陶淵明・桃花源記〉 具申(グシン)。❸一緒に。ともに。通 倶(グ)。例 具慶(グケイ)。❹形式だけの。例 具文(グブン)①。❺人の生活や、仕事で用いるもの。うつわ。例 家具(カグ)。道具(ドウグ)。文具(ブング)。❻才能。器量。うつわ。例 抱二将相之具一(ショウショウのグをいだく)(=将軍大臣としての才能を備えている)。〈李陵・答蘇武書〉 ❼食事。食べ物。例 草具(ソウグ)(=粗末な食べ物)。❽器物などを数えることば。例 鎧(よろい)一具(イチグ)。

日本語での用法《グ》「具(グ)の多(おお)い味噌汁(ミソしる)・具沢山(グダクサン)」▼汁ものなどの実(み)。

古訓 中古 そなはる・そなふ・そなへ・つばひらかに・つぶさに・つまひらかに・とも・ともがら・ともに・まうく・みな・わきまふ 中世 ことごとく・そなはる・そなふ・つぶさ・つぶさに・つまびらかに・ともがら・みな・やはらぐ・わきまふ 近世 きたる・そなはる・そなへ・そなへる・そろふ・つぶさ・ともに・わかつ

人名 とも

【具眼】グガン ものごとのよしあしを見分ける見識をそなえていること。例 —の士。
【具慶】グケイ ①皆でともに祝う。特に、臣下が皆で君主を祝うことをいう。②父母がともに健在であること。
【具現】グゲン 日 実際の形としてあらわす。例 慈悲心を—した仏像。
【具象】グショウ 日 ①見たり触れたりできるもの、形をもっているもの。具体。例 —画。②実際的・感覚的にあらわす。具体化。例 イメージを—化する。▽対 抽象。
【具申】グシン 意見や希望などをくわしく申し述べる。例 意見を—する。
【具臣】グシン ただ数に入っているだけで役に立たない臣下。例 今由与レ求也、可レ謂二具臣一矣(いまユウとキュウとは、グシンというべし)(=今、仲由(チュウユウ)と冉求(ゼンキュウ)とは、数に入っているだけの臣下というべきである)。〈論語・先進〉
【具足】グソク ①過不足なく十分にそなわっている。例 円満—。②日 家具。調度。③日 武具。特に、よろい・かぶと。例 —武者(ムシャ)。
【具体】グタイ ①(タイをそなう) 全体をそなえる。例 冉牛・閔子・顔淵、則具レ体而微（ゼンギュウ・ビンシ・ガンエンは、すなわちタイをそなえてビなり）（＝冉牛・閔子・顔淵は、《聖人の》全部を具備しているがスケールが小さい）。〈孟子・公孫丑上〉 ②日〔英 concrete の訳語〕人間の感覚でとらえられる、形や内容をそなえていること。具象。㊀抽象。例 ―的。

【具陳】グチン くわしく述べる。細大もらさず報告する。具申。

【具備】グビ （必要なものが）完全にそなわっている。また、（必要なものを）十分にそなえている。具足。

【具文】グブン ①形式はそなえているが、意味のない文章。空文。②ブンをそなう 文章を著す。例 具レ文見レ意（ブンをそなえてイをあらわす）（＝文章を著して真意を明らかにする）。〈杜預・左伝序〉

【具有】グユウ （才能・資格・性質などを）身にそなえている。例 両性―の神。

●家具カグ・器具キグ・敬具ケイグ・工具コウグ・寝具シングる・建具たてグ・道具ドウグ・農具ノウグ・馬具バグ・表具ヒョウグ・夜具ヤグ・用具ヨウグ

典

八6（8） 1 3721 5178 教4

テン 漢 呉 銑 diǎn

のり

筆順 丨 冂 巾 巾 曲 曲 典 典

なりたち ［会意］「冊（＝書物）」が「丌（＝台）」の上にある。台の上にのせた、大事な書物。

意味 ❶重要な書物。ふみ。例 典籍テンセキ。教典キョウテン。古典コテン。❷手本となる事柄。規則。**のり**。きまり。例 典型テンケイ。典範テンパン。❸故実。よりどころ。例 典故テンコ。出典シュッテン。❹儀式。儀礼。しきたり。例 華燭カショクの典テン。式典シキテン。❺つかさどる。例 典膳テンゼン。❻質シチに入れる。例 朝回日日典二春衣一（チョウよりかえりてひびシュンイをテンす）（＝朝廷から退出するたびに春の服を質に入れて酒に代える）。〈杜甫・曲江〉 典当テントウ。❼決まりに従って、ととのっている。みやびやか。例 典雅テンガ。❽⇩【典委】イテン

日本語での用法 《サカン》「主典さかん」▼律令制の四等官シトウカンで、大宰府ダザイフの最下位。

古訓 中古 おきのる・かふ・つかさ・つかさどる・つね・のり・よし 中世 おきのる・おぎのる・つかさ・つかさどる・つね・のり 近世 うるほふ・サクワン・しづむる・つかさどる・つね・のり

人名 おき・すけ・ただし・つかさ・つね・ふみ・みち・もり・よし・より

【典衣】イテン 君主の衣服をつかさどる官。

【典委】イテン 水が集まり流れるさま。

【典雅】ガテン ①文章が「典故②」をふまえていて、上品なさま。例 ―な文体。②教養に富み、上品なさま。

【典客】テンカク 秦シンの官名。諸侯や帰服した少数民族の接待をつかさどった。漢の武帝のときに、大鴻臚ダイコウロと改称。

【典楽】テンガク 音楽をつかさどる。また、音楽をつかさどる官。

【典儀】テンギ ①式典。典礼。②儀式をつかさどる役人。

【典拠】テンキョ ①占拠して統治する。②引用した語句や文章の、もとの書物。出典。例 ―を示す。

【典訓】テンクン おしえ。

【典刑】テンケイ 一 ①旧来の法典。②定められた刑罰。③処刑される。また、刑罰を受ける。二 ケイをつかさどる 刑罰をつかさどる。

【典型】テンケイ ①模範。手本。②日〔英 model や pattern の訳語〕同類の中で、その特徴を最もよくあらわしているもの。例 ―的。郊外都市の―。

【典故】テンコ ①しきたり。ならわし。②詩や文章の中で引用される有名な故事や文章。

【典午】テンゴ 〔「典」は、司つかさどるの意。「午」は、十二支のうまであることから〕①官名の「司馬」の別名。②司馬姓である晋シンの王室。

【典獄】テンゴク ①裁判をつかさどる。また、その官。②日 監獄の長。「刑務所長」の古い言い方。

【典侍】テンジ 日 ①律令制で、内侍司ナイシのつかさの次官。ないしのすけ。②明治以後の宮中の最高位の女官。

【典章】テンショウ ①規範。②法則。

【典掌】テンショウ つかさどる。

【典常】テンジョウ 不変の法則。

【典制】テンセイ ①きまり。規範。②管理する。

【典籍】テンセキ 書物。古典。例 ―をひもとく。

【典膳】テンゼン 宮中で食事をつかさどる官。

【典則】テンソク ①規範。類 典法テンポウ。②詩や文章を書くときのきまり。

【典属国】テンゾクコク 漢の武帝のときに置かれた官。少数民族対策を担当した。

【典当】テントウ ①ものを質入れして金銭を借りる。②質屋。

【典範】テンパン ①模範。手本。②日 規則や法律。例 皇室―。

【典墳】テンプン ①古典。②太古の書物の名。三墳五典サンプンゴテン。

【典薬寮】テンヤクリョウ 日 律令制で、宮中の医療や医薬をつかさどった役所。くすりのつかさ。

【典要】テンヨウ ①不変の法則。②文章が明快で要領をえていること。③信頼性のある根拠。

【典礼】テンレイ ①儀式や作法。例 ―に通じた人。②儀礼をつかさどる。また、その官。

【典例】テンレイ 行事などの典拠となる先例。しきたり。典故。例 ―を重んじる。

【典麗】テンレイ みやびやかで、うるわしいさま。例 ―な文章。

●経典キョウテン・ケイテン・原典ゲンテン・祭典サイテン・字典ジテン・辞典ジテン・祝典シュクテン・聖典セイテン・特典トクテン

兼

丷8（10） 1 2383 517C 常用

ケン（ケム） 漢 呉 塩 jiān

かねる（か-ぬ）

［兼］八8（10） 旧字体。 ［兼］八8（10） 別体字。

筆順 丷 䒑 亠 当 兯 兼 兼 兼

なりたち ［会意］「ヨ（＝手）」で二本の「禾ね（い）」を持つ。あわせ持つ。

意味 ❶二つ以上のものをあわせ持つ。**かねる**。例 兼業ケンギョウ。兼行ケンコウ。兼務ケンム。才色兼備サイショクケンビ。❷倍にする。**かねる**。例 兼愛ケンアイ。兼聴ケンチョウ。❸広く。わけ隔てなく。かねて。❹人よりまさる。すぐれる。**かねる**。例 兼人ケンジン（ひとをかぬ）。

日本語での用法 一《ケン》「兼日ケンジツ・兼題ケンダイ」▼あらかじめ。前もっての。二《**かねる**》①「応じ兼かねる・きょうは参上サンジョウし兼かねます」▼することができそうもない。②「破談ハダンになり兼かねない」▼〔「兼ねない」の形で〕かもしれない状態である。③「相手あいての気きを兼かねて遠慮エンリョする」▼推測しきれない。おそれはばかる。

古訓 中古 かぬ・かね・かねて・とも・ともがら 中世 あはす・かぬる・かね・かねて・かねる・とも・ならぶ 近世 あはす・かぬる・ならぶ・をさむ

人名 かず・かぬ・かね・とも

【兼愛】ケンアイ ①平等に愛する。②墨家の学説の一つ。あらゆる人を差別なく平等に愛すること。墨子は、儒家の仁を血縁の親疎に応じて愛に差別を設ける別愛ベツアイであるとする。また、兼ねた官職。

【兼官】ケンカン 主たる官職以外に他の官職を兼ねること。また、兼ねた官職。

【兼業】ケンギョウ 本業のほかに他の仕事もやっている。㊀専業。例 ―農家。

【兼金】ケンキン 普通の金の倍以上の価値を持つ良質の金。

【兼行】ケンコウ ①ふだんの倍の速度で道を急ぐ。兼程。㊫兼道・兼路。例 倍レ道兼行(=倍の速度で道を行く)。〈孫子・軍争〉 ②二つ以上のことを同時にする。③日 仕事を急いでする。例 昼夜—のトンネル工事。

【兼職】ケンショク 本来の職務以外に他の職務もかねつとめる。兼務。兼任している職務。

【兼人】ケンジン|ひとをかぬ ①人にまさる。例 由也兼レ人、故退レ之(=由〈=子路。孔子の弟子〉は人にまさろうとする。だから抑えたのである)。〈論語・先進〉 ②他国の人民を自国の支配下に組み入れる。

【兼摂】ケンセツ 本来の任務以外に、他の任務も代行する。㊫兼掌。

【兼帯】ケンタイ ①同時に二つ以上の役職をかねる。兼任。②一つで二つ以上の用をかねる。兼用。例 朝食—の昼ごはん。

【兼題】ケンダイ 日 歌会や句会などで、前もって出された題で作る歌や句。また、その題。㊧席題・即題。

【兼聴】ケンチョウ 広く意見をきく。

【兼程】ケンテイ 二日の道のりを一日で行く。夜を日に継いで行く。兼行。

【兼任】ケンニン 二つ以上の職務をかけもちする。兼務。㊧専任。

例 監督と選手の—。

【兼備】ケンビ いくつものを身にそなえている。例 才色—の女性。

【兼▼并】【兼併】ケンペイ 他人の財産や領地を奪って自分のものにする。併合。併呑。

【兼味】ケンミ|あじわいをかぬ 二品以上の料理。また二品以上の料理を食べる。ぜいたくな食事のたとえ。㊫兼珍。

【兼務】ケンム 日 同時に二つ以上の職務をもつ。また、その職務。兼職。兼任。㊧本務。

【兼用】ケンヨウ ①複数のものをあわせもちいる。②一つで二つ以上のはたらきをする。例 晴雨—の傘。男女—のシャツ。▽㊧専用。

冀

八14 (16)

2 4935 5180

キ 漢 呉 寘 jì

こいねが-う(こひねが-ふ)

意味 ❶そうなってほしいと思う。のぞむ。ねがう。**こいねがう**。例 冀求。冀望。❷古代中国の九州の一つ。冀州。今の河北省南東部・河南省北部・山西省にわたる地域。❸河北省の別名。

【冀求】キキュウ 望む。ねがいもとめる。希求。

【冀▼闕】キケツ 物見やぐらのついた宮城の門。〔「冀」は記の意で、法令をここに掲示したといわれる〕〈史記・商君伝〉

【冀州】キシュウ ⇩ 意味 ❷

【冀望】キボウ そうなってほしいと、のぞむ。希望。

【冀北】キホク 冀州の北部。良馬の産地として知られる。

13 2画 冂 けいがまえ部

三方をとり囲んだ線によって、はるかかなたにある国境の意をあらわす。「冂」をもとにしてできている漢字と、「冂」の字形を目じるしにして引く漢字とを集めた。「まきがまえ」「どうがまえ」ともいう。

この部首に所属しない漢字

巾→巾427 丹→丶30 用→用887 同→口230

肉→肉1085 周→口241 岡→山412

冂

冂0 (2)

2 4936 5182

ケイ 漢 青 jiōng

意味 国土の最果て。国境地帯。さかい。通坰。

冋

冂3 (5)

4 0310 518B

古字。

円

冂2 (4)

1 1763 5186

教1

エン(ヱン) 漢 呉 先 yuán

まるい(まる-し)・まる・まろ-やか・つぶ-ら・まど-か

圓

囗10 (13)

2 5204 5713

人

旧字体。

筆順 丨 冂 円 円

なりたち  [形声]「囗(=めぐらす)」と、音「員エ」とから成る。まわりに欠けたところがない。まったくまるい。

意味 ❶まるい形。**まるい**。**まる**。**つぶら**。例 円周。円柱。半円。❷かどがなく、なめらかな。また、おだやかなさま。**まどか**。**まろやか**。例 円熟。円満。大団円。❸天。古代、天は円形、地は方形と考えられた。例 戴レ円履レ方(=天を頭上にいただき、地を足でふみしめる)。〈淮南・本経〉 円天。❹円形の貨幣。例 銀円。

日本語での用法 《エン》「円高」▼日本の貨幣の単位。

古訓 中古 まどかなり・まどかに・まりりか・まろかす・まろなり・みつ 中世 あまねし・まどかなり・まる・まるし・まろし・まろなり 近世 まったし・まどか・まるし・まろし・めぐる

人名 かず・のぶ・まど・まろ・みち・みつ

難読 高円山・円居

【円影】【円景】エンエイ 月の別称。例 円景光未レ満(=月の光はまだ満ちていない)。〈曹植・贈徐幹〉

【円価】エンカ 日 〔経〕外国の貨幣に対する日本円の価値。

【円貨】エンカ 日 〔経〕「円」という単位の通貨。邦貨。

【円蓋】エンガイ 円形のおおい。多く円形の屋根や円形の絹傘を指す。

【円覚】エンガク 〔仏〕かたよりがなく、欠けたところのない完全な悟り。㊫円悟。

【円滑】エンカツ ①まろやかで、なめらかなさま。声や体格についていう。②とどこおりなく、進行するさま。

【円▼鬟】エンカン まるく結ったまげ。

【円丘】【円▼邱】エンキュウ ①円形の丘。天子が冬至に天を祭るための祭壇が設けられた。圜丘。②伝説の山名。

【円形】エンケイ まるいかたち。円や、円のようなかたち。

【円弧】エンコ 円周の一部分。弧。

【円光】エンコウ 〔円形のひかりの意〕①月のひかり。②〔仏〕仏や菩薩の身体から発する円形の光明。後光。光背。

【円座】エンザ ①多くの人が、まるく向かい合ってすわる。車座。円坐。②日 わらなどをうずまき形や円形に編んだ敷物。わろうだ。

【円▼鑿方▼枘】エンサクホウゼイ まるい穴に四角のほぞをはめこむ。両者がうまく合わないことのたとえ。〈楚辞・九弁〉

【円周】エンシュウ 〔数〕円を形づくる曲線。

【円熟】エンジュク 人格や技能などが十分にみがかれて、豊かな味わいが感じられるようになる。熟達。熟練。例 —の境地。

【円陣】エンジン いくさなどで、円形の陣がまえ。また、スポーツの試合などで、選手が輪になって並ぶこと。例 —を組む。

【円▼錐】(エンスイ) 〔数〕底面が円で、先のとがった立体。

【円卓】(エンタク) 円形のテーブル。例 ―会議(=席次や上下の差別のない円卓を囲んでおこなう会議)。

【円柱】(エンチュウ) ①切り口がまるいはしら。②〔数〕円を、上方に平行移動したときにできる立体。円筒。

【円頂】(エンチョウ) 髪の毛をそった、まるい頭。僧のこと。例 ―黒衣(=まるい頭と墨染めの衣(ころも)。僧の姿)。

【円転】(エンテン) ①ころころところがる。②かど立たず、なめらかに移り動く。

【円転滑脱】(エンテンカツダツ) 周囲と摩擦や衝突をせず、なめらかに応対したり、とどこおりなく処理したりするさま。円滑。

【円筒】(エントウ) 竹づつのように、まるくて細長く、中空のもの。

【円盤】(エンバン) 円形で皿状のもの。例 空飛ぶ―。―投げ。

【円舞】(エンブ) ①おおぜいが輪になって踊るダンス。②男女がひと組みになって、円をえがきながら踊る社交ダンス。ワルツやポルカ。例 ―曲(=ワルツ)。

【円木警枕】(エンボクケイチン) 木で作ったまるいまくら。転がりやすく、少し眠るとすぐ目が覚めることから警枕(=警告する枕)と呼ぶ。宋(ソウ)の司馬光がこれを用いて寝る間を惜しんで勉学に励んだことで有名。〈范祖禹・司馬温公布衾銘記〉

【円満】(エンマン) ①完全で欠けたところのないさま。②おだやかなさま。例 ―な家庭。―に解決する。

【円融】(エンユウ／エンニュウ) 〔仏〕かたよりがなく完全で、とどこおりなく通じること。例 ―無碍(ゲム)(=完全でとどこおりなく通じ、さまたげがないこと)。

●大円(ダイエン)・大団円(ダイダンエン)・半円(ハンエン)

[冄] 冂2(4) ⇩冉(ゼン)(139ページ)

内

冂2(4) 1 3866 5185 教2

[內] 入2(4) ― 5167 旧字体。

一 ダイ漢 ナイ呉 隊 nèi
二 ドウ(ダフ)漢 ノウ(ノフ・ナフ)呉 合 nà

うち

筆順 丨 冂 内 内

なりたち  [会意]「冂(=外の覆い)」と「入(=はいる)」とから成る。外からはいった中。

意味 一 ❶ものの内面。うちがわ。なか。**うち**。㋐ある範囲のなか。例 内装(ナイソウ)。内部(ナイブ)。境内(ケイダイ)。㋑家のなか。家庭の奥。例 内室(ナイシツ)。内助(ナイジョ)。㋒心のなか。例 内省(ナイセイ)。内面(ナイメン)。㋓からだの中。内臓。例 五内(ゴダイ)(=心・腎(ジン)・肺・肝・脾(ヒ)の五臓)。㋔朝廷。宮中。例 内裏(ダイリ)。内侍(ナイシ)。参内(サンダイ)。㋕(表に出さずに)うちうちで。ひそかに。例 内定(ナイテイ)。内密(ナイミツ)。❷いろごと。女色。例 斉侯好レ内(セイコウうちをこのむ)(=斉侯は色好みであった)。〈左伝・僖二七〉❸はいる。入れる。いる。例 交戟之衛士、欲二止不レ内(コウゲキのエイシ、とどめていれざらんとほっす)(=戟(ほこ)を交差して入り口を守っている番兵は、制止して中に入れまいとした)。〈史記・項羽紀〉❹仏教関係の。〔仏教界でいう〕例 内典(ナイテン)。 二 ❶おさめる。通 納。❷うけいれる。通 納。

古訓 中古 いる・うち・しりへ・そこ 中世 いるる・うち・をさむ 近世 いるる・いれる・うち・こえる

人名 うつ・ただ・ちか・のぶ・はる・まさ・みつ

【内金】(うちキン) 日 代金や報酬などの一部として、前もって払うお金。

【内弁(辨)慶】(うちベンケイ) 日 他人の前では弱いが、家の中ではいばっていること。また、その人。陰弁慶。

【内訳】(うちわけ) 日 全体の内容を、種類や項目ごとに分けたもの。例 収入の―。

【内裏】(ダイリ) ①天子の住まい。皇居。御所。②日「内裏雛(ダイリびな)」の略。天皇と皇后の姿に似せた、男女一対のひな人形。例 お―さま。

【内意】(ナイイ) 心の中で考えていること。内心。例 ―をうかがう。

【内因】(ナイイン) そのものごとの内部にある原因。対 外因。

【内謁】(ナイエツ) ①名をなのって面会を求める。②日 非公式に目上の人に会う。また、実力者に取り入って頼みこむ。

【内閲】(ナイエツ) 日 〔内々の閲覧または検閲の意〕書物の内容などを公開する前に、関係者だけが調べ見る。

【内▼苑】(ナイエン) ①宮廷の庭。②日 寺社の中庭。対 外苑。

【内宴】(ナイエン)【内▼燕】(ナイエン) 宮中での宴会。

【内縁】(ナイエン) ①〔仏〕心の中で事象を認識すること。対 外縁。②日 婚姻届を出してない夫婦関係。例 ―の妻。③日 内側のへり。内周。対 外縁。

【内応】(ナイオウ) ひそかに敵と心を通わせる。裏切り。内通。

【内科】(ナイカ) 内臓の病気を診断し、外科のように手術によらずに治す医学の部門。対 外科。

【内海】(ナイカイ／うちうみ) 日 外海とつながってはいるが、まわりをほとんど陸地で囲まれている海。瀬戸内海など。対 外海。

【内界】(ナイカイ) 日 心の中の世界。意識内。精神界。対 外界。

【内外】(ナイガイ) ①うちと、そと。内部と外部。②国内と国外。例 ―の記者団。③その前後。…ぐらい。

【内角】(ナイカク) ①〔数〕多角形のとなりあった二辺がその内側につくる角。②日 野球で、ホームベースの打者に近い方。インコーナー。インサイド。▽対 外角。

【内郭】(ナイカク) 城などの、内側の囲い。内曲輪(うちぐるわ)。対 外郭。
表記 ⑪内▼廓

【内閣】(ナイカク) ①貴族の女性が住む部屋。②官署名。宋(ソウ)代、竜図閣(リュウトカク)などの殿閣を内閣と称し、そこに学士を置いて皇帝の政務を補佐した。明(ミン)・清(シン)代、行政の最高機関となる。③日〔英 cabinet の訳語〕国家最高の行政機関。内閣総理大臣およびその他の国務大臣によって組織される。

【内学】(ナイガク) ①讖緯(シンイ)の学。おもに漢代に流行し、経書を神秘的に解説したり、未来予言を説いたりした。②道教の養生の学。③仏教。④女性の学者。

【内官】(ナイカン) ①君主のそば近くに仕える臣下。②女官。③宦官(カンガン)。④内朝官。漢代以降、中央の官職を内外に分け、天子の私的機関(=内朝)に仕える官職を内朝官とした。

【内患】(ナイカン) 外部からの攻撃や圧迫ではなく、組織や国家の内部にある心配ごと。内憂。対 外患・外憂。

【内▼艱】(ナイカン) 母親の死。母の喪。内憂。対 外艱。

【内観】(ナイカン) ①仏教や道教の修養方法。外物にとらわれず精神をしずめ、真理を心に思う。②精神を集中して自分の内面を観察する。自己観察。内省(ナイセイ)。

【内規】(ナイキ) 日 その団体や組織の内部にだけ通用する決まり。例 ―を定める。

【内儀】(ナイギ) ①天下の模範とすべき天子の妃(きさき)の言行。②日「内議(ナイギ)」に同じ。③日 他人の妻の敬称。江戸時代では、特に町人の妻についていう。おかみ。例 お―。

【内議】(ナイギ) 日 ①内々の相談。②うちうちの話。内証。内密。▽内儀。

【内挙】(ナイキョ) 親しい者を推挙する。例 内挙不レ失レ親(ナイキョするにシンをうしなわず)(=《すぐれた人物であれば》親族を推挙することも辞さない)。〈左伝・襄三〉

【内教】(ナイキョウ) ①家庭内の女性に対する道徳的な教育。内訓。②仏教。③宮中における兵士の教練。

【内局】ナイキョク ①宮中の生活必需品を管理・供給する官署。②日中央官庁の内部機関。大臣や次官から直接に監督される。㊖外局。

【内宮】ナイクウ 日伊勢神宮のうちの、皇大神宮。天照大神をまつる。「外宮」は、豊受大神宮。

【内訓】ナイクン 家庭内の女性に対する道徳的な教育。内教。

【内径】ナイケイ 円筒や管などの、内側の直径。

【内▼郤】【内隙】ナイゲキ 味方どうしの仲たがい。うちわもめ。

【内見】ナイケン 日「内覧」に同じ。例デパートの夏物の―会。

【内庫】ナイコ 宮中の蔵。

【内顧】ナイコ ①車に乗って後ろを振り向くこと。例車中不二内顧一（＝車に乗ったら後ろを振り向かない）。〈論語・郷党〉②家庭内あるいは国内などの対内的な問題に目を向けること。

【内向】ナイコウ ①朝廷に帰順する。例称レ臣内向（＝臣下を称して朝廷に帰順する）。〈隋書・薛道衡伝〉②日心や気持ちが自分の内部にとじこもりがちであること。㊖外向。例―的な性格。

【内行】ナイコウ ①家の中での日ごろのおこない。②国内の秘密事項。③同業者。④ある事柄に精通していること。また、その人。玄人。

【内攻】ナイコウ ①内部での仕事。一説に、軍隊内部の物資補給。②内部に向かって攻める。③日病気の症状がからだの表面に出ないで、内部で悪化する。例はしかが―する。

【内▼訌】ナイコウ 〔「訌」は、もめる意〕うちわもめ。内紛。内乱。㊖外患。

【内剛外柔】ナイゴウガイジュウ ⇩【外柔内剛】ガイジュウナイゴウ（312ページ）

【内国】ナイコク ①中原の国。②日その国のうち。自国内。国内。㊖外国。例―郵便物。

【内妻】ナイサイ 日法律上の届け出をしていない妻。内縁の妻。㊖正妻。

【内済】ナイサイ 日表ざたにしないで、うちうちで解決する。

【内在】ナイザイ 日〔英 immanence の訳語〕ものごとの内部に、本質として存在する。例―する矛盾。

【内子】ナイシ 卿大夫の正妻。また、広く、妻をいう。

【内史】ナイシ ①官名。周代は、王を補佐して、官職を任命したり爵位を与えたりすることをつかさどった。秦・漢代は、都である長安を治めた。隋・唐代には、一時期中書省（＝天子の命令を起草する機関）を内史省と称した。②日「内記（＝律令制で、中務省に属した官職）」の中国風の呼び名。

【内旨】ナイシ ①公式には発令されていない、天子の内々の意思。②皇后の意思。

【内示】ナイジ 日正式に発表する前に、内々で示す。例人事異動の―が出される。

【内事】ナイジ ①都城の中でおこなう行事。宗廟の祭祀などをいう。㊖外事。②国内の事項。③宮中の事項。④神仙の術。方術。

【内侍】ナイジ 一 宮中で、天子のそば近く仕える。また、その人。二 シナイ 日①律令制で、内侍司に仕えた女官。②斎宮寮の女官。

【内室】ナイシツ ①奥の部屋。②他人の妻、特に貴人の妻を敬っていうことば。令室。令夫人。令閨。奥方。

【内実】ナイジツ ①家の妻妾や財産。②実力。③内部の実情。内情。例政治の―。④（副詞的に）その実。実際は。内心。例それには―閉口している。

【内需】ナイジュ 日国内における、商品を買おうとする要求。また、その量。㊖外需。

【内▼豎】ナイジュ ①宮中で、王の命令の伝達や雑用にあたる未成年者の官職。②宦官。

【内柔外剛】ナイジュウガイゴウ 気弱でありながら、態度や話しぶりは強気なこと。外剛内柔。〈易・否・象〉㊖外柔内剛。

【内緒】ナイショ 日〔「内証」の変化。「緒」は、あて字〕①表に出さず、秘密にすること。内密。内内。例―話。②家の奥のほう。また、その家の暮らし向き。奥向き。例―はかなり苦しいそうだ。▽内証。

【内助】ナイジョ 妻が夫の活動をたすけること。例―の功。

【内相】ナイショウ ①翰林学士のこと。〔唐代、翰林学士であった陸贄は天子の諮問を受け内相と呼ばれた故事から〕②宦官。③日内務大臣。

【内訟】ナイショウ 自分を責める。〔「吾未レ見下能見二其過一而内自訟者上也（＝私はあやまちを見て自らを責めることができる人を見たことがない）。〈論語・公冶長〉」から〕

【内証（證）】ナイショウ ①〔仏〕自分の心のうちで悟ること。自内証。悟り。②ナイショ「内緒」に同じ。

【内障】ナイショウ ①〔仏〕心のうちにあって、悟りのさまたげとなるもの。煩悩。②眼球内におこる病気の総称。そこひ。例白―。

【内情】ナイジョウ ①内心の感情。②内部の事情。内実。内幕。例会社の―にくわしい。

【内職】ナイショク ①宮中の仕事。例后聴二内職一（＝皇后は宮中の仕事をとりしきる）。〈礼記・昏義〉②朝廷内の重要な官職。③日本業のほかにする仕事。副業。サイドビジネス。アルバイト。㊖本職。④日俗に、授業中や会議中などに、ひそかに他の作業をする。

【内心】ナイシン ①心のうち。心中。例―を打ち明ける。②日〔数〕多角形の各辺に内接する円の中心。㊖外心。

【内申】ナイシン 日内々に報告する。

【内臣】ナイシン ①自国の臣下。②宦官。③側近。

【内診】ナイシン 日①医師が女性の生殖器の内部を診察する。②医師が自宅で診察する。宅診。

【内親】ナイシン ①父方の親類。内戚。②妻の親類。姻戚。

【内人】ナイジン ①身内。親族。例無二内人之疏而外人之親一（＝身内をうとんじて他人に親しくしてはならない）。〈荀子・法行〉②妻や妾。③宮中の女官。④自分の妻。家内。

【内陣】ナイジン 日神社や寺院で、神体や本尊が安置されているところ。本殿や本堂の奥の部分。㊖外陣。

【内親王】ナイシンノウ 日天皇の娘や、孫にあたる女子。皇女。㊖親王。

【内政】ナイセイ ①国内の政治。㊖外交。例―干渉。②宮中の事務。③家庭内の事務。家政。④妻。

【内省】ナイセイ ①自分の心のはたらきやおこないを、ふりかえって考える。内観。自省。反省。例内省不レ疚（＝自らの心をふりかえってみて、やましいところがない）。〈論語・顔淵〉②宮中。

【内戚】ナイセキ ①天子に仕えている女性の近親者。②父または夫の親類。内親。㊖外戚。

【内接】ナイセツ ①非常に接近する。例戈矛内接（＝戈と矛がぶつかりあう）。〈後漢書・孔融伝〉②日〔数〕ある図形が他の図形の内側で接する。㊖外接。例―円。

【内戦】ナイセン 一つの国の中で、国民がいくつかの勢力に分かれてする戦争。内乱。

【内線】ナイセン 日①内側の線。②屋内の電線。③官庁や会社などで、内部だけに通じる電話線。例―番号。▽㊖外線。

【内奏】ナイソウ 非公式に天子に申し上げる。

【内装】ナイソウ 日建物や乗り物の内部の設備や装飾。インテリア。対外装。例—工事。

【内蔵】ナイゾウ ①中にたくわえる。②宮中の倉庫。例開二内蔵一、振二貧窮一(ナイゾウをひらき、ヒンキュウをすくう)(=宮中の倉庫を開いて貧しい人々を救済する)。〈漢書・東方朔伝〉③内臓。④日内部にもっていたり、そなえつけてあったりする。例タイマーを—する。

【内臓】ナイゾウ 動物の胸や腹の中にある諸器官。呼吸器・消化器・泌尿器など。

【内則】ナイソク ①家庭内のきまり。また、婦女道徳。例『礼記』内則篇(ダイソクヘン)(=『礼記』で、家庭内の礼儀について記した一篇)。②日ある団体や組織の内部にだけ通用する決まり。内規。

【内側】ナイソク|うちがわ うちの方。うちに面しているがわ。対外側。

【内孫】ナイソン|うちまご 日あと取り息子に生まれた子。〔息子の親からいうことば〕対外孫。

【内題】ナイダイ 日書物の扉や本文の最初に書かれている題名。対外題(ゲダイ)。

【内大臣】ナイダイジン ①唐の官職で、枢密使(=天子への上奏をとりつぐ)と護軍中尉(=首都防衛をつかさどる)。②清(シ)の官職で、天子の護衛をつかさどる。③うちのおとど|うちのおおいどの 日左大臣や右大臣とともに政務にかかわった官職。内府。④日明治以後、宮中に置かれた官職。つねに天皇を補佐して、国政にあたった。一九四五(昭和二十)年、廃止。内府。

【内諾】ナイダク 日いずれ正式に承諾することを、内々に明らかにする。例すでに—を得ている。

【内談】ナイダン 日関係者だけで内密に話し合う。密談。

【内地】ナイチ ①首都の周辺地域。畿内(キナイ)。②海や辺境から離れている地域。③一国の領土内。例—留学。④日(かつて日本が植民地とした地域に対して)本州その他の、日本固有の領土。対外地。⑤日北海道や沖縄から、本州を指していうことば。本土。

【内朝】ナイチョウ 皇室の家政をおこなうところ。

【内▼寵】ナイチョウ 君主の寵愛を受ける。また、その人。内嬖(ナイヘイ)。

【内通】ナイツウ 日①味方を裏切り、ひそかに敵などと通じる。内応。例—者。②妻もしくは夫以外の人とひそかに愛しあう。▽密通。

【内定】ナイテイ 正式に発表はできないが、内部では決まっている。また、決めてある。例就職が—した。

【内偵】ナイテイ 日こっそりと調査する。内密にさぐる。

【内的】ナイテキ 日①内部に関するさま。内部的。例—な原因が明らかになる。②精神や心のはたらきに関するさま。内面的。例—生活。▽対外的。

【内敵】ナイテキ 日国内や組織、また、仲間の中にかくれている敵。対外敵。

【内典】ナイテン|ナイデン 〔仏〕(儒教などの経典(ケイテン)に対して)仏教の経典(キョウテン)。対外典(ゲテン)。

【内▼帑】ナイド|ナイトウ ①天子の蔵。国庫。②国庫にある財貨。

【内内】ナイナイ|うちうち 日①表立てないで、身内の者だけで何かをする。内密。内輪(うちわ)。例お祝いは—ですませる。②ひそかに。ないしょで。例—決めておく。

【内発】ナイハツ 内部から自然に生じる。例賊臣内発(ゾクシンナイハツす)(=不忠の臣下が内側から出てくる)。〈漢書・武五子伝・賛〉

【内皮】ナイヒ 内側にある皮。対外皮。

【内府】ナイフ ①周代の官名。天子の蔵の管理をつかさどる。②天子の蔵。③清(シ)代の内務府。④日「内大臣(ダイジン)③④」に同じ。

【内附】ナイフ 帰順する。服属する。

【内部】ナイブ ①ものの内側。内面。例建物の—にはいる。②組織や集団の中。また、それを構成している人々。内輪(うちわ)。例—の意見をまとめる。▽対外部。

【内服】ナイフク ①首都の周辺地域。畿内(キナイ)。対外服。②日薬を飲む。内用。対外用。例—薬。

【内紛】ナイフン 日集団や組織の内部の、ごたごた。うちわもめ。内訌(ナイコウ)。例—にまきこまれる。

【内分】ナイブン ①〔数〕ある線分をその線分上の一点で二つにわける。対外分。②日外部に知られないようにする。内聞。内密。内内。例このことは、どうかご—に。

【内聞】ナイブン 日①非公式に、高貴な人の耳にはいる。例—に達する。②外部に知られないようにする。内分。内密。内内。例このことは—に願います。

【内壁】ナイヘキ ①建物などの内側のかべ。内部の囲い。対外壁。例城の—。②内側の面。例胃の—。

【内包】ナイホウ ①内部に含んでいる。例危険性を—する。②日〔哲〕概念の内容。たとえば「ヒト」という概念では、「哺乳動物」「火を使う」「ことばを話す」などのこと。対外延。

【内幕】ナイマク|うちマク 日内部の事情。例政界の—をあばく。

【内密】ナイミツ 日外部には知らせず、秘密にすること。ないしょ。

【内務】ナイム ①国内の政務。内政。②宮廷内の事務。③日会社などで、屋内でおこなう仕事。内勤。▽対外務。

【内面】一 ナイメン ①ものの内側の面。内部。②他人からは見えない、心のうち。内心。例—描写。▽対外面(ガイメン)・表面。二 うちづら 日家族や親しい仲間にだけ見せる、顔つきや態度。対外面(そとづら)。

【内約】ナイヤク 日内々の約束。例取引の—を得る。

【内憂】ナイユウ ①心のうちのうれい。②国内に起こるわざわいや心配ごと。国内の騒ぎ。内患。対外憂。③母の喪(も)。内艱(ナイカン)。

【内憂外患】ナイユウガイカン 〔内外の憂患の意〕国内や組織内に起きた心配ごとと、外国や外部とのかかわりから起きた心配ごと。〔「不レ有二外患一、必有二内憂一(ガイカンあらざれば、かならずナイユウあり)(=国外から侵略されなければ、必ず内乱が起こる)。〈国語・晋六〉」から〕例—こもごも至る。

【内用】ナイヨウ 日①内々の用事。個人的な用事。②薬を飲む。内服。対外用。例—薬。

【内容】ナイヨウ 日①中に入れてあるもの。中身。例—物。②実質。また、その意味や価値。対形式・外形。例—のある講演。

【内乱】ナイラン 国内がみだれ、国の内部で戦争や騒動が起こること。内戦。例—がうちつづく。

【内覧】ナイラン 日一般に公開せず、関係者だけが見ること。内見。例中元商品の—会。

【内陸】ナイリク 海岸から遠く離れた陸地。例—性気候。

【内輪】一 ナイリン 二重にある円形の、内側のもの。対外輪。例—山。二 うちわ 日①家族や仲間など、ごく親しい人々のあいだ。うちうち。例—で済ませる。②内緒。内内(ナイナイ)。内密。例—の相談。③ひかえめ。また、少なめ。例—に見積もる。

●案内(アンナイ)・以内(イナイ)・屋内(オクナイ)・家内(カナイ)・境内(ケイダイ)・構内(コウナイ)・国内(コクナイ)・室内(シツナイ)・車内(シャナイ)・体内(タイナイ)・年内(ネンナイ)・幕内(まくうち)

冃

冂2(4) 4 0309 5183 ボウ 漢 号 mào

意味 子供や異民族がかぶった頭巾(ズキン)。帽子。通帽。

[囘]

冂3(5) ⇩回(カイ)(272ジペ)

[冋]

冂3(5) ⇩冂(ケイ)(135ジペ)

冊

冂3（5） 1 2693 518A 教6 サツ 慣 サク 漢 陌 cè ふみ

［册］ 冂3（5） 2 4938 518C 別体字。

筆順 丨 冂 冂 冊 冊

なりたち ［象形］竹簡（=字を書いた札）をひもで編んだ形。諸侯が天子から受けとる命令書。

意味 ❶天子の命令書。例 冊書サク。冊立サク。❷字や絵をかきつけてとじたもの。例 冊子サッ。短冊タン。別冊ベッ。❸書物やノートなどを数えることば。例 一冊イッ。

古訓 中古 えらぶ・かしづく・はじむ・はじめ 中世 かしづく・ふだ 近世 かき・しからみ・たつ・ふだ

人名 ぶん

難読 冊子（そうし）

【冊書】サクショ ①竹簡を縄で編んで作る書物。②皇后や皇太子を立てたり、臣下に封土ホウドを与えたりするときに天子が発する命令書。冊命。③文書。歴史書。

【冊文】サクブン 天子が皇太子や皇后を立てたり、臣下に領土や爵位を与えたりするときの文書。のち、天子が祭祀シの際に読み上げる文書にもいう。

【冊封】サクホウ 天子が諸侯に取り立てたり、爵位を授けたりする。例 —使。

【冊命】サクメイ 天子が皇后や皇太子を立てたり、臣下に封土ホウドを与えたりする。また、その命令書。冊書。

【冊立】サクリツ 天子が皇太子や皇后を定める。

【冊子】サッシ ①本。書物。②書いたり印刷したりした紙を帳面の形にとじたもの。例 小—。

●合冊ガッ・短冊ザク・分冊ブン・別冊ベッ

冉

冂3（5） 2 4939 5189 ゼン（ゼム） 漢 琰 rǎn おか-す（をか-す）・すす-む・ゆ-く

［冄］ 冂2（4） 5184 本字。 ［冉］ 冂3（5） 別体字。

意味 ❶やわらかく、しなやかなさま。例 冉弱ゼンジャク。❷ゆるゆると進むさま。すすむ。ゆく。例 冉冉ゼン。

【冉冉】ゼンゼン ①ゆっくりと進むさま。②年月の過ぎていくさま。③やわらかく、しなやかなさま。

再

冂4（6） 1 2638 518D 教5 サ 慣 サイ 漢 隊 zài ふたたび

筆順 一 丆 丙 再 再 再

なりたち ［会意］「一（=いち）」と「冉（=のせ加える）」とから成る。一つのものに同じものを加えて二つとする。参考 この「再」は「冓」の下部と同じで、「冉ゼン」とは異なる。

意味 ❶もう一度。かさねて。ふたたび。例 再会サイ。再起サイ。❷もう一度する。ふたたびする。例 過言不レ再（カゲンはふたたびせず）（=あやまった発言は二度としない）。〈礼記・儒行〉❸何度も。繰り返し。しきりに。例 孔子周₂流海内₁、再干₂世主₁（コウシカイダイにシュウリュウし、しきりにセイシュにもとむ）（=孔子は天下を巡り歩き、繰り返し諸侯に仕官を求めた）。〈呂覧・遇合〉

古訓 中古 しきり・ふたたび・ふたつ・ふたり 中世 かさなる・しきり・ならびに・ならぶ・ふたたび・ふたつ 近世 かさなる・ふたたび・また・よる

難読 再従弟（いやいとこ・またいとこ）・再入（ふたしお）

【再演】サイエン 日 同じ劇などを、時を経てふたたび上演する。対 初演。

【再縁】サイエン 日 二度目の結婚をする。再婚。

【再応】サイオウ【再往】サイオウ 日 再度。ふたたび。例 —再三サン。

【再嫁】サイカ 女性が二度目の結婚をすること。

【再会】サイカイ ふたたび会う。例 —を期する。

【再開】サイカイ 日 中断していたことを、ふたたび始める。

【再刊】サイカン 日 ①休刊や廃刊になっていた刊行物を、ふたたび刊行する。②同じ内容の書物を、ふたたび刊行する。復刊。再版。

【再起】サイキ 病気や事故から、また、失敗や挫折ザセツから立ち直る。例 —を図る。—不能。

【再挙】サイキョ ①ふたたび兵を集めて戦いを起こす。②日 一度失敗した事業を、ふたたびおこす。再起。例 —をはかる。

【再見】サイケン 日 同じものをもう一度見る。また、見直す。例 古都—。参考 「ツァイチェン」は、現代中国語で、別れのときの挨拶アイサツのことば。さようなら（また会いましょう）。

【再建】サイケン・サイコン こわれた建物や、機能しない組織などを、たて直す。例 会社の—策。

【再現】サイゲン ふたたびあらわれる。また、ふたたびあらわす。例 当時の状況を映像で—する。

【再考】サイコウ もう一度考える。考え直す。再検討。例 —の余地はない。

【再校】サイコウ ①二度調べる。②二度目の校正。また、その校正刷り。二校。

【再興】サイコウ 衰えたり滅びたりした国や家や文化などを、もう一度さかんにする。また、ふたたび栄える。例 一姓不₂再興₁（イッセイサイコウせず）（=一つの氏族は二度栄えることはない）。〈国語・周下〉

【再顧傾₂人国₁】サイコひとのくにをかたむく 美人を形容することば。一国の君主がその美しさに惑わされて国を危うくする。傾国。例 一顧傾₂人城₁、再顧傾₂人国₁（イッコすればひとのしろをかたむけ、サイコすればひとのくにをかたむく）（=一度振り向けば人の城市をあやうくし、二度振り向けば人の国をあやうくする）。〈漢書・外戚伝上・李夫人〉

【再婚】サイコン 配偶者と死別または離婚した人が、あらためて結婚する。再縁。

【再再】サイサイ たびたび。再三。例 —にわたる警告。

【再三】サイサン 二度も三度も。再再。例 —再四シ。

【再従兄弟】サイジュウケイテイ 親どうしがいとこである、男子どうしの関係。またいとこ。ふたいとこ。はとこ。表記 年齢の上下、性別によって、「再従兄ジュウケイ・再従弟ジュウテイ・再従姉ジュウシ・再従妹ジュウマイ」などと書く。

【再宿】サイシュク ①二晩続けて泊まる。②二晩。

【再▼醮】サイショウ 〔「醮」は、冠礼や婚礼で、酒杯を酌みかわさず、一方的に受けて飲み干すこと〕①二度酒杯を受ける。②二度結婚すること。再婚。

【再審】サイシン 日 ①再審査。②〔法〕裁判所で判決の出た事件について、裁判をやり直す。例 —を求める。

【再生】サイセイ ①ふたたびこの世に生まれ出る。②息をふきかえす。蘇生ソ。③新たに生命を与える。多く、大恩を受けたときに使う。再造。例 再生父母（サイセイのフボ）（=大の恩人）。④日 心を入れかえて、生活を改める。更正。⑤日 生物が、失われたからだの一部を、もとのようにつくり出す。⑥日 心理学で、過去の経験や学習内容が、意識にあらわれ出る。⑦日 録音・録画した音声や映像を出す。例 ビデオを—する。⑧日 廃物を加工して、役立たせる。リサイクル。例 —紙。

【再選】サイセン 日 同じ人をふたたびえらび出す。また、同じ人がふたたびえらばれる。例 —を果たす。

【再造】サイゾウ ①壊れかけていたものをたて直す。再建。復興。

例国家―。②新たな生命を与える。生き返らせる。また、大きな恩恵を与えることをたとえていう。再生。
【再訂】サイテイ 日 一度直した書物の内容や字句を、ふたたび訂正する。例―版。
【再度】サイド 日 ふたたび。もう一度。
【再読】サイドク ①もう一度読む。読み直す。②日「再読文字サイドクモジ」の略。
【再読文字】サイドクモジ 日 漢文訓読で、一字を二度読む文字。「猶(なお…のごとし)」「未(いまだ…ず)」など。
【再任】サイニン 選ばれたり命じられたりして、ふたたび前と同じ役につく。例委員長に―される。
【再燃】サイネン 日 ①消えたはずの火が、ふたたびもえだす。②解決したはずのことが、ふたたび問題となる。例対立が―する。
【再拝】サイハイ ①続けて二度おがむ。例―稽首ケイシュ(=二度お辞儀をして頭を地面につける礼)。②手紙の終わりに書く挨拶アイサツのことば。
【再発】サイハツ ふたたび起こる。例病気が―する。
【再犯】サイハン ふたたび罪をおかす。
【再版】サイハン 同じ書物をもう一度出版する。また、その本。再刊。重版。
【再訪】サイホウ 以前におとずれたところを、ふたたびおとずれる。
【再来】サイライ ①ふたたびくる。例ブームが―する。②日 生まれ変わり。再生。③日 病院などで、初診ではない外来患者。対初診。
【再臨】サイリン キリスト教で、世界の終わりの日にキリストがふたたびこの世にあらわれるということ。
【再来年】サライネン 日 来年の次の年。明後年。

冏
冂5(7) 2 4940 518F ケイ漢 梗 jiǒng あき-らか

［囧］冂4(7) 56E7 本字。

意味 明るいさま。あきらか。通炯ケイ。例冏冏ケイケイ。冏然ケイゼン。
【冏冏】ケイケイ ひかり輝くさま。例冏冏秋月明シュウゲツあきらかなり(=秋の月が明るく輝いている)。〈江淹・孫廷尉雑述〉

冑
冂7(9) 2 4941 5191 チュウ(チウ)漢 宥 zhòu かぶと・よろい(よろひ)

意味 頭や首を守るためにかぶる武具。かぶと。例甲冑カッチュウ。

日本語での用法 《よろい》▼漢字本来の意味は、「甲」は、よろい、「冑」は、かぶとだが、日本で、「冑」を「よろい」と解した誤りから、「甲」を「かぶと」とする。
参考 「冑チュウ」は、世つぎの意の別の字。
【冑甲】チュウコウ かぶと(=冑)と、よろい(=甲)。甲冑カッチュウ。

［冒］冂7(9) ⇩冒ボウ(929ページ)

冓
冂8(10) 2 4942 5193 コウ漢 宥 gòu

意味 材木を交互に積み重ねる。かまえる。通構。

冕
冂9(11) 2 4943 5195 ベン漢 銑 miǎn かんむり

意味 天子から大夫タイフまでが用いる、礼装の冠。かんむり。例冕服ベンプク。冠冕カンベン。
【冕服】ベンプク 大夫タイフ以上の身分の人が礼装として用いた冠かんむりと衣服。
【冕▼旒】ベンリュウ ①冕の前後に垂れ下げる玉飾り。玉をひもでつらねたもの。また、その冠。②天子。

［冕］

㒼
冂9(11) 4 0311 34BC バン漢 マン呉 寒 mán

意味 たいら。

14 2画 冖 わかんむり部

上からおおいかぶせる形をあらわす。「冖」をもとにしてできている漢字と、「冖」の字形を目じるしにして引く漢字とを集めた。

この部首に所属しない漢字
軍→車1283

冖
冖0(2) 2 4944 5196 ベキ漢 錫 mì おお-う(おほ-ふ)

意味 おおう。通冪ベキ。

冘
冖2(4) 4 0312 5198 イン(イム)漢 侵 yín

意味 ❶行くさま。例冘然インゼン。❷刺す。撃つ。

冗
冖2(4) 1 3073 5197 常用 ジョウ漢 腫 rǒng むだ

［宂］宀2(5) 5B82 本字。

筆順 冖 冗

なりたち ［会意］「宀(=家)」と「儿(=ひと)」とから成る。人が家の中にいて耕作しない。時間があまる。

意味 ❶仕事をせず、ぶらぶらする。例冗散ジョウサン(=することがなくて、ひまである)。❷余分な。不必要な。むだ。例冗談ジョウダン。冗費ジョウヒ。❸くどい。だらだらとして、まとまりがない。いりみだれる。例冗長ジョウチョウ。冗漫ジョウマン。❹おろか。愚劣。例愚冗グジョウ。❺家を失って流浪する。離散する。例流冗リュウジョウ。

古訓 中古 あまる・かわく・ちる 中世 あまりもの・あまる 近世 あまる・ちる・まじはる

【冗員】ジョウイン ①決まった職務のない官吏。冗官。②余った人員。剰員。例―を整理する。
【冗官】ジョウカン 定まった実務を与えられていない官職、または官吏。散官。
【冗舌】ジョウゼツ 口数が多いこと。おしゃべり。饒舌ジョウゼツ。例―を弄ロウする。
【冗談】ジョウダン 日 ①むだばなし。おしゃべり。②たわむれのことば。ふざけばなし。例―を真まに受ける。③ふざけたおこない。いたずら。例―にもほどがある。
【冗長】ジョウチョウ 文章や会話などにむだが多くて、長たらしいさま。冗漫。対簡潔。例―な挨拶アイサツ。
【冗費】ジョウヒ むだな費用・出費。例―を節減する。―を省く。
【冗文】ジョウブン むだな文句。しまりのない文章。
【冗漫】ジョウマン 文章や会話にむだが多く、しまりがないさま。冗長。㊀簡潔。例—な報告書。

写

冖3（5） 1 2844 5199 教3

■シャ 漢呉 禡 xiě　■シャ 漢呉 馬 xiě

うつす・うつし・うつる

［寫］宀12（15） 2 5377 5BEB 旧字体。　［冩］冖12（14） 2 4948 51A9 別体字。

筆順 ⼂ 冖 冖 写 写

なりたち ［形声］「宀（＝安置するところ）」と、音「舄（サク…→シャ）」とから成る。別のところへ移す。

意味 ■ 流し込む。そそぐ。通瀉（シャ）。例 写水（シャスイ）（＝水をそそぐ）。写瓶（シャビョウ）（＝こちらのかめからあちらのかめに流しこむ。師から弟子に法を残りなく伝えること）。■❶もとの姿や形をそのとおりに描きだす。うつす。㋐文字や書物を書きうつす。例 写経（シャキョウ）。書写（ショシャ）。㋑姿や形や像をうつす。絵や文で描く。例 写実（シャジツ）。写生（シャセイ）。描写（ビョウシャ）。❷思いを述べる。のべる。例 我心写兮（わがこころのぶ）（＝自分の気持ちをのべる）。〈詩経・小雅・蓼蕭〉

古訓 中古 うつす・うつる・かしこまる・つくす・のぞく・ほと 中世 うつす・のぞく 近世 うつす・おく・かく・つくす・のぞく・のぶる

【写意】（シャイ） ①気持ちをかくさずに表に出す。まごころを尽くす。②画法の一つ。事物を写実的に描くのではなく、その精神を描きとり、作者の思いをあらわそうとするもの。

【写経】（シャキョウ） 経文（キョウモン）を書きうつす。また、書きうつした経。

【写字】（シャジ） 文字を書きうつす。例 —生（＝書記）。

【写実】（シャジツ） ものごとをありのままに、文章や絵画に表現する。例 —的。—主義。

【写照】（シャショウ） 肖像画を描く。

【写植】（シャショク） 日［印刷・出版界では「シャチョク」とも言う］「写真植字」の略。写真をとる方法で文字を印画紙にうつして、印刷用の版を作ること。

【写真】（シャシン） ①ものごとの真の姿や形を、うつし描く。また、そのうつしとった像。②日［英 photograph の訳語］写真機で像をうつしとること。また、そのうつしとった像。例 —機。カラー—。—をとる。

【写生】（シャセイ） ものや景色を、ありのままにうつし描く。絵画や詩歌などについていう。例 —文。—画。

【写譜】（シャフ） 日 楽譜を書きうつす。

【写本】（シャホン） 本を書きうつす。また、書きうつした本。㊀版本・刊本。

●映写（エイシャ）・活写（カッシャ）・試写（シシャ）・実写（ジッシャ）・書写（ショシャ）・接写（セッシャ）・転写（テンシャ）・筆写（ヒッシャ）・複写（フクシャ）・模写（モシャ）

［冝］冖5（7） ⇨宜（ギ）（367ページ）

冠

冖7（9） 1 2007 51A0 常用

■カン（クヮン） 漢呉 寒 guān　■カン（クヮン） 漢呉 翰 guàn

かんむり・かむり・かぶ-る

筆順 ⼂ 冖 冖 冗 冠 冠

なりたち ［会意］「冖（＝おおう）」と「元（＝あたま）」と「寸（＝身分による、きまり）」とから成る。髪をたばねるかんむり。

意味 ■❶頭にかぶるものの総称。かんむり。例 衣冠（イカン）。王冠（オウカン）。❷成人。元服。昔、男子は二十歳になると、かんむりをつける成人の儀式をおこなったことによる。例 冠婚葬祭（カンコンソウサイ）。弱冠（ジャッカン）。■❶かんむりをつける。冠する。例 楚人沐猴而冠耳（ソひとはモッコウにしてカンするのみ）（＝楚国の男（項羽）はサルが冠をつけたようなものだ）。〈史記・項羽紀〉❷上にかぶせる。かぶる。例 冠詞（カンシ）。冠水（カンスイ）。❸いちばん上に立つ。最もすぐれている。例 冠絶（カンゼツ）。天下（テンカ）に冠（カン）たり（＝いちばんすぐれている）。

日本語での用法《かんむり》「草冠（くさかんむり）・竹冠（たけかんむり）」▼「艹・⺮」など、上にかぶさる形の、漢字の部首。

古訓 中古 いただく・かうぶらしむ・かうぶり・かうぶる・さか・とさか 中世 いただく・かうぶり・かうむらしむ・かうむり・かぶり・かむり・かんぶり・かんむり・かんもり・とつさか 近世 かうぶり・かうぶる・かうむる・かしら・かむり・かんぶり・かんむり・かんむりす・つらぬく・とさか・まげる・まとふ

人名 たか・たかし・まさる

難読 冠木門（かぶきモン）・冠付（かむりづけ）・鶏冠（とさか）・初冠（ういこうぶり）

【冠位】（カンイ） 日 かんむりの色や材料などであらわした位階。

【冠▼纓】（カンエイ） かんむりのひも。あごの下で結び、かんむりを固定するもの。

【冠蓋】（カンガイ） ①かんむりと、車の上をおおう屋根。官吏の衣服と乗り物をいう。②高官。また、使者。

【冠軍】■（カングン） ①軍の中で一番の功績をあげる。例 布常冠軍（フつねにカングンたり）（＝黥布（ゲイフ）はいつも軍中で一番の功績をあげた）。〈史記・黥布伝〉②競技で一等になる。■（カングン） ①前漢の霍去病（カクキョヘイ）のこと。軍功によって「冠軍侯」に封（ホウ）じられたことによる。②将軍の称号の一つ。魏（ギ）・晋（シン）・南北朝時代の冠軍将軍。唐代の冠軍大将軍。

【冠▼笄】（カンケイ） 男女それぞれの成人の儀式。二十歳になると男子はかんむりをつけ、女子は笄（こうがい）を挿した。

【冠婚葬祭】（カンコンソウサイ） 元服（＝昔の成人式）・結婚・葬式・祖先の祭りの、四つの重要な礼式。

【冠詞】（カンシ） 日 英語・フランス語・ドイツ語などで、名詞の前に置いて、数や性や格など文法的なはたらきをあらわすことば。たとえば、英語の the, a, an など。

【冠辞】（カンジ） ①冠礼における祝いの口上。②日 枕詞（まくらことば）。和歌で、特定の語句の前に置いて語調をととのえる語。

【冠者】（カンジャ） ①元服して、かんむりをつけた男子。成人に達した男。②（カジャ） 日 ㋐六位で官位のない者。㋑年の若い召し使い。例 太郎—（タロウカジャ）。

【冠省】（カンショウ） 日［あたまの部分を省略する意］手紙で、書き出しの時候の挨拶（アイサツ）などをはぶく場合に使うことば。

【冠水】（カンスイ） 日 大雨や大水で、田野や道路などが水をかぶる。

【冠絶】（カンゼツ） くらべるものがなく、最もすぐれている。例 膂力驍捷、冠二絶一時一（リョリョクギョウショウ、イチジにカンぜつす）（＝腕力が強くてすばやく、当時並ぶものがなかった）。〈晋書・劉聡載記〉

【冠族】（カンゾク） 代々高官を出す名門の家柄。

【冠帯】（カンタイ） ①かんむりと、おび。②かんむりをつけ、おびを結ぶ。また、その礼装。③礼儀。例 冠帯之国（カンタイのくに）（＝礼儀正しい国）。〈韓非・有度〉④爵位や官職のたとえ。⑤役人。また、その家柄。

【冠弁】（カンベン） ①周代、天子が狩をしたり、諸侯が朝廷に出仕したりするときにつけたかんむり。また、広く儀礼に用いるかんむりをいう。

【冠▼冕】（カンベン） ①天子や高官がつけるかんむり。②高官になること。③代々高官を出す名門の家柄。冠族。④首位。また、首位に立つ。⑤立派である。

【弾レ冠振レ衣】（かんむりをはじきころもをふるう） ①かんむりをはじき衣を振ってちりを落とす。服装を整えること。〈楚辞・漁父〉から ②服装を整えて仕官に備えること。〈後漢書・李固伝〉

【冠履倒易】（カンリトウエキ） かんむりと履（くつ）の位置が、入れかわっていることのたとえ。上下が逆になっていることのたとえ。類 冠履顛倒（テントウ）。〈後漢書・楊賜伝〉

【冠礼】（カンレイ） 男子が二十歳になったときに初めてかんむりをかぶる成人の儀式。元服。初冠（ういこうぶり）。

●衣冠（イカン）・栄冠（エイカン）・王冠（オウカン）・鶏冠（ケイカン）・弱冠（ジャッカン）

冤 冖8 (10) ②4945 51A4 エン（ヱン）漢 オン（ヲン）呉 元 yuān

[冤] 冖8（10）── 俗字。 [寃] 宀8（11）②5367 5BC3 俗字。

意味 ❶ちぢめる。まげる。例 冤頸折翼（くびをまげつばさをおる）（＝行動の自由を奪われる意）〈漢書・息夫躬伝〉 ❷無実の罪。ぬれぎぬ。例 冤罪ザイ。冤死エン。 ❸うらみ。かたき。例 冤家エンカ。

【冤家】エンカ ①かたきの家。また、かたきの家の人。かたき。②〔苦悩をもたらすということから〕愛する人のこと。

【冤▼枉】エンオウ 〔「枉」も、無実の罪の意〕無実の罪。冤罪。

【冤鬼】エンキ 無実の罪を着せられて死んだ人の魂。類 冤魂。

【冤獄】エンゴク 〔「獄」は、事案・裁判の意〕罪を犯していない人を犯罪者として処罰する裁判。

【冤罪】エンザイ 無実のつみ。ぬれぎぬ。

【冤死】エンシ 無実の罪を着せられて死ぬ。

【冤声】エンセイ 無実の罪におちいった者の、うらみのこえ。

【冤訴】エンソ 無実の罪を訴える。類 冤訟。

【冤伏】エンプク 屈服する。

【冤憤】エンプン 無実の罪を着せられた怒り。

【冤抑】エンヨク 無実の罪を着せられる。

[冦] 冖8（10）⇩寇コ（378ジペー）

[冣] 冖8（10）⇩最サイ（644ジペー）

冢 冖8（10）②4947 51A2 チョウ漢 チュウ（チウ）呉 腫 zhǒng つか

意味 ❶大きな墓。つか。通 塚チョウ。例 冢墓チョウボ。 ❷山頂。例 山冢サンチョウ。 ❸大きい。地位が高い。例 冢君チョウクン。冢宰チョウサイ。 ❹正妻の。また、正妻の産んだ長男。例 冢室チョウシツ（＝正妻）。冢子チョウシ（＝嫡男）。

【冢▼塋】チョウエイ 〔「塋」も、墓の意〕墓。墓場。つか。冢墓。塚塋チョウエイ。

【冢君】チョウクン 君主。きみ。大君タイクン（おおきみ）。塚君チョウクン。〔他国の君主に対する敬称〕

【冢宰】チョウサイ 周代の官名。天子を助けて政治をおこなう役。宰相。太宰タイサイ。

【冢▼祀】チョウシ 〔「祀」は、まつりの意〕君主がおこなう先祖のまつり。

【冢墓】チョウボ 墓。つか。冢塋チョウエイ。塚墓チョウボ。

冥 冖8（10）①4429 51A5 常用 メイ漢 ミョウ（ミャウ）呉 青 míng くら-い（くら-し）

筆順 

なりたち  [形声]「日（＝ひ）」と「六（＝ろく）」と、音「冖ベキ→イメ」とから成る。十六日めで月が欠けはじめて、ほのぐらい。

意味 ❶光がなくてくらい。奥深い。くらやみ。例 冥冥メイメイ。晦冥カイメイ。幽冥ユウメイ。 ❷ものごとをよく知らない。おろか。くらい。例 頑冥ガンメイ。愚冥グメイ。 ❸死後の世界。死後の事柄。例 冥界メイカイ。冥土メイド。冥福メイフク。 ❹人間にはわからない、神仏のはたらき。例 冥加ミョウガ。冥利ミョウリ。 ❺⇩【冥▼茫】メイボウ ❻⇩【冥霊】メイレイ

古訓 中古 かすかなり・かなふ・くらし・そむく・はるかなり・よべ・よる・わかし 中世 くらし・はるかに 近世 いとけなし・おほふ・かすか・くらし・ふかし・よる

【冥加】ミョウガ ①〔仏〕知らず知らずに受ける、神や仏の助け。加護。おかげ。冥利ミョウリ。類 冥助ミョウジョ。例 ―金（＝冥加のお礼に、寺社に納めるお金）。②日 不思議に幸せであること。運がよいさま。好運。例 命いのち―なやつ。

【冥利】ミョウリ ①〔仏〕知らず知らずに受ける、神仏の助け。また、善行の報いとして受ける、利益や幸せ。冥加ミョウガ。類 冥益ミョウヤク。②日 その立場でしか味わえない、おもしろみや幸せ。例 役者―につきる。

【冥応】ミョウオウ・メイオウ 神仏の霊験。御利益ゴリヤク。

【冥界】メイカイ 〔仏〕死後の世界。あの世。冥土。類 冥境・冥路。

【冥▼晦】メイカイ 暗闇くらやみ。

【冥感】メイカン 真心が神仏に通じる。

【冥鬼】メイキ 〔仏〕冥界の幽鬼。死者の霊魂。

【冥合】メイゴウ 知らないうちに合致する。意図せずに合致する。暗合。

【冥想】メイソウ 目を閉じて、気持ちを静かにたもち、深く考えること。瞑想メイソウ。

【冥土】メイド【冥途】メイド 〔仏〕死者の魂が行くというところ。あの世。よみじ。冥界。冥府。

【冥罰】メイバツ・ミョウバツ 神仏が人知れず下す罰。

【冥府】メイフ ①死んでから行くというところ。あの世。冥土。②地獄にあり、閻魔大王エンマダイオウがいるという役所。

【冥福】メイフク 死後の幸福。あの世での幸せ。例 ―を祈る。

【冥▼芒】【冥▼茫】メイボウ はてしなく広く、ぼんやりしたさま。

【冥冥】メイメイ ①暗いさま。例 ―たる暗夜。②ものごとがよくわからないさま。③奥深いさま。④遠く離れていてぼんやりしているさま。例 ―のうちに（＝知らず知らずのあいだに）。⑤黙々と専心努力するさま。⑥死ぬこと。また、死後の世界。

【冥冥▼之志】メイメイのこころざし 黙々と専心努力する強い意志。〈荀子・勧学〉

【冥▼蒙】【冥▼濛】メイモウ 暗くてはっきりしないさま。

【冥▼佑】メイユウ 神仏のたすけ。加護。

【冥霊】メイレイ 楚ソの南方にあるという伝説上の木の名。きわめて長寿で、五百年ごとに葉が生えたり落ちたりするという。〔一説に、長寿の神亀シンキの名ともいう〕〈荘子・逍遥遊〉

[冨] 冖9（11）⇩富フ（382ジペー）

[冩] 冖12（14）⇩写シャ（141ジペー）

冪 冖13（15）②4949 51AA ベキ漢 錫 mì おお-う（おほ-ふ）

[羃] 罒13（18）②7018 7F83 別体字。

意味 ❶食物を入れた食器におおいかぶせる布。おおい。 ❷おおう。かぶせる。例 冪冪ベキベキ。 ❸同じ数や数式を何回もかけあわせたもの。累乗。例 降冪コウベキ。

【冪冪】ベキベキ 雲や霧などが深くおおうさま。

【冪▼歴】ベキレキ 広くおおうさま。

15 2画 冫 にすい部

氷の表面に、ひびわれたようにあらわれるすじ目の形をあらわす。「冫」をもとにしてできている漢字と、「冫」の字形を目じるしにして引く漢字とを集めた。

この部首に所属しない漢字
冬→夂308　次→欠718　馮→馬1462

冫
冫0（2）　2 4950　51AB　ヒョウ漢呉　蒸 bīng　こおり（こほり）

意味 こおる。**こおり**。通氷。

【冭】冫3（5）⇩太タイ（323ページ）　【冬】冫3（5）⇩冬トウ（308ページ）

【決】冫4（6）⇩決ケツ（752ページ）　【冴】冫4（6）⇩冴コ（143ページ）

冱
冫4（6）　2 4952　51B1　コ漢　ゴ呉　遇 hù　さ-える（さ-ゆ）・こお-る（こほ-る）

意味 こおりつくほど寒い。冷たい。**こおる**。通沍ゴ。例 冱寒ゴカン（＝非常に寒い。きびしい寒さ）。冱涸ゴコ（＝寒くてこおりつく。固まる）。

沃
冫4（6）　4 0315　34C7　国字　ただ

意味 人名に用いる字。参考 沃野ただの（＝姓）。

【冲】冫4（6）⇩冲チュウ（754ページ）　【冰】冫4（6）⇩氷ヒョウ（747ページ）

【況】冫5（7）⇩況キョウ（758ページ）

冴
冫5（7）　1 2667　51B4　人　コ漢　ゴ呉　遇 hù　さ-え・さ-える（さ-ゆ）・こお-る（こほ-る）

【冴】冫4（6）――旧字体。

なりたち ［形声］「冫（＝こおり）」と、音「牙コ」とから成る。こおる。〔「牙」は「互」が変化した形〕

意味 こおりつくほど寒い。冷たい。**こおる**。

日本語での用法 《さえる》①「目めが冴さえて眠ねむれない・頭あたまが冴さえる」▼頭や目のはたらきがはっきりしている。鮮明である。②「霜しもも冴さえる真夜中まよなか・月つきの冴さえた夜空よぞら」▼冷えきる。すみわたる。

古訓 中古 こほり・こる・さむし・さゆ・とづ・ふせく・みつ 中世 こる・さえたり・さえる・さむし・さゆる・つらら 近世 こごえる・さえる・さむし・つらら・とづる・ひゆる

冶
冫5（7）　1 4474　51B6　常用　ヤ漢呉　馬 yě　い-る　付表 鍛冶かじ

筆順 、 冫 冫 冶 冶 冶 冶

なりたち  ［会意］「冫（＝こおり）」と「台（＝やわらぎ変化する）」とから成る。とろける。

意味 ❶金属をとかして精製し、加工する。鋳物いものを作る。鋳いる。**いる**。例 冶金ヤキン。鍛冶かじ。❷かじ屋。鋳物師。例 大冶タイヤ。巧冶コウヤ（＝たくみな、かじ屋）。❸なまめかしい。美しい。例 冶容ヤヨウ。艶冶エンヤ。❹野外。通野。例 冶遊ヤユウ。

古訓 中古 あざむく・うつ・うるはし・きたふ・きる・とぐ・とろもす・ねやす・みがく・みやびかに・やす 中世 いる・きたふ・とらかす・みがく・みやびやか 近世 いものし・いる・かざる・きたふ・けす・とどのふ・とらかす・みやびやか

【冶金】ヤキン ①鉱石から金属を取り出すこと。ふきわけ。②金属を精製し、加工すること。

【冶鋳】ヤチュウ ①金属を鋳いる。鋳造する。②人を教育することのたとえ。人材を養成する。陶冶。

【冶遊】ヤユウ ①野遊び。春、野外で花などをめでること。野游ヤユウ。②芸妓ゲイギ遊び。

【冶容】ヤヨウ ①女性がなまめかしく容貌ヨウボウを飾ること。また、なまめかしい容貌。②美しい女性。

【冶郎】ヤロウ やさ男。うわき男。遊冶郎ユウヤロウ。

冷
冫5（7）　1 4668　51B7　教4　レイ漢　リョウ（リャウ）呉　梗 lěng　つめたい（つめ-たし）・ひえる（ひ-ゆ）・ひや・ひやす・ひやかす・ひややか・さめる（さ-む）・さます

筆順 、 冫 冫 冫 冷 冷 冷

なりたち  ［形声］「冫（＝こおり）」と、音「令レイ」とから成る。こごえる。

意味 ❶温度が低い。**つめたい**。**ひやす**。**ひえる**。例 冷害レイガイ。冷却レイキャク。秋冷シュウレイ。❷心のあたたかみがない。感情を動かさない。**ひややか**。例 冷酷レイコク。冷笑レイショウ。冷静レイセイ。❸落ちぶれてさびしいさま。わびしい。例 冷落レイラク。❹すべき仕事がない。ひまな。例 冷官レイカン。

日本語での用法 《ひや》「お冷ひや・冷ひやで一杯イッパイ」▼つめたい水や酒。

古訓 中古 かなふ・きよし・こほる・さむ・さむし・さやかに・すさまじ・すずし・つめたし・ひやかに・ひややかなり・ひゆ 中世 さむし・さやけし・すさまじ・すさまじし・すずし・すずしし・つめたし・ひややか・ひやす 近世 さむし・すさまじ・すずし・ひえる・ひやす・ひややか・ひゆる

人名 きよ・きよし・すずし

【冷暗】レイアン 日 つめたく、くらいこと。例 ―所に保存する。

【冷▼罨法】レイアンポウ 日〔「罨」は、上からかぶせる意〕冷水や薬をひたした布などで、患部をひやす治療法。

【冷雨】レイウ つめたい雨。例 春先の―。

【冷夏】レイカ 日 例年にくらべて気温の低い夏。

【冷菓】レイカ 日 ひやしたり、凍らせたりして作った菓子。また、つめたくして食べる菓子。ゼリーやアイスクリームなど。

【冷灰】レイカイ つめたくなった灰。無欲な心のたとえ。

【冷害】レイガイ 日 日照不足や異常低温のためにおこる、農作物の被害。

【冷汗】レイカン おそれたり、恥じたりしたときに出るあせ。ひやあせ。例 ―三斗サントの思い。

【冷官】レイカン【冷▼宦】レイカン 重要でなく、ひまな官職。

【冷眼】レイガン ①冷静で、客観的な目つき。②人をさげすんで見る、ひややかな目つき。

【冷気】レイキ ひんやりとした、つめたい空気。

【冷却】レイキャク ①ひやす。ひえる。例 ―装置。②日 つめたい関係になる。例 ―化する。③日 高ぶった気持ちを、しずめる。例 ―期間を置く。

【冷遇】レイグウ 日 人を、つめたい態度で粗末にあつかう。対厚遇・優遇。例 職場で―される。

【冷血】レイケツ ①体温が低いこと。対温血。②人間的なあたたかみが感じられず、薄情なこと。例 ―漢。

【冷厳】レイゲン 日 ①落ち着いていて、おごそかなさま。例 ―な態度。②ごまかしたりすることのできない、きびしいさま。例 ―な事実。

【冷語】レイゴ 冷酷なことば。皮肉。

【冷酷】レイコク 日 人間味がなく、むごいさま。例 ―な仕打ち。

【冷酒】レイシュ 燗カンをしてない酒。ひやざけ。ひや。

【冷笑】レイショウ ひややかに、あざけり、わらう。例 ―をうかべる。

【冷水】レイスイ 一 つめたい水。対温水。例 ―摩擦マサツ。二 ひやみず 日 つめたい水。ひやした水。例 年寄りの―（＝老人が冷水を

「冫」0—5画▼冫冭冬決冴冱沃冲冰況冴冶冷

浴びることから、高齢の人にふさわしくない行為を、ひやかしていうことば)。
【冷製】レイセイ 日 一度調理したものをさまし、つめたくして食べる西洋料理。例 —のスープ。
【冷静】レイセイ 感情に動かされず、落ち着いている。例 —な判断。—沈着。
【冷泉】一 レイセン ①つめたいわき水。②日 (セ氏二五度未満の)つめたい鉱泉。対 温泉。→【鉱泉】コウセン (1357ジペー) 二 レイゼイ 日 ①平安京の東西に通じる小路こうじの一つ。②藤原ふじわら氏の一門。代々、歌道を伝えた。
【冷戦】レイセン 日 国家間で、直接に戦争はしないものの、経済や外交など、多方面で激しく対立し、抗争すること。つめたい戦争。〔特に第二次世界大戦後の、アメリカとソ連との関係を指す〕例 —時代。
【冷然】レイゼン ①つめたいさま。例 —たる谷川の水。②思いやりがないさま。また、感情に動かされず、落ち着いているさま。例 —と決定を下す。
【冷蔵】レイゾウ 飲食物などを低温でたくわえておく。
【冷淡】レイタン ①情愛がない。やさしさがない。例 —なあしらい。②ものごとに対する関心や熱意がない。③くどくなく、さっぱりしている。あっさりしている。④ものさびしいさま。
【冷秩】レイチツ 少ない俸給。
【冷腸】レイチョウ 冷酷非情な心。
【冷徹】レイテツ 日 感情に動かされず、ものごとの根本を正確に見とおすさま。例 —な目。
【冷凍】レイトウ 日 食品などを人工的にこおらせる。対 解凍。例 —保存。
【冷肉】レイニク 蒸し焼きにしたあと、ひやした肉。コールドミート。
【冷評】レイヒョウ 日 同情や思いやりをまじえず、ひややかな態度で批評する。例 —を浴びる。
【冷風】レイフウ 肌につめたく感じる風。例 暍者反二冬乎冷風一(エッシャはふゆにレイフウにかえる)(=夏の暑気にあたった者は冬の冷風にかえりたがる)。〈荘子・則陽〉
【冷房】レイボウ 日 室内の温度を外の気温より低くして、すずしくする。また、その装置。対 暖房。例 弱—。
【冷落】レイラク ①さびれてさびしい。②冷遇する。
【冷冷】レイレイ ①寒々しいさま。②音が清らかなさま。③人の態度がひややかなさま。

【冷▼冽】レイレツ ①つめたい。②すがすがしい。清涼。

洗 冫6(8) 4 0316 51BC
一 ショウ 漢 迥 shěng 二 セン xiǎn
意味 一 「况洗キョウショウ」は、寒いさま。二 姓の一つ。通 洗。

洌 冫6(8) 2 4956 51BD
レツ 漢 屑 liè
きよ-い(きよ-し)
意味 ❶身を切られるように冷たい。寒さがきびしい。例 凜冽リンレツ。❷澄んでいる。**きよい**。例 清冽セイレツ。
【冽冽】レツレツ 寒く冷たいさま。

浴 冫7(9) 4 0317 205D6 国字
さこ
意味 地名に用いる字。参考 「⿰土谷・峪・硲」も「さこ」と読む。

涂 冫7(9) 3 1453 51C3
ト tú
意味 姓の一つ。通 涂ト。

涸 冫8(10) 2 4957 51C5
コ 漢 遇 gù
こご-る・こ-る
意味 寒くて固まる。こおる。**こごる**。例 涸凍コトウ。涸陰コイン(=いてる。こおりつく)。

准 冫8(10) 1 2958 51C6 常用
ジュン・ジュ 慣 シュン 漢 呉 軫 zhǔn
なぞら-える(なぞら-ふ)・なずら-える(なずら-ふ)
筆順
なりたち 「準ジュン」の一部を省略した形。
意味 ❶正式なものに次ぐ。**なぞらえる**。例 准将ジュンショウ。准三宮ジュサングウ。❷ゆるす。みとめる。例 批准ヒジュン。
参考 「淮ワイ」は、別の字。
古訓 中古 なずらふ・のり・ひとし・みづばかり・よる 中世 なずらふ・なぞらふ・よそへて 近世 なぞらふ・なぞらへ
人名 つぐ・のり・ひとし
【准教授】ジュンキョウジュ 日 大学などの教員のうち、教授の下、講師の上にある教員。〔従来の「助教授」に代わる職階〕
【准三宮】ジュサングウ・ジュンサングウ 日 皇后ではない天皇の生母や功績のある大臣などに与えられた称号。〔三宮(=太皇太后・皇太后・皇后)に准ずる者の意〕類 准三后ジュサンゴウ・ジュンサンゴウ・准后ジュゴウ・ジュンゴウ。
【准士官】ジュンシカン 日 旧陸海軍の階級の一つ。尉官の下位で下士官の上位。陸軍の准尉、海軍の兵曹長。
【准将】ジュンショウ 日 (アメリカなどの軍隊の階級で)少将の下、大佐の上の位。代将。

凄 冫8(10) 1 3208 51C4 常用
[淒] 氵8(11) 2 6239 6DD2 本字。
セイ 漢 斉 qī
すさま-じい(すさま-じ)・すご-い(すご-し)・すご-む
筆順
なりたち  [形声]「氵(=みず)」と、音「妻セイ」とから成る。雨雲が起こるさま。また、寒々しいさま。
意味 ❶さむい。ひえびえとして、ものさびしい。例 凄凄セイセイ。凄然セイゼン。❷悲しむ。いたむ。いたましい。通 悽セイ。例 凄惨セイサン。凄絶セイゼツ。
日本語での用法 《**すさまじい**》《**すごい**》「凄すさまじい人波ひとなみ・凄すごい風かぜ」▼程度が激しい。
古訓 中古 さむし・すずし・ひゆ 中世 さむし・すさまじ 近世 さむし・すさまじ・すずかぜ
【凄艶】セイエン 哀愁をただよわせ、なまめかしく美しい。例 —な美女。
【凄惨】セイサン 目もあてられないほど、いたましい。きわめてむごい。悲惨。例 —な事故の現場。
【凄凄】セイセイ ①風雨が激しく、寒いさま。凄然。②雨雲がさかんに起こるさま。③涙のさかんに流れるさま。さめざめと泣くさま。④音楽の響きわたるさま。⑤草木がさかんに茂るさま。萋萋セイセイ。蒼蒼ソウソウ。
【凄絶】セイゼツ きわめていたましい。すさまじい。例 —な戦い。
【凄然】セイゼン ①わびしく、いたましいさま。②肌寒いさま。冷ややか。
【凄涼】セイリョウ ①ものさびしいさま。②いたましいさま。
【凄▼寥】セイリョウ ものさびしいさま。

清 冫8(10) 3 1454 51CA
セイ 漢 敬 qìng
すず-しい(すず-し)
意味 ❶寒い。**すずしい**。❷すずしくする。→【温清定省】

オンセイ テイセイ（792ページ）

凋
冫8（10）　1 3592 51CB

チョウ（テウ）漢 蕭 diāo
しぼ-む

意味 花などがしおれる。**しぼむ**。なえる。また、衰える。おちぶれる。例 凋喪。凋落。枯凋。

【凋謝】①花などがしおれて落ちる。②人が死ぬ。〔「謝」も、衰える意〕

【凋傷】①草木などがしおれて枯れる。②人が衰弱して死亡する。

【凋喪】しぼみ、衰える。

【凋弊】衰える。疲弊する。

【凋落】①草木の花や葉が、しぼんで落ちる。②おちぶれる。衰える。例 ―した旧勢力。③衰えて死ぬ。

【凋零】①花や葉などがしおれて落ちる。②衰える。疲弊する。③人が死ぬ。

凍
冫8（10）　1 3764 51CD　常用

トウ 漢 送 dòng
こおる（こほ-る）・こごえる（こご-ゆ）・し-みる（し-む）・い-てる（い-つ）

筆順

なりたち [形声]「冫（=こおり）」と、音「東トウ」とから成る。かたくこおる。

意味 ❶いてつく。**こおる**。例 凍結。凍傷。❷寒さのために感覚がなくなる。**こごえる**。例 凍死。凍傷。❸氷。こおり。例 凍解氷釈。

古訓 中古 こいたり・こごいたり・こほり・こほる・こる・さむし・さゆ・しむ 中世 こほり・こほる・こる 近世 こごえる・こほり・こほる

【凍雨】①ひさめ。みぞれ。②にわか雨。凍雨。例 ―、沛然として至る。

【凍解氷釈】氷が溶ける。疑問が氷解することをたとえる。氷解凍釈。〈朱熹・中和旧説序〉

【凍結】①こおりつく。氷結。例 路面が―する。②日 現状を変えないようにする。例 資産を―する。

【凍死】寒さのために死ぬ。こごえじに。

【凍傷】厳しい寒さのために皮膚に起こる傷害。

【凍▼瘡】軽い凍傷。しもやけ・ひび・あかぎれなど。

【凍▼餒】〔「餒」は、飢える意〕こごえ飢えること。類 凍餓・凍飢。例 飢寒凍餒之憂（=飢えと寒さの苦しみ）。〈墨子・非命上〉

【凍土】こおった土。ツンドラ。

凌
冫8（10）　1 4631 51CC　人

リョウ 漢 蒸 líng
しの-ぐ

なりたち [形声]「冫（=こおり）」と、音「夌リョウ」とから成る。つき出してとがった氷。

意味 ❶氷。こおり。例 凌室。氷凌。❷こえて上に出る。こえる。**しのぐ**。通 陵。例 凌二万頃之茫然一（=果てしなく広い水面をこえてゆく）。〈蘇軾・赤壁賦〉凌雲。凌駕。❸力ずくでおかす。あなどりはずかしめる。通 陵。例 凌辱。❹おそれる。例 凌遽。

古訓 中古 きびし・こほり・はげし 中世 こほり・しのぐ 近世 こほり・しのぐ・ひむろ

難読 凌霄花のうぜんかずら

【凌雲】雲をしのいで高くそびえること。また、雲よりも高く飛ぶこと。多く、志が遠大なことのたとえ。陵雲。

【凌雲▼之気】俗世間を超越した高い志。陵雲之志。〈史記・司馬相如伝〉

【凌煙】雲よりも高くのぼる。天高くのぼる。凌雲。

【凌煙閣】功臣の肖像画が飾られた楼閣状の宮殿の名。唐の太宗が功臣二十四人の像を描かせて飾ったのが有名。

【凌▼駕】競争相手よりも上に出る。他をしのぐ。陵駕。例 はるかに―する力量。

【凌▼遽】①おそれおののく。②すばやい。

【凌室】氷を貯蔵する所。氷室ひむろ。

【凌▼霄】〔「霄」は、天の意〕①天をしのぐ。志の高いことのたとえ。凌雲。例 凌霄蓋世之志。〈開元天宝遺事〉②ノウゼンカズラ。つる性の落葉樹で、夏に黄赤色の花を多くつける。凌霄花。

【凌辱】①人をあなどって、はずかしめる。例 非理凌辱（=無礼をはたらき、はずかしめる）。〈周書・王悦伝〉②婦女をおかす。▽陵辱。

【凌人】①周代の官名。氷の管理をつかさどる。②権勢によって人をおさえつける。

【凌遅】①ゆるやか。②衰える。③肉を切りそぐ刑罰。▽陵遅。

[凉] 冫8（10）⇨ 涼リョウ（790ページ）

[凖] 冫10（12）⇨ 準ジュン（802ページ）

凜
冫13（15）　2 8405 51DC　人

リン（リム）漢 寝 lǐn

[凛] 冫13（15）　2 4959 51DB　人　俗字。

なりたち [形声] 本字は「凜」で、「冫（=こおり）」と、音「稟リン」とから成る。さむい。

意味 ❶身が引きしまるように、厳しく寒い。例 凜乎リンコ。凜冽リンレツ。❷おそれつつしむ。おそれる。例 凜畏リンイ。凜凜リンリン。

日本語での用法 《リ》「凜凜りりしい姿すがた」▼姿や態度が、きりりとして力強くたのもしい。

古訓 中古 きよし・さむし・すむ 中世 さえたり・さむし・すさまじ 近世 さむし・すさまじ

【凜▼乎】①寒さの厳しいさま。②おそれで身が引きしまるさま。③勢いがあり、きりっとしているさま。例 ―たる気迫。

【凜森】ぞっとするさま。

【凜然】①寒さが厳しいさま。②厳粛なさま。りりしく、勇ましいさま。例 ―たる態度でのぞむ。

【凜慄】①寒くて、ふるえるさま。②おそれおののくさま。

【凜凜】①寒いさま。②おそれつつしむさま。③勇ましいさま。りりしいさま。例 勇気―。▽懍懍リンリン。

【凜▼冽】【凜烈】寒気の厳しいさま。例 玄冬―の候。

凝
冫14（16）　1 2237 51DD　常用

ギョウ 漢 呉 蒸 níng
こる・こらす・こご-る・しこり

筆順

なりたち [形声]「冫（=こおり）」と、音「疑ギ→ギョウ」とから成る。こおって、かたまる。

意味 ❶かたまる。**こごる**。**こる**。例 凝結ギョウケツ。凝固ギョウコ。凝集ギョウシュウ。❷考えや視線などを集中させる。**こらす**。例 凝思ギョウシ。凝視ギョウシ。❸じっとして動かない。止まる。例 凝然ギョウゼン。❹程度がはなはだしい。きびしい。例 凝寒ギョウカン。

日本語での用法 一《こり》《こる》「肩かたが凝こる・凝こりをほぐす・趣味シュミに凝こる」▼集中する。集中して固まる。熱中する。二《しこり》「凝しこりが残のこる」▼わだかまり。

古訓 中古 かたし・こごる・こらす・こる・さだまる・さだむ・さだむる・とどむ・なる 中世 かたし・こごる・こらす・こる・とどまる・なる 近世 かたし・かたまる・こごる・こごる・こほりかたまる・こほる・こらす・こる・さだむ・とどまる・なる・むすぶ・むすぼる

人名 こおる・こり

難読 混凝土(コンクリート)

【凝寒】ギョウカン 厳しい寒さ。

【凝議】ギョウギ 回じっくり話し合う。熟議。

【凝血】ギョウケツ 体外に出た血液が固まる。また、固まった血液。

【凝結】ギョウケツ こりかたまる。気体が液体に、液体が固体に変わる。凝固。凝縮。

【凝固】ギョウコ ①落ち着いている。しっかりしている。②こりかたまる。③回〔物〕液体が固体になること。凝結。凝縮。㊟融解。

【凝思】ギョウシ じっと考えこむ。

【凝脂】ギョウシ ①こりかたまった脂肪。白くてつややかな美しい肌のたとえ。例 温泉水滑洗二凝脂一(オンセンみずなめらかにしてギョウシをあらう)(=温泉の湯はなめらかで、白くつややかな肌を洗う)。〈白居易・長恨歌〉②濃密で、すきまがないもののたとえ。多く、法制度が整備されていること。

【凝視】ギョウシ 目をこらす。じっと見つめる。熟視。例 一点を—する。

【凝集】【凝▼聚】ギョウシュウ 固まり集まる。例 一か所に—する。

【凝縮】ギョウシュク ①ばらばらのものが、一つにまとまり固まる。②回〔物〕気体の一部が液体になること。凝結。凝固。

【凝神】ギョウシン(シンをこらす) 精神を集中させる。例 凝レ神著レ書(シンをこらしてショをあらわす)(=精神を集中させて書物を著す)。〈沈作喆・寓簡〉

【凝絶】ギョウゼツ 止まる。中断する。

【凝然】ギョウゼン じっとして動かないさま。例 —と立ちつくす。

【凝想】ギョウソウ 思いをこらす。精神を集中させて考える。

【凝霜】ギョウソウ ①固まった霜(しも)。②霜になる。

【凝滞】ギョウタイ ①こだわる。例 聖人不レ凝二滞於物一(セイジンはものにギョウタイせず)(=聖人はものにこだわらない)。〈楚辞・漁父〉②とどこおって前に進まない。渋滞。③固まる。凝結。凝固。

【凝▼湛】ギョウタン 止水が清く澄みきっていること。また、心が清らかなこと。

【凝▼佇】ギョウチョ じっと立ちどまる。たたずむ。凝立。

【凝眺】ギョウチョウ 目をこらして遠くをながめる。凝望。

【凝閉】ギョウヘイ 霜がおり、地が凍る。また、凍りつく。いてつく。

【凝望】ギョウボウ ①目をこらして、遠くの一点を見つめる。凝眺。例 遠くの山の頂上を—する。②まちのぞむ。期待する。

【凝立】ギョウリツ 動かないで、じっと立っている。

〔凞〕 冫15(17) ⇩煕(キ)(838ジペー)

16 2画

几 つくえ きにょう (⺇ かぜかんむり かぜがまえ) 部

ひじかけの形をあらわす。「几」をもとにしてできている漢字と、「几」および「⺇(=風の省略体)」の字形を目じるしにして引く漢字とを集めた。

0 几 ⺇ 146　1 凡 凢 146　3 処 147　凧 4 147　凩 147　凪 6 147　凭 凮 7 148　凬 9 148　凰 10 148　凱 12 148　凳 凴 148

この部首に所属しない漢字

冗→冖140　夙→夕313　兕→口241　風→風1446　鳧→鳥1491　鳳→鳥1492

几 几0(2) 2 4960 51E0 キ漢呉 紙 jī つくえ

意味 ❶ひじかけ。脇息(キョウソク)。例 几杖(キジョウ)。❷つくえ。通机。例 几案(キアン)。明窓浄几(メイソウジョウキ)。

【几案】キアン 〔「案」も、つくえの意〕台。つくえ。机案。案几。

【几閣】【几格】キカク つくえと、たな。例 文書盈二於几閣一(ブンショキカクにみつ)(=文書が机やたなにいっぱいになる)。〈漢書・刑法志〉

【几▼杖】キジョウ ひじかけと、つえ。老人がからだを支えるために用いるもの。例 謀二於長者一、必操二几杖一以従レ之(チョウジャにはかるには、かならずキジョウをとりてもってこれにしたがう)(=年長者に相談するときは、必ずひじかけとつえを持っていく)。〈礼記・曲礼上〉

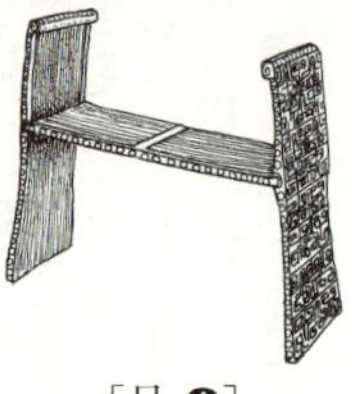
[几❶]

【几帳】キチョウ 回昔、室内の仕切りに使った、ついたてのような道具。台に立てた柱に、横木をわたして布の幕を垂らした。

【几帳面】キチョウメン 回細かいところまで気をくばり、きちんとするさま。また、規則正しいさま。例 —な人。

⺇ 几0(2) 4 0318 20628 ⇨部首解説

凡 几1(3) 1 4362 51E1 常用 ハン(ハム)漢 ボン(ボム)呉 咸 fán すべ-て・およ-そ・おおよそ(おほよそ)

凢 几1(3) 3 1456 51E2 俗字。

筆順 ノ 几 凡

なりたち 〔会意〕「下(=ならぶ)」と「乚(=及ぶ)」とから成る。とりまとめていうときに使うことば。およそ。

意味 ❶あらゆる。すべて(の)。いろいろ(の)。例 凡例(ハンレイ)。凡百(ボンピャク)。❷全部で。総計して。**おおよそ**。**およそ**。例 陳勝王凡六月(チンショウオウたることおよそリクゲツ)(=陳勝が王だったのは合計六か月だ)。〈史記・陳渉世家〉❸一般に。**およそ**。総じて。例 凡為二天下国家一有二九経一(およそテンカコッカをおさむるにキュウケイあり)(=一般に天下国家を治めるには、九つの原則がある)。〈中庸〉❹ありふれた。普通の。つまらない。例 凡才(ボンサイ)。凡人(ボンジン)。非凡(ヒボン)。

古訓 中古 おほよそ・おろかなり・かぞふ・ことごとく・すぶ・すべて・みな・もろもろ 中世 おほよそ・およそ・すべて・つたなし 近世 いやし・おほむね・およそ・かろし・すべて・つね・みな

人名 ちか・つね・なみ・ひろ・ひろし

【凡例】ハンレイ 本のはじめに、その本の方針や体裁などを、まとめて説明したもの。〔『春秋』(=春秋時代、魯(ロ)の国の歴史書)の注釈書である『春秋左氏伝』が『春秋』の記述法を説明するときに「凡(およそ)…」と書き出したことから〕→【春秋筆法】シュンジュウのヒッポウ(626ジペー)

【凡愚】ボング 平凡で何の取りえもないこと。また、その人。

【凡骨】ボンコツ 人並みの素質や力量。また、その人。例 —の及ぶところでない。

【凡才】ボンサイ ありふれていて、特にすぐれたところのない才能。また、その人。鈍才。㊟天才。

【凡作】ボンサク 回すぐれた点の見られない作品。つまらない作品。駄作。㊟傑作・秀作。

【凡策】ボンサク 回ありふれた策略。平凡な計画。

【凡手】ボンシュ 平凡な腕前。また、その人。㊟名手。

【凡人】（ボンジン|ボンニン|ハンジン） 特にすぐれたところのない、普通の人。平凡な人。凡俗。

【凡俗】（ボンゾク） ①特にすぐれた点がなく、世間並みであること。例—な暮らしぶり。②凡人。俗人。例—のたわごと。

【凡百】（ボンピャク|ボンビャク|ハンピャク） ①いろいろの。もろもろの。あらゆる。例凡百君子（ボンピャクのクンシ）（=あらゆる君子）。〈詩経・小雅・雨無正〉②あらゆる人々。例凡百敬二爾位一（ボンピャクそのくらいをつつしむ）（=みな自らの職位をつつしんで仕事にはげむ）。〈応瑒・侍五官中郎将建章台集詩〉

【凡夫】（ボンプ|ボンブ） ①平凡な、普通の人。②〔仏〕煩悩にとらわれ、仏の教えを理解できない人。例—の浅ましさ。

【凡凡】（ボンボン） きわめて平凡なさま。例平平—。

【凡庸】（ボンヨウ） ありふれていて、目立つところがないこと。平凡。例才能不レ過二凡庸一（サイノウはボンヨウにすぎず）（=才能は人並みでしかなかった）。〈史記・絳侯周勃世家・賛〉

【凡慮】（ボンリョ） 凡人の考え。平凡な考え。例とても—のおよぶところではない。

●大凡（ハンタイ|おおよそ）・非凡（ヒボン）・平凡（ヘイボン）

処

几3（5） 1 2972 51E6 教6

一 ショ 漢 語 chǔ

二 ショ 漢 御 chù

おーる（をーる）・ところ

［處］ 虍5（11） 2 4961 8655 旧字体。

筆順 ノ ク 夂 処 処

なりたち  ［会意］「夂（=あとからついて来る）」と「几（=こしかけ）」とから成る。落ち着くところを得て、とまる。おる。

参考 『説文解字（セツモンカイジ）』には「處」もあり、「處」は「処（=おる）」と、音「虍（コ→ショ）」とから成る形声文字。

意味 一 ❶ある場所に身をおく。一定のところにとどまっている。おる。例処世（ショセイ）。❷官職につかずに家にいる。例処士（ショシ）。出処進退（シュッショシンタイ）。❸結婚せずに家にいる。例処子（ショシ）。処女（ショジョ）。❹しかるべきところにおく。とりはからう。とりさばく。おく。例処遇（ショグウ）。処置（ショチ）。身（み）を処（ショ）する。❺とどめる。やむ。例処暑（ショショ）。二 場所。ところ。例処処（ショショ）。随処（ズイショ）。

古訓 中古 おく・ことわる・すう・ところ・とどまる・とどむ・やすむ・やむ・ゐる・をり 中世 ことわり・ことわる・ところ・とどまる・をる 近世 いこふ・さだまる・ところ・とどまる・とどめる・はからふ・わかつ・をる

人名 おき・さだむ・すみ・ふさ・やす

難読 処女（おとめ）・何処（いずこ|どこ）・止処（とめど）・目処（めど）・在処（ありか）・隠れ処（が）・住処（すみか）

【処遇】（ショグウ） 人の能力や人格などを評価して、待遇を決める。例—を改善する。

【処刑】（ショケイ） 刑罰を加える。特に、死刑を実行する。

【処決】（ショケツ） ①処置をする。裁決。②死刑を執行する。③日覚悟を決める。例—を要する大事。

【処士】（ショシ） 官職につかないで、民間にいる人。処子。例処士横議（ショシオウギす）（=民間の人々は好き勝手に政治を議論する）。〈孟子・滕文公下〉

【処子】（ショシ） ①まだ結婚していない女性。処女。②「処士（ショシ）」に同じ。

【処事】（ショジ） ものごとをとりさばく。ものごとを処理する。仕事をする。例徳以処レ事（トクもってことをショす）（=徳によってものごとをとりさばく）。〈左伝・文六〉

【処守】（ショシュ） 君主が遠征や外交などで都を離れる間、都城の守備をつかさどる官。

【処処】（ショショ） あちらこちら。ここかしこ。ところどころ。所所（ショショ）。例処処聞二啼鳥一（ショショテイチョウをきく）（=あちこちから鳥のさえずりが聞こえてくる）。〈孟浩然・春暁〉

【処所】（ショショ） いどころ。とどまるべきところ。

【処暑】（ショショ） 〔暑さがやむ意〕二十四節気の一つ。太陽暦で八月二十三日ごろ。

【処女】（ショジョ） ①まだ嫁に行かないで、家にいる娘。処子。②未婚の女性。特に、男性と性的交渉をもったことのない女性。きむすめ。→【童貞】（ドウテイ）（991ページ）。③日まだだれも手をつけたり、足をふみ入れたりしていないこと。例—地。④日はじめての。最初の。例—作。—航海。

【処世】（ショセイ） 世の中を生きていくこと。生活していくこと。世わたり。例—術。

【処世訓】（ショセイクン） 日信念や経験などをもとにした、処世に役立つ教え。

【処断】（ショダン） 処理し決定する。例処断明允（ショダンメイイン）（=処理・決定が明確で公正である）。〈晋書・王渾伝〉

【処置】（ショチ） ①ものごとをとりさばき、きちんとかたをつける。処理。措置。例—を施す。—なし（=ひどすぎて手がつけられない）。②罰する。処罰。③日病気や傷の手当てをする。例応急—。

【処罰】（ショバツ） 罰する。処分。処置。

【処分】（ショブン） ①ものごとをさばいて、かたをつける。処理。②罰する。処罰。③日不用品を手放して整理する。例古い家具を—する。

【処方】（ショホウ） 医師が患者の病状にあわせて、薬の種類や分量などを指示する。また、その指示したもの。

【処方箋】（ショホウセン） 日〔「箋」は、紙片の意〕医師が処方を書いた書類。処方書。

【処約】（ショヤク|ヤクにおる） 〔「約」は、貧困の意〕貧しい状況に身を置く。例不仁者不レ可二以久処一レ約（フジンシャはもってひさしくヤクにおるべからず）（=仁徳のない者は、長い間貧しい状況に身を置くことができない）。〈論語・里仁〉

【処理】（ショリ） ①仕事や事件などをあつかって、かたづける。例外交問題を—する。②ものをつくりだすとき、熱や圧力や薬品などで加工する。例熱—。

●善処（ゼンショ）・対処（タイショ）

凧

几3（5） 1 3492 51E7 人 国字

たこ・いか・いかのぼり

なりたち 国字。［会意］「風（=かぜ）」の省略体と「巾（=ぬの）」とから成る。たこ。

意味 たこ。細い竹の骨に紙をはり、糸をつけて空に飛ばすもの。方言で、「はた」「いか」「いかのぼり」。

古訓 近世 いか

凩

几4（6） 2 4962 51E9 国字

こがらし

意味 秋の終わりから冬の初めにかけて吹く寒い風。こがらし。

凪

几4（6） 1 3868 51EA 人 国字

なぎ・なーぐ

なりたち 国字。［会意］「風（=かぜ）」の省略体と「止（=やむ）」とから成る。風がやむ。

意味 風がやんで波が静かになる。なぐ。なぎ。例朝凪（あさなぎ）。夕凪（ゆうなぎ）。

凭

几6（8） 2 4963 51ED

ヒョウ 漢 蒸 píng

よーる・もたーれる（もたーる）

【凭】几12(14) 4 0320 51F4 別体字。
意味 (ひじかけなどに)よりかかる。よる。もたれる。例 凭几（＝つくえによりかかる）。凭欄（＝手すりにもたれる）。

【凬】几6(8) ⇩風（1446ページ）

【凫】几7(9) ⇩鳧（1491ページ）

【凰】几9(11) 2 4964 51F0 人 コウ(クヮウ)漢 オウ(ワウ)呉 陽 huáng おおとり(おほとり)
なりたち [会意]「鳳皇」の「皇」を「鳳」に合わせて整えた字。
意味 めでたいときにあらわれるとされた、想像上の鳥。おおとり。凰は、めす、鳳は、おす。例 鳳凰。
古訓 中世 めんどり 近世 とりのな

【凱】几10(12) 1 1914 51F1 人 ガイ慣 カイ漢 賄 kǎi かちどき
【愷】忄10(13) 3 8459 6137 本字。
なりたち [形声]「忄(＝こころ)」と、音「豈キ→イカ」とから成る。やすらぎ、たのしむ。
意味 ❶やわらぐ。たのしむ。例 凱弟。❷戦いに勝ったときに上げる喜びの声。また、そこで奏する音楽。かちどき。例 凱歌。凱旋。
参考 「顧愷之」は、東晋の文人画家。
古訓 中世 たのしむ・ねがふ 近世 たのしむ・よし
人名 たのし・とき・やす・やすし・よし
【凱歌】ガイカ 戦いの勝利を祝ってうたう歌。例 —をあげる。
【凱旋】ガイセン 戦いに勝って帰る。
【凱旋門】ガイセンモン 凱旋する軍隊を歓迎し、勝利を記念するためにつくった門。
【凱弟】【凱▼悌】ガイテイ 楽しみ和らぐ。豈弟ガイテイ。例 凱弟君子、民之父母（＝楽しみ和らぐ君子は、民の父母である）。〈礼記・孔子間居〉
【凱風】ガイフウ 初夏に吹く、そよ風。南風。例 凱風自レ南（＝そよ風が南からやってきた）。〈詩経・邶風・凱風〉

【凳】几12(14) 4 0319 51F3 トウ漢 径 dèng
意味 背もたれのない腰掛け。こしかけ。例 凳子（＝こしかけ）。「子」は語調を整えるために添えられた字。

【凴】几12(14) ⇩凭（147ページ）

17 2画 凵 かんにょう うけばこ 部

上に向いて口のあいている形をあらわす。「凵」をもとにしてできている漢字と、「凵」の字形を目じるしにして引く漢字とを集めた。

この部首に所属しない漢字
画→田 891 幽→幺 443 歯→歯 1515

【凵】凵0(2) 2 4965 51F5 カン慣 ケン(ケム)漢 豏 kǎn
意味 口をひらくこと。また、そのさま。

【凶】凵2(4) 1 2207 51F6 常用 キョウ漢 グウ呉 冬 xiōng わる-い(わる-し)・わざわい(わざはひ)
筆順 ノ メ 凶 凶
なりたち [指事] 地面がくぼんでいて、人が落ちる危険性がある。わるい。不吉である。
意味 ❶縁起が悪い。不吉。わざわい。対吉。例 凶事。吉凶。❷邪悪な。残忍な。人を傷つける。通兇。例 凶悪。凶器。凶暴。❸作物のできが悪い。不作。例 凶作。凶年。❹荒々しい。猛烈。例 凶凶。凶猛。
古訓 中古 あし・うれふ・うれへ 中世 あしし・とが 近世 あしし・いむ・おそる・とが・わかじに・わざはひ
【凶悪】キョウアク きわめて悪いさま。残忍なさま。極悪ゴクアク。兇悪。
【凶音】キョウイン 悪い知らせ。死亡通知。例 —に接する。
【凶▼黠】【凶▼猾】キョウカツ よこしまでずるがしこい。わるがしこい。類凶狡。
【凶漢】キョウカン 日〔「漢」は、男の意〕人に危害を加える者。わるもの。悪漢。兇漢。
【凶器】キョウキ ①葬儀で用いる道具。例 喪服凶器不レ入レ宮（＝喪服や葬式道具は宮殿に入れない）。〈周礼・天官・閽人〉②兵器。〔兵器はなるべく使うべきではないと考えられたことから〕③人を殺傷するのに使われる道具。兇器。
【凶逆】キョウギャク よこしまで道理にそむいている。また、その人。
【凶虐】キョウギャク よこしまでむごい。また、そのような人。兇虐。
【凶凶】キョウキョウ ①勢いが荒々しいさま。②騒がしいさま。争うさま。③おそれるさま。
【凶▼桀】キョウケツ よこしまで荒々しい。
【凶行】キョウコウ ①行軍。②日 人を殺傷するような、残忍なおこない。兇行。例 恨みから—におよぶ。
【凶荒】キョウコウ 作物がさっぱり実らないこと。飢饉。類凶饑・凶饉。
【凶歳】キョウサイ 作物の実らない年。不作の年。凶年。対富歳・豊年。例 凶歳、子弟多レ暴（＝不作の年には、若者に悪事をなす者が多い）。〈孟子・告子上〉
【凶作】キョウサク 日 農作物のできが、非常に悪いこと。不作。対豊作。
【凶札】キョウサツ 〔「札」は、流行病〕作物が実らず、病気がはやる。飢饉と疫病。
【凶事】キョウジ 悪いできごと。また、縁起が悪いこと。特に、人の死。対吉事・慶事。例 —の前兆。
【凶日】キョウジツ 縁起の悪い日。不吉な日。対吉日。
【凶手】キョウシュ 凶行をはたらく者の手。また、犯人。兇手。例 父死ニ凶手一（＝父は殺人者の手にかかって死んだ）。〈新唐・孝友伝・張琇〉
【凶醜】キョウシュウ 〔「醜」は仲間の意〕悪者ども。凶徒。兇醜。
【凶状】キョウジョウ 日 凶悪な罪を犯した事実や経歴。兇状。例 —持ち（＝殺人や傷害などの前科者。また、逃亡中の凶悪犯）。
【凶刃】キョウジン 殺人に使われる刃物。兇刃。
【凶相】キョウソウ ①占いで出る、悪いしるし。例 —が、ありありとあらわれている。②悪い人相。▽対吉相。
【凶賊】キョウゾク 凶悪な賊。邪悪で、人に危害を加える者。兇賊。
【凶弾】キョウダン 日 悪者がねらってうった弾丸。兇弾。例

―にたおれる。

【凶兆】（キョウチョウ・キッチョウ） 悪いことの起こる前ぶれ。悪いきざし。㊉吉兆。例―があらわれる。

【凶徒】（キョウト） ①凶行をはたらく悪者。凶醜。②暴動に加わった者。暴徒。例―を鎮圧する。▽兇徒（キョウト）。

【凶年】（キョウネン） ①農作物が不作の年。荒年。㊉豊年。②日 悪いできごとのあった年。

【凶服】（キョウフク） ①喪服（もフク）。葬儀や喪中に着る衣服。例凶服者式レ之（キョウフクのものにはこれにショクす）（＝喪服を着た人に出会ったときは車の前の横木に手をのせて敬礼した）。〈論語・郷党〉②よろい。

【凶問】【凶聞】（キョウブン・キョウモン） 死亡の知らせ。訃報（フホウ）。凶報。

【凶変】（キョウヘン） 不吉なできごと。兇変（キョウヘン）。

【凶報】（キョウホウ） ①死亡の知らせ。訃報（フホウ）。②日 悪い知らせ。不吉な知らせ。㊉吉報・朗報。

【凶暴】（キョウボウ） 荒々しく残忍で、きわめて悪いさま。兇暴（キョウボウ）。

【凶夢】（キョウム） 不吉な夢。悪い夢。㊉吉夢。

【凶猛】（キョウモウ） 荒々しく、たけだけしいさま。兇猛（キョウモウ）。例―なふるまい。

【凶礼】（キョウレイ） ①不幸なことが起きたときにおこなわれる、悲しみをあらわす儀礼。②人の死をいたむ儀礼。喪葬の儀礼。喪礼。

【凶戻】（キョウレイ） むごくて道理にそむいている。また、そのような人。

【凶会日】（クエニチ） 日 陰陽道（オンミョウドウ）で、すべてに凶である日。

●吉凶（キッキョウ）・元凶（ゲンキョウ）・大凶（ダイキョウ）

凹

凵3（5）

1 1790　51F9　常用

オウ（アフ）漢　オウ（アウ）漢　ヨウ（エフ）呉　肴　洽　āo

くぼ‐む・くぼ‐み・へこ‐む・へこ‐み・ぼこ

付表 凸凹（でこぼこ）

筆順

なりたち ［象形］ものの中央がくぼんだ形。くぼむ。

意味 中央がくぼんでいる形。**へこみ**。**くぼみ**。また、**へこむ**。**くぼむ**。㊉凸（トツ）。例凹凸（オウトツ）。凹版（オウハン）。凹面鏡（オウメンキョウ）。

古訓 中古 くぼむ・ふむ　中世 なかくぼ・なかびく　近世 くぼたまり・なかくぼ・なかびく

【凹凸】（オウトツ） くぼみと、でっぱり。

【凹版】（オウハン） 日 印刷する文字や絵などの部分が、他の部分よりへこんでいる印刷版。㊉凸版（トッパン）。

【凹面鏡】（オウメンキョウ） 日 反射面がなだらかにくぼんでいる反射鏡。㊉凸面鏡。

出

凵3（5）

1 2948　51FA　教1

シュツ漢呉　スイ漢呉　質　寘　chū　chuì

でる・だす・い‐ず（い‐づ）・いだ‐す

筆順

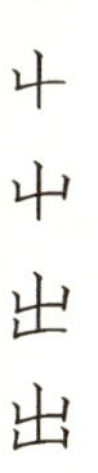

なりたち  ［象形］草木がさかんにしげって上へのびる形。すすみでる。

意味 ❶内から外へ行く。でていく。**でる**。㊉入。例出国（シュッコク）。出発（シュッパツ）。外出（ガイシュツ）。❷あらわれる。うまれる。うみだす。**だす**。例出現（シュツゲン）。産出（サンシュツ）。提出（テイシュツ）。❸仕事のために、ある場所に行く。参加する。臨む。例出演（シュツエン）。出勤（シュッキン）。出席（シュッセキ）。❹おいはらう。おいだす。例出妻（シュッサイ）（＝妻を離縁する）。❺他より抜きん出る。すぐれている。例出色（シュッショク）。傑出（ケッシュツ）。❻支出。例出納（スイトウ）。歳出（サイシュツ）。

日本語での用法 《で》①「九州（キュウシュウ）の出（で）・出（で）の悪（わる）い人（ひと）」▼出身。生まれ。②「食（く）い出（で）がある」▼分量。

古訓 中古 あゆ・あらはる・いだす・いづ・さる・すぐる・すぐれたり・つくる・みゆ・やむ・をひ　中世 あらはす・いだす・いづ・いづる・さる・すすむ・とほし・をひ　近世 あらはす・あらはる・いだす・いづる・さる・しりぞく・しりぞける・すすむ・そそぐ・だす・つくる・でる・とほし・にげる・をひ

人名 いずる・すすむ・で

難読 出汁（だし）・出湯（いでゆ）

【出雲】（いずも） 日 旧国名の一つ。今の島根県東部。雲州（ウンシュウ）。

【出▼捐】（シュツエン） 〔「捐」は、捨てる意〕①金品を出す。例出二捐数万斤金一、行二反間一（スウマンキンのキンをシュツエンし、ハンカンをおこなう）（＝数万斤の金をなげうってスパイ活動をおこなう）。〈史記・陳丞相世家〉②他人のためにお金や品物を出す。寄付。

【出演】（シュツエン） 日 舞台や映画・テレビなどに出て、演技をする。また、単にテレビ番組などに出る。

【出火】（シュッカ） ①火をおこす。例季春出レ火（キシュンにひをいだす）（＝旧暦三月になると火をおこす）。〈周礼・夏官・司爟〉②日 火事が発生する。火事を出す。㊉鎮火。

【出荷】（シュッカ） 日 商品を市場などへ送り出す。㊉入荷。

【出芽】（シュツガ） 植物の芽が出る。

【出棺】（シュッカン） 葬式で、死者のひつぎを、その式場から送り出す。例―を見送る。

【出願】（シュツガン） 日 ①ねがい出る。例受験の―をする。②免許や許可などを官庁の窓口を通じて、国や地方公共団体に求める。例発明品の特許を―する。

【出御】（シュツギョ） ①都から出て地方を治める。②天子がお出ましになる。

【出京】（シュッキョウ） ①地方から都へ出かける。上京。②都を出て地方へ行く。離京。

【出郷】（シュッキョウ） 郷里を離れる。

【出金】（シュッキン） お金を出す。支出する。㊉入金。例―伝票。

【出勤】（シュッキン） つとめに出る。出社。㊉欠勤・退勤。例―簿。

【出家】（シュッケ） ①俗世間をすてて仏道にはいる。僧になる。②僧。お坊さん。㊉在家（ザイケ）。

【出撃】（シュツゲキ） 敵を攻撃するために、味方の陣地から出る。

【出欠（缺）】（シュッケツ） ①官職に欠員が出る。②日 出席と欠席。例―を取る。

【出血】（シュッケツ） ①血管が破れて、血が体内や体外へ出る。②商売上での損失や損害。例―サービス。

【出現】（シュツゲン） 姿をあらわす。あらわれ出る。

【出庫】（シュッコ） ①倉庫から品物を出す。くらだし。例―伝票。②日 電車や自動車が車庫から出る。また、出す。例消防車の―。▽㊉入庫。

【出向】（シュッコウ） ①出かける。②日 命令により、籍はそのままで、他の会社や官庁などに出向いて勤務する。例子会社に―する。

【出校】（シュッコウ） 日 ①教職員が勤務のために学校へ出る。②校正刷りが印刷所から出る。

【出航】（シュッコウ） 船や飛行機が出発する。

【出港】（シュッコウ） 船がみなとを出る。㊉入港。

【出講】（シュッコウ） 日 出向いて講義をする。また、講義をするために出かける。例―日。

【出国】（シュッコク） ある国を出て別の国へ行く。㊉入国。

【出獄】（シュツゴク） 囚人が釈放されて、監獄や刑務所から出る。出所。㊉下獄（ゲゴク）・入獄。例刑期を終えて―する。

【出座】（シュツザ） 日 （身分の高い人が）姿をあらわして、所定の席につく。

【出塞】（シュッサイ） 国境地帯のとりでを出る。また、国境を出る。

【出札】（シュッサツ） 日 （駅や劇場などで）切符を売る。また、売りはじめる。例―口。
【出産】シュッサン ①ものを作り出す。産出。生産。 ②生産物。 ③日子供をうむ。分娩(ブンベン)。
【出山】シュッサン|シュツザン ①山にこもっていた者が、村や町に出る。 ②隠者が世に出て、官に仕える。 ③僧が、修行していた寺または山を出る。
【出仕】シュッシ 勤めに出る。特に、役人になる。仕官。
【出資】【出▼貲】シュッシ 資金を出す。例共同―。
【出自】シュツジ|…よりいず ①…から出る。例日居月諸、出レ自二東方一(ひやつきや、トウホウよりいず)(=日も月も東方から出る。《「居・諸」は、語調を整えるための助字で特に意味はない》)。〈詩経・邶風・日月〉 ②日出てきた所。また、生まれ出た家柄。うまれ。
【出社】シュッシャ 日仕事をするために、会社へ行く。対退社。
【出狩】シュッシュ ①狩りに出かける。 ②天子が戦乱のために都を追われることの婉曲(エンキョク)な言い方。
【出処】シュッショ ①世に出て官職につくことと、官をしりぞいて家に引っこむこと。例出処進退(シュッショシンタイ)(=現在の地位にとどまることと、やめること。身のふりかた)。〈王安石・祭欧陽文忠公文〉 ②ものごとの始まったところ。出どころ。出所。出典。
【出所】シュッショ 日①情報や品物などの出どころ。出処。例―不明のニュース。 ②生まれたところ。 ③「出獄(シュツゴク)」に同じ。対入所。
【出生】シュッショウ|シュッセイ ①生まれてくる。例第一子が―した。 ②(セイをいだす)命をすてる。例殺レ身出レ生(みをころしセイをいだす)(=わが身を殺し命をすてる)。〈呂覧・忠廉〉
【出場】シュツジョウ 集会や競技のおこなわれる場所に出る。対欠場・休場。例初―校。
【出将入相】シュッショウニュウショウ|いでてはショウいりてはショウ 出陣したときには将軍として活躍し、朝廷に入ったときには大臣として活躍する。文武の才能を兼ねそなえること。また、朝廷の内外で力をもつ高い官位につくこと。〈政要・任賢〉
【出色】シュッショク 他にくらべてひときわ目立つこと。特にすぐれていること。例―のできばえ。
【出身】シュッシン ①(みをいだす) 身をなげだして尽くす。例出レ身棄レ生(みをいだしセイをすつ)(=身をなげだし命をすてる)。〈呂覧・誠廉〉 ②科挙(=官吏登用試験)に合格した者の身分・資格。例進士―。 ③役人になる。また、世に出て仕事につく。 ④ある地域から、または、ある学校や職業などから出ていること。例石川県―。

【出陣】シュツジン 戦場に出る。また、戦いをするために出かける。出陳(シュツジン)。例さっそうと―する。
【出▼塵】シュツジン ①浮き世からのがれる。 ②〔仏〕俗世間を超越する。出家する。
【出水】シュッスイ ①水を外へ出す。対入水(ニュウスイ)。例―口。―管。 ②大水が出る。洪水になる。でみず。 ③水の中から出る。例出水芙蓉(シュッスイフヨウ)(=水の中から出てきたハスの花。美しい女性のたとえ)。
【出世】シュッセ ①生まれる。世に出る。 ②浮き世を離れる。 ③出家する。 ④高い地位につき、財産をたくわえ、世間に認められる。例立身―。
【出征】シュッセイ 軍役のために、戦地へ行く。例―兵士。
【出席】シュッセキ ①席を離れる。 ②日授業や会議・会合などに出る。対欠席。例同窓会に―する。
【出世間】シュッセケン 〔仏〕世の中を超越して悟りの境地に入ること。
【出走】シュッソウ ①危険に迫られて逃げ出す。出奔。例文公出走而正二天下一(ブンコウシュッソウしてテンカをただす)(=《晋(シン)の》文公は他国に出奔して天下を正した)。〈墨子・親士〉 ②日競走や競馬などに出場し、走る、または、走らせる。
【出題】シュツダイ ①問題を出す。設問。例―傾向。 ②日短歌や俳句などで、題(=よみこむ素材や季語など)を示して作らせる。また、その題。
【出立】シュッたつ 日旅に出る。旅立ち。例―の日。
【出炭】シュッタン ①鉱山から石炭を掘り出す。例―量。 ②木炭を作り出す。
【出張】シュッチョウ 日仕事のために、臨時に他のところに出かける。〔「でばる」の音読み〕例―所。
【出陳】一シュッチン ①(ふるきをいだす) 古いものを出して除き去る。例出レ陳易レ新(ふるきをいだしあたらしきにかう)(=古いものを出して新しいものにかえる)。〈遼史・食貨志上〉 ②日展覧会などに出品し、陳列する。 二シュツジン 「出陣(シュツジン)」に同じ。
【出廷】シュッテイ 日裁判の当事者(=被告・原告・裁判官・証人・廷吏など)が法廷に出る。対退廷。
【出典】シュッテン 故事や成句、また、引用した語句などの、出どころとなった書物など。
【出店】日一シュッテン 新しくみせを出す。例駅前に―する。 二でみせ ①本店から分かれて出したみせ。支店。 ②道ばたで一時的に開くみせ。露店。

【出土】シュツド 遺物などが土の中から出てくる。
【出頭】シュツトウ ①苦境から抜け出す。 ②頭角をあらわす。他より抜きん出る。 ③顔を出す。あらわれる。例―露面。 ④日(役所などに呼び出されて)出向いて行く。例警察署に―する。
【出動】シュツドウ 軍隊・警察隊・消防隊・救助隊などが、事件の起こっている現地へ向かう。また、現場で仕事をする。
【出入】シュツニュウ ①出ることと、はいること。また、出すことと、いれること。ではいり。だしいれ。でいり。 ②行き来する。往来する。 ③働くことと、休むこと。例出入飲食哀楽之事(シュツニュウインショクアイラクのこと)(=働き休み、飲み食べ、かなしみ楽しむこと)。〈左伝・昭元〉 ④(女性が)嫁ぐことと、家にいること。 ⑤支出と収入。 ⑥呼吸。
【出馬】シュツバ ①将軍がウマに乗って戦場におもむく。 ②日(指揮すべき立場にある人が)自らその場にのぞむ。例社長に―を願う。 ③日選挙に立候補する。例知事選に―する。
【出発】シュッパツ 日①(他の土地をめざして、また、目的地へ向かって)出かける。対到着。 ②何かを始める。
【出帆】シュッパン 船が帆をあげて航海に出る。船が港を出る。でふね。船出(ふなで)。出航。例早朝の―。
【出版】シュッパン 日〔英 publication の訳語〕著述や絵画・写真などを印刷して、世の中に出す。刊行。例―物。
【出費】シュッピ 費用を出す。また、その費用。かかり。ものいり。例―がかさむ。
【出品】シュッピン ①作品。 ②日展示会などに、作品や製品を出す。例新製品を―する。
【出兵】シュッペイ 軍隊を出動させる。派兵。対撤兵。例紛争地域に―する。
【出母】シュツボ|スイボ 父と離縁した母。
【出亡】シュツボウ 逃げる。逃亡。
【出没】シュツボツ 姿をあらわしたり、かくしたりする。見え隠れ。例人家の近くにクマが―する。
【出奔】シュッポン 逃げて行くえをくらます。逃亡。逐電。
【出遊】シュツユウ ①外に出かける。 ②仕官や学業のために故郷を離れる。
【出来】一シュツライ ①内から外へ出てくる。 ②あらわれる。起こる。 二シュッタイ 日〔「シュツライ」が変化した音〕①事件が起こる。例惨事が―した。 ②品物や製品ができあがる。例重版―。三きで 日①できること。[例]―高かだ。②できぐあい。[例]農作物の―が悪い。

【出来心】できごころ [日]ふと起こった悪い考え。[例]一時の―。

【出藍】シュツラン 藍あいからとる青色は、原料の藍よりももっと青い。弟子が師よりもすぐれることのたとえ。出藍の誉ほまれ。〈荀子・勧学〉→【青出二於藍一、而青二於藍一】あおはあいよりいでて、あいよりあおし（1424ジペー）

【出離】シュツリ ①〔仏〕世俗の迷いからはなれる。解脱ゲダツ。②はなれる。

【出猟】シュツリョウ 野生の鳥や獣をとりに出かける。狩りに出る。

【出漁】シュツリョウ／シュツギョ [日]〔「リョウ」と読むのは、「猟リョウ」の意味と音とを借りたもの〕海や湖や川に、魚や貝などをとりに出かける。[例]遠洋に―する。

【出力】シュツリョク ①力を出す。尽力する。②[日]原動機や発電機などが出せるエネルギーの量。〔ワットや馬力バリキなどであらわす〕[例]最大―五百馬力。③[日]コンピューターが処理した情報を、外部に取り出す。アウトプット。[対]入力。

【出塁】シュツルイ [日]野球で、打者が安打または四球や死球で、塁に出る。[例]―率。

【出▼廬】シュツロ 草廬ソウロ（＝くさのいおり）を出る。世間を避けてかくれていた人が、ふたたび世の中に出て活動すること。〔三国時代、諸葛亮ショカツリョウが、劉備リュウビの三顧の礼に感じて、廬いおりを出て仕えたという故事による〕

【出師】スイシ 〔「師」は、軍隊の意〕軍隊を戦場に出動させる。出兵。

【出師表】スイシのヒョウ 三国時代、蜀ショクの宰相の諸葛亮ショカツリョウが出陣にあたって、先帝劉備リュウビの子の劉禅リュウゼンにたてまつった表文（＝意見書）。忠誠の情にあふれた名文とされる。

【出納】スイトウ 〔古くは「シュツノウ」とも〕①王の命令を臣下に伝え、臣下の意見を王に伝える。また、その官職。②出し入れする。③お金の出し入れ。[例]金銭―簿。

【出城】でじろ [日]戦術上、本城ホンジョウから離れた所に築いた城。[対]根城ねじろ。

【出鼻】ではな【出端】ではな [日]ものごとの、しはじめ。[例]―をくじく。―を折る。

【出番】でバン [日]①仕事をする順番。活動する場面。また、当番。②演劇などで、舞台に出る順番。出で。[例]―を待つ。―が迫る。

【出羽】でわ [日]〔「いでは」の転〕旧国名の一つ。今の山形県と秋田県の大部分にあたる。明治以後、羽前ウゼン・羽後ウゴの二国に分かれた。羽州ウシュウ。

●演出エンシュツ・救出キュウシュツ・支出シシュツ・進出シンシュツ・選出センシュツ・続出ゾクシュツ・退出タイシュツ・脱出ダッシュツ・摘出テキシュツ・排出ハイシュツ・噴出フンシュツ・放出ホウシュツ・流出リュウシュツ・露出ロシュツ

凸

凵3（5）　[1]3844　51F8　常用

トツ漢　[月]tū　でこ　[付表]凸凹でこぼこ

[筆順] 丨 ㇗ 𠃊 凸 凸

[なりたち] 〔象形〕ものの中央がつき出た形。つき出る。

[意味] 中央が高くつき出た形。つき出る。[例]凸版トッパン。凸面鏡トツメンキョウ。凹凸オウトツ。

[日本語での用法] 《でこ》「凸坊でこボウ・凸助でこすけ・凸でこちゃん」▼頭が大きい。ひたいがつき出している。

[古訓] [中古]あがる・おこす・つばくむ・なかだか [中世]おきる・なかだか [近世]ありづか・いづる・おこる・たかし・なかだか

[人名] たかし

[難読] 凸なかだか

【凸版】トッパン [日]印刷する文字や絵などの部分が、他の部分より高くなっている印刷版。活版や木版など。[対]凹版。

【凸面鏡】トツメンキョウ [日]中央がまるくもり上がっているかがみ。自動車のバックミラーなどに使われる。[対]凹面鏡。

函

凵6（8）　[1]4001　51FD　[人]

カン（カム）漢　[覃]hán

い-れる（い-る）・はこ

[凾]

凵7（9）　[2]4966　51FE　俗字。

[なりたち]  〔形声〕「㔾」と、音「㔾カン（＝中にふくむ）」とから成る。舌。

[意味] ❶つつみこむ。はこにいれる。いれる。[例]函封カンプウ。❷余地がある。間をあける。いれる。[例]函牛之鼎カンギュウのテイ（＝一頭のウシが入るほどの大きなかなえ）。〈淮南・詮言〉函丈カンジョウ。❸よろい。[例]函人カンジン。❹はこ。[例]印函インカン（＝印鑑を入れるはこ）。❺手紙を入れるはこ。ふばこ。また、手紙。書簡。[例]函書カンショ。投函トウカン。

[古訓] [中古]いる・はこ・ふくむ・ふふむ・ふむばこ [中世]はこ・よろひ [近世]いるる・つつむ・はこ・ひつ

[難読] 函館はこだて（＝北海道の地名）

【函関】カンカン ①函谷関カンコクカン。②[日]箱根はこねの関所。

【函谷関】カンコクカン 河南省にある関所。新旧二つあって、旧関は秦シン代に設けられ、霊宝県の南西にある。新関は漢の武帝のときに移されたもので、新安県の北東にある。函関。

【函使】カンシ 文書を送達する任務に当たる者。

【函書】カンショ はこに入れた書状。手紙。書簡。

【函丈】カンジョウ ①師のそばに座るとき、敬意をあらわして一丈（＝約三メートル）ほど間をあけること。②師または目上の人に対する敬称。目上の人へ出す手紙の、あて名の左下にそえることば。

【函人】カンジン よろいを製作する職人。具足師。[類]函工。

【函数】カンスウ 「関数」の本来の用字。→【関数】カンスウ（1385ジペー）

【函封】カンプウ はこに入れて封をする。

【函▼嶺】カンレイ [日]〔「函嶺はこね」の音読み〕箱根山はこねやま。神奈川県南西部にある。

[凾] 凵7（9）⇩函カン（151ジペー）

18 2画　刀かたな（刂りっとう）部

かたなの形をあらわす。「刀」が旁つくり（＝漢字の右側の要素）になるときは「刂（りっとう）」となる。「刀」をもとにしてできている漢字を集めた。

0 152 刀 刂 ⺈ 1 152 刃 刄 刅 2 152 刈 切 分 3 155 刊 刉 刋 4 155 划 刓 刑 刔 刖 刎 刕 列 5 157 刧 刪 删 初 判 刾 別 利 6 160 刮 券 券 剃 刻 刷 刹 刺 制 刱 到 7 163 剄 剋 剉 削 削 前 前 剏 則 剃 剌 8 165 剡 剞 剣 剱 剛 剤 剗 剔 剝 剥 剕 剖 剜 9 167 剱 剰 剪 剴 剳 副 10 168 剴 割 割 剩 創 11 169 剷 剸 剿 剽 12 170 劃 劂 劄 13 170 劇 劍 劉 劈 劉 14 171 劓 劔 劒 劑 19 171 劘

この部首に所属しない漢字

召→口224　兎→儿124　兔→儿123　辨→辛457

刀

［釖］金2（10）②7859 91D6 別体字。

刀0（2）①3765 5200 教2

トウ（タウ）漢呉 豪 dāo **かたな** 付表 竹刀（しない）・太刀（たち）

筆順 フ 刀

なりたち ［象形］かたなの形。

意味 ❶片側に刃のついた刃物。武器。**かたな**。また、そのような形のもの。例 牛刀（ギュウトウ）・短刀（タントウ）・名刀（メイトウ）。❷かたなの形をした古銭の名。例 刀布（トウフ）・銭刀（センノウ）。❸こぶね。通 舠（トウ）。

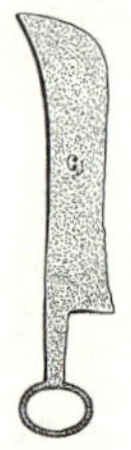
［刀❶］

［刀❷］

古訓 中古 かたな・とし・ふね 中世 かたな・きる・つはもの・ふね 近世 かたな・きる

人名 あき・はかし・わき

難読 剃刀（かみそり）・鉄刀木（タガヤサン）

【刀折矢尽】（かたなおれやつく） 武器も使いはたして、これ以上はまったく手だてがなく、戦うことができない。〈後漢書・段熲伝〉

【刀▼鋸▼鼎▼鑊】（トウキョテイカク） 刀と、のこぎりと、かなえと、釜（かま）。昔、刑罰に用いられた道具。あとの二つは人を煮るもの。転じて、むごい刑罰。〈蘇軾・留侯論〉

【刀▼圭】（トウケイ） ①薬を計量するさじ。②薬。③医術。また、医者。刀圭家（＝医者）。

【刀剣】（トウケン） 刀と、つるぎ。刀の類。

【刀工】（トウコウ） 刀剣をつくる人。かたなかじ。刀匠。

【刀痕】（トウコン） 刀によるきず。また、そのきずあと。刀創。類 刀瘢（トウハン）。

【刀山剣樹】（トウザンケンジュ） ①〔仏〕地獄にあるという、刀の山と剣の林。また、残酷な刑罰のたとえ。〈阿含経〉 ②危険な状況のたとえ。

【刀室】（トウシツ） 刀のさや。類 刀削（トウショウ）・刀鞘（トウショウ）。

【刀匠】（トウショウ） 「刀工（トウコウ）」に同じ。

【刀▼錐】（トウスイ） ①刀と錐（きり）。②刀や錐の先のような、わずかな利益。

【刀尺】（トウセキ） ①〔「刀」は、剪刀（センノウ）（＝はさみ）〕はさみと、ものさし。裁縫道具。また、裁縫。②人の能力を評価し、挙用したり罷免したりする権力のたとえ。例 妄弄二刀尺一（みだりにトウセキをもてあそぶ）（＝みだりに人を評価する）。〈晋書・李含伝〉

【刀▼俎】（トウソ） ①包丁と、まないた。料理の道具。②危険な場所や立場のたとえ。

【刀創】（トウソウ） 刀で切られたり刺されたりしてできた、きず。また、そのきずあと。かたなきず。刀痕（トウコン）。

【刀把】【刀▼欛】（トウハ） 刀のつか。

【刀筆】（トウヒツ） ①紙が発明される前、竹や木のふだに文字を書いたふでと、誤りをけずり取るのに用いた小がたな。筆記用具。②文書の記録。また、記録係。

【刀筆吏】（トウヒツのリ） 文書を記録する官吏。多く、訴訟にたずさわる官吏を指す。

【刀布】（トウフ） 古代の刀の形をした貨幣。また、広く貨幣をいう。

【刀兵】（トウヘイ） 〔「兵」も、武器の意〕①武器。兵器。②戦争。軍事。

【刀墨】（トウボク） 額（ひたい）に入れ墨をする刑罰。黥（ゲイ）。

【刀自】（とうじ｜とじ） 日 古語で、中年以上の女性を敬っていうことば。例 母刀自（ははとじ）。

●快刀（カイトウ）・小刀（ショウトウ｜こがたな）・青竜刀（セイリュウトウ｜セイリョウトウ）・帯刀（タイトウ）・木刀（ボクトウ）・両刀（リョウトウ）

刂

刂0（2）④0321 5202

⇩部首解説

刁

刀0（2）③1458 5201

チョウ（テウ）漢 蕭 diāo

参考 一説に、「刀（トウ）」の変形したもの。

意味 ❶「刁斗（チョウト）」は、行軍用のなべの一種。日中は炊事に、夜間は警備のどらに使ったという。❷姓の一つ。

刃

刀1（3）①3147 5203 常用

［刅］刀1（3）——旧字体。

［刄］刀1（3）②4967 5204 俗字。

ジン漢 ニン呉 震 rèn **は**・やいば

筆順 フ 刀 刃

なりたち ［象形］刀にあるやいばの形。

意味 ❶刀などの、は。**は**。**やいば**。例 刃物（はもの）。刀刃（トウジン）。❷はものでで切る。切り殺す。例 刃傷（ジンショウ｜ニンジョウ）。自刃（ジジン）。

古訓 中古 は・やきば 中世 は・やいば・やきば・やぶる 近世 やいば

【刃傷】（ジンショウ｜ニンジョウ） （＝刃物で人をきずつける事件）。刃物で人をきずつける。例 ——沙汰（ニンジョウザタ）。

【遊レ刃必有二余（餘）地一】（ジンをあそばすにかならずヨチあり） すぐれた技能をもち、余裕綽々（ヨユウシャクシャク）ととこなせることのたとえ。◐戦国時代、魏（ギ）の有名な、料理人庖丁（ホウテイ）が見事にウシをさばいたとき、普通の人にとっては刃を入れることがきわめて難しい関節のわずかなすきまについて、関節にはすきまがあり刃には厚みがないのだから必ず刃を入れる余地があり、自分の使っている牛刀は十九年も刃こぼれしない、と語った。……〈荘子・養生主〉

【刃物】（はもの） 日 包丁・ナイフや、はさみなど、ものを切ったり削ったりする、刃をつけた道具。

【迎レ刃▼而解】（やいばをむかえてとく） （竹を割るとき、少しだけ刃を入れると、あとはすぱっと割れるように）最初の問題を解決すると、あとはひとりでに解決していくこと。〈晋書・杜預伝〉

●凶刃（キョウジン）・刀刃（トウジン）・白刃（ハクジン｜しらは）

刈

刂2（4）①2002 5208 常用

［苅］艹4（7）①2003 82C5 別体字。

ガイ漢 隊 yì **かり**・**かる**

筆順 ノ メ 刈 刈

なりたち ［会意］「刂（＝かたな）」と「乂（ガイ）（＝草をかる）」とから成る。刀で草をかる。

意味 ❶草をかりとる。きりとる。とりのぞく。**かる**。例 刈穫（ガイカク）。刈除（ガイジョ）（＝草などをかる）。稲刈（いねかり）。草刈（くさかり）。❷草をかる刀。かま。

古訓 中古 かる・とる・まつ 中世 いねかる・かる・ころす・とる 近世 いねかる・かる・きる・ころす・さく・とる

難読 刈萱（かるかや）（＝イネ科の植物）

【刈穫】（ガイカク） 穀物をかりいれる。

切

刀2（4）①3258 5207 教2

一 **セツ**漢 屑 qiē 二 **セツ**漢 屑 qiè 三 セイ漢 **サイ**呉 霽 qiè（旧 qì） **きる**・**きり**・**きれる**（き-る）・**きれ**

筆順 一 七 切 切

なりたち ［形声］「刀（＝かたな）」と、音「七シツ→セツ」とから成る。たちきる。

意味 □一 ❶刃物でたちきる。きりさく。きる。例 切除セツジョ。切断セツダン。切磋琢磨セッサタクマ。 ❷⇩【切切】セツセツ① □二 ❶さしせまった。例 切実セツジツ。切迫セッパク。 ❷ひたすら。熱心に。ねんごろに。例 切望セツボウ。懇切コンセツ。痛切ツウセツ。 ❸ぴったり合うさま。例 適切テキセツ。 ❹ある漢字の字音を、別の二字の字音の組み合わせによって示す方法。かえし。→【反切】ハンセツ（213ジペー） □三 すべて。例 一切イッサイ。

日本語での用法 □一《きり》《きる》「切米きりマイ（＝期限をきって支給する扶持米フチマイ）・〆切しめきり・日ひを切きって履行コウリを迫せまる」▼限定する。期限をもうける。 □二《きれ》「木切きぎれ・高野切コウヤぎれ」▼きれはし。断片。 □三《きれる》「頭あたまの切きれる男おとこ」▼回転が早い。

古訓 中古 きる・くひしばる・さく・せむ・たしか・たしかに・ちかし・ちかづく・にがし・にはかに・ねむごろ・もぐ 中世 あまねし・いそがはし・およぶ・きる・くはしし・くひしばる・せまる・たしか・たしかに・のぞく・みがく・よろづ 近世 あまねし・おほし・かへし・きざむ・きる・しきり・せまる・そしる・たつ・ちかづく・みぎり

【切符】きっプ 日 乗車の料金や入場料などを払ったしるしとなる、ふだ。チケット。

【切開】セッカイ 日 医師が治療のために、患者のからだをメスなどで切りひらく。例 ―手術。

【切▼諫】セッカン しきりにいさめる。強くいさめる。

【切願】セツガン 熱心に願う。切望。例 留学を―する。

【切削】セッサク 金属などの材料を、切ったりけずったりして、加工する。例 ―工具。

【切▼磋▼琢磨】セッサタクマ 〔「切・磋・琢・磨」は、それぞれ、骨、象牙ゾウゲ、玉ギョク、石を加工すること〕（玉や石などをみがきあげるように）自分自身で、あるいは友人と競争しながら、人格や学問の完成をめざして努力する。〈詩経・衛風・淇奥〉から〕

【切歯】セッシ ①歯を強くかみ合わせ、きしらせて音を立てる。はぎしり。はがみ。②ひどく残念がる。

【切歯▼扼腕】セッシヤクワン （はぎしりし、手首を強くにぎって）非常にくやしがる。〈陳師道・上蘇公書〉

【切実】セツジツ ①実情にぴったりと合っているさま。適切。例 ―に表現する。②日 身にしみて感じているさま。痛切。③日 さしせまっているさま。例 ―な訴えに応じる。

【切除】セツジョ 切って取りのぞく。特に治療で、患部を切り取る。

【切身】セッシン □一 ①身にせまる。②仏典を解釈するとき、漢字二字を用いて梵語ボンの発音を表現すること。反切ハンセツ。 □二 きりみ 日 魚をいくつかに切り分けたもの。

【切切】セツセツ ①敬い、はげましあうさま。例 朋友切切偲偲ホウユウにはセツセツシシ（＝友人に対しては敬いはげましあう）。〈論語・子路〉 ②ねんごろなさま。丁寧なさま。③悲しみいたむさま。④思いが強くこみあげてくるさま。

【切断】セツダン たち切る。切りはなす。

【切羽】せっぱ 日 日本刀のつばの両面の、柄つかとさやに当たる部分につける、うすい板金いたがね。例 ―詰まる。

【切迫】セッパク ①期限が近づいてきて、ゆとりがないこと。②何とかしないと重大な事態になるほど、追いつめられる。

【切腹】セップク 日 自分で自分のはらを切りさいて死ぬこと。割腹。例 ―物もの（＝大失敗のたとえ）。

【切望】セツボウ 強くのぞむ。熱望。切願。

【切問】セツモン 切実に疑問を問いただす。例 切問而近思セツモンしてちかくおもう（＝切実に疑問を問いただし、身近なことから考える）。〈論語・子張〉

【切要】セツヨウ きわめて重要なさま。

【切論】セツロン 激しく論じる。

●哀切アイセツ・一切イッサイ・イッセツ・親切シンセツ・大切タイセツ・痛切ツウセツ・適切テキセツ

分 刀2（4） 1 4212 5206 教2

□一 ブ 慣 フン 漢 ブン 呉 文 fēn
□二 ブ 慣 フン 漢 ブン 呉 問 fèn

わける・わかる・わかれる（わ-かる）・わかる・わかつ

筆順 ノ 八 分 分

なりたち ［会意］「八（＝わける）」と「刀（＝かたな）」とから成る。刀でものをきりわける。

意味 □一 ❶わける。わかれる。わかつ。㋐はなす。はなれる。ばらばらにする。例 分割ブンカツ。分散ブンサン。分裂ブンレツ。㋑わけあう。わけあたえる。例 与二士卒一分二労苦一シソツとロウクをわかつ（＝兵たちと苦労をわけあった）。〈史記・呉起伝〉 分配ブンパイ。分与ブンヨ。㋒他と区別する。例 分析ブンセキ。分類ブンルイ。区分クブン。㋓えだわかれ。支流。例 分家ブンケ。分派ブンパ。㋔違い。差異。例 是君子小人之分也これクンシショウジンのブンなり（＝これが君子と小人の違いだ）。〈荀子・不苟〉 ㋕見わける。わきまえる。例 五穀不レ分ゴコクわかたず（＝五種の穀物を見わけられない）。〈論語・微子〉 分別フンベツ。検分ケンブン。 ❷二十四節気をあらわす暦上の点。例 秋分シュウブン。春分シュンブン。節分セツブン。 ❸単位。㋐長さでは一寸の十分の一。例 寸分スンブンたがわぬ。㋑面積では一畝ポの十分の一。㋒利息では一割の十分の一。㋓重さでは一両の百分の一。㋔角度では一度の六十分の一。㋕時間では一時間の六十分の一。例 分針フンシン。

□二 ❶わけあたえられたもの。もちまえ。㋐能力や性質。例 性分ショウブン。天分テンブン。㋑守るべきさだめ。身のほど。例 分際ブンザイ。分不相応ブンフソウオウ。身分ミブン。㋒わけまえ。例 私わたくしの分ブン。 ❷よしみ。情誼ジョウギ。例 在レ遠分日親とおきにあるもブンひにしたし（＝遠くに別れていても、よしみは日々親しみを増す）。〈曹植・贈白馬王彪〉 情分ジョウブン。 ❸喜ぶ。満足する。例 意甚不レ分イはなはだブンとせず（＝内心とても満足しなかった）。〈世説・文学〉 ❹みなす。思う。例 自分二已死一久矣みずからイシをブンとすることひさし（＝自分ではとっくに死んだものと思っている）。〈漢書・蘇武伝〉

日本語での用法 □一《ブ》「分ブが悪わるい」▼有利・不利の度合い。 □二《わかる》「理屈リクツが分わかる」▼理解する。

古訓 中古 あきらかなり・あたふ・いささかばかり・おちかかる・ことわり・しばらく・ちる・ひとしうす・ほど・わかつ・わきまふ・わく 中世 かぎる・ことわる・なかば・へだつ・ほどこす・わかつ・わかる・わきまふ・わく・わくる 近世 あたへる・あまねうす・かぎる・くばる・さく・ちらす・なかば・ひとし・へだつ・ほどこす・わかつ・わかる・わかるる・わくる・わけ・わける

人名 くまり・ちか・わか

参考 大分おおいた（＝県名）。

難読 分葱わけぎ・口分田くぶんでん（＝地名）

【分異】ブンイ ①別居する。例 民有二二男以上一不二分異一者、倍二其賦一たみのニダンイジョウありてブンイせざるものは、そのフをバイにす（＝男子が二人以上いるのに別居しない民は、その賦税を倍にする）。〈史記・商君伝〉 ②普通とは異なる。

【分陰】フンイン 〔「陰」は、時間の意〕わずかの時間。寸陰。例 惜二分陰一フンインをおしむ。〈晋書・陶侃伝〉

【分化】ブンカ 日 一つのものが進歩発達して、いくつにも枝わかれする。例 機能が―する。

【分科】ブンカ 日 学問や業務などで、専門や科目をわけること。また、そのわけられた専門や科目。例 ―会。

【分会】ブンカイ 日団体や組合の内部で、地域や職種にわかれて別に設けられた会。例 —大会。

【分界】ブンカイ 境目をつけて区切る。また、その境目。

【分解】ブンカイ ①分析する。解釈する。②日まとまっているものを、各部分や要素にわける。また、わかれる。例 機械を—する。③日〔化〕〔英 decomposition の訳語〕化合物が、二つ以上の物質にわかれる。また、わける。

【分外】ブンガイ ①本来の職分をこえる。身の程をこえる。②とりわけ。特に。③その他。④度をこす。

【分割】ブンカツ まとまっているものを、いくつかにわける。

【分轄】ブンカツ 〔「轄」は、とりしまる意〕いくつかにわけて、管理や支配をする。例 列強による—統治。

【分岐】ブンキ （道などが）枝わかれする。わかれる。例 —点。損益—。

【分暁】ブンギョウ／フンギョウ ①夜明け。②明らかである。③わかる。④結果。真相。

【分業】ブンギョウ 日①手わけして仕事をする。作業の量や生産工程をいくつかにわけること。例 医薬—。②社会のなかで職業や身分がわかれている。

【分家】ブンケ 一つの戸籍にあった家族の一部が、わかれて別の戸籍の家をつくる。また、その家。対本家。

【分県】ブンケン ①いくつかの県にわける。②日日本全国を都道府県単位にわける。例 —地図。

【分遣】ブンケン 本隊の一部分を派遣する。例 —隊。

【分権】ブンケン 権力や権限をいくつかにわけること。対集権。例 地方—。

【分限】ブンゲン ①制限する。②限界。限度。③区切る。④日職業や地位、資格などによって決まる身分。身のほど。分際（ブンザイ）。例 —をわきまえる。⑤（ブゲン）日金持ち。物持ち。例 —者。

【分▼毫】ブンゴウ／フンゴウ ほんの少し。わずか。

【分光】ブンコウ ①光をわけ与える。転じて、恵みを他におよぼす。②わずかの時間。分陰（フンイン）。③日〔物〕光を波長の順にわけること。また、わかれること。例 —器。

【分骨】ブンコツ 日火葬した死者のほねをわけて、別々のところに納める。また、そのほね。例 故郷に—する。

【分際】ブンサイ 一（ブンサイ）区別。けじめ。わかれ目。例 天人分際（テンジンのブンサイ）（＝天と人との間の区別）。〈史記・儒林伝・公孫弘〉 二（ブンザイ）日身分や地位。身のほど。例 学生の—で。

【分冊】ブンサツ 一つの書物を何冊かにわける。また、そのわけられたそれぞれのもの。例 第一—。

【分散】ブンサン ①わかれて散らばる。四散。例 国人分散（コクジンブンサンす）（＝国の人がばらばらにわかれる）。〈左伝・桓五〉②わけて散らす。ばらまく。

【分子】ブンシ ①分家の子孫。②〔数〕分数で、横線の上にある数。対分母。③日〔化〕〔英 molecule の訳語〕物質が、その化学的性質を失わないままの最小単位。④日集団のなかの各個人。団体の構成員。例 不平—。

【分至】ブンシ 春分・秋分と、夏至・冬至。二分二至。

【分枝】ブンシ えだわかれする。

【分室】ブンシツ ①小さくわかれた部屋。②日本部から離れて設けられた事務所。

【分社】ブンシャ 日本社の神霊をわけて、別のところにまつった神社。対本社。

【分手】ブンシュ ①別れる。離別。②別々に。

【分宿】ブンシュク 一つの団体が、何か所かにわかれて泊まる。

【分署】ブンショ 本署からわかれて設けられた役所。対本署。

【分掌】ブンショウ 仕事などをわけて受け持つ。分担。例 業務—規定。

【分乗】ブンジョウ 一団の人が、わかれて乗り物に乗る。例 タクシー三台に—する。

【分譲】ブンジョウ ①一部を他人にわけ与える。②日（土地やマンションなどで）一戸単位でわけて売る。例 —地。—住宅を購入する。

【分針】フンシン 時計で、分を示すはり。長針。対秒針・時針。

【分身】ブンシン ①一つのからだやものがいくつかにわかれる。また、そのわかれ出たもの。②〔仏〕仏がいろいろの姿をとって、あらわれる。また、その姿。

【分水▼嶺】ブンスイレイ 河川の流れを異なる二つの方向にわける山脈。分水山脈。類分水界。

【分数】ブンスウ ①人員を割り当てる。仕事をわける。②数量。割合。③〔数〕横線の上と下に数を書き、上の数を、下の数で割ることを示したもの。対小数・整数。④規則。きまり。

【分寸】ブンスン ①ほんの少し。わずか。②限度。

【分析】ブンセキ ①わける。わかれる。②日〔英 analysis の訳語〕ものごとを要素や成分などにわけて、その成り立ちや性質を明らかにする。対総合。例 国際情勢の—。

【分節】ブンセツ ひと続きのものを、小さく区切る。また、その区切られたもの。

【分▼疏】ブンソ ①弁解する。②疎遠である。

【分速】フンソク 一分間に進む距離であらわす速さ。対秒速・時速。例 —一〇〇メートル。

【分隊】ブンタイ ①隊をわける。また、本隊からわかれている隊。類分遣隊。対本隊。②日部隊の編制での単位。例 —長。

【分担（擔）】ブンタン 仕事などをわけて、受け持つ。分掌。

【分断】ブンダン 一つのものを、いくつかにたち切る。また、まとまりを欠くようにする。

【分張】ブンチョウ ①分散する。わかれ広がる。②わかれる。離れる。③分配する。

【分店】ブンテン 日本店からわかれた店。支店。対本店。

【分銅】フンドウ 天秤（テンビン）などのはかりで、ものの重さを量るときに標準とする、金属のおもり。

【分度器】ブンドキ 日角度をはかる器具。半円形または円形の板状のもので、そこにつけた目盛りで角度をはかる。

【安レ分】ブンにやすんず 自らの地位や境遇に満足する。

【分納】ブンノウ 税金などを何回かにわけておさめる。対全納。

【分派】ブンパ ①河川がいくつかの支流にわかれる。また、支流。②日わかれ出て、新しい集団をつくる。また、その集団。

【分売】ブンバイ 日複数または多数でひと組みになるものを、わけて売る。例 —不可。

【分配】ブンパイ ①品物などをわけて、おのおのにくばる。配分。②日〔英 distribution の訳語〕生産に参加した人々に、それぞれの役割に応じて分け前をくばる。例 —の公平。

【分泌】ブンピツ／ブンピ 日〔英 secretion の訳語〕腺細胞（センサイボウ）がその生体に必要な物質をつくって、体外や血液中などに出す。例 —液。

【分秒】フンビョウ 一分や一秒のような、きわめて短い時間。一分一秒。例 —を争う大事。

【分布】ブンプ 地理的に、また、時間的に、ある範囲にわかれて散らばる。

【分▼袂】ブンベイ（たもとをわかつ） 人と別れる。

【分別】ブンベツ 一（ブンベツ）①わける。区別する。例 両者分別、則賢不肖不レ雑（リョウシャブンベツすれば、すなわちケンフショウまじらず）（＝両者が区別されれば、賢人と愚者がまざることはない）。〈荀子・王制〉②違い。区別。③それぞれ。別々に。 二（フンベツ）日ものごとの是非を判断すること。道理をわきまえること。例 思慮—。

【分▼娩】ブンベン 〔「娩」は、産みおとす意〕胎児を母体の外に出す。子を産む。出産。例—室。
【分母】ブンボ 〔数〕分数で、横線の下にある数。対分子。
【分封】ブンポウ 天子や支配者が、領土の一部分を臣下にわけ与える。また、その領土。
【分崩離析】ブンポウリセキ 民心が離れ、国がばらばらになること。また、集団や組織が分裂して崩壊すること。〈論語・季氏〉
【分明】ブンミョウ|ブンメイ ①まぎれもなく、あきらかである。はっきりしている。明白。例黒白ビャク—。②明らかにする。はっきりさせる。例理由を—にする。
【分野】ブンヤ ①天の星座の位置にもとづいて中国全土を区画することで対応させた、天の領域における各国の位置。②活動の範囲。受け持つ領域。部門。例自然科学の—に重点をおく。
【分有】ブンユウ 一つのものを、何人かでわけて所有する。
【分与】【分予(豫)】ブンヨ わけてあたえる。例財産—。
【分離】ブンリ ①わけて、はなす。また、わかれ、はなれる。例中央—帯。②日物質をわけて取り出す。例不純物を—する。
【分立】ブンリツ わかれて設立する。また、わけて設立させる。例三権—。
【分流】ブンリュウ ①本流からわかれて流れる。また、その川。支流。②芸道などで、もとの流派からわかれる。分派。
【分留】【分▼溜】ブンリュウ 日〔化〕いくつかの成分がまじっている液体を蒸留して、沸点の低い順にわける。石油からいろいろな物質を取り出すときなどに利用する。
【分竜】ブンリュウ ①夏に、少しの場所の違いで大雨が降ったり晴れたりすること。竜が地域ごとにわかれて雨を降らせているためという伝承による。分竜雨。②夏の局地的な雨が降り始めることから、陰暦五月二十日のこと。分竜日。
【分量】ブンリョウ ①与えられるべき分け前の量。身のほど。②体積や容積、また、仕事や割合などの、大小、または多少の度合い。量。例目め—。
【分厘】ブンリン きわめてわずか。一分ブイチ一厘。
【分類】ブンルイ 多くのものを、性質や形などによって、それぞれの種類にわける。類別。
【分列】ブンレツ 隊列にわかれて並ぶ。また、わけて並べる。例—行進。
【分裂】ブンレツ 一つのものがいくつかにわかれて、ばらばらになる。対統一・融合。例細胞—。
【守レ分】ブンをまもる 自分の本来の職務や役割に専念し、そこから外れることをしない。
●塩分エンブン・過分カブン・気分キブン・自分ジブン・時分ジブン・処分ショブン・水分スイブン・随分ズイブン・寸分スンブン・存分ゾンブン・多分タブン・等分トウブン・糖分トウブン・配分ハイブン・半分ハンブン・部分ブブン・身分みブン・夜分ヤブン・養分ヨウブン・余分ヨブン

刊
刂3（5） 1 2009 520A 教5
カン漢 寒 kān
けず-る（けづ-る）・きざ-む

筆順 一 二 千 刊 刊

なりたち 〔形声〕「刂（=かたな）」と、音「干カ」とから成る。けずる。

意味 ❶（誤りを）けずりとる。けずる。例刊正カンセイ（=文字の誤りをけずって正しくする）。❷（版木に）ほる。きる。きざむ。書物を出版する。例刊行カンコウ。刊刻カンコク。創刊ソウカン。

古訓 中古きざむ・きる・けづる 中世きざむ・きる・けづる・ゑる 近世きざむ・きる・けづる・さだむ・のぞく・ゑる

人名 える

【刊記】カンキ 昔の版本で、刊行の年月日・刊行者・刊行地などをしるした部分。今の書物の奥付などにあたる。
【刊誤】カンゴ ①書物の誤りを訂正する。②石碑の文字をきざむ際の誤字。
【刊行】カンコウ 本を印刷して世に出す。出版。上梓ジョウシ。刊刻。例定期—物。
【刊刻】カンコク ①石碑の文字をきざむ。②「刊行カンコウ」に同じ。
【刊定】カンテイ 書物の誤りを訂正し、本文を確定する。
【刊本】カンポン 刊行された本。対写本。
●季刊キカン・既刊キカン・近刊キンカン・週刊シュウカン・旬刊ジュンカン・新刊シンカン・増刊ゾウカン・廃刊ハイカン・発刊ハッカン・復刊フッカン・未刊ミカン

【切】
刀3（5） ⇨功コウ（173ページ）

刋
刂3（5） 2 4968 520B
セン漢 霰 qiàn
き-る・けず-る（けづ-る）

意味 刀で切る。きる。

参考 「刋セン」と「刊カン」とは別の字だが、「刋セン」を「刊カン」の意味で使うことがある。

划
刂4（6） 4 0322 5212
カ（クヮ）漢 麻 huá

意味 ❶かいで船をこぐ。❷「划竜ペーロン」は、中国伝来の競漕キョウソウ。

刓
刂4（6） 3 1460 5213
ガン（グヮン）漢 寒 wán
けず-る（けづ-る）

意味 かどを削って丸くする。けずる。例刓削ガンサク。

刑
刂4（6） 1 2326 5211 常用
ケイ漢 ギョウ（ギャウ）呉 青 xíng
のり・しおき

筆順 一 二 于 开 刑 刑

なりたち 〔会意〕「刂（=かたな）」と「井セイ→ケイ（=法）」とから成る。法によって罪を罰する。

意味 ❶罰を加える。罰として殺す。しおき。例斉レ之以レ刑これをととのうるにケイをもってす（=刑罰によってととのえようとする）。〈論語・為政〉刑罰ケイバツ。死刑シケイ。処刑ショケイ。❷守るべき法やおきて。のり。例典刑テンケイ。❸治める。ただす。例刑二邦国一ホウコクをおさむ（=国を治める）。〈周礼・秋官・序官〉❹鋳型。かた。通型。例刑范ケイハン。〔「范」も、鋳型の意〕❺実態。かたち。通形。例刑名ケイメイ。

古訓 中古うしなふ・こく・ころす・さく・つみ・のとる・のり・のりとす・をさむ 中世あはす・あらはす・うつ・きる・ころす・つみす・のり・をさむ 近世くびはねる・ころす・つみ・つみす・つみなふ・のり

難読 刑部ケイホウ|おさかべ

【刑期】ケイキ 刑に服する期間。例—を終えて出所する。
【刑具】ケイグ 刑罰として、からだに苦痛や傷を与えるのに用いる道具。むちや棒、手かせや足かせなど。
【刑獄】ケイゴク さばき。しおき。刑罰。例—をつかさどる。
【刑死】ケイシ 刑に処せられて死ぬ。
【刑事】ケイジ ①刑法が適用される犯罪関係の事柄。対民事。例—事件。②日犯罪捜査や犯人逮捕を任務とする警察官。例私服—。
【刑賞】ケイショウ 刑罰と褒美。
【刑場】ケイジョウ 死刑をおこなう場所。例—の露と消える。
【刑人】ケイジン ①刑罰を受けた人。刑余。②宦官カンガン。刑余。③ひとをケイす 人を処罰する。
【刑政】ケイセイ ①刑罰と行政命令。例刑政平、百姓和ケイセイたいらかに、ヒャクセイわす（=刑罰・行政は公平で、万民はむつまじい）。〈荀子・王制〉②刑罰と善政。
【刑徒】ケイト 刑罰を受けて働かされている者。受刑者。

【刑期ニ▼于無ヒ刑】ケイはケイなきをキす 刑罰の目的は、犯罪を防ぎ、結果的に刑罰を用いないですむようにすることにある。〈書経・大禹謨〉

【刑不ㇾ上ニ大夫一】ケイはタイフにのぼさず 刑罰は大夫の身分の者には適用しない。大夫は有徳の賢者であり、罪を犯した場合には自ら制裁すべしとされた。〈礼記・曲礼上〉 対 礼不ㇾ下ニ庶人一レイはショジンにくだらず。

【刑罰】ケイバツ 罪をおかした者に対して、国家が加える制裁。例 ―を科する。

【刑部】一ケイブ 刑罰や裁判をつかさどる役所。六部リクブの一つ。隋ズイ代にはじめて置かれ、以後清シン代まで設置された。二ギョウブ 日「刑部省ギョウブショウ」の略。昔、太政官ダイジョウカンに置かれた、刑罰や裁判をつかさどった役所。明治の初めにも置かれ、のち司法省となる。

【刑▼辟】ケイヘキ 〔「辟」は、法律・刑罰の意〕 ①刑法典。律。②刑罰。

【刑法】ケイホウ 犯罪とそれに対する刑罰を定めた法律。類 刑憲・刑章・刑典・刑律。

【刑務所】ケイムショ 日 監獄の一種で、懲役や禁固など、自由をうばう刑をおこなうために使用する施設。

【刑名】ケイメイ ⇩【形名】ケイメイ（469ページ）

【刑余（餘）】ケイヨ ①刑罰を受けた前歴があること。また、その人。前科者。例 ―の身。―者の救済。②〔宮刑を受けた者の意で〕宦官ガンカン。

【刑▼戮】ケイリク 刑罰。また、処刑する。例 邦無ㇾ道、免ニ於刑戮一（くにみちなきときは、ケイリクをまぬかる）（＝国に正道がおこなわれないときにも、刑罰から免れていられる）。〈論語・公冶長〉

●求刑キュウケイ・減刑ゲンケイ・死刑シケイ・実刑ジッケイ・処刑ショケイ・罰金刑バッキンケイ・流刑ルケイ

刔
リ4（6） 2 4969 5214

ケツ 漢 屑 jué
けず-る（けづ-る）・やぶ-る

意味 えぐりとる。きる。通 抉ケ。

刖
リ4（6） 4 0323 5216

ゲツ・ゴツ 漢 月 yuè
あしき-る

意味 刑罰として足首から先を切る。あしきる。例 刖者ゲッシャ。

【刖▼趾適▼屨】ゲッシテキク〔「趾」は足、「屨」はくつの意〕足を切ってくつの大きさに合わせる。本末転倒して道理に合わないことのたとえ。

【刖者】ゲッシャ 罪による罰として足を切られた人。類 刖人ゲツジン。

刎
リ4（6） 2 4970 520E

フン 慣 ブン 漢 吻 wěn
は-ねる（は-ぬ）・くびは-ねる（くびは-ぬ）

意味 刀で切る。特に、首を切る。はねる。くびはねる。例 刎頸フンケイ。刎死フンシ。自刎ジフン（＝みずから首を切る）。

日本語での用法《はねる》「刎はね橋ばし・筆ふでを止とめてから刎はねる」▼勢いよく上部にあげる。「だめなものを横よこに刎はねておく」▼ねる。また、別にしておく。

【刎▼頸▼之交】フンケイのまじわり その人のためなら首を切られても後悔しないほどの、友情。例 ―を結ぶ。◆昔、趙チョウの国に廉頗レンパという将軍と藺相如リンショウジョという外交官がいた。藺相如は、外交交渉で大きな手柄を立て、廉頗より位が上になった。プライドの高い廉頗はこれが気に入らず、藺相如をばかにしてやろうと機会をねらっていたが、藺相如はいつも廉頗と顔を合わせないようにしていた。藺相如の部下は、そのことを歯がゆく思い、なぜ廉頗をおそれるのかとたずねると、藺相如は「わたしは廉頗将軍をおそれて避けているわけではない。今、自分たち二人がともにいることによって趙の国が成り立っているのだ。二人が争ったら二人のどちらかは滅びるであろう。国家の安泰のために個人的な争いは避けたいのだ」と答えた。この話を聞いた廉頗は自分のせまい心を恥じ、肌ぬぎになって、いばらをせおい藺相如のところに出向いて謝罪し、ついに刎頸の交わりを結んだのだった。…〈史記・廉頗藺相如伝〉

【刎死】フンシ 自分で首をはねて死ぬ。自刎ジフン。

刕
刀4（6） 3 1461 5215

一 リ 漢 支 レイ 漢 斉 lí
二 シュウ（シウ）漢 尤 zhōu

意味 一 ❶割く。❷姓の一つ。二 人名・地名に用いる字。通 州。〔「州シュウ」を「リ（＝りっとう。刀）」が三つから成る字と解したもの〕

列
リ4（6） 1 4683 5217 教3

レツ 漢 屑 liè
つら-ねる（つら-ぬ）・つら-なる

筆順 一 ア 万 歹 列 列

なりたち ［形声］「リ（＝かたな）」と、音「歹ツレ」とから成る。分解する。派生して「行列」の意。

意味 ❶順にならんだもの。れつ。例 行列ギョウレツ。後列コウレツ。隊列タイレツ。❷ならべる。つらねる。また、ならぶ。つらなる。例 列挙レッキョ。列次レツジ。列席レッセキ。整列セイレツ。❸順序。次第。また、位。等級。例 序列ジョレツ。❹ならび立つ多くの。たくさんの。例 列強レッキョウ。列国レッコク。❺節操の固い。通 烈。例 列士レッシ。列女レツジョ。

古訓 中古 こぞる・つら・つらなる・つらぬ・のぶ 中世 こぞる・さかり・つら・つらなる・のぶる 近世 しく・ついで・つらなる・なみ・のぶる・わかつ

人名 しげ・つら・とく・のぶ

【列火】レッカ 日 漢字の部首の一つ。「点」や「照」の下の「灬」。連火レンガ。

【列観】レッカン ①並んで見る。また、並んで見ている多くの人。②〔「観」は、館の意〕並びたつ宮殿や高殿。③ありふれた建物。

【列記】レッキ 並べて書きしるす。並記。連記。

【列挙】レッキョ 一つ一つ数えたて、並べあげる。

【列強】レッキョウ 日 多くの強大な国。例 ―の圧力に屈する。

【列侯】レッコウ 漢代の爵位。二十級あるうちの最高の爵位。当初は徹侯といったが、武帝の諱いみなを避けて列侯に改めた。→【関内侯】カンナイコウ（1385ページ）

【列国】レッコク 多くの国。諸国。

【列座】【列▼坐】レツザ 並んですわる。また、並んですわっている人々。列席。

【列士】レッシ ①多くの立派な人。②気性がはげしく、信念をもって行動する人。烈士。

【列▼肆】レッシ ①並んでいる店。多くの店。②星の名。

【列次】レツジ 順序。ならび。

【列車】レッシャ 日〔英 train の訳語〕線路上を走り、旅客や貨物を輸送するために編成された車両。例 夜行―。

【列宿】レッシュク／レッシュク ①天空に並ぶ多くの星座。②二十八宿。

【列女】レツジョ 心が強く、節操の固い女性。烈女。例 ―伝。

【列序】レツジョ 順序。序列。

【列叙】レツジョ ①順に述べる。②ならべる。

【列世】レッセイ 歴代。代々。世々。類 列代。

【列星】レッセイ 天空に並んでいる星。

【列聖】レッセイ ①歴代のすぐれた天子。②カトリックで、死者を聖人に加えること。

【列席】レッセキ 式や会議などに、関係者として出席する。列座。

【列仙】レッセン 多くの仙人。例―伝(=仙人の伝記集)。
【列祖】レッソ 歴代の祖先。
【列伝】レツデン ①人々の伝記を書き並べたもの。②『史記』をはじめとする紀伝体の歴史書で、天子・諸侯以外の個人の伝記。対本紀(ホンギ)・世家(セイカ)。
【列島】レットウ 並び連なっている島々。例日本―。
【列藩】レッパン ①多くの藩。諸王。②日江戸時代の諸大名。諸藩。例奥羽越(オウウエツ)―同盟。
●系列(ケイレツ)・参列(サンレツ)・順列(ジュンレツ)・陳列(チンレツ)・羅列(ラレツ)

[刧] 刀5(7) ⇨劫(ゴウ)(174ページ)

刪
刂5(7) ②4972 522A サン漢 刪 shān けずーる(けずーる)

[刪] 刂5(7) ―5220 別体字。

意味 ❶刃物でけずりとる。余分な字句をとりのぞく。けずる。例刪改(サンカイ)(=文章の字句をあらためる)。刪修(サンシュウ)。❷大切なところを抜き出す。抜粋する。例刪ニ其要一(その要をサンす)(=その要点を抜き出す)。〈漢書・芸文志〉
【刪削】サンサク 文字をけずる。
【刪詩】サンシ 孔子が、それまでの三千余篇(ヘン)の詩を取捨し、のちの『詩経(シキョウ)』となる三百五篇の詩を定めたとされること。〈史記・孔子世家〉
【刪修】サンシュウ 文章の字句をけずり、正しく改める。
【刪正】サンセイ 文章やことばづかいの誤りを正す。訂正する。類刪改・刪革。
【刪省】サンセイ けずり、はぶく。文章の一部をけずって短くまとめる。類刪約・刪略。
【刪節】サンセツ 文章の不要な部分をけずる。
【刪定】サンテイ 文章を修正した上で確定する。

初
刀5(7) ①2973 521D 教4 ソ漢 ショ呉 魚 chū はじめ・はじめ・はじめて・はつ・うい(うひ)・そめる(そーむ)・うぶ

筆順 丶 ラ ネ ネ ネ 初 初

なりたち  [会意]「刀(=かたな)」と「ネ(=ころも)」とから成る。布を裁断して衣(ころも)をつくりはじめる。はじめ。

意味 ❶ものごとのはじまり。起こり。はじめ。例初夏(ショカ)。初志(ショシ)。最初(サイショ)。❷はじまりのころ。…したばかり。例初期(ショキ)。当初(トウショ)。❸第一の。はじめての。はつ。例初陣(ういジン)。初月(ショゲツ)。初物(はつもの)。

古訓 中古うひ・おこす・おこる・はじむ・はじめ 中世うひ・はじめ・はつ 近世うひ・うぶ・そめる・のぶる・はじめ・はつ・もと

人名 もと

難読 初心(うぶ)・初心娘(おぼこ)

【初陣】ういジン 日はじめて戦いに出ること。また、はじめて競技会や試合に出ること。例―を飾る。
【初一】ショイチ ①はじめ。第一。②朔日(ついたち)。月の第一日。
【初一念】ショイチネン 日最初に心に深く思ったこと。初志。例―をつらぬく。
【初演】ショエン ある演劇や音楽などを、はじめて上演したり演奏したりする。対再演。例本邦―。
【初夏】ショカ|はつなつ 夏のはじめ。五、六月ごろ。孟夏(モウカ)。〔陰暦では夏のはじめの月、四月をいう〕対晩夏。
【初会】ショカイ ①はじめて面会すること。初対面。②日遊女がはじめての客の相手をすること。また、その客。③日はじめての会合。初(はつ)会合。
【初回】ショカイ 日最初の回。第一回。
【初学】ショガク まなびはじめること。また、その人。例年少初学(ネンショウショガク)(=年が若く学問を始めたばかりだ)。〈史記・賈生伝〉
【初巻】ショカン (何巻にもわたる書物の)最初の巻。第一巻。
【初寒】ショカン 肌さむくなりはじめる。
【初期】ショキ はじまって間もない時期。ある期間のはじめのころ。対末期。例江戸―の文学。
【初九】ショキュウ ①易(エキ)の卦(カ)における最下位(すなわち最初)の陽爻(ヨウコウ)。爻は下から上へと数えるので、最下位が第一の爻となり、九は陽をあらわす。②月の第九日。
【初級】ショキュウ いちばん低い等級。最初の段階。初等。対上級。例―コース。
【初句】ショク ①詩の第一句。②日短歌や俳句のはじめの句。第一句。
【初月】ショゲツ ①陰暦の月のはじめに見える月。新月。三日月。②正月。一月。
【初見】ショケン ①はじめて見る。例―の文献。②はじめて会う。初会。③日練習や研究なしで、楽譜をはじめて見て、演奏する。
【初弦】ショゲン 陰暦の七日・八日ごろに見える半月(弓張り月)。上弦。
【初更】ショコウ 「五更①」の第一。午後八時、およびその前後の二時間。戌(いぬ)の刻。甲夜。初夜。
【初校】ショコウ 印刷物を作るときの、最初の校正。一校。また、その校正刷り。
【初号】ショゴウ 日①新聞や雑誌の第一号。創刊号。②「初号活字」の略。号数であらわす日本の和文活字の最大のもの。四二ポイント(=一四・七六ミリメートル)に相当する。
【初婚】ショコン ①結婚したばかりである。②はじめての結婚。
【初産】ショサン|ショザン|ういザン 日はじめての出産。例―児(ショサンジ)。
【初志】ショシ 何かやろうと思った、最初の気持ち。最初の志望。初一念。初心。例―貫徹。
【初日】 一ショジツ あさひ。日の出。旭日(キョクジツ)。 二ショニチ 日①ものごとを始める最初の日。対末日。②大相撲や演劇などの興行で、最初の日。対千秋楽。例―を出す(=負け続けていた力士がはじめて勝つ)。 三ひはつ 日元日の朝の太陽。例―を拝む。
【初秋】ショシュウ|はつあき 秋のはじめ。八、九月ごろ。孟秋(モウシュウ)。〔陰暦では秋のはじめの月、七月をいう〕対晩秋。
【初出】ショシュツ ①はじめて出る。例初出茅廬(ショシュツボウロ)(=劉備(リュウビ)の三顧の礼にこたえて、諸葛亮(ショカツリョウ)がはじめていおりを出て劉備を補佐したこと)。〈三国演義・三八〉②日はじめてあらわれる。新出。
【初春】 一ショシュン 春のはじめ。三月ごろ。はつはる。早春。孟春(モウシュン)。〔陰暦では春のはじめの月、一月をいう〕対晩春。 二はつはる 日年のはじめ。新春。新年。例―を祝う。
【初旬】ショジュン 〔「旬」は、十日間の意〕月のはじめの十日間。上旬。対下旬。
【初心】 一ショシン ①最初に思い立った考え。初志。例―忘るべからず。②ものごとを習いはじめたばかりであること。初学。例―者。 二うぶ 日世間ずれしていないさま。純粋であるさま。例―な乙女。
【初診】ショシン はじめての診察。例―料。
【初審】ショシン 日裁判で、第一回の審判。第一審。
【初生】ショセイ うまれてまもないこと。例―児。
【初雪】ショセツ|はつゆき ①冬になってはじめて降る雪。②年が明けてはじめて降る雪。
【初速】ショソク 日物体が動きはじめたときの速度。初速度。例銃弾の―。

【初代】（ショダイ） 家柄や地位など、受けつがれていくものの、最初の人。第一代。例―社長。

【初対面】（ショタイメン） 日はじめて顔を合わせること。初会。初見。例―の挨拶（アイサツ）。

【初段】（ショダン） 日武道や囲碁・将棋などで、最初の段位。

【初潮】（ショチョウ） 日はじめての月経。類初経。

【初手】（ショて） 日①囲碁や将棋で、最初の手。②手はじめ。最初。例―からつまずく。

【初度】（ショド） ①生まれた時。②誕生日。

【初冬】（ショトウ・はつふゆ） 冬のはじめ。十一、十二月ごろ。孟冬（モウトウ）。〔陰暦では冬のはじめの月、十月をいう〕対晩冬。

【初唐】（ショトウ） 唐代の詩の流れを四期（＝初唐・盛唐・中唐・晩唐）に分けた第一期。七三年ごろまで。陳子昂（チンスゴウ）・劉希夷（リュウキイ）などが出た。

【初等】（ショトウ） 最初の等級。初歩の段階。初級。対高等。例―教育。

【初頭】（ショトウ） ある期間や年代のはじめ。例今世紀の―。

【初乳】（ショニュウ） 出産後の数日間に出る、たんぱく質・免疫物質などを含む特別な母乳。

【初任】（ショニン） 日はじめて任務につくこと。例―給。

【初年】（ショネン） ①年のはじめ。②（ある時代などの）はじめのころ。例明治の―。③日最初のとし。第一年。対末年。

【初念】（ショネン） 日はじめにいだいた思い。初一念。初志。

【初犯】（ショハン） はじめて罪をおかすこと。また、その犯罪。

【初版】（ショハン） 刊行された書物の最初の版。第一版。対再版・重版。例―本（ボン）。

【初伏】（ショフク） 三伏（サンプク）の一番目。夏至後三番目の庚（かのえ）の日。また、その日から十日間。一年の中で最も暑い時期とされる。→【三伏】（サンプク）（13ジベー）

【初服】（ショフク） ①はじめておこなう。最初におこなう。例王乃初服（はじめてフクす）（＝王ははじめて教化をおこなわれた）。〈書経・召誥〉②仕官する前の服。類初衣。

【初歩】（ショホ） 最初の段階。学びはじめ。初級。初学。例―的。

【初夜】（ショヤ） ①夜のはじめのころ。初更。②最初の夜。特に、結婚した最初の夜。

【初訳】（ショヤク） はじめて翻訳すること。また、その翻訳。

【初陽】（ショヨウ） ①冬至から立春までの期間。②初春。③日の出の陽光。朝日。

【初六】（ショリク） 易（エキ）の卦（カ）における最下位の陰爻（インコウ）。

【初涼】（ショリョウ） 秋のはじめ、すずしくなりはじめるころ。新涼。

【初恋】（ショレン・はつこい） はじめての恋。

【初老】（ショロウ） 日老人になりはじめる年ごろ。〔昔は四十歳をいったが、現代では、さらに高齢の人をいう〕例―の紳士。

【初穂】（はつほ） 日①その年はじめて実ったイネの穂や、その年はじめて収穫した穀物や野菜や果物など。例お―を神棚に供える。②神仏に供える収穫物や生産物、また、金銭など。供え物。はつお。例―料。

【初耳】（はつみみ） 日はじめて聞くこと。また、はじめて聞く話。

【初物】（はつもの） 日果物や野菜、魚貝など、その季節にはじめてとれたもの。例―食い。

●原初（ゲンショ）・太初（タイショ）・当初（トウショ）

判

刂5（7） 1 4029 5224 教5

バン慣 ハン漢呉 翰 pàn
わ-ける（わ-く）・わか-る

［判］刂5（7） 旧字体。

筆順 、 丷 䒑 半 半 判

なりたち ［形声］「刂（＝かたな）」と、音「半ハン（＝二分する）」とから成る。分ける。

意味 ❶ものごとのよしあしなどを見分ける。分ける。区別する。さばく。わける。例判別（ハンベツ）。裁判（サイバン）。❷わかれる。分裂する。例陰陽未レ判（インヨウいまだわかれず）（＝陰気と陽気とがまだわかれていない）。〈淮南・俶真〉❸わけられたものの半分。かたわれ。例判合（ハンゴウ）（＝半分ずつのものが合して一つになる。夫婦になることのたとえ）。❹けじめがはっきりする。わかる。例判然（ハンゼン）。判明（ハンメイ）。

日本語での用法 《ハン》①「A5判（エーゴハン）・B5判（ビーゴハン）」▼紙・書物のサイズ。②「書類（ショルイ）に判（ハン）をおす」▼はんこ。

古訓 中古 あきらかに・ことわる・さく・さだむ・ゆるす・わかつ・わかる・わる 中世 あきらか・ことわり・ことわる・まこと・わかつ・わくる 近世 おほゆみ・ことわる・なかば・わかつ・わかる・わる

人名 さだ・さだむ・ちか・ゆき

【判押】（ハンオウ） 書き判。花押。

【判官】（ハンガン） ①唐代に置かれた官名。節度使・観察使などの属官。②冥界（メイカイ）の閻魔王（エンマオウ）のもとで働く書記官。③唐代、四等（シトウ）官の第三等の官。④日平安時代の律令制で、四等官の第三位。長官（かみ）・次官（すけ）の下で、主典（サカン）の上。また、特に検非違使（ケビイシ）の尉（ジョウ）をいう。⑤（ホウガン）日〔検非違使の尉（＝判官）であったことから〕源義経（みなもとのよしつね）のこと。

【判官▼贔▼屓】（ホウガンビイキ） 日源義経（みなもとのよしつね）を不運の英雄として同情し、好意を寄せること。転じて、弱い者を応援したり、負けた者に同情を寄せたりすること。

【判型】（ハンケイ・ハンがた） 日（A判・B判など用紙の大きさによって決まる）書物のサイズの規格。

【判決】（ハンケツ） 裁判で、判断を決定する。また、その決定。

【判子】（ハンこ） 日印鑑。印形（インギョウ）。判。

【判士】（ハンシ） 日柔道や剣道などの試合で、審判をする人。

【判事】（ハンジ） ①裁判。②日裁判官の官名。裁判をおこない、判決をくだす人。

【判者】（ハンジャ・ハンザ） 日判定をくだす人。特に、歌合わせや絵合わせで、優劣を決める人。

【判正】（ハンセイ） 是非を判断する。

【判然】（ハンゼン） ①はっきりとよくわかる。例真相はやがて―するだろう。②はっきりしているさま。例意図が―としない。

【判断】（ハンダン） ①ものごとについて、よく考えて決める。例―を誤る。②日占う。例姓名―。

【判定】（ハンテイ） （勝ち負け・優劣・序列などについて）判断し決定する。例写真―。

【判読】（ハンドク） 日読み取りにくい文字や文章を、前後関係や字形などを手がかりに判断して、読み取る。

【判任官】（ハンニンカン） 日旧制の官吏の等級で、最下級のもの。各役所の長官が自由に任免できた。

【判別】（ハンベツ） 種類や性質の違いなどから、他と区別する。識別。鑑別。

【判明】（ハンメイ） はっきりさせる。はっきりする。例真実が―する。

【判例】（ハンレイ） 日〔法〕裁判所が過去にくだした判決の実例。例―に照らす。

●大判（おおバン）・公判（コウハン）・小判（こバン）・審判（シンパン）・談判（ダンパン）・批判（ヒハン）・評判（ヒョウバン）

別

刂5（7） 1 4244 5225 教4

ヘツ漢 ベチ・ベツ呉 屑 bié
わかれる（わか-る）・わかれ・わ-ける（わ-く）・わ-かつ・わ-かち

筆順 丶 口 口 号 另 別

なりたち  [会意]「另(=肉をけずりとった骨)」と「刂(=かたな)」とから成る。分解する。

意味 ❶違いに従ってわける。**わかつ**。**わける**。また、わけたもの。例 不レ敬、何以別乎(ケイせずんば、なにをもってわかたんや)(=《親を》尊敬するのでなければ、《イヌやウマを養うのと》どこに区別があろうか)。〈論語・為政〉区別(クベツ)。識別(シキベツ)。性別(セイベツ)。❷はなればなれになる。はなれる。**わかれる**。**わかれ**。例 恨レ別鳥驚レ心(わかれをうらんではとりにもこころをおどろかす)(=家族との離別をうらめしく思い、鳥の声にも心がさわぐ)。〈杜甫・春望〉別離(ベツリ)。送別(ソウベツ)。❸違い。区別。けじめ。例 夫婦有レ別(フウフベツあり)(=夫婦の間にもけじめがある)。〈孟子・滕文公上〉❹ほかの。例 別人(ベツジン)。別荘(ベッソウ)。❺とりわけ。特に。例 別格(ベッカク)。別段(ベツダン)。

古訓 中古 ことなり・ことに・のぶ・はなる・へだつ・わかつ・わかる・わかれ・わきまふ・わく 中世 ことに・ことわる・わかつ・わかる・わかるる・わかれ・わきまへ 近世 ことなり・はなるる・ほどく・わかつ・わかるる・わきまふ

人名 のぶ・わき・わく・わけ

【別院】ベツイン ①母屋(おもや)とは別に建てられた家屋。離れ。②日 本山の出張所である寺院。例 東本願寺—。

【別宴】【別▼筵】ベツエン わかれを惜しんで開く宴会。送別の宴。例 —を張る。

【別火】ベッカ 日 けがれをきらって、炊事の火を別にすること。

【別科】ベッカ 日 高等学校や専門学校などで、本科のほかに設けられた科。対 本科。

【別▼駕】ベツガ ①官名。漢代、刺史(シシ)の補佐官。別駕従事史。刺史とは別に一乗の車に乗ることからこの名があるといわれる。②日 諸国の介(すけ)(=次官)の唐名。

【別格】ベッカク ①特別の規定。例 賞如二別格一(ショウはベッカクのごとし)(=恩賞は別の規定のとおりとする)。〈陳書・周迪伝〉②日 特別なあつかい。また、そうされる人や地位。例 —にあつかう。

【別学】ベツガク 日 男女が別々の学校や教室で学習すること。対 共学。

【別巻】ベッカン 全集などで、本体のほかに付録としてつけ加える本。対 本巻。

【別館】ベッカン ①天子の別荘。行宮(アングウ)。②日 旅館や図書館やデパートなどで、本館とは別につくられた建物。対 本館。

【別記】ベッキ 本文とは別に書きそえる。また、その文章。

【別居】ベッキョ 別々に住む。対 同居。例 家有二別居之道一(いえにベッキョのみちあり)(=家には《成人男性が複数いると》別々に住むというきまりがある)。〈後漢書・許荊伝〉

【別業】ベツギョウ ①別荘。②日 本業と違う職業。また、今までと違う職業。

【別家】ベッケ 日 本家からわかれて、新しく一家を立てる。また、その家。分家。対 本家。

【別掲】ベッケイ 日 別にかかげて示す。例 —を参照のこと。

【別言】ベツゲン 日 同じ内容を別のことばでいう。換言。例 —すると。

【別個】【別箇】ベッコ ①その他のこと。②日 他とは違うものごとであること。例 —にあつかう。

【別項】ベッコウ 別に示す項目。他の条項。例 —でとりあげる。

【別号】ベツゴウ ほかの呼び名。別字。〔「松尾芭蕉(まつおバショウ)」の場合の、桃青(トウセイ)や風羅坊(フウラボウ)など〕

【別恨】ベッコン わかれの悲しみ。

【別懇】ベッコン 日 特別に親しいこと。昵懇(ジッコン)。例 —の間柄。

【別冊】ベッサツ 日 雑誌や全集などにつく、本体とは別の本。また、定期の本誌以外に、臨時に発行する雑誌など。例 —付録。

【別子】ベッシ 諸侯の、嫡長子(=正妻が産んだ長男)以外の子。

【別使】ベッシ 別の使者。また、特別の使者。特使。

【別紙】ベッシ (本紙にそえられている)ほかの紙面や文書。例 —参照。

【別字】ベツジ ①誤って書かれたり読まれたりした字。また、異体字。別体。②「別号(ベツゴウ)」に同じ。

【別事】ベツジ ①別の事柄。②日 特別に変わったこと。別条。例 —なく暮らしている。

【別辞】ベツジ わかれのことば。

【別室】ベッシツ ①ほかの部屋。②特別の部屋。③妾(ショウ)。側室。

【別酒】ベッシュ わかれの酒。送別のための酒宴。

【別種】ベッシュ 日 別の種類。

【別趣】ベッシュ ①別の所に向かう。②違ったおもむき。特殊なおもむき。例 詩有二別趣一(シにベッシュあり)(=詩には違ったおもむきがある)。〈滄浪詩話・詩弁〉

【別集】ベッシュウ 個人の文章を集めた書物。対 総集(=文体や内容などによって、複数の人の文章を集めた書物)。

【別書】ベッショ ①別に書くこと。また、書いたもの。例 —に掲載する。②わかれの手紙。

【別▼墅】ベッショ 別荘。

【別称】ベッショウ 別の呼び名。別名。

【別条】【別状】ベツジョウ 日 特に変わった事柄。例 命に—ない。

【別人】ベツジン ほかの人。他人。例 似ているが—だ。

【別席】ベッセキ ①ほかの席。別室。例 —に案内する。②日 特別の席。例 —を設けて、もてなす。

【別荘】ベッソウ ふだん生活している家とは別に、避暑や避寒などのために建てた家。別墅(ベッショ)。

【別送】ベッソウ 日 別にして送る。

【別体】ベッタイ ①実質は同じであって、形体が異なっているもの。別の形体。②漢字で、発音や意味が同じで、形だけが異なるもの。異体字。

【別宅】ベッタク 本宅とは別に作ってある家。別邸。対 本宅。

【別段】ベツダン 日 ①通常のものごとと変わっていること。例 —の取り扱い。②〔多く、打ち消しのことばをともなって〕とりわけ。格別。例 —変わった様子もない。

【別珍】ベッチン 日〔英 velveteen の音訳といわれる〕綿の本ビロードに対して、綿のビロード。

【別邸】ベッテイ 本邸とは別に作ってある家。別宅。対 本邸。

【別伝】ベツデン ①忠臣や孝子などの特定の主題ごとに複数の人物の事績を集めたもの。『列女伝』など。②歴史上の人物の逸話などを脚色したもの。伝奇小説。

【別天地】ベッテンチ 俗世間からかけ離れた世界。理想郷。〔「別有二天地非一人間一(ベツにテンチのジンカンにあらざるあり)(=俗世間ではない理想の天地が別にある)。〈李白・山中問答〉」から〕

【別途】ベット ①道を別にする。また、別の道。②別の行き方。別の方法。例 料金は—に集める。

【別当】ベットウ 日〔すでに官職をもつ人が、別の役所の長官も担当したことによる職名〕①検非違使庁(ケビイシチョウ)・蔵人所(くろうどどころ)や、政所(まんどころ)・侍所(さむらいどころ)などの長官。②東大寺や仁和寺(ニンナジ)などの大寺に置かれた、寺務を統括する職。③ウマの世話をする人の、古い言い方。馬丁(バテイ)。

【別納】ベツノウ 日 料金などを別の方法でおさめる。例 料金—郵便。

【別派】ベッパ 別の流派や党派。

【別表】ベッピョウ 日 別にそえた表。例 地図は—に示す。

【別便】ベツビン 日 別に出す郵便や宅配便など。例 —で送る。

【別▼嬪】【別品】ベッピン 日 顔立ちの美しい女性。美人。

【別封】ベップウ 日 ①別々に封をすること。②別にそえた封書。例 —の書面。

【別別】べつべつ 日①わかれわかれ。離ればなれ。ちりぢり。例人ごみの中で―になる。②おのおの。それぞれ。例大きさによって―にかたづける。
【別房】べつぼう ①母屋から離れた部屋。離れの部屋。離房。②妾。
【別報】べっぽう 日別の知らせ。別の報道。例―がはいる。
【別棟】べつむね 日同じ敷地や構内で、母屋とは別の家。
【別名】べつめい・べつみょう 日本名や学名とは別の名。別称。異名。
【別来】べつらい わかれて以来。
【別離】べつり わかれて、はなればなれになること。離別。例―の悲しみ。
【別涙】べつるい わかれを惜しんで流すなみだ。
【別枠】べつわく 日正規とは別のわく組み。別の範囲。
●格別・決別・告別・個別・差別・死別・惜別・選別・特別・判別・離別

利

刂5（7）
1 4588 5229
教4
リ 漢呉 ｌì
きく・とーし
付表 砂利

筆順 ノ ニ 千 禾 利 利

なりたち  ［会意］「刂（＝かたな）」と「和（＝ととのう）」の省略体とから成る。刀がよく切れる。

意味 ❶刃物がするどい。よく切れる。とし。例利器。鋭利。❷頭のはたらきがよい。かしこい。例利口。利発。❸役に立つ。また、都合がよい。すんなりとはこぶ。例利害。便利。有利。❹都合よくする。ためになるようにする。例利己。利他。❺うまく使う。例利用。❻もうけ。例利益。利息。営利。❼順調。好運。例時不レ利兮騅不レ逝（＝時の運に見はなされ、騅（＝項羽の愛馬の名）ももう走ることはない）。〈史記・項羽紀〉利運。❽ききめがある。例良薬苦ニ於口ー、而利ニ於病ー（＝よい薬は苦いけれども、病気にはよくきく）。〈家語・六本〉

日本語での用法 《きき》《きく》「目利き・利き足・気が利く」▼よい結果が得られるようなはたらきをする。

古訓 中古 かが・しるし・とくす・とし・より 中世 きき・すくふ・するど・とし・はづむ・やはらぐ・よし 近世 うるほひ・かが・きかす・きき・きく・こころよし・したがふ・とし・とほる・むさぼる・やしなふ・よし

人名 かが・かず・さと・さとし・たくみ・と・とおる・まさ・みち・みのる・よし・より・よろし

難読 利根（＝地名・姓）・足利（＝地名・姓）

【利運】りうん 運がよいこと。よいめぐりあわせ。しあわせ。幸運。
【利益】 一 りえき ①もうけ。類利得。対損失。②ためになること。役立つこと。例公共の―。 二 りやく 〔仏〕神や仏が人々に与える幸福や恩恵。例ご―がある。
【利害】りがい ①利益と損害。例―がからむ。②地形が険しく防御に便利なこと。要害。
【利器】りき ①よく切れる刃物。するどい武器。対鈍器。②便利な器具や器械。例文明の―。③すぐれた才能。役に立つ人物。
【利剣】りけん ①よく切れる刀やつるぎ。類利刀。②〔仏〕煩悩や邪悪なものを破りくだく、仏の知恵や法力のたとえ。例降魔の―。
【利権】りけん 日大きなもうけに結びつく権利。特に、業者が政治家や公務員と結託して得たものをいう。例―をあさる。
【利己】りこ 自分だけの利益や幸福を考えること。対利他。例―心。
【利口】りこう ①口が達者なさま。話がうまい。②日かしこく、聡明であるさま。利発。利巧。例―そうな顔つき。③日子供などが、ものわかりがよくて、おとなしいこと。利巧。例お―さん。④日ぬけめがない。利巧。表記 ②③④は旧▼悧巧
【利巧】りこう ①ずるがしこい。ぬけめがない。②日「利口②③」に同じ。
【利根】りこん 〔仏〕聡明な性質。かしこい生まれつき。
【利子】りし 「利息」に同じ。
【利潤】りじゅん ①もうけ。利益。②日〔英 profit の訳語〕企業の総収益から、かかった経費を差し引いた残り。純利益。
【利殖】りしょく 日資金をうまく運用して財産を増やす。
【利心】りしん ①利益を求める心。②おだやかな心。一説に、かしこいこと。
【利水】りすい ①水の流れをよくすること。例―工事。②日水を利用すること。水利。例―組合。
【利息】りそく 金銭を貸したり預けたりしたときに、相手が一定の割合で支払うお金。利子。対元金。
【利他】りた 〔仏〕自分を犠牲にしてまでも、他人の利益や幸福をはかること。対利己。例―主義。
【利沢】りたく 利益と恩沢。恵み。
【利達】りたつ 立身出世。栄達。
【利敵】りてき 敵に利益を与えるようなことをすること。例―行為。
【利点】りてん 日有利な点。得な点。長所。例―が多い。
【利鈍】りどん ①刃物がよく切れることと、切れないこと。②賢いことと、愚かなこと。賢愚。③ものごとがうまくいくことと、いかないこと。勝敗。吉凶。
【利尿】りにょう 小便の出をよくすること。例―剤。
【利発】りはつ 日〔「利口発明」の意〕かしこいさま。利口なさま。対愚鈍。例―な子。
【利幅】りはば 日利益の大きさや割合。例―が大きい。
【利病】りへい 一 ①「利弊」に同じ。②長所と短所。すぐれた点と劣った点。 二 やまいにりあり 病気に効能がある。
【利弊】りへい 利益と弊害。利害。得失。利病。
【利便】りべん 都合がよい。便宜。例―をはかる。
【利用】りよう ①ものごとのはたらきや、よいところを生かして使う。②役に立つ道具。例国者天下之利用也（＝国とは天下の役に立つ道具である）。〈荀子・王覇〉
【利用厚生】りようこうせい ものを役立つように使って便利にし、人々の生活を豊かにすること。〈書経・大禹謨〉
【利率】りりつ 日利息の元金に対する割合。例―が高い。
【利▼禄】 一 りろく 利益と俸禄。 二 ロクをりとす 俸禄をもらうことに欲張る。俸禄をむさぼる。
【見レ利思レ義】りをみてはギをおもう 利益を目前にしたとき、それを得ることが正義にかなっているかどうかを考える。〈論語・憲問〉
●営利・金利・権利・高利・実利・勝利・水利・年利・薄利・不利・暴利

刮

刂6（8）
2 4973 522E
カツ（クヮツ）漢 黠 guā
けずーる（けづーる）・こそーげる（こそーぐ）・こそーぐ

意味 ❶けずりとる。えぐる。けずる。例刮削（＝けずりとる）。❷こする。例刮目。
【刮刷】かっさつ 〔「刷」も、けずる意〕けずりとる。こすりとる。
【刮摩】【刮磨】かつま 器物などをみがいて、つやを出す。みがく。
【刮目】かつもく 目をこすってよく見る。これまでの見方を改める。例―に値する。
【刮目相待】かつもくしてあいまつ 相手を見直して接する。〔三国時代、呉の武将であった呂蒙が、魯粛に向かい、士には別れて三日もたてば見方を変えて接しなければならない、と言った故事から〕〈呉志・呂蒙伝注・江表伝〉→【呉下阿蒙】

ゴカのアモウ(236ページ)

券 刀6(8)
1 2384 5238 教5
ケン(クェン)漢呉 願 quàn ちぎ-る・ふみ・わりふ

［券］刀6(8) ―― 旧字体。

筆順 丶 丷 ⺍ 兰 关 券 券

なりたち [形声]「刀(=かたな)」と、音「龹(ケン)」とから成る。刀できざみを入れて二分し、約束の証拠としたもの。わりふ。

意味 ❶昔、木の札に約束ごとのしるしをつけて二つに割り、おのおのが一片を保存して後日の証拠としたもの。てがた。わりふ。例 符券。債券。❷切手・印紙・紙幣・証文などの類。例 金券。

古訓 中古 ちぎる 中世 ふみ 近世 ちぎる・てがた・まとふ・わりふ

【券書】ケンショ 契約のときの書き付け。証書。

●証券・乗車券・旅券

剞 刂6(8)
2 4974 5233
コ漢 虞 kū くる・えぐ-る

意味 くりぬく。くる。えぐる。例 剞腹(コフク)(=はらをさく)。剞舟(くりぶね)。襟剞(えりぐり)(=首まわりにそってくった、襟の線)。

【剞心】コシン ①私心・雑念をとり去る。〈荘子・天地〉 ②自分の心臓をえぐり出す。その人のためなら死んでもよいというほどの強い感謝の念や忠義の心などをあらわす。

【剞▼剔】コテキ ①切り裂く。例 剞剔孕婦(ヨウフをコテキす)(=〈紂王が〉妊婦を切り裂いた)。〈書経・泰誓上〉 ②取り除く。

刻 刂6(8)
1 2579 523B 教6
コク漢呉 職 kè きざ-む・きざみ

筆順 丶 亠 亡 亥 亥 亥 刻 刻

なりたち [形声]「刂(=かたな)」と、音「亥(カイ→コク)」とから成る。刀で木にきざむ。

意味 ❶素材の表面に刀を入れて形をつくる。また、模様や文字をほる。きざむ。例 刻印。彫刻。篆刻。❷抑制する。けずる。例 刻意。❸きびしい。むごい。例 刻薄。苛刻。深刻。❹とき。水時計のきざみ目。古代中国の一昼夜の百分の一。例 刻漏。時刻。▼一日の十二分の一。二時間。

古訓 中古 きざみ・きざむ・きる・つめきる・とき・ゑる 中世 おこたる・きざみ・きざむ・さく・せむ・ちぢむ・とき・ゑる 近世 いたまし・いたむ・きざみ・きざむ・きる・ちりばむ・はぐ・ゑる

日本語での用法《コク》「子(ね)の刻(コク)」

人名 とき

【刻意】コクイ ①自分の心を抑制して放縦にならないようにする。例 刻レ意尚レ行(イをコクしおこないをたかくす)(=心を抑制しておこないを高尚にする)。〈荘子・刻意〉 ②苦心する。努力する。

【刻印】コクイン ①印判をほる。また、しるしをきざみつける。②はんこ。印。

【刻画】コクガ ①彫刻してえがく。また、彫刻してえがいたもの。②描写する。うつしえがく。③文章を飾りたてる。美辞麗句を用いる。

【刻限】コクゲン ①特に定めた時刻。指定した時間。期限。例 約束の―。②日 時間。時刻。例 遅い―。

【刻▼鵠類▼鶩】コクコクルイボク(コクをきざみてボクにルイす) ハクチョウを彫刻しようとすれば、たとえ失敗したとしても、なおアヒルには似る。立派な人物を模範として行動すれば、その人物と同程度にはなれなくても、それに近い立派な人物にはなれるということのたとえ。〈後漢書・馬援伝〉から

【刻骨】コクコツ(ほねにきざむ) ①骨にきざみつけるように、恩義や怨恨(エンコン)などを心に強く記して忘れない。例 刻骨銘心(コクコツメイシン)(=永遠に忘れない)。〈後漢書・鄧騭伝〉から ②苦心する。

【刻削】 一 コクサク ①きざみけずる。彫刻する。②そぐ。侵害する。③倹約する。④文章をけずる。 二 コクショウ (「削」は、高い意) ①山や建物などが高くそびえる。②厳しい。むごい。③文章などがすぐれている。

【刻舟】コクシュウ 古いやり方にこだわって、時代や状況の変化を理解できないことのたとえ。〈呂覧・察今〉から →【刻レ舟求レ剣】ふねにきざみてけんをもとむ(1113ページ)

【刻石】コクセキ ①石に文字や絵をほりきざむ。②文字や絵がほりきざまれた石。石刻。

【刻薄】コクハク 残酷で薄情なさま。酷薄。例 ―なしうち。

【刻本】コクホン 版に文字をきざんで印刷した本。版本。対 写本。

【刻励】コクレイ ①心身を苦しめてつとめはげむ。②文章を練る。推敲(スイコウ)する。

【刻▼厲】コクレイ ①厳しい。②文章がすぐれている。③心身を苦しめてつとめはげむ。

【刻漏】コクロウ 水時計。漏刻。

【刻▼鏤】コクル/コクロウ ①ほりつける。彫刻する。②心に深く記す。

【刻下】コッカ 現時点。ただいま。目下(モッカ)。例 ―の急務。

【刻期】コッキ 期日を定める。類 刻日。

【刻急】コッキュウ むごい。厳しい。

【刻苦】コック 心身を苦しめて努力する。例 ―勉励。

●一刻・先刻・即刻・定刻・夕刻

刷 刂6(8)
1 2694 5237 教4
サツ漢 黠 shuā す-る・は-く・はけ

筆順 ㇇ コ 尸 尸 吊 吊 刷 刷

なりたち [形声]「刂(=かたな)」と、音「㕞(セツ→サツ)」の省略体とから成る。ぬぐい、けずる。

意味 ❶はらってきれいにする。はく。ぬぐう。例 刷新。❷版木に紙を当ててこする。する。こする。例 印刷。増刷。❸はけ。ブラシ。例 刷子。

古訓 中古 うまはだけ・かいつくろふ・かふ・きよし・つくろふ・はだく・はらふ 中世 かいつくろふ・つくろふ・のごふ・はだく・はだくる・はだける・はらふ・まはだけ・むまぐし・むまはだけ 近世 きよめる・きる・けづる・そなへ・そろふ・のごふ・はらふ

人名 きよ・きよむ

難読 刷子(はけ)

【刷子】サッシ|はけ 羽を刷(かいつくろ)う(=乱れた羽をととのえる)動物の毛をそろえ束ねて柄をつけた道具。塗料をぬったり、ほこりをはらったりするのに用いる。ブラシ。

【刷新】サッシン 悪いところを取りのぞいて、まったく新しくする。例 政界の―をはかる。

【刷恥】サッチ 恥をすすぐ。雪辱。

【刷毛】 一 サツモウ 鳥がくちばしで羽毛をなで整える。 二 はけ 日 ブラシ。刷子(はけ)。

●印刷・縮刷

刹 刂6(8)
2 4975 5239 常用
サツ漢 セツ呉 黠 chà

筆順 ノ メ 㐅 杀 杀 杀 刹 刹

なりたち [形声]「刂(=かたな)」と、音「殺サ」の省略体とから成る。柱。

意味 ❶柱。はたばしら。例 刹竿セッカン(=寺の前に立てる旗)。❷仏教寺院。例 古刹サツ。名刹メイサツ。❸梵語の音訳に用いる字。例 刹那ナツ。羅刹ラセツ。

古訓 中古 くに 中世 くに・はしら 近世 くに・てら・はしら

人名 くに

【刹那】セツナ 〔仏〕〔梵語ボン kṣaṇa の音訳〕きわめて短い時間。一瞬間。対 劫コウ。

【刹那主義】セツナシュギ 日 過去や未来を考えず、現在だけの充実を求めて生きようとする考え方。

刺

刂6 (8) 1 2741 523A 常用

シ 漢 寘 cì
セキ 漢 陌 qì
さす・ささる・とげ

筆順 一 厂 亓 市 朿 朿 刺

なりたち  [会意]「刂(=かたな)」と「朿シ(=とげ)」とから成る。刀でつきさす。

意味 ❶するどい刃物や針でさす。つきさす。**さす**。例 刺客シカク。刺激ゲキ。刺繍シュウ。❷相手を針でさすように言う。そしる。せめる。例 風刺フウ。❸さぐる。うかがう。例 刺候コウ。❹なふだ。〔竹や木に名を刻んだ〕例 名刺メイ。❺**とげ**。例 芒刺ボウ。有刺鉄線テッセン。❻えらびとる。採取する。とる。例 刺二六経中一、作二王制一(=六つの経典の中から採り集めて、「王制」を作った)。〈史記・封禅書〉

古訓 中古 いが・さす・そしる・そむく・そる・むばら・もとる 中世 いが・うがつ・ころす・さしやぶる・さす・そしる・そる・つく・はり 近世 いれずみ・うがつ・ころす・さす・そしる・そる・はりさす・やぶる

難読 刺青いれずみ・刺草いらくさ

【刺謁】シエツ 名刺を出して面会する。

【刺客】シカク|シキャク|セッカク 暗殺者。殺し屋。例 —を向ける。

【刺激】シゲキ 外部からはたらきかけて、肉体的な痛みや精神的な興奮などの反応を起こさせること。また、そうさせるものや力。例 —を求める。表記 旧刺▼戟

【刺股】シコ 一 ⇒【懸梁刺股】ケンリョウシコ(530ページ) 二 さすまた 日 長い棒の先に二股ふたまたに分かれた金具をつけ、罪人などを取りおさえるのに用いた道具。

【刺殺】シサツ さしころす。

【刺史】シシ ①官名。漢の武帝のとき、全国を十三の州に分け、各州の監察官として設置したのが始め。のち、州の長官になる。②日 国守コクシュを中国風に呼んだ名。

【刺字】シジ ①名刺に書かれた字。また、名刺。②犯罪者の顔面や腕などに入れ墨をする刑罰。

【刺▼繍】シシュウ 布地や衣服にさまざまの色糸で、文字や絵をぬいあらわすこと。また、その作品。ぬいとり。

【刺青】シセイ|いれずみ 皮膚に針などで傷つけながら、墨や朱を入れて模様をえがきだすこと。ほりもの。

【刺絡】【刺▼胳】シラク 静脈から悪い血をとる、漢方の治療法。瀉血シャケツ。

【通レ刺】シをツウず 名刺を出して面会を求める。例 通レ刺、字不レ可レ識(=名刺を差し出してきたが読めない字が書いてあった)。〈異苑・五〉

【刺候】シコウ 様子をうかがう。状況を調べる。

●風刺フウシ・名刺メイシ

制

刂6 (8) 1 3209 5236 教5

セイ 漢 呉 霽 zhì
おさ-える(おさ-ふ)

筆順 ノ 𠂉 ⺧ 午 𠂉 制 制

なりたち  [会意]「刂(=かたな)」と「未(=木になった果実を切り取る)」とから成る。たち切る。

意味 ❶形を切りととのえる。つくる。例 制作セイサク。❷従わせる。支配下におく。**おさえる**。例 制御セイギョ。制限セイゲン。統制トウセイ。❸とりきめる。また、きまり。おきて。例 制定セイテイ。制服セイフク。体制タイセイ。❹天子の命令。みことのり。みことのりをくだす。例 制勅セイチョク(=みことのり)。❺規模。こしらえ。つくり。例 重二修岳陽楼一、増二其旧制一(=岳陽楼を修復して、旧来の規模を拡大した)。〈范仲淹・岳陽楼記〉

古訓 中古 いさふ・いさむ・いましむ・いむ・きる・ことわる・ちから・つくり・つくる・とどむ 中世 いましむ・ことわり・ことわる・すぐる・せむ・せむる・たつ・つくる・とどむ・のり・はじめ 近世 かつ・かんがふ・ことわる・さく・ただす・たつ・つくる・とどめる・のり・はじめ・ほどよし・やむ・やむる・をさむ

人名 いさむ・おさむ・さだ・さだむ・すけ・ただ・ただし・のり

【制圧】セイアツ 相手の勢いや自由を、力でおさえつける。

【制可】セイカ 天子が下す許可。勅許。

【制義】セイギ ①ギをセイす 適切な状態を定める。②明ミン・清シン代、科挙(=官吏登用試験)の答案に用いられた文体。八股文ハッコブン。制芸。

【制挙】セイキョ ①官吏登用制度の一つ。通常の科挙とは別に、天子が特別に募集し、天子自ら直接課題を出して試験をおこなうもの。類 制科。②明ミン・清シン代において、科挙(=官吏登用試験)の最終試験で、天子が自ら試験をおこなう殿試デンシのこと。

【制御】【制▼馭】【制▼禦】セイギョ ①相手をおさえつけて、自分の思いどおりにあやつる。支配する。例 制二御海内一(=天下を支配する)。〈史記・始皇紀〉②日 機械などがうまくはたらくように調節する。コントロール。例 自動—装置。

【制芸(藝)】セイゲイ「制義セイギ②」に同じ。

【制限】セイゲン 限界や範囲を定めて、そこからはみ出さないようにする。また、その限界や範囲。規制。例 ゲートで入場者数を—する。

【制裁】セイサイ 道徳や習慣、また、規則などにそむいた者をこらしめ、罰を与える。また、その罰。例 —を加える。

【制作】セイサク ①作る。創造する。製作。②礼楽などの制度。例 定二制作一(=制度を定める)。〈史記・礼書〉

【制止】セイシ 他人の言動をおさえたり、やめさせたりする。例 —をふりきる。

【制使】セイシ ①抑制する。②天子が遣わす使者。勅使。

【制定】セイテイ 法律や規則などをつくりさだめる。例 憲法を—する。

【制度】セイド ①法として定められた決まり。②社会生活や団体活動の秩序を保つための、仕組みや決まり。例 封建—。

【制覇】セイハ 日 ①相手をおさえつけて、権力をにぎる。征服。例 世界—の野望。②競技などで優勝する。

【制服】セイフク ①身分に応じた服装を定める。②喪服もフク。③日 学校や会社などで、着用するように定められた服。ユニホーム。対 私服。

【制帽】セイボウ 日 学校や会社などで、かぶるように定められた帽子。

【制約】セイヤク 日 条件をつけて自由を制限する。また、その条件や規定。制限。例 行動が—される。

【制欲】【制▼慾】セイヨク 日 欲望や欲情をおさえる。禁欲。

【制令】セイレイ 制度と法令。おきて。おふれ。例 —を定める。

●圧制アッセイ・管制カンセイ・規制キセイ・強制キョウセイ・禁制キンセイ・自制ジセイ・節制セッセイ・先制センセイ・専制センセイ・抑制ヨクセイ

𠜍

刀6(8) — 5231

ソウ(サウ)漢 漾 chuàng

はじ-める(はじ-む)

［刱］刀7(9) 2 4976 524F 別体字。

意味 はじめる。通創。例 𠜍業(=事業を始める)。𠜍造(=始める)。

到

刂6(8) 1 3794 5230 常用

トウ(タウ)漢呉 号 dào

いた-る

筆順 一 エ 五 至 至 到 到

なりたち  [形声]「至(=いたる)」と、音「刂ウトウ」とから成る。行きつく。

意味 ❶目的地に行きつく。いたる。例 到着。殺到。❷極限まで届く。行きわたる。例 到底。周到。❸さかさま。通倒。例 到植。

古訓 中古 いたる 中世 いたる 近世 いたる

人名 とおる・ゆき・よし

【到植】〔「植」は、立つ意〕草木が掘り返されてさかさまに生長すること。

【到達】目的とする地点・状態・結論・数量などに行きつく。届く。例 —点。

【到着】目的とするところに着く。届く。対出発。

【到底】①最後まで行きつく。徹底。②つまり。結局のところ。〔やや古い言い方〕③日〔下に打ち消しのことばをともなって〕とても。どうやってみても。例 —助からない。

【到頭】最終的に。ついに。結局。例 —実現した。

【到来】やってくる。届く。例 好機が—する。—物(=いただきもの)ですが…。

●殺到・周到・未到

剄

刂7(9) 2 4977 5244

ケイ漢 迥 jǐng

くびき-る

意味 刀で首を切る。首をはねる。くびきる。例 剄殺(=首をはねて殺す)。自剄(=自分の首を切る)。

剋

刂7(9) 2 4978 524B

コク漢呉 職 kè

か-つ

［勊］力7(9) 4 0339 52CA 俗字。

［尅］寸7(10) 2 5381 5C05 俗字。

意味 ❶打ち勝つ。かつ。通克。例 剋己(=自分の欲望に負けない)。下剋上。❷きざみつける。きざむ。通刻。例 剋心(=心にきざむ)。❸きびしい。むごい。通刻。例 剋薄(=むごくて薄情)。

剉

刂7(9) 3 1462 5249

サ漢 ザ呉 箇 cuò

き-る

意味 ❶くじく。くじける。通挫。例 剉折(=くじける)。❷きざむ。きる。

削

刂7(9) 1 2679 524A 常用

一 シャク漢 サク呉 薬 xuē/xiāo

二 ショウ(セウ)漢 嘯 qiào

けずる(けづ-る)・そ-ぐ・はつ-る

［削］刂7(9) — 旧字体。

筆順 丨 丷 丷 丷 肖 肖 削 削

なりたち  [形声]「刂(=かたな)」と、音「肖ショウ→シャク」とから成る。刀で木をけずる。

意味 一 ❶けずりとる。そぎおとす。けずる。そぐ。例 削減。削除。添削。❷書刀。木や竹の札に書いた文字をけずりおとす小刀。二 ❶刀のさや。通鞘。❷山が高くけわしい。通峭。例 刻削。

古訓 中古 けづる・さや・のぞく・ほろぶ 中世 かたなのさや・けづる・さく・をさむ 近世 かたなのさや・けづる・はらふ・よはし・をかす

難読 削尼・弓削(=地名・姓)

【削減】けずって少なくする。

【削除】いったん書かれたもののなかから、一部分を取りのぞく。例 議事録から—する。

【削成】①けずって作り上げる。②けずられてできたように、山が険しい。剪削。

【削跡】【削▼迹】①足跡までけずりとられる。その土地で任用されず追い払われること。②自分の足跡を消す。身をかくす。隠居する。

【削籍】①官吏の名簿からけずる。免官する。②官妓(=官庁に所属して歌舞をおこなう女奴隷)の戸籍から名をけずり、良民(=一般人)とする。落籍。

【削▼絀】【削▼黜】領地をけずり、身分を下げる。

【削髪】髪をそって出家する。

●掘削・添削

前

刂7(9) 1 3316 524D 教2

セン漢 ゼン呉 先 qián

まえ(まへ)・さき

［前］刂7(9) — 旧字体。

［歬］止6(10) 4 1591 6B6C 本字。

筆順 丶 丷 䒑 广 广 前 前 前

なりたち  [会意]「止(=あし)」が「舟(=ふね)」の上にある。歩かないで進む。

意味 ❶すすむ。例 前進。❷進んでいくほう。さき。まえ。㋐空間上の、まえ。顔の向いているほう。例 前方。前面。目前。㋑時間上の、まえ。過去。むかし。例 前日。前歴。以前。❸みちびく。先導する。例 前馬(=行列の先払いをする)。対後。

日本語での用法 一《ゼン》《ゼ》「御前・尼前」▼人、特に女性を敬っていうことば。二《まえ》「一人前」▼わりあての量。

古訓 中古 さき・すすむ・はじめ・まづ・まへ 中世 さき・さきだつ・すすむ・まへ 近世 さき・さきんず・すすむ・まへ

人名 くま・さき・すすむ・ちか

難読 車前草

【前山】日 鉱山の坑内で、主になって掘る経験ゆたかな人。先山。対後山。

【前衛】①元代の親衛軍の一つ。②日 軍隊で、前方を守る部隊。対後衛。③日 階級闘争で、労働者階級の先頭に立って指導するもの。④日 芸術運動で、従来のやりかたにとらわれない、新しい表現を試みること。アバンギャルド。例 —書道。⑤日 テニスやバレーボールなどで、前方で攻撃や守備にあたる人。フォワード。対後衛。

【前▼燕】五胡十六国の一つ。鮮卑族の慕容皝が建てた国。鄴(=今の河北省臨漳県)を都とした。(三五二—三七〇)

【前科】犯罪をおかして、刑罰を受けたことがあること。例 —者。—三犯。—がある。

【前過】前に犯したあやまち。過去のあやまち。前非。類前愆。

【前回】この前の回。例 —の調査結果。

【前額】ゼンガク ひたい。おでこ。
【前官】ゼンカン ①退官前についていた官職。②ある官職の前任者。
【前漢】ゼンカン 劉邦が建てた王朝。のちに劉秀が再興した漢王朝(後漢)に対して、前漢という。また、後漢が洛陽を都としたのに対し、前漢は西の長安(=陝西省西安市)を都としたので、西漢ともいう。(前二〇六—後八)
【前記】ゼンキ ①以前しるした文章。②日文章で、前に書いてあること。前述。上述。㊖後記。例—のとおり。
【前期】ゼンキ ①所定の期日より先立つ。例—十日(=期日の十日前)。②あらかじめ決める。予定する。また、予定。③期間を二つまたは三つに分けたとき、初めの期間。㊖後期。④日一つ前の期。先期。㊖今期。例—の実績。
【前駆】ゼンク ①行列の前方で、ウマや車などに乗って列を導く。また、その人。さきのり。さきがけ。先駆。②軍の先鋒部隊。
【前掲】ゼンケイ 日文章で、そこよりも前にかかげて示してあること。前出。例—の表を参照。
【前賢】ゼンケン 昔の賢人。先哲。㊟前哲。
【前言】ゼンゲン ①以前に言った、ことばや事柄。例前言戯レ之耳(=先ほどのことばはからかって言っただけだ)。〈論語・陽貨〉—をひるがえす。②昔の人の言ったことば。例前言往行(=昔の聖賢のことばやおこない)。〈易・大畜・象〉
【前後】ゼンゴ ①まえとうしろ。あとさき。例—左右。②日順序が逆になる。例話が—する。③日〔「…前後」の形で〕だいたいそれぐらい。内外。例千円—。
【前後不覚】ゼンゴフカク 日あとさきもまったくわからなくなるほどに、正体がなくなること。例酔っぱらって—になる。
【前行】ゼンコウ ①以前のおこない。例—を悔いる。②前に進む。例前行欲レ窮ニ其林一(=前に進んでその林の奥まで行ってみようとした)。〈陶淵明・桃花源記〉③日先に行く。先行。
【前項】ゼンコウ ①前にあげた項目。例—の規定。②日〔数〕二つ並んだ項のうち、前の項。▽㊖後項。
【前古未曽有】ゼンコミゾウ 日昔から一度もなかったこと。古今未曽有。例—の大事件。
【前座】ゼンザ 日落語で、まだ芸の未熟な人が正式の番組の前に演じる高座。また、その人。例—をつとめる。

【前栽】ゼンザイ 日①木や草を植えてある庭。また、庭に植えてある草や木。②「前栽物」の略。青物。野菜。
【前菜】ゼンサイ 日西洋料理で、おもな料理の前に出る、軽い食べ物。オードブル。
【前肢】ゼンシ 日動物の、前の二本の足。まえあし。㊖後肢。
【前日】ゼンジツ ①先日。②一昨日。③一日前。昨日。すぐ前の日。
【前車】ゼンシャ 前を行く車。㊖後車。
【前車覆後車▼誡】ゼンシャのくつがえるはコウシャのいましめ 前車がひっくりかえったのは、後車への警告となる。前を行く人の失敗は、あとから進む人の戒めとなることのたとえ。〈漢書・賈誼伝〉
【前車の▼轍を踏む】ゼンシャのテツをふむ 日前を行く車のわだちをふむ。前の人と同じ失敗を繰り返すことのたとえ。前轍を踏む。
【前者】ゼンシャ ①前の人。②さきに。先日。③二つ述べたもののうち、最初のほう。㊖後者。
【前借】ゼンシャク 日まえがり。例給料の—。
【前出】ゼンシュツ 日ひとつながりの文章などで、前にすでに出ていること。前掲。㊖後出。例—の表。
【前述】ゼンジュツ ある事柄について、すでにのべてあること。前掲。㊖後述。例—のとおり。
【前書】ゼンショ ①以前に出した手紙。②昔の人の書物。③日以前しるした文章。前に書かれた書物。
【前緒】ゼンショ 先人から残された事業。先人によってなされ、まだ完成されていない事業。遺業。
【前生】ゼンショウ 〔仏〕この世に生まれる前の世。前世。
【前▼蹤】ゼンショウ 〔「蹤」は、あしあとの意〕先人の行跡。
【前条】ゼンジョウ 前の条文。
【前▼哨戦】ゼンショウセン ①警戒のために前方に配置された部隊が、敵側と起こす小さな戦い。こぜりあい。②日本格的な活動にはいる前の、手始めの活動。小手調べ。
【前▼蜀】ゼンショク 五代十国の一つ。王建が建てた国。都は成都。(九〇七—九二五)
【前身】ゼンシン ①〔仏〕この世に生まれる前の姿。前世のからだ。②以前の身分。また、組織や団体などの、以前の状態。㊖後身。
【前▼秦】ゼンシン 五胡十六国の一つ。氐族の苻健が建てた国。都は長安(=陝西省西安市)。(三五一—三九四)
【前進】ゼンシン 前へすすむ。㊖後退・後進。例ただ—あるのみ。
【前人】ゼンジン これまでの人々。先人。㊖後人。例—の大記録。
【前人未到】ゼンジンミトウ 日今までだれもやったことがないこと。
【前世】ゼンセ 日一〔仏〕三世の一つ。この世に生まれる前の世。㊖後世・来世・現世。例—からの運命。二ゼンセイ むかし。例—の遺物。
【前聖】ゼンセイ 昔の聖人。先聖。例—の遺業をしのぶ。
【前説】ゼンセツ 前に述べた説。例—をひるがえす。
【前線】ゼンセン 日①戦場で、敵と直接向かい合っているところ。第一線。例最—。②大気中で、暖・冷両方の気団が接しているところ。例寒冷—。
【前奏】ゼンソウ ①以前に奏った上奏文。②日楽曲で、主要部の前の、伴奏の部分。例—曲(=プレリュード)。③日何かが始まる前ぶれ。例独立運動の—。
【前代未聞】ゼンダイミモン 日今までに聞いたこともないような、めずらしい変わったこと。未曽有。例—のできごと。
【前段】ゼンダン ①初めの段階。②文章などで、すぐ前の段落。また、前半の段落。例—の要旨を述べる。▽㊖後段。
【前知】ゼンチ 前もって知る。ものごとが起こる前に察知する。
【前兆】ゼンチョウ 事件が起こる前にあらわれる、しるし。きざし。前ぶれ。
【前朝】ゼンチョウ ①前日の朝。また、以前。過日。②一つ前の王朝。③過去の王朝。
【前▼趙】ゼンチョウ 五胡十六国の一つ。匈奴族の劉淵が建てた国。初め国号を漢といったが、のちに趙に改めた。都は長安(=陝西省西安市)。(三〇四—三二九)
【前提】ゼンテイ 日ある事柄が成り立つために必要な条件。
【前▼轍】ゼンテツ ①前に通った車の車輪のあと。②前の人がおかしたあやまち。前車の轍。例前轍可レ鑑(=先人の失敗は参考になる)。〈陳亮・与石応之書〉
【前▼轍を踏む】ゼンテツをふむ 日「前車の轍を踏む」に同じ。
【前途】ゼント ①これから先の道のり。目的地までの距離。例—はほど遠い。②ゆくすえ。将来。例—洋々。—多難。
【前途▼遼遠】ゼントリョウエン 日目的地がはるかに遠いさま。また、目的達成までに、まだ時間がかかるさま。
【前頭】一ゼントウ ①前方。目前。②将来。今後。③以前。二まえがしら 日相撲で、小結の下の幕内力士。平幕。

【前任】ゼン すぐ前に、その任についていたこと。また、その人。先任。対後任。例—者。
【前年】ゼン ①以前の年。先年。②一昨年。③その年のすぐ前の年。対翌年。
【前納】ゼン 日料金などを前もっておさめる。先払い。対後納。例会費を—する。
【前半】ゼンハン・ゼンパン ある期間や距離を二つに分けたうちの、初めのほう。前の半分。対後半。
【前非】ゼンピ 以前におかしたあやまち。例—を悔いる。
【前便】ゼンビン 日このすぐ前に出した、たより。対後便。
【前部】ゼンブ 前のほうの部分。対後部。
【前夫】ゼンプ 前のおっと。先夫。
【前文】ゼンブン ①先人の書いた文章。②前に書いた文。③主要な内容の前に置かれた文。前書き。例憲法の—。④日手紙で、書きだしの挨拶のことば。
【前編】ゼンペン 書物や作品などで、二つか三つに分けたものの、前の部分。対後編。表記 旧前▼篇
【前方】ゼンポウ ①前部が方形(=四角形)の意。例—後円墳。②日前のほう。▽対後方。
【前面】ゼンメン 前のほう。表のほう。正面。
【前門】ゼンモン 前の門。表門。正門。対後門。
【前門拒レ虎、後門進レ▼狼】ゼンモンにとらをふせぎ、コウモンにおおかみをすすむ 前の門でトラを防いでいると、後ろの門からオオカミがせまってくる。一つの災難が去ると、また新たな災難がやってくることのたとえ。前門の虎、後門の狼。〈史綱評要・周紀・顕王〉
【前夜】ゼンヤ ①その前の夜。②あることが起こる直前。例革命—。
【前略】ゼンリャク 日①文章の前の部分を省略すること。対後略。②手紙で、時候の挨拶などの前文を省略することば。〔「草々」「不一」などの語で結ぶ〕
【前涼】ゼンリョウ 五胡十六国の一つ。晋の涼州刺史であった張軌が建てた国。都は姑臧(=今の甘粛省武威市)。(三〇一—三七六)
【前輪】ゼンリン 日自動車や自転車などの前の車輪。対後輪。
【前例】ゼンレイ ①以前にあった事柄。例—に従う。②(論文の中などで)前にあげた例。例—を参照されたい。
【前歴】ゼンレキ 日今までの経歴。例—をいつわる。
【前列】ゼンレツ ①前のほうの列。対後列。例最—。②軍隊で先頭の部隊。③すぐれた先人。祖先。前烈。
【前▼烈】ゼンレツ ①先人の功績。②立派な先人。
【前▼聯】ゼンレン 律詩の第三句と第四句。対句をなす。頷聯。対後聯(=第五句と第六句)。
【前髪】まえがみ 日①ひたいに短く垂らしたかみの毛。②昔、元服前の少年や女性が、ひたい近くのかみの毛を束ねたもの。例まだ—の少女。③元服前の少年。
【前金】まえキン 日前もって払いこむ代金。例—制。
【前口上】まえコウジョウ 日本題や本筋にはいる前に述べることば。まえおき。例—が長すぎる。
●腕前うでまえ・気前きまえ・午前ゴゼン・自前ジまえ・寸前スンゼン・生前セイゼン・直前チョクゼン・仏前ブツゼン・墓前ボゼン・門前モンゼン・霊前レイゼン

［刱］刀7(9) ⇨剏ソウ(163ジページ)

則
刂7(9) 1 3407 5247 教5
ソク漢 呉 職 zé
すなわ-ち(すなは-ち)・のっと-る・のり

筆順 丨 冂 月 目 貝 貝 則

なりたち [会意]「刂(=きりわける道具)」と「貝(=たから)」とから成る。たからの価値を定めて区別する。派生して「決まり」の意。

意味 ❶決まり。規準。道理。のり。例規則。原則。校則。❷手本として従う。のっとる。例則天。❸「すなわち」と読み、…すると…のときには、の意。例過則勿レ憚レ改(=誤りをおかしたならば改めることをためらってはならない)。〈論語・学而〉

古訓 中古 きざし・すなはち・のとる・のり 中世 すなはち・のっとる・のとる・のり・はるか 近世 すなはち・つね・のっとる・のり

人名 ただ・つね・とき・みち・みつ

【則天去私】ソクテンキョシ 日大きな天の道に従い、小さな私心を捨てること。夏目漱石が晩年に理想とした境地。
【則▼闕▼之官】ソッケツのカン 〔「則闕」は、「非二其人一則闕(=適当な人物がいなければ無理に補充することをせず、欠員のままにしておく)」〈新唐・百官志一〉の意〕①唐代では最高の官職である三師(=太師・太傅・太保)のこと。②日「太政大臣」の別称。
●鉄則テッソク・罰則バッソク・反則ハンソク・変則ヘンソク・法則ホウソク

剃
刂7(9) 1 3670 5243
テイ漢 霽 tì
そ-る・す-る

意味 髪の毛やひげをそる。そる。例剃刀テイトウ。剃髪テイハツ。

【剃度】テイド 「剃髪得度」の略。剃髪し戒を受けて、僧や尼となること。得度。
【剃刀】テイトウ・かみそり 頭髪やひげをそるのに使う刃物。
【剃髪】テイハツ かみの毛をそる。特に、仏門にはいってかみの毛をそる。例—して仏門に帰依する。

刺
刂7(9) 2 4979 524C
ラツ漢 曷 là
もと-る

意味 ❶そむく。さからう。もとる。例刺謬ラツビュウ。❷「潑刺ハツラツ」は、魚のとびはねるさま。元気のよいさま。❸外国語の「ラ」の音訳字。例刺麻ラマ。亜刺比亜アラビア。

【刺▼謬】ラツビュウ そむく。くいちがう。もとる。

剡
刂8(10) 3 1464 5261
一エン(エム)漢 琰 yǎn
二セン(セム)漢 琰 shàn

意味 一❶鋭い。例剡棘エンキョク(=先のとがったタチバナの枝)。❷鋭くする。けずる。例剡木エンボク(=木をけずる)。❸⇨【剡剡】エンエン。二❶浙江省にある県の名。剡県センケン。❷川の名。剡渓センケイ。

【剡剡】エンエン ①立ちあがるさま。②輝くさま。③鋭いさま。④風がわずかに吹くさま。
【剡紙】センシ 剡渓流域(=今の浙江省嵊県)の藤や竹から作った名産の紙。特に、藤紙は有名で、「剡藤」「剡渓藤」などといわれる。

剞
刂8(10) 2 4980 525E
キ漢 支 jī
きざ-む・けず-る(けづ-る)

意味 彫刻用の小刀。また、彫刻する。けずる。例剞劂キケツ。

【剞▼劂】キケツ 〔「劂」も、彫刻用の小刀の意〕①彫刻などに用いる小刀や、のみ。②彫刻。③印刷に用いる板を彫ること。転じて、出版すること。例—氏(=板木を彫る人)。—に付す(=出版する)。

剣
刂8(10) 1 2385 5263 常用
ケン(ケム)漢 呉 陷 jiàn
つるぎ

［劍］刂13(15) 2 4988 528D 人 旧字体。
［劒］刀14(16) 2 4990 5292 本字。

[𠝏] 刀8(10) 4 0324 2074F 別体字。

[劔] 刀14(16) 2 4989 5294 別体字。

[剱] 刀9(11) 2 4991 5271 別体字。

[釼] 金3(11) 2 7863 91FC 別体字。

筆順 ノ 𠆢 亼 合 争 㑒 剣 剣

なりたち 〔形声〕「刃(=やいば)」と、音「僉(セン→ケン)」とから成る。人が身につける武器。

意味 反りがなく、先がとがり両側に刃のついたかたな。**つるぎ**。例 剣術(ケンジュツ)。真剣(シンケン)。刀剣(トウケン)。

日本語での用法 《ケン》①「剣(ケン)を使(つか)う・剣(ケン)をよくする」▼刀による武術。②「剣山(ケンザン)・蜂(はち)の剣(ケン)」▼かたい鋭い針。

古訓 中古 たち・つるぎ・わきばさむ 中世 つるぎ・やいば 近世 さしはさむ・つるぎ・やいば

人名 あきら・つとむ・はや

難読 擁剣(がざめ)(=ワタリガニの一種)

【剣影】(ケンエイ) 刀剣のひかり。つるぎのひかり。剣光。

【剣花】(ケンカ) 剣のきらめき。剣の輝き。

【剣客】(ケンカク|ケンキャク) 剣術の達人。剣術を学ぶ者。剣術つかい。剣士。

【剣閣】(ケンカク) かつての長安(=陝西(センセイ)省西安市)から蜀(ショク)への道にある要害の地の名。

【剣▼俠】(ケンキョウ) 剣術にすぐれた、俠気のある人。

【剣▼鋏】(ケンキョウ)【剣▼夾】(ケンキョウ) 剣のつか。類 剣把(ケンパ)。

【剣▼戟】(ケンゲキ) ①つるぎと、ほこ。広く、武器を指す。②日 刀での切り合い。例 —の響き。

【剣劇】(ケンゲキ) 日〔「剣戟(ケンゲキ)」のもじりか〕刀で切り合う場面を見せどころにした、芝居や映画。ちゃんばら。

【剣光】(ケンコウ) 刀剣のひかり。剣影。

【剣豪】(ケンゴウ) 日 剣術の達人。剣づかいの名人。

【剣先】(ケンさき) 日 ①剣のさき。きっさき。例 —を合わせる。②先が、剣のようにとがったもの。

【剣山】(ケンザン) 日 花器の中に入れ、花の茎や枝をつきさす、太い針を立て並べた道具。

【剣士】(ケンシ) 剣術を得意とする人。剣客(ケンカク)。

【剣璽】(ケンジ) ①所持者が天子の地位にあることを証明する、刀剣と刻印。②日 日本で古来、天皇の地位のしるしとした三種の神器のうち、草薙(くさなぎ)の剣(つるぎ)と八尺瓊(やさかに)の勾玉(まがたま)。

【剣術】(ケンジュツ) 刀剣を武器として戦う術。剣法。

【剣突】(ケンつく) 日 荒々しく、しかりつけること。また、そのことば。例 —を食わせる。

【剣道】(ケンドウ) 日 木刀や竹刀(しない)などを持ち、防具をつけ、相手を打つなどして勝負を争う武道。

【剣南】(ケンナン) 唐代に置かれた道(ドウ)(=地方行政区画)の名。剣閣(ケンカク)以南で、蜀(ショク)の地域に当たる。

【剣難】(ケンナン) 日 刃物で傷つけられたり、殺されたりする災難。例 —の相が見える。

【剣▼呑】(ケンノン) 日 あぶないさま。なりゆきが不安なさま。険難(ケンナン)。険呑(ケンノン)。

【剣舞】(ケンブ) 剣を持ち、それを使う形でまう舞(まい)。

【剣▼鋩】(ケンボウ) 剣のきっさき。剣先。類 剣鋒(ケンポウ)。

【剣法】(ケンポウ) 剣の使い方。剣術。例 —の達人。

【剣幕】(ケンマク) 日〔あて字〕ひどくおこったさま。見幕(ケンマク)。権幕(ケンマク)。例 すごい—でやって来た。

【剣履上殿】(ケンリジョウデン) 剣を帯び、くつを履いたままで、宮殿に上ること。大きな功績をあげた臣下に対し、天子から与えられる特権。〈史記・蕭相国世家〉

【売レ剣買レ牛】(ケンをうりてうしをかう) 生産に役立たない剣を売って、家畜のウシを買う。農業・生産を奨励すること。〈漢書・循吏伝・龔遂〉
● 懐剣(カイケン)・短剣(タンケン)・長剣(チョウケン)・木剣(ボッケン)

剛

刂8(10) 1 2568 525B 常用

コウ(カウ)漢 **ゴウ**(ガウ)呉 陽 gāng
つよ-い(つよ-し)・こわ-い(こは-し)

筆順 丨 冂 冂 円 冈 岡 岡 剛

なりたち 〔形声〕「刂(=かたな)」と、音「岡(コウ)」とから成る。力を入れてたちきる。

意味 ❶力強い。例 剛健(ゴウケン)。❷意志が強い。気性が激しい。例 剛毅(ゴウキ)。剛直(ゴウチョク)。❸かたい。曲がらない。例 剛柔(ゴウジュウ)。剛毛(ゴウモウ)。❹奇数の日。例 剛日(ゴウジツ)。

古訓 中古 あながち・こはし 中世 あながち・かたし・こはし・しひて・つよし 近世 かたし・こはし・つよし

人名 かた・かたし・こわし・たか・たかし・たけ・たけし・ちから・つよし・まさ・よし

【剛鋭】(ゴウエイ) 意志が強固で気力がさかんである。

【剛果】(ゴウカ) 意志が強固で決断力がある。類 剛決。

【剛頑】(ゴウガン) 性格が強く、かたくななこと。

【剛気】(ゴウキ) ①強い気。対 柔気(ジュウキ)。②たやすくくじけない意志。豪気。

【剛▼毅】(ゴウキ) 意志が強く、気持ちがしっかりしている。豪毅(ゴウキ)。

【剛▼毅木▼訥】(ゴウキボクトツ) 気持ちがしっかりしていて、飾りけがないこと。例 剛毅木訥近レ仁(ゴウキボクトツジンにちかし)(=意志が強く飾りけがない人は仁の徳に近い)。〈論語・子路〉→【巧言令色】(コウゲンレイショク)(423ページ)

【剛強】(ゴウキョウ)【剛▼彊】(ゴウキョウ) ①(身体や意志が)強い。②さかんである。例 血気剛強(ケッキゴウキョウ)。〈荀子・脩身〉

【剛健】(ゴウケン) (身体や心のもち方が)強く、たくましいこと。例 質実—。

【剛梗】(ゴウコウ)【剛▼鯁】(ゴウコウ) 意志が強固で不正に屈しない。

【剛日】(ゴウジツ) 十干(ジッカン)で日を数えるときの奇数番目の日。すなわち、甲(コウ)(きのえ)・丙(ヘイ)(ひのえ)・戊(ボ)(つちのえ)・庚(コウ)(かのえ)・壬(ジン)(みずのえ)にあたる日。類 剛辰(ゴウシン)。対 柔日(ジュウジツ)。

【剛者】(ゴウシャ) 心に守るところがあり、節を変えない者。

【剛柔】(ゴウジュウ) かたいことと、やわらかいこと。強さと優しさ。

【剛性】(ゴウセイ) 日〔英 rigidity の訳語〕物体が、力を加えられたとき、元の形を保とうとする性質。弾性の一種。

【剛体】(ゴウタイ) 日〔英 rigid body の訳語〕力を加えられたとき、変形することがほとんどないと考えてよい物体。

【剛胆】(ゴウタン) おそれたり、うろたえたりしない、強い性質。豪胆。例 —無比。

【剛腸】(ゴウチョウ) おそれず、負けない強い性格。剛胆。

【剛直】(ゴウチョク) 意志が強く、信念をまげないこと。例 —をもって聞こえる。

【剛▼愎】(ゴウフク) ①強情で人の言うことを聞かない。例 剛愎不仁(ゴウフクフジン)(=自分勝手で思いやりがない)。〈左伝・宣三〉②日 気が強く、独立自尊の心が強いこと。

【剛腹】(ゴウフク) 日 はらがすわっていて、ものに動じないこと。ふとっぱら。剛胆。参考「剛愎(ゴウフク)」を誤解して生じたことばとされる。

【剛▼邁】(ゴウマイ) 人なみはずれて気性がつよい。豪邁(ゴウマイ)。

【剛毛】(ゴウモウ) かたくて、ごわごわとした毛。

【剛猛】(ゴウモウ) 強く、たけだけしい。

【剛勇】(ゴウユウ) 強くて、いさましいこと。豪勇。例 —無双。

【剛力】(ゴウリキ) 日 ①力が強いこと。強い力。②登山者のために荷物をかつぎ、案内をする人。▽強力(ゴウリキ)。

【剛戾】(ゴウレイ) 〔「戾」は、そむく意〕 強情で、ひねくれていること。
●外柔内剛(ガイジュウナイゴウ)・金剛(コンゴウ)

剤
刂8 (10) 1 2662 5264 常用
一 スイ 漢 支 zuì
二 セイ 漢 ザイ 呉 霽 jì

［劑］ 刂14 (16) 2 4993 5291 旧字体。

筆順 ユ ナ 文 产 产 斉 斉 剤

なりたち  [形声] 「刂(=かたな)」と、音「齊(セイ→イス)」(=そろえる)」とから成る。切りそろえる。

意味 一 切りさく。きる。二 ❶薬を調合する。ととのえる。例 調剤(チョウザイ)。❷調合した薬。例 錠剤(ジョウザイ)。薬剤(ヤクザイ)。

古訓 中古 きる・はかる・へそ 中世 かぎる・さく・ととのふ・ひとしあはす・ととのふ・ひとしうす・わかつ 近世 あはす・ととのふ・ひとしうす・わかつ
●下剤(ゲザイ)・洗剤(センザイ)・粉剤(フンザイ)・溶剤(ヨウザイ)

剗
刂8 (10) 3 1463 5257
サン 漢 濟 chǎn

意味 ❶平らに削る。取り除く。けずる。通 剷(サン)。例 剗削(サンサク)(=けずる)。剗除(サンジョ)(=けずりとる)。❷ほろぼす。例 剗滅(サンメツ)(=ほろぼす)。

剔
刂8 (10) 2 4981 5254
一 テキ 漢 錫 tī
二 テイ 漢 霽 tì
えぐ-る(ゑぐ-る)

意味 一 ❶肉を骨から切り離す。例 剔出(テキシュツ)。剔抉(テッケツ)。❷悪い部分をえぐりとる。とりのぞく。えぐる。二 髪やひげをそる。そる。通 剃(テイ)。

【剔出】(テキシュツ) えぐって取りだす。摘出。

【剔除】(テキジョ) えぐって取りのぞく。摘除。

【剔▼抉】(テッケツ) えぐり出す。あばき出す。摘抉(テッケツ)。例 爬羅剔抉(ハラテッケツ)(=つめでひっかいて中のものを全部えぐり出す)。〈韓愈・進学解〉

剝
刂8 (10) 3 1594 525D 常用
一 ハク 漢 呉 覚 bō
二 ホク 漢 屋 pū
はがす・はぐ・はがれる(は-がる)・はげる(は-ぐ)・む-く・む-ける(む-く)・へ-ぐ・へず-る(へづ-る)

［剥］ 刂8 (10) 1 3977 5265 俗字。

筆順 ㇄ 乌 彑 尹 彔 彔 剝 剝

なりたち  [会意] 「刂(=かたな)」と「彔(=きざむ)」とから成る。裂く。

意味 一 ❶皮をはぎとる。はぐ。はがす。むく。例 剝製(ハクセイ)。剝き栗(むぐり)。剝き身(むきみ)。❷はげ落ちる。はがれる。はげる。例 剝落(ハクラク)。剝離(ハクリ)。めっきが剝げる(はげる)。❸うばいとる。はぎとる。例 剝奪(ハクダツ)。❹易(エキ)の六十四卦(カ)の一つ。☶☷ 坤下艮上(ゴンカゴンショウ)。山が地に着いている象。❺⇩【剝剝】(ハクハク) 二 かるくたたく。うつ。通 攴(ホク)・撲(ホク)。例 八月剝レ棗(ハチガツにソウをうつ)(=八月にナツメの実を打ち落とす)。〈詩経・豳風・七月〉

古訓 中古 けづる・さく・はぐ・むく 中世 けづる・さく・はぐ・へぐ 近世 おとす・けづる・さく・そこなふ・むく・やぶる

【剝製】(ハクセイ) 動物の標本の一つ。外側の皮・羽・毛などを残し、内臓の代わりに綿などをつめ、生きた姿に似せたもの。

【剝脱】(ハクダツ) ①はぎ取る。②はがれて落ちる。

【剝奪】(ハクダツ) はぎ取る。取り上げる。例 権利を—する。

【剝剝】(ハクハク) こつこつという音。足音、戸をたたく音、碁をうつ音などをあらわす。類 剝啄(ハクタク)。

【剝落】(ハクラク) ①はがれておちる。例 壁が—する。②免職となる。

【剝離】(ハクリ) はがれて、はなれる。はいで、はなす。例 網膜—。

【剝▼廬】(ハクロ) 〔家の屋根まではぐ意〕①ひどく困窮して身の置きどころもないこと。②貧しい住まい。

剕
刂8 (10) 4 0325 5255
ヒ 漢 未 fèi

意味 足切りの刑。あしきる。

剖
刂8 (10) 1 4322 5256 常用
ボウ 慣 ホウ 漢 有 pōu
わ-ける(わ-く)

筆順 ユ ㇗ 亣 立 咅 咅 音 剖

なりたち  [形声] 「刂(=かたな)」と、音「咅(トウ→ホウ)」とから成る。切りさく。分ける。

意味 ❶二つに割る。切りさく。わける。例 解剖(カイボウ)。❷見わける。判断する。例 剖断(ホウダン)。

古訓 中古 さく・はぐ・ひらく・やぶる・わかつ・わる・ゑる 中世 さく・はぐ・やぶる・わかつ・わる・ゑる 近世 さく・わかつ・わる

【剖決】(ホウケツ) 判断する。裁決する。

【剖心】(ホウシン|むねをさく) ①胸を切り開く。〔殷(イン)の紂(チュウ)王が、その悪政を強くいさめる比干(カン)に対し、聖人の心臓には七つの穴があるそうだが本当だろうかと言って、比干の胸を切り開いた、という故事〈史記・殷紀〉から〕②真心をあらわす。

【剖析】(ボウセキ|ホウセキ) 細かく分ける。分析する。

【剖断】(ホウダン) 分析して判断する。

【剖判】(ホウハン) ①分かれる。特に、混沌(コントン)の状態から天地が分かれ開けること。②分ける。分別する。

【剖符】(ホウフ) 割り符を二つに分けること。諸侯を封ずるとき、一方を朝廷に置き、一方を諸侯に与えて証拠とした。
●解剖(カイボウ)

剜
刂8 (10) 4 0326 525C
ワン 漢 エン(ヱン) 呉 寒 wān
えぐ-る(ゑぐ-る)

意味 えぐりとる。えぐる。例 剜肉(エンニク|ニクをえぐる)。

［剱］ 刀9 (11) ⇩剣(ケン)(165ページ)

剰
刂9 (11) 1 3074 5270 常用
ショウ 漢 ジョウ 呉 径 shèng
あま-る・あま-り・あまつさ-え(あまつさ-へ)

［剩］ 刂10 (12) 2 4984 5269 人 旧字体。

筆順 ニ ニ 乒 乖 乘 乗 剰 剰

なりたち [形声] 「刂(=かたな)」と、音「乘(ショウ)」とから成る。余り。

意味 ❶余分。あまる。あます。あまり。例 剰員(ジョウイン)。剰余(ジョウヨ)。余剰(ヨジョウ)。❷その上に。そればかりか。あまつさえ。例 剰被二自妻踈一(あまつさえジサイにうとんぜらる)(=そればかりか自分の妻からも愛想をつかされた)。〈寒山詩〉

古訓 中古 あまりさへ・あまる・すなはち 中世 あまさへ・あます・あまつさへ・あまる・のり 近世 あまつさへ・あまる・おほし・ます

人名 のり・ます

【剰員】(ジョウイン) 余っている人員。冗員。

【剰語】(ジョウゴ) 無駄なことば。必要のないことば。冗語。

【剰余(餘)】(ジョウヨ) ①あまり。のこり。例 —金。②〔数〕ある数や式を割ったとき、割り切れずに残った部分。
●過剰(カジョウ)・余剰(ヨジョウ)

剪

刀9 (11)　2 4982　526A

セン 漢 銑 jiǎn
き-る・つ-む・はさ-む

意味 ❶はさみなどで切る。きりそろえる。**きる**。通翦(セン)。例 剪裁(センサイ)。剪紙(センシ)。剪刀(セントウ)。 ❷滅亡させる。ほろぼす。例 剪滅(センメツ)。 ❸ ⇩【剪剪】(センセン)

参考 本来、「前」は「止＋舟＋刀」からなり、刀できりそろえる、という意味。それが「まえ」の意味に用いられるようになったので、区別するためにさらに「刀」を加えて「剪」の字が作られた。

【剪▼夷】センイ　けずりとる。平らげる。

【剪裁】センサイ　①布などをたちきる。②ある題材に手を加えて文学作品を作る。▽翦裁(センサイ)。

【剪▼綵】センサイ　①あやぎぬを切る。彩りのある絹織物を裁って衣服や装飾品を作る。②あやぎぬや色紙を切って作られた造花などの装飾品。

【剪紙】センシ　①紙を切る。②紙を小銭状に切りとったもの。旗のように棒につけて、人の魂や神を招くために用いる。③切り紙。切り紙細工。

【剪剪】センセン　①心が狭く、みにくいさま。一説に、口先の巧みなさま。②そろっているさま。また、心を一つにするさま。③冷たい風がさっと吹くさま。また、軽く寒さを感じるさま。

【剪定】センテイ　①討伐して平定する。②日 果樹や庭木などの枝を切る。類剪枝。▽翦定(センテイ)。

【剪刀】セントウ　はさみ。翦刀(セントウ)。

【剪滅】センメツ　うちほろぼす。殲滅(センメツ)。翦滅(センメツ)。

【剪余(餘)】センヨ　切り取った残り。例 敵を—する。

剬

刂9 (11)　4 0327　526C

一 タン 漢 寒 duān
二 セイ 漢 霽 zhì

意味 一 切断する。たつ。 二 切りととのえる。通制。

剳

刂9 (11)　2 4985　5273

一 トウ(タフ) 漢 合 dá
二 サツ 慣 zhá
かま

意味 一 草を刈る道具。**かま**。 二 ❶上奏文。もうしぶみ。通札・劄(サツ)。例 剳子(サッシ)(＝天子や君主にたてまつる意見書。上奏文。上表文)。 ❷かきしるす。かきつけ。通札・劄(サツ)。例 剳記(サッキ)。

日本語での用法 《あたり》「剳(あた)りを打(う)つ・剳(あた)りになる」▼囲碁の用語で、あと一手で相手の石が取れる状態。

副

刂9 (11)　1 4191　526F　教4

一 フク 漢 呉 屋 ヒョク 漢 職 pì
二 フク 慣 フウ 漢 フ 呉 宥 fù
そ-う(そ-ふ)・そ-える(そ-ふ)・そ-え(そへ)

筆順 一 〒 戸 戸 吊 畐 畐 畐 副

なりたち [形声]「刂(＝かたな)」と、音「畐(フク)」とから成る。分ける。また、二分した一方。

意味 一 二つに分ける。 二 ❶主となるもののつぎ。**そえ**。㋐補佐役。対正。例 副使(フクシ)。副官(フクカン)。㋑うつし。ひかえ。対正。例 副本(フクホン)。㋒二次的な。そえもの。対本・主。例 副業(フクギョウ)。副食(フクショク)。 ❷主となるものにともなって起こる。対主。例 副因(フクイン)。副作用(フクサヨウ)。 ❸一致する。ぴったり合う。**そう**。かなう。例 不レ副レ所レ聞(きくところにかなわず)(＝聞いていたことと合致しない)。〈漢書・循吏伝・龔遂〉

日本語での用法 《すけ》「神祇(ジンギ)の大副(おおすけ)」▼律令制の四等(シトウ)官で、神祇官の第二位。次官(すけ)。

古訓 中古 かなふ・すけ・そふ・たすく・つく・つばらかに 中世 おもはく・かなふ・さく・さける・そふ・そふる・そゆる・たすく・つく 近世 あきらか・かんづつみ・さく・そふ・たすけ・やぶる・わかつ・わる

人名 すえ・すけ・たすく・つぎ・つぐ

【副因】フクイン　日 主ではなく、次に考えられる原因。

【副官】フクカン　日 長官や司令官に次ぐ位の人。

【副業】フクギョウ　本業のほかにする仕事。対本業。

【副君】フククン　皇太子。類副主。

【副啓】フクケイ　書き終えた手紙のあとに、さらに書き加えるとき、書き出しにしるすことば。二伸。追伸。追啓。追白。

【副貢】フクコウ　清(シン)代、郷試(キョウシ)(＝官吏登用のための地方試験)の補欠合格者。

【副査】フクサ　日 審査の中心となる人を助けて審査する人。対主査。

【副作用】フクサヨウ　日 薬が本来の効果とは違う作用をすること。有害な場合にいうことが多い。

【副使】フクシ　正使につきそう使者。対正使。

【副詞】フクシ　日 品詞の一つ。自立語で活用はしない。主語や述語にならないでおもに用言(＝動詞・形容詞・形容動詞)を修飾する。

【副弐】フクジ　①補佐する。②補佐官。次官。③皇太子。④副本。

【副車】フクシャ　①天子のお供としてつき従う車。そえぐるま。②天子の娘むこ。

【副手】フクシュ　①主たる仕事をする人を助ける人。②日 大学で、助手の下の教務補佐員。

【副書】フクショ　原本の写し。副本。

【副署】フクショ　①主署名の次に、署名を加えること。②〔法〕国家の公文書で、元首の署名の次に、国務大臣が署名をすること。

【副将】フクショウ　主将を補佐する人。対主将。

【副章】フクショウ　正式の勲章にそえてさずけられる勲章。

【副賞】フクショウ　正式の賞にそえて贈られる賞金や賞品。

【副食】フクショク　日 主食にそえて食べるもの。おかず。副食物。対主食。例 —費。

【副審】フクシン　日 主審を助けて、審判に参加する人。対主審。

【副葬】フクソウ　死者を埋葬するとき、遺愛の品物などを共にうめる、または、火葬すること。例 —品。

【副題】フクダイ　書名や論文、また講演などの題にそえた題目。サブタイトル。対主題。

【副長】フクチョウ　①長となる人を助けて仕事をする人。②艦長を補佐する役の人。

【副馬】フクバ　①「副車①」につけるウマ。駙馬(フバ)。②予備のウマ。かえうま。

【副文】フクブン　主たる条文にそえられた文章。

【副木】フクボク/そえぎ　日 骨折や捻挫(ネンザ)をしたとき、その部分にあてがって支えとするもの。

【副本】フクホン　①正式の書類の予備として、まったく同じ内容をしるした文書。対正本。②原本の写し。ひかえ。複本。

剴

刂10 (12)　2 4983　5274

ガイ・カイ 漢 灰 kǎi
き-る・す-る

意味 ❶大きな鎌(かま)。 ❷刀をとぐ。みがく。 ❸忠告する。それとなくさとす。例 剴諷(ガイフウ)。 ❹ぴったりとあてはまる。例 剴切(ガイセツ)。

【剴切】ガイセツ　よくあてはまる。適切である。例 無下不三剴切当二帝心一者上(ガイセツにしてテイのこころにあたらざるものなし)(＝適切で帝の心にかなうものばかりであった)。〈新唐書・魏徴伝〉

割

刂10 (12)　1 1968　5272　教6

カツ 漢 曷 gē
わる・わり・わりに・われる(わ-る)・さく

[割] 刂10 (12) 2F822 旧字体。

筆順 宀 宀 中 宝 宝 害 害 割

なりたち [形声]「刂(＝かたな)」と、音「害(カイ→カツ)」とから成る。切りさく。

意味 ❶(刀で)切る。さく。例 割レ鶏焉用二牛刀一(にわとりをさくにいずくんぞギュウトウをもちいんや)(＝ニワトリを料理するのに、どうして牛刀を用いようか)。〈論語・陽貨〉割腹カップク。❷(いくつかに)分ける。わかつ。わる。例 割譲カツジョウ。❸切って取り去る。断ち切る。例 割愛カツアイ。

日本語での用法 一《わり》①「部屋割へやわり・あたま割わり」▼全体のうちのある部分のうけもち。わりあて。②「割わりのいい仕事シごと・割わりを食くう」▼損をしたり得になったりする比率。二《わり》《わる》①「水割みずわり・割わり下した・お湯ゆで割わる」▼液体などを加える。うすめる。②「割わり算ザン」▼除する。③「五割六分ゴワリロクブ」▼十分の一。

古訓 中古 きる・さく・たつ・たゆ・はぐ・ほふる・やぶる・ゑる 中世 きりさく・きる・さく・そぐ・やぶる・ゑる 近世 きる・さく・たつ・はぐ・わり・わる

【割愛】カツアイ 惜しいものを手ばなす。また、惜しいけれども断ち切る。

【割拠】カッキョ めいめいが、それぞれの地域にたてこもって、勢力を張る。例 群雄―。

【割譲】カツジョウ 土地などの一部を、他にゆずり与える。例 領土を―する。

【割勢】カッセイ・セイをさく 去勢する。また、去勢の刑。

【割席】カッセキ・セキをさく 〔「席」は、むしろ・敷物の意〕席を別にする。友人と絶交すること。◆後漢ゴカンの末、管寧カンネイと華歆カキンが同じ敷物に座って書を読んでいたところ、立派な車が通り過ぎた。書物をほうり出して見に行った華歆に対し管寧は、敷物を二つに切り裂いて「あなたは私の友ではない」と言ったという。……〈世説・徳行〉

【割符】カップ・わりフ 木の札などに文字を書き、それを二つに切り離したもの。のちにその二つを合わせ、ぴったりと合うのを証拠とする。

【割賦】カップ・わっプ 日 何回かに分けて、代金を払うこと。分割払い。例 ―販売。

【割腹】カップク 日 腹を切る。腹を切って死ぬ。切腹。例 ―自殺。

【割▼烹】カッポウ 〔「割」は切る、「烹」は煮る、の意〕①食べ物の調理。例 ―着ぎ。②斬罪ザンザイや釜かまゆでの極刑。

【割礼】カツレイ 日 (ユダヤ教などで)男子の陰茎の包皮を切る風習。また、その儀式。

【割合】わりあい 日 ①二つの数量をくらべるとき、一方が他方の何倍にあたる関係にあるかということ。比率。歩合ぶあい。②思ったよりも。比較的。意外に。

【割印】わりイン 日 二枚の書類にまたがって一つの印を押すこと。また、押した印。割り判。例 契約書に―を押す。

【割勘】わりカン 日「割り前勘定ジョウ」の略。費用を各人均等に、また、各人が要した分を、払うこと。

【割算】わりザン 日 ある数またはある式を、ある数または式で割ってその商を求める計算。除法。対 掛け算。

【割注】【割▼註】わりチュウ 日 本文中の語句の下に、二行に分けて小さな文字で書き入れる注。

【割引】わりびき 日 一定の値段から割合を決めて値引きすること。また、その金額。対 割増わりまし。例 学生―。

【割普請】わりブシン 日 一つの普請をいくつかに区分けして、それぞれ分担して仕事をすること。例 ―の道路工事。

◐学割ガクわり・分割ブンカツ・役割ヤクわり

[剩] 刂10 (12) ⇩剰ジョウ(167ペ―)

[創] 刂10 (12) 1 3347 5275 教6

一 ソウ(サウ) 漢 陽 chuāng
二 ソウ(サウ) 漢 漾 chuàng
つくる・きず・はじ-める(はじ-む)

筆順 ノ 今 今 刍 刍 倉 倉 創

なりたち [形声]「刂(＝かたな)」と、音「倉ソウ」とから成る。きずつける。

意味 一 ❶(刃物で)きずつける。切りきず。きず。例 創傷ソウショウ。絆創膏バンソウコウ。満身創痍マンシンソウイ。❷できもの。通 瘡ソウ。二 ❶新しくはじめる。興おこす。はじめる。つくる。例 創刊ソウカン。創造ソウゾウ。独創ドクソウ。❷こらしめる。いましめる。例 懲創チョウソウ。❸懲こりる。例 創艾ソウガイ。

古訓 中古 きず・こぼむ・ころす・さく・はげし・はじむ・はじめ 中世 いたむ・きず・こぼむ・さく・たつ・はげし・はさみ・はじまる・はじむ・はじめ 近世 いたむ・かさ・きず・きずつく・そこなふ・はじめ・やぶる

人名 はじむ・はじめ

【創案】ソウアン 日 初めて考え出す。また、その思いつき。

【創▼夷】【創▼痍】ソウイ ①きず。刀などで受けた切りきず。かたなきず。例 満身―。②戦乱による被害。

【創意】ソウイ 初めて考え出すこと。新しい思いつき。例 ―工夫クフウ。

【創▼艾】【創▼乂】ソウガイ 〔「艾・乂」も、懲りる意〕懲りる。懲りておそれる。

【創刊】ソウカン ①著述を始める。②日 新聞や雑誌などを新たに刊行する。対 廃刊。例 ―号。

【創業】ソウギョウ ①国家の基礎をつくる。②新しく事業を始める。対 廃業。例 明治十年―の会社。

【創業守成】ソウギョウシュセイ 国家の基礎を築くことと、できあがった国家体制を維持すること。創業は易く守成は難かたし。創業守文。〈唐鑑・四〉

【創業守文】ソウギョウシュブン「創業守成ソウギョウシュセイ」に同じ。

【創見】ソウケン これまでにない新しい考えや意見。例 ―に満ちた論文集。

【創建】ソウケン 初めて建てる。

【創作】ソウサク ①それまでになかったものを、初めてつくり出す。②芸術作品、特に小説などをつくり出す。③つくりごと。

【創始】ソウシ ものごとを新しくはじめる。また、ものごとのおこり。はじめ。例 新方式を―する。

【創唱】ソウショウ 日 ①初めてとなえる。②初めてうたう。

【創傷】ソウショウ 刃物などで、からだに受けたきず。

【創世】ソウセイ 神が初めて、この世界をつくること。世界のできはじめ。例 ―記。―神話。

【創成】ソウセイ 初めて、できあがる。例 会社の―期(＝起こりはじめの時期)。

【創製】ソウセイ 初めて、つくり出す。

【創設】ソウセツ 新しく設置する。

【創草】ソウソウ ①はじめ。また、はじめる。②文案をつくる。起草する。

【創造】ソウゾウ ①初めてつくり出す。自分の考えで、これまでになかったものをつくり出すこと。対 模倣。例 ―力。―性。②神が宇宙をつくり出すこと。例 天地―。

【創立】ソウリツ 新しくつくる。新しく設立する。例 ―記念日。

◐草創ソウソウ・独創ドクソウ

[剗] 刂11 (13) 4 0328 5277 サン 漢 潸 chǎn

意味 平らに削る。取り除く。けずる。通剗(サン)。

剸

刂11(13) ―― 5278

セン漢呉 先 zhuān

意味 自分だけで決める。ほしいままにする。通専・摶(セン)。

【剸行】(センコウ) 勝手におこなう。独断でおこなう。専行。

剿

刂11(13) ②4986 527F

一 ソウ慣 ショウ(セウ)漢 篠 jiǎo
二 ソウ(サウ)漢 肴 chāo

意味 一 ❶たちきる。例 剿截(ショウセツ)(=たちきる)。❷殺す。滅ぼす。例 剿殺(ショウサツ・ソウサツ)(=みな殺し)。剿滅(ショウメツ・ソウメツ)(=残りなく滅ぼす)。二 かすめとる。奪いとる。通抄(ソウ)。例 剿襲(ソウシュウ)(=盗みとる)。

剽

刂11(13) ②4987 527D

一 ヒョウ(ヘウ)漢 嘯 piāo
二 ヒョウ(ヘウ)漢 篠 biǎo
さ-す・おびやか-す

意味 一 ❶刺す。つきさす。❷おどしてうばう。**おびやかす**。かすめとる。例 剽盗(ヒョウトウ)。剽窃(ヒョウセツ)。❸すばやい。みがる。例 剽悍(ヒョウカン)。剽軽(ヒョウケイ・ヒョウキン)。❹けずる。分ける。二 さき。末端。例 鋭剽(エイヒョウ)(=先をとがらす)。

【剽▼悍】(ヒョウカン) 行動がすばやくて、荒々しいさま。

【剽▼劫】(ヒョウキョウ) おどしてものを奪う。追いはぎをする。

【剽軽】 一(ヒョウケイ) ①すばやいさま。例 —な身のこなし。②軽薄なさま。二(ヒョウキン) 日〔「キン」は、唐音〕おどけたところがあって、おもしろい。例 —者(もの)。—なことを言う。

【剽窃】(ヒョウセツ) ①盗み取る。略奪する。②他人の文章や学説を盗んで、自分独自の作品のように発表する。盗作。▽剽剟(ヒョウハク)。

【剽盗】(ヒョウトウ) ①盗み取る。②追いはぎ。

【剽剥】(ヒョウハク) ①批判する。非難する。②攻撃する。襲撃する。③はげ落ちる。消滅する。④けずりとる。除去する。⑤「剽窃(ヒョウセツ)」に同じ。

【剽略】【剽▼掠】(ヒョウリャク) おどして他人のものを奪う。かすめとる。

【剽虜】(ヒョウリョ) 略奪する。強奪する。

劃

刂12(14) ①1936 5283

カク(クヮク)漢 陌 huà
わ-かつ

意味 ❶はっきり分ける。くぎる。かぎる。通画(カ)。例 劃期的(カッキテキ)(=画期的)。区劃(クカク)。❷にわかに。突然。❸切り裂く。

表記 現代表記では「画(カク)」に書きかえることがある。熟語は「画」も参照。

【劃一】(カクイツ) ①一様にする。②すべてが同じようにそろっている。▽画一。

【劃然】(カクゼン) ①区別や違いなどが、はっきりしているさま。画然。例 —たる区別がない。②にわかに。たちまち。③切り裂くような音。例 劃然長嘯(カクゼンとしてチョウショウす)(=あたりを切り裂くように声を長くのばす)。〈蘇軾・後赤壁賦〉

劂

刂12(14) ④0330 5282

ケツ(クェツ)漢 月 jué

意味 彫刻用の小刀。例 剞劂(キケツ)(=小刀)。

劄

刂12(14) ④0329 5284

一 トウ(タフ)漢 洽 zhā
二 サツ zhá
さ-す・しる-す・たけばり

［箚］ 竹8(14) ②6820 7B9A 別体字。

意味 一 針でさす。**さす**。二 文書。かきつけ。通札・劄(サツ)。例 劄記(サッキ)。劄子(サッシ)。

【劄記】(サッキ) 書物を読みながら、問題点や自分の考えなどをしるしたもの。また、特定の書物についての議論や考証などをまとめた著作。札記(サッキ)。劄記(サッキ)。

劇

刂13(15) ①2364 5287 教6

ゲキ慣 ケキ漢 ギャク呉 陌 jù
はげ-しい(はげ-し)

筆順 丨 𠂉 卢 虍 虏 豦 劇

なりたち 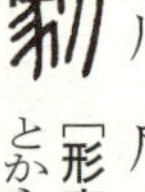 ［形声］「刂(=かたな)」と、音「豦(キョ→ケキ)」とから成る。とりわけはなはだしい。

意味 ❶程度がひどい。きびしい。**はげしい**。例 材劇志大(ザイはゲキにしてシはダイなり)(=生まれつきの性質は激しく、志は大きい)。〈荀子・非十二子〉 劇痛(ゲキツウ)。劇薬(ゲキヤク)。❷わずらわしい。困難である。例 劇職(ゲキショク)。劇務(ゲキム)。❸はやい。迅速な。例 劇談(ゲキダン)。❹あそぶ。たわむれる。例 折レ花門前劇(はなをおりてモンゼンにたわむる)(=花を折って門の前で遊んでいた)。〈李白・長干行〉 ❺芝居。げき。例 劇場(ゲキジョウ)。劇的(ゲキテキ)。悲劇(ヒゲキ)。

古訓 中古 いそがはし・いそぐ・いたし・いたむ・うぢはやし・おほきなり・おほきに・すみやかに・にはかなり・にはかに・はなはだ・はなはだし 中世 いそがはし・いそぐ・すみやか・にはか・はげし・はなはだ・はなはだし・ふためく 近世 さかん・たはぶる・たはむる・なやむ・はなはだし・ます

【劇易】(ゲキイ) ①はげしいことと、おだやかなこと。程度の重いことと、軽いこと。②難しいことと、やさしいこと。難易。③困難。

【劇飲】(ゲキイン) 大酒を飲む。痛飲。

【劇雨】(ゲキウ) はげしい雨。大雨。猛雨。

【劇化】(ゲキカ) 日①小説や事件などを映画や演劇などに仕立てる。②はげしくなる。激化。例 民族運動が—する。

【劇画】(ゲキガ) 日①紙芝居(かみしばい)。②場面が順次移っていく、多数のこま絵によって表現された、長編の物語。長編漫画。

【劇界】(ゲキカイ) 日 演劇を職業とする人々の世界。演劇に関係する人々の社会。演劇界。劇壇(ゲキダン)。

【劇作】(ゲキサク) 日 演劇の脚本をつくること。また、その作品。例 —家(カ)。

【劇詩】(ゲキシ) 日 戯曲の形式で書かれた詩。

【劇暑】(ゲキショ) はげしい暑さ。酷暑。激暑。例 —の候。

【劇症】(ゲキショウ) 日 病気の症状が急速に進むこと。例 —肝炎。

【劇場】(ゲキジョウ) 映画や演劇・舞踊などを演じ、観客に見せる場所や建造物。例 野外—。

【劇職】(ゲキショク) 非常に忙しい職務。また、そのような地位。激職。対 閑職(カンショク)。例 —につく。

【劇甚】(ゲキジン) 非常にはげしいさま。はなはだしいさま。激甚。

【劇賊】(ゲキゾク) 勢力の大きい盗賊や反乱者。

【劇団】(ゲキダン) 日 演劇の研究や上演を目的とする人々の団体。例 —を結成する。

【劇談】(ゲキダン) ①早口に話す。存分に話す。例 口吃不レ能二劇談一(コウキツにしてゲキダンするあたわず)(=ことばが詰まって急いで話すことができない)。〈漢書・揚雄伝上〉 ②日 演劇に関する話。

【劇壇】(ゲキダン) 日 演劇に関係する人々の社会。演劇界。

【劇痛】(ゲキツウ) はげしいいたみ。激痛。例 背中に—が走る。

【劇的】(ゲキテキ) 日①まるで芝居かと思われるような、感動のあるさま。ドラマチック。例 —な結末を迎える。②激烈な。

【劇毒】(ゲキドク) 日 非常に強い毒。猛毒。

【劇評】(ゲキヒョウ) 日①上演された演劇についての批評。例 辛口(からくち)の—。②演劇一般についての評論。例 —家(カ)。

【劇変】(ゲキヘン) 日 急激にかわる。激変。例 環境の—。

【劇務】(ゲキム) 非常に忙しいつとめや仕事。劇職。激務。

【劇薬】(ゲキヤク) 使用量や使用法を誤ると生命にかかわる、非常に毒性の強い薬品。

【劇烈】ゲキレツ 非常にはげしいさま。激烈。例 —な戦い。
【劇論】ゲキロン 激しく議論をし合う。また、そのような議論。激論。例 —をたたかわす。
●演劇エンゲキ・歌劇カゲキ・活劇カツゲキ・観劇カンゲキ・喜劇キゲキ・新劇シンゲキ・寸劇スンゲキ・悲劇ヒゲキ

[劍] 刂13(15) ⇩剣ケン(165ジペー)

[劉] 刂13(15) ⇩斲タク(610ジペー)

劈
刀13(15) 2 4992 5288 ヘキ漢 錫 pī さ-く・つんざ-く

意味 ❶刃物で二つに切りさく。分ける。ひらく。**さく。つんざく。** 例 劈開ヘキカイ。❷⇩【劈歴】ヘキレキ

【劈開】ヘキカイ ①切りひらく。さきひらく。②ひびがはいって割れる。③[日]方解石や雲母ウンモなどの結晶が、一定の面にそって割れたり、はがれたりすること。
【劈頭】ヘキトウ ものごとのはじめ。まっさき。例 議事は—から混乱した。
【劈歴】ヘキレキ かみなり。霹靂ヘキレキ。

劉
刂13(15) 1 4613 5289 人 リュウ(リウ)漢 ル呉 尤 liú ころ-す

なりたち [形声]「金(=かね)」と「刂(=かたな)」と、音「卯リュウ」とから成る。殺す。

意味 ❶**ころす。** 例 虔劉ケンリュウ(=ころす)。❷兵器の一つ。まさかり。❸はげ落ちてまばらなさま。例 捋采其劉とりとりてそれリュウたり(=クワの葉を)とりつくしてまばらである)。〈詩経・大雅・桑柔〉❹全体をへめぐるさま。あまねし。通 流。例 劉覧リュウラン。❺姓の一つ。特に漢の王室の姓。例 劉邦リュウホウ。

古訓 中古 きる・けづる・ころす・たつ・たのし・つづく 中世 けづる・ころす・たかし・つかさどる 近世 ころす・そこなふ・まさかり

人名 のぶ・みずち

【劉▼宋】リュウソウ 南朝宋の別称。劉裕リュウユウが建てた。のちに趙匡胤チョウキョウインが建てた宋(九六〇—一二三四)を趙宋といって区別する。(四二〇—四七九)
【劉覧】リュウラン ①周囲を見回す。②目を通す。通覧する。

劓
刂14(16) 3 1465 5293 ギ漢 寘 yì はなき-る

意味 ❶鼻をそぎとる刑。はなきり。**はなきる。** 例 劓刖ギゲツ(=鼻切りの刑と、足切りの刑)。❷切りさく。きる。

[劒] 刀14(16) ⇩剣ケン(165ジペー)

[劑] 刂14(16) ⇩剤ザイ(167ジペー)

[劔] 刀14(16) ⇩剣ケン(165ジペー)

劘
刂19(21) 4 0332 5298 ビ慣 バ漢 歌 mó けず-る(けづ-る)

意味 ❶**けずる。** ❷みがく。こする。

19 2画 力 ちから部

筋肉のすじをあらわす。「力」をもとにしてできている漢字を集めた。

0 171 力 3 172 加 功 4 173 劦 劤 劥 劣 5 174
动 劲 劫 劯 助 劭 努 励 労 6 176 劾 劼 劻 劵
効 勅 7 176 勁 勊 勅 勉 勃 勇 勇 勔 8 178 勍
勧 勢 勉 勐 勑 9 178 勘 勖 勗 動 務 勒 10 180
勤 勛 勝 勝 募 勞 11 181 勧 勤 勢 勣 勦 勠 13
182 勰 勲 14 182 勳 勵 15 182 勴 17 182 勸 勷

この部首に所属しない漢字
幼→幺443 男→田890 協→十195 舅→臼1111

力
力0(2) 1 4647 529B 教1 リョク漢 リキ呉 職 lì ちから・つと-める(つと-む)

筆順 フ カ

なりたち [象形] 筋肉のすじの形。筋肉のはたらき。

意味 ❶からだや筋肉のちから。**ちから。** 例 筋力キンリョク。体力タイリョク。腕力ワンリョク。❷ちからをこめる。精を出す。**つとめる。** 例 力レ田積レ粟デンをつとめゾクをつむ(=耕作に精を出し、穀物を貯蔵する)。〈戦国策・趙三〉 力説リキセツ。力戦リキセン。努力ドリョク。❸社会的なちから。いきおい。例 権力ケンリョク。勢力セイリョク。財力ザイリョク。❹作用。はたらき。腕前。例 力量リキリョウ。効力コウリョク。❺力仕事。労役。えだち。例 力役リキエキ。力政リョクセイ|リキセイ。❻程度がひどい。はなはだしい。例 今病力いまやまいはなはだしい(=いま病気が重い)。〈漢書・汲黯伝〉

古訓 中古 こはし・ちから・つとむ・つとめ・つよし・はなはだし 中世 こはし・すぢ・ちから・つとむ・つとめ・つよし 近世 いさをし・すぢ・ちから・つとむ・つとめ・つよし・はなはだし

人名 いさお・いさむ・つとむ・つよし・まさる・ます

難読 角力すもう・等等力とどろき

【力抜レ山▼兮気蓋レ世】ちからはやまをぬきキはよをおおう 力は山を引きぬくほどに強く、意気は世をおおいつくすほどにさかんである。ずばぬけた威勢であるさま。抜山蓋世バツザンガイセイ。◆秦シンの末期、楚ソの項羽が垓下ガイカで、劉邦リュウホウの漢軍に包囲されたときに、自らの天運の尽きたのをさとって作った詩の一節。〈史記・項羽紀〉
【労レ力者治二▼於人一】ちからをロウするものはひとにおさめらる ⇩【労力】ロウリョク①(176ジペー)
【力泳】リキエイ [日]力いっぱい、およぐ。
【力役】リキエキ ①政府が人民に課す労働。労役。②肉体の力を使う仕事。力仕事。
【力演】リキエン [日]力のこもった演技をする。熱演。
【力学】リキガク ①努力して学ぶ。②[日]〔英 dynamics の訳語〕物理学の一分野。物体の運動や、物体にはたらく力と運動の関係について研究する学問。例 流体—。③[日]いろいろな考えや思いが個人や集団に及ぼす影響力。力関係。ダイナミックス。例 政治—。選挙の—。
【力感】リキカン [日]力強い感じ。力のこもっている感じ。例 —にあふれた走り方。
【力作】リキサク ①リョクサク 力いっぱい働く。②[日]力のこもった作品。労作。例 —を書く。
【力士】リキシ ①力もち。②宋ソウ・明ミン代の官名。③〔仏〕「金剛力士リキシコンゴウ」の略。怒りの相をした仏教守護の神。④[日]相撲とり。
【力車】リキシャ [日]①荷車。②人力車ジンリキシャ。
【力説】リキセツ 熱心に、強く説明する。例 必要性を—する。
【力戦】リキセン 力のこもったたたかい。また、力いっぱい、たたかう。力闘。例 —奮闘。
【力走】リキソウ [日]力いっぱい走る。
【力点】リキテン [日]①てこでものを動かすとき、力のかかる点。〔その力が物体にはたらく点を「作用点」という〕→【支点】シテン(588ジペー) ②力を入れる点。特に注意する、大切なところ。例 安全性に—をおく。
【力投】リキトウ [日]がんばって、力いっぱい投げる。
【力闘】リキトウ 力いっぱい、たたかう。力戦。例 選手の—をたた

える。

【力量】リキリョウ ものごとをなしとげることのできる能力の大きさ。実力の度合い。腕前。例 ―が問われる仕事。

【力行】リッコウ 努力しておこなう。はげんで事をおこなう。例 苦学―の士。

【力子】リキシ／リョクシ 勤勉な人。努力家。例 力子天所レ富（リョクシはテンのとますところ）（＝勤勉な人は天の助けで豊かとなる）。〈後漢書・酷吏伝・樊曄〉

【力▼穡】リキショク／リョクショク 〔「穡」は、農作業の意〕農事につとめる。農業にはげむ。

【力征】リキセイ／リョクセイ 武力によって征伐する。力政。

【力政】リキセイ／リョクセイ ①官が人民や牛馬などを強制的に働かせること。力役（リキエキ）。労役。例 五十不レ従二力政一（ゴジュウにしてリョクセイにしたがわず）（＝五十歳になると労役には従事しない）。〈礼記・王制〉 ②武力によって支配する政治。武断政治。③「力征（リョクセイ）」に同じ。④政務にはげむ。

【力争】リキソウ／リョクソウ ①力で争う。例 臣不二心競一而力争（シンシンキョウせずしてリョクソウす）（＝臣下が忠義の心で競わずに力で争っている）。〈左伝・襄三〉 ②力を尽くして争う。③力を尽くしていさめる。

【力田】リキデン／リョクデン ①田の仕事につとめる。農業にはげむ。②官名。漢代、農業に精励する者から選ばれた郷（＝地方行政区画の一つ）の官吏で、地域住民の指導にあたった。

【力耕】リキコウ／リョッコウ 農耕につとめる。耕作にはげむ。例 力耕不二吾欺一（リョッコウわれをあざむかず）（＝精を出して耕せば相応の収穫がある）。〈陶淵明・移居〉

●握力（アクリョク）・圧力（アツリョク）・引力（インリョク）・協力（キョウリョク）・自力（ジリキ）・精力（セイリョク）・迫力（ハクリョク）・馬力（バリキ）・労力（ロウリョク）・腕力（ワンリョク）

加

力3（5）
①1835
52A0
教4

カ漢 呉 麻 jiā
くわえる（くは-ふ）・くわわる（くは-はる）

筆順 フ カ か 加 加

なりたち 
［会意］「力（＝ちから）」と「口（＝くち）」とから成る。ことばで相手をしのぐ。派生して「くわえる」の意。

意味 ❶ふやす。たす。**くわえる**。例 加減（カゲン）。加筆（カヒツ）。増加（ゾウカ）。❷仲間入りする。**くわわる**。例 加入（カニュウ）。加盟（カメイ）。❸与える。ほどこす。例 加恩（カオン）（＝恩恵を与える）。加護（カゴ）。❹のせる。おく。例 東首加二朝服一拖レ紳（トウシュしてチョウフクをくわえシンをひく）（＝〈君主が孔子の病気見舞いに来られたとき〉東枕（ひがしまくら）に寝て出仕の礼装をからだにかけ、その上に大帯を横にして置いた）。〈論語・郷党〉 ❺その上に立つ。しのぐ。例 小不レ加レ大（ショウはダイをしのがず）（＝小さなものは大きなものを凌駕（リョウガ）できない）。〈管子・五輔〉 ❻さらに。その上。くわうるに。❼足し算。例 加法（カホウ）。加減乗除（カゲンジョウジョ）。

日本語での用法 《カ》①「加州（カシュウ）」▼「加賀（かが）（＝今の石川県南部）」の略。②「加奈陀（カナダ）・加比丹（カピタン）・加留多（カルタ）」▼外来語の「カ」の音にあてる字。③「加州米（カシュウマイ）・日加貿易（ニッカボウエキ）」▼「カリフォルニア（州）」「カナダ（共和国）」の略。

古訓 中古 かかる・かく・くはふ・そへもの・まさる・ます・また 中世 くははる・くはふ・くはふる・しのぐ・そへもの・まさる・ます・ますます 近世 あげる・かさなる・くはふ・くはふる・しのぐ・つく・のぼす・のぼする・ほどこす・ます

人名 のぼる・まさ・ます・また

難読 五加木（うこぎ）

【加圧】カアツ 日（物体・空気などに）力をくわえる。

【加賀】かが 日旧国名の一つ。今の石川県の南部。加州（カシュウ）。

【加害者】カガイシャ 他人にけがをさせたり、損をさせたりした人。対被害者。

【加官】カカン ①他の官職に付加して設けられた官職。②官位が上がる。昇進する。

【加冠】カカン 男子が元服して、初めてかんむりをつけること。また、その儀式。

【加▼笄】カケイ 女子の十五歳。結婚にふさわしい年齢。〔「笄」は、髪飾りの意。昔の中国で、女子が十五歳になると婚約し、髪に笄（こうがい）をさしたことからいう〕

【加減】カゲン ①くわえることと、へらすこと。②〔数〕足し算と引き算。例 ―乗除。③ちょうどよい状態や程度に調節する。例 塩を―する。④日からだのぐあい。体調。⑤日〔「…加減」の形で〕ア「…の程度・…のころあい」の意味をあらわす。例 湯―。手―。イ「少し…であること」の意味をあらわす。例 うつむき―。

【加護】カゴ 神や仏が人々を危難からまもり助ける。守護。例 神のご―がありますように。

【加工】カコウ ①工夫してさらによいものにする。②日原料や材料に手をくわえる。また、手をくわえて形や種類の違うものを作る。例 ―食品。

【加算】カサン ①もととなる数量に、いくらかの数量をつけくわえる。例 基本料金に五百円が―される。②〔数〕足し算。寄せ算。加法。対減算。

【加▼餐】カサン 〔「餐」は、食べ物の意〕食事をきちんととって、からだをいたわること。手紙で、相手の健康を願って「ますますのご加餐を祈ります」のように用いる。

【加持】カジ 〔仏〕①〔梵語（ボンゴ）adhiṣṭhāna の訳〕仏が衆生（シュジョウ）を保護すること。②日真言密教で、病気を治したり災難からのがれることを願って、僧が仏に祈る。加持祈禱（カジキトウ）。

【加日】カジツ 日を重ねる。連日。累日。

【加重】カジュウ 重さや仕事、責任などをさらに増やす。例 負担を―する。

【加除】カジョ くわえることと取りのぞくこと。

【加勢】カセイ 力を貸して助けること。また、その人や力。応援。助勢。例 ―をたのむ。

【加増】カゾウ ①くわえてふやす。ふえる。②日領地や禄高（ロクだか）などをふやす。

【加速】カソク 速度を上げる。速度が上がる。対減速。例 アクセルをふんで―する。高齢化が―する。

【加速度】カソクド 日①〔物〕ある時間内に速度が変化する割合。②進む速さが、時間を追って上がること。また、ものごとの、ある状態が進むこと。例 ―がつく。

【加担（擔）】カタン 日陰謀やたくらみにくわわる。荷担。例 悪事に―する。

【加点】カテン ①文章の添削すべきところに点を打つ。文章を添削する。②日漢文に訓点（＝読み方を示すしるしや送りがな）をつける。③日ゲームなどで、さらに点数をくわえる。

【加入】カニュウ ①くわえる。混ぜる。②日団体や組織にくわわる。加盟。入会。対脱退。例 国民年金に―する。

【加熱】カネツ ①暑さが増す。②日熱をくわえてあつくする。

【加筆】カヒツ 日文章や絵画などで、あとからつけくわえて手直しをする。例 後世の人による―。

【加法】カホウ ①刑罰をくわえる。②〔数〕足し算。加算。対減法。

【加俸】カホウ 決まった給料以外に、さらに手当をつけくわえる。また、その手当。例 年功―。

【加味】カミ ①あじをつけくわえる。②日別のやり方や考え方などを取り入れてくわえる。例 少数意見を―する。

【加盟】カメイ 日団体や連盟の一員としてくわわる。㊀脱退。例―店。国連に―する。

【加薬】カヤク 日①薬味。②関西地方で、ごはんやうどんなどに入れる、肉や野菜。具。例―ごはん。

【加羅】カラ 四～六世紀に、朝鮮半島南部にあった国。日本では任那みまな。伽羅カラ。迦羅カラ。伽耶カヤ。

【加療】カリョウ 病気やけがの治療をする。例二週間の入院―を要する。

【加▼之】しかのみならず そればかりでなく。その上。さらに。

●参加サンカ・増加ゾウカ・追加ツイカ・添加テンカ・倍加バイカ・付加フカ

功

力3（5） 1 2489 529F 教4

コウ漢 ク呉 東 gōng いさお（いさを）・いさおし（いさをし）

［功］ 刀3（5） 3 1459 34DB 俗字。

筆順 一 T エ 玏 功

なりたち 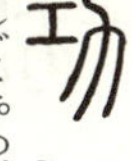 ［形声］「力（＝ちから）」と、音「工コウ」とから成る。国を安定させるはたらき。

意味 ❶しごと。わざ。通工。例 功役エキ（＝労役）。農功ノウ。❷仕事の成果。手柄。いさお。例 功績セキ。功名ミョウ。成功セイ。❸ききめ。はたらき。通効。例 功徳ドク。功能ノウ。❹かたく、するどい。こまかく、たくみである。例 弁二功苦一ベンず（＝製品が精巧か、粗悪かを見分ける）。〈荀子・王制〉❺喪服の名。また、喪に服する期間。「大功」は九か月間。「小功」は五か月間。

古訓 中古 いたはる・しりぞく・たたく・たしかに・つくのふ 中世 いたつき・いたはる・かさぬ・しりぞく・ちかし・つとむ 近世 いさをし・かたし・かつ・つとむ・なる

人名 あつ・いさ・かた・かつ・こと・つとむ・つとめ・つよし・なり・なる・のり

【功過】コウカ 功績と過失。手柄とあやまち。功罪。

【功課】コウカ ①仕事の成績を評定すること。また、仕事の成績。②〔仏〕毎日の定められた読経ドキョウや礼拝ライハイ。日課となっている勤行ゴンギョウ。③なすべきこと。仕事。④学生の課業。学業。

【功業】コウギョウ ①手柄。功績。業績。②立派な仕事。

【功勲】コウクン 〔「勲」も、手柄の意〕大きな手柄。勲功。功績。

【功罪】コウザイ （ある行為についての）手柄とあやまち。よい点と悪い点。功過。例―相半ばする。

【功臣】コウシン 国や主君のために手柄を立てた、すぐれた家来。例 建国の―。

【功績】コウセキ 仕事での成績。また、手柄。業績。勲功。功業。

【功徳】一コウトク 立派な手柄とすばらしい人柄。二クドク〔仏〕①よい結果をもたらす、正しいおこない。例―を積む。②他人に対する慈悲。例―をほどこす。③日 神や仏の、人々をいつくしむ心。神仏の恵み。ご利益リヤク。例―があらわれる。

【功成名遂】コウなりなとぐ 大きな仕事をやりとげて名声を上げる。〔「功成名遂身退、天之道コウなりなとげてみをしりぞくは、テンのみちなり」（＝功績をあげ名声を得たら引退するのが、天の道にかなう）。〈老子・九〉から〕

【功能】コウノウ｜クノウ はたらき。作用のききめ。効能。

【功伐】コウバツ【功閥】コウバツ 〔「伐・閥」も、手柄の意〕手柄。功績。

【功夫】一コウフ ①工事。土木作業。②時間。③修養。造詣ゾウケイ。二クフウ 仕事をしたり思いをめぐらす努力。てま。工夫クフウ。三カンフー｜クンフー 中国拳法ケンポウ。

【功名】コウミョウ｜コウメイ 手柄を立て、よい評判を得ること。例―心。ぬけがけの―（＝他をだしぬいて得た名声）。

【功用】一コウヨウ ①四季に応じて繁殖し、国の資源となる動植物。②役に立つこと。はたらき。③修養。二クユウ〔仏〕人の身体・言語・意識のはたらき。

【功庸】コウヨウ ①〔「功」は国に対する功績、「庸」は民に対する功績〕手柄。功績。功労。②作業に費やされる労力。

【功利】コウリ ①功績とそれにともなう利益。②日 利益の有無を考えて、ものごとにあたること。例―に走る。

【功略】コウリャク 手柄と、すぐれたはかりごと。功績と知謀。

【功力】一コウリョク ①ちから。また、手柄。功績。②はたらき。効力。③作業に費やされる労力。④人の力。人為。二クリキ〔仏〕修行によって得られた力。功徳クドクの力。

【功労】コウロウ 世のためになる大きなはたらき。例―者。

【功▼虧二一▼簣一】コウをイッキにかく ⇩【九仞功虧二一簣一】キュウジンのコウをイッキにかく（36ページ）

●勲功クンコウ・奏功ソウコウ・年功ネンコウ

劦

力4（6） 4 0335 52A6

キョウ（ケフ）漢 葉 xié

意味 力を合わせる。通協。

劤

力4（6） 4 0334 52A4

キン ちから・つよし

意味 人名に用いる字。参考 一説に、「勁ケイ」の俗字。

劥

力4（6） 4 0333 2083A 国字

コウ ちから・つよし

意味 人名に用いる字。

劣

力4（6） 1 4684 52A3 常用

レツ漢 屑 liè おとる

筆順 丿 小 小 少 劣 劣

なりたち 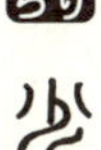 ［会意］「力（＝ちから）」と「少（＝すくない）」とから成る。力が少なくて弱い。

意味 ❶力が弱い。おとる。㊀優。例 徳劣故用レ兵、犯レ法故施レ刑トクおとるがゆえにへイをもちい、ホウをおかすがゆえにケイをほどこす（＝徳が不十分であるから武力を用い、法律を犯すから刑罰を適用するのだ）。〈論衡・儒増〉劣勢セイ。劣敗パイ。優劣ユウ。❷いやしい。おろか。質が悪い。㊀優。例 劣悪アク。劣等トウ。低劣テイ。卑劣ヒ。❸わずかに。やっと。

古訓 中古 いやし・おとす・おとる・つたなし・よわし・わるし・わろし・をぢなし 中世 おとる・つたなし・よわし・をぢなし 近世 いやし・おとる・すくなし・つたなし・よわし

【劣悪】レツアク 品質や程度がひどく悪いこと。㊀優良。例―な労働条件。

【劣位】レツイ 日 他と比較しておとった地位や立場。㊀優位。

【劣化】レッカ 日 品質や性能が次第に悪くなる。例 音質が―する。

【劣弱】レツジャク 体力や能力などが、おとっていること。例―な体格。

【劣情】レツジョウ 日①いやしい、下品な心情。②性的な欲望を、いやしいものとしていうことば。例―をもよおす。

【劣性】レッセイ ①他にくらべて好ましくない性質。②日〔生〕遺伝で、親の形質が子（＝第一代）にあらわれず、後代にあらわれるもの。例―遺伝。▽㊀優性。

【劣勢】レッセイ 日 いきおいがおとっている。不利な立場。㊀優勢。例―を挽回バンカイする。

【劣等】レットウ 品質や能力などが、普通よりおとっていること。㊀優等。例―生。―品。

【劣等感】レットウカン 日 自分が他人とくらべて、おとっていると思う気持ち。インフェリオリティー-コンプレックス。㊀優越感。例―をもつ。

【劣敗】(レッパイ) 日 力のおとったものが、すぐれたものに負けること。例 優勝―。
○●愚劣(グレツ)・下劣(ゲレツ)・拙劣(セツレツ)・低劣(テイレツ)・卑劣(ヒレツ)・優劣(ユウレツ)

劬 力5(7) ②5002 52AC

ク 漢 呉 虞 qú
いたわ-る(いたは-る)・つか-れる(つか-る)・つと-める(つと-む)

意味 ❶苦労。疲れ。例 雖二日夕一而忘レ劬(ニッセキといえどもつかるるをわする)(＝夕方になっても疲れを感じなかった)。〈張衡・帰田賦〉 ❷苦労する。つかれる。つとめる。例 劬労(クロウ)。 ❸労をねぎらう。いたわる。

【劬労】(クロウ) 働いてつかれ病むこと。例 母氏劬労(ボシクロウす)(＝母親は苦労する)。〈詩経・邶風・凱風〉

[劲] 力5(7) ⇩勁(ケイ)(176ジペー)

劫 力5(7) ①2569 52AB 人

ゴウ(ゴフ) 慣 キョウ(ケフ) 漢 コウ(コフ) 呉 葉 jié
おびや-かす

[刧] 刀5(7) ②4971 5227 俗字。

なりたち  [会意]「去(＝さる)」と「力(＝ちから)」とから成る。去ろうとする人を力ずくでおどし止める。

意味 ❶力でおどす。おびやかす。例 劫脅(キョウキョウ)(＝おびやかす)。劫略(キョウリャク)。 ❷むりやり奪い取る。例 劫奪(キョウダツ)。劫賊(キョウゾク)。 ❸仏教で、きわめて長い時間。四十三億二千万年。例 永劫(エイゴウ)。劫(コウ)を経(へ)る(＝長い間の経験がある)。 ❹囲碁で、相手の石を一つずつ交互に取り合うことができる形。例 劫争(コウあらそい)。 ❺⇩【劫劫】㊀(キョウキョウ)

古訓 中古 うからかす・おびやかす・おびやかす・かさなる・かすむ・むばふ 中世 おびやかす・かすむ 近世 うばふ・おびやかす・かすめとる

難読 億劫(オックウ)

【劫劫】㊀(キョウキョウ) 汲汲(キュウキュウ)。せわしくつとめはげむさま。あくせくするさま。㊁(ゴウゴウ) 世々。

【劫賊】(キョウゾク) 人をおどして財物を奪う者。強盗。類 劫盗(キョウトウ)。

【劫奪】(キョウダツ/コウダツ) おどして、うばい取る。劫掠(キョウリャク)。劫略。

【劫▼掠】(キョウリャク) おどして奪い取る。劫略。劫奪(キョウダツ)。

【劫略】(キョウリャク) ①おびやかして従わせる。おびやかして支配する。②「劫掠(キョウリャク)」に同じ。

【劫火】(ゴウカ/コウカ) 〔仏〕世界が滅びるとき、この世を焼き尽くすという大火事。

【劫灰】㊀(ゴウカイ/コウカイ) 〔仏〕劫火(ゴウカ)のあとに残る灰。また、戦乱や大火災のあとに残る灰。戦火のこと。㊁(キョウカイ)

【劫初】(ゴウショ/コウショ) 〔仏〕この世がはじまった時。世界のはじまり。

劭 力5(7) ④0336 52AF

ショ shào

意味 つよい。 参考 劭(むつとし/つよし)(＝人名)。

助 力5(7) ①2985 52A9 教3

ショ 漢 ジョ 呉 御 zhù
たすかる・たすける(たす-く)・たすけ・すけ・す-ける(す-く)

筆順 丨 ⺆ 冂 月 目 且 助 助

なりたち  [形声]「力(＝ちから)」と、音「且(ヨシ)」とから成る。たすける。

意味 ❶力を貸す。すくう。たすかる。たすける。たすけ。例 得レ道者多レ助(みちをうるものはたすけおおし)(＝徳のある人には助けが多い)。〈孟子・公孫丑下〉 助長(ジョチョウ)。援助(エンジョ)。救助(キュウジョ)。 ❷殷(イン)代におこなわれたとされる税法。通 莇(ジョ)。例 助法(ジョホウ)。 ❸(chú) すきをいれてたがやす。とり除く。通 鋤(ジョ)。例 耕助(コウジョ)。

日本語での用法 《すけ》 ①「諸寮(ショリョウ)の助(すけ)」▼律令制の四等(シトウ)官で、寮の第二位。次官(すけ)。 ②「飲(の)み助(すけ)・凸助(でこすけ)・おっとそいつは承知(ショウチ)の助(すけ)」▼軽蔑(ケイベツ)やからかい、親愛の気持ちをこめて、性質や状態を示す語につけて人名らしく呼ぶことば。

古訓 中古 すけ・たすく・まさる・ます 中世 すけ・たすく・たすける・ます 近世 おごそか・さる・すけ・すける・たすく・たすけ・たすける・ます・もとむる・よる

人名 たすく・ひろ・ます

【助演】(ジョエン) 日 (映画や演劇、テレビドラマなどで)脇役(わきヤク)。バイプレーヤー。対 主演。

【助教】(ジョキョウ) ①官名。晋(シン)代、国子博士を助けて生徒を教えた。②日 律令制の大学寮で、博士の下の官名。③日 大学・高等専門学校で、講師の下の職名。④日 昔、正規の教師を補佐した教員。助教諭。

【助教授】(ジョキョウジュ) ⇩【准教授】(ジュンキョウジュ)(144ジペー)

【助言】(ジョゲン/ジョゴン) 日 たすけになるようなことをわきから言ってやること。また、そのことば。口ぞえ。アドバイス。例 先輩の―。

【助産師】(ジョサンシ) 日 出産の手だすけや母子の健康指導をする人。

【助詞】(ジョシ) ①「助字(ジョジ)」に同じ。②日 品詞の一つ。他の語につけて用いる付属語の一つで、活用しない。語と語とのつながりを示し、意味をそえる。「これは私の本です」の「は」「の」など。〔「です」は助動詞〕

【助字】(ジョジ) 中国文で、名詞・動詞などの実質的な意味のあることばの前や後につき、文章の意味を規定したり、おぎなったりすることば。「於」「焉」「矣」など。助辞・虚字・虚辞ともいう。助詞。

【助辞】(ジョジ) ①「助字(ジョジ)」に同じ。②日 文法で、助詞・助動詞をまとめていう古い呼び方。

【助手】(ジョシュ) 日 ①中心となって仕事をする人のそばで、手だすけをする人。アシスタント。②大学・研究所などで、教員や研究員の仕事を手だすけする役。また、その人。

【助数詞】(ジョスウシ) 日 ものをかぞえたり、量をあらわしたりするとき、数字の下につけることば。ものによって用いることばに違いがある。「…個」「…匹」「…本」「…枚」「…冊」など。

【助成】(ジョセイ) 仕事の完成をたすける。例 ―金。

【助走】(ジョソウ) 日 幅跳び・高跳び・やり投げや跳馬などで、勢いをつけるために、踏み切りの地点まで走る。

【助炭】(ジョタン) 日 炉や火鉢の炭火を長もちさせる道具。火気をのがさないように和紙をはった枠を炉や火鉢にかぶせる。

【助長】(ジョチョウ) ①力を添えて成長をたすける。②手助けしてかえって害を与える。そこなう。例 親の過保護がわがままを―した。▽揠苗助長(アツビョウジョチョウ)。

◆昔、宋(ソウ)の国に、畑の苗の生長がおそいのを心配して、助けてやろうと苗を引っぱった者がいた。へとへとになって帰り、家の者に言った。「今日はつかれた。苗を引きのばして、助けてやった」。これを聞いた息子が畑に走って行って見ると、苗はみな枯れてしまっていた。……………………〈孟子・公孫丑上〉

【助動詞】(ジョドウシ) 日 品詞の一つ。他の語につけて用いられる付属語の一つで、活用する。いろいろな意味を加えて、文を組み立てる上で重要な役割をする。たとえば、「深く知りたい」の「たい」、「学校に行かない」の「ない」が助動詞。〔「に」は助詞〕

【助法】(ジョホウ) 古代の税法の一つ。殷(イン)代、一人の農夫は七十畝(ホ)の田をたがやし、七畝分の収穫を税としたといわれる。

【助命】(ジョメイ) ①運命をまっとうさせる。②日 死刑・死罪になる人の命をたすける。例 ―を嘆願する。

【助役】 日 ①市町村および特別区(=東京都の二十三区など)で、市長・町長・村長・区長を補佐し、代理の役を果たす役職。また、その人。②鉄道で、駅長の補佐役。

【助力】 力を貸し、たすける。力ぞえ。手だすけ。加勢。

◐一助・援助・救助・互助・賛助・自助・内助・補助

劭

力5 (7)

2 5003 52AD

ショウ(セウ) 漢 嘯 shào

うるわ-しい(うるは-し)・つと-める(つと-む)

意味 ❶力を出して、はたらく。**つとめる**。 例 劭農(=農業をすすめる)。❷はたらくよう、はげます。すすめる。❸立派で、うつくしい。**うるわしい**。 例 令名患レ不レ劭(=評判がすばらしくないことが気がかりだ)。〈潘岳・河陽県作〉 劭美(=うつくしい)。

努

力5 (7)

1 3756 52AA

教4

ド 漢 ヌ 呉 麌 nŭ

つとめる(つと-む)・つとめて・ゆめ

筆順 く 乆 女 奴 奴 努 努

なりたち [形声]「力(=ちから)」と、音「奴」とから成る。力を出して、つとめる。

意味 ❶力を尽くす。はげむ。**つとめる**。 例 努力。❷突き出す。とび出る。 例 努目(=怒って目をむく)。❸永字八法の一つ。縦画。弩。

日本語での用法 《ゆめ》《つとめて》「そんなことは努知らず・努めて疑うべからず」▼けっして(…ない)。まったく(…ない)。

古訓 中古 こはし・つとむ・つよし・ゆめゆめ 中世 つとむ・ゆめゆめ 近世 きばる・つとむ・はげむ

人名 つとむ

【努力】 やらなければならないことを、一生懸命におこなう。 例 —が実る。

励

力5 (7)

1 4669 52B1

常用

レイ 漢 呉 霽 lì

はげむ・はげます

[勵] 力14 (16) 2 5015 52F5 旧字体。

筆順 一 厂 厂 厉 厉 厉 励

なりたち [形声]「力(=ちから)」と、音「厲」とから成る。力をこめて、とりくむ。

意味 ❶熱心におこなう。つとめる。**はげむ**。 通 厲。 例 励行。精励。勉励。❷すすめる。勇気づける。**はげます**。 通 厲。 例 激励。奨励。督励。

古訓 中古 すすむ・はげむ 中世 すすむ・つとむ・はげます・はげむ・ほしいまま 近世 すすむ・つとむ・はげます・はげむ

人名 すすむ・つとむ

【励行】 ①道徳的行為にはげむ。②努力して実行する。③決められたことを、きちんと守っておこなう。 例 挨拶を—する。▽厲行。

【励志】 意志を奮いおこしてはげむ。厲志。

【励声】 声をはり上げること。厲声。

【励精】 努力する。精を出す。精励。厲精。

◐激励・刻励・奨励・精励・督励・奮励・勉励

労

力5 (7)

1 4711 52B4

教4

一 ロウ(ラウ) 漢 呉 豪 láo

二 ロウ(ラウ) 漢 呉 号 lào

三 リョウ(レウ) 漢 蕭 liáo

ねぎら-う(ねぎら-ふ)・いたわ-る・いたわ-しい(いたは-し)

[勞] 力10 (12) 2 5009 52DE 旧字体。

筆順 丶 丷 ⺍ ⺍ 𰀁 学 労

なりたち [会意]「力(=ちから)」と「𤇾(=家屋を焼く)」の省略体とから成る。燃えさかる火を消し止めるために働く。ほねおる。

意味 一 ❶仕事をする。ほねをおる。働く。ほねおり。 例 労役。労働。勤労。徒労。❷疲れる。疲れ。 例 過労。心労。疲労。❸功績。手柄。 例 労臣。❹肺結核。 通 癆。 例 労咳。❺⇩【労労】 二 ❶ほねおりに対して感謝の気持ちをあらわす。**いたわる**。**ねぎらう**。 例 慰労。❷勧める。励ます。 例 労農。 三 はるか遠く、広々としているさま。 例 山川悠遠維其労矣(=山川ははるかかなたまで広がっている)。〈詩経・小雅・漸漸之石〉

日本語での用法 《ロウ》「労使・労組・地区労」▼「労働者」「労働組合」の略。

古訓 中古 いたつかはし・いたはし・いたはる・いたむ・いとなむ・くるしぶ・たしなむ・つかる・つとむ・ねぎらふ・やまし・やまひ 中世 いたづがはし・いたはる・つかる・ねぎらふ・わづらふ 近世 いさをし・いたづがはし・いたはる・つかるる・つかれる・つとむ・ねぎらふ・はなはだし・やむ

人名 いさお・つとむ・もり

【労逸】【労▼佚】 苦労と安楽。苦楽。

【労役】 強制的な肉体労働。 例 —に服する。

【労▼咳】【労▼痎】 「肺結核」の古い呼び名。癆痎。

【労苦】 ①ほねおること。つとめること。苦労。 例 どんな—をもいとわない。②苦労をいたわる。 例 —をわずらう。

【労▼倦】【労▼勌】 疲れはてる。

【労作】 ①苦しさに耐え、一生懸命に働く。②日 苦労しながら、一生懸命に作った作品。力作。

【労使】 日 労働者側と使用者側。 例 —関係。

【労資】 日 労働(者)と資本(家)。

【労▼而無レ功】 苦労しても何の成果も得られない。骨折り損。〈荘子・天運〉

【労▼恤】 いたわりたすける。

【労心】 ①憂える。心配する。②心をはたらかせる。頭脳を使って考える。 対 労力。 例 労レ心者治レ人(=頭脳労働をする者は人を支配する)。〈孟子・滕文公上〉

【労臣】 手柄のある臣下。功臣。

【労神】 気がねして、心が疲れること。また、疲れた心。

【労▼瘁】【労▼悴】 苦労する。疲れはてる。

【労組】 日「労働組合」の略。労働者が労働条件をよくするためにつくった団体。

【労賃】 日 労働に対して支払われる賃金。

【労働】 日 はたらく。賃金や報酬を得るために、頭脳や肉体をはたらかせる。 例 —者。

【労農】 ①農耕を勧める。②日 労働者と農民。

【労民】 ①苦しんでいる民。疲弊した民。②人民を使役して苦しめる。③人民をいたわる。

【労務】 日 ①賃金を得るためにする労働。 例 —者(=肉体労働者)。②会社の、労働に関係する事務。 例 —管理。

【労問】 ねぎらいに見舞う。慰問。

【労来】(ロウライ) ①〔「来」は「勑(ライ)」で、ねぎらう意〕いたわる。ねぎらう。②ねぎらいに招く。③(ロウす ライを) 来た人をねぎらう。

【労力】(ロウリョク) ①力を使う。肉体を働かせる。㊟労心。例 労力者治於人(ちからをロウするものは ひとにおさめらる)(=肉体労働をする者は人に支配される)。〈孟子・滕文公上〉②日 働くときに使う力。例 ―をいとわない。③日 ものを作り出すのに必要な労働力。人手(ひとで)。例 ―不足。

【労労】(ロウロウ) 一 ①憂えいたむさま。②名残を惜しむさま。③忙しいさま。④まばらなさま。⑤長くしゃべるさま。二(リョウリョウ) はるかなさま。遼遼(リョウリョウ)。

●慰労(イロウ)・漁労(ギョロウ)・勤労(キンロウ)・苦労(クロウ)・功労(コウロウ)・徒労(トロウ)

劾

力6(8) 1 1915 52BE 常用

カイ漢 ガイ呉 隊 hé

筆順

なりたち [形声]「力(=ちから)」と、音「亥(イカ)」とから成る。罪人をとりしらべる。

意味 ❶悪事をつきつめて調べる。罪をあばいてうったえる。例 劾奏(ガイソウ)。弾劾(ダンガイ)。❷裁く。処罰する。例 劾治(ガイジ)。

古訓 中古 とふ 中世 おす・つとむ 近世 おしきはむる・おす・かんがふ・きはめる・つとむ・をさむる

【劾治】(ガイジ) 人の罪を取り調べて裁く。

【劾状】(ガイジョウ) ①人の罪状を記載した文書。弾劾書。告発状。②人の犯罪を告発する。弾劾する。

【劾奏】(ガイソウ) 役人の不正やあやまちを、天子に申し上げる。

【劾弾】(ガイダン) 〔「弾」は、相手の非を責める意〕罪を調べて、はっきりさせる。弾劾。

劼

力6(8) 2 5004 52BC

カツ漢 黠 jié かた-い(かた-し)

意味 しっかりとつつしむ。かたい。例 劼毖(カッピ)。

【劼▼毖】(カッピ) かたくつつしむさま。

劻

力6(8) 4 0338 52BB

キョウ(キャウ)漢 陽 kuāng

意味 「劻勷(キョウジョウ)」は、あわてるさま。

劵

力6(8) 2 5005 52B5

ケン漢 霰 juàn う-む・つか-れる(つか-る)

意味 あきていやになる。つかれる。うむ。通倦(ケン)。

参考 「劵」は「倦(ケン)」の本字で、「券」は別の字。日本で、「券」と混同して、「券」の訓「ちぎる・ふみ」をあてて読むことがある。

効

[效]

力6(8) 1 2490 52B9 教5

攴6(10) 2 5835 6548 旧字体。

コウ(カウ)漢 効 xiào きく・なら-う(なら-ふ)

筆順

なりたち [形声]「攵(=うつ)」と、音「交(コウ)」とから成る。ならう。

意味 ❶まねをする。ならう。例 効顰(コウヒン)。❷力を尽くす。いたす。例 行私道而不効公忠(シドウをおこないて コウチュウをいたさず)(=自分の利を追求し、朝廷に忠義を尽くさない)。〈韓非・三守〉❸あるはたらきかけによってあらわれた、よい結果。しるし。ききめ。また、ききめがある。きく。例 効果(コウカ)。即効(ソッコウ)。効(コウ)を奏(ソウ)する。❹人から認められる、立派なはたらき。手柄。いさお。通功。例 恐付託不効、以傷先帝之明(フタクコウあらずして、もってセンテイのメイをきずつけんことをおそる)(=〈先帝からの〉委託に対して功績をあげることができず、先帝のご明哲を傷つけるのではないかと心配する)。〈諸葛亮・出師表〉効労(コウロウ)(=手柄)。報効(ホウコウ)。❺差し出す。献上する。贈る。いたす。例 効犬者左牽之(いぬをいたすものは ひだりにこれをひく)(=イヌを贈るときには左手でイヌを引きつれて行く)。〈礼記・曲礼上〉❻審査する。かんがえる。通校。例 効試(コウシ)(=試験)。

古訓 中古 あらはす・いたす・いたる・かむがふ・しるし・しるす・ならふ・ならふ・まなぶ 中世 あらはす・いたす・いたる・かんがふ・しるし・ならふ・まなぶ 近世 かんがふ・しるし・ならふ

人名 いたる・かず・かた・すすむ・つとむ・のり

【効果】(コウカ) 日 ①ねらいどおりのよい結果。ききめ。しるし。例 思った以上の―をあげる。②テレビドラマや映画・演劇などで、その場面にふさわしい雰囲気を出すために用いる、音楽や照明など。

【効験】(コウケン/コウゲン) しるし。ききめ。効果。例 ―あらたかな(=ききめのすばらしい)薬。

【効死】(コウシ/シをいたす) 命をささげる。死力を尽くす。

【効能】(コウノウ) ①力を尽くす。②あるものが作用してあらわれる、ききめ。例 ―書き。

【効▼顰】【効▼矉】(コウヒン/ひそみにならう) ①むやみにまねをすること。②日 すぐれた他人の言動を模範とすることを謙遜(ケンソン)していう。◆春秋時代、越(エツ)の絶世の美女、西施(セイシ)が胸をわずらい、眉(まゆ)をひそめていた。それを美しいと感じたみにくい女がまねをしたところ、それを見た金持ちは家にとじこもり、貧乏人は逃げ出したという。……〈荘子・天運〉

【効用】(コウヨウ) ①力を尽くす。働く。②ききめ。はたらき。

【効率】(コウリツ) 日 ①使った力や時間に対する、仕事や勉強などのはかどりぐあい。能率。例 ―のよい勉強法。②機械を動かすエネルギーと仕事量との比率。

【効力】(コウリョク) ①力を尽くす。働く。②効果をもたらす力。ききめ。例 ―を失う。

●時効(ジコウ)・失効(シッコウ)・実効(ジッコウ)・奏効(ソウコウ)・特効(トッコウ)・発効(ハッコウ)・無効(ムコウ)・有効(ユウコウ)

勅

力6(8) 4 0337 52BA

ボウ漢 尤 móu

意味 ❶つとめはげむ。はげます。❷強いる。

勁

[劲]

力7(9) 2 5006 52C1 人

力5(7) ― 2084D 俗字。

ケイ漢 敬 jìng つよ-い(つよ-し)

なりたち [形声]「力(=ちから)」と、音「巠(ケイ)」とから成る。つよい。

意味 ❶力がみなぎって、つよい。つよい。芯(シン)が丈夫である。まっすぐでかたい。例 勁草(ケイソウ)。雄勁(ユウケイ)。古勁(コケイ)(=古風な趣があって力強い)。❷(jìn) つよい力。

古訓 中古 こはし・つよし・はげし 中世 こはし・すくやか・つよし・はげし 近世 かたし・すくやか・すこやか・つよし

人名 たけし・つよし

【勁▼悍】【勁▼捍】(ケイカン) 強くて荒々しい。

【勁疾】(ケイシツ) 強くてすばやい。類 勁捷(ケイショウ)。

【勁秋】(ケイシュウ) きびしい秋。風や霜のはげしい秋。対 芳春。

【勁▼箭】(ケイセン) 強くて折れない矢。類 勁矢(ケイシ)。

【勁草】(ケイソウ) 風に負けない、しっかりした草。節操や志操のかたい人のたとえ。例 疾風知勁草(シップウ ケイソウをしる)(=大風が吹いて初めて《風に負けない》強い草が知れる)。〈後漢書・王覇伝〉

【勁直】(ケイチョク) 強く正しいこと。剛直。例 能法之士必強毅而勁直（キョウホウのシはかならずケイチョク）（＝法律を執行する人は必ず意志が強く、行動がまっすぐである）。〈韓非・孤憤〉

【勁▼弩】（ケイド） 力の強い機械仕掛けの弓。強弩（キョウド）。

【勁抜】（ケイバツ） ①並はずれて強い。②書画の線が力強くのびているさま。

【勁旅】（ケイリョ） 〔「旅」は、軍隊の意〕強い軍隊。精鋭の軍隊。

［勊］ 力7（9） ⇩剋（コク）（163ページ）

勅

力7（9） 1 3628 52C5 常用

チョク（漢）（呉） 職 chì

いまし-める（いまし-む）・みことのり

［敕］ 攵7（11） 2 5837 6555 旧字体。

筆順 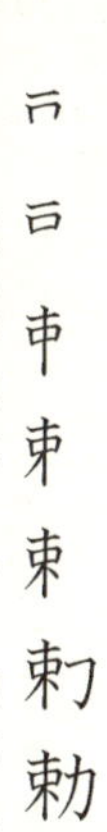

なりたち  ［会意］「攵（＝うつ）」と「束（＝たばねる）」とから成る。いましめる。

意味 ❶いましめる。とがめる。たしなめる。いましめ。例 不レ従二母勅一、以至二今日一（ははのいましめにしたがわず、もってコンニチにいたる）（＝母の忠告に従わないで、今日のようなことになってしまいました）。〈世説・賢媛〉 戒勅（カイチョク）。譴勅（ケンチョク）。❷天子の命令。みことのり。例 勅語（チョクゴ）。勅命（チョクメイ）。詔勅（ショウチョク）。❸整備する。ととのえる。（通）飭（チョク）。例 勅二武備一（ブビをととのう）（＝軍備をととのえる）。〈漢書・息夫躬伝〉

古訓 中古 いましむ・おほせこと・すすむ・ただす・つつしむ・ととのふ・のたまふ 中世 いたはる・いましむ・おほす・すすむ・ただす・つげる・ととのふ・みことのり 近世 いそぐ・いましむ・かたし・しるす・ただす・つかるる・みことのり・をさむる

人名 おさむ・すすむ・ただ・て・とき・まこと・みこと

難読 勅使河原（てしがわら）（＝姓）

【勅願】（チョクガン） 日天皇自らの祈願。例 ―寺。

【勅語】（チョクゴ） 天子のことば。みことのり。詔書。

【勅裁】（チョクサイ） 日天皇によるさばき。親裁。例 ―をあおぐ。

【勅旨】（チョクシ） ①天子のみことのり。②日天皇の意思。例 ―にそわない。

【勅使】（チョクシ） 天子の命令を直接伝えるための使者。

【勅書】（チョクショ） 天子の命令を書きつけた文書。（類）勅状。

【勅宣】（チョクセン） 天子のことば。みことのり。勅命。

【勅▼撰】（チョクセン） 勅命によって書物を作ること。また、その書物。「奉勅撰」の略。（対）私撰。例 ―集。

【勅選】（チョクセン） 日天皇が自らえらぶこと。例 ―議員（＝旧憲法のもとで、天皇によってえらばれた貴族院議員）。

【勅題】（チョクダイ） 日天皇が出す、詩や和歌の題。特に、新年の歌会始（うたかいはじめ）で天皇から示される題。今は「御題（おダイ）」という。

【勅断】（チョクダン） 天子の判断。

【勅答】（チョクトウ） ①天子が自身で直接こたえる。②日天皇に対して臣下がこたえる。

【勅封】（チョクフウ） 一（チョクホウ） 天子が臣下に爵位などを与えること。二 日蔵などを天皇の命令で封をし、印をおすこと。また、その印。例 ―蔵である正倉院。

【勅命】（チョクメイ） 天子の命令。みことのり。勅宣。例 ―を奉じる。

【勅諭】（チョクユ） 天子の命令。

【勅▼勒】（チョクロク） 南北朝時代、バイカル湖の南から天山山脈の北にかけての一帯に散在していたトルコ系の種族。チュルク。「高車」「鉄勒（テツロク）」ともいう。

【勅戒】（チョッカイ）【勅▼誡】（チョッカイ） いましめる。

【勅勘】（チョッカン） 日天皇のとがめを受け、しりぞけられること。例 ―をこうむる。

【勅許】（チョッキョ） 天子による許可。例 ―をたまわる。

［勉］ 力7（9） ⇩勉（ベン）（178ページ）

勃

力7（9） 1 4354 52C3 常用

ホツ（漢） ボツ（呉） 月 bó

にわ-かに（には-かに）・お-こる

筆順 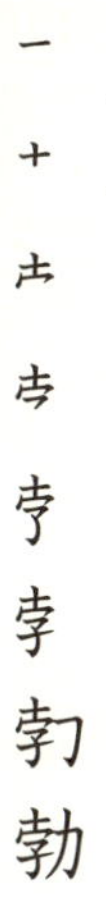

なりたち  ［形声］「力（＝ちから）」と、音「孛（ホツ）」とから成る。力で押しのける。

意味 ❶勢いよくさかんにおこるさま。おこる。例 勃興（ボッコウ）。勃勃（ボツボツ）。❷急に、にわかにおこるさま。にわかに。例 勃発（ボッパツ）。❸顔色を変えるさま。例 勃然（ボツゼン）。勃如（ボツジョ）。❹食い違う。道理に反する。（通）悖（ハイ）。例 勃乱（ボツラン）。

古訓 中古 いさむ・かくす・かくる・にはかに・みだる 中世 いさむ・にがる・にはか・みだる 近世 おしひらく・おこる・にがる・にはか・にはかにおこる

【勃起】（ボッキ） 急に力強く立つ。

【勃鬱】（ボツウツ） ①風がまわるように吹くさま。②ヘビなどがとぐろを巻くさま。③生い茂るさま。④さかんなさま。

【勃興】（ボッコウ） 国やグループなどが、急に勢いがさかんになって、栄える。例 新しい政治勢力の―。

【勃如】（ボツジョ） 怒りや緊張で顔色が変わるさま。例 君召使レ擯、色勃如也（きみめしてヒンたらしむれば、いろボツジョたり）（＝君主のお召しで賓客の案内を命ぜられると、緊張で顔色が変わる）。〈論語・郷党〉

【勃然】（ボツゼン） ①ある考えや気持ちなどが、急にわきおこるさま。例 怒りが―として頭をもたげた。②顔色を変え、むっとするさま。例 王勃然変二乎色一（オウボツゼンとしていろをヘンず）（＝王はむっとして顔色を変えた）。〈孟子・万章下〉

【勃発】（ボッパツ） 事件や戦争などが、急におこる。〔「突発」よりも大きなできごとについて用いる〕例 各地で紛争が―した。

【勃勃】（ボツボツ） ①勢いの盛んなさま。②気持ちのわき上がるさま。

【勃乱】（ボツラン） 道理に反して乱れること。例 不レ由レ礼則勃乱提僈（レイによらざればすなわちボツランテイマンす）（＝礼によらなければ道理に反して乱れたり、しまりなく緩慢になったりする）。〈荀子・脩身〉

勇

力7（9） 1 4506 52C7 教4

ヨウ（漢） ユウ（呉） 腫 yǒng

いさむ・いさましい（いさ-まし）

［勇］ 力7（9） ― FA76 旧字体。

［勈］ 力7（9） 3 1466 52C8 本字。

［恿］ 心7（11） 4 1244 607F 古字。

筆順 

なりたち  ［形声］「力（＝ちから）」と、音「甬（ヨウ）」とから成る。みちあふれる気力。

意味 ❶おそれず、力強く、事にあたるさま。いさむ。いさましい。例 勇敢（ユウカン）。勇気（ユウキ）。勇（ユウ）を鼓（コ）す。❷兵士。勇士（ユウシ）。例 郷勇（キョウユウ）（＝清（シン）代末、地方の有力者が集めた兵士）。

古訓 中古 いさむ・たけし 中世 いさみ・いさむ・けなげ・すくやか・たけし・とし 近世 いきほひ・いさむ・けなげ・さだむる・すくやか・すこやか・たけし・とし

人名 いさ・いさお・いさみ・お・たけ・たけし・とし・はや

【勇往▼邁進】（ユウオウマイシン） 日ものごとをおそれずに、まっすぐ目標をめざしてすすむ。例 ―あるのみ。

【勇敢】【勇▼悍】（ユウカン） 〔古くは「ヨウカン」とも〕勇気があって、ためらわずにものごとをすすめること。また、そのさま。例 ―

に戦う。

【勇気】ユウキ　危険や困難をおそれずに立ち向かう、いさましく強い心。例 ―を出す。

【勇▼俠】ユウキョウ　いさましく男気があるさま。また、その人。

【勇決】ユウケツ　勇気があって、決断力のあること。

【勇健】ユウケン　①いさましい気持ちと健康なからだ。②日 心身ともに健康であること。手紙に用いることが多い。壮健。例 ますますご―のこととおよろこび申し上げます。

【勇士】ユウシ　〔古くは「ヨウシ」とも〕いさましい兵士。つわもの。勇者。例 歴戦の―。

【勇姿】ユウシ　いさましいすがた。

【勇者】ユウシャ　〔古くは「ヨウシャ」とも〕勇気のある行動をする人。勇士。例 勇者不レ懼(ユウシャはおそれず)(=勇敢な人はこわがらない)。〈論語・子罕〉

【勇将】ユウショウ　いさましく、強い大将。

【勇将ユウショウの下もとに弱卒ジャクソツ無なし】日 強い大将の部下に、弱兵はいない。よい指導者には自然と人材が集まることのたとえ。〔「強将下無二弱兵一(キョウショウのもとにジャクヘイなし)」〈蘇軾・題連公壁〉から〕

【勇戦】ユウセン　いさましくたたかう。例 ―奮闘。

【勇壮】ユウソウ　いさましく意気さかんなこと。例 ―な行進曲。

【勇退】ユウタイ　高い地位や官職にある人が、自らすすんでやめる。思い切りよく身を引く。例 社長の職を―する。

【勇断】ユウダン　思いきりよく決断すること。例 非レ有二勇断一、孰能行レ之(ユウダンあるにあらざれば、たれかよくこれをおこなわん)(=思いきって決断しなければ、だれが実行できようか)。〈説苑・立節〉

【勇名】ユウメイ　勇士としての評判。例 ―を馳はせる。

【勇猛】ユウモウ　〔古くは「ユミョウ」とも〕いさましく、強いさま。例 ―な若武者。

【勇猛果敢】ユウモウカカン　勇猛であり、大胆な決断力もそなわっているさま。〈漢書・翟方進伝〉

【勇躍】ユウヤク　はりきっておどりあがる。いさみ立つ。

【勇略】ユウリャク　勇気と知略。例 勇略震レ主者身危(ユウリャクシュをふるわすものはみあやうし)(=勇気と知略が主君をおそれさせる者はその身が危うい)。〈史記・淮陰侯伝〉

【勇力】ユウリョク　勇気と力強さ。

【鼓レ勇】ユウをこす　〔「鼓」は、ふるいたたせる意〕勇気をふるいたたせる。

●剛勇ゴウユウ・豪勇ゴウユウ・蛮勇バンユウ・武勇ブユウ

勍

力8(10) ②5007 52CD

ケイ漢 庚 qíng　つよ-い(つよ-し)・こわ-い(こは-し)

意味 手ごわい。つよい。こわい。例 勍敵ケイテキ(=強敵)。

勧

力8(10) ③1468 52CC

一ケン漢 霰 juàn　二ケン(クェン)漢 願 quàn

意味 一つかれる。うむ。通倦ケン。二つとめる。通勸。

勢

力8(10)　⇩勢セイ(181ページ)

勉

力8(10) ①4257 52C9 教3

ベン漢　メン呉 銑 miǎn　つと-める(つと-む)

[勉] 力7(9) ③1467 FA33 人 旧字体。

筆順 ク ク 名 名 名 免 免 勉

なりたち  [形声]「力(=ちから)」と、音「免ベン」とから成る。しいて、つとめる。

意味 力を尽くす。無理をおしてがんばる。はげむ。はげます。つとめる。例 喪事不二敢不レ勉(ソウジはあえてつとめずんばあらず)(=葬式では精一杯尽くさずにはいられない)。〈論語・子罕〉 勉学ベンガク。勉強ベンキョウ。勤勉キンベン。

日本語での用法 《ベン》「がり勉ベン・蠟勉ロウベン(=寄宿舎で、生徒が消灯後蠟燭ロウソクをつけて、勉強に熱中すること)」▼「勉強」の略。

古訓 中古 すすむ・つとむ・つとめ・つよし・とどむ・はげむ・まぬかる　中世 こはし・すすむ・つとむ・はげます　近世 しひる・すぐるる・つとむ・はげむ

人名 かつ・すすむ・つとむ・つよし・まさる・ます・やす

【勉学】ベンガク　学問につとめはげむ。勉強。例 ―にいそしむ。

【勉強】ベンキョウ　①つとめはげむ。例 或勉強而行レ之(あるいはベンキョウしてこれをおこなう)(=ある者はつとめはげんでこれをおこなう)。〈中庸〉②日 学問・知識・技術を身につける。③日 正規の売値より安くする。

【勉勉】ベンベン　なまけないで努力するさま。例 勉勉我王、綱二紀四方一(ベンベンたるわがオウ、シホウをコウキす)(=つとめはげんでやまない我が王は、四方を統治する)。〈詩経・大雅・棫樸〉

【勉励】【勉▼厲】【勉▼礪】ベンレイ　①一生懸命に努力する。例 及レ時当二勉励一(ときにおよんではまさにベンレイすべし)(=時をのがさないで、一生懸命にやらなくてはならない)。〈陶淵明・雑詩〉 刻苦―。②はげます。

勐

力8(10) ③1469 52D0

モウ(マウ)漢 梗 měng

意味 ❶たけだけしい。通猛。❷地名に用いる字。例 勐海モウカイ(=雲南省の県名)。

勑

力8(10) ④0341 52D1

一ライ漢 隊 lài　二チョク漢呉 職 chì　ねぎら-う(ねぎら-ふ)・いまし-める(いまし-む)・みことのり

意味 一いたわる。ねぎらう。二❶いましめる。通勅。❷みことのり。通勅。

勘

力9(11) ①2010 52D8 常用

カン(カム)漢呉 勘 kān(旧kàn)　かんが-える(かんが-ふ)

筆順 一 廾 甘 甘 其 甚 甚 勘

なりたち  [形声]「力(=ちから)」と、音「甚シン→カン」とから成る。くらべあわせる。

意味 ❶くらべあわせてしらべる。かんがえる。例 勘案カンアン。勘考カンコウ。校勘コウカン。❷罪をしらべて問いただす。例 勘当カンドウ。勘問カンモン。

日本語での用法 《カン》「勘カンをはたらかせる・勘カンがいい」▼直感。ひらめき。第六感。

古訓 中古 いましむ・かむがふ・さだむ　中世 かんがふ・かんがゆる・さだむ　近世 かんがふ・かんがへる・さだむ・さだむる・とふ・よくす

人名 さだ・さだむ・のり

【勘解由使】カゲユシ　日 古代、諸役人の交替のとき、事務引きつぎの文書(=解由状ゲユジョウ)を審査した官職。

【勘案】カンアン　あれこれといろいろなことを考えあわせる。例 諸般の事情を―する。

【勘気】カンキ　日 親や主君などの怒りにふれて、とがめを受けること。例 ―をこうむる。

【勘契】カンケイ　割り符。また、割り符を照合すること。

【勘考】カンコウ　日 あれこれとよくかんがえる。

【勘校】カンコウ　文書・書籍を照らしあわせて、誤りを正す。校勘。例 文字を―する。

【勘合】カンゴウ　照らしあわせて、真偽・正誤などをしらべる。照合。

【勘合符】カンゴウフ 日室町時代、明ミンの政府が日本の貿易船に与えた、交易許可を証明する割り符。
【勘定】㊀カンテイ 考えてさだめる。㊁カンジョウ 日①数える。計算。②代金を支払う。また、その代金。③見積もる。算段。例これでうまくいくという―さ。
【勘亭流】カンテイリュウ 日歌舞伎かぶきの看板などに用いられる字の書き方。〔江戸時代末、中村座の看板を書いた岡崎おかざき勘亭の名による〕
【勘当】㊀カントウ 罪人を取り調べて罰する。㊁カンドウ 日親子の縁や、主従・師弟の関係を断ったりして追い出す。義絶。
【勘所】カンどころ 日①要点。急所。例―をおさえる。②三味線などで、弦を指でおさえる位置。▽つぼ。甲所カンどころ。肝所カンどころ。
【勘弁(辨)】カンベン ①よく考えて見きわめる。②日他人のあやまちや無作法を許す。堪忍。例どうか―してください。
【勘問】カンモン 問いただす。例罪人を―する。
●校勘コウカン・勅勘チョッカン

勖
力9 (11) 3 1470 52D6
キョク漢 沃 xù
つと-める(つと-む)

勗
力9 (11) 2 5008 52D7
俗字。

意味 励みつとめる。つとめる。例勖勉キョクベン(=はげむ)。勖厲キョクレイ(=精を出してつとめる)。

動
力9 (11) 1 3816 52D5 教3
トウ漢 ドウ呉 董 dòng
うごく・うごかす・ややもすれば

筆順

なりたち [形声]「力(=ちから)」と、音「重チョウ→トウ」とから成る。力をはたらかせる。

意味 ❶ゆりうごかす。うごく。うごかす。対静。例動レ之斯和これをうごかせばここにやわらぐ(=はたらきかけをすれば、平和になる)。〈論語・子張〉移動イドウ。運動ウンドウ。動ドウじる。❷心をゆさぶる。おどろかす。さわぐ。例動心ドウシン。❸静止をやめて動作を起こす。…しはじめる。例動筆ドウヒツ(=書きはじめる)。❹どうかするといつも…しがち。ともすると。ややもすれば。例動弥二旬日一ややもすればジュンジツにわたる(=ともするといつも十日間にもなってしまう)。〈白居易・与微之書〉

古訓 中古うごく・さわがし・つくる・とどろかす・どよむ・はたらく・ややもすれば・ゆする 中世うごく・とどろかす・どよむ・はたらく・ややもすれば・ゆるぐ 近世いづる・うごかす・うごく・おこす・さわがし・さわぐ・ややもすれば

人名 いつ

【動因】ドウイン 日あるできごとを発生・進展させる原因。
【動員】ドウイン 日①軍隊を戦時の編制にするため、兵員を召集する。対復員。例―令。②戦時、国内の人や物などをすべて国の管理下におく。例国家総―。③ある目的のために、多くの人を集めて組織する。例デモに―された人々。
【動画】ドウガ 日①動きを連続してあらわした絵。アニメーション。アニメ。②デジタル画像で動きのあるもの。対静止画。
【動感】ドウカン 日絵や彫刻などにあらわされた、動きのある感じ。躍動感。ムーブメント。ムーブマン。
【動▼悸】ドウキ 胸がどきどきする。胸騒ぎがする。
【動機】ドウキ ①ものごとの起こる原因。②日〔英 motive の訳語〕ある行動を起こすに至った直接の理由。きっかけ。例犯行の―。―付け(=モチベーション)。
【動議】ドウギ 日会議中に、出席者が予定にない議題を出すこと。また、その議題。例修正―。
【動向】ドウコウ 日ものごとの動き。様子。傾向。例消費の―。
【動作】ドウサ ①立ち居ふるまい。挙動。②働く。③何かするときのからだの動き。からだの動かし方。例きびきびした―。
【動産】ドウサン 日〔法〕現金・株券・商品など、持ち運べる財産。対不動産。
【動止】ドウシ ①動くことと止まること。②動作。ふるまい。挙止。例動止有レ則ドウシにソクあり(=立ち居ふるまいが礼儀にかなっている)。〈後漢書・張湛伝〉
【動詞】ドウシ 日品詞の一つ。自立語で活用する。事物の存在・動作・状態をあらわすことば。現代語では、言い切りの形が五十音図のウ段の音で終わり、活用の型は五種類ある。形容詞・形容動詞とともに用言とよばれる。
【動心】ドウシン｜こころをうごかす 喜び・怒り・悲しみ・驚きなど、感情に起伏が生じて、平静な状態でなくなること。例我四十不レ動レ心われシジュウにしてこころをうごかさず(=私は四十歳になると心に動揺が生じなくなった)。〈孟子・公孫丑上〉
【動静】ドウセイ ①動くことと静止すること。②人や組織、ものごとなどの動き。ありさま。様子。例敵の―をさぐる。
【動体】ドウタイ 日①動いている物体。例―視力(=動いているものを見る視力)。②気体や液体。流動体。
【動態】ドウタイ 日活動し、変化していること。対静態。例人口の―を調査する。
【動的】ドウテキ 日動きが感じられるさま。ダイナミック。活動的。躍動的。対静的。
【動転】【動▼顛】ドウテン ①うごく。②日おどろきのあまり、わけがわからなくなる。あわて、うろたえる。例気が―する。
【動物】ドウブツ ①〔生〕生物を二つに分けたときの一つ。感覚器官をもち、自分で動くことができ、他の動植物を食べて生活する。人間・獣・鳥・魚・虫など。対植物。②「①」の中で、人間以外のもの。例―園。
【動物的】ドウブツテキ 日獣のように、本能に従って動かされやすいさま。例勘のよさは―だ。
【動脈】ドウミャク 日①〔生〕心臓からからだの各部へ血液を送る血管。対静脈。②都市と都市、また、国と国とを結ぶ主要な交通路。例新幹線は日本の大―だ。
【動容】ドウヨウ ①動作と容貌ヨウボウ。立ち居ふるまい。②感情の変化によって顔つきを変える。③ゆれうごく。例悲二秋風之動一レ容兮シュウフウのドウヨウをかなしむ(=秋の風が草木をゆりうごかすのが悲しく感じられる)。〈楚辞・九章・抽思〉
【動揺】ドウヨウ ①ゆれ動く。②心配や不安によって、気持ちがゆれる。例―をかくしきれない表情。③社会や国などが不安定になる。例―する国際情勢。
【動輪】ドウリン 日エンジンやモーターから直接に力を受けて回転し、機関車や電車などを動かす車輪。駆動輪。
●活動カツドウ・感動カンドウ・言動ゲンドウ・行動コウドウ・衝動ショウドウ・騒動ソウドウ・反動ハンドウ・不動フドウ・変動ヘンドウ・躍動ヤクドウ

務
力9 (11) 1 4419 52D9 教5
㊀ブ漢 ム呉 遇 wù
㊁ブ漢 ム呉 麌 wǔ
つとめる(つと-む)・つとまる・あなどり

筆順

なりたち [形声]「力(=ちから)」と、音「敄ブ」とから成る。すみやかに事に当たる。

意味 ㊀❶仕事にはげむ。力を尽くす。つとめる。例勤務キンム。❷与えられた仕事。役目。つとめ。例義務ギム。任務ニンム。❸かならず。ぜひとも。つとめて。㊁あなどる。あなどり。通侮。例外禦二其務一そとそのあなどりをふせぐ(=よそから侮辱されないようにする)。〈詩経・小雅・常棣〉

古訓 中古 あなづる・いそぐ・つかさどる・つかまつる・つとむ・つとめ・まつりごと 中世 あなどる・しげし・つかさ・つかさどる・つとむ・まつりごと 近世 あなどる・しわざ・つとむ・つとめ・ほこ・をかす
人名 かね・ちか・つとむ・つよ・なか・みち
●業務ギョウム・激務ゲキム・残務ザンム・執務シツム・実務ジツム・責務セキム

勒 力9 (11) 2 8053 52D2 ロク 漢 呉 職 lè おもがい・くつわ

意味 ❶ウマの頭にかける革ひも。おもがい。特に、くつわのついているものを指す。〔くつわのないものは「羈キ」という〕例 羈勒キロク。❷おさえる。強制的におさえつける。例 抑勒ヨクロク。❸まとめ治める。統率する。例 勒兵ロクヘイ。❹きざむ。彫る。例 勒石ロクセキ。❺梵語ボンゴの音訳。例 弥勒ミロク。❻永字八法の一つ。横画。❼(lēi) しばる。しめる。

【勒石】ロクセキ 文字を石に刻みつける。
【勒兵】ロクヘイ ①軍隊を編制して指揮する。②兵を配置する。
【勒銘】ロクメイ 文を金属や石に刻みつける。また、その文(銘文)。

勤 力10 (12) 1 2248 52E4 教6 キン 漢 ゴン 呉 文 qín つとめる(つと-む)・つとまる・いそ-しむ

[勤] 力11 (13) 3 1472 FA34 人 旧字体。

筆順 一 艹 艹 苎 芇 堇 勤 勤

なりたち [形声]「力(=ちから)」と、音「堇キ」とから成る。ほねおり、つとめる。

意味 ❶力を出し尽くして働く。いそしむ。つとめる。通 懃キ。例 四体不レ勤、五穀不レ分シタイつとめず、ゴコクわかたず(=手足を動かして労働もせず、五種の穀物も見分けられない)。〈論語・微子〉勤勉キンベン。勤務キンム。勤労キンロウ。❷慰労する。ねぎらう。例 勤而撫レ之これをねぎらいてブす(=ねぎらい、いたわる)。〈左伝・成三〉❸心配する。思いわずらう。うれえる。例 楽レ天而不レ勤てんをたのしみてうれえず(=天命を享受して思いわずらうことはない)。〈法言・修身〉❹仕事、職業としてのつとめ。例 欠勤ケッキン。出勤シュッキン。通勤ツウキン。

古訓 中古 いたはる・おこなふ・つつしむ・つとむ・つとめ・ねむごろ・わづかに 中世 いたづがはし・つとむ・つとめ 近世 いたづがはし・うれふ・おこなふ・つくす・つとむ・つとめ・つとめる・ねんごろ
人名 いさお・いそ・すすむ・つとむ・とし・のり・ゆき

【勤▼恪】キンカク 〔「恪」は、つつしむの意〕つとめはげんでつつしみ深い。勤勉でまじめ。類 勤慎。
【勤学】キンガク 学問につとめはげむ。勉強にはげむ。
【勤勤】キンキン ①つとめはげむさま。一生懸命に働くさま。②真心を尽くすさま。心をこめて尽くすさま。例 勤勤謝二知己一キンキンとしてチキにシャす(=心から親友に感謝する)。〈王禹偁・対雪〉
【勤苦】キンク 大変に苦労する。非常にほねおる。
【勤倹】キンケン 〔勤勉倹約の意〕まじめに仕事をし、生活をつましくすること。例 —につとめる。
【勤行】一 キンコウ 力を尽くしておこなう。二 ゴンギョウ 〔仏〕僧が、毎日決まって仏前で経を読むこと。例 朝の—。
【勤続】キンゾク 日 同じつとめ先に、続けてつとめる。例 —三十年のベテラン。
【勤怠】キンタイ ①つとめることと、なまけること。②出勤と欠勤。出席と欠席。
【勤王】キンノウ ①君主のために力を尽くすこと。②日 江戸時代末期、徳川幕府を倒して、天皇中心の政治をおこそうとしたこと。尊王ソンノウ。勤皇キンノウ。対 佐幕。例 —の志士。
【勤皇】キンノウ 日「勤王キンノウ②」に同じ。
【勤勉】キンベン 力を尽くしてはげむこと。対 怠惰。
【勤務】キンム つとめる。仕事をする。
【勤労】キンロウ ①自分のつとめとして、仕事にはげむ。例 —意欲。②からだを使って働く。特に、肉体労働。例 —奉仕。
【勤労所得】キンロウショトク 日 勤労によって得た、個人の収入や利益。対 不労所得。
●皆勤カイキン・出勤シュッキン・常勤ジョウキン・転勤テンキン・夜勤ヤキン

勛 力10 (12)

⇨勲クン(182ジペー)

勝 力10 (12) 1 3001 52DD 教3 一 ショウ 漢 呉 蒸 shēng 二 ショウ 漢 呉 径 shèng かつ・まさる・すぐ-れる(すぐ-る)

[勝] 力10 (12) 旧字体。

筆順 刀 月 月' 胖 胖 勝 勝 勝

なりたち [形声]「力(=ちから)」と、音「朕チン→ショウ」とから成る。がんばって、たえる。

意味 一 ❶持ちこたえる。たえしのぶ。努力してできる。たえる。例 沛公不レ勝二桮杓一ハイコウハイシャクにたえず(=沛公はこれ以上杯を重ねることができない)。〈史記・項羽紀〉❷すべて…し尽くす。あげて。たえる。例 刑レ人如レ恐レ不レ勝ひとをケイするはたえざるをおそるるがごとし(=処刑し尽くせないのを恐れるかのような勢いで処刑した)。〈史記・項羽紀〉二 ❶争って相手を負かす。かつ。かち。例 勝敗ショウハイ。決勝ケッショウ。全勝ゼンショウ。❷他と比べてすぐれている。良い。まさる。かつ。例 質勝レ文則野シツブンにかてばすなわちヤなり(=質朴さが装飾にまさった場合、それは粗野である)。〈論語・雍也〉勝景ショウケイ。名勝メイショウ。❸滅ぼされた。滅亡した。例 勝朝ショウチョウ。勝国ショウコク。❹さかんであるさま。例 勝餞ショウセン(=盛大な送別の宴)。

参考 一の意味では、否定語をともなうことが多い。「不可勝…」は、「…しきれないほどだ」の意で「勝ぁげて…べからず」と「…に勝たうべからず」の二通りの訓読法がある。

古訓 中古 あぐ・あたふ・かつ・かなふ・げに・げにげに・すぐる・たふ・たゆ・まさる・まされり 近世 あぐる・あげる・あたる・かち・かつ・かてる・すぐる・すぐるる・たへたり・つくす・つよし・まさる
人名 すぐる・ちか・つよし・とう・のり・まさ・ます・よし

【勝引】ショウイン 〔「引」は推薦する意で、良い友は自己を薦めてくれることから〕自分のためになる良い友。勝友。例 逸爵紆二勝引一イッシャクショウインにめぐる(=立派な酒器が良友の間をめぐっている)。〈殷仲文・南州桓公九井作詩〉
【勝因】ショウイン ①〔仏〕よい因縁。②日 勝った原因。対 敗因。
【勝運】ショウウン 日 勝負に勝つ運勢。勝ち運。例 —にめぐまれる。—に見はなされる。
【勝会】ショウカイ ①盛大な宴会。②何ものにもとらわれない自由な趣。ほかの人にはない気品。
【勝概】【勝▼槩】ショウガイ 美しい景色。良い眺め。例 勝槩憶二桃源一ショウガイはトウゲンをおもう(=すばらしい景色は桃源郷を思わせる)。〈杜甫・奉留贈集賢院崔于二学士〉
【勝気】一 ショウキ すぐれた気質。二 かちキ 日 負けずぎらいな性質。きかん気。負けん気。
【勝機】ショウキ 日 勝てる機会。戦争や試合で、勝利に結びつくチャンス。例 —をつかむ。
【勝景】ショウケイ すばらしい景色。絶景。景勝。
【勝国】ショウコク 今の王朝に滅ぼされた、前の王朝。勝朝。〔現王朝が勝った王朝という意〕例 男女之陰訟、聴二之于勝国之社一ダンジョのインショウは、これをショウコクのシャにきく(=男女関係にまつわる訴えは、前王朝の社で聞く)。〈周礼・地官・媒氏〉

【勝算】ショウサン ①勝つための策略。②勝つ見こみ。勝ちめ。
【勝事】ショウジ｜ショウシ ①すぐれてよいこと。人の注意を引くような、普通でないこと。〔日本では、古く悪いことについても用いられた〕②法会ホウエや祈禱キトウ。
【勝者】ショウシャ 戦いや試合に勝った人。勝利者。また、勝った側。対敗者。
【勝状】ショウジョウ すぐれた景色。景勝。勝景。
【勝跡】ショウセキ 有名な遺跡。名所。
【勝絶】ショウゼツ 景色がすぐれていること。また、その土地。
【勝訴】ショウソ 日裁判に勝つ。対敗訴。
【勝地】ショウチ 景色のよい土地。
【勝朝】ショウチョウ 「勝国ショウコク」に同じ。
【勝敗】ショウハイ 勝つことと負けること。勝ち負け。勝負。例 —は時の運。
【勝負】ショウブ ①勝つことと負けること。勝敗。例 —を決する。②勝ち負けをはっきりさせること。また、その争い。例 真剣—。
【勝報】ショウホウ 戦いや試合に勝ったという知らせ。捷報ショウホウ。
【勝友】ショウユウ 良い友。勝引。例 勝友如レ雲（ショウユウくものごとし）（＝良き友がおおぜい集まる）。〈王勃・滕王閣序〉
【勝利】ショウリ 戦いや試合に勝つ。勝ち。対敗北。
【勝率】ショウリツ 日試合や勝負で、戦った回数に対する勝った回数の割合。例 —が高い。
【勝流】ショウリュウ 上流階級。名門。例 交二結勝流一（ショウリュウにコウケツす）（＝上流階級の人々と交際する）。〈魏書・張纂伝〉
●完勝カンショウ・決勝ケッショウ・殊勝シュショウ・全勝ゼンショウ・大勝タイショウ・必勝ヒッショウ・名勝メイショウ・優勝ユウショウ

募 力10(12)

1 4271 52DF 常用 ボ漢 週 mù つのる

筆順 一 艹 芇 苩 莫 莫 募 募

なりたち [形声]「力（＝ちから）」と、音「莫ボ」とから成る。広く求める。

意味 広く呼びかけて求め、集める。つのる。もとめる。例 募下有二能捕レ之者上（よくこれをとらうるものあるをつのる）（＝そのヘビをつかまえることのできる人を募集する）。〈柳宗元・捕蛇者説〉 募金ボキン。応募オウボ。

日本語での用法《つのる》「募つる思おもい・言いい募つる・寒さむさが募つる」▼ますますひどく、激しくなる。

古訓 中古 たばかる・つのる・ねがふ・もとむ 中世 つのる・もとむ 近世 つのる・まねく・もとむ・よぶ

【募金】ボキン 広く呼びかけて、寄付金を集める。例 共同—。
【募集】ボシュウ 広く呼びかけて、あつめる。つのる。例 社員—。
【募選】ボセン 広く人材を集め、集まった者の中から適任者を選ぶ。
【募兵】ボヘイ 広く呼びかけて、兵士を集める。
●応募オウボ・公募コウボ

勞 力10(12)

⇩労ロウ（175ジペー）

勧 力11(13)

1 2011 52E7 常用 ケン（クェン）漢 カン（クヮン）呉 願 quàn すすめる（すすーむ）

勸 力17(19)

2 5016 52F8 旧字体。

筆順 ケ ケ 午 午 奄 奞 雚 勧 勧

なりたち [形声]「力（＝ちから）」と、音「雚ケン」とから成る。すすめ、はげます。

意味 ❶自分がよいと思うことを、相手が実行するように説得する。すすめる。はげます。例 懲レ悪而勧レ善（アクをこらしてゼンをすすむ）（＝悪をこらしめて善をおこなうようにすすめる）。〈左伝・成一四〉 勧告カンコク。勧誘カンユウ。❷つとめはげむ。例 庶人有二旦暮之業一則勧（ショジンタンボのギョウあらばすなわちつとむ）（＝庶民は朝晩の仕事があれば精を出してつとめる）。〈荘子・徐無鬼〉

古訓 中古 すすむ・たのしぶ・たのしむ 中世 すすむ・すすむる・つとむ 近世 すすむ・すすむる・たすく・つとむ・つとむる・をしへる・をしゆる

人名 すすむ・つとむ・ゆき

【勧戒】【勧▼誡】カンカイ はげまし、いましめる。よいことをすすめ、悪いことをさせない。例 勧二戒後人一（コウジンをカンカイす）（＝後世の人をはげまし、いましめる）。〈漢書・古今人表序〉
【勧学】カンガク 学問をするようにすすめる。例 —院（＝平安時代、藤原冬嗣ふじわらのふゆつぐが設けた教育機関）。
【勧業】カンギョウ ①仕事にはげむ。②日産業発展のため、積極的な取り組みをするようにすすめること。例 —政策。
【勧化】カンゲ 〔仏〕①仏教の教えを信じて従うようにすすめる。②寺の建立コンリュウや仏像の修理のために、信者から寄付をつのる。▽勧進カンジン。
【勧降】カンコウ 戦争で、相手に降伏をすすめること。例 —使。
【勧告】カンコク ①すじみちをたてて忠告する。②日ある行動をとるように強くすすめる。例 辞職を—する。
【勧奨】カンショウ そうするようにすすめる。例 転職を—する。
【勧請】カンジョウ ①神や仏の来臨を願う。②新しく寺や神社をつくるとき、他の寺社の分霊をまつること。鎌倉かまくらの鶴岡八幡宮つるがおかハチマングウは、京都の石清水八幡宮いわしみずハチマングウの分霊であるなど。
【勧進】カンジン 一シン ①さそいすすめる。②臣下が君主に、帝位につくことをすすめる。二ジン ①〔仏〕仏教の道にはいるよう、さそう。勧化カンゲ。②〔仏〕堂塔などの建立コンリュウのための寄付をつのる。勧化カンゲ。例 —相撲（＝寄付を集めるための相撲）。③僧の姿でものをもらい歩くこと。また、その人。
【勧進帳】カンジンチョウ 日①寺の建立コンリュウなどのための寄付をつのる趣旨を記した巻き物などの文書。②歌舞伎かぶき十八番の一つ。
【勧進元】カンジンもと 日①勧進相撲や、勧進芝居などの興行を実行する人。②ものごとをおこなうとき、その世話をする人。世話役。
【勧説】カンゼイ 話をして、あることをするようにすすめたり、自分の考えに賛成させたりする。説得。
【勧善懲悪】カンゼンチョウアク よいおこないをすすめ、悪いおこないをこらしめること。勧懲。〈左伝・成一四〉
【勧懲】カンチョウ 「勧善懲悪カンゼンチョウアク」の略。例 —小説。
【勧農】カンノウ 農業を積極的におこなうように、すすめること。
【勧誘】カンユウ いろいろな説明をして、すすめさそう。

勤 力11(13)

⇩勤キン（180ジペー）

勢 力11(13)

1 3210 52E2 教5 セイ漢 セ呉 霽 shì いきおい（いきほひ）・はずーみ（はづーみ）

势 力8(10)

4 0340 351F 俗字。

筆順 土 夫 坴 坴 埶 埶 埶 勢 勢

なりたち [形声]「力（＝ちから）」と、音「埶ゲイ→セイ」とから成る。さかんな力。

意味 ❶さかんな力。活気。いきおい。例 勢力セイリョク。威勢イセイ。権勢ケンセイ。❷なりゆき。ありさま。様子。例 今両虎共闘、其勢不二倶生一（いまリョウコともにたたかわば、そのいきおいともにはいきざらん）（=今二頭のトラが争ったら、なりゆきとしてどちらかは倒れるだろう）。〈史記・廉頗藺相如伝〉形勢(ケイセイ)。情勢(ジョウセイ)。❸むれ。人数。特に、兵力。例 軍勢(グンゼイ)。多勢(タゼイ)。❹動物の睾丸(コウガン)。男性の生殖器。ふぐり。例 去勢(キョセイ)。

日本語での用法《セイ》「勢州(セイシュウ)」▼「伊勢(いせ)（=今の三重県中北部）」の略。

古訓 中古 いかめし・いきほひ・さかゆ・ふぐり・へのこ・よそふ・よそほひ 中世 いかめし・いきほひ・ふぐり・へのこ 近世 いきほひ・へのこ

人名 ちから・つよし・とき・なり

難読 勢語(セイゴ)（=伊勢物語）・勢子(せこ)

【乗レ勢】(いきおいにジョウず) 一(セイにジョウず) そのときの勢いのよさをうまく利用する。勢いに乗る。

【勢如二破竹一】(いきおいハチクのごとし) 一(セイハチクのごとし) 勢いの強く激しい様子は、まるで竹を割るときのようだ。破竹の勢い。〔竹は端を少し割ると、あとは一気に下まで裂けることから〕〈通鑑・後漢・天福三〉

【勢位】(セイイ) 権勢と地位。例 天子者勢位至尊(テンシはセイイシソンなり)（=天子は権勢と地位が最も尊い）。〈荀子・正論〉

【勢威】(セイイ) 人をおそれさせる強い権力と力。威勢。

【勢家】(セイカ) 人々を従わせる勢いや力をもつ家。また、そのような家柄。例 権門—。

【勢族】(セイゾク) 権勢のある家。また、その家柄。勢家(セイカ)。類 勢門。

【勢望】(セイボウ) 勢力と信望。人々を従わせる強い力と、人々から尊敬され信頼される人柄。

【勢利】(セイリ) ①何でも思いのままにできる権力と利益。②戦争で、土地の位置や地形が有利なこと。

【勢利▼之交】(セイリのコウ) 権勢や利益がめあての交際。例 勢利之交、古人羞レ之(セイリのコウ、コジンこれをはず)（=権勢や利益めあてのつきあいは、昔の人は恥とした）。〈漢書・張耳陳余伝・賛〉

【勢力】(セイリョク) ①勢いと力。人々を従わせる強い力。②日 まわりに影響をおよぼす力をもつグループ。

●威勢(イセイ)・気勢(キセイ)・形勢(ケイセイ)・攻勢(コウセイ)・姿勢(シセイ)・時勢(ジセイ)・体勢(タイセイ)・態勢(タイセイ)・多勢(タゼイ)・優勢(ユウセイ)・余勢(ヨセイ)

勣

力11(13) 2 5010 52E3

セキ 漢 錫 jì
いさお(いさを)

意味 仕事をつみかさねた結果。手柄。**いさお**。通 績。

勦

力11(13) 2 5011 52E6

一 ソウ 慣 ショウ(セウ) 漢 篠 jiǎo
二 ソウ(サウ) 漢 肴 chāo

意味 一 ❶つかれる。つかれさせる。例 勦民(ショウミン)。❷たちきる。滅ぼす。通 剿(ショウ)。例 勦殺(ショウサツ)（=みな殺し）。勦絶(ショウゼツ)。二 ❶他人のものをうばいとる。かすめる。例 勦窃(ソウセツ)。❷すばやいさま。例 勦剛(ソウゴウ)（=すばやくて強い）。勦捷(ソウショウ)（=すばやい）。

難読 勦(いた)わる・勦(つく)す

【勦除】(ショウジョ) （悪いものを）取り除く。除去する。滅ぼす。

【勦絶】(ショウゼツ) 滅ぼす。根絶やしにする。勦滅(ショウメツ)。類 勦尽(ショウジン)・勦截(ショウセツ)。

【勦民】(ショウミン) 一(たみをつからす) 人民を疲弊させる。

【勦滅】(ショウメツ) ほろぼし尽くす。平らげる。掃滅。

【勦窃】(ソウセツ) 〔「窃」も、盗む意〕人の文章などを盗み、自分のものにする。盗作。剽窃(ヒョウセツ)。

【勦説】(ソウセツ) 人の説を盗んで自分の説とする。例 毋二勦説一(ソウセツするなかれ)（=人の説を盗んではいけない）。〈礼記・曲礼上〉

勠

力11(13) 2 5013 52E0

リク 漢 屋 lù
あわ-せる(あは-す)

意味 力をあわせる。例 勠力(リクリョク)。

【勠力】(リクリョク) 一(ちからをあわす) 力を合わせる。例 臣与二将軍一勠レ力而攻レ秦(シンショウグンとちからをあわせてシンをせむ)（=私は将軍と力を合わせて秦を攻撃した）。〈漢書・高帝紀・上〉

勰

力13(15) 3 1473 52F0

キョウ(ケフ) 漢 葉 xié
やわ-らぐ(やはら-ぐ)

意味 協調する。**やわらぐ**。参考「劉勰(リュウキョウ)」は、梁(リョウ)の文学者で『文心雕竜(ブンシンチョウリョウ)』の著者。

勲

力13(15) 1 2314 52F2 常用

クン 漢 呉 文 xūn
いさお(いさを)・いさおし(いさをし)

[勳] 力14(16) 2 5014 52F3 人 旧字体。

[勛] 力10(12) 3 1471 52DB 別体字。

筆順 一 亠 亩 亩 重 動 動 勲

なりたち 
[形声]「力(=ちから)」と、音「熏(クン)」とから成る。王の統治を助けるはたらき。

意味 君主や国家のためになる、立派なはたらき。手柄。**いさお**。例 勲功(クンコウ)。偉勲(イクン)。

日本語での用法《クン》「勲一等(クンイットウ)」▼勲章。

古訓 中古 たきもの・ほとほと 中世 いくさ・かをる・ことわざ・ことわり・つよし・はげます・はげむ・ほとほと 近世 いさを・いさをし・ことわざ

人名 いさ・いそ・こと・つとむ・ひろ

【勲位】(クンイ) ①勲章の等級と、くらいの等級。②国家のために大きなはたらきをした者に与えられる、くらいの等級。

【勲旧】(クンキュウ) 功績のある旧臣。

【勲業】(クンギョウ) 功績。手柄。類 勲烈・勲労。

【勲功】(クンコウ) 国家や主君のために尽くした大きなはたらき。いさお。例 赫赫(カクカク)たる—。—を立てる。

【勲爵】(クンシャク) ①勲功のある者に与えられる爵位。②勲等と爵位。

【勲章】(クンショウ) 日 ①国家や公共のために尽くしたはたらきを認められて、国からその人に贈られる記章。例 文化—。②その人の苦労や手柄など、誇りとなるもののたとえ。

【勲臣】(クンシン) 君主のために手柄をたてた家来。功臣。

【勲等】(クントウ) 日 勲章制度の等級。

【勲閥】(クンバツ) ①功績を立てた家柄。類 勲門。②功績。手柄。

●殊勲(シュクン)・叙勲(ジョクン)・武勲(ブクン)

[勳] 力14(16) ⇩勲(クン)(182ページ)

[勵] 力14(16) ⇩励(レイ)(175ページ)

𠢹

力15(17) 4 0342 208B9

カク 漢 陌 kè
つと-める(つと-む)

意味 はたらく。**つとめる**。

[勸] 力17(19) ⇩勧(カン)(181ページ)

勷

力17(19) 4 0343 52F7

ジョウ(ジャウ) 漢 陽 ráng

意味 ❶走るさま。❷「劻勷(キョウジョウ)」は、あわてるさま。

20 2画

勹 つつみがまえ部

人がからだを曲げてかかえこむ形をあらわす。「勹」をもとにしてできている漢字と、「勹」の字形を目じるしにして引く漢字とを集めた。

この部首に所属しない漢字

句→口 220　旬→日 620　甸→田 891

勹

勹0（2）　2 5017　52F9

ホウ（ハウ）漢呉　肴 bāo　つつ-む

意味 つつむ。通包。

勺

勹1（3）　1 2859　52FA　人

一 シャク漢　薬 sháo　二 シャク漢　薬 zhuó

［勺］勹1（3）　2F828　旧字体。

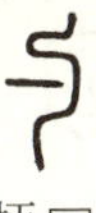

なりたち［象形］中に、くみとったものがはいっている柄（え）つきのひしゃくの形。

意味 一 ❶ひしゃく。通杓（シャク）。❷容量の単位。一合の十分の一。❸⇩【勺薬（シャクヤク）】① 二 ❶管楽器の名。❷酒や水などをすくう。すくう。❸⇩【勺薬（シャクヤク）】②③

日本語での用法《シャク》①▼土地の面積の単位。一坪の百分の一。②▼登山路の高さの単位。ふもとの起点から頂上までを十合としたとき、一合の十分の一。

古訓 中古 あふ・かざる・かなふ・とる 中世 くむ 近世 くむ・とる・ひさご・めあて

【勺薬】シャクヤク ①ボタンに似た花の咲く多年草。芍薬（シャクヤク）。②五味（＝辛・酸・鹹（カン）・苦・甘）の調和しているさま。③味をととのえること。調和。

匀

勹2（4）　3 1475　5300

一 イン漢　真 yún　二 イン漢　震 ウン漢　問 yùn

［匀］勹2（4）　3 1474　52FB　別体字。

意味 一 ❶均斉がとれる。ととのう。❷平均している。ひとしい。二 ひびき。通韻。参考「におい・におう」と読まれ、後に「匂」と書かれるようになった。

勾

勹2（4）　1 2491　52FE　常用

一 コウ漢　ク呉　尤 gōu　二 コウ漢　ク呉　宥 gòu

筆順 ノ　勹　勾　勾

なりたち「句」の俗字。

意味 一 ❶L字形にまがった。まがる。通鉤（コウ）。例 勾玉（まがたま）。❷かぎで引っかける。とらえる。通拘。例 勾留（コウリュウ）。❸文章にかぎ形のしるしをつける。また、消す。例 勾消（コウショウ）（＝取り消す）。❹「勾践（コウセン）」は、春秋時代の越王（エツオウ）の名。句践（コウセン）。❺不等辺直角三角形の直角を挟む短辺。〔長辺は「股（コ）」〕

二 ⇩【勾当（コウトウ）】①

日本語での用法《コウ》「勾配（コウバイ）」▼かたむき。傾斜。

古訓 中古 あまねし・かどふ・まがる・まぐ 中世 かがまる・ひく・まがる 近世 かがまる・とどまる・まがる

人名 まがり

【勾引】コウイン ①引き寄せる。仲間に引き入れる。②日〔法〕裁判所が尋問のために、被告人や証人などを、強制的に連れて行く処分。▽拘引。

【勾検】コウケン 取り調べる。検査する。

【勾当】コウトウ ①自分の職務として担当・処理すること。②日「勾当内侍（コウトウのナイシ）」の略。天皇への取り次ぎをつかさどった女官（ニョカン）。③日 摂政（セッショウ）・関白家の侍所（さむらいどころ）や、真言宗・天台宗などの寺に置かれた事務官。④日 盲人の官名。検校（ケンギョウ）と座頭の間の官。

【勾配】コウバイ 日（水平面に対する）傾き。傾きの程度。傾斜。

【勾欄】コウラン 宮殿の廊下などにある手すり。欄干。

【勾留】コウリュウ ①ひきとめる。つかまえて放さない。例 草色勾留坐二水辺一（ソウショクにコウリュウせられてみずべにザす）（＝みどりの草の色にひきとめられて水辺にすわりこむ）。〈白居易・春江〉②日〔法〕裁判所が、被疑者や被告人を取り調べるために一定の場所にとどめておくこと。〔「拘留（コウリュウ）」とは異なり、刑罰ではない〕

【勾玉】まがたま 日 ヒスイやメノウなどを巴（ともえ）形に加工した玉。ひもを通して首飾りなどにした。曲玉（まがたま）。

匂

勹2（4）　1 3887　5302　常用　国字

におう（にほ-ふ）・におい（にほひ）

筆順 ノ　勹　匀　匂

なりたち 国字。［会意］「匀（イ）」が変形した字。

意味 ❶つやがあって美しい。例 匂（にお）うような美（うつく）しさ。❷鼻で感じる刺激。かおりやくさみ。例 食（た）べ物（もの）の匂（にお）い。❸日本刀の刃の表面にあらわれる、雲のような模様。**におい**。❹特色をなす性質。そのものらしさ。例 パリの匂（にお）いのする街並（まちな）み。❺気配。雰囲気。例 不穏（フオン）な匂（にお）いがする。

古訓 中古 かをる・にほふ 近世 にほふ

人名 かおる・にお

難読 酒匂（さかわ・さこう）

【匂袋】においぶくろ 日 白檀（ビャクダン）・丁子（チョウジ）などの香原料を細かくして和紙や布の袋に詰めたもの。

勿

勹2（4）　1 4462　52FF　人

ブツ漢　モチ・モツ呉　物 wù　なか-れ・な-い（な-し）

なりたち［象形］旗竿（はたざお）に三つの吹き流しがついた形。州里（＝村里）に立てる旗。

意味 ❶「…（こと）**なかれ**」と読み、…するな、の意。禁止をあらわす。例 己所レ不レ欲、勿レ施二於人一（おのれのほっせざるところ、ひとにほどこすことなかれ）（＝自分がしてほしくないことを人にしてはいけない）。〈論語・衛霊公〉❷「…（こと）**なし**」と読み、否定をあらわす。例 欲レ勿レ予、即患二秦兵之来一（あたうることなからんとほっせば、すなわちシンペイのきたらんことをうれう）（＝《璧（ヘキ）を》与えまいとすれば、秦の軍隊が攻めてくることが心配だ）。〈史記・廉頗藺相如伝〉❸⇩【勿勿（ブツブツ）】

古訓 中古 せず・なかれ・なし・なみす・まな 中世 なかれ・なし 近世 なかれ・はた・はらふ

難読 勿来（なこそ）の関（せき）・勿忘草（わすれなぐさ）

【勿勿】ブツブツ ①つとめはげむさま。例 君子終身守レ此勿勿也（クンシシュウシンこれをまもることブツブツたるなり）（＝君子は生涯これをしっかりと守りつづける）。〈大戴・曽子立事〉②うれい悲しむさま。忽忽（コツコツ）。③あわただしいさま。

【勿論】モチロン 日 ことさら問題にするまでもなく。むろん。

【勿怪】モッケ 日 ①意外なこと。思いのほか。例 —の幸い。②不吉なこと。③もののけ。▽物怪（モッケ）。

【勿体】モッタイ 日 正体はそれほどでもないのに、態度がものものしいこと。物体（モッタイ）。例 —をつける。

匁

勹2（4）　1 4472　5301　人　国字

もんめ

なりたち 国字。［会意］「文（モン）」の俗字「攵」と「メ」とを合わせた字。重さの単位。もんめ。

意味 ❶尺貫法の重さの単位。一貫の千分の一（＝三・七五グラム）。❷江戸時代の貨幣の単位。一両の六十分の一。

古訓 近世 め・モンめ

難読 百匁蠟燭（ヒャクめロウソク）

匆

勹3（5） 2 5018 5306

ソウ㊀漢 東 cōng

いそが-しい（いそが-し）

［匃］

勹3（5） 3 1476 5307

俗字。

意味 あわただしいさま。いそがしいさま。**いそがしい**。㊟通 怱（ソウ）。

例 匆匆（ソウソウ）。匆卒（ソウソツ）。

【匆匆】（ソウソウ） ①いそがしいこと。あわただしいこと。匆卒。②日 簡単にすませて、丁寧でないこと。▽怱怱（ソウソウ）。草草。

【匆卒】（ソウソツ） ①「匆匆（ソウソウ）①」に同じ。②日 突然なこと。急なこと。例 ―のことと失礼いたします。▽倉卒。草卒。

包

勹3（5） 1 4281 5305 教4

ホウ（ハウ）漢 肴 bāo

つつむ・つつみ・くる-む・くる-める（くる-む）・くる-まる

［包］

勹3（5） ― ― 旧字体。

筆順 ノ 勹 勺 匂 包

なりたち  ［象形］人がみごもっている形。はらむ。派生して「つつむ」の意。

意味 ❶外から全体をくるむ。**つつむ**。例 包含（ホウガン）。包容（ホウヨウ）。梱包（コンポウ）。❷つつみかくす。例 包レ羞忍レ恥是男児（はじをつつみはじをしのぶはこれダンジ）（＝恥辱を耐え忍んでこそ男だ）。〈杜牧・題烏江亭〉❸中に粉末・液体のようなものを入れてつつみこんだもの。**つつみ**。例 空包（クウホウ）。実包（ジッポウ）。薬包（ヤクホウ）。

古訓 中古 かぬ・かね・つつもの 中世 かぬ・かね・つつみ・つつみもの・つつむ 近世 あつまる・かぬる・さかんなり・つつみ・つつむ・はらごもり

人名 かた・かつ・かな・かぬ・かね・しげ

【包囲】（ホウイ） 逃げないように、まわりを取りかこむ。例 ―網。―を突破する。

【包▼裹】（ホウカ）〔「裹」も、つつむの意〕つつむ。くるむ。例 包二裹天地一（テンチをホウカす）（＝天地をつつむ）。〈淮南・原道〉

【包懐】（ホウカイ） ①所持する。つつみいだく。②心にいだく。

【包括】（ホウカツ） 全体を一つにまとめる。例 いくつかの問題を―して説明する。

【包含】（ホウガン） 中にふくみもっている。例 問題を―している。

【包挙】（ホウキョ） ①すべてをわがものとする。例 包二挙宇内一（ウダイをホウキョす）（＝天下を私有する）。〈賈誼・過秦論〉②一つにまとめる。総括する。

【包茎】（ホウケイ） 日 成人の陰茎の先が皮におおわれている状態。

【包荒】（ホウコウ）〔「荒」は荒穢（コウアイ）で、けがれの意〕けがれたものをつつみこむ。転じて、寛大・寛容の意。度量が大きい。

【包摂】（ホウセツ） ①ある事柄を、より大きな範囲につつみ入れること。②日 論理学で、ある概念を広い概念の中に取りこむこと。たとえば、「正方形」は「四角形」に、「哺乳類」は「脊椎（セキツイ）動物」に包摂されるなど。

【包装】（ホウソウ） 日 品物を、紙や箱などでおおう。例 簡易―。

【包蔵】（ホウゾウ） ①心にいだく。②中につつみもっている。つつみかくす。内蔵。例 危険を―する。

【包帯】（ホウタイ） 日 患部を保護するために巻く、細長いガーゼなどの布。表記 ㊌▼繃帯

【包丁】（ホウチョウ） 日 料理に使う刃物。また、料理人や料理の腕前。例 ―を入れる。表記 ㊌▼庖丁

【包皮】（ホウヒ） 表面をつつみおおっているかわ。例 種子の―。

【包▼茅】（ホウボウ） 茅（ちがや）を束ねたもの。古代の祭りで酒をこすのに用いられた。束ねた茅を匣（はこ）の中に入れ、そこに酒をそそいで濾過（ロカ）したという。

【包容】（ホウヨウ） ①つつみいれる。②心が広く、人を受け入れること。例 ―力。

【包羅】（ホウラ） つつみこむ。受け入れる。例 包二羅天地一（テンチをホウラす）（＝天地をつつみこむ）。〈趙岐・孟子題辞〉

●小包（こづつみ）・内包（ナイホウ）

匈

勹4（6） 2 5019 5308

キョウ漢 冬 xiōng

むね

意味 ❶**むね**。こころ。㊟通 胸。❷⇩【匈匈】（キョウキョウ）

【匈匈】（キョウキョウ） ①やかましく騒ぐさま。②乱れ騒ぐさま。例 天下匈匈数歳（テンカキョウキョウたることスウサイ）（＝天下が数年間騒ぎ乱れている）。〈史記・項羽紀〉③凶暴なさま。凶凶。

【匈奴】（キョウド） 紀元前三世紀ごろから紀元後一世紀末、モンゴル高原に住み、漢民族をおびやかした遊牧騎馬民族。

［匊］

勹6（8） ⇩ 掬（キク）（565ジペー）

匋

勹6（8） 4 0345 530B

一 トウ（タウ）漢 豪 táo

二 ヨウ（エウ）漢 蕭 yáo

意味 一 ❶陶器を作る。㊟通 掏（トウ）。❷陶器。㊟通 陶。二 陶器を焼くかま。㊟通 窯（ヨウ）。

匍

勹7（9） 2 5021 530D

ホ漢 虞 pú

は-う（は-ふ）

意味 手を使って這（は）って進む。例 匍匐（ホフク）。

【匍▼匐】（ホフク） ①手をつき、腹を地面につける。ひれふす。②腹ばいになって進む。例 赤子匍匐将レ入レ井（セキシホフクしてまさにセイにいらんとす）（＝乳児が這（は）っていって井戸に落ちそうになる）。〈孟子・滕文公上〉―前進。

匐

勹9（11） 2 5022 5310

フク漢 屋 fú

はらば-う（はらば-ふ）・ふ-す

意味 地にふせる。腹ばいになる。はう。例 匍匐（ホフク）。

匏

勹9（11） 2 5023 530F

ホウ（ハウ）漢 肴 páo

ひさご・ふくべ

意味 ❶ヒョウタン。**ひさご**。**ふくべ**。酒などの容器。例 匏瓜（ホウカ）。匏樽（ホウソン）。❷笙（ショウ）の類の管楽器。八音（ハチイン）の一つ。

【匏▼瓜】（ホウカ） ①ウリの一種。ふくべ。熟した実は二つに割って容器として用いる。ひさご。例 吾豈匏瓜也哉、焉能繫而不レ食（われあにホウカならんや、いずくんぞよくかかりてくらわれざらん）（＝私はひさごであろうか、どうしてただぶらさがったままで食べられずに終われようか）。〈論語・陽貨〉②星の名。③男性が独身でいることのたとえ。例 歎二匏瓜之無一レ匹兮（ホウカのヒッなきをなげく）（＝つれあいのいないふくべのようであることを嘆く）。〈曹植・洛神賦〉

【匏尊】【匏▼樽】【匏▼罇】（ホウソン） ひさごなどで作った酒だる。また広く、飲み物の容器を指す。

21 2画

匕 ひ さじ部

さじの形をあらわす。「匕」をもとにしてできている漢字と、「匕」の字形を目じるしにして引く漢字とを集めた。

この部首に所属しない漢字

比→比 737　尼→尸 401　旨→日 619　此→止 725
老→老 1074　壱→士 307　皀→白 915　眞→目 930
頃→頁 1435　疑→疋 899

匕
匕0（2）　2 5024　5315

ヒ漢 紙 bǐ
さじ

意味 ❶さじ。スプーン。例 匕箸。匕加減。❷つばのない短刀。あいくち。例 匕首。

【匕首】（ヒシュ／あいくち）つばのない短刀。

【匕箸】（ヒチョ）さじと、はし。食事の道具。

【失二匕箸一】（ヒチョをうしなう）驚いて、はしを手から落とす。蜀の劉備は魏の曹操と会食中に、現在天下の英雄はわれわれふたりだけと曹操に言われ、驚きのあまり持っていたはしを思わず取り落とした。〈蜀志・先主伝〉

七
匕0（2）　—　2090E

カ（クヮ）漢 禡 huà
か-わる（か-はる）

意味 かわる。通化。

化
匕2（4）　1 1829　5316　教3

カ（クヮ）漢 ケ（クヱ）呉 禡 huà
ばける（ばーく）・ばかす・かーえる（かーふ）・かーわる（かーはる）

［化］匕2（4）　——　旧字体。

筆順 ノ イ 亻 化

なりたち  ［会意］「匕（＝かわる）」と「亻（＝ひと）」とから成る。人を教育して、正しいあり方に、かわるようにする。

意味 ❶人を教えみちびいて変える。例 感化。教化。徳化。❷それまでとは違った状態になる。かわる。例 化而為レ鳥、其名為レ鵬（化してとりとなり、そのなをホウとなす）（＝《その魚は》変化して鳥になり、その名を鵬という）。〈荘子・逍遥遊〉化学。変化。形式化。❸表面的に姿を変える。ばける。例 化身。変化。❹自然が万物を生み出すはたらき。例 化育。造化。❺死ぬ。例 化者（＝死者）。❻焼く。もやす。例 火化（＝火葬）。焚化（＝紙銭などを燃やす）。

日本語での用法 《ばかす》「キツネに化かされる」▼心を迷わせる。たぶらかす。

古訓 中古 あらたむ・かはる・めぐむ・ゆく・をしふ 中世 あだなり・かはる・ばくる・ばけもの・めぐみ・やすし・をしゆ 近世 かはる・ばける

人名 のり

【化育】（カイク）天地自然が、万物を養いそだてる。

【化外】（カガイ／ケガイ）天子の教化のおよばないところ。国の支配のおよばないところ。例 —の地。

【化学】（カガク）物質の構造・性質や反応・変化などを研究する学問。旧称、舎密（＝オランダ語 chemie の音訳）。〔「科学」と区別して、「ばけがく」と言うことがある〕例 —療法。

【化工】（カコウ）①自然による（巧みな）造化。②図らずも生み出されたたくみさ。

【化合】（カゴウ）日 二つの物質が化学的に結合して、もとの物質とは違う物質を生じる。例 水素と酸素の—物。

【化生】一（カセイ）①形を変えて生まれ出ること。②さなぎがチョウになるように、生物が生長する過程で形を変えること。二（ケショウ）①〔仏〕四生の一つ。天人のように、何もないところから、ひとりで突然生まれること。②神や仏が姿を変えてあらわれたもの。化身。③日 ばけもの。例 —の者。

【化成】（カセイ）①教化されてよくなる。②形を変えて、ほかのものになる。③日 化学的に作る。例 —肥料。

【化石】（カセキ）①石に変わる。②日 大昔の動植物やその存在を示すものが、岩石中に残ったもの。例 魚の—。③日 古いしきたりや習慣で、今なお残っているもの。また、時代おくれ。④日 石になる。石のように動かなくなる。

【化繊】（カセン）日「化学繊維」の略。天然の繊維を化学的に処理したり、石油などの原料から化学的に作り出したりした繊維。例 —のシャツ。

【化▼膿】（カノウ）日 炎症を起こして、うみをもつ。例 傷口が—する。

【化理】（カリ）徳によって人々を導き治めること。類 化治。

【化粧】（ケショウ）日 ①顔に、おしろいや口紅などを塗って美しくする。例 —品。②外見を美しくする。例 —まわし。

【化身】（ケシン）①神や仏が人間の姿で、この世にあらわれること。また、そのもの。化生。例 八幡大菩薩の—。②具体的な形をとってあらわれたもの。また、あるものの生まれ変わり。例 美の—。

●悪化・強化・権化・浄化・進化・退化・同化・美化・風化・文化・変化

北
匕3（5）　1 4344　5317　教2

一 ハイ漢呉 隊 bèi
二 ホク漢呉 職 běi
きた・に-げる（に-ぐ）

筆順 丨 亅 亅 北 北

なりたち  ［象形］ふたりの「人（＝ひと）」が互いに背を向けた形。そむき離れる。

意味 一 そむく。反対側を向く。通背。例 反北（＝そむく）。分北（＝分離する）。二 ❶方位の名。古来、南を正面とするのが常であったことから、背を向けた反対側の方位を北という。きた。例 北上。北方。極北。❷（敵とは反対側の方へ向かうことから）敵にうしろを見せる。にげる。また、逃げる人。例 三戦三北（＝何度も戦い、毎回逃げた）。〈韓非・五蠹〉敗北。

古訓 中古 きた・さる・そむく・にぐ・のがる・やぶる 中世 きた・にぐ・にぐる 近世 きた・ことなり・にぐる・ふす・やぶるる・わかつ

人名 た

【北緯】（ホクイ）赤道上を〇度、北極点を九〇度として測った北半球の緯度。対 南緯。

【北▼燕】（ホクエン）五胡十六国の一つ。馮跋が今の遼寧省内に建てた国。（四〇九—四三六）

【北画】（ホクガ）「北宗画」の略。唐代に始まる水墨画の一派。強い線で枯淡の味わいをえがく。日本に伝わり、雪舟派、狩野派などが生まれた。対 南画。

【北岳】（ホクガク）五岳の一つで、恒山の別名。山西省渾源県にあり、高さ二〇一七メートル。

【北▼魏】（ホクギ）南北朝時代の北朝の一つ。鮮卑族の拓跋珪が建てた王朝。都は洛陽。のちに東西に分裂した。（三八六—五三四）

【北限】（ホクゲン）生物や産地が分布する、北の限界。対 南限。

【北至】（ホクシ）夏至。〔太陽が最も北に来る日の意〕

【北周】（ホクシュウ）南北朝時代の北朝の一つ。北魏の分裂後、宇文覚が西魏から禅譲をうけて建てた。都は長安（＝今の西安）。隋に滅ぼされた。（五五七—五八一）

【北上】（ホクジョウ）北へ向かって進む。対 南下。

【北▼辰】（ホクシン）〔「辰」は、星の意〕北極星。例 如二北辰居二其所一、而衆星共レ之（ホクシンそのところにいて、シュウセイこれにむかうがごとし）（＝《徳にもとづいた政治をおこなうことは》北極星が天の一点にとどまり、多くの星がそれを中心に回るようなものだ）。〈論語・為政〉

2画

［匕］0—3画▼匕 七 化 化 北

【北垂】【北▼陲】ホクスイ 北方の辺境。北辺。㊫北陬ホクスウ。例辟ニ居北垂寒露之野一（＝北のはて、冷たい露がおりる田舎に住んでいる）。〈漢書・匈奴伝下〉
【北西】ホクセイ 北と西の中間にあたる方角。西北。乾いぬい。
【北斉】ホクセイ 南北朝時代の北朝の一つ。東魏の宰相の高洋が禅譲により建て、鄴（＝今の河北省臨漳県の西南）を都とした。北周に滅ぼされた。（五五〇—五七七）
【北▼宋】ホクソウ 趙匡胤が建てた王朝。都は汴京（＝今の河南省開封）。北方民族の建てた遼・西夏・金の圧迫に苦しみ、靖康の変で徽宗・欽宗らが金に捕らえられ北方へ連れ去られて滅亡、皇族の一人、高宗が南方に逃れて南宋を再興した。（九六〇—一一二七）
【北窓三友】ホクソウのサンユウ 琴・詩・酒のこと。〈白居易・北窓三友〉
【北端】ホクタン 北のはし。㊯南端。例下北しもきた半島—の村。
【北朝】ホクチョウ ①南北朝時代、華北におこった鮮卑族による北魏・西魏・東魏・北斉・北周の五王朝。（四三九—五八一） ②日足利氏が京都に擁立した朝廷。（一三三六—一三九二）→【南朝】ナンチョウ（198ページ）
【北庭】ホクテイ ①後漢代、匈奴が南北に分裂し、北単于が支配した地域。②唐代、都護府の一つ。今のウルムチ市付近にあった。③元代の都、大都に対する漢民族の蔑称。
【北▼狄】ホクテキ 北方の異民族を見くだして呼んだ名。
【北斗】ホクト 〔「斗」は、ひしゃくの意〕「北斗七星」の略。北の空に出る、ひしゃく形に並んだ大熊座の七つの星。北斗星。
【北東】ホクトウ 北と東の中間にあたる方角。東北。艮うしとら。
【北堂】ホクドウ ①士大夫の家の主婦の居場所。②主婦のこと。③母。また、他人の母を敬っていうことば。母堂。
【北部】ホクブ ある地域のなかの北の部分。また、ある地域の北にとなり合う部分。㊯南部。
【北風】ホクフウ｜きたかぜ 北の方角から吹く風。朔風サクフウ。㊯南風。
【北平】ホクヘイ｜ペイピン 北京の旧称。秦・漢代のころからの呼称。遼に至って南京または燕京と改称、金は中都、元は大都、明になって京師と称し、その通称として北京が用いられた。中華民国が北平市と改め、中華人民共和国が北京市に改めて現在に至る。
【北米】ホクベイ 日〔「米」は、「亜米利加アメリカ」の略〕北アメリカ。
【北辺】ホクヘン 北のあたり。北のはて。例—の守備軍。

［ヒ］9画▼匙　［匚・匸］

【北▼邙】【北▼芒】ホクボウ ①洛陽の北にある山の名。邙山。後漢から晋にかけて、王侯貴族が多くこの地に葬られた。②墓地。墳墓。北郭ホッカク。例一旦百歳後、相与還ニ北邙一（＝ある日、寿命が尽きてしまったら、みんな墓の中へ帰ってしまうのだ）。〈陶淵明・擬古〉
【北冥】【北▼溟】ホクメイ 北の果てにある大海。例北冥有レ魚、其名為レ鯤（＝北の果ての大海に魚がいて、その名を鯤という）。〈荘子・逍遥遊〉
【北面】ホクメン ①北に向く。②家臣または弟子として仕える。〔君主や師が南を向いて座るのに対面することから〕③日「北面の武士」の略。院政時代、院の御所を守った武士。また、その詰所。
【北洋】ホクヨウ ①黄海・渤海ボッカイを含む海域。②清シン代末、直隷（＝今の河北）・奉天（＝今の遼寧）・山東の沿海各省の地。例—軍閥。③日（日本の）北方の海。
【北里】ホクリ ①殷の紂王作とされる、みだらな舞の名。北里の舞。②唐代、長安の城北にあった平康里。歌妓の店があったため、のち広く遊里を指すようになった。③北にある村里。④日江戸時代、吉原遊郭のこと。北郭ホッカク。
【北陸】ホクリク 日中部日本の北部の地域。福井・石川・富山・新潟の四県を指す。北陸地方。〔古代日本の「北陸道ホクロクドウ」に由来する〕例—路じ。
【北涼】ホクリョウ 五胡十六国の一つ。段業が擁立されて、今の甘粛省内に建てた国。（三九七—四三九）
【北▼嶺】ホクレイ ①北の山なみ。②日（高野山を南山というのに対して）比叡山のこと。③日比叡山延暦寺エンリャクジの別名。例南都（＝奈良の興福寺）—。
【北海】ホッカイ ①遠い北方の地。②渤海。③バイカル湖。④日北方の海。㊯南海。⑤日大西洋北部の海域。
【北郭】ホッカク ①城の北側の城外。例青山横ニ北郭一（＝青々とした山が町の北に横たわっている）。〈李白・送友人〉②「北邙②」に同じ。③日「北里④」に同じ。
【北漢】ホッカン 五代十国の一つ。劉崇が今の山西省地方に建てた国。国号は漢だが、ほかの漢と区別して、北漢とよばれる。（九五一—九七九）
【北▼嚮】【北向】【北郷】ホッキョウ 北を向く。→【東嚮】トウキョウ（667ページ）
【北曲】ホッキョク ①北のすみ。②元代に流行した北方系の戯曲の総称。その音調は素朴で豪壮であるといわれる。明ミン代に南方でさかんになった南曲に対していう。
【北極】ホッキョク ①北のはて。②地球の北の極。地軸の北のはし。③磁石の北を指している磁極。N極。▽㊯南極。
【北極星】ホッキョクセイ 小熊座にある二等星。天の北極からほとんど移動しないので、北の方角を知る目じるしになる。北辰ホクシン。
【北京】㊀ホッケイ 北にある都。㊁ペキン 中華人民共和国の首都。→【北平】ホクヘイ ㊂ホッキョウ 日京都。㊫北都。〔奈良を南京ナンキョウという〕
【北▼闕】ホッケツ 〔「闕」は、宮城の門の意〕①宮城の北側に設けられた門。天子に上奏・謁見する者はみなこの門を通る。②宮中。朝廷。
【北国】ホッコク｜きたぐに ①北のほうにある国。北の寒い地方。㊯南国。②日「北陸道ホクロクドウ」の国々。現在の北陸地方。
【北方】ホッポウ 北の方角。㊯南方。
【北方▼之強】ホッポウのキョウ 勇猛で、死をもおそれぬ強さ。厳しい気候風土に住む、気性の激しい北方人の強さをいう。〔おだやかな強さをそなえた「南方之強」に対する〕〈中庸〉
●極北ホッキョク・東北トウホク・南北ナンボク・敗北ハイボク

匙　ヒ9（11）　1 2692 5319　シ㊥漢　ジ㊥唐　支 chí　さじ

意味 ❶液体や粉末、また、食べ物をすくいとる小さな器具。スプーン。**さじ**。例茶匙チャさじ。大匙おおさじ。❷かぎ。例鑰匙ヤクシ。

日本語での用法 ㊀《さじ》「匙加減さじカゲンが難むずかしい・匙さじを投なげる」▼薬剤の調合・投薬の意。㊁《ヒ》「円匙エンピ」▼ショベル (shovel) の訳語としての軍隊用語。字音を読み誤ったもの。

22・23
2画

匚 はこがまえ部・匸 かくしがまえ部

「匚」は物を入れる容器をあらわし、「匸」はおおいかくす意をあらわす。もと「匚」と「匸」とは別の部首だったが、常用漢字では字形の区別をしない。「匚」をもとにしてできている漢字、「匸」をもとにしてできている漢字、「匚」の字形を目じるしにして引く漢字をあわせて集めた。

この部首に所属しない漢字

巨→丨28 叵→口226 臣→臣1348 欧→欠718
毆→殳733

匚

匚0 (2) 2 5025 531A ホウ(ハウ)漢 陽 fāng

意味 四角形のいれもの。はこ。

匸

匸0 (2) 2 5030 5338 ケイ漢 薺 xì かく-す

意味 おおいかくす。かくす。

区

匚2 (4) 1 2272 533A 教3 一ク漢呉 虞 qū 二オウ漢 尤 ōu まち

[區] 匚9 (11) 旧字体。 [區] 匚9 (11) 2 5031 5340 別体字。

筆順 一 フ ヌ 区

なりたち  [会意]「匸(=かくす)」と「品(=多くのもの)」とから成る。いろいろなものをそれぞれに分けて、かくす。

意味 一❶分ける。さかいをつける。また、さかいをつけたところ。区画(クカク)。区別(クベツ)。地区(チク)。❷⇩【区区】(クク) 二春秋戦国時代、斉(セイ)の国の容量の単位。四豆(トウ)(=十六升)。

日本語での用法 《ク》①「東京都(トウキョウト)渋谷区(しぶやク)・京都市(キョウトシ)左京区(サキョウク)」▼政令指定都市または東京都の、行政上の区画。行政区または特別区。②「学区(ガック)・選挙区(センキョク)・通学区(ツウガクク)」▼法令執行上の区分。

古訓 中古 かくす・さかひ・たぐひ・ちまた・まち・まちまち 中世 かくす・さかひ・はこ・まちまち 近世 かくす・きざす・さかひ・たぐひ・まちまち・わかつ

【区域】クイキ 区切られた場所。エリア。例 立ち入り禁止―。

【区宇】クウ ①天下。世界。例 威動区宇(クウをイドウす)(=天下をおどし動かす)。〈元稹・賀誅呉元済表〉②宮殿。殿宇。

【区画】【区▼劃】クカク (土地などを)しきって分ける。また、その分けられた部分。例 ―整理。

【区間】クカン 日 (鉄道や道路など)長く続くものを区切った部分。例 駅伝競走の最終―。

【区区】クク ①小さくて、とるにたりないさま。例 区区之意(ククのイあり)(=小さくてつまらない心です)。〈李陵・答蘇武書〉―たる小事にすぎない。②いつくしむさま。心を尽くすさま。③得意のさま。④日 ものごとがそれぞればらばらで、まとまりのないさま。まちまち。例 ―として統一性がない。

【区処】クショ ①とり仕切って処理すること。②居所。住んでいる場所。例 虫魚介鱗、各有二区処一(チュウギョカイリン、おのおのクショあり)(=虫や魚にはそれぞれ住む所がある)。〈論衡・弁崇〉

【区中】クチュウ 人の世。

【区分】クブン 全体を区切って、小さく分ける。区わけ。例 行政―。時代―。

【区別】クベツ 種類や特徴・性質などによって分ける。また、その違い。例 ―をつける。

匹

匚2 (4) 1 4104 5339 常用 ヒキ慣 ヒツ漢 ヒチ呉 質 pǐ ひき

[匹] 匚2 (4) 旧字体。

筆順 一 ア 兀 匹

なりたち  [会意]「匸(=かくす)」と「八(ハツ)(=八回数えた合計が四丈)」とから成る。布地の長さの単位。四丈(=約九・二メートル)。

意味 ❶布地の長さの単位。四丈。❷ウマやロバを数えることば。例 三匹(サンビキ)。❸つれそう。仲間になる。また、仲間。例 匹偶(ヒツグウ)。❹ならぶ。およぶ。例 衆人匹レ之(シュウジンこれにならばんとす)(=人々は彼と同じぐらい長生きしたいと願っている)。〈荘子・逍遥遊〉❺ひとり。転じて、いやしい。身分の低い。例 匹夫(ヒップ)。匹婦(ヒップ)。❻ひとつ。例 匹馬(ヒツバ)。❼(pǐ)たとえる。通 譬(ヒ)。

日本語での用法 《ひき》①▼銭(ぜに)をかぞえることば。一匹(イッピキ)は、古くは十文(ジュウモン)、のちには二十五文。疋(ヒキ)。②▼布地をかぞえることば。一匹(イッピキ)は反物(タンもの)二反(=幅約三六センチで、長さ約二二メートル)。疋(ヒキ)。③「三匹(サンびき)の小犬(こいぬ)」▼獣・虫・魚などをかぞえることば。

古訓 中古 たぐひ・とも・ともがら・ならぶ・ひところ・ひところふ・ひとし・ひとり・ふたつ・むら 中世 たぐひ・ともがら 近世 あはす・あはする・あひる・たぐひ・ともがら・ふたつ

人名 とも

難読 匹如(すみ)(=何も持たず、ひとりぼっち)

【匹偶】【匹▼耦】ヒツグウ ①ぴったり合う。適合。②つれあい。夫婦。③仲間。相手。

【匹▼儕】ヒッサイ 〔「儕」も、仲間の意〕仲間。たぐい。匹儔(ヒッチュウ)。匹敵。例 猛虎雖レ云レ悪、亦各有二匹儕一(モウコアクといういえども、またおのおのヒッサイあり)(=猛虎は悪だとはいうけれども、やはりそれぞれ仲間がいる)。〈韓愈・猛虎行〉

【匹▼雛】ヒッスウ 小さなひな鳥。

【匹▼儔】ヒッチュウ 〔「儔」も、つれあい・仲間の意〕①つれあい。夫婦。②仲間。同類。③対等な相手とみなす。匹敵。

【匹敵】ヒッテキ ①力量がつりあう。対等なこと。相応。比肩。②仲間。

【匹馬】ヒツバ 一匹のウマ。例 ―隻輪(セキリン)(=一頭のウマ、一台の戦車)。

【匹配】ヒッパイ 〔「配」も、ならぶ・つれそうの意〕①結婚する。②つれあい。配偶者。③組み合わせる。

【匹夫】ヒップ ①ひとりの男。②特別な身分でない、普通の男。③ものごとの道理をわきまえない、教養のない男。

【匹夫敵】ヒップのテキ 〔ひとりの敵に対抗する意から〕ひとりだけを相手にする、とるに足らない武勇。一人敵(イチニンのてき)。〈魏志・夏侯淵伝〉対 万人敵(バンジンのテキ)。

【匹夫▼之勇】ヒップのユウ 礼節をわきまえず、向こうみずに腕力にたよる、つまらない勇気。例 此匹夫之勇、敵二一人一者也(これヒップのユウ、イチニンをテキとするものなり)(=それはつまらぬ勇気であり、たったひとりを相手にするだけだ)。〈孟子・梁恵王下〉

【匹夫匹婦】ヒップヒップ ひとりの男と、ひとりの女。一般の庶民の夫婦のこと。〔何人もの妻をめとることができる、身分の高い者とひきくらべることから〕〈論語・憲問〉

【匹夫不レ可レ奪レ志▼也】ヒップもこころざしをうばうべからず 特別な身分や教養のない人でも、しっかりした志をもっていれば、だれもその志を捨てさせることはできない。〈論語・子罕〉

【匹婦】ヒップ ①ひとりの女。②特別な身分でない、普通の女。

● 一匹(イッぴき)・馬匹(バヒツ)

匜

匚3 (5) 3 1477 531C イ漢 支 yí

意味 取っ手と注ぎ口のある青銅器。手を洗う水を注ぐため

のうつわ。〔一説に、酒を入れるうつわ〕

匝
匸3（5）　1 3357 531D　ソウ（サフ）漢 呉 合 zā　あまね-し・め-ぐる

［帀］巾1（4）4 0880 5E00 本字。　［迊］辶4（8）4 8979 8FCA 別体字。

意味 ❶（行って帰ってくるように）ぐるりと一周する。めぐる。例 周匝シュウソウ。❷（ぐるりと取り巻くように）行きわたる。あまねく満ちる。あまねし。例 匝洽ソウコウ（＝ひろく行きわたる）。

匡
匸4（6）　1 2209 5321　人　キョウ漢 呉 陽 kuāng　ただ-す・すく-う（すく-ふ）

［匩］匸5（7）4 0346 5324 俗字。

なりたち ［形声］「匚（＝いれもの）」と、音「王ウ→キョウ」とから成る。飯を入れるうつわ。派生して「ただす」の意。

意味 ❶悪いところを直す。ただす。例 一二匡天下一（イッキョウテンカをイッキョウす）（＝完全に天下の秩序を正した）。〈論語・憲問〉匡正キョウセイ。❷手伝う。たすける。例 匡助キョウジョ（＝補助する）。❸救助する。すくう。例 匡助キョウジョ（＝援助）。❹春秋時代の衛の地名。今の河南省長垣チョウエン県の西南。例 子畏二於匡一（シキョウにイす）（＝孔子が匡で危難にあわれた）〈論語・子罕〉

古訓 中古 おづ・かしこまる・ただ・ただし・ただす・まうす・まさ・まさし 中世 すくふ・たすく・ただす・まさし 近世 かがむ・かたみ・かにのこふ・くぐせ・ただし・とづる・はこ

人名 たすく・ただ・ただし・まさ・まさし・まさる

【匡益】キョウエキ 世をただして人々に利益をもたらす。
【匡▼諫】キョウカン ただし、いさめる。
【匡救】キョウキュウ 悪をただして人を救う。
【匡▼矯】キョウキョウ ただしくする。匡正。
【匡▼坐】キョウザ 姿勢ただしく座ること。正坐。端坐。
【匡済】キョウサイ 乱れをただして世を救う。例 匡二済薄俗一（ハクゾクをキョウサイす）（＝軽薄な風俗を正す）。〈論衡・対作〉
【匡正】キョウセイ ただしくする。ただしく直す。
【匡復】キョウフク 滅亡の危機にある国を復興させる。
【匡▼輔】キョウホ 〔「輔」は、助ける意〕欠点を直して、足りないところをおぎなう。類 匡弼キョウヒツ。
【匡▼廬】キョウロ 江西省の廬山の別称。殷イン・周の転換期に匡俗という仙人が廬山に隠れ住んだという伝説にもとづく。

匠
匚4（6）　1 3002 5320　常用　ショウ（シャウ）漢 ジョウ（ジャウ）呉 漾 jiàng　たくみ

筆順 一 ア ア 戸 斤 匠

なりたち ［会意］「匚（＝いれもの）」と「斤（＝おの）」とから成る。木工の職人。たくみ。

意味 ❶木工の職人。大工。職人。たくみ。❷一つの技芸や技術のすぐれた人。たくみ。例 巨匠キョショウ。師匠シショウ。鵜匠うショウ。❸技巧。くふう。例 意匠イショウ。

古訓 中古 たくみ・たくむ・つひに 中世 たくみ・たくむ 近世 たくみ

人名 なる

難読 内匠たくみ・木匠こだくみ・筆匠ふでゆい・傘匠かさはり・石匠いしきり

【匠意】ショウイ 作品に凝らされた趣向。意匠。類 匠心。
【匠気】ショウキ 技術を見せびらかそうとする気持ち。
【匠氏】ショウシ 木工の職人。大工。類 匠者・匠人ショウジン。
●意匠イショウ・鵜匠うジョウ・巨匠キョショウ・工匠コウショウ・師匠シショウ・宗匠ソウショウ・鷹匠たかジョウ・刀匠トウショウ・名匠メイショウ

医
匚5（7）　1 1669 533B　教3　A イ漢 呉 支 yī　B エイ漢 霽 yì　いや-す・くすし

［醫］酉11（18）2 7848 91AB 旧字体。　［毉］殳14（18）4 7808 6BC9 別体字。

筆順 一 ア 㔾 㔾 矢 矢 医

なりたち A［醫］［会意］「殹（＝病気で苦しむ姿）」と「酉（＝薬になる酒）」とから成る。酒で、やまいを治す人。 B［医］［会意］「匚（＝かくす）」と「矢（＝や）」とから成る。弓や矢をしまう器具。

意味 A［醫］❶病気を治す人。くすし。例 獣医ジュウイ。名医メイイ。❷病気を治す。いやす。例 医術イジュツ。医薬イヤク。医療イリョウ。❸かゆをかもした甘酒。 B［医］弓矢を入れる器具。通 翳エイ。

古訓 中古 くすし 中世 くすし・くすす 近世 おもゆ・くすし・くすす・くする

人名 おさむ

【医（醫）院】イイン 病気の治療をする所。〔日本では、病院より小規模のものをいう〕

【医（醫）科】イカ ①医学に関する、さまざまな学科。②日「医学部」「医科大学」の略。例 ―志望。

【医（醫）家】イカ 医術を職業としている家柄。また、その人。

【医（醫）学】イガク 人体のつくりやはたらき、病気の治療や予防などを研究する学問。例 予防―。

【医（醫）業】イギョウ 病気を治す仕事。医師という職業。

【医（醫）局】イキョク 日 診療や治療を担当する部局。また、病院内の、医師が詰めている部屋。

【医（醫）師】イシ ①古代中国の官名。医者の長にあたる。②病人の診察や病気の治療を仕事とする人。医者。

【医（醫）者】イシャ 「医師イシ②」に同じ。

【医（醫）術】イジュツ 病気を治す技術や方法。

【医（醫）書】イショ 医術や医学の本。医学書。

【医（醫）道】イドウ ①医学。医術。②日 医術や医学に従う者の倫理。医者がふみおこなうべき、みち。

【医（醫）伯】イハク 日 医者を敬っていうことば。国手コクシュ。

【医（醫）方】イホウ ①医者と方士（＝呪術ジュツ師）。②病気を治す方法。医術。

【医（醫）薬】イヤク ①医療とくすりの調合。また、医師と薬剤師。例 ―分業。②治療や診断に用いるくすり。例 ―品。

【医（醫）療】イリョウ 医学で病気を治療すること。
●軍医グンイ・校医コウイ・主治医シュジイ・女医ジョイ・船医センイ

［匩］匸5（7）⇨匡キョウ（188ジペー）

匣
匚5（7）　2 5026 5323　コウ（カフ）漢 洽 xiá　はこ

意味 ❶ふたつきの小さなはこ。こばこ。はこ。〔大形のはこは「箱ソウ」〕例 鏡匣キョウコウ。❷はこに入れる。❸猛獣や罪人を閉じこめる、おり。通 柙コウ。

難読 玉匣たまくしげ・乱匣みだればこ・弗匣ドルばこ

匿
匸8（10）　1 3831 533F　常用　一 トク慣 ジョク（ヂョク）漢 ノク呉 職 nì　二 トク漢 職 tè　かく-れる（かく-る）・かく-す・かくま-う（かくま-ふ）

［匿］匸8（10）― 旧字体。

【筆順】一 … 匿

なりたち [形声]「匸(=かくす)」と、音「若ジャク→ジョ」とから成る。かくれる。

意味 一 公にしない。外にあらわさない。**かくす**。**かくれる**。例 匿名トクメイ。隠匿インドク。秘匿ヒトク。二 悪い。よこしま。通 慝トク。例 匿行トクコウ(=よこしまな行為)。

古訓 中古 かくす・かくる・けがらはし・しりぞく・のがる・よこしま 中世 かくす・かたまし 近世 あしし・かくす・かくるる・かすか・にげる

難読 車匿シャノク(=釈迦シャカの馬車をあつかった御者の名)・匿路みちくけ(=人に知られない抜け道)

【匿▼竄】トクザン「「竄」は、逃げる意」かくれにげる。類 匿避・匿伏。

【匿情】トクジョウ 実情をかくす。例 吾知レ子、敢匿レ情乎 われシをしる、あえてジョウをかくさんや(=私はあなたをよく知っている。隠しごとなどするはずがない)。〈左伝・襄二八〉

【匿名】トクメイ 本名をかくす。例 ―の投書。

●隠匿インドク・秘匿ヒトク

匪

匸8 (10) 1 4059 532A ヒ 漢 呉 尾 fěi あら-ず

意味 ❶正しくない。悪い。例 匪賊ヒゾク。土匪ドヒ。❷「**あらず**」と読み、否定をあらわす。例 我心匪レ石、不レ可レ転也 わがこころいしにあらず、テンずべからざるなり(=わたしの心は石ではない、転がして自由にすることはできない)。〈詩経・邶風・柏舟〉❸美しく、彩りがあるさま。通 斐ヒ。例 有二匪君子一 ヒたるクンシあり(=美しく立派な君子がいる)。〈詩経・衛風・淇奥〉

【匪▼躬】ヒキュウ (君主のために)わが身をかえりみない。例 王臣蹇蹇。匪二躬之故一 オウシンケンケンたり、みのことにあらず(=王臣が忠義を尽くす。それは自分のためではない)。〈易・蹇〉

【匪▼躬之節】ヒキュウのセツ 我が身をかえりみずに忠義を尽くすこと。〈韓愈・争臣論〉

【匪人】ヒジン ①人でなし。人非人。道徳に外れた行為をする人。②天涯孤独の人。親族のいない孤独な人。例 俱生二聖世一、独為二匪人一 ともにセイセイにうまれ、ひとりヒジンとなる(=ともに聖なる天子が治める世に生まれ、ひとり身寄りのない人間になる)。〈後漢書・張奐伝〉

【匪石▼之心】ヒセキのこころ (石のように動かすことのできない)確固とした心。→意味❷

【匪賊】ヒゾク 日 徒党を組んで暴動を起こしたり、強盗などをする悪者。匪徒。類 匪党。

【匪徒】ヒト 人でなしのやから。強盗。類 匪党・匪類。

●拳匪ケンピ・団匪ダンピ・土匪ドヒ

[區] 匸9 (11) ⇩区ク(187ジペー)

[區] 匸9 (11) ⇩区ク(187ジペー)

匾

匸9 (11) 4 0348 533E ヘン 漢 呉 銑 biǎn

意味 ❶平らで薄い。ひらたい。うすい。通 扁ヘン。❷横に長い額。通 扁ヘン。例 匾額ヘンガク。

匯

匸11 (13) 2 5027 532F ワイ 慣 カイ(クヮイ) 漢 賄 huì うつわもの(うつはもの)・あつ-まる

[滙] 氵10 (13) 4 7907 6ED9 別体字。

意味 ❶容器の一種。**うつわもの**。❷川の流れが集まる。**あつまる**。例 匯合カイゴウ(=川が合流する)。匯集カイシュウ(=集合する)。❸あつめて、ひとまとめにする。例 匯報カイホウ(=資料を集めて分類した報告)。

匱

匸12 (14) 2 5028 5331 一 キ(クヰ) 漢 呉 寘 guì 二 キ(クヰ) 漢 呉 寘 kuì とぼ-しい(とぼ-し)・はこ・ひつ

意味 一 大きなはこ。**はこ**。**ひつ**。通 櫃キ。例 匱櫝キトク。二 ❶はこの中に何もない。**とぼしい**。例 匱窮キキュウ。匱乏キボウ。❷土を運ぶ竹かご。もっこ。通 簣キ。例 一匱イッキ。

【匱窮】キキュウ 必要なものが足りなくて、生活が苦しいこと。貧窮。

【匱困】キコン ものがとぼしくて苦しむ。貧困。

【匱▼櫝】キトク「「櫝」も、はこの意」衣類などを入れるはこ。ひつ。

【匱乏】キボウ とぼしい。不足する。欠乏。貧乏。例 上有二積財一、則民臣必匱二乏於下一 かみにセキザイあらば、すなわちミンシンかならずしもにキボウす(=君主が財をたくわえると、民や臣下はその下で必ず貧乏になる)。〈韓非・外儲説右下〉

[匲] 匸12 (14) ⇩匳レン(189ジペー)

匳

匸13 (15) 2 5029 5333 レン(レム) 漢 呉 塩 lián くしげ・け・はこ

[籢] 竹17 (23) 7C62 本字。

[匲] 匸12 (14) 5332 別体字。

[奩] 大11 (14) 2 5294 5969 別体字。

意味 ❶化粧道具を入れるはこ。かがみのいえ。かがみばこ。**くしげ**。例 匳具レング。鏡匳キョウレン(=化粧ばこ)。❷小物を入れるはこ。こばこ。**はこ**。**け**。例 碁匳ゴレン(=碁石を入れる容器)。薬匳ヤクレン(=薬ばこ)。

匵

匸15 (17) 4 0347 5335 トク 漢 屋 dú ひつ

意味 はこ。**ひつ**。通 櫝トク。

24 2画 十 じゅう部

横線と縦線とを交差させて、数の「とお」の意をあらわす。「十」をもとにしてできている漢字と、「十」の字形を目じるしにして引く漢字とを集めた。

0 189 十 1 191 卂 千 2 193 午 升 卅 卆 卄 3 193 卉 升 半 半 4 195 卋 卌 卍 6 195 協 卒 卓 卑 卓 7 196 単 南 卑 10 199 博 博

この部首に所属しない漢字

干→干 437　古→口 221　克→儿 122　剋→刂 163　乾→乙 38　翠→羽 1072
廿→廾 457　平→干 438　尭→儿 124　真→目 930　率→玄 867
支→支 588　朮→木 654　直→目 924　索→糸 1024　幹→干 442
斗→斗 604　早→日 620　阜→阜 1389　隼→隹 1406　準→氵 802

十

十0 (2) 1 2929 5341 教1

ジッ・ジュッ 慣 ジュウ(ジフ) 呉 シュウ(シフ) 漢 緝 shí

とお(とを)・と・そ

付表 十重二十重とえはたえ・二十はたち・二十歳はたち・二十日はつか

【筆順】一 十

十

なりたち [指事]「二(=東西)」と「｜(=南北)」とで、四方すべてそろう。数のそなわった。

意味 ❶数の名。とお。例 十干(ジッカン)。十指(ジッシ)。十觴(ジッショウ)(=さかずき十杯)。❷とたび。❸じゅうばんめ。例 十月(ジュウガツ)。❹足りないところがない。完全。例 十全(ジュウゼン)。十善(ジュウゼン)。十分(ジュウブン)。❺多い。例 回也聞レ一以知レ十(カイやイチをきいてもってジュウをしる)(=顔回(=孔子の弟子)は一つを聞いて十のことを理解する)。〈論語・公冶長〉十指(ジッシ)。

参考 商売や契約の文書では、数字を書きかえられないよう、同音の「拾」を使うことがある。

古訓 中古 そ・とを・をはる 中世 あつ・かず・さいはひ・して・そ・つづ・と・とを・みつ・もろもろ・をはり 近世 そ・つづ・とを

人名 かず・そう・とみ・ひさし・みつ・みつる

難読 三十(みそ)・三十日(みそか)・十寸鏡(ますかがみ)・十六島(うっぷるい)(=地名)・十露盤(そろばん)・十合(そごう)・十河(そごう)・十九(つづ)・十六夜(いざよい)・十八番(おはこ)・三十一文字(みそひともじ)

【十戒】ジッカイ【十▼誡】ジッカイ ①〔仏〕仏道修行で、守らなければならない十の戒め。②ユダヤ教やキリスト教で、神がモーゼに与えた十の戒め。〔『旧約聖書』にある話〕

【十界】ジッカイ 〔仏〕迷いから悟りにいたる十の段階。地獄・餓鬼・畜生・修羅・人間・天上の六界と、声聞・縁覚・菩薩・仏の四界。十法界。

【十干】ジッカン 甲(コウ)・乙(オツ)・丙(ヘイ)・丁(テイ)・戊(ボ)・己(キ)・庚(コウ)・辛(シン)・壬(ジン)・癸(キ)の十種。ものの分類や、順序・等級をあらわすのに使う。五行の木・火・土・金・水と組み合わせてそれぞれに兄(え)(=陽)・弟(と)(=陰)をあて、甲(きのえ)(=木の兄)・乙(きのと)(=木の弟)・丙(ひのえ)(=火の兄)・丁(ひのと)(=火の弟)・戊(つちのえ)(=土の兄)・己(つちのと)(=土の弟)・庚(かのえ)(=金の兄)・辛(かのと)(=金の弟)・壬(みずのえ)(=水の兄)・癸(みずのと)(=水の弟)と読む。十二支と組み合わせて、年月日などをあらわすのに用いた。→【十二支】

【十死】ジッシ 生きのびる見こみがほとんどないこと。例 十死一生(ジッシイッショウ)(=「九死一生」を強めた言い方)。〈新書・匈奴〉

【十指】ジッシ ①両手のゆび。十本のゆび。例 ―に余る(=十以上になる)。②おおぜいの人のゆび。例 ―のさすところ(=だれもが正しいと認めるところ)。③日 一番から十番まで。ベストテン。例 世界の―に数えられる選手。

【十室▼之▼邑】ジッシツのユウ 〔十室は、十戸の意〕家が十戸しかないような小さな村。例 十室之邑、必有二忠信如レ丘者一焉(ジッシツのユウ、かならずチュウシンキュウがごときものあらん)(=十戸ほどの小さな村でも、丘(=私)と同じくらい誠実な人間はきっといるだろう)。〈論語・公冶長〉

【十進法】ジッシンホウ ①十・百・千・万のように、十倍ごとに位を一つ上げていく数え方。

【十千】ジッセン ①一万。数量が非常に多いこと。②一万銭。例 美酒斗十千(ビシュトジッセン)(=美酒は一斗一万銭)。〈曹植・名都篇〉

【十霜】ジッソウ 十年。類 十秋(ジッシュウ)・十春秋(ジッシュンジュウ)。

【十中八九】ジッチュウハック|ジュウチュウハック 十のうち八か九の割合であること。ほとんど。おおかた。例 ―この案は通るだろう。

【十哲】ジッテツ 〔「哲」は、賢人の意〕十人のすぐれた弟子。例 孔門の―(=孔子のすぐれた十人の弟子)。

【十方】ジッポウ 〔仏〕四方(=東・西・南・北)と四維(=北東・南東・北西・南西)と上下とを合わせた十の方向。あらゆる方角・場所。天下。世界。宇宙。例 普照二十方一(あまねくジッポウをてらす)(=広く全世界を照らす)。〈宋書・夷蛮伝・呵羅単国〉―世界。

【十悪】ジュウアク ①十種の大罪。謀反・謀大逆・謀叛・悪逆・不道・大不敬・不孝・不睦・不義・内乱の十種。隋の開皇元年に初めて制定された。〈隋書・刑法志〉②〔仏〕十種の悪行。殺生・偸盗・邪婬・妄語・両舌・悪口・綺語・貪欲・瞋恚・邪見。

【十一月】ジュウイチガツ 一年の十一番目の月。霜月(しもつき)。

【十一面観音】ジュウイチメンカンノン 〔仏〕頭上の十面と合わせて十一面の顔をもつ観音。十一の顔のそれぞれが人々の苦しみを救うという。十一面観世音。

【十雨】ジュウウ 十日に一度雨が降ること。ほどよい雨。例 五風―(=天候が順調なこと。また、世の中が太平なこと)。

【十▼駕】ジュウガ 〔「駕」は、馬車を走らせる意〕足の遅いウマも十日走れば、一日に千里を走る名馬に追いつくように、才能がなくても、努力すれば成功する。例 駑馬(ドバ)―。

【十月】ジュウガツ 一年の十番目の月。神無月(かんなづき)。

【十行▼倶下】ジュウギョウともにくだる 十行を一度に読み進む。読書の速度が速いことのたとえ。例 読レ書十行倶下(ショをよむにジュウギョウともにくだる)(=書物を読むときに十行を一度に読み進む)。〈梁書・簡文帝紀〉

【十五夜】ジュウゴヤ ①陰暦で、毎月十五日の夜。また、その夜の満月。②陰暦八月十五日の夜。また、その夜の満月。中秋の名月といい、月見をする。

【十三経】ジュウサンギョウ 儒教の基本となる十三種の経典(ケイテン)。周易(=易経)・尚書(=書経)・毛詩(=詩経)・周礼(シュライ)・儀礼(ギライ)・礼記(ライキ)・春秋左氏伝・春秋公羊(クヨウ)伝・春秋穀梁(コクリョウ)伝・論語・孝経・爾雅(ジガ)・孟子(モウシ)。これらの注釈書を「十三経注疏(チュウソ)」という。

【十三夜】ジュウサンヤ ①陰暦で、毎月十三日の夜。②陰暦九月十三日の夜。また、その夜の月。後(のち)の月。

【十字】ジュウジ 「十」の字。また、その形。十文字。例 ―路(ロ)(=よつかど。よつつじ)。―を切る。

【十字架】ジュウジカ ①罪人をはりつけにする柱。木を「十」の字の形に組んだもの。例 ―にかける。②キリスト教のシンボル。キリストが「①」にかけられたことから、十字のしるしを救済と復活の象徴とする。クロス。クルス。③苦難や重い負担のたとえ。例 ―を背負って生きる。

【十日菊】ジュウジツのキク|とおかのキク 〔陰暦九月九日(=重陽(チョウヨウ)の節句。また、菊の節句)の翌日の菊の意〕機会をのがして役に立たなくなったもののたとえ。六菖十菊(リクショウジュウキク)。例 六日(むいか)の菖蒲(あやめ)、―(とおかのキク)。

【十姉妹】ジュウシマツ スズメ目(モク)の小鳥。スズメより少し小さく、白色に黒や茶のまだらがある。よく人になれ、飼い鳥とされる。

【十全】ジュウゼン 手落ちがなく用意ができていること。万全。

【十善】ジュウゼン ①徳が高く人望のある十人の人物。②〔仏〕「十悪②」を犯さないこと。③日〔前世に「②」を守った果報によるという考えから〕「十善の君」は、天子・天皇。「十善の位」は、天子・天皇の位。

【十二月】ジュウニガツ 一年の十二番目の月。師走(しわす)。極月(ゴクゲツ)。

【十二宮】ジュウニキュウ ①「十二律(ジュウニリツ)」に同じ。②春分点を起点として黄道(コウドウ)を十二等分し、各部分を「宮」と名づけて、全天を十二宮(=十二星座)としたもの。太陽・月・惑星の位置を示すために使われたもので、西洋の占星術はこれをもとにしている。黄道十二宮。

【十二支】ジュウニシ 子(シ)・丑(チュウ)・寅(イン)・卯(ボウ)・辰(シン)・巳(シ)・午(ゴ)・未(ビ)・申(シン)・酉(ユウ)・戌(ジュツ)・亥(ガイ)の十二種。それぞれに動物の名をあて、子(ね)(=鼠(ねずみ))・丑(うし)(=牛)・寅(とら)(=虎(とら))・卯(う)(=兎(うさぎ))・辰(たつ)(=竜(たつ))・巳(み)(=蛇)・午(うま)(=馬)・未(ひつじ)(=羊)・申(さる)(=猿)・酉(とり)(=鶏)・戌(いぬ)(=犬)・亥(い)(=猪(い|いのしし))と読む。十干(ジッカン)と組み合わせて年月日などを、また、「うしとら」「たつみ」など、十二支を組み合わせて時刻や方位などをあらわ

すのに用いた。→【十干】(ジッカン) →【干支】(シカン)(438ページ)

【十二単】(ジュウニひとえ) 日平安時代に宮仕えをした女官の正装。衣(もころ)を何枚も重ねて着て、えりやそで口が重なって見えるところからいう。〔正しくは「女房装束(ニョウボウショウゾク)」という〕

【十二分】(ジュウニブン) 日〔「十分(ジュウブン)」を強めた言い方〕十分すぎること。また、そのさま。例 もう―にいただきました。

【十二律】(ジュウニリツ) ①中国の伝統音楽で使われる十二の音の調子。②日 雅楽や箏曲(ソウキョク)などで用いる音名。十二調子。

【十年一日】(ジュウネンイチジツ) 長い年月の間、同じ状態であること。

【十年磨二一剣一】(ジュウネンイッケンをみがく) 十年間ひとふりの剣をみがき続けて武芸を練る。いざというときにそなえることをいう。〈賈島・剣客〉

【十年一昔】(ジュウネンひとむかし) 日 十年たてば昔のことになる。十年をひと区切りにして移り変わりをとらえる言い方。

【十八公】(ジュウハチコウ) 松の別名。〔「松」あるいは、その異体字「枩」の字を分解すると十・八・公になるところから〕

【十八番】(ジュウハチバン) 日 ①「歌舞伎(かぶき)十八番」の略。市川(団十郎)家で代々つとめてきた十八種の出し物。「勧進帳(カンジンチョウ)」「助六(すけろく)」など。②自分の得意な芸。おはこ。

【十八般】(ジュウハッパン) 〔「般」は、種類の意〕十八種の武芸。また、武芸全般をいう。

【十分】(ジュウブン) ①全体を十に分けること。②不足や欠点がないこと。満ち足りていること。充分。例 ―にたくわえる。

【十万億土】(ジュウマンオクド) 〔仏〕①この世から極楽浄土に行くまでにあるという、多くの仏の国。②極楽浄土。極楽。

【十目所レ視、十手所レ指】(ジュウモクのみるところ、ジッシュのゆびさすところ) 〔「十目」「十手」は、多くの人の注意の意〕みんながそろってそうだと認めるところ。また、多くの人々の批判。人のおこないは、多人数の監視下にあるから、悪事をするとおおい隠すことはできないということ。〈大学〉

【十文字】(ジュウモンジ) 日 二つの直線が交差した「十」の字の形。十字。例 ひもで―にしばる。

【十薬】(ジュウヤク) ドクダミ。草を煎(セン)じて生薬(ショウヤク)にする。

【十翼】(ジュウヨク) 〔「翼」は、理解をたすけるものの意〕『易経(エキキョウ)』を解説した十種の伝(=経文を解説する書物)。彖伝(タンデン)上下・象伝(ショウデン)上下・繋辞伝(ケイジデン)上下・文言伝(ブンゲンデン)・説卦伝(セッカデン)・序卦伝(ジョカデン)・雑卦伝(ザッカデン)をいう。孔子の作とされる。

【十両】(ジュウリョウ) 日 相撲で、幕内と幕下の間にあたる地位。〔十両以上を関取という〕

【十六夜】(ジュウロクヤ|いざよい) ①陰暦で、毎月十六日の夜。②日「十六夜(いざよい)の月」の略。陰暦の十六日の夜に出る月。〔月の出が十五夜よりおそくて、いざよう(=ためらってのぼる)ようであることから〕

【十六国】(ジュウロッコク) 三〇四年ごろから約百三十年間にわたって興亡を繰り返した、北方民族などの諸国家をいう。例 五胡(ゴコ)―時代。

【十露盤】(そろばん) 日 ①おもに中国や日本で使われている計算用具。例 ―をはじく。②(損得・利益の)計算。例 ―が合わない。―ずく(=何ごとも損得を考え、行動する)。③算数のこと。算術。例 読み書き―。▽算盤(バン)。

【十重二十重】(とえはたえ) 日 いくえにもとり巻いているさま。例 ―にとり囲む。

卂
十1(3) 4 0349 5342

シン漢 シン・ジン呉 震 xùn

意味 速く飛ぶ。はやい。通迅。

千
十1(3) 1 3273 5343 教1

セン漢呉 先 qiān
ち

筆順 ノ 二 千

なりたち  [形声]「十(=とお)」と、音「人ジン→セン」とから成る。百を十倍した数。

意味 ❶数の名。百の十倍。例 千字文(センジモン)。千手観音(センジュカンノン)。❷非常に多い数。あまた。ち。例 千金(センキン)。千歳(センザイ|ちとせ)。一日千秋(イチジツセンシュウ)。一騎当千(イッキトウセン)。

参考 商売や契約の文書では、数字を書きかえられないように、同音の「仟」や「阡」を使うことがある。

日本語での用法 《ち》「高千穂(たかちほ)」▼「ち」の音をあらわす万葉仮名。

古訓 中古 ち・ちぢ 中世 ち・ちぢ 近世 ち・ちぢ

人名 かず・ゆき

難読 千人石(ちびきのいし)・八千種(やちぐさ)・千屈菜(みそはぎ)・千明(ちぎら)(=姓)

【千客万来】(センキャクバンライ) 日 客がどんどんやってきてにぎわうこと。

【千金】(センキン) ①多額なお金。大金。例 一攫(イッカク)―。②非常に大きな価値。例 一刻―。③大金持ち。富豪。例 ―之の子(=金持ちの家の子供)。

【千金之子不レ死二於市一】(センキンのこはいちにシせず) 金持ちの家の子供は金の力で刑罰をまぬかれるから、市場(古代、刑罰は市場で衆人環視のもとに執行された)で処刑されることはない。また、金持ちの子供は軽率なおこないをしない。〈史記・越王句践世家〉

【千鈞】(センキン) 〔「鈞」は、重さの単位〕きわめて重いこと。また、重いもの。万鈞(バンキン)。例 ―の重みがある発言。

【千軍万馬】(セングンバンバ) ①多くの兵士と軍馬。大軍。例 ―の軍勢。②日 多くの戦闘を経験してきたため、戦いのかけひきがうまいこと。転じて、社会に出ていろいろな経験を積み、場なれしていること。百戦錬磨。例 ―のつわもの。

【千言】(センゲン) 非常に多くのことば。類 千万言(センマンゲン)。例 ―万句(バンク)。

【千言万語】(センゲンバンゴ) 非常にたくさんのことば。類 千万言(センマンゲン)。〈呂巌・七言〉

【千古】(センコ) ①大昔。また、遠い昔から現在まで。太古。②非常に長い年月。とこしえ。永遠。永久。

【千古不易】(センコフエキ) 大昔から今まで、ずっと変わらないこと。永遠に変わらないこと。〈通志・総序〉例 ―の真理。

【千紅万紫】(センコウバンシ) さまざまな花の色。また、色とりどりの花が咲いていること。〈辛棄疾・水竜吟・寄題京口范南伯知県家文官花〉類 千紫万紅。例 ―の花ざかり。

【千石船】(センゴクぶね) 日 米千石を積むことのできた大型の和船。

【千歳】(センザイ|ちとせ) 千年。長い年月。千載(センザイ)。

【千載】(センザイ) 「千歳(センザイ)」に同じ。例 名を―に残す。

【千載一遇】(センザイイチグウ) 千年に一度めぐり会うこと。ごくまれなこと。〈東観漢記・耿況伝〉例 ―の好機。

【千差万別】(センサバンベツ) さまざまな違いがあること。〈景徳伝灯録・文遂導師〉

【千姿万態】(センシバンタイ) さまざまな、すがたかたち。〈陸亀蒙・奉酬襲美苦雨見寄〉

【千思万慮】(センシバンリョ) いろいろと考えをめぐらすこと。また、その考え。〈劉禹錫・将赴汝州途出浚下留辞李相公〉類 千思万考。

【千字文】(センジモン) 梁(リョウ)の周興嗣(シュウコウシ)が作ったとされる四言詩二百五十句。「天地玄黄(テンチゲンコウ)」で始まる千字の漢字で、一字の重複もない。早くから日本にも伝わり、基本的な習字の教科書として広く使われた。

【千種】(センシュ|ちくさ|ちぐさ) 多くの種類。いろいろ。さまざま。例 ―

千秋万様（センシュウバンヨウ）。

【千秋】（センシュウ） ①千年。長い年月。例 一日（イチジツ）―の思いで待つ。②長寿。例 ―の祝い。③人の死の婉曲（エンキョク）表現。例 ―の後（のち）（＝没後）。

【千秋節】（センシュウセツ） 天子の誕生日。唐代におこなわれた。

【千秋万歳】（センシュウバンゼイ・センシュウマンザイ） ①千年万年。長寿を祝うことば。〈韓非・顕学〉 ②帝王の死の婉曲（エンキョク）表現。〈史記・梁孝王世家〉

【千秋楽】（センシュウラク） ①唐の玄宗の誕生日（＝千秋節）に演奏した曲の名。②日 雅楽の曲名。③日 芝居や相撲などの興行の、最後の日。らく。〔雅楽で、最後の演奏曲が「②」だったことから〕 対 初日（ショニチ）。参考「③」は「千穐楽」とも書く。

【千手観音】（センジュカンノン） ①〔仏〕千の手と千の目をもち、深い慈悲の心で人々を救う仏。千手千眼（センゲン）観自在菩薩（ボサツ）。②日 シラミの別名。かんのんさま。

【千乗】（センジョウ） 〔「乗」は、兵車を数えることば〕兵車千台。例 ―の家（＝兵車千台を持っている家。諸侯のこと）。

【千畳】（センジョウ） ①山などがいくえにも重なっていること。類 千重（センチョウ）。②日 たたみ千枚。それほど広いこと。例 ―敷き。

【千丈▼隄以二▼螻▼蟻▼之穴一潰】（センジョウのつつみもロウギのあなをもってついゆ） 千丈もの長さのある堤防も、螻（おけら）や蟻（あり）のあけた小さな穴から決壊する。ものごとは小さいうちに処理しなければならないというたとえ。〈韓非・喩老〉

【千緒万端】（センショバンタン） さまざまな事柄。とり紛れるほど事柄が多いさま。類 千端万緒。例 千緒万端、罔レ有二遺漏一（センショバンタン、イロウあるなし）（＝事柄が多くても手抜かりはない）。〈晋書・陶侃伝〉

【千尋】【千▼仞】（センジン） 〔「尋・仞」は、長さの単位〕きわめて高い、または、深いこと。千尋（ちひろ）。例 ―の谷。

【千辛万苦】（センシンバンク） さまざまな苦労をする。多くの難儀や苦しみ。〈三朝北盟会編・二〉

【千▼朶】（センダ） 〔「朶」は、花をかぞえることば〕多くの花。例 ―万朶（バンダ）と咲き乱れる。

【千代】（センダイ・ちよ） 長い月日。千年。永遠。千世（ちよ）。例 ―に八千代（やちよ）に。

【千日】（センニチ） ①一千日。多くの日数。例 ―講。―参り。②「千日酒」の略。千日も酔い続けるという酒。

【千人力】（センニンリキ） 千人分の、強いちから。また、それを得たように心強いこと。例 君がいてくれれば―だ。

【千年】（センネン） 一千年。長い年月。千歳（センザイ）。千載（センザイ）。千秋。例 鶴（つる）は―亀（かめ）は万年。

【千波万波】（センパバンパ） 多くのなみ。次から次へと寄せてくるなみ。〈自鳴集・二〉 例 ―の広がる海。

【千仏洞】（センブツドウ） 壁に無数の仏像を刻んだ石窟（セックツ）寺院。甘粛省敦煌（トンコウ）市の莫高窟（バクコウクツ）のこと。

【千振】（せんぶり） 日 リンドウ科の二年草。乾燥させて健胃薬とする。〔千度煎（セン）じて振り出しても、まだ苦いことから〕

【千分比】（センブンヒ） 日「千分率（センブンリツ）」に同じ。

【千分率】（センブンリツ） 日 全体を千に分けて、そのうちの一つを一単位としてあらわす割合。千分比。パーミル。記号‰

【千編】（センペン） 一千の詩や文章。多くの詩文。表記 旧 千▼篇

【千編一律】（センペンイチリツ） 詩や文章の語調や趣向が、どれも似たような調子で、変わりばえしないこと。また、多くのものごとがみな同じ調子で、おもしろみのないこと。〈洺水集・九〉 表記 旧 千▼篇一律

【千変万化】（センペンバンカ） 次々と、さまざまに変化する。〈列子・湯問〉 例 ―する世相。

【千方百計】（センポウヒャッケイ） あらゆる方法・手段を尽くす。〈語類・三五〉

【千万】 一（センマン） 一万の千倍。また、非常に数の多いこと。ちょろず。例 ―の富。二（センバン） ①いろいろ。はなはだ。まったく。例 ―かたじけない。②〔「…千万」の形で〕その程度が、この上もない、はなはだしい、の意をあらわす。例 無礼―。

【千万無量】（センマンムリョウ） 日 数えきれないほど多いこと。はかりしれないこと。例 ―の感慨。

【千三】（センみつ） 日 ①〔本当のことは千のうち三つしかない、の意〕うそつき。ほらふき。②〔商談が千のうち三つしか成立しない、の意〕不動産の取り引きや、金銭の貸し借りの斡旋（アッセン）を職業とする人。例 ―屋。

【千羊皮不レ如二一▼狐▼腋一】（センヨウのかわはイッコのエキにしかず） 千匹のヒツジの皮も、キツネのわきの下の白い毛を集めて作った毛皮一枚に及ばない。君主の決定に無批判に従う者が何人いようとも、直言する臣下一人に及ばないことのたとえ。〈史記・趙世家〉

【千里】（センリ） ①非常に遠い距離。②非常に広い空間。千里四方。例 千里鶯啼緑映レ紅（センリうぐいすないてみどりくれないにエイず）（＝見わたすかぎり、ウグイスが鳴き、新緑が紅の花に照り映えている）。〈杜牧・江南春〉

【千里眼】（センリガン） 千里も先の地のできごとを見通す力。目に見えないことでも、洞察できる力。また、その力をもつ人。〈魏書・楊逸伝〉

【千里同風】（センリドウフウ） 〔遠方まで同じ風が吹く、の意〕①太平の世。世の中がよく治まっていること。〈論衡・雷虚〉②非常に広い地域にもかかわらず、風俗が同じであること。

【千里馬】（センリのうま） ①一日に千里も走ることのできる、すぐれたウマ。千里の駒（こま）。名馬。駿馬（シュンメ）。例 千里馬常有、而伯楽不二常有一（センリのうまはつねにあれども、ハクラクはつねにはあらず）（＝名馬は常にいても、その能力を見つけ出す人はいつもいるとはかぎらない）。〈韓愈・雑説〉②すぐれた人物のたとえ。

【千里▼之行始二▼於足下一】（センリのコウもソッカよりはじまる） 長い旅も足もとの一歩から始まる。どんなことでも初めが肝心で、遠大な事業も身近なところから始まる、ということのたとえ。〈老子・六四〉

【千里駒】（センリのこま） 「千里馬（センリのうま）」に同じ。

【千里目】（センリのめ） 非常に遠くを眺める目。また、その眺め。例 欲レ窮二千里目一、更上一層楼（センリのめをきわめんとほっし、さらにのぼるイッソウのロウ）（＝はるか先までの眺めをきわめたくて、さらに楼を一層上に上る）。〈王之渙・登鸛鵲楼〉

【千両箱】（センリョウばこ） 日 江戸時代、金貨幣を収納して保管した木製の容器。普通、小判千枚（＝千両）を入れた。

【千慮一失】（センリョのイッシツ） 賢者も、時には思わぬ失敗をする。例 智者千慮必有二一失一、愚者千慮必有二一得一（チシャもセンリョにかならずイッシツあり、グシャもセンリョにかならずイットクあり）（＝どんなにかしこい人でも、千に一つのまちがいはあり、どんなにおろかな人でも千に一つの名案はある）。〈史記・淮陰侯伝〉

【千慮一得】（センリョのイットク） 愚者も、たまにはよい考えがある。↓【千慮一失】（センリョのイッシツ）

【千六本】（センロッポン） 日〔「繊蘿蔔（センラフク）」（＝細切りのダイコン）」の変化。「千六本」は、当て字〕ダイコンなどを、千切りにすること。また、そのもの。繊六本。

【千木】（ちぎ） 日 神社や宮殿の屋根で、棟の両端に×の形に交差させた、斜めに突きだしている二本の木材。

【千草】（ちぐさ） 日 ①いろいろな草。例 庭の―。②「千草色」の略。もえぎ色。

【千鳥】（ちどり） 日 ①群れをなす小鳥。例 百（もも）―。②チドリ科の鳥の総称。多くは海岸や水辺にすみ、夜すんだ声で鳴く。左

右の足がジグザグになるような歩き方をする。例 —足。

● 一騎当千イッキトウセン・海千山千うみセンやまセン

午

十2(4) 1 2465 5348 教2 ゴ 漢 呉 麌 wǔ うま

筆順 ノ 𠂉 𠂇 午

なりたち [象形] 陰の気が、陽の気にさからって、地からつき出る形。さからう。派生して、十二支の第七に用いる。

意味 ❶十二支の七番目。方位では南、時刻では昼の十二時およびその前後の二時間。月では陰暦の五月。動物ではウマにあてる。**うま**。例 午後ゴゴ。子午線シゴセン。端午タンゴ。❷たてよこに交わる。十文字に交わる。例 午割ゴカツ(=十文字に切る)。

古訓 中古 むま・むまとき 中世 うま・まじはる・むま 近世 しく・そむく・たがふ・ひる・まじへる・むま

人名 うし・ま

【午下】ゴカ 昼下がり。午後。

【午後】ゴゴ ①正午から夜十二時までの間。②日 正午から日没までの間。昼過ぎ。▽対 午前。

【午刻】ゴコク 正午。うまの刻。

【午▼餐】ゴサン 昼食。類 午餉ゴショウ・午食・午饌ゴセン。例 —会。

【午日】ゴジツ ①陰暦五月五日。端午の日。②日 甲午きのえうま・乙午きのとうまなど、干支えとがうまにあたる日。

【午寝】ゴシン 昼寝。午睡。

【午睡】ゴスイ 昼寝をする。また、昼寝。例 —をとる。

【午前】ゴゼン ①夜の十二時から昼の十二時までの間。②日 夜明けから昼の十二時までの間。▽対 午後。

【午熱】ゴネツ 真昼の暑さ。

【午夜】ゴヤ 夜の十二時。午前零時。例 —の月。

● 正午ショウゴ・端午タンゴ・丙午ヘイゴ

升

十2(4) 1 3003 5347 常用 ショウ 漢 呉 蒸 shēng ます・のぼ-る

[升] 十3(5) —— 俗字。

筆順 ノ 𠂇 チ 升

なりたち [象形] とってのある「斗ます」の形。十合。**ます**。

意味 ❶液体や穀物をはかる、方形や円形の容器。**ます**。例 猶以レ升量レ石也なおショウをもってコクをはかるがごときなり(=ちょうど一升の升で一石(=百升)を量るようなものだ。愚者は賢者の心をおしはかることができないたとえ)。〈淮南・繆称〉升酒ますざけ。❷容量の単位。十合。❸布のたて糸八十本をいう。❹上方へ向かって移動する。**のぼる**。通 昇。例 升降ショウコウ。升堂ショウドウ。❺みのる。穀物が実を結ぶ。例 旧穀既没、新穀既升キュウコクすでにつきて、シンコクすでにみのる(=一年たつと去年の穀物がなくなり、今年の穀物がみのっている)。〈論語・陽貨〉❻易エキの六十四卦カの一つ。☷☴ 巽下坤上ソンカコンショウ。地中に木を生ずる象。

日本語での用法 《ショウ》「一升瓶イッショウビン」▼尺貫法の容量の単位。十合(=約一・八リットル)。

古訓 中古 あがる・あぐ・いづ・すすむ・のぼる・ます・よみ 中世 のぼる・ます・よみ 近世 あがる・すすむ・なる・のぼる・ます・みのる・よみ

人名 すすむ・たか・のり・みのる・ゆき

【升▼遐】ショウカ 〔「遐」は、遠いところの意〕①天にのぼる。例 渉二清霄一而升遐兮セイショウをわたりてショウカす(=清らかな空をわたって天にのぼる)。〈張衡・思玄賦〉②天子の死の婉曲エンキョクな表現。崩御。登遐。昇遐。

【升降】ショウコウ ①上昇と下降。のぼりおり。昇降。②さかんになることと衰えること。盛衰。例 道有二升降一みちにショウコウあり(=道には盛衰がある)。〈書経・畢命〉③数量の増減。

【升▼斛】ショウコク 〔「斛」も、ますの意〕ますではかった量。ますめ。

【升沈】ショウチン ①のぼることとしずむこと。②栄えることと衰えること。栄枯。浮沈。

【升▼擢】ショウテキ 人をひきあげる。抜擢バッテキする。

【升騰】ショウトウ 〔「騰」も、上昇する意〕①とびあがる。上昇する。例 駿声升騰シュンセイショウトウす(=名声が高まる)。〈後漢書・鄭太伝・賛〉②出世する。昇進する。

【升堂】ショウドウ 学芸のレベルが高くなる。昇堂。例 由也升レ堂矣、未レ入二於室一也ユウやドウにのぼれり、いまだシツにいらざるなり(=由(=子路。孔子の弟子)は堂(=表の間)には上がっているのだが、まだ室(=奥の間)の中には入っていないのだ)。〈論語・先進〉

【升平】ショウヘイ ①平和の世。例 升平可レ致ショウヘイいたすべし(=平和をもたらすことができる)。〈漢書・梅福伝〉②公羊学クヨウガクの三世説で、衰乱の世から太平の世に至る中間の過渡期。

卅

十2(4) 2 5033 5345 ソウ(サフ) 漢 合 sà さんじゅう(さんじふ)

[𠦃] 十4(6) —— 20983 本字。

意味 三十。**さんじゅう**。例 卅日サンジュウニチ・みそか。卅一文字みそひともジ。

卆

十2(4) ⇩卒ソツ(195ページ)

𠥼

十2(4) 4 0350 2097C 国字 とと

参考 「十(=とお・と)」を二つ合わせた形で「とと」と訓ょませたもの、という。一説に、「斗」の俗字。

意味 人名に用いる字。例 𠥼木ととき(=姓)。

卉

十3(5) 2 5035 5349 キ(クヰ) 漢 呉 未 huì くさ

意味 **くさ**。草の総称。また、草木。例 花卉カキ。

[升]

十3(5) ⇩升ショウ(193ページ)

半

十3(5) 1 4030 534A 教2 ハン 漢 呉 翰 bàn なか-ば・なか-ら

[半] 十3(5) —— 旧字体。

筆順 丶 丷 䒑 兰 半

なりたち [会意] 「八(=分ける)」と「牛(=うし)」とから成る。大きなウシを真ん中で分ける。

意味 ❶二つにひとしく分ける。例 折半セッパン。❷**なかば**。**なから**。㋐二つに等分したものの一方。例 半分ハンブン。前半ゼンハン。小半こなから(=半分の半分。四分の一。一升の四分の一。二合五勺シャク)。㋑真ん中。ものごとの途中。中ほど。例 良夜未レ半リョウヤいまだなかばならず(=張良は真夜中にもならないうちにでかけた)。〈史記・留侯世家〉半途ハント。夜半ヤハン。❸はしきれ。わずかのもの。はした。例 半銭ハンセン。半端ハンパ。半熟ハンジュク。半可通ハンカツウ。❹不十分なさま。例

日本語での用法 《ハン》「丁チョウか半ハンか」▼さいころの目で、二で割り切れない数。奇。奇数。

古訓 中古 なかば・はした・ほどこす 中世 なかば・なから・はした 近世 なか・なかば・なから・わかつ

人名 なか・なからい

難読 半被(ハッピ)・半桶(ハンぎり)・半平(ハンペン)・半靴(ホウカ)

【半円】ハンエン 円を二等分した形。例―形のドーム。

【半音】ハンオン 日音楽で、全音の二分の一の音程。ハ長調の場合、ミとファ、シとドの間の音程。対全音。例―上げる。

【半価】ハンカ 定価の半分の値段。半額。類半値(ね)。

【半開】ハンカイ 半分くらいひらいていること。半びらき。対全開。

【半解】ハンカイ うわべを知っているだけで、十分には理解していないこと。なまかじり。例一知―。

【半額】ハンガク 日全額の半分。定価や料金の、半分の値段。類半値(ね)。例―セール。

【半可通】ハンカツウ 日①通人(ツウジン)(=遊び方の上手な、粋(いき)な人)ぶった人。②知ったかぶり。なまかじり。例―をふりまわす。

【半▼跏▼趺▼坐】ハンカフザ 片足をもう一方の足のつけねに乗せる座り方。→【結跏趺坐】(ケッカフザ)（1036ジペー）

【半眼】ハンガン 目を半分ほど開けた状態。例目を―に開く。

【半官半民】ハンカンハンミン 日政府と民間が資本を出し合い、共同で事業をおこなうこと。例―の組織。

【半規】ハンキ ［「規」は、コンパス・ぶんまわしの意］半円。太陽の半分や半月を指すこともある。例遠峰(エンポウ)隠二半規(ハンキヲ)一(=遠くの峰が太陽を半ば隠す)。〈謝霊運・游南亭〉

【半期】ハンキ ①一定の期間の半分。②半年。例上(かみ)―。

【半旗】ハンキ 日人の死を悲しむ気持ちをあらわすため、旗ざおの先から三分の一くらい下げて、旗をかかげること。弔旗。例―をかかげる。

【半弓】ハンキュウ ①半円形の月。弓張り月。②日普通の弓の半分くらいの長さのゆみ。座ったままで射ることができる。対大弓。

【半休】ハンキュウ 日一日の勤務時間のうち半分を休む。また、半日の休み。

【半球】ハンキュウ ①球を、その中心を通る平面で二等分したもののうちの一方。②地球を東西または南北に二等分したもののうちの一方。例東―。北―。

【半玉】ハンギョク 日まだ一人前になっていない、玉代(ギョクダイ)(=料金)も半人分の若い芸者。おしゃく。

【半句】ハンク ［一句の半分の意］わずかなことば。例一言(イチゴン)―聞きもらさない。

【半空】ハンクウ ①半分ほどなくなっていること。②空中。なかぞら。半天。

【半径】ハンケイ 円や球の中心から円周や球面上の一点を結んだ線分。直径の半分。

【半夏生】ハンゲショウ ①夏至から十一日目。七月二日ごろ。梅雨明けの時期。②ドクダミ科の多年草。水辺に生え、臭気がある。夏、白色の小花を穂の形につける。片白草(かたしろぐさ)。

【半月】ハンゲツ ①半円形の月。弓張り月。②(ハンつき) 一か月の半分。③日半円の形。例爪(つめ)の―(=小爪(こづめ))。

【半券】ハンケン 日入場券や、領収証・預かり証の半分を切り取ったもの。料金や品物を受け取った証拠としてわたす。

【半舷】ハンゲン 日軍艦などの乗組員を、左舷と右舷に分けていうときの、その一方。例―上陸。

【半減】ハンゲン 日半分にへる。また、半分にへらす。

【半裁】ハンサイ 紙や布などを半分に切る。また、切ったもの。半截(ハンセツ)。

【半歳】ハンサイ 一年の半分。半年。

【半子】ハンシ ［半ば子供にあたるの意］①娘むこ。女婿。②妻とその前夫との間に生まれた子。

【半死】ハンシ 死にかかっていること。例―半生(ハンショウ)の状態。

【半紙】ハンシ ①かみきれ。紙片。②日縦二四から二六センチメートル、横三二から三五センチメートルの大きさの和紙。習字などに使う。

【半時】□一ハンジ 少しの間。しばらく。□二ハンとき 日昔の時制で、一時(イッとき)(=約二時間)の半分。今の約一時間。

【半寿】ハンジュ 日数え年で八十一歳の祝い。［「半」の旧字「半」を分解すると「八十一」となることから］

【半周】ハンシュウ ①一周の半分。②日周囲の半分を回る。例グラウンドを―する。

【半熟】ハンジュク ①なかば熟してはいるが、十分ではないこと。②たまごを固くならない程度にゆでること。また、そのたまご。

【半宵】ハンショウ 「半夜(ハンヤ)」に同じ。

【半焼】ハンショウ 日火事で、建物などが半分くらい焼ける。対全焼。例―した家屋。

【半鐘】ハンショウ 日火の見やぐらに取りつけ、火災の発生などを知らせるために打ち鳴らす、小ぶりのつりがね。

【半畳】ハンジョウ 日①一畳の半分。例起きて―寝て一畳。②昔、芝居小屋で見物人が敷いた、小さい畳やござ。③非難やからかい。やじ。例―を入れる(=からかいや非難の声を発する。役者の演技などに不満があるとき、見物人が「②」を舞台へ投げたことから)。

【半身】□一ハンシン 全身の半分。対全身。例上―。□二ハンみ 日①相撲や剣道などで、相手に対してからだを斜めに構える姿勢。例―に構える。②魚を二枚におろしたときの一方。

【半信半疑】ハンシンハンギ 半分信じて、半分うたがうこと。〈李漁・蜃中楼・義挙〉

【半睡】ハンスイ なかば眠っていること。意識がはっきりしない、夢うつつの状態。例半醒(ハンセイ)―。

【半数】ハンスウ 全体のかずの半分。例賛成派が―をしめる。

【半世】ハンセイ 生涯の半分。半生。

【半生】□一ハンセイ 一生の半分。半世。例―を平和運動にささげる。□二ハンショウ 死にかけること。例半死―。

【半切】【半▼截】ハンセツ ①半分に切ること。②日画仙紙などの全紙を縦に半分に切ったもの。また、それにかかれた書画。半折。例―物(もの)。

【半折】ハンセツ ①半分に割る。②半分に折る。半分に折れる。③(なかばくじける) 半分を失う。半減する。例兵半折(ハンセツ)す(=軍隊が半減する)。〈戦国策・斉二〉④日「半切(ハンセツ)②」に同じ。

【半銭】ハンセン ①わずかなお金。例一紙(イッシ)―(=一枚の紙と半銭。わずかなもの)。②日一銭の半分。五厘。

【半双】ハンソウ 日一双の半分。一対(イッツイ)となっているものの片方。例―の屏風(ビョウブ)。

【半濁音】ハンダクオン 日日本語でいう、パ・ピ・プ・ペ・ポの音。対清音・濁音。例―符(プ)。

【半濁点】ハンダクテン 日日本語で、半濁音であることを示す符号。かなの右肩につける「゜」のこと。半濁音符。

【半通夜】ハンツヤ 日時間を限っておこなう通夜。

【半天】ハンテン ①天の半分。青空の半分。②天と地の間。なかぞら。中天。中空。半空。③日「半纏(ハンテン)」に同じ。

【半▼纏】ハンテン 日①羽織に似た上(うわ)っぱり。胸(むな)ひもを付けず、襟の折り返しや襠(まち)がない。例ねんねこ―(バンテン)。②「印半纏(しるしバンテン)」の略。襟や背中に、屋号・家紋などを染めぬいたはんてん。はっぴ。▽半天。袢纏(ハンテン)。

【半途】【半塗】ハント ①行く道の途中。②おこなっていることの途中。例学業―にして病にたおれる。

【半島】ハントウ 日海に突きでている陸地で、岬より大きいもの。例紀伊(きい)―。

【半道】□一 道やものごとのなかば。途中。類半路。□二 日①一里の半分。②道のりの半分。

【半導体】日 温度などの外的条件によって、電気伝導率が変化する物質。ゲルマニウムやシリコンなど。トランジスターやダイオードなどに使われる。

【半日】一日の半分。また、午前中か午後のどちらか。例—仕事。

【半端】日①数や量がそろわず不完全なこと。はした。例—な時間。②どっちつかずで徹底しないこと。例中途—。③端数。はした。例—を切り捨てる。④一人前でないこと。例—な仕事。

【半白】白髪まじりの髪の毛。ごましお頭。例—の老人。

【半幅】【半巾】日 並幅(=和服用の布地の標準の幅。約三六センチメートル)の半分の幅。例—帯。

【半▼臂】〔「臂」は、腕の意〕半そで、あるいはそでなしの上着。

【半風子】日 シラミのこと。〔漢字の「虱」が、「風」の字を半分にした形に似ていることから〕

【半分】①二分の一。なかば。例—ずつ分ける。②日〔「…半分」の形で〕なかばその気で、という意味をあらわす。例おもしろ—。

【半璧】①璧(=円形の玉器)を半分に割った半円形の玉器。璜。②弓張り月。弦月。

【半母音】日 子音に近い性質をもちながら、音の出し方は母音に近い音。ヤ行・ワ行の[j][w]など。

【半面】①顔の半分。例—像。②ものを二面に分けたうちの片一方。例テニスコートの—。③ものごとにいくつかの面があるうちの一つ。一面。例—の真理。

【半面▼之識】わずかのあいだ会っただけの人の顔を、いつまでもよく覚えていること。また、ちょっと会っただけの知り合い。半面識。〈後漢書・応奉伝・注〉から〕

【半夜】①まよなか。夜半。また、子の刻から丑の刻(=午前零時から午前二時ごろ)までの間。②一夜の半分。▽半宵。

【半裸】日 からだの半分くらいが、はだかであること。対全裸。

【半輪】①輪の半分。半円形。②半月。例峨眉山月半輪秋(=峨眉山の上空には、秋の澄みきった半月が浮かんでいる)。〈李白・峨眉山月歌〉—の月(=半月)。

【半▼嶺】山の頂上とふもとの間。山腹。中腹。類半腹。

●過半・後半・前半・大半

[卋] 十4(6) ⇩世(22ページ)

[卅] 十4(6) ⇩卅(193ページ)

卍

十4(6) 2 5036 534D バン漢 マン呉 願 wàn まんじ

意味 インドの神の胸にえがかれた吉祥円満のしるし。仏典を漢訳したとき、「万」の字にあてたもの。〔「万」と同じ字として用いることもある〕例卍字。

日本語での用法 《まんじ》①「右卍(=卐)・逆卍(=卍)」▼卐。ハーケンクロイツ。鉤十字。ナチスのマーク)・丸に卍・卍菱」▼紋所の名。②「卍巴になる」▼入り乱れるさま。

協

十6(8) 1 2208 5354 教4 キョウ(ケフ)漢呉 葉 xié かな-う(かな-ふ)

[協] †6(9) 2 5580 604A 別体字。

筆順 一 十 忄 忄 忄 協 協 協

なりたち  [会意]「劦(=力を合わせる)」と「十(=多い)」とから成る。多くの力を合わせる。

意味 ❶多くの力を合わせる。ともにする。例協同。協力。❷調和する。おれあう。かなう。例君臣不協(=君主と臣下が和合していない)。〈左伝・僖二八〉協調。妥協。❸あてはまる。かなう。例横綱に協う実力。

古訓 中古 おびやかす・かなふ・やはらぐ 中世 おびやかす・かなふ・やはらぐ 近世 かなふ・つく・やはらぐ

人名 かなえ・かのう・やす・やすし

【協韻】①韻をふむ。押韻する。②『詩経』『楚辞』などの古い韻文では韻をふんでいる字が、後世の発音では韻をふまない場合、臨時に字の発音を変えて韻をふむようにすること。また、その変えた発音。

【協会】日(公共の)ある目的のために、会員が協力してつくり、運営する団体。

【協議】人々が集まり、相談する。例—事項。

【協賛】【協▼讃】〔「賛・讃」は、たすける意〕たすける。補佐する。賛助。類協扶・協翼。例—金。

【協商】日①(利害関係について)話し合う。協議する。②国家間の協定。条約ほど正式なものではない。

【協心】心を合わせる。

【協奏】複数種の楽器を合わせて演奏すること。合奏。例—曲(=コンチェルト)。

【協調】調和させる。融和する。例労使—。

【協定】日①協議して決める。また、その約束。例—を結ぶ。②〔法〕特定の対象についての、国家間の略式のとりきめ。協約。例通商—。

【協同】みんなで力を合わせて仕事をする。例—組合。

【協約】日 互いの利害にかかわる事柄について、団体と個人、また、団体どうし、国どうしで相談して約束する。また、その約束。協定。例労働—。

【協力】ある目的のために、一緒に力を合わせておこなう。例—一致。

【協和】心を合わせて仲よくする。例諸民族の—。

●妥協・農協

卒

十6(8) 1 3420 5352 教4 □一 ソツ漢 ソチ呉 月 zú □二 ソツ漢 月 cù □三 ソツ慣 シュツ漢 質 zú にわ-か(には-か)・お-わる(を-はる)・お-える(を-ふ)・つい-に(つひ-に)

[卆] 十2(4) 2 5032 5346 俗字。

筆順 丶 亠 广 六 卆 卆 卒 卒

なりたち  [会意]「卒(=ころも)」と「一(=しるしをつける)」とから成る。しるしのある衣を着たしもべ。

意味 □一 ❶しもべ。召し使い。例卒徒(=従者)。❷身分の低い兵士。例従卒。兵卒。□二 にわかに。急に。突然。にわか。例卒惶急不知所為(=にわかにあわてふためいて、どうしていいかわからない)。〈史記・刺客伝・荊軻〉卒然。倉卒。□三 ❶おわる。おえる。やむ。しめくくる。例卒業。❷死ぬ。また、身分の高い人の死をいう。例趙恵文王卒(=趙の恵文王はお亡くなりになった)。〈史記・廉頗藺相如伝〉卒去。生卒年。

❸ついに。最後には。例 卒相与驩、為刎頸之交（＝最後には互いにうちとけて、刎頸の交わりを結んだ）。〈史記・廉頗藺相如伝〉

古訓 中古 いくさ・ことごとく・しぬ・つく・つくす・つひに・とる・にはかなり・にはかに・をはる 中世 たちまち・つひに・にはか・ひきゆ・をはる 近世 いそがはし・しもべ・すみやか・せがれ・たちまち・つくす・つくる・つひに・もろもろ・をはる

人名 たか

難読 大卒（おおむね）・何卒（なにとぞ）

【卒去】シュッキョ｜ソッキョ ①人が死ぬこと。②日 律令制で、四位（イシ）・五位の人が死ぬ。

【卒年】シュツネン｜ソツネン ①一年中。例 以卒年君挙（ソツネンをもってきみあぐ）（＝一年中いつも主君は《管仲の進言を》採用した）。〈管子・大匡〉②死亡した年。没年。㊉生年。

【卒園】ソツエン 日 幼稚園や保育園を卒業する。㊉入園。

【卒業】ソツギョウ ①仕事をなしとげる。②学業を修了する。㊉入学。例 —式。③日 あることをひととおり経験しおえる。例 テレビゲームは—した。

【卒▼伍】ソツゴ ①古代の軍隊の編制の名。五人一組を「伍」といい、百人を「卒」という。②軍隊。また、兵士。

【卒▼爾】ソツジ 突然なさま。率爾（ソツジ）。例 —ながらお尋ねします。

【卒寿】ソツジュ 日 九十歳。また、その祝い。〔「卒」の俗字「卆」を「九十」とみなすことから〕

【卒然】ソツゼン 急であるさま。だしぬけに。率然。例 —と姿を消す。

【卒卒】ソツソツ あわただしいさま。例 卒卒無須臾之間得竭指意（ソツソツとしてシュユのカンのシイをつくすをうるなし）（＝あわただしくて、ちょっと時間を作って私の気持ちをお伝えすることさえできませんでした）。〈司馬遷・報任少卿書〉

【卒中】ソッチュウ 脳の血管障害などで、突然意識を失って倒れ、手足などがまひする病気。脳卒中。

【卒倒】ソットウ 急に気を失ってたおれる。

【卒塔婆】ソトバ｜ソトウバ 〔仏〕〔梵語（ボンゴ） stūpa の音訳〕①仏骨を安置する塔。②日 墓に立てる、塔をかたどった細長い板。梵字（ボンジ）・経文・戒名などを書く。例 —を立てる。▽卒都婆（ソトバ）。卒堵婆（ソトバ）。

●獄卒（ゴクソツ）・士卒（シソツ）・弱卒（ジャクソツ）・新卒（シンソツ）・怱卒（ソウソツ）・倉卒（ソウソツ）・兵卒（ヘイソツ）・邏卒（ラソツ）

卓

十6（8） 1 3478 5353 常用

タク漢呉 覚 zhuó（旧 zhuō） すぐ-れる（すぐ-る）・つくえ

筆順 ｜ ⺊ ⺊ 卢 卢 卣 卣 卓

なりたち［会意］「卜（＝くらべる）」と「早（＝陽（ひ）がのぼるあさ）」とから成る。高く抜きんでる。

意味 ❶高く抜きんでる。ひときわすぐれる。すぐれる。例 卓越（タクエツ）。卓抜（タクバツ）。卓見（タッケン）。❷遠い。はるかな。例 卓遠（タクエン）（＝はるかに遠い）。❸立てる。たつ。例 卓旌旗（セイキをたつ）（＝旗を立てる）。〈王禹偁・対雪〉 卓錫（タクシャク）（＝錫杖（シャクジョウ）《＝僧が外出のとき持つつえ》を立てる。僧がとどまること、転じて、僧坊などをいう）。❹つくえ。台。例 卓球（タッキュウ）。円卓（エンタク）。食卓（ショクタク）。❺正しく。ちょうど。例 卓午（タクゴ）。

古訓 中古 こゆ・さがし・すぐる・たか・たかし・たちまち・ひたけぬ 中世 あきらか・たか・たかし・たつ・つくゑ・をかす 近世 たかし・たつ・つくゑ・とほし

人名 すぐる・たか・たかし・つな・とお・まこと・まさる・もち

難読 卓袱台（チャブダイ）

【卓▼袱料理】シッポクリョウリ 日 〔「卓袱」は中国風のテーブルクロス。「シッポク」は近代中国音の転〕江戸時代に日本化した中華料理。魚肉を主とし大鉢などに盛ったもので、長崎の郷土料理として広まった。

【卓逸】タクイツ 人よりすぐれている。例 —した人物。

【卓越】タクエツ 他のものとはくらべものにならないほど、すぐれている。卓絶。卓出。卓抜。例 —した技術。

【卓午】タクゴ 正午。例 頭戴笠子日卓午（あたまはリュウシをいただきてひタクゴなり）（＝頭にかさをかぶり、太陽は真昼の位置にある）。〈李白・戯贈杜甫〉

【卓才】タクサイ 人よりはるかにすぐれた才能。また、その才能のある人。高才。例 —の持ち主。

【卓子】タクシ つくえ。テーブル。卓。

【卓▼爾】タクジ 高く抜きんでたさま。卓然。例 如有所立卓爾（たつところありてタクジたるがごとし）（＝高く抜きんでて立っているようだ）。〈論語・子罕〉 卓爾不群（タクジとしてグンせず）（＝抜群に優秀である）。〈漢書・景十三王伝・賛〉

【卓識】タクシキ すぐれた意見や考え。また、すぐれた見識。卓見（タッケン）。例 —を披露した。

【卓出】タクシュツ 同類の中で、ずばぬけてすぐれている。傑出。卓越。卓絶。卓抜。例 —した手腕。

【卓上】タクジョウ 机や食卓などの上。机上。例 —日記。

【卓説】タクセツ 立派な意見。すぐれた説。高説。卓論。例 名論—。

【卓絶】タクゼツ 非常にすぐれている。卓出。卓越。例 —の才。

【卓然】タクゼン ずばぬけてすぐれているさま。例 —として他を圧する。

【卓卓】タクタク ①高遠なさま。例 月魄高卓卓（ゲッパクたかきことタクタクたり）（＝月が高く昇っている）。〈孟郊・峡哀〉②とびぬけてすぐれているさま。

【卓抜】タクバツ 群をぬいてすぐれているさま。卓越。卓絶。卓出。例 —なアイディア。

【卓筆】タクヒツ ①筆をとる。②筆をおく。書くのをやめる。③すぐれた筆跡や文章。

【卓立】タクリツ ①きわだって目立つ。また、特にすぐれている。卓出。例 —した研究。②日 文中のある語句を強調するために、強く発音すること。プロミネンス。

【卓論】タクロン すぐれた論理や議論。高説。卓説。

【卓球】タッキュウ 日 台の中央に張ったネット越しに、セルロイドのたまをラケットで打ち合う室内競技。ピンポン。

【卓見】タッケン すぐれた意見や見識。達見。卓識。

【卓行】タッコウ すぐれたおこない。例 —を賞する。

【卓効】タッコウ 薬などのすぐれたききめ。

●円卓（エンタク）・教卓（キョウタク）・食卓（ショクタク）・電卓（デンタク）

［卑］

十6（8） ⇨卑（ヒ）（199ページ）

卓

十6（8） 4 0351 2099D

（漢字の字体記述要素）

単

十7（9） 1 3517 5358 教4

一 タン漢呉 寒 dān
二 タン漢呉 翰 dǎn
三 セン漢 ゼン呉 先 chán
四 セン漢 ゼン呉 霰 銑 shàn
ひとえ（ひとへ）

［單］口9（12） 2 5137 55AE 人 旧字体。

筆順 丶 丷 丷 ⺍ 単 単 単 単 単

なりたち［会意］「吅（ケン→タン）（＝おどろきさけぶ）」と「甲」とから成る。大げさに言う。派生して

「ひとつ」の意。

意味 [一] ❶ただ一つ。ひとり。ひとつ。例 単一(タンイツ)。単身(タンシン)。単独(タンドク)。❷基本となる一つのまとまり。基準。例 単位(タンイ)。単元(タンゲン)。単語(タンゴ)。❸一様で変化がない。まじりけがない。例 単純(タンジュン)。単調(タンチョウ)。❹ひとえの着物。裏をつけない衣(ころも)。**ひとえ**。例 可レ憐身上衣正単(あわれむべしシンジョウのイ まさにタンなるを)(=気の毒なことに身につけているのはたった一枚の薄い着物)。〈白居易・売炭翁〉 単衣(タンイ)。❺孤立した。手薄な。弱い。例 単兵(タンペイ)(=孤立した部隊)。単薄(タンパク)(=少ない。手薄)。❻つきる。つくす。通 殫(タン)。例 単竭(タンケツ)。❼書きつけ。カード。例 伝単(デンタン)。[二] まごころがある。厚い。あつくす。通 亶(タン)。例 単二厥心一(そのこころをあつくす)(=その心を温厚にした)。〈詩経・周頌・昊天有成命〉 [三]「単于(ゼンウ)」は、匈奴(キョウド)の王の称号。[四] ❶地名。例 単父(ゼンポ)(=春秋時代、魯(ロ)の地。今の山東省単県)。❷姓。

古訓 中古 うすし・ことごとく・ひとへ・ひとへなり・ひとり 中世 えびす・ことごとく・ひとへ・ひとり 近世 うすし・おほいなり・かたかた・ことごとく・つくす・ひとへ・ひとり

人名 ただ

難読 単皮(たび)

【単衣】(タンイ|ひとえ) ひとえの衣服。裏地をつけない着物。普通、夏用。

【単位】(タンイ) ①長さ・重さ・時間などをはかるときに基準とするもの。また、数値。メートル・グラム・秒など。例 億—の金が動く。②ある組織を構成している、基本的なひとまとまり。例 クラス—で行動する。③日 高等学校や大学などで、学習量をはかる基準の量。例 —制高等学校。

【単一】(タンイツ) 日 ①それだけであること。②一種類だけで、ほかのものがまじっていないこと。例 —民族国家。

【単音】(タンオン) 日〔言〕音声をとらえるときの最小の単位。a・o・p・tなど、それ以上細かく分けることのできない音。

【単価】(タンカ) 商品の一個、または、ある単位あたりの価格。

【単眼】(タンガン) 日 昆虫類やクモ類などにみられる、明暗を見分ける程度の、単純な仕組みの目。対 複眼。

【単記】(タンキ) 日 (選挙などで)一枚の投票用紙に一名だけを書くこと。対 連記。例 —無記名投票。

【単騎】(タンキ) ただひとりウマに乗って行くこと。また、その人。

【単▼惸】(タンケイ) 〔「惸」は、ひとり者の意〕ひとりぼっち。また、ひとり者。類 単孑(タンゲツ)。

【単▼竭】(タンケツ) 尽きる。なくなる。例 糧食単竭(リョウショクタンケツす)(=食糧が尽きてなくなる)。〈漢書・韓信伝〉

【単元】(タンゲン) 日 学校教育で、ある目標のもとに一つにまとめられた学習活動。例 詩の—。

【単語】(タンゴ) 日 文法で、文を組み立てている一つ一つのことば。ある決まった意味やはたらきをもち、それ以上に分けることのできない、ことばとしての最小の単位。語。たとえば、「月が出る。」という文は、「月」「が」「出る」の三つの単語でできている。

【単行】(タンコウ) ①ひとりで行く。②ひとりでおこなう。③単独に刊行する。例 —本(ボン)。

【単▼鉤】(タンコウ) 筆の軸を親指のほかに鉤(かぎ)状に曲げた人差し指一本で支えて持つ執筆法。対 双鉤。

【単細胞】(タンサイボウ) 日 ①一つの細胞。例 —生物。②考えや行動などの単純なさま。

【単辞】(タンジ) ①証拠にならない、一方の当事者だけのことば。例 明二清于単辞一(タンジにメイセイなれ)(=一方からだけの主張は詳しく審理せよ)。〈書経・呂刑〉 ②簡潔なことば。

【単式】(タンシキ) 日 単純な形式。簡単な方式。対 複式。

【単車】(タンシャ) ①供を連れないただ一台の車。②日 オートバイやスクーターなど、エンジン付きの二輪車。

【単車▼之使】(タンシャのつかい) 供の車もなく、従者も少ない使者。例 昔以二単車之使一、適二万乗之虜一(むかしタンシャのつかいをもって、バンジョウのリョにゆく)(=昔、たった一台の車で、一万台の車を持つ大国に使者として出向いた)。〈李陵・答蘇武書〉

【単弱】(タンジャク) ①助ける者がなく孤立していて、勢力が弱い。②からだが弱い。虚弱。

【単純】(タンジュン) 日 ①一つあるいは一種類だけで、まじりけがないこと。例 —林(=ほとんど一種類の樹木しかない森林)。②仕組み・考え方・はたらき方などがこみいっていないさま。簡単。対 複雑。例 —な作業。③複雑な事柄を理解できないさま。例 —な頭をしている。

【単身】(タンシン) ひとりであること。また、仲間や家族がいない(または連れていない)こと。例 —赴任。—敵地に乗りこむ。

【単数】(タンスウ) 日 ①数が一つであること。②英語などの文法で、ひとりまたは一つをあらわす語形。例 —形。▽対 複数。

【単調】(タンチョウ) 日 調子が単純で変化にとぼしいこと。一本調子。例 —な仕事。

【単伝】(タンデン) ①ただひとりの先生の学説を受け継ぎ、他の説を混在させないこと。②ひとりの弟子だけに伝えること。一子相伝。

【単刀直入】(タントウチョクニュウ) ①かたなをひとふり持ってまっすぐ敵陣に切りこむ。転じて、目的を定め、それに向かって精進する。〈景徳伝灯録・潭州潙山霊祐禅師〉 ②前置きなしで、いきなり本題にはいること。例 —に質問する。

【単独】(タンドク) ①ただひとり。自分ひとり。例 —行動。②それ一つだけであること。例 —首位。

【単発】(タンパツ) 日 ①(銃などで)一発ずつ発射すること。対 連発。②一回かぎりで続きがないこと。例 —ドラマ。③航空機の発動機(=エンジン)が一つであること。対 双発・多発。

【単複】(タンプク) ①着物のひとえとあわせ。例 随時単複(ズイジタンプクす)(=そのときどきにひとえを着たりあわせを着たりする)。〈魏志・管寧伝〉 ②単純と複雑。字の筆画が少ないものと多いもの。③日 単数と複数。

【単文】(タンブン) ①(他に証拠のない)孤立した記述。②日 文法で、主語と述語の関係がひと組みだけある文。たとえば、「花が咲く」の文など。対 複文・重文。

【単弁(瓣)】(タンベン) 日 花弁がひとえであること。また、ひとえの花弁。対 重弁。例 —花。

【単門】(タンモン) 地位や身分の低い家柄。寒門。類 単家。

【単葉】(タンヨウ) 日 ①葉が一枚ずつ離れているもの。最も普通の葉の形。②飛行機の主翼が一枚であること。また、その飛行機。例 —機。▽対 複葉。

【単利】(リタン) 日 元金だけに対して利息をつけ、中間で計算した利息にさらに利息をつけることはしないやり方。対 複利。

●簡単(カンタン)・十二単(ジュウニひとえ)

南

十7 (9)

1 3878
5357
教2

[一] ダン(ダム) 漢
ナン(ナム) 呉 nán
[二] ナ 呉 nā
みなみ

筆順 一 十 𠂇 冂 冇 𡴀 南 南

なりたち  [形声]「𠦒(=草木がさかんにしげるさま)」と、音「羊(ジン→ダン)」とから成る。草木が枝葉を思いのままにしげらす方角。

意味 [一] ❶方角をあらわす。**みなみ**。例 南極(ナンキョク)。南蛮(ナンバン)。南北(ナンボク)。❷南の方角に。南に向かって。南に行く。みなみす。例 将レ図レ南(まさにみなみするをはからんとす)(=南に向かって行こうとしている)。〈荘子・逍遥遊〉 [二] 梵語(ボンゴ)の音訳に用いる字。例 南無(ナム)。

古訓 中古なみ・みなみ 中世なみ・みなみ 近世うれふ・おもふ・みなみ
人名 あき・あけ・なみ・みな
難読 南殿の桜

【南無】ナム|ナモ 〔仏〕〔梵語 namas の音訳〕仏に祈るときにとなえることば。仏の教えを信じ、それに従い、すがるという意で、仏・法・僧の三宝に対する絶対的帰依をあらわす。〔漢語では「帰命」〕例 ―三宝。

【南無▼阿弥▼陀仏】ナムアミダブツ 〔仏〕〔阿弥陀仏の教えを信じ、それにすがる意〕浄土宗や浄土真宗でとなえることば。六字の名号。なむあみだ。

【南無三宝】ナムサンボウ|ナムサンボウ ①仏・法・僧の三宝に帰依すること。②日 失敗したときに発することば。しまった。南無三。

【南無妙法▼蓮華経】ナムミョウホウレンゲキョウ 日〔仏〕〔妙法蓮華経（＝法華経）を信じ、敬う意〕日蓮宗でとなえることば。お題目。

【南緯】ナンイ 赤道を〇度、南極点を九〇度として測った南半球の緯度。対北緯。

【南越】【南▼粤】ナンエツ 地域名。今の広東省・広西チワン族自治区一帯を指す。秦末に趙佗がこの地に南越国を建国したが、漢の武帝によって滅ぼされた。

【南▼燕】ナンエン 五胡十六国の一つ。鮮卑族の慕容徳が今の山東省内に建てた国。（三九八―四一〇）

【南下】ナンカ 南へ向かって進む。対北上。

【南▼瓜】カボチャ|ナンカ ウリ科のつる性の野菜。カンボジアから伝わったのでカボチャの名がある。とうなす。なんきん。ぼうぶら。

【南画】ナンガ 「南宗画」の略。唐の王維に始まる文人画の一派。水墨や淡彩でおもに山水をえがく。日本では池大雅や与謝蕪村らが有名。対北画。

【南海】ナンカイ ①南方の海。②日「南海道」の略。

【南海道】ナンカイドウ 日 昔の七道の一つ。紀伊・淡路・阿波・讃岐・伊予・土佐の六か国が含まれる。

【南華真経】ナンカシンケイ|ナンカシンギョウ 書名『荘子』の別名。

【南▼柯】ナンカ 〔「南柯」は、南にさし出た太い枝〕はかない夢。また、人生のはかなさのたとえ。槐安夢。

槐南夢。類南柯一夢。◆唐の淳于棼が酒に酔って庭の槐の木の枝の下に寝て夢を見た。大槐安国の南柯郡守となり、善政をおこなって王に重用され、二十年の栄華をきわめた。目覚めてみるとそれはその木の下に巣くうアリの国であった。〈李公佐・南柯太守伝〉

【南▼橘北▼枳】ナンキツホッキ 江南に生える橘を江北に植えると、枳というとげが多くて実もおいしくない木に変わってしまう。人の善悪は、その土地の風土によって決まるということ。〈晏子・雑下〉から〉

【南▼嚮】【南向】【南郷】ナンキョウ ①南を向く。→【東嚮】（667ページ）②天子の位にある。南面。例 明レ此以南郷、尭之為レ君也（＝このことを明らかに理解して天子の地位についたのが、尭の君主としてのやり方である）。〈荘子・天道〉

【南極】ナンキョク ①南のはて。②地球の南の極。地軸の南のはし。③磁石の、南を指している方の磁極。S極。④南極大陸。例 ―基地。▽対北極。

【南京】一ナンキン ①江蘇省の省都。〔古くは、建業・建康・金陵などといった〕②日 中国から渡来したものをいうことば。例 ―繻子。―豆。二ナンキョウ 日〔京都を北京というのに対して〕奈良。南都。

【南京錠】ナンキンジョウ 日 戸や金庫などに取りつける、U字形の棒をさしこんで使う金属製の錠。

【南金】ナンキン 中国南方の地域で産出される銅。貴重なものとされ、のち南方の優秀な人材のたとえとしても用いた。

【南薫】ナンクン ①天子の恵みで天下が治まり平和なことのたとえ。古代の聖天子、舜が作ったとされる歌「南風之薫兮可三以解二吾民之慍一兮」（＝南風はかぐわしく吹いてきて、わが民の不満を解くことができる）。〈家語・弁楽解〉による。南風之詩。②あたたかい南風。温和で万物を育てる風とされる。

【南国】ナンゴク 南の方にある国。南の暖かい国や地方。対北国。例 ―育ち。

【南山】ナンザン ①南の方角にある山。②陝西省西安の南にある終南山の別名。例 ―の寿（＝長寿を祝うことば）。③日〔比叡山を北嶺というのに対して〕高野山。

【南至】ナンシ 〔太陽が最も南にいたる意〕冬至。

【南宗】ナンシュウ ①〔仏〕六祖慧能を祖とし、頓悟（＝いっきに悟りをひらくこと）を説く禅宗の主流派。対北宗。②「南宗画」の略。→【南画】

【南西】ナンセイ 南と西との中間にあたる方位。西南。坤。

【南船北馬】ナンセンホクバ 広く各地を旅すること。各地をいそがしく駆けまわること。東奔西走。〔中国は、南は川が多いので船で、北は山や平原が多いのでウマで旅をしたことから〕

【南▼宋】ナンソウ 北宋が金に滅ぼされた後、皇族の一人、高宗が臨安（＝今の杭州）に都を移して建てた王朝。のち、元に滅ぼされた。（一一二七―一二七九）

【南巣】ナンソウ 地名。殷の湯王が夏の桀王を追放したとされる場所。現在の安徽省巣県にあった。

【南内】ナンダイ ①唐代、長安（＝今の西安市）にあった興慶宮の別名。②南宋代、皇帝が居住していた宮殿。大内。

【南端】ナンタン 南のはし。対北端。例 日本列島の最―。

【南中】ナンチュウ ①南方の地域。ア現在の四川省から雲南省・貴州省にかけての一帯。イ現在の嶺南地方（＝広東省・福建省など）。②天体が、真南に見える位置に来ること。例 ―高度。

【南朝】ナンチョウ ①南北朝時代、建康（＝今の南京）を都とした漢民族の四王朝。宋・斉・梁・陳を指す。（四二〇―五八九）②日 後醍醐天皇が吉野に移ってから後亀山天皇までの、四代の朝廷。吉野朝。（一三三六―一三九二）→【北朝】（186ページ）

【南天】ナンテン ①南の空。②メギ科の常緑低木。冬に赤い実がなる。南天燭。

【南都】ナント ①南方のみやこ。後漢の南陽、南宋の臨安（＝今の杭州）、明代の南京。②日〔京都を北都というのに対して〕奈良。南京。③日〔京都の比叡山延暦寺を北嶺というのに対して〕奈良の興福寺。

【南東】ナントウ 南と東との中間にあたる方位。東南。巽。

【南唐】ナントウ 五代十国の一つ。徐知誥が建てた国。都は金陵（＝今の南京市）。経済的に豊かで、文化も栄えたが、北宋に滅ぼされた。（九三七―九七五）

【南蛮】ナンバン ①南方の野蛮人。南方の異民族を見くだして呼んだ名。例 東夷・西戎・―・北狄。②日 室町時代から江戸時代、貿易の相手だった東南アジアの諸国。また、日本にもたらされた西欧の文化・技術・宗教をもいう。③日 トウガラシ。④日〔関西で〕トウモロコシ。⑤日「南蛮煮」の略。ネギと肉を煮た料理。例 鴨―。

【南蛮▼鴃舌】ナンバンゲキゼツ 〔「鴃舌」は、モズのさえずりの意〕南方の異民族のことば。モズのさえずりのようにうるさいだけ

で、意味が通じないということ。〈孟子・滕文公上〉

【南部】ナンブ ①ある地域の中の南の部分。また、ある地域の南にとなり合う部分。㊉北部。②日もと南部氏の領地だった地域。特に、岩手県盛岡地方。例 ―鉄瓶。

【南風】ナンプウ ①みなみかぜ 南の方角から吹くかぜ。夏のかぜ。はえ。㊉北風。②「南薫①」に同じ。③南方の音楽。④日南朝(=吉野朝)。

【南風不レ競】ナンプウきそわず ①南方の国の勢力がふるわないこと。南方の楚の音楽に活気がなく、北方の晋の音楽と競争できないことを、国の勢力にたとえて表現したもの。〈左伝・襄一八〉②日南朝(=吉野朝)の衰えをいう。

【南風▼之詩】ナンプウのシ 「南薫①」に同じ。

【南米】ナンベイ 日〔「米」は、「亜米利加」の略〕南アメリカ。ブラジル・チリなどをいう。

【南畝】ナンポ 田地の通称。〔日当たりがよいように南に開けているものが多いことから〕

【南方】ナンポウ ①南の方角。南の方角にあたる地。㊉北方。②日第二次世界大戦以前、東南アジアや南洋諸島を呼んだことば。

【南北】ナンボク 南と北。

【南北朝時代】ナンボクチョウジダイ ①東晋が滅びた後、漢民族が南に、北方民族が北にそれぞれ国を建てて対立した時代。(四二〇―五八九) ②日後醍醐天皇が吉野に開いた南朝と、足利尊氏が京都に光明天皇を擁立した北朝とが対立した時代。(一三三六―一三九二)

【南▼溟】【南冥】ナンメイ 南方の暗く果てしない大海。

【南面】ナンメン ①南に向く。また、南側の面。南向き。例 富士の―。②天子や君主の位につく。〔天子が南向きに座り、北向きに座る臣下と対面することから〕

【南洋】ナンヨウ 日太平洋の赤道付近の海。また、そこに散在する島々の総称。㊉北洋。例 ―漁業。

【南涼】ナンリョウ 五胡十六国の一つ。鮮卑族の禿髪烏孤が今の青海省内に建てた国。(三九七―四一四)

◐以南・指南・西南・東南

卑

十7 (9)

1 4060 5351 常用

━ヒ 漢 呉 支 bēi

━ヒ 漢 呉 紙 bǐ

いやしい(いや-し)・いやしむ・いやしめる(いや-しむ)・ひく-い(ひく-し)

[卑]

十6 (8)

3 1478 FA35 人 旧字体。

筆順 

なりたち  [会意]「十(=右手よりおとる左手)」と「甲(=人の頭)」とから成る。身分のおとる人。いやしい。

意味 ━ ❶身分が低い。いやしい。ひくい。例 卑賤。尊卑。❷品がなく、さもしい。いやらしい。例 卑劣。野卑。❸いやしい者として見くだす。いやしめる。例 不レ卑二小官一(=低い官職でも見くださない)。〈孟子・公孫丑上〉卑下。❹自分についてのことを、へりくだっていう。ひくい。例 卑レ辞以謝レ秦(=へりくだったことばで、秦におわびをする)。〈戦国策・燕一〉卑見。❺土地などが低い。ひくい。例 卑下。━「しむ」と読んで、使役の意をあらわす。通 俾。例 卑二民不レ迷(=民衆を迷わせない)。〈荀子・宥坐〉

古訓 中古 あたふ・いやし・くだる・つたなし・みじかし・やはらかにと・ひきし・ひくし・ひそむる 中世 あたふ・いやし・ひきし・みじかし 近世 いやし・つぐなふ・はしぶ

【卑官】ヒカン ①身分の低い官職。②役人の謙称。

【卑▼怯】ヒキョウ 日勇気や道義心がなく、やり方や心がまえがずるいこと。例 ―な方法。

【卑近】ヒキン 身近なさま。手近でわかりやすいさま。

【卑金属】ヒキンゾク 日空気中で酸化しやすい金属。鉄・亜鉛など。㊉貴金属。

【卑屈】ヒクツ 必要以上に人に気がねをし、自分を小さくみて、いじけているさま。例 ―な態度。

【卑下】━ヒゲ ①自分を人よりもおとっているとして、遠慮した態度をとる。②他人を見くだす。━カヒ ①土地が低い。②地位や身分が低い。また、その人。

【卑見】ヒケン 〔私のつまらない考え、の意〕自分の意見の謙称。鄙見。例 ―を述べさせていただきます。

【卑語】ヒゴ 人をののしるときなどに用いる下品なことば。鄙語。

【卑行】ヒコウ 「卑属」に同じ。

【卑高】ヒコウ 低いところと高いところ。たとえば、天と地、山と沢など。また、地位の高い者と低い者。

【卑湿】ヒシツ・ヒシュウ ①土地が低くてじめじめしている。例 江陵卑湿足二秋陰一(=江陵は低い所にあって湿気も多く、秋はくもりの日ばかりだ)。〈白居易・八月十五日夜禁中独直対月憶元九〉②へりくだる。卑屈になる。

【卑小】ヒショウ とるにたりないこと。特に問題にならないつまらないこと。例 ―なことにこだわる。

【卑称】ヒショウ 人の動作や状態、また、相手そのものをいやしめていうことば。

【卑職】ヒショク ①低い官職。②下級官吏が自分をへりくだっていうことば。

【卑▼賤】ヒセン 身分や地位が低いこと。鄙賤。例 卑賤不レ足二以損一也(=身分が低く貧しくとも、志をくじくことはできない)。〈荀子・哀公〉―から身を起こす。

【卑俗】ヒゾク 下品でいやしいさま。鄙俗。例 ―な歌。

【卑属】ヒゾク 〔法〕親族の系統上、自分の子・孫・おい・めいなど、目下の血族。卑行。㊉尊属。

【卑▼鄙】ヒヒ ①身分が低い。いやしい。例 先帝不レ以二臣卑鄙一(=先帝はわたくしがいやしい身分であるとしなかった)。〈諸葛亮・出師表〉②低俗である。下品。

【卑劣】ヒレツ 性質ややり方がずるくていやしいさま。鄙劣。

【卑▼陋】ヒロウ ①建物が低くて狭い。②身分が低い。③低級で下品である。鄙陋。

【卑▼猥】ヒワイ いやしくみだらなさま。鄙猥。例 ―な笑い。

◐男尊女卑・野卑

博

十10 (12)

1 3978 535A 教4

ハク 漢 ハク・バク 呉 薬 bó

ひろ-い(ひろ-し)

付表 博士

[博]

十10 (12) 旧字体。

[愽]

忄10 (13)

2 5641 613D 別体字。

筆順 

なりたち  [会意]「十(=そなわる)」と「尃(=しきのべる)」とから成る。大いに通じる。

意味 ❶ひろく行きわたる。ひろい。例 君子博学二於文一(=君子は幅広く古典を学ぶ)。〈論語・雍也〉博学。博識。博覧。該博。❷広くする。ひろめる。ひろむ。例 博レ我以レ文(=古典によって自分の知識を広くする)。〈論語・子罕〉❸得る。うける。例 好評を博する。❹かけごと。ばくち。例 博奕。博徒。賭博。

古訓 中古 あまねし・うつ・おほきなり・おほきに・ひろ・ひろし

中世 ひろ・ひろし 近世 あまねし・おほいなり・かへる・ひろし
人名 とおる・はか・ひろ・ひろし・ひろむ
難読 博多はかた(=地名・姓)

【博愛】ハクアイ すべての人を、差別しないで広く平等に愛すること。例 —主義。

【博引▼旁証(證)】ハクインボウショウ 日 論文などで、例を広い範囲から引用し、証拠を多くあげて説明する。

【博▼奕】バクエキ/バクチ 勝負を争うあそび。また、かけごと。ばくち。例 博奕好ニ飲酒一バクエキしてインシュをこのむ(=ばくちをし、よく酒を飲む)。〈孟子・離婁下〉

【博雅】ハクガ ①広く学問に通じ、ものごとを知っていること。例 —の士。②文章がすぐれているさま。

【博学】ハクガク ①広くものごとを学ぶ。②ものごとを、広くくわしく知っていること。例 —多才。—の士。

【博戯】ハクギ 「博奕バクエキ」に同じ。

【博言学】ハクゲンガク 日〔英 philology の訳語〕「言語学」の古い言い方。

【博才】ハクサイ 日 ばくちの才能。かけごとに勝つ才能。

【博山】ハクザン 伝説中の海上の山である博山の形をしたふたがついている香炉の名。のち、高級な香炉を指す。

【博士】一 ハクシ/ハカセ ①博学の人。物知り。②官名。漢の武帝が設置。各分野の学問に通じ、教授をおこなった。詩・書などの経学に通じた五経博士は有名。③日 専門の学術について、水準以上の研究をした者に与えられる学位。二 ハカセ 日 律令制で、大学寮・陰陽ヨウオン寮の教官。

【博識】ハクシキ 広い範囲にわたってものごとをよく知っているさま。多識。対 寡聞カブン・浅学。例 —な研究家。

【博捜】ハクソウ あることを求めて、多くの記録や文書を調べる。例 文献を—する。

【博大】ハクダイ 知識や学問などが広く豊かであるさま。例 —な知識。

【博打】バクち 日 ①金品をかけて、花札やトランプなどの勝負をすること。賭博トバク。例 —打ち。②失敗したら取りかえしのつかないことに、思いきって挑戦すること。例 大おお—に出る。

【博徒】バクト ばくち打ち。

【博物】ハクブツ ①さまざまな事柄について広い知識をもち、くわしく知っていること。例 —誌。②日「博物学」の略。

【博物学】ハクブツガク 日 動植物・地質・鉱物についての学問。

【博物館】ハクブツカン 日 考古学資料や歴史的遺物、美術品などを広く集めて並べ、一般に公開する所。例 科学—。

【博聞】ハクブン 見聞が広いこと。さまざまなことを広く見聞きして、多くの知識をもっていること。

【博聞強記】ハクブンキョウキ 広くものごとを聞いて知っており、よく記憶していること。〈韓詩外伝・八〉

【博文約礼】ハクブンヤクレイ 広く学問を修め教養を身につけ、礼節によって行動をひきしめる。孔子の学問観を示したもの。〔「博学ニ於文一、約レ之以レ礼ひろくブンをまなび、これをヤクするにレイをもってす」〈論語・雍也、顔淵〉から〕

【博覧】ハクラン ①広く書物を読み、多くのことを知っている。また、見聞を広くする。②日 一般の人々に公開して見聞させる。例 万国—会。

【博覧強記】ハクランキョウキ 広く書物を読み、それをよく記憶していること。〈蘇軾・牡丹記序〉

【博労】バクロウ 〔「伯楽ハクラク」の変化したことば〕①ウシやウマのよしあしを見分ける人。②日 ウシやウマの売買をする人。馬喰バクロウ。

【博古】ハッコ ①広く昔のことに通じている。②昔の器物を図示したもの。また古い形式を模倣したもの。

【博▼洽】ハッコウ 〔「洽」も、広い意〕①広くゆきわたること。②よく知っている。広く通じている。例 博ニ洽経史一ケイシにハッコウす(=経史によく通じている)。〈元史・儒学伝二〉

25 2画 卜 ぼく部

カメの甲羅を焼いて占いをするとき、表面にできるひびわれの形をあらわす。「卜」をもとにしてできている漢字と、「卜」の字形を目じるしにして引く漢字とを集めた。

卜

卜0(2) 1 4346 535C 人
ホク漢 ボク呉 屋 bǔ
うらな-う(うらな-ふ)・うらな-い(うらなひ)

なりたち [象形] カメの甲を灼やいている形。一説に、カメの甲にあらわれた、ひび割れの線の形。

意味 ❶カメの甲羅や獣の骨などを焼いて、そのひびわれで運勢を予想する。うらなう。うらない。例 卜占ボクセン。亀卜キボク。❷ものごとを推察する。例 自卜已審みずからボクするにすでにつまびらかなり(=自分で将来を考えてみても、もはやはっきりしています)。〈嵆康・与山巨源絶交書〉❸(住む場所などを)選定する。例 香炉峰下、新卜ニ山居一コウロホウカ、あらたにサンキョをボクす(=香炉峰のふもとに新しく山居を定める)。〈白居易・香炉峰下新卜山居草堂初成偶題東壁〉❹与える。あたう。例 卜ニ爾百福一なんじにヒャクフクをあたう(=お前たちに多くの幸福を与える)。〈詩経・小雅・楚茨〉

古訓 中古 うらなふ・しむ 中世 うらなふ・しむる 近世 うらかた・うらなひ・うらなふ・しむる・とづる

難読 卜部うらべ(=姓)・卜地じめ・卜治じめ

【卜辞】ボクジ 殷イの遺跡から出土した亀甲キッコウや獣骨にきざみつけられた、占いの文字。

【卜者】ボクシャ 占いをする人。占い師。易者。卜人。

【卜人】ボクジン 占いをする人。易者。卜者。

【卜▼筮】ボクゼイ 〔「筮」は、筮竹を使った占いの意〕占い。

【卜占】ボクセン 占い。占卜。例 —の術。

【卜相】ボクソウ 人相や家相、また善悪や良否を占うこと。

【卜宅】ボクタク ①都を占いで決める。②住む場所を占いで決める。③占いで墓地を決める。

【卜居】ボッキョ 土地をよく見て選び、そこに住むのを決める。

卞

卜2(4) 2 5038 535E
ヘン漢 ベン呉 霰 biàn

意味 ❶かんむり。通 弁。❷せっかちなさま。❸きまり。のり。❹素手での戦い。❺姓の一つ。例 卞和ベンカ。

【卞和】ベンカ 春秋時代の楚ソの人。すばらしい宝玉を山中で発見した。例 —の璧ヘキ(=和氏カシの璧)。→【完璧】カンペキ(365ページ)

占

卜3(5) 1 3274 5360 常用
一 セン(セム)漢呉 塩 zhān
二 セン(セム)漢呉 艶 zhàn
しめる(し-む)・うらなう(うらな-ふ)・うらない(うらなひ)

筆順 丨 ト ト 占 占

なりたち 占 〔会意〕「卜(=うらなう)」と「口(=くち)」とから成る。カメの甲羅のひびわれの形を見て問う。

意味 一 ❶吉凶をうらなう。**うらなう**。**うらない**。例 占星(センセイ)。占卜(センボク)。❷(隠れたものごとを知ろうとして)予測する。観察する。二 自分のものとする。ある地位や勢力をもつ。**しめる**。例 占二小善一者率以録(ショウゼンをしむるものもおおむねもってロクせらるる)(=わずかな善行をおこなった者もだいたい名を記録される)。〈韓愈・進学解〉占拠(センキョ)。占有(センユウ)。独占(ドクセン)。

古訓 中古 うら・うらなふ・しむ・わきまふ 中世 うら・うらなふ・しむ・しむる 近世 うかがふ・うら・うらかた・うらなふ・しむる・はかる・みる

人名 うら・しめ

難読 辻占(つじうら)

【占形】うらかた 日 うらないの結果、あらわれ出たかたち。カメの甲羅やシカの骨などを焼いて、あらわれた裂け目など。
【占拠】センキョ ある場所をひとりじめにする。例 不法—。
【占験】センケン うらないの結果と合致する事実。
【占候】センコウ 日・月・星・雲などの天体上の現象や気象を観察して、吉凶をうらなうこと。例 占二候吉凶一(キッキョウをセンコウす)(=天候を観察して吉凶をうらなう)。〈後漢書・郎顗伝〉
【占者】センジャ うらないをする人。
【占術】センジュツ うらないの方法。うらない。
【占星】センセイ 天体の位置や運行などを見て、自然・社会・人事をうらない、吉凶を判断すること。
【占星術】センセイジュツ 星などの天体の動きによってうらなう術。
【占▼筮】センゼイ 筮竹によってうらなう。
【占兆】センチョウ うらないにあらわれたかたち。例 —を読み取る。
【占夢】センボウ・センム 夢の示すことが、吉か凶か、また、どんな意味があるかを判断すること。ゆめうら。夢判断。
【占▼卜】センボク うらなうこと。うらない。卜占。
【占有】センユウ 日 自分のものとして所有する。例 —率。
【占用】センヨウ 日 道路などの公のものを、ある者が特別の目的のために使用する。例 歩道を不法に—する。
【占領】センリョウ 日 ①ある地域を兵力で完全に支配する。②ある場所をひとりじめする。例 部屋を—する。

卡
卜3(5) 3 1479 5361 一 ソウ(サフ)漢 合 qiǎ 二 カ kǎ

意味 一 ❶検問所。❷はさむ。❸クリップ。二 ❶カロリー。〔「卡路里(カロリー)」の略〕❷カード。❸トラック。

卣
卜5(7) 3 1480 5363 ユウ(イウ)漢 有 yǒu

[𠧪] 卜7(9) 209EA 古字。

意味 青銅製の酒器。蓋(ふた)と取っ手があり、彝(イ)より小さく、罍(ライ)より大きい。

卦
卜6(8) 1 2321 5366 カ(クヮ)漢 ケ(クエ)呉 卦 guà

意味 易(エキ)の占いで、陰(⚋)と陽(⚊)を三つ組み合わせてできる八とおりの形。また、それを二つ組み合わせてできる六十四とおりの形。占形(うらかた)。例 八卦(ハッカ)。どんな卦(ケ)が出るか。

難読 本卦還(ほんけがえ)り

【卦兆】カチョウ 〔「兆」は、カメの甲羅を焼いてできたひび割れの意〕占いにあらわれたしるし、きざし。

[𠧪]
卜7(9) ⇩卣(ユウ)(201ジペー)

26 2画 卩(㔾) わりふ ふしづくり 部

割り符(=一つのものを二つに割って、それぞれを分け持ち、後日に証拠として、合わせるもの)の形をあらわす。「節(セツ)」の旁(つくり)になるので「ふしづくり」ともいう。「卩」が脚(あし)になるときは「㔾(=まげわりふ)」となる。「卩」をもとにしてできている漢字と、「卩」の字形を目じるしにして引く漢字とを集めた。

卩
卩0(2) 2 5039 5369 セツ漢 屑 jié ふし・わりふ

意味 符節。**わりふ**。**ふし**。

卬
卩2(4) 4 0353 536C 一 ギョウ(ギャウ)漢 養 yǎng 二 ゴウ(ガウ)漢 陽 áng

意味 一 望み見る。あおぐ。通 仰。二 ❶高い。通 昂(ゴウ)。❷高くする。あげる。通 昂(ゴウ)。

卮
㔾3(5) 2 5040 536E シ漢 支 zhī さかずき(さかづき)

[巵] 巳4(7) 2 5466 5DF5 俗字。

意味 酒を飲むための容器。取っ手のある大きなさかずき。**さかずき**。例 卮酒(シシュ)。玉卮(ギョクシ)。

【卮言】シゲン とりとめもないことば。一説に、卮は酒が満ちると傾き、空になるとあおむくことから、条件次第でどうにでも変わる意からという。〈荘子・寓言〉例 林羅山(はやしラザン)の『卮言抄(シゲンショウ)』。
【卮酒】シシュ 大さかずきについだ酒。

[卮]

卯
卩3(5) 1 1712 536F 人 ボウ(バウ)漢 巧 mǎo う

[夘] 夕2(5) 2 5041 5918 俗字。

なりたち 卯 〔象形〕開いた門の形。あらゆるものが地から出て、しげる。派生して、十二支の第四番に用いる。

意味 十二支の四番目。方位では東。時刻では午前六時、およびその前後の二時間。月では陰暦の二月。動物ではウサギにあてる。**う**。例 卯酒(ボウシュ)。卯年(うどし)。

日本語での用法 《う》「卯月(うづき)・卯木(うつぎ)」▼「ウツギの花(=卯の花)」の略。

古訓 中古 う 中世 う 近世 う・さかん・しげる・をかす

人名 あきら・しげ・しげる

【卯月】一 ボウゲツ 中国で、陰暦二月の別名。二 うづき 日 陰暦四月のこと。太陽暦でもいう。
【卯酒】ボウシュ 〔卯(う)の刻に飲む酒の意〕朝酒。
【卯簿】ボウボ 役所の出勤簿。〔卯(う)の刻が始業時刻であることから。その時の点呼を「点卯」、それに対する応答を「応卯」という〕 類卯冊。

印

卩4 (6)
1 1685
5370
教4

イン 漢 呉 震 yìn
しるし

筆順 ノ ㇀ ㇀ E 臼 印

なりたち ［会意］「E(=て)」と「卩(=しるし)」とから成る。政治をおこなう者が持つ、しるし。

意味 ❶はん。はんこ。例 印鑑。押印。調印。❷しるしをつける。しるし。目じるし。また、その記号。例 烙印。❸何かに跡を残す。形を刻みこむ。例 印象。❹文字や図を彫った版をおしつけて刷る。例 印画。印刷。❺仏教で、悟りや願いの内容を指の形で示すもの。例 結印。❻外国語の「イン」の音にあてた字。例 印度。印加帝国。

古訓 中古 おして・しるし 中世 おして・かね・しるし・まこと 近世 おして・かね・しるし・まこと

人名 あき・おき・おし・かね・しる

【印影】インエイ 日 紙などにおした、判のあと。

【印可】インカ ①〔仏〕師が、弟子の修行が十分に達成されたと認めて、証明する。例 —を得る。②日 芸道や武道などで、師が弟子に免許を与える。許し。免許。例 —を受ける。

【印画】インガ 日 写真のネガ(=陰画)を感光紙に焼きつけて、写真にしあげたもの。例 —紙。

【印花布】インカフ 更紗。特に、インド更紗。

【印鑑】インカン 日 ①判。はんこ。②自分の印であることを証明するために地方公共団体に届け出た特定の印。例 —登録。

【印検】インケン 封印する。また、封印。例 縦ニ横印検ニ開(=封印を縦横に切って開く)。〈何妥・門外有車馬行〉

【印行】インコウ 印刷・発行すること。

【印刻】インコク きざみつける。また、印を彫る。刻印。

【印材】インザイ 印章を作る材料。

【印刷】インサツ 文字や、絵・写真などを版におこして、紙や布などに刷る。例 —機。

【印紙】インシ 日 税や手数料を納めたしるしとして、文書や証書にはる証紙。例 収入—。

【印字】インジ ①文字をきざむ。②日 タイプライターやプリンターなどで、文字や符号をしるす。例 —機。

【印璽】インジ ①天子の印。②日 日本国の印と天皇の印。

【印▼綬】インジュ 官職や身分をあらわす印と、それをさげるひも。例 —を帯びる(=官職につく)。—を解く(=官職をやめる)。

【印書】インショ ①書物を印刷し、出版すること。②日 タイプライターやプリンターなどで印刷すること。

【印章】インショウ はんこ。印判。印鑑。

【印象】インショウ 日 見たり聞いたりしたときに心に強く残る感じ。例 あざやかな—を与える。

【印信】インシン 〔「信」は、公印の意〕はんこ。印鑑。特に、官吏のもつ印。

【印税】インゼイ 日 文章・音楽・絵画・映像などの著作物の発行者が、その商品の発行部数や定価に応じて、著作権をもつ者に支払うお金。著作権使用料。

【印泥】インデイ 封印に用いられた泥。のちに、印肉の意。

【印伝】インデン 日「印伝革(=インドから伝来した革)」の略。うるしで模様を染めた、ヒツジやシカなどのなめし革。

【印度】インド 〔英 India の音訳〕南アジアのインド半島にある国。首都はニューデリー。〔古くは、日本や中国などから天竺と呼ばれた〕

【印肉】インニク 日 印をおすときに用いる、朱またはインクなどをしみこませたもの。肉。朱肉。

【印判】インバン 日 はんこ。印。印章。類 印形。

【印版】【印板】インバン 印刷に使う版木。また、それで刷ること。

【印譜】インプ 名家で用いられた印の印影を集めた本。

【印本】インポン 印刷した本。版本。

【印綿】【印▼棉】インメン 〔「印」は、印度の略〕「インド綿」のこと。インド産の綿糸や綿花。

【印籠】インロウ 日 (武家が正装したとき)腰にさげる小さな容器。薬などを入れ、また、飾りともした。

● 影印・押印・金印・刻印・朱印・調印・封印・認印

危

㔾4 (6)
1 2077
5371
教6

キ 慣 ギ(グヰ) 漢 呉 支 wēi
あやうい(あや-ふし)・あやぶむ・あぶない(あぶ-なし)

筆順 ノ ㇀ ㇀ 产 岸 危

なりたち ［会意］「产(=人ががけの上にいる)」と「㔾(=おそれつつしむ)」とから成る。高いところにいて、おそれる。

意味 ❶よくない結果になりはしないかと心配する。あやぶむ。例 危惧。❷安定せず、くずれそうなさま。あぶない。あやうい。例 危機。危険。危邦。❸そこなう。あやうくする。例 危害。❹高くけわしい。例 危峰。❺正しい。正しくする。例 危言。危行。❻星座名。二十八宿の一つ。うみやめぼし。うみやめぼし。例 危宿。❼屋根の最も高い所。むね。例 上レ屋騎レ危(=屋根にのぼり棟にまたがる)。〈史記・魏世家〉

古訓 中古 あやふし・あやぶむ・おつ・おとす・たかし・たしなむ 中世 あやふし・たかし・はげます 近世 あやふし・おつる・さがし・たかし

難読 大歩危・小歩危(=地名)

【危若二朝露一】あやうきことチョウロのごとし 朝日が昇ると消えてしまう露のようにあやうい。滅亡の危機に瀕していることのたとえ。〈史記・商君伝〉

【危うきこと累卵の如し】あやうきことルイランのごとし 積み重ねたたまごのように、不安定で、くずれやすいこと。〔「危猶二累卵一(あやうきことルイランのごとし)〈韓非・十過〉」から〕

【見レ危致レ命】あやうきをみてメイをいたす 国家が危急のときは、命を投げ出して事にあたる。〈論語・子張〉類 見レ危授レ命(あやうきをみてメイをさずく)。〈論語・憲問〉

【危害】キガイ 肉体や生命を傷つけること。例 —を加える。

【危機】キキ あぶないとき。あぶない場面。ピンチ。例 生命の—。

【危機一髪】キキイッパツ 〔「一髪」は、髪の毛一本ほどのわずかなすきまの意〕重大な危険が目の前にせまっていること。

【危急】キキュウ 危険がさしせまっていること。

【危急存亡▼之秋】キキュウソンボウのとき 生きのびるか滅ぶかが決まる、重大なとき。〈諸葛亮・出師表〉

【危局】キキョク 危険な局面。あぶない状態。例 —に直面する。

【危惧】キグ よくないことがあるのではないかと、心配する。例 —の念をいだく。

【危険】キケン あぶないこと。対 安全。例 —信号。

【危言】キゲン 正しいことば。上品で程度の高いことば。また、ことばを正しくする。直言する。

【危行】キコウ 正しいおこない。また、おこないを正しくすること。例 邦有レ道危言危行(くににみちあらばキゲンキコウす)(=国に正しい政道がおこなわれている時には、直言して行動を正しくする)。〈論語・憲問〉

【危▼坐】キザ　きちんと正しくすわる。正座。端座。
【危▼悚】キショウ　〔「悚」は、おそれるさま〕あやぶむ。おそれる。危惧ギグ。㊮危怖・危慄キリツ・危懍キリン。
【危▼檣】キショウ　高い帆柱。マスト。例 危檣独夜舟キショウドクヤのふね（＝高い帆柱がそびえ立つ、ひとりで過ごす夜の舟）。〈杜甫・旅夜書懐〉
【危▼岑】キシン　高い山のいただき。危峰。㊮危嶺キレイ。
【危▼脆】キゼイ　あやうくてもろい。例 人生危脆ジンセイキゼイなり（＝人生というのはあやうくもろいものだ）。〈宋書・張邵伝〉
【危石】キセキ　高くきりたった石。また、今にも倒れそうな石。
【危浅】キセン　（命などの）はかなくてもろいこと。例 人命―。
【危然】キゼン　ひとり正しさを保っているさま。孤高を保つさま。例 危然処二其所一キゼンとしてそのところにおり（＝ひとり正しく自分の居場所にいる）。〈荘子・繕性〉
【危巣】キソウ　高い所にある巣。
【危▼殆】キタイ　非常にあぶないこと。危険。例 ―に瀕ヒンする。
【危地】キチ　あぶない場所や状態。窮地。例 ―を脱する。
【危篤】キトク　病気が重くて、命があぶないこと。重態。
【危独】キドク　危険が迫っているのに、孤立してだれも助けてくれる者がいない。
【危難】キナン　①危険で困難なさま。例 奉二命於危難之間一メイをキナンのカンにほうず（＝危険で困難のさなかに、《先帝の》命令をお受けしました）。〈諸葛亮・出師表〉②あぶない目にあうこと。災難。例 ―を救う。
【危微】キビ　人心が安定せず、道義心が乏しい。〔「人心惟危、道心惟微ジンシンこれあやうく、ドウシンこれかすかなり（＝人の心は不安定なもので、道義心はわずかである）。〈書経・大禹謨〉」から〕
【危邦】キホウ　今にも滅亡しそうな国。例 危邦不レ入キホウにはいらず（＝滅亡しそうな国には入らない）。〈論語・泰伯〉
【危峰】キホウ　高くそびえる山のいただき。危岑キシン。
【危亡】キボウ　危険と滅亡。あやうくなったり滅びたりすること。
【危楼】キロウ　高くそびえ立つ楼閣。高楼。㊮危榭キシャ。

却

卩5（7）　①2149　5374　常用

［卻］卩7（9）　②5042　537B　本字。

キャク㊥㊐　薬　què
しりぞ-く・しりぞ-ける（しりぞ-く）・かえ-って（かへ-って）

筆順　一　十　土　去　去　却　却

なりたち　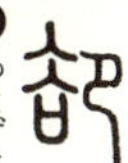　［形声］「卩（＝つつしむ）」と、音「谷キャク」とから成る。さしひかえる。しりぞく。

意味　❶あとずさりする。しりぞく。例 却立キャクリツ。退却タイキャク。❷おしかえす。こばむ。しりぞける。例 却下キャッカ。返却ヘンキャク。❸…しおわる。…してしまう。例 売却バイキャク。忘却ボウキャク。❹予期に反して。反対に。ところで。かえって。例 月行却与レ人相随つきゆきてかえってひととあいしたがう（＝月は動いて、予想に反して人と一緒についてくる）。〈李白・把酒問月〉却説キャクセツ。

古訓　中古 かへす・かへる・くだり・くだる・さる・しりぞく・すつ・すみやかに・とく　中世 かへつて・かへる・さる・しりぞく　近世 かへす・かへつて・しりぞく・とどまる・また

難読　却老コク・却却なかなか

【却月】キャクゲツ　①半月。弓張り月。②「却月眉ビ」の略称。唐代の女性のまゆの形の一つ。
【却▼坐】キャクザ　①官位をしりぞく。②静かに座る。静坐。
【却説】キャクセツ　さて。ところで。それはさておき。〔話題を変えるときのことば。俗語〕
【却歩】キャクホ　あとずさりする。却行。
【却立】キャクリツ　あとずさりして立つ。例 却立倚レ柱キャクリツしてはしらによる（＝あとずさりして立って柱を背にする）。〈史記・廉頗藺相如伝〉
【却老】キャクロウ　①老いをしりぞける。年をとらないこと。②枸杞コク（＝木の名）の別称。
【却下】キャッカ　日（裁判所や役所などが）申し立てを取り上げないで、さしもどす。棄却。例 再審査請求を―する。
【却行】キャッコウ　あとずさりする。却歩。㊮却走。
●焼却ショウキャク・退却タイキャク・売却バイキャク・返却ヘンキャク・忘却ボウキャク

即

卩5（7）　①3408　5373　常用

［卽］卩7（9）　③1481　537D　人　旧字体。

ショク㊥　ソク㊐　職　jí
つ-く・つ-ける（つ-く）・すなわ-ち（すなは-ち）

筆順　ㇷ　ㇸ　ㇸ　艮　艮　即　即

なりたち　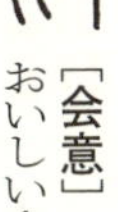　［会意］「卩セツ→ショク（＝つつしむ）」と「皀（＝おいしい食物）」とから成る。飲食をつつしむ。派生して「つく」の意。

意味　❶ある地位・場所に身を置く。つく。つける。例 即位ソクイ。❷「すなわち」と読む。㋐すぐさま。ただちに。例 噲即帯レ剣、擁レ盾入二軍門一カイすなわちケンをおび、たてをヨウしてグンモンにいる（＝樊噲ハンカイはすぐに剣を腰につけ、盾をかかえて軍門から入ろうとした）。〈史記・項羽紀〉即答ソクトウ。即断ソクダン。㋑…すると。…のときには。とりもなおさず。仮定条件を受ける。㊒則。例 先即制レ人さきんずればすなわちひとをセイす（＝人に先んじて事をおこなえば相手をおさえられる）。〈史記・項羽紀〉㋒つまり。ほかでもなく。例 梁父即楚将項燕リョウのちちはすなわちソのショウコウエンなり（＝項梁の父は、つまり楚の将軍の項燕である）。〈史記・項羽紀〉❸もし。例 即有レ急奈何もしキュウあらばいかんせん（＝もし、危急の事態が起こったら、どうしたらよいだろう）。〈史記・李将軍伝〉

古訓　中古 あづかる・あふ・すなはち・つく・つくす・もし　中世 すなはち・つく　近世 あたる・いま・すなはち・ただ・ちかし・つく

人名　あつ・ただ・ちかし・つぐ・より

【即位】ソクイ　君主・天子の、くらいにつく。㊟退位。例 ―の礼。―式。
【即詠】ソクエイ　日 題を出され、その場ですぐに詩や歌をよむ。また、その詩や歌。即吟。
【即応】ソクオウ　まわりの様子にふさわしく対応する。変化に応じて適切に行動する。例 時代に―する。
【即吟】ソクギン　日 その場ですぐに短歌や俳句を作る。また、その短歌や俳句。即詠。例 ―の名手。
【即座】ソクザ　日 その場。また、その場ですぐおこなう。即刻。即時。即席。例 ―の判断。―に答える。
【即死】ソクシ　その場ですぐに死ぬ。
【即事】ソクジ　①仕事にとりかかる。②目の前のこと。その場のできごと。また、目前の風景。例 ―を詠じる。
【即時】ソクジ　すぐそのとき。すぐさま。即刻。例 ―通話。
【即日】ソクジツ　すぐその日。当日。例 ―開票。
【即▼戎】ソクジュウ　〔「戎」は、いくさの意〕戦争に従事する。戦争に赴く。例 善人教レ民七年、亦可二以即一レ戎矣ゼンニンたみをおしうることシチネン、またもってジュウにつかしむべし（＝善人が七年間民を教育すれば、戦争に従事させることができる）。〈論語・子路〉
【即身成仏】ソクシンジョウブツ　〔仏〕〔「成仏」は、目ざめた者になる意〕現在の身体のまま悟りを得ること。〈菩提心論〉
【即心是仏】ソクシンゼブツ　〔仏〕人の心がそのまま仏の心であるという考え。〈景徳伝灯録・五〉
【即身仏】ソクシンブツ　日 人々を救うため、座禅を組み、瞑想メイソウしたままの姿で成仏した僧。また、そのミイラ化した身体。
【即世】ソクセイ　①世を終える。死亡する。就世。㊮即命。②

今。現在。

【即製】ソクセイ その場ですぐに作る。例―販売。

【即席】ソクセキ ①席につく。②その場で。準備なしに、すぐおこなうこと。即座。例―のスピーチ。③日 手間をかけず、すぐできあがること。例―料理。

【即題】ダイ 日 ①題を与えられて、その場ですぐ詩・和歌・俳句・文章などを作ること。席題。対兼題。②予告なしに、その場で出題して解答させる問題。

【即断】ダン 日 その場ですぐ決める。即決。例―を避ける。

【即答】トウ その場ですぐにこたえる。例―を避ける。

【即売】バイ (博覧会・展示会・品評会などの会場で見せた品物を)その場で売る。例展示―会。

【即物】ブツ 実際の対象に即して考えたり、表現したりする。

【即物的】ソクブツテキ 日 目に見える利害ばかりを考えるさま。例あの人は―だ。

【即墨】ボク 地名。戦国時代、斉の田単がウシの尾に火をつけて突入させて燕エン軍を破った地。現在の山東省にある。

【即妙】ミョウ 日 とっさの機知や機転。例当意―。

【即滅】メツ すぐにほろびる。また、すぐに消えてなくなる。例七難―。

【即目】モク ①目にふれること。また、目にふれるもの。嘱目ショクモク。触目。②今。現在。

【即夜】ヤ その夜。その晩。

【即急】キュウ 非常に急なさま。速急。例―の要請に応じる。

【即興】キョウ 日 ①その場で起こる興味。座興。②興味がわいて、その場で、詩や曲を作ったり、書画を書いたりすること。例―曲。―詩。

【即金】キン 日 買い物をして、その場でお金を支払うこと。また、その現金。例―で買い取る。

【即決】ケツ その場ですぐにきめる。即断。例即断―。

【即効】コウ 日 すぐにききめがあらわれること。例―薬。

【即刻】コク すぐに。すぐさま。即時。即座。例―中止するよう求める。

【即今】コン ただいま。今。目下モッカ。目今モッコン。

卵 卩5(7) 1 4581 5375 教6 一ラン漢呉 早luǎn 二コン漢 元kūn たまご

筆順

なりたち [象形] たまごが生まれ出る前に腹の中にある形。

意味 一 ❶動物のたまご。例卵子ラン。卵生ランセイ。鶏卵ケイラン。❷そだてる。例卵育ランイク。二 魚の卵。通鯤コン。

日本語での用法《たまご》①「卵焼たまごやき・温泉卵オンセンたまご・卵色たまごいろ」▼ニワトリのたまご。②「医者イシャの卵たまご・女優ジョユウの卵たまご」▼修業中の人。

古訓 中古 かひご 中世 かひご 近世 うをのこ・かひご・から・たまご

【以レ卵投レ石】たまごをもっていしにトウず 卵を石に投げつける。まったく相手にならないことのたとえ。例以レ桀詐レ尭、譬レ之若二以レ卵投一レ石(ケツをもってギョウをあざむくは、これをたとうるにたまごをもっていしにトウずるがごとし)(=《悪人の》桀王によって《聖天子の》尭をだますというのは、あたかも卵を石に投げつけるようなものだ)。〈荀子・議兵〉

【卵育】ランイク そだてる。はぐくみそだてる。類卵養。

【卵円形】ランエンケイ 日 ニワトリのたまごのような形。たまご形。

【卵黄】ランオウ たまごの黄身きみ。対卵白ランパク。

【卵殻】ランカク たまごのから。

【卵割】ランカツ 日(生)受精卵が発生した初期の段階に、繰り返し起こる細胞分裂。

【卵管】ランカン 日 卵巣から出た卵子を子宮へ送るくだ。輸卵管。

【卵細胞】ランサイボウ 日「卵子ランシ」に同じ。

【卵子】ランシ 日 雌の生殖細胞。卵巣でつくられ、精子と結合して新たな個体をつくる。卵ラン。卵細胞。対精子。

【卵生】ランセイ 動物が、たまごの形で、母体の外にうまれ出ること。対胎生。

【卵巣】ランソウ 日 動物の雌の生殖器官。卵子をつくりホルモンを出す。

【卵胎生】ランタイセイ 日(生)卵生の動物のうち、母体の中でたまごの状態で育ち、栄養を母体から受けずに、孵化フカ成長してうまれてくること。マムシ・ウミタナゴ・グッピーなど。

【卵塔】ラントウ 台座の上にたまご形の石をのせた墓石。蘭塔ラントウ。例―場ば(=墓地)。

【卵▼嚢】ランノウ (軟体動物の)たまごが入っているふくろ。

【卵白】ランパク たまごの白身しろみ。対卵黄ランオウ。

【卵胞】ランホウ(ランボウ) 日 卵巣内で、たまごを包んでいるふくろ。

【卵膜】ランマク 日 動物の卵細胞を包んでいる膜。

【卵翼】ヨク 親鳥がつばさでたまごをおおってかえすように、子供をいつくしみ育てること。例―の恩。

●産卵サンラン・排卵ハイラン・無精卵ムセイラン・累卵ルイラン

【巻】㔾6(8) ⇩巻カン(426ジペ)

卺 㔾6(8) 4 0354 537A キン漢 吻jǐn

参考 本字は「卺」で、「己(=おのれ)」と「丞(=承うける)」とから成る。つつしんで受けて承ける。

意味 ❶つつしんで受け取る。❷婚礼用の杯。例合卺ゴウキン(=婚礼の杯をかわす。結婚する。婚礼)。

【卹】卩6(8) ⇩恤ジュツ(502ジペ)

卸 卩7(9) 1 1823 5378 常用 シャ漢 禡xiè おろし・おろす

筆順

なりたち [形声]「卩(=つつしむ)」と「止(=とめる)」と、音「午ゴ→シャ」とから成る。馬車を止めてウマを解き放す。

意味 重い荷物をおろして楽になる。身につけているものをはずす。脱ぐ。とりのぞく。おろす。例卸肩シャケン(=かたの荷をおろす。辞職する)。卸責シャセキ(=責任をのがれる)。

日本語での用法《おろし》《おろす》「卸おろし・卸売おろしうり・卸商おろしショウ・安値やすねで卸おろす」▼小売店に品物を売る(こと)。

古訓 中古 くらおろす 中世 おろす・くらおろす 近世 おろす・すつる・とく・ぬぐ・ほどく

【卸問屋】おろしどんや 日 卸売りをする店。

【卸値】おろしね 日 問屋が小売商人に売るときの値段。

【卻】卩7(9) ⇩却キャク(203ジペ)

【卽】卩7(9) ⇩即ソク(203ジペ)

【卿】卩8(10) ⇩卿ケイ(204ジペ)

卿 卩10(12) 1 2210 537F 人 ケイ漢 キョウ(キャウ)呉 庚qīng きみ

【卿】卩8(10) 俗字。

なりたち [形声]「卯(=二人が向き合ってすわる)」と、音「皀キョウ→ケイ」とから成る。事をあきらかにする人。

意味 ❶爵位の名。世襲のほか、上級官職に就くと与えられた。例 九卿キュウケイ。公卿クギョウ。❷二人称の代名詞。敬意・親しみをこめた言い方。㋐天子が臣下を呼ぶ。㋑臣下どうしで相手を呼ぶ。㋒夫婦が相手を呼ぶ。❸姓につけて敬っていうことば。例 燕人謂之荊卿（＝燕の国の人はこの人《荊軻ケイカ》を荊卿と呼んだ）。〈史記・刺客伝・荊軻〉❹めでたい。㊟慶。

日本語での用法 《かみ》▼律令制の四等シトウ官で、省の第一位。長官かみ。

古訓 中古 あきら・あきらかに・かみ・きみ・なむぢ 中世 きみ・きんだち・なんぢ 近世 あきらか・きみ・たつとぶ・なんぢ

人名 あき・あきら・のり

【卿雲】ケイウン 五色の雲。舜シュンが禹ウに位を禅譲したときにあらわれたという吉兆の雲。慶雲。

【卿宰】ケイサイ 天子を助けて政治をおこなう人。卿相ケイショウ。㊟類 卿輔ケイホ。

【卿士】ケイシ ①〔「士」は「卿」を指し、大夫の下位の「士」ではない〕卿・大夫タイフの総称。のち、広く官吏を指す。②周代、天子の政治に参与する大臣。

【卿子冠軍】ケイシカングン 秦シン末、楚ソの将軍であった宋義ソウギのこと。「卿子」は公子と同じく尊称、「冠軍」は上将軍のこと。

【卿相】ケイショウ ①天子を助けて政治をおこなう大臣。②日 平安時代以後、大臣・大納言ダイナゴン・中納言・参議など。公卿クギョウ。例 ―雲客ウンカク。

【卿曹】ケイソウ 君たち。あなたがた。同輩または目下しための者にいうことば。例 卿曹努力ケイソウドリョクせよ（＝おのおのがた努力したまえ）。〈後漢書・光武紀上〉

【卿大夫】ケイタイフ 卿と大夫。政治をとりおこなう高位の人。

27 2画 厂 がんだれ部

切り立ったがけの形をあらわす。「厂」をもとにしてできている漢字と、「厂」の字形を目じるしにして引く漢字とを集めた。「がんだれ」とは「雁ガン」の字にある垂れの意。「石」の字にある垂れの意から「いしだれ」ともいう。

⓪ 205 厂 ② 205 厄 ⑤ 205 厎 ⑥ 205 厓 ⑦ 205 厚
厖 厘 ⑧ 206 原 厝 ⑨ 208 原 厠 ⑩ 208 厦 厩 厥
厨 厤 ⑫ 208 厭 厩 厮 厰 厲 ⑰ 209 厴

この部首に所属しない漢字

反→又 212　圧→土 280　戌→戈 531　成→戈 531
灰→火 822　辰→辰 1295　威→女 344　唇→口 250
辱→辰 1295　雁→隹 1406　蜃→虫 1175　暦→日 637
歴→止 728　贋→貝 1266　靨→面 1428　魘→鬼 1481

厂 厂0（2）

②5044 5382

カン㊥漢 旱 hǎn
いわや（いはや）

意味 がけ。いわや。

参考 現代中国語では、「庵アン・廠ショウ」の俗字として用いる。

日本語での用法 《ガン》▼「雁・鴈・雁・鳫」の略字として用いた。

厄 厂2（4）

①4481 5384 常用

アク㊥漢 ヤク㊥呉 陌 è
わざわ-い（わざはひ）

筆順 一 厂 厅 厄

なりたち [形声]「㔾（＝ふし）」と、音「厂カン→クア」とから成る。木のふし。派生して「わざわい」の意。

意味 ❶苦しみ。災難。わざわい。例 厄難ヤクナン。災厄サイヤク。❷迫害する。苦しめる。例 両賢豈相厄哉（＝すぐれた人物どうしがどうして苦しめあうことがあろうか）。〈史記・季布伝〉❸困難にあう。災難に見舞われる。苦しむ。例 仲尼厄而作春秋（＝孔子は災難にあった末に『春秋』を著した）。〈司馬遷・報任少卿書〉❹くびき。車の轅ながえの先の、ウマの首にかける横木。㊟軛ヤク。

日本語での用法 《ヤク》①「前厄まえヤク・後厄あとヤク・男おとこの大厄タイヤク」▼厄年やくどしのこと。②「厄介者ヤッカイもの・厄介ヤッカイになる」▼〔「厄介カイ」の形で〕めんどう。また、めんどうを見る。

古訓 中古 あやふし・あやぶむ・たしなむ・わざはひ 中世 あやぶむ・せばし・たしなむ・たしなめらる・わざはひ 近世 せばし・たしなめる・わざはひ

難読 科厄しふきのふし

【厄会】ヤクカイ 災難にあう運命。

【厄年】ヤクどし 日 ①陰陽道オンミョウドウで、災難にあうのでつつしまなければならないとされる年齢。数え年で、男性は二十五歳・四十二歳・六十一歳、女性は十九歳・三十三歳・三十七歳などをいう。②災厄の多く起こる年。例 台風の―。

【厄難】ヤクナン わざわい。災難。

【厄日】ヤクび 日 ①陰陽道オンミョウドウで、災難にあうのでつつしまなければならないとされる日。②災難の起こる、悪い日。③江戸時代から、天候が悪いために農作物に災難の起こるとされてきた日。二百十日にひゃくとおかや二百二十日にひゃくはつかなどを指していった。

【厄介】ヤッカイ 日 〔「厄会ヤクカイ」の変化という〕①他人に世話や迷惑をかけること。例 ―をかける。②手数がかかってめんどうなこと。複雑なこと。例 ―者もの。―な話になる。

●災厄サイヤク・大厄タイヤク

厎 厂5（7）

⇩砥シ（944ジペー）

厓 厂6（8）

③1482 5393

ガイ㊥漢㊥呉 佳 yá/ái
がけ

意味 ❶山や丘などの切り立った所。がけ。㊟崖ガイ。例 懸厓ケンガイ（＝切り立ったがけ）。❷川岸。水ぎわ。みぎわ。㊟涯。❸はて。限り。㊟涯。❹⇩【厓眦】ガイサイ。

【厓眦】ガイサイ にらみつける。睚眦ガイサイ。

厚 厂7（9）

①2492 539A 教5

コウ㊥漢 コウ（カウ）㊥呉 有 hòu
あつ-い（あつ-し）

筆順 一 厂 厂 厂 戸 厚 厚

なりたち [会意]「厂（＝がけ）」と「𣆪コウ（＝あつみがある）」とから成る。山のもりあがりが大きい。

意味 ❶あつみがある。あつい。程度がはなはだしい。大きい。濃い。深い。例 水之積也不厚、則其負大舟也無力（＝水深が足りなければ、大きな舟を支える力はない）。〈荘子・逍遥遊〉厚薄コウハク。濃厚ノウコウ。❷心のこもった。思いやりのある。手あつい。例 慎終追遠、民徳帰厚矣（＝《為政者が》葬儀をきちんとおこない、祖先を大切にすれば、民の徳は厚くなるだろう）。〈論語・学而〉厚遇コウグウ。厚志コウシ。❸ゆたかにする。あつくする。例 愈益厚之（＝これをいよいよますますあつくす）。厚生コウセイ。❹優遇する。重んずる。

〈=前よりいっそう重んずるようになった〉。〈史記・秦紀〉

古訓 中古 あつ・あつし・むつまし・もとづく 中世 あつ・あつし・かさなる 近世 あつ・あつし・かさなる・さかんなり・ひろし

人名 あつ・あつし・ひろ・ひろし

難読 厚朴(ほおのき・ほおがしわ)

【厚意】コウイ 思いやりのあつい気持ち。親切心。好意。厚情。

【厚恩】コウオン あつい恩。大きな恩恵。厚沢。例 ―にむくいる。

【厚顔】コウガン あつかましく、ずうずうしいこと。つらの皮のあついこと。鉄面皮。例 ―でけちな人。

【厚顔無恥】コウガンムチ あつかましくて、恥を知らないさま。〈孔稚珪・北山移文〉から

【厚▼誼】コウギ 心のこもったつきあい。厚情。例 日ごろのご―に感謝いたします。

【厚遇】コウグウ 手あつくもてなす。対 冷遇。例 ―を受ける。

【厚載】コウサイ あつい大地が万物を載せていること。また、大地。例 坤厚載レ物(コンあつくしてものをのす)(=大地は厚くて万物をその上に載せている)。〈易・坤・彖〉

【厚志】コウシ 日 親切な気持ち。例 ―にあずかる。

【厚酬】コウシュウ ①手あついお礼をする。十分に報いる。②手あつい報酬。類 厚報。

【厚重】コウジュウ ①態度が重々しく落ち着いている。②中身がある。内容が充実している。③手あつい。

【厚賞】コウショウ 手あついほうび。また、手あつくほめること。

【厚情】コウジョウ 親切な気持ち。厚意。例 ご―を謝す。

【厚生】コウセイ 人々の生活を、健康で豊かなものにすること。

【厚葬】コウソウ 手あつくほうむる。葬式や棺桶(カンおけ)、陵墓などに金を惜しまず、盛大にほうむること。

【厚待】コウタイ 手あつくもてなす。厚遇。

【厚沢】コウタク 深い恩。厚恩。例 ―に浴する。

【厚秩】コウチツ 多額の給料。高給。類 厚俸・厚禄(コウロク)。

【厚徳】コウトク ①広くて大きな人徳。②手あつく、めぐみをほどこすこと。

【厚薄】コウハク あついことと、うすいこと。例 人情の―。

【厚幣】コウヘイ ①手あつく贈り物をする。②手あつい贈り物。

【厚▼斂】コウレン 税をたくさんしぼりとる。重税を課す。

●温厚(オンコウ)・重厚(ジュウコウ)・濃厚(ノウコウ)

厖

厂7(9) 2 5045 5396 ボウ(バウ) 漢 江 máng

【厖】广7(10) 4 1205 5EAC 別体字。

意味 ❶非常に大きい。通 尨(ボウ)。例 厖大(ボウダイ)。❷毛がふさふさとしたイヌ。むくいぬ。通 尨(ボウ)。❸いりまじる。通 尨(ボウ)。

難読 厖犬(むくいぬ)

【厖大】ボウダイ 非常に大きいさま。例 ―な計画。表記 現 膨大

厘

厂7(9) 1 4650 5398 常用 一 リン 慣 リ 漢 支 lí 二 テン 漢 先 chán

筆順 一 厂 厂 厂 戸 厈 厘 厘

なりたち 「釐(リ)」を省略してできた字。

意味 一 ❶長さの単位。一尺の千分の一。一分(ブ)の十分の一。❷重さの単位。一両の千分の一。❸面積の単位。一畝(ホ)の百分の一。❹割合の単位。一分(ブ)の十分の一。❺わずか。ほんの少し。例 厘毛(リンモウ)の狂(くる)いもない。二 みせ。宅地。通 廛(テン)。

日本語での用法 《リン》①「一銭(セン)五厘(リン)」▼貨幣の単位。一銭(セン)の十分の一。②▼尺貫法の長さの単位。一分(ブ)の十分の一(=約○・三ミリメートル)。③▼尺貫法の重さの単位。一匁(もんめ)の百分の一(=約○・○四グラム)。

古訓 中古 いちぐら 近世 いちぐら

●九分九厘(クブクリン)

原

厂8(10) 1 2422 539F 教2 ゲン(グェン) 漢 呉 元 yuán はら・もと・たず-ねる(たづ-ぬ)

付表 海原(うなばら)・川原(かわら)・河原(かわら)

[原] 厂9(11) 53A1 別体字。

筆順 一 厂 厂 厂 戸 盾 原 原

なりたち [会意]「泉(=いずみ)」が「厂(=がけ)」の下からわき出る。みなもと。

意味 ❶ものごとのおこり。みなもと。もと。通 源。例 必達二於礼楽之原一(かならずレイガクのみなもとにタッす)(=必ず礼楽の根本を心得る)。〈礼記・孔子間居〉 原因(ゲンイン)。起原(キゲン)。❷もとにさかのぼる。たずねる。例 原始(ゲンシ)。❸ゆるす。例 令レ出二罵者一斬レ之、不レ罵者原レ之(ののしるものをいださしめてこれをきり、ののしらざるものはこれをゆるす)(=ののしった者を出させて斬殺(ザンサツ)し、ののしらなかった者は許した)。〈史記・高祖紀〉 原宥(ゲンユウ)。❹広く平らな地。はら。例 原野(ゲンヤ)。高原(コウゲン)。

古訓 中古 かぞふ・たづぬ・たづねみれば・つつしむ・はら・みなもと・もと・もとづく・ゆるす 中世 たづぬ・たづぬる・はら・みなもと・もと・ゆるす 近世 たいら・たづぬる・つつしむ・はら・ふたたび・みなもと・もと・もとづく・ゆるす

人名 おか・はじめ

【原案】ゲンアン 議論・検討をするための、もとになる案。素案。草案。例 ―どおり可決する。

【原委】ゲンイ 〔「委」は、水流のはての意〕①水源とその流れの行き着く先。②ものごとの本末。なりゆき。一部始終。また、ものごとの原因。▽源委。

【原意】ゲンイ ①もとの意見。本意。②もとの意味。本来の意味。原義。例 ―を尊重して翻訳する。

【原因】ゲンイン ものごとをひき起こしてある結果をもたらす、もとになったもの。対 結果。例 ―を究明する。

【原液】ゲンエキ 日 何かを加えたり、うすめたりする前の、もとの液体。例 果汁の―。

【原音】ゲンオン 日 ①その語の外来語としての発音ではなくて、原語での発音。②録音や再生、加工する前の、もとの音。

【原価】ゲンカ ①製品の製造にかかった費用。コスト。例 ―計算。②仕入れの値段。もとね。例 ―を割る。

【原画】ゲンガ (複製画などに対して)もとの絵。

【原器】ゲンキ 日 長さや質量の単位の基準を具体的にあらわすものとして作られた器物。例 キログラム―。

【原義】ゲンギ 日 本来の意味。本義。原意。対 転義。

【原級】ゲンキュウ 日 ①もとの等級。②学校で、進級できない人がとどまる、もとの学年。例 ―に留め置く。

【原拠】ゲンキョ 日 よりどころ。根拠。例 ―を示す。

【原曲】ゲンキョク 日 もとの楽曲。オリジナル。例 クラシックの―をジャズにアレンジする。

【原形】ゲンケイ 変化する前の、もとのかたち。例 ―をとどめない。

【原形質】ゲンケイシツ 日 〔生〕細胞中の、生命活動のもとになる物質。

【原型】ゲンケイ 日 ①発展し、改良されて変わってきたものの、もとの型(かた)。例 ピアノの―であるハープシコード。②鋳造物を製造する際の、もとになる型。

【原語】ゲンゴ 日 ①翻訳される前の、もとの言語。例 ―で読む。②外来語や翻訳語に対する、もとのことば。

【原稿】ゲンコウ 講演や印刷などの、もとになる文章。草稿。

【原告】(ゲンコク)〔法〕裁判所にうったえ出て、法律上の争いの判断を求める人。㊌被告。例 ―勝訴。

【原罪】(ゲンザイ)①罪をゆるす。②キリスト教で、人間が生まれながらに負っているつみ。〔アダムとイブが神の命令にそむいて、禁じられた木の実を食べたという『旧約聖書』創世記による〕

【原作】(ゲンサク)日翻訳・脚色・改作などの、もとになった作品。

【原産】(ゲンサン)動植物や鉱物などが、はじめはその土地で生育し、あるいは産出したこと。例 ―地。

【原子】(ゲンシ)日①古代ギリシャの哲学で、物質を構成する最小の粒子。②〔物〕元素がその特有の性質を保ちうる、最小単位の粒子。原子核・電子などから成り、結合して分子を構成する。例 ―番号。

【原子核】(ゲンシカク)日原子の中心部分。陽子と中性子からできている。

【原子爆弾】(ゲンシバクダン)日ウランやプルトニウムなどが核分裂をするときに放出されるエネルギーを利用した、破壊力の大きい爆弾。核爆弾。原爆。

【原子量】(ゲンシリョウ)日〔物〕炭素原子を基準として、各元素の原子の質量をあらわしたもの。水素の原子量は1。

【原子力】(ゲンシリョク)日原子核の分裂や融合で発生する大きなエネルギー。例 ―発電。

【原始】(ゲンシ)①ものごとのはじまりを考察する。②ものごとのはじまり。起こり。元始。例 ―仏教。③日人類が存在しはじめた時代。また、そのころの、未開で自然に近い状態。例 ―社会。―人。

【原始時代】(ゲンシジダイ)日人類全体が原始の生活をしていた時代。〔学術用語ではなく、漠然と有史以前を指す〕

【原紙】(ゲンシ)日①切断したり加工したりする前の紙。②謄写版の原版とする、ろうを引いた紙。例 ―を切る。

【原詩】(ゲンシ)日翻訳したり、改作したりする前のもとの詩。

【原資】(ゲンシ)日事業をしたり投資をしたりするときの、もとになる資金。もとで。

【原史時代】(ゲンシジダイ)日考古学で、時代区分の一つ。先史時代と歴史時代の中間で、断片的な文献史料が残存している時代。

【原酒】(ゲンシュ)日①醸造したままの、アルコールや水などを加えて精製していない日本酒。②精製前のウイスキーの原液。

【原種】(ゲンシュ)日飼育や栽培をして改良した動植物のもとになった、野生の品種。野生種。

【原湿】【原▼隰】(ゲンシュウ／ゲンシツ)土地が広くて平らな所と、土地が低くてしめった所。平原と低湿地。

【原住】(ゲンジュウ)日もとからその土地にすんでいること。例 ―民。

【原初】(ゲンショ)ものごとのいちばんはじめ。例 ―の人類。

【原書】(ゲンショ)日①翻訳される前の、原語で書かれた本。例 シェークスピアを―で読む。②外国の書物。特に、洋書。

【原状】(ゲンジョウ)日変化する前の、もとの状態。例 ―回復。

【原色】(ゲンショク)日①まぜあわせていろいろな色を作り出す、もとになる色。〔色の三原色は赤・黄・青、光の三原色は赤・緑・青〕②「①」や、それに近い、強い色彩。③実物・原画の色彩。例 ―に忠実に印刷する。

【原人】(ゲンジン)①〔「原」は「愿」で、まじめで、うやうやしい意〕慎み深く、誠実な人。②人の本質について追究する。③日猿人の次にあらわれた化石人類。ことばを話し、石器を使い、洞穴に住んだ。例 北京(ペキン)―。

【原心定罪】(ゲンシンテイザイ／こころをたずねてつみをさだむ)犯罪者の動機・心情を究明し、それにもとづいて処罰する。古代中国において理想的な裁判のあり方とされた。〈漢書・王嘉伝〉

【原図】(ゲンズ)日複写したり、修正や省略をしたりする前の図。

【原寸】(ゲンスン)日実物どおりの寸法。例 ―大の模型。

【原生】(ゲンセイ)日①発生したときの状態のまま、変化しないこと。例 ―動物(=単細胞の、最下等の動物)。②人工を加えない自然のままであること。例 ―林。

【原石】(ゲンセキ)日①金属製品の原料となる鉱石。②宝石に加工する前の石。例 ルビーの―。

【原籍】(ゲンセキ)①戸籍を移す前の、戸籍の所在地。②〔現住所に対して〕戸籍の所在地。本籍。

【原泉】(ゲンセン)①水のわき出るみなもと。②ものが生じるもと。例 知識の―。▽源泉。

【原則】(ゲンソク)日大部分の場合に当てはまる、基本的な規則。

【原隊】(ゲンタイ)日軍隊で、はじめに所属していた部隊。例 ―に復帰する。

【原題】(ゲンダイ)日改題や翻訳される前の、もとの題。

【原著】(ゲンチョ)日翻訳や改作される前の、もとの著作。原作。

【原典】(ゲンテン)日翻訳・改作・引用・筆写などのもとになった書物。

【原点】(ゲンテン)日①距離や長さを測るときの基準点。基点。②ものごとの根本にある問題点。出発点。例 ―にもどる。③〔数〕座標軸の交わる、基準の点。

【原頭】(ゲントウ)〔「頭」は、語調を整える語〕野。野原。

【原動】(ゲンドウ)日うごきを生み出すもと。運動や活動を起こす根源。例 ―機。―力。

【原道】(ゲンドウ)①あらゆるものごとの根源たる道。②道の根本を探求する。③唐の韓愈(カンユ)が儒教の立場にもとづいて道を探究し、仏教を排斥した論文。

【原爆】(ゲンバク)日「原子爆弾」の略。

【原発】(ゲンパツ)日「原子力発電(所)」の略。

【原板】(ゲンバン／ゲンパン)日写真で、焼き付けや引きのばしのもとになる、乾板(カンパン)やフィルムなど。

【原版】(ゲンバン／ゲンパン)①印刷用の鉛版のもとになる、活字の組版。②複製や翻刻などのもとになる初版本。

【原盤】(ゲンバン)日①レコード・CDなどの製作で、もととなる盤。②複製や改作がされる前のもとのレコード・CDなど。

【原票】(ゲンピョウ)事務処理上、いちばんもとになる資料や伝票。

【原品】(ゲンピン)日(手を加える前の)もとの品物。

【原物】(ゲンブツ)日①模造品や、絵画・写真などでない、もとの品物。オリジナル。②原料となる品物。③製品の標準となる品物。見本。

【原文】(ゲンブン)引用・改作・書きかえ・翻訳などをする前の、もとの文章。例 ―のまま引用する。

【原簿】(ゲンボ)日①写したり抜き書きしたりする前の、もとの帳簿。②会計処理上、最も基本となる帳簿。元帳(もとチョウ)。

【原本】(ゲンポン)①ものごとのおおもと。根源。②複製や書写などをする前の、もとの文書。㊌抄本・謄本。

【原名】(ゲンメイ)改めたり訳したりする前の、もとの名前。

【原野】(ゲンヤ)人の手が加わっていない、自然のままの野原。荒野。例 広大な―を切り開く。

【原油】(ゲンユ)日まだ精製していない、採取したままの石油。㊌精油。

【原由】(ゲンユウ／ゲンユ)事の起こり。由来。源由(ゲンユウ)。原因。

【原▼宥】(ゲンユウ)〔「宥」も、ゆるす意〕罪を許す。

【原理】(ゲンリ)日ものごとを成り立たせる根本的な理論や法則。例 多数決の―。アルキメデスの―。

【原流】(ゲンリュウ)流れのもと。みなもと。源流。

【原料】(ゲンリョウ)日製造や加工をして製品を作る、もとになる材料。

【原論】(ゲンロン)日ある学問の基本的な問題について論じられた、

根本の理論。例 経済学―。●高原(コウゲン)・湿原(シツゲン)・雪原(セツゲン)・草原(ソウゲン)・平原(ヘイゲン)

厝
厂8(10) 3 1483 539D
一 サク 漢 薬 cuò 二 ソ 漢 呉 遇 cuò

意味 一 ❶といし。❷入りまじる。通 錯。例 雑厝(ザッサク)(＝多くのものがまじりあう)。二 置く。通 措。

[原] 厂9(11) ⇩原(ゲン)(206ジペー)

厠
厂9(11) 2 5046 53A0
一 シ 漢 寘 cè (旧 cì) 二 ショク 漢 職 cè かわや(かはや)

[廁] 广9(12) 2 5490 5EC1 本字。

意味 一 ❶便所。**かわや**。例 沛公起如レ厠(ハイコウたちてかわやにゆく)(＝沛公は立ちあがって便所に行った)。〈史記・項羽紀〉 ❷豚小屋。❸まじる。まぜる。例 雑厠(ザッシ)(＝いりまじる)。二 ❶かたむける。通 側。❷かたわら。通 側。

[厦] 厂10(12) ⇩夏(カ)(453ジペー)

[厩] 厂10(12) ⇩厩(キュウ)(208ジペー)

厥
厂10(12) 2 5048 53A5
一 ケツ(クェツ) 漢 月 jué 二 ケツ 慣 クツ 漢 物 jué そ-の・そ-れ

意味 一 ❶石をほりおこす。❷額(ひたい)を地面につけてお辞儀をする。ぬかずく。例 厥角(ケッカク)。❸「**その**」と読み、人やものごとを指し示す。例 厥後(ケツゴ)(＝そののち)。❹「**それ**」と読み、句調をととのえる。❺すなわち。そこで。例 左丘失明、厥有二国語一(サキュウシツメイして、すなわちコクゴあり)(＝左丘は失明し、そこで『国語』を著した)。〈司馬遷・報任少卿書〉 二 ⇩【突厥】(トッケツ)(983ジペー)

【厥角】(ケッカク) (「角」は獣のつの、また、人の額(ひたい)の意) 額を地につけてお辞儀をする。ぬかずく。〈孟子・尽心下〉

厨
厂10(12) 1 3163 53A8 人
ズ(ヅ) 呉 チュウ(チウ) 漢 虞 chú くりや

[廚] 广12(15) 2 5504 5EDA 本字。

なりたち  [形声]「广(＝建物)」と、音「尌(チュ)」とから成る。調理する部屋。

意味 ❶調理場。台所。**くりや**。例 厨房(チュウボウ)。庖厨(ホウチュウ)。❷ものをしまっておく箱。ひつ。戸棚。例 厨子(ズシ)。書厨(ショチュウ)(＝本箱)。

古訓 中古 くりや・そなへ 中世 くりや 近世 くりや・つかさどる・はこ・ひつ

難読 御厨(みくりや)(＝地名)・厨女(みずし)・御厨子(みずし)

【厨子】(ズシ) 日 ①仏像や経をおさめるための、左右に扉の開く堂の形をした箱。②左右に開く扉のある置き戸棚。

【厨人】(チュウジン) 料理を担当する者。料理人。コック。

【厨房】(チュウボウ) 料理をする所。台所。炊事場。調理場。

厤
厂10(12) 4 0355 53A4
レキ 漢 錫 lì

意味 ❶治める。❷経る。通 歴。❸こよみ。通 暦。

厭
厂12(14) 1 1762 53AD
一 エン(エム) 漢 呉 艶 yàn
二 ヨウ(エフ) 漢 呉 葉
オウ(アフ) 漢 呉 洽 yā
三 エン(エム) 漢 呉 琰 yǎn
四 エン(エム) 漢 呉 塩 yān
五 ユウ(イフ) 漢 緝 yì
あ-きる(あ-く)・いと-う(いと-ふ)・いや

意味 一 ❶満足する。みちたりる。心にかなう。例 厭足(エンソク)。❷いやになる。**あきる**。**いとう**。例 学而不レ厭(まなびていとわず)(＝学んであきることはない)。〈論語・述而〉 厭世(エンセイ)。厭離穢土(エンリエド)。禁厭(キンエン)。❸草木がさかんに茂るさま。例 厭厭(エンエン)①。二 ❶おさえる。おす。例 無レ厭二其所レ生一(そのセイとするところをおすことなかれ)(＝人民の生活のよりどころを圧迫してはいけない)。〈老子・七二〉 ❷まじないをして鎮める。厭術(ヨウジュツ)(＝まじない。呪術(ジュジュツ))。三 おおいかくす。通 掩(エン)。例 厭然(エンゼン)②。四 ❶安らかなさま。例 厭厭(エンエン)②。厭然(エンゼン)①。❷⇩【厭厭】(エンエン)③④⑤ 五 ⇩【厭浥】(ユウユウ)

【厭厭】(エンエン) ①草木がさかんに生い茂るさま。②安らかで静かなさま。穏やかで落ち着いているさま。③弱々しいさま。生気がないさま。④もの憂い。けだるくて気が進まない。⑤長々と続くさま。

【厭悪】(エンオ) 嫌いにくむ。嫌悪。例 ―感をもつ。

【厭▼倦】(エンケン) あきていやになる。

【厭人】(エンジン) 日 他人とつきあうのを嫌う。人間ぎらい。例 ―癖(ヘキ)。

【厭世】(エンセイ) 世の中を嫌い、生きていくのをいやだと思う。例 ―家(カ)(＝ペシミスト)。―思想。

【厭戦】(エンセン) 戦争をするのをいやだと思う。戦う気力を失うこと。例 ―気分。

【厭然】(エンゼン) ①安らかなさま。②おおい隠すさま。例 厭然揜二其不善一(エンゼンとしてそのフゼンをおおう)(＝自らのよくないところをおおい隠す)。〈大学〉

【厭足】(エンソク) 十分に足りる。満足すること。

【厭服】(エンプク) 心服する。満足して従う。

【厭飽】(エンポウ) あきあきする。

【厭▼飫】(エンヨ) ①満腹する。食べあきる。②満足する。③あきあきして、いやになる。

【厭離】(エンリ) 〔誤って「オンリ」とも読む〕嫌って遠ざかる。

【厭離▼穢土】(エンリエド) 日〔仏〕〔誤って「オンリエド」とも〕けがれたこの世(穢土)を嫌って離れようとする。例 ―、欣求浄土(ゴングジョウド)(＝極楽浄土へ行くことを願う)。

【厭▼浥】(ユウユウ) しっとりとぬれているさま。例 厭浥行露(ユウユウたるコウロ)(＝道には、しっとりと露が降りている)。〈詩経・召南・行露〉

【厭勝】(ヨウショウ) まじないの一つ。のろいをかけて人を屈伏させる。

【厭伏】(ヨウフク) ①おさえて屈服させる。また、従う。ひれ伏す。②呪術(ジュジュツ)の一つ。邪気やたたりなどをしずめる。

厩
厂12(14) 1 1725 53A9 人
キュウ(キウ) 漢 宥 jiù うまや

[廏] 广12(15) ―― 222C1 本字。

[厩] 厂10(12) ―― ―― 俗字。

[廐] 广11(14) 2 5493 5ED0 別体字。

[廄] 广11(14) 2 5494 5ECF 別体字。

なりたち  [形声]「广(＝建物)」と、音「殷(キュウ)」とから成る。馬小屋。

意味 ウマを飼っておく小屋。**うまや**。例 厩舎(キュウシャ)。

古訓 中古 うまや・きざや・むまや 中世 むまや 近世 きざや・むまや

【厩舎】(キュウシャ) ①ウマを飼う小屋。うまや。馬小屋。②日 競馬用のウマを育てたり調教したりする施設。

【厩人】(キュウジン) ウマの飼育係。

【厩置】(キュウチ) 道中で、かえ馬を用意しておく所。馬継ぎ場。

[厮] 厂12(14) ⇩廝(シ)(454ジペー)

[厰] 厂12(14) ⇩廠(ショウ)(454ジペー)

厲
厂12(14) 3 1484 53B2
一 レイ 漢 霽 lì 二 ライ 漢 泰 lài
と-ぐ・はげ-しい(はげ-し)

意味 一 ❶刃物をといだり、みがいたりするための石。きめのあらいといし。㊉礪(レイ)。例厲石(レイセキ)。❷**とぐ**。みがく。また、はげむ。はげます。㊉励。例厲行(レイコウ)。厲声(レイセイ)。❸**はげしい**。きびしい。例子温而厲(シはオンにしてはげし)(=先生はおだやかでいて、しかもきびしい)。〈論語・述而〉厲風(レイフウ)。❹衣服を着たまま川を渡る。例深則厲、浅則掲(ふかければすなわちわたり、あさければすなわちかかぐ)(=深い川は帯まで水につかって渡り、浅い流れはすそをかかげて渡る)。〈詩経・邶風・匏有苦葉〉❺ひどく苦しめる。わざわい。例厲レ民而自養也(たみをくるしめてみずからやしなうなり)(=人民に苦労をかけて自分の食べ物を手に入れている)。〈孟子・滕文公上〉❻もののけ。悪鬼。例厲鬼(レイキ)。❼はやりやまい。感染症。例厲疫(レイエキ)。二 ハンセン病。㊉癘(ライ)・癩(ライ)。例漆レ身為レ厲(みにうるしして ライとなる)(=からだにウルシを塗ってハンセン病をよそおう)。〈史記・刺客伝・予譲〉

【厲人】(ライジン) ハンセン病にかかった人。癩人(ライジン)。

【厲疫】(レイエキ) 疫病。感染症。流行病。

【厲鬼】(レイキ) 悪霊。たたりをする霊魂。

【厲行】(レイコウ) ①自らのおこないを、みがく。例刻志厲行(コクシレイコウ)(=心をみがき、おこないを正す)。〈司馬光・序賻礼〉②決められたことを、厳しく守りおこなう。励行。

【厲疾】一(レイシツ) ①はげしくて速い。例飄風厲疾(ヒョウフウレイシツなり)(=つむじ風がすさまじい速さで吹く)。〈韓詩外伝・二〉②感染症。流行病。二(ライシツ) ハンセン病。癩疾(ライシツ)。

【厲色】(レイショク) 怒った顔つき。はげしい剣幕。

【厲声】(レイセイ) 声をはりあげる。励声。

【厲石】(レイセキ) きめのあらい、といし。

【厲風】(レイフウ) ①はげしい風。烈風。②北西の風。

【厲民】(レイミン) ①民を苦しめる。②民をはげまし、訓練する。

靨

厂17 (19) 4 0356 53B4 エン(エム)㊊ 琰 yǎn へた

意味 ❶カニの腹部のふた。❷巻き貝のふた。**へた**。

28 2画 ム む部

ものをかこって私有する意をあらわす。「ム」をもとにしてできている漢字と、「ム」の字形を目じるしにして引く漢字とを集めた。

この部首に所属しない漢字

云→二 43 允→儿 118 公→八 128 台→口 225
弁→廾 457 弘→弓 461 牟→牛 850 矣→矢 938
怠→心 497 畆→田 893 畚→田 894 能→月 1094

ム

ム0 (2) 2 5051 53B6 一 シ㊊ 支 sī 二 ボウ㊊ 有 mǒu ござ-る

意味 一 わたくし。公でなく、私的であるさま。㊉私。二 人の名前や日時・場所などが不明なとき、また、明らかであっても、わざとぼかしていうときに用いることば。それがし。なにがし。㊉某。例ム地(ボウチ)。ム年ム月(ボウネンボウゲツ)。

日本語での用法 《ござる》「それでようム(ござ)る・何(なん)でム(ござ)りますか」▼「御座る」の意。近世の芝居の出方(でかた)の用いた符丁で、△印で御座を簡略に示したところから「ム」の形を二画で書いたのがもとという。

厶

ム1 (3) 4 0357 20AD3 トツ㊊ 月 tū

参考 「子(=こども)」をさかさまにした形の字。

意味 突然にあらわれる。㊉突。

広

ム2 (4) ⇩肱(コウ)(1088ジペー)

去

ム3 (5) 1 2178 53BB 教3 一 キョ㊊ コ㊇ 御 qù 二 キョ㊊ コ㊇ 語 jǔ さる・い-ぬ

厺

ム3 (5) 53BA 本字。

筆順 一 十 土 去 去

なりたち  [形声]「大(=ひと)」と、音「ム(キョ)」とから成る。人が互いに離れていく。

意味 一 ❶その場から離れていく。**さる**。例去就(キョシュウ)。退去(タイキョ)。❷時間がすぎる。例去年(キョネン)。過去(カコ)。❸とりのぞく。すてる。例去勢(キョセイ)。除去(ジョキョ)。撤去(テッキョ)。❹離縁する。**さる**。例七去(シチキョ)(=妻を離縁する七つの条件)。❺行く。出かける。❻漢字の四声(シセイ)の一つ。去声(キョショウ)。二 収蔵する。

古訓 中古 いぬ・いぬる・うす・さく・さる・しぬ・しりぞく・すつ・とほし・まかる・もていて・をさむ 中世 いぬ・いぬる・さる・しりぞく・すつ・たがふ・のぞく・ゆく 近世 いなす・いぬ・さる・すつる・たがふ・のぞく・はなるる・ゆく

人名 なる

難読 去頃(さいつころ)・去去年(おとどし)・去来(いざ)

【去月】(キョゲツ) 今月のすぐ前の月。先月。

【去思】(キョシ) 去ってしまった人をなつかしく思うこと。

【去就】(キョシュウ) 去ることと就くこと。出処。進退。

【去住】(キョジュウ) 去ることと、とどまること。去る者と、とどまる者。例去住彼此無二消息一(キョジュウヒシショウソクなし)(=行ってしまった人ととどまった人の間で、音信はなくなった)。〈杜甫・哀江頭〉

【去声】(キョショウ・キョセイ) 漢字音の四声(シセイ)の一つ。初めを強く終わりを弱く発音する。例—音。

【去勢】(キョセイ) 睾丸(コウガン)を取り除いて、雄の生殖能力をなくすこと。

【去▼痰】(キョタン) のどや気管から、たんを取り除くこと。祛痰(キョタン)。例—剤。

【去年】(キョネン・こぞ) 今年のすぐ前の年。昨年。

【去来】(キョライ) 行ったり来たりする。消えたりあらわれたりする。例胸中に—する思い。

【去留】(キョリュウ) ①立ち去るか、とどまるか。②事が成功することと失敗すること。成るか成らぬか。

【去者日以疎】(さるものはひにもってうとし) 死んだ人や、離れた人は、日ごとに忘れられていく。去る者は日日に疎し。〈古詩十九首〉

●過去(カコ)・死去(シキョ)・消去(ショウキョ)・退去(タイキョ)

参

ム6 (8) 1 2718 53C2 教4 一 シン(シム)㊊ 侵 shēn 二 サン(サム)㊊㊇ 覃 cān 三 サン(サム)㊊㊇ 覃 sān 四 シン(シム)㊊ 侵 cēn まい-る(まゐ-る)

參

ム9 (11) 2 5052 53C3 旧字体。

筆順 ム ム ム 厽 参 矣 叅 参 参

なりたち  [会意]「厽(=すんだ光)」と「㐱(=三つの星)」とから成る。星座の一つ。

意味 一 ❶星座名。二十八宿の一つ。からすきぼし。オリオン座の三つ星。例人生相不レ見、動如二参与一レ商(ジンセイあいみざること、ややもすればシンとショウとのごとし)(=生きていてもなかなか会えないのは、ともすれば、参と商(=さそり座のアンタレス)との二つ星のようなものだ)。〈杜

2画

甫・贈衛八処士〉参宿(シンシュク)。❷ニンジン。例 人参(ニンジン)。
❸⇩【参参】(シンシン) 二 ❶まじわる。かかわりあう。いりまじる。例 参加(サンカ)。参画(サンカク)。❷ひきくらべる。照らし合わせる。例 参考(サンコウ)。参照(サンショウ)。❸つりあう。同じである。例 吾与日月参光(われひかりをジツゲツとサンす)(＝私は太陽や月と同じぐらい輝いている)。〈荘子・在宥〉 ❹高貴の人にお目にかかる。また、社寺におまいりする。例 参詣(サンケイ)。参候(サンコウ)。❺身分の高い人の車に同乗する。陪乗する。通 驂(サ)。例 参乗(サンジョウ)。 三「三」の大字(ダイジ)。商売や契約の文書で、数字を書きかえられないように使う。 四⇩【参差】(シンシ)

日本語での用法 《まいる》「すぐに参(まい)ります・お車(くるま)が参(まい)っております」▼「行く」「来る」をへりくだっていうことば。

古訓 中古 いたる・かたきなし・かむがふ・まじはる・まじふ・まゐる・みつ・わかれにたり 中世 いたる・ほし・まうづ・まじはる・まゐる・みつ・わかつ 近世 くみする・はかる・まじはる・まゐり・まゐる・みつ・わかつ

人名 いたる・かず・ちか・なか・はかる・ほし・み・みち・みつ

難読 参差(かたたがい|ちがい)

【参▼夷】(サンイ) 〔「夷」は、皆殺しにする意〕一人の犯罪者の三族(＝父母・兄弟・妻子)まで死刑にする刑罰。夷三族。

【参謁】(サンエツ) 目上の人のところへ行って対面する。お目通りする。

【参加】(サンカ) 日 (団体や行事などの)仲間に加わる。例 競技に―する。

【参稼】(サンカ) 日 団体や組織などの一員となり、技術や能力を提供して働くこと。例 プロ野球選手の―報酬。

【参賀】(サンガ) 宮中に行ってお祝いの気持ちをあらわす。例 新年の一般―。

【参会】(サンカイ) ①集める。②日 会合に加わる。例 ―者。

【参画】(サンカク)【参▼劃】(サンカク) 計画を立てることに加わる。例 政策の立案に―する。

【参看】(サンカン) くらべ合わせて、見る。参照。

【参勘】(サンカン) 「参考(サンコウ)」に同じ。

【参観】(サンカン) ①「参看(サンカン)」に同じ。②日 実地に様子を見せてもらう。見学。例 授業の―日。

【参議】(サンギ) ①議論に参加する。②国の行政を審議する官職。③日 明治維新後、太政官(ダジョウカン)に置かれた重職の一つ。④日 奈良時代以降、太政官(ダイジョウカン)に置かれた官職。大納言(ダイナゴン)・中納言の次位。

【参議院】(サンギイン) 日 衆議院とともに国会を構成する議院。衆議院の審議に対して補正する役割をもつ。解散はない。参院。対 衆議院。

【参勤交代】【参▼覲交代】(サンキンコウタイ) 日 江戸時代、幕府が大名を一年おきに領地を離れて江戸に居住させた制度。

【参宮】(サングウ) 日 神宮(特に、伊勢(いせ)神宮)におまいりする。

【参軍】(サングン) ①官名。後漢末、軍事の作戦を立てる役職として設置された。②唐代の演劇で、俳優が演じる役柄の一つ。役人の役。

【参詣】(サンケイ) ①まみえる。②日 神社や寺院におまいりに行く。参拝。例 ―人。

【参検】【参験】(サンケン) さまざまな意見・資料を照らし合わせて考える。

【参▼伍】(サンゴ) ①入り交じる。②多くの資料を照らし合わせて考える。③分割する。

【参考】(サンコウ) 他の意見や別の資料などをくらべ合わせること。また、その意見や資料。参勘。類 参稽(サンケイ)。例 ―文献。

【参候】(サンコウ) 目上の人のもとに出むく。参上。

【参錯】(サンサク) 入り交じってふぞろいになる。

【参賛】(サンサン) ①あることをする仲間に加わってたすける。参与。例 参賛朝政(チョウセイにサンサンす)(＝朝廷の政治に参加してその手助けをする)。〈紅楼夢・五三〉 ②「参賛大臣」の略称。清(シン)代、蒙古(モウコ)や新疆(シンキョウ)などの地域に置かれた官職で、将軍の補佐にあたった。

【参酌】(サンシャク) ほかのものとくらべ合わせて、参考にする。斟酌(シンシャク)。

【参集】(サンシュウ) 行事などで、人が寄り集まる。例 葬儀に―する。

【参照】(サンショウ) 日 (さらにくわしく知るために)他の資料や意見をくらべ合わせて見る。例 ―項目。

【参上】(サンジョウ) 日 目上の人のところにうかがう。〔「行く」のへりくだった言い方〕例 早速―いたします。

【参乗】(サンジョウ) 護衛のため、貴人の乗る馬車に同乗すること。また、その人。そえのり。貴人は左がわに、御者は中央に、護衛は右がわに乗る。驂乗(サンジョウ)。例 沛公之参乗樊噲者也(ハイコウのサンジョウハンカイなるものなり)(＝沛公のそえのりの樊噲です)。〈史記・項羽紀〉

【参政】(サンセイ) ①官名。宋(ソウ)代、「参知政事」の略称。宰相に次ぐ地位で、国政にあずかった。②政治に参加する。

【参省】(サンセイ) 三度反省すること。また、何度も自分をかえりみること。三省。例 君子博学而日参省乎己(クンシはひろくまなびてひにおのれをサンセイす)(＝君子は広く学んで毎日自分の身を三度反省する)。〈荀子・勧学〉

【参戦】(サンセン) 日 戦争に加わる。

【参禅】(サンゼン) ①禅の修行をする。②多くの人が一緒に座禅をする。例 ―会。

【参▼綜】(サンソウ) 政治にかかわって全体をまとめる。例 参綜朝権(チョウケンをサンソウする)(＝朝廷の権力を一手におさめる)。〈晋書・殷浩伝〉

【参内】(サンダイ) 日 〔「内」は、内裏(ダイリ)の意〕皇居に出むく。例 宮中に―する。

【参着】(サンチャク) 日 主君や目上の人のところ、または集会の場所に到着する。例 定刻に―する。

【参朝】(サンチョウ) 朝廷に出向く。

【参堂】(サンドウ) ①下の者が上の者を訪問する。②〔仏〕僧堂に入り、指導を仰ぐ。③日 寺社の堂におまいりする。

【参道】(サンドウ) 日 社寺におまいりする人のためにつくった道。

【参入】(サンニュウ) ①参加する。また、介入する。②日 皇居にはいる。参内(サンダイ)。

【参拝】(サンパイ) ①礼節をもって面会する。また、尊敬すべき人の像や墓におまいりする。②日 神社や寺院におまいりする。参詣(サンケイ)。例 明治神宮に―する。

【参謀】(サンボウ) ①計画に加わる。はかりごとをおこなう。②立案や意思決定の中心となる者。③日 高級指揮官の側近として作戦や用兵の計画を立て、補佐する将校。例 ―長。

【参与】【参預】(サンヨ) 〔「与・預」は、関係する意〕学識や経験などを生かして、事業や組織などの運営に加わって、協力する。また、その職名。例 国政に―する。

【参列】(サンレツ) 儀式などに出る。

【参籠】(サンロウ) 日 神仏に願をかけて、一定の期間、神社や寺院にとまりこむ。おこもり。

【参差】(シンシ) ①長短や高低などの差があって、ふぞろいなさま。例 参差荇菜左右流之(シンシたるコウサイはサユウにこれをもとむ)(＝ふぞろいに茂るアサザを右に左に摘み取る)。〈詩経・周南・関雎〉 ②入りまじるさま。③よく似ているさま。あたかも。例 雪膚花貌参差是(ゆきのはだえはなのかんばせシンシとしてこれなり)(＝雪のように白い肌、花のように美しい顔だちは、楊貴妃(ヨウキヒ)によく似ている)。〈白居易・長恨歌〉

【参商】(シンショウ) ①参(シン)星(＝オリオン座の三つ星)と商星(＝さそ

り座のアンタレスを含む三つ星)。一方が昇れば他方は沈むというように、両者が同時に見えることは決してない。②仲たがいをすることのたとえ。〔高辛氏に閼伯アツと実沈ジッという兄弟がいて、ふたりが争いばかりしていたので、閼伯に商星を、実沈に参星をつかさどらせ、ふたりを会わないようにさせたという伝説から〕〈左伝・昭元〉③親しい人と遠く離れて会えないことのたとえ。

【参参】シンシン ①長いさま。②群がり立つさま。

●降参コウサン・古参コサン・持参ジサン・推参スイサン・墓参ボサン

叀

ム6(8) 4 0359 53C0 セン 漢 先 zhuān

意味 ❶ひとえにつつしむ。❷もっぱら。通専。

[參]

ム9(11) ⇨参サン(209ページ)

29 2画 又 また部

右手の形をあらわす。「又」をもとにしてできている漢字と、「又」の字形を目じるしにして引く漢字とを集めた。

この部首に所属しない漢字

又

又0(2) 1 4384 53C8 常用 ユウ(イウ)漢 ウ呉 宥 yòu また

筆順 フ 又

なりたち

[象形] 三本の指で代表させた手の形。右手。派生して「さらに」「また」の意。

意味 ❶その上。さらに。加えて。また。例 既庶矣、又何加焉(すでにおおし、またなにをかくわえん)(=人口は増えました。さらにどんな政策をすればよいでしょう)。〈論語・子路〉❷ゆるす。通宥ユウ。例 王三又、然後制レ刑(オウみたびゆるして、しかるのちにケイをセイす)(=王は何度も減刑し、そうしてはじめて刑を確定する)。〈礼記・王制〉

日本語での用法《また》「且かつ又また・又またの日ひ・又家来またゲライ・又者またもの(=家来の家来)」▼ふたたび、これからのちの、二重の、などの意。

古訓 中古 さらに・はなはだ・また 中世 また 近世 さらに・たすく・て・また・ゆるす

人名 おさむ・すけ・たすく・やす

叉

又1(3) 1 2621 53C9 人 また サ 漢 サ・シャ 呉 麻 chā

なりたち

[指事] 「又(=手の指)」の間に「、(=物)」がある形。

意味 ❶組む。ふたまた状・枝状にまじわる。例 叉手サシュ。交叉点コウサテン。三叉路サンサロ。❷先がふたまた状の器物。さすまた。例 音叉オンサ。刺叉さすまた。❸さすまたのような器物でつきさす。❹梵語ボンゴの音訳。例 夜叉ヤシャ。

古訓 中古 あざふ・ひし・やしなふ・をさむ 中世 あざふ・こまぬく・ぬく・またぶり 近世 かんざし・こまぬく・とる・まじゆる・またぶり

難読 叉焼チャーシュー

【叉牙】ガサ ①抜けてふぞろいになった歯。②分かれ出てふぞろいなさま。

【叉手】サシュ・シャシュ ①手をこまぬく。腕組みをする。拱手キョウシュ。②〔仏〕両手の指を組み合わせること。例 合掌—。

[及]

又2(4) ⇨及キュウ(33ページ)

収

又2(4) 1 2893 53CE 教6 シュウ(シウ)漢 シュ 呉 尤 shōu おさ-める(をさ-む)・おさ-まる(をさ-まる)

[收]

攵2(6) 2 5832 6536 人 旧字体。

筆順 丨 丩 収 収

なりたち

[形声] 「攵(=うつ)」と、音「丩キュウ→シュウ」とから成る。とらえる。

意味 ❶おさめる。おさめさせる。㋐一つにとりまとめる。例 収拾シュウシュウ。収集シュウシュウ。㋑(作物を)取り入れる。手に入れる。例 収二其貨宝婦女一而東(そのカホウフジョをおさめてひがしす)(=秦シンの財宝と女性を手に入れて、東に向かった)。〈史記・項羽紀〉収益シュウエキ。収穫シュウカク。収入シュウニュウ。㋒(国や役所が)権力をもって取り上げる。例 収税シュウゼイ。押収オウシュウ。没収ボッシュウ。㋓つかまえる。とらえる。例 収監シュウカン。収容シュウヨウ。㋔入れものの中に集めて入れる。例 収納シュウノウ。❷一つにまとまる。ちぢむ。おさまる。例 収縮シュウシュク。収束シュウソク。収斂シュウレン。

古訓 中古 あきなふ・えたり・えもの・とらふ・とる・をさむ 中世 とる・をさむ 近世 とらへる・をさまる・をさむ・をさむる

人名 あつむ・おさむ・かず・さね・すすむ・なお・なか・のぶ・もと

【収益】シュウエキ 利益をあげること。また、その利益。もうけ。例 —をあげる。

【収獲】シュウカク ①「収穫シュウカク①」に同じ。②捕虜にする。捕らえる。③うばい取る。ぶんどる。④日 漁や狩りによって、獲物をとる。また、その獲物。

【収穫】シュウカク ①農作物を取り入れる。また、その農作物。収獲。②日 何かをして得た、よい結果。例 海外視察の—。

【収監】シュウカン 刑の確定した人を監獄に入れる。

【収▼繫】シュウケイ 身柄を捕らえて監獄につなぐ。拘禁。

【収差】シュウサ 日〔物〕レンズなどを通った光が正確に一点に集まらないで、像がぼやけたりゆがんだり、色が部分的に変わったりすること。例 色—。

【収責】一シュウサイ 「責」は「債」で、債務の意)貸した金を取り立てる。二シュウセキ 罪を自分で引き受ける。引責。

【収載】シュウサイ ①拾い上げて車にのせる。②日 文章などを書物にのせる。例 五万字を—する字典。

【収支】シュウシ 収入と支出。例 —決算。

【収受】シュウジュ 料金や品物を、受け取っておさめる。例 運賃を—する。

【収授】シュウジュ 受け取ることと、さずけること。例 班田—。

【収拾】シュウシュウ ①拾い集める。②人心をつかむ。③日 混乱した状態をおさめて、正常な状態にする。

【収集】シュウシュウ ものを集める。また、集めたもの。表記 旧▼蒐集

【収縮】シュウシュク ちぢむ。ちぢまる。対 膨張。例 血管が—する。

【収税】シュウゼイ 税金を取り立てる。徴税。例 —業務。

【収蔵】シュウゾウ ①ものをしまっておく。特に、値打ちのあるものを集めて、しまっておく。例 古書を—する。②農作物を取り入れてたくわえておく。

【収束】シュウソク ①集めてたばにする。②しめくくりをつける。まとまりがつく。決着。例 事態が—する。③日〔数〕数列がある数に限りなく近づくこと。④日〔物〕光が一点に向かって

集まること。

【収得】(シュウトク) ①捕らえる。つかまえる。②受け取って自分のものとする。例 ―税。

【収入】(シュウニュウ) ①自分のものとして、はいってくるお金。対 支出。例 臨時―。②没収する。

【収納】(シュウノウ) ①お金や品物をおさめる。②日 使っていないものを、棚や押し入れなどにしまっておく。例 ―スペース。

【収用】(シュウヨウ) ①集めて用いる。②召し出して用いる。③日 公共事業のために、個人や団体の土地や物を強制的に買い取る。例 土地―法。

【収容】(シュウヨウ) 人を一定の場所や施設に入れる。例 ―人員。

【収▼攬】(シュウラン) 〔「攬」は、とりまとめる意〕集めて自分の手ににぎる。集めて自分の方へ引き寄せる。例 人心を―する。

【収量】(シュウリョウ) 収穫の量。例 一〇アール当たりの―。

【収▼斂】(シュウレン) ①農作物を取り入れる。②税を取り立てる。③ちぢまる。また、ひきしまる。例 血管が―する。④日 光線の束が一点に集まる。

【収録】(シュウロク) ①集めて記録する。②本などに載せる。③日 (放送や記録のために)録音したりビデオにとったりする。例 野鳥の声を―する。

【収賄】(シュウワイ) 日 賄賂(ワイロ)を受け取る。対 贈賄。

● 押収(オウシュウ)・回収(カイシュウ)・月収(ゲッシュウ)・増収(ゾウシュウ)・徴収(チョウシュウ)

双

又2 (4) 1 3348 53CC 常用

ソウ(サウ) 漢 呉 江 shuāng

ふた・ふた-つ・なら-ぶ・もろ

[雙] 隹10 (18) 2 5054 96D9 旧字体。

筆順 フ ヌ 双 双

なりたち [会意]「雔(=二羽の鳥)」を「又(=手)」に持つ。鳥が二羽ひと組み。

意味 ❶二つでひと組みのものの両方。例 双肩(ソウケン)。双頭(ソウトウ)。双眼鏡(ソウガンキョウ)。❷二者が同じような力をもつ。匹敵する。**ならぶ**。例 双璧(ソウヘキ)。無双(ムソウ)。❸二つでひと組みになっているものを数える語。例 屛風(ビョウブ)一双(イッソウ)。

古訓 中古 あふ・つがふ・ならぶ・ふたつ・ふたり 中世 そろゆる・つがひ・つがふ・ならぶ・ふたつ 近世 たぐひ・つがふ・ならぶ・ならべる・ふた・ふたご・ふたつ

人名 ふ

難読 双児(ふたご)・双手(もろて)・双岡(ならびがおか)

【双六】(スゴロク) 〔「スゴ」は、「双」の古い音の転じたもの〕①ふたりが向かい合ってさいころを振り、盤の上の駒(こま)を進めて早く敵陣にはいることを競う、昔の遊び。双陸(ソウリク―スゴロク)。②日 「振り出し」から「上がり」まで多くの区画が作ってある紙面で、数人が順番にさいころを振って駒を進める遊び。

【双▼蛾】(ソウガ) 〔「蛾」は、美人のまゆの意〕美人の(両方の)まゆ。また、美人。

【双▼鬟】(ソウカン) ①若い女性の髪型で、左右に一つずつ髪の毛を環状に結い上げたもの。②少女。

【双眼鏡】(ソウガンキョウ) 日 両眼にあてて見る望遠鏡。二つの小さな望遠鏡を並べて作った光学器械。

【双魚】(ソウギョ) ①二匹のさかな。②「双鯉(ソウリ)②」に同じ。

【双玉】(ソウギョク) ①一対の宝玉。②ふたりのすぐれた人物のたとえ。③美女の両目からこぼれる二すじの涙のたとえ。

【双▼闕】(ソウケツ) ①宮殿や廟(ビョウ)(=みたまや)、陵墓の入り口に設けられた、左右一対の物見やぐら。門の両側に台を築き、その上に高殿を建てた。②宮城の門。転じて、宮城。

【双肩】(ソウケン) (責任や任務を負う)左右両方のかた。

【双▼鉤】(ソウコウ) ①筆の軸を親指のほかに鉤(かぎ)状に曲げた人差し指と中指との二本で支えて持つ執筆法。対 単鉤。②文字を写しとるとき、文字の輪郭だけを細い線で書く方法。籠字(かごジ)。籠写し。双勾(ソウコウ)。

【双紙】(ソウシ) 日 ①昔の、かな書きの物語・日記・随筆など。②江戸時代の、絵入りの読み物。▽草紙(ソウシ)。

【双日】(ソウジツ) 偶数の日。対 隻日。

【双手】(ソウシュ) 両方の手。もろて。対 隻手。

【双珠】(ソウシュ) ①一対の珠玉。②ふたりの友人や兄弟など、二つのすぐれたもののたとえ。

【双書】(ソウショ) ①手紙を二重に封じる。②日 同じ分野など、関係のある事柄をとりあげて、決まった体裁で続けて刊行される書物。シリーズ。叢書(ソウショ)。例 哲学―。

【双親】(ソウシン) 両親。ふたおや。

【双声】(ソウセイ) 漢字二字の熟語で、上下二つの漢字の語頭の子音(=声母)をそろえたもの。たとえば、「髣髴(ホウフツ)」「陸離(リクリ)」「悽愴(セイソウ)」など。→【畳韻】(ジョウイン)(897ジペー)

【双▼栖】【双▼棲】(ソウセイ) ①鳥の雌雄が同じ巣に住むこと。②夫婦が一緒に住むこと。

【双生児】(ソウセイジ) 日 ふたご。〔中国では「双生子」〕例 一卵性―。

【双全】(ソウゼン) 二つのものが両方とも完全であること。

【双頭】(ソウトウ) ①一つのからだに頭が二つ並んでついていること。例 ―の鷲(わし)(=ハプスブルク家などの紋章)。②日 同時にふたりの支配者が並び立つこと。例 ―政治。

【双瞳】(ソウドウ) ①一つの目に二つのひとみがあること。偉人の人相とされる。②二つの目。多く、ウマの目にいう。

【双発】(ソウハツ) 日 発動機(=エンジン)を二つ備えているもの。対 単発。例 ―機。

【双飛】(ソウヒ) ①鳥の雌雄が並んで飛ぶ。例 一箭正墜双飛翼(イッセンまさにおとすソウヒのつばさ)(=一本の矢であやまたず、つがいの鳥が射落とされた)。〈杜甫・哀江頭〉②夫婦がむつまじいことのたとえ。

【双美】(ソウビ) ひと組みとなる二つがそろって美しいもの。

【双幅】(ソウフク) 二つでひと組みになっている掛け軸。対幅(ツイフク)。

【双▼斃】(ソウヘイ) ①共倒れになる。②情死する。

【双璧】(ソウヘキ) 〔一対の玉(ギョク)の意〕ある分野で優劣のない、ふたりのすぐれた人物。例 学界の―。

【双方】(ソウホウ) 両方。例 ―とも非を認める。

【双▼眸】(ソウボウ) 両方のひとみ。両眼。

【双葉】(ソウヨウ―ふたば) 芽を出したばかりの二枚の葉。

【双▼靨】(ソウヨウ) 左右のほおにできるえくぼ。両えくぼ。

【双▼鯉】(ソウリ) ①二匹のコイ。②手紙。双魚。〔遠来の客が置いていった二匹のコイの腹中から手紙が出てきたという故事による〕〈飲馬長城窟行〉

【双陸】(ソウリク―スゴロク) 「双六(スゴロク)①」に同じ。

【双竜】(ソウリュウ―ソウリョウ) 二匹の竜。ふたりのすぐれた人物のたとえ。

反

又2 (4) 1 4031 53CD 教3

一 ハン 漢 ホン 呉 阮 fǎn
二 ハン 漢 ホン 呉 元 fān
三 ハン 漢 ホン 呉 願 fàn
タン

そる・そらす・かえ-す(かへ-す)・かえ-る(かへ-る)・そむ-く

筆順 一 厂 万 反

なりたち [形声]「又(=手)」と、音「厂(カン→ハン)」とから成る。くつがえす。

意味 一 ❶ひっくりかえす。うらがえす。向きを変える。**かえす**。例 反手(ハンシュ)。反転(ハンテン)。反覆(ハンプク)。❷はねかえす。はねかえる。**かえる**。例 反映(ハンエイ)。反響(ハンキョウ)。反射(ハンシャ)。❸繰り返す。例 反芻。反復。❹うしろをふりかえる。過去をかえりみる。例反省。❺一つのことから他のことを類推する。例挙二一隅一不下以二三隅一反上則不レ復也（＝一つの隅を示しているのに、残りの三つの隅を類推して答えてこないようであれば、二度とは教えない）。〈論語・述而〉❻そむく。さからう。通叛。例反逆。反抗。謀反。❼返却する。もとにもどす。かえす。通返。❽かえる。戻る。戻ってきて報告する。❾さかさまに。あべこべに。例反殺（＝かえり討ち）。反問。❿ある漢字の字音を、別の漢字二字の字音の組み合わせによって示す方法。かえし。例反切。二❶誤った判決をひっくり返す。通翻。❷倒す。ひっくり返して中身をこぼす。三販売する。通販。

日本語での用法 一《タン》①「反当たりの収量・反歩・五反百姓」▼〔「段」の草体の略〕尺貫法の面積の単位。一町歩の十分の一。三百坪（＝約一〇アール）。②「反物」▼布地の長さの単位。一反は、成人一人分の着物が作れる分量。絹布では、鯨尺で長さが二丈八尺（＝約一〇・六メートル）。〔幅は九寸五分（＝約三六センチメートル）〕段。端。二《そる》《そらす》「反り橋・反りが合わない・身を反らす」▼弓なりに曲げる。弓なりに曲がる。

古訓 中古かへす・かへすかへす・かへる・くつかへす・くつかへる・こぼす・こぼる・さかさま・そむく・そり・そる・ひるがへす・もどる 中世かへす・かへる・こぼす・そむく・そり・そる 近世かへし・かへす・かへつさうす・かへる・そむく・そる・はぬる・はねる

人名 そり

難読 反吐（へど）

【反物】タンもの 日①一反分の織物。大人の和服一着分の布地。②和服用の織物をまとめていうことば。呉服。

【反意】ハンイ そむこうとする気持ち。例―をいだく。表記 旧▼叛意

【反意語】ハンイゴ あることばの意味と反対の意味をもつことば。対義語。類反対語。対同義語。

【反映】ハンエイ ①反射して、色や光などがはえる。例夕日が湖面に―する。②ある考えや態度が、はっきりした形となって別のものの上にあらわれる。例民意を―した選挙。

【反影】ハンエイ 夕日が反射してうつる。また、照り返し。反照。

【反歌】ハンカ 日和歌で、長歌のあとにそえた短歌。長歌の大意をまとめ、または、おぎなうもの。かえしうた。

【反汗】ハンカン 一度発したことばや命令を撤回すること。

【反間】ハンカン ①敵の中にはいりこんで敵情をさぐること。また、その者。間諜。間者。スパイ。②敵のスパイを利用して、敵の中に裏切りを起こさせること。また、その者。例―苦肉の策。

【反感】ハンカン 日相手に対する反発や反抗の感情。例―を買う。

【反旗】ハンキ ①旗を反対方向にむかせる。退却する軍隊が攻勢に転じること。②日反逆の決心や意向を示す手段を、旗になぞらえたことば。例―をひるがえす。表記 ②は旧▼叛旗

【反逆】ハンギャク 権威・慣習・常識などにそむく。例―児。表記 旧▼叛逆

【反求】ハンキュウ 反省し、原因が自分にないかとさがす。例反二求諸己一而已（＝原因をわが身に求めるだけだ）。〈孟子・公孫丑上〉

【反▼躬】ハンキュウ わが身をかえりみる。反省する。

【反響】ハンキョウ 日①〔英 echo の訳語〕音が他のものに当たってはねかえって聞こえる。また、そのひびき。②世間の反応。例―を呼ぶ。

【反訓】ハンクン 漢字を正反対の意味で解釈すること。「乱（＝みだれる）」を「おさめる」の意に、「離（＝はなれる）」を「つく」の意に解釈するなど。

【反軍】ハングン ①反乱を起こした軍隊。反乱軍。②日軍国主義や軍部などに反対すること。表記 ①は旧▼叛軍

【反撃】ハンゲキ 敵の攻撃を受けて、逆に攻撃しかえす。

【反顧】ハンコ ①後ろをふりかえる。②これからあとのことを心配する。後顧。

【反語】ハンゴ 内容を疑う形式で表現しながら、実は反対の意味を強調する表現法。たとえば「可レ謂レ仁乎（＝仁といえようか。仁とはいえない）。〈史記・伯夷伝〉」など。

【反抗】ハンコウ 人のいうことにそむき、はむかう。対服従。

【反攻】ハンコウ 守っていた側が、逆に相手を攻めたてる。反撃。例―に転じる。

【反骨】ハンコツ ①後頭部中央に突き出した骨。謀反を起こす骨相。②日権威や権力などに従わず、自分の考えをつらぬく気持ち。例―の精神。表記 ②は旧▼叛骨

【反魂香】ハンゴンコウ たくと、死者の魂を呼びもどすという香。返魂香。〔漢の武帝が、亡くした李夫人を思ってこの香をたいて、その姿を見たという故事による〕〈白居易・李夫人〉

【反▼坐】ハンザ 人をある罪で訴えたとき、その訴えが虚偽であった場合は、訴えた者が逆にその罪で処罰されること。

【反作用】ハンサヨウ 日〔物〕ある物体に力を加えたとき、同時に、同じ大きさで逆の方向にはたらく力。反動。

【反射】ハンシャ 日①光や電波などが、物体の表面に当たってはねかえる。②外界の刺激によって意思とは無関係に起こる運動。

【反社会】ハンシャカイ 日社会の法律・道徳・習慣などに反抗すること。例―的行動。

【反手】ハンシュ ①手のひらをうらがえす。たやすくできることのたとえ。反掌。②うしろ手にする。

【反掌】ハンショウ ①ものごとをおこなうのが、きわめてたやすいことのたとえ。反手。②きわめて短い時間。

【反証（證）】ハンショウ 日反対の証拠を示す。また、その証拠。例―を挙げる。

【反照】ハンショウ ①光が照りかえす。特に、夕映え。反影。②日影響がほかのものの上にあらわれる。

【反心】ハンシン 君主に対して反乱を起こそうとする心。表記 旧▼叛心

【反唇】ハンシン 口をとがらせる。不服・不満の表情。

【反▼芻】ハンスウ ①〔「芻」は、まぐさの意〕ウシ・ヤギ・シカなどの草食動物が、一度飲みこんだ食物をふたたび口にもどし、かみ直す。例―動物。②日何度も考えたり、味わったりする。例師の教えを―する。

【反正】ハンセイ ①正しい道にかえす。→【撥乱反正】ハツランハンセイ（582ページ）②帝王が復位すること。

【反省】ハンセイ 日自己のした言動が正しかったかどうかよく考えてみる。

【反▼噬】ハンゼイ 〔「噬」は、かみつく意〕①反乱を起こす。②恩を仇であだでかえす。③悪事をなした者が、他人のせいにして訴える。

【反切】ハンセツ 一つの漢字の字音を示すために、別の漢字二字を縦に並べ、一字目で頭の音を、二字目で韻を示す方法。たとえば、「天」は「他前の切（または反）」とあるとき、「他（ta）」の t と、「前（zen）」の en とを組み合わせて ten を示す、など。

【反舌】ハンゼツ ①鳥の名。モズ。②異なった言語を話す異民

族。例 蛮夷反舌バンイハンゼツ（=野蛮で異なることばを話す民族）。〈呂覧・功名〉
【反戦】ハンセン 日 戦争に反対すること。例 ―運動。
【反訴】ハンソ 日〔法〕民事訴訟の進行中に、被告が原告を相手どって起こす訴訟。
【反則】ハンソク 日 競技などで、ルールに違反する。規則違反。ルール違反。例 ―をおかす。
【反側】ハンソク 寝返りをうつ。例 輾転反側テンテンハンソク（=何度も寝返りをうつ）。〈詩経・周南・関雎〉
【反俗】ハンゾク 俗世間の習慣に従わないこと。例 ―精神。
【反対】ハンタイ ①位置・方向・順序・意味などが、互いに対立したり、逆の関係になっていること。例 左右を―にする。②日 ある意見や立場などにさからう。対 賛成。
【反体制】ハンタイセイ 日 社会のしくみや政治体制に、反対する立場をとること。例 ―運動。
【反▼坫】ハンテン 周代、諸侯が宴会をおこなう際に設けた、さかずきを置く台。一杯のさかずきで酒を酌み交わしたあと、そのさかずきを裏返しに伏せてこの台にのせるのが礼とされた。
【反転】ハンテン 日 ①ひっくりかえる。ひっくりかえす。②反対の方向に向きをかえる。例 機首を―する。③写真で、ネガ（=陰画）のフィルムをポジ（=陽画）に、またはその逆にする。
【反徒】ハント 政府に対して武力で抵抗する人々。謀反ムホン人。表記 旧▼叛徒
【反騰】ハントウ 日 下がっていた相場が、急に値上がりする。対 反落。例 株価が―する。
【反動】ハンドウ ①ある動きに対して起こる、逆の動き。②日〔物〕「反作用サヨウ」に同じ。③日 社会改革の進んでいく傾向のなかで、以前の状態に引きもどそうとする傾向。例 ―勢力。
【反日】ハンニチ 日 他の民族や国が、日本に対して反感をもつこと。対 親日。例 ―感情。
【反応】ハンノウ 日 ①外部からのはたらきかけによって起こる動き。例 連鎖―。②物質の化学変化。例 酸性―。③生物が刺激に対して起こす動き。例 拒絶―。
【反背】ハンパイ そむく。
【反▼駁】ハンパク|ハンバク ①対立する。矛盾する。②相手から受けた批判に対して、逆に言いかえす。反論。
【反発】ハンパツ 日 ①はねかえす。また、はねかえる。②相手の意見などを受けつけない。反抗。例 親の干渉に―する。表記 ▽旧反▼撥
【反比例】ハンピレイ 日 二つの数量で、一方の量が二倍、三倍になると、もう一方が二分の一、三分の一になるという関係にあること。逆比例。対 比例・正比例。
【反復】ハンプク 同じことを何度も繰り返す。反覆。例 ―練習。
【反覆】ハンプク ①くつがえす。②うらがえる。また、うらがえす。③「反復ハンプク」に同じ。
【反璧】ハンペキ 人からの贈り物を辞退すること。〔春秋時代、晋シンの文公が諸国を放浪していたときに、ある人から食事と璧キ（=環状の玉）をもらったが、食事だけを受けて璧は返したという故事による〕〈左伝・僖二三〉
【反哺】ハンポ 〔「哺」は、親鳥が口移しで食物をひな鳥に与える意〕子が成長して親の恩にむくいること。親に孝行すること。反哺の孝。烏からすに反哺ハンポの孝コウあり。→【烏鳥私情ウチョウのシジョウ】(828ページ)
【反本】ハンポン ①もとにかえる 根本にかえる。㋐本来の姿にたちかえる。㋑父母・故郷など、自らのよりどころを思う。例 父母者人之本也、人窮則反レ本フボはひとのもとなり、ひとキュウすればすなわちもとにかえる（=父母は人のよりどころであり、人は行きづまると、そのよりどころを思うものだ）。〈史記・屈原伝〉㋒農業に復帰する。②根本にそむく。
【反命】ハンメイ 使者がかえってきて結果を報告する。復命。
【反面】ハンメン ①外から帰って、父母に挨拶アイサツする。②反対側の面。③日 別の見方をした場合。例 効果の―、副作用もある。
【反目】ハンモク 〔夫婦の仲が悪いさまから〕互いに仲が悪く、にらみ合う。対立。例 両者の―が続く。
【反問】ハンモン 相手の質問や非難に対して、逆に問いかえす。
【反訳】ハンヤク 日 ①速記の文章を、普通の文章に直す。②翻訳すること。また、翻訳したものを、もとの外国語に直す。
【反落】ハンラク 日 上がっていた相場が、急に値下がりする。対 反騰。
【反乱】ハンラン 政府に武力を使って反抗する。暴動。内乱。例 ―軍。―をくわだてる。表記 旧▼叛乱
【反流】ハンリュウ ①水などが逆に流れる。②日 ある海域で、おもな海流と反対方向に流れる海流。
【反戻】ハンレイ 〔「戻」も、そむく意〕そむく。うらぎる。表記 旧▼叛戻
【反論】ハンロン 日 相手の主張・意見に反対して議論する。また、その議論。反駁ハンバク。例 ―が多い。
【反故】【反古】ホゴ|ホグ 〔「反」は裏返す、「故・古」は古紙〕①使い古しの紙。②日 不用または無効のもの。例 約束を―にする。
●違反イハン・減反ゲンタン・謀反ムホン|ボウハン・離反リハン

叚

又2 (4) 4 0360 20B1D　フク 漢 屋 fú

意味 したがわせる。通 服。

友

又2 (4) 1 4507 53CB 教2　ユウ（イウ）漢 ウ 呉 有 yǒu　とも　付表 友達ともだち

筆順 一 ナ 方 友

なりたち  [会意] 二つの「又（=手）」から成る。手と手をたずさえて志を同じくするもの。

意味 ❶ともだち。仲間。仲よし。例 友情ユウジョウ。友人ユウジン。級友キュウユウ。親友シンユウ。❷つきあう。交際する。ともとする。例 友レ直、友レ諒、友二多聞一、益矣なおきをともとし、まことをともとし、タブンをともとするは、エキなり（=正直な人を友とし、誠実な人を友とし、博学な人を友とするのは、有益だ）。〈論語・季氏〉友愛ユウアイ。友好ユウコウ。❸仲よくする。心を通わせる。親しむ。例 窈窕淑女、琴瑟友レ之ヨウチョウたるシュクジョは、キンシツもてこれをともとす（=しとやかなよき娘とは、琴と瑟を弾いて親しみ合っている）。〈詩経・周南・関雎〉

古訓 中古 とも・ともがら・ともだち 中世 したがふ・とも・ともがら 近世 たすくる・とも・ともなふ

人名 すけ・たすく

【友垣】ともがき 日 友達。〔交わりを結ぶことを垣根を結ぶことにたとえた、古風で詩的なことば〕
【友達】ともだち 日 行動をともにして、仲よくつきあっている人。友人。友。例 幼おさな―。
【友引】ともびき 日「友引日ともびきニチ」の略。六曜の一つ。吉と凶が引き分けて勝負がない、よくも悪くもないとされる日。
【友愛】ユウアイ 友達を大切にする心。友情。
【友▼于】ユウウ ①兄弟の仲がよいこと。〔孔子が引用した『書経』の一節「友二于兄弟一ケイテイにユウに（=兄弟に対しては仲よくする）」から〕〈論語・為政〉②兄弟。
【友▼誼】ユウギ 友人としての親しいつきあい。友情。例 ―団体。
【友軍】ユウグン 日 味方の軍隊。対 敵軍。例 ―機。

【友好】(ユウコウ) 仲のよいつきあい。友善。例 ―条約。

【友情】(ユウジョウ) 日 友人を大事に思う心。友愛。例 ―に厚い。

【友人】(ユウジン) 友達。友。

【友生】(ユウセイ) ①友人。例 雖レ有二兄弟一、不レ如二友生一(ケイテイありといえども、ユウセイにしかず)(=兄弟がいたとしても、友人には及ばない)。〈詩経・小雅・常棣〉②先生が門下生に対して用いる謙称。友弟。

【友善】(ユウゼン) 「友好(ユウコウ)」に同じ。

【友禅】(ユウゼン) 日「友禅染(ゆうぜんぞめ)」の略。絹の布に花鳥や山水などをあざやかな色でそめた染め物。江戸時代、宮崎友禅斎(みやざきユウゼンサイ)の考案による。例 加賀―。

【友弟】(ユウテイ) ①兄弟仲がよいこと。兄悌(ケイテイ)。②先生が門下生に対して用いる謙称。友生。

【友党(黨)】(ユウトウ) ①利害を同じくする仲間。②日 ある党と行動をともにする政党。友好関係にある政党。

【友邦】(ユウホウ) 友好関係にある国。

【友▼朋】(ユウホウ) 友人。朋友。

【友睦】(ユウボク)【友▼穆】(ユウボク) 仲がよい。例 兄弟友睦(ケイテイユウボクす)(=兄弟仲がよい)。〈南史・傅昭伝〉
●学友(ガクユウ)・交友(コウユウ)・師友(シユウ)・心友(シンユウ)・親友(シンユウ)・戦友(センユウ)・盟友(メイユウ)

[叏] 又5(7) ⇩事(ジ)(40ページ)

取

又6(8) 1 2872 53D6 教3
シュ漢呉 とる 饗 qǔ

筆順 一 丅 F F E 耳 耵 取

なりたち  [会意]「又(=手)」と「耳(=みみ)」とから成る。手で耳をつかまえる。

意味 ❶手に持つ。自分のものにする。うけとる。**とる**。例 取得(シュトク)。摂取(セッシュ)。❷とりあげる。奪いとる。例 沛公引レ兵攻レ豊、不レ能レ取(ハイコウヘイをひきてホウをせめ、とることあたわず)(=沛公は、兵を率いて豊の地を攻めたが、奪うことができなかった)。〈史記・高祖紀〉 搾取(サクシュ)。奪取(ダッシュ)。❸えらびとる。求める。追求する。対捨。例 取材(シュザイ)。取捨(シュシャ)。❹めとる。妻を得る。通娶(シュ)。❺動詞のあとにそえる助字で、語調を整えたり動作の継続などをあらわしたりする。例 看取(カンシュ)。聴取(チョウシュ)。

古訓 中古 くじる・とる 中世 とり・とる・をさむ 近世 うくる・うる・とらへる・とり・とる・めとる・もとむ・をさむ・をさむる

難読 取次筋斗(しどろもどろ)

【取義】(シュギ) ①義をとる(=命を捨てて正義を選ぶ)。正しい道を選ぶ。例 舎レ生取レ義(セイをすててギをとる)。〈孟子・告子上〉②意味を求める。例 断章取義(ダンショウシュギ)(=詩や文の一章を切りはなし、勝手な意味をつけること)。〈雕竜・章句〉

【取材】(シュザイ) ①材料を選び取る。②日 関係者から話を聞いたり、現地に行ったりして、記事や作品の素材となる情報を集める。例 事件について―する。

【取捨】(シュシャ)【取舎】(シュシャ) 必要なものを取り、不要なものを捨てる。例 ―選択。

【取得】(シュトク) 日 財産や資格などを、自分のものにする。

【取与】(シュヨ)【取予】(シュヨ) 取ることと、与えること。

【取引】(とりひき) 日 ①商人どうし、または商人と客の間で品物を売り買いする。例 ―先。②両者の得になるようなことを、互いにやりとりする。例 闇(やみ)―。
●採取(サイシュ)・搾取(サクシュ)・進取(シンシュ)・関取(せきとり)・奪取(ダッシュ)・聴取(チョウシュ)・頭取(トウどり)

受

又6(8) 1 2885 53D7 教3
シュウ(シウ)漢 ジュ呉 うける(う-く)・うかる・うけ 有 shòu

筆順 一 ⺈ ⺈ ⺈ 爫 爫 乊 受

なりたち  [形声]「𠬪(=上下の手)」と、音「舟(シュウ)」の省略体とから成る。うけわたしする。

意味 ❶うけとる。さずかる。もらう。**うける**。例 受授(ジュジュ)。受賞(ジュショウ)。伝受(デンジュ)。❷うけいれる。ひきうける。こうむる。例 受レ侮不レ少(あなどりをうくること すくなからず)(=侮辱を受けることが少なくない)。〈詩経・邶風・柏舟〉 受諾(ジュダク)。受難(ジュナン)。甘受(カンジュ)。❸受けつぐ。例 広家世世受レ射(コウのいえよよシャをうく)(=李広(リコウ)の家は代々弓術を伝えていた)。〈史記・李将軍伝〉❹さずける。通授。例 因レ能而受レ官(ノウによりてカンをさずく)(=能力にもとづいて官職をさずける)。〈韓非・外儲説左上〉

日本語での用法 一《うけ》《うける》「上司(ジョウシ)の受(う)けがいい・女性(ジョセイ)に受(う)ける商品(ショウヒン)」▼評判(がいい)。人気(がある)。二《うかる》「試験(シケン)に受(う)かる」▼合格する。

古訓 中古 う・うく 中世 いるる・う・うく・うくる・うける・うる 近世 いるる・うくる・うけ・うける・うる・さかんなり・すぶる・つける・とる

人名 おさ・しげ・つぐ

【受益】(ジュエキ) 利益を受ける。例 ―者負担。

【受戒】(ジュカイ) 〔仏〕僧や信者となり、戒(=規律)に従うことをちかう。また、その儀式。

【受給】(ジュキュウ) 日 配給・給与・年金などを受ける。

【受業】(ジュギョウ) ①先生から学業を授かる。②弟子が師に対して用いる自称。受業弟子(ジュギョウテイシ)の。③教えを授ける。④先人の事業を受け継ぐ。

【受刑】(ジュケイ) 裁判で確定した刑を受ける。また、刑務所に入れられている。例 ―者。

【受験】(ジュケン) 日 (入学のためや資格を取るための)試験を受ける。例 ―勉強。

【受講】(ジュコウ) 講義や講習を受ける。例 ―料。

【受降城】(ジュコウジョウ) 漢代や唐代、匈奴(キョウド)などの異民族の降伏者を受け入れるため、国境地域に築いたとりで。

【受授】(ジュジュ) 受け取ることとわたすこと。受けわたし。やりとり。例 金銭の―。

【受章】(ジュショウ) 日 勲章や褒章、記念の記章などを受ける。対授章。例 文化勲章―者。

【受賞】(ジュショウ) 賞を受ける。対授賞。例 皆勤賞を―する。

【受信】(ジュシン) 日 電信・電話・放送・電子メールなどの通信を受ける。対送信。例 海外放送を―する。

【受診】(ジュシン) 日 医師の診察を受ける。例 早期に―する。

【受精】(ジュセイ) 卵子と精子が合体する。例 ―卵。

【受禅】(ジュゼン) 天子の位を譲り受ける。

【受像】(ジュゾウ) 日 テレビ電波を受けて、テレビが映像を写し出す。受信。例 ―機。

【受贈】(ジュゾウ) おくりものを受ける。例 卒業生からの―図書。

【受胎】(ジュタイ) 子をやどす。みごもる。妊娠。例 ―告知。

【受託】(ジュタク) 他からたのまれて引き受ける。例 ―販売。

【受諾】(ジュダク) 日 相手の要求やたのみを受け入れる。承知。承諾。対拒絶。例 要請を―する。

【受注】(ジュチュウ)【受▼註】(ジュチュウ) 日 品物の注文を受ける。対発注。

【受電】(ジュデン) 日 電信や電報を受け取る。例 命令を―する。

【受動】(ジュドウ) 日 他からのはたらきかけを受けること。受け身。対能動。

【受動態】(ジュドウタイ) 日 文法で、主語がある動作の対象となり、その作用を受ける関係にある場合の動詞の形式。「喜ばれる」「ほめられる」のように、「れる」「られる」をそえてあらわす。受け身。㊟能動態。
【受動的】ジュドウテキ 回他からのはたらきかけを受けて、何かをするさま。消極的。㊟能動的。
【受難】ジュナン ①非難を受ける。②苦難を受ける。迫害などの苦しみを受ける。例—の時代。③〔キリスト教で〕キリストが十字架にかけられたこと。
【受納】ジュノウ 金銭や品物を受け取る。
【受粉】ジュフン 回おしべの花粉がめしべにつくこと。虫・鳥・風などがなかだちをする。例自家—。
【受命】ジュメイ ①天子となって天下を治めよという天の命を受ける。②命令を受ける。③教えを受ける。④生命を授かる。
【受容】ジュヨウ 受け入れて自分のものとすること。例外来の文物を—する。
【受理】ジュリ 書類などを受け取る。受け付けて処理する。例辞表を—する。
【受領】ジュリョウ 〔「領」も、受ける意〕金銭や品物を受け取る。例—証。
●甘受カンジュ・授受ジュジュ・伝受デンジュ

叔
又6(8) 1 2939 53D4 常用 シク漢 シク・シュク呉 屋 shū
付表 叔父おじ・叔母おば

筆順 丨 卜 上 才 尗 尗 叔 叔

なりたち [形声]「又(=手)」と、音「尗シュク」とから成る。拾う。借りて「若い・おじ」の意。

意味 ❶兄弟の、上から三番目。年下の兄弟。例伯仲叔季ハクチュウシュクキ。❷父の弟。また、父よりやや年少の人。例叔父シュクフ。❸夫の弟。❹すえ。末の世。道徳の衰えたさま。例叔世シュクセイ。❺ひろう。例九月叔レ苴シャヲひろう(=九月にアサの実を拾う)。〈詩経・豳風・七月〉

古訓 中世 とる・ひろふ・をぢ 近世 こじうと・すゑ・ひらふ・ひろふ・まめ・よし・わかし・をさなし・をぢ

人名 お・すえ・ひろ・よし

【叔季】シュクキ ①末の弟。末弟。②末の世。末世。
【叔▼舅】シュクキュウ ①母親の弟。②周の天子が、同族でない小諸侯を呼んだことば。
【叔世】シュクセイ 末の世。末世。澆季ギョウキ。叔季。類叔代。
【叔父】シュクフ ①父の弟。②おじ 回父母の弟。父母の妹の夫をもいう。
【叔母】シュクボ ①父の弟の妻。②おば 回父母の妹。父母の弟の妻をもいう。

㕞
又6(8) 4 0362 355E セツ漢 屑 shuā ぬぐ-う(ぬぐ-ふ)

意味 ぬぐう。通刷。

叕
又6(8) 4 0363 53D5 テツ漢 屑 zhuó

意味 つづる。つらねる。通綴テ。

叚
又7(9) 4 0364 53DA カ漢 馬 jiǎ

意味 借りる。借り。通仮。

叙
又7(9) 1 2986 53D9 常用 ショ漢 ジョ呉 語 xù の-べる(の-ぶ)
［敍］攴7(11) 2 5838 654D 人 旧字体。
［敘］攵7(11) 2 5839 6558 別体字。

筆順 ノ 𠆢 亼 仐 佘 余 叙 叙

なりたち [形声]「攴(=うつ)」と、音「余ヨ→ジョ」とから成る。順序をつける。

意味 ❶順序よく並べる。また、順序。次第。例叙次ジョジ(=順序)。❷官位や勲等を与える。例叙位ジョイ。叙勲ジョクン。❸のべる。陳述する。例叙事ジョジ。叙述ジョジュツ。❹本のはしがき。通序。

古訓 中古 ついづ・ついで・ならぶ・のぶ 中世 ついづ・ついで・のぶる 近世 ついづる・ついで・つらぬる・のぶる・もちゆる

人名 のぶ

【叙位】ジョイ ①くらいを授ける。②回国のために尽くした人に、くらいを授けること。現在の制度では、故人に対してのみおこなわれる。例—叙勲。
【叙勲】ジョクン 回国や社会のために尽くした人に、国が勲等を授け、勲章を与えること。例—の栄に浴する。
【叙景】ジョケイ 回景色のありさまを、詩や文章に書きあらわすこと。例—歌。
【叙事】ジョジ 感情をまじえないで、事実をありのままに表現すること。㊟叙情。
【叙事詩】ジョジシ 民族の建国や歴史、英雄の活躍などの歴史的事件をうたった詩。古代中国の「木蘭詩」「孔雀東南飛」、古代ギリシャの「イリアス」「オデュッセイア」、アイヌの「ユーカラ」など。㊟叙情詩。
【叙爵】ジョシャク 功績の大小に応じて、爵位を授ける。序爵。
【叙述】ジョジュツ ものごとを順序だてて文章にすること。また、その文章。
【叙情】ジョジョウ 喜びや悲しみなどの感情を述べあらわすこと。㊟叙事。例—的。表記 旧▼抒情
【叙情詩】ジョジョウシ 叙情を中心にして表現した詩。㊟叙事詩。表記 旧▼抒情詩
【叙説】ジョセツ ①「叙論ジョロン」に同じ。②文章で説明する。叙述。例形而上学ケイジジョウガク—。
【叙任】ジョニン 位を授け、官職につける。
【叙録】ジョロク ①順序だてて記録する。また、その記録。②前漢末の劉向リュウキョウが、朝廷に秘蔵されていた古書に、それぞれの篇目ヘンモクや概要を記した解説集。『管子叙録』『戦国策叙録』などがある。③論文や書物の最初または末尾で本論の大要を述べた部分。序録。
【叙論】ジョロン 本論をよく理解できるように、論文の最初の部分に書かれている文章。序論。緒論チョロン。叙説。
●直叙チョクジョ・倒叙トウジョ

叟
又7(9) ⇨叟ソウ(217ジ)

叛
又7(9) 1 4032 53DB ホン慣 ハン漢 翰 pàn そむ-く
［叛］——俗字。

意味 ❶さからう。そむく。通反。例叛逆ハンギャク。謀叛ムホン。❷はなれる。わかれる。例離叛リハン。

参考 現代表記では「反」に書きかえることがある。熟語は「反」も参照。

【叛意】ハンイ そむこうとする気持ち。表記 現反意
【叛旗】ハンキ 回反逆の決心や意向を示す手段を、旗になぞらえたことば。表記 現反旗
【叛逆】ハンギャク 権威・慣習・常識などにそむく。謀反ムホン。表記 現反逆
【叛徒】ハント 謀反人ムホンニン。表記 現反徒
【叛乱】ハンラン 政府に武力を使って反抗する。例—軍。表記 現反乱

叟
又8(10) ②5055 53DF

一 ソウ(漢) [有] sǒu　二 シュウ(シウ)(漢) [尤] sōu　おきな

[叜] 又7(9) ―― 別体字。

意味 一 ❶年寄り。老人。**おきな**。例 野叟(ヤソウ)。老叟(ロウソウ)。❷老人。長老。先生。二「叟叟(シュウシュウ)」は、米をとぐ音。

叡
又14(16) ①1735 53E1 人 エイ(漢)(呉) [霽] ruì　あき-らか

[睿] 目9(14) ②6647 777F 古字。

なりたち [会意]「𣦼(=うがつ)」と「目(=め)」と「谷(=深い)」の省略体とから成る。深くうがつほどに見通す。

意味 ❶知恵にすぐれ、ものごとを深く見通す。かしこい。**あきらか**。例 叡才(エイサイ)。叡敏(エイビン)。❷天子の言動について用いる敬称。例 叡覧(エイラン)。叡慮(エイリョ)。

古訓 中古 あきらかに 中世 あきらか・さとる・しる・ひじり・みかど・みる 近世 あきらか・さとし・ものしる

人名 あきら・さとし・ただ・とおる・とし・まさ・よし

【叡感】(エイカン) 天子が感心すること。御感(ギョカン)。例 ―にあずかる。

【叡才】(エイサイ) ①すぐれた才能。②すぐれた才能をもつ人。秀才。俊才。▽穎才(エイサイ)。

【叡算】(エイサン) 天子の年齢。

【叡山】(エイザン) 日「比叡山(ヒエイザン)」の略称。類 叡峰。

【叡旨】(エイシ) 天子の意向。聖旨。

【叡聖】(エイセイ) 明晰(メイセキ)な知性と非凡な才能。知徳がすぐれていること。〔多く、天子の徳をほめたたえていう〕

【叡藻】(エイソウ) 〔すぐれた文章の意〕天子の作った詩文。

【叡断】(エイダン) 天子の決断。例 ―がくだる。

【叡知】【叡▼智】(エイチ) 深遠な道理に通じている、深くすぐれた知恵。例 ―を集める。表記 現 英知

【叡哲】(エイテツ) ものごとの道理に通じ、かしこいこと。〔多く、天子の徳をほめたたえていう〕

【叡敏】(エイビン) かしこいこと。頭のはたらきがよい。

【叡聞】(エイブン) 天子の耳に入る。上聞。

【叡明】(エイメイ) 天子が、深くものごとの道理に通じ、すぐれていること。英明。例 天資―。

【叡覧】(エイラン) 天子が見ること。天覧。例 ―に供する。

【叡慮】(エイリョ) 天子の考え。聖慮。例 ―を悩ます。

叢
又16(18) ①3349 53E2 人 ソウ(漢)(呉) [東] cóng　くさむら・むら-がる・むら

[樷] 木12(16) ―― 6A37 俗字。

[藂] 艹14(17) ―― 85C2 別体字。

なりたち [形声]「丵(=くさむら)」と、音「取(シュ→ソウ)」とから成る。あつまる。

意味 ❶むらがって生えた草。**くさむら**。例 叢生(ソウセイ)。❷人やものが一か所に集まる。**むらがる**。例 叢書(ソウショ)。論叢(ロンソウ)。❸数が多くごたごたしている。繁雑な。例 叢脞(ソウザ)。

古訓 中古 あつまる・くさむら 中世 あつまる・くさむら 近世 あつまる・くさむら・さかんなり・むらがる

【叢雲】(ソウウン|むらくも) むらがり集まった雲。

【叢▼棘】(ソウキョク) ①群がり生えているいばら。②牢屋(ロウや)。監獄。〔牢屋のまわりにいばらを張りめぐらし、囚人が逃げるのを防いだことから〕

【叢▼篁】(ソウコウ) 竹やぶ。類 叢竹。

【叢▼脞】(ソウザ) ばらばらで、まとまりがないさま。

【叢▼祠】(ソウシ) 草木の茂る中にあるほこら。

【叢書】(ソウショ) 同じ分野に属する一連の書物を集め、判型や装丁をそろえて刊行するもの。シリーズ。双書。

【叢生】(ソウセイ) ①草木がむらがって生える。②多くの事物が同時にあらわれるさま。

【叢芳】(ソウホウ) 群がって咲いている花々。群芳。例 叢芳爛熳(ソウホウランマンたり)(=多くの花が咲き乱れている)。〈陳子昂・慶雲章〉

【叢▼莽】(ソウモウ|ソウボウ) 生い茂ったくさむら。

【叢林】(ソウリン) ①草木が生い茂っている林。②〔仏〕僧の集まって住む所。寺院。〔禅寺についていうことが多い〕

30 3画

口 くち くちへん 部

くちの形をあらわす。「口」をもとにしてできている漢字と、「口」の字形を目じるしにして引く漢字とを集めた。

0 218 口 2 219 右 㕣 可 叱 叺 叴 叶 叫 句 古
叩 号 司 史 只 𠮟 召 台 叮 叨 叭 叵 3 226 吁
各 吉 𠮷 吃 吸 叫 向 后 合 吋 吒 吊 吐 同 名
吏 4 234 呃 吽 呍 呕 呀 吤 含 吸 吟 听 君 呉
吳 吴 吾 吭 吼 告 吿 吹 呎 吮 呈 呈 呐 吨 吞
呑 吧 吠 否 呅 吻 吩 呆 吝 呂 5 240 咏 呵 咖
咍 呬 咎 呿 呴 呟 呼 咕 呷 咋 呢 呪 咒 周 周
呫 呻 咀 咜 呶 咄 咐 咈 咆 味 命 呦 和 咊 6
245 哀 哇 咦 咿 咽 咼 咳 咯 咢 咸 咭 咻 咺 呱
咬 哄 哈 哉 咲 咲 哘 呰 咨 咫 哆 咡 咠 哂 咤
咮 咥 咷 哃 咩 品 咾 7 248 唖 唉 員 唄 哥 哿
哤 哬 哦 唏 哯 唁 唔 哽 哮 哭 唆 唀 哨 哨 唇
啄 哳 哲 唐 唐 哺 哱 哩 唎 唳 哢 8 252 啞 啊
唵 唻 啀 喝 唫 啓 啓 啌 唶 售 商 唱 啜 唼 啐
唾 啅 啄 啖 啗 商 啠 唸 啁 啑 啍 啡 啤 問 唯
唹 喉 喙 9 256 喔 喂 喑 営 喙 喎 喈 喀 喝 喚
喊 喰 喞 喜 喟 喫 喫 喬 喁 喧 喭 [illegible] 喉 喰 啻
啾 善 喘 喪 唧 單 喋 啼 喆 嗒 喃 喩 喀 喇 喱
嘵 10 260 [illegible] 嗑 嗚 嗢 嘩 嗝 嗅 嗃 嗛 嗑 嗥 嗟
嗄 嗊 嗣 嗜 嗤 嗇 嗔 嗉 喿 嘆 嗎 嘌 [illegible] 11 262
嘔 嘉 嘎 嘘 嘐 嗷 嘖 嘇 嘗 嘯 噬 嗾 嗽 嘈 噌
嘆 嘛 嗹 12 264 噎 噶 [illegible] 器 噐 嘻 嘰 嘘 嘷 嘣
噍 嘱 嘶 噌 噂 噂 噀 噉 嘽 嘲 嘲 噇 嘸 噴 嘿
13 266 噫 噯 噦 噲 噩 器 噱 噭 噤 噞 嚆 嘴 嘯
噬 噪 噠 噸 [illegible] 噴 14 267 嚇 [illegible] 嚅 嚌 嚔 嚀 嚊
嚈 15 267 嚝 嚙 嚔 嚞 嚢 嚠 嚕 16 267 嚥 嚮 嚚
嚩 嚭 嚬 嚨 17 268 嚶 嚴 嚳 [illegible] 18 268 囈 囂 嚼
囁 囃 囀 19 268 囎 囅 囊 囉 21 269 囍 囓 囑

この部首に所属しない漢字

中→丨26　兄→儿119　加→力172　占→卜200
石→石941　回→囗272　舌→舌1111　虫→虫1170
串→丨29　局→尸402　谷→谷1247　足→足1272
邑→邑1329　舎→人85　尚→⺌399　知→矢938
倉→人98　號→虍223　鳴→鳥1492　轡→車1293

口

口0 (3)　1 2493　53E3　教1

コウ漢　ク呉　有 kǒu　くち

筆順 丨 ㄇ 口

なりたち [象形] くちの形。人がものを言ったり食べたりする器官。

意味 ❶動物が飲食したり発声したりする器官。くち。例 口蓋ガイ・口腔コウ・経口ケイ。❷くちに出して言う。また、そのことば。例 口伝デン・口外ガイ・口吻フン。❸出入りぐち。ものを出し入れするところ。例 火口カ・銃口ジュウ・出口ぐち。❹裂けたり破れたりした部分。例 決口ケッ(=堤防の決壊箇所)。傷口きず。❺「丁テイ(=壮年男子)」に対して、女子と未成年者。例 丁口テイ。❻人・家などの数。また、それらを数えることば。例 口分田クブンデン・人口ジン。❼刀剣や容器などの器物を数えることば。例 一口剣イックのケン・一口イッコウの

日本語での用法 《くち》「三口みくちで三万円サンマンエン」▼一定の量を一つと数える単位。

古訓 中古 いただく・くち 中世 くち・ほとり 近世 あな・くち・ほとり・むなし・もらす

人名 あき・ひろ

難読 赤口シャック・一口いもあらい(=地名)

【口受】コウジュ 弟子が師から直接、口伝えで教えを受ける。

【口授】コウジュ・クジュ 師が弟子に直接、口伝えに教えをさずける。

【口舌】一 コウゼツ 痴話喧嘩ゲン。口喧嘩。二 コウゼツ ①口と舌。ことばを話す器官。②ことば。もの言い。③口先だけのものの言い方。例 —の徒(=口だけ達者な人)。

【口裏】くちうら 日 (その人の)ことばや話しぶりから推測できる真意。例 —から察する。—を合わせる(=話の内容がくいちがわないよう、あらかじめ打ち合わせておく)。

【口絵】くちエ 日 書物の最初の部分にのせる絵や写真。例 —写真。

【口金】くちがね 日 ①バッグやがまぐち(財布)などで、開け閉めするための金具。例 ハンドバッグの—。②瓶の口にかぶせてある、金属製のふた。王冠。③電球の差しこみ部分などにつける金具。

【口癖】くちぐせ 日 習慣として口にすることば。

【口車】くちぐるま 日 口先だけのたくみな言いまわし。例 まんまと—に乗せられた。

【口巧者】くちゴウシャ 日 口先のうまいさま。また、そのような人。口達者ダッシャ。類 口上手くちジョウズ。

【口先】くちさき 日 ①口の先端。②うわべだけのことば。例 —だけで言う。

【口達者】くちダッシャ 日 ①口先の上手なさま。また、そのような人。口巧者ゴウシャ。②よくしゃべるさま。

【口茶】くちヂャ 日 お茶を何回かいれたあと、新しい茶の葉を、急須キュウスに足してお茶をいれること。

【口尚乳臭】くちなおニュウシュウ 口がまだ乳くさい。経験にとぼしく未熟なことのたとえ。〈漢書・高帝紀上〉

【口八丁】くちハッチョウ 日 (「八丁」は、八つの道具を使いこなすほど、うまい意) しゃべることがたくみなこと。例 —手八丁。

【口は禍の門】くちはわざわいのもん なにげなく話したことが、のちに災難を招くことがあるから、十分注意すべきである、といういましめ。口は禍のもと。〔「口是何傷、禍之門也くちはこれなにをかそこなわん、わざわいのもん(かど)なり」〈家語・観周〉などにもとづく〕

【口火】くちび 日 ①火縄銃の火薬や、爆薬の点火に使う火。②ガス器具で、すぐ火がつくように常に燃やしておく小さな火。③ものごとの始まるきっかけ。例 話の—を切る。

【口笛】くちぶえ 日 唇を丸め、息を強く吹いて出す音。

【口紅】くちべに 日 唇に塗る紅。ルージュ。

【口調】コウチョウ 日 ①口で言ってみたときの調子。語調。語呂ゴロ。例 —のいい詩。②声の調子やことばの選び方の特色。話しぶり。口ぶり。例 演説—。改まった—。

【口伝】コウデン ①師から弟子へ直接話して、教えさずける。くちづたえ。②口でつたえる。くちづたえ。

【口分田】クブンデン 〔民衆に分け与えられた田の意〕 ①唐代では成人男子に八十畝ボを与えた。②日 律令制で、六歳以上のすべての人民に与えられた田。

【口演】コウエン 日 (演説や講義、または、講談や浪曲などを)おおぜいの前で語る。

【口過】一 コウカ ①ことばの過失。失言。②口臭。二 くちすぎ 日 日々の暮らしを立てること。

【口外】コウガイ 日 (秘密にしておくべきことを)ほかの人に話す。例 —無用。

【口蓋】コウガイ 日 口の内部の上側の部分。うわあご。例 —垂(=のどひこ。のどちんこ)。軟—。

【口角】コウカク 口のわき。口の端。また、口のまわり。例 —泡を飛ばす。

【口角流▼沫】コウカクあわをながす 口の両わきにつばきがたれる。激しく議論すること。〈李商隠・韓碑〉

【口気】コウキ ①口から吐く息。②ものの言い方。口ぶり。例 非難の—を示す。

【口給】コウキュウ (「給」は、口がよくまわる意) 口が達者で弁が立つ。例 禦レ人以二口給一、屢憎二於人一ひとにあたるにコウキュウをもってすれば、しばしばひとにくまる(=たくみな弁舌で人に接していると、とかく人に憎まれる)。〈論語・公冶長〉

【口供】コウキョウ ①口頭で述べる。②裁判官や検察官の尋問に対して、被告人や証人などが発言すること。供述。

【口業】一 コウギョウ 詩文を作ること。詩文の創作活動。二 ゴウ 〔仏〕三業サンゴウの一つ。ことばによる善悪の行為。特に悪業を指し、「妄語モウゴ(=でたらめ)」「綺語キゴ(=いつわり飾ったことば)」「悪口アック(=わるくち)」「両舌リョウゼツ(=二枚舌)」の四種がある。

【口吟】コウギン ①口ずさむ。②口の中でもぐもぐ話して、ことばがはっきり聞きとれないこと。

【口径】コウケイ (蛇口ジャぐち・銃砲・望遠鏡など)筒形のものの口の直径。例 ガス管の—。

【口語】コウゴ ①口で言ったことば。言論。例 僕以二口語一遇二此禍一ボクコウゴをもってこのわざわいにあう(=私は口にしたことばのせいでこんな災難にあった)。〈司馬遷・報任少卿書〉 ②話しことば。口頭語。音声言語。また、それにもとづいた、読み書きのことば。対 文語。例 —体。

【口▼腔】コウコウ 口からのどまでの間の部分。うわあご・舌・歯などがあり、食物をかみくだき、発音をたすける。〔医学界では「コウクウ」という〕例 —外科。

【口号】コウゴウ ①(文字には書かず)思いつくままにすぐさま詩をうたう。また、その詩。梁リョウの簡文帝に始まり、唐代に広くおこなわれた。②詩の様式の一つ。多く天子にささげられた頌詩ショウシ(=ほめたたえる詩)の一種。③あいことば。④スローガン。⑤日 詩歌などを吟じる。

【口講指画】コウコウシカク 口で説明して、指で絵をかく。身ぶり手ぶりを加えて、丁寧に説明する。〈韓愈・柳子厚墓誌銘〉

【口座】コウザ 日 ①帳簿で、個人または項目ごとに記入し、計算するところ。②「銀行口座」「預金口座」などの略。例 —番号。—を開く。

【口才】コウサイ たくみに弁舌する才能。

【口事】コウジ 悪口を言う。讒言ザンゲン。

【口実】コウジツ ①口に入れる食物。食事。②食いぶち。俸給。③死者の口に含ませる玉。④話のたね。話題。⑤言いのがれのための理屈。言いわけ。

【口耳▼之学】コウジのガク 耳から聞いたことを理解もせずにそのまま口に出すような、安直な学問。受け売りの知識。〔「小人之学也、入乎耳、出乎口。口耳之間、則四寸耳（ショウジンのガクは、みみよりいりて、くちよりいず。コウジのカンは、すなわちシスンのみ）」〈荀子・勧学〉から〕

【口臭】コウシュウ 口から出るいやなにおい。例 —予防。

【口述】コウジュツ 口で述べる。例 —筆記。

【口承】コウショウ ①口頭で承諾する。②日 口伝えで受けつぐ。例 —文芸。

【口▼誦】【口唱】コウショウ 声に出して読む。口ずさむ。

【口上】コウジョウ ①くち。口のあたり。②日 口で言う、一定の形式に従った挨拶アイサツ。例 —を述べる。③日 かたい調子の、ものの言い方。例 切り—。④日 芝居で、舞台の上から述べる襲名披露の挨拶や出しものの説明。例 前まえ—。

【口唇】コウシン くちびる。

【口数】コウスウ 一 人数ニンズウ。人口。二 くちかず 日 ①ことばかず。話す分量。例 —が多い。②養っている人の数。例 —を減らす。③寄付金など、ひと口単位でかぞえるものの数。

【口占】コウセン 一 ①口述する。口で伝える。②文字で書かず、口が動くのにまかせて詩文を作る。例 口₌占檄文₋（＝檄文を口頭で作成した）。〈漢書・朱博伝〉 二 くちうら 日 ①人のことばを聞いてよしあしをうらなう。②話しぶりからその人の心中を察する。

【口宣】コウセン/クセン/クゼン ①天子の命令を口頭で述べ伝える。また、それを記した文書。②宋ソウ代、詔令の一種。天子が臣下の労をねぎらったもの。

【口銭】コウセン ①人頭税。漢代に三歳（後に七歳）から十四歳までの者に課された。②日 売買の仲介をして、受け取る手数料。コミッション。例 八分ブハチの—を取る。

【口体】コウタイ くちと、からだ。例 口体之奉コウタイのホウ（＝くちとからだを養うための食物や衣服）。〈宋濂・送東陽馬生序〉

【口中雌黄】コウチュウのシオウ 自己の発言を改めること。〔「雌黄」は、黄色の顔料。書き誤った文字に塗って正しく直すのに用いたことから〕〈晋書・王衍伝〉

【口中▼蝨】コウチュウのシツ 口の中のシラミ。簡単に征服できることのたとえ。〈韓非・内儲説上〉

【口勅】コウチョク 天子が口頭で詔勅を下すこと。また、その詔勅。

【口答】コウトウ 日 その場で口で答える。対 筆答。

【口頭】コウトウ （書くのではなくて）口で言うこと。例 —試問。

【口頭禅】コウトウゼン 口先だけの禅。禅の道理を体得せずに、ただことばをもてあそぶこと。転じて、口癖。

【口頭交】コウトウのまじわり 口先だけの交際。うわべだけのつきあい。例 面結₌口頭交₋、肚裏生₌荊棘₋（おもてはコウトウのまじわりをむすび、トリはケイキョクをショウず）（＝顔では口先だけの交友を結び、腹の中にはいばらが生えている）。〈孟郊・択友〉

【口碑】コウヒ （人をたたえる内容の）言い伝え。〔碑に刻んだように永く伝える意〕

【口腹】コウフク ①飲み食い。飲食。例 —の欲。②日 口に出すことばと、腹の中で思っていること。

【口▼吻】コウフン 〔「吻」は、唇の意〕①口先。②その人の本心が、ことばのはしばしにあらわれている話し方。くちぶり。例 原案に反対の—をもらす。

【口弁（辯）】コウベン 弁舌の才能。また、弁舌がたくみなこと。

【口約】コウヤク 日 （文書によらない）ことばの上だけの約束。口約束くちヤクソク。

【口訳】コウヤク ①口頭で翻訳する。②日 古文や漢文を口語体に訳す。口語訳。例 『古事記』の—。

【口糧】【口▼粮】コウリョウ 人数によって割り当てられる食糧。兵士や人夫に支給される俸禄米ホウロクマイ。

【口論】コウロン ①口頭で論じる。②日 言い争う。口喧嘩くちゲンカ。

【口話】コウワ ①口ぶり。くちうら。②日 口のきけない人が、（手まねでなく）唇の形によって話をすること。

●糸口いとぐち・陰口かげぐち・火口カコウ・河口カコウ・小口こぐち・閉口ヘイコウ・間口まぐち・窓口まどぐち・無口むくち・無駄口むだぐち・利口リコウ

右

口2（5） 1 1706 53F3 教1

ユウ（イウ）漢 ウ呉 宥 yòu

みぎ

筆順 ノナオ右右

なりたち  ［会意］「口（＝くち）」と「又（＝みぎ手）」とから成る。手だけでは不十分なので、口でたすける。

意味 ❶たすける。通 佑ユウ・祐ユウ。例 右筆ユウヒツ。❷みぎ。みぎて。みぎがわ。対 左。例 右往左往ウオウサオウ。右折ウセツ。座右ザユウ。❸西。南面したときの右が西にあたることから。対 左。例 右京ウキョウ。❹上の位にある。すぐれている。例 毋₌能出₌其右₋者₋（よくそのみぎにいずるものなし）（＝彼の上に出る者はいない）。〈史記・田叔伝〉❺たっとぶ。例 右武ユウブ。右文ユウブン。❻勢力のある。つよい。例 右姓ユウセイ。豪右ゴウユウ（＝勢力のある家柄）。

日本語での用法 一《ウ》《みぎ》「右派ウハ・右翼ウヨク・極右キョクウ」▼保守的な。〔フランス革命のとき、保守派が議会の右側の席にすわったことから〕対 左。二《ウ》「右党ウトウ」▼酒が飲めない人。対 左。右みぎへの転向テンコウ」

古訓 中古 からさま・これ・たすく・とる・みぎ 中世 たすく・みぎ・みぎり 近世 かみ・たすく・たつとぶ・はげます・みぎ・みちびく

人名 あき・あきら・これ・すけ・すすむ・たか・たすく

難読 左右ウツ・右手まて・右手めて

【右往左往】ウオウサオウ 日 どうしたらよいかわからず、うろうろする。うろたえる。

【右岸】ウガン 日 川の下流に向かって右側の岸。対 左岸。

【右傾】ウケイ ①右へかたむく。②日 思想が、極端な保守的・民族主義的・国粋的傾向を示すこと。▽対 左傾。

【右舷】ウゲン 日 船首に向かって右側のふなべり。対 左舷。

【右顧左▼眄】ウコサベン 日 〔「顧」はふりむいて見る、「眄」は流し目で見る意〕まわりの人の意見や思惑ばかりを気にして、決断できないこと。左顧右眄サコウベン。

【右折】ウセツ 日 右へ曲がる。対 左折。

【右足】ウソク/みぎあし 右の足。

【右側】ウソク/みぎがわ ものの右のがわ。対 左側。

【右党（黨）】ウトウ 日 ①保守派の政党。②酒が飲めず、甘いものが好きな人。▽対 左党。

【右派】ウハ 日 右翼の党派。対 左派。

【右翼】ウヨク ①鳥や飛行機の右のつばさ。②軍陣の右側の部隊。③日 政治思想の上で、保守的・民族主義的・国粋的な考え方をする人たち。また、その団体。④日 野球で、本塁から見て右側の外野。また、そこを守る選手。ライト。▽対 左翼。

【右手】ユウシュ/みぎて ①右の手。馬手めて。②右のほう。右のがわ。▽対 左手。

【右券】ユウケン 割り符の右半分。類 右契ユウケイ。対 左券。

【右史】ユウシ 官名。天子のことばをそばで記録した。対 左史。

【右相】一 ユウショウ 宰相。二 ウショウ 日 右大臣（＝太政官の官名の一つ）の中国風の呼び名。類 右府。

【右職】ユウショク ①地位が高く、重要な官職。②武官。類 右選ユウセン。

【右姓】ユウセイ 勢力のある一族。豪族。㊫右族ユウゾク。
【右▼弼】ユウヒツ ①天子の政務を補佐する官。②たすける。たすけ。
【右筆】ユウヒツ 日①昔、貴人のそばにいて文書の作成などを受け持った人。②武家の職名の一つ。文書や記録を受け持った人。▽祐筆ユウヒツ。
【右武】ユウブ 武功を重んじること。
【右扶風】ユウフウ 漢の武帝のときに置かれた、首都周辺の行政区の一つ。また、その長官。右輔ユウホ。→【三輔】サンポ（13ページ）
【右文】ユウブン ①文化や芸術をたっとぶこと。②形声文字の右半分が声義を兼ねるもの。
【右文左武】ユウブンサブ 〔「文」と「武」を右と左に配して、ともに重んじる意をあらわす〕文武両道をかねそなえること。左文右武。〈宋名臣言行録・胡寅〉
【右▼輔】ユウホ 「右扶風ユウフウ」に同じ。
●極右キョクウ・左右サユウ・座右ザユウ

㕣
口2 (5) ④0365 3563
エン㊥ 銑 yǎn
意味 山間の沼地。

可
口2 (5) ①1836 53EF 教5
カ㊥㊇ 哿 kě
べ-し・よ-い（よ-し）

筆順 一 丁 可 可 可

なりたち 〔会意〕「口（＝くち）」と「丁カ（＝気がのびる）」とから成る。よしと言って認める。

意味 ❶認める。ゆるす。よろしい。例 可否カヒ。許可キョカ。認可ニンカ。❷まあよい。どうにかよい。例 優ユウ・良リョウ・可カ。❸「べし」と読み、…してよい、…するのがよい、の意。許可・適当をあらわす。例 誰可レ伐者たれかうつべきものぞ（＝だれを討つのがよいか）。〈韓非・説難〉❹「べし」と読み、…できる、の意。可能をあらわす。例 可三以為二師もってシとなるべし（＝教師となることができる）。〈論語・為政〉不可抗力フカコウリョク あらがうべからざるちから。可変カヘン。❺およそ。…くらい。…ばかり。例 飲可二五六斗一ゴロクトばかりのむこと（＝五六斗ほど飲んだ）。〈史記・滑稽伝・淳于髡〉❻（kè）蒙古モウコ語の音訳。例 可汗カカン。

古訓 中古 かなへり・しかるを・せむ・たへたり・ばかり・べし・ゆるす・よし・より 中世 うけがふ・ばかり・べし・ゆるす・よし 近世 うけがふ・ところ・ばかり・べし・ゆるす・よし

人名 あり・とき・よく・よし・より

難読 可惜あたら・可いけない・可笑おかしい・可愛かわいい・可愛いいたいけざかり・可成なるべく・可児かに（＝地名・姓）

【可汗】カカン 鮮卑センピ・突厥トッケツ・蒙古モウコなど、北方民族の君主の称号。のち、略して「汗」という。
【可逆】カギャク 日逆もどりすることが可能なこと。㊯不可逆。例 —的。—反応。
【可及的】カキュウテキ 日できるだけ。なるべく。例 —すみやかに改善する。
【可決】カケツ 日会議で、議案をよいものと認めて決定する。㊯否決。例 予算案を—する。
【可視】カシ 日目で見えること。例 —光線。
【可人】カジン 一すぐれた人物。ひとかどの人物。二ひとにかなり 人の気に入る。人を満足させる。
【可塑性】カソセイ 日〔「塑」は、土をこねて何かの形を造る意〕粘土やプラスチックなどのように、力を加えると形が変わり、そのままもとにもどらない性質。塑性。
【可動】カドウ 動くしかけになっていること。動かせること。例 —橋。—式。
【可燃】カネン （よく）もえること。㊯不燃。例 —性。—ごみ。
【可能】カノウ ①そうすることができること。㊯不能。例 —性。日帰りも—だ。②日文法で、「…することができる」意を示す表現。助動詞「れる」「られる」や可能動詞（「行ける」「取れる」など）を用いる。
【可否】カヒ ①いいか悪いか。ものごとのよしあし。例 —を論じる。②賛成と反対。賛否。例 改正案の—を問う。
【可変】カヘン 変える、または変わることのできること。㊯不変。
【無レ可無二不可一】カもなくフカもなし ①ことばや行動に、行きすぎも不足もなく、ちょうどよい。〈論語・微子〉②特によくもないが、特に悪くもない。まあまあのところである。
【可▼憐】カレン あわれむべし ①いたわりたくなるさま。例 此翁白頭真可レ憐このおきなのハクトウシンにあわれむべし（＝この白髪頭の老人はまことに気の毒だ）。〈劉希夷・代悲白頭翁〉②うらやましい。例 可レ憐光彩生二門戸一あわれむべしコウサイのモンコにショウずるを（＝うらやましくも《楊貴妃ヨウキヒの》一門一家は光りかがやいた）。〈白居易・長恨歌〉③かわいらしく、いじらしいさま。例 可憐体無レ比カレンのテイたぐいなし（＝かわいらしい様子はまたとない）。〈玉台・為焦仲卿妻作〉
【可哀相】かわいそう 日〔あて字〕気の毒で、同情心をさそわれるさま。ふびん。例 —な身の上。
●裁可サイカ・生半可なまハンカ・不可フカ

叱
口2 (5) ①2824 53F1
カ（クヮ）㊥ 禡 huà
意味 口を開くさま。
参考 「叱カ（＝しかる）」とは別の字だが、実際には、「叱」として用いられている。→叱シツ（224ページ）

叺
口2 (5) ②5061 53FA 国字
かます
意味 穀物・肥料・塩または石炭・砂など、粒状のものを入れる、わらむしろで作った袋。かます。〔「蒲簀かます」の意という〕

叴
口2 (5) ④0366 53F4
キュウ（キウ）㊥ 尤 qiú
意味 「叴叴キュウキュウ」は、おごりたかぶるさま。

叶
口2 (5) ①1980 53F6 人
キョウ（ケフ）㊥ 葉 xié
かな-い（かなひ）・かな-う（かな-ふ）・かな-える（かな-ふ）

なりたち 叶 〔会意〕「口（＝くち）」と「十（＝すべてあわせる）」とから成る。みんなの力を合わせる。

参考 「協」の古字。

意味 多くのものを一つにする。調和する。例 叶韻キョウイン（＝詩文の平仄ヒョウソクをととのえるために、発音を改めて同一の韻として読むこと）。

日本語での用法 《かなう》①「念願ネンガンが叶かなう・叶かなわぬ時ときの神頼かみだのみ」▼希望が実現する。思いどおりになる。②「飛とび道具ドウグには叶かなわない」▼対等にあらそう。はりあう。

古訓 中古 かなふ・やはらぐ・よろこぶ 中世 かなふ・かなへり・やはらぐ 近世 かなふ・かなへる・やはらぐ

人名 かのう・とも・やす

難読 問叶とがと（＝姓）

[叫]
口2 (5) ⇩叫キョウ（227ページ）

句
口2 (5) ①2271 53E5 教5
一 コウ㊥ ク㊇ 尤 gōu
二 ク㊥㊇ 遇 jù

筆順 ノ 勹 勺 句 句

なりたち ［形声］「口(=くち)」と、音「勹(キュウ…→コウ)」とから成る。曲がる。

意味 ㊀❶まがる。通 勾(コウ)。例 句曲(コウキョク)。❷不等辺直角三角形の最も短い辺。対 股(コ)(=直角三角形の最も長い辺)。例 句股(コウコ)。❸⇒【句杞】(コウキ) ㊁ことばや文章などのひとくぎり。例 句読点(クトウテン)・字句(ジク)・文句(モンク)。

日本語での用法《ク》「句会(クカイ)・句作(クサク)」▼「連句」「俳句」などの略。

古訓 中古 かがまる・かがむ・ことば・はる・ひく 中世 かがまる・とどまる・まがる 近世 おほいなり・かがまる・かぎる・とどまる・まうす・まがる・みつる・やごろ

【句会】クカイ 日 人々が集まって、俳句を作ったり、批評し合ったりする会。例 月並(つきなみ)の―。

【句作】クサク 日 俳句を作ること。例 ―に熱中する。

【句集】クシュウ 日 俳句や連句を集めた本。例 芭蕉(バショウ)の―。

【句題】クダイ 日 ❶俳句の題。❷有名な漢詩または和歌の一句をとって、詩歌の題としたもの。

【句点】クテン 文字にあらわしたとき、文の終わりにつける記号。「。」対 読点(トウテン)。

【句投】クトウ 「投」は「逗」で、止まる意)「句読(クトウ)①」に同じ。

【句読】クトウ ❶文章を読む場合の、文の切れ目(=句)と、途中の息の切れ目(=読)。また、句点と読点。句投。類 句度(クド)。❷文章の読み方。❸日 漢文の素読(ソドク)。

【句読点】クトウテン 句点「。」と読点(トウテン)「、」。

【句碑】クヒ 日 俳句をきざみつけた石碑。

【句法】クホウ ❶詩や文章の語句の組み立て方。類 句格。❷日 俳句の作り方。

【句▼杞】コウコ・コウキ ⇒【枸杞】コウコ(672ページ)

【句践】コウセン 春秋時代、越の王の名。勾践(コウセン)。→【臥薪嘗胆】ガシンショウタン(1349ページ)

【句欄】コウラン ❶橋・回廊・廊下などにつけた手すり。欄干。❷宋(ソウ)・元代、劇場や遊郭。〔建物の周りに欄干があったことから〕

● 一言半句(イチゴンハンク)・語句(ゴク)・節句(セック)・絶句(ゼック)・対句(ツイク)・俳句(ハイク)・名句(メイク)

古

口2 (5)

1 2437 53E4 教2

コ 漢 呉 麌 gǔ

ふるい(ふる-し)・ふるす・いにしえ(いにしへ)

3画

筆順 一 十 十 古 古

なりたち ［会意］「十(=すべてあわせる)」と「口(=くち)」とから成る。これまで語りつがれてきたこと。

意味 ❶長い年月がたっている。昔の。ふるい。通 故。例 古書(コショ)。最古(サイコ)。❷昔。いにしえ。例 懐古(カイコ)。尚古(ショウコ)。❸現代の普通のものでない。時代を経て味のある。例 古雅(コガ)。高古(コウコ)。

日本語での用法《ふるす》「着古(きふる)す・使(つか)い古(ふる)す」▼ふるくする。

古訓 中古 いにしへ・ふるし・むかし 中世 いにしへ・ふりたり・ふるし 近世 いにしへ・おい・はじめ・ひさし・ふる・ふるい・ふるし・むかし

人名 たか・ひさ・ひさし・ふる

【以▽古為▽鑑】いにしえをもってかがみとなす 過去のことを鏡として、世の推移を知る。〈新唐・魏徴伝〉

【古意】コイ ❶古めかしい趣。昔の風情。❷古代をなつかしむ気持ち。❸詩題の一つ。古代の精神を歌ったり、昔のできごとから現在を風刺したりする。擬古。

【古逸】【古▼佚】コイツ (まとまっていた書物などが)古い時代に、ばらばらになってなくなってしまったこと。例 ―文献。

【古駅】コエキ 古い宿場。

【古往】コオウ 昔。往古。例 ―今来(コンライ)(=昔から今まで)。

【古歌】コカ 古い歌。古人の作った歌。例 ―をふまえる。

【古雅】コガ 古風で優雅なさま。古びて趣のあるさま。

【古格】コカク 古い格式。古来の由緒正しいやり方。例 ―を保つ儀式。

【古学】コガク ❶古文(=秦(シン)以前に通用していた書体)で記された経書(ケイショ)を研究する学問。前漢末の劉歆(リュウキン)、後漢の馬融(バユウ)・鄭玄(ジョウゲン)らによる。古文学。対 今文学(キンブンガク)。❷日「古学派(コガクハ)」に同じ。

【古学派】コガクハ 日 江戸時代の儒学の一派。宋(ソウ)代の経書(ケイショ)の解釈は孔子や孟子(モウシ)の真意を伝えていないとして、漢代や唐代の解釈を究明することを主張した。山鹿素行(やまがソコウ)・伊藤仁斎(ジンサイ)・荻生徂徠(おぎゅうソライ)らがとなえた。古学。

【古希】【古▼稀】コキ 七十歳のこと。〔「人生七十古来稀(ジンセイシチジュウコライまれなり)(=七十歳まで生きる人は少ない)」〈杜甫・曲江〉から〕

【古義】【古▼誼】コギ ❶古い解釈。また、もともとの意義。例 ―にもとづく考証。❷古い時代の正しい道理。例 ―を明らかにする。

【古義学】コギガク 日 江戸時代、伊藤仁斎(ジンサイ)がとなえた古学の一派。『論語』『孟子(モウシ)』の古義を明らかにし、聖人の道を平易なことばでわかりやすく説こうとした。

【古丘】【古▼邱】コキュウ 古い墓。類 古塋(コエイ)・古冢(コチョウ)。

【古曲】コキョク ❶古い曲。❷日 三味線の音楽で、河東節(カトウぶし)・一中節(イッチュウぶし)・宮薗節(みやぞのぶし)・荻江節(おぎえぶし)の総称。

【古句】コク 日 昔の人の作った俳句や詩句。

【古訓】コクン ❶古人の教え。❷古字や古義についての解釈。訓詁(クンコ)。❸日 漢字や漢文の古いよみ方。特に中世以前の読み方をいう。例『日本書紀』の―。

【古言】コゲン ❶昔のことば。古語。❷古人の名言。

【古▼諺】コゲン 昔からのことわざ。例 ―にいわく。

【古語】コゴ ❶昔、使われていたことばで、現在は、一般に使われていないことば。古典語。❷昔の話。

【古豪】コゴウ 経験の豊かな、実力のある人。ふるつわもの。ベテラン。対 新鋭。例 初出場で―を倒す。

【古今】ココン・コキン 昔と今。また、昔から今まで。今古(キンコ)。

【古今東西】ココントウザイ 昔から今まで、東も西も。いつの時代でもどこの場所でも。例 ―に例を見ない。

【古今独歩】ココンドッポ 古今を通じて比べるものがないほどすぐれていること。古今無双。

【古今未曽有】ココンミゾウ 〔「未曽有」は、「未(いま)だ曽(かつ)て有(あ)らず」と訓読する〕昔から今までに、あったためしがないこと。例 ―の大水害。

【古今無双】ココンムソウ 〔「双」は、並ぶ意〕昔から今までに、他に匹敵する者がないこと。例 ―の英雄。

【古刹】コサツ・コセツ 〔「刹」は、寺の意〕古い寺。特に、由緒のある古い寺。

【古参】コサン 日 ずっと以前からその仕事をしていること。また、その人。対 新参(シンザン)。例 ―兵。職員の中の最―。

【古▼址】【古▼阯】コシ ❶昔の建物や都市などがあったあと。❷昔の建物のあとに残る礎石(=土台石)。▽故址(コシ)。故阯(コシ)。

【古紙】コシ 日 一度使って不用になった紙。読後の新聞紙や雑誌、使用済みの段ボールなど。故紙。例 ―回収。

【古詩】コシ ①昔の詩。古代に作られた詩。②漢詩の形式の一つ。唐代に完成した律詩や絶句などに対して、句数や韻律などに制限のない、古いタイプの詩をいう。古体。古風。類古体詩。対近体・今体(キンタイ)・近体詩・今体詩。

【古字】コジ 昔使われたが、今は普通使われない字体の文字。

【古寺】コジ・ふるでら 古い寺。例—名刹(ジコメイサツ)。

【古式】コシキ 古来の礼式。昔からきまっているやり方。例—にのっとる。—ゆかしくとりおこなわれる。

【古酒】コシュ 日①冬期に醸造した日本酒が、夏の土用をこえて秋にはいったもの。対新酒。②味をよくするために、長年貯蔵して熟成させた酒。

【古書】コショ ①昔の本や文書。②古い文字。古代の文字。③日一度利用者の手に渡ったことのある本。古本(ふるホン)。例—店。—展。

【古称】コショウ ①古い名称。昔の呼び名。②言い伝え。

【古城】コジョウ ①古い町。②日古いしろ。例小諸(こもろ)なる古城のほとり。〔島崎藤村・落梅集〕

【古色】コショク 年代を経たものに自然についた趣。古びた感じ。例—を帯びる。

【古色▼蒼然】コショクソウゼン 古びたさま。長い時を経たさま。〈五雑組・人部三〉

【古人】コジン ①昔の人。昔のすぐれた人。例質朴古人風(シツボクにしてコジンのフウあり)(=飾りけがなく昔の人の趣がある)。〈杜甫・吾宗〉②死んだ人。故人。

【古人▼之▼糟▼魄】コジンのソウハク 〔「糟魄」は、残り粕(かす)の意〕昔の聖賢が残した書物は、その人のかすのようなものだ。道というものは、ことばで伝えることはできない、ということ。〈荘子・天道〉

【古昔】コセキ むかし。往古。

【古跡】【古▼蹟】コセキ ①歴史に残るできごとや、建物があったあと。旧跡。例名所—。②昔の人の筆跡。

【古拙】コセツ 美術品などで、技巧はつたないが、古風で素朴な趣があるさま。アルカイック。例—な仏像。

【古先】コセン ①昔。いにしえ。例古先哲王(コセンのテツオウ)(=昔のすぐれた王)。〈書経・康誥〉②祖先。先祖。

【古銭】コセン 昔の貨幣。例—の収集家。

【古戦場】コセンジョウ 昔、戦いのあった場所。

【古体】コタイ ①古風な文体。②「古詩(コシ)②」に同じ。▽対近体・今体(キンタイ)。

【古代】コダイ ①古い時代。大昔。例—人。②歴史の時代区分の一つ。原始時代の後、中世の前の時代。中国では、広く十九世紀中葉以前を指したり、狭く秦(シン)・漢代を指したりすることもある。日本では大和・飛鳥(あすか)・奈良時代を指す。〔平安時代を加える場合もある〕

【古注】【古▼註】コチュウ ①漢代・唐代の経典(ケイテン)の注釈。②日国文学で、江戸時代以前の注釈。▽対新注。

【古調】コチョウ 詩や音楽の古風な調子、趣。

【古典】コテン ①昔の書籍。②昔の制度や儀式。③昔に作られ、長い年月にわたって多くの人に尊重されてきた書物や芸術作品。クラシック。例—文学。—芸能。

【古典的】コテンテキ 日①古典としての価値をもっているさま。例—な名作。②(作品の制作において)伝統的な形式を重んじるさま。例—な手法。

【古都】コト ①古くからの都。長い歴史のある都。②昔、都だった所。例—奈良。▽故都。対新都。

【古渡】一コト 古びた渡し場。二コわたり 日室町時代ごろまでに外国から渡ってきた物品。

【古刀】コトウ ①古い刀。②日慶長年間(=江戸時代の初期)以前に作られた日本刀。▽対新刀。

【古道】コドウ ①昔の聖人や賢人の実践した道(=道徳)。②昔の道。旧道。対新道。

【古筆】コヒツ ①古人の筆跡。②平安・鎌倉(かまくら)期の、和様の書道のすぐれた筆跡。例—家(=古筆鑑定専門家)。

【古風】コフウ ①昔の様式。昔の趣。昔風。②「古詩(コシ)②」に同じ。

【古武士】コブシ 日武士道をわきまえた、昔の侍。例—然とした風貌(フウボウ)。

【古物】コブツ 日①古い時代から伝わっている品物。古道具や古美術品。骨董(コットウ)。②使い古しの品。一度でも使われた品。対新品。例—商。▽故物。

【古墳】コフン ①土を盛ってつくった昔の墓。②日三世紀から七世紀ごろまでに造られた、小山のように土を盛ってある墓。例—時代。

【古文】コブン ①秦(シン)の篆字(テンジ)より前の、漢字の字体。また、その字体で書かれた経書(ケイショ)。対今文(キンブン)。②秦・漢以前に書かれた文章。また、その文体。対四六文(シロクブン)。③日昔の文章。江戸時代以前の文語体の文章。対現代文。

【古文学】コブンガク 「古学(コガク)①」に同じ。

【古文復興】コブンフッコウ 魏晋(ギシン)以来、技巧的修辞を重視する四六駢儷文(シロクベンレイブン)がさかんになったことを批判して、「古文②」の達意を主とした簡潔で力強い文体に返そうとした運動。唐の韓愈(カンユ)・柳宗元(リュウソウゲン)らが中心となり、宋(ソウ)の欧陽脩(オウヨウシュウ)らにうけつがれた。

【古法】コホウ ①昔おこなわれた方法。昔からのしきたり。②昔のおきてやきまり。昔の法律。

【古貌】コボウ 昔の人のおもかげ。古人のように素直で飾りけのないさま。

【古木】コボク 長い年月を経ている立ち木。老木。例松の—。

【古墨】コボク 作られてから長い年月を経て、よい色を出すようになった墨。書画家に珍重される。

【古本】一コホン ①古代の書籍。②現行のものよりも古い系統の、原作に近い本。二ふるホン 日一度利用者の手に渡ったことのある本。古書。対新本(シンポン)。例—屋。

【古米】コマイ 日収穫後一年以上たった米。対新米。

【古名】コメイ 昔の呼び名。

【古文書】コモンジョ 日昔の文書。特に江戸時代以前の、手紙や証書の類。

【古謡】コヨウ ①古代の歌謡。②古くから伝わっている、節(ふし)をつけてうたう歌。

【古来】コライ 古くからずっと。昔から。例古来征戦幾人回(コライセイセンいくたりかかえる)(=昔から、出征して生還した者は何人あるだろうか)。〈王翰・涼州詞〉

【古流】コリュウ ①昔から伝わる流儀。②日生け花の一派。江戸中期、今井宗普(ソウフ)が創始した。③日茶道の一派。千利休(センのリキュウ)の法をそのまま伝える。

【古陵】コリョウ 古いみささぎ。昔の天子の墓。例古陵松柏吼二天飈一(コリョウのショウハクテンピョウにほゆ)(=古いみささぎを囲む松や柏は天高く吹く風に音を立ててゆれている)。〔藤井竹外・芳野〕

【古隷】コレイ 秦(シン)・漢初の素朴な隷書。秦隷。対今隷(キンレイ)。

【古老】コロウ ①老人。年とった人。②昔のことをよく知っている老人。故老。

【古株】ふるかぶ 日①古くなった木や草の、かぶ。②職場や団体などに、ずっと前からいる人。ベテラン。古参(コサン)。類古顔(ふるがお)。

【古巣】ふるす 日①古くから住んでいるところ。もとの巣。②以前に、住んだり勤めたりしたところ。例—にもどる。

●近古(キンコ)・尚古(ショウコ)・上古(ジョウコ)・千古(センコ)・太古(タイコ)・中古(チュウコ)・復古(フッコ)

叩

口2（5）　1 3501　53E9

コウ㊥漢　有 kòu
たた-き・たた-く・はた-く

意味 ❶**たたく**。㋐こつこつとたたく。例 叩門（コウモン）。㋑問いただす。❷頭を地につけてひれふす。ぬかずく。例 叩頭（コウトウ）。❸ひきとめる。ひかえる。例 叩レ馬而諫（うまをひかえていさむ）（＝ウマを引きとめていさめる）。〈史記・伯夷伝〉 通 扣（コウ）・控。

難読 叩頭虫（こめつきむし・ぬかずきむし）・叩子（ボタン・かなもの）

【叩叩】コウコウ ①こつこつとたたくさま。②まじめで熱心なさま。
【叩首】コウシュ 〔「首」は、頭のこと〕頭を地につけて礼拝する。ぬかずく。叩頭。
【叩頭】コウトウ 〔頭で地をたたく意〕ひたいを地面に打ちつけて、お辞儀をする。非常に丁寧な礼や謝罪のときの礼。例 三跪九―（サンキキュウコウトウ）。
【叩門】コウモン 門をたたく。人の家を訪ねること。

号

口2（5）　1 2570　53F7　教3

一 コウ（カウ）漢　ゴウ（ガウ）呉　豪 háo
二 コウ（カウ）漢　ゴウ（ガウ）呉　号 hào
さけ-ぶ・よびな

［號］虍7（13）　2 7343　865F　旧字体。

筆順 丨 ロ 口 旦 号

なりたち ［号］［会意］「口（＝くち）」と「丂（＝語気がさえぎられる）」とから成る。語気がさえぎられ、口を大きくあけて声を出す。
［號］［会意］「号（ゴウ）（＝さけぶ）」と「虎（＝トラ）」とから成る。トラのようにさけぶ。

参考 「号」と「號」とは別の字だが、古くから通じて用いられている。

意味 一 大声でさけぶ。泣きさけぶ。例 号泣（ゴウキュウ）。怒号（ドゴウ）。
二 ❶となえる。言いふらす。例 項羽兵四十万、号二百万一（コウウのヘイシジュウマン、ヒャクマンとゴウす）（＝項羽の軍勢は四十万人であったが、百万人と言いふらした）。〈史記・高祖紀〉❷命名する。名づける。例 号曰二皇帝一（ゴウしてコウテイという）（＝皇帝と名づけた）。〈史記・始皇紀〉❸合図。しるし。例 号砲（ゴウホウ）。暗号（アンゴウ）。信号（シンゴウ）。❹呼び名。なまえ。例 雅号（ガゴウ）。国号（コクゴウ）。年号（ネンゴウ）。❺数字などにそえて、順序や等級などをあらわすことば。例 一号（イチゴウ）。二月号（ニガツゴウ）。毎号（マイゴウ）。❻車や船、馬や犬などの名につけることば。例 ひかり号（ゴウ）。弁慶号（ベンケイゴウ）。クイーンメリー号（ゴウ）。

古訓 中古 さけぶ・な・なく・なづく・よばふ・よぶ　中世 おくりなす・さけぶ・な・なづく・よぶ　近世 おくりな・なづく・めす・よばふ・よぶ

人名 すさむ・な・なづく

難読 口号（くちずさみ）・言号（いいなずけ）

【号音】ゴウオン ①叫び声。②日 合図のために鳴らすおと。
【号火】ゴウカ のろし。合図のためにたく火。
【号外】ゴウガイ 日 新聞社などが、特別なできごとを報道するために、臨時に発行する刷りもの。例 ―が出る。
【号泣】ゴウキュウ 大声をあげて泣く。慟哭（ドウコク）。
【号呼】ゴウコ 大声でさけぶ。
【号▼哭】ゴウコク 大声をあげて泣きさけぶ。類 号叫・号咷（ゴウトウ）。
【号召】ゴウショウ 呼び集める。
【号鐘】ゴウショウ 日 合図のかねの音。
【号数】ゴウスウ 絵画や活字の大きさ、雑誌発行の順番などをあらわす数。例 ―活字。
【号俸】ゴウホウ 日 公務員の給与体系で、等級をさらに小分けした順位。例 六級職三―。
【号砲】ゴウホウ ①合図のために撃つ大砲や鉄砲。②競技で、スタートの合図のために鳴らすピストル。
【号令】ゴウレイ ①多くの人に同じ動作をさせるために、大声で発する指図のことば。例 ―をかける。②支配者の命令。例 天下に―する。

●記号（キゴウ）・元号（ゲンゴウ）・称号（ショウゴウ）・等号（トウゴウ）・番号（バンゴウ）・符号（フゴウ）・略号（リャクゴウ）

司

口2（5）　1 2742　53F8　教4

一 シ漢呉　ス唐　支 sī
二 シ漢　寘 sì
つかさ・つかさど-る

筆順 𠃌 𠃌 司 司 司

なりたち ［指事］「后（＝内で統治する君主）」を左右反対向きにした形。外で事をつかさどる臣下。

意味 一 ❶全体をとりしきる。**つかさどる**。例 司会（シカイ）。司書（シショ）。司法（シホウ）。❷職務をおこなう人。役人。**つかさ**。例 宮司（グウジ）。国司（コクシ）。有司（ユウシ）。❸役所。例 布政司（フセイシ）（＝明（ミン）代、全国を十三に分けて置かれた地方行政府）。
二 偵察する。うかがう。通 伺。例 司察（シサツ）。

古訓 中古 うかがふ・つかさ・つかさどる　中世 つかさ・つかさどる　近世 うかがふ・つかさ・つかさどる・みる

人名 おさむ・つとむ・まさ・まもる・もと・もり

難読 庫司（スク）・東司（トウス）

【司会】シカイ ①周代の官名。財政をつかさどった。②日 会の進行を受け持つこと。また、その役をする人。例 披露宴の―をする。―者。
【司教】シキョウ 日 カトリック教会の聖職の一つ。大司教の次、司祭の上の位。教区の最高位。
【司空】シクウ ①官名。㋐『周礼（シュライ）』の六卿（リクケイ）の一つ。冬官の長。土木工事をつかさどった。㋑漢代、御史大夫（ギョシタイフ）（＝監察や書籍の管理などをおこなった官）を大司空と改め、三公の一つとなる。のち大の字をとって呼ばれ、歴代の王朝がこれを継承した。②三国時代の魏（ギ）の牢獄（ロウゴク）の名。
【司▼寇】シコウ ①『周礼（シュライ）』の六卿（リクケイ）の一つ。秋官の長。警察活動や裁判をつかさどった。②漢代、辺境の守備に当たる刑罰。
【司祭】シサイ 日 カトリック教会の聖職の一つ。司教の次位。儀式などをとりおこなう。
【司書】シショ ①周代の官名。司会の下で会計帳簿をつかさどった。②日 図書館などで、本の整理や保管、また、貸し出しなどをあつかう人。
【司職吏】【司▼織吏】シショクリ 春秋時代、牧畜を管理した役人。
【司直】シチョク 法にもとづいて正・不正を裁く官。裁判官や検察官。例 ―の手にゆだねる。
【司徒】シト ①『周礼（シュライ）』の六卿（リクケイ）の一つ。地官の長。土地の管理や人民の教育をつかさどった。②漢代、三公の一つ。丞相（ジョウショウ）を改めて大司徒とし、のち、大の字を外して司徒と呼ばれ、歴代の王朝に踏襲された。明（ミン）代に廃止。
【司農】シノウ 漢代、九卿（キュウケイ）の一つ。農事を担当し、また、金銭や穀物による税収をつかさどった。以後、明（ミン）代まで踏襲され、時代により大司農ともいった。
【司馬】シバ ①官名。㋐『周礼（シュライ）』の六卿（リクケイ）の一つ。夏官の長。軍事をつかさどった。漢代に三公の一つとなり、のち大尉（タイイ）に改められた。㋑魏（ギ）・晋（シン）代以降、州の刺史の次官。隋（ズイ）代に廃止されたが唐代にふたたび設置された。②王宮の外門。
【司馬遷】シバセン 前漢の歴史家。字（あざな）は子長（シチョウ）。父、司馬談(ダン)の仕事を受け継いで『史記』を完成させた。

【司法】ホウ ①刑法をつかさどる官名。②国家が法律にもとづいて民事と刑事の裁判をすること。㊀立法・行政。例—権。—官。

【司牧】ボク ①民を統治する。また、その人。②君主や地方長官の別名。

【司命】メイ ①星の名。文昌宮(ブンショウ)に属するとされるが、ほかにも諸説ある。②神の名。生死をつかさどる。③人の生殺与奪の権を握ること。また、その人。

【司令】レイ 軍隊や艦隊などで指揮をする。また、その人。例—官。—塔。

【司▼禄】ロク ①官名。俸禄をつかさどったとされる。②星の名。文昌宮(ブンショウキュウ)に属するとされるが、ほかにも諸説ある。

●御曹司(おんゾウシ)・行司(ギョウジ)・上司(ジョウシ)・寿司(すし)

史

口2 (5) 1 2743 53F2 教4 シ 漢 呉 紙 shǐ ふびと・ふみ

筆順 丶 口 口 中 史

なりたち [会意] 手で「中(=かたよらず正しいこと)」を持つ。天子の言動をしるす役人。

意味 ❶記録係の役人。**ふびと**。例史官(シカン)。侍史(ジシ)。❷文書。記録。**ふみ**。例史書(シショ)。修史(シュウシ)。歴史(レキシ)。❸うわべかりはなやかなこと。虚飾。例文勝レ質則史(ブンシツにまさればすなわちシなり)(=装飾が質朴より強ければ虚飾となる)。〈論語・雍也〉❹『史記』の略称。例左国史漢(サコクシカン)(=『春秋左氏伝』と『国語』と『史記』と『漢書(カンジョ)』。漢文の代表的歴史書)。

日本語での用法《**サカン**》▼律令制の四等官(シトウカン)で、太政官(ダイジョウカン)・神祇官(ジンギカン)などの第四位。主典(サカン)。

古訓 中世 サクワン・サックワン・つかさ 近世 サクワン・サックワン・ふびと・ふみ

人名 ちか・ちかし・ひと・ふひと・ふみお・ふみと・み

【史家】カ 歴史を研究している人。歴史学者。歴史家。

【史学】ガク 歴史を研究する学問。歴史学。

【史官】カン ①記録や文書の作成をした役人。また、天文・占い・祭祀(サイシ)なども担当した。②当代の記録や史料を収集し、また、前代の歴史を編述した役人。▽㊀史氏・史職・史臣。

【史漢】カン 『史記』と『漢書(カンジョ)』。

【史館】カン 歴史書を編集する役所。南北朝時代、北斉(ホクセイ)のとき初めて置かれた。修史館。史観。㊀史局。

【史観】カン ①「史館(カン)」に同じ。②日 歴史の見方。歴史上の事実を考えるときの立場。歴史観。例日本文化—。唯物—。

【史記】キ ①史官の記録。歴史書。②中国の歴史書。百三十巻。前漢の司馬遷(シバセン)の作。神話・伝説時代の帝王から、漢の武帝(ブテイ)までの歴史を記した書。

【史劇】ゲキ 日 歴史上の事件や人物をあつかった演劇。歴史劇。

【史詩】シ 歴史上の事件を題材とした叙事詩。詠史詩(エイシシ)。

【史実】ジツ 日 歴史の上で実際にあった事柄。歴史上の事実。例—にもとづく小説。

【史書】ショ 歴史を書いた書物。歴史書。

【史跡】セキ【史▼蹟】セキ 歴史上の有名な事件や建造物のあったあと。遺跡。例—をめぐる。

【史籍】セキ 歴史について書いた本。史書。

【史談】ダン 日 歴史に関する話。史話。

【史的】テキ 日 歴史に関係があるさま。歴史的。

【史伝】デン ①歴史や伝記。②歴史につたえられた事柄。③歴史上の事実にもとづいて書いた伝記。

【史筆】ヒツ 歴史を記す筆。史書を記述すること。筆法。

【史部】ブ 四部分類の一つ。四部(=経・史・子・集)の第二。歴史・地理の書物。乙部(イツブ)。

【史料】リョウ 歴史を研究する上で参考になる材料。文書・遺物・遺跡・図像・口頭伝承など。

【史論】ロン 歴史上のできごとについての意見や評論。

【史話】ワ 歴史に関する話。史談。

●国史(コクシ)・女史(ジョシ)・正史(セイシ)・戦史(センシ)・通史(ツウシ)・有史(ユウシ)

只

口2 (5) 1 3494 53EA 人 シ 漢 紙 zhǐ ただ

なりたち [象形] ことばが終わって語気が引いていく形。句末や語末にそえる字。借りて「ただ・ただし」の意。

意味 ❶「**ただ**…(のみ)」と読み、ただ…だけ、の意。限定・強調をあらわす。例只独看(ただひとりみる)(=ただひとりで見る)。❷「や」「かな」などと読み、語調を整えたり、詠嘆をあらわしたりする。例楽只君子(たのしいかなクンシ)(=喜びあふれる君子)。〈詩経・小雅・南山有台〉

日本語での用法《**ただ**》「只(ただ)より高(たか)いものはない・只乗(ただの)り」▼無料。金銭を払わないこと。

古訓 中古 しばらく・ただ 中世 ただ 近世 これ・ただ

人名 これ

【只管】カン ひたすら そのことだけに打ちこんでいるさま。いちずに。例—打坐(タザ)(=余念なく、いちずに座禅にはげむこと)。

【只今】一 シコン いま。現在。二 ただいま 日 ①いますぐ。例—持参します。②いましがた。例—出かけました。③帰宅時の挨拶(アイサツ)のことば。

叱

口2 (5) 3 4752 20B9F 常用 シツ 漢 質 chì しかる

筆順 丶 口 口 叱 叱

なりたち [形声]「口(=くち)」と、音「七(シツ)」とから成る。しかりつける。

意味 ❶相手のよくない点を注意する。大声でどなりつける。**しかる**。例叱正(シッセイ)。叱責(シッセキ)。叱咤(シッタ)。❷家畜を追いたてる。例廻レ車叱レ牛牽向レ北(くるまをめぐらしうしをシッしてひきてきたにむかわしむ)(=車の向きを変え、ウシを追いたてて北へ向かわせた)。〈白居易・売炭翁〉

参考「叱(カ)(=口を開くさま)」は別の字。→叱(カ)(220ジ)

古訓 中古 いさふ・いさむ・さいなむ・さけぶ・よばふ・よぶ 中世 いさふ・さいなむ・しかる 近世 いかる・いさふ・しかる

【叱叱】シツ ①舌打ちをするときの音のさま。②家畜などを追う声。

【叱▼呵】【叱▼訶】カ おこってしかりつける。

【叱正】セイ しかって正す。詩文などを人に見てもらうときに、謙遜(ケンソン)していうことば。批正。例ご—を乞(こ)う。

【叱声】セイ しかることば。しかる声。例—を放つ。

【叱斥】セキ しかりつける。しかってだめだと言う。

【叱責】セキ 失策・怠慢などをしかる。例—を受ける。

【叱▼咤】タ 大声でしかる。例—激励する。

【叱罵】バ 大声でどなりつける。

召

口2 (5) 1 3004 53EC 常用 一 ショウ(セウ) 慣 チョウ(テウ) 漢 嘯 zhào 二 ショウ(セウ) 漢 嘯 shào めす

筆順 フ 刀 刀⁻ 召 召

なりたち [形声]「口(＝くち)」と、音「刀(トウ→チョウ)」とから成る。声を出して呼ぶ。

意味 一 ❶上の者が下の者を呼び寄せる。めす。また、目上の人のまねき。おめし。例 召喚(ショウカン)。召集(ショウシュウ)。応召(オウショウ)。❷まねく。まねき寄せる。通 招。例 陽春召ㇾ我以₂煙景₁(ヨウシュンわれをまねくにエンケイをもってす)(＝うららかな春が霞(かすみ)たなびく景色で我々をまねく)。〈李白・春夜宴桃李園序〉 二 地名。周の召公が封(ホウ)ぜられた地。今の陝西(センセイ)省岐山(キザン)県の西南。通 邵(ショウ)。

日本語での用法 《めし》《めす》「召(め)し上(あ)がり物(もの)・お召(め)し列車(レッシャ)・お召(め)し物(もの)」▼「食う・飲む・乗る・着る」などを、敬っていうことば。

古訓 中古 まねく・めす・よばふ・よぶ 中世 まねく・めす・よばふ・よぶ 近世 まねく・めす・よぶ

人名 めし・よし

【召▼按】(ショウアン) 呼び寄せてとり調べる。

【召喚】(ショウカン) 裁判所が日時や場所を指定して人を呼び出す。例 —状。証人として—する。

【召還】(ショウカン) 大使や公使、また、領事などを、命令によって本国に呼びもどす。対 派遣。

【召見】(ショウケン) 目上の者が目下の者を呼び寄せて面会する。

【召集】(ショウシュウ) ①呼び出して集める。例 非常—。②日 国会を開く手続きで、詔書により議員に集合を命じる。③日 徴兵制度で、国民に兵として入隊を命じる。例 —令状。

【召致】(ショウチ) 呼び寄せる。

【召▼辟】(ショウヘキ) 官職に任用するために呼び出す。徴辟。辟召。

【召募】(ショウボ) (兵士などを)集める。また、(人を)募集する。

台

口2 (5) 1 3470 53F0 教2

A タイ漢 ダイ呉 灰 tái
B 一 イ漢 支 yí
二 ダイ慣 タイ漢 灰 tái
三 ダイ慣 タイ漢 灰 tāi

うてな

[臺] 至8 (14) 2 7142 81FA 旧字体。

[坮] 至7 (13) 3 9057 4453 俗字。

筆順 ㇜ ム ム⁻ 台 台

なりたち A [臺] [形声]「至(＝止まるところ)」と、音「高(＝たかい)」の省略体と、「士(シ→タイ)」とから成る。四角形で高い、物見の建物。

B [台] [形声]「口(＝くち)」と、音「ム(イ)」とから成る。よろこぶ。

参考「台」と「臺」とはもと別の字。「台覧」「三台星」「天台宗」などは、もともと「台」であって、「臺」の代用ではない。

意味 A [臺] ❶高いところから、周囲を見わたせるように造った建物。御殿。たかどの。うてな。例 台閣(ダイカク)。展望台(テンボウダイ)。灯台(トウダイ)。❷人が乗ったり、ものを載せたりする、平たい面をもつ道具。だい。例 台座(ダイザ)。寝台(シンダイ)。❸高く平らな土地。例 台地(ダイチ)。高台(たかダイ)。❹役所。例 御史台(ギョシダイ)。❺相手に対する敬意をあらわすことば。例 貴台(キダイ)。尊台(ソンダイ)。鎮台(チンダイ)。❻「台湾(タイワン)」の略称。例 日台(ニッタイ)関係。

B [台] 一 ❶よろこぶ。通 怡(イ)。❷われ。わが。 二 ❶星の名。三台星(サンダイセイ)(＝北極星の近くにある、上台・中台・下台各一対の六つの星)のこと。❷相手を敬っていうことば。例 台覧(タイラン)。台臨(タイリン)。台教(タイキョウ)。 三 仏教の一派、天台宗のこと。例 台密(タイミツ)(＝天台宗の密教)。

日本語での用法 《ダイ》①「台帳(ダイチョウ)・台本(ダイホン)・土台(ドダイ)」▼もののごとの基礎になるもの。②「車(くるま)一台(イチダイ)」▼乗り物などを数えることば。③「一万円台(イチマンエンダイ)・二十歳台(ニジッサイダイ)・六時台(ロクジダイ)」▼金額や時間、年齢などの、数量の範囲をあらわすことば。

古訓 A [臺] 中古 あぐ・うてな・もと 中世 うてな 近世 うてな・しもべ・すげ・すげがさ・つか・もぐさ B [台] 中古 したがふ・とし・やしなふ・われ 中世 ほし・われ 近世 ほし・よろこぶ・われ

人名 たか・もと

【台(臺)詞】(せりふ) 日 ①俳優が劇中の人物として舞台などで話すことば。例 —まわし。②ものの言い方。言いぐさ。例 捨て—(ぜりふ)。▽科白(せりふ)。

【台位】(タイイ) 三公・宰相の位。台座(ダイザ)。類 台宰(タイサイ)・台輔(タイホ)。

【台(臺)下】(ダイカ) ①物見台の下。②相手を敬っていうことば。手紙で、あて名の左下に書きそえる。

【台階】(タイカイ) ①三台星のこと。②三公。▽泰階。

【台▼槐】(タイカイ) 三公。〔周代、朝廷の三本の槐(えんじゅ)の木によって三公の座を定めたことによる〕

【台(臺)閣】(タイカク｜ダイカク) ①物見台とたかどの。楼閣風の建物をいう。②尚書台(ショウショダイ)。また、朝廷のこと。

【台▼翰】(タイカン) 人からの手紙の敬った言い方。類 台書(タイショ)・台墨(タイボク)。

【台(臺)▼諫】(ダイカン) ①唐・宋(ソウ)代、御史(ギョシ)などの台官と、給事中などの諫官との併称。②清(シン)代、御史の別名。

【台(臺)観】(ダイカン) ①たかどの。②道教の寺院。

【台(臺)形】(ダイケイ) 日 向かい合った二辺がひと組みだけ平行な四辺形。〔もと「梯形(テイケイ)」といった〕

【台衡】(タイコウ) 三公。〔「衡」は、北斗七星のひしゃくの柄(え)の三星。「台(＝三台星)」とともに紫微(シビ)星(＝王宮のたとえ)を守る位置にある〕

【台座】(タイザ) ①三公・宰相の位。②相手を敬っていうことば。

【台(臺)座】(ダイザ) ①ものを載せておく台。②仏像を載せる台。ハスの花をかたどったものが多い。

【台(臺)紙】(ダイシ) 日 ものをはりつけるための紙。

【台(臺)▼榭】(タイシャ｜ダイシャ) 〔「榭」は、屋根のある物見台の意〕うてなと、たかどの。楼閣風の建物をいう。

【台(臺)車】(ダイシャ) 日 ①車両で、車体を支えている、車輪・ばね・枠などの部分。②荷物を運ぶための、車のついた台。

【台(臺)所】(一 ダイショ 二 ダイどころ) 一 天子のいるところ。宮中。二 日 ①家の中で食事をつくるところ。②経済上のやりくり。例 —が苦しい。

【台(臺)地】(ダイチ) 日 周囲の土地より高く、表面が平らな土地。例 武蔵野(むさしの)—。

【台(臺)帳】(ダイチョウ) 日 ①商家で、売買を記録しておく帳簿。②いちばんもとになる帳簿。原簿。例 土地—。例 仕入れ—。

【台▼鼎】(タイテイ) 三台星と三本足の鼎(かなえ)。三公の位のたとえ。類 台鉉(タイゲン)・台弦(タイゲン)。

【台頭】(タイトウ) ①頭をもち上げる。転じて、新しい勢力があらわれてくる。例 武士の—。②文章を書くとき、帝王などに関する語を、改行して普通の行より上に高く出して書くこと。▽擡頭(タイトウ)。

【台(臺)頭】(タイトウ) 楼台。うてな。

【台(臺)盤】(ダイバン) 食物を盛った皿を載せる台。

【台(臺)盤所】(ダイバンどころ) 日 ①台盤を置いておくところ。宮中では女房(ニョウボウ)の詰所。臣下の家では台所。②貴人の夫人。奥方。みだいどころ。

【台風】(タイフウ) 南方の太平洋上で発生する熱帯低気圧のうちで、最大風速が毎秒一七メートル以上のもの。日本には

八、九月に来ることが多い。颱風(タイフウ)。
【台(臺)本】(ダイホン) 日〔演劇の土台となる本の意〕演劇や映画、また、放送などで、せりふや動作、舞台装置などについて記した本。脚本。シナリオ。

【台(臺)命】(タイメイ) ①朝廷の命令。②他人からの命令や依頼を敬っていうことば。

【台覧】(タイラン) 身分の高い人が見ることを敬っていうことば。例 —の栄に浴する。

【台臨】(タイリン) 日身分の高い人が出席することを敬っていうことば。例 —を仰ぐ。

【台▼嶺】(タイレイ) ①浙江(セッコウ)省天台県にある天台山。隋(ズイ)代、智顗(チギ)が天台宗を開いた地。類台岳(タイガク)。②日比叡(ヒエイ)山。
●縁台(エンダイ)・鏡台(キョウダイ)・舞台(ブタイ)・砲台(ホウダイ)・屋台(やタイ)

叮
口2（5） ②5058 53EE テイ漢 青 dīng
意味 ❶⇒【叮▼噹】(テイトウ) ❷⇒【叮▼嚀】(テイネイ)
【叮▼噹】(テイトウ) 玉や金属がふれ合う音。丁当(テイトウ)。
【叮▼嚀】(テイネイ) ①心をこめてたのむさま。②ねんごろに言うさま。③こまやかなさま。▽丁寧。

叨
口2（5） ②5059 53E8 トウ(タウ)漢 豪 tāo みだ-り・むさぼ-る
意味 ❶よくばって、ほしがる。むさぼる。通饕(トウ)。例 叨貪(トウタン)。叨冒(トウボウ)。❷分不相応に。みだりに。例 叨窃(トウセツ)。❸不相応な恩恵を受ける。かたじけなくする。謙遜(ケンソン)のことば。例 叨恩(トウオン)。❹(dāo) みだりに、しゃべる。例 叨叨(トウトウ)。

【叨恩】(トウオン) 〔オンをみだりにす〕 もったいないほどの恩恵を受けること。

【叨窃】(トウセツ) 分不相応のものを所有する。また、不当に高い地位につく。

【叨貪】(トウタン|トウドン) 貪欲(ドンヨク)であること。むさぼること。

【叨叨】(トウトウ) 余分なことまでしゃべるさま。話がくどいさま。

【叨冒】(トウボウ) 〔「冒」も、むさぼるの意〕 欲が深いこと。貪欲(ドンヨク)。

叭
口2（5） ②5060 53ED ハツ漢 ハ唐 黠 bā
意味 口から発せられる声や音をあらわす。また、「ハ」や「パ」の音にあてる。例 叭喇唬(ハラカン)(=石火矢(いしびや)。大砲の一種)。喇叭(ラッパ)。

叵
口2（5） ④0367 53F5 ハ漢呉 哿 pǒ かた-い
意味 …できない。かたい。例 叵測(ハソク)(=はかりしれない)。

吁
口3（6） ②5062 5401 ウ漢 遇 ク漢 虞 xū ああ
意味 嘆き・驚き・憂い・疑いなどをあらわす声。ああ。例 吁嗟(ウサ)。
【吁▼嗟】(ウサ|クサ) ああ。嘆き・驚き・憂い・疑いなどの気持ちをあらわすときに発することば。

各
口3（6） ①1938 5404 教4 カク漢呉 薬 gè おのおの
筆順 ノ ク 夂 夂 各 各
なりたち  [会意]「口(=ことば)」と「夂(=反する)」とから成る。発言がそれぞれ異なる。
意味 一つ一つ。それぞれ。めいめい。おのおの。例 盍(なんぞ)各言(おのおのいわざる)爾志(なんじのこころざしを)(=どうしてそれぞれお前たちの志望を話さないのか)。〈論語・公冶長〉 各自(カクジ)。各種(カクシュ)。
古訓 中古おのおの 中世おのおの 近世おのおの
人名 まさ
難読 各務(かがみ)(=地名・姓)
【各位】(カクイ) 皆様がた。おおぜいの人に対して、そのひとりひとりを敬っていうことば。例 出席者—。
【各員】(カクイン) おのおのの人。めいめい。ひとりひとり。〔演説などの、あらたまった言い方〕
【各界】(カクカイ|カッカイ) 職業の種類によって分けたそれぞれ。政界・財界・学界・芸能界などのそれぞれ。例 —の名士。
【各自】(カクジ) 何人かいる人の、ひとりひとり。めいめい。各人。
【各種各様】(カクシュカクヨウ) いくつかある種類が、それぞれ違ったようすであること。例 —の反応がある。
【各所】【各処】(カクショ) ①それぞれの場所。②あちらこちら。例 市内—。
【各人】(カクジン) めいめいの人。おのおの。各自。例 —各様。
【各地】(カクチ) ①それぞれの土地。例 —の名産。②あちらこちら。
【各派】(カクハ) それぞれの流派や党派。例 党内—の意見。
【各部】(カクブ) それぞれの部分。例 人体—の名称。
【各様】(カクヨウ) それぞれに違ったようすであること。例 各人—。
【各論】(カクロン) 一つ一つの項目についての議論や説。対総論。例 —になると意見が分かれる。

吉
口3（6） ①2140 5409 常用 キツ漢 キチ呉 質 jí よ-い(よ-し)
［吉］
口3（6） 20BB7 俗字。

筆順 一 十 士 士 吉 吉
なりたち  [会意]「士(=立派な人)」と「口(=ことば)」とから成る。立派な人のことば。

意味 ❶立派な。すぐれた。例 吉言(キツゲン)(=善言)。吉士(キッシ)。❷めでたい。縁起がよい。例 吉日(キチジツ)。吉報(キッポウ)。不吉(フキツ)。❸朔日(サクジツ)。ついたち。例 初吉(ショキツ)(=ついたち)。❹吉林省(キツリンショウ)の別名。

日本語での用法 《き》「吉備(きび)の国(くに)・吉良(きら)」▼「き」の音にあてる万葉仮名。

古訓 中古たふとし・ついたち・つたふ・よし 中世よし 近世かが・さいはひ・よきことば・よし
人名 さち・とみ・はじめ・よ・よし
【吉事】(キチジ|キツジ) めでたいこと。縁起がよいこと。慶事。古く、冠婚祭祀(サイシ)を指した。対凶事。

【吉日】(キチジツ|キツジツ|キチニチ) ①めでたい日。ものごとをするのに縁起のよい日。吉辰(キッシン)。対悪日(アクニチ)・凶日(キョウジツ)。例 大安—。②ついたち。朔日(サクジツ)。

【吉▼瑞】(キチズイ|キッズイ) めでたいしるし。吉祥(キッショウ)。

【吉例】(キチレイ|キツレイ) 日めでたい例。よい前例。めでたいしきたり。例 —に従う。

【吉凶】(キッキョウ) めでたいことと、縁起の悪いこと。幸いと、災い。禍福。例 —を占う。

【吉慶】(キッケイ) めでたいこと。よろこぶべきこと。

【吉月】(キツゲツ) ①月の最初の日。ついたち。②めでたい月。縁起のよい月。

【吉士】(キッシ) 一(キッシ) すぐれた人物。立派な人。二(キシ) ①新羅(シラ)の官名。②日韓人(カンジン)、また、日本に帰化した韓人に敬意をあらわしたことば。類吉師(キシ|キッシ)。

【吉祥】(キッショウ|キチジョウ) めでたいしるし。よい前兆。吉瑞(キチズイ)。例

—があらわれる。

【吉祥天】キッショウテン・キチジョウテン（ニョ） 福徳をさずけるという天女。インド神話の神が仏教にとり入れられたもの。吉祥天女。

【吉▼辰】キッシン めでたい日。吉日。

【吉左右】キッソウ 日「左右ソウ」は、便りの意 ①いい知らせ。吉報。例—を待つ。②よいか悪いか、いずれかの知らせ。③吉事の前ぶれ。吉兆。吉相。

【吉相】キッソウ ①よい運勢のあらわれた人相。②占いで出る、めでたいことの起こるしるし。例—が生じる。▽対凶相。

【吉兆】キッチョウ めでたいことの起こる前ぶれ。対凶兆。例—があらわれる。

【吉徴】キッチョウ ①君主からのめでたい召し出し。②めでたいきざし。吉兆。

【吉夢】キツム・キチム めでたい夢。

【吉報】キッポウ めでたい知らせ。喜ばしい知らせ。対凶報。

【吉礼】キツレイ・キチレイ ①五礼の一つ。天地や祖先などを祭る祭祀サイシ儀礼。②婚礼や冠礼など、めでたい儀礼。

【吉備】きび 日今の岡山県と広島県東部の古い呼び方。

【吉利支丹】キリシタン 日〔ポルトガル Christão の音訳。のち「切支丹」とも書いた〕日本の戦国時代にフランシスコ=ザビエルらにより伝えられたカトリック教。また、その信者。

●大吉ダイキチ・不吉フキツ

吃

口3（6） 1 2141 5403

キツ漢 物 chī

ども-る

意味 ❶ことばを自由に出すことができず、つかえたり繰り返したりする。どもる。例吃音キツオン。❷たべる。のむ。すう。通喫。例吃煙エン。❸受ける。こうむる。通喫。例吃驚キッキョウ。吃水キッスイ。

難読 吃逆しゃっくり・吃驚びっくり

【吃煙】【吃▼烟】キツエン ①タバコを吸う。②アヘンを吸う。▽喫煙。喫烟エン。

【吃音】キツオン ことばが口からすらすら出ないで、発音がつかえたり、同じ音オンを繰り返したりすること。吃舌。

【吃逆】キツギャク しゃっくり。

【吃驚】キッキョウ びっくりする。おどろく。喫驚。

【吃緊】キッキン 非常に大切で、解決が急がれていること。喫緊。例—の問題。

【吃語】キツゴ ことばがどもる状態。また、そのことば。

【吃水】キッスイ 水上に浮かぶ船体の、水面下に沈んでいる部分の深さ。喫水。例—線。

【吃舌】キツゼツ 「吃音キツオン」に同じ。

吸

口3（6） 1 2159 5438 教6

キュウ（キフ）漢呉 緝 xī

すう（す-ふ）

［吸］ 口4（7） 旧字体。

筆順 丨 ㄇ 口 叨 吸 吸

なりたち  ［形声］「口（=くち）」と、音「及キュウ」とから成る。息を内にすいこむ。

意味 ❶息や液体をすいこむ。内にとりいれる。また、すいよせる。ひきつける。すう。対呼。例吸引キュウイン。吸収キュウシュウ。呼吸コキュウ。❷⇩【吸吸】キュウキュウ

日本語での用法 《すい》「吸すい口くち（=うすくそいで、汁にうかべる、ユズ・フキノトウ・ミョウガなど）・吸すい物もの（=汁の多い、すいこんで飲むもの）」▼日本料理の汁の一つ。

古訓 中古 いるいき・くちすふ・すふ・ひく 中世 いる・いるいき・くちすふ・すふ 近世 すふ・のむ・ひくいき

【吸引】キュウイン ①（空気や水流などとともに）すいこむ。例ほこりを—する。②人をひきつける。例客を—する趣向。

【吸音】キュウオン おとを吸収する。例—材（=グラスウール・フェルトなど）。

【吸気】キュウキ 鼻や口からすいこむ息。対呼気。

【吸吸】キュウキュウ ①（雲などが）ゆれ動くさま。②（悲しみなどで）むせぶさま。

【吸湿】キュウシツ 水分やしめりけを、すいとる。例—性のある素材。

【吸収】キュウシュウ 外部のものを自分の内部に取り入れる。例知識を—する。—合併。

【吸着】キュウチャク ①すいつく。②〔化〕気体や液体の中の物質を、これと接する物体の表面がすいつけること。例—剤（=木炭やシリカゲルなど）。

【吸入】キュウニュウ すいいれる。特に治療のために、ガス状の薬物をすわせる。例酸素—。

【吸盤】キュウバン 日（タコやイカの足、ヒルの口などにあって）ものにすいつく器官。また、これにならって作った、ゴムやプラスチックの器具。

【吸風飲露】キュウフウインロ 風をすい、つゆを飲む。仙人の生活のこと。〈荘子・逍遥遊〉

叫

口3（6） 1 2211 53EB 常用

キョウ（ケウ）漢呉 嘯 jiào

さけぶ・わめ-く

［叫］ 口2（5） 2F839 旧字体。

筆順 丨 ㄇ 口 口ㄐ 叫

なりたち  ［形声］「口（=くち）」と、音「ㄐキュウ→キョウ」とから成る。大声で呼ぶ。

意味 大声をあげる。よぶ。さけぶ。例叫喚キョウカン。叫号キョウゴウ。

古訓 中古 さけぶ・よばふ・よぶ 中世 さけぶ・よばふ 近世 さけぶ・よぶ

難読 雄叫おたけび

【叫▼聒】キョウカツ やかましくさけぶ。がやがやと話しあう。類叫呶キョウドウ。

【叫喚】キョウカン 大声でわめく。例阿鼻アビ—。

【叫喚地獄】キョウカンジゴク 八大地獄の一つ。亡者は、熱湯で煮られ猛火で焼かれ、絶え間なく泣きさけぶという。

【叫叫】キョウキョウ ①遠くから聞こえてくる声。遠くまで聞こえる大声。②大声でさけぶ。

【叫呼】キョウコ ①大声でさけぶ。②あざ笑う。

【叫号】キョウゴウ ①泣きさけぶ。②大声で呼ぶ。

【叫▼囂】キョウゴウ やかましく、わめきたてる。例悍吏之来二吾郷一、叫二囂乎東西一（カンリのわがキョウにきたるや、トウザイにキョウゴウす）（=情け容赦のない役人がわが村に来ると、あちこちでわめき散らす）。〈柳宗元・捕蛇者説〉

向

口3（6） 1 2494 5411 教3

一キョウ（キャウ）漢 コウ（カウ）呉 漾 xiàng

二ショウ（シャウ）漢呉 漾 xiàng

むく・むける（む-く）・むかう（む-かふ）・むこう（むかふ）

筆順 丿 丨 门 向 向 向

なりたち  ［会意］「宀（=いえ）」と「口（=まどわく）」とから成る。北向きの窓。

意味 一❶北向きの窓。まど。例塞レ向まどをふさぐ。❷ある方に面する。むく。ある方に進む。むかう。例向学コウガク。向上コウジョウ。志向

さきに。❸かたむき。むき。例 傾向。風向。❹以前に。昔。なんなんとする。通 嚮。例 向来。❺近づく。もうすぐ…になる。例 秋天漠漠向二昏黒一（＝秋の空は一面夕やみになろうとしている）。〈杜甫・茅屋為秋風所破歌〉❻かりに。もし。例 向使。向令。二❶姓の一つ。例 向秀（＝竹林の七賢の一人）。❷中国古代の地名。また、国名。

日本語での用法《むき》《むく》「小学生向き・素人向きのゴルフ場」▼にあう。適する。

古訓 中古 いたる・おもむく・さき・なむなむとす・まど・まぼる・まもる・むかふ・ゆくへ 中世 おもむく・きたまど・さきに・なんなんとす・まど・むかふ・むき 近世 おもむく・きたまど・すくふ・まど・むかひ・むかふ・むく・むこ

人名 ひさ

難読 向坂・向上の板・向道

【向後】これからのち。今後。

【向前】一 今まで。以前。二 ①これまで。前から。②いま。日 正面。

【向来】①これまで。前から。②いま。

【向学】学問に心をむけること。学問に励もうと思うこと。例 —心。—の念。

【向寒】さむい季節にむかうこと。対 向暑。例 —のみぎり。

【向日▼葵】キク科の一年草。茎がまっすぐに伸び、夏、茎の頂上に大きな黄色の花が咲く。

【向暑】あつい季節にむかうこと。対 向寒。例 —の折。

【向上】①上の位の者に刃向かう。②のぼる。③前よりもよくなる。対 低下。例 —心。成績が—する。

【向性】日 外向性と内向性をまとめていうことば。例 —検査（＝性格が外向性か、内向性かを調べること）。

【向背】①従うことと、そむくこと。去就。例 —を明らかにする。②なりゆき。動静。例 天下の—を決する。③正面と背面。前と後ろ。

【所レ向無レ敵】行く先々で相手となるような敵がいない。圧倒的に強いこと。〈呉志・周瑜伝注・江表伝〉類 所レ当無レ敵。〈史記・項羽紀〉

●意向・一向・趣向・転向・動向・風向

后

口3（6）

1 2501 540E 教6

コウ 漢 ゴ・コウ（カウ）呉 有 hòu

のち・きさき

筆順 一 厂 斤 斤 后 后

なりたち [会意]「戸（＝人の形）」と「口（＝くち）」とから成る。創業した先君をつぐ君主。

意味 ❶君主。天子。諸侯。きみ。例 后王。夏后（＝夏王朝の君主）。❷天子の正妻。きさき。例 皇后。皇太后。❸時間的にあとのほう。のち。通 後。例 午后。

古訓 中古 きみ・のち 中世 きさき・きみ・のち 近世 おくるる・きさき・きみ・のち

人名 きさ・きみ・み

【后王】君主。天子。

【后宮】①天子や諸侯の宮室。②皇后のいるところ。また、宮中の女官のいるところ。後宮。

【后土】①国土。大地。②大地の神。また、それを祭るやしろ。③古代、土地をつかさどる官。

【后妃】きさき。皇后。

●皇后・三后・母后

合

口3（6）

1 2571 5408 教2

一 ガッ・カッ 慣 コウ（カフ）漢 ゴウ（ガウ・ガフ）呉 合 hé

二 ゴウ（ガフ）慣 コウ（カフ）漢 呉 合 gě

あう（あ-ふ）・あわす（あ-はす）・あわせる（あ-はす）

筆順 ノ 人 亼 亼 合 合

なりたち [会意]「亼（＝一つあわせる）」と「口（＝くち）」とから成る。口をあわせる。

意味 一❶あつまる。あつめる。あう。あわせる。例 烏合。会合。集合。❷一つになる。一致する。同じになる。例 合意。合一。暗合。❸あてはまる。かなう。あう。例 合格。適合。符合。❹矛を交える。たたかう。また、戦いの回数を数えることば。例 挑戦三合（＝三度戦いをいどんだ）。〈史記・項羽紀〉合戦。❺男女が交わる。動物が交尾する。例 交合。❻配偶者。つれあい。例 失合（＝つれあいをなくす）。❼ふたつきの入れ物。通 盒。例 鈿合（＝螺鈿の小箱）。❽「まさに…べし」と読む再読文字。そうであるべきである、当然…すべきである、の意をあらわす。例 豈合三更惜二身命一（＝ましてや命を惜しむべきであろうか）。〈韓愈・論仏骨表〉二容量の単位。一升の十分の一。

日本語での用法《ゴウ》①「山の五合目」▼登山路の高さの単位。山頂までの道のりの十分の一。②「一合の酒に酔う」▼尺貫法の容量の単位。一升の十分の一（＝約〇・一八リットル）。

古訓 中古 あつまる・あはす・あはせて・あふ・かなふ・こぞる・ひたく・べし・やはらかなり 中世 あはす・あはする・あはせて・あふ・おなじ・かなふ・こぞる・べし 近世 あつまる・あつむる・あはす・あはする・あひ・あふ・おなじ・こたへる・たぐひ・はこ・やはらぐ

人名 あい・はる・よし・り

難読 合歓木

【合印】日 書類を他と照合したしるしに押す印。類 合判。

【合縁】日 互いに縁があって、よく気があうこと。相縁。例 —奇縁。

【合気道】日 武術の一つ。当て身技と関節技を中心とする、柔術の一派から出た護身術。

【合図】日 約束して決めた方法で、相手に知らせる。また、その決めた方法。例 —を送る。

【合服】日 春と秋に着る洋服。間服。合い。合着。

【合間】日 動作などがとぎれ、再び始まるまでの短い時間。

【合切】日 なにもかも。残らず。例 —袋（＝身のまわりの、こまごましたものを、入れておく袋）。一切—。

【合作】共同して一つのものをつくる。また、その作品。例 日中—の映画。

【合冊】二冊以上の本や雑誌を、とじあわせて一冊に製本する。また、そのようにしたもの。合本。

【合算】それぞれに計算したいくつかの数を、一緒に足しあわせる。加算。合計。

【合衆国】①二つ以上の州または国が連合してできた国家。連邦。②「アメリカ合衆国」の略。北アメリカ大陸の中央部に位置する連邦国家。米国。

【合宿】日 一定期間、同じ宿舎に泊まりこんで、集中して訓練や勉強などをする。また、その宿舎。例 強化—。

【合唱】①ふたり以上の人が声をあわせて歌う。斉唱。②それぞれ違う高さの声のいくつかのグループが、違う旋律を同時に歌って、全体として一つの曲を歌う。コーラス。例 混声—。▽対 独唱。

【合掌】ガッショウ 〔仏〕両方の手のひらを顔や胸の前であわせて拝む。

【合従連衡】【合縦連衡】ガッショウレンコウ 〔「従」は縦、「衡」は横で、縦の同盟と横の同盟の意〕外交手段を用いて、いろいろ交渉すること。❶戦国時代、蘇秦ソシンは、西方の強国秦シンに対抗するため、南北に並ぶ斉セイ・楚ソ・燕エン・韓カン・魏ギ・趙チョウの六か国を互いに同盟させる政策をとった。これを合従という。のち、蘇秦と同門で、秦に仕えていた張儀チョウギは、これに対して他の六か国を秦にそれぞれ個別に服従させることによって自国の安全をはかる政策をとった。これを連衡という。…〈史記・蘇秦伝、張儀伝〉

【合食禁】ガッショクキン／ガッショキン／ガッショウキン 〔日〕①食物のくいあわせ。②互いに気が合わないこと。

【合戦】カッセン 敵と味方がたたかう。例関が原の―。

【合奏】ガッソウ 二種類以上の楽器で、一緒に同じ曲を演奏する。対独奏。

【合葬】ガッソウ 夫婦を一緒にほうむる。また、死者を、前に死んだ人の墓にほうむる。

【合体】ガッタイ 二つ以上のものが一つになる。また、一つにする。結合。合併。合同。

【合致】ガッチ ぴったりあう。一致。例目的に―する。

【合羽】カッパ 〔日〕〔ポルトガル capa の音訳〕雨のとき、上からはおるように着る、マント状のコート。

【合評】ガッピョウ 〔日〕何人かが集まって、文学作品や演劇などを批評しあう。例―会。

【合併】ガッペイ あわせて一つにする。あわさって一つになる。併合。合体。例―症。町村―。

【合壁】ガッペキ／ガッヘキ／ゴウヘキ かべの向こう側。かべどなり。例合壁所レ得謂二之古論一（カッペキにうるところこれをコロンという）（＝壁の向こう側から出てきたものを古論語という）。〈論語義疏・序〉

【合璧】ガッペキ／ゴウヘキ ①半分の環状の玉ギョクを二つあわせて、一つの円をつくること。②太陽と月が同時にのぼること。③二つのすぐれたものを並べ、対比すること。例満漢―マンカンガッペキ（＝満州語と漢語の対比）。

【合本】ガッポン 二冊以上の本や雑誌をとじあわせて、一冊に製本する。また、そのようにしたもの。合冊。

【合点】ガテン／ガッテン 〔日〕①承知する。例―だガッテン。②納得する。理解して認める。例ひとり―ガテン。

【合囲】ゴウイ ①四方からとりかこむ。②両方の腕でかかえるほどの大きさ。

【合意】ゴウイ ①心にかなう。②心を合わせる。意思が一致する。例同心合意ドウシンゴウイ。〈漢書・匡衡伝〉③心に思うことを詩などに表現する。

【合一】ゴウイツ 一体となる。また、一つにする。→【知行合一】（938ページ）

【合格】ゴウカク ①試験に受かる。及第。例審査に―する。対落第。②一定の条件や規格にかなう。

【合歓】ゴウカン ①よろこびを共にする。②男女が共寝する。③「合歓木ゴウカンボク・ねむのき」の略。マメ科の落葉高木。夜は葉を閉じる。

【合議】ゴウギ 集まって相談する。協議。例―制。

【合金】ゴウキン 二種以上の金属、または金属と非金属とを、溶かしあわせてつくった金属。真鍮シンチュウ・ジュラルミンなど。

【合▼巹】ゴウキン／キンをあわす 「巹」は、ふくべを二つに割って作った杯。婚礼のとき、新郎新婦が巹を一つずつ持ち、酒を飲む儀式。転じて、結婚をいう。

【合計】ゴウケイ 二つ以上の数を加えあわせて計算する。また、その加えあわせた数。総計。

【合憲】ゴウケン 〔日〕憲法の趣旨にあっていること。対違憲。

【合口】一ゴウコウ ①口にあう。食べ物が好みにあう。②落ちあう。出会う。例河渭合口カイゴウコウ（＝黄河と渭水の合流点）。〈周書・文帝紀〉③口論する。二あいくち 〔日〕①つばのない短刀。匕首ヒシュ・あいくち。②相性アイショウ。また、話が合うこと。

【合▼祀】ゴウシ 二柱ふたはしら以上の神や霊を、一つの神社にあわせてまつること。類合祭。例靖国やすくに神社に―する。

【合資】ゴウシ 資本を出しあう。例―会社。

【合成】ゴウセイ ①二つ以上のものをあわせて、一つのものにする。②化合物をつくる。例―樹脂。―洗剤。

【合繊】ゴウセン 〔日〕「合成繊維」の略。石炭・石油・カーバイドなどを原料にして、合成してつくった繊維。

【合同】ゴウドウ ①二つ以上のものが一つになる。また、一つにする。②〔日〕〔数〕二つ以上の図形の形や大きさが、まったく同じであること。

【合板】ゴウハン／ゴウバン 〔日〕うすくけずった木の板を、木目モクめが交差するように何枚も接着剤で張りあわせたもの。ベニヤ板。

【合否】ゴウヒ 〔日〕合格と不合格。例―の判定。

【合符】一ゴウフ ①割り符を合わせる。②〔日〕二字以上の漢字を熟語として読むことを示す符号。「-」。二あいフ 〔日〕手荷物などの預かり証。

【合弁】【合▼辦】ゴウベン 共同で事業をするために資本を提携する。例―企業。日米―の会社。

【合弁（瓣）】ゴウベン 〔日〕花弁がくっついて一枚となること。例―花。

【合抱】ゴウホウ 両方の腕でひとかかえもある太さ。例合抱之木生二於毫末一（ゴウホウのきもゴウマツよりショウず）（＝大木も小さな芽から生じたものである）。〈老子・六四〉

【合法】ゴウホウ 法律や規則に違反していないこと。適法。対違法・非合法。例―的。

【合約】ゴウヤク 約束する。同盟を結ぶ。

【合理】ゴウリ 道理にかなっていること。対不合理・非合理。例―的。

【合力】ゴウリキ／ゴウリョク ①力を貸して助ける。例―を求める。②〔日〕金銭や品物を与えて助ける。

【合流】ゴウリュウ ①二つ以上の川の流れが一つの流れになる。②〔日〕複数の人や団体が集まること。

●迎合ゲイゴウ・混合コンゴウ・照合ショウゴウ・総合ソウゴウ・調合チョウゴウ・統合トウゴウ・場合ばあい・配合ハイゴウ・複合フクゴウ・併合ヘイゴウ・融合ユウゴウ

吋

口3（6） 1 1705 540B

一トウ漢 有 dòu 二スン cùn インチ

意味 一人を口でしかる。とがめる。二ヤードポンド法の長さの単位。**インチ**。一フィートの十二分の一（＝約二・五四センチメートル）。

[吒]

口3（6） ⇩咤タ（248ページ）

吊

口3（6） 1 3663 540A

チョウ（テウ）漢呉 嘯 diào つ-り・つ-る・つる-す

意味 ❶とむらう。❷つり下げる。ぶら下がる。**つるす**。**つる**。例吊死シチョウ（＝首くくり）。吊り革かわ。宙吊チュウづり。

参考 もとは「弔」の俗字。日本では、「吊」は「つるす」、「弔」は「とむらう」の意に使い分けている。

吐

口3（6） 1 3739 5410 常用

一ト漢呉 麌 tǔ 二ト漢呉 遇 tù は-く・つ-く・ぬ-かす

筆順 丨 口 口 口一 叶 吐

吐

なりたち［形声］「口（＝くち）」と、音「土ト」とから成る。口からはき出す。

意味 ■一 ❶自分の意志で口からものをはき出す。はく。例 吐哺ト。❷ことばを口に出す。のべる。うちあける。例 吐露ロ。音吐オン（＝朗詠の声）。■二 抑え切れずに食道や胃からものをはき出す。もどす。はく。例 吐血ケツ。嘔吐オウ。

古訓 中古 つたみ・はく 中世 はく・へどつく 近世 いだす・そそぐ・のぶる・はく

難読 吐月峰はいふき・吐嗟あわや・反吐へド

【吐握】（トアク）「吐哺握髪トホアクハツ」に同じ。

【吐気】（■一 トキ ■二 キをはく）■一 ①声を出す。②体内の気をはき出す。③おさえられていた願いをとげる。志を得る。■二 日 食べたものをはき出したくなる気分。

【吐血】（トケツ）胃・食道などから出血した血をはくこと。〔肺などの呼吸器系統の出血によるものは「喀血カッケツ」〕

【吐月峰】（トゲッポウ）日 灰吹き。タバコ盆におさめてある、吸いがらを入れるタケの筒。〔静岡市の吐月峰（＝山名）産のタケで作ったことから〕

【吐▼瀉】（トシャ）食べたものをはいたり、くだしたりする。

【吐乳】（トニュウ）乳児が、飲んだちちをはく。

【吐納】（トノウ）①体内のよごれた気をはき出し、新鮮な気を吸いこむ。道家のおこなう養生術の一つ。類 吐故納新。②はき出すことと、のみこむこと。

【吐▼蕃】【吐番】（トバン）七世紀初めに成立したチベットの統一王朝の、中国での呼称。西域をめぐって唐と争い、九世紀中ごろ勢力を失う。宋ソウ・元代には単にチベット地域を指した。

【吐哺握髪】（トホアクハツ）（周公旦シュウコウタンは客が来ると）食事中でも食物を口から出し、洗髪中でも髪をにぎって、ただちに出むかえた。為政者が賢人を求めようと、絶えず心がけること。握髪吐哺。吐哺捉髪ソクハツ。吐握。吐哺。〔「一沐三握レ髪、一飯三吐レ哺イチモクにみたびかみをにぎり、イッパンにみたびホをはく（＝一回洗髪する間に三度髪をにぎり、一回の食事中に三度はき出す）」。〈韓詩外伝・三〉」から〕

【吐露】（トロ）心の中をかくさずに、すべて話す。本心を打ち明ける。例 真情を―する。

同

口3（6）

1 3817

540C

教2

トウ 漢　ドウ 呉　東 tóng

おなじ・おなじく

［口］3画▼同

［仝］ へ3（5） 0124 4EDD 別体字。

筆順 丨 冂 冂 冋 同 同

なりたち［会意］「冂（＝重ねておおう）」と「口（＝くち）」とから成る。一緒になる。

参考 別体字「仝」は人名として使われることがある。「盧仝ロドウ」は中唐の詩人。また、「同じ」の意で「仝上」のように使用する。

意味 ❶他のものと、おなじくする。ともにする。そろえる。例 同行ドウコウ。同席ドウセキ。共同キョウドウ。❷他と違いがない。おなじ。対 異。例 同一ドウイツ。同類ドウルイ。大同小異ダイドウショウイ。❸調子を合わせる。むやみにしたがう。例 君子和而不レ同クンシはワしてドウぜず（＝立派な人物は、人と調和するが、見境なく同調しない）。〈論語・子路〉雷同ライドウ。❹集まる。また、集まり。例 会同カイドウ。❺ともに。一緒に。おなじく。例 踏レ花同惜少年春はなをふんではおなじくおしむショウネンのはる（＝落花を踏んで、若い時代の春を一緒に惜しんだ）。〈白居易・春中与盧四周諒華陽観同居〉❻やわらぐ。平和。例 大同ダイドウ（＝平和で理想的な社会）。

古訓 中古 あつまる・あつむ・おなじ・ととのふ・ひとし・ひとしうす 中世 おなじ・おなじく・ともに・ひとし・まじはる 近世 あつまる・あつむる・おなじ・さかづき・たひらか・ともがら・ともに・ひとし・やはらぐ

人名 あつ・あつむ・とも・ひとし

【同悪】（■一 ドウアク ■二 ドウオ）■一 一緒になって悪事をはたらく。また、その人々。■二 おなじ相手をともに憎む。また、その人。

【同位】（ドウイ）身分や地位などが、おなじであること。また、その人。

【同意】（ドウイ）①おなじ意味。同義。例 ―語。②日 賛成する。

【同意語】（ドウイゴ）「同義語ドウギゴ」に同じ。

【同一】（ドウイツ）①合わせて一つにする。統一する。②まったくおなじである。また、まったく等しい。例 ―人物。男女を―にあつかう。

【同一視】（ドウイツシ）日 おなじと見なす。おなじに取りあつかう。

【同▼寅】（ドウイン）〔「寅」は、つつしむ意〕つつしむことをともにするもの。臣下が君主に仕え勤務することをいう。転じて、同僚。

【同音】（ドウオン）①おなじ発音。②おなじ高さの音。おなじ声。③ほとんど同時に言う。声をそろえて言う。例 異口クイ―（＝人々が同時におなじことばを言うこと）。

【同化】（ドウカ）①ともに教化される。②日 異なった習慣や考え方が、時がたつにつれて、まわりのものとおなじようになる。例 日本の社会に―した外国人。③日 学んだものを完全に自分の知識とする。④日 生物が体外から取り入れた物質を、自分のからだの成分とする。対 異化。例 炭酸―作用。

【同格】（ドウカク）①資格・地位・格式がおなじであること。同等。同列。②一つの文中に並んで置かれた二つ以上の語句が、互いに説明しあう関係にあること。たとえば、「われわれ日本人は」というときの「われわれ」と「日本人」。

【同学】（ドウガク）①おなじ先生について学ぶ。また、その人。②学校または専門が、互いにおなじであること。また、その人。例 ―の後輩。

【同貫】（ドウカン）①一つに貫かれ、一体となっている。②本籍地がおなじであること。同郷。

【同感】（ドウカン）おなじ感想をもつ。おなじ意見である。例 それは私も―だ。

【同軌】（ドウキ）①車のわだちの幅が一定であること。天下が統一されることをいう。②おなじ中華文明に服している諸国。③方法・きまりをおなじにすること。

【同帰】（ドウキ　キをおなじゅうす）①おなじところに行きつく。おなじ結果になる。②一緒に帰る。

【同期】（ドウキ）①おなじ時期。例 昨年―を上回る売り上げ。②入学や卒業、また、入社などの年度が、おなじであること。また、その人。例 ―生。

【同義】（ドウギ）おなじ意味。同意。例 ―語。

【同義語】（ドウギゴ）語の形も発音も違うが、意味がほとんどおなじことば。同意語。シノニム。たとえば、「あす」と「あした」、「本」と「書物」など。対 対義語・反意語。

【同気相求】（ドウキあいもとむ）気質がおなじ者は、自然に集まる。類は友を呼ぶ。例 同声相応、同気相求ドウセイあいオウじ、ドウキあいもとむ（＝声・音のおなじものは互いに応じあい、おなじ気を持つものは互いに求めあう）。〈易・乾・文言〉

【同級】（ドウキュウ）①おなじ学級。例 ―生。②おなじ等級。

【同居】（ドウキョ）①夫婦や親子が一緒に住む。対 別居。例 祖父母と―する。②家族以外の人がその家族と一緒に住む。例 ―人ニン。

【同郷】（ドウキョウ）郷里がおなじであること。例 ―のよしみ。

【同行】（■一 ドウギョウ）■一 ①信仰や修行をおなじくする仲間。②神社や寺院に連れだって参詣サンケイする人々。③同業者。④

文章または図の、おなじ行。 ［二］コウ（ドウ） 一緒に行く。同道。同伴。［例］—者。

【同行二人】ドウギョウニニン ［日］四国巡礼の遍路が、笠（かさ）に書くことば。常に弘法大師（コウボウダイシ）とともにあるということ。

【同業】ドウギョウ おなじ職業や職種。また、それにたずさわる人。［例］—者。

【同▼衾】ドウキン 〔「衾」は、夜具の意〕（男女が）一緒に寝ること。

【同家】ドウケ ①おなじ家すじ。同族。 ②［日］（前に述べた）その家。

【同訓】ドウクン ①おなじ意味。同義。 ②［日］違う漢字がおなじ訓をもつこと。たとえば、「表」「現」「著」が、どれも「あらわす」という訓であるなど。

【同系】ドウケイ おなじ系統や系列。［例］—の色でまとめる。

【同型】ドウケイ 型・様式・タイプがおなじであること。

【同契】ドウケイ ①〔「契」は、割り符のこと〕ぴったりと一致する。(類)同符。 ②深い交わりを結ぶ。

【同慶】ドウケイ ①喜びをともにする。 ②［日］相手の喜びや繁栄を、よろこんでいうことば。［例］ご—の至り。

【同穴】ドウケツ 夫婦が死後、おなじ墓あなに葬られること。夫婦の仲がよいこと。［例］偕老（カイロウ）—。

【同権】ドウケン ［日］おなじ権利をもっていること。［例］男女—。

【同甲】【同▼庚】ドウコウ 〔「甲」は甲子（コウシ／きのえね）で、干支（カンシ／えと）の意。「庚」は年齢の意〕年齢がおなじであること。

【同好】ドウコウ 趣味や興味がおなじであること。［例］—の士。—会。

【同工異曲】ドウコウイキョク 詩文を作る技巧はおなじだが趣が異なっていること。曲調は異なっていても、演奏はおなじようにすぐれていること。見た目では違っているようだが、実はほとんどおなじであることのたとえ。異曲同工。大同小異。〈韓愈・進学解〉

【同根】ドウコン ①根本はおなじであること。［例］愛憎の感情は—である。 ②おなじ根から生じていること。

【同▼梱】ドウコン ［日］本体と一緒に梱包（コンポウ）すること。［例］—の説明書。

【同罪】ドウザイ おなじ罪、または責任。［例］—と見なす。

【同産】ドウサン おなじ母親から生まれる。また、おなじ母の兄弟姉妹。同腹。(類)同生（ドウセイ）。

【同士】ドウシ ［日］①おなじ仲間。同類。［例］—討ち。 ②〔「…同士」の形で〕おなじ種類の人やものをあらわす。［例］男—。

【同志】ドウシ 主義や行動をおなじくすること。また、その人。〔名前の前や後につけて、呼びかけのことばとすることもある〕［例］—を集める。—諸君！

【同指】【同旨】ドウシ 趣旨をおなじくする。

【同字】ドウジ おなじ文字。特に、おなじ漢字。

【同時】ドウジ ①おなじ時間。［例］—通訳。 ②おなじ時代。

【同室】ドウシツ ①おなじ部屋に住む。特に、夫婦をいう。 ②おなじ部屋で過ごす。 ③［日］おなじ部屋。

【同質】ドウシツ 成分や性質がおなじであること。(対)異質。

【同日】ドウジツ おなじ日。転じて、同程度。［例］—には論じられない（＝まったく違っている）。

【同日論】ドウジツのロン 同時に論じる。同格のものとして並べて論じる。〔普通「どうして同日の論とできようか」のように、反語の形で格差の大きいことを示す〕

【同車】ドウシャ おなじ車に一緒に乗る。同乗。［例］名古屋まで—した。

【同舟】ドウシュウ おなじふねに乗る。→【呉越同舟】ゴエツドウシュウ（236ページ）

【同舟相救】ドウシュウあいすくう おなじふねに乗って危険な川を渡るときには、だれでも助けあう。利害をともにする者どうしは、必然的に協力して困難にたち向かうことのたとえ。〔〈孫子・九地〉から〕

【同臭】ドウシュウ ①おなじにおい。おなじくさみ。 ②おなじ趣味や傾向をもつ仲間。同臭味（ミ）。同類。

【同宿】ドウシュク おなじ旅館などに、泊まりあわせる。また、その人。

【同上】ドウジョウ 前に述べたこととおなじであること。(類)同前。

【同乗】ドウジョウ おなじ乗り物に一緒に乗る。［例］—者。

【同情】ドウジョウ ①おなじ気持ち。 ②他人の不幸やつらさを自分のことのように感じて、心からかわいそうだと思う。［例］—を寄せる。

【同床異夢】【同▼牀異夢】ドウショウイム 〔寝床はおなじでも、見る夢は別々である意〕一つのことをおこなっている仲間であっても、考え方や感じ方がそれぞれ違うこと。〈銭謙益・玉川子歌〉(類)同床各夢（カクム）。

【同心】ドウシン 気持ちや意見がおなじであること。また、心を合わせること。

【同心円】ドウシンエン 中心がおなじで、半径が違う円。

【同心結】ドウシンのケツ かたくてほどけないむすび方。男女や夫婦が強い愛情でむすばれていることをいう。〈梁武帝・有所思〉

【同人】 ［一］ドウジン 易（エキ）の六十四卦（カ）の一つ。☲☰ 離下乾上（リカケンショウ）。天と火の象。 ［二］ドウジン／ドウニン ①同一の人物。 ②考え方や趣味などに共通点のある人。同仁。［例］—雑誌。

【同仁】ドウジン ①平等に愛すること。［例］一視—（＝差別することなく、すべての人をおなじように愛すること）。 ②「同人［二］（ドウジン／ドウニン）②」に同じ。

【同▼塵】ドウジン 〔「塵」は、俗事・俗世間の意〕俗世間と調子を合わせること。［例］和光—。

【同数】ドウスウ かずがおなじであること。おなじかず。

【同姓】ドウセイ 名字がおなじであること。おなじ姓。［例］—同名。

【同姓不婚】ドウセイフコン 家族制度の原則の一つ。おなじ姓の者との結婚をタブーとすること。〈国語・晋四〉

【同性】ドウセイ ①性質がおなじであること。［例］—相親しむ。 ②［日］男と男、女と女のように、性がおなじであること。また、その人。［例］—に好かれる。▽(対)異性。

【同▼棲】ドウセイ ①一つの家や部屋に一緒に住む。同居。 ②［日］正式に結婚をしていない男女が一緒に暮らす。

【同勢】 ［一］ドウセイ 地勢がおなじである。 ［二］ドウゼイ ［日］一緒に行動している人々。

【同▼儕】ドウセイ ①同等であること。 ②おなじ身分・地位の仲間。同輩。

【同声相応】ドウセイあいオウず おなじ声・音はよく調子が合う。類は友を呼ぶ。〈易・乾・文言〉

【同声異俗】ドウセイイゾク 人は生まれたときはおなじ泣き声をあげるが、成長するにつれ言語や風俗が異なってくる。人の本性はもともとおなじであるが、環境や教育によって違いが生まれてくるということ。〔「生而同レ声、長而異レ俗（うまるるにこえをおなじゅうし、チョウずるにゾクをことにす）。〈荀子・勧学〉」から〕

【同席】ドウセキ ①おなじ座席。 ②会議の場などに居合わせる。 ③［日］おなじ席次。おなじ順位。

【同然】ドウゼン おなじであること。同様。［例］もはや勝負はついたも—だ。

【同宗】 ［一］ドウソウ 「同族（ドウゾク）①」に同じ。 ［二］ドウシュウ おなじ宗派。

【同窓】ドウソウ ①一緒に学問をする。また、その人。 ②おなじ学校を卒業していること。また、その人たち。［例］—会。—生。

【同族】ドウゾク ①おなじ血筋の一族。同宗（ドウソウ）。 ②おなじ部族。おなじ種族。

【同属】ドウゾク ①おなじ干支（えと）に属する人。 ②おなじ種属。おなじ仲間。
【同体】ドウタイ ①おなじからだ。例一心―。②日相撲で、組んだ力士が一緒に倒れること。例―で取り直しになる。
【同断】ドウダン 日おなじであるさま。同然。例―には論じられない。以下―。
【同着】ドウチャク 日競走で、同時にゴールにつくこと。
【同調】ドウチョウ ①おなじ調子。②他人の考えや行動に賛成して、おなじことをする。例―者。③日ラジオ・テレビなどで、外部からの電波を選んで受信できるようにする。チューニング。
【同定】ドウテイ ①つき従う。あとについて行く。②日ある事物が、何と一致し、対応するかを見きわめる。比定。
【同点】ドウテン 日おなじ点数。おなじ得点。例―引き分け。
【同等】ドウトウ 等級や程度などがおなじであること。同格。同列。例―にあつかう。
【同道】ドウドウ ①思想や行動がおなじであること。②一緒に行く。同行ドウコウ。例途中まで―いたします。
【同年】ドウネン ①おなじ年。例―同月のできごと。②おなじ年齢。おないどし。例―のいとこ。
【同輩】ドウハイ 年齢や経歴、地位などがおなじ仲間。例会社の―。―のよしみ。
【同伴】ドウハン 一緒に連れ立って行く。また、連れて行く。同行ドウコウ。同道。例保護者―の入学式。
【同病】ドウビョウ ある人とおなじ病気。また、おなじ病気にかかっている人。
【同病相▼憐】ドウビョウあいあわれむ おなじ苦痛に悩んでいる者は、互いに同情しあう。〈呉越・闔閭内伝〉
【同封】ドウフウ 封筒の中に手紙以外のものを、一緒に入れる。例写真―。返信用の切手を―する。
【同風】ドウフウ おなじ風習。おなじ様子。例千里―（＝天下が統一されて平和になること）。
【同腹】ドウフク ①おなじ母から生まれたこと。また、その子。同産。同胞。対異腹。例―の兄妹ケイマイ。②日おなじ考えをもつこと。また、その人。同志。
【同文】ドウブン ①おなじ文字、またはおなじ種類の文字。例―同種。②おなじ文章。例以下―。
【同胞】ドウホウ｜ドウボウ ①おなじ母から生まれた兄弟姉妹ケイテイシマイ。はらから。同腹。②国家や民族をおなじくする人々。
【同▼袍】ドウホウ 〔袍（＝上着）を共用する意〕親しい間柄である戦友や学友。
【同▼袍同沢】ドウホウドウタク 〔「袍」は上着、「沢」は肌着の意〕衣服を貸し借りするほど親しい仲間。特に、戦友をいう。〈詩経・秦風・無衣〉から〕
【同房】ドウボウ ①部屋をともにする。また、おなじ部屋。②日刑務所などで、おなじ監房。
【同▼朋】ドウボウ ①ドウホウ 友達。友人。朋友ホウユウ。②日室町・江戸時代の武家の職名。将軍や大名のそば近く仕えて、芸能・茶事・雑事をつとめた僧形ソウギョウの者。例―頭がしら。
【同夢】ドウム おなじ夢を見る。夫婦の仲がよいことのたとえ。
【同盟】ドウメイ 国家や組織また個人などが、共通の目的のために、おなじ行動をとる約束をする。また、その約束。例軍事―。―を結ぶ。
【同盟罷業】ドウメイヒギョウ 日労働者が労働条件の改善などを求めて、団結して仕事を休むこと。ストライキ。〔古い言い方〕
【同門】ドウモン おなじ先生について学ぶこと。また、学んだ仲間。一門。例―の友人。
【同遊】ドウユウ ①お互いに行き来する。②一緒に旅行する。また、その仲間。
【同様】ドウヨウ 様子がきわめてよく似ている。差がないこと。同然。例―の事件が起こる。
【同率】ドウリツ 日割合がおなじであること。例―の負担をする。
【同流】ドウリュウ ①複数の流れが一つに集まる。②似かよっているさま。③同類。同輩。
【同僚】【同寮】ドウリョウ おなじ職場に勤めていて、地位や役割もほぼおなじ仲間。
【同類】ドウルイ ①おなじ種類。例―項。②種類をおなじくする仲間。例みんな―と見られている。
【同類相求】ドウルイあいもとむ おなじ種類・性質のものは、互いに求めあい、寄り集まる。〈史記・伯夷伝〉
【同列】ドウレツ ①並んでいる列がおなじであること。②地位・程度などがおなじであること。同格。同等。例―には論じられない。③同僚。
【同和】ドウワ 互いに親しみ合い、仲よくすること。
●一同イチドウ・異同イドウ・協同キョウドウ・合同ゴウドウ・混同コンドウ

名

口3 (6)
1 4430
540D
教1

メイ漢 ミョウ（ミャウ）呉 庚 míng
な
付表 名残なごり

筆順 ノ ク タ タ 名 名

なりたち

会意 「口（＝くち）」と「夕（＝くらい）」とから成る。くらくて見えないので、みずから口でなのる。

意味 ❶自分の名をいう。なのる。ないう。例君前臣名きみのまえにはシンなのう（＝君主の前では臣下は本名を用いる）。〈礼記・曲礼上〉❷なづける。よぶ。例民無二能名一焉たみよくなづくるなし（＝〔尭ギョウの徳は広大で〕人々はことばにして言うことがなかった）。〈論語・泰伯〉名状メイジョウ。❸なまえ。よびな。な。例名称メイショウ。名字ミョウジ。姓名セイメイ。❹身分。地位。また、それにともなう本分。対実。例名実メイジツ。名数メイスウ。❺文字。例書同レ名、車同レ軌ショはメイをおなじくし、シャはキをおなじくす（＝文書は文字を統一し、車は両輪の間隔を統一する）。〈管子・君臣上〉百名ヒャクメイ（＝百字）。❻名高い。ほまれ。評判。すぐれた。例名君メイクン。名作メイサク。名馬メイバ。❼人数をかぞえることば。例数名スウメイ。

古訓 中古 つくのふ・な・なざし・なづく・ふむ 中世 つくのふ・つつむ・な・なざし・なづく 近世 いさをし・おほいなり・な・なづくる・まゆもと

人名 あき・あきら・いさお・かた・なづく・もり

【名親】なおや 日親以外で、生まれた子の名をつける人。名付け親。
【名残】なごり 日①あとまでその影響として残っているもの。余波。例―をとどめる。台風の―。②別れていくものや、過ぎ去るものを惜しむ気持ち。例―がつきない。―を惜しむ。
【名題】なダイ 日①「名題看板」の略。歌舞伎かぶきの看板。上演する題名やおもな役者名が書いてある。②「名題役者」の略。一座の中心となる役者。
【名正言順】なただしければゲンジュンなり 名と実とが一致していれば、ことばと事実がくいちがうことはなく、道理が通る。〔「名不レ正則言不レ順なただしからざればすなわちゲンしたがわず（＝名が正しくなければことばも順当でなくなる）。〈論語・子路〉」から〕
【名者実▼之賓】なはジツのヒン 〔「賓」は、賓客の意〕名目や名誉は、実質に対する仮のものにすぎない。〈荘子・逍遥遊〉
【名札】なふだ 日名前を書いた札。例胸に―をつける。
【名前】なまえ 日①他のものと区別して示すために、もの・場所などにつけられている呼び方。②姓名。氏名。③姓に対して、個々の人につけられている呼び方。
【名号】■ミョウゴウ 〔仏〕ほとけ、特に阿弥陀仏アミダブツの名。例六字の―(=南無阿弥陀仏(ムナ))。[二]ゴウメイ 名と号。また、呼び名。称号。

【名代】[日][一]ミョウダイ 代理をつとめること。また、その人。[例]父の―で出席する。[二]なダイ 名高いこと。有名。[例]―の菓子。

【名案】メイアン [日]すぐれた思いつき。よい考え。妙案。[例]―がうかぶ。

【名位】メイイ ①名誉と地位。②官職と官位。

【名園】メイエン 立派な庭園。有名な庭園。

【名演】メイエン [日]すぐれた演技。すぐれた演奏。[例]―の舞台。

【名王】メイオウ ①すぐれた君主。②匈奴(キョウド)など異民族の諸王のうちで、特に位の高い王。

【名花】メイカ ①美しい花。②美しい女性。

【名家】メイカ ①由緒があり、世間によく知られ、すぐれた人を多く世に送り出してきた家柄。名門。[例]―の出。②学問や芸道などで、世に知られている人。③戦国時代の諸子百家の一つ。名(名称)と実(実体)の関係を説いた。公孫竜(コウソンリュウ)・恵施(ケイシ)など。

【名歌】メイカ すぐれた歌。また、歌曲。

【名画】メイガ ①すぐれた絵。②[日]すぐれた映画。

【名鑑】メイカン [日]同じ分野の人名や同じ種類のものを集めた本。[例]美術家―。日本刀―。

【名器】メイキ ①すぐれていて名高い器具や楽器。②爵位とそれに伴う車や衣服。

【名義】メイギ ①名声と道義。②名称とその由来。③身分。資格。④[日]契約書や通帳などに書く名前。[例]―人(ニン)。

【名教】メイキョウ (君臣・父子・仁・義などの)名分についての教え。秩序を保つための儒教の考え方。老子の無為自然の教えに対していう。

【名曲】メイキョク すぐれた曲。有名な曲。[例]―鑑賞。

【名吟】メイギン [日]①すぐれた詩歌や俳句。②すぐれた吟詠。

【名句】メイク [日]①すぐれた俳句。②ものごとの本質を言い当て、人を感心させる文句。名文句。名言。

【名君】メイクン すぐれた君主。明君。[例]―の誉れが高い。

【名月】メイゲツ ①明るくかがやく、丸い月。明月(メイゲツ)。②[日]陰暦八月十五夜の月。[例]中秋の―。芋―。

【名犬】メイケン [日]利口ですぐれたイヌ。

【名剣】メイケン すぐれた剣。有名な剣。

【名言】メイゲン ものごとの本質を的確に言いあらわしたことば。名句。[例]―を吐く。

【名工】メイコウ すぐれた工芸品を作る職人。名匠。

【名香】メイコウ すぐれた香。有名な香。[例]―蘭奢待(ランジャタイ)(=聖武(ショウム)天皇のころ、中国から伝わって東大寺におさめられた香の名。「東大寺」の三字が含まれている)。

【名作】メイサク すぐれた作品や著作。

【名刹】メイサツ 有名な寺院。[例]古寺―。

【名産】メイサン その土地の有名な産物。特産。名物。

【名山】メイザン 形が美しいこと、雄大なこと、歴史があること、などで名高い山。

【名士】メイシ その社会で尊敬され、評判の高い人。[例]土地の―。各界の―。

【名刺】メイシ 〔「刺」は、なふだの意〕氏名・職業・住所などを書いた小さな厚紙。初対面のときや訪問先などで自己紹介に使う。[例]―を交換する。

【名詞】メイシ 品詞の一つ。事物の名や地名・人名をあらわすことば。自立語で活用しない。主語になることができる。代名詞とともに体言と呼ばれる。[例]固有―。普通―。

【名字】[一]メイジ ①名と字(あざな)。本名と呼び名。②名誉。名声。[二]ミョウジ [日]姓名の、姓にあたる部分。その人の属する家をあらわす。姓。苗字(ミョウジ)。〔もともとは、同じ氏族から分かれた家々の名をいった〕

【名実】メイジツ 名目と実質。評判と実際。見かけと内容。[例]―ともに備わる。―がともなわない。

【名手】メイシュ ①すぐれた腕前の人。名人。(対)凡手。[例]弓の―。②[日]碁や将棋で、すぐれた一手。[例]―を打つ。

【名主】[一]メイシュ 賢明な君主。名君。[二]なぬし [日]江戸時代、村や町の有力者で、年貢の徴収や行政事務を任された人。庄屋(ショウや)。

【名酒】メイシュ 有名な酒。味のすぐれた酒。銘酒。

【名儒】メイジュ すぐれた儒者。

【名所】[日][一]メイショ 美しい景色や歴史上のできごとのあった場所として、有名な土地。名勝。[例]―旧跡。[二]などころ 器物や道具などの、各部分の名称。[例]甲冑(カッチュウ)の―。

【名所旧跡】【名所旧▼蹟】メイショキュウセキ [日]景色がよかったり、歴史的な事柄があったりして有名なところ。[例]―をたずねる。

【名匠】メイショウ ①すぐれた工芸家。有名な芸術家。名工。②すぐれた学者。有名な学者。

【名将】メイショウ 武略にすぐれた武将。

【名称】メイショウ ①名誉。名声。②呼び名。名前。[例]会の―。

【名勝】メイショウ ①人望の高い人。名士。②景色が美しいことで有名な土地。景勝。名所。

【名状】メイジョウ ①名前と形状。②状態をことばで言いあらわす。[例]―しがたい光景。

【名人】メイジン ①有名な人。徳の高い人。②[日]腕前がすぐれた人。また、比喩(ヒユ)的にも用いる。[例]槍(やり)の―。忘れ物の―。③[日]碁や将棋で、最高位の呼び名。[例]―戦。

【名数】メイスウ ①地位と、それにともなう儀礼。②戸籍。③きまった数字を上につけて、同類のものをまとめていう呼び方。たとえば、日本三景・四天王・七福神など。④単位名や助数詞をそえた数。たとえば、一メートル・二冊・三本など。

【名世】メイセイ|なよにあり 世間やある時代において名が知られていること。また、その人。

【名声】メイセイ 世間の高い評価。よい評判。ほまれ。名聞。[例]―を博する。

【名姓】メイセイ ①名と姓。姓名。②昔から声望のある一族。

【名跡】[一]メイセキ ①名声と業績。②有名な古跡。[例]鎌倉(かまくら)の―をたずねる。③すぐれた筆跡。[例]―を鑑賞する。▽名蹟(メイセキ)。[二]ミョウセキ [日]代々伝えられてきた家名。[例]―を継ぐ。

【名籍】メイセキ ①姓名や身分を記す公の台帳。戸籍。②台帳に名を記す。

【名節】メイセツ 名誉と節操。[例]―を重んずる。

【名僧】メイソウ 知識と徳がともにすぐれ、尊敬されている僧。

【名族】メイゾク ①名高い家柄。名家。名門。②氏名。姓名。

【名著】メイチョ ①名前や身分が明らかである。②名声があらわれる。③高い評価を受けている著書。

【名刀】メイトウ すぐれた刀。名高い刀。[例]正宗(まさむね)の―。

【名答】メイトウ 質問の趣旨に合った、気のきいた答え。ぴたりと言い当てた答え。

【名馬】メイバ 足の速いすぐれたウマ。

【名盤】メイバン [日]すぐれた、また、有名な演奏を入れたレコードやCD。

【名筆】メイヒツ すぐれた文章や書画。また、それを書いた人。

【名品】メイヒン ①地位。階級。②名声や品格。③すぐれた、また有名な、作品や品物。逸品。

【名物】メイブツ ①ものの名前や特徴。②ものに名をつける。命名する。③その土地でできる有名な産物。特産。名産。例信州—のそば。④日その地域や社会で評判の、ものや人。例—男。⑤日由緒のある茶道具。例—裂(ぎれ)。
【名分】メイブン ①身分によって守らなければならない、道徳上の決まり。例大義—。—をわきまえる。②日表向きの理由。名目。例—が立たない。
【名文】メイブン すぐれた文章。例—家(カ)。
【名問】メイブン 「名聞(メイブン|ミョウモン)」に同じ。
【名聞】メイブン|ミョウモン 世間の評判。名声。名問(メイブン)。例—にこだわる。
【名簿】メイボ その組織に属する人の、氏名や住所などを並べて書いた帳簿。例会員—。出席者の—。
【名宝】メイホウ 立派な宝物。有名な宝物。例—展。
【名法】メイホウ ①名分と法律。守るべき本分。②すぐれた方法。有効なやり方。③諸子百家のうちの名家と法家とを合わせていったことば。
【名望】メイボウ その社会で評判がよく、尊敬されていること。名声と人望があること。例—家。—を集める。
【名木】メイボク ①由緒があったり、形が立派だったりして有名な木。②すぐれた香木(コウボク)。特に、伽羅(キャラ)。
【名目】メイモク ①ほめる。たたえる。②ものごとの名前。名称。③日実質のともなわない、表向きの名前や理由。対実質。例—だけの社長。
【名門】メイモン 〔「門」は、家柄の意〕由緒があってよく知られ、すぐれた人物を多く世に送り出してきた家柄。名家。例—の出。
【名優】メイユウ 演技のすぐれた俳優。
【名誉】メイヨ ①すぐれた業績をあげて世に認められ、尊敬されるような評価。栄誉。栄光。②功績をたたえて贈られる称号。例—教授。—市民。
【名誉毀損】メイヨキソン 人の評判を落とすようなことを、広く世間に知れわたるように書いたり話したりして、その名誉を傷つけること。例—罪。
【名利】メイリ|ミョウリ 名誉と利益。有名になることと、利益を得ること。例—に目がくらむ。
【名流】メイリュウ 〔「流」は、仲間・たぐいの意〕世に名の知られた人々。名声のある家柄の人々。例—夫人。
【名論】メイロン ①すぐれた評判。名声。②すぐれた議論。
●汚名(オメイ)・戒名(カイミョウ)・学名(ガクメイ)・仮名(カメイ|かな)・芸名(ゲイメイ)・実名(ジツメイ)・氏名(シメイ)・指名(シメイ)・書名(ショメイ)・署名(ショメイ)・除名(ジョメイ)・人名(ジンメイ)・題名(ダイメイ)・地名(チメイ)・匿名(トクメイ)・無名(ムメイ)・有名(ユウメイ)

吏

口3(6) 1 4589 540F 常用 リ漢呉 寘 lì

筆順 一 丆 亓 㔾 吏 吏

なりたち  [会意]「一(=すべて)」と「史シ→リ(=記録する人)」とから成る。すべてのできごとを記録し、人々を直接治める役人。

意味 (下級の)役人。〔上級の役人を官というのに対し、下級の役人を吏という〕例吏員(リイン)。官吏(カンリ)。能吏(ノウリ)。

古訓 中世 つかさ・つかさどる・つかひ・まつりごと 近世 うくる・つかさどる・つかるる・をさむる

人名 おさ・おさむ・さと・さとし・さとる

【吏員】リイン ①役人。官吏。②地方の役所の下級役人。③日公共団体の職員。例役場の—。
【吏議】リギ ①官吏が政治上の問題について話し合うこと。②司法官が法律によって処分や罪を定めること。
【吏士】リシ ①官軍の兵士。②役人。官吏。
【吏人】リジン 下級官吏。
【吏治】リチ 官吏のおこなう行政事務。類吏卒。
【吏読】リトウ【吏吐】トリ 朝鮮で、漢字を用いて自国の文章を表記する方式。七世紀末に成立し、二十世紀の李朝(リチョウ)まで用いられた。吏道(リトウ)。
【吏道】一リドウ ①役人となる道筋やその方法。②政務をとる上での役人の心得。二トリ「吏読(トリ)」に同じ。
【吏部】リブ ①魏晋(ギシン)南北朝時代、官僚の人事をつかさどった官庁。隋(ズイ)以降は六部(リクブ)の一つとなった。②日式部省の中国風の呼び名。
【吏民】リミン 官吏と民衆。官民。

呃

口4(7) 4 0372 5443 アク漢 陌 è

意味 しゃっくり。

吽

口4(7) 2 5063 543D 一ウン hōng 二コウ漢 ク呉 有 hǒu 三ゴウ漢 グ呉 尤 óu ほ-える(ほ-ゆ)

意味 一〔梵語(ボンゴ) hūṃ の音訳〕口をとじて出す声をあらわす。例阿吽(アウン)。二ウシの鳴く声。ほえる。通吼(コウ)。三「吽牙(ゴウガ)」は、イヌが声をあげて争うさま。

呍

口4(7) 3 1487 544D ウン hōng

意味 口をとじて出す声。通吽(ウン)。例阿呍(アウン)(=阿吽(アウン))。

[呕]

口4(7) ⇩嘔(オウ)(262ページ)

呀

口4(7) 2 5064 5440 一ガ慣 カ漢 麻 xiā 二ガ漢 麻 yá くちあ-く・ほが-らか

意味 一①口を大きくあける。②大きくがらんとして、あけっぴろげなさま。くちあく。ほがらか。例呀口(カコウ)。二❶驚きのあまり発する声。感嘆の声。ああ。❷笑い声・泣き声などをあらわす擬声語。例呀然(ガゼン)。呀呀(ガガ)③。

【呀呀】ガガ ①(カカ) 口を大きくあけるさま。②(カカ) 猛獣がおそいかかろうとして、大きくあけている口のさま。③口をあけて笑ったり泣いたりする声。
【呀▼呷】ガコウ ①大きな口をあけて呑(の)みこむ。②波がぶつかりあうさま。
【呀然】ガゼン ①口を大きくあけているさま。②ぽっかりとあいているさま。例呀然成レ谷(ガゼンとしてたにをなす)(=ぽっかりとあいて谷を形作っている)。〈韓愈・燕喜亭記〉

吤

口4(7) 4 0369 5424 カイ漢 卦 jiè

意味 むせる声。

含

口4(7) 1 2062 542B 常用 一カン(カム)漢 ガン(ガム)・ゴン(ゴム)呉 覃 hán 二カン(カム)漢 ガン(ガム)・ゴン(ゴム)呉 勘 hàn ふくむ・ふくみ・ふくめる(ふく-む)

筆順 ノ 人 亼 今 今 含 含

なりたち 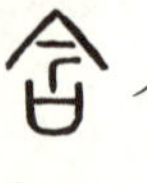 [形声]「口(=くち)」と、音「今キン→カン」とから成る。口にふくむ。

意味 一❶口の中にものを入れたままにする。ふくむ。例含味(ガンミ)。❷中につつみもつ。ふくむ。例含蓄(ガンチク)。内含(ナイガン)。包含(ホウガン)。❸忍受する。しのぶ。例含垢(ガンコウ)。含宥(ガンユウ)(=とがめずにゆるす)。❹⇩【含胡】ガンコ 二古代の喪礼で、死者の口にふくませる玉。㊇哈(カン)。

日本語での用法《**ふくめる**》「言(い)い含(ふく)める」▼言いきかせて納得させる。

古訓 中古 くくむ・しのふ・つぼむ・ふくむ・ふふむ 中世 くくむ・ふくむ 近世 いるる・くらふ・つつむ・ふくむ

人名 もち

難読 含嗽(うがい)・含羞草(おじぎソウ)・含羞(はにかみ)

【含意】(ガンイ) ①外にあらわれない気持ち。心の中の気持ち。②ことばや文章が、表面にはあらわれない意味をふくんでいること。また、その意味。例 ―を味わう。

【含英】(ガンエイ) ①美しさを内にふくむ。才能をかくしもつ。②花がまだつぼみで、開いていないさま。

【含英▼咀華】(ガンエイショカ)(エイをふくみカをくらう) 詩文の中の美しい部分をよく味わう。〈韓愈・進学解〉

【含玉】(ガンギョク) ①古代、葬礼のとき死者の口にふくませた玉。②玉を埋蔵しているかのようなさま。山川の悠久な姿をいう。㊇含珠。

【含▼胡】【含▼糊】(ガンコ) ①ことばや態度があいまいなさま。②することがいいかげんなさま。

【含▼垢】【含▼詬】(ガンコウ)(はじをふくむ) 恥辱をしのぶ。例 国君含レ垢、天之道也(コックンはじをふくむは、テンのみちなり)(=一国の君主たる者は恥を忍ぶ、それが天の道というものだ)。〈左伝・宣一五〉

【含羞】(ガンシュウ) はにかむ。はじらう。

【含愁】(ガンシュウ)(うれいをふくむ) どことなくうれいをいだく。

【含笑】㊀(ガンショウ)(わらいをふくむ) ①にっこりとほほえむ。②花が咲きはじめる。㊁(ガンシュウ) 植物名。カラタネオガタマ。含笑花。

【含情】(ガンジョウ)(ジョウをふくむ) ①思いを胸の内に秘める。②風情(フゼイ)があること。

【含水炭素】(ガンスイタンソ) 日「炭水化物」の古い言い方。

【含生】(ガンセイ) 生命のあるもの。特に、人類。

【含▼嗽】【含▼漱】(ガンソウ) 口をすすぐ。うがいをする。例 ―剤。

【含蓄】(ガンチク) ①中にふくみもっている。②ことばや文章の、味わいのある奥深い意味。また、その内容。例 ―のあることば。

【含哺鼓腹】(ガンポコフク)(ホをふくみはらをうつ) 食べ物を十分に食べ、腹つづみを打つ。人々が平和な暮らしを楽しむさま。〔「含レ哺而熙、鼓レ腹而遊(ホをふくみてたのしみ、はらをうちてあそぶ)。〈荘子・馬蹄〉」から〕

【含味】(ガンミ) ①口にふくんで、よく味わう。②ものごとの意味や内容をよく考え、味わう。玩味(ガンミ)。翫味(ガンミ)。例 文章を熟読―する。

【含有】(ガンユウ) 成分として中にふくんでいる。例 金の―量。

【含霊】(ガンレイ) ①不思議で奥深い性質を内に秘める。人間をいう。②霊魂をもつもの。人間などの生き物。含生(ガンセイ)。

●内含(ナイガン)・包含(ホウガン)

[吸] 口4(7) ⇩吸(キュウ)(227ジペー)

吟 口4(7) [訡] 言4(11)

1 2267 541F 常用　4 8855 8A21 別体字。

㊀ **ギン**(ギム)㊈㊉ 侵 yín
㊁ キン(キム)㊈ 沁 jìn
うた-う(うた-ふ)

筆順 吟

なりたち [形声]「口(=くち)」と、音「今(キン→ギン)」とから成る。うめく。

意味 ㊀ ❶うめく。うなる。例 呻吟(シンギン)。❷低く長く声をひいてうたう。詩歌を口ずさむ。また、詩歌をつくる。例 吟詠(ギンエイ)。苦吟(クギン)。詩吟(シギン)。❸漢詩の形式の一つ。例 梁父吟(リョウホギン)。㊁口を閉ざす。つぐむ。㊇噤(キン)。例 吟而不レ言(つぐみていわず)(=口を閉ざしてものをいわない)。〈史記・淮陰侯伝〉

古訓 中古 かなしぶ・こひ・さまよふ・しなける・しのぶ・ながむ・なげく・によふ 中世 うなる・うめく・かなしぶ・さけぶ・さまよふ・なげく・によふ 近世 うそぶく・うたふ・うなる・さけぶ・さまよふ・なく・なげく・によふ・まよふ

人名 あきら・うた・おと・こえ

【吟詠】【吟▼咏】(ギンエイ) ①詩歌を、節(ふし)をつけて歌う。吟唱。②詩歌を作ること。また、その詩歌。

【吟懐】(ギンカイ) 詩歌を作ろうとする思い。詩情。歌ごころ。㊇吟魂・吟情・吟心。

【吟月】(ギンゲツ)(つきにギンず) ①月見をしながら詩歌を口ずさむ。②月に向かって叫ぶ。

【吟行】(ギンコウ) ①詩歌を口ずさみながら歩く。②日 俳句を作るため、野外に出かける。例 ―の句会。

【吟社】(ギンシャ) 作詩や吟詠をおこなう詩人のグループ。

【吟唱】(ギンショウ) 詩歌を、節(ふし)をつけて声高らかに読む。吟詠。
表記 ⓘ吟▼誦

【吟▼嘯】(ギンショウ) ①呼んで叫ぶ。②嘆き悲しむ声。③声を長くひいて詩をうたう。

【吟醸】(ギンジョウ) 日 よりすぐった材料を用いて特に念入りに醸造する。例 ―酒。

【吟声】(ギンセイ) 詩歌に節(ふし)をつけて歌う声。

【吟風弄月】(ギンプウロウゲツ) 風に吹かれながら詩歌を詠じ、名月を観賞する。嘯風弄月(ショウフウロウゲツ)。〈二程遺書・三〉

【吟味】(ギンミ) 〔詩歌を吟じて、その趣を十分に味わう意〕①味わう。食べてみる。②日 内容や品質などをくわしく調べ、確かめる。例 材料を―する。③日 容疑者の罪の有無を取り調べる。〔古い言い方〕例 ―の役人。

●詩吟(シギン)・放吟(ホウギン)・朗吟(ロウギン)

听 口4(7)

2 5065 542C

㊀ ギン㊈ 軫 yǐn
㊁ テイ㊈ チョウ(チャウ)㊉ 青 tīng
き-く・よろこ-ぶ・わら-う(わら-ふ)・ポンド

意味 ㊀ 口をあけて、わらうさま。**よろこぶ**。**わらう**。例 听听(ギンギン)・听然(ギンゼン)(=よろこぶさま)。㊁ 注意してきく。**きく**。㊇聴。

日本語での用法《**ポンド**》▼ヤードポンド法の重さの単位。一六オンス(=約〇・四五キログラム)。「封土(ポンド)・英斤(ポンド)」とも。

君 口4(7)

1 2315 541B 教3

クン㊈ **クン**(クヰン)㊉ 文 jūn
きみ

筆順 君

なりたち [会意]「尹(イン→クン)(=治める)」と「口(=くち)」とから成る。号令を発して、世を治める尊い人。

意味 ❶国や領地を治める人。天子。諸侯。大夫(タイフ)。**きみ**。また、その妻。例 主君(シュクン)。名君(メイクン)。小君(ショウクン)(=諸侯の妻)。❷統治者として人民の上に立つ。きみたり。例 君不レ君、臣不レ臣(きみきみたらず、シンシンたらず)(=君主が統治者らしくなく、臣下が家来らしくない)。〈論語・顔淵〉君臨(クンリン)。❸封号や諡(おくりな)号に用いることば。例 孟嘗君(モウショウクン)。平原君(ヘイゲンクン)。❹先祖や父母を敬っていうことば。例 家君(カクン)(=父)。先君(センクン)(=御先祖。また、亡父)。❺相手を敬っていうことば。例 与レ君生別離(きみといきながらベツリす)(=《夫である》あなたと生き別れとなった)。〈古詩十九首〉夫君(フクン)(=妻が夫をよぶことば)。細君(サイクン)。諸君(ショクン)。

日本語での用法《**きみ**》「君(きみ)と僕(ボク)」▼男性が対等以下の相手に対して呼ぶことば。

古訓 中古 きみ・たふとし 中世 きみ 近世 かみ・きみ・ただす・たつとし

人名 きん・すえ・なお・よし

【君君臣臣】(きみきみたり シンシンたり) 君主は君主らしく、臣下は臣下らしく。それぞれの務めを果たすべきであること。〈論語・顔淵〉

【君辱臣死】(きみはずかしめらるれば シンシす) 君主がはずかしめを受ければ、臣下は命がけでその恥辱を晴らす。〈国語・越下〉

【君王】(クンオウ／クンノウ) 一国の君主。

【君恩】(クンオン) 主君から受ける恩。

【君公】(クンコウ) 諸侯。

【君侯】(クンコウ) 漢代、列侯および丞相(ジョウショウ)を敬っていう。のち、広く貴人に対しても用いた。

【君国】(クンコク) ①君主として国を治める。②君主と国家。③君主が統治する国。

【君子】(クンシ) ①立派な人格の人。②高位の人。③君主。④妻が夫を呼ぶことば。⑤人に対する尊称。例 聖人―。

【君子花】(クンシカ) ①ハスの花の別名。②キクの花の別名。

【君子国】(クンシコク) ①古代、東方の海中にあると信じられていた、礼儀正しい国。②新羅(シラぎ)や日本をさしていった美称。

【君子儒】(クンシジュ) 君子らしい、立派な人格を備えた学者。〈論語・雍也〉

【君子人】(クンシジン) 君子たる人。〈論語・泰伯〉

【君子有二三楽一】(クンシにサンラクあり) 君子には三つの楽しみがある。父母兄弟が健在なこと、自分のおこないが天にも人にも恥じるところがないこと、天下の英才を教育すること、の三つである。〈孟子・尽心上〉

【君子▼之交淡若レ水】(クンシのまじわりはあわきことみずのごとし) 君子の交際は水のように淡々として、長く変わらない。〈荘子・山木〉

【君子不レ▼愧二▼于屋漏一】(クンシはオクロウにはじず) 君子は人に見えない部屋の奥にいても、良心にはじる行動はしない。〈詩経・大雅・抑〉

【君子不レ器】(クンシはキならず) 君子は単なる専門家であってはならない。〈論語・為政〉

【君子上達小人下達】(クンシはジョウタツしショウジンはカタツす) 君子は高尚なことに通じるが、小人は俗事に通じる。〈論語・憲問〉

【君子盛徳容貌若レ愚】(クンシはセイトクあるもヨウボウはグなるがごとし) 君子は立派な徳があってもそれを表にあらわさないので、おろか者のように見える。〈史記・老子伝〉

【君子成二人▼之美一】(クンシはひとのビをなす) 君子は他人の長所を伸ばし、善事をなしとげさせる。〈論語・顔淵〉

【君子▼豹変】(クンシはヒョウヘンす) 〔「豹変」は、ヒョウの毛が秋にぬけかわって、まだら模様が美しく変わる意〕①徳のある人はあやまちをさとったときは、あざやかに改めて善にうつる。〈易・革〉②日 自分に不利になると、態度や主張を急に変える。変わり身の早いことのたとえ。

【君子遠二▼庖▼厨一】(クンシはホウチュウをとおざく) 君子は、いつくしみの心が深いので、鳥獣を料理する台所には近づかない。〈孟子・梁恵王上〉

【君子交絶不レ出二悪声一】(クンシはまじわりたゆるもアクセイをいださず) 君子は人と絶交したあとでも、その人の悪口を言わない。〈史記・楽毅伝〉

【君子憂レ道不レ憂レ貧】(クンシはみちをうれえてヒンをうれえず) 君子は道のことは心配するが、貧乏は気にしない。〈論語・衛霊公〉

【君主】(クンシュ) ①(世襲によって)国を統治する最高位の人。②国君の娘。公主。

【君主国】(クンシュコク) 君主を元首とする国。

【君上】(クンジョウ) 君主。天子。

【君臣】(クンシン) 君主と臣下。また、その関係。

【君臣有レ義】(クンシンギあり) 君主と臣下にはそれぞれが守るべき道がある。〈孟子・滕文公上〉

【君側】(クンソク) 君主のそば。例 ―の奸(カン)(=悪者)を除く。

【君長】(クンチョウ) ①君主と卿(ケイ)・大夫(タイフ)などの高官。②君主。③(部族など集団の)おさ。

【君▼寵】(クンチョウ) 君主の寵愛。君主に特別にかわいがられること。例 ―を受ける。

【君道】(クンドウ) 君主としておこなうべき道。

【君父】(クンプ) ①君主と父。②君主。天子。

【君民】(クンミン) 君主と人民。

【君命】(クンメイ) 主君の命令。例 ―黙(もだ)しがたく(=無視することができないで)。

【君臨】(クンリン) ①君主として主宰する。②ある分野で第一人者となる。例 スポーツ界に―する。

● 暗君(アンクン)・貴君(キクン)・主君(シュクン)・諸君(ショクン)・大君(タイクン)・姫君(ひめぎみ)・父君(フクン)・暴君(ボウクン)・名君(メイクン)・明君(メイクン)

呉

口4 (7)

1 2466 5449

常用

ゴ 漢 呉 虞 wú

くれ・く-れる(く-る)

[呉] 口4 (7) 5433 旧字体。 [吳] 口4 (7) 5434 俗字。

筆順 

なりたち  [会意]「夨(=まげる)」と「口(=くち)」とから成る。事実をまげて大げさに言う。借りて、国名などに用いる。

意味 ❶大声で話す。かまびすしい。例 不レ呉不レ敖(ゴならずゴウならず)(=かまびすしくもなく、人を見下しもしない)。〈詩経・周頌・糸衣〉 ❷長江下流域にあった国。㋐春秋時代、呉王夫差のときに最も栄えたが、越と戦い、越王句践(コウセン)に滅ぼされた。(?―前四七三) 例 呉越同舟(ゴエツドウシュウ)。㋑三国時代、孫権(ソンケン)が建てた国。魏(ギ)・蜀(ショク)とともに中国を三分した。建業(ケンギョウ)(=今の南京(ナンキン))に都し、のち、晋(シン)に滅ぼされた。(二二二―二八〇) ❸「❷」のあった地方。今の江蘇(コウソ)省南部と浙江(セッコウ)省北部一帯の地。例 呉歌(ゴカ)(=江南の民謡)。❹姓の一つ。例 呉起(ゴキ)(=戦国時代の兵法家、呉子)。

日本語での用法 一《くれ》「呉竹(くれたけ)・呉織(くれはとり)・呉藍(くれない)(=紅)」▼古代、中国を指していったことば。また、中国伝来のものにつけていうことば。二《くれる》「呉(く)れてやる」▼与える。三《くれぐれ》「呉呉(くれぐれ)もよろしく」▼念を入れる意をあらわすことば。かえすがえす。よくよく。

古訓 中古 かまびすし・くれ 中世 かまびすし・くれ 近世 かまびすし・くれ・はかる

人名 くに・ひろ

【呉越】(ゴエツ) ①春秋時代の呉と越の二国。②仲の悪い間柄。かたきどうし。〔呉と越が長く争ったことからいう〕

【呉越同舟】(ゴエツドウシュウ) 仲の悪い者どうしが、たまたま一緒になること。また、行動を共にすること。◆春秋時代、長江下流域にある呉と越とは、互いに領土を侵略しあい、長く敵対してきた。そんな呉の人と越の人でも、同じ舟に乗り合わせて大風が吹いてきたら、敵どうしであることなどにこだわらず、右手と左手の関係のように協力しあうものだ。……〈孫子・九地〉

【呉音】(ゴオン) 日 日本の漢字音の一つ。漢音より前に伝わった、長江下流の地方の音(オン)。人(ニン)・西(サイ)・京(キョウ)など。日常語にも多いが、特に仏教関係のことばは、呉音で読むのが普通である。→【漢音】(カンオン)(800ページ)→【唐音】(トウオン)(251ページ)

【呉下▼阿▼蒙】(ゴカのアモウ) 〔「呉下」は呉の地方、「阿」は名前につけて親しみをあらわす接頭語。「呉のいなかにいたころの蒙さん」の意）学識のない者をいう。㊫呉蒙（ゴモウ）。◆三国時代、呉の武将呂蒙（リョモウ）は、孫権（ソンケン）に勧められて学問にはげんだ。のち、魯粛（ロシュク）が呂蒙に会ったとき、その学識の進歩に感服し、「呉下の阿蒙にあらず」と言った。……………〈呉志・呂蒙伝注・江表伝〉

【呉牛▼喘レ月】（ゴギュウつきにあえぐ） 呉は南方の暑い土地なので、ウシが月を見ても、太陽とまちがえてあえぐ。過度に恐れることのたとえ。〈世説・言語〉から〕

【呉須】（ゴス） 日①磁器の染め付けに用いる青藍色（セイラン ショク）の顔料。②「呉須焼（ゴスやき）」の略。明（ミン）代末に始まった「①」を用いた陶磁器の、日本における呼び名。

【呉服】（ゴフク） 日和服用の織物。反物（タンもの）。きもの。くれはとり。〔もと、呉の地方から渡って来た職人（くれのはたおり）が織ったことから〕

吾

口4（7） 1 2467 543E 人

ゴ㊥㊫ 虞 wú

われ・わ-が

なりたち ［形声］「口（＝ことば）」と、音「五（ゴ）」とから成る。自分。

意味 ❶話し手自身を指すことば。自分。自分の。**われ**。**わが**。例吾人（ゴジン）。吾輩（ゴハイ）。❷親しい友人を呼ぶときに、上につけることば。例吾兄（ゴケイ）。吾子（ゴシ）。❸防御する。ふせぐ。㊥禦（ゴ）。例厚攻則厚吾（あつくせむればすなわちあつくふせぐ）（＝しつこく攻めてきたらしつこく防ぐ）。〈墨子・公孟〉❹⇩【吾伊】（イゴ）

古訓 中古おのれ・きみ・われ 中世きみ・わが・われ 近世うとんず・ふせぐ・わが・われ

人名 あ・みち

難読 吾子（あこ）（＝自分の子）・吾妻（あずま・あづま・あがつま）・吾妹（わぎも）・吾殿（わどの）・吾儕（わなみ）（＝われら。おまえ）

【吾▼伊】（イゴ） 本を読むときの声。伊吾（イゴ）。咿唔（イゴ）。

【吾兄】（ゴケイ） ①自分の兄（あに）。②あなた。きみ。親友を敬って呼ぶときのことば。

【吾子】（ゴシ） ①あなた。きみ。友人を親しんでいう。②わが子（わがこ・あこ） 自分の子。

【吾人】（ゴジン） われわれ。われら。例—は等しく反省せざるを得ない。

【吾▼儕】（ゴセイ・わがともがら） われわれ。吾輩（ゴハイ・わがハイ）。㊫吾曹（ゴソウ・わがソウ）・吾属（ゴゾク・わがゾク）。

【吾徒】（ゴト・わがト） ①自分の門人。②自分の仲間。われら。

【吾輩】（ゴハイ・わがハイ） ①われわれ。②わたし。③日男性がややえらそうな態度で自分を指していったことば。

◆伊吾（イゴ）・金吾（キンゴ）・故吾（コゴ）

吭

口4（7） 2 5066 542D

コウ（カウ）㊥ 陽 háng

のど・のどぶえ・ふえ

意味 ❶のど。例吭咽（コウイン）（＝のど）。❷急所・要害のたとえ。

吼

口4（7） 2 5067 543C

コウ㊥ ク㊫ 有 hǒu

ほ-える（ほ-ゆ）

意味 猛獣がほえる。大声で叫ぶ。例獅子吼（シシク）。

【吼号】（コウゴウ） 大声をあげて叫ぶ。

【吼天氏】（コウテンシ） 〔天でほえるものの意〕風。

告

口4（7） 1 2580 544A 教4

［告］口4（7） 543F 旧字体。

㊀コク㊥ コウ（カウ）㊥㊫ 号 gào

㊁コク㊥㊫ 沃 gù

つげる（つ-ぐ）

筆順 ノ 𠂉 牛 生 牛 告 告

なりたち ［形声］「口（＝ことば）」と、音「牛（ギュウ→コウ）」とから成る。ことばで知らせる。

意味 ㊀❶ことばで人に話して知らせる。**つげる**。例告白（コクハク）。報告（ホウコク）。❷広く知らせる。例告示（コクジ）。通告（ツウコク）。❸（裁判に）うったえる。上に申し出る。例告発（コクハツ）。原告（ゲンコク）。申告（シンコク）。❹言いきかせる。おしえさとす。例告諭（コクユ）。警告（ケイコク）。忠告（チュウコク）。❺休暇。休み。例賜告（シコク・コクをたまう）（＝休暇を与える）。

㊁⇩【告朔】（コクサク）

古訓 中古いとま・うく・かたらふ・つぐ・のたまふ・まうす・をしふ 中世かたる・しめす・つぐ・つぐる・まうす 近世きはむる・こたへる・しめす・つぐる・つげる・まうす・みことのり

人名 しめす・つぐ・のり

難読 告天子（ひばり）・名告（なのる）

【告文】（コウモン） ㊀神に申し上げる文。つげぶみ。㊁（ブンコク） 上司または役所に申し立てる文書。

【告引】（コクイン） （自分の罪をのがれるため）人の悪事をあばきたてて引き合いに出す。相手に罪をなすりつける。

【告▼朔】（コクサク） 周代、諸侯が天子から受けた暦を祖廟（ソビョウ）（＝先祖のみたまや）に納めておき、毎月一日にヒツジを廟にそなえて儀式をおこない、その月の暦を領国に発布したこと。

【告▼朔▼餼羊】（コクサクのキヨウ） 告朔でいけにえにするヒツジ。形ばかりの儀礼でも、その精神を伝えるよすがとする。転じて、形式だけの虚礼。〈論語・八佾〉

【告示】（コクジ） ①知らせる。さとす。②官公庁が、決まったことを一般の人々に知らせること。また、その手続きや文書。例内閣—。

【告身】（コクシン） 官に任じられて受ける辞令書。告命。

【告成】（コクセイ） ①企画した事業の成功を（天子などに）報告する。②事が完成したこと。

【告訴】（コクソ） ①上位の人にうったえる。願い出る。②告げ知らせる。人に説明する。③日〔法〕犯罪の被害者またはその代理人が、犯人をつかまえて罰してくれるように、警察などにうったえること。→【告発】（コクハツ）

【告▼愬】【告遡】（コクソ） 訴える。告訴。

【告知】（コクチ） つげしらせる。例—板。

【告天】（コクテン） ①（帝王が即位後に）天を祭って、即位を天に報告すること。②（冤罪（エンザイ）であることを）天に向かって訴えること。③ヒバリ。㊫告天鳥・告天子。

【告寧】（コクネイ） ①乱を平定したことを報告する。②官吏が喪に服するために休暇をとる。㊟告帰（コッキ）。

【告白】（コクハク） 人につげる。知らせる。例愛の—。罪を—する。

【告発】（コクハツ） ①別れを告げて出発する。②不正をあばいて公表する。例内部—。③日〔法〕犯罪を知った人が、犯人を罰するようにと、警察官や検察官に訴えること。例脱税を—する。→【告訴】（コクソ）

【告別】（コクベツ） 別れをつげる。いとまごい。例—の辞。

【告別式】（コクベツシキ） 日死者の霊に別れをつげる儀式。

【告命】（コクメイ） ①命令を発布する。②天子の、臣民に対することば。誥命（コウメイ）。③「告身（コクシン）」に同じ。

【告諭】（コクユ） （人民や部下に）注意すべき事柄や心がまえなどを言いきかせる。

【告仮】（コッカ） ①休暇をとる。②官職を辞す。

【告解】（コッカイ） カトリック教会で、洗礼を受けた信者がおかした罪を告白したとき、許しを与えること。

【告帰】（コッキ） ①官吏が慶事のために休暇をとる。㊟告寧（コクネイ）。②老年などで官職を引退して故郷に帰る。㊫告老。③別れをつげる。

【告急】コッキュウ 危機が迫っていることをつげて、助けを求める。
【告▼訐】コッケツ 人の悪事をあばいて訴える。
●勧告カンコク・広告コウコク・宣告センコク・被告ヒコク・密告ミッコク

吹

口4(7) 1 3165 5439 常用 一スイ漢呉 支 chuī 二スイ漢呉 寘 chuì (旧 chuī) ふく 付表 吹雪ふぶき

[歙] 欠17(21) 9FA1 別体字。

筆順 丨 口 口 口' 吖 吹 吹

なりたち [会意]「口(=くち)」と「欠(=あくび)」とから成る。息を出す。

意味 一 ❶口をすぼめて息を強くはき出す。ふく。例 吹毛スイモウ。❷楽器をふきならす。例 吹奏スイソウ。❸風がふく。ふく。例 秋風吹不レ尽シュウフウふいてつきず(=秋の風が吹きやまない)。〈李白・子夜呉歌〉 二 吹奏楽器。また、楽器の吹奏。例 鼓吹コスイ(=太鼓や笛の合奏)。

日本語での用法《ふく》①「金かねを吹ふく(=冶金ヤキンをする)」▼ふいごなどで、風をおくって金属を加工する。②「粉こを吹ふく・柳やなぎが芽めを吹ふく」▼内部から出てくる。

古訓 中古 あふぐ・かしく・かぜ・さむし・ふきもの・ふく 中世 かぜ・さむし・ふえ・ふく 近世 いきふく・うそぶく・かぜ・かぜふく・ふえ・ふえふく・ふく

人名 かぜ・ふき

難読 吹上ふきあげ(=噴水)・息吹いぶき

【吹管】スイカン ①笛などの管楽器をふく。②L字形の金属製の管。先端を炎の中に入れて空気をふきつけ、金属の分析などをおこなう。
【吹▼呴】【吹▼吁】スイク ①(道家の養生術で)体内のよごれた気を吐き出し新鮮な気を吸い入れる。吐納トノウ。〈荘子・刻意〉②気を吐きかけて冷やしたり暖めたりする。
【吹雪】スイセツ ふぶき 激しい風で横なぐりに降る雪。また、細かいものが激しくふき散るようすのたとえ。例 花━はなふぶき。
【吹奏】スイソウ 管楽器で演奏する。例 ━楽。
【吹断】スイダン ふきたつ 風が非常に激しくふく。ものをちぎり切るほどにふく。例 北風吹断天山草ホクフウふきたつテンザンのくさ(=北風が天山の草を激しくふいている)。〈岑参・胡笳歌送顔真卿使赴河隴〉
【吹毛】スイモウ ①ものごとが、毛をふくほどたやすいことのたとえ。②毛をふきかけると、その毛が切れるほどの名剣。③あらさがし。→【吹レ毛求レ疵】けをふいてきずをもとむ(739ページ)
【吹聴】フイチョウ 日①言い広める。②無責任に多くの人に言いふらす。例 当店のことをご━ください。

呎

口4(7) 2 5072 544E セキ chǐ フィート

意味 ヤードポンド法の長さの単位。フィート。一ヤードの三分の一。一二インチ(=約三〇・五センチメートル)。

参考 国字とする説もある。

吮

口4(7) 2 5068 542E セン漢 銑 シュン漢 軫 shǔn すーう(すーふ)・すすーる

意味 口をつけて、ゆっくりすいとる。すする。すう。例 吮血センケツ(=吸血)。吮癰センヨウ(=はれもののうみを吸う)。吻吮フンセン(=口で簫ショウなどの楽器を鳴らす。口で吸う)。

【吮▼疽▼之仁】センショのジン(「疽」は、ひどいはれものの意)大将が部下をいたわることのたとえ。❤戦国時代、衛の将軍の呉起ゴキは部下の兵士のはれもののうみを吸い取ってやったという。……〈史記・呉起伝〉
【吮▼癰▼舐▼痔】センヨウシジ ようをすい じをなむ 他人のはれもののうみを吸い、痔ジをなめる。はなはだしく卑屈な行為をしてまでも、権勢ある者にこびることのたとえ。〈鮑照・瓜歩山楬文〉

呈

口4(7) 1 3672 5448 常用 テイ漢 庚 chéng しめーす

[呈] 口4(7) 旧字体。

筆順 丶 ロ ロ 旦 早 呈 呈

なりたち [形声]「口(=くち)」と、音「壬テイ」とから成る。たいらか。派生して「差し出して示す」意。

意味 ❶はっきりと見えるように、あらわす。しめす。例 呈示テイジ。露呈ロテイ。活況カッキョウを呈テイする。❷上位の者に差し出す。すすめる。例 献呈ケンテイ。進呈シンテイ。愚問グモンを呈テイする。

古訓 中古 あきらかに・あらはす・あらはる・しめす・たひらかに・ならふ・のぶ・まうす・まなぶ・みる・もてあそぶ・をしふ 中世 あきらか・あらはす・あらはる・しめす・たひらか・ならふ・まうす・みる・もてあそぶ・をしふ 近世 あらはす・あらはる・しめす・たひらか・とく・のぶる

人名 しめ・すすむ

【呈示】テイジ 書類などを差し出して見せる。提示。
【呈出】テイシュツ 日①(相手に見えるように)差し出す。提出。②ある状態をあらわし出す。例 惨状を━する。
【呈上】テイジョウ 人にものを差し上げる。進呈。
【呈露】テイロ (情景や現象など)その様子があらわれる。露呈。
●謹呈キンテイ・献呈ケンテイ・贈呈ゾウテイ

吶

口4(7) 2 5069 5436 トツ慣 ドツ漢 月 nè どもーる

意味 ❶口ごもって、すらすらとことばが出ないさま。どもる。通 訥トツ。例 吶吶トツトツ。❷(nà) ときの声をあげる。大声で叫ぶ。例 吶喊トッカン。

難読 哨吶チャルメラ(=管楽器の一つ)

【吶▼喊】トッカン(「喊」も、叫ぶ意)ときの声をあげ、敵陣に攻めこむ。例 ━の声をあげて進む。
【吶吶】トツトツ 口ごもりながら話すさま。訥訥トツトツ。例 ━とした話しぶり。

吨

口4(7) 4 0370 5428 トン漢 元 tún

意味「吨吨トントン」は、ことばがはっきりしないさま。

吞

口4(7) 3 4794 541E 人 トン漢 ドン呉 元 tūn のーむ

[呑] 口4(7) 1 3861 5451 俗字。

なりたち [形声]「口(=くち)」と、音「天テン→トン」とから成る。のみくだす。

意味 ❶のどを通してからだの中へ入れる。のみこむ。のむ。例 呑吐ドント。❷外に出さないようにおさえて、我慢する。例 呑声ドンセイ。❸のみこんで、自分のものにする。例 併呑ヘイドン。

古訓 中古 くふ・くらふ・のむ 中世 のむ 近世 あほす・くらふ・のむ

難読 酒呑童子シュテンドウジ・呑気ノンキ・剣呑ケンノン

【呑牛▼之気】ドンギュウのキ ウシを丸のみするほどの気概。気持ちの大きいことのたとえ。
【呑舟▼之魚】ドンシュウのうお 舟をひとのみにするような大きな魚。大人物、または大悪人のたとえ。〈荘子・庚桑楚〉

【呑食】ドンショク ①食べ物をまるごとのみこむ。②(領土などを)のみこむように奪いとる。

【呑声】ドンセイ|こえをのむ ①こえを出さずに泣く。忍び泣く。②沈黙する。

【呑▼噬】ドンゼイ ①のむことと、かむこと。②他国を攻めてその領土を奪うこと。

【呑炭】ドンタン|タンをのむ 炭をのみこんで声をつぶす。転じて、復讐フクシュウのために苦労をたえしのぶこと。〔戦国時代、晋シの予譲ヨジョウが主君のかたきを討つため、からだに漆を塗り炭をのんで正体をかくした故事から〕〈史記・刺客伝・予譲〉

【呑吐】ドント のみこんだり、はき出したりする。例 群衆を―する大都会の駅。

【呑滅】ドンメツ 併合してほろぼす。

吧

口4(7) 3 1486 5427

一 ハ漢 麻 bā
二 ハ漢 麻 pā

意味 一「吧呀ハガ」は、子供が争うさま。二「吧呀ハガ」は、口が大きいさま。

吠

口4(7) 1 4342 5420

ハイ漢 バイ・ベイ呉 隊 fèi
ほ-え・ほ-える(ほ-ゆ)

意味 ❶イヌが大きな声を出す。ほえる。例 鶏鳴狗吠ケイメイクハイ(=ニワトリが鳴き、イヌがほえる。人々が安心して仕事に専念しているたとえ)。〈孟子・公孫丑上〉 ❷梵語ボンゴの音訳字。例 吠陀ダベー。

難読 犬吠埼いぬぼうさき

【吠日】ハイジツ 太陽に向かってほえる。見聞が少なくむやみに珍しがるさま。→【蜀犬吠日】ショッケンひにほゆ(1175ジペー)

【吠▼陀】ダベー 〔梵語ボンゴ Veda の音訳〕インド最古の、バラモン教の聖典。

否

口4(7) 1 4061 5426 教6

一 ヒ慣 フ漢 有 fǒu
二 ヒ漢 紙 pǐ
いな・いなむ・いや

筆順 一 ア 不 不 不 否 否

なりたち [会意]「口(=くち)」と「不フ(=否定する)」とから成る。そうではないと打ち消す。

意味 一 ❶認めない。うけいれない。同意しないことや、打ち消しをあらわすことば。例 否決ヒケツ。否定ヒテイ。拒否キョヒ。❷(…か)そうでないか。上のことばと反対のことを示すことば。例 安否アンピ。採否サイヒ。諾否ダクヒ。二 ❶よくない。わるい。例 否運ヒウン。否臧ヒゾウ。❷ふさがる。通じない。例 否塞ヒソク。❸易エキの六十四卦カの一つ。☷☰ 坤下乾上コンカケンショウ。天と地が交わらない象。

古訓 中古 あし・あらず・いな・いなや・えせじ・すまじ・とづ・ふさがる・ふさぐ 中世 あらず・いな・いなや・すまじ・ふさぐ 近世 あしし・いなや・いや・しからず・とづる・ふさがる・へだつ

難読 運否ウンプ・実否ジップ・否然いなせ・否諾いなせ

【否応】いやおう 日 ことわるのと、承知するのと。例 ―なく決められた。―なしに進める。

【否運】ヒウン 不運。悪いめぐりあわせ。

【否決】ヒケツ 日 提出された議案を認めない決定をする。対 可決。例 修正案を―する。

【否▼臧】ヒゾウ 〔「否」は悪、「臧」は善の意〕①悪いことと、よいこと。臧否。②よしあしを論ずる。批評する。

【否塞】ヒソク ①ふさがる。つまって通らない。②困りきる。不幸せになる。

【否泰】ヒタイ 不運(否)と幸運(泰)。めぐりあわせのよしあし。〔「否」も「泰」も、易エキの卦カの名〕

【否定】ヒテイ 日 そうでないと打ち消す。対 肯定。例 うわさを―する。

【否徳】ヒトク|フトク 正しくない徳。また、徳をそなえていないこと。不徳。

【否認】ヒニン 日 事実でないとして、認めない。対 是認。例 容疑を―する。

●可否カヒ・賛否サンピ・良否リョウヒ

吺

口4(7) 4 0371 356E

フ漢 麌 fǔ
か-む

意味 かみこなす。かむ。例 吺咀フショ(=かみこなす)。

吻

口4(7) 1 4213 543B 人

フン慣 ブン漢 吻 wěn
くちさき

なりたち [形声]「口(=くち)」と、音「勿ブツ」とから成る。くちびる。

意味 ❶くちびる。くちさき。例 吻合フンゴウ。接吻セップン。❷くちぶり。ことばの調子。語気。例 口吻コウフン。

古訓 中古 いはく・くちさきら・くちわき・さきら・ついはむ 中世 くちさきら・くちばし・くちびる・くちわき・さきら・ついはむ 近世 くちわき

[口] 4画 ▼吧 吠 否 吺 吻 吩 呆 吝 呂

【吻合】フンゴウ 〔上下の唇が合う意〕①二つのものごとが、ぴったりとあう。例 話と事実が―する。②〔医〕手術して、つなぎあわせること。

吩

口4(7) 2 5070 5429

フン漢 願 pèn
は-く

参考 「噴」の俗字とされる。

意味 (fēn)「吩咐フンプ」は、指図する。命令する。

難読 吩咐いいつける|いいつけする|いいわけする|いいふくめる

呆

口4(7) 1 4282 5446

一 ホウ漢 皓 bǎo
二 ボウ・ホウ慣 タイ dāi
おろ-か・あき-れる(あき-る)

意味 一 たもつ。通 保。二 おろか。ぼんやり。例 阿呆アホウ。痴呆チホウ。

日本語での用法 《あきれる》「まったく呆あきれた話はなし」▼予想もしないことに出会って、おどろく。

難読 呆気あっけ

【呆然】ボウゼン 日 予想もしないことに出会って、あっけにとられるさま。惘然ボウゼン。例 ―と立ちつくす。

吝

口4(7) 2 5071 541D

リン漢呉 震 lìn
お-しむ(を-しむ)・やぶさ-か・しわ-い(しわ-し)

意味 ❶ものおしみする。けち。やぶさか。通 悋リン。例 吝嗇リンショク。❷残念におもう。くやむ。例 悔吝カイリン。❸思いきりが悪い。…しかねる。おしむ。やぶさか。例 不レ吝ニ情去留一ジョウをキョリュウにやぶさかにせず(=帰ることに未練は残さない)。〈陶淵明・五柳先生伝〉 協力キョウリョクするに吝やぶさかでない(=協力をためらわない。協力する努力をおしまない)。❹恥辱。はじ。例 雪ニ前吝一ゼンリンをすすぐ(=以前受けた恥をそそいだ)。〈後漢書・張衡伝〉

【吝愛】リンアイ ものおしみをする。類 吝惜リンセキ。

【吝▼嗇】リンショク 〔「嗇」も、おしむ意〕ひどくけちなこと。例 ―家カ(=けちな人)。―漢(=けちんぼう)。

呂

口4(7) 1 4704 5442 常用

リョ漢 ロ呉 語 lǚ

筆順 丶 ロ ロ 吕 呂 呂

なりたち [象形] つながった背骨の形。

意味 ❶せぼね。㊣膂(ヨ リ)。例 脊呂(セキリョ)。❷古代の音階。今の一オクターブを十二分したものを十二律といい、そのうち六つの陰律を「六呂(リクリョ)」、六つの陽律を「六律(リクリツ)」という。㊐律。例 呂律(リョリツ)。律呂(リツリョ)。❸姓の一つ。例 呂后(リョコウ)(＝漢の高祖の皇后)。呂不韋(リョフイ)(＝戦国時代、秦(シン)の宰相)。

日本語での用法 《ろ》「之呂多倍之(しろたへの)(＝白妙(しろたえ)の)・麻呂(まろ)・以呂波(いろは)」▼「ろ」の音にあてる万葉仮名。

古訓 中古 さと・せなかのほね・たぐひ・ともがら 中世 せぼね 近世 せぼね・つらなる・ながし

人名 おと・なが・ふえ

【呂翁枕】(リョオウのまくら) ⇩【黄粱一炊夢】(コウリョウイッスイのゆめ)(1507ジペー)

【呂律】 ━ (リョリツ) 古代音楽の、呂と律。音楽の調子。律呂。 ━ (ロレツ) 日 話す調子。ことばの調子。例 ―が回らない。

【呂▼宋】(ルソン) 〔Luzon の音訳〕 フィリピン諸島の最大の島、ルソン島。

[咏] 口5(8) ⇩詠(イエ)(1220ジペー)

呵 口5(8)

2 5074 5475

カ㊥㊐ 歌 hē

しか-る・わら-う(わら-ふ)

意味 ❶大声でとがめる。せめる。**しかる**。㊣訶(カ)。例 呵責(カシャク)。❷大声でわらう。また、その声。**わらう**。例 呵呵大笑(カカタイショウ)。❸はあっと息を吹きかけて暖める。例 呵筆(カヒツ)。

日本語での用法 《さいなむ》「罪人(ザイニン)を呵(さいな)む・良心(リョウシン)が呵(さいな)まれる」▼苦しめる。責め悩ます。

難読 呵呵(からから)と笑(わら)う

【呵呵】(カカ) 大声で笑うさま。また、その声。例 ―大笑(タイショウ)(＝あはは、と大笑いすること)。

【呵禁】(カキン) しかってやめさせる。訶禁(カキン)。訶止。

【呵▼譴】(カケン) 厳しく責める。呵責(カシャク)。―(カセキ)。㊪呵叱(カシツ)。

【呵責】(カシャク)―(カセキ) 厳しくしかりせめる。せめさいなむ。例 良心の―(カシャク)にたえない。

【呵凍】(カトウ) 〔こおりついた筆やすずりの中の墨汁に息を吹きかける意〕 寒中に詩文を書くことのたとえ。呵筆。㊪呵硯(カケン)。

【呵筆】(カヒツ)―(ふでをかす) 〔凍った筆に息を吹きかけて暖める意〕 寒い季節に詩文を書く。

咖 口5(8)

3 1493 5496

━ カ kā ━ カ gā

意味 ━「咖啡(カーフェイ)」は、現代中国語でコーヒー。 ━「咖喱(カーリー)」は、現代中国語でカレー。

咍 口5(8)

4 0377 548D

カイ㊥ 灰 hāi

わら-う(わら-ふ)

意味 ❶あざわらう。**わらう**。例 咍笑(カイショウ)(＝あざけり笑う)。❷よろこびわらう。**わらう**。例 咍咍(カイカイ)(＝よろこび笑うさま)。

呬 口5(8)

4 0375 546C

キ㊥ 寘 xì

意味 呼吸する。いき。

咎 口5(8)

2 5075 548E

━ キュウ(キウ)㊥ ク㊐ 有 jiù ━ コウ(カウ)㊥ 豪 gāo

とが・とが-める(とが-む)

意味 ━ ❶災い。罰。非難。**とが**。**とがめる**。例 天咎(テンキュウ)。良心(リョウシン)の咎(とが)め。❷あやまち。過失。例 罪咎(ザイキュウ)(＝つみと、あやまち)。 ━「咎繇(コウヨウ)」は、舜(シュン)の臣下。皐陶(コウヨウ)。

日本語での用法 《とがめる》「傷(きず)が咎(とが)める・あせもが咎(とが)める」▼傷やはれものにさわったりして、苦しみや痛みが強まる。

【咎▼殃】(キュウオウ) (天が人に与える)災い。とがめ。

【咎悔】(キュウカイ) 不運。災い。

【咎徴】(キュウチョウ) 罪に対して天罰が下るしるし。災いのおこるきざし。

呿 口5(8)

3 1491 547F

キョ㊥ 魚 qū

意味 口をあける。例 呿吟(キョギン)(＝呼吸する)。

呴 口5(8)

3 1490 5474

━ ク㊥㊐ 麌 xǔ ━ コウ㊥ ク㊐ 有 hǒu ━ コウ㊥ ク㊐ 宥 gòu

意味 ━ ❶息をはく。例 呴嘘(クキョ)。❷息をかけてあたためる。はく。例 或呴或吹(あるいははき あるいはふく)(＝息をかけてあたためたり息をふいて冷ましたりする)。〈老子・二九〉 ❸⇩【呴呴】━(クク) ━ 獣などがほえる。㊣吼(コウ)。例 呴呴 ━(コウコウ)。 ━ キジなどの鳥が鳴く。

【呴▼嘘】(クキョ) 息をはき出す。気をはき出す。

【呴呴】 ━(クク) ことばがおだやかなさま。 ━(コウコウ) 鳥の鳴き声の形容。

呟 口5(8)

2 5076 545F

ゲン㊒ ケン(クェン)㊥ 銑 juǎn

つぶや-く

意味 大きな声のさま。

日本語での用法 《つぶやく》「ひとりごとを呟(つぶや)く」▼小声で、ひとりごとを言う。

呼 口5(8)

1 2438 547C 教6

コ㊥㊐ 虞 hū

よぶ

筆順

なりたち

[形声] 「口(＝くち)」と、音「乎(コ)」とから成る。息を外へ出す。

意味 ❶息を吐く。吐く息。㊐吸。例 呼気(コキ)。呼吸(コキュウ)。❷大声で叫ぶ。よびかける。**よぶ**。例 呼応(コオウ)。歓呼(カンコ)。連呼(レンコ)。❸ため息の声。ああ。例 鳴呼(ああ)。

日本語での用法 《よび》《よぶ》「呼(よ)び水(みず)・人気(ニンキ)を呼(よ)ぶ」▼引きよせる。さそう。まねく。

古訓 中古 あ・めす・よばふ・よぶ・をく 中世 ああ・めす・よばふ・よぶ・をめく 近世 ああ・さけぶ・なげく・ふくいき・よぶ・をめく

人名 おと・こえ

【呼応】(コオウ) ①呼べばこたえる。②呼びかけにこたえる形で、行動をともにする。例 東西―して兵をあげる。③文中のある語句と対応して、決まったことばが用いられること。たとえば、「決して…ない」「まるで…ようだ」など。

【呼気】(コキ) 吐きだす息。㊐吸気。

【呼吸】(コキュウ) ①息を吐いたりすったりする。例 ―が荒くなる。②〔生〕生物が酸素をからだの中に取り入れて、二酸化炭素を出すこと。例 皮膚―。③一回呼吸するほどの短い時間。④勢いが盛大なさま。⑤招く。引きよせる。⑥日 ある行動をとるときの微妙な調子や加減、間合い。例 ふたりの―がぴったり合う。

【呼▼嘘】(コキョ) ①呼吸する。②道家で、呼吸による養生術。

【呼号】(コゴウ) ①大声で叫ぶ。②悲しんで泣き叫ぶ。③大げさに言う。例 軍勢三十万と―する。

【呼称】(コショウ) 名付ける。呼ぶ。また、その呼び名。

【呼名】 ━(コメイ) 氏名を呼ぶこと。例 ―点呼。 ━(よびな) 日 ①ふだん呼ぶのに使っている名前。通称。②そのものを呼ぶ名前。名称。

●指呼(シコ)・点呼(テンコ)

咕 口5(8)

4 0378 5495

コ・クー gū

意味 ❶擬音語として用いる。❷「咕老肉(クーラオロー)」は、現代中国語で酢豚(すぶた)。

呷
口5（8）　2 5078　5477

コウ（カフ）漢　洽 xiā
あお-る（あふ-る）

意味 ❶すすって飲む。例 呷啜（＝すする）。❷（gā）「呷呷」は、カモやアヒルなどの鳴き声。

日本語での用法 《あおる》「たて続けにビールを二杯呷る・一気に毒を呷って死ぬ」▼休まず勢いよく飲む。

咋
口5（8）　1 2680　548B

一 サク漢　陌 zé
二 サ漢　禡 zhà
く-う（く-ふ）・くら-う（くら-ふ）

意味 一 ❶大きな声。例 咋咋（＝わあわあと大声で言うさま）。❷むしゃむしゃと食う。しゃぶる。くう。くらう。二 突然に。たちまち。通 乍。

難読 羽咋（＝石川県の地名）

呢
口5（8）　4 0373　5462

ジ（ヂ）漢　ニ呉　支 ní

意味 「呢喃」は、小声でしゃべるさま。また、ツバメのさえずり。

呪
口5（8）　1 2886　546A　常用

ズ慣　シュウ（シウ）漢
ジュ・シュ呉　宥 zhòu
のろう（のろ-ふ）・のろい（のろひ）・まじな-い（まじなひ）

［咒］口5（8）　2 5080　5492　別体字。

筆順 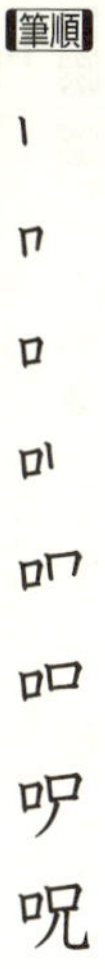

なりたち ［会意］「口（＝くち）」と「兄（＝祈る人）」とから成る。いのる。

意味 ❶願いがかなうように祈る。いのる。例 呪延（＝長寿を祈る）。❷恨んでいる人物にわざわいがあるように祈る。のろう。のろい。例 呪詛。呪縛。❸神仏の力をかりて、不思議なわざをおこなう。まじなう。また、そのことば。まじない。例 呪禁。呪術。呪文。❹ちかい。例 呪誓。

古訓 中古 いのる・うそふく・とこふ・のろふ　中世 いのる・のろふ・まじなふ　近世 いのる・のつと・のろふ・まじなひ・まつる

【呪禁】ジュゴン・ズゴン　まじないで病気を治したり、悪霊をはらったりする。例 ―師。

【呪術】ジュジュツ　神仏や精霊などの威力によって、さまざまの現象を起こす方法。まじない。呪法。例 ―師。

【呪▼詛】【呪▼咀】ジュソ・シュソ　神仏などに祈って、恨みに思う人にわざわいが起こるようにする。のろい。

【呪縛】ジュバク　日 ①まじないをかけて、相手を動けなくする。②心理的な圧迫によって、心の自由をうばう。

【呪法】ジュホウ　呪文をとなえておこなう、まじないの術。呪術。

【呪文】ジュモン　まじないをしたり、のろいをかけたりするための、特別のことば。例 ―をとなえる。

周
口5（8）　1 2894　5468　教4

ス慣　シュウ（シウ）漢
シュ呉　尤 zhōu
まわり（まはり）・あまね-し・めぐ-る・めぐ-らす

［周］口5（8）　2F83F　旧字体。

筆順 

なりたち 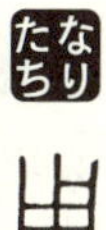 ［会意］「用（＝もちいる）」と「口（＝くち）」とから成る。ことばづかいが行き届いている。

意味 ❶すみずみまで行きわたる。あまねし。例 周知。周到。❷ひとめぐりする。まわる。例 周航。周遊。❸もののまわり。まわり。例 周囲。円周。❹かたくする。固める。例 周信（＝信義を固くする）。❺すくう。助ける。例 周急（＝危急を救う）。❻かなう。適合する。あう。例 不レ周二於今之人一（＝今の人には向かない）。〈楚辞・離騒〉❼武王が殷の紂王を滅ぼして建てた王朝。はじめ、鎬京（＝今の陝西省西安市の西）に都したが、紀元前七七〇年、平王のときに洛邑に都を移したので、それ以前を西周、以後を東周という。秦に滅ぼされた。（前一一〇〇?―前二五六）❽南北朝時代の北朝の一つ。（五五七―五八一）↓【北周】（185ジペー）❾⇩【周章】

古訓 中古 あばねし・あまねし・あまねはす・いたる・くま・したし・すくふ・ただし・ちか・ちかし・ととのふ・にぎはし・ひそかに・ひろし・ほとり・まことに・めぐり・めぐる　中世 あまねし・あまねはし・ちか・ちかし・ひとしく・ひろし・めぐり・めぐる　近世 あまねし・いたる・かへる・きびし・すくふ・そなはる・にぎはす・ひそか・まがる・まこと・みそか・めぐり・めぐる

人名 いたる・かぬ・かね・ちか・ちかし・なり・のり・ひろし・まこと

【周囲】シュウイ　①もののまわり。例 ―八キロの池。②まわりをひとめぐりする。③まわりを取り巻いている人や環境。

【周縁】シュウエン　もののまわり。ふち。例 ―部。

【周官】シュウカン　①周代の官制。②「周礼二」に同じ。③『書経』の篇名。

【周忌】シュウキ　日〔仏〕人の死後、命日が毎年めぐってくること。また、その回数をあらわすことば。回忌。例 一―。

【周期】シュウキ　①ひとまわりする時間。②同じ現象が繰り返し起こる場合、その一回に必要な時間。例 振り子の―。

【周行】シュウコウ　①道。大道。②周の朝廷で、臣下の序列。③道徳上、最上の道。④めぐり歩く。⑤あまねくゆきわたる。

【周▼洽】シュウコウ　すみずみまでゆきわたる。類 周浹・周普。

【周航】シュウコウ　日 船で各地を航海してまわる。また、そのようにして、出発地へもどる。例 琵琶湖―。

【周至】シュウシ　すみずみまで行き届いている。周到。周密。類 周悉・周尽・周緻。

【周室】シュウシツ　周の王室。

【周▼而不レ比】シュウしてヒせず　〔「比」は、くみする意〕人と広く公平につきあって、かたよることがない。例 君子周而不レ比、小人比而不レ周（＝徳の高い者は人と公平につきあいかたよるところがないが、徳のない者は一部の人と結んで、広く公平につきあわない）。〈論語・為政〉

【周章】シュウショウ　あわてふためく。例 ―狼狽。

【周身】シュウシン　①からだ全体。全身。②全身にゆきわたる。ひとり分として十分に足りる。例 衣食周レ身（＝衣食に不足はない）。〈嵇康・答難養生論〉③自分の身を全うする。

【周親】シュウシン　ごく親しい身内。

【周星】シュウセイ　①木星。歳星。②木星が十二年で天を一周すること。転じて、十二年間をいう。

【周旋】シュウセン　①めぐる。まわる。②敵と互いに追いかけあう。戦場で戦うたとえ。③立ち居ふるまい。④中に立って世話をする。例 両国の平和を―する。

【周▼匝】【周▼帀】【周遭】シュウソウ　①周囲。②まわりをめぐる。とりまく。③行き届く。周到。

【周知】シュウチ　広く知れわたっている。例 世間―の事実。

【周到】シュウトウ　すみずみまで行き届いて、手ぬかりのないさま。例 用意―。―に準備する。

【周道】シュウドウ　①広い道。大通り。②周代の政治のやり方。③すべてに通じる道。普遍的な道理。④周の都へ続く道。

【周年】シュウネン　①満一年。まる一年。②周王朝の時代。③〔「…周年」の形で〕…回目にあたる年。例 創立十―。

【周波】シュウハ 日電波・音波・交流電流などで、周期的に繰り返される同じ波。例—数。
【周辺】シュウヘン まわり。付近。例都市の—地域。—の住民。
【周密】シュウミツ すみずみまで注意が行き届いているさま。
【周遊】シュウユウ 各地を旅行してまわる。例ヨーロッパ—の旅。
【周流】シュウリュウ ①めぐり流れる。②広くゆきわたる。③天下を広くめぐり歩く。周遊。
【周礼】一シュウレイ 周代の礼制。二シュライ 周の官制について説いた書物の名。周官。
【周防】すおう 日旧国名の一つ。山口県の東部・南部にあたる。防州ボウシュウ。
●一周イッシュウ・外周ガイシュウ・半周ハンシュウ

呫
口5（8） 3 1489 546B
一チョウ（テフ）漢 葉 tiē 二ショウ（セフ）漢 葉 chè

意味 一なめる。二❶⇩【呫呫】ショウショウ ❷⇩【呫嚅】ショウジュ
【呫▼嚅】ショウジュ ひそひそとしゃべる。小声でささやく。
【呫呫】ショウショウ ①ささやくさま。②よくしゃべるさま。

呻
口5（8） 2 5081 547B
シン漢 真 shēn うめ-く・うな-る

意味 ❶声を長くのばしてうたう。❷痛みや苦しみのあまり声をあげる。うめく。うなる。例呻吟シンギン。
【呻吟】シンギン ①声を長くのばして唱える。吟詠する。②激しい苦しみのため、うめく。例病床に—する。③うめくほど苦心する。例詩作に—する。

咀
口5（8） 2 5082 5480
ショ漢 ソ呉 語 jǔ か-む

意味 かみくだいて味わう。かむ。例咀嚼ソシャク。
【咀▼嚼】ソシャク 〔「嚼」も、かみくだく意〕①食べ物をよくかむ。②（ことばの）意味をよく味わって理解する。例文章を—する。▽咀噍ソショウ。
【咀▼噍】ソショウ ①食べ物をかみくだく。②詩文などをよく読んで味わう。▽咀嚼ソシャク。

咜
口5（8） ⇩咤タ（248ページ）

呶
口5（8） 2 5083 5476
ド慣 ドウ（ダウ）漢 肴 náo かまびす-しい（かまびす-し）・さけ-ぶ

意味 声が大きくて、やかましい。がやがや騒ぐ。かまびすしい。さけぶ。例載号載呶すなわちゴウしすなわちドウす（＝どなり合い、騒ぎ合う）。〈詩経・小雅・賓之初筵〉
【呶呶】ドウドウ くどくどと言う。また、やかましくしゃべる。

咄
口5（8） 2 5084 5484
トツ漢 月 duō はなし・しか-る

意味 ❶舌打ちする（音）。❷しかったり驚いたりして発する声。しかる。例咄嗟トッサ。❸⇩【咄咄】トツトツ
日本語での用法 《はなし》《はなす》「咄家はなしか・小咄こばなし・高座コウザにのぼって咄はなす」▼かたる。特に、こっけいな話や人情ばなしをかたる。
【咄▼呵】トッカ わずかな時間。咄嗟トッサ。
【咄▼嗟】トッサ ①わずかな時間。また、突然のできごとに対して、反射的に対応することにいう。一瞬。例—に身をかわす。—の機転。②ため息をつく。③しかる。
【咄咄】トツトツ 事の意外さに驚いたときの声。おやおや。
【咄咄怪事】トツトツカイジ 思いがけない奇怪なできごと。〈世説・黜免〉
【咄家】はなしか 日落語家ラクゴカ。

咐
口5（8） 2 5085 5490
フ fù

意味 「吩咐フンプ」は、指図する。命令する。

咈
口5（8） 3 1492 5488
フツ漢 ブツ呉 物 fú

意味 ❶強い否定のことば。いな。しからず。❷違背する。さからう。もとる。例咈逆フツゲキ。❸むっとするさま。通怫フツ。例咈然フツゼン。

咆
口5（8） 2 5086 5486
ホウ（ハウ）漢 肴 páo ほ-える（ほ-ゆ）

意味 動物が、あたりにひびく声を出す。ほえる。例咆哮ホウコウ。

【咆▼咻】【咆▼烋】ホウコウ ①大声でほえる。人の粗暴で傲慢ゴウマンなさま。②勇敢につき進むさま。

【咆▼哮】【咆▼吼】ホウコウ 猛獣がほえる。

味
口5（8） 1 4403 5473 教3
ビ漢 ミ呉 未 wèi あじ（あぢ）・あじわう（あぢ-はふ）

筆順 丨 ㄇ 口 口一 口二 叶 味 味

なりたち  ［形声］「口（＝くち）」と、音「未ビ」とから成る。もろもろのあじ。

意味 ❶飲食物を口に入れたときの舌の感覚。あじ。あじわう。例味覚ミカク。醍醐味ダイゴミ。珍味チンミ。❷鼻でかぎわける感覚。におい。例香味コウミ。臭味シュウミ。❸あるものの全体から感じられる様子。雰囲気。また、ものごとの内容。例意味イミ。気味キミ。風味フウミ。吟味ギンミ。賞味ショウミ。❹ものごとを深く感じとる。あじわう。例味到ミトウ。❺料理の品数を数えることば。例食不重味しょくあじわいをかさねず（＝食事の品数を多くしない）。〈史記・越王句践世家〉
日本語での用法 一《あじ》「味あじなはからいをする」▼気のきいたこと。二《み》「中味なかみの量リョウ・正味ショウミの値段ネダン」▼容器や袋などを除いた中身なかみ。参考 常用漢字表では「ミ」を字音とし、「み」の訓をみとめないので、そのあつかいとする。日本語の一音節語「み」は、「身み」の意味でもあり、また、状態・傾向・気分などの意の接尾語でもあるので、「味ミ」をあてることがあってまぎらわしい。
古訓 中古 あぢはひ・あぢはふ・くちさきら・くちひる・なめづる・むさぼる 中世 あぢ・あぢはひ・なだらか 近世 あぢ・あぢはひ・あぢはふ・うまし・つや・むまし
人名 うまし・ちか
【味解】ミカイ 日文章全体を十分にあじわって、そこにこめられた深い意味を理解する。
【味覚】ミカク あじの感覚。食べ物などが舌を刺激して生じる、甘い・辛い・苦い・すっぱいなどの感じ。例秋の—。
【味方】みかた 日①戦いで、自分が所属する方。②（戦うものの一方に）力を貸して助ける。加勢。例正義の—。▽身方。対敵。
【味到】ミトウ 日十分にあじわって、知りつくす。味得。
【味得】ミトク 日十分にあじわって、ものごとの本質を理解し、自分のものとする。味到。例ジョークの神髄を—する。
【味読】ミドク 日文章の内容を、よくあじわいながら読む。
【味▼蕾】ミライ 舌に分布している、あじを識別する感覚器官。
【味▼醂】ミリン 日焼酎ショウチュウに、もち米やこうじを加えて醸造した、少しとろみのある甘い酒。料理に使う。例—干し。
●加味カミ・興味キョウミ・酸味サンミ・趣味シュミ・正味ショウミ・新味シンミ・地味ジミ・妙味ミョウミ・無味ムミ・薬味ヤクミ

命

口5（8）　1 4431 547D　教3

メイ漢　**ミョウ**（ミャウ）呉　**いのち**・みこと　敬 mìng

筆順　ノ 入 𠆢 今 今 合 命 命

なりたち　[会意]「口（＝くち）」と「令イレ…▼イメ（＝指図する）」とから成る。言いつけて、させる。

意味　❶上から指図する。言いつける。おおせ。例 命令メイレイ。君命クンメイ。任命ニンメイ。❷告げる。いう。例 反命ハンメイ・復命フクメイ（＝帰って報告する）。❸天の定め。めぐりあわせ。例 命運メイウン。運命ウンメイ。天命テンメイ。❹**いのち**。例 寿命ジュミョウ。生命セイメイ。❺名付ける。例 命名メイメイ。❻指定する。例 命中メイチュウ。❼著名である。例 命世メイセイ。❽名簿。戸籍。通名。例 亡命ボウメイ（＝戸籍を脱して国外へ逃げること）。

日本語での用法　《みこと》「天児屋命あまのこやねのみこと」▼古代、神々や貴人の名につけた呼び名。

古訓　中古 いのち・のたまはく・のたまふ・のぶ・まこと・みこと・みことのり・より・をしふ　中世 いのち・おほせ・つかひ・なづく・のぶ・みこと・みことのり　近世 いのち・つかふ・なづく・はかる・まこと・まつりごと・みこと・みことのり・みちびく・めす・をしへる・をしゆ

人名　あきら・かた・とし・な・なが・のぶ・のり・まこと・みち・もり・よし・より

【命綱】いのちづな　日 ①高所、または水上や水中など、危険な場所で作業をするとき、用心のためにからだにつけておく綱。②命や生活を支えるたより。

【命如二風前灯（燈）一】いのちはフウゼンのともしびのごとし　人のいのちは、一瞬のうちに風に吹き消されるともしびのようだ。いのちが危うい、危険が迫っていることをいう。風前の灯ともしび。〔命如二風中灯一いのちはフウチュウのともしびのごとし。〈法苑珠林・二〇〉〕→【風前灯】フウゼンのともしび（1448ページ）

【命冥加】いのちミョウガ　日（神仏が守ってくれて）不思議にいのちが助かること。危機からのがれること。例 —な奴やつ。

【命意】メイイ　絵画や詩文などの作品のねらい。趣旨。

【命運】メイウン　そのことの存亡にかかわるめぐりあわせ。運。運命。例 —をかける。—が尽きる。

【命▼駕】メイガ｜ガをメイず　車にウマをつけ、乗車の用意をさせる。ただちに出立するさま。

【命数】メイスウ　例 ①爵位や官職の等級。②いのちの長さ。寿命。天命。例 —が尽きる。③運命。自然のなりゆき。類 命途メイト・命分。例 —ほぼ定まる。

【命世】メイセイ　その時代で最もすぐれていて有名であること。名世。

【命題】メイダイ　①題をつけること。また、題。②日〔英 proposition の訳語〕論理学で、ある事柄についての判断を、ことばあるいは記号で表現したもの。真か偽かを決定できる。例、「人間は死すべきものである」。③日 果たすべき課題。

【命在二旦夕一】メイタンセキにあり　今夕か明朝かというほど、死がさしせまっていること。命メイ旦夕タンセキに迫る。〔「命在二朝夕一メイはチョウセキにあり。」〈漢書・龔勝伝〉」から〕

【命中】メイチュウ　（弾丸や矢などが）目標となる的に当たる。（予想やねらいが）的中する。例 —率。

【命日】メイニチ　①日数を限る。②日 その人が死んだ日にあたる、毎月のその日。忌日キニチ。例 祥月ショウつき—（＝その人が死んだ月日と同じ月日）。

【命▼乃在レ天】メイはすなわちテンにあり　運命は天の定めるものであり、人の力ではどうにもならない。〔漢の高祖が重傷を負ったとき、それを天命として受け入れ、医者の治療をしりぞけて言ったことば〈史記・高祖紀〉〕

【命婦】メイフ　一 ①天子から妃や公主（＝皇女）などの封号ゴウホウ（＝称号）を受けた女性。②卿ケイ・大夫タイフ・士の妻。二 日 平安時代、五位以上の女官。また、五位以上の朝臣の妻。ミョウブ

【命脈】メイミャク　生命。いのちが続いていること。例 —を保つ。

【命名】メイメイ　名前をつける。

【命令】メイレイ　目上の者がする指図。例 —口調。—をくだす。

●一命イチメイ・革命カクメイ・懸命ケンメイ・使命シメイ・宿命シュクメイ・助命ジョメイ・人命ジンメイ・絶命ゼツメイ・短命タンメイ・長命チョウメイ・薄命ハクメイ・亡命ボウメイ・本命ホンメイ・余命ヨメイ

呦

口5（8）　4 0374 5466

ユウ（イウ）漢　尤 yōu

意味　「呦呦ユウユウ」は、シカの鳴き声。

和

口5（8）　1 4734 548C　教3

一 **カ**（クヮ）漢　**ワ**呉　箇 hè
二 **カ**（クヮ）漢　**ワ**呉
オ（ヲ）唐　歌 hé
やわらぐ（やは-らぐ）・**やわらげる**（やは-らぐ）・**なごむ**・**なごやか**・な-ぐ・あ-える（あ-ふ）
付表 日和ひより・大和やまと

［咊］口5（8）　4 0376 548A　本字。

［龢］龠5（22）　3 9489 9FA2　別体字。

筆順　ノ 二 千 禾 禾 和 和 和

なりたち　[形声]「口（＝くち）」と、音「禾カ」とから成る。相手に応こたえる。

意味　一 ❶声でこたえる。例 和鳴ワメイ｜カメイ。❷声や調子をあわせる。例 歌数闋美人和レ之うたうことスウケツビジンこれにワす（＝〈項羽が〉数回歌うと〈虞グ〉美人もそれにあわせて歌った）。〈史記・項羽紀〉❸他人の作った詩の題材や韻などに合わせて作詩する。例 酬和シュウワ。唱和ショウワ。二 ❶仲よくする。**やわらぐ**。**やわらげる**。**なごむ**。例 和解ワカイ。親和シンワ。平和ヘイワ。❷おだやか。**なごやか**。例 和気ワキ。温和オンワ。柔和ニュウワ。❸まぜあわせる。**あえる**。例 和合ワゴウ。混和コンワ。❹二つ以上の数をあわせたもの。例 総和ソウワ。❺軾ショク（＝車の前部の横木）につけた鈴。例 和鑾ワラン。和鈴ワレイ｜カレイ（＝軾につけた鈴）。

日本語での用法　一《ワ》①「和学ワガク・和漢ワカン・和算ワサン」▼日本。中国で日本を「倭ワ」といったのにもとづく。②「和州ワシュウ」▼旧国名「大和やまと（＝今の奈良県）」の略。二《なぐ》《なぎ》「朝和あさなぎ・海和うみなぎ・風和かぜなぎ・海うみが和なぐ・風かぜが和なぐ」▼風波がおさまり、海面がおだやかになった状態。三《にき》《にぎ》「和栲にきたえ・和魂にきたま｜にぎたま・和幣にきて｜にぎて」▼やわらかな、おだやかな、こまかい、などの意をあらわす。にこ。四《やまと》「和琴やまとごと・和語やまとことば・和歌やまとうた」▼中国から伝来したものに対して、日本固有のものであることをあらわす。五《わ》「和可米わかめ・和礼われ」▼「わ」の音にあてる万葉仮名。

古訓　中古 あへもの・あまなふ・かつ・くはふ・したがふ・ととのふ・にこし・まじふ・やはしぬ・やはらかに・やはらぐ・やまと　中世 あへもの・あゆる・そへる・やはらか・やはらぐ　近世 あたたか・あへ・あへる・かなふ・したがふ・すず・ととのふ・ととのふる・なぎ・まじへる・やはらか・やはらぐ

人名　あい・あえ・かず・かた・かのう・すず・たか・とし・とも・な・のどか・ひとし・まさ・ます・やす・やすし・やわ・やわら・よし・より

難読　和布め｜わかめ｜にきめ・和波なぎ・和世にこよ・和妙にぎたえ・和ぁえ物もの

【和泉】いずみ　日 旧国名の一つ。今の大阪府の南部。泉州センシュウ。

【和尚】【和上】オショウ｜カショウ｜ワジョウ　〔仏〕師である僧。高僧。また、僧や住職を呼ぶことば。〔禅宗や浄土宗でオショウ、天台宗や華厳宗ケゴンシュウでカショウ、法相宗ホッソウシュウや真言宗や律

宗でワジョウという。例鑑真和上(ガンジンワジョウ)。
【和氏▼之璧】カシのヘキ 春秋時代、楚(ソ)の卞和(ベンカ)が発見した宝玉。彼はこの原石を二人の楚王に献じたが、いずれも認められず、各王から片足一本ずつを切られる刑を受けた。しかし次代の文王はこれを研磨させ、はじめて真価を得たという。転じて、正当な評価を受けないことのたとえ。連城璧(レンジョウのヘキ)。類和璧(カヘキ)・和璞(カハク)。→【完璧】(カンペキ)(365ページ)
【和▼鸞】【和▼鑾】カラン 馬車につける鈴。〔「和」は、車の前部の横木に、「鸞・鑾」は、くびきにつける鈴〕
【和易】ワイ ①おだやかなさま。②やわらぐ。
【和韻】ワイン ①みやびで風格があること。②詩などで、一句の音調が整い脚韻がなめらかなさま。③(詩のやりとりなどで)相手の詩の韻と同じ韻を使って詩を作ること。
【和英】ワエイ 日①日本と英国。日本語と英語。日英。②「和英辞典」の略。日本語から英語を引く辞典。
【和悦】【和説】ワエツ うちとけて喜びあう。類和懌(ワエキ)・和愉。
【和音】ワオン 日音楽で、高さの違う二つ以上の音が、同時に鳴ったときに生じる音。コード。
【和歌】ワカ ①他人の声にあわせて歌う。②日(漢詩に対して)日本古来の定型詩。長歌・短歌・旋頭歌(セドウカ)などの総称。やまとうた。③日特に、五・七・五・七・七の三十一文字の歌。短歌。
【和解】一ワカイ ①仲直りする。例宿敵どうしが―する。②〔法〕訴訟で争っていた当事者が、話し合いで争いをやめること。また、その結果成立した契約。例裁判所が―を勧告する。二ゲワ 日外国のことばや文を日本語に訳すこと。また、そのわかりやすい解釈。
【和諧】ワカイ ①仲よくする。協調する。類和比。②調和する。
【和学】ワガク 日江戸時代以来、日本古来の言語・文学・芸術・歴史・有職故実(ユウソクコジツ)などを研究した学問。国学。対漢学・洋学。
【和楽】一ワガク ①調子の整った音楽。また、音楽の調子を整える。②日 日本古来の音楽。神楽(かぐら)・能楽など。邦楽。二ワラク なごやかにたのしむ。例一家―。
【和▼姦】ワカン 日男女合意の上で交接すること。対強姦(ゴウカン)。
【和漢】ワカン 日①日本と中国。例―洋。②和文と漢文。▽倭漢(ワカン)。
【和漢混交文】ワカンコンコウブン 日和文の文体と漢文訓読の文体とがまじった文体。鎌倉(かまくら)時代の軍記物語などに用いられた。表記旧和漢混▼淆文
【和気】ワキ ①陰陽の二気が調和する。②なごやかな気分。
【和気▼藹▼藹】【和気▼靄▼靄】ワキアイアイ 人々の間に、なごやかな気分があふれているさま。
【和議】ワギ ①停戦・講和のための会議。また、仲直りの相談。例―が成立する。②〔法〕債務者の破産宣告を回避し、債権者にも有利になるように、両者間で結ぶ契約。
【和牛】ワギュウ 日日本の在来種のウシ。現在はおもに食肉用。
【和協】ワキョウ ①親しくする。仲よく力をあわせる。②(音声など)が調和する。
【和▼煦】ワク 春の日の暖かいさま。
【和訓】ワクン 日漢字や漢語に日本語をあてて読むこと。また、その読み方。訓。国訓。倭訓(ワクン)。
【和敬】ワケイ 心をおだやかにして、敬いの気持ちをもつこと。例―清寂。
【和犬】ワケン 日日本特産のイヌ。秋田犬(あきたいぬ)・紀州犬(キシュウいぬ)・土佐犬(とさいぬ)など。日本犬。対洋犬。
【和子】ワこ 日貴人の子供(特に男の子)を、親しみ敬っていう呼び方。例―さま。
【和語】ワゴ 日中国から漢語が伝わる前から、日本で使われていたことば。やまとことば。倭語(ワゴ)。対漢語・外来語。
【和▼寇】ワコウ 鎌倉(かまくら)・室町時代に、中国大陸や朝鮮半島の沿岸で私的な貿易をおこない、のちに海賊化した日本人の集団。中国や朝鮮の方からの呼び名。倭寇(ワコウ)。八幡(バハン)。
【和▼羹】ワコウ ①肉や野菜などを調味したあつもの。スープ。②君主を補佐して、国政を巧みにさばく宰相のたとえ。
【和合】ワゴウ ①親しくなごやかにする。例―をはかる。②男女、特に夫婦が仲よくする。例夫婦―。③まざる。調和する。
【和光同▼塵】ワコウドウジン ①知徳のすぐれた人が、そのかがやきをかくして、俗世間にまじわること。〈老子・四〉②〔仏〕仏や菩薩(ボサツ)が人々を救うために、姿を変えてこの世にあらわれること。本地垂迹(ホンジスイジャク)。
【和国】ワコク ①友好国。②日日本の国。倭国(ワコク)。
【和事】ワごと 日歌舞伎(かぶき)で、恋愛や情事を演じる演目や場面。また、その演技。対荒事(あらごと)。例―師(=和事のうまい役者)。
【和琴】ワゴン 日古代の六弦の琴(こと)。やまとごと。
【和魂漢才】ワコンカンサイ 日日本古来の精神を保ちながら、中国伝来の学問を身につけること。〔菅原道真(すがわらのみちざね)のことば〕
【和魂洋才】ワコンヨウサイ 日日本古来の精神と西洋の学問の教養を併せもつこと。〔明治時代以後、「和魂漢才」をもじって用いた〕
【和裁】ワサイ 日和服を仕立てること。対洋裁。
【和算】ワサン 日①そろばん。②江戸時代に発達した日本独自の数学。
【和▼讃】ワサン 日〔仏〕仏の教えをたたえる歌謡。和語を用い、七五調で歌われる。対漢讃(カンサン)・梵讃(ボンサン)。
【和三盆】ワサンボン 日上質の白砂糖(=三盆)。上等の和菓子に用いる。徳島県などの特産。和三盆糖。〔中国製の「唐三盆」と区別していう〕
【和紙】ワシ 日コウゾ・ミツマタ・ガンピなどの樹皮の繊維を原料とした手すきの紙。日本紙。対洋紙。
【和字】ワジ 日①日本で作られた文字。平仮名と片仮名。②日本で漢字にならって作られた文字。「峠(とうげ)」「辻(つじ)」など。和製漢字。国字。▽倭字(ワジ)。
【和式】ワシキ 日日本特有の様式。日本風。対洋式。
【和室】ワシツ 日畳を敷いた、日本風の部屋。対洋室。
【和▼而不▽同】ワしてドウぜず 人とは協調しておだやかにつきあうが、むやみに仲間に加わったりはしない。例君子和而不▽同、小人同而不▽和(クンシはワしてドウぜず、ショウジンはドウじてワせず)。〈論語・子路〉
【和臭】ワシュウ 日漢詩や漢文の文体・用語・表現などに、中国人の習慣と違って、日本人が作ったという感じがあらわれていること。〔「和習」から変じたものか〕
【和習】ワシュウ ①あとについて歌を習う。②日日本固有の風習やしきたり。③日日本人が漢語を用いたり漢詩文を作るときにあらわれる、独特の癖。また、日本人特有の表現。和臭。例―のある漢詩。
【和順】ワジュン ①おだやかで無理がないさま。激しさや厳しさがないさま。例―な色調。②争いをやめておだやかに従う。
【和書】ワショ 日①日本語で書かれた本。国書。②和とじの本。和本。和装本(ワソウボン)。▽対洋書・漢籍。
【和食】ワショク 日日本風の食事。日本料理。対洋食。
【和親】ワシン ①したしくつきあう。仲のよいこと。②国と国が友好関係にはいること。例―条約。
【和人】ワジン 日日本人。倭人(ワジン)。
【和声】ワセイ ①おだやかな声。②音声を調和させる。③声長く引いて歌う。④音楽で、一定の法則に従って和音を連ね

たもの。メロディーやリズムとともに、音楽の基本要素。ハーモニー。例—法(=和音をもとにした作曲法)。
【和製】ワセイ 日日本でつくったもの。日本製。例—英語。
【和船】ワセン 日日本の昔からの形の木造船。
【和戦】ワセン 和睦ワボクすることと、戦うこと。例—両様の構え。
【和装】ワソウ 日①日本風の服装。和服を着ていること。例—小物の店。②和紙を用いた日本の書物の伝統的な装丁。和綴とじ。例—本ボン。▽対洋装。
【和俗】ワゾク ①世の中に順応する。②日日本の伝統的な風俗や習慣。
【和▼暢】ワチョウ ①のびやかである。②とどこおりのないさま。
【和▼糶】ワチョウ 政府が適正な価格で民に穀物を売ること。対和糴ワテキ。
【和▼糴】ワテキ (市場の相場に対して)政府が適正な価格で民から穀物を買い上げること。対和糶ワチョウ。
【和同】ワドウ 仲よくし、一つになること。
【和独】ワドク 日〔「独」は、「独逸ドイツ」の略〕①日本とドイツ。また、日本語とドイツ語。②「和独辞典」の略。日本語からドイツ語を引く辞典。
【和読】ワドク 日漢文を日本語として意味がわかるよう、語順をかえ、日本の漢字音や訓読みを交えながら、助詞や助動詞などを補って読む。よみくだし。訓読。
【和風】ワフウ ①おだやかなかぜ。春風。②日日本の昔からの様式。日本風。和式。対洋風。例—建築。
【和服】ワフク ①おだやかに服従する。②日日本の昔からの衣服。着物。対洋服。
【和仏】ワフツ 日〔「仏」は、「仏蘭西フランス」の略〕①日本とフランス。また、日本語とフランス語。②「和仏辞典」の略。日本語からフランス語を引く辞典。
【和文】ワブン 日日本語の文章。邦文。対欧文・漢文。例—英訳。
【和平】ワヘイ ①戦争を終わらせて平和にすること。例—交渉。—を講じる。②温和。柔順。
【和睦】ワボク 〔「睦」は、むつむ意〕争いをやめて仲よくする。仲直りする。例敵国と—する。
【和本】ワホン 日和紙を使った和綴とじの本。和装本ワソウボン。対洋本・唐本トウホン。
【和名】日一ワミョウ/ワメイ 日本で昔からいわれている事物の呼び名。二ワメイ 動物や植物の、日本語で示す呼び名。慣用によるものが多く、カタカナ書きにする。対漢名。→【学名】ガク(358ページ)
【和鳴】ワメイ ①鳥が他の鳥の声に応じて鳴く。鳥が声をあわせて鳴く。②いろいろな楽器が調和した音色をたてる。③夫婦が仲むつまじいことのたとえ。
【和約】ワヤク 停戦や講和のために条約を結ぶこと。
【和訳】ワヤク 日外国語を日本語に翻訳する。また、訳した日本語。例英文—。
【和予(豫)】【和与】ワヨ ゆったりと楽しむ。なごむ。
【和洋】ワヨウ 日①日本と西洋。②日本風と西洋風。
【和洋折衷】ワヨウセッチュウ 日(建築様式や生活様式で)日本風と西洋風をほどよくとりあわせること。例—の応接室。
【和様】ワヨウ 日日本独特の様式。日本式。日本風。和風。対唐様からヨウ。例—の書。
【和露】ワロ 日〔「露」は、「露西亜ロシア」の略〕①日本とロシア。また、日本語とロシア語。②「和露辞典」の略。日本語からロシア語を引く辞典。
【以レ和為レ貴】わをもってたっとしとなす ものごとは調和が大切である。また、人々が互いになごやかに仲よくすることが大切である。〔聖徳太子ショウトクタイシの制定と伝えられる「十七条憲法」の第一条のことばとして知られる〕〈礼記・儒行〉
●温和オンワ・漢和カンワ・調和チョウワ・柔和ニュウワ・日和ひより・不和フワ・平和ヘイワ・飽和ホウワ

哀

口6 (9) 1 1605 54C0 常用

アイ 漢 呉 灰 āi

あわれ(あはれ)・あわれむ(あは-れむ)・かな-しい(かな-し)・かな-しむ

筆順 亠 亣 亩 亩 亨 亨 哀

なりたち [形声]「口(=くち)」と、音「衣イ→アイ」とから成る。あわれむ。

意味 ❶かわいそうだと思う。情けをかける。あわれむ。例哀愍アイビン。哀憐アイレン。❷人の同情をさそうさま。あわれ。例鳥之将レ死、其鳴也哀とりのまさにしなんとする、そのなくやかなし(=鳥が死ぬとき、その鳴き声はあわれである)。〈論語・泰伯〉哀願アイガン。哀訴アイソ。❸心をいためる。かなしむ。かなしい。例哀愁アイシュウ。悲哀ヒアイ。❹喪も。特に、父母の喪に服すこと。例哀子アイシ。

日本語での用法《あわれ》「物ものの哀あわれ」▼感動や願望、また、しみじみとした情趣をあらわす。

古訓 中古あはれぶ・いたむ・うれふ・かなし・かなしぶ 中世あはれ・あはれぶ・かなしぶ・かなしむ 近世あはれ・あはれむ・かなし
【哀哀】アイアイ 悲しみのつきないさま。
【哀咽】アイエツ 悲しんでむせび泣くさま。
【哀怨】アイエン 悲しんでうらむ。類哀恨。
【哀音】アイオン/アイイン 悲しげな音色ねいろ。もの悲しい調べ。
【哀歌】アイカ ①悲しげに歌う。②悲しみの気持ちをうたった歌。エレジー。悲歌。
【哀感】アイカン あわれをさそうような感じ。例—がただよう。
【哀歓】アイカン 悲しみとよろこび。例人生の—をともにする。
【哀願】アイガン 日相手の同情心に訴えるように、心からねがいのぞむ。泣きつく。例身をかがめて—する。
【哀▼矜】アイキョウ 悲しみあわれむ。不憫ビンに思う。
【哀吟】アイギン 悲しみを詩歌によむ。また、その詩歌。
【哀号】アイゴウ (人の死を悲しんで)声をあげて泣きさけぶ。
【哀▼哭】アイコク 悲しんで声をあげて泣く。
【哀子】アイシ ①父や母の喪に服している子。②母を失い父だけが生きている子。
【哀史】アイシ ①悲しくあわれな歴史。例吉野朝よしのチョウ—。②悲しくあわれなできごとの記録。例女工—。
【哀詞】アイシ 死者を弔う文章や文体。類哀辞。
【哀詩】アイシ 悲しい気持ちを詠んだ詩。エレジー。哀歌。特に、人の死を悲しむ詩歌。
【哀愁】アイシュウ 日もの悲しい感じ。ペーソス。例—がただよう。
【哀詔】アイショウ 天子の崩御を人々に告げるため皇位後継者が出す、みことのり。
【哀傷】アイショウ 悲しみ、心をいためる。特に、人の死を悲しむ。例—歌。
【哀情】アイジョウ 悲しみの気持ち。例—をもよおす。
【哀惜】アイセキ 人の死などをおしみ、悲しむ。例—の念。
【哀戚】【哀▼慼】アイセキ 悲しみいたむ。哀悼。類哀楚ソ・哀惻ソク・哀痛。
【哀切】アイセツ この上なくあわれで、胸にせまるような感じ。例—な音色ねいろ。—きわまりない。
【哀訴】アイソ 同情を引くように、あわれっぽく、嘆きうったえる。
【哀▼湍】アイタン すすり泣くようなもの悲しい音をたてる流れ。
【哀嘆】【哀▼歎】アイタン (人の死を)悲しみなげく。類哀慟アイドウ・哀惋アイワン。
【哀弔】アイチョウ (人の死を)悲しみとむらう。
【哀調】アイチョウ 詩や曲などにあらわれている、もの悲しい調子。

【哀悼】アイトウ 人の死に対する深い悲しみ。例 —の意を表する。
【哀▼愍】アイビン|アイミン あわれに思って情けをかけること。
【哀楽】アイラク 悲しいことと、楽しいこと。例 喜怒—。
【哀▼憐】アイレン 同情し、あわれむこと。例 —の情をもよおす。
【哀話】アイワ 日 悲しくあわれなはなし。例 平家滅亡の—。

哇
口6(9) 2 5087 54C7
一 アイ 漢 佳 ワ 漢 麻 wā
二 ア 慣 アイ 漢 佳 ワ 漢 麻 wá

意味 一 ❶みだら。みだらな音楽。❷口からものを吐き出す。吐く。❸泣き叫ぶ。二 子供。通 娃ア。例 哇哇アア。

日本語での用法 《ワ》《ワイ》「布哇ハワイ・爪哇ジャワ」▼外国地名などの「ワ」「ワイ」にあてる字。

【哇哇】一 アイアイ|ワワ ①子供の声。②笑うさま。③ぺらぺらとしゃべるさま。二 アア 子供。

咦
口6(9) 4 0380 54A6
イ 漢 呉 支 yí

意味 ❶吐息をつく。❷しかったり注意をうながしたりする声。❸笑うさま。

咿
口6(9) 4 0385 54BF
イ 漢 支 yī

意味 ❶ ⇩【咿啞】イア ❷ ⇩【咿喔】イアク ❸ ⇩【咿咿】イイ ❹ ⇩【咿唔】イゴ

【咿▼啞】イア ①舟のかいをこいだり、ろくろを回すときの音。②幼児がかたことまじりにしゃべる声。
【咿▼喔】イアク ①ニワトリの鳴き声。喔咿。②人にへつらって笑うときの声。喔咿。③舟の櫓ロのきしる音。
【咿咿】イイ ①虫やニワトリ、ブタなどの鳴く声。②角笛の音。
【咿▼唔】イゴ 本を読む声。伊吾イゴ。

咽
口6(9) 1 1686 54BD 常用
一 イン 慣 エン 漢 呉 先 yān
二 イン 慣 エン 漢 呉 霰 yàn
三 エツ 漢 屑 yè
四 エン(ヱン) 漢 呉 先 yuān
のど・の-む・むせ-ぶ・むせ-る(む-す)

筆順
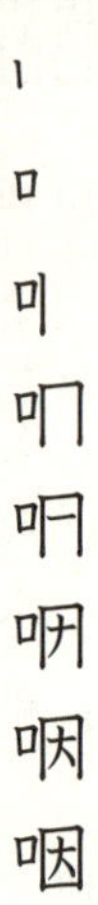

なりたち

[形声]「口(=くち)」と、音「因イ」とから成る。のど。

意味 一 のど。例 咽喉インコウ。咽頭イントウ。二 のみくだす。のむ。通 嚥エン。例 咽下エンカ。三 ❶充満する。ふさがる。例 充咽ジュウエツ。❷悲しみに胸がふさがって声がつまる。むせぶ。例 咽咽二エツエツ。嗚咽オエツ。四 ⇩【咽咽】一エンエン

古訓 中古 かなし・かなしぶ・さくり・のむ・のむど・むす・むせぶ 中世 のど・のんど・むせぶ 近世 のど・のむ・のんど・ふさがる・むせぶ・むせる

【咽喉】インコウ 〔咽頭(=のどの上部)と喉頭(=のどの奥)〕①のど。のど全体。例 耳鼻—科。②重要な場所や通路。要所。例 —の地。敵の—を扼ヤクする。
【咽頭】イントウ のどの上の部分。例 —炎。
【咽咽】一 エンエン 鼓、太鼓などの音が遠くまでひびくさま。二 エツエツ むせび泣く声。
【咽下】エンカ|エンゲ のみこむ。のみくだす。嚥下エンカ|エンゲ。

咼
口6(9) 2 5105 54BC
一 カイ(クヮイ) 漢 ク 呉 佳 wāi
二 カ(クヮ) 漢 呉 歌 guō
くちゆが-む・ゆが-める(ゆが-む)

意味 一 ❶口がゆがむさま。❷ゆがんでいて、正しくない。二 姓の一つ。通 和カ。例 咼氏之璧カシのヘキ(=和氏之璧)。

咳
口6(9) 1 1917 54B3
一 カイ 漢 ガイ 呉 灰 hái
二 カイ 漢 ガイ 呉 隊 ké(旧 kài)
せき・しわぶき(しはぶき)・せ-く・しわぶ-く(しはぶ-く)

意味 一 ❶幼児が笑う。通 孩ガイ。❷幼児。子供。通 孩ガイ。例 咳嬰ガイエイ。二 せき(をする)。せきばらい。しわぶき。例 咳唾ガイダ。謦咳ケイガイ。労咳ロウガイ。

【咳▼嬰】ガイエイ 〔「嬰」は、母の胸にだかれる意〕やっと笑いはじめた二、三歳ぐらいの幼児。類 咳提ガイテイ。
【咳▼嗽】ガイソウ 〔「嗽」も、せきの意〕せき。せきをする。
【咳唾】ガイダ ①せきとつば。また、せきばらい。謦咳ケイガイ。②目上の人のことばや詩文を敬っていうことば。
【咳唾成レ珠】ガイダたまをなす ちょっと口から出ることばも、珠玉のように美しい。詩文の才能が豊かなことをいう。〈後漢書・趙壱伝〉

咯
口6(9) 2 5130 54AF
一 カク 漢 薬 gē
二 カク 漢 陌 kǎ

意味 一 ⇩【咯咯】カクカク 二 口からものを吐き出す。吐く。通 喀カク。例 咯血カッケツ(=肺や気管支から出た血を吐く)。

【咯咯】カクカク ①せきをしたり、痰タンを吐いたりするときの音。②笑い声。

咢
口6(9) 2 5088 54A2
ガク 漢 薬 è
おどろ-く

意味 ❶鼓をどんどんと打つ。❷おどろく。通 愕ガク。例 驚咢キョウガク。❸直言するさま。通 諤ガク。例 咢咢ガクガク(=信念に従って言いたてるさま)。

咸
口6(9) 2 5089 54B8
カン(カム) 漢
ゲン(ゲム) 呉 咸 xián
みな

意味 ❶すべて。ことごとく。みな。例 咸宜カンギ(=すべてみなよろしい)。❷なごむ。やわらぐ。心を一つにする。例 周公弔二叔之不レ咸シュウコウニシュクのやわらがざるをいたむ(=周公は管叔カンシュクと蔡叔サイシュクとが仲たがいしているのをいたんだ)。〈左伝・僖ニ四〉❸易エキの六十四卦カの一つ。☱☶ 艮下兌上ゴンカダジョウ。山の上に湿地がある象。

【咸京】カンケイ ①秦シンの都、咸陽。②長安。
【咸池】カンチ ①黄帝が作ったという音楽。②神話で、太陽が水浴びをするという天上の池。③神の名。④星の名。五穀をつかさどる。
【咸陽】カンヨウ 戦国時代の秦シンの都。今の陝西センセイ省西安市の北西にある。孝公にはじまり、始皇帝の死後、間もなく項羽コウウに焼かれた。漢代以後、渭城イジョウとも。

咭
口6(9) 4 0381 54AD
キツ 漢 質 xī

意味 笑い声。

咻
口6(9) — 54BB
一 キュウ(キウ) 漢 尤 xiū
二 コウ(カウ) 漢 肴 xiāo

意味 一 ❶やかましく話す。かまびすしくする。例 衆楚人咻レ之シュウソひとこれにかまびすしくす(=大勢の楚の人がやかましく《子供に楚のことばを》話す)。〈孟子・滕文公下〉❷うめく。あえぐ。例 咻咻キュウキュウ(=うめく声)。二「咆咻ホウコウ」は、大声でさわぐ。人の粗暴で傲慢ゴウマンなさま。

咺
口6(9) 4 0384 54BA
一 ケン 漢 阮 xuǎn
二 ケン 漢 元 xuān

意味 一 幼児が泣き続ける。泣きやまない。二 立派で威厳のあるさま。

呱
口6(9) 2 5077 5471
コ 漢 虞 gū

意味 赤ん坊の泣き声。例 呱呱ここの声え(=産声うぶごえ)。

咬
口6(9) 2 5091 54AC 一コウ(カウ)慣 ゴウ(ガウ)漢 巧 yǎo 二コウ(カウ)漢 肴 jiāo か-む

意味 一かじる。かむ。通齩コウ。例 咬傷コウショウ。二⇩【咬咬】

難読 咬嚼吧ジャガタラ(=ジャカルタの古名。また、ジャワ島)

【咬咬】コウコウ 鳥の鳴き声。

【咬菜根】サイコンをかむ 野菜の根を食べる。貧しい暮らしをすること。〈小学・善行〉

【咬▼嚼】コウシャク〔「嚼」も、かむ意〕①かみくだく。咀嚼ソシャク。②文章をくわしく読む。

【咬傷】コウショウ 動物にかまれたきず。かみきず。

【咬文▼嚼字】コウブンシャクジ 文章の字句にばかりこだわる。また、学識をひけらかそうとする。

哄
口6(9) 2 5092 54C4 コウ漢 東 hōng

意味 多くの人が一斉に声をあげる。みんながどっと大声で笑う。例 哄笑コウショウ。

難読 哄どっと笑わらう

【哄笑】コウショウ 大声でどっとわらう。大わらい。例 ―が沸き起こる。

【哄然】コウゼン どっと大笑いするさま。

哈
口6(9) 2 5093 54C8 一ゴウ(ガフ)漢 合 hā 二ソウ(サフ)漢 洽 shà 三ハ hā

意味 一❶口。❷息をはく。二すする。通歃ソウ。三❶大口をあけて、ハハと笑う声。例 哈哈ハハ(=大きな笑い声)。❷外国語の「ハ」の音にあてる字。例 哈爾浜ハルビン。哈得孫ハドソン。哈諾威ハノーバー。

哉
口6(9) 1 2640 54C9 人 サイ漢呉 灰 zāi かな・や

なりたち 𢦏 [形声]「口(=くち)」と、音「𢦏サイ」とから成る。ことばとことばのあいだに言う語。

意味 ❶はじめる。はじめて。例 哉生魄サイセイハク(=陰暦の毎月の十六日。月が欠けはじめる日)。哉生明サイセイメイ(=陰暦の毎月の三日。月が光を生じはじめる日)。❷「かな」と読み、…だなあ、の意。詠嘆をあらわす。例 賢哉ケンなるかな(=えらいなあ)。快哉カイ(こころよきかな)。❸「や」「か」と読み、…であろうか、の意。疑問や反語をあらわす。例 今安在哉いまいずくにありや(=今どこにいるだろう)。〈蘇軾・赤壁賦〉

古訓 中古 かな・はじむ・はじめ・や 中世 かな・はじめ・や 近世 か・かな・はじめ・や

人名 か・き・すけ・ちか・とし・はじめ

難読 不知哉川いさやがわ・善哉ゼンザイ

咲
口6(9) 1 2673 54B2 常用 ショウ(セウ)漢呉 嘯 xiào さき・さく・わら-う(わら-ふ)・え-む(ゑ-む)

[咲] 口6(9) ― 旧字体。

筆順 丨 冂 口 口丶 口丷 口䒑 咩 咲

なりたち 「笑ショウ」が変形し、「口」が加わってできた字。

意味 わらう。通笑。

参考 現在、日本では「笑」は「わらう」、「咲」は「さく」の意味に使い分ける。

日本語での用法《さき》《さく》「早咲はやざき・二度咲にどざき・花はな咲さき鳥とり鳴なく・桜さくら咲さく・話はなしに花はなが咲さく」▼花やつぼみが開く。

古訓 中古 わらふ・ゑ・ゑむ・ゑわらふ 中世 さく・ひらく・よろこぶ・わらふ・ゑむ 近世 さく・わらふ

難読 咲えみ割われる

哘
口6(9) 2 5106 54D8 国字 さそ-う(さそ-ふ)

意味 さそう。一緒に行こうと声をかける。〔おもに、地名・人名に用いる〕

呰
口6(9) 2 5079 5470 一シ漢呉 紙 zǐ 二シ漢呉 支 cī そし-る・きら-う(きら-ふ)

意味 一❶大声でとがめる。しかる。そしる。あざける。通訾シ。❷力が弱く、働けない。怠る。例 呰窳シユ(=なまける。怠惰)。二きず。わざわい。通疵シ。例 呰災シサイ(=わざわい)。

難読 呰部あざえ(=岡山県の地名)

咨
口6(9) 2 5094 54A8 シ漢 支 zī と-う(と-ふ)・なげ-く・はか-る

意味 ❶すぐれた人に意見を求める。とう。たずねる。はかる。通諮。例 咨問シモン(=意見を求める)。❷悲しんで、ため息をつく。なげく。例 咨咨シシ。❸感心してほめたたえる。例 咨述シジュツ(=ほめたたえる)。

【咨▼嗟】シサ ①感嘆してほめたたえる。嗟嘆サタン。②嘆息する。ため息をついてなげく。咨嘆シタン。

【咨咨】シシ 嘆息する。ため息をついてなげく声。

【咨▼詢】シジュン〔「詢」は、相談する意〕①相談する。②目下の者や専門家に意見をもとめる。諮問。▽諮詢シジュン。

【咨嘆】シタン【咨▼歎】シタン 嘆息する。なげく。

【咨美】シビ 感銘を受けてほめたたえる。賛美する。

咫
口6(9) 2 5101 54AB シ漢 紙 zhǐ

意味 ❶春秋戦国時代、周の国の長さの単位。八寸。❷短いこと。近いこと。少し。わずか。例 咫尺シセキ。

日本語での用法《あた》「八咫やたの鏡かがみ・八咫やたの烏からす」▼日本古代の長さの単位。親指と中指とを広げた長さ。〔上にア段の母音があると、「あた」のアが脱落して「た」となる〕

【咫尺】シセキ ①ごく近い距離。例 ―の間カン(=きわめて近い距離)。―を弁ぜず(=一寸先も見えない)。②日(天子など)高貴な人のすぐ近くまで進み出る。拝謁する。例 竜顔リュウガンに―する。

哆
口6(9) 3 1502 54C6 シ漢 紙 chǐ

意味 口を大きくあける。例 哆口シコウ(=口をひらく)。

咡
口6(9) 3 1494 54A1 ジ漢 寘 èr

意味 ❶口もと。❷カイコが糸を吐く。例 咡糸ジシ。

日本語での用法《ささやく》▼耳もとで言う。

咠
口6(9) 4 0379 54A0 シュウ(シフ)漢 緝 qì

意味 ささやく。

哂
口6(9) 2 5102 54C2 シン漢 軫 shěn あざわら-う(あざわら-ふ)・わら-う(わら-ふ)

意味 ❶微笑する。わらう。例 夫子哂レ之フウシこれをわらう（=孔子はほほえんだ）。〈論語・先進〉 ❷ばかにして、わらう。あざわらう。あざける。例 哂笑シンショウ。

【哂笑】シンショウ ばかにして、わらう。あざわらう。

【哂嘆】【哂▼歎】シンタン わらうことと、なげくこと。

咤
口6（9） 2 5103 54A4 タ漢 呉 禡 zhà しか-る

[吒] 口3（6） 3 1485 5412 本字。 [咜] 口5（8） 3 1488 549C 別体字。

意味 ❶しかりつける（声）。例 叱咤シッタ（=大声でしかる）。❷食べるとき、くちゃくちゃと音をたてる。例 咤食タショク（=音をたてて食べる）。

難読 咤したうちする

咮
口6（9） 4 0382 54AE チュウ（チウ）漢 宥 zhòu

意味 鳥の口。くちばし。

咥
口6（9） 2 5090 54A5 一キ漢 寘 xì 二テツ漢 屑 dié くわ-える（くは-ふ）・わら-う（わら-ふ）

意味 一ばかにしてわらう。あざわらうさま。わらう。例 咥其笑矣キとしてそれわらわん（=ヒヒとあざわらうだろう）。〈詩経・衛風・氓〉 二かじる。かむ。例 咥噬テツゼイ（=かみつく）。

日本語での用法《くわえる》「煙管キセルを咥くわえる・咥くわえタバコ・犬いぬが棒切ボウきれを咥くわえてくる」▼上下の歯、または唇の間にはさんで、ものを支える。

咷
口6（9） 4 0383 54B7 一トウ（タウ）漢 豪 táo 二チョウ（テウ）漢 嘯 tiào

意味 一大声で泣く。例 号咷ゴウトウ（=大声で泣く）。二「噭咷キョウチョウ」は、大声で歌う。

哃
口6（9） 4 0386 54C3 トウ漢 ドウ呉 東 tóng

意味 大口をたたく。そらごと。例 哃喝ドウカツ（=大言して人をおどす）。

咩
口6（9） 3 1501 54A9 ビ漢 ミ呉 紙 miē

意味 ヒツジの鳴き声。例 咩声地獄ビセイジゴク。難読 白山比咩神社しらやまひめジンジャ（=石川県の神社）・宮咩祭みやのめのまつり（=昔の初午はつうまの行事）。

品
口6（9） 1 4142 54C1 教3 ヒン（ヒム）漢 ホン（ホム）呉 寝 pǐn しな

筆順 

なりたち 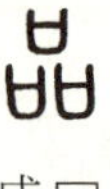 [会意] 三つ（=多い）の「口（=くち）」から成る。もろもろ。多い。

意味 ❶（もろもろの）しなもの。しな。例 品質ヒンシツ。物品ブッピン。❷位階。クラス。等級。くらい。例 品等ヒントウ。品秩ヒンチツ。❸人柄。風格。例 品格ヒンカク。気品キヒン。人品ジンピン。❹等級をつける。評価する。しなさだめする。例 品題ヒンダイ。品評ヒンピョウ。❺制度。きまり。例 品式ヒンシキ（=儀式。法度）。儀品ギヒン（=儀礼。礼制）。❻仏典で、経文キョウモンの編や章など。例 普門品フモンボン。

日本語での用法 一《ヒン》「三品盛サンピンもり」▼料理などの品数を数える語。二《ホン》「一品親王イッポンシンノウ」▼昔、親王にたまわった位。一品イッポンから四品シホンまであった。

古訓 中古 しな・しなじなにす・たぐひ・ひとし・もろもろ 中世 しな・たぐひ・ひとし・もろもろ 近世 しな・しなじな・たぐひ・のつとる・のり・ひとし・もろもろ

人名 かず・かつ・ただ・のり・ひで・ひとし

【品薄】しなうす 日 需要に対し、供給が不足している状態。例 —のため値上がりする。

【品数】しなかず 日 品物の数や種類。例 —が少ない。

【品位】ヒンイ ①官爵。地位。②人やものにそなわっている気高い感じ。例 —がそなわる。③日 ものの質の程度。例 高—テレビ。④日 鉱石・地金じがね・貨幣に含まれる、その金属の割合。例 低—鉱。

【品彙】ヒンイ ものごとを種類によって分ける。また、その種類。品類。

【品格】ヒンカク 人やものがもっている品のよさ、立派さ。例 —のある人。

【品▼覈】ヒンカク （人物を）等級に分けて調べる。品評。

【品行】ヒンコウ ふだんのおこないの、よしあし。行状ギョウジョウ。例 —方正。

【品詞】ヒンシ 日 単語を、文法上の性質の違いによって分けた種別。名詞・動詞・形容詞・助詞など。例 —分類。

【品質】ヒンシツ 日 品物の性質。また、そのよしあし。例 —管理。高—を誇る。

【品種】ヒンシュ 日 ①品物の種類。例 —の少ない店。②同じ種類の動物や作物の中で、その形や性質が部分的に異なっているものを、それぞれの特徴にしたがって分けたもの。たとえば、リンゴの「ふじ」「津軽つがる」「国光コッコウ」など。例 —改良。

【品庶】ヒンショ 民衆。人々。

【品性】ヒンセイ （道徳的に見た場合の）人の性格。人柄。例 —下劣。—が疑われる言動。

【品節】ヒンセツ 等級を作り、それによって制限を加える。また、その等級。

【品題】一ヒンダイ ①品評の主題・内容。題目。②（人物のよしあしを）品評する。③（景色や詩文を）観賞する。④詩文・絵画の評論・評語。二ホンダイ 〔仏〕仏典で、経文キョウモンの編や章。易行品イギョウボンなど。

【品秩】ヒンチツ 官位の等級と俸給。

【品等】ヒントウ ①等級。②品質の等級。

【品番】ヒンバン しなバン 日 商品の種類・形状・色などを区別して、管理するためにつけた番号。例 品名と—。

【品評】ヒンピョウ 作品や品物のよしあしを批評しあって決める。品定め。例 —会。

【品物】一ヒンブツ 万物。二しなもの 日 何かに使うためのもの。売買するためのもの。物品。商品。しな。例 お祝いの—。

【品名】ヒンメイ 日 商品など品物につけた名前。例 —と品番。

【品目】ヒンモク ①品定め。品評。②官爵の等級。地位の区別。③品物の名前。例 輸出—。

【品流】ヒンリュウ 家柄。流派。

【品類】ヒンルイ ①ものごとを種類によって分けること。また、その種類。品彙ヒンイ。②万物。

● 遺品イヒン・金品キンピン・景品ケイヒン・下品ゲヒン・現品ゲンピン・作品サクヒン・出品シュッピン・商品ショウヒン・賞品ショウヒン・食品ショクヒン・新品シンピン・珍品チンピン・納品ノウヒン・廃品ハイヒン・備品ビヒン・返品ヘンピン

咾
口6（9） 2 5104 54BE ロウ（ラウ）漢 皓 lǎo

意味 こえ。

難読 咾倉おばくら（=山口県の地名）

哑
口7（10） ⇩啞ア（252ページ）

唉
口7（10） 4 0394 5509 アイ漢 灰 āi ああ

意味 ❶承知して答える声。はい。❷嘆く声。ああ。

員

口7 (10) 1 1687 54E1 教3

一 イン(キン)慣 エン(ヱン)漢 先 yuán
二 ウン漢 文 yún
かず

[貟] 貝2 (9) 8C9F 俗字。

筆順 丶 冂 口 口 吕 肙 肙 員

なりたち [形声]「貝(=たから)」と、音「口イ→エン」とから成る。ものの数。

意味 一 ❶人や品物の決められた数。かず。例 員外(ガイン)。員数(ズウ)。定員(テイン)。❷ある団体を構成している人々。例 委員(イン)。会員(カイン)。❸まわり。はば。例 幅員(フクイン)。❹まるい。まる。通 円。例 方員(ホウエン)(=四角形と円形)。二 ふえる。ふやす。ます。例 員于爾輻(なんじのフクをませ)(=おまえの車の輻(や)(=スポーク)を増やせ)。〈詩経・小雅・正月〉

古訓 中古 かず・ます・まとかなり 中世 かず・かぞふ 近世 かず・のんど・はたばり・ます・まどか・まはり・めぐり

人名 かつ・さだ・ひと

【員外】(ガイン) 定められた数にはいっていないこと。定員外。

【員外郎】(インガイロウ) ①「員外散騎侍郎(サンキジロウ)」の略。西晋(シン)から南北朝時代、定員外の散騎侍郎(=天子の顧問をつとめる官)のこと。②隋(ズイ)代以降、郎中(=尚書省の各部署の長)を補佐した官。

【員数】(インズウ・インズ) ①官吏の定数。②日 決められた一定のかず。また、決まった数量だけが主眼で、内容を問わないこと。例 ―合わせ(=質は別として数だけはそろえること)。

【備レ員】(インにそなわる) ⇒【備員】(ビイン)(107ジ)

●委員(イン)・一員(イチ)・駅員(エキ)・議員(ギ)・教員(キョウ)・金員(キン)・欠員(ケツ)・公務員(コウム)・社員(シャ)・人員(ジン)・全員(ゼン)・定員(テイ)・動員(ドウ)・満員(マン)・吏員(リ)

唄

口7 (10) 1 1720 5504 常用

ハイ漢 バイ呉 卦 bài
うた・うた-う(うた-ふ)

筆順 丨 口 口 叮 叮 呾 唄 唄

なりたち [形声]「口(=くち)」と、音「貝(ハイ)」とから成る。梵語 pāṭhaka の音訳「唄匿(バイトク)」の略で、「ほめたたえるうた」の意。

意味 仏の功徳(クドク)をたたえるうた。また、誦経(ズキョウ)する。うたう。例 梵唄(ボンバイ)。

日本語での用法 《うた》「小唄(こうた)・端唄(はうた)・流行(はやり)唄(うた)・盆唄(ボンうた)」▼三味線などに合わせてうたううた。

古訓 中古 しらぶ 中世 うたふ 近世 うたふ・となへる

【唄音】(バイオン) [仏] 経を読む声。

【唄▼讃】(バイサン) [仏] 仏の功徳(クドク)をたたえるうた。梵唄(ボンバイ)。

哥

口7 (10) 2 5107 54E5

カ漢呉 歌 gē
うた-う(うた-ふ)・うた

意味 ❶うたう。うた。通 歌。❷兄を呼ぶことば。また、男性の同輩や友人を敬い、あるいは親しみをこめて呼ぶことば。例 哥哥(カ)。大哥(タイカ)。❸外国語の「グ」「コ」「ゴ」などにあてる字。例 哥天百格(グーテンベルク)。哥薩克(コサック)。哥爾徳斯蜜士(ゴールドスミス)。

難読 哥沢(うたざわ)

【哥哥】(カカ) ①唐代、父の子に対する自称。②兄または同年輩以上の男性に対する呼称。

哿

口7 (10) 3 1503 54FF

カ漢 哿 gě
よ-い(よ-し)

意味 (ほめたたえて)よろしい。よい。

哢

口7 (10) 4 0387 20D45 国字

カ

意味 大きな声で騒ぐ。やかましい。かまびすしい。通 嘩(カ)。例 喧哢(ケンカ)(=喧嘩(ケンカ))。

啊

口7 (10) 4 0388 54EC

カ漢 歌 hé

意味 「啊啊(カカ)」は、おおぜいの声。

哦

口7 (10) 2 5108 54E6

ガ漢 歌 é

意味 詩歌を口ずさむ。うたう。例 吟哦(ギンガ)。

唏

口7 (10) 2 5109 550F

キ漢 微 xī
な-く・なげ-く

意味 ❶わらう。わらうさま。❷ため息をつく。なげく。泣く。なく。通 欷(キ)。例 唏嘘(キキョ)。

難読 啌唏(ためいき)

【唏▼嘘】(キキョ) (「嘘」も、ため息をつく、泣く意)ため息をつく。また、すすり泣く。むせび泣く。欷泣(キキュウ)。欷歔(キキョ)。例 嗚咽(オエツ)―する。

哯

口7 (10) 4 0389 54EF

ケン漢 銑 xiàn
は-く

意味 (乳児が飲みすぎた乳を吐くように)むかつかずに吐く。はく。例 哯乳(ケンニュウ)。吐哯(トケン)。

唁

口7 (10) 4 0393 5501

ゲン漢 霰 yàn
とむら-う(とむら-ふ)

意味 ❶国を失った人をなぐさめる。❷不幸に遭った人を見舞う。とむらう。〔死者をとむらう「弔」に対して、死者の縁者を慰問すること〕

唔

口7 (10) 2 5110 5514

一 ゴ wú
二 ゴ wù

意味 一 目覚める。通 寤(ゴ)。二 人やネコなど動物の発する声。例 咿唔(イゴ)(=本を読む声)。

難読 唔咿(ものよみこえ)(=読書の声)

哽

口7 (10) 2 5111 54FD

コウ(カウ)漢 梗 gěng
むせ-ぶ

意味 ❶食物がのどにつかえる。むせる。例 哽咽一(コウエツ)。哽塞(コウソク)。❷悲しみで声がつまる。むせぶ。例 哽咽二(コウエン)。

【哽咽】一(コウエツ) むせび泣く。二(コウエン) のどにつまる。

【哽恨】(コウコン) うらみが心にわだかまる。

【哽塞】(コウソク) 悲しみで胸がふさいでしまう。

哮

口7 (10) 2 5112 54EE

コウ(カウ)漢 キョウ(ケウ)呉 肴 xiāo
ほ-える(ほ-ゆ)・たけ-る

意味 獣が驚いて大きな声を出す。ほえる。たけける。例 哮吼(コウコウ)(=獣がほえる)。咆哮(ホウコウ)。

【哮▼闞】(コウカン) たけりほえる。哮咆(コウホウ)。

【哮▼咆】(コウホウ) 獣がほえる。咆哮(ホウコウ)。

哭

口7 (10) 2 5113 54ED

コク漢呉 屋 kū
な-く

意味 大声をあげ涙を流して泣く。悲しむ。なく。特に、人の死をいたんで泣く儀礼。例 哭泣(コクキュウ)。痛哭(ツウコク)。慟哭(ドウコク)。

【哭泣】(コクキュウ) 声をあげて泣く。

【哭声】(コクセイ) 泣き叫ぶこえ。

【哭臨】(コクリン) 葬礼で、おおぜいの人が同時に泣く儀礼。

唆 口7(10) ①2622 5506 常用 サ㊥漢 歌 suō そそのかす・そそ-る

筆順 丨 口 口' 口ム 口ム' 口允 口夋 唆

なりたち [形声]「口(=くち)」と、音「夋(シュン→サ)」とから成る。そそのかす。

意味 その気になるようにさそって、ものごとをさせる。けしかける。**そそのかす**。例 教唆(キョウサ)。示唆(シサ)。

古訓 中古 すする 中世 そそなはかす 近世 こたへる・そそかす・そそなかす・そそなはかす・そそのかす・まがる

唀 口7(10) ④0392 5500 シュウ慣 ユウ(イウ)漢 有 yòu

意味 さそう。通 誘。

哨 口7(10) ①3005 54E8 人 ショウ(セウ)漢 効 shào みはり

[哨] 口7(10) —— 俗字。

なりたち [形声]「口(=くち)」と、音「肖(ショウ)」とから成る。口が小さくて入りきらない。

意味 ❶軍隊で、敵の攻撃にそなえて見張りをする。ものみ。例 哨戒(ショウカイ)。哨兵(ショウヘイ)。歩哨(ホショウ)。❷小さな笛や口笛を吹く。例 哨子(ショウシ)(=小笛。口笛)。❸⇩【哨哨】(ショウショウ)

古訓 中古 あざける・にげかむ・ゆがむ 中世 はらふ・ゆがむ 近世 くちがまし・ことばいやし・ゆがむ

難読 哨吶(チャルメラ)(=管楽器の一つ)

【哨戒】(ショウカイ) 日 敵の襲撃にそなえて見張る。例 —機。

【哨舎】(ショウシャ) 日 見張りの兵のいる小屋。

【哨哨】(ショウショウ) (人々の意見などが飛びかって)ごちゃごちゃと繁雑なさま。

【哨兵】(ショウヘイ) 見張りの兵。

唇 口7(10) ①3116 5507 常用 シュン漢 シン呉 真 chún くちびる

[脣] 月7(11) ②7092 8123 本字。

筆順 一 厂 尸 尼 尼 辰 辰' 唇

なりたち [形声]「月(=肉)」と、音「辰(シン)」とから成る。口の端(は)し。

意味 ❶**くちびる**。例 唇音(シンオン)。唇歯(シンシ)。口唇(コウシン)。❷へり。ものふち。例 銭唇(センシン)(=銅銭のへり)。

古訓 中古 くちひる・ほとり 中世 くちびる 近世 おどろく・くちびる

【唇亡歯寒】(くちびるほろびてはさむし) 互いに助け合っているものの一方が滅べば、他方もあやうくなる。〈左伝・僖五〉→【唇歯輔車】(シンシホシャ)

【唇音】(シンオン) 音声学で、くちびる、または、くちびると歯とで調節する音。上下のくちびるを使う両唇音(=b・p・m・w)と、上の歯と下くちびるを使う歯唇音(=v・f)とがある。

【唇歯】(シンシ) ①くちびると歯。②二つのものが互いに依存しあい、密接な関係にあること。

【唇歯▼輔車】(シンシホシャ) 〔「輔」は頰輔(キョウホ)(=ほお骨)、「車」は牙車(ガシャ)(=あごの骨)の意。また、「輔車」は、「車の両側にあって荷物の落下を防ぐそえ板」と「車の荷台」、あるいは「車軸のそえ木」と「車輪」などの説がある〕くちびると歯、ほお骨とあごの骨のように、互いに助け合う関係にあること。利害関係が密接なことのたとえ。〔「輔車相依、唇亡歯寒(ホシャあいより、くちびるほろびてはさむし)〈左伝・僖五〉」から〕

●花唇(カシン)・口唇(コウシン)・紅唇(コウシン)・読唇(ドクシン)

啄 口7(10) ①3479 5544 人 ■一タク漢呉 覚 zhuó ■二トク漢 屋 zhòu ついば-む

[啄] 口8(11) —— 旧字体。

なりたち [形声]「口(=くち)」と、音「豖(タク)」とから成る。鳥がついばむ。

意味 ■一❶鳥がくちばしでつついてものを食う。また、その音。**ついばむ**。例 啄木(タクボク)。啐啄(ソッタク)。❷門や戸をたたく音。例 啄啄(タクタク)。剝啄(ハクタク)(=戸をたたく音。碁を打つ音)。❸永字八法の一つ。短い左はらい。■二鳥のくちばし。

古訓 中古 くちばし・ついくふ・ついはむ・はむ 中世 ついばむ・つつく 近世 くちばし・ついばむ・つつく

難読 啄木鳥(きつつき・けらつつき・けら)・青啄木鳥(あおげら)

【啄啄】(タクタク) ①戸をたたく音。また、足音。②ニワトリがえさをついばむ音。

【啄木】(タクボク) 鳥の名。キツツキ。啄木鳥(タクボクチョウ)。

【啄木鳥】(タクボクチョウ・きつつき) アカゲラ・アオゲラなどの、キツツキ科の鳥。鋭いくちばしで木の幹に穴をあけ、中にいる虫を食う。啄木。

哳 口7(10) ④0391 54F3 タツ漢 黠 zhā

意味 「啁哳(トウタツ)」「嘲哳(トウタツ・チョウタツ)」は、小鳥の鳴き声や人の話し声がざわつくさま。

哲 口7(10) ①3715 54F2 常用 テツ漢呉 屑 zhé さと-い(さと-し)・あき-らか

[喆] 口8(11) ④0407 5560 俗字。

[悊] 心7(11) ④1245 608A 別体字。

[喆] 口9(12) ③1510 5586 別体字。

[嚞] 口15(18) ③1527 569E 古字。

筆順 一 † 扌 扩 扩 折 折' 哲

なりたち [形声]「口(=くち)」と、音「折(セツ→テツ)」とから成る。ものしり。

意味 ❶ものごとの道理に通じている。**さとい**。かしこい。例 哲理(テツリ)。明哲(メイテツ)。❷道理に明るい人。さとい人。かしこい人。例 哲人。賢哲(ケンテツ)。聖哲(セイテツ)。先哲(センテツ)。

古訓 中古 あきらかなり・かしこし・さかし・さとる・しる・とし・ものがたり 中世 あきらか・さかし・さとる 近世 あきらか・さとし・ものしる

人名 あき・あきら・さと・さとし・さとる・のり・ひろ・まさ・よし

【哲王】(テツオウ) 賢明な君主。

【哲学】(テツガク) 日 ①世界や人生、ものごとの根本原理を、理性の力で追究する学問。②自分の経験から築き上げた、人生やものごとに対する考え方。例 経営—。

【哲▼彦】(テツゲン) 〔「彦」は、男性をほめていうことば〕知恵も徳もある、立派な人物。

【哲匠】(テッショウ) 賢明で才能のある人物。特に、政治家・芸術家についていう。

【哲人】(テツジン) ①見識が高く、徳と知性をそなえた人。②哲学者。すぐれた思想家。

【哲夫】(テップ) 才知を備えた男。類 哲士。

【哲理】(テツリ) 宇宙や人生にかかわる深い道理。哲学上の道理。例 老子の説く—。

●先哲(センテツ)・変哲(ヘンテツ)・明哲(メイテツ)

唐

[唐] 口7(10) 旧字体。

口7(10) 1 3766 5510 常用

トウ(タウ)漢呉 陽 táng
から・もろこし

筆順 亠 广 户 庐 库 庚 唐 唐

なりたち  [形声]「口(=ことば)」と、音「庚コウ→トウ」とから成る。おおげさなことば。

意味 ❶でたらめなことば。大言。ほら。例 荒唐無稽。❷何もない。うつろな。例 唐肆。❸見失う。失う。例 唐子。❹堂の下から門に至る通路。例 中唐(=門に至る中庭の通路)。❺李淵が隋を滅ぼして建てた王朝。都は長安(=今の西安)。東アジアの政治・経済・文化の中心として繁栄したが、朱全忠によって滅ぼされた。(六一八―九〇七) 例 唐詩。遣唐使。❻⇩【唐棣】❼⇩【唐突】

日本語での用法 《トウ》《から》《もろこし》「唐音・唐紙・唐人・唐猫・唐草・唐歌・唐の歌」▼中国の。また、外国の。

古訓 中古 いたづら・おほいなり・から・みち・むなし 近世 おほいなり・から・たひらか・つかみち・とりしめなし・ねなしかづら・ねなしごと・ねなしことば・もろこし 中世 いたづら・から・みち・むなし・もろこし

【唐歌】(からうた) 日 漢詩。対 大和歌(=和歌)。

【唐傘】(からかさ) 日 竹で作った骨組みに油紙を張った、あまがさ。

【唐金】(からかね) 日 青銅。例 ―の灯籠。

【唐草】(からくさ) 日「唐草模様」の略。つる草の、つるや葉がからんでいる様子を図案化した模様。例 ―のふろしき。

【唐国】(からくに) 日 日本から中国を指した呼び名。からのくに。

【唐▼獅子】(からジシ|からシシ) 日 ①ライオンの古名。〔イノシシやカノシシ(=シカ)と区別して言った〕 ②ライオンをもとに考えた、想像上の動物。障壁画や屏風絵に描かれた。例 牡丹に―。

【唐錦】(からにしき) 日 古代に中国から渡来した、にしき。

【唐▼櫃】(からびつ) 日 足が四本または六本付いた、ふたのある大形の木箱。古く衣服や調度などを入れた。

【唐松】(からまつ) 日 マツ科の落葉高木。寒地に多く、葉は針状で晩秋の黄葉が美しい。落葉松。

【唐様】(からヨウ) 日 ①中国風であること。また、そのもの。②中国風の書体。特に、江戸時代中ごろに流行した、明の様式の書体。例 売り家と―で書く三代目。③鎌倉時代に宋から伝えられた禅宗寺院の建築様式。▽対 和様。

【唐音】(トウオン|トウイン) 日 日本の漢字音の一つ。平安末期以後伝わった、唐末から清までの中国音。たとえば、「行灯」「提灯」「饅頭」「鈴」など。宋音。唐宋音。→【漢音】(800ページ)→【呉音】(236ページ)

【唐辛子】【唐▼芥子】(トウがらし) 日 ナス科の一年草。実は熟すと真っ赤になり、激しい辛みがあって、香辛料に使われる。

【唐▼黍】(トウきび) 日 ①モロコシの別名。②トウモロコシの別名。

【唐虞三代】(トウグサンダイ) 尭(陶唐氏)・舜(有虞氏)の時代と、夏・殷・周の三代。聖人が政治をおこない、天下は理想的に治まったとされる。

【唐▼胡麻】(トウゴマ) 日 トウダイグサ科の一年草。葉はヤツデに似る。種からひまし油をとる。

【唐山】(トウザン) 中国。唐土。〔もとは海外にいる中国人が自国を指していったことばだが、江戸時代には日本人も中国の呼び名として用いた〕

【唐桟】(トウザン) 日 綿織物の一種。藍地に赤や浅葱色などの細いたてじまを織った織物。

【唐三彩】(トウサンサイ) 唐代の焼き物で、緑・黄・茶・白などのうわぐすりによる彩色をした陶器。

【唐子】(トウシ) 一 見失った子。いなくなった子。二 (からこ) 日 ①中国風の身なりをした子供。また、その人形。唐子人形。②子供の髪型の一つ。唐子まげ。

【唐紙】(トウシ) 日 一 中国特産の書画用の紙。竹の繊維を原料とし、墨の吸収がよく、古来日本でも書画をたしなむ人に好まれた。二 (からかみ) ①中国産の紙に似せてつくられた、色や模様の美しい和紙。②「唐紙障子」の略。ふすま。

【唐▼肆】(トウシ) 品物が何もない、がらんとした市場。

【唐詩】(トウシ) 中国の詩が最も栄えた、唐代に作られた詩。律詩や絶句の詩体がととのい、李白・杜甫・白居易など多くのすぐれた詩人が活躍した。

【唐人】(トウジン) ①唐代の人。②日 昔、日本から中国人を指した呼び名。からびと。例 ―屋敷。③日 (江戸時代に)外国人のこと。例 ―の寝言(=わけのわからないことば)。

【唐▼宋八大家】(トウソウハチダイカ) 唐・宋代の八人のすぐれた古文作家。唐の韓愈・柳宗元、宋の欧陽脩・曽鞏・王安石・蘇洵・蘇軾・蘇轍。彼らの散文作品を唐宋八家文と呼ぶ。唐宋八家。→【古文復興】(222ページ)

【唐▼棣】(トウテイ) ①スモモの一種。ニワウメ。郁李。棠棣。②ポプラの類の樹木。

【唐土】(トウド) 日 昔、日本から中国を指した呼び名。もろこし。からの国。

【唐突】(トウトツ) ①おかす。けがす。②前ぶれもなく、突然であるさま。だしぬけ。例 ―な話。

【唐▼茄子】(トウなす) 日 カボチャの別名。

【唐物】(トウブツ|からもの) 日 中国や東南アジアからの渡来品。舶来品。例 ―屋(=毛糸・シャツ・ズボンなどをあつかった店)。

【唐変木】(トウヘンボク) 日 気のきかない人をののしっていうことば。

【唐木】(トウボク|からき) 日 中国経由で日本に輸入された、熱帯産の木材。紫檀や黒檀など。例 ―細工。―作り。

【唐墨】(トウボク|からすみ) 日 一 中国製の墨。二 (からすみ) ボラの卵巣を塩漬けにして干した食品。〔「一」に似て平たく細長いのでいう〕

【唐本】(トウホン) 日 中国から渡来した本。対 和本・洋本。

【唐名】(トウミョウ|トウメイ) 日 中国風の呼び名。特に、唐代の制度による官職名の呼び方。太政大臣を相国、左右の大臣を丞相、中納言を黄門というなど。

哺

口7(10) 2 5114 54FA 常用

ホ漢 遇 bǔ
ふく-む・はぐく-む

筆順 丨 口 叮 叮 叮 哺 哺 哺

なりたち  [形声]「口(=くち)」と、音「甫フ→ホ」とから成る。口の中で食物をかみくだく。

意味 ❶口の中に食物をふくむ。例 含哺。吐哺(=食べかけた食物を吐き出して賢者を出迎える)。❷親鳥がひなに口にふくんだ食物を与える。ふくませる。また、そだてる。はぐくむ。例 哺育。哺乳。

古訓 中古 くくむ・くらふ・ふくむ・ふふむ 中世 くくむ・くくむる・つつむ・はく・ふくむ・ものふくむ 近世 かむ・くらふ・はく・ふくむ・ものばみ・ものはむ

【哺育】(ホイク) 養いそだてる。乳を飲ませ、または口移しに食物を与えてそだてる。

【哺乳】(ホニュウ) 子に母乳を飲ませる。例 ―瓶。

【哺乳類(ホニュウルイ)】日 脊椎(セキツイ)動物の一種。胎生で肺呼吸をし、母親の乳で子供を育てる。

哱
口7(10) 4 0390 54F1 ホツ漢 月 pò

意味 息を吐く声。

哩
口7(10) 1 4373 54E9 人 リ lǐ マイル

なりたち [形声]「口(=くち)」と、音「里(リ)」とから成る。

意味 ヤードポンド法の長さの単位。マイル。一七六〇ヤード(=約一・六キロメートル)。

唎
口7(10) 3 1504 550E リ漢 寘 lì きく

古訓 中古 ひそかに

意味 文末に置く助字。

日本語での用法《きく》「唎酒(ききざけ)(=酒を少し味わって鑑定すること)」▼よしあしを鑑定する。

[唳]
口7(10) ⇩唳(レイ)(256ジペー)

哢
口7(10) 2 5115 54E2 ロウ漢 送 lòng あざけ-る・さえず-る(さへづ-る)

意味 鳥がよどみなく鳴く。さえずる。例 哢吭(ロウコウ)(=のどをのばしてさえずる)。

日本語での用法《あざける》「月(つき)に哢(あざけ)り、風(かぜ)にあざむく」▼詩歌を口ずさむ。

難読 新哢(にいはつ)(=春のウグイスの初音)・喨哢(さえずる)

【哢言】(ロウゲン) むやみにしゃべること。弄言(ロウゲン)。

啞
口8(11) 3 1508 555E 一アク漢呉 陌 è 二ア漢呉 馬 yǎ 三ア漢 麻 yā おし

[唖] 口7(10) 1 1602 5516 俗字。

意味 一 笑い声。例 啞啞三(アク)。二❶ことばを発することが困難な病気。また、その人。おし。例 聾啞(ロウア)。❷とっさに声が出ない。ものが言えなくなる。例 啞然(アゼン)。三❶驚きの声。ああ。❷⇩【啞啞】三(アア) ❸⇩【啞嘔】(アオウ) ❹⇩【啞咤】(アタ)

[口] 7—8画▼ 哱 哩 唎 唳 哢 啞 啊 唵 啝 啀 喝 唫 啓 啓

【啞啞】一(アア) ①カラスなどの鳴き声。②子供がかたことでしゃべる声。啞嘔(アオウ)。③車や機械などがたてる音。二(アクアク) 笑い声。

【啞▼嘔】(アオウ) ①「啞啞三②」に同じ。②櫓(ロ)のきしる音。

【啞子】(アシ) 口のきけない人。類 啞者。

【啞子▼做レ夢】(アシゆめをなす) 口のきけない人の見た夢。自分ではよくわかっていることを、人にうまく説明できないことのたとえ。〈蘇軾・雑纂〉

【啞然】(アゼン) 驚きあきれて、ことばも出ないさま。

【啞▼咤】(アタ) ①がやがやと騒がしいさま。②鳥のかわいらしい鳴き声。

啊
口8(11) 4 0405 554A ア ā/á/ǎ/à/a

意味 ❶驚きや呼びかけ・応答などの意をあらわすことば。❷文中や文末に置く助字で、感動や強調などの意をあらわす。❸カラスの鳴き声。

唵
口8(11) 3 1506 5535 アン(アム)漢 オン(オム)呉 感 ǎn ふく-む

意味 ❶手づかみで食べる。ふくむ。❷梵語(ボンゴ) oṃ の音写。オーム。呪文(ジュモン)のはじめに用いる語。

啝
口8(11) 2 5127 555D カ(クヮ)漢 歌 hé

意味 ❶子供が泣く。❷すなおにしたがう。

啀
口8(11) 2 5117 5540 ガイ漢 佳 ái いが-む

意味 イヌがかみあう。いがむ。例 啀啀(ガイガイ)(=イヌがかみあう)。

日本語での用法《いがみ》《いがむ》「啀(いが)み合(あ)いをする」▼敵意をあらわして、あらそう。

喝
口8(11) 1 1969 559D 常用 一アイ漢 卦 yè 二カツ漢 曷 hè しか-る

[喝] 口9(12) 3 1512 FA36 旧字体。

筆順 喝

なりたち  [形声]「口(=くち)」と、音「曷(カツ)」とから成る。声がかすれる。

意味 一 声がかすれる。例 嘶喝(セイアイ)。二❶しかる。おどす。例 一喝(イッカツ)。恐喝(キョウカツ)。❷大声をはりあげる。例 喝采(カッサイ)。

古訓 中古 いなく・いばゆ・おびやかす・おびゆ・さへづりとなふ 中世 いかり・いなく・おびやかす・おびゆ・おびゆる 近世 いかる・いさふ・いばえる・しかる・むせぶ・やむ

【喝采】(カッサイ) どっとほめそやす。例 拍手―。―を博する。

【喝道】(カツドウ) 貴人が通行する際に先払いをする。また、その人。

【喝破】(カッパ) ①大声でしかりつける。②人の説の誤りをはっきり言う。③真理を見ぬき、力強くとなえる。

●一喝(イッカツ)・大喝(タイカツ)

唫
口8(11) 3 1505 552B 一キン(キム)漢 寝 jìn 二ギン(ギム)漢 侵 yín

意味 一 口をとじる。二❶なげく。通 吟。例 唫呻(ギンシン)。❷うたう。通 吟。例 唫詠(ギンエイ)。

啓
口8(11) 1 2328 5553 常用 ケイ漢呉 薺 qǐ ひら-く・もう-す(まう-す)

[啓] 口8(11) ―― 旧字体。

筆順 啓

なりたち  [形声]「攵(=たたく)」と、音「启(ケイ)(=ひらく)」とから成る。あけひろげる。教える。

意味 ❶とじているものを、あけひろげる。ひらく。例 啓蟄(ケイチツ)。啓龕(ケイガン)。❷はじめる。おこす。例 啓業(ケイギョウ)(=事業の基礎をおこす)。❸人の目をひらいて、わからせる。教えさとす。例 不レ憤不レ啓(フンせずんばケイせず)(=疑問を解決しようとして悩みもだえているほどの者でなければ、教え導かない)。〈論語・述而〉啓示(ケイジ)。啓発(ケイハツ)。啓蒙(ケイモウ)。❹先導する。軍隊の先鋒。例 啓行(ケイコウ)。❺申し上げる。もうす。例 啓上(ケイジョウ)。啓白(ケイハク)。拝啓(ハイケイ)。

古訓 中古 つぐ・のぶ・ひざまづく・ひらく・まうす 中世 さきがけ・ひらく・まうす・をしふ 近世 さきがけ・とぶ・ひざまづく・ひらく・まうす・わかつ・をしゆる

人名 あきら・さとし・さとる・とおる・はじめ・はる・ひら・ひらき・ひろ・ひろし・ひろむ・よし

【啓▼龕】(ケイガン)〔仏〕厨子(ズシ)の扉を開き、中に納めてある仏像を公開すること。また、その行事。開帳。

【啓行】(ケイコウ) ①出発する。旅に出る。②先導する。道路を開く。③始める。▽類 啓程。

【啓示】(ケイジ) ①教えしめす。②日天からの教え。特にキリスト教で、人間の知ることのできない真理を、神が教えしめすこと。黙示(モクシ)。

【啓事】(ケイジ) ①申し上げる。また、その内容を記した文書。②上奏文。

【啓上】(ケイジョウ) 申し上げる。〔手紙で使うことば〕例一筆―。

【啓▼蟄】(ケイチツ) 二十四節気の一つ。三月六日ごろ。冬ごもりをしていた虫が地面にはい出る意。

【啓▼迪】(ケイテキ) 教え導く。

【啓白】〔「白」も、申す意〕 一(ケイハク) 申し上げること。手紙文のはじめや終わりにも用いる。敬白。二(ケイビャク) 日神仏に申し上げること。また、その文章形式の一つ。

【啓発】(ケイハツ) 知的な刺激を与えて、大切なことを気づかせる。教え導いて、専門的な事柄への目をひらかせる。例―されるところが多い。

【啓閉】(ケイヘイ) ①ひらくことと、とじること。②立春や立夏(=啓)と、立秋や立冬(=閉)。

【啓明】(ケイメイ) ①知識が豊かで道理に通じていること。②明けの明星。日の出前に東の空にあらわれる金星。

【啓▼蒙】(ケイモウ) 〔「蒙」は、道理にくらい意〕 知識のない人々に正しい知識を与え、教え導く。例―主義。―書。

【啓沃】(ケイヨク) 〔「沃」は、そそぎこむ意〕 まことをつくして君主を補佐する。
●行啓(ギョウケイ)・謹啓(キンケイ)・天啓(テンケイ)

啌
口8 (11)
2 5119 554C
コウ(カウ)漢 江 xiāng
うそ

意味 ❶よくないと言って、しかる。❷ものが気管に入って、むせる。

日本語での用法 《うそ》「啌(そう)つき・啌(そう)を言(い)う」▼いつわり。虚言(キョゲン)。

唶
口8 (11)
― 5536
一シャ漢呉 禡 jiè
二サク漢 覚 zé
三セキ漢 陌 jí

意味 一感嘆する。例唶唶(シャシャ)。二❶口をつけて、すいとる。すう。例唶吮(サクセン)(=すする)。❷⇩【唶唶】三(サクサク) 三⇩【唶唶】三(セキセキ)
【唶唶】一(シャシャ) 賛嘆の声。二(サクサク) がやがやと騒がしいさま。三(セキセキ) 鳥の鳴き声。

售
口8 (11)
2 5120 552E
シュウ(シウ)漢 宥 shòu
あきなーう(あきなーふ)・うーる

意味 ❶売りわたす。うる。あきなう。例售出(シュシュツ)(=売る)。❷買う。例争售(ソウシュウ)(=先を争って買い求める)。❸おしすすめる。例售謗(シュウボウ)(=悪口を言いふらす)。

商
口8 (11)
1 3006 5546
教3
ショウ(シャウ)漢呉 陽 shāng
あきなう(あきなーふ)・あきない(あきなひ)

筆順 亠 亣 产 产 商 商 商 商

なりたち [形声]「冏(=ゆっくり言う)」と、音「章(ショウ)」の省略体とから成る。外から内部をはかり知る。

意味 ❶ものごとをくらべあわせて考える。相談する。はかる。例商議(ショウギ)。協商(キョウショウ)。❷殷(イン)王朝の別名。初代湯(トウ)王の祖先契(セツ)が商に封(ホウ)ぜられたので商と呼ばれ、十九代盤庚(バンコウ)が殷に都を移したので殷とも呼ばれる。例殷商(インショウ)。❸品物を売り買いする。あきなう。あきない。また、それをする人。例商人(ショウニン)。商売(ショウバイ)。行商(ギョウショウ)。❹東洋音楽の五音(ゴイン)(=宮(キュウ)・商(ショウ)・角(カク)・徴(チ)・羽(ウ))の一つ。低い方から二番目の音で、洋楽のレにあたる。悲しげな調子。例商声(ショウセイ)。❺星の名。心宿(シンシュク)(=さそり座の一部)の主星。アンタレス。例参商(シンショウ)(=「参」はオリオン座の一部。参と商は天の東西にあって一緒にあらわれることがないことから、人が顔を合わせないことのたとえ)。❻割り算の答え。

古訓 中古あき・あきなふ・あきびと・はかる 中世あき・あきうど・あきなひ・あきなふ・あきんど 近世あきなひ・あきなふ・あきらか・くだる・そこなふ・はかる・はる

人名 あき・あつ・ひさ

難読 商陸(やまごぼう)

【商意】(ショウイ) 秋の気配。秋の雰囲気。類商気。〔五音(ゴイン)の商を五行説で秋にあてたことから〕

【商科】(ショウカ) 日商業に関する学科や学部。類商学部。

【商家】(ショウカ) ①殷(イン)王朝。②商人の家。商店。

【商▼搉】【商▼榷】【商確】(ショウカク) 比べて考える。ものごとを比較して決める。

【商鑑不レ遠】(ショウカンとおからず) ⇩【殷鑑不レ遠】(インカンとおからず)(734ページ)

【商議】(ショウギ) 相談する。

【商業】(ショウギョウ) 日商品を売買して利益を得る事業。あきない。

【商▼賈】【商▼估】(ショウコ) 商売人。〔「商」は旅商人、「賈・估」は店売りする商人〕

【商工】(ショウコウ) 商業と工業。また、商人と職人。

【商校】【商較】(ショウコウ) 比較して検討する。類商敵。

【商港】(ショウコウ) 日商船が出入りするみなと。

【商魂】(ショウコン) 日どんな機会ものがさず利益をあげようとする、商人特有の気構え。例―のたくましい人。―に徹する。

【商才】(ショウサイ) 日商売をする才能。例―にたけた人。

【商事】(ショウジ) 日①商売に関する事柄。②「商事会社」の略。製造者と買い手との間に立って、商品の取り引きや輸出入の仕事をする会社。商社。

【商社】(ショウシャ) 日商品の取り引きを仕事とする会社。商事会社。例総合―。大手―。

【商女】(ショウジョ) 歌姫。妓女(ギジョ)。例商女不レ知亡国恨(ショウジョはボウコクのうらみをしらず)(=妓女たちは隋(ズイ)に滅ぼされた陳(チン)王朝の悲哀など知るよしもない)。〈杜牧・泊秦淮〉

【商声】(ショウセイ) ①五音(ゴイン)のうちの、商の音。②秋の風の音や虫の声。〔「①」を五行説で秋にあてたことから〕

【商船】(ショウセン) 商業上の目的で航海する船舶。

【商戦】(ショウセン) 日商業上の競争。例歳末―。

【商度】(ショウタク) 大きさを調べるなどして考える。はかり考える。

【商談】(ショウダン) 日商売や取り引きについての相談。

【商店】(ショウテン) 商品を売る店。例―街。

【商討】(ショウトウ) ①おしはかる。②協議する。▽商量。

【商売】(ショウバイ) 日①品物を仕入れて売り、利益を得る。売り買い。あきない。②職業。また、専門にしていること。

【商人】 一(ショウひと) 殷(イン)の人。また、殷の遺民が周代に建国した宋(ソウ)の人。二(ショウニン) 品物を仕入れて売り、利益を得ることを仕事にしている人。あきんど。

【商標】(ショウヒョウ) 日商品のしるしとして用いる文字・図形・記号など。トレードマーク。例―権。登録―。

【商品】(ショウヒン) 日売るための品物。〔形をもたない、サービス・情報・金融などに関するものにもいう〕

【商風】(ショウフウ) 秋の風。西風。金風。〔五音(ゴイン)の商を五行説で秋にあてたことから〕

【商法】(ショウホウ) 日①商売のやりかた。②商業に関する法律。

【商用】(ショウヨウ) 日商売上の用事。例―で外国に行く。

【商略】(ショウリャク) ①相談する。協議する。②(人物を)品評する。

③推量する。④わがままで束縛を好まない。脱略。⑤日商売上のかけひき。

【商旅】ショウリョ ①旅商人。②商人と旅人。

【商量】ショウリョウ ①協議する。相談する。②はかり考える。引き比べて考える。③考え。意見。④推測する。

●外商ガイショウ・行商ギョウショウ・豪商ゴウショウ・隊商タイショウ・通商ツウショウ

唱

口8(11) 1 3007 5531 教4

ショウ(シャウ)漢呉 漾 chàng
となえる(とな-ふ)・うた-う(うた-ふ)

筆順 丨 ㇕ 口 叩 唱 唱 唱 唱

なりたち 形声「口(=くち)」と、音「昌ショ」とから成る。先に言って次をみちびく。

意味 ❶先立って言いはじめる。声高く読みあげる。**となえる**。みちびく。例唱導ショウドウ。首唱シュショウ。提唱テイショウ。❷声を上げてうたう。うた。例唱歌ショウカ。合唱ガッショウ。独唱ドクショウ。

古訓 中古いざなふ・うた・うたふ・となふ・むかふ・よばふ 中世うた・うたふ・となふ・みちびく 近世いざなふ・うたふ・となふ・となへる・みちびく

人名 うた・となう

【唱歌】ショウカ ①歌をうたう。また、その歌。②日もと、小学校の教科の一つ。また、その教材とした歌曲。例小学―。

【唱義】ショウギ 人に先立って正しい道をとなえる。正義をかざして挙兵する。

【唱酬】ショウシュウ 〔「酬」は、返答する意〕詩歌をやりとりする。唱和。

【唱道】ショウドウ 〔「道」は、言う意〕人に先立ってとなえる。となえはじめる。例絶対平和を―する。

【唱導】ショウドウ ①先に立ってみちびく。②〔仏〕仏の教えを説いて仏道にみちびく。

【唱名】一ショウメイ 大声で名を呼ぶ。点呼する。二ショウミョウ〔仏〕仏の名、特に阿弥陀仏アミダブツの名をとなえる。称名ショウミョウ。

【唱和】ショウワ ①ひとりの人が先にとなえ、それに合わせておおぜいの人がとなえる。例万歳バンザイを―する。②自分の思いを詩歌に作って互いに贈答すること。例―詩。

●暗唱アンショウ・歌唱カショウ・主唱シュショウ

啜

口8(11) 2 5121 555C

セツ・テツ漢 屑 chuò
すす-る

意味 ❶汁ものをすすってのむ。すうようにして食べる。**すする**。例啜汁ジュウ。渋茶しぶちゃを啜すする。❷泣くさま。すすり泣く。例啜泣キュウ(=すすり泣く)。

【啜汁】セツジュウ(しるをすする) 甘いしるを吸う。人の力を利用してうまく利益を得る。おこぼれにあずかる。

唼

口8(11) 4 0401 553C

一ソウ(サフ)漢呉 洽 shà
二ショウ(セフ)漢呉 葉 qiè
すす-る・ついば-む

意味 一❶鳥や魚がえさをつつく。**ついばむ**。例唼喋ソウトウ(=鳥や魚がえさを食う)。❷口をすぼめて飲む。**すする**。通歃ソウ。例唼血ケツ(=ちをすする)。二⇒【唼佞】ショウネイ

【唼▼佞】ショウネイ 人の悪口を言う。讒言ザンゲン。

啐

口8(11) 3 1507 5550

一サイ漢 隊 cuì
二ソツ慣 シュツ漢 質 zú

意味 一❶おどろく。❷儀礼で酒をすする。のむ。例啐酒シュイ(=酒を飲むこと)。二すする音。例啐啄同時ソッタクドウジ。

【啐▼啄同時】ソッタクドウジ 〔卵がかえるとき、ひな鳥が卵の中からすするのが「啐ツ」、母鳥がそれに応じて外から殻をつつくのが「啄タク」〕禅で、師と弟子の気持ちが相応じてぴたりと合うこと。〈碧巌録〉

唾

口8(11) 1 3435 553E 常用

ダ漢 タ呉 箇 tuò
つば・つばき
付表 固唾かたず

筆順 丨 ㇕ 口 叮 咞 唾 唾 唾

なりたち 形声「口(=くち)」と、音「垂イス…▼タ」とから成る。口中の液体。つば。

意味 ❶**つば。つばき**。例唾液ダエキ。咳唾ガイダ(=せきと、つばき)。生唾なまつば。❷つばを吐く。つばす。つばを吐きすてるようにさげすみ、嫌う。例仰レ天而唾テンをあおいで(=天に向かってつばを吐く。他人を害そうとして、かえって自身が災いを招くことのたとえ)。〈真誥・六〉唾棄ダキ。

古訓 中古あざわらふ・うそふく・つはき・つはきす・つはきはく・はく 中世つばき・つばきはく 近世つばき

難読 唾っを引ひく・難唾かたず・唾壺はいふき

【唾液】ダエキ つば。つばき。

【唾棄】ダキ いみ嫌う。軽蔑ケイベツする。例―すべき行為。

【唾▼壺】ダコ つばを吐きすてるのに使う、つぼ。たんつぼ。

【唾手】ダシュ(てにつばきす) 手につばする。ものごとがきわめて簡単にできることのたとえ。類唾掌ダショウ。

【唾罵】ダバ つばを吐きかけて、ののしる。激しくののしること。

啅

口8(11) 2 5122 5545

一タク漢 覚 zhuó
二トウ(タウ)漢 効 zhào
ついば-む

意味 一鳥がくちばしでつついて食う。**ついばむ**。ついはむ。通啄タク。二❶鳥が鳴く。さえずる。❷(鳥がさえずるように)やかましい。騒がしい。例啅噪トウソウ(=やかましい)。

啄

口8(11) ⇩啄タク(250ジペー)

啖

口8(11) 2 5123 5556

タン(タム)漢 感 dàn
くら-う(くら-ふ)

意味 ❶むさぼりくう。たべる。**くらう**。通啗タン。例健啖家ケンタンカ(=さかんに食べる人)。❷味のない食物。粗食。

【啖▼呵】タンカ 日(相手をおどすときに使う)発音や調子が強くはっきりして、勢いのいいことば。例―を切る(=威勢よく言いはなつ)。

【啖食】タンショク むさぼり食う。貪食ドンショク。

【啖啖】タンタン むさぼるさま。

啗

口8(11) 2 5124 5557

タン(タム)漢 感 dàn
く-らう(く-らふ)

意味 くわせる。たべる。**くらう**。通啖タン。例抜レ剣、切而啗レ之きりてこれをくらう(=(樊噲ハンカイは)剣を抜いて、(ブタの肩肉を)切って食べた)。〈史記・項羽紀〉呑啗ドンタン。

商

口8(11) 4 0404 5547

一テキ漢 錫 dí
二セキ漢 陌 shì

意味 一❶ねもと。もと。❷しずく。したたり。通滴。二❶やわらぐ。❷かなう。通適。

啠

口8(11) ⇩哲テツ(250ジペー)

唸

口8(11) 2 5125 5538

テン漢 霰 diàn
うな-る

意味 (苦しみなどのため)口を閉じたまま、ことばにならない声をあげる。うめく。**うなる**。

日本語での用法 《**うなる**》①「モーターが唸うなる」▼機械の振動

音がする。②「浪曲師(ロウキョクシ)が唸(うな)る」▼低い声で長く引いてうたう。

啁
口8(11) 4 0402 5541

一 トウ(タウ)漢 肴 zhāo　二 チュウ(チウ)漢 尤 zhōu　三 チョウ(テウ)漢 嘯 tiáo

意味 一 ⇩【啁哳】(タトウ)　二 ❶ ⇩【啁啾】(シュウチュウ)　❷ ⇩【啁噍】(シュウチュウ)　三 あざける。通 嘲(チョウ)。例 詼啁(カイチョウ)(=からかう)。

【啁▼啾】(シュウチュウ) ①楽器の音のいりまじるさま。多くの楽器が一斉に音を出すさま。②鳥の鳴く声。

【啁笑】(チョウショウ／シュウチョウ) あざ笑う。嘲笑(チョウショウ)。

【啁▼噍】(シュウチュウ) ①小鳥や虫の鳴く声。②鳥の名。ミソサザイ。

【啁▼哳】(タトウ) ①多くの音が入り乱れるさま。②歌声などが粗野であるさま。

啋
口8(11) 4 0403 35A6

トウ漢 董 dǒng

意味 ことばが多い。

啍
口8(11) ― 554D

一 トン漢 元 tūn　二 ジュン慣 シュン漢 真 zhūn

意味 一 ⇩【啍啍】一(トントン)　二 丁寧に話すさま。また、口数が多いさま。通 諄(ジュン)。例 啍啍二(ジュンジュン)。

【啍啍】一(トントン) (車などの)動きが重々しく遅いさま。二(ジュンジュン) ①繰り返し丁寧に話すさま。諄諄(ジュンジュン)。例 ―とさとす。②口数の多いさま。

啡
口8(11) 4 0408 5561

一 ハイ漢 賄 pèi　二 ハイ漢 佳 pái　三 ヒ・フェイ fēi

意味 一 ❶つばを吐く音。❷いびき。二 吹く。三「咖啡(カーフェイ)」は、現代中国語でコーヒー。

啤
口8(11) 4 0409 5564

ヒ・ピー pí

意味 「啤酒(ピーチュウ)」は、現代中国語でビール。

問
口8(11) 1 4468 554F 教3

ブン漢 モン呉 問 wèn
とう(と-ふ)・とい(とひ)・とん

筆順
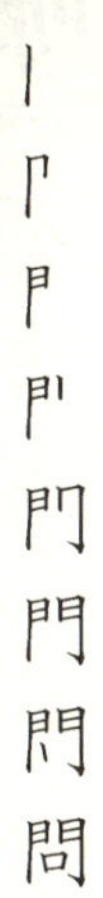

なりたち

[形声]「口(=くち)」と、音「門ンボ…→ンブ」とから成る。といただす。

意味 ❶わからないことをたずねる。ききただす。しらべる。とう。とい。例 問題(モンダイ)。疑問(ギモン)。質問(シツモン)。❷責める。なじる。例 詰問(キツモン)。責問(セキモン)。❸人をたずねる。おとずれる。みまう。例 伯牛有レ疾、子問レ之(ハクギュウやまいあり、シこれをとう)(=伯牛が病気になり、孔子は彼を見舞った)。〈論語・雍也〉慰問(イモン)。訪問(ホウモン)。❹おくる。贈呈する。例 問遺(モンイ)(=贈り物をしてご機嫌をうかがう)。❺いう。つげる。つぐ。例 或以問二孟嘗君一(あるひともってモウショウクンにつぐ)(=ある者が孟嘗君に告げた)。〈戦国策・斉三〉❻たより。音信。例 家問(カモン)(=家からのたより)。❼ほまれ。名声。通 聞。例 声問(セイブン)。

日本語での用法 《とん》「問屋(とんや)」▼商品の卸売りをする商店。

古訓 中古 おくる・とふ・とぶらふ　中世 とふ・とぶらふ・とむらふ　近世 おくる・とひ・とふ・とぶらふ・とむらふ

人名 ただ・よ

【問屋】(とんや) 日〔「といや」の変化したもの〕生産者と小売商との中に立って、商品の卸売りをする店。例 船―(ふなどんや)。そうは―がおろさない(=思いどおりにはいかない)。

【問候】(モンコウ) 手紙を出したり訪問したりして、ご機嫌うかがいをする。

【問津】(モンシン) ①川の渡し場をたずねる。例 使二子路一問レ津焉(シロをしてシンをとわしむ)(=子路に渡し場のありかをたずねさせた)。〈論語・微子〉②分からないことをたずねる。探求する。また、学問などへの導きを願うこと。

【問診】(モンシン) 医師が診断の手がかりを得るために、患者に質問する。

【問▼訊】(モンジン) ①教えを請う。②たずねる。問いただす。③ご機嫌うかがいをする。④〔仏〕僧や尼が合掌し安否を問う礼。

【問対】(モンタイ) ①問答。②文体の名。問答形式の文章。

【問題】(モンダイ) ①(学習の効果や能力などをはかる目的で)答えを要求する問い。例 ―を出す。―を解く。②日 解決しなければならない事柄。例 環境―。③日 議論のたねになる事柄。④日 事柄。案件。

【問答】(モンドウ) ①問いと答え。質問と応答。議論する。例 ―無用。―体の文章。②(弟子として)一方がたずね、(師として)他方が答える。例 老師と―する。

【問難】(モンナン) 〔「難」は、理屈にあわない点を批判し答えを求める意〕互いに討論する。

【問名】(メイモン) 婚礼の六礼(リクレイ)の一つ。男の方が使いをやって、女の生母の姓氏をたずねる礼。

【問労】(モンロウ) 苦労をねぎらう。慰問する。

●学問(ガクモン)・愚問(グモン)・検問(ケンモン)・拷問(ゴウモン)・顧問(コモン)・諮問(シモン)・尋問(ジンモン)・設問(セツモン)・弔問(チョウモン)・反問(ハンモン)

唯
口8(11) 1 4503 552F 常用

一 イ(ヰ)漢 ユイ呉 紙 wěi　二 イ(ヰ)漢 ユイ呉 支 wéi
ただ

筆順

なりたち

[形声]「口(=ことば)」と、音「隹イス…→イ」とから成る。承知してこたえることば。

意味 一 かしこまってすみやかに答える返事のことば。はい。例 唯唯諾諾(イイダクダク)。二 ❶「ただ(…のみ)」と読み、限定や強調をあらわす。例 唯見江心秋月白(ただみるコウシンシュウゲツのしろきを)(=ただ長江のまん中に秋の月が白くかがやいているのを見るだけだ)。〈白居易・琵琶行〉唯一(ユイイツ)。❷「これ」と読み、語調を整える。例 唯何甚(これなんぞはなはだしき)(=なんとひどいことか)。〈論語・述而〉通 惟(イ)・維。

古訓 中古 ただ・ひとり　中世 いらへ・いらゆる・ただ・ひとり　近世 いらへ・うけがふ・こたへ・ただ・ひとり

人名 ただし

【唯唯】(イイ) 「はいはい」と、他人の言うことに従うさま。

【唯唯諾諾】(イイダクダク) 人の言うことに無批判に従うさま。〈韓非・八姦〉から〕例 ―として従う。

【唯諾】(イダク) 「はい」と返事をすること。

【唯一】(ユイイツ／イイツ) ただ一つで、ほかにはないこと。例 ―の例外。

【唯我独尊】(ユイガドクソン) ①「天上天下(テンジョウテンゲ)唯我独尊(ただわれひとりたっとし)」の略。釈迦(シャカ)が生まれたとき、四方に七歩あゆみ、右手で天を、左手で地を指して言ったことば。宇宙で自分よりも尊い者はいない、という意味。②自分だけがすぐれていると思い上がること。うぬぼれること。ひとりよがり。

【唯識】(ユイシキ) 〔仏〕すべてのものは、「識(=心)」によってとらえられて、はじめて存在するのであって、存在するのは「識」のみであるということ。法相宗(ホッソウシュウ)の考え方の根本。

【唯心論】(ユイシンロン) 日〔哲〕世界の本体は精神であり、物質や現象もまた心のはたらきのあらわれであるという考え。

【唯物論】(ユイブツロン) 日〔哲〕世界の本体は物質であり、精神のはたらきも物質によっておこなわれるという考え。

唹
口8 (11) 2 5116 5539 ヨ 漢 魚 yū

意味 わらうさま。わらう。

日本語での用法 《お》「噌唹(=鹿児島県の郡名。今は、曽於市)」▼「お」にあてる万葉仮名。

唳
口8 (11) —— レイ 漢 霽 lì なーく

[唳] 口7 (10) 2 5126 5533 俗字。

意味 ツルなどがかん高い声で鳴く。例 風声鶴唳フウセイカクレイ(=わずかな物音にもびくびくしておそれるたとえ)。〈晋書・謝玄伝〉

㖨
口8 (11) 4 0406 35A8 ロク 漢 屋 lù

意味 ❶わらう。❷鳥の声。

喔
口9 (12) —— 5594 アク 漢 呉 覚 wō

意味 ❶ニワトリが鳴く。また、その鳴き声。例 喔喔アクアク。❷⇩【喔咿】アクイ ❸⇩【喔齪】アクセク

【喔▼咿】アクイ へつらってつくり笑いをする。また、そのさま。

【喔▼齪】アクセク|アクサク せせこましいさま。偓促アクセク|アクサク。齷齪アクセク|アクサク。

喂
口9 (12) 4 0412 5582 イ(ヰ) 漢 微 wèi

意味 ❶おそれる。通畏イ。❷飼育する。

喑
口9 (12) 4 0414 5591 イン(イム) 漢 オン(オム) 呉 侵 yīn

意味 ❶泣きじゃくって、ことばが出ない。❷ことばを発することが困難な病気。また、その人。おし。通瘖イン。例 喑唖インア。❸おしだまる。❹忍耐する。

【喑▼唖】インア ①口がきけない。②黙って何も言わない。③怒って叫ぶ。類喑噁インオ。

営
口9 (12) 1 1736 55B6 教5 エイ 漢 ヨウ(ヤウ) 呉 庚 yíng いとなむ・いとなみ

[營] 火13 (17) 2 5159 71DF 旧字体。

筆順 、 ⺍ ⺌ … 営 営

なりたち  [形声]「宮(=家屋)」と、音「熒ケイ→イエ」の省略体とから成る。まわりをかこんで、家屋をつくる。

意味 ❶兵隊のとまるところ。とりで。例 陣営ジンエイ。兵営ヘイエイ。野営ヤエイ。❷仕事をうまくさばく。処理する。いとなむ。いとなみ。例 営業エイギョウ。運営ウンエイ。経営ケイエイ。❸作りととのえる。例 営繕エイゼン。造営ゾウエイ。❹求める。追求する。例 営利エイリ。営私エイシ。❺守る。救う。例 営救エイキュウ。❻まどう。まどわす。通熒エイ。例 営惑エイワク。❼⇩【営営】エイエイ

古訓 中古 いそがはし・いとなむ・いほり・えたり・たむろ・つくりいとなむ・つくる・まとふ・まぼる・をさむ 中世 いとなみ・いとなむ・そこ・たむろ・つくる・まぼる・まもる 近世 いとなみ・いとなむ・いへ・そこ・つくる・とびかふ・はかる・まどふ・ゆきかふ

人名 おさむ・のり・まもる・よし

【営為】エイイ せっせと努めること。いとなみ。仕事。例 日々ひびの—。自然の—に驚かされる。

【営営】エイエイ ①休まずに励むさま。また、あくせくするさま。例 —と築きあげた事業。②往来の絶えないさま。

【営救】エイキュウ 人を苦しみから救う。

【営業】エイギョウ ①生計をたてる。生業を営む。②利益を目的として事業をおこなう。また、その事業。③会社で、商品の販売をおこなう業務。

【営窟】エイクツ 土を掘ったり盛りあげたりして作った穴で暮らすこと。また、その穴。

【営私】エイシ 自己の利益をもとめる。

【営繕】エイゼン 「「繕」は、つくろう・なおす意」建物を新築したり修理したりする。例 —課。

【営倉】エイソウ 日 軍隊で、規則に違反した兵士が、罰としてとじこめられる施設。また、その罰。例 重—。軽—。

【営造】エイゾウ 建物を建てる。造営。類営作。

【営中】エイチュウ ①軍隊の陣営の中。類営内。例 営中之事、悉以咨レ之エイチュウのことは、ことごとくもってこれにはかる(=陣営中のことはすべて諮問する)。〈諸葛亮・出師表〉 ②日 将軍のいる所。本陣。幕府。

【営田】エイデン ①田畑で農業を経営する。②流民などを集めて田畑を割り当て、耕作させること。また、その田地。

【営門】エイモン 兵営や陣営の門。

【営養】エイヨウ ⇩【栄養】エイヨウ②(671ジベー)

【営利】エイリ 金銭上の利益を目的として活動をすること。例 —事業。

【営林】エイリン 森林の管理や保護・育成・伐採などをすること。

【営塁】エイルイ とりで。陣営。また、とりでを築くこと。

【営惑】エイワク ①人をまどわす。混乱させる。②火星。▽熒惑ケイワク。

●公営コウエイ・国営コクエイ・設営セツエイ・直営チョクエイ・民営ミンエイ

喙
口9 (12) 2 5128 5599 カイ 漢 隊 huì くちばし

意味 ❶鳥や虫や獣の口。くちばし。❷人の、ものを言う口。例 容喙ヨウカイ(=横から口出しすること)。

喎
口9 (12) 3 1511 558E カイ(クヮイ) 漢 ケ 呉 佳 wāi

意味 ❶口がゆがむ。通咼カ。❷ゆがんでいる。

喈
口9 (12) 4 0413 5588 カイ 漢 佳 jiē

意味 ❶「喈喈カイカイ」は、鳥の鳴き声。また、鐘や鈴の音(のなごやかなさま)。❷風雨が厳しいさま。

喀
口9 (12) 2 5129 5580 カク 漢 陌 kā/kè はーく

意味 口から吐き出す。はく。例 喀痰カクタン。喀血カッケツ。

【喀▼痰】カクタン 日 たんを吐く。また、吐き出したたん。

【喀喀】カクカク ものを吐き出したり飲みこんだりするときの音。

【喀血】カッケツ 肺や気管支の粘膜から出た血を口から吐く。〔胃や食道などの出血によるものは「吐血トケツ」〕

[喝] 口9 (12) ⇩喝カツ(252ジベー)

喚
口9 (12) 1 2013 559A 常用 カン(クヮン) 漢 呉 翰 huàn よーぶ・わめーく・おめーく(をめーく)

筆順 丨 口 … 喚 喚

なりたち  [形声]「口(=くち)」と、音「奐カン」とから成る。よぶ。

意味 ❶大声でさけぶ。よぶ。わめく。例 喚声カンセイ。叫喚キョウカン。❷召しよせる。呼びつける。例 喚問カンモン。召喚ショウカン。❸鳥が鳴

く。

古訓 中古 さけぶ・めす・よばふ・よぶ 中世 めす・よばはる・よばふ・よぶ・をめく 近世 よぶ・わめく・をめく

【喚起】(カンキ) きっかけをあたえて呼びおこす。例 注意を―する。

【喚呼】(カンコ) ①大きな声で呼ぶ。②声に出して確認する。

【喚声】(カンセイ) さけびごえ。わめきごえ。例 ―があがる。

【喚問】(カンモン) 呼び出して問いただす。例 証人を―する。

喊

口9(12) 2 5131 558A

カン(カム)漢 感 hǎn

さけ-ぶ

意味 ❶大声でさけぶ。ときの声をあげる。例 喊声(カンセイ)(=ときの声)。吶喊(トッカン)。❷味をととのえる。また、味。例 衆喊(シュウカン)(=多くの味)。

喗

口9(12) 4 0411 557D

ガン(ガム)漢 覃 ǎn

意味 「喗囈(ガンゲイ)」は、寝言(を言う)。

[喞]

口9(12) ⇩衜(ガン)(1360ジペー)

喜

口9(12) 1 2078 559C 教4

キ漢呉 紙 xǐ

よろこ-ぶ・よろこ-び

[㐂] 一5(6) 3 1403 3402 俗字。

[歖] 欠12(16) 3 8633 6B56 別体字。

筆順 一 十 士 吉 吉 吉 壴 喜

なりたち  [会意]「壴(=楽器をならべて立てる)」と「口(=わらう)」とから成る。音楽をきいて、たのしむ。

意味 ❶愛好する。このむ。楽しむ。例 孔子晩而喜レ易(コウシバンにしてエキをこのむ)(=孔子は晩年『易』を愛好した)。〈史記・孔子世家〉 ❷うれしがる。よろこぶ。よろこび。例 喜悦(キエツ)。悲喜(ヒキ)。❸さいわい。めでたいこと。例 喜事(キジ)。喜兆(キチョウ)(=めでたいことの前ぶれ)。

古訓 中古 ことむなし・たのしぶ・たのしむ・めづらし・よし・よろこび・よろこぶ 中世 このむ・たのしぶ・たのしむ・よし・よろこぶ 近世 このむ・たのしむ・よし・よろこび・よろこぶ

人名 このむ・たのし・のぶ・はる・ゆき・よし

【喜雨】(キウ) ①(あめをよろこぶ)(日照りが続いた後に降る)雨をよろこぶ。②日 夏の土用のころ、日照り続きのときに降る雨。

【喜▼慍】(キウン) よろこびと怒り。

【喜悦】(キエツ) よろこぶ。よろこび。

【喜劇】(キゲキ) 日 ①機知や風刺の多い、こっけいなおもしろさで人間を描く劇。②おもしろおかしいできごと。▽対悲劇。

【喜捨】(キシャ) ①進んで社寺に財物を寄進する。例 寺に浄財を―する。②貧しい人にほどこしものをする。例 ―を請う。

【喜寿】(キジュ) 日 数え年の七十七歳。また、その祝い。〔「喜」の草書体が、「七十七」と読めるところから〕

【喜色】(キショク) よろこびの様子。うれしそうな顔つき。例 ―満面。―にあふれる。

【喜戚】(キセキ) よろこびと心配。類喜憂。

【喜怒哀楽】(キドアイラク) 喜びと、怒りと、悲しみと、楽しみ。人間のさまざまな感情。〈中庸〉

【喜躍】(キヤク) よろこびのあまり、とびあがる。欣喜雀躍(キンキジャクヤク)。

●歓喜(カンキ)・狂喜(キョウキ)・随喜(ズイキ)

喟

口9(12) 2 5132 559F

キ(クヰ)漢 寘 kuì

なげ-く

意味 感心して、ため息をつく。また、なげく。例 喟然(キゼン)。

【喟喟】(キキ) なげきのあまりに出す声。

【喟然】(キゼン) 感心して、ため息をつくさま。また、なげいて気落ちしているさま。

喫

口9(12) 1 2142 55AB 常用

一 キツ慣 ケキ漢 錫 chī

二 カイ漢 卦 kài

の-む・す-う(す-ふ)

[喫] 口9(12) ―― 旧字体。

筆順 口 口' 口十 口圭 口刧 口刧 口契 喫

なりたち  [形声]「口(=くち)」と、音「契(ケイ→キ)」とから成る。食べる。

意味 一 ❶食べる。例 満喫(マンキツ)。❷すう。のむ。例 喫煙(キツエン)。喫茶(キッサ)。❸(痛手や苦痛を)受ける。こうむる。例 喫驚(キッキョウ)。敗北(ハイボク)を喫(キッ)する。二 ⇩【喫詬】(カイコウ)

古訓 中古 くふ・くらふ・はむ 中世 かむ・くらふ・はむ 近世 あらそふ・かむ・くらふ・のむ

【喫▼詬】(カイコウ) 寓話(グウワ)に見える、弁舌巧みな人。詭弁(キベン)の擬人化。〈荘子・天地〉

【喫煙】(キツエン) ①タバコを吸う。例 ―室。②アヘンを吸う。

【喫▼虧】(キッキ) 〔「虧」は、損失の意〕 ①損をする。吃虧(キッキ)。②他人にしてやられる。

【喫驚】(キッキョウ) びっくりする。おどろく。吃驚(キッキョウ)。

【喫緊】(キッキン) 大切で解決が急がれること。例 ―の問題。

【喫茶】(キッサ・キッチャ) 茶を飲むこと。

【喫水】(キッスイ) 船の、水中につかる部分。船足(ふなあし)。吃水(キッスイ)。例 ―線。―が深い。

喬

口9(12) 1 2212 55AC 人

一 キョウ(ケウ)漢 蕭 qiáo

二 キョウ(ケウ)漢 蕭 jiāo

三 キョウ(ケウ)漢 篠 jiǎo

たか-い(たか-し)

なりたち  [会意]「夭(=曲がる)」と「高(=たかい)」の省略体とから成る。たかくそびえる。

意味 一 (木などが)高くそびえる。たかい。例 喬松(キョウショウ)。喬木(キョウボク)。二 おごりたかぶる。通驕(キョウ)。例 喬志(キョウシ)。喬然(キョウゼン)。三 ⇩【喬詰】(キョウキツ)

古訓 中古 たか・たかし 中世 たか 近世 かがまる・たかし・ほしいまま・まがる

人名 すけ・たか・たかし・ただ・のぶ・もと

【喬岳】(キョウガク) ①泰山(タイザン)。②高い山。

【喬詰】(キョウキツ) 心がおだやかでないさま。

【喬志】(キョウシ) おごりたかぶった気持ち。驕志(キョウシ)。

【喬松】(キョウショウ) ①背の高いマツ。②不老不死の仙人である、王子喬(オウシキョウ)と赤松子(セキショウシ)。例 喬松之寿(キョウショウのジュ)(=長寿)。〈戦国策・秦三〉

【喬遷】(キョウセン) 高いところへ移る。〔転居や昇進などを祝うときのことば。「出レ自二幽谷一、遷二于喬木一(ユウコクよりいでて、キョウボクにうつる)(=奥深い谷から出て、高い木に移る)。〈詩経・小雅・伐木〉」から〕

【喬木】(キョウボク) 「高木(コウボク)」の古い言い方。対灌木(カンボク)。

喁

口9(12) 3 1509 5581

ギョウ漢 冬 yóng

あぎと-う(あぎと-ふ)

意味 魚が口を水面に出して呼吸する。あぎとう。例 噞喁(ゲンギョウ)(=魚が水面で口をパクパクするさま)。

喧

口9(12) 1 2386 55A7 人

ケン(クヱン)漢 ゲン(グヱン)呉 元 xuān

かまびす-しい(かまびす-し)・やかま-しい(やかま-し)

なりたち [形声]「口(=くち)」と、音「宣(セン→ケン)」とから成る。大声で話す。

意味 ❶声が大きく騒がしいさま。**やかましい。かまびすしい。** 例 無二車馬喧一(シャバのかまびすしきなし)(=車やウマのやかましさがない)。〈陶淵明・飲酒〉 喧嘩(ケンカ)。喧喧囂囂(ケンケンゴウゴウ)。❷はっきりしている。明らかである。例 喧熱(ケンネツ)。赫喧(カクケン)(=威儀や徳がきわだって明らかなさま)。

古訓 中古 かまびすし・さわがし 中世 かまびすし 近世 かまびすし・さけぶ

【喧▼嘩】ケンカ ①大きな声を出して騒ぐ。②日 互いにゆずらず、激しく言い争ったり、力ずくで争ったりする。いさかい。例 —両成敗。

【喧▼豗】ケンカイ やかましいさま。喧噪(ケンソウ)。類 喧聒(ケンカツ)。

【喧喧▼囂▼囂】ケンケンゴウゴウ おおぜいの人々が、口々にやかましく騒ぎ立てるさま。例 —たる非難。

【喧呼】ケンコ やかましく呼んだり叫んだりする。

【喧▼囂】ケンゴウ やかましく騒ぐ。

【喧▼轟】ケンゴウ やかましくひびく。ひどく騒がしい。

【喧▼擾】ケンジョウ 騒がしいこと。騒ぎ乱れること。

【喧然】ケンゼン 騒がしいさま。にぎやかなさま。

【喧争】ケンソウ やかましく言いあらそう。

【喧▼噪】【喧▼譟】【喧騒】ケンソウ わいわいがやがやと、騒がしいこと。例 ひとり—を離れる。

【喧伝】ケンデン さかんに言いふらす。例 世間に—される。

【喧▼閙】ケンドウ 騒々しいさま。

喭

口9 (12) 3 1513 55AD

ガン 慣 ゲン 漢 霰 yàn

意味 ❶とむらう。通 唁(ゲン)。❷ことわざ。通 諺(ゲン)。❸がさつで、荒々しい。

㗅

口9 (12) 4 0415 35C5

コ 漢 虞 hú

うな-る

意味 「㗅嚨(コロウ)」は、のど。喉嚨(コウロウ)。

喉

口9 (12) 1 2502 5589 常用

コウ 漢 尤 hóu

のど

筆順 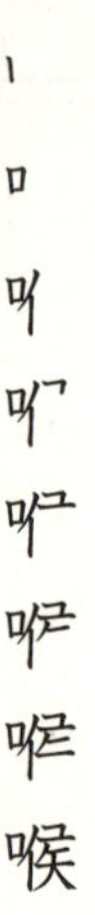

なりたち  [形声]「口(=くち)」と、音「侯(コウ)」とから成る。のど。

意味 声を出す部分。**のど。** 例 喉頭(コウトウ)。咽喉(インコウ)。

古訓 中古 のむど 中世 のど・のんど 近世 のどぶえ・のんど

【喉▼衿】【喉▼襟】コウキン ①のどと、えりくび。②中心となる重要な部分。要点。かなめ。③要害の地。

【喉舌】コウゼツ ①のどと、した。②言論。ものいい。③機密な事柄を任されて、君主と臣下との仲立ちをする重臣。喉舌の官。例 —の任。④要衝の地。

【喉頭】コウトウ のどの奥の、咽頭(イントウ)と気管との間の部分。咽頭との境に声帯がある。

【▼扼レ喉▼撫レ背】コウをヤクしハイをうつ 前からはのどをしめつけ、後ろからは背中を押さえて、のがれられなくする。要所や急所をつかむことのたとえ。〈盧思道・為隋檄陳文〉

【喉▼頸】のどくび 日 ①首の前面の部分。②急所。

【喉笛】のどぶえ 日 のどの、声帯のある部分。例 —に食らいつく。

【喉仏】のどぼとけ 日 成人男子ののどの前の、つき出たところ。

【喉元】のどもと 日 のどのあたり。例 —過ぎれば熱さを忘れる(=苦しい体験も、時間がたてば忘れてしまう)。

【喉輪】のどわ 日 ①よろいの、のどに当たる部分の防具。②相撲で、相手ののどに手のひらを当てて押し立てるわざ。のどわぜめ。

喰

口9 (12) 1 2284 55B0 人

サン 漢 寒 cān

く-う(く-ふ)・く-らう(く-らふ)

なりたち [会意]「口(=くち)」と「食(=くう)」とから成る。食べる。はむ。

意味 たべる。**くう。くらう。** 通 餐(サン)。

古訓 中古 くらふ・はむ 中世 くらふ 近世 くはす・くひ・くふ・くらふ

難読 漆喰(シックイ)・馬喰(バクロウ)

啻

口9 (12) 2 5133 557B

シ 漢 寘 chì

ただ・ただ-に

意味 常に疑問詞や否定詞のあとについて用いられる字。❶「不二啻…一」は「**ただに**…のみならず」と読み、ただ…だけではない、の意。例 爾不二啻不レ有二爾土一、予亦致二天之罰于爾躬一(なんじはただになんじのくにをたもたざるのみならず、われもまたテンのバツをなんじのみにいたさん)(=汝(なんじ)たちはそれぞれの土地を所有できないばかりか、また予(われ)は汝たちの身に天の罰を加えるであろう)。〈書経・多士〉 ❷「奚(何)啻…」は「なんぞ**ただ(に)**…のみならんや」と読み、どうして…にとどまろうか、の意。例 称レ王称レ帝者、奚啻一人(オウをショウしテイをショウするもの、なんぞただにイチニンのみならんや)(=王や帝を名のる者は、どうしてひとりにとどまろうか)。〈通鑑・唐・武徳二〉

日本語での用法 《ただ》「啻事(ただごと)ではない・啻(ただ)ならぬ様子(ヨウス)」▼普通にある。特別でない。

啾

口9 (12) 2 5134 557E

シュウ(シウ) 漢 尤 jiū

な-く

意味 ❶虫や鳥のかすかな鳴き声。❷幼い子供の泣く声。また、子供の声。❸すすり泣く。**なく。** また、泣き声。例 啾啾(シュウシュウ)。

【啾啾】シュウシュウ ①鳥・獣・虫の鳴き声。②笛などの鳴る音。③小声でしくしく泣くさま。例 鬼哭(キコク)—(=亡霊の恨みをこめて泣く声が、しくしくと聞こえてくるさま)。〈杜甫・兵車行〉から

【啾▼唧】シュウショク ①かぼそい声のさま。②(不安にかられて)心細いさま。③ごちゃごちゃとうるさいさま。

善

口9 (12) 1 3317 5584 教6

セン 漢 ゼン 呉 銑 shàn

よい(よ-し)

[譱] 言13 (20) 2 7033 8B71 本字。

筆順 

なりたち  [会意]「誩(=競(きそ)って言う)」と「羊(=めでたい)」とから成る。よい。

意味 ❶めでたい。立派な。正しい。すぐれている。**よい。** 対 悪。例 善悪(ゼンアク)。善行(ゼンコウ)。勧善(カンゼン)。❷よく(する)。よくす。うまく。立派に。例 善射(ゼンシャ)(=シャをよくす)。善後策(ゼンゴサク)。善処(ゼンショ)。善戦(ゼンセン)。❸仲よくする。親しくする。例 善隣(ゼンリン)。親善(シンゼン)。❹よいと認める。よろこぶ。よみす。例 善二万物之得レ時(バンブツのときをえたるをよみす)(=万物が時節を得て生長することをよろこぶ)。〈陶淵明・帰去来辞〉 ❺大事にする。惜しむ。例 善日(ゼンジツ)(=日を惜しむ)。❻ぬぐい清める。ぬぐう。例 善刀(ゼントウ)(=刀をぬぐう)。

古訓 中古 ほむ・よし・よみす 中世 ほむる・よくす・よし・よみす・よみんず 近世 おほいなり・おほし・ほむる・よし・よしとす・よみす・よみする

人名 ただし・たる・まさ・まさる・よし

【善悪】ゼンアク よいことと、わるいこと。是非。理非。例 —をわきまえる。

【善意】ゼンイ ①他人のためによかれと思う気持ち。例 —の

人。②好意的な見方。よい意味。例 —に解釈する。▽対悪意。

【善因】ゼンイン 〔仏〕よい結果をもたらすもとになる、よいおこない。対悪因。例 —善果。

【善果】ゼンカ 〔仏〕よいおこないをしたために受ける、よい報い。善行の結果。対悪果。例善因—。

【善▼賈】㊀ゼンカ 〔「賈」は、「価」の意〕高い値段。㊁ゼンコ ①上手に商売する。②すぐれた商人。

【善遇】ゼングウ 手厚く待遇する。優遇する。類善待。

【善言】ゼンゲン ①立派なことば。有益なことば。②ことばがたくみ。口達者。

【善後】ゼンゴ ①ものごとのあと始末をきちんとする。②よい結果を出す。

【善後策】ゼンゴサク 失敗のあと始末をうまくつけるための、よい方策。例 —を講じる。

【善行】ゼンコウ ①よいおこない。立派なおこない。対悪行ギョウ。例 —を積む。②上手に歩く。

【善行無▼轍▼迹】ゼンコウはテッセキなし 道を上手に行く人は車のわだちや足あとを残さない。真のよいおこないは人の目につかないことのたとえ。〈老子・二七〉

【善根】ゼンコン 〔仏〕よい報いを受けるもととなる、よいおこない。

【善才】ゼンサイ 琵琶ビワ奏者。〔唐代、善才という琵琶の名手がいたことから〕

【善▼哉】ゼンザイ ①よきかな 感心して、「よい」とほめることば。すばらしい。②日 関西で、つぶしあんのしるこ。田舎じるこ。また、関東で、餅もちにかためのあんをかけたしるこ。

【善士】ゼンシ ①徳のある立派な人物。②〔仏〕仏を信仰している人。信徒。

【善事】ゼンジ よいこと。めでたいこと。対悪事。

【善柔】ゼンジュウ ①人にへつらって機嫌をとる。また、そのような人。〈論語・季氏〉②軟弱である。

【善処】ゼンショ ①うまく処理する。②よい地位。

【善心】ゼンシン 善良な心。正直で素直な心。対悪心。

【善声】ゼンセイ ①よい評判。②美しい声を出す。また、美しい声。

【善政】ゼンセイ よい政治。人民を幸せにする政治。対悪政。例 —をしく。

【善戦】ゼンセン ①戦い方がうまい。②日〔力の弱い者が〕せいいっぱい力を出してたたかう。例 —するも及ばず。

【善玉】ゼンだま 日 善人。また、よいはたらきをするもの。〔江戸時代の草双紙くさゾウシなどの絵で、人の顔を円であらわし、善人は善、悪人は悪と書いて示したことから〕対悪玉アクだま。

【善知識】ゼンチシキ【善▼智識】ゼンチシキ 〔仏〕〔「知識・智識」は、明晰メイセキに知る人の意〕人を仏道に導く高僧。

【善道】ゼンドウ ①よい方向へ導く。善導。②人としての正しい道。③〔仏〕極楽浄土。

【善導】ゼンドウ よいほうへ教えみちびく。

【善男善女】ゼンナンゼンニョ 〔仏〕仏教を信じる心のあつい人々。信仰の深い人々。

【善人】ゼンニン ①善良な人。おこないの正しい人。対悪人。②奴隷などに対して、普通の身分の人。

【善敗】ゼンパイ ①成功と失敗。②善と悪。

【善美】ゼンビ ①善と美。例真—。②〔外観や設備などが〕立派で美しいこと。例 —をつくした建物。

【善謀】ゼンボウ たくみな計画。すぐれたはかりごと。また、それを企てること。

【善本】ゼンポン ①内容やつくりがすぐれた本。②〔書誌学で〕本文の系統が正しくて、保存などがよい、価値のある本。

【善用】ゼンヨウ ①うまく使う。例余暇の—。②世の中のために使う。対悪用。

【善良】ゼンリョウ 性格がよいこと。正直で素直なさま。例 —な市民。

【善隣】ゼンリン となりの国と仲よくすること。また、仲よくしているとなりの国。例 —友好。—外交。

【善類】ゼンルイ 善良な人々。徳のある人々。

【善▼游者溺】よくおよぐものはおぼる 泳ぎの上手な人ほど、かえっておぼれるものである。自分の才能を過信するあまり災いを招くことのたとえ。〈淮南・原道〉類善騎者堕よくきするものはおつ。

●改善カイゼン・偽善ギゼン・最善サイゼン・慈善ジゼン・追善ツイゼン・独善ドクゼン

喘

口9 (12) 2 5135 5598

ゼン 慣 セン 漢 銑 chuǎn

あえ-ぐ(あへ-ぐ)

意味 ❶息切れする。せきこむ。**あえぐ**。例喘喘センセン。喘息ゼンソク。❷ひそかに言う。例喘而言ゼンにしていう(=小声で語る)。〈荀子・臣道〉

【喘喘】センセン・ゼンゼン あえぐさま。息がたえだえになるさま。

【喘息】ゼンソク ①息をする。②あえぐ。③のどがぜいぜいいったり、発作的に激しい咳せきが出たりして、呼吸が苦しくなる病気。例気管支—。

喪

口9 (12) 1 3351 55AA 常用

㊀ソウ(サウ)漢 呉 漾 sàng

㊁ソウ(サウ)漢 呉 陽 sāng

も・うしな-う(うしな-ふ)・ほろ-びる(ほろ-ぶ)

筆順

なりたち

[会意]「𠷎(=かなしむ声)」と「亡ボウ→ソウ(=にげる)」とから成る。うしなう。

意味 ㊀❶なくす。**うしなう**。例喪志ソウシ。喪失ソウシツ。阻喪ソソウ。❷滅ぼす。滅亡する。例天喪予テンわれをほろぼせり(=天が私を滅ぼした)。〈論語・先進〉喪亡ソウボウ。
㊁❶人が死んだとき、家族や親類が、ある決まった期間つつしんでいること。**も**。例喪礼ソウレイ。喪主ソウシュ・もシュ。喪服ソウフク・もフク。❷なきがら。遺体。例得二与レ喪帰一ソウとかえるをう(=〔父子ともに従軍し、どちらかが戦死した場合〕遺体とともに帰郷してもよい)。〈史記・魏其武安侯伝〉

古訓 中古 うしなふ・うす・ほろぶ・むなし・も・もす 中世 うしなふ・ほろぶ・ほろぼす・も 近世 うしなふ・しぬる・なし・ほろぶ・も・をはる

【喪家】ソウカ ①家を失うこと。宿なし。②喪中もチュウの家。

【喪家▼之▼狗】ソウカのいぬ 喪中もチュウの家で、悲しみのあまりえさを忘れられて、元気のないイヌ。一説に、家を失ったイヌ。宿なしイヌ。転じて、やせて元気のないことのたとえ。〈史記・孔子世家〉

【喪祭】ソウサイ ①喪礼と祭礼。②死者を埋葬した後、家で霊をなぐさめる祭り。対吉祭。

【喪死】シをソウす 死者を弔う。

【喪志】ソウシ ⇩【玩物喪志】ガンブツソウシ(871ページ)

【喪失】ソウシツ うしなう。なくす。例記憶—。

【喪主】ソウシュ・もシュ 葬式をおこなうときに代表となる人。故人の跡継ぎや近しい人がなる。

【喪章】ソウショウ・もショウ 日 死者を弔う意をあらわしてつける、黒色の腕章またはリボン。

【喪心】ソウシン【喪神】ソウシン ①理性を失って、感情的になる。②正気ショウキを失って、ぼんやりする。③気絶する。失神。

【喪人】ソウジン ①位を失って他国を流浪する者。亡命者。②喪もに服している者。

【喪中】ソウチュウ・もチュウ 喪に服している期間。服喪中。

【喪服】㊀ソウフク 喪中に着る服。麻で作られ、五種がある。→②

【五服】（ゴフク）③（45ページ）二（も　フク）日 葬儀や法事のときに着る、黒やうすずみ色の服。

【喪亡】（ソウボウ）ほろびる。

【喪明】（ソウメイ｜メイをうしなう）①失明する。②子を亡くして悲しむ。〔孔子の弟子の子夏が子供を失ったとき、悲しみのあまり目が見えなくなった故事から〕〈礼記・檀弓上〉例 ―（ソウメイ）の痛み。

【喪乱】（ソウラン）人が死亡したり災いが起こったりする。世の乱れをいう。

【喪礼】（ソウレイ）死者を葬る儀式。葬式。
●阻喪（ソソウ）・大喪（タイソウ）・服喪（フクソウ｜もフク）

喞
口9（12）　2 5136　559E
ソク慣　ショク漢　職 jī
かこ-つ

意味 ❶小さな虫がしきりに鳴く声。例 喞喞（ショクショク）。❷水をくんで、そそぐ。例 喞筒（ソクトウ）。

日本語での用法《かこつ》「わが身の不運を喞（かこ）つ」▼ぐちを言う。

【喞喞】（ショクショク｜ソクソク）①虫の鳴く声。②鳥の鳴く声。③なげく声。④ささやく声。

【喞筒】（ソクトウ）水や空気を送り出す道具。ポンプ。

[單]
口9（12）　⇩単（196ページ）

喋
口9（12）　1 3593　558B　人
一 チョウ（テフ）漢　葉 dié
二 トウ（タフ）漢　洽 zhá
しゃべ-る

なりたち［形声］「口（＝くち）」と、音「枼（ヨウ→チョウ）」とから成る。よどみなく話す。

意味 一 ❶「喋喋（チョウチョウ）」は、ぺらぺらと休まず話す。しゃべる。❷ふむ。通 蹀（チョウ）。例 喋血（チョウケツ）。二「喋呷（トウコウ）」「唼喋（ソウトウ）」は、水鳥がえさをついばむ。

古訓 近世 くちがまし・くらふ・ちながる・ついばむ
【喋血】（チョウケツ｜ちをふむ）血の海ができるほど多くの人を殺す。

【喋喋▼喃▼喃】（チョウチョウナンナン）日 男女がむつまじく語りあうさま。

啼
口9（12）　2 5138　557C
テイ漢　斉 tí
な-く

意味 ❶悲しくて、声をあげて泣く。例 啼泣（テイキュウ）。❷獣や鳥が鳴き声をあげる。例 両岸猿声啼不レ住（リョウガンのエンセイないてやまず）（＝《長江》両岸の猿の声が鳴きやまない）。〈李白・早発白帝城〉

【啼血】（テイケツ）鳴いて血を吐く。ホトトギスの鳴き声の悲痛なさまをたとえていう。

【啼泣】（テイキュウ）声をあげ、涙を流して泣く。涕泣（テイキュウ）。

【啼▼哭】（テイコク）声をあげて泣く。泣き叫ぶ。

【啼痕】（テイコン）涙の流れたあと。涙痕（ルイコン）。

【啼鳥】（テイチョウ）①なく鳥。②鳥のなき声。例 春眠不レ覚レ暁、処処聞二啼鳥一（シュンミンあかつきをおぼえず、ショショテイチョウをきく）（＝春の眠りのここちよさに夜明けが来たのも気づかずにいると、あちこちの鳥のさえずりが耳に届いた）。〈孟浩然・春暁〉

[喆]
口9（12）　⇩哲（250ページ）

嗒
口9（12）　4 0416　55D2
トウ（タフ）漢　合 tà

意味 我を忘れるさま。例 嗒然（トウゼン）。

喃
口9（12）　2 5139　5583
ダン（ダム）漢　ナン（ナム）呉　咸 nán
のう（なう）

意味 細く低い声で話し続けるさま。例 喃語（ナンゴ）。喃喃（ナンナン）。

日本語での用法《のう》「喃（のう）、そこな人（ひと）」▼人に呼びかけることば。もうし。

【喃語】（ナンゴ）日 ①男女が仲むつまじく、ささやきあうこと。また、そのことば。②乳児の、まだことばにはならない声。

【喃喃】（ナンナン）ぺちゃくちゃしゃべるさま。例 喋喋（チョウチョウ）―。

喩
口9（12）　2 5140　55A9　常用
一 ユ漢呉　遇 yù
二 ユ漢呉　虞 yú
さと-す・たと-える（たと-ふ）

筆順 丨 口 口丿 口入 口亼 口合 口俞 喩

なりたち［形声］「口（＝くち）」と、音「俞（ユ）」とから成る。たとえる。
意味 一 ❶知らせる。明らかにする。教えてわからせる。さとす。通 諭。例 教喩（キョウユ）。告喩（コクユ）。❷明らかに知る。さとる。例 君子喩二於義一（クンシはギにさとる）（＝君子は正義に明るい）。〈論語・里仁〉❸他のものごとを引いて説明する。たとえる。例 喩言（ユゲン）（＝たとえばなし）。比喩（ヒユ）。二 こころよい。楽しむ。通 愉。例 自喩適レ志与、不レ知レ周也（みずからたのしみてこころにかなえるか、シュウなるをしらざるなり）（＝《胡蝶（コチョウ）となって》思いのままに楽しみ自分が荘周（ソウシュウ）であることを忘れてしまった）。〈荘子・斉物論〉
古訓 中古 さとす・さとる・たとふ・をしふ　中世 さとす・たとふ・たとへ・をしふ　近世 いさむる・さとす・たとへ・つぐる・みちびく・よろこぶ
人名 あき・さとし・さとる

𠷡
口9（12）　4 0410　20DE1　国字
ゆり

意味「百合（ゆり）」を一字にしたもの。

喇
口9（12）　2 5141　5587
ラツ漢　ラ唐　曷 lǎ

意味 ❶ ⇩【喇叭】（ラッパ）❷ ⇩【喇嘛】（ラマ）
【喇▼叭】（ラッパ）①広く、金管楽器。特に、軍隊の信号用のラッパをいう。例 進軍―。②日 できもしないのに、自信たっぷりに大げさなことを言うこと。ほら。例 ―を吹く。
【喇▼嘛】（ラマ）チベット仏教の高僧。
【喇▼嘛教】（ラマキョウ）チベット仏教。仏教がチベットの民間信仰と融合してできたもの。

喱
口9（12）　―　55B1
リ・リー lǐ

意味「咖喱（カリー）」は、現代中国語でカレー。

喨
口9（12）　2 5142　55A8
リョウ（リャウ）漢　漾 liàng

意味 明るく澄んだ音声が、あざやかに聞こえるさま。例 瀏喨（リュウリョウ）（＝音が明るく澄んでいるさま）。
【喨喨】（リョウリョウ）音がのびのびとよくひびきわたるさま。

𠹤
口10（13）　4 0426　20E64
イ漢　寘 wèi
そそのか-す

意味 ❶怒る声。うらむ声。❷日 さそい導く。そそのかす。

嗌
口10（13）　4 0421　55CC
一 エキ漢　陌 yì
二 アイ漢　卦 ài
のど

意味 一 のど。二 むせぶ。むせる。

嗚
口10（13）　2 5143　55DA
一 オ（ヲ）漢　ウ呉　虞 wū
二 オ（ヲ）漢　ウ呉　遇 wù

意味 一 ❶ ⇩【嗚呼】（アア）❷ ⇩【嗚嗚】（オオ）二 悲しみ嘆く。例 噫嗚（オイ）（＝嘆きいたむ）。
【嗚咽】（オエツ）むせび泣く。また、その声。例 ―をこらえる。

わす声。
【嗚嗚】オオ ①歌をうたう声のさま。②低く沈んだ声のさま。
【嗚呼】【嗚▼虖】コオ/ああ 感動や喜び・嘆きなどの気持ちをあらわす声。

嘔 口10(13) 4 0425 55E2　オウ(ヲウ)漢 月 wà
意味 ❶むせぶ。例 嘔咽エツ(=むせぶ)。❷わらう。

嘩 口10(13) 1 1862 5629 人　カ(クヮ)漢 麻 huá　かまびす-しい(かまびす-し)
なりたち [形声]「口(=くち)」と、音「華カ」とから成る。口やかましく騒ぐ。
意味 大きな声で騒ぐ。やかましい。**かまびすしい**。例 喧嘩ケン。
古訓 中古 かたらふ・かまびすし・さわがし・ののしる・みだる 中世 かたらふ・かまびすし・みだる・わらふ 近世 かまびすし

嗝 口10(13) 4 0423 55DD　カク漢 陌 gé
意味 ❶キジやニワトリの鳴き声。❷げっぷ。おくび。

嗅 口10(13) 2 5144 55C5 常用　キュウ(キウ)漢 宥 xiù　かぐ
[齅] 鼻10(24) 4 9473 9F45 別体字。
筆順 丨 ロ ロ′ 叩 咱 嗅 嗅 嗅
なりたち  [会意]「鼻(=はな)」と「臭(=かぐ)」とから成る。鼻でかぐ。
意味 鼻でにおいを感じとる。**かぐ**。例 嗅覚キュウカク。
古訓 中古 かぐ・くさし 中世 かぐ 近世 かぐ
【嗅覚】キュウカク においを感じとる感覚。臭覚。例 ―が鋭い。

嗊 口10(13) 4 0418 20E6D 国字　ク・コ
意味 外来語の「ク」「コ」の音をあらわす字。例 嗊囉仿謨クロロホルム(=揮発性の強い液体)。

嗛 口10(13) 55DB
一 カン(カム)漢 咸 xián
二 ケン(ケム)漢 琰 qiǎn
三 ケン(ケム)漢 塩 qiàn
四 ケン(ケム)漢 琰 qiàn
五 キョウ(ケフ)漢 葉 qiè
意味 一 ❶口にくわえる。ふくむ。通銜カン。❷(感情を)心の中におさめる。通銜カ。例 嗛嗛一カン。二 ほおぶくろ。〔リスやサルの口の中にある、食物を一時ためておく部分〕 三 へりくだる。通謙。例 嗛嗛二ケン③。四 あきたりない。欠乏。通歉ケ・慊ケ。例 嗛嗛二ケン①②。五 あきたる。たりる。満足する。通慊。例 嗛志キョウシ・嗛然キョウゼン。
【嗛志】キョウシ 心にかなう。満足する。
【嗛然】キョウゼン 満ち足りたさま。楽しげなさま。
【嗛嗛】一 ケン ①小さいさま。例 ―の徳(=わずかな徳)。②不満なさま。満足のいかないさま。③へりくだるさま。謙謙。二 カン 恨みをいだくさま。

嗑 口10(13) 4 0422 55D1
一 コウ(カフ)漢 合 kè
二 コウ(カフ)漢 合 hé
意味 一 多くしゃべる。二 合う。とじる。例 噬嗑ゼイコウ(=ものをかみ合わせる。易エキの六十四卦カの一つ)。

嗥 口10(13) 55E5　コウ(カウ)漢 豪 háo　ほ-える(ほ-ゆ)
[嘷] 口12(15) 4 0433 5637 別体字。
意味 ❶動物が、あたりにひびく声を出す。**ほえる**。例 狼嗥ロウコウ(=オオカミがほえる)。❷大声で叫ぶ。通号。

嗟 口10(13) 2 5145 55DF　シャ漢 サ呉 麻 jiē　なげ-く
意味 ❶感動、また、悲しみの声。例 嗟乎コサ/ああ。嗟嗟サ。❷感嘆する。嘆き悲しむ。例 嗟嘆タン。❸「咄嗟トッサ」は、わずかな時間。
【嗟▼咨】サシ 嘆く。咨嗟。
【嗟称】【嗟賞】サショウ 感嘆してほめたたえる。
【嗟嘆】【嗟▼歎】サタン ①嘆く。②感動してほめる。
【嗟悼】サトウ 嘆き悲しむ。
【嗟来▼之食】サライのシ 「さあ、こっちへ来て食え」と侮蔑ブベツ的な態度で与える食物。〈礼記・檀弓下〉
【嗟▼惋】サワン 嘆き恨む。

嗄 口10(13) 2 5146 55C4　サ漢 禡 shà　か-れる(か-る)・しゃが-れる・しわが-れる(しはが-る)・か-らす
意味 声がかすれる。しわがれ声になる。**かれる**。**しゃがれる**。例 終日号而不レ嗄シュウジツさけべどもかれず(=一日中泣き叫んでも声がかれない)。〈老子・五五〉 嗄声サセイ(=しわがれ声)。

嗩 口10(13) 4 0427 55E9　サ・スオ suǒ
意味 「嗩吶サトツ/スオナ」は、チャルメラ。

嗣 口10(13) 1 2744 55E3 常用　シ漢 寘 sì　つ-ぐ
筆順 丶 口 冂 冊 嗣 嗣 嗣 嗣
なりたち  [形声]「冊(=天子の命令)」と「口(=国)」と、音「司シ」とから成る。諸侯の長子が、天子の命令によって与えられた国を受けつぐ。
意味 ❶家系をつぐ。あとをつぐ。あとつぎ。例 嗣子シシ・継嗣ケイシ・後嗣コウシ。❷受けつぐ。続ける。例 嗣音シイン。❸次の。あとの。例 嗣後シゴ。
古訓 中古 つぎ・つぐ・ならふ 中世 つぐ・ならふ 近世 かさねる・つぐ
人名 さね・つぎ・よつぎ
【嗣音】シイン ①音信を絶やさない。便りを送り続ける。②〔「音」は、すぐれた教えの意〕立派な教えを受けつぐ。転じて、先人の事業を受けつぐ。
【嗣君】シクン 位をついだ君主。類嗣主。
【嗣後】シゴ こののち。以後。
【嗣子】シシ 家をつぐ子。あととり。あとつぎ。

嗜 口10(13) 2 5147 55DC　シ漢 寘 shì　たしな-む
意味 ❶好んで飲食する。喜んでする。**たしなむ**。例 性嗜レ酒セイさけをたしなむ(=酒が大好きな質たちであった)。〈陶淵明・五柳先生伝〉 嗜好シコウ。❷ほしがる。むさぼる。例 貪嗜タンシ。
【嗜▼痂】シカ かさぶたを好んで食べる。転じて、特異な嗜好のこと。〈宋書・劉邕伝〉から
【嗜玩】シガン 好みもてあそぶ。愛玩する。また、そのもの。
【嗜虐】シギャク 残虐なことを好む。例 ―性。
【嗜好】シコウ すきこのむ。このみ。例 ―に合う。―品。
【嗜欲】【嗜▼慾】シヨク (うまいものが食べたい、美しいものを見たい、ここちよい音楽が聞きたいというような)欲望。

嗤 口10(13) 2 5148 55E4　シ漢 呉 支 chī　わら-う(わら-ふ)

意味 ❶ばかにしてわらう。あざわらう。**わらう**。例 嗤笑(シショウ)(=おろか。ばかげたこと)。あざわらう)。❷おろかな。通 蚩(シ)。例 嗤駭(シガイ)(=おろか。ばかげたこと)。
【嗤▼詆】(シテイ) あざけり、ののしる。

嗇
口10(13) 2 5207 55C7
ショク漢 職 sè
お-しむ(を-しむ)・やぶさ-か・しわ-い(しわ-し)

意味 ❶ものおしみする。**やぶさか**。けち。例 吝嗇(リンショク)。❷むさぼる。求める。例 嗇ニ於禍一(わざわいをむさぼる)(=災いが起こることを求める)。〈左伝・襄二六〉 ❸作物を収穫する。また、農作業。通 穡。例 務嗇(シムショク)(ショクをつとむ)(=農事に精を出す)。

【嗇事】(ショクジ) 農作業。穡事(ショクジ)。

【嗇夫】(ショクフ) ①農夫。穡夫(ショクフ)。②漢代、訴訟や税の徴収などをした役人。

【嗇用】(ショクヨウ) 使い惜しみをする。けちけち使う。

嗔
口10(13) 2 5149 55D4
一 テン漢 先 tián
二 シン漢呉 真 chēn
いか-る

意味 一 さかんなさま。例 嗔嗔(テンテン)(=意気さかんなさま)。二 **いかる**。通 瞋(シン)。例 嗔恚(シンイ)(シンニ)(=いかり)。

嗉
口10(13) 4 0420 55C9
ソ漢 遇 sù

意味 鳥のえぶくろ。鳥類の食道の一部が拡大して食べ物を一時的に蓄えておくところ。例 嗉嚢(ソノウ)(=えぶくろ)。

喿
口10(13) 4 0419 55BF
ソウ(サウ)漢 号 zào

意味 さわぐ。通 譟(ソウ)・譟(ソウ)。

嘆
口10(13) 1 3518 5606 常用
タン漢呉 翰 tàn
なげ-く・なげ-き・なげ-かわしい(なげ-かはし)

[嘆] 口11(14) 3 1515 FA37 人 旧字体。

筆順 

なりたち 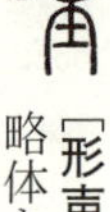 [形声]「口(=くち)」と、音「歎(タン)」の省略体とから成る。よろこびの気持ちをぐっとおさえる。また、ため息をつく。

意味 ❶悲しんで、ため息をつく。**なげく**。**なげき**。例 嘆息(タンソク)。悲嘆(ヒタン)。❷感心してほめたたえる。通 歎(タン)。例 嘆賞(タンショウ)。感嘆(カンタン)。賛嘆(サンタン)。

参考「嘆」と「歎」とは、いずれも、喜怒哀楽の感きわまって、ため息をつくことで、古くから通じて用いる。ただし、「嘆」は、悲しみなげく、「歎」は、ほめたたえる、という意味に用いることが多かった。


古訓 中古 なげく・ほむ 中世 なげく 近世 ためいき・なげく
【嘆異】(タンイ) 感心してすばらしいと思う。歎異(タンイ)。

【嘆慨】(タンガイ) (ああと)なげく。ため息をついてなげく。歎慨(タンガイ)。

【嘆願】(タンガン) 事情を述べて熱心にたのむ。歎願(タンガン)。例 一書。

【嘆▼嗟】(タンサ) (ため息をついて)なげく。嗟嘆。歎嗟(タンサ)。

【嘆傷】(タンショウ) なげきいたむ。なげき悲しむ。歎傷(タンショウ)。類 嘆悼。

【嘆賞】【嘆称】(タンショウ) 感心して、そのすばらしさをたたえる。歎賞(タンショウ)。歎称。

【嘆声】(タンセイ) なげいたり感心したりして、思わずもらす声。歎声(タンセイ)。例 —を発する。

【嘆息】(タンソク) ①なげいてためいきをつく。②いたく感心する。▽歎息(タンソク)。

【嘆美】(タンビ) 感心してほめる。歎美(タンビ)。

【嘆服】【嘆伏】(タンプク) 感心して敬いしたがう。感服。歎服(タンプク)。歎伏。

【嘆▼惋】(タンワン) なげきうらむ。なげきおしむ。歎惋(タンワン)。
● 詠嘆(エイタン)・慨嘆(ガイタン)・感嘆(カンタン)・驚嘆(キョウタン)

嗎
口10(13) 3 1514 55CE
一 バ漢 禡 mà
二 マ ma
三 マ mǎ

意味 一 ののしる。通 罵(バ)。二 俗語で、疑問や反語の語気を示す。三「嗎啡(マーフェイ)(ヒ)」は、モルヒネ。

㗚
口10(13) 4 0424 35DA
リツ漢 質 lì

意味 ことばがはっきりしない。例 嘍㗚(ロウリツ)。

𠺕
口10(13) 4 0417 20E95
リョウ liáo

意味「𠺕喨(リョウリョウ)」は、すみきった音のさま。難読 咬𠺕吧(ジャガタラ)(=ジャカルタの古名。また、ジャワ島)

嘔
口11(14) 2 5150 5614
一 オウ漢 有 ǒu
二 オウ漢 尤 ōu
三 ク漢 虞 xū
は-く

[呕] 口4(7) 4 0368 5455 俗字。

意味 一 食べたものをもどす。**はく**。通 欧。例 嘔吐(オウト)。二 ❶歌をうたう。通 謳(オウ)。例 嘔吟(オウギン)(=大きな声で歌や詩句をうたいあげる)。❷⇩【嘔啞】(オウア) 三⇩【嘔嘔】(クク)

【嘔▼啞】(オウア) ①子供の話す声。②楽器の出すやかましい音。例 嘔啞嘲哳難レ為レ聴(オウアチョウタツきくをなしがたし)(=《農夫の吹く笛の》ひどい音は聴くにたえない)。〈白居易・琵琶行〉 ③鳥や獣のにぎやかな鳴き声。④舟や車のきしむ音。

【嘔▼泄】(オウセツ) 嘔吐(オウト)と下痢。吐き下し。吐瀉(トシャ)。

【嘔吐】(オウト) 食べたものをはく。

【嘔嘔】(クク) ことばがおだやかなさま。呴呴(クク)。姁姁(クク)。

嘉
口11(14) 1 1837 5609 人
カ漢 麻 jiā
よみ-する(よみ-す)・よ-い(よ-し)

なりたち  [形声]「壴(=楽器をならべる)」と、音「加(カ)」とから成る。よい。

意味 ❶めでたい。**よい**。立派な。例 嘉辰(カシン)。嘉例(カレイ)。❷味がよい。うまい。例 嘉肴(カコウ)。❸よいと認める。ほめる。例 嘉賞(カショウ)。❹よろこぶ。たのしむ。例 嘉楽(カラク)。

古訓 中古 さかり・さかりなり・よし・よみす 中世 よし・よみす・よみんず・よろこび・よろこぶ 近世 たのしむ・ほむる・よし・よみす・よみんず・よろこぶ

人名 ひろ・ほむる・よし・よしみ・よみし・よろし
【嘉▼禾】(カカ) ①特異な形に育ったイネ。〔吉兆として喜ばれた〕〈書経・微子之命〉 ②穂がよく実った良質のイネ。

【嘉会】(カカイ) ①すぐれたものの集まり。②めでたい集まり。祝賀の会。③よい巡り合わせ。

【嘉▼貺】【嘉況】(カキョウ) 〔「貺・況」は、賜る意〕手厚いたまわりもの。

【嘉▼耦】【嘉偶】(カグウ) よいつれあい。よい配偶者。

【嘉恵】(カケイ) よいめぐみ。〔人から受けた恩恵に対して敬意をこめていうことば〕

【嘉慶】(カケイ) ①めでたいこと。よろこびごと。②帰郷して親に挨拶(アイサツ)すること。

【嘉月】(カゲツ) 陰暦三月の別名。

【嘉言】(カゲン) 人々の戒めとなるよいことば。善言。例 —善行。

【嘉好】(カコウ) ①諸侯が天子に拝謁する儀式。朝会。②親善。よしみ。

【嘉▼肴】カコウ おいしい料理。佳肴カコウ。例 珍味—。
【嘉号】カゴウ よい評判。名声。
【嘉穀】カコク ①よい穀物。特に、イネをいう。②穂が多くついているイネ。嘉禾カカ。
【嘉祉】カシ 〔「祉」は、福の意〕幸福。しあわせ。類 嘉福。
【嘉尚】カショウ 称賛する。ほめたたえる。
【嘉招】カショウ おまねき。お召し。〔人にまねかれたことを敬っていうことば。多く、朝廷から招聘ショウヘイされることを指す〕
【嘉祥】カショウ めでたいきざし。よいしるし。吉祥キッショウ。祥瑞ショウズイ。類 嘉瑞カズイ。
【嘉称】カショウ ①たたえることば。美称。②ほめたたえる。
【嘉奨】カショウ 〔よいことだと〕ほめてはげます。
【嘉賞】カショウ ほめたたえる。例 ご—にあずかる。
【嘉▼辰】カシン めでたい日。佳日。佳辰。例 —令月。
【嘉節】カセツ めでたい日。節句。祝日。佳節。例 —を祝う。
【嘉沢】カタク よい時に降る雨。恵みの雨。類 嘉雨・嘉澍カジュ。
【嘉▼禎】【嘉貞】カテイ めでたいことのきざし。幸いの前ぶれ。
【嘉▼遯】【嘉▼遁】カトン 正しい志をもってする隠遁。正道に合した隠遁。
【嘉納】カノウ 目下の人からの贈り物や進言などを快く受け取る。例 心ばかりの品ですが、ご—ください。
【嘉賓】カヒン ①よい客。賓客。貴賓。②スズメの別名。
【嘉聞】【嘉問】カブン 〔「問」は、「聞」に同じ〕よい評判。名声。令聞。
【嘉平】カヘイ 陰暦十二月におこなう臘祭ロウサイの別名。狩猟をして先祖を祭った。
【嘉▼謨】カボ よいはかりごと。国家を治めるためのすぐれた方策。類 嘉算・嘉謀・嘉猷カユウ。
【嘉名】カメイ ①よい名前。すばらしい名前。例 —をたまわる。②よい評判。名声。
【嘉▼祐】カユウ よい助け。また、さいわいなこと。
【嘉誉】カヨ よいほまれ。すばらしい名誉。
【嘉楽】 一ラク よろこび楽しむ。仮楽カラク。例 嘉楽君子、憲憲令徳カラクのクンシ、ケンケンたるレイトク(=人がよろこび楽しむところの君子は、光り輝くすばらしい徳を有している)。〈中庸〉 二ガク すばらしい音楽。饗宴キョウエンや祭祀サイシのとき、鐘ショウと磬ケイを奏する音楽をいう。
【嘉礼】カレイ 古代の五礼の一つ。冠婚・祝賀など、六種のめでたい儀式があった。
【嘉例】カレイ 日 めでたい先例。吉例キチレイ。佳例。例 新年の—とする。

嘎 口11(14) ③1517 560E カツ 漢 黠 gā
意味 「嘎嘎カツカツ」は、鳥の鳴き声。

[嘘] 口11(14) ⇒嘘キョ(264ページ)

嘐 口11(14) ④0431 5610 コウ(カウ) 漢 肴 xiāo
意味 大言する。ほらをふく。例 嘐嘐コウコウ(=大言するさま)。

嗷 口11(14) ②5151 55F7 ゴウ(ガウ) 漢 豪 áo
意味 人々の悲しむ声。また、がやがや騒ぐさま。

嘖 口11(14) ②5152 5616 サク 漢 陌 zé さけ-ぶ・さいな-む
意味 大声で騒ぎたてる。さけぶ。例 嘖嘖サクサク。
【嘖嘖】サクサク 口々に騒ぎたてるさま。例 好評—。

嘇 口11(14) ④0430 5607 サン(サム) 漢 咸 shān ものもう(ものまう)
意味 口にものを含む。例 哈嘇カンサン(=口にものをふくむ)。
日本語での用法 《ものもう》「嘇ものもうの声こえ」▼他人の家の戸口で案内を請うことば。ものもう。

嘗 口11(14) ①3008 5617 人 ショウ(シャウ) 漢 ジョウ(ジャウ) 呉 陽 cháng な-める(な-む)・かつ-て
[甞] 甘8(13) ②6519 751E 俗字。
なりたち [形声]「旨(=うまい)」と、音「尚ショウ」とから成る。口で味わう。
意味 ❶味をみる。あじわう。なめる。例 嘗試ショウシ。❷ためす。こころみる。例 嘗味ショウミ。❸これまでに。以前。かつて。例 吾嘗終日不食、終夜不寝、以思われかつてシュウジツくらわず、シュウヤいねず、もっておもう(=私は以前一日中食べず、一晩中眠らず、思索した)。〈論語・衛霊公〉 ❹秋に新しくとれた穀物を神に供えるまつり。例 新嘗祭シンジョウサイ・にいなめ。❺つねに。通常。
古訓 中古 かつて・こころみる・こころむ・しばらく・なむ・まつり・むかし 中世 かつて・こころむ・なむる・むかし 近世 かつて・こころみる・なむる・なめる・まつり・むかし
【嘗試】ショウシ こころみる。ためす。例 我雖ニ不敏一、請嘗ニ試之一われフビンなりといえども、こころみにこれをショウシせん(=私は愚かではありますが、こころみさせてください)。〈孟子・梁恵王上〉
【嘗胆】ショウタン にがい胆きもをなめること。→【臥薪嘗胆】ガシンショウタン(1349ページ)
【嘗薬】ショウヤク 薬の毒味をする。君主や親が薬を飲む前に、臣下や子供がためしてみる。

[嘯] 口11(14) ⇒嘯ショウ(266ページ)

噏 口11(14) ④0429 20F5F 国字 ずき・つき・づき
意味 姓に用いる字。例 池噏いけずき・いけつき・いけづき。

嗾 口11(14) ②5153 55FE ソウ 漢 有 sǒu けしか-ける(けしか-く)・そそのか-す
意味 そそのかす。けしかける。例 使嗾シソウ(=けしかける)。

嗽 口11(14) ②5154 55FD 一ソウ 漢 宥 sòu 二ソウ 慣 サク 漢 覚 shuò 三ソウ 慣 シュウ(シウ) 漢 宥 shù うがい(うがひ)・すす-ぐ・くちすす-ぐ
意味 一 せきをする。せき。しわぶき。例 嗽声ソウセイ(=せきの声)。咳嗽ガイソウ。二 吸いこむ。すう。通 欶サク。例 嗽吮ソウセン・サクセン(=すする)。三 口をすすぐ。うがい(をする)。通 漱ソウ。例 嗽口ソウコウ。含嗽ガンソウ(=うがいをする)。

嘈 口11(14) ③1516 5608 ソウ(サウ) 漢 豪 cáo かまびす-しい(かまびす-し)
意味 騒がしい。かまびすしい。例 嘈嘈ソウソウ(=がやがやと騒がしい)。

[噌] 口11(14) ⇒噌ソ(265ページ)

[嘆] 口11(14) ⇒嘆タン(262ページ)

嘛 口11(14) ②5155 561B マ má
意味 「喇嘛ラマ」は、チベット仏教の高僧。

嗹 口11(14) ②5156 55F9 レン 漢 先 lián

意味 「嗹嘍(レンロウ)」は、言い方があいまいで、はっきりしないさま。㊟謰(レン)。

日本語での用法 《レン》「印刷用紙(インサツヨウシ)五十嗹(ゴジュウレン)」▼〔リーム（ream）にあてた字〕洋紙の全紙千枚を単位としていう語。現代では多く「連」と書く。

難読 嗹馬(デンマルク)・嗹国(デネマルク)（＝デンマーク）

噎

口12（15） ②5157 564E

エツ㊇ 屑 yē

むせ-ぶ・む-せる（む-す）

意味 ❶食物がのどにつかえる。**むせぶ。むせる。** 例 因噎廃食(エツによりてショクをハイす)（＝食物がのどにつかえたために食事をすべてやめてしまう。小さな失敗にこりて正常な活動までやめてしまうこと）。〈呂覧・蕩兵〉から〕❷心配や悲しみで息がつまる。**むせぶ。むせる。** 例 噎鬱(エツウツ)（＝心配で気が晴れない）。❸ふさがる。ふさぐ。例 噎塞(エッソク)。

難読 噦噎(さくり|しゃくり)・(しゃっくり)

【噎▼嘔】(エツオウ) むせて吐く。

【噎塞】(エッソク) ふさぐ。例 噎二塞行路一(コウロをエッソクす)（＝道路をふさぐ）。〈旧五代・唐・荘宗紀二〉

噶

口12（15） ③1520 5676

カ・ガ gá

意味 音訳に用いる字。例 吐噶喇列島(トカラレットウ)。喀什噶爾(カシュガル)。噶霏(カフェイ)（＝コーヒー）。

㗴

口12（15） ④0434 35F4

ガン㊇ 刪 yán

ま

意味 イヌが争うさま。

日本語での用法 《ま》「㗴口(まぐち)」▼姓に用いる。

器

口12（15） ①2079 5668 教4

キ㊇㊉ 寘 qì

うつわ（うつは）

[器] 口13（16） ③1522 FA38 人 旧字体。

[噐] 口12（15） ②5158 5650 俗字。

筆順 丶 ㇅ 口 吅 吅 哭 哭 器

なりたち  [会意]「吅(＝多くのうつわ)」と「犬(＝守る役のイヌ)」とから成る。いろいろなうつわ。

意味 ❶いれもの。**うつわ。** 例 酒器(シュキ)。食器(ショッキ)。容器(ヨウキ)。❷用具。道具。また、武器。例 楽器(ガッキ)。祭器(サイキ)。❸からだ。からだの中のあるはたらきをもった組織。例 器官(キカン)。呼吸器(コキュウキ)。❹才能。はたらき。腕前。例 器用(キヨウ)。才器(サイキ)。❺人物。度量。例 器量(キリョウ)。大器(タイキ)。❻才能を高く評価する。例 先主器レ之(センシュこれをうつわとす)（＝先主〔劉備(リュウビ)〕は彼〔徐庶(ジョショ)〕を高く評価した）。〈蜀志・諸葛亮伝〉❼一つのことにしか役に立たないもの。一つのはたらきしかしないもの。例 君子不レ器(クンシはキならず)（＝立派な人間は、単なる専門家ではいけない）。〈論語・為政〉

古訓 中古 うつはもの・つき 中世 うつはもの 近世 うつは・うつはもの・ゴキ

人名 かた

難読 行器(ほかい)（＝食物を持ち運ぶうつわ）・土器(かわらけ)

【器宇】(キウ) 心の広さ。度量。人柄。例 ─軒昂(ケンコウ)（＝度量が大きい）。

【器械】(キカイ) ①用具。特に、武器。②実験や測定、また体操のために使う、簡単なしかけ。〔「機械」とちがって、原動力をもたないものをいう〕例 ─体操。医療─。

【器楽】(キガク) 楽器だけで演奏する音楽。㊖声楽。

【器官】(キカン) 日生物体の一部で、組織が集まって、ある特定のはたらきをする構造。例 消化─。

【器玩】(キガン) 鑑賞や愛玩用の道具。

【器具】(キグ) ①ものを入れる道具。うつわもの。②簡単なしかけの道具。例 電気─。

【器材】(キザイ) 日①器具を作る材料。②器具や材料。例 照明─。─置き場。

【器財】(キザイ) 日値打ちのある道具。家財道具。

【器使】(キシ) ①名人の才能を見きわめ、それに応じて用いる。②人材を重用する。

【器識】(キシキ) 器量と見識。

【器▼什】(キジュウ) 日用の器具。什器。

【器▼仗】(キジョウ) 武器。兵杖。

【器重】(キチョウ) ①才能を認めて重んじる。重用する。②才能。③飾りけがなく重々しい。

【器度】(キド) ①心の大きさ。人柄。②才能。器量。▽㊞器局。

【器任】(キニン) 人材を重用する。

【器物】(キブツ) 道具や器具。例 ─（＝文書・建造物・艦船以外の有形物）損壊罪。

【器皿】(キベイ) 杯や大皿などの飲食器。また、広く食器類。

【器用】(キヨウ) ①日用の道具。②兵器や農具。③才能があること。才人。④日手先の細かい仕事が上手なこと。㊖不器用。⑤日ものごとを要領よくやること。

【器用貧乏】(キヨウビンボウ) 日器用で、他人から重宝(チョウホウ)がられて、一つのことに集中できず、大成しないこと。

【器量】(キリョウ) ①うつわの容量。②才能と力量。例 ─に乏しい。③日(女性の)顔かたち。例 ─よし。④日男としての面目(メンボク)。例 ─を下げる。

【不レ成レ器】(キをなさず) 完全なもの、役立つものにならない。↓【玉不レ琢不レ成レ器】(たまみがかざればキをなさず)（869ページ）

●火器(カキ)・計器(ケイキ)・磁器(ジキ)・漆器(シッキ)・性器(セイキ)・臓器(ゾウキ)・茶器(チャキ)・鉄器(テッキ)・陶器(トウキ)・兵器(ヘイキ)・容器(ヨウキ)・利器(リキ)

嘻

口12（15） ③1518 563B

キ㊇ 支 xī

わら-う（わら-ふ）・ああ

意味 ❶賛嘆の声。**ああ。** あ。例 嘻嘻(キキ)。嘻笑(キショウ)。㊟譆(キ)。❷喜んで笑う。無理に笑う。**わらう。**

【嘻嘻】(キキ) ①喜び楽しんで、笑うさま。②嘆く声。ああ。③鳥の鳴き声。④日（子供などが）楽しそうに遊ぶさま。喜喜。

【嘻笑】(キショウ) ①つくりわらいをする。強笑。②口を大きく開けてわらう。③あざわらう。④喜んでわらう。

嘰

口12（15） ④0432 5630

キ㊇ 微 jī

つづし-る

意味 ❶少しずつ食べる。**つづしる。** 例 嘰(つづしり)歌(うたう)（＝一句ずつ切れ切れに歌う歌）。❷悲しみ嘆く。なげく。

噓

口12（15） ③8407 5653

キョ㊇ コ㊉ 魚 xū

うそ・うそぶ-く

[嘘] 口11（14） ①1719 5618 俗字。

意味 ❶ゆっくり息を吐く。長く息をつく。**うそぶく。** 例 噓気(キョキ)（＝息をはく）。❷ため息をつく。なげく。泣く。例 噓唏(キョキ)。

日本語での用法 《うそ》「噓吐(うそつ)き・噓八百(うそハッピャク)・噓泣(うそな)き・噓(うそ)も方便(ホウベン)・真(ま)っ赤(か)な噓(うそ)」▼いつわり。

【噓▼唏】(キョキ) ため息をついてなげく。むせび泣く。歔欷(キョキ)。

【噓吸】(キョキュウ) ①呼吸する。㊞噓翕(キョキュウ)。②泣くさま。

【噓言】(キョゲン) 日うそを言う。うそ。そらごと。虚言。例 ─癖(ヘキ)。

[嘷] 口12（15） ⇩嗥(コウ)（261ページ）

[嚙] 口12（15） ⇩噛(ゴウ)（267ページ）

噍

口12（15） 564D

一 ショウ（セウ）㊇ 嘯 jiào

二 ショウ（セウ）㊇ 蕭 jiāo

か-む

意味 一 ❶かんで食べる。**かむ**。例 噍食(ショウショク)(=食物をかみこなす)。❷食べて生活している動物や人。例 噍類(ショウルイ)。二 あせって声がとぎれる。例 噍殺(ショウサイ)。

【噍殺】(ショウサイ) 音の調子が速くて、のびやかでない。

【噍類】(ショウルイ)〔物を食べる人の意〕生存者。例 襄城無二噍類一(ジョウジョウにショウルイなし)(=襄城に生存者はない)。〈漢書・高帝紀上〉

嘱

口12(15) 1 3092 5631 常用 ショク漢 ソク呉 沃 zhǔ たの-む

[囑] 口21(24) 2 5186 56D1 旧字体。

筆順 ロ ロ̄ 叩 呞 喔 嘱 嘱 嘱

なりたち [形声]「口(=くち)」と、音「屬(ショク)」とから成る。たのむ。

意味 ❶ことばで依頼する。まかせる。**たのむ**。例 嘱託(ショクタク)。委嘱(イショク)。❷つける。よせる。通 属・矚(ショク)。例 嘱望(ショクボウ)。嘱目(ショクモク)。

古訓 中古 あづく・あつらふ・さへづる・しのふ・つく・ゆづる 中世 あづく・つく 近世 あつらへる・つく・つくる・よする

【嘱託】(ショクタク) ①(ある条件のもとで)仕事をまかせる。例 ─殺人。②日 正式の職員としてではなく、業務にたずさわる人。また、その身分。▽属託(ショクタク)。

【嘱付】(ショクフ) たのむ。言いつける。

【嘱望】(ショクボウ) のぞみをかけ、期待する。属望(ショクボウ)。矚望(ショクボウ)。例 前途を─される青年。

【嘱目】(ショクモク) ①期待して見守る。例 将来を─する。②ふと目にふれる。例 ─した風景。▽属目(ショクモク)。矚目(ショクモク)。

嘶

口12(15) 2 5161 5636 セイ漢 サイ呉 斉 sī(旧 xī) いなな-く

意味 ❶声がかすれる。例 嘶喝(セイアイ)(=声がかすれて弱々しい)。❷むせぶ。例 嘶咽(セイエツ)(=むせび泣く)。❸ウマが鳴く。**いななく**。例 嘶馬(セイバ)(=いななくウマ)。

噌

口12(15) 1 3325 564C 人 ソウ(サウ)漢 庚 chēng かまびす-しい(かまびす-し)

[噌] 口11(14) ── 俗字。

なりたち [形声]「口(=くち)」と、音「曾(ソウ)」とから成る。やかましい声。

意味 人々の声や鐘の音のやかましいさま。

参考「味噌(ミソ)」は、もともと外来語といわれる「ミソ」の音にあてた「未曾」に、口偏を加えた字。

古訓 中世 みだりがはし 近世 かまびすし

難読 一噌(イッソウ)(=姓)

噂

口12(15) 1 1729 5642 人 ソン漢 阮 zǔn うわさ(うはさ)

[噂] 口12(15) ── 俗字。

なりたち  [形声]「口(=くち)」と、音「尊(ソン)」とから成る。人が集まって語る。

意味 多くの人が集まってしゃべる。集まってあれこれと話す。例 噂沓(ソントウ)(=集まって語り合う)。

日本語での用法 《うわさ》「噂話(うわさばなし)・噂(うわさ)の種(たね)」▼他人の身の上や世間について、勝手気ままに言うこと。

古訓 中世 うはさ 近世 うはさ・ものがたり

噀

口12(15) 4 0437 5640 ソン漢 願 xùn

意味 水などを噴き出す。ふく。通 潠(ソン)。

【噀墨将軍】(ソンボクショウグン) イカの異名。

噉

口12(15) 3 1519 5649 タン(タム)漢 感 dàn く-らう(く-らふ)

意味 食べる。**くらう**。通 啖(タン)。例 噉粥(タンシュク)(=かゆを食べる)。

嘽

口12(15) 4 0435 563D 一 タン漢 寒 tān 二 セン漢 銑 chǎn

意味 一 ⇩【嘽嘽】(タンタン) 二 ゆったりしたさま。例 嘽緩(センカン)(=おだやかでゆったりしたさま)。

【嘽嘽】(タンタン) ①(ぜいぜいと)あえぐさま。②多いさま。③さかんなさま。④喜び楽しむさま。

嘲

口12(15) 2 5162 5632 常用 トウ(タウ)漢 チョウ(テウ)呉 肴 cháo あざける・あざけり

[嘲] 口12(15) ── 俗字。

筆順 ロ ロ̄ 叶 咕 咭 啅 嘲 嘲

なりたち  [形声]「口(=くち)」と、音「朝(チョウ)」とから成る。あざける。

意味 ❶ばかにして笑う。からかう。**あざける**。例 嘲笑(チョウショウ)。嘲戯(チョウギ)(=ふざける)。自嘲(ジチョウ)。❷詩歌を吟ずる。例 嘲歌(チョウカ)。❸ ⇩【嘲哳】(チョウタツ)

古訓 中古 あざける・さへづる・たはぶる・ととのふ 中世 あざける・ととのふ 近世 あざける

難読 嘲笑(あざわら)う

【嘲▼詼】(チョウカイ)【嘲諧】(チョウカイ) からかう。冗談を言う。類 嘲戯・嘲謔(チョウギャク)。

【嘲笑】(チョウショウ) 相手をあざけって、わらう。類 嘲嗤(チョウシ)。例 ─の渦。─の的になる。

【嘲▼哳】(チョウタツ|トウタツ) ①楽器の音や歌声が乱雑で騒がしいさま。②鳥の騒がしい鳴き声。③話し声が聞きとりにくいこと。例 夷音語嘲哳(イオンゴチョウタツたり)(=異民族のことばははっきりと聞きとれない)。〈白居易・東南行一百韻寄通州元九侍御賓七校書〉

【嘲罵】(チョウバ) あざけって悪口を言う。類 嘲詈(チョウリ)。例 ─を浴びせる。

【嘲弄】(チョウロウ) ①あざけってからかう。②詩歌を吟じて、景色をめでる。嘲風弄月(チョウフウロウゲツ)。

噇

口12(15) 4 0438 5647 トウ(タウ)漢 江 chuáng

意味 大食する。むさぼる。例 噇眠(トウミン)(=ねむりこける)。

【噇酒▼糟漢】(トウシュソウのカン) 酒かすを食って酔い心地になっている男。一知半解で自己満足している修行者。

嘸

口12(15) 2 5163 5638 ブ・フ漢 麌 fǔ さぞ

意味 迷って、はっきりとしないさま。例 嘸然(ブゼン)。

日本語での用法 《さぞ》「嘸(さぞ)お困(こま)りになったことでしょう・みなさま嘸(さぞ)かしお喜(よろこ)びでしょう・自信(ジシン)のほども嘸(さぞ)と思(おも)われる」▼確信のもてる推量や想像をあらわす副詞。さだめし。多分。きっと。

噴

口12(15) 1 4214 5674 常用 フン慣 ホン漢 元 pēn ふく

[噴] 口13(16) ── 2F84F 旧字体。

筆順 口 口一 口十 口土 口卉 口卉 噴 噴

なりたち  [形声]「口(=くち)」と、音「賁フン→ホン」とから成る。怒る。また、ふき出す。

意味 ❶勢いよくふき出す。はき出す。**ふく**。例 噴火(フンカ)。噴射(フンシャ)。噴水(フンスイ)。❷ウマが鼻をならす。例 噴嘶(フンセイ)(=ウマが鼻をならす)。❸(pèn)香りが強い。例 噴鼻(フンビ)(=香りが鼻をつく)。

古訓 中古 はく・はなうつ・ふきいだす・ふく・ふふく 中世 はく・はなひる・ふきいだす 近世 くさめ・はく・はなひる

【噴煙】(フンエン) 日(火口から)勢いよくふき出すけむり。

【噴火】(フンカ) ①赤い花が咲くさま。②火山が爆発して、溶岩・火山灰・水蒸気・ガスなどをふき出す。例 ―口(コウ)。

【噴激】(フンゲキ) 激しくふき上げる。

【噴射】(フンシャ) ①強くふき出す。②日 霧状にした燃料の油を圧縮空気とまぜて爆発させ、排気をふき出す。例 ―推進。

【噴出】(フンシュツ) 勢いよくふきだす。勢いよくふきでる。例 原油が―する。

【噴水】(フンスイ) 庭園などの池で、水をふき上げるようにした装置。また、その水。

【噴泉】(フンセン) 地下水や温水が勢いよくふき出しているところ。

【噴▼嚔】(フンテイ) くしゃみ。

【噴飯】(フンパン) あまりにもおかしくて、食べている飯をふき出してしまう。例 まったく―ものだ。

【噴霧】(フンム) きりをふき出す。

【噴門】(フンモン) 日(食道から続いている)胃の入り口の部分。↓

【幽門】(ユウモン)(444ページ)

【噴流】(フンリュウ) 気体や液体の、ふき出すような激しい流れ。例 ジェット―。

嘿

口12(15) 4 0436 563F

ボク漢 モク呉 職 mò

だま-る

意味 口をつぐんで、声を出さない。**だまる**。通 默。例 嘿然(モクゼン)。

噫

口13(16) 2 5164 566B

一 イ漢 支 yī
二 アイ漢 卦 ài
三 ヨク漢 職 yì

ああ

意味 一 嘆き悲しむあまり発する声。感嘆の声。**ああ**。例 噫嘻(ああ)。例 噫気(アイキ)。
二 ❶食べあきて、げっぷを出す。げっぷ。おくび。例 噫気(アイキ)。❷息を吐く。❸⇩【噫噫】(エツエツ)(アイアイ) 三 しかるに。そもそも。通 抑。例 噫亦(そもそもまた)(=しかし一方では)。

【噫▼嘻】【噫▼乎】(ああ) 嘆いたり感動したりするときの声。

【噫▼噎】(アイエツ) (気分が晴れやかでなくて)胸がふさがる。

【噫気】(アイキ) ①吐き出す息。例 夫大塊噫気、其名為ㇾ風(それタイカイのアイキ、そのなをかぜとなす)(=大地の吐く息は、その名を風という)。〈荘子・斉物論〉②風。③げっぷ。おくび。

嗳

口13(16) 3 1523 566F

アイ漢 泰 ǎi

おくび

意味 げっぷ。**おくび**。例 嗳気(アイキ)(=げっぷ)。

噦

口13(16) 3 1521 5666

一 エツ(ヱツ)漢 月 yuě
二 カイ(クヮイ)漢 泰 huì

えず-く(ゑづ-く)・しゃっくり・しゃくーる

意味 一 ❶横隔膜のけいれんによって生じる異常呼吸。吃逆(キツギャク)。**しゃっくり**。例 噦噫(エツアイ)(=しゃっくりと、げっぷ)。噦噎(エツエツ)(=しゃっくり)。❷吐きそうになる。もどす。**えずく**。二「噦噦(カイカイ)」は、深く広いさま。

噲

口13(16) 3 1525 5672

カイ(クヮイ)漢 卦 kuài

意味 ❶のみこむ。❷くちばし。❸ゆったりと心地よい。通 快。例 噲噲(カイカイ)・噲然(カイゼン)(=ゆったりしたさま)。

噩

口13(16) ― 5669

ガク漢呉 薬 è

意味 ❶恐ろしくて、びっくりする。おどろく。通 愕(ガク)。例 噩夢(ガクム)。❷直言する。通 諤(ガク)。例 噩噩(ガクガク)(=直言するさま)。

【噩音】(ガクオン) (人をおどろかせる)死亡の知らせ。

【噩夢】(ガクム) おどろいた体験やできごとがあったために夢を見ること。のち、不吉な夢。

[器]

口13(16) ⇩器(キ)(264ページ)

噱

口13(16) 3 1524 5671

キャク漢 薬 jué

意味 大笑いする。わらう。例 一噱(イッキャク)を催(もよお)す。噱談(キャクダン)(=談笑する)。大噱(タイキャク)。

噭

口13(16) 4 0441 566D

一 キョウ(ケウ)漢 嘯 qiào
二 キョウ(ケウ)漢 嘯 jiào

意味 一 ウマなどの口。くち。二 ❶大声を出す。さけぶ。通 叫。例 噭応(キョウオウ)。❷⇩【噭噭】(キョウキョウ)

【噭応】(キョウオウ) 大きな声で返事をする。

【噭噭】(キョウキョウ) ①泣き声。②笑い声。③鳥やサルの鳴き声。

噤

口13(16) 2 5165 5664

キン(キム)漢 沁 jìn

つぐ-む

意味 ❶口をかたく閉じて何も言わない。**つぐむ**。例 噤口(キンコウ)。❷閉じる。閉める。例 噤門(キンモン)(=門を閉める)。❸震える。例 噤戦(キンセン)(=ぶるぶる震える)。

【噤口】(キンコウ) 口を閉じて何も言わない。

噞

口13(16) 4 0439 565E

ゲン(ゲム)漢 琰 yǎn

意味 ❶魚が口を水面に出して呼吸する。あぎとう。例 噞喁(ゲンギョウ)(=魚が水面で口をパクパクする)。❷猛烈な。激しい。

嗃

口13(16) 2 5169 5686

コウ(カウ)漢 肴 hāo

意味 (矢が)うなる。例 嗃矢(コウシ)。

【嗃矢】(コウシ) ①かぶら矢。先に中空のかぶら形の部品をつけ、射ると音が出る矢。②〔開戦の合図にかぶら矢を敵陣に向けて射たところから〕ものごとのはじめ。

嘴

口13(16) 2 5160 5634

シ漢 紙 zuǐ

くちばし・はし

意味 ❶鳥の口。**くちばし**。**はし**。例 鶍(いすか)の嘴(はし)(=ものごとがくいちがって思いどおりにいかないことのたとえ)。❷くちばしのようにつき出た部分。**はし**。例 砂嘴(サシ)。鶴嘴(つるはし)(=地面を掘りおこす道具)。

嘯 [啸]

嘯 口13(16) 2 5166 562F
啸 口11(14) 4 0428 5628 俗字。

一 ショウ(セウ)漢呉 嘯 xiào
二 シツ漢 質 chì

うそぶ-く

意味 一 ❶口をすぼめて声を出す。声を長くのばして詩や歌をうたう。**うそぶく**。例 長嘯(チョウショウ)。❷鳥が声をのばして鳴く。獣が遠ぼえする。例 猿嘯(エンショウ)。虎嘯(コショウ)。❸海や雨が音響を発する。例 海嘯(カイショウ)。❹招集する。呼ぶ。例 嘯聚(ショウシュウ)。二 しかる。通 叱(シツ)。例 嘯咤(シッタ)。

難読 嘯吹(うそぶき)

【嘯▼咤】(シッタ) 大声でどなる。

【嘯詠】エイ ショウ 声を長くのばして歌う。㊝嘯歌。
【嘯▼聚】【嘯集】シュウ ショウ 呼び集める。㊝嘯合。
【嘯風弄月】ショウフウロウゲツ ㊐風に吹かれながら詩歌を詠じ、名月を観賞する。吟風弄月ギンプウロウゲツ。

噬
口13(16) ②5167 566C
セイ㊥ ゼイ㊦ ▲齧 shì
か-む

意味 かみつく。かむ。例 呑噬ドンゼイ。
【噬▼齧】ゲツゼイ かむ。
【噬▼嗑】コウゼイ 〔「嗑」は、合わせる意〕易エキの六十四卦カの一つ。☲☳ 震下離上リシカショウ。雷と稲妻の象。
【噬▼臍】【噬斉】ゼイセイ ほぞをかむ〔へそをかもうとしても口が届かない意〕後悔してもおよばないこと。例 ―ゼイの悔い。

噪
口13(16) ②5168 566A
ソウ(サウ)㊥㊦ ▲号 zào
さわ-ぐ

意味 (鳥などが)さわがしい。やかましい。さわぐ。㊝譟ソウ。例 噪音オンソウ。喧噪ケンソウ。
【噪音】オンソウ さわがしい音。騒音。

噠
口13(16) ④0440 5660
タツ㊥ ▲曷 dā

意味 「嚈噠ヨウタツ」は、エフタル。→嚈ヨウ(267ペジ)

噸
口13(16) ①3853 5678 国字
トン

意味 ❶英 ton の音訳字。トン。❶メートル法の重さの単位。一〇〇〇キログラム。❷船の容量や積みこむ貨物の体積をあらわす単位。
参考 国字だが現在は中国でも用いる。

嘶
口13(16) ①4024 567A 国字
はなし

意味 人がはじめて聞くようなことを口にする。はなし。物語。例 噺家はなしか(=落語家)。お伽噺とぎばなし。昔噺むかしばなし。

[嘳] 口13(16) ⇩噴フン(265ペジ)

嚇
口14(17) ①1937 5687 常用
━カク㊥ ▲陌 hè
━カク㊧ カ㊥ ▲禡 xià
おど-かす・おど-す

筆順 丨 口 口' 口+ 口⁺ 口赤 口赤' 口赤 嚇

なりたち 〔形声〕「口(=くち)」と、音「赫カ」とから成る。大声を出して怒る。

意味 ━❶(顔を真っ赤にして)声を荒らげて激しく怒る。しかる。例 嚇怒カクド。❷(ことばで)おどす。おびやかす。例 威嚇イカク。脅嚇キョウカク(=ひどくこわがる)。━おどろきおそれる。こわがる。例 嚇殺カクサツ。

古訓 中古 いかる・いさふ・かかなく・さへづる・なく・ひらく 中世 いかる・おどす・かかなく・さへづる 近世 いかる・おどす・かかなく・わらふ

【嚇怒】カクド 激しくいかる。激怒。赫怒カクド。

[嚆] 口14(17) ⇩衒ゲン(1360ペジ)

嚅
口14(17) ― 5685
ジュ㊥ ▲虞 rú

意味 言いかけて、口ごもる。つぶやく。例 囁嚅ショウジュ・呫嚅ジュウ(=ささやく)。

嚌
口14(17) ④0444 568C
━セイ㊥ ザイ㊦ ▲霽 jì
━カイ㊥ ▲佳 jiē
な-める(な-む)

意味 ━❶少しだけ味わう。なめる。〔祭礼の際、酒を歯に触れるまでにとどめて、飲みこまない〕❷味わって食べる。例 嚌胾シセイ(=切った肉を食べる)。醍醐味ダイゴミを味わう。━「嚌嚌カイカイ」は、たくさんの鳥が悲しげに鳴く声。また、悲しげな楽器の響き。

[嚏] 口14(17) ⇩嚔テイ(267ペジ)

嚀
口14(17) ②5170 5680
ネイ㊥ ▲青 níng
ねんご-ろ

意味 「叮嚀テイネイ」は、心をこめてたのむさま。丁寧。

嚊
口14(17) ②5171 568A
ヒ㊥ ▲寘 pì
いびき・かかあ

意味 あえぐ息。息切れして、ぜいぜいする音。

日本語での用法 《かか》《かかあ》「嚊殿かかどの・嚊天下テンカかかあ」▼妻を親しみをこめて、または、ぞんざいに呼ぶことば。〔国字「嬶かかあ」はこの字の変形〕

嚈
口14(17) ④0443 5688
ヨウ(エフ)㊥ ▲葉 yè

意味 「嚈噠タツヨウ」は、エフタル。中央アジアで五世紀半ばころ強大な国家を築いた遊牧民族。挹怛タルエフ。

嚝
口15(18) ④0447 569D
コウ(クヮウ)㊥ ▲庚 hōng

意味 ❶なげく。さけび声。❷太鼓や鐘の音。

嚙
口15(18) ③1526 5699
━ゴウ(ガウ)㊥ ▲巧 yǎo
━ゲツ㊥ ▲屑 niè
か-む・かじ-る・かぶ-る

[噛] 口12(15) ①1990 565B 俗字。

意味 ━かみつく。かむ。かじる。㊝咬ゴウ・齩ゴウ。━かむ。かじる。㊝齧ゲツ。

嚔
口15(18) ②5173 5694
テイ㊥ ▲霽 tì
くさめ・くしゃみ・ひ-る

[嚏] 口14(17) ②5174 568F 俗字。

意味 くしゃみをする。くさめ。はなひる。例 噴嚔テイフン(=くさめ)。

[嚞] 口15(18) ⇩哲テツ(250ペジ)

[嚢] 口15(18) ⇩嚢ノウ(268ペジ)

[嚠] 口15(18) ⇩瀏リュウ(819ペジ)

嚕
口15(18) ④0445 5695
ロ㊥ ▲魔 lū

意味 語る。かたる。

嚥
口16(19) ②5175 56A5
エン㊥ ▲霰 yàn
の-む

意味 (食物を)胃にくだす。のみこむ。のむ。㊝咽エン。例 嚥下カエン・ゲエン(=のみこむ)。

嚮
口16(19) ②5176 56AE
━キョウ(キャウ)㊥ コウ(カウ)㊥ ▲漾 xiàng
━キョウ(キャウ)㊥ コウ(カウ)㊧ ▲養 xiǎng
む-かう(む-かふ)・さき-に

意味 ━❶むかう。むく。㊝向。例 嚮壁ヘキキョウ。意嚮イコウ。❷誘導する。みちびく。例 嚮導ドウキョウ。❸まえに。以前に。さきに。❷

㊀向。例 嚮日。❹かりに。もし。例 嚮吾不レ為二斯役一、則久已病矣（＝もし私がこの仕事をしていなかったなら、もうとっくに困窮していたことでしょう）。〈柳宗元・捕蛇者説〉 ⊟❶与えられ、自分のものとする。うける。㊀享。例 嚮国（＝帝王在位の年数）。❷もてなす。ねぎらう。㊀饗。例 嘉嚮（＝ほめねぎらう）。❸ひびく。㊀響。例 嚮応。

【嚮応】音が反響する。また、人の行為に対してすみやかに反応して支持する。

【嚮後】今からのち。今後。向後。

【嚮日】先日。向日。

【嚮導】先に立ってみちびく。また、その人。道案内。例 —艦。—に立つ。

嚚
口16 (19) 4 0446 569A　ギン 漢 真 yín

意味 ❶ことばを発するのが困難なさま。おし。例 嚚瘖（＝ものが言えないさま）。❷頭のはたらきがにぶい。おろか。例 嚚頑（＝おろかなさま）。

嚩
口16 (19) 3 1528 56A9　バ 漢 箇 mó

意味 梵語の「バ」の音訳。

嚭
口16 (19) 4 0449 56AD　ヒ 漢 紙 pǐ

意味 ❶ふっくらとしている。大きい。❷「伯嚭」は、春秋時代の楚の人で、呉王夫差に仕えた。

嚬
口16 (19) 3 1529 56AC　ヒン 漢 真 pín　ひそ-み

意味 （顔を）しかめる。（まゆを）ひそめる。㊀顰。

【嚬▼呻】顔をしかめて、苦しみうめく。

嚨
口16 (19) 4 0448 56A8　ロウ 漢 東 lóng

意味 のど。例 喉嚨（＝のど）。

嚶
口17 (20) 2 5177 56B6　オウ（アウ）漢 庚 yīng　さえず-る（さへづ-る）・やわらぎな-く（やはらぎな-く）

意味 鳥が鳴く声。

【嚶嚶】①鳥がさえずりあっているさま。例 鳥鳴嚶嚶（＝鳥がさえずりあっている）。〈詩経・小雅・伐木〉 ②友人どうしで気の合う者を求めあうことのたとえ。

【嚶鳴】①鳥がさえずりあう。②友人どうしで気の合う者を求めあうことのたとえ。〔「嚶其鳴矣、求二其友一声（＝鳥がさえずりあい、仲間を求めて鳴いている）。〈詩経・小雅・伐木〉」から〕

[嚴]
口17 (20)　⇩厳（601ページ）

嚳
口17 (20) 3 1530 56B3　コク 漢 沃 kù

意味 伝説上の帝王の名。帝嚳。

嚲
口17 (20) 4 0450 56B2　タ 漢 箇 duǒ　た-れる（た-る）

意味 垂れ下がる。**たれる**。

嚵
口18 (21) 2 5184 56C8　ゲイ 漢 霽 yì　うわごと（うはごと）・たわごと（たはごと）

意味 ねごと。**うわごと**。わけのわからないことば。**たわごと**。例 囈語（＝ねごと）。

囂
口18 (21) 2 5179 56C2

⊖ゴウ（ガウ）慣　キョウ（ケウ）漢 呉 蕭 xiāo
⊟ゴウ（ガウ）漢 豪 áo

かまびす-しい（かまびす-し）・かしま-しい（かしま-し）・かしがま-しい（かしがま-し）

意味 ⊖❶騒がしい。**かまびすしい**。例 囂囂⊖。❷のどかなさま。例 囂然⊟①。❸得意なさま。❹飢える。㊀枵。⊟うれえるさま。例 囂囂⊟③。囂然⊟。

【囂囂】⊖やかましいさま。騒がしいさま。例 衆口囂囂（＝おおぜいの人間がやかましい）。〈塩鉄・遵道〉 ②多くの人が悪口を言うさま。③恨むさま。うれえるさま。

⊟①おごりたかぶっているさま。

【囂然】⊖ ⊟ ①ゆったりとしているさま。②得意なさま。③飢えているさま。④騒がしく乱れるさま。⊟うれえるさま。

嚼
口18 (21) 2 5180 56BC　シャク 漢 呉 薬 jiáo/jué　か-む

意味 ❶食べ物をかみくだく。かみしめて味わう。**かむ**。例 咬嚼。咀嚼。❷飲みほす。のむ。例 嚼酒。❸侵食する。おかす。例 嚼民（＝人民を搾取する）。

囁
口18 (21) 2 5181 56C1　ジョウ（ゼフ）漢 葉 niè　ささや-く

意味 小声でひそひそ話をする。**ささやく**。

【囁▼嚅】①ひそひそとささやくさま。②ものを言いかけてやめるさま。

囃
口18 (21) 2 5182 56C3　ソウ（サフ）漢 合 cà　はや-す・はやし

意味 舞を助けるかけ声。

日本語での用法 《はやし》《はやす》①「出囃子・囃子方」▼能楽・歌舞伎・寄席・祭りなどで、拍子をとる笛・太鼓・鼓・三味線などの音楽。②「友達に囃されて得意になる」▼声をあげてひやかしたり、おだてたりする。

【囃子詞】日 民謡などで、歌の合間や終わりに入れて調子をとることば。「コリャコリャ」「ヨイヨイ」「コラサ」など。

囀
口18 (21) 2 5183 56C0　テン 漢 霰 zhuàn　さえず-る（さへづ-る）

意味 鳥が声を変えながら、続けて鳴く。**さえずる**。例 春鶯囀（＝雅楽の曲名）。

囎
口19 (22) 2 5185 56CE 国字　そ

意味 「そ」の音をあらわす万葉仮名。「贈」に口偏をつけて、音を借用する文字であることを示す。例 囎唹（＝鹿児島県の郡名。今は、曽於市）。

囅
口19 (22) 4 0451 56C5　テン 漢 銑 chǎn　わら-う（わら-ふ）

意味 笑うさま。**わらう**。例 桓公囅然而笑曰（＝桓公はにこやかに笑って言った）。〈荘子・達生〉

囊
口19 (22) 3 1532 56CA　ドウ（ダウ）漢　ノウ（ナウ）呉 陽 náng　ふくろ

[嚢]
口15 (18) 1 3925 56A2　俗字。

意味 ❶ものを包み入れるもの。**ふくろ**。また、ふくろ状にふくれたもの。例 嚢腫。嚢中。❷ふくろに入れる。例 嚢括。

【嚢括】カツ ①ふくろに入れてくくる。残さず包みこむ。②口を閉ざして話さない。

【嚢沙▼之計】ノウシャのケイ 漢の武将韓信カンシンがはかった計略。川の上流に土嚢ドノウ(=土を入れたふくろ)を積んでおき、敵が川を渡ったとき一気にその堰せきを切って敵を破った。〔〈史記・淮陰侯伝〉から〕

【嚢腫】シュ 回分泌物がたまって、ふくろ状になるはれもの。

【嚢中▼之▼錐】ノウチュウのきり 〔ふくろの中の錐は、すぐにその先がつき出てくることから〕すぐれた人物は、必ず才能をあらわすことのたとえ。錐脱スイダツ。穎脱エイダツ。〔「夫賢士之処レ世也、譬若三錐之処二嚢中一、其末立見それケンシのよにおるや、たとえばきりのノウチュウにおるがごとし、そのすえたちどころにあらわる(=そもそも賢人が世の中にいるのは、錐がふくろの中に入っているようなものだ、その穂先はすぐに外にあらわれる)。〈史記・平原君伝〉」から〕

【探二嚢中物一】ノウチュウのものをさぐる ふくろの中のものをさがす。非常にたやすいことのたとえ。〈新五代・南唐世家〉

【嚢中無一物】ノウチュウムイチブツ 財布の中に一銭もない。無一文。

【嚢底】テイ ふくろの中。例 扣二嚢底智一ノウテイのチをたたく(=ありったけの知恵をしぼる)。〈晋書・慕容垂載記〉

囉

口19(22) 3 1531 56C9

一ラ漢 歌 luó 二ラ漢 麻 luō

もら-う(もら-ふ)

意味 一❶歌の調子を整える声。例 囉里囉ラリラ。❷「囉唣ラソウ」は、さわぐ。二「囉唆ラサ」は、ぶつぶつと文句を言う。

難読 哥囉仿謨クロロホルム・コロロホルム

囍

口21(24) 4 0452 56CD キ

意味 人名や図案に用いる字。「喜」の字を横に二つならべたもので、二重の慶事の意味をあらわす。双喜字ソウキジ。

囓

口21(24) ⇩齧ゲツ(1516ジペー)

囑

口21(24) ⇩嘱ショク(265ジペー)

31 3画 口 くにがまえ部

まわりを囲んだ形をあらわす。「口」をもとにしてできている漢字と、「口」の字形を目じるしにして引く漢字とを集めた。

口

口0(3) 2 5188 56D7

一イ(ヰ)漢呉 微 wéi 二コク漢呉 職 guó

意味 一かこむ。通囲。二くに。通国。

参考 「囲」「国」の略字として用いることがある。

囙

口2(5) ⇩因イン(271ジペー)

四

口2(5) 1 2745 56DB 教1

シ漢呉 寘 sì

よ・よ-つ・よっ-つ・よん

筆順 丨 冂 冖 四 四

なりたち [象形]「口(=四方)」と「八(=分ける)」とから成り、よっつに分けた形。

意味 ❶数の名。し。よつ。よっつ。よん。よ。例 四角シカク。四季シキ。❷よたび。例 再三再四サイサンサイシ。❸よっつめ。例 四月シガツ。❹まわり。よも。周囲。例 四海シカイ。四面シメン。

日本語での用法 《よつ》「四よつ時どき」▼昔の時刻の呼び名。現在の、午前と午後の十時ごろ。

参考 商売や契約の文書では、数字を書きかえられないよう、同音の「肆」を使うことがある。

古訓 中古よつ・よも 中世すがた・よ・よつ・よも・をはる 近世よつ・よも

人名 かず・もち・もろ

難読 四十雀しじゅうから・四月一日わたぬき・四幅よの

【四▼阿】一シア 家の四方にふきおろした屋根。また、寄せ棟造り。二あずまや 回四方を吹きぬけにして、屋根をふいた簡単な小屋。庭園などに休息用に建てる。東屋あずまや。

【四悪】一シアク 政治において排除すべき四つの悪。虐(=教化しないで犯罪者を殺す)、暴(=注意を与えもしないで成果を査定する)、賊(=命令をいいかげんにしておきながら期日を厳守させる)、有司(=与えるべき財物を出ししおしみする)。〈論語・堯曰〉 二オシ 民が嫌悪する四つのもの。①憂労・貧賤ヒン・危墜(=傾き落ちる)・滅絶。〈管子・牧民〉②夭ヨウ(=若死に)・危・辱・労。〈呂覧・適音〉

【四悪趣】シアクシュ〔仏〕六趣(=六道)のうちの四つの悪趣(=悪道)。地獄・餓鬼・畜生・修羅。→【六道】ドウ(131ジペー)→【悪道】ドウ②(505ジペー)

【四▼夷】イ 昔の中国で、四方の異民族を蛮族として呼んだことば。東夷トウイ・西戎セイジュウ・南蛮ナンバン・北狄ホクテキ。対中華。

【四囲】イ ①四人でかかえるほどの大きさ。②四方をかこむ。③周囲。まわり。

【四維】イ ①四つの太いつな。国を治めるのに必要な四つの原則。礼・義・廉・恥。〈管子・牧民〉②四方のすみ。巽ソン・たつみ(=南東)・坤コン・ひつじさる(=南西)・艮ゴン・うしとら(=北東)・乾ケン・いぬい(=北西)。

【四▼裔】エイ 四方の辺境の地。四荒。

【四▼筵】エン ①四方の座席。また、そこにすわっている人々。②その場にいるすべての人。満座。▽類四座。

【四恩】オン〔仏〕人間が受ける四つの恩。父母の恩・衆生シュジョウの恩(=世の人々から受けている恩)・国王の恩・三宝ボウの恩(=仏・法・僧から受ける恩)のこと。〔経典テンにより一部異なる〕

【四科】カ ①孔子の門人の才能を類別した四つの分野。徳行・言語・政事(=政治)・文学(=学問)。〈論語・先進〉②南朝宋ソウ代に設置された四つの学科。儒学・玄学(=道家の学)・文学・史学。

【四海】カイ ①四方を取り囲んでいる海。四方よもの海。②国内。世の中。天下。世界。例 ―波静か(=国内がおだやかに治まっていること)。

【四海兄弟】シカイケイテイ 世界中の人は、みな兄弟だという理想。〔「四海之内、皆兄弟也シカイのうち、みなケイテイなり」。〈論語・顔淵〉から〕類四海同胞。

【四海為レ家】シカイをいえとなす ①世界を一つの家とする。天子が天下を統一すること。〈史記・高祖紀〉②きまった家を持たず、天下のいたるところをすみかとする。

【四角】カク ①よすみ。四方の隅。②四つの線で区切られて、かどが四つある形。方形。③回きちんとしすぎて、かたくるしいこと。まじめすぎること。例 ―ばる。

【四角四面】シカクシメン 回①真四角の形。②きまじめで、かたくるしいさま。例 ―に考える。

【四岳】ガク ①泰山ザン(東岳)・華山カザン(西岳)・衡山コウザン

（南岳）・恒山（北岳）の総称。②尭・舜の時代、四方の諸侯をおさめた長官。

【四月】シガツ 一年の四番目の月。卯月。

【四気】シキ ①四季（＝春夏秋冬）の気。②喜・怒・哀・楽の四つの気。また、喜気は春、怒気は秋、哀気は冬、楽気は夏にそれぞれ当てて、人ばかりでなく天の気ともされた。

【四季】シキ 春・夏・秋・冬の四つの季節。四時。四序。

【四虚】シキョ ①四方に広がっている虚無の空間。②律詩で、頷聯・頸聯（第三句から第六句まで）には抽象的な語句を用いるという、作詩上のきまり。

【四教】シキョウ 四つの大切な教え。『礼記』では詩・書（＝政道）・礼（＝礼制）・楽（＝音楽）、『論語』では文（＝学問）・行（＝実践）・忠（＝誠実）・信（＝信義）。

【四苦】シク 〔仏〕人間の四つの苦しみ。生・老・病・死。

【四苦八苦】シクハック ①〔仏〕人間のすべての苦しみ。生・老・病・死の四苦に、愛別離苦（＝愛する人と別れる苦しみ）・怨憎会苦（＝恨みにくむ人と顔をあわせる苦しみ）・求不得苦（＝もとめるものが得られない苦しみ）・五陰盛苦（＝欲がさかんなために受ける心身の苦しみ）の四苦をあわせたもの。②日ものごとがうまくいかず、たいへん苦労する。例 金策に―する。

【四▼衢】シク 〔「衢」は、道の意〕①四方に走っている大きな道。②道が四方に通じているさま。四達。③枝分かれをしているさま。

【四▼衢八街】シクハチガイ 大きな道が四方八方に通じている町。

【四君】シクン ①春秋戦国時代、秦の穆公・孝公・恵王・昭王の四人の君主。②「四公子」に同じ。

【四君子】シクンシ 〔気品のある姿が君子を思わせるところから〕ウメ・タケ・ラン・キクのこと。東洋画の画題。

【四弦】【四▼絃】シゲン 琵琶のこと。〔四本の弦でできていることから〕例 四絃一声如二裂帛一（＝四本の弦が一時に鳴り、絹を裂いたような音をたてた）。〈白居易・琵琶行〉

【四股】シコ 日〔語源不明。あて字か〕相撲で、力士が足を交互に高くあげ、力強く地をふむ動作。例 ―をふむ。

【四顧】シコ ①あたりを見回す。例 座して―する。②あたり。周囲。例 ―人声なし。

【四更】シコウ 「五更①」の第四。およそ、午前二時、およびその前後の二時間。丑の刻。丁夜。

【四荒】シコウ 四方の辺境の地。四裔。

【四公子】シコウシ 戦国時代の四人の名君。斉の孟嘗君・趙の平原君・楚の春申君・魏の信陵君。四君。

【四言教】シゴンキョウ 明の王陽明が自己の学説を四つの句にまとめた簡潔な文章。類 四句教。

【四塞】シサイ 一 ①四方の辺境で朝廷を守っている国々。②四方を海や山などの自然の要害に囲まれていること。例 ―の国。二 シソク ①四方をふさぐ。②充満している。

【四散】シサン 一か所にあったものが、四方に散らばる。ちりぢりになる。離散。

【四史】シシ ①黄帝のときの四人の史官。沮誦・蒼頡・隷首・孔甲。②『史記』『漢書』『後漢書』『三国志』の総称。

【四肢】【四支】シシ 動物の四本の足。前足と後足。また、両手と両足。

【四詩】シシ ①『詩経』の四種のテキスト。魯詩・斉詩・韓詩・毛詩。漢代に流行したが、今は魯の毛亨の毛詩だけが伝わる。四家詩。②『詩経』の詩を四つに分類した、風・大雅・小雅・頌。

【四時】シジ 〔「シイジ」は慣用読み〕①四季。春・夏・秋・冬。例 ―の風光。②一日のうちの四つの時。朝・昼・夕・夜。例 ―の勤行。③常に。いつも。例 ―雪をいただく山。

【四捨五入】シシャゴニュウ 日 端数の処理法の一つ。求めるけたの次のけたの数字が、四までのときは切り捨て、五以上のときは切り上げて上の位に一を加える方法。

【四十九日】シジュウクニチ 〔仏〕〔人は死後四十九日間、この世とあの世との間をさまようとされる〕死後四十九日目の日。死者が来世での生を得たとして仏事を営む。七七日。中陰。中有。

【四重唱】シジュウショウ 日 四つの声部を四人の歌手でうたうこと。カルテット。例 男声―。

【四重奏】シジュウソウ 日 四つの独奏楽器による合奏。カルテット。例 弦楽―。

【四十▼而不レ惑】シジュウにしてまどわず 四十歳になると、あれこれ思いまどうことがなくなる。〈論語・為政〉→【不惑】フワク（22ページ）

【四十八手】シジュウハッて 日 ①相撲の伝統的な決まり手の総称。現在は八十二手。②人をあやつる種々の手段やかけひき。例 商売の―を心得る。

【四書】シショ 儒教の経典である、『大学』『中庸』『論語』『孟子』の四つ。

【四書五経】シショゴキョウ 儒教の経典である四書と五経の総称。→【五経】ゴキョウ（44ページ）

【四序】シジョ 四季。春・夏・秋・冬。

【四神】シシン｜シジン 天の四方を守る、それぞれの星座の精。東の蒼竜（青竜とも）・西の白虎・南の朱雀・北の玄武。類 四霊。

【四声】シセイ｜シショウ 漢字音の四つの声調。平声・上声・去声・入声。

【四姓】シセイ｜シショウ ①四つの姓氏。中国の各時代の名門貴族の姓氏。たとえば、唐代の崔・盧・李・鄭。②南北朝時代、貴族を甲・乙・丙・丁の四等に分けたもの。③インドの世襲的な四つの階級。バラモン（＝司祭者）・クシャトリヤ（＝王侯・武士）・バイシャ（＝庶民）・シュードラ（＝奴隷）。カースト。④日 平安時代の代表的な四つの名家。源平藤橘、すなわち源氏・平氏・藤原氏・橘氏をいう。

【四戦▼之地】シセンのチ 四方を敵に囲まれている土地や国。類 四戦之場。〈後漢書・荀彧伝〉

【四則】シソク 日〔数〕加（＝足し算）・減（＝引き算）・乗（＝掛け算）・除（＝割り算）の総称。

【四体】シタイ ①両手両足。また、からだ。四肢。例 四体不レ勤（＝肉体労働をしない）。〈論語・微子〉②君主や王をたすける大臣。例 王之四体。〈左伝・襄三〇〉③四つの書体。古文・篆書・隷書・草書。類 四体書。

【四諦】シタイ 〔仏〕〔「諦」は、真理の意〕四つの真理。苦諦（＝人間の生は苦である）・集諦（＝苦の原因は煩悩である）・滅諦（＝煩悩を滅することで涅槃に達する）・道諦（＝そのために八正道にはげむべきである）をいう。十二縁起とならぶ仏教の根本原理。苦集滅道。類 四聖諦。

【四大】シダイ ①『老子』の思想で、四つの大きなもの。道・天・地・王。②〔仏〕あらゆるものを構成する四つの元素。地・水・火・風。四大種。③人間の身体。例 ―空に帰す（＝死ぬ）。

【四大奇書】シダイキショ 明・清代に作られた四つの代表的な長編小説。『三国志演義』『水滸伝』『西遊記』『金瓶梅』の四つ。

【四達】(シタツ) ①四方に通じている道。②四方に通じているさま。③天下にあまねくゆきわたること。④ものごとの道理によく通じていること。

【四端】(シタン) 仁・義・礼・智(チ)の四つのいとぐち。それぞれ、惻隠(ソクイン)(=あわれむ)・羞悪(シュウオ)(=恥じる)・辞譲(=ゆずりあう)・是非(=善悪をはっきりさせる)の心をいう。『孟子(モウシ)』の性善説のもとになっている思想。〈孟子・公孫丑上〉

【四知】(シチ) だれも知らないと思うことでも、天・神・我(われ)(=自分)・子(シ)(=あなた)の四者は必ず知っており、悪事はやがて発覚するということ。◆後漢の楊震(ヨウシン)は、自分にこっそり賄賂(ワイロ)を贈ろうとした人に向かって、「天知る、神知る、我知る、子知る」と言ってこれを退けた。……〈後漢書・楊震伝〉

【四通八達】(シツウハッタツ) 交通や通信、また流通の便のよいこと。〈晋書・慕容徳載記〉 類 四通五達。例 —の地。

【四手】(しで) 日 しめなわや玉ぐしにつけて垂らす紙。幣で。垂で。

【四天】(シテン) ①東西南北の四方の天空。②〔仏〕三界の一つのうち、色界の四つの天(=初禅・二禅・三禅・四禅)の総称。四禅天(シゼンテン)。③〔仏〕「四天王①」の略。④道教でいう四方の天。

【四天王】(シテンノウ) ①〔仏〕帝釈天(タイシャクテン)に仕えて仏法を守護する四神。須弥山(シュミセン)の中腹の四方に住むという。持国天(ジコクテン)(東)・増長天(ゾウジョウテン)(南)・広目天(コウモクテン)(西)・多聞天(タモンテン)(北)。四大天王。四天。②日 家臣や門人などの中で、また、一つの専門において、特にすぐれた四人。

【四百四病】(シヒャクシビョウ) 〔仏〕人がかかる、あらゆる病気。人体のもとなっている地・水・火・風の不調和により、それぞれに百一の病気がおこる。例 —の外(ほか)(=恋の病)。

【四百余(餘)州】(シヒャクヨシュウ) 中国全土。例 —を挙(こ)ぞる敵(=元寇(ゲンコウ)のたとえ)。

【四表】(シヒョウ) 四方の果て。天下を指す。例 光二被四表一(シヒョウにコウヒす)(=そのすばらしい徳、名声は四方の果てまで満ちあふれた)。〈書経・堯典〉

【四部】(シブ) 中国の書籍の伝統的な分類方法。経(=経学)・史(=史伝)・子(=諸子)・集(=詩文)の四部をいう。

【四分五裂】(シブンゴレツ) ばらばらになること。分裂して統一を失うこと。〈戦国策・魏一〉 例 統制を失って—する。

【四壁】(シヘキ) ①四方のかべ。②家のまわりの囲い。

【四辺】(シヘン) ①四方の辺境。②まわり。あたり。四方。例 —の防備。③四つの辺。例 —形。

【四方】(シホウ・よも) ①四つの方角。東西南北。また、あちらこちら。例 —の景色。②まわり。ぐるり。例 —に号令する。④四方の神々。例 —八方(シホウハッポウ)。③諸国。天下。

【四方▼之志】 一 (シホウのこころざし) 天下を支配しようという志。〈左伝・僖三〉 二 (シホウのシ) 諸国の記録。〈杜預・左伝序〉

【四方拝】(シホウハイ) 日 一月一日に、天皇が天地四方・山陵に拝礼し、災厄をはらい豊作と皇位の長久とを祈る儀式。

【四民】(シミン) ①封建時代の身分制度による四つの階級。また、その人々。士・農・工・商。②すべての階級の人。国民。例 —平等。

【四面】(シメン) ①東西南北の四つの方角。②まわり。周囲。四方。③四つの面。例 —体。

【四面▼楚歌】(シメンソカ) 敵や反対者に囲まれて、味方のないこと。孤立無援。◆漢の劉邦(リュウホウ)と楚(ソ)の項羽とは覇権を争った。はじめは項羽軍が強かったが次第に劉邦軍が優勢になり、項羽はついに垓下(ガイカ)という町に追いつめられた。項羽軍は兵も少なく食料も尽きてきた。夜、垓下の四方を取り囲む漢軍の兵士が、みな項羽の祖国である楚の歌をうたっているのを聞き、項羽は驚いて言った。「漢はもう楚を占領してしまったのか、漢軍の中になんと楚の人が多いことか」。項羽はこの状況に絶望し、自らの運命を嘆いた。……〈史記・項羽紀〉

【四友】(シユウ) ①孔子の四人の弟子。顔回(ガンカイ)・子貢(シコウ)・子張(シチョウ)・子路(シロ)。②四種の文房具。筆・墨・紙・硯(すずり)。類 四輔(シホ)。

【四隣】(シリン) ①天子の周囲にいる四人の大臣。②となり近所。③近隣の国々。

【四礼】(シレイ) ①冠(=元服)・婚(=結婚)・喪(=葬式)・祭(=祭祀(サイシ))の四つの儀式の総称。②妻が夫に仕える際の四つのきまり。

【四六時中】(シロクジチュウ) 日 一日じゅう。一日の二十四時間じゅう。〔「二六時中(ニロクジチュウ)」の新しい言い方〕

【四六文】(シロクブン) 漢文の文体の一つ。四字の句と六字の句を交互に並べる文体。対句を多用し、典故のある語句をちりばめる。六朝(リクチョウ)から唐の時代にかけて流行した。駢文(ベンブン)。四六駢儷体(シロクベンレイタイ)。四六駢儷文。

【四次元】(ヨジゲン) 日 縦・横・高さという三次元に、時間を加えたもの。対 二次元・三次元。

【四方山】(よもやま) 日 〔「四方八方(よもやも)」の変化〕 いろいろな方面。さまざま。雑多。また、世間のこと。例 —話(ばなし)(=いろいろな世間話)。

囚

口2 (5) 1 2892 56DA 常用

シュウ(シウ) 漢 シュ 呉 尤 qiú

とら-われる(とら-はる)

筆順 丨 冂 冂 囚 囚

なりたち 〔会意〕「人(=ひと)」が「口(=かこい)」の中にいる。つないでおく。

意味 ❶つかまえて自由をうばう。獄につなぐ。とらえる。また、とらわれる。例 囚獄(シュウゴク)。繋囚(ケイシュウ)。❷とらえられた罪人。とりこ。例 囚人(シュウジン)。虜囚(リョシュウ)。

古訓 中古 こもる・とらはる・とらふ 中世 つなぐ・とらはる・とらはれびと・とらふ・ひとや・めしうと 近世 つなぐ・つみびと・とらはれびと・とらへる・とらゆる・めしうど

【囚衣】(シュウイ) 日 囚人が着る衣服。囚人服。獄衣。

【囚役】(シュウエキ) 囚人に科せられる労働。

【囚▼繋】(シュウケイ) ①牢(ロウ)につなぐ。②拘禁されている罪人。囚人。

【囚獄】(シュウゴク) ①牢屋(ロウや)。牢獄。②日 江戸時代、江戸小伝馬町(こデンマチョウ)の牢屋の長。牢屋奉行。

【囚首喪面】(シュウシュソウメン) 髪は囚人のように櫛(くし)が入っておらず、顔は喪(も)に服している者のように洗っていない。身なりをかまわないさま。〈蘇洵・弁姦論〉

【囚人】(シュウジン) ①獄につながれている人。とらわれびと。囚徒。②刑務所に入れられている人。服役者。在監者。

【囚徒】(シュウト) 獄につながれている人。囚人。

【囚▼絆】(シュウハン) つかまえてしばる。類 囚縛。

【囚▼俘】(シュウフ) 捕虜。

【囚虜】(シュウリョ) 戦争で敵の手にとらえられること。また、その人。とりこ。虜囚。

●幽囚(ユウシュウ)・虜囚(リョシュウ)

因

口3 (6) 1 1688 56E0 教5

イン 漢 呉 真 yīn

よる・よって・ちな-む・ちな-みに・もと・よすが

〔回〕 口2 (5) 56D9 俗字。

筆順 丨 冂 円 円 因 因

なりたち ［会意］「口（＝土台）」と「大（＝おおきい）」とから成る。大きくなる土台。

意味 ❶ものごとの起こるもと。わけ。原因（ゲンイン）。㊀果。例 因果（インガ）。因縁（インネン）。❷もとづく。ふまえる。**よる**。例 因習（インシュウ）。因循（インジュン）。此（これ）に因（よ）れば。❸かさなる。くわわる。例 因レ之以二飢饉一（これにかさぬるにキキンをもってす）（＝その上に飢饉がかさなった）。〈論語・先進〉

日本語での用法 一《ちなみに》「因（ちな）みに申（もう）し添（そ）えますと…」▼そのことに関連して。二《イン》「因州（インシュウ）」▼旧国名「因幡（いなば）（＝今の鳥取県東部）」の略。

古訓 中古 すなはち・ちなび・ちなみ・つく・ゆゑ・よし・より・よりて・よる 中世 したがふ・ちなみ・ちなむ・つく・よし・よつて・よる 近世 ちなみ・ちなむ・つく・よし・よつて・よる

人名 ちなみ・なむ・ゆかり・よし・より

【因▼幡】（いなば） 日 旧国名の一つ。今の鳥取県東部にあたる。因州（インシュウ）。

【因依】（インイ） ①よりかかる。頼りとする。②原因。いきさつ。③方法。

【因果】（インガ） ①原因と結果。例 ―関係。②〔仏〕すべてのものごとは、過去または前世のおこないの結果である。特に、悪業（アクゴウ）の報いとして悪果のあることをいう。例 ―応報。③日 不幸なさま。不運なさま。〔不幸や不運を、「②」にもとづく逃れがたい運命としてとらえたことば〕例 ―な身の上。

【因果応報】（インガオウホウ） 〔仏〕よいおこないにはよい報いが、悪いおこないには悪い報いが、必ずあるということ。〔因果報応〈大唐大慈恩寺三蔵法師伝・七〉〕

【因果律】（インガリツ） 〔哲〕すべてのことには必ず原因があり、原因と結果の間には必然的な関係があるという原理。

【因業】（インゴウ） ①〔仏〕報いの原因となるおこない。特に、悪業（アクゴウ）をいう。②日 情け容赦のないこと。また、そのさま。例 ―親父（おやじ）。

【因子】（インシ） 日 原因となる要素。ファクター。例 遺伝―。

【因習】【因襲】（インシュウ） 新しい考え方や行動のさまたげとなる、昔からの習慣やしきたり。また、それに従うこと。例 ―を打破する。

【因循】（インジュン） ①自然に順応する。あるがままに従う。②古いしきたりに従って、改めようとしないさま。例 ―な家風。③ぐずぐずして決断しないこと。また、そのさま。例 ―な態度。

【因循▼姑息】（インジュンコソク） 古いしきたりに従うばかりで、改めようとしないさま。〈宋史・兵志二〉

【因数】（インスウ） 日〔数〕ある数や式が、いくつかの数や式の積の形であらわされるときの、それぞれの数や式。例 ―分解。

【因縁】（インネン／インエン） ①古くからのつながり。例 浅からぬ―。②機会。③〔仏〕結果をまねく直接の原因（＝因）と間接の原因（＝縁）。④前世から定まっている運命。⑤由来。いわれ。⑥日 言いがかり。口実。文句。例 ―をつける。

【因明】（インミョウ） 〔「明」は、学術の意〕古代インドの論理学。

【因由】（インユ） 事の起こるもと。由来。原因。

●一因（イチイン）・遠因（エンイン）・起因（キイン）・近因（キンイン）・死因（シイン）・誘因（ユウイン）

回

口3（6） 1 1883 56DE 教2

カイ（クヮイ）漢 **エ**（ヱ）呉 灰 huí

まわる（まは-る）・**まわす**（まは-す）・めぐ-る

［囬］口4（7） ― 56EC 俗字。

［囘］冂3（5） 2 4937 56D8 古字。

筆順

なりたち ［象形］外も内もまわる形。

意味 ❶ぐるぐるまわる。くるくるまわす。例 回転（カイテン）。回廊（カイロウ）。巡回（ジュンカイ）。❷向きを変える。反対の方向を向く。例 回心（カイシン）。迂回（ウカイ）。❸もとにもどす。かえす。かえる。例 回想（カイソウ）。回復（カイフク）。挽回（バンカイ）。❹よこしま。邪悪。例 回邪（カイジャ）。姦回（カンカイ）。❺さける。よける。例 回避（カイヒ）。❻度数をあらわすことば。例 回数（カイスウ）。一回（イッカイ）。❼部族の名。例 回教（カイキョウ）。回紇（カイコツ／ウイグル）。

古訓 中古 かへる・たがふ・まがる・まぐ・めぐる・よこさま・よこたふ 中世 かへる・たがふ・たび・めぐらす・めぐる・よこしま・よこたふ 近世 かがまる・さくる・そむく・たがふ・まがる・まとふ・めぐり・めぐる

難読 回毛（つむじ）

【回向】（エコウ） 〔仏〕①自分の善行の結果を他にさしむけ、自他ともに極楽往生できるようにする。例 ―発願（ホッガン）。②死者の成仏（ジョウブツ）を願って仏事を営む。供養（クヨウ）。例 ―文（モン）。▽廻向（エコウ）。

【回隠】（カイイン） 避ける。逃げ隠れする。

【回易】（カイエキ） ①とりかえる。交換する。②交易する。廻易（カイエキ）。

【回回】（カイカイ） ①くねくねと曲がりくねっているさま。②ぐるぐるとまわるさま。③混乱しているさま。④光りかがやいているさま。⑤広大なさま。⑥毎回。そのたびごとに。⑦（フイフイ） イスラム教。また、それを信奉する人々。

【回▼翰】【回簡】（カイカン） 返事の手紙。㊞回書・回信。

【回忌】（カイキ） ①さける。はばかる。②日〔仏〕人の死後、毎年めぐってくる祥月（ショウつき）命日。また、その回数。満一年目を一周忌または一回忌、以後三・七・十三・十七・二十三・二十七・三十三回忌とし、法事をおこなう。年忌。周忌。

【回帰】（カイキ） もとの場所や状態にもどる。例 サケやマスの―本能。

【回教】（カイキョウ） 七世紀初め、アラビアに起こった宗教。ムハンマド（＝マホメット）を開祖とする。アッラーを唯一の神として信仰し、コーランを経典（キョウテン）とする。イスラム教。〔中央アジアの回紇（カイコツ）（＝ウイグル）民族をへて中国に伝わったので回教とか回回教（フイフイキョウ）と呼ばれる〕

【回訓】（カイクン） 日 外国に駐在する外交官が求めた指令に対する回答として、本国政府から与えられる命令。㊀請訓。

【回顧】（カイコ） ①うしろをふり返る。②昔をふり返って思い起こす。回想。例 ―録。往時を―する。

【回航】（カイコウ） 日 ①船をある港から目的地まで航行させる。例 神戸（こうべ）港から横浜港へ―する。②各地をめぐって航海する。クルージング。周航。巡航。▽廻航（カイコウ）。

【回国】（カイコク） ①国に帰る。②日 修行のため諸国をめぐり歩く。例 ―行脚（アンギャ）。―巡礼。▽廻国（カイコク）。

【回▼紇】【回▼鶻】（カイコツ／ウイグル） 七世紀ごろモンゴル高原におこった、トルコ系民族のウイグル族。現在、中国新疆（シンキョウ）ウイグル自治区などに住む。

【回視】（カイシ） ふり返る。回顧する。

【回邪】（カイジャ） よこしま。正しくないこと。

【回首】（カイシュ） ①ふり返る。②過去のことを思い出す。③降伏して従う。④死亡する。

【回春】（カイシュン） ①冬が終わって、ふたたび春がめぐってくる。②病気がよくなる。快復。快癒。例 ―の祝い。③若返る。例 ―の秘薬。

【回章】（カイショウ） 日 ①返事の手紙。㊞回信。②順にまわして読む文書。回状。▽廻章（カイショウ）。

【回▼翔】（カイショウ） ①円を描いて飛ぶ。飛びまわる。②さまよい歩く。③行き来する。④悠々（ユウユウ）と生活すること。

【回状】（カイジョウ） 日 多くの人に回覧させる文書。まわしぶみ。回文状。回章。廻状（カイジョウ）。

【回心】㊀カイシン ①考えを改める。特に、悪い心を改める。②キリスト教で、悔い改めて信仰に心を向ける。㊁エシン〔仏〕心を改めて仏道に帰依エする。例―して禅を学ぶ。

【回診】カイシン 日医師が病室をまわって診察する。

【回数】カイスウ 同じことが繰り返し起こるときの、繰り返しの度数。例―を重ねる。

【回生】カイセイ 生き返る。例起死―の秘術。

【回船】カイセン ①船をめぐらす。例回船転舵カイセンテンダ(=風を見て舵じをきる。臨機応変の処置のたとえ)。②日国内の沿岸航路を、旅客や商品を積んで輸送や交易をした和船。廻船カイセン。例―問屋どんや。

【回送】カイソウ ①届いた手紙や荷物を、そのまま別のところへ送る。転送。②客を乗せないで、電車やタクシーなどを移動させる。例―車。▽廻送カイソウ。

【回想】カイソウ 昔のことを思い出す。回顧。例亡き父を―する。―録。

【回▼漕】カイソウ 日船で人や荷物を運送する。回航。回船。廻漕カイソウ。例江戸に米を―する。

【回虫(蛔)】カイチュウ 人や家畜の小腸に寄生する害虫。ミミズに似た形をしている。蛔虫カイチュウ。

【回腸】カイチョウ ①(腸をめぐらす意)いらだって不安なさま。②日小腸の中で、空腸に続く部分。曲がりくねっており、大腸につながる。

【回天】カイテン 〔天の運行を変える意〕①権勢が大きい。②(天になぞらえられる)皇帝をいさめ、考えを改めさせる。③衰えた勢いをふたたび盛り返す。例―の事業。

【回転】カイテン ①くるくるまわる。例空中―。②元にもどる。③向きを変える。④寝返りをうつ。⑤日商品が売れて次の投資をすること。例―資金。―のよい商品。▽廻転カイテン。

【回答】カイトウ 質問や要求などにこたえる。返答。返事。例―を求める。

【回読】カイドク 日書物などを数人の間で、順々にまわして読むこと。回し読み。

【回避】カイヒ ものごとの処理や判断をさける。また、事態の起こることをのがれる。例責任―。

【回▼蹕】カイヒツ 〔「蹕」は、天子の車〕天子が皇宮に帰る。

【回▼猋】【回▼飆】カイヒョウ つむじ風。旋風。類回風。

【回復】カイフク めぐりめぐってもとの状態にもどる。また、もとの状態をとりもどす。例意識が―する。名誉を―する。疲労―。

表記 旧▼恢復

【回文】カイブン ①語順を逆に並べても意味が通じる詩。「池蓮照ニ暁月一、幔錦払ニ朝風一(いけのはすはあかつきのつきにてらされ、とばりのにしきはあさかぜにはらわる)」〈王融・春游回文詩〉は、「風朝払ニ錦幔一、月暁照ニ蓮池一(かぜあしたにとばりのにしきをはらい、つきあかつきにはすのいけをてらす)」でも意味が通じる。②多くの人に回覧させる文書。まわしぶみ。回状。③日逆から読んでも、順に読んだのと同じになる文句。「しんぶんし」「たけやぶやけた」など。▽廻文カイブン。

【回遊】カイユウ ①あちこちをまわって見物する。巡遊。②魚類がえさを求めて、あるいは越冬や産卵などのために、群れをなして定期的に移動する。回游カイユウ。洄游カイユウ。例―魚。

【回覧】カイラン ①順々にまわして見る。例―板バン。②あちこちを見物してまわる。巡覧。例岩倉使節団の『米欧―実記』。▽廻覧カイラン。

【回▼鑾】カイラン 〔「鑾」は、天子の車〕天子や妃きさきが行幸から帰る。また、行幸する。

【回流】カイリュウ 水などが、もとのところにめぐって流れ、ぐるぐるまわる。また、その流れ。廻流カイリュウ。例―式のプール。

【回礼】カイレイ ①答礼。返礼。②日礼を言うために、あちこちまわる。お礼まわり。③日年賀にまわる。年始まわり。

【回暦】カイレキ ①回教(=イスラム教)のこよみ。ムハンマド(=マホメット)がメッカからのがれた西暦六二二年を紀元元年とした太陰暦。イスラム暦(ヒジュラ暦)。②こよみが一巡して新年になる。年が改まる。

【回路】カイロ ①孔子の弟子の、顔回ガンカイと子路シロ。②日気体・液体などが循環する道すじ。特に、電気の通路にいう。サーキット。例集積―。

【回廊】カイロウ 建物の中庭のふちや、外側のまわりなどにつける屋根のある通路。廻廊カイロウ。例社殿の―。

【回▼禄】カイロク ①火の神。②火災。例―の災い(=火事にあうこと)。

●迂回ウカイ・今回コンカイ・次回ジカイ・巡回ジュンカイ・旋回センカイ・前回ゼンカイ・奪回ダッカイ・撤回テッカイ・転回テンカイ・挽回バンカイ

囟

囗3(6) 4 0453 56DF シン漢 震 xìn

[顖] 頁10(19) 3 9394 9856 別体字。

意味 新生児の頭頂前部で、脈拍につれてひくひく動く部分。泉門。おどりこ。ひよめき。例囟門シンモン(=ひよめき)。

団

囗3(6) 1 3536 56E3 教5 タン漢 ダン呉 トン・ドン唐 寒 tuán まる-い(まる-し)・かたま-り

[團] 囗11(14) 2 5205 5718 人 旧字体。

筆順

なりたち [形声]「囗(=めぐる)」と、音「專セン→タン」とから成る。まるい。

意味 ❶まるい。例団扇ダンセン。団子ダンご。団団ダンダン。❷ひとかたまりに集まる。組織された集まり。かたまり。例団結ダンケツ。楽団ガクダン。集団シュウダン。❸おしはかる。推測する。例団量ダンリョウ(=見積もる)。❹軍隊の編制単位。唐代で士三百人の規模。

古訓 中古 あつまる・あつむ・まどかなり・まろかす・まろなり 中世 あきらかなり・あつむ・うちは・まどかなり・まろし・まろなり 近世 あつまる・うちは・くるま・まどか・まるし・まろし・まろめる・めぐる

人名 あつ・あつむ・まどか・まる・まろ

難読 団扇うちわ

【団員】ダンイン 楽団・応援団・視察団など、「団」という名の組織に所属している人。

【団円】ダンエン ①まるいこと。また、そのさま。例―なる地球。②家族や夫婦の仲がむつまじいこと。③めでたく終わること。例大―をむかえる。

【団塊】ダンカイ かたまり。

【団居】まどい ①家族や親しい人々が集まって楽しく過ごすこと。団欒ダンラン。②まるく車座になって座ること。

【団結】ダンケツ 目的を達成するために、多くの人々が力を合わせて一つにまとまる。結集。連帯。例―権。

【団月】ダンゲツ まるい月。満月。

【団子】ダンご 米の粉などを水でこねて丸め、蒸した食べ物。

【団扇】ダンセン ①うちわ。②日昔、武将が軍の指揮をとるのに用いた道具。軍配うちわ。

【団体】ダンタイ ①多数の人の集団。例―で行動する。②同じ目的をもった人々の集まり。例―役員。

【団団】ダンダン ①まるいさま。例団団似ニ明月一(ダンダンとしてメイゲツににて)(=(うちわが)まんまるで明月のようだ)。〈班婕妤・怨歌行〉②まるい月。③多くのものが群がり集まる。

【団地】ダンチ 日住宅や工場などを、一か所にまとめて建てるために開発された土地。また、その住宅や工場。例住宅―。

【団茶】(ダンチャ) 蒸した茶葉をまるい型につめて固めた、上等の茶。少しずつ削って使う。

【団長】(ダンチョウ) 団体を率いる人。例 視察団の―。

【団▼匪】(ダンピ) 清(シン)代の義和団をいやしめていうことば。反対者や諸外国が用いた。

【団▼欒】(ダンラン) ①まるいさま。②まるい月。また、月光。③親しい者が集まって、楽しく時を過ごす。例 一家―。

【団▼栗】(どんぐり) 日 クヌギ・カシ・ナラなどの実。椀(ワン)の形の殻に包まれている。

◐球団(キュウダン)・劇団(ゲキダン)・水団(スイトン)・星団(セイダン)・炭団(タドン)・布団(フトン)

囲

囗4(7) 1 1647 56F2 教4

イ(ヰ)漢 呉 微 wéi

かこむ・かこみ・かこう(かこ‐ふ)・かこい(かこひ)

［圍］ 囗9(12) 2 5203 570D 旧字体。

筆順 丨 冂 冃 冄 冉 囲

なりたち ［形声］「囗(=めぐる)」と、音「韋イ」とから成る。ぐるりとかこんで、守る。

意味 ❶とりまく。かこむ。かこみ。例 囲碁(ゴイ)。包囲(ホウイ)。重囲(ジュウイ)。❷まわり。例 胸囲(キョウイ)。四囲(シイ)。周囲(シュウイ)。❸くぎられた内側。区域。境界。例 範囲(ハンイ)。

古訓 中古 かくむ・かこむ・こむ・まぼる・まもる・めぐり・めぐる 中世 かくむ・かこむ・まはり・まぼる・めぐる 近世 かこひ・かこふ・かこむ・なる・まはり・まもる・めぐらす・めぐり・めぐる

人名 もり

【囲碁】【囲棋】(ゴイ/イキ) 直角に交わる縦横それぞれ十九本の線が引いてある盤上の交点(=目(め))に、二人が交互に白と黒の石を置き、相手の石をかこんで取った石とかこった面積(=地(ジ))を競う遊戯。碁。例 ―を一局打つ。

【囲▼繞】(イニョウ) まわりをぐるりととりかこむ。例 湖を―する峰々。

【囲炉裏】(いろり) 日 部屋の中の床を方形に切り、灰を入れ、薪(まき)を燃やして家の中を暖めたり、煮たきしたりするところ。

◐四囲(シイ)・範囲(ハンイ)・包囲(ホウイ)

囮

囗4(7) 2 5189 56EE

カ(クヮ)慣 ガ(グヮ)漢 歌 é

おとり(をとり)

意味 他の鳥をおびきよせ、とらえるためにつないである生きた鳥。また、人や動物をおびきよせるために使う手段。おとり。例 囮捜査(おとりソウサ)。囮(おとり)を使(つか)ってアユを釣る。

［囬］ 囗4(7) ⇩回(イカ)(272ページ)

［囧］ 囗4(7) ⇩冏(イケ)(140ページ)

困

囗4(7) 1 2604 56F0 教6

コン漢 呉 願 kùn

こまる

筆順 丨 冂 円 冃 囗 困 困

なりたち ［会意］「木(=き)」が「囗(=かこい)」の中にある。古い住まいの中でくらす。派生して、「ゆきづまる」の意。

意味 ❶ゆきづまる。くるしむ。こまる。例 困窮(コンキュウ)。困難(コンナン)。❷とぼしい。貧しい。例 困乏(コンボウ)。貧困(ヒンコン)。❸くたびれる。疲れる。例 困臥(コンガ)。困憊(コンパイ)。❹乱れる。また、乱れ。例 酒困(シュコン)(=酒を飲んで乱れること)。❺易(エキ)の六十四卦(カ)の一つ。☱☵ 坎下兌上(カンカダショウ)。湿地に水がない象。

古訓 中古 きはむ・くるしぶ・くるしむ・たしなむ・つかる・はなはだし・みだる 中世 かなしむ・きはむ・くたびる・くたびれ・くるしむ・たしなむ・たしなめらる・はなはだ・みだる 近世 かじける・きはまる・くるしむ・こまる・たしなめらる・つかる・とぼし・やむ

【困学】(コンガク) ①ゆきづまってから初めて学ぶ。〔「困而学レ之(くるしみてこれをまなぶ)」〈論語・季氏〉から〕②苦しみながら学ぶ。

【困▼匱】(コンキ) 貧しい。ものに不自由する。類 困竭(コンケツ)。

【困却】(コンキャク) こまりはてる。非常にこまる。困惑。

【困急】(コンキュウ) 困難な状態になり危険がさしせまっているさま。類 困殆(コンタイ)。

【困窮】(コンキュウ) ①貧乏で苦しむ。例 生活―者。②手の打ちようがないほど、こまりはてる。例 対策に―する。

【困▼窘】(コンキン) 貧困で苦しむ。

【困苦】(コンク) お金やものが不足して、つらい思いをする。辛苦。

【困▼蹶】(コンケツ) 〔「蹶」は、つまずく意〕苦しみ、挫折(ザセツ)する。落ちぶれる。類 困躓(コンチ)。

【困獣】(コンジュウ) 追いつめられて窮地におちいったけもの。

【困辱】(コンジョク) 苦しみと、はずかしめ。苦しめはずかしめる。

【困▼餒】(コンダイ) 貧しくて飢える。

【困知勉行】(コンチベンコウ) 苦しんで知識を獲得し、非常な努力をしてものごとにはげむ。〔〈中庸〉から〕

【困篤】(コントク) 病気が重いこと。危篤。

【困頓】(コントン) ①苦しむ。②疲れ果てる。

【困難】(コンナン) ①ものごとをするのが、非常にむずかしい。例 呼吸―。②つらく苦しいこと。苦しみ悩むこと。例 ―に打ち勝つ。▽対 容易。

【困▼憊】(コンパイ) 〔「憊」も、疲れる意〕疲れ果てる。非常に疲れて動けない。例 疲労―。

【困弊】【困▼敝】(コンペイ) 疲れ果てる。

【困乏】(コンボウ) ①物がとぼしいこと。貧乏。②疲れる。くたびれる。

【困厄】【困▼阨】(コンヤク) ①苦しみ悩む。苦しみ。②わざわい。災難。

【困約】(コンヤク) 生活が貧しくて苦しい。

【困惑】(コンワク) 日 どうしてよいかわからず、こまる。困却。例 突然の話に―する。

図

囗4(7) 1 3162 56F3 教2

ト漢 ズ(ヅ)呉 虞 tú

はかる

［圖］ 囗11(14) 2 5206 5716 旧字体。

筆順 丨 冂 冂 冈 図 図 図

なりたち ［会意］「囗(=計画する)」と「啚(=かるがるしくしない)」とから成る。はかりごとをくわだてるが、それが難しいことに苦しむ。よくよく考える。

意味 ❶くわだてる。もくろむ。はかりごと。はかる。例 意図(イト)。企図(キト)。雄図(ユウト)。❷描かれた形。え。例 図画(ズガ)。絵図(エズ)。地図(チズ)。❸予言の書。未来のことを示す模様。例 図讖(トシン)。河図(カト)(=黄河から出てきた竜馬の背に描かれた模様)。

日本語での用法 《ズ》①「図(ズ)に乗(の)る」▼調子。②「図太(ずぶと)い」「図抜(ずぬ)ける」▼程度がはなはだしい意をあらわす接頭語。

古訓 中古 あらはる・うつる・かく・かたどる・しるす・はかりこと・はかる 中世 うつす・かざる・かたち・かたどる・はかりこと・はかる 近世 うつす・ぬる・はかる・ゑがく

人名 なり・みつ

難読 図図(ずうずう)しい

【図案】(ズアン) 日 形や色を組み合わせて描く、模様や柄。また、挿絵などに利用する絵。例 ―集。

【図体】(ズウタイ) 日 からだつき。なり。例 ―ばかり大きくて、役には立たない。

【図会】(ズエ) 絵や図などを主として、ことばや事柄を説明した書物。例 三才―。江戸名所―。

【図画】 一(ズガ) 絵。また、絵をかくこと。 二(トカク) くわだてる。計画する。

【図解】(ズカイ) 図を用いてわかりやすく説明する。また、それを主にした書物。絵とき。図説。例 ―で示す。

【図鑑】(ズカン) 日 動物・植物・天体・機械・建築などの事物について、絵や写真を中心にして説明した書物。例 宇宙―。動物―。

【図形】(ズケイ) ①像を描く。また、描きあらわした、ものの形。②〔数〕点・線・面などで、ものの形や位置関係をかきあらわしたもの。三角形・正方形・立方体・円錐(エンスイ)・球など。

【図工】(ズコウ) 日 図画と工作。小学校の教科の一つ。

【図賛】【図▼讃】(ズサン) 絵画の上に書き入れて、その作品を批評した詩や文章。

【図示】(ズシ) 日 図にかいてしめす。例 道順を―する。

【図式】(ズシキ) 日 複雑な、あるいは抽象的な事柄をわかりやすく説明した図。例 ―どおりにことは運ばない。

【図籍】(ズセキ|トセキ) ①地図と戸籍。土地の地形をかいた図面と、人民の戸数・財貨・穀物などを記した帳簿。②書籍。

【図説】(ズセツ) 図や絵を用いて説明すること。また、そうした書物。図解。例 日本文化史の―。

【図版】(ズハン) 日 書物・雑誌などに掲載される図や絵画や写真。例 ―の豊富な本。

【図表】(ズヒョウ) ①「図讖(トシン)」に描かれた、未来のことをあらわす図形。②日 図と表。③日 ものの数や量の関係を図に示したもの。グラフ。例 統計―。気温の変化を―にする。

【図譜】(ズフ) ①家系図。②楽譜。③日 動植物などの同類のものについて、図を中心にして説明を加えた書物。例 高山植物―。

【図星】(ずぼし) 日 ①的の中心の黒点。②ねらうべきところ。急所。例 ―を指される。③予想がぴたりと的中すること。

【図面】(ズメン) 日 建物や機械などの、構造や設計を示した図。設計図・三面図など。

【図緯】(トイ) 河図(トカ)と緯書(=予言書)。

【図議】(トギ) (ある事柄について)計画を立てて協議する。

【図書】(トショ) ①(ズショ) 絵図と書物。また、書籍。書物。本。例 ―館(トショカン)。―寮(ズショリョウ)(=律令制で、書物などをあつかった役所)。②領土の地図と戸籍簿。③「河図洛書(カトラクショ)」の略。→【河図洛書】(カトラクショ)(758ページ) ④「図讖(トシン)」に同じ。

【図▼讖】(トシン) 天がその人に帝王になるよう予言した文書。多く方士などによって書かれ、漢代に流行した。図録(トロク)。図書。

【図南】(トナン) 〔鵬(おおとり)が翼を広げ、南の海へ行こうとする意〕大事業を志すこと。〈荘子・逍遥遊〉例 ―鵬翼(ホウヨク)。

【図録】 一(トロク) 「図讖(トシン)」に同じ。図籙(トロク)。 二(ズロク) 日 図や写真を主にしてのせ、解説した書物。

●合図(あいズ)・意図(イト)・海図(カイズ)・原図(ゲンズ)・構図(コウズ)・指図(さしズ)・縮図(シュクズ)・付図(フズ)・略図(リャクズ)

囨

口4(7) 4 0454 56E8 ヘン 漢 先 piān

意味 唾(つば)をはく音。

囷

口5(8) 4 0456 56F7 キン(クヰン) 漢 真 qūn

意味 ❶円筒形の穀物倉庫。こめぐら。例 囷倉(キンソウ)。❷「囷囷(キンキン)」は、ぐるりととりまいているさま。

固

口5(8) 1 2439 56FA 教4

コ 漢 呉 遇 gù

かためる(かた-む)・かため・かたまる・かたい(かた-し)・もと-より

付表 固唾(かたず)

筆順

なりたち [形声]「口(=かこい)」と、音「古コ」とから成る。守りのかたい、とりで。

意味 ❶かたい。かためる。かたまる。例 固形(コケイ)。固体(コタイ)。凝固(ギョウコ)。❷気持ちがしっかりしていて、ゆるがない。かたくな。例 固執(コシツ)。確固(カッコ)。頑固(ガンコ)。❸もともと。もとより。本来。例 君子固窮(クンシもとよりキュウす)(=立派な男子であっても苦しむことはある)。〈論語・衛霊公〉固有(コユウ)。❹しばらく。とりあえず。通 姑コ。例 固且(コショ)(=しばらく)。❺いやしい。見すぼらしい。例 倹則固(ケンなればすなわちいやし)(=倹約のしすぎは、見すぼらしい)。〈論語・述而〉❻治りにくい病気。通 痼コ。例 固疾(コシツ)。

古訓 中古 いやし・かた・かたうす・かたし・かたむず・まこと・またし 中世 いやし・かた・かたし・かたむ・かたむる・かため・つね・まこと 近世 いさふ・いやし・かたし・かため・かつて・こる・すたる・つね・とどこほる・ひさし・ひとつに・ふたたび・まこと・もつぱらにす・もと・もとより

人名 かた・かたし・かたむ・たか・つよし・もと・み

【固唾】(かたず) 日 緊張したときなどに、口の中にたまるつば。例 ―をのむ(=事のなりゆきを、息を殺して見守る)。

【固形】(コケイ) 日 ある形にかたまっているもの。例 ―燃料。

【固持】(コジ) かたくもちこたえる。意見や考え方などを、かたくもち続けて変えない。固執。例 自説を―する。

【固辞】(コジ) どんなにすすめられても、かたく辞退する。

【固疾】(コシツ) 長いあいだ治らない病気。持病。痼疾(コシツ)。

【固執】(コシツ|コシュウ) 自分の考えをかたく守って、人にゆずらない。固持。例 自説に―する。

【固守】(コシュ) かたく守る。例 昔からのしきたりを―する。

【固体】(コタイ) 日 一定の形と体積をもち、変形しにくい物体。対 液体・気体。

【固着】(コチャク) 日 ①ものが他のものにしっかりとくっつく。例 ―剤。②一定の状態に落ち着く。定着。

【固定】(コテイ) 日 ①動かないようにしっかりすえる。例 本棚を金具で―する。②一定の状態で、変わらない。例 ―資産。―客。

【固定観念】(コテイカンネン) 日 かたく思いこんでいて、容易には変えることのできない考え。例 ―にとらわれる。―を捨てる。

【固有】(コユウ) ほかにはなく、そのものだけに、もとからあるさま。例 日本に―な習慣。

【固有名詞】(コユウメイシ) 日 人名・地名・国名・作品名など、そのものだけをあらわす名詞。対 普通名詞。

【固▼牢】(コロウ) かたくて頑丈なこと。牢固。

【固▼陋】(コロウ) 新しいものを受け入れようとせず、考え方がかたくななさま。例 頑迷―。―な職人。

●強固(キョウコ)・禁固(キンコ)・堅固(ケンゴ)・断固(ダンコ)

国

口5(8) 1 2581 56FD 教2

コク 漢 呉 職 guó

くに

[國] 口8(11) 2 5202 570B 人 旧字体。

[囻] 口6(9) 2 5191 5700 別体字。

[囶] 口5(8) 4 0455 56F6 別体字。

筆順

なりたち [会意]「口(=かこい)」と「或(=くに)」とから成る。くに。

参考 別体字の「圀」は、則天文字（＝唐の女帝、則天武后が制定したという）の一つ。例 徳川光圀（＝水戸黄門のこと）。

意味 ❶諸侯などが治める土地。くに。例 国風コクフウ。封国ホウコク。領国リョウゴク。❷一つの政府に属する土地や社会。くに。例 国籍コクセキ。国家コッカ。愛国アイコク。❸地区。地域。例 山国サンゴク｜やまぐに（＝山の多い地域）。❹みやこ。首都。例 国破山河在くにやぶれてサンガあり（＝国都長安は破壊されたが、山河はもとのままである）。〈杜甫・春望〉❺くにのうちで、特にすぐれている。例 国士コクシ。国手コクシュ。国色コクショク。❻自分のくに。例 国学コクガク。国語コクゴ。

古訓 中古 くに 中世 くに 近世 くに

人名 とき

【国元】【国許】くにもと 日 ①故郷。郷里。例 ―の両親。②（主君の）領地。くにおもて。

【国威】コクイ 国が他の国に対してもつ威力。国の勢い。例 ―発揚。―を示す。

【国運】コクウン 国の運命。国家のなりゆき。例 ―が傾く。

【国営】コクエイ 日 国が事業をいとなむこと。官営。対 私営・民営。例 ―農場。

【国益】コクエキ 日 国の利益。国利。例 ―をはかる。

【国王】コクオウ 王国の統治者。国の君主。

【国恩】コクオン 国や天子から受ける恩。例 ―に報いる。

【国▼衙】コクガ 日 奈良・平安時代に、国司が事務をとった役所。国府。例 ―の役人。

【国外】コクガイ 国の領土のそと。対 国内。例 ―追放。

【国学】コクガク ①古代、天子・諸侯・貴族の子弟と国内の秀才を教育した学校。隋以後は国子監コクシカンという。②日 江戸時代に起こった学問。『古事記』『万葉集』などの古典を研究して、日本固有の思想や文化を明らかにしようとした。和学。古学。

【国技】コクギ 日 その国に特有の、伝統的な武芸やスポーツ。日本では相撲とされている。

【国劇】コクゲキ 日 その国に特有の演劇。日本では歌舞伎かぶきや能楽。

【国語】コクゴ ①自国の言語。日本では日本語。例 ―学。②その国で公用語として認めて用いる言語。③小学校・中学校・高等学校の教科の一つ。国語科。④春秋時代の、各国の歴史を記した書。周の左丘明サキュウメイの著。

【国号】コクゴウ 国の名。国の呼び方。国名。

【国債】コクサイ 日 国家が財政上の必要から設ける債務。また、その債券。例 ―を募集する。

【国際】コクサイ 日 多くの国や諸国民にかかわっていること。〔普通、他のことばの上につけて複合語として用いる〕例 ―会議。―交流。―的。

【国策】コクサク ①国家の政策。②『戦国策』の略称。

【国産】コクサン 日 国内で産出または生産すること。また、その産物。例 ―車。

【国士】コクシ ①一国の中で特にすぐれた人物。②国のために尽くす人。憂国の士。

【国士無双】コクシムソウ 一国の中で、他にくらべる者がいないほどすぐれた人物。例 至二如信者一、国士無双いたりてはシンのごときものにコクシムソウなり（＝韓信カンシンのような人物は、国中に匹敵する人がいないほどすぐれた人物だ）。〈史記・淮陰侯伝〉

【国司】コクシ 日 奈良・平安時代、地方を治めるために朝廷から諸国に派遣された地方官。

【国史】コクシ ①その国の歴史。日本では日本の歴史。②歴史書の編纂ヘンサン官。

【国使】コクシ 国家の代表として他国に派遣される使者。

【国師】コクシ ①国家の軍隊。②国の手本となる立派な人。③「国子祭酒」の別名。④高徳の僧に与えられる称号。例 夢窓―。⑤日 奈良時代、朝廷から諸国に派遣され、その国の寺院や僧尼の監督、経典キョウテンの講説などをおこなった僧。

【国字】コクジ ①その国で公用語を表記するのに採用されている文字。日本では漢字とかな。例 ―問題。②日 日本でつくった漢字。「峠とうげ」「榊さかき」「畑はたけ」など。

【国事】コクジ 国の政治に関する事柄。例 ―に奔走する。

【国事犯】コクジハン 日 国家の政治や秩序をおかす犯罪。内乱罪など。政治犯。

【国璽】コクジ ①秦シンの始皇帝のときに作られた印章。以後の王朝の皇帝にも受け継がれた。伝国璽デンコクジの。②国家元首の印章。

【国子学】コクシガク 晋シン代、国子（＝貴族の子弟）を教えるための学校。→【国子監】コクシカン

【国子監】コクシカン 隋ズイ代から清シン末までの教育行政機関。また、最高学府。古代には太学、晋シン代に国子学、北斉ホクセイでは国子寺と称された。

【国子祭酒】コクシサイシュ 国子学・国子監の長官。国師。

【国手】コクシュ ①〔国の病を治す名手の意〕すぐれた医者。名医。また、医者に対する敬意をあらわすことば。〔最高の名医とは国の病を治す人で、その次は人の病を治す人であるということから〕②技芸が国中で特にすぐれた人。③日 囲碁の名人。

【国主】コクシュ ①一国の君主。②日 江戸時代、一国またはそれ以上の領地を持っていた大名。国持ち。国主大名。国守。

【国守】コクシュ 日 ①国司の長官。くにのかみ。②「国主コクシュ②」に同じ。

【国▼讐】コクシュウ 国家のかたき。類 国仇コクキュウ。

【国書】コクショ ①国家公認の歴史書。国史。②一国の元首または政府が、その国の名で出す外交文書。③日 図書の分類で、和・漢・洋の三種のうちの一つ、和書。日本人が日本語であらわした書籍。国典。

【国情】コクジョウ その国の政治・経済・文化などのありさま。国内の状態。

【国色】コクショク ①美しさが一国をおおいつくすほどの美女。絶世の美女。②美しい花。多く、ボタンをいう。

【国辱】コクジョク 日 国の不名誉。類 国恥・国醜。

【国人】コクジン その国の人。国民。

【国粋】コクスイ 日 その国または国民の文化や伝統などで、特にすぐれたところ。例 ―主義。

【国是】コクゼ 〔「是」は、正しい方針の意〕国の政治の方針。例 世界平和を―とする。

【国姓】コクセイ 時の皇帝の姓。唐の李リ、宋ソウの趙チョウ、明ミンの朱シュなど。

【国政】コクセイ 国の政治。例 ―に参加する。

【国勢】コクセイ ①一国の自然・地理の状況。②一国を人口・産業・資源などの面からみた、総合的な国の力。例 ―調査。

【国税】コクゼイ 国家がその財政をまかなうために徴収する税金。

【国籍】コクセキ ①国民の戸籍。史籍。②その国の国民としての、公的な身分や資格。航空機や船舶の所属についてもいう。例 多―軍。

【国選】コクセン 日 国がえらぶこと。例 ―弁護人。

【国姓▼爺】コクセンヤ ①鄭成功テイセイコウのこと。〔明ミンの唐王から国姓である「朱」を賜ったことによる〕②日 近松門左衛門作の人形浄瑠璃ジョウルリ『国性爺合戦』の通称。

【国葬】コクソウ 日国の儀式として国費でおこなう葬儀。
【国俗】コクゾク 国の風俗。
【国賊】コクゾク その国の国民でありながら、国に害を与える者。例―あつかいを受ける。
【国体】コクタイ ①君主の手足となって働く、信頼できる大臣。②国家の法律や制度。③日主権の所在からみた国家形態。君主制・共和制・民主制など。例―を護持する。④日「国民体育大会」の略。例冬季―。
【国▼儲】コクチョ ①皇太子。②国家のたくわえ、備蓄。
【国鳥】コクチョウ 日国を象徴する鳥。日本ではキジ。
【国朝】コクチョウ ①自分が属している国の朝廷。②日日本の朝廷。日本。▽本朝。
【国定】コクテイ 日国が指定すること。また、国が制作すること。例―公園。―教科書。
【国典】コクテン ①国の法典。国法。②国の儀式。③日日本の典籍。国書。
【国都】コクト その国の首都。首府。
【国▼蠹】コクト 国をむしばむ害虫。国家に害をなす人物のたとえ。〈左伝・襄三〉から〉
【国土】コクド 国の統治権のおよぶ地域。国の領土。
【国▼帑】コクド 〔「帑」は、金ぐらの意〕国家の財産。
【国度】コクド ①国家の法令・制度。②国家の経費。
【国道】コクドウ ①国を統治する方法。②国の命運。③国の主要道路。④日国が建設し管理する道路。例―一号線。
【国内】コクナイ 国の領土の中。対国外。例―市場。
【国難】コクナン 国家の存立にかかわるような災難。
【国費】コクヒ 国家から支出する費用。例―留学生。
【国賓】コクヒン 国君から特別にもてなされる外国からの賓客。公賓。
【国父】コクフ 国民から父として尊敬される人。例―孫文(ソンブン)。
【国府】コクフ ①「中華民国国民政府」の略。②日律令制で、国司が政務をとった役所。国衙(ガコク)。類国庁。
【国風】コクフウ ①その国の風俗や習慣。くにぶり。例―文化。②その国や地方の風俗をうたった詩歌や民謡。例『詩経(シキョウ)』の―の詩。③日和歌。
【国文】コクブン ①その国の文物や制度。②その国のことばで書いてある文章。日本では、日本語で書かれた文章。③日「国文科」「国文学」の略。
【国文学】コクブンガク ①その国の文学。日本では日本文学。国文。②その国の文学を研究する学問。
【国▼秉】コクヘイ 「国柄一(コクヘイ)」に同じ。
【国柄】一コクヘイ 一国の政権。国の政治を動かす権力。国秉(コクヘイ)。 二くにがら 日①その国が成立する上での特色。②その国・地方の風俗の特色。〔多く「お国柄」の形で使う〕
【国歩】コクホ 国の前途。国の命運。国運。例―艱難(カンナン)(=国の前途の見通しが暗く厳しいこと)。
【国母】コクボ|コクモ ①天子の母。②皇后。例―陛下。
【国宝】コクホウ ①国のたから。②日国家が法律によって指定し、特別に管理や保護をする、すぐれた建造物・文書・美術品・工芸品など。
【国法】コクホウ 国家の法律。国のおきて。国典。例―を犯す。―にふれる。
【国防】コクボウ 侵略から自国を守ること。また、その防備。例―力。―体制。
【国本】コクホン ①国の基礎。国の根本。例―を危うくする。②皇位を継承する太子。③国が所蔵する書籍。
【国民】コクミン 国家を構成する人々。その国の国籍をもつ人民。例―性。―投票。
【国務】コクム 国家の政治に関する事務。例―大臣。
【国名】コクメイ 国の名前。国号。
【国命】コクメイ ①国家の政権。例陪臣執二国命一(バイシンコクメイをとる)(=臣下のそのまた臣下が国の政権を握る)。〈論語・季氏〉②国家の命運。③国家の命令。朝命。
【国訳】コクヤク 日漢文で書かれた経文(キョウモン)などを、日本語の文として読みくだすこと。また、その文。例―大蔵経(ダイゾウキョウ)。
【国有】コクユウ 日国が所有していること。官有。公有。対私有・民有。例―地。
【国用】コクヨウ ①国家の費用。②国家が人を採用する。
【国利】コクリ 国の利益。国益。例―民福(=国の利益と国民の幸福)。
【国立】コクリツ 日国が設立・経営していること。官立。公立。対私立。例―大学。
【国力】コクリョク 国家の勢力。特に、軍事力や経済力をいう。
【国老】コクロウ ①卿大夫(ケイタイフ)で、退官したのちも同様の待遇を受けた人。②国家に功績のあった老臣。元老。③日江戸時代、大名の領地にいる家老。国家老(くにガロウ)。
【国論】コクロン ①国家の大計に関する議論。②国民の意見。世論。例―に訴える。
【国花】コッカ 日国家を象徴するとされる花。日本はサクラ。
【国家】コッカ ①諸侯の領地(=国)と大夫(タイフ)の領地(=家)の併称。②一定の領土とそこに定住する人民から成り、公用語を定め、主権によって統治されている集団。くに。
【国華】コッカ ①国のほまれ。②国家にとってすぐれた人材。③国家の貴重な宝物。
【国歌】コッカ 日①国家を代表するものとしてうたわれるうた。例―斉唱。②和歌。
【国会】コッカイ ①国の会計。②日憲法が定める国家の議会。国権の最高機関であり、立法機関である。衆議院と参議院から成る。例―議員。―が召集される。
【国患】コッカン 国家の危難。国難。
【国漢】コッカン 日①旧制の中等学校の教科であった「国語」と「漢文」とをまとめていうことば。②国語と漢語。
【国紀】コッキ ①国家の規範。②当代の王朝の歴史書。
【国旗】コッキ 日国家の象徴として定められた、はた。例―掲揚。―がひるがえる。
【国器】コッキ ①国家が必要とする器具。②国家を治める能力をもった人物。③国家の宝物。
【国教】コッキョウ ①国の文教。国の教育方針。②日国家が、国民の信じるべきものと認め保護する宗教。
【国境】一コッキョウ ①国土。②国家と国家との、領土や領海のさかい。例―を越える。 二くにざかい 日昔の日本の国と国とのさかい。
【国禁】コッキン 国家の禁令。国が法律によって禁止していること。例―を犯す。
【国君】コックン 一国の君主。国王。
【国訓】コックン 日①漢字に、その意味に相当する和語をあててよむ読み方。たとえば、「山」を「やま」、「飲」を「のむ」と読むなど。訓。和訓。字訓。②漢字の本来の意味と違って、日本でだけの意味を示す読み方。たとえば、もともとナマズをあらわす「鮎(デン)」を「あゆ」と読むなど。
【国計】コッケイ ①国家を治めるためのはかりごと。例―を慮(おもんぱか)る(=国計を考える)。②国家の経済・財政。
【国慶】コッケイ 国家のよろこびごと。国家の成立や帝王の即位など。
【国慶節】コッケイセツ 中華人民共和国の建国記念日。十月一日。
【国権】コッケン ①君主の権力。②国内の統治や外国との交渉で、国家がもっている権力。国家の統治権。例 ―濫用。

【国憲】(コッケン) 国家の根本となる法規。憲法。国法。

【国庫】(コッコ) 日 国家に所属する現金や有価証券などを、保管したり出納(スイトウ)したりする機関。例 ―金。―支出金。

【国交】(コッコウ) 国家と国家との公式な外交関係。例 ―断絶。

【国光】(コッコウ) 国家の栄光。国華。
●異国(イコク)・遠国(オンゴク/エンゴク)・王国(オウコク)・開国(カイコク)・外国(ガイコク)・帰国(キコク)・傾国(ケイコク)・建国(ケンコク)・故国(ココク)・鎖国(サコク)・出国(シュッコク)・諸国(ショコク)・全国(ゼンコク)・祖国(ソコク)・天国(テンゴク)・入国(ニュウコク)・万国(バンコク)・亡国(ボウコク)・母国(ボコク)・領国(リョウゴク)・隣国(リンゴク)・列国(レッコク)

囹
囗5(8) 2 5190 56F9
レイ 漢 青 líng
意味 罪人をとじこめる場所。牢屋(ロウや)。ひとや。例 囹圄(レイギョ)。
難読 囹圉(ひとや)
【囹▼圄】【囹▼圉】(レイギョ/レイゴ) 牢屋(ロウや)。牢獄(ロウゴク)。

[圀]
囗6(9) ⇩国(コク)(275ジペー)

囿
囗6(9) 2 5192 56FF
ユウ(イウ) 漢 宥 yòu
その
意味 ❶天子が鳥や獣を放し飼いしている庭園。その。例 囿池(ユウチ)(=庭と池)。苑囿(エンユウ)。❷菜園。果樹園。例 蔬囿(ソユウ)。❸事物の多く集まっているところ。例 文囿(ブンユウ)(=多くの文章)。
【囿▼苑】(ユウエン) 鳥や獣を飼う庭園。苑囿。
【囿人】(ユウジン) ①『周礼(シュライ)』にある官名。宮中の動物を飼育する人。②草木の栽培や手入れをする人。園丁(エンテイ)。

圄
囗7(10) 2 5193 5704
ギョ 漢 ゴ 呉 語 yǔ
ひとや
意味 罪人をとじこめておく場所。牢屋(ロウや)。ひとや。通 圉(ギョ)。
例 囹圄(レイギョ)。

圃
囗7(10) 1 4264 5703 人
ホ 漢 麌 pǔ
はたけ
なりたち [形声]「囗(=かこい)」と、音「甫(ホ)」とから成る。野菜を植える所。
意味 ❶菜園。野菜などを植える、はたけ。例 花圃(カホ)。菜圃(サイホ)。田圃(デンポ)。❷農夫。例 老圃(ロウホ)。❸広く繁茂している。大きく生い茂る。例 圃草(ホソウ)。
古訓 中古 その・そのふ 中世 その 近世 その・はたけ
人名 その
【圃▼畦】(ホケイ) 畑のうね。作物を植えつけるために土を直線状に盛り上げたもの。
【圃▼囿】(ホユウ) 野菜や果樹を栽培する農園と、動物を飼う庭園。

圉
囗8(11) 2 5194 5709
ギョ 漢 ゴ 呉 語 yǔ
ひとや・うまかい(うまかひ)
意味 ❶罪人をとじこめておくところ。牢屋(ロウや)。ひとや。通 圄(ギョ)。例 囹圉(レイギョ)(=牢屋)。❷ウマを飼う。また、その人。うまかい。例 圉人(ギョジン)。❸ふせぐ。禁止する。例 圉禁(ギョキン)。❹⇩【圉圉】(ギョギョ)
【圉圉】(ギョギョ) 弱って苦しんでいるさま。
【圉禁】(ギョキン) 禁止する。やめさせる。
【圉人】(ギョジン) ①『周礼(シュライ)』にある官名。宮中のウマを飼育する人。②ウマを飼う人。馬飼い。

[圈]
囗8(11) ⇩圏(ケン)(278ジペー)

[國]
囗8(11) ⇩国(コク)(275ジペー)

圊
囗8(11) 3 1533 570A
セイ 漢 庚 qīng
かわや(かはや)
意味 便所。かわや。例 圊厠(セイシ)(=便所)。

[圍]
囗9(12) ⇩囲(イ)(274ジペー)

圏
囗9(12) 1 2387 570F 常用
一 ケン(クェン) 漢 銑 juàn
二 ケン(クェン) 漢 元 quān
かこ-い(かこひ)

[圈]
囗8(11) 2 5201 5708 人 旧字体。

筆順 冂 冖 𠔿 罒 ... 圏 圏 圏

なりたち [形声]「囗(=かこい)」と、音「卷(ケ)」とから成る。家畜や獣を飼うおり。

意味 一 ❶動物を飼うおり。かこい。例 猪圏(チョケン)(=ブタ小屋)。❷城壁で囲まれたまち。二 ❶木を曲げて作った容器。わっぱ。まげもの。例 杯圏(ハイケン)(=木の薄片を曲げて作ったうつわ)。❷仕切られた区域。範囲。例 圏外(ケンガイ)。首都圏(シュトケン)。大気圏(タイキケン)。❸文の要点など、読者の注意を引くために、そのわきにつける丸や点。例 圏点(ケンテン)。

古訓 中古 こむ・こめかふ・はなつら・はなつらぬく・をり 中世 かたし・はなつら・ひとし・まる・をり 近世 かこむ・くに・まげもの・まろし・めぐる・をり
【圏外】(ケンガイ) 一定の条件や定まった範囲のそと。対 圏内。例 当選―に落ちる。

【圏▼檻】(ケンカン) 野獣を入れるおり。

【圏点】(ケンテン) 文章中の文字のわきに、強調したり注意を引くためにつける「・」「、」「。」などのしるし。傍点。

【圏▼套】(ケントウ) ①枠。一定の決まったやり方。②人を誘いこむわな。

【圏内】(ケンナイ) 一定の範囲のうち。対 圏外。例 暴風雨―。

【圏発】(ケンパツ) 漢字の四声を示すために字の四隅につける印。左下についているのが平声(ヒョウショウ)、左上が上声(ジョウショウ)、右上が去声(キョショウ)、右下が入声(ニッショウ)。

𡈁
囗9(12) 4 0457 21201 国字
コク
くに
意味 国。「皇国」の意がこめられたもの。

園
囗10(13) 1 1764 5712 教2
エン(ヱン) 漢 オン(ヲン) 呉 元 yuán
その

[薗]
艹13(16) 1 1782 8597 人 別体字。

筆順 冂 冂 円 周 周 周 園 園 園 園

なりたち [形声]「囗(=かこい)」と、音「袁(エ)」とから成る。果樹を植えるところ。
意味 ❶果樹などを植えた畑や庭。その。例 庭園(テイエン)。農園(ノウエン)。荘園(ショウエン)。❷人々が楽しんで集まる場所。例 名園(メイエン)。楽園(ラクエン)。❸天子や王妃などの墓所。みささぎ。例 園陵(エンリョウ)。寝園(シンエン)(=天子の霊を祭った場所)。
古訓 中古 その・そのふ 中世 その 近世 その・みさざき
難読 祇園(ギオン)・園城寺(オンジョウジ)
【園芸(藝)】(エンゲイ) 果樹や野菜、また花などを栽培すること。また、栽培や造園の技術。例 ―作物。家庭―。
【園児】(エンジ) 日 幼稚園や保育園に通っている子供。
【園地】(エンチ) ①はたけ。②日 公園や庭園になっている地域。
表記 ②は 旧 ▼苑地

【園池】エンチ ①いけのある庭園。②庭園と、いけ。庭園と泉水。苑池エンチ。
【園長】エンチョウ 「園」という名のつく施設の長。たとえば、保育園・幼稚園・動物園・植物園などの長。
【園丁】エンテイ 庭園の番や造成・手入れなどのために雇われている人。庭師。
【園亭】エンテイ 庭園内に設けられたあずまや。
【園田】エンデン 畑と田地。田園。例 守ㇾ拙帰二園田一（セツをまもりてエンデンにかえる）(=不器用な心を大切に守って田園に帰る)。〈陶淵明・帰園田居〉
【園▼邑】エンユウ 御陵(=天子の墓)を守るために設けられた村。
【園▼囿】エンユウ 庭園。中にはあずまやを設け、植物を植えたり動物を放し飼いにしたりした。天子の観賞用の庭。例 棄ㇾ田以為二園囿一、使二民不ㇾ得二衣食一（デンをすててもってエンユウをつくり、たみをしてイショクをえざらしむ）(=畑をすてて庭園を造り、民に衣食が手に入らないようにさせる)。〈孟子・滕文公下〉
【園陵】エンリョウ 天子の墓地。みささぎ。御陵。
【園林】エンリン ①庭園内にある林。建物を設けて人々の憩いの場所とした。②故郷。
●公園コウエン・菜園サイエン・造園ゾウエン・庭園テイエン・田園デンエン・閉園ヘイエン

圓 口10(13) ⇩円エン(135ジペー)

圕 口10(13) 4 0458 5715 トショカン túshūguǎn
意味 「図書館トショカン」をあらわす合字。

圖 口11(14) ⇩図ズ(274ジペー)

團 口11(14) ⇩団ダン(273ジペー)

圜 口13(16) 2 5208 571C
一 エン(ヱン)漢呉 先 yuán
二 カン(クヮン)漢 删 huán
まる-い(まる-し)・めぐ-る
意味 一 ❶天のようにまるい。**まるい**。通円。例 圜陣ジン。(まるく見える)天空。天。例 圜宰サイ。圜則ソク(=天道)。二 ❷ぐるりとめぐらす。かこむ。通環。例 圜視カン。
【圜宰】エンサイ 天のこと。類圜則。
【圜▼牆】エンショウ 〔「牆」は、垣根・塀の意〕牢屋ロウや。牢獄ロウゴク。圜土エンド。
【圜土】エンド 「圜牆エンショウ」に同じ。
【圜視】カンシ 四方から取り囲んで見ること。環視。
【圜▼繞】カンジョウ めぐる。まるくかこむ。環繞カンジョウ。

32 3画
土 つち つちへん 部

つちの中から草木が芽を出した形をあらわす。「土」をもとにしてできている漢字と、「土」の字形を目じるしにして引く漢字とを集めた。

0	圯	圻	坷	坿	垮	⿰土谷	堊	堆	埦	堕	塋	塗	墋	墀	壃	壕	壠
279	圩	坑	坩	垉	城	埈	域	埭	9	堞	塩	塘	塵	墜	⿰土會	壍	17
土	圬	坐	坵	垈	垞	城	埥	埭	293	埵	塢	塌	塼	墜	墾	壔	305
1	⿰土丸	坽	坰	6	垛	垂	場	埞	埡	塚	塊	墓	增	墱	墻	壗	壤
280	圭	址	坤	287	垰	埗	基	埿	堙	堤	塙	11	墊	墩	壌	15	壥
𡈽	在	坍	垂	垓	垤	埗	埶	堵	堰	堵	塤	299	塀	墼	壅	305	21
圡	均	坏	坨	垣	垪	埔	埧	⿰土居	堝	塔	堭	塈	墨	墳	壇	壙	305
2	圳	坆	垈	垳	垙	埋	埼	堂	堺	塀	塞	境	墉	墨	墳	壘	壢
280	地	坂	坼	垝	7	堅	埣	培	堪	堡	堳	墐	12	墹	壁	16	
圧	圸	坌	坦	垚	289	埇	埰	埲	堯	報	堷	墔	302	墸	壅	305	
圦	4	坊	坻	垠	埃	埒	執	埤	堅	塁	塑	塹	墟	13	14	壞	
圣	284	坫	坪	垽	埏	埒	埻	埠	堠	10	堙	塾	墝	303	304	壜	
3	坎	5	坪	型	埆	埌	埴	堋	堲	297	塚	墅	增	墖	壓	壢	
281	均	286	坡	垢	垸	8	埽	堀	場	塕	塡	墍	墫	墺	壑	壚	
圷	坅	坳	坯	垬	垺	290	埵	埜	堧	塰	塡	塲	墮	壊	壎	壟	

この部首に所属しない漢字

去→ム209　寺→寸387　至→至1109　赱→走1269
赤→赤1267　走→走1269　幸→干441　奎→大334
封→寸390　堉→土350

土 土0(3) 1 3758 571F 教1
一 ト漢 ド呉 麌 tǔ
二 ト漢 ド呉 遇 dù
つち

[𡈽] 土1(4) 3 1534 2123D 俗字。

[圡] 土1(4) 3 1535 5721 俗字。

付表 土産みやげ

筆順 一 十 土

なりたち [指事]「二(=地面と地中とをあらわす二本の横線)」と「丨(=ものが出る形)」とから成る。万物を吐き出し生じさせる地。

意味 一 ❶地面。大地。**つち**。例 土壌ドジョウ。土地トチ。黄土コウド。❷くに。ふるさと。地方。例 土着ドチャク。郷土キョウド。国土コクド。❸五行ギョウの一つ。物質では土、色では黄、臓器では脾臓ゾウ、方位では中央、季節では四季それぞれの最後の十八日、特に季夏カキ(=夏のすえ)をあらわす。例 土用ドヨウ。❹土を焼いて作った楽器。八音ハチオン(=金・石・糸・竹・匏ホウ・土・革・木)の一つ。❺居住する。例 自土二沮漆一（ソシツにもってよりおる）(=その沮水ソスイ・漆水シッスイのほとりに居住した)。〈詩経・大雅・緜〉❻はかる。通度タク。例 土二其地一（そのチをはかる）(=その土地を測量する)。〈周礼・地官・大司徒〉二 木の根。ね。例 徹二彼桑土一（かのソウトをとる）(=クワの根を取る)。〈詩経・豳風・鴟鴞〉

日本語での用法 一《ト》《ド》「土州ドシュウ／トシュウ・薩長土肥サッチョウドヒ」▼旧国名「土佐とさ(=今の高知県)」の略。二《ト》「露土戦争ロトセンソウ」▼「土耳古(=トルコ)」の略。三《ド》「土日ドニチ」▼「土曜日」の略。

古訓 中古 くり・つち・つちふる・ところ・はかる・わたる・をり 中世 うね・つち・ひぢ・やま 近世 かず・つち・はかる・ほしのな

人名 ただ・のり・はに・ひじ

難読 土方ひじかた(=姓)・土蜂じがばち／ゆするばち・土竜みみず／もぐら・土筆つくし

【土筆】つくし 日 早春、スギナの地下茎から出る胞子茎。筆の形に似ている。食用。ツクヅクシ。ツクシンボ。
【土宇】ドウ ①土地と家屋。故郷と我が家。②領土。国土。
【土煙】ドエン／つちけむり 風で空中に舞い上がる土砂。
【土音】ドオン／ドイン ①五音(=宮・商・角・徴チ・羽)を五行(=木・火・土・金ゴン・水)に配当した場合の、土の音。宮に当たる。②その土地の発音。なまり。
【土▼芥】ドカイ 土とあくた。取るにたりないもののたとえ。
【土階】ドカイ 土で作った階段。住居が質素なこと。
【土塊】ドカイ／つちくれ 土のかたまり。
【土方】ドかた 日 土木工事にたずさわる人。土工。
【土管】ドカン 日 粘土を焼いて作った管。排水管・下水管・煙突などに使う。
【土器】一 ドキ 粘土を焼いて作る素焼きの焼き物。低い温度で焼く。例 縄文式ジョウモンシキ―。二 かわらけ 素焼きのさかずき。例 ―

〔口〕10—13画▼圓圕圖團圜〔土〕0画▼土

投げ。

【土▼簋】ドキ　土製の、穀物を盛るうつわ。質素な食器。

【土牛】ドギュウ　土で作ったウシ。立春になると門外に出して冬の寒気をはらい、農作業の開始を祝った。

【土偶】ドグウ　①土製の人形。土偶人。②日おもに縄文時代の遺跡から出土する土製の人形。

【土▼圭】トケイ｜ドケイ　⇩【時計】トケイ（630ページ）

【土下座】ドゲザ　日貴人や主君などに対して、地面にすわって尊敬の意をあらわした礼。例―してあやまる。

【土建】ドケン　日「土木建築」の略。例―業。

【土語】ドゴ　その土地のことば。方言。

【土工】ドコウ　①陶器を作る職人。②土や砂などをあつかう土木工事。また、その仕事をする人。土方（どかた）。

【土公】ドコウ　①土地の神。春はかまど、夏は門、秋は井戸、冬は庭に住み、その季節にその場所を動かすとたたりがあるという。土公神（ドクジン）。②二十八宿のうちの、壁宿に属する星。宮室の造営をつかさどる。なまめぼし。

【土功】ドコウ　土木工事。

【土▼堠】ドコウ　〔「堠」は、土の塚の意〕里程標。通行人に里程を示すために土を盛って目じるしとしたもの。

【土豪】ドゴウ　その土地の豪族。その土地の勢力者。

【土佐】とさ　日旧国名の一つ。今の高知県全域。土州（ドシュウ）。

【土作】ドサク　土木事業。土事（ドジ）。

【土産】ドサン　一①その土地の産物。土物（ドブツ）。二みやげ　日①旅行先などから家に持って帰る、その土地の産物。②人を訪問するときに持っていく品物。手みやげ。

【土思】ドシ　故郷をなつかしく思う。

【土事】ドジ　①農作業。②土木事業。土作（ドサク）。

【土質】ドシツ　①土の性質。例―を改良する。②土を構成している物質。

【土砂】ドシャ　土と砂。例―崩れ。

【土▼苴】ドショ｜ドサ　①腐葉土。②くそ・かすなど。つまらないもののたとえ。

【土壌】ドジョウ　①土。また、国土。②日農作から見た土。例肥沃（ヒヨク）な―。③日才能などが育つ環境。例子供の才能を伸ばす―をつくる。

【土性骨】ドショウぼね　日生まれつきの性質や根性を、強調していうことば。どしょっぽね。例―をたたき直す。

【土神】ドシン　①五行説で、土の神。②土地の神。

【土人】ドジン　①何世代にもわたりその土地に住みついている人。土民。②土偶。③日土着の人の蔑称（ベッショウ）。

【土星】ドセイ　太陽系の第六の惑星。木星の次に大きく、十八の衛星と周囲に環（わ）をもつ。サターン。

【土葬】ドソウ　死者をそのまま、または棺（カン）に入れて土の中にほうむる。対火葬・水葬・風葬。

【土蔵】ドゾウ　①土葬。②日四方の壁を、泥と漆喰（シックイ）で塗り固めた倉庫。つちぐら。例―造り。―破り。

【土足】ドソク　日靴・げた・草履など、戸外用のはきものをはいたままの状態。例―で踏みにじる。

【土俗】ドゾク　その土地の風俗・習慣。

【土賊】ドゾク　その土地で強盗・殺人、また反乱を起こしたりする賊徒。土匪（ドヒ）。類土寇（ドコウ）。

【土台（臺）】ドダイ　①土で築いた高い台。②日建物の最下部にあってその基礎となる横材や礎石。いしずえ。③日ものごとの根本。基礎。④日もともと。本来。例―無理な話。

【土壇場】ドタンば　日〔「土壇（ドダン）」は、土できずいた壇。斬首（ザンシュ）の刑をおこなう刑場の意〕せっぱつまった場面。

【土地】一トチ　①陸地。地面。大地。②耕作地。田や畑。例やせた―。③国土。領土。④個々に区分された地面。地所。例―の売買。⑤日特定の地方。地元。例―柄（がら）。―の訛（なま）り。二チをはかる　地面を測量する。

【土着】【土著】ドチャク　その土地に何世代にもわたり住みついている。また、その土地に根づいている。例―の文化。

【土豚】一ドトン　土を入れた袋。水をせきとめたり城を築いたりするのに用いる。土嚢（ドノウ）。土墩（ドトン）。二つちぶた　日哺乳動物。口は細長く伸び夜行性。アフリカ中・南部の草原に生息。

【土▼嚢】ドノウ　①地にあいた大きな穴。洞穴。②土を入れた袋。土豚（ドトン）。例―を積む。

【土▼蕃】ドバン　⇩【吐蕃】トバン（230ページ）

【土▼匪】ドヒ　「土賊（ドゾク）」に同じ。

【土俵】ドヒョウ　日①土をつめたたわら。②相撲をとって、勝負をする場所。円形で、まわりを「①」で囲ってある。土俵場（ば）。例―に上がる。―を割る（＝土俵の外へ出て負ける）。

【土風】ドフウ　①その土地の歌謡。地元の音楽。例楽二操土風一（ドフウをガクソウす）（＝自国の音楽を演奏する）。〈左伝・成九〉②地方の風俗。

【土物】ドブツ　土地の産物。土産（ドサン）。

【土塀】ドベイ　日土で造ったへい。

【土崩瓦解】ドホウガカイ　土がくずれ、かわらがくずれ落ちるように、ものごとが次々と崩壊していく。瓦解土崩（ガカイドホウ）。〈史記・始皇紀〉例徳川幕府の―。

【土木】ドボク　土石や木を用いておこなう建築・建設。

【土間】ドま　日家の内部で、ゆかを張らず土を踏み固め土足で歩くようにしてある所。たたき。

【土民】ドミン　「土人（ドジン）①」に同じ。

【土毛】ドモウ　〔「毛」は、作物の意〕その土地の穀物や野菜。また、広く土地の産物。

【土門】ドモン　土で作った門。

【土用】ドヨウ　日①暦（こよみ）で、立春・立夏・立秋・立冬の前の各十八日間。②特に、立秋前の「①」。夏の土用。類土王（ドオウ）・土旺（ドオウ）。例―の入（い）り。―波（なみ）。

【土竜】ドリュウ　①土で作った竜。竜は水を呼ぶといわれ、雨乞（あまご）いに用いた。②ミミズの別名。③もぐら　モグラ科の哺乳動物。もぐらもち。例―たたき。

●郷土（キョウド）・国土（コクド）・出土（シュツド）・焦土（ショウド）・浄土（ジョウド）・全土（ゼンド）・風土（フウド）・本土（ホンド）・領土（リョウド）

［圡］土1（4）⇩土ド（279ページ）

［圡］土1（4）⇩土ド（279ページ）

圧　土2（5）

1 1621　5727　教5

アツ 慣　オウ（アフ）漢　ヨウ（エフ）呉　洽 yā

お-す・おさ-える（おさ-ふ）・へ-す

［壓］土14（17）　2 5258　58D3　旧字体。

筆順　一 厂 斤 圧 圧

なりたち  ［形声］「土（＝つち）」と、音「猒ヨウ→ウオ」とから成る。おしつぶす。

意味　❶上から強い力を加える。無理におさえつけて自由をうばう。おさえる。おす。例圧政（アッセイ）。圧力（アツリョク）。弾圧（ダンアツ）。❷（気体・液体などの内部に加わり、周囲に向かって）おす力。圧力。例気圧（キアツ）。血圧（ケツアツ）。水圧（スイアツ）。❸くずれる。崩壊する。❹せまる。例圧尾（アツビ）（＝最後尾）。❺上回る。まさる。

古訓　中古 いとふ・おさふ・おす・おそく・へす　中世 おす・くだる・こぼつ・ふさぐ・へす　近世 おす・おほふ・くだす・しづむ・ふさぐ・ふす・ゆびもておす

【圧延】アツエン　日金属のかたまりに機械で圧力をかけてのばし、板・棒・管などの形に加工する。例―機。

【圧巻】アッカン 〔科挙(=官吏登用試験)で、巻(=答案)の最もすぐれたものを上にのせたことから〕書物や催し物などのうち、最もすぐれている部分。
【圧搾】アッサク ①圧力をかけてしぼる。例ダイズを―して油をとる。②圧力をかけて体積を小さくする。圧縮。例―空気。
【圧殺】アッサツ ①おしつぶしてころす。②日大きな力で、他人の自由をうばう。有無を言わさずねじふせる。例発言を―する。
【圧死】アッシ おしつぶされて死ぬ。
【圧縮】アッシュク 日①物体に圧力をかけて体積を小さくする。圧搾。例―空気。②量を減らしたり、長さを短くちぢめる。
【圧勝】アッショウ ①呪力(ジュリョク)によって、邪気を除く。②日圧倒的な強さで勝つ。完勝。大勝。対辛勝。例大関に―した横綱。
【圧制】アッセイ 権力や武力で言動をおさえつける。例軍部の―。
【圧政】アッセイ 日権力で人々を無理やりおさえつけておこなう政治。例独裁者の―に苦しむ。
【圧塞】アッソク おさえふさぐ。例群疑(グンギ)を―す(=もろもろの疑問を封じこめる)。
【圧倒】アットウ 強い力でおし負かす。例他を―する。
【圧迫】アッパク 日①強くおさえつける。例腹部に―感がある。②武力や権力で言動をおさえつける。例物価高が家計を―する。例精神的―を受ける。
【圧伏】【圧服】アップク ①武力や権力で他をおさえつけて従わせる。例反対勢力を―する。②武力や権力でおさえられて服従する。例賊衆圧伏(ゾクシュウアップクす)(=賊の群衆はおさえられて服従した)。〈旧唐・淮安王神通伝〉
【圧力】アツリョク ①ものをおす力。例―を加える。②威圧してはたらきかける力。例政治的な―。
●威圧イアツ・重圧ジュウアツ・水圧スイアツ・制圧セイアツ・弾圧ダンアツ・鎮圧チンアツ・抑圧ヨクアツ

圦 土2 (5) 2 5209 5726 国字 いり

参考 日本語の「いり」にあたる「入」に、土偏をそえた字。
意味 水の出入りを調節する樋(ひ)。いり。水門。樋口(ひぐち)。
【圦▼樋】いりひ 水を出し入れして調節するための水門。また、その、とい。

圣 土2 (5) 4 0459 5723

意味 ━コツ漢 月 kū たがやす。ほる。通掘。 ━セイ漢 敬 shèng ひじり。通聖。

圷 土3 (6) 2 5210 5737 国字 あくつ

意味 土地の低い部分。あくつ。おもに地名・姓に用いる。

圯 土3 (6) 3 1536 572F イ漢 支 yí はし

意味 (土の)橋。はし。 参考 「圮(ヒ)」は、やぶれる・くずれる意の、別の字。
【圯橋】イキョウ 漢の張良(チョウリョウ)が老人から兵法書を授かった橋。今の江蘇(コウソ)省邳(ヒ)県にその旧跡がある。

圩 土3 (6) 4 0461 5729 ウ漢 虞 yú イ(ヰ)漢 支 wéi

意味 ❶水面より低い田の周囲に築く、つつみ。きし。例圩岸(ウガン)。圩田(ウデン)。❷周囲が高く、中がくぼんでいるさま。例圩頂(ウチョウ)(=頭頂部がくぼんでいる孔子の頭)。

圬 土3 (6) 572C オ(ヲ)漢 虞 wū

意味 ❶壁塗りの道具。こて。通杇(オ)。❷壁に泥を塗りつける。ぬる。通杇(オ)。例圬人(オジン)。
【圬人】オジン 壁を塗る職人。左官。

𡉕 土3 (6) 4 0460 21255 国字 くろ

意味 地名に用いる字。例三ツ𡉕(みつくろ)(=岡山県の地名)。

圭 土3 (6) 1 2329 572D 人 ケイ漢 斉 guī たま

なりたち [会意]「土(=その土地)」と「土(=領土とする)」とから成る。領土を与えるしるしの宝玉。
意味 ❶細長い板状で、上端がとがっている玉。天子が祭祀(サイシ)をおこなう際の祭器として用いられたほか、諸侯に領土を与えるときに、そのしるしとして授けられた。例圭角(ケイカク)。❷清らかである。清浄である。鮮明である。

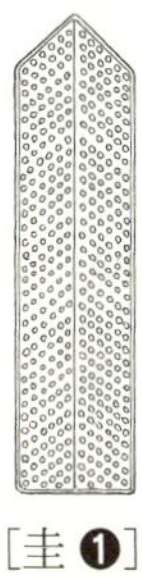
[圭❶]

❸さじ一杯ほどの量。例刀圭(トウケイ)(=薬をもる、さじ)。❹日時計の目もりの部分。古代には圭(=土圭(ドケイ))を用いて日影の長さを測定したとされたことによる。
古訓 中古 かさなる・かさぬ・はかり・はしは 中世 たま 近世 いさぎよし・たま・ねや
人名 か・かど・きよ・きよし・はかる・よし
【圭角】ケイカク 〔「圭❶」の先の角ばったところの意〕①品行が方正で曲がったところがないこと。②人の性格や態度にかどがあること。例―のない人柄。
【圭▼臬】ケイゲツ 〔「臬」も、日影の長さを測る道具〕日時計。転じて、標準。
【圭撮】ケイサツ 〔「撮」も、きわめて小さな容量の単位〕ごくわずかなこと。類圭勺(ケイシャク)。
【圭▼璋】ケイショウ 圭と璋。ともに儀礼に用いられる貴重な玉器。すばらしい人格のたとえ。
【圭田】ケイデン 卿(ケイ)・大夫(タイフ)・士が祭祀(サイシ)の費用に供するため与えられた田地。
【圭▼竇】ケイトウ 〔土塀を圭の形にくりぬいて設けた〕粗末で小さなくぐり戸。貧しい家のたとえ。閨竇(ケイトウ)。類圭窬(ケイユ)。例篳門(ヒツモン)―の人(=貧しい家に住む人)。
【圭復】ケイフク 詩文や手紙を繰り返して読むこと。また、ことばを慎む意。三二復白圭一(サンプクハッケイを)。〔孔子の弟子の南容が、白圭の詩「白圭之玷、尚可レ磨也、斯言之玷、不レ可レ為也(ハッケイのきずはなおみがくべし、このゲンのきずはおさむべからず)」(=美玉のきずは磨き直せる。しかし、失言は修復できない)〈詩経・大雅・抑〉を何度も復唱した故事による〕〈論語・先進〉

在 土3 (6) 1 2663 5728 教5 サイ漢 ザイ呉 隊 zài ある(あ-り)・います

筆順 一 ナ ナ 在 在 在
なりたち [形声]「土(=つち)」と、音「才(サイ)」とから成る。その地にいる。ある。
意味 ❶その場にある。位置する。存在する。生存している。依存する。かかっている。ある。いる。例父母在(フボいます)(=父母が生存している)。〈論語・里仁〉在世(ザイセイ)。現在(ゲンザイ)。在(ザイ)ニューヨーク特派員(トクハイン)。❷…において。❸安否を問う。存問(ソンモン)。❹よく見る。観察する。例在二璿璣玉衡一(センキギョクコウをみる)(=渾天儀(コンテンギ)を観察する)。〈書経・舜典〉

日本語での用法《ザイ》①「在所ザイショ・在ザイの人ひと」▼いなか。②「在五中将ザイゴチュウジョウ（＝五は、五男の意）」「在原ありわら」姓の中国風の呼び方。

古訓 中古 あき・あきら・あきらかに・あり・います・おく・すむ・はべり・まします・ます 中世 あきらか・あつぱれ・あり・ある・います・おく・まします・ゐる 近世 あきらか・あり・ある・います・おく・ところ・ながらへる・をる

人名 あき・あきら・あり・すみ・たみ・とお・みつる

【在位】ザイイ｜イにあり ①君主がその位についている。例 ―三十年。②官職についている。在官。例 小人在レ位ショウジンイにあり（＝つまらぬ人間が官職についている）。〈書経・大禹謨〉

【在家】□一 ザイカ｜いえにあり ①自分の家にいる。②卿大夫ケイタイフに仕える。□二 ザイケ 〔仏〕仏門に入っていない普通の人。在俗。対 出家。例 ―僧。

【在外】ザイガイ 外国にいること。外国にあること。例 ―公館。

【在学】ザイガク 日 児童・生徒・学生として、学校の学籍にその身分が登録されている。在校。例 ―証明書。

【在官】ザイカン 官職についている。例 二十五年で退職した。

【在京】ザイキョウ 都に住んでいる。また、滞在している。

【在郷】□一 ザイキョウ 郷里にいる。在国。例 ―の旧友。□二 ザイゴウ 日 いなか。在所。

【在郷軍人】ザイゴウグンジン 日 予備役ヨビエキや退役タイエキなどの軍人。ふだんは家庭にあり、非常時には召集されて軍務につく。

【在勤】ザイキン ある勤務についている。在職。

【在庫】ザイコ 品物が倉庫にあること。また、その品物。例 ―を切らす。過剰―。

【在校】ザイコウ 日 ①児童・生徒・学生として、その学校にいる。在学。例 ―生。②学校の中にいる。

【在国】ザイコク 日 ①郷里にいる。在郷ザイキョウ。②江戸時代、大名やその家臣が、国元にいること。

【在在】ザイザイ いたる所。そこかしこ。

【在室】ザイシツ ①部屋の中にいる。例 社長は―している。②女性が未婚または夫と離別後、実家で生活していること。

【在住】ザイジュウ 日 その土地に住んでいる。例 京都に―する。

【在処】□一 ザイショ いたる所。そこかしこ。□二 ありか 日 もののある場所。人のいる場所。例 宝の―。敵の―。

【在所】ザイショ ①ある場所。いる場所。所在地。例 ―を問う。②日 郷里。いなか。例 ―に里帰りする。

【在職】ザイショク ①官職についている。在官。②職務についている。在勤。例 ―中のけが。

【在世】ザイセイ｜ザイセ ①世間で流通している。②この世に生きている。例 故人の―中の思い出。

【在昔】ザイセキ むかし。往昔オウセキ。

【在籍】ザイセキ ①官職の名簿に載っている。②本籍地にいる。③日 学校や団体に籍がある。例 ―生徒数。

【在俗】ザイゾク 〔仏〕出家していなくて、普通の生活をしていること。また、その人。在家ザイケ。対 出家。

【在宅】ザイタク 自分の家にいる。例 ご主人はご―でしょうか。

【在中】ザイチュウ ①中にいる。②日 封筒・箱などの中に、そのものが入っている。例 写真―。

【在朝】ザイチョウ ①君主が朝廷で政治をおこなう。②朝廷に仕えている。官職についている。対 在野。例 ―在野の別なく。

【在天】ザイテン｜テンにあり ①天にいる。例 ―の霊。②運命による。例 富貴在レ天フウキテンにあり（＝とみや出世は運命による）。〈論語・顔淵〉

【在日】ザイニチ 日 外国人が、日本に滞在する。また、日本に住んでいる。

【在任】ザイニン ①官職についている。在官。②任務についている。また、任地にいる。例 山形支店に―している。

【在米】ザイベイ 日 米国（＝アメリカ）にいる。また、米国に住んでいる。例 ―邦人。

【在銘】ザイメイ 日 書画・刀剣・器物などに作者の銘が入っていること。対 無銘。例 ―の古刀。

【在野】ザイヤ ①官職につかず民間にいること。対 在朝。例 ―精神。―の士。②日 与党に対し、野党の立場にあること。

【在来】ザイライ 日 これまで普通にあったこと。これまでどおり。ありきたり。従前。従来。例 ―線。―のものよりずっといい。

【在留】ザイリュウ 日 一定の期間、外国に住む。例 ―邦人。

●健在ザイ・現在ザイ・自在ザイ・実在ザイ・所在ザイ・存在ザイ・滞在タイザイ・不在フザイ

均

土3（6） 3 1538 5734

シャク 漢 薬 zhuó

意味 土の跡。

参考 「均キン」とは別の字だが、人名で「キン」と読む例がある。

圳

土3（6） 3 1537 5733

セン 慣 シュン 漢 震 zhèn

意味 耕作地の間の水路。みぞ。〔おもに地名に用いる〕例 深圳シンセン（＝広東カントン省の都市）。

地

土3（6） 1 3547 5730 教2

チ 漢 ジ（ヂ）呉 寘 dì

つち

筆順

なりたち

［形声］「土（＝ものを生み出す、つち）」と、音「也ヤ→チ」とから成る。万物バンブツがならんでいるところ。

意味 ❶空の下に広がる陸。大地。**つち**。対 天。例 地球チキュウ。陸地リクチ。❷一定の場所。ところ。例 地域チイキ。地方チホウ。農地ノウチ。❸位置。立場。身分。例 地位チイ。地歩チホ。境地キョウチ。❹下地したジ。基礎。もとい。例 素地ソジ。❺形容詞や副詞のあとにつけて、その状態であることをあらわす。例 忽地コッチ（＝不意に）。驀地バクチ（＝まっしぐらに進むさま）。

日本語での用法《ジ》《チ》①「地ジの人ひと・地酒ジざけ・地物ジもの」▼その土地。その土地産の。②「地ジがあらわれる・地力ジリキ・素地きジ｜ソジ・地道ジみち」▼生まれつき。もちまえ。自然のまま。普通の。③「地ジの文ブン・地ジを謡うたう」▼文章の中で、会話以外の部分。④「天地無用テンチムヨウ（＝上下逆にすることは禁止）」▼書物や荷物の下の部分。底。対 天。

古訓 中古 あらし・あれたり・くつがへる・そこ・ただ・たつ・ところ・やすし・やぶる 中世 くつがへる・ただ・たちど・つち・ところ・やすし 近世 ただ・つち・ところ

人名 くに・ただ

難読 地祇くにつかみ

【地謡】ジうたい 日 能や狂言で、舞台のすみに座って、おもに謡曲ヨウキョクの地ジの文を数人（＝六―十二人ぐらい）でうたう謡いうた。また、それをうたう人。地ジ。地方ジかた。例 ―座。

【地顔】ジがお 日 化粧をしていない顔。素顔すがお。

【地金】ジがね 日 ①めっきや加工の土台になっている金属。②生まれつき有する、好ましくない性質。本性ホンショウ。

【地獄】ジゴク ①〔仏〕〔梵語ボンゴ naraka の意訳。音訳は奈落ナラク〕生前悪いおこないをした者が、死後さまざまな責め苦を受けるという世界。六道ロクドウの一つ。対 極楽ゴクラク。例 ―に落ちる。②非常に苦しいこと、つらいこと、おそろしいこと。また、その状態。例 受験―。通勤―。③キリスト教で、死後救済されない魂が行って責め苦を受けるという世界。対 天堂・天国。④日 火山や温泉で、熱湯がふき出している所。例 ―谷だに。

【地獄耳】(ジゴクみみ) [日]①他人の秘密やうわさを、すばやく聞きこんでくること。また、その人。②一度聞いたことは決して忘れないこと。また、その人。

【地酒】(ジざけ) [日]その土地でつくられる酒。いなか酒。

【地主】(ジシュ) ①他所から来た賓客をもてなす地元の主人。②その土地の神。土地の守護神。[例]—権現。③(ジぬし) 土地の所有者。

【地震】(ジシン) 地殻の変動や火山の活動などによって、大地がゆれうごく現象。[例]—計。—予知。

【地団駄】【地団太】(ジダンダ) [日]くやしくて、足を踏みならすこと。〔「じたたら(=足で踏んで空気を送る、ふいご)」のなまった語〕[例]—を踏む。

【地鎮祭】(ジチンサイ) [日]土木・建築の工事を始める前に、土地の神を祭り、工事の無事を祈る儀式。

【地盤】(ジバン) ①方位盤。②建物の土台となる土地。[例]—沈下。③[日]活動の根拠地。勢力範囲。[例]保守党の—。

【地味】[日][一](ジミ) 目立たないさま。質素なさま。(対)派手。[例]—な服装。[二](チミ) 作物を作る土壌としての、土地の状態。[例]—が肥えている。

【地面】(ジメン) ①土地の表面。②土地。地所。[例]—の売買。

【地元】(ジもと) [日]①そのことに直接関係のある土地。現地。当地。[例]—の住民。②自分の住んでいる地域。[例]—の商店街。

【地位】(チイ) ①土地の位置。②社会・組織の中での、ある人の位置。身分。くらい。立場。地歩。[例]—が上がる。

【地異】(チイ) 地震・噴火・洪水など、地上に起こる異変。地変。[例]天変—。

【地維】(チイ) 大地をつないでいる綱。〔古代、大地は四角い形でその四すみは綱でつながれて安定していると考えられていた〕

【地域】(チイキ) ①区切られたある一定の範囲の土地。②[日]地元。当地。[例]—社会。—の代表。

【地衣類】(チイルイ) [日]藻類と菌類が共生して一つの植物となっているもの。岩上や樹上に生育し、茎・葉の区別がない。リトマスゴケ・サルオガセなど。

【地縁】(チエン) [日]一定の地域に住むことによってできた、かかわりあい。[例]—社会。→【血縁】(ケツエン)(1183ページ)

【地下】[一](チカ) ①地面の下。(対)地上。[例]—の倉庫。②死後の世界。冥土。[例]—に眠る。③地面。[例]跪在二地

下一(ひざまずきてチカにあり)(=地面にひざまずいた)。〈水滸伝・四二〉④[日]非合法な社会運動のおこなわれる場。[例]—組織。—にもぐる。[二](ジゲ) [日]昔、宮中の御殿にのぼることを許されなかった身分の低い役人。(対)殿上人・堂上。

【地価】(チカ) 土地の価格。[例]—が高騰する。

【地階】(チカイ) [日]建物で地下にある階。

【地角】(チカク) ①地の果て。さいはての地。[例]天涯—。②人相術で、ほお骨の下端の部分。地閣。

【地核】(チカク) [日]地球の中心部。液状の部分と固体状の部分があると考えられ、高温・高圧。核。コア。

【地殻】(チカク) 地球の表層の部分。岩石からできていてかたい。[例]—の変動。

【地学】(チガク) [日]地球を研究の対象とする学問。地質学・地球物理学・鉱物学・海洋学・地震学など。

【地官】(チカン) ①官名。『周礼』に見える六官の一つ。②道教の神の名。天官・水官とあわせて三官という。

【地気】(チキ) ①地中の気。(対)天気。②気候。

【地▼祇】【地示】(チギ) 地の神。国土の神。(対)天神。[例]天神—(=天の神と地の神)。

【地久】(チキュウ) 大地は永遠に在る。[例]天長地久(テンはながくチはひさし)(=天や地はいつまでも滅びない)。〈老子・七〉

【地球】(チキュウ) 人類の住んでいる天体。太陽系の第三の惑星。水と大気があり、さまざまな生物が生息する。自転しながら、一年で太陽のまわりを回り、月を衛星にもつ。

【地峡】(チキョウ) [日]二つの大きな陸地をつなぐ、細長い陸地。パナマ地峡やスエズ地峡が有名。

【地形】(チケイ) 山・川・平野・海など、土地の高低・起伏などの形態。地勢。

【地契】(チケイ) 土地売買などの契約書。地券。

【地券】(チケン) ①「地契」に同じ。②[日]明治時代、政府が発行した、土地の所有権を証明した証書。

【地溝】(チコウ) 二つの断層にはさまれてできた、細長くくぼんだ土地。

【地誌】【地志】(チシ) ある地方の地理的特質について書かれた書物。『風土記』など。

【地軸】(チジク) ①大地を支えていると考えられていた巨大な軸。②地球が自転するときの回転軸。

【地質】(チシツ) ①土地の形状や性質。[例]—調査。②[日]地殻を構成する岩石や地層の、性質や状態。[例]—年代の区分。

【地上】(チジョウ) ①地面の上。(対)地下。②この世。現世。(対)天上・地下。[例]—の楽園。

【地図】(チズ) 地形や土地利用の様子を平面上にあらわした図。

【地勢】(チセイ) ①土地のありさま。山・川・海や、土地の高低・起伏などの地形を、総合的に見たもの。[例]—が険しい。②地位。権勢。

【地租】(チソ) ①土地に対して課した租税。[例]—改正。②小作人や借地人が支払う地代。

【地相】(チソウ) ①土地の様子。地形。[例]山がちの—。②土地の様子から判断される吉凶。[例]—がよい。

【地層】(チソウ) [日]地殻を形づくる層。堆積物の成分が時代によって異なるため、断面は縞模様になる。

【地蔵】[一](チゾウ) ①地中に埋める。②地中の穴ぐら。(類)地窖。[二](ジゾウ) 〔仏〕「地蔵菩薩」の略。釈迦の死後、五十六億七千万年後に弥勒菩薩があらわれるまでの間、この世のすべての生き物を守り導くという菩薩。特に子供を守るという。お地蔵さま。

【地帯】(チタイ) [日]特定の地域や場所。[例]工場—。安全—。

【地大物博】(チダイブツハク) 領土が広大で物産が豊か。中国が自国の国勢を賛美していう。

【地底】(チテイ) ①地面が深くくぼんだ所。谷底。②地下の非常に深い所。[例]—のマグマ。

【地点】(チテン) [日]ある特定の場所・位置。[例]調査の—を選ぶ。

【地頭】[一](チトウ) ①田地の両端。あぜ。②地元。当地。③目的地。④唐代の税の名。[二](ジトウ) [日]鎌倉・室町時代、荘園・公領を管理し、年貢の取り立てや、治安維持などをおこなった役人。[例]泣く子と—には勝てぬ。

【地道】[一](チドウ) ①大地の原理。大地の法則。②地中を掘って作った道。地下道。[二](ジみち) [日]〔普通の速さで歩く意から〕着実。堅実。[例]—な努力が実る。

【地熱】(チネツ・ジネツ) [日]地球内部の熱。[例]—発電。

【地表】(チヒョウ) 大地の表面。地球の表面。[例]—に芽を出す。

【地府】(チフ) 死後の世界で、死者の魂をつかさどる役所のこと。冥府。

【地平】(チヘイ) ①(たいらか) 大地や地上の万物がよくおさまっている。[例]地平天成(チたいらかにテンなる)(=天地万物がよくととのい、おさまっている)。〈左伝・文一八〉②地面がたいらである。③大地の平面。広くひろがる視界。[例]—のかなた。④[日]視野に入る範囲。展望。[例]—を開く。

【地平線】地面と空とが一本の線のように接している部分。→【水平線】(746ページ)

【地変】地震・火山の噴火など、地上に起こる異常なできごと。地異。例天災―。

【地歩】①場所。②立場。地位。例―を固める。

【地方】①古代中国の考え方で、天が円形であるのに対して、大地が四角い形をしていること。②ある特定の地域。例北陸―。③首都以外の土地。対中央。

【地望】①地元での声望や地位。また、その地方のよい家柄。②地理的な位置。

【地目】日土地を用途によって分類したときの呼び名。田・畑・宅地・山林・原野・用水路・公園など。

【地文】山・川・海などの大地のありさま。対天文・水文・人文。例―学。

【地▼輿】〔万物を載せている大地を、乗り物の輿にたとえたことば〕大地。坤輿。対天蓋。

【地▼籟】〔「籟」は、笛の意〕風が大地の穴を吹き抜けるときに発する音。対天籟・人籟。〈荘子・斉物論〉

【地利】①有利な地理的条件。→【人和】(54ページ) ②農業に適した土地の状態。土地の生産性。

【地理】①土地の様子。例―に明るい。②山や川など地形のありさま。産業や人口、交通、気候など総合的に見た土地の状態。また、それを扱う学問。例―学。

【地力】一リョク 土地の生産能力。二ジキ 日本来持っている力。実力。

●意地・各地・危地・基地・窮地・境地・極地・見地・山地・産地・敷地・借地・陣地・戦地・素地・大地・着地・天地・当地・土地・無地・用地・余地

圸

土3(6) 2 5211 5738 国字 まま

意味 傾斜地。がけ。地名に用いる字。

坎

土4(7) 2 5212 574E カン(カム)漢 呉 感 kǎn あな

意味 ❶土地のくぼんだ所。あな。例坎穽。❷穴をほる。穴をあける。❸易の卦。㋐八卦の一つ。☵ 自然では水、方位では北をあらわす。㋑六十四卦の一つ。☵☵ 坎下坎上。❹ものを打つ音。例坎其撃レ缶(＝カンカンと楽器用の土器を打つ)。〈詩経・陳風・宛丘〉❺うれえる。なやむ。❻⇨【坎▼壈】

【坎▼坷】【坎▼軻】①でこぼこで平らでないさま。②不遇で志を得ないこと。例―にして生涯を終える。

【坎坎】①ものをたたく音。②艱難がいくつも連なっているさま。③空っぽなさま。④喜ぶさま。⑤不満がたまっているさま。

【坎▼穽】落とし穴。陥穽。

【坎井▼之▼蛙】井の中の蛙。見聞がせまいことのたとえ。井蛙。井底之蛙。〈荘子・秋水〉

【坎▼壈】不遇なさま。

均

土4(7) 1 2249 5747 教5

一キン(クヰン)漢 真 jūn 二イン(ヰン)慣 ウン漢 文 yùn ひと-しい(ひと-し)・なら-す

筆順 一 十 土 圴 均 均 均

なりたち [会意]「土(＝つち)」と「匀イン→キ(＝あまねくひとしい)」とから成る。すみずみまでひとしくそろっている。

意味 一❶平らで差がない。同じ。ひとしい。また、ひとしくする。ならす。例賦者均(＝課税は平等である)。〈柳宗元・送薛存義序〉均一。均等。均分。❷つりあいがとれて、ととのっている。ととのえる。例均衡。均斉。二❶韻律。音韻。通韻。❷除草する。通耘。

古訓 中古 あまねし・したがふ・そふ・とのほる・ひとし・ひら 中世 あまねし・たひらか・ひとし・ひら 近世 あまねし・たひらか・ひとし・やすし

人名 ただ・なお・なり・ひとし・ひら・ひろ・ひろし・まさ

【均一】すべてのものを同一にする。また、同一の基準をあてはめる。一律。例―料金。

【均衡】二つ以上のものの間の、力や重さのつりあい。また、つりあいがとれていること。平衡。バランス。例―を保つ。

【均質】日あるものの、どの部分についても性質や状態が同じであるさま。等質。例―な液体。

【均整】【均斉】(ものの形などが)つりあいがとれて、ととのっていること。例―のとれたからだ。

【均▼霑】【均▼沾】ある者が得た利益や特典を、ほかの者が同様に得る。平等に手に入れる。

【均田】一デン ①漢代、貴族から庶民まで身分に応じて土地を与える制度。②豪族の大土地所有を防ぎ、農民に土地を均等に分け与える制度。北魏に始まり、隋・唐に受け継がれ、日本でも班田収授の法として導入された。二デン 雑草を除去して田地をととのえる。耘田。

【均等】差がなく、ひとしいこと。平等。例機会―。

【均分】ひとしく分ける。等分。例―相続。

【均輸法】①漢の武帝がおこなった経済政策。全国に均輸官を設置して物品の購入と各地への輸送の改善にあたらせ、財源の増収を図った。②宋の王安石の新法の一つ。

坅

土4(7) 4 0463 5745 キン(キム)漢 寝 qǐn

意味 あな。坎。

圻

土4(7) 2 5213 573B 一ギン漢 真 yín 二キ漢 微 qí きし・さかい(さかひ)・ほとり

意味 一地の果て。辺際。通垠。二❶天子の直轄地。通畿。❷千里四方の地。❸境界。また、境界に囲まれた地域。❹きし。ほとり。通碕。

坑

土4(7) 1 2503 5751 常用 コウ(カウ)漢 庚 kēng あな

[阬] 阝4(7) 4 9162 962C 本字。

筆順 一 十 土 圹 坑 坑 坑

なりたち [形声]「阝(＝おか)」と、音「亢コウ」とから成る。門が高く大きいさま。派生して「深くて大きいあな」の意。

意味 ❶地面にあいた穴。また、地面に掘った穴。あな。例坑道。炭坑。廃坑。❷穴埋めにする。生き埋めにする。あなにする。また、害する。例焚書坑儒。

古訓 中古 あな・あなほる・うづむ・たに 中世 あな・うづむ・みぞ 近世 あな・たに・ほり

【坑陥】①落とし穴。わな。②人をおとしいれる。

【坑殺】生き埋めにして殺す。

【坑儒】秦の始皇帝が儒学者を穴に生き埋めにして殺したこと。→【焚書】(831ページ)

【坑▼穽】コウセイ 落とし穴。また、獣を捕らえたり人をおとしいれたりする、わな。
【坑道】コウドウ 地下に掘った通路。特に、鉱山などで縦・横に掘られた通路。
【坑内】コウナイ 坑道の中。例―作業。―火災。
【坑夫】コウフ 日鉱山、特に炭坑で働く労働者。

坐

土4 (7) 1 2633 5750 人
サ漢 ザ呉 箇 zuò
すわ-る・そぞろ-に・いま-す・おわ-す(おは-す)・まし-ます・ま-す

なりたち [会意]「土(=止まるところ)」と二人の「人(=ひと)」とから成る。止まる。

意味 ❶ひざを折り曲げて、腰をおろす。すわる。例坐禅ザゼン(=座禅)。静坐セイザ。端坐タンザ。❷すわる所。通座。例同坐ドウザ。❸当事者として裁判の席にすわる。出廷する。例使下与二郤大夫一坐上(郤の大夫とともに出廷させた)。〈左伝・昭二三〉 ❹罪を得る。罪を犯す。例連坐レンザ。罪みつに坐ザする。❺すわったままで、何もしない。例坐視ザシ(=座視)。坐食ザショク(=座食)。坐ザして死シを待まつ。❻そのままにしておく。特に、鍋なべなどを火にかけておく。❼何もしないのに、自然にそうなる。なんとなく。そぞろに。例坐愛楓林晩(そぞろにアイすフウリンのくれ)(=何とはなしにフウの林の夕景をめでる)。〈杜牧・山行〉 ❽ちょうど。まさに。❾非常に。はなはだ。

日本語での用法《まします》《います》《ます》《おわす》「天テンに坐ましす神かみ・飛鳥坐神社あすかにいますジンジャ・殿とのはお車くるまの中なかに坐おわす」▼「ある」「居いる」を敬っていうことば。

古訓 中古 います・すう・すずろ・つみ・つみす・とこ・まします・ます・ゐる・をり 中世 すわる・そぞろ・つみ・つみせらる・ひざまづく・ゐながら・ゐる・をる 近世 すわる・つみせらる・ひざまづく・ゐながら・ゐる・をる

表記 現代表記では「座」に書きかえることがある。熟語は「座」も参照。

難読 坐行ざり・坐睡ねむり

【坐位】ザイ ①席次。位置。②日座った姿勢。
【坐観】ザカン 何もせずただ眺めている。座視。傍観。
【坐▼賈】ザコ 店をかまえて営業する商人。対行商ギョウショウ。
【坐作】ザサ ①(「作」は、立ち上がる意)兵士教練の科目の一つ。②~ザしてをなす 何も考えないで行動する。例坐作二驕奢一(ザしてキョウシャをなす)(=安穏としてぜいたくに暮らす)。〈潜夫・思賢〉
【坐作進退】ザサシンタイ 日常の動作。立ち居ふるまい。〈周礼・夏官・大司馬〉
【坐罪】ザザイ 罪に服する。
【坐以待旦】ザしてもってタンをまつ (座って夜明けを待つ意)心がせいて待ちこがれること。〈孟子・離婁下〉
【坐収】ザシュウ ①犯罪に連座して投獄される。②何もしないで、やすやすと手に入れる。
【坐商】ザショウ 店で座って品物を売るあきない。対行商。
【坐睡】ザスイ 居眠りをする。
【坐不レ垂レ堂】ザするにドウにスイせず (「垂」は、端はしにいる意)転落を恐れ堂の端にすわらない。危険を避けて、身を守ること。〈史記・司馬相如伝〉
【坐部伎】ザブギ 唐代、堂上で座って演奏する宮廷音楽。玄宗ゲンソウのときに始まる。〔庭で立って演奏するのは「立部伎リッブギ」〕
【坐忘】ザボウ 知覚も肉体もすべて忘れ去り「道」と一体になる、道家の精神的境地。〈荘子・大宗師〉

[⿰土卆]

土4 (7) ⇨埣イサ(291ページ)

址

土4 (7) 2 5214 5740
シ漢 紙 zhǐ
あと

【阯】阝4 (7) 2 7987 962F 本字。

意味 ❶建物の土台。いしずえ。もとい。例基址キシ。❷場所。地点。例始舎二於其址一(はじめてそのシにシャす)(=初めてその場所に家屋を建てて住んだ)。〈王安石・遊褒禅山記〉

日本語での用法《シ》《あと》「城址ジョウシ(しろあと)」▼建物などのあったあと。

坍

土4 (7) 4 0466 574D
タン(タム)漢 覃 tān
あず

意味 波が打ちよせて岸がくずれる。また、くずれた岸。あず。例崩坍ホウタン。

坏

土4 (7) 2 5215 574F
一 ハイ漢 灰 pī
二 ハイ漢 灰 péi
つき

【坯】土5 (8) 4 0469 576F 別体字。

意味 一❶形が一重の山。〔一説に、形が二重の山〕❷まだ焼いていない、かわらや土器。二土でできた垣や戸などのすきまをふさいで補修する。通培ハイ。例坏二牆垣一(ショウエンをふさぐ)(=垣のすきまをふさぐ)。〈礼記・月令〉

日本語での用法《つき》「高坏たかつき」▼飲食物を盛るうつわ。

坆

土4 (7) 4 0464 5746
一 バイ漢 灰 méi
二 フン漢 文 fén

意味 一ウメ。通梅。二はか。通墳。

坂

土4 (7) 1 2668 5742 教3
バン慣 ハン漢 阮 bǎn
さか

筆順 一 十 土 … 坂

なりたち [形声]「土(=つち)」と、音「反ハ」とから成る。山の斜面。さか。

意味 傾斜した道。さか。通阪ハン。例急坂キュウハン。登坂トウハン。

古訓 中古 さか・さかのぼる 中世 さか 近世 さか・つつみ

【坂道】さかみち 日傾斜している道。坂。
【坂東】バンドウ 日(相模さがみの足柄あしがら峠の坂および下野しもつけの碓氷うすい峠の坂より東の地の意)関東地方の古い呼び名。例―太郎(=利根川とねがわの別名)。―声ごえ(=東国なまり)。
●女坂おんなざか・急坂キュウハン

坌

土4 (7) 4 0465 574C
フン漢 吻 fèn
ホン漢 願 bèn

意味 ❶ちり。例塵坌ジンフン。❷わき出るさま。例坌涌フンヨウ。❸集まる。群がる。例坌集フンシュウ。

【坌集】フンシュウ 群がる。寄り集まる。
【坌▼涌】【坌湧】フンヨウ わきあがる。

坊

土4 (7) 1 4323 574A 常用
一 ボッ慣 ホウ(ハウ)漢 ボウ(バウ)呉 陽 fāng
二 ホウ(ハウ)漢 ボウ(バウ)呉 陽 fáng

筆順 一 十 土 … 坊

なりたち [形声]「土(=つち)」と、音「方ホウ」とから成る。町や村の一区画。

意味 一❶城壁内の町の一区域。市街。まち。例坊市ボウシ。❷土で作った鋳型いがた。❸特定の目的のために建てられた建物。例病坊ビョウボウ(=病院)。❹みせ。例茶坊サボウ。酒坊シュボウ。❺寺院の建物。僧の住まい。へや。例坊主ボウズ。本坊ホンボウ。宿坊シュクボウ。僧坊ソウボウ。❻手工業者の作業場。❼特定の人物を顕彰するために建てられた鳥居形の建造物。㊁ふせぐ。㊟防。例 坊欲。

日本語での用法 《ボウ》①「お坊さん・御坊・武蔵坊」▼僧。②「坊や・坊ちゃん」▼男の子。③「朝寝坊・けちん坊・風来坊」▼人の様態などについて擬人化していうことば。

古訓 中古 さはる・さふ・まち 中世 さはる・さふ・ちまた・つつみ・まち 近世 いへ・ちまた・つつみ・へだつ・まち

難読 坊坊・坊ち

【坊間】(まちの中の意)世間。例 ―の書(＝通俗書)。

【坊市】まち。市街。

【坊舎】㊐僧が住んでいる所。僧坊。

【坊主】㊐①〔仏〕寺の主人である僧侶。②僧侶をややいやしめていうことば。例 生臭―。③髪の毛をそった頭。また、それに似た状態。例 ―頭。山が―になる。④男の子を親しんで呼ぶことば。例 やんちゃ―。⑤花札の八月(＝ススキ)の二十点ふだ。⑥釣りで、何も釣れなかったこと。

【坊本】民間の書店が印刷した書物。類 坊刻本。対 官本。

【坊門】①まちの門。②㊐平安京で、二条大路より南の、東西に通っている小路。

● 宿坊・僧坊・寝坊・風来坊

[垆] 土4(7) ⇨壚(305ページ)

坳
土5(8) 4 0470 5773

オウ(アウ)漢 肴 ào

意味 地面のくぼんだ所。くぼみ。例 坳堂。

【坳堂】広間のくぼんだ所。

坷
土5(8) 3 1540 5777

カ漢 哿 kě

意味 「坎坷」は、❶平らでないさま。❷不遇なさま。

坩
土5(8) 2 5216 5769

カン(カム)漢 覃 gān つぼ

意味 ❶土製のつぼ。❷るつぼ。例 坩堝。

【坩▼堝】①金属や物質を高熱でとかすための、耐熱性の容器。②㊐いろいろな種類がまざっていること。例 人種の―。③㊐熱狂的に感情が高まること。例 球場は興奮の―と化した。

[坵] 土5(8) ⇨丘(22ページ)

坰
土5(8) 3 1539 5770

ケイ漢 青 jiōng

意味 都市から遠い所。郊外。通 冂。例 坰外(＝郊外)。

坤
土5(8) 1 2605 5764

コン漢 元 kūn ひつじさる

意味 ❶大地。つち。例 坤輿。乾坤。❷易の卦。㋐八卦の一つ。☷ 地をかたどり、地・女・母など、陰性・従順をあらわす。方位では南西にあたる。対 乾。例 坤元。坤徳。㋑六十四卦の一つ。☷☷坤下坤上。地の形勢が広大である象。

【坤育】①大地が万物をはぐくむ。②母の恵み。また、皇后が人民に恩恵をもたらすことのたとえ。例 坤二育天下一(＝天下の人々を育てる)。〈後漢書・陳球伝〉

【坤儀】地。大地。対 乾儀(＝天)。

【坤元】万物を生みだす大地。対 乾元。

【坤軸】①大地を支えていると考えられていた想像上の軸。②地球の南北両極を結ぶ軸。地軸。

【坤道】①大地の原理・法則。②婦人の守るべき道。

【坤徳】①地の徳。万物をはぐくむ大地の力。②皇后の徳。▽対 乾徳。

【坤▼輿】大地。

垂
土5(8) 1 3166 5782 教6

スイ漢 シ・ズイ呉 支 chuí

たれる(た-る)・たらす・しだれる(しだ-る)・しで・なんなん-とする(なんなん-とす)

[埀] 土7(10) 2 5217 57C0 別体字。

筆順 ノ 二 三 乒 乒 垂 垂 垂

なりたち [形声]「土(＝つち)」と、音「𠂹(スイ)」とから成る。遠い地のはて。

意味 ❶国土の果て。辺境。例 辺垂。❷端。縁。へり。また、端にいる。例 路垂(＝道路のはし)。❸たれ下がる。たらす。たれる。例 垂直。下垂。垂涕。垂氷(＝つらら)。❹下位の者に与える。ほどこす。たまう。例 垂二大恵一(＝大きな恩恵をほどこす)。〈塩鉄・本議〉❺下の者へ教えを示す。後世にのこす。例 垂訓。垂範。❻…される。…してくださる。上位の者から下位の者に対する行為の前に置かれ、その好意に対して敬意をあらわす。例 垂問(＝おたずねになる。ご下問)。❼いまにも…になろうとしている。…しかかっている。なりなんとする。**なんなんとする**。例 垂死。丸三年に垂なんとする。

古訓 中古 いたる・およぶ・くだる・くま・さかひ・しむ・しめす・すみ・たる・なむとす・ほとり 中世 さがる・たる・たるる・なんなんとす・ほとり 近世 さかひ・しく・たらす・たるる・たれ・たれる・ちかし・なんなんとす・ほとり・ほとんど・まさに

人名 しげる・たり・たる・たれ

難読 垂乳根・沼垂(＝地名)

【垂泣】声はあげず、涙を流して泣く。類 垂涕。

【垂▼拱】①(「拱」は、こまねく意)手を組みあわせ、そでを垂らしておじぎをする敬礼。②何もしないでいる。例 垂拱平章(＝無事に治める)。〈千字文〉

【垂教】「垂訓」に同じ。

【垂訓】教えのことばを示すこと。また、その教え。垂教。

【垂死】いまにも死にそうな状態にあること。瀕死。

【垂示】①教えしめす。②〔仏〕禅宗で、師が弟子に短い教えを説くこと。また、その教え。

【垂▼迹】〔仏〕仏が衆生を救うために、この世にかりの姿であらわれる。例 本地―。

【垂条】垂れ下がった枝。

【垂仁】(「仁」は、仁愛の意)恩恵をもたらす。

【垂垂】①次第に。だんだんと。②ゆったりとしたさま。③落ちてゆくさま。(涙などが)流れているさま。

【垂線】〔数〕ある直線または平面と垂直に交わる直線。垂直線。例 頂点から底面に―を下ろす。

【垂▼涎】(「涎」は、よだれ)①よだれを垂らす。②あるものを強くほしがる。例 ―の的。

【垂釣】釣り針を垂れる。魚釣りをする。

【垂▼髫】〔結わないで下げ髪をしている子供の髪型の意〕子供。児童。例 黄髪垂髫(＝老人と子供)。〈陶淵明・桃花源記〉

【垂直】①直線または平面が交わってつくる角度が直角であること。②重力の方向。水平面と直角に交わる。鉛直。対 水平。例 ―に切りたった崖。

【垂天▼之雲】スイテンの くも 空いっぱいに垂れこめる雲。例 其翼若二垂天之雲一（そのつばさは スイテンのくものごとし）（＝鵬おおとりの翼の大きさは、空一面に広がる雲のようだ）。〈荘子・逍遥遊〉
【垂統】スイトウ（トウを たる） 創始した事業を子孫・後世に伝える。
【垂白】スイハク 髪やひげが白くなって垂れる。年老いる。
【垂範】スイハン（ハンを たる） （上の立場にある者が）模範を示す。手本を見せる。例 率先―スイする。
【垂名】スイメイ（なを たる） 後世に名を残す。例 垂二名千古一（なを センコにたる）（＝名声を永遠に伝える）。〈陸游・遺興〉
【垂柳】スイリュウ シダレヤナギ。類 垂楊スイヨウ。
【垂▼綸】スイリン 〔「綸」は、釣り糸の意〕①魚釣りをする。垂釣スイチョウ。類 垂鉤スイコウ。②隠居する。
【垂▼簾▼之政】スイレンの セイ 〔すだれを垂らして政務をとる意〕太后・皇太后が、幼少の天子に代わって政治をおこなうこと。垂簾聴政。簾政。
【垂老】スイロウ やがて七十歳になろうとする老人。〔七十歳を「老」とする〕例 ―の碩学セキガク。
●胃下垂カスイ・懸垂ケンスイ・虫垂チュウスイ

坨
土5（8） 4 0468 5768 タ 漢 歌 tuó

意味 かたまりになったもの。かたまり。通 陀タ。例 塩坨タエン（＝塩の山）。泥坨デイタ（＝どろのかたまり）。

垈
土5（8） 2 5218 5788 タイ・ダイ dài ぬた

意味 泥深い田。地名に用いる字。例 落垈村ラクタイソン。

日本語での用法 《ぬた》「藤垈ふじぬた（＝山梨県の地名）」▼泥の深い沼地にちなんだ地名。

坼
土5（8） 3 1541 577C タク 漢 チャク 呉 陌 chè さ-く

意味 ❶裂ける。さける。さく。例 坼裂タクレツ。❷ひらく。例 開坼カイタク。❸裂けめ。ひび。例 亀坼キタク。

坦
土5（8） 1 3519 5766 人 タン 漢 呉 旱 tǎn たい-らか（たひ-らか）

なりたち 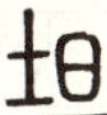 【形声】「土（＝つち）」と、音「旦タ」とから成る。たいらで安らか。

意味 ❶広くて平ら。たいらか。例 坦坦タンタン。平坦ヘイタン。❷感情に起伏がない。おだやか。例 坦懐タンカイ。❸明らか。明朗な。例 坦如二日月一（タンなること ジツゲツのごとし）（＝日月のように明らかである）。〈後漢書・儒林伝・孔僖〉❹顕あらわす。明らかにする。例 坦腹タンプク。❺むすめむこ。例 坦牀タンショウ。賢坦ケンタン。

古訓 中古 あきらかに・あらはす・おだひかになり・おほきなり・たひら・たひらかなり・たひらかに・やすし 中世 あきらか・あらはす・たひらか・ひろし・やすし 近世 あきらか・しづか・たひらか・ひろし

人名 あき・あきら・しずか・たいら・ひら・ひろ・やす・やすし

【坦懐】タンカイ 心が平らかで、わだかまりのないこと。例 虚心―。
【坦▼牀】タンショウ 「坦腹タンプク」に同じ。
【坦然】タンゼン ①平らで広々としたさま。②心が安穏なさま。
【坦坦】タンタン ①土地や道が果てしなく平らなさま。例 ―とした原野。②波乱のないさま。
【坦途】タント【坦塗】タント ①平らな道。②順調であるさま。
【坦腹】タンプク ①むすめむこ。坦牀タンショウ。東牀トウショウ。東床。令坦。類 坦婿タンセイ。②あおむけに寝ころぶ。●晋シンの王羲之ギシのところに婿選びの使いが来たとき、羲之は東牀（＝部屋の東側に置いたベッド）で腹を出して横になり、とりつくろう様子もなかったことが、かえって気に入られて婿に選ばれた。……〈世説・雅量〉
【坦平】タンペイ ①平らかである。起伏がない。②人柄が穏やかで素直である。▽類 坦夷タンイ。

坻
土5（8） 4 0473 577B 一 チ 漢 支 chí 二 テイ 漢 薺 dǐ

意味 一 川の中の土砂が盛り上がって水面にあらわれ出た所。なかす。す。〔「沚シ」よりも小さなもの〕 二 坂。

坪
土5（8） 1 3658 576A 常用 ヘイ 漢 庚 píng つぼ

［坪］土5（8） 旧字体。

筆順 一 十 土 圢 圢 圷 坵 坪

なりたち  【会意】「土（＝つち）」と「平ヘイ（＝たいら）」とから成る。土地が平ら。

意味 平らな土地。特に、山地の中の部分的な平地。

日本語での用法 《つぼ》①「坪庭つぼにわ」▼壁・塀などでまわりを囲った中庭。また、宮中の部屋の一つ一つ。つぼね。②「坪数つぼスウ・建坪たてつぼ」▼尺貫法の、宅地や建物の面積の単位。六尺四方（＝約三・三平方メートル）。③「立坪リュウつぼ」▼土砂の体積の単位。六尺立方。④「尺坪シャクつぼ」▼タイル・ガラスなどの建築資材や、皮革の面積の単位。一尺四方。⑤「寸坪スンつぼ」▼織物の錦にしきや、印刷・製版の面積の単位。一寸四方。

古訓 中古 つく・つぼ・なだむ・なだらかなり 中世 たひらか・つぼ 近世 たひらか・つぼ・ひらち

坡
土5（8） 2 5219 5761 ハ 漢 歌 pō さか・つつみ

意味 ❶山の斜面。さか。例 坡下ハカ。❷（土を坂のように盛り上げた）堤防。土手。つつみ。通 陂ハ。例 坡塘ハトウ。❸平原。また、田地。

【坡▼塘】ハトウ 土手。堤防。

［坯］
土5（8） ⇨坏ハイ（285ジベー）

坿
土5（8） 2 5220 577F 一 フ 漢 遇 fù 二 フ 漢 虞 fū ま-す

意味 一 ❶土でできた垣や壁などに土を加えて補強する。例 坿二牆垣一（ショウエンを ます）（＝垣に土を加えて補強する）。〈呂覧・孟秋〉❷付け加える。ます。通 附。 二 石英。例 白坿ハクフ。

垉
土5（8） 2 5221 5789 ホウ（ハウ） 漢 肴 páo

意味 義未詳。

日本語での用法 《ホウ》「垉六ホウロク（＝愛知県の地名）」▼地名に用いる字。

坴
土5（8） 4 0471 5774 リク 漢 ロク 呉 屋 lù

意味 土のかたまりの大きなさま。例 坴坴リクリク。

垓
土6（9） 2 5222 5793 ガイ 慣 カイ 漢 灰 gāi

意味 ❶広大な土地。地の果て。辺境。例 九垓キュウガイ。❷層。重。❸数の単位。京ケイの一万倍。〔古くは万の一万倍〕

【垓下】ガイカ 秦シンの滅亡後の、漢・楚ソの戦いで、楚の項羽の軍が漢の高祖の軍に追いつめられた地。今の安徽アンキ省霊壁レイヘキ県付近。例 項王軍壁二垓下一（コウオウのグン ガイカにへきす）（＝項王の軍は垓下にとりでを築いてたてこもった）。〈史記・項羽紀〉→

【四面楚歌（シメンソカ）】（271ジペー）

垣

土6（9） 1 1932 57A3 常用

エン（ヱン）漢 元 yuán
かき

筆順 一 十 土 圹 圻 垣 垣 垣 垣

なりたち ［形声］「土（＝つち）」と、音「亘（セン→エン）」とから成る。かきね。

意味 ❶かき。かきね。外囲い。また、城壁。例 垣牆（エンショウ）。石垣（いしがき）。姫垣（ひめがき）。❷かきをめぐらす。外囲いをめぐらす。また、かきをめぐらして守る。❸星空の区域の名。

古訓 中古 かき・かたむ・そこ 中世 かき・ついかき 近世 かき

人名 たか・はん・ひろ

難読 垣間見（かいまみ）る・透垣（すいがき・すいがい）・垣内（かいと）・垣外（かいと）

【垣▼牆】（エンショウ） かき。かきね。かこい。

【垣▼籬】（エンリ） タケやシバを編んで作った垣根。まがき。

【垣根】（かきね） 日 ①家や敷地の周囲に設け、ほかの家や敷地と区切るための囲い。例 ―を結う。②他人との間に作ったへだて。例 ―をはらう。

●友垣（ともがき）・姫垣（ひめがき）

垳

土6（9） 2 5224 57B3 国字

がけ・いげ

意味 人名・地名に用いる字。例 垳（がけ）（＝埼玉県の地名）。

垝

土6（9） 4 0478 579D

キ（クヰ）漢 紙 guǐ

意味 くずれる。こわれる。例 垝垣（キエン）（＝くずれた垣根）。

垚

土6（9） 4 0477 579A

ギョウ（ゲウ）漢 蕭 yáo

意味 土が重なって高いさま。通 堯（ギョウ）。

垠

土6（9） 2 5223 57A0

ギン漢 真 yín
かぎり・きし

意味 ❶地の果て。かぎり。通 圻（ギン）。例 垠咢（ギンガク）。❷がけ。きし。通 沂（ギン）。例 垠崖（ギンガイ）。❸かたち。形状。

【垠崖】（ギンガイ） ①切り立ったがけ。②果て。極限。

【垠▼咢】【垠▼鄂】【垠▼堮】（ギンガク） ①果て。境界。②切り立ったがけ。

【垠際】（ギンサイ） かぎり。果て。

［垥］土6（9） ⇩ 墷（れく）（303ジペー）

型

土6（9） 1 2331 578B 教4

ケイ漢 青 xíng
かた

筆順 一 ニ 开 刑 刑 刑 型 型 型

なりたち ［形声］「土（＝つち）」と、音「刑（ケイ）」とから成る。うつわをつくるための土の鋳（い）がた。

意味 ❶いがた。かた。例 紙型（シケイ）。型紙（かたがみ）。❷標準的なかたち。代表的なかたち。かた。例 典型（テンケイ）。模型（モケイ）。類型（ルイケイ）。

古訓 中世 いかた 近世 いがた・つちのいがた

【型紙】（かたがみ） 日 ①洋裁や手芸などで、布を裁断するとき、あらかじめ服や模様などを製図して切りぬいた紙。例 ―を裁つ。②染色で、模様を切りぬいた厚紙。

【型録】（カタログ） 日〔英 catalogue の音訳〕商品などの目録。また、営業案内書。

●鋳型（いがた）・原型（ゲンケイ）・体型（タイケイ）・典型（テンケイ）・判型（ハンケイ）・模型（モケイ）

垢

土6（9） 1 2504 57A2

コウ漢 ク呉 有 gòu
あか

意味 ❶よごれ。けがれ。ほこり。あか。例 歯垢（シコウ）。無垢（ムク）。❷はずかしめ。恥。例 含垢（ガンコウ）（＝恥をしのぶ）。

難読 頭垢（ふけ）

【垢▼穢】（コウアイ） よごれている。けがれている。

【垢衣】（コウイ） あかのついた、きたない着物。例 蓬髪（ホウハツ）―。

【垢▼膩】（コウジ） あか。汗やあぶらにほこりが混じってつくよごれ。類 垢脂（コウシ）。

【垢弊】（コウヘイ） 衣服などがあかでよごれ、破れているさま。

【垢離】（こり） 日 神仏に祈願する前に、心身のけがれを落とすため、水を浴びて身を清めること。水垢離（みずごり）。例 寒―（カンごり）。

垬

土6（9） 4 0476 57AC

コウ漢 東 hóng

意味 土手。つつみ。参考 垬清水（ぬかりしみず）・大垬（おおぬかり）（＝福島県の地名）。

垨

土6（9） 4 0480 57A8

シュウ（シウ）漢 シュ呉 有 shǒu

意味 まもる。通 守。参考 字形の類似から、「埒（ラチ）」や「狩（かり）」と読む例がある。

城

土6（9） 1 3075 57CE 教6

［城］土7（10） ― 2F852 旧字体。

セイ漢 ジョウ（ジャウ）呉 庚 chéng
しろ

筆順 一 十 土 圹 圻 坊 城 城 城

なりたち ［会意］「土（＝つち）」と「成（セイ）（＝盛る）」とから成る。（穀物を盛るうつわのように）人民を入れるもの。まち。

意味 ❶まちの周囲にめぐらしたかき。城壁。くるわ。き。また、郭（＝外ぐるわ）に対して、内ぐるわ。例 三里之城、七里之郭、環而攻レ之而不レ勝（サンリのしろ、シチリのカク、めぐりてこれをせむるもかたず）（＝三里四方の内ぐるわと、七里四方の外ぐるわのまわりを包囲して攻撃しても勝てない）。〈孟子・公孫丑下〉❷土塁をめぐらした町。まち。例 城春草木深（しろはるにしてソウモクふかし）（＝長安の町は春になって草や木が青々と茂っている）。〈杜甫・春望〉 城市（ジョウシ）。都城（トジョウ）。❸国。封地（ホウチ）。領地。例 傾城（ケイセイ）。❹城壁を築造する。きずく。

日本語での用法 《ジョウ》①「城主（ジョウシュ）・居城（キョジョウ）」▼大名の住むところ。多くは町の中心にある。②「多賀城（タガジョウ）」▼奈良時代の行政官庁。③「城州（ジョウシュウ）」▼旧国名「山城（やましろ）（＝今の京都府の南東部）」の略。

古訓 中古 あづち・かき・き・きづく・さかひ・さかふ・つく・ほりき・ほる・みやこ 中世 きづく・さかひ・しろ・つく・みやこ 近世 き・しろ・みやこ

人名 き・くに・さね・しげ・なり・まもる・むら

参考 茨城（いばらき）・宮城（みやぎ）（＝県名）。

難読 城戸（きど）・城崎（きのさき）・岩城（いわき）・百磯城（ももしき）・城南（セイナン）の離宮（キュウ）

【城下】（ジョウカ） ①城壁のきわ。都市のそば。例 ―の盟（ちかい）。②日 城のある町。城下町。例 百万石のご―。

【城下▼之盟】（ジョウカのちかい） 敵に都の城下まで攻め入られて結ぶ屈辱的な講和。また、その講和をさせること。例 大敗レ之為二城下之盟一（おおいにこれをやぶりジョウカのちかいをなす）（＝《楚（ソ）は絞（コウ）に大勝して》城下で講和させた）。〈左伝・桓三〉

【城外】（ジョウガイ） 城壁のそと。対 城内。

【城郭】（ジョウカク） 町のまわりに、いくえにも設けた、かこい。内側を城、外側を郭という。また、城のこと。表記 旧 城▼廓

【城隅】（ジョウグウ） ①町のかたすみ。人けのない寂しいところ。例 静

女其妹、俟二我於城隅一（セイジョそれシュたり、われをジョウグウにまつ）（＝かわいいあの子はなんと器量のよいことか、わたしを人けのない城のすみで待っている）。〈詩経・邶風・静女〉②城壁のすみに築かれた物見やぐらなどの防御施設。

【城▼闕】ジョウケツ ①城門の両わきに築かれた物見やぐら。また、城門。②都城。みやこ。③宮殿。

【城▼狐】ジョウコ 城壁の穴ぐらにすむキツネ。君主に身を寄せて悪事をはたらく臣下のたとえ。〔退治しようにも城壁をこわすことはできないことから〕

【城▼狐社▼鼠】ジョウコシャソ 〔「社鼠」は、土地神を祭るほこらに巣くうネズミ〕権勢をかさにきて悪事をはたらき、おさえようがない者のたとえ。稷狐社鼠（ショクコシャソ）。〈晋書・謝鯤伝〉

【城▼隍】ジョウコウ ①城壁の周囲に巡らした空堀。②城壁と堀。③都市の守り神。

【城塞】【城▼砦】【城▼寨】ジョウサイ 城壁と、とりで。

【城市】ジョウシ ①人口が密集し、商工業の発達した地域。また、城壁に囲まれた都市。②日 城のある町。城下町。

【城▼址】【城▼趾】ジョウシ 日 しろあと。

【城主】ジョウシュ ①都市のあるじ。②日 江戸時代、領地に居城を持つ大名。城持（しろもち）大名。

【城代】ジョウダイ 日 ①江戸時代、幕府の支配する大坂城や駿府（スンプ）城などを、将軍に代わって治めた職。②城主の留守のあいだ、城を守る人。特に、江戸時代、居城にいて政務をみる家老。城代家老（ジョウダイガロウ）。

【城旦】ジョウタン 刑罰の一つ。秦（シン）・漢代、辺境で築城や警備につく労役。

【城池】ジョウチ ①城壁と堀。②城壁に囲まれた都市。

【城頭】ジョウトウ 城壁の上。例―にひるがえる旗。

【城内】ジョウナイ 城壁の中。城中。対城外。例―にはいる。

【城府】ジョウフ ①都市の官署。②城郭と役所の蔵。心底をかたく隠すことのたとえ。〔容易に近づけないことから〕例遇レ人不レ設二城府一（ひとをグウするにジョウフをもうけず）（＝人と接するにあたって心底を隠すことがなかった）。〈宋史・傅尭兪伝〉

【城壁】ジョウヘキ ①都市の外まわりを形づくっている、壁や塀。②日 城の石垣。

【城門】ジョウモン ①都市の出入り口。②日 城の門。

【城▼邑】ジョウユウ 城壁を巡らした都市。人が集まり住む所。

【城裏】ジョウリ 城壁で囲まれた町の中。

【城塁】ジョウルイ 城塞（ジョウサイ）。とりで。

【城楼】ジョウロウ・セイロウ 城壁に設けてある、物見やぐら。

●王城（オウジョウ）・開城（カイジョウ）・宮城（キュウジョウ）・傾城（ケイセイ）・築城（チクジョウ）・不夜城（フヤジョウ）・落城（ラクジョウ）

垞

土6（9） 4 0479 579E　タ 漢 麻 chá

意味 小さな丘。おか。

垜

土6（9） 3 1542 579C　タ 漢 ダ 呉 哿 duǒ　あずち（あづち）

意味 ❶建物の突き出た部分。❷弓の的を置くための盛り土。あずち。例射垜（シャダ）。

垰

土6（9） 2 5227 57B0 国字　たお（たを）・たわ・とう・とうげ（たうげ）

意味 山の尾根のくぼんだ所。人名・地名に用いる字。例垰（たお）（＝山口県の地名）。

垤

土6（9） 2 5225 57A4　テツ 漢 屑 dié　ありづか

意味 ❶アリが穴のまわりに運び出して積み上げた土。ありの塔。ありづか。例蟻垤（ギテツ）（＝ありづか）。❷（小さな）丘。例丘垤（キュウテツ）。

垪

土6（9） 2 5226 57AA 国字　は・へい

意味 音「コウ」あるいは「ジョウ」とするが、義未詳。人名・地名に用いる字。例大垪和東（おおはがひがし）（＝岡山県の地名）。

[⿰土尽] 土6（9） ⇩壗（まま）（305ページ）

埃

土7（10） 2 5228 57C3　アイ 漢 灰 āi　ちり・ほこり

意味 ちり。ほこり。砂けむり。ごみ。例埃靄（アイアイ）。塵埃（ジンアイ）。

難読 埃及（エジプト）

【埃▼靄】アイアイ ①土けむり。砂ぼこり。②世のけがれ。

【埃▼塵】アイジン ①ほこり。②俗世間。▽塵埃（ジンアイ）。

【埃▼氛】アイフン ほこりがたちこめている空気。俗世間のたとえ。

埏

土7（10） 3 1548 57CF　一 エン 漢 呉 先 yán　二 セン 漢 先 shān

意味 一 ❶地の果て。はて。例八埏（ハチエン）。❷墓室に通じる道。二 粘土をやわらかくする。こねる。例埏埴（センショク）（＝粘土をこねる）。

埆

土7（10） 2 5229 57C6　カク 漢 覚 què　かた-い（かた-し）

意味 土地がやせている。通确（カク）。

垸

土7（10） 3 1545 57B8　オウ 慣 カン（クヮン） 漢 寒 huán

意味 漆（うるし）と骨灰（コッパイ）とを混ぜたものを丸めて垣根を繕う。

日本語での用法 《オウ》「垸飯（オウバン）（＝椀（ワン）に盛っためし。垸飯（オウバン）。椀飯（オウバン））」▼食物を盛るうつわ。

埖

土7（10） 2 5234 57D6 国字　ごみ

意味 水底にたまった泥。人名・地名などに用いる字。例埖渡（ごみわたり）（＝青森県の地名）。

﨏

土7（10） 3 1543 FA0F 国字　さこ

意味 山あいの小さな谷。人名・地名などに用いる字。例大﨏（おおえき）・﨏田（さこだ）・尾﨏（おたい）（＝姓）。古﨏（こざこ）（＝岡山県の地名）。

[埈] 土7（10） ⇩峻（シュン）（415ページ）

[城] 土7（10） ⇩城（ジョウ）（288ページ）

[埀] 土7（10） ⇩垂（スイ）（286ページ）

𡋽

土7（10） 4 0482 212FD 国字　はけ

意味 地名などに用いる字。例大𡋽（おおはけ）（＝埼玉県の地名）。

埗

土7（10） 4 0481 57D7　フ 慣 ホ 漢 遇 bù

意味 波止場。通埠（フ）。

埔

土7（10） 2 5230 57D4　ホ pǔ/bù

意味 地名に用いる字。例黄埔（コウホ）（＝広東（カントン）省広州市にある地名）。大埔（タイホ）（＝広東省の県名）。

埋

土7（10） 1 4368 57CB 常用　バイ 漢 マイ 呉 佳 mái　うめる（う-む）・うまる・うもれる（う-もる）・うず-める（うづ-む）・うず-もれる（うづ-もる）

筆順 一 十 土 圢 坦 坦 埋 埋 埋

なりたち [形声] 本字は「薶」で、「艹(=くさ)」と、音「貍(リ→バイ)」とから成る。うめてしまう。

意味 ❶土の中にうめる。**うずめる。うめる。** 例 埋葬(マイソウ)。埋蔵(マイゾウ)。埋没(マイボツ)。❷人目にふれない。世に知られない。**うもれる。** 例 埋伏(マイフク)。世(よ)に埋(う)もれた賢人(ケンジン)。

日本語での用法 《うめる》「家計(カケイ)の赤字(あかじ)を埋(う)める」▼ほかのもので不足をおぎなう。うめあわせをする。

古訓 中古 うづむ・かくす・しりぞく・ちり 中世 うづむ・かくす・ちり・ふさぐ・ふせぐ・むもる・をさむ 近世 うづむ・うづめる・うづもる・うめる・うもる・かくす・ふさぐ・をさむ

難読 埋(い)ける・埋火(うずみび)・埋葬虫(しでむし)

【埋玉】(マイギョク) 〔玉を土にうめる意〕美女や、世に知られることのなかった英才の死を惜しんでいうことば。〈世説・傷逝〉

【埋骨】(マイコツ) 死者の骨を墓などにうめる。ほうむる。

【埋設】(マイセツ) 日 水道管・ガス管などを地下にそなえつける。

【埋葬】(マイソウ) 死者の骨やからだを、土や墓にほうむる。埋蔵。

【埋蔵】(マイゾウ) ①うめてかくす。例 ―金。②天然資源が地中にうずもれている。例 石油―量。③「埋葬(マイソウ)」に同じ。

【埋伏】(マイフク) うずもれかくれる。また、かくれひそむ。待ちぶせする。例 林の中に―して敵を待つ。

【埋没】(マイボツ) ①土や砂にうまって見えなくなる。例 生レ男埋没随二百草一(おとこをうまばマイボツしてヒャクソウにしたがわん)(=〈女の子ならともかく〉息子を生み育てても戦役に取られ雑草にうもれてしまうだけだ)。〈杜甫・兵車行〉②才能などが世に知られずにいる。例 世に―した偉才。③日 ある状態にひたりきる。▽類 埋滅。

【堅】土7(10) ⇨野ャ(1346ペ)

埇 土7(10) 3 1546 57C7 ヨウ 漢 腫 yǒng

意味 道路に土を入れる。参考 埇田(そねだ)(=姓)。大埇(おおそね)・高埇(たかそね)(=高知県の地名)。

埒 土7(10) 2 5231 57D2 ラチ・ラツ 慣 レツ 漢 屑 liè かこ-い(かこひ)

【埓】土7(10) 2 5232 57D3 俗字。

意味 ❶低いかき。かきね。しきり。**かこい。** 例 放埒(ホウラツ)。❷かたち。例 形埒(ケイラツ)。❸きざし。例 事埒(ジラツ)。❹田と田の間の境界。あぜ。つつみ。例 埒畝(ラツホ)(=あぜ)。❺山上にある泉や川。❻等しい。ならぶ。例 富埒二天子一(とみテンシにひとし)(=富は天子と同等になった)。〈史記・平準書〉❼馬場。〔周囲に囲い(馬埒(バラツ))があることから〕

日本語での用法 《ラチ》「不埒(フラチ)な男(おとこ)・埒(ラチ)が明(あ)かない」▼けじめ。さだめ。きまり。

【埒外】(ラチガイ) 日 囲いのそと。一定の範囲外。対 埒内。例 法の―にある。

【埒内】(ラチナイ) 日 囲いのうち。一定の範囲内。対 埒外。

埌 土7(10) 4 0483 57CC ロウ(ラウ) 漢 漾 làng

意味 ❶土を盛り上げた墓。墳墓。はか。つか。❷「壙埌(コウロウ)」は、果てしないさま。

堊 土8(11) 2 5233 580A ア 慣 アク 漢 薬 è しろつち

意味 ❶表面に白土を塗る。白く塗る。ぬる。例 堊室(アクシツ)。❷**しろつち。** また、つち。例 白堊(ハクア)。

【堊室】(アクシツ) 喪に服する人が住む、壁を白く塗った部屋。

域 土8(11) 1 1672 57DF 教6 ヨク 漢 イキ(ヰキ) 呉 職 yù さかい(さかひ)

筆順 十 土 圹 垣 垣 域 域 域

なりたち [会意]「土(=つち)」と「或(=くに)」とから成る。くに。

意味 ❶くに。与えられた領土。封地(ホウチ)。例 封域(ホウイキ)。❷くぎられた土地。くぎり。また、**さかい。** 例 域内(イキナイ)。地域(チイキ)。流域(リュウイキ)。❸ある限られた範囲。例 音域(オンイキ)。芸域(ゲイイキ)。聖域(セイイキ)。❹墓地。例 塋域(エイイキ)。

古訓 中古 かぎる・さかひ・しな・たもつ 中世 かき・さかひ・つか 近世 かぎり・さかひ・ところ

人名 くに・むら

【域外】(イキガイ) 区域外。ある限られた場所のそと。オフショア。対 域内。例 ―買い付け。―生産。

【域内】(イキナイ) 区域内。ある限られた場所の中。対 域外。

●音域(オンイキ)・海域(カイイキ)・区域(クイキ)・職域(ショクイキ)・水域(スイイキ)・西域(セイイキ)・声域(セイイキ)・地域(チイキ)・流域(リュウイキ)・領域(リョウイキ)・霊域(レイイキ)

堉 土8(11) 3 1554 5809 イク 漢 屋 yù

意味 肥えた土地。

場 土8(11) 4 0490 57F8 エキ 漢 陌 yì さかい(さかひ)

意味 ❶辺境。**さかい。** 例 彊場(キョウエキ)。❷田と田とを分ける境界。あぜ。

基 土8(11) 1 2080 57FA 教5 キ 漢 呉 支 jī もと・もとい(もとゐ)・もとづく

筆順 一 艹 甘 甘 其 其 基 基 基

なりたち [形声]「土(=つち)」と、音「其(キ)」とから成る。かきねの土台。

意味 ❶土台。根本(コンポン)。よりどころ。**もと。もとい。** 例 基準(キジュン)。基礎(キソ)。基本(キホン)。❷よりどころとする。**もとづく。** ❸ものごとのはじまり。おこり。**もと。もとい。** 例 開基(カイキ)。❹もといを築く。基礎を定める。創建する。はじめる。例 文王以二多士一基レ周(ブンオウはタシをもってシュウをもといす)(=文王は多くの人材によって周の基礎を定めた)。〈晋書・劉聡載記〉❺化学反応のとき、一つにまとまってはたらく原子の集団。例 塩基(エンキ)。水酸基(スイサンキ)。❻一年。通 期。

日本語での用法 《キ》「灯籠(トウロウ)一基(イッキ)」▼塔・墓石など、地に据えられたものを数えることば。

古訓 中古 あやまつ・はかりこと・はじむ・はじめ・もと・もとづく・もとゐ 中世 はかりこと・はじめ・もと・もとゐ 近世 すき・のり・はかりごと・はじめ・もと・もとる・わざ

人名 おさむ・のり・はじむ・はじめ・もとし・もとむ

【基因】(キイン) 日 何かが起こる、そもそもの原因。起因。

【基宇】(キウ) ①度量。器量。②もとい。特に、国家や政権の基礎。

【基幹】(キカン) 日 おおもと。ものごとの中心。例 ―産業(=鉄鋼・電力・石油・建設など)。

【基業】(キギョウ) ①もととなる事業。国家の政権をいう。②生活の基盤となる資産・家産。▽類 基緒(キショ)。

【基金】(キキン) 日 ①事業・計画などの経済的な基礎となる資金。例 ―を確保する。②財団法人や地方公共団体などの基礎となる資金や財産。例 育英―。

【基▼趾】【基▼址】【基▼阯】(キシ) ①もとい。いしずえ。土台。

基礎。②田や家屋など、財産の基礎となる不動産。

【基軸】ジク 日（考えや組織などの）土台や中心となるところ。

【基準】キジュン 日①比べたり判断したりするときに、よりどころとなるもの。②最低限満たされるべき、一定の決まり。

【基礎】キソ ①建物の土台・いしずえ。基趾キシ。例―工事。②進歩や発達を支えているもと。基本。基盤。例―を身につける。

【基地】キチ 日軍隊・探検隊・漁船などが活動するためのもととなる施設や場所。根拠地。例南極観測―。

【基兆】キチョウ ものごとの始まり。基礎。

【基調】キチョウ 日①音楽で、ある楽曲の中心となっている調子。例―音オン。②作品・思想・行動などに一貫して流れる基本的な考え方や調子。トーン。例青を―とした色彩。

【基底】キテイ 日①構造の基礎となる底面。例ダムの―部。②思考・行動のよりどころや支え。

【基点】キテン 日距離などを測るときの、もととする地点。

【基盤】キバン 日ものごとを成り立たせるおおもと。土台。基礎。

【基肥】キヒ もとごえ 日種をまく前や作物を植える前に、土にすきこむ肥料。対追肥。

【基部】キブ 日基礎となる部分。例発電設備の―。

【基本】キホン ある形・行動・考えなどを形づくるためのおおもとの部分。基礎。例―方針。

【基督】キリスト 日「基利斯督キリスト」の略。イエス=キリストのこと。聖書によれば、紀元前五年ごろユダヤに生まれ、神の国の到来を説き、まずしい者と交わり、病める者をいやし、また、ユダヤ教の指導者たちと対立して十字架にかけられたが、三日後に復活したという。例―教。

●塩基エンキ・開基カイキ

埶

土8(11) 3 1552 57F6

■一ゲイ漢 霽 yì ■二セイ漢 霽 shì

う-える（う-う）・いきお-い（いきほひ）

意味 ■一植物を育てる。**うえる**。通芸。■二**いきおい**。通勢。

垷

土8(11) 4 0493 5804

ゲイ漢 霽 nì

意味 城壁に設けられた小さな垣。ひめがき。例埤垷ヘイゲイ（=ひめがき）。

埼

土8(11) 1 2675 57FC 常用

キ漢 支 qí

さい・さき

筆順 

なりたち [形声]「土（=つち）」と、音「奇キ」とから成る。突き出た土地。

意味 海中・湖中に突き出た陸地。みさき。**さき**。例犬吠埼いぬぼうさき。

古訓 中古さき 中世さき 近世さき・ほとり

参考 埼玉さいたま（=県名）。

埣

土8(11) 2 5235 57E3

■一サイ漢 隊 suì ■二ソツ漢 月 sù

[坾] 土4(7) 4 0462 2127B 俗字。

意味 ■一ねばりけのない土。■二土がくずれおちる。

埰

土8(11) 4 0488 57F0

■一サイ漢 賄 cǎi ■二サイ漢 隊 cài

意味 ■一墳墓。はか。つか。■二卿大夫ケイタイフの領地。采邑サイユウ。采地サイチ。通采サイ。

執

土8(11) 1 2825 57F7 常用

シツ慣 シュウ（シフ）漢 呉 緝 zhí

とる

筆順 

なりたち  [会意]「丸（=にぎりもつ）」と「幸ジョウ（=罪人）」とから成る。罪びとをとらえる。派生して「とる」の意。

意味 ❶（罪人などを）とらえる。拘束する。逮捕する。❷手でにぎる。もつ。**とる**。例執刀シットウ。執筆シッピツ。❸仕事や職務を引き受ける。とりあつかう。つかさどる。管掌する。おこなう。例執権シッケン。執行シッコウ。執務シツム。❹かたく守る。こだわる。例執心シュウシン。固執コシツ。❺もとづく。よる。例執レ所レ言而意得レ見いうところをとりてイあらわすをう（=ことばによって気持ちを表現できる）。〈墨子・経上〉❻友人。同志。例執友シツユウ。

古訓 中古とらふ・とる・まさる・まぼる・まもる 中世たもつ・とる・まぼる・むすぶ 近世かかはる・たもつ・とどめる・とも・とらはる・とらへる・とる・まもる・むすぶ・をさむる

人名 たもつ・とり・まもる・もり

【執一】シツイツ｜シュウイツ｜イツをとる ①ひとつのことに専心する。②ひとつのことに集中して他を顧みない。③ものごとの根本をつかむ。

【執権】シッケン ①政治の権力をにぎること。また、その人。②日鎌倉幕府の、将軍の補佐役。③日室町幕府の、管領カンレイの別名。

【執行】シッコウ 日①党や団体などの運営を実際におこなう。例党の―部。②国家や役人が法律・裁判・処分などの内容を実際にとりおこなう。例―官。刑を―する。

【執事】シツジ ①ものごとをとりおこなう。②身分の高い人の家や寺院などで家政や事務をとりおこなう人。③貴人への手紙のあて名に添えることば。机下キカ。

【執政】シッセイ ①政治をとりおこなうこと。また、その人。一国の宰相など。②日江戸時代の、幕府の老中ロウジュウ。また、大名家の家老。

【執達】シッタツ 日上の命令を下へ伝える。例―吏リ。

【執中】シッチュウ｜チュウをとる 行きすぎや不足のないようにする。

【執刀】シットウ 日メスを持ち、手術や解剖をおこなう。例―医。

【執筆】シッピツ （ふでをとって）文章や文字を書く。例―者。

【執柄】シッペイ ①器物の柄えを持つ。②政治の実権をにぎる。また、その人。③日摂政セッショウ・関白のこと。

【執▼鞭】シツベン ①〔むちで馬車をあやつる意〕御者ギョシャ。②とるにたりない仕事。また、それをする人。例―の士。

【執務】シツム 実際に、事務をとる。仕事をする。例―室。

【執友】シツユウ 志こころざしを同じくする友。

【執▼拗】シツヨウ 〔「拗」は、ひねくれる意〕しつこいこと。また、そのさま。例―に食いさがる。

【執金▼吾】シツキンゴ｜シュウキンゴ 漢代、首都の治安をつかさどった官。武帝のとき、中尉を改称したもの。

【執心】シュウシン ①かたく心を守る。②日あることに心が深くとらわれる。③日人に深く思いを寄せる。〔「ご執心」の形で、ひやかしの意をこめていうこともある〕

【執着】【執著】シュウチャク｜シュウジャク 〔仏〕あることに強く心がとらわれ、思い切れない。

【執念】シュウネン 日深く思いこんでこだわり、あきらめない心。

●確執カクシツ・固執コシツ｜コシュウ・妄執モウシュウ

埻

土8(11) 4 0491 57FB

シュン漢 軫 zhǔn

意味 ❶弓のまと。通準。❷標準。めあて。通準。

埴

土8(11) 1 3093 57F4 人

ショク漢 職 シ漢 寘 zhí

はに

なりたち  [形声]「土(＝つち)」と、音「直」とから成る。粘土。

意味 粘土。ねばりけのある土。ねばつち。**はに。** 例 埴生(はにゅう)。埴輪(はにわ)。

古訓 中古 つち・つちくれ・はに 中世 はに・はにつち 近世 ねばる・はに・はにつち

【埴土】(ショクド) 粘土質を五〇パーセント以上含んだ土。排水が悪く、耕作には向かない。ねばつち。

【埴師】(はにシ) 日 古代、埴輪(はにわ)や土器などの製作にあたった人。土師(はじ)。

【埴生】(はにゅう) 日 ①粘土のある土地。また、粘土。②(土で壁を塗ったような)みすぼらしい家のたとえ。例 —の宿(やど)(＝みすぼらしい家)。

【埴輪】(はにわ) 日 五世紀から七世紀ごろ、貴人の墓のまわりに埋めた素焼きの土器で、人・動物・家などをかたどったもの。

埽

土8 (11) 4 0492 57FD

一 ソウ(サウ)漢 皓 sǎo
二 ソウ(サウ)漢 号 sào
は-く・はら-う(はら-ふ)

意味 一 掃除する。**はく。はらう。** 通 掃。例 洒埽(サイソウ)。二 護岸工事に用いる、蛇籠(ジャかご)のような資材。

埵

土8 (11) 3 1551 57F5

タ漢 呉 哿 duǒ

意味 ❶かたい土。❷盛り上げた土。❸堤防。❹ふいごの火吹き筒。❺「薩埵(サッタ)」は、梵語(ボンゴ) satva の音訳字。

堆

土8 (11) 1 3447 5806 常用

タイ漢 ツイ呉 灰 duī
うずたか-い(うづたか-し)

[𠂤] 丿5 (6) 4 0114 200A4 本字。

筆順 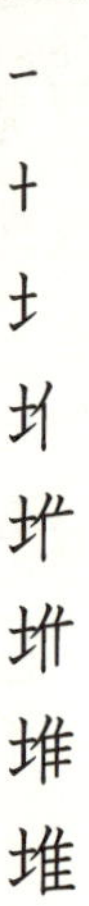

なりたち  [象形] 小さな、おか。

意味 ❶おか。小高い所。❷高く積み上げてある。**うずたかい。**

例 堆積(タイセキ)。堆肥(タイヒ)。堆朱(ツイシュ)。

古訓 中古 あつむ・うづたかし・きし・たかし・つちくれ・つむれ・をか 中世 あつむ・うづたかし・つちくれ・つづく・つぶて 近世 おく・うづだかし・すつる・はなつ

人名 おか・たか・たかし・のぶ

【堆積】(タイセキ) ①うずたかく、つみ重なる。また、つみ重ねる。②風・水・氷河などによって、岩石や土砂が運ばれてたまる。例 —物。

【堆土】(タイド) うずたかく積もった土。堆積土。

【堆肥】(タイヒ) 日 わら・落ち葉・草などを積み重ねて腐らせた肥料。

【堆朱】(ツイシュ) 日 朱の漆を厚く塗り重ねた器物に、花鳥・山水などの模様を彫ったもの。類 堆紅(ツイコウ)。

埭

土8 (11) 3 1550 57ED

タイ漢 隊 dài
せき

意味 堰(せき)の一種。両岸に回転軸を設置し、綱をかけた船を引いて通過させたという。**せき。**

埻

土8 (11) 4 0489 364A

一 チョウ(チャウ)漢 漾 zhàng
二 チョウ(チャウ)漢 陽 cháng

意味 一 砂が盛り上がる。二 ば。通 場。

[埞]

土8 (11) ⇩堤(テイ)(295ジペー)

埿

土8 (11) 3 1553 57FF

デイ漢 斉 ní
どろ・うき・ひじ(ひぢ)

意味 水分の多い土。泥深い土地。沼地。**どろ。うき。ひじ。** 通 泥。

参考 「うき」「ひじ」は、泥の意の古語。和歌では多く「憂き」にかけて用いられる。

[堵]

土8 (11) ⇩堵(ト)(295ジペー)

据

土8 (11) 4 0485 21344 国字

どい

意味 「土居」の合字。人名に用いる字。例 据田(どいだ)(＝姓)。

堂

土8 (11) 1 3818 5802 教4

トウ(タウ)漢 ドウ(ダウ)呉 陽 táng

筆順 

なりたち  [形声]「土(＝つち)」と、音「尚」とから成る。高い土台のある御殿(ゴテン)。

意味 ❶土台の上に建てられた大きな建物。御殿。例 殿堂(デンドウ)。堂宇(ドウウ)。❷御殿の中で、南向きに設けた広間。表向きの客間。〔奥(北側)の仕切られた室(シツ)に対していう〕例 由也升レ堂矣、未レ入二於室一也(＝由(＝子路)は《瑟(シツ)の演奏では、入門どころか》すでに表の間にのぼっているが、まだ奥の間には入っていないという段階だ)。〈論語・先進〉❸大きな建物。例 議事堂(ギジドウ)。公会堂(コウカイドウ)。講堂(コウドウ)。❹神仏をまつった建物。例 金堂(コンドウ)。本堂(ホンドウ)。❺大きく広いさま。勢いがさかんで立派なさま。例 堂堂(ドウドウ)。❻母を敬っていう語。他人の母にもいう。例 北堂(ホクドウ)。母堂(ボドウ)。

古訓 中古 いる・おほいなり・たかし・との・ねや 中世 いるる・おほいなり・たかし・たかどの・との・ねやどの 近世 あきらか・いへ・かたちづくり・さかん・たかどの・つぼ・ねや

人名 たか・たかし

【堂宇】(ドウウ) 〔「宇」は、軒(のき)の意〕 堂の軒先。また、堂そのもの。例 —を建てる。

【堂奥】(ドウオウ) ①堂の中のおくまったところ。②学問・芸術などのおくぶかいところ。奥義(オウギ)。例 —に入(い)る(＝学問などのおくぶかいところまで進む)。

【堂屋】(ドウオク) ①大きな建物の屋根。また、建物。堂宇。②家庭。

【堂室】(ドウシツ) ①広い客間と奥の居間。②母と妻。

【堂上】(ドウジョウ) ①堂のうえ。堂の中。②日〔古くは「トウショウ」とも〕公家(クゲ)。〔昇殿(＝清涼殿にのぼること)を許された五位以上の人をいう〕 対 地下(ジゲ)。

【堂前】(ドウゼン) ①母屋(おもや)の前。②母親の尊称。

【堂塔】(ドウトウ) 仏堂や仏塔。また、寺そのもの。例 —伽藍(ガラン)。

【堂堂】(ドウドウ) ①力強く、立派なさま。例 堂堂乎張也(ドウドウたるかなチョウや)(＝立派な様子をしているなあ、子張は)。〈論語・子路〉②おそれることなく、はっきりと。③おおっぴらに。大胆に。

【升レ堂入レ室】(ドウにのぼりシツにいる) 学問や技芸が次第に進歩し造詣(ゾウケイ)が深くなる。→意味❷

【堂▼廡】(ドウブ) ①大広間とその周囲の廊下。広く建物をいう。②作品の体裁や雰囲気。

【堂房】(ドウボウ) ①〔「房」は、広間の両わきにある小部屋の意〕家の中。②同じ祖父、同じ曽祖父(ソウソ)のいとこ関係にある親族。

●参堂(サンドウ)・食堂(ショクドウ)・正正堂堂(セイセイドウドウ)・聖堂(セイドウ)・殿堂(デンドウ)・母堂(ボドウ)

培

土8 (11) 1 3961 57F9 常用

一 ハイ漢 バイ呉 灰 péi
二 ホウ漢 有 pǒu
つちかう(つちか-ふ)

筆順 一 十 土 圹 垃 垃 垰 培 培

なりたち ［形声］「土(＝つち)」と、音「咅(ホウ→ハイ)」とから成る。土地をふやす。派生して「たすける」の意。

意味 ■一 ❶植物の根に土を盛って生育をたすける。**つちかう**。例 培根(バイコン)。培養(バイヨウ)。栽培(サイバイ)。❷塚や城壁などに土を加えて補修する。例 墳墓不レ培(フンボはハイせず)(＝墳墓には土を加えて補修することをしない)。〈礼記・喪服四制〉 ■二 小さな丘。例 培塿(ホウロウ)(＝小さな墓。小高い丘)。

古訓 中古 かさぬ・つか・まさる・ます 中世 つちかふ・ます・をさむ 近世 たすくる・つか・つちかふ・つつみ・ふさぐ・ます・をさむる

人名 つか・つち・ます・やす

【培根】(バイコン) 根に土をかけて生育をたすける。

【培植】(バイショク) ①植物を生育する。②人材を育成する。

【培地】(バイチ) 日 細菌などを人工的にふやすために作られた液体または固形の物質。培養基。

【培土】(バイド) 生長した茎が倒れないように、作物の根もとに土を盛り上げること。また、盛り上げた土。

【培養】(バイヨウ) ①草や木をやしない育てる。②適切な条件を与え、成長・発展をうながす。③日 細菌などを人工的に育てる。例 かびを―する。

埖
土8(11) 4 0484 21336 国字

はが

意味 人名などに用いる字。例 埖(はが)(＝姓)。

埤
土8(11) 3 1549 57E4

■一 ヒ漢 支 pí ■二 ヘイ漢 霽 pì

意味 ■一 ❶増加する。ふえる。ます。例 埤益(ヒエキ)。❷低い垣。ひめがき。例 竹埤(チクヒ)。■二 ⇩【埤堄】(ヘイゲイ)

【埤益】(ヒエキ) ①助けとなる。役立てる。俾益(ヒエキ)。裨益(ヒエキ)。②増し加える。

【埤▼堄】【埤▼倪】(ヘイゲイ) ①城壁上の(矢狭間(やざま)(＝矢を射るための穴)を設けた)低い垣。ひめがき。②城壁。

埠
土8(11) 1 4154 57E0

フ慣 ホ漢 遇 bù

つか・はとば

意味 船をとめておく場所。ふなつきば。**はとば**。例 埠頭(フトウ)。

【埠頭】(フトウ) 船をつけて、客の乗り降りや貨物の積みおろし・保管などができるようにした設備。波止場。

堋
土8(11) 2 5236 580B

■一 ホウ漢 径 bèng ■二 ホウ漢 蒸 pēng

あずち(あづち)・ほうむ-る(はうむ-る)

意味 ■一 棺(カン)を埋葬する。**ほうむる**。■二 ❶弓の的をかけるために土を山形に盛ったところ。**あずち**。❷分水堤。

堀
土8(11) 1 4357 5800 常用

■一 クツ慣 コツ漢 月 kū ■二 クツ漢 物 jué

ほり

筆順 十 土 圢 圫 垢 坼 堀 堀

なりたち ［形声］「土(＝つち)」と、音「屈(クツ→コツ)」とから成る。土の中の穴。

意味 ■一 地下の部屋。あなむろ。いわや。通 窟(ツコ―ック)。■二 地をほる。通 掘。

日本語での用法 《ほり》「空堀(からぼり)・外堀(そとぼり)・釣堀(つりぼり)」▼地面をほって、水を通したところ。城などのまわりに、水をたたえたところ。

古訓 中古 あばく・つく・ほる 中世 あばく・つく・つちむろ・ほり・ほる 近世 あな・あばく・ほり・ほる

【堀江】(ほりえ) 日 地面をほって水を通した川。運河。疎水。

【堀川】(ほりかわ) 日 運河。疎水。堀江。

【堀川学派】(ほりかわガクハ) 日 儒学の一派であった、伊藤仁斎(イトウジンサイ)の学派。仁斎の家塾、古義堂は京都の堀川にあった。古義学派。

【堀端】(ほりばた) 日 ほりのそば。ほりの周辺。濠端(ほりばた)。

［埜］
土8(11) ⇩野(ヤ)(1346ページ)

埦
土8(11) 4 0487 57E6

オウ(ワウ)慣 ワン漢 旱 wǎn

意味 食物を盛るまるいうつわ。通 椀(ワン)。例 埦飯(オウバン)。

堙
土9(12)

―― イン漢 真 yīn

ふさ-ぐ

［堙］
土9(12) 2 5237 5819

俗字。

意味 ❶うずまる。うもれる。**ふさぐ**。ふさがる。例 堙滅(インメツ)。❷城攻めのために城壁のそばに築く山。つきやま。例 使三司馬子反乗レ堙而闚二宋城一(シバシハンをしてインにのりてソウジョウをうかがわしむ)(＝司馬子反につきやまに登らせて宋の城内をうかがわせた)。〈公羊・宣一五〉

【堙鬱】(インウツ) ①気分がふさがる。めいる。②閉ざされていて、不明である。

【堙滅】(インメツ) 消えてなくなる。また、なくす。もみけす。隠滅。湮滅。例 名堙滅而不レ称(なはインメツしてショウせられず)(＝名は埋もれてしまって称揚されない)。〈史記・伯夷伝〉証拠の―をはかる。

堰
土9(12) 1 1765 5830 人

エン漢 願 yàn

せき・せ-く・いせき(ゐせき)

なりたち ［形声］「土(＝つち)」と、音「匽(エ)」とから成る。水をせきとめる土のしきり。

意味 ❶水の流れをせきとめるために土で造った仕切り。**せき**。例 堰堤(エンテイ)。❷土を積み上げて水の流れをせきとめる。**せく**。

古訓 中古 せく・ゐせき 中世 せく・ゐせき 近世 せき・ふさぐ・ゐせき

難読 大堰川(おおいがわ)

【堰堤】(エンテイ) 川をせきとめて造った堤防。ダム。

堝
土9(12) 2 5238 581D

カ(クヮ)漢呉 歌 guō

るつぼ

意味 「坩堝(カンカ)」は、金属をとかすのに用いる土製のつぼ。るつぼ。

堺
土9(12) 1 2670 583A 人

カイ漢呉 卦 jiè

さかい(さかひ)

なりたち ［形声］「土(＝つち)」と、音「界(カイ)(＝くぎり)」とから成る。土地のくぎりめ。

意味 土地のくぎりめ。しきり。**さかい**。

古訓 中古 かぎる・さかひ・さかふ 中世 かぎり・さかひ 近世 かぎり・かぎる・さかひ・さかふ

参考 日本では地名・人名に用いる。

堪
土9(12) 1 2014 582A 常用

タン慣 カン(カム)漢呉 覃 kān

たえる カン

たえる(た-ふ)・こら-える(こら-ふ)・たま-る・こた-える(こた-ふ)

筆順 一 十 土 圹 坩 堪 堪 堪

なりたち ［形声］「土(＝つち)」と、音「甚(シン→カン)」とから成る。高く盛りあがった土地。派生して「たえる」の意。

意味 ❶高く盛り上がった土地。❷天。㊟輿(ヨ)。❹うちかつ。例 堪輿(カンヨ)。❸我慢する。**こらえる**。**たえる**。例 堪忍(カンニン)。例 堪能(カンノウ)。…することができる。まさる。すぐれる。

古訓 中古 あたふ・おほきなり・きぬいた・たふ・たへたり 中世 きぬいた・こらふ・こらゆる・たふ・たへたり・たゆる 近世 かつ・こらへる・こらゆる・たへたり・たへる・たゆる・ぬけあな

人名 たえ・とう・ひで

【堪忍】(カンニン) ①たえしのぶ。我慢する。こらえる。②怒りをおさえて相手の過ちを許す。例 —袋(ぶくろ)。

【堪能】(カンノウ) 一 その道に通じて巧みなこと。また、才能のすぐれた人。勘能。二(タンノウ) 日 ①〔「カンノウ」の誤読が広まったもの〕学問や技芸にすぐれているさま。例 英語に—な人。②〔もと、「足(た)んぬ(=満足した)」の形で、それを「①」と重ねて、「堪能」の漢字をあてたもの〕十分に満足すること。

【堪▼輿】(カンヨ) ①大空と大地。天地。乾坤(ケンコン)。②風水(フウスイ)。

【堪▼輿家】(カンヨカ) 古代、土地や墓地などを占う人。風水師。〔一説に、天文による占い師〕

[堯] 土9 (12) ⇩尭(ギョウ)(124ジペー)

堅

土9 (12) 1 2388 5805 常用

ケン㊥㊦ 先 jiān
かたい(かた-し)

筆順 

なりたち 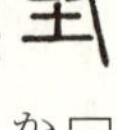 [会意]「臤(=かたい)」と「土(=つち)」とから成る。土がかたい。

意味 ❶**かたい**。㋐中身がつまっていて、丈夫な。充実した。例 堅強(ケンキョウ)。堅牢(ケンロウ)。㋑しっかりした。手がたい。揺るぎない。安定した。例 堅持(ケンジ)。堅実(ケンジツ)。❷かたいもの。よろいかぶとなど。例 被レ堅執レ鋭(ケンをこうむりエイをとる)(=かたいよろいかぶとを着け、鋭い武器を持つ)。〈史記・項羽紀〉 ❸しっかりしたそなえ。かたい守り。かため。例 中堅(チュウケン)。

古訓 中古 かた・かたし・こはし・またし 中世 かた・かたし・こはし・つよし 近世 かたし・こはし・さかんなり・つよし・ながし

人名 かた・かたし・すえ・たか・たかし・たけし・つよし・み

難読 堅魚(かつお)

【堅気】(かたギ) 日 ①心がしっかりしていてまじめな性質。②〔やくざなどに対して〕地味で、手がたい職業についている人。

【堅革】(ケンカク) かたい革で作ったよろい。堅甲。

【堅強】(ケンキョウ) つよくて丈夫なさま。例 —な意志。

【堅固】(ケンゴ) ①心持ちや考え方などがしっかりしているさま。例 意志—。②城などの守りがしっかりしていて、攻められてもたやすく敗れないさま。例 —な守り。

【堅甲】(ケンコウ) かたく、丈夫なよろい。

【堅甲利兵】(ケンコウリヘイ) 〔丈夫なよろいと、鋭い兵器の意〕強い軍隊。〈孟子・梁恵王上〉

【堅持】(ケンジ) 自分の考えや態度をしっかり守ってゆずらない。

【堅実】(ケンジツ) ①かたい果実。②手がたくて、間違いのないさま。

【堅城】(ケンジョウ) 守りのかたい城。

【堅陣】【堅陳】(ケンジン) 守りのかたい布陣・陣地。

【堅塞】 一(ケンソク) しっかりとふさぐ。二(ケンサイ) 守りのかたいとりで。堅塁。

【堅致】【堅緻】(ケンチ) しっかりとしていて、きめ細かい。

【堅調】(ケンチョウ) 日 ①しっかりして、危なげのない調子。②相場が上がりぎみのこと。㊟軟調。

【堅貞】(ケンテイ) ①性質がまっすぐで、なかなか変わることのないさま。②節操をかたく守っているさま。

【堅忍】(ケンニン) 辛抱強く我慢する。

【堅忍不抜】(ケンニンフバツ) 〔「抜」は、変わる、ゆれ動くの意〕我慢強く、心を変えないこと。〈蘇軾・鼂錯論〉例 —の志。

【堅白】(ケンパク) 節操がかたく、ゆるがない。例 学行(ガッコウ)—(=学問も品行も堅実である)。

【堅白同異▼之弁(辯)】(ケンパクドウイのベン) 戦国時代、名家(メイカ)が唱えた「離堅白(リケンパク)」「合同異(ゴウドウイ)」の説。詭弁(キベン)・こじつけのたとえ。〔「離堅白」は、堅く白い石に対し、それを目で見たときには堅さはわからず、手で触れたときには白さはわからないので、結局「堅く白い石」は存在しないとする、公孫竜(コウソンリュウ)の説。「合同異」は、見方次第で、すべての物は同じであるとも異なっているともいえるとする、恵施(ケイシ)らの説〕〈史記・孟子荀卿伝〉

【堅塁】(ケンルイ) 守りのかたい陣地・とりで。堅塞(ケンサイ)。例 敵の—を抜く(=攻め落とす)。

【堅▼牢】(ケンロウ) 〔「牢」も、かたい意〕つくりがしっかりしていて、こわれにくいさま。例 —な建物。—な染め。

堠

土9 (12) 4 0501 5820

コウ㊥ 宥 hòu

意味 ❶里程を表示する土塁。例 堠樹(コウジュ)(=一里塚に植えて、里程を示す樹木)。❷敵情をうかがうための土塁。ものみ台。例 亭堠(テイコウ)。

【堠子】(コウシ) 道ばたに設けられた里程標。一里塚。

堲

土9 (12) 4 0503 5832

シツ㊥ 質 ショク㊥ 職 jí
はに

意味 素焼きの土。**はに**。

場

土9 (12) 1 3076 5834 教2

[塲] 土11 (14) 2 5239 5872 俗字。

チョウ(チャウ)㊥
ジョウ(ヂャウ)㊦ 陽 cháng
ば

筆順 

なりたち 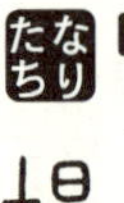 [形声]「土(=つち)」と、音「昜(ヨウ⇢チョウ)」とから成る。神をまつるために、はらい清めた土地。

意味 ❶神を祭るために、はらい清めた所。まつりの庭。墠(セン)〔土を盛った「壇(ダン)」に対して、平地の部分をいう〕例 壇場(ダンジョウ)。❷神を祭るための道。また、道。道路。例 城場(ジョウジョウ)。❸農地。特に、「圃(ホ)」に対して、農作物収穫後の空き地となった状態をいう。❹(chǎng) 物事がおこなわれ、多くの人々の集まる所。**ば**。例 会場(カイジョウ)。劇場(ゲキジョウ)。工場(コウジョウ)。❺ひとときり。ひとしきり。〔夢や雨などについていう〕例 一場(イチジョウ)の春夢(シュンム)。

古訓 中古 あばら・さかひ・つちくれ・には・ば・みち 中世 かみまつるところ・さかひ・には・ば・みち 近世 には・ば

難読 場騎(のりば)・学(まなびの)場(にわ)

【場屋】(ジョウオク) ①科挙(=官吏登用試験)をおこなう所。科場。②芝居小屋。戯場。

【場外】(ジョウガイ) (会場や競技場など)ある場所のそと。㊟場内。

【場景】(ジョウケイ) その場の様子。(演劇などの)場面。

【場師】(ジョウシ) 庭師。植木屋。

【場内】(ジョウナイ) (会場や競技場など)ある場所の中。㊟場外。

【場▼圃】(ジョウホ) はたけ。例 九月築二場圃一(クガツジョウホをきずく)(=九月には《収穫の終わった》農地を突き固める)。〈詩経・豳風・七月〉

【場裏】【場▼裡】(ジョウリ) その場。例 国際—(=諸国間の交流がおこなわれている場所)。

【場合】(ばあい) 日 ①あることに出あったとき。例 雨天の—は中止。②その時の様子。事情。
【場数】日経験の回数。例 ―を踏む(=経験を積む)。
【場所】日①ところ。位置。②いるところ。すわるところ。席。③相撲が興行される期間。また、興行される所。例 初―。大阪―。
【場末】日町の中心部から離れた、うらぶれた所。町はずれ。例 ―の酒場。
【場面】日①その場の様子。光景。②映画や演劇などの情景。シーン。
●足場・会場・休場・劇場・欠場・現場・式場・市場・出場・戦場・相場・退場・登場・道場・入場・農場・広場・本場・満場・浴場・来場

堧
土9(12) 4 0502 5827 ゼン漢 先 ruán

意味 ❶水辺の土地。例 河堧。❷宮殿の外垣。

堕
土9(12) 1 3436 5815 常用
一キ(クヰ)漢 支 huī
二タ漢 ダ呉 哿 duò
お-ちる(お-つ)・お-ろす

[墮] 土12(15) 2 5256 58AE 旧字体。

筆順 ㇋ 阝 阝ノ 阝ナ 陏 陏 随 堕

なりたち [形声]「土(=つち)」と、音「隋タ→キ」とから成る。くずれる。

意味 一こぼつ。こわす。くずす。くずれる。例 帥レ師堕レ郈(シをひきいてコウをこぼつ)(=軍勢を率いて郈(の城壁)を破壊した)。〈左伝・定一二〉 二❶おちる。おろす。おとす。例 堕罪(=罪をおかして罪人となる)。堕胎。堕落。❷なまける。おこたる。通惰。例 怠堕。

古訓 中古 あやふし・おこたる・おちいる・おちる・おつ・こぼつ・こぼる・やぶる 中世 おこたる・おつ・おつる・やぶる 近世 おつる・くずす・やぶる

【堕弱】①気力がよわいさま。②からだがよわいさま。▽惰弱。懦弱。
【堕胎】流産する。また、人工的に流産させる。
【堕落】①落下する。②おこないが悪く、考え方や生活が乱れる。例 ―した政治家。③〔仏〕仏道に励む心を失う。例 ―僧。

堞
土9(12) 4 0494 581E チョウ(テフ)漢 葉 dié

意味 城壁の上に敵をうかがい射撃するために設けた低いかき。ひめがき。例 石堞。

埵
土9(12) 4 0504 5839 チョウ漢 宋 zhòng まま

意味 池のつつみ。

日本語での用法 《まま》「埵下(=愛知県の地名)」▼傾斜地の意。地名に用いる。

塚
土9(12) 1 3645 585A 常用 チョウ漢 腫 zhǒng つか

[塚] 土10(13) 3 1555 FA10 旧字体。

筆順 十 土 圹 圹 塚 塚 塚 塚

なりたち [会意]「土(=つち)」と「冢チョウ(=土を高く盛った墓)」とから成る。土を高く盛った墓。

意味 墓。つか。通冢。

日本語での用法 《つか》「蟻塚・一里塚・貝塚」▼(目じるしとして)土を盛り上げた所。もりつち。

古訓 中古 つか 中世 つか 近世 つか・はか

堤
土9(12) 1 3673 5824 常用 テイ漢 斉 dī つつみ

[隄] 阝9(12) 3 9360 9684 本字。
[埞] 土8(11) 4 0486 57DE 別体字。

筆順 十 土 圳 坦 坦 埕 埕 堤

なりたち [形声]「阝(=おか)」と、音「是シ→テイ」とから成る。つつみ。

意味 ❶水害を防ぐために高く盛り上げた土手。つつみ。例 堤防。堰堤。防波堤。❷つつみを築く。

古訓 中古 いけ・したたる・つつみ 中世 いけ・したたる・つつみ 近世 つつみ・とどこほる・ふさがる・ふさぐ

【堤▼堰】堤防とせき。
【堤▼塘】〔「塘」も、つつみの意〕堤防。土手。
【堤防】川岸や湖岸・海岸に土や石・コンクリートなどで造った土手。例 ―が切れる。―が決壊する。

●長堤・突堤

堵
土9(12) 1 3740 5835 人 ト漢 麌 dǔ かき

[堵] 土8(11) ―― 俗字。

なりたち [形声]「土(=つち)」と、音「者シャ→ト」とから成る。かきね。

意味 ❶土を積み上げたかきね。土塀。かき。例 堵牆。❷城壁などの計量に用いる面積の単位。一堵は、高さが一丈で長さが八尺。一説に、長さ・高さともに一丈。❸住まい。住居。❹ふせぐ。ふさぐ。例 堵レ敵(テキをふせぐ)。

古訓 中古 おつ・かき 中世 おつ・かき 近世 かき・つちかべ・やすんず

【堵▼牆】〔「牆」も、かきねの意〕①かきね。例 ―を築く。②見物人など、おおぜいが立ち並ぶこと。人垣。
【如二堵▼牆一】かきねをめぐらしたように、多くの人が集まっているさま。如レ堵(トのごとし)。〈礼記・射義〉
【堵列】かきねのように、多くの人が立ち並ぶ。また、その列。

塔
土9(12) 1 3767 5854 常用 トウ(タフ)漢呉 合 tǎ

筆順 一 十 土 圹 坩 垯 垯 塔

なりたち [形声]「土(=つち)」と、音「荅ウト」とから成る。梵語 stūpa (ストゥーパ) の音訳。仏舎利を埋蔵し、その上に土を積み上げて高くしたもの。後にはその上に建造物が建立された。

意味 ❶〔「卒塔婆」の略〕仏舎利をおさめるための高い建造物。例 塔婆。仏塔。宝塔 ❷墓地などに立てる「❶」をかたどったもの。例 卵塔。五輪塔。石塔。宝篋印塔。❸高くそびえ立つ建造物。タワー。例 斜塔。尖塔。鉄塔。

[塔❶]

古訓 中古 うちかく 中世 こころざし・たつ・なる 近世 おつる・つ

か・ものおつるおと

【塔頭】タッチュウ 〔仏〕「チュウ」は唐音 ①禅宗の寺院で、その教えを開いた僧の死後、弟子たちが遺徳を慕って塔のそばに建てた小さな建物。②大きな寺の山内サンナイにある末寺。③塔の先端部分。

【塔婆】トウバ 日〔仏〕「卒塔婆ソトバ」の略。死んだ人の供養のために、墓にそえて立てる塔の形をした細長い板。

●管制塔カンセイトウ・金字塔キンジトウ・仏塔ブットウ

塀

土9(12) 1 4229 5840 常用

ヘイ 漢 梗 bìng

［塀］ 土11(14) 3 1558 FA39 別体字。

筆順

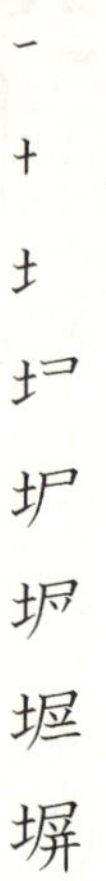

なりたち ［会意］「土(=つち)」と「屏ヘイ(=おおい)」とから成る。土でつくった、おおい。

意味 人名に用いる字。

日本語での用法 《ヘイ》「板塀いたベイ・土塀ドベイ・練ねり塀ベイ」▼土や板でつくった、かこい。かきね。

古訓 近世 かき

堡

土9(12) 2 5240 5821

ホ 慣 ホウ 漢 皓 bǎo

とりで

意味 ❶敵の攻撃にそなえて、土や石を積んで築いた小さな城や陣地。とりで。例 堡塁ホウルイ。橋頭堡キョウトウホ(=橋のたもとに築いた陣地)。❷とりでを築く。

日本語での用法 《ブルク》《バラ》「漢堡ハンブルク(=ドイツの地名)・彼得堡ペテルブルク(=ロシアの地名)・壱丁堡エジンバラ(=イギリスの地名)」▼西洋の地名の語の一部に使用された。とりでや城市の意。

【堡塁】ホウルイ 敵の襲撃を防ぎ、また、攻めるために築いたとりで。防塁。

報

土9(12) 1 4283 5831 教5

一 ホウ 漢 呉 号 bào

二 フ 漢 遇 fù

むくいる(むく-ゆ)・むくい・しら-せる(しら-す)

筆順

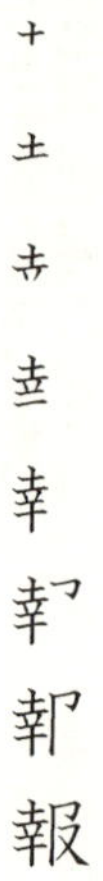

なりたち

［会意］「幸(=罪人)」と「𠬝(=治める)」とから成る。罪をさばく。派生して「むくいる・しらせる」の意。

意味 一 ❶罪に応じて刑罰を定める。例 報而罪レ之ホウじてこれをつみす(=刑を裁定して処罰する)。〈韓非・五蠹〉 ❷しかえしをする。また、恩返しをする。**むくいる。** 例 報恩ホウオン。報復ホウフク。❸神の恩徳にむくいる祭り。また、その祭りをおこなう。例 有虞氏報焉ユウグシホウず(=有虞氏が報の祭りをおこなった)。〈国語・魯上〉 ❹**しらせる。** しらせ。つげる。いう。例 報告ホウコク。報道ホウドウ。❺こたえる。返答。例 報復ホウフク。❻親族内で、上の世代の者が下の世代の女性と密通する。対 烝ジョウ・蒸。 二 すばやく。とく。通 赴。例 毋二報往一とくゆくことなかれ(=あわただしく行ってはならない)。〈礼記・少儀〉

古訓 中古 いらふ・かへす・かへる・こたふ・こたゆ・たたる・つぐ・むくふ・むくゆ 中世 かへす・こたふ・つぐる・むくひ・むくふ・むくゆ 近世 かへす・こたへる・すすむる・つぐる・まうす・むくふ

人名 つぐ

【報応】ホウオウ ①人のおこないに対して天がくだすむくい。②〔仏〕前世の善悪に応じた苦楽のむくい。▽応報。③行き来。やりとり。

【報恩】ホウオン 恩にむくいること。恩返し。対 忘恩。例 —の念。—講(=仏教で、祖師の恩にむくいるため、祖師の命日におこなわれる法会ホウエ)。

【報▼仇】ホウキュウ かたきを討つ。あだうち。類 報讐ホウシュウ。

【報効】ホウコウ 恩返しのために力を尽くす。

【報告】ホウコク 日 任務として与えられた仕事の進みぐあいや結果をつげる。また、その内容。

【報国】ホウコク 国の恩にむくいるために力をつくすこと。例 —心。尽忠ジンチュウ—(=君主に忠義をつくし、国家にむくいる)。

【報祭】ホウサイ【報▼賽】ホウサイ (秋の収穫後などにおこなう)神の恵みに感謝する祭り。

【報施】ホウシ【報▼嗣】ホウシ 労にむくいる。恩賞を与える。

【報謝】ホウシャ 〔恩にむくい、徳に感謝する意〕①恩にむくいる。お礼。②〔仏〕僧や巡礼にお金やものを差し出す。

【報酬】ホウシュウ ①むくい。お礼。②働いたことの見返りとして出す金銭や品物。例 多額の—を受け取る。

【報書】ホウショ ①返書。②知らせの手紙。

【報章】ホウショウ ①あや模様を織る。②返信。礼状。

【報奨】ホウショウ 日 努力にむくいるため、成績に応じて金品などを出してはげます。例 —金。—制度。

【報償】ホウショウ ①しかえしする。報復する。②日 他人に与えた損害に対して、つぐなう。例 —金。

【報辱】ホウジョク 恥をすすぐ。屈辱を晴らす。

【報知】ホウチ しらせる。例 火災—器。

【報道】ホウドウ 新聞・テレビ・ラジオなどを通じて、情報を広く知らせる。また、その知らせ。ニュース。例 —陣。

【報徳】ホウトク 徳や恩にむくいること。例 —会。

【報復】ホウフク ①しかえしをする。復讐フクシュウ。例 —手段。②返答する。応答する。

【報本反始】ホウホンハンシ 〔もとにむくいはじめにかえる〕 おおもととなるものに感謝し、根源となるものを忘れない。天地や祖先などの恩恵にむくいること。〈礼記・郊特牲〉

【報命】ホウメイ 使者が本国へ帰り、任務の結果を報告する。

●因果応報インガオウホウ・果報カホウ・警報ケイホウ・公報コウホウ・時報ジホウ・情報ジョウホウ・速報ソクホウ・悲報ヒホウ

塁

土9(12) 1 4661 5841 常用

ルイ 漢 紙 lěi

とりで

［壘］ 土15(18) 2 5262 58D8 人 旧字体。

筆順

なりたち

［形声］「土(=つち)」と、音「畾イラ…▼イル」の省略体とから成る。軍隊が駐屯しているとりで。

意味 ❶土や石を積み重ねてつくった防壁。土塁。**とりで。** 例 塁砦ルイサイ。孤塁コルイ。城塁ジョウルイ。❷かさなる。かさねる。また、つらなる。通 累。例 塁塁ルイルイ。

日本語での用法 《ルイ》「一塁ルイイチ・本塁打ホンルイダ・残塁ザンルイ」▼野球のベース。

古訓 中古 かさなる・そこ・たたむ・つみ・つもる 中世 かさぬ・そこ・たたむ 近世 かさなる・こじろ・さがし・そこ

人名 かさ・たか

【塁塊】ルイカイ 心中にわだかまっている不平。

【塁▼砦】ルイサイ とりで。類 塁堡ルイホウ。

【塁審】ルイシン 日 野球で、一、二、三塁の近くにいる審判。

【塁壁】ルイヘキ とりでのかべ。とりで。

【塁塁】ルイルイ ①重なりあうさま。②(岩石や墓石が)いくつもあるさま。

満塁(マンルイ)

【摩レ塁】(ルイをマす) ⇩【摩塁】(マルイ)（581ページ）

●孤塁(コルイ)・残塁(ザンルイ)・敵塁(テキルイ)・土塁(ドルイ)・盗塁(トウルイ)・本塁(ホンルイ)・

塧
土10(13) 4 0508 5867 アイ 漢 卦 ài

意味 けわしい。せまい。通隘(アイ)。参考 大塧(おおエキ)(=姓)。

塰
土10(13) 2 5243 5870 国字 あま

意味 「海士(あま)」の合字。人名・地名に用いる字。例 塰泊(あまどまり)(=姓。鹿児島県の地名。「海士泊(あまどまり)」と書く地名もある)。

塋
土10(13) 2 5242 584B エイ 漢 庚 yíng はか

意味 死者をほうむる所。墓地。はか。例 塋域(エイイキ)。

難読 塋域(はかどころ)

【塋域】(エイイキ) はかば。墓地。兆域。

塩
土10(13) 1 1786 5869 教4 一エン(ヱム)漢呉 塩 yán 二エン(ヱム)漢呉 艶 yàn しお(しほ)

［鹽］鹵14(25) 2 8337 9E7D 旧字体。

［塩］臣10(17) 4 8556 268EA 別体字。

筆順 

なりたち  ［形声］「鹵(=天然のしお)」と、音「監(カン→エン)」とから成る。海水を煮てつくった人工のしお。

意味 一❶しお。食塩。例 塩田(エンデン)。製塩(セイエン)。❷酸と金属との化合物。例 塩基(エンキ)。硝酸塩(ショウサンエン)。二❶しおづけにする。例 塩蔵(エンゾウ)。塩辛(しおから)。❷ほしがる。うらやむ。通艶(エン)。

日本語での用法 《エン》「塩酸(エンサン)」▼元素の一つ「塩素」の略。

古訓 中古 しほ 中世 しほ 近世 しほ

【塩化】(エンカ) 日〔化〕物質が塩素と化合すること。例 一水素。

【塩害】(エンガイ) 日 海水や潮風の塩分が、農作物や電線・建物などに与える害。潮害。例 台風による海岸線の一。

【塩官】(エンカン) 漢代、塩の製造地で税を扱った役人。後世は、塩の政府専売をつかさどった官吏。

【塩乾】(エンカン)【塩干】(エンカン) 魚などを塩づけにして干したもの。例 一魚。一加工品。

【塩基】(エンキ) 日〔化〕酸と反応して塩(エン)と水をつくる物質。

【塩魚】(エンギョ) 塩づけにしたさかな。

【塩戸】(エンコ) 製塩業を営む家。

【塩菜】(エンサイ) 塩と野菜。また、塩づけにした野菜。粗食をいう。

【塩酸】(エンサン) 日〔化〕塩化水素を水にとかしたもの。鼻をさすようなにおいがする無色の液体。おもに工業用。

【塩▼豉】(エンシ) 煮たダイズを発酵させたのち、干して作った調味料。乾(ほ)し納豆。豆鼓(トウシ|トーチー)。

【塩車憾】(エンシャのうらみ) 賢者が不遇を嘆くことのたとえ。〔良馬が駄馬と同様に塩の運搬車に使われているのをうらんだという話〈戦国策・楚四〉から〕

【塩水】(エンスイ) 塩分を含む水。しおみず。

【塩井】(エンセイ) 塩水がわき出る井戸。対 水井。

【塩素】(エンソ) 日〔化〕元素の一つ。黄緑色で、強いにおいのある気体。漂白や消毒に用いる。記号 Cl

【塩▼竈】(エンソウ|しおがま) 塩を焼くための、かま。

【塩蔵】(エンゾウ) 保存のために、魚・肉・野菜などを塩づけにして、たくわえる。

【塩池】(エンチ) 塩水の池。塩のとれる池。

【塩鉄▼之利】(エンテツのリ) 〔漢代以降、塩と鉄の専売制度が設けられたことから〕政府が専売によって得る利益。〈漢書・食貨志上〉

【塩田】(エンデン) ①土に塩分を含む土地。②日 海水から塩をとるためにつくった、砂地の田。

【塩梅】(エンバイ) 一①食物の味をととのえる塩と酸味（梅酢(うめず)）。②〔「①」の二つをほどよく加減して、おいしい羹(あつもの)を作ることから〕調和のとれた政治をおこなうことのたとえ。また、それが宰相の職務であることから、国家に不可欠な人材のたとえ。二(アンバイ) 日 ①味つけ。料理の味かげん。例 一をみる。②ものごとの具合。例 いい一に晴れた。③からだの具合。例 一が悪い。▽按排(アンバイ)。按配(アンバイ)。

【塩分】(エンブン) 日 食物に含まれている塩の量。しおけ。例 一をひかえめにする。

【塩冶】(エンヤ) 製塩と冶金(ヤキン)。

●食塩(ショクエン)・製塩(セイエン)・米塩(ベイエン)

塢
土10(13) 2 5241 5862 オ(ヲ)漢 麌 wù

［隖］阝10(13) 一 9696 本字。

意味 ❶土で築いた小さな防塁。例 塢壁(オヘキ)。❷四面が高く中央がくぼんだ所。くぼち。例 山塢(サンオ)。❸むら。村落。例 村塢(ソンオ)。

【塢壁】(オヘキ) 土で周囲をかこむように築いた防塁。

塊
土10(13) 1 1884 584A 常用 カイ(クヮイ)漢 隊 kuài かたまり・つちくれ・くれ

筆順 

なりたち 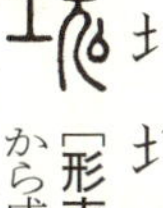 ［形声］「土(=つち)」と、音「鬼(キ→カイ)」とから成る。土のかたまり。

意味 ❶土のかたまり。つちくれ。例 土塊(ドカイ)。❷かたまり。例 塊茎(カイケイ)。塊根(カイコン)。金塊(キンカイ)。❸ひとりでいるさま。孤独なさま。例 塊然(カイゼン)。

古訓 中古 ちり・つちくれ 中世 つちくれ・ひぢ 近世 かたまり・かたまる・つちくれ

難読 土塊(つちくれ)

【塊茎】(カイケイ) 日 地下茎の一つ。地中の茎の一部が、養分をたくわえてかたまりになったもの。ジャガイモやサトイモなど。

【塊根】(カイコン) 日 植物の根が、養分をたくわえてかたまりになったもの。サツマイモやダリアなど。

【塊然】(カイゼン) ①孤独なさま。②落ち着いているさま。

【塊独】(カイドク) ひとりぼっちでいるさま。

●金塊(キンカイ)・山塊(サンカイ)・団塊(ダンカイ)・氷塊(ヒョウカイ)

塙
土10(13) 1 4025 5859 人 カク漢 覚 què かた-い(かた-し)・はなわ(はなは)

なりたち 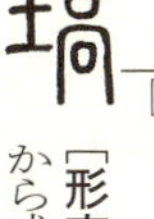 ［形声］「土(=つち)」と、音「高(コウ→カク)」とから成る。かたくて掘り起こせない土。

意味 ❶土がかたい。かたい。石の多いやせた土地。はなわ。❷高くなっている土地。小高い所。はなわ。通埆・确(カク)。

日本語での用法 一《はな》《はなわ》「塙保己一(はなわホキのイチ)・武塙(たけはな)」▼姓氏に用いる。二《ばん》「塙団右衛門(ばんダンエモン)」▼姓氏に用いる。

古訓 中古 たかし 中世 かたし・かたつち 近世 かたつち・はなは

[塤] 土10 (13) ⇩壎(ケン)(304ページ)

堽

土10 (13) 2 5246 583D

コウ(カウ) 漢 陽 gāng
もたい(もたひ)

意味 ❶おか。通 岡(コウ)。❷大きな素焼きのかめ。かめ。**もたい**。通 缸(コウ)。

塞

土10 (13) 1 2641 585E 常用

一 ソク 漢 呉 職 sè/sāi
二 サイ 漢 呉 隊 sài
ふさ‐ぐ・ふさ‐がる・せ‐く・とりで

筆順 宀 宀 宀 宑 宑 実 寒 塞

なりたち [形声]「土(=つち)」と、音「寒(ソク)」とから成る。ふさぎ、へだてる。

意味 一 ❶通路をせまくふさいで、動きをさまたげる。**せく**。あいている部分がみたされる。**ふさぐ**。**ふさがる**。例 塞源(ソクゲン)。梗塞(コウソク)。閉塞(ヘイソク)。❷さえぎる。とどめる。**ふさぐ**。例 塞二忠諫之路一(チュウカンのみちをふさぐ)(=忠言や諫言の道を閉ざす)。〈諸葛亮・出師表〉 ❸みちる。充満する。例 塞二於天地之間一(テンチのカンにみつ)(=天地の間に充満している)。〈孟子・公孫丑上〉 ❹心の中が充実している。例 塞淵(ソクエン)。❺おぎなう。つぐなう。**ふさぐ**。例 塞二此咎一(このとがをふさぐ)(=この過失をつぐなう)。〈漢書・于定国伝〉 ❻困難な状況。苦境。逆境。例 通塞(ツウソク)。 二 ❶外敵を防ぐために築かれた建造物。**とりで**。例 塞翁馬(サイオウがうま)。要塞(ヨウサイ)。❷くにざかい。辺境。例 塞外(サイガイ)。塞北(サイホク)。辺塞(ヘンサイ)。❸神に報恩の祭りをする。通 賽(サイ)。例 塞禱(サイトウ)(=神への報恩の祭り)。❹さいころ。

古訓 中古 かくす・かくる・せき・せく・そこ・ふさぐ・ふたがる・へだつ・みつ 中世 かくす・せく・そこ・つまる・とづる・ふさがる・ふさぐ・へだたる 近世 うづむ・こしぢ・さかひ・ふさがる・ふさぐ・へだたる・へだつ・みつる

人名 せき

【塞翁馬】(サイオウがうま) 人生は何が幸福となり、何が不幸となるか予測できないということのたとえ。禍福如二糾纆一(カフクはあざなえるなわのごとし)。例 人間(ジンカン/ニンゲン)万事(バンジ)―。(キュウボクのごとし)

◆昔、国境近くのとりでに、占いのうまい老人が住んでいた。ある日老人の馬が国境を越えて逃げ出してしまった。人々はなぐさめたが、老人は「馬の逃げたことが福になるだろう」と言った。数か月ののち馬は北方から名馬を連れて帰ってきたが、老人は「このことが災いになるだろう」と言った。しばらくすると老人の息子が、その馬から落ちて足の骨を折ってしまった。今度は、老人は「これが福となるだろう」と言って平然としていた。やがて戦争が起こり、とりで近くの若者たちは弓を引いて戦い、ほとんどが死んでしまったが、息子はけがをしていたおかげで戦いに行かずにすみ、老人ともども無事だった。〈淮南・人間〉

【塞下】(サイカ) ①とりでの周辺。②北方の辺境地域。

【塞外】(サイガイ) ①とりでのそと。また、国境のそと。特に、万里(バンリ)の長城のそとをいう。対 塞内。②都から遠く離れた国境に近い所。辺境。

【塞▼雁】(サイガン) 辺境の空を渡りゆくカリ。遠く他郷にある人への思慕をあらわす。例 塞雁高飛人未還(サイガンはたかくとべどもひとはいまだかえらず)(=辺境からカリが飛び渡って来たが、あの人はまだ帰ってこない)。〈李煜・長相思〉

【塞上】(サイジョウ) ①とりでの周辺。②北方の長城付近。

【塞北】(サイホク) 長城の北。北方の辺境地域。朔北(サクホク)。

【塞虜】(サイリョ) 北方辺境の異民族。

【塞▼淵】(ソクエン) 考えが充実していて深遠なさま。着実で思慮深いさま。

【塞原】【塞源】(ソクゲン) (悪や害の)おおもとをふさぐ。例 抜本―(=災いを、おおもとから取り除く)。

【塞責】(ソクセキ) 責任を果たす。(せめをふさぐ)

塒

土10 (13) 2 5245 5852

シ 漢 ジ 呉 支 shí
とや・とぐら・ねぐら

意味 土の壁に穴をあけて作ったニワトリのねぐら。転じて、広く鳥のねどこ。**とぐら**。**とや**。**ねぐら**。例 塒鶏(シケイ)(=ねぐらにいるニワトリ)。塒圏(シケン)(=鳥獣を入れておく所)。

塉

土10 (13) 4 0506 5849

セキ 漢 陌 jí

意味 やせた土地。やせつち。例 肥塉(ヒセキ)。沃塉(ヨクセキ)。

塑

土10 (13) 1 3326 5851 常用

ソ 漢 遇 sù

筆順 ㅛ 屰 屰 朔 朔 塑 塑 塑

なりたち [形声]「土(=つち)」と、音「朔(サク→ソ)」とから成る。土で作った人形。

意味 ❶土をこねたり削ったりして、人やものの形を作る。土人形。でく。例 塑像(ソゾウ)。彫塑(チョウソ)。泥塑(デイソ)。❷ぼんやりとする。

古訓 近世 かたちづくる・するものづくり

【塑像】(ソゾウ) 粘土や石膏(セッコウ)などで作った像。

塐

土10 (13) 4 0505 213C4 国字

そ

意味 人名に用いる字。例 導塐(ドウそ)(=姓)。

[塚] 土10 (13) ⇩塚(かつ)(295ページ)

塡

土10 (13) 3 1556 5861 常用

一 テン 漢 先 tián
二 テン 漢 銑 tiǎn
三 チン 漢 真 chén
四 チン 漢 震 zhèn
は‐める(は‐む)・は‐まる・う‐める(う‐む)・う‐まる

[塡] 土10 (13) 1 3722 586B 俗字。

筆順 十 土 圹 圹 圹 墳 塡 塡

なりたち [形声]「土(=つち)」と、音「眞(シン→テン)」とから成る。つめこみ、ふさぐ。

意味 一 ❶中につめこむ。**うめる**。**はめる**。みたす。例 充塡(ジュウテン)。装塡(ソウテン)。補塡(ホテン)。❷みちる。**うまる**。❸おぎなう。つぐなう。❹「塡然(テンゼン)」は、太鼓を打つ音。❺⇩【塡塡】一(テンテン) 二 つきる。窮乏する。通 殄(テン)。例 塡寡(テンカ)(=飢えて苦しむ貧しい民)。 三 ひさしい。例 孔塡不レ寧(はなはだひさしくやすからず)(=大変長い間安泰ではない)。〈詩経・大雅・瞻卬〉 四 ❶しずまる。しずめる。通 鎮。例 塡二国家一(コッカをしずむ)(=国家を安定させる)。〈漢書・高帝紀下〉 ❷⇩【塡塡】三(チンチン)

古訓 中古 うづむ・うむ・くはふ・こころよし・さだむ・しづむ・ただす・つく・つくす・つくのふ・ひさし・みつ 中世 うづむ・うむる・うめる・かざる・さだむ・みつ 近世 うづむ・おす・くはへる・くるしむ・つくす・つくる・つづみなる・なづる・ひさし・ふさぐ・みつる・やすし・やまし

人名 さだ・ます・みつ・やす

【塡▼撫】(チンブ) 民心をしずめ、平穏にする。鎮撫(チンブ)。

【塡咽】【塡▼噎】(テンエツ) おおぜいの人や物で埋め尽くされる。ひしめきあう。

【塡詞】テンシ　韻文の一種。詞・詩余・長短句とも。字(=語)を一定の格式にあてはめて埋めこむようにして作る。唐に始まり、宋ソウで盛んとなった。

【塡塡】㊀テンテン　①穏やかで落ち着いているさま。②満ち足りたさま。③雷などが鳴り響くさま。④馬車の多いさま。㊁チンチン　きちんと整っているさま。

【塡補】テンポ　足りない分をおぎなう。補塡ホテン。

塗　土10(13)　1 3741　5857　常用

ト㊥　ズ(ヅ)㊦　慶 tú

ぬる・ぬり・まみ-れる(まみ-る)・まぶ-す

筆順

なりたち　[形声]「土(=つち)」と、音「涂ト」とから成る。どろ。

意味　❶どろ。どろにまみれる。よごれる。**まみれる**。例 塗地トチ。❷(泥状・液状のものを)なすりつける。**ぬる**。**ぬり**。例 塗装トソウ・塗布トフ。糊塗コト。❸(すきまや穴などを)ぬりこめてふさぐ。ふさぐ。例 一隙則塗レ之イチゲキあればすなわちこれをふさぐ(=一か所すきまがあればそれをふさいでおく)。〈家訓・兄弟〉❹字を改める。字を修正する。例 塗改トカイ。❺みち。とおりみち。通 途。例 天下同レ帰而殊レ塗テンカキをおなじうしてみちをことにす(=天下は、帰着点は同じであるが、そこに至るまでの通り道が異なっている)。〈易・繋辞下〉

古訓　中古 くぼむ・ぬる・ひぢりこ・まみる・みち　中世 ぬる・ひぢりこ・まみる・みち　近世 あつし・こみち・どろ・ぬり・ぬる・ひぢりこ・まみるる・みち

人名　みち

【塗改】トカイ　文字を削ったりぬりつぶしたりして、新たに書きなおす。類 塗竄トザン。

【塗▼巷】トコウ　町なか。ちまた。

【塗人】トジン　道ゆく人。普通の人。見知らぬ人。他人。

【塗説】トセツ　⇒【道聴塗説】ドウチョウトセツ(1318ページ)

【塗装】トソウ　日 塗料をぬったり、吹きつけたりする。

【塗炭】トタン　①(泥と炭の意)きたないもの。②(泥と炭火の意)ひどく苦しむ状況。例 ―の苦しみ。〈孟子・公孫丑上〉

【塗地】トチ　①地面に倒れ、泥にまみれる。→【一敗塗レ地】イッパイチにまみる(6ページ)　②ひどい苦しみを味わう。無惨な死に方をする。塗炭。

【塗布】トフ　日 薬などを一面にぬる。例 患部に薬を―する。

【塗抹】トマツ　①ぬりつける。②ぬって、そこにあったものを消す。例 画面を―する。

【塗料】トリョウ　日 ものを保護したり美しく見せるため、その表面にぬるもの。ペンキ・ニス・漆など。

塘　土10(13)　1 3768　5858

トウ(タウ)㊥　陽 táng

つつみ

意味　❶水があふれ出ないように、岸に土を積み上げたもの。土手。**つつみ**。例 堤塘テイトウ。❷土手を造って水をたたえた、いけ。ためいけ。例 塘池トウチ(=用水池)。

【塘▼坳】トウオウ　池。くぼ地。

塌　土10(13)　4 0507　584C

トウ(タフ)㊥　合 tā

意味　❶土地が低い。ひくい。❷低い寝台。通 榻トウ。❸崩れて倒れる。くずおれる。❹安定させる。しずめる。❺「塌菜ツァーイ」は、アブラナ科の野菜。葉が地面をはうように茂る。

墓　土10(13)　1 4272　5893　教5

ボ㊥　遇 mù

はか

筆順

なりたち　[形声]「土(=つち)」と、音「莫ボ」とから成る。土でおおった、はか。

意味　遺体や遺骨をほうむる所。**はか**。〔もと、土を高く盛り上げた「墳」に対して、地面に穴をあけてうめた平らなもの〕例 墓地ボチ。墓碑ボヒ。墳墓フンボ。

古訓　中古 つか・はか・むばふ　中世 つか・はか　近世 つか・はか

人名　つか

【墓穴】ボケツ／はかあな　はかのあな。例 自ら―ボケツを掘る(=自分で自分の身を滅ぼす原因をつくる)。

【墓▼碣】ボケツ　はかのそばに立てた上部が丸い碑。〔方形のものは「墓碑ボヒ」〕

【墓参】ボサン　日 はかまいり。例 お彼岸の―。

【墓誌】ボシ　死者の経歴や業績などを述べた文章。石板や金属板にしるして、はかの中におさめる。

【墓誌銘】ボシメイ　〔「銘」は、墓誌の末尾に加える短い韻文〕墓誌にそえて死者をたたえた文章。例 柳子厚シュウ―(=唐の韓愈カンユが友人の柳宗元リュウソウゲンのために書いたもの)。

【墓所】ボショ　はかば。墓地。

【墓石】ボセキ／はかいし　はかのしるしとなる石。例 ―一基。

【墓前】ボゼン　はかのまえ。例 父の―で誓う。

【墓地】ボチ　はかのある所。はかば。

【墓田】ボデン　はかば用の土地。墓地。類 塋田エイデン。

【墓碑】ボヒ　①死者の事績などを刻んで、はかのそばに立てる方形の石。〔上部が丸いものは「墓碣ボケツ」〕例 ―銘。②はかじるし。

【墓碑銘】ボヒメイ　墓碑の文の末尾に加える短い韻文。

【墓表】ボヒョウ　①死者を表彰する文を刻み、はかの外に立てたもの。墓碑。②日「墓標ボヒョウ」に同じ。

【墓標】ボヒョウ　日 はかのしるしとして立てた柱や石。はかじるし。墓表。例 ―を立てる。

【墓木▼已▼拱】ボボクすでにキョウなり　はかに植えた木が、両手でかかえるほどに大きくなる。死後長い年月を経たことをいう。〈左伝・僖三〉から

●展墓テンボ・墳墓フンボ・陵墓リョウボ

墍　土11(14)　4 0511　588D

キ㊥　寘 xì

意味　❶屋根を塗る。ぬる。❷取る。❸休息する。いこう。

境　土11(14)　1 2213　5883　教5

ケイ㊥　キョウ(キャウ)㊦　梗 jìng

さかい(さかひ)

筆順

なりたち　[形声]「土(=つち)」と、音「竟キョウ」とから成る。土地と土地のさかいめ。

意味　❶土地のくぎりめ。**さかい**。例 境界キョウカイ。境内ケイダイ。国境コッキョウ。❷さかいのなか。区域。地域。場所。例 環境カンキョウ。辺境ヘンキョウ。❸身のおきどころ。ありさま。状態。例 境遇キョウグウ。心境シンキョウ。

古訓　中古 さかひ・さかふ・をり　中世 さかひ・をり　近世 さかひ

難読　境節おり・境迎むかえ

【境域】キョウイキ　①ある範囲の土地や場所。転じて、思想・好みなどの範囲や分野をいう。②土地のさかい。境界。

【境界】㊀キョウカイ　土地のさかい。疆界キョウカイ。㊁キョウガイ　①〔仏〕前世の報いとして受けるこの世での身の上。②心の状態。境地。③日 身の上。境涯。

【境涯】キョウガイ　日 生きていく上で置かれている、人それぞれの立場。身の上。境遇。例 不幸な―。

【境遇】キョウグウ その人の生活をとりまく状況。〔家族・財産・友人・仕事などについていう〕例めぐまれた―に育つ。
【境地】キョウチ ①心の状態。例悟りの―。②日人が現在置かれている立場や状況。身の上。
【境内】ダイ ①キョウナイ 境界の中。国内。例願以二境内一累矣(ねがわくはケイダイをもってわずらわさん)(=どうか国内の政治をとりおこなってください)。〈荘子・秋水〉②日寺や神社の敷地の中。例―にある大スギ。
●越境・佳境・環境・逆境・心境・進境・秘境・辺境

墐 土11(14) ④0513 5890 キン漢 震 jìn
意味 ①泥を塗ってふさぐ。ぬる。例墐塞(キンソク)。②埋葬する。うずめる。通殣。③水路ぎわの道。みち。

墔 土11(14) ④0514 5894 サイ漢 灰 cuī
意味「墔堆(サイタイ)」は、土が積み重なったさま。

塹 土11(14) ②5247 5879 ザン慣 セン(セム)漢呉 豔 qiàn ほり
［壍］土14(17) ④0520 58CD 別体字。
意味 ①城のまわりのほり。ほり。また、防衛のために地に掘ったみぞ。例塹壕(ザンゴウ)。②ほりを掘る。③ほりに落ちる。
【塹▼壕】ザンゴウ 戦場で敵の砲弾を防いだり身をかくすためにつくる、大きなみぞ。
【塹塁】ザンルイ ①ほりや土塁などの防衛設備。とりで。②警戒心が強く、容易に心底を見せないことのたとえ。城府。

塾 土11(14) ①2946 587E 常用 シク漢 ジュク呉 屋 shú
筆順 亠 享 享 孰 孰 孰 塾 塾
なりたち  [形声]「土(=つち)」と、音「孰(シュク→ジュク)」とから成る。南に向いている門の、東西両側にある建物。
意味 ①門の両脇(わき)の建物。内部は部屋になっている。例東塾(トウジュク)(=門の東脇の建物)。〈儀礼・聘礼〉②学問や技芸などを教える、私設で卒業しても公的資格を与えない教育の場。まなびや。学舎。例塾舎(ジュクシャ)。塾生(ジュクセイ)。私塾(シジュク)。
古訓 中世いへ 近世いへ
【塾舎】ジュクシャ 塾の学生がともに生活をするための建物。
【塾生】ジュクセイ 塾の生徒や学生。
【塾頭】ジュクトウ 日〔「頭」は、かしらの意〕①塾生をとりしまる人。類塾長。②塾生の中で代表となる人。

墅 土11(14) ②5248 5885 一ショ漢 語 shù 二ヤ漢呉 馬 yě の
意味 一①田畑の中にある小屋。いなかの小屋。例田墅(デンショ)。②別荘。しもやしき。例別墅(ベッショ)。二のはら。の。通野。

墏 土11(14) ④0512 588F ショウ(シャウ)漢 養 qiǎng
意味 基礎。もと。もとい。

［塲］土11(14) ⇨場(ジョウ)(294ページ)

墋 土11(14) ④0510 588B シン(シム)漢 寝 chěn
意味 ①土。②砂が食物に混じる。③にごる。

塵 土11(14) ①3148 5875 チン漢 ジン(ヂン)呉 真 chén ちり・ごみ
意味 ①土けむり。ちり。ごみ。また、ちりのように小さなもの。例塵芥(ジンカイ)。玉塵(ギョクジン)(=雪)。砂塵(サジン)。②けがす。例祇自塵兮(まさにみずからけがす)(=かえって自分をけがすことになる)。〈詩経・小雅・無将大車〉③あと。足跡。遺業。④俗世間(のわずらわしさ)。この世のけがれ。煩悩(ボンノウ)や欲望。例塵埃(ジンアイ)。俗塵(ゾクジン)。和光同塵(ワコウドウジン)。⑤ひさしい。通陳。例塵邈(ジンバク)(=久遠(クオン))。⑥非常に小さな数。
【塵▼埃】【塵▼穢】ジンアイ ①ちりやほこり。ごみ。例―にまみれる。②けがれたもの。俗世間。例世俗之塵埃(セゾクのジンアイ)(=俗世のけがれ)。〈楚辞・漁父〉―の世をいとう。▽類塵汚(ジンオ)。
【塵意】ジンイ 名声や利益などを求める世俗的な考え。卑俗な心。類塵心。
【塵縁】ジンエン 俗世間とのわずらわしい関係。
【塵▼鞅】ジンオウ ①〔仏〕悟りの妨げになるような煩悩(ボンノウ)や悪業(アクゴウ)。②俗世間でのわずらわしい人間関係。▽類塵累。
【塵灰】ジンカイ ちりや、はい。灰塵。
【塵▼芥】ジンカイ/ジンガイ 〔「芥」も、ごみの意〕①ごみ。例―処理。②とるにたらぬもののたとえ。例―に等しいもの。
【塵界】ジンカイ 〔仏〕ちりでよごれた世界。けがれた世。俗世間。
【塵外】ジンガイ 俗世間のわずらわしさから離れたところ。塵表(ジンピョウ)。例―に遊びたい希望。
【塵▼寰】ジンカン 現実の世の中。けがれた俗世間。類塵境・塵世(ジンセイ)。
【塵▼涓】ジンケン ①ちりや細い水の流れ。非常に小さいもののたとえ。微塵(ミジン)。②自分の力を謙遜(ケンソン)していうことば。微力。
【塵▼劫】ジンコウ/ジンゴウ ①きわめて小さい数(=塵)と、きわめて大きい数(=劫)。②〔仏〕非常に長い時間。永劫(エイゴウ)。
【塵▼垢】ジンコウ ①ちりと、あか。②世の中のわずらわしいこと。
【塵▼囂】ジンゴウ 乱れて騒がしいところ。俗世間。
【塵雑】ジンザツ ①俗世間のわずらわしい雑事。②世俗的なごたごたしたもの。例戸庭無二塵雑一(コテイにジンザツなし)(=庭先にはごたごたしたものはない)。〈陶淵明・帰園田居〉
【塵▼滓】ジンシ ①ちりとかす。けがれや卑しさのたとえ。②世間の雑事。
【塵事】ジンジ 俗世間のわずらわしい事柄。俗事。
【塵習】ジンシュウ 俗世間の習慣。
【塵土】ジンド ①ちりと、つち。②けがれたこの世の中。③とるにたらぬもの、つまらないもののたとえ。
【塵肺】ジンパイ/ハイジン 日長い期間、肺に細かいちりなどを吸いこんだために起こる病気。炭坑などで働く人の職業病の一つ。
【塵表】ジンピョウ 俗世間の外。俗世間を超越したところ。塵外。
【塵▼氛】ジンプン ①もや。②俗世間のけがれた雰囲気。
【塵▼謗】ジンボウ 俗世間から浴びせられる非難。誹謗(ヒボウ)中傷。
【塵務】ジンム 俗世間のわずらわしい仕事。俗務。
【塵霧】ジンム ちりと、きり。きりのようにたちこめるほこり。転じて、行く手を妨げるもの。例不レ見二長安一見二塵霧一(チョウアンをみずジンムをみる)(=長安は見えず、ちりときりが見えるばかりだ)。〈白居易・長恨歌〉
【塵▼蒙】ジンモウ ①ちりやほこりをかぶる。②俗世間の雑事。また、そのわずらい。
【塵網】ジンモウ 俗世間や俗世のしがらみ。例誤落二塵網中一(あやまりてジンモウのうちにおつ)(=誤って役人のわずらわしい生活に入ってしまった)。〈陶淵明・帰園田居〉
【塵労】ジンロウ ①世の中のわずらわしい苦労。②〔仏〕心身をなやます欲望。煩悩(ボンノウ)。例―からのがれる。

塼

土11 (14) 3 1559 587C

一 セン 漢 呉 先 zhuān 二 タン 漢 寒 tuán かわら(かはら)

意味 一 しきがわら。かわら。通 甎セン。例 塼甓ヘキ。 二 手でまとめて、まるくする。まるめる。通 摶タン。

増 [增]

増 土11 (14) 1 3393 5897 教5
增 土12 (15) 3 1561 589E 人 旧字体。

一 ソウ 漢 ゾウ 呉 蒸 zēng 二 ソウ 漢 蒸 céng
ます・ふえる(ふ-ゆ)・ふやす

筆順 十 ｔ 圹 坳 増 増 増

なりたち [形声]「土(=つち)」と、音「曾ソ」とから成る。多くなる。ます。

意味 一 ❶ 数や量がふえる。ます。ふえる。ふやす。対 減。例 増加カ゚ゾウ。増水ゾウスイ。倍増バイゾウ。 ❷ ますます。いっそう。さらに。重ねて。改めて。例 増修二国政一(=いっそう国政をおさめた)。〈左伝・文三〉 二 重なり。層。通 層。例 中有二増城九重一(=その中には九重になっている層状の城楼があった)。〈淮南・墜形〉

古訓 中古 かさなる・かさぬ・くはふ・すなはち・たかし・まさる・ます 中世 かさなる・くはふ・すなはち・ます・ますます 近世 あまる・おほし・かさなる・かさぬる・くはへる・まさる・ます・ますます

人名 なが・ま・まさ・まさる

【増員】ゾウイン ①定員をふやす。②日 人数をふやす。▽対 減員。
【増益】ゾウエキ ①まし加える。また、まし加わる。例 辞典の項目を一する。②(会社などの)利益がふえる。対 減益。
【増援】ゾウエン 人数をふやして助ける。例 一部隊。
【増加】ゾウカ ふえる。ふやす。対 減少。例 人口が一する。
【増額】ゾウガク 金額をふやす。また、ふやした額。対 減額。
【増刊】ゾウカン 雑誌などを、決まった時期以外に発行する。また、その雑誌。例 一号。
【増強】ゾウキョウ (人間や設備などの)数や量をふやして、力をつよくする。例 兵力一。
【増血】ゾウケツ 日 血液がふえる。血液をふやす。例 一剤。
【増結】ゾウケツ 日 列車に車両をつないでふやす。例 三両一する。
【増減】ゾウゲン ふえることと、へること。ふやすことと、へらすこと。
【増耗】ゾウコウ ふやしたり減らしたりする。増損。増減。
【増刷】ゾウサツ 日 追加して印刷する。ましずり。
【増産】ゾウサン 生産量をふやす。対 減産。
【増資】ゾウシ 日 企業が資本金をふやす。また、ふやした資本金。対 減資。例 一株式。
【増収】ゾウシュウ 収入や収穫がふえる。また、その額や量。対 減収。例 一が見こまれる。
【増修】ゾウシュウ ①修養を積んで道徳や学問をさらによくする。②増築し、手を入れる。③書物の内容を補い、より十分なものにする。
【増上慢】ゾウジョウマン ①〔仏〕まだ悟りを得ていないのに、得たと思っておごりたかぶること。また、その人。例 一をいましめる。②自分の才能にうぬぼれて、いばること。例 一の言動。
【増殖】ゾウショク 〔「殖」も、ふえる意〕①ふえる。ふやす。②日 生物の個体や細胞などがふえる。個体の場合、生殖ともいう。
【増進】ゾウシン 力や勢いなどが、ます。また、ふやす。対 減退。
【増水】ゾウスイ 川や池などの水の量がふえる。対 減水。
【増税】ゾウゼイ 税金の額をふやす。対 減税。
【増設】ゾウセツ すでにある建物や設備に加えて、さらにふやす。
【増増】一 ゾウゾウ 多いさま。二 ますます 日 なおいっそう。益益ますます。
【増損】ゾウソン (文章の文字を)ふやしたり減らしたりする。増減。増耗ゾウコウ。
【増大】ゾウダイ ふえて大きくなる。ふやして大きくする。
【増築】ゾウチク すでにある建物に加えて、さらに部屋などを建てる。建てまし。例 子供部屋を一する。
【増注】【増▼註】ゾウチュウ 書物の注釈をふやし、より詳しくする。また、その注釈。
【増長】ゾウチョウ ①はなはだしくなる。例 華美の風フウが一する。②日 いい気になってえらそうにふるまう。つけあがる。
【増長天】ゾウジョウテン・ゾウチョウテン 〔仏〕四天王の一つ。須弥山シュミセンに住み、矛を持ち甲冑カッチュウをつけて南方を守護する。
【増訂】ゾウテイ 「増補訂正」の略。書物などで、足りない部分を加え、誤りの部分を正しく直す。例 一版。
【増配】ゾウハイ 日 配当や配給量などをふやす。
【増幅】ゾウフク 日 ①ラジオやテレビなどで、入力した電流や電圧などの振幅を大きくする。例 一器。②話の内容やものごとの様子などを、もとのものより大げさにする。
【増補】ゾウホ すでに出版した本の内容などについて、不足をおぎなう。例 一改訂版。
【増封】ゾウホウ ①封地を追加して与えられる。②祭壇などの盛り土をいっそう高くする。
【増俸】ゾウホウ 給料をふやす。類 増給。対 減俸ゲンポウ。
【増量】ゾウリョウ 日 分量がふえる。分量をふやす。対 減量。

● 急増キュウゾウ・激増ゲキゾウ・漸増ゼンゾウ・年増とします・倍増バイゾウ

塾

土11 (14) 4 0509 588A

テン(テム) 漢 艶 diàn

意味 ❶ おちいる。くだる。おぼれる。例 墊溺テンデキ(=水におぼれる)。墊没テンボツ(=底まで)。❷ 土地が低く狭い。例 墊隘テンアイ。

【墊▼隘】テンアイ ①土地が狭く湿ったさま。②人々が疲れ苦しむこと。

[塀]

土11 (14) ⇩ 塀へイ(296ジペー)

墨 [墨]

墨 土11 (14) 1 4347 58A8 常用
墨 土12 (15) 3 1562 FA3A 人 旧字体。

ボク 漢 モク 呉 職 mò
すみ

筆順 冂 日 甲 里 黒 黒 黒 墨

なりたち [会意]「土(=つち)」と「黑(=くろ)」とから成る。書画をかくのに用いる、すみ。

意味 ❶ 油やマツを燃やしてできたすすを、にかわで固めたもの。すみ。例 墨汁ボクジュウ。筆墨ヒツボク。❷ すみでかいたもの。書画。例 遺墨イボク。水墨スイボク。❸ くろい。例 墨車ボクシャ(=周代、大夫タイフの乗った黒塗りの車)。❹ くらい。ふさがる。❺ けがれる。❻ 大きな占形うらかた。カメの甲羅を焼いて占ったときの大きな裂け目。例 史占レ墨シはボクをうらなう(=史官は大きな占形を判定する)。〈周礼・春官・占人〉 ❼ いれずみ。いれずみの刑罰。例 墨刑ボッケイ。❽ すみをつけて材木に直線を引く大工道具。すみなわ。例 縄墨ジョウボク。❾ 戦国時代の思想家、墨子ボクシ。また、墨子学派のこと。例 墨家ボッカ。❿ だまる。通 黙。⓫ 長さの単位。五尺。

古訓 中古 くろし・すみ 中世 すみ 近世 いれずみ・くらし・くろし・すみ・すみさし

難読 墨斗すみつぼ・墨西哥メキシコ

【墨字】すみジ 日 (点字に対して)書いたり印刷したりした、普通の文字。
【墨▼壺】すみつぼ 日 ①墨汁を入れておく容器。②大工や石工などが用いる、直線を引く道具。糸巻き車に巻いた糸(墨縄すみなわ)を墨汁を含ませた真綿のはいったつぼを通して引き出し、その糸をはじいて黒線をつける。③「②」の、墨汁を含ませた真綿のはいっているつぼ。墨池(ボクチ)。

【墨縄(すみなわ)】日「墨壺(すみつぼ)②」の、糸巻き車に巻いて墨池(ボクチ)から引き出す糸。類墨糸(すみいと)。

【墨衣(ボクイ)】墨染(すみぞ)めのころも。黒い色のころも。

【墨罪(ボクザイ)】入れ墨をする刑。墨刑(ボッケイ)。また、それに相当する罪。類墨辟(ボクヘキ)。

【墨者(ボクシャ)】①墨子の教えに従う人々。墨家(ボッカ)。②墨刑(ボッケイ)を受けた人。

【墨守(ボクシュ)】〔墨子が、城をかたく守って楚(ソ)の軍をしりぞけた故事から〕昔からのやり方や自分の考えを頑固に守ること。類墨翟之守(ボクテキのまもり)。例旧習を―する。

【墨汁(ボクジュウ)】すみをすった、しる。また、すぐに使える製品としての、黒色の液体。

【墨書(ボクショ)】すみで書くこと。また、すみで書いたもの。すみがき。

【墨丈(ボクジョウ)】わずかな長さや範囲。〔一墨は五尺、一丈は十尺〕

【墨場(ボクジョウ)】詩文を作ったり、書画をかいたりする人々。また、その人々が集まる場所。例―必携。

【墨水(ボクスイ)】①墨汁。転じて、読み書きの能力や学問のたとえ。②日隅田川(すみだがわ)の別称。

【墨跡(ボクセキ)】【墨▼蹟(ボクセキ)】すみで書いた筆のあと。日本では、特に禅宗の僧が書いた書をいう。筆跡。墨痕(ボッコン)。例―展。

【墨池(ボクチ)】①すみを洗い流した池。昔の有名な書家が、筆やすずりを洗った池。②すずり。③日すずりですったすみや水をためる、くぼみ。すずりの海。④日「墨壺(すみつぼ)③」に同じ。

【墨竹(ボクチク)】①すみで描かれたタケ。②タケの一種。

【墨堤(ボクテイ)】日墨水(=隅田川(すみだがわ))の土手。〔隅田川の「すみ」に「墨」の字を用いたもの〕

【墨東(ボクトウ)】日隅田川(すみだがわ)より東の地域。特に、墨田(すみだ)区と江東区。〔東京都の区名としては「墨田」、川の名は「隅田」。近世後期以来「濹東」とも〕

【墨突不▽黔(ボクトツくろまず)】忙しくて家に落ち着く暇もないさま。孔席不暖(コウセキあたたまらず)。◆戦国時代の思想家、墨子は、自らの教えを広めるため東奔西走してほとんど家で食事をすることがなかった。そのためかまどの煙突には煤(すす)がつかず黒くなることがなかった。………〈班固・答賓戯〉

【墨悲二糸(絲)染一(ボクヒシセン|ボクいとのそまるをかなしむ)】墨子が白い糸はどんな色にも染まるのを見て、人間は環境によって善にも悪にもなることを悟って泣いたこと。〔〈墨子・所染〉から〕↓

【哭レ岐泣レ練(キにコクしレンになく)】(412ジペー)

【墨墨(ボクボク)】①真っ暗なさま。②失意のさま。③黙っているさま。黙黙。

【墨林(ボクリン)】①詩文や書画が集められているところ。②書家・画家の集団。

【墨花(ボッカ)】①すみの色つやがしみこんでできた、すずりの表面の模様。②すみで描いた花の絵。

【墨家(ボッカ)】戦国時代の思想家、墨子の開いた学派。また、その学説をとなえた人。兼愛(=無差別の愛)、非攻(=戦争の否定)を説き、節約を重んじた。当時は儒家と並ぶ大きな勢力をもっていた。

【墨海(ボッカイ)】すずりの別名。〔特に、大きなものをいう〕

【墨客(ボッカク)】書画や詩文にすぐれた人。例文人―。

【墨刑(ボッケイ)】昔の刑罰。五刑の一つで、罪人の額(ひたい)や腕などに、入れ墨をする。

【墨痕(ボッコン)】〔「痕」は、あとの意〕すみで書いた筆のあと。筆跡。墨跡。例―淋漓(リンリ)。―あざやかな書。

◐遺墨(イボク)・水墨(スイボク)・白墨(ハクボク)

墉
土11(14) 3 1560 5889
ヨウ漢 冬 yōng
かき
意味 ❶城壁。❷高い垣。**かき**。

墟
土12(15) 2 5250 589F
キョ漢 魚 xū
あと・おか(をか)・つか
意味 ❶大きな丘。**おか**。例丘墟(キュウキョ)。❷山のふもと。例鯤魚朝発二崑崙之墟一(コンギョはあしたにコンロンのキョをハッす)(=鯤魚(=伝説上の巨大な魚)は早朝に崑崙山のふもとを出る)。〈宋玉・対楚王問〉❸もとの居所。跡地。旧跡。**あと**。例殷墟(インキョ)。廃墟(ハイキョ)。❹墓。**つか**。例墟墓(キョボ)。❺むらざと。例墟里(キョリ)。
【墟墓(キョボ)】墓地。
【墟落(キョラク)】①墓地。墟墓。②村里。墟里。
【墟里(キョリ)】村里。墟落。例依依墟里煙(キョリのけむりイイたり)(=村里一面にもやが重なり流れている)。〈陶淵明・帰園田居〉

墝
土12(15) 4 0515 589D
コウ(カウ)漢 肴 qiāo
ギョウ(ゲウ)慣
意味 かたくてやせた土地。やせち。通磽(コウ)。例墝埆(コウカク|ギョウカク)(=石の多いやせ地)。

[増] 土12(15) ⇩増(ゾウ)(301ジペー)

[墫] 土12(15) ⇩樽(ソン)(711ジペー)

[墮] 土12(15) ⇩堕(ダ)(295ジペー)

墀
土12(15) ― 5880
チ漢 ジ(ヂ)呉 支 chí
意味 ❶宮殿前などの地面を塗り固めた所。例丹墀(タンチ)(=宮殿前の赤く塗られた階段)。❷階段。きざはし。

墜
土12(15) 1 3638 589C 常用
ツイ漢呉 寘 zhuì
お-ちる(お-つ)・お-とす

[墜] 土12(15) ― ― 旧字体。

筆順
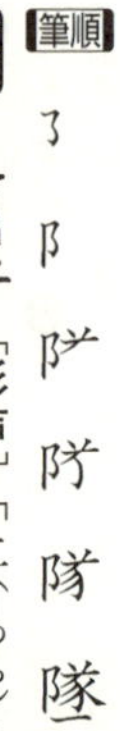

なりたち
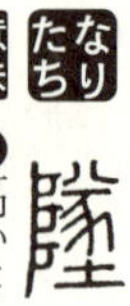
[形声]「土(=つち)」と、音「隊(タイ→ツイ)」とから成る。地におちる。

意味 ❶高いところからおちる。**おちる**。**おとす**。たれる。例墜落(ツイラク)。撃墜(ゲキツイ)。失墜(シッツイ)。❷うしなう。おとろえる。すたれる。こわす。例墜典(ツイテン)。

古訓 中古おつ・こぼす・こぼる 中世おちいる・おつ・おつる・おとしいるる・おとす 近世おつる

【墜景(ツイエイ)】落日。

【墜言(ツイゲン)】口をすべらす。失言する。

【墜死(ツイシ)】高いところからおちて死ぬ。墜落死。

【墜緒(ツイショ)】衰え、まさに絶えようとしている。特に、王朝や学問の伝統についていう。

【墜地(ツイチ|おチにおつ)】①物が地におちる。②おとろえ滅びる。すたれる。

【墜典(ツイテン)】すたれた法律や制度・儀式。例―を復興する。

【墜落(ツイラク)】空中や高いところなどからおちる。例―事故。

墱
土12(15) 4 0517 58B1
トウ漢 径 dèng
意味 険しいがけの道。参考 墱下(したまま)(=福島県の地名)。

墩
土12(15) 3 1563 58A9
トン漢 元 dūn
意味 ❶平地に盛り上げた土の山。❷木や石を敷きつめた基礎。❸台座状の座具。こしかけ。例錦墩(キントン)。草墩(ソウトン)(=わらを芯(シン)として円筒形に作り、表面を布で包んだ腰掛け)。

[墪] 土12(15) 4 0516 58AA 別体字。

3画

墳
土12(15) 1 4215 58B3 常用
一 フン 漢 文 fén
二 フン 漢 吻 fèn
三 ホン 漢 阮 fěn
つか・はか

[墳] 土13(16) FA7D 旧字体。

筆順

なりたち [形声]「土(=つち)」と、音「賁(フン)」とから成る。土を盛り上げた墓。

意味 一 ❶土を高く盛り上げた墓。はか。つか。例 墳墓(フンボ)。古墳(コフン)。❷つつみ。堤防。水辺の高地。例 汝墳(ジョフン)(=汝水の堤防)。❸大きい。例 墳倉(フンソウ)。❹古代の書籍の名。三墳(サンプン)。二 土地が肥えている。例 黒墳(コクフン)。三 隆起する。例 公祭二之地一、地墳(コウこれをチにまつるに、チフンす)(=《献》公がそれを地に注いで祭ったところ、地が隆起した)。〈左伝・僖四〉

古訓 中古 うごもつ・うごもる・おほきなり・つか・みつ 中世 つか・みつ 近世 うごもつ・おほいなり・つか・つつみ・みづのつつみ

【墳▼塋】(フンエイ) 墓。墓地。

【墳策】(フンサク)【墳索】(フンサク) 古代の書物。類 墳籍。

【墳史】(フンシ) 古典書。史書。

【墳樹】(フンジュ) 墓地に植えられた木。

【墳典】(フンテン) 三墳(サンプン)(=三皇に関する書物)と五典(=五帝に関する書物)。広く、古代の書物。

【墳墓】(フンボ) 死んだ人をほうむった所。はか。つか。

【墳墓地】(フンボのチ) ①先祖代々の墓のある所。ふるさと。例 埋レ骨何期墳墓地(ほねをうずむるなんぞきせんフンボのチ)(=骨を埋めるのは故郷に限ったことではない)。〈月性・題壁〉 ②住みついて一生を終える場所。骨を埋めようとする場所。

[墨]
土12(15) ⇩墨(ボク)(301ジペー)

墹
土12(15) 2 5249 58B9 国字
まま

意味 傾斜地。がけ。人名・地名に用いる字。例 墹之上(ままのうえ)(=静岡県の地名)。

墸
土12(15) 2 5255 58B8
音義未詳

参考 一説に、「躇(チョ)」の俗字。

壒
土13(16) 3 1565 58D2
アイ 漢 泰 ài

意味 土ぼこり。ちり。

墺
土13(16) 2 5252 58BA
一 オウ(アウ) 漢 号 ào
二 イク(ヰク) 漢 屋 yù
きし

意味 一 大地。おか。通 隩(オウ)。二 水辺の地。きし。通 澳(イク)。

日本語での用法 《オウ》「独墺(ドクオウ)・普墺戦争(フオウセンソウ)」▼「墺太利(オーストリア)」の略。

壊
土13(16) 1 1885 58CA 常用
カイ(クヮイ) 漢 エ(ヱ) 呉 卦 huài
こわす(こは-す)・こわれる(こは-る)・やぶ-れる(やぶる)

[壞] 土16(19) 2 5253 58DE 人 旧字体。

筆順

なりたち [形声]「土(=つち)」と、音「褱(カイ)」とから成る。やぶれる。

意味 ❶やぶれる。くずれる。こわれる。こわす。例 壊滅(カイメツ)。破壊(ハカイ)。崩壊(ホウカイ)。❷(戦いで)総くずれになる。例 壊敗(カイハイ)。

古訓 中古 こぼつ・こぼる・やぶる・をる 中世 こぼつ・そこなふ・めぐる・やぶる 近世 くつがへす・くづす・くづれる・そこなふ・やぶる・やぶれる・やまひ

【壊死】(エシ) からだの組織の一部が死ぬ。

【壊決】(カイケツ) くずれる。こわれる。決壊。潰決(カイケツ)。

【壊走】(カイソウ) 日 戦いに負け、ちりぢりになって逃げる。敗走。潰走(カイソウ)。例 敵軍は―した。

【壊▼頽】(カイタイ) くずれる。崩壊。壊崩。

【壊敗】(カイハイ) ①こわれる。だめになる。②総くずれになって負ける。

【壊廃】(カイハイ) 衰え、すたれる。

【壊崩】(カイホウ) 建物や組織がこわれくずれる。つぶれる。崩壊。

【壊滅】(カイメツ) すっかりこわれて、ほろびる。潰滅(カイメツ)。例 ―的な被害。

【壊乱】(カイラン) 秩序がくずれみだれる。また、こわしみだす。潰乱(カイラン)。例 風俗を―する。

【壊▼爛】(カイラン) くずれて、ぼろぼろになる。
●決壊(ケッカイ)・金剛不壊(コンゴウフエ)・全壊(ゼンカイ)・損壊(ソンカイ)・倒壊(トウカイ)・破壊(ハカイ)・崩壊(ホウカイ)

[壃]
土13(16) ⇩疆(キョウ)(898ジペー)

𡑭
土13(16) 4 0518 2146D 国字
くれ

[𡋗] 土6(9) 4 0475 212D7 俗字。

意味 人名・地名に用いる字。例 木𡑭(こぐれ)(=姓)。𡑭切場(くれきれば)(=宮城県の地名)。

墾
土13(16) 1 2606 58BE 常用
コン 漢 阮 kěn
ひら-く

筆順

なりたち [形声]「土(=つち)」と、音「豤(コン)」とから成る。たがやす。

意味 あれ地をきりひらく。ひらく。たがやす。例 開墾(カイコン)。

古訓 中古 おこす・かへす・こなた・はる・ほる・をさむ 中世 おこす・かへす・たがへす・はる・ほる・をさむ 近世 あらきばり・たがやす・ひらく・をさむる

難読 新墾(にいはり)

【墾荒】(コンコウ) 荒れ地を開墾する。

【墾耕】(コンコウ) 土地をきりひらき、たがやす。

【墾殖】(コンショク) 土地をたがやし、作物をつくる。

【墾田】(コンデン) ①新しくきりひらいた田。②日 大化の改新(六四五年)の後、田をふやすために開墾された田地。

[墻]
土13(16) ⇩牆(ショウ)(848ジペー)

壌
土13(16) 1 3077 58CC 常用
一 ジョウ(ジャウ) 漢 養 rǎng
二 ジョウ(ジャウ) 漢 陽 ráng
つち

[壤] 土17(20) 2 5265 58E4 旧字体。

筆順

なりたち [形声]「土(=つち)」と、音「襄(ショウ→ジョウ)」とから成る。やわらかい土。

意味 一 ❶農業に適したやわらかい土。また、土地。つち。例 土壌(ドジョウ)。❷大地。地。例 天壌無窮(テンジョウムキュウ)。鼓腹撃壌(コフクゲキジョウ)。二 穀物が豊かに実る。ゆたか。通 穰(ジョウ)。

古訓 中古 くにのさかひ・さかひ・ちり・つち・つちくれ・はららく 中世 こえたり・さかひ・ちり・つち・つちくれ・はららけり 近世 こえつち・こやし・さかひ・ちり・つちくれ・ぼろつち

難読 天壌（あめつち）

【壌地】ジョウチ ①田畑。耕地。②国土。領地。▽壌土。

【壌土】ドジョウ ①つち。土壌。また、土地。②領土。③粘土が三〇パーセントほどまじった土。水分や養分の吸収力が強く、農作物を作るのに適する。

【壌墳】フンジョウ ①肥沃な耕地。②墓。つか。

●鼓腹撃壌・土壌

壥

土13（16） 3 1564 2146E 国字

ソク

意味 奈良時代に始まる漆工芸の技法。乾漆。夾紵。

壇

土13（16） 1 3537 58C7 常用

タン 漢 ダン 呉 寒 tán

筆順 土 扩 坊 垧 垧 壇 壇 壇

なりたち 壇 [形声]「土（＝つち）」と、音「亶」とから成る。土を高く盛り上げた祭場。

意味 ❶祭祀などの儀式をおこなうために土を小高く盛り上げて、築いたもの。だん。例 祭壇。❷一段高くした台。例 壇上。教壇。❸平坦な場所。例 花壇。❹専門家たちの集団。例 文壇。

古訓 中古 あきらかなり・ところ・には・はし 中世 あきらか・さかひ・ところ・まつりのところ 近世 あきらか・たひらか・ひろし・まつりのところ

【壇位】ダンイ 礼遇すべき人の座を作ったり、祭壇としたりするために、土を盛り上げて築いた壇。

【壇上】ダンジョウ 演壇や教壇などの壇の上。

【壇場】ダンジョウ 祭礼や儀式をおこなうため壇を設けた場所。

●演壇・歌壇・教壇・仏壇・文壇・論壇

[墳]

土13（16） ⇩墳（303ページ）

壁

土13（16） 1 4241 58C1 常用

ヘキ 漢 ヒャク 呉 錫 bì

かべ

筆順 コ 尸 尸 居 辟 辟 辟 壁

なりたち 壁 [形声]「土（＝つち）」と、音「辟」とから成る。直立して風や寒さを防ぐ、かき。

意味 ❶建物のまわりを囲う、または建物の中の部屋を仕切るもの。かべ。例 壁画。壁面。障壁。❷敵の攻撃を防ぐために作られたかべ。とりで。例 城壁。防壁。❸とりでを作る。また、とりでにたてこもる。籠城する。例 項王軍壁二垓下一（項王の軍は垓下にとりでを築いてたてこもった）。〈史記・項羽紀〉❹かべのように地面に垂直に立ったがけ。例 岩壁。岸壁。絶壁。❺二十八宿の一つ。なまめぼし。例 壁宿。

古訓 中古 かき・かべ・そこ 中世 かき・かべ・へイ 近世 かき・かべ・そこ

【壁画】ヘキガ 建物や洞窟のかべや天井などにかいた絵。例 陶板—。

【壁間】ヘキカン 柱と柱の間の、かべの部分。壁面。

【壁経】ヘキケイ 「壁中書」に同じ。

【壁光】ヘキコウ 苦労して勉学にはげむこと。偸光。〔漢の匡衡が、かべに穴をあけて、となりの家からもれてくる灯火で書物を読んだという故事〈西京雑記・二〉から〕類 蛍雪。

【壁書】ヘキショ ①「壁中書」に同じ。②かべに書く。また、そこに書かれたもの。③日 決まりや知らせ、またおきてなどを書いて、かべにはりつけた文書。特に、戦国時代の大名家のおきてを記したものをいう。

【壁蔵】ヘキゾウ （書物などを）かべの中に塗りこめて隠す。

【壁中書】ヘキチュウショ 前漢の時代、魯の恭王が宮殿を広げるために孔子の住んでいた家をこわしたとき、そのかべの中から発見された古文（＝戦国時代に使われていた書体の文字）で書かれた『書経』『孝経』などの経書。壁経。壁書。

【壁面】ヘキメン ①かべの表面。例 —のよごれ。②岩壁の表面。

【壁立】ヘキリツ ①かべのように切り立っている。例 —する岩。②かべだけで家具や家財がないこと。貧乏暮らしのたとえ。

【壁塁】ヘキルイ ①とりで。②陣営。

●胃壁・岩壁・岸壁・障壁・城壁・絶壁・側壁・鉄壁・氷壁

壅

土13（16） 2 5257 58C5

ヨウ（ヰョウ）漢 冬 yōng

つちか-う（つちか-ふ）・ふさ-がる・ふさ-ぐ

意味 ❶ふさいで、通れないようにする。ふさぐ。さえぎる。また、ふさがる。例 壅遏。❷土を根にかぶせて草木を育てる。つちかう。例 培壅。

【壅▼遏】ヨウアツ さえぎる。邪魔をしてとめる。例 壅二遏賢者一（＝賢者が活躍するのをおさえつける）。〈管子・立政九敗解〉

【壅隔】ヨウカク さえぎる。へだてる。通じない。例 情壅隔而靡レ通（＝感情がさえぎられて通じない）。〈曹植・愍志賦〉

【壅塞】ヨウソク ふさぐ。せきとめる。ふさがる。

【壅滞】ヨウタイ ①ふさがる。つかえる。②抑圧を受けて思うように展開しない。

【壅閉】ヨウヘイ ふさぎとじる。また、ふさがって通じない。

【壅蔽】【壅▼敝】ヨウヘイ ふさぎ、おおう。特に、君主が人の意見に耳を貸さない、また、君主の耳に情報を入れないことをいう。

[壓]

土14（17） ⇩圧（280ページ）

壑

土14（17） 2 5259 58D1

ガク 慣 カク 漢 呉 薬 hè

たに

意味 ❶みぞ。たに。あな。また、ほり。例 溝壑。❷いわや。例 壑谷（＝岩にできた洞穴）。

壎

土14（17） 3 1566 58CE

ケン（クェン）漢 元 xūn

つちぶえ

[塤]

土10（13） 3 1557 5864

別体字。

意味 土を焼いて作った笛。つちぶえ。穴が六つあり、吹き口となる上端はとがり、下は平ら。例 陶壎。

【壎▼篪相和】ケンチあいワす 〔「篪」は、竹製の楽器〕壎と篪の音色がよく調和する。兄弟仲がよいことのたとえ。〔〈詩経・小雅・何人斯〉から〕

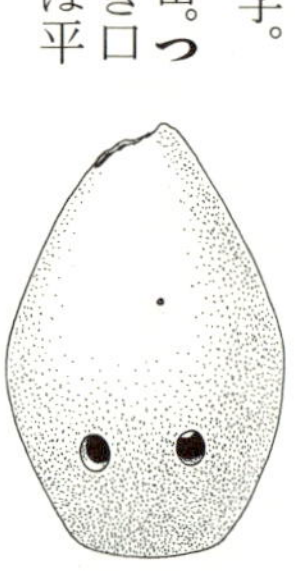

[壎]

壕

土14（17） 1 2572 58D5 人

コウ（カウ）漢 ゴウ（ガウ）呉 豪 háo

ほり

なりたち [形声]「土（＝つち）」と、音「豪」とから成る。城外にめぐらした堀。

意味 ❶城を守るために、まわりに作った池。ほり。外壕。

❷敵の矢や弾丸をさけるために掘った穴。からぼり。例 塹壕ザンゴウ。防空壕ボウクウゴウ。

古訓 中世 ほとり・ほりけ 近世 ほり・ほりき

[壍] 土14(17) ⇩塹ザン(300ジペー)

壔 土14(17) 3 1567 58D4 トウ(タウ)漢 皓 dǎo

意味 ❶とりで。❷おか。❸堤。

日本語での用法《トウ》「円壔エントウ(=円柱。円筒)・角壔カクトウ(=角柱)」▼つつ。

壒 土14(17) 2 5260 58D7 国字 まま

[坹] 土6(9) 4 0474 212E4 俗字。

意味 傾斜地。がけ。地名に用いる字。例 壒下まました(=神奈川県の地名)。

壙 土15(18) 2 5261 58D9 コウ(クヮウ)漢 漾 kuàng あな・つかあな

意味 ❶地面を掘って作った穴。**あな**。特に、墓の穴。はかあな。**つかあな**。例 壙穴コウケツ。❷がらんとした野原。広野。例 猶二水之就レ下、獣之走レ壙也(なおみずのしたにつき、けもののコウにはしるがごときなり)(=水が低い方に流れ、獣が広野に向かうのと同様である)。〈孟子・離婁上〉❸広々として果てしない。例 壙壙コウコウ。❹何もない。むなしい。むだにする。例 毋レ壙二地利一(チのリをむなしくすることなかれ)(=地の利をむだにしてはならない)。〈管子・七法〉

【壙穴】コウケツ 死者を埋葬するあな。はかあな。墓穴。

【壙壙】コウコウ 広大なさま。例 天下壙壙然、一人有レ之(テンカコウコウゼンとして、ひとりこれをユウす)(=天下は広大だが、一人の人物がこれを保有している)。〈新書・修政語下〉

[壘] 土15(18) ⇩塁ルイ(296ジペー)

[壞] 土16(19) ⇩壊カイ(303ジペー)

壜 土16(19) 2 5264 58DC タン(タム)漢 ドン(ドム)呉 覃 tán びん

[罎] 缶16(22) 2 7004 7F4E 別体字。

意味 口が小さく胴が大きい、酒を入れるかめ。さかがめ。例 酒壜シュタン。

日本語での用法《びん》「壜詰びんづめ・空あき壜びん」▼ガラス製の容器。

壢 土16(19) 4 0521 58E2 レキ漢 錫 lì

意味 地に掘った穴。あな。参考「中壢チョンリー」は、台湾の地名。

壚 土16(19) 3 1568 58DA ロ漢 虞 lú

[垆] 土4(7) 4 0467 21274 俗字。

意味 ❶黒くて、かたい土。例 壚土ドロ(=ぼろぼろしていて、植物・作物に適さない土)。❷酒がめを置く土の台。転じて、酒場。例 酒壚シュロ。❸こんろ。いろり。通炉。例 茶壚チャロ(=茶をわかすこんろ)。

壟 土16(19) 2 5266 58DF ロウ漢 東 リョウ漢 腫 lǒng つか

[壠] 土16(19) 3 1569 58E0 別体字。

意味 ❶土を盛ってつくった墓。**つか**。❷小高い土地。おか。例 壟断ロウダン。❸たねをまいたり、苗を植えたりするために田畑の土を細長く盛り上げた所。うね。あぜ。例 壟畝ロウホ。

【壟断】ロウダン ①切り立った小高い丘。②利益を独占すること。▽隴断ロウダン。◆(昔の市は、自分の持っている物と持っていない物を交換する場所であった。ところが、)ある男が、まず小高い丘に登り、左右を見わたしながら利益の上がりそうな取り引きを見定めて市場の利益を独占してしまった。……〈孟子・公孫丑下〉

【壟畝】ロウホ ①田畑。②畑仕事。③いなか。類壟塋ロウエイ。

【壟墓】ロウボ 土を盛り上げて作った墓。

[壤] 土17(20) ⇩壌ジョウ(303ジペー)

壥 土17(20) 2 5263 58E5 音義未詳

参考 一説に、「廛テン」の別体字。

壩 土21(24) 3 1570 58E9 ハ漢 禡 bà

意味 川の流れをせき止める設備。井堰いせき。せき。

33 3画 士 さむらい さむらいかんむり部

一人前の仕事のできる男の意をあらわす。「士」をもとにしてできている漢字と、「士」の字形を目じるしにして引く漢字とを集めた。

0 305 士 1 306 壬 3 306 壮 4 307 壱 声 壯 5 307 壳 6 307 壴 8 307 壸 9 307 壹 壺 壻 10 308 壼 11 308 壽

この部首に所属しない漢字

吉→口226 売→儿123 志→心490 喜→口257 嘉→口262 臺→至225 賣→貝123

士 士0(3) 1 2746 58EB 教4 シ漢 ジ呉 紙 shì さむらい(さむらひ) 付表 海士あま・居士コジ・博士ハカセ

筆順 一 十 士

なりたち [会意]「一(=ひとつ)」と「十(=とお)」とから成る。「十」の多事をとりまとめて「一」に統合するもの。

意味 ❶男。また、未婚の男。例 士女シジョ。❷一人前の男。学識をそなえた立派な人。例 士君子シクンシ。紳士シンシ。名士メイシ。❸昔、卿ケイ・大夫タイフに次ぐ位の者。下級の役人。また、庶民に対して役人・官吏。例 士大夫シタイフ。❹兵卒。つわもの。例 士卒シソツ。兵士ヘイシ。勇士ユウシ。❺仕事。また、従事する。仕事とする。通事。例 勿二士行枚一(コウバイをこととするなからん)(=枚バイ(=口にくわえて声を出さないようにする木片)を用いる行軍に従事したくない)。〈詩経・豳風・東山〉❻仕える。仕官する。通事。例 五十而士ゴジュウにしてつかう(=五十歳になって仕官する)。〈荀子・大略〉❼刑罰をつかさどる官。獄官。理官。

日本語での用法《シ》①「士道シドウ・武士ブシ」▼さむらい。②「栄養士エイヨウシ・建築士ケンチクシ・弁護士ベンゴシ」▼ある資格をもった人。

古訓 中古 こと・つかふ・ひと・をとこ・をのこ 中世 さぶらひ・ひと・をとこ 近世 あきらか・こと・ことはる・さぶらひ・さむらふ・つかさ・つかふ・ひと・をさむる・をとこ・をのこ

人名 あき・あきら・お・おさむ・こと・つかさ・のり・ひと・まもる

難読 徒士(かち)・武士(もののふ)

【士官】(シカン) 日 兵や下士官から成る部隊を指揮する地位の人。佐官と尉官。将校。例 陸軍—学校。

【士気】(シキ) ①兵士が積極的に戦おうとする、強い気持ち。例 —が上がる。—をそがれる。②団結して何かをやろうとする義務感や人々の意気ごみ。志気。

【士君子】(シクンシ) 士と君子。学識・人格ともにすぐれた人物。

【士子】(シシ) ①青年・壮年男子の美称。②士大夫(シタイフ)。士人。③科挙(=官吏登用試験)の受験準備をしている人。

【士師】(シシ) 古代、司法をつかさどったとされる官。

【士女】(シジョ) ①男と女。紳士と淑女。②美女。仕女。例 —図(=美女画)。

【士人】(シジン) ①地位・教養のある、一人前の男子。人士。②日さむらい。

【士節】(シセツ) 士たる者の守るべき節操。類 士操。

【士族】(シゾク) ①教養ある人の家柄。立派な家柄。②日 明治時代に定めた四つの身分(=皇族・華族・士族・平民)の一つ。明治維新のときに士分(=さむらいの身分)であった家柄の家長とその家族を指した。一九四七(昭和二十二)年廃止。例 —の商法(=なれない事業に手を出して失敗する)。

【士卒】(シソツ) ①下士官と兵卒。また、兵士。②日 武士と雑兵(ゾウヒョウ)。

【士大夫】(シタイフ) ①士と大夫。古代中国では、天子・諸侯・大夫・士・庶人(ショジン)の五つの身分のうち、士までを指導者あるいは支配階級とした。②学識・人格ともにすぐれ、社会的地位の高い人。

【士道】(シドウ) ①士として守るべき道徳や倫理。世の中に独り立ちできる男子としての生き方。②日 武士道。騎士道。

【士農工商】(シノウコウショウ) ①民衆を四種類に分類したもの。〈国語・斉〉②日 武士と農民と工人(コウジン)(=職人)と商人。近世初めころから、職業によって分けた四つの階級。四民。

【士為二知レ己者一死】(シはおのれをしるもののためにシす) 男子は、自分の真価を認めてくれる人のためには命を投げ出す。◆戦国時代、晋(シン)の予譲(ヨジョウ)が、自分に目をかけてくれた亡き主人智伯(チハク)の敵(かたき)を討つときに述べたことば。……〈史記・刺客伝・予譲〉

【士夫】(シフ) ①青年男子。②士大夫(シタイフ)。③読書人。

【士風】(シフウ) ①一人前の男子としての風格。②日 武士らしい気風。

【士分】(シブン) 日 武士の身分。例 —に取り立てられる。

【士民】(シミン) ①士と民(たみ)。②日 武士と庶民。士族と平民。

【士林】(シリン) ①学問・教養があり、士たるにふさわしい人々の仲間。読書人社会。②梁(リョウ)の武帝が設けた、学者たちの学館。士林館。

●居士(コジ)・紳士(シンシ)・戦士(センシ)・代議士(ダイギシ)・同士(ドウシ)・博士(ハクシ・ハカセ)・武士(ブシ)・文士(ブンシ)・兵士(ヘイシ)・勇士(ユウシ)・浪士(ロウシ)

壬

士1 (4)
1 3149 58EC 人

ジン(ジム)漢 ニン(ニム)呉 侵 rén
みずのえ(みづのえ)

なりたち [象形] 人が懐妊した形。陰が極まり陽が生じる。借りて、十干(ジッカン)の九番目。

意味 ❶十干の九番目。みずのえ。方位では北、五行(ゴギョウ)では水にあてる。例 壬申(ジンシン)(=みずのえさる)。❷大きい。例 有レ壬有レ林(ジンありリンあり)(=大きく盛んである)。〈詩経・小雅・賓之初筵〉❸へつらう。おもねる。例 壬人(ジンジン)(=へつらう人)。❹はらむ。通 妊。

古訓 中古 おほきなり・みづのえ 中世 おほいなること・みづのえ 近世 おほいなり・おもねる・になふ・ねぢける・みづのえ

人名 あきら・つぐ・み・みず・よし

難読 壬生(みぶ)(=姓・地名)

壮

士3 (6)
1 3352 58EE 常用

ソウ(サウ)漢 ショウ(シャウ)呉 漾 zhuàng
さか-ん

[壯]

士4 (7)
2 5267 58EF 人

旧字体。

筆順

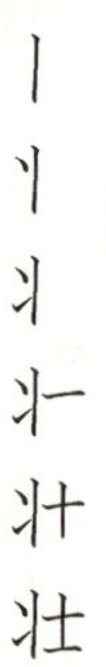

なりたち [形声] 「士(=おとこ)」と、音「爿(ショウ)」とから成る。大きな男。

意味 ❶元気な男。特に、三十歳代の男子。例 壮士(ソウシ)。壮年(ソウネン)。❷勢いがよい。さかん。例 壮観(ソウカン)。壮健(ソウケン)。勇壮(ユウソウ)。❸大きくて立派。例 壮麗(ソウレイ)。その意気(イキ)を壮(ソウ)とする。

古訓 中古 おほきなり・おほきに・さかり・さかりなり・たけし 中世 さかり・さかんなり・つよし・はづき 近世 おほいなり・さかんなり・すくやか・すこやか・つよし

人名 さかえ・さかり・たかし・たけ・たけし・つよし・まさ・もり

【壮意】(ソウイ) 勇壮な意気。類 壮気。

【壮快】(ソウカイ) 日 元気で気力に満ちるさま。例 —な気分。

【壮観】(ソウカン) 雄大ですばらしい眺め。また、そのさま。偉観。

【壮挙】(ソウキョ) 日 大規模な、勇ましい計画。すばらしい仕事。

【壮健】(ソウケン) 元気ですこやかなこと。〔あらたまった手紙などに使うことが多い〕例 ご—で何よりです。

【壮言】(ソウゲン) 勇ましいことば。壮語。

【壮語】(ソウゴ) 威勢のよいことば。また、えらそうに言うこと。壮言(ソウゲン)。例 大言(タイゲン)—する。

【壮行】(ソウコウ) 日 人の出発を祝い、はげますこと。〔遠くへ旅立つときや、試合で出発するときなどに使う〕例 —会。

【壮歳】(ソウサイ) 三、四十代の働きざかりの年ごろ。壮年。類 壮歯・壮齢。

【壮士】(ソウシ) ①働きざかりの男子。血気盛んな若者。例 壮士一去兮不二復還一(ソウシひとたびさりてまたかえらず)(=ますらおはひとたびこの地を去ったら二度と戻ってこない)。〈史記・刺客伝・荊軻〉②日 明治時代、自由民権運動にたずさわった人。

【壮児】(ソウジ) 元気盛んな若者。

【壮事】(ソウジ) 大事業。大業績。

【壮室】(ソウシツ) 妻のある三十歳の男子。〔「三十日レ壮、有レ室(サンジュウをソウという、シツあり)(=三十歳を壮といい妻をめとる)。〈礼記・曲礼上〉」から〕

【壮者】(ソウシャ) 働きざかりの人。また、若者。

【壮絶】(ソウゼツ) 日 この上なく勇ましく激しいさま。壮烈。

【壮大】(ソウダイ) ①成長した大人。②規模が大きく立派なさま。例 気宇—。—な景色。—な計画。

【壮胆】(ソウタン) ①度胸。②度胸をすえる。また、その人。

【壮丁】(ソウテイ) ①成年に達した男子。②労役や兵役に召集された若い男。〔「丁」は、成人した男子の意〕

【壮図】(ソウト) 勇ましく、規模の大きな計画。雄図。例 —をいだく。—空(むな)しく。

【壮途】(ソウト) 日 大きな目標に向かっての勇ましい出発。

【壮年】(ソウネン) 働きざかりの年ごろ。およそ三十代から五十代前半くらいまでをいう。例 —期。

【壮美】(ソウビ) 大きく立派で美しいさま。壮麗。例 —な神殿。

【壮夫】(ソウフ) ①血気盛んな男。豪傑。②働きざかりの男。壮丁(ソウテイ)。

【壮▼猷】(ソウユウ) 壮大な計画・事業。

【壮麗】(ソウレイ) 大きく立派で美しいさま。壮美。例 —な宮殿。

【壮烈】(ソウレツ) 勇ましく激しいさま。壮絶。例 —な最期(サイゴ)。

●強壮(キョウソウ)・広壮(コウソウ)・豪壮(ゴウソウ)・少壮(ショウソウ)・丁壮(テイソウ)・悲壮(ヒソウ)・勇壮(ユウソウ)

壱 士4(7) 1 1677 58F1 常用

イツ漢 イチ呉 質 yī
ひと-つ

［壹］士9(12) 2 5269 58F9 旧字体。

筆順 一 十 士 … 壱

なりたち ［会意］「壺(=酒(さか)つぼ)」と「吉(ツキ→ツイ)(=よい)」とから成る。もっぱら。ひとつ。

意味 ❶ひとつ。ひたすら。もっぱら。すべて。まったく。おなじ。ひとしい。通 一。例 専壱。❷「一」の大字。紙幣や契約の文書などで、数字を書きかえられないように使う。例 壱億円。

日本語での用法 《イツ》「壱州」▼旧国名「壱岐(=今の長崎県北部、玄界灘にある島)」の略。

古訓 中古 ことごとく・ひとたび・ひとつ 中世 あつまる・あはす・ことごとく・ひとつ・まこと・みな・もつぱら・もはら 近世 あつし・あはす・とづる・ひとつ・ふさがる・まこと・もつぱら

人名 かず・さね・はじめ・ひとし・もと

【壱岐】日 旧国名の一つ。今の長崎県壱岐郡。玄界灘にある島で、昔は対馬とともに中国や朝鮮半島との交通上の重要な地点だった。壱州。

【壱意】心を一つのことに集中する。一意。

【壱是】すべて。一切。

声 士4(7) 1 3228 58F0 教2

セイ漢 ショウ(シャウ)呉 庚 shēng
こえ(こゑ)・こわ

［聲］耳11(17) 2 7065 8072 旧字体。

筆順 一 十 士 … 声

なりたち ［形声］「耳(=みみ)」と、音「殸(ケイ→セイ)」とから成る。耳に聞こえる自然の音。

意味 ❶音。ひびき。こえ。例 声帯。鐘声。大音声。❷音楽。楽曲。例 鄭声。❸ほまれ。評判。例 声望。名声。❹漢字音のアクセント。例 四声。平声。入声。❺漢字の頭子音。例 声母。双声。

古訓 中古 あらはす・いらふ・おと・きく・こゑ・な・なつく・ならす 中世 おと・きく・こゑ・な 近世 おと・こゑ・な・のぶる・ひびき

人名 かた・な・もり

【聴二於無▼声、視二於無▼形】〔親のことばや態度にあらわれる前に、子はその心を察して孝養をつくすべきである意〕親孝行には細心の注意をはらわなければならない。〈礼記・曲礼上〉

【声動二▼梁▼塵一】⇩【動二梁塵一】(688ジペー)

【声威】名声と権威。

【声域】日 人の歌声の高低の範囲。高いものから順に、女声をソプラノ・メゾソプラノ・アルト、男声をテノール・バリトン・バスに分ける。

【声栄】よい評判。ほまれ。例 ―が広い。類 声誉。

【声咽】声をつまらせて泣く。むせび泣く。

【声援】①(軍事的に)遠方より支援する。②日 声をかけてはげます。例 ―を送る。

【声音】①こえ。音声。音楽。②(こわね) 声の調子や様子。

【声価】世間の評判。

【声華】①立派な評判。②はなやかさがある。栄える。

【声楽】①音楽。②日 人の声による音楽。うた。独唱・重唱・合唱などがある。対 器楽。例 ―家。

【声気】①声と息。②勢い。③語気。ことばの呼吸。④友人どうしの共通の好み。⑤音信。

【声教】権勢と教化。

【声言】言いふらす。声明する。

【声高】(こわだか) 声を高くはりあげるさま。例 ―にののしる。

【声質】①楽器などの音の性質。②日 澄んでいる、よく通る、濁っている、などといった人の声の質。例 ―がよい。

【声実】名声と実際。評判と実体。名実。

【声色】一(セイショク) ①声と顔いろ。例 ―をやわらげる。②様子。態度。例 ―をうかがう。③健全な気持ちを乱すような音楽と女色。例 ―にふける。二(こわいろ) 日 ①声の調子。こわね。例 甘えるような―。②役者や有名人の声、動物の鳴き声などをまねること。また、その芸。声帯模写。例 ―をつかう。

【声▼迹】【声績】名声と実績。

【声帯】日 のどの中央部にある声を出す器官。左右一対のひだ状のもので、閉じたり開いたりする。例 ―を痛める。

【声調】①声の調子。ふしまわし。例 哀感をおびた―。②音声が調和する。③詩歌のよみぶり。④中国語などのアクセント。一つの音節内での、高低の変化をいう。

【声問】「声聞一(ブンセイ)」に同じ。

【声聞】一(ブンセイ) ①音信。便り。例 ―を通ず(=便りをする)。②名声。よい評判。▽声問。二(ショウモン) 〔仏〕仏の教えを聞いて悟りを開くこと。また、その人。例 ―の僧。

【声母】〔言〕音韻学で、漢字の音節のはじめに立つ子音。対 韻母。

【声望】名声と人望。世間でのよい評判。例 ―が高い。

【声名】よい評判。名声。例 ―を得る。

【声明】一(セイメイ) ①はっきりと言う。あちこち言いふらす。②(政治や外交上の問題について)意見や立場などを発表すること。また、その内容。例 共同―。二(ショウミョウ) 〔仏〕①古代インドで学問を五つに分け、五明とした中の一つ。文字・音韻・語法などを研究する学問。②日 儀式に用いる古典の声楽。仏をほめたたえる歌。梵唄。

【声門】日 のどの中央にある、左右の声帯のあいだで、息の通る狭いすきま。

【声紋】日 声の周波数を分析装置にかけて、図にあらわしたもの。〔指紋と同じように個人によって異なる〕

【声優】日 外国映画やアニメーションの吹きかえ、ラジオドラマなどに、声だけで出演する俳優。

【声利】名誉と利益。

【声律】①〔五声(=五つの音階。五音)と六律(=六つの音律)の意〕音楽。②詩賦など韻文に関する規則。

【声量】日 声の大きさと豊かさ。人の出せる声の、大小・強弱の程度。例 豊かな―。

【声涙】こえと、なみだ。例 ―ともに下る(=感情が高まっておさえられなくなり、なみだを流しながら話す)。

●悪声・音声・歓声・奇声・銃声・濁声・嘆声・肉声・発声・砲声・名声

［壮］士4(7) ⇩壮(306ジペー)

［壳］士5(8) ⇩殻(734ジペー)

壴 士6(9) 4 0523 58F4

シュ(シウ)慣 チュ漢 遇 zhù

意味 楽器を並べる。たてる。

［壷］士8(11) ⇩壺(308ジペー)

［壹］士9(12) ⇩壱(307ジペー)

壺

士9(12) ②5268 58FA コ漢 虞 hú つぼ

[壷] 士8(11) ①3659 58F7 別体字。

意味 ❶水や酒を入れる、口が小さく胴がふくらんだ容器。つぼ。例 壺酒コシュ(=つぼに入れてある酒)。銅壺ドウコ。❷ひさご。ひょうたん。通瓠コ。

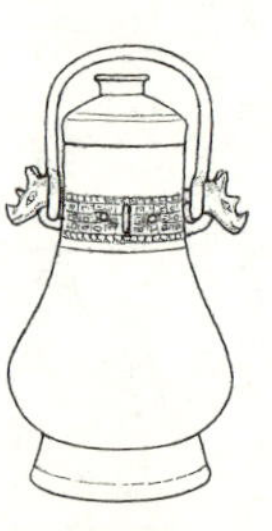

[壺❶]

日本語での用法《つぼ》①「灸キュウの壺つぼ・壺つぼを押おす」▼要所。急所。②「思おもう壺つぼにはまる」▼見こむところ。ずぼし。③「梅壺うめつぼ・桐壺きりつぼ・梨壺なしつぼ」▼つぼね。女官カンなどの住む部屋。坪つぼ。

難読 唾壺はいふき

【壺▼飧】コサン つぼに入れた調理済みの食物。類 壺飧コソン。

【壺▼漿】コショウ つぼに入れた飲み物。例 箪食壺漿以迎二王師一(タンシコショウしてもってオウシをむかう)(=タケのうつわに入れた飯とつぼに入れた飲みもので王の軍隊を迎える)。〈孟子・梁恵王下〉

【壺▼觴】コショウ 酒を入れるつぼと、さかずき。例 引二壺觴一以自酌(コショウをひきてもってみずからくむ)(=酒のつぼとさかずきを引きよせて独りで酒を飲む)。〈陶淵明・帰去来辞〉

【壺尊】コソン 儀礼用の酒つぼ。

【壺中天】コチュウのテン 俗世間とかけはなれた別天地。仙境。また、酒を飲んで俗世を忘れる楽しみ。壺中の天地。類 壺天。◐費長房ヒチョウボウが市場の役人だったとき、薬売りの老人が商売を終えると、店頭にかけてあった大きなつぼの中に入るのを見た。そこで老人に頼んで中に入れてもらったところ、立派な宮殿があり、酒や料理が並ぶすばらしい世界であった。……〈後漢書・方術伝下・費長房〉

[堺] 士9(12) ⇩婿セイ(350ページ)

壼

士10(13) ②5271 58FC コン漢 阮 kǔn

意味 ❶宮城の中の道。また、宮中。例 壼奥コンオウ。❷(宮中で)婦人の居住する内室。また、婦人。例 壼訓コンクン。壼政コンセイ(=後宮の婦人の仕事)。❸広くする。ひろい。

【壼奥】コンオウ〔宮中の奥深いところの意〕①天子や后妃の住むところ。内宮。②物事の奥底。奥義。例 究二先聖之壼奥一(センセイのコンオウをきわむ)(=かつての聖人の極意を究明する)。〈漢書・叙伝上〉

【壼訓】コンクン 婦人に対する教え。婦女が守るべき決まり。

[壽] 士11(14) ⇩寿ジュ(387ページ)

34・35 3画 夂 ちにょう ふゆがしら部 ・ 夊 すいにょう なつあし部

「夂」は後ろから追いつく様子をあらわし、音は、チ。「夊」は足を引きずった様子をあらわし、音は、スイ。もと別の部首だったが、常用漢字では字形の区別をしないので統一し、「夂」の字形を目じるしにして引く漢字を集めた。「ちにょう」は、「冬」のかしらに似ているので「ふゆがしら」ともいい、「すいにょう」は、「夏」のあしであることから「なつあし」ともいう。

この部首に所属しない漢字

夂

夂0(3) ②5273 5902 チ漢 紙 zhǐ

意味 後ろから追いつく。

夊

夊0(3) ②5274 590A スイ漢 支 suī

意味 足をひきずるように、ゆっくり歩くさま。

冬

夂2(5) ①3763 51AC 教2 トウ漢 冬 dōng ふゆ

[冬] 冫3(5) 2F81A 旧字体。

筆順 ノ ク 夂 冬 冬

なりたち [会意]「冫(=凍る)」と「夂シュ→トウ(=終わる)」とから成る。四季の終わり。

意味 ❶四季の一つ。立冬から立春までのあいだ。ほぼ十二月・一月・二月。陰暦では十月・十一月・十二月。一年のうち最も寒い季節。ふゆ。例 冬至トウジ。冬眠トウミン。暖冬ダントウ。❷終わる。終える。通終。❸⇩【冬冬】トウトウ

古訓 中古 ふゆ 中世 ふゆ 近世 つくる・ふゆ・をさまる・をはり

人名 かず・とし

難読 冬瓜かもうり・冬青もちの木き

【冬温夏▼凊】トウオンカセイ ①冬はあたたかく、夏はすずしくする。そのように親に尽くす孝行の一つともされる。〈礼記・曲礼上〉②気候が快適なこと。

【冬学】トウガク 冬の農閑期に開かれた村の塾。

【冬官】トウカン『周礼シュライ』の六官リッカンの一つ。土木建設工事に関する国政をつかさどる。長官は司空。

【冬▼瓜】トウガン・トウガ ウリ科の野菜。つる性で黄色の花が咲き、うす緑色の球形または長円形の大きな実がなる。

【冬季】トウキ ①冬の末。②冬の季節。対 夏季。例 ―オリンピック。

【冬期】トウキ 日 冬の期間。対 夏期。例 ―講習会。

【冬至】トウジ 二十四節気の一つ。一年のうちで太陽が最も南にかたより、北半球では昼が最も短く、夜が最も長い。太陽暦で十二月二十二日ごろ。対 夏至ゲシ。

【冬日】一 トウジツ ①冬。②冬の太陽。③冬至の日。二 ふゆび 日 一日の最低気温が〇度未満の日。対 夏日なつび。

【冬扇夏炉】トウセンカロ〔冬のおうぎと夏の炉〕時節に合わず、役に立たないもののたとえ。夏炉冬扇。〈論衡・逢遇〉から

【冬冬】トウトウ 門などをたたく音の形容。トントン。

【冬眠】トウミン 日 冬のあいだ、動物が活動をやめ、穴の中でねむったような状態で過ごすこと。カエル・ヘビ・クマなどにみられる。対 夏眠。

◉越冬エットウ・厳冬ゲントウ・初冬ショトウ・暖冬ダントウ・晩冬バントウ・立冬リットウ

夅

夂3(6) ④0524 5905 コウ(カウ)漢 江 xiáng

意味 降服する。通降。

夋

夂4(7) ④0526 590B シュン漢 真 qūn

意味 ゆっくりと行くさま。

夆 夂4(7) 4 0525 5906 ホウ漢 冬 féng

意味 ❶さからう。❷ひきとめる。ひく。❸あう。通逢ホウ。❹みね。通峰。

夌 夂5(8) 3 1571 590C リョウ漢 蒸 líng

意味 ❶超越する。こえる。通凌・陵リョウ。❷おかす。あなどる。通凌・陵。

复 夂6(9) 4 0527 590D フク漢 屋 fù

意味 ❶来た道を行く。かえる。通復。❷旧来の見方にとらわれる。剛愎ゴウフクな。通愎フク。

変 夂6(9) 1 4249 5909 教4 ヘン漢呉 霰 biàn かわる(か-はる)・かえる(か-ふ)

[變] 言16(23) 2 5846 8B8A 旧字体。

筆順 亠 亣 亣 亦 亦 亦 亦 変

なりたち [形声]「攵(=打つ)」と、音「䜌レン…▶ヘン」とから成る。かわる。

意味 ❶違うものになる。時とともにうつりゆく。あらたまる。**かわる**。例 変化ヘンカ・ヘンゲ。変遷ヘンセン。転変テンペン。❷違うものにする。あらためる。うごかす。**かえる**。例 変革ヘンカク。変更ヘンコウ。改変カイヘン。❸普通でない。㋐不思議な。異常な。例 変死ヘンシ。変事ヘンジ。変人ヘンジン。㋑突然の異常なできごと。例 変異ヘンイ。天変地異テンペンチイ。臨機応変リンキオウヘン。㋒政治上の事件や内乱。戦争。例 事変ジヘン。政変セイヘン。桜田門外さくらだモンガイの変ヘン。

日本語での用法 《ヘン》「変記号ヘンキゴウ・変ヘンホ長調チョウチョウ」▼音楽で、半音低い音。フラット。記号♭ 対嬰エイ。

古訓 中古 あらたむ・かはる・かふ・かへす・かへる 中世 うつろふ・かはる・ことなり 近世 あやし・あらたまる・あらたむる・かはる・かへる・めぐる

【変圧】ヘンアツ 日 圧力の強さや電圧の高さをかえる。例 ―器。

【変位】ヘンイ ①位置をかえること。また、かえた位置。②日〔物〕物体が位置をかえること。また、その変化の量。

【変異】ヘンイ ①不思議であやしいこと。異変。②日 同じ種類の生物に形や性質の違うものがあらわれる。例 突然―。

【変移】ヘンイ うつりかわる。例 世相の―。

【変易】ヘンエキ ①かわる。かえる。②交易する。

【変音】ヘンオン 日 音楽で、♭(=フラット)の記号がついた、半音下がった音。

【変化】一 ヘンカ ①これまでとは違う状態や性質になる。例 天候が―する。②日〔言〕文法で、語形がかわること。例 動詞の語尾―。二 ヘンゲ 日 ①神や仏が、かりに人の姿となってこの世にあらわれる。また、そのもの。化身ケシン。例 ―身シン。②動物などが本来の姿をかえてあらわれる。また、そのもの。例 妖怪ヨウカイ―。③歌舞伎かぶきなどで、ひとりの役者が、次々と別の人物に早がわりすること。例 七―シチ。

【変改】ヘンカイ 組織や組み立てをかえる。また、かわる。改変。

【変革】ヘンカク 社会や制度などを、おおもとからかえる。

【変格】ヘンカク ①本来の規則から、はずれていること。普通の決まりどおりでないこと。対正格。②日「変格活用」の略。

【変格活用】ヘンカクカツヨウ 日 動詞の活用で、不規則なかわり方をするもの。口語では「来る」「する」の二種。文語では「来く」「す」「死ぬ」「往いぬ」「あり」「をり」など。変格。

【変換】ヘンカン ほかのものにかえる。かわる。とりかえる。

【変形】ヘンケイ 形がかわる。形をかえる。また、そのかたち。

【変型】ヘンケイ 日 ①普通とは違う型かた。例 ―ウイルス。②標準と少し違う紙や書籍の型かた。例 B5―判。

【変幻】ヘンゲン まぼろしのように、姿がたちまちのうちに変化したり、また、あらわれたり消えたりする。例 ―自在。

【変故】ヘンコ ①もとの気質をかえる。②「変事ヘンジ」に同じ。

【変更】ヘンコウ これまでのものをかえ改める。また、かわる。改変。例 日付―線。日程を―する。

【変死】ヘンシ 日 病気や老衰などの普通の死ではなく、自殺や他殺、事故・災害などによる死。横死。例 ―体。

【変事】ヘンジ 普通ではない、よくないできごと。異変。変故。

【変質】ヘンシツ ①性質がかわる。特に、品質がかわる。②日 普通と違う病的な性質。例 ―者。

【変種】ヘンシュ ①種類がかわる。②もとの種類からかわってできた種類。また、同類の中で普通と違うもの。かわりだね。例 中華料理の―。③日〔生〕動物や植物の分類の一つ。種シュ(または亜種)の下におかれる。例 キャベツの―。

【変色】ヘンショク ①色がかわる。色をかえる。②顔色をかえる。例 公懼変レ色コウおそれていろをヘンず(=公はこわがって顔色をかえた)。〈左伝・僖三〉

【変心】ヘンシン 気持ちや考えがかわる。心がわり。例 百姓易レ俗、小人変レ心ヒャクセイゾクをかえ、ショウジンこころをかう(=民衆は風俗をよい方向にかえ、小人は心を善にかえる)。〈荀子・君道〉

【変身】ヘンシン からだや姿を別のものにかえること。また、そのからだや姿。例 ―の術。

【変人】ヘンジン 日 性質やおこないなどが、普通の人とくらべて、ひどくかわっている人。かわり者。偏人。例 奇人―。

【変数】ヘンスウ ①普通ではない現象。②日〔数〕数式などで、ある範囲内で自由に値あたいをとることのできる文字。普通、x・y・z などであらわす。対定数。

【変性】ヘンセイ 日 同類の普通のものとは違った性質をもっていること。例 ―アルコール。

【変成岩】ヘンセイガン 日 既存の岩石が、地球内部の高温や高圧などで変化してできた岩石。片麻岩・大理石など。

【変節】ヘンセツ ①季節が移りかわる。時節の変化。②〔「節」は、節操・節義の意〕これまで固く守ってきた主義や主張をかえる。例 ―漢(=節義をかえた男)。

【変説】ヘンセツ 日 これまでの自分の意見をかえる。

【変遷】ヘンセン 時の流れとともに、うつりかわる。例 流行の―。

【変相】ヘンソウ ①姿や形をかえること。また、その姿や形。②〔仏〕極楽や地獄のさまざまな様子。また、それを描いた図。変相図。例 地獄―図(略して「地獄変」)。

【変装】ヘンソウ 日 別人に見えるように、顔つきや服装などをかえる。

【変造】ヘンゾウ すでにあるものの形や内容に手を加えて、別のものにする。例 ―小切手。旅券を―する。

【変奏曲】ヘンソウキョク 日 音楽で、ある主題をもとにして、メロディーやリズムなどをさまざまに変化・展開させた曲。

【変則】ヘンソク 日 普通の決まりややり方からはずれている。対正則・本則。例 ―的な方法。

【変速】ヘンソク 速度をかえる。例 ―装置。

【変体】ヘンタイ 形をかえる。また、その形。

【変体仮名】ヘンタイがな 日 現在普通に使われている平がなとは違う形の平がな。「[illegible](あ)」「[illegible](か)」「[illegible](こ)」「[illegible](し)」「[illegible](た)」など。

【変体漢文】ヘンタイカンブン 日 漢文の形式をまねて、ほとんど漢字だけで書かれた日本語の文語文。東鑑体あずまかがみタイ。

【変態】ヘンタイ ①いろいろに形をかえる。また、その形。②日 普通と違うさま。異常な状態。例 ―性欲。③日〔生〕カエルやチョウなどのように、たまごや幼虫から成体になるまでに、形や生活状態をかえること。例 完全―。

【変置】ヘンチ 別のものにとりかえて設置する。

【変調】ヘンチョウ ①音楽で、曲の調子をかえる。また、その調子。移調。転調。例 長調から短調に―する。②日 からだなどの調子がかわってぐあいが悪くなる。例 ―をきたす。③日 電波を送るとき、振幅や周波数などをかえること。モジュレーション。

【変通】ヘンツウ 変化に応じて状況を打開する。臨機応変。

【変哲】ヘンテツ 日 特に取り立てて言うほどではないこと。

【変転】ヘンテン 次から次へと様子がかわる。

【変動】ヘンドウ ものごとがかわること。特に、価格や社会情勢などについていう。対 安定。例 株価が―する。

【変文】ヘンブン 唐から宋ソウにかけて流行した、詩歌と散文を交互につづって仏教説話や故事を語る、俗語の文章。語り物。

【変貌】ヘンボウ ①顔色をかえる。②日 姿や見かけがすっかりかわる。

【変法】ヘンポウ 法制度をかえる。

【変名】ヘンメイ ①名前をかえること。改名。②日 本名とは別の名前。別名。例 ―を使う。

【変容】ヘンヨウ ①顔色をかえる。②日 姿や形がかわる。姿や形をかえる。

【変乱】ヘンラン 事件や騒ぎが起こって、世の中がみだれること。

● 一変イッペン・異変イヘン・有為転変ウイテンペン・改変カイヘン・急変キュウヘン・激変ゲキヘン・政変セイヘン・大変タイヘン・臨機応変リンキオウヘン

夏

夊7 (10)

1 1838 590F

教2

一 カ 漢 ゲ 呉 馬 xià

二 カ 漢 ゲ 呉 禡 xià

なつ

筆順 一 丆 丙 百 百 頁 頁 夏

なりたち  [会意] 「夊（=両足）」と「頁（=あたま）」と「臼（=両手）」とから成る。中国の人。

意味 一 ❶漢民族が自分の国を呼んだことば。例 華夏カ。中夏チュウ。❷伝説上の王朝。舜シュから禅譲を受けた禹ウ王が建て、桀ケツ王のとき、殷インの湯トウ王に滅ぼされたという。（前二一〇〇ごろ―前一六〇〇ごろ）❸大きい。例 夏屋カオク。二 四季の一つ。立夏から立秋までのあいだ。ほぼ六月・七月・八月。陰暦では四月・五月・六月にあたる。一年のうち最も暑い季節。なつ。例 夏季カキ。夏至ゲシ。盛夏セイカ。

古訓 中古 おほきなり・なつ 中世 おほいなり・なつ 近世 あかし・いついろ・おほいへ・おほいなり・なつ・みやこ

【夏雲】カウン（なつぐも） 夏の雲。夏らしい雲。積雲や積乱雲（=入道雲）など。例 夏雲多二奇峰一カウンキホウおおし（=夏の雲は、さまざまの変わった形でそびえ立って見える）。〈四時歌〉

【夏屋】カオク ①大きな建物。②〔「屋」は、具の意〕ごちそうと礼物レイモツを用意して厚くもてなす。

【夏官】カカン 『周礼シュライ』の六官リッカンの一つ。軍政をつかさどった。長官は大司馬。

【夏季】カキ ①夏の末。②夏の季節。対 冬季。例 ―休業。

【夏期】カキ 日 夏の期間。夏のあいだ。対 冬期。例 ―休暇。

【夏▼畦】カケイ ①盛夏に田畑で働く。苦労して働く。また、その人。②身を低くして人にへつらう。

【夏日】一 カジツ ①暑い夏の日。夏。②夏の太陽。厳しくおそれつつしむべき人物などのたとえ。例 趙衰冬日之日也、趙遁夏日之日也チョウシはトウジツのひなり、チョウトンはカジツのひなり（=趙衰は冬の太陽のように親しみがあり、趙遁は夏の太陽のようにおそろしい）。〈左伝・文七〉 対 冬日ふゆび。二 なつび 日 一日の最高気温がセ氏二五度以上になる日。

【夏▼凊】カセイ 夏の暑さをやわらげ、涼しくする。孝行の一つともされた。例 冬温トウオン―。

【夏節】カセツ ①夏の季節。②五月五日の端午の節句。

【夏▼楚】カソ 〔ヒサギとイバラの意〕①学校教育で、体罰用のむち。②むちうって教えさとす。

【夏台（臺）】カダイ 夏代の牢獄ロウゴク。夏の桀ケツ王が後の殷インの湯トウ王を閉じこめたところ。均台。

【夏虫（蟲）】カチュウ ①夏の虫。②世の中のことをよく知らない者。〔「夏虫不レ可三以語二於氷一カチュウはもってこおりをかたるべからず（=夏の虫に氷のことを話しても仕方がない）。〈荘子・秋水〉」から〕

【夏半】カハン 夏の半ば。陰暦五月ころ。

【夏眠】カミン 日 熱帯地方で、夏のある期間、高温や乾燥のために動物が活動をやめてねむったような状態になること。カタツムリ・肺魚などにみられる。対 冬眠。

【夏盟】カメイ （夷狄イテキではない）諸侯の間の同盟。

【夏暦】カレキ ①夏王朝のこよみ。冬至月の二か月後を正月とする。戦国時代の魏ギや漢代でも採用された。②夏代の正月。▽類 夏正カセイ。

【夏▼臘】カロウ―ゲロウ 〔仏〕出家して僧となってからの年数。仏門では夏を年の始めとする。

【夏炉冬扇】カロトウセン 〔夏の炉と冬のおうぎの意〕時節に合わず、役に立たないもの。冬扇夏炉。〔〈論衡・逢遇〉から〕例 風雅は夏炉冬扇のごとし。〔芭蕉〕

【夏至】ゲシ 二十四節気の一つ。太陽が一年のうちで最も北に寄る日。北半球では昼が最も長く、夜が最も短い。太陽暦で六月二十二日ごろ。対 冬至トウジ。

● 初夏ショカ・盛夏セイカ・常夏とこなつ・晩夏バンカ・立夏リッカ・冷夏レイカ

夐

夊11 (14)

2 5275 5910

一 ケン 漢 霰 xuàn

二 ケイ 漢 敬 xiòng

とお-い（とほ-し）・はる-か

意味 一 求める。二 遠く離れる。とおい。はるか。例 夐遠エンケイ。夐然ケイゼン。

【夐遠】ケイエン はるかに遠い。

【夐絶】ケイゼツ 遠く離れている。距離がかけ離れている。

【夐然】ケイゼン はるかに遠いさま。例 夐然鳥逝ケイゼンとしてとりゆく（=はるかに遠く鳥が飛んでゆく）。〈王維・送秘書晁監還日本国序〉

夔

夊18 (21)

4 0528 5914

キ（クヰ）漢 支 kuí

[虁] 夊20 (23)

3 1572 8641

別体字。

意味 ❶神秘的な一本足の怪物の名。音楽をつかさどったとされる。❷舜シュン帝の家臣の名。

[虁] 夊20 (23) ⇨ 夔キ（310ジペー）

36 3画

夕 ゆう ゆうべ 部

半月の形で「ゆうぐれ」の意をあらわす。「夕」をもとにしてできている漢字を集めた。

夕

夕0 (3)

1 4528 5915

教1

セキ 漢 陌 xī

ゆう（ゆふ）・ゆうべ（ゆふべ）

付表 七夕たなばた

筆順 ノ ク 夕

なりたち  ［象形］月が半分あらわれている形。日がしずもうとするころ。

意味 ❶日の暮れがた。ひぐれ。ゆうぐれ。**ゆう**。**ゆうべ**。また、日がかたむく。㊉朝。例 夕陽(セキヨウ)。朝夕(チョウセキ)。一朝一夕(イッチョウイッセキ)。❷夜。よ。❸年の暮れ。年末。また、月末。❹夕方に君主にまみえる。例 朝而不レ夕(チョウしてゆうべせず)(＝朝は君主にまみえるが夕方にはまみえない)。〈左伝・成一三〉❺月をまつる祭り。例 夕月(セキゲツ)。❻ななめ。かたむいている。例 夕室(セキシツ)。

古訓 中古 ゆふべ・よひ・よべ 中世 くれ・ゆふ・ゆふべ 近世 くれ・ななめ・ゆふ・ゆふべ

人名 ゆ

【夕▼靄】セキアイ｜ゆうもや 夕方に立ちこめるもや。

【夕陰】セキイン 夕暮れ。夕やみ。例 朝暉夕陰、気象万千(チョウキセキイン、キショウバンセンなり)(＝日の出や日没の景色は千変万化する)。〈范仲淹・岳陽楼記〉

【夕映】セキエイ｜ゆうばえ ①夕焼け。残照で空が赤く染まること。②夕日に照り映える。

【夕影】一セキエイ 夕日の光。二ゆうかげ 日 夕日を受けて輝く姿。また、夕日を受けてできる影。

【夕▼霞】セキカ｜ゆうがすみ 夕方に立つかすみ。例 ―が立つ。

【夕月】セキゲツ｜ゆうづき 夕方の空に見える月。

【夕日】セキジツ｜ゆうひ 夕方の太陽。入り日。

【夕照】セキショウ 夕ばえ。夕焼けの景色。例 瀬田(せた)の―(＝近江(おうみ)八景の一つ)。

【夕殿】セキデン 夕方の宮殿。例 夕殿蛍飛思悄然(セキデンほたるとんでおもいショウゼン)(＝夕方の宮殿にホタルが飛び交うのを見ては、しょんぼりともの思いにふける)。〈白居易・長恨歌〉

【夕波】セキハ｜ゆうなみ 夕方に立つ波。例 ―千鳥(ゆうなみちどり)。

【夕暮】セキボ｜ゆうぐれ 日がしずんであたりが暗くなるころ。日暮れ。たそがれ。

【夕陽】セキヨウ｜ゆうひ ①夕方の太陽。入り日。②山の西側。③老境のたとえ。

【夕嵐】一セキラン 夕方に立つもや。夕もや。二ゆうあらし 日 夕方に吹く強い風。例 荻(おぎ)の上(え)吹く―。

【夕涼】一セキリョウ｜ゆうすず 夏、夕方のすずしくなったころ。夏の夕方のすずしさ。二ゆうすずみ 日 夏の夕方、外に出てすずむこと。

【夕露】セキロ 夕方おりる、つゆ。

【夕▼暉】【夕輝】セッキ 夕日の光。㊥夕曛(セックン)。

【夕顔】ゆうがお 日 ①ウリ科の一年生つる草。大きな球形または長円形の実をかんぴょうにする。②ヒルガオ科の一年生つる草。ヨルガオの別名。

【夕方】ゆうがた 日 日の暮れるころ。夕暮れ。㊉朝方。

【夕▼餉】ゆうげ 日 夕方の食事。夕食。夕飯。㊉朝餉(あさげ)・昼餉(ひるげ)。例 ―をしたためる。―を炊く。

【夕景色】ゆうゲシキ 日 夕方のけしき。

【夕刻】ゆうコク 日 夕方の時刻。日暮れ。夕方。

【夕食】ゆうショク 日 夕方の食事。夕飯。㊉朝食・昼食。

【夕星】ゆうずつ 日 古語で、夕方に見える金星(キンセイ)。宵の明星(ミョウジョウ)。

【夕立】ゆうだち 日 夏の午後から夕方にかけて、急に激しく降り、短時間でやむ雨。雷をともなうことが多い。

【夕月夜】ゆうづきよ｜ゆうづくよ 日 ①夕方に出る月。夕月。②月の出ている夕暮れ。また、その夜。

【夕▼凪】ゆうなぎ 日 海辺で、夕方、海風と陸風が入れかわるとき、しばらく風が吹かなくなること。

【夕飯】ゆうハン｜ゆうめし 日 夕方の食事。夕食。

【夕闇】ゆうやみ 日 日が暮れて暗いこと。日が暮れてまだ月が出なくて暗いこと。例 ―が迫る。―にまぎれる。

● 一朝一夕(イッチョウイッセキ)・今夕(コンセキ)・七夕(たなばた)・朝夕(チョウセキ)

外

夕2 (5)

1 1916 5916 教2

ガイ(グヮイ)㊖ **ゲ**(グヱ)㊗ ウイ㊕ 泰 wài

そと・ほか・はずす(はづ-す)・**はずれる**(はづ-る)

筆順 ノ ク タ 夕 外 外

なりたち 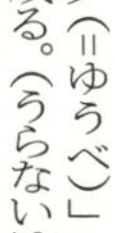 ［会意］「夕(＝ゆうべ)」と「卜(＝うらなう)」とから成る。(うらないは明け方にすべきなのに)夕方にうらなう。ふつうから「はずれる」の意。

意味 ❶ある範囲からはずれた。よそ。**ほか**。例 外界(ガイカイ)。海外(カイガイ)。野外(ヤガイ)。❷ものの表面。そとがわ。うわべ。おもて。**そと**。例 外観(ガイカン)。外形(ガイケイ)。外科(ゲカ)。❸とりのぞく。とおざける。**はずす**。例 除外(ジョガイ)。疎外(ソガイ)。度外視する。わすれる。❹母・妻・嫁いだ娘の身内。例 外舅(ガイキュウ)。外戚(ガイセキ)。外孫(ガイソン)。外祖父(ガイソフ)。

古訓 中古 うとし・と・ほか 中世 うとし・そと・と・とほし・はづる・はづれ・ははかた・ほか 近世 うとし・うとんず・そと・と・とほし・ほか

人名 と・とお・との・なお・ひろ

難読 外姑(しゅうとめ)・外舅(しゅうと)・外山(とやま)・外国(とつくに)・外方(そっぽ)・外連(ケレン)

【外圧】ガイアツ 日 外部・国外から加えられる圧力。

【外▼夷】ガイイ 外国人をいやしめていうことば。

【外因】ガイイン 日 外部にある原因。㊉内因。

【外延】ガイエン 日 ［哲］ある概念があてはめられる事物の全体または範囲。たとえば、「四季(＝一年の四つの季節)」という概念の外延は「春」「夏」「秋」「冬」。㊉内包。

【外▼苑】ガイエン 宮廷・寺院・神社・霊地などに属し、そのそとまわりにある広い庭園。㊉内苑。例 明治神宮―。

【外縁】ガイエン ①そと側のへり。②［仏］外部の原因で起こる欲望。③日 母方の親類。外戚(ガイセキ)。

【外家】ガイカ 母方の一族。妻の血縁者。外戚(ガイセキ)。

【外貨】ガイカ ①外国からの輸入品。例 ―排斥。②日 外国の通貨。日本にとっての、ドル・ユーロなど。例 ―獲得。

【外海】ガイカイ ①外国。海外。②そとうみ 日 陸地に囲まれていない海。㊉内海。例 ―に出る。③そとうみ 日 陸地から遠く離れた海。遠洋。㊉近海。

【外界】ガイカイ ①国境のそと。外国。②日 まわりの世界。そと側の世界。環境。③日 ［哲］自己の意識のそとに存在する、客観的な世界。㊉内界。

【外角】ガイカク ①［数］多角形の一辺をのばした線と、これに隣りあう一辺とが作る角。②日 野球で、バッターの立つ位置から遠いがわ。アウトサイド。例 ―高めの直球。▽㊉内角。

【外殻】ガイカク 内部を保護するための、そと側の、から。

【外郭】ガイカク ①城などのまわりを囲む塀や壁など。そと囲い。㊉内郭。②日 もののそとまわり。輪郭。例 ―団体。表記 ▽旧外▼廓

【外官】一ガイカン ①外朝の官吏。②宮中のそとで働く官吏。㊉内官。③地方官。㊉京官。二ゲカン 日 律令制で、地方官。

【外患】ガイカン ［「患」は、心配の意］外国や外部から攻撃・圧迫を受ける心配。外憂。㊉内患・内憂。例 内憂―。

【外▼艱】ガイカン 父親の喪(も)。㊉内艱。

【外観】ガイカン 外部から見た全体の様子。見かけ。うわべ。外見。例 ―の立派な建物。

【外気】ガイキ 屋外の空気。例 窓を開けて―を入れる。

【外宮】一ガイキュウ 離宮。二ゲクウ 日 伊勢(いせ)神宮のうちの、豊

受大神宮。〔内宮は、皇大神宮〕

【外▼舅】妻の父。外父。しゅうと。〔敬語としては「岳父」〕㊟外姑。

【外局】㊐中央官庁に属するが、特別の事務をおこなうために、独立のものとして設置された機関。㊟内局。

【外形】そとから見た形や様子。㊟内容。

【外兄弟】①父の姉妹の子。②母が同じで、父が異なるきょうだい。

【外見】㊐そとから見た様子。見かけ。うわべ。

【外▼姑】妻の母。しゅうとめ。㊟外舅。

【外交】①外国との交際や交渉。㊟内政。㊞—官。—問題。②他人とのつきあい。㊞—辞令(＝相手を喜ばせるためのお世辞)。③㊐保険会社や銀行などで、勧誘・販売・交渉などをすること。また、その人。㊞—員。

【外向】㊐心がそとに向かって積極的にはたらくこと。活発で社交的なこと。㊟内向。㊞—性。—的な性格。

【外▼寇】外国からの侵略。

【外剛内柔】⇩【内柔外剛】(137ページ)

【外国】自分の国以外の国。よその国。とつくに。異国。㊟内国。㊞—語。—かぶれ。

【外史】①周代の官名。国外に出す文書をとりあつかった。②公でない立場から書かれた歴史。民間の人が書いた歴史。また、それを書いた人。野史。野乗。㊟正史。㊞儒林—。③文人の雅号にそえることば。㊞山陽—。

【外師】①外国との戦い。②外国の軍隊。③家へ招くのではなく、先方へ出向いて教える師。外傅。㊟内師。

【外資】㊐国内の事業に、外国または外国人が出した資金。外国資本。㊞—導入。—系の会社。

【外字】㊐①外国の文字。特に、欧米の文字。㊞—新聞。②一定の範囲の漢字の集合以外の文字。たとえば、常用漢字以外の漢字や、ジス(JIS)で標準として定めた範囲以外の文字や記号など。

【外事】①よそのこと。よその土地でのこと。外部の事件や事柄。㊟内事。㊞—にくわしい。②世間のこと。世俗の事柄。③外国や外国人に関する事柄。㊞—課。④郊外でおこなう祭祀。㊟内事。

【外車】㊐外国製の自動車。

【外需】㊐外国からの需要。㊟内需。

【外周】①そとをめぐる。そと側を囲う。また、そと側の囲い。②あるものの周囲を、そと側から測った長さ。そとまわり。

【外柔内剛】外面はやさしく弱いように見えるが、内面の忍耐力・倫理感・意志などが強いこと。内剛外柔。㊟内柔外剛。㊞—の人物。

【外出】(用事などで)よそへ出かける。

【外相】㊀①(国の)外部で政治をつかさどる人。②㊐外務大臣。㊁〔「相」は、大臣の意〕〔仏〕ことばや動作など、そとにあらわれたもの。うわべ。外形。

【外商】①外国の商社や商人。②㊐デパートなどで、売り場を通さずに、直接に客と取り引きをすること。

【外傷】(外部の力・熱・電気・薬品などによって)からだの表面に受けたきず。切りきず・すりきず・やけどなど。

【外城】①本城以外に、支配地の重要な地点に築いた城。出城。②本城を囲んで設けられた城。外郭。二の丸。

【外食】㊐家庭内ではなく、飲食店などで食事をする。

【外心】①心を自分以外の外部に用いる。配慮。②裏切ろうとする心。二心。異心。③㊐〔数〕三角形の外接円の中心。三角形の各辺の垂直二等分線が交わる点。㊟内心。

【外臣】①ある国の臣下が他国の君主に対して用いる自称。②辺境で国の防衛にあたる臣下。

【外信】㊐外国からの通信。海外通信。㊞—部。

【外人】①自分とかかわりのない人。異なる社会に属する人。㊞不ㇾ足下為二外人一道上也(＝外の世界の人には話すまでもない)。〈陶淵明・桃花源記〉②よその土地の人。よそもの。③㊐外国の人。㊞—部隊。

【外陣】㊐神社の本殿や寺の本堂で、神仏を祭った中心の場所の、そと側の部分。㊟内陣。

【外征】㊐外国へ軍隊を送り出して戦争をする。また、国外へ出征する。

【外▼甥】姉妹が生んだ男の子。㊟外甥女。

【外戚】①皇后の親類。②母または妻の親類。

【外接】【外切】①そと側が他国に接すること。②㊐〔数〕ある図形が、他の図形のそと側に接すること。〔一方が円または球のときにいう〕㊟内接。

【外線】㊐建物の内部と外部とをつなぐ電話。㊟内線。㊞—がはいっています。

【外祖】母方の祖父母。母の父母。

【外装】㊐①荷物・商品などのそと側の包み。②建物や乗り物などの、外面の飾りつけや設備。㊟内装。㊞—工事。

【外側】その方。そとに面しているがわ。㊟内側。

【外祖父】母方の祖父。母の父。㊟外祖母。

【外祖母】母方の祖母。母の母。㊟外祖父。

【外孫】他家に嫁いだ娘が生んだ子。〔娘の親からいうことば〕㊟内孫。

【外地】①(都に対して)地方。②国外の地。③㊐第二次世界大戦の終戦まで、本土以外に支配していた地。朝鮮・台湾・樺太(＝サハリン)・南洋群島など。▽㊟内地。

【外治】国の政治上の仕事。㊟内職(＝宮中の仕事)。

【外注】【外▼註】㊐団体・会社・工場などで、自分のところでできない仕事を、よそに注文する。

【外朝】天子が国政をとる御殿。㊟内朝。

【外廷】天子が政治をおこなう場所。㊟内廷・禁中。

【外的】㊐①外部の。そとの。㊞まず—条件を整える。②(精神面に対して)肉体や物質に関するさま。肉体的。物質的。㊞—欲求。▽㊟内的。

【外敵】外国・外部から攻めてくる敵。㊟内敵。㊞—から身を守る。—を警戒する。

【外伝】①経書の本文の注釈である「内伝」に対して、雑記の類。例、『春秋内伝』に対しての『春秋外伝』など。②正統の歴史や伝記からもれた話。本伝以外の伝記。㊞忠臣蔵—。

【外灯(燈)】㊐門や玄関など、家のそとにつけた電灯。

【外▼套】〔「套」は、おおうもの〕①清代、上着の上に着る丈の長い礼服。②㊐外出するとき、衣服の上に着て寒さなどを防ぐ服。オーバーコート・マントなど。

【外泊】㊐決まった場所(＝自宅・寮・入院中の病院・兵営など)以外のところに一時的に泊まる。㊞—許可。

【外藩】①諸侯である王。封地を与えられ、その地を統治した。〔朝廷の防壁となることから〕②辺境地方の属国。③外国。④㊐外様大名。

【外皮】①そと側を包むかわ。㊟内皮。②㊐動物の体表や、体内の器官を包んでいる細胞層。

【外賓】外国から来た客。特に、国交上、正式に招いた賓客をいう。

【外父】ガイフ 妻の父。外舅(ガイキュウ)。〔敬語としては「岳父」〕

【外婦】ガイフ めかけ。類外宅・外妾(ガイショウ)。

【外▼傅】ガイフ 家の外で教えている先生。対内傅(=家庭教師)。

【外侮】ガイブ ①外国や他人から見くだされること。例―を受ける。②外国を見くだすこと。

【外部】ガイブ ①内務以外をつかさどる部門。②外交にかかわる事柄をつかさどる部門。③そとの部分。そと側。④集団や組織などのそと(の人々)。▽対内部。

【外物】ガイブツ ①自分自身の外に存在するもの。外的事物。富貴・名誉などをさすこともある。例内省而外物軽矣(うちにかえりみてガイブツのかろし)(=心の中をかえりみてやましいものがなく、地位・名誉などの外界の事物は価値がない)。〈荀子・脩身〉②(ものをそとにす)富貴・名利などの世俗の物欲を捨て去る。

【外分】ガイブン 〔数〕一つの線分ABを分ける点Pが、その線分内にはなく、線分の延長上にあること。このとき、点Pは、線分ABをAP:BPに外分するという。対内分。

【外聞】ガイブン ①そとにきこえること。人に知られること。例―をはばかる。②世間に知られたときの体裁(テイサイ)。人ぎき。例―が悪い。恥も―もなく。

【外▼嬖】ガイヘイ 外廷でのお気に入りの臣下。対内嬖。

【外壁】ガイヘキ|そとかべ ①建物などのそと側のかべ。また、そとにある仕切りのかべ。例―を塗り変える。②壁のそと側。▽対内壁。

【外編】ガイヘン 本の主要な部分である「内編」に書き加えられた部分。漢籍に多く見られる。表記 旧外▼篇

【外方】ガイホウ そと側の部分。外部。遠方。対内方。

【外貌】ガイボウ ①そとから見た様子。見かけ。外見。②顔かたち。例―に似合わぬやさしい心の持ち主。

【外務】ガイム ①世の中に対するつとめ。②自分が本来するべきことではない、つまらないこと。世俗の事。③日外国との交際や交渉に関する仕事。対内務。例―省。④日会社などで、そとへ出てする仕事。外交。類外勤。例―員。

【外面】ガイメン ①そとに向いている面。そと側。例壁の―にタイルをはる。②(そとづら)日そとから見た様子。世間や外部に対する態度。見かけ。例―(そとづら)のいい人。▽対内面。

【外野】ガイヤ ①広い野原。②日野球で、内野の後方のグラウンド。また、そこを守る選手。対内野。③日〔「外野席」の意から〕少し離れてわきで見ている人。やじ馬。

【外遊】ガイユウ 日〔「遊」は、旅行する意〕外国に旅行または留学する。例アメリカに―する。

【外憂】ガイユウ 外国・外部から受ける心配ごと。外患。対内憂。例―内患。

【外用】ガイヨウ ①外部の物事に対して使う。②日ほかの用事。例―に追われる。③日薬を、皮膚や粘膜など、からだの表面につけて用いる。対内用・内服。例―薬。

【外洋】ガイヨウ ①外国。②内海や沿岸などではなく、陸地から離れた海。外海。大洋。例―を航海する。

【外来】ガイライ ①よそから来る。例―者。②外国から来る。例―の文化。③日入院患者に対して、院外から診察を受けに来る患者。例―受付。

【外来語】ガイライゴ 日外国語を借用して、自国語の文法組織の中にとりこんで使われるようになったことば。日本語では、ガラス・コップ・ズボン・テレビ・ナイス・サボ(る)・タッチ(する)など。普通、片仮名で書く。〔中国から漢文を通じて伝わったものは漢語と呼び、その他の外来語とは区別する〕

【外力】ガイリョク そとから加わる力。おもに力学的に、ある物体の材料や構造に加えられる力について使う。

【外輪】ガイリン ①そと側の輪。対内輪。例―山(=複式火山で、中央火口丘のそと側をとり囲む山)。②日そとまわり。そと側。③日船尾または船側(センソク)に取りつけた車輪。例―船。

【外郎】一ガイロウ ①漢代、宮中を警備した中郎で、定まった職務のない官。散郎。②宋(ソウ)・元代、役所の書記官。また、下級官吏。二ウイロウ 日〔「ウイ」は、唐音〕①江戸時代に小田原の名物となった、痰(タン)切りや口臭消しなどに効く丸薬。ういろう丸(ガン)。②米の粉などに砂糖を加えて蒸した、ようかんに似た菓子。ういろうもち。

【外科】ゲカ 手術によって治療する医学の一部門。対内科。

【外記】ゲキ 日律令制で、太政官(ダイジョウカン)の少納言のもとで、詔勅の起草や叙位の儀式などをつかさどった官。対内記。

【外書】一ゲショ 〔仏〕仏教以外の書物。外典(ゲテン)。二ガイショ 日外国の書物。例―講読。

【外題】ゲダイ 日①書物などの表紙に書かれた書名。対内題。②歌舞伎(かぶき)や浄瑠璃(ジョウルリ)などの正式な題名。名題(ナダイ)。

【外典】ゲテン 〔仏〕仏教の典籍以外の書物。おもに儒教の書物をいう。対内典。

【外道】ゲドウ ①〔仏〕仏教以外の教え。また、それを信じる人。②真理にそむいた説。また、それを説く人。邪道。③日人をののしることば。人でなし。④日釣りで、めざした魚以外に釣れた魚。

【外法】一ゲホウ 〔仏〕仏教以外の教え。例―、人を迷わす。二(そとのり) 日容器などの、そと側の寸法。対内法(うちのり)。

【外面似▼菩▼薩内心如夜▼叉】ゲメンジボサツナイシンニョヤシャ 日〔仏〕顔は菩薩のようにやさしくおだやかであるが、その心は夜叉(=悪魔)のようにみにくくおそろしいこと。〔男性の悟りにとって邪魔になる女性のたとえとして生まれたことば〕

【外堀】そとぼり 日城壁のそと側を囲む、ほり。特に、内堀に対して、そと側のほり。例―をうめる(=目的を達成するために、まずまわりの邪魔なものをとりのぞく)。

【外様】とざま 日①武家時代、将軍の一族や将軍に長年仕えてきた家臣ではない、大名や武士。対親藩(シンパン)・譜代。例―大名。②組織の中で、傍系の立場にある人。

●案外(アンガイ)・以外(イガイ)・意外(イガイ)・屋外(オクガイ)・海外(カイガイ)・言外(ゲンガイ)・号外(ゴウガイ)・国外(コクガイ)・在外(ザイガイ)・除外(ジョガイ)・心外(シンガイ)・内外(ナイガイ)・番外(バンガイ)・法外(ホウガイ)・野外(ヤガイ)・欄外(ランガイ)・例外(レイガイ)・論外(ロンガイ)

［夘］夕2(5) ⇩卯(ボウ)(201ページ)

夙

夕3(6) 1 2940 5919

シュク漢呉 屋 sù
つと-に

意味 ❶早朝。あさ。また、朝早く。早く。つとに。例夙起(シュクキ)(=朝早く起きること)。夙夜(シュクヤ)。夙興夜寐(シュクコウヤビ)。❷昔から。以前から。つとに。通宿。例夙心(シュクシン)(=かねてからの心持ち)。夙昔(シュクセキ)。夙(つと)に志(こころざし)を立(た)てる。❸つつしむ。通粛。

【夙怨】シュクエン 前々からのうらみ。宿怨。

【夙▼慧】シュクケイ 幼いうちから賢いこと。類夙悟・夙敏。

【夙興夜▼寐】シュクコウヤビ|つとにおきよわにいぬ 朝は早くに起き、夜は遅くに寝る。時間を惜しんで職務にいそしむ。〈管子・弟子職〉

【夙志】シュクシ 早くから持ち続けていたこころざし。宿志。素志。類夙心・夙意。例―を遂げる。

【夙儒】シュクジュ 長い間学問を積んできた、博学な学者。宿儒。

【夙成】シュクセイ 早いうちから成熟していること。また、若いうちからおとなびていること。早成。早熟。

【夙昔】シュクセキ ①むかし。以前。また、前々から。②ふだん。平生(ヘイゼイ)。いつも。▽宿昔。

【夙夜】シュクヤ 朝早くから夜遅くまで。例―休むことなし。

【夙齢】(シュクレイ) 年若いこと。少年のころ。

多　夕3(6)　1 3431 591A　教2

[夛]　夕3(6)　2 5276 591B　俗字。

タ 漢 呉　おおい(おほ-し) 歌 duō

筆順 ノ ク タ タ 多 多

なりたち  [会意]「夕(=ゆうべ)」を二つ重ねる。夜を重ねて、日かずが積もり、ふえておおくなる。おおい。

意味 ❶たくさん。**おおい**。対少・寡。例多数(タスウ)。多量(タリョウ)。❷超える。まさる。例貌多二王粲一(ボウオウサンにまさる)(=容貌は王粲よりすぐれている)。〈紫簫記・巧探〉 ❸重んじる。評価する。功績をみとめる。ほめる。例天下不レ多二管仲之賢一、而多二鮑叔能知レ人也(テンカカンチュウのケンをタとせず、ホウシュクのよくひとをしるをタとす)(=天下の人々は管仲の賢さをほめず、鮑叔の人を理解する能力をほめた)。〈史記・管仲伝〉 労(ロウ)を多(タ)とする。❹まさに。ただ。通祇(シ)。例多見二其不レ知レ量也(まさにそのリョウをしらざるをしめすなり)(=それこそ身のほど知らずを示すだけだ)。〈論語・子張〉

古訓 中古 おほし・そこばく・まさる 中世 いくばく・うつ・おほし・まさし 近世 おほし・さは・すぎたり・たもつ・ほめる・まさに・まさる・もとむ

人名 おお・おおし・かず・とみ・な・なお・まさ・まさる

【多寡】(タカ) 多いことと少ないこと。多い少ない。

【多角】(タカク) ①角が多いこと。例―形(タカクケイ)。②日 多方面にわたること。例―経営。

【多額】(タガク) 金額の多いこと。対少額。例―の借金。

【多岐】(タキ) 〔「岐」は、分かれ道〕ものごとがいろいろな方面に分かれていること。例問題が―にわたる。

【多岐亡羊】(タキボウヨウ) 学問のやり方がいくつもあって、進め方がわからないこと。また、あれこれ迷って途方にくれること。岐路亡羊。亡羊之嘆(ボウヨウのタン)。例大道以二多岐一亡レ羊(タイドウはタキをもってひつじをうしなう)(=大道には枝道が多いので逃げたヒツジを見失ってしまう)。〈列子・説符〉

【多義】(タギ) 一つの語が多くの意味をもっていること。また、いろいろな意味。例―性。―語。

【多芸(藝)】(タゲイ) 学問や芸能に通じ、いろいろのことができること。対無芸。例―多才。

【多血】(タケツ) 日①体内の血液が多いこと。②すぐに感情を表にあらわし、感動・感激すること。例―漢(=血の気の多い男)。

【多見】(タケン) 多く見ること。見聞が広いこと。例―多聞(タブン)の研究家。

【多元】(タゲン) 日①ものごとを成り立たせる要素がたくさんあること。例―的。②根源が一つと限らず、いくつもあること。例―論。▽対一元・二元。

【多元論】(タゲンロン) 日〔哲〕宇宙のすべてのものは、互いに独立する複数の原理から成り立つとする考え方。たとえば、四大(=地(チ)・水(スイ)・火(カ)・風(フウ))によって、また、五大(=四大に「空(クウ)」が加わる)によって、世界を説明する考え方。対一元論・二元論。

【多言】(タゲン|タゴン) 多くのことばを使うこと。また、口数の多いこと。例―を要しない。

【多故】(タコ|おおし) ①事件や災いが多い。多事。例王室―(=宮室には事件が多い)。②偽りが多い。

【多▼祜】(タコ) 幸いが多い。数多くの幸福。多幸。類多福。

【多幸】(タコウ) しあわせが多いこと。幸福にめぐまれること。例ご―を祈る。

【多恨】(タコン) うらむ心や悔やむ気持ちが続くこと。また、名残惜しいこと。例多情―。

【多才】(タサイ) いろいろな方面の才能にめぐまれているさま。対無才。例―な人物。―ぶりを人に披露する。

【多妻】(タサイ) ひとりの男が同時にふたり以上の妻をもつこと。例一夫(イップ)―。

【多彩】(タサイ) ①いろどりがさまざまで美しいさま。例―な文様(モンヨウ)。②種類が多く変化に富んでいてにぎやかなさま。例―な顔ぶれが集まる。

【多罪】(タザイ) ①罪が多い。また、その人。②失礼をわびることば。

【多作】(タサク) 多くつくる。特に、作家などが作品を多くつくる。対寡作。例―家。

【多産】(タサン) ①子やたまごをたくさんうむ。例―系。②産物などがたくさんとれる。例メロンを―する地域。

【多士】(タシ) 多くのすぐれた人材。

【多士済済】(タシセイセイ) 〔「済済」は、数が多くさかんな意〕すぐれた人物がおおぜいいること。〔「済済多士(セイセイたるタシ)」〈詩経・大雅・文王〉」による〕例―の顔ぶれ。

【多子】(タシ) ①多くの卿大夫(ケイタイフ)。②多くの男子。③(夫婦ひと組みについて)子供が多いこと。子だくさん。対少子。例―家庭。④栽培植物について、果実を多くつけること。

【多事】(タジ) ①事件が多く、騒がしいこと。例内外―。―多難の年。②すべきことが多いこと。多用。例―多端。

【多時】(タジ) 長い間。久しい間。

【多識】(タシキ) 多くのものごとを知っていること。知識が広いこと。博識。

【多湿】(タシツ) 湿度の高いこと。例高温―。

【多謝】(タシャ) ①深く感謝する。例ご親切に―する。②日深くあやまる。例乱筆―。妄言(モウゲン)―。

【多種】(タシュ) 多くの種類。また、種類が多いこと。例―多様。

【多重】(タジュウ) いくつもかさねること。また、いくつもかさなること。

【多少】(タショウ) ①多いことと少ないこと。多いか少ないか。例花落知多少(はなおつることしるタショウぞ)(=どのくらい花が落ちたのだろうか)。〈孟浩然・春暁〉 ②多い。例多少楼台煙雨中(タショウのロウダイエンウのうち)(=たくさんの高い建物が霧雨の中に煙るように立っている)。〈杜牧・江南春〉 ③いくらか。ちょっと。少し。例―欠点もある。

【多生】(タショウ) ①〔仏〕何度も生まれ変わること。例―の縁。②日多数を生かすこと。例一殺(イッセツ)―。

【多生の縁】(タショウのエン) 〔仏〕多くの生を経てきた間に結ばれた縁。因縁(インネン)。例袖(そで)触り合うも―(=道行く人と袖が触れることさえ前世からの因縁であるように、すべてのものごとは宿縁によっている)。〔「他生の縁」は、現世ではない、前世または来世での縁〕

【多情】(タジョウ) ①愛情が深いこと。また、ものごとに感じやすいこと。例―多感な年ごろ。②気が多いこと。気持ちが移りやすいさま。浮気(うわキ)。例―な人。

【多食】(タショク) たくさん食べる。大食(タイショク)。

【多数】(タスウ) 数が多いこと。また、多くの人やもの。マジョリティー。対少数。例―決。

【多勢】(タゼイ) 日人数の多いこと。おおぜい。対無勢(ブゼイ)。例―に無勢(=おおぜいを相手に小人数(こニンズウ)で向かっても勝ちめはない)。

【多選】(タセン) 日選挙で、同じ人を何度も選ぶ。また、選ばれる。

【多大】(タダイ) 日非常に多いさま。例―な協力が得られた。

【多多益弁(辦)】(タタますますベンず) ①(才能がありあまっているので)仕事が多くなればなるほど、ますますうまく処理する。〔漢の高祖に対して、臣下の韓信が自分の能力を述べたことば〈漢書・韓信伝〉②多ければ多いほどよい。

【多端】タタン［「端」は、端緒の意］することが多い。いそがしいさま。例多事―。

【多読】タドク 多くの本をよむ。

【多難】タナン 災難や困難が多いこと。例前途―。

【多年】タネン 多くの年月。長年。例―にわたる努力が実る。

【多能】タノウ ①いろいろな方面の才能を身につけているさま。例多芸―。―な人。②多くの機能をそなえていること。

【多売】タバイ たくさん売る。例薄利―（＝もうけを少なくして数多く売ること）。

【多発】タハツ 日数多く発生する。たびたび起こる。

【多病】タビョウ 病気がち。病気が多いこと。例百年多病独登レ台（ひとりダイにのぼる）（＝一生涯病気がちであった私は、ひとりで高台に登っている）。〈杜甫・登高〉才子―（＝才能のある人はとかくからだが弱く病気がちであること）。

【多分】タブン ①数や量が多いこと。たくさん。また、程度の大きいこと。相当。例その可能性は―にある。②おそらく。たいてい。

【多聞】㊀タブン ものごとを多く知っていること。見聞が広いこと。博聞。多識。㊁タモン〔仏〕①仏の教えを多く聞き知ること。②「多聞天」の略。

【多聞天】タモンテン〔仏〕四天王の一つ。須弥山（シュミセン）に住み、北方を守護する神。独立して信仰されるときは毘沙門天（ビシャモンテン）の名で、日本では七福神の一つとなる。

【多弁（辯）】タベン 口数の多いこと。よくしゃべること。饒舌（ジョウゼツ）。

【多忙】タボウ 仕事が多くて、非常にいそがしいさま。

【多面】タメン ①多くの平面。例―体。②いろいろな方面。対一面。

【多面的】タメンテキ 日ものの見方や考え方が、いろいろの方面にわたっているさま。対一面的。例物事を―にとらえる。

【多毛】タモウ からだに毛が多いこと。毛深いこと。例―症。

【多毛作】タモウサク 日［「毛」は、生え育つ意］同じ畑で年に三回以上別の種類の作物を植え、取り入れをすること。

【多用】タヨウ ①用事が多いこと。いそがしいこと。例ご―中おそれいります。②多く用いる。例専門用語を―する。

【多様】タヨウ 変化に富んでいるさま。いろいろであること。さまざま。対一様。例―な意見が出る。

【多量】タリョウ 分量の多いこと。大量。対小量・少量。例出血―。イチゴはビタミンCを―に含む。

●過多（カタ）・最多（サイタ）・雑多（ザッタ）・滅多（メッタ）

夜

夕5（8） 1 4475 591C 教2

ヤ 漢 呉 禡 yè
よ・よる

筆順 丶 亠 广 疒 夜 夜 夜

なりたち  ［形声］「夕（＝ゆうべ）」と、音「亦（エキ→ヤ）」の省略体とから成る。多くの人が休むとき。よなか。

意味 ❶日がしずんでから日が出るまでの暗い時間。よ。よる。対昼。例夜間（ヤカン）。夜半（ヤハン）。昼夜（チュウヤ）。❷梵語（ボンゴ）の音訳に用いる。例夜叉（ヤシャ）。

古訓 中古よ・よは・よる 中世よ・よる 近世やすむ・よ・よる

人名 やす

難読 十六夜（いざよい）・終夜（よもすがら）

【夜陰】ヤイン 夜の暗やみ。また、夜。例―に乗じて攻め入る。

【夜営】ヤエイ 日夜、宿泊の陣営を張る。

【夜宴】ヤエン 夜、宴会を開くこと。また、夜の宴会。

【夜猿】ヤエン【夜▼猨】ヤエン 夜に鳴くサル。また、その声。

【夜会】ヤカイ ①夜の会合。②日夜に開かれる、西洋風の社交を目的とした集まり。例―服。

【夜客】ヤカク〔夜の来訪者の意〕①へつらってとりいろうとする客。②盗賊。

【夜学】ヤガク ①夜、勉強をすること。②日「夜学校」の略。昼間働いている人などのために、夜間に授業をする学校。

【夜寒】ヤカン｜よさむ 夜の寒さ。特に秋のころ、夜になって急に感じる寒さ。例―ひとしおの候。

【夜間】ヤカン 夜のあいだ。対昼間（チュウカン）。例―工事。

【夜気】ヤキ ①夜のひんやりとした空気。例―にあたる。②静まりかえった夜の気配。例―が迫る。③夜、すべてのものが静まることによって生まれる、静かで澄んだ心。〈孟子・告子上〉

【夜業】ヤギョウ｜よなべ 日夜間に仕事をすること。また、その仕事。

【夜曲】ヤキョク 日夜、男性が恋人の家の窓の下で歌う、甘く美しい曲。また、そのような甘美な曲で、管弦楽器のために作られたもの。セレナーデ。小夜曲（さよキョク）。

【夜勤】ヤキン 夜、つとめること。夜間の勤務。対日勤。

【夜禁】ヤキン 夜間の通行を禁止する。禁夜。

【夜具】ヤグ 日ふとん・まくら・ねまきなど、寝るときに使う用具。寝具。例―を整える。

【夜空】ヤクウ｜よぞら 夜の暗い空。例―に輝く星。

【夜景】ヤケイ 夜の景色。夜の眺め。例大都市の―。

【夜警】ヤケイ ①夜間の警戒。②夜間の見回りや用心。夜番（ヤバン）。夜回り。

【夜光】ヤコウ ①夜または暗いところで光ること。例―虫。―塗料。②月やホタルなどの別名。③日晴れた夜空の、星の光以外のうす明るい光。高層の大気中の分子などが発光するもの。

【夜光▼之珠】ヤコウのたま 暗夜に光を発したという宝玉。夜光の璧（ヘキ）。〈劉子新論・薦賢〉

【夜光杯】ヤコウハイ 西域に産し、暗夜に光を発するという白玉（ハクギョク）で作ったさかずき。一説にガラスのさかずき。また、立派なさかずき。例葡萄美酒夜光杯（ブドウのビシュヤコウのハイ）（＝ブドウ酒をたたえた白玉のさかずき）。〈王翰・涼州詞〉

【夜行】ヤコウ ①ヤギョウ 夜、出歩く。また、夜、活動する。例百鬼―（ヤギョウ）。―性の動物。②日「夜行列車」の略。夜間に走る列車。

【夜市】ヤシ【夜▼肆】ヤシ 夜開かれている市場。よみせ。

【夜思】ヤシ 夜の、もの思い。類夜想。

【夜▼叉】ヤシャ〔仏〕［梵語（ボンゴ）yakṣa の音訳］インドの鬼神（キシン）。おそろしい姿で力が強く荒々しく、人を食うという。のちに仏の教えに従い、毘沙門天（ビシャモンテン）の従者となって仏法を守護した。

【夜襲】ヤシュウ 夜、やみにまぎれて不意に敵を攻めること。夜間の襲撃。夜討ち。例―をかける。

【夜色】ヤショク 夜の景色。夜景。例深い―にしずむ山々。

【夜食】ヤショク ①月食。また、日の出前に起きている日食。②夜間の食事。

【夜戦】ヤセン 夜、たたかうこと。夜のいくさ。夜間の戦闘。

【夜想曲】ヤソウキョク 日夜の静けさを表現した曲。ノクターン。

【夜台（臺）】ヤダイ ①墓。墓穴。②あの世。▽類夜室。

【夜中】ヤチュウ ①よなか 夜のなかごろ。夜ふけ。夜半。②よなか 日夜のうち。夜間。よる。③よるジュウ 日一晩中。

【夜長】ヤチョウ｜よなが 夜が長いこと。また、その季節。例秋の―

【夜直】ヤチョク 夜の当直。学校や会社などに泊まりこんで、夜の警備をすること。また、その人。宿直。対日直。

【夜盗】ヤトウ｜よトウ 夜、ぬすみをすること。また、そのぬすびと。
【夜道】ドウ｜よみち 日夜の暗い道。例 —に日は暮れない(=夜、帰りを急がず、ゆっくりしていくようにと勧めることば。また、遅れついでに、じっくりかまえようとするときのことば)。
【夜泊】ヤハク ①夜、船が停泊する。②夜、船の中に泊まる。
【夜半】ヤハン よなか。真夜中。よわ。例 夜半鐘声到二客船一(=よなかを告げる鐘の音が私の乗る船に響いてくる)。〈張継・楓橋夜泊〉
【夜番】ヤバン｜よバン 日夜回り。夜警。
【夜分】ヤブン ①夜の半ば。②日よる。夜間。
【夜夜】ヤヤ｜よよ 毎夜。毎晩。夜ごと。よなよな。例 辺城夜夜多二愁夢一(=辺境の町で毎晩憂いに満ちた夢を見ることだろう)。〈岑参・胡笳歌送顔真卿使赴河隴〉
【夜来】ヤライ ①前夜から引き続くこと。昨夜以来。また、昨夜。対朝来。例 夜来風雨声(=ゆうべから風雨の音が激しかった)。〈孟浩然・春暁〉②夜になる。
【夜漏】ヤロウ 〔「漏」は、水時計の意〕夜の時間。
【夜郎自大】ヤロウジダイ 自分の力のほども知らないで、つまらない者がせまい仲間の中でいばっていること。〔昔、中国の西南地方に住む夜郎族が、漢の国の強大さも知らずに自国の勢力を誇っていたことから〕〈史記・西南夷伝〉から〕
【夜話】ヤワ ①よばなし 夜、話をすること。また、その話。②〔仏〕禅宗で、修行のために夜おこなわれる法話。③日気楽な肩のこらない話。それを集めた本。例 文学—。
【夜着】よぎ 日①ふとんなど、夜寝るときにかけるもの。②着物の形をして、うすい綿の入ったかけぶとん。かいまき。
【夜毎】よごと 日毎晩。毎夜。よなよな。例 日毎ひごと—に。
【夜▼伽】よとぎ 日①夜、寝ないで人につきそうこと。また、その人。②女が男とともに寝て相手をすること。③葬式の前夜、死者につきそって、ひと晩中起きていること。通夜ツヤ。
【夜目】よめ 日夜、暗い中でものを見ること。また、その目。例 —遠目とお笠かさの内うち(=夜間、または遠くから、あるいは笠をかぶっているとき、女性はたいてい美しく見える)。
【夜以継レ日】よをもってひにつぐ 〔夜の時間を昼の時間に継ぎ足す意〕夜も昼も休まないで続けること。夜を日に継ぐ。〈孟子・離婁下〉
●今夜コンヤ・昨夜サクヤ・終夜シュウヤ・除夜ジョヤ・深夜シンヤ・前夜ゼンヤ・昼夜チュウヤ・通夜ツウヤ｜ツヤ・徹夜テツヤ・日夜ニチヤ・白夜ハクヤ｜ビャクヤ・毎夜マイよ・連夜レンヤ

[梦]
夕8 (11) ⇩夢ム(316ジペー)

夢
夕10 (13) 1 4420 5922 教5
一ボウ漢 ム呉 送 mèng
二ボウ漢 ム呉 東 méng
ゆめ

[梦]
夕8 (11) 2 5277 68A6 俗字。

筆順 一 艹 芇 苗 苗 苎 夢 夢

なりたち  〔形声〕本字は「㝱」で、「宀(=いえ)」と「爿(=ねどこ)」と、音「夢ボウ(=はっきりとは見えない)」とから成る。眠っていて知覚されるもの。

意味 一❶眠っているときに現実にないことを知覚する現象。ゆめ。ゆめみる。例 夢中ムチュウ。悪夢アクム。正夢まさゆめ。❷はかないもの。例 夢幻ムゲン。如レ夢ゆめのごとし。❸湿地。さわ。特に、楚ソの地方にあった雲夢ウンボウ。二❶明らかでない。くらい。乱れている。例 視レ爾夢夢なんじをみるにボウボウたり(=なんじを見れば暗く乱れている)。〈詩経・大雅・抑〉❷きりさめ。例 夢雨ボウウ。

古訓 中古 いめみしに・ゆめ 中世 くらし・みだる・ゆめ・ゆめみる 近世 くさむら・くらし・みだるる・ゆめ・ゆめみる

【夢▼魘】【夢▼厭】ムエン 恐ろしいゆめにうなされる。
【夢境】ムキョウ ゆめの中。
【夢幻】ムゲン ①ゆめと、まぼろし。例 —の境キョウをさまよう。②はかないことのたとえ。例 —泡影ホウヨウ｜ホウエイ(=一切のものは、すべて実体がない)。
【夢魂】ムコン ゆめを見ていて、肉体から離れてしまった、たましい。例 九華帳裏夢魂驚キュウカのチョウリムコンおどろく(=美しいとばりに囲まれた夢心地が破られた)。〈白居易・長恨歌〉
【夢死】ムシ ゆめでも見ているように、何もしないで死ぬこと。むなしく一生を送ること。例 酔生スイセイ—の生涯。
【夢占】ムセン｜ゆめうら 見たゆめによって吉凶をうらなうこと。ゆめうらない。ゆめあわせ。
【夢想】ムソウ ①ゆめの中で思い見る。例 —だにしないできごと。②ゆめのような、とりとめのないことを思い浮かべる。例 —家。③日ゆめの中での神仏のお告げ。例 —を受ける。
【夢中】ムチュウ ①ゆめのなか。例 —のできごと。②日あることに熱中して我を忘れるさま。例 無我—。
【夢兆】【夢徴】ムチョウ 〔ゆめで見た前兆の意〕ゆめの知らせ。
【夢枕】一ムチン ①人にゆめを見させるまくら。②ゆめを見ているまくらもと。二ゆめまくら 日神仏や他人の霊魂が睡眠中のまくらもとにあらわれること。
【夢▼寐】ムビ 眠って、ゆめを見ること。また、その間。例 —にも忘れない。
【夢▼卜】ムボク ①ゆめと占い。②ゆめ占い。③帝王がすぐれた宰相を得ること。〔殷インの高宗コウソウが夢によって傅説フエツを得、周の文王が占いによって呂尚リョショウを得た故事による〕
【夢魔】ムマ ①ゆめの中にあらわれて人を苦しめるという悪魔。②ひどい不安や恐怖を覚えるゆめ。悪夢。
【夢遊病】ムユウビョウ 日眠っているときに急に起き上がって歩きまわるなどする病気。自覚がない。
【夢裏】【夢▼裡】ムリ ゆめの中。夢中。
【夢現】ゆめうつつ 日①ゆめと現実。②ゆめか現実か、はっきりしない状態。また、意識がおぼろげなこと。例 —で聞く。
【夢路】ゆめじ 日ゆめを見ること。また、ゆめ。〔ゆめの中の様子の移り変わりを、道を行くのにたとえたことば〕例 —をたどる。
【如レ夢】【若レ夢】ゆめのごとし まるでゆめのようだ。はかないもののたとえ。例 浮生若レ夢フセイはゆめのごとし(=人生は夢のようにはかない)。〈李白・春夜宴桃李園序〉人生は—。
●悪夢アクム・同床異夢ドウショウイム・白昼夢ハクチュウム・正夢まさゆめ

夤
夕11 (14) 4 0529 5924
イン漢 真 yín

意味 ❶うやうやしくする。つつしむ。例 夤畏インイ(=恐縮する)。❷つらなる。よりすがる。例 夤縁インエン。
【夤縁】インエン｜インネン ①(つる草などが)上方へからみついて生えている。②よりすがって登る。③賄賂ワイロや縁故によって出世をはかる。

夥
夕11 (14) 2 5278 5925
カ(クヮ)漢 哿 huǒ
おびただ-しい(おびただ-し)

意味 たいへん多い。**おびただしい**。例 夥多カタ。
【夥多】カタ おびただしく多いこと。あまた。

37 3画

大 だい部

人が立っている形をあらわす。「大」をもとにしてできている漢字と、「大」の字形を目じるしにして引く漢字とを集めた。

0 317 **大** 1 323 夬 **太** **天** **夫** 夭 2 329 **央** **失** 夲 夯 3 330 夷 夸 [illegible] 4 331 夾 夽 5 331 奄 [illegible] **奇** 奋 臭 **奈** **奉** **奔** 6 334 奕 奐 **契** 契 奎 **奏** 奔 7 335 奚 奘 套 莫 8 335 奣 奝 奞 9 335 **奥** [illegible] 奢 奠 10 336 奧 **奨** 11 336 奬 **奪** 奩 12 336 奭 13 336 **奮**

この部首に所属しない漢字

犬→犬 855 春→日 626 美→羊 1065 臭→自 1108
泰→氺 760 秦→禾 971 爽→爻 847 器→口 264

大

大0 (3)
1 3471 5927
教1

一 タイ漢 ダイ呉 泰 dà
二 タイ漢呉 泰 tài
おお(おほ)・おおきい(おほ-いなり)・おおいに(おほ-いに)

付表 大人(おとな)・大和(やまと)

筆順 一 ナ 大

なりたち  [象形] 両手両足をひろげた人の形。おおきい。

意味 一 ❶形や規模がおおきい。数量がおおい。対小。例 大量(タイリョウ)。莫大(バクダイ)。大(ダイ)は小(ショウ)を兼(か)ねる。❷年長である。例 大兄(タイケイ)。老大(ロウダイ)。❸重要な。大切な。すぐれた。例 大役(タイヤク)。大人物(ダイジンブツ)。❹はなはだ。**おおいに**。非常に。例 大慶(タイケイ)。大敗(タイハイ)。❺おおよそ。おおむね。あらまし。例 大意(タイイ)。大体(ダイタイ)。大概(タイガイ)。❻天子に関する事柄につけることば。例 大葬(タイソウ)。大命(タイメイ)。❼他人や、他人に関する事柄を敬っていうことば。例 大人(タイジン)。二 ❶はなはだ。非常に。通太。❷おおもと。はじめ。通太。❸たっとんでいうことば。通太。❹やすらかである。安泰である。通泰。例 天下大而富(テンカやすらかにしてとむ)(=天下は安泰で豊かになる)。〈荀子・富国〉

古訓 中古 おほいさ・おほきなり・おほきに・ひたすら・ふとし 中世 おほ・おほいさ・おほいなり・おほいに・たくまし・はなはだ・ひたすら・ふとし 近世 あまねし・おほ・おほいなり・おほき・おほきい・すぎる・たけし・ながし・はじめ・はなはだ・はなはだし・ひねたり・ふとし

人名 お・すぐる・たかし・たけし・とも・なが・はじめ・はる・ひろ・ひろし・ふと・ふとし・まさ・まさる・ます・もと・ゆたか

難読 大臣(おとど)・大仏(おさらぎ)・大蒜(ニンニク)・大角豆(ささげ)・大口魚(たら)・大己貴神(おおなむちのかみ)・大伯皇女(おおくのひめみこ)

【大内山】(おおうちやま) 日 皇居のこと。〔詩歌や古文で用いる〕

【大柄】(おおがら) 日 ①からだが普通の人より大きいさま。対小柄。②布や紙の模様が普通より大きいさま。例 ―な模様。

【大仰】(おおギョウ) 日 おおげさで、わざとらしいさま。例 ―な話。

【大▼袈▼裟】(おおゲサ) 日 普通の程度を超えているさま。また、実際以上に誇張するさま。例 ―な身ぶり。

【大御所】(おおゴショ) 日 ①第一線をしりぞいたあとも、その分野で大きな影響力をもつ人。例 文壇の―。②親王や前将軍。また、その人の住むところ。〔徳川家康(いえやす)を指すことが多い〕

【大雑把】(おおザッパ) 日 おおまかで、細かい点にまでおよばないさま。

【大時代】(おおジダイ) 日 現代離れしていて、古めかしいさま。〔もとは浄瑠璃(ジョウルリ)などでいう「王代」、すなわち、源平時代以前の宮中・公家(クゲ)の時代を指した〕

【大隅】(おおすみ) 日 旧国名の一つ。今の鹿児島県の東部と大隅諸島・奄美(あまみ)諸島にあたる。隅州(グウシュウ)。

【大台(臺)】(おおダイ) 日 金額・数量などで、大きなさかいめを示す数字。例 ―に乗る。―を割る。

【大粒】(おおつぶ) 日 つぶが大きいこと。対小粒。例 ―の涙。

【大幅】(おおはば) 日 ①普通のものより、はばの広い布地。②価格・数量などの開きが大きいさま。対小幅(こはば)。

【大判】(おおバン) 日 ①紙・布・書籍などで、普通より寸法が大きいもの。例 ―の画集。②江戸時代の金貨の一つ。大形の長円形で、一枚が小判十枚にあたる。対小判。

【大禍時】(おおまがとき) 日 〔大きな禍(わざわい)の起こるときの意〕夕やみのせまる時刻。逢魔(おうマ)が時。

【大▼晦日】(おおみそか) 〔「晦日(みそか)」は、毎月の最後の日の意〕一年の最後の日。十二月三十一日のこと。おおつごもり。

【大物】(おおもの) 日 ①同じ種類の中で、形の大きいもの。例 ―を釣り上げる。②重要な地位にあって、大きな影響力をもっている人。例 政界の―。▽対小物(こもの)。

【大様】(おおヨウ) ゆったりしていて、目先のことにこだわらないさま。鷹揚(オウヨウ)。例 ―な人物。

【大枠】(おおわく) 日 大体の、わく組み。例 予算の―を決める。

【大童】(おおわらわ) 日 なりふりかまわず、一生懸命動きまわるさま。〔戦(いくさ)で髪をふり乱して戦う様子が、髪を結ってない童(わらわ)(=子供)のように見えることから〕

【大安】(タイアン|ダイアン) ①大いに安らかである。②日「大安日(タイアンニチ)」の略。六曜の一つ。縁起がよく、何をしてもうまくいくという日。例 ―吉日(キチジツ)。

【大位】(タイイ) ①天子の位。②非常に高い官位。

【大尉】(タイイ) ①⇩【太尉】(タイイ)(324ページ) ②日 太政大臣(ダイジョウダイジン)の唐名。③日 軍隊の階級で、尉官の最上位。〔旧海軍では「ダイイ」と呼んだ〕

【大意】(タイイ) ①おおまかな意味。あらまし。②大きな志。

【大▼尹】(タイイン) ①春秋時代、宋(ソウ)の君主のそば近く仕える官。②新の王莽(オウモウ)のとき、郡太守の呼称。③郡や県の長官の俗称。

【大陰】 一(タイイン) 地。大地。二(ダイオン) 日「大陰神(ダイオンジン)」の略。陰陽道(オンミョウドウ)の八将神の一つ。

【大隠隠二朝市一】(タイインはチョウシにかくる) 〔「朝市」は、朝廷と市場の意で、都会をいう〕真の隠者は山林などに隠れず、人の多い町中に住みながら身の清らかさを保っている。〈王康琚・反招隠〉

【大雨】(タイウ|おおあめ) 激しくたくさん雨が降ること。また、その雨。対小雨(ショウウ|こさめ)。例 ―注意報(おおあめチュウイホウ)。

【大円】 一(タイエン) 天のこと。天空。二(ダイエン) ①大きな円。対小円。②〔数〕球を、その中心を通る平面で切ったときにできる円。

【大王】(タイオウ|ダイオウ) ①偉大な王者。王・君主の敬称。②周の文王の祖父、古公亶父(ココウタンポ)。③東晋(トウシン)の書家、王羲之(オウギシ)。息子で同じく書家の王献之(オウケンシ)を小王と称する。

【大黄】(ダイオウ) タデ科の多年草。中国原産。夏に黄白色の花をつける。根を漢方薬として用いる。

【大音】(ダイオン) 大きなおと。大きな声。おおごえ。大音声(ダイオンジョウ)。

【大恩】(ダイオン) 大きなめぐみ。深い恩。例 ―のある師。

【大音声】(ダイオンジョウ) 大きな声。例 ―で呼ばわる。

【大化】(タイカ) ①大きな変化。②徳をもって人々を教え導くこと。③日 日本で最初の公式年号。(六四五―六五〇)

【大火】(タイカ) ①大規模な火災。大火事。②夏の厳しい暑さ。③星の名。さそり座のアンタレス。

【大▼哥】(タイカ) ①長兄。②仲間うちで、年長の者。あにき。

【大夏】(タイカ) ①漢代、西域にあった国。②五胡(ゴコ)十六国の一つ。匈奴(キョウド)の赫連勃勃(カクレンボツボツ)が、今の寧夏・陝西(センセイ)省付近に建てた国。夏(カ)。(四〇七―四三一) ③宋(ソウ)代の西夏(セイカ)。十一世紀初めに建国された。(一〇三八―一二二七) →【西夏】(セイカ)(1203ページ)

【大家】 一(タイカ) ①(タイケ) 勢力のある家。財産のある家。②ある分野で、特にすぐれた業績を世に認められた人。例日本画の―。㊁(おおや) 日①一族の中心となる家。本家(ホンケ)。②貸家・貸室・貸店などの所有者。対店子(たなこ)。

【大過】(タイカ) ①易(エキ)の六十四卦(カ)の一つ。☱☴ 巽下兌上(ソンカダジョウ)。湿地が木を水没させる象。②ほかよりも大いにすぐれている。③大きなあやまちや失敗。対小過。例―なく過ごす。

【大▼廈】(タイカ) 〔「廈」は、家・ひさし〕大きな家。例―高楼。

【大▼廈将▽顚非二一木所▽支▼也一】(タイカのまさにたおれんとするはイチボクのささうるところにあらず) 大きな家のたおれるときには、一本の木をつっかい棒にしても支えきれるものではない。国家が滅びようというときは、一人の力ではどうにもならないというたとえ。〈中説・事君〉

【大禍】(タイカ) 大きな災い。例―に遭う。

【大牙】(タイガ) 大きな象牙(ゾウゲ)の飾りのついた旗。天子や将軍が用いる。牙旗。

【大我】(タイガ|ダイガ) 〔仏〕絶対的に自由な境地。涅槃(ネハン)。

【大河】(タイガ) ①大きな川。②黄河(コウガ)。

【大雅】(タイガ) ①典雅で上品なこと。すぐれて正しいこと。また、そのような人。②豊かな教養のある人。また、文人どうしが相手を敬って呼ぶことば。③『詩経』の詩の分類の一つ。朝廷での会合や宴会に用いる歌。対小雅。

【大▼駕】(タイガ) ①天子の乗り物。転じて、天子。例大駕親征(タイガシンセイす)(＝天子おんみずから遠征においでになる)。〈晋書・嵆紹伝〉②他人の乗り物に対する尊称。

【大会】(タイカイ) ①たくさんの人が集まる。また、その会。例球技―。②日ある組織がおこなう集会のうち、全体にかかわる重要な会合。総会。例定期―。

【大海】(タイカイ|ダイカイ) 大きな海。広々とした海。おおうみ。海洋。大洋。例井の中の蛙(かわず)―を知らず。

【大塊】(タイカイ) ①大きな土のかたまり。大地。②天地。自然。転じて、造物主。

【大害】(タイガイ) 大きな損害。例―をおよぼす。

【大蓋】(タイガイ) 車につける、笠(かさ)状の大きな日よけ。

【大概】(タイガイ) ①あらまし。概略。例計画の―を話す。②大体。おおよそ。たいてい。例昼間は―家にいる。③日ほどほど。いいかげん。例悪ふざけも―にしなさい。

【大覚】㊀(タイカク) すっかり覚醒(カクセイ)すること。㊁(ダイカク) 〔仏〕①仏道の悟りをひらくこと。②仏のこと。

【大学】(ダイガク) ①⇩【太学】(タイガク)(324ジペー) ②儒学の教えを説く四書の一つ。もと、『礼記(ライキ)』の中の一編。③日律令制で、官吏養成機関。大学寮。④日学校教育法や教育基本法に決められている最高学府。

【大喝】(タイカツ|ダイカツ) 大声でしかる。どなりつける。例―一声(イッセイ)して目をさまさせる。

【大▼旱】(タイカン) 長い間雨が降らないこと。大旱魃(ダイカンバツ)。

【若三大▼旱▼之望二雲▼霓一】(タイカンのウンゲイをのぞむがごとし) ひどい日照りのとき、雨の前兆である雨雲や虹(にじ)を待ち望む。すぐれた指導者・人格を強く待ち望むたとえ。〈孟子・梁恵王下〉

【大官】(タイカン) 位の高い官職にある人。高官。

【大▼姦】【大▼奸】(タイカン) たいへんな悪事。また、極悪人。

【大患】(タイカン) ①重い病気。大病。例―を養う(＝重病の療養をする)。②大きな心配ごと。大憂。

【大観】(タイカン) ①大局からものごとを正しく観察する。例大二観於天下一(テンカをタイカンす)(＝世の中のありようを正しく見極める)。〈荘子・天下〉②ものごとを全体的に見わたす。例国際情勢を―する。③広々とした眺め。雄大な景観。例四方の―。富士の―。

【大鑑】(タイカン) ①重要ないましめ。②日ある部門の全体を広く見通すことのできる知識を集めた書物。例邦楽―。

【大願】(タイガン) ①大きなねがい。また、強くねがう。例―成就(ジョウジュ)(＝大願がかなうこと)。②〔仏〕仏が人々を救い、極楽へ導こうとするねがい。

【大寒】(ダイカン) ①二十四節気の一つ。太陽暦で一月二十日ごろ。一年中で最も寒いころ。②厳しい寒さ。

【大気】(タイキ) 日地球をとりまく空気の層。例―圏。―汚染。

【大帰】(タイキ) ①嫁ぎ先から離縁されて実家へ戻る。②根源に帰る。転じて、死ぬ。③要旨。

【大器】(タイキ) ①大きなうつわもの。天子の位、国家などを指す。②すぐれた人格。大人物。▽対小器。

【大器晩成】(タイキバンセイ) 大きなうつわを作るには時間がかかる。器量の大きい人物は、人よりおそく大成する。〈老子・四一〉

【大義】(タイギ) ①人として守るべき大切な道。②大切な意義。

【大義滅レ親】(タイギシンをメッす) 国家や主君に対する臣下としての道を守るためには、肉親への情愛を犠牲にする。また、それが必要である。〈左伝・隠四〉

【大義名分】(タイギメイブン) ①人として守るべき大切な道理と、その立場についての自覚。②日ある行動をとるにあたって、他に示すに十分な理由や根拠。例―が立つ。

【大儀】(タイギ) ①万物の根源。②大切な儀式。例即位の―。③日面倒で、くたびれるさま。苦労。例動くのも―だ。④日他人の苦労をいたわりねぎらう古い言い方。例まことに―であった。

【大吉】(ダイキチ) (占いなどで)非常に運勢・縁起がよいこと。めでたいこと。また、その日。大吉日(ダイキチニチ)。対大凶。

【大逆】(タイギャク) (主君や親を殺すような)人の道にそむく最悪のおこない。例―非道。

【大逆無道】(タイギャクムドウ) 人の道に反し道理にそむく、この上なく悪いおこない。特に、謀反(ムホン)。〈史記・高祖紀〉

【大弓】(ダイキュウ) ①大きなゆみ。②日長さ二メートル強の、普通のゆみ。対半弓。

【大挙】(タイキョ) ①おおぜいが一斉に動き出す。例―しておし寄せる。②大きな計画。

【大▼饗】(タイキョウ) ①天子が祖先をあわせて祭る儀式。祫祭(コウサイ)。②賓客などをもてなす盛大な宴会。③日皇后・皇太子・大臣がおもに正月におこなった盛大な宴会。

【大業】(タイギョウ) ①帝王の、天下統治の事業。②大きな事業。偉業。

【大凶】(ダイキョウ) ①凶作の年。②この上もない罪悪。また、大悪人。大兇(ダイキョウ)。③日(占いなどで)非常に不吉なこと。対大吉(ダイキチ)。

【大局】(タイキョク) ①全体から見たものごとの形勢。大勢(タイセイ)。例―観。②日囲碁で、盤面全体から見た勝負のなりゆき。

【大金】(タイキン) 日多額のお金。例―を手に入れる。―を積む。

【大▼鈞】(タイキン) ①天。自然。また、造物主。〔「鈞」はろくろの意で、天が万物を創造するのはろくろで陶器を作るのに似ることによる〕〈賈誼・鵩鳥賦〉②古楽における音調。

【大禁】(タイキン) (国家によって定められた)重大な禁止令。

【大愚】(タイグ) ①非常におろかなこと。また、その人。対大賢。②自分をへりくだっていうことば。例―良寛(リョウカン)。

【大君】㊀(タイクン) ①君主の敬称。②日江戸時代に対外的に用いた、将軍の呼び名。㊁(おおきみ) 日天皇をたっとんで呼んだことば。〔古雅な言い方〕

【大軍】(タイグン) ①多数の軍勢。例―を率いる。②大きな戦争。例大軍之後、必有二凶年一(タイグンののちには、かならずキョウネンあり)(＝《農民が徴用されたり田畑が荒らされたりするので》大きな戦争のあとは必ず凶作になる)。〈老子・三〇〉

【大群】タイグン 同種の生物の、大きなむれ。例 イナゴの―。
【大勲位】ダイクンイ 日 勲等のある勲章のうちの最高位。例 ―菊花大綬章（キッカダイジュショウ）。
【大兄】タイケイ ①あに。②いちばん上のあに。長兄。③男性が、同輩や少し目上の人を敬っていうことば。〔おもに手紙などで使う〕対 小弟。
【大系】タイケイ 日 ある分野・テーマについての著作・論文を組織的にまとめた書物につける名前。〔同音の「体系（＝一定の原理にもとづく組織や構成）」のもじり〕例 漢文―。
【大計】タイケイ 大きな計画。例 国家百年の―。
【大経】タイケイ ①人のふみおこなうべき道。大道（タイドウ）。②巻数の多い経書（ケイショ）。唐・宋（ソウ）代に、大学の教科または進士の試験で、経書を分量によって、大・中・小の三つに分けた。唐代は『礼記（ライキ）』『春秋左氏伝（シュンジュウサシデン）』を、宋代は『詩経（シキョウ）』『周礼（シュライ）』を指した。
【大慶】タイケイ 大きなよろこび。大変めでたいこと。例 ―至極（シゴク）に存じます。
【大圏】タイケン 地球の大円。地球の中心を通る平面と地表とが交わってできる円。例 ―航路（＝地球上の二点を結ぶ最短の航路）。
【大権】タイケン 大きな権力。天子の権力。特に明治憲法で、天皇が行使しうる統治権のこと。例 ―事項。
【大憲】タイケン 大切な決まり。特に、国の基本法である憲法。
【大賢】タイケン 非常にかしこいこと。また、その人。対 大愚。
【大言】タイゲン ①すぐれたことば。立派なことば。②おおげさに言う。また、いばって言う。例 ―壮語。
【大言壮語】タイゲンソウゴ 自信のある風をして、偉そうなことを言う。また、そのことば。
【大元帥】ダイゲンスイ ①全軍をまとめる長官。総大将。②日 もと、日本の陸海軍の統率者としての天皇の呼び名。
【大戸】タイコ ①財産や勢力のある家。②大酒飲み。上戸（ジョウゴ）。
【大呼】タイコ 大声でさけぶ。
【大故】タイコ ①大きな悪事。大罪。②大きな不幸。父母の死。③大きな事故。大事件。
【大鼓】一 タイコ 昔、軍中で打ち鳴らした楽器。→【太鼓】タイコ（324ページ） 二 おおかわ・おおつづみ 日 能や長唄（ながうた）などで使う大形のつづみ。対 小鼓（こつづみ）。
【大悟】タイゴ 〔仏〕迷いをすてて大いにさとる。例 ―徹底（＝さとって、すっかり迷いのなくなること）。

【大工】一 タイコウ ①すぐれた職人。②大きな工事。大工事。③日 昔、宮殿の造営などで、その工事をつかさどった役人。二 ダイク 日 おもに、日本風の家の建築・修理を仕事とする人。また、その仕事。例 ―仕事。―道具。日曜―。
【大公】タイコウ ①この上なく公平なこと。至公。例 ―無私。②⇩【太公望】タイコウボウ①（324ページ） ③ヨーロッパで、君主の一族の、男子の称号。④ヨーロッパの小国の君主。〔英 Grand Duchy を「大公国」と訳すことによる〕例 ルクセンブルク―。
【大功】タイコウ ①大きな手柄。立派な功績。②九か月間、喪（も）に服すること。また、そのとき着用する喪服。
【成二大功一者不レ謀二▼於衆一】タイコウをなすものはシュウにはからず 大事業をなしとげる者は、多くの人に相談せず、自分で決断し実行する。〈戦国策・趙二〉
【大江】タイコウ 大きな川。特に、長江。
【大行】タイコウ ①ものごとがさかんにおこなわれる。②すぐれた事業。大事業。③遠くへ行って帰らないこと。④天子が崩御してから諡（おくりな）（＝死後につける称号）が決まるまでの呼び名。大行皇帝。大行天皇。
【大行不レ顧二細謹一】タイコウはサイキンをかえりみず 大事を成そうというときには、こまかな気配りにとらわれることはない。〈史記・項羽紀〉
【大荒】タイコウ ①荒れ果てる。大凶作。②きわめて遠いところ。はるかかなたの辺境。
【大較】タイコウ ①おおむね。大体。②根本的な道理。
【大綱】タイコウ ①おおづな。②要点。③大体の内容。あらまし。大要。例 政治改革―。本書の―を要約する。
【大剛】ダイゴウ 非常に強いこと。また、その人。例 ―の人。
【大巧若レ拙】タイコウはセツなるがごとし 真に巧（たく）みな人は、一見下手に見える。〔人為的な巧妙は、結局真理ではない、という老子の逆説的な論理をあらわす〕〈老子・四五〉
【大国】タイコク ①領土の広い国。②国力の盛んな国。例 いわゆる経済―。▽対 小国。
【治二大国一若レ▼烹二小鮮一】タイコクをおさむるはショウセンをにるがごとくす 〔「小鮮」は、小魚の意〕大国を治めるのは小魚を煮るようなもので、かきまぜたりすると身がくずれてしまう。政治も手を加えすぎず自然のままにおこなうのがよい。〈老子・六〇〉
【大獄】タイゴク 重大な政治的犯罪事件で、多くの人がとらえられること。例 安政の―。

【大黒】ダイコク ①「大黒天」の略。②日 僧の妻。梵妻（ボンサイ）。
【大黒天】ダイコクテン ①〔仏〕三宝（サンボウ）を守護し、戦いの神とされ、のち台所の神とされた。②日 七福神のひとり。頭巾（ズキン）をかぶり、右手に打ち出の小槌（こづち）を持ち、肩に大きな袋をかついで、米俵を踏まえている。福をもたらすとされる。大黒さま。▽大黒。
【大黒柱】ダイコクばしら 日 ①日本民家の建築で、家の中心にあり、家屋の構造全体を支えるいちばん太い柱。②家族や国を、中心になって支える人。例 一家の―を失う。
【大根】ダイコン ①大きな根。②日 太く白い根と、葉を食用にする野菜。古くは「すずしろ」ともいい、春の七草の一つ。おおね。③日「大根役者」の略。演技の下手な役者。
【大佐】タイサ 日 軍隊の階級で、佐官の最上位。
【大差】タイサ 大きな違い。対 小差。例 ―がつく。
【大才】タイサイ 非常にすぐれた才能。また、それをもつ人。大器。類 大材。
【大宰】一 タイサイ 古代中国の官名。大臣。宰相（サイショウ）。二 ダザイ 日「大宰府（ダザイフ）」の略。
【大宰府】ダザイフ 日 律令制で、筑前（チクゼン）（＝今の福岡県）に置かれた官庁。九州・壱岐（いき）・対馬（つしま）を治め、国防や外交をつかさどった。参考 地名では「太宰府」と書く。
【大祭】タイサイ ①王が祖先をまつる大規模な祭礼。②日 神社の、大きなまつり。例 例―。③日 天皇がみずからおこなう皇室のまつり。
【大斎】タイサイ ①〔仏〕大きな法会（ホウエ）。②カトリックで、四旬節の四十日間の物忌（ものい）み。大斎節。レント。
【大罪】タイザイ・ダイザイ 大きなつみ。重罪。対 微罪。
【大作】タイサク ①大事業をおこすこと。②すぐれた作品。③日 費用を多くかけ、大がかりに作った作品。
【大冊】タイサツ ページ数の多い書物。型の大きい、厚い書物。
【大札】タイサツ ①激しい流行病。類 大疫（タイエキ）。②他人からの手紙を敬っていうことば。
【大山】タイザン 大きな山。例 ―鳴動して鼠（ねずみ）一匹（＝大騒ぎをしたわりには、結果がともなわないこと）。
【大士】一 タイシ ①徳の高いすぐれた人物。②殷（イン）代、祭祀（サイシ）をつかさどった官。③周代、刑罰をつかさどった官。二 ダイシ 〔仏〕①仏・菩薩（ボサツ）。②高僧の敬称。③信仰のあつい人。

【大史】㊀シタイ 周代の官名。天文・暦法などをつかさどった。また、その長官。→【太史】シタイ（324ページ）㊁シダイ [日]律令制で、神祇官・太政官の主典の一つ。少史の上位。
【大旨】シタイ｜おおむね 大体の意味。要旨。大意。大要。
【大志】シタイ 大きなこころざし。大望。[例]少年よ、—をいだけ（＝アメリカの教育者クラーク博士のことば、Boys, be ambitious. の訳）。
【大使】シタイ ①帝王の命を受けて派遣される正使。②唐代の節度使。③[日]「特命全権大使」の略。一国の代表として外国に駐在し、外交をおこなう人。[例]—館。④[日]遣唐使の長官。
【大姉】㊀シタイ ①長姉。②天女。㊁シダイ〔仏〕①女性の僧や信者の敬称。②[日]女性の戒名の下につけることば。[対]居士。
【大師】㊀シタイ ①たくさんの軍隊。大軍。②周代の三公の一つ。天子を補佐する役の筆頭。太師。③周代に音楽をつかさどる官の長。④学者の尊称。大先生。㊁シダイ〔仏〕①仏・菩薩・徳の高い僧の敬称。②[日]朝廷から徳の高い僧に贈られる尊号。[例]弘法—（＝空海）。伝教—（＝最澄）。③[日]弘法大師。[例]お—さま。
【大事】㊀ジタイ｜ジダイ ①重大な事柄。大局的な事柄。[例]見二小利一則大事不レ成（＝小さい利益に目をうばわれると、大きなことは成就しない）。〈論語・子路〉②祭祀・軍事・服喪など、王朝全体にかかわる大事業。▽[対]小事。㊁ジダイ [日]①重要なさま。大切。[例]—な点。②気をつけてあつかわなければならないさま。大切。[例]—にしているもの。③おおごと。[例]—に至らぬよう祈る。
【大字】ジダイ ①大きい字。おおもじ。②[日]漢数字の一・二・三などの代わりに用いる壱・弐・参などの字。〔金額・数量の間違いを防ぐために、証書類などに用いる〕
【大慈】ジダイ〔仏〕わけへだてなく人々に示される、仏のいつくしみ。[例]—大悲（＝仏の限りないいつくしみ）。
【大司教】シダイキョウ [日]カトリック教会で、複数の教区を支配する僧職。
【大司空】シダイクウ 古代中国の官名。土地や人民のことをつかさどった役人の長。
【大司▼寇】シダイコウ 古代中国の官名。刑罰をつかさどった。
【大自然】シダイゼン 自然を、その崇高・威力・強大をほめていったことば。[例]—の驚異。
【大司徒】シダイト 古代中国の官名。土地や教育のことをつかさどった。
【大司農】シダイノウ 漢の武帝のとき置かれた九卿の一つ。税穀・貨幣をつかさどった官で、帝室財政をつかさどった少府に対し、国家財政を管掌した。
【大司馬】シダイバ ①周代に置かれたとされる官名。軍事をつかさどった官の長。②漢の武帝のとき設置された武官。有力外戚で大将軍・車騎将軍などが兼任した。③唐代、兵部尚書の別名。
【大社】シタイシャ ①王が人々のために建てた、国土を守護するやしろ。②[日]「出雲大社」の略。島根県にあり、大国主神を祭る。
【大赦】シタイシャ 恩赦の一つ。国に祝い事などがあったとき、ある範囲の罪について、刑罰の執行を免じたり軽くしたりすること。
【大蛇】ジダイジャ 大きなヘビ。おろち。
【大車輪】シダイシャリン ①大きな車輪。②[日]鉄棒をにぎり、からだをまっすぐのばして鉄棒のまわりを回転する技。③[日]一生懸命に働くこと。[例]—でかたづける。
【大酒】シタイシュ ①冬に醸成し、夏に取り出して飲む酒。②おおざけ 多量の酒。また、たくさんの酒を飲むこと。[例]—家。—飲み。
【大儒】ジタイジュ すぐれた儒学者。大学者。
【大樹】ジタイジュ ①大きな木。大木。②後漢の将軍、馮異を指す。〔馮異は、手柄を論じ合う席でも決して誇らず、いつも大樹の下にしりぞいていたので大樹将軍と呼ばれたことから〕〈後漢書・馮異伝〉③[日]「征夷大将軍」の別称。
【大樹将レ▼顛非二一縄所レ維】タイジュまさにたおれんとするはイチジョウのつなぐところにあらず 大木が倒れようとするときは、一本の縄くらいではつなぎとめられない。〈後漢書・徐穉伝〉
【大州】シタイシュウ 広大な陸地。大陸。[例]五—（＝五大陸）。[表記](旧)大▼洲
【大衆】㊀シタイシュウ おおぜいの人々。また、一般の人々。民衆。庶民。[例]—文学。—社会。㊁シダイシュ〔仏〕〔「シュ」は呉音〕おおぜいの僧たち。衆僧。
【大所】シタイショ [日]小さなことにこだわらない、広く大きな立場や視野。[例]—高所から判断する。
【大書】シタイショ 大きな文字で書く。強調して書く。[例]特筆—。
【大暑】シタイショ ①二十四節気の一つ。太陽暦で七月二十三日ごろ。②厳しい夏のあつさ。酷暑。
【大正】シタイショウ [日]大正天皇の在位の年号。明治の次で、昭和の前。一九一二年七月三十日から一九二六年十二月二十五日まで。
【大匠】シタイショウ ①すぐれた技術・学識をもつ人。②土木工事などをつかさどった官名。漢代の将作大匠、唐代の将作監の別名。
【大将】シタイショウ ①全軍または一軍を指揮する人。将軍。[例]総—。侍—。②[日]軍隊の階級で、将官の最上位。また、その人。[例]陸軍—。③[日]ある団体・集団の長。リーダー。[例]餓鬼—。お山の—。④[日]近衛府の長官。⑤[日]からかって、また、親しみをこめて呼ぶことば。[例]魚屋の—。
【大祥】シタイショウ 父母の死後、二十五か月めにおこなう祭礼。
【大笑】シタイショウ 大声でわらう。おおわらい。[例]呵呵—する。
【大勝】【大▼捷】シタイショウ 大差で勝つ。大勝利。[対]大敗。
【大詔】シタイショウ みことのり。詔勅。[例]—の渙発（＝みことのりを出すこと）。
【大賞】シタイショウ ①大いに賞賛する。②[日]ある分野で、最もすぐれた人や団体、作品に与えられる賞。グランプリ。
【大小】シダイショウ ①大きなものと小さなもの。また、ものの大きさ。②[日]大刀と小刀。[例]—を腰に差す。
【大乗】ジダイジョウ〔仏〕自己の救済だけではなく、慈悲と博愛の心ですべての人々を救うという仏教の教え。中国・朝鮮半島を経て、日本に伝わり広まった。[対]小乗。
【大将軍】シタイショウグン 軍隊の総司令官。戦国時代に起こり、漢代には三公と同格以上の政治的地位となる。後漢以降、地位が低下し、隋代には名目的な官に、明・清代は単なる軍事上の指揮官となった。
【大▼嘗祭】ダイジョウサイ｜おおなめまつり｜おおにえのまつり [日]即位した天皇が初めておこなう新嘗祭。[類]大嘗会。
【大上段】ジダイジョウダン [日]①剣道で、剣を頭の上にふりかざす構え。[例]竹刀を—にふりかぶる。②相手を威圧するように対する態度。高姿勢。[例]—に構えてものを言う。
【大丈夫】㊀ジダイジョウフ｜ジダイジョウブ 一人前の立派な男子。㊁ [日]しっかりしているさま。安心していられるさま。
【大食】シタイショク たくさん食べる。また、その人。おおぐい。健啖。[対]小食。[例]無芸—。—漢（＝健啖家）。
【大身】[日]㊀シタイシン 身分の高い人。また、金持ちの人。[対]小

身。例ごー。三(おおみ) 刃わたりの長いこと。例ーの槍(やり)。

【大▼秦】(タイシン) 後漢・魏晋(ギシン)南北朝時代、はるか西方にあるとされた国。ローマ帝国をいう。風俗が中国に類似するとされていたためこう呼ばれた。海西(カイセイ)。犂鞬(リケン)。

【大尽】(ダイジン) 日大金持ち。富豪。資産家。例ー風(かぜ)を吹かす。

【大人】一(タイジン) ①徳の高い人格者。身分の高い人。対小人(ショウジン)。②父母・長老など、目上の人の敬称。③からだの大きな人。巨人。対小人(ショウジン)。二(ダイニン/おとな) 日一人前に成人した人。対小人(ショウニン)。三(うし) 日身分の高い人や師匠などを敬っていうことば。例本居宣長(もとおりのりなが)ー。

【大臣】(ダイジン) ①国の政治に関する最高の官職。②日律令制で、太政官(ダイジョウカン)の上位の官職。太政大臣・左大臣・右大臣・内大臣を指す。おとど。③日内閣を構成する各省の大臣および国務大臣。例総理ー。外務ー。

【大神宮】(ダイジングウ) 日天照大神(あまてらすおおみかみ)をまつる神宮。伊勢(いせ)神宮のこと。皇大神宮(コウタイジングウ)。

【大豆】(ダイズ) マメ科の一年草。実は食用。豆腐・醬油(ショウユ)・味噌(ミソ)などにも加工する。

【大水】(タイスイ) ①大きい川や広い湖。②(おおみず) 大雨などのために川の水があふれること。洪水。例ー(おおみず)が出る。

【大数】(タイスウ) ①決まったかず。運命。法則。例凡挙ニ大事一、毋レ逆ニ大数一(およそダイジをあぐるに、タイスウにさからうなかれ)(=大事業をなすには、天の決めた道にさからってはいけない)。〈礼記・月令〉②寿命。③非常に大きいかず。大計。④おおよそのかず。概数。

【大成】(タイセイ) ①仕事をなしとげ、大きく成功する。人間的に成長して、世に認められる。対小成。②完全に仕上がる。③ある分野のものを広く集める。集大成。例随筆ー。

【大成殿】(タイセイデン) 孔子廟(コウシビョウ)の正殿。宋(ソウ)の徽宗(キソウ)のとき名づけられた。

【大声】(タイセイ) ①大きなこえを出す。また、大きなこえ。おおごえ。例ー疾呼(シッコ)(=おおごえでさかんにさけぶ)。②高尚な音楽や言論。

【大声不レ入ニ▼於里耳一】(タイセイはリジにいらず) 高尚な音楽は俗人には聞こえない。俗人には高尚な言論が理解できないこと。〈荘子・天地〉

【大姓】(タイセイ) 大きな勢力をもつ名門の家柄。多く、地方豪族をいう。豪右(ゴウユウ)。

【大政】(タイセイ) 天下の政治。例ー奉還(=一八六七年、十五代将軍徳川慶喜(よしのぶ)が政権を朝廷に返したこと)。

【大勢】一(タイセイ) ①世の中のなりゆき。おおよその形勢。例ーに従う。②大きな勢力や権力。例ーをにぎる。二(おおゼイ) 日たくさんの人数。多勢(タゼイ)。

【大聖】一(タイセイ) ①最高の知と徳を備えた聖人。至聖。②皇帝。君主。二(ダイショウ) 〔仏〕悟りを開いた人の尊称。仏や菩薩(ボサツ)など。

【大切】(タイセツ) 日①重要なさま。例この教えはーだ。②粗末にしないさま。例御身(おんみ)ーに。▽大事。

【大雪】(タイセツ) ①二十四節気の一つ。太陽暦で、十二月八日ごろ。②(おおゆき) ひどく降る雪。たくさん積もった雪。対小雪。

【大節】(タイセツ) ①守るべき重要な節度。②存亡にかかわる大事件。③職分上の大事。

【大戦】(タイセン) 大きな戦争。大戦争。特に、第一次世界大戦・第二次世界大戦を指す。例ー前。先のー。

【大全】(タイゼン) ①十分に備わっていること。十全。②ある事柄について十分理解できるよう、関係する項目をすべて集めた書物。例ローマ法ー。

【大千世界】(ダイセンセカイ) 〔仏〕三千大千世界の一つ。この上なく広大な世界。小千世界が千個集まると中千世界、これがさらに千個集まると大千世界となる。類大千界。

【大▼蘇】(タイソ) 宋(ソウ)の文人、蘇軾(ソショク)のこと。〔父の蘇洵(ソジュン)を「老蘇」、弟の蘇轍(ソテツ)を「小蘇」という〕

【大壮】(タイソウ) 易(エキ)の六十四卦(カ)の一つ。☳☰ 乾下震上(ケンカシンショウ)。雷が天の上にある象。

【大宗】(タイソウ) ①跡継ぎとなるべき直系。②ものごとのはじまり。おおもと。③ある分野の実力者。類大家(タイカ)。

【大喪】(タイソウ) ①天子・皇后・皇太子の喪(モ)。②親の喪。③日天皇が、亡くなった先代の天皇または皇后などの喪に服すること。また、その葬儀。例ーの礼。

【大葬】(タイソウ) ①君臣の礼式にのっとった立派な葬儀。②日天皇・太皇太后・皇太后・皇后の葬儀。

【大層】(タイソウ) 日①程度のはなはだしいさま。おおげさなさま。例ーな言いぐさだ。②たいへん。非常に。

【大造】(タイゾウ) ①大きな功労。大手柄。②天地。自然。

【大蔵経】(ダイゾウキョウ) 〔仏〕仏教の経典(キョウテン)を集めた書物。一切経(イッサイキョウ)。蔵経。

【大息】(タイソク) 大きく息をする。大きくため息をつく。例長(チョウ)ーする。ーして嘆く。ーをつく。

【大率】(タイソツ/おおむね) だいたい。おおかた。

【大卒】(ダイソツ) 日「大学卒業」の略。例ー者の初任給。

【大▼儺】(タイナ/ダイナ) 悪鬼(アッキ)を追いはらう行事。冬至のあと、三回めの戌(いぬ)の日の前日におこなう。のち、日本にも伝わり、平安時代の宮中では大晦日(おおみそか)の夜におこなわれた。追儺(ツイナ)。鬼やらい。

【大体】(ダイタイ) ①おおよそ。大概(タイガイ)。②大きな形。③〔外的な刺激を「小体」というのに対して〕心。例従ニ其大体一為ニ大人一、従ニ其小体一為ニ小人一(そのダイタイにしたがえばタイジンとなり、そのショウタイにしたがえばショウジンとなる)(=良心に従えば大人物となり、外界の刺激に対する欲望に従うと小人物となる)。〈孟子・告子上〉④大切な道理。⑤日もともと。そもそも。例ー手順が間違っている。

【大▼腿】(ダイタイ) 足のひざから上の部分。太腿(ふともも)。例ー部。

【大内裏】(ダイダイリ) 日平城京や平安京で、内裏(=天子の御所)を中心に役所の建ち並ぶ一区画。

【大沢】(タイタク) ①大きな沼地。広大な湿地帯。②大きなめぐみ。特に、天子のいつくしみ。

【大多数】(ダイタスウ) 日①非常に多い数。②大部分の数。

【大胆】(ダイタン) 度胸のあること。ものに動じないさま。豪胆。対小胆。例ー不敵なつらがまえ。

【大団円】(ダイダンエン) 〔「団円」は、結末の意〕劇や小説などで、筋立てがめでたく終わる最後の場面。例ーを迎える。

【大知】【大▼智】(タイチ) すぐれた知恵。また、それをもつ人。例大知閑閑小知間間(タイチはカンカンたり ショウチはカンカンたり)(=すぐれた知恵はゆったりとしているが、世俗のつまらない知恵はこまごまとしてわずらわしい)。〈荘子・斉物論〉

【大地】(ダイチ) 〔天空に対して〕大きく広がる土地。人々が生活する場としての地上。例母なるー。

【大畜】(タイチク) 易(エキ)の六十四卦(カ)の一つ。☶☰ 乾下艮上(ケンカゴンショウ)。天が山の中にある象。

【大著】(タイチョ) 日ページ数が多く、すぐれた著作。

【大腸】(ダイチョウ) 消化器官の一部。小腸から続き、肛門(コウモン)に至るまでの部分。

【大▼椿】(タイチン) 一本の年輪を刻むのに三万二千年かかるという伝説上の大木。〔「上古有ニ大椿一者、以ニ八千歳一為レ春、八千歳為レ秋(ジョウコにダイチンなるものあり、ハッセンサイをもってはるとなし、ハッセンサイをあきとなす)」〈荘子・逍遥遊〉から〕例ーの寿(ジュ)(=長寿を祝うことば)。

【大弟】(タイテイ) 男性が、年少の仲間に用いる敬称。

【大抵】【大▼氐】(タイテイ) おおよそ。ほとんど。

【大帝】①天の神。天帝。②大きな功績のあった帝王。例明治―。

【大敵】多くの敵。また、強い敵。例油断―。

【大典】①重要な書籍。また、分量の多い書籍。例永楽―。②重要な法典。例不磨の―。③国家の大切な儀式。特に、即位式。大礼。

【大▼篆】漢字の書体の一つ。小篆より古く、周代に、史籀が作ったという。籀文。

【大都】①大都市。②元代の首都。今の北京。③おおむね。

【大度】大きな度量。どんな人でも受け入れる心の広さ。例常有二大度一(=いつも大きな度量をもっていた)。〈史記・高祖紀〉寛仁―。

【大▼杜】唐の詩人、杜甫のこと。〔杜牧を「小杜」という〕

【大道】①広くにぎやかな道路。例―芸人。②人として踏み外してはならない正しいみち。大経。③宇宙の本体・理法。

【大道廃有二仁義一】大いなる無為自然の道がすたれてしまったから、わざわざ仁義を説く必要が出てきた。老子が儒教の教えを批判したことば。〈老子・一八〉

【大刀】大きく長いかたな。対小刀。

【大東】①東の果て。極東。②日日本。

【大同】①他と同化する。区別をつけず調和する。③大体同じであること。例―小異。④合同する。例―団結。②太古の公平平和な理想的な世の中。

【大同小異】小さな違いがあるだけで、ほとんど同じであること。大差ないこと。〔〈荘子・天下〉から〕

【大動脈】日①心臓から全身へ血液を送り出す太い血管。対大静脈。②主要な都市を結ぶ大切な道路や鉄道など。例日本の―。

【大統領】日①共和制国家の元首。②芸人や役者などの熱演・名演に対するかけ声。例よう、―。

【大徳】①すぐれた徳。また、それの備わった人。②人として守るべき大切な節義。③天地造化の仕事。大きなめぐみ。④〔仏〕高僧をいう敬称。

【大内】一①天子の寝所。②宮中。③秦・漢代、国家の銭や布帛を収める倉庫。また、その管理機関。二日天皇の御所。宮中。内裏。


【大納言】日律令制の官職の一つ。太政官の次官で、大臣につき従って政務をおこなった。

【大難】大きな困難。はなはだしい災難。

【大日如来】〔仏〕〔「大日」は、太陽の光が宇宙をあまねく照らす意〕万物の根源であるとされる、真言宗の本尊。梵名、摩訶毘盧遮那。

【大任】重大な任務。大切な役目。大役。

【大脳】日脳の一部で、精神活動や神経系などをつかさどる重要な器官。

【大農】①古代、農事をつかさどった官職名。②〔「大」は、美称〕農民。③日広い農地を持つ富裕な農民。豪農。対小農。④日規模の大きな農業。例―法。

【大破】①敵を激しく打ち負かす。また、打ち負かされる。②日大きくこわれる。また、こわす。例衝突して車が―する。

【大杯】大きなさかずき。

【大敗】①大いに敵を打ち負かす。例大敗二越人一(=越の軍隊を大いに負かした)。〈荘子・逍遥遊〉②大差で負ける。対大勝。例―を喫する。

【大漠】中国の西北にある広大な砂漠地帯、特にゴビ砂漠をいう。

【大凡】①ものごとのあらまし。大要。例―を説明する。②だいたい。およそ。例―見当がついた。

【大半】三分の二。また、過半。ほとんど。大部分。例―は完成した。

【大盤石】【大▼磐石】①非常に大きな岩。②どっしりとしていてゆるがないことのたとえ。例あの社長がいるかぎり、わが社は―だ。

【大比】①周代におこなわれた三年に一度の国勢調査。②周代、三年に一度の官吏の成績審査。③隋・唐代以降、科挙(=官吏登用試験)。④明・清代、科挙のうちの郷試(=各地方でおこなわれる一次試験)。

【大尾】①大きなしっぽ。②日終わり。結末。終局。例一大長編小説の―。

【大悲】〔仏〕広く人々の苦しみを救う仏の慈悲。例大慈―。

【大病】重い病気にかかること。また、その病気。重病。大患。例―をわずらう。

【大夫】一①古代中国の官職。周代は卿の下位、士の上位をいった。②古代中国の爵位。また、官位にある者の名につけて敬意をあらわす。③大夫樹。マツの別名。〔秦の始皇帝が雨やどりしたマツに大夫の爵位を贈った故事〈史記・始皇紀〉による〕④日大名の家老の別名。

二⇩【太夫】(325ページ)

【大父】①父方の祖父。太父。②母方の祖父。外祖父。③天。対大母(=地)。

【大府】①朝廷の倉庫。②上級の官庁。また、上官。③南朝梁や唐代、財政を担当した官。④日幕府の敬称。⑤日大名の家老。

【大部】①数の多いこと。②書物の冊数やページ数の多いこと。例―の著作。③ほとんどの部分。大部分。

【大分】①大体の決まり。②寿命。③友情。④日かなり。たくさん。例―寄付が集まった。

【大風】一①激しく強く吹く風。②ハンセン病。二日尊大で人を見くだすような態度。横柄。

【大仏】大きな仏像。例奈良の―。

【大部分】日ほとんどすべて。おおかた。

【大兵】一①多くの兵士。大軍。②大戦争。二日からだの大きなこと。また、からだの大きな人。対小兵。例―肥満の男。

【大▼辟】①古代中国の五刑の一つ。死刑。大戮。②死。

【大別】日大まかにいくつかに分ける。対細別。

【大変】①大きな変化。大事件。例天下の―。②日非常によくない。苦労しそうな様子だ。例―な混乱。③日程度のはなはだしいさま。とても。非常に。例―ありがたい。

【大便】肛門から体外へ出される排泄物。くそ。ふん。

【大弁(辯)如▼訥】真に弁舌にすぐれた者は、よけいなおしゃべりはしないので、口べたのように見える。〈老子・四五〉

【大母】①父方の祖母。②天子の母。太后。▽太母。③大地。対大父(=天)。

【大方】一①大きな四角。②大地。〔天を「大円」というのに対していう〕③非常に心の広い人。学識の高い人。例―の士。二日①世間一般。例―のご理解を乞う。②ほとんど大部分。③たぶん。おそらく。

【大宝】①貴重な宝物。②天子の位。③〔仏〕仏法。

【大法】一重要な法。根本の法。二〔仏〕すぐれた教え。仏の教え。大乗の仏法。

【大砲】タイホウ 大きな砲弾を発射する兵器。

【大▼鵬】タイホウ 想像上の大きな鳥。おおとり。〔〈荘子・逍遥遊〉から〕

【大望】タイボウ|タイモウ ①〔「望」は、「怨エン」の意〕大きなうらみ。②日大きなのぞみ。大きな願い。例―をいだく。

【大木】タイボク 大きな木。大樹。巨木。

【大本】タイホン|おおもと いちばんのもと。根本コンポン。

【大本営】ダイホンエイ 日①かつて天皇のもとに置かれた、陸海軍を統括する最高司令部。例―発表。②作戦を統括している部署。

【大枚】タイマイ 日多額の金銭。例―をはたく。―を投じる。

【大名】タイメイ 一①大きな名声。立派な名誉。②相手の名を敬っていうことば。高名。二ダイミョウ 日①江戸時代以前、広い領地を持った武士。②江戸時代、一万石以上の領地を持った将軍の直臣ジキシン。例―行列。外様とざま―。

【大命】タイメイ ①天からの命令。天命。②君主や天子の命令。③寿命。

【大明】タイメイ 一①太陽。②月。③太陽や月。日月。④知恵も徳もすぐれている。⑤君主。二ダイミン 明ミン王朝の尊称。

【大門】一ダイモン|おおモン 大きな門。正門。二おおモン 日昔の、遊郭の入り口の門。

【大厄】タイヤク ①大きな災い。大難ダイナン。例―に遭う。②日最も運勢が悪いとされる厄年やくどし。〔数え年で、男は四十二歳、女は三十三歳〕

【大役】一タイヤク|タイエキ 国家のための大きな仕事。大工事。二タイヤク 日責任のある重い役目。例―をおおせつかる。

【大約】タイヤク おおよそ。あらまし。大略。

【大有】タイユウ 易エキの六十四卦カの一つ。☲☰ 乾下離上ケンカリショウ。火が天の上にある象。

【大勇】タイユウ 尋常でない勇気。また、勇者。例大勇如レ怯タイユウはキョウなるがごとし(=本当の勇者は慎重にして細心なので、臆病オクビョウ者のように見える)。〈蘇軾・賀欧陽少師致仕啓〉

【大▼猷】タイユウ 国を治めるために守るべき大きな道理。治国の大計。

【大憂】タイユウ ①大きな心配事や悲しみ。大患。②天子の崩御。③父母の死。

【大洋】タイヨウ 広く大きな海。海洋。大海。

【大要】タイヨウ ①あらまし。概要。例制度改革の―を示す。②たいへん重要な点。例―を列挙する。

【大欲】タイヨク 大きな欲望。また、非常に欲深いこと。対小欲。【大▼慾】タイヨク

【大乱】タイラン 革命や反乱などによる、世の中の大きなみだれ。

【大理】タイリ ①大きな道理。②雲南省の北西部にある地名。大理石の産地。

【大理石】ダイリセキ 石灰岩が変成作用を受けてできた岩石。建築や彫刻などに用いる。マーブル。〔「大理②」の産が有名なので名づけられた〕

【大力】タイリキ|ダイリキ 非常に強い力。また、強い力をもつ人。

【大陸】タイリク 日①地球上の、大きな陸地。例北米―。南極―。②島国の対岸にある大きな陸地。日本から中国を、イギリスからヨーロッパを指す。

【大陸的】タイリクテキ 日①大陸に特有な性質であるさま。例―な気候。―な風土。②細かいことにこだわらず、ゆったりとしているさま。例―な性格。

【大▼戮】【大▼僇】【大▼剹】タイリク ①重大な刑罰。死刑。大辟ヘキ。②大きな恥辱。

【大略】タイリャク ①おおよそ。あらまし。概略。大要。例―二日の行程。②大きなはかりごと。すぐれた知略。

【大呂】タイリョ ①周の宗廟ソウビョウ(=先祖を祭るみたまや)にあった大きな鐘。②十二律の一つ。陰の六呂リョの第一。

【大慮】タイリョ ①厚い思いやり。②たくらみ。はかりごと。

【大猟】タイリョウ ①大規模に狩りをする。②日狩りで、鳥や獣がたくさんとれること。対不猟。→【大漁】タイリョウ

【大量】タイリョウ ①心が大きく広いこと。また、大きな度量。広量。②非常に量の多いこと。多量。▽対小量・少量。

【大漁】タイリョウ 日漁で、魚や貝などがたくさんとれること。〔「漁」の字音は「ギョ」だが、「猟リョウ」と類義なので、この熟語を「タイリョウ」と読む〕対不漁。例―旗ばた。―節ぶし。

【大倫】タイリン 大きな道理。人としてふむべき道。例欲レ潔二其身一而乱二大倫一そのみをいさぎよくせんとほっしてタイリンをみだる(=自分が清らかであろうとして大きな道理を乱している)。〈論語・微子〉

【大輪】タイリン 日普通より花が大きいこと。また、その花。

【大礼】タイレイ ①朝廷の重要な儀式。たとえば、即位の礼、大喪ソウの礼など。②人の一生で重要な儀式。成人式、結婚式、葬式など。③重大な礼節。例大礼不レ辞二小譲一タイレイはショウジョウをジせず(=重大な礼節をおこなう際にはささいな心配りは問題にしない)。〈史記・項羽紀〉

【大路】タイロ ①大きな道路。②天子の乗る車。玉輅ギョクロ。大輅タイロ。

【大老】タイロウ ①尊敬を集める立派な老人。長老。②日江戸時代、将軍の補佐役として、政局の多難な折に老中ロウジュウの上位に置かれた最高職。

【大▼牢】タイロウ ⇩【太牢】タイロウ(325ジペ)

【大和】タイワ|やまと 日①旧国名の一つ。今の奈良県にあたる。和州ワシュウ。参考もと、「倭」「大倭」なども書いた。②〔「①」に都があったことから〕日本の国の古い呼び名。例―ことば(=日本古来のことば)。

●偉大イダイ・遠大エンダイ・拡大カクダイ・強大キョウダイ・巨大キョダイ・広大コウダイ・公明正大コウメイセイダイ・最大サイダイ・針小棒大シンショウボウダイ・甚大ジンダイ・絶大ゼツダイ・壮大ソウダイ・増大ゾウダイ・尊大ソンダイ・雄大ユウダイ

夬

大1(4) 2 5279 592C

一カイ(クワイ)漢 卦guài 二ケツ漢 屑jué

さだ-める(さだ-む)・わ-かつ

意味 一❶きっぱりと決める。決断する。さだめる。わける。わかつ。❷易エキの六十四卦カの一つ。☱☰ 乾下兌上ケンカダショウ。沢が天にのぼる象。二矢を射るとき、右手にはめて弦つるを引きしぼる道具。ゆがけ。通抉ケツ。

太

大1(4) 1 3432 592A 教2

タ・ダ慣 タイ漢呉 泰tài

ふと-い(ふと-し)・ふと-る・はなはだ 付表太刀たち

[太古字] 冫3(5) 4 0314 51AD 古字。

筆順 一 ナ 大 太

なりたち [形声]「丶(=すべる)」と、音「大タイ」とから成る。なめらか。ゆったりと広い。

参考「泰タイ」の古字で、「大タイ」とも通じて用いられた。

意味 ❶きわめて大きい。例太鼓タイコ。太陽タイヨウ。❷おおもと。はじめ。おこり。例太初タイショ。太祖タイソ。太郎タロウ(=長男)。❸おおいに。はなはだ。非常に。例太平タイヘイ。❹たっとんでいうことば。例太公タイコウ。太后タイコウ。太子タイシ。❺やすらかである。安泰である。通泰。

日本語での用法《ふとい》①「太ふとい腕うで・太股ふともも・骨太ほねぶと」▼肥えている。②「太ふとい奴やつだ・肝きもが太ふとい」▼ふてぶてしい。また、大胆。

古訓 中古 いと・おほきなり・はなはだし・ふとし・もと 中世 いと

ど・はなはだ・ひたさら・ひたすら・ふとし・もと 近世 おほいなり・きはまる・すぎる・はなはだ・ひたすら・ふとし

人名 うず・すぐる・たか・はじめ・ひろ・ふと・ふとし・ます・もと

難読 太秦（うずまさ）・太息（ためいき）・猶太（ユダヤ）

【太尉】タイイ 秦代、軍事上の最高官。漢代には三公の一つとなったが、隋以降は名誉職化した。

【太一】タイイツ ①宇宙・万物の根源。②天の神。天帝。③陰陽道にいう星の名。太一星。太乙。太甲。④終南山の別名。例 太一近㆓天都㆒（＝終南山は都近くにそびえる）。〈王維・終南山〉

【太陰】タイイン ①陰の気がさかんに満ちていて陽の気がまったくない状態。②月。③北。④冬。▽対太陽。

【太陰暦】タイインレキ 月の満ち欠けをもとにしたこよみ。小の月を二十九日、大の月を三十日とする。陰暦。〔日本の陰暦は、太陰暦に太陽暦の要素を合わせたもので、厳密には太陰太陽暦という〕対太陽暦。

【太易】タイエキ 宇宙が宇宙として存在する以前の状態。古代、太易・太初・太始・太素の順に宇宙は生成されると考えられていた。〈列子・天瑞〉

【太液】タイエキ 漢の武帝が宮苑（＝宮中の庭園）に作った池。唐代には大明宮の北にあった。例 太液芙蓉未央柳（タイエキのフヨウビヨウのやなぎ）（＝太液池にハスの花が咲き、未央宮のヤナギも糸を垂れている）。〈白居易・長恨歌〉

【太華】タイカ 四岳・五岳の一つ、西岳。陝西省華陰県にある。華山。

【太河】タイガ 黄河の別名。

【太学】タイガク 漢の武帝のとき董仲舒らの建議により、都に置かれた政府直属の学校。五経博士が儒学を講義した。隋以降、国子監に属す。大学。

【太虚】タイキョ ①宇宙の根源。②おおぞら。虚空。▽大虚。

【太極】タイキョク 易で、宇宙・万物を生成する根源。

【太極拳】タイキョクケン 中国拳法の一つ。宋代に始められたという。現在では、武術としてよりも健康法として広くおこなわれている。

【太極殿】㊀タイキョクデン 天子が居住する宮中の正殿。三国時代、魏に始まる。㊁ダイゴクデン 日 天皇が政務をとり、また、即位などの大礼をおこなった宮殿。

【太空】タイクウ おおぞら。大空。

【太君】タイクン ①官吏である子の功績によって封土を与えられた母親の称号。②他人の父母に対する尊称。③仙女。

【太原】タイゲン 山西省太原市周辺の地。秦代の太原郡。

【太古】タイコ 遠い昔。大昔。有史以前。例 —の人類。

【太湖】タイコ 江蘇・浙江両省にまたがる景勝の湖。形の奇怪さから造園に珍重される太湖石を産する。

【太鼓】タイコ 打楽器の一つ。木や金属でできた胴に革を張ったもの。ばちや手で打ち鳴らす。

【太鼓判】タイコバン 日 ①大きな判。②絶対真実であるという保証のしるし。例 —をおす。

【太公】タイコウ ①祖父または父の尊称。②高齢者の敬称。③太公望のこと。

【太公望】タイコウボウ ①周代、文王と武王に仕えた賢臣、呂尚のこと。太公。②魚を釣る人。魚釣りの好きな人。

◆世をさけて渭水で魚釣りをしていた呂尚に文王が出会い、子（＝あなた）こそはわが太公（＝祖父）が待ち望んでいた人物だといって、太公望と呼んだ。……〈史記・斉太公世家〉

【太甲】タイコウ ①殷の湯王の孫。太宗。②星の名。太一。

【太后】タイコウ ①天子の母。②日 先代の天皇の皇后。

【太行】タイコウ 山西・河北・河南の三つの省境を南北にはしる、険しくて長い大山脈。

【太皇】タイコウ ①天。②古代の帝王のうちの、最もすぐれた帝王。③「太皇太后①」に同じ。

【太▼閤】タイコウ 日 ①摂政や太政大臣の敬称。また、位を子に譲った、前の関白。②日 豊臣秀吉のこと。

【太皇太后】タイコウタイゴウ ①天子の祖母にあたる女性。太皇。②日 天皇の祖母。類 太皇后。

【太宰】タイサイ 官名。天子を補佐する最高官。宰相。

【太歳】タイサイ ①木星の別名。②日 八将神の一人。木星の精。

【太山】タイザン 五岳の一つ。山東省にある名山。泰山。

【太山不㆑譲㆓土壌㆒】タイザンはドジョウをゆずらず 太山はわずかな土でもこばまずに受け入れるので、大きな山になった。人間として大きくなるには包容力をもつ必要があるということ。河海は細流を択ばず。〈史記・李斯伝〉

【挟㆓太山㆒以超㆓北海㆒】タイザンをわきばさみてもってホッカイをこゆ 太山をわきにかかえて北海をこえる。不可能なこと。〈孟子・梁恵王上〉

【太子】タイシ ①将来、帝位をつぐ王子や皇子。皇太子。②日 聖徳太子のこと。例 —堂。

【太史】タイシ 古代中国で、国の歴史を記録した官。また、天文や暦のことを受け持った官。

【太史公】タイシコウ 太史の敬称。特に、『史記』の作者である、漢の司馬遷と、その父の司馬談を指す。

【太始】タイシ 天地のはじめ。ものごとのはじめ。→【太易】

【太師】タイシ ①周代の三公の一つ。天子の補佐役の筆頭。②古代の楽官の長。

【太守】タイシュ 官名。郡の長官。

【太初】タイショ ①天と地とがまだ分かれておらず、混沌とした状態。宇宙の始まろうとするとき。→【太易】②道の根本。

【太上】タイジョウ ①最上のもの。至上。②三皇五帝の時代。太古。③皇帝。④天帝。上帝。⑤「太上皇㊀」の略。

【太上皇】㊀タイジョウコウ 皇帝の父親の尊称。北斉以降は位を譲った皇帝の自称。太上。㊁ダジョウコウ 日 位を譲った天皇の尊称。太上天皇。上皇。

【太政官】ダイジョウカン 日 律令制で、諸官庁をまとめ国政をつかさどった最高の官庁。現在の内閣にあたる。明治時代初期にも置かれたが、一八八五（明治十八）年内閣制の実施により廃止された。〔普通、明治時代に置かれたものを「ダジョウカン」と読む〕

【太政大臣】ダイジョウダイジン 日 太政官の長官。現在の総理大臣にあたる。左右大臣の上位。

【太真】タイシン ①宇宙の根本となる気。②道教で、貴金属の金の別名。③西王母に仕える仙女の名。④楊貴妃が一時道士となったときの号。

【太清】タイセイ ①自然の大法則。天道。②天。天空。

【太祖】タイソ ①王朝をおこした初代の帝王。始祖。例 元の—、チンギス＝ハン。②ものごとのはじめ。元祖。

【太素】タイソ ①物質のはじめ。太始の次の状態。→【太易】②非常に質素なこと。

【太宗】タイソウ ①ものごとの根本。大宗。②太祖（＝初代皇帝）に次ぐ功績を残した皇帝に贈られる称号。第二代めの場合が多い。

【太息】タイソク ためいきをつく。ためいき。大息。

【太白】タイハク ①「太白星」の略。金星の別名。②盛唐の詩人李白の字。③日 精製した白砂糖。

【太半】タイハン ほとんど。大半。〔一説に、三分の二を太半、三

分の一を少半という〕

【太▼廟】タイビョウ ①天子の先祖を祭るみたまや。宗廟ソウビョウ。大廟。②日伊勢いせ神宮の別名。

【太父】タイフ ①父方の祖父。大父。②母方の祖父。外祖父。

【太▼傅】タイフ ①周代の三公の一つ。天子の補佐役で、太師に次ぐ。②日旧制で、幼少の天皇を保育した職。

【太夫人】タイフジン 漢代、列侯の母親の称。のち、官吏の母の称。

【太平】タイヘイ 世の中がきわめて平和なこと。泰平。例天下一。

【太平天国】タイヘイテンゴク 清シン代後期、キリスト教の影響を受けた洪秀全コウシュウゼンが指導して清に反乱を起こし、南京ナンキンに建てた国。曽国藩ソウコクハン・李鴻章リコウショウらによって鎮圧された。(一八五一―一八六四)

【太平道】タイヘイドウ 後漢末、張角らが組織した宗教結社。一八四年に黄巾コウキンの乱を起こし、道教の淵源ゲンともなった。

【太平楽】タイヘイラク 日①舞楽の一つ。②好き勝手な言動をとるさま。のんきなさま。例一を並べる。一なやつだ。

【太保】タイホ ①周代の三公の一つ。天子の補佐役で、太傅に次ぐ。②宋ソウ・元ゲン代、道士や祈禱トウ師のこと。③無頼ブライの徒の尊称。おやぶん。

【太母】タイボ ①父方の祖母。②天子の母。大后。▽大母タイボ。

【太陽】タイヨウ ①陽の気がさかんに満ちていて陰の気がまったくない状態。②太陽系の中心にある恒星。大量の光や熱を地球にもたらし、生命の源とされる。日輪。③南。④夏。▽対太陰。

【太陽暦】タイヨウレキ 地球の公転をもとにしたこよみ。地球が太陽を一周する時間を一年とする。現在、世界でおこなわれているグレゴリオ暦もこの一種。新暦。陽暦。対太陰暦。

【太▼牢】タイロウ 古代の祭礼で、ウシ・ヒツジ・ブタの三種をそろえた神への供え物。転じて、立派なごちそう。大牢タイロウ。対少牢ショウロウ。

【太刀】たち 日長くて大きい刀。また、相手に切りかかる回数を数えることば。例一持ち。助すけ一だちする。一ひと一あびせる。

【太夫】タユウ 日①律令制で、五位(以上)の者。②能や歌舞伎かぶきなどの役者の、おもだった者。③江戸時代、最高位の遊女。▽大夫タユウ。

●根太ねだ

天

大1 (4)　1 3723　5929　教1　テン 漢 呉 先 tiān　あめ・あま

筆順 一 二 チ 天

なりたち [会意]「一(=ひとつ)」と「大(=おおきい)」とから成る。それ以上高いものはない。頭のてっぺん。

意味 ❶人の頭。例天蓋ガイ。脳天ノウ。❷頭上高く広がる空間。宇宙。そら。あめ。あま。対地。例天空クウ。天体タイ。満天テン。天高く馬肥こゆる秋。天あまの川がわ。❸万物バンブツを支配する神や霊などのいるところ。例天神シン。天堂ドウ。昇天ショウ。❹宇宙の支配者。天帝。造物主。例天意イ。天罰バツ。天テンは二物ブツを与あたえず。❺天の命をうけて地上を治める者。天子。例天顔ガン。天覧ラン。❻人の手のおよばない自然。例天険ケン。天災サイ。天然ネン。❼自然のまま。生まれつき。例天才サイ。天性セイ。❽空もよう。例天気キ。雨天テン。晴天セイ。❾たっとぶべきもの。例王者以レ民為レ天オウジャはタミをもってテンとなす(=王たる者は万民バンミンをたっとぶべきものとする)〈韓詩外伝・四〉❿上下が決まっているものの、上の方。例天地無用ムヨウ。

日本語での用法 一《テン》①「コール天テン(=うね状のすじを織り出したビロード(=ベルベット)の布地)」▼ビロードを「天鵞絨」と書いたところから。②「寒天カン」▼「天草ぐさ」の略。③「天丼どん・えび天テン」▼「天麩羅ぷら」の略。二《て》「天流る(=照る)」▼「て」の音にあてた万葉仮名。

古訓 中古 あめ・そら・たかし・はなきらる・はるかなり・ひたひきらる 中世 あまぐも・あめ・おほぞら・きざむ・そら・ひたひ 近世 あまつそら・あめ・いただき・かみきる・そら・たかし・ひたひきる

人名 かみ・そら・たか・たかし・ひろ・ひろし

難読 天花菜すぎな・つくづくし・天門冬きじかくし・テンモンドウ・天羽あもう(=姓・地名)・告天子ひばり・天鵞絨ビロード・天蚕糸てぐす・天晴あっぱれ・天児あまがつ・天弓にじ・天窓あまど・天主デウス・天鼠こうもり・天明ほのぼの・天漢あまのがわ

【天衣】テンイ ①天子の衣服。②天人テンニン・天女テンニョの衣服。

【天衣無縫】テンイムホウ ①天人の衣服には縫い目がないということ。〈霊怪録・郭翰〉から ②詩や歌などが、自然で、技巧が目立つことなくすぐれているさま。③日性格がのびのびしていて、細かいことにこだわらないさま。天真爛漫ランマン。

【天位】テンイ ①天子の位。類天祚ソ。②天が与えた位。

【天威】テンイ ①天・上帝の威力。②天子の威光。

【天意】テンイ ①天の心。神の意志。例一を感じる。②天子や帝王の心。例一を拝する。

【天維】テンイ ①天を支える、おおづな。②国家のおおもと。

【天宇】テンウ ①天空。おおぞら。②天下。③首都。みやこ。

【天運】テンウン ①天から与えられた運命。さだめ。天命。②天体の運行。

【天▼淵】テンエン 天と淵ふち。隔たっていて、差が大きいことのたとえ。

【天恩】テンオン ①天のめぐみ。②天子の恩恵。▽天恵。

【天下】テンカ 〔古くは「テンガ」〕①全世界。国中。世の中。世間。例一を騒がせた事件。②日江戸時代の将軍。例一さま。

【天下太平】【天下泰平】テンカタイヘイ 世の中がよく治まって平和なこと。転じて、何の悩みもなくのんびりしているさま。〈礼記・仲尼燕居〉

【天下無双】テンカムソウ 天下に並ぶ者がいないほどすぐれていること。例李広才気、天下無双リコウはサイキ、テンカムソウ(=李広の才気は天下に並ぶ者がいません)〈史記・李将軍伝〉

【天下無敵】テンカムテキ 相手としてかなう者がいないこと。〈孟子・離婁上〉

【天火】一テンカ 落雷や自然発火によって起こる火災。二テンピ 日料理用の蒸し焼き器。オーブン。

【天花】【天華】一テンカ 雪。二テンゲ〔仏〕天上の世界に咲くという花。また、法会エのとき仏前にまく、紙で作った花。

【天河】テンガ 「天漢テンカン」に同じ。

【天海】テンカイ ①〔空の広さを海にたとえて〕広い空。大空。②空と海。また、遠く離れていることのたとえ。

【天界】テンカイ ①大空。天空。②天上の世界。天上界。

【天外】テンガイ 天のそと。はるか遠いところ。例奇想一の(=思いもよらない、変わった)計画。

【天涯】テンガイ 天の果て。はるか遠いところ。異郷の地。

【天涯孤独】テンガイコドク 日広い世の中に身寄りもなく、ひとりきりであること。例一の身。

【天蓋】テンガイ ①天。大空。対地輿ヨ。②日仏像・棺ひつぎ・祭壇・ベッドなどの上をおおう、かさ。③日虚無僧コムソウのかぶる、深編みがさ。

【天楽】一テンガク ①天上の音楽。②宮中の音楽。二テンラク 自然と調和した楽しみ。
【天官】テンカン ①『周礼(シュライ)』の六官(リッカン)の一つ。長官は冢宰(チョウサイ)、国政全般を統括する。②天子に仕える官吏。百官。③人の感覚器官。耳・目・鼻・口など。④天文。
【天漢】テンカン 〔「漢」は、天(あま)の川の意〕天の川。銀河。銀漢。天河(テンガ)。(類)天潢(テンコウ)。
【天眼】テンガン｜テンゲン 〔仏〕何ごとでも見通すことのできる力をもった目。千里眼。
【天眼鏡】テンガンキョウ [日]①易者の用いる大きな凸レンズ。②望遠鏡。とおめがね。
【天眼通】テンゲンツウ｜テンガンツウ 〔仏〕世の中のものすべてを見通すことのできる能力。
【天顔】テンガン 天子のかお。竜顔。[例]—を拝する。
【天気】テンキ ①天の気。(対)地気。②気象状態。天候。[例]—図。③[日]晴天。[例]今日は—だ。④[日]天子の機嫌。天機。[例]—うるわしくいらせられた。
【天紀】テンキ 天体の運行の秩序。
【天機】テンキ ①天の秘密。宇宙・自然の神秘。②生まれつき備わっている機能や才知、能力。③[日]天子の機嫌。天気。
【天弓】テンキュウ 虹(にじ)の別名。帝弓。
【天▼咎】テンキュウ 天が下す、とがめ。天罰。(類)天譴(テンケン)。
【天宮】テンキュウ ①「天帝①」や神仙の宮殿。②天空。
【天球】テンキュウ 地上の観測者の立場から、空を球体とみなしていうことば。
【天均】【天▼鈞】テンキン ①万物(バンブツ)のつり合いをとる、自然の平衡原理。〈荘子・斉物論〉②極北の地。③心。
【天金】テンキン [日]書物の製本で、裁断した小口(こぐち)の天(＝上方)だけに金箔(キンパク)をおすこと。〔天地(＝上下)と小口の三方に金箔をおすのを「三方金(サンポウキン)」という〕
【天▼狗】テング ①テンコウ 星の名。②伝説上の獣の名。タヌキに似ていて頭が白い。③[日]山伏(やまぶし)の姿をし、顔は赤く鼻は高く、羽(は)うちわを持って自在に空を飛ぶという想像上の怪物。[例]烏(からす)—。④[日]〔「③」の鼻が高いことから〕自分の才能や能力などを自慢し、うぬぼれること。[例]—になる。
【天空】テンクウ 広々とした大空。[例]—にかかる虹(にじ)に。
【天空海▼闊】テンクウカイカツ ①空も海も広々としていること。②心が広くのびのびとしていること。[例]—の気象。
【天刑】テンケイ ①天の法則。自然の法則。②天が人にくだす刑罰。天罰。③去勢する。

【天恵】テンケイ ①天のめぐみ。②天子の恩恵。▽天恩。
【天啓】テンケイ ①天が人の運命を導く。②天から与えられたと感じる、教訓・発見・確信など。神の導き。神の啓示(ケイジ)。〔キリスト教でいう黙示(モクシ)〕[例]—を受ける。
【天慶】テンケイ 天が授ける幸せ。天のたまもの。
【天険】テンケン 山や谷など地形の非常にけわしい、自然の難所。
【天▼譴】テンケン 天がくだすとがめ。天罰。
【天元】テンゲン ①万物(バンブツ)生成のもととなる気の運行。②碁盤の中央にある黒い目(＝点)。
【天鼓】テンコ ①〔天の神が持つ、つづみの意〕雷。また、その音。②星の名。
【天語】テンゴ ①天のお告げ。②天子のことば。
【天工】テンコウ ①天のおこなう、天下を治める仕事。②天然のわざ。自然がもたらした美や細工。
【天公】テンコウ ①天帝。②天子。
【天行】テンコウ 天体の運行。
【天皇】[一]テンコウ ①天の神。天帝。②唐の高宗(コウソウ)のときの皇帝の称号。[二]テンノウ [日]日本の天子。明治以前は、律令制下で日本国の君主。明治憲法では、大日本帝国の元首。現憲法では、日本国および日本国民統合の象徴。
【天候】テンコウ 天気の状態。[例]—を見定める。—が回復する。
【天香国色】テンコウコクショク ①ボタンの花の別名。〈松窓雑録〉から〕②美人をほめていうことば。
【天国】テンゴク ①キリスト教などで、天上の世界。神の国。善人が死後におもむくとされている。[例]—へ旅立つ。②楽しい場所や理想的な環境などのたとえ。[例]歩行者—。▽(対)地獄。
【天才】テンサイ もって生まれた、人並みはずれた才能。また、その持ち主。
【天災】テンサイ 地震・噴火・竜巻・暴風雨・洪水・旱魃(カンバツ)など、自然の力がもたらす災害。[例]—地変。
【天際】テンサイ 天の果て。天辺。はるかかなた。
【天策】テンサク ①星の名。②すぐれた策。
【天山】テンザン 新疆(シンキョウ)ウイグル自治区の中部を東西にはしり、パミールの北端まで至る大山脈。南北両麓(リョウロク)に多くのオアシスを抱え、古来東西交通の要路を形成していた。この山脈の北側を天山北路、南側を天山南路という。
【天士】テンシ 天文に精通している人。
【天子】テンシ 〔天帝の子の意〕天に代わって世を治める人。

王。君主。皇帝。〔日本では天皇を指した〕
【天使】テンシ ①天の使者。天帝の使者。②キリスト教などで、天から地上につかわされる神の使者。エンゼル。③[日]心が優しく、人をいたわる人のたとえ。[例]白衣の—。
【天姿】テンシ ①生まれつきの姿かたち。②生まれつきの、すぐれた才能。天資。
【天資】テンシ 生まれつきの資質。天性。(類)天質。
【天時】テンジ ①天の運行や変化の秩序。[例]天時不ㇾ如二地利一(テンのときはチのリにしかず)(＝天の与えた好機にめぐりあっても地勢の利を得るのには及ばない)。〈孟子・公孫丑下〉②ものごとをおこなうのに適した時節。③天のさだめ。天の意志。天命。
【天▼竺】テンジク ①インドの古称。②[日]「天竺木綿(モメン)」の略。
【天▼竺木綿】テンジクモメン [日]地(ジ)が厚く丈夫な平織りの綿織物。天竺。〔外国からの輸入品の意で名づけられたという〕
【天日】[一]テンジツ ①太陽。日輪。[例]黒煙おおって—暗し。②天子。[二]テンぴ [日]太陽の光や熱。[例]—で乾かす。
【天爵】テンシャク 生まれつき備わったすぐれた人徳。(対)人爵。〈孟子・告子上〉
【天主】テンシュ ①天の神。②キリスト教で、天の神。〔ラテン語の「デウス」を音訳したものという〕
【天主教】テンシュキョウ カトリックの古称。
【天守】テンシュ [日]天守閣のこと。城の本丸に建てられた高層のやぐら。
【天寿】テンジュ 天から与えられた寿命。[例]—をまっとうする。
【天授】テンジュ 天からさずかる。また、生まれつき備わった才能。天性。天賦(テンプ)。
【天書】テンショ ①天子の詔勅。②天から下された書物。③難解な書物。
【天女】[一]テンジョ ①織女星(ショクジョセイ)。おりひめ。②天界に住む女性。転じて、美女。③ツバメの別称。[二]テンニョ 〔仏〕①欲界六天に住む女性。②女神の名にそえることば。吉祥(キッショウ)天女など。
【天象】テンショウ ①太陽・月・星など天体の現象。[例]—儀(＝プラネタリウム)。②天気の様子。空もよう。
【天縦】テンショウ 好きなようにふるまうことを天から許されていること。転じて、生まれつきもっているすぐれた才能。
【天上】テンジョウ ①天のうえ。大空。天空。(対)地上。②〔仏〕天にあるという世界。天上界。③[日]程度がこの上もないこと。最高。最上。④[日]天へのぼる。また、死ぬ。上天。昇天。

【天上天下】テンジョウテンゲ 天と地の間。宇宙。世界。
【天上天下唯我独尊】テンジョウテンゲユイガドクソン 〔仏〕この世界に自分よりも尊い者はいない。→【唯我独尊】ユイガドクソン（255ページ）
【天▼仗】テンジョウ 天子の儀仗兵。儀式用の武器を所持して天子につき従う兵士。
【天壌】テンジョウ 天と地。あめつち。例 ―無窮。―の隔たり（＝天と地ほどに差の大きいこと）。
【天壌無窮】テンジョウムキュウ｜テンジョウ ブキュウ 天地とともに無限に存続すること。例 ―の神勅（＝天照大神が皇孫に賜ったということば）。
【天職】テンショク ①天体の運行や万物の生成など、天のつかさどる仕事。②天から与えられた仕事。人のなすべき職務。③㊐その人自身にとって最もふさわしい仕事。
【天知神知我知子知】テンしるかみしるわれしるシしる 天と神と私とあなたが知っている。悪事は隠していても必ず人に知られるという戒め。「天知る地知る我知る子知る」とも。〔後漢の楊震に王密がひそかにわいろを贈ろうとしたとき楊震が言ったことば〕〈後漢書・楊震伝〉→【四知】シチ（271ページ）
【天心】テンシン ①天の心。天帝の心。②天子の心。帝王の心。③天の中心。空の真ん中。中天。例 ―の月。
【天津】テンシン ①〔天の渡し場の意〕天の川の分岐点にある星。②洛陽の西南にある天津橋。隋の煬帝が架けた。③河北省中部、黄海に面した都市。
【天神】㊀テンシン｜あまつかみ 天の神。天帝。対 地祇。㊁テンジン ㊐ 例 北野の―。菅原道真を祭った神社。天満宮。
【天真】テンシン 天から与えられた、自然のありのままの性質。
【天真▼爛漫】【天真▼爛▼熳】テンシンランマン 生まれつきの心が、素直にそのままにあらわれること。無邪気で明るいこと。〈襲開・高馬小児図〉
【天人】㊀テンジン ①天と人。自然と人為。②仙人。③天子。④すぐれた才能のある人。⑤道を体得した人。㊁テンニン 〔仏〕天上界の人。例 ―の五衰。→【五衰】ゴスイ（45ページ）
【天水】テンスイ ㊐天からの水。雨水。例 ―桶。
【天枢】テンスウ ①北極星あるいは北斗七星の第一星。②国の中心。都。③国家の大権。
【天井】㊀テンセイ ①盆地状の地形。②星座の名。井宿。③テンジョウ 室内から見て、屋根や、はり・けたの骨組みをかくすように、部屋の上部に張った板。対 床。例 ―裏。㊁ジョウテン ㊐ ①ものの内側の最上部。②物価などの最上の限度。例 ―知らずの相場。
【天井桟敷】テンジョウさじき ㊐劇場で、天井に近い最上階の座席。〔舞台から遠く、せりふが聞こえにくいために、料金が安い〕
【天生】テンセイ 生まれつき。天賦。天授。天性。天成。例 天生麗質難二自棄一（＝生まれついての美しさはそのままうちすてられるはずのものではない）。〈白居易・長恨歌〉
【天成】テンセイ ①天が順調に運行し、万物の生成が盛んなこと。②自然のままで道理に合うこと。③人の手がはいらず自然であること。例 ―の要害。④生まれつき。天性。
【天性】テンセイ 天から与えられた生まれつきの性質。
【天仙】テンセン ①天上界の神仙。②仙女。転じて、美女。
【天阻】テンソ ①天のようにはるかに遠いさま。②非常に険しい所。天然の要害。天険。
【天祖】テンソ ㊐天皇の祖先。皇祖。天照大神。
【天窓】テンソウ｜テンまど 光をとり入れたり、換気のために部屋の高いところや屋根につけた、まど。
【天属】テンゾク ①自然にそなわっている、父子・兄弟などの関係。②生まれつき。天性。
【天孫】テンソン ①織女星の別名。②天子の子孫。③㊐天照大神の孫、瓊瓊杵尊。例 ―降臨。
【天体】テンタイ 太陽・月・星など、宇宙の空間にある物体の総称。例 ―望遠鏡。
【天台】テンダイ ①「天台山」の略。中国浙江省天台県にある山で、天台宗の聖地。②「天台宗」の略。隋の智顗大師を開祖とする仏教の一派。日本には、平安時代に最澄が唐から帰朝後、比叡山延暦寺を建てて教えを広めた。
【天壇】テンダン 天子が天を祭るための円形の祭壇。現在北京の正陽門外の南郊にあるものは、明の永楽帝のとき築かれ、清代に修築された。
【天地】テンチ ①天と地。あめつち。天壌。②かけ離れて、差の大きいこと。雲泥。③世の中。世界。宇宙。例 新―。④㊐ものの上と下。また、上下をひっくり返す。例 ―無用。
【天地開▼闢】テンチカイビャク 世界のひらけはじめ。
【天地玄黄】テンチゲンコウ 〔「玄」は、黒の意〕天は黒色、地は黄色。梁代に作られた千字文（＝二百五十句から成る四言古詩）の第一句。
【天地人】テンチジン ①天と地と人。宇宙の万物。三才。②㊐一連のものの順位や程度などを区別することば。
【天地神明】テンチシンメイ ㊐天の神や地の神。すべての神々。例 ―に誓って。
【天地無用】テンチムヨウ ㊐上下を逆にしないで取りあつかうこと。〔荷物につける注意書き〕
【天池】テンチ ①天の神がつくった大きな池。海のこと。例 南冥者天池也（＝南方の幽冥の境にある大海は天池である）。〈荘子・逍遥遊〉②星の名。
【天中】テンチュウ ①天の中央。天心。②大空。天空。③観相（＝人相術）で、鼻の部分。
【天柱】テンチュウ 天を支えているという柱。人の世を支える道理にたとえる。例 天柱折地維欠（＝天を支えている柱が折れ、地をつないでいる綱が切れる〈ように、人の世が乱れる〉）。〈補史記・三皇紀〉
【天▼誅】テンチュウ ①天の下す罰。例 ―がくだる。②天に代わって人がおこなう罰。例 ―を加える。
【天頂】テンチョウ ①天。頂上。いただき。てっぺん。②地上の観測者の真上に延ばした直線と天球の交わった点。天頂点。
【天朝】テンチョウ 朝廷を敬っていうことば。おかみ。皇朝。
【天聴】テンチョウ ①天子が聞くこと。例 ―に達する（＝天子の耳にはいる）。②天子の判断。
【天▼寵】テンチョウ 天、または天子の恩愛。例 ―を受ける。
【天長節】テンチョウセツ ①唐、玄宗皇帝の誕生日。②㊐天皇誕生日の、明治三年から昭和二十三年までの言い方。〔皇后誕生日を「地久節」といった〕
【天長地久】テンチョウチキュウ｜テンはながくチはひさし 天地が永遠に不滅であること。〔互文で「天地長久」の意〕〈老子・七〉
【天帝】テンテイ ①宇宙を支配する神。造物主。上帝。②〔仏〕帝釈天。③キリスト教で、神。
【天敵】テンテキ ㊐①生物界の食物連鎖の中で、捕食や寄生などをして相手を殺す立場にあるもの。②どうしても勝てない苦手な相手。
【天都】テント ①天帝のいる都。転じて、天。②天子のいる都。
【天怒】テンド ①天の怒り。自然災害のこと。②天子の怒り。
【天堂】テンドウ ①天上の神の宮殿。②仏教で、極楽。キリスト教で、天国。③観相（＝人相術）で、額の上部。
【天道】㊀テンドウ ①天地自然の道理。宇宙万物をつかさどるおきて。天理。例 天道無レ親（＝天道は公平で、えこひいきすることがない)。〈老子・七九〉②天の神。上帝。天帝。③天体の運行する道。㊁テントウ 日太陽。日輪。例おー様。
【▼跼レ天▼蹐レ地】テンにせぐくまりチにぬきあしす (1276ジペー) ⇩【跼天蹐地】キョクテンセキチ
【天然】テンネン ①生まれつき。天性。例ーの色白(いろじろ)。②人の手がはいらず自然そのままであること。自然。対人工・人造・人為。例ー資源。
【天王】テンノウ ①天子。春秋時代には、特に周の天子をいう。②「天界②」の王。③最高の身分あるいは権勢をもつ人。④洪秀全(コウシュウゼン)の称号。
【天馬】テンバ・テンマ ①「天帝①」が乗って空をかけるというウマ。例天馬行レ空(テンバクウをゆく)(=天馬が大空をかけるように、さえぎるものがなく自由奔放なことのたとえ)。〈劉廷振・薩天錫詩集・序〉②速く走る名馬。駿馬(シュンメ)。③日ギリシャ神話で、つばさがあって空を飛ぶというウマ。ペガサス。
【天罰】テンバツ 天が下す罰。犯した悪事に対して受ける、自然の報い。天のとがめ。天刑。例ーがくだる。
【天罰▼覿面】テンバツテキメン 日悪事はすぐに報いを受けるということ。
【天表】テンピョウ ①天のかなた。はるかに高い空。②天子の姿かたち。
【天▼飆】テンピョウ 〔「飆」は、つむじ風の意〕天空に吹きすさぶ強風。
【天▼秤】テンビン 重さをはかる器具。棒の両はしに皿をつるして中央を支え、皿の一方に重さをはかりたいものを、もう一方に分銅(フンドウ)を置いてつり合いをとる。例ー棒。
【天▼稟】テンピン 生まれながらにもっている性質や能力。天分。例ーの才。ーの良質。
【天部】テンブ 〔仏〕諸天の神々。仏教を守護する神々をまとめていう。例阿弥陀(アミダ)の浄土に舞い遊ぶー。
【天府】テンプ 〔「府」は、集まったものをしまっておく倉庫〕①自然の要害で、農作物が豊かに実る土地。②学問が奥深く、きわめがたいこと。③天子の倉。
【天賦】テンプ 生まれながらに天から与えられたもの。生まれつき。天与。例ーの玉質(=すぐれた性質)。
【天袋】テンぶくろ 日日本建築で、押し入れや違いだなの上など、天井近くに作る戸だな。対地袋(ジぶくろ)。
【天▼麩羅】テンプラ 日〔ポルトガル語 tempero のあて字〕①魚やエビ・貝類・野菜などを油で揚げた料理。②外側をめっきしたものや、にせもののたとえ。例ーの金時計。
【天分】テンブン 生まれつきの才能や素質。例ーにめぐまれる。
【天兵】テンペイ ①天子の軍隊。王師。②天の意志を受けて悪を滅ぼす正義の兵。③自然に身に備わっている武器。動物の牙(きば)・爪(つめ)・角(つの)など。
【天辺】テンペン 大空の果て。天際。転じて、遠く離れた地。
【天変地異】テンペンチイ 空や地上に起こる異変。暴風雨・日食・月食・地震・洪水など。例ーが続出した時代。
【天歩】テンポ ①天体の運行。②時のめぐりや国の運命。
【天歩▼艱難】テンポカンナン 〔「天歩」は、天の運行・時の運の意〕天の運行が順調でないこと。国の内外の情勢が時の運にめぐまれず、苦労の多いことにたとえる。〈詩経・小雅・白華〉
【天魔】テンマ 〔仏〕人を悪の道にさそうという悪魔。例ー波旬(=「波旬」も、人のよいおこないをさまたげる悪魔の意)。
【天幕】テンマク ①天。②日天井に飾りとして張る幕。③日〔英 tent のあて字〕屋外に、雪・雨・風・露などをしのぐために、柱を立てて布を張った小屋。テント。
【天民】テンミン ①天の法則に従う人。賢人。②天が生み出した民。民衆。
【天命】テンメイ ①天帝の命令。天から与えられた使命・運命。例五十而知二天命一(ゴジュウにしてテンメイをしる)(=五十歳になって天が自分に与えた使命を理解する)。〈論語・為政〉②天から与えられた寿命。天寿。例ーをまっとうする。
【天明】テンメイ ①天から与えられた使命。②夜が明けるころ。明け方。例ーに出発する。
【天網】テンモウ ①天が悪人を捕らえるための、あみ。万物(バンブツ)を網羅する天の道とも、天の道による自然の裁きともいう。転じて、天罰。②天子のおこなう刑罰。国法。
【天網▼恢▼恢疎▼而不レ失】テンモウカイカイソにしてうしなわず 天のあみは広く大きく、目はあらいけれども、どんな小さな悪事も見のがさない。悪事は必ず天罰を受けるということ。天網恢恢疎にして漏らさず。〈老子・七三〉
【天目】テンモク 日「天目茶碗(テンモクヂャワン)」の略。茶の湯に用いる浅いすりばち形の茶わん。〔修行僧が中国の天目山から持ち帰ったことによる〕
【天文】テンモン 太陽・月・星など、天体の運行。宇宙の諸現象。〔地文・水文・人文などに対する〕例ー学。
【天門】テンモン ①万物(バンブツ)が生まれ出る門。一説に、天帝の宮門。これを身体になぞらえ、鼻あるいは口とする説もある。②天子の宮門。③自然の真理に踏みこむ入り口。一説に、心。
【天▼佑】【天▼祐】テンユウ 天のたすけ。類天助。例ー神助。
【天与】テンヨ 天が与えた生まれつきのもの。人為によらない自然のまま。天賦(テンプ)。例ーの才。ーの好機会。
【天▼籟】テンライ 〔「籟」は笛、また自然界のひびきの意〕①自然がつくりだす風などの音。対人籟・地籟(チライ)。〈荘子・斉物論〉例ーを聞く。②詩や文章がすぐれて美しいこと。
【天覧】テンラン 天子がご覧になること。例ー相撲(ずもう)。
【天吏】テンリ ①天命を受けて、それを立派におこなう者。②天子の官吏。
【天理】テンリ 天の道理。宇宙万物(バンブツ)を支配する法則。
【天領】テンリョウ 日①昔、天皇の領地。②江戸時代、将軍家が直接治めた領地。幕府の直轄地。
【天倫】テンリン ①自然に備わっている人と人との間の秩序。兄弟や親族間の関係をいう。②天の意志。天の道理。
【天▼禄】テンロク ①天から与えられる幸福。②酒の別名。③伝説上の獣の名。器物の文様などに使われる。
【仰レ天▼而唾】テンをあおいでつばきす 〔空を向いてつばを吐く意〕他人を傷つけようとして、かえって自分を傷つけてしまうことのたとえ。天に唾(つばき)する。〈雲笈七籤・九八〉
●有頂天(ウチョウテン)・雨天(ウテン)・炎天(エンテン)・仰天(ギョウテン)・荒天(コウテン)・昇天(ショウテン)・晴天(セイテン)・南天(ナンテン)・脳天(ノウテン)・満天(マンテン)・露天(ロテン)

夫

大1 (4)

1 4155
592B

教4

㊀フウ 慣 フ 漢呉 ブ 呉 虞 fū
㊁フ 漢 虞 fú
おっと(をっと)・そ-れ・つま

筆順 一 ニ チ 夫

なりたち  [会意]「大(=ひと)」のあたまに「一(=成人のさすかんざし)」をさす一人前のおとこ。

意味 ㊀❶成年に達した男子。おとこ。対妻・婦。例丈夫(ジョウフ)。夫子(フウシ)。匹夫(ヒップ)。凡夫(ボンプ)。❷妻の配偶者。妻のある男子。おっと。例夫妻(フサイ)。夫唱婦随(フショウフズイ)。想夫憐(ソウフレン)。❸労役(ロウエキ)や肉体労働にたずさわるおとこ。例坑夫(コウフ)。農夫(ノウフ)。夫役(ブヤク)。❹面積の単位。百畝(ホ)。井田(セイデン)制で、成年男子一人に割り当てられた耕作地の広さ。例九夫為レ井(キュウフをセイとなす)(=九夫を一井(イセ)とする)。〈周礼・地官・小司徒〉㊁❶「それ」と読み、そもそも、の意。重要な論題を述べはじめるときに用いる。例 夫秦為二無道一（＝そもそも秦は道義にはずれたことをした）。〈史記・留侯世家〉❷「かの」と読み、あの・例の、の意。ものごとを指示する。例 楽二夫天命一（＝あの天命を楽しむ）。〈陶淵明・帰去来辞〉❸文末に置いて詠嘆もしくは疑問をあらわす。かな。か。例 逝者如レ斯夫（＝過ぎゆくものとはこのようであるのか）。〈論語・子罕〉悲夫かなしい。

古訓 中古 かの・かれ・それ・ひとびと・ますらを・をとこ・をふと 中世 かの・かれ・その・それ・をつと・をとこ 近世 かしづき・かな・かの・それ・たすく・つま・とと・もののふ・をつと・をとこ・をのこ

人名 あき・お・すけ

難読 夫婦めおと・信夫しのぶ（＝地名・人名）・丈夫ますらお・夫男せな

【夫子】フウシ ①男子を呼ぶことば。②師や有徳の人などの敬称。特に、孔子を指すことが多い。③妻がおっとを、子が父を呼ぶことば。

【夫婦】フウフ ①おっとと妻。結婚したひと組みの男女。めおと。例 おしどり―。②〔「夫」は成人男子、「婦」は成人女子〕普通の男女。平凡な人々。匹夫匹婦ヒップヒップ。

【夫家】フカ ①男と女。②おっとの家。嫁ぎ先。

【夫君】フクン ①君主。②おっとの敬称。背せの君きみ。郎君。③友人。

【夫権】フケン 日 昔、おっとが妻に対してもっていた支配的な権利。居所の指定や妻の財産を管理する権利など。

【夫妻】フサイ おっとと、つま。結婚したひと組みの男女。

【夫唱婦随】フショウフズイ まずおっとが言い出し、妻はそれに従って行くこと。〔夫婦の仲のよいことの象徴とされた〕〈関尹子・三極〉

【夫人】フジン ①身分の高い人の妻。例 摩耶―マヤブニン（＝釈迦シャカの母）。②諸侯の妻や天子の妾ショウを指したことば。③日 他人の妻の敬称。

【夫婿】フセイ おっと。また、妻がおっとを呼ぶときの呼称。

【夫役】フエキ・ブエキ・ブヤク 公の仕事のために、人々を強制的に働かせること。また、働かされる人々。

【夫里▼之布】フリのフ 〔「布」は、銭の意〕夫布と里布。ともに税の一種。〔一説に、夫布は職をもたない者に課す税、里布は宅地にクワやアサを植えない者に課す税〕〈孟子・公孫丑上〉

●工夫クフウ・車夫シャフ・丈夫ジョウフ／ジョウブ・水夫スイフ・大夫タイフ・太夫タイフ・人夫ニンプ・農夫ノウフ・匹夫ヒップ・凡夫ボンプ

夭

大1（4） 2 5280 592D

一 ヨウ（エウ）漢 呉 篠 yǎo
二 ヨウ（エウ）漢 呉 蕭 yāo
三 オウ 漢 皓 ǎo
わか-い（わか-し）

意味 一 ❶年わかくして死ぬ。わかじに。例 夭逝ヨウセイ。夭折ヨウセツ。❷折る。折れる。曲がる。かがむ。例 毋レ夭レ英なかれエイをおること（＝出たばかりの芽を折ってはならない）。〈管子・禁蔵〉 二 ❶やわらぐさま。たのしむさま。例 子之燕居、申申如也、夭夭如也シのエンキョするや、シンシンジョたり、ヨウヨウジョたり（＝孔子がくつろいでおられるときは、のびのびとされ、やわらいでおられた）。〈論語・述而〉❷わかわかしく、美しいさま。わかい。通 妖ヨ。例 夭夭ヨウヨウ。❸さかんなさま。例 厥草惟夭そのくさはこれヨウたり（＝その草は盛んに茂っている）。〈書経・禹貢〉❹わざわい。通 祆ヨウ。 三（動植物の）子供。例 不レ殀レ夭オウをころさず（＝動物の子を殺さない）。〈礼記・王制〉

【夭▼閼】ヨウアツ ①さえぎる。さえぎられて中断する。②若死に。

【夭札】ヨウサツ 疫病で若死にする。

【夭死】ヨウシ 年の若いうちに死ぬ。夭逝。夭折。類 夭没。

【夭寿】ヨウジュ 若死にと長生き。短命と長寿。例 ―の差。

【夭▼殤】ヨウショウ 〔「殤」は、二十歳前に死ぬ意〕年の若いうちに死ぬ。夭折。例 ―をいたむ。

【夭逝】ヨウセイ 年の若いうちに死ぬ。夭死。夭折。

【夭折】ヨウセツ 年の若いうちに死ぬ。夭死。夭逝。類 夭没。

【夭夭】ヨウヨウ ①若々しく美しいさま。例 桃之夭夭、灼灼其華もものヨウヨウたる、シャクシャクたりそのはな（＝若々しいモモの木に、今を盛りと美しく咲く花）。〈詩経・周南・桃夭〉②おだやかで、のびのびとしているさま。

央

大2（5） 1 1791 592E 教3

一 ヨウ（ヤウ）漢 オウ（アウ）呉 陽 yāng
二 エイ 漢 庚 yīng

筆順 丨 冂 口 央 央

なりたち  [会意]「大（＝ひと）」が「冂（＝境界）」のちょうど、まんなかにいる。まんなか。

意味 一 ❶まんなか。なかば。例 中央チュウオウ。❷つきる。なくなる。やむ。例 未央ビオウ。年央ネンオウ。❸遠い。久しい。例 未レ央絶滅いまだひさしからずしてゼツメツす（＝遠からず滅びる）。〈素問・四気調神大論〉❹わざわい。通 殃オウ。❺⇩【央央】一 オウ 二 あざやかで美しいさま。鮮明なさま。通 英。例 旂旐央央キチョウエイエイたり（＝旗があざやかで美しい）。〈詩経・小雅・出車〉

古訓 中古 つく・なかば・ひさし・やむ 中世 なかばなり・ひさし 近世 あきらか・つくる・なかば・ひさし・やむ

人名 あきら・たか・たかし・ちか・てる・なか・なかば・ひさ・ひさし・ひろし

【央央】一 オウオウ 広々としているさま。二 エイエイ ①音声が調和するさま。②鮮明なさま。

●震央シンオウ・中央チュウオウ

失

大2（5） 1 2826 5931 教4

一 シツ 漢 シチ 呉 質 shī
二 イツ 漢 質 yì
うしなう（うしな-ふ）・う-せる（う-す）

筆順 ノ 𠂉 ⺧ 牛 失

なりたち  [形声]「手（＝て）」と、音「乙ツイ」とから成る。手ばなして、なくす。

意味 一 ❶なくす。おとす。わすれる。うしなう。うせる。例 失格シッカク。失礼シツレイ。消失ショウシツ。❷ふと、してしまう。思わず…する。もらす。例 失火シッカ。失笑シッショウ。❸やりそこなう。しくじる。あやまつ。例 失敗シッパイ。過失カシツ。千慮センリョの一失イッシツ。❷気ままにする。通 佚イツ。例 淫失インイツ。 二 ❶はしる。逃げる。例 其馬将レ失そのうままさにはしらんとす（＝そのウマは暴走しそうだ）。〈荀子・哀公〉❷気ままにする。通 逸。

古訓 中古 あやまつ・うしなふ・うす・そこなふ・とが・なし・わする 中世 うしなふ・とが 近世 あやまち・あやまる・うしなふ・すつる・にぐる・ほしいまま

【失意】シツイ ①機嫌をそこなう。②思うようにものごとが進まず、気落ちすること。対 得意。例 ―のどん底にある。

【失火】シッカ 過失から起こした火事。対 放火。

【失格】シッカク 日 資格をうしなう。

【失気】シッキ ①気絶する。②勇気をうしなう。

【失機】シッキ 機会をのがす。

【失儀】シツギ 礼儀に外れる。失礼なことをする。

【失脚】シッキャク ①つまずく。足を踏み外す。②日 地位や立場をうしなう。例 汚職事件で―する。

【失業】シツギョウ 職をうしなう。（働きたいのに）仕事がない。失職。対 就業。例 ―者。

【失禁】シッキン 〔「禁」は、我慢する、抑制するの意〕思わず大小便をもらしてしまう。

【失敬】シッケイ ①礼儀に反しているさま。失礼。無礼ブレイ。例 ―な男だ。②自分の非礼をわびるときのことば。また、人と別れるときの挨拶(アイサツ)に用いることば。失礼。〔多く男性が使う〕 例 この辺で―します。③日 他人のものを黙って使ったり、持って行ったりする。例 ちょっと―する。

【失血】(シッケツ) 出血して多量の体内の血をうしなう。例 ―死。

【失権】(シッケン) 権利・権力をうしなう。

【失言】(シツゲン) ①(ゲンをうしなう) 話をすることが損失になる。例 不レ可ニ与言一而与レ之言、失レ言也(ともにいうべからずしてこれといふは、ゲンをうしなうなり)(=共に語るべきでない人と話をするのは、ことばの無駄である)。〈論語・衛霊公〉 ②日 言ってはいけないことをうっかり口に出してしまう。また、そのことば。例 不用意な―。

【失語】(シツゴ) ①言いまちがいをする。②日 ことばがうまく口に出ない。ことばを忘れる。例 ―症。

【失効】(シッコウ) 日 法律や契約などの効力をなくす。対 発効。

【失策】(シッサク) ①計画・方法を間違える。②日 しそんじる。しくじり。失錯。③日 スポーツで、失敗する。エラー。

【失錯】(シッサク) ①あやまち。しくじり。②慌てふためいて、おろおろする。狼狽(ロウバイ)する。失措(シッソ)。

【失笑】(シッショウ) 思わずわらってしまう。例 ―を買う。

【失▼蹤】(シッショウ) 足あとを見うしなう。失踪(シッソウ)。失跡。

【失色】(シッショク) ①(いろをうしなう) 驚きおそれて顔色を変える。②ふだんのおごそかな顔つきをなくす。

【失職】(シッショク) ①職をうしなう。失業。②職務上のしくじり。仕事の上の怠慢。

【失心】(シッシン) ①気がくるう。②日 気絶する。失神。

【失身】(シッシン) ①節操をうしなう。身をもちくずす。失節。②女性が貞操をうしなう。③生命をうしなう。

【失神】(シッシン) ①気がくるう。②日 気をうしなう。気絶。失心。

【失声】(シッセイ) ①悲しみのあまり泣いても声が出なくなる。②思わず声をあげる。

【失政】(シッセイ) 政治のやり方を誤ること。悪い政治。

【失跡】(シッセキ) どこへ行ったか、わからなくなる。ゆくえ知れず。ゆくえ不明。失踪(シッソウ)。

【失節】(シッセツ) ①節操をうしなう。失身。②統制をうしなう。落ち着きをなくす。③礼儀に外れる。

【失措】(シッソ) 平静をうしなっておろおろする。失錯。

【失踪】(シッソウ) 所在がわからなくなる。ゆくえをくらます。失跡。

【失足】(シッソク) ①ふるまいに威厳がないさま。②足を踏み外す。つまずく。③堕落する。

【失速】(シッソク) 日 ①空中を飛ぶものが浮力をうしなうほど、その速度が落ちる。例 ―して墜落した。②急激に勢いがなくなる。例 景気の―。

【失体】(シッタイ) ①面目をうしなうこと。人に顔向けできないこと。②日 ひどい失敗。醜態。失態。

【失態】(シッタイ) 日 ひどい失敗。しくじり。失体。例 大―を演じる。

【失地】(シッチ) 争いなどによってうしなった土地。奪われた領地。立場や地位にもいう。例 ―を回復する。

【失調】(シッチョウ) ①音楽が調子はずれであること。②調子をくずして調和をうしなうこと。例 栄養―。自律神経の―。

【失墜】【失隊】(シッツイ) ①失敗する。②うしなう。亡くす。

【失点】(シッテン) 日 ①スポーツの試合などで、相手に点を取られる。また、その点数。対 得点。②仕事上の失敗や落ち度。

【失度】(シッド) ①(ドをうしなう) 節度をうしなう。②慌てふためく。

【失当】(シットウ) 正当でない。不当。

【失得】(シットク) うしなうことと得ること。失敗と成功。

【失念】(シツネン) 日 忘れて思い出すことができない。ど忘れ。

【失敗】(シッパイ) 思ったとおりの結果が得られない。しくじり。しそこない。対 成功。例 ―は成功の母。

【失費】(シッピ) 日 何かするのにかかる費用。経費。物入り。入り用。例 努力して―を少なくする。

【失望】(シツボウ) 希望をうしなう。がっかりする。落胆。

【失名】(シツメイ) 人の姓名を忘れること。また、姓名がわからないこと。例 ―氏(=無名氏。名を出したくないときにも用いる)。

【失命】(シツメイ) ①命令に背く。②いのちをうしなう。死ぬ。落命。例 あやうく―するところだった。

【失明】(シツメイ) 目が見えなくなる。視力をうしなう。

【失約】(シツヤク) 約束に背く。

【失礼】(シツレイ) ①礼儀に外れること。礼儀をわきまえないこと。失敬。無礼(ブレイ)。例 ―きわまる。②日 自分の非礼をわびるときのことば。例 おっと―。③日 人と別れる。また、そのときのことば。失敬。

【失恋】(シツレン) 日 恋が、うまく進まず、だめになる。

【失路】(シツロ) ①道に迷う。②人生行路を踏み外す。出世しそこない、不遇でいること。

【失鹿】(シツロク) 〔「鹿」は、帝位のたとえ〕 帝位をうしなう。

● 過失(カシツ)・消失(ショウシツ)・焼失(ショウシツ)・喪失(ソウシツ)・損失(ソンシツ)・得失(トクシツ)・紛失(フンシツ)

[夵] 大2(5) ⇩本(ホン)(654ページ)

𡗗

大2(5) 4 0530 215D7 (漢字の字体記述要素)

夷

大3(6) 1 1648 5937 人 イ 漢 呉 支 yí えびす・えみし

なりたち  [会意] 「大(=人)」と「弓(=小さなもの)」とから成る。東方の人。

意味 ❶(東方に住んでいた)未開の異民族。**えみし**。**えびす**。例 夷狄(イテキ)。東夷(トウイ)。蛮夷(バンイ)。❷外国人に対するさげすんだ呼び名。また、外敵。例 以レ夷制レ夷(イをもってイをセイす)(=外敵を他の外国の力でおさえる。自分は何もせず他の力を利用して、敵をおさえる)。尊王攘夷(ソンノウジョウイ)。❸たいら。たいらか。安らか。例 大道甚夷(タイドウははなはだたいらかなり)(=大きな道はとても平坦(ヘイタン)である)。〈老子・五三〉 ❹ともがら。同輩。例 等夷(トウイ)(=同輩)。❺大きい。例 降レ福孔夷(フクをくだすことはなはだイなり)(=幸せをもたらすことが非常に大きい)。〈詩経・周頌・有客〉 ❻よろこぶ。例 夷懌(イエキ)(=よろこぶ)。夷悦(イエツ)。❼ころす。皆殺しにする。滅ぼす。たいらげる。例 夷滅(イメツ)。焼夷弾(ショウイダン)。❽きず。きずつける。通 痍(イ)。例 傷夷(ショウイ)。❾足を投げだして座る。また、しりをおろし、ひざを立ててすわる。踞(キョ)。くずした座り方。例 原壌夷俟(ゲンジョウイしてまつ)(=原壌は立てひざで座り〔孔子を〕待った)。〈論語・憲問〉 夷踞(イキョ)。❿ただ。ここに。⓫⇩【夷由】(イユウ) ⓬⇩【夷猶】(イユウ)

日本語での用法 《えびす》 ①「夷講(えびすコウ)・夷大黒(えびすダイコク)」▼七福神の一人。魚をわきにかかえ、釣りざおを肩にかけている姿の神。②「暴夷(あらえびす)・夷曲(えびすうた)」▼大和朝廷の支配の外にある東国の地。また、そこにもとから住んでいた人々。えぞ。

古訓 中古 うずゐ・えびす・きず・ころす・たひら・たひらかなり・つねに・ひとし・ひらく・ほろぶ・やすし・やぶる・よろこぶ 中世 うずゐ・えびす・たひらぐ・ひとし・やぶる・よろこぶ・ゐなか 近世 えびす・かる・たひらか・つつしむ・ほろぼす・やぶる・よろこぶ

人名 ひな・ひろ

難読 夷曲(ひなぶり)・辛夷(こぶし)

【夷悦】(イエツ) よろこぶ。類 夷懌(イエキ)・夷愉。

【夷夏】(イカ) 夷狄(イテキ)と夏(カ)。蛮族と中国。夏夷。

【夷▼踞】(イキョ) 足を投げだして座る。礼儀に外れた座り方をすること。類 夷蹲(イソン)。

【夷険】(イケン)【夷▼嶮】(イケン) ①平らなことと険しいこと。②順境と逆境。

【夷人】(イジン) ①平凡な人。②未開人。野蛮人。③異民族。

外国人。

【夷斉(イセイ)】伯夷(ハクイ)と叔斉(シュクセイ)。

【夷然(イゼン)】どっしりと落ち着いて動じないさま。泰然。平然。

【夷則(イソク)】①古代中国の音楽で、十二律の一つ。②陰暦七月の別名。

【夷俗(イゾク)】夷狄(イテキ)の風俗。野蛮で礼にかなっていない風俗。

【夷▼坦(イタン)】①平坦(ヘイタン)なさま。②穏やかで、ゆったりとしているさま。

【夷▼狄(イテキ)】未開の異民族。野蛮人。〔「夷」は東方の異民族、「狄」は北方の異民族を指した〕

【夷塗(イト)】平坦(ヘイタン)な道。

【夷▼貊(イバク)】【夷▼貉(イバク)】〔「貊・貉」は、北方の未開人の意〕(東方・北方にいる)野蛮人。

【夷蛮戎▼狄(イバンジュウテキ)】「東夷(トウイ)・南蛮(ナンバン)・西戎(セイジュウ)・北狄(ホクテキ)」の略。異民族の総称。夷狄。

【夷平(イヘイ)】①平らであるさま。②平らに削る。③皆殺しにする。

【夷滅(イメツ)】①皆殺しにする。完全に滅ぼす。②跡形もなくなる。真っ平らになる。

【夷由(イユウ)】①ぐずぐずして進まないさま。夷猶(イユウ)。②ムササビの別名。鼯鼠(ゴソ)。

【夷猶(イユウ)】「夷由(イユウ)①」に同じ。

夸

大3(6) 2 5282 5938

一 コ慣 カ(クヮ)漢 麻 kuā
二 コ慣 ク漢 虞 kuā
三 コ慣 カ(クヮ)漢 禡 kuà
おご-る

意味 一 ❶おごる。ほこる。通誇。❷大きい。おおげさ。例夸言(コゲン)(＝おおげさな話。ほら話)。❸むなしい。例夸論(コロン)。二 美しい。通姱(コ)。例夸容(コヨウ)。三 またぐ。またがる。通跨(コ)。

【夛】大3(6) ⇩霊(レイ)(1419ジペー)

夾

大4(7) 2 5283 593E

一 コウ(カフ)漢
キョウ(ケフ)呉 洽 jiā
二 キョウ(ケフ)漢呉 葉 jiá
三 コウ(カフ)漢
キョウ(ケフ)呉 洽 xiá
はさ-む

意味 一 ❶ものをわきにはさんで持つ。(両側から)**はさむ**。通挾。例夾撃(キョウゲキ)。夾帯(キョウタイ)。❷はさまる。まじる。例夾雑(キョウザツ)。❸(両側からはさむように)そばにいて、たすける。例夾侍(キョウジ)。二 ❶あわせの着物。裏地がついている着物。通袷(コウ)。例夾衣(キョウイ)。❷(刀剣の)つか。通鋏(キョウ)。三 せまい。通狭。

難読 夾侍(わきだち)

【夾撃(キョウゲキ)】両側から敵をはさんで攻撃すること。はさみうち。挾撃。

【夾雑(キョウザツ)】余分なものがまじること。例—物。

【夾侍(キョウジ)】①左右にはべる。また、その人。②〔仏〕本尊の左右両わきにひかえる仏像。阿弥陀(アミダ)像の観音と勢至など。脇士(キョウジ)(わき)。脇立(わきだち)。脇侍(キョウジ)。挟侍。

【夾鐘(キョウショウ)】①古代中国の音楽で、十二律の一つ。②陰暦二月の別名。

【夾帯(キョウタイ)】①禁令を犯してひそかに物を身につける。②科挙(＝官吏登用試験)などで、持ちこみ禁止の書物などをこっそり携帯して試験場に入る。

【夾▼輔(キョウホ)】君主の左右にあって政治を助ける。輔佐。

夳

大4(7) 4 0532 593D

グン漢 吻 yǔn

意味 ❶大きい。おおきい。❷高い。たかい。

奄

大5(8) 1 1766 5944 人

一 エン(エム)漢 琰 yǎn
二 エン(エム)漢 塩 yān
おお-う(おほ-ふ)・たちま-ち

なりたち 〔会意〕「大(＝あまる)」と「申(＝のびひろがる)」とから成る。おおう。

意味 一 ❶おおいかぶせる。**おおう**。例奄有(エンユウ)。❷ふさぐ。ふさがる。とぎれる。例奄奄(エンエン)。通淹(エン)。❸突然。**たちまち**。にわかに。例奄忽(エンコツ)。二 ❶ひさしい。❷宦官(カンガン)。通閹(エン)。

古訓 中古 いたる・おほいなり・おほきなり・くちすぼ・たちまち・にはか・ひさし 中世 たちまち・とどまる・にはか 近世 あまる・いこふ・おほいなり・おほふ・たちまち・とどまる・にはか・やすむ

人名 ひさ・ひさし

難読 奄美(あまみ)(＝地名)

【奄奄(エンエン)】今にも息が絶えそうなさま。虫の息であるさま。例気息—。

【奄▼忽(エンコツ)】①たちまち。急に。奄然。②死ぬこと。

【奄然(エンゼン)】①ぴったりと合うさま。②おおわれて暗いさま。③今にも息が絶えそうなさま。④休んでいるさま。⑤突然であるさま。にわかなさま。

【奄有(エンユウ)】(領土などを)そっくり占有する。

【奄留(エンリュウ)】長い間とどまる。逗留(トウリュウ)。


【架】大5(8) ⇩賀(ガ)(1257ジペー)

奇

大5(8) 1 2081 5947 常用

一 キ漢呉 支 qí
二 キ漢呉 支 jī
めずら-しい(めづら-し)・あや-しい(あや-し)・く-し

【竒】立4(9) 2 5284 7AD2 俗字。

筆順 一 ナ 大 太 夲 杏 奇 奇

なりたち 〔会意〕「大(＝おおきい)」と「可(カ→キ)(＝よい)」とから成る。普通よりすぐれている。

意味 一 ❶並はずれてすぐれている。すぐれた。例奇才(キサイ)。奇勝(キショウ)。❷普通とは違っている。**めずらしい**。例奇人(キジン)。新奇(シンキ)。珍奇(チンキ)。❸あやしげである。変な。**あやしい**。例奇怪(キカイ)。怪奇(カイキ)。猟奇(リョウキ)。❹思いがけない。不意。例奇遇(キグウ)。奇計(キケイ)。奇襲(キシュウ)。二 ❶二で割りきれないこと。対偶。例奇数(キスウ)。❷幸運でないこと。対偶。例数奇(スウキ)。❸端数。余り。残り。例奇零(キレイ)(＝端数)。

古訓 中古 あやし・あやしぶ・いつはる・ことなり・たがふ・たまさか・まれなり・めづらし・よる 中世 あまり・あやし・ことなり・そむく・たまさか・まれなり・めづらし・よる 近世 あまり・あやし・いつはる・かたかた・かたよる・そばだつ・たけひきし・まれなり

人名 くす・より

【奇異(キイ)】普通でなく変わっているさま。奇妙。奇怪。

【奇偉(キイ)】(人物などが)立派であるさま。非凡である。

【奇▼頴(キエイ)】並はずれて、すぐれている。

【奇縁(キエン)】思いがけない不思議な縁。例合縁(あいエン)—。

【奇貨(キカ)】めったにないめずらしい品物。転じて、意外な利益の見こめそうな品物や好機。


【奇貨可レ居(キカおくべし)】掘り出し物は、買い入れておくべきである。好機はのがしてはならない、ということ。◆戦国時代、商人だった呂不韋(リョフイ)が趙(チョウ)国の人質となっていた秦(シン)の王子子楚(シソ)を見て、「これ奇貨なり。居くべし」と言って、援助した。のちに秦王となった子楚は、呂不韋を大臣として重く用いた。…………〈史記・呂不韋伝〉

【奇禍(キカ)】思いもよらない災難。対奇福。例—に遭う。

【奇怪(キカイ)】〔強調して「キッカイ」とも〕①不思議であやしい

さま。奇奇怪怪。例―なできごと。②日けしからぬさま。不都合なさま。

【奇怪千万】キカイセンバン 日〔「奇怪」を強めていうことば〕①非常に不思議なさま。②非常にけしからぬさま。

【奇観】キカン めずらしい眺め。めったにないすばらしい景色。

【奇岩】【奇▼巌】キガン めずらしい形をした岩。例―怪石。

【奇奇怪怪】キキカイカイ 〔「奇怪」を強めていうことば〕非常に不思議であやしいさま。例―な事件。

【奇矯】キキョウ 言動が人と違って風変わりなさま。

【奇偶】キグウ【奇▼耦】キグウ 奇数と偶数。

【奇遇】キグウ 思いがけない出会い。類奇覯キコウ。

【奇▼崛】キクツ ①山が険しく起伏に富んでいるさま。②〔詩文や書体が〕奇抜ですぐれているさま。

【奇形】キケイ ①めずらしいかたち。奇妙なかたち。②日生物の発育異常の形態。表記▽旧▼畸形

【奇計】キケイ 普通では思いつかない、すぐれた計略。奇策。類奇謀。例―をめぐらす。

【奇景】キケイ 普通とは変わった、めずらしい景色。

【奇警】キケイ ①非常にすぐれてかしこいこと。②思いもよらないこと。奇抜。例―の言。

【奇言】キゲン 変わっていてめずらしいことば。変わったことを言う。奇語。

【奇語】キゴ 「奇言ゲン」に同じ。

【奇功】キコウ めざましい手柄。

【奇巧】キコウ ①たくみな技巧。②いつわり。たくらみ。

【奇行】キコウ 常識を外れたおかしな行動。例―を演じる。

【奇骨】キコツ ①普通の人と違う骨相コッソウ。②風変わりで、節を曲げない性格。例―のある男子。

【奇才】キサイ めったにないすぐれた才能。また、その人。

【奇策】キサク 思いもよらない策略。奇計。例―を弄ロウする。

【奇士】キシ とびぬけてすぐれた人物。

【奇趣】キシュ めずらしく、変わったおもむき。妙趣。類奇致。

【奇習】キシュウ 日めずらしい風習。

【奇襲】キシュウ 日敵の予想しない方法や予期しないときに襲撃する。不意打ち。

【奇術】キジュツ ①不思議な技術。あやしい術。②日手品。マジック。

【奇書】キショ めずらしい書物。思いもよらない内容やおもしろさをもつ書物。例四大―（=明ミン代の『水滸伝スイコデン』『三国志演義サンゴクシエンギ』『西遊記サイユウキ』『金瓶梅キンペイバイ』）。

【奇▼峭】キショウ ①山が険しくそびえ立つさま。②文字や文章が雄健で、通俗的でないさま。

【奇勝】キショウ ①敵の意表をついて勝つ。②めずらしくてすばらしい風景。

【奇人】キジン ①非凡な人。②日性質や言動が変わっている人。変わり者。変人。畸人キジン。

【奇▼瑞】キズイ 不思議なまえぶれ。吉兆。

【奇数】キスウ 二で割りきれない整数。半の数。対偶数。

【奇声】キセイ 奇妙なこえ。例―を発する。

【奇跡】キセキ ①めずらしい事跡。すぐれた業績。②普通にはありえないような、不思議なできごと。表記▽旧奇▼蹟

【奇絶】キゼツ めずらしくて、すばらしい。

【奇想】キソウ 変わった考え。奇抜な思いつき。

【奇想天外】キソウテンガイ 日「奇想天外より落つ」の略。普通では思いつかないほど、発想が奇抜なさま。例―な発想。

【奇態】キタイ【奇体】キタイ 日風変わりなさま。奇妙なさま。

【奇▼譚】キタン 日めずらしい言い伝え。不思議な話。奇談。

【奇談】キダン ①すぐれた言論。②日めずらしく、不思議な話。奇譚タン。表記旧▼綺談

【奇知】【奇▼智】キチ 普通には考えつかないような、すぐれた知恵。奇抜な知恵。

【奇▼挺】キテイ とびぬけている。例―の才。

【奇天烈】キテレツ 日〔あて字。多く「奇妙奇天烈」の形で〕非常に風変わりなさま。

【奇道】キドウ 普通でない方法。人が思いつかないような、変わった方法。対正道セイドウ。

【奇特】キトク ①とびぬけてすぐれているさま。②キドク 日おこないや心がけがよいさま。殊勝。例―な人。③キドク 日神仏が見せるような不思議な力。霊験レイゲン。奇跡。ミラクル。例―をあらわす。

【奇抜】キバツ ①すぐれ、ぬきんでているさま。例文才―。②日普通では考えられないほど風変わりなさま。例―な衣装。

【奇病】キビョウ めずらしい病気。えたいの知れない病気。

【奇福】キフク 思いがけない幸福。僥倖ギョウコウ。対奇禍。

【奇聞】キブン 不思議で、めずらしいうわさや話。奇談。

【奇兵】キヘイ 思いもよらない戦法で敵の不意をつく軍隊。

【奇癖】キヘキ 変わったくせ。妙なくせ。例―の持ち主。

【奇峰】キホウ めずらしい形をした山の、みね。→【夏雲】カウン（310ジペー）

【奇妙】キミョウ ①めずらしく、普通と違ってすぐれている。②日普通と違って変な感じがするさま。例―な味。―に一致する。

【奇略】キリャク 普通では考えつかないような、すぐれたはかりごと。奇計。奇策。類奇謀。例―縦横ジュウオウ。

【奇麗】キレイ ①整っていて美しいさま。例―な花。字を―に書く。②日すがすがしいさま。清潔なさま。例―な水。③日てぎわがよくて気持ちがいいさま。▽綺麗キレイ。

●怪奇カイキ・好奇コウキ・新奇シンキ・数奇スウキ｜サッキ・珍奇チンキ・伝奇デンキ・猟奇リョウキ

奞 大5（8） 4 0534 5946 ケン（クェン）漢 阮 juàn

意味 はなはだ大きい。おおきい。

臭 大5（8） 4 0535 3696 一コウ（カウ）漢 皓 gǎo 二タク漢 陌 zé

意味 一つやつやと白い。しろい。二さわ。通沢。

奈 大5（8） 1 3864 5948 常用 ダイ漢 ナイ呉 泰 nài ダ漢 ナ呉 箇 nà

［柰］木5（9） 4 1451 67F0 本字。

筆順 一 ナ 大 太 夳 夲 奈 奈

なりたち  ［形声］「木（=き）」と、音「示シ→イダ」とから成る。果樹の名。借りて助字に用いる。

意味 ❶果樹の名。カラナシ。通㮈ダイ。❷多く「奈何」のように「何」と複合し、「いかん（せん）」「いかんぞ」と読み、どうするか、どうしたらよいか、の意。疑問・反語をあらわす。例騅不レ逝兮可ニ奈何一（=騅スイの逝ゆかざるいかんすべき〔=愛馬の騅が進まないのをどうしたらよいか〕）〈史記・項羽紀〉❸…できる。たえる。通耐。

古訓 中古 いかでか・いかむぞ・いづくぞ・さいはひ・なぞ・なんぞ 中世 いかん・からなし・なんぞ 近世 いかん・なんぞ

人名 なに

【奈何】いかん ①どのように。どうするか。②事のなりゆき。例話―では考えがある。▽如何いかん。

【奈辺】ナヘン 日どのあたり。どのへん。那辺ナヘン。例その目的は―にあるか。

【奈落】ナラク 〔梵語ボンゴ naraka の音訳〕①〔仏〕地獄。例

—の底。—に落ちる。②日どんぞこ。③日劇場の舞台の下に作られた空間。回り舞台のしかけなどがある。▽那落。

奉

大5（8）　1 4284　5949　常用

ホウ漢　ブ呉　腫 fèng
たてまつる・まつ-る

筆順　一　＝　三　夫　夫　夫　叁　奉

なりたち　［形声］「手（＝て）」と左右の手の形と、音「丰ホウ」とから成る。両手でささげ持つ。

意味　❶目上の人から、ものや命令を両手でうやうやしく受ける。うけたまわる。たまわる。例 遵奉。信奉。君命を奉ずる。❷両手でうやうやしく差し上げる。たてまつる。例 奉二白璧一双一（＝宝玉一対をささげ持つ）。〈史記・項羽紀〉奉納。❸つかえる。つとめる。世話をする。例 奉公。奉仕。職を奉ずる。❹動詞の上に置き、その動作のおよぶ対象に敬意をあらわす。…申し上げる。例 奉読。奉陪（＝貴人のお供をする）。❺ふち。俸禄。通 俸。

日本語での用法　《たてまつる》「頼み奉る・敬意を表し奉る」▼動詞に付いて、謙遜の意をあらわす、あらたまった言い方。…申し上げる。

古訓　中古 あがむ・うく・うけたまはる・ささぐ・したがふ・すすむ・そむく・たてまつる・つかうまつる・つかふ・つかまつる・つかむまつる・つつしむ・とも・まつり・まつる　中世 あがむ・うけたまはる・たてまつる・つかうまつる・つかまつる・とも　近世 あたふ・うくる・うけたまはる・ささぐ・たてまつる・つかへる・はんべる・やしなひ

人名　うけ・たて・とも・な・よし

【奉安】ホウアン　①帝王または父のひつぎを葬る。②神仏など、尊いものを安置する。例 —殿。

【奉加】ホウガ　日 社寺へ寄進として、お金や品物を差し出す。

【奉加帳】ホウガチョウ　日 社寺へ寄進した金品や、寄進者の名前などを書き入れる帳面。例 —を回す（＝寄付をつのる）。

【奉還】ホウカン　つつしんでお返しする。例 大政—。

【奉迎】ホウゲイ　つつしんで貴人をおむかえする。

【奉献】ホウケン　差し上げる。献上する。類 奉呈。

【奉公】ホウコウ　①国や主君などのために尽くす。例 滅私—。②日 雇われて主人のために働く。例 丁稚—。

【奉行】ホウコウ　一 主君の命令を受けて、事をおこなう。二 ブギョウ 日 武家時代の職名。さまざまな政務を担当した。例 畳—。船—。

【奉候】ホウコウ　身分の高い人のご機嫌をうかがう。

【奉▼朔】ホウサク　①正朔（＝天子の定めた暦）を受け入れて用いる。②臣下となって服従する。〔ある王朝の定めた暦を受け入れることは、その王朝の正統性を認め服属することを意味する〕

【奉賛】【奉▼讃】ホウサン　①お助け申し上げる。②たたえる。

【奉仕】ホウシ　日 ①神仏や主君などにつかえる。②社会や人のために力を尽くす。ボランティア。例 —活動。勤労—。③商店が特別に安く商品を売る。サービス。例 —価格。

【奉旨】ホウシ　皇帝の意向をうけたまわる。

【奉伺】ホウシ　日 つつしんでおうかがいする。ご機嫌をおうかがい申し上げる。例 天機—。

【奉祝】ホウシュク　つつしんでおいわいする。類 奉賀。

【奉書】ホウショ　①君主の文書をささげ持つ。②日 君主の命令をしるした文書。③日「奉書紙ホウショがみ」の略。コウゾから作る厚手の上質な和紙。〔「②」に使われたことから〕

【奉承】ホウショウ　①命令によく従って行動する。お仕えする。②祭る。③こびへつらう。

【奉上】ホウジョウ　①主君に忠を尽くして仕える。②物を差し上げる。贈呈する。

【奉職】ホウショク　公の職業につく。例 中学校に—する。

【奉体】ホウタイ　日 つつしんで主君の意を身に受ける。つつしんで実行する。

【奉戴】ホウタイ　①君主としておしいただいてお仕えする。②日 皇族を会の総裁などにおしいただく。例 妃殿下を総裁に—する。

【奉勅】ホウチョク　勅命をうけたまわる。

【奉天】ホウテン　①天命に従う。②今の遼寧省瀋陽市の旧称。もと盛京とも呼んだ、清朝の古都。

【奉答】ホウトウ　君主や貴人のおっしゃることに、つつしんでお答えする。

【奉読】ホウドク　つつしんで読み上げる。例 詔書を—する。

【奉納】ホウノウ　日 神仏に金品や技芸などをつつしんでおさめる。例 —相撲。常夜灯を—する。

【奉拝】ホウハイ　つつしんでおがむ。例 社前で—する。

【奉幣】ホウヘイ　①貢ぎ物を献上する。②日 神前にぬさをたてまつる。また、神にいろいろな供え物をする。例 —使が立つ。

【奉養】ホウヨウ　①父母や目上の人に仕えて世話をする。②日常の飲食や起居。

【奉▼禄】ホウロク　官吏の給料。俸給。扶持。俸禄。

●順奉・信奉

奔

大5（8）　1 4359　5954　常用

［奔］大6（9）　FA7F　旧字体。

一 ホン漢呉　元 bēn
二 フン漢　問 fèn
はし-る

筆順　一　ナ　大　大　本　本　奔　奔

なりたち　［形声］「大（＝曲げる）」と、音「卉キ→ホン」とから成る。ひざを曲げて速く走る。

意味　一 ❶勢いよくかけまわる。はしる。例 奔走。狂奔。❷にげる。逃亡する。例 出奔。❸決まりを守らない。勝手にふるまう。例 奔放。淫奔。❹急いで行く。かけつける。例 奔喪（＝急いで帰郷し服喪する）。二 惨敗する。壊滅的に負ける。例 奔敗。

古訓　中古 おもむく・さる・とし・はしる・はす　中世 はしる・わしる　近世 あつまる・はやし・やぶる・わしる

【奔逸】【奔▼佚】ホンイツ　①走って逃げる。②走りまわる。③思いのままに行動する。

【奔競】ホンキョウ｜ホンケイ　われがちに競争する。官職や利益を得るため駆けずりまわる。

【奔▼竄】ホンザン　あわてて逃げる。逃げかくれる。

【奔▼駛】ホンシ　①車やウマが勢いよく走る。②駆けずりまわる。奔走。▽類 奔馳。

【奔車】ホンシャ　走る車。危険な状態のたとえ。

【奔出】ホンシュツ　勢いよくほとばしり出る。例 水が—する。

【奔▼趨】ホンスウ｜ホンシュ　①走りまわる。奔走。②追求する。

【奔走】ホンソウ　①いそがしく走りまわる。②事がうまく運ぶよう、いそがしく駆けまわる。東奔西走。例 国事に—する。③あれこれと世話をする。馳走。④走って逃げる。

【奔▼湊】【奔▼輳】ホンソウ　走って集まる。会合する。

【奔▼湍】ホンタン　川の流れの急なところ。早瀬。

【奔▼濤】ホントウ　荒れくるう波。激しい大波。類 奔浪。

【奔騰】ホントウ　①駆けのぼる。②日（物価や株価などが）急激に上がる。例 物価が—する。

【奔馬】ホンバ　①勢いよく疾走するウマ。②すさまじい勢い。勢いのさかんなことのたとえ。例 —のような働きぶり。

【奔波】ホンパ　①激しく流れる水。激しく打ち寄せる波。②どっと押し寄せる。③駆けずりまわる。奔走。
【奔放】ホンポウ ①勢いよく走る。②勢いよくほとばしる。③ものにとらわれず、思いどおりに行動するさま。例 自由―。
【奔北】ホンボク 〔「北」も、逃げる意〕戦いに敗れて逃げる。敗走。
【奔命】ホンメイ ①主君の命令に従って奔走する。②いそがしく活動する。例 ―に疲れる（＝疲れ果てるまで奔走する）。
【奔雷】ホンライ 激しい雷鳴。
【奔流】ホンリュウ 激しい水のながれ。急流。激流。
●狂奔・出奔

奕

大6（9） 2 5285 5955 エキ漢 ヤク呉 陌 yì

意味 ❶大きく美しいさま。❷光りかがやくさま。例 赫奕（＝光りかがやくさま）。❸重なる。続く。例 奕葉（＝代々）。❹囲碁。ばくち。例 博奕。
【奕奕】エキエキ ①大きいさま。②美しいさま。例 新廟奕奕たり（＝新しい宗廟は立派で美しい）。〈詩経・魯頌・閟宮〉③光りかがやくさま。④連なり続くさま。⑤習熟しているさま。例 四牡奕奕たり（＝四頭の牡馬はよく訓練されている）。〈詩経・小雅・車攻〉
【奕世】エキセイ 代々。累代。類奕葉。

奐

大6（9） 2 5286 5950 カン（クヮン）漢呉 翰 huàn あざ-やか・おお-い・おお-いなり（おほい-なり）

意味 ❶たくさんあるさま。大きいさま。さかんなさま。**おおいなり**。❷光りかがやくさま。**あざやか**。例 奐奐（＝光りかがやいて美しいさま）。輪奐（＝建物が高大でうるわしいこと）。

契

大6（9） 1 2332 5951 常用 一ケイ漢 霽 qì 二キツ漢 物 qì 三セツ漢 屑 xiè 四ケツ漢 屑 qiè ちぎ-る・ちぎ-り・きざ-む

［契］大6（9） F909 旧字体。

筆順 一 十 丰 丰 㓞 㓞 契 契

なりたち  【形声】「大（＝おおきい）」と、音「㓞」とから成る。重大な約束。

意味 一❶かたく約束する。**ちぎる。ちぎり**。例 契約。黙契。断金の契り。❷文字をきざむ。また、占うためにカメの甲羅にきざむ。**きざむ**。例 契文。書契。❸約束の証拠となるしるし。割り符。割り印。例 契券（＝割り符）。契符。❹符合する。合致する。あう。❺⇩【契契】 二「契丹」は民族の名。三 殷王朝の始祖の名。四❶⇩【契闊】 ❷もつ。とる。通挈。

古訓 中古 かなふ・きざむ・たつ・ちぎり・ちぎる 中世 かなふ・きざむ・ちぎり・ちぎる 近世 あはする・うれふ・かくる・きざむ・きる・くるしむ・たつ・ちぎる・へだたる・わりふ

人名 ひさ・ひさし

【契丹】キッタン 中国東北部にいた民族。唐代の末期に興隆し、宋代に国号を遼として王朝を建てたが、金に滅ぼされた。キタイ。（九一六―一一二五）
【契印】ケイイン 二枚以上から成る書類に、その続いていることの証明として、二枚にまたがらせておす印。割り印。
【契機】ケイキ ①日〔哲〕ものごとの動きや変化を決定する要因。②きっかけ。例 結婚を―に転職する。
【契契】ケイケイ 憂え苦しむさま。
【契合】ケイゴウ 割り符のように、二つのものがぴったりあう。符合。
【契刀】ケイトウ 前漢末期に王莽が鋳造した銭。環のついた刀のような形で、「契刀五百」と刻まれていた。
【契符】ケイフ 木片や紙片に文字を書き、印をおして二つに割ったもの。二人の人がそれぞれ一枚を保存し、のちの証拠とした。割り符。類契券。
【契文】ケイブン 甲骨文字の別名。
【契約】ケイヤク ①約束。②売買や貸借、委任などについて当事者どうしが約束をかわす。また、その約束。例 ―書。
【契▼闊】ケッカツ ①辛苦する。つとめ苦しむ。②長い間別れていて会わないこと。また、久しぶりで会ったときの挨拶。久闊。③固い交わりを結ぶ。
●書契・黙契

奎

大6（9） 2 5287 594E 人 一ケイ漢 斉 kuí 二キ漢 紙 kuǐ

なりたち  【形声】「大（＝ひと）」と、音「圭」とから成る。両方の腿のあいだ。

意味 一❶またぐら。また。❷〔星が「また」の形に並んでいることから〕二十八宿の一つ。とかきぼし。例 奎宿。
二⇩【奎▼蹻】

人名 ふみ

【奎▼蹻】キキ 大またで歩く。
【奎運】ケイウン 〔「奎宿」が文章をつかさどる星であることから〕学問や文芸の発展。文運。

奏

大6（9） 1 3353 594F 教6 一ソウ漢 宥 zòu 二ソウ漢 宥 còu かなでる（かな-づ）

筆順 一 三 声 夫 夫 叁 叁 奏

なりたち  【会意】左右の手ですすめる形と上へすすむ形とから成る。両手でつつしんで差し上げる。

意味 一❶献上する。差し上げる。すすめる。例 奏進（＝貴人に、すすめ差し上げる）。❷君主に申し上げる。もうす。特に、天子に申し上げる。また、その文書。例 奏上。伝奏。❸楽器を鳴らす。音や声をそろえて演じる。**かなでる**。例 演奏。合奏。琴を奏する。❹事柄が進行して結果があらわれる。なしとげる。例 奏功。奏効。二 あつまる。通湊。

古訓 中古 おくる・すすむ・まうす 中世 すすむ・はやす・ほどこす・まうす 近世 あつまる・かなづる・すすむ・ふみ・みなと

人名 かな・すすむ・のぶる・ふみ

【奏案】ソウアン ①上奏文を読む机。②天子に上奏して裁可を受け、取り調べをおこなう。③裁可された上奏文。④日上奏文の下書き。
【奏劾】ソウガイ 人の罪を天子に上奏して弾劾する。類奏弾。
【奏楽】ソウガク 音楽を演奏する。また、演奏する音楽。類奏曲。
【奏議】ソウギ ①天子に意見を上奏し、その是非について論じる。②天子に差し出す表・奏・疏などの総称。
【奏功】ソウコウ ①功績をあげる。②ものごとが目的どおりなしとげられる。成功する。例 調停工作が―する。
【奏効】ソウコウ ①成果・手柄を君主に申し上げる。②ききめがあらわれる。例 注射が―する。
【奏稿】ソウコウ 上奏文の下書き。類奏草。
【奏書】ソウショ 君主に奉る文書。上奏文。類奏章・奏疏。
【奏▼摺】ソウショウ 地方官が上奏し、天子が朱を入れる文書。
【奏上】ソウジョウ 天子や君主に申し上げる。奏聞。上奏。
【奏請】ソウセイ 天子に申し上げて、許可を願う。
【奏対】ソウタイ ①天子からの質問に対して、臣下がその場で答える。②奏疏（＝上奏文の一種）および対策（＝天子からの下問に答えた文章）の総称。
【奏任】日 明治憲法下の官吏の任命形式で、内閣が天皇に推薦し、その上で任命するもの。例 —官。
【奏法】日 楽器を演奏する方法。演奏のしかた。
【奏聞】天子に申し上げる。奏上。
●演奏・合奏・上奏・吹奏・前奏・弾奏・独奏・伴奏

［奔］大6（9） ⇩奔（333ジペー）

奚 大7（10） 2 5288 595A ケイ 漢 斉 xī いず-くんぞ（いづ-くんぞ）・なん-ぞ
意味 ❶奴隷。また、召し使い。例 奚隷（＝下男・下女）。❷「**なんぞ**」と読み、どうして、の意。疑問・反語をあらわす。例 子奚不レ為レ政（＝あなたはどうして官位についての政治をおこなわ）ないのですか）。〈論語・為政〉
【奚若】〔「いかに」〕の変化。状態や程度を問うことば〕どうであるか。どのようか。どうして。
【奚奴】①宮中で使われる奴隷。②北方異民族出身の奴隷。また、北方異民族に対する蔑称。
【奚童】少年の召し使い。僕童。

奘 大7（10） 2 5289 5958 ジョウ（ジャウ）慣 ソウ（サウ）漢 ゾウ（ザウ）呉 養 zàng さか-ん

［弉］廾7（10） 2 5518 5F09 俗字。
意味 ❶大きく力強い。**さかん**。通 壮。❷「玄奘」は、唐代の高僧。インドへ行き、中国に仏教をもたらした。
日本語での用法 《ざ》「伊奘諾尊・伊奘冉尊」▼「ざ」の音にあてた万葉仮名。

套 大7（10） 1 3769 5957 人 トウ（タウ）漢 号 tào
なりたち ［会意］「大（＝おおう）」と「長（＝長髪の形）」とから成る。覆いかさねて、ひとまとめとする。
意味 ❶包むように覆うもの。例 外套。手套。❷衣服などのひとかさね。そろい。例 一套。❸使いふるされた。ありきたりの。例 套語。旧套。常套。❹湾曲した地形の場所。例 河套。❺かさねる。例 套印本。
古訓 中世 ながし 近世 ながし
【套印本】多色刷りの書物。元末に朱と黒の二色刷り（朱墨本）が現れ、明・清代には五色にまで発展した。
【套語】ありきたりのことば。決まり文句。常套語。

𦰩 大7（10） 4 0536 26C29 （漢字の字体記述要素）

奛 大8（11） 4 0537 595B コウ（クヮウ）漢 養 huǎng
意味 明るい。あきらか。

奝 大8（11） 3 1573 595D チョウ（テウ）漢 蕭 diāo
意味 ❶大きい。❷多い。

奟 大8（11） 4 0538 595F ホウ（ハウ）漢 庚 bēng
意味 力が大きい。

奥 大9（12） 1 1792 5965 常用 一 オウ（アウ）漢呉 号 ào 二 イク（ヰク）漢 屋 yù おく

［奧］大10（13） 2 5292 5967 人 旧字体。

筆順 

なりたち 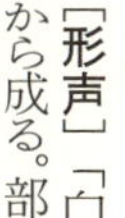 ［形声］「宀（＝やね）」と、音「𡨄ケン→ウオ」とから成る。部屋の西南のすみ。
意味 一 ❶室（＝南側を正面入り口とする家屋で、北側の仕切りのある部屋）の西南のすみ。室内の上座として、神が祭られた。また、その神。例 与三其媚二於奥一、寧媚二於竈一（＝室の西南隅に祭られる尊い神にこびるよりも、身近なかまどの神にこびた方がよい）。〈論語・八佾〉 ❷家の、入り口から遠い所。**おく**。例 奥座敷。堂奥。❸深くはいりこんだ所。例 奥地。❹奥深くてわかりにくい（所）。かくれた。例 奥義。深奥。秘奥。二 ❶あたたかい。通 燠。例 日月方奥（＝時期がちょうどあたたかい時であった）。〈詩経・小雅・小明〉 ❷にごる。にごっている。通 澳。❸川の流れの湾曲した所。くま。通 澳。例 淇奥（＝淇水の湾曲した場所）。
日本語での用法 一《オウ》「奥州」▼旧国名「陸奥」の略。→【陸奥】日（1398ジペー） 二《おく》「奥方・奥様」▼上流の生活をする人の妻。また、他人の妻を敬っていう語。
古訓 中古 あな・うち・おく・かくす・かくる・ふかし 中世 あたたかなり・おく・ふかし 近世 あたたか・うち・おく・かくる・くま・ふかし
人名 うち・おき・すみ・ふか・むら
難読 奥入瀬（＝地名）・陸奥
【奥義】学問や技芸・武術などの根本にある最も重要な真理。極意。例 —をきわめる。
【奥旨】学問や宗教などの奥深い意味。奥義。
【奥底】①ものごとのいちばん深いところ。②日 心の奥深いところ。本心。例 心の—を打ち明ける。
【奥秘】ものごとの奥深い重要な秘密。奥義。
【奥妙】①奥深くすぐれている。②極意。奥義。
【奥書】日 ①写本や刊本で、本文の前や後に、書写・刊行の年月日やその本の由来などを記したことば。識語。②芸能で、師が弟子に奥義をさずけるときに与える証文。③官公署が、書類の記載事項が正しいことを証明して、終わりに書き加えた文。
【奥地】日 都市や海岸から遠く離れて、人が住まないところ。ジャングルや砂漠など。
【奥津城】日 はか。墓所。奥津城所。
【奥付】日 書物の巻末にある、著者・出版元・発行年月日などを印刷した部分。例 —の破れた書物。
【奥伝】日 技芸や武道などで、弟子が師から奥義をさずかること。奥許し。
【奥山】人里離れた奥深い山。例 —の一軒家。
【奥行】日 ①建物や土地などの手前から奥への長さ。対 間口。②人格や知識などの厚みや深さ。
●深奥・秘奥・山奥

［⿰大夬］大9（12） ⇩欠（717ジペー）

奢 大9（12） 2 5290 5962 シャ 漢呉 麻 shē おご-る
意味 ぜいたくをする。度をすごす。おごりたかぶる。**おごる**。また、ぜいたく。おごり。例 奢侈。豪奢。口が奢る。
日本語での用法 《おごり》《おごる》「今夜は僕の奢りだ」▼人にふるまう。

【奢▼佚】(シャイツ) ぜいたくに暮らし、なまけて遊ぶこと。

【奢華】(シャカ) ぜいたくで派手なさま。㊫奢靡(シャビ)。

【奢▼侈】(シャシ) 〔「侈」も、おごる意〕身分不相応なぜいたく。おごり。例—に流れる。

【奢恣】【奢▼肆】(シャシ) ぜいたくで好き勝手にしているさま。㊫奢縦(シャショウ)。

奠
大9(12) ②5291 5960
テン㊥ デン㊦ 霰 diàn
まつ-る・さだ-める(さだ-む)

意味 ❶神仏に供え物をする。ささげる。すすめる。そなえもの。また、供え物をして祭る。**まつる**。まつり。例香奠(コウデン)。乞巧奠(キッコウデン)(=七夕祭りの古称)。釈奠(セキテン)(=孔子を祭る儀式)。❷おく。すえる。**さだめる**。例奠都(テント)。

【奠菜】(テンサイ) 神前に野菜を供えること。

【奠羞】(テンシュウ) 神仏に差し上げる供え物。

【奠都】(テント) みやこを定める。みやこを建設する。建都。


［奥］大10(13) ⇩奥(オウ)(335ジペー)

奨
大10(13) ①3009 5968 常用
ショウ(シャウ)㊥ 養 jiǎng
すす-める(すす-む)

［奬］大11(14) ②5293 596C 人 旧字体。

［奬］犬11(15) ②6450 734E 別体字。

筆順 丨 丬 丬' 丬夕 将 将 将 將 奨

なりたち ［形声］本字は「奬」で、「犬(=いぬ)」と、音「將(ショウ)」の省略体とから成る。イヌをけしかける。

意味 (相手が)そうするようにしむける。**すすめる**。たすける。また、ひきたててほめる。はげます。例奨励(ショウレイ)。推奨(スイショウ)。

古訓 中古 すすむ・なる・はげます・みちびく 中世 すすむ・たすく 近世 すすむ・すすむる・たすく・たすくる・つとむ・なる・ねがふ・はげます・ほむる

人名 すけ・すすむ・たすく・つとむ

【奨学】(ショウガク) 日学問することをすすめ、はげます。例—金をもらう。—生。
【奨勧】(ショウカン) よいことをすすめはげます。奨励。
【奨率】【奨帥】(ショウソツ) はげまし率いる。例当レ奨二率三軍一、北定中原上(まさにサングンをショウソツし、きたのかたチュウゲンをさだむべし)(=全軍を統率して、北方の中原を平定すべきです)。〈諸葛亮・出師表〉
【奨励】(ショウレイ) あることをするように、すすめはげます。㊫奨厲(ショウレイ)。

●勧奨(カンショウ)・報奨(ホウショウ)

［奬］大11(14) ⇩奨(ショウ)(336ジペー)

奪
大11(14) ①3505 596A 常用
タツ㊥ ダツ㊦ 曷 duó
うばう(うば-ふ)

筆順 大 衣 衣 衣 奞 奞 奪 奪

なりたち ［会意］「寸(=手)」と「奞(=鳥がはばたく)」とから成る。手に持っていた鳥がにげる。派生して「うしなう・うばう」の意。

意味 他人のものをむりに取り上げる。**うばう**。また、うしなわせる。なくさせる。例奪取(ダッシュ)。強奪(ゴウダツ)。略奪(リャクダツ)。

古訓 中古 いかる・うばふ・ばふ・むばふ 中世 あらそふ・いかる・うばふ・とる・ばふ 近世 あらそふ・いかる・うばふ・かはる・せまきみち・とる

【奪回】(ダッカイ) うばわれていたものを取りもどす。奪還。

【奪還】(ダッカン) うばいかえす。奪回。例捕虜を—する。

【奪取】(ダッシュ) うばいとる。例三振を—する。

【奪胎】(ダッタイ) 先人の文学作品の発想や主題をもとにして、新しく作品を創作する。例換骨—。

【奪目】(ダツモク)|(めをうばう) あざやかな色や輝きに目をくらまされる。

●強奪(ゴウダツ)・生殺与奪(セイサツヨダツ)・略奪(リャクダツ)

［奩］大11(14) ⇩匳(レン)(189ジペー)

奭
大12(15) ③1574 596D
一セキ㊥ 陌 shì 二カク㊥㊦ 陌 hè

意味 一❶盛大なさま。❷解消するさま。例奭然(セキゼン)。二❶激怒する。㊟赫(カク)。❷赤い。㊟赫。

奮
大13(16) ①4219 596E 教6
フン㊥㊦ 問 fèn
ふるう(ふる-ふ)・ふるって

筆順 大 衣 衣 衣 奞 奞 奮 奮

なりたち ［会意］「奞(=はばたく鳥)」が「田(=野)」の上にいる。鳥が羽を広げて大いに飛ぶ。派生して「大いに力を出す」の意。

意味 ❶鳥がはばたく。❷震動する。**ふるう**。ふるえる。例雷出地奮(かみなりいでてチふるう)(=雷が鳴って地面が震動する)。〈易・予・象〉❸気力をふるう。ふるいたつ。意気ごむ。**ふるう**。例奮起(フンキ)。奮闘(フントウ)。発奮(ハップン)。❹発揚する。

古訓 中古 あきらかに・ふるふ 中世 あきらか・うごく・とぶ・ふるふ 近世 あきらか・うごく・とびあがる・とぶ・はたたき・ふるふ

【奮起】(フンキ) ふるいたつ。やる気をふるいたたせる。

【奮撃】(フンゲキ) 力をふるって攻撃する。また、その兵士。

【奮激】(フンゲキ) ①心がはげしくふるいたつ。②ふるいたたせる。激励する。

【奮迅】(フンジン) ふるいたって勢いの激しいこと。例獅子(シシ)—の活躍。

【奮戦】(フンセン) ふるいたって力のかぎりたたかう。奮闘。

【奮然】(フンゼン) ふるいたつさま。気力をふるいたたせるさま。㊫奮乎(フンコ)。

【奮怒】(フンド)|(フンヌ) 激しくおこる。憤怒(フンヌ)。

【奮闘】(フントウ) 力のかぎりたたかう。奮戦。例孤軍—する。

【奮発】(フンパツ) ①ふるいたつ。また、ふるいたたせる。奮起。②日思いきって多額のお金を出す。例昼食にステーキを—する。

【奮励】(フンレイ) 心をふるいたたせて、がんばる。また、そのようにはげます。例いっそう—努力せよ。

●興奮(コウフン)・発奮(ハップン)

38 3画

女 おんな おんなへん部

手をくみ合わせて、ひざまずいているおんなの形をあらわす。「女」をもとにしてできている漢字を集めた。

婀 婭 婬 婉 婚 婥 娵 娶 娼 婕 婧 婆 婢 婦 婦
娩 婪 婁 婁 ⑨ 350 媛 媛 媧 媋 婿 媟 婧 婷 媞
媜 媮 媒 媚 媄 婺 媢 ⑩ 350 媼 嫁 媿 嫌 嫌 嫄
媾 嫉 嫋 媳 嫂 嫐 嬂 媽 媱 媵 ⑪ 352 嫣 嫗 嫮
嫦 嫜 嫥 嫡 嫩 嫰 嫖 嫚 嫳 ⑫ 352 嫺 嫻 嬉 嬀
嬌 嬈 嬋 嫵 ⑬ 353 嬴 嫿 嬙 嬢 嬗 嬖 ⑭ 353 嬰
嬶 嬬 嬲 嬭 嬥 嬪 ⑯ 354 嬾 ⑰ 354 孃 孅 孀 孁
⑲ 354 孌

この部首に所属しない漢字

要→襾 1203

女

女0（3）

[1]2987
5973

教1

■一 ニョウ(慣) ジョ(ヂョ)(漢)
ニョ(呉) [語]nǚ
■二 ジョ(ヂョ)(漢) ニョ(呉) [御]nǜ
■三 ジョ(漢) ニョ(呉) [語]rǔ
おんな(をんな)・め・むすめ
[付表] 海女(あま)・乙女(おとめ)

筆順 く 女 女

なりたち  ［象形］ ひざまずいたおんなの形。

意味 ■一 ❶**おんな**。**め**。(対)男。[例] 女性(ジョセイ)。才女(サイジョ)。天女(テンニョ)。❷**むすめ**。(対)男。[例] 子女(シジョ)。息女(ソクジョ)。長女(チョウジョ)。❸未婚の女性。(対)士。❹小さくてかよわいもの。[例] 女牆(ジョショウ)(＝低い小さなかきね。ひめがき)。女坂(おんなざか)。女波(めなみ)(＝低く打ち寄せる方の波)。❺二十八宿の一つ。うるきぼし。[例] 女宿(ジョシュウ|ジョシュク)。■二 とつがせる。めあわせる。[例] 女二于時一(これにめあわす)(＝この者《舜(シュン)》に《二人の娘を》とつがせる)。〈書経・尭典〉 ■三 なんじ。お前。(通)汝(ジ)。

古訓 [中古] なむぢ・なんぢ・むすめ・めあはす・をむな・をむなご [中世] あはす・たまづさ・なんぢ・むすめ・め・をんな・をんなご [近世] つま・なんぢ・むすめ・め・めあはす・をんな

人名 こ・たか・よし

難読 女子(おなご)・女牆(ひめがき)

【女形】(おやま|おんながた) [日] 歌舞伎(かぶき)で、女の役を演じる男の役者。

【女親】(おんなおや) [日] 母親。

【女坂】(おんなざか) [日] 神社や寺の参道などにある二つの坂のうち、ゆるやかな方の坂。(対)男坂。

【女手】(おんなで) [日] ①働き手としての女性。女性の働き。[例] 一一つで子供を育てる。②女性の筆跡。[例] 一の手紙。▽(対)男手。

【女医(醫)】(ジョイ) 女性の医師。

【女謁】(ジョエツ) 宮女が君主の寵愛(チョウアイ)を利用して頼みごとをする。また、寵愛されている宮女に頼んで、君主へ頼みごとを取り次いでもらう。

【女垣】(ジョエン) 城壁の上から矢を射るために設けられた低い垣根。ひめがき。(類)女牆(ジョショウ)。

【女王】(ジョオウ) ①女性の君主。[例] ビクトリア一。②[日] 昔、内親王の宣下(センゲ)(＝天皇が下すことば)のない皇族の女性。③[日] ある分野で第一人者あるいは花形の女性。[例] 銀幕の一。

【女▼媧】(ジョカ) 神話伝説上の女帝。伏羲(フッキ)の妹、あるいは妻とされる。女媧氏。

【女禍】(ジョカ) 女性関係から起こる災い。女性の色香(いろか)におぼれて失敗すること。女難。

【女楽】(ジョガク) 女性の演奏する歌舞音曲。また、それをおこなう女性。

【女官】(ジョカン|ニョカン) 宮中に仕える女性。

【女給】(ジョキュウ) [日] カフェーやバーなどで客の接待や給仕をする女性。ホステス。〔大正・昭和時代のことば〕

【女御】■一(ジョギョ) 周代、天子の食事や寝所に仕えた女官。■二(ニョウゴ|ニョゴ) [日] 平安時代、天皇の寝所に仕えた女性。中宮(チュウグウ)の下位、更衣の上位。[例] 弘徽殿(コキデン)の一(ニョウゴ)。

【女君】(ジョクン) ①側室が正妻を呼ぶことば。②皇后。(類)女主。

【女系】(ジョケイ) [日] 女性が継承する家系。また、母方の系統。母系。(対)男系。[例] 一家族。

【女傑】(ジョケツ) [日] 気性が強く、知恵と能力を備え、大胆ですぐれた働きをする女性。女丈夫(ジョジョウフ)。

【女権】(ジョケン) [日] 女性が社会・法律・政治において男性と対等に認められ、力を発揮しうる権利。[例] 一拡張。

【女工】(ジョコウ) ①「女功(ジョコウ)」に同じ。②女性の職人。③[日] 女性の工員。[例] 一哀史。

【女功】【女紅】(ジョコウ) 女性の手仕事。機織り・裁縫など。女工。

【女士】(ジョシ) ①立派な女性。②女性に対する敬称。

【女子】(ジョシ) ①おんなの人。女性。婦人。②おんなの子。▽(対)男子。

【女子与二小人一為レ難レ養】(ジョシとショウジンとはやしないがたしとなす) 女と下下(しもじも)の者は近づけるとなれなれしくなり、遠ざけると恨みをもつので、あつかいにくい。〈論語・陽貨〉

【女史】(ジョシ) ①古代中国の官職の名。②学問のある女性。③[日] 女性を敬って呼ぶことば。

【女児】(ジョジ) おさない女の子。また、むすめ。(対)男児。

【女囚】(ジョシュウ) 女性の囚人。

【女将】(ジョショウ) ①女性の将軍。②(おかみ) [日] 料亭や旅館などの女主人。

【女丈夫】(ジョジョウフ) 〔「丈夫」は、立派な男子の意〕 男まさりの、強い意志と能力のある女性。

【女色】(ジョショク|ニョショク) ①女性の色香(いろか)。女性の性的な魅力。[例] 一に迷う。②女との情事。いろごと。[例] 一にふける。

【女神】(ジョシン|めがみ) 女性の神。[例] 自由の一(めがみ)。勝利の一(めがみ)。

【女真】(ジョシン|ジュルチン) 中国東北部の東部一帯にいたツングース系民族。隋(ズイ)・唐のころは靺鞨(マッカツ)と称された。金を建国し、遼(リョウ)・北宋(ホクソウ)を滅ぼして華北以北を支配したが、元(ゲン)に滅ぼされた。のち、この民族の一派が清(シン)を建国。(類)女直(ジョチョク)。

【女声】(ジョセイ) ①女の声。②声楽で、女性の声の受けもつ音域。ソプラノ・アルトなど。[例] 一合唱。▽(対)男声。

【女性】(ジョセイ) ①女の性質。女としての性質。②[日] 人の性別で、おんな。婦人。(対)男性。

【女婿】(ジョセイ) むすめの夫。むすめむこ。

【女装】(ジョソウ) 男が女性の服装や化粧をして女のように見せる。(対)男装。

【女弟】(ジョテイ) 妹。(対)女兄。

【女帝】(ジョテイ) 女性の皇帝や天皇。[例] 一称徳天皇。

【女奴】(ジョド) ①身分を官に没収され、奴隷に落とされた女。婢(ヒ)。②女の召し使い。

【女徳】(ジョトク) ①女性がそなえるべき道徳。また、それにかなったおこない。婦徳。②女性の性情。③女性の色香(いろか)。④〔仏〕尼僧。

【女難】(ジョナン) [日] 女性との関係がもとで男が受ける災難。女禍。[例] 一の相がある。

【女▼巫】(ジョフ) 神に仕え、祈ったり舞をしたりして神降ろしをし、神のお告げを伝える女性。みこ。

【女房】■一(ジョボウ) 女の部屋。■二(ニョウボウ|ニョウボ) [日] ①宮中に部屋

を与えられた女官や侍女。②妻。家内。㊟亭主。

【女優】女性の俳優。㊟男優。

【女羅】【女▼蘿】①コケの一種。サルオガセ。②シダ植物の一種。ヒカゲノカズラ。

【女流】〔「流」は、仲間の意〕①女性。②㊐専門分野で活躍している女性を呼ぶときのことば。㊀―作家。

【女郎】㊀①女の子。②女性の蔑称。㊟野郎。②㊐遊女。㊁㊐

【女郎花】㊀モクレン・コブシの別名。㊁㊐オミナエシ科の多年草。秋の七草の一つ。

【女▼衒】㊐〔「衒」は、仲立ちをして売る意〕江戸時代、女を遊女屋に売る手引きをしていた者。

【女犯】㊐〔仏〕僧が戒を破り、女性と交わること。㊀―肉食。

◐王女・乙女・彼女・皇女・才女・子女・次女・淑女・少女・男女・長女・天女・美女・魔女・養女

奵

女2(5) 4 0540 5975

テイ㊝ 青 dìng

意味 人名に用いる字。

奴

女2(5) 1 3759 5974 常用

ド㊝ ヌ㊡ 虞 nú

やっこ・やつ・め

筆順 く 女 女 奴 奴

なりたち  〔会意〕「女(=おんな)」と「又(=手)」とから成る。むりに働かされる男女の罪人。

意味 ❶人格としての権利を制限され、財物と同様にあつかわれる身分の者。賤民の一種。奴隷。また、召し使い。しもべ。下僕。〔「婢」に対して、特に男の奴隷もしくは召し使いを指す〕㊀奴婢。農奴。❷奴隷として使う。奴隷とする。㊀囚奴(=とらえて奴隷とする)。❸自分をいやしめていうことば。㊀奴才。私奴。❹他人をいやしめることば。㊀守銭奴。売国奴。

日本語での用法 《やっこ》①「町奴」▼江戸時代の侠客。②「冷奴」▼四角く切った豆腐。

古訓 中古 さね・つかひびと・つぶね・やつがり・やつこ 中世 しもべ・つかひびと・つぶね・やつこ 近世 つかひびと・やつ・やつこ

【奴才】①才能がおとっている。〔人をののしることば〕②臣下の君主に対する謙称。やつがれ。

【奴視】見くだす。あなどる。

【奴輩】①召し使いたち。②自分をいやしめていうことば。私ども。③他人をいやしんで呼ぶことば。やつら。きゃつら。

【奴▼婢】男女の奴隷。下男と下女。

【奴僕】下働きの男。下男。

【奴隷】〔古く「ヌレイ」とも。「隷」も、しもべの意〕①牛馬のように労働力として使われ、所有者の財産として売買される人。㊀―解放。②㊐ある欲望に心をうばわれて離れられない人。とりこ。㊀恋の―。金の―。

◐守銭奴・農奴

奶

女2(5) 4 0541 5976

ダイ㊝ ナイ㊡ 賄 nǎi

意味 ❶乳。ちち。❷乳房。ちぶさ。㊟嬭。

奸

女3(6) 2 5301 5978

㊀カン㊝㊡ 寒 gān ㊁カン㊝ 諫 jiàn

意味 ㊀❶おかす。みだす。㊟干。㊀奸犯(=権利や領土をおかす)。❷もとめる。㊟干。㊀奸二忠直一(=忠実の美名をもとめる)。〈漢書・孔光伝〉 ㊁よこしま。わるい。みだら。㊟姦。㊀奸計。

【奸計】悪だくみ。姦計。姦策。

【奸人】心のねじけた人。姦人。

【奸雄】悪知恵にたけた英雄。姦雄。

好

女3(6) 1 2505 597D 教4

㊀コウ(カウ)㊝㊡ 皓 hǎo ㊁コウ(カウ)㊝㊡ 号 hào

このむ・このみ・すく・よ-い(よ-し)・い-い

筆順 く 女 女 好 好 好

なりたち  〔会意〕「女(=おんな)」と「子(=おとこ)」とから成る。男につれそう女。みめうるわしい。

意味 ㊀❶美しい。よい。このましい。㊀好漢。絶好。親好。良好。❷したしみ。よしみ。なかよし。㊀好誼。親好。友好。㊁❶愛する。すく。このむ。よろこぶ。このみ。㊀好学。愛好。嗜好。❷玉器や銭の中央の穴。孔。

古訓 中古 あそぶ・うるはし・かほよし・ことむなし・このむ・はなはだ・よし・よしび・よみす 中世 あそぶ・かほよし・このむ・はなはだ・よし・よしみ・よみんず 近世 このむ・すき・すく・よし・よみす・よみんず

人名 この・すみ・たか・たかし・よし・よしみ

難読 好士

【好意】①相手に親しみや愛情を寄せる気持ち。㊀―をいだく。②親切な気持ち。㊀―を無にする。

【好一対】よく似合って、つりあいがとれたひと組みのもの。㊀―の夫婦。

【好運】運のよいこと。㊀―にめぐまれる。

【好悪】〔「悪」は、にくむ意〕すききらい。

【好音】①心地よい声や音。②よい知らせ。

【好会】親睦のための会合。嘉会。

【好学】学問をこのむこと。㊀―の士。

【好下物】㊐よい酒のさかな。佳肴。〔「下物」は、「下酒・下酒物」ともいい、酒のさかなの意〕

【好看】①よい眺め。好景。②美しい。③厚遇する。

【好感】㊐(相手に与える)よい印象。㊀―のもてる人物。―をいだく。

【好漢】〔「漢」は、男の意〕勇敢な、役に立つ男。さわやかで男らしく、たのもしい男。快男子。

【好奇】めずらしいことや変わったことをこのむ。㊀―心。―のまなざし。

【好機】㊐あることをするのにちょうどよい機会。チャンス。

【好▼誼】他人の、自分に寄せる親切や思いやり。

【好▼逑】【好▼仇】よい連れあい。似合いの配偶者。㊟好匹。㊀窈窕淑女、君子好逑(=たおやかなよき乙女は、若者のよい妻となる)。〈詩経・周南・関雎〉

【好況】㊐〔「況」は、ありさまの意〕経済活動が盛んで商品がよく売れ、生産がふえている状態。㊟不況。

【好景】よい景色。佳景。勝景。

【好景気】㊐景気のよいこと。好況。㊟不景気。

【好古】昔のものごとをこのむこと。㊀―趣味。

【好個】【好箇】〔「個・箇」は、語調をととのえることば〕ちょうどよい。もってこい。㊀―の話題を提供する。

【好合】①気持ちがぴったりと合う。仲がよい。②男女が結ばれる。

【好好▼爺】㊐人のよい、優しいおじいさん。

【好在】①元気に暮らす。健在。②相手の健康を祈る挨拶。お元気で。ご機嫌よう。③昔のように。

【好事】□一(コウジ・コウズ/よきこと) ①喜ばしいこと。めでたいこと。②よいおこない。善行。③有益なこと。□二(コウジ・コウズ/ことをこのむ) ①事実に反したことを言って、もめごとが起きることをこのむ。②ある仕事を喜んでする。③風変わりなことをこのむ。物好き。

【好事多レ魔】(コウジマおおし) よいことには、とかくじゃまが入りやすい。〔「好事多レ磨(コウジマおおし)」とも。〈京本通俗小説・菩薩蛮〉「磨」は、困難・障害の意〕

【好事不レ出レ門、悪事行二千里一】(コウジモンをいでず、アクジセンリをゆく) よいおこないはなかなか世間に知られないが、悪いおこないはたちまちのうちに知れわたる。〈北夢瑣言・六〉

【好事家】(コウズカ) 日 風変わりなものごとをこのむ人。物好き。

【好餌】(コウジ) 日〔うまいえさの意〕①人をたくみにおびき寄せる手段。例 ―をもって人を釣る。②たやすく他人の食いものにされるもの。いい鴨(かも)。例 他の―になってしまう。

【好手】(コウシュ) ①すぐれた技。また、その持ち主。②囲碁や将棋で、うまい打ち手や指し手。

【好羞】(コウシュウ) ごちそう。おいしい食べ物。例 祭祀(シシ)の―(=祭りのごちそう)。

【好尚】(コウショウ) たいそうこのみ、大切にする。また、そのもの。例 時代の―(=流行)。

【好色】(コウショク) ①男女間の情事をこのむこと。いろごのみ。例 ―漢。②美しい色。姿の美しいもの。美人。

【好人物】(コウジンブツ) 人柄のよい人。

【好戦】(コウセン) 戦争をこのみ、すぐ武力に訴えようとすること。例 ―的。

【好男子】(コウダンシ) ①顔立ちのととのった男性。美男子。②快活で好感のもてる男性。男らしい人。好漢。

【好調】(コウチョウ) 日 ものごとがうまくいっているさま。

【好適】(コウテキ) 日 目的にふさわしいさま。

【好敵手】(コウテキシュ) 日 力量が同じぐらいで、試合や勝負にふさわしい相手。ライバル。

【好天】(コウテン) よく晴れて、何かをするのによい天気。対 悪天。

【好転】(コウテン) 状態がよい方に変わる。例 事態が―する。

【好評】(コウヒョウ) 日 評判のよいこと。対 悪評・不評。例 ―を博する。

【好風】(コウフウ) ①よい景色。②気持ちのよい風。

【好物】(コウブツ) ①よいもの。②すきなものごと。③日 すきな食べ物。

【好文】(コウブン) ①学問や文芸をこのむ。②ウメの別名。好文木(コウブンボク)。

【好弁(辯)】(コウベン/ベンをこのむ) 議論をこのむ。

【好例】(コウレイ) 日 何かを説明するのに、ちょうどよい例。適例。

●愛好(アイコウ)・絶好(ゼッコウ)・友好(ユウコウ)・良好(リョウコウ)

妁

女3(6) [2]5302 5981

シャク 漢 薬 shuò

なこうど(なかうど)

意味 結婚の仲だちをする人。なこうど。例 媒妁(バイシャク)。

難読 媒妁(なかだち)

如

女3(6) [1]3901 5982 常用

ジョ 漢 ニョ 呉 魚 rú

ごと-し・し-く

筆順 く 女 女 如 如 如

なりたち [会意]「女(=おんな)」と「口(=くち)」とから成る。女は男の言うことにしたがったことから、言われたようにする。したがう。

意味 ❶…のとおりにする。…にしたがう。ごとくす。例 如レ約(ヤクのごとくせよ)(=約束のとおりにしなさい)。如二律令一(リツレイのごとくせよ)(=律令のとおりにせよ)。❷…のようだ。同じである。ごとし。例 如実(ニョジツ)。如是我聞(ガモン)。如レ故(もとのごとし)。❸およぶ。おいつく。しく。例 百聞不レ如二一見一(ヒャクブンはイッケンにしかず)(=百回聞くことは一度見ることにおよばない)。〈漢書・趙充国伝〉❹行く。例 如レ斉(セイにゆく)。如レ楚(ソにゆく)。❺陰暦二月。きさらぎ。❻なんじ。通 汝(ジョ)。❼状態を示すときにそえることば。例 入二公門一、鞠躬如也(キクキュウジョたり)(=宮城の門を入るときには身をかがめ、つつしむ様子だった)。〈論語・郷党〉欠如(ケツジョ)。突如(トツジョ)。躍如(ヤクジョ)。❽「もし」と読み、もし…したらの意。仮定をあらわす。例 如有二王者一(もしオウジャあらば)(=もし王者があらわれたならば)。〈論語・子路〉❾もしくは。または。例 方六七十如五六十(ホウロクシチジュウもしくはゴロクジュウ)(=六、七十里四方。または五、六十里四方)。〈論語・先進〉❿そして。それから。通 而(ジ)。⓫しかし。通 而。⓬…と。例 予二秦地一如レ毋レ予孰吉(シンにチをあたうるとあたうるなきといずれかよき)(=秦に土地を与えるのと与えないのとではどちらがよいか)。〈史記・虞卿伝〉⓭⇩【如何】□一(いかん)

古訓 中古 かくのごとし・ごとし・さき・しかも・しく・したがふ・すけ・たとひ・なほ・にたり・ばかり・むかし・もし・ゆき・ゆく 中世 ごとし・さき・しかも・しく・したがふ・たとひ・なほ・にたり・もし・ゆき・ゆく 近世 おなじ・ごとく・ごとし・しかり・しく・なんぢ・にたり・もし・ゆく

人名 いく・きさ・すけ・なお・もと・ゆき・よし

【如何】□一(いかん) 〔「いかに」の転〕〔手段や方法を問う〕どう。どのように。どうするか。例 如何斯可レ謂レ養矣(いかんせばここにやしなうというべきか)(=どうすれば本当に養っているということができるか)。〈孟子・万章下〉□二(いかが) 日〔「いかにか」の転である「いかんが」の変化〕①どのよう。どんなふう。例 ご気分は―ですか。②すすめたり、さそったりすることば。例 お一つ―ですか。③疑いや不安な気持ちをあらわすことば。例 それは―なものか。

【如月】(きさらぎ) 陰暦の二月。太陽暦でもいう。

【如雨露】(ジョウロ) 日 草花などに水をかけるのに使う道具。如露(ジョロ)。〔もとはポルトガル語という。「如雨露」「如露」は、あて字〕

【如故】(ジョコ/もとのごとし/ふるきがごとし) ①以前と同じ。もとのまま。②古くからの友人のようである。例 白頭如レ新、傾蓋如レ故(ハクトウあらたなるがごとく、ケイガイふるきがごとし)(=白髪頭(しらがあたま)になるまで長くつきあっても初めて会ったばかりのように心が通じ合わないこともあれば、車の傘を傾けてちょっと会っただけでも旧知のように親しくなれることもある)。〈史記・鄒陽伝〉

【如今】(ジョコン/いま) ただいま。いま。現在。例 ―以後(=今後)。

【如如】□一(ジョジョ) ①従うさま。②変わらないさま。□二(ニョニョ) 〔仏〕ありのままの姿。真実。真如。

【如上】(ジョジョウ) 以上述べたように。

【如意】□一(ニョイ/イのごとし) 自分の思いどおりにするさま。例 ―棒(ニョイボウ)。②〔仏〕説法・読経(ドキョウ)・法会(ホウエ)などのときに講師(コウジ)の僧が持つ棒のような道具。

[如意 ②]

【如意棒】(ニョイボウ) 思いどおりに伸ばしたり縮めたりして、武器として使う架空の棒。孫悟空(ソンゴクウ)の持ち物。

【如意輪】(ニョイリン) 〔仏〕「如意輪観音(カンノン)」の略。宝珠(ホウジュ)と法輪を持って人々の願いをかなえる観音。

【如実】(ニョジツ) ①実際のとおりであるさま。ありのまま。例 戦争の惨状を―に伝える。②〔仏〕仏の道の真理そのまま。

【如是我聞】(ニョゼガモン/かくのごとくわれきく) 〔仏〕経文(キョウモン)のはじめにあることば。釈迦(シャカ)の弟子の阿難(アナン)が、釈迦の直接の教えであることを明らかにしている。

【如法】ニョホウ ①決まりに応じておこなう。②決まりどおりに。③〔仏〕仏法に従っておこなう。④日 柔和ニュウワなさま。⑤日 もちろん。もとより。

【如来】ニョライ 〔仏〕(真如シンニョ(=存在の本質・真理)より来たりて衆生シュジョウを教え導く人の意)仏の尊称。例 阿弥陀アミダ―。釈迦シャカ―。薬師―。

●欠如ケツジョ・突如トツジョ・躍如ヤクジョ

奼 女3(6) 4 0542 597C タ漢 馬 chà

意味 ❶少女。おとめ。例 奼女タジョ。❷なまめかしく美しい。

妃 女3(6) 1 4062 5983 常用 ■ヒ漢呉 微 fēi ■ハイ漢 隊 pèi きさき

筆順 く 女 女 妃 妃 妃

なりたち  [会意]「女(=おんな)」と「己(=おのれ)」とから成る。女を自分につれそわせる。つれあい。

意味 ■❶(女性の)配偶者。つま。身分にかかわらず一般的に用いられた。❷天子の配偶者のうち、正妻である后コウに対して、正妻以外の配偶者。天子の側室。妃妾ヒショウ。特に、后に次ぐ地位、またはその人。きさき。例 后妃コウヒ。楊貴妃ヨウキヒ。❸皇太子や皇族の正妻。きさき。例 妃殿下ヒデンカ。皇太子妃コウタイシヒ。❹神女シンニョに対する尊称。例 湘妃ショウヒ(=湘江ショウコウの神女)。■つれそう。つれあう。通 配。

古訓 中古 きさき・ひめ 中世 きさき・ひめ・みやすどころ 近世 きさき・たぐひ・ならぶ・ひめ・むかふ

人名 き・ひめ

【妃耦】ハイグウ 配偶。つれあい。

【妃妾】ヒショウ ①皇帝の側室。②(諸侯や太子などの)正妻と側室。

【妃殿下】ヒデンカ 日 皇族の妻を敬っていうことば。

妄 女3(6) 1 4449 5984 常用 ボウ(バウ)漢 モウ(マウ)呉 漾 wàng みだ-り・みだ-りに

[妄] 女3(6) ― 旧字体。

筆順 丶 亠 亡 妄 妄 妄

なりたち  [形声]「女(=おんな)」と、音「亡ボウ」とから成る。乱れる。

意味 ❶道理に合わない。すじが通らない。でたらめ。中身がない。みだり。例 妄言ボウゲン。妄誕ボウタン。虚妄キョモウ。❷むやみに。分別なくやたらに。みだりに。例 妄信モウシン。妄動モウドウ。

古訓 中古 いつはる・かたまし・まどふ・みだり・みだりがはし 中世 いつはる・かだまし・まどふ・みだり・みだりなり・みだる 近世 いつはる・しひる・しゆる・なし・なみす・みだり・みだる

難読 莫妄想マクモウゾウ(=もうぞうするなかれ)

【妄挙】ボウキョ・モウキョ ①考えなしに人を登用する。②あとさきを考えないふるまい。妄動。

【妄言】ボウゲン・モウゲン 事実に合わない、でたらめなことば。

【妄言多謝】モウゲンタシャ・ボウゲンタシャ 日 相手を批評したり、自分の意見をはっきり述べたりしたあとなどに、言ったり書いたりすることば。妄言多罪。

【妄語】モウゴ ①でたらめなことば。うそ。②〔仏〕うそをつくこと。五悪・十悪の一つ。

【妄作】ボウサク・モウサク ①わけも知らずに、むやみに事をおこなう。②でたらめ。作りごと。

【妄執】モウシュウ・モウジュウ 〔仏〕心の迷いから、ものごとに深くとらわれること。

【妄信】ボウシン・モウシン むやみに信じる。

【妄人】ボウジン・モウジン わけも知らずに、でたらめなことをする人。

【妄説】ボウセツ・モウセツ 根拠のないでたらめな説。

【妄想】ボウソウ・モウゾウ ①想像で作り上げたことを、事実であるかのように信じこむ。例 被害―。誇大―。②根拠のない想像。夢想。③〔仏〕心の迷いから生じる誤った考え。妄念。

【妄誕】ボウタン・モウタン でたらめ。いつわり。

【妄断】ボウダン・モウダン 根拠のない、いいかげんな判断をする。

【妄動】ボウドウ・モウドウ よく考えもせずに軽々しく行動する。また、その行動。妄挙。例 軽挙―。

【妄念】モウネン 〔仏〕迷いの心から起こる、よこしまな思いや誤った考え。妄想。例 ―を去る。―をひるがえす。

【妄評】ボウヒョウ・モウヒョウ ①でたらめな批評をする。また、その批評。②自分のした批評をへりくだっていう言い方。例 ―多謝。

▽類 妄批モウヒ・ボウヒ。

●虚妄キョモウ・迷妄メイモウ

旻 女4(7) 4 0543 599F アン漢 諫 yàn

意味 やすらか。通 晏アン。

妓 女4(7) 1 2124 5993 キ漢 ギ呉 紙 jì こ

意味 ❶歌や踊りで客をもてなす女性。芸者。うたいめ。例 芸妓ゲイギ。流行はやりっ妓こ。❷遊女。例 妓楼ギロウ。

難読 妓生キーセン・キーサン

【妓女】ギジョ 歌や踊りなどの芸能を演じて、客に見せた女。また、遊女など。

【妓楼】ギロウ 遊女屋。娼家ショウカ。類 妓院ギイン。

[妍] 女4(7) ⇨妍ケン(346ジペー)

[妝] 女4(7) ⇨粧ショウ(1015ジペー)

[姊] 女4(7) ⇨姉シ(343ジペー)

妥 女4(7) 1 3437 59A5 常用 ダ慣 タ漢 哿 tuǒ やす-い(やす-し)・おだ-やか

[妥] 女4(7) ― 旧字体。

筆順 ノ ⺈ ⺈ 妥 妥 妥

なりたち  [会意]「爫(=手)」と「女(=おんな)」とから成る。手で女をおちつかせる。安んじる。

意味 ❶やすらか。おちつく。やすい。おだやか。例 妥協ダキョウ。妥結ダケツ。安妥アンダ。❷ゆったりすわる。また、すわる。例 詔妥尸つげてしをやすんず(=かたしろ役の人にゆったりすわるように告げる)。〈礼記・郊特牲〉❸おちる。通 堕。

古訓 中古 おだひかになり・すう・すゑて 中世 あきらか・とどむ・やすし・ゐる 近世 しづか・たひらか・とどまる・やすし・ゐる

人名 やす・やすし

【妥協】ダキョウ 日 互いの主張をゆずりあって、話をまとめる。

【妥結】ダケツ 対立する両者が、互いにあゆみ寄って約束をむすぶ。例 交渉が―する。

【妥▼帖】【妥▼怗】【妥貼】ダチョウ ①穏やかであるさま。②ぴったりとしているさま。穏当であるさま。

【妥当】ダトウ (判断や処置が)実情に無理なくあてはまる。また、そのさま。例 ―な結論。この場合にも―する見解。

[妒] 女4(7) ⇨妬ト(344ジペー)

妊

女4（7）
1 3905 598A
常用

ジン（ジム）漢 沁 rèn
ニン（ニム）呉
はら-む

[姙]

女6（9）
2 5312 59D9
別体字。

筆順 く 女 女 女 妊 妊 妊

なりたち [会意]「女（=おんな）」と「壬（=はらむ）」とから成る。女性の体内に子ができる。

意味 腹に子をやどす。みもちになる。みごもる。**はらむ**。例 妊娠（ニンシン）。懐妊（カイニン）。

古訓 中古 はらむ 中世 はらむ・よし 近世 はらむ・みごもり・みもち

【妊産婦】ニンサンプ 妊婦と産婦。出産前後の女性。

【妊娠】ニンシン おなかに子ができる。みごもる。妊孕（ニンヨウ）。

【妊婦】ニンプ 妊娠している女性。

【妊▼孕】ニンヨウ 子をはらむ。妊娠。

妣

女4（7）
2 5306 59A3

ヒ 漢 紙 bǐ
はは

意味 ❶死んだ母。亡母。なきはは。対 考。例 妣考（ヒコウ）・考妣（コウヒ）（=亡くなった父母。「考」は、亡き父）。先妣（センピ）（=死んだ母。「先」は、亡くなったの意）。❷はは。

妋

女4（7）
3 1575 598B

フ 漢 虞 fū

意味 むさぼるさま。

日本語での用法 《めおと》▼妻と夫。「女夫」の合字。

妨

女4（7）
1 4324 59A8
常用

ホウ（ハウ）漢 陽 fáng
ボウ（バウ）呉
さまたげる（さまた-ぐ）・さまたげ

筆順 く 女 女 女 妨 妨 妨

なりたち [形声]「女（=おんな）」と、音「方ホ」とから成る。害する。

意味 ❶じゃまをする。**さまたげる**。**さまたげ**。例 妨害（ボウガイ）。❷そこなう。

古訓 中古 さまたぐ・やぶる・わづらひ 中世 さまたぐ・さまたげ・やぶる・わづらひ 近世 さへる・さまたげ・そこなふ・やぶる

【妨▼遏】ボウアツ 防ぎとめる。さまたげる。類 妨止。

【妨害】ボウガイ ①じゃまをする。例 業務を―する。通行―。②害する。そこなう。

表記 ①は 旧 妨▼碍

妙

女4（7）
1 4415 5999
常用

一 ビョウ（ベウ）漢 ミョウ（メウ）呉 嘯 miào
二 ビョウ（ベウ）漢 ミョウ（メウ）呉 篠 miǎo
たえ（たへ）

[玅]

玄4（9）
4 8057 7385
別体字。

筆順 く 女 女 刘 刘 妙 妙

なりたち [会意]「女（=おんな）」と「少（ショウ→ビョウ）（=わかい）」とから成る。若々しく美しい。

意味 一 ❶若い。若くて美しい。例 妙年（ミョウネン）。妙齢（ミョウレイ）。❷非常に小さく、かすかである。例 微妙（ビミョウ）。❸非常に精巧ですぐれている。深遠。**たえ**。例 妙案（ミョウアン）。絶妙（ゼツミョウ）。造化（ゾウカ）の妙（ミョウ）。 通 眇。
二 ❶細かいさま。小さいさま。 通 眇（ビョウ）。 ❷遠いさま。はるかなさま。 通 眇。

日本語での用法 《ミョウ》「妙（ミョウ）な事件（ジケン）・妙（ミョウ）な咳（せき）をする」▼不思議な。普通でない。

古訓 中古 うるはし・たへ・たへなり・ひそかに・めでたし 中世 くはし・たへなり・ひそか・めでたし 近世 あかし・かすか・くはし・たへなり・よし

人名 たい・たう・ただ・とう・み

難読 白妙（しろたえ）・敷妙（しきたえ）

【妙案】ミョウアン すぐれた思いつき。例 ―が浮かぶ。

【妙音】ミョウオン なんともいえない美しい音。たえなる音。

【妙技】【妙伎】ミョウギ 巧みなわざ。みごとなわざ。

【妙境】ミョウキョウ （芸術などの）なんともいえないすばらしい境地。

【妙句】ミョウク 表現の巧みなことば。例 ―が思い浮かばない。

【妙計】ミョウケイ 普通には考えつかないような、巧みなはかりごと。例 ―を案ずる。

【妙見】ミョウケン 〔仏〕国土を守護し、災厄を除き、人々の福寿を増す菩薩（ボサツ）。北辰（ホクシン）妙見菩薩。日本では武家の守護神、また商業や五穀豊穣（ホウジョウ）の神として信仰された。

【妙悟】ミョウゴ 〔仏〕深く理解し悟る。また、その悟り。

【妙工】ミョウコウ すぐれた細工（サイク）。また、それをする職人。

【妙策】ミョウサク 巧みなはかりごと。妙計。例 ―が浮かばない。

【妙算】ミョウサン 巧みなはかりごと。類 妙略。

【妙手】ミョウシュ ①すぐれた技をもつ人。例 槍（やり）の―。踊りの―。②（囲碁や将棋で）うまい手。例 ―を指す。

【妙趣】ミョウシュ なんともいえないすぐれた味わいや、おもむき。

【妙絶】ミョウゼツ ことのほかすぐれている。絶妙。

【妙想】ミョウソウ すぐれた考え。すばらしい思想。

【妙年】ミョウネン 年が若い。少年。妙齢。

【妙筆】ミョウヒツ すぐれた書画・筆跡。

【妙舞】ミョウブ 美しく達者な舞。

【妙法】ミョウホウ ①〔仏〕仏のすぐれた教え。仏法（ブッポウ）。例 ―蓮華経（レンゲキョウ）。②すぐれた方法。

【妙味】ミミ えもいわれぬ、すぐれたあじわい。うまみ。

【妙薬】ミョウヤク 不思議なほどよく効くくすり。

【妙用】ミョウヨウ ①不思議なはたらき。例 おのずから―を備う。②巧みな使い方。

【妙齢】ミョウレイ 若いさかりの年齢。としごろ。妙年。〔日本ではおもに女性についていう〕例 ―の婦人。

【妙麗】ミョウレイ 姿かたちがこの上もなく美しい。美麗。

●奇妙（キミョウ）・軽妙（ケイミョウ）・巧妙（コウミョウ）・神妙（シンミョウ）・絶妙（ゼツミョウ）・珍妙（チンミョウ）・微妙（ビミョウ）・霊妙（レイミョウ）

妤

女4（7）
3 1577 59A4

ヨ 漢 魚 yú

意味 「婕妤（ショウヨ）」は、（漢代の）女官の位の名。倢伃（ショウヨ）。

妖

女4（7）
1 4537 5996
常用

ヨウ（エウ）漢 蕭 yāo
あやしい（あや-し）

筆順 く 女 女 女 妖 妖 妖

なりたち [形声] 本字は「娱」で、「女（=おんな）」と、音「芺ヨ」とから成る。すぐれたさま。また、少女がほほえむさま。

意味 ❶美しい。みめよい。なまめかしい。あでやか。例 妖女（ヨウジョ）。妖艶（ヨウエン）。❷人の心をまどわす。わるい。**あやしい**。例 妖言（ヨウゲン）。面妖（メンヨウ）。❸天罰や何かの前兆として起こる怪異現象。例 妖災（ヨウサイ）。妖星（ヨウセイ）。❹ばけもの。人間以上の能力をもった、不思議な生きもの。例 妖怪（ヨウカイ）。妖精（ヨウセイ）。

古訓 中古 うるはし・かほよし・たはる・ばく 中世 かほよし・こび・こぶる・たはる・ばくる・みやびやか 近世 こびる・さいはひ・たくみ・つややか・ばけもの・ばける・よし・わざはひ

【妖異】ヨウイ ①あやしく不思議なできごと。②ばけもの。妖怪。

【妖▼婉】ヨウエン あやしいほど美しくなまめかしい。特に、女性の容姿についていう。㊮妖冶ヨウヤ。

【妖艶】ヨウエン 女性の容姿がなまめかしく美しいさま。

【妖花】ヨウカ 人を引きつける、あやしい美しさをもつ花。また、そのような女性。

【妖怪】ヨウカイ 不気味で人を驚かす不思議なもの。ばけもの。例 —変化ヘンゲ。

【妖気】ヨウキ おそろしいことが起こりそうな、不気味な気配。

【妖姫】ヨウキ 人をまどわすような、不思議な美しさをもつ女性。

【妖▼孽】ヨウゲツ ①異常な現象。災い。また、そのきざし。②あやしい化け物。

【妖言】ヨウゲン 人をまどわす、不吉で正しくないことば。

【妖▼蠱】ヨウコ ①人をまどわせるほどなまめかしく美しい。②あやしい術を使って人をまどわし傷つける。

【妖姿】ヨウシ あやしいほど美しく、なまめかしい姿。

【妖術】ヨウジュツ 人をまどわす、あやしい術。魔術。例 —使い。

【妖女】ヨウジョ ①美女。②男をまどわす魔性マショウの女。妖婦。

【妖星】ヨウセイ 天災など不吉なことの前兆としてあらわれる、あやしい星。特に、彗星スイセイをいう。祅星ヨウセイ。

【妖精】ヨウセイ ①流れ星。②妖怪。ばけもの。③西洋の伝説や童話に登場する、森に住む動物や植物などの精霊。小人こびとや乙女の姿をしているものもある。フェアリー。

【妖態】ヨウタイ なまめかしく人にこびる、色っぽいそぶり。

【妖童】ヨウドウ ①(寵愛チョウアイの対象となるような)美少年。②邪悪な小わっぱ。謀反ムホン人や侵略者に対する蔑称ベッショウ。

【妖婦】ヨウフ 男性をまどわす、あでやかな美女。

【妖▼氛】ヨウフン ①不吉なことが起こりそうな、あやしい気配。②災害や戦乱。

【妖魔】ヨウマ 人をまどわし傷つける、あやしい化け物。

委

女5 (8)

1 1649 59D4

教3

一 イ(ヰ)漢 呉 紙 wěi

二 イ(ヰ)漢 呉 紙 wēi

ゆだねる(ゆだ-ぬ)・まか-せる(まか-す)・くわ-しい(くは-し)

筆順 ノ 二 千 禾 禾 秂 委 委

なりたち  [形声]「女(=おんな)」と、音「禾カ…▼イ」とから成る。すなおにしたがう。

意味 一 ❶したがう。例 委従イジュウ(ショウ)。❷他の人の処置にしたがう。ゆだねる。まかせる。例 委嘱イショク。委託イタク。委任イニン。❸なりゆきにまかせる。ほうっておく。すてる。例 委棄イキ。❹おくる。わたす。よせる。帰着させる。例 欲レ委二罪於孤一邪つみをコにほっせんとするか(=罪を私に着せようとしているのではないか)。〈晋書・王褒伝〉❺やすんずる。例 委レ懐在二琴書一こころをキンショにやすんずる(=琴や書物で心をくつろがせる)。〈陶淵明・始作鎮軍参軍経曲阿作〉❻たれる。おちる。例 委地イチ。❼まがる。屈折する。例 委屈イクツ。❽つむ。つもる。たくわえ。例 粢盛委之所レ蔵也シセイイのゾウするところなり(=祭祀サイのときに盛ってお供えする穀物のたくわえをおさめておく所である)。〈公羊・桓一四〉❾川の流れの集まる所。すえ。㊎源・原。例 源委・原委ゲンイ(=本末)。❿こまかい。つぶさに。くわしい。例 委細サイ。⓫しおれる。おとろえる。㊐萎イ。二 ❶⇩【委委】イイ ❷⇩【委蛇】イイ|ダイ

古訓 中古 うるはし・おつ・くはし・すつ・たたなはる・つばひらかに・つぶさに・つまひらかに・つむ・つもる・まかす・まじはる・ゆたかなり 中世 うるはし・おつ・くはし・すつ・たたなはる・つぶさ・つもる・まかす・まがる・まじはる・ゆたかなり・ゆだぬ 近世 あつらへる・おもむろ・くはし・さしおく・したがふ・すておく・すゑ・つまびらか・つむ・まかす・ゆだぬる

人名 くつ・すえ・つぐ・とも・もろ

【委委】イイ 歩行の美しいさま。例 委委佗佗、如レ山如レ河イイタタとして、やまのごとくかわのごとし(=歩行が美しく、山のようであり河のようでもある)。〈詩経・鄘風・君子偕老〉

【委蛇】【委▼迤】【委▼佗】【委▼它】イイ|ダイ ①ゆったりと落ち着いているさま。②曲がりくねるさま。たわんだり、うねったりするさま。③従順なさま。④伝説上の怪物。⑤ドジョウの別名。

【委員】イイン ある団体で選ばれて、特定の事柄の処理をまかされた人。例 —長。審議会の—。

【委▼捐】イエン 捨てる。投げ出す。委棄。

【委棄】イキ ①かまわないで、ほうっておく。②〔法〕権利を放棄すること。

【委曲】イキョク 〔「曲」も、くわしい意〕くわしく細かなこと。詳細。委細。例 —をつくした説明。

【委屈】イクツ ①自分の意志をまげて人に従う。②不当な待遇を受けて不満である。③曲がりくねる。

【委結】イケツ ①(陰陽の気や、恨む気持ちなどが)集まり固まる。②まごころをこめて深くつきあう。

【委細】イサイ ①くわしいこまごまとした事情。詳細。例 —面談。②日すべて。何もかも。例 —承知した。—構わず。

【委質】シイ|シツ|イシをイす|シツをイす ①仕官する。〔「質シ」は「贄シ」で、礼物レイモツの意。仕官のはじめに、主君の前に礼物のキジを置くことから。また一説に、「質シツ」は、平伏する形をあらわすことから〕②礼物を贈って師とあおぐ。③身命をささげる。▽㊮委贄シイ・委摯シイ。

【委▼悉】イシツ 細かく、くわしいさま。

【委順】イジュン ①自然のなりゆき。例 天地の—。②自然にまかせる。③僧侶ソウリョの死。

【委譲】イジョウ 権限や仕事を他の機関や人にゆずってまかせる。例 権限を地方自治体に—する。

【委嘱】イショク 〔「嘱」は、たのむ意〕ある仕事を外部の人にたのんで、してもらう。例 調査を—する。

【委随】イズイ ①性質がおとなしくて素直なさま。②軟弱で無能なさま。例 —不断(=軟弱で決断力がない)。③手足などの筋肉がなえ、自由に動かないこと。

【委積】イセキ ①穀物や財産などを集め蓄える。また、その物。②満たす。満ちる。③高い俸禄ホウロクを得ている。

【委託】イタク ある仕事を他の人や機関にたのんで代わりにやってもらう。例 販売を—する。

【委地】イチ ①チにイす|チにすてらる 地に落ちる。例 花鈿委レ地無二人収一カデンチにイしてひとのおさむるなし(=美しいかんざしは地に落ちて拾う人もいない)。〈白居易・長恨歌〉②うずくまる。

【委頓】イトン 疲れて力がなくなる。弱る。

【委任】イニン ①信任する。②まかせる。ゆだねる。③〔法〕一方が、ある事柄の処理を委託し、他方もそれを承諾することによって成立する法律行為。例 —状。

【委▼靡】イビ ①穏やかで、おとなしい。②衰えて力がなくなる。

【委付】イフ まかせる。あずける。

【委命】イメイ ①いのちをさしだす。降伏したり、法の裁きに服したりする。②運命にまかせる。③命令を与える。仕事をゆだねる。例 不レ知レ所二委命一イメイするところをしらず(=この使命をゆだねるべき人間を知らなかった)。〈史記・刺客伝・荊軻〉

【委吏】イリ ①倉庫を管理する役人。②小役人。

姑

女5 (8)

1 2440 59D1

コ漢 虞 gū

しゅうとめ(しうとめ)・しゅうと(しうと)・しばら-く

意味 ❶夫の母。しゅうとめ。例 姑舅コキュウ。❷父の姉妹。おば。例 姑夫コフ(=父の姉妹の夫)。❸女性の通称。婦女。例 尼姑ニコ。❹しばらく。とりあえず。例 姑息コソク。

日本語での用法 《しゅうと》▼配偶者の母。しゅうとめ。

難読 慈姑(くわい)・山姑(やまうば・やまんば)

【姑▼舅】(コキュウ) 夫の父母。

【姑且】(コショ) しばらく。さしあたり。とりあえず。

【姑娘】 一(コジョウ) 父親の姉妹。 二(クーニャン)〔中国語音〕未婚の女性。むすめ。

【姑▼蘇】(コソ) ①今の江蘇(コウソ)省蘇州市呉県の西南にある山。春秋時代、呉王闔閭(コウリョ)が山上に姑蘇台という楼閣を築き、子の夫差(フサ)が西施(セイシ)と過ごした。姑胥(コショ)。 ②江蘇省蘇州市呉県の地。春秋戦国時代、呉の都。例 姑蘇城外寒山寺(コソジョウガイカンザンジ)(＝姑蘇の町はずれにある寒山寺)。〈張継・楓橋夜泊〉

【姑息】(コソク) 一時のまにあわせですますさま。その場しのぎ。例 因循(インジュン)—。—な手段。—を戒める。

【姑射山】(コヤサン) ①不老不死の仙人が住むという伝説上の山。②日 上皇の御所。はこやの山。

妻

女5 (8)　1 2642　59BB　教5

一 セイ漢 サイ呉 斉 qī
二 セイ漢 サイ呉 霽 qì
つま・め

筆順 一 ヨ ヨ ヨ 圭 妻 妻 妻

なりたち 〔会意〕「女(＝おんな)」と「十(＝進み出る)」と「ヨ(＝家事をする手)」とから成る。夫とならぶ女。つま。

意味 一 ❶夫の配偶者。つま。対夫。例 妻子(サイシ)。妻帯(サイタイ)。 ❷一夫多妻制における正妻。本妻。嫡妻(テキサイ・チャクサイ)。対妾(ショウ)。例 妻妾(サイショウ)。 二 嫁にやる。めあわせる。例 以二其子一妻レ之(そのこをもってこれにめあわす)(＝自分の娘を彼に嫁がせた)。〈論語・公冶長〉

日本語での用法 《つま》 ①「刺身(さしみ)の妻(つま)」 ▼そばにそえるもの。あしらい。②「妻戸(つまど)・切(き)り妻(づま)」 ▼端の部分。日本建築の、屋根の両端の三角形の面。

古訓 中古 あふ・うらむ・つま・め・めあはす 中世 あふ・うらむ・つま・め・めあはす 近世 つま・め・めあはす

難読 後妻(うわなり)

【妻子】(サイシ) ①つま。②(つまこ) つまと子。例 —を養う。

【妻女】(サイジョ) ①つま。②つまと、むすめ。

【妻▼妾】(サイショウ) 正室と側室。

【妻▼嫂】(サイソウ) ①つまと兄嫁。例 蘇秦之昆弟妻嫂側レ目不二敢仰視一(ソシンのコンテイサイソウめをそばだててあえてあおぎみず)(＝蘇秦の兄弟やつまや兄嫁は目をそらして仰ぎ見ようとしない)。〈史記・蘇秦伝〉 ②つまの兄弟のつま。

【妻族】(サイゾク) つまの親族。類妻党。

【妻帯】(サイタイ) 日 結婚してつまをもつ。例 —者。

【妻▼孥】【妻▼帑】(サイド) つまと子。例 妻孥怪二我在一(サイドはわれのあるをあやしむ)(＝つまも子も私が生きて目の前にいるのを疑った)。〈杜甫・羌村〉

●愛妻(アイサイ)・愚妻(グサイ)・後妻(ゴサイ)・先妻(センサイ)・夫妻(フサイ)・亡妻(ボウサイ)

姍

女5 (8)　4 0547　59CD

一 サン漢 寒 shān
二 セン漢 先 xiān

意味 一 そしる。例 姍笑(サンショウ)(＝あざける)。 二「姍姍(センセン)」は、しなしなと歩くさま。

姉

女5 (8)　1 2748　59C9　教2

［姊］女4 (7)　—　59CA　別体字。

シ漢 呉 紙 zǐ
あね
付表 姉(ねえ)さん

筆順 く 女 女 女 妒 姉 姉

なりたち 〔形声〕「女(＝おんな)」と、音「市(シ)」とから成る。あね。

参考 この「市(シ)」は「柿(シ)(＝かき)」の旁(つくり)と同じで、「市(シ)(＝いち)」とは別の字。

意味 ❶年上の女のきょうだい。あね。対妹。例 姉妹(シマイ)。長姉(チョウシ)。 ❷女性を親しみ、また、敬っていうことば。例 諸姉(ショシ)。

古訓 中古 あね・いろね・このかみ 中世 あね・このかみ 近世 あね

人名 え

難読 十姉妹(ジュウシマツ)・従姉(いとこ)

【姉御】(あねゴ) 日 ①姉の古風な呼び方。②やくざの親分などの妻。また、女親分の呼び名。姐御(あねゴ)。

【姉様】(あねさま) 日 ①姉を敬っていうことば。②千代紙(ちよがみ)などで作った着物を着せた紙人形。姉様人形。

【姉妹】(シマイ) ①あねと、いもうと。女のきょうだい。例 兄弟(ケイテイ)—。②日 同じ系統で何らかのつながりをもつ二つのもの。例 —都市。—編。

●実姉(ジッシ)・大姉(ダイシ)

始

女5 (8)　1 2747　59CB　教3

シ漢 呉 紙 shǐ
はじめる(はじ-む)・はじまる・はじまり・はじめ

筆順 く 女 女 女 女 始 始 始

なりたち 〔形声〕「女(＝おんな)」と、音「台イ→シ」とから成る。はじめに生まれた女。はじめ。

意味 ❶ものごとのおこり。もと。発端(ホッタン)。はじまり。はじめ。例 始末(シマツ)。原始(ゲンシ)。歌会始(うたかいはじめ)。 ❷新しくおこす。はじめる。はじまる。例 始業(シギョウ)。開始(カイシ)。創始(ソウシ)。 ❸あらたに。はじめに。はじめて。ア…してやっと。イやっと…したばかり。

古訓 中古 はじむ・はじめ・みち 中世 はじめ・はじめて 近世 はじまり・はじむる・はじめ

人名 とも・はじむ・はつ・はる・もと

【始業】(シギョウ) ①仕事をはじめる。②日 授業をはじめる。例 —式。▽対終業。

【始原】【始源】(シゲン) ものごとのはじめ。おこり。

【始終】(シジュウ) ①はじめとおわり。②はじめからおわりまでのすべて。例 一部—。③日 いつも。たえず。しょっちゅう。

【始祖】(ソシ) ①その種の最もはじめのもの。先祖。例 —鳥。②あるものごとを最初にはじめた人。③禅宗で、達磨(ダルマ)。

【始動】(シドウ) (機械などが)動きはじめる。また、動かしはじめる。

【始発】(シハツ) 日 ①その日にいちばん早く運行する列車・バスなど。②列車・バスなどが、そこから出発すること。例 —駅。

【始末】(シマツ) ①はじめと終わり。はじめから終わりまでの事情。顚末(テンマツ)。例 —記。②日 結果の状態。例 たいへんな—になる。③日 かたづける。例 火の—。④日 無駄のないように使う。倹約。例 —屋(や)。

【始末書】(シマツショ) 日 事故や過失について、その原因やいきさつ、反省などを記した書類。例 —を書かせる。

【始如二処女一後如二脱▼兎一】(はじめはショジョのごとくのちにはダットのごとし) はじめはうぶな処女のように静かに、最後は逃げるウサギのように機敏に行動する。はじめはおとなしくして敵を油断させ、終わりには十分力を発揮して敵を攻撃すること。〈孫子・九地〉

●開始(カイシ)・原始(ゲンシ)・終始(シュウシ)・創始(ソウシ)・年始(ネンシ)

姒

女5 (8)　3 1579　59D2

シ漢 ジ呉 紙 sì

意味 ❶あね。❷兄の妻。あによめ。対娣(テイ)。例 姒婦(ジフ)(＝あによめ)。❸「褒姒(ホウジ)」は、西周の幽王の妃(きさき)。

妮

女5 (8)　4 0544　59AE

ジ(ヂ)漢 ニ呉 支 nī

意味 下女(ゲジョ)。はしため。

姐
女5(8) 1 1625 59D0

一 ソ㊩ シャ㊥ 馬 jiě
二 ショ㊥ 御 jù
あね

意味 一 ❶年上の女のきょうだい。**あね**。例 姐夫(シャフ)(=あねむこ)。❷女子。むすめ。二 おごりたかぶるさま。おごり。例 恃レ愛肆レ姐(アイをたのみておごりをほしいままにす)(=愛情にすがってわがままでおごりたかぶっていた)。〈嵇康・幽憤詩〉

難読 姐(ねえ)さん・小姐(シャオチエ)(=むすめさん)

【姐御(あねご)】日 ⇩【姉御(あねご)】②(343ジペー)

妾
女5(8) 1 3010 59BE

ショウ(セフ)㊥㊠ 葉 qiè
めかけ・てかけ・わらわ(わらは)・わたし

意味 ❶女の奴隷(ドレイ)・召し使い。❷一夫多妻制において、正妻以外の配偶者。側室。また、妻のような関係にある、正妻ではない女性。**めかけ**。例 妾腹(ショウフク)。妻妾(サイショウ)。❸女性が自分をへりくだっていうことば。**わらわ**。

【妾御(ショウギョ)】古代中国で、諸侯の娘の嫁入りに付き添い、共に夫の家に入った女。㊟妾媵(ショウヨウ)。

【妾婦(ショウフ)】①側室。②女性。

【妾腹(ショウフク)】日 めかけから生まれること。その子供。

姓
女5(8) 1 3211 59D3 常用

セイ㊥ ショウ(シャウ)㊠ 敬 xìng
かばね

筆順 ㄑ 夂 女 女' 女⺊ 女+ 姓 姓

なりたち [会意]「女(=おんな)」と「生(セイ)(=うまれる)」とから成る。同じ女から生まれた子孫であることの標識。

意味 ❶血すじや家柄をあらわすことば。**かばね**。また、うじ。〔もと、「姓」は血すじ・家系を、「氏」は尊卑(ソンピ)や職掌などによる家柄をあらわし、両者は区別されたが、漢代以後、「姓」と「氏」とは混用されるようになった〕例 姓名(セイメイ)。氏素姓(うじスジョウ)。❷子。また、子孫。例 問二其姓一(そのセイをとう)(=子がいるかどうかを尋ねた)。〈左伝・昭四〉❸生む。㊟生。

日本語での用法 《かばね》「姓書(かばねがき)・八色(やくさ)の姓(かばね)」▼古代、家柄の尊卑(ソンピ)と世襲の官職とをあらわした呼び方。

古訓 中古 はゆがむ 中世 いたる・うぢ・こころ・たましひ・めひ 近世 うぢ

人名 うじ

【姓系(セイケイ)】氏族の系譜。系図。

【姓氏(セイシ)】①⇩意味❶ ②日〔古くは「ショウジ」〕かばねと、うじ。〔「かばね」は、古代氏族の地位や職名をあらわす称号。「うじ」は、同一祖先から出た同族集団〕

【姓字(セイジ)】姓とあざな。

【姓名(セイメイ)】姓と名前。氏名。例 ―判断。

●改姓(カイセイ)・旧姓(キュウセイ)・素姓(スジョウ)・同姓(ドウセイ)・百姓(ヒャクショウ|ヒャクセイ)

姃
女5(8) 3 1578 59C3

セイ㊥ ショウ(シャウ)㊠ 庚 zhēng

意味 女性の容貌(ヨウボウ)が整っているさま。

妲
女5(8) 2 5307 59B2

ダツ㊩ タツ㊥ 曷 dá

意味 「妲己(ダッキ)」は、殷(イン)の紂(チュウ)王の妃(きさき)。悪女とされる。

妬
女5(8) 1 3742 59AC 常用

ト㊥㊠ 遇 dù
ねたむ・そね-む・や-く・や-ける(や-く)・ねたま-しい(ねたま-し)

[妒]
女4(7) 3 1576 5992

本字。

筆順 ㄑ 夂 女 女' 女𠂇 妬 妬

なりたち [形声]「女(=おんな)」と、音「石(セキ→ト)」とから成る。婦人が夫にやきもちをやく。

意味 他人をうらやみにくむ。やきもちをやく。**ねたむ**。**やく**。例 妬視(トシ)。妬心(トシン)(=ねたみごころ)。嫉妬(シット)。

古訓 中古 あらそふ・うはなり・うらやむ・そねむ・ねたむ・ものねたみ 中世 あらそふ・うはなり・うらやむ・からかふ・そねむ・ねたむ 近世 うまず・こなし・そねむ・ねたむ

【妬視(トシ)】ねたましい気持ちで見る。嫉視(シッシ)。

妹
女5(8) ― 59BA

バツ㊥ マツ・マチ㊠ 曷 mò

意味 「妹嬉(バッキ)」は、夏(カ)の桀(ケツ)王の妃(きさき)。悪女とされる。

妼
女5(8) 4 0545 59BC

ヒツ㊥ 質 bì

意味 女性としての立ち居ふるまいが身についている。

姆
女5(8) 2 5308 59C6

ボ㊥ 麌 mǔ
うば

意味 ❶女の子にしつけをする女性。**うば**。例 姆教(ボキョウ)(=うばの教え)。❷母親の代わりに子を育てる女性。めのと。例 保姆(ホボ)。

妹
女5(8) 1 4369 59B9 教2

バイ㊥ マイ㊠ 隊 mèi
いもうと・いも

筆順 ㄑ 夂 女 女一 女二 妹 妹 妹

なりたち [形声]「女(=おんな)」と、音「未(ビ→バイ)」とから成る。いもうと。

意味 年下の女のきょうだい。**いもうと**。例 義妹(ギマイ)。姉妹(シマイ)。弟妹(テイマイ)。

日本語での用法 一《いも》「妹兄(いもせ)・妹背(いもせ)」▼姉や、いもうと。また、妻。二《せ》「妹島(せじま)・妹尾(せのお)」▼「せ」の音をあらわす万葉仮名。

古訓 中古 いもうと・いもと・いろと・こじうとめ 中世 いもうと・いもと・よろこぶ 近世 いもうと・いもと

【妹背(いもせ)】日 ①親しい関係にある男女。特に、夫婦。例 ―を契る。②妹と兄。また、姉と弟。

【妹婿(マイセイ)】【妹▼倩(マイセイ)】妹の夫。いもうとむこ。

●実妹(ジツマイ)・姉妹(シマイ)・十姉妹(ジュウシマツ)・弟妹(テイマイ)

姈
女5(8) 4 0546 59C8

レイ㊥ 青 líng

意味 ❶人名に用いる字。❷女がかしこい。

娃
女6(9) 1 1603 5A03 人

ア㊩ ワ㊥ アイ㊥ 佳 麻 wá
うつく-しい(うつく-し)

なりたち [形声]「女(=おんな)」と、音「圭(ケイ→イア)」とから成る。目の美しいさま。

意味 ❶みめよい。**うつくしい**。また、美女。❷子供。

古訓 中古 うつくし・うつくしきをみな・かほよし・よらしきめ 中世 かほよし・よきかたち 近世 うつくし・うるはし・おちいりめ

威
女6(9) 1 1650 5A01 常用

イ(ヰ)㊥㊠ 微 wēi
おど-す・おど-かす・たけ-し

筆順 ノ 厂 厂 厈 厈 威 威 威

なりたち [形声]「女(=おんな)」と、音「戌(シュツ→イ)」とから成る。夫の母。派生して「おそろしい」の意。

意味 ❶人をおそれさせる力や品格。また、それがあるさま。おごそか。いかめしい。例 君子不レ重則不レ威(クンシおもからざればすなわちイあらず)(＝人を治める者は重々しくなければ威厳がない)。〈論語・学而〉 威厳イゲン。威勢イセイ。権威ケンイ。❷力ずくでおそれさせる。**おどす**。例 威圧イアツ。威嚇イカク。威イをふるう。❸おそれる。通畏イ。例 内和而外威(うちやわらぎてそとおそる)(＝内部はやわらぎ外部はおそれる)。〈国語・晋六〉

古訓 中古 いかめし・いきほひ・おそろし・おどす・かしこし・かしこまる・かしづく・はら・よそほひ 中世 いきほひ・おそろし・おどす・かしこし 近世 おそる・おづる・おどす・しうとめ・よそほひ

人名 あきら・たか・たけ・たける・つよし・なり・のり

【威圧】イアツ 強大な力で相手をおどし、おさえつける。

【威恩】イオン 威光と恩徳。転じて、刑罰と恩賞。

【威嚇】イカク 〔「嚇」も、おどす意〕強い力を示しておどす。

【威儀】イギ ①礼の細則。②おごそかな場所にふさわしい、作法・礼式にかなった姿や動作。例 ―を正す。

【威脅】イキョウ 力でおびやかす。圧迫する。威嚇。例 秦地徧二天下一、威二脅韓魏趙氏一(シンのチテンカにヘンし、カンギチョウシをイキョウす)(＝秦の領地はあまねく天下をおおい、韓・魏・趙をおびやかしている)。〈史記・刺客伝・荊軻〉

【威権】イケン 威光と権力。また、人をおそれさせ服従させる力。権威。

【威厳】イゲン 人に尊敬とおそれをいだかせるような、立派で重々しい雰囲気。例 ―を保つ。

【威光】イコウ 人をおそれさせ従わせる雰囲気。例 親の―。

【威信】イシン 人々をおそれ従わせる力と、それにともなう信頼感。例 国家の―をかけて問題解決にあたる。

【威神】イシン 尊厳に満ちた、おごそかな神。また、神のようなおごそかさ。

【威声】イセイ 人々から尊敬を受けるような、すぐれた評判。名声。威名イメイ。

【威勢】イセイ ①人をおそれ従わせる力。例 ―をふるう。②日 生き生きして元気がよいこと。例 ―のいい若者。

【威重】イチョウ|イジュウ ①威厳があって重々しい。②権威。

【威徳】イトク ①おごそかで冒しがたい徳。②刑罰・武力と恩恵。威恩。

【威武】イブ 周囲をおそれ従わせる威力と武力。武威。例 威武不レ能レ屈(イブもクッするあたわず)(＝いかなる威圧・武力をもってしても、その意志を変えさせることはできない)。〈孟子・滕文公下〉

【威風】イフウ 周囲をなびかせるような、威厳のある雰囲気。例 ―堂堂の行進。

【威服】イフク 勢力や威力を示して相手を従わせる。

【威福】イフク ①君主のもつ、賞罰をおこなう権限。②刑罰と恩恵。多く、権勢を握っている者が勝手におこなって人を威圧している場合にいう。

【威望】イボウ 威厳があり人からも信頼されること。

【威名】イメイ 人をおそれさせるような名声。威声。

【威容】イヨウ 堂々として、他を圧する姿。例 ―を誇る。

【威▼稜】イリョウ ①神霊。神。②神秘的な力。神の霊力。③神々(こうごう)しいほど盛んな威光。天子の威光。▽類威霊。

【威力】イリョク 他を圧倒し、おそれさせる強い力。

【威令】イレイ 強い力をもって、よく徹底する命令。軍令や政令にいう。例 ―がおこなわれる。

【威烈】イレツ 激しい威力。さかんな威光。

●脅威キョウイ・権威ケンイ・示威ジイ・猛威モウイ

姨
女6 (9)

2 5309 59E8

イ 漢 呉 支 yí

おば(をば)

意味 ❶妻の姉妹。❷母の姉妹。**おば**。例 姨子シイ。姨母ボイ。

日本語での用法 《**おば**》「姨捨山(おばすてやま)」▼老母。また、老女。

【姨子】シイ 母の姉妹の子。

【姨母】ボイ 母の姉妹。

【姨捨】おばすて 日 ①老母または老女を養わずに、山奥に捨てること。②謡曲の一つ。「①」の伝説を題材としたもの。

姻
女6 (9)

1 1689 59FB

常用

イン 漢 真 yīn

とつ-ぐ

筆順

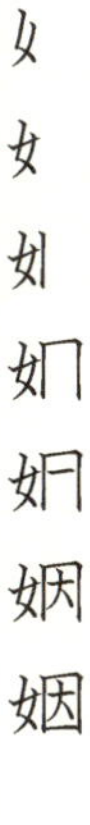

なりたち

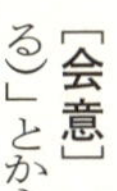

〔会意〕「女(＝おんな)」と「因イ(＝たよる)」とから成る。女がたよる、むこの家。

意味 ❶むこの家。特に、むこの父をいう。また、姻族。例 姻亜アイン(＝むこの父とあいむこ。姻族)。❷結婚する。縁組みする。**とつぐ**。また、結婚によって生じた親族関係。例 姻戚インセキ。婚姻コンイン。

古訓 中古 しうとめ・とつぎ・とつぐ 中世 あひむこ・しうとめ・とつぎ・むこどり・めのちち 近世 しうと・とつぐ・まくばひ・まくばへ

【姻▼媾】インコウ ①結婚する。②お互いに娘を嫁にしあうなどして、二重の婚姻関係を結ぶ。③結婚によってできた親族。類姻家インカ。

【姻私】インシ (地位・官職を得ようとして)婚姻関係を結び、権勢者の親族となる。また、その親族。

【姻戚】インセキ 結婚によって生じる、血のつながりのない親類。姻族。例 ―関係。

【姻族】インゾク 「姻戚インセキ」に同じ。

姽
女6 (9)

4 0553 21706

エツ(ヱツ) 漢 月 yuè

意味 女のふくよかなさま。

姶
女6 (9)

1 1608 59F6

オウ(アフ) 漢 合 è

意味 美しいさま。みめよいさま。

難読 姶良あいら(＝地名)

姦
女6 (9)

1 2015 59E6

カン 漢 刪 jiān

みだ-ら・かしま-しい(かしま-し)

[奸]
女6 (9)

4 0551 59E7

別体字。

意味 ❶わたくしする。ぬすむ。例 姦二符節一(フセツをぬすむ)(＝割り符をぬすむ)。〈淮南・氾論〉 ❷男女の関係が正しくない。**みだら**。例 姦淫カンイン。姦通カンツウ。❸道理にはずれた。悪い。悪人。例 姦計カンケイ。佞姦ネイカン。❹おかす。みだす。通奸カン。

日本語での用法 《**かしましい**》「娘(むすめ)たちの姦(かしま)しい声(こえ)」▼やかましい。

【姦悪】カンアク 心がねじけて邪悪なさま。また、そのような人。奸悪カンアク。

【姦淫】カンイン 男女が道徳に反した肉体関係を結ぶ。

【姦回】カンカイ よこしまである。また、その人。類姦邪。

【姦▼猾】【姦▼黠】カンカツ 悪がしこい。また、その人。

【姦凶】【姦▼兇】カンキョウ 悪がしこく凶悪な人物。奸兇カンキョウ。例 攘二除姦凶一(カンキョウをジョウジョす)(＝奸賊をはらいのける)。〈諸葛亮・出師表〉

【姦計】カンケイ よくないはかりごと。悪だくみ。悪計。奸計カンケイ。

【姦詐】カンサ 人をあざむき、おとしいれること。

【姦才】カンサイ 悪知恵。また、悪知恵のある人。姦智カンチ。

【姦策】カンサク よくない策略。悪だくみ。奸策カンサク。

【姦臣】カンシン 主君に対して悪だくみをはかるような、悪い家来ケイ。奸臣(カンシン)。例 家中(カチュウ)の—を除く。

【姦人(カンジン)】①ずるがしこくよこしまな人。類姦細。例 皆姦人非二忠臣一也(みなカンジンにしてチュウシンにあらざるなり)(=みなよこしまな人で、真心のある臣下ではない)。〈史記・蘇秦伝〉②ひそかによその女と情を通じる男。まおとこ。

【姦賊(カンゾク)】心のねじけた悪人。奸賊(カンゾク)。

【姦▼智(カンチ)】【姦知(カンチ)】悪がしこい知恵。わるぢえ。姦才。奸智(カンチ)。例 —にたける。

【姦通(カンツウ)】①夫のある女が他の男と肉体関係をもつ。②男女が道にはずれた肉体関係をもつ。

【姦▼佞(カンネイ)】心がねじけていて人にへつらうこと。奸佞(カンネイ)。例 —邪知。

【姦物(カンブツ)】悪がしこい人物。奸物(カンブツ)。

【姦雄(カンユウ)】悪知恵にたけ、策略によって天下を制した英雄。奸雄(カンユウ)。例 乱世の—。

姞
女6(9) 4 0548 59DE

キツ 漢 質 jí

意味 ❶姓の一つ。❷謹慎する。つつしむ。

姜
女6(9) 2 5310 59DC

キョウ(キャウ) 漢 陽 jiāng

意味 ❶陝西(センセイ)省を流れる川の名。姜水(キョウスイ)。岐水(キスイ)の別名。❷姓の一つ。

難読 生姜(ショウガ)

姸
女6(9) 3 9490 59F8

[妍] 女4(7) 2 5311 598D 俗字。

ケン 慣 ゲン 漢 先 yán
うつく-しい(うつく-し)

意味 ❶顔や姿が美しい。みめうるわしい。みめよい。あでやか。例 姸艶(ケンエン)(=美しくなまめかしい)。姸(ケン)を競(きそ)う(=あでやかさをきそう)。❷たくみである。かしこい。例 姸巧(ケンコウ)。

【姸好(ケンコウ)】美しい。みめよい。

【姸▼蚩(ケンシ)】【姸▼媸(ケンシ)】〔「蚩・媸」は、醜い意〕美しいことと醜いこと。類姸醜。

【姸冶(ケンヤ)】あでやかで美しい。また、その女性。姣冶(コウヤ)。

姣
女6(9) 4 0549 59E3

一 コウ(カウ) 漢 巧 jiāo (旧 jiǎo)
二 コウ(カウ) 漢 肴 xiáo
うつく-しい(うつく-し)・みだら

意味 一 顔や姿が美しい。うつくしい。二 淫乱(インラン)な。みだら。

【姣好(コウコウ)】(=顔だちがよい)。顔だちが美しく、なまめかしい。例 姣好(コウコウ)。姣麗(コウレイ)

姤
女6(9) 4 0550 59E4

コウ 漢 宥 gòu
あ-う(あ-ふ)

意味 ❶遭遇する。あう。❷易(エキ)の六十四卦(カ)の一つ。☴☰ 巽下乾上(ソンカケンショウ)。天の下で風が吹く象。

姮
女6(9) 4 0552 59EE

[嫦] 女11(14) 2 5335 5AE6 別体字。

コウ 漢 蒸 héng
ジョウ cháng

意味 ⇩【姮娥(コウガ|ジョウガ)】

【姮▼娥(コウガ|ジョウガ)】月に住むという美しい仙女の名。古代中国の伝説によると、羿(ゲイ)という弓の名手の妻だったが、羿が西王母(セイオウボ)から授かった不死の薬を盗んで飲み、月に逃げて行き月の精になったという。常娥(ジョウガ)。

【姮宮(コウキュウ)】①月の世界にあり、姮娥(コウガ)が住むという宮殿。②月の異名。

姿
女6(9) 1 2749 59FF 教6

シ 漢 呉 支 zī
すがた

筆順 、 冫 冫 次 次 姿 姿

なりたち  [形声]「女(=おんな)」と、音「次(シ)」とから成る。すがた。

意味 ❶人や物のかたち。風采(フウサイ)。様子。**すがた**。例 姿勢(シセイ)。風姿(フウシ)。容姿(ヨウシ)。❷美しいすがた。美しさ。例 姿媚(シビ)(=こびる)。❸資質。生まれつき。例 上主之姿也(ジョウシュのシなり)(=人の上に立つ資質の持ち主である)。〈漢書・谷永伝〉

古訓 中古 かたち・かほしな・さま・すがた・ふるまひ 中世 かたち・かほ・さま・しな・すがた・ふるまひ・みめ 近世 しな・すがた・わざ

人名 かた・しな

【姿形(シケイ|すがたかたち)】顔だちとからだつき。見目形(みめかたち)。容姿。

【姿色(シショク)】(女性の)すがたや顔だちの美しさ。容色。類姿貌(シボウ)。

【姿勢(シセイ)】日 ①からだのかまえ方。例 —を正す。②ものごとに取り組む態度。心がまえ。例 前向きの—。

【姿体(シタイ)】【姿態(シタイ)】すがたやからだの様子。からだつきや身のこなし。類姿容。

【姿容(シヨウ)】すがたかたち。容姿。

【姿見(すがたみ)】日 全身を映して見るための大型の鏡。

● 絵姿(えすがた)・勇姿(ユウシ)・雄姿(ユウシ)・容姿(ヨウシ)

姝
女6(9) 3 1580 59DD

シュ 漢 呉 虞 shū

意味 ❶あでやかで美しい。みめよい。例 姝顔(シュガン)(=美しい顔)。姝麗(シュレイ)(=美しい。また、美女)。❷美女。

姪
女6(9) 1 4437 59EA 人

[侄] 亻6(8) 4F84 別体字。

テツ 漢 屑 チツ 漢 質 zhí
おい(をい)・めい(めひ)

なりたち  [形声]「女(=おんな)」と、音「至(シ→テツ)」とから成る。姉妹からみた兄弟の子。

意味 ❶女性が、自分の兄弟のむすこと むすめを指していう。**おい。めい。** 対 姑(コ)。❷(晋(シン)代以降)男性が、自分の兄弟のむすこを指していう。**おい。** ❸親しい男性の子供を指していう。❹親しい年長者に対する自称。例 世姪(セイテツ)(=わたくし)。

日本語での用法 《**めい**》「二人(ふたり)の姪(めい)」▼自分の兄弟姉妹の娘。対 甥(おい)。

古訓 中古 かほよし・めひ・をひ 中世 はつこ・ひめ・めひ・をひ 近世 めひ・をひ

【姪▼甥(テッセイ)】めいと、おい。

【姪孫(テッソン)】兄弟姉妹のまご。

[姙]
女6(9) ⇩ 妊(ニン)(341ジペー)

[姬]
女6(9) ⇩ 姫(ひめ)(347ジペー)

姥
女6(9) 1 1724 59E5 人

ボ 漢 麌 mǔ
うば

なりたち [会意]「女(=おんな)」と「老(=おいる)」とから成る。老女。

意味 ❶年老いた女性。老婆。例 姥桜(うばざくら)。山姥(やまうば|やまんば)(=山奥に住むという、女の怪物)。❷夫の母親。例 公姥(コウボ)(=夫の母)。❸母親の代わりに子供を育てる女性。めのと。**うば**。例 乳姥(ニュウボ)。通 姆(ボ)。

古訓 中古 おうな・おば・おほば・はは 中世 うば・おうな・おば 近世 うば

【姥桜(うばざくら)】日 若いさかりをすぎた、美しい女性。

姚
女6(9) 2 5313 59DA

一ヨウ(エウ)漢呉 蕭 yáo 二チョウ(テウ)漢呉 嘯 tiào
うつく-しい(うつく-し)

意味 一❶古代の天子、舜(シュン)の姓。❷なまめかしく美しい。例 姚冶(ヨウヤ)。❸遠い。通 遥(ヨウ)。例 姚遠(ヨウエン)(=はるかに遠い)。二かるがるしい。通 佻・窕(チョウ)。例 姚佚(チョウイツ)(=うわついている)。

【姚冶】(ヨウヤ) 美しくなまめかしい。妖艶(ヨウエン)。妖冶(ヨウヤ)。

【姚▼秦】(ヨウシン) 姚萇(ヨウチョウ)が建国した秦の国で、五胡(ゴコ)十六国の一つ。後秦(コウシン)。

[娄]
女6(9) ⇩婁(ロウ)(349ページ)

娟
女7(10) 2 5315 5A1F

エン(ヱン)漢 先 yuān
ケン(クェン)漢 先 juān
うるわ-しい(うるは-し)

意味 女性の美しいさま。うるわしい。例 娟娟(エンエン|ケンケン)。嬋娟(センケン)(=あでやかで美しいさま)。

難読 嬋娟(たおやか)

【娟娟】(エンエン|ケンケン) ①なよなよと美しいさま。女性の美しさの形容。②澄みきって美しいさま。月などの美しさの形容。

【娟秀】(エンシュウ|ケンシュウ) 姿かたちが美しいさま。みめうるわしい。

娥
女7(10) 2 5314 5A25

ガ漢 歌 é

意味 ❶堯(ギョウ)の娘で、舜(シュン)の妻となった娥皇(ガコウ)。❷美人。美しい。例 娥娥(ガガ)。娥眉(ガビ)。❸月に住むという仙女、姮娥(コウガ)。また、月。

【娥影】(ガエイ) ①月光。月影(つきかげ)。類 娥月(ガゲツ)。②鏡などに映る美女の姿。

【娥娥】(ガガ) 女性の顔の美しいさま。

【娥眉】(ガビ) ①美しいまゆげ。②美人。▽蛾眉(ガビ)。

娭
女7(10) 4 0560 5A2D

キ漢 支 xī

意味 ❶たわむれる。通 嬉(キ)。❷よろこぶ。たのしむ。

㛏
女7(10) 4 0555 36CF

キュウ(キウ)漢 尤 qiú

意味 人名などに用いる字。参考 吾㛏(あつま|まあず)(=姓)。

娯
女7(10) 1 2468 5A2F 常用

ゴ漢呉 遇 グ漢呉 虞 yú
たの-しむ

[娛]
女7(10) —— 5A1B 旧字体。

筆順 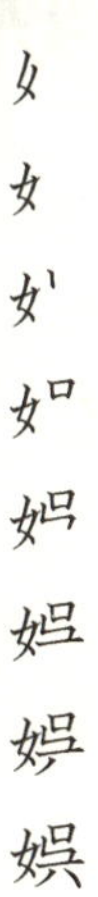

なりたち  [形声]「女(=おんな)」と、音「呉(ゴ)」とから成る。たのしむ。

意味 ❶たのしい思いをする。たのしむ。たのしみ。例 娯楽(ゴラク)。❷たわむれる。

古訓 中古 うれし・たのしぶ・たのしむ・もてあそぶ・ほこる・よろこぶ 中世 うつくし・たのしぶ・たのしむ・たはぶれ・ほこる・もてあそぶ・よろこぶ 近世 たのしむ・よろこぶ

【娯楽】(ゴラク) 遊びとして何かを見たり聞いたりして、心をなぐさめたり楽しんだりすること。また、その楽しみ。例 大衆—。

娑
女7(10) 2 5316 5A11

サ漢 シャ呉 歌 suō
ま-う(ま-ふ)

意味 ❶「婆娑(バサ)」は、衣をなびかせて舞うさま。❷梵語(ボンゴ)の音訳。例 娑羅双樹(サラソウジュ)。娑婆(シャバ)。婆娑羅(バサラ)。

【娑羅双樹】(サラソウジュ|シャラソウジュ) 〔「娑羅」は、梵語(ボンゴ) śāla の音訳〕釈迦(シャカ)の病床の四方に二本ずつ生えていたという娑羅の木。釈迦の入滅のとき、ツルの羽のように白く変わって、枯れたという。沙羅双樹(サラソウジュ|シャラソウジュ)。

【娑婆】(シャバ) ①〔仏〕〔梵語(ボンゴ) Sahā の音訳。人間が多くの苦悩をたえしのぶ所の意〕誘惑・苦しみなどの多いこの世。俗世間。②〔日〕刑務所・軍隊など自由のないところから見た、外部の一般社会。例 —の空気にふれる。

[姗]
女7(10) ⇩粧(ショウ)(1015ページ)

娠
女7(10) 1 3117 5A20 常用

シン漢 真 shēn
はら-む

筆順 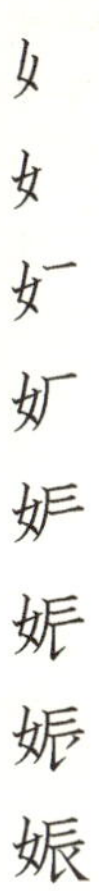

なりたち  [形声]「女(=おんな)」と、音「辰(シ)」とから成る。みごもる。みごもった子が動く。

意味 ❶腹に子をやどす。みごもる。はらむ。例 妊娠(ニンシン)。❷はしため。下女。

古訓 中古 はらむ・ふるふ 中世 はらむ 近世 はらむ・むまかひ・をんなしもべ

娍
女7(10) 4 0557 5A0D

セイ漢 庚 chéng

意味 女性の人名などに用いる字。

娜
女7(10) 2 5317 5A1C

ダ漢 哿 nuǒ
しな-やか

意味 「婀娜(アダ)」は、しなやかで美しいさま。

娧
女7(10) 4 0559 5A27

タイ漢 泰 tuì

意味 みめよい。よい。参考 娧(とい)しい。

娣
女7(10) 3 1582 5A23

テイ漢 霽 dì

意味 ❶いもうと。❷弟の妻。おとうとよめ。対 姒(ジ)。

娗
女7(10) 4 0558 5A17

一テイ漢 迥 tǐng 二テン漢 銑 tiǎn

意味 一❶婦人科の病気。子宮脱。❷すらりとして美しいさま。二あざむき、あなどる。からかう。

娚
女7(10) 2 5319 5A1A

ダン(ダム)漢 ナン(ナム)呉 咸 nán
おい(をひ)・めおと(めをと)

意味 細く低い声で話し続けるさま。通 喃(ナン)。

日本語での用法 《おい》《めおと》《みょうと》「娚杉(おいすぎ|めおとすぎ|みょうとすぎ)」▼人名・地名に用いる字。

娓
女7(10) 3 1581 5A13

ビ漢 尾 wěi

意味 ❶すなおに従う。❷美しい。❸「娓娓(ビビ)」は、おだやかでねんごろなさま。参考 娓(くど)い。

姫
女7(10) 1 4117 59EB 常用

キ漢 支 jī
ひめ

[姬]
女6(9) —— 2F862 旧字体。

筆順 

なりたち  [形声]「女(=おんな)」と、音「𦣞(イ……▶キ)」とから成る。姓の一つ。

意味 ❶姓の一つ。㋐古代の黄帝(コウテイ)の姓。㋑周の王室の姓。例 姫周(キシュウ)。❷女子の美称。ひめ。例 美姫(ビキ)。❸側室。妾(めかけ)。例 姫妾(キショウ)(=側室)。寵姫(チョウキ)。

日本語での用法 《ひめ》①「姫君(ひめぎみ)」▼上流社会でいう、娘。②「舞姫(まいひめ)・歌姫(うたひめ)・白雪姫(しらゆきひめ)」▼美しい女性をほめていうことば。③「姫垣(ひめがき)・姫鏡台(ひめキョウダイ)・姫小松(ひめこまつ)・姫松(ひめまつ)」▼名詞にそえて、小さなもの、愛らしいもの、優しいものの意をあらわすことば。

古訓 中古 ひめ 中世 ひめ・むすめ 近世 ひめ・みめよし・をる

【姫周】(キシュウ) 周王朝。

【姫垣】(ひめがき) 日 低いかきね。女牆(ジョショウ)。

【姫君】(ひめぎみ) 日 貴人の娘の敬称。姫御前。

【姫御前】(ひめゴゼン|ひめゴゼ) 日 ①「姫君(ひめぎみ)」に同じ。例 摂関家の―。②若い娘。少女。例 ―(ひめゴゼ)のあられもない(＝女の子なのに、そのような格好でお行儀の悪い)。

【姫宮】(ひめみや) 日 天皇の娘。内親王(シンナイノウ)。類 姫御子(ひめみこ)。

● 乙姫(おとひめ)・美姫(ビキ)・舞姫(まいひめ)

娉

女7(10) 2 5318 5A09

一 ヘイ 漢 敬 pìn 二 ヘイ 漢 青 pīng

と-う(と-ふ)・めと-る

意味 一 婚礼の最初の段階として、よめとしてむかえる女性の名や生年月日をむこ側の使者が問う。**とう**。また、よめをとる。**めとる**。例 娉内(ヘイノウ)。二 ⇩【娉婷】(ヘイテイ)

【娉▼婷】(ヘイテイ) みめうるわしいさま。

【娉内】【娉納】(ヘイノウ) 〔「内」は、受け入れる意〕妻としてむかえる。

娩

女7(10) 1 4258 5A29 人

一 ベン 漢 銑 miǎn 二 ベン 慣 バン 漢 阮 wǎn

う-む

[娩] 女8(11) ―― 俗字。

なりたち  [会意] 本字は「挽」で、「子(＝こ)」と「免(＝産む)」とから成る。子を産む。

意味 一 子を産む。出産する。例 分娩(ブンベン)。二「娩沢(ベンタク)」は、顔の色がつややかなさま。

古訓 中古 こぶ・たはし 中世 こぶる 近世 おもむろ・こうむ・こびる・したがふ・ゆるやか

娘

女7(10) 1 4428 5A18 常用

ジョウ(ヂャウ) 漢 ニャン 唐 陽 niáng

むすめ

筆順 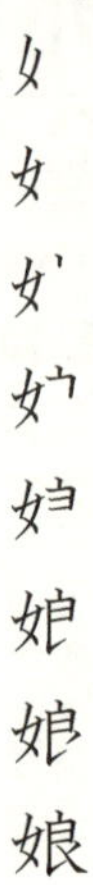

なりたち [形声]「女(＝おんな)」と、音「良(リョウ→ジョウ)」とから成る。婦人に対する普通の呼び方。

意味 ❶未婚の若い女性。少女。**むすめ**。例 娘子(ジョウシ)。❷母親。通 嬢。例 爺娘(ヤジョウ)(＝父母)。❸婦人の美称。奥様。

日本語での用法 《むすめ》▼自分の子である女。

古訓 中古 ほむ・むすめ・よきをうな・よきをんな 中世 ほむ・むすめ・よきをうな 近世 はは・むすめ

難読 姑娘(クーニャン)

【娘子】(ジョウシ) ①少女。むすめ。また、広く女性。②〔俗語で〕母または妻の通称。

【娘子軍】(ジョウシグン) ①女性の率いる、または女性だけから成る軍隊。〔もと、唐の平陽公主が率いた軍隊の名〕②女性だけの集団。

【娘娘】一(ジョウジョウ) ①お母さん。また、年かさの女性。②〔天下の母の意〕皇后。二(ニャンニャン) 〔俗語で〕子供を授ける女神。

● 姉娘(あねむすめ)・愛娘(まなむすめ)

娌

女7(10) 4 0556 5A0C

リ 漢 紙 lǐ

よめ

意味 兄弟ふたりの妻どうし。あいよめ。**よめ**。

婀

女8(11) 2 5320 5A40

ア 漢 哿 ē

たお-やか(たを-やか)

意味 ⇩【婀娜】(ダア)

【婀▼娜】(ダア) ①女性がたおやかで美しいさま。色っぽいさま。例 ―な年増(としま)。―っぽい声。②女性のなまめかしいさま。

娅

女8(11) 3 1584 5A6D

ア 漢 禡 yà

意味 妻の姉妹の夫。あいむこ。例 娅婿(アセイ)(＝あいむこ)。

婬

女8(11) 2 5321 5A6C

イン(イム) 漢 呉 侵 yín

みだ-ら

意味 ❶放逸で正しい道をふみはずす。通 淫(イン)。例 婬縦(インジュウ|インショウ)。❷(男女関係の)正しい道をふみはずす。**みだら**。通 淫。例 婬行(インコウ)(＝みだらな行為)。

婉

女8(11) 2 5322 5A49

エン(ヱン) 漢 阮 wǎn

うつく-しい(うつく-し)・したが-う(したが-ふ)

意味 ❶従順である。おだやかである。おとなしい。**したがう**。例 婦聴而婉(フはききてしたがう)(＝よめは言うことをよくきいて従順である)。〈左伝・昭三六〉❷しとやかで美しい。**うつくしい**。例 婉麗(エンレイ)。淑婉(シュクエン)。❸かどがたたない。遠まわし。例 婉曲(エンキョク)。❹簡約である。例 大而婉(ダイにしてエン)(＝大らかであるが要領を得ている)。〈左伝・襄二九〉❺⇩【婉転】(エンテン)

【婉婉】(エンエン) ①やわらかく曲がりくねるさま。例 ―たる藤(ふじ)。②素直なさま。従順なさま。③しなやかで美しいさま。

【婉曲】(エンキョク) 表現が遠まわしでおだやかなさま。例 ―に断る。

【婉然】(エンゼン) 女性のしとやかで美しいさま。例 ―と舞う。

【婉転】(エンテン) ①まとわりつく。からみつく。②曲がりくねるさま。抑揚のあるさま。③表現が遠まわしで含蓄に富んでいるさま。表現が奥ゆかしく深みがあるさま。

【婉▼娩】(エンベン) ①おだやかで素直なさま。柔和なさま。例 婉娩聴従(エンベンチョウジュウ)(＝柔和にふるまい、言うことを聞く)。〈礼記・内則〉②おだやかで美しい。

【婉容】(エンヨウ) おだやかな顔つき。ものやわらかな態度。

【婉麗】(エンレイ) しとやかで、うるわしいさま。類 婉美。

【婉▼孌】(エンレン) ①若く、しなやかで美しい。②いとおしむ。愛着が深く離れがたい。③ものやわらかで素直なさま。

婚

女8(11) 1 2607 5A5A 常用

コン 漢 元 hūn

筆順 

なりたち 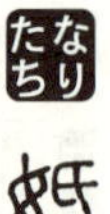 [会意]「女(＝おんな)」と「昏(コン)(＝夕暮れ)」とから成る。(夕暮れに)とつぐ。

意味 ❶夫婦になる。縁組みする。例 結婚(ケッコン)。新婚(シンコン)。❷よめの家。姻(＝むこ側の親族)に対して、よめ側の親族。特に、よめの父。例 婚姻相親(コンインあいしたしむ)(＝よめ側の親族とむこ側の親族とが互いにしたしむ)。〈通鑑・周・赧王二六〉

日本語での用法 《コン》「金婚(キンコン)・銀婚(ギンコン)・ダイヤモンド婚(コン)」▼結婚記念の祝い。

古訓 中古 くなぐ・しうと・しひと・つるぶ・とつぎ・とつぐ・めまく 中世 くなぐ・しうと・とつぐ・よめどり 近世 みとのまくばへ・めとる・よめいり・よめどり

難読 婚(とつ)ぎ教(おし)え鳥(どり)(＝セキレイ)

【婚姻】(コンイン) 法律上の手続きをして、正式に夫婦になる。結婚。例 ―届(とどけ)。

【婚家】(コンカ) よめ入り先または、むこ入り先の家。

【婚嫁】(コンカ) 結婚する。

【婚期】キコン ①結婚の期日。②日 結婚するのに適した年ごろ。〔特に女性についていわれた〕例 ―をのがす。
【婚儀】ギコン 結婚の儀式。婚礼。例 ―をとりおこなう。
【婚▼媾】コンコウ ①結婚の縁組みをする。〔「婚」は新たな結婚のこと、「媾」はすでに婚姻関係にある親族間でさらに縁組みをすること〕②結婚関係によって生じた親族。婚戚コンセキ。
【婚戚】コンセキ 結婚関係で結ばれた親族。婚媾コンコウ。
【婚約】コンヤク 結婚の約束をする。エンゲージ。例 ―指輪。
【婚礼】コンレイ 結婚の儀式。結婚式。婚儀。例 ―の祝宴。
●既婚キコン・許婚キョコン・結婚ケッコン・再婚サイコン・初婚ショコン・成婚セイコン・未婚ミコン・離婚リコン

婥
女8(11) 4 0562 5A65 シャク漢 薬 chuò
意味 「婥約シャクヤク」は、しなやかで美しいさま。綽約シャクヤク。

娵
女8(11) 2 5323 5A35 シュ漢 虞 jū よめ
意味 ❶美女。たおやめ。❷「娵訾シュシ」は、星座の名。
日本語での用法 《よめ》「娵入よめいり・兄娵あによめ」▼新婦。

娶
女8(11) 2 5324 5A36 シュ漢 遇 qǔ めと-る・めあわ-せる(めあは-す)
意味 よめをもらう。妻にむかえる。めとる。例 嫁娶カシュ(=よめ入りと、よめ取り)。

娼
女8(11) 1 3011 5A3C ショウ(シャウ)漢呉 陽 chāng あそびめ
意味 歌や踊りで客をもてなす女。うたいめ。また、遊女。あそびめ。例 娼妓ショウギ。娼婦ショウフ。
【娼家】ショウカ 娼婦をかかえて客の相手をさせる家。遊女屋。女郎屋。
【娼▼妓】ショウギ ①歌や踊りで客を楽しませる女。遊女。②日 公認の売春婦。公娼。
【娼婦】ショウフ うたいめ。また、売春婦。遊女。

婕
女8(11) 4 0561 5A55 ショウ(セフ)漢 葉 jié
意味 ❶美しい。みめよい。❷「婕妤ショウヨ」は、漢代の女官の位の名。倢伃ショウヨ。例 班婕妤ハンショウヨ(=漢代、成帝の寵愛チョウアイを得た女官)。

婧
女8(11) 3 1583 5A67 セイ漢 敬 jìng
意味 女性がすらりと美しいさま。

婆
女8(11) 1 3944 5A46 常用 ハ漢 バ呉 ポ唐 歌 pó ばば
筆順 ⺀ 氵 汇 沪 波 波 婆 婆
なりたち [形声]「女(=おんな)」と、音「波ハ」とから成る。老いた婦人。
意味 ❶年老いた母。また、年老いた女。ばば。例 老婆ロウバ。❷梵語ボンの音訳字。例 婆羅門バラモン。娑婆シャバ。塔婆トウバ。
古訓 中古 おほば・すこぶる・はは 中世 うば・とらかす・はは 近世 うば・おごる・ばば・まふ
難読 婆あばさん・牙婆あい・湯湯婆たんぽ
【婆心】バシン 老婆のようにゆきとどいた親切心。思いやり。
【婆羅門】バラモン 〔梵語ボン brāhmaṇa の音訳〕①古代インドの身分制度で、四階級の最上位。僧侶ソウリョの階級。②「婆羅門教」の略。バラモン階級を中心におこなわれた民族宗教。③バラモン教の僧。
●産婆サンバ・卒塔婆ソトバ・老婆ロウバ

婢
女8(11) 2 5325 5A62 ヒ漢 紙 bì はしため
意味 ❶女の奴隷。また、女の召し使い。下女。はしため。対 奴。例 婢僕ヒボク。奴婢ドヒ。❷女性が自分をへりくだっていうことば。わらわ。
難読 御伽婢子おとぎぼうこ
【婢子】ヒシ ①女性の謙称。②身分の低い女との間に生まれた子供。③身分の低い女。はしため。類 婢女ヒジョ。
【婢▼妾】ヒショウ 下女と、そばめ。召し使いの女たち。
【婢僕】ヒボク 下女と下男。

婦
女8(11) 1 4156 5A66 教5 フ漢 ブ呉 有 fù おんな(をんな)
[婦] 女8(11) ―― 旧字体。
筆順 ㄑ 女 女 女⺈ 妇 妇 婦 婦 婦
なりたち [会意]「女(=おんな)」が「帚(=ほうき)」を持ってはき清める。家事をする女。
意味 ❶成人した女性。おんな。例 婦警フケイ。婦人フジン。節婦セップ。❷夫のある女性。つま。例 主婦シュフ。夫婦フウフ。❸息子の妻。よめ。
古訓 中古 ひめ・め・よめ 中世 おほよめ・むすめ・め・よめ 近世 うつくし・かか・つく・つま・め・よめ・をんな
【婦翁】フオウ 妻の父。岳父。類 婦公。
【婦功】【婦工】フコウ 糸つむぎや機織り、針仕事などの、女性の仕事。女性の四徳の一つ。女功。
【婦寺】【婦侍】フジ ①そば仕えの女。侍女。②宦官カンガン。
【婦女】フジョ おとなの女性。婦人。
【婦人】フジン ①身分のある人の妻。②成人した女の人。女性。例 ―参政権。産―科。
【婦道】フドウ 婦人として守るべき道。例 ―の鑑かがみ。
【婦徳】フトク 婦人として身につけるべき道徳。例 ―をみがく。
【婦容】フヨウ 女性らしいおだやかな態度や身だしなみ。女性の四徳の一つ。
●賢婦ケンプ・新婦シンプ・妊婦ニンプ・農婦ノウフ・夫婦フウフ

[娩] 女8(11) ⇩娩ベン(348ページ)

婪
女8(11) 2 5326 5A6A ラン(ラム)漢 覃 lán むさぼ-る
意味 かぎりなくほしがる。むさぼる。通 惏ラン。例 貪婪ドンラン(タンラン)(=非常に欲の深いこと)。

婁
女8(11) 1 4712 5A41 一ロウ漢 尤 lóu 二ル漢 虞 lǘ 三ル漢 麌 lǚ
[娄] 女6(9) ―― 5A04 俗字。
[婁] 女8(11) ―― 21764 俗字。
意味 一❶中が空のさま。例 婁婁ロウロウ。❷二十八宿の一つ。たたらぼし。婁宿ロウシュウ(ロウシュク)。二❶ひく。ひきずる。例 子有二衣裳一、弗レ曳弗レ婁シにイショウあるもひかずひかず(=あなたは衣装を持っているのに、それをひきずって歩く(=着る)ことがない)。〈詩経・唐風・山有枢〉❷ウシをつなぐ。例 維婁イル(「維」は、ウマをつなぐ意)。三しばしば。通 屢ル。
日本語での用法 《ろ》「牟婁むろ(=室むろ)」▼「ろ」の音をあらわす万葉仮名。

媛 女9(12) 1 4118 5A9B 常用 一 エン(ヱン)漢 霰 yuàn 二 エン(ヱン)漢 元 yuán ひめ

[媛] 女9(12) ―― 旧字体。

筆順 女 女 女 女 女 女 媛 媛

なりたち [形声]「女(=おんな)」と、音「爰エン」とから成る。美女。

意味 一 美しい女性。たおやめ。ひめ。例 才媛サイエン。二「嬋媛センエン」は、❶心がひかれるさま。❷姿が美しいさま。

古訓 中古 しひとめ 中世 ひと・たをやかなり 近世 うつくし・たをやか・ひく・みやびやか

参考 愛媛ひめ(=県名)。

難読 弟橘媛おとたちばなひめ

媧 女9(12) 3 1589 5AA7 カ(クヮ)漢 麻 wā

意味 神話伝説上の女帝。女媧ジョカ。例 媧皇コウカ(=女媧)。

媋 女9(12) 4 0564 5A8B シュン漢 真 chūn

意味 女性が美しいさま。

婿 女9(12) 1 4427 5A7F 常用 セイ漢 霽 xù むこ

[壻] 士9(12) 2 5270 58FB 本字。 [聟] 耳8(14) 2 7061 805F 俗字。

筆順 女 女 女 女 女 女 婿 婿

なりたち [会意]「士(=おとこ)」と「胥(=才知)」とから成る。娘をめあわせるだけの、才知ある男。

意味 ❶娘の夫。むこ。例 女婿ジョセイ。妹婿マイセイ。❷おっと。例 夫婿フセイ。

古訓 中世 むこ 近世 むこ

【婿養子】むこヨウシ 日 ある人の夫になって、法律上、その人の親とも養子縁組みをした人。

●女婿ジョセイ・花婿はなむこ・娘婿むすめむこ

媟 女9(12) 4 0566 5A9F セツ漢 屑 xiè

意味 なれなれしくて、礼節を欠く。あなどる。通褻セツ。

【媟近】セッキン 親しみ、なれなれしくする。また、なれなれしくくっついている側近の小人物。腰巾着こしギンチャク。

【媟▼黷】セットク ①なれ親しみすぎて礼節を失う。②男女間の節度の乱れ。みだら。ふしだら。

媠 女9(12) 4 0567 5AA0 一 タ漢 ダ呉 箇 duò 二 タ漢 哿 tuǒ

意味 一 なまける。おこたる。通惰ダ。二 美しい。みめよい。

婷 女9(12) 3 1585 5A77 テイ漢 青 tíng

意味 ❶「婷娉テイヘイ」は、みめうるわしいさま。また、美女。❷「婷婷テイテイ」は、なよなよと美しいさま。

媞 女9(12) 3 1588 5A9E テイ漢 斉 tí

意味 「媞媞テイテイ」は美しいさま。また、安らかで落ち着いたさま。

媜 女9(12) 4 0565 5A9C テイ漢 庚 zhēng

意味 人名などに用いる字。参考 媜テイ ジョ。

媮 女9(12) 3 1586 5A7E 一 トウ漢 尤 tōu 二 ユ漢 虞 yú

意味 一 ❶悪知恵がはたらく。ずるい。❷かりそめに求める。ぬすむ。通偸トウ。例 媮安トウアン(=目先の安楽をむさぼる)。媮生トウセイ(=無益なまま生きながらえる)。❸うわべだけで中身がない。うすい。通偸トウ。例 媮薄トウハク(=薄情)。二 たのしむ。通愉。

媒 女9(12) 1 3962 5A92 常用 一 バイ漢 灰 méi 二 バイ漢 隊 mèi なかだち

筆順 女 女 女 女 女 女 媒 媒

なりたち [形声]「女(=おんな)」と、音「某ボウ→バイ」とから成る。なこうど。

意味 一 ❶結婚をとりもつ(人)。なこうど。なかだち。例 媒酌バイシャク。❷二つのもののなかだちをする。仲介する。例 媒介カイ。触媒ショクバイ。風媒花フウバイカ。❸狩猟のときに他の鳥獣を誘い寄せるための、おとり。例 媒鳥おとり。❹麹こうじ。例 媒糵バイゲツ(=酒こうじ)。二 ⇒【媒媒】バイ

古訓 中古 いたみ・たはぶる・なかだち・なかだつ・まかだち・をとり 中世 いたむ・たばかる・なかうど・なかだち・まかなふ・をとり 近世 くらし・こびる・なかだち・はかる・へつらふ

【媒介】バイカイ 二つのものの間に立って両方の橋わたしをする。例 契約の―。伝染病を―する。

【媒氏】バイシ ①周代、結婚をつかさどった官。②媒酌人。

【媒質】バイシツ 日 [物] 波動を伝えるなかだちをする物質または空間。たとえば、音波の場合の空気または水。

【媒酌】【媒▼妁】バイシャク 結婚のなかだちをすること。また、その人。仲人なこうど。月下氷人。例 ―人ニン。

【媒体】バイタイ 日 ①あるはたらきを起こさせるなかだちをする物体。②情報を伝える手段。テレビや新聞、インターネットなど。メディア。

【媒媒】バイバイ 暗くてはっきりしないさま。味味マイマイ。墨墨。

●触媒ショクバイ・溶媒ヨウバイ・霊媒レイバイ

媚 女9(12) 2 5327 5A9A ビ漢 ミ呉 寘 mèi こ-びる(こ-ぶ)・こび

意味 ❶愛する。いつくしむ。このむ。例 媚二于庶人一ショジンをビす(=庶民をいつくしむ)。〈詩経・大雅・巻阿〉❷なまめかしいしぐさで人の気をひく。こびへつらう。こびる。例 媚態ビタイ。媚薬ビヤク。❸みめよい。美しい。例 風光明媚フウコウメイビ。

【媚態】ビタイ ①女性の、男性にこびるなまめかしいしぐさ。例 ―を示す。②こびへつらう態度。

【媚附】ビフ 人にへつらってつき従う。阿附アフ。

【媚薬】ビヤク 性的な欲望を起こさせるようなくすり。

媄 女9(12) 3 1587 5A84 ビ漢 ミ呉 紙 měi

意味 みめよい。美しい。

婺 女9(12) 4 0563 5A7A ブ漢 遇 wù

意味 ❶従順でない。❷星の名。婺女ブジョ。❸地名。㋐「婺源ブゲン」は、朱熹シュキの生地。今の江西省にある。㋑「婺州ブシュウ」は、今の浙江セッコウ省金華市。

媢 女9(12) 4 0568 5AA2 ボウ漢 号 mào

意味 男がやきもちをやく。ねたむ。

媼 女10(13) 2 5328 5ABC オウ(アウ)漢 皓 ǎo うば・おうな

意味 ❶(年老いた)母。例 皇媼コウオウ。❷年をとった女の人。

おばあさん。おうな。例 媼媼オウオウ。❸地。また、地の神。例 媼神オウジン(=土地の神)。

【媼▼媼】オウウ 年をとった女性。老婆。

嫁

女10(13) 1 1839 5AC1 常用

カ 漢 カ・ケ 呉 禡 jià
よめ・とつぐ

筆順 女 女' 女宀 女宇 女家 嫁 嫁

なりたち [形声]「女(=おんな)」と、音「家カ」とから成る。女がとついで夫の家に行く。

意味 ❶よめにゆく。とつぐ。例 嫁娶カシュ。降嫁コウカ。再嫁サイカ。❷罪や責任、災いなどを他者にうつす。及ぼす。例 転嫁テンカ。

日本語での用法《よめ》「嫁入よめいり・嫁取よめとり・花嫁はなよめ」▼とつぐ女性。また、息子の妻。

古訓 中古 とつぎ・とつぐ・よばふ・をふとあはす・をふとまく 中世 とつぐ・まく・よばふ・をとこあはす・をとこす 近世 とつぐ・ゆく・よめ・よめいり

【嫁禍】カカ(わざわいを-カす) 自分の災難を人に及ぼす。

【嫁資】カシ よめ入りの持参金。よめ入り道具。嫁粧。類 嫁奩カレン。

【嫁▼娶】【嫁取】カシュ 〔「娶」は、男性がよめを迎えること〕よめ入りすることと、よめを迎えること。結婚すること。

【嫁粧】【嫁装】【嫁▼妝】カショウ よめ入り道具。嫁資。

【嫁御】ごよめ 日 よめを敬っていうことば。およめさん。

●兄嫁あによめ・許嫁キョカ・降嫁コウカ・転嫁テンカ

[媿]

女10(13) ⇩愧キ(520ページ)

嫌

女10(13) 1 2389 5ACC 常用

ケン(ケム) 漢 ゲン(ゲム) 呉 塩 xián
きらう(きら-ふ)・きらい(きらひ)・いや

[嫌] 女10(13) ―― 旧字体。

筆順 女 女 女ˊ 女弋 女当 女兰 嫌 嫌

なりたち [形声]「女(=おんな)」と、音「兼ケン」とから成る。心がおだやかでない。また、うたがう。

意味 ❶似ていてまぎらわしい。うたがわしい。近い。また、うたがう。例 嫌疑ケンギ。梅嫌うめもどき。❷にくむ。いやがる。きらう。例 嫌煙ケンエン。嫌悪ケンオ。

古訓 中古 うたがふ・うはなり・きらふ・そねむ・にくむ・もどく 中世 うたがふ・うはなり・きらふ・そしる・そねむ・とがむ・にくむ・ねたむ・もどく 近世 あきたらず・うたがふ・きらひ・きらふ・こころよからず・にくむ

【嫌気】ケンキ|いやいや 日 もういやだ、これ以上はごめんだ、と思う気持ち。例 ―がさす。

【嫌畏】ケンイ きらいおそれる。いやがる。

【嫌怨】ケンエン 〔対人関係について〕忌みきらって憎む。

【嫌煙】ケンエン 日 他人のタバコのけむりから害を受けるのをきらうこと。例 ―権。―運動。

【嫌悪】ケンオ ひどくきらう。例 ―の情をもつ。

【嫌忌】ケンキ ひどくきらって遠ざけたいと思う。

【嫌疑】ケンギ ①うたがわしいこと。まぎらわしいこと。②悪事のうたがい。例 ―がかかる。

【嫌隙】【嫌▼郤】ケンゲキ 不信や不満などで恨み合い、仲たがいする。不和。隔意。

【嫌▼猜】ケンサイ 憎しみや疑い。

【嫌名】ケンメイ 君主や父祖の名と同音または、似た発音の字。「禹ウ」と「雨ウ」など。もともと、君主・父祖の諱いみなと同じ字は避けて用いなかったが、まぎらわしい音の名は次第に避けられるようになった。

嫄

女10(13) 3 1590 5AC4

ゲン(グェン) 漢 元 yuán

意味 人名に用いる字。例 姜嫄キョウゲン(=周の始祖である后稷コウショクの母)。

媾

女10(13) 2 5329 5ABE

コウ 漢 宥 gòu
あ-う(あ-ふ)

意味 ❶双方の家が、互いによめをとつがせている家。また、その姻族。例 婚媾コンコウ。❷男女が肉体的に交わる。あう。例 媾合コウゴウ。❸仲よくする。よしみを結ぶ。通 講。例 媾和コウワ。

【媾解】コウカイ 和解する。仲直りする。講解。

【媾合】コウゴウ 男女が肉体的に交わる。性交。交接。交合。

【媾和】コウワ 交戦国が戦争をやめて、平和を回復する。和睦ワボク。表記 現 講和

嫉

女10(13) 1 2827 5AC9 常用

シツ 漢 シチ 呉 質 jí
ねた-む・そね-む・ねた-ましい(ねた-まし)

筆順 女 女 女ˊ 女广 女疒 女疾 嫉 嫉

なりたち [形声]「女(=おんな)」と、音「疾シ」とから成る。ねたむ。

意味 他人のすぐれた点を憎らしく思う。やきもちをやく。ねたむ。ねたみ。例 嫉妬シット。

古訓 中古 うらむ・うらやむ・そねむ・にくむ・ねたむ 中世 うらむ・そねむ・にくむ・ねたむ 近世 そねむ・にくむ・ねたむ

【嫉視】シッシ ねたましい気持ちで見る。妬視トシ。例 ―反目。

【嫉妬】シット 自分よりすぐれていたり、恵まれていたり愛されたりしている人を、ねたむ。やきもちをやく。例 ―心。

嫋

女10(13) 2 5330 5ACB

ジョウ(デウ) 漢 篠 niǎo
たお-やか(たを-やか)・しな-やか

意味 ❶なよなよとして美しい。しなやか。たおやか。❷そよそよと揺らす。例 嫋嫋ジョウジョウ。

【嫋嫋】ジョウジョウ ①風がそよそよと吹くさま。例 秋風嫋嫋シュウフウジョウジョウ。〈杜甫・奉和厳鄭公軍城早秋〉②音が細く長く続くさま。例 余韻―。―たる笛の音ね。③なよなよとしてしなやかなさま。例 ―と舞う。④弱々しいさま。

媳

女10(13) 4 0570 5AB3

セキ 漢 陌 xí

意味 息子の妻。よめ。

嫂

女10(13) 2 5331 5AC2

ソウ(サウ) 漢 皓 sǎo
あによめ

意味 ❶兄の妻。あによめ。❷既婚の女性。婦人。

嫐

女10(13) 2 5344 5AD0

ドウ(ダウ) 漢 皓 nǎo
なぶ-る・うわなり(うはなり)

意味 ❶からかう。なぶる。❷ねたむ。❸なやむ。通 悩。

日本語での用法《うわなり》「嫐打うわなりうち(=後妻をいじめること)」▼先妻に対し、あとからむかえた妻。後妻。

媺

女10(13) 4 0572 5ABA

ビ 漢 紙 měi

意味 美しい。よい。通 美。

媽

女10(13) 2 5332 5ABD

ボ 漢 麌 マ mā
はは

[女] 10画▼嫁 媿 嫌 嫌 嫄 媾 嫉 嫋 媳 嫂 嫐 媺 媽

意味 ❶母をいう俗なことば。母親。かあちゃん。❷年とった女の人。年配の女性。❸年配の召し使いの女性。例 阿媽アマ。

難読 阿媽港アマカウ（＝マカオの古い呼び名にあてた字）・媽港マカオ（＝地名）

媱 女10（13） 4 0569 5AB1 ヨウ（エウ）漢 蕭 yáo

意味 ❶舞うさま。❷美しい。みめよい。❸たわむれる。

参考 「婬イン」に通じて用いられることがある。

媵 女10（13） 4 0571 5AB5 ヨウ 漢 径 yìng

意味 ❶（諸侯の娘の）嫁入りに付き従う。また、その人。侍女。添い嫁。例 媵妾ヨウショウ。❷付き添って送る。おくる。

【媵▼妾】ヨウショウ ①高位者へ嫁ぐ人に付き添う女性。多く妹や姪めいなどがなった。②そばめ。侍女。▽類 媵御ヨウギョ・媵人ヨウジン。

【媵▼嬙】ヨウショウ 宮中に仕える女官。宮女。

嫣 女11（14） 2 5333 5AE3 エン 漢 先 yān うつく-しい（うつく-し）

意味 ❶すらりと美しいさま。**うつくしい**。❷にこやかに笑うさま。例 嫣然エンゼン。

【嫣然】エンゼン にっこりとほほえむさま。艶然エンゼン。例 ―笑みをふくむ。

嫗 女11（14） 2 5334 5AD7 一 オウ 慣 ウ 漢 遇 yù 二 オウ 慣 ウ 漢 麌 yǔ おうな

意味 一 ❶母親。はは。❷年老いた女の人。老婆。**おうな**。例 嫗嫗オウオウ。老嫗ロウオウ。二 母が子を抱いてあたため、やしなう。例 嫗育オウイク（＝あたため、やしなう）。

嫮 女11（14） 4 0579 5AEE コ 漢 遇 hù

意味 美しい。みめよい。

[嫦] 女11（14） ⇨姮コウ（346ページ）

嫜 女11（14） 4 0575 5ADC ショウ（シャウ）漢 陽 zhāng

意味 夫の父親。しゅうと。例 姑嫜コショウ。

嫥 女11（14） 4 0577 5AE5 一 セン 漢 先 zhuān 二 タン 漢 寒 tuán

意味 一 ❶ひとすじ。もっぱら。❷愛らしいさま。例 嫥嫥センセン。二 ととのえる。通 摶タン。例 嫥捖タンカン（＝調和する）。

嫡 女11（14） 1 3568 5AE1 常用 テキ 漢 チャク 呉 錫 dí

筆順 

なりたち  [形声]「女（＝おんな）」と、音「啇シ→テキ」とから成る。つつしむ。借りて「正妻」の意。

意味 ❶正妻。正式に結婚した妻。本妻。対 庶。例 嫡妻チャクサイ。嫡室チャクシツ（＝正妻）。嫡出チャクシュツ。❷正妻の生んだ子。嫡出子。特に、嫡出の長男。あととり。あとつぎ。よつぎ。対 庶。例 嫡子チャクシ。嫡男チャクナン。❸直系の血筋。正統の家系。対 庶。例 嫡嫡チャクチャク。嫡流チャクリュウ。

古訓 中古 むかひめ・もとつめ・もとのめ 中世 ただしし・つく・とつぎ・まさし・むかひめ・もとのめ 近世 きみ・ただし・つつしむ・はじめのこ

【嫡妻】チャクサイ｜テキサイ 正妻。本妻。

【嫡子】チャクシ｜テキシ ①正妻から生まれ、家をつぐ子。②法律上婚姻関係にある夫婦の間に生まれた子。嫡出子。▽対 庶子。

【嫡嗣】チャクシ｜テキシ 正妻の長子。あとつぎ。嫡子。

【嫡出】チャクシュツ｜テキシュツ 正妻の子であること。法律上婚姻関係にある夫婦の間に生まれること。対 庶出。例 ―子。

【嫡庶】チャクショ｜テキショ ①正妻の子と、それ以外の女の生んだ子。嫡子と庶子。②正妻とめかけ。

【嫡孫】チャクソン｜テキソン 嫡子の正妻から生まれた子。特に、長男。

【嫡嫡】チャクチャク ①嫡子から嫡子へと家をついでいくこと。②日 正真正銘。れっきとしていること。参考「チャキチャキの江戸っ子」の「チャキチャキ」は「嫡嫡チャクチャク」のなまり。

【嫡男】チャクナン 嫡出の長男。あととり息子。

【嫡流】チャクリュウ 日 ①本家の血筋。例 源氏の―。②学問や技芸などの、正統の流派。例 流祖からの―。

嫩 女11（14） 2 5336 5AE9 ドン 漢 願 nèn わか-い（わか-し）

[嫰] 女11（14） 4 0578 5AF0 別体字。

意味 新しく生まれたばかりで、やわらかい。**わかい**。よわい。例 嫩芽ドンガ。嫩葉ドンヨウ。嫩草ドンソウ。

【嫩芽】ドンガ｜わかめ 生え出たばかりの若い芽。若芽。

【嫩日】ドンジツ ①やわらかな日ざし。②朝日。

【嫩色】ドンショク 若草や若葉のみずみずしい色。あわい色。

【嫩晴】ドンセイ 雨がやみ、晴れてくる。

【嫩草】ドンソウ｜わかくさ 春になって芽を出したばかりの草。若草。

【嫩竹】ドンチク （生えはじめの）若竹。

【嫩葉】ドンヨウ｜わかば 出はじめたばかりのやわらかい木の葉。若葉。

【嫩緑】ドンリョク ①新緑。②明るい緑色。もえぎ色。

嫖 女11（14） 2 5337 5AD6 一 ヒョウ（ヘウ）漢 嘯 piào 二 ヒョウ（ヘウ）漢 蕭 piāo かる-い（かる-し）

意味 一 身が軽く、すばしこいさま。**かるい**。例 嫖姚ヒョウヨウ。二 遊女を買う。例 嫖客ヒョウカク。

【嫖客】ヒョウカク 芸者や遊女とあそぶ客。

【嫖▼姚】ヒョウヨウ ①身のこなしが軽くてすばやいさま。②前漢の武将、霍去病カクキョヘイ。［武帝の時に嫖姚校尉（＝武官の名）となったことから］

嫚 女11（14） 4 0574 5ADA バン 漢 マン 呉 諫 màn

意味 ❶あなどる。❷ののしる。❸おこたる。通 慢。

嫠 女11（14） 4 0576 5AE0 リ 漢 支 lí

意味 夫に死に別れた婦人。やもめ。例 嫠婦リフ（＝やもめ）。

嫺 女12（15） 2 5338 5AFA カン 漢 刪 xián うるわ-しい（うるは-し）・しず-か（しづ-か）・なら-う（なら-ふ）・みやび-やか

[嫻] 女12（15） 2 5339 5AFB 別体字。

意味 ❶優雅で美しい。**うるわしい**。**みやびやか**。例 嫺麗カンレイ（＝優雅で美しい）。❷習熟する。なれる。**ならう**。❸静かで落ち着いている。**しずか**。通 閑。

【嫺雅】カンガ 上品で美しいさま。優雅なさま。

嬉 女12（15） 1 2082 5B09 人 キ 漢 呉 支 xī うれ-しい（うれ-し）

なりたち [会意]「女（＝おんな）」と「喜キ（＝たのしむ）」とから成る。女とたわむれて、たのしむ。

意味 たのしむ。あそびたわむれる。よろこぶ。例 嬉嬉(キキ)。嬉戯(キギ)。嬉遊(キユウ)。

日本語での用法《うれしい》「嬉(うれ)し涙(なみだ)・嬉(うれ)しい悲鳴(ヒメイ)」▼よろこばしい。満足できる。

古訓 中古 あそぶ・うれし・たのしび・たのしぶ・たのしむ・たはぶる・たはぶれ・たはる・よろこび・よろこぶ 中世 あそぶ・うれし・たのしぶ・たのしみ・たはぶる・たはる・よろこぶ 近世 あそぶ・かほよし・たのしむ・たはぶれ・たはむる

人名 よし

【嬉嬉】キキ いかにもうれしそうに楽しむさま。うれしそうに笑うさま。嬉喜。例 ―として遊ぶ。

【嬉戯】キギ 遊びたわむれる。

【嬉笑】キショウ あそび笑う。あそび楽しむ。

【嬉遊】キユウ【嬉▼游】キユウ 楽しみあそぶ。よろこび楽しむ。喜遊。例 ―曲(=軽快な器楽合奏の曲。ディベルティメント)。

嬀

女12(15) 4 0581 5B00 ギ 慣 キ(クヰ) 漢 支 guī

意味 ❶川の名。嬀水(キスイ)。❷舜(シュン)の子孫の姓。

嬌

女12(15) 2 5340 5B0C キョウ(ケウ) 漢 蕭 jiāo なま-めかしい(なまめ-かし)

意味 ❶(女性が)はなやかで美しい。あでやかで色っぽい。**なまめかしい**。また、美女。例 嬌声(キョウセイ)。嬌態(キョウタイ)。❷かわいらしい。愛らしい。例 嬌児(キョウジ)。愛嬌(アイキョウ)。❸愛する。かわいがる。❹おごりたかぶる。通 驕(キョウ)。例 嬌婦(キョウフ)(=不遜(ソン)な妻)。

【嬌顔】キョウガン あでやかな顔だち。なまめかしい表情。類 嬌面。

【嬌姿】キョウシ (女性の)なまめかしい姿。美しい姿。

【嬌児】キョウジ ①愛らしい子供。②愛児。あまえん坊。例 嬌児不レ離レ膝(キョウジはひざをはなれず)(=あまえん坊は私のひざから離れようとしない)。〈杜甫・羌村〉

【嬌羞】キョウシュウ (女性が)愛らしくはじらう。かわいらしくはにかむ。類 嬌恥。

【嬌笑】キョウショウ (女性の)なまめかしいあでやかな笑い。

【嬌▼嬈】キョウジョウ ①なまめかしい。②あでやかな美人。▽類 嬌艶(キョウエン)。

【嬌声】キョウセイ (女性の)なまめかしい声。例 ―がひびく。

【嬌態】キョウタイ (女性の)なまめかしく色っぽい態度。

【嬌鳥】キョウチョウ あでやかな声でさえずる鳥。

【嬌名】キョウメイ 回 (芸者などの)色っぽくあでやかだという評判。

嬈

女12(15) 4 0582 5B08 一 ジョウ(ゼウ) 漢 篠 rǎo 二 ジョウ(ゼウ) 漢 効 ráo

意味 一 わずらわしい。二 ❶よわよわしい。❷なまめかしい。

嬋

女12(15) 2 5341 5B0B セン 漢 先 chán たお-やか(たを-やか)

意味 ⇩【嬋娟】センケン

【嬋▼娟】センケン ①たおやかで美しいさま。②月光や草木の美しいさま。③思いが、綿々と断ち切れないさま。類 嬋媛(センエン)。

嫵

女12(15) 4 0580 5AF5 ブ 漢 麌 wǔ

意味 なまめかしく、美しい。みめよい。例 嫵媚(ブビ)(=美しく愛すべきさま)。

嬴

女13(16) 4 0584 5B34 エイ 漢 庚 yíng

意味 ❶姓の一つ。例 嬴政(エイセイ)(=秦(シン)の始皇帝の姓名)。❷満ちる。あまる。例 嬴余(エイヨ)(=あまり)。

𡢽

女13(16) 3 1591 218BD 国字 おんなかみ

意味 女鳴神(おんななるかみ)。歌舞伎(かぶき)の外題(ゲダイ)に用いられる字。例 𡢽髪(なるかみ)。

嬙

女13(16) 3 1592 5B19 ショウ(シャウ) 漢 陽 qiáng

意味 ❶宮廷の女官。例 妃嬙(ヒショウ)(=女官)。❷女性の名に用いる字。例 毛嬙(モウショウ)。

嬢

女13(16) 1 3078 5B22 常用 ジョウ(ヂャウ) 漢 陽 niáng むすめ

[孃] 女17(20) 2 5348 5B43 人 旧字体。

筆順 

なりたち  [形声]「女(=おんな)」と、音「襄(ジョウ)」とから成る。わずらわせ、かきみだす。派生して「母」の意。

意味 ❶母親。はは。例 爺嬢(ヤジョウ)(=父母)。❷女性に対する尊称。通 娘(ジョウ)。例 令嬢(レイジョウ)。

日本語での用法《ジョウ》①「案内嬢(アンナイジョウ)・うぐいす嬢(ジョウ)(=野球場や劇場などの女性アナウンサー)・受付嬢(うけつけジョウ)」▼業務上の、ある部署で働く女性に対して、俗な言い方としてつけることば。…ガール。②「花子嬢(はなこジョウ)・美智子嬢(みちこジョウ)」▼未婚の若い女性の名の下につけて敬称とする。ミス…。

古訓 中古 うみな・はは・をうなめ・をみな 中世 はは・みだる・をむなめ・をんな 近世 かか・はは・むすめ

難読 嬢(いと)はん・小嬢(こいさん)・爺嬢(ちちはは|いかぞいろ)

●愛嬢(アイジョウ)・令嬢(レイジョウ)

嬗

女13(16) 4 0583 5B17 セン 漢 霰 shàn

意味 ❶変更する。かわる。例 嬗変(センペン)。❷帝位をゆずる。通 禅(ゼン)。

嬖

女13(16) 2 5342 5B16 ヘイ 漢 霽 bì

意味 ❶お気に入りの臣下や女性。例 嬖臣(ヘイシン)。❷寵愛(チョウアイ)する。

【嬖幸】ヘイコウ【嬖▼倖】ヘイコウ 君主のお気に入りの者。男女についていう。

【嬖▼妾】ヘイショウ お気に入りの妾。愛妾。類 嬖媵(ヘイヨウ)。

【嬖臣】ヘイシン 君主のお気に入りの臣下。嬖人。

【嬖人】ヘイジン ①お気に入りの女性。②「嬖臣(ヘイシン)」に同じ。

嬰

女14(17) 1 1737 5B30 エイ 漢 ヨウ(ヤウ) 呉 庚 yīng みどりご

意味 ❶めぐらす。めぐる。例 嬰守(エイシュ)(=城壁をめぐらす)。❷まとわりつく。かかずらわせる。例 世網嬰二我身一(セモウわがみにまとう)(=世間の網が私の身にまとわりついている)。〈陸機・赴洛道中〉❸(首に)かける。身につける。例 嬰二甲冑一(カッチュウをエイす)(=甲冑を身につける)。〈後漢書・虞延伝〉❹(病気に)かかる。例 嬰疾(エイシツ)。❺さわる。ふれる。例 嬰鱗(エイリン)(=逆鱗(ゲキリン)にふれる)。❻生まれたての子。**みどりご**。例 嬰孩(エイガイ)。嬰児(エイジ)。

日本語での用法《エイ》「嬰(エイ)ハ短調(タンチョウ)」▼音楽で、半音高くすること。シャープ。記号♯ 対 変。

【嬰記号】エイキゴウ 回 音楽で、半音高くする記号。シャープ。♯ 対 変記号。

【嬰▼孩】エイガイ ちのみご。嬰児。

【嬰児】エイジ 生まれたばかりの赤ん坊。みどりご。

【嬰疾】エイシツ 病気にかかる。病にとりつかれる。

【嬰城】エイジョウ 城壁をめぐらしてたてこもる。籠城(ロウジョウ)。

【嬰累】ルイ わざわいにあう。また、わざわい。

嬶 女14(17) 2 5346 5B36 国字 かか・かかあ

意味 （おもに自分の）妻を、親しみをこめて、またはぞんざいにいうことば。**かかあ**。例 嬶天下かかあデンカ（＝その家庭内で、夫よりも妻の力の方が強いこと）。

嬬 女14(17) 1 3660 5B2C ジュ漢 虞 rú つま・よわ-い（よわ-し）

意味 ❶弱い。❷妻。❸側室。妾めかけ。

参考 嬬恋つまごい（＝地名）。吾嬬あずま・あがつま（＝姓・地名）。

嬲 女14(17) 2 5343 5B32 ジョウ（デウ）漢 篠 niǎo なぶ-る

意味 ❶わずらわせる。みだす。例 嬲悩ジョウノウ（＝わずらわせる）。❷たわむれる。からかう。**なぶる**。例 嬲なぶり者ものにする。嬲なぶり殺ごろし。

嬭 女14(17) 4 0585 5B2D ダイ漢 ナイ呉 蟹 nǎi

意味 ❶乳母。うば。例 嬭母ダイボ（＝うば）。❷乳房。ちぶさ。例 嬭房ダイボウ（＝ちぶさ）。❸乳汁。

嬥 女14(17) 3 1593 5B25 チョウ（テウ）漢 篠 tiǎo

意味 ❶女性がすらりとして美しいさま。例 嬥嬥チョウチョウ。❷古代の巴蜀ハショク（＝今の四川省）の歌舞。嬥歌チョウカ。

難読 嬥歌かがい（＝歌垣）

嬪 女14(17) 2 5345 5B2A ヒン漢 真 pín ひめ

意味 ❶とつぐ。よめいりする。例 嬪二于虞一グにヒンす（＝《尭ギョウは二人の娘を》舜シュンによめいりさせた）。〈書経・尭典〉 ❷妻。よめ。例 嬪儷ヒンレイ（＝つれあい）。❸周代、天子のそば近くに仕えた女官の名称の一つ。例 嬪妃ヒンピ（＝天子に仕える女官）。❹婦人の美称。例 別嬪ベッピン（＝非常に美しい女性）。

【嬪御】ヒンギョ 天子や諸侯のそば近くに仕える女官。そばめ。類 嬪妾ヒンショウ・嬪媵ヒンヨウ。

[嬾] 女16(19) ⇨懶ラン（530ジベー）

[孃] 女17(20) ⇨嬢ジョウ（353ジベー）

孅 女17(20) 2 5349 5B45 一セン（セム）漢呉 塩 xiān 二セン（セム）漢呉 塩 qiān かよわ-い（かよわ-し）

意味 一 ❶ほっそりしてかよわい。例 孅弱センジャク（＝弱々しい）。❷ちいさい。こまかい。通 纖。例 孅介センカイ（＝ごく細かい）。二 へつらう。おもねる。例 孅趨センスウ（＝へりくだって機嫌をとる）。

難読 孅弱かぼそい・孅弱たおやか

孀 女17(20) 2 5350 5B40 ソウ（サウ）漢 陽 shuāng やもめ

意味 夫と死に別れ、その後再婚せず夫の家を守っている女性。後家。寡婦。**やもめ**。例 孀婦ソウフ。

【孀妻】ソウサイ 夫に先立たれた妻。やもめ。未亡人。孀婦。

【孀婦】ソウフ 夫と死別した婦人。やもめ。

孁 女17(20) 3 4753 5B41 レイ漢 青 líng

意味 女性の名に用いる字。

日本語での用法 《め》「大日孁貴おおひるめのむち（＝天照大神あまてらすおおみかみの別称）」▼巫女みこ。

孌 女19(22) 4 0586 5B4C レン漢 銑 luán

意味 ❶従順な。❷顔だちが美しい。みめよい。例 孌童レンドウ（＝美少年）。

39 3画 子 こ こへん部

子供の形をあらわす。「子」をもとにしてできている漢字と、「子」の字形を目じるしにして引く漢字とを集めた。

0 354 子 孑 孒 1 355 孔 2 355 孕 3 356 孖 字 存 4 357 [illegible] 孝 孜 孛 孚 5 357 学 季 孥 孟 6 360 孩 孤 孨 7 361 孫 8 361 孰 9 361 孯 孶 孱 11 361 孵 13 361 學 14 361 孺 16 361 孽 孼 19 362 孿

子 子0(3) 1 2750 5B50 教1 シ漢呉 ス唐 紙 zǐ こ・ね

筆順 フ 了 子

なりたち [象形] 頭・手・足のある、こどもの形。

意味 ❶こども。**こ**。㋐父母の間に生まれた人。例 子孫シソン。赤子セキシ。父子フシ。㋑特に、息子。例 子女シジョ。❷ひと。例 漁子ギョシ。遊子ユウシ。❸男子の尊称。㋐徳または学識、もしくは地位のある立派な人。例 君子クンシ。士子シシ。㋑先生。師に対する尊称。例 子曰しのたまわく・しいわく（＝先生はおっしゃった）。孔子コウシ。朱子シュシ。㋒学問・思想上、一家をなす学説を立てた人。また、その思想や言動を記した書物。例 子部シブ。諸子百家ショシヒャッカ。㋓あなた。きみ。例 子奚不レ為レ政シなんぞまつりごとをなさざる（＝あなたはどうして官位について《政治をおこなわ》ないのですか）。〈論語・為政〉 ❹たね。たまご。実み。利息。例 子銭シセン。子房シボウ。種子シュシ。胞子ホウシ。❺きわめて小さいもの。こまかいもの。例 子細シサイ。原子ゲンシ。粒子リュウシ。❻五等爵（＝公・侯・伯・子・男）の第四位。子爵。❼十二支の一番目。方位では北、時刻では午前零時、およびその前後の二時間。月では陰暦の十一月。動物ではネズミにあてる。**ね**。❽名詞の下につけて調子をととのえることば。接尾辞。例 椅子イス。菓子カシ。帽子ボウシ。

日本語での用法 《こ》「子分こブン・子会社こガイシャ」▼親に対する子このような、従属関係にあるもの。

古訓 中古 うやまふ・きみ・こ・たね・ちか・なむぢ・ね・み 中世 いつくしむ・こ・しげし・ちか・ね 近世 いつくしむ・こ・しげる・たね・ちご・なんぢ・ね・み・むすこ・むすめ・よつぎ・をのこ

人名 さね・しげ・しげる・ただ・たね・ちか・つぐ・み・みる

難読 茄子なす・なすび・芥子からし・けし

【子宝】こだから 日 （親にとってはどんな宝にもまさる）大事な子供。例 —に恵まれる。

【子供】こども 日 ①息子や娘。また、動物の子。対 親。例 うちの—。②一人前と認められない幼児や少年少女。例 —あつかい。—のころの思い出。

【子分】こブン 日 ①ある人につき従ってその命令どおりに行動する者。手下てした。部下。②実の子ではないが自分の子としてあつかう者。▽乾児こブン。対 親分。

【子煩悩】こボンノウ 日 自分の子供を非常にかわいがること。また、その親。例 親は—なものだ。

【子守】こもり 日 幼児の世話をしたり遊ばせたりすること。また、その人。例 —歌。—奉公ボウコウに出る。

【子愛】シアイ ①わが子のようにいつくしむ。例 海内ダイを—す(=天下のすべてのものをいつくしむ)。②いつくしみ。慈愛。

【子音】シイン|シオン 日〔言〕ことばを発するとき、吐く息が唇・舌・歯などにぶつかって生じる音オン。声帯がゆれ動くか動かないかで、[g][b][d]などの有声子音と、[k][p][t]などの無声子音に分けられる。対 母音ボイン。

【子規】シキ|ほととぎす 初夏に南方から来る渡り鳥で、ウグイスなどの巣に卵を産み、自分では育てない。参考「ほととぎす」は、「杜鵑」「不如帰」「時鳥」などとも。

【子宮】シキュウ 女性および哺乳動物の雌の体内にあって、胎児を育てる器官。

【子午線】シゴセン 〔子(=北)と午(=南)を結ぶ線の意〕①天球で、頭の真上を通り、真南と真北を結ぶ大円。②地球の両極を結ぶ、地球の表面の大円。経線。

【子細】シサイ ①こまやかで、綿密なこと。②ものごとのくわしい事情や、わけ。例 —を話す。—ありげな様子。③日 とりたてて言うべきこと。さしつかえ。例 —はない。▽仔細シサイ。

【子子孫孫】シシソンソン 〔「子孫」を強めたことば〕のちのちの子孫までずっと。例 —に至るまで語り伝えたい。

【子爵】シシャク 貴族の階級の一つ。五等爵(=公・侯・伯・子・男)の第四位。また、その位をもつ人。

【子女】シジョ ①男と女。②息子や娘。子供。例 帰国—。—の教育。③娘。例 良家の—。

【子銭】シセン ①有利子で借りるお金。②利息。利子。

【子息】シソク (他人の)むすこ。例 ご—。

【子孫】シソン 子や孫、さらにその子と代々血を引いて生まれる人々。末裔マツエイ。対 先祖・祖先。例 源氏の—。

【子男】シダン ①息子。②子爵と男爵。五等爵の第四、五位。

【子弟】シテイ ①子と弟。②(親の保護のもとにいる)年若い人。若者。例 —の教育。

【子部】シブ 経部ケイブ・史部・集部と並ぶ、中国古典の分類(四部分類)の一つ。科学・農学・芸術・宗教などの学問書。

【子母】シボ ①子供と母親。母子。②利子と元金。③ものごとの大小や主従の関係。例 —環(=大きな環が小さな環を貫いているもの)。

【子房】シボウ ①〔種子の部屋の意〕めしべの下のふくらんだ部分。おしべの花粉を受粉したのち、その部分が果実になる。②前漢、張良の字あざな。

【子本】シホン 利子と元金。元利。例 子本相侔あいひとし(=利子と元金とが同額となる)。〈韓愈・柳子厚墓誌銘〉

【子夜】シヤ ①子ねの刻。今の午前零時ごろ。夜半。丙夜。②東晋トウシンのころ、哀愁にみちた歌を作って歌っていた女性。

【子夜歌】シヤカ 楽府ガフ題、また歌曲名の一つ。子夜の歌にならって後世の詩人が作った。男女や夫婦の情を詠ょんだ作が多い。子夜呉歌シヤゴカ。〔子夜が生存した東晋トウシンの時代の中心地は昔の呉の地であった〕

【子葉】シヨウ 発芽して最初に出る葉。

【子来】シライ|このごとくにきたる 子供が親のもとへ寄って来るように、人々がすぐれた君主を敬い慕って集まって来ること。

●案山子アンザンシ|かかし・王子オウジ・菓子カシ・君子クンシ・骨子コッシ・妻子サイシ・冊子サッシ・里子さとご・実子ジッシ・種子シュシ・障子ショウジ・女子ジョシ・精子セイシ・扇子センス・息子ソクシ|むすこ・団子ダンご・男子ダンシ・調子チョウシ・弟子テイシ|デシ・天子テンシ・鳴子なるこ・拍子ヒョウシ・父子フシ・胞子ホウシ・母子ボシ・様子ヨウス・卵子ランシ・利子リシ

孒

子0 (3) 4 0587 5B52

一 ケツ(クヱツ)漢 月 jué
二 キョウ漢 腫

意味 一 ❶左腕がない。対 孑ケツ(=右腕がない)。❷みじかい。二「孑孒ケッキョウ」は、ぼうふら。

孑

子0 (3) 2 5351 5B51

ゲツ慣 ケツ漢 屑 jié
ひと-り

意味 ❶右腕がない。対 孒ケツ(=左腕がない)。❷わずかに残っているさま。残り。あまり。例 孑遺ケツイ。❸小さい。例 孑義ケツギ(=つまらぬ義理)。❹ひとつ。**ひとり**。単独。例 孑立ケツリツ。❺武器のほこ。戟ゲキ。

難読 孑孒ぼうふら|ぼうふり

【孑遺】ケツイ わずかな残りもの。ごく少数の生き残り。

【孑孑】ケツケツ|ゲツゲツ ①孤立しているさま。②目立つさま。③小さなさま。④カの幼虫。ぼうふら。参考「④」は、正しくは「孑孒ケッキョウ」。

【孑然】ケツゼン|ゲツゼン ①孤立しているさま。②ひとつにまとまっているさま。

【孑立】ケツリツ|ケツリュウ ぽつんと孤立しているさま。よるべないさま。

孔

子1 (4) 1 2506 5B54 常用

コウ漢 ク呉 董 kǒng
あな・はなは-だ

筆順 乛 了 孑 孔

なりたち 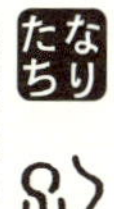 [会意]「乚(=つばめ)」と「子(=こ)」とから成る。ツバメは、子をもたらす鳥で、めでたい。派生して「あな」の意。

意味 ❶つきぬけたあな。すきま。空洞。**あな**。例 孔版コウハン。気孔キコウ。鼻孔ビコウ。❷大きい。たいそう。**はなはだ**。例 孔徳コウトク。孔明コウメイ。❸儒教の祖、孔子のこと。例 孔孟コウモウ。孔門コウモン。

古訓 中古 あな・いたる・おほいなり・はなはだ・はなはだし 中世 あな・けのあな・はなはだ・むなし・よし 近世 あな・とほる・はなはだ・むなし・よし

人名 ただ・みち・よし

難読 九孔螺あわび

【孔▼雀】クジャク 東南アジア・インドなどの森林にすむキジ科の大形の鳥。雄の尾には、扇状に広がる美しい羽がある。

【孔子】コウシ|コウジ 儒教の祖。春秋時代末期の魯ロの思想家。その言行は、死後、弟子によって『論語』にまとめられた。

【孔聖】コウセイ ①たいへんすぐれた聖人。②孔子の尊称。

【孔徳】コウトク 大いなる徳。徳の盛んなこと。〔一説に「孔」は「空」の意で、老子の説く虚無の徳という〕

【孔版】コウハン 〔原紙に孔あなをあけた印刷版の意〕謄写版。がり版。例 —印刷。

【孔夫子】コウフウシ 〔「夫子」は先生の意で、長者に対する尊称〕孔子のこと。

【孔墨】コウボク 孔子と墨子。また、孔子と墨子の学説。

【孔明】コウメイ 〔はなはだ明るい意〕①たいへんはっきりしているさま。②三国蜀ショクの諸葛亮ショカツリョウの字あざな。

【孔▼孟】コウモウ 孔子と孟子。

【孔門】コウモン 孔子の門下に学んだ弟子たち。また、孔子の学派(儒家)。

【孔門十哲】コウモンのジッテツ 孔子の弟子で、特にすぐれていた十人。徳行では顔淵ガンエン・閔子騫ビンシケン・冉伯牛ゼンハクギュウ・仲弓。弁論では宰我サイガ・子貢。政治では冉有ゼンユウ・子路。学問では子游シユウ・子夏。

【孔老】コウロウ 孔子と老子。

●気孔キコウ・鼻孔ビコウ

孕

子2 (5) 2 5352 5B55

ヨウ漢 径 yùn
はら-む

意味 胎内に子供ができる。みごもる。妊娠する。**はらむ**。例 孕婦（＝妊婦）。

日本語での用法 《**はらむ**》①「風を孕む」▼内部に入れてふくらませる。②「危機を孕む」▼内部にふくむ。③「孕み句」▼あらかじめ頭の中に用意しておく。

孖

子3（6） 3 4754 5B56

シ漢 支 zī

意味 ❶ふたご。❷しげる。通滋。

字

子3（6） 1 2790 5B57 教1

シ漢 ジ呉 寘 zì

あざ・あざな

筆順 丶 ⺀ 宀 宁 字

なりたち  [会意]「子（＝こ）」と「宀（＝いえ）」とから成る。子を生み、乳を飲ませて育てる。

意味 ❶生みそだてる。やしなう。はぐくむ。また、愛する。いつくしむ。例 字育。字民。❷成人した男女が実名のほかにつけた名。**あざな**。例えば、諸葛亮のあざなは孔明。〔古い習慣では、君主・親・師だけが実名で呼び、それ以外の人は日常、あざなで呼んだ〕❸ことばを書きあらわす記号。もじ。特に、漢字。例 字画。字体。漢字。

日本語での用法 《**あざ**》「大字・子字」▼町や村の中の小さな区画。

古訓 中古 あざな・うつくしぶ・うつくしむ・さね・な・なづく・やしなふ 中世 あざな・いつくしむ・うつくしぶ・うつくしむ・かざる・さね・な・やしなふ 近世 あざな・いつくしむ・かざる・かふ・こうむ・しげし・な・なづく・なづる・やしなふ

人名 さね・な

【字彙】イジ ①漢字を集めて分類し、読み方や意味などを解説した書物。字書。字引。②文字の集合。

【字育】ジイク 大切に養い育てる。いつくしみ育てる。類字乳。

【字音】ジオン ①中国語における漢字の音。②日 日本に伝わって定着した、日本流の漢字の発音。伝来した時代の系統によって、古音・呉音・漢音・唐音（宋音）などがある。たとえば、「行」の字を、呉音で「ギョウ」、漢音で「コウ」、唐音で「アン」と読むなど。対字訓。

【字音仮名遣い】ジオンかなづかい 日 日本において、漢字の音を仮名であらわすときの仮名遣い。特に、伝統的な書きあらわし方をいう。たとえば「ヨウ」という音の、「陽」を「ヤウ」、「要」を「エウ」、「葉」を「エフ」と書き分けるなど。

【字解】ジカイ 文字、特に漢字の意味や由来を解説すること。

【字画】ジカク 一 文字を構成する点画。二 ジガ 文字と絵画。書画。

【字間】ジカン 文字と文字とのあいだ。また、そのへだたり。

【字眼】ジガン ①詩文の作品で、評価を左右するほどの重要な文字や語句。②文中の語句。特にその用法を問題とするときに使う。

【字義】ジギ 漢字のあらわしている意味。例 本来の—。

【字句】ジク （文の中の）文字と語句。例 —の訂正。

【字訓】ジクン 日〔字の意味、という意〕日本語としての漢字の読み方の一つ。その字の意味にあたる日本語。また、それがその字の読み方として決まったもの。たとえば、「山」を「やま」、「人」を「ひと」と読むなど。訓。和訓。対字音。

【字形】ジケイ 文字のかたち。

【字源】ジゲン ①漢字の成り立ちの説明。たとえば、「木」の集まったものが「森」であり、「信」は「人」と「言」から成るなど。②日 仮名のもとになった漢字で由来を説明すること。たとえば、「ア」は「阿」の行書の偏から、「あ」は「安」の草書から生まれたとする類。

【字書】ジショ 文字（特に漢字）を集めて、読み方・意味・用法などを説明した書物。字典。字引。→【辞書】ジショ（1294ジペー）

【字体】ジタイ 文字の骨組み。例 旧—。新—。

【字典】ジテン 文字（特に漢字）を集め、字形・読み方・意味・使い方などを説明した書物。字書。字引。→【辞典】ジテン②（1294ジペー）→【事典】ジテン②（41ジペー）

【字引】ジびき 日 辞書。字書。

【字母】ジボ ①ことばの音をつづるときに、材料として用いる一つ一つの文字。また、言語の音の単位、一つ一つにあたる文字。②日 活字を作るもとになる鋳型。母型。

【字幕】ジマク 日 映画やテレビで画面に文字で映し出す、題名・配役名・説明文・せりふなど。スーパーインポーズ。テロップ。

【字面】ジメン 一 詩や文章の中の全体を決定するような重要な文字。字眼。二 ジづら 日 ①書かれた文字や、文字の並び具合から受ける感じ。②文章の表面的な意味。例 —だけを読んでいる。

【字林】ジリン 漢字を集めて解説した書物。字典。字書。

● 活字・漢字・国字・誤字・習字・十字・数字・脱字・点字・名字・文字

存

子3（6） 1 3424 5B58 教6

ソン漢 ゾン呉 元 cún

あ-る（あ-り）・ながら-える（ながら-ふ）

筆順 一 ナ 𠂇 存 存 存

なりたち  [会意]「子（＝こ）」と「在（＝みまう）」の省略体とから成る。たずね見舞う。

意味 ❶見舞う。安否を問う。いたわる。例 存候。❷**ある**。いる。生きている。例 存在。存亡。生存。❸たもつ。そのままの状態にしておく。例 温存。保存。❹思う。懐かしむ。留意する。例 存想（＝思う）。存念。❺観察する。みる。例 存二是美悪一（＝善悪を見極める）。〈大戴・子張問入官〉

古訓 中古 あり・いく・とどむ・のこる・まします 中世 あきらか・あり・いくる・いける・ながらふ・ながらへる 近世 あはれみとふ・あり・うかがふ・うせず・かへりみる・ながらへる・みる

人名 あきら・あり・すすむ・たもつ・つぎ・なが・のぶ・のり・まさ・やす・やすし

難読 命存える

【存外】ゾンガイ 日 思いのほか。予想していた以上であるさま。案外。例 —手間どる。—なことをしてしまう。

【存候】ソンコウ 一 安否をたずねる。見舞う。類存問。二 ゾンじそうろう 日 思っております。考えております。

【存在】ソンザイ ①あること。いること。例 神の—を信じる。②日 あるはたらきや価値をもってそこにいる、または、あること。また、その人や事物。例 貴重な—。

【存▼恤】【存▼卹】ソンジュツ 慰問し救済する。例 存二卹孤寡一（＝親や配偶者を亡くした者をなぐさめ助ける）。〈漢書・谷永伝〉

【存心】ソンシン ①本心を失わずに保つ。→【存養】ソンヨウ① ②心を集中する。専心。

【存神】ソンシン 精神を修養する。

【存続】ソンゾク 日 存在しつづける。なくならずにつづいていく。

【存置】ソンチ 日 制度や組織などをなくさずにそのまま残しておく。対廃止。

【存知】ゾンチ 日 知っている。心得ている。例 その件については—していない。

【存念】ゾンネン ①つね日ごろ心に思う。②日 考え。思い。所存。

例 —を述べる。ご—をうかがいたい。

【存廃】ソンパイ 残すことと、やめること。存続と廃止。例 赤字路線の—について議論する。

【存否】ソンピ ①(あるものや人が)存在するかしないか、ということ。②人が健在かどうか、ということ。安否。

【存▼撫】ソンブ いたわり、落ち着かせる。

【存分】ゾンブン 日 十分。思いどおり。思いきり。例 思う—。

【存亡】ソンボウ 残るか滅びるか。存続するか滅亡するか、生きるか死ぬか、ということ。例 危急—のとき。

【存命】ゾンメイ この世に生きている。生存。例 父の—中。

【存養】ソンヨウ ①本心を保持しつつ、天から与えられた本性を伸ばすこと。儒家の修養に関する基本的な考え方。存心養性(ソンシンヨウセイ)。〔「存二其心一、養二其性一(そのこころをソンし、そのセイをやしなう)」(=善の心を失わず、人の本性を育てる)。〈孟子・尽心上〉」から〕 ②いつくしみ保護する。

【存立】ソンリツ 存在し成り立っている。例 国家の—を危うくする。

●異存(イゾン)・温存(オンゾン)・共存(キョウソン)・現存(ゲンソン)・生存(セイゾン)

[孝] 子4(7) ⇩学(ガク)(357ジペー)

孝

子4(7) 1 2507 5B5D 教6 コウ(カウ)漢 キョウ(ケフ)呉 効 xiào

筆順 一 + 土 耂 考 孝

なりたち  [会意]「老(=としより)」の省略体と「子(=こ)」とから成る。子が老人をやしなう。よく父母につかえる。

意味 ❶父母や祖先によく仕える。つかえる。やしなう。例 孝行(コウコウ)。孝子(コウシ)。忠孝(チュウコウ)。❷祖先をあつく祭ること。❸喪も に服すること。また、喪服。

古訓 中古 うやまふ・かしこまる・たか・たかし・つかまつる・のり・まさる 中世 いつくしむ・うつくしむ・したがふ・たか・たかし・のり 近世 うくる・うけたまはる・したがふ・たかし・つかうまつる・のり・やしなふ・よし

人名 あつ・あつし・たか・たかし・なり・のり・ゆき・よし

【孝感】コウカン 孝行に天が感応する。

【孝敬】コウケイ ①親に孝行を尽くし、目上の人に敬意をもって仕える。②目上の人に贈り物をする。また、目上の人から物を賜る。

【孝行】コウコウ 父母を大切にし、敬う。対 不孝。例 親—。

【孝子】コウシ ①亡き親を祭るときに、自分を指していう語。〔親に対してつつしんでいる子の意〕 ②父母を大切にし、よく尽くす子。例 —の誉れが高い。

【孝慈】コウジ 親に孝行し、目下の者をいつくしむ。

【孝順】コウジュン 親に孝行し、よく従う。

【孝心】コウシン 父母を大切にし、よく仕えようとする心。

【孝弟】【孝▼悌】コウテイ 父母や目上の人によく仕えること。例 孝弟也者、其為レ仁之本与(コウテイなるものは、それジンをなすのもとか)(=父母や目上の人によく仕えることは、仁をおこなう根本であろう)。〈論語・学而〉

【孝百行▼之本】コウはヒャッコウのもと 親孝行は、人間のあらゆる行為の根本である。〈孝経・三才疏・論語鄭玄注〉

【孝養】コウヨウ|キョウヨウ 父母を敬い、大切に世話をする。例 —を尽くす。

【孝廉】コウレン ①孝行者で清廉である。②漢代に創設された官吏登用制度。郡国の長官が管下の「①」である者を高級官吏として中央へ推挙した。③明(ミン)・清(シン)代、挙人(=郷試(キョウシ)の合格者)の称。

孜

子4(7) 1 2758 5B5C 人 シ漢 支 zī つと-める(つと-む)

なりたち  [形声]「攵(=しむける)」と、音「子(シ)」とから成る。なまけずにつとめる。

意味 「孜孜(シシ)」は、仕事につとめ、はげむさま。

古訓 中古 あつし・うつくしぶ 中世 あつし・つとむ 近世 つとむ

人名 あつ・あつし・ただす・つとむ

孛

子4(7) 2 5354 5B5B 一 ホツ漢 ボツ呉 月 bó 二 ハイ漢 隊 bèi

意味 一 (子房がふくらむように)内に秘められた力が外にあらわれる。さかんなさま。通 勃(ボツ)。例 孛孛(ボツボツ)(=旺盛(オウセイ)なさま)。 二 ほうきぼし。彗星(スイセイ)。例 彗孛(スイハイ)(=ほうきぼし)。

【孛星】ハイセイ ほうきぼし。彗星(スイセイ)。

孚

子4(7) 2 5353 5B5A 一 フ漢呉 虞 fū 二 フ漢呉 虞 fú はぐく-む・やしな-う(やしな-ふ)

意味 一 卵がかえる。卵をかえす。はぐくむ。通 孵(フ)。例 孚育(フイク)。二 まこと。信用。また、信じる。例 孚信(フシン)。

【孚育】フイク 卵をあたためる。卵をかえす。

【孚信】フシン まこと。真実。

学

子5(8) 1 1956 5B66 教1 一 カク漢 ガク呉 覚 xué 二 コウ(カウ)漢 キョウ(ケウ)呉 効 xiào まなぶ

[學] 子13(16) 2 5360 5B78 旧字体。

[孝] 子4(7) 2 5361 6588 俗字。

筆順 丶 丷 ⺍ 𭕄 ⺌ 学 学

なりたち  [形声]「𡥈(=ならう)」と「冖(=おおわれていて、くらい)」と、音「臼(キョク→カク)」とから成る。知識の足りない者が習い、さとる。

意味 一 ❶教えを受けてならう。まねる。勉強する。知らなかったことをさとる。研究する。まなぶ。例 学而不レ思則罔(まなびておもわざればすなわちくらし)(=学ぶばかりで自分で考えてみないと、はっきり理解したとはいえない)。〈論語・為政〉 学者(ガクシャ)。勉学(ベンガク)。❷まなぶ場所。教育機関。まなびや。例 学校(ガッコウ)。大学(ダイガク)。入学(ニュウガク)。❸まなぶ者。例 後学(コウガク)。❹組織化された知識の体系。例 医学(イガク)。科学(カガク)。語学(ゴガク)。 二 教える。教授する。おしえる。通 斆(コウ)。例 学、学半(おしうるは、まなぶのなかばなり)(=教えることによって自分の勉強も半分向上する)。〈礼記・学記〉

古訓 中古 ならふ・まなぶ・をしふ 中世 さとる・ならふ・まなぶ・をしふ 近世 おぼゆる・さとる・ならふ・のつとる・まなぶ・をしゆる

人名 あきら・おさむ・さと・さとる・さね・たか・のり・ひさ

【学位】ガクイ 日 一定の学術を修めた人に与えられる称号。もとは博士号(ハクシゴウ)と修士号をいったが、一九九一(平成三)年から学士号も追加された。例 —論文。

【学院】ガクイン 学校。まなびや。

【学園】ガクエン ①学校。②日 小学校から大学までなど、いくつかの学校や研究施設から成る組織を指す。例 —祭。

【学▼苑】ガクエン 学校。まなびや。

【学恩】ガクオン 日 学問や研究の上で(師・友人・知人から)受けた恩。例 —を感謝する。

【学外】ガクガイ 日 学校、特に大学の組織や敷地のそと。対 学内。例 —からの干渉を防ぐ。

【学業】ガクギョウ 学問をすること。また、学校の勉強。例 —成績。—をおろそかにする。

【学芸(藝)】ガクゲイ ①徳行および六芸リクゲイ(=礼・楽・射・御・書・数)を学ぶ。②学問と芸術。学問と技芸。例—会。
【学才】ガクサイ 学問の才能。例—に秀でる。
【学際】ガクサイ 日〔英 interdisciplinary の訳語〕二つ以上の学問が関係していること。二つ以上の学問分野にわたっていること。例—領域。—的研究。
【学士】ガクシ ①学問をする人。学者。例天下之学士靡然郷レ風矣テンカのガクシビゼンとしてフウにむかう(=世の中の学問をする人はみな儒学尊重の風潮になびいた)。〈史記・儒林伝・序〉②唐代、学士院で詔勅などの起草にたずさわった官吏や識者。③日学位の一つ。大学卒業者、または学位授与機構に請求して認められた者に与えられる学位。また、それをもつ人。
【学資】ガクシ 勉強を続けるために必要な資金。生活費も含まれる。学費。
【学事】ガクジ ①学び仕える。②日学問や学校に関する事柄。また、その事務。例—課。—報告。
【学識】ガクシキ ①学問と知識。②学問を通じて身につけた、深い知識や見識。例—経験者。
【学舎】ガクシャ 学問・教育の場となる建物。まなびや。学校。
【学者】ガクシャ ①学んでいる人。②学問を身につけた人。知識の深く豊かな人。③日学問研究を専門にしている人。
【学習】ガクシュウ ①鳥のひなが飛ぶことを覚える。②知識や技能などを学んで身につける。特に、学校で勉強する。
【学術】ガクジュツ ①国を治める方法を学ぶ。②学識。③専門的な学問。例—書。—用語。④日学問と技術。例—優秀、品行方正。
【学殖】ガクショク 学問によって身につけた深い知識。
【学▼箴】ガクシン 学問をする上での、いましめ。学者の心得。
【学生】ガクセイ ①学問をする人。②学校で教育を受けている人。特に、大学生・短大生。→【生徒】トセイ②(886ジペ)
【学制】ガクセイ 学校や教育に関する制度。例—改革。
【学績】ガクセキ 日①学問上の業績。②学業の成績。
【学籍】ガクセキ その学校の在学者としての籍。例—簿。
【学説】ガクセツ 日学問上の説。研究結果をまとめた学問的な理論や考え方。例新しい—を発表する。
【学窓】ガクソウ 日学問をする場。学校。例ともに—を巣立つ。
【学僧】ガクソウ ①学問を積んだ僧。例—としての弘法大師コウボウダイシ。②仏教の教義を専門に勉強する僧。修学中の僧。
【学則】ガクソク ①学問をする者の規則。②その学校の、教育上・管理上の事柄を定めた規則。
【学長】ガクチョウ ①学生の中のリーダー。②日大学で校務をつかさどり、教職員を統率・監督する最高責任者。
【学徒】ガクト ①学問研究にたずさわる人。学者。例—らしくない教授。②日学生と生徒。例—動員。—出陣。
【学堂】ガクドウ 学校。
【学童】ガクドウ ①幼い学生。②日小学校でまなぶ児童。小学生。例—保育。
【学徳】ガクトク 学問と徳行。学問があることと、おこないが道にかなっていること。例—兼備の聖人。
【学内】ガクナイ 日学校、特に大学の組織や敷地の中。校内。対学外。
【学年】ガクネン 日①一年をひと区切りとした、学校教育の期間。例—末。②修学期間によって分けた児童や生徒・学生の段階。例—主任。第二—。
【学派】ガクハ ある学問で、学説の違いによって生じた系統。学問上の流派。例ヘーゲル—。
【学如レ不レ及】ガクはおよばざるがごとくす 学問には追いつけないものを追うような心構えが必要であり、一瞬もおこたってはならない。〈論語・泰伯〉
【学閥】ガクバツ 日同じ学校の出身者だけで自分たちに都合よく事が運ぶように、ほかの人を排除するグループ。
【学費】ガクヒ ①書籍代など勉学に必要な費用。②授業料。例—値上げ。▽学資。
【学府】ガクフ 〔「府」は、倉庫の意〕①学問の素養の深い人。②学問をつかさどる役所。③日学問を志す人が集まる所。学校。例最高—。
【学部】ガクブ 日①大学で、専攻の分野によって大きく分けたそれぞれの部。例法—。②(大学院に対して)普通の四年制大学の課程。例—の学生。
【学風】ガクフウ ①学問をする上での、考え方や方法についての特色。②学校の伝統的な気風。校風。例自由な—。
【学務】ガクム 日(役所などの事務の区分で)学校や教育に関する事務。例—課。
【学名】ガクメイ ①学派の名。②古代中国で、若者が入学時に用いる正式の名前。小名(=幼名)と区別する。③学問上の名声。例—が上がる。④日動植物にラテン語の形でつけた、世界共通の学術上の名前。例えば、トキの学名はニッポニア-ニッポン。
【学問】ガクモン ①まなぶ。勉強をすること。また、学んで得られた体系的な知識。例—に励む。—がある。②知識の習得や情報の分析、理論の構築など、体系的な知的活動の総体。例—的。
【学友】ガクユウ 同じ学校で一緒に勉強している、また勉強していた友人。例—会。中学以来の—。
【学理】ガクリ 日学問上の原理や理論。例—的に説明する。
【学侶】ガクリョ ①学友。②「学僧ガクソウ」に同じ。
【学寮】ガクリョウ ①学校の寄宿舎。②寺院に付属して設けられた、僧尼のための学校。
【学力】ガクリョク ①まなんで身につけた知識や能力。例—検査。②学問をする上での努力。
【学林】ガクリン ①学問のさかんな所。学者の多く集まる学問の中心地。②学問の世界。学術界。③日寺院などに付設された僧侶ソウリョの学校。
【学齢】ガクレイ 日①義務教育を受ける年齢。日本では、小学校・中学校の期間。満六歳から十五歳まで。②小学校に初めて入る年齢。満六歳。例—に達する。
【学歴】ガクレキ 日その人が、いつ、どこの学校を卒業し、何を勉強したかという経歴。例—を問わない。
【学割】ガクわり 日「学生割引」の略。学生・生徒の鉄道運賃や劇場の入場料などを割り引く制度。
【学科】ガッカ 〔学問の科目の意〕①官吏登用の際の学術試験。②学校での学習科目。教科。③教室での講義によって学ぶ科目。例—試験。④日大学の学部を、さらに専門によって分けたもの。例文学部英文—。
【学会】ガッカイ ①まなび、会得トクする。②日同じ分野の研究者で作った、学術研究のための団体。また、その集会。例物理—。—で発表する。
【学界】ガッカイ 日学問の世界。学者の社会。
【学官】ガッカン ①学校の建物。②学校をつかさどる官員や教員。教官。③漢代以降、大学に置かれた講座。漢の武帝が五経ゴキョウ博士に担当させたことに始まる。
【学監】ガッカン 学校で、校長を補佐し、学生・生徒の監督をする役。また、その人。
【学館】ガッカン 学問をするための建物。学問所。学校。
【学期】ガッキ 日学校で、一年間を三つまたは二つに分けた、それぞれの期間。例—試験。新—。
【学究】ガッキュウ ①科挙(=官吏登用試験)の科目の一つ。②

まなびきわめること。学者。徹底的にまなぶこと。③ひたすら学問や研究に励む人。学者。例—肌の人。

【学級】ガッキュウ 日①学校で授業のために、児童・生徒を一定の人数に分けた一団。組。例—担任。—委員。②学習のために作ったグループ。例母親—。▽クラス。

【学宮】ガッキュウ ①学校。まなびや。学苑（ガクエン）。②明・清代、各府県にあった孔子廟（ビョウ）（=孔子のみたまや）。また、その付設校。

【学区】ガック 日公立学校ごとに決められている通学区域。校区。例—制。

【学兄】ガッケイ 日学問の社会で、同輩・友人・後輩に対する敬称。〔「学問における先輩」の意で、手紙の用語として、男性どうしが使う〕

【学行】日ガッコウ 学問と品行。二ガクギョウ〔仏〕仏道の学問と実践的修行。

【学校】ガッコウ 学生・生徒・児童を、教師が教育する所。例—図書館。各種—。

●医学（イガク）・化学（カガク）・科学（カガク）・漢学（カンガク）・共学（キョウガク）・苦学（クガク）・見学（ケンガク）・工学（コウガク）・語学（ゴガク）・国学（コクガク）・在学（ザイガク）・私学（シガク）・就学（シュウガク）・進学（シンガク）・数学（スウガク）・退学（タイガク）・哲学（テツガク）・独学（ドクガク）・入学（ニュウガク）・博学（ハクガク）・物理学（ブツリガク）・文学（ブンガク）・勉学（ベンガク）・法学（ホウガク）・夜学（ヤガク）・洋学（ヨウガク）・力学（リキガク）・留学（リュウガク）

季

子5（8）

1 2108 5B63 教4

キ漢呉 寘 jì

すえ（すゑ）・とき

筆順

なりたち

〔会意〕「子（=こ）」と「稚（チ→キ）（=おさない）」の省略体とから成る。きょうだいのうちで、最もおさない子。

意味 ❶兄弟の中で最も年下の者。すえ。また、年わかい。小さい。おさない。〔兄弟を年長の者から順に、伯（ハク）（または孟（モウ））・仲（チュウ）・叔（シュク）・季（キ）という〕例季弟（キテイ）（=末の弟）。❷一年を三か月ずつ春夏秋冬に分けた、それぞれの最後の月。〔季節は、孟・仲・季の順〕例季春（キシュン）。季夏（キカ）。❸ある時代の終わり。衰えの時期。すえ。また、衰える。例季世（キセイ）。❹春夏秋冬それぞれの期間。また、ある一定の期間。とき。例季節（キセツ）。雨季（ウキ）。四季（シキ）。

日本語での用法《キ》「季寄（キよ）せ・無季俳句（ムキハイク）」▼俳句で、季語の略。

古訓 中古すゑ・をはり 中世いとけなし・すゑ・とし・とき・をさなし・をはり 近世いとけなし・すゑ・ちひさし・ほそし・をさなし

人名 とし・みのり・みのる

難読 季冬（すえのふゆ）（しわす）

【季夏】キカ 夏のすえの月。陰暦六月。

【季刊】キカン 日（雑誌などを）年に四回、季節ごとに発行すること。また、その出版物。クオータリー。対日刊・週刊・月刊・年刊。例—誌。

【季月】キゲツ 四季それぞれの最後の月。陰暦の、三月・六月・九月・十二月を指す。対孟月（モウゲツ）。

【季語】キゴ 日俳句や連歌（レンガ）の約束ごとで、季節をあらわすことば。「霞（かすみ）」は春、「菊」は秋、など。季題。

【季候】キコウ 日季節によって変化する気象の状態。時候。

【季札▼挂レ剣】キサツケンをかく 信義を重んずること。●春秋時代、呉の公子、季札（=延陵の季子）が使者として北方に行く途中、徐（ジョ）の君主と面会した。徐君は、口にこそ出さなかったが季札の剣がたいそう気に入ったようであったので、季札は任を終えたら帰りに贈ろうと心に決めた。帰途、徐に立ち寄ったところ、徐君はすでに亡くなっていた。そこで季札は墓に植えてある木に自らの剣を掛けて立ち去った。……………〈史記・呉太伯世家〉

【季子】キシ 末の子。

【季秋】キシュウ 秋のすえの月。陰暦九月。

【季春】キシュン 春のすえの月。陰暦三月。

【季世】キセイ 〔すえの世の意〕風俗・道徳などの衰えた時代。末世（マッセ）。

【季節】キセツ ①一年を気候の変化にしたがって、いくつかに分けた期間。春夏秋冬、雨季・乾季など。例若葉の—。②日あることにちょうどよい時期。また、何かが集中して起こる時期。例今が—の野菜。▽シーズン。

【季題】キダイ 日①句会などで、俳句を作る題として出される季語。②「季語（キゴ）」に同じ。例—を詠（よ）みこむ。

【季諾】キダク 確かな承諾。約束を重んずること。季布（キフ）の一諾。一諾千金。〔前漢の季布が一度承知したことは必ず守ったという故事〈史記・季布伝〉による〕

【季冬】キトウ 冬のすえの月。陰暦十二月。

【季父】キフ いちばん年少の叔父（おじ）。父の末弟。

【季母】キボ いちばん年少の叔母（おば）。父の末弟の妻。

●夏季（カキ）・四季（シキ）・秋季（シュウキ）・春季（シュンキ）・節季（セッキ）・冬季（トウキ）・年季（ネンキ）

孥

子5（8）

2 5355 5B65

ド漢 虞 nú

意味 ❶子。また、妻子。通帑（ド）。例妻孥（サイド）。❷やっこ。しもべ。通奴。例孥輩（ドハイ）（=しもべたち）。

【孥稚】ドチ 子供。幼児。

【孥▼戮】ドリク 刑罰が犯罪者の妻子にまでおよぶ。

孟

子5（8）

1 4450 5B5F 人

モウ（マウ）漢 マン唐 敬 mèng

かしら・はじ-め・つと-める（つと-む）

なりたち

〔形声〕「子（=こ）」と、音「皿（ベイ→モウ）」とから成る。いちばん上の子。

意味 ❶兄弟の中でいちばん年上の者。長男。長女。〔兄弟を年長の者から順に、孟（または伯（ハク））・仲（チュウ）・叔（シュク）・季（キ）という〕❷一年を三か月ずつ春夏秋冬に分けた、それぞれの初めの月。〔季節は、孟・仲・季の順〕例孟夏（モウカ）。孟月（モウゲツ）。❸大きい。たけだけしい。通猛。例高言孟行（コウゲンモウコウ）。❹努力する。つとめる。例孟晋（モウシン）（=努力して前進する）。❺戦国時代の儒家、孟子（モウシ）。例孟母三遷（モウボサンセン）。孔孟（コウモウ）。❻⇩【孟浪】（モウロウ）

古訓 中古つとむ・つとめ・はじむ・はじめ 中世つとむ・はじめ 近世おとな・かしら・しばらく・たけたり・つとむ・はじめ

人名 おさ・たけ・たけし・とも・なが・はじむ・はる・もと

【孟夏】モウカ 夏の初めの月。陰暦四月。初夏。

【孟月】モウゲツ 四季それぞれの最初の月。陰暦の、正月・四月・七月・十月を指す。対季月。

【孟子】モウシ 戦国時代の儒家。魯（ロ）の鄒（スウ）の人。名は軻（カ）、字（あざな）は子輿（シヨ）。性善説をとなえた。

【孟秋】モウシュウ 秋の初めの月。陰暦七月。初秋。

【孟春】モウシュン 春の初めの月。陰暦一月。初春。

【孟▼陬】モウスウ 陰暦正月のこと。類孟陽。

【孟宗】モウソウ ①三国時代、呉の人。病床の老母の求めに応じて冬に竹の子をさがし歩いたところ、その孝心の厚さゆえに、雪の中から竹の子が生えてきた、という故事で有名。〈二十四孝〉②孟宗竹（モウソウチク）の略。タケの中では最大の品種。竹の子を食用とする。

【孟冬】モウトウ 冬の初めの月。陰暦十月。初冬。

【孟母三遷】モウボサンセン 子供の教育には環境が大切であると

いうこと。三遷之教サンセンのおしえ。三遷。◆孟子モウシの家は墓地の近くにあったが、幼い孟子が葬式のまねばかりして遊ぶので、母は、市場の近くに引っ越した。すると孟子は商売のまねをするので、さらに学校の近くへ引っ越した。孟子は礼儀作法のまねをするようになり、母は安心してここに住まいを定めた。……〈列女・母儀〉

【孟母断機】モウボダンキ　断機之戒ダンキのいましめ。学問は中途でやめてはならないという戒め。◆孟子モウシが学業の途中で家に帰ってきたとき、機はたを織っていた母が、織りかけの糸を断ち切って、学問も中途でやめては、この布と同様にまったく役に立たなくなると戒めた。……〈列女・母儀〉

【孟浪】モウロウ・マンラン　①とりとめのないさま。はっきりしていなくて、おおざっぱなさま。②愚かであるさま。そそっかしいさま。③放浪する。

孩

子6（9）　②5356　5B69

カイ㊥漢　ガイ㊥呉　灰 hái
ちのみご

意味 ❶赤ん坊。**ちのみご**。例 孩嬰ガイエイ。孩提ガイテイ。❷赤ん坊が笑う。例 孩笑ガイショウ。❸幼い。例 孩虫ガイチュウ（＝幼虫）。

難読 孩児みどりご・ちのみご

【孩▼嬰】ガイエイ　幼い子。みどりご。孩児。

【孩児】ガイジ　「孩嬰ガイエイ」に同じ。

【孩笑】ガイショウ　赤ん坊の笑い。

【孩提】ガイテイ　二、三歳ほどの、人に抱かれる年ごろの幼児。

孤

子6（9）　①2441　5B64　常用

コ漢呉　虞 gū
ひと-り

筆順

なりたち

［形声］「子（＝こ）」と、音「瓜カ→コ」とから成る。幼くして父をなくした子。

意味 ❶父または両親をなくした子。みなしご。例 六尺之孤リクセキのコ（＝父をなくして幼少で即位した君主。六尺は約一三五センチメートル）。❷身寄りのない者。例 孤寒コカン（＝身寄りもなく、貧しい）。❸仲間がなくひとりぼっちでいるさま。特に目立つさま。ひとつ。**ひとり**。例 徳不レ孤トクはコならず（＝有徳者は孤立しない）。〈論語・里仁〉孤高ココウ。孤立コリツ。❹諸侯が自分をへりくだっていうことば。わたし。例 孤之有二孔明一、猶二魚之有一レ水也コのコウメイあるは、なおうおのみずあるがごとし（＝わたしに孔明がいるのは、ちょうど魚に水があるようなものだ）。〈蜀志・諸葛亮伝〉❺周代、王に仕え、三公（＝太師・太傅タイフ・太保）を補佐し、六卿リクケイ（＝冢宰チョウサイ・司徒・宗伯ソウハク・司馬・司寇シコウ・司空）の上位に位置した大臣。少師・少傅ショウフ・少保の「三孤」をいう。孤卿コケイ。❻そむく。例 孤負コフ。

古訓 中古 そむく・ひとり・みなしご　中世 そむく・ひとり・みなしご　近世 そむく・ひとり・みなしご

人名 かず・とも

難読 孤みなしご

【孤▼鞍】コアン　〔たった一つの鞍くらの意〕ただ一騎。

【孤雲】コウン　一つだけで離れて浮かんでいる雲。ひとりぼっちのたとえ。

【孤影】コエイ　ひとりぼっちの寂しげな姿。例 ―悄然ショウゼン。

【孤往】コオウ・ひとりゆく　たったひとりで行く。例 懐二良辰一以孤往リョウシンをおもいてもってひとりゆく（＝好天の日にひとりで出かける）。〈陶淵明・帰去来辞〉

【孤寡】コカ　①親をなくした子供と、夫と死別した妻。身寄りのない者をいう。類 孤孀コソウ。②天子・諸侯の謙称。類 不穀。

【孤介】コカイ　世間になじめず、孤立しているさま。狷介ケンカイ。

【孤客】コカク・コキャク　ひとり旅の人。孤独な旅人。

【孤▼雁】コガン　群れから離れて、ただ一羽だけでいるガン。

【孤苦】コク　身寄りもなく貧しいさま。

【孤軍】コグン　助けが得られないで、孤立している軍隊。

【孤軍奮闘】コグンフントウ　①援軍もなく、少数で奮戦する。②たった一人で、懸命に努力する。

【孤▼閨】コケイ　①夫が長く不在の妻。②寡婦がひとり寝ること。また、その部屋。例 ―を守る。

【孤潔】コケツ　俗世間に調子を合わせることなく、ひとり清らかに身を守って満足しているさま。例 孤潔寡レ合コケツにしてあうことすくなし（＝ひとり超然としていて世間とあまり気が合わない）。〈本事詩・情感〉

【孤月】コゲツ　空にひとつ輝く月。

【孤剣】コケン　①一本の剣。例 ―をたのみ、敵中に入る。②ひとり行く武人。

【孤高】ココウ　①山などがひとり高くそびえ立っているさま。②低俗な人々から離れて、ただひとり気高さを保っていること。例 ―の士。―を持する。

【孤子】コシ　①父や両親をなくした子供。②父母の喪もに服している者の自称。

【孤児】コジ　父や両親に死に別れた子。みなしご。

【孤弱】コジャク　①周りの助けもなく、孤立して弱々しいさま。②幼くして親を失う。また、その子。また、その人。

【孤舟】コシュウ　（広い水面に浮かぶ）一艘イッソウの小さなふね。

【孤秀】コシュウ　一つだけ抜きん出ているさま。

【孤愁】コシュウ　ただひとり思い悩むこと。

【孤松】コショウ　一本だけ孤立して生えているマツの木。例 撫二孤松一而盤桓コショウをブしてバンカンす（＝一本のマツをなでては去りがたく行きつ戻りつする）。〈陶淵明・帰去来辞〉

【孤城】コジョウ　①敵に囲まれて孤立した城市。例 孤城落日コジョウラクジツ（＝孤立して援軍のない城市に寂しく射さしている夕日）。〈王維・送韋評事〉②辺境にただ一つ立つ城塞ジョウサイ。例 一片孤城万仞山イッペンのコジョウバンジンのやま（＝高くそびえる山々の中に、たった一つ城塞が立っている）。〈王之渙・涼州詞〉

【孤臣】コシン　①主君から遠ざけられて、孤立している臣下。②見識のない愚かな臣下。

【孤生】コセイ　①孤独で頼るものがないこと。例 ―自ょり起たつ（＝孤独な境遇から身をたてた）。②見識のない者。自分の謙称。

【孤征】コセイ　たったひとりで遠い旅路を行く。

【孤村】コソン　ぽつんと離れて一つだけある村。

【孤竹】コチク　①一本だけで生えているタケ。②「①」で作った笛。③楽曲の一種。④古代、今の河北省にあった国。伯夷ハクイ・叔斉シュクセイの生国。

【孤注】コチュウ　ばくちで全財産をつぎこみ、一気に大もうけをねらう。危険を冒して大勝負に出ることをいう。

【孤灯（燈）】コトウ　ただ一つ寂しくともっているともしび。例 孤灯挑尽未レ成レ眠コトウかかげつくしていまだねむりをなさず（＝たった一つの灯の灯芯トウシンをかきたて燃やし尽くしても、まだ寝つかれない）。〈白居易・長恨歌〉

【孤島】コトウ　ほかの島や陸地から、ぽつんと離れて一つだけある島。離れ島。離島。

【孤特】コトク　①〔「特」も、独りの意〕ひとりぼっちで助けがないさま。②とびぬけてすぐれているさま。世俗に流されず、すぐれているさま。

【孤独】コドク　〔「孤」は、みなしご。「独」は、老いて子のない人〕（身寄りや友人もなく）ひとりぼっちであるさま。また、そのような人。例 天涯―の身の上。→【鰥寡孤独】カンカコドク（1488ジペー）

【孤帆】コハン 一艘だけでいる帆かけ舟。例 孤帆遠影碧空尽(=ただ一艘の小舟の遠ざかる帆影は紺碧の大空に溶けこむ)。〈李白・黄鶴楼送孟浩然之広陵〉

【孤負】コフ そむく。違背。辜負。

【孤憤】コフン 正しく鋭いものの見方をしても支持されず、才能が認められないことへのいきどおり。〔『韓非子』の篇名から〕

【孤芳】コホウ ①特別によい香り。また、その花。②世俗に流されず、ひとり高潔を保っている人のたとえ。

【孤▼蓬】コホウ 風に吹きちぎられて、飛ばされてゆくひとかたまりの蓬(=ムカシヨモギの類)。あてどもない旅人の孤独感をあらわす。例 此地一為レ別、孤蓬万里征(=この地で別れをかわした君は、風に転がる蓬のように万里のかなたへ旅立つのだ)。〈李白・送友人〉

【孤▼篷】コホウ 〔「篷」は、舟の上に作られた覆い。とま〕一艘だけぽつんと浮かんでいる舟。

【孤立】コリツ 行動をともにする仲間や助けがなくて、ひとりだけである。

【孤立無援】コリツムエン 周囲に頼りとするものがないこと。〈後漢書・班超伝〉

【孤塁】コルイ 味方から離れて敵の中にたった一つ残っているとりで。例 ひとり―を守る。

【孤▼陋】コロウ 見識が狭く、ひとりよがりなさま。

孨
子6(9) 4 0588 5B68

セン漢 銑 zhuǎn

意味 ❶つつしみ深くする。つつしむ。❷よわよわしい。よわい。

孫
子7(10) 1 3425 5B6B 教4

一 ソン漢呉 元 sūn
二 ソン漢呉 願 xùn
まご

筆順

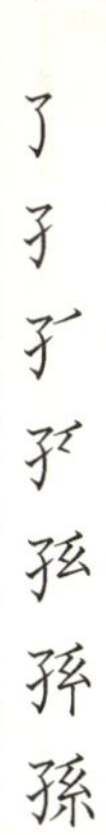

なりたち

[会意]「系(=つづく)」と「子(=こ)」とから成る。子につづく子。

意味 一 ❶子の子。**まご**。例 外孫ガイソン。嫡孫チャクソン。❷まご以下の血筋を引いているもの。例 孔子二十世孫也(=孔子の二十代目の子孫である)。〈後漢書・孔融伝〉❸切り株からまた生えてきた植物。ひこばえ。例 孫竹ソンチク。❹姓の一つ。例 孫権ソンケン。孫子ソンシ。二 ❶へりくだる。ゆずる。したがう。通 遜ソン。例 孫辞ソンジ(=謙遜のことば)。孫謀ソンボウ。❷逃げる。のがれる。例 公孫二于斉一(=昭公は斉に逃亡した)。〈左伝・昭二五〉

日本語での用法 《まご》「孫作まごサク・孫弟子まごデシ・孫引まごびき」▼直接ではなく、間を一つへだてた関係。

古訓 中古 したがふ・ただ・ひこ・まご・むまご 中世 まご・むまご 近世 したがふ・まご・むまご

人名 さね・そ・ただ・ひこ・ひろ

難読 曽孫ひまご・玄孫やしゃご・王孫さるまご

【孫呉】ソンゴ ①兵法家、孫武(孫子)と呉起(呉子)。②兵法書『孫子』と『呉子』。転じて、兵法。③三国時代、孫氏が建てた呉の国。

【孫謀】ソンボウ 人々の心にしたがった計画。〔一説に、子孫のための計画〕

● 外孫ガイソン・そとまご・玄孫ゲンソン・子子孫孫シシソンソン・子孫シソン・児孫ジソン・内孫ナイソン・うちまご

孰
子8(11) 2 5357 5B70

シュク漢 ジュク呉 屋 shú
いず-れ(いづ-れ)・たれ

意味 ❶「熟ジュク」の原字。㋐煮る。食べ物を加熱して食べられるようにする。㋑熟うれる。実る。穀物・果実が成熟する。㋒十分によく考える。例 凡慮レ事欲レ孰(=およそものごとを考える際にはじっくりと考えたいと思う)。〈荀子・議兵〉㋓十分な程度に達する。❷「**たれ**(か)」と読み、疑問・反語をあらわす。例 孰能無レ惑(=どうして疑問をもたない者があろうか)。〈韓愈・師説〉❸「**いずれ**(か)」と読み、どちらが…か、の意。選択の疑問をあらわす。例 礼与レ食孰重(=礼と食とではどちらが重大か)。〈孟子・告子下〉

【孰与】【孰若】【孰如】いずれぞ どちらが…であろうか。複数の事柄の比較に用いる。特に「孰若・孰如」の場合はあとで挙げた内容を選択することを示す。例 蚤救孰二与晩救一(=早く救助するのとおそく救助するのとではどちらがよいだろうか)。〈史記・田敬仲完世家〉

[孯]
子9(12) ⇩ 孯ケン(574ページ)

孳
子9(12) 2 5358 5B73

一 シ漢 ジ呉 寘 zì
二 ジ慣 シ漢 支 zī

意味 一 生まれる。**うむ**。例 孳生ジセイ。二 ❶ふえる。ふやす。しげる。❷休まずまじめに働くさま。**つとめる**。通 孜シ。例 孳孳シシ。

う-む・つと-める(つと-む)・つる-む

【孳育】ジイク 子を産みそだてる。

【孳孳】シシ・ジジ つとめはげむさま。努力するさま。

【孳生】ジセイ 生まれ、増える。繁殖する。類 孳息。

【孳尾】ジビ 動物が交尾して、子を産む。繁殖する。例 鳥獣孳尾(=鳥獣を繁殖させる)。〈書経・尭典〉

孱
子9(12) 2 5403 5B71

サン漢 刪 セン漢 先 chán
つたな-い(つたな-し)・よわ-い(よわ-し)

意味 ❶弱々しい。**よわい**。例 孱弱センジャク。❷劣っている。あさはかである。例 孱愚セング(=浅慮で愚か)。❸ ⇩【孱顔】サンガン

【孱顔】サンガン ①ふぞろいなさま。②山が高く険しいさま。

【孱弱】センジャク ①臆病ビョウである。懦弱ダジャク。②弱々しい。

【孱孱】センセン 臆病ビョウで意気地がないさま。

孵
子11(14) 2 5359 5B75

フ漢 虞 fū
かえ-す(かへ-す)・かえ-る(かへ-る)

意味 たまごをかえす。たまごがかえる。例 孵化フカ。孵卵フラン。

【孵化】フカ 日 たまごがかえる。たまごからひなや子が産まれ出る。

【孵卵】フラン 日 たまごがかえる。たまごをかえす。例 ―器。

[學]
子13(16) ⇩ 学ガク(357ページ)

孺
子14(17) 2 5362 5B7A

ジュ漢 遇 rú
ちのみご・おさな-い(をさな-し)

意味 ❶おさない子。**ちのみご**。例 孺嬰ジュエイ。孺子ジュシ。婦孺フジュ(=婦人と子供)。❷したう。つきしたがう。

【孺▼嬰】ジュエイ おさなご。孺子。類 孺孩ジュガイ・孺童。

【孺子】ジュシ ①子供。幼児。孺嬰ジュエイ。②天子や諸侯の継承者。③一人前になっていない若者を見くだしていうことば。小僧。若造。例 孺子可レ教矣ジュシおしうべし(=この小僧は見こみがある)。〈史記・留侯世家〉④正妻以外の妻。めかけ。

【孺歯】ジュシ 〔「歯」は、年齢の意〕幼児。

【孺人】ジュジン ①大夫タイフの妻。また、身分ある人の妻。②宋ソウ代以降、官吏の妻や母に与えられた封号ホウゴウ。③妻。

【孺慕】ジュボ ①父母を敬いしたう。多く、死んだ父母への哀悼の気持ちを指す。②相手を思慕する。

孽
子16(19) 3 4755 5B7D

ゲツ漢 屑 niè

3画

[子] 6—16画▼ 孨孫孰孯孳孱孵學孺孽

［孽］ 子16（19） ④0590 5B7C 本字。

意味 ❶正妻以外の女性の子。めかけばら。例 庶孽ショゲツ。❷災い。❸ひこばえ。通蘖ゲツ。

【孽子】ゲッシ 側室が生んだ子。庶子。

孿 子19（22） ④0591 5B7F レン漢 先 luán

意味 ❶ふたご。❷つらなる。つなぐ。

40 3画

宀 うかんむり部

屋根におおわれた家の形をあらわす。「宀」をもとにしてできている漢字と、「宀」の字形を目じるしにして引く漢字とを集めた。

⓪ 362 宀 ② 362 宄 宂 它 宁 ③ 362 安 宇 宇 守 宅 ④ 364 完 宏 宋 宍 ⑤ 366 宛 官 宜 弦 実 宗 宙 定 宕 宓 宝 ⑥ 372 客 室 宣 宥 ⑦ 373 宴 家 害 害 宧 宮 宰 宵 宵 宸 宬 容 ⑧ 377 寅 寃 寄 寇 寀 寂 寂 宿 密 ⑨ 380 寓 寒 寒 寓 寔 寍 寐 富 寎 ⑩ 382 寛 寘 寝 寖 寞 ⑪ 384 寡 寛 [illegible] 寤 寨 察 實 寢 寧 寧 寥 ⑫ 385 寫 審 [illegible] 寮 ⑬ 386 寰 ⑭ 386 [illegible] ⑯ 386 寵 寶 ⑰ 386 寶

この部首に所属しない漢字

穴→穴 981　字→子 356　牢→牛 851　究→穴 981
空→穴 981　突→穴 983　窃→穴 983　案→木 676
窓→穴 985　窒→穴 985　塞→土 298　窪→穴 986
蜜→虫 1176　窮→穴 986　窯→穴 987　賓→貝 1263
憲→心 525　賽→貝 1265　蹇→足 1278

宀 宀0（3） ②5363 5B80 ベン漢 メン呉 先 mián

意味 高い屋根。高い屋根の家。

宄 宀2（5） ④0593 5B84 キ（クヰ）漢 紙 guǐ

意味 内乱や略奪。また、それらを起こす悪人。例 姦宄キカン（＝外患や内乱）。

［宂］ 宀2（5） ⇩冗ジョウ（140ページ）

它 宀2（5） ②5364 5B83 ㊀シャ漢 ジャ呉 麻 shé ㊁タ漢 歌 tā

意味 ㊀ヘビ。マムシ。通蛇。㊁❶ほか。よそ。別の。通他。例 它意イタ（＝ふたごころ）。它人ニン（＝ほかの人）。❷近世以後の中国語では、事物をあらわす代名詞として用いられる。かれ。それ。

宁 宀2（5） ④0592 5B81 チョ漢呉 語 zhù

意味 ❶たくわえる。通貯。❷たたずむ。通佇ヨチ。

安 宀3（6） ①1634 5B89 教3 アン漢呉 寒 ān やすい（やす-し）・やすらか・いずくんぞ（いづ-くんぞ）

筆順 丶 丷 宀 宊 安 安

なりたち ［会意］「女（＝おんな）」が「宀（＝いえ）」の中にいる。落ち着いて、やすらか。

意味 ❶落ち着いている。おだやか。**やすい。やすらか。** 例 安定アンテイ。安穏アンノン。❷やすんずる。落ち着かせる。なだめる。例 安撫アンブ（＝なだめる）。❸すえる。置く。例 安置アンチ。❹いずくにか。どこに。場所をたずねる疑問・反語の代名詞。例 沛公安在ハイコウいずくにかある（＝沛公はどこにいるか）。〈史記・項羽紀〉❺**いずくんぞ。** どうして。理由をたずねる疑問・反語の副詞。例 燕雀安知二鴻鵠之志一哉エンジャクいずくんぞコウコクのこころざしをしらんや（＝ツバメやスズメにどうしてオオハクチョウの志がわかろうか）。〈史記・陳渉世家〉

日本語での用法 ㊀《あ》「あ」の音にあてる万葉仮名。「安積山あさかやま・安達あだち・安倍あべ」▼㊁《アン》《やすい》①「安価アンカ・安値やすね」▼品物の値段が低い。②「安易アンイ・安直アンチョク・安普請やすブシン」▼たやすい。てがるな。

古訓 中古 いかぞ・いづくぞ・おく・おだひかになり・きびし・さだむ・しづかなり・たひらかに・とづ・とどむ・なんぞ・やうやく・やすし 中世 いかんぞ・いづくんぞ・おく・おだやか・さだむ・したがふ・しづかなり・とどむ・やうやく・やすし 近世 いづくんぞ・しづか・しづまる・たひらか・とどまる・やすし・やすんず・ゆるやか

人名 さだ・しず・やす・やすし

難読 安孫子あびこ（＝地名・姓）・安宅あたか（＝地名）

【安芸（藝）】あき 日 旧国名の一つ。今の広島県の西部にあたる。芸州ゲイシュウ。

【安房】あわ 日 旧国名の一つ。今の千葉県の南部にあたる。房州ボウシュウ。

【安易】アンイ ①のんびりしてなまける。②おだやか。③日 たやすい。簡単。手軽。安直。④日 いいかげん。なげやり。

【安慰】アンイ ①いたわりなぐさめる。慰安。②落ち着いて穏やかにしている。

【安逸】【安▼佚】アンイツ 安心して楽しむこと。（仕事をせず）のんびり暮らすこと。

【安価】アンカ 日 ①値段がやすいこと。廉価。対高価。②やすっぽいこと。

【安▼臥】アンガ 楽な姿勢で横になる。例 ―するに足る住まい。

【安閑】【安間】アンカン 静かでのんびりしたさま。例 ―としている場合ではない。

【安危】アンキ 安全と危険。また、安全か危険か。例 国家の―がかかっている。

【安居】㊀アンキョ やすらかでいる。例 安居而天下熄アンキョすればすなわちテンカやむ（＝《公孫衍コウソンエンや張儀が》やすらかにしていれば天下は平穏になる）。〈孟子・滕文公下〉㊁ゴアン〔仏〕僧が夏期、三か月間外出せず、座禅して修行すること。

【安康】アンコウ 「康」も、やすらかの意〕何ごともなく無事なこと。安泰。

【安国】アンコク ①国を平和に治めること。また、よく治まっている国。②隋ズイ・唐代、西域にあった国。

【安座】【安▼坐】アンザ ①落ち着いてすわる。②あぐらを組む。③（危急の場合なのに）何もしないでいること。

【安産】アンザン 日 苦しみの少ない無事な出産。対難産。

【安史▼之乱】アンシのラン 唐の玄宗のとき、安禄山アンロクザンと史思明の起こした反乱。華北全域が戦場となり、唐朝衰退の遠因となった。（七五五―七六三）

【安車】アンシャ 座って乗ることのできる馬車。一般の車は立って乗った。老人や女性、また、丁重に遇する人物に用いられた。

【安住】アンジュウ ①落ち着かせる。②日 心やすらかにすむ。③日 現状に満足して、向上心をなくす。

【安▼舒】アンジョ 落ち着いていて静かなさま。ゆったりとしたさま。

【安心】㊀アンシン 心配ごとがなくて、心が落ち着いている。㊁アンジン〔仏〕悟りをひらく。信仰が身について、心が安定する。

【安心立命】(アンシンリツメイ／アンジンリュウミョウ) 〔仏〕信仰によって自分の運命を知り、外部のどのようなことにも心を乱されたり迷わされたりしないこと。

【安西】(アンセイ) ①唐代の都護府の一つ。今の新疆(シンキョウ)ウイグル自治区のトルファン付近に置かれ、のちクチャへ移った。②元代、陝西(センセイ)省中部東境に置かれた路(＝行政区画)。③甘粛省北西部の県名。

【安静】(アンセイ) ①しずかに落ち着いていること。②日 療養のために、からだを動かさないで寝ていること。

【安全】(アンゼン) 危なくないこと。無事。安泰。対危険。

【安息】(アンソク) ①やすらかに休む。②国名。パルティア王国のこと。イラン高原にあった。(前二四七頃—後二二六)

【安息香】(アンソクコウ／アンソッコウ) 東南アジア原産のエゴノキ科の樹木。樹脂から香料を採る。薬用。

【安息日】(アンソクニチ／アンソクジツ／アンソクび) 仕事を休んで神につかえる日。キリスト教では日曜日をいう。

【安泰】(アンタイ) 〔「泰」も、やすらかの意〕無事なこと。事故や危険、また不安や心配などのないこと。平穏(ヘイオン)。安康。安寧。安穏(アンノン)。例 一家の—を祈る。

【安宅】(アンタク) ①安心して身を置ける場所。②仁のこと。③やすらかに暮らす。

【安宅正路】(アンタクセイロ) 仁と義。〔「仁人之安宅也、義人之正路也(ジンはひとのアンタクなり、ギはひとのセイロなり)」(＝仁は人にとって安らかな家であり、義は人にとってふむべき正しい道である)。〈孟子・離婁上〉」から〕

【安置】(アンチ) ①(物を)置く。すえおく。②(事態を)落ち着かせる。手配りをする。③寝る。④宋(ソウ)代、官吏に対する左遷刑の一種。軽いものを「居住」、やや重いものを「安置」、さらに重いものを「編管」といった。

【安着】(アンチャク) ①しっかり置く。すえ置く。安著(アンチャク)。安置。②日 無事に到着する。例 本日、任地に—しました。

【安直】(アンチョク) 日〔「直」は、値段の意〕①やすい値段。安価。②気軽なこと。例 —な考え。

【安定】(アンテイ) 落ち着いていて、変化や乱れがない。また、落ち着かせる。対変動。

【安▼堵】(アンド) 〔「堵」は、垣(かき)の意〕①家をとりまく垣に安心して、やすらかに暮らす。安居(アンキョ)。②日 心配ごとがなくなり、ほっとする。③日 封建時代、将軍や領主が、家臣の領地の所有権を公認したこと。例 領地を—する。


【安南】(アンナン) ①唐代の都護府の一つ。今のハノイに置かれた。②今のベトナムの地。漢代から唐代まで中国が支配した。越南(エツナン)。

【安寧】(アンネイ) 〔「寧」も、やすらかの意〕異変や不安などがないこと。安心。安泰。例 —秩序を守る。

【安穏】(アンノン／アンオン) 何ごともなく平和なこと。安泰。平穏。

【安排】(アンバイ) ①自然の推移にまかせる。例 安ㇾ排而去ㇾ化(ハイにやすんじてカをさる)(＝自然の推移にまかせて変化を忘れさる)。〈荘子・大宗師〉②〔「安」は置く、「排」は並べる意〕配置や処置を適切にする。手配りをする。按排(アンバイ)。按配(アンバイ)。例 適当に—する。

【安否】(アンピ) 無事であるか、どうか。例 人の—を気遣う。

【安▼謐】(アンピツ) やすらかで静かである。

【安眠】(アンミン) 心地よくねむる。

【安陽】(アンヨウ) 河南省安陽県にある地名。郊外に殷墟(インキョ)があり、多数の甲骨文字が発見された。

【安養】(アンヨウ) 〔仏〕①心をやすらかにして身を養う。②極楽浄土。安養浄土。

【安楽】(アンラク) 苦痛や心配ごとがなく、心身ともに楽なこと。例 —椅子(イス)。後世(ゴセ)—。—に暮らす。

【安楽死】(アンラクシ) 日 助かる見こみのない病人を、本人の依頼、または承諾を得て、人為的にやすらかに死なせること。また、その死。

【安手】(やすで) 日 値段がやすいこと。やすくて低級なこと。例 —の品。

【安値】(やすね) 日 ①やすい値段。対高値。②〔経〕株の取引で、その日の最もやすい値段。

【安物】(やすもの) 日 値段がやすく、品質の悪いもの。安手(やすで)。例 —買(が)いの銭(ぜに)失い。
●慰安(イアン)・公安(コウアン)・大安(タイアン)・治安(チアン)・平安(ヘイアン)

宇

宀3(6) 1 1707 5B87 教6

ウ 漢 呉 ▼麌 yǔ
のき・いえ(いへ)

［宇］ 宀3(6) 4 0594 219C3 別体字。
［寓］ 宀9(12) 4 0805 3762 古字。

筆順 丶 丷 宀 宀 宇

なりたち 
［形声］「宀(＝いえ)」と、音「于ゥ」とから成る。建物の、のき。

意味 ❶屋根。ひさし。**のき**。また、建物。**いえ**。例 宇下(ウカ)。堂宇(ドウウ)。❷世界をおおう、大きい屋根のような天。空間的なひろがり。天地四方。天下。例 宇内(ウダイ)。宇宙(ウチュウ)。❸器量。度量。例 気宇(キウ)。

古訓 中古 あめのした・いへどころ・おほきなり・おほぞら・のき・やかず 中世 あめ・いへ・おほいなり・おほぞら・そら・やかず 近世 おほいなり・おほぞら・のき・やかず

人名 お・くに・たか・たかし・ね・ひさ・ひろ

【宇下】(ウカ) ①のきした。②すぐ近くであることのたとえ。

【宇県】(ウケン) 〔「県」は、五行でいう赤県で、中国を指す〕天下。

【宇内】(ウダイ) 世界。天下。

【宇宙】(ウチュウ) ①〔「宇」はのき、「宙」は棟木〕のきと棟木。家。②〔「宇」は空間、「宙」は時間〕時空。世界。③天下。国家。④〔英 universe の訳語〕すべての天体を含む空間のひろがり。特に、地球の大気圏外。⑤日 一定の秩序をそなえた世界。

守

宀3(6) 1 2873 5B88 教3

一 シュウ(シウ) 漢 シュ・ス 呉 ▼有 shǒu
二 シュウ(シウ) 漢 シュ・ス 呉 ▼宥 shòu
まもる・まもり・もり・かみ

筆順 丶 丷 宀 宀 守 守

なりたち 
［会意］「宀(＝役所でする仕事)」と「寸(＝きまり)」とから成る。役所の仕事を、きまりどおりにおこなう。

意味 一 ❶**まもる**。㋐きまりに従って実行する。例 遵守(ジュンシュ)。㋑管理する。つかさどる。㋒見張る。注意して見ておく。例 看守(カンシュ)。㋓外からの侵害を防ぐ。防衛。例 守備(シュビ)。㋔保持する。たもつ。例 守成(シュセイ)。㋕待つ。例 時反是守(ときのかえるをこれまもる)(＝時期がやってくるのを待つ)。〈国語・越下〉❷**まもり**。㋐まもること。㋑まもる人。㋒節操。みさお。例 失二其守一者其辞屈(そのまもりをうしなうものはそのことばクッす)(＝節操を失った人のことばは卑屈である)。〈易・繋辞下〉❸請求する。求める。例 数守二大将軍光一(しばしばダイショウグンコウにもとむ)(＝何度も大将軍霍光(カクコウ)に求めた)。〈漢書・外戚伝上・孝昭上官皇后〉二 ❶天子が辺境を視察する。巡守。❷地方、特に郡の長官。郡守。太守。❸官位の低い者が高位の官職を兼任代行すること。❹職務。職責。

やくめ。例職守(ショクシュ)。

日本語での用法 一《まもり》「守(まも)り札(ふだ)・お守(まも)り」▼神や仏のおまもり。二《もり》「守役(もりヤク)・子守(こもり)・墓守(はかもり)・宮守(みやもり)」▼世話をする(人)。三《かみ》「国守(くにのかみ)・土佐守(とさのかみ)」▼律令制の四等(シトウ)官で「国司」の第一位。長官(かみ)。

古訓 中古 かみ・つかさどる・ひさし・まぼる・まもる・みる・もり・もる 中世 かみ・つかさどる・まぼる・まもる・もり・もる・をさむ 近世 かみ・つかさどる・まもり・まもる・みる・もり・をさむる

人名 え・おさむ・さね・たもつ・つかさ

難読 守宮(やもり)

【守一】シュイツ ①一つのことに専心する。専一。執一(シツイツ)。②道家の修養術で、道をかたくまもること。まもる人。

【守衛】シュエイ ①まもること。まもる人。②日 学校や官庁・会社などの警備をする人。

【守旧】シュキュウ 古いしきたりや習わしをかたくなにまもって変えないこと。保守。類守古。

【守宮】シュキュウ|やもり 有鱗(ユウリン)目ヤモリ科の爬虫(ハチュウ)類。ヤモリ。

【守御】【守▼禦】【守▼圉】シュギョ 敵の攻撃を、まもり防ぐ。防御。

【守愚】シュグ|グをまもる 愚直さを保ち、こざかしいまねをしない。

【守護】シュゴ ①まもる。警護。警固(ケイゴ)。②日 鎌倉(かまくら)・室町時代、警備や治安などのために、地方の国々に置かれた武士の職名。室町期に強大になり、守護大名となることが多かった。守護職。

【守歳】シュサイ|としをまもる 大みそかの夜、寝ないで年を送り、新年を迎える。

【守死】シュシ|シをまもる 命がけでまもる。死を覚悟しておこなう。死守。例守レ死善レ道(シをまもりてみちをよくす)(=命がけで道をおこなう)。〈論語・泰伯〉

【守株】シュシュ|かぶをまもる 古い習慣に従うだけで、融通のきかないこと。進歩のないこと。◐宋(ソウ)の国の男が畑仕事をしていると、ウサギがとんできて畑の中の切り株に頭をぶつけて死んでしまった。これを見た男はもう一匹つかまえてやろうと、仕事はそっちのけにして切り株の見張りをしたが、もうウサギはあらわれず、みんなの笑い者になった。……〈韓非・五蠹〉

【守成】シュセイ 創業者のあとを受けついで、事業の基礎を固め、まもる。例大儒者難二与進取一、可三与守成(それジュシャはともにシンシュしがたく、ともにシュセイすべし)(=そもそも儒者というのはともに新しいことを進んでするのは難しいが、すでにできあがったものを一緒にまもることはできる)。〈史記・叔孫通伝〉 創業は易(やす)く―は難(かた)し。

【守勢】シュセイ 日 ①敵の攻撃を防ぎまもる態勢。対攻勢。例―に立つ。②まもりの軍勢。

【守拙】シュセツ|セツをまもる 世渡りが下手なことをよしとして、かしこく立ち回ろうとはしない。例守レ拙帰二園田一(セツをまもりてエンデンにかえる)(=不器用な心のまま田園に帰る)。〈陶淵明・帰園田居〉

【守節】シュセツ|セツをまもる ①節操をまもる。②夫に死別した妻が再婚しない。▽類守貞。

【守戦】シュセン ①まもることと、たたかうこと。例―両様の構え。②敵の侵入を防ぐたたかい。防戦。例―に徹する。

【守銭奴】シュセンド 金銭を蓄えるだけで、わずかな出費をもいとう者。類守銭虜。

【守秘】シュヒ 日 秘密を他人に知らせないこと。例―義務(=医師や弁護士などが、職務上知った他人の秘密をまもらなければならない義務)。

【守備】シュビ 相手の攻撃にそなえて、まもること。防備。防御。対攻撃。例―を固める。

【守文】シュブン ①今までの制度をまもって国を治める。例継体―(=君主の位を継ぎ、制度を維持する)。②昔からの学問や文芸をまもる。また、その人。

【守令】シュレイ 〔「令」は、県の長官〕地方官として直接民を治める者。

◐看守(カンシュ)・厳守(ゲンシュ)・攻守(コウシュ)・死守(シシュ)・順守(ジュンシュ)・遵守(ジュンシュ)・鎮守(チンジュ)・墨守(ボクシュ)・留守(ルス)

宅

宀3(6) 1 3480 5B85 教6

タク 漢 陌 zhái

筆順 丶 丶 宀 宀 宅

なりたち [形声]「宀(=いえ)」と、音「乇(タク)」とから成る。人が身を寄せるところ。

意味 ❶住んでいるところ。家。また、身を寄せるところ。例住宅(ジュウタク)。❷住む。おる。いる。❸墓地。墓。例宅兆(タクチョウ)。❹安定させる。さだめる。安定している。例亦惟助二王宅一天命(またこれオウをたすけてテンメイをさだむ)(=また王を助けて天命を安定させる)。〈書経・康誥〉

日本語での用法《タク》①「宅(タク)に申(もう)し伝(つた)えます・ずっと宅(タク)におります」▼妻が他人に対して、自分の夫または家を指していう。②「お宅(タク)さまでは……・お宅(タク)の近所(キンジョ)」▼相手や相手の住居・家庭・組織・会社などを指していう。

古訓 中古 いへ・いへせり・すみか・すむ・をり 中世 いへ・おく・すむ・やどる・をる 近世 いへ・おく・さくる・つかあな・やどころ・ゐどころ

人名 いえ・おり・やか・やけ

難読 三宅(みやけ)・安宅(あたか)(=地名・姓)・大宅(おおやけ)(=姓)

【宅診】タクシン 日 医師が自宅で診療する。

【宅地】タクチ 住宅を建てるための土地。例―造成。

【宅兆】タクチョウ 墓。墓所。

【宅配】タクハイ 日 荷物や新聞などを、戸別に配達する。類宅送。例―便。

◐帰宅(キタク)・在宅(ザイタク)・社宅(シャタク)・拙宅(セッタク)・尊宅(ソンタク)・邸宅(テイタク)・別宅(ベッタク)

完

宀4(7) 1 2016 5B8C 教4

カン(クヮン) 漢 寒 wán

まった-い(まった-し)・まっと-うする(まった-うす)

筆順 丶 丶 宀 宀 宇 完

なりたち [形声]「宀(=いえ)」と、音「元(ゲン→カン)」とから成る。欠けたところがない。

意味 ❶すべてそなわっていて、欠けたところがない。まったい。例完全(カンゼン)。完備(カンビ)。補完(ホカン)。❷そこなわないように保つ。まっとうする。例完璧(カンペキ)。❸修繕する。なおす。つくろう。❹ものごとをなしとげる。すっかりできあがる。しおえる。例完結(カンケツ)。完成(カンセイ)。未完(ミカン)。❺秦(シン)漢時代の刑罰名。労役(ロウエキ)にのみ服させる刑罰。例完為二城旦舂一(カンしてジョウタンショウとなす)(=肉刑は加えず、城の修築・警備、または臼(うす)つきの労役に服する刑とする)。〈漢書・刑法志〉

古訓 中古 かたし・さだ・さだむ・たもつ・またし・ゆたかに 中世 さだむ・たもつ・またし・まつたし・やすし・ゆたか 近世 たもつ・つくらふ・まつたし

人名 おさむ・さだ・たか・たもつ・とおる・ひろ・ひろし・まさる・また・まもる・みつ・みつる・ゆたか・よし

【完泳】カンエイ 日 目標として定めた距離を、全部およぎきる。

【完▼裙】カンクン 破れめのない、もすそ(=スカートのような衣服)。満足な着物のたとえ。例出入無二完裙一(シュツニュウにカンクンなし)(=家の出入りという日常生活でも満足なスカートがない)。〈杜甫・石壕吏〉

【完結】カンケツ （続いていたものが）すべて終わり、まとまる。完了。例 自叙伝を―する。

【完済】カンサイ 日 借りたものを（一部分ずつ返していって）すっかり返し終わる。例 借金を―する。

【完▼聚】カンシュウ ①（戦いに備えて）城郭を修理し、人々や食糧を集める。②ばらばらになっていたものが集まる。離散した家族がふたたびそろったり、男女が夫婦となって円満に暮らしたりすることをいう。

【完熟】カンジュク ①技術が円熟している。②日 果実や種子が十分に生長しきる。

【完勝】カンショウ 日 相手をおさえきって勝つ。大勝（タイショウ）。圧勝。㊟完敗。

【完遂】カンスイ 日 計画などを完全にやりとげる。

【完成】カンセイ ものごとが、すっかりできあがる。また、すっかりしあげる。成就（ジョウジュ）。完了。

【完全】カンゼン 必要な条件や要素が、すべてそろっていること。欠点がないこと。完璧（カンペキ）。万全（バンゼン）。

【完全無欠（缺）】カンゼンムケツ 不足や欠点がまったくないこと。

【完走】カンソウ 日 目標としていた距離を、最後まで走りぬく。

【完治】カンチ｜カンジ ①完全に治める。②日 病気やけがが、完全になおる。全治。

【完投】カントウ 日 野球で、一人の投手が、一試合を最後まで投げとおす。例 ―勝利。

【完納】カンノウ おさめる決まりになっているものを、すべておさめる。全納。例 税金を―する。

【完敗】カンパイ 日 相手に圧倒されて負ける。㊟完勝。例 決勝戦で―した。

【完備】カンビ 必要なものが残らずそろっている。例 冷暖房―。

【完膚】カンプ 傷のない皮膚。外傷の何もない状態。例 首体無二完膚一（シュタイカンプなし）（＝頭もからだも全身無傷のところがない）。〈酉陽雑俎・黥〉

【完封】カンプウ 日 ①相手がまったく手出しのできないようにする。②野球で、相手チームに最後まで得点を与えない。

【完璧】カンペキ 〔「璧（ヘキ）」は、昔、儀式などに用いた宝玉〕①借りたものを、もとのままの形で返すこと（へきをまっとうす）。②欠点がなく、みごとなさま。例 ―なできばえ。◆戦国時代、趙（チョウ）の国の王が「和氏（カシ）の璧（ヘキ）」という天下の宝玉を手に入れた。これを聞いた西方の強国、秦（シン）の王が、十五の城市（＝都市）とその璧とを交換したいと申し入れてきた。軍事力の劣る趙としては断るわけにもいかず、かといって応じれば璧だけを取られるおそれもある。交渉のためのむずかしい使いを引き受けた趙の藺相如（リンショウジョ）は、秦王と会見したが、秦王に交換条件を守る意思がないのを見てとると、「実は、その璧には、きずがあります」と言って、いったん渡した璧を取り返し、秦から脱出して璧を無事に本国に持ち帰った。……〈史記・廉頗藺相如伝〉

【完本】カンポン ①複数の巻または冊から成る書物の、一巻または一冊も欠けずにそろっているもの。㊟欠本。②完全で、異版や異本の混じらない、また、落丁や脱落などのない書物。㊟零本・端本（はホン）。

【完訳】カンヤク 日 外国語の文章や古典語の一作品を、すべて翻訳または現代語訳にすること。また、その文章。全訳。㊟抄訳。

【完了】カンリョウ すべて終わる。終了。完結。㊟未了。例 工事が―する。準備―。

●補完（ホカン）・未完（ミカン）

宏

宀4（7）　1 2508　5B8F　人　コウ（クヮウ）漢　庚 hóng　ひろ-い（ひろ-し）

なりたち ［形声］「宀（＝いえ）」と、音「厷（コウ）」とから成る。へやがひろい。

意味 ❶場所やものごとの規模が大きい。**ひろい**。例 宏壮（コウソウ）。宏大（コウダイ）。❷人間の度量が大きく、すぐれている。例 宏度（コウド）。宏量（コウリョウ）。❸ひろめる。大きくする。

表記 現代表記では「広」に書きかえることがある。熟語は「広」も参照。

古訓 中古 おほきなり・おほきに・ひろし 中世 おほいなり・おほきなり・ひろし 近世 うちぼら・おほいなり・ひろし・ふかし

人名 あつ・あつし・ひろ・ひろし・ひろむ・ふかし

【宏規】コウキ ①壮大な規模。②遠大な計画。宏図（コウト）。㊟宏猷（コウユウ）。③立派な模範。また、その人。

【宏器】コウキ 大きなうつわ。度量の広い、すぐれた人物のたとえ。大器（タイキ）。

【宏詞】コウシ 唐代に始まった官吏登用制度の一つ。優秀な学者を登用し、皇帝の顧問・秘書とした。博学宏詞。博学鴻詞（コウシ）。㊟宏辞。

【宏儒】コウジュ すぐれた学者。碩儒（セキジュ）。大儒（タイジュ）。

【宏壮】コウソウ 広々として、立派なさま。豪壮。例 ―な建物。表記 現広壮

【宏大】コウダイ ①広々としていること。㊟狭小。例 ―無辺。②広める。大きくする。表記 ▽現広大

【宏達】コウタツ ①見識が広く、ものごとの道理に通じている。②規模が大きい。

【宏図】コウト 大きな計画。鴻図（コウト）。洪図（コウト）。

【宏度】コウド 〔「度」は、度量の意〕心が広く、小さなことにこだわらないこと。広度。広量。

【宏弁（辯）】コウベン 見識が広く、明快な弁論。雄弁。

【宏量】コウリョウ 〔「量」は、度量の意〕心が広く、人の失敗を必要以上にとがめないさま。㊟狭量。表記 現広量

宋

宀4（7）　1 3355　5B8B　人　ソウ漢　スウ呉　宋 sòng

なりたち ［会意］「宀（＝いえ）」と「木（＝き）」とから成る。居住する。転じて、国の名。

意味 ❶春秋戦国時代、今の河南省にあった国。殷（イン）王朝の遺民が封（ホウ）ぜられた。（?―前二八六）例 宋襄之仁（ソウジョウのジン）。❷南北朝時代の南朝の一つ。劉裕（リュウユウ）が東晋（トウシン）から禅譲を受けて建国した。劉宋ともいう。（四二〇―四七九）❸趙匡胤（チョウキョウイン）が北周を滅ぼして建てた王朝。北方民族の金（キン）の侵入により、一一二七年、汴京（ベンケイ）（＝今の河南省開封（カイホウ））から臨安（＝今の杭州（コウシュウ））に都をうつすまでを北宋、それ以後を南宋という。（九六〇―一二七九）例 宋学（ソウガク）。宋本（ソウホン）。入宋（ニッソウ）。

古訓 中古 ゆく・ゐる・をり 中世 ひとり・ゐる・をる 近世 くにな・ゐる・をる

人名 おき・くに

難読 呂宋（ルソン）

【宋音】ソウオン 日 宋から元（ゲン）の初めごろまでの中国語の発音が、日本に伝わって定着した漢字音。たとえば、「行灯（アンドン）」の「アン・ドン」、「塔頭（タッチュウ）」の「チュウ」など。唐音。唐宋音。

【宋学】ソウガク 宋代におこなわれた儒学。周敦頤（シュウトンイ）を祖とし、程顥（テイコウ）・程頤（テイイ）を経て、朱熹（シュキ）が大成した。天地万物の法則である理や人間の性（＝本性）について論じた。道学。理学。漢・唐代の「漢学①」に対する語。

【宋儒】ソウジュ 宋代の儒学者。宋学の学者。

【宋▼襄▼之仁】ソウジョウのジン 不必要な情けをかけたため、かえって損をすること。◆春秋時代、宋の襄公が楚（ソ）と

戦ったとき、君子は相手の困難につけいらないものだと言って敵の陣が整うのを待ったため、結局戦いに敗れた。……〈左伝・僖二二〉

【宋朝】ソウチョウ ①春秋時代宋国の公子。美男子で有名。のち美男子をいう。②宋の王朝。③「宋朝体」の略。宋代の版本の書体にもとづく、縦長で細い楷書カイショ体。

【宋版】【宋板】ソウハン 宋代に印刷された書物。内容・品質ともにすぐれ、珍重されている。類宋本。

宍

宀4（7） 1 2821 5B8D

ジク漢 ニク呉 屋 ròu
しし

意味 にく。例 宍叢むらしし（＝肉のかたまり。また、肉体）。

参考 「宍」と「肉」とは、活字体では別の字に見えるが、もとは同じ字。

難読 宍むらしし・宍粟郡しそうグン・宍戸ししど（＝姓）・宍道湖しんじコ・宍村ししむら（＝肉のかたまり）

宛

宀5（8） 1 1624 5B9B 常用

一エン（ヱン）漢 阮 wǎn
二エン（ヱン）漢 元 yuān
あてる（あ-つ）・あて・あたか-も・さなが-ら・ずつ（づつ）

筆順 丶 丷 宀 宂 宆 宛 宛 宛

なりたち  ［形声］「宀（＝いえ）」と、音「夗エン」とから成る。草を曲げて、身を覆う。

意味 一❶まげる。まがる。かがむ。例 宛転テンエン。❷ちょうど。まるで。**あたかも**。**さながら**。例 宛然ゼンエン。❸ちいさい。例 宛彼鳴鳩かのメイキュウ（＝小さなあのイカル）。〈詩経・小雅・小宛〉
二❶古代中国の地名。❷「大宛ダイエン」は、漢代西域の汗血馬カンケツバの産地。

日本語での用法 一《あて》《あてる》「宛ぁて字ジ・宛ぁて先さき・宛ぁて名な」▼あてはめる。また、手紙や荷物などの送り先を示す。二《ずつ》「一ひとつ宛ずつ片付かたづける・二個宛ニコずつ食たべる」▼わりあて。…ずつ。

古訓 中古 あたか・あたかも・あつ・しぬべし・またし・みち 中世 あたか・あたかも・あつる 近世 あたかも・あて・あてる・おほふ・なかくぼ・ふさがる

【宛宛】エンエン ①うねうねと曲がりくねって続くさま。宛延。②伸び縮みするさま。③ゆったりとまとわりつくさま。④かよわいさま。

【宛延】エンエン ①「宛宛エンエン①」に同じ。②ヘビや竜などがうねうねと動くさま。蜿蜒エンエン。

【宛丘】キュウエン ①中央部が一段高くなっている丘。一説に、中央が一段低い丘。②伏羲フッキ・神農の時の都があったとされる、春秋時代の陳の都の地。隋ズイ代に宛丘県と称された。今の河南省淮陽ワイヨウ県。

【宛然】ゼンエン その様子・状態がはっきりと見てとれるさま。そっくりそのままであるさま。例 ―として落花のごとし。

【宛転】テンエン ①くるくると変化する。ころがる。②たえず動き回る。③ゆるやかに曲がっているさま。④〔美人のまゆの形容で〕顔だちが美しいさま。⑤声に抑揚があって耳に心地よいさま。⑥くねくねと人に寄り添うさま。

官

宀5（8） 1 2017 5B98 教4

カン（クヮン）漢呉 寒 guān
つかさ

筆順 丶 丷 宀 宀 宀 宁 官 官

なりたち  ［会意］「宀（＝おおう）」と「𠂤（＝多い）」とから成る。君主につかえ、多くの人々をおさめる役人。

意味 ❶役人、または役職。役目。**つかさ**。例 官位イカン。官職ショクカン。教官キョウカン。❷国家の役所。政府。朝廷チョウテイ。例 官学ガクカン。官権ケンカン。官庁チョウカン。❸官職を与える。官吏に任用する。❹官吏になる。❺生物体のさまざまなはたらきをする部分。例 官能ノウカン。器官キカン。五官ゴカン。

古訓 中古 おほやけ・きみ・つかさ・つかさどる・つかふ・みやづかへ 中世 おほやけ・かみ・きみ・つかさ・つかさどる・つかふ・みやづかひ 近世 おほやけ・きみ・つかさ・つかさどる・つかふ・のり・まつりごところ・みやづかへ・をさむ

人名 おさ・おさむ・きみ・これ・たか・ひろ・ひろし

難読 判官ホウガン・ジョウ

【官位】イカン ①官職と位階。位官。②役人の職務の等級。官等。類官階。

【官印】インカン 政府の印。また、役所で使う公式の印。公印。対私印。

【官員】インカン 官職にある人。役人。官吏。

【官営】エイカン 政府が経営すること。国営。官業。対私営・民営。例 ―事業。

【官家】カカン ①皇帝。②朝廷。③高官や権力者の尊称。

【官▼衙】ガカン 〔「衙」は、役所の意〕役所。官庁。

【官戒】カイカン 官吏をいましめる。また、官吏の守るべきいましめ。

【官界】カイカン 役人の社会。類官海・官場。

【官学】ガクカン ①国が運営する学校。国立大学など。対私学。②日 国が正しいと認めた学問。江戸時代の朱子学など。

【官紀】キカン 役所の規則。役人が守るべき規律。類官法。

【官▼妓】ギカン 官庁に仕え、宴席などで歌舞をおこなった女性。類官娃アイカン。

【官給】キュウカン ①官から金品などを与えられること。また、その金品。②俸給。

【官許】キョカン 日 政府から民間の団体や個人に与える許可。公許。

【官業】ギョウカン ①官吏の仕事。②官吏としての業績。③日 政府が管理し、また経営する事業。官営。

【官金】キンカン ①朝廷が発行した貨幣。②日 政府や官庁が所有するお金。公金。

【官軍】グンカン 国家・政府の軍隊。国軍。対賊軍。例 勝てば―（＝勝ちさえすれば、正統で大義があるとみとめられる）。

【官権】ケンカン 日 政府や官庁、また役人の権力と権限。国家権力。例 ―を発動する。

【官憲】ケンカン 日 役所。役人。特に、警察官や検察官のこと。例 ―の手がはいる。

【官公庁】カンコウチョウ 日 政府の役所としての官庁と、地方公共団体の役所としての公庁。

【官舎】シャカン ①役人の宿舎。②役人宿泊用の旅館。

【官守】シュカン ①官吏の職務上の責任。職責。②臣下。

【官需】ジュカン 政府の需要。また、その物質。対民需。

【官女】ジョカン・ニョカン 日 宮中に仕える女性。女官ニョカン。

【官省】ショウカン ①天子が居住し、政務をおこなうところ。②日 中央官庁。内閣の各省。③日 律令制の太政官ダイジョウカンと、その八省。

【官職】ショクカン 役人としての地位と、つとめ。例 ―につく。

【官人】ジンカン・ニンカン ①人を官職につける。②役人。官吏。③男性を呼ぶときの敬称。④妻が夫を呼ぶときの称。

【官制】セイカン 国の行政機関についての決まり。組織・名称・権限・役人の人数などの規則。例 ―を見直す。

【官製】セイカン 日 政府がつくること。また、政府がつくったもの。対私製。

【官選】センカン 日 政府でえらぶこと。また、えらんだもの。国選。公選。例 ―弁護人。
【官租】カンソ 官に納入する租税。例 典ㇾ桑売ㇾ地納ニ官租一(くわをテンしチをうりてカンソをおさむ)(=桑を質入れし耕地を売って官租を納入する)。〈白居易・杜陵叟〉
【官属】カンゾク 下級の官吏。属官。属吏。
【官秩】カンチツ ①官職や位階によって定められた俸給。官禄(カンロク)。②官位。
【官庁】カンチョウ ①国の事務を取りあつかうところ。役所。類 官署。②日 太政官(ダイジョウカン)の役所。太政官庁。
【官邸】カンテイ 高級官吏の居住用に設けられた邸宅。公邸。対 私邸。例 総理大臣―。
【官途】カント ①仕官の道。役人になる道。②役人の仕事や地位。例 ―につく(=役人になる)。▽宦途(カント)。
【官等】カントウ 役人としての身分をあらわす等級。官位。類 官階・官級。
【官能】カンノウ ①能力のある者を官職につける。②官吏としての能力。③目や耳などの感覚器官のはたらき。例 ―障害。④日 肉体的なこころよさを得る感覚。例 ―の満足。
【官費】カンピ 政府から出る費用。国費。公費。対 私費。
【官府】カンプ ①官庁。官衙(カンガ)。また、朝廷。②官庁の長官。
【官符】カンプ 官庁の下す公文書。
【官兵】カンペイ 天子・朝廷の軍隊。官軍。対 賊軍。
【官房】カンボウ ①客を接待するための部屋。また、旅館。②公務をおこなう部署。③日 大臣や長官のすぐ下で、政府や省庁の重要な事務をおこなう機関。例 内閣―。
【官報】カンポウ 日 ①政府が国民に知らせる事柄を編集し、毎日発行する文書。②官庁や役人が公用で打つ電報。
【官民】カンミン 政府と民間。役人と民間人。例 ―協調。
【官名】カンメイ 役人の役職名。
【官命】カンメイ 政府や役所の命令。
【官有】カンユウ 日 政府がもっていること。また、そのもの。国有。
【官遊】カンユウ 官につくために、あるいは官吏となって故郷を離れる。宦遊(カンユウ)。
【官吏】カンリ 役人。官員。公務員。
【官理】カンリ 国家の政治。〔「理」は、「治」の意。唐の高宗の諱(いみな)を避けた字〕類 官治。
【官立】カンリツ 日 国の資金で設立し、国が経営し、管理すること。また、そのもの。国立。対 私立。
【官僚】カンリョウ 役人。主として、上級の行政官。例 ―政治(=行政官が主導する政治)。
【官僚的】カンリョウテキ 日 ①法律や規則に忠実な態度やさま。②形式にとらわれて、権威を守ろうとするさま。
【官▼禄】カンロク 官位と俸禄。また、政府からもらう給与。
【官話】カンワ 元・明(ミン)代以降、北方方言、特に北京(ペキン)語を基礎とした標準的な語。官場(=官僚の社会)で用いられた。のちの国語、普通話のもととなる。例 北京―。
●技官(ギカン)・警官(ケイカン)・高官(コウカン)・左官(サカン)・仕官(シカン)・神官(シンカン)・退官(タイカン)・長官(チョウカン)・武官(ブカン)・文官(ブンカン)・無官(ムカン)

宜
宀5 (8) 1 2125 5B9C 常用

ギ 漢 呉 支 yí
よろ-しい(よろ-し)・むべ

[宜]
宀5 (7) 3 1452 519D 俗字。

筆順 丶 丷 宀 宀 宀 宜 宜 宜

なりたち  [形声]「宀(=いえ)」と「一(=地)」と、音「多タ→ギ」の省略体とから成る。落ち着くところ。

意味 ❶祭祀(サイシ)の一種。土地の神を祭るときにおこなう。例 宜ニ于家土一(チョウドにギす)(=土地の神を祭る)。〈書経・泰誓上〉❷ちょうどよい。適当である。都合がよい。**よろしい**。例 時宜(ジギ)。適宜(テキギ)。便宜(ベンギ)。❸なるほど。もっともだ。当然である。**むべ**。例 宜乎(むべなるかな)。❹「よろしく…べし」と読み、…するのがよい・当然…すべきである…しなさい、の意。適当・勧誘をあらわす。例 臣宜ㇾ従(シンよろしくしたがうべし)(=私は当然従うべきである)。

古訓 中古 うべなり・かなへり・さかな・べし・むべ・むべなふ・むべなり・よし・よろし・よろしく 中世 うべなり・うべなるかな・べし・むべ・むべなり・よろし・よろしく 近世 あぢつくる・こと・さかな・べし・むべ・やすんず・よろし・よろしく

人名 き・すみ・たか・たかし・なり・のり・よし・よろし

弘
宀5 (8) 4 0801 5B96

コウ(クヮウ) 漢 庚 hóng

意味 ❶ひろい。通 宏(コウ)。❷安らか。

実
宀5 (8) 1 2834 5B9F 教3

ジツ 漢 呉 質 shí
み・みのる・さね・まこと・まこと-に・げ-に

[實]
宀11 (14) 2 5373 5BE6 人 旧字体。

筆順 丶 丷 宀 宀 宀 宀 宀 実

なりたち  [会意]「宀(=いえ)」と「貫(=ものを通していっぱいにする)」とから成る。ものが、建物の中にいっぱい満ちて、富む。

意味 ❶中身が十分に満ちる。みたす。例 虚実(キョジツ)。充実(ジュウジツ)。❷富。財物。財貨。例 聚斂積ㇾ実(シュウレンしてジツをつむ)(=きびしく税を取りたてて財を積む)。〈左伝・文一八〉❸中身。内容。例 口実(コウジツ)。有名無実(ユウメイムジツ)。❹草木の、み。**み**。草木がみをつける。**みのる**。例 果実(カジツ)。結実(ケツジツ)。❺まごころがこもっていて、いつわりがない。**まこと**。例 実直(ジッチョク)。誠実(セイジツ)。忠実(チュウジツ)。❻本当である。ありのままである。**まこと**。例 実際(ジッサイ)。実(ジツ)の親子(おやこ)。嘘(うそ)から出た実(まこと)。❼実行する。実践する。例 実ニ其言一(そのゲンをジツにす)(=そのことばを実践する)。〈左伝・宣二〉❽証明する。事実であることを確かめる。例 吾将ニ挙ㇾ類而実ㇾ之(われまさにルイをあげてこれをジツとせんとす)(=私はこれから類例を挙げてそれが真実であることを証明しましょう)。〈淮南・精神〉❾これ。この。目的語と動詞の間に置いて、目的語を動詞の前に倒置するはたらきをする。通 寔(ショク)・是。例 鬼神非ニ人実親一、惟徳是依(キシンはひとにこれしたしむにあらず、ただトクにのみこれよる)(=鬼神は人に親しむのではなく、ただ徳にのみ従う)。〈左伝・僖五〉

日本語での用法 《ジツ》「実(ジツ)のある男(おとこ)・勉強(ベンキョウ)の実(ジツ)を示(しめ)す」▼誠意。内容を示す証拠。

古訓 中古 さね・たしか・たしかに・ちか・ふさぐ・まこと・み・みつ・みつく・みのる 中世 さね・まこと・み・みつ・みつく・みなる・みのる 近世 いたる・ここ・さかんなり・さね・しるし・とむ・まこと・み・みつる・みのる

人名 これ・たね・ちか・つね・ま・みつ・みる・ゆたか

難読 忠実(まめ)

【実意】ジツイ ①本当の意志。本心。②まごころ。真情。例 ―を尽くす。
【実印】ジツイン 日 市区町村役場に届け出て、登録してあり、法律的な責任を負う印鑑。
【実益】ジツエキ 実際の利益。現実に役立つこと。実利。対 実害。例 趣味と―を兼ねる。
【実演】ジツエン 日 舞台や集会で、実際に演技や技術をして見せる。例 ―販売。
【実家】ジッカ 日 生まれ育った家。実の親の家。里(さと)。里方(さとかた)。生家。

【実害】ジツガイ 実際に受ける損害。本当の害。(対)実益・実利。[例]―をこうむる。
【実学】ジツガク ①切実な真理を求める学問。[例]其味無窮、皆実学也（そのあじムキュウ、みなジツガクなり）（＝《『中庸』という書物の》意味は無限であり、すべて実学なのである）。〈中庸章句題解〉②実生活に役立つ学問。
【実感】ジッカン ①実際に経験して得た感じ。②[日]現実のものごとに接して感じる。[例]きびしさを―する。
【実技】ジツギ [日]実際におこなう演技や技術。実習。
【実況】ジッキョウ [日]今その場所で実際におこなわれていることの様子。[例]サッカーの―放送。
【実業】ジツギョウ [日]農業・工業・商業・水産業など、生産や経済に関係する事業。
【実兄】ジッケイ [日]同じ父母から生まれた子供たちのうち、年長の男子。(対)義兄・実弟。
【実刑】ジッケイ [日]執行猶予のない、実際に執行を受ける刑罰。
【実景】ジッケイ [日]実際に見る景色や情景。
【実見】ジッケン [日]実際にそのものを見る。[例]現地を―する。
【実検】ジッケン [日]真実か否（いな）かを検査する。[例]首（くび）―。
【実権】ジッケン 実際の権力。
【実験】ジッケン ①実際の効果。[例]略二挙較著一、以定二実験一也（コウチョなるものをリャクキョし、もってジッケンをさだむるなり）（＝はっきりした例をいくつか挙げて、実際の効果を定めたのである）。〈論衡・遭虎〉②理論や仮説を実際におこなって、確かめる。
【実現】ジツゲン [日]計画や理想などが実際のものになる。また、そうする。[例]夢を―する。
【実行】ジッコウ 実際におこなう。実際の場で行動する。実践。実施。履行。
【実効】ジッコウ 実際にあらわれる効果。実際のききめ。
【実際】ジッサイ ①〔仏〕宇宙万物の真実の世界。実相（ジッソウ）。②[日]真実の状態。事実。③[日]本当に。本当の。
【実在】ジツザイ ①実際に存在する。現実の世の中にある。現存。実存。(対)架空。②（建物やからだが）しっかりしている。③確かに。本当に。④[日]〔哲〕人間の感覚や考えからできたものと区別して、客観的に独立して存在するもの。
【実子】ジッシ [日]血のつながりのある子。(対)継子・養子。
【実姉】ジッシ [日]同じ父母から生まれた子供たちのうち、年長の女子。(対)義姉・実妹。
【実施】ジッシ （法律・計画・予定などを）実際におこなう。実行。実践。
【実字】ジッジ 漢文で、具体的な、内容のある意味をあらわす字。名詞・動詞・形容詞など。(類)実詞。(対)虚字・虚詞。
【実事求是】ジツジキュウゼ 事実にもとづいて真相・真理を追究する。実証主義に徹した清（シ）代の考証学の方法論をあらわしたことば。〈漢書・劉徳伝〉
【実質】ジッシツ 実際の内容や性質。実体。本質。(対)形式・名目。[例]―を重んじる。
【実質的】ジッシツテキ [日]外見よりも内容を重視するさま。(対)形式的。
【実実】ジツジツ ①広大なさま。②充実しているさま。③確かに。まちがいなく。
【実写】ジッシャ [日]実際のできごとや風景を、写真や映像、絵などにする。また、そのもの。
【実社会】ジッシャカイ [日]現実に活動している社会。[例]―の厳しさを知る。
【実収】ジッシュウ [日]①経費などを差し引いた、実際の収入。②推定ではない、実際の収穫高。
【実習】ジッシュウ 聞いたり読んだりした技術を、実際の場で練習し学ぶ。演習。[例]教育―。
【実証（證）】ジッショウ ①確かであることを、事実を示して証明する。②実際の証拠。
【実情】ジツジョウ ①ありのままの様子。本当の事情。実態。実状。②真実の心。本当の気持ち。真情。
【実数】ジッスウ ①実際のかず。実際に確かめられた数量。②〔数〕有理数と無理数をまとめた呼び名。(対)虚数。
【実績】ジッセキ [日]実際にあげた成績や功績。[例]多くの―を残す。
【実戦】ジッセン 実際のたたかい。実際の試合。
【実践】ジッセン 考えを実際におこなう。実地におこなう。実行。(対)理論。
【実線】ジッセン 切れ目なく続いている線。(対)点線・破線。
【実相】ジッソウ ①〔仏〕あらゆるものの、仮の姿の奥にある真実の姿。真如（シンニョ）。②実際の姿。実際のありさま。真相。実態。実情。
【実像】ジツゾウ ①〔物〕光がレンズや鏡を通過したり、反射したのちに集まってつくる像。②本当の姿。▽(対)虚像。
【実測】ジッソク （高さや深さ、距離や面積などを）計器を使って、実際にはかる。(対)目測。
【実存】ジツゾン [日]実際に存在する。実在。現存。
【実存主義】ジツゾンシュギ [日]〔哲〕人間は主体的、自覚的存在である、という考えを中心とする思想。
【実体】[一]ジッタイ ①ものごとの奥にひそむ真の姿。正体（ショウタイ）。②〔哲〕変わることのない本質的なもの。[二]ジッテイ [日]まじめで正直なこと。実直。[例]―に勤めに励む。
【実態】ジッタイ [日]ありのままの状態。実情。[例]―調査。
【実弾】ジツダン [日]①銃砲にこめられる、本物の弾丸。(類)実包（ジッポウ）。(対)空包。②現金。〔俗なたとえとして使う〕
【実地】ジッチ ①平地。地面。②まじめに。しっかりと。③実際におこなわれる場所。または、おこなわれた場所。現場。④身をもって経験する、実際の場合。
【実直】ジッチョク [日]まじめで正直なさま。律義（リチギ）。実体（ジッテイ）。[例]謹厳―。―に働く。
【実弟】ジッテイ [日]同じ父母から生まれた子供たちのうち、年下の男子。(対)義弟・実兄。
【実働】ジツドウ [日]実際に仕事をして働く。[例]―時間。
【実否】ジッピ 〔古くは「ジップ」〕本当か、うそか。事実かどうか。[例]―を確かめる。―をただす。
【実費】ジッピ [日]実際にかかる費用。実際に使った費用。[例]―を支給する。
【実父】ジップ [日]血のつながっている、本当の父。(対)義父・養父・継父。
【実物】ジツブツ 実際のもの。本物。
【実母】ジツボ [日]血のつながっている、本当の母。生みの母。生母。(対)義母・養母・継母。
【実妹】ジツマイ [日]同じ父母から生まれた子供たちのうち、年下の女子。(対)義妹・実姉。
【実務】ジツム 実地におこなう事務や業務。
【実名】ジツメイ｜ジツミョウ 本当の名前。本名（ホンミョウ）。(対)仮名・偽名。
【実用】ジツヨウ ①実際に役立つ。[例]煩レ言飾レ辞而無二実用一（ゲンをわずらわしくジをかざりてジツヨウなし）（＝ことばをやかましく飾りたてて何の役にも立たない）。〈商君・農戦〉②実際に使って役に立てる。実際の場で使うこと。
【実利】ジツリ 実際の利益。実際に役立ち、効果があること。実益。(対)実害。[例]名目を捨てて―を取る。
【実力】ジツリョク 実際にもっている能力。本当の力量。地力（ジリキ）。[例]―テスト。
【実例】ジツレイ [日]実際にある例。[例]―をあげて説明する。

【実録】ジツロク ①事実をありのままに記録したもの。②天子の一代の記録を編年体にまとめたもの。例 三代―。
【実話】ジツワ 本当にあった話。例 ―小説。
【実生】ジッショウ｜みばえ 日 種から芽が出て生長すること。また、その草木。
●確実カク・堅実ケン・口実コウ・史実シ・質実シツ・写実シャ・情実ジョウ・真実シン・切実セツ・着実チャク・篤実トク・内実ナイ・如実ニョ・無実ム・名実メイ

宗

宀5 (8) 1 2901 5B97 教6 ソウ 漢 シュウ 呉 冬 zōng むね

筆順 丶 ⺀ 宀 宀 宇 宗 宗

なりたち [会意]「宀(=いえ)」と「示(=神)」とから成る。祖先をまつる廟ビョウ。

意味 ❶祖先を祭るところ。みたまや。例 宗廟ソウビョウ。❷祖先。例 宗祖ソウソ。❸同じ祖先を祭る一族。例 宗族ソウゾク。❹むね。おおもと。中心となるもの。㋐首領。長。㋑人々から尊敬される人。第一人者。例 儒学之宗ジュガクのソウ(=儒学の第一人者)。㋒根本。例 礼ㇾ賓矜ㇾ窮、礼之宗也ヒンをレイしキュウをあわれむは、レイのソウなり(=客を礼遇し窮乏している者をあわれむのは、礼の根本です)。〈国語・晋四〉❺あとつぎ。嫡子。❻尊ぶ。尊重する。むねとする。❼諸侯が天子に謁見すること。❽神や仏の教え(の中心思想)。また、それを信ずる人々の集団。例 宗教シュウキョウ。宗旨シュウシ。

古訓 中古 あがむ・いのる・たふとし・たふとぶ・とき・むね・もと 中世 あがむ・あがむる・たかし・たつとぶ・たふとし・のり・はじめ・むね・もと 近世 たつとし・たつとぶ・たつとむ・つかさ・のつとる・はじめ・まみゆる・みなもと・むね・むねとす・もと

人名 かず・たかし・とき・とし・のり・はじめ・ひろ・むな・もと

難読 正宗まさむね(=人名・姓)・宗像むなかた(=地名・人名)

【宗規】シュウキ ①宗教上の規則。②宗派の決まりやおきて。宗法シュウホウ。例 ―を守る。
【宗教】シュウキョウ 心のやすらぎや真理を求めて、神・仏・太陽・火・祖先など、人間の力をこえるものを信じる精神的活動。
【宗徒】シュウト 日 ある宗教や宗派の信者。信徒。
【宗論】シュウロン〔仏〕宗派と宗派の間でおこなわれる、教義上の論争。例 ―をたたかわす。
【宗▼彝】ソウイ 宗廟ソウビョウで祖先を祭るのに用いた祭器。
【宗器】ソウキ 宗廟ソウビョウで用いる祭器や楽器。
【宗家】ソウケ｜ソウカ ①一族。同族。②日 一族や一門の中心となる家筋。本家。③日 芸道の流派の正統を伝えている人。家元いえもと。
【宗国】ソウコク ①同姓の諸侯国。一説に、兄分にあたる同姓諸侯国。②本国。祖国。
【宗子】ソウシ ①本家を継ぐ子。一門の長となる子。②長男。③同族の子。
【宗旨】㊀ソウシ おもな意味。最も重要な意味。主旨。㊁シュウシ ①その宗教や宗派の中心となる教え。②その人が信じる宗教や宗派。宗門シュウモン。③日 その人の方針や好み。主義。例 ―がえをする。
【宗▼祀】ソウシ ①祖先として祭る。②尊んで祭る。
【宗師】㊀ソウシ 第一の手本として尊敬すべき人。㊁シュウシ〔仏〕宗派の祖とあがめられる師。
【宗室】ソウシツ ①一族の中心となる家。宗家ソウケ。本家。②君主の一族。③先祖の霊廟レイビョウ。
【宗社】ソウシャ ①宗廟ソウビョウと社稷シャショク(=土地や穀物の神)。②王室と国土。また、国家。
【宗主】ソウシュ ①本家を継ぐ者。本流として尊敬をうける人物。②古代封建制の盟主。③宗廟ソウビョウの位牌イハイ。
【宗主国】ソウシュコク 他国の政治を支配する権力(=宗主権)をもっていた国家。かつての越南エツナン(=ベトナム)に対する清シン朝、第一次世界大戦前のエジプトに対するトルコなど。
【宗周】ソウシュウ ①(幾度か移り変わった)周王朝の都の地。②周王朝。
【宗匠】ソウショウ ①師として尊敬される人。②日 和歌・俳句・茶道・華道などの師匠。
【宗臣】ソウシン ①君主と同族の大臣。②人々から尊敬され、慕われる大臣。
【宗人】ソウジン ①同族の人。宗戚ソウセキ。②君主の同族。皇族。王族。③周代、儀礼・祭祀サイシをつかさどった官名。
【宗戚】ソウセキ 同族。特に、君主の同族をいう。宗族。
【宗祖】㊀ソウソ 先祖。祖先。㊁シュウソ〔仏〕一つの宗派を開いた人。開祖。祖師。
【宗族】ソウゾク 本家と分家の人々。一族一門の者。例 宗族称ㇾ孝焉ソウゾクコウをショウす(=一族から「孝」にすぐれた者と呼ばれる)。〈論語・子路〉
【宗派】㊀ソウハ ①一族の分かれ。血族。②仲間うちでの分派。学問や芸術などの流派。㊁シュウハ 一つの宗教のなかで、教えの違いなどで分かれた派。宗門シュウモン。教派。
【宗▼廟】ソウビョウ ①祖先、特に君主の祖霊を祭ったところ。みたまや。②国家。天下。例 遂失ニ其宗廟一ついにそのソウビョウをうしなう(=とうとうその国を失う)。〈墨子・非命下〉
【宗法】㊀ソウホウ 古代の家族制度。諸侯の嫡子が家を継ぎ、分家を統率する。㊁シュウホウ〔仏〕①各宗派のおきて。宗規。②宗派の祖師の教え。
【宗門】㊀ソウモン 一家。一門。㊁シュウモン〔仏〕①一つの宗教の分派。同じ宗派シュウハの仲間。宗派。宗旨シュウシ。例 ―改めあらため。②禅宗で、自分の派を指していう語。禅門。③僧。
●改宗カイシュウ・邪宗ジャシュウ・禅宗ゼンシュウ・祖宗ソソウ

宙

宀5 (8) 1 3572 5B99 教6 チュウ(チウ) 漢 宥 zhòu そら

筆順 丶 ⺀ 宀 宀 宙 宙 宙

なりたち [形声]「宀(=いえ)」と、音「由ユウ→チュウ」とから成る。建物の、棟木むなぎと、はり。派生して「無限に続く時間」の意。

意味 ❶棟木。例 燕雀佼ㇾ之、以為ㇾ不ㇾ能ㇾ与ニ之争一於宇宙之間エンジャクこれをあなどり、もってこれとウチュウのカンをあらそうあたわずとなす(=ツバメとスズメはこれ(=鳳凰ホウオウ)をあなどって、こいつとは屋根や棟木の場所の取りあいはできないと思う)。〈淮南・覧冥〉❷時間。対 宇(=空間)。❸地上をおおう無限の空間。大空。天。そら。例 宇宙チュウ。

参考 本来、「宇」は無限の空間的広がりを示すのに対して、「宙」は無限の時間を意味した。

日本語での用法 ㊀《チュウ》「宙チュウに浮うく・宙チュウに舞まう」▼空中。㊁《そら》「宙そらで言いう」▼暗記している。

古訓 中古 いにしへ・おほぞら 中世 いにしへ・いま・おほぞら・ゐる 近世 おほぞら・をる

人名 おき・たかし・ひろ・ひろし・みち

定

宀5 (8) 1 3674 5B9A 教3 テイ 漢 ジョウ(ヂャウ) 呉 径 dìng さだめる(さだ-む)・さだまる・さだか・さだめ

筆順 丶 ⺀ 宀 宀 宀 宇 定

なりたち ［形声］「宀(=いえ)」と、音「疋セイ…▶テイ」とから成る。落ち着く。

意味 ❶さだめる。さだまる。㋐安定させる。安定する。乱れや動揺をおさえ、しずめる。しずまる。例 天下定矣テンカさだまる(=天下が治まる)。〈易・家人・彖〉 ㋑完成する。できあがる。例 天先成而地後定テンまずなりてチのちにさだまる(=天がまずできて、そのあとに地ができる)。〈淮南・天文〉 ㋒ものごとを一つに決める。決定する。例 定義ギテイ。定住テイジュウ。推定スイテイ。 ㋓とまる。やむ。例 我戍未レ定わがジュいまださだまらず(=私の兵役はまだ終わらない)。〈詩経・小雅・采薇〉 ㋔あらかじめ決める。予約する。約束する。例 定婚テイコン(=婚約する)。❷きまっていて、うごかせない。さだまっている。例 定員テイイン。定宿ジョウやど。一定イッテイ。❸きまり。さだめ。例 規定キテイ。❹かならず。きっと。さだめて。例 必定ヒツジョウ。会者定離エシャジョウリ。❺結局。つまり。さだめて。❻仏教で、あらゆる考えを断って無念無想になること。例 禅定ゼンジョウ。入定ニュウジョウ。❼星の名。営室星。❽ひたい。

日本語での用法 一《ジョウ》「案アンの定ジョウ」▼…したとおり。二《さだか》「見みたかどうか定さだかではない」▼はっきりしている。

古訓 中古 さだ・さだし・さだむ・しづかに・しづむ・とどむ・ひたひ・またし・やすし・やむ・ゆびさす 中世 さだむ・しづかなり・しづまる・しづむ・とどまる・ひたひ・やすし 近世 おく・さだまる・さだむ・しづか・しづまる・とどまる・ひたひ・ほし・やすし・やすむ

人名 おさむ・さだ・さだむ・しずか・ただし・つら・まさ・やす

【定規】【定木】ジョウギ 日 線や角を正しく描くためにあてがう器具。ものさし。また、基準となるもの。例 三角—。

【定石】ジョウセキ 日 ①囲碁で、最もよい打ち方としてさだまっている石の置き方。→【定跡】ジョウセキ ②ものごとに対するきまったやり方。例 —どおり。—を無視した方法。

【定席】ジョウセキ ①きまってすわる席。②日 常設の寄席よせ。

【定跡】ジョウセキ 日 将棋で、最善の駒こまの動かし方として形式化した手順。→【定石】ジョウセキ

【定法】ジョウホウ ①法を定める。②きまっている方法。いつものやり方。

【定紋】ジョウモン 日 家によってきまっている紋章。また、その人がきまって用いる紋。紋所モンどころ。家紋。

【定宿】ジョウやど 日 いつも泊まる宿屋やホテル。常宿ジョウやど。

【定連】ジョウレン ①いつも連れだって行動している仲間。②きまった飲食店などによく来る客。常客。▽常連。

【定位】テイイ ①あるものの位置をさだめる。また、さだめられた位置。②日〔生〕生物が、ある刺激に対してきまった位置や姿勢をとること。また、その位置や姿勢。

【定員】テイイン 規則できめられた人数。ある集団を構成する人数や、乗り物・会場などで安全に収容できる人数。例 —超過。—に満たない。

【定温】テイオン 日 一定の温度。例 —に保つ。

【定価】テイカ 商品につけられた、きまった値段。

【定額】テイガク 一定の金額。例 毎月—の積み立てをする。

【定款】テイカン 日〔「款」は、箇条書きの意〕会社や社団法人などが、事業目的、活動内容、内部組織などについてさだめた、基本的な規則。また、それを記した文書。

【定期】テイキ ①期間や期限が、あらかじめきめられていること。例 人生無二定期一ジンセイテイキなし(=人生に一定の期限などない)。〈李白・古風〉 ②日「定期券」の略。一定期間、さだめられた区間について有効な割引乗車券。

【定義】テイギ 日 あるものごとの内容や、用語の意味を正確にはっきりときめる。また、それを述べたもの。例 三角形の—。

【定休】テイキュウ 日 日をさだめて休むこと。また、きまっている休日。公休。例 —日び。

【定業】一 テイギョウ ①(ギョウをさだむ) 建国事業をなしとげる。②日 一定の業務や職業。定職。二 ジョウゴウ〔仏〕報いとして結果がきめられているおこない。

【定形】テイケイ ①一定のかたち。例 —郵便物。②形をさだめる。

【定型】テイケイ 日 きまった、かた。かたについてきまりがあること。例 —詩。

【定型詩】テイケイシ 日 音の数やことばの数、また、句の配列や全体の行数などが、伝統的にさだまっている詩。短歌や俳句、漢詩の絶句や律詩、ソネットなど。対 非定型詩・自由詩。

【定見】テイケン しっかりした考え方や意見。例 —のない人。

【定刻】テイコク 日 きめられた時刻。定時。例 —に始める。

【定策】テイサク ①(大臣が)君主を擁立する。〔君主の擁立を策(=竹簡の一種)に記し、宗廟ソウビョウに報告したことから〕 ②(サクをさだむ) はかりごとをさだめる。

【定時】テイジ きまった時刻や時期。定刻。定期。例 —に退社する。

【定式】テイシキ 一定の型にはまった方式や儀式。例 —化する。

【定収】テイシュウ 日 きまって入ってくる収入。定収入。

【定住】テイジュウ ある場所をさだめて住みつく。また、長く住む。例 農村に—する。

【定常】テイジョウ 日 一定の状態を保っていること。変動しないこと。例 —電流。

【定情】テイジョウ (ジョウをさだむ) 男女が贈り物を交わし、互いの愛情が変わらないことを示す。転じて、婚約をし、夫婦となる。

【定食】テイショク 日 食堂などで、(一品料理に対して)きまった献立で出す料理。例 焼き肉—。日替わり—。

【定植】テイショク 日 苗床で育てたものを、田や畑などに本式に植えること。

【定職】テイショク 日 きまった職業。例 —につく。

【定数】テイスウ ①数量をさだめる。②さだめられたかず。例 —を保つ。③自然にさだまっている運命。定分。定命。例 —に従う。④日〔数〕一定の値あたいをとる数ス。常数。対 変数。

【定省】テイセイ 親のために、夕方には寝具を整え、朝にはゆっくり寝られたかどうか尋ねること。子が親を常に気遣い、世話することをいう。温清定省オンセイテイセイ。昏定晨省コンテイシンセイ。

【定説】テイセツ 世間で正しいと認められている説。確定した説。通説。定論。対 異説。例 —をくつがえす新発見。

【定礎】テイソ 日 建物の工事を始めるとき、土台となる石を置くこと。また、その石。例 —式。

【定則】テイソク 一定の法則。例 経済の—を論ずる。

【定足数】テイソクスウ 日〔法〕議会などで、会議が成立するために必要な最小限の出席者数。例 出席議員が—に満たない。

【定置】テイチ さだまった場所におく。例 —網あみ(=沿岸のきまった場所にしかける網)。

【定着】テイチャク ①人やものが、ある地位や場所にしっかりととまって、動かない。例 住民の—をはかる。②日 (新しい)意見や学説が社会や学界に認められる。例 まだ—していない学説。③日 写真で、現像したあと画像の変化を防ぐため、印画紙などの感光性をなくす。例 —液。

【定▼鼎】テイテイ (テイをさだむ) 都をさだめる。〔夏カ代、王位継承の証あかしとして九つの鼎がつくられ、周がこれを王都に置いたことから〕奠鼎テンテイ。

【定点】テイテン 日 ①〔数〕さだまった位置に与えられた点。②あるきまった地点。例 —撮影。③気象や海洋の観測のために、国際条約によって海洋上に設けられた、特定の地点。例 —観測。

【定年】テイネン 回会社や官庁などで、そこに働いている人が職を退くように決められている年齢。停年。例 ―に達する。―退職。
【定番】テイバン 回衣料品などで、流行にかかわりなく安定して売れる基本的な商品。定番商品。
【定評】テイヒョウ 人々に認められている評判や評価。例 彼の弁舌には―がある。
【定分】テイブン ①さだまった地位や身分。父子・兄弟・夫婦・君臣など。②自然にさだめられている運命。宿命。定数。③一定の制限。④ブンをさだむ 地位や身分をさだめる。
【定本】テイホン ①比較検討して、最も適切となるように整えた本。校定本。②一定不変の原則。
【定命】一 テイメイ ①運命をさだめる。また、さだめられた運命。②命令をさだめる。また、さだめられて変えられない命令。二 ジョウミョウ 〔仏〕生まれつきさだめられている寿命。
【定訳】テイヤク 回標準となる正しい翻訳や訳語。
【定理】テイリ ①さだまった道理。動かぬ真理。②〔数〕定義や公理によって証明できる一定の理論。例 ピタゴラスの―。
【定律】テイリツ ①ある事柄について、さだめられたきまり。②回自然科学で、ある条件下で必ずある現象がおこるということ。たとえば、純粋な水が零度で凍結する、など。自然法則。
【定率】テイリツ 一定の割合。例 ―の利息。
【定量】テイリョウ 一定の分量。きめられた分量。例 ―に達する。
【定例】テイレイ あらかじめ日時などがきまっていて、定期的におこなわれること。対臨時。例 ―の打ち合わせ会。
【定論】テイロン 正しいと認められている意見や考え方。定説。
●安定(アンテイ)・改定(カイテイ)・確定(カクテイ)・鑑定(カンテイ)・規定(キテイ)・協定(キョウテイ)・検定(ケンテイ)・限定(ゲンテイ)・肯定(コウテイ)・固定(コテイ)・算定(サンテイ)・暫定(ザンテイ)・指定(シテイ)・所定(ショテイ)・制定(セイテイ)・設定(セッテイ)・選定(センテイ)・想定(ソウテイ)・測定(ソクテイ)・断定(ダンテイ)・特定(トクテイ)・内定(ナイテイ)・認定(ニンテイ)・判定(ハンテイ)・否定(ヒテイ)・平定(ヘイテイ)・法定(ホウテイ)・未定(ミテイ)

宕
宀5(8) 1 3770 5B95 人
トウ(タウ) 漢 漾 dàng
すぎる(すぐ)

なりたち [形声]「宀(=いえ)」と、音「碭(トウ)」の省略体とから成る。(度を)すごす。

意味 ❶通り越す。**すぎる。** ❷さすらう。例 流宕(リュウトウ)(=流れ歩く)。❸やりたいままに、ふるまうさま。わがまま。ほしいまま。通 蕩(トウ)。例 宕子(トウシ)(=放蕩(ホウトウ)者。故郷を離れていつまでも帰ってこない者)。❹引き延ばす。すえおく。例 延宕(エントウ)(=引き延ばす)。

古訓 中古 あくがる・うかる 中世 うかる・かるがるし・とが 近世 すぎたり・ほらあな

難読 浮宕(あこがる)・愛宕山(あたごやま)(=地名)

宓
宀5(8) 3 4756 5B93
一 ヒツ 慣 ビツ 漢 質 mì
二 フク 漢 屋 fú

意味 一 落ち着いたさま。やすらか。例 宓穆(ヒツボク)(=静かでおだやかである)。二 ❶「宓羲(フクギ)」は、伝説上の皇帝、伏羲(フッキ)のこと。❷姓の一つ。例 宓子賤(フクシセン)・宓不斉(フクフセイ)(=孔子の弟子)。

宝
宀5(8) 1 4285 5B9D 教6
ホウ 漢 呉 皓 bǎo
たから

[寶] 宀17(20) 2 5379 5BF6 旧字体。 [寳] 宀16(19) 2 5380 5BF3 別体字。

筆順 丶 丶 宀 宀 宇 宇 宝 宝

なりたち [形声]「宀(=いえ)」と「玉(=たま)」と「貝(=貨幣)」と、音「缶(フウ→ホウ)」とから成る。しまってある玉(ギョク)や貨幣。たから。

意味 ❶貴重で値打ちのあるもの。大切なもの。**たから。** 例 宝庫(ホウコ)。宝石(ホウセキ)。財宝(ザイホウ)。❷印璽。はんこ。唐代、則天武后がすべての印璽を宝と呼ぶことにしたのがはじめ。❸通貨。金銭。例 永楽通宝(エイラクツウホウ)。❹宝とする。大切にする。例 宝愛(ホウアイ)。❺貴重な。大切な。例 宝刀(ホウトウ)。❻天子や神仏に関する事柄を敬っていうことば。例 宝算(ホウサン)。

古訓 中古 おこる・しるし・たから・たつとぶ・みち 中世 おこる・おもんずる・たから・たつとぶ・みち・もつとも 近世 おして・おもんず・たから・たつとぶ・たま・みち

人名 かね・たか・たかし・たけ・たま・とみ・とも・みち・みつ・よし

難読 宝倉(ほこら)

【宝愛】ホウアイ 宝物として大切にする。
【宝位】ホウイ 天子の位。帝位。〔「聖人の偉大な宝物は天子の位である」(聖人之大宝曰レ位(セイジンのタイホウをイという))〈易・繋辞下〉から〕
【宝▼駕】ホウガ 天子など貴人が用いる乗り物。竜駕。
【宝冠】ホウカン ①金銀・宝石で飾ったかんむり。②仏像の頭部のかぶりもの。③回山伏や行者(ギョウジャ)が頭をつつむもの。
【宝巻】一 ホウカン 貴重な書物。二 ホウケン 仏教の故事などを中心とした通俗的な語り物。六朝(リクチョウ)時代に始まり、唐代の変文や宋(ソウ)代の講釈の流れを受けて明(ミン)・清(シン)代に流行した講唱(=語りと歌)文学。
【宝鑑】ホウカン ①尊く美しい鏡。②生活に役立つ貴重な教訓や、実用的な知識を書いた本。宝典。例 文章―。
【宝器】ホウキ ①大切な器物。②貴重な人材。
【宝▼篋】ホウキョウ ①宝物を入れる箱。②玉璽(=皇帝の印章)を収めた箱。転じて、玉璽や政権をいう。
【宝玉】ホウギョク たからとして大切にする、たま。宝石。宝珠(ホウシュ)。
【宝剣】ホウケン ①たからとして大切にする、貴重なつるぎ。②回皇位のしるしとされた三種の神器(ジンギ)のうちの、つるぎ(=天叢雲剣(あまのむらくものつるぎ)、別名、草薙剣(くさなぎのつるぎ))。
【宝庫】ホウコ ①宝物を納めておく、倉。宝蔵。②ある産物を多量に産出するところ。また、価値あるものがたくさんあるところ。例 中東は石油の―だ。
【宝▼釵】ホウサイ 金銀・宝玉を用いて作られたかんざし。
【宝算】ホウサン 天子の年齢を敬っていうことば。叡算(エイサン)。聖寿。宝暦。類 宝寿・宝齢。
【宝珠】一 ホウシュ たからとする、尊い玉。宝玉。二 ホウジュ 〔仏〕欲しいものを、何でも出してくれるという玉。先がとがって、炎の形をしている。如意(ニョイ)宝珠。
【宝▼鈔】ホウショウ 元から清(シン)代まで流通した紙幣。交鈔(コウショウ)。
【宝飾品】ホウショクヒン 身につける、宝石や貴金属などの飾り。
【宝石】ホウセキ 色やつやが美しい鉱物。産出量が少なく高価で、装飾に用いられる。ダイヤモンド・ルビーなど。宝玉。
【宝船】一 ホウセン 〔仏〕①珊瑚(サンゴ)や琥珀(コハク)、宝玉などをのせた、ふね。②衆生(シュジョウ)を救う仏の道。二 たからぶね 回宝物を積み、七福神をのせた帆掛けぶね。また、その絵や飾りもの。
【宝▼祚】ホウソ 〔「祚」は、位(くらい)の意〕天子の位。
【宝蔵】ホウゾウ ①大切にしまっておく。②宝物の入っているくら。宝庫。③〔仏〕経典(キョウテン)を納めておく建物。経蔵。④〔仏〕〔「貴重なものが多くあるくら」の意〕仏の教え。
【宝帯】ホウタイ 宝玉で飾られた美しいおび。
【宝典】ホウテン ①貴重な本。例 書道の―。②大切な教えが書かれている本。宝鑑。
【宝殿】ホウデン ①立派な宮殿。②神を安置する建物。神殿。③宝物をしまっておく建物。
【宝刀】ホウトウ 大切にしている刀。すぐれた刀。例 伝家(デンカ)の―。

【宝灯(燈)】ホウトウ 神仏に供える灯火。灯明。みあかし。
【宝塔】ホウトウ 〔仏〕①美しく飾った塔。②寺院の塔をほめていうことば。
【宝物】ホウモツ｜たからもの たからとして大切にするもの。例 ―殿
【宝暦】ホウレキ 天子の年齢を敬っていうことば。宝算。
●家宝・国宝・子宝・財宝・重宝

客

宀6（9） 1 2150 5BA2 教3

カク㊇ キャク㊉ カ㊍ 陌 kè
まろうど（まらうど）

筆順 丶 宀 ウ 安 客 客 客

なりたち  [形声]「宀（＝身をおくところ）」と、音「各カ」とから成る。他の家に身を寄せる。

意味 ❶よそからおとずれて、一時的に身を寄せる人。きゃく。まろうど。いそうろう。例 客人。客間。来客。❷金を払って品物やサービスを求める人。例 客席。観客。顧客。❸旅。旅人。例 客地。過客。❹ある方面ですぐれた人。例 剣客。政客。論客。❺自分を主とした場合、それに対立して外にあるもの。例 客語。客体。客観。❻すでに過ぎ去った。過去の。例 客月。客年。

日本語での用法 《キャク》「吸すい物ものの椀ワン、飯茶碗めしヂャワン各カク十客ジッキャク・座布団ザブトン五客ゴキャク」▼客用の道具や器物のひとり分を数えることば。

古訓 中古 かくす・かくる・まさ・まらひと・より・よる 中世 たび・たびびと・まらうど・まれびと 近世 たび・たびびと・たよる・まらうど・まれびと

人名 ひと・まさ

難読 客人まれびと・まろうど・旅客たびびと・知客カシ（＝禅寺で、客の接待にあたる僧）

【客衣】カクイ｜キャクイ 旅先で身につけている衣服。たびごろも。類 客袖・客裳。
【客意】カクイ｜キャクイ 旅先での思い。旅に出て感じる、もの寂しさ。旅情。旅愁。例 そぞろわびしい―をおぼえる。
【客▼寓】カクグウ｜キャクグウ 旅先や他郷での仮住まい。
【客▼卿】カクケイ 他国から来て大臣となった人。客礼によって待遇された。
【客月】カクゲツ 前の月。先月。
【客戸】カクコ｜キャッコ ①本籍地から流亡し、豪族などに庇護されている家。豪族に隷属して労働に従事した。②唐・宋代の戸籍制度で、本籍地以外の場所に居住し、戸籍につけられている家。対 主戸。
【客思】カクシ｜キャクシ 旅先での、落ち着かない思い。故郷を懐かしむ心。旅愁。類 客愁・客情・客心。
【客舎】カクシャ｜キャクシャ 旅人の泊まる宿。宿屋。旅館。類 客亭。例 客舎青青柳色新（＝旅館はヤナギの緑がさえざえとしている）。〈王維・送元二使安西〉
【客舟】カクシュウ 旅人を乗せて運ぶ船。客船。
【客地】カクチ 旅先。
【客年】カクネン 前の年。去年。昨年。類 客歳。
【客兵】カクヘイ よその土地から来た兵士。また、それを組織した軍隊。
【客遊】カクユウ｜キャクユウ よその土地にあそぶ。例 先年―した地。
【客礼】カクレイ｜キャクレイ 賓客に対しておこなう礼遇。
【客路】カクロ｜キャクロ 旅路。類 客途・客塗。
【客気】カッキ｜キャッキ 気負い立つ心。はやる心。血気。例 ―にかられる。
【客居】カッキョ 客としてよその土地に仮住まいする。旅住まい。
【客足】キャクあし 日 芝居や催し物、商店などに集まる客の数。例 ―が遠のく。
【客位】キャクイ｜カクイ 主あるじに対する客の位置。対 主位。
【客員】キャクイン｜カクイン 日 学校や会社や団体などで、正式の構成員ではなく、客としてむかえられている人。例 ―教授。
【客演】キャクエン 日 俳優や音楽家などが、専属でない団体に招かれて、出演する。例 ―のピアニスト。
【客語】キャクゴ ⇩【目的語】モクテキゴ（924ページ）
【客死】キャクシ｜カクシ 旅先で死ぬ。異国で死ぬ。例 身客二死於秦一（＝《楚ソの懐王》自身は秦の国で死んだ）。〈史記・屈原伝〉
【客室】キャクシツ ①客を通す部屋。客間。応接間。②日 ホテルや客船などで、客用の部屋。例 ―係。
【客車】キャクシャ ①賓客が乗る馬車。②日 鉄道で、客を乗せて運ぶ車両。対 貨車。
【客人】キャクジン ①旅人。②客として来ている人。対 主人。
【客筋】キャクすじ 日 ①客として取引関係にある人。②店に集まる客の種類。客層。客種。例 ―のよい店。
【客席】キャクセキ 客のすわる席。
【客船】キャクセン｜カクセン 旅行客を乗せて運ぶ船。客舟。対 貨物船。
【客膳】キャクゼン 日 客に出す食事。また、それをのせた膳。
【客層】キャクソウ 日 店に集まる客の、性別や年齢などからみた種類。客種。客筋。例 幅広い―をねらう。
【客体】キャクタイ 日 人の観察やおこないの対象となるもの。対 主体。
【客種】キャクだね 日 身分などの面からみた客の種類。客筋。客層。例 ―がいい。
【客殿】キャクデン 貴族の邸宅などで、客をもてなすための建物。
【客土】キャクド｜カクド ①旅先の土地。②よそから運んだ土。③日 やせた耕地を改良するために、よい種類の土をまぜること。また、その土。入れ土。
【客分】キャクブン 日 客としての扱いを受けること。また、その人。例 ―として世話になる。
【客間】キャクま 日 客を通す部屋。応接間。客室。
【客用】キャクヨウ 日 客のために用意してあるもの。例 ―の布団。
【客観】キャッカン｜カッカン 日 ①多くの人が同じように感じ、考えるようなこと。例 ―性。―を重んじる。②ものごとを考えたり感じたりするはたらきの対象となるもの。▽対 主観。
【客観的】キャッカンテキ 日 自分の考えによらないで、多くの人の立場からみるさま。対 主観的。例 ―に判断を下す。
●剣客ケンカク｜ケンキャク・食客ショッカク｜ショッキャク・先客センキャク・船客センキャク・珍客チンキャク・墨客ボッカク・来客ライキャク・論客ロンカク｜ロンキャク

室

宀6（9） 1 2828 5BA4 教2

シツ㊇㊉ 質 shì
むろ

筆順 丶 宀 宀 宀 宀 宀 宀 室 室

なりたち  [形声]「宀（＝いえ）」と、音「至シ→ツシ（＝人が行ってとどまる）」とから成る。人がいるところ。部屋。

意味 ❶建物の奥にある部屋。古代中国では、表側にある広間を堂といい、その奥にある主人の部屋を室、室の横にある部屋を房といった。例 由也升レ堂矣、未レ入二於室一也（＝由《＝子路》は表の間にのぼっているが、まだ奥の間には入っていないという段階だ）。〈論語・先進〉❷いえ。㋐家屋。建物。例 為二巨室一（＝大きな宮殿をつくる）。〈孟子・梁恵王下〉㋑家族。世帯。例 万室之国

（バンシツのくに）(=戸数一万の国)。〈孟子・告子下〉 ❸家の財産。家産。 ❹妻。 例 三十日レ壮、有レ室(サンジュウをソウといい、シツあり)(=三十歳を壮といい、妻をめとる)。〈礼記・曲礼上〉 ❺墓。墓穴。 ❻刀のさや。 ❼二十八宿の一つ。はついぼし。 例 室宿(シッシュク)。

日本語での用法 《むろ》「氷室(ひむろ)・岩室(いわむろ)・室咲(むろざ)き」▼ものを保存するために作られた部屋。穴ぐら。

古訓 中古 さや・す・すみか・すむ・むしろ・むろ・よる 中世 いへ・さや・むろ 近世 いへ・さや・す・つかあな・つま・ほしのやどり・みつる・むろ・め

人名 いえ・や

難読 石室(いわや)

【室家】(シッカ) ①家。住まい。 例 窺二見室家之好一(シッカのよきをうかがいみる)(=中の建物のよさをのぞき見ることができる)。〈論語・子張〉 ②夫婦。家族。 例 宜二其室家一(そのシッカによろし)(=夫婦となるのにぴったりだ)。〈詩経・周南・桃夭〉

【室外】(シツガイ) 部屋のそと。また、建物のそと。 対 室内。 例 エアコンの―機。

【室長】(シッチョウ) 日 ①寮などで、同室する人々のリーダー。 ②官公庁や会社などの組織で、室の部署の責任者。

【室内】(シツナイ) 部屋の中。また、建物の中。 対 室外。 例 ―遊戯(=碁・将棋など)。―楽(ガク)。

【室老】(シツロウ) 家に仕えている臣下の長。家宰。

●暗室(アンシツ)・温室(オンシツ)・個室(コシツ)・船室(センシツ)・退室(タイシツ)・茶室(チャシツ)・入室(ニュウシツ)・病室(ビョウシツ)・洋室(ヨウシツ)・令室(レイシツ)

宣

宀6 (9)
1 3275 5BA3
教6

セン 漢 呉 先 xuān
の-べる(の-ぶ)・の-る・のたま-う(のたま-ふ)

筆順 丶 丷 宀 宀 宣 宣 宣 宣 宣

なりたち [形声]「宀(=いえ)」と、音「亘(セン)」とから成る。天子の正殿。

意味 ❶天子の正殿。 例 宣室(センシツ)。 ❷考えや教えを広く告げ知らせる。**のべる**。 例 宣布(センプ)。宣言(センゲン)。 ❸天子や神など、高貴なものの意向を告げ知らせる(ことば)。みことのり。**のたまう**。**のる**。 例 宣下(センゲ)。宣旨(センジ)。院宣(インゼン)。 ❹はっきりと示す。表明する。 例 宣明(センメイ)。 ❺はっきりと理解する。あきらか。 例 未レ宣二其用一(いまだそのヨウにあきらかならず)(=まだその効用をはっきりと理解していない)。〈左伝・僖二七〉 ❻あまねし。広い。広める。また、広く行きわたる。 通 遍。 例 宣問二其郷里一(あまねくそのキョウリにとう)(=広く郷里の人々に尋ねる)。〈管子・小匡〉 ❼流れを疎通させる。とおす。 例 宣二汾洮一(フントウをとおす)(=汾水(フンスイ)と洮水(トウスイ)を疎通させる)。〈左伝・昭元〉

古訓 中古 あきらかなり・あばねし・あまねし・あらはす・いはく・おほせこと・しく・しめす・すくなし・のたぶ・のたまはく・のたまふ・のぶ 中世 あきらか・あまねし・あらはす・いはく・おほせごと・のたまふ・のぶ・のぶる・ひとへに 近世 あきらか・あまねし・かよはす・ことごとく・しく・しめす・のたまふ・のぶる・めす・もちゆる・ゆるやか

人名 あきら・すみ・たか・つら・のぶ・のぶる・のり・ひさ・ひろ・ふさ・まさ・むら・よし・よしみ

【宣化】(センカ) 徳のある政治をおこない、人々を教化する。

【宣教】(センキョウ) ①広く教化をおこなう。 ②日 宗教を広め、信者をふやす。布教。伝道。〔特にキリスト教の場合にいう〕 例 ―師。

【宣下】(センゲ) 人民に対し、天子がことばを述べる。

【宣言】(センゲン) 個人や団体が考えや気持ちを、多くの人に対してはっきりと述べ、知らせる。 例 独立―。

【宣告】(センコク) ①多くの人に広く知らせる。 ②事実をはっきりと言いわたす。 例 癌(ガン)の―を受ける。 ③日 裁判官が判決を言いわたす。

【宣旨】(センジ) 天子の命令を伝えること。また、その文書。〔日本では、公式文書である詔勅にくらべて内輪(うちわ)のもの〕

【宣誓】(センセイ) 日 みんなの前でちかいを立てて、はっきりと述べ知らせる。 例 選手―。証人が―する。

【宣戦】(センセン) 戦争を始めることを、相手の国に宣言する。 例 ―を布告する。

【宣託】(センタク) 日 神のお告げ。託宣。

【宣伝】(センデン) ①ある事柄を、多くの人に広く知らせる。 ②日 (実際よりも大げさに)言いふらす。

【宣▼撫】(センブ) 占領した地域などで、占領政策を広く伝えて、人々を安心させる。 例 ―工作。

【宣布】(センプ) ①公的なことを広く告げ知らせる。公布。 ②広く世間に行きわたらせる。流布(ルフ)。

【宣命】(センミョウ―センメイ) ①天子の命令を伝えること。また、その文書。 ②日 天皇の命令を伝える文書の形式の一つ。漢文体の詔勅に対し、日本文で書かれたものをいう。

【宣明】(センメイ) 宣言して、あきらかにする。 例 党の基本方針を―する。

【宣揚】(センヨウ) 世間に広く示す。 例 民族の伝統を―する。

●院宣(インゼン)・託宣(タクセン)

宥

宀6 (9)
1 4508 5BA5
人

ユウ(イウ) 漢 宥 yòu
ゆる-す・なだ-める(なだ-む)

なりたち [形声]「宀(=おおい)」と、音「有(ユ)」とから成る。ゆるくする。大目に見る。

意味 ❶罪や過失をとがめだてしない。**ゆるす**。大目に見る。 例 宥恕(ユウジョ)。宥和(ユウワ)。寛宥(カンユウ)。 ❷みぎ。 通 右。 例 宥坐之器(ユウザのキ)。

日本語での用法 《なだめる》「怒(いか)りを宥(なだ)める・宥(なだ)めたり賺(すか)したりする」▼気持ちをやわらげる。しずめる。

古訓 中古 さだむ・なだむ・ゆるす 中世 さだむ・なだむ・なだむる・めぐむ・ゆるす 近世 すすむる・とく・なだむ・ほどく・めぐむ・ゆるす

人名 すけ・たすく・ひろ・ひろし・ゆたか

【宥▼坐▼之器】(ユウザのキ) 座右に置いて自らの行為に過不足がないか戒める器具。中に入れる水の量に過不足があると傾いたりひっくり返ったりする。〈荀子・宥坐〉

【宥赦】(ユウシャ) 罪を大目に見てゆるす。寛恕(カンジョ)。宥恕(ユウジョ)。宥免。

【宥▼恕】(ユウジョ) 〔「恕」も、ゆるす意〕広い心で、ゆるす。 例 ―を請う。

【宥免】(ユウメン) 罪をゆるし、見のがす。宥赦。 例 ―を願う。

【宥和】(ユウワ) 日 相手をゆるし、仲よくする。 例 ―政策をとる。

宴

宀7 (10)
1 1767 5BB4
常用

エン(エン) 漢 呉 霰 yàn
うたげ・たの-しむ

筆順 丶 宀 宀 宀 宀 宀 宀 宴 宴 宴

なりたち [形声]「宀(=おおい)」と、音「晏(エン)」とから成る。やすらか。派生して「うたげ」の意。

意味 ❶落ち着いた気持ちでくつろぐ。やすむ。 例 宴居(エンキョ)。宴息(エンソク)。 ❷**たのしむ**。 ❸酒食をともにして、たのしむ会。酒盛り。**うたげ**。 例 宴会(エンカイ)。祝宴(シュクエン)。花(はな)の宴(エン)。

古訓 中古 しづかに・たのし・やすし 中世 さかもり・しづか・やすし 近世 いこふ・さかもり・しづか・やすし・やすむ・よろこぶ

人名 よし

難読 宴会(とよのあかり)

【宴安】(エンアン) のんびりくつろぐ。気楽に遊び暮らす。燕安(エンアン)。 例 宴安酖毒(エンアンチンドク)(=安逸をむさぼることは毒薬の酖毒と

同じく人をそこなう）。〈左伝・閔元〉

【宴▼筵】(エンエン) 宴会の席。酒席。宴席。

【宴会】(エンカイ) 一緒に楽しく酒を飲んだり食事をしたりする集まり。うたげ。酒盛り。例 —場。

【宴▼酣】(エンカン｜エンたけなわ) 宴会が盛りあがっているころ。

【宴居】(エンキョ) 家でのんびりと暮らす。閑居。燕居(エンキョ)。宴息。

【宴▼饗】(エンキョウ) ①酒宴を開き、群臣・賓客をもてなす。②祭祀(サイシ)で、神が酒食を受ける。類宴享。

【宴見】(エンケン) 君主が暇でくつろいでいるときに目どおりする。燕見(エンケン)。

【宴語】(エンゴ) 酒席でくつろいで語りあう。燕語(エンゴ)。

【宴席】(エンセキ) 宴会の席や場所。宴会。例 —を設ける。—に連なる。

【宴息】(エンソク) ゆったりと休む。燕息(エンソク)。類宴処。

【宴遊】【宴▼游】(エンユウ) 酒や食べ物を用意して、あそぶ。例 一夕(イッセキ)—の時を楽しむ。

【宴楽】(エンラク) ①くつろいでたのしむこと。②酒宴を開いてたのしむこと。酒盛り。例 楽二宴楽一損矣(エンラクをたのしむはソンなり)（＝酒を飲んで楽しむのは損失だ）。〈論語・季氏〉

●賀宴(ガエン)・酒宴(シュエン)・招宴(ショウエン)

家

宀7 (10)　1 1840　5BB6　教2

一 カ 漢　ケ 呉　麻 jiā
二 コ 漢　虞 gū
いえ・や・うち
付表 母家(おもや)

筆順 

なりたち  ［会意］「宀（＝おおい）」と「豕（＝イノシシやブタ）」とから成る。ブタを飼って入れておくところ。派生して「人がとどまりいるところ」の意。

意味 一 ❶人が住むための建物。住居。**いえ。うち**。例 家屋(カオク)。❷生活をともにする血縁者の共同体。家族。一族。例 家柄(いえがら)。家庭(カテイ)。一家(イッカ)。❸一族の財産。例 没二其家一而遷二之蜀一（そのいえをボッしてこれをショクにうつす）（＝家財を没収して蜀の地に流刑にする）。〈史記・呂不韋伝〉 ❹卿大夫(ケイタイフ)。また、その領地。諸侯の領地を国というのに対する。例 国家(コッカ)。❺夫、もしくは妻。例 女有レ家、男有レ室（おんなにいえあり、おとこにシツあり）（＝女性には夫がおり、男性には妻がいる）。〈左伝・桓一八〉 ❻学問や芸道などの流派と、それに属する人。また、特定の職業や技能をもつ人。例 家元(いえもと)。儒家(ジュカ)。作家(サッカ)。❼住まいを構える。居住する。例 家結婚する。終身不レ家（シュウシンいえせず）（＝生涯結婚しない）。〈淮南・斉俗〉 二 ❶女性に対する敬称。通姑(コ)。例 大家(タイコ)。❷夫の母親。しゅうとめ。例 家翁(カオウ)（＝しゅうとめ・しゅうと）。

古訓 中古 いへ・まち　中世 いへ・ひとり・ゐる　近世 いへ・ゐどころ・をつと・をる

人名 え・やか

難読 住家(すみか)・在家(ありか)・家土産(いえづと)・家鴨(あひる)・家猪(ぶた)

【家柄】(いえがら) 日 ①家の格。例 —がよい。②格式の高い家。名家。例 —の出だ。

【家路】(いえじ) 日 自分の家への帰り道。例 —につく。

【家▼苞】【家▼苴】(いえづと) 日 家に持って帰るみやげ。

【家刀自】(いえトウジ｜いえトジ) 日 〔「刀自」は、婦人の敬称〕一家の主婦。例 旧家の—。

【家元】(いえもと) 日 その流派の芸道を正統として受け継いでいる家。また、その人。

【家運】(カウン) その一家の運命。例 —が傾きはじめる。

【家屋】(カオク) 人が住むための建物。住宅。例 —の半壊。

【家学】(カガク) 特定の家に代々伝えられてきた学問。家法。

【家給人足】(カキュウジンソク｜いえごとにキュウし ひとごとにたる) どの家も豊かで、だれもが満ちたりている。〈史記・商君伝〉

【家居】 一(カキョ) ①住まい。住居。②仕官したりせず、家でのんびりしている。③嫁がずに生家にいる。二(いえい) 日 ①家にいる。住む。②家。

【家郷】(カキョウ) ふるさと。故郷。例 家郷既盪尽（カキョウすでにトウジンす）（＝ふるさとはすっかりなくなってしまった）。〈杜甫・無家別〉

【家業】(カギョウ) ①その家で代々受け継がれている職業。例 —を継ぐ。②一家が生活するためにしている仕事。生業。例 —に励む。

【家▼禽】(カキン) 生活に役立てるために家で飼う鳥。ニワトリやアヒルなど。対野禽。

【家具】(カグ) 家の中にすえて使う道具。たんす・いす・机・テーブルなど。調度。

【家訓】(カクン｜カキン) 先祖が残し、その家に代々伝えられている教訓。家憲。例 —を守る。

【家兄】(カケイ) （他人に言うときの）自分の兄。

【家系】(カケイ) 代々の家族のつながり。家の系統。例 —図。

【家計】(カケイ) 家庭の、収入と支出。また、お金の面からみた、家の暮らし向き。例 —簿。—をやりくりする。

【家▼眷】(カケン) 家族。一家眷属。

【家憲】(カケン) 家族が守らなければならない決まり。一家のおきて。家訓。家法。例 —を守る。

【家厳】(カゲン) 自分の父。他人に対していうことば。家公。類家君。対家慈。

【家口】(カコウ) ①家族。また、家族の人数。②家族の食糧。例 損二其家口一、充二狙之欲一（そのカコウをへらして、ソのヨクをみたせり）（＝家族の食糧を減らして、サルの食欲を満足させた）。〈列子・黄帝〉

【家公】(カコウ) ①家の主人。②自分の父。他人に対していうことば。家厳。類家君。対家慈。③他人の父の尊称。令尊。④自分の祖父・外祖父。他人に対していうことば。

【家国】(カコク) ①国家。類家邦。②故郷。

【家宰】(カサイ) 主人を助けて、家の仕事をとりしきる役の人。

【家財】(カザイ) ①家の財産。例 —を焼失する。②日 家で日常用いる道具類。家具や衣類など。例 —道具。

【家作】(カサク) 日 ①家を作ること。また、その家。②貸すためにつくった家。貸家。例 —収入。

【家産】(カサン) 一家の財産。家財。身代。例 —を失う。

【家山】(カザン) 故郷。故山。家郷(カキョウ)。

【家事】(カジ) ①家庭内の事情。②日 家の中の用事。炊事・洗濯など。例 —手伝い。—に追われる。

【家慈】(カジ) 自分の母親。他人に対していうことば。類家母。対家厳・家公・家君。

【家室】(カシツ) ①住居。住まい。②夫婦。また、家庭。室家。

【家主】 一(カシュ) 一家のあるじ。戸主(コシュ)。対店子(たなこ)。②一家の主人。二(やぬし) 日 ①人に貸す家の所有者。おおや。

【家集】(カシュウ) 日 個人の和歌を集めた書物。私家集。

【家塾】(カジュク) 個人が開設した塾。私塾。

【家書】(カショ) ①家から来た手紙。家信。例 家書抵二万金一（カショバンキンにあたる）（＝家からくる手紙は万金に匹敵する）。〈杜甫・春望〉②家に所蔵する書物。

【家相】 一(カショウ) 家のことをとりしきる臣下。二(カソウ) 日 （住む人の運勢にかかわるとされる）家の建て方のよしあし。家の向きや間取りなど。例 —が悪い。

【家乗】(カジョウ) 〔「乗」は、歴史書の意〕家の記録。日記や系譜など。

【家常茶飯】(カジョウサハン) 家庭での日常の食事。転じて、平凡なこと。ありふれたこと。類家常飯。

【家臣】(カシン) 家に仕える臣。家来(ケライ)。

【家信】(カシン) 家族からの手紙。また、家族への手紙。家書。例 徳川の—。

【家人】 一(カジン) ①同じ家に生活している家族。〔主人にあたる人が、家族(特に妻)を指していう」例 聖人其窮也、使㆔家人忘㆓其貧㆒(セイジンはそのキュウするや、カジンをしてそのヒンをわすれしむ)(=聖人は貧窮しても家族に貧しさを忘れさせる)。〈荘子・則陽〉②易(エキ)の六十四卦(カ)の一つ。☲☴ 離下巽上(リカソンショウ)。風が火から吹き出る象。㊁ニケニン 日①家来。②将軍直属の武士。御家人(ゴケニン)。

【家生】カセイ ①家計。②代々家に仕えている者。③家に備えられた器具。家具や什器(ジュウキ)、武器など。

【家声】カセイ 一家の名声。

【家政】カセイ 家庭生活をこなしていくやり方。一家のきりもり。

【家蔵】カゾウ 自分の家にしまってある。例 一の珍品(チンピン)。

【家族】カゾク 親子・夫婦・兄弟など、結婚や血のつながりをもとに生活する人々。例 一のきずな。一制度。

【家宅】カタク (人が住む)いえ。住居。住まい。例 一侵入。

【家畜】カチク 生活に役立てるために家で飼う動物。ウシ・ウマ・ブタ・ニワトリ・イヌなど。

【家中】カチュウ ①家のなか。②家の全員。例 家中厭㆔鶏食㆓虫蟻㆒(カチュウにわとりのチュウギをくらうことをいとう)(=家の者たちはニワトリが虫やアリを食べるのをけぎらいする)。〈杜甫・縛鶏行〉③日 昔、大名に仕えた家臣集団をいうのに用いられたことば。

【家長】カチョウ 一家の主人。戸主(コシュ)。

【家庭】カテイ 夫婦や親子など、生活をともにする家族の集まり。また、その生活の場。例 一生活。一をもつ。

【家伝】カデン その家に代々伝わっていること。また、そのもの。伝家。例 一の秘法。

【家童】【家▼僮】カドウ 家で使われている召し使い。

【家道】カドウ ①家庭で守られるべき道理。家庭内の道徳。②家計。暮らし向き。

【家督】カトク 〔一家を監督する者の意〕①家を継ぐ人。あとつぎ。②戸主(コシュ)の地位。例 一を継ぐ。

【家内】カナイ ①家のうち。また、家族。例 一工業。②日(他人にいうときの、自分の)妻のこと。

【家父】カフ (他人にいうときの)自分の父のこと。

【家風】カフウ その家の暮らし方にかかわる、雰囲気。

【家宝】カホウ 家に伝わる、たからもの。例 一のつぼ。

【家法】カホウ ①「家学(カガク)」に同じ。②一家の中で、家族が守らなければならない決まり。家憲。例 武家の一。③日 その家が伝えてきた、やり方。家伝の秘法。

【家僕】カボク 召し使い。下男(ゲナン)。

【家名】カメイ 日①(伝統のある)家の名。②家の名誉。例 一をけがす。一をあげる。

【家門】カモン ①一家の全体。一族。一門。例 一の誉れ。②家柄。例 学者の一に生まれる。

【家紋】カモン 日 その家を示するしとされてきた紋章。紋所(モンどころ)。定紋(ジョウモン)。

【家累】カルイ ①妻子。家族。②家の財産。家財。

【家令】カレイ ①官名。太子に仕え、財務をつかさどった。②一家をとりしきった上位の家臣。③日 明治以降、皇族や華族の家で、事務や他の使用人の監督などを担当した人。執事。

【家老】カロウ ①一族の中の長老。②日 昔、大名などの家臣で、主君を補佐し、家来を統率した人。例 国一(くにガロウ)。

【家▼禄】カロク 家臣が主君から受ける、代々決められた額の給与。世禄(セロク)。

【家来】ケライ 日 主人に忠誠を誓って仕える者。家臣。

【家号】やゴウ 日 その家の通り名。屋号(やゴウ)。

【家賃】やチン 日 家を貸し借りするときの料金。家の賃貸料。

●王家(オウケ)・母家(おもや)・旧家(キュウカ)・金満家(キンマンカ)・好事家(コウズカ)・後家(ゴケ)・国家(コッカ)・自家(ジカ)・実家(ジッカ)・書家(ショカ)・人家(ジンカ)・生家(セイカ)・町家(チョウカ)・長家(ながや)・農家(ノウカ)・武家(ブケ)・分家(ブンケ)・本家(ホンケ)・名家(メイカ)・楽天家(ラクテンカ)

害

宀7 (10) 1 1918 5BB3 教4

㊀カイ漢 ガイ呉 泰 hài
㊁カツ漢 曷 hé
そこ-なう(そこ-なふ)

[害] 宀7 (10) 旧字体。

筆順 丶 宀 宀 宝 宝 害 害

なりたち  [形声]「宀(=いえ)」と「口(=くち)」と、音「丰(カイ)」とから成る。家人の口からはじまるわざわい。きずつける。

意味 ㊀❶きずつける。こわす。だめにする。そこなう。例 殺害(サツガイ)。迫害(ハクガイ)。❷じゃまをする。さまたげる。さまたげ。例 障害(ショウガイ)。妨害(ボウガイ)。要害(ヨウガイ)。❸わざわい。災難。㊊利。例 災害(サイガイ)。被害(ヒガイ)。❹ねたむ。にくむ。例 争ㇾ寵而心害㆓其能㆒(チョウをあらそいてこころにそのノウをガイとす)(=王の寵愛を競い合い、心の中でその(=屈原の)才能をねたんだ)。〈史記・屈原伝〉❺おそれる。㊒曷(カツ)。㊁❶なに。どれ。いずれ。㊒曷(カツ)。❷いつになったら。いつ。例 時日害喪(このひいつかほろびん)(=この太陽はいつ滅びるのか)。〈孟子・梁恵王上〉❸なぜ。どうして。なんぞ。

古訓 中古 ころす・そこなふ・やぶる 中世 ころす・そこなふ・やぶる 近世 いづくんぞ・いむ・きずつく・さまたぐる・そこなふ・にくむ・やぶる・わざはひ

【害悪】ガイアク 害となるわるいこと。例 社会に一を流す。

【害意】ガイイ 人に害を加えようとする気持ち。害心。

【害心】ガイシン 人やものに危害を加えようとする悪い心。害意。

【害虫(蟲)】ガイチュウ 日 人や家畜などに害を与える虫。カ・ハエ・ノミ・シラミなど。㊊益虫。例 イネの一を駆除する。

【害鳥】ガイチョウ 日 農作物や水産物に害を与える鳥。スズメ・ヒヨドリなど。㊊益鳥。

【害毒】ガイドク 日 人や社会に悪い影響を与えるもの。例 一を流す。

●干害(カンガイ)・寒害(カンガイ)・危害(キガイ)・公害(コウガイ)・災害(サイガイ)・自害(ジガイ)・実害(ジツガイ)・傷害(ショウガイ)・侵害(シンガイ)・水害(スイガイ)・損害(ソンガイ)・虫害(チュウガイ)・迫害(ハクガイ)・被害(ヒガイ)・百害(ヒャクガイ)・有害(ユウガイ)・利害(リガイ)

宦

宀7 (10) 2 5365 5BA6

カン(クヮン)漢 諫 huàn
つか-える(つか-ふ)・つかさ

意味 ❶つかえる。役人として仕える。宮仕えをする。また、仕えること。役人。例 宦事(カンジ)。宦途(カント)。❷官職。官。つかさ。例 顕宦(ケンカン)(=高官)。❸去勢された男子で、後宮(コウキュウ)などに仕えた者。例 宦官(カンガン)。

【宦学】カンガク 仕官に必要な知識を学ぶことと、六芸(リクゲイ)を学ぶこと。〔一説に、仕官したあとで学ぶことと、仕官する前に学ぶこと〕

【宦官】カンガン 去勢された男子で、宮廷や貴族に仕えた役人。政治にも影響を与えるほどの勢力があった。寺人(ジジン)。㊫宦寺・宦者(カンジャ)・宦人(カンジン)。

【宦事】カンジ 役人として仕える。仕官する。

【宦途】カント 役人になる道。また、役人の地位。

宮

宀7 (10) 1 2160 5BAE 教3

キュウ(キウ)漢 ク・クウ・グウ呉 東 gōng
みや

筆順 丶 宀 宀 宀 宁 宮 宮 宮

なりたち  [会意]「宀(=いえ)」と「呂(=人の背骨、からだ)」とから成る。人のからだをおさめてお

く、いえ。

意味 ❶家。家屋。また、家を建てる。例 宮室（キュウシツ）。宮殿（キュウデン）。❷**みや**。❸神社・仏寺・道観（=道教の寺院）の建物。例 宮廷（キュウテイ）。❹皇族の呼び名。**みや**。例 中宮（チュウグウ）。東宮（トウグウ）。❺ひつぎ。かんおけ。例 梓宮（シキュウ）。❻垣根。囲い。また、囲む。❼天空を三〇度ずつ十二に分けた区分。また、そこにある星座。星のやどり。例 白羊宮（ハクヨウキュウ）。黄道十二宮（コウドウジュウニキュウ）。❽古代の音階である五音（ゴイン）（=宮（キュウ）・商（ショウ）・角（カク）・徴（チ）・羽（ウ））の一つ。最も低い音で、洋楽のドにあたる。例 宮商（キュウショウ）（=宮と商との音。音楽）。❾古代の五刑の一つ。死刑に次ぐ重罰で、男子の生殖器を取り除く刑。例 宮刑（キュウケイ）。

日本語での用法 《みや》「お宮参（みやまい）り」▼おみや。神社。

古訓 中古 きみ・みや 中世 たつとし・みや・むろ 近世 いへ・かくしどころ・きる・みや・ゐどころ

人名 いえ

難読 宮城野（みやぎの）（=地名）・子宮（こつぼ）・行宮（アングウ｜かりみや）・守宮（やもり）

【宮▼闈】キュウイ ①宮中で后妃のいるところ。〔「闈」は、宮中の正殿のかたわらにある小門〕②后妃。

【宮▼掖】キュウエキ ①〔「掖」は掖庭で、宮中の正殿のかたわらにある后妃の住むところ〕宮中の奥御殿。②宮中。宮廷。

【宮観】キュウカン ①離宮。特に、君主の遊楽のための宮殿をいう。②祖先を祭るための廟（ビョウ）。③道教の寺院。道観。

【宮禁】キュウキン ①宮中での禁令。②漢代以降、宮中をいう。〔臣下の自由な出入りが禁じられていたことから〕

【宮刑】キュウケイ 去勢する刑。腐刑。→意味❾

【宮▼闕】キュウケツ 〔「闕」は、宮殿にある門〕天子の住まい。宮殿。皇居。例 梁王宮闕今安在（リョウオウのキュウケツいまいずくにかある）（=梁の孝王の宮殿も今はどこにもない）。〈李白・梁園吟〉

【宮司】キュウシ 一 後宮（コウキュウ）をつかさどる役人。二 グウジ 日 神社をつかさどる神職。〔昔は、官幣社や国幣社の神官の長を指した〕例 伊勢（いせ）の大（ダイ）—。

【宮市】キュウシ ①宮中に設けられた市場。②唐代、宦官（カンガン）を遣わして宮中の日用品を買いつけたこと。不正をはたらく宦官が多かった。

【宮詞】キュウシ 宮廷での生活を題材とした詩。唐代に多く作られた。

【宮室】キュウシツ ①家屋。住居。②帝王の宮殿。例 卑二宮室一、而尽二力乎溝洫一（キュウシツをひくくして、ちからをコウキョクにつくす）（=《禹（ウ）は》低い家屋に住み、農業の治水灌漑（カンガイ）に力を尽くした）。〈論語・泰伯〉

【宮女】キュウジョ 宮中に仕える女性。女官（ニョカン）。

【宮▼牆】【宮▼墻】キュウショウ ①家の周囲にめぐらされた垣根。②師の門。〔孔子の弟子の子貢が師を家の垣根にたとえたことから〕③宮殿を囲む垣根。転じて、宮中。

【宮城】キュウジョウ 天子の住まい。宮殿。皇居。

【宮人】キュウジン ①宮中に仕える人。宮仕えする人。②日 みやびと 神に仕える人。神主（かんぬし）。

【宮中】キュウチュウ 宮廷（のなか）。〔日本では「皇居」を指す〕例 宮中府中倶為二一体一（キュウチュウフチュウともにイッタイたり）（=宮廷も役所もともに一体となるべきものです）。〈諸葛亮・出師表〉

【宮廷】キュウテイ 天子や国王の住まい。宮中。

【宮殿】キュウデン 天子や国王の住む、立派な建物。

【宮門】キュウモン 宮殿の門。

【宮裏】キュウリ 宮廷の中。宮中。

【宮内庁】クナイチョウ 日 皇室にかかわる事務をつかさどる役所。

【宮居】みやい 日 ①神のいるところ。神社。②皇居。

【宮家】みやケ 日「宮（みや）」の呼び名をもつ皇族。また、その一家。

【宮大工】みやダイク 日 神社や仏閣などの建築をおもな仕事とする大工。

【宮柱】みやばしら 日 御殿や鳥居の柱。

●王宮（オウキュウ）・故宮（コキュウ）・参宮（サングウ）・内宮（ナイクウ）・迷宮（メイキュウ）・宵宮（よいみや）・夜宮（よみや）・離宮（リキュウ）

宰

宀7 (10)

1 2643 5BB0 常用

サイ 漢 呉 賄 zǎi

つかさど-る・つかさ

筆順

なりたち [会意]「宀（=いえ）」と「辛（=罪）」とから成る。貴人の家で、仕事をする罪人。

意味 ❶役人の長。**つかさ**。例 宰相（サイショウ）。❷仕事をとりしきる。きりもりする。おさめる。**つかさどる**。例 宰領（サイリョウ）。主宰（シュサイ）。❸肉などを切りさいて、料理する。ほふる。例 宰人（サイジン）（=料理人。また、役人）。

古訓 中古 さく・つかさどる・なます・もと・やしなふ・わかつ・をさむ 中世 あつかふ・ただし・つかさどる・ぬし・をさむ 近世 きる・つかさ・つかさどる・ととのふ・にる・はからふ・ほふる・わかつ・をさむる

人名 おさ・おさむ・ただ・ただし

【宰割】サイカツ ①全権を握って支配や分割をおこなう。宰制。例 天下を—す。②料理する。

【宰執】サイシツ 国の政治をつかさどる重臣。宰相など。

【宰相】サイショウ ①天子をたすけて、政治を主宰した大臣。丞相（ジョウショウ）。②日 参議の中国風の呼び名。例 —の中将。③日 総理大臣。首相。例 昭和の名—。

【宰制】サイセイ 支配する。全体を把握し管理する。宰割。例 万物を—す。

【宰▼輔】サイホ 皇帝を補佐して政務を執る大臣。宰相。

【宰領】サイリョウ 管理や監督、また世話をすること。また、その人。

●太宰（タイサイ）・大宰（タイサイ）

宵 ［宵］

宀7 (10) ／ 宀7 (10)

1 3012 5BB5 常用 ／ 旧字体。

ショウ（セウ） 漢 蕭 xiāo

よい（よひ）

筆順

なりたち [形声]「宀（=おおい）」と、音「肖（ショウ）」とから成る。日がおおわれてくらい。夜。

意味 ❶日がくれて暗くなるころ。**よい**。例 春宵（シュンショウ）。宵（よい）の口（くち）。❷夜明け前のまだ暗いうち。よる。例 徹宵（テッショウ）。❸小さい。通 小。例 宵人（ショウジン）。❹似る。通 肖。

古訓 中古 くらし・よ・よる 中世 くらし・さよ・よひ・よる 近世 さよ・すこし・よひ・よる

難読 今宵（こよい）・徹宵（よもすがら）・終宵（よもすがら）

【宵衣▼旰食】ショウイカンショク 〔「旰」は、日暮れ、時刻がおそい意〕天子が早朝から夜遅くまで政務にはげむこと。類 宵旰（ショウカン）。例 任レ賢惕厲、宵衣旰食（ケンにニンじてテキレイし、ショウイカンショクす）（=すぐれた部下を選んで任務を与えてはげまし、夜の明けないうちに衣服を着て仕事にかかり、夜おそくなってから食事をする）。〈旧唐・文苑伝下・劉蕡〉

【宵月】ショウゲツ｜よいづき 宵に出ている月。また、月の出ている宵。類 宵月夜（よいづきよ）。

【宵寝】一 ショウシン 夜おそくねる。二 よいね 日 日が暮れて間もなく、ねてしまう。早寝。

【宵人】ショウジン くだらない人物。小人。

【宵分】ショウブン 夜なか。夜半。

【宵宮】よいみや 日 本祭りの前夜におこなう祭り。よみや。宵祭り。

【宵闇】(よいやみ) 日 ①陰暦十六日から二十日ごろの、日没から月の出までの間の暗さ。②夕やみ。

宸
宀7 (10) 2 5366 5BB8 シン漢 真 chén

意味 ❶軒(のき)。❷天子の住む、奥深くにある御殿。例 帝宸・紫宸殿(シシンデン)。❸天子に関するものごとの上につけることば。例 宸翰(シンカン)・宸襟(シンキン)・宸筆(シンピツ)。

【宸▼翰】(シンカン) 〔「翰」は、手紙や文書の意〕天子が自分で書いた手紙や文書。類 宸章。

【宸襟】(シンキン) 〔「襟」は、胸・心の意〕天子の考え・心。類 宸意・宸念・宸慮。例 ―を悩ます。

【宸筆】(シンピツ) 天子が自分で書いたもの。天子の筆跡。

【宸遊】【宸▼游】(シンユウ) 天子が外出する。行幸(ギョウコウ)。

宬
宀7 (10) 4 0802 5BAC セイ漢 庚 chéng

意味 ❶ものをいれる部屋。くら。❷蔵書室。例 皇史宬(コウシセイ)。

容
宀7 (10) 1 4538 5BB9 教5 ヨウ漢 ユウ呉 冬 róng いーれる(いーる)

筆順 丶 宀 宂 穴 容 容

なりたち [形声]「宀(=いえ)」と、音「谷コク→ヨウ」とから成る。ものがはいる。いれる。

意味 ❶人や物を、ある場所やうつわなどにいれる。つつみこむ。いれる。例 容器(ヨウキ)・収容(シュウヨウ)。❷中にはいっているもの。なかみ。例 容量(ヨウリョウ)・内容(ナイヨウ)。❸うけいれる。ゆるす。提案などをとりあげる。いれる。例 容認(ヨウニン)・寛容(カンヨウ)・許容(キョヨウ)。❹かたち。姿。ありさま。例 容姿(ヨウシ)・容貌(ヨウボウ)。❺かたちづくる。美しくととのえる。例 美容(ビヨウ)・理容(リヨウ)。❻まさに…べし。おそらく。たぶん。推量をあらわす。例 宮省之内、容₌有₂陰謀₁(キュウショウのうち、まさにインボウあるべし)(=宮中にはおそらく陰謀があるのでしょう)。〈後漢書・李固伝〉❼なんぞ。どうして…であろうか。反語をあらわす。例 容₌可₂近乎₁(なんぞちかづくべけんや)(=どうして近づけてよいでしょうか)。〈後漢書・楊秉伝〉

古訓 中古 いる・うく・かくる・かたち・かほかたち・すがた・ほしいまま・ゆるす 中世 いる・いるる・かたち・かたちつくろひす・かほよし・かんばせ・すがた・ゆるす・よそほひ 近世 いるる・いれる・うくる・かたち・すがた・なり・もる・やぶさぎ

人名 いるる・おさ・おさむ・かた・すすむ・なり・ひろ・ひろし・まさ・もり・やす・やすし・よし

【容易】(ヨウイ) 簡単にできるさま。たやすいさま。対 困難。

【容隠】(ヨウイン) (犯罪や罪人などを)かばい、つつみかくす。

【容悦】(ヨウエツ) 立場が上の人にへつらって機嫌をとる。

【容▼喙】(ヨウカイ) 〔喙(くちばし)を容(い)れる意から〕横から口出しする。例 他人の―を許さない。

【容顔】(ヨウガン) 顔つき。顔だち。

【容器】(ヨウキ) 物をいれるうつわ。いれもの。

【容疑】(ヨウギ) [法]〔疑いを容(い)れる意から〕罪をおかしたうたがい。嫌疑。例 ―者。―が晴れる。

【容儀】(ヨウギ) 姿かたち。また、きちんとした立ち居ふるまい。礼儀正しい態度。例 春女衒₂容儀₁(シュンジョヨウギをてらう)(=春の乙女たちはよそおいたてる)。〈寒山詩〉―を正す。

【容光】(ヨウコウ) ①光の差しこむすきま。一説に、すきまから差しこむ光。②おもかげ。風貌(フウボウ)。

【容止】(ヨウシ) 〔「止」は、姿・ふるまいの意〕立ち居ふるまい。身のこなし。

【容姿】(ヨウシ) 顔だちと姿かたち。みめかたち。例 ―端麗。

【容赦】(ヨウシャ) ①許す。とがめない。②日 手かげんする。遠慮する。用捨。例 ―なく責めたてる。▽仮借(カシャク)。

【容色】(ヨウショク) 顔かたち。器量。特に、女性の美しい顔かたち。容貌(ヨウボウ)。例 蹉跎暮容色(サダたりくれのヨウショク)(=志を得ないまま、私は年配者の顔になってしまった)。〈杜甫・重過何氏〉―が衰える。

【容積】(ヨウセキ) ①いれものにはいる分量。容量。②立体の大きさ。体積。かさ。例 ―を量る。

【容接】(ヨウセツ) ①あたたかく迎えて応接する。②交際する。

【容体】【容態】(ヨウダイ)(ヨウタイ) ①身なり。姿かたち。例 正₌容体₁(ヨウダイをただしくす)(=礼儀の第一歩は)姿勢や態度を正しくすることにある)。〈礼記・冠義〉②日 病気の様子。様体。例 ―が急変する。

【容忍】(ヨウニン) 大目に見て許す。

【容認】(ヨウニン) 日 許す。まあよいと、みとめる。例 副業を―する。

【容貌】(ヨウボウ) 顔かたち。みめ。容色。例 ―魁偉(カイイ)。

【容与】(ヨウヨ) ①ゆったりとしたさま。②何にもとらわれず、自由なさま。③ぐずぐずとためらって前へ進まないさま。④水に従ってゆらゆらとたゆたうさま。

【容量】(ヨウリョウ) ①いれものにはいる分量。容積。②日 [物] 一定条件下で物体がたくわえられる物理量。例 静電―。

●許容(キョヨウ)・形容(ケイヨウ)・受容(ジュヨウ)・従容(ショウヨウ)・陣容(ジンヨウ)・変容(ヘンヨウ)・包容(ホウヨウ)

寅
宀8 (11) 1 3850 5BC5 人 イン漢 真 yín とら

なりたち [会意]「宀(=おおい)」と「㝵(=陽の気が上へ出ようとする形)」とから成る。陰暦正月、陽の気が動く時。

意味 ❶十二支の三番目。方位では東北東、時刻では午前四時、およびその前後の二時間。月では陰暦の一月。動物ではトラにあてる。とら。❷つつしむ。例 寅畏(インイ)。

古訓 中古 つつしむ・とら 中世 うやまふ・つつしむ・つよし・とら・のぶる 近世 つつしむ・つよし・とら・のぶる

人名 つよし・つら・とも・のぶ・のぶる・ふさ

【寅畏】(インイ) おそれかしこまるさま。

冤
宀8 (11) ⇨冤(エン) (142ジペー)

寄
宀8 (11) 1 2083 5BC4 教5 キ漢呉 寘 jì よる・よせる(よーす)・よせ 付表 寄席(よせ)

筆順 宀 宀 宊 宊 宊 寄 寄

なりたち [形声]「宀(=いえ)」と、音「奇キ」とから成る。身をよせる。仮住まいをする。

意味 ❶あずける。まかせる。例 寄託(キタク)。❷ものをおくり届ける。よせる。例 寄稿(キコウ)。❸たよる。例 寄生(キセイ)。❹やどる。他人の家に住む。例 寄居(キキョ)・寄宿(キシュク)。

日本語での用法 一《よせ》《よせる》①「寄(よ)せ算(ザン)・客寄(キャクよ)せ・車寄(くるまよ)せ」▼あわせる。集める。②「波(なみ)が寄(よ)せる・敵(テキ)が押(お)し寄(よ)せる」▼近づく。せまって来る。二《き》「数寄屋(すきや)」▼「き」の音にあてる万葉仮名。

古訓 中古 すみか・やどる・よす・より・よる 中世 やどる・よす・よする・よる 近世 つたへる・やどりぎ・よする・よせる・より・よる

人名 より

難読 寄居虫(ごうな)(=ヤドカリ)・寄生(ほや/やどりぎ)・寄生木(やどりぎ)・寄人(よりうど)

【寄款】(キカン) 〔カンをよす〕人にまごころをよせる。

【寄居】キキョ ①仮住まいする。寓居グウキョ。②ヤドカリ。類寄居蟹カイキョ・寄居虫。

【寄金】キキン 寄付金。例政治―。

【寄▼寓】キグウ ①他人の家にしばらく住まわせてもらう。居候いそうろう。例友人宅に―していたころ。②よそに一時的に住む。仮の住まい。寓居キョ。

【寄言】キゲン|ゲンをよす ①人を介してことばを伝える。ことづてする。また、そのことば。寄語。②詩や文章に思いをこめる。

【寄語】キゴ|ゴをよす 「寄言ゲン①」に同じ。

【寄航】キコウ 日運航中の船や飛行機が、途中の港や空港にたちよる。

【寄港】キコウ 日航海中の船が、途中の港にたちよる。例香港ホンコンに―する。

【寄稿】キコウ 日たのまれて、新聞や雑誌などに原稿を送る。また、その原稿。〔自分から原稿を書き送る場合は、投稿という〕例―家。

【寄傲】キゴウ|ゴウをよす くつろいでのびのびする。一説に、誰だれはばかることなく自分の思いどおりに暮らす。例倚二南窓一以寄傲ナンソウによりてもってキゴウす（＝南の窓べにもたれて、のびやかなくつろいだ気分になる）。〈陶淵明・帰去来辞〉

【寄宿】キシュク ①よその土地から出てきて、一時、他人の家に身をよせて生活する。例―先。②日学生や従業員のための宿舎に住む。また、その宿舎。例―舎。―生活。

【寄書】一キショ ①手紙を送る。②たのまれた原稿を送る。また、その文書。寄稿。二よせがき 日多くの人が一枚の紙や布に、字や絵を書くこと。また、その書いたもの。

【寄食】キショク 他人の家に世話になる。居候いそうろう。例伯父の家に―する。

【寄進】キシン 日神社や寺などに金品を寄付する。喜捨。例社前に石灯籠ドウロウを―する。

【寄生】キセイ ①身をよせる。他人にたよって生活する。例大会社に―する。②他の生物に取りついて、そこから養分を取って生きる。例―虫。→【共生】キョウセイ②（132ページ）

【寄贈】キゾウ|キソウ 日施設や団体などに品物をおくる。贈呈。例出身校に蔵書を―する。

【寄題】キダイ ①現地に足を運ばずに、その地のことを詩などに詠む。詩のタイトルによく用いられる。②日和歌などで、実際の見聞や経験によらずに出題に従って作ること。

【寄託】キタク ①身を寄せる。②他人に物品を預け、その管理や処理を任せること。また、その契約。委託。例書物を図書館に―する。

【寄付】【寄附】キフ ①人に物を与える。②日公共事業などにお金や品物を無償で提供する。例―金を募る。

【寄命】キメイ ①政治の大権をゆだねる。②身をよせる。身をおく。③この世での、いのち。現世の仮の、いのち。

【寄与】キヨ ①おくり与える。貢献。例―するところが大きい。②日何かのために役に立つ。他に利益を与える。

【寄留】キリュウ 日一時的に、よその土地や他人の家に住む。

【寄席】よせ 日落語・漫才・講談・曲芸などの演芸場。

【寄手】よせて 日攻めよせるほうの人や軍勢。

●数寄すき・託寄タクキ|タッキ・年寄としより

寇

宀8（11） 2 5368 5BC7 コウ漢 有 kòu あだ-する（あだ-す）・あだ

［寇］冖8（10） 2 4946 51A6 俗字。

意味 ❶暴力をふるって、ものを奪ったりして荒らしまわる。**あだする**。例寇掠リャク。侵寇シンコウ。❷盗賊。徒党を組んで強盗をはたらく集団。❸外から侵入して荒らしまわる賊。かたき。外敵。**あだ**。例元寇ゲンコウ。倭寇ワコウ。

【寇▼讐】コウシュウ かたき。仇敵キュウテキ。

【寇敵】コウテキ ①国外から攻めて来る敵。外敵。②かたき。

【寇難】コウナン 外敵が攻め込んで来る災難。

【▼藉二寇兵一▼而▼齎二盗糧一】コウにヘイをかしてトウにリョウをもたらす 敵に武器を貸し、盗賊に食糧を与える。敵を助けて自分が不利になる。盗に食をもたらす。〔「寇あだに兵ヘイを藉かし盗ぬすびとに糧かてを齎もたらす」とも読む〕〈史記・李斯伝〉

【寇▼掠】【寇略】コウリャク 他国に攻め込んで金品を奪い取る。

寀

宀8（11） 4 0804 5BC0 サイ漢 隊 cǎi

意味 卿大夫ケイタイフの領地。采地サイチ。通采。

［寂］宀8（11） ⇩最イサ（644ページ）

寂

宀8（11） 1 2868 5BC2 常用 セキ漢 ジャク呉 錫 jì さび・さびしい（さび-し）・さびれる（さび-る）・さ-びる（さ-ぶ）

筆順 宀 宀 宀 宀 宇 宋 寂 寂

なりたち  ［形声］本字は「宋」で、「宀（＝いえ）」と、音「尗シュク→セキ」とから成る。人の声がなく、しずか。

意味 ❶音がなくひっそりとしている。落ち着いている。しずか。**さびしい**。**さびれる**。例寂然セキゼン。寂寞セキバク。寂寥セキリョウ。❷仏教で、人が死ぬこと。煩悩をはなれた涅槃ネハンの境地。例寂滅メツ。寂光浄土ジャッコウジョウド。

古訓 中古 さうざし・しづかなり・しづまりにたり 中世 さうざし・さびし・さびしし・しづかなり 近世 さびし・しづか・つくづく・やすし

人名 しず・しずか・ちか・やす

難読 寂寞ものさびしい|さびしい

【寂声】さびごえ 日謡うたいなどで、枯れて渋味のある声。錆声さびごえ。

【寂寂】ジャクジャク|セキセキ 静かで、ものさびしいさま。寂然セキゼン。例落花寂寂委二青苔一ラッカセキセキとしてセイタイにまかす（＝散り落ちた花びらがさびしく青々とした苔こけの上に朽ちてゆく）。〈李白・久別離〉―たる夜のしじま。

【寂滅】ジャクメツ 仏①すべての煩悩を捨て去った、理想的な境地。涅槃ネハン。例―の境地に達する。②死ぬこと。

【寂滅為楽】ジャクメツイラク 仏迷いや悩みを捨て去って、はじめて真の安楽があるということ。〈涅槃経〉

【寂光】ジャッコウ 仏①煩悩を離れた涅槃ネハンの境地から生じる、知恵の光。②「寂光浄土ジョウド」の略。

【寂光浄土】ジャッコウジョウド 仏煩悩を捨て去った、真理と知恵の世界。仏の住むところ。常寂光土。類寂光土。

【寂静】一セキセイ （俗世間などから離れて）静かなさま。二ジャクジョウ 仏煩悩や苦患ゲンを断ちきった、悟りの境地。

【寂然】セキゼン|ジャクネン ものさびしいさま。ひっそりと静まっているさま。寂寂。例―たる林。

【寂念】一セキネン 心静かに思いめぐらす。類寂慮。二ジャクネン 仏雑念を払った静かな心。

【寂▼寞】【寂漠】セキバク|ジャクマク 〔「寞・漠」も、静か、さびしいの意〕ひっそりとして、ものさびしいさま。寂寥セキリョウ。例―とした風景。

【寂▼寥】セキリョウ 〔「寥」も、静か、さびしいの意〕①静かでさびしげなさま。寂寞セキバク。例南海明珠久寂寥ナンカイのメイシュひさしくセキリョウたり（＝南海地方からの真珠の貢ぎ物も長らく音沙汰おとさたなしだ）。〈杜甫・諸将〉②空虚なさま。また、広々としたさま。③おちぶれたさま。▽類寂歴。

●閑寂カンジャク・静寂セイジャク・入寂ニュウジャク

宿

宀8 (11)
1 2941
5BBF
教3

㊀シク漢 **シュク**・スク呉 屋 sù
㊁シク漢 **シュク**・スク呉 屋 xiǔ
㊂シュウ(シウ)漢 宥 xiù
やど・やどる・やどす

筆順 宀 宀 宀 宿 宿 宿 宿 宿

なりたち 宿 [形声]「宀(=いえ)」と、音「佰(シュク)」とから成る。とどまる。

意味 ㊀❶**やどる**。泊まる。自分の家以外のところにとどまる。例 宿舎シュクシャ。宿泊シュクハク。寄宿キシュク。❷**やど**。旅館。はたご。例 宿直シュクチョク。宿衛シュクエイ。❸泊まりこみで夜間の警備をする。とのい。例 有レ過者不レ宿二其罰一(あやまちあるものはそのバツをとどめず)(=あやまちを犯した者にはすぐ罰をくだす)。〈管子・君臣上〉❹とどめる。とめおく。ひきのばす。❺ずっと前からの。かねてからの。また、前世(ゼン)からの。例 宿縁シュクエン。宿敵シュクテキ。❻年功を積んだ。熟練の。例 宿将シュクショウ。宿老シュクロウ。㊁夜を数えることば。一夜(イチヤ)。一晩(ひとばん)。例 一宿イッシュク。両宿リョウシュク。㊂[「シュク」とも読む] 星座。例 星宿セイシュウ(セイシュク)。二十八宿ニジュウハッシュウ(ニジュウハッシュク)。

日本語での用法 ㊀《シュク》「宿駅シュクエキ・宿継シュクつぎ・宿場シュクば・神奈川(かながわ)の宿(シュク)」▼街道筋の休んだり泊まったりする設備のある町・村。㊁《やどす》「子(こ)を宿(やど)す」▼妊娠する。みごもる。

古訓 中古 あらかじめ・おく・おほきなり・すみか・とどむ・とのゐ・とのゐす・ねたり・ねとり・むかし・もと・もとより・やすし・やどり・やどる・よべ・よる 中世 あらかじめ・とまり・ねとり・ほし・ほしのやどり・むかし・もとより・やすし・やど・やどる・よべ・よる 近世 おほいなり・つつしむ・とどまる・とどむ・とまる・ひさし・ほし・ほしのやどり・まもる・むかし・やすし・やど・やどる

人名 いえ・おる・すみ

難読 武内宿禰(たけのうちのすくね)(=人名)・宿直(とのい)

【宿▼痾】(シュクア)〔「痾」は、病気の意〕長い間、治らない病気。持病。

【宿悪】(シュクアク) ①以前から重ねた悪事。旧悪。②〔仏〕前世(ゼン)でおこなった悪事。㊟宿善。例 —の報い。

【宿意】(シュクイ) ①日ごろからの考えや望み。例 —がかなう。②長い間いだいていた恨み。例 —を晴らす。

【宿因】(シュクイン/スクイン)〔仏〕前世(ゼン)からの因縁(インネン)。宿縁。

【宿雨】(シュクウ) ①連日降り続いている雨。長雨。②前の晩から降り続いている雨。例 桃紅復含二宿雨一(もものくれないはまたシュクウをふくむ)(=真っ赤に咲く桃の花が前夜から降り続く雨にぬれている)。〈王維・田園楽〉

【宿運】(シュクウン) 日前世(ゼン)から定められている運命。宿命。例 —がつきない。

【宿営】(シュクエイ) ①「宿衛(シュクエイ)」に同じ。②軍隊が泊まる宿舎。兵舎。兵営。また、そこに泊まること。③軍隊が「②」以外で泊まること。

【宿衛】(シュクエイ) 宮中などに宿直し警備にあたる。また、その者。

【宿駅】(シュクエキ) ①駅(エキ)に宿(やど)る 駅亭(=はたごや)に泊まる。②宿場(シュクば)。

【宿怨】(シュクエン) ①恨(うらみ)を宿(やど)す 恨む気持ちを持ち続ける。②以前からの恨み。積もり積もった恨み。宿恨(シュクコン)。例 —を晴らす。

【宿縁】(シュクエン/スクエン)〔仏〕前世(ゼン)からの因縁(インネン)。宿因。

【宿学】(シュクガク) 長年学問を積んだ博識な学者。碩学(セキガク)。㊟宿儒。

【宿願】(シュクガン) 以前からずっと、心にいだいてきたねがい。宿望。例 —を果たす。

【宿業】(シュクゴウ/スクゴウ) ㊀〔仏〕前世(ゼン)でおこなった善悪の行為で、今の世で報いを受けるもととなっているもの。応報。㊁(シュクギョウ) 以前からの仕事。

【宿恨】(シュクコン) 以前からの恨み。宿怨(シュクエン)。

【宿志】(シュクシ) 前からずっと心にいだいてきたこころざし。素志。㊟宿心。例 —を実行に移す。

【宿舎】(シュクシャ) ①〔「舎」も、やどる意〕泊まる。やどる。②日泊まるところ。やど。③日職員などが住むための住宅。例 公務員—。

【宿主】(シュクシュ) 日㊀(シュクシュ/やどぬし) 寄生生物に寄生されるがわの生物。㊁(やどぬし) 日宿の主人。

【宿所】(シュクショ) ①泊まるところ。やど。②住む家。住居。

【宿将】(シュクショウ) 戦いの経験を積んだ将軍。

【宿酔】(シュクスイ) 酒を飲んで、翌日まで残っている酔い。二日酔い。㊟宿酲(シュクテイ)。

【宿世】(シュクセ/スクセ)〔仏〕①この世に生まれる以前の世。前世(ゼン)。例 宿世謬詞客(シュクセあやまりてシカクたり)(=前世ではまちがって文人だった)。〈王維・偶然作〉②前世からの因縁(インネン)。

【宿夕】(シュクセキ) ひと晩。一夜。転じて、短い時間のたとえ。宿昔(シュクセキ)。

【宿昔】(シュクセキ) ①今まで。以前。②いつも。常に。③「宿夕(シュクセキ)」に同じ。

【宿善】(シュクゼン)〔仏〕前世(ゼン)でおこなったよい行為。㊟宿悪。

【宿題】(シュクダイ) 日①家で学習するように指示された課題。②その場で解決がつかず、あとに持ちこした問題。例 —を持ちこす。

【宿諾】(シュクダク) 実行していない約束。例 子路無二宿諾一(シロシュクダクなし)(=子路は約束をすぐさま実行した)。〈論語・顔淵〉

【宿鳥】(シュクチョウ) 巣に帰って休む鳥。

【宿直】(シュクチョク) ①職場の夜の警備のために、職員などが交代で泊まる。また、その人。㊟日直。②(とのい) 昔、宮中や役所などに、夜泊まって、警備をしたこと。

【宿敵】(シュクテキ) 日前々からのかたき。例 十年来の—。

【宿徳】(シュクトク) ①徳のある老人。②高い徳を備えていること。③〔仏〕前世(ゼン)で積んだよい徳。

【宿場】(シュクば) 日江戸時代、街道の要所に設けられ、旅人が宿泊でき、荷物を運ぶ人足やウマなども用意していた集落。宿(シュク)。宿駅。例 —町。

【宿泊】(シュクハク) 旅館などに泊まる。

【宿弊】(シュクヘイ) 古くからの弊害や悪い習慣。例 —を取り払う。

【宿便】(シュクベン) 日排泄(ハイセツ)されずに、長く腸にたまっている便。

【宿坊】(シュクボウ)【宿房】(シュクボウ) 日①寺院で参拝者が泊まるための施設。②僧がふだん住む建物。

【宿望】(シュクボウ/シュクモウ) ①以前から心にいだいてきたのぞみ。宿願。例 —をとげる。②以前からの人望。

【宿命】(シュクメイ) この世に生まれる以前から定められている運命。例 —とあきらめる。

【宿料】(シュクリョウ) 日宿の代金。宿泊料。宿賃(やどチン)。宿代(やどダイ)。

【宿老】(シュクロウ) 経験を積み、ものごとをよく心得ている老人。

【宿帳】(やどチョウ) 日旅館で宿泊者の姓名・住所・職業などを記入する帳面。

【宿賃】(やどチン) 日宿に泊まる料金。宿代(やどダイ)。宿泊料。

【宿屋】(やどや) 日旅行者から料金を取って泊める家。旅館。

●合宿(ガッシュク)・定宿(ジョウやど)・投宿(トウシュク)・野宿(のジュク)・船宿(ふなやど)・分宿(ブンシュク)・民宿(ミンシュク)・無宿(ムシュク)・旅宿(リョシュク)

密

宀8 (11)
1 4409
5BC6
教6

ビツ漢 **ミツ**・ミチ呉 質 mì
ひそ-か・ひそ-やか

【筆順】宀 宀 宓 宓 宓 宻 密

なりたち 【形声】「山(=やま)」と、音「宓(ヒツ)」とから成る。堂のような山。借りて「こまかい」の意。

意味 ❶細かいところまで、ゆきとどいている。くわしい。例厳密(ゲンミツ)。細密(サイミツ)。綿密(メンミツ)。❷すきまがない。ぴったりとついている。つまっている。対疎。例密集(ミッシュウ)。密接(ミッセツ)。過密(カミツ)。❸親しい。仲がよい。例親密(シンミツ)。❹他人に知られない。ひそか。ひそやか。例密告(ミッコク)。密談(ミツダン)。秘密(ヒミツ)。❺「密教(ミッキョウ)」の略。例顕密(ケンミツ)。台密(タイミツ)。東密(トウミツ)。

古訓 中古 かくす・きびし・こまかなり・しげし・しづかなり・しのびやかなり・たしかなり・ちかし・とどむ・ひそかに 中世 かくす・きびし・きぶし・こまか・しづか・しづかなり・たしか・たしかに・とどむ・ひそか・ひそかに 近世 かくす・かすか・きびし・こまか・しげし・しづか・しのびやか・たかし・ちかづく・つまびらか・とづる・ひそか・みそか・むつまし・やすし

人名 しずか・たかし・み・みつる

難読 密語(やきごと・ささめごと・むつごと)

【密雲】ミツウン 厚く重なった雲。例—が低くたれこめる。

【密画】ミツガ 日 細かいところまで詳しくかいた絵。細密画。ミニアチュール。対疎画(ソガ)。

【密会】ミッカイ ①ひそかに会合する。②男女が人目をしのんで、ひそかにあう。あいびき。しのびあい。例—を重ねる。

【密儀】ミツギ 日 特定の人しか参加できない、秘密の儀式。秘儀。

【密議】ミツギ ひそかに相談する。秘密の相談。密談。例—をこらす。

【密教】ミッキョウ 〔仏〕秘密の教法。大日如来(ダイニチニョライ)の悟りを内容とする、奥深い教え。如来の加護がなければ知ることができず、加護のために加持祈禱(カジキトウ)を重んずる。七、八世紀にインドで起こり、日本にも伝わった。対顕教。

【密計】ミッケイ 秘密の計略や計画。密謀。例—を授ける。

【密語】ミツゴ 小声で語り合う。ひそひそ話。内緒話。

【密行】ミッコウ 日 人に気づかれないように、歩き回ったり、目的地へ行ったりする。例出発を秘して—する。

【密航】ミッコウ 日 ①ひそかに船に乗りこんで行く。特に、そのようにして外国へ行く。例—者。②船が規則を破って航海する。例—船。

【密告】ミッコク こっそり知らせる。例—者。

【密殺】ミッサツ ①ひそかに殺す。②日 家畜を非合法に殺す。

【密旨】ミッシ【密指】ミッシ 内密に下される命令。密命。

【密使】ミッシ 秘密の任務をおびて、ひそかにつかわされる使者。

【密事】ミツジ 秘密の事柄。みそかごと。例—が露見する。

【密室】ミッシツ ①だれにも知られていない部屋。②完全に閉ざされていて、外からは入れない部屋。例—殺人。

【密▼邇】ミツジ ぴったりくっついている。近接している。

【密集】ミッシュウ すきまなく、ぎっしりとあつまる。

【密書】ミッショ 秘密の手紙や文書。

【密生】ミッセイ (草木や毛などが)すきまなく、はえる。例野草が—する。

【密接】ミッセツ ①すきまなく、ぴったりとくっつく。②切り離せないくらい関係が深いこと。

【密栓】ミッセン 日 かたく栓をする。また、その栓。

【密送】ミッソウ 他人に知られないように、ひそかにおくる。例武器を—する。

【密葬】ミッソウ ①こっそりと葬る。②日 親子、兄弟など、身内だけで葬式をおこなう。また、その葬式。対本葬。

【密造】ミツゾウ 法律を破って、ひそかにつくる。例—酒。

【密談】ミツダン ひそかに相談する。秘密の相談。密議。例—を重ねる。

【密着】ミッチャク 日 ①すきまなく、ぴったりとくっつく。②深くかかわって離れない。③写真を、原板とぴったり重ねて焼き付ける。べた焼き。

【密通】ミッツウ ①ひそかに通じ合う。内通。例敵と—する。②日 夫または妻が、別の相手とひそかに性的関係を結ぶ。私通。例不義—。

【密偵】ミッテイ 相手に気づかれないように、内情をさぐる。また、その人。スパイ。例—を送る。

【密度】ミツド 日 ①一定の範囲内に、ものが散らばっている度合い。粗密の度合い。例人口—。②〔物〕物体の単位体積あたりの物質の量。③内容の豊かさの度合い。例—の濃い授業。

【密売】ミツバイ 日 法律を破って、こっそりと売る。例麻薬の—。

【密封】ミップウ 厳重に封をする。例重要書類を—して保管する。—容器。

【密閉】ミッペイ すきまのないように厳重にとじる。例—状態。

【密謀】ミツボウ ひそかに計画する。秘密のはかりごと。密計。例—が発覚する。

【密密】ミツミツ ①細かくみっしりとつまっているさま。②勤勉なさま。つとめ励むさま。類密勿(ミツブツ)。

【密命】ミツメイ 秘密の命令や使命。例—をおびる。

【密約】ミツヤク ひそかに契約や条約を結ぶ。秘密の約束。例—を交わす。

【密輸】ミツユ 密輸出または密輸入。密貿易。例—船。

【密猟】ミツリョウ 日 法律を破って、ひそかに狩猟をする。例—者。

【密漁】ミツリョウ 日 法律を破って、ひそかに魚や貝をとる。例—船。

【密林】ミツリン ①茂った林。②日 熱帯地方で、樹木などがすきまなく生い茂っている林。ジャングル。例—に分け入る。

【密話】ミツワ ひそひそと話す。ひそひそ話。内緒話。密語。

●機密(キミツ)・緊密(キンミツ)・親密(シンミツ)・精密(セイミツ)・緻密(チミツ)・内密(ナイミツ)

寓 宀9(12)

⇩宇ゥ(363ページ)

寒 宀9(12)

1 2008 5BD2 教3
カン 漢 呉 寒 hán
さむ-い(さむ-し)

[寒] 宀9(12) 旧字体。

【筆順】宀 宀 宀 宑 宑 実 実 寒

なりたち 【会意】本字は、「人(=ひと)」が「宀(=屋根)」の下にいて、二つの「茻(=くさ)」で上下からからだをおおうが、下には「冫(=こおり)」がある形。さむい。

意味 ❶気温が低くて、つめたい。さむい。さむさ。対暑。例寒暖(カンダン)。寒冷(カンレイ)。防寒(ボウカン)。❷ひえる。ひやす。❸こごえる。ぞっとする。おののく。例寒心(カンシン)。悪寒(オカン)。❹二十四節気のうち、小寒(=一月六日ごろから)と大寒(=一月二十日ごろから)の時期。すなわち立春(=二月四日ごろ)の前の三十日間を指す。例寒中(カンチュウ)。寒卵(カンたまご)。寒(カン)の入り。❺物質的にとぼしい。落ちぶれている。貧しい。さびしい。例寒村(カンソン)。貧寒(ヒンカン)。❻自己の境遇を謙遜(ケンソン)していうことば。例寒舎(カンシャ)(=自分の家)。寒家(カンカ)。

古訓 中古 いやし・こよしもの・こる・さむし・さゆ・すくむ・すずし・つくす・にこやす・にこよし・にこよす・ひやかに 中世 こごいたり・こ

ごふ・ごごゆる・さむし・さゆる・すさまじ・つめたし・ひやす・ひゆる
近世 こごえる・こごゆる・さえかへる・さむし・すさまじ・ひゆる

【寒▼鴉】カンア ①冬のカラス。飢えて凍えたカラス。②カラスの一種。親鳥を養うとされる。慈烏ジウ。▽類寒烏カンウ。

【寒衣】カンイ ①寒さを防ぐ衣服。冬着。②寒い服装。薄着。

【寒威】カンイ 寒気の厳しさ。厳しい寒さ。

【寒奥】【寒▼燠】カンイク ①寒さと暑さ。寒暑。②寒暑などの時候の挨拶アイサツ。

【寒雨】カンウ 冷たい冬の雨。

【寒煙】【寒▼烟】カンエン 寒々としたもや、または煙。さびしげなもや、または煙。

【寒温】カンオン ①寒さと暖かさ。寒暖。②寒暑などの時候の挨拶アイサツ。

【寒害】カンガイ 日寒さのためにおきる、農作物の被害。冷害。

【寒気】一カンキ 冬の寒さ。冷たい空気。対暑気。例—がはいりこむ。二さむけ 日熱があったり、こわい思いをしたりするときに感じる、不快な寒さや気味の悪さ。悪寒。例—がする。

【寒菊】カンギク 冬に黄色い小さな花を咲かせるキク。冬菊。

【寒行】カンギョウ 日寒中の三十日間におこなう修行。寒垢離カンごりなど。

【寒玉】カンギョク ①清らかな美しい玉。②水・月・竹など、清らかなもの。

【寒苦】カンク 厳しい寒さ。また、寒さや貧しさに苦しむこと。例—にたえて働く。

【寒空】カンクウ・さむぞら 冬の、寒々とした空。

【寒渓】カンケイ 寒々とした谷川。さびしげな谷川。

【寒稽古】カンゲイコ 日寒の時期の早朝などにおこなう、武道や芸ごとのけいこ。

【寒月】カンゲツ 冬の夜空に、さえざえと輝く月。例寒月照二白骨一カンゲツハッコツをてらす(=寒々とした月が白骨を照らしている)。〈杜甫・北征〉

【寒▼暄】カンケン ①寒さと暖かさ。寒暖。②寒暑などの時候の挨拶アイサツ。③歳月。年月。

【寒光】カンコウ ①寒々とした光。②月光など、清らかな光。③刀剣などの冷たく鋭い光。

【寒江】カンコウ 冬の寒い川。例独釣寒江雪ひとりつるカンコウのゆき(=ただひとり雪の降る寒い川で釣りをする)。〈柳宗元・江雪〉

【寒肥】カンごえ 日冬の寒い時期に、樹木や作物にやる肥料。

【寒▼垢離】カンごり 日寒中に、水を浴びて身を清め、神仏に祈る修行。例—をとる。

【寒剤】カンザイ 日二つ以上の物質を混合した、強力な冷却剤。たとえば、氷と食塩によるものなど。

【寒酸】カンサン 貧しいこと。貧苦。〔「寒」も「酸」も、身にしみるものであることから〕

【寒山】カンザン ①一年中寒い山。②寒々とした、さびしげな山。冬枯れの山。③唐代の僧・詩人。『寒山子詩集』が伝わる。→【寒山拾得】カンザンジットク

【寒山拾得】カンザンジットク 中唐時代の、寒山と拾得という二人の僧。後世、禅画の画題になる。

【寒士】カンシ ①貧しい人。また、貴族でない、家柄の低い者。類寒人カンジン・寒生カンセイ。例大庇二天下寒士一おおいにテンカのカンシをおおう(=この世の貧しい人々を(広い家に)大勢収容する)。〈杜甫・茅屋為秋風所破歌〉②軽装で、凍えた兵士。

【寒疾】カンシツ 寒けがする病気。かぜなど。対熱疾。

【寒暑】カンショ 寒さと暑さ。また、冬と夏。寒暖。例寒暑不レ時、以傷二庶物一カンショときならず、もってショブツをそこなう(=天候が不順で、万物の生育が阻害される)。〈荘子・漁父〉

【寒色】カンショク ①冬の寒々とした景色。例千里江山寒色暮センリのコウザンカンショクくる(=果てしなく連なる山と川の寒々とした風景が暮れていく)。〈李煜・望江梅〉②寒い感じのする色。青色や紫色など。冷色。対暖色・温色。

【寒食】カンショク ①冷たい食事。②清明節の前日あるいは前二日。火を使用せず、食事も冷たいものをとる。

【寒心】カンシン 恐ろしくて、ぞっとする。どうなってしまうかと、心配する。例—にたえない。

【寒声】一カンセイ ①冬の寒々とした風や水の音。②寒々とした感じの声。二カンごえ 日のどをきたえるため、寒中におこなう邦楽や読経ドキョウの発声練習。

【寒泉】カンセン 清らかないずみ。冷たいいずみ。

【寒泉▼之思】カンセンのおもい 〔寒泉のほとりで七人の子が母親に孝行をつくしたことを詠んだ詩〈詩経・邶風・凱風〉から〕子が母を思う心。

【寒▼蟬】カンセン ①秋に鳴く小さなセミ。かんぜみ。ツクツクボウシ、または、ヒグラシの称。②秋の鳴かないセミ。転じて、(災いを恐れて)沈黙する人。仗馬ジョウバ。▽類寒蜩カンチョウ。

【寒素】カンソ ①家柄が低く、貧しいこと。また、その人。②つづまやかなさま。質素。

【寒窓】カンソウ 寒々とした窓。貧しさのためにさびれた窓。

【寒村】カンソン ①寒々とした貧しい村。②人けの少ない、さびしい村。例山あいの—。

【寒帯】カンタイ 地球上の寒い地域。南緯・北緯それぞれ六六・五度から南極・北極までの間の地域。対温帯・熱帯。

【寒▼柝】カンタク さびしげに響きわたる拍子木の音。

【寒暖】【寒▼煖】カンダン 寒さと暖かさ。例—の差が激しい。

【寒暖計】カンダンケイ 日気温をはかる道具。

【寒地】カンチ 気候の寒冷な地方。対暖地。

【寒中】カンチュウ ①寒さが厳しい期間。②小寒(=一月六日ごろ)から大寒(=一月二十日ごろ)を経て立春(=二月四日ごろ)の前日までの約三十日間。▽対暑中。

【寒天】カンテン ①冬の寒々とした空。寒空。例—にふるえる。②日テングサなどを煮た汁を凍らせてかわかしたもの。ようかんなどの材料や細菌の培地に用いる。

【寒灯(燈)】カントウ さびしげなともしび。さびしげな明かり。類寒檠カンケイ。

【寒波】カンパ 日周期的に流れこむ寒気によって、急激に冷えこむ現象。また、その寒気。対熱波。例—襲来。

【寒梅】カンバイ 寒中に咲くウメ。早咲きのウメ。例走傍二寒梅一訪二消息一はしりてカンバイにそいてショウソクをとう(=寒中に咲く梅に近寄り、春の便りをたずねた)。〈李白・早春寄王漢陽〉

【寒微】カンビ 地位が低く、貧しいこと。

【寒風】カンプウ 冬に吹く冷たい風。例—が吹きすさぶ。

【寒門】カンモン ①家柄が低く、貧しい家。②自分の家の謙称。▽類寒家カンカ・寒族。

【寒夜】カンヤ 冬の寒く冷たい夜。

【寒流】カンリュウ ①冬の冷たい川。冷たい水の流れ。②日南極や北極から赤道に向かって流れる、冷たい海流。千島海流(親潮)など。対暖流。

【寒林】カンリン 冬に葉を落とした林。

【寒冷】カンレイ 気温が大変低く寒いこと。対温暖。例—前線。—地。

【寒冷▼紗】カンレイシャ 日織り目があらく、薄い生地の綿や麻の織物。カーテンや蚊帳かやなどにする。

【寒露】カンロ ①二十四節気の一つ。十月八日ごろ。寒々としたつゆの意。②晩秋から初冬のひえびえとしたつゆ。

【寒▼陋】カンロウ 地位が低く、洗練されていない。いやしい。

●厳寒ゲンカン・向寒コウカン・小寒ショウカン・耐寒タイカン・大寒ダイカン・避寒ヒカン・夜寒よさむ

寓

宀9 (12) 1 2287 5BD3 人

グウ慣 グ漢 グ呉 遇 yù　よ-る・よ-せる(よ-す)

なりたち [形声]「宀(=いえ)」と、音「禺(グ)」とから成る。(身を)寄せる。

意味 ❶一時的に身をよせる。仮住まいをする。宿を借りる。とまる。**よる**。また、宿。住まい。例 寓居(グウキョ)。寄寓(キグウ)。旅寓(リョグウ)。❷かこつける。他のことにこじつけて言う。**よせる**。たくす。例 寓意(グウイ)。寓言(グウゲン)。寓話(グウワ)。❸目をつける。目にとめる。例 寓視(グウシ)(=注目する)。寓目(グウモク)。

日本語での用法《グウ》「山田寓(やまだグウ)(=山田氏の仮の住居。山田宅)」▼他人に対して自分の家を指す、門札などの書き方の一つ。

古訓 中古 そばむ・たまたま・とどまる・のこす・やどる・よす・より・よる 中世 したがふ・やどる・よる 近世 やどる・よる

人名 やどる・より

難読 寓木(やどりぎ・ほや)

【寓意】(グウイ) 自分の考えていることを、ほかのものごとにかこつけてあらわすこと。例 ―小説。

【寓懐】(グウカイ) 思いを託する。即興詩の題名に用いられる。

【寓居】(グウキョ) 仮の住まい。仮住まい。仮寓(カグウ)。〔自分の家を謙遜(ソンケン)した言い方にも使う〕例 ―を構える。

【寓言】(グウゲン) 教訓や批評などを、ほかのものごとにたとえた、ことばや話。たとえ話。寓話。例 以二寓言一為レ広(グウゲンをもってコウをなす)(=たとえ話を使って自分の考えを広く一般化する)。〈荘子・天下〉

【寓宿】(グウシュク) 宿泊する。仮住まいする。また、宿。仮住まい。

【寓食】(グウショク) 人の家に身を寄せる。居候(いそうろう)。寄食。

【寓目】(グウモク) 目をとめる。また、注意して見る。嘱目(ショクモク)。例 ―するものみな珍しい。

【寓話】(グウワ) 日 教訓や風刺などを、動物の擬人化などによってあらわした話。たとえ話。寓言。例 イソップの―。

寔

宀9 (12) 2 5370 5BD4

ショク漢 職 shí　まこと-に

意味 ❶本当に。まさに。**まことに**。通 実。例 寔受二其福一(まことにそのフクをうく)(=まことに幸福をさずけられる)。〈礼記・坊記〉❷これ。この。通 是。例 寔為二咸陽一(これをカンヨウとなす)(=これが咸陽である)。〈張衡・西京賦〉❸置く。通 寘(シ)。

[寍]

宀9 (12) ⇩寧(イネ)(384ジペー)

寐

宀9 (12) 2 5371 5BD0

ビ漢 ミ呉 寘 mèi　ね-る(ぬ)

意味 ねむる。ねむりこむ。**ねる**。対 寤(ゴ)。例 寤寐(ゴビ)。夢寐(ビム)。

参考 「寝(シン)」の略字ではない。

難読 仮寐(かりね・うたたね)・旅寐(たびね)

【寐語】(ビゴ) ねごと。たわごと。

富

宀9 (12) 1 4157 5BCC 教5

フ・フウ漢 フ呉 宥 fù　とむ・とみ

[冨]

冖9 (11) 1 4158 51A8 人　俗字。

筆順 富

なりたち [形声]「宀(=いえ)」と、音「畐(フク→フウ)」とから成る。そなわる。十分にある。

意味 ❶ものが豊かにそなわっている。**とむ**。対 貧(ヒン)。例 富貴(フウキ)。貧富(ヒンプ)。豊富(ホウフ)。❷財産。豊かさ。**とみ**。例 富豪(フゴウ)。富力(フリョク)。❸とませる。豊かにする。例 富国強兵(フコクキョウヘイ)。

古訓 中古 さいはひ・さかり・とみ・とむ・みつむ・とめり・ゆたかなり 中世 さかり・とみ・とる・とみ・とむ 近世 あつし・さいはひ・さかんなり・そなへ

人名 あつ・あつし・さかえ・とます・とめり・とめる・ひさ・ひさし・ふく・みつる・ゆたか・よし

参考 富山(とやま)(=県名)。

【富潤レ屋徳潤レ身】(とみはオクをうるおし トクはみをうるおす) 財産は屋敷を立派にし、徳は人格を高める。〈大学〉

【富▼溢】(フイツ・フウイツ) あり余るほど多くの財産をもつさま。類 富衍(フエン)。

【富貴】(フッキ・フウキ) 金持ちで、身分も高いこと。対 貧賤(ヒンセン)。例 富貴非二吾願一(フウキはわがねがいにあらず)(=財産や地位など私は欲しくない)。〈陶淵明・帰去来辞〉

【富貴花】(フウキカ) ①ボタンの花。②カイドウの花。

【富貴在レ天】(フウキテンにあり) 財産・身分が手にはいるかどうかは天命によるもので、人の力ではどうにもならない。例 死生有レ命、富貴在レ天(シセイメイあり、フウキテンにあり)(=生死も財産・身分も天命である)。〈論語・顔淵〉

【富庶】(フショ) 人口が多く、ものが豊かにある。

【富家】(フカ) 富んでいる家。金持ち。対 貧家。

【富岳】(フガク) 日 富士山のこと。

【富給】(フキュウ) 生活が豊かで満ち足りているさま。富厚。

【富強】(フキョウ)【富▼彊】(フキョウ) ①国が富んでいて、兵力も強いこと。②「富国強兵」の略。

【富厚】(フコウ) 多くの財産をもち、豊かなこと。類 富実(フジツ)。

【富豪】(フゴウ) 大金持ち。財産家。金満家。長者。

【富国】(フコク) ①豊かな財力のある国。②国を豊かにする。

【富国強兵】【富国▼彊兵】(フコクキョウヘイ) 国を豊かに富ませ、軍事力を強くすること。〈史記・管仲伝〉例 ―の政策。

【富歳】(フサイ) 豊作の年。豊年。

【富者】(フシャ) 金持ち。財産のある人。対 貧者(ヒンジャ)。

【富▼贍】(フセン) ①十分に豊かな財産をもっている。②文才や学識が豊かである。

【富農】(フノウ) 広い農地をもち、財力のある豊かな農民。豪農。対 貧農。

【富有】(フユウ) ①すべてを備えている。欠けることなく所有する。②富んで、財産があるさま。富裕。例 ―な農家。

【富裕】(フユウ) 財産があり、豊かな生活をしているさま。裕福。富有。富厚。例 ―層。

【富力】(フリョク) 金の力。財力。

寎

宀9 (12) 4 0806 5BCE

一 ヘイ漢 敬 bìng　二 ヘイ漢 梗 bǐng　やよい(やよひ)

意味 一 ねぼける。二 陰暦の三月。**やよい**。例 寎月(ヘイゲツ)。

寛

宀10 (13) 1 2018 5BDB 常用

カン(クヮン)漢 寒 kuān　ひろ-い(ひろ-し)・ゆる-やか・くつろ-ぐ

[寬]

宀11 (14) 3 4758 5BEC 人　旧字体。

筆順 寛

なりたち [形声]「宀(=いえ)」と、音「萈(カン)」とから成る。家が広くゆったりしている。

意味 ❶ゆったりしている。**ひろい**。例 寛衣(カンイ)(=大きくてゆったりした衣服)。❷心が広く度量が大きい。厳しくない。**ゆるやか**。例 寛大(カンダイ)。寛容(カンヨウ)。❸許す。大目に見る。例 寛恕(カンジョ)。寛宥(カンユウ)。❹ゆるやかにする。ゆるめる。例 寛二天下之繇一

❺からだを楽にする。くつろぐ。〈史記・衛将軍驃騎伝〉（＝人民の労役を緩和する）。〈鮑照・擬行路難〉 例 酌レ酒以自寛（＝酒を飲んでくつろぐ）。

古訓 中古 とほ・とほし・ともがら・なだむ・ひろ・ひろし・ゆたかなり・ゆたかに・ゆるす・ゆるなり・ゆるぶ 中世 くつろぐ・とほ・ひろし・ゆたか・ゆるし・ゆるす 近世 いつくしむ・おほいなり・くつろぐ・のびやか・ひろし・ゆたか・ゆるし・ゆるやか

人名 とお・とも・のぶ・のり・ひと・ひろ・ひろし・ひろむ・ゆたか

【寛雅】カンガ 大らかで、上品なさま。例 ―な生活を楽しむ。

【寛▼闊】カンカツ 〔「闊」も、ひろい意〕 ①心が広く、大らかなさま。寛大。②日 派手。華やか。

【寛閑】【寛間】カンカン （土地などが）広々としていて、のどかであるさま。

【寛緩】カンカン ゆるやかである。心がゆったりとしている。類 寛舒カンジョ。例 ―の政（＝ゆるやかな統治）。

【寛簡】カンカン 心が広く大らかなさま。

【寛▼弘】【寛▼宏】【寛洪】カンコウ ①度量が大きく、よく人を受けいれるさま。寛大長者。②広々としたさま。

【寛厚】カンコウ ①心が広く、情け深いこと。②重厚である。雄渾ユウコンである。例 其文章寛厚敦朴カンコウトンボク（＝その文章は重厚で飾りけがない）。〈蘇軾・上梅直講書〉

【寛赦】カンシャ 大目に見て罪を許す。寛宥カンユウ。寛貸カンタイ。

【寛▼恕】カンジョ 〔「恕」は、許す意〕 ①心が広く、思いやりの深いこと。②他人のあやまちを広い心で許す。例 つつしんでご―を請う。

【寛貸】カンタイ 〔「貸」も、許す意〕 大目に見て罪を許す。寛宥カンユウ。寛赦。

【寛大】カンダイ 心が広く大らかで、他人を厳しくとがめたりしないさま。例 ―な処置。

【寛平】カンペイ ①公平で心が広い。②広く平らな場所。

【寛猛相済】カンモウあいすくう 政治をおこなうにあたって、ゆるやかな方策と厳しい方策を調和するように用いる。〈左伝・昭二〇〉 類 寛猛並済。

【寛▼宥】カンユウ 〔「宥」は、許す意〕 他人のあやまちを広い心で許す。寛赦。例 ―を示す。

【寛容】カンヨウ 他人の意見などをよく聞き入れること。また、他人のあやまちを許すこと。対 厳格。例 ―の精神。

寘
宀10 (13)
3 4757 5BD8
一 シ漢 寘 zhì
二 テン漢 先 tián

意味 一 ❶安置する。おく。❷すておく。やめる。二 ふさぐ。通 填テン。

寝
宀10 (13)
1 3118 5BDD
常用
シン（シム）漢 寝 qǐn
ねる（ぬ）・ねかす

[寢]
宀11 (14)
2 5374 5BE2
人
旧字体。

筆順 宀 宀 宀 宀 宀 寝 寝

なりたち [形声] 本字は「寑」で、「宀（＝いえ）」と、音「侵シ」とから成る。家で横になって休む。

意味 ❶からだをねどこに横たえる。ねる。ねかす。例 寝台ダイ。就寝シュウシン。寝待ねまちの月き。❷奥座敷。ねや。例 寝殿シンデン。❸中止する。すたれる。やめる。やむ。例 刑錯兵寝ケイおかれヘイやむ（＝刑罰が施行されず戦闘が中止される）。〈漢書・刑法志〉 ❹醜い。容貌が美しくない。例 貌寝口訥、而辞藻壮麗ボウはシンくちはトツにして、ジソウはソウレイなり（＝容貌は醜く口べたであったが、詩文は立派で美しい）。〈晋書・文苑伝・左思〉 ❺次第に。だんだんと。ようやく。通 浸。例 寝餓シンガ（＝次第に飢える）。

古訓 中古 いぬ・いねたり・ぬ・ねや・ふす・やうやく・やむ 中世 いぬ・いぬる・いね・ぬ・ぬる・ねむる・ねや・やうやく・やすむ・やむ 近世 いこふ・いぬる・いへ・ぬる・ね・ねや・ねる・ふす・やすむ

難読 寝刃ねたば（＝切れ味のにぶくなった刀）・寝いも寝ねられず・寝穢いぎたない・熟寝うまい

【寝園】シンエン 天子の陵墓にある、みたまや。陵園。

【寝格】シンカク とどめる。中止する。

【寝具】シング ねるときに使う用具。布団や、まくらなど。夜具。

【寝室】シンシツ ねるための部屋。ベッドルーム。類 寝間ねま。

【寝所】シンジョ ねるための部屋。寝室。〔寝室よりも古い言い方〕

【寝食】シンショク ①（生活に欠かせない）ねることと食べること。②日常生活。例 ―をともにする。

【忘二寝食一】シンショクをわする ねることや、食べることを忘れるほど、何かに熱中する。〈蜀志・譙周伝〉

【寝▼苫枕干】シンセンチンカン とまにいねたてをまくらとす むしろにねて、盾をまくらとする。父母の仇あだを討つ気持ちを片時も忘れず、辛苦に耐えることのたとえ。〈礼記・檀弓上〉 類 寝苫枕戈シンセンチンカ。

【寝▼苫枕草】シンセンチンソウ とまにいねくさをまくらとす むしろにねて、草をまくらとする。親の喪に服する礼儀。〈左伝・襄一七〉

【寝息】シンソク 一 ①やめる。②休む。寝る。二 いき 日 ねているときの呼吸。例 ―をうかがう。

【寝台（臺）】シンダイ・ダイ ねるための台。ベッド。

【寝殿】シンデン ①宮中内の寝室のある建物。②宗廟ソウビョウの中にある、先祖の遺品を収蔵する部屋。③天子の墓の近くに建てられた正殿。④日 平安時代の、貴族の邸宅の正殿。その家の主人が居住し、客を迎える建物。例 ―造づくり。

【寝▼廟】シンビョウ 祖先の霊を祭る所。みたまや。

【寝門】シンモン ①正殿の門。天子の宮殿には五つ、諸侯には三つ、大夫タイフには二つの門があり、その最も内側の門をいう。②寝室の入り口。

【寝▼陋】シンロウ 容貌ヨウボウがみにくい。

【寝汗】ねあせ 日 ねているときにかく汗。

【寝首】ねくび 日 ねている人の首。

【寝首くびを▼掻かく】日 ①ねている人をおそって首を切る。②人の不意をついて、ひどい目にあわせる。

【寝言】ねごと 日 ①ねている間に無意識に話すことば。②とりとめのない話。たわごと。例 ―を言うのもいいかげんにしろ。

【寝相】ねゾウ 日 ねている間の、からだの動きやかっこう。

【寝床】ねどこ 日 ねるために敷いた布団。また、ねるための場所。とこ。寝具。夜具。例 ―をとる。

【寝耳】ねみみ 日 ねていているときの、ぼうっとした状態で聞くこと。

【寝耳ねみみに水みず】日 急な話や突然のできごとに、びっくりすること。例 ―の申し入れ。

【寝技】【寝業】ねわざ 日 ①柔道やレスリングなどで、横になった体勢でかけるわざ。②（政治の世界などで）裏でおこなうかけひき。裏工作。例 ―師。

●就寝シュウシン・宵寝よいね・旅寝たびね

寖
宀10 (13)
4 0807 5BD6
シン（シム）漢呉 沁 jìn

意味 ❶ひたす。通 浸。例 寖潤シンジュン（＝しみこむ）。❷ようやく。通 浸。例 寖寖シンシン（＝漸次）。❸やめる。例 寖息シンソク（＝休む。やめる）。

寞
宀10 (13)
2 5375 5BDE
バク漢 マク呉 薬 mò
さび-しい（さび-し）

意味 人影も声もなく、ひっそりとしたさま。静か。さびしい。例 寂寞セキバク。

難読 寂寞さびしい・寂寞草つれづれぐさ・寂寞ものさびし

寡

宀11 (14)

1 1841 5BE1 常用

カ(クヮ)漢呉 馬 guǎ
すくな-い(すくな-し)・やもめ

筆順 宀 宀 宀 宙 宜 寘 寡 寡

なりたち  [会意]「宀(=おおう)」と「頒(=分ける)」とから成る。分けて、少なくなる。

意味 ❶数量が少ない。すくない。❷少なくする。へらす。対衆・多。例 寡作カサク。寡黙カモク。多寡タカ。而未レ能也フウシそのあやまちをすくなくせんとほっしていまだあたわざるなり 夫子欲レ寡二其過一 (=あの方は自らのあやまちを少なくしようとしておられますが、まだできずにいます)。〈論語・憲問〉❸弱い。また、弱いと考える。例 寡弱カジャク。❹諸侯が、自分のことをへりくだっていうことば。〔徳が少ない意〕例 寡人カジン。❺夫に先立たれた妻。やもめ。例 寡婦カフ。

古訓 中古 すくなし・すこし・とぼし・ともし・ひとり・やむめ・やもめ 中世 くつがへる・すくなし・ひとり・やまめ・やもめ・をんなやもめ 近世 すくなし・ひとり・やもめ

【寡居】カキョ 配偶者がなくなり、ひとり暮らしをする。やもめ暮らし。類寡処。

【寡君】カクン〔徳の薄い君主の意〕臣下が自国の君主を他国の人に対して謙遜ケンソンしていうことば。

【寡言】カゲン ことば数が少ないこと。無口。寡黙。

【寡妻】カサイ ①正妻。嫡妻。一説に、賢明な妻。②夫を亡くした女性。寡婦。

【寡作】カサク 日作品を少ししかつくらないこと。対多作。

【寡少】カショウ 少ないさま。

【寡小君】カショウクン ①諸侯の夫人が、他国の諸侯に対して謙遜ケンソンしていう自称。②臣下が自国の君主の夫人を他国の人に対して謙遜していうことば。

【寡人】カジン ①〔徳の少ない者の意〕諸侯の謙称。②諸侯の夫人の謙称。

【寡占】カセン 日少数の会社が、ある商品の供給量の大部分をしめて、市場を支配していること。例 —化が進む。

【寡徳】カトク 徳が少ないこと。徳望があまりないこと。

【寡独】カドク 〔「独」は、年老いて子のない者の意〕身寄りのない者。

【寡夫】カフ 妻が死んで、再婚しないでいる男性。男やもめ。やもお。対寡婦。

【寡婦】カフ 夫が死んで、再婚しないでいる女性。未亡人。やもめ。対寡夫。

【寡聞】カブン 見聞や知識が少ないこと。〔多く、自分の知識を謙遜ケンソンしていう〕例 浅見—。—にして知らない。

【寡兵】カヘイ 少人数の軍隊。例 —をもって勝利を得る。

【寡民】カミン 人口が少ない。例 小国—。

【寡黙】カモク 口数が少ない。無口。寡言カゲン。

【寡欲】【寡▼慾】カヨク 欲望が少ないこと。例 少レ私寡欲シをすくなくしカヨクにす (=私情を抑えて我欲を少なくする)。〈老子・一九〉—の徳。

●衆寡シュウカ・多寡タカ

［寛］宀11 (14) ⇩寛カン(382ジペー)

尠

宀11 (14)

4 0808 376C

コ hú
ホ fǔ

意味 周の厲王レイオウの名「胡コ」の異体字。一説に「甫ホ」。

寤

宀11 (14)

2 5372 5BE4

ゴ漢 遇 wù
さ-める(さ-む)

意味 ❶目覚める。眠った状態から意識のある状態になる。さめる。対寐ビ。例 寤寐ゴビ。醒寤セイゴ。❷はっと気づく。悟る。通悟。例 覚寤カクゴ。❸逆さである。例 寤生ゴセイ。

難読 夢寤ゆめうつつ

【寤生】ゴセイ 赤ん坊が普通とは異なる生まれ方をする。母が眠っている間に生まれる、足から先に生まれる、目を開けたまま生まれるなど、諸説ある。

【寤▼寐】ゴビ 〔「寐」は、寝る意〕目が覚めているときと、眠っているとき。寝ても覚めても。例 寤寐無レ為ゴビなすなし (=寝ても覚めても仕事が手につかない)。〈詩経・陳風・沢陂〉—の間カンも忘れることがなかった。

【寤夢】ゴム ①昼間のできごとを夜夢に見る。②夢うつつの状態。

寨

宀11 (14)

2 6045 5BE8

サイ漢 卦 zhài
とりで

意味 ❶敵の侵入を防ぐために、柵サクをめぐらして作ったとりで。通砦サイ。❷柵をめぐらした村落。

察

宀11 (14)

1 2701 5BDF 教4

サツ漢呉 黠 chá

筆順 宀 宀 宀 宀 宊 寀 察 察 察

なりたち  [形声]「宀(=おおいを取る)」と、音「祭サイ→サツ」とから成る。くわしくしらべる。

意味 ❶こまかいところまで明らかにする。よく見る。調べる。みる。例 観察カンサツ。検察ケンサツ。診察シンサツ。❷はっきりと見分ける。理解する。例 明足三以察二秋毫之末一メイはもってシュウゴウのすえをサッするにたる (=その目のよさは秋に生えかわる細い毛の先まで見分けることができるほどだ)。〈孟子・梁恵王上〉❸役人に推挙する。例 後察二司徒一廉為二望都長一のちにシトにサッせられレンにしてボウトのチョウとなる (=のち司徒に推挙され、人格高潔であるとして望都県の知事となった)。〈後漢書・班彪伝〉

日本語での用法 《サッする》「彼かれの気持もちちは察サッするに余あまりある」▼おしはかる。見当をつける。

古訓 中古 あきらかにす・あらはす・あらはる・いたる・おぼゆ・さとる・しる・つばひらかに・みる 中世 あきらか・あきらむ・あらはす・かがみる・しる・つまびらか・みる 近世 あきらか・いさぎよし・いたる・かへりみる・かんがふ・かんがみる・しる・つまびらか・みる

人名 あき・あきら・み・みる

【察挙】サッキョ ①よく調べて選び出す。②役所が配下の有能な者を中央へ推挙して、官吏に登用する。選挙。

【察察】サツサツ ①細かく調べあげるさま。②清らかで立派であるさま。

【察知】サッチ ①はっきり知る。②日様子や雰囲気などから、おしはかって知る。例 危険を—する。

【察納】サツノウ 真意を理解して意見を受け入れる。例 察二納雅言一ガゲンをサツノウす (=正しい意見を、考えて取り入れる)。〈諸葛亮・出師表〉

【察問】サツモン よく調べて考え、問いただす。

●監察カンサツ・観察カンサツ・警察ケイサツ・検察ケンサツ・賢察ケンサツ・考察コウサツ・査察ササツ・視察シサツ・巡察ジュンサツ・診察シンサツ・推察スイサツ・省察セイサツ・ショウサツ・偵察テイサツ・拝察ハイサツ・憫察ビンサツ・明察メイサツ

［實］宀11 (14) ⇩実ジツ(367ジペー)

［寢］宀11 (14) ⇩寝シン(383ジペー)

寧

宀11 (14)

1 3911 5BE7 常用

一 ネイ漢 ニョウ(ニャウ)呉 青 níng
二 ネイ漢 ニョウ(ニャウ)呉 径 nìng
やす-い(やす-し)・むし-ろ

【寧】宀11(14) F95F 旧字体。 【寍】宀9(12) 5BCD 本字。

【甯】用7(12) 3 8841 752F 別体字。

筆順 宀 宀 宀 寍 寍 寍 寍 寧

なりたち 【会意】「宀(=おおう)」と「心(=こころ)」が「皿(=食器)」の上にある形とから成る。家に食物があるので安心する。やすらか。

意味 一 ❶落ち着いている。心がやすらかである。やすらかにする。やすい。例寧国ネイコク(=平和な国)。寧日ネイジツ。安寧アンネイ。❷心のこもったさま。ねんごろ。例丁寧テイネイ。❸〔嫁いだ女性が実家に帰って〕父母を訪ねる。やすんじる。例帰寧二父母一(かえりてフボをやすんず)(=実家に帰って父母に会う)。〈詩経・周南・葛覃〉❹父母の喪に服すこと。例予二寧三年一(ネイサンネンをあたう)(=忌引きとして三年間の休暇を与える)。〈漢書・哀帝紀〉 二 ❶「むしろ」と読み、いっそ…のほうがよい・(二者を比べて)…よりはむしろ…のほうが望ましい、の意。選択をあらわす。例寧為二鶏口一、無レ為二牛後一(むしろケイコウとなるとも、ギュウゴとなるなかれ)(=牛の尻りになるよりは、ニワトリの口になるほうがよい。大きなものの後ろよりは、小さなものの長がよいことをいう)。〈史記・蘇秦伝〉❷「なんぞ」「いずくんぞ」と読み、どうして…だろうか(…ではない)、の意。反語をあらわす。例居二馬上一得レ之、寧可二以馬上治一レ之乎(バジョウにおりてこれをうるも、なんぞもってバジョウにてこれをおさむべけんや)(=〔陛下は〕ウマの上にいて天下を手に入れましたが、どうしてウマの上で天下を治めることができましょうか)。〈史記・陸賈伝〉

古訓 中古 いかむぞ・いづくぞ・おだひかになり・かつて・しづかに・すなはち・ねむごろ・むしろ・やす・やすし・やすむ 中世 ねんごろ・むしろ・やす・やすし・やすむ 近世 かへりみる・ねんごろ・むしろ・やすし・やすんず

人名 さだ・しず・やす・やすし・よし

難読 寧波ニンポー(=中国の地名)・只寧ばかり・丁寧ねんごろ

【寧一】ネイイツ 安定して乱れないさま。

【寧居】ネイキョ 安心して暮らす。安居。類寧処。

【寧▼馨児】ネイケイジ 〔「寧馨」は、六朝リクチョウ時代の俗語で「このような」の意〕このような子。転じて、幼いころからすぐれている子供。麒麟児キリンジ。神童。

【寧日】ネイジツ 心が安らかな日。何ごともないおだやかな日。例—のない近ごろの世情。

【寧▼靖】【寧静】ネイセイ 静穏なさま。また、静穏にすること。類寧泰・寧謐ネイヒツ。

【寧楽】 一 ネイラク 心を安らかにして楽しむこと。 二 なら 日〔古い時代の表記で〕奈良のこと。

【寧為二鶏口一、無レ為二牛後一】むしろケイコウとなるとも、ギュウゴとなるなかれ ⇩意味 二❶

●安寧アンネイ・帰寧キネイ・休寧キュウネイ・丁寧テイネイ

【寥】宀11(14) 2 5376 5BE5 リョウ(レウ)漢 蕭 liáo さび-しい(さび-し)

意味 ❶人けがなく、ひっそりとしている。さびしい。例寥寥リョウリョウ。寂寥セキリョウ。❷がらんとして広い。むなしい。例寥廓リョウカク。❸大空。

【寥▼廓】リョウカク ①天などの広大なさま。広々と開けているさま。②何もなくがらんとしたさま。③落ちぶれたさま。寥落。④度量の大きいさま。

【寥落】リョウラク ①数が少ないさま。まばら。②荒れ果てたさま。さびしいさま。③落ちぶれたさま。

【寥寥】リョウリョウ ①ひっそりと、ものさびしいさま。例—としてむなしき室。②数が少ないさま。例賛成者は—たるものだった。③空が晴れわたっているさま。例青天高寥寥セイテンたかくしてリョウリョウたり(=青空は遠くはるかに高い)。〈韓愈・感春〉

【寫】宀12(15) ⇩写シャ(141ジペー)

【審】宀12(15) 1 3119 5BE9 常用 シン(シム)漢呉 寝 shěn つまび-らか

筆順 宀 宀 宀 宷 宷 審 審 審

なりたち 【会意】「宀(=おおう)」と「番(=見分ける)」とから成る。つまびらかにする。

意味 ❶こまかい点まであきらかにする。例審査シンサ。審美シンビ。審理シンリ。❷詳しい。あきらか。つまびらか。例不審フシン。❸慎重にする。つつしむ。例不レ可レ不二審用一也(つつしみてもちいざるべからず)(=〔武器は〕慎重に用いなければなりません)。〈韓非・存韓〉

日本語での用法《シン》①「一審イッシン・陪審バイシン・上告審ジョウコクシン」▼「審理」の略。②「主審シュシン・線審センシン・副審フクシン」▼「審判員」「審判官」などの略。

古訓 中古 あきらかなり・あきらかに・さとる・つばひらかなり・つばひらかに・はかりこと・よどみ・よどむ 中世 あきらか・あきらかなり・さだむ・つばひらか・つまびらか・まこと 近世 あきらか・きはむる・ことごとく・つかぬる・つまびらか

人名 あき・あきら・ただし・ただす

難読 不審かいぶしい

【審▼覈】シンカク 詳しく調べ検討する。

【審議】シンギ 議案などを、細部まで検討し、話し合う。例法案を—する。

【審査】シンサ 日 能力や品質などを調べ、適不適や優劣などを決める。例資格—。

【審察】シンサツ ①よく観察し考える。②考えが周到で、はっきりしているさま。

【審判】シンパン ①事件について調べ、法に照らして判決を下すこと。例無罪の—が下る。②キリスト教で、神が人々の罪を裁くこと。例最後の—。③日 スポーツで、反則や得点などを調べながら競技を進行させ、勝敗や順位を判定する。また、その役。例—員。

【審美】シンビ 美しいものと、みにくいものとを見分けること。美の本質を見きわめること。例—眼。—学(=美学)。

【審問】シンモン ①こまかい点まで、詳しくたずねる。②日〔法〕事件の詳細を調べるために、裁判所が関係者に、書面や口頭で問いたずねる。例参考人を—する。

【審理】シンリ ①事実関係などを詳しく調べて処理する。②日〔法〕事件について裁判官が詳しく取り調べ、法律の適用などを判断する。

●結審ケッシン・再審サイシン・陪審バイシン・塁審ルイシン

【㝫】宀12(15) 4 0809 376B リュウ漢 東 lóng

意味 天の形。通窿リュウ。

【寮】宀12(15) 1 4632 5BEE 常用 リョウ(レウ)漢 蕭 liáo つかさ

筆順 宀 宀 宊 宊 寮 寮 寮 寮

なりたち 【形声】本字は「寮」で、「穴(=あな)」と、音「寮リョウ」とから成る。明かり取り用の小さな窓のある建物。派生して「役人」の意。

意味 ❶役人。官吏。つかさ。通僚。例官寮(=官僚)。❷

同役の人。ともがら。仲間。㊟僚。例 同寮（＝同僚）。❸僧たちが同居して仕事をする部屋。僧坊。例 僧寮（ソウリョウ）。

日本語での用法《リョウ》①「茶寮（サリョウ）・深川（ふかがわ）の寮（リョウ）・風流（フウリュウ）な造（つく）りの寮（リョウ）」▼屋敷。郊外の別宅。下屋敷。また、料理店の名につけることば。②「寮生（リョウセイ）・寮母（リョウボ）・独身寮（ドクシンリョウ）」▼学校や会社が、学生や社員の住居として提供した建物。寄宿舎。③「馬寮（メリョウ）・大学寮（ダイガクリョウ）」▼役人。律令制で省の下におかれた役所。つかさ。

古訓 中古 つかさ・まど 中世 つかさ・ともがら・まど・もろとも 近世 つかさ・ともがら・まど

人名 いえ・まさ

【寮歌】（リョウカ） 日 学生寮などで、その寮生活の理想や精神を歌うために作られた歌。〔特に旧制の高等学校や大学予科の生徒寮の歌を指す〕

【寮佐】（リョウサ） 地位の低い役人。属吏。下役。僚佐。

【寮舎】（リョウシャ） ①僧の宿舎。②日 寮の建物。寄宿舎。

【寮生】（リョウセイ） 日 寮に住む学生・生徒。

【寮長】（リョウチョウ） ①僧坊の世話役。②日 寮に住んでいる学生などの代表者。③日 寮の取り締まりをする人。

【寮費】（リョウヒ） 日 寮に住んでいる人が、寮の運営のために支払うお金。

【寮母】（リョウボ） 日 寄宿舎や寮で、住んでいる人の世話をする女性。

【寮友】（リョウユウ） ①同じ役所で仕事をする役人。②日 同じ寮で生活する仲間。

●学寮（ガクリョウ）・典薬寮（テンヤクリョウ）・入寮（ニュウリョウ）

寰

宀13（16） ②5378 5BF0

カン（クヮン）漢 刪 huán
うずたか-い（うづたか-し）・おおぞら（おほぞら）・かき

意味 ❶都の周囲千里以内の地域。例 寰内（カンナイ）。❷広大な地域。また、天下。例 寰宇（カンウ）。

【寰宇】（カンウ） 天下。全世界。世界中。㊝寰区・寰中。

【寰海】（カンカイ） 天下。全世界。

【寰内】（カンナイ） ①都の周辺千里以内。②天下。

寱

宀14（17） ④0810 5BF1

ゲイ漢 霽 yì

［䆿］穴14（19） ④8323 41BF 別体字。

意味 寝言（ねごと）を言う。寝言。㊟囈（ゲイ）。例 寱言（ゲイゲン）（＝寝言）。

寵

宀16（19） ①3594 5BF5 人

チョウ漢 チョウ（テウ）呉 腫 chǒng
めぐみ・めぐ-む

なりたち ［形声］「宀（＝いえ）」と、音「龍（リョウ→チョウ）」とから成る。尊い位。

意味 ❶特別に思いをかけ、かわいがる。例 寵愛（チョウアイ）。寵児（チョウジ）。寵臣（チョウシン）。めぐむ。また、お気に入りの人。例 恩寵（オンチョウ）。❷いつくしみ。めぐみ。❸栄える。高い地位にいる。例 其寵大矣（そのチョウダイなり）（＝その（＝楚国（ソコク）の）繁栄はすばらしい）。〈国語・楚上〉❹とうとぶ。例 寵神二其祖一（とうとびてそのソをかみとす）（＝自らの祖先を尊び神とする）。〈国語・楚下〉

古訓 中古 あはれぶ・うつくしぶ・おもふ・さいはひ・さかゆ・たのしぶ・たふとぶ 中世 あはれぶ・いつき・いつくしみ・いつくしむ・たつとぶ 近世 いつくしむ・さかえる・たつとし

人名 うつくし・よし

【寵愛】（チョウアイ） （君主が妃や臣下などを）特別にかわいがること。例 三千寵愛在二一身一（サンゼンのチョウアイイッシンにあり）（＝後宮にいる三千人に向けられていた皇帝の愛を独り占めすることになった）。〈白居易・長恨歌〉 —を受ける。

【寵異】（チョウイ） とりわけ目をかけ、厚遇する。

【寵姫】（チョウキ） 君主が特別にかわいがっている女性。寵妾（チョウショウ）。愛妾。

【寵遇】（チョウグウ） 特別に目をかけて、手厚くもてなす。

【寵光】（チョウコウ） 君主から恵みを受けるという栄誉。

【寵児】（チョウジ） 日 ①親から特にかわいがられている子供。②世間でもてはやされている人。人気者。流行児。例 時代の—。文壇の—。

【寵▼妾】（チョウショウ） 君主が特別にかわいがっている、正妻以外の女性。愛妾。寵姫（チョウキ）。

【寵招】（チョウショウ）【寵召】（チョウショウ） お招きにあずかる。人からの招待を敬っていうことば。

【寵辱】（チョウジョク） 栄誉と恥辱。

【寵臣】（チョウシン） 君主のお気に入りの家来。

【寵▼錫】（チョウセキ／チョウシャク） （君主が臣下を）特にかわいがってものを与える。また、君主からの恩賜の品。㊝寵賜。

【寵▼擢】（チョウテキ） 特別に目をかけ、抜擢する。㊝寵抜。

【寵命】（チョウメイ） 君主の恵み深い命令。君主の命令の敬称。恵命。

【寵用】（チョウヨウ） 特別にかわいがって、取り立てる。

［寳］宀16（19） ⇩宝（ホウ）（371ページ）

［寶］宀17（20） ⇩宝（ホウ）（371ページ）

41 3画 寸 すん部

手の意味をあらわす。「寸」をもとにしてできている漢字と、「寸」の字形を目じるしにして引く漢字とを集めた。

0 386 寸 3 387 寺 4 387 寿 対 守 5 389 导 6	389 専 封 7 390 尅 射 将 専 8 392 尉 將 專 9	392 尋 尋 尊 尊 11 393 對 12 393 導 13 394 導

この部首に所属しない漢字

耐→而 1077　辱→辰 1295　奪→大 336

寸

寸0（3） ①3203 5BF8 教6

一 ソン漢 スン呉 願 cùn
二 ソン漢呉 阮 cǔn

筆順 一 寸 寸

なりたち ［会意］「寸（＝手）」と「、（＝一チ）」とから成る。手首のつけねから脈うつところまでの長さ（＝一寸）。十分（ブ）。

意味 一 ❶長さの単位。一尺の十分の一。一分（ブ）の十倍。例 一寸（イッスン）。径寸（ケイスン）。❷ほんの少しの。ごくわずかの。例 寸暇（スンカ）。寸分（スンブン）。方寸（ホウスン）の地（チ）。二 推し量る。はかる。㊟忖（ソン）。

日本語での用法 一《スン》①「一尺二寸（イッシャクニスン）」▼尺貫法の長さの単位。一尺の十分の一。十分（ジュウブ）（＝三・〇三センチメートル）。②「寸法（スンポウ）・原寸大（ゲンスンダイ）」▼長さ。二《とき》「…トヨム寸（とき）ハ…」▼「時」の略字「时」の省略形。三《き》「一寸（ひとき）・二寸（ふたき）」▼ウマの身丈（みたけ）を計るのに用いられた助数詞。「四尺」あるものを定尺とし、それ以上の高さに用いた。

古訓 中古 き・きだきだ・つだつだ・みじかし 中世 くたくた・つだつだ 近世 おもふ・すこし・はかる・みじかし・わづか

人名 ちか・のり

難読 寸白（スバク／スンバク）・寸莎（すさ／つた）・寸胴（ずんどう）・火寸（つけぎ）・燐寸（マッチ）・一寸（ちょっと）・十寸鏡（ますかがみ）・三寸（みき）・七寸（つきみつき）・忌寸（いみき）・寸寸（ずたずた）・寸

歩。

【寸▼莎】(すさ｜すたつ) 日 塗り壁の下塗りの際、壁土に混ぜこむための、刻んだ稲わらや糸くずなどの材料。苆(すさ)。

【寸白】(スンバク｜スバク) ①サナダムシなどの寄生虫。また、それらによっておこる病気。②日〔寄生虫によるものとの誤認から〕婦人病。

【寸陰】(スンイン) 〔「陰」は、時間の意〕わずかな時間。寸時。寸刻。例 ―を惜しむ。

【寸暇】(スンカ) わずかな時間。

【寸閑】(スンカン) 「寸隙(スンゲキ)①」に同じ。

【寸簡】(スンカン) 短い手紙。自分の手紙をへりくだっていうことば。寸紙。寸書。寸札。寸楮(スンチョ)。類 寸箋(スンセン)。

【寸隙】(スンゲキ) ①わずかな時間。寸閑。例 ―もない。②わずかなすきま。

【寸劇】(スンゲキ) 日 上演時間のごく短い演劇。スキット。

【寸言】(スンゲン) 意味の深い、短いことば。例 ―で要領を尽くす。

【寸口】(スンコウ) 漢方で、手首から一寸の脈どころ。

【寸功】(スンコウ) わずかばかりの手柄。また、自分の功績をへりくだっていうことば。例 ―をもあらわさず。

【寸▼毫】(スンゴウ) ①毛筆のこと。ふで。②日〔「毫」も、わずかの意〕ほんのわずか。例 ―も疑わない。

【寸刻】(スンコク) 日 わずかな時間。寸時。寸陰。一刻。例 ―を惜しむ。

【寸札】(スンサツ) ①小さな札。②「寸書(スンショ)」に同じ。

【寸志】(スンシ) ①少しばかりの気持ち。微意。例 ―をあらわす。②日 心ばかりの、贈り物の意で、贈り物の表書きに書くことば。〔目上の人には使わない〕

【寸紙】(スンシ) 小さな紙切れ。転じて、短い手紙。寸簡。寸書。寸楮(スンチョ)。〔自分の手紙をへりくだっていうことば〕

【寸時】(スンジ) 日 わずかな時間。寸刻。寸陰。例 ―も忘れない。

【寸借】(スンシャク) 日 少しばかりのお金を借りる。また、ちょっとの間だけ借りる。例 ―詐欺。

【寸書】(スンショ) 日 短い手紙。また、自分の手紙をへりくだっていうことば。寸楮(スンチョ)。寸札。

【寸心】(スンシン) ①心のこと。方寸。〔心は一寸四方の大きさと考えられていたことから〕②心の中の思い。

【寸進尺退】(スンシンセキタイ) 一寸進んで一尺しりぞく。得るものが少なく失うものが多いたとえ。〈老子・六九〉 類 進寸退尺(シンスンタイセキ)。

【寸寸】(スンスン) ①一寸ずつ。②ずたずたになるさま。③次第に。少しずつ。

【寸誠】(スンセイ) わずかばかりのまごころ。〔自分の気持ちを謙遜(ケンソン)していう語〕

【寸前】(スンゼン) 日 ほんの少し前。あることの起こる直前。例 発車―に飛び乗る。

【寸善尺魔】(スンゼンシャクマ) 日〔一寸の善に一尺の魔の意〕世の中は、よいことが少なくて、悪いことが多い。

【寸断】(スンダン) ①一寸の長さに切る。②ずたずたに断ち切ること。例 交通網が―された。

【寸地】(スンチ) わずかな土地。寸土。例 ―も敵に譲らない。

【寸▼楮】(スンチョ) ①〔「楮」は、紙の意〕短い手紙。また、自分の手紙をへりくだっていうことば。寸簡。寸書。②名刺。

【寸鉄】(スンテツ) ①短い刃物。小さな武器。例 身に―も帯びず（＝武器を持たない）。②短いが人の急所をついたことばのたとえ。

【寸鉄殺レ人】(スンテツひとをころす) たったひと言が人の急所をついたり、強い印象を与えたりする。寸鉄人を刺す。〈鶴林玉露・七〉

【寸土】(スンド) わずかな土地。寸地。例 ―を守る。

【寸評】(スンピョウ) 日 短い批評。短評。例 ―を試みる。

【寸秒】(スンビョウ) 日 ごくわずかな時間。一刻。例 ―を争う。

【寸描】(スンビョウ) 日 簡単にえがく。また、その作品。スケッチ。例 人物―。

【寸分】(スンブン｜スンプン) 日 ごくわずかなこと。例 ―も違(たが)わない。

【寸歩】(スンポ) 少しの歩み。ごく近い距離。

【寸法】(スンポウ) 日 ①ものの長さ。例 洋服の―をとる。②手順。計画。だんどり。もくろみ。例 これでうまくいくという―だ。

【寸裂】(スンレツ) ずたずたに切り裂く。寸断。

●原寸(ゲンスン)・採寸(サイスン)・尺寸(セキスン)・方寸(ホウスン)

寺

寸3 (6)
1 2791
5BFA
教2

一 シ 漢 ジ 呉 ス 唐 寘 sì
二 シ 漢 ジ 呉 寘 shì
てら

筆順 一 十 土 圭 寺 寺

なりたち  〔形声〕「寸（＝規準）」と、音「土(シ)」とから成る。公的な規準を示す役所。

意味 一 ❶役所の名。つかさ。例 鴻臚寺(コウロジ)（＝外国との交渉をつかさどる役所）。❷仏をまつり、仏道を修行するところ。てら。例 寺院(ジイン)。寺社(ジシャ)。二 昔、宮中の奥向きに仕えた人。宦官(カンガン)。〔「寺」は「侍(シ)」に通じ、はべる意〕例 寺人(ジジン)。

古訓 中古 ちかし・ちかづく・てら 中世 ちかづく・つかさ・つかさどる・つぼね・てら 近世 おもとびと・つかさどる・つぐ・つぼね・てら

【寺院】(ジイン) てら。てらの建物。例 仏教―。カトリックの―。

【寺格】(ジカク) 日 寺の格式。例 ―の高い寺。

【寺観】(ジカン) 仏教の寺院と、道教の寺院（道観）。

【寺社】(ジシャ) 日 寺と神社。例 ―に詣(もう)でる。

【寺人】(ジジン) 宮中で天子のそば仕えをする者。後漢以降は宦官(カンガン)を指す。

【寺僧】(ジソウ) 寺に住んでいる僧侶(ソウリョ)。

【寺門】(ジモン) ①役所の門。②寺の門。また、寺。③日 園城寺(オンジョウジ)（＝三井寺(みいでら)）のこと。

【寺男】(てらおとこ) 日 寺で雑用をする男。

【寺子】(てらこ) 日 寺子屋に入門した子供。

【寺子屋】(てらこや) 日 江戸時代、庶民の子供に読み書き、そろばんなどを教えたところ。寺屋。

●社寺(シャジ)・末寺(マツジ)・山寺(やまでら)

寿

寸4 (7)
1 2887
5BFF
常用

［壽］ 士11 (14)
2 5272
58FD
人
旧字体。

ス 慣 シュウ（シウ）漢 ジュ 呉 宥 shòu
ことぶき・ことほ-ぐ・ひさ-しい（ひさ-し）・とし・いのちなが-し

筆順 一 二 三 夫 寿 寿 寿

なりたち  〔形声〕「老（＝長生き）」の省略体と、音「𠷎(チュウ→シュ)」とから成る。長く久しい。

意味 ❶命が長い。長生きである。いのちながし。ひさしい。例 寿則多レ辱(いのちながければすなわちはじおおし)（＝長生きすればそれだけ余計に恥をかく）。〈荘子・天地〉寿福(ジュフク)。寿天(ジュヨウ)。❷年齢。いのち。とし。例 寿命(ジュミョウ)。天寿(テンジュ)。❸長命を祝うこと。ことほぎ。ことぶき。例 寿宴(ジュエン)。寿詞(ジュシ)。❹長く保たれることを祈って、生前から準備しておく葬礼用品に冠することば。例 寿器(ジュキ)。寿蔵(ジュゾウ)。寿陵(ジュリョウ)。

日本語での用法 一《ことほぐ》《ことぶき》《ジュ》「新春を寿(ことほ)ぐ・寿還暦(カンレキジュ)」▼めでたいことを祝う意を表す。二《す》「寿(す)し」▼「す」の音を表す万葉仮名。

古訓 中古 いのち・いのちながし・ことぶき・よし・よろこぶ 中世 いのち・いのちながし・ことぶき・ひさしし・よし 近世 いのち・いのちながし・ことぶき・ことほぎ・たもつ・ひさし

人名 かず・ことし・さとし・たか・たかし・たもつ・とし・なが・ひさ・ひで・ひと・ひろ・ひろし・ほぎ・まこと・やす・やすし・よし

【寿則多レ辱】（いのちながければすなわちはじおおし） ⇩ **意味❶**

【寿域】（ジュイキ） ①人々が天寿をまっとうできるような太平の世。盛世。②生前につくる墓。

【寿宴】（ジュエン） 長寿を祝う宴会。

【寿賀】（ジュガ） 日①長生きの祝い。②還暦（＝六十歳）・古希（＝七十歳）・喜（㐂）寿（＝七十七歳。「㐂」は「喜」の草書体）・傘（仐）寿（＝八十歳。「仐」は「傘」の略字）・米寿（＝八十八歳）・卒（卆）寿（＝九十歳。「卆」は「卒」の略字）・白寿（＝九十九歳。「百」から「一」を除いた形が「白」だから）などの祝い。

【寿器】（ジュキ） （生前につくっておく）棺おけ。

【寿考】（ジュコウ） 〔「考」は、「老」の意〕 長寿。

【寿康】（ジュコウ） 長命で健康なこと。

【寿祉】（ジュシ） 長命で幸福なさま。寿福。

【寿詞】（ジュシ） 一 長生きを祝うことばや詩文。 二（よごと） 日 天皇の御代（みよ）の長く栄えることを祝うことば。

【寿▼昌】（ジュショウ） 長寿を保ち栄えること。

【寿星】（ジュセイ） 寿命をつかさどるとされる星。長寿の象徴として祈願された。老人星。南極星。

【寿蔵】（ジュゾウ） 生存中につくっておく自分の墓。寿域。

【寿福】（ジュフク） 長生きで幸福なこと。福寿。

【寿命】（ジュミョウ） ①いのち。生命。天命。例 ―がつきる。②日 物の耐用年数。使用可能の年限。例 電池の―。

【寿▼夭】（ジュヨウ） ①長生きと若死に。②短命。③寿命。

【寿陵】（ジュリョウ） 生前に用意しておく天子の墓。

【寿齢】（ジュレイ） 長い命。長寿。例 ―を重ねる。

【寿老人】（ジュロウジン） 日 七福神の一人。頭が長く短身、白いひげをたらした老人で、つえとうちわを持ち、シカを連れている。長寿を授けるという神。

【為レ寿】（ジュをなす） 杯などを献じて相手の健康や長寿を祝う。例 君王為レ人不レ忍、若入前為レ寿（クンノウひととなりしのびず、なんじいりすすみてジュをなせ）（＝わが君王は残忍なことができない。おまえは〈沛公（ハイコウ）に〉健康を祝して杯を勧めよ）。〈史記・項羽紀〉

●恵比寿（エビス）・喜寿（キジュ）・長寿（チョウジュ）・天寿（テンジュ）・米寿（ベイジュ）

対

寸4（7）

1 3448　5BFE

教3

タイ 漢　ツイ 呉　隊 duì

そろ-い（そろ-ひ）・こた-える（こた-ふ）・む-かう（む-かふ）

［對］ 寸11（14）　2 5384　5C0D　旧字体。

筆順 丶 ㇐ ナ 文 文 対 対

なりたち 〔会意〕「丵（＝むらがり生える草）」と「士（＝役人）」と「寸（＝きまり）」とから成る。派生して「こたえる」の意。

意味 ❶**こたえる**。応じる。多く目上の人に返答することをいう。例 対策（タイサク）。応対（オウタイ）。❷向かい合う。**むかう**。例 対座（タイザ）。対面（タイメン）。❸相手になる。はりあう。例 対戦（タイセン）。対立（タイリツ）。対敵（タイテキ）。❹二つのものを並べてくらべる。つきあわせる。例 対照（タイショウ）。対比（タイヒ）。❺相手と差がない。つりあう。例 対称（タイショウ）。対等（タイトウ）。❻相手。向こうがわ。例 対岸（タイガン）。対象（タイショウ）。❼二つでひとそろいとなるもの。例 対句（ツイク）。一対（イッツイ）。

日本語での用法 《タイ》「対州（タイシュウ）」▼旧国名「対馬（つしま）（＝今の長崎県に属する島）」の略。

古訓 中古 あたる・あふ・かさぬ・かたき・くだり・こたふ・たぐひ・むかふ 中世 あたる・かたき・くだり・こたふ・こたふる・ならふ・むかふ 近世 あがる・あたる・あはす・こたへ・こたへる

【対案】（タイアン） 日 相手の案に対して、反対のがわから出す別の案。例 ―を示す。

【対応】（タイオウ） 日 ①互いに向き合う。また、一定の対立の関係にある。例 ―する角。②互いにつりあっている。③相手の出方や事態の変化を見ながら行動する。例 ―策。

【対価】（タイカ） 日 財産や行為などによって人に与えた利益について、受け取る報酬。例 労働の―。

【対外】（タイガイ） 外部や外国に対すること。対 対内。例 ―交渉。―政策。

【対角】（タイカク） 〔数〕 四辺形で、互いに向かい合う角。また、三角形の一辺に対して向かい合った角。

【対岸】（タイガン） 向こう岸。例 ―の火事（＝自分には関係のないことのたとえ）。

【対義語】（タイギゴ） 日 ①反対の意味をもつことば。たとえば、「上」と「下」、「善」と「悪」、「過去」と「未来」など。反対語。対語（タイゴ）。対 同義語。②「対語 二（ツイゴ）」に同じ。

【対境】（タイキョウ） ①国境の向こう側。また、その国。②境を接する。対峙（タイジ）する。

【対局】（タイキョク） 碁や将棋で、勝負をする。

【対極】（タイキョク） 反対側の極。対立する極。例 ―に立つ。―の位置にある。

【対空】（タイクウ） 日 空中からの攻撃に、地上から対応すること。対 対地。例 ―ミサイル。

【対偶】（タイグウ） ①二つでひとそろいのもの。対（ツイ）になっていること。夫婦・左右など。②日 論理学や数学で、「AならばBである」という命題に対して、これと論理的に等しい「BでないならばAでない」という形式の命題のこと。

【対▼耦】（タイグウ） 夫婦。伉儷（コウレイ）。

【対決】（タイケツ） 日 ①二者が向かい合って、正否・優劣・強弱などを決める。例 悪と―する。②裁判で、原告と被告を向かい合わせて審判する。類 対審。

【対語】 一（タイゴ） ①向かい合って話をする。対談。②日「対義語（タイギゴ）①」に同じ。 二（ツイゴ） 日 熟語で、相対する意味をあらわす文字が並んだもの。たとえば、「前後」「左右」「大小」「男女」など。対義語。

【対向】（タイコウ） 向き合う。例 ―車。

【対抗】（タイコウ） 日 ①相手に負けまいとして競争する。例 ―手段。②競馬などで、本命（＝優勝候補）に次いで優勝の可能性の高いもの。

【対抗馬】（タイコウバ） 日 ①競馬で、優勝候補のウマとせり合う実力があるウマ。②競技や選挙で、実力がほぼ同じで張り合う人。▽対 本命。

【対校】（タイコウ） ①古典などで、ほかの系統の本とくらべ合わせて、その異同を調べる。例 写本を―する。②日（スポーツその他で）学校どうしで競い合う。例 ―試合。

【対座】【対▼坐】（タイザ） 互いが向かい合って、すわる。差し向かい。例 ―して語り合う。

【対策】（タイサク） ①天子の試問に対する答案。②日 問題や事件に応じてとる、手段や方法。方策。例 ―をたてる。

【対▼峙】（タイジ） ①山などが、向かい合ってそびえている。②敵対するものが、にらみ合って動かない。例 両軍が川の両岸に―する。

【対酌】（タイシャク） 向かい合って酒をくみかわす。例 両人対酌山花開（リョウジンタイシャクすればサンカひらく）（＝二人で向き合って飲んでいると山の花もほころぶ）。〈李白・山中与幽人対酌〉

【対手】（タイシュ） ①技芸などを戦わせる。②競い合う相手。③実力が等しい相手。

【対処】（タイショ） 日 事件や問題に対して、うまく処理をする。

【対▼蹠】（タイショ） 〔「タイセキ」の慣用読み。「蹠」は、足の裏の意。足の裏が向かい合うことから〕正反対。また、正反対の位置に立つこと。例 —的。

【対称】タイショウ 日①二つのものが、互いに対応して、つり合っていること。相称。例 左右—。②〔数〕二つの点や線や図形が、直線や一つの点を軸にして、向き合っていること。シンメトリー。③文法で、「きみ」「あなた」「おまえ」など、相手を指すことば。第二人称。対自称・他称。

【対象】タイショウ 日①見たり考えたりするときに向けられる相手。例 研究—。②目標や目的。相手。めあて。例 子供を—とした宣伝。

【対照】タイショウ ①共通性のあるものを、比べ合わせる。照らし合わせる。例 原文と—する。②日 違いの著しいものを並べてみたとき、その違いがきわだつこと。取り合わせ。コントラスト。例 好—。—の妙。—的。

【対症療法】タイショウリョウホウ 日①病気の原因に対する治療ができないとき、とりあえず患者の症状に合わせて処置をする治療方法。②ものごとの根本的な解決をはからずに、その時々の状況に応じた処置をすること。また、その方法。

【対人】タイジン 他人に対すること。例 —関係。

【対陣】タイジン 相手と向かい合って陣をしく。

【対数】タイスウ 〔数〕 a を1以外の正数とし、$N=a^b$ の関係があるとき、b を、a を底テイとする N の「対数」という。$b=\log_a N$ の形であらわす。

【対生】タイセイ 植物で、茎の同じところから一対の葉が向かい合って出る。対互生・輪生。

【対戦】タイセン 互いに相対してたたかう。競技や試合をする。例 —相手。

【対談】タイダン ふたりで向かい合って話す。

【対地】タイチ 日 飛行機などが、空中から地上に目標を定めること。対対空。例 —攻撃。

【対置】タイチ 二つのものを向き合うようにおく。例 —して両者を比べる。

【対等】タイトウ 日 二つのものの間に、優劣や高低などの差がないこと。例 —の関係で交わる。

【対内】タイナイ 内部や国内に対すること。対対外。例 —的。

【対日】タイニチ 日 外国が日本に対すること。例 —関係。

【対比】タイヒ 日 二つのものをつき合わせて、くらべる。例 両チームの戦力を—する。

【対物】タイブツ ものに対すること。例 —レンズ。—保険。

【対辺】タイヘン 図形で、ある角や辺に対している辺。

【対面】タイメン ①顔を合わせる。面会。例 久しぶりの—。②互いに向き合う。

【対訳】タイヤク 日 原文に並べて訳文を示すこと。また、その訳文。例 —本。

【対立】タイリツ 互いに反対の立場に立って、譲らずに張り合う。例 意見の—。

【対流】タイリュウ 日〔物〕液体や気体を熱したとき、温度の高くなった部分が上に、低い部分が下に移動してできる流れ。この循環運動によって熱が伝わる。例 大気の—圏。

【対話】タイワ 互いに向かい合って話す。また、その話。例 親子の—。—集会。

【対句】ツイク 詩や文章の中で、語形や発音、意味とがおのおの対応し合う二つの句。音調をととのえたり、意味を強調したりする効果がある。たとえば、「山高く、海深し」「鳥鳴き、花咲く」など。例 —表現。

【対丈】ツイたけ 日 和服で、身のたけ(=身長)に合わせて仕立てること。

【対幅】ツイフク 日 二軸で一対になっている書画のかけもの。類 対軸ツイジク。

【対馬】つしま 日 旧国名の一つ。九州と朝鮮半島との間にあり、今の長崎県に属する対馬全島にあたる。対州タイシュウ。

●正対セイタイ・絶対ゼッタイ・相対ソウタイ・敵対テキタイ・反対ハンタイ

守

寸4(7) 4 0811 5BFD

ラツ漢 曷 lǚ/luō

意味 手でつまむ。通 捋ラツ。

导

寸5(8) 4 0812 3775

一 トク漢呉 職 dé 二 ガイ漢 ゲ呉 隊 ài

意味 一 える。通 得。二 さまたげる。通 碍ガイ。

専

寸6(9) 1 3276 5C02 教6

セン漢呉 先 zhuān

もっぱら

[專]

寸8(11) 2 5383 5C08 人

旧字体。

筆順 一 厂 戸 亘 亩 亩 専 専

なりたち  [形声]「寸(=基準)」と、音「叀セン」とから成る。長さ六寸の簿(=メモを書きとめるための板)。また、糸まき。借りて「もっぱら」の意。

意味 ❶ 一つのことに集中する。ひとすじ。ひたすら。**もっぱら**。例 専一センイツ。専念センネン。専門センモン。❷独り占めにする。ほしいままにする。勝手にする。もっぱらにする。例 専決センケツ。専制センセイ。専用センヨウ。

古訓 中古 たうめ・ひとり・ほしいまま・もはら 中世 いとど・ほしいまま・もつぱら・もはら 近世 あつし・あつまる・おなじ・すだれ・ひとへ・ひとり・ふだ・ほしいまま・まこと・もつぱら・よしとす

人名 あつし・あつむ・たか・まこと・もろ

難読 専女とうめ(=老女。また、老狐ロウコ)・専女とうめ

【専意】センイ 一つのことに心を集中する。専一。専心。専念。

【専一】【専壱】センイツ/センイチ ①均一で異質のものを含んでいない。②ただそれだけに打ちこむこと。ひたすらそのことに気を配ること。例 ご自愛—に。③日 第一であること。随一。

【専横】センオウ 権力者や支配的立場にいる者が、わがままに、勝手なふるまいをすること。例 —をきわめる。

【専科】センカ 日 ある分野だけを専門に学ぶ課程。また、そこで学ぶ学科や科目。

【専管】センカン 日「専属管轄」の略。一手に管理し、支配する。例 —水域(=沿岸から二百海里までの水域)。

【専業】センギョウ ①一つの学業や職業に従事すること。対 兼業。例 —農家。—主婦。②日 国がある人や団体だけに許可した事業。独占事業。

【専決】センケツ その人だけの考えや意見で決定し、処理する。例 会長の—事項。

【専権】センケン 思うままに権力をふるうこと。権力を独り占めにすること。例 —をふるう。

【専行】センコウ その人だけの判断によっておこなう。勝手気ままにおこなう。例 独断—。

【専攻】センコウ 学問のある分野を専門に研究する。また、その分野。専修。例 国文学を—する。

【専恣】センシ 〔「恣」は、わがままの意〕勝手気ままにすること。専横。擅恣センシ。例 —のおこない。

【専修】センシュウ 学問のある領域だけを専門に、学習や研究をする。専攻。例 —学校。芸術学専攻西洋音楽史—。

【専従】センジュウ 専門にその仕事をする。また、その人。専任。例 組合—者。

【専心】センシン 心をそのことに集中して、熱心におこなう。専念。例 一意—。

【専制】センセイ 団体や集団の長が、自分だけの考えでものごとを

処理しおこなうこと。例 ―国家。
【専▼擅】セン 権力を握り、独断で事をおこなう。
【専属】センゾク 一つの会社や団体などにだけ、所属する。例 ―歌手。
【専対】センタイ 自分の判断で応対する。例 ―の材イサ(=使者として単独で賢明な応対ができる能力)。
【専断】センダン 自分だけで勝手に判断し、処理する。独断。例 ―なやり方。表記 旧▼擅断
【専任】センニン その仕事だけを受け持つ。また、その人。専従。対 兼任。例 ―職員。
【専念】センネン ある一つのことだけに、心や力を集中して取り組む。専意。専心。例 研究に―する。
【専売】センバイ ①ある商品を特定の人や会社が、一手に販売する。例 新聞の―店。②日 政府が特定の品物を、独占して生産や販売をする。
【専務】センム ①もっぱらその仕事だけをおこなうこと。例 ―車掌。②日「専務取締役センムとりしまりやく」の略。社長を助け、会社の業務を全体的に管理する取締役。また、その役の人。
【専門】センモン 一つの分野に、特に深くたずさわること。また、その学問や技術や事柄。例 ―家。―的知識。
【専有】センユウ 自分ひとりだけで所有する。対 共有。例 マンションの―面積。
【専用】センヨウ ①特定の人だけが使用する。対 共用。例 社長の―車。②特定のことだけに使う。対 兼用。例 台所―の洗剤。

封
寸6 (9) 1 4185 5C01 常用
ホウ漢 フ・フウ呉 冬 fēng
ポンド

筆順 一 十 土 圭 圭 圭 封 封 封

なりたち [会意]「土(=この)」と「土(=領土)」と「寸(=きまり)」とから成る。この領土によって諸侯に爵位を与える制度。

意味 ❶土地を与えて領主とする。また、領域。例 封建ホウケン。封土ホウド。❷盛り土をする。また、盛り土。例 封土ホウド。蟻封ギホウ(=アリ塚)。❸土を盛って墓をつくる。また、墓。例 封二王子比干之墓一オウジヒカンのはかをホウず(=王子比干の墓をつくる)。〈礼記・楽記〉❹壇を築いて神を祭る。例 封禅ホウゼン。❺とじこめる。とじる。例 封印フウイン。封鎖フウサ。密封ミップウ。❻手紙。また、手紙を数えることば。例 封書フウショ。❼大きい。例 封狐ホウコ(=大きなキツネ)。封豕ホウシ(=大きなブタ)。❽富む。豊かである。例 今君起二百姓一以自封也いまきみヒャクセイをおこしてもってみずからホウずるなり(=今、君は人民を動員して自ら富ませている)。〈国語・晋一〉

日本語での用法 《ポンド》①「一封ポンドは一〇〇ペンス」▼イギリスの貨幣の単位。②「一封ポンドは一六オンス」▼ヤードポンド法の重さの単位。約〇・四五キログラム。▽「封度」「封土」とも。中国では「磅」をあてる。

古訓 中古 あつし・おほき・おほきなり・かたむ・つか・つく・とづ・むかふ 中世 あつし・おほき・かたむ・かたむる・さかひ・とづ・とづる 近世 あつうす・ありづか・おほいなり・かさぬる・さかひ・たつる・つちかふ・つつむ

【封印】フウイン 封をして、そこに印をおす。また、その印。
【封▼緘】フウカン 〔「緘」も、とじる意〕封をして、とじる。封。例 ―紙(=封をするためにはる紙片。シール)。
【封鎖】フウサ ①閉ざして出入りさせない。閉鎖。例 海上―。道路を―する。②日 流通を差し止める。例 経済―。
【封殺】フウサツ 日 野球で、相手側に進塁しなければならない走者がいるとき、その走者が次の塁を踏む前に送球してアウトにする。フォースアウト。例 ―打。
【封書】フウショ 封をした手紙。例 ―をしたためる。
【封題】フウダイ 書状に封をして、表書きをする。例 封題之時、不レ覚欲レ曙ホウダイのとき、あかつきならんとほっするをおぼえず(=封題をするときには、いつしか夜も明けかかっている)。〈白居易・与微之書〉
【封泥】フウデイ/ホウデイ 泥を用いた封印。竹や木の札に書いた行政文書などをとじるひもの両端を合わせて泥で固め、そこに印章を押して封とした。
【封土】一フウド (古墳をおおったり、祭壇を作るときに)盛り上げた土。二ホウド 天子が諸侯に与えた土地。諸侯の領地。封地ホウチ。
【封筒】フウトウ 日 手紙や書類などを入れる紙の袋。
【封入】フウニュウ 中に入れて封をする。封じこむ。
【封域】ホウイキ 領域。領地。
【封界】ホウカイ ①境界。さかいめ。②国境。
【封境】ホウキョウ【封▼疆】ホウキョウ ①境界。さかいめ。②領域。封域ホウイキ。③明ミン・清シン代、都指揮使や総督など地方長官。封疆大吏。封疆大臣。
【封建】ホウケン 天子が、公領以外の領地を諸侯に分け与え、治めさせた制度。封土ホウドの所有と引き換えに、諸侯は天子に忠誠を誓った。例 ―社会。―制度。
【封建的】ホウケンテキ 日 上下の従属関係を重んじ、個人の権利や自由を認めないなど、封建制度に特有の性格をもっているさま。例 ―な倫理。
【封侯】ホウコウ ①土地と爵位を与えて諸侯とする。②諸侯。
【封冊】ホウサク 諸侯に取り立てるときの天子の詔書。
【封事】ホウジ/フウジ 密封して差し出す上奏文。類 封章ホウショウ/フウショウ・封奏ホウソウ/フウソウ。
【封▼豕長蛇】ホウシチョウダ 大きなブタと長いヘビ。貪欲ドンヨクで残虐な者のたとえ。〈左伝・定四〉
【封樹】ホウジュ 土を盛り上げて墳墓とし、樹木を植えて目印とすること。古代、士以上の者の葬礼の様式。封殖ホウショク。封植ホウショク。
【封殖】ホウショク ①土を盛って木を植える。栽培する。転じて、国家や勢力などの基礎を固め成長させる。②財貨を集める。③「封樹ホウジュ」に同じ。
【封人】ホウジン 国境を守る役人。
【封禅】ホウゼン 土を盛り壇を作って、天子が天や山川の神を祭ること。泰山とふもとの梁父リョウホでおこなわれた。
【封地】ホウチ 封ホウぜられた土地。諸侯の領土。
【封伝】ホウデン 関所の通過や、(馬車や宿などの)政府の交通設備の利用に必要とされた通行証。
【封▼禄】ホウロク ①諸侯に与えられた米や土地など。知行。扶持フチ。俸禄ホウロク。②日 武士が主君から受けた給料。
●帯封おびフウ・開封カイフウ・完封カンプウ・素封ソホウ・同封ドウフウ・密封ミップウ

尅
寸7 (10)
⇩剋コク(163ジペ)

射
寸7 (10) 1 2845 5C04 教6
一シャ漢呉 禡 shè 二ヤ漢 禡 yè 三エキ漢 陌 yì
いる・さ-す

筆順 ′ 丨 冂 自 自 身 身 射 射 射

なりたち [会意]「身(=からだ)」と「寸(=決まった作法)」とから成る。手を用い、決まった作法にしたがって矢を放つ。

意味 一❶弓で矢をとばす。いる。また、銃などで弾をうつ。例 射撃シャゲキ。射殺シャサツ。射的シャテキ。❷光や熱を放つ。また、気体や液体などを勢いよくとばす。さす。例 注射チュウシャ。反射ハンシャ。噴射

フンシャ。❸ねらう。求める。例 射幸(シャコウ)。■二 僕射(ボクヤ)(官名)、射姑山(ヤコサン)(地名)、射干(ヤカン)などに用いる字。■三 ❶いやになる。あきる。いとう。通 斁(エキ)。例 好レ爾無レ射(なんじをよみしていとうことなからん)(=そなたを愛して嫌うことはない)。〈詩経・小雅・車舝〉 ❷⇩【無射】(ブエキ)(832ページ)

古訓 中古 いとふ・いる・ゆみいる 中世 いおとす・いとふ・いる・ゆみいる 近世 いとふ・いる・ゆみいる

人名 い・いり

難読 射垜(あずち)・射干(からすおうぎ)・射手(いて)

【射角】(シャカク) 日 弾丸を発射するときの、砲身と水平面との角。

【射御】(シャギョ) 射術と馬術。古代中国の男子の教養とされた。

【射撃】(シャゲキ) 日 弓や銃砲などで、標的をねらってうつ。例 実弾―。一斉―。

【射幸】(シャコウ)【射▼倖】(シャコウ|セキコウ) 努力によらず、偶然の成功を求める。一攫(イッカク)千金を夢見る。

【射幸心】【射▼倖心】(シャコウシン) 日 思いがけない幸運や利益を望む心。例 ―をあおる商法。

【射侯】(シャコウ) ①弓の的。多く皮製でシカなどの獣が描かれていた。②的を射ること。

【射殺】(シャサツ) 拳銃(ケンジュウ)や弓などで、うちころす。

【射手】(シャシュ|シャてい) 弓矢をいる人。また、鉄砲や拳銃(ケンジュウ)をうつ人。うちて。

【射出】(シャシュツ) ①弾丸などをうちだす。発射。②水などを勢いよくだす。噴射。③一点から放射状にでる。放射。

【射精】(シャセイ) 日 精液を出す。

【射程】(シャテイ) 日 弾丸の届く距離。例 ―距離。

【射的】(シャテキ) ①弓や銃で、まとをうつ。②日 空気銃などで、まとをうつ遊び。例 夜店の―場。

【射策】(シャサク|セキサク) 漢代、官吏登用制度の一つ。試問は内容を隠して受験者に選ばせた。

【射覆】(シャフ|セキフ) 箱などに隠されているものを当てる遊び。一種の占いにもなった。

【射利】(シャリ|セキリ) 利益を追求する。

【射干】 ■一(ヤカン) ①アヤメ科の多年草、ヒオウギのこと。つやのある黒い小さな実を「ぬばたま」「うばたま」という。カラスオウギ。②伝説上の悪獣。姿はキツネに、鳴き声はオオカミに似ているという。▽野干。■二(シャガ) 日 アヤメ科の多年草。五月ころ、うす紫で中心が黄色の花をつける。著莪(シャガ)。

●注射(チュウシャ)・直射(チョクシャ)・発射(ハッシャ)・噴射(フンシャ)・放射(ホウシャ)

将

寸7(10) 1 3013 5C06 教6

■一 ショウ(シャウ)漢 県 漾 jiàng
■二 ショウ(シャウ)漢 県 陽 jiāng
■三 ショウ(シャウ)漢 県 陽 qiāng
はた・まさ-に・もっ-て・ひき-いる(ひき-ゐる)

[將] 寸8(11) 2 5382 5C07 人 旧字体。

筆順 将(7画の筆順)

なりたち 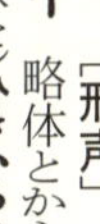 [形声]「寸(=手)」と、音「醤(ショウ)」の省略体とから成る。ひきいる。

意味 ■一 (軍隊を)ひきいる(人)。例 将レ軍撃レ趙(グンをショウとしてチョウをうつ)(=軍隊をひきいて趙国をうつ)。〈史記・始皇紀〉 将軍(ショウグン)。大将(タイショウ)。武将(ブショウ)。■二 ❶ささえる。たすける。例 福履将レ之(フクリこれをたすく)(=幸福がこれをたすける)。〈詩経・周南・樛木〉 ❷やしなう。❸送る。例 不レ将不レ迎(おくらずむかえず)(=送りもしないし迎えもしない)。〈淮南・覧冥〉 ❹行く。進む。例 日就月将(ひになりつきにすすむ)(=日々成就(ジョウジュ)し、月に進歩する)。〈詩経・周頌・敬之〉 ❺おこなう。例 不レ知ニ礼之所一レ将(レイのおこなうところをしらず)(=礼のおこない方を知らない)。〈荘子・山木〉 将命(ショウメイ)。❻服従する。したがう。例 九夷賓将(キュウイヒンしてしたがう)(=九夷《=異民族》がやってきて服従する)。〈漢書・礼楽志〉 ❼大きい。例 有娀方将(ユウジュウまさにおおいならんとす)(=有娀氏の国はこれから大きくなろうとしている)。〈詩経・商頌・長発〉 ❽長い。例 恐ニ余寿之弗一レ将(ヨのいのちのながからざらんことをおそる)(=私の命が長くないことを恐れる)。〈楚辞・九弁〉 ❾これから…しようとする。行為や事態が間もなく起ころうとすることを示す。まさに…せんとす。例 不レ及レ秋将レ死(あきにおよばずしてまさにシせんとす)(=秋にならないうちにお亡くなりになるでしょう)。〈左伝・文一八〉 ❿ほとんど…である。数量をあらわすことばの前におく。例 今滕絶レ長補レ短、将五十里也(いまトウながきをたちみじかきをおぎなわば、まさにゴジュウリにならんとす)(=もし滕の国が長いところを切って短いところにつぎたせば、ほぼ五十里四方の広さになる)。〈孟子・滕文公上〉 ⓫それとも。はた。例 子能順ニ杞柳之性一而以為ニ桮棬一乎。将戕ニ賊杞柳一而後以為ニ桮棬一也(シはよくキリュウのセイにしたがいてもってハイケンをつくるか。はたキリュウをショウゾクしてしかるのちにもってハイケンをつくるか)(=あなたは杞柳《=植物の名》の本性にしたがってうつわを作るのか、それとも杞柳の本性をこわして作るのか)。〈孟子・告子上〉 ⓬…によって。もちいて。もって。例 聊将レ茶代レ酒(いささかチャをもってさけにかう)(=しばらく茶で酒のかわりとする)。〈白居易・宿藍渓対月〉 ⓭…と。とともに。例 眉将レ柳而争レ緑(まゆはやなぎとみどりをあらそう)(=まゆ毛はヤナギの葉と緑を争う)。〈庾信・春賦〉 ■三 ❶願う。請う。ねがわくは。例 将子無レ怒(ねがわくはシいかるなかれ)(=どうか怒らないでください)。〈詩経・衛風・氓〉 ❷⇩【将将】■二(ショウショウ)

古訓 中古 いくさ・おくる・おこなふ・おほきなり・こふ・す・する・せんとす・たすく・と・とも・のぶ・はた・ひきゐる・べし・ほとり・まさ・まさに・むす・もち・もて・もていて・やしなふ・ゆき・ゆく・ゐて・ゐる 中世 いくさ・おくる・おこなふ・おほいなり・たすく・たすくる・たてまつる・ともに・はた・ひきゆ・ひきゐる・まさ・まさに・もつて・やしなふ・ゆき・ゆく 近世 うくる・おくる・おこなふ・おほいなり・こふ・さかんなり・さる・したがふ・すすむ・すすむる・たすく・たすくる・ただし・たまふ・たもつ・ともに・ながし・なる・はた・ひきゆる・ひきゐる・ひとし・まさに・まじはる・また・もしくは・やしなふ

人名 すけ・すすむ・たすく・ただし・たもつ・のぶ・ひとし・まさ・まさし・もち・ゆき

難読 女将(おかみ)

【将家】 ■一(ショウカ) 武将を出す家柄。将門。■二(いえをひきいる) 一家を引き連れる。

【将官】(ショウカン) 日 軍人の階級で、大将・中将・少将の総称。自衛隊では将・将補をいう。

【将器】(ショウキ) 大将になれる気質や才能をもった人物。

【将棋】(ショウギ) 日 八十一区画ある盤上に、各自二十ずつの駒(こま)を並べ、交互に駒を動かし、相手の王将を取り合うゲーム。例 ―倒し。

【将軍】(ショウグン) ①一軍を率い、指揮する人。②日 陸・海・空軍の将官。③日「征夷大将軍(セイイタイショウグン)」の略。

【将迎】(ショウゲイ) ①送って行くことと迎えること。送迎。②養育する。

【将校】(ショウコウ) ①将軍とそれに次ぐ校尉。②日 少尉以上の地位にある軍人。

【将作】(ショウサク) 秦(シン)代、宮殿や宗廟(ソウビョウ)、陵墓の造営をつかさどる官。将作少府。漢代は将作大匠、隋(ズイ)・唐代では将作監と呼ばれた。

【将士】(ショウシ) 将校と兵士。将兵。

【将種】(ショウシュ) 武将を出す家柄に生まれた者。武将の血すじ。

【将順】(ショウジュン) 従事し、さらに勢いを伸ばす。類 将養。

【将相】(ショウショウ) 将軍と宰相。大将と大臣。

【将将】 ■一(ショウショウ|ソウソウ) ①高大で、秩序だっているさま。②美しく盛んなさま。③玉や鐘などがたてる音の形容。鏘鏘

【将帥】ショウスイ ㊁ 将軍たちを統率する。 軍隊を指揮し、統率する将軍。
【将率】ショウソツ ㊀ 一軍をひきいる大将。将軍。将帥。㊁ ひきいる。統率する。
【将星】ショウセイ ①将軍を象徴する星。②将軍。将官。
【将聖】ショウセイ ほぼ聖人の域に達している人。〔一説に、大聖人とする〕
【将兵】ショウヘイ ①兵をひきいる。②将校と兵士。
【将命】ショウメイ ①命令を受ける。命令を取り次ぐ。② 日 将軍の命令。
【将門】ショウモン 将軍の家柄。例 将門必有レ将（=将軍の家柄には将軍となるべき人材が出る）。〈史記・孟嘗君伝〉
【将来】ショウライ ①これから先。未来。さきざき。例 ─に備える。②持ってくる。もたらす。請来。例 宋から─した書画。③ある結果をまねく。ある状態を引き起こす。例 やがて混乱を─することになる。
【将略】ショウリャク 将軍のたてる戦略・戦術。
●王将・大将・武将・名将

専
寸7 (10) 4 0813 5C03
フ 漢 虞 fū
意味 しく。通 敷。

尉
寸8 (11) 1 1651 5C09 常用
㊀イ(ヰ) 漢 呉 未 wèi
㊁ウツ 漢 物 yù
おさ-える(おさ-ふ)・やす-んじる(やす-んず)・じょう
筆順 ㇇ コ 尸 尸 尸 尉 尉 尉
なりたち [会意]「尸(=自分でする)」と「寸(=手)」で「小(=火)」を持つとから成る。火のしを手に持って上からおさえつける。落ち着かせる。
意味 ㊀❶軍事や警察をつかさどる官。例 廷尉。❷近代の兵制で、軍隊の将校の階級。例 尉官。少尉。中尉。❸なぐさめる。安心させる。やすんじる。通 慰。例 尉安(=なぐさめ、やすませる)。㊁❶(yùn)火のし。通 熨。❷姓の一つ。例 尉繚子(=戦国時代の兵法家)。
日本語での用法 《ジョウ》①「兵衛尉ヒョウエの・衛門エモンの大尉ダイジョウ」▼律令制の四等官で、衛府・検非違使の第三位。大と少とがある。判官ジョウ。②「尉ジョウと姥うば」▼能楽で、男の老人。
古訓 中古 ジョウ 中世 うかがふ・ジョウ・のす 近世 うかがふ・おす・ジョウ・なぐさむ・のす・ひのし・やすんず
人名 じょう・やす・やすし
【尉官】イカン 日 軍人の階級で、大尉・中尉・少尉の総称。自衛隊では一尉・二尉・三尉をいう。

将
寸8 (11) ⇩将ショウ(391ページ)

専
寸8 (11) ⇩専セン(389ページ)

尋
寸9 (12) 1 3150 5C0B 常用
シン(シム) 漢 ジン(ジム) 呉 侵 xún
たずねる(たづ-ぬ)・つ-いで・ひろ
[尋] 寸9 (12) 旧字体。
筆順 ㇇ ヨ 尋 尋 尋 尋 尋 尋
なりたち [形声] 本字は「㝷」で、「工・口(=乱れる)」と「彐・寸(=おさめる)」と、音「彡シン」とから成る。乱れの元をさがして、おさめととのえる。
意味 ❶さがす。求める。たずねる。例 尋究ジンキュウ。尋問ジンモン。❷かつて結んだ友好関係を再度結びなおす。あたためる。例 若可レ尋也、亦可レ寒也(もしあたたむべければ、またさむくすべし)(=《同盟というのは》もしあたためなおすことができるなら、冷やすこともできるだろう)。〈左伝・哀三〉 ❸連続して起こる。ひきつづく。つぐ。例 戦争相尋(=戦争があいついで起こる)。〈隋書・高祖下〉 ❹まもなく。ひきつづいて。ついで。例 未レ果、尋病終(いまだはたさず、ついでやみておわる)(=《計画を》果たすことができず、まもなく病死した)。〈陶淵明・桃花源記〉 ❺用いる。例 三年将レ尋レ師焉(サンネンにしてまさにシをもちいんとす)(=三年後には軍隊を用いることになるでしょう)。〈左伝・僖五〉 ❻長さの単位。両腕を左右に広げた指先から指先までの長さ。八尺。ひろ。例 一尋ジンひと。千尋ジンちひろ。
日本語での用法 《ひろ》「二尋ふたひろの深さ」▼長さの単位。五尺(=約一・五メートル)または六尺(=約一・八メートル)。
古訓 中古 すなはち・たちまち・たづぬ・ついで・つく・つねに・ひろ・もちゐる・より・よる 中世 かさぬる・すなはち・たづぬ・たづぬる・ついで・つひに・ひろ・もちゆ・もちゐる 近世 かさぬる・さがす・たづぬる・つぐ・とぐる・ながし・にはか・ひろ・もちゆる・よる・をの・をさむる
人名 ちか・つね・のり・ひろし・ひろむ・みつ
【尋引】ジンイン 「引」は、十丈(=百尺)。ものさし。
【尋究】ジンキュウ 調べ追究する。類 尋討。
【尋思】ジンシ 落ち着いて、じっくり考える。
【尋常】ジンジョウ 「常」は「尋」の二倍の長さ ①わずかな距離。②普通であること。あたりまえ。なみ。例 ─茶飯ハン(=日常茶飯)。─一様の手段。③ 日 見苦しくないこと。立派。例 ─に勝負しろ。
【尋問】ジンモン 事情を明らかにするために、問いただす。例 不審─。表記 旧 ▼訊問
【尋幽】ジンユウ ①奥深く景色の美しい場所を探し求める。②意味の深い道理を追究する。

尊
寸9 (12) 1 3426 5C0A 教6
ソン 漢 呉 元 zūn
たっとい(たっと-し)・たっとぶ・とうとい(たふと-し)・とうとぶ(たふと-ぶ)・みこと
[尊] 寸9 (12) 旧字体。
筆順 丷 䒑 芮 酋 酋 酋 尊 尊
なりたち [会意]「酋(=熟成した酒)」と「寸」とから成る。酒を入れるうつわ。
意味 ❶酒を盛る古代の儀式用のうつわ。さかだる。通 樽ソン。例 酒尊シュソン。❷大切に扱う。たっとぶ。とうとぶ。対 卑。例 尊敬ソンケイ。尊崇ソンスウ。尊重ソンチョウ。❸地位や身分が高い。敬うべき。たっとい。とうとい。対 卑。例 尊貴ソンキ。尊者ソンジャ。至尊シソン。❹相手への敬意をあらわすことば。例 尊意ソンイ。尊堂ソンドウ。尊父ソンプ。

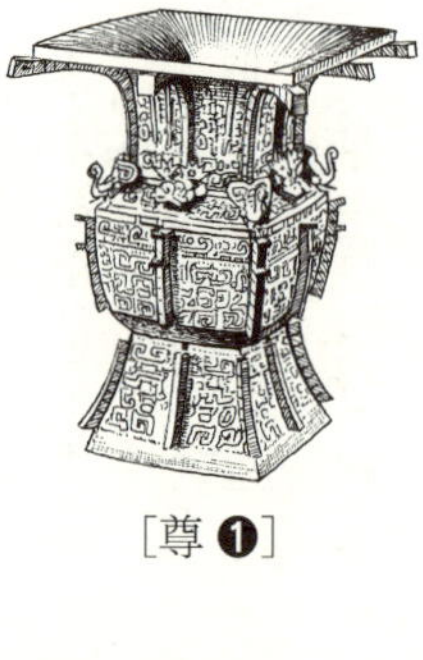
[尊❶]

日本語での用法 ㊀《ソン》「世尊セソン・釈迦三尊シャカサンゾン」▼たっとぶべき神仏。また、その像。㊁《みこと》「素戔嗚尊すさのおのみこと」▼神や貴人の名につけて、敬っていうことば。
古訓 中古 うやまふ・おもんず・たか・たかし・たふとし・みこと 中世 うやまふ・おもし・たか・たかし・たつとし・たふとし・たふとぶ・たる・みこと 近世 うやまふ・きみ・さかだる・たかし・たつとし・たつとぶ・たふとし・たる・ちち・みこと
人名 きみ・たか・たかし・たけ・たけし・たける
【尊意】ソンイ 他人の意志や意向を、敬っていうことば。おぼしめ

し。㊩尊慮・尊旨。例 —をうかがった上で改めてご返事申し上げます。

【尊栄】ソンエイ 身分がとうとく、栄える。

【尊詠】ソンエイ 日他人の作った詩歌を、敬っていうことば。

【尊影】ソンエイ 日他人の写真や肖像を、敬っていうことば。お写真。ご肖像。尊像。

【尊下】ソンカ 手紙で、あて名のわき付けに記すことば。机下。

【尊家】ソンカ 他人の家を敬っていうことば。お宅。〔普通、手紙文に使う〕㊩尊宅。例 御(ゴ)—ますます御発展をお祈り申し上げます。

【尊顔】ソンガン 他人の顔を敬っていうことば。尊容。例 ご—を拝す。

【尊簡】【尊▼翰】ソンカン 他人の手紙を敬っていうことば。貴翰。玉翰。例 —を拝受いたしました。

【尊貴】ソンキ とうとい。また、とうとい人。例 —の身分。

【尊君】ソンクン ①君主をとうとぶ。②他人の父を敬っていうことば。尊父。㊩尊大君(ソンタイクン)。③日相手を敬っていうことば。

【尊兄】ソンケイ ①他人の兄を敬っていうことば。②手紙で、対等の友人を敬っていうことば。

【尊敬】ソンケイ 人や神などに、敬いの気持ちをいだく。例 —の念をいだく。

【尊厳】ソンゲン とうとくおごそかなこと。おかしてはならない、気高い様子。例 生命の—。—を保つ。

【尊公】ソンコウ ①他人の父を敬っていうことば。②相手を敬っていうことば。貴公。尊君。〔男性が対等の男性に対して用いる〕

【尊号】ソンゴウ 呼び名を敬っていうことば。特に、皇帝・皇后・皇太子などに贈られる。例 太上天皇(ダイジョウテンノウ)の—。

【尊者】ソンジャ|ソンザ ①目上の人。身分の高い人。②徳の高い僧を、敬っていうことば。③日昔、大臣が開いた宴会で、上座に座る人。

【尊爵】ソンシャク とうとい爵位。高い身分。

【尊称】ソンショウ 尊敬の気持ちをこめた呼び名。敬称。㊥卑称。

【尊▼攘】ソンジョウ 「尊王攘夷(ソンノウジョウイ)」の略。→【尊王】ソンノウ

【尊信】ソンシン とうとい信頼を寄せる。

【尊親】ソンシン ①父母や祖先をとうとぶ。②たっとび慕う。③父母を敬っていうことば。

【尊崇】ソンスウ 敬い、あがめる。例 人々の—を集める。

【尊前】ソンゼン ①さかだるの前。②神仏や身分の高い人の前を、敬っていうことば。御前(おんまえ)。大前(おおまえ)。広前(ひろまえ)。例 拝殿の—に進む。

【尊▼俎】ソンソ 酒を入れておくうつわと肉をのせる台。転じて、宴席のこと。

【尊▼俎折衝】ソンソセッショウ 武力によらず酒宴の席で有利に交渉を進めること。→【樽俎折衝】ソンソセッショウ（711ページ）

【尊像】ソンゾウ 神仏や身分の高い人の像を、敬っていうことば。尊影。例 北野天神の—。

【尊属】ソンゾク 父母や祖父母、おじやおばなど、目上の血族。㊥卑属。例 —殺人(=尊属を殺すこと)。

【尊体】ソンタイ ①相手のからだを敬っていうことば。おからだ。例 —お大事に。②日仏像や肖像を敬っていうことば。

【尊大】ソンダイ ①偉大である。とうとい。例 尊大以成レ功(ソンダイにしてもってコウをなす)(=偉大で功績をあげる)。〈繁露・奉本〉②えらそうにいばって、他人を見くだすこと。例 —に構える。

【尊台】ソンダイ 年長の人を敬っていうことば。あなたさま。貴台。

【尊大人】ソンタイジン 人の父母を敬っていうことば。清(シン)代以降は父に対してのみ用いた。

【尊重】ソンチョウ とうとび重んじる。価値を認めて大切にする。例 人権を—する。

【尊堂】ソンドウ ①他人の母に対する敬称。②日他人の家の敬称。㊩尊宅。③日相手に対する敬称。尊公。

【尊王】ソンノウ 天子をたっとび、天子中心の国政をおこなうこと。勤王。例 —攘夷(ジョウイ)(=王室を補佐し、異民族を追い払おうとする思想。日本では特に、政権を幕府から天皇の手に取り戻し、西洋人を追い払おうとした幕末の思想を指す)。

【尊卑】ソンピ 身分の高い者と低い者。また、とうといことと、いやしいこと。貴賤(キセン)。例 夫天地至神、而有二尊卑先後之序一(それテンチはシシンにして、ソンピセンゴのジョあり)(=自然界はこの上なく霊妙であり、尊卑や先後という序列が存在する)。〈荘子・天道〉

【尊父】ソンプ 相手の父を敬っていうことば。尊君。〔「ご尊父」の形で、多く手紙や電文に使われる〕㊥尊母。

【尊母】ソンボ 相手の母を敬っていうことば。母堂。〔「ご尊母」の形で、多く手紙や電文に使われる〕㊥尊父。

【尊名】ソンメイ 相手の名前を敬っていうことば。例 ご—はかねがねうかがっておりました。

【尊命】ソンメイ 相手の命令を敬っていうことば。ご命令。おおせ。例 —を帯(オ)して任務につきます。

【尊容】ソンヨウ ①仏像や身分の高い人の、姿や顔かたち。②他人の顔かたちを、敬っていうことば。尊顔。例 —を拝す。

【尊来】ソンライ 他人の来訪を敬っていうことば。光来。来駕(ライガ)。

【尊慮】ソンリョ 相手の考えを敬っていうことば。お考え。高慮。尊意。例 —に従って実施いたします。

●至尊(シソン)・自尊(ジソン)・釈尊(シャクソン)・世尊(セソン)・本尊(ホンゾン)・唯我独尊(ユイガドクソン)

［對］寸11(14) ⇩対(タイ)(388ページ)

［導］寸12(15)

1 3819 5C0E 教5

トウ(タウ)㊥漢 ドウ(ダウ)㊥呉 号 dǎo

みちびく・みちびき・しるべ

［導］寸13(16) 旧字体。

筆順 丷 䒑 芇 首 道 道 導 導

なりたち 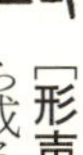 [形声]「寸(=きまり)」と、音「道(ウト)」とから成る。きまりにしたがってひきいる。

意味 手引きする。案内する。すじみちをつける。教える。みちびく。例 導入(ドウニュウ)。指導(シドウ)。誘導(ユウドウ)。

古訓 中古 いはく・いふ・えらぶ・ひく・みちびく・をさむ・をさむる 中世 いふならく・とほる・ひく・みちびく・をしふ・をしゆ 近世 つとむ・とほす・はげます・ひく・ひらく・みちびく・をさむる・をしゆる

人名 おさ・おさむ・とおる・みち・みつ

【導引】ドウイン ①道案内をすること。②道教でおこなう治療・養生法。手足の屈伸をしたり、深呼吸などにより新鮮な空気を体内にみちびく。③日按摩(アンマ)。もみ療治。

【導火線】ドウカセン 日①爆薬の点火に用いる線。口火。②事件が起こる原因となる事柄。きっかけ。例 争いの—となる。

【導管】ドウカン 日①水・ガス・空気などを送るくだ。パイプ。②〔生〕被子植物で、根から吸い取った水分や養分を、上部に送る細いくだ。▽道管。

【導師】ドウシ 〔仏〕①仏の教えを説き、仏道にみちびく者。仏や菩薩(ボサツ)のこと。②法会(ホウエ)をとりおこなう僧のうちの主となる僧。③葬儀を主宰して、死者に引導をわたす僧。

【導線】ドウセン 日電流を通すために用いる針金。

【導体】ドウタイ 日〔物〕熱や電気をよく伝える性質をもった物質。伝導体。良導体。㊥絶縁体。

【導入】ドウニュウ ①人を屋内にみちびき入れる。②日外部から

3画

［寸］11—12画▼對 導

資金や技術などをみちびき入れる。③日音楽や小説などの初めの部分。例—部。
●引導(インドウ)・伝導(デンドウ)・補導(ホドウ)・誘導(ユウドウ)

[導] 寸13(16) ⇩導(ドウ)(393ページ)

42 3画 小(⺌) しょう しょうがしら部

「ちいさい」意をあらわす。「小」をもとにしてできている漢字と、「⺌」の字形を目じるしにして引く漢字とを集めた。

0 小 394　1 少 397　2 尔 尒 397　3 尖 397　当 397　5 尚 399　尙 単 399　9 尞 399　10 尠 399

この部首に所属しない漢字

示→示 954　光→儿 119　劣→力 173　糸→糸 1021
肖→月 1087　毟→毛 739　県→目 926　省→目 927
党→儿 124　堂→土 292　常→巾 433　雀→隹 1406
掌→手 567　甞→甘 263　當→田 397　賞→貝 1262
黨→黑 124

小

小0(3)　1 3014　5C0F　教1

ショウ(セウ)漢呉 篠 xiǎo
ちいさい(ちひ-さし)・こ・お(を)・さ
付表 小豆(あずき)

筆順 亅 小 小

なりたち [会意]「八(=わける)」と「亅(=わずか)」とから成る。分けられて、ちいさい。

意味 ❶形や規模がちいさい。こまかい。**ちいさい**。対大。例小国(ショウコク)。小心(ショウシン)。矮小(ワイショウ)。❷幼い。若い。例男女老小(ダンジョロウショウ)(=男性・女性・老人・子供)。〈墨子・号令〉❸すくない。すこし。わずか。やや。通少。例小雨(ショウウ)。小休止(ショウキュウシ)。小食(ショウショク)。❹身分が低い。劣っている。とるにたりない。つまらない。対大。例小器(ショウキ)。小人(ショウジン)。❺ちいさいと考える。軽んずる。見下す。例孔子登二東山一而小レ魯(コウシトウザンにのぼりてロをちいさしとす)(=孔子は東山に登って魯の国を小さいと思った)。〈孟子・尽心上〉❻自分のがわをへりくだっていうことば。例小社(ショウシャ)。小生(ショウセイ)。

日本語での用法 一《さ》「小霧(さぎり)・小百合(さゆり)・小夜(さよ)」▼よい、好ましい、美しいなどの意をあらわす。二《こ》「小首(こくび)をかしげる・小一時間(こイチジカン)・小器用(こキヨウ)・小奇麗(こギレイ)な店(みせ)・小金(こがね)をためこむ・小耳(こみみ)にはさむ」▼ちょっとした程度をあらわす。

古訓 中古 こ・すくなし・すこしき・ちひさし・を・をさなし 中世 おぼろけ・こ・すくなし・すこし・せむる・ちひさし・ほそし・を・をさなし 近世 おぼろけ・こ・すくなし・すこし・せむる・ちひさし・ほそし・わかし・を・をさなし

人名 いさら・ささ・さ・ちいさ

【小▼笹】(おざさ|ささ) 日ササのこと。

【小味】(こあじ) 日こまやかな味わいのある、趣。対大味。例—のきいた話(=ちょっと心にとまる話)。

【小柄】(こがら) 日からだが普通の人より小さいこと。対大柄(おおがら)。

【小口】(こぐち) 日①取り扱う量や金額の少ないこと。対大口。例—預金。②書物で、背表紙以外の三つ(=天・地・前(まえ))の断面。また、特に背表紙の反対側の面。前小口。③細い棒などを横に切断したときの、切り口。木口(きぐち)。

【小細工】(こザイク) 日①手先でするこまごまとした細工。例きれいに—を施した小箱。②すぐに見破られるような、つまらないたくらみ。例—を弄(ロウ)する。

【小作】(こサク) 日「小作農」の略。地主から土地を借りて、耕作すること。また、その人。対自作。例—人。

【小爪】(こづめ) 日つめの付け根にある、白い三日月状の部分。爪半月(ハンゲツ)。

【小手】(こて) 日①手先。腕先。例—をかざす(=遠くを見たり、光をさえぎるときなどに、目の上に手をさしかけること)。②ひじと手首の間。③剣道で、手首のあたりを打つわざ。籠手(こて)。例—を一本取られる。

【小道具】(こドウグ) 日①こまごました道具。対大道具(おおドウグ)。②舞台や映画などで、登場人物の身の回りの品物。

【小人数】(こニンズウ) 日人数が少ないこと。対多人数(タニンズウ)。

【小幅】(こはば) 日①普通よりはばの狭い布地。②価格・数量などの開きが小さいこと。例—の値動き。▽対大幅(おおはば)。

【小判】(こバン) 日江戸時代の金貨の一つ。薄い長円形で、一枚が一両にあたる。対大判(おおバン)。

【小兵】(こヒョウ) 日①体格が小さいこと。また、その人。小柄(こがら)。対大兵(ダイヒョウ)。②弓を引く力が弱いこと。また、その人。対精兵(セイビョウ)。

【小股】(こまた) 日歩くときの両足の開き(=歩幅)が狭いこと。対大股(おおまた)。例—で歩く。—の切れ上がった女(=すらりとしていて粋(いき)な感じの女性)。

【小間物】(こまもの) 日①(女性用の)化粧品や装身具などのこまごました日用品。〔最近は装粧品ともいう〕例—屋。②〔俗に〕へど。例—を広げる(=吐く)。

【小耳】(こみみ) 日耳。例—に挟む(=ちらりと聞きつける)。

【小文字】(こモジ) 日①小さな文字。②ローマ字の字体の一つ。▽対大文字(おおモジ)。

【小百合】(さゆり) 日ユリ(の花)。

【小夜曲】(さよキョク) 日夜、恋人の家の窓の下で歌ったり、奏でたりする甘く美しい曲。また、小管弦楽のための組曲の一形式。セレナーデ。

【小▼庵】(ショウアン) 小さないおり。粗末な住まい。例—を結ぶ。

【小異】(ショウイ) わずかな違い。例大同—(=ほとんど同じで、たいした違いがないこと)。

【小雨】(ショウウ|こさめ) 少し雨が降ること。また、その雨。こまかな雨。対大雨(タイウ|おおあめ)。

【小宇宙】(ショウウチュウ) ①別天地。②天地を小さいとみなす。③日〔哲〕宇宙の一部でありながら、それ自身が宇宙と同じように、一つのまとまりをもった存在となっているもの。特に、人間のことについていう。ミクロコスモス。

【小屋】一(ショウオク)小さくて粗末な建物。例掘(ほ)っ建て—(ごや)。二(こや)日芝居や見世物の興行(=公演)のための建物。〔劇場の古い言い方〕例芝居—(ごや)。

【小過】(ショウカ) ①小さなあやまち。対大過(タイカ)。例赦二小過一、挙二賢才一(ショウカをゆるし、ケンサイをあげよ)(=小さなあやまちは許し、すぐれた才能のある者を抜擢(バッテキ)せよ)。〈論語・子路〉②易(エキ)の六十四卦(カ)の一つ。☳☶ 艮下震上(ゴンカシンショウ)。山の上に雷がある象。

【小雅】(ショウガ) 『詩経』の詩の分類の一部門。宴席など貴族生活にかかわる歌や、朝廷の批判や末世を嘆く民間の歌も含む。対大雅(タイガ)。

【小閣】(ショウカク) ①小さな高殿。②女性の部屋。

【小学】(ショウガク) ①古代中国の学校。八歳以上の児童を教育した。②漢字の、文字の形や意味および音韻の学問。③日「小学校」の略。

【小額】(ショウガク) 小さい単位の金額。対高額。

【小官】ショウカン ①低い位の役人。小吏。㊟大官。②わたくしめ。官吏が自分をへりくだっていうことば。
【小寒】ショウカン 二十四節気の一つ。寒さが厳しくなりはじめる一月六日ごろ。寒の入り。
【小閑】ショウカン 少しのひま。寸暇。少閑。
【小器】ショウキ ①小さな器物。②度量が小さいこと。また、その人。▽㊟大器タイキ。
【小吉】ショウキチ 日(占いなどで)少しいい運勢。
【小規模】ショウキボ 仕組みや構造・構想などが小さいこと。㊟大規模。例―な改築。
【小休止】ショウキュウシ 少しの時間休む。小憩。㊟大休止。
【小曲】ショウキョク ①少し曲がる。②短い楽曲や詩。
【小▼禽】ショウキン 小鳥ことり。
【小君】ショウクン ①諸侯の臣下が、主君の妻を指していうことば。少君。②上位者の妻に対する尊称。
【小径】ショウケイ【小▼逕】ショウケイ 細いみち。こみち。例羊腸の―(=長く続く細い道)。
【小計】ショウケイ 全体の中の、ある一部分を合計すること。また、その数量。㊟総計。
【小▼慧】ショウケイ つまらない知恵。こざかしいこと。小才。
【小憩】ショウケイ 少しの間、休憩すること。少憩。小休止。例―をとる。
【小言】ショウゲン 一 ①つまらないことば。重要でないことば。㊟大言タイゲン。②こざかしいことば。二 こごと 日①不平や不満をいうこと。例―が多い。②非難がましくしかること。また、そのことば。例お―をもらう。
【小▼姑】ショウコ 一 ①夫の妹。類小姑子。㊟大姑。②未婚の娘。少女。二 こじゅうと・こじゅうとめ 日配偶者の姉妹。
【小功】ショウコウ ①五か月の喪に服する際に着る喪服。②些細サイな功績。
【小康】ショウコウ ①政治がゆきとどき、民衆の生活がおおむね安定していること。②日(病状や争いごとなどが)一時的におさまること。例―状態を保つ。
【小国】ショウコク ①国土の狭いくに。例小国寡民ショウコクカミン(=小さな国に少ない住民)。〈老子・八〇〉②力の弱いくに。▽㊟大国タイコク。
【小差】ショウサ わずかな差。僅差キンサ。㊟大差。例―で勝つ。―で敗れる。
【小才】ショウサイ・こサイ 少しばかりの才能。また、こざかしいこと。小慧ショウケイ。㊟大才。例―こサイがきく。
【小策】ショウサク ①小さいむち。②つまらない策略。小細工こザイク。例―を弄ロウする。
【小子】ショウシ ①子供。②弟子。③自分をへりくだっていうことば。小生。④先生が弟子に呼びかけることば。おまえ。例小子何莫レ学ニ夫詩一ショウシなんぞかのシをまなぶことなきや(=若い諸君、どうしてあの『詩経』を学ばないのか)。〈論語・陽貨〉
【小史】ショウシ ①簡単に書かれた歴史。略史。②下級の書記。③自分の雅号の下につけることば。例大観―。
【小▼疵】ショウシ 少しの欠点。類小瑕ショウカ。
【小誌】ショウシ 日①小さな雑誌。②自分たちの出している雑誌をへりくだっていうことば。
【小字】一 ショウジ ①幼いときの名。幼名。乳名。②小さな文字。二 こあざ 日町や村の中の一区画。単に「字あざ」ともいう。小名こな。
【小児】ショウジ・ショウニ ①子供。②自分の子供をへりくだっていうことば。③他人をあざけっていうことば。④徭役ヨウエキについている者や召し使いに対する呼称。
【小事】ショウジ ちっぽけな事柄。重要でない事柄。㊟大事。例―にこだわる。
【小社】ショウシャ 日①自分の会社をへりくだっていうことば。弊社。②小さな神社。
【小▼姐】ショウシャ・ショウソ ①未婚の娘。お嬢さん。②宋ソウ代、妓女ギジョや女の召し使い。
【小▼豎】ショウジュ 他人を軽侮していうことば。小僧。豎子。
【小銃】ショウジュウ 日携帯用の小型の銃。例自動―。
【小術】ショウジュツ つまらないはかりごと。小細工こザイク。
【小春】ショウシュン・こはる 陰暦十月の異名。春のような暖かい日が続くのでいう。例―日和びより(=初冬の、春のような暖かい日)。
【小暑】ショウショ 二十四節気の一つ。次第に暑くなる七月七日ごろ。
【小序】ショウジョ ①『詩経』の各篇に付されている序文。㊟大序。②詩や文章の前に置き、著作の意図や経緯を記した文。
【小小】ショウショウ ①ごく少ないさま。きわめて小さいさま。②幼いさま。
【小相】ショウショウ ①主君がおこなう儀礼の補佐役。②年の若い男性に対する敬称。
【小祥】ショウショウ ①父母の死の一年後におこなう祭礼。期祭。㊟大祥。②皇帝・皇太后・皇后などの死後十二日めにおこなう祭礼。一日をひと月として一周年に見立てた行事。
【小照】ショウショウ 小さい肖像画や写真。例一葉の―。
【小乗】ショウジョウ [仏]自己の人格形成と、悟りだけを目的として、他へのはたらきかけに消極的な仏教の教え。おもに東南アジアに広まった。㊟大乗。
【小丈夫】ショウジョウフ ①見識の浅い、つまらない人物。㊟大丈夫ダイジョウフ。②身長の低い男性。眇小ビョウショウ。
【小食】ショウショク ①おやつ。②日少ししか食べないこと。少食。㊟大食タイショク。
【小心】ショウシン ①気が小さく、臆病オクビョウなさま。例―者もの。②慎み深い。注意深い。例捺レ頭遣ニ小心一あたまをおさえてショウシンならしめよ(=頭をおさえて慎み深くさせなければいけない)。〈寒山詩〉
【小心文】ショウシンブン 細かなところまで注意し、十分字句を練った文。→【放胆文】ホウタンブン(591ジペー)
【小心翼翼】ショウシンヨクヨク ①こまかく気を配って、万事に慎み深いさま。②日気が小さくて、びくびくしているさま。
【小臣】ショウシン ①身分の低い臣下。また、臣下が自分のことをいう謙称。②君主の身辺で雑事をおこなう身分の低い官。また、宦官カンガンの呼称。③見識のない、つまらない臣下。
【小身】ショウシン 日身分が低く、禄高ロクだかの少ないこと。㊟大身。例―者もの。
【小寝】ショウシン ①天子や諸侯が休息をとる建物。燕寝エンシン。②天子や諸侯の宗廟ソウビョウで、高祖以外の廟の奥殿。㊟大寝。③少しの間眠ること。仮眠。
【小人】一 ショウジン ①度量の狭い人。人格の劣った、つまらない人。例小人之接如レ醴ショウジンのまじわりはレイのごとし(=つまらない人の交際は甘酒のようにしつこい)。〈礼記・表記〉②からだの小さい人。㊟大人ダイジン。二 ショウニン 日幼い子供。㊟大人ダイニン。三 こびと 日おとぎ話に出てくる、からだの小さい人。
【小人間居為ニ不善一】ショウジンカンキョしてフゼンをなす つまらない人間はひまだと、よくないことをしがちである。〈大学〉
【小人窮▼斯濫▼矣】ショウジンキュウすればここにみだる 〔「濫」は、礼から外れる意〕徳の低い者は困窮すると悪事に走る。〈論語・衛霊公〉
【小人儒】ショウジンジュ 名声や利益ばかりを追求するつまらない学者。〈論語・雍也〉
【小人▼之勇】ショウジンのユウ 目先のことで血気にはやってい

るだけの、くだらない者の勇気。匹夫之勇(ヒップのユウ)。小勇。〈荀子・栄辱〉

【小人物】(ショウジンブツ) 度量の狭い人。人格の低い、つまらない人。小人。[対]大人物。

【小豆】(ショウズ・あずき) マメ科の一年草。秋、細長いさやの中に、赤くて固い実をつける。あんや赤飯などの食用にされる。

【小水】(ショウスイ) ①わずかな水。[例]小水常流、則能穿レ石(ショウスイのつねにながるれば、すなわちよくいしをうがつ)(=わずかな水でも絶えず流れれば石に穴をあけることもできる)。〈遺教経論〉 ②小便。尿。

【小数】(ショウスウ) ①とるにたりない技能。②〔数〕絶対値が1より小さい実数。[対]整数・分数。

【小生】(ショウセイ) ①後輩。後進の者。②(手紙などで)男性が、自分をへりくだっていうことば。わたくし。小子。

【小成】(ショウセイ) ①わずかばかりの成功。[対]大成。[例]—に安んじる。②学業などが少し進むこと。

【小石】(ショウセキ・こいし) 小さな石。いしころ。

【小雪】(ショウセツ) ①二十四節気の一つ。立冬の次で、陰暦では十月中ごろ。陽暦では十一月二十二、三日ごろ。②(こゆき)少し降る雪。[対]大雪。[例]—が舞う。

【小節】(ショウセツ) ①つまらない節操。とるにたりない義理立て。[例]規二小節一者、不レ能レ成二栄名一(ショウセツにただされるものは、エイメイをなすあたわず)(=些細(ササイ)な礼節にこだわる者は大きな栄誉を得ることができない)。〈史記・魯仲連伝〉 ②文章の、短いひと区切り。③音楽で、楽譜の縦線で仕切られたひと区切り。

【小説】(ショウセツ) ①つまらない文章や議論。[例]飾二小説一(ショウセツをかざる)(=つまらないことばを飾りたてる)。〈荘子・外物〉 ②世間でうわさされた話などを書いた文章。[例]稗史(ハイシ)—(=民間の言い伝えや、よく知られた歴史的事件などを、おもしろく書いたもの)。③[日]作者が設定した人物や事件などをとおして、社会や人間のありうる姿を描こうとする散文体の文学作品。〔坪内逍遥(つぼうちショウヨウ)が『小説神髄』で「ノベル(novel)」の訳語として用いた〕

【小川】(ショウセン・おがわ) 流れの細い川。

【小銭】[一](ショウセン) [二](こぜに) [日]少額のお金。[例]—入れ。[日]少しばかりのまとまったお金。[類]小金(こがね)。[例]—をためこむ。

【小鮮】(ショウセン) こざかな。→【治二大国一若レ烹二小鮮一】(タイコクをおさむるはショウセンをにるがごとくす)(319ページ)

【小善】(ショウゼン) 小さな善行。

【小僧】[一](ショウソウ) 子供の修行僧。小坊主。[二](こゾウ) [日]①

「少年店員」の古い言い方。でっち。②少年を見下げて、あるいは親しみをこめて呼ぶことば。[例]はなたれ—。

【小胆】(ショウタン) 気が小さいさま。胆力がないさま。[対]大胆。

【小知】(ショウチ) ①こまかなことから推し量る。小さなことを知る。②つまらない知恵。くだらない知識。小智(ショウチ)。

【小畜】(ショウチク) 易(エキ)の六十四卦(カ)の一つ。☴☰ 乾下巽上(ケンカソンショウ)。風が天の上を吹く象。

【小腸】(ショウチョウ) 胃と大腸の間にある長い消化管。十二指腸・空腸・回腸に分けられる。食物の消化や吸収をおこなう。

【小弟】(ショウテイ) ①おとうと。また、自分のおとうとをへりくだっていう。[例]小弟裁二澗蓀一(ショウテイカンリョクをたつ)(=弟は谷川のコブナグサを摘む)。〈李賀・題帰夢〉 ②自分をへりくだっていうことば。小生。〔手紙などに用いる〕[対]大兄(タイケイ)。▽少弟。

【小敵】(ショウテキ) わずかな人数の敵。また、弱い敵。少敵。[例]—といえども、あなどらず。

【小▼篆】(ショウテン) 漢字の書体の一つ。秦(シン)の李斯(リシ)が大篆(ダイテン)を改良して定めたという。秦篆(シンテン)。

【小▼杜】(ショウト) 杜牧のこと。→【老杜】(ロウト)(1076ページ)

【小刀】[一](ショウトウ) 小さなかたな。わきざし。[対]大刀。[二](こがたな) [日]小さな刃物。ナイフ。

【小▼偸】【小盗】(ショウトウ) どろぼう。こそどろ。

【小童】(ショウドウ) ①子供。②年少の男の召し使い。小僮(ショウドウ)。③諸侯の夫人の謙称。④君主が、先代の君主の服喪中に用いる自称。

【小道】(ショウドウ) ①儒家からみた、儒学以外の諸子の学説や技芸。②正道でないもの。邪道。③狭いみち。径(こみち)。

【小年】(ショウネン) ①寿命の短いこと。②一年くらいの間。時間が長いことの形容。③年の若いこと。少年。④陰暦十二月二十四日のこと。かまどの神や祖先を祭る。

【小脳】(ショウノウ) [日]大脳と脊髄(セキズイ)との間にある脳。身体各部の筋運動の調節と平衡をつかさどる。

【小農】(ショウノウ) 土地が狭く、規模が小さい農業。[対]大農。

【小波】[一](ショウハ) [二](さざなみ) 水面にこまかく立つ波。[例]家庭に—が立つ。[日]小さな争いや行き違いのたとえ。▽細波(さざなみ)。漣(さざなみ)。

【小半】[一](ショウハン) 三分の一。また、半分より少ない。少半。↓【太半】(タイハン)(324ページ) [二](こなから) [日]半分の半分。四分の一。特に、米や酒の一升の四分の一(=二合五勺(シャク))をいう。また、わずかばかりの量。二合半(こなから)。[例]—酒(ざけ)。

【小品】(ショウヒン) ①文学や音楽などの、短くまとめた作品。[例]時代物の—。②[日]絵画や彫刻などで、規模の小さな作品。③[日]小さな品物。

【小腹】[一](ショウフク) へそより下。下腹部。[二](こばら) [日]〔「こ」は接頭語〕腹。また、腹が少し…すること。[例]—がすく(=ちょっと腹が減る)。—が立つ(=ちょっと腹が立つ)。

【小文】(ショウブン) ①短い文章。②自分の書いた文章を、へりくだっていうことば。拙文。

【小片】(ショウヘン) 小さなかけら。切れはし。

【小編】(ショウヘン) 短い文学作品。短い文章。短編。掌編。[表記][旧]小▼篇(ショウヘン)

【小便】(ショウベン) 尿。小水。また、小便を出すこと。

【小満】(ショウマン) 二十四節気の一つ。太陽の黄経(コウケイ)が六〇度に達する五月二十一日ごろ。〔草木が茂って、天地に満ち始める意〕

【小民】(ショウミン) しもじもの民。人々。

【小名】[一](ショウメイ) ①とるにたりない名誉。②子供のときの名。幼名。[二](ショウミョウ) [日]江戸時代、領地の少ない大名。

【小勇】(ショウユウ) つまらないことに発揮される勇気。[対]大勇(タイユウ)。[例]—にはやる。

【小用】(ショウヨウ・こヨウ) ①ちょっとした用事。②[日]小便をすること。[例]—に立つ。

【小▼恙】(ショウヨウ) ちょっとした病気。微恙。

【小葉】(ショウヨウ) ①小さな葉。②[日]植物で、複葉を構成する個々の葉。

【小欲】【小▼慾】(ショウヨク) 小さな欲望。欲が少ないこと。[対]大欲。[例]—にして足るを知る。

【小吏】(ショウリ) 位の低い官吏。小役人。少吏。

【小粒】[一](ショウリュウ・こつぶ) つぶが小さいこと。小さなつぶ。[対]大粒。[例]山椒(サンショウ)は—(こつぶ)でもぴりりと辛い。[二](こつぶ) [日]体格や力量が普通より小さいこと。小柄(こがら)。[類]小物(こもの)。

【小量】(ショウリョウ) ①分量や数量が少ないこと。わずかな数量。少量。[対]多量。②度量が小さいこと。狭量。▽[対]大量。

【小路】(ショウロ・こうじ) 町なかのせまい道。こみち。[対]大路(タイロ・おおじ)。

【小▼牢】(ショウロウ) ⇩【少牢】(ショウロウ)(397ページ)

【小論】(ショウロン) ①とるにたりない議論。②規模の小さい論文。小論文。自分の論文をへりくだっていうことば。

【小話】[一](ショウワ) ちょっとした話。こばなし。[二](こばなし) 落語などでの、短い笑い話。ひとくちばなし。小咄。小噺。

●過小・狭小・極小・群小・最小・弱小・縮小・大小・短小

少

小1 (4)

1 3015 5C11 教2

一 ショウ(セウ)漢呉 篠 shǎo
二 ショウ(セウ)漢呉 嘯 shào
すくない(すく-なし)・すこし

筆順 丨 亅 小 少

なりたち  [形声]「小(=ちいさい)」と、音「丿ヘツ」とから成る。多くない。

意味 一 ❶数や量がわずか。すこし。すくない。対多。例少数。少量。僅少。❷すくないと考える。足りないと思う。軽んずる。例顕王左右素習ニ知蘇秦一、皆少レ之(=顕王の左右にいる人々は、以前から蘇秦のことをよく知っており、みな彼を軽視していた)。〈史記・蘇秦伝〉 ❸欠ける。不足する。かく。例少ニ一人一(=(私)一人がそこにいない)。〈王維・九月九日憶山東兄弟〉 ❹しばらくして。例少則洋洋焉(=しばらくすると、のびのびと泳ぎはじめた)。〈孟子・万章上〉 二 ❶年がわかい。幼い。また、若者。幼年者。例少年。幼少。老少。❷同じ役職で下位の方。補佐する役。そえ。例少将。少傅。

古訓 中古 おぼろけ・かく・しばらく・すくなし・すこし・すこしき・とぼし・なし・まれなり・やうやく・わかし・をさなし 中世 おぼろけ・しばらく・すくなし・すこし・まれなり・わかし・をさなし 近世 すくなし・すこし・ちと・まれなり・わかし

人名 お・すく・すくな・つぎ・まれ

【少尉】(ショウイ) 日 軍隊の階級で、尉官の最下位。中尉の下。例陸軍—。

【少▼焉】(ショウエン) しばらくして ほどなく。少しして。時間が短いことの形容。少頃。類少選。

【少▼艾】(ショウガイ) (女性が)若く美しい。また、その人。幼艾。

【少額】(ショウガク) 少ない金額。わずかな金銭。対多額。

【少間】(ショウカン) ①少しの暇。②少し休む。③病気が少しよくなること。④ほどなく。⑤わずかなすきま。ちょっとした感情の行き違い。

【少閑】(ショウカン) 少しのひま。寸暇。小閑。例—を得る。

【少許】(ショウキョ) 少しばかり。

【少君】(ショウクン) ①⇩【小君】(ショウクン)①(395ページ) ②年少の君主。幼君。

【少頃】(ショウケイ) 間もなく。少しして。少焉。

【少憩】(ショウケイ) ちょっと休む。小休止。小憩。

【少子】(ショウシ) ①最も年下の子。末の子。②日 生んだ子供の数が少ないこと。対多子。例—化社会。

【少師】(ショウシ) ①三孤の一つ。少傅・少保と共に三公を補佐する官。②儀式で音楽をつかさどる官。大師に次ぐ。③官職を辞し郷里に引退した士の称。

【少時】(ショウジ) ①子供のとき。幼少年時代。例—をふり返る。②しばらくの間。暫時。例—休憩とする。▽小時。

【少女】(ショウジョ) 年の若い女子。おとめ。対少年。例—雑誌。

【少小】(ショウショウ) 年若い。また、年少者。対老大。

【少少】(ショウショウ) 量や程度がわずかであること。ちょっと。少し。

【少将】(ショウショウ) ①主将の下で一部隊を指揮する将軍。②日 軍隊の階級で、将官の最下位。例海軍—。

【少数】(ショウスウ) かずの少ないこと。マイノリティー。対多数。例—意見。—派。

【少壮】(ショウソウ) 年が若く、元気で勢いがあること。例少壮能幾時(=若く元気な時期はどれほどあろうか)。〈杜甫・贈衛八処士〉

【少長】(ショウチョウ) 年少者と年長者。

【少敵】(ショウテキ) ⇩【小敵】(ショウテキ)(396ページ)

【少納言】(ショウナゴン) 日 律令制の官職の一つ。太政官で事務をおこなう少納言局に属し、侍従を兼ねた。

【少年】(ショウネン) ①年の若い人。特に、年少の男子。対少女。例—野球。②日〔法〕少年法では二十歳未満、児童福祉法では小学生から十八歳未満の男女。

【少年易レ老学難レ成、一寸光陰不レ可レ軽、未レ覚池▼塘春草夢、階前▼梧葉▼已秋声】(ショウネンおいやすくガクなりがたし、イッスンのコウインかろんずべからず、いまださめずチトウシュンソウのゆめ、カイゼンのゴヨウすでにシュウセイ) 若い人はたちまち年をとってしまうが、学問はなかなか完成しない。(だから)わずかの時間も軽視してはならないのだ。うとうとと池の堤(つつみ)の春草に囲まれて夢を見ているうちに、階段の前のアオギリの葉はもう秋風に揺れて音をたてている。〔この詩は、「偶成」という題で、朱熹(シュキ)の作とされてきたが、日本の五山の僧の作である可能性が高い〕

【少半】(ショウハン) ⇩【小半】(ショウハン)(396ページ)

【少府】(ショウフ) ①九卿の一つ。帝室の生活や財政をつかさどる官。帝室で用いる器物の製作や後宮の管理もおこなった。②唐代、県尉の別称。

【少▼傅】(ショウフ) 三孤の一つ。少師・少保と共に三公を補佐する官。

【少保】(ショウホ) 三孤の一つ。少傅・少師と共に三公を補佐する官。

【少量】(ショウリョウ) 量が少ないこと。小量。対多量・大量。

【少▼牢】(ショウロウ) ヒツジとブタの供え物。また、ごちそう。小牢。〔ウシとヒツジとブタの場合は「太牢」〕対太牢。

●過少・希少・軽少・減少・最少・多少・年少・微少・幼少

[尓]

小2 (5) ⇩爾(847ページ)

[尒]

小2 (5) ⇩爾(847ページ)

尖

小3 (6)

1 3277 5C16 人

セン(セム)漢 塩 jiān
とが-る・こす-む

なりたち [会意]「小(=ちいさい)」と「大(=おおきい)」とから成る。上が小さく、下が大きい。先がほそい。

意味 ❶先が細く鋭い。するどい。とがる。例尖鋭。尖塔。❷突き出たさき。はし。さき。例尖端。尖兵。

古訓 中古 するどなり・とがる 中世 するどなり・とがる・とし 近世 かんざし・くひ・すこし・するどし・ちひさし・とがる

難読 尖む(=囲碁の用語)

【尖鋭】(センエイ) ①先が鋭くとがっていること。②日 思想や行動などが急進的なこと。過激なこと。表記 ▽現先鋭

【尖端】(センタン) 日 ①先のとがった部分。突端。例塔の—部。②時代や流行などの先頭。さきがけ。トップ。例—技術。表記 ▽現先端

【尖塔】(セントウ) 先のとがった塔。

【尖兵】(センペイ) 日 軍隊が行軍するとき、本隊の前方を進んで、警戒や捜索にあたる小部隊。先兵。

当

⺌3 (6)

1 3786 5F53 教2

一 トウ(タウ)漢呉 陽 dāng
二 トウ(タウ)漢呉 漾 dàng
あたる・あてる(あ-つ)・まさ-に

[當]

田8 (13)

2 6536 7576 旧字体。

筆順 丨 丷 ⺌ 当 当 当

なりたち  [形声]「田(=はたけ)」と、音「尚ショウ→ト」とから成る。あたる。

[小(⺌)] 1—3画▼少 尓 尒 尖 当

意味 一 ❶あてはまる。かなう。**あたる。あてる。** 例 該当(ガイトウ)。正当(セイトウ)。相当(ソウトウ)。❷向く。向かう。**あたる。** 例 当レ戸而坐(とにあたりてザす)(＝戸に向かって座る)。〈礼記・檀弓上〉 ❸対抗する。抵抗する。防ぎとめる。例 漢田卒少、不レ能レ当(カンデンソツすくなく、あたるあたわず)(＝漢は屯田兵が少なかったために防ぎとめることができなかった)。〈漢書・西域伝下〉 ❹になう。受け持つ。事にあたる。例 当直(トウチョク)。当番(トウバン)。担当(タントウ)。❺さしあたっての。現在の。例 当今(トウコン)。当座(トウザ)。当世(トウセイ)。❻犯罪者にいかなる刑罰を加えるかを決める。刑罰に処す。例 当レ高罪レ死(コウにあてて シにつみす)(＝趙高(チョウコウ)を死刑に処した)。〈史記・蒙恬伝〉 ❼そのときになって。…(＝このときになって、楚の軍隊は諸侯の上に立った)。〈史記・項羽紀〉 例 当二是時一、楚兵冠二諸侯一(このときにあたり、ソヘイショコウにカンたり)(＝このときになって、楚の軍隊は諸侯の上に立った)。〈史記・項羽紀〉 ❽「**まさに…べし**」と読む再読文字。そうあるべきである、当然…すべきである、そうであるはずだ、の意をあらわす。例 及レ時当二勉励一(ときにおよびてまさにベンレイすべし)(＝時をのがさないで、一生懸命にやらなければならない)。〈陶淵明・雑詩〉 ❾もし。通 儻(トウ)。

二 ❶適切である。ちょうどよい。例 妥当(ダトウ)。適当(テキトウ)。❷見なす。考える。例 養レ生者、不レ足三以当二大事一(セイをやしなうは、もってダイジとなすにたらず)(＝親が生きているときに養うというのは《当然のことで》大事とするにたらない)。〈孟子・離婁下〉 ❸質に入れる。また、質ぐさ。例 抵当(テイトウ)。典当(テントウ)(＝質に入れる)。❹その。この。例 当家(トウケ)。当時(トウジ)。当年(トウネン)。当(トウ)の本人(ホンニン)。❺器物の底。例 今有二千金之玉卮一、通而無レ当(いまセンキンのギョクシあり、ツウじてトウなし)(＝ここに非常に高価な玉の杯があって、底が抜けているとしましょう)。〈韓非・外儲説右上〉

古訓 中古 あたる・あつ・おふ・そこ・つかさどる・なほし・べし・まさ・まさに・むべ・むべなり 中世 あたる・あつ・そこ・べし・まさに 近世 あたる・いたる・そこ・べし・まさに

人名 あ・あつ・たえ・まさ・まつ

難読 当帰(やまぜり)・当初(そのかみ)・当時(そのかみ)・当麻寺(たえまでら|たいまでら)

【当字】(あてジ) 日 ことばの本来の語源や構造、または意味に関係のない漢字を、その語の語形にあてはめて使うもの。たとえば、「目出度(めでた)い」「天晴(あっぱ)れ」「荒猿(あらまし)」「野暮(やぼ)」など。宛(あ)て字。借字。

【当為】(トウイ) 日 〔哲〕〔独 Sollen の訳語〕当然そうあるべきこと。当然そうすべきこと。

【当意即妙】(トウイソクミョウ) 日 その場に最もふさわしい機転を、すばやくきかせること。例 —の受け答え。

【当該】(トウガイ) ①今、話題や問題になっていることの。例 —事項について協議する。②その受け持ちの。その係の。例 —官庁の判断に任せる。

【当関】(トウカン) ①門を守る人。門番。②関所を守備する。また、その人。

【当局】(トウキョク) ①その仕事を取り扱い、責任をもって処理する機関。特に、行政上の仕事にかかわる役所や官庁。例 政府—の発表。—の関係者。②この局。その局。

【当家】(トウケ) (自分の)この家。例 —の主人。

【当月】(トウゲツ) この月。その月。今月。例 —の売り上げ目標。

【当国】(トウコク) ①国の政治を執る。②(トウゴク) この国。

【当今】一(トウコン) 近ごろ。このごろ。いま。当節。例 当今廊廟具(トウコンロウビョウそなわる)(＝今のところは政府に立派な人物がそろっている)。〈杜甫・自京赴奉先県詠懐五百字〉 —の流行。二(トウギン) 当代の天子。

【当座】(トウザ) 日 ①その場。即座。例 —思いついたこと。②しばらくの間。当分。例 —の間に合わせ。③「当座預金」の略。小切手によって自由に引き出せる、無利子の預金。

【当罪】(トウザイ|つみにあたる) ①罪に触れる。②罪の軽重に応じた刑罰をあてる。

【当山】(トウサン|トウザン) 日 ①この山。②この寺。類 当寺。例 —の住職。

【当事】(トウジ) 直接、そのことに関係していること。例 —国。

【当事者】(トウジシャ) そのことに直接関係する人。また、直接そのことにあたる人。対 第三者。例 —どうしで話し合う。

【当時】(トウジ) ①そのころ。そのとき。その昔。例 当時七夕笑二牽牛一(トウジシチセキにケンギュウをわらう)(＝かってたなばたの宵、《玄宗と楊貴妃(ヨウキヒ)は》牽牛の宿命を笑った)。〈李商隠・馬嵬〉 ②いま。現在。例 —繁栄をほこる大店(おおだな)。

【当日】(トウジツ) そのことがおこなわれるという日。その日。例 —券。—の予定。

【当社】(トウシャ) 日 ①この会社。わが社。②この神社。

【当主】(トウシュ) 日 その家の、現在の主人。当代。対 先代。

【当初】(トウショ) はじめ。最初。例 —の計画とくいちがう。

【当所】(トウショ)【当処】(トウショ) この場所。このところ。当地。

【当世】(トウセイ) 今の世。現代。今の時代。例 当世士氷炭満二懐抱一(トウセイのシヒョウタンをカイホウにみたす)(＝現代の連中といったら、まるで氷と炭火みたいな矛盾した欲望をいだいている)。〈陶淵明・雑詩〉 —のはやり。

【当世風】(トウセイフウ) 日 今の世のはやりや風習。また、そのさま。いまふう。類 当風。例 —な生き方。

【当節】(トウセツ) 日 このごろ。現今(ゲンコン)。当今(トウコン)。例 —の風潮。

【当千】(トウセン|トウゼン) ひとりで千人にあたいすること。また、きわめて強いこと。例 一騎—の勇者。

【当選】(トウセン) ①選ばれる。②日 選挙で選び出されること。対 落選。例 —確実。③日「当籤(トウセン)」に同じ。

【当▼籤】(トウセン) 日 くじにあたること。例 宝くじの—番号。

【当然】(トウゼン) ①道理から考えて、そうあるべきこと。あたりまえ。②もちろん。例 —君にもやってもらう。

【当代】(トウダイ) ①今の時代。この時代。現代。例 —一の歌舞伎(かぶき)俳優。②その時代。当時。例 —の風習。③日 その家の現在の主人。当主。対 先代。④日 現在の天皇。

【当地】(トウチ) この土地。この地方。当所。例 —の名産。

【当直】(トウチョク) 当番で日直や宿直をすること。また、その人。例 —にあたる。

【当店】(トウテン) ①質屋。②日 この店。自分の店。例 —自慢の料理。

【当塗】(トウト|みちにあたる)【当途】(トウト|みちにあたる) ①「当路(トウロ)①」に同じ。②途中。道なかば。

【当道】(トウドウ|みちにあたる) ①人としての道に一致する。②「当路(トウロ)」に同じ。

【当人】(トウニン) 日 その人。本人。当事者。例 —に会わせる。

【当年】(トウネン) ①その年。そのころ。例 当年頗似尋常人(トウネンすこぶるジンジョウのひとにたり)(＝当時は世間の普通の人といささか似ていた)。〈李白・梁甫吟〉 ②若く元気な時期。壮年。③ことし。この年。本年。例 —とって三十歳。

【当番】(トウバン) 順番にする仕事などに、あたること。また、その人。対 非番。例 掃除—。

【当否】(トウヒ) ①あたることと、あたらないこと。あたりはずれ。例 —は不明。②正しいことと、正しくないこと。よしあし。

【当分】(トウブン) 日 しばらくの間。さしあたり。例 —休業する。

【当方】(トウホウ) 日 自分のほう。こちら。対 先方。例 —から伝える。—のミス。

【当面】(トウメン) ①今、目の前にある。ある問題や事態にぶつかる。例 難問に—する。②日 さしあたり。目下(モッカ)。今のところ。例 —困ること。

【当夜】(トウヤ) ①その夜。事の起こった、その夜。例 —のアリバイ。②日 この夜。今夜。例 —は冷えこむ。

【当用】(トウヨウ) 日 さしあたって使うこと。例 —日記。

【当来】〔仏〕当然くるはずの世。未来。来世。

【当落】回当選と落選。当選か落選か。例—線上。

【当流】①流れの中に立つ。②回この流儀。自分の流儀。③回当世風。

【当路】①〔「路」は、交通の重要な地点の意〕重要な地位にいること。また、その人。当塗。例—の要人。②道をさえぎる。▽当道。

【当惑】回とまどう。途方にくれる。例—の色が見える。
●穏当・芸当・見当・順当・妥当・適当・日当・配当・不当・本当

尚

⺌5(8) 1 3016 5C1A 常用
一ショウ(シャウ)漢呉 漾 shàng
二ショウ(シャウ)漢呉 陽 cháng
たっと-ぶ・とうと-ぶ(たふと-ぶ)・なお(なほ)・ひさ-しい(ひさ-し)

[尙] 小5(8) 5C19 旧字体。

筆順 

なりたち  [形声]「八(=分かれて高くのぼる)」と、音「向キョウ→ショウ」とから成る。高くする。

意味 一 ❶うえ。かみ。通上。例尚同(=上同。下々の人間が上位者の思想に同調するという墨家の政治思想)。❷たかくする。たかい。例尚志。高尚。❸重んじる。たっとぶ。とうとぶ。例尚歯。尚武。❹このみ。例好尚。❺くわえる。例草尚二之風一必偃(=草は風を加えれば必ずなびく)。〈孟子・滕文公上〉❻願う。希望する。こいねがう。こいねがわくは。例爾尚輔二予一人一(=そなたは私を補佐してくれ)。〈書経・湯誓〉❼天子のむすめ(公主)と結婚する。めとる。例尚主。❽昔にさかのぼる。例尚友。尚論。❾まだ。そのうえ。…でさえも。なお。例尚早。❿ふるい。とおい。ひさしい。例尚遠(=古く、遠い)。尚久(=久しい)。尚しい話。⓫もし。例尚欲レ祖二述尭舜禹湯之道一(=もし尭・舜・禹・湯の道を祖述(=改変を加えることなくそのまま見習うこと)しようと願うなら)。〈墨子・尚賢上〉 二 ⇩【尚佯】

古訓 中古 うく・うへ・うへにす・かざる・くはふ・ごとし・こひねがふ・たとふ・たふとし・たふとぶ・つかさどる・なほ・なほし・なり・ねがふ・ひさ・ひさし・まさし・ます・むかし 中世 かざる・かつて・くはふる・こひねがふ・たつとぶ・たとふ・つかさどる・なほ・ひさ・ひさし 近世 かざる・かつ・かみ・くはへる・こひねがふ・たかし・たすく・たつとし・たつとむ・つかさどる・なほ・ひさし・むかし

人名 さね・たか・たかし・なか・なり・ひさ・ひさし・ひとし・ひろし・ます・やす・ゆき・よし

難読 尚侍・尚殿

【尚▼絅】〔「絅」は、ひとえものの意〕錦の服に絅を重ねて、美しさを目立たないようにする。内面の華やかさを外にあらわさないことのたとえ。〈中庸〉

【尚賢】賢者を尊重する。

【尚古】昔の文化や思想を、すぐれたものとしてとうとぶこと。崇古。例—主義(=昔の制度などを今の模範として生かそうとする考え方)。

【尚志】志を高くもつこと。

【尚歯】〔「歯」は、年齢の意〕老人を敬うこと。敬老。

【尚主】公主(=天子の娘)を妻として迎える。

【尚書】①五経の一つ『書経』の別名。古代の史実などをまとめた書。②秦代、詔書(=みことのり)を取り扱う官職。後漢代に強権を持つようになり、唐代には、国家の政務の中心的地位となった。③回太政官の弁官の中国風の呼び名。

【尚書省】隋・唐時代、六部を統轄した中央行政機構。

【尚書令】「尚書省」の長官。

【尚早】(時期が)まだはやいこと。まだその時期ではないこと。例時期—だ。

【尚武】武道をたっとぶこと。例—の気風。

【尚友】(書物を読んで)古人を友とすること。

【尚▼佯】【尚羊】ぶらぶら歩きまわる。あてもなくさまよう。倘佯。

【尚論】さかのぼって議論する。昔の人について論ずる。

【尚更】回なおいっそう。ますます。例—悪い。
●和尚・高尚

[单] ⺌5(8) ⇩鼠(1512ページ)

寮

小9(12) 3 4760 5C1E
リョウ(レウ)漢呉 嘯 liào

意味 火をたき、天を祭る。火祭り。通燎。

尠

小10(13) 2 5386 5C20
セン漢呉 銑 xiǎn
すく-ない(すく-なし)

意味 すくない。例尠少。
【尠少】少ないこと。すこし。

43 3画 尢(兀・尣) だいのまげあし部 おうにょう

片足がなえて曲がった人の形をあらわす。「尢」をもとにしてできている漢字と、「尢(兀・尣)」の字形を目じるしにして引く漢字とを集めた。

0 399 尢 尣 1 399 尤 4 400 尪 尫 尩 尨 9 400 就 尰

この部首に所属しない漢字
兀→儿 117

尢

尢0(3) 2 5387 5C22
オウ(ワウ)漢 陽 wāng
あしかが-まる

[尣] 尢0(4) 3 4761 5C23 俗字。

意味 片足が不自由なさま。片足が曲がっている。

尤

尢1(4) 1 4464 5C24 人
ユウ(イウ)漢 ウ呉 尤 yóu
とが-める(とが-む)・もっと-も

なりたち  [形声]「乙(=芽が曲がって生える)」と、音「又ユウ」とから成る。特異である。

意味 ❶他と異なっている。とりわけすぐれている。例尤異。尤物。❷とりわけ。とくに。はなはだ。もっとも。例択二其言尤雅者一(=そのことばがとりわけ美しいものをえらんだ)。〈史記・五帝紀〉❸責める。とがめる。例不レ怨レ天、不レ尤レ人(=天を恨まず、人を責めない)。〈論語・憲問〉❹あやまち。とが。例言寡レ尤、行寡レ悔(=ことばにあやまちが少なく、行動に後悔が少ない)。〈論語・為政〉尤悔。

日本語での用法《もっとも》①「尤も秀でた者」▼程度が進んでいること。②「その主張は尤もなところがある」

▼理にかなっていること。あたりまえ。③「それはよくない。尤（もっと）も本人（ホンニン）が好（この）むなら話（はなし）は別（ベツ）だ」▼そうは言っても。一方では。

古訓 中古 あやまつ・けやけし・とが・とがむ・はなはだ・もとも 中世 あた・あやまち・けやけし・とがむ・とがむる・はなはだ・もっとも 近世 あやし・あやまち・うらむ・おほし・けやけし・せむる・とが・とがむる・はなはだし・もっとも

人名 まさる・もつ・もと

【尤異】（ユウイ）とりわけすぐれている。

【尤悔】（ユウカイ）過ちと後悔。心がとがめたり後悔したりするようなこと。→意味❹

【尤最】（ユウサイ）いちばんすぐれている。最上。

【尤物】（ユウブツ）①特にすぐれているもの。②美女。美人。例 尤物惑レ人忘不レ得（ユウブツはひとをまどわしてわすれえず）（＝美人は人を惑わして、忘れられなくする）。〈白居易・李夫人〉

尪

尢4（7）　5C2A

オウ（ワウ）漢 呉 陽 wāng

［尫］兀4（7）　③4762 5C2B　俗字。

［尩］尣4（8）　④0814 5C29　俗字。

意味 ❶足の曲がった人。例 尪弱（オウジャク）。 通 尢（オウ）。❷やせて弱々しい。よわい。例 尪弱。

【尪弱】（オウジャク）やせていてからだが弱い。類 尪羸（オウルイ）。

尨

尢4（7）　②5388 5C28

一 ボウ（バウ）漢 江 máng
二 ボウ漢 東 méng
むくいぬ・むく

意味 一 ❶毛がふさふさとしたイヌ。**むくいぬ**。例 尨犬（ボウケン）。尨毛（むく）。❷雑色の。例 尨服（ボウフク）（＝色のまじった服）。❸量がたっぷりと、ゆたかでおおきい。通 厖（ボウ）。例 尨大（ボウダイ）。二 いりまじっている。みだれている。例 尨雑（ボウザツ）。

【尨雑】（ボウザツ）粗悪なものがいりまじっている。

【尨大】（ボウダイ）非常に大きいさま。膨大。厖大（ボウダイ）。

【尨毛】（げむく）日 獣の、長くふさふさした毛。例 ―の犬。

就

尢9（12）　①2902 5C31　教6

シュウ（シウ）漢 **ジュ**呉 宥 jiù
つく・つける（つ-く）・**ついては**

筆順 亠 古 亨 京 京 就 就 就

なりたち ［会意］「京（＝高い丘）」と「尤（＝ふつうと異なる）」とから成る。高い。派生して「つく」の意。

意味 ❶つきしたがう。身をよせる。**つく**。例 去就（キョシュウ）。故（ふる）きを去（す）てて新（あら）たしきに就（つ）く。❷行く。おもむく。**つく**。例 猶ニ水之就レ下也（なおみずのひくきにつくがごときなり）（＝ちょうど水が低いほうへ流れていくようなものだ）。〈孟子・告子上〉❸とりかかる。新しく仕事や役目につく。**つく**。例 就学（シュウガク）。就職（シュウショク）。就任（シュウニン）。❹ものごとができあがる。なしとげる。なす。なる。例 成就（ジョウジュ）。❺たとえ…としても。たとい。例 就能破レ之、尚不レ可レ有也（たといよくこれをやぶるも、なおたもつべからざるなり）（＝たとえ破ることができたとしても、それを保つことはできないだろう）。〈魏志・荀彧伝〉

古訓 中古 つく・なり・なる 中世 したがふ・つく・なる・むかふ・をはり 近世 くまたか・したがふ・つく・なる・ひさし・むかふ・をはり

人名 つぎ・つぐ・なり・ひさし・ひとし・ゆき・よし

難読 就而（ついては）

【就役】（シュウエキ）①役務（エキム）につく。対 退役。②囚人が刑に服する。③新造の軍艦が任務につく。

【就学】（シュウガク）①学問を始める。②学校にはいる。例 ―年齢。

【就義】（シュウギ）①正道につき従う。②正義のために死ぬ。

【就業】（シュウギョウ）①仕事や学業にとりかかる。②仕事をなしとげる。③日 職業についている。対 失業。例 ―人口。▽就労。

【就航】（シュウコウ）日 船や飛行機が初めてその航路につく。

【就床】（シュウショウ）眠るために、とこにつく。就寝。就眠。

【就食】（シュウショク）①食事に行く。②生活のために郷里を離れてよそへ行く。類 就糧。例 与レ汝就ニ食江南一（なんじとコウナンにショクにつく）（＝おまえと生活のために江南へ行く）。〈韓愈・祭十二郎文〉

【就職】（シュウショク）職業につく。対 退職・離職・失職。例 ―難。

【就▼蓐】（シュウジョク）出産のために横になる。分娩（ブンベン）する。臨蓐（リンジョク）。

【就▼褥】（シュウジョク）（しとねにつく）①床につく。眠る。②病床につく。

【就寝】（シュウシン）寝床にはいって、眠る。就床。就眠。対 起床。

【就世】（シュウセイ）（よにつく）①人生を終える。死ぬ。即世。②世の流れに従う。

【就正】（シュウセイ）①徳の高い人に教えを請い、考えを正す。②詩文の訂正や批評を請う。③正道につき従う。

【就中】（シュウチュウ）（なかんずく／なかんずくに）〔「中（なか）に就（つ）く」の訓読から〕そのなかでも。とりわけ。ことに。特に。例 就中腸断是秋天（なかんずくはらわたたつはこれシュウテン）（＝とりわけ、はらわたのちぎれる思いをするのは秋だ）。〈白居易・暮立〉

【就任】（シュウニン）職務や任務につく。対 退任・辞任・離任。例 学長に―する。

【就縛】（シュウバク）（バクにつく）犯人などがとらえられて、しばられる。

【就木】（シュウボク）（きにつく）〔「木」は、棺の意〕棺に入る。死ぬこと。

【就眠】（シュウミン）ねむりにはいる。寝る。就寝。就床。

【就養】（シュウヨウ）①父母のそばで孝行を尽くす。②親が子から孝養を受ける。

【就労】（シュウロウ）仕事にとりかかる。また、職をもって仕事をしている。就業。例 ―者。―時間。

尰

尢9（12）　④0815 5C30

ショウ漢 腫 zhǒng

意味 足がはれる病気。

44 3画 尸 しかばね部

人がうつぶせにたおれている形をあらわす。また、「やね」「建物」の形をあらわす。「尸」をもとにしてできている漢字と、「尸」の字形を目じるしにして引く漢字とを集めた。「しかばねかんむり」「しかむり」「かばねだれ」ともいう。

⓪ 400 尸 ① 401 尹 尺 ② 401 尻 尼 ③ 402 屃 尽 ④ 402 局 尿 屁 尾 ⑤ 403 居 屈 届 屆 ⑥ 405 屋 屍 屎 屎 屏 ⑦ 405 屓 屐 屑 屑 展 ⑧ 406 屠 屛 ⑨ 406 屟 属 屠 屡 ⑪ 407 屣 層 屢 ⑫ 408 屧 層 履 ⑭ 408 屨 ⑮ 408 屩 ⑱ 408 屬 ㉑ 408 屭

この部首に所属しない漢字

昼→日 628　尉→寸 392　釈→釆 1344
犀→牛 854　辟→辛 1294　孱→子 361

尸

尸0（3）　②5389 5C38

シ漢 呉 支 shī
しかばね・かばね・かたしろ

意味 ❶死んだ人のからだ。**しかばね**。**かばね**。通 屍（シ）。例 尸骸（シガイ）（＝死者のからだ。むくろ）。❷祖先を祭るときに神霊の代わりに祭りを受ける人。また、位牌ハイ。かたしろ。例 尸祝シュク。❸責任を果たさない。むなしく位にある。怠る。例 尸位素餐ソサン。尸禄ロク（=俸給泥棒）。❹並べる。多く、死体を並べてさらしものにすることをいう。つらねる。例 尸二諸周氏之汪一（これをシュウシのオウにつらぬ）（=これ（=死体）を周氏の池にさらした）。〈左伝・桓一五〉❺つかさどる。

【尸位】イシ 位についているだけで職務を果たさない者。類 尸官・尸禄ロク。

【尸位素▼餐】シイソサン 職務の責任を果たさないで、俸給だけをもらうこと。尸素。〈漢書・朱雲伝〉

【尸解】シカイ 神仙術の一つ。遺体、またはそれに代わるものを現世に残して、神仙に化す術。

【尸▼諫】シカン 死んだ後まで、主君をいさめる。屍諫シカン。死諫。諫死。

【尸祝】シシュク ①形代かたしろと神主かんぬし。祭祀サイシで神霊の代わりとするものと、神霊のことばを伝える者。主祭。②祭る。あがめる。

尹

尸1（4） 2 5390 5C39

イン（キン）漢 軫 yǐn

おさ（をさ）・ただ-す・おさ-める（をさ-む）

意味 ❶役所の長官。**おさ**。例 令尹レイイン（=地方長官）。❷ある地域を支配し、安定させる。つかさどる。**おさめる**。**ただす**。例 天下を尹ただす。

日本語での用法 《かみ》「弾正台ダンジョウダイの尹かみ」▼律令制の四等シトウ官で、「弾正台」の第一位。長官かみ。

【尹祭】インサイ 祖先の祭りに用いる、正方形に切り分けられた干し肉。

尺

尸1（4） 1 2860 5C3A 教6

セキ漢 シャク呉 陌 chǐ

さし

筆順 ㇕ コ 尸 尺

なりたち [会意]「尸（=人体）」と「乀（=しるし）」とから成る。人体を基準にした長さの単位。

意味 ❶長さの単位。十寸。一丈の十分の一。例 三尺サンジャク。七尺シチセキの軀ク。❷長さ。たけ。ものさし。**さし**。例 尺度シャクド。縮尺シュクシャク。❸わずか。小さい。短い。例 尺寸セキスンの地チ。三尺サンセキの童子ドウジ。❹手紙。〔昔の手紙は長さ一尺の、木の札に書かれたことから〕例 尺簡セキカン。尺素セキソ。尺牘セキトク。

日本語での用法 《シャク》「身みの丈たけ五尺ゴシャク」▼尺貫法の長さの単位。十寸（=約三〇・三センチメートル）。

古訓 中古 さだむ・たかばかり・みじかし 中世 くらぶる・たかばかり 近世 くらぶる・たかばかり・はかる・ものさし

人名 かね・さか・さく・たけ

難読 曲尺かね・かねジャク・まがりがね・まがりジャク・短尺タンザク

【尺度】シャクド ①長さをはかる器具。ものさし。②長さ。寸法。例 ―をはかる。③計量や評価の基準。例 同じ―では、はかれない。判断の―。

【尺八】シャクハチ 〔一尺八寸（=約五五センチメートル）の意〕長さが一尺八寸の竹製の縦笛。

【尺余（餘）】シャクヨ 一尺よりやや長いこと。一尺あまり。

【尺一】セキイツ 天子の下す詔勅。〔漢代、詔勅は長さ一尺一寸の牘トク（=木札）に書いたことから〕

【尺▼蠖】セキカク シャクトリムシ（尺取り虫）。セキガ科の幼虫。指で反物の寸法を取るような形にからだを屈伸させて進む。蚇蠖セキカク。蚸蠖セキカク。

【尺▼蠖▼之屈以求ㇾ信▼也】セキカクのクッするはもってのびんことをもとむるなり 〔尺取り虫が身を縮めるのは、縮めたあとで大きく伸びようとするためである〕成功するためには、一時の辛抱が必要なことのたとえ。〈易・繋辞下〉

【尺簡】セキカン 〔「簡」は、文書を書く竹の札〕手紙。書状。

【尺書】セキショ 短い文書。また、手紙。寸書。

【尺寸】セキスン 〔一尺と一寸の意〕ごくわずかなこと。

【尺寸▼之功】セキスンのコウ わずかばかりの手柄。〈史記・淮陰侯伝〉

【尺素】セキソ 〔「素」は、文字を書くのに用いた絹布〕手紙。書状。尺書セキショ。

【尺地】セキチ・シャクチ せまい土地。わずかの土地。尺土セキド。寸土。

【尺土】セキド 「尺地セキチ」に同じ。

【尺▼牘】セキトク 〔「牘」は、文書を書く木の札〕手紙。書状。

【▼枉ㇾ尺▼而直ㇾ尋】セキをまげてジンをなおくす 一尺を曲げて一尋（=八尺）をまっすぐにする。小を曲げて大を正しくする。大きな目的のために小さなことを犠牲にするたとえ。〈孟子・滕文公下〉

●咫尺シセキ・縮尺シュクシャク

尻

尸2（5） 1 3112 5C3B 常用

コウ（カウ）漢呉 豪 kāo

しり・けつ

付表 尻尾しっぽ

[尻] 尸3（6） 3 4763 378D 俗字。

筆順 ㇕ コ 尸 尸 尻

なりたち [形声]「尸（=人体）」と、音「九キュウ→コウ」とから成る。しり。

意味 ❶**しり**。臀部デンブ。例 尻尾しっぽ。❷ものの地につくところ。底。ねもと。

日本語での用法 《しり》「川尻かわじり・ことば尻じり・目尻めじり・借金の尻拭しりぬぐい・帳尻ちょうじりをあわせる」▼最後のところ。おわり。うしろ。しめくくり。

古訓 中古 しり・ゐさらひ 中世 しり 近世 しり・ゐさらひ・をりどころ

【尻尾】しっぽ 日①動物の尾お。例 ―を振る。②長いものの、うしろ。例 行列の―。

尼

尸2（5） 1 3884 5C3C 常用

一 ジ（ヂ）漢 ニ呉 支 ní

二 ジツ（ヂツ）漢 質 nì

あま

筆順 ㇕ コ 尸 尸 尼

なりたち [形声]「尸（=人体）」と、音「匕ヒ→ジ」とから成る。人のうしろから近づく。借りて「あま」の意。

意味 一 出家した女性の修行者。梵語ボンゴ bhikṣuṇī の音訳「比丘尼ビクニ」の略称。**あま**。例 尼僧ニソウ。禅尼ゼンニ。比丘尼ビクニ（=尼僧）。二 ❶阻止する。はばむ。とめる。例 止或尼之これをとどむるありとどむるは（=実行しないのは、それをとどめるものがあるのである）。〈孟子・梁恵王下〉❷親しむ。近づく。通 昵ジ。

日本語での用法 《あま》①「尼あまさん」▼キリスト教の修道女。②「あの尼あま・尼あまっこ」▼女性をののしって言うことば。

古訓 中古 あま・すなはち・やはらかなり 中世 あま・とどむ・やすし・やはらか・やはらぐ 近世 あま・ちかし・ちかづく・とどまる・やすし・やはらぐ

人名 さだ・ただ・ちか

【尼丘】ジキュウ 山東省曲阜キョクフ市東南にある山。孔子の父母がこの山に祈って、孔子が生まれたという。孔子の名の丘キュウ、字あざなの仲尼チュウジのいわれとなる。転じて、孔子の異称。類 尼山ジザン。

【尼父】【尼▼甫】ジホ・ジフ 〔「尼」は孔子の字あざなの仲尼チュウジの

一字、「父・甫」は男性の美称〕孔子の尊称。

【尼公】コウ 日あまになった貴婦人の敬称。あまぎみ。

【尼寺】ジ／あまでら ①〔仏〕あまの住む寺。類尼院イン／ニイン。対僧寺ジ。②日キリスト教の女子修道院。

【尼僧】ソウ ①出家した女性。あま。比丘尼ビクニ。②日キリスト教の修道女。あま。

［屃］尸3（6）⇩尻しり（401ページ）

［尽］尸3（6）

1 3152 5C3D 常用

一 シン漢 ジン呉 軫 jìn
二 ジン慣 シン漢 軫 jǐn

つくす・つきる（つ-く）・つかす・ことごと-く・すが-れる（すが-る）

［盡］皿9（14） 2 6624 76E1 人 旧字体。

筆順 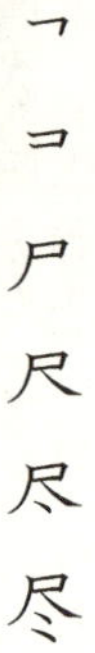

なりたち  ［形声］「皿（=うつわ）」と、音「𦘔ジ」とから成る。うつわの中が空からである。

意味 一 ❶あるものすべてを出しきる。つくす。つきる。例尽力ジンリョク。無尽蔵ムジンゾウ。❷頂点をきわめる。十分である。つくす。例尽レ美矣、又尽レ善也（=〔舜シュンの音楽は〕美しさは十分で、また〔道徳的な〕善さも十分である）。〈論語・八佾〉❸おわる。つきる。例自尽ジジン（=自ら死する。自殺）。❹月のおわり。みそか。つごもり。例三月尽サンガツジン。小尽ショウジン（=陰暦の小の月。二十九日の月）。大尽ダイジン（=陰暦の大の月。三十日の月）。❺すべて。ひとつ残らず。ことごとく。例尽信レ書、則不レ如レ無レ書（=『書経ショキョウ』に書かれていることがすべて正しいと信じるなら、『書経』などないほうがよい。一般に、書物は批判的に読むべきだということ）。〈孟子・尽心下〉 二 思いのままにさせる。するにまかす。通儘ジン。例任二人采弄一尽二人看一（=人が手折たり楽しむにまかせ、人に思う存分観賞させる）。〈白居易・題山石榴花〉

古訓 中古 こぞる・ことごとく・つく・つくす・とぐ・やむ・をはる 中世 ことごとく・つくす 近世 きはまり・ことごとく・つくす・つくる・みな・むなし

【尽言】ジンゲン ①十分に言いつくす。②ためらわず進言する。存分にいさめる。

【尽日】ジンジツ ①朝から晩まで。ひねもす。終日。例尽日君王看不レ足（=朝から晩まで皇帝は見飽きなかった）。〈白居易・長恨歌〉②それぞれの月または一年の、最終の日。みそか。おおみそか。例八月—。

【尽心】ジンシン ①精神力を出しきる。②心の本質を見きわめる。

【尽▼瘁】ジンスイ 〔「瘁」は、心身がひどく疲れる意〕体力や気力をつくす。骨を折る。例教育に—する。

【尽忠報国】ジンチュウホウコク 忠義をつくして国の恩に報いる。〈北史・文苑伝・顔之儀〉 参考 南宋の岳飛ガクヒは、この四文字を背中に入れ墨していたという。〈宋史・岳飛伝〉

【尽年】ジンネン 天寿をまっとうする。

【尽力】ジンリョク できるかぎりの努力をする。骨を折る。

●大尽ダイジン・無尽ムジン・理不尽リフジン

［局］尸4（7）

1 2241 5C40 教3

キョク漢 沃 jú
つぼね

筆順 

なりたち  ［会意］「口（=くち）」が「尺（=正しくなおす）」の下にある。口をつつしむ。ちぢこまる。

意味 ❶まげる。ちぢまる。からだを曲げてちぢこまる。せぐくまる。通跼キョク。例局天蹐地キョクテンセキチ（=テンにせぐくまりチにぬきあしす）。❷区切る。しきる。また、区切られた狭いところ。例局限キョクゲン。局地キョクチ。局部キョクブ。❸こまかく分けられた部屋。役所などで仕事の内容によっていくつかに分けた単位の一つ。例局長キョクチョウ。事務局ジムキョク。部局ブキョク。❹ものごとのようす。なりゆき。当面の事態。例局面キョクメン。時局ジキョク。❺才能。度量。例局度キョクド。局量キョクリョウ（=器量）。❻囲碁や将棋やチェスなどの盤。また、その勝負。例一局イッキョク。終局シュウキョク。対局タイキョク。❼だます。詐欺。例局騙キョクヘン（=金品をだましとること）。美人局つつもたせ（=女性の色気を使って男性から金品をだましとること）。

日本語での用法 《つぼね》「お局つぼねさま・長局ながつぼね・二位ニイの局つぼね」▼宮中や大奥などで、女房ニョウボウや女官ニョカンの部屋。また、そこに住む女房や女官（を敬っていうことば）。

古訓 中古 かぎる・せばし・たむろ・つぼね 中世 かぎる・つぼね・へや・まがる 近世 かがまる・かぎる・ゴバンばこ・せぐくまる・つぼね・へや・まがる

人名 ちか

【局員】キョクイン 局と呼ばれる組織の職員。

【局外】キョクガイ ①局の力のおよばないところ。局の管轄外。対局内。②事態に直接の関係がないこと。例—者。—中立（=対立・抗争のどちらにも、味方しないこと）。

【局限】キョクゲン ある範囲にかぎること。例問題を—する。

【局子】キョクシ ①〔「局」は碁盤、「子」は碁石〕囲碁の道具。②店構えをしていない商店。また、倉庫。

【局所】キョクショ 日①全体の中の限られた一定の部分。例—麻酔。②陰部。▽局部。

【局束】【局趣】キョクソク ものごとにとらわれ、自由でない。拘束。局促。

【局促】キョクソク ①狭い。短い。②器量や見識が小さい。③「局束キョクソク」に同じ。④おそれてかしこまる。

【局地】キョクチ 日限られた地域。例—的な豪雨。

【局長】キョクチョウ 官庁や会社などの局の全体に責任をもち、職員を監督する人。例事務—。

【局天▼蹐地】キョクテンセキチ 〔テンにせぐくまりチにぬきあしす〕びくびくして自由に行動できないことのたとえ。局蹐。跼蹐キョクセキ。跼天蹐地。〔「謂二天蓋高一、不二敢不レ局。謂二地蓋厚一、不二敢不レ蹐（=テンけだしたかしというも、あえてキョクせずんばあらず。チけだしあつしというも、あえてセキせずんばあらず。〔=天は高いのに頭がつかえるのを恐れて身をかがめ、大地は厚いのに地が落ちこむのを恐れて抜き足さし足して歩く〕）。〈詩経・小雅・正月〉」から〕

【局度】キョクド 心の広さ。度量。器量。類局量。

【局部】キョクブ 日①全体の中のある特定の部分。例—的。—麻酔。②陰部。▽局所。

【局面】キョクメン ①囲碁や将棋やチェスなどの盤面の動き。勝負のなりゆき。②その時々の情勢。形勢。事態。例—を打開する。

●結局ケッキョク・終局シュウキョク・政局セイキョク・戦局センキョク・対局タイキョク・当局トウキョク・難局ナンキョク・破局ハキョク・郵便局ユウビンキョク

［尿］尸4（7）

1 3902 5C3F 常用

ジョウ（デウ）漢 ニョウ（ネウ）呉 嘯 niào
いばり・ゆばり・しと

筆順 

なりたち  ［会意］「尸（=からだ）」と「水（=みず）」とから成る。人の小便。

意味 小便。いばり。ゆばり。しと。通溺ニョウ。例尿意ニョウイ。尿道ニョウドウ。屎尿シニョウ。排尿ハイニョウ。

古訓 中古ゆばり 中世いばり・しと・ゆばり 近世いばり・しし・しと・セウベン・ゆばり

【尿意】(ニョウイ) 日小便をしたいという感じ。例―をもよおす。

【尿道】(ニョウドウ) 膀胱(ボウコウ)にたまった尿を体外に出す、くだ。

●検尿(ケンニョウ)・糖尿(トウニョウ)・排尿(ハイニョウ)・放尿(ホウニョウ)・利尿(リニョウ)

屁

尸4 (7) 2 5391 5C41

ヒ 漢 ▼寘 pì

へ

意味 おなら。へ。例 放屁(ホウヒ)。

日本語での用法 《へ》「屁理屈(へリクツ)・屁(へ)でもない・屁(へ)の河童(かっぱ)」▼価値のないもののたとえ。

尾

尸4 (7) 1 4088 5C3E 常用

ビ 漢 ミ 呉 ▼尾 wěi

お(を)

付表 尻尾(しっぽ)

筆順 𠃍 コ 尸 尸 尸 尾

なりたち  [会意] さかさの「毛(=け)」が「尸(=からだ)」の後ろにある。獣のからだの後ろにあるわずかな毛、しっぽ。

意味 ❶動物のしっぽ。お。また、しり。例 牛尾(ギュウビ)。首尾(シュビ)。竜頭蛇尾(リュウトウダビ)。❷ものごとの終わりのほう。長いもののはしの部分。うしろ。あと。例 尾翼(ビヨク)。船尾(センビ)。末尾(マツビ)。❸交尾する。例 鳥獣孳尾(チョウジュウジビす)(=鳥や獣は交尾して子を産む)。〈書経・尭典〉❹あとをつける。例 尾行(ビコウ)。追尾(ツイビ)。❺山のふもとのなだらかにのびたところ。山のすそ。はし。すえ。例 山尾(サンビ)。❻魚を数えることば。例 一尾(イチビ)。❼二十八宿の一つ。あしたれぼし。例 尾宿(ビシュク)。

日本語での用法 《ビ》①「尾州(ビシュウ)・濃尾平野(ノウビヘイヤ)」▼旧国名「尾張(おわり)(=今の愛知県の西部)」の略。②「三尾(サンビ)(=京都の高尾(たかお)・槙尾(まきのお)・栂尾(とがのお))」▼「尾」のつく地名。

古訓 中古すくなし・つるぶ・やうやく・を・をはる 中世つるむ・ほし・やうやく・を・をはり 近世うつくし・すこし・するゐ・つるむ・を・をはり

人名 すえ

難読 鳩尾(みぞおち・みずおち)

【尾籠】日一(おこ) 愚かなさま。痴(おこ)。烏滸(おこ)。例―なふるまい。二(ビロウ) [「おこ」にあてた漢字「尾籠」の音読み] 口に出すのがはばかられるほどに、きたなくけがらわしいこと。例―な話で恐縮ですが…。

【尾根】(おね) 日連なっている山で、山頂と山頂との間に続いている、最も高い部分。峰すじ。稜線(リョウセン)。山稜。

【尾花】(おばな) 日〔花が獣の尾のような形をしていることから〕ススキの花穂。また、ススキ。例 枯れ―。

【尾▼鰭】(おひれ) 日①魚の尾とひれ。例―を付ける(=事実以外のことを付け加えて大げさに表現する)。②(おびれ) 魚の尾の部分にあるひれ。

【尾張】(おわり) 日旧国名の一つ。今の愛知県の西部にあたる。尾州(ビシュウ)。

【▼曳二尾▼於塗中一】(おをトチュウにひく) 仕官して束縛を受けるよりは、貧しくとも自由に生きたほうがよい。曳尾(エイビ)。

◐荘子は仕官を求められたとき、カメは死んでその甲羅を祭られるより、生きて泥の中をはいまわっているほうがよいはずだと言って断ったという。…………〈荘子・秋水〉

【尾羽】(ビウ) ①(おは) 鳥の尾と羽(はね)。②(おばね) 鳥の尾に扇の形のように生えた羽。

【尾羽(おは)打(う)ち枯(か)らす】日〔タカが尾や羽をいためて、いかめしさを失うことから〕勢いのあったものが、落ちぶれて、みすぼらしい姿になること。

【尾撃】(ビゲキ) 後ろから追いかけて攻撃する。追撃。

【尾行】(ビコウ) 日人の行動をさぐるため、こっそりあとをつけていく。

【尾骨】(ビコツ) 脊柱(セキチュウ)の最下部のほね。尾骶骨(ビテイコツ)。

【尾錠】(ビジョウ) 日細いひもやバンドの先につけ、もう一方をさしこんでしめる金具。留め金。例―をかける。

【尾生▼之信】(ビセイのシン) 約束をかたく守ること。融通がきかないことのたとえ。抱柱(ホウチュウ)。

◐春秋時代、魯(ロ)の尾生という男が、ある女性と橋の下で会う約束をしたが、定刻をすぎてもあらわれず、いつまでも待ち続けるうちに、増水した川の中で、橋の下の柱を抱いたまま水死した。…………〈荘子・盗跖〉

【尾大不▼掉】(ビダイふるわず) 尾(お)が大きすぎると、自由にふり動かすことができない。臣下の権勢が強すぎると、君主の思いどおりにはできなくなることのたとえ。〈左伝・昭一一〉

【尾▼骶骨】(ビテイコツ) 「尾骨(ビコツ)」の古い呼び名。

【尾灯(燈)】(ビトウ) 日自動車や列車などの車体の後部に付けるあかり。テールランプ。

【尾翼】(ビヨク) 日飛行機の最後部に取り付けてある、垂直および水平のつばさ。対 主翼。

【尾▼閭】(ビリョ) 海底にあって、海水が常に漏れているという穴。

【尾▼聯】(ビレン) 漢詩の律詩で、末尾の第七・八句。結句。結聯。

●語尾(ゴビ)・船尾(センビ)・追尾(ツイビ)・徹頭徹尾(テットウテツビ)・末尾(マツビ)

居

尸5 (8) 1 2179 5C45 教5

一 キョ 漢 コ 呉 魚 jū

二 キ 漢 呉 支 jī

いる(ゐ-る)・お-る(を-り)・や

付表 居士(コジ)

筆順 𠃍 コ 尸 尸 屄 居 居 居

なりたち  [形声]「尸(=人体)」と、音「古コ→キョ」とから成る。足の底を地につけ、しりをおろし、ひざを立ててすわる。しゃがむ。

意味 一 ❶ある場所に身をおく。すわる。すむ。とどまる。おる。いる。例 居室(キョシツ)。起居(キキョ)。住居(ジュウキョ)。❷いどころ。住まい。環境。例 園田居(エンデンのキョ)。❸官職につかず家にいる。例 居士(キョシ)。❹たくわえる。とっておく。おく。例 奇貨可レ居(キカおくべし)(=珍しい品物はとっておき、値上がりを待つべきだ)。〈史記・呂不韋伝〉❺すわったまま。いながら。例 居然(キョゼン)。居職(ジョク)。二 疑問・詠嘆の語気をあらわす。…か。や。例 誰居、其孟椒乎(たれか、それモウショウか)(=だれだろう、あるいは孟椒だろうか)。〈左伝・襄三〉

古訓 中古いく・おき・おく・すう・ゐる・をり 中世おく・すゆる・すわる・するゐる・やすし・ゐどころ・ゐる・をり・をる 近世あたる・うずくまる・すわる・するゐる・つかあな・とどまる・やすし・ゐ・ゐる・をる

人名 い・いや・おき・おり・すえ・やす

難読 本居(もとおり)(=姓)

【居合】(いあい) 日片ひざをついた姿勢で、すばやく刀を抜いて相手を切り倒す剣術。居合抜き。

【居心地】(いごこち) 日家やある地位にいるときの気分や感じ。例―がよい。

【居敷】(いしき) 日①座。座席。②尻(しり)。例―当て(=着物の尻の部分に当てる補強のための布)。▽臀(いしき)。

【居職】(いジョク) 日自宅で仕事をする職業。

【居候】(いそうろう) 日他人の家に住みこんで、食わせてもらっている人。食客(ショッカク)。例―三杯目(サンバイめ)にはそっと出し(=居候は食事のおかわりにも、遠慮がちである)。

【居丈高】(いたけだか) 日すわった姿勢で背をまっすぐのばし、上から相手を見くだすように威圧すること。威丈高(いたけだか)。

【居留守】(いルス) 日不在のふりをすること。例―をつかう。

【居易】キョイ（やすきにおる） 安らかにしている。

【居延】キョエン 今の内蒙古自治区額済納旗にある地。漢代、対匈奴の前線基地。二十世紀前半以後、漢代の行政文書類が多数出土した。

【居間】㊀キョカン「居中②」に同じ。㊁いま 日 家族が日常的にくつろぐ部屋。

【居居】キョキョ ①憎しみを抱いていて親しくしないさま。②安静であるさま。

【居敬】キョケイ 内面をただし、慎み深く生活すること。例 居レ敬而行レ簡（ケイにおりてカンをおこなう）（＝己に対しては慎み深く、民に対しては寛大な政治をおこなう）。〈論語・雍也〉

【居敬窮理】キョケイキュウリ 「窮理」は、事物と人倫の道理を見きわめて正確な知識を得ること〕居敬と窮理との両者を追求することで仁の実現を目指すという、朱子学の修養法の要点。〈語類・九〉

【居士】㊀キョシ 学徳がありながら官に仕えない人。処士。隠者。㊁コジ ①〔仏〕出家しないで仏道の修行をする男子。②〔仏〕男子の戒名の下につける語。③文人の号につける語。例 東坡―（＝蘇軾の号）。④日〔「…居士」の形で〕…な人。…のような人。例 慎重―。一言―。

【居室】キョシツ 家庭で日常的に用いる部屋。居間。

【居住】キョジュウ 住まい。また、家に住む。在住。例 ―地。

【居所】キョショ｜いどころ 日 住んでいるところ。居場所。住所。例 ―不明。

【居諸】キョショ 太陽と月。また、歳月。〔「日居月諸（ひやつきや）」（＝日よ、月よ）〈詩経・邶風・柏舟〉から。「居」「諸」は詠嘆をあらわす〕

【居城】キョジョウ 日 領主がふだん住んでいる城。例 将軍家の―。

【居常】キョジョウ ①人としての正しい道を守る。②ふだん。平生。日常。類 居恒。

【居心】キョシン ①安らかな気持ち。落ち着いた心。②心の中の思い。心の持ち方。存心。

【居摂】キョセツ ①摂政の地位につき、君主に代わって治めること。②前漢末の年号。

【居然】キョゼン ①どっしりとして動かず安らかであるさま。②はっきりしているさま。顕然。③まるで。さながら。④意外にも。あろうことか。⑤手もちぶさたなさま。つれづれ。

【居多】キョタ｜おおきにおる 大部分を占める。ほとんど。

【居第】キョダイ｜キョテイ 住まい。邸宅。類 居邸。

【居宅】キョタク ふだん暮らしている家。住まい。

【居中】キョチュウ ①真ん中にいる。真ん中にいてかたよらない。②間にいる。間に立って仲介や調停をする。居間。

【居移レ気】キョはキをうつす 人間は地位や環境の変化によって、その気持ちも変化する。〈孟子・尽心上〉

【居憂】キョユウ 目上の親族、特に父母の喪に服している。

【居留】キョリュウ ①一時的にある土地に住むこと。寄留。②日 居留地に住むこと。

【居留地】キョリュウチ 日 条約などで、外国人の居住や営業が許可されている、特別な地域。日本では、一八九九（明治三十二）年に廃止された。

●隠居・旧居・穴居・雑居・芝居・新居・転居・同居・鳥居・入居・団居

屈

尸5（8） 1 2294 5C48 常用

㊀クツ 漢 呉 物 qū
㊁クツ 漢 呉 物 jué
かが-む・かが-める（かが-む）・くぐ-まる・こご-む

筆順 

なりたち 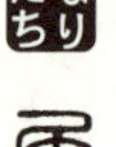 ［形声］「尸（＝尾お）」と、音「出シュツ→クツ」とから成る。短いしっぽ。派生して「かがめる」の意。

意味 ㊀❶腰やひざを折りまげて、姿勢を低くする。身をちぢめる。**かがむ。かがめる。** 例 屈伸。❷折りまげる。折れまがる。例 屈曲。屈指。屈折。❸身をかがめて、服従する。また、服従させる。例 屈従。屈服。不屈。㊁❶尽きる。きわまる。例 財物不レ屈（ザイブツつきず）（＝財物が尽きない）。〈荀子・王制〉❷頑丈で、つよい。通 倔。例 屈強。

古訓 中古 かがまる・かがむ・くじく・まがる・まぐ・をさむ 中世 かがまる・かがむ・くじく・たびるる・まがる 近世 あつむる・かがむ・かがめる・つくす・ふさがる・まがる・みじかし・みだる・やむ・をさむる

【屈起】クッキ ①立ちあがる。勢いよく身を起こす。②そびえ立つ。▽崛起。

【屈強】【屈▼彊】クッキョウ ①意志が強く、人の言うことに従わないこと。②力が強く、たくましいさま。例 ―の若者。▽倔強。倔彊。

【屈曲】クッキョク 折れまがる。屈折。例 ―した路地。

【屈指】クッシ ①指を折って数える。②指を折って数えられるほど、多くの中で特にすぐれている。指折り。有数。

【屈膝】クッシツ｜ひざをクッす ①ひざまずく。転じて、降服する、服従する。②ちょうつがい。

【屈従】クツジュウ 相手の力をおそれて、自分の意志に反して、言いなりになる。屈服。例 ―を余儀なくされる。

【屈辱】クツジョク 相手の力におさえつけられて、恥ずかしい思いをさせられること。例 ―を受ける。―的敗北。

【屈伸】【屈申】【屈信】クッシン かがむことと、のびること。身を曲げのばしすること。例 ひざの―運動。

【屈折】クッセツ ①折れまがる。折りまげる。また、ゆがむ。屈曲。例 ―した心理。②日 複雑にゆがむ。例 感情が―している（＝すなおでない）。③日〔物〕光や音波が、密度の違う物質の中へ入るとき、その境界で進行方向を変えること。④日〔言〕文法的な意味や関係を示すために、語形の一部分を変えること。

【屈節】クッセツ｜セツをクッす 節義を曲げる。節操を捨てて服従する。類 屈志。

【屈▼宋】クッソウ 屈原と宋玉の併称。ともに戦国時代の楚の文人で、辞賦をよくした。

【屈託】【屈▼托】クッタク 日 ①何かを気にして、くよくよする。例 ―がない（＝無邪気で何も気にしない）。②あきてうんざりする。例 単調な日々に―する。

【屈致】クッチ 無理やり呼びつける。

【屈▼撓】クットウ ①逃げる。屈服する。②たわむ。湾曲する。

【屈服】【屈伏】クップク 力負けして、相手に従う。屈従。

【屈抑】クツヨク ①おさえつける。抑圧する。②へりくだる。

●退屈・卑屈・偏屈・理屈

届

尸5（8） 1 3847 5C4A 教6

カイ 漢 卦 jiè
とど-く・とど-ける（とど-く）・とど-け

［屆］尸5（8） 2 5392 5C46 旧字体。

筆順 

なりたち 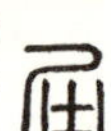 ［形声］「尸（＝人体）」と、音「凷カイ」とから成る。なんとか行きつく。

意味 ❶ある場所・時刻・時期にいたる。**とどく。** ❷きわまる。❸定期的な会合などを数えることば。例 第一届（ダイイッカイ）（＝第一回）。

日本語での用法《とどけ》《とどける》「届け出・欠席届・婚姻届」▼持って行ってわたす。意思をあらわす文書をわたす。

古訓 中古 いたる・きはまる・きはむ・とづく・とどむ・ふぐり・まら 中世 あたる・いたる・きはまる・とづくる・とどく・とどくる・ふぐり 近世 あたる・いたる・きはまる・とどく・とどくる・とどけ・とどける

人名 あつ・いたる・ゆき

屋

尸6（9） 1 1816 5C4B 教3

オク（ヲク）漢呉 屋 wū

や・やね

筆順 ㇕ コ 尸 尸 层 层 屖 屋

なりたち [会意]「尸（＝おおう）」と「至（＝止まるところ）」とから成る。おおいのある建物。

意味 ❶人の住む建物。家。や。例 屋外。屋内。家屋。❷建物の上の雨露をしのぐためのおおい。やね。例 屋上。❸おおい。ものをおおうもの。例 黄屋車（＝黄色の布で幌をしている馬車）。

日本語での用法《や》①「屋号・本屋・八百屋」▼商店や歌舞伎役者の家、また姓に代わって用いられることば。②「気取り屋・わからず屋・さびしがり屋」▼そのような性格の人。

古訓 中古 や 中世 いへ・とどまる・や・やど 近世 いへ・そなはる・とどまる・や・やど・ゐる

人名 いえ

【屋宇】〔「宇」も、家の意〕いえ。家屋。住まい。建物。

【屋▼烏▼之愛】人を愛するあまり、その家の屋根にとまるカラスまでも好きになる。周囲にまで愛が及ぶことをいう。屋烏。屋上烏。愛及二屋烏一。〈韓詩外伝・三〉〔「愛二其人一及二屋上烏一。」から〕

【屋▼簷】【屋▼檐】家のひさし。のき。

【屋外】建物のそと。戸外。対屋内。例 ―で遊ぶ。

【屋下架レ屋】屋根の下に屋根をかける。無用な行為を重ねることのたとえ。例 屋下架レ屋、牀上施レ牀（＝屋根の下にさらに屋根をかけ、床の上にさらに床を作る）。〈家訓・序致〉→【屋上架レ屋】

【屋舎】家屋。建物。例 土地平曠、屋舎儼然（＝土地は平らに広がり、家屋は整然と建っている）。〈陶淵明・桃花源記〉

【屋上】①屋根のうえ。②日 鉄筋コンクリート建築などの平らな屋根。例 ―庭園。

【屋上架レ屋】屋根のうえに、さらに屋根をかける。無用な行為を重ねることのたとえ。〈楊万里・華鐙秀才著六経解以長句書後〉→【屋下架レ屋】

【屋▼椽】屋根板を支える、たるき。

【屋内】建物の内部。対屋外。例 ―プール。

【屋▼梁】屋根を支える、うつばり。また、屋根。

【屋漏】①家の中の北西のすみ。家のいちばん奥。人の見ていないところ。②屋根から雨がもること。

【不レ▼愧二于屋漏一】だれも見ていない家の中でも、自らの心に恥じるようなおこないをしない。〈詩経・大雅・抑〉

【屋形】日 ①貴人や豪族の邸宅。また、貴人や豪族。館。例 お―さま。②立派な家。邸宅。館。③船や車の上につける屋根と囲い。例 ―船。

【屋号】日 ①商店などの呼び名。伊勢屋・越後屋など。②歌舞伎役者などの家の呼び名。音羽屋・成田屋など。③古く農漁村などで、名字の代わりに用いた、その家の呼び名。家名。かど屋・朝日屋・大黒屋など。▽家号。

【屋敷】日 ①家屋や庭などのある、一区画の土地。宅地。例 家―を手放す。②敷地も広く、構えも立派な家。邸宅。例 お―町。

【屋台（臺）】日 ①屋根と車のついた、組み立てや移動が容易な台。例 ―のおでん屋。縁日の―店。②踊るための台。例 祭りの踊り―。③「屋台骨」の略。

【屋台（臺）骨】日 ①屋台や家屋の骨組み。②一家や組織を支えているもの。例 一家の―。

【屋根】日 ①雨や日の光などを防ぐために建物や、そのほかのものの最上部につけたおおい。②いちばん高い所。例 世界の―、ヒマラヤ。

●母屋・家屋・楽屋・小屋・数寄屋・寺子屋・長屋・廃屋・平屋・部屋・宿屋

屍

尸6（9） 1 2751 5C4D

シ漢呉 支 shī

しかばね・かばね

意味 死んだ人のからだ。死体。なきがら。しかばね。かばね。通 尸。例 屍骸。検屍。死屍。

【屍体】死んだ動物のからだ。死骸。表記 現 死体

【屍斑】日 死んだあとに皮膚にあらわれる、紫色のまだらな点。死斑。

屎

尸6（9） 2 5393 5C4E

シ漢呉 紙 shǐ

くそ

意味 ❶大便。くそ。例 屎尿。❷かす。残りくず。

【屎尿】大便と小便。例 ―処理場。

𡱖

尸6（9） 4 0816 21C56 国字

つび・くぼ

意味 女性の性器の古名。つび。くぼ。

[屏]

尸6（9） ⇩屏（406ページ）

屓

尸7（10） 2 5394 5C53

キ漢 寘 xì

[屭] 尸21（24） ― 5C6D 別体字。

意味 ❶鼻で息をする。いびき。❷力強いさま。頑丈なさま。❸「贔屓」は、力強いさま。→贔（1267ページ）

屐

尸7（10） 2 5401 5C50

ゲキ慣 ケキ漢 陌 jī

はきもの

意味 木でできたはきもの。げた。はきもの。例 屐声。

難読 屐

【屐響】木ぐつの立てる音。げたの音。屐声。

【屐声】はきものの音。人の来る音。屐響。

屑

尸7（10） 1 2293 5C51 人

セツ漢 屑 xiè

くず（くづ）

[屑] 尸7（10） ― 俗字。

なりたち [形声]「尸（＝ひと）」と、音「㸒」とから成る。動作がこせこせする。

意味 ❶こまごまとしている。こせこせとして、落ち着かない。例 屑屑。❷小さな切れはし。かけら。くず。例 玉屑。木屑。❸すりつぶす。くだく。例 屑二桂与レ薑一（＝肉

桂（ケイ）ニ（ッと）ショウガをすりつぶす）。〈礼記・内則〉 ❹快く思う。いさぎよしとする。〔常に「不ㇾ屑（いさぎよしとせず）」と否定の形で用いる〕 例 是亦不ㇾ屑ㇾ就已（これまたつくをいさぎよしとせざるのみ）（＝これまた仕官することをいさぎよしとしないだけのことだ）。〈孟子・公孫丑上〉 ❺大切に思う。気にかける。かえりみる。例 不ㇾ屑二毀誉一（キヨをかえりみず）（＝そしられようがほめられようが気にしない）。〈後漢書・馬廖伝〉

古訓 中古 いさぎよし・いたはる・くだく・くづ・すくなし・すなほ・すなほに・すりくづ・ものかず・もののかず 中世 きよし・くだく・くづ・すりくづ・とりえ・もののかず 近世 いさぎよし・かへりみる・かろんず・きよし・くだく・すりくづ・つつしむ・ねぎらふ

難読 不屑（もののかずとならず）・水屑（みくず）・大鋸屑（おがくず）

【屑籠】（くずかご） 日 紙くずやごみなどを捨てるかご。くず入れ。

【屑鉄】（くずテツ） 日 鉄の製品を作るときに出る鉄のくず。また、廃品の鉄製品。とかして再利用する。スクラップ。

【屑繭】（くずまゆ） 日 穴があくなどして、生糸（きいと）がとれない不良のまゆ。〔真綿（まわた）の原料などにする〕

【屑意】（セツイ） 気にかける。思いわずらう。介意。

【屑雨】（セツウ） こまかい雨。

【屑屑】（セツセツ） ①忙しく働くさま。例 —と働く。②こせこせするさま。③雨などがこまかく降るさま。

【屑然】（セツゼン） ①数の多いさま。雑多なさま。②突然に。にわかに。③かすかに聞こえるさま。

【屑米】（セツベイ／くずマイ／くずごめ） くだけたり虫に食われたりした米。

展

尸7 (10)
1 3724
5C55
教6

テン 漢 呉 銑 zhǎn
の-べる（の-ぶ）・の-びる（の-ぶ）・ひろ-げる（ひろ-ぐ）・ひろ-がる

筆順 コ 尸 屏 屈 屈 屈 展 展

なりたち  [形声]「尸（＝からだをころがしのばす）」と、音「㠭（テン）」とから成る。ころがして、ひろげる。

意味 ❶ころがる。通 輾（テン）。例 展転（テンテン）。❷平らにのばす。たたんであったものや巻き物を開く。並べる。**のべる**。**ひろげる**。例 展開（テンカイ）。展示（テンジ）。展覧（テンラン）。❸期限をのばす。例 展期（テンキ）（＝期限をのばすこと）。❹力や勢いが大きくなる。**ひろがる**。**のびる**。**ひろげる**。例 展性（テンセイ）。進展（シンテン）。発展（ハッテン）。❺ひろく見る。よく見る。例 展望（テンボウ）。❻お参りする。みる。例 展墓（テンボ）。

古訓 中古 うやまふ・つばひらかに・つらぬ・ととのふ・のぶ・ひらく・ひろぐ・まこと・めぐる・よろし 中世 うやまふ・ととのふ・のぶ・のぶる・ひらく・ひろぐ・まこと・めぐる 近世 かぞへる・かなふ・かへりみる・かんがへる・したしむ・つまびらかにす・ととのへる・のぶる・まこと・めぐる・よる

人名 のぶ・のぶる・ひらく・ひろ・ひろし

【展延】（テンエン） うすく平らに広げのばす。また、広がりのびる。例 金のかたまりを—して金箔（キンパク）をつくる。

【展開】（テンカイ） ①広げる。ひらく。②日 目の前に広がってあらわれる。例 美しい景色が—する。③日 新しい場面を繰り広げる。例 曲の—部。④日 密集したり、ふさがっていたりしたものを、散らばせたり、切りひらいたりする。例 局面の—をはかる。⑤日〔数〕立体の各面を切りひらいて、平面上に広げる。例 —図。

【展観】（テンカン） 美術品などを、多くの人に、並べて見せる。展覧。例 古典籍の—。

【展▼翅】（テンシ） ①羽を広げて飛ぶ。②日 標本にするために、昆虫などの羽を広げ固定する。例 —板（バン）。

【展示】（テンジ） 物品をたくさん並べて、人々に見せる。例 物産—会。

【展性】（テンセイ） 日 物質に圧力などを加えたとき、うすくのびる性質。〔金・銀・アルミニウムなどは展性が大きい〕

【展転】（テンテン） ①あちこちへころがる。②眠れずに、寝返りを打つ。例 為ㇾ感二君王展転思一（クンオウがテンテンのおもいにカンずるがために）（＝《側近は》不眠に苦しむ皇帝の心に同情して）。〈白居易・長恨歌〉 ▽輾転（テンテン）。

【展転反側】（テンテンハンソク） 心配や悩みのために眠れず、寝返りばかり打っていること。輾転反側（テンテンハンソク）。

【展眉】（テンビ／まゆをのぶ） 〔ひそめていたまゆをのばす意〕心配ごとがなくなり、表情がほぐれる。類 開眉。例 十五始展ㇾ眉（ジュウゴはじめてまゆをのぶ）（＝十五歳になり《結婚生活に慣れて》やっと愁眉を開いた）。〈李白・長干行〉

【展墓】（テンボ） はかまいりをすること。墓参。

【展望】（テンボウ） ①高い所から広くながめる。例 —台。②社会や文化などについて、広い視野で、見わたす。また、そのながめ。例 新世紀への—。

【展覧】（テンラン） 書画などの作品を並べて、人々に見せる。例 美術品の—。—会。

●進展（シンテン）・親展（シンテン）・発展（ハッテン）

［屠］尸8 (11) ⇩屠（ト）（407ページ）

屏

尸8 (11)
3 9491
5C5B

一 ヘイ 漢 ビョウ（ビャウ）呉 青 píng
二 ヘイ 漢 ヒョウ（ヒャウ）呉 梗 bǐng
三 ヘイ 漢 庚 bīng
しりぞ-く・おお-う（おほ-ふ）

［屛］尸6 (9)
2 5402
5C4F
俗字。

意味 一 外と内とをへだて、内側を見えないようにするもの。また、風やほこりをさえぎるもの。ついたて。例 屏風（ビョウブ）。屏障（ヘイショウ）。二 ❶外側からものをかぶせてふさぐ。**おおう**。おさめる。例 屏二王之耳目一（オウのジモクをおおう）（＝王の耳や目をふさぐ）。〈左伝・昭三七〉 屏息（ヘイソク）。❷うしろにさがる。**しりぞく**。また、しりぞける。例 屏居（ヘイキョ）。❸まもる。ふせぐ。例 周公屏二成王一而居摂（シュウコウセイオウをヘイしてキョセツす）（＝周公は成王を保護して代わりに政務をとった）。〈漢書・王莽伝上〉 三 ⇩【屏営】（ヘイエイ）

【屏風】（ビョウブ／ヘイフウ） 室内の風よけや仕切り、また装飾に用いる家具。木の枠に紙や布をはり、二枚または四枚か六枚をつなぎ、折りたためる。例 鳥度二屏風裏一（とりはビョウブのうちをわたる）（＝鳥はそびえたつびょうぶのような山の間を飛んでいく）。〈李白・清渓行〉

【屏▼幃】【屏▼帷】（ヘイイ） ①室内の区切りに使うついたて。とばり。②室内。

【屏営】（ヘイエイ） ①さまよう。②気持ちが落ち着かず不安なさま。

【屏気】（ヘイキ／キをおさむ） 息をひそめておそれつつしむ。息を殺してじっとする。屏息。〈論語・郷党〉

【屏居】（ヘイキョ） 世間から離れて隠居する。

【屏語】（ヘイゴ） 人ばらいをして内密に話す。ひそひそ話をする。

【屏除】（ヘイジョ） 取り除く。排除する。

【屏障】（ヘイショウ） 内と外とをへだて、さえぎること。また、そのための家具。びょうぶ・障子など。例 —画。

【屏息】（ヘイソク） 息を殺し、じっとしている。また、おそれて、ちぢこまる。屏気。閉息。

【屏▼黜】（ヘイチュツ） 退けて用いない。排除する。

【屏蔽】（ヘイヘイ） かばい防ぐ。また、そのもの。障壁となるもの。

屟

尸9 (12)
4 0817
5C5F

ショウ（セフ）漢 葉 xiè

意味 くつぞこ。通 屧（ショウ）。

属

尸9 (12)
1 3416
5C5E
教5

一 ショク 漢 ソク・ゾク 呉 沃 zhǔ
二 ショク 漢 ゾク 呉 沃 shǔ
やから・つ-く

[屬] 尸18(21) 2 5404 5C6C 旧字体。

筆順 一 コ 尸 尸 尸 屌 属 属 属

なりたち [形声]「尾(=からだに連なるしっぽ)」と、音「蜀ショク」とから成る。連なる。

意味 ■一 ❶つらねる。つづける。また、つらなる。つづく。❷つきしたがう。くっつく。**つく**。つける。例 騎能属者百余人耳(=騎兵で後につきしたがうことのできた者は百余人しかいなかった)。〈史記・項羽紀〉 ❸集める。集まる。例 乃属二其耆老一而告レ之(=そこで長老たちを集めて告げた)。〈孟子・梁恵王下〉 ❹そそぐ。例 酌二玄酒一、三属二于尊一(=玄酒(=水)をくんで、三度尊(=酒器)にそそぐ)。〈儀礼・士昏礼〉 ❺目をつける。注目する。通 矚。例 属望ショクボウ。属目ショクモク。❻たのむ。まかせる。通 嘱。例 属託ショクタク。❼文章を書く。つづる。例 属文ショクブン。❽ちょうど。おりよく。たまたま。例 下臣不幸、属当二戎行一(=私は不幸にも、ちょうどあなたの軍にぶつかってしまった)。〈左伝・成二〉 ❾いまちょうど。…したばかり。たまたま。例 天下属安定(=天下は安定したばかりです)。〈史記・留侯世家〉 ■二 ❶同じ種類の仲間。**やから**。例 金属ゾッキン。親属ゾクシン。尊属ゾンゾク。❷部下。家来。例 属吏ゾクリ。属僚ゾクリョウ。❸ある集団や範囲の中にはいっている。例 属国ゾッコク。帰属キゾク。隷属レイゾク。

日本語での用法 《サカン》「大膳職ダイゼンシキの属サカン・典薬寮テンヤクリョウの属サカン・東宮坊トウグウボウの属サカン」▼律令制の四等官シトウカンで、坊ボウ・職シキ・寮リョウの第四位。大(=上位)と少(=下位)とがある。主典サカン。

古訓 中古 あつまる・あつむ・あふ・およぶ・かかる・かく・このごろ・しるす・たぐひ・つく・つらなる・つらぬ・ともがら・ひとり・ゆふ 中世 このごろ・サクワン・サツクワン・たぐひ・つく・つける・つらなる・つらぬ・ともがら・ひとり 近世 あつまる・あつめる・サクワン・サツクワン・したがふ・しもべ・そそぐ・たぐひ・たる・つく・つづく・つらなる・まさに・むすぶ・もつぱら・やつこ・よする

人名 つら・まさ・やす

【属意】ショクイ ①心を寄せる。期待する。②男女が愛し合う。▽類 属心ショクシン。

【属怨】ショクエン 恨みを抱く。結怨ケツエン。

【属▼厭】【属▼饜】ショクエン 満ち足りる。十分満足する。

【属耳】ショクジ ①壁などに耳をつけて盗み聞きする。②注意して聞く。集中して聞く。

【属者】■一 ショクシャ ちかごろ。最近。〔「者」は、時間をあらわすことばにつく接尾語〕■二 ゾクシャ つき従う者。

【属託】ショクタク ①ある業務や役目をたのんでまかせる。②日 会社や団体からたのまれて、特定の仕事をおこなう、正規の職員ではない人。▽嘱託。

【属文】ショクブン ブンをショクす 文章を作る。

【属望】ショクボウ 期待を寄せる。のぞみをかける。嘱望ショクボウ。矚望ショクボウ。例 将来を―される。

【属目】ショクモク ①期待して見守る。属望ショクボウ。注目。例 みんなが―する新人。②日 ふと目にふれる。例 ―の句(=題詠ではなく、即興的によんだ句)。▽嘱目ショクモク。矚目ショクモク。

【属引】ゾクイン 長く続く。ひき続く。

【属辞比事】ゾクジヒジ 関連することばをつらねて、国々の事件を並記していくこと。〈礼記・経解〉 類 属詞比事。

【属車】ゾクシャ ①皇帝の行列につき従う侍従の車。②皇帝のこと。〔直接いうのをはばかった言い方〕

【属人】ゾクジン 日 人を主にして考えること。対 属地。

【属性】ゾクセイ 日 ①あるものの性質や特徴。②〔哲〕そのものが本来的にもっていて、それなしではそのものを考えられないような性質。

【属地】ゾクチ 日 ①付属している土地。②土地のほうを主にして考えること。対 属人。例 ―主義(=事故や事件が発生した国や場所の法律で処理しようとする立場)。

【属島】ゾクトウ ①大陸または本島に属する島。②その国の領土に含まれる島。

【属吏】ゾクリ 〔「吏」は、役人の意〕下級の官吏。

【属僚】ゾクリョウ 上役のもとで働く役人。部下。

【属領】ゾクリョウ 日 独立した国ではなく、ある国に属している土地。

【属官】ゾッカン ①下級の官吏。②旧制度の官吏の身分の一つで、高等官より下級の文官。例 文部ブモン―。

【属国】ゾッコク ほかの国に支配されている国。

●金属ゾッキン・従属ジュウゾク・所属ショゾク・専属センゾク・直属チョクゾク・配属ハイゾク・付属フゾク・附属フゾク

屠

尸9(12) 1 3743 5C60 ト 漢 呉 虞 tú ほふ-る

[屠] 尸8(11) 俗字。

意味 ❶家畜や鳥類を、肉や皮をとるために殺して、ばらばらにする。**ほふる**。例 屠殺トサツ。❷敵を打ちやぶり、皆殺しにする。滅ぼす。例 屠城トジョウ(=敵の城を攻め滅ぼす)。❸切る。さく。例 屠腹トフク。

【屠▼狗】トク ①イヌを殺して肉を売る。また、その者。②卑しい仕事をする者。

【屠殺】トサツ 肉や皮を利用するために、家畜を殺す。畜殺。例 肉牛を―する。

【屠▼肆】トシ 〔「肆」は、店・市場の意〕家畜を殺して肉を売る店。

【屠所の羊】トショのひつじ 屠殺トサツの場所に引かれていくヒツジ。一歩一歩死に近づく定めであることのたとえ。〔「如下牽二牛羊一詣中於屠所上(=ギュウヨウをひきてトショにいたるがごとし)。〈涅槃経〉」から〕

【屠▼蘇】トソ 正月に飲む、甘みのある薬酒。新年を祝い、その年の邪気を払う。例 ―機嫌。

【屠中】トチュウ 家畜を殺して肉や皮を商う者。屠殺業者の仲間。類 屠者・屠販。

【屠腹】トフク はらを切る。はらきり。切腹。割腹。

【屠▼戮】トリク 殺す。虐殺する。

【屠竜▼之技】トリョウのギ 竜を殺すわざ。苦労して学んでも現実には役に立たない技術のたとえ。◆朱泙漫シュヒョウマンという男が千金の財産と三年の年月をついやして、竜の料理法を身につけたが、竜が実在しないので、腕をふるう場がなかった。……〈荘子・列禦寇〉

[屡] 尸9(12) ⇩屢ル(408ページ)

屣

尸11(14) 4 0818 5C63 シ 漢 紙 xǐ くつ

意味 ❶はきもの。**くつ**。例 朱屣シュシ。脱屣ダッシ。❷はきものをはく。つっかける。

【屣履】シリ つりをつっかく はきものをつっかけて歩く。あわてて行くさま。

層

尸11(14) 1 3356 5C64 教6 ソウ 漢 蒸 céng

[層] 尸12(15) 3 4765 FA3B 人 旧字体。

筆順 一 尸 尸 屈 屈 屈 層 層 層

なりたち 【形声】「尸」と、音「曾ソウ(=重ねる)」とから成る。重ねて高くした家屋。

意味 ❶二階以上の建物。たかどの。例 層閣ソウカク。高層コウソウ。❷たたみかさなる。かさなる。また、かさなり。かさね。例 重層ジュウソウ。地層チソウ。❸かさなったものを数えることば。例 更上一層楼さらにのぼるイッソウのロウ(=さらにもう一階上へ登った)。〈王之渙・登鸛鵲楼〉

日本語での用法 《ソウ》「中間層チュウカンソウ・高年齢層コウネンレイソウ」▼人々を、年齢・身分・意識などによって分けた区分。

古訓 中古 かさぬ・こし・しきる・しな・たかし 中世 かさなる・こし・こしき・たかし・たな・もろし 近世 かさなる・かさぬる・しな

【層一層】イッソウ 日さらに一段と。ますます。「一層」を強めていうことば。例 ―努力することを期待する。

【層閣】ソウカク 何階もある高い建物。高楼。重閣チョウカク。

【層▼榭】ソウシャ (「榭」は、屋根のついた高台の意) 何階も重ねてつくられた、高いうてな。類 層台。

【層▼嶂】ソウショウ 幾重にも重なり連なって、屛風ビョウブのように見える峰々。

【層状】ソウジョウ 日 層をなして幾重にも積み重なっている状態。例 地球を包む何種類かの―の気体。

【層畳】ソウジョウ 幾重にも積み重なる。類 層累。

【層層】ソウソウ 幾重にも重なり合っているさま。例 層層山水秀ソウソウとしてサンスイひいず(=幾重にも重なる秀麗な山や川)。〈寒山詩〉

【層▼巒】ソウラン 幾重にも重なり連なる山々。

●階層カイソウ・深層シンソウ・大層タイソウ・断層ダンソウ・地層チソウ

屢
尸11 (14) 3 4764 5C62 ル漢 遇 lǚ しばしば

[屡]
尸9 (12) 1 2840 5C61 俗字。

意味 ❶たびたび。何度も。しばしば。例 屢次ルジ(=いくたびも)。屢屢ルル(=繰り返し、なんべんも)。❷速い。すみやか。例 臨レ事而屢断、勇也ことにのぞみてすみやかにダンずるはユウなり(=事にのぞんですばやく決断するのは勇である)。〈礼記・楽記〉

屧
尸12 (15) 4 0819 5C67 ショウ(セフ)漢 葉 xiè

意味 ❶くつぞこ。通 屟ショウ。❷木製のはきもの。きぐつ。❸歩く。例 歩屧ホショウ。

[層]
尸12 (15) ⇩層ソウ(407ジペー)

履
尸12 (15) 1 4590 5C65 常用 リ漢 呉 紙 lǚ はく・くつ・ふ-む

筆順 一 コ 尸 尸 尸 屄 屐 履 履

なりたち 【会意】「尸シ(=はく人)」と「彳(=ゆく)」と「夊(=ゆく)」と「舟(=はきものの形)」とから成る。はきもの。

意味 ❶はきもの。くつ。また、はきものをはく。はく。例 草履ゾウリ。弊履ヘイリ。木履ボクリ。❷踏む。歩く。ふむ。例 如レ履二薄氷一ハクヒョウをふむがごとし(=薄い氷を踏むかのようだ)。〈詩経・小雅・小旻〉❸おこなう。経験する。ふむ。例 履行リコウ。履践リセン。履歴リレキ。❹〔踏むところという意〕領土。例 賜二我先君履一わがセンクンにリをたまう(=私の先君に領土を賜った)。〈左伝・僖四〉❺幸福。例 福履フクリ(=幸福)。❻易キの六十四卦カの一つ。☱☰ 兌下乾上ダカケンショウ。上に天、下に湿地がある象。

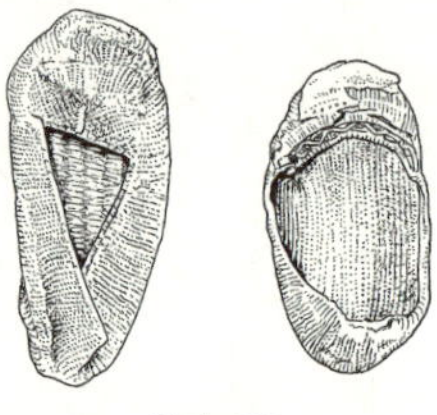

[履❶]

古訓 中古 うや・おこなふ・くつ・さいはひ・はきもの・ふむ・わらうづ 中世 くつ・はきもの・ふむ 近世 かはぐつ・くつ・さいはひ・はきもの・ふむ

人名 ふみ

難読 履冠くつかぶり

【履行】リコウ ①一歩一歩踏みしめて歩く。②約束や義務を実行する。例 契約を―する。

【履修】リシュウ 日 定められた学科や課程を学びおさめる。

【履新】リシン ①新年を迎える。履端。②新しい職につく。官吏が赴任する。

【履践】リセン 実践する。

【履▼祚】リソ 天子の位につく。践祚センソ。

【履霜▼之戒】リソウのいましめ 霜を踏む時期になると、やがて堅い氷の張る季節が来る。小さな災難もやがては大きくなるから、前兆を見たら備えを怠るなという戒め。〈「履レ霜堅氷至しもをふみてケンピョウいたる」。〈易・坤〉から〉

【履端】リタン ①正月元日を定め、これを基点に暦をつくる。②新年。元日。③天子が即位し改元する。④ものごとの始まり。

【履氷】リヒョウ 薄い氷を踏む。ひどく危ないことをするたとえ。類 履薄。

【履約】リヤク ①つつましく生活する。倹約し質素に暮らす。②定められたことを守る。法令や約束を守る。

【履歴】リレキ ①個人が今までに経てきた学業や職業、また賞罰など。例 ―書。―をいつわる。②歩きまわる。

●草履ゾウリ・弊履ヘイリ

屨
尸14 (17) 4 0820 5C68 ク漢 遇 jù くつ

意味 ❶古代の(麻や皮で作った)はきもの。くつ。❷踏みつける。ふむ。

屩
尸15 (18) 4 0821 5C69 キャク漢 カク呉 薬 jué

意味 麻やわらで作ったはきもの。くつ。

[屬]
尸18 (21) ⇩属ゾク(406ジペー)

[屭]
尸21 (24) ⇩屓キ(405ジペー)

45 3画 屮 てつ くさのめ部

草木の芽が出た形をあらわす。「屮」をもとにしてできている漢字と、「屮」の字形を目じるしにして引く漢字とを集めた。「屮」の字の音は、テツ。

0 408 屮 屮 1 409 屯 3 409 屰

この部首に所属しない漢字
出→凵 149

屮
屮0 (3) 3 4766 FA3C 一 テツ漢 屑 chè 二 ソウ(サウ)漢 皓 cǎo

意味 一 草木の芽生え。二 くさ。通 草。例 屮木ソウモク(=草木)。

屮
屮0 (3) 2 5405 5C6E サ漢 哿 zuǒ ひだり

意味 左の手。**ひだり**。㊟左。

屯

屮1（4） ①3854 5C6F 常用

■一 **トン**㊥ 元 tún ■二 チュン㊥ 真 zhūn

たむろ-する（たむろ-す）・たむろ

筆順 一 ㇄ 屯 屯

なりたち [会意]「屮（＝くさのめ）」が「一（＝地面）」をつらぬいて出はじめるが、すんなりいかず、まがる。悩み苦しむ。派生して「たむろする」の意。

意味 ■一 多くのものが寄り集まって、そこにとどまる。**たむろする**。また、その場所。たまり。例 屯営(トンエイ)。屯所(トンショ)。駐屯(チュウトン)。■二 ❶苦しみ。悩み。例 紹二百王之荒屯一(ヒャクオウのコウチュンをつぐ)（＝百王の苦難を継ぐ）。〈班固・東都賦〉 ❷易(エキ)の六十四卦(カ)の一つ。☳☵ 震下坎上(シンカカンショウ)。雲と雷の象。

日本語での用法 《トン》 ①「屯数(トンスウ)」▼重さの単位。一〇〇〇キログラム。②「総屯(ソウトン)」▼船の容量や積み込む貨物の体積をあらわす単位。▽噸(トン)。瓲(トン)。

古訓 中古 あつまる・あつむ・うぢはやし・くくる・くじく・たむろ・つどふ・つらなる・つらぬ・むらがる・もぢ 中世 あつまる・あつむる・くじく・たむろす・つらなる 近世 あつし・あつまる・かたし・たむろ・はえおこる・をしむ

人名 みつ・むら・より

【屯険】(チュンケン)【屯▼蹇】(チュンケン) ものごとがうまくいかず悩み苦しむ。㊜屯困(チュンコン)・屯難(チュンナン)。

【屯▼邅】(チュンテン)【屯▼亶】(チュンテン) 行き悩む。難渋する。

【屯営】(トンエイ)【屯衛】(トンエイ) 兵士が寄り集まること。また、その場所。屯所。〔多く、日常居住する兵営を指す〕

【屯▼戍】(トンジュ) （辺境などの）防衛のために駐留する。また、その兵士や拠点。

【屯所】(トンショ) ①兵士などが寄り集まるところ。詰所(つめショ)。②日 明治初期の警察署の呼び名。

【屯倉】 ■一(トンソウ) ①屯田に置かれた穀物の倉。②穀物を倉に備蓄する。■二(みやけ) 日 大化の改新の前期、大和(やまと)朝廷が直轄した田地。

【屯長】(トンチョウ) 軍隊の長。また、集団の長。

【屯田】(トンデン) 兵士や農民を辺境に駐屯させ、開墾や農耕に従事させること。また、その田畑。

【屯田兵】(トンデンヘイ) ①屯田にかり出された兵士。②日 明治時代の初期、失業した士族で、政府のすすめで北海道に移住し、国境警備や農地開拓に従事した兵。

屰

屮3（6） ④0822 5C70

ゲキ㊥ ギャク㊢ 陌 nì

意味 さからう。㊟逆。

46 3画 山 やま やまへん 部

やまの形をあらわす。「山」をもとにしてできている漢字を集めた。

⓪ 409 山 ① 411 〓 乢 ② 411 〓 ③ 411 〓 屺 屹
屼 〓 ④ 411 〓 〓 岈 岏 岐 岌 岑 岊 岔 〓 ⑤
412 岡 岢 岳 岩 岸 岓 岍 岠 岣 峅 岵 〓 岫 岨
岱 岻 岧 岶 岾 岷 〓 岪 岬 岼 岟 岦 岭 岺 ⑥
414 峐 峉 〓 峡 峇 峙 峋 峒 峠 ⑦ 414 峷 峨 峩
峽 峴 峺 峻 峭 島 〓 峰 峯 峪 ⑧ 416 崦 崗 崖
崕 峣 崟 崛 崫 崄 崆 崤 崑 崐 崔 崎 嵜 崇 崧
崢 崝 崠 崩 〓 崍 崚 崙 崘 ⑨ 417 嵐 嵌 嵒 嵓
嵎 嵆 嵇 〓 﨑 〓 〓 崹 嵋 嵂 ⑩ 418 嵡 嵬 〓
嵰 嵪 嵯 嵳 嵊 嵩 嵶 嵭 ⑪ 419 嶇 嶄 嶃 嶂 嶈
〓 㠀 嶋 嶌 〓 嶁 ⑫ 419 嶠 嶢 嶤 嶔 嶒 嶝 嶐
嶙 嶗 ⑬ 419 嶧 嶨 嶰 嶬 嶲 嶮 嶼 ⑭ 420 嶽 嶷
嶸 嶹 〓 嶺 ⑮ 420 巂 ⑰ 420 巌 巉 ⑱ 420 巋 巍
⑲ 420 巑 巓 巒 ⑳ 421 巖 巗 巘

この部首に所属しない漢字

出→凵 149 缶→缶 1060 幽→幺 443 炭→火 826 豈→豆 1248

山

山0（3） ①2719 5C71 教1

サン㊥ セン㊢ 刪 shān

やま

付表 山車(だし)

筆順 丨 山 山

なりたち [象形] 高い山の形。

意味 ❶土地が盛り上がって平地より高くなった地形。また、高く盛り上がったもの。**やま**。例 山河(サンガ)。火山(カザン)。登山(トザン)。❷はか。墳墓。❸寺院。また、寺院の名につけることば。例 山号(サンゴウ)。山門(サンモン)。開山(カイサン)。比叡山(ヒエイザン)（延暦寺(エンリャクジ)）。

日本語での用法 《やま》 ①「病状(ビョウジョウ)は山(やま)を越(こ)えた・今日(きょう)明日(あす)が山(やま)だ」▼事の成否の分かれめ。なりゆきの中の最高潮。②「山師(やまシ)・山(やま)を張(は)ってうまく当(あ)てる・問題(モンダイ)の山(やま)をかける」▼投機。最も確率の高いところ。ねらいどころ。③「祇園祭(ギオンまつり)の山鉾(やまぼこ)」▼祭りの山車(だし)。

古訓 中古 うむ・こうむ・たか・やま 中世 うまる・のぼる・やま 近世 うむ・のぶる・のぼる・やま

人名 たか・たかし・のぶ

難読 映山紅(きりしま)・山梁(すぎ)・山帰来(サンキライ)（＝サルトリイバラ）・常山木(くさぎ)・山丹(ひめゆり)・山脚(ふもと)・山茶花(サザンカ)・山葵(わさび)

【山▼靄】(サンアイ) 山をつつむ、もや。山に漂う霧。山気。

【山陰】(サンイン) ①山の北側。山のかげ。②日「山陰地方」「山陰道」の略。鳥取県や島根県を中心とした、中国地方の日本海側の地域。また、その地域に通じた旧街道。▽㊒山陽。

【山雨】(サンウ) 山に降る雨。また、山のほうから降ってくる雨。

【山雨欲レ来風満レ楼】(サンウきたらんとほっしてかぜロウにみつ) 山雨の来る前ぶれか、高楼いっぱいに風が吹きこんでくる。大事が起こりそうな気配のたとえ。〈許渾・咸陽城東楼〉

【山家】(サンカ|やまが) 人里離れた山の中の家。

【山歌】(サンカ) おもに南方で、山野や水辺の労働の際にうたわれた素朴な歌。いなかうた。

【山▼窩】(サンカ|サンワ) 〔「窩」は、すみかの意〕 定住しないで、山間部をわたり歩き、竹細工や狩猟などを仕事とした人々。

【山河】(サンガ|サンカ) 山と川。また、山や川に代表される自然。山川(サンセン)。例 国破山河在(くにやぶれてサンガあり)（＝国都は荒廃してしまったが、自然は昔のまま変わらず残っている）。〈杜甫・春望〉 ふるさとの―。

【山海】(サンカイ) 山と海。陸と海。例 ―の珍味(＝山や海でとれる、めずらしい食べ物)。

【山塊】(サンカイ) 周囲の山脈から離れたところにある、一群の山。

【山客】(サンカク) ①山に住む人。また、山を訪ねて来る人。例 丹沢(タンざわ)―。②隠者。③ツツジの別名。

【山郭】(サンカク) 山あいの村。山中の村。例 水村山郭酒旗風(スイソンサンカクシュキのかぜ)（＝水辺の村にも山あいの村にも居酒屋の旗が

春風にはためいている)。〈杜牧・江南春〉

【山岳】サンガク 連なった山々。また、高く険しい山。例 明日隔二山岳一(メイジツサンガクをへだつ)(=あしたになれば、お互い山のあちらとこちらに別れる)。〈杜甫・贈衛八処士〉

【山▼壑】サンガク 渓谷。山谷。

【山間】サンカン・やまあい 山と山のあいだ。深い山の中。例 水落而石出者山間之四時也(みずおちていしいずるはサンカンのシジなり)(=水かさが減って川底の石があらわれるのは山の中の四季の変化による)。〈欧陽脩・酔翁亭記〉 ―部(サンカンブ)。―(やまあい)の温泉宿。

【山気】一 サンキ ①山の清らかな空気。例 山気日夕佳(サンキニッセキによし)(=山のたたずまいは夕暮れがことにすばらしい)。〈陶淵明・飲酒〉 ②山中にたちこめる、もや。山靄(サンアイ)。二 やまけ 日 冒険などを好む気持ち。やまっけ。やまぎ。

【山鬼】サンキ 山の精霊。また、山中にすむ怪物。

【山居】サンキョ・やまにおる 山の中に住む。また、その住まい。例 山居而谷汲(やまにおりてたににくむ)(=山に住み、谷で水をくむ)。〈韓非・五蠹〉

【山峡】サンキョウ・やまかい 山と山の間の谷。また、やまあい。

【山▼禽】サンキン 山中にすむ鳥。類 山鳥。

【山系】サンケイ となりあう二つ以上の山脈がまとまって、より大きな山の連なりをつくっているもの。例 ヒマラヤ―。

【山径】【山▼陘】【山▼逕】【山▼蹊】サンケイ 山中のこみち。

【山光】サンコウ 日の光を浴びた山の美しい光景。山色。

【山行】サンコウ 山中を歩く。山へ遊びに行く。

【山▼肴】【山▼殽】サンコウ 山の産物。山の幸。山菜。

【山号】サンゴウ 寺号の上につける呼び名。高野山(コウヤサン)(金剛峰寺(コンゴウブジ))や、金竜山(キンリュウサン)(浅草寺(センソウジ))など。〔寺院がもと山中にあったことからいう〕

【山谷】サンコク ①山と谷。山中の谷。②北宋(ホクソウ)の詩人、黄庭堅(コウテイケン)の号。山谷道人。

【山谷▼之士】サンコクのシ 世間をさけて山の中に住む人。山人(サンジン)。〈荘子・刻意〉

【山骨】サンコツ ①山の表面にむき出しになった岩。②山の真髄。山を描いた絵画を評価することば。

【山妻】サンサイ 〔山中に育った妻の意〕自分の妻の謙称。荊妻(ケイサイ)。愚妻。

【山菜】サンサイ 山野に自生する食用の植物。ワラビやゼンマイなど。例 ―料理。

【山際】一 サンサイ 山のそば。また、山中。二 やまぎわ 日 山の稜線(リョウセン)に近い、空の部分。また、山の稜線。例 山際すこしあかりて、むらさきだちたる雲の、ほそくたなびきたる。〔清少納言・枕草子〕

【山紫水明】サンシスイメイ 日 山は紫色にかすみ、川の水は澄んで清らかに見えること。自然の景色の美しいこと。例 ―の地。

【山寺】一 サンジ 山の中にある寺。やまでら。二 やまでら 日 山形市にある立石寺(リッシャクジ)の別名。

【山▼椒】サンショウ ①〔「椒」は、頂上の意〕山頂。②香り高く、実は薬や香料にする植物。花椒(カショウ)。秦椒(シンショウ)。

【山上】サンジョウ ①山の上。山頂。②山のなか。例 山上無二老虎一、猴子称二大王一(サンジョウにロウコなく、コウシダイオウをショウす)(=トラのいない山では、サルが王様。「鳥無き里の蝙蝠(こうもり)」の意)。〈冷眼観・一四〉 ③日 比叡山延暦寺(ヒエイザンエンリャクジ)のこと。

【山上復有レ山】サンジョウまたやまあり 「出」の字の隠語。〔「山」を二つ重ねた形の字であることから〕〈玉台新詠・古絶句〉

【山城】一 サンジョウ ①山あいの町。②山あいの堅固なとりで。二 やましろ 日 旧国名の一つ。今の京都府南部に当たる。城州(ジョウシュウ)。雍州(ヨウシュウ)。三 やまじろ 日 山頂や山腹の険しい地形を利用して築いた城。

【山色】サンショク 山のいろ。山のたたずまい。また、山の景色。

【山人】サンジン ①周代、山林を管理した官。②「山谷之士(サンコクのシ)」に同じ。③文人・画家などが雅号に用いる語。「八大山人」など。

【山水】サンスイ ①山と水。山と河川や湖沼。②山と水のある景色。③「山水画」の略。山と水の景色を描いた東洋画。④日 築山(つきやま)と、やり水や池のある庭園。例 枯れ―。

【山西】サンセイ ①山の西側。②戦国時代から漢代、華山・崤山(コウザン)より西の地域。対 山東。③太行(タイコウ)山脈より西、黄河より東の地域。対 山東。④今の山西省。

【山精】サンセイ ①山の精霊。山の怪物。山鬼。②長寿を保ち、仙人にもなれるという薬草。

【山積】サンセキ・やまづみ ①山のようにつみあげる。②仕事や課題などが、たくさんたまっている。例 懸案が―(サンセキ)している。

【山川】一 サンセン・やまかわ 山と川。山や川。また、自然の景色。例 山川其舎レ諸(サンセンそれこれをすてんや)(=山や川の神がほうっておくわけがない)。〈論語・雍也〉 二 やまがわ 日 山中を流れる川。

【山川草木】サンセンソウモク 山と川と草と木。自然の景色。

【山荘】サンソウ 山の中にある別荘。

【山僧】サンソウ ①山寺の僧。②日 比叡山延暦寺(ヒエイザンエンリャクジ)の僧。山門の僧。

【山▼藪】サンソウ ①山奥の木々が生い茂っているところ。例 山藪蔵レ疾(サンソウシッをゾウす)(=山深い森には毒虫も巣くっている。小さな悪事があっても大きな徳は損なわれないことのたとえ)。〈左伝・宣一五〉 ②山林と沼沢地。山沢。③山野にいて仕官しない。在野。

【山賊】サンゾク 山の中で、旅人などをおそう盗賊。対 海賊。

【山村】サンソン 林業や炭焼きなどで生活を立てる、山の中の村。

【山沢】サンタク 山林と沼沢地。また、広く山野をいう。山藪(サンソウ)。

【山地】サンチ 山の中の土地。山間部。また、山岳地帯。対 平地。例 ―に分け入る。

【山中】サンチュウ 山の中。

【山中宰相】サンチュウのサイショウ 南朝梁(リョウ)の陶弘景(トウコウケイ)の別称。隠士として山中に暮らしながら、皇帝から国政の相談を受けていた。転じて、すぐれた才能をもちながら挙用されない人物をいう。〈南史・陶弘景伝〉

【破二山中賊一易、破二心中賊一難】サンチュウのゾクをやぶるはやすく、シンチュウのゾクをやぶるはかたし 山賊は退治できても、自分の心の中の悪に打ち勝つのはむずかしい。〔王陽明(オウヨウメイ)のことばから〕

【山中無二暦日一】サンチュウレキジツなし 世間を離れた山の中では、月日の過ぎるのを忘れてしまう。〈太上隠者・答人〉

【山頂】サンチョウ 山のいただき。頂上。対 山麓(サンロク)。

【山亭】サンテイ ①山中のあずまや。見晴らし台。②「①」の形をした小さな飾り物。

【山庭】サンテイ ①山中にある庭。②鼻のこと。〔鼻を庭の築山(つきやま)に見立てたことから〕

【山東】サントウ ①山の東側。②戦国時代から漢代、華山・崤山(コウザン)より東の地域。対 山西。③戦国時代、函谷関(カンコクカン)より東の、秦(シン)以外の六か国の地域。④太行(タイコウ)山脈より東の地域。対 山西。⑤今の山東省。

【山童】サンドウ ①山村の子供。②僧や道士、隠者に仕える従者。

【山道】サンドウ・やまみち 山の中を通る細い道。

【山風】サンプウ・やまかぜ ①山から吹いてくる風。山おろし。対 谷風(たにかぜ)。②山中を吹く風。

【山腹】サンプク 山の中腹。類 山腰(サンヨウ)。例 ―の小屋。

【山辺】サンペン・やまべ 山の近く。やまのべ。対 海辺(カイヘン)。例 ―の寒村。

【山房】サンボウ ①山中の家。また、山中の寺院や書斎。②書斎や雅号に用いる語。

【山脈】(サンミャク) 多くの山々がとぎれないで、長く連なっているもの。やまなみ。例ロッキー—。

【山門】(サンモン) ①(山中の)寺の門。寺院の正門。三門。例苔蘚山門古(タイセンサンモンふるし)(=寺院の大門はこけむして古びている)。〈杜甫・秦州雑詩〉②(禅宗の)寺院。③日比叡山延暦寺(エンリャクジ)(ヒエイザン)のこと。対寺門(ジモン)。

【山野】(サンヤ) 山と野原。のやま。例—をかけめぐる。

【山容】(サンヨウ) 山の姿や形。

【山陽】(サンヨウ) ①山の南側。②日「山陽地方」「山陽道」の略。中国地方で、岡山県・広島県など瀬戸(せと)内海に面した地域。また、その地域に通じた旧街道。▽対山陰。

【山▼巒】(サンラン) 連なっている峰々。

【山▼梁】(サンリョウ) ①山中の渓谷にかけられた橋。②キジの別称。③山の尾根。

【山陵】(サンリョウ) ①山と丘。また、高原。②帝王の墓。転じて、死亡した帝王。

【山▼稜】(サンリョウ) 〔「稜」は、とがったかどの意〕山の頂から頂へと続く峰のすじ。尾根(おね)。稜線(リョウセン)。

【山林】(サンリン) ①山と林。②山にある林。③人里離れた地。例苦二於山林之労一(サンリンのロウにくるしむ)(=山林に住む隠者の生活に苦労する)。〈荘子・徐無鬼〉

【山▼嶺】(サンレイ) 山のみね。

【山路】(サンロ|やまじ) やまみち。例山路(やまじ)来てなにやらゆかしすみれ草。〔芭蕉・野ざらし紀行〕

【山麓】(サンロク) 山のふもと。山のすそ。対山頂。例富士—。

【山車】(だし) 日祭礼のとき、さまざまの飾りをつけて引き回す車。例—を引く。—が出る。

【山幸】(やまさち) 日①山でとれる鳥や獣。また、山菜や木の実など。やまのさち。②山の獲物をとる道具。▽対海幸。

【山里】(やまざと) 日山の中にある人里。山村(サンソン)。

【山師】(やまシ) 日①鉱山をさがしたり掘ったりする人。②山林の立木の売買をする人。③投機で金もうけをたくらんだり、もうけ話で他人をあざむく人。詐欺師。

【山高水長】(やまたかくみずながし) 一山や川によって遠く隔てられているさま。〈劉禹錫・望賦〉二(やまのごとくたかくみずのごとくながし) 人格が高潔で人々から尊敬されることのたとえ。〈范仲淹・桐廬郡厳先生祠堂記〉

【山肌】【山膚】(やまはだ) 日山の表面。山の、草木におおわれていない、むきだしの地面。

【山不レ辞レ土石、故能成二▼其高一】(やまはドセキをジせず、ゆえによくそのたかきをなす) 山はどんな土石でも受け入れるから高くなれる。度量の広い人が大人物となることをいう。〈管子・形勢解〉

【山▼彦】(やまびこ) 日①山の神。②山中などで起こる声や音の反響。こだま。〔山の神が答えると考えられた〕

●金山(キンザン)・黒山(くろやま)・鉱山(コウザン)・深山(シンザン)・沢山(タクサン)・築山(つきやま)・銅山(ドウザン)・登山(トザン)・氷山(ヒョウザン)・本山(ホンザン)・名山(メイザン)・四方山(よもやま)・連山(レンザン)

𡴭
山1(4) 4 0823 21D2D
アツ漢 黠 yà

意味 山の湾曲した所。くま。

乢
山1(4) 2 5406 4E62
カイ gài
たわ

意味 ものをねだる。乞(こ)う。通丐(カイ)。

日本語での用法 《たわ》「安ケ乢(やすがたわ)(=岡山県の地名)」▼山の尾根のくぼんだ所。鞍部(アンブ)。主に人名・地名に用いる字。

屶
山2(5) 2 5407 5C76 国字
なた

参考 「なた」と読む熟字「山刀」の「山」と「刀」の合字。

意味 人名・地名に用いる字。例屶網(なたあみ)(=姓)。

𡚴
山3(6) 3 4767 216B4 国字
あけび

意味 植物の名「あけび」と読む熟字「山女」の「山」と「女」の合字。

難読 安原(あけんばら)(=滋賀県の地名)

屺
山3(6) 3 4768 5C7A
キ漢 紙 qǐ

意味 草木の生えていない山。はげ山。〔一説に、草木のある山〕対岵(コ)。例陟二彼屺一兮、瞻二望母一兮(かのキにのぼりて、ははをセンボウす)(=あのはげ山に登り、はるか遠くを眺めやって母を思う)。〈詩経・魏風・陟岵〉

屹
山3(6) 2 5408 5C79
キツ慣 ギツ漢 物 yì
そばだ-つ

意味 山が高くそびえるさま。そばだつ。例屹然(キツゼン)。屹立(キツリツ)。

日本語での用法 《きっ》①「屹(きっ)とした目(め)つきで見(み)る」▼緊張してけわしい。②「明日(あす)は屹度(きっと)晴(は)れるよ・屹度(きっと)何か事情(ジジョウ)がある」▼〔「きと」を強めた形「きっと」のあて字〕かならず。たしかに。

【屹屹】(キツキツ) 高くそびえ立つさま。屹然(キツゼン)。

【屹▼屼】(キツコツ) はげ山が高くそびえ立つさま。

【屹然】(キツゼン) ①山が高くそびえ立つさま。例—として天空に立つ山々。②ひとりだけ気高く、周囲から抜きん出ているさま。独立して、ものに屈しないさま。毅然(キゼン)。

【屹立】(キツリツ) ①山が高くそびえ立つ。例—する山々。②人が動かずに、しっかりと立っている。

屼
山3(6) 4 0825 5C7C
ゴツ漢 月 wù

意味 ❶山がはげているさま。❷高くそびえ立つさま。

𡵅
山3(6) 4 0824 21D45 国字
ほき

意味 がけ。主に人名・地名に用いる字。例𡵅本(ほきもと)(=姓)。小𡵅(こぼき)(=岡山県の地名)。

妛
山4(7) 2 5412 599B
あけび

意味 「𡚴(あけび)」の誤記。

［𡵆］
山4(7) ⇩嶧(エキ)(419ジペー)

岈
山4(7) 4 0828 5C88
ガ慣 カ漢 麻 xiā

意味 山が深いさま。例岈然(ガゼン)。

岏
山4(7) 3 4769 5C8F
ガン(グヮン)漢 寒 wán

意味 山が険しく高い。例岏岏(ガンガン)(=山が高いさま)。岏巑(ガンサン)(=険しい峰)。

岐
山4(7) 1 2084 5C90 常用
キ漢 ギ呉 支 qí
えだみち・わか-れる(わか-る)・ちまた

筆順 丨 山 山 山一 山十 岐 岐

なりたち 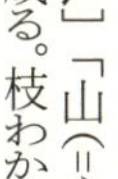
［形声］「山(=やま)」と、音「支シ…▼キ」とから成る。枝わかれした形の山の名。

意味 ❶枝状にわかれる。枝状にわかれたところ。例多岐(タキ)。分岐(ブンキ)。❷分かれ道。例岐路(キロ)。通歧(キ)。❸人よりすぐれたさま。ひいでる。❹山名。今の陝西(センセイ)省岐山県にあり、周の文王が封ぜられた地。例岐山(キザン)。岐周(キシュウ)。

古訓 中古 いはや・けはし・すみやか・ちまた・また・みち 中世 いはや・すみやか・ちまた・みち 近世 けはし・さがし・ちまた・ふたまた・ものしる
人名 たか・たかし・のぼる・みち
参考 岐阜(ギフ)(=県名)。

【岐▼穎】(キエイ) 才能、性質がすぐれている。

【岐▼嶷】(キギョク) 幼いうちから賢くすぐれているさま。

【岐山】(キザン) 陝西(センセイ)省岐山県にある山。山麓(サンロク)は周の始祖、古公亶父(ココウタンポ)建国の地。

【岐周】(キシュウ) ①岐山のふもとにあった、周の旧都。②西周。

【岐途】(キト) わかれ道。枝道。

【▼哭▽岐泣▽練】(キにコクしレンになく) 〔「哭」は、泣く。「練」は、白い練り糸〕人間は環境によって善にも悪にもなることを悟ってなげく意。類 糸路(シロ)。◆楊朱(ヨウシュ)は分かれ道を見て、どちらに進むかで大きなちがいが生じることを思って泣き、墨子(ボクシ)は白い練り糸を見て、どんな色にも染まることを思って泣いた。……〈淮南・説林〉

【岐路】(キロ) 道が枝わかれするところ。わかれ道。分岐点。類 岐途。例 人生の―に立つ。

【岐路亡羊】(キロボウヨウ) ⇒【多岐亡羊】(タキボウヨウ)(314ジペー)
◆多岐(タキ)・分岐(ブンキ)

岌
山4(7) 2 5409 5C8C
キュウ(キフ) 慣 ギュウ(ギフ) 漢 緝 jí
たか-い(たか-し)・さが-し

意味 ❶山が高くそびえる。たかい。例 岌峨(キュウガ)。❷危険な。

例 岌岌(キュウキュウ)。

【岌▼峨】(キュウガ) 山が高いさま。岌嶷(キュウギョク)。

【岌岌】(キュウキュウ) ①高いさま。②危機に瀕(ヒン)しているさま。③はやいさま。

【岌▼嶷】(キュウギョク) 山が高く険しいさま。

岑
山4(7) 2 5410 5C91
シン(シム) 漢 侵 cén
みね

意味 ❶険しくそびえる山(の頂上)。みね。例 岑楼(シンロウ)。❷険しい。鋭い。

難読 岑上(おのえ)

【岑▼蔚】(シンウツ) 草木が生い茂るさま。類 岑翳(シンエイ)。

【岑▼峨】(シンガ) ①高低・長短があって、ふぞろいなさま。②山が険しく高いさま。③気難しいさま。

【岑岑】(シンシン) ①高いさま。②痛むさま。

【岑楼】(シンロウ) 高くそびえる山。〔一説に、山のように高い、高殿〕

岊
山4(7) 4 0829 5C8A
セツ 漢 屑 jié

意味 ❶山の湾曲したところ。くま。❷山の峰。みね。

岔
山4(7) 2 5411 5C94
タ 漢 禡 chà

意味 ❶山脈・川・道の分かれ目。分岐点。例 岔道(タドウ)。❷わき道にそれる。また、話をそらす。❸まちがえる。

𡵢
山4(7) 4 0827 21D62 国字
なぎ

意味 山の崩れ落ちた所。地名に用いる字。例 𡵢下(なぎのした)(=愛知県の地名)。

岡
山5(8) 1 1812 5CA1 常用
コウ(カウ) 漢 陽 gāng
おか(をか)

[崗] 山8(11) 2 5430 5D17 俗字。

筆順

なりたち

[形声]「山(=やま)」と、音「网(ウ)」とから成る。山の背。

意味 平地よりも少し盛り上がった土地。おか。
日本語での用法 《おか》「岡惚(おかぼ)れ・岡焼(おかや)き・岡目八目(おかめハチモク)」▼傍観の立場。かたわら。わき。
古訓 中古 をか 中世 をか 近世 やまのうら・をか
参考 岡山(おかやま)・静岡(しずおか)・福岡(ふくおか)(=県名)。
【岡阜】(コウフ) 小高い丘。
【岡▼巒】(コウラン) 山なみ。連山。
【岡陵】(コウリョウ) 丘。丘陵。

岢
山5(8) 4 0834 5CA2
カ 漢 哿 kě

意味 「岢嵐(カラン)」は、山西省の西北にある山の名。また、山西省にある県名。

岳
山5(8) 1 1957 5CB3 常用
ガク 漢 呉 覚 yuè
たけ

[嶽] 山14(17) 2 5454 5DBD 本字。

筆順

なりたち
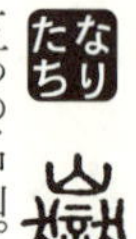
[形声]「山」と、音「獄(ゴク→ガク)」とから成る。王者が天下を視察するときに祭りをする五つの名山。

参考 「岳」と「嶽」とは、古くから通じて用いられてきたが、「岳父・岳母」の意には「岳」を用いることが多い。
意味 ❶高く大きな山。たけ。例 山岳(サンガク)。御岳(みたけ)。❷妻の実家の父・母を尊敬していうときに用いる接頭語。例 岳丈(ガクジョウ)(=妻の父)。岳父(ガクフ)。岳母(ガクボ)。
古訓 A[岳] 中古 くま・さがし・みたけ・やまのみち・をか 中世 たけ・をか 近世 たけ・だけ・をか
B[嶽] 中古 たかし・たけ・みたけ・みね・やま・をか 中世 おほいなり・たけ・だけ・みだけ・やま・をか 近世 たけ・だけ・みたけ・みだけ・みね・をか
人名 おか・たか・たかし・たけし・たける
【岳翁】(ガクオウ) 妻の父。岳父。
【岳父】(ガクフ) 妻の父。岳翁。対 岳母。
【岳母】(ガクボ) 妻の母。対 岳父。
【岳陽楼】(ガクヨウロウ) 湖南省の岳陽市にある楼。洞庭湖にのぞみ、古来多くの文人がおとずれた名所。例 今上岳陽楼(いまのぼるガクヨウロウ)(=今まさに岳陽楼に上る)。〈杜甫・登岳陽楼〉
【岳麓】(ガクロク) ①山のふもと。②日 富士山(=富岳)のふもと。
◆山岳(サンガク)・富岳(フガク)

岩
山5(8) 1 2068 5CA9 教2
ガン(ガム) 漢 咸 yán
いわ(いは)

筆順

なりたち [会意]「山(=やま)」と「石(=いし)」とから成る。山の石。
参考 一説に、「巖(ガ)」の古字。
意味 ❶動かせないほど大きな石。いわお。いわ。通 巖(ガン)。例 岩石(ガンセキ)。岩盤(ガンバン)。❷洞穴。いわあな。例 岩山(ガンザン)。
日本語での用法 《ガン》①「乳岩(ニュウガン)(=乳癌(ニュウガン))」▼岩のように固くしこったもの。②「岩乗(ガンジョウ)・岩畳(ガンジョウ)」▼強くたくましい乗馬。転じて堅固。

古訓 中古 いはほ 中世 いは・いはほ・たえず・ふかし 近世 いは・いはほ・たえず・ふかし

人名 いわお・かた・たか

難読 岩動（いするぎ）・岩動（いするぎ）（＝姓）

【岩場】いわば 日 ①岩の多い場所。②ロッククライミングをする場所。

【岩塩】ガンエン 日 陸地の岩石の間に、層を成している、塩のかたまり。

【岩窟】ガンクツ 岩の洞穴。いわあな。いわや。巌窟ガンクツ。

【岩山】一 ガンザン 洞穴の多い山。二 いわやま 日 岩だらけの山。岩でできている山。

【岩室】ガンシツ｜いわむろ 岩を掘ってつくった住居。また、岩の間に自然にできた洞穴。いわや。

【岩▼漿】ガンショウ 日 地下で、高温のためにとけて、どろどろになっている岩石。マグマ。

【岩礁】ガンショウ 日 海中にかくれて見えない岩。また、水面上に見えかくれする岩。

【岩乗】【岩畳】ガンジョウ 日 ①からだのしっかりしたウマ。五調。②丈夫なさま。頑丈。

【岩石】ガンセキ ①岩や石。また、大きな石。②日 地殻を形づくる物質。③ガンゼキ 日 かたいもの、かたく作ったもののたとえ。例 ―卵。―豆腐。

【岩頭】ガントウ 岩の上。巌頭ガントウ。

【岩盤】ガンバン 地下で層を成している、かたい岩。

【岩壁】ガンペキ かべのように切り立っている岩。巌壁ガンペキ。

●火成岩カセイガン・奇岩キガン・砂岩サガン・水成岩スイセイガン・溶岩ヨウガン

岸

山5（8） 1 2063 5CB8 教3

ガン 漢 呉 翰 àn

きし

付表 河岸かし

［峸］山5（8） 4 0832 21D9C 俗字。

［岍］山5（8） 4 0830 37C1 別体字。

筆順 丶 山 山 屵 屵 岸 岸 岸

なりたち 形声 「屵（＝高いがけ）」と、音「干カン→ガン」とから成る。険しく高い水ぎわ。

意味 ❶水ぎわの切りたったところ。みずぎわ。**きし**。例 岸壁ガンペキ。沿岸エンガン。対岸タイガン。❷おごり高ぶっているさま。例 傲岸ゴウガン。❸牢獄ロウゴク。ひとや。例 宜レ岸宜レ獄ガンによろしゴクによろし（＝牢獄につながれるのがふさわしい）。〈詩経・小雅・小宛〉❹ひたいを出す。例 岸幘ガンサク。

日本語での用法《ガン》「接岸セツガン・着岸チャクガン・離岸リガン」▼「岸壁ガンペキ」の略。

古訓 中古 うたへ・かたぶく・きし・しなじな・たかし・なぎさ 中世 きし 近世 あらはす・きざはし・きし・すぐるる・ひとや

難読 魚河岸うおがし

【岸▼幘】ガンサク 頭巾キンを上げて額ひたいをあらわす。親しみなれて礼法を簡略にするさま。

【岸頭】ガントウ 岸のほとり。岸辺。類 岸上。

【岸壁】ガンペキ ①かべのように切り立っている岸。②日 船を接岸させるために港につくった、石やコンクリートのかべ。

【岸辺】ガンペン｜きしべ 岸のあたり。岸沿いのところ。

●右岸ウガン・海岸カイガン・護岸ゴガン・左岸サガン・接岸セツガン・彼岸ヒガン

岠

山5（8） 4 0833 5CA0

キョ 漢 語 jù

意味 ❶大きな山。❷至る。

岣

山5（8） 3 4771 5CA3

ク 漢 麌 コウ 漢 有 gǒu

意味 「岣嶁ロウ」は、衡山コウザン（＝五岳の一つ。南岳）の主峰。また、衡山のこと。

峅

山5（8） 2 5418 5CC5 国字

くら

意味 深い山の中の谷。主に人名・地名に用いる字。例 岩峅いわくら（＝姓）。芦峅寺あしくらじ（＝富山県の地名）。

岵

山5（8） 4 0839 5CB5

コ 漢 麌 hù

意味 草木のしげる山。しげやま。はえやま。〔一説に、草木のない山〕対 屺キ。例 陟二彼岵一兮、瞻二望父一兮かのコにのぼりて、ちちをセンボウす（＝あの草木のしげる山に登り、はるか遠くを眺めやって父を思う）。〈詩経・魏風・陟岵〉

峠

山5（8） 4 0831 21DA1 国字

さこ

意味 山あいの小さな谷。主に人名に用いる字。例 前峠まえさこ・小峠ざこ（＝姓）。

岫

山5（8） 2 5413 5CAB

シュウ（シウ）漢 宥 xiù

くき

意味 ❶山の洞穴。**くき**。❷山のいただき。みね。**くき**。

【岫雲】シュウウン 山のくぼみからわき立つ雲。

岨

山5（8） 1 3327 5CA8

一 ショ 漢 魚 qū 二 ショ 漢 ソ 呉 語 zǔ

そば・そわ

意味 一 土におおわれた石山。また、岩をいただく土山。通 砠シ。二 そびえたって険しいところ。**そば**。通 阻。例 岨峻シュン。嶮岨ケンソ。

【岨▼峻】ソシュン 山が険しく高い。

岱

山5（8） 1 3450 5CB1

タイ 漢 隊 dài

意味 泰山タイザンのこと。山東省にある名山。例 岱宗タイソウ。

【岱宗】タイソウ 〔「宗」は、尊ぶ意〕泰山タイザンの尊称。〔泰山は五岳の長であり、四岳が宗とする意〕

岻

山5（8） 2 5414 5CBB

チ 漢 支 chí

意味 山の名に用いる字。

日本語での用法《シ》「沢岻タクシ（＝姓。また、沖縄県の地名）」▼人名・地名に用いる字。

岧

山5（8） 4 0836 5CA7

チョウ（テウ）漢 蕭 tiáo

意味 山が高いさま。例 岧嶢ギョウ・岧岧チョウチョウ（＝山の高いさま）。

岶

山5（8） 2 5415 5CB6

ハク 漢 陌 pò

さこ

意味 「嶼岶バク」は、草木などが密生しているようす。

日本語での用法《さこ》「岶尾さこお（＝姓）」▼山あいの小さな谷。主に人名に用いる字。

岾

山5（8） 2 5419 5CBE 国字

はけ・やま

参考 「岾コ（＝草木の茂った山の意）」の異体字とする説がある。また、地名用字として、日本や韓国カンコクで用いられている。

意味 地形上、丘陵地の断絶する急斜面を指す。**はけ**。

岷

山5（8） 2 5417 5CB7

ビン 漢 真 mín

意味 ❶山の名。岷山ビンザン。❷川の名。岷江ビンコウ。

【岷越】ビンエツ 現在の四川省と浙江セッコウ省一帯の地域。

【岷▼峨】ビンガ 岷山と峨眉ガビ山の併称。

【岷江】ビンコウ 川の名。岷山に発し、長江に合流する。古くは汶江ビンコウとも。

【岷山】ビンザン 四川省と甘粛省の境にある山。

岪 山5(8) 3 4772 5CAA フツ 漢 物 fú

[𡶒] 山5(8) 4 0837 21D92 別体字。

意味 ❶山腹をたどる道。❷山道が曲がりくねるさま。例 岪鬱フツウツ(=山が連なり、奥深い)。難読 塔ノ岪へつり

岬 山5(8) 1 4408 5CAC 常用 コウ(カフ) 漢 洽 jiǎ みさき

筆順 丨 山 山 山 岬 岬 岬 岬

なりたち [形声]「山(=やま)」と、音「甲コウ」とから成る。二つの山の間。

意味 ❶山と山との間。山あい。通峡。❷海中や湖中につき出た陸地。**みさき**。

古訓 中古 かたはら・まさし・みさき・みささき 中世 みさき・みささき 近世 そは・つらなる・みさき・やまのかたはら・やまのそは・やまのそば

岼 山5(8) 2 5416 5CBC 国字 ゆり

意味 ❶山の中腹にある平地。**ゆり**。❷人名・地名に用いる字。例 岼ゆり(=姓。また、京都府の地名)。

岟 山5(8) 3 4770 5C9F ヨウ(ヤウ) 漢 養 yǎng

意味 ❶山のふもと。❷奥深い。例 幽岟ユウヨウ。

岦 山5(8) 4 0835 5CA6 リュウ(リフ) 漢 緝 lì

意味 「屹岦キツリュウ」は、山がそびえ立つさま。

岭 山5(8) 4 0838 5CAD レイ 漢 青 líng

[岺] 山5(8) 3 4773 5CBA 別体字。

意味 山が奥深い。

峐 山6(9) 3 4775 5CD0 カイ 漢 灰 gāi

意味 はげ山。

峉 山6(9) 4 0841 5CC9 ガク 漢 陌 è

意味 山が高大なさま。例 峉峉ガクガク。

𡶷 山6(9) 4 0840 21DB7 国字 ギャク

意味 地名に用いる字。例 𡶷台ギャクダイ(=福島県の地名)。

峡 山6(9) 1 2214 5CE1 常用 コウ(カフ) 漢 キョウ(ケフ) 呉 洽 xiá はざま・かい(かひ)

[峽] 山7(10) 2 5423 5CFD 人 旧字体。

筆順 丨 山 山 山 峡 峡 峡 峡 峡

なりたち [形声]「山(=やま)」と、音「夾コウ」とから成る。山と山にはさまれたところ。

意味 ❶山と山とにはさまれた谷あい。**はざま**。例 峡谷キョウコク。山峡サンキョウ。❷陸地にはさまれた細い水路。また、海にはさまれた細い陸地。例 海峡カイキョウ。地峡チキョウ。

古訓 中古 かひ・せばし・ほら・やまのかひ 中世 かひ・きし・くき・そばだつ・ほら・やまあひ・やまのかひ 近世 きし・くき・そは・そば・そばだつ・ほら

難読 山峡かい

【峡雨】キョウウ 峡谷に降りそそぐ雨。

【峡谷】キョウコク 山と山との間の深くて険しい細長い谷。例 黒部くろべ—。

●海峡カイキョウ・三峡サンキョウ・山峡サンキョウ|かい・地峡チキョウ

峇 山6(9) 2 5420 5CC7 コウ(カフ) 漢 合 kè

意味 「岌峇キュウコウ」は、雷などのとどろく音。

峙 山6(9) 2 5421 5CD9 チ 漢 ジ(ヂ) 呉 紙 zhì そばだ-つ

意味 ❶高くそびえ立つ。じっと動かないで立つ。**そばだつ**。例 峙立ジリツ(=そびえ立つ)。対峙タイジ。❷たくわえる。

峋 山6(9) 3 4774 5CCB シュン 漢 真 xún

意味 山のように高く突き出るさま。例 峋嶙シュンリン(=骨力のある字体。また、骨ばった身体のさま)。

峒 山6(9) 3 4776 5CD2 一 トウ 漢 ドウ 呉 東 tóng 二 トウ 漢 ドウ 呉 送 dòng

意味 一「崆峒コウドウ」は、山の名。二 ❶山の洞穴。❷「崆峒コウドウ」は、山の高く険しいさま。

峠 山6(9) 1 3829 5CE0 常用 国字 とうげ(たうげ)

筆順 丨 山 山 山 山 峠 峠 峠 峠

なりたち 国字。[会意]「山(=やま)」と、「上下(=のぼりくだり)」とから成る。山の上りと下りのさかいとなるところ。

意味 ❶山道を登りつめて、そこから下りにさしかかるところ。例 峠とうげの茶屋ちゃや。❷ものごとの進行する過程で、そこを越すと安定する大事な時点。例 容態ヨウダイは峠とうげを越こした。

古訓 中世 たうげ 近世 たうげ・みね

難読 峠岡みねおか(=姓)

崋 山7(10) 2 5428 5D0B カ(クヮ) 漢 禡 huà

意味 五岳の一つ。華山カザン。[多く「華山」と書かれる]

参考 江戸時代の画家、渡辺登わたなべのぼるは、雅号に「崋山カザン」を用いた。

峨 山7(10) 1 1869 5CE8 人 ガ 漢 歌 é

[峩] 山7(10) 2 5422 5CE9 別体字。

なりたち  [形声]「山(=やま)」と、音「我ガ」とから成る。山が高く険しいさま。

意味 山が高く険しいさま。たかい。例 峨峨ガガ。嵯峨サガ。

古訓 中古 さがし・たかし 中世 さがし・たかし 近世 さがし

【峨峨】ガガ ①山や岩が高く険しくそびえるさま。例 —たる連山。②姿が立派なさま。

【峨眉山】【峨▼嵋山】ガビサン 四川省中部にある山で、四大名山の一つ。形が蛾ガの触角(美人の眉まゆのたとえ)に似て

いることにちなむという。→【半輪】(ハンリン)②(195ジペー)

[峽] 山7(10) ⇩峡(ウキョ)(414ジペー)

峴 山7(10) 3 4777 5CF4 ケン㊥ ゲン㊦ 銑 xiàn

意味 ❶湖北省襄陽(ジョウヨウ)県にある山の名。峴山(ケンザン)。❷小さくて険しい山。

峺 山7(10) 2 5424 5CFA コウ(カウ)㊥ 梗 gěng

意味 山の険しいところ。

峻 山7(10) 1 2952 5CFB 人 シュン㊥ 震 jùn たか-い(たか-し)・けわ-しい(けは-し)

[埈] 土7(10) 3 1547 57C8 別体字。

なりたち  [形声]「山(=やま)」と、音「夋(シュン)(=険しく高い)」とから成る。険しく高い。

意味 ❶高く険しい。また、大きくて立派な。**たかい。けわしい。** 例 峻険(シュンケン)。峻秀(シュンシュウ)(=とびぬけて高い)。❷(性質や態度が)きびしい。容赦しない。例 峻拒(シュンキョ)。峻厳(シュンゲン)。峻別(シュンベツ)。

古訓 中古 きびし・けはし・さがし・たかし 中世 おほいなり・けはし・さがし・たかし 近世 おほいなり・きびし・けはし・さがし・すみやか・たかし・ながし

人名 たか・たかし・ちか・とし・みち・みね

【峻▼隘】(シュンアイ) ①地勢などが険しく狭い。②性格が厳しく度量が小さい。

【峻宇】(シュンウ) 〔「宇」は、のきの意〕大きく立派な家。

【峻科】(シュンカ) 厳しい法律。厳科。厳法。㊮峻法(シュンポウ)。

【峻崖】(シュンガイ) 壁のようにそそり立つ、がけ。㊮峻壁(シュンペキ)。

【峻急】(シュンキュウ) ①せっかちで厳しく、度量が小さい。②水の流れが速く激しい。

【峻拒】(シュンキョ) きっぱりとことわる。拒絶。拒否。

【峻険】【峻▼嶮】(シュンケン) (山などが)高く険しいこと。

【峻厳】(シュンゲン) ①高く険しい。②きわめて厳格であること。峻烈。例 —な態度。

【峻酷】【峻刻】(シュンコク) ひどく厳しい。厳酷。

【峻▼峭】(シュンショウ) ①山などが高く切り立っている。また、その山。②人格などが気高くすぐれている。

【峻絶】(シュンゼツ) 山やがけなどが高く険しいさま。

【峻秩】(シュンチツ) 〔「秩」は、禄高(ロクだか)の意〕高い俸給。位の高いこと。

【峻徳】(シュントク) ①気高く大きな徳。俊徳。②大きな恵み。大恩。

【峻別】(シュンベツ) 日 あいまいさを残さずに、はっきりと区別する。例 善悪を—する。

【峻▼嶺】(シュンレイ) 高く険しい山々。

【峻烈】(シュンレツ) 厳しくて激しいさま。峻厳。㊮峻切。例 —な批判。

峭 山7(10) 2 5425 5CED ショウ(セウ)㊥ 嘯 qiào きび-しい(きび-し)・けわ-しい(けは-し)

意味 ❶高く切り立って、けわしい。**けわしい。** 例 峭壁(ショウヘキ)。❷程度がはなはだしい。**きびしい。** 例 春寒(シュンカン)料峭(リョウショウ)(=春とはいいながらまだ寒さがきびしい。手紙のはじめの時候の挨拶(アイサツ)の句)。

【峭刻】(ショウコク) ①過酷である。度をこして厳格である。苛刻(カコク)。峻刻(シュンコク)。②筆法が鋭いさま。③険しい。

【峭▼峻】(ショウシュン) ①山などが高く険しい。②度をこして厳格である。苛刻(カコク)。③人柄が気高く強いさま。

【峭絶】(ショウゼツ) ①そびえ立つさま。②性格が厳正なさま。

【峭直】(ショウチョク) 性格が厳しく、まっすぐであること。

【峭壁】(ショウヘキ) 険しく切り立ったがけ。

【峭▼厲】(ショウレイ) ①険しい。②度をこして厳しい。③筆法が変わっていて鋭い。

島 山7(10) 1 3771 5CF6 教3 トウ(タウ)㊥ 皓 dǎo しま

[㠀] 山11(14) 4 0862 3800 本字。

[嶋] 山11(14) 1 3772 5D8B 人 別体字。

[嶌] 山11(14) 2 5426 5D8C 別体字。

[隝] 阝11(14) 3 9362 969D 別体字。

[嶹] 山14(17) 4 0871 5DB9 別体字。

筆順 ′ ㇒ 户 白 鳥 鳥 島 島 島 島

なりたち 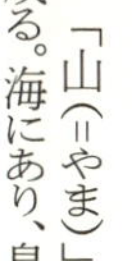 [形声]「山(=やま)」と、音「鳥(チョウ)→(トウ)」とから成る。海にあり、鳥がとどまれる山。

意味 まわりを海や湖に囲まれた陸地。**しま。** 例 島嶼(トウショ)。群島(グントウ)。孤島(コトウ)。

古訓 中古 しま・しめ 中世 しま 近世 しま

【島陰】(しまかげ) 日 島にかくれて見えないところ。また、島の、外海から見えないところ。例 船が—にかくれる。—の校舎。

【島守】(しまもり) 日 島の番人。

【島▼夷】(トウイ) ①海中の島に住む異民族。②中国の南北朝時代、北朝側が南朝をさげすんでいったことば。

【島影】(トウエイ/しまかげ) 島の姿や形。例 遠くに—(しまかげ)が見える。

【島国】(トウコク/しまぐに) 四方を海に囲まれた国。海国。例 —(しまぐに)根性(コンジョウ)(=島国の人に多く見られる、視野がせまく閉鎖的で、こせこせした性質)。

【島▼嶼】(トウショ) 〔「嶼」は、小島の意〕大小の多くの島。しまじま。しま。

【島民】(トウミン) 島の住民。

● 遠島(エントウ)・敷島(しきしま)・諸島(ショトウ)・半島(ハントウ)・列島(レットウ)

㨶 山7(10) 4 0842 21DE0 トウ㊥ 尤 tóu

意味 山の険しいさま。

峰 山7(10) 1 4286 5CF0 常用 ホウ㊥ フ㊦ 冬 fēng みね

[峯] 山7(10) 1 4287 5CEF 人 本字。

筆順 ｜ 山 山 山' 山ク 山夂 山夆 峰

なりたち  [形声]「山(=やま)」と、音「夆(ホウ)」とから成る。山のいただき。

意味 ❶山のいただき。また、高い山。**みね。** 例 高峰(コウホウ)。霊峰(レイホウ)。連峰(レンポウ)。❷高く盛り上がっているもの。**みね。** 例 駝峰(ダホウ)(=ラクダのこぶ)。峰打(みねうち)。

古訓 中古 たけ・ほら・みね 中世 みね 近世 みね

人名 お・たか・たかし・ね

難読 金峰山(キンプサン/キンプセン)・金剛峰寺(コンゴウブジ)

【峰▼嶂】(ホウショウ) 高い山。また、連なり続く高い山々。㊮峰巒(ホウラン)。

【峰勢】(ホウセイ) 山の姿。そびえ立つ峰の形。

【峰打】(みねうち) 日 みね(=刀の背)で相手を打つ。むねうち。

● 奇峰(キホウ)・高峰(コウホウ)・霊峰(レイホウ)・連峰(レンポウ)

峪
山7(10) 2 5427 5CEA ヨク漢 沃 yù やま

意味 山と山との間。たに。

崦
山8(11) 4 0850 5D26 エン(エム)漢 塩 yān

意味 ❶「崦嵫ジエン」は、甘粛省にある山の名。日の沈む山とされた。❷山の湾曲したところ。また、山。やま。

[崗]
山8(11) ⇩岡かお(412ジペー)

崖
山8(11) 1 1919 5D16 常用 ガイ漢呉 佳 yá がけ・きりぎし

[崕] 山8(11) 2 5429 5D15 別体字。

筆順 ' 山 屵 岸 岸 崖 崖

なりたち [形声]「屵(=きし)」と、音「圭ケイ→ガイ」とから成る。高く険しいがけ。

意味 ❶山や岸の切り立ったところ。がけ。例 懸崖ケンガイ。断崖ダンガイ。❷領域のつきるところ。果て。通 涯。例 望レ之而不レ見二其崖一(=遠く眺めてもその果てが見えない)。〈荘子・山木〉❸性格が人をよせつけない。例 崖異ガイイ。

古訓 中古 かぎり・きし・たかし・ほとり 中世 きし・たかし 近世 きし・きりきし

【崖異】ガイイ 極端に異なるさま。特に、性格や言動が普通でなく、人々から孤立しているさま。

【崖岸】ガイガン ①水辺のがけ。②人柄が厳しく、他を寄せつけないさま。

【崖谷】ガイコク ①険しく深い谷。②厳しい人柄のたとえ。

【崖畔】ガイハン ①がけのへり。がけっぷち。②限界。

【崖略】ガイリャク あらまし。大略リャク。概略。

●懸崖ケンガイ・断崖ダンガイ・磨崖マガイ

[嶢]
山8(11) ⇩嶢ギョウ(419ジペー)

崟
山8(11) 2 5432 5D1F ギン(ギム)漢 侵 yín たか-い(たか-し)

意味 ❶山が高くそびえる。たかい。❷鋭くとがる。

崛
山8(11) 2 5433 5D1B クツ漢呉 物 jué そばだ-つ

意味 ひときわ高くそびえるさま。そばだつ。例 崛崎クッキ。

難読 耆闍崛山ギジャクッセン(=霊鷲山リョウジュセン)

【崛起】クッキ ①立ち上がる。勢いよく身を起こす。②そびえ立つ。▽屈起クッキ。

【崛崎】クッキ ①そびえ立つさま。②抜きん出るさま。

崫
山8(11) 4 0846 5D2B 一コツ漢 月 kū 二クツ漢呉 物 jué

意味 一でこぼこしたさま。二小高く突き出たさま。通 崛クツ。

[崄]
山8(11) ⇩嶮ケン(419ジペー)

崆
山8(11) 4 0844 5D06 コウ漢 東 kōng

意味 ❶山の高いさま。❷「崆峒ドウ」は、山の名。また、山の高く険しいさま。

崤
山8(11) 4 0849 5D24 コウ(カウ)漢 肴 xiáo

意味 ❶河南・陝西センの両省の境にある険しい山の名。崤山コウザン。殽山コウザン・嶔崟山キンギンザンとも。例 崤函コウカン(=崤山と函谷カンコク。要害の地)。❷川の名。崤水コウスイ。

崑
山8(11) 2 5434 5D11 コン漢 元 kūn

[崐] 山8(11) 4 0845 5D10 別体字。

意味 「崑崙コンロン」は、山の名。崑山コンザン。

難読 崑崙八仙コンロンハッセン(=雅楽の、高麗楽コマガクの一つ)

【崑曲】コンキョク 伝統演劇の一つ。歌と音楽を伴う戯曲で、明ミン代、江蘇コウソ省昆山から広まった。南曲。類 崑腔コンコウ。

【崑玉】コンギョク ①崑崙コンロン山から産出される美しい石。②美しい詩文のたとえ。

【崑山▼之片玉】コンザンのヘンギョク 崑崙コンロン山に産出する名玉の一片。すぐれたものの中でもとりわけ希少なもの、特に有能な人材についていう。〈晋書・郤詵伝〉

【崑▼崙】コンロン ①「崑崙山脈」の略。新疆シンキョウ ウイグル自治区とチベット自治区との境にある山脈。②西方にあると信じられていた霊山。西王母という仙女が住み、美しい玉を産したという。崑山。▽崐崘コンロン。昆侖コンロン。

崔
山8(11) 2 5435 5D14 一サイ漢 灰 cuī たか-い(たか-し)・さか-し 二スイ漢 支 cuī

意味 一❶山が高く大きいさま。たかい。例 崔嵬サイカイ。❷速いさま。❸姓の一つ。例 崔顥サイコウ(=盛唐の詩人)。❹⇩【崔隤】サイタイ 二⇩【崔崔】スイスイ

【崔▼嵬】サイカイ ①石や岩のごろごろしている土山。②山のいただき。山頂。③高くそびえているさま。④心に鬱積ウッセキしている不満。

【崔▼隤】サイタイ 時をむだに過ごす。例 日崔隤時不レ再ひびサイタイしてときサイせず(=日々の時間を空しく過ごし、時は二度とかえってこない)。〈漢書・劉越伝〉

【崔崔】スイスイ 高大なさま。高く険しいさま。

崎
山8(11) 1 2674 5D0E 常用 一キ漢 支 qí 二キ漢 微 qí さき・みさき

[嵜] 山9(12) 2 5431 5D5C 俗字。

[寄] 山8(11) 3 4779 37E2 別体字。

[﨑] 山9(12) 3 4782 FA11 俗字。

筆順 ｜ 山 山' 山大 山太 峼 崎 崎

なりたち [形声]「山(=やま)」と、音「奇キ」とから成る。平らでない。

意味 一山道などが険しい。例 崎嶇キク。二❶傾いているさま。例 傾崎ケイキ。❷曲がっているさま。例 崎曲キキョク。

日本語での用法 《さき》「唐崎からさき・洲崎すさき」▼みさき。海中や湖中に突き出た陸地。

古訓 中古 かたぶく・けはし・さがし・さき・ほとり・やまのみち 中世 かたぶく・きし・けはし・さがし・さき・はげし・やまのみね 近世 けはし・さがし・さき

【崎▼峗】キキ 「峗」は、険しい意。山が険しく切り立つさま。類 崎嶬キギ。

【崎▼嶇】キク ①山道の険しいさま。例 崎嶇不レ易レ行キクとしてゆきやすからず(=山道が険しくて容易には行けない)。〈李白・送友人入蜀〉②人生に苦しみの多いことのたとえ。

【崎陽】キヨウ 日 長崎の中国風の呼び名。

●嶔崎キンキ・崛崎クッキ

崇
山8（11） 1 3182 5D07 常用

スウ・シュウ 漢 東 chóng
あが-める（あが-む）・とうと-ぶ（たふと-ぶ）

筆順 丶 山 山 屵 岀 岦 崇 崇

なりたち  [形声]「山（＝やま）」と、音「宗ソウ→スウ」とから成る。山が大きくて高い。

意味 ❶山が高くて大きい。例 崇高スウコウ。崇山峻嶺スウザンシュンレイ。❷けだかい。とうとい。例 崇高スウコウ。❸この上ないものとして尊敬し、大切にする。うやまう。**あがめる**。**とうとぶ**。例 崇拝スウハイ。尊崇ソンスウ。❹高さ。例 堂崇三尺ドウスウサンシャク（＝堂の高さは三尺）。〈周礼・考工記・匠人〉❺盛んになる。栄える。例 崇替スウタイ（＝盛衰）。❻高くする。増やす。助長する。盛んにする。ます。例 用二巧変一以崇二天災一コウヘンをもちいてテンサイをます（＝こざかしい変化を用いて天災をさらにひどくする）。〈国語・周下〉❼終わる。終える。通 終。例 崇朝スウチョウ（シュウチョウ）あさをおう。

参考「祟スイ」は別の字。

古訓 中古 あがむ・あつまる・あつむ・いはふ・うらむ・おほし・かさぬ・かざる・かしづく・たか・たかし・たつ・たふとし・たふとぶ・つむ・ます・わざはひ・をはる 中世 あがむ・あがむる・あつむ・いはふ・おほし・かさぬ・かしづく・たかし・たつとし・たつとぶ・たふとし・つもる・みつ 近世 あがむ・あがむる・あつまる・いはふ・うやまふ・おほし・かさなる・たかし・たつとぶ・たつとむ・つむ・ならびたつ・なる・みつる・をはる

人名 あがむ・かた・たか・たかし・たけ・みつる

難読 崇峻天皇スシュンテンノウ・崇神天皇スジンテンノウ

【崇敬】スウケイ あがめうやまう。例 ―の念。
【崇高】スウコウ ①建物や壁が高い。②地位が高い。③けだかくとうといさま。例 ―な精神。④「崇山スウザン③」に同じ。
【崇山】スウザン ①高い山。例 崇山峻嶺スウザンシュンレイ（＝高く険しい山並み）。〈王羲之・蘭亭序〉②舜シュンが、神話上の邪神、驩兜カントウを放逐したと伝えられる山。③五岳の一つ、中岳のこと。嵩高スウコウ。崇高。→【嵩山】スウザン（418ページ）
【崇尚】スウショウ とうとぶ。重んじる。
【崇信】スウシン けだかくとうといものとして、信じる。
【崇盛】スウセイ ①身分が高く勢力がある。権勢がある。②とうとくて盛んなさま。
【崇朝】スウチョウ｜シュウチョウ｜あさをおう〔朝を終えるまでの間の意〕夜明けから朝食までの時間。ごく短時間のたとえ。終朝。
【崇徳】スウトク ①徳のある者を重んじる。②修養を重ねて徳を高める。
【崇拝】スウハイ ①絶対的にすぐれたものとして、心から従う。②宗教で、絶対的にうやまい信じる。例 太陽を―する。

崧
山8（11） 3 4781 5D27

スウ・シュウ（シウ）漢 東 sōng

意味 ❶山が大きく高いさま。通 嵩スウ。例 崧高スウコウ。❷五岳の一つ。嵩山スウザン。通 嵩スウ。

崢
山8（11） 2 5436 5D22

ソウ（サウ）漢 庚 zhēng
たか-い（たか-し）

意味 山が高く険しいさま。**たかい**。例 崢嶸ソウコウ。
【崢▼嶸】ソウコウ ①高く険しいさま。例 崢嶸赤雲西ソウコウたるセキウンのにし（＝高くそびえ立った雲が真っ赤に染まった西の空）。〈杜甫・羌村〉②谷が深く危険なさま。③年月が積み重なる。④才能が特にすぐれている。

崝
山8（11） 4 0847 5D1D

ソウ（サウ）漢 庚 zhēng

意味 山が高く険しい。通 崢ソウ。例 崝嶸ソウコウ。

崠
山8（11） 4 0848 5D20

トウ 漢 送 dòng

意味 山の尾根。

崩
山8（11） 1 4288 5D29 常用

［崩］山8（11）―― 旧字体。

ホウ 漢 呉 蒸 bēng
くずれる（くづ-る）・**くずす**（くづ-す）
付表 雪崩なだれ

筆順 丶 山 山 屵 岸 岸 崩 崩

なりたち 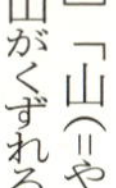 [形声]「山（＝やま）」と、音「朋ホウ」とから成る。山がくずれる。

意味 ❶山がこわれる。さかんであったものが、すたれる。**くずれる**。**くずす**。例 崩壊ホウカイ。崩落ホウラク。山崩やまくずれ。❷天子が亡くなる。例 崩御ホウギョ。崩殂ホウソ。

古訓 中古 あつし・くづる・しぬ 中世 おとす・くづる・くづるる・しぬ・やぶる 近世 あつし・おつる・くづるる・やぶる・やぶるる

【崩壊】【崩潰】ホウカイ ①（地形・建造物・組織・構想などが）くずれこわれる。例 ビルの―。②日〔物〕放射性元素が放射線を出して、他の元素に変化すること。壊変。
【崩御】ホウギョ 日 天皇・皇后・皇太后・太皇太后の死去を、敬っていうことば。
【崩▼殂】ホウソ 〔「殂」は、行く意〕天子が死ぬこと。崩御ホウギョ。
【崩墜】ホウツイ くずれ落ちる。例 天地―。
【崩落】ホウラク ①（土砂や壁などが）くずれ落ちる。例 岩石が―する。②日〔経〕相場が急に大きく下落する。暴落。

●土崩ドホウ

崍
山8（11） 3 4780 5D0D

ライ 漢 灰 lái

意味 ❶四川省西部にある山の名。崍山ライザン。❷「邛崍キョウライ」は、四川省の地名。また、山の名。

崚
山8（11） 2 5437 5D1A 人

リョウ 漢 蒸 líng

なりたち [形声]「山（＝やま）」と、音「夌リョウ」とから成る。山が高く険しいさま。

意味 山が高く重なって、険しいさま。

古訓 近世 さがし・たかし

人名 たかし

崙
山8（11） 2 5438 5D19

ロン 漢 元 lún

崘
［崘］山8（11） 2 5439 5D18 別体字。

意味「崑崙コンロン」は、山の名。崑山コンザン。

嵐
山9（12） 1 4582 5D50 常用

ラン（ラム）漢 覃 lán
あらし

筆順 丶 山 山 屵 岚 岚 嵐 嵐 嵐

なりたち 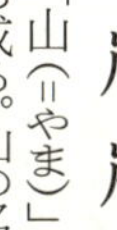 [形声]「山（＝やま）」と、音「葻ラン」の省略体とから成る。山の名。

参考 一説に、「山（＝やま）」と「風（＝かぜ）」とから成り、「山風やまかぜ」の意。

意味 山にたちこめる、しっとりした空気。山気サンキ。例 嵐気ランキ。青嵐セイラン。翠嵐スイラン。

日本語での用法 《**あらし**》「嵐あらしの前まえの静しずけさ・吹ふき荒あれる嵐あらし・感情カンジョウの嵐あらしに理性リセイを失うしなう」▼激しい風。暴風雨。また、荒れくるう状態のたとえ。

古訓 中古あらし 中世あらし・やまかぜ 近世あらし・やまかぜ
難読 五十嵐(いがらし)(=姓)
【嵐気】(ランキ) 山中に立ちのぼるもや。山らしい気配。山気。
【嵐光】(ランコウ) 山から立ちのぼるもやに日光が照り映える。
【嵐▼翠】(ランスイ) 山のもやに包まれて、木々の緑が鮮やかなさま。

嵌
山9(12) 2 5440 5D4C カン(カム)漢 咸 qiàn あな・は-める(は-む)・は-まる

[篏] 竹9(15) 2 6829 7BCF 別体字。

意味 ❶山や谷の奥深いさま。例 嵌谷(カンコク)。❷山が険しいさま。例 嵌巉(カンザン)(=山が険しいさま)。❸洞穴。くぼみ。**あな**。❹あなにはめこむ。**はめる**。例 嵌入(カンニュウ)。象嵌(ゾウガン)。❺穴になっている。へこむ。
【嵌谷】(カンコク) 深い谷。また、山中の洞穴。
【嵌入】(カンニュウ) はめこむ。はまりこむ。

嵒
山9(12) 2 5441 5D52 ガン(ガム)漢 咸 yán いわお(いはほ)・たか-い(たか-し)

[嵓] 山9(12) 3 4785 5D53 別体字。

意味 ❶高く険しい山。通巌(ガン)。❷地名に用いる字。

嵎
山9(12) 2 5442 5D4E グウ慣 グ漢 虞 yú くま・すみ

意味 ❶山の奥まったところ。**くま**。❷山が高く険しいさま。例 嵎峗(グウキ)(=山が高く険しいさま)。❸辺境の地。かたすみ。**すみ**。通隅。❹浙江(セッコウ)省にある、山の名。

嵆
山9(12) 3 4783 5D46 ケイ漢 斉 jī

[嵇] 山9(12) 3 4784 5D47 別体字。

意味 ❶河南省にある山の名。❷姓の一つ。例 嵆康(ケイコウ)(=竹林の七賢の一人)。

[嵜] 山9(12) ⇨崎(きさ)(416ジペー)
[﨑] 山9(12) ⇨崎(きさ)(416ジペー)

崱
山9(12) 4 0851 5D31 ショク漢 職 zè

意味 高さがふぞろいなさま。

㟨
山9(12) 4 0854 37E8 タン漢 寒 duān

意味 山の名。

崹
山9(12) 4 0852 5D39 テイ漢 斉 tí

意味 「岧崹(チョウテイ)」は、高くそびえるさま。参考 崹(かたしたか)(=人名)。

嵋
山9(12) 2 5443 5D4B ビ漢 支 méi

意味 山名「峨眉(ガビ)」の「眉」を「峨」に合わせて書きかえた字。例 峨嵋山(ガビサン)。

嵂
山9(12) 4 0853 5D42 リツ漢 質 lǜ

意味 山が高く険しいさま。例 嵂崒(リツシュツ)(=山が高大なさま)。

嵡
山10(13) 4 0855 5D61 オウ(ヲウ)漢 董 wěng

意味 山の峰が連なるさま。

嵬
山10(13) 2 5444 5D6C カイ(クヮイ)漢 佳 ガイ(グヮイ)漢 灰 wéi けわ-しい(けは-し)・たか-い(たか-し)

[嵔] 山10(13) 4 0857 37F4 別体字。

意味 ❶高くそびえ立つさま。**たかい**。例 嵬峨(カイガ)。❷奇怪なさま。怪しい。例 嵬説(カイセツ)(=でたらめな説)。
【嵬▼峨】(カイガ) ①高くそびえるさま。②声が高いさま。③酒に酔って足もとがふらつくさま。
【嵬嵬】(カイカイ) 高くそびえるさま。

嵰
山10(13) 4 0858 5D70 ケン(ケム)漢 琰 qiǎn

意味 山が高く険しいさま。

嵪
山10(13) 4 0856 5D6A コウ(カウ)漢 豪 kāo

意味 地名に用いる字。

嵯
山10(13) 1 2623 5D6F 人 サ漢 歌 cuó

[嵳] 山10(13) 2 5445 5D73 別体字。

なりたち [形声]「山(=やま)」と、音「差(サ)」とから成る。山の険しいさま。

意味 山が高くて、険しいさま。例 嵯峨(サガ)。

古訓 中古さがし・たかし 中世けはし・さがし 近世かたがひ・けはし・さがし・たかし
【嵯▼峨】(サガ) ①山が高くて険しいさま。例 神岳巉嵯峨(シンガクゲンとしてサガたり)(=神仙の住む山はいかめしくそびえ立つ)。〈曹植・遠遊篇〉②日 京都市右京区の地名。

嵊
山10(13) 3 4786 5D4A ショウ漢 ジョウ呉 径 shèng

意味 浙江(セッコウ)省にある山の名。嵊山(ジョウザン)。

嵩
山10(13) 1 3183 5D69 人 スウ・シュウ(シウ)漢 東 sōng かさ・かさ-む

なりたち [会意]「山(=やま)」と「高(=たかい)」とから成る。山の名。

意味 ❶山の高くて大きいさま。山のそびえ立つさま。たかい。通崧(スウ)。例 嵩峻(スウシュン)(=山が高く、険しい)。❷五岳の一つ。嵩高(スウコウ)。嵩山(スウザン)。通崧(スウ)。

日本語での用法 《かさ》「嵩上(かさあ)げ・嵩高(かさだか)になる・嵩張(かさば)る・借金(シャッキン)が嵩(かさ)む」▼高さ。大きさ。体積。数量。

古訓 中古さがし・たかし・たけ・やま 中世そびゆ・たかし・たけ・だけ・みね・やま 近世かさ・そびゆる・たかし・たけ・だけ
人名 たか・たかし・たけ
難読 嵩(だけ)(=姓)
【嵩呼】(スウコ) 臣下が君主をたたえて万歳を唱えること。山呼。〔漢の武帝が嵩山に登ったとき、どこからともなく万歳を三唱する声が聞こえた故事から〕
【嵩高】(スウコウ) ①「嵩山(スウザン)」に同じ。例 迢遞嵩高下(チョウテイたりスウコウのもと)(=はるかな嵩山のふもと)。〈王維・帰嵩山作〉②山の高いさま。
【嵩山】(スウザン) 五岳の一つ。中岳のこと。河南省登封(トウホウ)市の北にある。嵩高。崇高。崇山。

嵶
山10(13) 2 5446 5D76 国字 たお(たを)

意味 山の尾根のくぼんだ所。鞍部(アンブ)。主に地名に用いる字。例 嵶(おた)(=岡山県の地名)。

嵭 山10(13) 3 4787 5D6D ホウ(ハウ)漢 庚 bēng
意味 くずれる。

嶇 山11(14) 2 5447 5D87 ク漢 虞 qū さが-し
意味 山道が平らでないさま。例 崎嶇キク(=道が険しくて平らでない)。

嶄 山11(14) 2 5448 5D84 サン(サム)漢 ザン(ザム)呉 豏 zhǎn
[嶃] 山11(14) ― 5D83 別体字。
意味 山が切り立って険しい。突き出ている。また、抜きん出ている。例 嶄然ザン。
【嶄新】ザンシン デザイン・設計・作品・理論などが、今までになくきわだって新しいさま。斬新ザンシン。例 ―なデザインの新車。
【嶄絶】ザンゼツ ①山が高く険しいさま。また、その山。②筆法が鋭いさま。▽類 嶄崱ザンショク。
【嶄然】ザンゼン ①山がそびえ立つさま。②同類の中でひときわ高く抜きん出ているさま。例 嶄然見二頭角一(=ザンゼンとしてトウカクをあらわす)(=抜群の成績で頭角をあらわした)。〈韓愈・柳子厚墓誌銘〉

嶂 山11(14) 2 5449 5D82 ショウ(シャウ)漢 漾 zhàng たかやま・みね・やま
意味 ❶屏風ビョウのようにそびえる険しい山。例 畳嶂ジョウショウ。❷毒気にあたって起こる熱病。通 瘴ショウ。例 嶂気ショウキ(=熱病を起こすという毒気)。

嶈 山11(14) 4 0861 5D88 ショウ(シャウ)漢 陽 qiāng
意味 「嶈嶈ショウショウ」は、❶山が高いさま。❷激流が岩を打つ音。

𡼞 山11(14) 4 0859 21F1E 国字 せい
意味 「𡶡𡼞とせい」は、徳島県の地名。

[㠀] 山11(14) ⇩島ウト(415ページ)

[嶋] 山11(14) ⇩島ウト(415ページ)

[嶌] 山11(14) ⇩島ウト(415ページ)

㟽 山11(14) 4 0860 37FD ヒョウ(ヘウ)漢 篠 biǎo
意味 山のいただき。

嶁 山11(14) 3 4788 5D81 一 ロウ漢 有 lǒu 二 ル漢 虞 lóu (旧 lǚ)
意味 一 山のいただき。例 嶁嶺レイロウ(=山のみね)。二 「岣嶁ルク コウロウ」は、衡山コウザンの別名。

嶠 山12(15) 3 4789 5DA0 一 キョウ(ケウ)漢 嘯 jiào 二 キョウ(ケウ)漢 蕭 qiáo
意味 一 ❶山が鋭く高い。❷やまみち。例 嶠道キョウドウ(=山道)。二 鋭く高い山。例 嶠翠キョウスイ(=高山の樹木の緑)。嶠霧キョウム(=高山にかかった霧)。

嶢 山12(15) 2 5450 5DA2 ギョウ(ゲウ)漢 蕭 yáo けわ-しい(けは-し)・たか-い(たか-し)
[峣] 山8(11) 4 0843 21E33 俗字。
[嶤] 山12(15) 3 4790 5DA4 別体字。
意味 高くそびえ立つさま。例 岧嶢チョウギョウ(=山の高いさま)。
【嶢▼闕】ギョウケツ 高くそびえる門。宮城の大門を指す。

嶔 山12(15) 4 0864 5D94 キン(キム)漢 侵 qīn
意味 ❶山が険しいさま。例 嶔岑キンシン。❷傾いたさま。例 嶔巌キンガン。
【嶔▼巌】キンガン ①傾いたさま。②斜めに突き出した岩。③谷が深いさま。
【嶔崎】【嶔▼巇】キンキ 〔「崎・巇」は、険しい意〕①山が高く険しいさま。②人格が高潔ですぐれているさま。
【嶔崎▼磊落】【嶔▼巇▼磊落】キンキライラク 人格が高潔で、心が広く率直である。人格が群を抜いてすぐれている形容。
【嶔▼岑】キンシン ①山が高く険しいさま。②人生で味わう困難。▽類 嶔崟キンギン・嶔嶇キンク。

嶒 山12(15) 4 0863 5D92 一 ショウ漢 蒸 céng 二 ソウ(サウ)漢 庚 zhēng
意味 一 山のように高くそびえる。例 嶒峻ショウシュン・崚嶒リョウショウ(=山が険しく高いさま)。二 険しい。通 崢ソウ・崝ソウ。例 嶒嶸ソウコウ。

嶝 山12(15) 2 5451 5D9D トウ漢 径 dèng こさか・のぼ-る・やまみち
意味 登山道。**やまみち**。通 磴トウ・隥トウ。例 嶝石トウセキ(=山道の石段)。嶝道トウドウ(=登山道)。

嶐 山12(15) 2 5455 5D90 リュウ(リウ)漢 東 lóng
意味 高くそびえ立つさま。例 嶐嶐リュウリュウ。

嶙 山12(15) 4 0866 5D99 リン漢 真 lín
意味 「嶙峋リンシュン」は、深いがけのさま。また、山や建物が険しくそびえるさま。

嶗 山12(15) 4 0865 5D97 ロウ(ラウ)漢 豪 láo
意味 山東省青島チンタオ市にある山の名。嶗山ロウザン。

嶧 山13(16) 3 4791 5DA7 エキ漢 陌 yì
[峄] 山4(7) 4 0826 21D78 俗字。
意味 ❶山が連なるさま。❷山東省鄒城スウジョウ市の東南にある山の名。嶧山エキザン。

嶴 山13(16) 4 0869 5DB4 オウ ào
意味 ❶山あいの平地。❷停泊できる入り江。❸地名に用いる字。参考 嶴おく。

嶰 山13(16) 4 0867 5DB0 カイ漢 蟹 xiè
意味 ❶(水のない)谷。たに。〔水のある谷は「澗カン」〕例 嶰澗カイカン。❷崑崙コンロン山にある谷の名。嶰谷カイコク。

嶬 山13(16) 2 5452 5DAC ギ漢 紙 yǐ
意味 高く険しいさま。また、人の態度や表情が厳しいさま。例 崎嶬キギ(=山が険しいさま)。

[嶲] 山13(16) ⇩巂イケ(420ページ)

嶮 山13(16) 2 5453 5DAE ケン(ケム)漢呉 琰 xiǎn けわ-しい(けは-し)
[崄] 山8(11) 3 4778 21E34 俗字。
意味 (山の頂上が剣つるぎのように)とがって、険しい。**けわしい**。

通 険。例 嶮岨。

【嶮▼岨】山や山道が険しいさま。また、その場所。険阻。

嶼

山13(16) 2 5457 5DBC

ショ 漢 語 yǔ(旧 xù)
しま

意味 小さい島。**しま**。例 島嶼(=大小の島々)。

[嶽]

山14(17) ⇩岳(412ジペー)

嶷

山14(17) 2 5456 5DB7

一 ギョク 漢 職 nì
二 ギ 漢 支 yí
いかめ-しい(いかめ-し)・たか-い(たか-し)

意味 一 ❶山がそそり立つさま。ひときわ高いさま。**たかい**。例 嶷立。❷幼くしてかしこい。さとい。例 嶷然。岐嶷(=才知がすぐれているさま)。二「九嶷山」は、山名。今の湖南省寧遠県にあり、古代の聖天子、舜が葬られた地という。

【嶷然】①幼いころから聡明なさま。②ひとり高く抜きん出てすぐれているさま。

【嶷立】山などがひときわ高くそびえる。

嶸

山14(17) 3 4792 5DB8

エイ・コウ(クヮウ) 漢 庚 róng

意味 高く険しいさま。例 崢嶸。

[嶹]

山14(17) ⇩島(415ジペー)

嶼

山14(17) 4 0870 21F76

ビ bí

意味 地名に用いる字。例 赤嶼(=湖北省の地名)。

参考 真嶼(=姓)。

嶺

山14(17) 1 4670 5DBA 人

レイ 漢 梗 lǐng
みね・ね

なりたち [形声]「山(=やま)」と、音「領レ」とから成る。山道。

意味 ❶山道。❷山の頂の最も高いところ。**みね**。例 嶺雲(=みねにかかる雲)。峻嶺。筑波嶺。❸連なった山のみね。山なみ。山脈。例 海嶺(=海底山脈)。分水嶺。

古訓 中古 さかる・たけ・みね 中世 いただき・さか・みね 近世 みね・やまさか・やまみち

人名 たか・たかし・リョウ

【嶺外】江西・湖南地方と広東・広西地方との間にある五嶺より南の地。今の広東省と広西壮族自治区一帯。嶺南。類 嶺表。

【嶺南】「嶺外」に同じ。

巂

山15(18) ― 5DC2

一 ケイ 漢 斉 キ 漢 支 guī
二 スイ 漢 紙 xī

[嶲]

山13(16) 4 0868 5DB2 別体字。

意味 一 ❶ツバメの別称。例 巂周(=ツバメ)。❷ホトトギス科の鳥、ホトトギス。例 子巂(=子規)。二「越巂」は、漢代の郡名。

巌

山17(20) 1 2064 5DCC 人

ガン(ガム) 漢 呉 咸 yán
けわ-しい(けは-し)・いわお(いはほ)・いわ(いは)

[巖]

山20(23) 2 5462 5DD6 人 旧字体。

[巗]

山20(23) 4 0873 5DD7 別体字。

なりたち [形声]「山(=やま)」と、音「嚴ゲン→ガ」とから成る。山のがけ。

意味 ❶山のがけ。❷高くて険しい。**けわしい**。例 巌険(=険しい場所)。❸大きな岩。**いわお**。また、岩にできた、洞穴。例 巌窟。巌頭。奇巌。

古訓 中古 いはほ・けはし・ふかし・みね 中世 いは・いはほ・いはや・ふかし・みね 近世 いは・いはあな・いはほ・いはや・きし・けはし・たかし・みね

人名 たか・たかし・みち・みね・よし

【巌居】(世間を離れて)山中の岩穴に暮らす。類 巌処・巌栖・巌棲。

【巌窟】岩山や岩のがけにある洞穴。いわや。ほら。岩穴。岩窟。

【巌穴】①洞窟。岩穴。②「巌穴之士」の略。

【巌穴▼之士】世間から離れ山中の洞窟などに隠れて暮らす、すぐれた人物。世捨て人。隠士。〈韓非・外儲説左上〉類 巌岫士の。

【巌阻】険しく守りの固い場所。

【巌頭】高くつき出た大きな岩の上。また、それらの岩のそば。岩頭。

【巌▼巒】険しい山。険しい岩山。

巉

山17(20) 2 5458 5DC9

サン(サム) 漢
ザン(ザム) 呉 咸 chán
けわ-しい(けは-し)・たか-い(たか-し)

意味 高く険しい。するどく切り立つさま。**けわしい**。**たかい**。例 巉巌。

【巉崖】険しく切り立ったがけ。断崖。

【巉▼巌】①険しく切り立った岩山。②険しいさま。

【巉▼峭】険しく切り立っているさま。

巋

山18(21) 3 4793 5DCB

キ(クヰ) 漢 支 kuī

意味 ❶山が高くどっしりとしたさま。❷独立し自足しているさま。例 巋然。

巍

山18(21) 2 5459 5DCD

ギ 漢 呉 微 wēi
たか-い(たか-し)

意味 山が高くて大きい。**たかい**。いかめしい。例 巍巍。

【巍▼峨】①高く壮大なさま。②酒に酔ってふらふらと足もとがおぼつかないさま。鬼峨。③科挙(=官吏登用試験)に上位で合格すること。

【巍巍】①高くて大きいさま。例 ―たる山脈。②勢いが盛んなさま。

【巍然】①山などが大きく高いさま。類 巍乎。②上位につけること。科挙(=官吏登用試験)などで高位をとること。類 巍科。

巑

山19(22) 4 0872 5DD1

サン 漢 寒 cuán

意味 山が高く切り立つさま。例 巑岏(=山が鋭くそびえるさま)。

巓

山19(22) 2 5460 5DD3

テン 漢 先 diān
いただき

意味 ❶山の頂上。みね。**いただき**。例 山巓。❷あたま。かしら。先端部分。例 巓疾(=漢方で頭のやまい。精神の病気)。❸落ちる。落とす。通 顚。例 巓越(=落ちる)。

巒

山19(22) 2 5461 5DD2

ラン 漢 寒 luán
おか(をか)・こやま・みね

意味 ❶小さくつき出た形の山。**おか**。**こやま**。例 巒山(=

小山）。❷長く連なる峰。**みね**。❸広く、山を指していう。

［巖］山20（23）⇩巌（ガン）（420ページ）

［巗］山20（23）⇩巌（ガン）（420ページ）

巘 山20（23） 4 0874 5DD8 ケン 慣 ゲン 漢 銑 yǎn

意味 ❶甗（ゲン）（＝上部が下部より小さいこしき）のような形の山。❷山の峰。山頂。❸険しいさま。例 巘巘（ケンケン）（＝山が高く険しいさま）。

47 3画 巛（川） かわ部

両岸の間を流れる水の形で、「かわ」の意をあらわす。「巛（川（セン））」をもとにしてできている漢字と、「巛」を目じるしにして引く漢字とを集めた。「巛」を「まがりがわ」、「川」を「さんぼんがわ」ともいう。

0 421 川 巛 3 421 州 巡 4 422 巠 巡 6 422 巤 8 422 巢 12 422 巤

この部首に所属しない漢字

災→火 823 順→頁 1436

川 川0（3） 1 3278 5DDD 教1 セン 漢 呉 先 chuān かわ（かは） 付表 川原（かわら）

［巛］ 巛0（3） 2 5463 5DDB 本字。

筆順 丿 川 川

なりたち 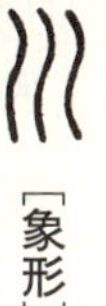 ［象形］つらぬき通して流れる水の形。

意味 ❶陸上の低いところに集まる水の流れ。**かわ**。例 川上（センジョウ）。河川（カセン）。山川（サンセン）。隅田川（すみだがわ）。❷原。例 平川（ヘイセン）（＝平原）。

古訓 中古 かは 中世 かは・とほる・ながる 近世 かは・つく・とほる・ながる・ながるる

【川▼獺】（かわうそ） 日 イタチ科の動物。指の間に水かきがある。川や池や沼のそばにすみ、魚などをとって食う。特別天然記念物。獺（かわうそ）。

【川下】（かわしも） 日 川の水が流れていくほう。下流。対 川上（かわかみ）。

【川瀬】（かわせ） 日 川の底が浅く、流れのはやいところ。

【川▼蟬】（かわせみ） 日 カワセミ科の鳥。スズメより大形で、川や沼のそばにすみ、魚をとる。背から尾にかけてコバルト色にかがやく。ショウビン。翡翠（ヒスイ・かわせみ）。

【川面】（かわづら・かわも） 日 川の水面。例 ―をわたる風。

【川床】（かわどこ） 日 川の底。河床（カショウ）。

【川端】（かわばた） 日 川べり。川ぶち。川辺（かわべ）。例 ―柳。

【川縁】（かわぶち・かわべり） 日 川に沿ったところ。川端（かわばた）。川辺（かわべ）。

【川辺】（かわべ） 日 川のほとり。川べり。川ばた。川岸（かわぎし）。河岸（カし）。

【川岸】（センガン・かわぎし） 川が接している土地。河岸（カガン）。例 ―にたたずむ。

【川原】（センゲン） 一 ①川の水源。川源。②河川。川の流れ。③川の流れと流域の原野。④陝西（センセイ）地方の別称。二（かわら） 日 川の流れに沿った、石や砂の多いところ。また、川べりの平地。河原（かわら）。

【川口】（センコウ・かわぐち） 川の水が海や湖に流れ出るところ。河口（カコウ）。

【川上】 一（センジョウ） 川のほとり。かわぎし。二（かわかみ） 日 川の水が流れてくるほう。上流。対 川下（かわしも）。

【川上▼之嘆】【川上▼之▼歎】（センジョウのタン） 孔子が川のほとりで、万物の流転を感嘆した故事。〔「子在二川上一曰、逝者如レ斯夫、不レ舎二昼夜一（シ、センジョウにありていわく、ゆくものはかくのごときか、チュウヤをおかずと）（＝孔子は川のほとりで言った、過ぎ去るものはこの川の流れのようなものだろうか、昼夜の区別なく行き過ぎて行く、と）。〈論語・子罕〉」から〕

【川心】（センシン） 川の中心。

【川船】（センセン・かわふね） 川の上り下りに使われる、底の平らな船。川舟（かわぶね）。河船（カセン）。

【川途】【川塗】（セント） 水路。川すじ。また、船旅の道のり。

【川波】（センパ・かわなみ） 川に立つ波。

【川柳】（センリュウ） 日 俳句と同じ五・七・五の形式だが、季語や切れ字などの制約がなく、滑稽（コッケイ）や風刺を主にした短詩。〔江戸中期の柄井川柳（からいセンリュウ）に由来する〕

【川流】（センリュウ） ①川の流れ。②川の流れのように、絶えることなく盛んであること。また、そのようにして広くゆきわたること。

●小川（おがわ）・河川（カセン）・山川（サンセン・やまかわ・やまがわ）・谷川（たにがわ）

州 川3（6） 1 2903 5DDE 教3 シュウ（シウ） 漢 シュ 呉 尤 zhōu す・しま・くに

筆順 丶 丿 小 州 州 州

なりたち  ［会意］「川（＝かわ）」を重ねた形。川の中のとどまることのできるところ。

意味 ❶川や湖の中に土砂がたまって、陸地のようになったところ。**す**。通 洲（シュウ）。例 三角州（サンカクす）。❷古代の行政区。伝説によると、堯（ギョウ）のときに天下を十二州に分け、禹（ウ）が洪水を治めたときに九つの州にしたのがはじめ。秦（シン）・漢代には郡県制がしかれた。前漢の武帝のときに郡の上に州を設け、郡県の監察をおこなわせた。魏晋（ギシン）南北朝時代に州・郡・県に分けるという制度が確立。隋（ズイ）・唐代は郡を廃止して州・県の二級制とし、明（ミン）・清（シン）代では省の下に州と県とを設け、県の大きいものを州といった。例 州県（シュウケン）。❸国。大きな陸地。例 欧州（オウシュウ）。本州（ホンシュウ）。

日本語での用法 《シュウ》 ①「奥州（オウシュウ）・紀州（キシュウ）・関八州（カンハッシュウ）・信州（シンシュウ）・日本国六十余州（ニホンコクロクジュウヨシュウ）」▼昔の「国」にあたる、漢語風の言い方。②「カリフォルニア州（シュウ）・ハワイ州（シュウ）」▼欧米で、一国の中の行政区画の一つ。

古訓 中古 くに 中世 くに・とき・みや・をる 近世 あつまる・くに・しり・とき・みや・をる

【州界】（シュウカイ） 州と州のさかい。州ざかい。くにざかい。類 州境。

【州郡】（シュウグン） ①州と郡。地方行政区域。また、その長官。②（中央に対して）地方。

【州司】（シュウシ） 州（＝地方行政区画）の官吏。

【州処】（シュウショ） 集まって暮らす。

【州俗】（シュウゾク） 土地の習俗。土俗。

【州牧】（シュウボク） 漢代、州（＝地方行政区画）の長官。州内の軍事・行政をつかさどった。類 州宰（シュウサイ）。

【州里】（シュウリ） 集落。村里。例 言不二忠信一、行不二篤敬一、雖二州里一行乎哉（ゲンチュウシンならず、コウトクケイならずんば、シュウリといえどもおこなわれんや）（＝ことばが誠実でなく、おこないが敬虔（ケイケン）でないならば、狭い村里の中であっても自分の理想は伝わらない）。〈論語・衛霊公〉

【州▼閭】（シュウリョ） 古代の行政単位である州（＝二千五百戸のまとまり）と閭（＝二十五戸のまとまり）。転じて、地域社会。郷里。

●欧州（オウシュウ）・白州（しらす）・中州（なかす）・本州（ホンシュウ）

巡 巛3（6） 1 2968 5DE1 常用 シュン 漢 ジュン 呉 真 xún めぐる 付表 お巡（まわ）りさん

【巡】巛4(7) 旧字体。

筆順 く 巛 巛 巛 巡 巡

なりたち [形声]「辶(=すすむ)」と、音「巛セン→シュ」とから成る。よく調べて見てまわる。

意味 ❶まわり歩く。各地をめぐり歩く。**めぐる**。例 巡回ジュンカイ。巡視ジュンシ。巡礼ジュンレイ。❷まわること。また、その回数を数えることば。例 一巡イチジュン。

古訓 中古 あまねし・めぐる・をさむ 中世 めぐる 近世 あまねし・みめぐる・めぐる

人名 みつ・ゆき

【巡▼按】ジュンアン「巡察ジュンサツ」に同じ。

【巡回】【巡▼廻】ジュンカイ 回って歩く。めぐり歩く。また、見回る。例 警備のために―する。

【巡業】ジュンギョウ 日各地を興行して回る。例 地方―。

【巡検】ジュンケン ①巡回して点検する。②宋ソウ代以降、各地方に配置され、治安をつかさどった武官。

【巡行】ジュンコウ あちこちをめぐり歩く。例 町内を―する山車だし。

【巡幸】ジュンコウ 天子が国内各地を見て回る。

【巡航】ジュンコウ 日船や飛行機が各地を回る。例 ―船。

【巡査】ジュンサ ①見回って調べる。②日警察官の最下位の階級。また、一般に警察官。

【巡察】ジュンサツ (地方などを)見回って事情を調べる。巡按ジュンアン。巡視。

【巡視】ジュンシ 巡回して視察する。巡察。例 ―艇。

【巡▼錫】ジュンシャク 日〔仏〕(「錫」は、錫杖シャクジョウ。僧の杖つえの意)僧が修行や説法のために各地を回る。

【巡狩】【巡守】ジュンシュ 天子が諸国を視察する。

【巡▼靖】ジュンセイ 各地をめぐって民心をやすらかにする。

【巡拝】ジュンパイ 各地の神社や寺院を参拝して回る。例 奈良の古寺を―する。

【巡▼撫】ジュンブ ①各地を見回って、民衆の心を安定させる。②明ミン代、各地の地方長官。清シン代に、省の政府で総督に次ぐ官吏となり、民治・軍事をつかさどった。

【巡▼邏】ジュンラ(「邏」も、めぐる意)巡回し警備する。また、その人。パトロール。例 定時の―。

【巡覧】ジュンラン あちこちを見て回る。例 欧州各地を―する。

【巡礼】ジュンレイ 聖地・霊場・社寺などをめぐり歩いて、参拝する。また、その人。順礼。例 西国サイゴク―。

【巡歴】ジュンレキ 各地をめぐる。

【巠】巛4(7) 4 0875 5DE0 ケイ漢 青 jīng

意味 ❶地下水脈。❷「経」の古字。

【巡】巛4(7) ⇨巡ジュ(421ページ)

【甾】巛6(9) 4 0876 21FFA (漢字の字体記述要素)

【巣】巛8(11) ⇨巣ソウ(686ページ)

【巤】巛12(15) 4 0877 5DE4 リョウ(レフ)漢 葉 liè

意味 動物のたてがみ。

48 3画 工 こう たくみへん部

ぶんまわし(=コンパス)、さしがね(=直角定規)の形をあらわす。「工」をもとにしてできている漢字と、「工」の字形を目じるしにして引く漢字とを集めた。

この部首に所属しない漢字

【工】工0(3) 1 2509 5DE5 教2 コウ漢 ク呉 東 gōng たくみ・たく-む

筆順 一 丅 工

なりたち [象形] すみなわと水準器の形。職人が使う道具。

意味 ❶すぐれた技術をもった人。**たくみ**。例 画工ガコウ。大工ダイク。❷官吏。官職。つかさ。例 百工ヒャッコウ(=百官。すべての官吏)。❸技術。わざ。例 細工サイク。工夫クフウ。❹上手である。得意である。**たくみ**。通 巧。例 昔者舜工ニ於使レ人、造父工ニ於使レ馬むかしシュンはひとをつかうにたくみにして、ゾウホはうまをつかうにたくみなり(=昔、舜は人を使うのがうまく、造父は馬を使うのがうまかった)。〈韓詩外伝・二〉❺(肉体を使う)仕事。また、仕事の質や量。例 工程コウテイ。工務コウム。着工チャッコウ。

古訓 中古 たくみ・たくむ・つかさ 中世 たくみ・たくむ 近世 たくみ・たくむ・つかさ・つとむ

人名 たく・たくむ・ただ・つとむ・のり・よし

難読 工面クメン・工合ぐあい

【工夫】一 クフウ ①よい方法を求めて、あれこれと考える。また、考えついた方法。②労働の時間。二 コウフ 工事作業員の古い言い方。人夫。

【工面】クメン 日①(特に、お金のことで)やりくりして、都合をつける。算段。例 ―がつく。費用を―する。②金まわり。

【工員】コウイン 日工場で働く労働者。

【工役】コウエキ 土木・建設事業。また、それに従事する人。功役コウエキ。

【工学】コウガク 日数学・物理・化学などの基礎科学を、工業生産に応用するための学問。例 電子―。

【工業】コウギョウ 日原料や材料を加工して、商品価値のあるものをつくりだす産業。手工業・機械工業・軽工業・重工業などがある。例 ―地帯。

【工具】コウグ 工作に用いる道具や器具。例 電動―。

【工芸(藝)】コウゲイ ①技能。②日日常生活で使うことができ、しかも美術品としての価値もある製品をつくること。また、その技術。陶芸・木工・染織など。例 ―品。伝統―。

【工巧】コウコウ ①技術がすぐれている。また、その人。工匠・職人など。②仕上がりが美しくたくみである。③軽薄である。

【工作】コウサク ①土木事業。②道具や器具を使って品物をつくる。例 図画―。―機械(=金属などを加工する機械)。③日ある目的のために前もって関係者にはたらきかける。例 事前の―。

【工師】コウシ ①工匠を率いて造作をつかさどる官。②工匠。大工。③音楽の演奏者。楽師。

【工事】コウジ 土木や建築などの作業をする。また、その作業。

【工手】コウシュ ①仕事のうでまえ。②日鉄道や電気などの工事をする人。類 工夫コウフ。

【工匠】コウショウ (「匠」は、職人の意)工作を職業とする人。大工や家具職人など。例 夫残レ樸以為レ器、工匠之罪也それボクをそこないてもってキをつくるは、コウショウのつみなり(=まったく純一なあら木を切り刻ん

でさまざまなうつわを作るのは大工の罪である）。〈荘子・馬蹄〉

【工商】コウショウ 工業と商業。また、職工と商人。

【工▼廠】コウショウ 〔「廠」は、仕事場の意〕①工場。②日旧陸海軍に直属して、武器や弾薬を製造した工場。例海軍―。

【工場】コウジョウ・こうば 日いろいろな機械などを使って、物品の大量生産をしたり、修理や解体などをしたりするところ。例製造―・町―。

【工人】コウジン 職人。例宣城工人采為レ筆（センジョウのコウジンとりてふでをつくる）（＝宣城の職人が〈ウサギの毛を〉とって筆をつくる）。〈白居易・紫毫筆〉

【工船】コウセン 日漁獲したものを、缶詰などに加工する設備のある船。例蟹（かに）―。

【工欲レ善二▼其事一必先利二▼其器一】（コウそのことをよくせんとほっせばかならずまずそのキをりにす） 職人が仕事を立派にやりとげるには、始めに道具を鋭利にとぐ。事をおこなうにはまず準備が大切であるというたとえ。〈論語・衛霊公〉

【工賃】コウチン 加工や製作などの作業の手間賃。

【工程】コウテイ 工事や工場などで作業をすすめていく順序。また、そのはかどり具合。例―表。次の―にかかる。

【工費】コウヒ 工事にかかる費用。例―の節約。

【工部】コウブ ①隋（ズイ）・唐代の六部（リクブ）の一つ。土木工事などを管理した中央行政官庁。②日明治期、殖産興業のために設けた政府の機関。工部省。③日宮内（クナイ）省の中国風の呼称。

【工法】コウホウ 工事の方法と技術。例防火―。

【工房】コウボウ 日芸術家・工芸家・デザイナーなどの仕事部屋。アトリエ。

【工務】コウム 土木や建築などの仕事。また、それにかかわる事務。例―店。

●起工（キコウ）・細工（サイク）・職工（ショッコウ）・図工（ズコウ）・着工（チャッコウ）・陶工（トウコウ）・名工（メイコウ）・木工（モッコウ）

[巨] 工2（5）

⇒巨（キョ）（28ページ）

巧 工2（5）

1 2510 5DE7 常用

コウ（カウ）漢 キョウ（ケウ）呉 巧 qiǎo

たくみ・たくーむ・うまーい（うまーし）

筆順 一 丅 工 工' 巧

なりたち 〔形声〕「工（＝道具）」と、音「丂（コウ）」とから成る。うでまえ。

意味 ❶わざ。うでまえ。例技巧（ギコウ）。精巧（セイコウ）。❷上手である。うまい。たくみ。対拙。例巧妙（コウミョウ）。巧言（コウゲン）。❸うわべだけで実（ジツ）がない。いつわりの。例巧言（コウゲン）。❹愛らしい。美しい。例巧笑（コウショウ）。❺ちょうど。ぴったり。うまい具合に。例提孩巧相如（テイガイにしてたくみにあいしく）（＝一、二歳の子供のときはまったく同じである）。〈韓愈・符読書城南〉

古訓 中古 いつはる・たくみ・たくむ 中世 うるはし・たくみ・たくむ・よし 近世 あやつり・いつはる・うつくし・さとし・しわざ・たくみ・よくする・よし

人名 さとし・たえ・よし

難読 巧婦鳥（みそさざい）・目巧（めきき）

【巧▼猾】コウカツ ずるがしこい。悪がしこい。狡猾（コウカツ）。例―な手段。―に立ち回る。

【巧▼宦】【巧官】コウカン 上司にとりいるのが上手な官吏。世渡りのうまい役人。

【巧月】コウゲツ 〔乞巧奠（キッコウデン）（＝七夕祭り）のある月の意〕陰暦七月の別称。

【巧言】コウゲン 心の中では思ってもいないことを、口先だけでうまく言うことば。巧舌。

【巧言令色】コウゲンレイショク 口先だけうまく、顔つきだけよいこと。例巧言令色、鮮矣仁（コウゲンレイショク、すくなしジン）（＝たくみに飾ったことば、愛想のよい顔つきには真心がこもっていないものだ）。〈論語・学而、陽貨〉→【剛毅木訥】（ゴウキボクトツ）（166ページ）

【巧詐】コウサ たくみないつわり。→【拙誠】（セッセイ）（552ページ）

【巧者】コウシャ ものごとを、手際よくこなすこと。また、その人。例巧者労而知者憂（コウシャはロウし、チシャはうれう）（＝手練手管（テレンテクダ）を使う者は身を苦しめ、知恵才覚をもてあそぶ者は心を悲しませる）。〈荘子・列御寇〉

【巧手】コウシュ ①うまい技の持ち主。巧者。②うまい技。好手。

【巧匠】コウショウ ①すぐれた技をもつ職人。②達者な芸人。

【巧笑】コウショウ 〔「巧」は、好の意〕愛らしい笑顔。例巧笑倩兮美目盼兮（コウショウセンたり、ビモクハンたり）（＝にっこり笑った口もとは愛らしく、美しい目は白目と黒目がはっきりしている）。〈詩経・衛風・碩人〉

【巧▼捷】コウショウ 身軽ですばしこい。機敏である。

【巧拙】コウセツ 上手なことと、下手なこと。

【巧舌】コウゼツ ことばたくみなこと。口先がうまいこと。類巧弁。

【巧知】【巧▼智】コウチ 利口ですばしこい。賢くて機敏である。

【巧遅】コウチ 上手だが時間がかかること。対拙速。

【巧遅は拙速に如かず】（コウチはセッソクにしかず） 上手で時間がかかるよりは、下手でもはやいほうがよい。〔本来は、兵を動かすことについて言ったことば。〈孫子・作戦〉から〕

【巧緻】コウチ 巧妙で緻密なこと。細かいところまで上手にできていること。例―な伝統工芸品。

【巧▼佞】コウネイ たくみな偽りを構えて人にとりいる。

【巧婦】コウフ ①機織りや裁縫などの技にすぐれた女性。②ミソサザイの別称。類巧女・巧雀（コウジャク）。〔わらなどを集めてたくみに巣をかけることから〕

【巧妙】コウミョウ やり方が非常にうまいこと。対拙劣。例―な手口。

●技巧（ギコウ）・精巧（セイコウ）・利巧（リコウ）・老巧（ロウコウ）

左 工2（5）

1 2624 5DE6 教1

サ漢呉 左 zuǒ

ひだり

筆順 一 ナ 𠂇 左 左

なりたち 〔会意〕「ナ（＝ひだり手）」と「工（＝たすける）」とから成る。ひだり手でみぎ手をたすける。

意味 ❶たすける。通佐。❷ひだり。ひだりて。ひだりがわ。対右。例左記（サキ）。左右（サユウ）。❸東。〔南面したときの左が東にあたることから〕例江左（コウサ）（＝江東（コウトウ）。長江の下流域）。❹位が低い。位を下げる。対右。例左遷（サセン）。❺正しくない。よこしまな。また、たがう。もとる。例左道（サドウ）（＝不正なやり方）。❻しるし。証拠。〔割り符の左半分をいうことから〕例証左（ショウサ）。

日本語での用法 《サ》《ひだり》①「左派（サハ）・左翼（サヨク）・極左（キョクサ）・左（ひだり）への転向（テンコウ）」▼急進派。〔フランス革命のとき、急進派が議場の左側にすわったことから〕対右。②「左党（サトウ）・左（ひだり）が利（き）く」▼酒飲み。〔大工道具の鑿（のみ）は左手に持つことから、「鑿」と「飲み」とを掛けたという〕対右。

古訓 中古 たすく・とさま・ひだり・ほとり 中世 そなふ・たすく・とさま・にし・ひだり 近世 そふ・そへる・たすく・たすけ・ひだり・みちびく

人名 すけ・たすく

難読 左沢（あてらざわ）（=地名）・左右（まて）（=両手）

【左▼尹】サイン 春秋戦国時代、楚ッの大臣の官位の一つ。

【左▼掖】サエキ ①宮城正門左側の小門。②唐代、門下省のこと。類左省。〔宮城正殿の左側にあったことから〕

【左官】サカン ①諸侯に仕える役人。②「左遷（サセン）」に同じ。③日壁塗りを仕事とする職人。しゃかん。例—屋。

【左岸】サガン 日河川の下流に向かってひだり側の岸。対右岸。

【左記】サキ 縦書きの文章で、次の行以下に書かれてあること。

【左傾】サケイ ①ひだりのほうにかたむく。②気持ちが沈む。③日急進的な社会主義や共産主義の思想をもつようになる。左翼化。例—思想。▽対右傾。

【左券】サケン 割り符の左側。多く債権者が保持し、有利な立場のたとえにも用いられた。類左契。対右券。

【左験】サケン そばにいた者が示す証拠。証人。証左。

【左言】サゲン 中国の文化を身につけていない、異国人のことば。

【左舷】サゲン 日船首に向かってひだり側のふなべり。対右舷。

【左降】サコウ ①ひだり側の階段から降りる。②低い官位に落とされること。左遷。

【左顧右▼眄】サコウベン ①周囲を見回し誇らしげなさま。②まわりの人の思惑ばかりを気にして、ものごとを決められないこと。〈曹植・与呉季重書〉〔「顧」はふりむいて見る、「眄」は流し目で見る意〕▽右顧左眄。

【左国史漢】サコクシカン 古代中国の史書、『春秋左氏伝』『国語』『史記』『漢書』の総称。〈弇州続稿・一二七〉

【左思右想】サシウソウ あれやこれやと考えめぐらす。何度も考える。〈紅楼夢・九四〉類左思右考。

【左手】サシュ｜ひだりて ①ひだりの手。弓手（ゆんで）。例右手画レ円、左手画レ方、不レ能二両成一（みぎてにエンをえがき、ひだりてにホウをえがかんとせば、ふたつながらなることあたわず）（=右手でまる、左手で同時に四角をかこうとすると両方うまくかけない）。〈韓非・功名〉②日左のほう。左のがわ。例舞台の—（ひだりて）。▽対右手。

【左手画レ方右手画レ円】サシュもてホウをえがきユウシュもてエンをえがく 左手で四角を描きながら右手で円を描く。二つの異なることを同時にするのは難しいたとえ。〔「左画レ方而右画レ円（サはホウをえがきてユウはエンをえがく）」〈韓非・外儲説左下〉から〕

【左史右史】サシユウシ 君主のそばに仕える左右の記録係。一方が君主の行動を、他方が言行を記録した。〔〈礼記・玉藻〉から〕

【左相】サショウ ①左右二人の宰相のうち、左の宰相。②唐代の侍中。③日左大臣（=太政官（ダジョウカン）の官名の一つ）の中国風の呼び名。類左府。

【左証（證）】サショウ 証明する。証拠だてる。証拠。証人。

【左▼衽】【左▼袵】サジン 襟をひだり前にして着る。異民族の風習とされる。

【左折】サセツ 日道をひだりへ曲がる。対右折。

【左遷】サセン それまでよりも低い地位に落とす。〔中国の戦国時代に、ひだりを低くみたことから〕対栄転。

【左側】サソク ひだりがわ。対右側（ソウソク）。例—通行。

【左▼袒】サタン 〔「袒」は、片ほうの肩だけ衣服を脱ぐ意〕左の片はだを脱ぐ。同意して味方につくこと。◆漢の高祖劉邦（リュウホウ）の死後、皇后の呂氏（リョシ）一族が政権を奪おうとしたので、大尉の周勃（シュウボツ）は、劉氏を守り呂氏を討とうとして全軍に、呂氏につく者は右袒（ウタン）せよ、劉氏につく者は左袒せよ、と呼びかけたところ、軍中みなが左袒した。……〈史記・呂后紀〉

【左党（黨）】サトウ 日①左翼の政党。②酒飲み。酒好き。ひだりきき。▽対右党。

【左▼纛】サトウ 皇帝の車につける飾り。ウシの尾や羽毛でつくり、衡（コウ）（=車の轅（ながえ）の先につける横木）の左端に立てる。

【左派】サハ 日左翼の党派。対右派。

【左▼馮▼翊】サヒョウヨク 漢の武帝のとき置かれた、首都周辺の行政区の一つ。また、その長官。類左輔（サホ）。→【三輔】サンポ（13ページ）

【左文右武】サブンユウブ 一方で文を、他方で武を用いる。〔文武を共に重んじる意〕〈朱熹・右文殿修撰張公神道碑〉類右文左武。

【左僕射】サボクヤ 後漢末、尚書を統轄した次官。長官の置かれなかった唐代には事実上の長官。

【左右】サユウ 一①ひだりとみぎ。みぎひだり。例前後—。②ひだりやみぎ。はっきりしないこと。例言（ゲン）を—にする。③身のまわり。また、身近に仕える者。側近。例左右皆泣、莫二能仰視一（サユウみななき、よくあおぎみるものなし）（=側近たちもみな感きわまって泣きふし、だれ一人顔をあげる者はいなかった）。〈史記・項羽紀〉④支配する。決定する。例運命を—する。二ソウ 日便り。知らせ。情報。例吉—（キッソウ）（=いい知らせ）。

【左様】サヨウ 日〔「左」は当て字で、そう・そのようにの意〕①そのとおりである。例—でございます。②そのように。例—心得よ。③そうだ。▽然様（さよう）。

【左翼】サヨク ①鳥や飛行機の、ひだりのつばさ。②軍陣の左側の部隊。③日野球で、本塁から見て左側の外野（を守備する選手）。レフト。④日社会主義者や共産主義者（による党派）。▽対右翼。

【左腕】サワン ①ひだりのうで。また、ひだりの手首。②日ひだりきき。例—投手（=サウスポー）。▽対右腕。

【左団扇】ひだりうちわ 日働かなくても、安楽に暮らせることのたとえ。ひだりおうぎ。例—の生活。

巩

工3（6）　4 0878　5DE9

キョウ漢　腫 gǒng

意味 ❶抱く。だく。❷かたい。通鞏（キョウ）。

巫

工4（7）　2 5464　5DEB

フ慣　ブ漢　虞 wū

みこ・かんなぎ

意味 神がかりになり、神に祈ることを職業とする人。シャーマン。**みこ。かんなぎ。**〔女の「巫（フ）」に対して男を「覡（ゲキ）」という〕例巫女（フジョ）。巫祝（フシュク）。

難読 御巫（みかんなぎ）｜（みかなぎ）・野巫医者（ヤブイシャ）

【巫医（醫）】フイ ①祈禱（キトウ）師と医者。②医者。〔祈禱師も祈禱によって治療をおこなったことから〕

【巫峡】フキョウ 長江上流にある峡谷。三峡の一つ。

【巫▼覡】フゲキ｜ブゲキ 祈禱（キトウ）師。〔「巫」は女性、「覡」は男性のかんなぎ〕

【巫▼蠱】フコ 邪悪なまじないや祈禱（キトウ）を使って人をのろう。

【巫山】フザン 四川省巫山県、長江流域にある山。形が巫の字に似ているのでいう。

【巫山▼之夢】フザンのゆめ 男女の情交のたとえ。雲雨。雲雨巫山。◆戦国時代、楚ッの懐王（カイオウ）（一説に子の襄王（ジョウオウ））が夢の中で巫山の神女と結ばれ、神女が帰り際に、自分は朝は雲に、夕方は雨になって楼台の下にいるでしょうと告げた。……〈宋玉・高唐賦〉

【巫祝】フシュク 祭事や占いなどによって神に仕える者。

【巫術】フジュツ｜ブジュツ 原始的宗教にみられる形の一つ。神や霊の意志を、みこが神がかりの状態を通じて、人々に伝えるというもの。シャーマニズム。

【巫女】一フジョ 〔古くは「ブジョ」〕①（こみ）神や霊と人間との交流の仲立ちをする女性。いちこ。かんなぎ。シャーマン。②巫山（フザン）の神女。→【巫山之夢】フザンのゆめ 二こみ 日神社に仕え、神楽を舞ったり、神に祈ったりする未婚の女性。

差

工7 (10)
[1]2625 5DEE
教4

一 サ(漢) シャ(呉) [麻] chā
二 サ(漢) [禡] chà
三 サ(慣) シ(漢)(呉) [支] cī
四 サ(慣) サイ(漢)(呉) [佳] chāi
五 サイ(漢) [卦] chài
さす・さし
付表 差し支える

筆順 ソ 䒑 𢆉 𦍌 差 差 差 差

なりたち [会意]「左(=よこしま)」と「𠂹(=そむきはなれる)」とから成る。くいちがう。

意味 一 ❶異なる。くいちがう。たがう。たがい。例 差異。差別。
❷あやまる。まちがう。たがう。例 差池。❸だいたい。ほぼ。やや。例 往来差近(=往来がいくぶんか近くなった)。〈漢書・西域伝下〉❹二つの数量のへだたり。ひらき。さしひき。例 差額。大差。落差。二 ❶区別。わけへだて。例 長幼之差(=長幼の別)。〈荀子・栄辱〉❷怪しい。異常な。例 差人(=奇人)。三 ❶等級。また、等級を分ける。例 列ニ官職一、差ニ爵禄一(=官職をつらねて、爵位・俸禄の等級を分ける)。〈荀子・大略〉❷ふぞろいのさま。例 参差。四 (人を)つかう。つかわす。例 差遣。五 病気がなおる。いえる。通 瘥。

日本語での用法 《さし》《さす》「差し向かい・差しで(=他人を入れず二人だけで)話す・油差し・傘を差す(=広げる)・潮が差す(=満ちてくる)・刀を腰に差す(=身につける)」▼動詞「さす」のほか、その転義に用いたり、他の動詞の上や下についたりして、意味をそえる。

古訓 中古 あやまつ・いゆ・えらぶ・かたがひ・かたちがひ・さす・しな・しなじな・たがふ・やや 中世 あやまつ・あやまる・いゆる・えらぶ・さす・しな・しなじな・たがふ・やや 近世 あやし・あやまち・いゆる・えらぶ・えらむ・かしよねのしる・かたがひ・しなじな・たがふ・ついづる・つかふ・つまづく・まじはる・やや

人名 しな・すけ

難読 差縄・差物

【差異】イサ 両者にちがいがあること。また、そのちがっているところ。

【差役】サエキ 宋代、官庁の雑務や警察業務に当たらされた労役。また、それについた者。

【差額】サガク 差し引いた残りの金額や数量。

【差遣】サケン 使いの者をさし向ける。派遣。例 特使を―する。

【差錯】サク ①入り交じる。混乱する。②まちがえる。思わぬ事故を起こす。

【差次】サジ シジ 等級をつけて序列を決める。また、その等級。類 差等。

【差配】サハイ ①税金や労役などを人民に分担させる。②日 とりしきる。世話をする。また、その人。③日 持ち主に代わって貸家などを管理する。また、その人。

【差品】サヒン 差別。区別。等級。

【差池】一 シチ そろっていないさま。ふぞろい。参差。二 サチ まちがい。思わぬ誤り。

【差別】一 シャベツ 〔仏〕①事物がそれぞれ独自の姿を有していること。対 平等。②相違。二 サベツ ①区別する。例 無―爆撃。②日 分けへだてをする。例 人種―。

●格差・較差・交差・誤差・時差・収差・小差・参差・段差

49 3画

己(已・巳) おのれ部

「己キ」「已イ」「巳シ」は、それぞれ意味が異なるが、字形の類似からひとまとめにして部首にたてる。「己」「巳」をもとにしてできている漢字と、「己」「巳」の字形を目じるしにして引く漢字とを集めた。

己

己0 (3)
[1]2442 5DF1
教6

キ(漢) コ(呉) [紙] jǐ
おのれ・つちのと

筆順 ㇆ コ 己

なりたち [象形] 万物がちぢこまり、曲がってのびない形。派生して「自分」の意。

意味 ❶自分。わたくし。おのれ。例 克己。自己。利己。❷十干の六番目。つちのと。方位では中央、五行では土にあてる。例 己巳。

日本語での用法 《おのれ》「己おの!よくもだましたな」▼目下の人に対して、または相手をののしっていうことば。

古訓 中古 おのれ・つちのと 中世 おのが・おのれ・つちのと・み 近世 おのれ・つちのと・み・わがみ・わたくし・われ

難読 己惚れ

【己欲レ達▼而達レ人】おのれタッせんとほっしてひとをタッせしむ (仁者は)自分が何かをなしとげようと思うときには、まず他人に目的をとげさせてやるものだ。〈論語・雍也〉

【無レ友ニ不レ如レ己者一】おのれにしかざるものをともとすることなかれ 自分より劣った者を友とするな。すぐれた者を友とせよ。〈論語・学而〉

【為レ己】おのれのためにす 他人のためではなく、自分自身の向上のためにする。例 古之学者為レ己(いにしえのまなぶものはおのれのためにす)。〈論語・憲問〉

【己所レ不レ欲▼勿レ施ニ▼於人一】おのれのほっせざるところはひとにほどこすことなかれ 自分にとっていやなことは、他人に対してしてはならない。〈論語・衛霊公〉

●克己・自己・知己・利己

已

已0 (3)
[2]5465 5DF2
人

イ(漢)(呉) [紙] yǐ
や-む・すでに・のみ

なりたち [象形]「巳み」に同じ。

意味 ❶中止する。終わる。やめる。やむ。例 鶏鳴不レ已(=ニワトリの鳴き声がやまない)。〈詩経・鄭風・風雨〉❷もはや。すでに。例 已往。已然。❸やがて。まもなく。しばらくして。すでにして。例 已又殺レ之(=《王位を廃して侯とし》しばらくしてさらに彼を殺した)。〈史記・項羽紀〉❹程度の強いさま。おおいに。とても。はなはだ。例 三年之喪、期已久矣(=三年の喪は、期間がとても長い)。〈論語・陽貨〉❺…より前。…より後。「以」に通じて用いる。例 已下。已還(=以後。このかた)。已上。❻文末に置き、断定・強調の意をあらわす。のみ。❼これ。このように。例 為レ之猶賢ニ乎已一(=これ《=すごろくや将棋》をするのでもこれ《=一日中食べてばかりで何もしないこと》よりまだましだ)。〈論語・陽貨〉❽感嘆詞。ああ。例 已、予惟小子(=ああ、私は若輩者だ)。〈書経・大誥〉

古訓 中古 すつ・すでに・はなはだし・もちゐる・やむ・をはる 中世 しりぞく・すでに・つぐ・とどまる・をはる 近世 これ・しりぞく・すつる・すでに・つぐ・のみ・はなはだし・やむ・をはる・をはんぬ

難読 而已(のみ)

【已往】イオウ ①むかし。以前。既往。例 悟二已往之不一レ諫(イオウのいさめられざるをさとる)(=昔のことを悔いてもはじまらないと気づいた)。〈陶淵明・帰去来辞〉 ②そのときよりあと。以後。▽以往。

【已下】イカ ①数量や程度が目安よりも少ないこと。 ②それを代表として、その仲間をまとめていうことば。…ほか。 ③これよりあと。▽以下。 対 已上。

【已後】イゴ ①ある時期よりもあと。已往。対 已前。 ②今からあと。今後。▽以後。

【已降】イコウ ある時期よりもあと。以後。以降。類 已来。

【已上】イジョウ ①数量や程度が目安よりも多いこと。対 已下。 ②それまでに述べたことすべてをさす。対 已下。 ③文章・手紙・話などのあとに付けて、終わりの意をあらわす。 ④(活用語の連体形に付いて)…からには。▽以上。

【已甚】イジン はなはだし 程度が過ぎているさま。例 人而不仁、疾レ之已甚、乱也(ひとにしてフジンなるも、これをにくむことはなはだしきは、ランなり)(=その人となりが仁でなくとも、それを嫌いすぎるのは乱暴である)。〈論語・泰伯〉

【已前】イゼン ①ある時期よりもまえ。対 已後。 ②だいぶ、まえ。先(センセ)。かつて。むかし。 ③レベルに達していないこと。▽以前。

【已然】イゼン すでにそうなってしまっていること。

【已▼矣】一 やんぬる なん 〔嘆きやあきらめの気持ちをあらわすことば〕今となってはどうしようもない。もうだめだ。おしまいだ。已矣乎(やんぬるかな)。 二 のみ 〔文末に置き、強意・限定をあらわす〕…なのである。例 賜也、始可二与言一レ詩已矣(シや、はじめてともにシをいうべきのみ)(=子貢よ、(それでこそ)はじめて共に『詩経』について話し合えるのだ)。〈論語・学而〉

【已▼矣▼乎】やんぬるかな 「已矣 一 やんぬるかな」に同じ。例 已矣乎、寓二形宇内一復幾時(やんぬるかな、かたちをウダイにグウすることまたいくときぞ)(=もはやこれまでだ。この世に肉体をとどめていられるのはあとどれほどだろうか)。〈陶淵明・帰去来辞〉

巳

巳0 (3)

1 4406 5DF3 人 シ 漢 紙 sì み

なりたち 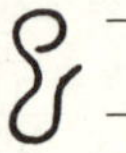 〔象形〕長くて曲がり、尾をたらしたヘビの形。借りて、十二支の第六に用いる。

意味 ❶十二支の六番目。方位では南南東、時刻では午前十時、およびその前後の二時間。月では陰暦の四月。動物ではヘビにあてる。**み**。例 辰巳(たつみ)(=南東)。 ❷「上巳(ジョウシ)」は、節句の一つ。三月上旬の「み」の日。また、その日の、みそぎ。のち、三月三日に定着。

古訓 中古 み 中世 おこる・み 近世 おこる・つぐ・み

巴

巳1 (4)

1 3935 5DF4 人 ハ 漢 麻 bā ともえ(ともゑ)

なりたち  〔象形〕ゾウを食うという、大きなヘビの形。

意味 ❶(とぐろを巻いたヘビのような形の)うずまき。**ともえ**。例 巴字水(ハジスイ)(=巴(ともえ)の字の形のようにまがりくねる水の流れ)。 ❷今の重慶市を中心とした地。例 巴蜀(ハショク)。

日本語での用法 《ともえ》「卍巴(マンジどもえ)・三(み)つ巴(どもえ)」▼入り組んだ状態。また、「鞆絵(ともエ)」から、鞆(とも)の形を図案化したもの。

古訓 中世 ともゑ 近世 くにのな・ともゑ・みづめぐる

人名 とも

難読 巴旦杏(ハタンキョウ／アーモンド)・巴豆(ハズ)・巴里(パリ)

【巴峡】ハキョウ 長江上流の峡谷の一つ。

【巴▼蜀】ハショク 四川省の別名。巴州と蜀州。「巴」は重慶を、「蜀」は成都を中心とした地方。

【巴人】ハジン ①巴(=四川省)の人。 ②教養のない田舎者。例 下里(カリ)—(=田舎者)。

【巴調】ハチョウ ①巴(=四川省)の人々が歌うひなびた調子。 ②自作の詩文の謙称。

【巴布】パップ 日〔オランダ語の pap から〕糊(のり)状の薬を布に塗り、患部にはって温めたり冷やしたりして治療するもの。

【巴里】【巴▼黎】パリ フランス共和国の首都パリ。

【巴陵】ハリョウ ①今の湖南省岳陽県地方。 ②岳陽の西南、洞庭湖に臨む景勝の山。

㠯

巳2 (5) ⇩以(イ)(58ページ)

巵

巳4 (7) ⇩卮(シ)(201ページ)

巻

己6 (9)

1 2012 5DFB 教6

一 ケン(クヱン) 漢 先 quán

二 ケン(クヱン) 漢 カン(クヮン) 呉 銑 juǎn

三 ケン(クヱン) 漢 カン(クヮン) 呉 霰 juàn

まく・まき

[卷] 㔾6 (8) 2 5043 5377 人 旧字体。

筆順 、 丷 亠 兰 半 关 券 卷 巻

なりたち  〔形声〕「㔾(=ふし)」と、音「弮(ケン)」とから成る。ひざをまげる。

意味 一 ❶湾曲したさま。まがった。例 巻全(ケンゼン)。 ❷しなやかなさま。例 巻曲(ケンキョク)。 ❸美しい。みめよい。例 碩大且巻(セキダイにしてかつケンなり)(=ふくよかでみめよい)。〈詩経・陳風・沢陂〉 ❹まごころをつくすさま。通 拳(ケン)。 例 巻巻(ケンケン)。 ❺にぎりこぶし。通 拳(ケン)。例 巻石(ケンセキ)。 二 ❶ものを円筒形にまく。例 巻土重来(ケンドチョウライ)。席巻(セッケン)。**まく**。まきあげる。まるめる。 ❷しまう。おさめる。**まく**。例 邦無レ道、則可二巻而懐一レ之(くににみちなければ、すなわちまきてこれをふところにすべし)(=国が乱れているときは、自分の能力をしまいかくしておくことができる)。〈論語・衛霊公〉 三 ❶まきもの。書物。**まき**。例 巻頭(カントウ)。圧巻(アッカン)。 ❷まいたものや書物を数えることば。**まき**。例 巻一(まきイチ)。フィルム一巻(イッカン)。上巻(ジョウカン)。

古訓 中古 かがまる・まがる・まき・まく・みづら・をさむ 中世 とどまる・まがる・まき・まく・をさむ・をさむる 近世 かがまる・まがる・まき・まく・をさむる

人名 まる

難読 巻柏(いわひば)・巻子(へそ)

【巻軸】カンジク 巻き物の芯(シン)。また、巻き物。

【巻首】カンシュ 巻き物や書物のはじめの部分。巻頭。類 巻端。対 巻尾・巻末。

【巻子本】カンスボン 紙を横に長くつぎあわせて、その一端に軸をつけ、それを芯(シン)にして巻きとる形にした書物。巻き物。

【巻▼帙】カンチツ 〔「帙」は、書物を包むおおいの意〕巻き物と帙に入った本。転じて、書物。また、その数。

【巻頭】カントウ 「巻首(カンシュ)」に同じ。対 巻尾・巻末。例 —言(ゲン)。雑誌の—を飾る。

【巻尾】カンビ 「巻末(カンマツ)」に同じ。対 巻首・巻頭。例 —に跋(バツ)をつける。

【巻末】カンマツ 巻き物や書物の終わりの部分。巻尾。対 巻首・巻頭。

【巻懐】ケンカイ 巻いてふところにおさめる。才能を隠して外にあらわさないことのたとえ。

【巻曲】ケンキョク まがりくねる。

【巻巻】ケンケン ①まごころを尽くすさま。慎むさま。 ②葉がしおれて丸まっているさま。

【巻甲】ケンコウ 〔よろいを巻いてかたづける意〕 ①身軽な服装になって進撃の速度を速める。 ②よろいを脱いで降伏する。 ③武器をおさめて恭敬の念を示す。 ④戦いをやめる。

【巻耳】ジケン ハコベ類ナデシコ科のミミナグサ。白い花が咲き、茎は細く、葉は食用になる。
【巻▼舒】ケンジョ ①巻いたり広げたりする。②才能を隠したり外にあらわしたりする。③縮んだり伸びたりする。
【巻石】ケンセキ にぎりこぶしほどの大きさの石。
【巻舌】ケンゼツ 一 ①ものを言わない。②星の名。二 まきじた 日 舌を巻くようにして勢いよく話すこと。
【巻然】ケンゼン しなやかなさま。女性の形容。
【巻繊】ケンチン 日 [「繊チン」は、唐音とされる] ①禅宗の僧が中国から伝えた精進ジョウ料理。②「巻繊汁ケンチンじる」の略。細かく切ったダイコン・ゴボウ・ニンジンなどに豆腐を加えた、すまし汁。
【巻土重来】ケンドジュウライ/ケンドチョウライ/つちをまきてかさねてきたる 一度戦いに敗れた者が、ふたたび勢いを盛り返して攻めてくる。失敗した者がもう一度やり直すこと。捲土ケンド重来。〈杜牧・題烏江亭〉
【巻紙】まきがみ 日 横に長くつぎあわせて巻いた紙。毛筆で書く手紙に用いる。
【巻物】まきもの 日 ①書画などを長く表装して軸に巻いたもの。②「巻子本カンスボン」に同じ。
●圧巻アッカン・席巻セッケン・竜巻たつまき・葉巻はまき・万巻バンカン

巷

巳6(9) 1 2511 5DF7 人 コウ(カウ)漢 ゴウ(ガウ)呉 絳 xiàng ちまた

[巷] 己6(9) —— 俗字。

なりたち [会意]「䢼(=道)」と「共(=ともにする)」とから成る。村里の中の道。

意味 ❶町や村の小道。路地。例 陋巷ロウコウ。❷まちなか。世間。ちまた。例 巷間コウカン。巷談コウダン。

古訓 中古 さと・ちまた 中世 さと・ちまた 近世 ちまた

人名 さと

【巷間】コウカン 町の中。ちまた。世間。例 ―に伝わる。
【巷議】コウギ ①町なかで政治などのよしあしを議論する。②町のうわさ。世評。
【巷語】コウゴ ちまたのうわさ。下世話。巷説。巷談。
【巷処】コウショ 官吏を退いて民間に身を置く。
【巷説】コウセツ ちまたのうわさ。世評。風評。風説。例 ―にまどわされる。
【巷談】コウダン ちまたのうわさ。世間ばなし。巷語。巷説。
【巷▼陌】コウハク/コウバク 町の道。ちまた。

巽

己9(12) 1 3507 5DFD 人 ソン 漢呉 願 xùn たつみ

[巽] 巳9(12) —— 2F884 旧字体。

なりたち [形声]「丌(=足つきの台)」と、音「𢁉セン→ソン(=そろった節)」とから成る。具そなえる。借りて「したがう」の意。

意味 ❶うやうやしい。つつしむ。ゆずる。したがう。例 巽与之言ソンヨのゲン(=つつしみぶかいことば)。〈論語・子罕〉 ❷易エキの卦カ。㋐八卦ハッカの一つ。☴ 自然では風、方位では南東をあらわす。たつみ。㋑六十四卦カの一つ。䷸ 巽下巽上ソンカソンショウ。風が次から次へと吹く象。❸ゆずる。通 遜ソン。

古訓 中古 いる・したがふ・たつみ 中世 たつみ・はらふ 近世 いる・さだむる・したがふ・そなへる・たつみ・つくる・のぶる・やはらか・ゆづる

人名 たもつ・ゆく・ゆずる・よし

50 3画 巾 はば はばへん 部

腰に垂らす布の形をあらわす。「巾」をもとにしてできている漢字と、「巾」の字形を目じるしにして引く漢字とを集めた。

0 427 巾 1 427 帀 2 427 市 布 3 429 帆 帆 4 429 希 帋 5 429 帚 帒 帙 帖 帑 帛 帕 帔 帗 帘 6 430 帟 帥 帝 7 431 帰 師 席 帯 帮 8 433 帷 常 帶 帳 9 435 幄 幃 幉 幀 帾 幅 幇 帽 帽 10 436 幌 幎 幕 幙 11 436 幗 幘 幓 幖 幔 12 436 幟 幮 幢 幡 幣 幤 幤 幞 14 437 幬 幭 幫 15 437 幮 18 437 幱

この部首に所属しない漢字
吊→口229 帇→丿1166

巾

巾0(3) 1 2250 5DFE 常用 キン 漢 真 jīn きれ・はば

筆順 丨 冂 巾

なりたち [会意]「冂(=きれの形)」と「丨(=とりつける糸)」とから成る。身におびる、きれ。

意味 ❶布きれ。手ぬぐい。ふきん。きれ。例 手巾シュキン。雑巾ゾウキン。布巾フキン。❷(布製の)おおい。かぶりもの。〔男子は二十歳になったとき、庶民は巾をつけ、士人は冠をつけた〕例 巾帽キンボウ。頭巾ズキン。❸布でおおう。かぶせる。

日本語での用法 《はば》▼「幅はば」の代用字として使われる。

古訓 中古 たなごひ・のごふ・のりもの 中世 かうぶり・かざる・たなごひ・つつしむ・のごふ 近世 おほふ・かざる・かしらづつみ・たのごひ

難読 巾子コジ/コンジ・領巾ひれ

【巾▼幗】キンカク ①女性の頭にかける飾りの布と髪飾り。②女性のこと。
【巾▼幘】キンサク 頭巾ズキン。帽子。類 巾帽。
【巾▼笥】キンシ ①書物や書類を入れる小箱。②ふくさで覆い箱に入れる。例 王巾笥オウキンシす(=楚ソ王は〈神亀シンキを〉ふくさで覆って箱に入れた)。〈荘子・秋水〉
【巾車】キンシャ 布の覆いで飾った車。幌ほろ馬車。例 或命巾車あるいはキンシャをメイじ、或棹孤舟あるいはコシュウにさおさす(=幌をかけた車に乗ったり、一そうの舟をこいだりして出かけて行く)。〈陶淵明・帰去来辞〉
【巾箱】キンソウ 布を張った小ばこ。巾笥キンシ。例 ―本ボン。
【巾箱本】キンソウボン 小ばこに入るような小さい書物。袖珍シュウチン本。
【巾着】キンチャク 日 袋状で、口をひもでくくるようにし、小物類などを入れる、布または革製の財布。

帀

巾1(4) ⇒匝ソウ(188ページ)

市

巾2(5) 1 2752 5E02 教2 シ 漢 紙 shì いち

筆順 丶 亠 亣 市

なりたち [形声]「冂(=へだてる垣)」と「一(=およぶ。手にはいる)」と、音「之シ(=行く)」の省略体とから成る。物を売買する人の行くところ。垣で囲まれ、品物を手に入れることのできる、いちば。

意味 ❶人が集まって品物を売り買いするところ。いちば。いち。例 市場(シジョウ)。青物市(あおものいち)。朝市(あさいち)。❷人が多く集まりにぎやかなところ。まち。例 市街(シガイ)。市井(シセイ)。都市(トシ)。❸売る。買う。例 市怨(シエン)(=うらみを買う)。市恩(シオン)。

日本語での用法《シ》「市営(シエイ)・市議会(シギカイ)・市立(シリツ)」▼都道府県の下にある地方公共団体の一つ。

古訓 中古 あきなふ・いち・うる・かふ 中世 いち・いちくら・うる・かふ・まち 近世 いち・うる・かふ・たのむ

人名 ち・なが・まち

難読 市正(いちのかみ)・市女笠(いちめがさ)・私市(きさいち)

【市隠】(シイン) 仕官せず、町なかに隠れ住む人。

【市営】(シエイ) 日 市が経営すること。例 ―バス。

【市恩】(シオン) (人にとりいるため)恩をきせる。恩を売る。

【市価】(シカ) 市場(いちば)や小売店で売られている値段。市賈(シカ)。

【市▼賈】(シカ) 一「市価(シカ)」に同じ。 二(シコ) ①売買。②商売人。

【市街】(シガイ) 人家や商店などが立ち並んでいる通り。また、その地域。例 ―地。

【市況】(シキョウ) 日 商品や株式の取り引き状況。例 株式―。

【市区】(シク) ①市街の区画。②日 市と区。例 ―町村。

【市虎】(シコ) 〔市中にトラがいる意〕根も葉もないうそが真実となることのたとえ。〔「市之無ㇾ虎也明矣、然而三人言而成ㇾ虎(いちのとらなきことあきらかなり、しかれどもサンニンいいてとらをなす)(=市場にトラがいないのははっきりしているが、三人がいると言えば本当にトラがいると信じてしまう)。〈韓非・内儲説上〉」から〕類 市(い)に虎(とら)あり。

【市▼肆】(シシ) 町にある店。商店。

【市場】 一(シジョウ) ①商品の売買が、実際におこなわれる場所。②日 商品が取り引きされる範囲。例 ―調査。③日 商品やサービスが取り引きされる場を、抽象的に表現したことば。例 国際―。 二(いちば) 日 ①業者が生鮮食料品などを売買するところ。例 青物(あおもの)―。魚(うお)―。②小売店が何軒か一か所に集まって、客に売るところ。マーケット。

【市人】(シジン|いちびと) ①町の人。市民。②町の商人。

【市井】(シセイ) 〔「井」は、一説に、町の意〕庶民が住んでいるところ。また、人家が多く集まって、品物を売買する場所。町。例 在ㇾ国曰二市井之臣一(くににあるをシセイのシンという)(=〈仕官はしないが〉都市に住む者を「市井の臣」というのである)。〈孟子・万章下〉 ―の人(=一般の市民)。

【市制】(シセイ) 日 地方自治体としての市の制度。例 ―施行(シコウ)五十周年。

【市政】(シセイ) 日 地方自治体としての市の行政。

【市勢】(シセイ) 日 市の人口・財政・産業・施設などのありさま。

【市庁】(シチョウ) 日 市役所。例 ―舎。

【市長】(シチョウ) ①市場(いちば)を監督する役人の長。②日 市の代表者として、市の行政をとりおこなう職。

【市朝】(シチョウ) ①市中。町なか。また、市場(いちば)。多くの人の集まるところをいう。②市場と朝廷。③朝廷。

【市▼廛】(シテン) 市中の店。市肆(シシ)。また、市街地。

【市▼屠】(シト) 町の食肉業者。

【市道】(シドウ) ①市中の道路。②利益重視の、商道の原則。③日 公道のうち、市が建設し管理責任をもつ道路。

【市道交】(シドウのまじわり) 商人のように、利益によって結ばれる人間関係。〈史記・廉頗藺相如伝〉

【市舶】(シハク) ①貿易用の船。商船。②海外貿易。

【市販】(シハン) ①商売をする。また、商人。②日 一般の小売店で売る。例 ―品。

【市民】(シミン) ①町に住んでいる人。公民。例 ―権を取る。②日 国政に参加する権利をもつ人。③日 中世ヨーロッパの中産階級の商工業者。ブルジョア。例 小―。

【市利】(シリ) 市場で得た利益。商売上の利益。

【市立】(シリツ) 日 〔「私立(シリツ)」と区別するために「いちリツ」とも言う〕市が設置し経営すること。例 ―図書館。

●朝市(あさいち)・城市(ジョウシ)・都市(トシ)

布

巾2 (5)

1 4159
5E03

教5

ホ 漢 フ 呉 遇 bù

ぬの・しく・きれ

筆順 ノ ナ 𠂇 右 布

なりたち 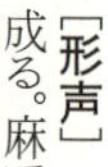 [形声]「巾(=ぬの)」と、音「𠂇フ」とから成る。麻で織った、ぬの。

意味 ❶きれ。織物。ぬの。特に、麻や木綿のぬの。例 布地(ぬのジ)(=ぬのの性質。また、織物)。布団(フトン)。毛布(モウフ)。❷平らに広げる。広く行きわたらせる。しく。例 布告(フコク)。散布(サンプ)。分布(ブンプ)。❸古代の通貨。

古訓 中古 しく・ぬの・のぶ・ほどこす 中世 しく・ぬの・ほどこす 近世 しく・ぜに・ちらす・つらぬ・つらぬる・ぬの・ほしまつり・ほどこす

人名 しき・たえ・のぶ・よし

難読 布衣(ホイ|ホウイ|フイ)・布袋(ホテイ)・和布刈(めかり)・荒布(あらめ)・若布(わかめ)

【布子】(ぬのこ) 日 木綿の綿入れ。

【布目】(ぬのめ) 日 布の織り目の模様。また、布の織り目のような模様。例 ―紙(がみ)。―瓦(がわら)。―塗(ぬり)。

【布衣】 一(フイ|ホイ) 絹以外の布でこしらえた粗末な着物。転じて、一般庶民。官位のない人。 二(ホイ|ホウイ) 日 布製で紋をつけていない狩衣(かりぎぬ)。転じて、それを着る六位以下の官位の者。

【布衣▼之極】(フイのキョク|ホイのキョク) 庶民としての最高の出世。〈史記・留侯世家〉

【布衣▼之交】(フイのまじわり|ホイのまじわり) ①庶民どうしの、また損得抜きのつきあい。〈史記・廉頗藺相如伝〉②身分や地位をこえての交わり。〈後漢書・隗囂伝〉

【布▼衍】【布演】(フエン) 意義や趣旨をおし広げて、わかりにくいところなどを詳しく説明する。敷衍(フエン)。普衍(フエン)。

【布教】(フキョウ) ①教えを広める。教化する。②宗教を広める。敷教。例 ―活動。

【布巾】(フキン) ①喪礼で、死者や祭器をおおう布。②日 食器などをふくための布。

【布▼衾】(フキン) 木綿などの布製の夜具。質素なことのたとえ。類 布被。

【布告】(フコク) ①世間に広く知らせる。また、その文。②政府が国家の重大な決定を公式に告げ知らせる。例 宣戦を―する。③日 明治初期の法令。例 太政官(ダジョウカン)―。

【布施】 一(フシ) ①人に恵みを与える。②広くほどこしをする。 二(フセ) 〔仏〕①出家修行者や貧窮者などに金品や教えを与えること。②死者や仏を供養したお礼として僧に差し出すお金や品物。おふせ。

【布陣】(フジン) ①軍勢を配置する。また、その陣。②日 論争や競技の試合などのために、態勢をととのえる。例 万全の―。

【布石】(フセキ) 日 ①囲碁の初めの段階で、先を見通しておこなう石の並べ方。②将来にそなえて手を打っておく。用意。準備。例 海外進出のための―とする。

【布袋】 一(フタイ) 布のふくろ。 二(ホテイ) 十世紀初めごろの禅僧、布袋和尚(ホテイオショウ)。弥勒(ミロク)の化身として尊ばれた。日本では七福神のひとりで、福々しい顔と豊かに張り出した腹をもち、大きなふくろを肩にかついでいる。

【布置】(フチ) ものをそれぞれ適当な場所に並べる。配置。

【布陳】(フチン) しき並べる。並べ連ねる。敷陳。類 布列。

【布団】(フトン) 日 ふくろ状に縫った布の中に綿などを入れ、からだの下にしいたり上にかけたりするもの。蒲団フトン。

【布▼帛】ハク〔「帛」は、絹織物の意〕①木綿あるいは麻布と絹。②織物。ぬの。

【布帆】フハン 布製の帆ほ。転じて、船をいう。

【布令】フレイ・ふれ 法令や命令を広く人々に知らせる。また、その法令や命令。〔「布令ふれ」は、和語「触ふれ」のあて字〕

●絹布ケン・公布コウ・昆布コン・財布サイ・散布サン・敷布しき・湿布シッ・塗布ト・配布ハイ・発布ハッ・頒布ハン・分布ブン・綿布メン・毛布モウ・流布ル

帆

巾3（6） 1 4033 5E06 常用

一 ハン（ハム）漢 咸 fān
二 ハン（ハム）漢 陥 fàn
ほ

［帆］ 巾3（6） 4 0881 3836 俗字。

筆順 ｜ 冂 巾 帆 帆 帆

なりたち 〔形声〕「巾（=ぬの）」と、音「凡ハン」とから成る。風を受けてふくらみ、船を走らせるようにした、ぬの。

意味 一 船を走らせるための風を受ける布。ほ。例 帆船ハンセン。帆柱ほばしら。出帆シュッパン。二 帆ほを張って船を走らせる。例 帆二江水一コウスイにハンす（=長江に船を走らせる）。〈韓愈・除官赴闕至江州寄鄂岳李大夫〉

古訓 中古 しぶかす・ほ 中世 ほ 近世 ふせぐ・ほ・ほかける

【帆影】ハンエイ・ほかげ 沖に見える船の帆ほ。また、船のかたち。

【帆船】ハンセン・ほぶね 帆ほを張り、風を受けて進む船。ほまえせん。ほかけぶね。

【帆走】ハンソウ 船が帆ほを張り、風を受けて走る。

【帆柱】ハンチュウ・ほばしら 船の帆ほを張るための柱。マスト。檣ほばしら。

【帆布】ハンプ・ほぬの 帆ほやテントなどに用いられる、麻や木綿でできた、厚くて丈夫な布。

●孤帆コハン・出帆シュッパン・順風満帆ジュンプウマンパン・白帆しらほ・真帆まほ

希

巾4（7） 1 2085 5E0C 教4

キ漢 ケ呉 微 xī

まれ・こいねが-う（こひねが-ふ）

筆順 ノ メ ナ 产 肴 希

なりたち 〔会意〕「巾（=ぬの）」と「爻（=糸が交差する）」とから成る。布の細かい織り目。

意味 ❶めったにない。すくない。密度がうすい。まばら。まれ。通 稀キ。例 希少キショウ。希有ケウ。古希コキ（=七十歳をいう）。❷のぞむ。ねがう。こいねがう。例 希求キキュウ。希望キボウ。❸したう。そうなりたいと願う。例 希二段干木一ダンカンボクを（=段干木のようになりたいと願う）。〈左思・詠史詩〉 ❹見る。通 睎キ。例 上下相希ショウカあいみる（=身分が上の者と下の者とが互いに相手を観察する）。〈管子・君臣上〉 ❺迎合する。追従する。むかえる。例 希二主好悪一シュのコウオを（=主人の好き嫌いに合わせる）。〈商君・農戦〉 ❻欧米語の「ギ」にあてる音訳字。例 希臘ギリシャ。

古訓 中古 こひねがふ・すくなし・たまさか・たまたま・ねがふ・はるか・はるかなり・ほどこす・まれなり・まれらなり 中世 こひねがふ・すくなし・ねがふ・まれなり 近世 あらぐ・こひねがふ・すくなし・ねがふ・のぞむ・ほどこす・まれ・まれなり

【希▼冀】【希▼覬】キキ 願い望む。希望。

【希求】キキュウ ほしがる。強く求める。例 平和を—する。

【希元素】キゲンソ 日〔化〕自然界にごくわずかしかないと考えられていた元素。チタン・ウランなど。稀元素キゲンソ。

【希▼覯】キコウ 〔「覯」は、見る、出会う意〕まれに見ること。めったに見られないこと。稀覯キコウ。例 —本ボン（=世に出回ることがまれで、めったに見られない珍しい書物）。

【希旨】【希指】キシ （上位者に）気に入られようとつとめる。へつらう。

【希釈】キシャク 日 溶液に水などを混ぜて薄める。稀釈キシャク。

【希書】キショ 日 部数がきわめて少なく、めったに見ることのできない書物。希覯本キコウボン。稀書キショ。

【希少】キショウ めったにないこと。また、数がきわめて少ない。希有ケウ。稀少キショウ。例 —価値（=少ししかないことから生じる価値）。

【希世】キセイ ①世にまれで珍しい。稀世キセイ。②世俗の名誉を願い求める。

【希代】キタイ・キダイ ①世にまれなこと。例 —の悪党。②日 非常に不思議なさま。例 —なことを聞く。▽稀代キタイ・キダイ。

【希薄】キハク 日 ①液体や気体の濃度や密度が小さいさま。例 高山の—な空気。②ものごとを感じたり、考えたりする心が足りないさま。例 罪の意識が—だ。人情が—な土地。▽稀薄キハク。

【希微】キビ ①うっすらとして、かすかであるさま。薄暗いさま。熹微キビ。②視覚・聴覚・触覚ではとらえられない、ぼんやりとしたさま。〔老子が「道」を説いたことばによる〕

【希望】キボウ 自分がこうなりたい、他に対してはこうなってほしいと、よりよい状態を願う。冀望キボウ。例 —者をつのる。

【希▼臘】ギリシャ ヨーロッパ南東部にある共和国。バルカン半島南部とエーゲ海の島々とからなる。首都はアテネ。

【希有】ケウ・キユウ 非常に珍しいさま。めったにないさま。稀有ケウ。例 大鴻儒希レ有あることまれなり（=偉大な学者はめったにいない）。〈論衡・超奇〉 —な事件。

帋

巾4（7） ⇨紙シ（1025ジペー）

帚

巾5（8） 2 5468 5E1A

ソウ（サウ）慣 シュウ（シウ）漢 有 zhǒu

ほうき（はうき）

［菷］ 艹8（11） 2 7240 83F7 別体字。

［箒］ 竹8（14） 2 6822 7B92 別体字。

意味 ❶ちりやごみを掃く道具。ほうき。例 帚星ソウセイ（=ほうきぼし。彗星スイセイ）。箕帚キソウ（=ちりとりと、ほうき）。❷ほうきで掃き清める。はく。通 掃。

難読 帚木ははきぎ

帒

巾5（8） ⇨袋タイ（1192ジペー）

帙

巾5（8） 2 5469 5E19

チツ漢 質 zhì

意味 線装本（=糸で装丁した書物）を包むおおい。また、それを数えることば。転じて、書物のこと。例 十五巻三帙ジュウゴカンサンチツ。巻帙カンチツ（=書物）。書帙ショチツ（=書物。書籍）。帙チツを繙ひもとく（=書物を開いて読む）。

難読 帙まき（=文巻ふまき）

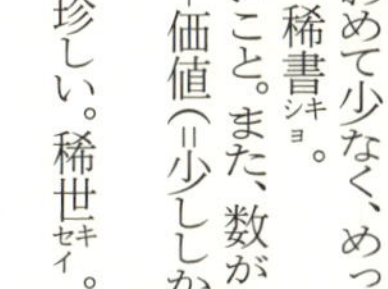

［帙］

帖

巾5（8） 1 3601 5E16 人

一 チョウ（テフ）漢 ジョウ（デフ）呉 葉 tiē
二 チョウ（テフ）漢 ジョウ（デフ）呉 葉 tiě
三 チョウ（テフ）漢 ジョウ（デフ）呉 葉 tiè

なりたち 〔形声〕「巾（=ぬの）」と、音「占チョウ」とから成る。帛書ハクショの表題。

意味 一 ❶帛(=紙のない時代、書写に利用された絹織物)に書かれた書名・標題。❷石碑などに刻まれた文字を写しとった本。拓本。石ずり。例 法帖。墨帖。二 ❶公文書。官庁の通知。例 軍帖(=軍中の通達)。❷名刺や招待状など、短文の書きつけ。例 名帖(=名刺)。三 ❶安定させる。落ち着いている。例 帖帖。安帖。❷はりつける。はる。通 貼。

日本語での用法 一《ジョウ》「焼き海苔の三帖」▼紙・海苔などを何枚かひとまとめにして数えることば。一帖は、半紙では二十枚、洋紙では十二枚、海苔では十枚。二《たとう》「帖に入れる・帖紙」▼図面や平たくたたんだ和服をおさめる、和紙のおおい。

古訓 中古 かさぬ・たたみ・たたむ・つく 中世 たたむ 近世 きる・しづか・しるす・たれぬの・ふだ・わりフ

人名 さだ・ただ

【帖妥】落ち着いているさま。妥帖。

【帖帖】①垂れ下がっているさま。②ゆったりとして穏やかなさま。③逆らわず、おとなしいさま。

【帖伏】①〔耳を垂れて伏す意〕従順なさま。②哀れみを請い、機嫌をとる。③落ち着く。

【帖服】素直に服従する。

帑
巾5(8) 2 5470 5E11
一 ド 慣 トウ(タウ) 漢 養 tǎng
二 ド 漢 虞 nú
かねぐら

意味 一 金品をしまっておくところ。金庫。かねぐら。また、国庫に所蔵する金銭。財産。例 帑蔵(=かねぐら)。国帑(=国家の財産)。内帑(=宮中の財貨を入れる倉。また、君主の所有する財貨)。二 子。また、妻子。通 孥。例 妻帑(=つまと子。妻子)。

帛
巾5(8) 2 5471 5E1B
ハク 漢 陌 bó
きぬ

意味 ❶白い絹の布。また、絹織物。きぬ。例 帛書。竹帛(=書物。また、歴史)。布帛(=綿・麻の布と絹の布。織物のこと)。❷神前に供える白い布。また、客への贈り物。ぬさ。例 幣帛(=神前に供えるもの。ぬさ。また、贈り物)。
【帛書】絹地に書いた文書や手紙。また、その絹。

帕
巾5(8) 4 0883 5E15
一 ハク 慣 ハ 漢 禡 pà
二 バツ 漢 黠 mò

意味 一 手ぬぐい。二 頭を包む布。頭巾。また、頭を包むかぶる。例 帕首。
【帕首】頭巾をかぶる。また、はちまきをする。

帔
巾5(8) 3 8409 5E14
ヒ 漢 寘 pèi

意味 ❶下半身につける衣服。もすそ。❷肩にかける布。うちかけ。

帤
巾5(8) 4 0884 3840
ヘイ 漢 霽 bì

意味 やぶれた衣。

帘
巾5(8) 3 8410 5E18
レン(レム) 漢 塩 lián

意味 酒屋の旗。さかばた。さかばやし。例 青帘(=酒屋のしるしの青い旗)。

帟
巾6(9) 4 0885 5E1F
エキ 漢 陌 yì

意味 上に張って、ほこりを防ぐための小さな幕。ひらはり。

帥
巾6(9) 1 3167 5E25 常用
スイ 漢 呉 寘 シュツ 漢 ソツ 呉 質 shuài
ひき-いる(ひき-ゐる)

筆順 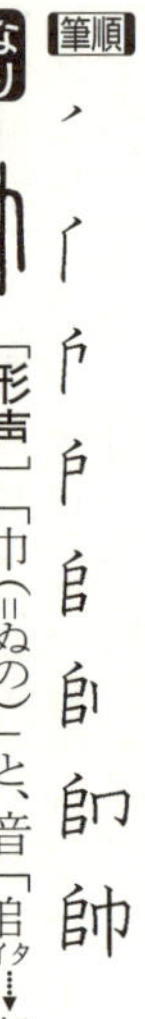

なりたち  [形声]「巾(=ぬの)」と、音「𠂤」とから成る。手ぬぐい。派生して「ひきいる」の意。

意味 ❶ひきいる。㋐引き連れて行く。先頭に立ってみちびく。通 率。例 帥先。帥導(=連れてみちびく)。㋑軍隊をひきいる。例 統帥。❷軍隊をひきいる指揮官。主将。例 元帥。将帥。❸ものごとをみちびく作用をするもの。例 夫志、気之帥也(=いったい志というものは、気をみちびくものである)。〈孟子・公孫丑上〉❹遵守する。したがう。例 帥教(=教えにしたがう)。

日本語での用法 《ソチ》《ソツ》「大宰の帥・帥の宮」▼大宰府の長官。

古訓 中古 あつまる・いくさ・いくさぎみ・いくさだち・にはかに・ひきゐる 中世 いくさ・いくさだてす・ひきゆ・ひきゐる・みちびく 近世 すぶる・つかさどる・ひきゆる・みちびく・をさむる

人名 おさむ・そち・つかさ

【帥先】人に先立っておこなう。率先。

◐元帥・将帥・総帥・統帥

帝
巾6(9) 1 3675 5E1D 常用
テイ 漢 タイ 呉 霽 dì
みかど

筆順 

なりたち  [形声]「丄(=上)」と、音「朿」とから成る。天下を治める王。

意味 ❶天下を治める最高の支配者。天子。例 帝王。帝国。❷宇宙や世界を支配する神。例 天帝。上帝(=天帝)。

古訓 中古 ただ・みかど 中世 あきらか・きみ・すべらぎ・みかど・みやこ 近世 あきらか・あまつかみ・きみ・みかど

人名 あきら・きみ・ただ

【帝釈天】〔仏〕梵天とともに十二天の最高位を占める神。仏法を守護し、東の方角を守る。〔古代インドの民族宗教の神が仏教に取り入れられたもの〕

【帝位】天子のくらい。帝王のくらい。帝道。類 帝祚。

【帝▼胤】天子の子孫。皇胤。

【帝▼掖】①宮殿。御所。②〔「掖」は、宮殿正門の左右にある小門〕妃や嬪など、天子のそばに添う女性の住む御殿。

【帝王】①君主国で、国土や人民を統治する人。皇帝。例 ―学。②日 ある分野や社会で、絶対的な力をもっている者のたとえ。例 暗黒街の―。

【帝畿】帝都とその付近の地域。畿内。

【帝郷】①天帝のいる天上世界。②仙人の住む所。例 帝郷不レ可レ期(=《富貴は自分の望むものではないが、かといって》神仙の世界などはあてにならない)。〈陶淵明・帰去来辞〉③帝王の住む都。④帝王の故郷。

【帝業】帝王の事業。天子が国を支配し治めること。帝緒。

【帝系】【帝▼繫】帝王の血筋。皇統。帝統。

【帝京】帝王の住む都。帝都。類 帝城。

【帝▼闕】①宮城の門。②宮城。

【帝号】帝という称号。天子の称号。

【帝国】①皇帝が統治する国。②日「大日本帝国(=明治憲法のもとでの日本の国号)」の略。例 ―憲法。

【帝室】テイシツ 帝王の一家。天子や天皇の一族。皇室。王室。
【帝緒】テイショ 「帝業ギョウ」に同じ。
【帝政】テイセイ 帝王が統治する政治・政体。
【帝▼儲】テイチョ ①天子のあとつぎ。皇太子。②星の名。
【帝典】テイテン ①帝王の法。②『書経ショキョウ』の尭典ギョウテンと舜典シュンテンの二篇ヘン。
【帝図】テイト （国を統治するための）天子のはかりごと。類帝謨ボ・帝猷ユウ。
【帝都】テイト 「帝京ケイ」に同じ。
【帝統】テイトウ 「帝系ケイ」に同じ。
【帝道】テイドウ ①帝王がおこなう、最もすぐれた国家の統治法。王道。②帝位。類帝祚ソ。
【帝▼傅】テイフ ①天子の師。帝師。②宰相。太傅タイフの尊称。
【帝力】テイリョク 帝王の力。天子の恵み。
●皇帝コウテイ・女帝ジョテイ・先帝センテイ・大帝タイテイ・天帝テンテイ

帰

巾7（10） 1 2102 5E30 教2

一キ（クヰ）漢呉 微 guī
二キ（クヰ）漢 寘 kuì
かえる（かへ-る）・かえす（かへ-す）

［歸］ 止14（18） 2 6137 6B78 旧字体。
［皈］ 白4（9） 2 6607 7688 俗字。

筆順 帰

なりたち  [形声]「止（＝とまる）」と「婦（＝つま）」の省略体と、音「自イ→キ」とから成る。女が夫の家に行ってとまる。とつぐ。

意味 一❶嫁に行く。とつぐ。例之子于帰ゆきとつぐ（＝この娘が嫁に行く）。〈詩経・周南・桃夭〉 帰嫁カ。❷もとの所へもどってくる。もどす。**かえる**。**かえす**。例帰還カン。帰郷キョウ。帰朝チョウ。❸あるべきところに落ち着く。たよる。したがう。例帰依エ。帰順ジュン。帰納ノウ。二❶贈る。与える。通饋キ。例帰孔子豚コウシにいのこをおくる（＝孔子に子豚を贈った）。〈論語・陽貨〉 ❷恥ずかしく思う。恥じる。通愧キ。例帰色（＝恥ずかしそうなさま）。

古訓 中古 おくる・おもむく・かへす・かへる・とつぎ・とつぐ・よる 中世 おもむく・かへる・とつぐ 近世 いる・おくる・かへる・とつぐ

人名 もと・ゆき

難読 不如帰ほととぎす

【帰一】キイツ （それぞれ別だと思われていた事柄が）最終的に一つにまとまる。同じことに落ち着く。例これらのすべては人類の平和に―する。
【帰依】キエ ①〔仏〕仏・法・僧の三宝サンボウを信じて、その教えに従う。例阿弥陀仏アミダブツに―する。②たよる。身を寄せる。
【帰化】キカ ①君主の徳や力になびき従う。②よその国の国籍を得て、そこの国民となる。例日本に―する。③日自然の自生地以外の土地に運ばれた動植物が、自生・繁殖するようになる。例ブタクサは日本への―植物だ。
【帰嫁】キカ とつぐ。よめに行く。
【帰▼臥】キガ 家に帰って寝る。特に、官職を引退し、郷里に帰ることをいう。
【帰還】キカン もとの所にもどる。例基地に―する。
【帰館】キカン ①やかたや旅館にもどる。②日〔「ご帰館」の形で、ふざけぎみに〕自宅に帰ること。例お早いご―ですこと。
【帰▼雁】キガン ①（秋に南へ来て）春になると北へ帰るガン。例帰雁入胡天キガンコテンにいる（＝自分は、故郷へ帰るガンとともに異国へやって来た）。〈王維・使至塞上〉 ②夕方にねぐらへ帰るガン。
【帰期】キキ ①帰る時期。②最後に。結局。
【帰休】キキュウ ①家に帰り、休息する。休暇をとる。②生を終えること。例吾生行帰休わがせいゆくゆくキキュウせんとす（＝私の一生もやがて終わるだろう）。〈陶淵明・游斜川〉 ③日勤労者が会社の都合で一定期間勤務を離れて家にいること。例一時―。
【帰京】キキョウ 都へ帰る。
【帰郷】キキョウ 故郷に帰る。
【帰去来▼兮】キキョライ かえりなんいざ 〔「去」「来」の二字を合わせて古くから「いざ」と読み習わし、動作をうながす意に解する。「兮」は音調を強める字で、訓読では普通読まない〕さあ、（故郷へ）帰ろう。例帰去来兮、田園将蕪、胡不帰かえりなんいざ、デンエンまさにあれなんとす、なんぞかえらざる（＝（わずらわしい役人勤めはやめて）さあ帰ろう、田や畑は今にも荒れ果てようとしている。どうして帰らないでおれよう）。〈陶淵明・帰去来辞〉
【帰結】キケツ ものごとや議論などが、さまざまないきさつを経て落ち着く。また、その結末や結論。帰着。
【帰向】キコウ 慕いなつく。心を寄せる。
【帰耕】キコウ 故郷に帰って耕作する。役人生活をやめて帰郷する。帰農。帰田。例学不経明、不如帰耕けいをまなんであきらかならずんば、キコウするにしかず（＝経典を学んでそれに通暁ギョウすることができないならば、故郷に帰って田を耕すほうがましだ）。〈漢書・夏侯勝伝〉
【帰航】キコウ ①帰りの船。帰りの航海。②日帰りの航空。
【帰港】キコウ 船が航海を終えて本拠地の港に帰る。
【帰国】キコク ①故郷に帰る。②自分の国へ帰る。
【帰山】キサン｜キザン ①郷里に帰る。引退する。②死ぬこと。③日〔仏〕僧が自分の寺に戻る。
【帰参】キサン 日武士などが、許されてもとの主人にふたたび仕える。例―がかなう。
【帰思】キシ 故郷に帰りたいという思い。さとごころ。
【帰宿】キシュク ①身を落ち着かせる。②一定の場所に落ち着く。ものごとが決着する。
【帰順】キジュン 反抗をやめ、心を改めて服従する。帰服。
【帰心】キシン ①こころをキす 心を寄せる。なつき従う。例天下之民帰心焉テンカのたみこころをキす（＝天下の人々は心を寄せる）。〈論語・尭日〉 ②家や故郷へ早く帰りたいと思う心。例―矢のごとし。
【帰真】キシン ①本来の心に帰る。いつわりを捨てて、真実に帰る。②〔仏〕死ぬこと。
【帰▼趨】キスウ 〔「趨」は、走る意〕（事件やものごとが）あるところに行き着く。また、落ち着くところ。帰着。帰結。類帰趣。例勝敗の―を見守る。
【帰省】キセイ ①〔「省」は、父母をかえりみる意〕父母のもとをおとずれ、安楽に暮らしているかどうかをたずねる。②日故郷に帰ること。例―客。参考本来は、父母が故郷を離れて別の土地にいる場合は父母のいる所をたずね、父母が亡くなっている場合は父母の墓参をすることをいう。
【帰巣】キソウ 昆虫・魚類・鳥や獣、また賊などが、自分の巣やもといた場所にもどる。例―本能。
【帰葬】キソウ 故郷に遺体を持ち帰ってとむらう。
【帰属】キゾク ①つき従う。従属する。例使遠近帰属エンキンをしてキゾクせしむ（＝遠い者や近い者をつき従わせる）。〈新唐・李密伝〉 ②財産・権利・領土などが、特定の組織や国・団体などの所有であること。例島の―をめぐる両国の争い。③団体や組織の一員である。組みこまれている。例―意識。
【帰着】【帰著】キチャク ①出発した場所へ帰ってくる。②議論や思考などが、さまざまないきさつを経て最終的に落ち着く。帰結。帰趨スウ。
【帰朝】キチョウ ①朝廷に帰順する。②遠方や外国から朝廷に戻る。③日外国から本国に戻る。例―報告。
【帰程】キテイ 帰りの道のり。帰路。帰途。

【帰田】キデン ①男子が二十歳になると国から田を与えられ、六十歳で国に返す制度。対受田。②官吏を退職して郷里に帰る。帰耕。

【帰途】キト 帰り道。帰路。例 ―につく。

【帰寧】キネイ ①嫁いだ娘が実家に帰り、父母に挨拶をすること。転じて、離縁された妻が実家に戻ること。②家を出た息子が、郷里に帰って父母に挨拶をすること。③家を出た子供が、実家に帰って喪に服すること。

【帰年】キネン 故郷に帰る年。例 今春看又過、何日是帰年（＝今年の春もみるみるうちにまた過ぎようとしている、いつになったら故郷に帰れるのだろうか）。〈杜甫・絶句〉

【帰納】キノウ ①物を返す。②寄せ集める。③反切によって漢字音を示す。④日 個々の具体的な現象や事実に、総合的な分析を加えて共通点を見つけ出し、一般的な原理や法則を導き出す。対演繹。例 ―法。

【帰農】キノウ 郷里に戻って農業に従事する。帰耕。

【帰馬放牛】キバホウギュウ 戦争が終わり、平和になったことのたとえ。◆周の武王が天下を平定したのち、軍用のウマやウシを山野に放ち、ふたたび戦争を起こさない決意を示した故事から。……〈書経・武成〉

【帰帆】キハン 帰途につく帆かけ船。

【帰附】キフ つき従う。心をよせて服する。帰順。帰服。

【帰服】【帰伏】キフク ①降伏し、服従する。帰順。類帰降。②故郷に帰り、隠棲する。

【帰妹】キマイ 易の六十四卦の一つ。☳☱ 兌下震上。湿地の上に雷がある象。

【帰命】キメイ 一 なつき従う。帰順。二 キミョウ〔仏〕〔梵語 namas（南無（＝帰依する））にあてた語〕身命をさし出して仏にたよる。

【帰命頂礼】キミョウチョウライ〔仏〕〔「頂礼」は、頭を相手の足につけて拝むこと〕①頭を仏の足につけて心から敬い、身命をささげること。②仏を拝むときにとなえることば。〈大日経疏・三〉

【帰▼沐】キモク ①家に帰って髪を洗う。②役人が休暇をもらい、家で休む。帰養。

【帰養】キヨウ ①故郷に帰り、父母や家族の面倒を見る。②「帰沐②」に同じ。

【帰▼洛】キラク ①洛陽に帰る。②日 京都に帰る。〔「洛」は、京都を中国の古都洛陽になぞらえたもの〕

【帰路】キロ 帰り道。帰ってくる途中。帰途。復路。

◉回帰・不帰・不如帰・復帰

師

巾7（10）
1 2753
5E2B
教5

シ漢呉　ス唐　攴 shī
おさ（をさ）・かしら
付表 師走

筆順 ノ 丆 户 自 自 師 師 師

なりたち［会意］「自（＝おか）」と、「帀（＝とりまく）」とから成る。たくさんの丘がまわりをとりかこんでいることから、多い。派生して「多くの兵士」の意。

意味 ❶兵士。軍隊。周代で、二千五百人の部隊。例 師団。出師。❷多くの人が集まる大都市。みやこ。例 京師。❸人々に知識や学問を教える人。先生。例 温レ故而知レ新、可二以為一レ師矣（＝過去のことを学習し、新しい事柄も理解したならば、教師になることができる）。〈論語・為政〉師事。師弟。❹技芸を専門にする人。また、ある技術にすぐれた人。例 楽師。技師。猟師。❺おさ。かしら。地方長官。例 師長。❻手本とする。ならう。師とする。例 不レ師レ今而学レ古（＝現在のことを手本とせず、過去のことを学習する）。〈史記・始皇紀〉❼易の六十四卦の一つ。☷☵ 坎下坤上。地中に水がある象。

古訓 中古 いくさ・いくさだち・いくさだちす・したがふ・のり・もろ・もろもろ 中世 いくさ・つかさ・のり・ひきゆ・もろ・もろもろ 近世 いくさ・つかさ・ならふ・のり・ひと・ふたご・もろもろ

人名 おさ・おさむ・かず・つかさ・のり・みつ・みと・もと・もろ

難読 師兄（＝禅宗で、兄弟子）・香具師

【師恩】シオン 師の恩。先生や師匠から受けた恩。

【師教】シキョウ 先生の教え。また、それを受ける。類師訓。

【師子】シシ ライオン。獅子。

【師資】シシ ①〔「資」は、助けの意〕先生。師匠。師。〔「善人不善人之師、不善人善人之資（＝善人は不善人の師なり、不善人は善人の資なり）」（＝善人は悪人の師であり、悪人は善人が自分を見つめるための助けとなる）。〈老子・二七〉」から〕②〔「資」は、弟子の意〕先生と弟子。例 ―相承。

【師事】シジ 師として仕え、教えを受ける。例 師二事仲尼一（＝孔子を先生として、仕えた）。〈左伝・昭七〉

【師匠】シショウ ①学問や技術を教える人。②〔仏〕仏道に導く人。③日 花道や茶道などを教える人。

【師承】シショウ 師から受け伝えられる。類師伝。

【師説】シセツ ①先生の学説。②韓愈の著述の名。

【師僧】シソウ 教える立場にある僧。

【師団】シダン 日 旧陸軍の編制上の単位の一つ。旅団の上にあり、司令部を有し、単独で作戦行動をとることができる。

【師長】シチョウ ①役人の長。②先生と目上の人。

【師弟】シテイ 師と弟子。先生と生徒。例 ―関係。

【師徒】シト ①軍隊。兵士。②先生と弟子。

【師道】シドウ ①先生から伝えられた学問や技術の体系。師法。②先生に従って学ぶ、正しいあり方。例 師道之不レ伝也久矣（＝師について学ぶというやり方が世に伝わらなくなってから久しい）。〈韓愈・師説〉③師としてのあり方や守るべき道。

【師範】シハン ①人々を導く手本。模範。②学問・武道・芸能などを教える人。師匠。先生。③日「師範学校」の略。旧制の、教員養成のための公立学校。

【師表】シヒョウ 人々の模範となること。また、その人。例 人々の―となる。

【師父】シフ ①父のように敬愛する人・先生。②僧や道士に対する敬称。師傅。

【師▼傅】シフ ①天子を補佐する高官。太師・太傅など。②王室の子弟の教師。③「師父②」に同じ。

【師保】シホ 天子を補佐する高官。太師・太保など。

【師法】シホウ ①先生に従う。手本とする。また、手本。②「師道①」に同じ。

【師友】シユウ ①先生と友人。②師のように尊敬する友人。

【師旅】シリョ 〔「旅」は、周代で五百人の部隊の意〕軍隊。転じて、戦争。

【師走】しわす・しはす 日 もと、陰暦で十二月のこと。太陽暦でもいう。一年の最後の月。

◉医師・恩師・技師・教師・漁師・香具師・講師・出師・禅師・庭師・法師・老師

席

巾7（10）
1 3242
5E2D
教4

セキ漢　ジャク呉　陌 xí
むしろ
付表 寄席

筆順 亠 广 户 户 产 产 席 席 席

なりたち  [形声]「巾(=ぬの)」と、音「庶(ショ→セキ)」の省略体とから成る。しくもの。

意味 ❶草や竹などで編んだしきもの。**むしろ**。例 七年男女不レ同レ席(シチネンにしてダンジョ セキをおなじくせず)(=七歳になったら男女は同じ敷物の上に座らない)。〈礼記・内則〉席巻(セッケン)。花席(はなむしろ)。❷すわる場所。例 客席(キャクセキ)。退席(タイセキ)。❸地位。順位。例 席次(セキジ)。首席(シュセキ)(=一番。一位)。❹よる。たよる。例 席二太后之寵一(タイコウのチョウによる)(=太后の寵愛をたよる)。〈漢書・劉向伝〉

日本語での用法 《セキ》「席亭(セキテイ)・昼席(ひるセキ)」▼「寄席(よせ)」のこと。

古訓 中古 しきゐ・むしろ・よる・ゐる 中世 おまし・しきゐ・しく・むしろ・やすし 近世 しきもの・しく・たかむしろ・とる・むしろ・やすし・やすんず・よる

人名 すけ・のぶ・やす・より

【席不レ暇レ暖】(セキあたたまるにいとまあらず) 一か所に落ち着いていられないほどに、いそがしい。〈抱朴・弁問〉

【席次】(セキジ) ①(地位による)座席の順序。席順。②日 成績などの順。例 ―の上下。

【席順】(セキジュン) 日 座席の順番。席次。例 ―を争う。

【席上】(セキジョウ) ①儒者。〔儒者の学徳を「席上の珍(=座席の上の珍品)」にたとえることから〕 ②日 会合の場。また、その席。例 会議の―で反対する。

【席題】(セキダイ) 日 短歌や俳句の会で、その場で出される題。対 兼題。

【席亭】(セキテイ) 日 ①落語や講談などを聞かせる演芸場。寄席(よせ)。②寄席を経営する人。寄席の主人。

【席料】(セキリョウ) 日 会場や座敷・座席の使用料。

【席巻】【席▼捲】(セッケン) (席(むしろ)を巻くように)猛烈な勢いで、広い範囲を自分のものにしてしまう。例 市場を―する。

● 一席(イッセキ)・宴席(エンセキ)・議席(ギセキ)・客席(キャクセキ)・空席(クウセキ)・座席(ザセキ)・首席(シュセキ)・出席(シュッセキ)・定席(ジョウセキ)・着席(チャクセキ)・同席(ドウセキ)・満席(マンセキ)・寄席(よせ)・列席(レッセキ)

帯

巾7 (10) 1 3451 5E2F 教4

タイ 漢 呉 泰 dài

おびる(お-ぶ)・おび

[帶] 巾8 (11) 2 5472 5E36 人 旧字体。

筆順 一 十 卄 卅 卌 丗 带 帯

なりたち  [会意]「卌(=かけて下げる形)」と「巾(=巾(ぬの)を二つ重ねた形)」とから成る。腰にしめ、玉などをかけて垂らす大きなおび。

意味 ❶着物を着るとき、腰に巻き結ぶ細長い布。また、ものの周囲に巻くもの。**おび**。例 束帯(ソクタイ)。包帯(ホウタイ)。❷腰にさげる。身につける。**おびる**。例 帯剣(タイケン)。帯刀(タイトウ)。携帯(ケイタイ)。❸ひきいる。連れていく。例 帯同(タイドウ)。❹おび状の地域。地域上の区分。あたり。例 一帯(イッタイ)。地帯(チタイ)。

日本語での用法 《タイ》「妻帯(サイタイ)・所帯(ショタイ)」▼自分に属するものとしてもつ。

古訓 中古 おび・おびく・おびたり・おぶ・はく・めぐらす・めぐる 中世 おび・おぶ・たちはく・はく・めぐらす・めぐる・わきばさむ 近世 おび・おびもの・おびる・おぶ・はく・へび

人名 よ

難読 帯刀(たてわき)・帯刀(せはか)・帯刀(しはか)

【帯金】(おびがね) 日 箱やたるなどの外側を巻く帯のような金具。

【帯紙】(おびがみ) 日 ①「帯封(おびフウ)」に同じ。②ものを束ねるために巻く細長い紙。③その本の内容紹介や宣伝文などを印刷して、本の表紙やケースの下の方に巻く紙。腰巻(こしまき)。帯(おび)。

【帯皮】【帯革】(おびかわ) 日 ①かわ製のおび。かわおび。バンド。ベルト。②機械のベルト。しらべがわ。

【帯封】(おびフウ) 日 新聞や雑誌などを郵送するとき、あて名を書いて中央の部分に巻く幅の狭い紙。帯紙(おびがみ)。

【帯金】【▼佩紫】(タイキン ハイシ) 高位高官につく。〔中国古代、高位高官が金印紫綬(シジュ)(=紫のひものついた黄金の印)を腰につるしていたことから〕〈世説・言語〉

【帯剣】(タイケン) 剣を腰に下げる。また、その剣。例 帯レ剣擁レ盾入二軍門一(ケンをおびたてをヨウしてグンモンにいる)(=剣を腰につけ盾をかかえて軍門から入ろうとした)。〈史記・項羽紀〉

【帯甲】(タイコウ) よろいをつけた兵士。

【帯▼鉤】(タイコウ) 帯のしめがね。ベルトの金具。バックル。

【帯出】(タイシュツ) 日 その部屋の蔵書や備品などを身につけて外部に持ち出す。例 禁―。

【帯電】(タイデン) 日 物体が電気を帯びる。

【帯刀】(タイトウ) 刀を腰にさす。また、その刀。例 名字(ミョウジ)―を許される(=日本で、町人などが武家と同じあつかいを受けたことをいう)。

【帯同】(タイドウ) 一緒に連れていく。同行。同伴。

● 一帯(イッタイ)・角帯(カクおび)・寒帯(カンタイ)・眼帯(ガンタイ)・携帯(ケイタイ)・妻帯(サイタイ)・所帯(ショタイ)・声帯(セイタイ)・世帯(セタイ)・地帯(チタイ)・熱帯(ネッタイ)・付帯(フタイ)・包帯(ホウタイ)・連帯(レンタイ)

[帮]

巾7 (10) ⇩ 幇(ホウ)(435ページ)

帷

巾8 (11) 2 5473 5E37

イ(ヰ) 漢 支 wéi

とばり

意味 周囲をとりまいて垂らす幕。たれまく。**とばり**。例 帷幄(イアク)。帷帳(イチョウ)。

【帷▼幄】(イアク) 幕を引きめぐらしたところ。作戦を計画する、大将の陣営。幃幄(イアク)。帷帳。帷幕(イバク)。例 運二籌帷幄之中一(チュウをイアクのうちにめぐらす)(=陣営の内で作戦を立てる)。〈史記・太史公自序〉

【帷帳】(イチョウ) ①室内を隔てるために垂らす布。とばり。たれぎぬ。②「帷幄(イアク)」に同じ。

【帷幕】(イバク) ①「帷幄(イアク)」に同じ。②垂れ幕をめぐらした部屋。女性の居室や寝室。閨房(ケイボウ)。帷房(イボウ)。

【帷幕不レ修】(イバクおさまらず) 家庭内が乱れ、男も女もみだらなこと。〈家語・五刑解〉

【帷房】(イボウ) 「帷幕(イバク)②」に同じ。

【帷▼幔】(イマン) 垂れ幕と引き幕。まく。

【帷子】(かたびら) 日 ①昔、几帳(キチョウ)などにかけて仕切りとしたひとえの布。②裏地をつけない着物。ひとえもの。③「経帷子(キョウかたびら)」の略。死者に着せる白い着物。お経の文句などを書く。

常

巾8 (11) 1 3079 5E38 教5

ショウ(シャウ) 漢 ジョウ(ジャウ) 呉 陽 cháng

つね・つねに・とこ

筆順 丨 丨丨 ⺌ 𫩏 尚 常 常 常

なりたち  [形声]「巾(=ぬの)」と、音「尚(ショウ)」とから成る。下にはく(スカートのような)ころもすそ。派生して「いつも」の意。

意味 ❶いつまでも変わらないこと。**つねに**。**つね**。例 常備(ジョウビ)。常緑樹(ジョウリョクジュ)。無常(ムジョウ)。❷日ごろ。ふだん。例 常食(ジョウショク)。日常(ニチジョウ)。❸普通。なみ。例 常人(ジョウジン)。常識(ジョウシキ)。正常(セイジョウ)。❹いつまでも変わらない道理。例 五常(ゴジョウ)。❺法則。規則。例 天行有レ常(テンコウつねあり)(=天の運行には法則がある)。〈荀子・天論〉❻はた。日月を描いた旗。例 大常(タイジョウ)。❼

長さの単位。一尋(ジイチジン)(=八尺)の二倍。例 尋常(ジンジョウ)。❽かつて。むかし。通 嘗(ショウ)。

日本語での用法 一《ジョウ》「常磐(ジョウバン)(=常陸(ひたち)と磐城(いわき))・常総(ジョウソウ)(=常陸と下総(しもうさ))」▼旧国名「常陸(=今の茨城県)」の略。二《とこ》「常夏(とこなつ)・常闇(とこやみ)・常世(とこよ)の国(くに)」▼名詞などの上について、いつまでも変わらない、永遠に、ある、などの意をあらわす。

古訓 中古 つね・つねに・つひに・ときは・とこしなへ 中世 つね・ときは・とこ・とこしなへ・とことは・のり 近世 つね・のり・はた・ひさし・まもる・もすそ

人名 つら・とき・ときわ・のぶ・ひさ・ひさし・まもる

難読 常山(くさぎ)・常時(とこしなえ)

【常温】(ジョウオン) 日 ①いつも変わらずに一定している温度。恒温。②年間の平均温度。③加熱も冷却もしない、平常の温度。例 ―で保存する。

【常▼娥】(ジョウガ) ①月に住むという、伝説上の女性。嫦娥(ジョウガ)。姮娥(コウガ)。②月の別名。

【常会】(ジョウカイ) 日 定期的に開かれる、会合や会議。定例会。例 国会の―(=通常国会。毎年一回召集する)。

【常軌】(ジョウキ) ①人としてつねに踏みおこなうべき道。②普通のやり方。常法。例 ―を逸する(=常識的なやり方からはずれている)。▽常道。

【常規】(ジョウキ) 通常の規則・規範。常法。常経(ジョウケイ)。

【常客】(ジョウキャク) ①いつもその家にいる客。食客(ショッカク)。②いつも決まって来る客。常連。

【常勤】(ジョウキン) 日 正式に雇われて、毎日決まった時間、勤務する。例 ―の職員。

【常経】(ジョウケイ) 「常法(ジョウホウ)③」に同じ。

【常山蛇勢】(ジョウザンのダセイ) 孫子の兵法の一つ。軍隊の編制が互いに応じあう、すきのない戦い方。転じて、欠点のない文章の構成をいう。❶常山にいるヘビは、首を撃てば尾が応じ、尾を撃てば首が応じ、中ほどを撃つと首と尾が同時に応じてくるということから。………〈孫子・九地〉

【常師】(ジョウシ) ―(つねの)特定の先生。

【常侍】(ジョウジ) 天子のそば近く仕える官。

【常時】(ジョウジ) ①いつも。つねづね。例 ―携帯する。②決まった時期。固定した時。例 種有二常時一(シュするにジョウジあり)(=種をまくには定められた時がある)。〈王粲・務本論〉

【常識】(ジョウシキ) 日 〔英 common sense の訳語〕その社会に属する人々が共通にもっているはずの、一般的な知識や考え方。良識。通念。例 ―はずれ。

【常習】(ジョウシュウ) ①いつも復習する。②日 (何か悪いことを)やりなれている。いつもの(悪い)くせ。例 麻薬を―する。

【常住】(ジョウジュウ) ①〔仏〕滅びたり変化したりせず、永遠に存在する。対 無常。②一定の場所に住んでいる。③つねひごろ。いつも。ふだん。

【常住座▼臥】(ジョウジュウザガ)【常住▼坐▼臥】(ジョウジュウザガ) (=行く・止まる・座る・寝る、という日常の動作。転じて、いつも)〔「常住」と、「行住座臥(ギョウジュウザガ)」との混合した俗な言い方〕

【常勝】(ジョウショウ) いつも勝つ。例 ―軍。

【常常】(ジョウジョウ) いつも。ふだん。平素。

【常食】(ジョウショク) 主食や副食として毎日のように食べる。また、その食べ物。

【常心】(ジョウシン) ①一定の変わらない心。固定化して周囲に対応できなくなる心。②ふだんの心。穏当な心。

【常人】(ジョウジン) ①つねに道徳を守る人。②普通の人。一般の人。凡人。例 ―の能力をこえる。

【常数】(ジョウスウ) ①決まった数。一定の数。②決まった運命。さだめ。③日 物理学などで、定数(テイスウ)のこと。

【常世】(ジョウセイ) 一 一般の世間。世俗。二(とこよ) 日 ①永久に変わらないこと。永遠。②「常世(とこよ)の国」のこと。昔の人がはるか遠くにあると信じていた国。また、不老不死の国。

【常設】(ジョウセツ) つねにもうけてある。常置。例 ―展示。―館。

【常体】(ジョウタイ) 日 〔言〕口語文の文体の一つ。「です」「ます」のような敬語を使わず、「だ」「である」で文末を結ぶ様式。対 敬体。

【常態】(ジョウタイ) ①きまった形。②普通の状態。いつもの様子。例 ―を失う。

【常置】(ジョウチ) いつも用意・設置しておく。常設。常備。例 ―の委員会。

【常駐】(ジョウチュウ) 軍隊・官吏・社員などが、任地にいつもいる。例 警備員が―している。

【常度】(ジョウド) ①いつも変わらない法則。常規。類 常典。②ふだんの態度。

【常灯(燈)】(ジョウトウ) 日 ①神前や仏前に、いつもともしておく明かり。常灯明(ジョウトウミョウ)。②「常夜灯(ジョウヤトウ)」に同じ。

【常▼套】(ジョウトウ) いつも決まってとる、ありふれたやり方。例 ―手段。

【常道】(ジョウドウ) ①つねに守るべき正しい道。常軌。例 天下の―。②だれもがおこなう、普通のやり方。常法。例 ―を踏む。

【常得意】(ジョウトクイ) 日 いつもその店を利用する客。なじみの客。

【常任】(ジョウニン) いつもその任務にあたる。例 ―理事。

【常備】(ジョウビ) いつも準備しておく。例 ―軍。―薬(ヤク)。

【常不断】(ジョウフダン) いつも。絶えず。例 ―言いきかせている。

【常平倉】(ジョウヘイソウ) 漢代、米価安定のために官が備えた米の貯蔵庫。価格の高いときは蓄え、安くなると売り出した。

【常法】(ジョウホウ) ①不変の法則・規則。②普通のやり方。通常の方法。定法(ジョウホウ)。常道。③永久に変わらない道。守るべき道。常経(ジョウケイ)。

【常民】(ジョウミン) ごく普通の人々。国民。庶民。

【常務】(ジョウム) ①日常的な仕事。②日「常務取締役」の略。株式会社で、社長を補佐して、日常の業務をとりしまる重役。例 ―会。

【常夜灯(燈)】(ジョウヤトウ) 日 夜通しつけておく明かり。常灯。

【常用】(ジョウヨウ) いつも使う。例 ビタミン剤を―している。

【常用漢字】(ジョウヨウカンジ) 日 一般の社会生活で使用する目安とされる二一三六字の漢字。〔一九八一年十月に、「当用漢字」に代わるものとして一九四五字が定められ、二〇一〇年十一月に改定され、二一三六字となった〕

【常理】(ジョウリ) ①普通の道理。②一定不変の道理。

【常緑樹】(ジョウリョクジュ) 日 一年中、みどり色の葉をつけている樹木。マツ・スギ・ツバキなど。対 落葉樹。

【常▼鱗凡介】(ジョウリンボンカイ) ありふれた魚や貝類。平凡な人のたとえ。〈韓愈・応科目時与韋舎人書〉

【常例】(ジョウレイ) いつもの例。しきたり。

【常連】(ジョウレン) 日 ①飲食店や劇場などに、いつも決まって来る客。常客。例 ―の客。②いつも行動をともにする仲間。例 句会の―。▽定連(ジョウレン)。

【常▼磐】(ときわ) 日 〔「磐」は、岩の意で、「とこいわ」の変化〕①永遠に変わらないこと。②一年中、木の葉が緑であること。例 ―の松。

【常夏】(とこなつ) 日 ①寒い時期がなく、一年中夏のようであること。例 ―の国ハワイ。②ナデシコの古名。

【常闇】(とこやみ) 日 永久に真っ暗なこと。永遠のやみ。〔心がまどうことなどをあらわすことばとして使う〕例 ―の世となる。

【常夜】(とこよ) 日 夜ばかりで、昼がないこと。

【常陸】(ひたち) 日 旧国名の一つ。今の茨城県の大部分にあたる。常州ジョウ。

●異常イジョウ・経常ケイジョウ・恒常コウジョウ・尋常ジンジョウ・正常セイジョウ・通常ツウジョウ・日常ニチジョウ・非常ヒジョウ・平常ヘイジョウ・無常ムジョウ

[帯] 巾8(11) ⇩帯イタ(433ページ)

帳
巾8(11) 1 3602 5E33 教3 チョウ(チャウ)漢呉 漾 zhàng とばり 付表 蚊帳かや

筆順

なりたち [形声]「巾(=ぬの)」と、音「長チョウ」とから成る。ベッドの上に張りめぐらす布。

意味 ❶室内に垂れ下げて、隔てるための布。**とばり**。例 芙蓉帳暖度二春宵一(フヨウのとばりあたたかにしてシュンショウをわたる)(=ハスの花模様のベッドのカーテンの中は暖かく、いつしか春の夜は過ぎてゆく)。〈白居易・長恨歌〉帳中チュウ。几帳キチョウ。緞帳ドンチョウ。❷はり。幕・とばりなどを数えることば。例 幄幕九帳アクマクきゅうはり(=九はりのとばりと幕)。〈左伝・昭三〉❸ものを書くために紙をとじたもの。記録用のノート。例 帳簿ボ。過去帳カコチョウ。

古訓 中古 かたびら・とびら 中世 かたびら・たれぬの・とばり 近世 かたびら・たれぎぬ・たれぬの・とばり

人名 はる

【帳▼帷】チョウイ ①とばり。たれぎぬ。垂れ幕。②戦陣で大将のいる所。例 はかりごとを—の中うちにめぐらす。▽帷帳イチョウ。類帳幄チョウアク。

【帳飲】チョウイン 野外に幕を張り、送別の宴をする。

【帳尻】チョウじり 日 ①会計帳簿の末尾。また、収支決算の結果。例 —をごまかす。②話のつじつまのたとえ。例 —を合わせる。

【帳中】チョウチュウ とばりの中。類帳裏。例 項王則夜起飲二帳中一(コウオウすなわちよるおきてチョウチュウにインす)(=項羽はそこで夜中に起き上がって天幕の中で酒を飲んだ)。〈史記・項羽紀〉

【帳殿】チョウデン [とばりを張りめぐらした宮殿の意] 天子が行幸中の仮の御所。

【帳場】チョウば 日 (商店や旅館、料理屋などで)会計をする場所。勘定場カンジョウば。例 勘定は—につけておく。

【帳簿】チョウボ 金銭や物品の出し入れなどを記入する帳面。計算簿。例 二重—。

【帳面】チョウメン 日 一 ノート。二 チョウづら 帳簿に書かれている数字や事柄。また、表面上の計算や決算。ちょうめんづら。例 —を合わせる。

●開帳カイチョウ・過去帳カコチョウ・記帳キチョウ・台帳ダイチョウ・通帳ツウチョウ・手帳てチョウ

幄
巾9(12) 2 5474 5E44 アク漢 覚 wò とばり

意味 上から屋根のように四方をおおう幕。天幕。また、陣営の幕。**とばり**。例 幄舎アクシャ。帷幄イアク。

難読 幄あげばり

【幄▼帷】アクイ とばり。たれぎぬ。類幄帳。

【幄舎】アクシャ 日 神事や朝廷の儀式などの際に、参列者のために庭に作る仮屋かりや。上げ張り。幄アクの屋や。

【幄幕】アクバク|アクマク 陣中で用いる幕。陣幕。

幃
巾9(12) 2 5475 5E43 イ(ヰ)漢呉 微 wéi たれぬの・とばり・においづつみ(にほひづつみ)

意味 ❶香料を入れるふくろ。匂においぶくろ。❷周囲をとりまくように垂らす幕。**たれぬの。とばり**。通帷イ。例 幃幄イアク。

【幃▼幄】イアク ①とばり。たれぎぬ。たれぬの。②戦場で、大将がいる本陣の内。また、天子が政務をおこなう中枢の場所。▽帷幄イアク。

【幃帳】イチョウ 空間を仕切ったり、光をさえぎったりするためにはりめぐらす布。とばり。たれぎぬ。帷帳イチョウ。

幉
巾9(12) 4 0888 5E49 国字 たづな

意味 ウマをあやつる綱。**たづな**。

幀
巾9(12) 2 5476 5E40 テイ慣 トウ(タウ)漢 チョウ(チャウ)呉 敬 zhèng

意味 ❶絹地にかいた絵。また、それを台紙にはりつける。例 装幀ソウテイ。❷掛け軸になった書画を数えることば。例 山水画一幀サンスイガイッテイ。

帾
巾9(12) 4 0887 5E3E ト漢 麌 dǔ

意味 ❶はたじるし。❷はた。

幅
巾9(12) 1 4193 5E45 常用 一 フク漢 屋 fú 二 ヒョク漢 職 bī はば・の

筆順

なりたち [形声]「巾(=ぬの)」と、音「畐フク」とから成る。ぬのの広さ。

意味 一 ❶ものの左右の長さ・広がり。**はば**。例 幅員フクイン。紙幅シフク。振幅シンプク。❷布の横の広さ。周代は二尺二寸。❸ふち。へり。例 辺幅ヘンプク。❹掛け軸・掛けもの。また、それを数えることば。例 画幅ガフク。三幅対サンプクツイ。二 すねに巻く布。すねあて。脚絆キャハン。はばき。

日本語での用法 一《はば》《の》「並幅なみはば・半幅ハンはば・二幅ふたの・四幅布団よのブトン」▼布や織物の横の長さをあらわすことば。二《はば》「幅はばを利きかせる」▼はぶり。勢い。威勢。

古訓 中古 の・はたばり 中世 の・はたばり・まこと 近世 の・はたばり・はば・はばき・はり・むかばき

【幅員】フクイン【幅▼隕】フクイン [「員・隕」は、周囲・まわりの意] 土地の広さ・面積。また、道路・川・橋・船などの、はば。例 —の狭い道。

【幅巾】フッキン 一幅ひとはばで作った頭巾ズキン。隠士が用いた。

●一幅イップク・肩幅かたはば・画幅ガフク・紙幅シフク・条幅ジョウフク・書幅ショフク・振幅シンプク・全幅ゼンプク・増幅ゾウフク・利幅りはば

幇
巾9(12) 2 5483 5E47 ホウ(ハウ)漢 陽 bāng たす-ける(たす-く)

[帮] 巾7(10) 4 0886 5E2E 俗字。

[幫] 巾14(17) 4 0892 5E6B 別体字。

意味 ❶履くつなどの側面部。❷手伝う。**たすける**。例 幇助ホウジョ。

【幇間】ホウカン ①両者の間をとりもつ者。仲介者。②日 たいこもち 宴席で、座をにぎやかにとりもつ男。男芸者。たいこ。〔相手にとり入り、自分の立場をよくする人をもたとえていう〕

【幇助】ホウジョ ①手伝う。力をそえる。②日 [法] 他人の犯罪や自殺などの手助けをする。例 殺人—。

帽
巾9(12) 1 4325 5E3D 常用 ボウ漢 モウ呉 号 mào

[帽] 巾9(12) ——旧字体。

筆順

なりたち [形声]「巾(=ぬの)」と、音「冒ボ」とから成る。かぶりもの。

意味 頭にかぶるもの。ぼうし。例 制帽セイボウ・脱帽ダツボウ。

古訓 中古 おほふ・かさ 中世 づきん 近世 えぼし・かしらづつみ・かぶる・づきん

【帽子】一 ボウシ 日光や雨をよけるため、または保温や装飾のため、頭にかぶるもの。二 モウス 禅宗の僧の用いる、ぼうし。

●角帽カクボウ・学帽ガクボウ・制帽セイボウ・脱帽ダツボウ・着帽チャクボウ・破帽ハボウ

幌
巾10(13) 1 4358 5E4C 人 コウ(クヮウ)漢 養 huǎng とばり・ほろ

なりたち [形声]「巾(=ぬの)」と、音「晃コウ」とから成る。たれぎぬ。

意味 ❶窓の垂れぎぬ。カーテン。とばり。例 簾幌レンコウ。❷酒屋などの看板にする旗。例 幌子コウシ。

日本語での用法《ほろ》①「紅くれないの幌ほろ」▼戦場で鎧よろいの上にかけて矢を防ぎ、また標識とした幅の広い布。母衣ほろ。保侶ほろ。保衣ほろ。綿ほろ。②「幌馬車ほろバシャ」▼日光や雨などをよけるためにかける車のおおい。

古訓 中古 とばり 中世 とばり 近世 たれぬの・とばり

人名 あき・あきら

【幌馬車】ほろバシャ 日 風雨や日光を防ぐためのおおいをかけた馬車。

幎
巾10(13) 2 5477 5E4E ベキ漢 錫 mì おお-う(おほ-ふ)

意味 おおいかぶせる布。また、かぶせる。おおう。通 冪ベキ。

【幎目】ベキモク 死者の顔をおおいかくす布。

幕
巾10(13) 1 4375 5E55 教6 一 バク漢 マク呉 薬 mù 二 バン漢 マン呉 翰 màn おお-う(おほ-ふ)

[幙] 巾10(13) ― 5E59 別体字。

筆順 一 艹 艹 苜 苜 莫 幕 幕

なりたち  [形声]「巾(=ぬの)」と、音「莫バク」とから成る。上からおおう、ぬの。

意味 一 ❶ものをおおいかくすために張った大きな布。てんまく。とばり。例 暗幕アンマク・天幕テンマク。❷おおう。かぶせる。❸(幕を張りめぐらした)将軍の陣営。例 幕営バクエイ・幕僚バクリョウ。❹腕や脚を守るための武具。例 鉄幕テツバク。❺(mò)すなはち。砂漠。通 漠。二 金属貨幣の裏側。表側は「文」という。

日本語での用法 一《マク》①「幕開まくあき・幕まくを開あける・幕まくを引ひく」▼芝居の一場面。ひとくぎり。②「君きみの出でる幕まくではない」▼ばあい。場面。③「幕内まくうち・入幕ニュウマク」▼相撲の番付で上位の地位。④「幕まくになる・幕まくにする」▼おわり。おしまい。二《バク》「幕末バクマツ・倒幕トウバク」▼江戸幕府のこと。

古訓 中古 おほふ・はる・まく・まつはる・まとふ 中世 おほふ・たれぬの・はる・まく 近世 おほいなり・おほふ・すな・ぜにのうら・たれぬの・とばり・ひぢあて・まく・まとふ

【幕営】バクエイ 幕を張りめぐらした陣。また、そこで野営する。

【幕▼燕】バクエン ①砂漠のツバメ。②幕の上につくったツバメの巣。幕の取り払いがあるので、危ないことのたとえ。

【幕議】バクギ 幕府の評定。類 幕論。

【幕▼朔】バクサク 砂漠の北。ゴビ砂漠以北をいう。類 幕北。

【幕臣】バクシン 日 幕府の臣下。旗本はたもと・御家人ゴケニンなど。

【幕府】バクフ ①〔戦場で、幕を張った、将軍の陣営の意から〕将軍が政治をとりおこなうところ。②日 鎌倉かまくら時代以後の武家政権の政府。また、その長である「将軍」の別名。

【幕末】バクマツ 日 江戸幕府の末期。

【幕友】バクユウ 幕僚に参与する軍人。

【幕僚】バクリョウ 〔「僚」は、役人の意〕①将軍の陣営にいて将軍を助ける者。②日 陸海軍で、長官に直属して作戦や用兵などにあたる将校。例 総司令部―。

【幕下】一 バッカ ①幕を張りめぐらした陣の内。②将軍。大将軍。③将軍の配下。二 マクした 日 相撲で、力士の階級の一つ。十両の下で三段目の上。

【幕間】【幕合】マクあい 日 演劇で、一つの場面が終わって次の場面に移るまで、舞台に幕を下ろしておくあいだ。芝居の休憩時間。〔「マクま」と読むのは誤り〕

【幕内】日 一 マクうち 相撲で、役力士リキシと前頭まえがしら。幕内力士。幕の内。〔昔、将軍や大名の上覧相撲のとき、上位力士は幕の内に、下位力士は幕の外にひかえたことから〕二 マクのうち 「幕の内弁当」の略。たわらの形にしたごはん数個とおかずをつめあわせた弁当。〔もと、芝居の幕間あいまくに食べたことから〕

●暗幕アンマク・内幕うちマク・煙幕エンマク・開幕カイマク・銀幕ギンマク・鯨幕くじらマク・黒幕くろマク・佐幕サバク・除幕ジョマク・天幕テンマク・閉幕ヘイマク

幗
巾11(14) 2 5478 5E57 カク(クヮク)漢 陌 guó

意味 婦人の髪飾り。例 巾幗キンカク(=女性の頭巾ズキンと髪飾り)。

難読 幗ちきり・こうぶり｜ちきり

幘
巾11(14) 3 8411 5E58 サク漢 陌 zé

意味 頭髪を包むかぶりもの。頭巾ズキン。例 幘巾サクキン(=頭巾)。

㡜
巾11(14) 4 0889 385C セツ漢 屑 xiè/xuě

意味 絹の布切れ。裁たち残りの絹布ケンプ。きぬぎれ。

幖
巾11(14) 4 0890 5E56 ヒョウ(ヘウ)漢 蕭 biāo

意味 ❶目じるし。通 標。❷はっきりと示す。書く。しるす。

幔
巾11(14) 2 5479 5E54 バン漢 マン呉 翰 màn まく

意味 ❶垂れ幕。とばり。おおい。まく。例 幔幕マンマク。❷酒屋の看板の旗。のぼり。例 酒幔シュマン。

【幔幕】マンマク まわりに張りめぐらす幕。

幟
巾12(15) 2 5480 5E5F シ漢呉 寘 zhì のぼり

意味 目じるしのための細長い旗。はたじるし。のぼり。例 旗幟キシ(=はたじるし)。

日本語での用法《のぼり》「烏賊幟いかのぼり・鯉幟こいのぼり」▼標識とする旗。また、凧たこ。

[幮] 巾12(15) ⇩ 幮チュウ(437ジペー)

幢
巾12(15) 2 5481 5E62 一 トウ(タウ)漢 ドウ(ダウ)呉 江 chuáng 二 トウ(タウ)漢 ドウ(ダウ)呉 絳 zhuàng はた

意味 一 ❶垂れ下がった円筒形の旗。軍隊の指揮や儀式に用いた。例 幢牙トウガ・幢幡トウハン。❷仏教で、法を悟ったことなどの象徴として用いられる旗じるし。はた。例 幢幡ドウバン。❸仏寺で、経文キョウモンを写した円筒形の布。のちに、石柱に刻むようになった。例 経幢・宝幢。■二 船や車の垂れ幕。ほろ。

【幢牙】 軍勢の指揮者の居所を示すのに立てる旗。牙旗。牙幢。

【幢▼棨】 旗をつけた、ほこ。はたぼこ。

【幢▼幡】【幢▼旛】 ■一 旗。儀式や軍隊の指揮をするのに用いる。■二 仏教や道教で用いられる旗。寺や道場の前に立てる。

幡

巾12（15） 1 4008 5E61 人

ハン 漢 ホン 呉 元 fān
はた

なりたち [形声]「巾（＝ぬの）」と、音「番」とから成る。児童が書写の練習に使う木簡の字をふきとる布。

意味 ❶はた。のぼり。通 旛。例 幡旗（＝はた）。❷ひるがえる。ひるがえす。通 翻。例 幡然。

古訓 中古 たがひに・はた 中世 はた 近世 かへる・はたじるし・ひるがへる

難読 八幡・因幡・八幡船

【幡然】 ①旗などがひるがえるさま。②がらりと変わるさま。翻然。例 既而幡然改（＝ついにすっかり改まった）。〈孟子・万章上〉 ―と意志をひるがえす。

【幡幡】 ①威厳がなく軽々しいさま。②絶え間なくひるがえるさま。

幣

巾12（15） 1 4230 5E63 常用

ヘイ 漢 霽 bì
ぬさ・しで・みてぐら

［幤］ 巾12（15） ―― 旧字体。

［幣］ 巾12（15） 2 5482 5E64 俗字。

筆順 丷 尚 尚 尚 敝 敝 幣 幣

なりたち [形声]「巾（＝ぬの）」と、音「敝」とから成る。贈り物とする絹織物。

意味 ❶神や貴人・主君などへのささげもの。みつぎもの。例 幣帛。幣物。❷通貨。おかね。ぜに。例 貨幣。紙幣。造幣。

日本語での用法 《ヘイ》《ぬさ》「御幣を捧げる・幣を手向ける」▼神前にささげるための、白い布。また、白い紙をつけた枝や串。

古訓 中古 みてぐら 中世 はけ・みてぐら 近世 ぜに・たから・にぎて・ぬさ・みてぐら

【幣制】 官が定めた貨幣の制度。

【幣束】 ①日 麻や紙を細長く裂いて垂らした、神にささげるもの。御幣。ぬさ。例 ―をささげる。

【幣▼帛】 〔「帛」は、絹の意〕 ①神にささげる絹。また、神への供物の総称。みてぐら。ぬさ。②贈り物。進物。③銭と絹。また、財物。

【幣▼聘】 贈り物をして人を招待する。礼を尽くして賢者を招く。

【幣物】 ①贈り物。進物。聘物。②日 神への供物。みてぐら。ぬさ。

●貨幣・御幣・紙幣・造幣

幞

巾12（15） 3 8412 5E5E

ホク 漢 ボク 呉 沃 fú

意味 ❶袱紗。❷頭にかぶる布。頭巾。例 幞頭。

幬

巾14（17） 4 0893 5E6C

■一 チュウ（チウ）漢 尤 chóu ■二 トウ（タウ）漢 号 dào

意味 ■一 部屋のしきりなどにする布。とばり。例 幬帳（＝蚊帳）。■二 おおいかくす。おおう。例 幬覆。

幭

巾14（17） 4 0894 5E6D

ベツ 漢 屑 miè

意味 おおいかぶせる布。おおい。

［幫］ 巾14（17） ⇩ 幇（435ページ）

幮

巾15（18） 4 1201 5E6E

チュウ（チウ）漢 虞 chú

［㡡］ 巾12（15） 4 0891 3861 俗字。

意味 とばり。

幰

巾18（21） 4 1202 2217B

ソウ（サウ）漢 江 shuāng

意味 船の帆。

51 3画 干 かん いちじゅう部

「干」の意味とは関係なく、便宜上「干」の字形を目じるしにして引く漢字を集めた。

干

干0（3） 1 2019 5E72 教6

カン 漢 呉 寒 gān
ほす・ひる・おか-す（をか-す）・たて

筆順 一 二 干

なりたち [会意]「一（＝さかい）」と「丅（＝「入」が上下に反転した形で、上に向かっておかす意）」とから成る。分をこえておこなう。おかす。

意味 ❶分をこえておこなう。おかす。例 干犯。❷手に入れようと努力する。もとめる。例 干禄。❸関係する。かかわる。例 干渉。干与。❹敵の矢や矛から身を防ぐための武具。たて。例 干戈。❺かわく。かわかす。ほす。ひる。例 干害。干拓。干飯（＝ほし飯）。❻みずべ。通 岸。例 河之干（＝黄河の岸辺）。〈詩経・魏風・伐檀〉❼たに。谷川。例 秩秩斯干（＝流れ出るこの谷川の水）。〈詩経・小雅・斯干〉❽ものの順序を一から十まで示す呼び名の一つ。例 干支。十干（＝甲・乙・丙・丁・戊・己・庚・辛・壬・癸）。

古訓 中古 かる・かわく・さを・たて・たに・つくる・ひる・ほこ・ほす・ほとり・もとむ・ゆく・をかす 中世 あづかる・たて・ふるる・ほす・ほとり・もとむ・ゆく・をかす 近世 あづかる・たて・たに・ちかづく・はたざを・ふせぎ・ふせぐ・ふるる・ほす・ほとり・みぎは・むなし・もとむ・をかす

人名 かず・たく・もと・もとむ

難読 野干・射干・若干・干鮭

【干羽】 〔武の舞に用いる盾と、文の舞に用いる鳥の羽の意〕 文徳による遠方の教化をいう。〔夏の禹王が武力を用いず、この舞を舞わせて南方の有苗族を服従させたという故事から〕〈書経・大禹謨〉

【干▼戈】 〔「戈」は、ほこの意〕 ①武器。例 ―を交える（＝戦争をする）。②戦争。例 父死不レ葬、爰及二干戈一（＝父親が亡くなって喪も明けないのに、いくさをしようとする）。〈史記・伯夷伝〉

【倒二載干▼戈一】 「倒二置干戈一」に同じ。〈礼記・楽記〉

【倒二置干▼戈一】カンカをトウチす 武器を逆さにして車に載せる。戦争をやめ平和であることのたとえ。倒二載干戈一カンカをトウサイす。〈史記・留侯世家〉

【干害】カンガイ 日照りが続くことで起こる、農作物が枯れたり実らなかったりする災害。表記 旧▼旱害

【干支】カンシ｜えと 十干ジッカンと十二支ジュウニシ。また、十干と十二支を組み合わせて、年・月・日や方位などの呼び名として用いたもの。幹枝。〔「甲子きのえね・乙丑きのとうし・丙寅ひのえとら」など六十種の組み合わせがあり、しかも一定の順序がある〕

【干渉】カンショウ ①かかわり合う。また、他人のことに立ち入る。例 私生活に―する。②日〔法〕一国が他国の政治に対して口出しする。例 内政―。③日〔物〕音や光の、二つ以上の波が重なって強まったり弱まったりする現象。

【干城】カンジョウ 〔敵を防ぐ盾たてと城しろの意〕国を守る軍人や武士。例 国家の―となる。

【干将▼莫邪】カンショウバクヤ 〔「干将」は春秋時代の刀作りの名人、「莫邪」はその妻の名〕夫婦が協力して作った二振ふたりの名剣の名。転じて、名剣をいう。〈呉越・闔閭内伝〉から〕

【干戚】カンセキ 〔盾たてと、まさかりの意〕①武器。戦争。②武の舞に用いる道具。

【干拓】カンタク 湖や浅い海の一部を囲い、水を除いて陸地や耕地にする。例 ―地。有明海の―。

【干潮】カンチョウ 日潮が引くこと。ひきしお。対満潮。

【干天】カンテン ①天に届くほど高くそびえる。②日日照り続きの天気。また、夏の日の照りつける空。例 ―の慈雨。表記 ②は 旧▼旱天

【干▼黷】【干▼瀆】カントク 相手の身分や立場を犯しけがす。自分の都合で人に面会を求めることをいう。

【干犯】カンパン ①法を犯す。②他の権利や領域を侵す。例 大権を―する。③事件とかかわりのある人物。

【干▼瓢】カンピョウ 日ユウガオの実をうすく細長くひものようにして、ほした食品。乾瓢カンピョウ。

【干満】カンマン 日潮のみちひき。干潮と満潮。例 ―の差。

【干与】【干予(豫)】カンヨ あずかり、たずさわる。かかわる。関与。例 政治に―する。

【干▼禄】カンロク｜ロクをもとむ ①〔「禄」は、給料の意〕給料を求める。仕官を願う。例 子張学レ干レ禄シチョウロクをもとめんことをまなばんとす（＝子張が俸給を取る方法を学ぼうとした）。〈論語・為政〉②天の助けを願う。

【干潟】ひかた｜ひがた 日遠浅とおあさの海岸で、潮が引いたあとの砂地。潮干潟しおひがた。

【干物】ひもの 日魚や貝などをほして、長く保存できるようにした食品。乾物ひもの。例 アジの―。

●十干ジッカン・若干ジャッカン・水干スイカン・欄干ランカン

平

干2（5）

1 4231 5E73 教3

一 ヘイ漢 ヒョウ（ヒャウ）・ビョウ（ビャウ）呉 庚 píng

二 ヘン漢 ベン呉 先 pián

たいら（たひら）・ひら

［平］干2（5） 旧字体。

筆順 一 … 平

なりたち  〔会意〕「干（＝ことばがなめらかに出る）」と「八（＝分かれる）」とから成る。ことばがなめらかに分かれ出る。たいらか。

意味 一 ❶傾斜・高低・でこぼこなどがない。**たいら**。たいらか。例 平地ヘイチ。平面ヘイメン。水平スイヘイ。❷かたよりがない。ひとしい。たいらか。例 料量平リョウリョウたいらかなり（＝はかり方が公正である）。〈史記・孔子世家〉公平コウヘイ。❸特別のことがない。ふだんと変わらない。無事。例 平日ヘイジツ。平凡ヘイボン。❹やさしい。たやすい。例 平易ヘイイ。平明ヘイメイ。❺おだやかな。やすらかな。例 平安ヘイアン。太平タイヘイ。❻乱をしずめる。たいらげる。たいらぐ。例 平二斉城之不レ下者一セイのしろのくだらざるものをたいらぐ（＝斉国の町で降伏しないものを平定した）。〈史記・楽毅伝〉平定ヘイテイ。❼講和する。和睦ボクする。たいらぐ。例 宋及レ晋平ソウシンとたいらぐ（＝宋国は晋国と講和した）。〈左伝・宣元〉和平ワヘイ。❽ちょうど。まさしく。例 平午ヘイゴ。❾漢字の四声シセイ（＝四つの音調）の一つ。例 平声ヒョウショウ。平仄ヒョウソク。二 ととのえる。おさめる。通辨ベン。例 平章ベンショウ。

日本語での用法 一《ヘイ》「平曲ヘイキョク・平氏ヘイシ・平家ヘイケ」▼姓の一つ。たいら。二《ひら》①「平社員ひらシャイン・平幕ひらマク・平侍ひらざむらい・平ひらのまま退職タイショクする」▼役職をもたない。またはごく普通の。②「平ひらに遠慮エンリョはご無用ムヨウ・平謝ひらあやまり」▼ひたすら。なにとぞ。

古訓 中古 あまねし・おたひかになり・たひら・たひらかに・なり・なる・はかる・ひとし・ひとしうす・ひら 中世 ただし・たひらか・たひらかなり・たひらぐ・なめげに・なる・ひとし・ひら・ひらに 近世 ただし・たひらか・たひらかにす・たひらぐ・たひらげる・なる・ひとし・ひとしうす・ひろの・みのる・やはらぐ・をさまる

人名 おさむ・さね・たか・ただし・つね・とし・なり・なる・はかる・ひとし・ひろし・まさる・もち・やす・よし

難読 水平みずばかり・平生ふだん｜つね｜なお・平常ふだん・平城なら

【平起】ヒョウキ｜ヒョウおこり 漢詩の絶句や律詩で、第一句の二字目に平声ヒョウショウを用いること。対仄起ソッキ｜ソクおこり。

【平字】ヒョウジ 漢字で、平声ヒョウショウの字。対仄字ソクジ。

【平声】ヒョウショウ｜ヒョウセイ ①漢字音の四声シセイ（＝平声ヒョウショウ・上声ジョウショウ・去声キョショウ・入声ニッショウ）の一つ。たいらに発音して高低のない音。対仄声ソクセイ。②日日本語で低く、たいらな声調。

【平▼仄】ヒョウソク ①漢字音の四声セイのうち、声調に高低のない平声ヒョウショウと、それ以外の仄声ソクセイ（＝上声ジョウショウ・去声キョショウ・入声ニッショウ）をまとめた言い方。また、平声の字と仄声の字。〔唐代に完成した近体詩では、平声の字と仄声の字の並べ方（組み合わせ）が定式化し、美しいリズムが生まれた〕②日話のつじつま。例 ―が合わない。

【平等】ビョウドウ ①〔仏〕㋐さまざまな現象や事物の、本質・真理が一つであること。対差別シャベツ。㋑（心が）たいらかで乱れないさま。例 ―心シン。②差がなく、すべてみなひとしい。例 ―に分ける。―の権利。

【平仮名】【平仮字】ひらがな 日日本語の音節文字の一つ。万葉仮名の草書体から作りだされた文字。片仮名の「イ」「ロ」「ハ」などに対して、「い」「ろ」「は」など。対片仮名。

【平手】ひらて 日①ひらいた手のひら。例 ―打ち。②将棋で、相手と対等の条件でさすこと。

【平場】ひらば 日①（谷間や山地に対して）たいらな土地。平地。②昔の劇場で、舞台の正面にある、ます形に区切られた見物席。類平土間ひらどま。

【平幕】ひらマク 日相撲で、横綱や三役（＝大関・関脇せきわけ・小結）ではない幕内力士。前頭まえがしら。

【平安】ヘイアン ①何ごともなく、おだやかなこと。例 恬淡平安テンタンヘイアン（＝無欲で心がやすらかである）。〈韓非・解老〉旅の―を祈る。②日封書のあて名のわき付けに用いて、変事の知らせでないことをあらわすことば。③日「平安時代」の略。七九四（延暦エンリャク十三）年から一一九二（建久三）年までの約四百年間。

【平易】ヘイイ ①たいらに整える。例 平二易道路一ドウロをヘイイす（＝道を整備する）。〈左伝・襄三〉②たいらで広い。③性質がおだやかである。④やさしいさま。わかりやすいさま。例 ―な問題。

【平一】ヘイイツ ①乱をたいらげて統一する。②等しい。同一。
【平▼允】ヘイイン ①公平で適切であるさま。②性格がおだやか。
【平遠】ヘイエン ①土地がたいらで広大である。②性質がおだやかで度量が広い。
【平温】ヘイオン ①平常の体温。平熱。②日平年並みの気温。
【平穏】ヘイオン 何ごともなく、おだやかなさま。例 ―な毎日を送る。―無事が何よりだ。
【平価】ヘイカ ①低く抑えられた価格。②日 一国の通貨の対外価値。金または国際基準通貨(ドルなど)との交換比率ではかった値。例 ―切り下げ。③日 有価証券の価格が額面の金額と等しいこと。
【平滑】ヘイカツ たいらで、なめらかなこと。例 ―な面。
【平気】ヘイキ 〔平和な気分の意から〕①気持ちが落ち着いていること。例 ―をよそおう。②日 なんとも思わない。気にかけない。平然。例 ―でごみを捨てる。
【平居】ヘイキョ ふだん。いつも。平素。
【平▼羌】ヘイキョウ 四川省の峨眉(ガビ)山のふもとを流れて、岷江(ビンコウ)(=長江の上流)に注ぐ川。
【平曲】ヘイキョク 日『平家物語』を琵琶(ビワ)の伴奏で節をつけて語るもの。
【平均】ヘイキン 〔「均」は、等しくする、たいらにする意〕①大小や多少の差がないように、ならす。また、ふぞろいのないこと。一様。例 平二均天下一(テンカをヘイキンす)(=天下を平等にして、不公平をなくす)。〈礼記・楽記〉品質を―化する。②つりあう。バランス。平衡。例 ―を保つ。③日 いくつかの数や量の中間の値を計算して出す。また、その値。平均値。例 ―点。
【平家】日 一 ヘイケ ①平(たい)の姓を名乗った一族。平氏(ヘイシ)。平清盛(たいらのきよもり)の一門が最も栄えた。②『平家物語』の略。軍記物語の一つ。清盛を中心にした平家の盛衰をえがく。平語(ヘイゴ)。③「平家琵琶(ヘイケビワ)」の略。『平家物語』を琵琶の伴奏に合わせて語るもの。二 ひらや 二階のない、一階建ての家。平屋(ひらや)。
【平原】ヘイゲン 広くたいらな野原。例 シベリアの大―。
【平午】ヘイゴ 〔「平」は、ちょうどその時の意。「午」は「午(うま)の刻」で、今の昼の十二時〕まひる。正午。平昼(ヘイチュウ)。
【平語】ヘイゴ ①日常のことば。日常語。例 ―や俗語を用いる。②日『平家物語』の略。→【平家】一 ヘイケ ②
【平行】ヘイコウ ①順調に進む。無事に行きつく。②同等。平等(ビョウドウ)。③〔数〕同じ平面上にある二つの直線が同じ間隔を保ち交わらないこと。〔同じ空間にある二つの平面、また、直線と平面についてもいう〕例 ―四辺形。④日 意見などがいつまでも一致しない。例 ―線をたどる。⑤日 同時におこなわれる。並行。
【平康】ヘイコウ ①世の中がおだやかで安らかなこと。平安。②唐代、長安にあった平康坊という遊里。転じて、遊郭。
【平衡】ヘイコウ 〔「衡」は、はかり。はかりの両端にかけたものの重さが等しく、さおが水平であることから〕傾きがなく、つりあっている。つりあい。バランス。例 ―感覚。―を保つ。
【平▼曠】ヘイコウ たいらで広い。類 平闊(ヘイカツ)。例 土地平曠、屋舎儼然(トチヘイコウ、オクシャゲンゼンたり)(=土地はたいらに広がり、家々が整然と立ち並んでいる)。〈陶淵明・桃花源記〉
【平沙】ヘイサ 果てしなく広がる砂原。砂漠。
【平作】ヘイサク 日 農作物の平年並みの収穫。平年作。
【平氏】ヘイシ 日「平家一 ヘイケ ①」に同じ。
【平時】ヘイジ ①いつものとき。ふだん。例 ―の服装。②平和なとき。対 戦時・非常時。例 ―では考えられない混乱。
【平日】ヘイジツ ①普通の日。ふだん。日ごろ。②日 土曜・日曜・祝日以外の日。ウイークデー。〔土曜を含める場合もある〕
【平準】ヘイジュン ①物価を安定させる制度。物が余って価格の安いときは官が買い入れて価格を維持し、物が不足して価格が高くなったときは官が売りに出して価格の高騰を抑える。②おだやか。安定している。
【平叙】ヘイジョ 日 普通の語順で述べ記す。例 ―文。
【平章】一 ヘイショウ ①はかる。評議する。②品定めする。品評する。③「平章事(ヘイショウジ)」の略。唐・宋(ソウ)代の宰相にあたる官。二 ベンショウ 身分や善悪の区別をはっきりつける。例 平二章百姓一(ヒャクセイをベンショウす)(=百官をととのえた)。〈書経・尭典〉
【平城】一 ヘイジョウ ①漢代、今の山東省大同の東にあった県。漢の高祖が匈奴(キョウド)の大軍に苦戦した地。②日 奈良の古名。平城京。二 ひらじろ 日 平地に築いた城。対 山城(やまじろ)。
【平常】ヘイジョウ ①普通。変わったことがない。②ふだん。通常。つね日ごろ。例 ―どおりの業務。
【平心】ヘイシン ①心を公平にする。また、公平な心。②心を落ち着かせる。また、落ち着いた心。
【平身低頭】ヘイシンテイトウ 日 からだをひくくして、頭を深く下げる。ぺこぺこする。〔非常に恐縮しているさまをいう〕
【平世】ヘイセイ 平和な世の中。太平の世。対 乱世。
【平成】ヘイセイ 日 一九八九年一月八日以降の日本の年号。
【平静】ヘイセイ ①何ごともなくおだやかでしずかなさま。例 ―を保つ。②(心や態度が)ふだんと変わらず落ち着いているさま。
【平生】ヘイゼイ ①ふだん。つね日ごろ。平常。平素。例 不レ忘二平生之言一(ヘイゼイのゲンをわすれず)(=ふだん言っていることばを忘れない)。〈論語・憲問〉②古いつきあい。昔からの友情。③一生。生涯。
【平然】ヘイゼン あわてることなく落ち着いているさま。気にしないさま。平気。例 ―たる態度。
【平素】ヘイソ つね日ごろ。ふだん。平生(ヘイゼイ)。例 ―の努力。
【平旦】ヘイタン 〔「平」は、ちょうどその時の意。「旦」は、夜明けの意〕明け方。夜明け。平明。例 ―に旅立つ。
【平旦▼之気】ヘイタンのキ 朝の清浄な気。〈孟子・告子上〉
【平▼坦】ヘイタン ①土地がたいらなさま。例 ―な道。②何ごともなくおだやかなさま。平穏。例 ―な人生。
【平淡】【平▼澹】ヘイタン ①性格がおだやかでさっぱりしている。②生活がふだんと変わらず何ごともない。平穏無事。③作品が素直で、奇抜なところがない。
【平地】ヘイチ ①ひらち たいらな土地。対 山地。②何ごともなくおだやかな環境。例 平地起二波瀾一(ヘイチにハランをおこす)(=おだやかなところに、もめごとを起こす)。〈劉禹錫・竹枝詞〉
【平治】ヘイチ・ヘイジ 平和に、おだやかにおさめる。また、平和におさまる。太平。
【平昼】ヘイチュウ 真昼。正午。白昼。平午(ヘイゴ)。
【平定】ヘイテイ 敵や賊を討ち滅ぼし、乱れた世をしずめ治める。例 平二定天下一(テンカをヘイテイす)(=乱れた天下をしずめて統一する)。〈史記・始皇紀〉
【平頭】ヘイトウ ①数で、端数のないこと。ちょうど。きっかり。斉頭(セイトウ)。②漢詩の作法上の禁則の一つ。対になる二句で、両句の第一字目、または第二字目の四声を同じにしてはならないこと。③〔かぶりものをしないことから〕召し使い。奴僕(ヌボク)。④普通の。並の。
【平熱】ヘイネツ 健康なときの人間の体温。〔成人で三六―三七度くらい〕
【平年】ヘイネン 日 ①一年が三百六十五日ある年。対 閏年(ジュンネン・うるうどし)。②特に異常の見られない、普通の年。例年。〔農作物のできや天候についていう場合が多い〕例 ―並。
【平反】ヘイハン 間違った判決を取り消し、審理をやり直すこと。再審をおこない、刑罰を減免すること。
【平版】ヘイハン 日 油と水の反発する性質を利用して、たいらな版面にインクをつけて印刷する方法。また、その版。オフセット。

【平板】ヘイバン ①たいらな板(たい)。②種をまくとき、田畑をたいらにする農具。③変化がなく、単調でおもしろみのないさま。

【平▼蕪】ヘイブ 草の生い茂った広大な野原。

【平伏】ヘイフク ①討ちしずめる。平定する。②日 両手と頭を地につけて礼をする。ひれふす。例 ただ―するばかりです。

【平服】ヘイフク ①討ち従える。平定する。②日 ふだんの衣服。ふだんぎ。対 式服・礼服。例 ―でお越しください。

【平復】ヘイフク 病気がすっかり治ってもとの健康なからだに戻る。全快。平癒。例 平復如レ初(へイフクすることはじめのごとし)(＝病気が治り、元どおり元気になった)。〈捜神・一五〉ご―をお祈りする。

【平分】ヘイブン 均等に分ける。均分。等分。

【平平】 一 ヘイヘイ ①普通。平凡。②均等。平等(ビョウドウ)。 二 ベンベン 秩序よく治まる。ととのえ治める。

【平米】ヘイベイ 〔「平方米突(ヘイホウメートル)」の略〕平方メートル。

【平方】ヘイホウ ①〔数〕ある数に同じ数をかけあわせること。二乗(ニジョウ)。自乗。②あとに長さの単位をつけて、面積の単位をあらわすことば。例 一〇―メートル。③前に長さの単位をつけて、その長さを一辺とする正方形をあらわすことば。例 一〇メートル―。

【平凡】ヘイボン 特に変わったところがなく、普通でありふれているさま。対 非凡。例 ―な意見。―に生きる。

【平脈】ヘイミャク 健康な人が普通に生活しているときの脈拍数。〔成人で一分間に六〇―七五くらい〕

【平民】ヘイミン ①官位のない人民。普通の人民。庶民。②日 もと、戸籍にしるされた身分の一つ。皇族・華族・士族以外の人。〔明治初期に定められた身分制度によるもので、一九四七(昭和二十二)年に廃止〕

【平明】ヘイメイ ①夜明け。あけがた。平旦(ヘイタン)。例 平明漢軍乃覚レ之(ヘイメイカングンすなわちこれをさとる)(＝夜明けごろ漢軍はこのことに気づいた)。〈史記・項羽紀〉②あきらかで、わかりやすいさま。例 ―な文章。③公平でかたよりのないさま。例 平明之治(ヘイメイのチ)(＝公正な政治)。〈諸葛亮・出師表〉

【平面】ヘイメン ①でこぼこのない、たいらな面。②〔数〕面上にあるどの二点を通る直線も常にその面上にあるような面。例 ―図。

【平面的】ヘイメンテキ 日 ①たいらなさま。②内面に立ち入らず、うわべだけですませるさま。例 ―な見方。▽対 立体的。

【平野】ヘイヤ 山地に対し、海抜が低く、たいらで広大な土地。平原。例 星垂平野闊(ほしたれてヘイヤひろし)(＝星が天から垂れている下に平原が広がる)。〈杜甫・旅夜書懐〉関東―。

【平癒】【平▼愈】ヘイユ 病気が治る。快復。平復。

【平和】ヘイワ ①心配やもめごとなどがなく、おだやかに治まっているさま。例 ―な家庭。②戦争がなく世の中がおだやかなさま。③病気が治る。

【平話】ヘイワ 口語で講釈された歴史物語。『三国志平話』など。

●開平(カイヘイ)・源平(ゲンペイ)・公平(コウヘイ)・水平(スイヘイ)・太平(タイヘイ)・泰平(タイヘイ)・地平(チヘイ)・不平(フヘイ)・和平(ワヘイ)

幵

干3（6） 2 5484 5E75

ケン 漢 呉 先 qiān
くさ

意味 平らなさま。

日本語での用法 《くさ》《ぐさ》「幵分(くさわけ)・小幵(こぐさ)」▼姓に用いる字。

年

干3（6） 1 3915 5E74 教1

ネン 漢 呉 先 nián
とし・とせ

［秊］禾3（8） 3 8938 79CA 本字。

筆順 ノ ㇐ 𠂉 乍 𠂉 年

なりたち  ［形声］「禾(＝いね)」と、音「千(セン)→(ネン)」とから成る。穀物がみのる。

意味 ❶穀物がみのる。また、そのみのり(ぐあい)。例 祈年(キネン)(＝豊かなみのりをいのる)。❷とし。㋐穀物が(一度)実を結ぶ周期。十二か月、三百六十五日を単位とする期間。例 年月(ネンゲツ)。年始(ネンシ)。平年(ヘイネン)。㋑人が生まれてからの期間。よわい。例 年少(ネンショウ)。年長(ネンチョウ)。弱年(ジャクネン)。

古訓 中古 およぶ・とし 中世 とし・みのる 近世 うむ・すすむ・とし・みのる・よはひ

人名 かず・すすむ・ちか・と・とせ・ね・はじめ・みのる

難読 祈年祭(としごいのまつり)・年次(としなみ)

【年男】としおとこ 日 その年の干支(えと)にあたる生まれ年の男性。寺社などで、節分の豆まきをする役に選ばれる。歳男(としおとこ)。対 年女(としおんな)。

【年▼嵩】としかさ 日 ①年上(としうえ)。年長。②年をとっていること。高齢。例 ―の人に席をゆずる。

【年頃】としごろ 日 ①だいたいの年齢。年のころ。例 見たところ四十くらいの―。②ちょうどふさわしい年齢。特に、女性が結婚するのにふさわしい年齢。適齢期。例 ―の娘。③何年も前から。ながねん。年来。例 ―考えてきたこと。

【年玉】としだま 日〔年の賜物(たまもの)(＝いただいたもの)の意〕新年を祝ってする、お金や品物などの贈り物。お年玉。

【年強】としづよ 日 ①数え年で年齢をいうとき、その年の前半(＝六月以前)に生まれたこと。また、その人。対 年弱(としよわ)。②年上であること。

【年波】としなみ 日 ①〔年も波も「寄る」ことから〕年をとることを波にたとえていうことば。例 寄る―には勝てない。②年をとって肌に出るしわ。

【年端】としは 日「年歯(二)(としは)」に同じ。

【年増】としま 日 若いさかりをすぎて、やや年をとった女性。

【年寄】としより 日 ①年をとった人。老人。②力士を引退して日本相撲協会の評議員になった人。後進の養成にあたる。

【年弱】としよわ 日 ①数え年で年齢をいうとき、その年の後半(＝七月以後)に生まれたこと。また、その人。対 年強(としづよ)。②年若いこと。また、年下であること。

【年華】ネンカ ①年月。歳月。②春の日光。▽類 年光。

【年賀】ネンガ ①新年の祝い。また、年始を祝う挨拶(アイサツ)。年始。例 ―状。―に出かける。②長生きを祝うこと。賀の祝い。

【年会】ネンカイ 年に一度の会合。

【年回】ネンカイ「年忌(ネンキ)」に同じ。

【年刊】ネンカン 日（日刊・月刊などに対して）一年に一回刊行すること。また、その刊行物。

【年間】ネンカン ①一年のあいだ。例 ―所得。②ある年代のあいだ。例 明治―。

【年鑑】ネンカン ①あるものごとについての、年々の情勢の記録。②日 一定の項目について、その一年の動きを、調査・統計などをのせて記録・解説した年刊の書物。イヤーブック。

【年忌】ネンキ 毎年めぐってくる、亡くなった人の命日。また、それを数えることば。回忌。周忌。年回。

【年季】ネンキ 日 ①昔、奉公人を雇うときに、定めた年数。年期。例 ―を入れる(＝その仕事の経験を積む)。②年季奉公のこと。あらかじめ雇われる年限を決めてする奉公。

【年紀】ネンキ ①年数。②年号。③年齢。④歳月。

【年期】ネンキ ①寿命。②満一年。③日 一年を単位として定めた期間。④日「年季①」に同じ。

【年休】ネンキュウ 日「年次有給休暇」の略。その年度に取ることのできる、有給の休暇。年次休暇。

【年給】ネンキュウ 日「年俸」に同じ。

【年魚】ネンギョ ①生まれたその年のうちに死ぬ、さかな。②日アユの別名。〔普通一年で死ぬことから〕③日昔、サケの別名。〔産卵後に死ぬので、一年の寿命と思われていたことから〕

【年金】ネンキン 日ある期間、または死ぬまで、毎年支払われる決まった額のお金。国民年金・厚生年金・終身年金など。

【年貢】ネング 日〔毎年のみつぎ物の意〕①昔、年ごとに田畑や土地に割り当てられた税。米や農作物などで納めた。例 ―米。―の納め時(=観念すべきとき)。②小作人が地主に納めた田畑の借り賃。小作料。

【年月】ネンゲツ ①何年何月という日付。②つきとし 長い間。歳月。

【年限】ネンゲン 年単位で決められた期間。例 在職―。

【年功】ネンコウ ①多年の功績。例 ―をたたえる。②としのこう 日長年の経験。それによって身につけた技術。例 ―を積む。

【年功序列】ネンコウジョレツ 日会社などで、年齢や勤めた年数によって、地位や賃金の上下が決まること。

【年号】ネンゴウ 年につける称号。「昭和」「平成」など。元号。参考 中国では漢の武帝の「建元」、日本では孝徳天皇の「大化」が最初。

【年産】ネンサン 日(日産・月産に対して)一年間の生産高。

【年始】ネンシ ①年のはじめ。年頭。年初。類 年首。対 年末。例 年末―の休暇。②日新年の祝い。また、新年を祝う挨拶。年賀。例 ―回りをする。

【年歯】ネンシ 一〔「歯」は、年齢の意〕年齢。とし。よわい。二としは 日〔「年歯」の訓読みから〕未成熟な子供の年齢の程度。年端。例 ―もいかぬ子(=まだ幼い子)。

【年次】ネンジ 一①長幼の順序。②年ごとに。毎年。年年。例 ―計画。③日「年度」に同じ。例 ―予算。二としなみ 日毎年のとおり。年並。

【年収】ネンシュウ 日(日収・月収などに対して)一年間の収入。

【年初】ネンショ 「年始①」に同じ。

【年所】ネンショ 〔「所」は、数の意〕年数。また、歳月。

【年少】【年小】ネンショウ 年齢が下であること。年が若いこと。類 年下。対 年長。例 五陵年少争纏頭(=五陵に住む若者たちは我先にと贈り物をしたものだ)。〈白居易・琵琶行〉

【年商】ネンショウ 日商店や企業などの一年間の売上高。

【年数】ネンスウ 年のかず。年月。例 耐用―。

【年代】ネンダイ ①経過した年月。時代。例 ―物のワイン。②紀元から数えた年数。③時の流れをひとまとまりに区切った、ある一定の期間。④日同じくらいの年齢の人の横の広がり。年齢層。世代。ジェネレーション。例 同―の人々。

【年代記】ネンダイキ 年を追って、できごとをしるした書物。

【年中】一ネンチュウ 中年。壮年。二ネンジュウ 日①一年の間。例 ―無休。②いつも。始終。あけくれ。

【年中行事】ネンチュウギョウジ｜ネンジュウギョウジ 日毎年季節ごとの決まった時期におこなわれる行事。

【年長】ネンチョウ 年齢が上であること。年上。年嵩。対 年少。例 ―者。

【年度】ネンド 日事務や会計などの都合で、暦とは別に定めた一年の期間。役所や会社、学校などで用いる。年次。〔普通四月一日から翌年の三月三十一日まで〕例 ―末。

【年頭】ネントウ 「年始①」に同じ。

【年内】ネンナイ その年のうち。例 ―に間に合わせる。

【年年】ネンネン 毎年。年がたつにつれて。

【年年歳歳】ネンネンサイサイ 毎年毎年。年々。例 年年歳歳花相似、歳歳年年人不レ同(=花は毎年毎年美しく咲くが、人は年ごとに移り変わっていく)。〈劉希夷・代悲白頭翁〉

【年輩】【年配】ネンパイ ①年のほど。おおよその年齢。例 五十―の男性。②日経験を積んで世間をよく知っている年ごろ。中年。③日年上。例 五つ―だ。

【年表】ネンピョウ 年々のできごとを年月の順を追って書きあらわした表。例 世界史―。

【年賦】ネンプ 日借金・代金・税金などの金額を毎年いくらと定めて、何回かに分けて払うこと。年払い。対 月賦。

【年譜】ネンプ ある人の一生や、ある事柄について、年月の順にしるした記録。例 夏目漱石の―。

【年貌】ネンボウ 年齢と容姿。

【年芳】ネンポウ 春の美しい景色。

【年俸】ネンポウ 日一年を単位として定めた給料。年給。

【年末】ネンマツ 一年の終わりの時期。年の暮れ。歳末。対 年初・年始・年首・年頭。例 ―調整。―の大売り出し。

【年来】ネンライ｜としごろ 何年も前から。数年来。例 ―の望み。

【年利】ネンリ 日(月利・日歩に対して)一年を単位として、決めた利息。

【年輪】ネンリン 日①木を輪切りにしたとき、その切り口に見える、中心から外側に広がるいくつもの輪。毎年一つずつ増えるので、樹齢を知ることができる。②年ごとの成長や発展の歴史。長年の努力の積み重ね。例 ―を重ねる。

【年齢】ネンレイ 生まれてから過ぎた年数。とし。よわい。例 高―。

●幾年いくとせ｜いくネン・往年オウネン・隔年カクネン・学年ガクネン・享年キョウネン・去年キョネン｜こぞ・近年キンネン・行年コウネン｜ギョウネン・後年コウネン・昨年サクネン・若年ジャクネン・少年ショウネン・新年シンネン・先年センネン・前年ゼンネン・壮年ソウネン・多年タネン・中年チュウネン・定年テイネン・同年ドウネン・長年ながネン・晩年バンネン・豊年ホウネン・没年ボツネン・厄年やくどし・来年ライネン・例年レイネン・老年ロウネン

[并] 干3 (6) ⇩ 幷へ(442ページ)

幸

干5 (8)
1 2512
5E78
教3

コウ(カウ)漢 呉 梗 xing
さいわい(さいはひ)・さち・しあわせ(しあはせ)・さきわ-う(さきは-ふ)

筆順 

なりたち  [会意]「羊(=さからう)」と「土(=若死にする)」とから成る。若死にからまぬがれる。めでたい。

参考 一説に、手かせの形。

意味 ❶運がよい。思いがけないしあわせ。**しあわせ。さいわい。さち。** 例 幸運コウウン。幸福コウフク。不幸フコウ。❷(天子や王が女性や臣下を)かわいがる。いつくしむ。また、寵愛チョウアイ。例 幸姫コウキ。幸臣コウシン。得幸トクコウ。❸天子がおでましになる。みゆきする。例 幸臨コウリン。行幸ギョウコウ。巡幸ジュンコウ。❹ねがう。思いがけないしあわせをのぞむ。例 無二其人一、而幸レ有二其功一(=そのひとなくして、そのコウあるをねがう)(=すぐれた人物がいないのに、功業を立てることだけを望む)。〈荀子・君道〉❺さいわいに。運よく。思うとおりに。

日本語での用法 《さち》「海の幸さち・山の幸さち」▼海や山でとれたもの。自然のめぐみ。

古訓 中古 いでます・さいはひ・たか・たかし・ねがふ 中世 さいはひ・ねがふ・みゆき 近世 いつくしまる・うかがふ・さいはひ・さち・ねがふ・はんべる・みゆき・よみせらる

人名 あき・あきら・さき・たか・たかし・たつ・とみ・とも・ひで・みゆき・むら・ゆき・よし

難読 幸きさく・行幸みゆき・御幸みゆき

【幸位】コウイ ふさわしい才徳がないのに、偶然の幸運によって官職につくこと。

【幸運】コウウン 日 幸福な運命。よいめぐりあわせ。好運。㊉不運。

【幸姫】コウキ 君主の寵愛(チョウアイ)を受けている宮女。

【幸臣】コウシン 君主のお気に入りの臣下。寵臣(チョウシン)。倖臣(コウシン)。

【幸甚】コウジン 非常にしあわせなこと。ありがたいこと。〔手紙で、感謝の意をあらわすときなどに使う〕 例 ―に存じます。

【幸便】コウビン 日 ①よいついで。都合のよいたより。好便。例 ―に託する。②人に持たせてやる手紙に書きそえたり、書き出しに使うことば。

【幸福】コウフク ①福(フク)をねがう しあわせを願う。②日 心が満ち足りていること。さいわい。しあわせ。㊉不幸。例 ―な家庭に育つ。

【幸臨】コウリン ①天子が行幸(ギョウコウ)して、その場にのぞむ。②他人の出席をいう敬語。光臨。

【幸先】さいさき 日 (よいことのありそうな)前ぶれ。吉兆(キッチョウ)。例 ―のよいスタート。

●行幸(ギョウコウ・みゆき)・御幸(ゴコウ・みゆき)・多幸(タコウ)・薄幸(ハッコウ)・不幸(フコウ)

幷

干5 (8)
3 9492
5E77

一 ヘイ 漢 ヒョウ(ヒャウ) 呉 敬 bìng
二 ヘイ 漢 ヒョウ(ヒャウ) 呉 梗 bǐng
三 ヘイ 漢 ヒョウ(ヒャウ) 呉 庚 bīng
あわ-す(あは-す)・あわ-せる(あは-す)・なら-びに

[并]

干3 (6)
2 5485
5E76

俗字。

意味 一 ❶一つにまとめる。**あわせる。あわす**。通 併。例 幷吞(ヘイドン)。幷合(ヘイゴウ)。❷ともに。**ならびに**。通 併。例 幷存(ヘイソン)。二 しりぞける。すてる。通 屛(ヘイ)。例 願幷二左右一(ねがわくはサユウをしりぞけよ)(=どうか側近の者たちを下がらせてください)。〈史記・呉王濞伝〉 三 古代の九州の一つ。幷州(ヘイシュウ)。今の河北(カホク)省から山西省にかけての地域。

【幷合】ヘイゴウ あわせる。一つにする。併合。

幹

干10 (13)
1 2020
5E79
教5

一 カン 漢 呉 翰 gàn
二 カン 漢 呉 寒 gān
三 カン 漢 寒 hán
みき・から

[榦] 木10 (14)
4 1523
69A6
本字。

筆順 一 十 古 吉 卓 卓𠆢 卓亼 幹

なりたち  [形声]「木」と、音「倝(カン)」とから成る。土塀を築くとき、その両はしに立てる二本の木。

意味 一 ❶塀の両はしに立てる木。例 楨幹(テイカン)(=ものごとの根本。基礎)。❷樹木のみき。また、ものごとの主要な部分。**みき**。例 幹枝(カンシ)。根幹(コンカン)。❸才能。わざ。例 才幹(サイカン)。❹処理する。つかさどる。例 幹事(カンジ)。主幹(シュカン)。二 十干(ジッカン)。通 干。三 井戸の枠。いげた。例 井幹(セイカン)。

古訓 中古 かたはらほね・から・こと・こはし・ただし・ただす・つかさどる・はず・まさ・もと・やすし 中世 かたはらほね・から・こはし・やがら・ゐげた・ゐづつ 近世 かべいた・から・くき・こはし・つよし・ほね・みき・もと・わき・ゐげた

人名 えだ・き・くる・たか・たかし・ただし・つかさ・つね・つよ・つよし・とし・とも・のり・まさ・み・もと・もとき・よし

難読 麻幹(おがら)・豆幹(まめがら)・箭幹(やがら)

【幹才】カンサイ 仕事をうまく処理する才能。腕前。類 幹材。

【幹枝】カンシ【幹支】カンシ ①木のみきと、えだ。②十干と十二支。干支(カンシ・えと)。

【幹事】カンジ ①事をうまく処理する。②中心になって事に当たる人。世話役。

【幹線】カンセン 日 道路・鉄道・電話などの、主となる大切な線。本線。㊉支線。例 ―道路。

【幹部】カンブ 日〔枝や葉ではない、幹(みき)の部分の意〕会社や団体などで、重要な地位にあって、中心となって働く人。例 ―候補生。

●基幹(キカン)・語幹(ゴカン)・根幹(コンカン)・才幹(サイカン)・主幹(シュカン)

52 3画 幺 よう いとがしら 部

生まれたばかりの子供の形をあらわす。「幺」をもとにしてできている漢字と、「幺」の字形を目じるしにして引く漢字とを集めた。

この部首に所属しない漢字
玄→玄 866
糸→糸 1021
胤→月 1089
畿→田 898

幺

幺0 (3)
2 5486
5E7A

ヨウ(エウ) 漢 蕭 yāo
いと-けない(いと-けなし)・すく-ない(すく-なし)

意味 ❶小さい。こまかい。ほそい。**すくない**。例 幺微(ヨウビ)。絃幺(ゲンヨウ)(=琵琶(ビワ)などの最も細い弦)。❷おさない。**いとけない**。通 幼。例 幺弱(ヨウジャク)。❸数字の「一(イチ)」の別の言い方。

【幺弱】ヨウジャク おさなくて、からだが小さく、か弱い。幼弱。

【幺微】ヨウビ 「幺麼(ヨウマ)」に同じ。

【幺▼麼】ヨウマ ①小さい。こまかい。微小な。②とるにたりない人。小人(ショウジン)。例 無道之君、任二用幺麼一(ムドウのきみ、ヨウマをニンヨウす)(=道にはずれた君主はつまらない人物を任用する)。〈鶡冠・道端〉 ▽幺微(ヨウビ)。

幻

幺1 (4)
1 2424
5E7B
常用

カン(クヮン) 漢 ゲン(グヱン) 呉 諫 huàn
ゲン
まぼろし

筆順 く 幺 幺 幻

なりたち  [指事]「予」をさかさまにした形。あざむき、まどわす。

意味 ❶人の心をまどわす。人の目をくらます。たぶらかす。例 幻術(ゲンジュツ)。幻惑(ゲンワク)。❷実際にはないのに、あるかのように見えるもの。**まぼろし**。例 幻影(ゲンエイ)。幻覚(ゲンカク)。夢幻(ムゲン)。❸奇術。魔法。例 善レ幻(ゲンをよくす)(=奇術がうまい)。〈韓愈・送高閑上人序〉

古訓 中古 まぼろし 中世 まぼろし 近世 まどはす・まぼろし

【幻影】ゲンエイ ①実際にはないのに、あるかのように見えるもの。まぼろし。例 ―におびえる。②日 心の中に思いえがく姿。おもかげ。例 ―を追う。

【幻化】ゲンカ まぼろし。また、まぼろしのように変化する。

【幻覚】ゲンカク 日 実際にはないことを、あるように感じること。例 ―症状。

【幻視】ゲンシ 実際にはないものが、あるように見えること。

【幻術】ゲンジュツ 人の目をくらます、不思議な術。魔法。妖術(ヨウジュツ)。また、手品。類 幻戯。例 ―を使う。

【幻人】ゲンジン 手品師。魔術師。

【幻世】ゲンセイ まぼろしのようにはかない世の中。

【幻想】ゲンソウ 日 現実にありそうもないことを、心の中に思いうかべる。とりとめのない想像。空想。例 —をいだく。

【幻像】(ゲンゾウ) 実際にはないのに、あるように見える形や姿。幻影。例 —がちらつく。

【幻聴】(ゲンチョウ) 実際には音がしないのに、聞こえるように感じること。そら耳。

【幻灯(燈)】(ゲントウ) 日 ガラス板にかいた絵や陽画のフィルムなどを、スクリーンに映し出して見せるもの。スライド。例 —機。

【幻滅】(ゲンメツ) ①まぼろしのように消え去る。②幻想から目覚めて現実にもどる。例 —の悲哀。③日 心中の思いと現実とのくい違いを知り、がっかりする。例 彼には全く—した。

【幻惑】(ゲンワク) 人の目をくらまして、心をまどわす。眩惑(ゲンワク)。例 妖術(ヨウジュツ)に—される。

幼

幺2 (5)
1 4536
5E7C
教6

一 ユウ(イウ)漢
ヨウ(エウ)呉 宥 yòu
二 ヨウ(エウ)漢呉 嘯 yào
おさない(をさな-し)・いと-けない(いと-けなし)

筆順 ㄑ 幺 幺 幻 幼

なりたち  [会意]「幺(ヨウ→ユ)(=小さい)」と「力(=ちから)」とから成る。わかくおさない。

意味 一 ❶年がいかない。**いとけない**。**おさない**。一人前でない。また、おさなご。例 幼少(ヨウショウ)。幼稚(ヨウチ)。長幼(チョウヨウ)。❷小さな子をかわいがる。いつくしむ。例 幼二吾幼一(わがヨウをヨウとす)(=自分のおさなごをいつくしむ)。〈孟子・梁恵王上〉 二 ⇩【幼妙】(ヨウミョウ)

古訓 中古 いときなし・いとけなし・ちひさし・わかし・をさなし 中世 いとけなし・ちひさし・わかし・をさなし 近世 いと・いとけなし・わかし・をさなし

人名 わか

難読 幼気(いたいけ)

【幼▼艾】(ヨウガイ) ①[「艾」は、美しい意] 若くて美しい者。②[「艾」は、老人の意] おさない者と、年をとった者。

【幼▼孩】(ヨウガイ) おさない子。みどりご。

【幼学】(ヨウガク) ①十歳になり、初めて先生について学ぶ。また、十歳。[「人生十年曰レ幼、学(ひとうまれてジュウネンをヨウといい、まなぶ)(=十歳を「幼」といい、先生について学ぶ)。〈礼記・曲礼上〉」から] ②おさないころの学習。③年少の学童。

【幼魚】(ヨウギョ) 日 卵からかえって、やや成長した魚。〔かえったばかりの魚は稚魚という〕 対成魚。

【幼君】(ヨウクン) まだおさない主君。類幼主。

【幼児】(ヨウジ) おさない子供。

【幼弱】(ヨウジャク) おさなくて、よわよわしいさま。また、そのような子供。例 —の子をかかえて苦労する。

【幼▼孺】(ヨウジュ) [「孺」も、おさないの意] おさなご。わらべ。

【幼少】(ヨウショウ) 年齢が低いこと。おさないこと。例 —時。

【幼生】(ヨウセイ) 日 [生] カエル・エビ・カニなど、成長するにつれて形の変わる生物で、卵からかえったばかりのもの。普通、親とは著しく形が異なる。〔昆虫・クモ類の場合は幼虫という〕 例 カエルの—はおたまじゃくし。

【幼稚】(ヨウチ) ①年齢が低いこと。おさないこと。また、おさない子供。例 —園。②ふるまいや考え方がおさない。また、技術などが未熟なさま。

【幼虫(蟲)】(ヨウチュウ) 日 [生] 昆虫やクモ類で、卵からかえったばかりのもの。対成虫。→【幼生】(ヨウセイ)

【幼沖】(ヨウチュウ) [「沖」も、おさないの意] おさない。幼少。

【幼帝】(ヨウテイ) まだおさない皇帝・天子。

【幼童】(ヨウドウ) おさない子供。幼児。例 —向けの読み物。

【幼年】(ヨウネン) 年齢の低い年ごろ。おさないころ。対少年・青年・壮年・老年。例 —時代。

【幼妙】(ヨウミョウ)【幼▼眇】(ヨウビョウ) ①かすか。細やか。微妙なさま。②しとやかで美しい。

●長幼(チョウヨウ)・老幼(ロウヨウ)

幽

幺6 (9)
1 4509
5E7D
常用

ユウ(イウ)漢 ヨウ(エウ)呉 尤 yōu
かす-か・かそけ-し

筆順 丨 ㇄ 纟 幺 幺丨 幽 幽 幽 幽

なりたち  [会意]「山(=さえぎりおおう)」と「丝(ユウ)(=かすか)」とから成る。おおいかくす。

意味 ❶奥深くて暗い。もの静かな。ほのか。**かすか**。例 幽遠(ユウエン)。幽玄(ユウゲン)。深山幽谷(シンザンユウコク)。❷とじこめる。ふさぐ。例 幽閉(ユウヘイ)。❸死者の世界。また、死者の魂。例 幽鬼(ユウキ)。幽明(ユウメイ)。幽霊(ユウレイ)。❹古代の九州の一つ。幽州(ユウシュウ)。今の河北(カホク)省北部から遼寧(リョウネイ)省にかけての地域。

古訓 中古 かくす・かすか・かすかなり・くらし・くろし・とらふ・はるか・はるかなり・ふかし・ほとり・ほのかなり 中世 かくす・かすか・かすかなり・くらし・とほし・はるか・はるかなり・ほとり 近世 かくる・かすか・くらし・とらはる・はるか・ほのか

【幽暗】【幽闇】(ユウアン) うす暗い。暗くて、よく見えないさま。例 —な森の中をさまよう。

【幽意】(ユウイ) ①心中のうれい。②もの静かな思い。幽思。

【幽隠】(ユウイン) ①かくれ住む。世俗を離れてひっそりと暮らす。また、その人。隠遁(イントン)者。②世俗から離れた静かな場所。

【幽鬱】(ユウウツ) ①草木が深く茂る。また、その場所。②気持ちが晴れ晴れしない。憂鬱(ユウウツ)。例 心の—を晴らしたい。

【幽咽】(ユウエツ) ①かすかな水の流れる音。②かすかにむせび泣く声。例 如レ聞二泣幽咽一(ないてユウエツするをきくがごとし)(=ひそかにむせび泣く声が聞こえるような気がした)。〈杜甫・石壕吏〉

【幽▼婉】【幽艶】(ユウエン) 上品で深みがあって美しい。やさしく美しい。また、しとやかなさま。例 —な花の色。

【幽遠】(ユウエン) ①奥が深く、とおい。俗世間から、はるかにとおい。例 —の境地。—の真理。②人の知らない、ひそかな場所。

【幽界】(ユウカイ) 死後の世界。あの世。冥土(メイド)。冥界。

【幽懐】(ユウカイ) 心の奥深くに抱いている思い。類幽襟(ユウキン)。

【幽客】(ユウカク) 俗世間を離れて静かに暮らす人。

【幽▼壑】(ユウガク)「幽谷(ユウコク)」に同じ。例 舞二幽壑之潜蛟一(ユウガクのセンコウをまわしむ)(=深い谷に身をひそめているみずちを舞い立たせる)。〈蘇軾・赤壁賦〉

【幽閑】【幽間】(ユウカン) ①遠く隔たる。②女性がしとやかで奥ゆかしい。③静かでひっそりとしている。

【幽鬼】(ユウキ) ①死者の霊。亡霊。幽霊。②ばけもの。妖怪(ヨウカイ)。

【幽宮】(ユウキュウ) ①奥深い宮殿。②墓。

【幽居】(ユウキョ) 世間を避けて、静かな所にひきこもって住む。また、その住まい。閑居。類幽栖(ユウセイ)。

【幽境】(ユウキョウ) 遠く離れた、静かな所。例 鳥も通わぬ—。

【幽吟】(ユウギン) 静かに歌う。

【幽径】【幽▼逕】(ユウケイ) 静かなこみち。ひっそりとしたこみち。

【幽玄】(ユウゲン) ①奥深く微妙で、たやすく知ることができないこと。はかりしれないほど深い味わいのあること。例 —の美。②日 中世の日本文学の美の理念の一つ。和歌などで、ことばにあらわされない深い趣や余情があること。

【幽光】(ユウコウ) ①うす暗い中のかすかな光。例 遠方にかすかな—。②人に知られない奥深い徳のかがやき。

【幽香】(ユウコウ) 奥ゆかしい香り。類幽馥(ユウフク)。

【幽▼篁】(ユウコウ) 奥深く静かな竹林。例 独坐幽篁裏(ひとりざすユウコウのうち)(=ただひとり竹林の中《の館》にすわっている)。〈王維・竹里館〉

【幽谷】ユウコク 人里から遠く離れた、奥深い静かな谷。幽壑ユウガク。例深山—。
【幽恨】ユウコン 心の奥深くに抱いているうらみ。
【幽魂】ユウコン 死んだ人のたましい。亡魂。
【幽思】ユウシ 静かにもの思いにふける。また、深い思い。深思。
【幽室】ユウシツ ①暗い部屋。②墓の、棺ひつぎを納める石室。③ほら穴。④腎臓ジンゾウのこと。
【幽寂】ユウジャク｜ユウセキ 奥深く、静かなこと。ひっそりとしていること。幽静。例—の風情フゼイのある山の宿。
【幽趣】ユウシュ 奥ゆかしいおもむき。奥深く静かなおもむき。
【幽囚】ユウシュウ とらわれて、牢屋ロウなどに閉じこめられること。また、その人。例吾幽囚受レ辱（われユウシュウせられてはずかしめをうく）（＝私は捕らわれの身となって辱めを受けた）。〈史記・管仲伝〉—の身。
【幽愁】ユウシュウ 心の奥深くにいだくうれい。深いもの思い。例別有二幽愁暗恨生一（べつにユウシュウアンコンのしょうずるあり）（＝ことに、深いうれいやひそかな恨みが生じてくる）。〈白居易・琵琶行〉—を含む美人のひとみ。
【幽処】ユウショ 世を避けて静かに暮らす。幽居。類幽棲ユウセイ。
【幽賞】ユウショウ 心静かに風景を楽しむ。例幽賞未レ已、高談転清（ユウショウいまだやまず、コウダンうたたきよし）（＝心静かに風景をめでる感興はいつまでも尽きず、高尚な話はますます清らかだ）。〈李白・春夜宴桃李園序〉
【幽情】ユウジョウ 深く高尚な思い。
【幽深】ユウシン ①遠い。また、深い。②遠く離れた所。僻地ヘキチ。③もの静かである。ひっそりとしている。また、その場所。幽邃スイ。④意味が奥深い。
【幽人】ユウジン 世俗を避けて静かに暮らす人。隠士。
【幽▼翠】ユウスイ 草木が青々と生い茂っていること。
【幽▼邃】ユウスイ 〔「邃」は、奥深いの意〕景色などが奥深くて、ひっそりとしていること。幽深。例—の地。
【幽静】ユウセイ 静かでひっそりとしている。幽寂。
【幽微】ユウビ 奥深く、かすかなさま。
【幽憤】ユウフン 心中にわだかまっているいきどおり。
【幽閉】ユウヘイ ①人をある場所に閉じこめて外に出さない。例一室に—する。②心がふさぐ。深く閉じこもる。
【幽明】ユウメイ ①形のないものと、形のあるもの。無形と有形。②暗いことと、明るいこと。夜と昼。③あの世と、この世。生と死。④鬼神と人。⑤愚と賢。また、悪と善。
【幽明異境】ユウメイさかいをことにす 死んであの世に行く。死別する。〈陳亮・祭宗式之文〉
【幽冥】ユウメイ ①ものがはっきり見えず、かすかで暗いこと。②あの世。死後の世界。冥土。例—界。
【幽門】ユウモン 胃の出口で、十二指腸に続く部分。→【噴門】フンモン（266ジペ）
【幽幽】ユウユウ ①奥深いさま。②静かなさま。③音や光などが、かすかなさま。④のんびりするさま。⑤暗いさま。
【幽▼厲】ユウレイ 西周の厲王と、その孫の幽王。ともに暴君で国勢を傾けた。転じて、暴君・亡国の君。
【幽霊】ユウレイ ①死者の魂。亡魂。幽鬼。②死者が成仏ジョウブツできず、生前の姿であらわれるもの。亡霊。お化け。③日実際にはないのに、あるように見せかけたもの。また、跡だけとどめているもの。例—会社。—都市（＝ゴーストタウン）。

幾

幺9（12）
1 2086
5E7E
常用

一 キ 漢 呉 微 jī
二 キ 漢 呉 尾 jǐ
三 キ 漢 呉 寘 jì
いく

筆順
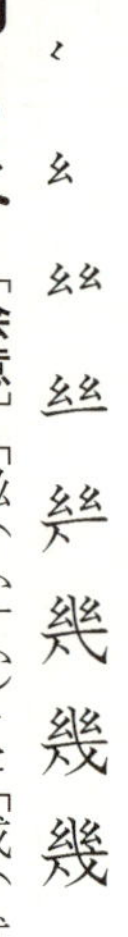

なりたち

［会意］「丝（＝かすか）」と「戍（＝武器で守る）」とから成る。かすかなきざし。

意味 一❶かすか。それとなく。例幾諫キカン。❷気配。まえぶれ。きざし。通機。例幾微キビ。❸もう少しのところで。ほとんど。近い。例幾死者数矣（ほとんどシせんとすることしばしばなり）（＝死にそうになることが何度もあった）。〈柳宗元・捕蛇者説〉幾殆キタイ。二不定の数量をあらわす。どれほど。いくつ。いくばく。いく。例未レ幾（いまだいくばくならず）（＝どれほども経たないうちに）。幾人いくたり。幾許いくばく。幾分いくブン。三ねがう。こいねがう。通冀キ。例庶幾ショキ。

古訓 中古 あやふし・いくばく・いづれ・こひねがふ・こふ・すくなし・すみ・ちか・ちかし・ちかづく・ねがふ・のぞむ・ほとほど 中世 あやふし・いくばく・こひねがふ・ちか・ちかし・ねがふ・ほとんど 近世 あやふし・いくばく・かぎり・きざし・こひねがふ・すくなし・すこし・ちかし・ねがふ・ほとんど

人名 おき・ちか・ちかし・のり・ひさ・ひさし・ふさ

【幾月】いくゲツ｜いくつき どれだけの月数。何か月。〔不明、または不定の月数をあらわすことば〕例—も待った。
【幾重】一いくジュウ｜いくチョウ｜いくえ いくつかかさなっていること。また、たくさんのかさなり。二いくえ 日〔「幾重にも」の形で〕何度もかさねて。ひたすら。〔感謝や謝罪などの気持ちを強調することば〕例—にもおわびします。
【幾多】いくタ ①数の多いこと。たくさん。例—の困難を乗りこえる。—の試練。②どれくらい多く。どれほど。例—の命が失われたことか。
【幾度】いくド｜いくたび 何度。何回。〔不明、または不定の回数や度数をあらわすことば〕例—も行ったことがある。
【幾千代】いくちよ 日どれほどの年月。何千年。
【幾人】いくニン｜いくたり どれだけの人数。何人。〔不明、または不定の人数をあらわすことば〕例古来征戦幾人回（コライセイセンいくたりかかえる）（＝昔から異国へ戦争に行って、いったい何人帰ってきたであろう）。〈王翰・涼州詞〉
【幾年】いくネン｜いくとせ どれだけの年数。何年。幾歳いくとせ。〔不明、または不定の年数をあらわすことば〕例はや—いくとせか過ぎゆく。
【幾許】いくばく ①どれほど。どのくらい。不定の数量を尋ねることば。例相去復幾許（あいさることまたいくばくぞ）（＝互いの距離はどれほどあるだろう）。〈古詩十九首〉わが命いのち—ぞ。②わずか。例—も無なく（＝まもなく。やがて）。▽幾何いくばく。
【幾分】いくブン ①いくつかの部分に分けた、その一つの部分。②いくらか。少し。例昨日より—波が高い。
【幾山河】いくやまかわ 日どれほどの山や河。また、多くの山や河。
【幾世】いくよ【幾代】いくよ ①どれほどの世代。何世代。②日どれほどの時代。また、長い年月。〔不定の年月をあらわすことば〕
【幾夜】いくよ どれほどの数の夜。また、多くの夜。類幾晩。
【幾何】一キカ「幾何学」の略。二いくばく「幾許いくばく」に同じ。
【幾何学】キカガク 〔数〕ものの形・大きさ・位置など、図形や空間の性質を研究する数学の一部門。
【幾▼諫】キカン 遠回しにいさめる。おだやかにいさめる。
【幾希】キキ ①ほんの少し。②ごく少ない。③近い。
【幾▼殆】キタイ あやうい。もう少しで危ないところ。例沛公事幾殆（ハイコウのことキタイなり）（＝沛公はもう少しで危ないところであった）。〈史記・樊噲伝〉
【幾微】キビ ⇩【機微】キビ（710ジペ）

53
3画

广 まだれ部

屋根のおおいが垂れている形をあらわす。「广」をもとにしてできている漢字と、「广」の字形を目じるしにして引く漢字とを集めた。

广

广0（3）　②5488　5E7F

■一ゲン（ゲム）㊉漢　琰 yǎn　■二アン（アム）㊉漢㊉呉　覃 ān

意味 ■一 崖（がけ）によりかかるように建てた家。■二 質素で小さな家。いおり。通 庵（アン）。

参考 日本で、俗に「麻・磨・摩」などの、略字として用いる。中国では「廣」の簡体字。

広

广2（5）　①2513　5E83　教2

［廣］广12（15）　②5502　5EE3　人　旧字体。

■一コウ（クヮウ）㊉漢㊉呉　養 guǎng　■二コウ（クヮウ）㊉漢㊉呉　漾 guàng　■三コウ（クヮウ）㊉漢㊉呉　漾 kuàng

ひろい（ひろ-し）・ひろまる・ひろめる（ひろ-む）・ひろがる・ひろげる（ひろ-ぐ）

筆順 丶 亠 广 広 広

なりたち 廣［形声］「广（＝屋根）」と、音「黄（コウ）」とから成る。四方の壁がない大きな建物の上をおおう屋根。派生して「ひろい」の意。

意味 ■一 ❶面積や範囲が大きい。**ひろい**。対 狭。例 広域（コウイキ）。広義（コウギ）。広野（コウヤ）。❷大きくする。**ひろげる**。言いひろめる。**ひろめる**。例 広告（コウコク）。広報（コウホウ）。❸心をひろくもつ。なぐさめる。例 為ㇾ賦以自広（フをつくりてもってみずからひろむ）（＝賦をつくって自分をなぐさめた）。〈史記・賈生伝〉❹「広州」の略。■二 ❶東西の長さ。よこ。対 袤（ボウ）。❷直径。■三 ❶何もしないで時が過ぎるさま。むなしい。通 曠（コウ）。例 広間（コウカン）。❷明朗である。明るい。通 曠（コウ）。

古訓 中古 ひろ・ひろごる・ひろし・ひろむ・ほどこす　中世 おほきなり・ひろ・ひろし・ひろむ　近世 いへ・おほいなり・くるま・ひろげる・ひろし・むなし・よこ

人名 お・たけ・とう・ひろ・ひろし・ひろむ・みつ・ゆたか

【広域】コウイキ ひろい区域。例 地震の被害が―にわたる。

【広運】コウウン ①徳などがひろくゆきわたる。②「広袤（コウボウ）①」に同じ。

【広益】コウエキ ①拡充する。②大いにためになる。弘益（コウエキ）。③日 公共の利益。例 ―事業。

【広▼衍】コウエン ①ひろく平らか。また、広大な土地。②ひろまる。ひろがる。

【広遠】コウエン ひろくて、はかりしれないさま。規模が大きく奥深いさま。例 ―な構想をいだく。表記 旧▼宏遠

【広▼廈】コウカ ひろくて大きい家。例 安得二広廈千万間一（いずくんぞコウカのセンマンゲンなるをえん）（＝なんとかして間口（まぐち）が千間も万間もあるような広い家を手に入れたいものだ）。〈杜甫・茅屋為秋風所破歌〉

【広角】コウカク 日 角度がひろいこと。特に、レンズの写す角度がひろいこと。例 ―レンズ。

【広間】■一コウカン 時間を無駄にする。■二ひろま 日 ひろい部屋。ひろい座敷。

【広軌】コウキ 日 鉄道で、レールの幅が国際標準（一・四三五メートル）よりひろいもの。対 狭軌。

【広義】コウギ ①意義を広め明らかにする。②範囲をひろめて考えた場合の、意味や解釈。ひろい意味。対 狭義。

【広居】コウキョ ひろくて大きい住まい。仁にたとえる。

【広狭】コウキョウ ひろいことと、せまいこと。転じて、幅。ひろさ。例 人によって解釈に―がある。

【広言】コウゲン 大げさなことや、えらそうなことを言う。また、そのことば。大口（おおぐち）。大言（タイゲン）。例 ―を吐く。

【広告】コウコク 日 商品や催しなどを新聞・雑誌や放送などによって、世間にひろく知らせる。また、その文書や放送など。例 求人―。新製品を新聞で―する。

【広州】コウシュウ ①三国呉の時代、今の広東（カントン）省と広西チワン族自治区にわたる地域。②広東省の省都。

【広場】■一コウジョウ ひろびろとした場所。特に、多くの人々のために設けた、屋外のひろい場所。例 駅前―（ひろば）。■二ひろば 日 人々が集まって交流をはかることのできる場所。

【広▼饒】コウジョウ ひろくて豊かな土地。

【広壮】コウソウ 建物などがひろくて立派なさま。例 ―な邸宅。表記 旧▼宏壮

【広大無辺】コウダイムヘン ひろく大きく、限りのないこと。果てしないこと。例 ―の宇宙。表記 旧▼宏大無辺

【広長舌】コウチョウゼツ ①〔仏〕仏の三十二相（＝三十二の身体的特徴）の一つ。ひろくて長い舌。②すぐれた舌。よくしゃべること。長広舌。

【広漠】【広▼莫】コウバク ひろびろとして果てしないさま。何もないさま。例 ―とした原野が続く。表記 旧▼宏漠

【広汎】【広範】コウハン 日 ひろくゆきわたるさま。また、範囲のひろいさま。例 ―な知識が求められる。

【広範囲】コウハンイ ひろい範囲。範囲がひろいこと。

【広報】コウホウ 日 役所や団体などが、多くの人々にひろく知らせる。また、その知らせや文書。PR（ピーアール）。例 ―課。表記 旧▼弘報

【広▼袤】コウボウ ①〔「袤」は、南北の長さの意〕土地のひろさ。面積。広運。類 広輪。②ひろい。類 広大。

【広目天】コウモクテン 〔仏〕四天王の一つ。西方を守る神で、大きな目で人間を観察し、悪人を罰するという。西方天。広目天王。

【広野】コウヤ／ひろの ひろびろとした野原。例 果てしない―。表記 旧▼曠野

【広葉樹】コウヨウジュ 日 平たく、幅のひろい葉をもつ木。サクラ・カシ・シイなど。熱帯や温帯に分布する。闊葉樹（カツヨウジュ）。対 針葉樹。

【広陵】コウリョウ 揚州（＝今の江蘇（コウソ）省揚州市）の古名。

【広量】コウリョウ 心がひろいさま。人を受け入れる気持ちが大きいさま。対 狭量。例 ―な人物。表記 旧▼宏量

【広縁】ひろエン 日 ①幅のひろい縁側（えんがわ）。例 ―で涼む。②寝殿造りの庇（ひさし）の間（ま）。

【広小路】ひろこうじ 日 町なかの幅のひろい、みち。大通り。

庁

广2（5）　①3603　5E81　教6

テイ㊉漢　チョウ（チャウ）㊉呉　青 tīng

［廳］广22(25) 2 5512 5EF3 人 旧字体。［廰］广17(20) 2 5513 5EF0 別体字。

筆順 丶 亠 广 庁

なりたち ［会意］「广(=建物)」と「聽(テイ)(=きく)」とから成る。訴えや事情をきくところ。役所。

意味 ❶役所。行政組織。例 官庁(カンチョウ)。宮内庁(クナイチョウ)。閻魔(エンマ)の庁(チョウ)。❷客と会ったり、宴会や儀式をおこなったりする大部屋。広間。

古訓 中古 まつりごと・まつりごとどの 中世 たびや・たひらか・まつりごとのや・やどり 近世 いへ・たひらかにす・まつりごとどころ・まつりごとどの・まづりごとのとの・まつりや・まんどころ

【庁事】(チョウジ) ①政治をおこなう場所。役所。官庁。②個人の家の正殿。母屋(おもや)。

【庁舎】(チョウシャ) 官庁の建物。例 新—を建設する。

【庁務】(チョウム) 日 官庁の事務。役所の仕事。

● 官庁(カンチョウ)・宮内庁(クナイチョウ)・県庁(ケンチョウ)・省庁(ショウチョウ)・政庁(セイチョウ)・退庁(タイチョウ)・登庁(トウチョウ)・都庁(トチョウ)

庄

广3(6) 1 3017 5E84 人 ソウ(サウ)漢 ショウ(シャウ)呉 陽 zhuāng

なりたち ［会意］「广(=建物)」と「土(=いなか)」とから成る。いなか。

参考 一説に、「莊(ソウ)」の俗字。

意味 いなか。むらざと。例 庄家(ショウカ)(=農家)。

日本語での用法 《ショウ》「庄園(ショウエン)・庄官(ショウカン)(=荘園(ショウエン)の管理を任される役)・庄司(ショウジ)(=荘園の管理を任される役)・庄屋(ショウや)」▼奈良時代以後の、荘園にかかわる役名などのことば。

古訓 中古 いつくし・かざる・ちまた 中世 かざる・よそほふ 近世 たひらか・たひらかなり

人名 たいら・まさ・むら

【庄園】(ショウエン) ⇩【荘園】(ショウエン)(1134ページ)

【庄屋】(ショウや) 日 江戸時代、領主の命令を受けて、村のとりまとめをした役。また、その人。〔多く、関西で「庄屋」、関東では「名主(なぬし)」といった〕

序

广4(7) 1 2988 5E8F 教5 ショ漢 ジョ呉 語 xù ついーで

筆順 丶 亠 广 庐 庐 序

なりたち ［形声］「广(=建物)」と、音「予(ヨ)→(ショ)」とから成る。建物の東と西にある土塀。母屋(おもや)の両わきの部屋。ひさしのま。ひさし。

意味 ❶周代の学校。まなびや。〔母屋(おもや)のわきの部屋で子弟を教育したことから。夏(カ)代は「校」、殷(イン)代は「庠(ショウ)」といった〕例 庠序(ショウジョ)(=学校)。❷定まった順番。次第。順番をつける。ついず。通 叙。例 序レ爵(シャクを ついず)(=爵位に序列をつける)。〈中庸〉序列(ジョレツ)。秩序(チツジョ)。❸季節。例 四序(シジョ)(=四季)。❹書物の前書き。はしがき。〔漢代までは書物の末尾に置かれた〕通 叙。対 跋(バツ)。例 序言(ジョゲン)。序文(ジョブン)。❺いとぐち。ものごとのはじめの部分。通 緒。例 序曲(ジョキョク)。序(ジョ)の口(くち)(=ものごとのはじまり。また、大相撲の番付のいちばん下の段)。序破急(ジョハキュウ)。

日本語での用法 《ついで》《ついでに》「社用(シャヨウ)の序(ついで)での観光(カンコウ)・刷毛序(はけついで)でに塗(ぬ)る」▼本来の目的ではないが、あわせて別のことをおこなうよい機会。なりゆき。そのおり。

古訓 中古 ついづ・ついで・つかさどる・つぐ・ながし・のぶ・はじむ・はじめ 中世 ついづ・ついで・ながし・のぶ・のぶる・はじめ・ひさし・まなぶ 近世 いとぐち・かき・ついづ・ついづる・のき・のぶる・ひさし・まなびどころ

人名 つぎ・つぐ・つね・のぶ・はじめ・ひさし

【序曲】(ジョキョク) ①唐代、楽舞のうちの楽曲。②日 歌劇で、開幕の前に演奏する音楽。プロローグ。③日 管弦楽曲の一形式。④日 ソナタ形式を用い、単楽章で完結する交響曲。⑤日 ものごとの始まる前ぶれ。例 大革命の—。

【序言】(ジョゲン) 前書き。はしがき。緒言(ショゲン)。序文。

【序詞】(ジョシ) 日 ①序のことば。序文。②(じょことば) 和歌の修辞法で、あることばを導き出すための前置きとなる語句。普通、枕詞(まくらことば)よりも長い。

【序歯】(ジョシ) 年齢(よわい)を序(ついず)る 年齢順の序列を定める。

【序詩】(ジョシ) 序として添えた詩。

【序次】(ジョジ) ものごとの順序。また、順序をつけること。例 論文掲載の—は発表年月順。

【序章】(ジョショウ) 日 小説や論文などの、全体への導入として初めに置く章。対 終章。

【序数詞】(ジョスウシ) 日 ものごとの順序を示す数詞。「第一」「二番目」「三つ目」「第六感」など。順序数詞。参考「一本」「二枚」「三階」「四番」の「本」「枚」「階」「番」など、数字の下につけて種類をあらわすことばは助数詞。

【序説】(ジョセツ) 本論に入る前の解説。序論。

【序奏】(ジョソウ) ある楽曲の主要部分の前にある、導入部。イントロダクション。

【序二段】(ジョニダン) 日〔「二段」は、番付の下から二段目の意〕大相撲の番付で、最低の位(=序の口)よりも一つ上の位。また、その地位の力士。

【序破急】(ジョハキュウ) 日 ①舞楽・能楽などの一曲を構成する、テンポや演じ方の異なる三つの部分。「序」は、導入部。「破」は、展開部。「急」は、終結部。〔能楽では、一日の演目の組み立て方についてもいう〕②ものごとの初めと中と終わり。例 —の整った文章の構成。

【序▼跋】(ジョバツ) 序文と跋文。書物の前書きと、後書(あとが)き。

【序盤】(ジョバン) 日 ①囲碁・将棋の勝負の初めの局面。例 —戦。②ものごとの初めの段階。▽対 終盤。

【序文】(ジョブン) 書物の初めにかかげ、その本の趣旨や方針、成立事情などをしるした文章。序。前書き。はしがき。序言。対 跋文(バツブン)。

【序幕】(ジョマク) 日 ①演劇の最初の幕。第一幕。②ものごとの始まり。発端(ホッタン)。例 大事件の—になった。▽対 終幕。

【序列】(ジョレツ) ①順序だてて記述する。②(年齢・成績・地位などの)基準に従って定める順序。例 年功—。—をつける。

【序論】(ジョロン) 論文で、本論に入る前の、内容を概括的に述べる論。緒論(ショロン)。序説。〔序論、本論、結論の構成をもつことが多い〕

● 公序(コウジョ)・自序(ジジョ)・順序(ジュンジョ)・秩序(チツジョ)

床

广4(7) 1 3018 5E8A 常用 ソウ(サウ)漢 ショウ(シャウ)呉 陽 chuáng とこ・ゆか

筆順 丶 亠 广 庐 庁 庁 床

なりたち ［会意］「广(=建物)」と「木(=き)」とから成る。ねどこ。

参考 一説に、「牀(ショウ)」の俗字。

意味 ❶ねどこ。寝台。ベッド。また、こしかけ。例 床几(ショウギ)。起床(キショウ)。病床(ビョウショウ)。❷いげた。

日本語での用法 一《ショウ》《とこ》①「岩床(ガンショウ)・鉱床(コウショウ)」▼土台。地層。②「河床(カショウ)(かわどこ)・船床(ふなどこ)」▼底の部分。③「床の間・床柱」▼座敷の正面を一段高くして掛け軸や花を飾る所。④「床屋・髪結床」▼理髪店。⑤「温床・苗床」▼苗を育てる所。⑥「銃床」▼ものを支える台。〓《ゆか》「床板・床上・床下」▼家の中で土の面より高く根太を設けて、その上に板が張ってある所。〓《ゆかしい》「奥床しい・床しき音色」▼上品でつつましい。「床」は、あて字。

古訓 中古 とこ・ゆか 中世 とこ・ゆか 近世 とこ・ゆか

難読 胡床

【床▼几】①寝台と腰かけ。②日 昔、陣中や狩り場などで用いた折りたたみ式の腰かけ。牀机。③日 細長い板の両はしに足のついた、簡単な腰かけ。数人が座れる。牀机。例 軒下の―で涼む。

【床柱】日 床の間に立てる、飾りの柱。

【床屋】日 理髪店。また、理髪師。

【床山】日 役者や力士の髪を結う人。また、その職業。

【床板】日 ゆかに張る板。ゆかに張った板。

●温床・起床・銃床・苗床・寝床・病床・臨床

庇

广4（7） 1 4063 5E87 人

ヒ 漢 寘 bì

かば-う（かば-ふ）・おお-う（おほ-ふ）・ひさし

なりたち [形声]「广（＝建物）」と、音「比」とから成る。かばうように、おおう。

意味 ❶おおいかくす。まもりたすける。**おおう。かばう。** 例 庇二天下寒士一（＝天下の貧乏人を収容する）。〈杜甫・茅屋為秋風所破歌〉 庇陰。庇護。❷たよる。身を寄せる。例 庇託（＝身をあずける）。

日本語での用法 《ひさし》「帽子の庇・庇を貸して母屋を取られる（＝一部分の使用を許したことで、しまいに全体を占領される）・庇髪」▼本体の面から張り出した部分。廂。

古訓 中古 おほふ・かくす・かくる・たすく・ひさし 中世 おほふ・かくす・かくるる・ひさし 近世 おほふ・そなふ・ひさし

【庇陰】【庇▼蔭】【庇▼廕】ひさしのかげ。転じて、物をおおい防ぐ。かばい助ける。また、おかげ。例 神仏の―をこうむる。

【庇護】弱い者などを、かばいまもる。保護する。庇保。例 親の―のもとに育つ。大国の―を受ける。

【庇髪】日 前髪と左右の鬢とを前の方に出して結う髪型。明治・大正時代の女優や女学生に流行した。

庚

广5（8） 1 2514 5E9A 人

コウ（カウ）漢 庚 gēng

かのえ

なりたち [象形] 秋に万物がたわわな実をつけた形。借りて、十干の第七番目に用いる。

意味 ❶十干の七番目。**かのえ。** 方位では西、五行説では金にあてる。例 庚申。庚申塚。❷とし。年齢。例 同庚（＝同い年）。❸みち。道路。例 夷庚（＝平らな道）。❹つぐなう。弁償する。例 庚償（＝補償する）。❺姓の一つ。❻⇩【庚庚】

古訓 中古 かのえ・こはし 中世 かのえ 近世 あらたまる・かのえ・かはる・つぐなふ

人名 か・つぐ・とし・みち・やす

難読 長庚

【庚庚】①線などが横にのびているさま。②実をつけるさま。成果があるさま。

【庚申】①干支の一つ。十干と十二支の組み合わせで、五十七番目。②日〔仏〕「庚申待ち」の略。「①」の日の夜、仏家では帝釈天や青面金剛（＝帝釈天の使者）を、神道では猿田彦を祭って、寝ずに夜明けを待つ行事。〔寝ると、腹中の三尸虫が抜け出て天帝に悪事を報告するという〕

【庚申塚】日「庚申②」の神を祭った塚。青面金剛や三匹のサルを刻んだ石塔を道ばたに立てる。

底

广5（8） 1 3676 5E95 教4

テイ 漢 呉 薺 dǐ

そこ

筆順 丶 亠 广 广 庀 庄 底 底

なりたち [形声]「广（＝建物）」と、音「氐」とから成る。とどまる。また、下のところ。

意味 ❶いたりつく。とどまる。いたる。例 底止。❷もののいちばん下の深いところ。器物の下部。**そこ。** 例 底辺。海底。❸行きつく最後のところ。はて。例 徹底。払底。❹文書の下書き。草稿。よりどころ。例 底稿（＝もとの原稿）。底本。❺なに。どんな。〔唐・宋代の俗語〕例 底事（＝なにごと）。❻といし。通 砥。例 底礪（＝といし）。❼程度。種類。てい。〔宋・元代の俗語に由来する用法〕例 この底のもの。

古訓 中古 いたる・した・しりぞく・そこ・たひら・たひらかに・とどこほる・とどむ・もと 中世 いたす・いたる・いづれ・した・そこ・とどこほる・とどまる・なに・なんぞ・もと 近世 いたす・いたる・さだまる・したがき・しり・そこ・といし・とどこほる・とどまる・なに・なんぞ・ふもと・まつ

人名 いたる・さだ・ふか

【底意】日 表面に出さないで、心にかくしている考えや気持ち。心の底。下心。例 ―をはかりかねる。

【底意地】日 表面には出さない心の奥にひそむ気持ち。本来もっている気質。例 ―が悪い。

【底力】日 奥底にかくしもつ本来の力。いざというときに出す強い力。例 ―を発揮する。

【底荷】日 船の安定をよくするために、船底に積む砂利や石などの重いもの。脚荷。底積み。バラスト。

【底▼翳】日 眼球内の障害のために、視力に異常の起こる病気。白内障・緑内障など。内障。内障眼。

【底▼蘊】奥深く蓄えられた学識や技芸。蘊奥。

【底止】とどまる。行きつくところまで行ってとまる。例 ―するところを知らず。

【底辺】①〔数〕三角形の頂点に対する辺。また、台形の互いに平行な二つの辺。②日 社会や集団の、いちばん下層の部分のたとえ。例 ―の声に耳をかたむける。

【底本】①下書き。草稿。②翻訳や校訂などの、もとになる本。〔「定本」と区別して「そこホン」「そこボン」とも言う〕例 初版本を―とする。

【底面】①底の面。②〔数〕円錐・角錐の頂点に対する面。また、円柱・角柱などの、上下の平行な二つの面。

【底流】①海や川などの、底の方の流れ。②日 表面に出ないで、ひそかに動いている勢い。〔多くの人々が心の内にもっている共通の感情や思想など〕例 国民の―にある意識。

●糸底・奥底・海底・眼底・基底・根底・心底・水底・船底・地底・徹底・到底・払底

店

广5（8） 1 3725 5E97 教2

テン（テム）漢 艶 diàn

みせ・たな

筆順 丶 亠 广 广 庐 庐 店 店

なりたち【形声】「广(=建物)」と、音「占セン…→テン」とから成る。品物や食品を並べておく家。

意味 ❶品物を並べて売る家。商家。**みせ**。**たな**。例 店頭テントウ。商店ショウテン。露店ロテン。❷やどや。はたご。例 旅店リョテン。

日本語での用法《たな》①「店子たなこ・店賃たなチン」▼借家シャクや。また、家を借りている人。②「店卸たなおろし・十軒店ジッケンだな・お店者たなもの(=商店の奉公人)」▼あきないをするみせ。みせ屋。

古訓 中古 たな・まち 中世 たな・まち・やどり 近世 いちぐら・おく・たな・ひとや・みせ

【店子】たなこ 日〔古い言い方〕家を借りている人。借家人。対大家おおや・家主やぬし。
【店員】テンイン 日商店に勤める人。
【店▼肆】テンシ ①商店。みせ。②旅館。はたご。
【店主】テンシュ みせの主人。
【店頭】テントウ ①定期の市。②商店。みせ。③日みせの入り口。店先みせさき。例—販売。
【店舗】テンポ 商売をする建物。商店。みせ。例—を構える。
【店先】みせさき 日みせの入り口。また、みせの前。店頭。
●開店カイテン・喫茶店キッサテン・支店シテン・出店シュッテン/でみせ・商店ショウテン・書店ショテン・茶店チャみせ・売店バイテン・百貨店ヒャッカテン・閉店ヘイテン・本店ホンテン・露店ロテン

府

广5(8) 1 4160 5E9C 教4 フ 漢 呉 麌 fǔ

筆順 丶 亠 广 广 庐 庐 府 府

なりたち【形声】「广(=建物)」と、音「付フ」とから成る。文書をおさめ、しまうところ。

意味 ❶文書や宝物を収める倉。くら。例 府庫フコ。秘府ヒフ(=宮中の記録・書物を保管するくら)。❷役所。官庁。例 府中フチュウ。政府セイフ。幕府バクフ。❸いえ。やしき。貴人の邸宅。❹人やものの集まるところ。中心地。みやこ。例 学府ガクフ。首府シュフ。❺行政区画の一つ。唐から清シンまで続いた。例 知府チフ(=府の長官)。❻頭を垂れる。うつむく。通俯フ。

日本語での用法《フ》①「京都府キョウトフ・大阪府おおさかフ」▼地方自治体の一つ。②「国府コクフ・内閣府ナイカクフ」▼行政庁の一つ。

古訓 中古 くら・たつ 中世 あつまる・すみか・ただす・つかさ・とる・もと 近世 あつまる・あつむる・くら・とる・ふみ・もと・をさむ

人名 あつ・おさむ・くら・つかさ・もと

【府▼尹】フイン 府の長官。
【府下】フカ 府の区域内。また、府の中心地を除いた地域。
【府君】フクン ①漢代、太守(=郡の長官)に対する尊称。②神に対する尊称。③死者に対する尊称。
【府庫】フコ 国家の文書や財物などを入れるくら。
【府寺】フジ 〔「寺」も、役所の意〕役所。官庁。類府署。
【府中】フチュウ 〔府の区域内の意〕①宮中に対して、政治をおこなう表向きの役所。対宮中。例 宮中府中倶為二一体一キュウチュウフチュウはともにイッタイたり(=宮廷内と政府内とはともに一体たるべきものです)。〈諸葛亮・出師表〉②軍中の役所。将軍の幕府。③日昔、国ごとに置かれた国司の役所。国府。例 武蔵むさしの—。
【府庁】フチョウ 府の行政事務をおこなう役所。また、その建物。
【府▼帑】フド/フトウ 官有の財産を収めるくら。国庫。
【府内】フナイ ①府の区域内。②日江戸時代、江戸と呼ばれた区域内。江戸の町奉行まちブギョウがとりしまる区域内。御府内ゴフナイ。
【府兵】フヘイ 北朝西魏セイギに始まり、唐代までおこなわれた兵制。府兵制。兵士を農民から選抜し、交替で帝都や辺境を防備した。
【府吏】フリ 下級の役人。
【府立】フリツ 日府が設立し、運営していること。
●学府ガクフ・首府シュフ・政府セイフ・大宰府ダザイフ・幕府バクフ

庖

广5(8) 1 4289 5E96 ホウ(ハウ) 漢 肴 páo くりや

[庖] 广5(8) 俗字。

意味 ❶台所。**くりや**。例 庖厨ホウチュウ。❷料理人。例 良庖リョウホウ(=腕のよい料理人)。

【庖人】ホウジン 料理することを専門にする人。料理人。コック。
【庖▼厨】ホウチュウ 食物を調理する所。台所。勝手。くりや。
【庖丁】一ホウテイ 〔ウシの骨と肉をたくみにさばいたという料理の名人の名前から〕料理人。二ホウチョウ 日①料理に用いる刃物の総称。出刃庖丁でばボウチョウ・刺身庖丁さしみボウチョウなど。②料理の腕前。③料理をする。表記 二は現包丁

庥

广6(9) 4 1203 5EA5 キュウ(キウ) 漢 尤 xiū

意味 ❶やすむ。通休。❷木かげ。

庠

广6(9) 2 5489 5EA0 ショウ(シャウ) 漢 呉 陽 xiáng

意味 殷イン代の学校。まなびや。〔夏カ代は「校」、周代は「序」といった〕例 庠序ショウジョ。庠黌ショウコウ(=学校)。

【庠序】ショウジョ 学校。

度

广6(9) 1 3757 5EA6 教3 一ト 漢 ド 呉 遇 dù 二タク 漢 薬 duó たび・た-い(た-し)・はか-る

筆順 亠 广 广 户 庐 庐 度 度

なりたち【形声】「又(=て)」と、音「庶ショ…→ト」の省略体とから成る。手や腕などで物の長さをはかる。また、その単位・基準。

意味 一❶物差し。長さの基準。また、目盛り。単位。例 温度オンド。速度ソクド。濃度ノウド。❷回数。例 度数ドスウ。❸ほどあい。例 程度テイド。❹きまり。さだめ。規則。のり。例 制度セイド。法度ハット。❺心のもちかた。心の大きさ。例 度量ドリョウ。態度タイド。❻わたる。わたす。通渡。㋐わたって来る。越えて来る。例 春光不レ度玉門関シュンコウわたらずギョクモンカン(=春の光は玉門関を越えて来ない)。〈王之渙・涼州詞〉㋑川や湖をわたる。例 度二江河一コウガをわたる(=長江・黄河をわたる)。〈漢書・賈誼伝〉㋒仏教で、出家させる。また、出家する。僧尼になる。例 得度トクド。滅度メツド。㋓仏教で、この世の人をすくう。彼岸にわたす。例 済度サイド。度ドし難がたい。二**はかる**。みつもる。例 支度シタク(=はかる。計算する)。忖度ソンタク。

日本語での用法《たい》「お目めにかかり度たい・お願ねがい致いたし度たく存ゾンじます」▼助動詞「たい」にあてる。…したい。希望する。

古訓 中古 すくふ・たび・のり・はかり・はかりこと・はかる・わたる・をり 中世 たび・のり・はかる・わたる 近世 すぐる・たい・たし・たび・のっとる・のり・はかりこと・はかる・わたる

人名 ただ・なが・のぶ・のり・みち・もろ・わたる

【度支】タクシ ①数える。計算する。②魏ギ・晋シン代に設置され、会計・経理をつかさどった官。その役所は度支司。
【度越】ドエツ すぐれている。まさる。こえる。

【度外】ドガイ 一 ①決められた範囲のほか。考慮しないこと。②心のほか。気にとめない。例 世論を―に置いた改革。③決まりにはずれている。規範・法度を守らない。二 はずれ 日 普通の程度をこえているさま。並はずれ。例 ―の力持ち。

【度外視】ドガイシ 日 問題にしない。相手にしない。無視。例 採算を―する。

【度胸】ドキョウ 日 おそれたり、あわてたりしない心。肝っ玉。胆力。例 いい―をしている。

【度数】ドスウ ①温度・角度の目盛りの数。②定まった制度。規則。③日 アルコールの含有率などを示す数。例 ―の高い酒。④日 ものごとがおこなわれた回数をあらわす。回数。頻度。例 電話の使用―。

【度▼牒】ドチョウ 僧尼や道士となった者に、政府が与えた証明書。唐・宋代、軍資金を集めるため、さかんに発行した。

【度内】ドナイ むねの内。考慮の内。考え。

【度量】ドリョウ 一 ①物差しと升ます。②長さと容量。③限度。④心が広くて、他人の言行をよく受け入れる性質。例 ―がせまい。二 タクリョウ（リョウをはかる） 物の量をはかる。

【度量衡】ドリョウコウ ①物差しと升ますとはかり。〈書経・舜典〉②長さと容量と重さ。例 ―の単位。

●幾度いくど・一度イチド・緯度イド・角度カクド・過度カド・感度カンド・強度キョウド・極度キョクド・経度ケイド・軽度ケイド・限度ゲンド・高度コウド・硬度コウド・今度コンド・再度サイド・支度シタク・湿度シツド・尺度シャクド・深度シンド・進度シンド・制度セイド・精度セイド・節度セツド・鮮度センド・丁度チョウド・都度ツド・程度テイド・適度テキド・年度ネンド・濃度ノウド・法度ハット・頻度ヒンド・毎度マイド・密度ミツド

庋

广7 (10)　4 1204 5EAA　キ漢 紙 guǐ

意味 ❶軒先の横木。桁たけ。❷埋蔵する。

庫

广7 (10)　1 2443 5EAB　教3　コ漢 ク呉唐 遇 kù　くら

筆順 亠 广 广 庐 庐 肩 肩 庫

なりたち  [会意]「車ヨキ…▼コ（＝くるま）」が「广（＝屋根）」の下にある。兵車をしまう所。

意味 ❶兵器・書物・財宝などをしまっておくための建物。くら。例 金庫キンコ。書庫ショコ。倉庫ソウコ。❷監獄。ろうや。

古訓 中古 くら・つはものぐら・つはもののくら 中世 くら・クリ 近世 くら・つはものぐら

難読 神庫ほこら

【庫裏】【庫▼裡】クリ 日〔仏〕①寺院の台所。七堂の一つ。②寺の建物のうち、住職やその家族の住む所。

【庫銭】コセン 国庫の金銭。

【庫蔵】コゾウ くら。収蔵庫。

【庫門】コモン ①周代、王宮にあった五つの門の一つ。②魯ロの宮城にあった三つの門の一つ。③くらの門。

【庫吏】コリ 倉庫番をする役人。

●格納庫カクノウコ・公庫コウコ・国庫コッコ・車庫シャコ・出庫シュッコ・入庫ニュウコ・文庫ブンコ・宝庫ホウコ

座

广7 (10)　1 2634 5EA7　教6　サ漢 ザ呉 ソ・ゾ唐 箇 zuò　すわり・すわる

筆順 亠 广 广 広 庍 座 座 座

なりたち [形声]「广（＝屋根）」と、音「坐サ（＝すわる）」とから成る。すわる所。

意味 ❶すわる場所。例 座席ザセキ。座右ザユウ。王座オウザ。❷ものをすえる台。例 台座ダイザ。砲座ホウザ。❸地位。くらい。例 首座シュザ。妻の座ザ。典座テンゾ（＝禅寺で、食事係の僧）。❹星の宿り。例 天秤座テンビンザ。❺すわる。通 坐。例 座視ザシ。正座セイザ。端座タンザ。❻仏像・山岳などを数えることば。例 仏像ブツゾウ三座サンザ。

日本語での用法 《ザ》①「座ザが白しらける・座ザを取とり持もつ・座興ザキョウ・中座チュウザ」▼人の集まり。集まりの席。②「歌舞伎座かぶきザ・銀座ギンザ」▼特定の人や物の集まるところ。団体。

古訓 中古 くら・とこ・ゐる 中世 くらゐ・まします・ゐどころ・ゐる 近世 くらゐ・まします・ゐどころ・をりどころ

人名 おき・くら

難読 天磐座いわくら・高御座たかみくら・御座おまし

【座下】ザカ ①座席のそば。②日 手紙のわき付けの一つ。あて名の左下に書きそえて、相手を敬う気持ちをあらわす。

【座▼臥】ザガ すわることと、寝ること。起居。転じて、いつも。ふだん。坐臥ザガ。例 行住ギョウジュウ―。日常の―。

【座客】ザカク 席についている客。同席の人。坐客ザカク。

【座金】ザがね 日 取っ手などの根元や、打ったくぎの頭をかくすために、飾りとしてつける金具。座金物ザがなもの。

【座興】ザキョウ 日 ①宴会などでの、かくし芸や遊び。余興。②その場だけのたわむれ。〔冗談。例 ほんの―だ。

【座業】ザギョウ 日 一定の仕事場で、すわってする仕事。座職ザショク。居職いジョク。坐業ザギョウ。

【座高】ザコウ 日 ①すわったときの、身のたけ。〔古くは「居丈いたけ」といった〕②背すじをのばしていすに腰かけたときの、いすの表面から頭の頂点までの高さ。▽坐高ザコウ。

【座骨】ザコツ 日 しりの下部にあって、すわったときにからだを支える、左右一対のほね。坐骨ザコツ。

【座作進退】ザサシンタイ 日常の一つ一つの動作。身のこなし。立ち居ふるまい。坐作進退ザサシンタイ。

【座視】ザシ だまって見ているだけで、関わりをもたない。坐視ザシ。例 ―にまで気を配る。

【座次】ザジ ①すわる。②座席の順番。席次。▽坐次ザジ。例 隣人の不幸を―するにしのびない。

【座敷】ザしき 日 ①畳を敷いた部屋。和室。日本間。特に、客間。②和風の宴会の席。また、その時間。③宴会のとりもち。④芸人や芸者が客に呼ばれること。例 お―がかかる。

【座主】ザシュ 一 科挙（＝官吏登用試験）の合格者が、自分の試験官に対して用いる敬称。二 ザス〔仏〕①出家者集団における主席の僧。②日 比叡ヒエイ山延暦エンリャク寺などの大寺の最高位の僧。

【座礁】ザショウ 日 船が暗礁や浅瀬に乗り上げて動けなくなる。坐礁ザショウ。対 離礁。

【座上】ザジョウ ①上位の座席。かみざ。例 ―の客（＝上座の客）。②会合の席。

【座食】ザショク 働かないで、持っている財産などで生活する。居食いぐい。徒食。坐食ザショク。例 ―の徒。

【座職】ザショク 日 すわったままで作業をする職業。座業。居職いジョク。坐職ザショク。

【座席】ザセキ すわる席。席。坐席ザセキ。例 ―指定。

【座禅】ザゼン 〔仏〕足を組み背すじをのばしてすわり、心を静めて悟りを得ようとすること。禅宗の修行の方法。坐禅ザゼン。

【座像】ザゾウ すわっている姿の像。坐像ザゾウ。対 立像。

【座卓】ザタク 日 畳にすわって使うテーブル。坐卓ザタク。

【座談】ザダン 日 ①数人がくつろいだ気分で自由に話し合う。また、その話。例 ―会。②その場かぎりの話。

【座中】ザチュウ ①部屋（座敷）の中。②同席者。列席者。③日 劇団の人々。

【座長】ザチョウ 日 ①集会や座談会などで、中心になって話を進めていく人。議長。例 ―をつとめる。②劇団などの一座のかしら。座頭(ざがしら)。

【座頭】(ザトウ) 日一 ①昔、盲人の琵琶法師(ビワホウシ)の身分の一つ。検校(ケンギョウ)・別当・勾当(コウトウ)に次ぐ。②僧形(ソウギョウ)の盲人。琵琶や三味線をひいたり、按摩(アンマ)や鍼(はり)などを職業とした。③盲人。日二(ざがしら) 劇団などの一座の長。座長。

【座標】(ザヒョウ) 日 ①〔数〕平面または空間にある点の位置を、互いに直角に交わる直線を基準としてあらわした一組みの数値。例 ―軸。②位置づけ。また、そのよりどころ。例 アジアにおける日本の―。

【座布団】【座▼蒲団】(ザブトン) 日 すわるときに敷く、四角なふとん。

【座薬】(ザヤク) 日 肛門(コウモン)などにさし入れ、体温でとけるようにした、くすり。〔「坐薬」が本来の用字〕

【座右】(ザユウ|ザウ) ①〔座席のみぎの意〕身近なところ。例 ―に備える。転じて、大切な書物・文具などを置くところ。②日 手紙のわき付けの一つ。御許(おんもと|みもと)。座下(ザカ)。

【座右銘】(ザユウのメイ|ザユウメイ) いつも身辺に置き、自らのいましめとする、大切なことば。〔後漢の崔瑗(サイエン)(崔子玉)が、自らのいましめのために身近に置いていた「無レ道二人之短一、無レ説二己之長一(ひとのタンをいうなかれ、おのれのチョウをとくなかれ)。〈崔瑗・座右銘〉」に始まる五言二十句百字の文言〕

【座浴】(ザヨク) 日 病人などが、腰から下だけ湯につかること。腰湯。坐浴(ザヨク)。

◐ 一座(イチザ)・円座(エンザ)・王座(オウザ)・玉座(ギョクザ)・銀座(ギンザ)・車座(くるまザ)・下座(ゲザ|しもザ)・口座(コウザ)・高座(コウザ)・講座(コウザ)・上座(ジョウザ|かみザ)・星座(セイザ)・前座(ゼンザ)・即座(ソクザ)・退座(タイザ)・台座(ダイザ)・中座(チュウザ)・鎮座(チンザ)・当座(トウザ)・満座(マンザ)・連座(レンザ)

庭

广7 (10) 1 3677 5EAD 教3

テイ 漢 青 tíng

にわ(には)

筆順 

なりたち  [形声]「广(=建物)」と、音「廷(テイ)」とから成る。宮廷の部屋の中。

意味 ❶建物内の大広場。❷朝廷。また、政務をとるところ。役所。通 廷。例 宮庭(キュウテイ)。法庭(ホウテイ)。❸屋敷の中に設けた広場。にわ。例 庭園(テイエン)。庭訓(テイキン)。校庭(コウテイ)。❹いえ。家のなか。一家。例 家庭(カテイ)。

古訓 中古 おほきなり・ただし・ただす・なほし・なほる・には・ば 中世 ただし・たひらか・には 近世 ただち・たひらか・なほし・には

人名 なお・ば

難読 伊庭(いば)(=姓)・饗庭(あいば|あえば)・大庭(おおば)(=姓)

【庭▼闈】(テイイ) 〔「闈」は、居住する所の意〕親の住んでいる部屋。転じて、父母。また、家庭。

【庭園】(テイエン) 美しく造られた、にわ。立派な、にわ。例 日本―。

【庭▼柯】(テイカ) にわの樹木の枝。転じて、にわの樹木。にわき。

【庭階】(テイカイ) 家屋からにわに降りる階段。類 庭除。

【庭球】(テイキュウ) 日 テニス。

【庭訓】(テイキン|にわのおしえ) 家庭で折にふれて親が子に与える教えや、しつけ。家庭教育。過庭之訓(カテイのおしえ)。趨庭(スウテイ)。↓

【鯉庭】(リテイ) (1485ページ) ◐孔子が、小走りで庭を過ぎる息子の鯉(リ)を呼びとめて、詩や礼を学ぶ必要を教えさとしたことから。〈論語・季氏〉

【庭実】(テイジツ) 朝廷のにわに並べられる献上品。

【庭▼牆】(テイショウ) にわの垣根。

【庭上】(テイジョウ) にわの中。にわさき。例 秋の―にすだく虫の声。

【庭石】(テイセキ|にわいし) にわに趣をそえるために置く石。また、伝い歩くために置く石。

【庭前】(テイゼン) ①にわ。②(にわさき) 日 にわの縁側に近いあたり。

【庭木】(テイボク|にわき) にわに趣をそえるために植える木。また、にわにある木。例 ―の手入れ。

【庭▼燎】(テイリョウ) 宮殿のにわで、宮中参内(サンダイ)の臣下のために衛士(エジ)(=警備の者)がたく、かがり火。

【庭先】(にわさき) 日 ①にわの、縁側や家屋に近いところ。また、にわ。②にわの、はしの方。例 ―を借りる。▽庭前(にわさき)。

【庭師】(にわシ) 日 草木を植えるなどして、にわを造ったり、手入れをしたりすることを職業とする人。にわづくり。造園家。

◐ 家庭(カテイ)・径庭(ケイテイ)・校庭(コウテイ)・箱庭(はこにわ)

［庬］广7 (10) ⇩ 厖(ボウ)(206ページ)

庵

广8 (11) 1 1635 5EB5 人

アン(アム) 漢 呉 覃 ān

いおり(いほり)・いお(いほ)

［菴］艹8 (11) 2 7231 83F4 別体字。

［葊］艹9 (12) 4 8639 844A 別体字。

なりたち [形声]「广(=建物)」と、音「奄(エン)」とから成る。草のいおり。

意味 ❶仏道の修行者(多くは尼僧(ニソウ))や隠者などが住むような、草ぶき屋根の質素な家。いおり。例 庵主(アンシュ)。草庵(ソウアン)。❷文人の住まいや書斎につけることば。例 芭蕉庵(バショウアン)。不識庵(フシキアン)(=上杉謙信の庵号)。

古訓 中古 いほり・くさのいほり 中世 いへ・いほ・いほり 近世 いへ・いほり・ひきし・まろきいへ

【庵室】(アンシツ) 〔古くは「アンジツ」「アンジチ」とも〕僧や尼、世捨て人などが住む、粗末で小さな家。いおり。

【庵主】(アンシュ|アンジュ) ①庵室の主人。特に、尼僧(ニソウ)。②日 茶の湯で、茶室の主人。亭主。

【庵住】(アンジュウ) 庵室にすむ。また、すんでいる人。

【庵裏】【庵▼裡】(アンリ) 草堂の中。例 廬山庵裏暁灯前(ロザンのアンリギョウトウのまえ)(=廬山のふもとの草堂の中、夜明けのほの暗いともしびの前に私は今いる)。〈白居易・与微之書〉

◐ 小庵(ショウアン)・禅庵(ゼンアン)・草庵(ソウアン)・蓬庵(ホウアン)

康

广8 (11) 1 2515 5EB7 教4

コウ(カウ) 漢 陽 kāng

やす-い(やす-し)

筆順 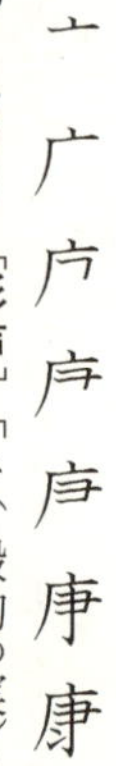

なりたち  [形声]「氺(=穀物の実)」と、音「庚(コウ)」とから成る。穀物の皮。派生して「安らか」の意。

意味 ❶安らか。すこやか。例 康彊(コウキョウ)。健康(ケンコウ)。❷世の中が平和である。しずか。例 康平(コウヘイ)。❸ほめる。たたえる。例 康二帝徳一(テイトクをほむ)(=帝の徳をたたえた)。〈呂覧・古楽〉 ❹楽しむ。例 康楽(コウラク)。

古訓 中古 しづかなり・たのしび・たのしぶ・たのしむ・みち・むなし・やす・やすし 中世 やす・やすし 近世 あぐる・いつくし・おく・おほいなり・からし・しづか・たのしむ・ぬか・みち・むなし・やすし・やはらぐ

人名 しず・しずか・たか・たかし・みち・みつ・やす・やすし・よし

【康▼乂】(コウガイ) 〔「乂」は、治まる意〕安らかに治まる。

【康▼彊】【康強】(コウキョウ) すこやかで元気なさま。健康。

【康▼衢】(コウク) 〔「康」は五方、「衢」は四方に通じる道〕大通り。市街。また、多方面に通じる道。類 康荘(コウソウ)。

【康平】(コウヘイ) 世の中がよく治まり、安らかなこと。太平。

【康楽】(コウラク) ①安らぎ楽しむ。安楽。②舞曲の名。③南朝宋(ソウ)の詩人、謝霊運(シャレイウン)のこと。爵位を継ぎ、康楽公となったことから。

庶

广8 (11) 1 2978 5EB6 常用

シヨ 漢 呉 御 shù もろもろ・こいねが-う(こいねが-ふ)

筆順 亠 广 庀 庐 庑 庑 庶 庶

なりたち [会意]「广(=建物)」と「廿(=多い)」とから成る。家の中にいる多くの人。

意味 ❶数多くの。いろいろの。**もろもろ**。例 庶物(ショブツ)。庶務(ショム)。❷世間のごく普通の人々。民衆。例 庶人(ショジン)。庶民(ショミン)。❸正妻でない女性の生んだ子。めかけの子。対 嫡。例 庶子(ショシ)。庶出(ショシュツ)。❹どうか…であってほしいと思う。**こいねがう**。例 庶幾(ショキ)。❺ほとんど…と同じである。ちかい。十分見込みがある。例 回也其庶乎(カイやそれちかきか)(=顔回はほとんど申し分ない)。〈論語・先進〉

古訓 中古 こひねがふ・ちか・ちかし・ちかづく・ねがふ・もろもろ 中世 こひねがふ・もろもろ 近世 おほし・こひねがふ・さいはひ・ちかし・ねがふ・もろもろ

人名 ちか・もり・もろ

【庶官】(ショカン) 多くのいろいろな役人。百官。

【庶幾】(ショキ) 一 ①(こいねがう)〔「幾」も、願うの意〕強く希望する。例 王庶幾改レ之(オウこいねがわくはこれをあらためよ)(=王よ、どうぞお考え直しください)。〈孟子・公孫丑下〉戦争の終結を―する。②賢人。〔孔子が顔回を賢人として評したことから〕〈易・繋辞下〉 二(ちかし) ほとんど…だ。見込みがある。例 斉国其庶幾乎(セイコクそれちかからんか)(=斉国は《立派に治まる》見込みがある)。〈孟子・梁恵王下〉

【庶兄】(ショケイ) 庶出のあに。

【庶▼孽】(ショゲツ) 妾腹(ショウフク)の子。

【庶士】(ショシ) ①「庶人(ショジン)」に同じ。②軍人。兵士。

【庶子】(ショシ) ①正妻以外の女性が生んだ子。②家のあととり以外の子。③日〔法〕旧民法で、婚姻関係にない女性が生んだ子で、父親が自分の子と認めた子。〔今の民法では「非嫡出子」〕▽対 嫡子。

【庶羞】(ショシュウ) 神に供える、さまざまなごちそう。

【庶出】(ショシュツ) 正妻以外の女性から生まれること。また、その子。妾腹(ショウフク)。対 嫡出。

【庶人】(ショジン|ショニン) 多くの人。特別な身分でない、ごく普通の人々。平民。庶民。庶士。

【庶弟】(ショテイ) 庶出のおとうと。

【庶物】(ショブツ) いろいろなもの。すべてのもの。万物。

【庶母】(ショボ) 父の側室である、自分の生母。

【庶民】(ショミン) 特別な身分や地位や財産を持たない、一般の人々。大衆。例 ―性。―的。―の生活。

【庶務】(ショム) ①いろいろな事務。雑務。②日 会社や役所などであつかう、一般的な事務。例 ―課。

庹

广8 (11) 4 1206 5EB9

タ 漢 歌 tuǒ

意味 両腕を左右に伸ばした長さ。約五尺。

[庿]

广8 (11) ⇩廟(ビョウ)(454ページ)

庸

广8 (11) 1 4539 5EB8 常用

ヨウ 漢 冬 yōng もち-いる(もち-ゐる)・つね

筆順 亠 广 户 庐 肩 肩 庸

なりたち [会意]「用(=もちいる)」と「庚(=交代する)」とから成る。交代して用いる。

意味 ❶人をある役目につけて使う。やとう。**もちいる**。例 庸庸(ヨウヨウ)②。通 傭。❷てがら。功績。例 庸人(ヨウニン)。登庸(トウヨウ)。❸一定して変わらない。平生(ヘイセイ)。日常。**つね**。例 中庸(チュウヨウ)。❹平凡な。並の。つまらない。愚かな。例 庸君(ヨウクン)。凡庸(ボンヨウ)。❺唐代の税法。労役または労役の代わりに絹や米を納めたもの。例 租庸調(ソヨウチョウ)。❻なんぞ。いずくんぞ。あに。反語をあらわすことば。例 庸可レ滅乎(なんぞほろぶべけんや)(=どうして滅びることがあろうか。いや、ない)。〈史記・晋世家〉

古訓 中古 いづくんぞ・いとなむ・おろか・おろかなり・つかひびと・つたなし・つね・つねに・なぞ・なんぞ・もちゐる・もつ・わづかに・をさなし 中世 いづくんぞ・おろか・おろかなり・つね・つねなり・なんぞ・もちふ・もちゆ・もちゐる 近世 あに・いさをし・いたづがはし・こじろ・つね・つりがね・もちゆ・もちゆる・やとひびと・やはらぐ

人名 いさお・のぶ・のり・もち・もちう・やす・やすし・よ・よし

【庸何】【庸安】【庸▼詎】【庸▼遽】(なんぞ|いずくんぞ) どうして。〔反語をあらわす〕 例 庸何傷(なんぞいたまん)(=どうして悲しむことがあろうか)。〈左伝・文一八〉

【庸医(醫)】(ヨウイ) 医術のつたない医者。やぶ医者。

【庸器】(ヨウキ) ①平凡な人物。凡人。②功績を記念するうつわ。戦利品のうつわ類や兵器。また、それらを鋳造して戦功を銘記したものをいう。

【庸君】(ヨウクン) 特にすぐれた点のない君主。平凡な君主。庸主。

【庸言】(ヨウゲン) ①日常使っていることば。②中庸を得たことば。

【庸行】(ヨウコウ) ①ふだんのおこない。日常の行為。例 ―を慎む。②中庸を得たおこない。

【庸才】【庸材】(ヨウサイ) 平凡な才能。また、凡人。

【庸作】(ヨウサク) 人にやとわれて働く。傭作(ヨウサク)。

【庸弱】(ヨウジャク) すぐれた才能がない。力量がない。

【庸主】(ヨウシュ)「庸君(ヨウクン)」に同じ。

【庸人】一(ヨウジン) 特にすぐれたところのない、普通の人。凡人。二(ヨウニン) 日 人にやとわれている人。使用人。傭人(ヨウニン)。

【庸租】(ヨウソ) 労役と年貢。

【庸中▼佼▼佼】(ヨウチュウコウコウ) 凡人の中で少しすぐれていること。傭中佼佼(ヨウチュウコウコウ)。〈後漢紀・光武紀〉

【庸奴】(ヨウド) つまらない人間。取るに足りない人物。

【庸夫愚婦】(ヨウフグフ) 平凡で、ごく普通の人々。〈欧陽脩・相州昼錦堂記〉

【庸庸】(ヨウヨウ) ①もちいるべきをもちいる 登用すべき者を登用する。能力のある者を登用する。②ヨウをヨウとす 功績を認めて褒賞する。③平凡なさま。④わずかなさま。微弱なさま。⑤怒るさま。⑥うちとけるさま。

【庸劣】(ヨウレツ) すぐれた点がなく、おとっているさま。類 庸愚。

●中庸(チュウヨウ)・登庸(トウヨウ)・凡庸(ボンヨウ)

[廁]

广9 (12) ⇩厠(シ)(208ページ)

廂

广9 (12) 2 5491 5EC2

ショウ(シャウ) 漢 ソウ(サウ) 呉 陽 xiāng ひさし

意味 ❶正堂(=表御殿)の左右にあるわき部屋。**ひさし**。❷町に近接した地区。

日本語での用法 《**ひさし**》「廂(ひさし)の間(ま)(=寝殿造りで、母屋(もや)の外側の下屋(げや)の部分にある室)」▼建物の壁面から外側に張り出した小屋根。また、その形状のもの。庇(ひさし)。

廃

广9 (12) 1 3949 5EC3 常用

ハイ 漢 呉 隊 fèi **すたれる**(すた-る)・**すたる**

[廢]

广12 (15) 2 5506 5EE2

旧字体。

筆順 亠 广 广 庐 庐 庐 庐 廃

なりたち 〔形声〕「广(=建物)」と、音「發ハツ→ハイ」とから成る。建物がだめになる。

意味 ❶こわれる。だめになる。ほろびる。**すたれる**。例 廃墟(ハイキョ)。廃品(ハイヒン)。荒廃(コウハイ)。❷やめる。すてさる。用いないことにする。例 中道而廃(チュウドウにしてハイす)(=途中でやめる)。〈論語・雍也〉 廃棄(ハイキ)。撤廃(テッパイ)。❸病む。通 癈(ハイ)。例 廃疾(ハイシツ)。廃人(ハイジン)。❹売る。販売する。

古訓 中古 しりぞく・すたる・すつ・たのむ・たふす・とどむ・はなつ・やむ 中世 しりぞく・すたる・すつ・すつる・ほろぶ・やぶる 近世 おほいなり・かたぶく・くづるる・しりぞく・すたる・すつる・ほろぶ・やぶるる・やむ

【廃案】ハイアン 日 採用または議決されず、廃止となった議案や考案。例 会期切れで―になる。

【廃位】ハイイ 日 君主や国王などを、その位(くらい)からしりぞかせる。例 暴君を―する。

【廃液】ハイエキ 日 工場などで使用したあとの不要な液体。有害な物質を含むことが多い。廃水。例 工場の―。

【廃園】ハイエン ①荒れ果てた庭園。②日 遊園地・動物園・幼稚園などがその仕事をやめる。

【廃屋】ハイオク 住む人がいなくなって、荒れ果てた家。あばら屋。廃家。廃居。廃宅。例 故郷の―。

【廃家】ハイカ 日 ①「廃屋(ハイオク)」に同じ。②相続人がいないため、家系が絶えること。また、その家。

【廃格】【廃閣】ハイカク 棚上げして施行しない。

【廃刊】ハイカン 日 刊行していた新聞・雑誌などの発行をやめる。対 創刊。

【廃棄】ハイキ いらないものとして捨てる。やめて使わない。破棄。例 産業―物。

【廃居】ハイキョ ①「廃挙(ハイキョ)」に同じ。②「廃屋(ハイオク)」に同じ。③免官されて謹慎する。

【廃挙】ハイキョ 値が安いときに買い入れ、値が上がったら売って利益を得る。廃居。

【廃▼墟】ハイキョ 滅びた城、荒れ果てた建物、人が住まなくなった町などの跡。廃址(ハイシ)。例 戦争で―と化した町。

【廃業】ハイギョウ ①商売や事業をやめる。対 開業・創業。例 銭湯を―する。②学業や仕事をやめる。または怠る。

【廃錮】ハイコ 官吏になる資格を生涯失わせる。

【廃語】ハイゴ 日 現在では使われなくなったことば。死語。たとえば、「活動写真」「廃嫡」など。

【廃坑】ハイコウ 掘り出すことをやめた鉱山や炭坑。また、廃棄された坑道。

【廃校】ハイコウ 日 学校を廃止する。また、廃止された学校。対 開校。例 ―になる。

【廃鉱】ハイコウ 日 鉱山や炭鉱を廃止すること。また、その鉱山や炭鉱。例 石炭を掘り尽くして―になる。

【廃興】ハイコウ すたれることと、はやること。おとろえることと、さかんになること。盛衰。

【廃合】ハイゴウ 日 廃止と合併。

【廃残】ハイザン 身も心もそこなわれること。おちぶれること。例 ―の身となる。

【廃止】ハイシ 今までおこなわれてきた、制度・習慣などをやめる。撤廃。対 存置(ソンチ)。例 奴隷制度を―する。虚礼―。

【廃市】ハイシ 日 さびれた都市。また、人の住まなくなった都市。

【廃▼弛】ハイシ おとろえて、ゆるむ。

【廃▼址】ハイシ 「廃墟(ハイキョ)」に同じ。

【廃寺】ハイジ 住職がいなくて、荒れ果てた寺。

【廃疾】ハイシツ 病気やけがによって、からだに重い障害があること。癈疾(ハイシツ)。

【廃車】ハイシャ 日 使用をやめた車両。特に、登録からはずした自動車。例 ―の手続きをする。

【廃辱】ハイジョク 免職されて、はずかしめを受ける。

【廃人】ハイジン 病気・けがなどのために、普通の生活ができない人。癈人(ハイジン)。

【廃水】ハイスイ 使っていらなくなった、よごれた水。廃液。例 工場の―。

【廃絶】ハイゼツ ①家系などがすたれて、あとがたえる。廃滅。②使用するのをやめてなくす。例 核兵器を―する。

【廃線】ハイセン 日 鉄道やバスで、それまで営業していた路線を廃止する。また、その路線。

【廃退】ハイタイ ①「廃黜(ハイチュツ)」に同じ。②すたれおとろえる。くずれ乱れる。退廃。例 道義の―。表記 ②は 旧 廃▼頽

【廃替】ハイタイ ①しりぞける。②おとろえる。すたれる。

【廃宅】ハイタク 「廃屋(ハイオク)」に同じ。

【廃置】ハイチ ①官吏の任免。②天子の廃位と擁立。廃立。③設置と撤廃。改革。④しりぞける。また、棚上げする。

【廃嫡】ハイチャク ①嫡子に相続をやめさせる。②日〔法〕旧民法で、嫡子の身分を失わせること。相続人としての資格を取り消すこと。例 ―処分。

【廃▼黜】ハイチュツ 地位や官職を取り上げる。罷免(ヒメン)。免官。廃退。

【廃朝】ハイチョウ (凶事などのために)朝会(=朝廷での天子と臣下との会合)を中止する。

【廃帝】ハイテイ ①帝王を退位させる。②退位させられた帝王。

【廃典】ハイテン ①すたれておこなわれなくなった儀式や制度。②すたれた儀礼をすたれさせる。

【廃刀】ハイトウ 日 刀を腰につける習慣をやめること。例 ―令(=明治初期に出された法令)。

【廃盤】ハイバン 日 レコードやCDなどで、品切れになっても追加の製造の予定のないもの。

【廃品】ハイヒン 日 役に立たなくなって、いらなくなった品物。廃物。例 ―を回収する。

【廃物】ハイブツ 役に立たなくなったもの。廃品。例 ―利用。

【廃仏毀釈】ハイブツキシャク 日 明治初期におこった、仏教を排斥する運動。全国で寺や仏像・仏書などが破壊、または古道具として処分された。排仏毀釈。

【廃滅】ハイメツ 「廃絶(ハイゼツ)①」に同じ。

【廃油】ハイユ 日 使用ずみの、役に立たなくなったあぶら。

【廃立】ハイリツ/ハイリュウ 臣下が君主を位からおろし、別の君主を立てる。廃置。例 革命で―された皇帝。

●改廃(カイハイ)・荒廃(コウハイ)・興廃(コウハイ)・全廃(ゼンパイ)・存廃(ソンパイ)・退廃(タイハイ)・撤廃(テッパイ)

庾

广9 (12) ③8413 5EBE

ユ 漢 麌 yǔ

意味 ❶野外で穀物を積んでおく倉。❷姓の一つ。例 庾信(ユシン)(=北周の文人)。

廊

广9 (12) ①4713 5ECA 常用

ロウ(ラウ) 漢 陽 láng

[廊] 广10 (13) ③8414 F928 人 旧字体。

筆順 亠 广 广 庐 庐 庐 廊 廊

なりたち 〔形声〕「广(=建物)」と、音「郎ロウ」とから成る。建物の東西にある部屋。

意味 ❶正堂の両側にある部屋。例 廊室(ロウシツ)。❷建物と建物とを結ぶ屋根つきの通路。わたどの。例 廊下(ロウカ)。回廊(カイロウ)。

古訓 中古 ほがらか・ほそどの 中世 ひさし・ほがらか・ほそどの・

や・わたり 近世 ひさし・ひさしや・ほそどの・わたりどの

人名 ひさし

【廊下】(ロウカ) 建物の中の部屋と部屋、または建物と建物とをつなぐ通路。

【廊閣】(ロウカク) 渡り廊下と高殿(たかどの)。

【廊▼廟】(ロウビョウ) ①正堂と廟堂(ビョウドウ)。 ②天子が政治をおこなうところ。朝廷。

【廊▼廟器】(ロウビョウのキ) 大臣・宰相のうつわ。国政の重責をになうべき人材。〈蜀志・許靖伝・賛〉

【廊▼廡】(ロウブ) 母屋(おもや)の周囲や入り口にある、屋根でおおわれた細長い部屋。

【廊腰】(ロウヨウ) ひさしのかど。母屋(おもや)の周囲などにある、屋根でおおわれた空間の曲がり角。

●回廊(カイロウ)・柱廊(チュウロウ)・歩廊(ホロウ)

廈

广10 (13) 2 5492 5EC8

カ漢 馬 禡 shà

いえ(いへ)・おおいえ(おほいへ)・たかどの

[厦]

厂10 (12) 2 5047 53A6

俗字。

意味 ❶大きな建物。**いえ**。例 大廈(タイカ)。 ❷母屋(おもや)のまわりの細長い部屋。ひさし。 ❸(xià)⇩【廈門】(アモイ)

【廈門】(アモイ) 福建省の都市。

廆

广10 (13) 4 1208 5EC6

一 カイ(クヮイ)漢 賄 huì
二 ガイ(グヮイ)漢 賄 wěi
三 カイ(クヮイ)漢 灰 guī

意味 一 かきね。かき。かべ。 二 人名に用いる。例 慕容廆(ボヨウガイ)(=五胡(ゴコ)十六国時代、鮮卑(センピ)族、前燕(ゼンエン)の君主)。 三 山の名。廆山(カイザン)。

廋

广10 (13) 3 8415 5ECB

シュウ(シウ)漢 尤 sōu
ソウ漢 有 sǒu

意味 ❶かくす。かくれる。例 人焉廋哉(ひといずくんぞかくさんや)(=その人柄をどうしてかくせよう)。〈論語・為政〉 ❷さがし求める。さがす。通 捜。例 廋索(ソウサク)(=さがし求める)。

【廋語】(ソウゴ) かくしことば。故事などをもとに、特別の意味がこめられたことば。筆のことを「管城子(カンジョウシ)」、銭のことを「白水真人(ハクスイシンジン)」と言うなど。類 廋辞・廋詞。

廉

广10 (13) 1 4687 5EC9 常用

レン(レム)漢 塩 lián

かど・いさぎよ-い(いさぎよ-し)・やす-い(やす-し)

[廉]

广10 (13) F9A2

旧字体。

筆順 亠 广 户 序 庐 庐 廉 廉

なりたち [形声]「广(=建物)」と、音「兼(ケン→レン)」とから成る。部屋のすみ。かど。派生して「清く正しい」の意。

意味 ❶すみ。**かど**。かたわら。例 堂廉(ドウレン)(=殿堂のかたわら)。 ❷賄賂(ワイロ)を受けとらない。いさぎよくて、欲がない。例 廉潔(レンケツ)。廉恥(レンチ)。廉直(レンチョク)。 ❸値段がやすい。**やすい**。例 廉価(レンカ)。低廉(テイレン)。 ❹取り調べる。監察する。例 廉察(レンサツ)。

日本語での用法 《かど》「挙動不審(キョドウフシン)の廉(かど)でとがめられる・一廉(ひとかど)の人物(ジンブツ)」▼数えたてるに足りる理由。また、目立った事項。

古訓 中古 あきらかに・いさぎよし・うるはし・かど・きよし・さはやかなり・そば・みさを・みる 中世 あきらか・いさぎよし・かど・かどかどし・きよし・すなほなり・すみ 近世 いさぎよし・かど・きよし・すだれ・すみ・をさむる

人名 おさ・きよ・きよし・すが・すなお・ただし・やす・ゆき

【廉▼按】(レンアン) 調べる。取り調べる。

【廉価】(レンカ) 値段が安いさま。また、安い値段。安価。廉直。対 高価。例 ―で販売する。

【廉▼恪】(レンカク) 品行が正しく、つつしみ深い。類 廉謹。

【廉▼悍】(レンカン) するどく力強い。

【廉隅】(レングウ) ①かど。すみ。②品行が正しい。

【廉潔】(レンケツ) おこないが正しく、やましいところのないさま。清廉潔白。類 廉白(レンパク)。例 ―な政治家。

【廉公】(レンコウ) 〔「公」は、「私」にそむく意〕品行が正しく、私心がない。類 廉平(レンペイ)。

【廉察】(レンサツ) 詳細に調べる。

【廉士】(レンシ) 心がきれいで私欲のない人。廉潔の士。廉夫(レンプ)。例 政界にはめずらしい―。

【廉正】(レンセイ) 心が清く、賄賂(ワイロ)を受けとらない。清廉。廉直。例 ―をもって有名な紳士。

【廉節】(レンセツ) 清く正しい心をかたく守り通す。例 ―の士。

【廉恥】(レンチ) 心が清く、はじを知っている。例 ―心。

【廉直】(レンチョク) ①心が清く、正直で曲がったことをしない。廉正。例 ―の人。②値段が安い。安価。廉価。

【廉売】(レンバイ) 日 商品をふだんより安い値段で売る。安売り。

【廉夫】(レンプ) 例 大(ダイ)―。 「廉士(レンシ)」に同じ。

【廉問】(レンモン) 問いただして取り調べる。

【廉吏】(レンリ) 心が清らかで賄賂(ワイロ)を受けとらない役人。

●清廉(セイレン)

[廊]

广10 (13) ⇩廊(ロウ)(452ジペー)

廙

广11 (14) 4 1210 5ED9

イ漢 寘 ヨク漢 職 yì

意味 ❶移動式の、パオのようなテント。 ❷うやまい、つつしむ。

廕

广11 (14) 5ED5

イン漢 沁 yìn

意味 ❶おおう。かばう。通 蔭(イ)。 ❷屋根や木のかげ。通 蔭(イ)。 ❸先祖の功績により官位を得る。通 蔭(イ)。

【廕生】(インセイ) 明(ミン)・清(シン)代、父祖や先祖の功績によって国子監(コクシカン)に入学した者。

【廕▼庇】(インピ) ①おおって守る。庇護(ヒゴ)。 ②父祖や先祖の功績による恩恵。

廓

广11 (14) 1 1939 5ED3

カク(クヮク)漢 呉 薬 kuò

くるわ

意味 ❶ひろげる。ひろい。大きい。通 拡。例 廓大(カクダイ)。 ❷からのむなしい。例 廓然(カクゼン)。 ❸ただす。きよめる。例 廓清(カクセイ)。 ❹城市(=町)をとりまく、外側のかこい。かこまれた場所。**くるわ**。通 郭。例 外廓(ガイカク)。城廓(ジョウカク)。輪廓(リンカク)。

日本語での用法 《くるわ》「廓言葉(くるわことば)・廓遊(くるわあそ)び」▼遊里。遊女のいる世界。

表記 現代表記では「郭」に書きかえることがある。熟語は「郭」も参照。

【廓如】(カクジョ) 「廓然(カクゼン)」に同じ。

【廓清】(カクセイ) ①ただす。害を除いて清める。 ②害悪がなく、清らかである。

【廓然】(カクゼン／カクネン) ①うれえるさま。 ②さっぱりと心のひらけているさま。例 ―として悟りを得る。 ③がらんとして空しいさま。▽廓如(カクジョ)。

【廓然大公】(カクゼンタイコウ) ものごとにこだわらず公平であること。宋(ソウ)・明(ミン)代、儒者が聖人の態度を説いたことば。〈程顥・定性書〉

【廓然無聖】カクネンムショウ 〔仏〕広大無辺な真如の世界には(凡夫もいなければ)聖人もいない。〔達磨ダルマが梁リョウの武帝に答えた語〕〈碧巌録〉

【廓大】カクダイ ①広く大きいこと。②広げて大きくする。表記 ▽現郭大

【廓落】カクラク ①大きいさま。壮大なさま。②空しくさびしいさま。がらんとしているさま。③心が広いさま。寛大なさま。磊落ライラク。

【廓▼寥】カクリョウ 広大な空。

廐 广11(14) ⇩厩キュウ(208ジペー)

［廏］ 广11(14) ⇩厩キュウ(208ジペー)

廒 广11(14) 4 1209 5ED2 ゴウ(ガウ)漢 豪 áo

意味 米ぐら。

廖 广11(14) 2 5501 5ED6 一リョウ(レウ)漢 蕭 liáo 二リュウ(リウ)漢 宥 liào

意味 一❶がらんとして広い。むなしい。むなーしい(むなーし) 通寥リョウ。❷人名に用いる字。二姓の一つ。

［廏］ 广12(15) ⇩厩キュウ(208ジペー)

［廣］ 广12(15) ⇩広コウ(445ジペー)

廝 广12(15) 2 5503 5EDD シ漢 県 支 sī つかい(つかひ)

［厮］ 厂12(14) 2 5049 53AE 俗字。

意味 ❶雑役ザツエキに使われた男の奴隷。つかい。例 廝役シエキ。❷互いに。例 廝殺シサツ(=殺し合うこと。交戦)。

【廝役】シエキ 召し使い。下僕。また、その仕事。

【廝徒】シト 雑用をする召し使い。しもべ。

【廝養】シヨウ たきぎを集めたり、ウマの世話をしたりする召し使い。廝徒。

廠 广12(15) 1 3019 5EE0 ショウ(シャウ)漢 養 chǎng

［厰］ 厂12(14) 2 5050 53B0 俗字。

意味 ❶屋根だけで、壁や仕切りのない建物。例 廠舎ショウシャ。❷仕事場。工場。例 工廠コウショウ(=工場)。造兵廠ゾウヘイショウ(=兵器製造工場)。

［廚］ 广12(15) ⇩厨チュウ(208ジペー)

廛 广12(15) 2 5505 5EDB テン漢 先 chán いちくら・みせ

［鄽］ 阝15(18) 3 9284 913D 別体字。

意味 ❶宅地。住宅。すまい。例 廛宅テンタク。❷店舗。みせ。例 廛市シテン。

【廛市】シテン みせ。商人の家。

【廛▼肆】シテン みせ。また、市街。

【廛宅】テンタク 庶民の住居。住宅。

【廛舗】【廛▼鋪】テンポ 商売をするための建物。みせ。店舗。

【廛里】テンリ 住宅。また、住宅地。

［廢］ 广12(15) ⇩廃ハイ(451ジペー)

廟 广12(15) 1 4132 5EDF 人 ビョウ(ベウ)漢 ミョウ(メウ)呉 嘯 miào たまや・みたまや

［庿］ 广12(15) —— 俗字。

［庙］ 广8(11) 4 1207 5EBF 古字。

なりたち [会意]「广(=建物)」と「朝(=朝廷)」とから成る。先祖の容貌ヨウボウを朝廷のように仰ぎ見る建物。

意味 ❶祖先の霊を祭る建物。みたまや。おたまや。例 廟所ビョウショ。宗廟ソウビョウ。祖廟ソビョウ。❷神仏や聖人・偉人の霊を祭った建物。例 孔子廟コウシビョウ。❸王宮の正殿。天子が政治や公の行事をおこなう所。朝廷。例 廟議ビョウギ。廟堂ビョウドウ。❹道教や仏教の寺。寺観。例 寺廟ジビョウ。

古訓 中古 やしろ 中世 やしろ 近世 たまや・やしろ

人名 いえ

【廟宇】ビョウウ ①「廟堂ドウ①」に同じ。②神を祭る建物。神殿。やしろ。

【廟議】ビョウギ 朝廷や廟堂での評議・議論。朝議。

【廟見】ビョウケン ①みたまやに参拝する。②結婚後早い時期に、新婦が夫の家のみたまやに初めて参拝する。

【廟策】ビョウサク 朝廷で決めるはかりごと。戦争などの大事の前に、朝議で定める方針や戦略。類 廟算・廟謀・廟略。

【廟社】ビョウシャ 祖先を祭るみたまやと、土地神を祭るやしろ。

【廟所】ビョウショ ①祖先や貴人の霊を祭るところ。みたまや。例 孔子の—。藤原ふじわら氏三代の—である金色堂コンジキドウ。②墓。墓場。

【廟食】ビョウショク みたまやに祭られ、供物をささげられる。神として祭られる。

【廟▼寝】ビョウシン みたまやの前部(廟)と後部(寝)。みたまやのこと。前部には位牌イハイが、後部には衣冠が納められている。

【廟堂】ビョウドウ ①祖先や貴人の霊を祭る建物。みたまや。廟宇。②天子が政治をおこなう所。朝廷。廊廟ロウビョウ。

廡 广12(15) 2 5507 5EE1 一ブ漢 麌 wǔ 二ブ漢 虞 wú のき・ひさし

意味 一❶大きな家の周囲の回廊。❷家屋。いえ。❸のき。ひさし。二草木が生い茂る。しげる。例 蕃廡ハンブ(=草木が生い茂るさま)。

廨 广13(16) 2 5508 5EE8 ゲ慣 カイ漢 卦 xiè いえ(いへ)・やくしょ

意味 役所の建物。例 廨舎カイシャ(=公の建物)。

廩 广13(16) 2 5509 5EE9 リン(リム)漢 寝 lǐn くら

意味 ❶穀物をしまっておく所。米ぐら。くら。例 倉廩ソウリン。❷官庁が穀物を給付する。また、扶持米フチマイ。例 廩給リンキュウ。

【廩給】リンキュウ ①俸禄ホウロク。扶持米フチマイ。②禄を与える。③衣食など、生活に必要な、かて。

【廩▼稍】リンショウ 少しずつ支給される扶持米フチマイ。

【廩人】リンジン 周代、米ぐらの出納スイトウ・管理をつかさどる官。

【廩生】リンセイ 明ミン・清シン代、官から生活費を支給された官立校の学生。官費生。

【廩▼粟】リンゾク ①くらに蓄えられている穀物。②俸禄ホウロク。扶持米フチマイ。

廬 广16(19) 2 5510 5EEC リョ漢 ル・ロ呉 魚 lú いおり(いほり)

意味 ❶粗末なすまい。小屋。いおり。また、そこに住むこと。例 草廬ソウロ。❷喪に服している間、墓のそばに建てた小屋。また、小屋を建てて喪に服す。例 廬墓ロボ。

【廬遮那仏】(ルシャナブツ)〔仏〕「毘盧遮那仏(ビルシャナブツ)」の略。その徳があまねく宇宙を照らすという仏。普通、華厳経(ケゴンキョウ)や密教でいう大日如来(ダイニチニョライ)を指す。例 東大寺の大仏は—である。

【廬山】(ロザン／ロサン) 江西省北部にある山。景色がすばらしく、詩人や画家などに親しまれた。白居易の詩で名高い香炉峰がある。匡山(キョウザン)。匡廬(キョウロ)。

【廬児】(ロジ) 召し使い。下僕。やっこ。

【廬舎】(ロシャ) ①喪に服する者がこもる粗末な小屋。廬墓(ロボ)。②庶民の家屋。③旅客や軍隊などの宿舎。

【廬墓】(ロボ) ①父母や師を埋葬したあと、墓のそばにいおりを結び、墓を守りながら喪に服すること。また、そのいおり。廬舎(ロシャ)。②いおりと墓。

【廬落】(ロラク)〔「落」は、居の意〕住居。

【廬陵】(ロリョウ) 江西省吉安県の南にあたる地。欧陽脩(オウヨウシュウ)や文天祥(ブンテンショウ)の郷里。

[廰] 广17(20) ⇩庁(チョウ)(445ジペー)

廱

广18(21) 2 5511 5EF1

ヨウ漢 冬 yōng
やわ-らぐ(やは-らぐ)

意味 ❶「辟廱(ヘキヨウ)」は、天子が礼をおこなうところ。また、天子が設けた学校。❷なごやかなさま。**やわらぐ**。例 廱和(ヨウワ)(＝仲むつまじいさま)。❸ふさがる。ふさぐ。通 壅(ヨウ)。

[廳] 广22(25) ⇩庁(チョウ)(445ジペー)

54 3画 廴 えんにょう いんにょう部

長くのびた道を行く意をあらわす。「廴」をもとにしてできている漢字と、「廴」の字形を目じるしにして引く漢字とを集めた。

廴

廴0(3) 2 5514 5EF4

イン漢 軫 yǐn
ひ-く

意味 ❶長く歩く。❷弓を引く。**ひく**。通 引。

[延] 廴4(7) ⇩延(エン)(455ジペー)

廷

廴4(7) 1 3678 5EF7 常用

テイ漢 青 tíng
にわ(には)

筆順 ノ 二 千 壬 任 廷 廷

なりたち [形声]「廴(＝長く歩く)」と、音「壬(テイ)」とから成る。君主が政治をおこなう所。

意味 ❶君主が政務や儀式をおこなう場所。宮中。例 廷臣(テイシン)。宮廷(キュウテイ)。朝廷(チョウテイ)。❷役人が政務をおこなう所。役所。例 官廷(カンテイ)。法廷(ホウテイ)。❸**にわ**。通 庭。

古訓 中古 おろか・おろかなり・つひに・まさる・むかふ 中世 おろかなり・つひに・みかど・むかふ 近世 ただし・ただす・たひらか・なほし・なが

人名 たか・ただ・ただし・なが

【廷尉】(テイイ) ①秦(シン)から南北朝時代、刑事裁判と刑罰をつかさどった司法官。九卿(キュウケイ)の一つ。②日 検非違使(ケビイシ)の次官。

【廷議】(テイギ) 朝廷の評議。また、政府の意見。朝議。廟議(ビョウギ)。類 廷論。

【廷試】(テイシ) 科挙(＝官吏登用試験)の一つ。天子が自ら朝廷でおこなった。殿試。

【廷叱】(テイシツ) 朝廷で、おおぜいの人々の前でしかりつける。

【廷辱】(テイジョク) 朝廷で、おおぜいの人々の前ではずかしめる。類 廷折。

【廷臣】(テイシン) 朝廷に仕える臣下。朝臣。

【廷争】【廷▼諍】(テイソウ)〔「争・諍」は、いさめる意〕朝廷で、おおぜいの臣下の前で、天子のあやまちをいさめる。

【廷吏】(テイリ) ①朝廷の役人。②日 法廷で、裁判官が命じた事務や、その他の雑務をする職員。

●開廷(カイテイ)・退廷(タイテイ)・閉廷(ヘイテイ)・法廷(ホウテイ)

延

廴5(8) 1 1768 5EF6 教6

エン(ヱン)漢 呉 先 yán
のびる(の-ぶ)・のべる(の-ぶ)・のべ・のばす・ひ-く

[延] 廴4(7) 旧字体。

筆順 ノ 亻 千 正 延 延 延

なりたち [形声]「廴(＝ゆっくり行く)」と、音「丿(エイ→エン)」とから成る。長びく。

意味 ❶長くのびる。引きのばす。例 延期(エンキ)。延年(エンネン)。延寿(エンジュ)。❷くりのべる。あとにまわす。例 延期(エンキ)。順延(ジュンエン)。❸引きいれる。まねく。**ひく**。例 延至二其家一(ひきてそのいえにいたる)(＝その家に招いた)。〈陶淵明・桃花源記〉延見(エンケン)。❹広がる。はびこる。例 延焼(エンショウ)。蔓延(マンエン)。

日本語での用法 《のべ》「延(の)べ人数(ニンズウ)・延(の)べ数十回(スウジッカイ)」▼質や内容について、違うものや同じものの区別を厳密に論じないで、それぞれ一つまたは一回と数えた場合の総計。

古訓 中古 およぶ・しりぞく・すすむ・とほし・ながし・のぶ・ひく・ひろぐ・ほびこる・みちびく 中世 およぶ・およぼす・すすむ・ながし・のぶ・のぶる・ひく・みちびく 近世 いるる・およぶ・およぼす・すすむ・とほし・ながし・のぶる・ひく・みちびく

人名 すけ・すすむ・ただし・とお・なが・のぶ・のぶる・ひさし

【延安】(エンアン) 今の陝西(センセイ)省延安市。山岳地帯の町であったが、秦(シン)から歴代、郡や県が、宋(ソウ)以降は延安府が置かれた。日中戦争期、中国共産党の根拠地。

【延引】(エンイン／エンニン) 期日や時間が予定よりのびて、おくれる。長びく。遅延。例 —を重ねる。

【延延】(エンエン) 一 長々と続くさま。例 会議は—とおこなわれた。二 日(のびのび) 期日などが、おくれて長びくこと。

【延企】(エンキ)〔「延頸企踵(エンケイキショウ)」の意〕首をのばし、つまさき立って遠くから来るのを待つ。待ち望むことのたとえ。

【延期】(エンキ) 決められた期日や期間を先へのばす。くりのべ。日のべ。例 —願い。

【延▼頸】(エンケイ) ①首を長くのばす。待ち望むことのたとえ。引領(インリョウ／レイ)。延企。鶴首(カクシュ)。②長い首。

【延見】(エンケン) 客などを招き入れて面会する。引見。延納。類 延接。

【延寿】(エンジュ) 寿命をのばす。長生きする。また、長寿。延年。延命。類 延齢。

【延焼】(エンショウ) 火事が火元から他に燃え広がる。類焼。例 —を免(まぬか)れる。

【延髄】(エンズイ) 日 脳のいちばん下にあって、脊髄(セキズイ)に続く部分。呼吸や心臓の運動などを調節する。

【延性】(エンセイ) 日〔物〕金属の、切れないでうすくひきのばすことのできる性質。金・銀・銅などはこの性質に富む。

【延滞】(エンタイ) ①おくれる。②日 支払いや納入が期日よりおくれる。滞納。例 ―金。―税。

【延着】(エンチャク) 日 列車や飛行機、郵便などが予定よりおくれてつく。対 早着。

【延▼佇】【延▼竚】(エンチョ) ①しばらく、あるいは長い間たたずむ。②待ち望む。③しばらくとどまる。逗留(トウリュウ)する。④時間がのびる。

【延長】(エンチョウ) ①時間や距離などがのびる。また、のばす。対 短縮。例 放送時間を―する。②日 意義・効果・趣旨の点で、同じ事柄だといえるもの。つづき。例 修学旅行は授業の―だ。③日 線路・道路などの、直線にのばしたときの長さ。

【延年】(エンネン) ①寿命をのばす。長生きする。延命。延寿。②日「延年舞(エンネンまい)」の略。昔、寺院で、大法会(ダイホウエ)のあとの宴席でおこなわれた、僧や稚児(チご)たちの踊り。

【延納】(エンノウ) ①「延見(エンケン)」に同じ。②日 お金や品物などを、期日よりおくれておさめる。例 学費を―する。

【延▼蔓】【延▼曼】(エンマン) のびて広がる。はびこる。

【延命】(エンメイ|エンミョウ) ①いのちをのばす。例 ―治療。②長生きする。例 ―息災。③日 ある地位を守り続けること。例 政権の―を図る。

【延▼攬】(エンラン) 招き入れる。

【延陵季子】(エンリョウのキシ) 春秋時代の呉の季札(キサツ)のこと。延陵はその封地(ホウチ)。→【季札挂ㇾ剣】(キサツケンをかく)（359ジペー）

【延縄】(はえなわ) 日 長い縄に、間隔をあけて釣り針のついた枝縄(えだなわ)をつけた漁具。例 ―漁船。
●順延(ジュンエン)・遅延(チエン)

［廻］廴5（8）⇩廻(イカ)（456ジペー）

［廸］廴5（8）⇩迪(キテ)（1301ジペー）

［廹］廴5（8）⇩迫(クハ)（1301ジペー）

廻
廴6（9）
1 1886
5EFB
人

カイ(クヮイ)漢 エ(ヱ)呉 灰 huí
めぐ-る・めぐ-り・まわ-す(まはす)・まわ-る(まはる)

［廽］廴7（10）
4 1212
5EFD
俗字。

［廽］廴5（8）
4 1211
2231E
別体字。

［逥］辶6（10）
2 7779
8FF4
別体字。

なりたち ［形声］「廴(=長く歩く)」と、音「回(イカ)」とから成る。めぐり歩く。

意味 ❶ぐるりとまわる。めぐる。めぐらす。通 回。例 鳥飛廻(とりとびめぐる)(=鳥が飛びまわる)。〈杜甫・登高〉巡廻(ジュンカイ)。輪廻(リンネ)。❷身をかわす。さける。例 廻避(カイヒ)。❸正しくない。よこしまな。例 廻邪(カイジャ)(=邪悪)。

表記 現代表記では「回」に書きかえることがある。熟語は「回」も参照。

古訓 中古 かへる・たくらぶ・とほし・はるかなり・めぐらす・めぐる 中世 かへる・めぐらす・めぐる 近世 かへる・めぐる

人名 のり

【廻天】(カイテン) 〔天を回転させる意から〕形勢を一変させること。おとろえた勢いをもりかえすこと。回天。

【廻風】(カイフウ) 旋風。つむじ風。回風。

【廻▼鑾】(カイラン) 〔「鑾」は、天子のウマのくつわにつける鈴〕天子の車が帰る。また、天子の巡幸。

建
廴6（9）
1 2390
5EFA
教4

一 ケン漢 コン呉 願 jiàn
二 ケン漢 コン呉 阮 jiǎn
たてる(た-つ)・たつ

筆順
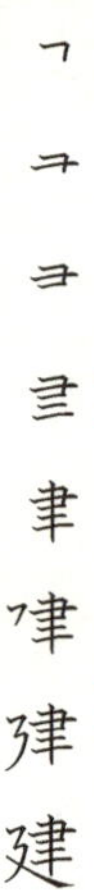

なりたち

［会意］「聿(=律の省略体)」と「廴(=廷の省略体)」とから成る。朝廷の法律をさだめる。派生して「たてる」の意。

意味 一 ❶新しくつくる。うちたてる。きずく。たてる。たつ。例 建国(ケンコク)。建設(ケンセツ)。再建(サイケン)。❷意見を申し立てる。例 建議(ケンギ)。建白(ケンパク)。❸(北斗七星の柄(え)(尾(お)という)が、ある方向を)指す。尾(お)を指す。おざす。例 建寅(ケンイン)。建卯(ケンボウ)(=陰暦二月)。二 くつがえす。ひっくりかえして水をうつす。こぼす。例 建水(ケンスイ)。建瓴(ケンレイ)。

古訓 中古 およぶ・くつがへす・くつがへる・こぼす・こぼる・たつ 中世 さす・こぼす・たつ・たつる 近世 おく・たつ・たつる・のり・ほし・をざす

人名 たけ・たけし・たける・たつる・たて・たてし

【建安七子】(ケンアンのシチシ) 建安年間(一九六―二二〇)に曹操(ソウソウ)とその子曹丕(ソウヒ)・曹植(ソウショク|ソウチ)のもとで、文壇をにぎわした七人の人々。孔融(コウユウ)・陳琳(チンリン)・王粲(オウサン)・徐幹(ジョカン)・阮瑀(ゲンウ)・応瑒(オウトウ)・劉楨(リュウテイ)。その作風を建安体という。

【建▼寅】(ケンイン) 陰暦正月。〔この時期、北斗七星の尾が寅(イン)の方向を指すことから〕

【建議】(ケンギ) 政府や上司、上位者などに意見を申し述べる。また、その意見。建言。建白。

【建業】(ケンギョウ) ①手柄をたてる。②事業の基礎を固めること。例 本学―の精神。③三国呉の都。今の江蘇(コウソ)省南京(ナンキン)市。〔晋(シン)代、建康と改名〕

【建極】(ケンキョク|キョクをたつ) 〔「極」は、中の意〕かたよりのない正しい基準、中正の道をたてる。

【建勲】(ケンクン) 手柄をたてる。功績をあげる。類 建功。

【建言】(ケンゲン) 政府などに意見を述べる。建議。建白。例 改善策を―する。

【建鼓】(ケンコ) ①戦場で指揮に用いる太鼓を高いところにすえること。②楽器の一種。胴部を柱で貫いて立てた太鼓。楹鼓(エイコ)。

【建康】(ケンコウ) 今の南京(ナンキン)市。旧名は、建業(ケンギョウ)。

【建国】(ケンコク) 新しく国をつくる。例 ―の祖。

【建材】(ケンザイ) 日 建築に用いる材料。建築資材。例 新―。

【建策】(ケンサク) ①はかりごとをたてる。計画をたてる。②はかりごとを進言する。

【建水】(ケンスイ) 日 茶道で、茶わんをすすいだお湯や水をこぼして入れる容器。みずこぼし。こぼし。

【建設】(ケンセツ) ①新しくつくりもうける。創設。②(大がかりな)建物や道路などの土木施設、また、組織などを、新しくつくりあげる。対 破壊。

【建設的】(ケンセツテキ) 日 ものごとを積極的によくしていこうとするさま。例 ―な意見。

【建造】(ケンゾウ) 建物・橋・船など、大きなものをつくる。例 ―物。

【建築】(ケンチク) 家などをつくる。また、たてられたもの。

【建白】(ケンパク) 政府などに意見を申し立てる。建議。建言。例 ―書。

【建碑】(ケンピ) 石碑をたてる。例 ―式。

【建蔽率】【建坪率】(ケンペイリツ) 日 〔法〕敷地の広さに対する、建物の占める土地の広さの割合。その上限は地域ごとに建築基準法その他の法規で定められている。

【建▼瓴】(ケンレイ) 〔「瓴」は、水を入れるかめ〕屋根の上からかめの水をひっくり返す。勢いの強いことのたとえ。〔「建ニ瓴水一(レイスイをくつがえす)。〈史記・高祖紀〉」から〕

【建立】(コンリュウ) 〔仏〕寺院・堂塔をたてる。例 五重の塔の―。

【建具】(たてグ) 日 戸・障子・ふすまなど、開け閉めして部屋を仕切るもの。例 ―屋。

【建坪】(たてつぼ) 日 建物が占める土地の面積を坪数であらわした

もの。

【建前】(たてまえ) 日 ①建物の骨組みができて、棟木(むなぎ)をのせること。また、それを祝う式。むねあげ。上棟(ジョウトウ)。 ②おもてむきの方針。立前(たてまえ)。 例 ―と本音は違う。

【建物】(たてもの) 日 住んだり、仕事をしたり、ものを置いたりするために、外界を区切った別の空間として、木・石・土・金属などでつくったもの。 類 建築物・建造物。

●再建(サイケン・サイコン)・創建(ソウケン)・土建(ドケン)・封建(ホウケン)

[廼] 夂6 (9) ⇩廼(イダ)(1304ジペー)

[廻] 夂7 (10) ⇩廻(イカ)(456ジペー)

55 3画 廾 にじゅうあし こまぬき 部

両手でうやうやしく物をささげ持つようすをあらわす。「廾」をもとにしてできている漢字と、「廾」の字形を目じるしにして引く漢字とを集めた。

0 廾 457　1 开 廿 457　2 弁 457　3 异 458　4 弄 458　6 弈 弇 458　7 弉 459　12 弊 弊 459

この部首に所属しない漢字

并→干 442　奔→大 333　舁→臼 1110　鼻→鼻 1513

廾

廾0 (3)　2 5516　5EFE

キョウ 漢 腫 gǒng

意味 両手で物をささげる。 通 拱(キョウ)。

参考 日本で「廿(=にじゅう)」の代用字として用いる。

开

廾1 (4)　3 8417　5F00

カイ kāi

意味 ひらく。 通 開。 参考 「亓(キ)(=その)」と混同して「其(=その)」の意で用いることがある。

廿

廾1 (4)　1 3891　5EFF　人

ネン(ネム) 慣　ジュウ(ジフ) 漢　ニュウ(ニフ) 呉　緝 niàn　にじゅう(にじふ)

なりたち 〔会意〕二つの「十(=とお)」をあわせた形。二十。

意味 数の名。十を二つ合わせた数。**にじゅう**。はたち。 通 念。

古訓 中古 ニジフ・はたち　中世 ニジフ・はたち　近世 ニジフ・はたち

難読 十九廿(はたちつづ)

弁

廾2 (5)　1 4259　5F01　教5

A 一 ヘン 漢　ベン 呉　霰 biàn
二 ハン 漢　寒 pán
B C ヘン 漢　ベン 呉　銑 biàn
D ハン 漢　諌 bàn
わきま-える(わきま-ふ)

[辨] 辛9 (16)　2 4994　8FA8　旧字体。

[瓣] 瓜14 (20)　2 6502　74E3　旧字体。

[辯] 辛14 (21)　2 7771　8FAF　旧字体。

[辦] 辛9 (16)　2 5001　8FA7　別体字。

筆順 ㇜ ム 厶 弁 弁

参考 「弁」「辨」「辯」「瓣」は、本来それぞれ別の字だが、日本で平安時代のころから、「辨」「辯」「瓣」を「弁」で代用するようになり、明治以後「弁」は「辨」「辯」「瓣」の略字とみなされるようになった。当用漢字が制定されたとき、「弁」は「辨」「辯」「瓣」の新字体として採用され、常用漢字でも同じようにあつかわれている。日本では、ほかに「辦(=処理する)」「辮(=編む。細長く編む)」の二字も「弁」で書きあらわすことがある。

なりたち A [弁]  〔象形〕両手でかんむりをかぶろうとしている形。

B [辨]  〔形声〕「刀(=かたな)」と、音「辡(ベン)」とから成る。刀で半分に切り分ける。

C [辯] 〔会意〕「言(=ことば)」と「辡(=ふたりが争う)」とから成る。うったえを聞き、治める。

D [瓣]  〔形声〕「瓜(=ウリ)」と、音「辡(ベン)」とから成る。ウリの種のあるやわらかい部分。なかご。

意味 A [弁] 一 ❶かんむり。男子の礼装に用いた、かんむり。 ❷下級の武官。 例 武弁(ブベン)。 ❸古代、朝鮮半島の南部にあった韓(カン)族の部族国家の一つ。 例 弁韓(ベンカン)。 二 楽しむ。愉快だ。 通 般。 例 弁彼鸒斯(かのヨシハンたる)(=あの楽しげなカラス)。〈詩経・小雅・小弁〉

日本語での用法 《ベン》「高弁(コウベン)・良弁(ロウベン)」▼僧の名前に用いる。

古訓 中古 かうぶり・かうぶりせり・かうぶる・わきまふ　中世 わきまふ・わきまへ　近世 おほいなり・かんぶり・かんむり・すみやか・たのしむ

意味 B [辨] ❶区別する。分ける。 例 弁別(ベンベツ)。 ❷ものごとの違いをはっきりさせる。識別する。 ❸心得る。**わきまえる**。 例 曲学多弁(キョクガクおおくベンずは)(=見識の偏った者は何かと言い立てる)。〈商君・更法〉 ❹議論する。主張する。 通 辯(ベン)。

日本語での用法 《ベン》 ①「弁官(ベンカン)」▼律令制で、太政官(ダイジョウカン)の事務官。 ②「弁当(ベントウ)」▼簡便な。

古訓 中古 あはねはす・きる・さだむ・まこと・わかつ・わきまふ　中世 そなふ・つぶさ・わきまふ・わきまへ　近世 あまねし・いそぐ・うれふる・かはる・こあし・そなはる・わかつ・わきまふ

意味 C [辯] ❶論じ争う。論争。 例 弁難(ベンナン)。弁論(ベンロン)。 ❷説得する。言いわけする。 通 辨(ベン)。 例 弁解(ベンカイ)。弁舌(ベンゼツ)。弁明(ベンメイ)。雄弁(ユウベン)。

日本語での用法 《ベン》「弁(ベン)が立(た)つ・東北弁(トウホクベン)」▼ことばづかい。話しぶり。

古訓 中古 しむ・わかつ・わきまふ　中世 ことわる・まさし・まさに・わきまふ・をさむ　近世 あまねし・あらそふ・おとす・さとし・さとす・ただす・つまびらか・ひとしうす・へらす・をさむる

意味 D [瓣] ❶ウリのなかご。 ❷花びら。葉の一枚。 例 花弁(カベン)。

日本語での用法 《ベン》「弁膜(ベンマク)・安全弁(アンゼンベン)・弁(ベン)を開閉(カイヘイ)する」▼気体・液体などの出入りを調節するはたらきをする器官・器具。

古訓 中古 うりさね・うりのさね　中世 うりざね　近世 うりざね・かたかた・はなやか・ふりざね

人名 おさむ・さだ・さとし・そのう・ただ・ただし・のぶ・わけ

【弁(辨)異】(ベンイ) ものごとの相違点を明らかにする。

【弁(辯)解】(ベンカイ) ①ものごとの筋道を弁明する。 ②申しひらきをする。言いわけ。 例 ―の余地はない。

【弁(辨)官】(ベンカン) 日 平安時代、太政官(ダイジョウカン)の官名。文書の取りあつかいなどをおこなう。左弁官・右弁官に分かれ、それぞれ大・中・少がある。

【弁(辯)給】(ベンキュウ) 口が達者である。また、文章が巧みである。

【弁(辨)慶】(ベンケイ) 日 〔源義経(みなもとのよしつね)に仕えた豪傑の僧の名から〕強い者や強がる者のたとえ。 例 内(うち)―(=外では弱いが家の中では、いばっている人)。

【弁(辨)慶▼縞】(ベンケイじま) 日 しま柄の一つ。二色の糸を縦と横に用い、大きな碁盤の目のように織ったもの。

【弁言】(ベンゲン) 序文。はしがき。〔巻頭に冠することから〕

【弁（辯）言】ベンゲン 巧みなことば。口先だけのいつわり。便言ベンゲン。

【弁（辯）護】ベンゴ 人のために申しひらきをして、かばう。

【弁（辯）護士】ベンゴシ 日〔法〕裁判などで、当事者の利益や権利を守り、保護する立場の人。

【弁（辯）護人】ベンゴニン 日〔法〕裁判で、被疑者や被告人の弁護を担当する人。弁護士から選ばれる。例 国選—。

【弁（辯）口】ベンコウ 口のきき方。また、口先のうまいこと。弁舌。

【弁（辯）巧】ベンコウ 言い回しがたくみなこと。話しぶりがよい。

【弁（辯）才】ベンサイ 弁舌の才能。また、言論の才能。例 —がある。

【弁（辨）済】ベンサイ 日 借りたものをすっかり返す。返済。例 借金を—する。債務を—する。

【弁（辨・辯）才天】ベンザイテン｜ベザイテン【弁（辨・辯）財天】ベンザイテン〔仏〕七福神のひとり。琵琶（ビワ）を持つ姿であらわされる。インドの川の女神で、音楽・弁舌・財産などをつかさどる。弁天。〔日本では吉祥天（キッショウテン）と混同され、福徳や財宝を与える神として信仰される〕

【弁（辯）士】ベンシ ①話のうまい人。②日 演説や講演をする人。③日 無声映画で、画面の説明をする人。活動写真弁士。活弁。

【弁（辨）似】ベンジ 形の似ている漢字を区別する。

【弁（辯）辞】ベンジ ことばが巧みである。

【弁（辨）識】ベンシキ はっきり見分ける。

【弁（辯）▼捷】ベンショウ ことばが巧みで機転がきく。

【弁（辨・辯）章】ベンショウ 区別して違いを明らかにする。平章（ヘイショウ｜ベンショウ）。便章（ベンショウ）。

【弁（辨）償】ベンショウ 日 ①他人に与えた損害を、お金や品物で、つぐなう。②借りを返す。

【弁（辨）証（證）法】ベンショウホウ 日 ①弁論の技術。②〔哲〕〔独 Dialektik の訳語〕矛盾・対立するものをのりこえて、新しい統一をはかろうとする考え方。例 唯物—。

【弁（辨）析】ベンセキ ①ものごとの是非や得失を見分ける。②筋道が通っている。③弁解する。

【弁（辨・辯）説】ベンセツ｜ベンゼツ ものごとのよしあしをはっきりさせて、説きあかす。また、言い説く。巧みな言い方。

【弁（辯）舌】ベンゼツ ①ものを言うこと。また、ものの言い方。②たくみな話しぶり。例 —の才。—をふるう。▽弁口。


【弁（辨・辯）天】ベンテン ①〔仏〕「弁才天（ベンザイテン）」の略。②日 美しい女性。例 —娘。

【弁（辨）当】ベントウ 日 ①外出先で食べるために、容器に入れて持って行く食べ物。例 —箱。②売店・仕出し屋などが売る、容器につめた食べ物。例 駅売りの—。

【弁（辯）難】ベンナン 言論で相手を非難する。

【弁（辯）▼佞】ベンネイ ことば巧みに人にへつらう。

【弁（辯）▼駁】ベンバク｜ベンパク 相手の反論を言い負かす。例 反対意見を—する。

【弁髪】ベンパツ ⇩【辮髪】ベンパツ ②（1059ページ）

【弁（辨）別】ベンベツ 違いを見分ける。識別。例 善悪を—する。

【弁▼髦】ベンボウ 無用の人や物のたとえ。〔「弁」は元服の儀式（冠礼）でかぶる冠（かんむり）、「髦」は子供の垂れ髪のことで、ともに成人後は無縁であることから〕

【弁（辨）務官】ベンムカン 日 ①自治領・植民地・保護国に駐在して、政治や外交などを指導する官吏。例 高等—。②難民の指導・救済や人権保護などにあたる国連の職員。

【弁（辨）明】ベンメイ ものごとの道理をあきらかにする。

【弁（辯）明】ベンメイ 自分の行動をとがめられたとき、相手に納得してもらうよう、事情を説明する。言いひらき。例 国会で—する。

【弁（辨）理】ベンリ ①筋道をはっきり区別する。②ものごとを判断し処理する。辦理（ベンリ）。例 —士。

【弁（辨）論】ベンロン 人の論理の正否を見分けて区別する。

【弁（辯）論】ベンロン ①多くの人の前で、自分の意見を述べる。例 —大会。②論じ合う。③日〔法〕法廷で、原告・被告・弁護人がおこなう主張・陳述。例 最終—。

【弁（辨）惑】ベンワク｜ベンずいを〔まどいを〕 人間のまどいを見極め、取り除く。
●安全弁（アンゼンベン）・駅弁（エキベン）・花弁（カベン）・勘弁（カンベン）・強弁（キョウベン）・抗弁（コウベン）・合弁（ゴウベン）・思弁（シベン）・自弁（ジベン）・代弁（ダイベン）・多弁（タベン）・駄弁（ダベン）・通弁（ツウベン）・答弁（トウベン）・熱弁（ネツベン）・能弁（ノウベン）・雄弁（ユウベン）

异
廾3（6） 3 8418 5F02
イ 漢 寘 yì
意味 ❶人をとりたて用いる。あげる。❷やめる。❸異なる。

［弃］
廾4（7） ⇩棄キ（696ページ）

弄
廾4（7） 1 4714 5F04 常用
一 ロウ 漢 送 nòng（旧 lòng）
二 ロウ 漢 送 lòng
もてあそぶ・いじ-る・まさぐ-る

筆順 一 丅 干 王 王 弄 弄

なりたち  〔会意〕「王（＝たま）」と「廾（＝両手）」とから成る。もてあそぶ。

意味 一 ❶（手に持って）いじる。もてあそぶ。例 弄花（ロウカ）。弄筆（ロウヒツ）。玩弄（ガンロウ）。❷ほしいままにする。また、あなどる。からかう。例 愚弄（グロウ）。嘲弄（チョウロウ）。翻弄（ホンロウ）。❸楽器を演奏する。かなでる。例 弄レ琴（キンをロウす）（＝琴を演奏する）。〈史記・司馬相如伝〉 ❹楽曲。曲。例 狡弄（コウロウ）（＝勇ましい曲。調子の速い音楽）。二 路地。小道。

古訓 中古 たはぶれ・もてあそぶ・わらふ 中世 もてあそぶ 近世 あなどる・たはぶる・ちまた・もてあそぶ

【弄花】ロウカ ①花を手にして興じる。②草花を育て楽しむ。③日 花札で遊ぶ。
【弄瓦】ロウガ 〔「瓦」は、素焼きの糸巻き〕女子の誕生をいう。対 弄璋（ロウショウ）。◆昔、女の子が生まれると、土製の糸巻きを手に持たせ、針仕事などがうまくなるように願ったことから。……〈詩経・小雅・斯干〉
【弄▼翰】ロウカン 〔「翰」は、筆の意〕筆をとってたわむれに書や絵画をかく。弄筆。
【弄玩】ロウガン【弄▼翫】ロウガン もてあそぶ。あそんで、なぐさめとする。玩弄。
【弄月】ロウゲツ 月とあそぶ。月を眺めて楽しむ。
【弄言】ロウゲン むやみにしゃべること。
【弄巧】ロウコウ 技巧を用いる。細工をする。
【弄▼璋】ロウショウ 〔「璋」は、「圭（ケイ）」を半分にしたような方形の玉（ギョク）。主君に拝謁するときの正装の飾り〕男子の誕生をいう。対 弄瓦（ロウガ）。◆昔、男の子が生まれると、立派に出世することを願って、美しい玉をおもちゃとして与えたことから。……〈詩経・小雅・斯干〉
【弄筆】ロウヒツ｜ふでをもてあそぶ ①「弄翰（ロウカン）」に同じ。②事実をまげて文章を書く。曲筆。
●玩弄（ガンロウ）・愚弄（グロウ）・嘲弄（チョウロウ）・翻弄（ホンロウ）

弈
廾6（9） 4 1213 5F08
エキ 漢 陌 yì
意味 ❶囲碁。ばくち。通 奕（エキ）。例 博弈（バクエキ）。❷碁をうつ。例 弈棋（エキキ）（＝碁をうつ）。

弇
廾6（9） 3 8419 5F07
エン（エム）漢 琰 yǎn
おお-う（おほ-ふ）

意味 おおいかくす。**おおう**。

[弉] 廾7(10) ⇩奘(ジョウ)(335ページ)

弊

廾12(15) 1 4232 5F0A 常用

ヘイ㊥㊡ 霽 bì つか-れる(つか-る)・やぶ-れる(やぶ-る)・つい-える(つひ-ゆ)

[獘] 廾12(15) ——旧字体。

筆順 丷 㡀 㡀 㡀 敝 敝 弊

なりたち [形声]「廾(=犬(いぬ))」と、音「敝(ヘイ)」とから成る。犬がたおれる。つかれる。

意味 ❶たおれる。たおす。㊟斃(ヘイ)。例 弊レ旗(はたをたおす)(=旗を倒す)。〈周礼・夏官・大司馬〉 ❷つかれくるしむ。**つかれる**。例 疲弊(ヒヘイ)。❸ぼろぼろにいたむ。こわれる。**やぶれる**。㊟敝(ヘイ)。例 弊衣(ヘイイ)。弊履(ヘイリ)。❹さしさわりがある。わるい。例 弊害(ヘイガイ)。悪弊(アクヘイ)。❺自分にかかわるものの上につけて、へりくだった意をあらわす。例 弊屋(ヘイオク)。弊社(ヘイシャ)。

古訓 中古 あし・かくす・かくる・かたし・さだむ・そこなふ・たふる・つひえ・つびたり・つひやす・つひゆ・やぶる 中世 いやし・くるしむ・つひえ・やつる・やつるる・やぶる・やぶるる 近世 あざむく・あしし・さだむる・とどむ・やぶる・やむ

【弊衣】(ヘイイ) 破れた衣服。ぼろの衣服。敝衣(ヘイイ)。例 —破帽(=ぼろの衣服と破れた帽子。特に、旧制高等学校生が好んだ身なりをいう)。

【弊屋】(ヘイオク) ①こわれかかった家。あばらや。②自分の家の謙称。拙宅。例 —にご光来を仰ぐ。▽弊家(ヘイカ)。

【弊家】(ヘイカ) 「弊屋(ヘイオク)」に同じ。

【弊害】(ヘイガイ) 他に害をおよぼす悪い影響。害毒。悪弊。例 —が生じる。

【弊国】(ヘイコク) 自分の国の謙称。弊邦。

【弊事】(ヘイジ) 害になること。よくないこと。

【弊社】(ヘイシャ) 日 自分の会社の謙称。小社。〔神社についてもいう〕例 —の製品。

【弊習】(ヘイシュウ) 「弊風(ヘイフウ)」に同じ。

【弊店】(ヘイテン) 日 自分のみせの謙称。小店。

【弊風】(ヘイフウ) よくない習わし。悪い風習。悪風。悪習。弊習。

【弊邦】(ヘイホウ) 自分の国の謙称。弊国。

【弊▼邑】(ヘイユウ) ①自分の国・出身地・管轄地などの謙称。②へんぴで、にぎわいのない町や村。

【弊履】(ヘイリ) 使い古した、はきもの。敝履(ヘイリ)。例 —のごとく捨てる(=おしげもなく捨てる)。

● 悪弊(アクヘイ)・旧弊(キュウヘイ)・語弊(ゴヘイ)・宿弊(シュクヘイ)・積弊(セキヘイ)・通弊(ツウヘイ)・疲弊(ヒヘイ)

56 3画 弋 よく しきがまえ 部

ななめにとがらせた杭(くい)の形をあらわす。「弋」をもとにしてできている漢字と、「弋」の字形を目じるしにして引く漢字とを集めた。

0 459 弋 1 459 弌 2 459 弍 3 459 弎 式 弐 9 460 弑 10 460 弒

この部首に所属しない漢字

戈→戈 531　鳶→鳥 1491　武→止 725　哉→口 247　貳→貝 460

弋

弋0(3) 2 5521 5F0B

ヨク㊥ 職 yì いぐるみ・くい(くひ)

意味 ❶木のくい。**くい**。㊟杙(ヨク)。❷鳥をからめ捕るための、糸をつないだ矢。**いぐるみ**。例 弋射(ヨクシャ)。❸とる。つかまえる。例 弋獲(ヨクカク)(=捕らえる)。遊弋(ユウヨク)(=狩猟)。❹黒い。くろ。例 弋綈(ヨクテイ)。

【弋射】(ヨクシャ) いぐるみを使って鳥を射ること。

【弋▼矰】(ヨクソウ) 〔「矰」は、矢につなぐ糸の意〕いぐるみ。

【弋▼綈】(ヨクテイ) 黒色で、きめの粗いつむぎ。質素なもののたとえ。例 身衣二弋綈一(みずからヨクテイをきる)(=自ら粗末な服を着る)。〈漢書・文帝紀〉

【弋猟】(ヨクリョウ) 狩猟をする。狩りをする。〔「弋」は鳥について、「猟」は獣についていう〕

[弌] 弋1(4) ⇩一(イチ)(1ページ)

[弍] 弋2(5) ⇩二(ニ)(41ページ)

[弎] 弋3(6) ⇩三(サン)(10ページ)

式

弋3(6) 1 2816 5F0F 教3

一 ショク㊥ **シキ**㊡ 職 shì
二 チョク㊥ 職 shì
のり・のっと-る

筆順 一 二 三 弍 式 式

なりたち [形声]「工(=たくみ)」と、音「弋(ヨク→ショク)」とから成る。きまり。おきて。

意味 一 ❶きまったやり方。作法(サホウ)。手本。**のり**。作法や手本に従う。**のっとる**。例 式目(シキモク)。形式(ケイシキ)。様式(ヨウシキ)。❷軾(ショク)(=車の手すり)に手を掛けて敬礼する。例 凶服者式レ之(キョウフクのものにはこれにショクす)(=喪服を着た者には式の敬礼をした)。〈論語・郷党〉 ❸「これ」と読み、語調をととのえる。例 式微(シキビ)(ショクビ)。
二 占いの道具。㊟栻(チョク)。例 式盤(チョクバン)。

日本語での用法 《シキ》①「厳粛(ゲンシュク)な式(シキ)に臨(のぞ)む・儀式(ギシキ)にのっとる・式(シキ)を挙(あ)げる」▼一定の形でとりおこなう行事。②「式(シキ)であらわす・数式(スウシキ)・方程式(ホウテイシキ)」▼数学・論理学で、ある関係を記号であらわしたもの。

古訓 中古 のり・もち・もつ・よそふ・よそほひ 中世 のり・もつ・もつて 近世 かんがへる・くるまのとしきみ・つつしむ・のつとる・のり・はかる・ふり・もつて

人名 つね・もち

【式次】(シキジ) 日 式の内容と順序。また、それを書いたもの。式次第。例 入学式の—。

【式辞】(シキジ) 日 式場で、出席者に述べる挨拶(アイサツ)のことば。例 校長の—。

【式日】(シキジツ) 日 ①式のおこなわれる日。②祝日。祭日。

【式場】(シキジョウ) 日 式がおこなわれる場所。

【式台(臺)】(シキダイ) 日 日本建築で、玄関の上がり口にある、一段低くなった板敷き。主人が客を送り迎えする所。敷台(しきダイ)。

【式典】(シキテン) 日 儀式。式。特に、大がかりな式についていう。

【式微】(シキビ)(ショクビ) 国家・王朝などが、非常におとろえること。〔黎(レイ)の国が敗れたときの臣下のことば(これおとろう)(おとろえたなあ)から〕〈詩経・邶風・式微〉例 皇室の—(シキビ)がはなはだしかった戦国時代。

【式部】(シキブ) 日 ①昔の女官の呼び名。父や近親者が式部省の役人である人につける。例 紫(むらさき)—。②「式部省」の略。律令制で、儀式、文官の叙位・行賞などをあつかった役所。

【式服】(シキフク) 日 儀式のときに着る、正式の衣服。紋付き・袴(はかま)、現代の男性のモーニングなど。礼服。㊟平服。

【式目】(シキモク) 日 〔「目」は、小分けの意〕 ①武家時代、箇条書きにした法律や規則。例 御成敗(ゴセイバイ)—。建武(ケンム)—。

②連歌・俳諧(ハイカイ)などの規則。
熟 一式(イッシキ)・格式・株式・儀式・旧式・挙式・形式・公式・硬式・古式・書式・神式・図式・正式・葬式・軟式・複式・仏式・洋式・様式・略式・礼式・和式

弐
弋3(6) 1 3885 5F10 常用 ジ漢 ニ呉 寘 èr ふた-つ

［貳］貝5(12) 2 7640 8CB3 旧字体。 ［貮］貝4(11) 2 7641 8CAE 別体字。

筆順 一 二 三 弐 弐

なりたち ［形声］「貝(=たから)」と、音「弍(ジ)(=ふたつ)」とから成る。そえる。

意味 ❶そばにつく。そう。そえる。ならぶ。例 弐室(ジシツ)。❷ふたごころがあって、そむく。例 弐心(ジシン)。❸もう一度する。繰り返す。ふたたびす。例 不レ弐レ過(あやまちをふたたびせず)(=同じあやまちを繰り返さない)。〈論語・雍也〉❹「二」の大字(ダイジ)。数字を書きかえられないように、商売や契約の文書で使う。

日本語での用法《ニ》「少弐(ショウニ)・大弐(ダイニ)」▼大宰府(ダザイフ)の長官「帥(ソツ)」の次官。すけ。

古訓 中古 うたがふ・かさなる・かさぬ・すけ・そひもの・そふ・はなる・ふたごころ・ふたつ 中世 かはる・ならぶ・はなる・ふたごころ・ふたつ 近世 うたがふ・かさなる・かはる・たすく・ならぶ・ふたごころ・ふたつ

人名 かず・すけ・つぎ・つぐ

【弐室】(ジシツ) 王族の離宮。副宮。

【弐車】(ジシャ) 控えのくるま。天子の予備のくるま。副車。

【弐心】(ジシン|ニシン) そむく心。謀反(ムホン)する心。ふたごころ。二心。例 主君に━をいだく。

【弐臣】(ジシン) 二人の主君や二つの王朝に仕える臣下。

弑
弋9(12) 2 5522 5F11 シイ慣 シ漢 寘 shì

［弒］弋10(13) 5F12 本字。

意味 臣下が主君を殺す。また、子が親を殺す。例 弑逆(シイギャク)。主君(シュクン)を弑(シイ)する。

【弑逆】【弑虐】(シイギャク|シギャク) 主君や父を殺す。

［弒］弋10(13) ⇨弑(シイ)(460ページ)

57 3画 弓 ゆみ ゆみへん 部

ゆみの形をあらわす。「弓」をもとにしてできている漢字と、「弓」の字形を目じるしにして引く漢字とを集めた。

⓪ 460 弓 ① 460 引 弔 弖 ② 461 弘 弗 ③ 462 弜 弚 弛 ④ 462 弞 弟 弝 ⑤ 462 弦 弩 弣 弥 ⑥ 463 弧 弭 弯 ⑦ 464 弱 弱 ⑧ 464 強 弶 張 弴 弸 ⑨ 466 强 弽 弾 弼 ⑩ 467 彀 彁 ⑪ 467 彅 ⑫ 467 彈 ⑬ 467 彊 彇 ⑭ 467 彌 ⑲ 467 彎

この部首に所属しない漢字
夷→大 330　躬→身 1282　粥→米 1015　疆→田 898　鬻→鬲 1478

弓
弓0(3) 1 2161 5F13 教2 キュウ(キウ)漢 ク・クウ呉 東 gōng ゆみ

筆順 ㇇ ㇕ 弓

なりたち ［象形］ゆみの形。ゆみ。

意味 ❶矢を射るための武器。**ゆみ**。例 弓術(キュウジュツ)。弓箭(キュウセン)。強弓(ゴウキュウ)。❷ゆみのように丸くそった形。ゆみなり。例 弓形(キュウケイ)。弓状(キュウジョウ)。❸長さの単位。六尺。一説に八尺、また五尺。

古訓 中古 ゆみ 中世 ゆみ 近世 ゆみ

人名 ゆ

難読 弓杖(ゆみづえ|ゆんづえ)(=弓をつえにすること)・弓削(ゆげ)・弓場(ゆば)

【弓衣】(キュウイ) ゆみを入れる袋。

【弓形】(キュウケイ) ①つるを張ったゆみのようなかたち。ゆみがた。ゆみなり。②日〔数〕円周上の二点を結ぶ直線で切りとられた円の一部。

【弓工】(キュウコウ) ゆみ作りの職人。類 弓師・弓匠。

【弓矢】一(キュウシ) ゆみと、や。弓箭(キュウセン)。二(ゆみや) 日 ①ゆみと、や。武器。また、武士。例 ━とる身(=武士の身)。②いくさ。戦争。

【弓▼繳】(キュウシャク) 矢に糸をつけて、からまるようにした、鳥を射るための弓矢。いぐるみ。

【弓手】一(キュウシュ) ゆみを射る人。二(ゆんで) 日〔「ゆみて」の変化。左手で弓を持ったことから〕左の手。対 馬手(めて)。

【弓術】(キュウジュツ) 日 ゆみで矢を射る技。弓道。

【弓状】(キュウジョウ) ゆみのような形。ゆみがた。ゆみなり。例 ━の海岸線。

【弓人】(キュウジン) ①ゆみを作る人。ゆみ作りの職人。②ゆみの制作をつかさどる官。

【弓勢】一(キュウセイ) ①ゆみのような形。ゆみなり。②ゆみのいきおい。ゆみの強さ。二(ゆんぜい) 日〔「ゆみゼイ」の変化〕ゆみを引きしぼる力。ゆみを射る力。

【弓▼箭】(キュウセン) ①ゆみと矢。武器。弓矢(キュウシ)。例 ━を帯する。②ゆみを射ること。いくさ。③日 ゆみ矢をとる職業。武士。例 ━の家に生まれる。

【弓▼弩】(キュウド) 手で引くゆみと、ばねを用いたゆみ。

【弓道】(キュウドウ) 日 ゆみで矢を射る武道。例 ━の師範。

【弓馬】(キュウバ) ①弓術と馬術。武術。例 ━の道。━の家(=武家)。②いくさ。戦い。戦争。例 ━を事とする者。

【弓取】(ゆみとり) 日 ①ゆみ矢をとる人。武士。また、ゆみの上手な人。例 あっぱれな━。②相撲で、最後の取組みのあとに、その役の力士が、ゆみを手でとりさばく儀式。弓取式。

熟 強弓(ゴウキュウ)・破魔弓(はまゆみ)・洋弓(ヨウキュウ)

引
弓1(4) 1 1690 5F15 教2 一 イン漢呉 軫 yǐn 二 イン漢呉 震 yìn ひく・ひける

筆順 ㇇ ㇕ 弓 引

なりたち ［会意］「弓(=ゆみ)」と「丨(=ひく)」とから成る。弓の弦(つる)をひく。

意味 一 ❶弓をひく。**ひく**。❷自分の方に近よせる。ひっぱる。例 引力(インリョク)。牽引(ケンイン)。❸他人のことばなどをもってくる。例 引証(インショウ)。引用(インヨウ)。❹しりぞく。ひっこむ。例 引退(インタイ)。❺みちびく。ひきつれる。例 引率(インソツ)。引導(インドウ)。❻うけいれる。ひきうける。例 引責(インセキ)。承引(ショウイン)。❼長さの単位。十丈。二 ❶霊柩車(レイキュウシャ)をひく、つな。❷文章の様式の一つ。はしがき。序。例 小引(ショウイン)。❸漢詩で、楽府題(ガフダイ)の一つ。例 秋風引

(シュウフウイン)。❹しらべ。曲。楽曲。例 曲引(キョクイン)。

日本語での用法《ひき》《ひく》「九(キュウ)から二(ニ)を引(ひ)く・二割(ニわり)引(び)き」▼引き算。マイナス。

古訓 中古 ただす・ながし・ひく・まかす・まがる 中世 ながし・のぶ・のぶる・ひく・ゆみはる 近世 しりぞく・ながし・のぶる・ひきづな・ひく・ひさし・みちびく

人名 のぶ・ひき・ひさ

【引火】(インカ) ほかの火や熱によって、燃えやすいものが燃えだす。例 ガソリンに━する。

【引▼咎】(インキュウ) 「引責(インセキ)」に同じ。

【引拠】(インキョ) 引用した事柄をよりどころとする。

【引決】(インケツ)【引▼訣】(インケツ) 責任をとって自殺する。引分(インブン)。

【引見】(インケン) 身分の高い人が自分のところに人を呼んで会う。引接。例 使者を━する。

【引証(證)】(インショウ) 証拠として引用する。また、その証拠。例 古い文献から━する。

【引伸】(インシン) ①ひきのばす。②応用する。③ある漢字のもともとの意味がひきのばされて、次第に別の意味に変わっていくこと。たとえば、「群」は「羊が集まる」意味であったが、「羊」の意味がうすれて、単に「集まる」だけの意味になるなど。

【引責】(インセキ) 自ら責任をとる。引咎(インキュウ)。例 ━辞職。

【引接】(インセツ) 一 目下の者を呼び入れて会う。引見。二(インジョウ)〔仏〕人の臨終に際して阿弥陀仏(アミダブツ)があらわれ、浄土に導くこと。

【引率】(インソツ) 日(複数の人を)ひきつれて行く。例 ━者。

【引退】(インタイ) ①退却する。②官職をやめる。③日 それまでいた世界から、しりぞく。例 現役を━する。舞台を━する。

【引致】(インチ) ①人をひきつれてくる。また、呼び寄せる。②日〔法〕容疑者や被告人などを強制的に連行する。

【引導】(インドウ) ①先に立って教えみちびく。引道。②〔仏〕人々を仏道にみちびく。③〔仏〕死者をほうむるとき、魂が迷わず浄土に行けるように僧がみちびくこと。また、そのためにとなえる経文(キョウモン)のことば。例 ━を渡す(=相手に、とるべき手段の最後であることを知らせて、覚悟をさせることのたとえ)。

【引得】(イントク)〔英 index の音訳〕索引。

【引分】(インブン) 一 ①「引決(インケツ)」に同じ。②責任をとる。二(ひきわけ) 日 勝負がつかないで終わること。

【引満】(インマン) ①弓の弦(つる)をいっぱいにひきしぼる。②いっぱいにみたした杯を取って飲む。

【引喩】(インユ) ①たとえを用いる。②日 古人のことばや故事・ことわざ・詩歌などを引用する。

【引用】(インヨウ) ①人を任用する。②他の事例をひいて、証拠や資料とする。③日 自分の話や文章に、他人のものをひいて使う。例 ━の多い文章。

【引領】(インリョウ) 一(インレイ) ①ひきいる。ひきつれる。②宋(ソウ)・金代、行(=商人の同業組合)の長。二(インレイ)(くびをひく) ①首を長くのばして遠くを眺める。待ち望むことのたとえ。延頸(エンケイ)。②自ら退く。引退する。

【引力】(インリョク) 日〔物〕物体と物体がひきあう、ちから。対 斥力。例 万有(バンユウ)━。

【引例】(インレイ) ①過去の判例を引用する。②日 説明のためや証拠として、例をひく。また、その例。例 適切な━をする。

●延引(エンイン)(エンニン)・吸引(キュウイン)・強引(ゴウイン)・索引(サクイン)・字引(ジびき)・友引(ともびき)・取引(とりひき)・水引(みずひき)・割引(わりびき)

弔

弓1(4) 1 3604 5F14 常用

一 チョウ(テウ)漢 嘯 diào
二 テキ漢 錫 dì
とむらう(とむら-ふ)・とむらい(とむらひ)・とぶらう(とぶら-ふ)

筆順 ㇕ ㇕ 弓 弔

なりたち  〔会意〕「丨(=ひと)」と「弓(=ゆみ)」とから成る。人が弓を持って遺体を獣から守る。とむらう。

意味 一 ❶人の死を悲しみ、遺族をたずね、なぐさめる。とむらう。とむらい。例 弔辞(チョウジ)。弔問(チョウモン)。慶弔(ケイチョウ)。❷あわれむ。いたむ。例 弔恤(チョウジュツ)。❸つるす。つり下げる。通 吊(チョウ)。❹銅銭を数える単位。一弔は一千文。貫。二 ❶いたる。来る。例 神之弔矣(シンのいたる)(=祖先の神霊が降り来る)。〈詩経・小雅・天保〉❷善。よい。例 不弔(フテキ)(=不善)。

古訓 中古 いたる・とふ・とぶらふ 中世 いたむ・いたる・とぶらふ・とむらふ 近世 あはれむ・いたむ・いたる・とふ・とぶらふ・とむらふ

【弔意】(チョウイ) 人の死を悲しみ、とむらう気持ち。例 ━を表する。

【弔慰】(チョウイ) 死者をとむらい、遺族をなぐさめる。弔問。例 ━金。

【弔歌】(チョウカ) 日 人の死を悲しむ歌。挽歌(バンカ)。

【弔旗】(チョウキ) 日 人の死を悲しむ気持ちをあらわして掲げる、はた。黒い布をつけたり、半旗にしたりする。

【弔祭】(チョウサイ) 死者をとむらい、まつる。

【弔事】(チョウジ) ①天子が諸侯などをとむらうこと。②日 人が死んだことなどの不幸。

【弔辞】(チョウジ) 死者に対して悲しみいたむ気持ちを述べることば。また、その文。弔文。類 弔詞。例 ━を述べる。

【弔▼恤】(チョウジュツ) とむらい、あわれむ。いたみ、あわれむ。慰問する。類 弔愍(チョウビン)。

【弔鐘】(チョウショウ) 日 死者をとむらうために鳴らす、かね。

【弔電】(チョウデン) 日 弔意を伝える電報。おくやみの電報。

【弔▼賻】(チョウフ) 死者をとむらい、ささげ物を贈る。

【弔文】(チョウブン) 人の死を悲しみおしむ文。弔辞。

【弔砲】(チョウホウ) 日 軍隊で、死者をとむらうためにうつ空砲。皇族や元首など国家の功労者の葬儀にもおこなわれる。

【弔問】(チョウモン) 遺族にくやみを述べるために、死んだ人の家を訪ねる。例 ━客。

●慶弔(ケイチョウ)・追弔(ツイチョウ)

弖

弓1(4) 2 5523 5F16

テイ漢 斉 dī
て

意味 「氐(テイ)」の俗字。→氐(テイ)(740ジペー)

日本語での用法《て》「弖爾乎波(てにをは)・山坂越弖(やまさかこえて)」▼「て」の音をあらわす万葉仮名。

弘

弓2(5) 1 2516 5F18 人

コウ漢 グ・グウ呉 蒸 hóng
ひろ-い(ひろ-し)・ひろ-める(ひろ-む)・ひろ-まる

なりたち  〔形声〕「弓(=ゆみ)」と、音「厶(コウ)」とから成る。弓鳴りの音。借りて「ひろい」の意。

意味 ❶大きくひろがっている。ひろい。通 宏(コウ)。例 弘誓(グゼイ)。弘毅(コウキ)。❷ひろく知らせる。ひろめる。例 人能弘道(ひとよくみちをひろむ)(=人は人としての正しい道をひろめることができる)。〈論語・衛霊公〉 弘法(グホウ)。

古訓 中古 おほいなり・ひろ・ひろし・ひろまる・ひろむ・ひろむる 中世 おほいなり・ひろ・ひろし・ひろむ・ひろむる・ひろめる 近世 おほいなり・ひろし・ひろまる・ひろむ・ひろむる・ひろめる

人名 ひろ・ひろし・ひろみ・ひろむ・みつ

【弘願】(グガン)〔仏〕一切の衆生(シュジョウ)を救おうとする大きな願い。弘誓(グゼイ)。

【弘誓】(グゼイ)〔仏〕菩薩(ボサツ)の、この世に生を受けたものすべてを救おうという広大なちかい。弘願(グガン)。例 ━の海(=仏の誓いの広さや深さを、広大な海にたとえたことば。」

【弘法】㊀グホウ〔仏〕仏法を世の中に広める。㊁コウボウ「弘法大師ダイシ」の略。平安初期に真言宗を開いた、空海の諡おくりな。書の達人。例―にも筆の誤り（＝名人にも、時には失敗があるということのたとえ）。

【弘遠】コウエン ①広く、とおい。規模が広く大きいこと。広遠。宏遠コウエン。②度量や識見が広く深い。

【弘▼毅】コウキ 心が広く、意志の強いこと。例士不レ可三以不二弘毅一（シはもってコウキならざるべからず）（＝士人はおおらかで心が強くなくてはいけない）。〈論語・泰伯〉

【弘済】コウサイ／グサイ ①世の人々を広く救うこと。②度量が広いこと。▽広済。

【弘宣】コウセン おおいに述べ広める。広く行きわたらせる。

【弘通】コウツウ ㊀ 世情によく通じていて、ものわかりのいいさま。㊁グツウ〔仏〕仏の教えを広く世に行きわたらせる。仏教が広まる。例世に―する弘法大師コウボウダイシの教え。

【弘道】コウドウ ①（みちをひろむ）人としての道を広める。②広大な道。普遍的な道理。

【弘文】コウブン 学芸を広める。

【弘弁（辯）】コウベン 弁舌が巧みである。

【弘報】コウホウ 旧 人々に広く知らせる。表記 現広報

弗
弓2（5）1 4206 5F17 フツ漢 ホチ・ホツ呉 物 fú ドル

意味 ❶「ず」と読み、否定の意をあらわす。例其人弗レ能レ応也（そのひとこたうるあたわざるなり）（＝その人はこたえることができなかった）。〈韓非・難一〉大臣弗レ平（ダイジンたいらかならず）（＝大臣は穏やかでない）。〈史記・呂后紀〉❷⇨【弗鬱】フツ ❸⇨【弗弗】フツ

日本語での用法 ㊀《ドル》「一弗紙幣イチドルシヘイ」▼〔ドルの記号「$」と似ていることから〕アメリカなどの貨幣の単位。㊁《フッ》「弗化水素フッカスイソ・弗素フッソ」▼元素の一つ、フッ素をあらわす。中国では「氟」の字を使う。

【弗鬱】フツウツ ふさぎこんで楽しまないさま。〔一説に、魚の多いさま〕

【弗弗】フツフツ ①風などが激しく速く吹くさま。発発ハツハツ。②さからう。たがう。

弜
弓3（6）4 1215 5F1C キョウ（キャウ）漢 養 jiàng

意味 ❶弓がつよい。強弓ゴウキュウ。❷強い。

𢎭
弓3（6）4 1216 223AD キン漢 真 jìn ゆはず

意味 弓の両端の、弦つるをかける部分。ゆはず。

弛
弓3（6）1 3548 5F1B 人 シ・チ漢 紙 chí（旧 shǐ） ゆる-む・ゆる-める（ゆる-む）・たる-む・たゆ-む

なりたち [形声]「弓（＝ゆみ）」と、音「也ヤ→チ」とから成る。弓の弦つるが解かれる。

意味 ❶はりつめていたものが、ゆるくなる。**たるむ。ゆるむ。ゆるめる。** 対張。例弛緩シカン。弛張シチョウ。❷とりのぞく。除く。例弛禁シキン（＝禁令を解除する）。❸へる。弱まる。**ゆるむ。** 例愛弛アイシ（＝寵愛チョウアイがうすれる）。〈史記・呂不韋伝〉❹こわす。くずれる。例弛壊シカイ（＝くずれる）。❺すてる。手放す。例弛兵シヘイ（＝武器をすてる）。❻ほうっておく。見過ごす。例弛二其親之過一（そのおやのあやまちをすつ）（＝親の過失を見過ごす）。〈礼記・坊記〉

古訓 中古 はづす・はづる・ゆるなり・ゆるぶ 中世 はづす 近世 かはる・すつる・はずす・ほどく・ゆるぶ・ゆるべる

【弛緩】シカン／チカン ゆるむ。たるむ。類弛縦シショウ。対緊張。例精神の―。筋肉が―する。

【弛然】シゼン のびのびとするさま。ゆったりとするさま。例吾蛇尚存、則弛然而臥（わがへびのなおソンすれば、すなわちシゼンとしてふす）（＝自分のヘビが〔かめの中に〕ちゃんと入っていれば、やれやれと思ってほっとして寝る）。〈柳宗元・捕蛇者説〉

【弛張】シチョウ ①ゆるむことと、はること。例音の―。②寛大にすることと厳格にすること。盛衰や強弱についてもいう。

【弛廃】シハイ すたれる。ゆるんでおこなわれなくなる。また、怠って、やめる。

【弛▼紊】シブン 秩序や規律などが、ゆるみ乱れる。衰え乱れる。

弞
弓4（7）4 1217 5F1E シン漢 軫 shěn

意味 相好ソウゴウをくずさずに笑う。ほほえむ。わらう。通哂シン。

弟
弓4（7）1 3679 5F1F 教2 ㊀デ慣 テイ漢 ダイ呉 霽 tì ㊁テイ漢 薺 dì おとうと・おと・おとと

筆順 丶 丷 㐅 弓 弔 弟 弟

なりたち [形声]「韋（＝なめしがわ）」の古字の省略体と、音「丿ヘツ→テイ」とから成る。なめし革がわでたばねる順序。派生して「おとうと」の意。

意味 ㊀❶（兄弟の中で）年下の者。対兄。例義弟ギテイ。兄弟キョウダイ。舎弟シャテイ。❷特定の先生について教えを受ける人。門人。例弟子デシ。師弟シテイ。門弟モンテイ。❸自分をへりくだっていう呼び名。例小弟ショウテイ。㊁年少の者が年長者にすなおに従う。通悌テイ。例孝弟コウテイ。

日本語での用法《おと》「弟矢おとや」▼二番目の。つぎの。

古訓 中古 おとうと・おとす・おとる・しばらく・ついで・つぎ・つぐ 中世 おとうと・おとと・ついで・つぎ・つぎなり・むらがる 近世 おとうと・おとと・したがふ・ついづる・やすし

人名 くに・ちか・つぎ・ふと

【弟兄】テイケイ ①弟と兄。兄弟。②人を親しんで呼ぶ語。▽類弟昆テイコン。

【弟子】テイシ ①デシ 教え子。門人。門弟。対師匠。例弟子孰為レ好レ学（テイシたれかガクをこのむとなす）（＝門弟のなかで、だれが学問を好むといえますか）。〈論語・雍也〉―入りデシいり。②年の若い者。子弟。例弟子入則孝（テイシいりてはすなわちコウ）（＝若者よ、家庭では孝行を心がけなさい）。〈論語・学而〉③歌舞芸人。例梨園弟子白髪新（リエンのテイシハクハツあらたなり）（＝かつて梨園で養成した舞楽員たちも今は白髪が目立つ）。〈白居易・長恨歌〉

【弟妹】テイマイ 弟と妹。

●義弟ギテイ・兄弟キョウダイ（ケイテイ）・愚弟グテイ・賢弟ケンテイ・孝弟コウテイ・再従兄弟またいとこ（サイジュウケイテイ）・実弟ジッテイ・子弟シテイ・師弟シテイ・従兄弟いとこ（ジュウケイテイ）・徒弟トテイ・末弟マッテイ・門弟モンテイ

弝
弓4（7）3 8420 5F1D ハ漢 禡 bà

意味 ❶弓の、手で握る部分。ゆづか。例玉弝ギョクハ。❷刀剣などの、手で握る部分。つか。例剣弝ケンハ。

弦
弓5（8）1 2425 5F26 常用 ケン漢 ゲン呉 先 xián つる

筆順 ㇇ コ 弓 弓 弓 弘 弦 弦

なりたち [会意]「弓（＝ゆみ）」と「玄（＝糸をかけるところ）」とから成る。弓に張る糸。

意味 ❶弓に張る糸。**つる。** 通絃ゲン。例鳴弦メイゲン。❷バイオリン・琴ことなどの楽器に張る糸。また、そのような楽器。通絃ゲン。例弦楽ゲンガク。管弦カンゲン。三弦サンゲン。❸弦楽器をひく。かなでる。例弦琴ゲンキン（＝琴をひく）。❹病人の脈拍が速い。例脈長而弦（ミャクチョウにしてゲンたり）（＝脈拍が強くて速い）。〈史記・扁鵲倉公伝〉❺

糸を張った弓のような形。特に、弓張り月や半月形についていう。例 弦月(ゲンゲツ)。下弦(カゲン)。上弦(ジョウゲン)。❻数学で、円周上の二点を結ぶ直線。また、直角三角形の斜めの辺。例 正弦(セイゲン)。余弦(ヨゲン)。

古訓 中古 つる・はる・ゆみづる・ゆみのつる・ゆみはり 中世 つる・ゆみづる・ゆみのつる 近世 いと・つる・ゆみづる・ゆみはる・を

人名 いと・お・ふさ・ゆづる・ゆみ

【弦音】(ゲンオン|つるおと) 矢を放ったときの、つるの鳴る音。例 ―(つるおと)高く矢を放つ。

【弦歌】(ゲンカ) ①弦楽器にあわせて歌う。弦誦(ゲンショウ)。②礼楽で教えさとす。③日 三味線などをひき、うたを歌うこと。例 ―の巷(ちまた)(=弦歌の聞こえてくる街)。▽絃歌(ゲンカ)。

【弦楽】(ゲンガク) ①「弦楽器」の略。②バイオリンなどの弦楽器を用いて演奏する音楽。例 ―四重奏。▽絃楽(ゲンガク)。

【弦月】(ゲンゲツ) つるを張った弓の形をしている月。上弦または下弦の月。弓張り月。半月。

【弦索】(ゲンサク) 楽器の弦。また、弦楽器。絃索(ゲンサク)。

【弦▼誦】(ゲンショウ) ①詩を弦楽器で演奏することと、口で歌うこと。②弦楽器の伴奏で歌う。弦歌。③学業。▽絃誦(ゲンショウ)。

【弦線】(ゲンセン) ①弦楽器に張る糸。弦。②ヒツジなどの腸でつくった糸。ガット。テニスのラケットの網や弦楽器の弦などに用いる。▽絃線(ゲンセン)。

●下弦(カゲン)・管弦(カンゲン)・上弦(ジョウゲン)・調弦(チョウゲン)

弩

弓5(8) 2 5524 5F29

ド漢 麌 nǔ

いしゆみ・おおゆみ(おほゆみ)

意味 ばねじかけで、矢をはじいて飛ばす武器。はじきゆみ。**いしゆみ**。**おおゆみ**。例 強弩(キョウド)(=力の強いはじき弓)。

日本語での用法 《ド》「超弩級(チョウドキュウ)・弩級艦(ドキュウカン)」▼一九〇六年に建造されたイギリスの戦艦、ドレッドノート号の略語「ド」の音訳。

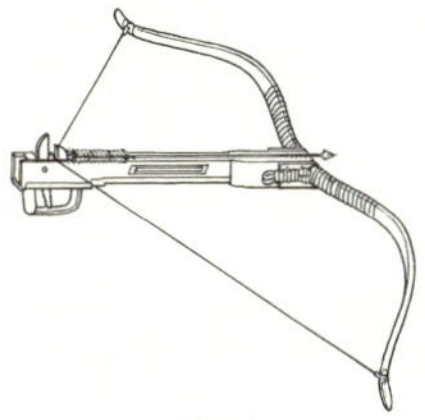

[弩]

弣

弓5(8) 3 8421 5F23

フ漢 麌 fǔ

ゆづか

意味 弓の中央部の、手で握るところ。**ゆづか**。

弥

弓5(8) 1 4479 5F25 常用

[彌] 弓14(17) 2 5529 5F4C 人 旧字体。

一 ビ漢 ミ呉 支 mí 二 ビ漢 ミ呉 紙 mǐ

や・いよいよ・いや

付表 弥生(やよい)

筆順

なりたち [形声] 本字は「镾」で、「長(=ながい)」と、音「爾(ジ→ビ)」とから成る。ひさしい。派生して「いよいよ」の意。

意味 一 ❶ながい時間にわたる。ひさしい。例 弥久(ビキュウ)。❷ひろくゆきわたる。みちる。例 弥漫(ビマン)。弥満(ビマン)(=充満する)。❸ほころびをぬう。つくろう。例 弥縫(ビホウ)。❹つくす。終える。例 弥日(ビジツ)。❺ますます。**いよいよ**。例 仰レ之弥高(これをあおげばいよいよたかし)(=見上げるとますます高い)。〈論語・子罕〉❻梵語(ボンゴ)などの「ミ」の音訳字。例 阿弥陀(アミダ)。弥撒(ミサ)。 二 やめる。とめる。通 弭(ビ)。例 弥兵(ビヘイ)(=戦争をやめる)。

日本語での用法 一《いや》「弥(いや)が上(うえ)に・弥(いや)書(が)き・弥(いや)増(ま)し」▼さらに。もっと多く。 二《や》「弥次(やじ)・弥次馬(やじうま)」▼「や」の音をあらわすあて字。

古訓 中古 いや・いよいよ・おほふ・かさなる・きはまる・きはむ・つく・つくす・ひろし・ふかし・みつ・わたる・をはる 中世 あまねし・いや・いよいよ・おほいなり・はなはだし・はびこる・ひさし・ひろし・ふかし・わたる・をはる 近世 あまねし・いとど・いよいよ・おほいなり・とほし・ながし・はづす・はなはだし・はびこる・ひさし・ます・みつる・や・やごろ・わたる・をはり・をはる

人名 いよ・ね・ひさ・ひさし・ひろ・ひろし・ます・みち・みつ・やす・わたり・わたる

難読 弥彦(いやひこ|やひこ)

【弥栄】(いやさか) 日 ①いよいよさかえること。例 ご一家の―を祈る。②繁栄を祈って言うことば。ばんざい。

【弥久】(ビキュウ) 時が長く続くさま。例 曠日(コウジツ)―。

【弥月】(ビゲツ) ①懐胎満十か月。②生後一か月。③新婚満一か月。④まるひと月。

【弥日】(ビジツ) ①一日中。終日。②日を重ねる。連日。例 ―累夜(ルイヤ)(=連日連夜)。

【弥天】(ビテン) ①天に満ちる。空に大きく広がる。②志が高く大きい。

【弥縫】(ビホウ) ①破れた衣服をぬいつくろう。②欠点や失敗などをとりつくろう。また、一時的にまにあわせる。例 ―策。

【弥望】(ビボウ) 見わたすかぎり。

【弥漫】(ビマン) ①ある気分などが一面に広がる。例 政治不信の風潮が―する。②大水がみなぎる。転じて、切れ目なく続く。▽瀰漫(ビマン)。

【弥留】(ビリュウ) ①病気が長びく。重病である。②とどまる。

【弥▼撒】(ミサ) 〔ラテン missa の音訳〕①カトリック教会で、神をたたえ、罪のつぐないと神のめぐみを願う儀式。ミサ。②「ミサ曲」の略。ミサのときに歌う音楽。例 鎮魂―。

【弥▼陀】(ミダ) 〔仏〕「阿弥陀(アミダ)」の略。例 ―の名号(ミョウゴウ)。→【阿弥陀】(アミダ)(1391ページ)

【弥▼勒】(ミロク) 〔仏〕〔梵語(ボンゴ) maitreya の音訳〕釈迦(シャカ)の死後、五十六億七千万年後にこの世にくだり、釈迦の説法を受けなかった人々を救うという菩薩(ボサツ)。弥勒菩薩。

【弥生】(やよい) 日 もと、陰暦で三月のこと。太陽暦でもいう。

弧

弓6(9) 1 2444 5F27 常用

コ漢 虞 hú

筆順

なりたち [形声]「弓(=ゆみ)」と、音「瓜(カ→コ)」とから成る。木でつくった弓。

意味 ❶木製の弓。ゆみ。例 桑弧(ソウコ)(=クワの木でできた弓)。❷弓のように曲がる。例 弧状(コジョウ)。❸数学で、円周または曲線の一部。例 円弧(エンコ)。

古訓 中古 はじめ・ゆみ 中世 きゆみ・ゆみ 近世 かがまる・きゆみ・はた・ゆみ

【弧矢】(コシ) ①木製の弓と、矢。②武力。戦乱。③男子が生まれること。また、男子が志を立てること。→【桑弧蓬矢】(ソウコホウシ)(682ページ) ④九つの星で弓と矢の形をした星座。天弓。

【弧状】(コジョウ) 弓のようにそった形。弓なり。例 ―列島。

【弧線】(コセン) 弓なりの曲線。弧状の線。

●円弧(エンコ)・括弧(カッコ)

弭

弓6(9) 2 5525 5F2D

ビ漢 紙 mǐ

ゆはず・わす-れる(わす-る)

意味 ❶弓の両端にあって、弦(つる)をかけるところ。**ゆはず**。❷ゆはずを象牙(ゾウゲ)などで飾った弓。角弓(つのゆみ)。例 象弭(ゾウビ)。❸とどめる。やめる。やむ。例 弭兵(ビヘイ)。❹**わすれる**。例 弭忘(ビボウ)。

【弭兵】(ビヘイ)〔ヘイをやむ〕戦争をやめる。偃武(エンブ)。

【弭忘】(ビボウ) 考えることを、わすれる。

[弯] 弓6(9) ⇩彎(ワン)(467ジペー)

弱

弓7(10) 1 2869 5F31 教2

[弱] 弓7(10) ——旧字体。

ジャク漢 ニャク呉 薬 ruò
よわい(よわ-し)・よわる・よわまる・よわめる(よわ-む)

筆順 ㇕ コ 弓 弓 弓 弜 弱 弱

なりたち  [会意]「弓(=ゆみのように曲がる)」と「彡(=毛のようによわい)」とから成る「弱」が二つ。よわい。

意味 ❶なよなよとしている。力や勢いが足りない。**よわい**。**よわまる**。**よわめる**。対強。例弱小(ジャクショウ)。弱肉強食(ジャクニクキョウショク)。弱輩(ジャクハイ)。衰弱(スイジャク)。❷わかい。年少。また、二十歳のこと。例弱冠(ジャッカン)。老弱(ロウニャク)。❸喪失する。うしなう。例弱二一个一(イッコをうしなう)(=一つを失った)。〈左伝・昭三〉 ❹あるまとまった数量をあらわすことばについて、その数に少し足りないことを示す。対強。例百名弱(ヒャクメイジャク)。

古訓 中古 たわむ・ぬるし・まさる・やはらかに・やはらぐ・よわし・わかし 中世 いとけなし・たをやか・ぬるし・やはらぐ・よわし・わかし 近世 おとる・おとろふ・つたなし・やはらか・やぶる・ゆみ・よわし・をさなし

難読 弱竹(なよたけ)・弱法師(よろボウシ|よろボシ)・手弱女(たおやめ)

【弱音】(ジャクオン) 日 一 よわい音。また、音量を小さくすること。対強音。例—器。二(よわね) 力のない声。意気地のないことば。例—を吐く。

【弱酸】(ジャクサン) 日 酸性度のよわい酸。炭酸・硼酸(ホウサン)など。対強酸。

【弱子】(ジャクシ) おさなご。幼児。

【弱志】(ジャクシ) ①意志がよわいこと。よわい意志。例—の徒。②自分の意志をへりくだっていうことば。③(こころざしをよわくす)自分の意志を通すのを控えめにする。

【弱視】(ジャクシ) 日 視力がひどくよわいこと。

【弱質】(ジャクシツ) ①よわい体質。また、よわい性質。例生来(セイライ)の—。②女性のこと。

【弱者】(ジャクシャ) 力や立場のよわい人。対強者。例—の味方。

【弱小】(ジャクショウ) ①(力が)よわくて小さいこと。対強大。例—国家。②年が若いこと。弱年。例—にしてよく強豪に伍(ゴ)する。

【弱卒】(ジャクソツ) よわい兵隊。弱兵。例勇将の下(もと)に—なし。

【弱体】(ジャクタイ) ①よわいからだ。②日 組織や体制がよわく、たよりないこと。例組織が—化する。

【弱敵】(ジャクテキ) ①敵をよわめる。②よわい敵。よわい相手。対強敵。例—と見てあなどるな。

【弱点】(ジャクテン) 日 ①不十分なところ。欠点。ウイークポイント。例—を克服する。②うしろぐらいところ。よわみ。例相手の—をにぎる。

【弱電】(ジャクデン) 日 通信や、家庭で使うほどの電力。また、それを使う電気機器の部門。対強電。例—メーカー。

【弱肉強食】(ジャクニクキョウショク)〔弱者の肉は強者の食物の意〕強いものが弱いものを滅ぼして栄えること。優勝劣敗。〔〈韓愈・送浮屠文暢師序〉から〕

【弱年】(ジャクネン) 年が若いこと。また、その人。若年。類弱齢。

【弱輩】(ジャクハイ) 日 ①年が若い者。青二才。②経験にとぼしく、未熟な者。〔自分の謙称としても用いる〕▽若輩。

【弱兵】(ジャクヘイ) よわい兵士。弱卒。対強兵。

【弱化】(ジャッカ) 日 よわくなる。よわまる。対強化。

【弱冠】(ジャッカン) ①男子の二十歳。〔「二十曰レ弱、冠(ニジュウをジャクという、カンす)(=二十歳を弱といい、元服して冠(かんむり)をつける)。〈礼記・曲礼上〉」から〕②年の若いこと。例—十六歳で初優勝する。

【弱行】(ジャッコウ) ①足に障害があって、歩くのに不自由なこと。②日 実行力のよわいこと。例薄志—の人。

【弱国】(ジャッコク) 経済力や軍事力などのよわい国。対強国。

【弱気】(よわキ) 日 ①気がよわく消極的であること。例—を出す。—な態度。②〔経〕取引で、相場が下がると予想すること。▽対強気(つよキ)。

【弱腰】(よわごし) 日 ①こしの、やや細くなっている部分。帯をしめる所。②弱気なさま。意気地のないさま。対強腰(つよごし)。

【弱火】(よわび) 日 (料理などで)火力のよわい火。とろ火。文火(ブンカ)。対強火(つよび)。例—で煮込む。

【弱虫(弱蟲)】(よわむし) 日 意気地のない人。

●強弱(キョウジャク)・衰弱(スイジャク)・虚弱(キョジャク)・気弱(きよわ)・色弱(シキジャク)・柔弱(ジュウジャク|ニュウジャク)・軟弱(ナンジャク)・薄弱(ハクジャク)・微弱(ビジャク)・病弱(ビョウジャク)・貧弱(ヒンジャク)・文弱(ブンジャク)

強

弓8(11) 1 2215 5F37 教2

[强] 弓9(12) 5F3A 別体字。

一 キョウ(キャウ)漢 ゴウ(ガウ)呉 陽 qiáng
二 キョウ(キャウ)漢 ゴウ(ガウ)呉 養 qiǎng
三 キョウ(キャウ)漢 ゴウ(ガウ)呉 漾 jiàng
つよい(つよ-し)・つよまる・つよめる(つよ-む)・しいる(し-ふ)・しいて(し-ひて)・こわい(こは-し)・したた-か・あなが-ち

筆順 ㇕ コ 弓 弘 弘 弘 弶 強

なりたち  [形声]「虫(=むし)」と、音「弘(コウ→キョウ)」とから成る。虫の名。借りて「つよい」の意。

意味 一 ❶力があり、勢いがさかんである。かたい。**つよい**。通彊(キョウ)。対弱。例強固(キョウコ)。強大(キョウダイ)。頑強(ガンキョウ)。❷つよくする。**つよまる**。**つよめる**。例強化(キョウカ)。強調(キョウチョウ)。増強(ゾウキョウ)。❸四十歳をいう。心身の活力のさかんなころ。例強仕(キョウシ)。強壮(キョウソウ)。❹あるまとまった数量をあらわすことばについて、その数より少し多いことを示す。対弱。例百名強(ヒャクメイキョウ)。二 無理にする。つとめる。無理に(させる)。**しいる**。**しいて**。例強制(キョウセイ)。強引(ゴウイン)。勉強(ベンキョウ)。三 かたくな。頑固。例木強(ボッキョウ)(=木石のようにかたく強情である)。

日本語での用法 一《**あながち**》「強(あなが)ち悪(わる)いとは言(い)えない」▼〔下に打ち消しの語をともなって〕必ずしも…でない。決して…でない。二《**すね**》《**すねる**》「強者(すねもの)(=意地っぱり。ひねくれ者)・強(す)ねて口答(くちごた)えをする」▼意志がつよい。情がこわい。ひねくれて意地をはる。

古訓 中古 あながち・あながちに・あまる・かたし・きはまる・こはし・しひて・しふ・すくむ・すすむ・たけし・つとむ・つよし・なまじひ・ばかり 中世 あながち・あながちに・かたし・きはまる・こはし・しひて・しひる・シフねし・しふる・すくむ・つとむ・つとむる・つよし 近世 あながち・きくひむし・こはし・こはばる・さかんなり・しひる・しゆる・すすむる・つとむ・つとむる・つよし・よねむし

人名 あつ・かつ・こわ・すすむ・すね・たけ・たけし・つとむ・つよ・つよし

難読 御強(おこわ)(=こわめし。赤飯)・強顔(つれない)

【強圧】（キョウアツ）つよい圧力。つよい力や権力で一方的におしつける。弾圧。抑圧。重圧。

【強意】（キョウイ）日文章表現などで気持ちや意味をつよめること。例―の助詞。

【強引】一（キョウイン）つよくひく。二（ゴウイン）日無理やり。反対などをおしきっておこなうさま。例―なやり方。―に進める。

【強運】（キョウウン）日つよい運勢。運がつよい。例―の持ち主。

【強化】（キョウカ）日①つよめる。足りないところを補ってつよくする。対弱化。例―合宿。②ビタミンなどを人工的に加えて、栄養価を高める。例―米（マイ）。

【強諫】（キョウカン）つよくいさめる。

【強▼悍】（キョウカン）つよくて、たけだけしい。

【強顔】（キョウガン）つらの皮が厚いこと。厚顔。鉄面皮（テツメンピ）。あつかましいこと。何があっても平然としていること。

【強気】一（キョウキ｜つよキ）気がつよく、積極的な態度をとること。また、強引にものごとを進めること。例―（つよキ）に出る。二（つよキ）日〔経〕取引で、相場が上がると予想すること。▽対弱気（よわキ）。

【強記】（キョウキ）記憶力がよいこと。例博覧―。

【強▼禦】【強▼圉】（キョウギョ）①権力や勢力がつよい。また、その人。②武力がつよい。③つよい防衛者。

【強肩】（キョウケン）日肩（かた）がつよいこと。特に、野球でボールを遠くまで正確に速く投げられる能力のあること。

【強健】（キョウケン）からだがしっかりして、丈夫なこと。対虚弱。例身体―。

【強堅】（キョウケン）つよくてしっかりしているさま。強固。例―な意志をもつ。

【強権】（キョウケン）つよい権力。特に、国家のもつ強制的な権力。例―を発動する。

【強固】（キョウコ）つよくしっかりして、ゆるがないさま。強堅。強靭（キョウジン）。例意志―な人間。表記旧▼鞏固
【強行】（キョウコウ）①努力する。つとめおこなう。例強行者有レ志（つとめておこなうものはこころざしあり）（=自らたゆまず努力する者は、道に志をもっている）。〈老子・三三〉②反対や障害などをおしきって、無理やりおこなう。例採決を―する。

【強攻】（キョウコウ）無理を知りながら力ずくでせめる。例―策に出て失敗する。

【強梗】（キョウコウ）横暴である。また、横暴で悪事をはたらく者。

【強硬】（キョウコウ）①とてもかたい。②自分の考えを、あくまでもおし通そうとすること。対軟弱。例―に主張する。

【強豪】【強剛】（キョウゴウ）つよく勢いのさかんなこと。また、その人やチーム。

【強行軍】（キョウコウグン）日①軍隊で、一日の行程を無理に増やして移動すること。また、旅行などにもいう。②無理を承知で仕事をすること。例―で仕上げる。

【強国】（キョウコク）大きな経済力や軍事力をもつ、力のつよい国。大国（タイコク）。対弱国。

【強仕】（キョウシ）四十歳のこと。〔「四十曰レ強、而仕（シジュウをキョウといい、つかう）」(=四十歳を強といい、仕官する)。〈礼記・曲礼上〉から〕→【強壮】（キョウソウ）

【強死】（キョウシ）病気や老衰ではなく、事件や事故で死ぬ。横死。

【強志】【強識】（キョウシキ）よく覚える。記憶力のよいこと。

【強者】一（キョウシャ）つよいもの。権力・実力などの力をもつもの。対弱者。二（すねもの）日意地っ張りでひねくれ者。

【強弱】（キョウジャク）つよいことと、よわいこと。また、つよさの程度。例音の―をつける。

【強襲】（キョウシュウ）激しい勢いでおそいかかる。例敵陣を―する。

【強▼恕】（キョウジョ）努力して思いやりの心を実践する。

【強▼靭】（キョウジン）つよくてしなやかなさま。また、ねばりづよいさま。強固。例―な精神。

【強制】（キョウセイ）力や権力によって、無理やりにおしつける。強要。例―執行。労働を―する。

【強精】（キョウセイ）精力をつよくすること。例―剤。

【強壮】（キョウソウ）①〔「壮」は、三十歳の意〕三、四十歳のことをいう。→【強仕】（キョウシ）→【壮室】（ソウシツ）（306ジペー）②からだが丈夫で気力にあふれること。壮健。強健。対虚弱。例滋養―の効果がある。

【強打】（キョウダ）①つよく打つ。つよい打撃を加える。例胸を―する。②日野球・テニスなどで、打力があること。

【強大】（キョウダイ）つよくて大きいさま。対弱小。例―な勢力。

【強調】（キョウチョウ）①音・色などの調子をつよくする。また、つよい調子。②つよく主張する。力をこめて言う。力説。例平和を―する。③日〔経〕相場が上がろうとしている。

【強直】（キョウチョク）①意志がつよく、心がまっすぐなさま。剛直。例―な人間。②（チョウチョク）日筋肉などがこわばる。硬直。例心身が―する。

【強敵】（キョウテキ）強力な敵。手ごわい相手。対弱敵。例―を破る。―に当たる。

【強電】（キョウデン）日発電機や工業などで使う、つよい電力。また、それらをあつかう電気工学の部門。対弱電。

【強▼弩】（キョウド）力のつよい、はじき弓。彊弩（キョウド）。

【強▼弩▼之末】（キョウドのすえ）つよい者も、衰えると非力であることのたとえ。→【彊弩之末】（キョウドのすえ）（467ジペー）

【強度】（キョウド）日①物体のつよさの度合い。例鉄骨の―。②程度がはなはだしいこと。極度。対軽度。例―の近視。

【強忍】（キョウニン）①荒々しく、むごい。②我慢する。耐えしのぶ。③我慢づよい。

【強迫】（キョウハク）自分の思いどおりにさせるため、無理にせまる。無理じい。脅迫（キョウハク）。

【強迫観念】（キョウハクカンネン）日心につきまとって、なかなか離れない考えや気持ち。例―にとらわれる。

【強半】（キョウハン）半分以上。大半。過半。

【強飯】一（キョウハン）無理にでも食事をとる。体力を養うこと。二（ゴウハン｜こわめし）日もち米を蒸した、めし。おこわ・赤飯など。

【強風】（キョウフウ）つよいかぜ。例―注意報。―にあおられる。

【強兵】（キョウヘイ）①つよい兵士。対弱兵。②軍事力をつよくすること。例富国―を国是とした明治時代。

【強弁（辯）】（キョウベン）①弁舌が巧みであるさま。②強引（ゴウイン）に議論する。③日無理に理屈をつけて自分の意見を言いはる。こじつけ。

【強要】（キョウヨウ）無理やりに要求する。無理じい。強制。例寄付を―する。

【強暴】（キョウボウ）つよくて乱暴なこと。

【強▼梁】（キョウリョウ）つよく、たけだけしい。気力がさかんなさま。

【強力】一（キョウリョク）力や作用がつよいこと。例―接着剤。―におし進める。二（ゴウリキ）①つよいちから。また、その人。例―無双。②日登山者の荷物を運び、道案内をする人。剛力。例―を雇う。③日修験者（シュゲンジャ）の従者。

【強烈】（キョウレツ）作用・刺激などがつよくて激しいさま。例―な印象。

【強▼姦】（ゴウカン）暴力や脅迫などによって、女性をおかす。対和姦。例―罪。

【強弓】（ゴウキュウ｜キュウキュウ｜つよゆみ）引くときにつよい力が必要な、弦（つる）の張りのつよい弓。また、その弓を引く人。

【強情】（ゴウジョウ）日非を認めないで、自分の考えをおし通そうとすること。意地っ張り。剛情。例―を張る。―な人。

【強訴】ゴウソ 日昔、おきてなどに不平不満をもった人々が、集団で支配者にうったえ出たこと。例 代官に―する。
【強奪】ゴウダツ 力ずくでうばい取る。無理にうばう。
【強盗】ゴウトウ 暴力や凶器、また、おどしによって、他人の金品を奪い取ること。また、その者。
【強欲】【強▼慾】ゴウヨク 非常に欲が深いさま。貪欲ドンヨク。
【強力犯】ゴウリキハン 日〔法〕殺人・強盗など、暴行や脅迫キョウハクによっておこなわれる犯罪。また、その犯人。対知能犯。
【強面】こわもて 日〔「こわおもて」の変化〕こわい表情をして相手につよい態度をとること。例 ―に出る。
【強腰】ごつよし 日つよい態度に出ること。対弱腰よわごし。例 ―で交渉に臨む。
【強火】びつよ 日（料理などで）火力のつよい火。武火ブカ。対弱火よわび。
●頑強ガンキョウ・屈強クッキョウ・最強サイキョウ・増強ゾウキョウ・富強フキョウ・勉強ベンキョウ・補強ホキョウ・列強レッキョウ

弶
弓8（11） 3 8423 5F36
キョウ（キャウ）漢 漾 jiàng
意味 ❶弓で鳥や獣をとらえる。❷道にわなをかける。わな。

張
弓8（11） 1 3605 5F35 教5
一 チョウ（チャウ）漢呉 陽 zhāng
二 チョウ（チャウ）漢呉 漾 zhàng
はる・はり

筆順 ¬ 弓 弓' 弓" 弫 弫 張 張

なりたち  [形声]「弓（=ゆみ）」と、音「長チョウ」とから成る。弓に弦つるをとりつける。

意味 一 ❶弓の弦つるや琴瑟キンシツなどの楽器の弦をはる。例 既張二我弓一すでにわがゆみをはる（=わが弓に弦をはりおえる）。〈詩経・小雅・吉日〉張瑟チョウシツ。対弛シ。❷（ぴんと）はる。のばす。外に大きく広げる。大きくなる。例 張力チョウリョク。拡張カクチョウ。緊張キンチョウ。❸弓・琴・幕などを数えることば。はり。❹設置する。もうける。例 張飲チョウイン。張楽チョウガク（=楽器を設置する）。❺網をはって鳥や獣を捕る。例 張羅チョウラ（=網をはって鳥獣を捕る）。❻二十八宿の一つ。ちりこぼし。例 張宿チョウシュク。❼姓。例 張良チョウリョウ（=漢の名臣）。二 ❶腹がふくれる。はる。通脹チョウ。例 張如レ厠はりてかわやにゆく（=腹がはったので便所へ行った）。〈左伝・成一〇〉❷おごり高ぶる。ほこる。例 随張必棄二小国一ズイチョウすればかならずショウコクをすてん（=随の国が尊大になれば、きっと小国を見捨てます）。〈左伝・桓六〉❸幕。とばり。通帳。例 以レ刀決レ張かたなをもってチョウをケッす（=刀で幕舎をシャクを切りさいた）。〈史記・袁盎伝〉

日本語での用法 《はり》《はる》①「張はり板たい・張はり紙がみ・張はり子こ・張はり札ふだ・張はり物もの」▼紙や布、糸などを、しわやたるみのないように広げて固定する。②「見張みはる・門口かどぐちで張はる」▼注意ぶかく待つ。③「肩肘かたひじ（を）張はる・強情ゴウジョウを張はる」▼ゆるめず、つっぱる。④「木この芽めが張はる・乳ちが張はる」▼内から外側に力が加わってふくらむ。

古訓 中古 あざむく・おほきなり・はる・ひらく・やどる・ゆみはる 中世 はる・やどる・ゆみはる 近世 おほいなり・たぶらかす・たれぬの・はる・ひく・ひらく・ふくれる・ほこる・まうく・まうくる

人名 とも

【張飲】チョウイン とばりをはりめぐらし、酒盛りをする。帳飲。
【張皇】チョウコウ ①〔「皇」は、大の意〕広げて大きくする。拡大する。さかんにする。さかんである。②あわてる。張惶チョウコウ。
【張三▼李四】チョウサンリシ〔張家の三男、李家の四男の意。「張」も「李」も中国で多い姓であることから〕どこにでもいる平凡な人々。〈景徳伝灯録・一九〉
【張大】チョウダイ 広げて大きくする。さかんにする。さかんになる。
【張本】チョウホン ①文章で、あとで述べる事柄の本もととなる事柄。叙述の伏線。②ものごとの端緒・原因。③日〔古くは「チョウボン」とも〕悪事の首謀者。張本人。例 賊徒の―。
【張目】チョウモク ①目をむく。怒って目を大きく見開く。転じて、気勢をあげる。②目を見はる。注目する。③手助けする。助勢する。
【張力】チョウリョク 日①はり広がる力。②〔物〕物体の面に対して垂直にはたらき、その面を互いに引き合う力。例 表面―。
●開張カイチョウ・拡張カクチョウ・緊張キンチョウ・誇張コチョウ・主張シュチョウ・出張シュッチョウ・膨張ボウチョウ

弴
弓8（11） 3 8422 5F34
トン 漢 元 チョウ（テウ）漢 蕭 diāo
意味 儀礼用の、漆塗りの弓。ゆみ。例 弴弓キュウ（=天子が用いる朱塗りの弓）。参考 里見弴さとみトン（=人名）。

弸
弓8（11） 2 5526 5F38
ホウ（ハウ）漢 庚 pēng
み-ちる（み-つ）
意味 ❶（弓が）強いさま。❷弓の弦つる。❸充満させる。充実する。みちる。例 弸中而彪外うちにみちてそとにあらわる（=才徳が中に充満し、文彩が外にあらわれること）。〈法言・君子〉

[强]
弓9（12） ⇩強キョウ（464ジページ）

[弽]
弓9（12） ⇩韘ショウ（1432ジページ）

弾
弓9（12） 1 3538 5F3E 常用
一 タン 漢 ダン 呉 翰 dàn
二 タン 漢 ダン 呉 寒 tán
ひく・はずむ（はず-む）・たま・はじ-く・はじ-ける（はじ-く）

[彈]
弓12（15） 2 5528 5F48 人
旧字体。

筆順 ¬ 弓 弓' 弓" 弾 弾 弾 弾

なりたち  [形声]「弓（=ゆみ）」と、音「單タン」とから成る。弓で飛ばす、たま。

意味 一 ❶はじいて飛ばすたま。鉄砲などのたま。たま。例 弾丸ダンガン。弾薬ダンヤク。実弾ジツダン。❷はじき弓のたま。二 ❶勢いをつけてうつ。指先ではじく。はじく。例 弾冠ダンカン。弾指ダンシ。❷弦楽器を演奏する。ひく。例 弾琴ダンキン。連弾レンダン。弾ひき語がたり。❸相手の非を責める。ただす。例 糾弾キュウダン。指弾シダン。奏弾ソウダン。

日本語での用法 《はずむ》①「ボールがよく弾ずはむ」▼ものに当たってはね返る。②「話はなしが弾ずはんだ・息いきが弾ずはむ」▼勢いがつく。調子づく。③「チップを弾ずはむ」▼気前よく出す。

古訓 中古 ことはる・しらぶ・ただし・ただす・つくす・つるうち・はじく・ひく・まろなり・ゆみのつるうつ 中世 しらぶ・ただす・つくす・つるうち・はじく・ひく・みだる・ゆみひく 近世 きはむる・ただす・ダンゴゆみ・つまはじき・つるうち・はじきゆみ・はじく・ひく・ゆみいる

人名 ただ・ただす

【弾圧】ダンアツ ①権力や武力によっておさえつける。例 反対派を―する。②宋ソウ・元代、市中をとりしまる下級役人。
【弾雨】ダンウ 雨のようにさかんに飛んでくる弾丸。例 砲煙―。―を突いて進む。
【弾劾】ダンガイ（公の立場にある人がおかした）罪や不正をあばき、その責任を追及する。弾奏。例 裁判官―法。―裁判所（=裁判官の不正をさばく裁判所）。
【弾冠】ダンカン〔冠かんむりのちりをはじいて、払う意〕①世のけがれをきらうことのたとえ。例 新沐者必弾レ冠あらたにモクするものはかならずかんむりをはじく（=髪を洗ったばかりの者は必ず冠のちりをはじき払う）。〈楚辞・漁父〉②仕官の時を心待ちにすること。
【弾丸】ダンガン ①小鳥をとらえるための、はじき弓のたま。②きわめて小さいもののたとえ。③鉄砲や大砲のたま。例 ―雨飛。④日非常に速く進むことのたとえ。例 ―列車。

【弾丸黒子▼之地】(ダンガンコクシのチ)〔はじき弓のたまや、ほくろのような小さな土地の意〕非常に狭い土地。弾丸の地。〈宋史・趙普伝〉例 ―を得たにすぎない。

【弾弓】(ダンキュウ) ①ばね仕掛けのはじき弓。矢ではなく、弾丸を飛ばす弓。②綿打ち弓。綿を打って不純物を除き、柔軟にするための弓。③弓(ゆみ)づるをはじいて音を鳴らす。

【弾琴】(ダンキン) 琴(こと)をひく。

【弾痕】(ダンコン) たまの当たったあと。例 ―や条痕を調べる。

【弾指】(ダンシ|タンジ) ①指をはじく。②〔仏〕指をはじくほどの、きわめて短い時間。例 ―の間(カ)。③日 排斥(ハイセキ)する。つまはじきする。仲間はずれにする。

【弾射】(ダンシャ) ①弾丸を用いて射撃する。②よしあしをあげつらう。また、欠点を言い立てる。

【弾正】(ダンセイ) 一 不正をただす。二(ダンジョウ) 日 律令制で、弾正台の官人の総称。

【弾正台(臺)】(ダンジョウダイ) 日 律令制で、官吏の監察をつかさどった役所。

【弾性】(ダンセイ) 日〔物〕他からの力で変形した物体が、もとの形にもどろうとする性質。弾力性。例 ゴムの―。

【弾奏】(ダンソウ) ①官吏の罪をあばいて、上に告げる。弾劾。②日 琴(こと)やピアノ・バイオリンなどの弦楽器を演奏する。例 琴を―する。―曲。

【弾倉】(ダンソウ) 日 連発式の小銃や拳銃(ケンジュウ)などで、補充用のたまをこめておく所。例 ―に残った一発。

【弾頭】(ダントウ) 日 ①銃弾や砲弾の先の部分。②ミサイル(=誘導弾)の頭部で、ものに接すると爆発する部分。例 核―。

【弾道】(ダンドウ) 日 発射された弾丸が空中を飛ぶときにえがく曲線。例 ―型ミサイル。

【弾薬】(ダンヤク) 日 銃砲のたまと、火薬。例 ―庫。

【弾力】(ダンリョク) ①はじく力。はね返す力。②日〔物〕物体が、外からの力で変形したとき、もとの形にもどろうとする力。例 ―性にすぐれる。③日 状況に応じて、自由に対応できる能力。例 ―的に考える。

●糾弾(キュウダン)・凶弾(キョウダン)・散弾(サンダン)・指弾(シダン)・実弾(ジツダン)・銃弾(ジュウダン)・肉弾(ニクダン)・爆弾(バクダン)・砲弾(ホウダン)・防弾(ボウダン)・連弾(レンダン)

弼
弓9(12) 1 4111 5F3C ヒツ 漢 質 bì
たす-ける(たす-く)

意味 ❶あやまちを正し、たすける。例 弼匡(ヒッキョウ)。❷天子の補佐役。たすけ。例 輔弼(ホヒツ)。

日本語での用法《すけ》「弾正(ダンジョウ)の弼(すけ)」▼律令制の四等官で、弾正台(ダンジョウダイ)の第二位。次官(すけ)。

【弼▼匡】(ヒッキョウ) たすけただす。補佐してただす。

【弼導】(ヒツドウ) たすけみちびく。補佐してみちびく。補導。

【弼▼亮】(ヒツリョウ) たすける。補佐する。

彀
弓10(13) 3 8425 5F40 コウ 漢 宥 gòu
やごろ

意味 ❶弓を引きしぼる。はる。ひく。例 彀弓(コウキュウ)。❷矢のとどく範囲。やごろ。例 彀中(コウチュウ)。❸目標。まと。例 的彀(テキコウ)。

【彀弓】(コウキュウ) 弓を引きしぼる。

【彀中】(コウチュウ) ①矢のとどく範囲。②手中。支配下。③天子のおひざもと。中央。朝廷。

【彀率】(コウリツ) 弓を引きしぼる力の加減。

彁
弓10(13) 2 5527 5F41 音義未詳

彅
弓11(14) 3 8426 5F45 国字 なぎ

[彅] 艹14(17) 4 8701 26FF6 別体字。

意味 人名などに用いる字。例 草彅(くさなぎ)(=姓)。

[彈]
弓12(15) ⇩弾(ダ)(466ジペー)

彊
弓13(16) 1 2216 5F4A

一 キョウ(キャウ)漢 ゴウ(ガウ)呉 陽 qiáng
二 キョウ(キャウ)漢 ゴウ(ガウ)呉 養 qiǎng
三 キョウ(キャウ)漢 ゴウ(ガウ)呉 漾 jiàng
つよ-い(つよ-し)・し-いる(し-ふ)

意味 一 つよい。しいる。通強。例 自彊(ジキョウ)。二 無理にする。つとめる。しいる。通強。例 勉彊(ベンキョウ)。三 ❶硬直する。こわばる。例 彊直(キョウチョク)。❷強情。頑固。通強。例 木彊(ボッキョウ)(=木石のようにかたく強情である)。

【彊▼弩▼之末】(キョウドのすえ) つよい者も、衰えると非力であることのたとえ。強弩之末(キョウドのすえ)。例 彊弩之末、力不レ能レ入二魯縞一(キョウドのすえ、ちからはロコウにいるあたわず)(=つよいはじき弓から発せられた矢も、最後には勢いが弱まり、うすい絹さえ射通すことができない)。〈漢書・韓安国伝〉

彇
弓13(16) 4 1218 5F47 ショウ(セウ)漢 蕭 xiāo

意味 弓の両端の、弦(つる)をかける部分。ゆはず。

[彌]
弓14(17) ⇩弥(や)(463ジペー)

彎
弓19(22) 2 5530 5F4E ワン 漢 刪 wān
まが-る

[弯] 弓6(9) 2 5531 5F2F 俗字。

意味 ❶弓に矢をつがえて、引きしぼる。また、矢を放つ。例 彎弓(ワンキュウ)(=弓を引きしぼる)。❷弓のような形に曲がる。まがる。例 彎曲(ワンキョク)。彎月(ワンゲツ)(=三日月。弓張(ゆみはり)月)。彎入(ワンニュウ)。

表記 現代表記では「湾」に書きかえることがある。熟語は「湾」も参照。

【彎曲】(ワンキョク) 弓なりにまがる。表記 現湾曲

【彎入】(ワンニュウ) 日 海岸線が弓なりに陸地に入りこんでいる。表記 現湾入

58 3画 彑(ヨ) けいがしら いのこがしら 部

ブタのあたまの形をあらわす「彑」をもとにしてできている漢字と、類型の「ヨ」の字形を目じるしにして引く漢字とを集めた。「彑」を含む漢字の新字体では「ヨ」の字形になる。例 録→録。緑→緑。

この部首に所属しない漢字

彑
彐0(3) 2 5532 5F51 ケイ 漢 霽 jì
いのかしら(ゐのかしら)

[ヨ] 彐0(3) 5F50 俗字。

意味 ブタの頭。

彔

彑5 (8) 3 8427 5F54 ロク㊥ 屋 lù

意味 ❶木をきざむ。❷「曲彔(キョクロク)」は、説法や法要のときに用いる椅子(イス)。曲彔木(キョクロクモク)。曲彔木床(キョクロクモクショウ)。❸記録する。しるす。㊟録。

彖

彑6 (9) 2 5533 5F56 タン㊥ 翰 tuàn はしーる

意味 ❶ブタが走る。**はしる**。❷易(エキ)の卦(カ)の意味を判断する。また、そのことば。例 彖辞(タンジ)。

【彖辞】(タンジ) 易(エキ)の卦(カ)の意味を記したことば。卦辞(カジ)。〔「彖伝(タンデン)」は、それを解説・補足したもの〕

粛

ヨ8 (11) 1 2945 7C9B 常用 シク㊥・シュク・ソク㊉ 屋 sù つつしーむ

[肅] 聿7 (13) 2 7073 8085 旧字体。

筆順 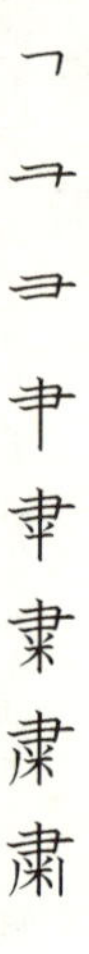

なりたち  [会意]「聿(=とりおこなう)」と「淵(=水がめぐる深いふち)」とから成る。戦々恐々として、つつしむ。

意味 ❶心をひきしめて、相手を敬った態度をとる。**つつしむ**。例 粛啓(シュクケイ)。自粛(ジシュク)。❷きびしくする。いましめる。例 粛正(シュクセイ)。粛清(シュクセイ)。❸おごそかで近寄りがたいさま。静かなさま。例 粛粛(シュクシュク)。静粛(セイシュク)。❹導く。すすめる。例 粛客(シュクカク)(=客人を導き入れる)。❺しぼむ。ちぢむ。例 草木皆粛(ソウモクみなちぢむ)(=草や木がみな枯れる)。〈呂覧・季春〉

古訓 中古 いつくし・いましむ・うやまふ・しじまる・しじむ・しづかに・すすむ・つつしむ・つとむ・ととのふ・ととのほる 中世 いつくし・つつしむ 近世 いましむ・おごそか・きびし・すすむ・すみやか・つつしむ・をさむる

人名 かた・かね・きよし・すすむ・すみ・ただ・たり・とし・はや

【粛恭】(シュクキョウ) つつしみ深く、うやうやしい。粛敬。粛虔(シュクケン)。

【粛啓】(シュクケイ) 手紙の書き出しに用いる挨拶(アイサツ)のことば。「つつしんで申しあげます」の意。粛白。

【粛敬】(シュクケイ) つつしみ、うやまう。粛恭。粛虔(シュクケン)。

【粛▼虔】(シュクケン) つつしみ、敬う。粛敬。粛恭。

【粛殺】(シュクサツ) 秋のきびしい気候が草木を枯らす。

【粛粛】(シュクシュク) ①静かにつつしむさま。②おごそかでひきしまっているさま。例 葬列は―と進む。

【粛慎】(シュクシン) ①うやうやしく、つつしむ。②春秋戦国時代から秦(シン)・漢代にかけて、東北方面にいた民族。

【粛正】(シュクセイ) ①つつしみ深くただしい。②きびしく取りしまり、不正をただす。例 綱紀を―する(=規律をただす)。

【粛清】(シュクセイ) ①世の乱れを治め、きよらかにする。②きびしく取りしまって、不正な者をなくす。粛静。③独裁者・為政者が、きびしく反対派を追放する。例 ソビエト共産党時代の―事件。

【粛静】(シュクセイ) 不正をきびしく取りしまり、社会を安定させる。粛清。④静寂なさま。

【粛整】(シュクセイ) 行儀正しく、きちんとしている。

【粛然】(シュクゼン) ①心をひきしめ、つつしむさま。例 ―と襟を正す。②ひっそりと静かなさま。例 ―としてなりゆきを見守る。あたりは―と静まりかえる。

【粛拝】(シュクハイ) 九拝の一つ。立ったままで頭を垂れ、手をおろしてする拝礼。

【粛白】(シュクハク) 「粛啓(シュクケイ)」に同じ。

【粛▼穆】(シュクボク) つつしんで、おだやかなさま。

●厳粛(ゲンシュク)・自粛(ジシュク)・斉粛(セイシュク|サイシュク)・静粛(セイシュク)・整粛(セイシュク)・端粛(タンシュク)

彗

ヨ8 (11) 2 5534 5F57 人 ━スイ㊥ 寘 huì(旧 suì) ━ケイ㊥ 霽 huì ほうき(はうき)

なりたち  [会意]「ヨ(=て)」に「丯(=多くの竹の枝がならぶ)」を持つ。ほうき。

意味 ━❶草の穂や竹で作った、ほうき。また、ほうきで、はく。例 掃彗(ソウスイ)。❷ほうきぼし。例 彗星(スイセイ)。流彗(リュウスイ)。━賢い。さとい。㊟慧(ケ)。例 彗斉(ケイセイ)(=聡明(ソウメイ)ですばやい。「斉」は「疾」に通じる)。

古訓 中古 けざやか・はらふ 中世 ははき・ははきぼし・はらふ 近世 あきらか・ははき・ははきぼし・わざはひぼし

【彗星】(スイセイ) 太陽系の天体。太陽に近づいたとき、ガス体の長い尾を引くのが見える。長円形の軌道をもつ。ほうきぼし。慧孛(スイハイ)。例 ―のごとくあらわれた人物。

【彗掃】(スイソウ) ほうき星が天空をはくように流れる。激しい戦乱を連想させる現象。

【彗▼孛】(スイハイ) 「彗星(スイセイ)」に同じ。

彘

彑9 (12) 3 8428 5F58 テイ㊥ 霽 zhì いのこ(ゐのこ)・ぶた

意味 **ブタ**。例 彘肩(テイケン)。

【彘肩】(テイケン) ブタの肩(かた)の肉。

彙

彑10 (13) 2 5535 5F59 常用 イ(ヰ)㊥ 未 huì あつーめる(あつーむ)・あつーまり

筆順 

なりたち  [形声]「㣇(=毛の長い獣)」と、音「胃(イ)」の省略体とから成る。ハリネズミ。

意味 ❶ハリネズミ。㊟蝟(イ)。❷(ハリネズミの毛のように)多くのものがあつまる。**あつめる**。また、同類のものをひとまとめにしたもの。**あつまり**。例 彙集(イシュウ)。彙報(イホウ)。語彙(ゴイ)。

古訓 中古 あつまる・あつむ・たぐひ・ともがら・むらがる 中世 たぐひ・ともがら 近世 けはりねずみ・さかんなり・しげし・たぐひ

人名 しげ

【彙▼纂】(イサン) 種類別にあつめる。彙集。

【彙集】(イシュウ) 種類によって分けてあつめる。彙纂(イサン)。

【彙報】(イホウ) 情報や動向をあつめて、事柄によって分類した報告。雑報。例 雑誌巻末の―欄。

【彙類】(イルイ) 種類ごとに集める。

●語彙(ゴイ)・字彙(ジイ)・辞彙(ジイ)・品彙(ヒンイ)

[彜] 彑13 (16) ⇩彝(イ)(468ジペー)

彝

彑15 (18) 2 5519 5F5D イ㊥ 支 yí つね・のり

[彜] 彑13 (16) 2 5520 5F5C 別体字。

意味 ❶宗廟(ソウビョウ)で常用される祭器。例 彝器(イキ)。❷つねに守るべき、不変の道理。**つね**。**のり**。例 彝訓(イクン)。❸中国の少数民族の一つ。彝族(イゾク)。

【彝器】(イキ) 宗廟(ソウビョウ)につねにそなえておく青銅器。鍾(ショウ)(=さかずき)・尊(ソン)(=酒の樽(たる))・俎(ソ)(=まな板)など。

【彝訓】(イクン) つねに守るべき教え。

【彝憲】(イケン) 恒常不変の法。彝倫(イリン)。

【彝倫】(イリン) 人としてつねに守るべき道。人倫。㊩彝則。

59 3画

彡 さんづくり けかざり かみかざり 部

筆で描いた美しい模様をあらわす。「彡」をもとにしてできている漢字と、「彡」の字形を目じるしにして引く漢字とを集めた。

この部首に所属しない漢字

参→厶 209　參→厶 209　須→頁 1437

彡

彡0（3）　[2]5536 5F61

サン（サム）㊥㊤ 咸 shān　かざり

意味 ❶筋目の模様。**かざり**。❷毛が長い。

形

彡4（7）　[1]2333 5F62　教2

ケイ㊥　ギョウ（ギャウ）㊤ 青 xíng

かた・かたち・なり

筆順 一 二 チ 开 开 开' 形 形

なりたち 〔形声〕「彡（＝もよう）」と、音「幵（ケン→ケイ）」とから成る。かたどる。かたち。

意味 ❶外にあらわれる、姿やありさま。**かたち**。**かた**。例 形式（ケイシキ）。形態（ケイタイ）。図形（ズケイ）。❷かおかたち。また、からだ。肉体。例 既自以レ心為二形役一（すでにみずからこころをもってかたちのエキとなす）（＝すでに自分でわが心を《役人づとめという》肉体の奴隷としてしまった）。〈陶淵明・帰去来辞〉 形骸（ケイガイ）。形相（ギョウソウ）。❸地勢。例 形勝（ケイショウ）。険形（ケンケイ）。❹あらわす。あらわれる。かたちづくる。例 形成（ケイセイ）。形容（ケイヨウ）。

古訓 中古 あらはす・あらはる・かた・かたち・かたどる・すがた・たくらぶ 中世 あらはす・あらはる・かた・かたち・かたどる・すがた・たくらぶ 近世 あらはす・あらはる・ありさま・かた・かたち・かたどる・すがた・なり

人名 すえ・み・より

【形代】（かたしろ） 日 ①祭りのときに神体のかわりとしてすえるもの。②神社でのおはらいで用いる、白い紙を人のかたちに切ったもの。人形（ひとがた）。③身がわりとなるもの。

【形見】（かたみ） 日 ①過去を思い出す材料となるもの。記念。例 娘時代の―。②死んだ人や別れた人の残した、思い出につながる品。遺品。例 ―分け。

【形影】（ケイエイ） もののかたちと、そのかげ。また、いつも一緒で離れないもののたとえ。例 ―相伴う（＝《夫婦などが》離れることなく、いつも一緒にいるさま）。

【形影相弔】（ケイエイあいとむらう） 〔「弔」は、あわれみなぐさめる意。自分のからだとそのかげが、互いになぐさめあうことから〕たよる人もなく孤独でさびしいさま。〈曹植・上責躬応詔詩表〉

【形役】（ケイエキ） 肉体のしもべ。肉体に使役されるもの。→ 意味❷

【形骸】（ケイガイ） ①（生命や精神に対して）外形だけのからだ。肉体。ぬけがら。例 形骸且健、方寸甚安（ケイガイしばらくすこやかにして、ホウスンはなはだやすし）（＝からだは、まずまず健康で、心もまったく不安がない）。〈白居易・与微之書〉②日 内容・価値のない、かたちだけのもの。また、ものの骨組み。例 民主主義の―化。

【形骸▼之外】（ケイガイのそと） ①肉体という外形。肉体そのもの。〈荘子・徳充符〉②肉体から離れた、精神の世界。

【形▼軀】（ケイク） からだ。身体。肉体。

【形▼而下】（ケイジカ） 見たり聞いたり、さわったりするなど、人間の五感によってかたちをとらえることのできるもの。フィジカル。〈易・繫辞上〉 ㊟形而上。

【形式】（ケイシキ） ①外から見えるかたち。外形。外見。②定まっている型や手続き・やり方。様式。例 伝統的な―を守る。③日 内容がともなわない、うわべやかたちだけのこと。㊟内実・実質。例 ―主義。―に流れる。

【形式的】（ケイシキテキ） 日 ①形式に関しているさま。②内容に見るべきものがなく、うわべだけであるさま。また、型どおりのさま。例 ―な挨拶（アイサツ）のことば。▽㊟実質的。

【形▼而上】（ケイジジョウ） 見たり聞いたり、さわったりするなど、人間の五感ではかたちをとらえることのできないもの。メタフィジカル。〔精神のはたらきによって認識される真・善・美・愛など〕〈易・繫辞上〉 ㊟形而下（ケイジカ）。例 ―学。

【形質】（ケイシツ） ①もののかたちと性質。②日〔生〕生物をからだのかたちや性質からみたときの特徴。

【形勝】（ケイショウ） ①地勢・風景などのすぐれていること。また、その土地。景勝。例 日本一の―。②地の利にすぐれた要害の地。

【形象】（ケイショウ） ものがそなえているかたち。姿。

【形状】（ケイジョウ） かたち。ありさま。様子。例 葉の―を観察する。

【形色】（ケイショク） ①身体と表情。からだつきと顔つき。②かたちや、いろ。外見上の状態。形態。

【形成】（ケイセイ） かたちづくる。また、あるかたちにできあがる。例 人格の―。

【形声】（ケイセイ） 漢字の六書（リクショ）の一つ。意味をあらわす部分と音をあらわす部分とを組み合わせて一字をつくる方法。たとえば「江（コウ）」は、意味をあらわす「氵（＝水（みず））」と、音をあらわす「工（コウ）」の組み合わせ。諧声（カイセイ）。象声（ショウセイ）。例 ―文字。

【形勢】（ケイセイ） ①移り変わっていくものごと・事件などの、その時々の様子。なりゆき。情勢。例 ―が逆転する。②いきおい。力。権力や地位。また、それを有する家。③土地の様子。地形。

【形跡】【形▼迹】（ケイセキ） ①ものごとのおこなわれたあと。あとかた。痕跡（コンセキ）。例 畑を荒らした―。②微候。きざし。

【形相】（ケイソウ） ①（ギョウソウ）顔つき。顔の表情。例 すさまじい―でせまってくる。②かたち。ありさま。

【形像】（ケイゾウ） （人物などを）かたどってつくった像。

【形体】（ケイタイ） ①肉体。身体。㊟精神。②「形態（ケイタイ）①②」に同じ。

【形態】（ケイタイ） ①もののかたち。ありさま。様子。形体。②組織としてとらえられるものを、外から見たかたちや様子。形体。例 国家の―。③日〔哲〕一つのまとまった全体。ゲシュタルト。

【形単影隻】（ケイタンエイセキ） 身寄りがなく、孤独である。例 両世一身、形単影隻（リョウセイイッシン、ケイタンにエイセキなり）（かたちタンにかげセキなり）（＝子と孫の二代がそれぞれ一人ずつしかいず、形単影隻の身である）。〈韓愈・祭十二郎文〉

【形▼魄】（ケイハク） からだと、たましい。

【形名】（ケイメイ） ①かたちと名前。実態と名称。②〔「形」は、おこない。「名」は、ことば〕言行が一致するかしないかで、その人物を評価するという、刑名学（ケイメイガク）の考え方。申不害（シンフガイ）・韓非（カンピ）らが説いた。▽刑名。

【形容】（ケイヨウ） ①ものごとのかたちや様子を言いあらわすこと。例 なんと―すべきか。②かたち。姿。③顔つき。

【形容詞】（ケイヨウシ） 日 品詞の一つ。自立語で活用し、動詞・形容動詞とともに用言とよばれる。

【形容動詞】（ケイヨウドウシ） 日 品詞の一つ。自立語で活用し、動詞・形容詞とともに用言とよばれる。

● 跡形（あとかた）・円形（エンケイ）・女形（おやま・おんながた）・外形（ガイケイ）・奇形（キケイ）・球形（キュウケイ）・原形（ゲンケイ）・小形（こがた）・固形（コケイ）・字形（ジケイ）・象形（ショウケイ）・姿

形(かたち)・図形(ズケイ)・整形(セイケイ)・造形(ゾウケイ)・体形(タイケイ)・台形(ダイケイ)・地形(チケイ)・長方形(チョウホウケイ)・人形(ニンギョウ)・花形(はながた)・変形(ヘンケイ)・方形(ホウケイ)・無形(ムケイ)・屋形(やかた)

彤
彡4 (7) 3 8429 5F64 トウ 漢 冬 tóng

意味 ❶赤い色のさま。あかい。例 彤管(トウカン)。❷赤い色に塗る。例 彤弓(トウキュウ)。

【彤雲】トウウン ①朱色の雲。②雪を降らせる重くたちこめた雲。
【彤管】トウカン 軸が朱塗りの筆。
【彤弓】トウキュウ 天子から功績のあった者などに与えられる、朱塗りの弓。
【彤庭】【彤廷】トウテイ 朱塗りで装飾された庭。宮廷のこと。

彣
彡4 (7) 4 1219 5F63 ブン 漢 文 wén

意味 何かの形に見える模様。あや。

彦
彡6 (9) 1 4107 5F66 人 ゲン 漢 霰 yàn ひこ

[彥] 彡6 (9) 5F65 旧字体。

なりたち [篆書] [形声]「彣(=あやもよう)」と、音「厂カン→ゲン」とから成る。美しい男。

意味 立派な男子。才能・人柄ともにすぐれた男性。男性の美称。対 姫(キ)。例 彦士(ゲンシ)。彦聖(ゲンセイ)。

日本語での用法《ひこ》「海幸彦(うみさちひこ)・山幸彦(やまさちひこ)・猿田彦(さるたひこ)」▼男性の名前につけて用いる。

古訓 中古 さとる・ひこ・ひひこ 中世 ひこ・よし 近世 すぐるる・つね・ひこ・よきひと

人名 お・さと・ひろ・ひろし・まさる・よし

難読 彦山(ひこさん)(=地名)・英彦山(ひこさん)(=山名)

【彦士】ゲンシ 立派な男性。すぐれた人物。
【彦聖】ゲンセイ すぐれて才徳がある。また、その人。
【彦星】ひこぼし 日 わし座にあるアルファ星アルタイル。天の川をはさんで、おりひめ(=織女星)とともに七夕で祭られる星。牽牛星(ケンギュウセイ)。

彧
彡7 (10) 3 8430 5F67 イク(ヰク) 漢 屋 yù

意味 美しい模様のあるさま。また、さかんに茂るさま。通 郁(イク)。例 彧彧(イクイク)(=さかんに茂るさま。また、美しくさかんなさま)。

彩
彡8 (11) 1 2644 5F69 常用 サイ 漢 呉 賄 cǎi いろどる・いろどり・あや

[彩] 彡8 (11) 旧字体。

筆順 ノ ⺤ ⺤ 爫 乎 采 彩

なりたち [篆書] [形声]「彡(=もよう)」と、音「采サイ」とから成る。美しいあやもよう。

意味 ❶ものにさまざまな色をつけて美しくする。**いろどる**。また、その様子。**いろどり**。例 彩色(サイシキ)。色彩(シキサイ)。水彩(スイサイ)。❷かがやき。つや。例 光彩(コウサイ)。❸模様。**あや**。例 彩章(サイショウ)(=あや。模様)。❹すがた。様子。かたち。例 異彩(イサイ)。生彩(セイサイ)。

古訓 中古 いろ・いろどる・うるはし・かげ・ひかり 中世 いろ・いろどる・ひかり 近世 あや・いろ・いろどる・ひかり

人名 あき・あきら・いろ・さえ・つや

【彩雲】サイウン 美しいいろどりの雲。朝焼けや夕焼けに赤くそまった雲などをいう。例 朝辞白帝彩雲間(あしたにハクテイサイウンのカンをジす)(=夜明けに、朝焼け雲のたなびく白帝城に別れを告げる)。〈李白・早発白帝城〉
【彩▼霞】サイカ 美しいもや・かすみ。
【彩管】サイカン 絵をかくときに用いる筆。絵筆。彩筆。例 ―を揮ふ(=絵をかく)。
【彩虹】サイコウ 美しい、にじ。
【彩色】サイシキ・サイショク 色をつけること。いろどり。着色。
【彩度】サイド 日 色の三要素の一つで、あざやかさの度合い。また、色の純度。
【彩筆】サイヒツ 「彩管サイカン」に同じ。
●異彩(イサイ)・光彩(コウサイ)・色彩(シキサイ)・水彩(スイサイ)・生彩(セイサイ)・精彩(セイサイ)・多彩(タサイ)・淡彩(タンサイ)・迷彩(メイサイ)

彫
彡8 (11) 1 3606 5F6B 常用 チョウ(テウ) 漢 呉 蕭 diāo ほる・え-る(ゑ-る)

[彫] 彡8 (11) 2F89A 旧字体。

筆順 丿 冂 月 用 周 周 彫

なりたち [篆書] [形声]「彡(=もよう)」と、音「周シュウ→チョウ」とから成る。もようをきざみつける。

意味 ❶ほりきざんで、模様をつける。通 雕(チョウ)・琱(チョウ)。例 彫刻(チョウコク)。彫像(チョウゾウ)。❷しぼむ。おとろえる。いたむ。通 凋(チョウ)。例 歳寒、然後知二松柏之後一レ彫也(としさむくして、しかるのちショウハクのしぼむにおくるるをしる)(=気候が寒くなって、はじめてマツやコノテガシワが枯れないことがわかる)。〈論語・子罕〉彫落(チョウラク)。❸よわる。

古訓 中古 いたし・いたむ・おとろふ・きざみ・きざむ・さくる・しぼむ・しりぞく・やぶる・ゑる 中世 きざむ・しぼむ・ちりばむ・ほる・ゑる 近世 おつる・きざむ・しぼむ・そこなふ・ちりばむ・ほる・ゑる

【彫金】チョウキン たがねなどを使って金属に彫刻する。また、その技術。例 ―師。―をほどこした銀の器。
【彫刻】チョウコク 木・石・金属などに、物や人の形、文字などを、ほりきざむ。また、その作品。雕刻(チョウコク)。例 ―家。
【彫残】チョウザン ①草木がしおれる。いたむ。②つかれる。疲弊する。▽凋残(チョウザン)。
【彫尽】チョウジン しぼみつきる。弱り果てる。
【彫心▼鏤骨】チョウシン・ルコツ 〔心にほりつけ、ほねに刻む意から〕非常に苦心して詩や文章などをつくり上げる。
【彫塑】チョウソ ①彫刻と塑像。②粘土や石膏(セッコウ)で作る、彫刻の原型となる塑像。
【彫像】チョウゾウ 木・石・金属などを、ほりきざんで作った像。雕像(チョウゾウ)。例 ―の除幕式。
【彫▼琢】チョウタク 〔「琢」は、玉をみがく意〕①宝石などを、刻みみがく。②詩や文章を何度も練り直して美しく仕上げる。例 文章を十分に―する。
【彫虫(蟲)▼篆刻】チョウチュウ・テンコク 〔小さな虫の彫刻を作ったり、篆字(テンジ)をほるように〕文章を書くとき、細かい技法に走ること。〈法言・吾子〉
【彫弊】チョウヘイ いたみやぶれる。疲弊する。
【彫落】チョウラク ①草木がしぼみ枯れる。例 ―の秋。②勢いがおとろえ、おちぶれる。例 ―の一途をたどる。③おとろえ死ぬ。▽凋落(チョウラク)。
【彫▼鏤】チョウル ほりきざむ。彫刻する。
【彫物】ほりもの 日 ①彫刻。②いれずみ。例 背中の―。

彪
彡8 (11) 1 4123 5F6A 人 ヒュウ(ヒウ) 漢 ヒョウ(ヘウ) 呉 尤 biāo あや・まだら

なりたち [篆書] [会意]「虎(=とら)」と「彡(=もよう)」とから成る。トラの皮のもよう。

意味 ❶トラの皮の斑紋(ハンモン)。転じて、美しい模様。**あや**。例彪彪(ヒュウヒュウ)。❷トラ。例 彪煥(ヒュウカン)。飢彪(キヒュウ)。❸はっきりあらわす。あらわれる。例 彪外(ヒョウガイ)(=外に現れる)。❹かざる。例 彪之以文(これをかざるにブンをもってす)(=教養で身を飾る)。〈張華・励志詩〉
古訓 中古 まだらかなり・まだらなり 中世 とらのモン 近世 あや・ことら・とらのあや・とらふ
人名 あき・あきら・たかし・たけ・たけし・たける・つよし・とら
【彪▼煥】ヒュウカン|ヒョウカン ①トラの皮の模様が美しいさま。②文章や模様などが美しく光り輝く。類 彪炳(ヒュウヘイ|ヒョウヘイ)。
【彪彪】ヒュウヒュウ|ヒョウヒョウ ①まだらの模様。②勢いの激しいさま。

彬
彡8 (11) 1 4143 5F6C 人 ヒン 漢 真 bīn

なりたち [形声]「彡(=もよう)」と、音「焚(フン→ヒン)」の省略体とから成る。外見と内容とがそなわっている。

意味 ⇩【彬彬】ヒンピン
古訓 中古 うるはし 近世 あきらか・うるはし・さかんなり・ととのふ
人名 あき・あきら・あや・さかん・しげし・ひで・ひろ・もり・よし
【彬彬】ヒンピン 外見と内容とがともにすぐれていること。例 文質彬彬(ブンシツヒンピン)(=見た目のよさと内面の充実が、よく調和していること)。〈論語・雍也〉

彭
彡9 (12) 2 5537 5F6D ━ ホウ(ハウ) 漢 庚 péng ━ ホウ(ハウ) 漢 陽 bāng ━ ホウ(ハウ) 漢 庚 pēng

意味 ━ ❶太鼓の鳴る音。❷春秋戦国時代、鄭(テイ)国の地名。❸川の名。彭水(ホウスイ)。❹姓の一つ。例 彭祖(ホウソ)。━ ⇩【彭湃】ホウハイ ━ ⇩【彭彭】ホウホウ
【彭▼殤】ホウショウ 長命と短命。〔「彭」は、長寿で知られる仙人、彭祖のこと。「殤」は、成人前に若死にした者〕
【彭沢】ホウタク 今の江西省北部に置かれた県。また、ここの県令であった東晋(トウシン)の詩人、陶淵明(トウエンメイ)のこと。
【彭▼湃】ホウハイ 波のさかまくさま。また、ものごとがさかんに起こるさま。澎湃(ホウハイ)。
【彭彭】ホウホウ ①さかんなさま。多いさま。②さかんに行くさま。

彰
彡11 (14) 1 3020 5F70 常用 ショウ(シャウ) 漢 陽 zhāng あや・あき-らか

筆順 亠 亠 立 产 音 音 章 彰

なりたち [会意]「彡(=もよう)」と「章(ショウ)(=あや・かざり)」とから成る。あやもよう。

意味 ❶あざやかにめだつ。あきらか。例 彰明(ショウメイ)(=あきらか。明白)。❷はっきりとめだたせる。あきらかにする。あらわす。例 顕彰(ケンショウ)。表彰(ヒョウショウ)。
古訓 中古 あきらかにす・あらはす・あらはる・かたくな・ほがらかなり 中世 あきらか・あきらかなり・あらはる 近世 あきらか・あや・あらはる・かざる
人名 あ・あき・あきら・てる・まさ・よし
【彰義】ショウギ 正義の道をあきらかにする。例 —隊(=幕末、徳川将軍の江戸城明け渡しに反対して立った旧幕臣の一隊)。
【彰顕】ショウケン 明らかにあらわれる。明らかである。また、明らかにあらわす。明らかにする。
【彰考】ショウコウ 過去の歴史を明らかにし、将来を考える。
【彰▼旌】ショウセイ 〔「旌」は、旗に記して掲げる意〕人の善行・美徳などを表彰する。
【彰徳】ショウトク 人の善行・美徳などを、世に広く知れわたるようにする。

影
彡12 (15) 1 1738 5F71 常用 エイ 漢 ヨウ(ヤウ) 呉 梗 yǐng かげ

筆順 丨 冂 日 旦 昌 早 景 影

なりたち [形声]「彡(=かざり)」と、音「景(ケイ→エイ)」とから成る。ひかり。派生して「かげ」の意。

意味 ❶ひかり。例 月影(ゲツエイ)。灯影(トウエイ)。❷ものが光をさえぎってできる、黒ずんだ形。かげ。例 対レ影成二三人一(かげにタイしてサンニンとなる)(=《杯に月を浮かべ》自分の影と向かい合うと《私と月と影の》三人の世界となる)。〈李白・月下独酌〉形影(ケイエイ)。影絵(かげエ)。❸映し出されたものの姿。例 影像(エイゾウ)。撮影(サツエイ)。❹そっくりに、うつしとる。例 影印(エイイン)。
古訓 中古 うつす・うつる・かくす・かくる・かげ・かたち・かたぶく 中世 あらはる・おほいなり・かげ・かたち 近世 かげ・かげホフシ・ひかげ・ひびき
人名 あき・あきら・かず・ひかる
【影印】エイイン (古い書物などを)写真に写し、複製して印刷したもの。例 —本(ボン)。
【影響】エイキョウ ①かげと、ひびき。②形にかげがあり、音にひびきがあるように、相互に密接な因果・対応関係があること。〈書経・大禹謨〉③日 一つのものの力が他にはたらき、変化を与えること。また、その結果。
【影▼鈔本】エイショウボン 古書の原本をそのまま敷き写した本。
【影像】エイゾウ ①絵や彫刻などに写された姿。肖像。②日 光によって映し出された姿。映像。
【影絵】かげエ 日 手や紙などで動物や物の形を作り、灯火でその影を壁や障子などに映し出す遊び、または芸。映し絵。
【如二影▼之従一レ形▼也】かげのかたちにしたがうがごとし 形には必ず影がついてまわるように、いつも一緒で離れないさま。また、順応してそむかないさま。〈管子・任法〉
【影法師】かげボウシ 日 障子や地面に映った、人の影。
【影身】かげみ 日 影のように、いつも身から離れないでいること。また、そのようにする人。例 —に添う。
【影武者】かげムシャ 日 ①昔、敵をあざむくために、大将などと同じ姿かたちをさせた、身代わりの武士。②表面には出ず、裏でいろいろと指示を出す人物。黒幕。例 —が策をさずける。
【影向】ヨウゴウ 〔仏〕仏が仮の姿をとって現れること。
● 遺影(イエイ)・陰影(インエイ)・面影(おもかげ)・近影(キンエイ)・幻影(ゲンエイ)・撮影(サツエイ)・島影(しまかげ)・月影(つきかげ|ゲツエイ)・投影(トウエイ)・火影(ほかげ)

彲
彡19 (22) 4 1220 5F72 チ 漢 支 chī みずち(みづち)

意味 竜に似た想像上の動物。みずち。通 螭(チ)。

60 3画

彳 ぎょうにんべん部

股(また)と脛(すね)と足を三つ合わせた形で、こまたで歩く意をあらわす。「彳」をもとにしてできている漢字を集めた。

0 472 彳 4 472 彴 彷 役 5 472 往 徃 径 征 徂 彽 彼 彿 彾 6 474 徊 後 很 徇 待 徉 律 7 477 徑 従 徐 徏 徒 8 479 徙 從 徜 徢 得 徘 徠 9 480 御 健 徨 循 復 徧 10 483 徯 微 徭 11 484 徴 徳 12 485 徸 徵 徹 德 13 485 徽 徼 14 486 徽

この部首に所属しない漢字

衍 → 行 1185
衎 → 行 1186
衒 → 行 1187
術 → 行 1187

街↓行1187 衙↓行1187 衝↓行1188 衞↓行1188
衛↓行1188 衡↓行1188 鵆↓鳥1494 徽↓黒1510
衢↓行1188

彳 彳0(3) 2 5538 5F73 テキ漢 陌 chì たたず-む・た-つ

意味 こまたで歩む。少し行っては止まる。たたずむ。【彳亍】テキチョク たたずむさま。［一説に、行きつもどりつするさま］

[徇] 彳4(7) ⇩徇ジュン(476ページ)

彷 彳4(7) 2 5539 5F77 一ホウ(ハウ)漢 陽 páng 二ホウ(ハウ)漢 養 fǎng さまよ-う(さまよ-ふ)

意味 一❶⇩【彷徨】ホウコウ ❷⇩【彷徉】ホウヨウ 二⇩【彷彿】ホウフツ

【彷徨】ホウコウ あてもなくさまよう。ぶらぶら歩き回る。彷徉ホウヨウ。例荒野を―する。

【彷彿】ホウフツ ①よく似ているさま。昔と同じように思い出されるさま。例亡き母親を―とさせる。②姿・形がぼんやりと見えるさま。例―として夢の如ごとし。▽仿仏ホウフツ。髣髴ホウフツ。

【彷徉】ホウヨウ さまよう。うろうろする。彷徨ホウコウ。

役 彳4(7) 1 4482 5F79 教3 エキ漢 ヤク(キャク)呉 陌 yì つとめ

筆順 ノ ク 彳 彳 彸 役 役

なりたち [会意]「殳(=武器で打つ)」と「彳(=めぐりあるく)」とから成る。国境を守る。派生して「仕事につとめる」の意。

意味 ❶政府・支配者が人民にさせる仕事。国境の守りや土木事業などの労働。例役夫エキフ。賦役フエキ。労役ロウエキ。❷戦争。いくさ。例戦役センエキ。西南セイナンの役エキ。❸人をつかって仕事をさせる。また、その仕事。例雑役ザツエキ。使役シエキ。❹仕える。つかわれる。ある仕事につとめる。例役務エキム。現役ゲンエキ。❺召し使い。こもの。弟子。例老聃之役ロウタンのエキ(=老子の弟子)。〈荘子・庚桑楚〉厮役シエキ(=召し使い)。❻割りあてられた仕事。重要な地位。つとめ。例役員ヤクイン。役職ヤクショク。

日本語での用法 《ヤク》「役者ヤクシャ・主役シュヤク・配役ハイヤク・役ヤクをつとめる」▼芝居で俳優にふりあてられる受け持ち。また、役目・地位。

古訓 中古 いたる・いとなむ・え・えたす・すみやかなり・すみやかに・ちかし・ちかづく・つかふ・つらなる・とどむ・まじはる・まぼる・もちゆる・ゆく 中世 つかふ・つかふる・つとむ 近世 えだち・つかふ・つらなる・まもる・もちゆる・ゆく

人名 つら・まもる・ゆき

難読 役行者えんのギョウジャ・役えだち

【役役】エキエキ ①懸命に苦労するさま。心身ともに苦しむさま。例終生―として務めた。②軽薄で、ずるいさま。

【役牛】エキギュウ 農耕や荷物の運送などに使うウシ。対乳牛・肉牛。

【役使】エキシ 働かせる。つかう。使役。また、使用人。

【役所】一エキショ 政府が土木工事をしている場所。工事現場。二ヤクショ 日役人が公務を扱うところ。官公庁。例―勤め。市―。三ヤクどころ 日①その人にふさわしい役。また、役目。例これが私の―だ。②与えられた役。また、役目。

【役人】一エキジン ①人夫ニンプ。人足ニンソク。役夫エキフ。②役目を務める人。二ヤクニン 日官職や公職についている人。官僚。公務員。

【役畜】エキチク 農耕や荷物を運んだりするために使う、ウシやウマなどの家畜。

【役丁】エキテイ 人足ニンソク。人夫ニンプ。役夫エキフ。役徒エキト。

【役徒】エキト 「役夫エキフ①」に同じ。

【役夫】エキフ ①労役に従事する者。人足ニンソク。人夫ニンプ。役丁エキテイ。役徒エキト。役人エキジン。②使用人。

【役務】エキム 労働・作業などのつとめ。また、労役。

【役員】ヤクイン ①ある役割を受けもつ人。例町内会の―。②日会社・団体などを代表し、その組織の運営の責任を負う人。重役。幹部。

【役柄】ヤクがら 日①役の性質。役向き。例―をわきまえる。②役の内容にともなって生じる体面や立場。例―を重んじる。③演劇や映画で、演じる登場人物の性格や役割。

【役職】ヤクショク 日担当する役目と職務。特に、会社や役所などで、責任ある地位。例―上の責任。

【役僧】ヤクソウ 日①法会ホウエで導師を補佐する僧。②寺の事務を扱う僧。

【役宅】ヤクタク 日江戸時代の奉行、現代の会社や官庁などで、その役にある人が住む住宅。公舎。

【役付】ヤクづき 日役職につくこと。また、その人。

【役得】ヤクトク 日その役についていることで得られる利益。

【役場】ヤクば 日①町や村の公務を扱う場所。例町―。②公証人・執行官が事務をとる場所。例公証人―。

【役不足】ヤクブソク 日①その人の実力・能力にくらべて、与えられた役目が軽すぎること。例その力量からして、彼には―だ。②役目に不満をもつこと。例―をうったえる。

【役目】ヤクめ 日やらなければならない務め。職務。例重い―。

【役割】ヤクわり 日役を割りあてること。また、その役。例社会的な―。重要な―。

●悪役アクヤク・上役うわヤク・苦役クエキ・現役ゲンエキ・三役サンヤク・使役シエキ・下役したヤク・重役ジュウヤク・主役シュヤク・大役タイヤク・代役ダイヤク・懲役チョウエキ・適役テキヤク・配役ハイヤク・服役フクエキ・兵役ヘイエキ・労役ロウエキ

往 彳5(8) 1 1793 5F80 教5 一オウ(ワウ)漢呉 養 wǎng 二オウ(ワウ)漢 漾 wàng ゆ-く・い-く・い-ぬ

[徃] 彳5(8) 2 5540 5F83 俗字。

筆順 ノ ク 彳 彳 彳 往 往 往

なりたち [形声]「彳(=あるく)」と、音「主ウコ→ウオ」とから成る。ゆく。

意味 一❶目ざす方向へゆく。ゆく。いく。対復・来。例往復オウフク。往来オウライ。往路オウロ。❷去る人。また、死者。例送往オウをおくる(=帰る人を見送る。また、死者を祭り送る)。〈左伝・僖九〉❸むかし。過ぎ去ったこと。例往時オウジ。往年オウネン。既往キオウ。❹のち。それからあと。例以往イオウ。❺人に物を送り届ける。おくる。例往二桑弓一張一ソウキュウイッチョウをおくる(=クワの木の弓を一張り送る)。〈宋書・蕭思話伝〉❻⇩【往往】オウオウ 二むかう。おもむく。例帰往キオウ(=むかう。帰順する)。

古訓 中古 いたる・いにしへ・いぬ・かぞふ・さる・しぬ・すぐ・つかはす・ところ・のち・むかし・もと・やる・ゆき・ゆく・ゆくさき・わたる 中世 いたる・いにしへ・いぬ・いんじ・かぞふ・さき・さる・しぬ・つかはす・ところ・のち・むかし・もと・やる・ゆき・ゆく・ゆくすゑ・わたる 近世 いたる・いにしへ・いんじ・さき・むかし・むかふ・ゆく・ゆくさき

人名 すすむ・なり・ひさ・みち・もち・ゆき・よし

難読 往昔いにしえ|そのかみ・往代そのかみ

【往往】オウオウ ①つねづね。しばしば。例往往而死者相藉也オウオウにしてシシャあいしいて(=しばしば死者が死者の下に敷かれるほど多い)。〈柳宗元・捕蛇者説〉②ときどき。時として。例 酔中往往愛₂逃禅₁(=酒席で酔うと、時おり、座禅をして無心の境地にひたる)。〈杜甫・飲中八仙歌〉

【往還】オウカン ①行きと帰り。行き来する。往復。交際。②日 街道。道路。往来。例 鎌倉—(=鎌倉へ通じる街道)。

【往古】オウコ むかし。いにしえ。往昔オウセキ・オウジャク。往世オウセイ。類 往代。例 —の日本文化。

【往行】オウコウ ①過去のおこない。②昔の賢人のおこない。故人の徳行。例 前言—(=昔の賢人のことばとおこない)。

【往事】オウジ 過ぎ去ったこと。昔のこと。例 —渺茫ビョウボウ(=過ぎ去ったことは、ぼんやりとしてはっきりしない)。

【往時】オウジ むかし。昔日。過去。対 近時。例 —をしのぶ。

【往日】オウジツ 過ぎ去った日。先日。例 —の面影おもかげ。

【往者】オウシャ ①過ぎ去ったこと。過去。対 来者。例 往者不ㇾ可ㇾ諫オウシャはいさむべからず(=過ぎ去ったことは改めることができない)。〈論語・微子〉②去りゆくもの。③さきに。かつて。

【往生】オウジョウ ①〔仏〕「往世オウセイ②」に同じ。②〔仏〕現世ゲンセを去り、極楽浄土に行って生まれ変わる。③日 死ぬ。例 大—。④日 処理に困りはてる。まいる。例 大雪に—する。

【往生際】オウジョウぎわ 日 ①死にぎわ。例 いさぎよい—。②思い切ること。思い切り。例 —が悪い。

【往診】オウシン 医者が病人の家に出向いて行って診察する。

【往世】オウセイ ①むかし。往古。②〔仏〕現世ゲンセに生まれてくる前の世。前世。過去世。往生オウジョウ。

【往聖】オウセイ 昔の聖人。先生。

【往昔】オウセキ|オウジャク むかし。いにしえ。往古。

【往跡】【往▼迹】オウセキ 昔のあと。古跡。

【往年】オウネン 過ぎ去った年。先年。往時。類 往歳。例 —の大スター。

【往反】オウハン|オウヘン 〔古くは「オウバン」とも〕「往返オウヘン」に同じ。

【往復】オウフク ①行きと帰り。また、行ってもどってくる。対 片道かたみち。例 —切符。②循環する。③行き来する。交際する。④手紙やことばのやりとり。例 —書簡。

【往返】オウヘン 行き帰りする。往復。往反。例 街道を—する旅人。

【往訪】オウホウ 人をたずねて行く。

【往来】オウライ ①行くことと、帰ること。行き来。また、手紙のやりとり。例 —がさかんだ。②反復する。③日 道路。大通り。往還。④日「往来物オウライもの」の略。昔の、(十二か月に分けた)手紙の例文集。また、用語集。

【往路】オウロ 行きの道。対 復路。

● 一往イチオウ・右往左往ウオウサオウ・既往キオウ・来往ライオウ

径

彳5 (8) 1 2334 5F84 教4

一 ケイ 漢 キン 唐 径 jìng
二 ケイ 漢 キョウ(キャウ) 呉 青 jìng

こみち・みち

[徑] 彳7 (10) 2 5545 5F91 旧字体。

[逕] 辶7 (11) 2 7784 9015 別体字。

筆順 ノ 彡 彳 径 径 径 径 径

なりたち 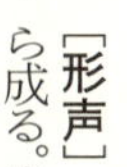 [形声]「彳(=あるく)」と、音「巠ケイ」とから成る。歩道(=車は通れない道)。

意味 一 ❶ほそみち。こみち。ちかみち。みち。例 行不ㇾ由ㇾ径ゆくにこみちによらず(=歩くときは細道を通らない(正しい大道を行く))。〈論語・雍也〉径路ケイロ。山径サンケイ。❷思ったらただちに。すぐさま。まっすぐに。例 径行ケイコウ。径情ケイジョウ(=思うままにおこなう)。❸円・球の中心を通る線。さしわたし。例 口径コウケイ。直径チョッケイ。 二 まっすぐ横切る。わたる。例 径庭ケイテイ。

古訓 中古 ただち・つらぬ・とほる・みち・わたる 中世 すぐる・ただち・ただちに・ほそみち・みち 近世 こみち・ただち・ただみち・ただち・ふる・ほそみち

人名 わたる

難読 径山寺味噌キンザンジミソ

【径行】ケイコウ 思ったことをそのまま言ったり実行したりすること。例 直情—。

【径▼畛】ケイシン 田畑のあぜ道。

【径寸】ケイスン 直径一寸。円の小さいさまをいう。

【径庭】【径廷】ケイテイ ①庭を横切る。②度が過ぎるさま。感情的で荒々しいさま。③〔「庭・廷」は「径」に比べて広いことから〕大きなへだたりがあること。大差。例 両者の間には—がある。

【径道】ケイドウ こみち。径路ケイロ。類 径塗ケイト。

【径路】ケイロ ①こみち。細径。径道。類 径塗ケイト。②近道。③日 これまで踏んできたすじみち。経路。

● 口径コウケイ・小径ショウケイ・短径タンケイ・長径チョウケイ・直径チョッケイ・内径ナイケイ・半径ハンケイ

征

彳5 (8) 1 3212 5F81 常用

セイ 漢 庚 zhēng
うーつ・ゆーく

筆順 ノ 彡 彳 彳 彳 征 征 征

なりたち 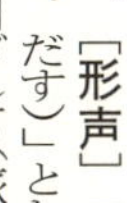 [形声]「彳(=あるく)」と、音「正セイ(=ただす)」とから成る。遠くに行く。

意味 ❶遠くを目ざして(旅に)行く。ゆく。例 征衣セイイ。征途セイト。遠征エンセイ。長征チョウセイ。❷たいらげる。こらしめる。うつ。例 征伐セイバツ。征服セイフク。遠征エンセイ。❸取り立てる。とる。例 征税セイゼイ。征利セイリ(=利益を取る)。

古訓 中古 うつ・おこなふ・さる・たたかふ・ゆき・ゆく 中世 さる・たかふ・たひらぐ・ゆく 近世 うつ・ただす・とる・ゆく

人名 おさむ・すすむ・そ・ただし・ただす・まさ・もと・ゆき

【征▼夷】セイイ 日 昔、大和朝廷に従わない者を征伐すること。特に、東国の蝦夷エゾを征伐すること。

【征▼夷大将軍】セイイタイショウグン 日 ①奈良・平安時代に、東国の蝦夷エゾを征伐するために派遣された将軍。②鎌倉かまくら時代、源頼朝みなもとのよりとも以来、幕府の長となって天下を治めた将軍職。

【征衣】セイイ ①旅行中の衣服。たびごろも。例 —をぬぐ。②戦闘時や陣中での衣服。軍服。戎衣ジュウイ。例 —をまとう。

【征役】セイエキ 税と労役。

【征客】セイカク たびびと。征人。征夫。

【征▼戍】セイジュ 遠く辺境の地で守備にあたる。

【征人】セイジン ①たびびと。征客セイカク。②戦いや守備で出征している人。出征者。③府兵の補助として臨時に募集される兵。→【府兵】フヘイ(448ページ)

【征税】セイゼイ 租税を取り立てる。類 征賦セイフ。

【征戦】セイセン いくさ。戦争。出征。例 古来征戦幾人回コライセイセンいくたりかかえる(=昔から異国へ戦争に行って、いったい何人帰ってきたであろうか)。〈王翰・涼州詞〉

【征途】セイト ①旅の道。旅路。②出征や行軍の途中。③戦いに向かう道。例 —に就く。▽類 征路。

【征討】セイトウ 服従しない者を攻めうつ。征伐。例 —の軍。

【征馬】セイバ ①旅で乗るウマ。②戦争で乗るウマ。軍馬。

【征▼旆】セイハイ 征伐に用いる旗。進軍の旗じるし。

【征伐】セイバツ 敵や悪人を攻め滅ぼす。征討。

【征帆】セイハン 遠くに行く船。旅の船。

【征夫】(セイフ) 「征客(セイカク)」に同じ。

【征服】(セイフク) ①手向かう者を武力で討ち倒して服従させる。例 全土を—する。②(説得や工夫を尽くして)困難なことをやりとげる。例 エベレストを—する。

【征▼蓬】(セイホウ) 風に吹かれて転がり飛ぶヨモギ。旅人のたとえ。

【征旅】(セイリョ) ①征伐のための軍隊。遠征軍。②たびびと。例 —の仮枕(かりまくら)。
●遠征(エンセイ)・外征(ガイセイ)・出征(シュッセイ)・長征(チョウセイ)

徂
彳5(8) 2 5541 5F82
ソ漢 虞 cú
ゆ-く

意味 ❶一歩一歩遠ざかる。ゆく。例 徂徠(ソライ)。❷あの世へ行く。死ぬ。例 于嗟徂兮(ああゆかん)(=ああ死んでしまおう)。〈史記・伯夷伝〉 徂背(ソハイ)(=死ぬ)。徂没(ソボツ)。

【徂没】(ソボツ) 死ぬ。

【徂来】(ソライ) 「徂徠(ソライ)②」に同じ。

【徂▼徠】(ソライ) ①山東省泰安県にある山。②行き来する。往来する。徂来(ソライ)。③日 江戸時代の儒者、荻生徂徠(おぎゅうソライ)。名は双松(なべまつ)、字(あざな)は茂卿(しげのり)。徂徠は号。

【徂落】(ソラク) ①死ぬ。②衰える。

彽
彳5(8) 3 8431 5F7D
テイ漢 斉 dī

意味 ⇩【彽徊】(テイカイ)
【彽▼徊】(テイカイ) 行ったり来たりする。うろうろする。さまよう。低回。

彼
彳5(8) 1 4064 5F7C 常用
ヒ漢呉 紙 bǐ
かれ・かの・あれ

筆順 ノ 彳 彳 彳 彷 彼 彼

なりたち [形声]「彳(=あるく)」と、音「皮ヒ」とから成る。かなたに行く。

意味 ❶場所をあらわす代名詞。あちら。むこう。対 此(シ)。例 彼岸(ヒガン)。❷三人称(=話し手と聞き手以外の人・もの)の代名詞。あの人。あれ。かれ。例 彼我(ヒガ)。彼此(ヒシ)。彼女(かのジョ)。❸外国語の「ピ」「ペ」の音にあてる字。例 彼得堡(ペテルブルク)。

古訓 中古 かしこ・かの・かれ・そこ・それ 中世 かしこ・かの・かれ・そこ・それ 近世 かしこ・かの・かれ

人名 のぶ
難読 此彼(かしこここ)・彼此(あちこち|あなたこなた)・誰彼時(たそがれどき)

【彼女】(かのジョ) 日 ①あの女性。話し手・聞き手以外の女性。②恋人である女性。対 彼氏(かれシ)。

【彼氏】(かれシ) 日 ①「彼」を親しんでいうことば。②恋人または夫である男性。対 彼女(かのジョ)。

【知レ彼知レ己百戦不レ▼殆】(かれをしりおのれをしればヒャクセンあやうからず) 相手(敵方)と自分(味方)の双方の実力や状況を正しく把握していれば、何回戦っても負ける危険はない。〈孫子・謀攻〉

【彼誰時】(かわたれどき) 日 明け方のうす暗いころ。彼誰(かわたれ)。〔うす暗いので、「あの人はだれだ」とたずねるところから出たことば。古くは、夕方についてもいった〕 対 誰彼時(たそがれどき)。

【彼我】(ヒガ) 相手と自分。敵と味方。例 —の力を考える。

【彼岸】(ヒガン) ①向こう側のきし。対岸。対 此岸(シガン)。②〔仏〕この世の迷いや悩みからぬけ出た悟りの境地。対 此岸。③日 彼岸会(ヒガンエ)。春分・秋分の日を中日(チュウニチ)として、その前後三日ずつの七日間。その期間におこなう仏事。

【彼岸花】(ヒガンばな) 日 ヒガンバナ科の多年草。マンジュシャゲ。

【彼▼此】(ヒシ) 一 あれと、これ。あちらと、こちら。二(かれこれ) 日 ①あれやこれや。なんやかや。例 —言うべきことではない。②およそ。やがて。例 —四十の年格好。

彿
彳5(8) 2 5542 5F7F
フツ漢 物 fú

意味 「彷彿(ホウフツ)」は、姿・形がぼんやりと見えるさま。また、よく似ているさま。

彾
彳5(8) 4 1221 5F7E
レイ漢 リョウ(リャウ)呉 青 líng

意味 ⇩【彾行】(レイテイ)
【彾▼行】(レイテイ) ひとりで行くさま。

徊
彳6(9) 2 5543 5F8A
カイ(クヮイ)漢 灰 huái/huí

意味 うろうろする。さまよう。めぐる。例 彽徊(テイカイ)。徘徊(ハイカイ)。
難読 徘徊浪(いさよう|なみ)・徘徊(たちもとおる|やすらう)

後
彳6(9) 1 2469 5F8C 教2
コウ漢 コウ(カウ)・ゴ呉 有 hòu
のち・うしろ・あと・おくれる(おく-る)・おくれ・しりえ(しりへ)・しり

筆順 ノ 彳 彳 彳 後 後 後

なりたち [会意]「彳(=あるく)」と「幺(=小さい)」と「夂(=足)」とから成る。小さい足であるく。おくれる。

意味 ❶おそくなる。おくれる。おくれ。例 後進(コウシン)。後発(コウハツ)。❷時間的に、あと。のち。未来。対 前。例 後日(ゴジツ)。以後(イゴ)。今後(コンゴ)。❸空間的に、背中のほう。順番の終わりのほう。うしろ。あと。対 前。例 後退(コウタイ)。後方(コウホウ)。❹のちの世代。子孫。例 無レ後(のちなし)(=子孫がいない)。〈孟子・離婁上〉 ❺しり。しりえ。一説に、肛門(コウモン)。例 鶏口牛後(ケイコウギュウゴ)。

古訓 中古 うしろ・おくる・おくれたり・おそし・おとる・しり・しりぞく・しりへ・そむく・のち・もち 中世 うしろ・おくる・おくるる・おくれたり・おそし・しりぞく・しりへ・のち 近世 あと・あとつぎ・いもうと・うしろ・おくるる・おくれる・おそし・しりへ・のち

人名 ちか・のり・もち
難読 後妻(うわなり)・後殿(しんがり)・後馳(おくればせ)

【後味】(あとあじ) 日 ①飲食したあとの、舌に残る感じ。後口(あとくち)。②ものごとが終わったあとの感じ。例 —が悪い。

【後釜】(あとがま) 日 ある役をしりぞいた人のあとに、その役につく人。また、その地位。後任。例 —にすわる。

【後口】(あとくち) 日 ①「後味(あとあじ)①」に同じ。②順番・申しこみのおそいもの。対 先口(センくち)。

【後先】(あとさき) 日 ①あとと、さき。前後。例 —を見まわす。②順序が逆になること。例 話が—になる。

【後作】(あとサク) 日 主作物の収穫後、翌年の作付けまでのあいだ、別の作物をつくること。また、その作物。裏作。

【後産】(あとザン|のちザン) 日 出産のあと、胎盤などが出ること。

【後始末】(あとシマツ) 日 あとかたづけ。あとの処理。跡始末。例 引っ越しの—。事件の—。

【後知恵】【後▼智▼慧】(あとヂエ) 日 事がすんでから思いつく、役に立たない考え。類 後思案。

【後付】(あとづけ) 日 ①書物や雑誌の、本文のあとに続く索引・後記(コウキ)などの部分。対 前付(まえづけ)。②手紙の、日付・署名・あて名の部分。

【後遺症】(コウイショウ) 日 ①病気やけがなどが治ったあとに残る、からだの障害。②あとまで残る悪影響。例 戦争の—。

【後逸】(コウイツ) 日 野球で、ボールを取りそこねてうしろへのがしてしまうこと。

【後▼裔】コウエイ 子孫。血のつながる子孫。類後胤(コウイン)。
【後衛】コウエイ ①本隊の後方を守る部隊。②日テニスやバレーボールなどで、後方を守る人。▽対前衛。
【後援】コウエン ①うしろから手助けする。うしろだて。あとおし。例—会。②うしろにひかえている応援部隊。
【後▼燕】コウエン 五胡(ゴ)十六国の一つ。鮮卑(センピ)族の慕容垂(ボヨウスイ)が建国。都は中山(チュウザン)(=今の河北省定県)。(三八四—四〇九?)
【後架】コウカ 日①禅宗で、僧堂のうしろにある洗面所。②便所。かわや。
【後悔】コウカイ あとになってくやむ。例—先に立たず。
【後覚】コウカク 他者におくれて悟る。あとから悟る。後知(コウチ)。対先覚。
【後学】コウガク ①ある分野で、自分よりもあとから学問を始めた人。後進の学者。対先学。例—の者の戒め。②日あとになって役に立つ知識や経験。例—のために聞いておく。
【後患】コウカン のちのちの心配ごと。例—の根を絶つ。
【後記】コウキ ①あとがき。例編集—。②その文章のあとのほうに書く。また、その事柄。対前記。
【後期】コウキ ①期限に遅れる。②日ある期間を二つまたは三つに分けたときの、最後の時期。対前期。例—の試験。
【後▼魏】コウギ 南北朝時代、北朝の一つ。(三八六—五三四)→【北魏】ホクギ(185ページ)
【後宮】コウキュウ ①皇后や女官の住む宮殿。②皇后や后妃・女官などの人々。
【後▼勁】コウケイ ①軍列の後尾を精鋭部隊が守備すること。また、その精鋭部隊。②後継者となるべき有力な人物。将来の中心人物。
【後継】コウケイ 地位や財産・業務などを受けつぐこと。あとをつぐこと。また、その人。例—者。
【後月】コウゲツ 一①次の月。翌月。また、来月。②俗語で、次の次の月。再来月。二のちのつき 日陰暦九月十三日の月。十三夜。三あとのつき|あとゲツ 日先月。
【後見】コウケン ①会見におくれる。②日人の世話をする。また、その人。うしろみ。後見人。③日〔法〕未成年者や禁治産者を保護・監督すること。また、後見人。④日能楽や歌舞伎(かぶき)などで、演者のうしろにひかえて世話をする人。
【後見人】コウケンニン 日「後見②③」をする人。
【後言】コウゲン ①あとで言う。②退いたあとにかげ口を言う。また、かげ口。
【後顧】コウコ ①うしろをふりかえること。②あとあとになって思いが残ること。あとの気づかい。
【後顧▼之憂】コウコのうれい あとあとの心配ごと。〈魏書・李沖伝〉例—無きようにする。
【後攻】コウコウ|あとぜめ 日攻守交替するスポーツで、あとから攻撃する。また、その側。対先攻。
【後項】コウコウ ①あとにあげる項目や条項。②日二つ並んだ項のうち、後の項。▽対前項。
【後昆】コウコン 子孫。また、後世。類後胤(コウイン)。
【後子】コウシ ①「後嗣(コウシ)」に同じ。②後妻の子。
【後肢】コウシ 日動物のあと足。うしろ足。対前肢。
【後嗣】コウシ あとつぎ。後継者。子孫。後子(コウシ)。
【後事】コウジ ①前の事件に続いて起こった事件。②将来のこと。死後のこと。例—を託す。
【後室】コウシツ ①家の奥にある夫人の部屋。また、夫人。後房(コウボウ)。②日身分の高い人の未亡人。
【後車】コウシャ ①あとに続く車。対前車。②予備の車。そえぐるま。③従者の乗る車。
【後車戒】コウシャのいましめ 前の人の失敗を見て、同じ失敗を繰り返さないように心がけること。→【前車覆後車誡】ゼンシャのくつがえるはコウシャのいましめ(164ページ)
【後者】コウシャ ①あとから続く人。例—に託する。②二つ述べたもののうちの、あとの方。対前者。
【後手】一コウシュ|ゴて ①相手に先をこされて受け身の立場になること。立ちおくれること。例—ごてにまわる。②囲碁や将棋などで、あとから攻めること。▽対先手(センシュ|センて)。二うしろで 日①うしろの方。例—を眺めやる。②両手をうしろにまわすこと。また、そうした状態。例—にしばる。
【後主】コウシュ ①あとつぎの君主。②後世の君主。③王朝の最後の君主。
【後周】コウシュウ ①南北朝時代、北朝の一つ。(五五七—五八一)→【北周】ホクシュウ(185ページ)②五代の一つ。郭威(カクイ)が後漢(コウカン)を滅ぼして建てた王朝。都は開封(カイホウ)(=今の河南省開封市)。北宋(ホクソウ)に滅ぼされた。(九五一—九六〇)
【後出】コウシュツ あとの方に出ていること。対前出。
【後述】コウジュツ あとでのべる。対上述・前述。
【後身】コウシン ①〔仏〕来世(ライセ)において生まれ変わった身。②日組織・境遇などが変わってからの形。▽対前身。

【後▼晋】コウシン 五代の一つ。石敬瑭(セキケイトウ)が契丹(キッタン)の援助により建てた王朝。都は開封(カイホウ)(=今の河南省開封市)。契丹に滅ぼされた。石晋。(九三六—九四六)
【後▼秦】コウシン 五胡(ゴ)十六国の一つ。羌(キョウ)族の姚萇(ヨウチョウ)が建国。都は長安(=今の陝西(センセイ)省西安市)。姚秦(ヨウシン)。(三八四—四一七)
【後進】コウシン ①〔あとから進んでくる人の意〕仕事や学問などのそれぞれの道の後輩。例—に道をゆずる。②日〔うしろへ進む意〕進歩がおくれているさま。後退。▽対先進。
【後人】コウジン ①のちの世の人。②子孫。③人におくれる。④あとに続く人。対先人・前人。
【後陣】コウジン|ゴジン ①後方の陣。あと備えの軍。類後軍。対先陣。例—を固める。②末席。
【後▼塵】コウジン ①あとにちりを残す。②人や馬車が通ったあとに立つ砂ぼこり。③人のあとを継ぐことのたとえ。

【拝二後▼塵一】コウジンをハイす ①地位や権力のある者にこびへつらう。拝塵。②日他の人に先んじられる。後れをとる。
◆晋(シン)の石崇(セキスウ)が、権力者の乗った車が巻き起こす砂ぼこりに拝礼していた故事から。…〈晋書・石崇伝〉

【後世】一コウセイ ①のちの世。のちの時代。②子孫。二ゴセ|ゴセイ 〔仏〕三世(サンゼ)の一つ。死んだのちの世。あの世。来世(ライセ)。対前世(ゼンセ)・現世(ゲンセ)。例—をとむらう。
【後生】一コウセイ ①あとから生まれた人。若者。青年。また、後輩。後進。②子孫。二ゴショウ ①〔仏〕死後に生まれ変わるという世界。来世(ライセ)。対今生(コンジョウ)。例—大事。—を願う(=死後の幸福を願う)。②日人にものを必死でたのむときのことば。例—だから教えてくれ。
【後生可レ畏】コウセイおそるべし 若者は、どんな大人物にもなれる可能性をもっていて、その力はおそるべきものだ。例後生可レ畏也、焉知二来者之不一レ如レ今也(コウセイおそるべし、いずくんぞライシャのいまにしかざるをしらんや)(=若者はおそるべきものだ。これからの人が、現在の人におよばないなどと、どうしてわかろうぞ)。〈論語・子罕〉
【後素】コウソ|ソをのちにす|のちにソす ①〔「素」は、白色の意〕絵を描くとき、彩色を施したあとに白色の絵の具で仕上げをすることから、人間の素質に礼を加えることによって、美徳を完成させることにたとえる。一説に、「ソよりのちにす」と読み、白色の下地を整えたあとで彩色を施すとし、まず内面の美徳を充実させ、外面的な礼は後回しにすることにたとえる。〈論語・八佾〉②絵画のこと。

【後送】ソウ ①あとから送る。例現物は―する。②日後方へ送る。特に戦場で、前線から後方へ送りかえすこと。

【後続】ゾク ①あとつぎ。②日あとにつづく。また、そのもの。例―を断つ。

【後退】タイ ①うしろへさがる。しりぞく。対前進。②日勢いや力がおとろえる。また、悪い状態になる。例景気の―。

【後代】ダイ のちの世。のちの時代。例是非の判断は―の批判にまつ。

【後段】ダン あとの段階・区切り。特に、文章などのうしろの段落。対前段。例詳しくは―に説く。

【後知】チ ①他者におくれて道理を知る。あとから悟る。後覚コウカク。対先知。②あとになって知り合った人。

【後▼趙】チョウ 五胡ゴ十六国の一つ。羯ケツ族の石勒セキロクが建国。都は初め襄国ジョウコク(=今の河北省邢台ケイタイ県)、のちに鄴ギョウ(=今の河北省臨漳リンショウ県)。(三一九—三五一)

【後庭】テイ ①后妃や女官の住む宮殿。後宮。また、宮女。②裏庭うらにわ。

【後天】テン ①〔天におくれる意〕天の運行に順応して、あとから行動する。②〔天より長生きする意〕長寿のたとえ。③生まれてからのちに、身にそなわること。対先天。

【後天的】コウテンテキ 日生まれてからのちの環境や経験によって、身にそなわったもの。また、そのさま。アーポステリオリ。対先天的。

【後唐】トウ 五代の一つ。李存勗リソンキョクが後梁コウリョウを滅ぼして建てた王朝。都は洛陽ラクヨウ。後晋コウシンに滅ぼされた。(九二三—九三六)

【後難】ナン 後日の災難。のちの災い。例―をおそれる。

【後任】ニン 前の人に代わってその役につくこと。また、その人。対前任・先任。例―の大臣。

【後年】ネン ①明年。また、明後年。②のちの年。ずっとあと。将来。対先年。例―必ず役に立つことがあるだろう。③日晩年。

【後納】ノウ 日料金や費用をあとでおさめる。あと払い。対前納。例料金を―する。

【後背】ハイ うしろ。背後。背面。例―に湿原が広がる町。

【後輩】ハイ ①同じ道を修める者で、自分のあとに続く人。後進。②自分より下の世代の者。③日同じ学校や職場などに、あとからはいってきた人。▽対先輩。

【後発】ハツ ①あとからおくれて、出発したり手がけたりする。対先発。例―隊。②日あとからあらわれてくる。例―の商品。

【後半】ハン ある期間や距離を二つに分けたうちの、あとの半分。対前半。例―で巻き返しをねらう。

【後尾】ビ 行列などのうしろ。うしろの方。対先頭。

【後便】ビン 日①〔「便」は、手紙・書信の意〕次のたより。②あとから出発する飛行機。▽対前便・先便。

【後部】ブ うしろの部分。対前部。例―座席。

【後編】ヘン 書物や作品などで、二つあるいは三つの部分に分けたものの、あとの編。対前編。表記旧後▼篇

【後母】ボ 継母。ままはは。

【後方】ホウ ①後部が方形(=四角形)であること。②日うしろの方。例―にしりぞく。▽対前方。

【後房】ボウ 「後室シツ①」に同じ。

【後門】モン うしろの門。裏門。対前門。→【前門拒レ虎、後門進レ狼】ゼンモンにとらをふせぎコウモンにおおかみをすすむ(165ページ)

【後葉】ヨウ ①のちの世。後世セイ。②子孫。

【後来】ライ ①今から以後のこと。将来。②それ以来。その後。爾来ジライ。③あとからやってくる。

【後楽】ラク 為政者は民衆が安楽に暮らせるようになってから楽しむ、ということ。→【先憂後楽】センユウコウラク(122ページ)

【後略】リャク 日文章などの、あとの部分をはぶく。対前略。

【後▼梁】リョウ ①南朝梁の皇族蕭詧ショウサツが、西魏セイギの庇護ゴヒを受けて建国。隋ズイ代に廃絶された。北梁。(五五五—五八七) ②五代の一つ。朱全忠シュゼンチュウが唐を滅ぼして建てた王朝。都は開封カイホウ(=今の河南省開封市)。後唐に滅ぼされた。(九〇七—九二三)

【後涼】リョウ 五胡ゴ十六国の一つ。氐テイ族の呂光リョコウが建国。都は姑臧コゾウ(=今の甘粛省武威市)。(三八六—四〇三)

【後輪】リン 日自動車や自転車などの、後方の車輪。対前輪。

【後列】レツ うしろの列。対前列。

【後漢】カン 一ゴカン 前漢の景帝の子孫である劉秀リュウシュウ(光武帝)が、新シンの王莽オウモウの死後に動乱をしずめ、復興させた漢王朝。都は洛陽ラクヨウ。献帝が魏ギの曹丕ソウヒに帝位を譲って滅んだ。東漢。(二五—二二〇) 二コウカン 五代の一つ。劉知遠リュウチエンが建てた王朝。都は開封カイホウ(=今の河南省開封市)。後周に滅ぼされた。(九四七—九五〇)

【後家】ケ 日①夫に死別して、結婚しないでいる女性。やもめ。未亡人。②対ツイになっている道具などで、一方がなくなって、残っている方。例―蓋ぶた(=ふただけ残ったもの)。

【後光】コウ 神仏のからだから発するといわれる神秘的な光。仏像などの光背は、これをかたどったもの。例―がさす。

【後刻】コク その時より、あとの時。のちほど。対先刻。例詳しくは―報告する。

【後妻】サイ 離婚したり、妻が亡くなったりしたあとで結婚した妻。後添のちぞい。対先妻。

【後日】ジツ ①今よりもあとの日。将来。対先日。②あることが起こってから以後。例―談。

【後夜】ヤ ①夜中から朝にかけての夜。夜の後半。対初夜。②〔仏〕夜中から朝にかけての勤行ゴンギョウ。特に、明け方の勤行。

●以後イゴ・空前絶後クウゼンゼツゴ・午後ゴゴ・今後コンゴ・最後サイゴ・死後シゴ・食後ショクゴ・生後セイゴ・戦後センゴ・前後ゼンゴ・直後チョクゴ・背後ハイゴ・病後ビョウゴ・老後ロウゴ

很

彳6(9) ②5544 5F88

コン漢 阮 hěn

たが-う(たが-ふ)・もと-る

意味 ❶言うことをきかず、さからう。**たがう**。**もとる**。例很レ天テンにもとる(=天にさからう)。〈国語・呉〉很忤コンゴ。❷残忍な。凶悪な。通狠コン。例很戻コンレイ。❸言い争う。❹非常に。はなはだ。通狠コン。

【很▼忤】コンゴ そむき、さからう。

【很▼愎】コンプク かたくなで人の意見を聞き入れない。

【很戻】コンレイ ひどくひねくれている。凶暴で残虐。

徇

彳6(9) ②5546 5F87

一シュン漢 ジュン呉 震 xùn 二シュン漢 ジュン呉 真 xún

したが-う(したが-ふ)・とな-える(とな-ふ)・めぐ-る

［𢓈］彳4(7) 224C8 本字。

意味 一❶まわって、多くの人に知らせる。示す。**となえる**。例徇首ジュンシュ。❷土地を占領する。例徇地ジュンチ(=土地をうばう)。❸目的のために命をかける。**したがう**。通殉ジュン。例徇節ジュンセツ。二従順になる。**したがう**。通順。例徇私ジュンシ(=私利にしたがう)。徇俗ジュンゾク。

【徇首】ジュンシュ 首を切って人々に示す。

【徇節】ジュンセツ 節義を守り通す。

【徇俗】ジュンゾク 世俗にしたがう。

待

彳6(9) 1 3452 5F85 教3 タイ漢 ダイ呉 ㊥dài まつ

【筆順】ノ 彳 彳 彳 彳 彳 待 待

なりたち 【形声】「彳(=あるく)」と、音「寺シ…→イタ」とから成る。まつ。

意味 ❶人・もの・機会などがくるのにそなえて時を過ごす。まつ。例待機タイキ。待望タイボウ。待命タイメイ。❷もてなす。(人を)あつかう。例待遇タイグウ。歓待カンタイ。接待セッタイ。❸そなえる。ふせぐ。例待二不虞一フグにそなう(=不測の事態にそなえる)。〈左伝・宣一二〉

古訓 中古 そなふ・そなへ・とどむ・なずらふ・まつ 中世 あひしらふ・とどむ・なずらふ・まつ 近世 あしらふ・あひしらふ・あふ・はかる・ふせぐ・まつ

人名 なが・まち・みち

【待機】タイキ 準備を整えて機会・時機がくるのをまち、ひかえている。例自宅―。

【待遇】タイグウ ①客などをもてなすこと。取り扱い。例―がよい。②日(会社が社員に与える)地位や給料、勤務条件など。例―改善。③日ある地位に準じて扱う。例課長―。

【待遇表現】タイグウヒョウゲン 日話し手と聞き手、また、話題にしている人物との関係によって変わる言語表現。尊敬・謙譲・丁寧・軽蔑ケイベツなど。

【待▼賈】タイコ・タイカ 〔「賈コ」は、商人の意〕よい商人に出会うのをまって売る。賢君が招いてくれるのをまって仕えること。〔一説に「賈カ」は価カ(=あたい)の意で、よい値になるのをまって売る。よい機会をまって仕えること〕

【待罪】タイザイ ①処罰をまつ。処分をまつ。②官職にあることを謙遜ケンソンしていう。〔自分には職責を果たす能力がなく、処罰されるときがあるだろう、の意から〕

【待詔】タイショウ ①天子のみことのりをまつ。特に、宮中や宮門周辺で、天子の諮問・面会にそなえ待機する。待制。②官名。漢代、宮中で天子の諮問に備えた。

【待制】タイセイ ①「待詔タイショウ①」に同じ。②官名。唐代、集賢門という役所で、天子の下問に答えた。

【待避】タイヒ 日①危険が去るのをまつ。②列車の通過を、他の列車が別の線路にはいってまつ。例―線。

【待望】タイボウ あることの実現をまちのぞむ。こころまちにする。

【待命】タイメイ ①命令がくだるのをまつ。②日公務員が一定期間職務につかないで給与を受け、期限がくると辞職する制度。例―休職となる。

●期待キタイ・虐待ギャクタイ・招待ショウタイ・接待セッタイ・優待ユウタイ

徉

彳6(9) 3 8432 5F89 ヨウ(ヤウ)漢 陽 yáng

意味 ❶「彷徉ホウヨウ」は、さまよい歩く。❷ふりをする。いつわる。通佯ヨウ。例徉狂ヨウキョウ(=気がふれたようにふるまう)。

律

彳6(9) 1 4607 5F8B 教6 リツ漢 リチ呉 質 lǜ のり

【筆順】ノ 彳 彳 彳 彳 彳 律 律

なりたち 【形声】「彳(=あるく)」と、音「聿ツイ…→ツリ」とから成る。あまねくしきのべる。派生して「おきて」の意。

意味 ❶ある社会の中で、守るように定められた決まり。(特に刑罰に関する)おきて。のり。例律令リツリョウ。法律ホウリツ。不文律フブンリツ。❷一定の規準・法則。また、それに従って行動する。例自律ジリツ。他律タリツ。因果律インガリツ。❸仏教徒が守るべきいましめ。例律師リッシ。戒律カイリツ。❹音楽で基準となる調子・音階。例律動リツドウ。旋律センリツ。音律オンリツ。❺漢詩の形式の一つ。例律詩リッシ。❻爵位の等級。くらい。例進レ律リツをすすむ(=爵位の等級を高くする)。〈礼記・王制〉❼髪をとかす。くしけずる。例濡レ櫛三律くしをぬらしてみたびくしけずる(=くしをぬらして三回髪をとかす)。〈荀子・礼論〉❽⇩【律律】リツリツ

古訓 中古 ととのふ・のぶ・のり・はじめ・わかつ 中世 ただす・ととのふ・のぶ・のり・はじめ 近世 しく・ただす・つね・のつとる・のぶる・のり・ふえ・わかつ・をしへ

人名 おさむ・おと・さだむ・ただし・ただす・つね

【律儀】【律義】リチギ ①リツギ〔仏〕おきて。戒律。②日ひどくまじめで、義理がたいさま。実直なさま。例―者もの。―な人。

【律師】リッシ 〔仏〕①仏の決まりを守る、徳の高い僧。②僧の位の一つ。僧正ソウジョウ・僧都ソウズの下の第三位。

【律詩】リッシ 漢詩の形式の一つ。唐代に完成した近体詩の一つ。八句から成り、一句が五文字のものを五言ゴゴン律詩、七文字のものを七言シチゴン律詩という。一句と二句を首聯シュレン、三句と四句を頷聯ガンレン、五句と六句を頸聯ケイレン、七句と八句を尾聯ビレンと呼び、頷聯と頸聯をそれぞれ対句とし、偶数句の句末(七言では第一句も)は押韻するなど、作法上の厳格な規則がある。

【律宗】リッシュウ 〔仏〕中国・日本における仏教の宗派の一つ。戒律を守ることを重んじる。唐代に興隆し、日本には、奈良時代に鑑真ガンジンが来朝して伝え、南都六宗の一つとして栄えた。奈良の唐招提寺トウショウダイジが日本の律宗の本山。

【律動】リツドウ 日規則正しい運動を繰り返すこと。また、その運動。リズミカルなうごき。

【律文】リツブン ①法律・規定の条文。②日日本の詩などのように、韻は踏まないが、五七調などのリズムがある詩。対韻文。

【律法】リッポウ ①おきて。法律。②〔仏〕僧が守るべき日常的な規則。戒律。

【律律】リツリツ 山が高くて険しいさま。

【律呂】リツリョ ①音階・音調の基準を示す竹管。長さの違う十二本から成り、これを音調によって陰陽に分け、陽は律(=六律リクリツ)といい、陰は呂(=六呂リクリョ)という。六律・六呂を合わせて十二律という。②音調。音律。③音楽。▽呂律リョリツ。

【律令】一リツレイ 国家の法律の総称。二リツリョウ 日中国の隋ズイ・唐の制度にもとづいた、奈良・平安時代の法令。〔「律」は刑法、「令」は国家の諸種の法制〕

【律令制】リツリョウセイ 日律令とその運用や施行の細目を定めた格式キャクシキにもとづく政治体制をいう。大化の改新に始まり、以後、平安時代まで続く。

●一律イチリツ・韻律インリツ・戒律カイリツ・規律キリツ・自律ジリツ・旋律センリツ・他律タリツ・調律チョウリツ・法律ホウリツ

[徑]

彳7(10) ⇩径ケイ(473ページ)

従

彳7(10) 1 2930 5F93 教6

一 ショウ漢 ジュ・ジュウ呉 冬 cóng
二 ショウ漢 ジュ・ジュウ呉 宋 zòng
三 ショウ漢 冬 cōng
したがう(したが-ふ)・したがえる(したが-ふ)・より

[從] 彳8(11) 2 5547 5F9E 人 旧字体。

[从] 人2(4) 2 4826 4ECE 古字。

【筆順】ノ 彳 彳 彳 彳 彳 彳 従

なりたち ［会意］「从（＝したがう）」と「辵（＝ゆく）」とから成る。したがいゆく。

意味 一 ❶目上の人のあとについて行く。おともをする。例 侍従。随従。❷さからわず言われるままにする。強い力にやむなくしたがう。下につく。例 従二心所一レ欲（＝思うままにふるまう）。〈論語・為政〉 従順。服従。❸仕事につく。たずさわる。例 従業。従事。❹「より」と読み、…より…から、の意。例 風従レ西起（＝風が西から起こる）。従前。❺したがえる。ひきいる。例 従二百余騎一（＝百余騎を率いる）。〈史記・項羽紀〉
二 ❶たて。南北のこと。通縦。例 従横。合従連衡。❷つきしたがう者。供。例 従者。僕従。❸おもなものに対する、それに続くもの。二次的なもの。例 従姉。従父。従三位。
三 ゆるやかで落ち着いたさま。例 従然。従容。

日本語での用法 《したがって》「よく練習する。従って技術が身につく」▼当然の結果として。だから。ゆえに。

古訓 中古 うつす・おふ・ことむなし・したがふ・つかふ・ほしいまま・まかす・ゆるす・より・よる 中世 おふ・したがふ・そへもの・まかす・ゆるす・よつて・より・よる 近世 おふ・したがふ・つく・ともする・はなつ・まかす・ゆるす・より

人名 しげ・つぐ・とも

難読 従兄弟・従姉妹

【従横】（ジュウオウ｜ショウコウ） ①たてとよこ。また、南北と東西。縦横。②戦国時代の合従と連衡の策。従衡。→【合従連衡】（229ページ） ③思いのままにふるまう。また、意のまま。自由自在。④乱れる。ばらばらになる。

【従横家】（ジュウオウカ｜ショウコウカ） 戦国時代、蘇秦・張儀など、合従・連衡の策を諸侯に説いた人々。縦横家。

【従▼駕】（ジュウガ） 天子の外出につきしたがう。

【従業】（ジュウギョウ） 業務についている。例 ―員。

【従軍】（ジュウグン） 軍隊にしたがって戦地に行く。類 従戎。例 ―記者。

【従兄】（ジュウケイ） 年上の男のいとこ。対 従弟。

【従兄弟】（ジュウケイテイ｜いとこ） 男のいとこ。対 従姉妹。

【従座】【従▼坐】（ジュウザ） 他者の犯罪により連帯して処罰される。連座。

【従子】（ジュウシ） 兄弟の子。おい。めい。

【従姉】（ジュウシ） 年上の女のいとこ。対 従妹。

【従▼祀】（ジュウシ） 主となるものにあわせて祭る。特に、孔子廟に祭られた門人や学者をいう。孔廟従祀。

【従事】（ジュウジ） ①ものごとをおこなう。②仕事にたずさわる。例 農業に―する。③処置する。対応する。④仕える。⑤（敵と）わたりあう。

【従姉妹】（ジュウシマイ｜いとこ） 女のいとこ。対 従兄弟。

【従者】（ジュウシャ） お供の者。お供。

【従順】（ジュウジュン） おとなしくて、すなおなさま。逆らわないさま。例 ―な息子。

【従心】（ジュウシン｜ショウシン） ①思うままにふるまうこと。②七十歳の別名。〔「七十而従二心所一レ欲、不レ踰レ矩（＝七十になり、心のままにふるまっても、人の道にはずれることがなくなった）。〈論語・為政〉」から〕

【従臣】（ジュウシン） 君主のそば近くに仕える家来。

【従政】（ジュウセイ） ①政務をとりおこなう。政務にたずさわる。②公の労役に従事する。

【従前】（ジュウゼン） ①今までの例にしたがう。②これまで。以前。従来。例 ―どおりおこなう。

【従属】（ジュウゾク） つきしたがう。強いもの、主たるものにしたがう。例 ―的。大国に―する。

【従卒】（ジュウソツ） ①ある人につきしたがう兵。②日 将校につきしたがって雑務をする兵。▽従兵。

【従孫】（ジュウソン） 兄弟のまご。おいまご。

【従弟】（ジュウテイ） 年下の男のいとこ。対 従兄。

【従▼姪】（ジュウテツ） いとこの子。

【従犯】（ジュウハン） 〔法〕正犯に手を貸して罪をおかすこと。また、その犯罪者。対 正犯。例 ―として有罪になる。

【従父】（ジュウフ） ①父の兄弟。父方のおじ。対 従舅。②（ちちにしたがう）父の教えや言いつけにしたがう。婦人の三従の一つ。→【三従】（12ページ）

【従兵】（ジュウヘイ） ①ある人につきしたがう兵。②日 将校につきしたがって雑務をする兵。▽従卒。

【従母】（ジュウボ） 母の姉妹。母方のおば。姨。対 姑。

【従僕】（ジュウボク） したばたらきの男。下男。しもべ。

【従妹】（ジュウマイ） 年下の女のいとこ。対 従姉。

【従来】（ジュウライ） これまで。従前。もとから。例 ―どおり。

【従衡】（ショウコウ） 「従横②」に同じ。

【従親】（ショウシン） 戦国時代、強国の秦に対抗して、燕・斉・趙・魏・韓・楚の六国が、南北に連合して親しくしたこと。

【従然】（ショウゼン） ゆったりと落ち着いたさま。

【従約】（ショウヤク） 従親にもとづく盟約。合従の盟約。

【従容】（ショウヨウ） ①ゆったりと落ち着いたさま。縦容。例 ―として死に就く。②ひまでいること。③さまよう。④すすめる。

●屈従・侍従・主従・専従・追従・忍従・服従・盲従

徐

彳7（10） 1 2989 5F90 常用

ショ漢 ジョ呉 魚 xú
おもむ-ろ

筆順

なりたち ［形声］「彳（＝あるく）」と、音「余ヨ→シ」とから成る。おだやかに行く。

意味 ❶ゆっくり行く。例 徐行。❷おだやかなさま。ゆるやかなさま。しずか。**おもむろ**。例 安徐。舒徐。❸古代の九州の一つ。徐州。今の山東・江蘇・安徽各省にわたる地域。

古訓 中古 おそし・おもふる・おもむろ・しづかに・のぶ・やうやく 中世 おそし・くつろぐ・やうやく 近世 おそし・おもむろ・そろそろ・のぶる・やうやく・ゆく・ゆるし・ゆるやか

人名 やす・ゆき

難読 徐徐

【徐行】（ジョコウ） ①おもむろに行く。ゆっくり歩く。②日 電車・自動車などが、速度を落としてゆっくり進む。例 ―運転。

【徐徐】（ジョジョ） ①ゆるやかなさま。ゆっくりと。②静かに落ち着いたさま。③日 次第に。だんだんに。例 ―に変化する。

［徙］

彳7（10） ⇩陟（1395ページ）

徒

彳7（10） 1 3744 5F92 教4

ト漢 ズ（ヅ）呉 虞 tú
かち・いたず-ら（いたづら）・ただ・あだ・むだ

筆順

なりたち ［形声］「辵（＝ゆく）」と、音「土ト」とから成る。歩いて行く。

意味 ❶乗り物を使わずに歩く。**かち**。例 徒行。徒歩。

❷無駄に。むなしく。何もすることなしに。いたずらに。例 徒死。徒食。徒労。❸何も持たない。何も身につけない。からの。例 徒手。❹多くの人々。大衆。例 衆徒。司徒(=民衆をつかさどる官)。❺下級の者。弟子。仲間。同類の者。例 徒弟。徒党。博徒。❻五刑(=笞・杖・徒・流・死)の一つ。労役に服させる刑罰。❼「ただ(…のみ)」と読み、限定・強調の意をあらわす。例 徒用レ刑(=ただ刑罰を用いるだけだ)。

古訓 中古 いたづら・かちより・しりぞく・すずろ・たぐひ・ただ・ただに・つれづれ・とも・ともがら・ひとり・むなし 中世 いたづら・かち・かちより・しりぞく・たぐひ・ただ・ただち・ただに・とも・ともがら・むなし・もろもろ 近世 いたづら・かち・かちあゆみ・しもべ・ただ・ともがら・むなし・もろもろ・やつこ

人名 とも

難読 徒手・徒膚・徒跣—す

【徒花】あだばな 日 咲いても実を結ばない花。うわべは美しくても、中身のないことにたとえる。

【徒為】トイ 無駄なおこない。役に立たないおこない。

【徒役】トエキ ①義務として人民に課された労役。また、それに従事した人。②弟子。

【徒競走】トキョウソウ 日 かけっこ。走りくらべ。

【徒刑】トケイ ①隋・唐代、および日本の律令制で、五刑の一つ。罪人を労役に服させる刑。懲役のこと。②ズケイ 日〔法〕旧刑法で、重罪人を辺境の地に送って労役に服させた刑。

【徒行】トコウ 乗り物に乗らず、歩いてゆく。徒歩。

【徒▼杠】トコウ 車は渡れないが、歩行者は渡ることができる小さな橋。

【徒死】トシ 無駄に死ぬ。犬死に。

【徒▼爾】トジ ①無駄なこと。無益なこと。②いたずらに〔「爾」は、状態をあらわす助字〕無駄に。無意味に。徒然。

【徒手】トシュ ①(何かをするにあたり)手に何も持たないこと。素手。赤手。例 —で敵と戦う。②日(事業などを始めるにあたり)資本が何もないこと。

【徒手空拳】トシュクウケン 日「徒手」を強めたことば。

【徒手体操】トシュタイソウ 日 器械や器具を使わず、手に何も持たないでする体操。

【徒取】トシュ なんの功績もないのに、俸禄や褒賞などの報酬を受ける。

【徒渉】トショウ 歩いて川を渡る。かちわたり。例 激流を—する。

【徒食】トショク 働かず、ぶらぶらして暮らす。無駄食い。居食い。例 無為—。

【徒▼跣】【徒践】トセン はだしになる。また、はだし。

【徒善】トゼン 実行のともなわない善意。

【徒然】一トゼン ①ただそれだけ。②たまたま。偶然。③〔「然」は、状態をあらわす助字〕「徒爾ジト②」に同じ。二つれづれ 日 何もすることがなく、退屈なこと。例 山暮らしの—をなぐさめてくれる四季の花。—なるままに。

【徒卒】トソツ 歩兵。足軽。類 徒兵。

【徒弟】トテイ ①門人。弟子。②日 商家や職人の家に住みこんで、働きながら技術を覚える者。見習い。例 —制度。

【徒党(黨)】トトウ 何か事をするのに集まった仲間。類 徒属。例 —を組む。

【徒輩】トハイ 仲間の者。ともがら。やから。例 これらの—。

【徒費】トヒ 無駄に使う。無駄づかい。また、無駄な費用。空費。例 貴重な時間を—する。

【徒歩】トホ ①乗り物に乗らず、歩いて行く。かちあるき。②かち 身分の低い者。匹夫。

【徒法】トホウ よい法令は備わっているが、それを運用しようとする為政者の意志がないこと。形式だけの法令。

【徒隷】トレイ 労役に服している人。囚人、あるいは奴隷。

【徒労】トロウ 無駄な骨折り。役に立たない働き。例 —に帰す。

●学徒・教徒・使徒・生徒・暴徒・門徒

徙

彳8 (11)

2 5548 5F99

シ 漢 呉 紙 xǐ

うつ-る・うつ-す

意味 場所をかえる。うつる。うつす。例 非レ死則徙爾(=死に絶えたのでなければ転居したのにほかなりません)。〈柳宗元・捕蛇者説〉徙宅。

【徙▼倚】シイ さまよう。うろうろする。

【徙居】シキョ 「徙宅シタク」に同じ。

【徙宅】シタク 住居を移す。転居。徙居。

【徙木▼之信】シボクのシン 人民に信用されること。移木之信イボクのシン。◆秦の商鞅は法令の大改正に際し、まず、市場の南門に立てた木を北門に移した者に賞金を与えることを告示し、実際に移した者に告示どおりに賞金を与えた。約束を守り、人民を信用させて新法令を施行したことから。……………〈史記・商君伝〉

［從］

彳8 (11)

⇩従ジュウ(477ページ)

徜

彳8 (11)

3 8433 5F9C

ショウ(シャウ) 漢 陽 cháng

意味 「徜徉ショウヨウ」は、行きつもどりつする。徘徊する。

徠

彳8 (11)

4 1223 5FA2

ショウ(セフ) 漢 葉 xiè

意味 小またで、急いで行くさま。

得

彳8 (11)

1 3832 5F97

教4

トク 漢 呉 職 dé

える(う)・うる

［淂］

氵8 (11)

4 7868 6DC2

俗字。

筆順 彳 彳 彳 彳 彳 得 得

なりたち 

［形声］「彳(=あるく)」と、音「㝵トク(=取る)」とから成る。行って手に入れる。

意味 ❶手に入れる。求めて自分のものにする。える。うる。例 御宇多年求不レ得(=天子となってから久しく求めたのに探しあてられなかった)。〈白居易・長恨歌〉得点。獲得。❷さとる。理解する。例 得心。体得。納得。❸もうける。もうけ。利益。対 損。例 得策。損得。役得。❹利益を与える。めぐむ。通 徳。例 吾為レ公得(=私はあなたのために、めぐんでやろう)。〈漢書・項籍伝〉❺「…(を)う」と読み、…する機会がある、の意をあらわす。例 得二復見一(=ふたたびお会いできる)。

古訓 中古 う・えたり・えもの・ほしいまま 中世 う・うる・えたり・える・ほしいまま 近世 あしし・あふ・うる・えたり・とる・むさぼる

人名 あり・う・え・なり・のり・やす

【得意】トクイ ①望みどおりになって満足している。対 失意。例 —の絶頂。②ほこらしげなさま。満悦のさま。例 —満面。③日 身についていて自信があるさま。例 —な教科。④日 ひいきにしてくれる客。顧客。例 お—様さま。

【得策】トクサク ①はかりごとが、うまくいったさま。②日 有利な方法。例 先にあやまるのが—だ。

【得志】トクシ ①希望が実現する。願いがかなう。②意にそうようにして気に入られる。

【得失】トクシツ ①得ることと失うこと。利益と損失。例 利害—。②損失。過失。▽得喪。

3画

［彳］8画▼徙 從 徜 徠 得

【得手】㊀トク（銭を多く）入手する。㊁てえ 日①他人よりもうまくできること。また、そのような人。得意。対不得手。②サルの別名。例—公。
【得心】トクシン ①人の心をつかむ。満足する。②日よくわかる。納得。例十分に—がいく。
【得喪】トクソウ「得失」に同じ。
【得体】㊀トクタイ ①〔からだの各部がその機能を発揮している意〕政治の各機関と官職とが、役目を正常に果たしていること。②言行がその身分にかなっている。㊁えタイ 日本当の姿。正体。為体。例—が知れない。
【得点】トクテン 日試験や競技などで、優劣・勝敗を示す点数や評点などを取る。また、取った点数や評点。対失点。例—を上げる。
【得度】トクド〔仏〕①仏の力で迷いの世界から悟りの世界にはいる。②仏門にはいって僧となる。
【得道】トクドウ ①正しいやり方に合致する。②真の道を会得する。③〔仏〕悟りをひらく。仏道を悟る。
【得得】トクトク ①満足するさま。また、得意なさま。②頻繁なさま。③わざわざ。ことさら。
【得票】トクヒョウ 日選挙で票を得る。また、その得た数。例—数。大量—。
【得物】㊀トクブツ 物をえる。㊁えもの 日①得意とする道具や芸。②得意とする武器。例—をひっさげて立ち合う。
●一挙両得・会得・獲得・自業自得・拾得・習得・取得・所得・説得・損得・独得・納得・不心得・役得

徘
彳8 (11) 2 5549 5F98 ハイ漢 灰 pái

意味 ⇩【徘徊】
難読 徘徊（たちもとおる）・徘徊浪（いさよう）
【徘▼徊】ハイカイ ぶらつく。うろつく。さまよい歩くこと。例さかり場を—する少年。

徠
彳8 (11) 2 5550 5FA0 人 ㊀ライ漢 灰 lái ㊁ライ漢 隊 lài

なりたち [形声]「彳(=あるく)」と、音「來ライ」とから成る。歩いて来る。
意味 ㊀ある所からこちらへ近づく。くる。きたる。通来。㊁慰労する。ねぎらう。通勑。例労徠(=ねぎらう)。
古訓 中古かへる・きたる 中世いたはる・かへる・きたる・ねぎらふ 近世かへる・きたす・つく・ねぎらふ
人名 とめ

御
彳9 (12) 1 2470 5FA1 常用 ㊀ギョ漢 ゴ呉 御 yù ㊁ガ漢 禡 yà
おん・おおん(おほん)・お・み

筆順
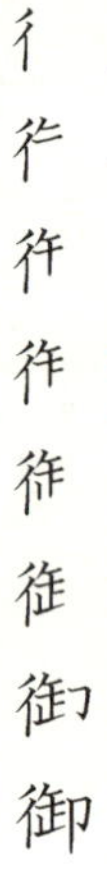

なりたち

[会意]「彳(=あるく)」と「卸シャ→ギ(=馬車を止め、ウマをはずす)」とから成る。ウマをあやつる。
意味 ㊀❶ウマや馬車をうまくあやつる。ぎょする。通馭。例御者。❷天下をおさめる。支配する。例御宇。❸天子の行為・持ち物につけて敬意をあらわす。例御璽・御所・御製。❹天子のそば近くに仕える者。そばめ。例女御。❺ふせぐ。おさえる。まもる。通禦。例防御。㊁むかえる。通迓。例百両御之(=百台の車が出迎える)〈詩経・召南・鵲巣〉
日本語での用法《ゴ》《お》《おん》《み》①「御家おいえ・御社おんしゃ・御身おんみ・御覧ゴラン・錦にしきの御旗みはた」▼他人の行為や事柄につけて敬意をあらわす。②「御礼おレイ・おんレイ・御説明ゴセツメイ」▼相手に対する自分の動作につけて敬意をあらわす。③「御米おこめ・御手洗おてあらい・御馳走ゴチソウ」▼ものごとを丁寧にいうときにつける。
古訓 中古あがむ・あつ・あふ・あふぐ・うながす・おほむ・こたふ・さぶらふ・すすむ・たまふ・つかさどる・つかふ・ととのふ・のる・はべり・はむべり・ふせく・み・むかふ・もちゐる・をさむ 中世あがむ・あがむる・うながす・うやまふ・おはします・おん・きみ・こたふ・さぶらふ・すすむ・つかさどる・つかふ・ととのふ・のる・はんべり・ふせぐ・ましますす・み・むかふ・をさむ・をさむる 近世おおん・かちぐるま・きみ・さいはひ・さぶらふ・さむらふ・すすむ・すすめる・すぶる・たす・つかさどる・つかふ・とどまる・とどむ・とる・のる・はんべる・ふせぐ・み・もちゆる・やむる・をさむる
人名 おき・のり・みつ
【御愛想】おアイソ 日①「愛想」の丁寧な言い方。②おアイソ 飲食店などでの勘定カンジョウ書き。また、支払い。〔店の側で言うのが本来の使い方〕
【御居処】おいど 日関西方言で、尻しりのこと。〔おもに女性が使う〕
【御上】おかみ 日①(側近の者が)天皇を指していうことば。②政府。役所。幕府。例—の命にそむく。③君主や主人。
【御殻】おから 日豆腐を作るときにできる大豆のしぼりかす。卯うの花。きらず。雪花菜から。
【御髪】おぐし 日「髪の毛」の丁寧な言い方。〔おもに女性が使う〕例—のお手入れ。
【御強】おこわ 日「強飯こわいい」の丁寧な言い方。赤飯。こわめし。
【御節】おセチ 日「御節料理」の略。正月三が日や五節句の料理。今は、正月三が日の料理をいう。
【御▼陀仏】おダブツ 日①人が死ぬことの俗な言い方。②失敗してだめになること。
【御▼伽▼噺】おとぎばなし 日子供に語り聞かせる昔話や童話。〔もとは、夜、退屈しのぎに語る話〕
【御御足】おみあし 日相手を敬って、その足を丁寧にいうことば。
【御曹司】おんゾウシ 日①〔「曹司」は、部屋の意〕昔、源氏の嫡流で、まだ独立していない部屋住みの子息のこと。〔平家では「公達きんだち」という〕例九郎—(=源義経よしつね)。②家柄のよい人や金持ちの家の息子。例近衛家ケこのえの—。
【御大】おんタイ 日「御大将おんタイショウ」の略。ある集団や仲間の長を親しんで呼ぶことば。例—自らお出ましになる。
【御地】おんチ 日相手の住んでいる、または、相手とかかわりの深い土地を敬っていうことば。貴地。〔手紙などで使う〕例—の名産をお送りいただきありがとうございました。
【御中】おんチュウ・おんジュウ 日郵便物で、個人以外の団体や会社など、あて名のあとにおくことば。〔「御中」の前後に様・殿などはつけない〕例○○会社営業部—。
【御身】おんみ 日①手紙などで、「相手の身体」の敬った言い方。例—お大切に。②「あなた」の敬った言い方。
【御許】おんもと・おもと 日〔「御許へ」「御許に」の形で〕あて名のわき付けに使うことば。
【御意】ギョイ 日①貴人の考え・気持ち・意向、また、指図・命令などを敬っていうことば。お考え。おぼしめし。お心。例—にかなう(=お気に入る)。②目上の人のことばに賛成したり承諾したりする意をあらわす。例—にございます(=おっしゃるとおりです)。
【御宇】ギョウ ①天下を統治する。②日天皇が国を治めている期間。御代みよ。
【御詠】ギョエイ 天子や皇族の作った詩歌を指していう。

【御影】(ギョエイ―ゴエイ―みエイ) ［日］神仏や高貴な人をえがいた絵・像。

【御▼苑】(ギョエン)【御園】(ギョエン) ①宮中の庭園。②天子・皇室の所有する庭園。

【御感】(ギョカン) ［日］高貴な人(特に天皇)が感心すること。［例］―なのめならず(=格別だ)。

【御慶】(ギョケイ―ゴケイ) ［日］御祝詞。お喜び。お祝い。〔新年のお祝いのことば〕［例］新年の―を申し上げる。

【御幸】［一］(ギョコウ) 天子のお出かけ。［二］(ゴコウ―みゆき) ［日］上皇・法皇・女院のお出かけ。

【御座】(ギョザ) ①貴人のそば近くに仕える。②天子の玉座。③北極星の位置。皇帝を象徴する星座。④［日］高貴の人の座席。おまし。▽御坐。

【御史】(ギョシ) ①周代、天子の秘書官。記録をつかさどった。②秦・漢代以後、役人の不法や不正を取り調べた官職。〔その役所を「御史府」「御史台」などと呼んだ〕

【御史台(臺)】(ギョシダイ) ①後漢以降、御史(=監察官)の役所。②［日］弾正台の中国風の呼び名。

【御史大夫】(ギョシタイフ) ①「御史②」の長官。秦・漢代、宮中の文書・書籍と官吏の監察をつかさどった。隋・唐代以降、地位は低くなり、権力も弱まった。②［日］弾正尹の中国風の呼び名。

【御璽】(ギョジ) 天子の印。玉璽。［例］御名御璽。

【御者】(ギョシャ) ウマをあやつり、馬車を走らせる人。馭者。

【御所】［一］(ギョショ) 天子の御座所。［二］(ゴショ) ［日］①天皇・上皇・三后(=太皇太后・皇太后・皇后)・皇太子の住居。［例］東宮―。②大臣・将軍などの住居。また、その人。

【御書】(ギョショ―ゴショ) ①天子に奉られた文書。②天子が所蔵する書物。③天子が書いた字。

【御寝】(ギョシン―ギョシ) 天子が休むこと。［例］―になる。―あり。

【御製】(ギョセイ) 天子が作ること。また、作った詩歌や文章。

【御前】［一］(ギョゼン) 天子のいるところ。㊨御座所。［二］(ギョまえにす) 天子や貴人の前にはべる。［三］(ゴゼン) ［日］①天皇や貴人の面前にいるとき、天皇や貴人を敬っていうことば。［例］―会議。―試合(=主君の前でおこなう剣などの試合)。②身分の高い人に対して家臣などが呼んだことば。［例］―さま。③昔、身分の高い婦人の名前の下につけて呼んだことば。［例］巴―。［四］(おまえ) ［日］同等以下の相手を呼ぶことば。〔古くは、同等以上の相手に対して用いた〕

【御物】(ギョブツ―ギョモツ―ゴモツ) 天子の所有品。また、皇室の所蔵品。

【御名】(ギョメイ) 天子の名前。大御名。［例］―御璽。

【御覧】［一］(ギョラン) ①天子が見ること。天覧。②天子が見る書物。［二］(ゴラン) ［日］①他人が見ることを敬っていうことば。［例］―になる。②「見ろ」「見なさい」の丁寧な言い方。［例］あれを―。③「ごらんなさい」の略。「…してみなさい」の丁寧な言い方。［例］行って―。

【御一新】(ゴイッシン) ［日］〔一切が新しくなることから〕「明治維新」の別の言い方。

【御詠歌】(ゴエイカ) ［日］巡礼者や仏教の信者が、仏の徳をたたえて、鈴をふりながらうたう歌。

【御恩】(ゴオン) ［日］①その人から受けた恩恵。［例］―返し。②封建時代、主君が臣下に与える恩恵。

【御機嫌】(ゴキゲン) ［日］①人の気分の状態。［例］―よう(=人に会ったときや別れるときの挨拶)。―ななめ(=機嫌が悪いこと)。②気分のよいさま。上機嫌。③すばらしいこと、すぐれていること、の俗な言い方。［例］―な天気だね。

【御形】(ゴギョウ―おギョウ) ［日］ハハコグサの別名。春の七草の一つとしてあげるときにいう。

【御状】(ゴジョウ) ［日］(差出人を敬って)お手紙。御書状。［例］―を拝読しました。

【御仁】(ゴジン) ［日］他人を敬っていう言い方。お方。お人。［例］あの―には困ったものだ。

【御真影】(ゴシンエイ) ［日］明治時代後期から一九四五(昭和二十)年まで、宮内省から各学校ごとに下付され、国家教育の中心として礼拝された天皇・皇后の写真。

【御神火】(ゴジンカ) ［日］火山をおそれて、その噴煙や火をいうことば。特に、伊豆大島の三原山の火をいう。

【御新造】(ゴシンゾ―ゴシンゾウ) ［日］江戸時代以来、武家や富んだ商人の妻のこと。のち、明治・大正時代まで、普通の家の人妻を呼んだ。

【御膳】(ゴゼン) ［日］「食事」「飯」の丁寧な言い方。御飯。

【御足労】(ゴソクロウ) ［日］人にわざわざ来てもらったり行ってもらったりすることの丁寧な言い方。［例］―をおかけします。

【御大層】(ゴタイソウ) ［日］おおげさな様子を、皮肉をこめていうことば。［例］―なものの言い方。

【御託】(ゴタク) ［日］「御託宣」の略。くどくどと言うことば。また、自分勝手なえらそうな言い分。［例］―を並べる。

【御託宣】(ゴタクセン) ［日］①「託宣」を敬った言い方。神のお告げ。②えらい人のことばや意見を、からかいぎみにいうことば。

【御多分】(ゴタブン) ［日］世間一般の多くの例。［例］―に漏れず(=例外なく)。

【御殿】(ゴテン) ［日］身分の高い人の邸宅を敬っていうことば。また、豪華な家。

【御難】(ゴナン) ［日］他人が受けた災難・難儀など。〔からかいの気分をこめて使うこともある〕［例］―続きですね。

【御念】(ゴネン) ［日］「念」の丁寧な言い方。お心づかい。〔軽蔑、からかいの意味をこめて使うことが多い〕［例］―の入ったことで…(=ばか丁寧なことで…)。

【御悩】(ゴノウ) ［日］天子の病気。㊨御不例。

【御破算】(ゴハサン) ［日］①そろばんで、珠をはらって零の状態にすること。［例］―で願いましては。②ものごとを、白紙の状態にもどすこと。［例］雨で計画が―になる。

【御法度】(ゴハット) ［日］「法度」の丁寧な言い方。禁制。〔武家時代に法令として出されたもの〕［例］喫煙は―です。

【御飯】(ゴハン) ［日］「飯」「食事」の丁寧な言い方。御膳。

【御不浄】(ゴフジョウ) ［日］「便所」の丁寧な言い方。〔おもに女性が使ったことば〕

【御幣】(ゴヘイ) ［日］神前に供えたり、神主がおはらいをするときに用いる道具。細長く白い紙を棒の間にはさんだもの。ぬさ。［例］―担ぎ(=縁起や迷信を気にすること。また、その人)。

【御免】(ゴメン) ［日］①軽いおわびの気持ちをあらわすことば。②拒否・拒絶をあらわすことば。いやだ。まっぴらだ。③「免官」「免職」の敬った言い方。役職をやめること。［例］お役―になった。④「許すこと」の敬った言い方。［例］―(を)願う。⑤人の家を訪問・辞去するときの挨拶のことば。ごめんください。［例］それでは、―。

【御用】(ゴヨウ) ［日］①「用事」「入用」の丁寧な言い方。［例］どんな―ですか。②江戸時代、公の命令により罪人を捕らえること。また、そのときの役人のかけ声。③宮中や官公庁などの用事(にたずさわること)。［例］―商人。④〔「御用…」の形で〕権力側にこびへつらう者を軽蔑していうことば。［例］―学者。―組合。

【御用納】(ゴヨウおさめ) ［日］官公庁で、その年の事務を終わりにする日。普通、十二月二十八日。㊥御用始。

【御用達】(ゴヨウたし―ゴヨウタツ) ［日］許可を得て、宮中や諸官庁に商品を納める商人。御用商人。［例］宮内庁―。

【御用始】(ゴヨウはじめ) ［日］官公庁で、新年になってはじめて事務をとる日。普通一月四日。㊉御用納ゴヨウおさめ。

【御来光】ゴライコウ 日高い山の頂上で拝む日の出。また、その景観。御来迎ゴライゴウ。

【御来迎】ゴライゴウ 日①(仏)「来迎」を敬っていうことば。臨終の際に仏がむかえに来て、極楽浄土へ導くこと。②高山で、太陽を背にして立つと、自分の影が霧に映って、影のまわりに仏像の光背のような光の輪が見える現象。ブロッケン現象。③「御来光ゴライコウ」に同じ。

【御料】ゴリョウ 日①天皇や貴人が使用する衣服や器物、また、食料など。例—の品々。②皇室の所有であること。例—車。—地。

【御陵】ゴリョウ 日天皇や皇后の墓を敬っていうことば。みささぎ。陵墓。

【御寮】ゴリョウ 日人名や人をあらわすことばにつけて、敬愛の意をあらわすことば。例花嫁—。

【御霊】ゴリョウ／みたま 日死者の霊を敬っていうことば。㊝御魂みたま。例先祖の—を祭る。

【御明】【御灯(燈)】みあかし／おあかし 日神仏の前に供える明かり。お灯明トウミョウ。おみあかし。

【御▼稜威】みいつ 日神、また天皇の威徳。ご威光。

【御酒】みき 日酒を美しくいうことば。また、神前に供える酒。おみき。神酒みき。

【御国】みくに 日①「国」を敬っていうことば。②「日本国」を敬っていうことば。例皇すめら—(=天皇が統治する国)。

【御子】みこ 日①「子」を敬っていうことば。特に、天皇など皇族の子をいう。②(キリスト教で、父である神に対して)キリスト。例神の—。

【御▼輿】みこし 日①「輿こし」を敬っていうことば。②神社の祭礼のときに神体を安置してかつぐ輿。おみこし。神輿みこし。例—をかつぐ(=人をおだててまつり上げる)。

【御▼簾】みす 日①「すだれ」を丁寧にいうことば。②神前や宮殿などでかける、綾あやなどのふちをつけた目の細かいすだれ。

【御空】みそら 日「空」をたたえた言い方。例晴れた—。

【御手洗】みたらし 日神社で、拝礼の前に参拝者が手や口を洗い清める所。例参道の—。

【御堂】みドウ 日仏像を安置した堂。お堂。

【御法】みのり 日仏法を尊んでいうことば。仏の教え。

【御代】【御世】みよ 日天皇・皇帝・王などの治世を尊んでいうことば。例明治の—。

●親御おやゴ・出御シュツギョ・制御セイギョ・父御ちちゴ・統御トウギョ・殿御とのゴ・女御ニョウゴ／ニョゴ・母御ははゴ・崩御ホウギョ・防御ボウギョ・嫁御よめゴ

健 彳9(12)

⇩健ケン(103ページ)

徨 彳9(12)

2 5551 5FA8

コウ(クヮウ)漢 陽 huáng

さまよ-う(さまよ-ふ)

意味 「彷徨ホウコウ」は、あてもなく行く。さまよう。

循 彳9(12)

1 2959 5FAA 常用

シュン漢 ジュン呉 真 xún

したが-う(したが-ふ)・めぐ-る

筆順 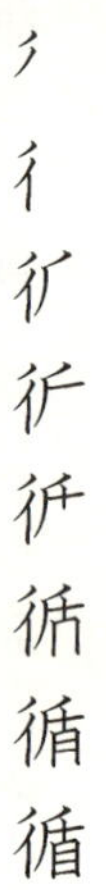

なりたち  [形声]「彳(=あるく)」と、音「盾ジュン」とから成る。行く。

意味 ❶沿って行く。よる。例循レ牆而走ショウによりてはしる(=塀に沿って歩く)。〈左伝・昭七〉 ❷もののまわりをまわる。めぐる。㊟巡。例循環ジュンカン。循行ジュンコウ。 ❸つきしたがう。そのとおりにする。したがう。例因循インジュン。 ❹慰撫イブする。なでる。例拊循フジュン(=なぐさめいたわる)。

参考 字形の類似から、「脩(=ながい)」「修(=かざる)」に通じて用いられることがある。

古訓 中古 かざる・したがふ・たかし・ながし・めぐる・よし・よる 中世 かざる・したがふ・たかし・ながし・めぐらす・よし・よる 近世 あまねし・したがふ・ついづる・ついで・なづる・なでる・めぐる・よし・よる

人名 みつ・ゆき・よし

【循環】ジュンカン ひとまわりして、もとへもどる。また、それを繰り返す。例血液の—。市内—バス。

【循行】ジュンコウ めぐり歩く。巡行。例領地内を—する。

【循俗】ジュンゾク 世間の習俗にしたがい、人々になじみのない変革をおこなわないこと。

【循吏】ジュンリ 法令をかたく守り、条理にしたがって職務を遂行する官吏。

【循良】ジュンリョウ 官吏などが法令をよく守り、善良である。

復 彳9(12)

1 4192 5FA9 教5

■フク漢 ブク呉 屋 fù
■フク慣 フウ漢 ブ呉 宥 fù

かえ-る(かへ-る)・かえ-す(かへ-す)・また

筆順 

なりたち 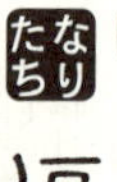 [形声]「彳(=あるく)」と、音「复フク」とから成る。行ってもどる。

意味 ■❶来た道をひきかえす。かえる。㊉往。例復路フクロ。往復オウフク。 ❷もとの状態にもどる。例復調フクチョウ。復活フッカツ。回復カイフク。 ❸返事をする。こたえる。例復命フクメイ。拝復ハイフク。 ❹しかえしをする。むくいる。例復讐フクシュウ。報復ホウフク。 ❺くりかえす。もう一度する。例復習フクシュウ。復唱フクショウ。反復ハンプク。 ❻労役や賦税を免除する。のぞく。例沛幸得レ復ハイさいわいにフクするをうる(=沛の地は幸いに課税を免除された)。〈史記・高祖紀〉 復除フクジョ。復租フクソ。 ❼実践する。ふむ。例言可レ復也ゲンふむべきなり(=言ったことを実践できる)。〈論語・学而〉 ❽易キエの六十四卦カの一つ。☷☳震下坤上シンカコンショウ。雷が地中にある象。 ■❶「また」と読み、ふたたび、の意。例復入二信濃一またしなのにいる(=ふたたび信濃の国にはいる)。 ❷「不復」は「また…ず」と読み、ふたたび…しない、二度と…しない、の意。例不二復還一またかえらず(=二度と帰らない)。〈史記・刺客伝・荊軻〉

古訓 中古 うすろぐ・かさねて・かへさふ・かへす・かへりて・かへりみる・かへる・つぐ・ふたたび・また 中世 おもふ・かさぬ・かへさうす・かへつさうす・かへる・また 近世 かさなる・かさぬる・かへす・かへる・こたふ・たまぼひ・ふたたび・まうす・また・むくゆる

人名 あきら・あつし・さかえ・しげる・なお・ふ・もち

【復位】フクイ ①もとの位置にもどる。②もとの役職や地位にもどる。

【復員】フクイン 日①(戦争が終わって)召集されていた軍人が、任務を解かれて家に帰る。㊉動員。例—兵。②軍隊が戦時体制から平時体制にもどる。

【復縁】フクエン 日離縁した夫婦または養子などが、もとの関係にもどる。

【復学】フクガク 日停学・休学していた学生・生徒が、もとの学校にもどる。例—を許される。

【復業】フクギョウ やめていた仕事にもどる。

【復元】【復原】フクゲン ①健康を回復する。②日(古い時代の書画・遺跡などを)もとの位置や状態・形にもどすこと。

【復習】フクシュウ 一度学んだことを繰り返し勉強する。おさらい。温習。㊉予習。

【復▼讐】フクシュウ しかえし。あだうち。かたきうち。報復。復仇フッキュウ。例—の念に燃える。

【復初】(フクショ) 人間本来の善の本性にかえる。㊝復性。

【復除】(フクジョ) 税あるいは労役を免除する。

【復唱】(フクショウ)【復▼誦】(フクショウ) 言われたことばを、確認の意味でその場で繰り返して言う。

【復飾】(フクショク) 僧や尼僧(ニソウ)が(髪を伸ばして)俗人にもどる。還俗(ゲンゾク)。㊟落飾。

【復職】(フクショク) 休職・退職していた人が、もとの職につく。

【復姓】(フクセイ) 結婚や養子縁組みなどで姓を変えた人が、もとの姓にもどる。

【復籍】(フクセキ) ①学籍をとりもどす。②日 離縁や養子縁組みの解消などにより、もとの戸籍にもどる。帰籍。

【復租】(フクソ) 税を免除する。

【復調】(フクチョウ) からだの調子が、もとのいい状態にもどる。

【復道】(フクドウ) 大きな建物で、上下で往来できるように、二重に作った廊下。複道。

【復任】(フクニン) ふたたびもとの官職・任務にもどる。

【復文】(フクブン) ①返事。返書。②日 漢文の書き下し文を、もとの漢文に直す。

【復▼辟】(フクヘキ) 〔「辟」は、君の意〕①臣下が代行していた政務を君主に返す。〔「伊尹既復二政厥辟一(イインすでにまつりごとをそのきみにかえす)」(=伊尹はすでに復辟した)。〈書経・咸有一徳〉」から〕②退位した君主がふたたび即位する。

【復命】(フクメイ) 命令を受けて実行・処理したとき、その経過や結果を命令者に報告する。覆命(フクメイ)。反命。例 —書。

【復礼】(フクレイ) ①礼にかなった状態にもどる。〔一説に、「復」は履の意で、礼をふみおこなうの意とする〕例 克レ己復レ礼為レ仁(おのれにかちてレイにかえるをジンとなす)(=自己に打ち勝って礼儀に従うのが仁である)。〈論語・顔淵〉②〔「復」は、因の意〕前代の礼制を受け継ぐ。

【復路】(フクロ) かえりみち。帰路。㊟往路。

【復活】(フッカツ) ①生きかえる。よみがえる。蘇生(ソセイ)。例 —祭(=キリスト教の祝祭日)。②衰えたり廃止したりしたものが、ふたたび前の状態にもどる。

【復刊】(フッカン) 日 休刊または廃刊になっていた出版物を、ふたたび刊行する。

【復帰】(フッキ) もとの場所や地位・状態にもどる。返る。

【復▼仇】(フッキュウ) 「復讐(フクシュウ)」に同じ。

【復旧】(フッキュウ) こわれたり乱れたりしたものが、もとどおりになる。例 鉄道の—作業。—の見通しが立たない。

【復権】(フッケン) 日 ①〔法〕刑の宣告によって失った法律上の権利や資格を回復する。②地位や権力・信用を失った者がそれを回復し、力をもつ。

【復古】(フッコ) 制度や考え方、文物の流行などを、昔の状態にかえす。例 王政—。—調の模様。

【復交】(フッコウ) 断絶していた国家間の交際が復活する。

【復興】(フッコウ) いったん衰えたものが、ふたたびさかんになる。例 文芸—。都市の—計画。
●往復(オウフク)・回復(カイフク)・修復(シュウフク)・拝復(ハイフク)・反復(ハンプク)・報復(ホウフク)・本復(ホンプク)・来復(ライフク)

偏

彳9 (12) 3 8434 5FA7 一ヘン㊥㊤ 霰 biàn 二ヘン㊥㊤ 先 piān あまね-し

意味 一ひろくゆきわたる。**あまねし**。㊤遍。参考 現在では「遍」が一般に用いられているが、古くは「偏」を用いることが多かった。二一方にずれる。かたよる。㊤偏。

徯

彳10 (13) 3 8435 5FAF ケイ㊥ 斉 xī

意味 ❶何かが来るのにそなえて時を過ごす。待つ。❷細いみち。こみち。㊤蹊(ケイ)。例 徯径(ケイケイ)。

微

彳10 (13) 1 4089 5FAE 常用 ビ㊥ ミ㊤ 微 wēi (旧 wéi) かす-か・ひそ-か

筆順

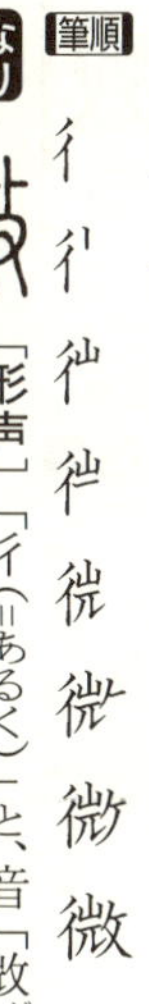

なりたち

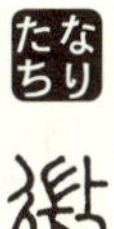

[形声]「彳(=あるく)」と、音「敚ビ(=かすか)」とから成る。こっそり行く。

意味 ❶はっきりしない。めだたない。**ひそか**。例 微行(ビコウ)。微服(ビフク)。❷ほのか。**かすか**。例 微笑(ビショウ)。微風(ビフウ)。❸ごく小さい。ごくわずか。例 微細(ビサイ)。微小(ビショウ)。微塵(ミジン)。❹とるに足りない。身分がいやしい。〔自分のことをへりくだっていうことが多い〕例 微才(ビサイ)。微力(ビリョク)。❺勢いがなくなる。おとろえる。例 式微(シキビ)。衰微(スイビ)。❻偵察する。うかがう。例 微知(ビチ)(=調べて明らかにする)。❼無い。「なかりせば」と読んで「なかったならば」の意。例 微二管仲一、吾其被髪左衽矣(カンチュウなかりせば、われそれヒハツサジンせん)(=管仲がいなかったならば、われわれはざんばら髪で襟を左前にするという野蛮な姿になっていたであろう)。〈論語・憲問〉

古訓 中古 あらず・いくばく・いやし・うるはし・おぼつかなし・かくす・かくる・かしこまる・すくなし・すこし・つひゆ・ともし・なし・ひそかに・ほそし・ほのかに・みそかに・やうやく・よし・よろし 中世 あきらかならず・あらず・いくばく・いやし・うるはし・おぼつかなし・かくす・かしこまる・かすかなり・しるし・すくなし・すこし・ちひさし・なし・ひそかなり・ほそし・ほのかに・やうやく・よし・よろし 近世 あらず・いやし・おとろふ・おほふ・かくす・かくる・かくるる・かすか・くらし・すくなし・すこし・ちひさし・なし・ほそし

人名 まれ・よし

【微意】(ビイ) ①奥深い心。微妙な気持ち。②わずかの心持ち。また、心持ちをあらわすわずかのもの。寸志。微衷。〔自分の志や気持ちを謙遜(ケンソン)していうことば〕例 —をあらわす。

【微雨】(ビウ) かすかなあめ。こぬかあめ。細雨。

【微温】(ビオン) わずかにあたたかいこと。なまぬるいこと。例 —的。

【微温湯】(ビオントウ／ぬるまゆ) 日 温度の低い湯。なまぬるい湯。

【微▼瑕】(ビカ) わずかな傷。わずかな欠点。

【微官】(ビカン) 地位の低い官吏。官吏が用いる自己の謙称。小官。卑官。

【微▼躬】(ビキュウ) いやしい身。自分の謙称。㊝微軀(ビク)。

【微苦笑】(ビクショウ) 日 かすかなにがわらい。例 —をうかべる。

【微▼醺】(ビクン) ほろ酔い。微酔。例 —を帯びる。

【微言】(ビゲン) ①(『春秋』などに見る)わずかな言い方の中に奥深い意味をこめたことば。また、遠回しのことば。②ひそかに話す。密談。

【微光】(ビコウ) かすかなひかり。例 —を発する。

【微行】(ビコウ) ①(高貴な人が)人に知られないようにこっそり出歩く。おしのび。②こみち。③わずかな罪。

【微才】(ビサイ) わずかな才能。〔自分の能力を謙遜(ケンソン)していうことば〕

【微細】(ビサイ) ①きわめてこまかいさま。非常にわずかなさま。例 —な違いも見のがさない。②身分がいやしいさま。微賤(ビセン)。

【微罪】(ビザイ) 軽いつみ。わずかなつみ。㊟大罪(タイザイ)・重罪。

【微子】(ビシ) ①殷(イン)の忠臣の名。②非嫡出子。庶出の子。③『論語』の篇名(ヘンメイ)。

【微志】(ビシ) ささやかな志。寸志。〔自分の志を謙遜(ケンソン)していうことば〕例 —を表(ヒョウ)す。

【微時】(ビジ) 地位・身分の低いころ。微賤(ビセン)のとき。のちに出世した人についていう。

【微視的】(ビシテキ) 日 ①人間の目では見分けられないほど小さいさま。②全体的にではなく、非常に細かい部分を観察するさま。▽㊟巨視的。

【微弱】ビジャク あるかないかわからないほど、かすかで弱いさま。
【微小】ビショウ 非常に小さい。例―生物。
【微少】ビショウ 非常に少ない。例―な量。
【微笑】ビショウ ほほえむ。ほほえみ。例―をうかべる。
【微臣】ビシン とるに足りない臣下。君主に対する自分の謙称。
【微酔】ビスイ わずかに酒によう。ほろよい。微醺ビクン。
【微生物】ビセイブツ 日肉眼では観察できない、非常に小さな生物のまとめた言い方。細菌・原生動物などをいう。
【微積分】ビセキブン 〔数〕微分と積分。
【微▼賤】ビセン 地位・身分が低い。また、その人。
【微衷】ビチュウ 自分の心・まごころをへりくだっていうことば。微意。例―をおくみ取り願いたい。
【微動】ビドウ ほんの少し動く。例―だにしない(=まったく動かない)。初期―(=地震の始まりに起こる小さな揺れ)。
【微熱】ビネツ 日平熱より少し高い体温。わずかな発熱。
【微微】ビビ ごくわずかなさま。ごく小さく、かすかなさま。例被害は―たるものだった。
【微▼眇】ビビョウ ①奥深い。微妙。②かすか。小さい。③地位・身分が低い。
【微風】ビフウ かすかに吹く風。そよ風。例初夏の―が快い。
【微服】ビフク 地位・身分の高い人が、人目につかないように、わざと粗末な身なりをする。また、その服装。しのび姿。
【微粉】ビフン 細かいこな。
【微分】ビブン 〔数〕ある関数の変数の変化がごく小さくなったときの、関数の変化の割合(=導関数)を求めること。対積分。
【微▼茫】ビボウ ぼんやりとして、はっきりしない。
【微妙】ビミョウ ①奥深くて知りがたいさま。微眇ビビョウ。②複雑でかすかな美しさや味わい、また、さまざまな意味あいを含んで、単純にはとらえられないさま。デリケート。
【微粒子】ビリュウシ 日非常に細かい、つぶ。また、つぶ状のもの。
【微涼】ビリョウ かすかなすずしさ。
【微量】ビリョウ ごくわずかな量。例―の薬物が検出された。
【微力】ビリョク (自分の)とるに足りない力。わずかな努力。〔(自分の)能力や努力を謙遜ケンソンすることば〕例―ながらお手伝いいたします。
【微▼禄】ビロク ①わずかな給与。薄給。例―を食はむ。②日おちぶれる。
【微▼塵】ミジン|ビジン 〔細かなちりの意〕①〔仏〕非常に細かいもの。例―ミジンに砕ける。木っ端こっ―ミジン。②とるに足りない者。〔自称に用いる〕③日〔「みじんも…ない」「みじんの…もない」の形で〕少しも…ない。例―もゆるがない態度。
●隠微イン・機微キ・軽微ケイ・衰微スイ

徭
彳10(13) 2 5552 5FAD ヨウ(エウ)漢 蕭 yáo えだち
[傜] 亻10(12) 4 0178 509C 別体字。

意味 土木工事などの労役のために、人民を遠くまで行かせること。えだち。例徭役ヨウエキ。
【徭役】ヨウエキ 人民が義務として課せられる力仕事。労役。
【徭▼戍】ヨウジュ 徴発されて国境を守ること。また、その兵士。戍卒ジュソツ。戍徭ジュヨウ。

徴
彳11(14) 1 3607 5FB4 常用 一チョウ漢呉 蒸 zhēng 二チ漢呉 紙 zhǐ しるし・め-す
[徵] 彳12(15) 3 8436 5FB5 人 旧字体。

筆順 … 徴

なりたち [会意]「王(=よい)」と「微(=こっそりおこなう)」の省略体とから成る。ひそかによいことをおこない、天子から召し出される。めす。

意味 一❶人を呼び出す。君主が、人を召し出す。めす。例徴兵チョウヘイ。徴用チョウヨウ。❷金品または税を取りたてる。例徴収チョウシュウ。徴税チョウゼイ。❸ものごとの前ぶれ。きざし。例徴候チョウコウ。吉徴キッチョウ。❹証拠。しるし。例是大儒之徴也これタイジュのしるしなり(=これが大儒のあかしである)。〈荀子・儒効〉❺あらわす。あらわれる。例徴二於色一いろにあらわる(=顔色にあらわれる)。〈孟子・告子下〉 二東洋音楽の五音ゴイン(=宮キュウ・商ショウ・角カク・徴チ・羽ウ)の一つ。二番目に高い音で、洋楽のソにあたる。

古訓 中古 あらはす・いましむ・しるし・しるす・せむ・ただす・とどむ・はたる・めす・もとむ・もよほす 中世 あきらか・こらす・ころす・しるし・しるす・せむ・せむる・とどむ・はたかる・はたる・めす・もとむ 近世 あきらか・しるし・しるす・とふ・めす・もとむる・をさめる

人名 あき・あきら・おと・きよし・すみ・なり・もと・もとむ・よし

【徴役】チョウエキ ①兵士を召し集める。②人民を兵士や役夫エキフとして働かせる。
【徴▼拠】チョウキョ よりどころ。あかし。根拠。証拠。
【徴君】チョウクン 「徴士①」の尊称。
【徴験】チョウケン よりどころ。あかし。根拠。証拠。
【徴候】チョウコウ 日①何かが起こる前ぶれ。きざし。しるし。兆候。例あらしの―。②ききめ。効験。
【徴士】チョウシ ①朝廷から任官の招聘ショウヘイを受けながら、辞退して官職につかない人。徴君。②日明治時代初期、宮中に召し出された諸藩や各地の有力者。
【徴収】チョウシュウ 法律や規約などにもとづいて、税金や手数料・会費などを取りたてる。
【徴集】チョウシュウ 国家などが強制的に人や物をつのりあつめる。
【徴祥】チョウショウ めでたいきざし。よいことの前兆。類徴瑞チョウズイ。
【徴証(證)】チョウショウ 明らかな証拠。また、証拠をあげて明らかにする。
【徴税】チョウゼイ 税金を取りたてる。対納税。
【徴逐】チョウチク 友人どうしが互いに行き来する。
【徴発】チョウハツ 戦時などに、兵士や人夫、また軍隊で使うための物品を強制的に民間から集める。例食糧を―する。
【徴兵】チョウヘイ ①兵士を召し集める。②国家が国民を一定の期間、強制的に兵役ヘイエキにつかせる。例―制。
【徴▼聘】チョウヘイ ①天子が諸侯に対して来朝を求める。②朝廷がすぐれた人材を官吏に任用する。類徴招。
【徴▼辟】チョウヘキ 〔「辟」は地方長官が召し出す意〕官吏に任用するために有能な庶民を召し出すこと。類徴挙。
【徴募】チョウボ つのり集める。徴集。例義勇兵の―に応じる。
【徴命】チョウメイ 召し出しの命令。
【徴用】【徴庸】チョウヨウ ①召し出して任用する。②日戦争など非常事態の時に、国家が国民を強制的に兵役ヘイエキ以外の、戦争にかかわる仕事をさせること。
●象徴ショウチョウ・追徴ツイチョウ・特徴トクチョウ

徳
彳11(14) 1 3833 5FB3 教5 トク漢呉 職 dé
[德] 彳12(15) 3 8437 5FB7 人 旧字体。
[悳] 心8(12) 4 1248 226F3 別体字。
[惪] 心8(12) 2 5560 60B3 本字。

筆順 … 徳

なりたち [会意]「直(＝すなお)」と「心(＝こころ)」とから成る。すなおな心。

意味 ❶社会的に評価されるよい品格。また、それを有する人。例 道レ之以レ徳(これをみちびくにトクをもってす)(＝道徳で導く)。〈論語・為政〉 徳治(トクチ)。人徳(ジントク)。❷よい行い。また、善政。例 積レ徳(トクをつむ)。〈書経・盤庚上〉 ❸そのものにそなわる品性。例 凶徳(キョウトク)(＝悪い品性)。〈荘子・列禦寇〉 ❹ふるまい。行為。例 小徳(ショウトク)(＝ささいな日常のふるまい)。〈論語・子張〉 ❺はたらき。作用。❻恩恵を与える。また、ほどこし。恩。例 人之有レ徳ニ於我一也、不レ可レ忘也(ひとのわれにトクをユウするや、わするべからざるなり)(＝人から受けた恩は忘れてはならない)。〈戦国策・魏四〉 ❼五行説で、王朝の交代や季節のめぐりを説明する概念。代わる代わるさかんとなる、木(モク)・火(カ)・土(ド)・金(ゴン)・水(スイ)の五つの徳。例 五徳(ゴトク)。盛徳(セイトク)。

古訓 中古 あつし・おくる・さいはひ・のぼる・のり・めぐむ・よし 中世 あつし・いたむ・さいはひ・のぼる・のり・めぐむ・よし 近世 いさをし・いつくしむ・うる・かが・さいはひ・のぼる・のり・むさぼる・めぐむ・をしへ

人名 あきら・あつ・あつし・あり・いさお・え・さと・ただし・とみ・なり・なる・のぼる・のり・めぐむ・やす・よし

【徳育】(トクイク) 日 人格をみがき、人としての生き方を学び育てる教育。道徳面の教育。対 体育・知育。

【徳音】(トクイン|トクオン) ①徳のあることば。②よい評判。③徳のあらわれた正しい音楽。④天子のことば。⑤人のことばの敬称。

【徳義】(トクギ) 人として理解し守るべき道徳上の義務。道義。例 ―心。―を守る。

【徳不レ孤】(トクコならず) 徳のある人は孤立しない。徳に共鳴する者が必ず出てくる。例 徳不レ孤必有レ隣(トクコならずかならずとなりあり)(＝人格のすぐれた人は孤立しない。必ずその徳を慕う人が集まる)。〈論語・里仁〉

【徳人】(トクジン|トクニン) 徳のそなわった人。徳の高い人。

【徳声】(トクセイ) 徳が高いという評判。よい評判。類 徳誉。

【徳性】(トクセイ) 道徳や徳義を守ろうとする気持ち。道徳心。

【徳政】(トクセイ) ①人民にめぐみを与えるよい政治。善政。仁政(ジンセイ)。②日 鎌倉(かまくら)・室町時代、御家人(ゴケニン)や武士、幕府の財政を救済するため、また、農民の要求に応じて、すべての負債を返済しなくてもよいとしたこと。また、その法令。

【徳星】(トクセイ) ①吉事が起こる時にあらわれるめでたい星。景星。②木星のこと。歳星。③徳のある人物。立派な人物。

【徳操】(トクソウ) 道徳をしっかりと守ること。徳を守る堅固な心。

【徳沢】(トクタク) めぐみ。恩恵。恩沢。

【徳俵】(トクだわら) 日 相撲の土俵で、東西南北の中央のところを、それぞれ一俵分ずつ外側へずらしてうめた俵。

【徳治】(トクチ) 道徳によって国を治めること。仁政。対 法治。

【徳潤レ身】(トクはみをうるおす) 徳が心にそなわれば、おのずから外ににじみでて、身を立派にする。〈大学〉

【徳風】(トクフウ) 徳が人を感化することを、草が風になびくさまにたとえたことば。〔「君子之徳風(クンシのトクはかぜなり)。〈論語・顔淵〉」から〕

【徳望】(トクボウ) 徳が高く、人々からその人格を慕われること。

【徳目】(トクモク) 日 道徳の内容を具体的に分類したもの。仁(ジン)・義・礼・忠・孝など。

【徳用】(トクヨウ) 日 値段の安いわりに有用で、得をすること。また、そのもの。割安(わりやす)。買い得。得用。例 ―品。お―。

【徳容】(トクヨウ) ①有徳者の姿。②人の姿の敬称。③徳と姿。

【徳利】(トクリ|トックリ) 日 ①酒などを入れる首の細い容器。銚子(チョウシ)。②〔「①」は水に入れるとぶくぶくと沈むことから〕泳げない人。かなづち。

【徳量】(トクリョウ) 徳のある人格。

【以レ徳報レ徳】(トクをもってトクにむくゆ) 恩徳をほどこしてくれたものに恩徳をもってむくいる。〈論語・憲問〉

【徳化】(トッカ) 徳行によって人を教化する。

【徳器】(トッキ) 立派な人格。例 ―を成就(ジョウジュ)する。

【徳教】(トッキョウ) 道徳による教化。

【徳恵】(トッケイ) めぐみ。恩恵。仁恵。

【徳▼慧】(トッケイ) 徳行と知恵。

【徳行】(トッコウ) ①道徳にかなった正しい行為。②品性と行為。

● 悪徳(アクトク)・恩徳(オントク)・功徳(クドク)・高徳(コウトク)・五徳(ゴトク)・人徳(ジントク)・道徳(ドウトク)・背徳(ハイトク)・美徳(ビトク)・不徳(フトク)・報徳(ホウトク)・余徳(ヨトク)

僮

彳12 (15) 4 1225 5FB8

ショウ 漢 冬 chōng

意味 行くさま。

[徴]

彳12 (15) ⇩徴(チョウ)(484ジペー)

徹

彳12 (15) 1 3716 5FB9 常用

テツ 漢 呉 屑 chè

とお-す(とほ-す)・とお-る(とほ-る)

筆順 彳 彳' 彳ナ 彳育 彳育 彳育' 徹 徹

なりたち [会意]「彳(＝ゆく)」と「攵(＝打つ)」と「育(＝そだてる)」とから成る。むち打ちそだてて行かせれば、とおらないものはない。とおる。

意味 ❶つらぬきとおす。最後までつらぬく。**とおす。とおる。** 例 徹夜(テツヤ)。徹頭徹尾(テットウテツビ)。貫徹(カンテツ)。❷つらなる。つらねる。❸しみとおる。十分に行きとどく。例 清峭徹レ骨(セイショウほねにテッす)(＝清涼感が骨にまでしみとおる)。〈劉禹錫・西山蘭若試茶歌〉 ❹とりのぞく。とりさげる。通 撤。例 徹ニ飯斉一(ハンセイをテッす)(＝飯と漬物をかたづける)。〈礼記・曲礼上〉 ❺周代の税制。収穫の十分の一を納める。

古訓 中古 あきらか・けづる・こほつ・さはやか・しりぞく・すつ・とほす・とほる・とる・ぬく・をはる 中世 あきらか・いたる・けづる・さはやか・しりぞく・すつ・とほす・とほる・とる・みち・をはる 近世 あきらか・いたる・すつる・とほす・とほる・とる・はぐ・ひとし・みち・わだち・をさめる

人名 あき・あきら・いたる・おさむ・ひとし・みち・ゆき

難読 徹宵(よもすがら)

【徹暁】(テツギョウ) 日の出までずっと。類 徹旦(テッタン)。

【徹侯】(テッコウ) 秦(シン)・漢代、二十級あった爵位の中の最高位。漢の武帝の諱(いみな)である「徹」を避け、以後「列侯(レッコウ)」または「通侯」といわれた。→【列侯】(レッコウ)(156ジペー)

【徹宵】(テッショウ) 夜明けまでずっと。夜どおし。徹夜。

【徹底】(テッテイ) ①底(そこ)まで貫き通す。②中途半端ではなく、とことんやりぬく。例 ―抗戦。③指令などが、行きとどく。

【徹頭徹尾】(テットウテツビ) ①最初から最後までつらぬく。〈二程遺書・一八〉 ②日 あくまでも。どこまでも。例 ―反対の立場をつらぬく。

【徹夜】(テツヤ) 夜どおし。よもすがら。徹宵(テッショウ)。

● 一徹(イッテツ)・貫徹(カンテツ)・透徹(トウテツ)・冷徹(レイテツ)

[德]

彳12 (15) ⇩徳(トク)(484ジペー)

[徽]

彳13 (16) ⇩徽(キ)(486ジペー)

徼

彳13 (16) 2 5553 5FBC

一 ギョウ(ゲウ) 慣 キョウ(ケウ) 漢 嘯 jiào

二 ギョウ(ゲウ) 慣 キョウ(ケウ) 漢 蕭 jiāo

三 ギョウ(ゲウ) 慣 キョウ(ケウ) 漢 篠 jiǎo

四 ヨウ(エウ) 漢 蕭 yāo

めぐ-る・もと-める(もと-む)

意味 一❶見まわる。めぐる。例行徼(コウギョウ)(=巡察する)。❷辺境。とりで。例徼外(キョウガイ)。二かすめとる。かすめる。例悪三徼以為レ知者一(かすめてもってチとなすものをにくむ)(=人のことばを盗んで自分の意見としてしまう者をにくむ)。〈論語・陽貨〉 三得られそうもないことを得たいと思う。もとめる。通僥(ギョウ)。例徼幸(ギョウコウ)。四❶むかえる。待ち受けて阻止する。通邀(ヨウ)。例徼撃(ヨウゲキ)。❷もとめる。通要・邀(ヨウ)。例徼福(ヨウフク)(=幸福を求める)。

【徼外】(キョウガイ) とりでの外。国境の外。国外。

【徼幸】【徼▼倖】(ギョウコウ｜キョウコウ) ①身のほどをこえて幸福を求める。②偶然の幸運をあてにする。また、思いがけない幸運。こぼれざいわい。▽僥幸(ギョウコウ)。僥倖(ギョウコウ)。

【徼撃】(ヨウゲキ) むかえうつ。迎撃。要撃。邀撃(ヨウゲキ)。

徽

彳14(17)　1 2111　5FBD　人　キ(クヰ)漢　微　hui　しるし

[徽] 彳13(16) ── 俗字。

なりたち 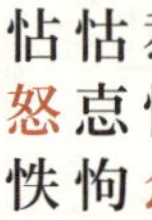 [形声]「糸(=ひも)」と、音「微(ビ→キ)」の省略体とから成る。三本のひもをよりあわせた、つな。

意味 ❶つな。なわ。特に、三本のひもをよりあわせたもの。❷しばる。つなぐ。例婦人徽二猛獣一(フジン、モウジュウをつなぐ)(=女の人が猛獣をしばりあげる)。〈太玄・養〉 ❸琴の部品。弦をつなぐために琴の底にとりつけたもの。例琴徽(キンキ)。❹標識。しるし。例徽章(キショウ)。❺よい。うつくしい。すぐれている。例徽音(キイン)。

古訓 中古 うるはし・よくす 中世 うるはし・うるほひ・ことぢ・よし 近世 うつくし・ことぢ・なは・よし

人名 よし

【徽音】(キイン) ①よいことば。また、立派な教え。②美しい音楽。

【徽言】(キゲン) よいことば。立派なことば。

【徽号】(キゴウ) ①旗じるし。旗章。②帝王・皇后などの徳をたたえるため、つけ加えた称号。美号。

【徽▼幟】【徽識】(キシ) ①朝廷や軍中で、官名や姓名を記して背中に立てた旗。②目じるし。標識。

【徽章】(キショウ) ①古代の軍隊で用いた旗じるし。例章子為変二其徽章一(ショウシ そのキショウをヘンず)(=章子は斉(セイ)の旗じるしを秦(シン)のものと作りかえ(て味方の兵を秦軍にまぎれこませ)た)。〈戦国策・斉一〉 ②身分や職務などを示した、帽子や衣服につけるしるし。表記 ②は現記章

【徽▼猷】(キユウ) すぐれたはかりごと。例君子有二徽猷一、小人有二与属一(クンシキユウあれば、ショウジンヨゾクあり)(=君子に良い計画があれば、庶民は従っていく)。〈詩経・小雅・角弓〉

61 4画 心 こころ(忄 りっしんべん・⺗ したごころ)部

心臓の形をあらわす。「⺗(したごころ)」は「心」の変形。「心」が偏(=漢字の左側の要素)になるときは「忄(りっしんべん)(三画)」となる。「心」をもとにしてできている漢字と、「心」と形が似ている「必」とを集めた。

心

心0(4)　1 3120　5FC3　教2　シン(シム)漢呉　侵　xin　こころ・むね　付表 心地(ここチ)

筆順 

なりたち  [象形] からだの中にある心臓の形。人の心臓。

意味 ❶五臓の一つ。血液を送り出す器官。しんぞう。例心者五臓之主也(シンはゴゾウのシュなり)(=心は五臓のあるじである)。〈淮南・原道〉 心臓(シンゾウ)。❷人間が考えたり感じたりするはたらき。精神。こころ。例従二心所一レ欲不レ踰レ矩(こころのほっするところにしたがいてのりをこえず)(=心のままにふるまいながら、人の道からはずれない)。〈論語・為政〉 心身(シンシン)。心理(シンリ)。安心(アンシン)。❸外見やことばにあらわれない、心の内。例心喪(シンソウ)。❹胸の病。むね。例西施病レ心(セイシむねをやむ)(=西施という美女が胸を病んだ)。〈荘子・天運〉 ❺真ん中。中央。例心棒(シンボウ)。核心(カクシン)。中心(チュウシン)。❻二十八宿の一つ。なかごぼし。例心宿(シンシュウ｜シンシュク)。

古訓 中古 こころ・なかご・なさけ・むね 中世 かくるる・こころ・さね・なかご・むね 近世 こころ・さね・たましひ・なか・なかご・ほそし・み・むね

人名 うち・さね・なか・み・もと

難読 心太(ところてん)

【心意気】(こころイキ) 日積極的でさっぱりした気質。気がまえ。例その―に感ずる。

【心柄】(こころがら) 日こころのもち方。気だて。性質。

【心丈夫】(こころジョウブ) 日安心であるさま。心強いさま。

【心根】(こころね) 日こころのいちばん奥にある気持ち。こころの奥底。例―のやさしい人。

【労レ心者治レ人】(こころをロウするものはひとをおさむ) ⇩【労心】(ロウシン)(175ページ)

【心意】(シンイ) こころのはたらき。こころ。精神。

【心猿】(シンエン) 人間の本能的欲望がおさえられないことを、わめき騒ぐサルにたとえたことば。→【意馬心猿】(イバシンエン)(514ページ)

【心奥】(シンオウ) 日こころのおくそこ。

【心音】(シンオン) 日心臓の鼓動の音。例胎児の―を聞く。

【心火】(シンカ) ①燃えるように激しい、怒り・にくしみ・嫉妬(シット)な

どの感情。例 憎悪の―を燃やす。②星の名。心宿。

【心▼竅】シンカ ①こころの内。胸中。②胸の中央。心臓のあたりをいう。

【心外】シンガイ ①こころのはたらき以外。②日 思いもよらないことで残念な、また、不愉快なさま。例 君までそんなことを言うとは―だ。

【心学】シンガク ①宋(ソウ)の陸九淵(リクキュウエン)(象山)や明(ミン)の王守仁(陽明)らがとなえた、心の修養を重んじる学問。②日 江戸時代に石田梅岩(バイガン)がとなえた、庶民的な実践道徳。神道(シントウ)・儒教・仏教をまぜ合わせた教えを、平易なことばと通俗的なたとえを用いて説いた。

【心肝】シンカン ①心臓と肝臓。②こころ。まごころ。例 ―を砕く(=こころを砕く。苦労する)。

【心眼】一 シンガン ものごとの真相や本質などを、するどく見ぬく心のはたらき。例 ―によって本質を見とおす。二 シンゲン 〔仏〕一切を見ぬく知恵のはたらき。

【心願】シンガン ①こころの中のねがい。②日 こころの中で、神や仏に願をかけること。また、そのねがい。例 ―を立てる。

【心気】シンキ 気分。こころもち。例 ―爽快(ソウカイ)。

【心▼悸】シンキ ①胸騒ぎがすること。②心臓の鼓動。動悸。例 ―亢進(コウシン)。

【心機】シンキ こころのはたらき。こころのうごき。

【心機一転】シンキイッテン 日 気持ちをがらりと変える。例 ―、仕事に精を出す。

【心木】シンぎ 日 車軸。車の心棒。

【心技】シンギ ①精神上の工夫。②日 精神的な側面と技術的な側面。こころとわざ。例 ―一体(=精神と技術とのバランスがよいこと)。

【心境】シンキョウ こころの状態。気持ち。例 複雑な―を語る。

【心鏡】シンキョウ 鏡のように澄んだこころ。

【心計】シンケイ ①心中(シンチュウ)の計画。こころづもり。もくろみ。心算(シンサン)。②暗算。

【心血】シンケツ こころとからだのすべての力。例 ―を注ぐ。

【心月】シンゲツ 〔仏〕満月のように清らかで澄んだこころ。

【心魂】シンコン こころのすべて。たましい。また、こころの奥底。例 ―に徹する(=こころに深くきざみこむ)。―をかたむける。

【心斎】シンサイ こころを清らかにすること。雑念を消し、こころのはたらきを一つに集中させること。

【心材】シンザイ 日 木の幹の中心部分を用いた材木。周辺部よりも色が濃くてかたい。赤身(あかみ)。対 辺材。

【心算】一 シンサン|シンザン こころの中での計画・予測。こころづもり。胸算用(むなザンヨウ)。心計。二 つもり 日 ①こころがまえ。例 どういう―なのか。②実際はそうではないのに、そうなった気持ち。③予定。例 このまま帰る―です。

【心志】シンシ ①こころ。例 天将レ降二大任於是人一也、必先苦二其心志一(テンのまさにタイニンをこのひとにくださんとするや、かならずまずそのシンシをくるしむ)(=天が人に大任を与えるときには、必ずまずその人のこころを苦しめる)。〈孟子・告子下〉②こころざし。意志。

【心思】シンシ ①考え。思考。②思い。気持ち。

【心地】一 シンジ ①〔仏〕戒。また、こころ。精神。②日 帯・えり・洋服のしんなどにする厚くてかたい布地。芯地(シンジ)。二 シンチ 胸の内。こころの中。三 ここち 日 気分。気持ち。感じ。例 船酔いで生きた―がしない。

【心耳】シンジ ①こころと耳。②日 耳に聞こえないものを聞き取るこころのはたらき。③日 〔医〕心房の、耳のような形のところ。

【心事】シンジ こころに思うこと。心中(シンチュウ)。例 劉向伝レ経心事違(リュウキョウはケイをつたえてシンジたがう)(=劉向のような文人になりたかった自分は学問を伝えようとしたが、思いどおりにはいかなかった)。〈杜甫・秋興〉

【心疾】シンシツ ①心労が原因でかかる病気。②こころの病。精神疾患。③心臓病。

【心術】シンジュツ こころの持ち方。例 ―の悪い者。

【心緒】シンショ|シンチョ こころもち。思いのはし。例 心緒万端書二両紙一(シンショバンタン リョウシにかく)(=思いのたけをこまごまと二枚の紙にしたためた)。〈白居易・禁中夜作書与元九〉―を述べる。

【心証(證)】シンショウ 日 ①こころに受ける印象。例 ―を害する。②〔法〕裁判官が証拠などに対してもつ判断や確信。

【心象】シンショウ ①こころに浮かぶ思い。②日 知覚・想像・記憶などをもとにして、こころの中に思い浮かべられたもの。イメージ。例 ―風景。

【心情】シンジョウ こころの中。気持ち。胸中。例 ―を察する。

【心身】シンシン 精神と肉体。こころとからだ。身心。例 ―ともに健康です。

【心神】シンシン 精神。こころ。たましい。例 ―耗弱(コウジャク)。

【心酔】シンスイ ①われを忘れるほどに熱中する。例 東洋思想に―する。②こころから深く尊敬し、したう。例 師に―する。

【心髄】シンズイ ①ものの中心。しん。②ものごとの中心にある、いちばん重要なところ。中枢。③こころの奥底。

【心性】一 シンセイ もって生まれたこころ。精神。二 シンショウ 〔仏〕こころの本体。人間本来の清らかなこころ。

【心戦】シンセン ①こころの中で葛藤(カットウ)する。②武力を行使せず、相手のこころを動かして屈服させる戦い。対 兵戦。③こころがおそれおののく。

【心喪】シンソウ 喪服をつけずに、こころの中で喪に服する。弟子が師の喪に服する場合など。

【心像】シンゾウ 日 記憶などによって、こころの中に思い浮かべられたもの。心象(シンショウ)。イメージ。

【心臓】シンゾウ ①体内の血液の循環をつかさどる器官。②日 組織や機械などの中枢部のたとえ。例 発電所の―部で事故が起きた。③日 厚かましいさま。ずうずうしいさま。

【心胆】シンタン こころ。たましい。きもったま。例 敵の―を寒からしめる(=敵をふるえあがらせる)。

【心中】一 シンチュウ こころのうち。内心。例 破二山中賊一易、破二心中賊一難(サンチュウのゾクをやぶるはやすく、シンチュウのゾクをやぶるはかたし)(=山賊をやっつけるのは易しいが、己の心の中にきざす邪念を破ることは難しい)。〈陽明全書・四〉―お察しいたします。二 シンジュウ 日 ①愛し合っている男女が一緒に自殺する。情死。②ふたり以上の人が一緒に自殺する。例 一家―。

【心痛】シンツウ ①心配してこころを痛める。また、こころの痛み。例 ―のたね。②胸の病。

【心底】一 シンテイ こころの奥底。本当の気持ち。例 ―を知る。―を見とどける。二 シンそこ 日 こころの奥底。こころから。

【心的】シンテキ 日 こころに関係するさま。対 物的。例 ―な負担。―外傷。

【心土】シンド 日 表土より下にあって、すきかえしたり耕したりされることのない土。

【心頭】シントウ こころ。こころの内。念頭。例 怒り―に発する(=こころの底から激しく怒る)。

【心頭(シントウ)を滅却(メッキャク)すれば火(ひ)もまた涼(すず)し】どんな苦しみでも、それを超越すれば、苦痛を感じない。織田(おだ)勢に火をかけられた恵林寺山門上での僧快川(カイセン)のことばと伝えられる。「滅二却心頭一火自涼(シンチュウをメッキャクすればひもおのずからすずし)」〈杜荀鶴・夏日題悟空上人院〉と同意。

【心得】一 シントク 深く理解する。会得(エトク)する。二 こころえ 日 ①基本的なこととして知り守るべき事柄。わきまえ。例 生徒―。②たしなみ。例 生け花の―がある。③官庁や会社などで、下級の者が上級の者の職務を一時代行するときの職名。例 課長—。

【心配】シンパイ 日［「心配(こころくばり)」の表記の音読みから］①こころくばり。気をくばること。心づかい。例 細やかな—(こころくばり)。こんな御—(シンパイ)は無用です。②気にして思いわずらうこと。気がかり。対 安心。例 —のたね。③気にかけていて世話をする。例 就職を—する。

【心服】シンプク こころから尊敬し従う。例 以レ力服レ人者、非二心服一也(ちからをもってひとをフクするものは、シンプクするにあらざるなり)(=力ずくで人を従わせても、それは心から従わせたのではない)。〈孟子・公孫丑上〉

【心腹】シンプク ①こころと腹。②最も重要なところ。③信頼できる部下や友人。腹心。例 —の友。

【心棒】シンボウ 日①車輪や独楽(こま)など、回転するものの中心となる軸。②活動の中心となる人やもの。

【心法】シンポウ ①こころからこころへと伝えられる法。以心伝心の法。②［仏］こころ。

【心友】シンユウ こころの中を理解し合っている友。こころの友。

【心理】シンリ ①こころのはたらきや精神の状態。②日 行動にあらわれる、こころの動き。こころもち。③日「心理学」の略。人や動物の意識や行動を研究する学問。

【心裏】シンリ こころの中。心中(シンチュウ)。例 心裏絶二喧囂一(シンリはケンゴウをぜっす)(=私は心の中で外界の騒がしさを断ち切る)。〈寒山詩〉

【心▼膂】シンリョ ①胸と背骨。②君主の重要な補佐役。股肱(ココウ)。③心身の力。

【心慮】シンリョ こころで思うこと。考え。思慮。例 —をめぐらす。

【心力】シンリョク ①こころの力。精神のはたらき。②精神と体力。

【心霊】シンレイ ①感情。こころ。②日 生命やこころの中にあって、肉体を離れても存在すると考えられるもの。例 —現象。

【心労】シンロウ ①心配する。心づかい。気苦労。②精神的な疲労。例 —が重なる。

●安心アンシン・以心伝心イシンデンシン・一心イッシン・会心カイシン・改心カイシン・核心カクシン・感心カンシン・関心カンシン・肝心カンジン・虚心キョシン・苦心クシン・決心ケッシン・細心サイシン・里心さとごころ・下心したごころ・執心シュウシン・重心ジュウシン・小心ショウシン・傷心ショウシン・初心ショシン・専心センシン・中心チュウシン・灯心トウシン・童心ドウシン・得心トクシン・都心トシン・内心ナイシン・熱心ネッシン・腹心フクシン・変心ヘンシン・放心ホウシン・本心ホンシン・真心まごころ・慢心マンシン・無心ムシン・野心ヤシン・用心ヨウジン・良心リョウシン

忄 忄0（3） 4 1226 5FC4 ⇩部首解説

⺗ ⺗0（4） 4 1227 38FA ⇩部首解説

必

心1（5） 1 4112 5FC5 教4 ヒツ漢 ヒツ・ヒチ呉 質 bì かならず

筆順 丶 ソ 义 义 必

なりたち  【会意】「八(ハ→ツヒ)(=分ける)」と「弋(=くい)」とから成る。しるしを立てて分ける目安とする。派生して「きっとそうする」の意。

意味 ❶まちがいなくそうなる。きっと。**かならず**。例 徳不レ孤、必有レ隣(トクはこならず、かならずとなりあり)(=徳のある人は孤立しない。かならずその徳を慕う人が集まる)。〈論語・里仁〉 必至ヒッシ。必定ヒツジョウ。必然ヒツゼン。❷ぜひともそうしなければならない。**かならず**。例 必修ヒッシュウ。必要ヒツヨウ。信賞必罰シンショウヒツバツ。❸請け合う。保証する。例 漢王不レ可レ必(カンオウ ヒッすべからず)(=漢王はあてにできない)。〈史記・淮陰侯伝〉 ❹仮定をあらわす。もし。例 王必無レ人、臣願奉レ璧往使(おうかならずひとなくば、シンねがわくはヘキをホウじてゆきてつかいせん)(=王にもし適当な人材がないなら、私が璧をたずさえ使者として行きましょう)。〈史記・廉頗藺相如伝〉 ❺「不必」は「かならずしも…ず」と読み、…とはかぎらない、の意。部分否定をあらわす。例 勇者不二必有一レ仁(ユウシャはかならずしもジンあらず)(=勇敢な者は、かならずしも仁があるとはかぎらない)。〈論語・憲問〉

古訓 中古 かなふ・かならず 中世 かならず・かならずしも・きはまる・きはむ・さだむ・しかり・はたす・もつぱら 近世 かならず・きはむる・しかり・ただす・はたす・もつぱら

人名 さだ・さだむ・ただ

【必携】ヒッケイ 日 いつも身につけて持っていなければならないこと。また、そのようなもの。例 —の書。墨場ボクジョウ—。

【必見】ヒッケン 日 かならず見なければならないこと。例 ファン—の映画。

【必殺】ヒッサツ 相手をかならず倒すこと。また、その意気ごみ。例 —のわざ。—の体当たり。

【必死】ヒッシ ①命がけで全力を尽くす。死に物狂いであること。例 —の形相ギョウソウ。②かならず死ぬこと。③将棋で、あと二手で詰む状態。

【必至】ヒッシ ①かならずそういう事態がくること。例 混乱は—だ。②日 将棋で、あと一手で詰む状態。必死。

【必需】ヒツジュ ［「需」は、もとめる意］かならず入り用なこと。なくてはならないこと。例 生活—品。

【必修】ヒッシュウ かならず学びおさめなければならないこと。

【必将】ヒッショウ きっと。どうしても。

【必勝】ヒッショウ かならず勝つこと。例 君子有レ不レ戦、戦必勝矣(クンシはたたかわざるあるも、たたかえばかならずかつ)(=立派な人物はいつでも戦うわけではないが、いったん戦えばかならず勝つ)。〈孟子・公孫丑下〉 —を祈る。—の態勢。

【必定】ヒツジョウ ①［仏］しりぞくことなく成仏へと進む。②きっとそうなると予想されること。例 疑われるのは—。③かならず。きっと。たしかに。例 —これは死を招く。

【必須】ヒッス・ヒッシュ・ヒッスウ ［「須」は、必要とする、用いる意］なくてはならないこと。例 成長に—の栄養。

【必然】ヒツゼン ①どうしてもそうなるはずのこと。対 偶然。②かならず。きっと。

【必着】ヒッチャク 日［手紙や荷物などが、決められた日時までに］かならず到着する。例 土曜—の荷物。

【必中】ヒッチュウ ［「中」は、当たる意］①矢・銃弾などが、ねらったものにかならず当たる。例 一発—。②予想がかならず当たる。

【必読】ヒツドク かならず読まなければならないこと。また、そのもの。例 —の書。

【必罰】ヒツバツ 罪のある者をかならず罰する。例 必罰明レ威(ヒツバツイをあきらかにす)(=罪のある者にはかならず罰を与えて自分の威力を示す)。〈韓非・内儲説上〉 信賞—。

【必滅】ヒツメツ かならずほろびる。例 生者ショウジャ—。

【必用】ヒツヨウ かならず用いなければならないこと。

【必要】ヒツヨウ どうしても入り用である。それなしではすまされない。対 不要。例 —がある。—とする。

忉

忄2（5） 3 8438 5FC9 トウ(タウ)漢呉 豪 dāo

意味 ❶心配する。うれえる。例 忉忉トウトウ(=うれえるさま)。❷⇩【忉利天】トウリテン

【忉▼怛】トウダツ うれえ悲しむ。

【忉利天】トウリテン ［仏］［梵語ボンゴ Trāyastriṃśa (=三十三天の意)の音訳］欲界の六天のうちの第二。須弥山シュミセンの頂上にあり、中央に帝釈天タイシャクテンが住み、その四方にそれぞれ八天があり、全部で三十三天である。

忇

忄2（5） 4 1228 5FC7 ロク漢 職 lè

意味 功績が大きい。 参考 忇(おいさ)（＝人名）。

応

心3（7） 1 1794 5FDC 教5

一 ヨウ（ヰョウ）漢 オウ呉 径 yìng

二 ヨウ（ヰョウ）漢 オウ呉 蒸 yīng

こたえる（こた-ふ）

［應］ 心13（17） 2 5670 61C9 人 旧字体。

筆順 丶 亠 广 広 応 応 応

なりたち ［形声］「心（＝こころ）」と、音「雁(ヨウ→オウ)」とから成る。あたる。こたえる。

意味 一 ❶ほかからのはたらきかけを受け、それに従って動く。こたえる。例 不㆑為㆓先唱㆒、感而応㆑之（センショウをなさず、カンじてこれにオウず）（＝自分から動かず、ものに反応して動く）。〈淮南・原道〉 呼応(コオウ)。❷相手の問いかけに対し返事をする。こたえる。例 笑而不㆑応（わらってこたえず）（＝笑ったまま返事をしない）。〈後漢書・劉緯伝〉 応答(オウトウ)。❸相手になる。あしらう。もてなす。例 応接(オウセツ)。❹ふさわしい。つりあっている。かなう。例 直者応㆑縄（なおきものはジョウにオウず）（＝まっすぐなものはすみなわにぴたりと合う）。〈荘子・馬蹄〉 応用(オウヨウ)。適応(テキオウ)。 二「まさに…べし」と読む再読文字。当然…のはずだ・きっと…であろう、の意をあらわす。例 応㆑知㆓故郷事㆒（まさにコキョウのことをしるべし）（＝きっと故郷のことを知っているだろう）。〈王維・雑詩〉

古訓 中古 あたる・かなふ・こたふ・したがふ・べし・まさに・むかふ・よろし 中世 あたる・かなふ・こたふ・こたふる・したがふ・べし・よろし 近世 あたる・うくる・こたふ・こつづみ・ふりつづみ・べし・まさに

人名 かず・ことお・たか・のぶ・のり・まさ・よし

【応援】(オウエン) ①心を同じくして力を貸す。②日 競技で、かけ声をかけたり拍手をしたりして、味方やひいきの者を元気づける。例 ―団。

【応化】一(オウカ) ①環境の変化に応じる。②日〔生〕動植物が環境に適するように、その形態・習性を変える現象。適応。 二(オウゲ)〔仏〕仏や菩薩(ボサツ)が、衆生(シュジョウ)を救うために、いろいろな姿となってあらわれること。

【応感】(オウカン) 心がものごとに接して反応し動く。感応(カンノウ)。

【応急】(オウキュウ) 急場のまにあわせ。急場しのぎ。例 ―手当て。

【応時】(オウジ) 一(ときにオウず) ①時節に合わせる。その時の状況に従う。②時候に合う。時にかなう。③すぐに。即時。即刻。

【応射】(オウシャ) 敵の射撃に対してうちかえす。

【応手】(オウシュ) 日 囲碁や将棋で、相手に応じて打つ手。

【応需】(オウジュ) 〔「需」は、もとめる意〕 営業・サービスの一部として、客のもとめに応じること。例 入院―。配達―。

【応酬】(オウシュウ) ①応対する。付き合う。②手紙に返事をする。③日 言い返したり、やり返したりする。例 野次の―。④日 互いに酒を飲みかわす。献酬。例 さかずきの―。

【応召】(オウショウ) 官や目上の人からの呼び出しに応じて出向く。特に軍人や軍人になるべき者などが、召集に従って指定の地に集まる。

【応鐘】(オウショウ) ①中国の伝統音楽で、十二律の一つ。②陰暦十月。

【応制】(オウセイ) 天子のみことのりに応じる。特に、天子の命によって詩文を作る。また、その詩文。類 応詔(オウショウ)。

【応接】(オウセツ) ①人に会って、相手をする。例 ―室。②できごとに対処する。

【応接不㆑暇】(オウセツにいとまあらず) ①一つ一つ受け答えするひまがない。②山川の美しい景色が次から次へとあらわれて、一つ一つ味わっている余裕がない。〈世説・言語〉

【応戦】(オウセン) 敵の攻撃に対抗してたたかう。

【応対】(オウタイ) 相手になって受け答えする。例 電話の―。

【応待】(オウタイ) 接待。もてなす。

【応諾】(オウダク) 相手のたのみや申し出を聞き入れる。承知。

【応答】(オウトウ) 質問や呼びかけに対してこたえる。例 ―歌。質疑―。

【応分】(オウブン) その人の身分や能力にふさわしい。対 過分。

【応変】(オウヘン) 不意のできごとなど、状況の変化に対して適切な処置をとる。例 臨機―。

【応募】(オウボ) 募集に応じる。

【応報】(オウホウ) ①むくいる。②〔仏〕前世(ゼンセ)での善悪のおこないに対する幸不幸のむくい。例 因果(インガ)―。

【応用】(オウヨウ) ①しかるべきときに用いる。②日 考え方や理論・知識などを、実際の場面にあてはめて用いる。例 ―問題。―物理学。

● 一応(イチオウ)・否応(いやオウ)・感応(カンノウ)・呼応(コオウ)・順応(ジュンノウ)・照応(ショウオウ)・相応(ソウオウ)・即応(ソクオウ)・対応(タイオウ)・適応(テキオウ)・反応(ハンノウ)

忋

忄3（6） 4 1229 5FCB カイ漢 賄 gǎi

意味 あてにする。たのむ。

忓

忄3（6） 4 1231 5FD3 カン漢 寒 gān

意味 たてつく。さからう。

忌

心3（7） 1 2087 5FCC 常用

キ漢 寘 jì

いむ・いみ・いまわしい（い-まはし）

筆順 ㇇ コ 己 己 己 忌 忌

なりたち ［形声］「心（＝こころ）」と、音「己(キ)」とから成る。にくむ。きらう。

意味 ❶（道理にはずれるとか、自然にそむくとか、不吉でけがらわしいという理由などから）きらって避ける。いむ。例 忌憚(キタン)。忌避(キヒ)。禁忌(キンキ)。❷うとましく思う。自分よりすぐれた人を憎む。ねたむ。例 項王為㆑人、意忌信㆑讒（コウオウのひととなりや、こころねたみてザンをシンず）（＝項羽の性格は嫉妬(シット)深く、悪口を信じやすい）。〈史記・陳丞相世家〉 ❸おそれはばかる。おそれる。例 羽不㆑足㆑忌（ウはおそるるにたらず）（＝関羽はおそれるほどではない）。〈呉志・呂蒙伝〉 ❹人の亡くなった日。命日。例 忌日(キニチ)。年忌(ネンキ)。一周忌(イッシュウキ)。

日本語での用法 一《キ》《いみ》「物忌(ものいみ)み・忌(い)み日(び)」▼家族や身内が亡くなったあと、一定期間おこないをつつしみ、死をいたむこと。 二《いまわしい》「忌(い)まわしい事件(ジケン)」▼不吉な。いとうべき。

古訓 中古 いむ・うらむ・おそる・にくむ・ねがふ 近世 いましむ・いみ・いむ・うらむ・おそるる・つつしむ・にくむ・はばかる 中世 いみ・いむ・おそる・にくむ

難読 忌寸(いみき)・忌部(いんべ)

【忌言葉】【忌詞】(いみことば) 日 ①意味や連想がよくないとして避けることば。②避けたいことばの代わりに使うことば。「梨(なし)」を「ありのみ」、「するめ」を「あたりめ」というなど。

【忌▼諱】(キキ) いみきらう。おそれはばかる。また、そのものごと。例 天下多㆓忌諱㆒而民弥貧（テンカにキキおおくしてたみいよいよまずし）（＝世の中に禁令が多く布(し)かれると人々はいよいよ貧しくなる）。〈老子・五七〉 当局の―に触れる。

【忌克】【忌▼剋】(キコク) 人をねたみ、人に勝とうとする。

【忌刻】(キコク) 人をねたみ、むごく当たる。

【忌▼辰】(キシン) 〔「辰」は、日の意〕 死者の命日。忌日(キニチ)。

【忌▼憚】(キタン) いみはばかること。遠慮すること。例 ―のない批評。―なく意見を述べる。

【忌中】キチュウ 回 近親者が死んだとき、喪もに服している期間。喪中。〔普通、四十九日間〕

【忌日】一キニチ 二キジツ ①死者の命日。②不吉な日。③〔仏〕毎月また毎年の、その人が死んだ日と同じ日付の日。命日。〔日だけが同じ場合にもいう〕 二いみび 日 ①神に仕えるために、けがれを避けてつつしむ日。②陰陽道（オンミョウドウ）などで、災いがあるとして行動をつつしむ日。▽斎日（いみび）。

【忌避】キヒ ①きらいさける。②日〔法〕訴訟の当事者が、公平さが期待できないとして、その裁判官を拒否すること。

【忌引き】きびき 日 近親者が死んだとき、学校や仕事を休んで、喪もに服すること。

【忌服】キブク キフク 近親者の死後、一定期間、喪もに服して家に引きこもってつつしむこと。

●回忌（カイキ）・禁忌（キンキ）・周忌（シュウキ）・年忌（ネンキ）

忔

忄3（6） 4 1232 5FD4

一キツ 漢 コツ 呉 物 qì 二ギツ 漢 物 yì

意味 一よろこぶ。二きらう。

志

心3（7） 1 2754 5FD7 教5

シ 漢 呉 寘 zhì こころざす・こころざし・しる-す

筆順 一 十 士 士 志 志 志

なりたち 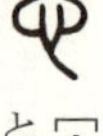 [会意]「心（=こころ）」と「士シ（=ゆく）」とから成る。心が向いてゆく。こころざす。

意味 ❶心がある目的や対象に向かう。こころざす。例 志学（シガク）。志願（シガン）。❷あることをなしとげようとする気持ち。こころざし。例 意志（イシ）。青雲之志（セイウンのこころざし）。❸書きしるす。しるす。通 誌・識（シ）。例 志怪（シカイ）。❹記憶する。しるす。例 博聞彊志（ハクブンキョウシ）（=見聞が広く、記憶力がよい）。〈史記・屈原伝〉❺記録。書物。通 誌。例 三国志（サンゴクシ）。地志（チシ）。

日本語での用法 一《サカン》「左衛門（サエモン）の志（サカン）」▼律令制の四等（シトウ）官で、兵衛府（ヒョウエフ）・衛門府（エモンフ）の第四位。大（=上位）と少（=下位）とがある。主典（サカン）。二《シ》「志州（シシュウ）」▼旧国名「志摩（しま）」（=今の三重県南部、志摩半島東部）の略。

古訓 中古 いたはる・おもふ・こころ・こころざし・しるし・ねがふ 中世 こころ・こころざし・サクワン・しるす・つのる・ねがふ 近世 こころざし・こころざす・サクワン・サツクワン・しるす・ねがふ・はた

人名 さね・むね・もと・ゆき

【志怪】シカイ あやしげなことを書きしるす。

【志学】シガク 〔「吾十有五而志二于学一（われジュウユウゴにしてガクにこころざす）」（=私は十五歳で学問の道に入ることを決意した）。〈論語・為政〉から〕①学問にこころざすこと。②〔「志学の年」の意で〕十五歳の異名。

【志願】シガン 自分から進んで、ねがいでる。

【志気】シキ ものごとをやりとげようとする気持ちや意気ごみ。例 社員の―を高める。

【志向】シコウ ①決意。意向。②日 実現しようとして、心がそのほうへむかう。ある目的を目ざしている。指向。

【志士】シシ 国家や社会のためには自分を犠牲にしても尽くそうとする人。例 勤王（キンノウ）の―。

【志士仁人】シシジンジン 高いこころざしをもち、仁の徳をそなえた人。〈論語・衛霊公〉

【志趣】シシュ 心の向くところ。願うところ。意向。

【志操】シソウ かたく守って変えない心。例 ―堅固。

【志望】シボウ こうしたい、こうなりたいとのぞむ。また、そののぞみ。

【志摩】しま 日 旧国名の一つ。今の三重県の南部と志摩半島の東部にあたる。

【志慮】シリョ こころざしや考え。

●意志（イシ）・遺志（イシ）・初志（ショシ）・寸志（スンシ）・素志（ソシ）・大志（タイシ）・闘志（トウシ）・同志（ドウシ）・篤志（トクシ）・芳志（ホウシ）・有志（ユウシ）・立志（リッシ）

忖

忄3（6） 2 5554 5FD6

ソン 漢 呉 阮 cǔn はか-る

意味 （人の心を）おしはかる。はかる。例 忖度（ソンタク）。

【忖度】ソンタク 〔「度」も、おしはかる意〕他人の心をおしはかる。

忒

心3（7） 4 1230 5FD2

トク 漢 職 tè

意味 ❶代わる。かわる。❷くいちがう。たがう。❸うたがう。❹〔俗語で〕非常に。はなはだ。例 忒殺（トクサツ）（=はなはだ）。

難読 托忒（カルムク）

忍

心3（7） 1 3906 5FCD 常用

ジン 漢 ニン 呉 軫 rěn しのぶ・しのび・しのばせる（しの-ばす）

［忍］ 心3（7） 旧字体。

筆順 フ 刀 刃 刃 忍 忍 忍

なりたち  [形声]「心（=こころ）」と、音「刃ジン」とから成る。こらえる。

意味 ❶怒り・悲しみ・痛み・おかしさなどの感情や感覚をこらえる。我慢する。しのぶ。例 忍従（ニンジュウ）。忍耐（ニンタイ）。堪忍（カンニン）。→【不レ忍】しのびず② ❷心を鬼にする。非情に徹する。❸残酷な。むごい。例 残忍（ザンニン）。

日本語での用法 一《ニン》《しのび》《しのぶ》「忍術（ニンジュツ）・忍しのび逢あい・忍しのび足あし・忍しのび音ね・人目ひとめを忍しのぶ」▼他人に気づかれないように姿・形を隠す。また、忍者。二《しのばせる》「足音あしおとを忍しのばせる・懐ふところに短刀タントウを忍しのばせる」▼人に知られないようにする。隠し持つ。

古訓 中古 いたはる・こはし・しのぶ・たふ・つつむ 中世 こはし・こらへる・こらゆる・しのぶ・たふ・をし 近世 いつくしむ・おもんばかる・こらへる・こらゆる・しのぶ・ゆるす・をし

人名 おし・しの・たう・のぶ

難読 不忍池（しのばずのいけ）

【不レ忍】しのびず ①耐えしのぶことができない。例 小不レ忍、則乱二大謀一（ショウしのびざれば、すなわちタイボウをみだる）（=小さいことをしのべなければ、大きな計画をそこなう）。〈論語・衛霊公〉②人の不幸を見て平気でいられない。また、人にひどいことをすることができない。情が深い。例 人皆有二不レ忍レ人之心一（ひとみなひとにしのびざるのこころあり）（=人にはだれでも他人に対する同情心がある）。〈孟子・公孫丑上〉

【忍苦】ニンク 苦しみをこらえる。例 ―の生活。

【忍者】ニンジャ 日 忍術使い。しのびの者。

【忍従】ニンジュウ 日 苦しい境遇や厳しい支配などに、ただひたすら我慢してしたがう。

【忍術】ニンジュツ 日 武家時代、敵を暗殺したり、ひそかに様子をさぐったりするために用いられた特殊な武術。しのびの術。忍法。例 甲賀こうがの―使い。

【忍辱】一ニンジョク 恥をしのぶ。二ニンニク〔仏〕さまざまの侮辱や迫害に耐えて、心を動かさないこと。例 慈悲―。

【忍心】ニンシン ①ひどいことをしても平気でいるこころ。むごいこころ。②我慢する。

【忍人】ニンジン ジンジン ひどいことをしても平気でいる人。むごい人。

【忍耐】ニンタイ じっとこらえる。我慢する。例 ―力。

【忍冬】ニンドウ ニントウ すいかずら スイカズラ科のつる性植物。初夏に香りのよい花をつける。例 ―からくさ。

【忍法】ニンポウ 日 忍術。例 伊賀いが流―。

○●隠忍(インニン)・堪忍(カンニン)・堅忍(ケンニン)・残忍(ザンニン)

忘

忘 心3(7) [1]4326 5FD8 教6

ボウ(バウ)漢 モウ(マウ)呉 漾 wàng

わすれる(わす-る)

[忘] 心3(7) —— 旧字体。

筆順 亠 亡 忘 忘

なりたち [形声]「心(=こころ)」と、音「亡(ボウ)」とから成る。記憶がなくなる。

意味 記憶をなくす。また、心にかけない。**わすれる**。例 前事之不レ忘、後事之師(ゼンジのわすれざるは、コウジのシなり)(=前のことを忘れずにいれば、後のことにも教訓となる)。〈戦国策・趙一〉 忘我(ボウガ)。忘却(ボウキャク)。備忘(ビボウ)。

古訓 中古 いるかせ・いるかせにす・すつ・わする 中世 すつ・すつる・わする・わするる 近世 いるかせにす・うしなふ・おとす・すつる・ゆるかせにす・わする・わするる

難読 忘八(わくつ)・忘憂草(わすれぐさ)

【忘恩】(ボウオン) 恩をわすれること。例 —の徒(=恩知らず)。

【忘我】(ボウガ) ①利己心をわすれる。②何かに熱中して、自分をわすれること。例 —の境(キョウ)に入(い)る。

【忘却】(ボウキャク) すっかりわすれてしまう。例 —のかなた。

【忘形】(ボウケイ) ①自分の肉体の存在をわすれる。②形式的な礼儀にこだわらない。心から親しいこと。例 —の友(とも)。

【忘失】(ボウシツ) ①(シッをわする) 人の過失をとがめない。②わすれ去る。忘却。③わすれてなくす。例 現金を—する。

【忘年】(ボウネン) ①年をとっていくのを気にしない。②互いの年齢の差を気にしない。例 —の友。—の交わり。③日 年末に、一年間の苦労をわすれること。年忘れ。例 —会。

【忘憂】(ボウユウ)(うれいをわする) ①心配ごとや悲しみをわすれ去ること。うさばらし。例 酒は—の徳あり。②忘れ草。

【忘憂物】(ボウユウのもの) 〔心配ごとや悲しみをわすれさせてくれるところから〕酒の別名。例 汎二此忘憂物一、遠二我遺レ世情一(このボウユウのものにうかべて、わがよをわするるジョウをとおくす)(=菊の花びらを)酒に浮かべると、私の思いはますます俗世を離れていく)。〈陶淵明・飲酒〉

【忘(わす)れな草(ぐさ)】日〔英 forget-me-not の和訳〕ムラサキ科の多年草。ルリソウ。な忘(わす)れ草(ぐさ)。わするなぐさ。表記「▼勿忘草」とも。

○●健忘(ケンボウ)・備忘(ビボウ)

忙

忙 忄3(6) [1]4327 5FD9 常用

ボウ(バウ)漢 陽 máng

いそがしい(いそが-し)・せわしい(せは-し)

[忙] 忄3(6) —— 旧字体。

筆順 忄 忙 忙

なりたち [形声]「忄(=こころ)」と、音「亡(ボウ)」とから成る。いそがしい。

意味 することが多くてひまがない。心が落ち着かない。**せわしい**。**いそがしい**。例 忙殺(ボウサツ)。多忙(タボウ)。

古訓 中古 あわつ・いそがはし・いそぐ・いたむ・うらむ・うれふ・かなしぶ 中世 いそがはし・いそぐ・うれふ 近世 いそがし・いそがはし・おそる・すみやか・むねせまる

【忙殺】(ボウサツ) 〔「殺」は、動詞の下について意味を強める語〕非常にいそがしい。例 仕事に—される。

【忙中】(ボウチュウ) 非常にいそがしい時。例 —閑(カン)あり。

【忙▼碌】(ボウロク) いそがしくあくせくする。せわしい。

○●多忙(タボウ)・繁忙(ハンボウ)

忢

[忢] 心4(8) ⇩愛(イア)(512ジペー)

快

快 忄4(7) [1]1887 5FEB 教5

カイ(クヮイ)漢 ケ(クヱ)呉 卦 kuài

こころよい(こころよ-し)

筆順 忄 忄 忄 忄 快 快

なりたち [形声]「忄(=こころ)」と、音「夬(カイ)」とから成る。よろこぶ。

意味 ❶気持ちがよい。楽しい。さわやか。**こころよい**。例 快楽(カイラク)。爽快(ソウカイ)。愉快(ユカイ)。❷はやい。例 快走(カイソウ)。快速(カイソク)。軽快(ケイカイ)。❸(刃物などが)よく切れる。切れ味がよい。例 快刀(カイトウ)。

古訓 中古 いたむ・こころよし・たくまし・とし・やすし・よし・よろこぶ 中世 こころよし・たくまし・たくましうす・とし・やすし・よし・よろこぶ 近世 こころよし・さはやか・たくましうす・ほしいまま・よし・よろこぶ

人名 とし・はや・はやし・やす・やすし・よし

【快意】(カイイ) ①自分の心を楽しませる。思いどおりにふるまう。②心地よい。

【快音】(カイオン) 日 心地よくひびく音。胸のすくような音。例 バットが—を発する。

【快活】(カイカツ) ①愉快なさま。楽しみ。②日 元気がよく、気性がさっぱりしているさま。表記 ②は 旧 快▼闊

【快感】(カイカン) 日 心身の欲求が満たされた気持ちのよい感じ。例 勝利の—を味わう。

【快漢】(カイカン) 日 〔「漢」は、男の意〕気性のさっぱりした、さわやかな男の人。快男子。例 だれの目にも好ましい—。

【快気】(カイキ) 日 病気がよくなる。例 —祝い。

【快挙】(カイキョ) ①楽しくなって行動する。②胸のすくようなすばらしいおこない。例 世界新記録の—。

【快▼哉】(カイサイ)(こころよきかな) 胸がすくほど気分がいい。愉快だ。例 —(カイサイ)をさけぶ。

【快心】(カイシン) ①楽しませる。②こころにかなう。満足する。

【快晴】(カイセイ) 雲ひとつなく空が晴れわたること。〔気象用語としては、雲量が一以下の天候をいう〕

【快戦】(カイセン) 思う存分にたたかう。例 為二諸君一快戦(ショクンのためにカイセンす)(=諸君のために存分にたたかう)。〈史記・項羽紀〉

【快走】(カイソウ) 胸のすくようなすばらしいスピードで走る。

【快足】(カイソク) 日 すばらしく足のはやいこと。

【快速】(カイソク) ①(乗り物などが)すばらしくはやい。例 —船。②日「快速列車」「快速電車」の略。特定の駅だけに停車する。

【快諾】(カイダク) 日 相手の申し出を気持ちよく引き受ける。例 依頼を—する。

【快弾】(カイダン) 楽しく楽器を弾(ひ)く。

【快男子】(カイダンシ) 日 気性のさっぱりとした、さわやかな男の人。快漢。好漢。類 快男児。

【快調】(カイチョウ) 日 ①機械やからだの調子が非常によいさま。②ものごとが思いどおりに運ぶさま。好調。例 —なエンジン音。

【快適】(カイテキ) 心やからだに心地よく、大変気持ちのよいさま。例 —な滑り出し。

【快刀】(カイトウ) 切れ味のあざやかな、かたな。例 —な住まい。—な旅。

【快刀(カイトウ)乱麻(ランマ)を断(た)つ】 切れ味のよい刀でもつれた麻をたち切るように、こみいった問題をあざやかに解決する。快刀斬二乱麻一(カイトウランマをたつ)。〔〈北斉・文宣帝紀〉から〕

【快方】(カイホウ) 日 病気やけがのぐあいがよくなってくること。例 病気が—に向かう。

【快報】カイホウ 日よい知らせ。うれしい知らせ。吉報。
【快味】カイミ 日心地よい気分。
【快眠】カイミン 日気持ちよくぐっすりねむる。また、そのねむり。例 快食―を心がける。
【快癒】カイユ 日病気やけががすっかりよくなる。全快。全治。
【快楽】カイラク〔仏教では「ケラク」と読むことが多い〕気持ちよく楽しいこと。また、感覚的な欲望が十分に満たされた状態。例 人生の―。―におぼれる。
◐軽快ケイカイ・豪快ゴウカイ・全快ゼンカイ・壮快ソウカイ・痛快ツウカイ・不快フカイ・明快メイカイ・愉快ユカイ

怟
忄4(7) 4 1235 5FEF
キ 漢 支 qí
意味 ❶いとおしむ。❷うやまう。参考 怟子シキ(=人名)。

忻
忄4(7) 2 5555 5FFB
キン 漢 ゴン 呉 文 xīn
よろこ-ぶ
意味 心がひらかれる。よろこぶ。通 欣キン。例 忻然キンゼン。
【忻然】キンゼン よろこぶさま。
【忻慕】キンボ よろこび、したう。

忤
忄4(7) 2 5556 5FE4
ゴ 漢 遇 wǔ
さか-う(さか-ふ)・さか-らう(さか-らふ)
意味 そむく。さからう。例 至言忤二於耳一而倒二於心一(=最良のことばは耳にさからい心に反する)。〈韓非・難言〉 忤逆ゴギャク。
【忤逆】ゴギャク ①さからう。②親不孝。
【忤視】ゴシ 面と向かってにらむ。にらみかえす。例 人不二敢忤視一(=人は、にらみかえすなどということができない)。〈史記・刺客伝・荊軻〉
【忤耳】ゴジ 不愉快に聞こえる。すなおに聞くことができない。

[忢] 心4(8) ⇩悟ゴ(506ジペー)

[忼] 忄4(7) ⇩慷コウ(523ジペー)

忽
心4(8) 1 2590 5FFD 人
コツ 漢 コチ・コツ 呉 月 hū
ゆるが-せ・たちま-ち
なりたち  [形声]「心(=こころ)」と、音「勿ツブ→ツコ」とから成る。わすれる。
意味 ❶いいかげんにする。おろそかにする。ゆるがせにする。ゆるがせ。例 粗忽ソコツ。❷急に。突然。たちまち。例 忽焉コツエン。忽然コツゼン。❸滅ぼす。消滅させる。❹きわめて小さい。例 忽微コツビ。
古訓 中古 あなつる・あらし・いるかし・いるかせ・いるかせにす・おこたる・かろし・たちまち・ないがしろ・にはかに・ほろぶ・わするる 中世 いるかせ・かるし・すみやか・たちまち・はるか・ゆるかせ 近世 かろんず・くもす・たちまち・つくる・ほろぶ・わするる
難読 忽必烈フビライ
【忽焉】コツエン〔「焉」は、語の下にそえて状態をあらわす〕たちまち。突然。忽然。例 神農・虞・夏、忽焉没兮シンノウ・グ・カ、コツエンとしてボッしぬ(=神農や帝舜シュン・禹王ウオウなどの聖人は、たちまちいなくなってしまった)。〈史記・伯夷伝〉
【忽忽】コツコツ ①たちまち。すぐに。②ぼんやりするさま。③失意のさま。
【忽諸】コッショ たちまち。急に。突然。また、たちまち滅ぶさま。
【忽然】コツゼン・コツネン ①たちまち。不意に。突然。忽焉コツエン。例 ―と姿を消した。②ぼんやりするさま。心がおろそかなさま。
【忽微】コツビ きわめて小さいさま。
【忽略】コツリャク おろそかにする。軽視する。

忮
忄4(7) 4 1234 5FEE
シ 漢 寘 zhì
意味 ❶言うことを聞き入れない。さからう。❷ねたむ。

忸
忄4(7) 2 5557 5FF8
一 ジク(チク) 漢 屋 nǜ 二 ジュウ(ヂウ) 漢 有 niǔ
は-じる(は-づ)
意味 一 恥ずかしさで心がちぢこまる。はじる。〔もともと「忸怩ジク」の形で用いたが、のちには単独でも用いる〕二 慣れる。なれっこになる。通 狃ジュウ。例 忸行ジュウコウ(=慣習)。
【忸怩】ジクジ〔「怩」も、恥じる意〕心の中で深く恥ずかしいと思うさま。例 内心―たる思いである。

忪
忄4(7) 5FEA
ショウ 漢 冬 zhōng
意味 びくびくと恐れる。おそれる。例 怔忪セイショウ(=恐れるさま)。

忱
忄4(7) 2 5558 5FF1
シン(シム) 漢 侵 chén
まこと
意味 ❶いつわりのない心。まごころ。まこと。例 忱辞シンジ(=まことのことば)。❷信頼する。まこととする。例 難忱ナンシン(=信用しがたい)。

[忰] 忄4(7) ⇩倅スイ(510ジペー)

[忩] 心4(8) ⇩怱ソウ(497ジペー)

忠
心4(8) 1 3573 5FE0 教6
チュウ(チウ) 漢 呉 東 zhōng
筆順 丶 冂 口 中 中 忠 忠 忠
なりたち  [形声]「心(=こころ)」と、音「中チュ」とから成る。つつしんで、まごころを尽くす。
意味 ❶まごころを尽くす。精力を傾ける。例 為レ人謀而不レ忠乎ひとのためにはかりてチュウならざるか(=人のために考えて、真心を尽くさなかったのではないか)。〈論語・学而〉 忠告チュウコク。忠実チュウジツ。❷まごころを尽くして主君に仕える。例 報二先帝一而忠二陛下一センテイにむくいてヘイカにチュウなりて(=先帝の恩義にむくいて陛下に忠誠を尽くす)。〈諸葛亮・出師表〉 忠義チュウギ。忠誠チュウセイ。
日本語での用法《ジョウ》「少忠ショウジョウ・大忠ダイジョウ」▼律令制の四等官シトウカンで、弾正台ダンジョウダイの第三位。判官ジョウ。
古訓 中古 うやまふ・ただ・ただし・ただす・なほし・まこと 中世 うやまふ・ただ・ただし・なほし・まこと 近世 あつし・きよし・すなほ・ただし・つつしむ・まめ・まめやか
人名 あつ・あつし・きよ・きよし・すなお・たか・ただ・ただし・ただす・つら・なり・なる・のり・まこと
難読 忠実まめ
【忠諫】チュウカン (主君に対して)まごころをこめていさめる。例 忠諫之路チュウカンのみち(=まごころのこもったいさめのことば)。〈諸葛亮・出師表〉
【忠義】チュウギ 主君や国家に対して、まごころをこめて仕えること。また、そのまごころ。忠節。忠誠。例 ―を尽くす。
【忠勤】チュウキン 忠義を尽くしてつとめること。忠実につとめること。例 ―を励む。
【忠君愛国】チュウクンアイコク 君主に忠義を尽くし、自国を愛すること。〈文献通考・三〇〉
【忠敬】チュウケイ まごころを尽くし、うやうやしい。
【忠言】チュウゲン まごころからいさめる。また、そのことば。忠告。例 忠言逆二於耳一而利二於行一チュウゲンはみみにさからえどもおこないにりあり(=まごころのこもったいさめのことばは、すなおに受け入れにくいものだが、それに従えばよい結果を得る)。〈家語・六本〉
【忠孝】チュウコウ 主君に対する忠義と、父母に対する孝行。例

—両全。

【忠厚】チュウコウ　まごころを尽くし、親切。

【忠告】チュウコク　相手のためを思ってまごころからいさめる。また、そのことば。忠言。例 友人に—する。

【忠魂】チュウコン　①忠義を重んじる精神。②忠義のために戦死した人のたましい。例 —碑。

【忠志】チュウシ　忠誠の心。例 忠志之士(チュウシのシ)。〈諸葛亮・出師表〉

【忠実】チュウジツ　①まごころがあり、まじめなさま。誠実。例 職務に—な若者。②日 もとのものと少しも違わない。そのままである。例 原本に—な写真複製。

【忠純】チュウジュン　まごころを尽くし、純粋である。例 志慮忠純(シリョチュウジュン)(=こころざしは忠実かつ純粋である)。〈諸葛亮・出師表〉

【忠▼恕】チュウジョ　まごころと思いやり。誠実で同情心にあついこと。例 夫子之道、忠恕而已矣(フウシのみちは、チュウジョのみ)(=孔先生の生き方は、まごころと思いやりだけで貫かれているのです)。〈論語・里仁〉

【忠心】チュウシン　忠義のこころ。忠実なこころ。例 —を示す。

【忠臣】チュウシン　忠義な家来。

【忠臣不ㇾ事二二君一】チュウシンはニクンにつかえず　忠臣はひとたび主君を定めたら、他の主君には仕えない。〈史記・田単伝・賛〉

【忠信】チュウシン　まごころを尽くし、ことばにいつわりがない。

【忠誠】チュウセイ　君主や国家などに対して、まごころで尽くすこと。忠義。忠節。例 —心。—をちかう。

【忠切】チュウセツ　まごころが尽くされ、適切である。

【忠節】チュウセツ　君主に対して忠義を守りとおすこと。忠誠。忠義。例 —を尽くす。

【忠善】チュウゼン　まごころを尽くし、善良である。忠良。

【忠直】チュウチョク　まごころを尽くし、正直である。

【忠貞】チュウテイ　忠義と貞節。まじめで、おこないが正しいこと。例 —をもって仕える士(シ)。

【忠憤】チュウフン　忠義の心から起こるいきどおり。

【忠僕】チュウボク　主人に忠実なしもべ。

【忠勇】チュウユウ　忠義と勇気。忠義で勇敢である。例 —無双。

【忠良】チュウリョウ　忠義で善良。まじめですなおである。例 —なる人民。

【忠▼亮】チュウリョウ　まごころがある。誠実である。

【忠霊】チュウレイ　忠義のために死んだ人の霊。英霊。例 —塔。

【忠烈】チュウレツ　忠義の心がきわめて強いこと。例 —をあらわす。

忡

忄4 (7)　③8440　5FE1

チュウ(チウ)漢 東 chōng

意味 心配するさま。例 忡忡(チュウチュウ)(=憂え悲しむさま)。

忝

⺗4 (8)　②5559　5FDD

テン(テム)漢 琰 tiǎn
かたじけな-い(かたじけな-し)・はずかし-める(はづかし-む)

意味 ❶地位や名誉などをけがす。はずかしめる。例 忝汚(テンオ)(=けがす)。❷ひけめを感じ、恥ずかしい。恥じる。❸分(ブン)に過ぎて、ありがたい。かたじけない。

忳

忄4 (7)　④1236　5FF3

一トン漢 元 tún
二トン漢 願 dùn
三ジュン慣 シュン漢 真 zhūn

意味 一うれえ、もだえる。二「忳忳(トントン)」は、愚かなさま。三「忳忳(ジュンジュン)」は、ねんごろなさま。諄諄(ジュンジュン)。

念

心4 (8)　①3916　5FF5　教4

デン(デム)漢　ネン(ネム)呉　艶 niàn
おも-う(おも-ふ)

筆順 ノ 人 𠆢 今 今 念 念 念

なりたち  [形声]「心(=こころ)」と、音「今キン→デン」とから成る。いつも思う。

意味 ❶いつも心にとめている。おもう。例 念ㇾ君兮不ㇾ忘(きみをおもいてわすれず)(=主君を思って忘れない)。〈楚辞・九懐・匡機〉❷心の中の思い。例 念頭(ネントウ)。信念(シンネン)。❸念願(ネンガン)。専念(センネン)。❸くちずさむ。となえる。例 念仏(ネンブツ)。❹二十。通 廿(ネン)。

古訓 中古 おもひ・おもふ・めぐむ 中世 おもひ・おもふ 近世 おもひ・おもふ・となへる

人名 むね

【念願】ネンガン　日 心にかけてねがう。また、そのねがい。宿願。

【念旧】ネンキュウ　昔の交友を忘れない。

【念珠】ネンジュ｜ネンズ　〔仏〕数珠(ジュズ)。ずず。

【念▼誦】ネンジュ｜ネンズ　〔仏〕心に仏を念じながら、口で経文(キョウモン)をとなえる。

【念書】ネンショ　①書を読む。②日〔法〕念のために、後日の証拠として、約束ごとなどを書いて相手方にわたす文書。例 —を出させる。

【念頭】ネントウ　心の内。考え。例 —に置く。—にない。

【念念】ネンネン　〔「念」は、一瞬一瞬の心のはたらきの意〕①〔仏〕一瞬ごとに。時々刻々。②たえず。いつも。

【念仏】ネンブツ　〔仏〕ほとけを信じ、南無阿弥陀仏(ナムアミダブツ)と、となえる。また、そのことば。

【念力】ネンリキ　①〔仏〕じっと思い続けるちから。②日 強く思いこんだときの精神力。

【念慮】ネンリョ　思い考えること。おもんぱかり。思慮。

●一念(イチネン)・概念(ガイネン)・観念(カンネン)・祈念(キネン)・記念(キネン)・疑念(ギネン)・懸念(ケネン)・残念(ザンネン)・失念(シツネン)・邪念(ジャネン)・執念(シュウネン)・情念(ジョウネン)・信念(シンネン)・専念(センネン)・想念(ソウネン)・丹念(タンネン)・断念(ダンネン)・通念(ツウネン)・入念(ニュウネン)・放念(ホウネン)・無念(ムネン)・余念(ヨネン)・理念(リネン)

忞

心4 (8)　③8439　5FDE

一ビン漢 真 mín
二ブン 吻 wěn

意味 一努力する。つとめる。二「忞忞(ブンブン)」は、よくわからないさま。

参考 柯劭忞(カショウビン)(=中華民国の歴史家)。

忿

心4 (8)　②5561　5FFF

フン漢呉 問 fèn
いか-る

意味 いらいらと気がせく。いかる。うらむ。例 一朝之忿忘二其身一(イッチョウのいかりにそのみをわする)(=一時の怒りにかられて、自分の身を粗末にする)。〈論語・顔淵〉忿怒(フンド)。忿懣(フンマン)。

【忿▼恚】フンイ　いかる。いきどおる。

【忿怒】フンド｜フンヌ　ひどくおこること。激怒。激しい怒り。憤怒。例 —の形相(ギョウソウ)。

【忿忿】フンプン　怒って心おだやかでないさま。

【忿▼懣】フンマン　〔「懣」は、もだえる意〕心の中にうずまくいきどおり。また、怒りにもだえること。憤懣(フンマン)。例 —やるかたない。—に堪えない。

【忿戻】フンレイ　①わがままで、すぐにおこる。②怒り逆らう。

怡

忄5 (8)　②5562　6021

イ漢呉 支 yí
よろこ-ぶ

意味 心がなごむ。たのしむ。よろこぶ。例 怡怡(イイ)。怡顔(イガン)。怡然(イゼン)。

【怡怡】イイ　心がやわらぎ楽しむさま。

【怡悦】イエツ　よろこぶ。また、よろこばせる。

【怡顔】イガン｜かおをよろこばす　顔色をやわらげる。例 眄二庭柯一以怡ㇾ顔(テイカをながめてもってかおをよろこばす)(=庭木の枝をちらりと見て顔をほころばす)。〈陶淵明・帰去来辞〉

【怡然】イゼン　よろこび楽しむさま。例 —として楽しむ。

【怡予(豫)】ヨイ よろこび楽しむ。

怨

心5 (9) [1]1769 6028 常用

エン(ヱン)漢 オン(ヲン)呉 願 yuàn

うら-む・うら-み

筆順 ノ ク タ 夗 夗 夗 怨 怨 怨

なりたち [形声]「心(=こころ)」と、音「夗エ」とから成る。うらむ。

意味 ❶相手に対して不満をいだく。不平を言う。**うらむ**。**うらみ**。例 不レ怨レ天、不レ尤レ人(テンをうらみず、ひとをとがめず)(=天に不満をいだかず、人を責めもしない)。〈論語・憲問〉 怨恨(エンコン)。宿怨(シュクエン)。❷かたき。仇敵(キュウテキ)。例 怨家(エンカ)(=かたき)。

古訓 中古 あた・いかる・うらみ・うらむ・かたき 中世 あた・うらみ・うらむ 近世 あた・あだ・いかる・うらむ・つつむ

【怨入二骨髄一】(うらみコツズイにいる) うらみが骨の芯(シン)までしみとおる。心の底からうらむ。〈史記・呉王濞伝〉

【報レ怨以レ徳】(うらみにむくゆるにトクをもってす) うらみに対して徳でむくいる。〈老子・六三〉 類 以レ徳報レ怨(トクをもってうらみにむくゆ)。

【怨悪】エンオ うらみにくむ。

【怨▼咎】エンキュウ うらみや、とがめ。また、うらみとがめること。

【怨言】エンゲン うらみのことば。うらみごと。例 飯二疏食一、没レ歯無二怨言一(ソシをくらい、よわいをおわるまでエンゲンなし)(=粗末な食事でも、生涯《管仲に対して》うらみごとを言わなかった《管仲に敬服していたからだ》)。〈論語・憲問〉 ―を述べる。

【怨▼曠】エンコウ ①配偶者と長く別離し、うらみ苦しむ。②「怨女曠夫」の略。婚期を過ぎて配偶者がいないこと。

【怨恨】エンコン うらみ。例 ―による犯行。

【怨▼嗟】エンサ うらみなげく。例 ―の声が世に満ちる。

【怨刺】エンシ うらみそしる。うらんで非難する。類 怨誹(エンピ)・怨謗(エンボウ)。

【怨▼咨】エンシ うらみなげく。

【怨▼讐】エンシュウ うらみ、かたきとする。また、そのかたき。

【怨女】エンジョ ①夫に死に別れたり、よい結婚相手がみつからなかったりして、独りでいる身のつらさをなげいている女性。②君主の愛を失った女性。

【怨情】エンジョウ うらむ心。うらむ気持ち。

【怨色】エンショク うらんでいるような顔つき。例 ―があらわれる。

【怨毒】エンドク うらみにくむ。

【怨府】エンプ 人々のうらみが集中するところ。うらみの的。

【怨慕】エンボ ①父母に愛されていない身の上をうらみながら、なおも父母をしたう。②遠く離れていることをうらめしく思いつつ、したう。

【怨望】エンボウ 「望」も、うらむ意。うらみに思うこと。うらんで不平に思うこと。例 信由レ此日夜怨望(シンこれよりニチヤエンボウす)(=韓信(カンシン)は以後、来る日も来る日もうらみをいだいていた)。〈史記・淮陰侯伝〉

【怨▼尤】エンユウ うらむ。

【怨敵】エンテキ/オンテキ うらみのある敵。かたき。仇敵(キュウテキ)。

【怨念】オンネン 日 強いうらみの気持ち。例 ―がこもっている。

【怨霊】オンリョウ 日 深いうらみから、人にたたりをする死霊(シリョウ)や生き霊。悪霊。例 ―のたたり。―にとりつかれる。

快

忄5 (8) [2]5573 600F

ヨウ(ヤウ)漢 オウ(アウ)呉 漾 yàng

意味 心がおさえつけられているように感じる。通 鞅(オウ)。例 快快(オウオウ)。快然(オウゼン)(=心がふさぐさま)。

【快快】オウオウ 不満があって心がはればれしないさま。例 ―として楽しまない。

【快▼悒】オウユウ 「悒」は、うれえる意」うれえる。気持ちがふさがる。

怪

忄5 (8) [1]1888 602A 常用

カイ(クヮイ)漢 ケ(クヱ)呉 卦 guài

あや-しい(あや-し)・あや-しむ

［恠］忄6 (9) [2]5563 6060 俗字。

筆順 ' ' 忄 忄 怀 怪 怪 怪

なりたち [形声]「忄(=こころ)」と、音「圣コツ→イカ」とから成る。普通と違っている。

意味 ❶不思議な。見なれない。**あやしい**。例 怪異(カイイ)。怪奇(カイキ)。❷あやしいもの。ばけもの。例 怪物(カイブツ)。妖怪(ヨウカイ)。❸不思議に思う。いぶかしく思う。**あやしむ**。例 怪訝(ケゲン)。❹責めとがめる。非難する。例 怪責(カイセキ)(=とがめる。責怪)。

古訓 中古 あやし・あやしぶ 中世 あやし・あやしむ・あやぶむ・あやふし・ことなり 近世 あやし・あやしむ・うたがはし・ことなり

人名 やす・よし

難読 物怪(もののけ・モッケ)

【怪異】カイイ ①普通では考えられない不思議なこと。あやしいこと。怪奇。例 ―な現象が起きる。②ばけもの。妖怪(ヨウカイ)。例 ―の登場する物語。

【怪偉】カイイ すぐれて雄大なさま。大きいさま。例 ―な人物。

【怪▼迂】カイウ あやしげで、でたらめなさま。類 怪譎(カイケツ)・怪誕。

【怪火】カイカ 日 ①原因不明の火事。②正体不明のあやしい火。鬼火(おにび)。きつね火。

【怪漢】カイカン 日 あやしげな行動をする男。不思議な男。

【怪奇】カイキ 説明のつかない不思議な、また、あやしいさま。怪異。例 ―小説。複雑―な事件。

【怪気炎】カイキエン 日 勢いがよすぎて現実味のないことばや考え。例 酒を飲んでは―をあげる。

【怪魚】カイギョ 非常に珍しい魚。見なれない魚。

【怪傑】カイケツ 日 すぐれた技や力をもつ、正体のよくわからない人物。例 ―ゾロ。―黒頭巾(くろずきん)。

【怪光】カイコウ 正体のわからない不思議な光。例 ―を発する。

【怪獣】カイジュウ ①正体のわからない、あやしいけもの。②日 化石時代の恐竜などをヒントにつくられた、巨大なからだと力をもつ空想上の動物。例 ―映画。

【怪人】カイジン あやしげな人物。例 ―二十面相。

【怪石】カイセキ ①玉(ギョク)に似た美しい石。②珍しい形の石。

【怪僧】カイソウ 日 普通では考えられない言動で人を驚かす、正体不明の僧。例 ―ラスプーチン。

【怪談】カイダン 日 幽霊やばけものをあつかった、こわい話。

【怪盗】カイトウ 日 正体不明の盗賊。〔あざやかな手口とすばやい逃げ足で決してつかまらない〕例 ―ルパン。

【怪童】カイドウ 日 なみはずれてからだが大きく、きわめて強い力をもった子供。

【怪物】カイブツ ①正体不明の、あやしい生き物。ばけもの。②日 なみはずれた力や、すぐれた才能をもつ人物。例 政界の―。

【怪聞】カイブン 日 あやしいうわさ。妙な評判。

【怪力】カイリキ/カイリョク なみはずれた強い力。例 ―の持ち主。

【怪力乱神】カイリキランシン/カイリョクランシン 怪異・暴力・道徳の乱れ・鬼神(キシン)のこと。人知をこえたもの、道徳をはずれたもの。例 子不レ語二怪力乱神一(シはカイリキランシンをかたらず)(=孔子は人間の力ではうかがい知ることのできない怪異な現象については語らなかった)。〈論語・述而〉

【怪腕】カイワン 日 すぐれた腕前。また、なみはずれた腕の力。

【怪我】ケガ 日 からだを傷つけたり、骨を折ったりする。負傷。例 ―人が出る。

【怪▼訝】①あやしむ。②日わけがわからず、納得できないさま。いぶかしげなさま。例―な顔をする。
●奇怪・奇奇怪怪・醜怪

急

心5(9)　1 2162 6025　教3

キュウ(キフ)漢呉　緝 jí
いそぐ・せ-く

［急］心5(9)　旧字体。

筆順　ノ ク ⺈ 刍 刍 刍 急 急

なりたち　　［形声］「心(=こころ)」と、音「及」とから成る。心がせまい。気みじか。

意味　❶速度・進行をはやめる。いそぐ。せく。例急行。急速。早急。❷さしせまった。重要な。いそぎの。例急所。急迫。緊急。焦眉の急。❸突然。にわかに。激しく。例急激。急変。❹余裕がなく窮屈なさま。例鶏被レ縛急相喧争(=ニワトリはきつく縛られて騒いでいる)。〈杜甫・縛鶏行〉❺重視する。大切にする。例人所レ急無レ如二其身一(=人にとって大切なものは、自分のからだ以上のものはない)。〈韓非・外儲説左上〉

日本語での用法《キュウ》①「特急・準急」▼「急行」の略。②「急傾斜・急斜面」▼かたむきの角度が大きい。③「序破急」▼舞楽・能楽などで、三段構成の最後の段。

古訓　中古すみやかに・すみやかなり・せむ・たちまち・つくす・とし・にはかに　中世いそぐ・すみやか・せむ・たちまち・つくす・にはか・はやし　近世いそぐ・きびし・しきり・すみやか・せまる・つくす・とし・はやし

難読　急度・急焼(=急須)

【急雨】にわか雨。夕立。驟雨。例大絃嘈嘈如二急雨一(=太い弦は騒がしい音で、ちょうど夕立のようである)。〈白居易・琵琶行〉

【急患】日突然の病気やけがで、早急な手当てを必要とする人。急病人。例―が運びこまれる。

【急▼遽】［「遽」は、にわかの意］おおいそぎで。すばやく。例―変更する。

【急激】【急劇】日にわかで激しいさま。例病状が―に悪化した。

【急行】①いそいでゆく。例事故現場へ―する。②日「急行列車」「急行電車」「急行バス」の略。おもだった駅にだけ停車する。㊜鈍行。例―に乗りかえる。

【急告】日いそいで知らせる。至急の知らせ。

【急死】日急病や思いがけない事故で、突然に死ぬ。急逝。頓死。

【急使】いそぎの使者。例―を立てる。―を派する。

【急疾】①素早い。敏捷。②せっかち。せわしい。気短。性急。③さしせまる。急迫。

【急襲】敵の不意をついてすばやくおそいかかる。不意うち。例背後から―する。

【急▼峻】日山などが非常に険しいさま。また、そういうところ。例―な、がけ道を登る。

【急所】日①からだの中で命にかかわる大事な部分。例―をはずれる。②ものごとの最も大切なところ。要点。例―をついた質問。

【急症】急に起こる症状。急病。急疾。

【急信】いそぎの便り。至急の通信。㊪急報。

【急進】①いそいですすむ。②日理想や目的をいそいで実現しようとする。例―的。▽㊜漸進。

【急須】【急焼】①茶や酒などを温めるための小さななべ。②日お茶をいれるのに用いる、取っ手と注っぎ口のついた容器。きびしょ。

【急性】①せっかちなさま。②日にわかに発病し、激しい症状を示すこと。㊜慢性。例―胃炎。

【急逝】日「急死」の改まった言い方。例―を惜しむ。

【急切】①さしせまる。急迫。②あわただしい。

【急先▼鋒】(戦闘や社会運動などで)先頭に立って積極的に行動すること。また、その人。

【急造】日必要があって、いそいでつくる。急ごしらえ。例仮設住宅を―する。

【急増】数量が急にふえる。また、ふやす。例交通事故が―する。

【急速】①いらいらして事をいそぐ。②はやいさま。進み方がすみやかなさま。例―に接近する。

【急▼湍】［「湍」は、急流の意］流れが急な浅瀬。早瀬。急流。例片片軽鷗下二急湍一(=ひらひらと身軽なカモメが早瀬を下って行く)。〈杜甫・小寒食舟中作〉

【急調】急な調子。はやい調子。急調子。

【急追】勢いよくおいかける。激しくおう。例―を受ける。敵の―をかわす。

【急転】(情勢などが)急に大きく変わる。急変。例事態が―する。

【急転直下】日事態が急に大きく変わって解決・決着すること。例事件は―解決した。

【急伝】早馬を乗り継いで行く、いそぎの使者。

【急騰】日物価や株価などが急激に高くなる。㊜急落。例円が―する。

【急難】急に起こった災難。

【急派】日いそいで派遣する。

【急場】日おおいそぎでなんとかしなければならない場合。せっぱつまった状態。例―のまにあわせ。―をしのぐ。

【急迫】さしせまっている。せっぱつまっている。切迫。例事態が―する。

【急坂】日急なさかみち。例―を登る。

【急病】㊀さしせまった心配ごと。㊁日突然起こる、症状の激しい病気。

【急変】①急に起こった変事。例―を聞いてかけつける。②日天候・社会情勢・病状・態度などが、急にかわる。また、急にかえる。例病状が―する。

【急務】すぐにしなければならない仕事。例経済の建て直しが目下の―だ。

【急用】日いそぎの用事。例―ができた。

【急落】日物価や株価などが急激に安くなる。㊜急騰。例物価の―をまねく。

【急流】勢いのある水のながれ。また、ながれの急な川。急湍。例―をいかだで下る。

●応急・火急・危急・救急・緊急・早急・至急・性急・特急

怯

忄5(8)　1 2217 602F

キョウ(ケフ)漢　コウ(カフ・コフ)呉　葉 qiè
おび-える(おび-ゆ)・ひる-む

意味　こわがって、しりごみする。おびえる。ひるむ。臆病。例怯者不レ得二独退一(=臆病な者も勝手に後退することはできない)。〈孫子・軍争〉卑怯。

【怯▼懾】［「懾」は、おそれる意］臆病でおじける。

【怯▼懦】［「懦」も、臆病の意］臆病で気の弱いさま。意気地のないさま。

【怯夫(キョウフ)】臆病(オクビョウ)で意気地のない男。

怳
忄5（8）　3 8445　6033

キョウ(キャウ)漢　コウ(クヮウ)呉　養 huǎng

意味 ❶くるったさま。くるう。例 怳惑(キョウワク)（＝くるいまどう）。❷失意のさま。自失したさま。例 怳怳(キョウキョウ)（＝失意のさま。ぼんやりしたさま）。❸⇩【怳忽(コウコツ)】

【怳▼忽】【怳▼惚】(コウコツ) ①定まった形がなく、とらえどころのないさま。②意識がぼんやりするさま。③時間の短いさま。わずかの間。▽恍忽(コウコツ)。

怙
忄5（8）　2 5564　6019

コ漢　コ・ゴ呉　麌 hù
たの-む

意味 ❶たよりにする。たのむ。例 依怙(イコ)。❷たよりにする者。父を指す。対 恃(ジ)（＝母）。例 怙恃(コジ)。

【怙▼恃】(コジ) ①たのみとする。よりどころ。②〔「恃」は、母の意〕（子供がたよりにする者としての）父母。両親。

【怙終】(コシュウ) 悪事になずんで改めようとしない。

怘
心5（9）　3 8444　6018

コ漢　遇 hù

意味 まもる。

怐
忄5（8）　2 5565　6010

コウ漢　宥 kòu
おろ-か

意味 「怐愗(コウボウ)」は、おろかなさま。おろか。

怺
忄5（8）　2 5574　603A　国字

こら-える（こら-ふ）・た-まる

意味 忍耐する。我慢する。こらえる。

難読 不怺(たまらず)

怍
忄5（8）　3 8442　600D

サク漢　薬 zuò

意味 ❶恥ずかしく思う。恥じる。例 仰不レ愧二於天一、俯不レ怍二於人一（あおいでテンにはじず、フしてひとにはじず）（＝天に向かっても人に対しても、いささかもやましい心はない）。〈孟子・尽心上〉❷顔色が変わる。

思
心5（9）　1 2755　601D　教2

一 シ漢呉　支 sī
二 シ漢呉　寘 sì
おもう（おも-ふ）・おもい（おもひ）・おぼ-しい（おぼ-し）

筆順 

なりたち  〔会意〕「心（＝こころ）」と「田（＝あたま）」とから成る。頭や心で深く考える。

意味 一 ❶あたまをはたらかせて、あれこれと考える。おもう。例 学而不レ思則罔（まなびておもわざればすなわちくらし）（＝学ぶばかりで、自分で考えないと、はっきり理解したとはいえない）。〈論語・為政〉思考(シコウ)。思慮(シリョ)。深思熟慮(シンシジュクリョ)。❷そのことばかり考える。いとしくおもう。例 思慕(シボ)。想思(ソウシ)。❸悲しむ。思いにふける。例 思秋(シシュウ)（＝秋を悲しむ）。❹『詩経(シキョウ)』に多く用いる助字で、語調をととのえたり詠嘆をあらわしたりする。訓読では読まない。例 不レ可レ泳思（およぐべからず）（＝泳いで渡れはしない）。〈詩経・周南・漢広〉二 考え。気持ち。おもい。例 愁思(シュウシ)。壮思(ソウシ)。

古訓 中古 おもひ・おもふ・ねがふ 中世 おもひ・おもふ・おもんばかり・ねがふ 近世 ああ・おもひ・おもふ・おもんばかる・かなしむ・こころ・ねがふ

人名 こと

【思過レ半】(おもいなかばにすぐ) 大半のことはわかる。おおよその見当はつく。〈易・繋辞下〉

【思無レ邪】(おもいよこしまなし) 〔『詩経(シキョウ)』魯頌(ロショウ)・駉(ケイ)の詩句を孔子が評言として用いたもの〕心に邪念がなく、真情があふれ出てすなおである。例 詩三百、一言以蔽レ之、曰、思無レ邪（シサンビャク、イチゴンもってこれをおおう、いわく、おもいよこしまなし）（＝『詩経』の詩三百篇(ペン)をひと言で評するならば、作者の心中に少しもよこしまなところがないということだ）。〈論語・為政〉

【思惑】(おもわく) 日〔あて字〕①思うこと。考え。②他人による批評や判断。例 他人の―は気にしない。

【思案】(シアン) 日 ①思いめぐらす。あれこれと考える。例 ―に余る。恋は―のほか。②心配。もの思い。

【思▼惟】一(シイ) 深く考える。思考。思索。二(シユイ)〔仏〕ものごとの根本について考える。〔特に宗教・哲学の用語〕

【思議】(シギ) 思いめぐらす。例 ―するまでもない。

【思考】(シコウ) 日 論理をたどって考える。また、そのはたらき。思惟(シイ)。思索。例 ―力。―をかさねる。

【思索】(シサク) 〔「索」は、求める意〕筋道を立てて考えを深くおし進める。例 ―にふける。

【思春期】(シシュンキ) 日 成長して男女それぞれに性的な特徴があらわれるとともに、異性への関心が強くなる年ごろ。春機発動期。としごろ。青春期。

【思想】(シソウ) ①思いめぐらす。②考え（の内容）。例 ―の自由。③日 その人の生き方や行動を決定するような、考え。

【思想犯】(シソウハン) 日 ①思想上の信念にもとづき、正しい行為だと思ってなされる犯罪。②〔法〕もと、治安維持法にふれた犯罪。また、その犯罪者。

【思潮】(シチョウ) 日 思想の流れ。また、それぞれの時代の思想傾向。例 時代―。文芸―。

【思念】(シネン) 常に心にかけている。思い考える。

【思服】(シフク) 常に思う。例 求レ之不レ得、寤寐思服（これをもとめてえざれば、ゴビにシフクす）（＝探し求めて出会えなければ、寝ても覚めても思いしたう）。〈詩経・周南・関雎〉

【思弁(辨)】(シベン) ①考えて道理を究める。②〔哲〕経験によらないで、頭の中だけでの純粋な思考によって、認識や理論をつくりあげる。例 ―哲学。

【思慕】(シボ) 思いしたう。恋いしたう。恋慕。例 ―の情。

【思慮】(シリョ) 先々をも見通して、深く考える。また、その考え。例 ―分別(フンベツ)。―深い。

【思量】【思料】(シリョウ) ①考えと度量。②考えておしはかる。おもんぱかる。

●意思(イシ)・秋思(シュウシ)・熟思(ジュクシ)・相思(ソウシ)・沈思(チンシ)

怩
忄5（8）　2 5566　6029

ジ(ヂ)漢　ニ呉　支 ní
は-じる（は-づ）

意味 「忸怩(ジクジ)」は、恥ずかしさで心がちぢこまるさま。

怵
忄5（8）　3 8446　6035

一 ジュツ慣　チュツ漢　質 chù
二 シュツ漢　質 xù
おそ-れる（おそ-る）

意味 一 心がとらわれて、気にかかる。おそれる。例 怵惕(ジュッテキ)。二 誘惑されて心が動く。いざなう。例 君子不レ怵二乎好一（クンシはコウにいざなわれず）（＝君子は自分の好むものにも心を動かされない）。〈管子・心術上〉

【怵▼惕】(ジュッテキ) 〔「惕」も、おそれ心配する意〕おそれて不安に思うこと。例 皆有二怵惕惻隠之心一（みなジュッテキソクインのこころあり）（＝だれでもみな、おそれ痛ましく思う心がある）。〈孟子・公孫丑上〉

【怵然】一(チュツゼン) ①おそれるさま。不安なさま。②いたむさま。悲しむさま。二(シュツゼン) いざなわれるさま。心ひかれるさま。

性
忄5（8）　1 3213　6027　教5

セイ漢　ショウ(シャウ)呉　敬 xìng
さが

筆順 丶 丷 忄 忄 忄 忙 性 性

なりたち  [形声]「忄(=こころ)」と、音「生」とから成る。人が生まれながらにもつ、善なる心。

意味 ❶人が生まれつきそなえている本質。さが。例 習与レ性成(=習慣が身について性質のようになる)。〈書経・太甲上〉 性善説。天性。❷人柄や体質。たち。例 性多病(=病気がち)。〈史記・留侯世家〉 性分。性格。❸ものごとを特徴づけるありさま。例 性能。属性。❹いのち。例 性命。

日本語での用法 《セイ》 ①〔英 sex の訳語〕㋐「性徴・性別」▼男女・雌雄の別。㋑「性欲・性に目ざめる」▼男女が互いを求めあう本能。②〔英 gender の訳語〕「女性名詞・中性」▼インドヨーロッパ語族での文法上の区別。③「慣性・可能性・危険性・機密性」▼ものの状態や程度をあらわすことば。

古訓 中古 こころ・こころざし・たましひ・ひととなり・ひととなる 中世 いのち・こころ・こころざす・すがた・たましひ・ひととなる 近世 うまれつき・こころね・むなさわぎ・もと

人名 たち・なり・もと

【性分】一 もって生まれた性質。たち。

【性悪】一 人の本性は悪であること。→【性悪説】 二 日 性質・性格がわるいさま。また、そのような人。

【性悪説】人間の本来の性質は悪であり、善は後天的に備わるという考え方。戦国時代の人、荀子がとなえた。〔「人之性悪明矣、其善者偽也(=人の本性が悪であることは明白であって、その善なるものは人為的努力を加えた結果である)。〈荀子・性悪〉」から〕 対 性善説。

【性格】①その人特有の性質や傾向。人柄。例 明るい—。②日 そのものごと特有の性質や傾向。例 仕事の—上、時間が不規則だ。

【性感】日 性的な快感。

【性器】日 ①生物が有性生殖をおこなう器官。生殖器。②からだの外側にあらわれている生殖器。外部生殖器。

【性急】気短で、いそいでいるさま。あせっておこなうさま。せっかち。例 —に事を運んで失敗する。

【性交】日 男女の肉体的なまじわり。

【性向】日 (言動にあらわれる)性質の傾向。気だて。例 若者の—。

【性行】(人間の)性質とおこない。例 —不良。

【性根】一 生まれもった性質。 二 日 ①ものごとに立ち向かうときの支えとなる、心のもち方。根性。例 —がすわる。②生まれつき。心根。

【性質】①人が生まれながらにもっている考え方・感じ方・ふるまい方などの傾向。たち。例 おだやかな—。②そのものが本来もっている特徴。例 空気より軽い—の気体。

【性状】①ものの性質と状態。②日 人の性質とおこない。例 —がかんばしくない。

【性情】①性質と心情。②生まれながらの性質。気だて。例 やさしい—。

【性善】人の本性は善であること。→【性善説】

【性善説】人間の本来の性質は善であり、悪は後天的に備わるという考え方。戦国時代の人、孟子がとなえた。〔「孟子道二性善一、言必称二尭舜一(=孟子は人間の本性はもともと善だといい、必ず尭や舜のことを引き合いに出して説明した)。〈孟子・滕文公上〉」から〕 対 性悪説。

【性徴】日 男女・雌雄の性の別を示すからだの特徴。生まれつきの特徴を第一次性徴、思春期になってあらわれる特徴を第二次性徴という。

【性的】日 ①性欲に関するさま。例 —な魅力を感じる。②男女の性にかかわるさま。例 —差別。

【性度】生まれつきと心の広さ。人柄と度量。

【性能】日 機械などのもっている能力。例 —のよい車。

【性病】日 おもに性的交渉を通してうつる病気。たとえば、梅毒・淋病など。

【性癖】性質のかたより。くせ。〔常識的には望ましくない場合を指すことが多い〕

【性別】日 男性と女性、雄と雌の区分。

【性命】①いのち。生命。また、最も大切なもの。〔やや古いことば〕②天から授けられた、それぞれの性質と運命。

【性欲】【性▼慾】日 男女間の性的な結びつきを求める欲望。

【性理】①生命の原理。②感性と理性。③宋学で、性(=人の本性)と理(=宇宙の原理)。宋学は性と理を探究し、その同一性を主張した。性理学。

【性霊】こころ。魂。精神。

●相性・異性・陰性・感性・気性・急性・国民性・個性・根性・酸性・女性・惰性・男性・弾性・知性・中性・適性・天性・同性・特性・毒性・人間性・品性・母性・本性・慢性・野性・陽性・理性・両性

怔 忄5 (8) 3 8443 6014 セイ 漢 庚 zhēng

意味 ❶びくびくと恐れる。おそれる。例 怔忪(=恐れるさま)。❷⇩【怔忡】

【怔▼忡】心臓の動きが激しく感じられる症状。心悸亢進。

怎 心5 (9) 2 5567 600E シン(シム)漢 ソ唐 寝 zěn

意味 どうして。なぜ。疑問をあらわす。「怎麼」も同義。

怱 心5 (9) 2 5568 6031 ソウ漢 東 cōng にわ-か(にはか)

[悤] 心4 (8) 3 8441 5FE9 俗字。

意味 あわただしい。せわしい。にわか。例 怱怱。怱卒。

【怱怱】①いそがしいさま。あわただしいさま。例 —に飛び去る。②日 手紙文の最後に書く、とり急いだ走り書きであることをわびることば。「前略」「冠省」などと照応する。

【怱卒】①急ぎ、あわてること。いそがしいこと。例 —の間。②にわかであること。例 —に会談する。▽草卒。倉卒。草草。▽匆匆。

【怱忙】いそがしいこと。せわしないこと。例 無二乃太怱忙一(=夕方に婚礼し翌朝にはもう別れなければならないとは)あまりにあわただしくはありませんか)。〈杜甫・新婚別〉 —の間。

怠 心5 (9) 1 3453 6020 常用 タイ漢 ダイ呉 賄 dài おこたる・なまける・だる-い(だる-し)

筆順 ㇜ ム ム 台 台 台 怠 怠 怠

なりたち  [形声]「心(=こころ)」と、音「台イ→タ」とから成る。なまける。

意味 ❶気が張らず、だらける。**なまける。おこたる。** 例 兵農怠而国弱(へいのうおこたってくによわし)(＝兵士も農民もなまけて国が弱くなる)。〈商君・弱民〉怠惰(タイダ)。怠慢(タイマン)。 ❷つかれる。例 倦怠(ケンタイ)。 ❸手ぬかり。あやまち。例 過怠(カタイ)。

古訓 中古 うみぬ・うむ・おこたる・たゆむ・はなる・ゆるなり・ゆるふ 中世 おこたる・たゆむ・ものうし・ゆるし 近世 あなどる・うむ・おこたる・たゆむ・つかるる

人名 やす

【怠解】(タイカイ)【怠▼懈】(タイカイ) おこたる。なまける。気をゆるめる。

【怠業】(タイギョウ) ①仕事をなまける。②日(労働争議の一戦術として)労働者がわざと仕事の能率を下げて資本家に対抗すること。サボタージュ。サボ。

【怠▼倦】【怠▼勌】(タイケン) なまける。いやになっておこたる。

【怠荒】(タイコウ) ①姿勢を正さず、からだをだらけさせる。②仕事などをおこたる。だらける。

【怠▼敖】【怠傲】【怠▼慠】(タイゴウ) ①なまけて遊ぶ。②なまけておごりたかぶる。

【怠惰】【怠堕】(タイダ) なまけるさま。対 勤勉。例 —をいましめる。—な生活。

【怠慢】【怠▼嫚】(タイマン) 仕事や義務など、しなければならないことをしないこと。なまけること。例 職務—。

●過怠(カタイ)・勤怠(キンタイ)

【泰】
小5(9) ⇩泰(タイ)(760ジベー)

怛
忄5(8) 2 5569 601B

ダツ慣 タツ漢 曷 dá
いた-む・おそ-れる(おそ-る)

意味 ❶(人の不幸に対し)心をいためる。悲しむ。**いたむ。** 例 怛悼(ダットウ)。 ❷驚く。驚かす。例 怛然(ダツゼン)。

【怛然】(ダツゼン) ①心をいためるさま。うれえ悲しむさま。②驚きおそれるさま。

【怛怛】(ダツダツ) 心をいためるさま。うれえ悲しむさま。

【怛▼惕】(ダッテキ) ①驚きおそれるさま。②悲しむ。いたむ。

【怛悼】(ダットウ) 悲しむ。いたむ。類 怛傷。例 見二主上惨愴怛悼一(シュジョウのサンソウダットウするをみる)(＝天子が悲しみいたまれるさまを目まの当たりにした)。〈司馬遷・報任少卿書〉

怗
忄5(8) 4 1239 6017

一 チョウ(テフ)漢呉 葉 tiē
二 セン(セム)漢 塩 zhān

意味 一 ❶平定する。たいらぐ。❷安定する。やすらか。 二 「怗懘(センセイ)」は、楽音がとけあわないさま。

怒
心5(9) 1 3760 6012 常用

ド漢 ヌ呉 遇 nù
いかる・いかり・おこる

筆順 く 女 女 奴 奴 奴 怒 怒

なりたち 
[形声]「心(＝こころ)」と、音「奴ド」とから成る。いかる。

意味 ❶腹を立てる。**おこる。いかる。いかり。** 例 怒気(ドキ)。怒声(ドセイ)。喜怒哀楽(キドアイラク)。 ❷しかる。どなりつける。例 怒責(ドセキ)。 ❸勢いが激しいさま。例 怒而飛(いかってとぶ)(＝勢いよく飛び立つ)。〈荘子・逍遥遊〉怒濤(ドトウ)。 ❹ゆきすぎる。こえる。例 刑罰不レ怒レ罪(ケイバツはつみをこえず)(＝刑罰は罪より重くしない)。〈荀子・君子〉

古訓 中古 いかる・うらむ・はふる・はやる 中世 いかる・うらむ 近世 いかる・いきどほる・いきまき・たけし・はげむ・ふづくむ

【怒気】(ドキ) いかりの気持ち。例 —を含んだ声。

【怒号】(ドゴウ) ①大声で叫ぶ。いかりわめく。また、その声。例 —が飛び交う。②風や波が大きな音を立てる。

【怒生】(ドセイ) 草木などが、いきおいよく芽を出す。

【怒声】(ドセイ) おこった声。例 —を発する。

【怒張】(ドチョウ) ①大波がわき立つさま。②筆づかいに勢いがある。③日 血管などが内部から盛り上がり、ふくらむ。④日 肩などをいからす。

【怒▼濤】(ドトウ) 〔「濤」は、大きな波の意〕①荒れくるう大波。例 さかまく—。②日 尋常の力では、たちうちできないような強大な動き。例 疾風—の時代。—の勢い。

【怒罵】(ドバ) いかりののしる。どなる。

【怒髪】(ドハツ) 激しいいかりによって、逆立った髪の毛。

【怒髪上衝レ冠】(ドハツのぼりてカンをつく) いかりのあまり(藺相如(リンショウジョ)の)髪の毛は逆立ち、冠を突き上げるほどであった。〈史記・廉頗藺相如伝〉 類 怒髪衝レ冠(ドハツカンをつく)・怒髪衝レ天(ドハツテンをつく)。

●激怒(ゲキド)・憤怒(フンヌ|フンド)

怢
忄5(8) 4 1240 6022

トツ漢 月 tū

意味 忘れる。わすれる。

怕
忄5(8) 2 5570 6015

一 ハク漢呉 陌 bó
二 ハ漢 禡 pà
おそ-れる(おそ-る)

意味 一 無欲で心静かなさま。通 泊。例 怕乎無レ為(ハクコとしてなすなし)(＝心を落ち着けて、作為を捨てる)。〈司馬相如・子虚賦〉 二 ❶こわがる。**おそれる。** 例 小閤重レ衾不レ怕レ寒(ショウカクにふすまをかさねてさむきをおそれず)(＝小さな家でかけぶとんを重ね寒さを心配しない)。〈白居易・香炉峰下新卜山居草堂初成偶題東壁〉 ❷たぶん。ひょっとすると。おそらくは。例 恐怕(キョウハ)。

怖
忄5(8) 1 4161 6016 常用

ホ漢 フ呉 遇 bù
こわい(こは-し)・こわがる(こはがる)・おそ-れる(おそ-る)・おじる(お-づ)・おそ-れ

筆順 丶 丷 忄 忄 忄 怖 怖 怖

なりたち 
[形声]「忄(＝こころ)」と、音「布ホ」とから成る。おそれる。

意味 びくびくおそれおののく。**おそれる。こわがる。こわい。おそろしい。おそれ。** 例 畏怖(イフ)。恐怖(キョウフ)。

古訓 中古 おそる・おづ・おどす 中世 おそる・おそるる・おづ・おどす・をののく 近世 おそる・おそるる

【怖気】(おじケ|おぞケ) 日 こわくて、びくびくする気持ち。おそれ。恐怖心。例 —づく。—だつ。—がつく。—をふるう。

【怖畏】(フイ) おそれる。類 怖懼(フク)。

【怖▼駭】(フガイ) おそれ驚く。

怤
心5(9) 4 1241 6024

フ漢 虞 fū

意味 思う。

怫
忄5(8) 2 5571 602B

一 フツ漢 物 fú
二 フツ慣 ヒ漢 未 fèi
三 フツ慣 ハイ漢 隊 bèi
ふさ-がる

意味 一 気がふさぐ。**ふさがる。** 例 怫鬱(フツウツ)。 二 むっとしたさま。例 怫然(フツゼン)。 三 そむく。もとる。くいちがう。通 悖(ハイ)。例 怫異(フツイ|ハイイ)。

【怫異】(フツイ|ハイイ) ことなる。くいちがう。例 五家之文怫異(ゴカのブンハイイす)(＝五つの学派の文章はくいちがっている)。〈史記・太史公自序〉

【怫鬱】(フツウツ) 気がふさいで心が晴れないさま。

【怫然】(フツゼン) 急に怒りがこみあげるさま。むっとするさま。

怦
忄5(8) 2 5572 6026

ホウ(ハウ)漢 庚 pēng
いそが-しい(いそが-し)

意味 心がはやるさま。気がせく。例 怦怦(ホウホウ)。

怜
忄5（8） 1 4671 601C 人
一 レイ 漢 青 líng
二 レン 漢 呉 先 lián
さと-い（さと-し）・あわ-れむ（あわ-れむ）

なりたち ［形声］「忄(=こころ)」と、音「令(レイ)」とから成る。心にさとる。

意味 一 頭のはたらきがよい。かしこい。**さとい**。通 霊。例 怜悧(レイリ)。二 いとおしく思う。**あわれむ**。通 憐(レン)。例 怜愛(レンアイ)(=かわいがる)。

人名 さと・さとし・とき

【怜▼悧】(レイリ) 利口なさま。頭のはたらきがよくてかしこいさま。例 いかにも―な顔つき。

恚
心6（10） 2 5575 605A
イ 漢 呉 寘 huì
いか-る・ふつ-く・ふつく-む

意味 (思いどおりにならず)腹を立てる。恨む。**いかる**。例 恚怒(イド)。瞋恚(シンイ|シンニ)(=怒り。にくしみ。はらだち)。

参考 訓の「ふつく・ふつくむ」は、「いきどおる・うらみいかる」意の古語。

【恚憾】(イカン) 怒り恨む。類 恚恨(イコン)・恚望(イボウ)。

【恚怒】(イド) いかる。憤怒(フンヌ)。類 恚忿(イフン)・恚憤(イフン)。


［悦］忄6（9） ⇩悦(エツ)（505ページ）

恩
心6（10） 1 1824 6069 教5
オン 漢 呉 元 ēn
めぐ-む

筆順 ｜ 冂 冃 冈 因 因 恩 恩

なりたち  ［会意］「心(=こころ)」と「因(イン→オン)(=したしむ)」とから成る。めぐむ。

意味 いつくしむ。**めぐむ**。めぐみ。例 不レ勝レ受レ恩(オンをうくるにたえず)(=めぐみを受けたことに耐えられない)。〈諸葛亮・出師表〉 恩愛(オンアイ)。恩恵(オンケイ)。恩師(オンシ)。謝恩(シャオン)。

古訓 中古 いつくし・うつくしむ・かくす・かくる・ねむごろ・めぐむ・めごむ 中世 いきどほる・いさぎよし・いつくしみ・かくる・めぐみ・めぐむ 近世 あはれむ・いつくしみ・いつくしむ・うるほす・かくる・めぐむ

人名 おき・めぐみ

【恩愛】(オンアイ|オンナイ) ①人に情けをかけ、いつくしむ心。いつくしみ。情け。②親子・夫婦などの間の愛情。例 昭陽殿裏恩愛絶(ショウヨウデンリオンアイたゆ)(=昭陽殿の中で陛下からいただいた愛情は、今では断ち切られてしまった)。〈白居易・長恨歌〉 ―の絆(きずな)。

【恩威】(オンイ) 恩恵と威光。人に対する恵み深さと厳しさ。例 ―並びおこなわれる。

【恩▼蔭】(オンイン) 高官の子孫が、父祖の功績により、天子の恩恵として特別に官職を与えられること。恩蔭官。また、同様に、国子監(コクシカン)(=官吏養成学校)への入学を許されること。恩蔭監生。

【恩栄】(オンエイ) 君主の恩恵として与えられている栄誉。

【恩化】(オンカ) 恩恵を与えて人民を教え導く。恵み深い政治。

【恩仮】(オンカ) ①天子の恩恵として与えられた休暇。②〔「仮」は、幸いの意〕天子の恩恵による幸福。

【恩顔】(オンガン) 情け深い顔つき。例 ―に接する。

【恩義】【恩▼誼】(オンギ) ①恩愛と義理。②いつくしみ。③日 返さなければならない義理のある恩。例 ―を感じる。

【恩▼仇】(オンキュウ) 情けと、あだ。

【恩旧】(オンキュウ) 古いよしみ。旧交。

【恩給】(オンキュウ) ①恩賞として禄(ロク)や所領などを与えること。②日 もと、一定年数以上勤めた公務員・軍人が退職または死亡したとき、本人または遺族に国が支給した年金または一時金。〔今の、共済年金や遺族年金にあたる〕

【恩恵】(オンケイ) その人にとって利益や幸福となるもの。情け。めぐみ。いつくしみ。恩沢。恩徳。例 自然の―に浴する。

【恩顧】(オンコ) 情けをかけて引き立てること。類 恩眷(オンケン)。例 ―をこうむる。

【恩光】(オンコウ) ①恵み。恩沢。天子の恩恵に対する美称。②万物を育て養う恵み深い太陽の光。

【恩幸】【恩▼倖】(オンコウ) 天子のひきたて。天子の寵愛(チョウアイ)。

【恩師】(オンシ) 学問や人生について大きな教えを受けた先生。

【恩賜】(オンシ) 天子や君主からたまわること。また、そのもの。類 恩錫(オンシャク)。例 恩賜御衣今在レ此(オンシのギョイいまここにあり)(=陛下からいただいた衣装は、いま、ここにあります)。〔菅原道真・九月十日〕 井の頭(かしら)―公園。

【恩赦】(オンシャ) ①天子の特赦。②日〔法〕行政権によって刑罰をゆるし、減じること。大赦・特赦などがある。

【恩借】(オンシャク) ①恵み。ほどこし。②日 人の厚意にすがって金品をかりうける。また、その金品。

【恩▼讐】(オンシュウ) 恩と恨み。情けとあだ。例 ―の彼方(かなた)。

【恩▼恤】(オンジュツ) 臣下や人民に対してほどこされる恵み。

【恩詔】(オンショウ) 天子の恵み深い、おことば。

【恩賞】(オンショウ) 手柄をほめて、地位や金品などを与えること。また、そのもの。褒美。例 ―をたまわる。

【恩情】(オンジョウ) 情けや思いやりのある心。いつくしみ。

【恩人】(オンジン) 大変世話になった人。恩をかけてくれた人。

【恩沢】(オンタク) 恵み。いつくしみ。恩恵。例 始是新承二恩沢一時(はじめてこれあらたにオンタクをうけなんとき)(=もうこれで皇帝の愛をお受けすることになった時)。〈白居易・長恨歌〉

【恩▼寵】(オンチョウ) ①天子・君主にかわいがられること。家来に対する主君の恵み。例 ―を受ける。②(キリスト教で)罪深い人間に対する神の特別ないつくしみ。例 神の―。

【恩典】(オンテン) 情けある、とりはからい。特典。例 ―に浴する。永年勤続者に対する―。

【恩徳】(オントク) 大きな恵みや深い情け。恩恵。恩沢。

【恩波】(オンパ) 天子の恵み。広く行きわたることを波にたとえたことば。

【恩命】(オンメイ) 天子や主君のありがたいお言いつけ。ありがたいおことば。例 ―をこうむる。

【恩礼】(オンレイ) 臣下に恵みをほどこし、厚く待遇すること。
●旧恩(キュウオン)・厚恩(コウオン)・高恩(コウオン)・謝恩(シャオン)・大恩(ダイオン)・報恩(ホウオン)・忘恩(ボウオン)

悔
忄6（9） 1 1889 6094 常用
［悔］忄7（10） 3 8448 FA3D 人 旧字体。
カイ（クヮイ）漢 ケ（クェ）呉 賄 huǐ
くいる（く-ゆ）・くい・くやむ・くやみ・くやしい（くや-し）

筆順 ⺗ 忄 忄 忙 恠 悔 悔

なりたち  ［形声］「忄(=こころ)」と、音「毎(バイ→カイ)」とから成る。自分を恨む。くやむ。

意味 ❶自分のあやまちをやりきれなく思い、自らをせめる。**くいる**。**くやむ**。**くい**。例 悔恨(カイコン)。後悔(コウカイ)。懺悔(ザンゲ)。❷災い。不吉。とが。例 尚速有レ悔二於予身一(ねがわくははすみやかにわがみにとがあらんことを)(=早くわたしの身に災いが起こり《弟に位をゆずれ》ますように)。〈公羊・裏二九〉

日本語での用法 一《くやむ》《くやみ》「死(シ)を悔(く)やむ言葉(ことば)・

お悔やみを言う」▼死・災いについて、いたむ。おしむ。二《くやしい》「悔し泣き・悔し涙」▼残念だ。無念だ。

古訓 中古 あらたむ・いかる・うみぬ・うむ・くい・くゆ・はぢ・はづやむ・くゆる 中世 あらたむ・うらむ・くゆる 近世 あらたむ・あらたむる・うらむ・くやむ・くゆる

【悔過】あやまちをくいる。自分の悪い言行を反省する。悔咎。

【悔▼咎】①とがめ。あやまち。罪。②あやまちをくいる。悔過。

【悔悟】自分のしたことは悪かったと気づいて改めようとする。例 ―の念にかられる。

【悔恨】自分がおかしたあやまちに気づいて、しなければよかったとくやむ。例 ―の情。

【悔▼悛】自分がおかした罪を認め、心を入れかえる。例 ―の情。

【悔▼尤】とがめ。あやまち。

【悔▼吝】①くやみごと。災い。あやまち。②くやむ。

●後悔

恢

忄6（9） 1 1890 6062 人

カイ(クヮイ)漢 灰 hui

ひろ-い（ひろ-し）

［恢］忄6（9） 俗字。

なりたち  ［形声］「心(＝こころ)」と、音「灰ヵイ」とから成る。大きい。

意味 ❶(心が)ひろく大きい。広大。**ひろい**。例 恢恢。❷大きくする。さかんにする。ひろめる。例 恢二我疆宇一(＝わが国の領土を拡大する)。〈漢書・叙伝下〉❸とりもどす。例 恢復。

古訓 中古 おほいなり・おほきなり・ひろし・ひろむ 中世 おほいなり・おほきなり・ひろむ 近世 いつはり・おほいなり・おほいにす

人名 ひろ・ひろし

【恢偉】大きくて立派である。魁偉。

【恢恢】①大きくて広いさま。例 天網恢恢、疎而不レ失(＝天の網の目はあらいようにみえるが、悪事は決して見のがさない)。〈老子・七三〉②心が広く、多くの人を受け入れるさま。寛容なさま。

【恢▼廓】〔「廓」も、広い・広げる意〕①広くて大きい。②心が広い。度量が大きい。③広げて大きくする。

【恢▼詭】大げさで奇異な。はなはだ奇怪な。

【恢▼弘】【恢▼宏】①広げて大きくする。例 恢二弘志士之気一(＝志士の意気を盛んにする)。〈諸葛亮・出師表〉②広大。

【恢誕】大げさでたらめな。

【恢復】①失われたものを取りもどす。例 名誉を―する。②(病気やけがが治って)もとどおりになる。例 病気が―する。景気の―。表記 ▽現 回復

［恡］忄6（9） ⇩怪イカ（494ジベ―）

恪

忄6（9） 2 5577 606A

カク漢 薬 kè

つつし-む

［愙］心9（13） 4 1261 6119 本字。

意味 ❶まじめにおこなう。**つつしむ**。うやまう。例 恪勤。❷のぼる。いたる。通 格。例 陟恪(＝のぼる)。

【恪守】規則などを厳守する。つつしんでまもる。

【恪勤】まじめに仕事にはげむ。例 精励―(＝まじめにつとめ、はげむ)。

【恪謹】つつしむ。つつしんで従う。

恐

心6（10） 1 2218 6050 常用

キョウ漢 ク・クウ呉 腫 kǒng

おそ-れる（おそ-る）・おそ-ろしい（おそろ-し）・おそれ・こわ-い（こは-し）

筆順 丅 工 玑 巩 巩 巩 恐 恐

なりたち  ［形声］「心(＝こころ)」と、音「巩キョウ」とから成る。おそれる。

意味 ❶こわがる。おびえる。**おそれる**。例 知二恐而畏一(＝おそれはばかることを知る)。〈柳宗元・送薛存義序〉恐懼。恐怖。❷かしこまる。つつしむ。おそれいる。例 恐悦。恐縮。❸こわがらせる。おどす。例 恐喝。❹たぶん。ひょっとしたら。おそらくは。例 償城恐不レ可レ得(＝ひきかえとした都市は、たぶん手に入れられないだろう)。〈史記・廉頗藺相如伝〉

古訓 中古 おそる・おそらくは・おそろし・おづ・おどす・かしこまる・かたじけなし 中世 おそらくは・おそる・おそるる・かたじけなし 近世 うたがふ・おそる・おもんばかる・はかる

【恐悦】日 つつしんで喜ぶ。また、目上の人に喜びを述べることば。恭悦。例 ―至極に存じます。

【恐▼嚇】「恐喝」に同じ。

【恐喝】①相手の弱みにつけこんでおどす。②おどして金品をうばい取る。脅迫。恫喝。例 ―罪。▽恐嚇。

【恐▼悸】おそれおののく。

【恐恐謹言】日 おそれながらつつしんで申し上げます。恐惶謹言。〔手紙の最後に書く挨拶のことば〕

【恐▼懼】〔「懼」も、おそれる意〕深くおそれてかしこまる。恐惶。例 ―謹言(＝手紙の最後に書く、きわめて丁寧な挨拶のことば)。

【恐慌】①おそれあわてる。例 ―をきたす。②日〔経〕経済上の大混乱。パニック。例 世界大―。

【恐▼惶】おそれつつしむこと。恐懼。

【恐▼惶謹言】日「恐恐謹言」に同じ。

【恐妻】日 夫がつまをおそれる。つまに頭があがらないこと。例 ―家。

【恐察】日 つつしんでおしはかる。〔他人のことを敬って推量することば〕

【恐縮】日 (相手の親切や厚意がありがたすぎて)身のちぢむ思いである。おそれいる。例 ただ―しております。

【恐▼竦】【恐▼悚】おそれる。おそれて身がすくむ。

【恐動】おそれて動揺する。

【恐怖】自分の身が危険で、おそろしいこと。おそれこわがる。例 ―心。大地震への―。

【恐竜】日 中生代(＝約二億四七〇〇万年前から六五〇〇万年前)に栄えた爬虫類の一種。

●誠惶誠恐・戦戦恐恐

恭

⺗6（10） 1 2219 606D 常用

キョウ漢 ク呉 冬 gōng

うやうやしい（うやうや-し）

筆順 一 廾 共 共 恭 恭 恭

なりたち  ［形声］「⺗(＝こころ)」と、音「共キョウ」とから成る。つつしむ。

意味 かしこまって、つつしみ深くする。ひかえめで、礼儀正しい。**うやうやしい**。例 恭賀。恭敬。恭順。

古訓 中古 うや・うやうやし・うやまふ・かしこまる・つつしむ・まぼる・まもる・ゐやゐやし 中世 うや・うやうやし・うやまふ・つつしむ

近世 うやうやし・うやまふ・つつしむ 人名 うや・すけ・すみ・たか・たかし・ただ・ただし・ちか・みつ・やす・やすし・ゆき・よし 難読 恭仁(くに)の京(みやこ)

【恭悦】キョウエツ ⇩【恐悦】キョウエツ（500ページ）
【恭賀】キョウガ うやうやしく祝う。謹賀。例 ―新年。
【恭勤】キョウキン まじめに仕事に励む。
【恭謹】キョウキン うやうやしくつつしみ深い。類 恭虔キョウケン。
【恭敬】キョウケイ つつしんで、心からうやまうこと。例 恭敬之心、人皆有レ之（キョウケイのこころ、ひとみなこれあり）（＝立派な人をうやまう心は、だれにも皆備わっている）。〈孟子・告子上〉―の意を表する。
【恭倹】キョウケン 他人に対してつつしみ深く、ひかえめなさま。例 必服二恭倹一（かならずキョウケンにフクす）（＝必ずおのれの身をつつましくふるまう）。〈荘子・天地〉身を保つこと―。→【温良恭倹譲】オンリョウキョウケンジョウ（792ページ）
【恭謙】キョウケン うやうやしい態度でへりくだるさま。類 恭譲。
【恭順】キョウジュン つつしんで命令に従うこと。例 ―の態度をとる。
【恭承】キョウショウ つつしんで受ける。
【恭黙】キョウモク つつしみ深くして、発言しない。
●允恭インキョウ・温恭オンキョウ・謙恭ケンキョウ

恟

忄6（9） 2 5579 605F

キョウ 漢 冬 xiōng

おそ-れる（おそ-る）・おのの-く（をのの-く）

意味 ❶おそれおののく。**おそれる。おののく**。例 恟駭キョウガイ（＝おそれる）。恟懼キョウク（＝おそれる）。❷騒々しい。もの騒がしい。例 恟恟キョウキョウ（＝騒ぎたてるさま）。

恇

忄6（9） 3 8447 6047

キョウ 漢 陽 kuāng

意味 おそれる。例 恇懼キョウク（＝恐れる）。恇慟キョウドウ（＝恐れ悲しむ）。

［協］忄6（9） ⇩協キョウ（195ページ）

恵

心6（10） 1 2335 6075 常用

ケイ（クヱイ）漢 エ（ヱ）呉 霽 huì

めぐむ・めぐみ・めぐまれる（めぐ-まる）

［惠］心8（12） 2 5610 60E0 人 旧字体。

［僡］亻12（14） 4 0192 50E1 別体字。

筆順 一 𠂆 亓 冃 亩 亩 恵 恵

なりたち  ［会意］「心（＝こころ）」と「叀（＝つつしむ）」とから成る。親しく思いやる。

意味 ❶情けをかける。金品を与える。**めぐむ。めぐみ**。例 恵贈ケイゾウ。恵沢ケイタク。恩恵オンケイ。❷すなお。おだやか。例 恵風ケイフウ。❸かしこい。さとい。かしこさ。通 慧ェ。例 知恵チエ。❹相手が自分にしてくれる動作の上につけて、敬意をあらわす。例 恵存ケイソン。

古訓 中古 あたふ・いつくし・したがふ・めぐむ・めごむ 中世 さかし・さとる・したがふ・たまふ・めぐみ・めぐむ 近世 あはれむ・いつくしむ・したがふ・たまふ・みすみあるほこ・めぐみ・めぐむ

人名 あや・さと・さとし・しげ・とし・やす・よし

【恵比須】【恵比寿】えびす 日 七福神のひとり。右手に釣りざおを持ち、左手に魚のタイをかかえた姿で、大漁・商売繁盛の神とされる。蛭子えびす。例 ―顔（＝えびすのような、にこにこした顔つき）。
【恵方】エホウ 日 その年の干支えにもとづいて、よいとされる方角。例 ―参り。―にあたる。
【恵音】ケイオン ①めぐみの便り。相手の手紙の敬称。②おだやかな音。
【恵化】ケイカ 政治がめぐみ深く、人々が感化されて善良になること。特に、地方官の善政を称賛していう。
【恵訓】ケイクン いつくしみ教える。また、思いやりのある教訓。
【恵顧】ケイコ ①めぐみをほどこして思いやる。②相手の来訪に対する敬称。おでまし。
【恵施】ケイシ ①めぐみ。ほどこし。②戦国時代、宋ソウの思想家。荘子の友人であり論敵。
【恵贈】ケイゾウ お贈りくださること。恵投。〔自分に、贈ってくれる相手の動作を敬っていうことば〕例 ご―の貴著ありがたく頂戴チョウダイいたしました。類 恵賜ケイシ・恵与。
【恵存】ケイソン｜ケイゾン 〔「お手もとに置いていただければ幸いです」の意〕自分の著書などを贈るときに書きそえることば。
【恵沢】ケイタク めぐみ。うるおい。恩沢。例 自由のもたらす―（＝日本国憲法にあることば）。
【恵投】ケイトウ 与えられる。恵贈。〔自分に、ものを贈ってくれる相手の動作を敬っていう〕類 恵与。例 ご―の貴著一冊、拝受いたしました。
【恵風】ケイフウ ①春のおだやかなめぐみの風。②広くゆきわたる、めぐみ深い政治。仁政。
【恵養】ケイヨウ めぐみをほどこして養う。
●恩恵オンケイ・知恵チエ・天恵テンケイ

恒

忄6（9） 1 2517 6052 常用

一 コウ 漢 ゴウ 呉 蒸 héng

二 コウ 漢 呉 径 gèng

つね・つね-に

［恆］忄6（9） 2 5581 6046 人 旧字体。

筆順 丶 忄 忄 忄 恒 恒 恒 恒

なりたち  ［会意］「忄（＝こころ）」と「舟（＝ふね）」とが「二（＝天地）」の間にある。遠く離れた心が舟によって通いあい、いつまでも変わらない。

意味 一 ❶いつも変わらない。いつもの決まった。**つね。つねに**。例 恒久コウキュウ。恒星コウセイ。恒例コウレイ。❷普通の。ありふれた。**つね**。❸恒山コウザン。❹易エキの六十四卦カの一つ。☳☴ 巽下震上ソンカシンショウ。雷と風の象。二 端から端までつらぬく。行き尽くす。満ちる。わたる。通 亘コウ。例 恒以二年歳一（わたるにネンサイをもってす）（＝何年間も続く）。〈漢書・叙伝上〉

古訓 中古 あまねし・つね・つねに・とこしなへ・ひさし・ゆみはり 中世 つね・とこしなへ・ひさし・ひさしし 近世 あまねし・いつも・つね・とこしなへ・ひさし

人名 ただ・ちか・のぶ・ひさ・ひさし・ひとし・ひろ・ひろし

難読 恒暗とこやみ

【恒温】コウオン ①つねに温かい。②日 一定の温度。定温。対 変温。
【恒河】ゴウガ 〔梵語ボン Gaṅgā の音訳〕インドのガンジス川のこと。
【恒河沙】ゴウガシャ 〔インドのガンジス川の砂の意〕数が非常に多いことのたとえ。
【恒久】コウキュウ いつまでも変わらないこと。永久。
【恒言】コウゲン つねづね口にすることば。
【恒産】コウサン 一定の財産や安定した職業。
【無二恒産一無二恒心一】コウサンなければコウシンなし 安定した収入や一定の財産がないと、つねに変わらない正しい心をもつことはできない。〔〈孟子・梁恵王上〉から〕
【恒山】コウザン 五岳の一つ、北岳。山西省北東部に連なる山。常山。
【恒士】コウジ 普通の人。凡人。
【恒常】コウジョウ つねに同じ状態で変わらないこと。例 ―的。
【恒心】コウシン いつも変わらない正しい心。→【無二恒産一無二恒心一】

4画

【恒星】セイコウ 太陽のようにそれ自体が光を発し、天球上での位置がほとんど変わらない星。㊉惑星。
【恒風】フウコウ つねに同じ方向に吹く風。貿易風・偏西風など。
【恒例】レイコウ いつも同じやり方で、決まった時期におこなわれること。また、そのような行事や儀式。例 ―の秋の大運動会。

恰
忄6 (9) 1 1970 6070 人 カッ慣 コウ(カフ)漢 洽 qià あたか-も

なりたち [形声]「忄(=こころ)」と、音「合コウ」とから成る。心を用いる。派生して「ちょうど」の意。
意味 ちょうど。まるで。**あたかも。** 例 恰好カッコウ。恰あたかも好よし。
古訓 中古 あたか・あたかも・ねむごろ 中世 あたか・あたかも・あたかも・かならず・これ・ねむごろ 近世 あたかも・とりのこゑ
人名 あたか
難読 恰度チョウド・袷恰とにもかくにも
【恰幅】プクカッ 日 どっしりした、ゆたかなからだつき。押し出し。例 ―のいい紳士。
【恰好】 一 コウコウ|あたかもよし ①ちょうどよい。②コウカッ ぴったりの。うってつけの。例 ―の仕事が見つかった。 二 コウカッ 日 ①すがた。かたち。また、外から見えるようす。体裁。格好。例 ―がよい。―をつける。②ほぼそれくらいの年齢であることを示す。例 五十―の男。

恍
忄6 (9) 2 5582 604D コウ(クヮウ)漢 養 huǎng

意味 ❶ぼんやりと、とらえがたい。また、心をうばわれて、うっとりする。例 恍惚コウコツ。❷「恍然ゼンコウ」は、㋐はっと悟るさま。㋑まるで…のようだ。
難読 恍ほれる
【恍▼惚】コツコウ ①ぼんやりして見分けがつかないさま。②心をうばわれてうっとりすること。③意識がはっきりしなくなること。

㤚
忄6 (9) 4 1242 391A コウ(カウ)漢 陽 háng

意味 よろこぶ。

恨
忄6 (9) 1 2608 6068 常用 コン漢呉 願 hèn うら-む・うら-めしい(うら-めし)・うらみ

筆順 丶 忄 忄 忄 忄 恨 恨 恨

なりたち [形声]「忄(=こころ)」と、音「艮コン」とから成る。うらむ。
意味 思いがかなわないことをくやしく思う。心残りに思う。**うらむ。うらみ。うらめしい。** 例 恨レ別鳥驚レ心わかれをうらんではとりにもこころをおどろかす(=《家族との》別れを悲しんでいると鳥の鳴き声にもはっとしてしまう)。〈杜甫・春望〉 遺恨イコン。怨恨エンコン。
古訓 中古 いきどほる・うらむ・くゆ 中世 うらみ・うらむ・くねる 近世 うらみ・うらむ
【飲レ恨】うらみをのむ ⇩【飲恨】コンイン(1453ページ)
【恨事】ジコン 残念な思いが残る事件・事柄。痛恨事。例 千秋シュウセンの―。千載ザイセンの―。
【恨毒】ドクコン〔「毒」も、うらむ意〕うらむ。うらみ。
●遺恨イコン・悔恨カイコン・多恨タコン・痛恨ツウコン

恣
心6 (10) 2 5583 6063 常用 シ漢呉 寘 zì ほしいまま

筆順 一 ン ン 次 次 次 恣 恣

なりたち [形声]「心(=こころ)」と、音「次シ」とから成る。ほしいままにする。
意味 ❶(何ものにもしばられず)勝手気ままにふるまう。**ほしいまま。** 例 恣意イシ。放恣ホウシ。❷好きにさせる。ほしいままにする。例 恣ニ君之所レ使レ之きみのこれをつかうところにまかす(=あなたの使いたいようになさい)。〈戦国策・趙四〉
古訓 中古 おもふ・ついづ・ほしいまま 中世 ほしいまま 近世 たのしむ・ほしいまま
【恣意】イシ ①思ったとおりにする。意のままにする。②日 気ままな心。わがまま勝手な考え。例 ―的。
【恣逸】イツシ 勝手気ままにふるまう。放縦ジュウホウ。㊈恣肆シシ。
【恣▼睢】キシ ①〔「睢」も、ほしいままの意〕勝手気ままにふるまう。②〔「睢」は、人をにらんで怒る意〕勝手気ままにふるまい、人を怒る。

恃
忄6 (9) 2 5584 6043 シ漢 ジ呉 紙 shì たの-む

意味 ❶たよりにする。あてにする。**たのむ。** 例 矜恃キョウジ。恃たのむ所ところは己おのれのみ。❷たよりにする者。母を指す。㊉怙コ(=父)。例 怙恃コジ。
【恃▼憑】ジヒョウ たよりにする。たのみとする。㊈恃頼ジライ。

恤
忄6 (9) 2 5585 6064 ジュツ慣 シュツ漢 質 xù うれ-える(うれ-ふ)・あわ-れむ(あは-れむ)・すく-う(すく-ふ)・めぐ-む

卹
卩6 (8) ― 5379 別体字。

䘏
血3 (9) 4 8804 460F 別体字。

意味 ❶あれこれ心配する。**うれえる。** 例 何恤ニ乎無レ家なんぞいえなきをうれえん(=家などなくとも心配いらない)。〈左伝・閔元〉❷気にかけ、いたわる。**あわれむ。** 例 恤民ジュツミン。❸困っている人に金品を与える。**すくう。めぐむ。** 例 救恤キュウジュツ。❹びっくりしたさま。例 恤然ジュツゼン。
【恤兵】ペイジュツ 日 兵士の労をねぎらうため、金品を戦地に送ること。例 ―金。
【恤民】ミンジュツ 民をあわれむ。
【恤問】モンジュツ 同情して慰問する。

恂
忄6 (9) 2 5586 6042 ジュン慣 シュン漢 真 xún まこと

意味 ❶信頼して心をよせる。まことだと思う。**まこと。** 例 恂恂ジュンジュン。❷びくびくとおびえる。おそれる。例 恂懼ジュンク(=びくびくとおびえる)。❸心がよく行きとどく。例 恂達ジュンタツ(=すみずみまでおよぶ)。
【恂恂】ジュンジュン ①誠実なさま。②びくびくとおそれるさま。例 吾恂恂而起、視ニ其缶一われジュンジュンとしてたちて、そのフをみる(=私はおっかなびっくり立ち上がって、その入れ物の中をのぞきこんだ)。〈柳宗元・捕蛇者説〉

恕
心6 (10) 1 2990 6055 人 ジョ慣 ショ漢 御 shù ゆる-す

なりたち [形声]「心」と、音「如ジョ→ショ」とから成る。思いやる心。
意味 ❶人の心をおしはかる。思いやる。同情する。はかる。例 其恕乎、己所レ不レ欲、勿レ施ニ於人一それジョか、おのれのほっせざるところ、ひとにほどこすことなかれ(=《一生守りおこなうべき徳は》「恕」であろう、自分がしてほしくないことを他人にしてはならない)。〈論語・衛霊公〉 忠恕チュウジョ。❷大目にみる。**ゆるす。** 例 寛恕カンジョ。宥恕ユウジョ。
古訓 中古 いかる・いるかせにす・おもはかる・おもふ・めぐむ・めぐむ 中世 おもはかる・おもんばかる・なだむ・めぐむ 近世 おもんばかる・はかる
人名 くに・くみ・しのぶ・ただし・のり・はかる・ひろ・ひろし・ひろ

む・みち・もろ・ゆき・よし

恁
心6 (10) ②5576 6041

一イン慣 ジン(ジム)漢 ニン(ニム)呉 寝 nèn (旧 rèn)
二ニン nín

意味 一❶心に思う。❷そのような。その。例 恁麼(インモ)。二あなたがた。あなた。通 您(ニン)。

【恁▼麼】(インモ) そのような。そのように。また、このような。このように。〔唐・宋(ソウ)時代の俗語。日本で「什麼(なに)」と混同して、疑問の意に誤用されることがある〕

【恁地】(ジンチ・インチ) 〔「地」は、接尾語〕そのように。

息
心6 (10) ①3409 606F 教3

ショク漢 ソク呉 職 xī
いき・やす-む・いこ-う(いこ-ふ)・や-む

付表 息吹(いぶき)・息子(むすこ)

筆順 ノ 亻 亣 自 自 自 息 息 息

なりたち  〔会意〕「心(=こころ)」と「自(=鼻)」とから成る。鼻から出る気。いき。

意味 ❶いきをする。吸ったり吐いたりする、いき。また、ためいき。いき。例 気息(キソク)。嘆息(タンソク)。窒息(チッソク)。❷生きる。育ち、ふえる。例 消息(ショウソク)(=減ることと増えること)。生息(セイソク)。❸子供。息子。例 息女(ソクジョ)。子息(シソク)。❹利子。例 利息(リソク)。❺くつろぐ。やすむ。例 安息(アンソク)。休息(キュウソク)。❻なくなる。やめる。やむ。例 息二交以絶一游(まじわりをやめてユウをたつ)(=交際をやめて交遊を断つ)。〈陶淵明・帰去来辞〉息災(ソクサイ)。終息(シュウソク)。

古訓 中古 いき・いきす・いこふ・いたはる・いらす・おき・おこす・おこる・おふ・おもふ・きゆ・こ・とどまる・とどむ・やす・やすし・やすむ・やむ 中世 いき・いこふ・いたはる・おもふ・とどむ・やすし・やすむ・やむ 近世 いき・いこふ・そだつ・やすむ・やむ

人名 おき・かず・き・やす

難読 息男(むすこ)・息女(むすめ)・御息所(みやすどころ)

【息急き】(いきせき) 日 激しく息をするさま。息を切らして。例 —切る(=あわていそいで、激しい息づかいをする)。

【息吹】(いぶき) 日 ①息を吐くこと。いき。呼吸。②(活動の前の)気配。きざし。例 春の—。新時代の—。

【息▼偃】(ソクエン) 横になって休む。

【息災】(ソクサイ) ①〔仏〕仏の力でわざわいを防ぎとめること。②日 元気なこと。無事であること。達者。例 無病—。—延命。無事—で暮らす。

【息子】(シソク・むすこ) 自分の男児。男の子供。せがれ。子息。

【息止】(ソクシ) ①やむ。やめる。また、なくなる。②休息する。

【息女】(ソクジョ) ①自分の娘。②日 身分ある人の娘。また、他人の娘を敬っていうことば。対 子息。例 さる旧家の—。ご—。

【息銭】(ソクセン) ①有利子の貸付。②利子。利金。一説に、利子と元金。

【息婦】(ソクフ) ①息子の妻。嫁。②自分の妻を謙遜(ケンソン)していうことば。また、婦人が、自分を謙遜していうことば。

【息民】(ソクミン) 民に平和な暮らしをさせる。民を休息させる。

●安息(アンソク)・気息(キソク)・休息(キュウソク)・姑息(コソク)・子息(シソク)・消息(ショウソク)・生息(セイソク)・絶息(ゼッソク)・嘆息(タンソク)・窒息(チッソク)・寝息(ねいき)・利息(リソク)・令息(レイソク)

恥
心6 (10) ①3549 6065 常用

〔耻〕耳4 (10) ②7055 803B 俗字。

チ漢呉 紙 chǐ
はじ(はぢ)・はじる(は-づ)・はじらう(は-ぢらふ)・はずかしい(は-づかし)

筆順 一 丅 F 耳 耳 耳 耳 耳 恥 恥

なりたち 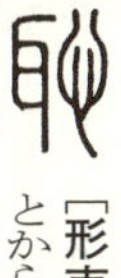 〔形声〕「心(=こころ)」と、音「耳(ジ→チ)」とから成る。はじる。

意味 ❶はずかしく思う。不名誉に感じる。はじる。はじらう。例 不レ恥二下問一(カモンをはじず)(=目下の者にたずねることを恥と思わない)。〈論語・公冶長〉羞恥(シュウチ)。❷はずべきこと。また、不名誉をはずかしく思う気持ち。はじ。例 人不レ可二以無一レ恥(ひとはもってはじなかるべからず)(=人間には恥を知る気持ちがなくてはならない)。〈孟子・尽心上〉恥辱(チジョク)。破廉恥(ハレンチ)。

日本語での用法 《チ》「恥骨(チコツ)・恥部(チブ)・恥毛(チモウ)」▼人体の一部について、秘すべきもの・あからさまにしない意。〔ドイツ語 Scham(=はじらい・はじ)の訳語〕

古訓 中古 はぢ・はづ 中世 はぢ・はづ 近世 はぢ・はづる

【恥辱】(チジョク) 体面が傷つくようなこと。はじ。不名誉。

【恥心】(チシン) はじを知るこころ。

【恥部】(チブ) 日 ①陰部。②社会や組織の内部の、みにくいところ。例 社会の—。政界の—をあばく。

●赤恥(あかはじ)・無恥(ムチ)・廉恥(レンチ)

恌
忄6 (9) ④1243 604C

チョウ(テウ)漢 蕭 tiāo

意味 軽はずみなさま。かるい。通 佻(チョウ)。

恬
忄6 (9) ②5587 606C

テン(テム)漢呉 塩 tián
やす-い(やす-し)

意味 (心が)静かに落ち着いている。ものごとに動じない。静か。安らか。やすい。例 恬然(テンゼン)。恬淡(テンタン)。

【恬逸】(テンイツ) 静かにのんびりする。

【恬虚】(テンキョ) 心が静かで、あっさりしている。

【恬静】(テンセイ) 静かで落ち着いている。

【恬然】(テンゼン) ものごとにとらわれず、平気でいるさま。例 —として恥じない。

【恬淡】(テンタン) (利益・金銭・地位・名誉などに)こだわらないで、あっさりしているさま。例 無欲—。金にも地位にも—な人。

【恬愉】(テンユ) 静かに安らいでいて、心楽しい。

恫
忄6 (9) ②5588 606B

一ドウ慣 トウ漢 東 tōng
二トウ漢 ドウ呉 送 dòng
いた-む

意味 一心に痛みを感じる。いたむ。例 恫痛(トウツウ)(=悲しみ、いたむ)。二恐ろしい思いをさせる。おどす。例 恫喝(ドウカツ)。

【恫喝】【恫▼猲】(ドウカツ) 〔「喝・猲」も、おどす意〕おどして、相手をこわがらせる。おどし。例 —を加える。

【恫疑】(ドウギ) おそれてうたがう。例 恫疑虚喝(ドウギキョカツ)(=内心はびくびくしながら、強がっておどす)。〈史記・蘇秦伝〉

恙
心6 (10) ②5589 6059

ヨウ(ヤウ)漢 漾 yàng
つつが

意味 ❶心配ごと。うれい。また、うれう。心配する。例 何恙レ不レ已(なんぞやまざるをうれえん)(=どうして(病気が)治らないと心配する必要があろう)。〈漢書・公孫弘伝〉❷災い。やまい。例 微恙(ビヨウ)(=軽い病)。無恙(ムヨウ・つつがなし)。

参考 一説に毒虫の名(ツツガムシ)という。

恋
心6 (10) ①4688 604B 常用

〔戀〕心19 (23) ②5688 6200 旧字体。

レン漢呉 霰 liàn
こう(こ-ふ)・こい(こひ)・こいしい(こひ-し)

筆順 丶 亠 亣 亦 亦 亦 恋 恋

なりたち  〔形声〕「女(=おんな)」と、音「䜌(レン)」とから成る。こいしたう。

参考 のちに「女」が「心」となった。

意味 思いこがれる。心がひかれ、離れられない。こう。こいしい。また、その感情。こい。例 駑馬恋ニ桟豆一（ドバはサントウをこう）（＝駄馬はかいばを恋しがる《小人物が俸給と官位に執着することのたとえ》）。〈晋書・宣帝紀〉 恋愛（レンアイ）。恋慕（レンボ）。失恋（シツレン）。

古訓 中古 おもふ・こひ・こひし・こふ・やはらかに 中世 おもふ・こひ・こふる・したがふ・したふ・やはらか 近世 おもふ・かへりみる・こひ・こひねがふ・したふ

【恋敵】（こいがたき） 日 恋の競争相手。例 ―と張り合う。

【恋路】（こいじ） 日 〔恋愛を道にたとえたことば〕恋の道。恋。

【恋愛】（レンアイ） ①なごりを惜しむ。②（男女間の）こいしたう気持ち。また、その感情をもつこと。恋。例 ―結婚。

【恋情】（レンジョウ） こいしたう気持ち。恋ごころ。

【恋着】（レンチャク） 深くこいしたう。

【恋慕】（レンボ） こいしたう。こいこがれる。例 横（よこ）―。

【恋恋】（レンレン） ①相手のことを細かく気づかう。②相手を思いこがれて忘れられないさま。③（ある地位などにこだわって）未練がましく、思い切りの悪いさま。

●愛恋（アイレン）・色恋（いろこい）・片恋（かたこい）・眷恋（ケンレン）・失恋（シツレン）・初恋（はつこい）・悲恋（ヒレン）

恷

心6（10） 2 5578 6077

音義未詳

参考 休（キュウ）（828ページ）の俗字とする説がある。

日本語での用法 《やす》《よし》▼人名に用いる字。

悪

心7（11） 1 1613 60AA 教3

一 アク 漢 呉 薬 è

二 オ（ヲ） 漢 呉 遇 wù

三 オ（ヲ） 漢 ウ・オ（ヲ） 呉 虞 wū

わるい（わる-し）・にく-む・にく-い（にく-し）・いず-くんぞ（いづ-くんぞ）

［惡］ 心8（12） 2 5608 60E1 人 旧字体。

筆順 一 丆 亓 亓 亜 亜 悪 悪

なりたち  ［形声］「心（＝こころ）」と、音「亞ア…→オ」とから成る。あやまち。あやまちをにくむ。

意味 一 ❶（心やおこないが）正しくない。わるい。また、その人。対 善。例 悪事（アクジ）。罪悪（ザイアク）。邪悪（ジャアク）。懲悪（チョウアク）。❷いやな。このましくない。みにくい。わるい。対 美。例 悪臭（アクシュウ）。醜悪（シュウアク）。俗悪（ゾクアク）。❸粗末な。劣った。へたな。例 悪筆（アクヒツ）。悪貨（アッカ）。粗悪（ソアク）。❹荒々しい。ひどい。例 凶悪（キョウアク）。悪戦苦闘（アクセンクトウ）。

二 ❶嫌がる。嫌う。ねたむ。恥じる。にくむ。例 嫌悪（ケンオ）。好悪（コウオ）。憎悪（ゾウオ）。羞悪（シュウオ）。❷わるくちを言う。そしる。例 人悪ニ之燕王一（ひとこれをエンオウにそしる）（＝人は燕王に対し彼《蘇秦（ソシン）》のことを悪く言った）。〈漢書・鄒陽伝〉

三 ❶失望・なげきの声。ああ。❷「いずくに（か）」「いずくんぞ」と読み、どこに・どうして、の意。疑問・反語をあらわす。例 君子去レ仁、悪乎成レ名（クンシジンをさりて、いずくにかなをなさん）（＝君子は仁から離れてどこで名声を上げられよう）。〈論語・里仁〉

古訓 中古 あし・あらし・いかむぞ・いづくぞ・かたちみにくし・なぞ・なんぞ・にくむ・はぢ・はづ 中世 あし・あしし・あらし・いづくんぞ・にくむ・はづる・わるし 近世 ああ・あしし・いづくんぞ・くそ・けがらはし・にくむ・はづる・みにくし・わるし

難読 悪戯（いたずら）・善（よ）し悪（あ）し

【悪衣】（アクイ） 粗末な衣服・服装。例 ―悪食（＝質素なさま）。

【悪意】（アクイ） ①他人に不幸や苦痛を与えようとする心。わるぎ。対 好意。例 ―をいだく。②日 わるい見方。わるい意味。例 ―にとる。▽対 善意。

【悪因】（アクイン） わるい結果をもたらす原因。対 善因。例 ―悪果（アッカ）（＝わるいおこないがわるい結果を生むということ）。

【悪運】（アクウン） ①わるい運命。不運なめぐりあわせ。②日 わるいことをしてもその報いを受けずに、かえって栄えたりする運勢。例 ―が強い。

【悪疫】（アクエキ） たちのわるい、はやりやまい。悪性の流行病。例 ―消除。

【悪縁】（アクエン） ①〔仏〕必ずわるい結果につながる、前世からの関係。②日 断ち切りたいのに断ち切れない、男女の関係。くされ縁。

【悪形】【悪方】（アクがた） 日 歌舞伎（かぶき）で、悪人の役。また、それを演じる役者。悪役。かたき役。

【悪戯】（アクギ） わるふざけ。いたずら。

【悪逆】（アクギャク） 人の道にはずれた大きな悪事。例 ―無道。

【悪行】（アクギョウ・アッコウ） わるいおこない。道徳に反するおこない。悪事。対 善行。例 ―を重ねる。

【悪業】 一（アクギョウ） わるいおこない。よからぬ商売。二（アクゴウ）〔仏〕前世でのわるいおこない。また、前世での不幸な結果をもたらすようなわるいおこない。例 ―の報い。

【悪言】（アクゲン） わるくち。

【悪才】（アクサイ） わるいことをする才能。例 ―に長（た）ける。

【悪妻】（アクサイ） 夫にとってよくないつま。対 良妻。

【悪事】（アクジ） わるいおこない。悪行（アクギョウ）。対 善事。例 好事不レ出レ門、悪事行ニ千里一（コウジモンをいでず、アクジセンリをはしる）（＝善行はなかなか人に知られないが、悪いおこないはすぐ世間に知れわたる）。〈景徳伝灯録・寿州紹宗禅師〉 ―をはたらく。

【悪食】（アクジキ・アクショク） ①粗末な食事。例 恥ニ悪衣悪食一（アクイアクショクをはず）（＝粗末な衣服・粗末な食事を恥じる）。〈論語・里仁〉 ②日 普通では食べないようなものを食べる。如何物食（いかものぐ）い。③日〔仏〕獣の肉を食べる。

【悪疾】（アクシツ） たちのわるい病気。治りにくい病気。

【悪質】（アクシツ） 日 ①品質や材質がわるいさま。対 良質。例 ―な製品。②考え方や行動がとりわけてわるいさま。たちがわるいさま。例 ―な詐欺師。

【悪手】（アクシュ） 日 囲碁や将棋などで、まずい手。

【悪趣】（アクシュ） 〔仏〕「「趣」は、おもむく意」「悪道（アクドウ）②」に同じ。

【悪臭】（アクシュウ） いやなにおい。例 ―を放つ。―がただよう。

【悪習】（アクシュウ） 好ましくない習慣や風習。例 ―に染まる。

【悪趣味】（アクシュミ） 日 ①趣味が下品なさま。②他人が不愉快になるようなことを好み楽しむさま。

【悪循環】（アクジュンカン） 日 二つ以上の事柄が次々と、互いに原因・結果となり、とめどなくわるくなっていくこと。

【悪所】（アクショ） 日 ①道の険しく危険な所。難所。例 ―を越える。②酒や女遊びなどをする場所。昔の遊郭など。

【悪書】（アクショ） 日 子供などにわるい影響を与える本。有害な本。対 良書。例 ―追放。

【悪女】（アクジョ） ①顔のよくない女。醜女。例 ―の深情け（＝みにくい女は情がこまやかだ。ありがた迷惑の意に使う）。②日 性質やおこないのよくない女。

【悪少】（アクショウ） 品行のわるい若者。不良少年。

【悪色】（アクショク） みだらな美女。→【悪声】（アクセイ）③

【悪心】 一（アクシン） わるいことをしようとする心。対 善心。例 ―がめばえる。二（オシン） 吐きけ。むかつき。

【悪世】（アクセ） わるい時代。悪事のはびこる世の中。

【悪声】（アクセイ） ①わるい声。不快な声。対 美声。②わるい評判。例 悪声至必反レ之（アクセイいたらば かならずこれをかえせり）（＝悪い評判を立てられたときは、必ず反論した）。〈孟子・公孫丑上〉 ―を放つ。③みだらな音楽。例 目不レ視ニ悪色一、耳不レ聴ニ悪声(め)みみ一(はアクショクをみず、)(はアクセイをきかず)(＝《伯夷(ハクイ)は》みだらな女性は目に入れないし、みだらな音楽は耳に入れない)。〈孟子・万章下〉

【悪性】(アクセイ) 一 ①人の性質やおこないがわるいこと。㊀良性。例 —の腫瘍(シュヨウ)。②日病気などのたちがよくないこと。㊀良性。 二(アクショウ) 日道楽や浮気(うわキ)をしがちであること。例 もはや—をする年ではない。

【悪政】(アクセイ) 人民を苦しめる政治。㊀善政。例 —にあえぐ。

【悪税】(アクゼイ) 日人々が納得しない、不当な税金。また、人々を苦しめる税金。

【悪戦】(アクセン) 不利で苦しいたたかい。苦戦。例 —苦闘。

【悪銭】(アクセン) ①品質のよくない貨幣。悪貨(アッカ)。②日不正にもうけたお金。あぶくぜに。例 —身につかず。

【悪相】(アクソウ) ①〔仏〕不吉なしるし。わるいことの起こる前ぶれ。②みにくい顔つき。おそろしい顔つき。例 憎々しげな—。

【悪僧】(アクソウ) ①仏教の戒律を守らない僧。なまぐさ坊主。②武芸にすぐれた僧。荒(あら)法師。

【悪態】(アクタイ) 日憎まれ口。例 —をつく。

【悪玉】(アクだま) 日悪人のこと。〔江戸時代の草双紙(くさゾウシ)などのさし絵で、人物の顔をまるく書き、その中に悪人には「悪」と書き、善人には「善」と書いてあらわしたことからいう〕㊀善玉。

【悪天】(アクテン) 日悪天候。㊀好天。

【悪党(黨)】(アクトウ) ①悪人(の仲間)。〔もとは集団を意味したが、現在では個人についてもいう〕②日人をののしることば。

【悪童】(アクドウ) 日わるさをする子供。いたずら小僧。

【悪道】(アクドウ) ①人の道に反する行為。②〔仏〕悪事の報いとして死後に行かなければならない苦しみの世界。地獄・餓鬼・畜生(チクショウ)の三悪道や、修羅(シュラ)を加えた四悪道などがある。悪趣。例 —におちる。③日わるい道路。悪路。

【悪徳】(アクトク) 道徳に反するわるいおこない。㊀美徳。例 —商人。—政治家。

【悪日】(アクニチ|アクび) 縁起のよくない日。めぐりあわせのわるい日。凶日(キョウジツ)。㊀吉日(キチジツ|キチニチ)。

【悪人】(アクニン) 心のわるい人。わるいことをする人。わるもの。㊀善人。例 不下与二悪人一言上(アクニンとものいわず)(＝《伯夷(ハクイ)は》悪人と会話をしなかった)。〈孟子・公孫丑上〉

【悪念】(アクネン) わるいことをしようとする考え。例 —が生じる。

【悪馬】(アクバ) くせがあって乗りこなしにくいウマ。

【悪罵】(アクバ) 口ぎたなくののしる。また、そのことば。

【悪筆】(アクヒツ) 日①字が下手なこと。また、下手な文字。㊀達筆・能筆。②品質のわるいふで。書きにくいふで。

【悪評】(アクヒョウ) 日わるい評判。㊀好評。例 —が立つ。

【悪病】(アクビョウ) たちのわるい病気。難病。悪疾。

【悪平等】(アクビョウドウ) 日個々の能力や個性を考慮せず一律にあつかって、実質的には平等でないこと。

【悪婦】(アクフ) 性質のよくない嫁。また、いじわるな女。悪女。

【悪風】(アクフウ) ①荒れ狂ったように吹く風。②わるい習慣。悪習。悪弊。㊀美風・良風。例 —を一掃する。

【悪文】(アクブン) 下手な文章。意味が通じにくい文章。㊀名文。

【悪弊】(アクヘイ) わるい習慣。悪習。悪風。例 —を絶つ。

【悪癖】(アクヘキ) 日わるいくせ。よくない習慣。

【悪法】(アクホウ) ①悪い見本。②日人民を苦しめるわるい法律。

【悪報】(アクホウ) ①〔仏〕悪事をはたらいたために受ける、わるいむくい。②日わるい知らせ。凶報。㊀吉報。

【悪魔】(アクマ) ①〔仏〕仏法にさからったり、人の心をまどわして悪に向かわせる魔物。例 —を調伏(チョウブク)する。②人としてのやさしさや思いやりなどをもたない極悪人。

【悪夢】(アクム) ①不吉なゆめ。恐ろしいゆめ。例 —にうなされる。②日現実とは思えないような恐ろしいこと。例 —としか言いようのない大惨事。

【悪名】(アクメイ|アクミョウ) わるい評判。よくないうわさ。

【悪役】(アクヤク) 日芝居や映画などの、悪人の役。かたき役。

【悪友】(アクユウ) ①わるい友達。㊀良友。②日(親しみをこめて)昔からの遊び友達。

【悪用】(アクヨウ) 日権力や道具などを本来の目的に反する、わるいことのために使う。㊀善用。例 地位を—する。

【悪辣】(アクラツ) 日することがひどく、あくどい。例 —な手口。

【悪霊】(アクリョウ|アクレイ) 人にたたりをする死者の魂。悪鬼(アッキ)。怨霊(オンリョウ)。

【悪例】(アクレイ) 日わるい先例。例 後世(コウセイ)に—を残す。

【悪路】(アクロ) 整備されていなくて、通りにくい道。

【悪化】(アッカ) 日状態・形勢などがわるくなる。例 病状が—する。—の一途をたどる。

【悪果】(アッカ) わるい結果。↓【悪因】(アクイン)

【悪貨】(アッカ) 日地金の品質のわるい貨幣。悪銭。㊀良貨。

【悪漢】(アッカン) 〔「漢」は、男の意〕悪事をはたらく男。

【悪気】(アッキ) 一 人に害を与える毒気。二(わるギ) 日わざと相手に迷惑や害をおよぼそうとする気持ち。悪意。

【悪鬼】(アッキ) 人にたたったり、わるいことをしたりする魔物。

【悪口】(アッコウ|わるくち) 人のことを、わるく言うこと。また、そのことば。

【悪口雑言】(アッコウゾウゴン) 日口ぎたなく言い散らすこと。例 —の限りを尽くす。

【悪寒】(オカン) 発熱によって起こる、ぞくぞくするようなさむけ。

【悪血】(オケツ|アクち|わるち) 病毒によってよごされた血。

【悪阻】(オソ|つわり) 〔医〕妊娠初期に、吐きけを感じたり、吐いたりする症状。

【悪知恵】【悪▼智▼慧】(わるヂエ) 日わるがしこいちえ。例 —がはたらく。

【悪者】(わるもの) 日わるいことをする者。悪漢。

●害悪(ガイアク)・勧善懲悪(カンゼンチョウアク)・凶悪(キョウアク)・険悪(ケンアク)・嫌悪(ケンオ)・好悪(コウオ)・最悪(サイアク)・罪悪(ザイアク)・邪悪(ジャアク)・醜悪(シュウアク)・粗悪(ソアク)・憎悪(ゾウオ)・俗悪(ゾクアク)・劣悪(レツアク)

悦

忄7 (10) 1 1757 60A6 常用

エツ 漢 呉 屑 yuè

よろこ-ぶ

[悅] 忄7 (10) 6085 旧字体。

[悗] 忄6 (9) 6071 俗字。

筆順 丶 忄 忄' 忄'' 忄尚 忄兑 悦

なりたち [形声]「忄(＝こころ)」と、音「兌(エツ)」とから成る。よろこぶ。

意味 うれしく思う。たのしむ。**よろこぶ**。また、よろこび。例 悦楽(エツラク)。喜悦(キエツ)。愉悦(ユエツ)。悦(エツ)に入(い)る。

古訓 中古 よろこび・よろこぶ 中世 たのしぶ・たのしむ・よろこぶ 近世 たのしむ・よろこぶ

人名 のぶ・よし

【悦玩】【悦▼翫】(エツガン) よろこびめでる。鑑賞して楽しむ。

【悦色】(エッショク) 〔「色」は、顔色の意〕①うれしそうな顔つき。よろこびの表情。②(いろをよろこばす) うれしそうな顔をする。人に気に入られるように、ほほえむ。

【悦服】(エップク) よろこんで心から従う。例 人民大いに—す。

【悦目】(エツモク) 見て楽しく美しくて、目をよろこばせる。

【悦予(豫)】(エツヨ) 〔「予」も、よろこぶ意〕よろこぶ。こころよく思う。

【悦楽】(エツラク) 感覚を満足させてよろこび楽しむ。例 —の境地。—にひたる。

●喜悦(キエツ)・恐悦(キョウエツ)・法悦(ホウエツ)・満悦(マンエツ)・愉悦(ユエツ)

悁

忄7 (10) 2 5590 6081

一 エン(ヱン)漢 先 yuān　二 ケン(クェン)漢 霰 juàn

意味 一 ❶腹を立てる。いきどおる。いかる。いきどお-る(いきどほ-る)・いか-る　例 悁邑(エンユウ)。❷なやみ、うれえる。例 悁急(ケンキュウ)(=気が短い)。二 気がせいて、いらいらするさま。例 悁忿(エンプン)。

【悁悁】エンエン ①うれい悩むさま。②怒るさま。③親切でいろいろと気を使うさま。懇切丁寧なさま。

【悁▼忿】エンプン 怒る。

【悁▼邑】【悁▼悒】エンユウ〔「邑・悒」も、うれえる意〕心が晴れないさま。

悝

忄7 (10) 3 8449 609D

カイ(クヮイ)漢 灰 kuī

意味 ばかにして、からかう。あざける。参考 李悝(リカイ)(=人名)。

[悔]

忄7 (10) ⇩悔(イカ)(499ジペー)

患

心7 (11) 1 2021 60A3 常用

カン(クヮン)漢 ゲン(グェン)呉 諫 huàn　わずらう(わづら-ふ)・わずらい(わづら-ひ)・うれ-える(うれ-ふ)・うれ-い(うれひ)

筆順 丶 ㇕ 口 吕 串 串 患 患 患

なりたち  [形声]「心(=こころ)」と、音「串(カン)」とから成る。うれえる。

意味 ❶心配する。思い悩む。うれえる。例 不レ患二人之不一レ己知一、患レ不レ知レ人也(ひとのおのれをしらざるをうれえず、ひとをしらざるをうれう)(=他人が自分を理解してくれないことを気にかけず、自分が他人を理解しないことを気にかける)。〈論語・学而〉❷心配事。災い。うれい。例 有レ備無レ患(そなえあればうれいなし)(=準備が十分であれば心配はない)。〈左伝・襄二〉内憂外患(ナイユウガイカン)。❸病気にかかる。わずらう。わずらい。例 患者(カンジャ)。患部(カンブ)。疾患(シッカン)。

古訓 中古 うれふ・やまひ・やむ　中世 うれひ・うれふ・やまひ・わざはひ　近世 うれひ・うれふ・うれへ・おもんばかる・くるしむ・なやむ・にくむ・やむ・わざはひ

【患家】カンカ 日(医者の立場からみた)患者の家。

【患禍】カンカ 災い。類 患害。

【患苦】カンク くるしむ。また、くるしみ。

【患者】カンジャ 日 病気にかかって医師の治療を受けている人。

【患難】カンナン 苦しい状況。苦境。

【患部】カンブ 日 病気や傷のある部分。例 ―を消毒する。

●急患(キュウカン)・国患(コッカン)・疾患(シッカン)・重患(ジュウカン)・大患(タイカン)

悍

忄7 (10) 2 5591 608D

カン漢 翰 hàn　あら-い(あら-し)・たけ-し

意味 気がつよく、勇ましい。荒々しい。たけだけしい。例 悍然(カンゼン)。悍馬(カンバ)。精悍(セイカン)。

【悍妻】カンサイ 気性の荒い妻。類 悍室。

【悍然】カンゼン 気が強くて荒々しいさま。

【悍馬】カンバ 性質の荒いウマ。あばれうま。荒馬。

【悍婦】カンプ 気性の激しい嫁。気の強い妻。

【悍勇】カンユウ たけだけしく勇ましい。勇猛。例 三晋之兵素悍勇(サンシンのへいはもとカンユウなり)(=三晋の兵士たちは本来すこぶる勇敢である)。〈史記・孫臏伝〉

【悍吏】カンリ 意地が悪く、凶暴にふるまう役人。

悕

忄7 (10) 4 1246 6095

キ漢 ケ呉 微 xī

意味 ❶いつも心にとめておく。おもう。❷ねがう。❸悲しむ。

悟

忄7 (10) 1 2471 609F 常用

[㤀] 心4 (8) 4 1233 5FE2 古字。

ゴ漢呉 遇 wù　さと-る・さと-り

筆順 丶 忄 忄 忏 忏 忓 悟 悟 悟 悟

なりたち  [形声]「忄(=こころ)」と、音「吾(ゴ)」とから成る。眠りからさめる。

意味 ❶眠りからさめる。通 寤(ゴ)。❷はっと思いあたる。真理にめざめる。さとる。さとり。例 悟得(ゴトク)。悟入(ゴニュウ)。覚悟(カクゴ)。❸面会する。あう。通 晤(ゴ)。

古訓 中古 さとる・さむ・しる　中世 さとる・さむる　近世 さとす・さとる・さむる

人名 さと・さとし・のり

【悟性】ゴセイ ①生まれつきの頭のよさ。②〔哲〕経験や知識にもとづいて、ものごとを理解・認識し判断する心のはたらき。知性。対 感性。

【悟道】ゴドウ〔仏〕仏の教えの真理をさとること。さとりの道。

【悟得】ゴトク〔仏〕さとりをひらいて真理を会得(エトク)する。

【悟入】ゴニュウ〔仏〕さとりの境地にはいる。

●悔悟(カイゴ)・覚悟(カクゴ)・大悟(タイゴ)

悞

忄7 (10) 3 8450 609E

ゴ漢 遇 wù

意味 ❶まちがえる。あやまる。通 誤。❷うたがう。❸あざむく。

悃

忄7 (10) 2 5593 6083

コン漢 阮 kǔn　ねんごろ・まこと

意味 きまじめで、いつわりのない心。まこと。例 悃誠(コンセイ)。

【悃誠】コンセイ まごころのこもっていること。まこと。懇誠。

悉

心7 (11) 1 2829 6089 人

シツ漢 シチ呉 質 xī　つ-くす・ことごと-く

なりたち  [会意]「心(=こころ)」と「釆(=弁別する)」とから成る。つまびらかに、つくす。

意味 ❶すべてにわたって詳しい。知りつくす。言いつくす。つくす。例 書不レ能レ悉レ意(ショイをつくすあたわず)(=手紙では気持ちを言いつくせない)。〈司馬遷・報任少卿書〉知悉(チシツ)。詳悉(ショウシツ)。❷残らず。どれも。ことごとく。例 悉皆(シッカイ)。❸梵語(ボンゴ)の音訳に用いる。例 悉曇(シッタン)。

古訓 中古 ことごとく・つくす・つばひらかに　中世 ことごとく・つくす・つまびらか・みな　近世 あきらか・ことごとく・つくす・つまびらか・みな

難読 悉皆(さながら)・悉(つぶさ)に

【悉皆】シッカイ ①ことごとく。すっかり。残らず。例 ―調査(=すべてを調べる。人口を調べる国勢調査など)。―屋(=染め物や洗い張りをする店)。②日〔下に打ち消しのことばをともなって〕全然。まったく。例 ―頼もしさがない。

【悉達多】シッタルタ〔梵語(ボンゴ) Siddhārtha (=目的を成就した者の意)の音訳〕釈迦(シャカ)の出家する前の名。ゴータマ=シッタルタ。悉達(シッタ)。悉多(シッタ)。

【悉曇】シッタン〔梵語(ボンゴ) siddhaṃ の音訳〕①梵字(=梵語を表記するための文字)の音をつづるもとになる個々の文字。②古代インド語に関する学問。例 ―学。

悛

忄7 (10) 2 5602 609B

一 シュン慣 セン漢 先 quān　二 シュン漢 真 xún　あらた-める(あらた-む)

意味 一 ❶(あやまちを)あらためる。やめる。例 悛改(シュンカイ)。❷順序。二「悛悛(シュンシュン)」は、誠実なさま。

【悛改】カイシュン 過去の悪いおこないを悔い改める。改悛。
【悛容】シュンヨウ あやまちを悔いるさま。

悚
忄7 (10) 2 5594 609A ショウ漢 シュ呉 腫 sǒng おそ-れる(おそ-る)

意味 ぞっとして、身がすくむ。**おそれる**。例 悚然ショウゼン。
【悚▼怍】ショウサク おそれ恥じる。恐縮して恥じ入る。
【悚悚】ショウショウ 「悚然ショウゼン」に同じ。
【悚然】ショウゼン おそれて立ちすくむさま。びくびくするさま。竦然ショウゼン。悚悚ショウショウ。例 ―として戦慄センリツする。
【悚慄】ショウリツ おそれおののく。

悄
忄7 (10) 2 5601 6084 ショウ(セウ)漢 篠 qiǎo

意味 ❶心細くて、しょんぼりする。うれえる。例 悄悄ショウショウ。悄然ショウゼン。❷ひっそりと、しずか。例 悄無レ言ショウとしてゲンなし(=ひっそりとして声がしない)。〈白居易・琵琶行〉
難読 悄気しょげる・悄悄しおしお・悄然しょんぼり
【悄悄】ショウショウ 心がしずんで、しょんぼりしているさま。例 ―として立ち去る。
【悄然】ショウゼン ①気にかかることがあって元気がなく、しょんぼりしているさま。②ひっそりして、ものさびしいさま。例 夕殿蛍飛思悄然セキデンにほたるとんでおもいショウゼン(=夜の御殿に飛びかうホタルを見てはしょんぼりともの思いにふける)。〈白居易・長恨歌〉
【悄▼愴】ショウソウ ①元気を失って悲しむ。②人けがなくさびしいさま。

悌
忄7 (10) 1 3680 608C 人 テイ漢 霽 tì

なりたち [形声]「忄(=こころ)」と、音「弟テイ」とから成る。兄によく仕える。
意味 年少者が年長者によく従う。また、兄弟の仲がよい。例 出則悌いでてはすなわちテイ(=外出したときには年長者に従う)。〈孟子・滕文公下〉 孝悌コウテイ。
古訓 中古 したがふ・やすし 中世 したがふ・やすし・よろこぶ 近世 したがふ・やすし
人名 すなお・とも・やす・やすし・よし

【悊】心7 (11) ⇩哲テツ(250ジペー)

您
心7 (11) 4 1247 60A8 ニン nín

意味 あなた。第二人称の敬称。「你」よりも丁寧なことば。

悩
忄7 (10) 1 3926 60A9 常用 ノウ(ナウ)呉 ドウ(ダウ)漢 皓 nǎo なやむ・なやます・なやみ・なやましい(なや-まし)

【惱】忄9 (12) 2 5629 60F1 旧字体。

筆順 丷 忄 忄 忄 忄 悩 悩

なりたち [形声]「女(=おんな)」と、音「𡿺ドウ(=脳)」の省略体とから成る。思いなやむ。
参考 のちに「女」を「忄」と書くようになった。
意味 ❶思いわずらう。**なやむ**。**なやみ**。また、くるしめる。**なやます**。例 悩殺ノウサツ。苦悩クノウ。煩悩ボンノウ。❷さそう。気を引く。
日本語での用法 《ノウ》「御悩ゴノウとうけたまわり…」▼天皇など高位の人の病気を指すことば。
古訓 中古 うれふ・なやます・なやむ 中世 うれふ・なやます・なやむ 近世 なやましむ・なやます・なやむ・わずらふ
【悩殺】ノウサツ 「殺」は、強めのことば」非常になやませる。特に、女性がその美しさや魅力で男の心をなやますこと。
【悩乱】ノウラン なやみ苦しんで心の安定を失う。

悖
忄7 (10) 2 5603 6096 一 ハイ漢 隊 bèi 二 ホツ漢 ボツ呉 月 bó もと-る

意味 一 (道理に)そむく。あるべきすがたに反する。また、互いに食い違う。でたらめである。**もとる**。通 背。例 前後相悖ゼンゴあいもとる(=前と後とで食い違う)。〈韓非・定法〉 悖逆ハイギャク。悖徳ハイトク。二 急に興るさま。さかんなさま。通 勃ボツ。例 悖然ボツゼン。
【悖逆】ハイギャク ①道理にそむく。②上位者の命にそむく。反逆する。▽背逆。
【悖徳】ハイトク 道徳にそむくこと。表記 現 背徳
【悖▼繆】ハイビュウ【悖▼謬】ハイビュウ 道理にそむき、誤りを犯す。
【悖乱】ハイラン 道にはずれ、迷いみだれる。また、謀反を起こす。例 当二紂之時一、大道悖乱チュウのときにあたり、タイドウハイランす(=紂の時代において道徳の根本が乱れた)。〈柳宗元・書箕子廟碑陰〉
【悖理】ハイリ 道理に合わないこと。背理。
【悖礼】ハイレイ 礼に反する。礼の道理にそむく。例 不レ敬二其親一而敬二他人一者、謂二之悖礼一そのおやをケイせずしてタニンをケイするもの、これをハイレイという(=自分の親を敬わずに他人を敬う者、これを礼にもとるという)。〈孝経・聖治〉
【悖戻】ハイレイ 道理にそむく。背戻。
【悖然】ボツゼン ①怒ったり驚いたりして急に顔色を変えるさま。②にわかに。突然。▽勃然ボツゼン。

悗
忄7 (10) 2 5604 6097 一 バン漢 マン呉 寒 mán 二 ボン漢 モン呉 阮 mèn まど-う(まど-ふ)・わす-れる(わす-る)

意味 一 ❶うすぼんやりとして、おろか。**まどう**。❷気分がもやもやする。二 心がうつろなさま。うわのそら。

悠
心7 (11) 1 4510 60A0 常用 ユウ(イウ)漢 尤 yōu とお-い(とほ-し)・はる-か

筆順 亻 亻 仆 攸 攸 攸 悠 悠

なりたち [形声]「心(=こころ)」と、音「攸ユウ」とから成る。うれえる。借りて「とおい」の意。
意味 ❶心に深く思う。例 悠哉ユウなるかな(=思いが尽きない)。❷時間的・空間的に長く続く。**はるか**。**とおい**。例 悠遠ユウエン。悠久ユウキュウ。❸のんびりしている。ゆったりしている。例 悠然ユウゼン。悠長ユウチョウ。悠悠自適ユウユウジテキ。
古訓 中古 おほきなり・おぼゆ・かすかなり・かなし・とほし・はるかなり・ひろめく 中世 とほし・はるかなり 近世 うれふ・おもふ・とほし・ながし・はるか・ひさし・ゆるやか
人名 ちか・なが・ひさ・ひさし・ひろし・ゆ
【悠遠】ユウエン 場所や年代が、とおくへだたっているさま。例 ―な宇宙。―の太古の時代。
【悠久】ユウキュウ はるか昔から果てしなく続いていること。例 ―の大地。
【悠然】ユウゼン ゆったりと落ち着いているさま。例 悠然見二南山一ユウゼンとしてナンザンをみる(=私はゆったりと南山を眺める)。〈陶淵明・飲酒〉 ―たる態度。
【悠長】ユウチョウ ①はるかに続く。②日 (急ぐべきときでも)のんびりしているさま。例 そんな―なことは言っていられない。
【悠悠】ユウユウ ①(時間や場所などが)遠くはるかなさま。例 悠悠生死別経レ年ユウユウたるセイシわかれてとしをふ(=遠くへだたった生と死の世界に別れて年久しい)。〈白居易・長恨歌〉 ―たる大地。②

ゆったりしてあわてないさま。例 無二日不一悠悠一（ひとしてユウユウたらざるなし）（＝一日としてのんびりしない日はない）。〈李白・太原早秋〉③日 十分に余裕のあるさま。

【悠悠自適】ジテキ 日 お金や時間などにしばられることなく、自分の好きなように暮らすこと。例 ―の生活。

【悠揚】ヨウ さしせまった状況でも、あわてずさわがず、ゆったりしているさま。例 ―迫らぬ態度。

悒
忄7（10） 2 5605 6092 ユウ（イフ）漢 緝 yì うれ-える（うれ-ふ）

意味 心配で落ち着かない。ふさぎこむ。うれえる。例 悒鬱ユウウツ。悒快オウ。

【悒鬱】ウツ 心が晴れないさま。ふさぎこむさま。憂鬱ユウウツ。

【悒▼快】オウ 気分が晴れず、楽しまないさま。

【悒悒】ユウ うれい悩むさま。心が晴れないさま。

[恿]
心7（11） ⇩勇ユウ（177ジペー）

悧
忄7（10） 2 5606 60A7 リ漢 寘 lì こざと-い（こざと-し）

意味 小才サイがある。通俐リ。例 悧巧リコウ。怜悧レイ。

【悧巧】コウ 日 ①頭がいいさま。例 ―な犬。②（子供が）聞き分けがよく、おとなしいこと。例 お―さんだね。③抜け目がないこと。例 ―に立ち回る。表記 ▽現 利口

悋
忄7（10） 2 5607 608B リン漢呉 震 lìn やぶさ-か・ねた-む

意味 けちけちする。ものおしみする。やぶさか。通吝リン。例 悋嗇リンショク。悋惜リンセキ。

日本語での用法 《リン》「悋気リンキする」▼ねたむ。やきもち。

【悋気】キ 日 ねたむ。やきもち。嫉妬シット。特に、男女間のねたみの気持ち。

【悋▼嗇】ショク ひどくけちである。吝嗇リンショク。

【悋惜】セキ おしむ。大事にしてものおしみする。

[惡]
心8（12） ⇩悪アク（504ジペー）

惟
忄8（11） 1 1652 60DF 人 イ（ヰ）漢 ユイ呉 支 wéi おも-う（おも-ふ）・おもんみ-る・おも-うに（おもふに）・これ・ただ

なりたち ［形声］「忄（＝こころ）」と、音「隹スイ→イ」とから成る。おもう。

意味 ❶よく考える。おもう。おもうに。例 思惟シイ。惟おもんみれば（＝よくよく考えれば）。❷「ただ…（のみ）」と読み、限定・強調の意をあらわす。通唯。例 惟吾ただわれのみ（＝ただ私だけだ）。❸「これ」と読む。㋐文頭や年月日の前に置く。例 惟二月ニガツ。〈書経・召誥〉㋑語調をととのえる。例 罪疑惟軽つみのうたがわしきはこれかるくす（＝罪の疑わしいものには（罰を）軽くする）。〈書経・大禹謨〉❹応諾のことば。はい。通唯。

古訓 中古 おもふ・おもんみる・おもんみれば・ここに・ことわり・これ・ねがはくは・のぶ・はかりこと・はかりみれば・ひらく 中世 おもふ・おもんみる・おもんみれば・かれ・ここ・ことわり・これ・ただ・のぶ・はかりこと 近世 おもふ・おもんみる・これ・ただ・たもつ・なす・はかりごと・ひとり

人名 あり・ただし・たもつ・のぶ・よし

難読 惟神かんながら（＝神そのまま。また、神代かみよから変わらずに）

【惟惟】イ ①「はいはい」という承諾のことば。②他人のことばにさからうことなく、おとなしく従うさま。例 ―として従う。▽唯唯イ。

【惟一】イツ （同類のものが）ただ一つだけで、それ以外にはないこと。唯一ユイイツ。例 ―無二ムニの親友。

惋
忄8（11） 3 8451 60CB エン（ヱン）慣 ワン漢 翰 wǎn

意味 驚き、嘆く。例 惋愕エンガク（＝驚く）。歎惋タンワン（＝嘆く）。

惈
忄8（11） 4 1252 60C8 カ（クヮ）漢 哿 guǒ

意味 思いきりがよい。勇ましい。通果。参考 惈いさむ一つか（＝人名）。

悸
忄8（11） 2 5609 60B8 キ漢 寘 jì わなな-く・おそ-れる（おそ-る）

意味 ❶心臓がどきどきする。わななく。おそれる。例 心悸シンキ。動悸ドウキ。❷（帯が）垂れ下がるさま。例 悸兮キケイ（＝帯が垂れ下がるさま）。

惧
忄8（11） 2 5592 60E7 常用 ク漢 グ呉 遇 jù おそ-れる（おそ-る）

筆順 丶 忄 忄丨 忄冂 忄冃 忄冃 怚 惧

なりたち ［形声］本字は「懼」で、「忄（＝こころ）」と、音「瞿ク」とから成る。おそれる。

参考 「惧」は「懼」の俗字として使われてきた。→懼ク（530ジペー）

意味 おそれてびくびくする。おそれる。また、おどす。例 危惧キグ。

古訓 中古 おそる・おづ・やむ・をののく 中世 おそる 近世 おそる・おそるる・おそろし

[惠]
心8（12） ⇩恵ケイ（501ジペー）

惓
忄8（11） 2 5611 60D3 一ケン（クェン）漢呉 霰 juàn 二ケン（クェン）漢呉 先 quán つか-れる（つか-る）

意味 一 ❶やまいが重い。危篤。❷つかれて苦しむ。もだえる。つかれる。通倦ケン。二「惓惓ケンケン」は、こまごまと心を尽くすさま。ねんごろ。

悾
忄8（11） 4 1251 60BE コウ漢 東 kōng

意味 ❶うそやいつわりがない。まこと。例 悾悾コウコウ。❷⇩【悾惚】

【悾悾】コウ 誠実なさま。また、愚直なさま。

【悾▼惚】ソウ 忙しくて思いどおりにならないさま。

惚
忄8（11） 1 2591 60DA 人 コツ漢 月 hū ほ-れる（ほ-る）・ほう-ける（ほう-く）・ぼ-ける（ぼ-く）

なりたち ［形声］「忄（＝こころ）」と、音「忽コツ」とから成る。心がぼうっとする。

意味 ぼんやりと、とらえがたい。また、心をうばわれて、うっとりする。ほうける。例 恍惚コウコツ。遊あそび惚ほうける。欲ヨクに惚ほうける。

日本語での用法 一《ほれる》「若わかい女おんなに惚ほれる・彼かれの人柄ひとがらに惚ほれこむ」▼いとしくて、また、感心してたまらなく好きになる。二《のろける》「妻つまのことを惚のろけて語かたる」▼恋人や夫婦の間の楽しいできごとなどを自慢して話す。

古訓 中古 ほる 近世 こころほるる・ほのか・ほるる・ほれる

【惚▼恍】コッコウ 心をうばわれてうっとりするさま。また、ぼんやりしたさま。恍惚コウコツ。

【惚気】のろけ 日 〔「気」はあて字。動詞「のろける」の連用形〕夫・妻・恋人などとの、むつまじい仲を得意に話す。

惛
忄8（11） 4 1254 60DB 一コン漢呉 元 hūn 二ボン漢 モン呉 願 mèn

意味 一 心のはたらきがぼんやりしている。おろか。㊟惛(コン)。例 惛然(コンゼン)(=ぼんやりするさま)。 二 心の中につかえて、もやもやする。もだえる。㊟悶(モン)。例 惛憂(コンユウ)(=気がふさぐ)。

惨
忄8 (11) 1 2720 60E8 常用

ザン 慣 サン(サム) 漢 感 cǎn
みじめ・いた-む・むご-い(むご-し)

[慘] 忄11 (14) 2 5646 6158 旧字体。

筆順 忄 忄 忄 忄 忄 惨 惨 惨 惨

なりたち [形声]「忄(=こころ)」と、音「參(サン)」とから成る。そこなう。

意味 ❶ひどく傷つける。むごたらしい。**むごい**。例 惨殺(ザンサツ)。惨事(サンジ)。無惨(ムザン)。❷胸をしめつけられるような。いたましい。**みじめ**。胸をいためる。**いたむ**。例 惨禍(サンカ)。悲惨(ヒサン)。❸葬式。❹(色が)くすんだ。うすぐらい。例 惨緑(サンリョク)(=くすんだ緑)。

古訓 中古 いたむ・うれふ・かしこまる・かなしぶ・をしふ 中世 いたむ・うごく・うれふ 近世 いたむ・うらむ・うれふ・くるしむ・そこなふ・やぶる

【惨禍】(サンカ) (火災・地震・風水害・戦争などによる)いたましい災い。例 戦争の―。―をこうむる。

【惨虐】(サンギャク) むごいしうちをする。虐待する。

【惨急】(サンキュウ) 厳格で容赦がない。

【惨苦】(サンク) ひどい苦しみ。つらい苦しみ。例 ―を味わう。

【惨劇】(サンゲキ) 日 むごたらしい事件。いたましいできごと。

【惨酷】【惨刻】(サンコク|ザンコク) ひどくむごたらしいこと。残酷。

【惨殺】(ザンサツ|サンサツ) むごたらしい殺し方をする。

【惨惨】(サンサン) ①いたみ悲しむさま。うれえるさま。②暗いさま。

【惨事】(サンジ) 日 犠牲者の多い、いたましいできごと。

【惨死】(ザンシ) 日 むごたらしい死に方をする。例 ―する者多数。

【惨状】(サンジョウ) むごたらしくいたましいありさま。例 ―を呈する事故現場。

【惨▼惻】(サンソク) いたみ悲しむ。

【惨▼憺】【惨▼澹】【惨淡】(サンタン) ①目もあてられないほどひどいさま。例 ―たる結果。―たる敗北を喫した。②あれこれと考えて心を砕くさま。例 苦心―。

【惨敗】(ザンパイ|サンパイ) 日 みじめな負け方をする。例 ―を喫する。

【惨慄】(サンリツ) ①ひどくいたましい。②寒さが厳しい。寒い。類 惨懍(サンリン)。

【惨烈】(サンレツ) ①寒さが厳しい。また、寒々としている。②むごい。いたましい。
●陰惨(インサン)・悲惨(ヒサン)

惹
心8 (12) 1 2870 60F9 人

一 ジャク 慣 ジャ 漢 馬 rě
二 ジャク 漢 薬 ruò
ひ-く

なりたち [形声]「心(=こころ)」と、音「若(ジャク)」とから成る。乱れる。派生して、「ひく」意。

意味 一 ひきおこす。ひきつける。**ひく**。例 惹起(ジャッキ)。惹句(ジャック)。 二 ひっぱる。**ひく**。

古訓 中古 なやます・みだる 中世 ひく・みだる 近世 ひく・みだる

【惹起】(ジャッキ) 事件や問題などをひきおこす。

【惹句】(ジャック) 日 人の興味を引く文句。キャッチフレーズ。

惝
忄8 (11) 3 8454 60DD

ショウ(シャウ) 漢 養 chǎng/tǎng

意味 ❶がっかりするさま。例 惝然(ショウゼン)。❷「惝怳(ショウコウ|ショウキョウ)」は、ぼんやりするさま。❸「惝惘(ショウモウ)」は、びっくりしたさま。

情
忄8 (11) 1 3080 60C5 教5

セイ 漢 ジョウ(ジャウ) 呉 庚 qíng
なさけ

[情] 忄8 (11) ― 旧字体。

筆順 忄 忄 忄 忄 忄 情 情 情

なりたち [形声]「忄(=こころ)」と、音「青(セイ)」とから成る。人が生まれながらにもつ欲望。

意味 ❶ものに感じて起こる心の動き。喜怒哀楽や好き嫌いなどの気持ち。例 情感(ジョウカン)。感情(カンジョウ)。心情(シンジョウ)。❷人の飾らないありさま。本性の自然なあらわれ。本性。欲。例 従二人之性一、順二人之情一(ひとのセイにしたがい、ひとのジョウにしたがう)(=人の本性に従う)。〈荀子・性悪〉 純情(ジュンジョウ)。情(ジョウ)が強(こわ)い。❸まごころ。思いやり。**なさけ**。例 情愛(ジョウアイ)。友情(ユウジョウ)。情(ジョウ)に厚(あつ)い。❹男女間の愛。例 情人(ジョウジン)。情(ジョウ)を通(ツウ)じる。❺ものごとの味わい。おもむき。例 情趣(ジョウシュ)。情緒(ジョウショ)。風情(フゼイ)。❻本当のありさま。実際の様子。例 情況(ジョウキョウ)。情報(ジョウホウ)。事情(ジジョウ)。

古訓 中古 こころ・すずろ・すずろに・なさけ・まこと・みなり 中世 こころ・こころざし・なさけ・まことに 近世 こころ・ことわり・なさけ・まこと

人名 さね・まこと・もと

【情合】(ジョウあい) 日 互いに通い合う情。なさけ。

【情愛】(ジョウアイ) (親しい間柄の人々との間に通い合う)こまやかで温かい、いつくしみや思いやりの気持ち。愛情。例 親子の―。夫婦の―。

【情意】(ジョウイ) ①感情と意志。②心持ち。気持ち。例 ―投合する(=お互いの気持ちが通じる)。③なさけ。愛情。

【情炎】(ジョウエン) 日 激しく燃え上がる情欲。例 ―を燃やす。

【情火】(ジョウカ) 日 火のように激しい情欲。

【情懐】(ジョウカイ) ①思い。心情。②おもしろみ。情趣。

【情感】(ジョウカン) ものごとに感じて起こる深い心の動き。

【情義】(ジョウギ) ①人情と義理。②(友人や師弟などの間に通い合う)温かい思いやりやまごころ。親しいつきあい。情誼(ジョウギ)。情宜。例 ―に厚い。

【情況】(ジョウキョウ) その場、その時の実情。例 ―証拠。

【情景】(ジョウケイ) (見る人の心をとらえる)その場のありさま。景色。例 ―描写。心温まる―。

【情交】(ジョウコウ) ①親しいつきあい。例 ―が深まる。②日 男女の肉体的な交わり。例 ―を結ぶ。

【情好】(ジョウコウ) よしみ。親しみ。

【情死】(ジョウシ) 日 愛し合う男女が自分たちの身の上・行く末を悲しみ、一緒に死ぬ。

【情事】(ジョウジ) ①心に思っている事柄。②ありのままの事柄。③日 男女間の愛情に関する事柄。特に、肉体的な交わり。いろごと。例 ―におぼれる。

【情実】(ジョウジツ) ①ありのままの事実。②いつわりのない気持ち。③日 公正さを欠いた個人的な感情や利害関係。例 ―入社。―をまじえる。

【情趣】(ジョウシュ) しみじみとした味わい。おもしろみ。おもむき。情懐。類 情致。例 ―に富んだ景色。

【情緒】(ジョウショ|ジョウチョ) 〔「ジョウチョ」は慣用的な読み方〕①心情。愛情。②日 人の心を動かすような、独特の味わいや雰囲気。例 江戸―。異国―。③日 心理学でいう、喜び・悲しみ・怒りなどの感情の動き。情動。例 ―不安定。

【情状】(ジョウジョウ) ある結果になった実際の事情やありさま。例 ―酌量(=裁判で、犯罪をおかすにいたった理由や事情の同情すべき点を考慮して、刑を軽くすること)の余地。

【情人】(ジョウジン|ジョウニン) ①忘れられない友人。②互いに深く愛し合う人。愛人。

【情性】(ジョウセイ) ①生まれつきもっている性質。本性。また、性格。パーソナリティ。②感情と本性。③心情。
【情勢】ジョウセイ 変わりゆくものごとの現在のようすやなりゆき。形勢。例 国際―を見つめる。―の変化に対応する。
【情素】ジョウソ 本心。真情。まごころ。
【情操】ジョウソウ 日 知的・美的・道徳的な事柄のすばらしさ、美しさ、正しさを感じとる豊かな心のはたらき。例 ―教育。
【情態】ジョウタイ その時その時の心のありようや様子。状態。
【情痴】ジョウチ 理性を失うほど色恋にのめりこむこと。
【情調】ジョウチョウ ①あるものごと全体から感じられる、しみじみとした趣。情緒(ジョウショ)。例 下町―。都市の―。異国―。②日 心理学でいう、感覚にともなう快・不快などの感情。
【情田】ジョウデン 〔心を田地にたとえたことば〕心。〔聖王が人の心を正していくことを、農夫が農作物を育て収穫することにたとえ、「人情者聖王之田也(ニンジョウはセイオウのデンなり)。〈礼記・礼運〉」と述べたことから〕
【情動】ジョウドウ 急にひき起こされる、一時的で激しい感情の動き。例 ―に衝き動かされる。
【情熱】ジョウネツ 日 全力でものごとにうちこむ、燃えあがるような激しい感情。例 ―をかたむける。
【情念】ジョウネン 理性ではおさえられない感情や思い。
【情夫】ジョウフ 日 正式に認められない恋愛関係にある男性。対 情婦。
【情婦】ジョウフ 日 正式に認められない恋愛関係にある女性。対 情夫。
【情報】ジョウホウ 日 ①ある事柄や事件について伝えられる内容。インフォメーション。例 ―源。―を収集する。②ある判断や行動に必要とされる資料・知識。インテリジェンス。例 ―処理。
【情欲】【情▼慾】ジョウヨク ①性的欲望。色情。②世俗的な欲望。③〔仏〕ものごとにこだわり、むさぼる心。例 ―にとらわれる。
【情理】ジョウリ 人間らしい温かい感情と、ものごとのあるべきすじみち。例 ―を尽くして説く。
【情話】ジョウワ ①人情味あふれる話。例 悦二親戚之情話一(シンセキのジョウワをよろこぶ)(=身内の人たちの情のこもったことばを喜ぶ)。〈陶淵明・帰去来辞〉②日 男女の恋愛にまつわる物語。
【通レ情】ジョウをツウず ①ひそかに敵に味方の内情を伝えること。例 佐渡(さど)―。②夫婦でない男女がひそかに愛し合うこと。

●愛情(アイジョウ)・温情(オンジョウ)・感情(カンジョウ)・苦情(クジョウ)・強情(ゴウジョウ)・国情(コクジョウ)・私情(シジョウ)・詩情(シジョウ)・事情(ジジョウ)・実情(ジツジョウ)・純情(ジュンジョウ)・心情(シンジョウ)・真情(シンジョウ)・陳情(チンジョウ)・同情(ドウジョウ)・内情(ナイジョウ)・人情(ニンジョウ)・熱情(ネツジョウ)・薄情(ハクジョウ)・表情(ヒョウジョウ)・風情(フゼイ)・無情(ムジョウ)・友情(ユウジョウ)・旅情(リョジョウ)

悴

忄8 (11) 2 5612 60B4

スイ漢 呉 寘 cuì
やつ-れる(やつ-る)・せがれ・かじか-む

［忰］忄4 (7) 2 5613 5FF0 俗字。

意味 ❶心をいためる。悲しむ。うれえる。通 瘁(スイ)。例 愁悴(シュウスイ)。❷(苦労のために)顔色が黄ばみ、やせ衰える。疲れる。**やつれる**。通 瘁(スイ)。例 悴容(スイヨウ)。憔悴(ショウスイ)。

日本語での用法 一《**せがれ**》「この小悴(こせがれ)め・悴(せがれ)をどうぞよろしく」▼「倅」の誤用。自分の息子をへりくだっていうことば。また、子供や若い者をぞんざいにいうことば。二《**かじかむ**》「手(て)が悴(かじか)む」▼寒さのためにこごえて動かしにくくなる。

【悴容】スイヨウ やせ衰えた姿。やつれた顔かたち。

悽

忄8 (11) 2 5614 60BD

セイ漢 サイ呉 斉 qī
いた-む

意味 心が切られるように感じる。いたましい。**いたむ**。通 凄(セイ)。例 悽惨(セイサン)。悽絶(セイゼツ)。

【悽▼惶】セイコウ ①悲しみおそれる。②あわただしい。
【悽惨】セイサン 目をおおいたくなるほどいたましく、むごたらしい。
【悽傷】セイショウ いたみ悲しむ。類 悽惻(セイソク)。
【悽悽】セイセイ ①悲しいさま。②飢えて疲れたさま。③あわただしいさま。忙しくて落ち着かないさま。
【悽切】セイセツ 深くいたみ悲しむ。悽絶。類 悽断。
【悽絶】セイゼツ この上なくいたましい。また、すさまじい。悽切。類 悽断。
【悽然】セイゼン いたみ悲しむさま。悲しみあわれむさま。
【悽▼愴】セイソウ 非常に悲しく、いたましい。例 悽愴摧二心肝一(シンカンをくだく)(=いたましい思いが心をこなごなにする)。〈李白・古朗月行〉―な光景。
【悽▼惋】セイワン (ことばや音楽が)悲しくうらめしげである。

惜

忄8 (11) 1 3243 60DC 常用

セキ漢 シャク呉 陌 xī
おしい(を-し)・おしむ(を-しむ)

筆順 忄 忄 忄 忄 忄 忄 惜 惜

なりたち  [形声]「忄(=こころ)」と、音「昔(セキ)」とから成る。心がいたむ。

意味 なごりおしく思う。失いたくない、また、失ってつらい、と感じる。**おしむ**。例 惜春(セキシュン)。惜別(セキベツ)。

古訓 中古 あたら・あたらし・あたらしがる・あやし・いたむ・たばふ・をしむ 中世 あたら・あたらし・あつたらし・いたむ・たばふ・むさぼる・をしむ 近世 あはれむ・いたむ・いつくしむ・むさぼる・をしむ

難読 可惜(あたら)・口惜(くや)しい

【惜陰】セキイン わずかな時間を大切にする。寸陰をおしむ。類 惜景(セキエイ)。
【惜歳】セキサイ 年の暮れるのをおしむ。
【惜春】セキシュン 過ぎ去ってゆく春をおしむこと。
【惜敗】セキハイ 日 スポーツの試合や勝負で、おしいところで負ける。例 一点差で―する。
【惜別】セキベツ 別れをつらく思うこと。例 ―の情。
【惜▼吝】セキリン もったいないと思っておしむ。けちけちする。
●哀惜(アイセキ)・愛惜(アイセキ)・痛惜(ツウセキ)

惣

心8 (12) 1 3358 60E3 人

ソウ漢 呉 董 zǒng
そう-じて

なりたち 「総(總)」が、「總」→「揔」→「惣」のように変形した字。

意味 あつめる。たばねる。通 総。

日本語での用法 《**ソウ**》「惣村(ソウソン)・惣中(ソウチュウ)」▼全体として。すべて。そうじて。

表記 現代表記では「総」に書きかえることがある。熟語は「総」も参照。

古訓 中古 おほよそ・すぶ・すべて・ふさ・ふさぬ・まさる 中世 すぶ・すぶる・すべて・まさる・みな 近世 すぶる・すべて

人名 あつむ・おさむ・のぶ・ふさ・みな

【惣菜】ソウザイ 日 副食物。ふだんのおかず。総菜。
【惣領】ソウリョウ 日 〔一家・一族をすべおさめる意〕家をつぐ子。あととり。あとつぎ。総領。

悰

忄8 (11) 4 1249 60B0

ソウ漢 冬 cóng

意味 ❶こころよい気分になる。楽しむ。例 欣悰(キンソウ)(=楽しむ)。❷心情。気持ち。例 悰緒(ソウショ)(=心情)。

惔
忄8 (11) ③8452 60D4

タン(タム)㊈ ダン(ダム)㊇ 覃 tán

意味 ❶心配する。うれえる。❷火をつけて燃やす。焼く。

惆
忄8 (11) ②5615 60C6

チュウ(チウ)㊈㊇ 尤 chóu
うら-む

意味 気落ちする。がっかりする。**うらむ**。例 惆悵(チュウチョウ)。

【惆▼悵】(チュウチョウ) うらみ悲しむ。気落ちして嘆きいたむ。例 奚惆悵而独悲(なんぞチュウチョウとしてひとりかなしまんや)(=がっかりして、ひとりで悲しんでいてもしかたない)。〈陶淵明・帰去来辞〉

悵
忄8 (11) ②5616 60B5

チョウ(チャウ)㊈㊇ 漾 chàng
いた-む・うら-む

意味 心のこりに思う。思いが残る。**いたむ**。**うらむ**。例 悵恨(チョウコン)。惆悵(チュウチョウ)。

【悵恨】(チョウコン) うらみ嘆くこと。残念に思うこと。例 悵恨久之(チョウコンこれをひさしうす)(=しばらくの間、嘆き暮れた)。〈史記・陳渉世家〉

【悵然】(チョウゼン) がっかりしてうらみ嘆くさま。類 悵悵。

【悵望】(チョウボウ) 心をいためて遠くを眺める。

惕
忄8 (11) ③8453 60D5

テキ㊈ 錫 tì

意味 びくびくと心配する。用心深くする。おそれる。例 無二日不一レ惕(ひとひとしておそれざるなし)(=用心しない日はない)。〈左伝・襄三〉 怵惕(ジュッテキ)。

【惕若】(テキジャク) おそれるさま。おそれつつしむさま。類 惕然。

【惕息】(テキソク) おそれて息がきれる。

【惕惕】(テキテキ) ①うれえるさま。②愛するさま。③おそれるさま。

惙
忄8 (11) ④1253 60D9

テツ㊈ 屑 chuò

意味 心配で不安になる。うれえる。例 綿惙(メンテツ)(=不安なさま)。憂惙(ユウテツ)。

【惙惙】(テツテツ) 心配で不安なさま。

悼
忄8 (11) ①3773 60BC 常用

トウ(タウ)㊈ 号 dào
いたむ

筆順 丶 忄 忄 忄 忙 怕 悼 悼

なりたち  [形声]「忄(=こころ)」と、音「卓タク→トウ」とから成る。いたましく思う。

意味 ❶悲しむ。特に、人の死を悲しむ。**いたむ**。例 悼辞(トウジ)。悼惜(トウセキ)。❷不安に思う。おそれる。また、ふるえる。おののく。例 心慄手悼(こころおののきておののく)(=心はおびえ、手はふるえる)。〈魏志・文帝紀注・献帝伝〉 悼懼(トウク)(=おそれる)。

古訓 中古 いたし・いたむ・うごく・うれふ・おそる・おもふ・かなし・かなしぶ 中世 いたむ・うごく・おそる・おもふ 近世 いたむ・おそる・おそるる・かなしむ

【悼辞】(トウジ) 日 人の死をいたむことばや文章。弔辞。

【悼傷】(トウショウ) いたみ悲しむ。類 悼痛。

【悼惜】(トウセキ) 人の死を心から悲しみ残念に思う。

【悼亡】(トウボウ) ①人の死をいたみ悲しむ。②妻と死に別れること。〔晋シンの潘岳ハンガクが妻の死をいたんで「悼亡詩」を作ったことによる〕

●哀悼(アイトウ)・追悼(ツイトウ)

[悳] 心8 (12) ⇩徳(484ジペー)

[惪] 心8 (12) ⇩徳(484ジペー)

惇
忄8 (11) ①3855 60C7 人

トン㊈ 元 dūn
シュン㊈ ジュン㊇ 真
あつ-い(あつ-し)・まこと

なりたち  [形声]「忄(=こころ)」と、音「享シュン→トン」とから成る。こころがあつい。

意味 ❶誠実な。まごころのある。情のあつい。通 敦(トン)。❷尊重する。大切にする。通 敦(トン)。例 惇信(あつくシンをす)(=まことを重んじる)。〈書経・武成〉 惇朴(トンボク)。

古訓 中古 あつし・つとむ・まこと 中世 あつし・つとむ・まこと 近世 あつし・すなほ・まこと

人名 あつ・あつし・すなお・つとむ・とし

【惇朴】(トンボク)【惇▼樸】(ジュンボク) 人情にあつくて飾りけのないさま。

悲
心8 (12) ①4065 60B2 教3

ヒ㊈㊇ 支 bēi
かなしい(かな-し)・かなしむ・かなしみ

筆順 丿 ㇀ ヨ ヨ 非 非 非 悲 悲

なりたち  [形声]「心(=こころ)」と、音「非ヒ」とから成る。心がはりさけるようにいたむ。

意味 ❶嘆きいたむ。**かなしむ**。例 悲傷(ヒショウ)。悲嘆(ヒタン)。悲歌慷慨(ヒカコウガイ)。❷いたましい。嘆かわしい。**かなしい**。例 悲惨(ヒサン)。悲報(ヒホウ)。❸同情する。あわれむ。例 上悲二其意一(ショウそのイをかなしむ)(=文帝は娘の気持ちに同情した)。〈史記・扁鵲倉公伝〉 ❹恋しがる。なつかしむ。例 游子悲二故郷一(ユウシコキョウをかなしむ)(=旅人が故郷を恋しがる)。〈史記・高祖紀〉 ❺人々を苦しみから救おうという、仏の思いやり。例 悲母観音(ヒボカンノン)。慈悲(ジヒ)。大慈大悲(ダイジダイヒ)。

古訓 中古 いつくし・かなし・かなしぶ・かなしむ 中世 いたむ・いつくしみ・かなしぶ・かなしみ・かなしむ 近世 いたましむ・いたむ・いつくしみ・うれふ・かなしむ

【悲哀】(ヒアイ) しみじみと心に感じられるあわれ。対 歓喜。例 人生の—を感じる。

【悲運】(ヒウン) 日 いたましい運命。対 幸運。例 —の王妃。

【悲▼笳】(ヒカ) 笳カ(=あし笛)のかなしげな音色。

【悲歌】(ヒカ) かなしい歌。エレジー。哀歌。

【悲歌▼慷慨】【悲歌▼忼慨】(ヒカコウガイ) 〔「慷慨・忼慨」は、世の不正や、自らの不運をいきどおり嘆く意〕かなしげに詩をうたい、胸にせまる思いを吐き出す。例 項王乃悲歌忼慨(コウオウすなわちヒカコウガイす)。〈史記・項羽紀〉

【悲観】(ヒカン) ①〔仏〕人々の苦しみを救うために、人々を観察する。②日 希望を失う。対 楽観。例 前途を—する。③日 世の中や人生に希望がもてずに、生きる価値がないと考える。対 楽観。例 —論。

【悲観的】(ヒカンテキ) 日 ものの見方や考え方が消極的で、暗いさま。対 楽観的。例 人生を—に見る。

【悲願】(ヒガン) ①〔仏〕この世のすべての人々の苦悩を救おうとする、仏の慈悲深いねがい。②日 なんとしてもやりとげようという悲壮なねがい。例 優勝の—を達成した。

【悲喜】(ヒキ) かなしみとよろこび。例 人生は—こもごもだ。

【悲泣】(ヒキュウ) かなしんで泣く。

【悲況】(ヒキョウ) 日 悲観的な状況。例 —にある人々。

【悲境】(ヒキョウ) あわれな身の上。例 —にもくじけない。

【悲響】(ヒキョウ) かなしみを帯びた音色。

【悲曲】(ヒキョク) かなしい調子の音楽。

【悲劇】(ヒゲキ) 日 ①人生の不幸や悲惨なできごとを題材とした劇。②いたましいできごと。▽対 喜劇。

【悲弦】【悲▼絃】(ヒゲン) (琴などの)弦楽器のかなしげな音色。類 悲糸。

【悲▼嗟】(ヒサ) 「悲嘆(ヒタン)」に同じ。類 悲惋(ヒワン)。

【悲惨】(ヒサン) むごくいたましい。みじめであわれである。類悲悽(ヒセイ)。例 —な事故。

【悲秋】(ヒシュウ) ものがなしい秋の気配。例 万里悲秋常作レ客(バンリヒシュウつねにキャクとなる)(=故郷を去ること万里、私は秋を悲しみながら、来る秋も来る秋も流浪の旅人である)。〈杜甫・登高〉

【悲愁】(ヒシュウ) かなしみうれえる。

【悲傷】(ヒショウ) 深くかなしみいたむ。類悲悼(ヒトウ)。

【悲壮】(ヒソウ) 悲痛な思いを胸に秘めた勇ましさ。また、そのようなさま。例 —な決意。

【悲▼愴】(ヒソウ) 〔「愴」は、心を傷つけいたむ意〕かなしくいたましく、見ているだけでつらいこと。

【悲嘆】【悲▼歎】(ヒタン) 深くかなしみなげく。悲嗟(ヒサ)。例 —に暮れる。

【悲調】(ヒチョウ) (音楽の)かなしげな調子。ものがなしいしらべ。

【悲痛】(ヒツウ) いたましさ、つらさにたえられないさま。例 —な叫び。—な面持(おもも)ち。

【悲田】(ヒデン) 〔仏〕福田(フクデン)(=福徳を生み出す田)の一つ。慈悲の心によってほどこしを受けるべき貧しい人や病気の人。〔敬田(キョウデン)(=尊敬されるべき仏や僧)、恩田(オンデン)(=恩に報いられるべき父母や師)とともに三福田といわれる〕例 —院。

【悲▼慟】(ヒドウ) かなしみ嘆く。

【悲風】(ヒフウ) ①さびしく吹く風。かなしみをもよおさせる風。例 江介多二悲風一(コウカイヒフウおおし)(=揚子江のあたりはかなしげに風が吹きすさぶ)。〈曹植・雑詩〉②秋の風。秋風。例 託二遺響於悲風一(イキョウをヒフウにタクす)(=笛の余韻を秋風にゆだねる)。〈蘇軾・赤壁賦〉

【悲憤】(ヒフン) かなしみいきどおる。

【悲憤▼慷慨】(ヒフンコウガイ) 社会の不正や、身の不遇をかなしみいきどおる。

【悲母】(ヒボ) 日 慈悲ぶかい母。慈母。例 —観音。

【悲報】(ヒホウ) 日 (人が死んだという)かなしい知らせ。凶報。対 朗報。例 —に接する。

【悲鳴】(ヒメイ) ①動物などがかなしげに鳴く。②日 恐怖や驚きの叫び声。③日 泣きごと。よわね。

【悲涼】(ヒリョウ) かなしむ。また、かなしみでひっそりとしている。

【悲恋】(ヒレン) ①あわれに思い、いとおしむ。②日 思いがとげられず、かなしい結末に終わる恋。例 —の物語。

【悲話】(ヒワ) 日 かなしい物語。あわれでかなしい話。
●慈悲(ジヒ)・大悲(ダイヒ)

悱

忄8(11) 4 1250 60B1

ヒ 漢 尾 fěi

意味 うまく表現できなくて、いらいらする。
【不レ悱不レ発】(ヒせずんばハッせず) 〔「発」は、明らかにする意〕(教えを受ける者が、自分では理解していながらも)ことばにあらわせずにもどかしく思っているほどでなければ、教えてやらない。〔苦しんだときはじめて指導するという、孔子のことば〕〈論語・述而〉→【不レ憤不レ啓】(フンせずんばケイせず)(527ページ)
【悱憤】(ヒフン) 心中にわだかまっているいきどおり。

惘

忄8(11) 2 5617 60D8

ボウ(バウ) 漢
モウ(マウ) 呉 養 wǎng
あき-れる(あき-る)

意味 がっかりする。気がぬける。例 惘然(ボウゼン)。
日本語での用法 《あきれる》「惘(あき)れてものが言(い)えない」▼意外で、おどろく。
【惘然】(ボウゼン) がっかりして気落ちした様子。茫然(ボウゼン)。
【惘惘】(ボウボウ) ①がっかりする。悲しみで心が痛むさま。②ぼんやりしてはっきりしないさま。

悶

心8(12) 1 4469 60B6

一 ボン 漢 モン 呉 願 mèn
二 ボン 漢 モン 呉 元 mēn
もだ-える(もだ-ゆ)・もだ-え

意味 一 心の中につかえて、もやもやする。もだえる。例 悶死(モンシ)。悶絶(モンゼツ)。悶悶(モンモン)。二 ❶(天候などが)うっとうしい。例 熱而悶(ネッしてモンたり)(=蒸し暑い)。〈素問・風論〉❷ぼうっとして気づかないさま。例 悶然(モンゼン)(=関心のないさま)。❸声が出ないさま。

【悶死】(モンシ) もだえ苦しんで死ぬ。もだえ死に。

【悶絶】(モンゼツ) ①卒倒する。②日 苦しみもだえて気絶する。

【悶着】【悶著】(モンチャク) 日 争うこと。もめごと。いさかい。例 —が絶えない。ひと—ある。

【悶悶】(モンモン) ①ぼんやりと暗いさま。また、無知なさま。②(悩みごとなどがあって)思いわずらうさま。例 —と日を過ごす。
●苦悶(クモン)・煩悶(ハンモン)・憂悶(ユウモン)

惑

心8(12) 1 4739 60D1 常用

コク 漢 ワク 呉 職 huò
まど-う(まど-ふ)・まど-い(まどひ)

筆順

なりたち

[形声]「心(=こころ)」と、音「或(クワク→コク)」とから成る。心がとらわれて、みだれる。

意味 ❶自由な判断ができず、心がみだれる。まどう。例 知者不レ惑(チシャはまどわず)(=知者はまよわない)。〈論語・子罕〉惑乱(ワクラン)。困惑(コンワク)。不惑(フワク)。❷判断をあやまる。とりちがえる。例 惑失レ道(みちをうしなう)(=道をまちがえる)。〈漢書・李広伝〉❸おろか。道理に合わない。例 既欲二其生一、又欲二其死一、是惑也(すでにそのセイをほっし、またそのシをほっするは、これワクなり)(=先には生きてほしいと思い、後には死んでほしいと思うのは、道理に合わない)。〈論語・顔淵〉❹おかしいと思う。あやしむ。例 疑惑(ギワク)。❺心をとらえて、みだす。まどわす。例 幻惑(ゲンワク)。誘惑(ユウワク)。

古訓 中古 うたがふ・たがふ・まどはす・まどふ 中世 うたがふ・まどふ・みだる 近世 うたがふ・まどふ・まよふ・みだる

【惑志】(ワクシ) 疑う心。また、まどう心。

【惑星】(ワクセイ) 日 恒星の周囲をまわる天体。太陽系では、太陽の周囲を公転する八つの天体。太陽に近い順に、水星・金星・地球・火星・木星・土星・天王星・海王星。遊星。対 恒星。

【惑溺】(ワクデキ) あることに夢中になり、おぼれて分別(フンベツ)をなくす。例 酒に—する。

【惑乱】(ワクラン) 心がまどわされ、正しい判断ができなくなる。また、人心や社会をまどわす。例 頭が—する。
●思惑(おもわく)・疑惑(ギワク)・困惑(コンワク)・当惑(トウワク)・迷惑(メイワク)・誘惑(ユウワク)

愛

心9(13) 1 1606 611B 教4

[㤅] 心4(8) 3905 本字。

エ 慣 アイ 漢 呉 隊 ài
め-でる(め-づ)・お-しむ(を-しむ)・いと-しい(いと-し)・いと-おしい(いと-ほし)・かな-しい(かな-し)・まな

筆順

なりたち

[形声]「心(=こころ)」と、音「旡(キ→アイ)」とから成る。したしむ。

意味 ❶したしむ。かわいがる。いとおしむ。また、めぐむ。いつくしむ。例 愛護(アイゴ)。愛情(アイジョウ)。慈愛(ジアイ)。❷このむ。めでる。また、むさぼる。例 愛玩(アイガン)。愛好(アイコウ)。愛読(アイドク)。❸同情する。あわれむ。例 愛憐(アイレン)。❹もったいないと思う。おしむ。例 不レ愛レ死(シをおしまず)(=命をおしまない)。〈柳宗元・駁復讐議〉愛惜(アイセキ)。愛着ジャク―チャク(アイ/アイ)。割愛(カツアイ)。❺異性をしたう。また、密通する。
古訓 中古 あはれぶ・うつくし・うつくしぶ・うつくしみ・かくす・かくる・このむ・たふとし・ちか・よし・をしむ 中世 あはれむ・いつくし・いつくしむ・いとほし・うつくし・うつくしみ・このむ・ちか・ちかし・なつかし・めぐむ・よし・をしむ 近世 あはれむ・いつくしむ・したふ・ねがふ・めぐむ・をしむ
人名 あき・いつ・さね・ちか・ちかし・つね・なり・なる・のり・ひで・めぐむ・やす・よし・より
参考 愛媛(ひめ)(=県名)。
難読 愛子(まなご)・愛娘(まなむすめ)・愛弟子(まなデシ)・愛(う)い奴(やつ)・愛男(えおとこ)・愛宕(あたご)・愛蘭(アイルランド)

【愛育】(アイイク) かわいがってそだてる。類 愛養。

【愛飲】(アイイン) 好んでのむ。例 ワインを―している。

【愛縁】(アイエン) 〔仏〕恩愛から生じる人と人とのつながり。

【愛玩】【愛▼翫】(アイガン) 〔「玩・翫」は、もてあそぶ意〕(小動物などを)身近におき、(ペットとして)かわいがること。

【愛器】(アイキ) 日 気に入って大切に扱う、楽器や器具など。

【愛機】(アイキ) 日 気に入って大切に扱う、写真機などの機器類。また、愛用の飛行機など。

【愛郷】(アイキョウ) ふるさとを愛すること。例 ―心。

【愛▼嬌】(アイキョウ) ①あでやかなものを愛する。②日「愛敬(アイキョウ)二」に同じ。

【愛吟】(アイギン) 好んで詩歌を口ずさむ。また、その詩歌。

【愛敬】(アイケイ) 一 愛しうやまう。敬愛。 二(アイキョウ/アイギョウ) 日 ①かわいらしさ。にこやかな愛くるしさ。例 ―のある少女。②人うけのよい、ふるまいや表情。愛想。例 ―をふりまく。③興(キョウ)をそえるものごと。例 とんだご―だ。▽愛嬌(アイキョウ)。

【愛犬】(アイケン) 日 ①かわいがっている飼いイヌ。例 わが家の―。②イヌをかわいがること。例 ―家。

【愛顧】(アイコ) 客が、出入りの商人やひいきの芸人などに特別に目をかけ、引き立てること。例 ご―をいただく。

【愛護】(アイゴ) かわいがってめんどうをみたり、大切にしたりする。例 動物―週間。

【愛好】(アイコウ) ①このみ楽しむ。例 漫画の―者。カメラを―する。②からだを大切にする。

【愛幸】(アイコウ) 気に入ってかわいがる。

【愛▼狎】(アイコウ) なれ親しむ。

【愛校】(アイコウ) 日 自分の学校を愛し、誇りに思うこと。例 ―心。

【愛国】(アイコク) 自分の国の利益や名誉を願い、国のために行動すること。国のために尽くすこと。例 ―心。―者。

【愛妻】(アイサイ) ①つまを愛し、大事にすること。例 ―家。②大事にしているつま。例 ―弁当。

【愛子】(アイシ) ①かわいがっている子供。いとし子。②子(こ)を愛(アイ)す。子供をかわいがる。

【愛児】(アイジ) 親が大事にかわいがっている子供。

【愛日】(アイジツ) ①愛すべき太陽。冬の日の意。②日時を惜しむこと。転じて、日時を惜しんで父母に孝養を尽くすこと。

【愛社】(アイシャ) 日 自分の属する会社を大切に思い、そのために力を尽くすこと。例 ―精神。

【愛着】【愛著】 一(アイジャク) 〔仏〕欲望にとらわれて思い切れないこと。 二(アイチャク/アイジャク) 長い間なれ親しんだ人やものに心をひかれ、離れたくないと思う。例 ―を感じる。

【愛▼妾】(アイショウ) 気に入りの側室・そばめ。

【愛称】(アイショウ) 日 本名とは別に、親しみをこめて呼ぶ名前。ニックネーム。

【愛▼誦】【愛唱】(アイショウ) 日 (詩文を)好んで口ずさむ。

【愛情】(アイジョウ) ①(親子・夫婦・恋人などが)相手をいとおしく思う心。また、命あるものに対するあたたかな心。例 ―をもって接する。②恋いしたう心。例 ―におぼれる。

【愛嬢】(アイジョウ) 日 かわいがっている娘。普通、他人の娘についていう。まなむすめ。

【愛人】(アイジン) ①人(ひと)を愛(アイ)す 人を愛する。例 君子学レ道則愛レ人(クンシもみちをまなべばすなわちひとをアイす)(=政治家も礼楽を学べば人をいつくしむようになる)。〈論語・陽貨〉②愛し、いつくしむ。〔「人」は、仁の意〕③愛する人。恋人。④日 妻または夫以外に特別に深くつきあっている女性または男性。情婦。情夫。

【愛惜】(アイセキ) ①あるものに心がひかれ、大切にする。また、けちる。例 ―の品。②なごりおしく思う。例 行く春を―する。

【愛染】(アイゼン) 〔仏〕①人やものに執着すること。愛着。②「愛染明王(ミョウオウ)」の略。真言(シンゴン)宗で、全身赤色、三つの目と六本の腕をもち、怒りの表情をあらわす神。もとは仏法守護の神だったが、のち恋愛成就の神として信仰される。

【愛想】 一(アイソウ) 〔仏〕ものにとらわれる。執着する。 二(アイソ/アイソウ) 日 ①相手に、よい印象を与えるための表情や態度。例 ―がいい。―が悪い。②人によせる好意。例 ―が尽きる。③もてなし。例 なんのお―もなくて。④飲食店などで、勘定のこと。会計。おあいそ。〔店の側でいうのが本来の用い方〕

【愛憎】(アイゾウ) (人や生き物について)愛することと、にくむこと。好き嫌い。類 愛悪(アイオ)。例 後獲レ罪者、愛憎之変也(のちにつみをえしものは、アイゾウのヘンなり)(=《前にほめられたおこないが》のちに罰せられるのは君主の愛憎の心が変化したからだ)。〈韓非・説難〉―は紙一重(かみひとえ)。―半ばする。

【愛蔵】(アイゾウ) 大事に所蔵する。例 ―書。

【愛息】(アイソク) 日 かわいがっている息子。普通、他人の息子についていう。

【愛孫】(アイソン) 日 かわいがっている孫(まご)。

【愛鳥】(アイチョウ) (特に野生の)鳥に関心をもち、大切にすること。例 ―精神。―週間。

【愛▼寵】(アイチョウ) 気に入ってかわいがる。また、気に入りの者。

【愛読】(アイドク) 特定の書物や新聞などを好んで読む。例 ―書。

【愛念】(アイネン) ①かわいがって気にかける。強く愛する気持ち。②日 愛情。愛欲。

【愛馬】(アイバ) ①ウマをかわいがること。②かわいがっているウマ。

【愛▼撫】(アイブ) ①いつくしみ、いたわる。②日 かわいがってなでさする。③日 なでさするようにしてかわいがる。

【愛別離苦】(アイベツリク) 〔仏〕八苦の一つ。親・兄弟などと生き別れ、死に別れする苦しみ。〈大般涅槃経・上〉

【愛慕】(アイボ) 愛し、したう。例 ―の情がつのる。

【愛用】(アイヨウ) (道具・機械などで、特定のものを)いつも好んで使う。例 祖父―の机。

【愛欲】【愛▼慾】(アイヨク) 性愛の欲望。情欲。

【愛恋】(アイレン) ①かわいがり恋しく思うこと。例 ―の情。②恋愛。恋。

【愛▼憐】(アイレン) 〔「憐」は、あわれむ意〕情け深い心をもって人をあわれむこと。類 愛憫(アイビン)。

【愛娘】(まなむすめ) 日 その人がかわいがっている娘。
●恩愛(オンアイ―オンナイ)・割愛(カツアイ)・求愛(キュウアイ)・敬愛(ケイアイ)・自愛(ジアイ)・慈愛(ジアイ)・情愛(ジョウアイ)・親愛(シンアイ)・人類愛(ジンルイアイ)・博愛(ハクアイ)・母性愛(ボセイアイ)・友愛(ユウアイ)・恋愛(レンアイ)

意

心9 (13)
1 1653
610F
教3

一 イ 漢 呉 寘 yì
二 イ 漢 呉 支 yī
こころ・おも-い(おもひ)・おも-う(おも-ふ)
付表 意気地(イクジ)

筆順 亠 立 产 音 音 意 意

たちなり

[会意]「心(=こころ)」と「音(=声やことば)」とから成る。ことばから心持ちをおしは

4画

かる。

意味 一 ❶心の中で、あれこれとおもいめぐらす。**おもう**。例 意図(イト)。意料(イリョウ)(=おもい、はかる)。不意(フイ)。❷疑う。例 意ニ其隣之子一(そのとなりのこをおもう)(=となりの子のしわざと疑う)。〈列子・説符〉 ❸おそらく。おもうに。例 意者其不レ可レ必乎(おもうにそれ)(ヒッすべからざるか)(=おそらくあてにできまい)。〈韓非・顕学〉 ❹心のはたらき。考え。**おもい。こころ**。例 意見(イケン)。意識(イシキ)。決意(ケツイ)。❺ことばやものごとにこめられているもの。例 意味(イミ)。寓意(グウイ)。文意(ブンイ)。❻「そもそも」と読み、それとも、の意。選択をあらわす。通 抑。例 豈女為レ之与、意鮑為レ之与(あになんじこれをなすか、そもそもホウこれをなすか)(=いったいおまえがやったのか、それとも鮑がやったのか)。〈墨子・明鬼下〉 二 失望・嘆きの声。ああ。通 噫(イ)。

古訓 中古 おもひ・おもふ・おもむく・おもんみる・おもんみれば・こころ・もと 中世 うたがふ・おもふ・こころ・もと 近世 おもふ・おもふに・こころばせ

人名 お・おき・おさ・のり・むね・もと・よし

難読 新発意(シンボチ)・随意(まにまに)

【意外】(イガイ) 予想していたことと、まったく違うこと。思いのほか。例 ―に思う。結果は―だった。

【意気】(イキ) ①進んで何かをやろうとする気持ち。さかんな元気。いきごみ。例 ―があがる。②いさぎよさ。こころいき。例 人生感ニ意気一(ジンセイイキにカンず)(=人間は心意気に感激して行動するものだ)。〈魏徴・述懐〉

【意気軒▼昂】(イキケンコウ) 意気ごみがさかんなさま。〈旧唐・魏元忠伝〉 例 強敵を破って―たるものがある。

【意気地】(イキジ) 日 一 自分の主義・主張をあくまでも通そうとする気持ち。意地。例 男の―。二 (イクジ) ものごとをやりとげようとする気持ちの張り。気力。例 ―なし。

【意気消沈】【意気▼銷沈】(イキショウチン) 元気をなくして、しょげる。〈水雲村稿・一〇〉

【意気衝天】(イキショウテン) 日 〔「衝天」は、天を衝っく意〕元気がさかんで、その気持ちが天をも衝く勢いであること。

【意気阻喪】(イキソソウ) やろうとする勢いがくじける。気落ちする。〈続資治通鑑長編・二九九〉 表記 旧 意気▼沮喪

【意気投合】(イキトウゴウ) 考え方や趣味などが相手と一致して、気が合う。〈後村先生大全集・一八二〉 例 すっかり―した。

【意気揚揚】(イキヨウヨウ) 得意で元気いっぱいのさま。例 策ニ駟馬一意気揚揚、甚自得也(シバにむちうちイキヨウヨウとして、はなはだジトクするなり)(=《宰相の御者は》四頭立てのウマにむちを当て、得意満面であった)。〈史記・晏嬰伝〉

【意義】(イギ) ①ことばがあらわす内容。わけ。意味。例 語の―を明らかにする。②価値。重要さ。例 ―のある催し。

【意見】(イケン) ①個人の考え。例 ―を述べる。②日 いましめさとす。説教。忠告。例 父に厳しく―された。

【意向】【意▼嚮】(イコウ) (問題・方策・提案などを)どう処理するかについての考えや気持ち。

【意固地】(イコジ) 日 意地を張って頑固に自分の考えを通そうとするさま。かたいじ。えこじ。依怙地(イコジ)。例 ―になる。

【意志】(イシ) 考え選んでなしとげようとする、心のはたらき。例 ―強固。―薄弱。―をつらぬく。

【意思】(イシ) あるものごとに対してもっている考え。意向。例 ―表示する。

【意地】(イジ) ①気だて。心のもち方。根性。例 ―が悪い。②〔仏〕心。心地(シンジ)。③日 他と張りあう心。自分の考えをどこまでも通そうとする心。いこじ。例 ―を張る。④日 人間のもつ欲望。特に、食欲。例 食い―が張る。―がきたない。

【意識】(イシキ) ①知る。知覚する。②〔仏〕感覚によって認識した個々の対象を総括して判別する心のはたらき。③日 自分の置かれている状況がはっきりわかる心の状態。例 ―不明になる。④日 はっきりした意見や考えをもっていること。例 政治―。⑤日 気にし、こだわる。例 罪の―。

【意識的】(イシキテキ) 日 ①自覚しているさま。例 ―行動。②わざとするさま。故意。例 ―なものの言い方。

【意趣】(イシュ) ①考え。意向。②日 特別の考え。ことに、相手のしうちに対する恨み。例 ―返し(=しかえし)。―を含む(=恨みを胸中にもつ)。

【意緒】(イショ) ①思い。気持ち。②考え。思考。

【意匠】(イショウ) ①(絵画・詩文などについての)考え・工夫。例 意匠惨澹(イショウサンタンたり)(=さまざまに心を悩ませながら創意工夫をこらした)。〈杜甫・丹青引贈曹将軍覇〉 ―を凝らす。②日 (工芸品や商品などの)形・模様・色などに加える装飾的な考案。デザイン。

【意想外】(イソウガイ) 日 思いや考えのそと。思いのほか。案外。例 ―のできごと(=思いもよらないこと)。〔中国では「意想之外」という〕

【意中】(イチュウ) 心の奥深くにあること。また、その思い。例 ―をさぐる。

【意図】(イト) ①ある考えをもって何かをしようとする。その考えや計画。もくろみ。ねらい。例 ―を実現する。―的な妨害。②言わんとするところ。ねらい。例 作者の―。

【意馬心猿】(イバシンエン) 〔仏〕煩悩や情欲のために、心の乱れをおさえられない状態。心猿意馬。〔ウマがとびはね、サルが騒ぐのをおさえられないことにたとえていう〕

【意表】(イヒョウ) ①表面にあらわれない意味。言外の意味。例 人当レ解ニ意表一(ひとまさにイヒョウをカイすべし)(=人は外面にあらわれない深い意味をこそ理解すべきなのだ)。〈陶淵明・飲酒〉 ②思ってもいなかったこと。意想外。例 議論出ニ人意表一(ギロンひとのイヒョウにいず)(=人の意表をつく議論をした)。〈朱熹・与曹晋叔書〉 敵の―をつく。

【意望】(イボウ) のぞみ。願望。

【意味】(イミ) ①ことばであらわされる内容。意義。例 ―不明のことば。②動機や意図。理由。わけ。例 ―ありげな顔つき。③価値。意義。例 ―のない仕事。④実質や内容をあらわし示す。例 遭難を―する信号。

【意味深長】(イミシンチョウ) 表面からわかること以外に、深い内容を含んでいるさま。〈二程遺書・一九〉 例 ―な発言。

【意訳】(イヤク) 日 原文の内容に重点を置いて翻訳する。対 直訳・逐語訳。

【意欲】【意▼慾】(イヨク) 積極的に何かをしようと思う心。例 ―が十分だ。―がある。―を失う。

【意力】(イリョク) 日 意志のちから。精神力。

●悪意(アクイ)・敬意(ケイイ)・決意(ケツイ)・故意(コイ)・好意(コウイ)・合意(ゴウイ)・懇意(コンイ)・辞意(ジイ)・失意(シツイ)・真意(シンイ)・随意(ズイイ)・誠意(セイイ)・善意(ゼンイ)・総意(ソウイ)・他意(タイ)・大意(タイイ)・注意(チュウイ)・弔意(チョウイ)・敵意(テキイ)・同意(ドウイ)・得意(トクイ)・任意(ニンイ)・熱意(ネツイ)・不意(フイ)・文意(ブンイ)・本意(ホンイ)・用意(ヨウイ)・留意(リュウイ)

惲

忄9 (12)

4 1256 60F2

ウン 漢 吻 yùn

意味 ❶てあつい。❷姓の一つ。例 惲格(ウンカク)(=清(シン)の画家)。

人名 あつ・あつし

窓

心9 (13)

⇩ 恪(カク) (500ページ)

愕

忄9 (12)

2 5619 6115

ガク 漢 呉 薬 è

おどろ-く

意味 ❶驚きあわてる。びっくりする。**おどろく**。例 愕然(ガクゼン)。驚愕(キョウガク)。❷ことばを飾らず、まっすぐにいう。通 諤(ガク)。例 謇愕

ケン(=率直にいう)。

【愕愕】ガクガク 正しいと思うことを曲げずに述べるさま。直言するさま。

【愕然】ガクゼン 思いがけないことに、ひどくおどろくさま。例 良愕然、欲レ殴レ之(リョウガクゼンとして、これをうたんとほっす)(=張良はひどく驚いて、そいつをなぐってやりたいと思った)。〈史記・留侯世家〉

愒

忄9 (12) 4 1259 6112

一 ケイ 漢 霽 qì 二 カツ 漢 曷 hè

意味 一 いこう。やすむ。通 憩。二 おどす。おびやかす。通 喝。例 恐愒キョウカツ(=おどす)。

感

心9 (13) 1 2022 611F 教3

一 カン(カム) 漢 呉 感 gǎn 二 カン(カム) 漢 呉 勘 hàn

筆順 ノ 厂 后 咸 咸 咸 感 感

なりたち  [形声]「心(=こころ)」と、音「咸カン」とから成る。人の心を動かす。

意味 一 ❶ものごとにふれて心が動く。また、そのような心の動き。例 感レ時花濺レ涙(ときにカンじてははなにもなみだをそそぐ)(=世のうつろいに感じ入っては花を見てさえ涙をもよおす)。〈杜甫・春望〉 感心カンシン。感動カンドウ。❷外からの刺激を受けて反応する。例 感而自然(カンじておのずからしかり)(=ものに反応してひとりでにそうなる)。〈荀子・性悪〉 感覚カンカク。敏感ビンカン。感応カンノウ。❸(病気などに)かかる。かぶれる。例 感染カンセン。感冒カンボウ。二 ❶不満に思う。通 憾カン。❷ゆり動かす。うごかす。通 撼カン。例 感帨カンゼイ(=女子の腰にさげた絹布をゆり動かす。男子が女子に非礼をはたらくこと)。

古訓 中古 いたむ・いましむ・うごく・かしこし・かなふ・たのし・ほむ 中世 いたむ・うごく・かなふ・ことわる・たすく・ふるる・ほむる・よろこぶ 近世 あたる・いたむ・うごく・うらむる・きたる・こたへる・ふるる・まじはる

【感化】カンカ 心がけや行動などについて、知らず知らずに影響を受ける。[よいことについても悪いことについてもいう]

【感荷】カンカ [「荷」は、恩恵を受ける意] 受けた恩恵に対してありがたく思う。

【感懐】カンカイ 心に感じた思い。感想。

【感慨】カンガイ しみじみと身にしみて感じること。また、その思い。例 感慨悲歌之士(カンガイヒカのシ)(=痛切な心のこもった歌を高唱する人物)。〈韓愈・送董邵南序〉 ―を覚える。

【感慨無量】カンガイムリョウ 日 はかり知れないほど、しみじみとした思いを感じる。類 感無量。

【感覚】カンカク 日 ①目・鼻・耳・舌・皮膚などのはたらきで感じとられたもの。例 ―器官。指先の―。②ものごとを感じとる心のはたらき。感受性。センス。例 鋭敏な―。

【感旧】カンキュウ 昔のことを思い出して心を動かされる。

【感泣】カンキュウ 感激して泣く。例 師の恩情に―する。

【感興】カンキョウ 興味を感じること。おもしろがること。例 ―をそそる。―をもよおす。―がわく。

【感吟】カンギン 日 ①感動して詩歌を口ずさむ。また、感動して作った詩歌。②人を感動させるすぐれた詩歌。

【感激】カンゲキ 人の胸を打つすぐれた作品や言動に接して、心がはげしく動かされる。例 由レ是感激、遂許ニ先帝一以ニ駆馳一(これによりてカンゲキし、ついにセンテイにゆるすにクチをもってす)(=そのために深く心を動かされて、先代の陛下に一生懸命お仕えすることにしたのです)。〈諸葛亮・出師表〉

【感悟】カンゴ ①心をゆさぶって気づかせる。②自ら感じて気づく。感じてさとる。

【感光】カンコウ 日 [化] (フィルムなどが)光を受けて、化学的変化を起こす。例 ―紙。

【感謝】カンシャ ありがたく思う。また、その気持ちをあらわす。例 ―の意をあらわす。ご厚意に―する。

【感受】カンジュ 外からの刺激を受けとめる。例 ―性。

【感受性】カンジュセイ 日 人のことばの内容やものごとの意味を鋭く感じとる心のはたらき。感性。例 ―の強い子。

【感傷】カンショウ ものごとに感じて、心をいためること。また、ものごとに心が動かされやすいこと。例 ―にひたる。

【感賞】カンショウ 日 感心してほめる。また、手柄をほめて与えるほうび。

【感状】カンジョウ 日 いくさの手柄をほめて、主君や上官が与える文書。

【感情】カンジョウ ①(ジョウにカンず) 心を動かす。②日 場面や状況の変化に応じてさまざまに動く心の状態。心持ち。気持ち。対 理性。例 ―が高ぶる。―に走る。③日 (心理学で)「快・不快」に分けられる心のあり方。

【感情移入】カンジョウイニュウ 日 ほかの人の心理、芸術作品や自然の景色などに、自分の感情や精神を入りこませて一体化すること。

【感情的】カンジョウテキ 日 激しい感情の動きが、表情や声、態度などにあらわれているさま。対 理性的。例 ―になる。

【感情論】カンジョウロン 日 理性にもとづかず、感情だけによってする議論。

【感触】カンショク ①心で感じ取る。また、その感じ。気配。予測。例 ―を得る。②日 手や肌が、ものにふれたときに得られる感じ。手ざわり。肌ざわり。例 新芽のやわらかな―。

【感心】カンシン ①感じ入る。感動する。②日 心のうちに、よい・美しい・立派だなどと思い、評価する。例 なるほどと―する。③日 ほめる価値のあるさま。例 母を助ける―な少女。

【感性】カンセイ 日 ①[哲] 外部の刺激や印象を受けとめる、心のはたらき。感受性。対 悟性。例 するどい―をもった詩人。②感覚から生ずる心のはたらき。感情・衝動・欲望など。

【感染】カンセン 日 ①病気がうつる。例 ―経路。―源。②好ましくない慣習・思想などの影響を受けて、それにそまる。例 悪習に―する。▽伝染。

【感想】カンソウ ①心に感じる。思いを寄せる。②見たり聞いたり、読んだり話したりして心に浮かぶ、思いや考え。例 読書―文。

【感嘆】【感▼歎】カンタン ①深く感じ入ってため息をつく。例 感嘆亦歔欷(カンタンしてまたキョキす)(=心を動かされてすすり泣きする)。〈杜甫・羌村〉 ②たいしたものだと感心してほめたたえる。賞嘆。嘆賞。例 ―文。―詞(=感動詞)。

【感嘆符】【感▼歎符】カンタンフ 日 感動をあらわしたり、意味を強調したりする符号。エクスクラメーションマーク。「!」

【感知】カンチ ①(カンにチす) 知遇に感謝する。②感づく。直感的に心に感じて知る。察知。

【感通】カンツウ ①自らの心と外界とが感応し、通じ合う。②自分の心が相手の心に伝わる。感徹。

【感徹】カンテツ 「感通カンツウ②」に同じ。

【感電】カンデン ①「感応カンノウ①」に同じ。②日 電気にふれて、びりびりと感じる。例 ―死。

【感度】カンド 日 電波や光などに反応する度合い。また、外からの刺激を感じとる度合い。例 高―フィルム。―がにぶい。

【感動】カンドウ 深い満足や強い衝撃で、心がゆり動かされる。例 ―的。深い―を覚える。

【感動詞】カンドウシ 日 品詞の一つ。自立語で活用はしない。単独で文・文節になり、感動・応答・呼びかけをあらわすことば。「ああ」「はい」「もしもし」など。間投詞。感嘆詞。

【感得】カントク ものごとの道理や奥深さを感じて悟る。例 真理を―する。

【感応】カンノウ／カンオウ ①直接ふれたり話したりできないようなものに、心が感じ動く。感動。②信心が神仏に通じる。③日〔理〕電場や磁場にある導体が、電気や磁気の作用を受ける。誘導。例 —コイル。
【感▼佩】カンパイ 〔「佩」は、身に帯びる意〕心に深く感じて、いつも忘れない。
【感服】カンプク ①感動して相手に従う。②日たいしたものだと、心から感心する。敬服。
【感憤】【感▼忿】カンプン 心に感じて、いきどおる。
【感奮】カンプン 心に感じて、ふるい立つ。
【感冒】カンボウ ウイルス性の呼吸器疾患。風邪引き。風邪。例 流行性—。
【感銘】カンメイ 忘れることができないほど深く感動する。肝銘。例 —を受ける。—を与える。
【感涙】カンルイ 感激のあまり流す、なみだ。例 —にむせぶ。
◐音感オンカン・快感カイカン・共感キョウカン・好感コウカン・五感ゴカン・語感ゴカン・実感ジッカン・所感ショカン・直感チョッカン・痛感ツウカン・同感ドウカン・鈍感ドンカン・反感ハンカン・万感バンカン・敏感ビンカン・予感ヨカン・霊感レイカン

惬
忄9 (12) ③8456 611C キョウ(ケフ)漢呉 葉 qiè

意味 満足する。かなう。

愚
心9 (13) ①2282 611A 常用 グ漢呉 虞 yú おろか

筆順 

なりたち 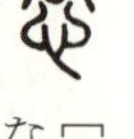 [会意]「心(=こころ)」と「禺グ(=おろかなサルの類)」とから成る。おろか。

意味 ❶頭のはたらきがにぶい。知恵が足りない。**おろか**。また、おろかな人。対賢。例 愚益愚グはますます(=おろかな人はますますおろかになる)。〈韓愈・師説〉愚鈍グドン。暗愚アング。❷ばかにする。あなどる。例 愚弄グロウ。❸自分に関することを謙遜ケンソンしていうことば。また、わたし。例 愚見グケン。愚妻グサイ。愚息グソク。

古訓 中古 おろか・おろかなり・ないがしろ 中世 いやし・おろか・おろかなり・かたくなし 近世 おろか・くらし・にぶし

【愚案】グアン ①つまらない考え。②自分の考えや計画などを謙遜ケンソンしていうことば。例 —を申し述べます。
【愚兄】グケイ ①おろかな、あに。例 —賢弟。②年少者に対して、自分自身を謙遜ケンソンしていうことば。③日自分のあにを謙遜していうことば。
【愚計】グケイ ①つまらない計画。②自分の計画を謙遜ケンソンしていうことば。
【愚見】グケン ①おろかな意見。②自分の意見を謙遜ケンソンしていうことば。例 —を申し上げれば…。
【愚考】グコウ ①つまらないかんがえ。②自分のかんがえを謙遜ケンソンしていうことば。
【愚行】グコウ 日ばかげた行為。おろかなおこない。類愚挙。例 —を重ねる。
【愚公移レ山】グコウやまをうつす どんな困難なことでも、なまけずに努力すれば、必ずなしとげられるというたとえ。◐昔、愚公という九十歳になる老人がいた。愚公は太行タイコウ山・王屋オウオク山という山に面して住んでいて、回り道しなければならず不便だったので、この山を取りのぞいて平らにしようと考えた。人々はこのくわだてをばかにしたが、愚公は子や孫とともに山の土を運びはじめ、子々孫々何代かかってもやりとげる決意を述べたところ、天の神が感心して二つの山を取りのぞいてくれた。…………〈列子・湯問〉
【愚妻】グサイ ①おろかなつま。②日自分のつまを謙遜ケンソンしていうことば。荊妻ケイサイ。
【愚作】グサク 日①つまらない作品。駄作。対秀作・傑作。②自分の作品を謙遜ケンソンしていうことば。
【愚策】グサク ①おろかなはかりごと。②自分の考えや計画を謙遜ケンソンしていうことば。
【愚者】グシャ おろかもの。対賢者・知者。例 愚者自以為レ覚グシャはみずからもってさめたりとなす(=おろかな者どもは、自分が夢から覚めていると思っている)。〈荘子・斉物論〉
【愚者一得】グシャイットク おろか者の考えにも、一つくらいはよい考えがあるということ。〔「愚者千慮必有二一得一グシャもセンリョにかならずイットクあり」。〈史記・淮陰侯伝〉」から〕
【愚書】グショ 日①つまらない書物。②自分の手紙や著書を謙遜ケンソンしていうことば。
【愚女】グジョ ①おろかな女。②日女性が自分を謙遜ケンソンしていうことば。③日自分の娘を謙遜していうことば。
【愚人】グジン おろかな人。愚者。対賢人。例 我愚人之心也哉、沌沌兮われはグジンのこころなるかな、トントンたり(=私の心はおろか者の心なのだなあ、のろのろとしていて)。〈老子・二〇〉
【愚生】グセイ 自分を謙遜ケンソンしていうことば。小生。〔男性が手紙などで用いる〕
【愚誠】グセイ おろかなまこと。自分のまごころを謙遜ケンソンしていうことば。
【愚説】グセツ ①とるにたりないつまらない説。②自分の説を謙遜ケンソンしていうことば。例 —を述べる。
【愚僧】グソウ ①おろかな僧。②僧が自分を謙遜ケンソンしていうことば。拙僧。愚禿グトク。
【愚息】グソク ①おろかなむすこ。②日自分のむすこを謙遜ケンソンしていうことば。豚児。
【愚痴】グチ ①おろか。②〔仏〕理非を区別できないおろかさ。迷妄。③日話してもしかたのないことを、くどくどと言うこと。泣きごと。例 —をこぼす。
【愚忠】グチュウ おろかなまごころ。自分の忠誠心を謙遜ケンソンしていうことば。
【愚直】グチョク 真っ正直でいちずなさま。
【愚弟】グテイ ①おろかなおとうと。②やや年長者に対して、自分自身を謙遜ケンソンしていうことば。③日自分のおとうとを謙遜していうことば。
【愚答】グトウ ①こたう お答えします。②つまらない答え。
【愚▼禿】グトク 日〔髪を剃そったおろか者の意〕僧が自分を謙遜ケンソンしていうことば。愚僧。拙僧。例 —親鸞シンラン。
【愚鈍】グドン 反応がにぶく、することがまぬけなこと。のろま。愚昧グマイ。対利発。
【愚▼鄙】グヒ おろかで見識が狭い。自分のことについて謙遜ケンソンして用いることもある。
【愚物】グブツ おろかもの。愚人。
【愚妹】グマイ 日自分のいもうとを謙遜ケンソンしていうことば。
【愚昧】グマイ 〔「昧」は、暗い意〕おろかで、ものの道理を知らない。愚鈍。暗愚。類愚蒙グモウ。対賢明。例 —な君主。
【愚民】グミン おろかな人々。おろかな人民。例 —政策(=国の権力者が人民を無知のままにして、思うままに支配しようとする政策)。
【愚問】グモン ①とう お尋ねします。②つまらない質問。まとはずれの無益な問い。
【愚劣】グレツ ①おろかで、つたない。②日くだらなくて、何の価値もないさま。低級。低劣。例 —きわまりない行為。
【愚老】グロウ 老人が自分を謙遜ケンソンしていうことば。例 —のたわごとです。
【愚弄】グロウ 〔「弄」は、もてあそぶ意〕人をあなどりからかう。
【愚論】グロン ①なんの役にも立たない議論。くだらない意見。

②自分の議論や意見を謙遜ケンソンしていうことば。㊀暗愚グアン・衆愚シュウグ・大愚タイグ・凡愚ボング

惸
忄9（12） 3 8455 60F8

ケイ漢 庚 qióng

意味 兄弟がいない。ひとりみ。通煢ケイ。例 惸独ケイドク（=身寄りがない）。

愆
心9（13） 2 5620 6106

ケン漢呉 先 qiān
あやま-る・つみ・とが

［諐］言8（15） 3 9210 8AD0 別体字。

意味 ❶過失。あやまち。**つみ**。**とが**。例 愆過ケンカ（=あやまち）。❷一定の範囲をこえる。すぎる。度をこす。例 愆陽ケンヨウ（=暖冬）。〈左伝・昭四〉 ❸しくじる。あやまつ。たがう。例 愆レ期キをあやまる（=時期を逸する）。〈易・帰妹〉 ❹うしなう。例 愆位ケンイ（=失職）。❺やまいをわずらう。

【愆怠】ケンタイ おこたる。なまける。

【愆▼尤】ケンユウ あやまち。とが。

慌
忄9（12） 1 2518 614C 常用

一 コウ（クヮウ）漢呉 陽 huāng
二 コウ（クヮウ）漢呉 養 huǎng
あわてる（あわ-つ）・あわただしい（あわ-ただし）

［慌］忄9（12） 旧字体。

筆順

なりたち ［形声］「忄（=こころ）」と、音「荒コウ」とから成る。さしせまってあわてる。

意味 一 心の落ち着きをうしなう。**あわてる**。例 恐慌キョウコウ。慌あわただしい毎日マイニチ。 二 ⇩【慌忽】コウコツ

古訓 中古 うし・たぶろかす・まどふ 中世 おもひなし・たちまち 近世 くらし・ほのか・わする

【慌▼忽】【慌▼惚】コウコツ ①ぼんやりして、はっきりしないさま。②意識がぼうっとするさま。▽恍惚コウコツ。

【慌忙】コウボウ あわただしい。あわてる。

惶
忄9（12） 2 5621 60F6

コウ（クヮウ）漢 オウ（ワウ）呉 陽 huáng
おそ-れる（おそ-る）・あわ-てる（あわ-つ）

意味 おどおどする。**おそれる**。**あわてる**。例 惶恐コウキョウ。惶惶コウコウ。恐惶キョウコウ。

【惶▼駭】コウガイ 驚きあわてる。

【惶急】コウキュウ おそれあわてる。驚きあわてる。類 惶遽コウキョ。

【惶恐】コウキョウ おそれかしこまること。恐惶。例 ―再拝（=おそれかしこまって、再度礼拝する意。改まった手紙の結びに書き、敬意をあらわす）。

【惶▼懼】コウク おそれる。

【惶惶】コウコウ ①おそれおびえるさま。あわてふためくさま。②あわただしいさま。

【惶惑】コウワク おそれまどう。また、おそれまどわせる。

慈
心9（13） 1 2792 6148 常用

シ漢 ジ呉 支 cí
いつくしむ・いつくしみ

［慈］心9（13） 2F8A6 旧字体。

筆順

なりたち  ［形声］「心（=こころ）」と、音「茲シ」とから成る。いつくしむ。

意味 ❶子をかわいがる親の心。**いつくしみ**。また、愛情をもって大切にする。**いつくしむ**。例 慈愛ジアイ。慈恵ジケイ。慈善ジゼン。❷母親。対 厳。例 家慈カジ（=自分の母）。❸磁石。通 磁。

古訓 中古 いつくし・うたふ・うつくしび・うつくしぶ・うつくしみ・うつたへ・たのむ 中世 あはれぶ・あはれむ・いつくし・いつくしむ・いとほし・うつくし・めぐむ 近世 あはれむ・いつくしみ・いつくしむ・かなしむ・めぐむ・やはらか・やはらぐ

人名 いつ・しげ・しげる・ちか・なり・めぐみ・やす・やすし・よし

難読 慈姑くわい

【慈愛】ジアイ 深い愛をもっていつくしむこと。かわいがり、大切にすること。例 ―をそそぐ。―に満ちる。

【慈雨】ジウ ①（日照りつづきのあとに降る）草木をよみがえらせる雨。恵みの雨。例 干天の―。②仏法や天子のめぐみのたとえ。

【慈▼烏】ジウ カラスのこと。〔カラスは、成長したあと、自分の親にえさを与えて、育ててくれた恩にむくいるという〕 例 慈烏失二其母一、唖唖吐二哀音一ジウそのははをうしない、アアとしてアイインをはく（=カラスは〈恩返しもできないうちに〉その母を失い、カーカーと悲しげに鳴いている）。〈白居易・慈烏夜啼〉

【慈雲】ジウン 〔仏〕慈悲のあまねく広いことのたとえ。

【慈恩】ジオン いつくしみにあふれた恩情。慈恵。

【慈眼】 一 ジガン いつくしみのこもったまなざし。 二 ジゲン 〔仏〕仏や菩薩ボサツの深いいつくしみのまなざし。

【慈顔】ジガン いつくしみにあふれた表情。例 師の―をあおぐ。

【慈訓】ジクン いつくしみ深い教え。特に、母の教えをいう。

【慈恵】ジケイ いつくしみの心をもって他にめぐみをほどこすこと。

【慈▼姑】ジコ ①いつくしみ深い、しゅうとめ。妻が夫の母をいうことば。②くわい オモダカ科の多年草で、塊茎を食用とする。クワイ。茨菰ジコ。

【慈孝】ジコウ ①親をいつくしみ、孝を尽くす。②親が子をいつくしみ、子が親に孝を尽くす。

【慈心】ジシン いつくしみに満ちた深い愛の心。

【慈仁】ジジン ①いつくしみ。例 薫然慈仁、謂二之君子一クンゼンとしてジジンなる、これをクンシという（=温和にしていつくしみの心にあふれている人を君子という）。〈荘子・天下〉 ②情けぶかさ。

【慈善】ジゼン ①情けぶかく善良である。②日 被災者や生活困窮者などにお金や品物を援助すること。チャリティー。

【慈孫】ジソン 祖先をいつくしむ子孫。孝孫。

【慈悲】ジヒ ①なさけ。あわれみ。いつくしみあわれむこと。②〔仏〕仏や菩薩ボサツが人々に安楽を与え、苦しみを取りのぞくこと。例 ―を垂れる。

【慈▼愍】【慈▼憫】ジビン いつくしみあわれむ。類 慈憐ジレン。

【慈父】ジフ ①子に深い愛情をそそぐ父親。②父親をほめていうことば。▽対 慈母。

【慈母】ジボ ①子に深い愛情をそそぐ母親。例 ―のように慕う。②母親をほめていうことば。▽対 慈父。

愁
心9（13） 1 2905 6101 常用

シュウ（シウ）漢 シュ呉 尤 chóu
うれえる（うれ-ふ）・うれい（うれひ）

筆順

なりたち 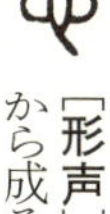 ［形声］「心（=こころ）」と、音「秋シュウ」とから成る。うれえる。

意味 心配する。思いなやむ。悲しむ。**うれえる**。**うれい**。例 煙波江上使二人愁一エンパコウジョウひとをしてうれえしむ（=もやが長江にたちこめ私を悲しませる）。〈崔顥・黄鶴楼〉 愁傷シュウショウ。哀愁アイシュウ。憂愁ユウシュウ。

古訓 中古 うらむ・うれふ・ころす 中世 うれひ・うれふ・うれへ

【愁襟】シュウキン 「「襟」は、心の意」うれえる気持ち。悲しく思う心。愁心。
近世 あつまる・うれひ・うれふ・おもんばかる・かなしむ・とらふ

【愁苦】シュウク うれえ苦しむ。悩み苦しむ。類 愁困シュウコン。

【愁殺】シュウサツ／シュウサイ 「「殺」は、意味を強めることば」ひどく嘆き悲しむ。例 不レ言不レ笑愁二殺人一いわずわらわずひとをシュウサツす（＝《李夫人の絵すがたは》ものも言わず、ほほ笑みもせず、見る人をひどく悲しませる）。〈白居易・李夫人〉

【愁思】シュウシ わびしい思い。うれい。愁心。例 —の春。

【愁傷】シュウショウ ①嘆き悲しむ。愁嘆。秋痛。②日 気の毒なこと。〔「ご愁傷さま」の形で、身内の死にあった人に対する悔やみのことば。また、相手の失敗や落胆を軽くからかって、「お気の毒に」の意味でも用いる〕

【愁色】シュウショク うれいを含んだ表情。例 —につつまれる。

【愁心】シュウシン ①うれえる心。悩む心。愁襟。②心を悩ませる。うれえる。

【愁人】シュウジン ①心に悩みのある人。②詩人。

【愁絶】シュウゼツ ひどくうれえる。

【愁訴】シュウソ ①悩みをうったえる。泣きごとを言う。また、その悩みや泣きごと。②からだの不調をうったえること。例 不定—（＝明らかな症状が出ないのに、不調をうったえる状態）。

【愁霜】シュウソウ 心配のあまり、しらが頭になること。例 愁霜侵二鬢根一シュウソウビンコンをおかす（＝愁いの霜は、びんの毛の根元までしのびこんで真っ白に染めてしまった）。〈白居易・朱陳村〉

【愁嘆】【愁▼歎】シュウタン 悲しみなげく。悲嘆。愁傷。

【愁嘆場】【愁▼歎場】シュウタンば 日 演劇などで、登場人物がなげき悲しむ場面。死別や生別などの場面をいう。転じて、悲嘆にくれるような状況をいう。

【愁痛】シュウツウ 嘆き悲しむ。秋傷。秋嘆。

【愁眉】シュウビ 心配してひそめた、まゆ。例 —を開く（＝心配がうすらいでほっとする）。

【愁眠】シュウミン さびしさのため寝つかれず、うつらうつらすること。例 江楓漁火対二愁眠一コウフウギョカシュウミンにタイす（＝川岸の紅葉した楓の間には赤いいさり火が点々として、旅愁で眠りかねている私の眼前に浮かんでいる）。〈張継・楓橋夜泊〉

【愁夢】シュウム うれいに満ちた夢。例 辺城夜夜多二愁夢一ヘンジョウヤヤシュウムおおし（＝辺境の町で毎晩、きみはうれいに満ちた夢ばかり見ることだろう）。〈岑参・胡笳歌送顔真卿使赴河隴〉

●哀愁アイシュウ・郷愁キョウシュウ・憂愁ユウシュウ・旅愁リョシュウ

惷

心9（13）　2 5622　60F7

シュン 漢 軫 chǔn

おろ-か・みだ-れる（みだ-る）

意味 ❶さわぎたてる。みだれる。通 蠢シュン。例 惷惷シュンシュン（＝乱れるさま）。❷頭のはたらきがにぶい。おろか。通 蠢シュン。例 惷愚シュングン（＝無知なさま）。

愀

忄9（12）　2 5623　6100

ショウ（セウ）漢 篠 qiǎo

シュウ（シウ）漢 有 jiù

意味 ❶心配して顔色が変わる。❷表情がひきしまる。例 愀然ショウゼン。

【愀然】ショウゼン／シュウゼン ①表情をひきしめるさま。例 愀然正レ襟危坐ショウゼンとしてえりをただしてキザす（＝厳粛に表情を変えて、衣服を整え居住まいを正した）。〈蘇軾・赤壁賦〉②うれえるさま。愁然シュウゼン。例 孔子愀然而嘆コウシショウゼンとしてタンず（＝孔子はうれえるようすでため息をついた）。〈荘子・漁父〉

惴

忄9（12）　2 5624　60F4

スイ 漢 ズイ 呉 寘 zhuì

うれ-う（うれ-ふ）・おそ-れる（おそ-る）

意味 おそれおののく。おそれる。例 惴惴ズイズイ。

【惴惴】ズイズイ おそれるさま。びくびくする。

【惴慄】ズイリツ おそれおののく。

惺

忄9（12）　2 5625　60FA　人

セイ 漢

ショウ（シャウ）呉 梗 青 xīng

さと-る・さ-める（さ-む）

なりたち ［形声］「忄（＝こころ）」と、音「星セイ」とから成る。心がさめる。

意味 ❶心がすっきりする。さめる。さとる。通 醒セイ。例 惺悟ゴセイ。❷⇒【惺惺】セイセイ ❸⇒【惺忪】セイショウ

古訓 中古 よろこぶ　中世 さとる　近世 さとし・さとる・しづか

人名 さとし・さとる・しずか

【惺▼忪】セイショウ ①声のかろやかなさま。②目が覚める。頭が冴えている。③起きたばかりで頭がぼんやりしている。

【惺惺】セイセイ ①目が覚めているさま。頭がはっきりしているさま。②頭がよくて機転がきくさま。③耳に心地よい音のさま。

愃

忄9（12）　2 5626　6103

セン 漢 先 ケン 漢 阮 xuān

ゆる-やか・よ-し

意味 心がゆったりとしている。ゆるやか。

想

心9（13）　1 3359　60F3　教3

ソ 慣 ショウ（シャウ）漢

ソウ（サウ）呉 養 xiǎng

おも-う（おも-ふ）・おも-い（おもひ）

筆順 一 十 木 札 朷 相 相 想 想

なりたち  ［形声］「心（＝こころ）」と、音「相ショ」とから成る。ねがいのぞむ。おもう。

意味 ❶思いめぐらす。心の中にえがく。おもう。おもい。例 想起ソウキ。想像ソウゾウ。予想ヨソウ。❷まとまった考え。アイデア。例 感想カンソウ。思想シソウ。

古訓 中古 おそる・おもはかる・おもふ・おもんみる・こひ 中世 おもひ・おもふ 近世 おもひやり・おもふ

【想起】ソウキ 思いおこす。思い出す。例 幼いころを—する。

【想見】ソウケン あれこれ想像する。思い浮かべる。例 想二見其為レ人一そのひととなりをソウケンす（＝《その作品が読めるようになり》人柄をあれこれ想像した）。〈蘇軾・上梅直講書〉

【想像】ソウゾウ 心の中で思いえがく。例 —をたくましゅうする。

【想定】ソウテイ 日 ある状況が起こることを、仮に考えてみる。例 万一の場合を—する。

【想到】ソウトウ たぶんこうなるだろうと、一つの考えにたどりつく。例 事件の結末に—する。

【想念】ソウネン 心に浮かんでは消える思いや考え。

【想望】ソウボウ ①思いしたう。②待ちのぞむ。期待する。例 理想の実現を—する。

●愛想アイソ／アイソウ・回想カイソウ・仮想カソウ・感想カンソウ・空想クウソウ・幻想ゲンソウ・構想コウソウ・思想シソウ・随想ズイソウ・着想チャクソウ・追想ツイソウ・発想ハッソウ・妄想モウソウ・黙想モクソウ・予想ヨソウ・理想リソウ・連想レンソウ

愺

忄9（12）　4 1263　613A

ソウ（サウ）漢 皓 cǎo

意味 ⇒【愺恅】ソウロウ

【愺▼恅】ソウロウ さびしいさま。また、心が乱れるさま。

難読 慌あわて愺ふためく

［愡］

忄9（12）　⇒惚ソウ（523ページ）

惻

忄9（12）　2 5628　60FB

ソク 慣 ショク 漢 シク 呉 職 cè

いた-む

意味 ❶悲しみが心にせまる。かわいそうに思う。いたむ。例 惻隠ソクイン。悽惻セイソク。❷まごころのこもった。例 懇惻コンソク。

【惻隠】ソクイン〔「隠」も、あわれむ意〕いたましく思うこと。同情すること。例 惻隠之心、人皆有レ之ソクインのこころは、ひとみなこれあり（＝いたみあわれむ心はだれにもみな備わっている）。〈孟子・告子上〉―の情。
【惻▼楚】ソクソ〔「楚」も、いたむ意〕いたみ悲しむ。類 惻愴ソクソウ・惻怛ソクダツ・惻痛。
【惻惻】ソクソク 悲しみあわれみを、しみじみと感じるさま。例 惻惻泣二路岐一ソクソクとしてロキになく（＝昔、楊子ヨウシは道の分かれ目にくるとさめざめと泣いた）。〈李白・古風〉―と胸を打つ。
【惻▼憫】ソクビン いたみあわれむ。

惰
忄9(12) 1 3438 60F0 常用 タ漢 ダ呉 箇 duò おこた-る

筆順 丶 忄 忄 忄ナ 忄左 忄有 惰 惰

なりたち [形声]「忄（＝こころ）」と、音「𡐦キ→タ」の省略体とから成る。つつしまない。

意味 気持ちがだらける。だらしない。なまける。**おこたる**。例 佚而不レ惰イツにしておこたらず（＝安楽なときも気持ちがだらけない）。〈荀子・非十二子〉惰気ダキ。怠惰タイダ。

古訓 中古 おこたる・ものうし 中世 おこたる・おとる・たゆむ・ものうし 近世 あなどる・おこたる

【惰気】ダキ 日 なまけ心。だらけた気分。例 ―をはらう。
【惰弱】ダジャク 日 意志が弱いさま。いくじなし。また、体力が弱いさま。
【惰性】ダセイ 日 ①それまで続けてきた(よくない)習慣。例 ―を断ちきる。②⇒【慣性】カンセイ(522ページ)
【惰眠】ダミン なまけて、ねむってばかりいること。例 ―をむさぼる（＝何もしないで、のらくらと月日を送る）。
【惰容】ダヨウ なまけているさま。だらしないさま。
【惰力】ダリョク 日 惰性によってついた力。例 ―で動く。
●怠惰タイダ・遊惰ユウダ

愞
忄9(12) 4 1262 611E ダ漢 箇 nuò

意味 気が弱い。通 懦ダ。

[惮]
忄9(12) ⇩ 憚タン(526ページ)

惵
忄9(12) 4 1257 60F5 チョウ（テフ）漢 葉 dié

意味 こわがる。おそれる。例 惵然チョウゼン（＝おそれるさま）。

愓
忄9(12) 4 1260 6113 一 トウ（タウ）漢 養 dàng 二 ショウ（シャウ）漢 陽 shāng

意味 一 自由にさせる。ほしいまま。通 蕩トウ。例 愓悍トウカン（＝わがままで、荒々しい）。二「愓愓ショウショウ」は、さっさと歩くさま。

[惱]
忄9(12) ⇩ 悩ノウ(507ページ)

愊
忄9(12) 610A フク慣 ヒョク漢 職 bì

意味 ❶誠実な心。まこと。例 悃愊コンプク（＝まごころ）。❷胸いっぱいにつまる。せまる。通 逼ヒョク。例 愊憶ヒョクオク・フクオク。

【愊憶】【愊臆】【愊億】ヒョクオク・フクオク ①怒り・悲しみ・うれいなどが心に満ちる。気がふさぐ。②まことの心。まごころ。忠誠。▽類 愊抑ヒョクヨク・フクヨク。

愍
心9(13) 2 5630 610D ビン漢 ミン呉 軫 mǐn あわ-れむ（あは-れむ）・いた-ましい（いた-まし）

意味 ❶かわいそうに思う。悲しむ。**あわれむ**。通 憫ビン。例 追二愍屈原一クツゲンをツイビンす（＝屈原をしのぶ）。〈後漢書・応奉伝〉愍然ビンゼン。憐愍レンビン。❷**いたましい**。例 愍凶ビンキョウ。

【愍凶】ビンキョウ いたましい凶事。父母の死をいう。憫凶ビンキョウ。例 少遭二愍凶一わかくしてビンキョウにあう（＝幼い時に父母を亡くした）。〈魏志・武帝紀〉
【愍然】ビンゼン あわれなさま。

愎
忄9(12) 2 5631 610E フク慣 ヒョク漢 職 bì おご-る・たが-う（たが-ふ）・もと-る

意味 自分をえらいものと思い、かたくなに意地を通す。**おごる**。**たがう**。**もとる**。例 愎戻フクレイ。剛愎ゴウフク（＝強情で人の言うことを聞かない）。

【愎戻】フクレイ ひねくれていて人の意見を聞かない。
【愎▼諫】フッカン 諫いさめにさからう。自己の考えに固執して人の意見を聞き入れないこと。

愐
忄9(12) 4 1258 6110 ベン漢 メン呉 銑 miǎn

意味 ❶がんばる。つとめる。❷頭をはたらかせる。思う。

愉
忄9(12) 1 4491 6109 常用 ユ漢 虞 yú たの-しむ・たの-しい（たの-し）・よろこ-ぶ

[愉]
忄9(12) ― 旧字体。

筆順 丶 忄 忄 忄𠆢 忄𠆢 愉 愉 愉

なりたち [形声]「忄（＝こころ）」と、音「兪ユ」とから成る。うすっぺらで、あさい楽しみ。

意味 こころよい。心がやわらぐ。**たのしい**。**よろこぶ**。**たのしむ**。例 愉悦ユエツ。愉快ユカイ。愉楽ユラク。

古訓 中古 あやまる・たのしび・たのしぶ・やはらかなり・よろこび・よろこぶ 中世 あやまる・たのしむ・よろこぶ 近世 いやしくも・うすし・たのしむ・とる・よろこぶ

【愉逸】【愉▼佚】ユイツ 楽しく安らかである。安楽。
【愉悦】ユエツ 心から楽しみよろこぶ。例 ―にひたる。
【愉快】ユカイ 楽しくて心がはずむ。満ちたりた気分になる。例 ―に遊ぶ。―な仲間。
【愉色】ユショク やわらいだ表情。楽しげな表情。
【愉愉】ユユ 表情のやわらいでいるさま。類 愉愉如ユユジョ。
【愉楽】ユラク よろこびと、たのしみ。例 ―を味わう。

愈
心9(13) 1 4492 6108 ユ漢呉 麌 yù い-える（い-ゆ）・いよいよ・まさ-る

[愈]
心9(13) ― 俗字。

意味 ❶他とくらべて、より良い。**まさる**。例 女与レ回也孰愈なんじとカイといずれかまされる（＝おまえと顔回とは、どちらがすぐれているか）。〈論語・公冶長〉❷次第に。ますます。**いよいよ**。例 錯以レ此愈貴ソこれをもっていよいよたっとし（＝鼂錯ソチョウはこれによりますます地位を高めた）。〈史記・鼂錯伝〉❸病気が次第によくなる。**いえる**。通 癒。例 快愈カイユ。治愈チユ。平愈ヘイユ。

慇
心10(14) 2 5632 6147 イン漢 オン呉 文 yīn ねんごろ

意味 ❶心配して、心をいためる。うれえる。通 殷イン。例 慇慇インイン。❷こまごまと気をくばる。**ねんごろ**。通 殷イン。例 慇懃インギン。

難読 慇懃ねんごろ

【慇慇】インイン 心がいたむさま。また、深く心にかけるさま。殷殷インイン。例 憂心慇慇ユウシンインインたり（＝心は憂いにいたむ）。〈詩経・大雅・桑柔〉
【慇▼懃】インギン ①人に接する態度が丁寧で礼儀正しいさま。

例 ―な応対ぶり。②親しい交わり。よしみ。例 ―を重ねる。③男女が思いあう情。例 通二慇懃一(インギンをツウず)(=情交を結ぶ)。▽殷勤(インギン)。

【慇▼懃無礼】(インギンブレイ) 日 おもてむきは丁寧だが、心がこもっていないさま。

【慇憂】(インユウ) うれえる。いたむ。殷憂(インユウ)。

慇
心10 (14) 4 1264 396F イン 漢 吻 yǐn

意味 心をひきしめる。つつしむ。

慍
忄10 (13) 2 5618 614D ウン 漢 オン(ヲン) 呉 問 yùn うら-む・いか-る・いきどお-る(いきどほ-る)

意味 心の中に不愉快な思いがこもって、腹が立つ。**うらむ**。**いかる**。例 人不レ知而不レ慍(ひとしらずしていきどおらず)(=世間の人がわかってくれなくても、腹を立てない)。〈論語・学而〉 慍色(ウンショク)。

【慍色】(ウンショク) むっとした表情。類 慍容。

慨
忄10 (13) 1 1920 6168 常用 カイ 漢 ガイ 呉 隊 kǎi なげ-く

[慨] 忄11 (14) 3 8460 FA3E 旧字体。

筆順 

なりたち 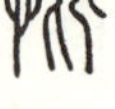 [形声]「忄(=こころ)」と、音「既(キ→イカ)」とから成る。満たされず、いきどおる。

意味 ❶心が激する。気持ちが高ぶる。いきどおる。例 憤慨(フンガイ)。悲憤慷慨(ヒフンコウガイ)。❷ため息をつく。**なげく**。例 慨嘆(ガイタン)。感慨(カンガイ)。

古訓 中古 あはれぶ・あはれむ・いきどほる・いたむ・うらむ・くるしぶ・なげく・ねたむ・はげむ 中世 あはれぶ・あはれむ・いたみ・いたむ・うらむ・なげく・ねたむ 近世 いきどほる・うむ・おこたる・ためいき・なげく・ものうし

【慨世】(ガイセイ) 世の中のありさまを、うれい嘆くこと。例 ―の士。

【慨然】(ガイゼン) ①嘆きいきどおるさま。例 慨然永懐(ガイゼンとしてエイカイす)(=感慨を詩に託す)。〈陶淵明・有会而作〉 ②気持ちがふるいたつさま。

【慨嘆】【慨▼歎】(ガイタン) うれいなげく。心に深く感じて嘆息する。類 慨息。例 世のありさまを―する。

●感慨(カンガイ)・悲憤慷慨(ヒフンコウガイ)・憤慨(フンガイ)

愾
忄10 (13) 2 5633 613E 一 ガイ 慣 カイ 漢 隊 kài 二 キ 漢 未 xì

意味 一 ❶いきどおる。通 慨。例 敵愾(テキガイ)。❷行きわたる。いたる。例 愾二乎天下一矣(テンカにいたる)(=天下に行きわたる)。〈礼記・哀公問〉 ❸ため息をつく。二 ため息をつく。

【愾然】(ガイゼン・カイゼン・キゼン) ため息をつくさま。嘆くさま。

[愷]
忄10 (13) ⇩ 凱(ガイ)(148ジペー)

愨
心10 (14) 2 5634 6128 カク 漢 覚 què つつし-む・まこと・よ-し

[慤] 心11 (15) ― 6164 別体字。

意味 まじめで、つつしみ深い。**つつしむ**。例 法正則民愨(ホウただしければすなわちたみつつしむ)(=法が公正であれば民は誠実である)。〈史記・孝文紀〉 愨誠(カクセイ)(=まごころ)。

愧
忄10 (13) 2 5635 6127 キ(クヰ) 漢 呉 寘 kuì は-じる(は-づ)

[媿] 女10 (13) 4 0573 5ABF 本字。

意味 はずかしく思う。ひけめを感じる。**はじる**。例 仰不レ愧二於天一、俯不レ怍二於人一(あおいではテンにはじず、フしてはひとにはじず)(=天に向かっても、人に対しても、いささかもやましい心はない)。〈孟子・尽心上〉 愧死(キシ)。慙愧(ザンキ)。

【愧汗】(キカン) ①はずかしさのために出る汗。②はじて汗をかく。

【愧▼懼】(キク) はじておそれ入る。はじて恐縮する。類 愧悚(キショウ)。

【愧▼慙】(キザン) はじる。また、恥。類 愧羞(キシュウ)・愧恥。

【愧死】(キシ) ①深くはじて死ぬ。②死ぬほどはずかしく思う。例 今回の失敗は―するにあたいする。

【愧色】(キショク) はずかしそうな顔色。

【愧▼赧】(キタン) はじて顔が赤くなる。赤面する。

慊
忄10 (13) 2 5636 614A 一 ケン(ケム) 漢 琰 qiàn 二 キョウ(ケフ) 漢 葉 qiè 三 ケン(ケム) 漢 塩 xián あきた-りる(あきた-る)・うら-む

意味 一 ❶不満に感じる。あきたりない。うらやむ。**うらむ**。例 吾何慊乎哉(われなんぞうらみんや)(=わたしには何の不満もない)。〈孟子・公孫丑下〉 ❷誠実。まこと。例 丹慊(タンケン)(=まごころ)。二 心にかなう。**あきたりる**。例 慊意(キョウイ)。三 うたがう。通 嫌。

【慊意】(キョウイ) 意にかなう。満足する。

【慊▼焉】(ケンエン) ①不満に思うさま。例 ―たる面持(おもも)ち。②満足なさま。

【慊慊】(ケンケン) ①不満に思うさま。②誠実なさま。

【慊如】(ケンジョ) 不足しているさま。

【慊▼吝】(ケンリン) 要請などに応じることをきらい、出し惜しみする。惜吝(セキリン)。

愿
心10 (14) 2 5637 613F ゲン 漢 願 yuàn うやま-う(うやま-ふ)・つつし-む

意味 まじめで、うやうやしい。**つつしむ**。例 愿愨(ゲンカク)。

【愿▼愨】(ゲンカク) つつしみ深くて、まじめであること。誠実。

【愿朴】(ゲンボク) 素朴でまじめである。

愰
忄10 (13) 3 8458 6130 コウ(クヮウ) 漢 漾 huàng

意味 心のはたらきがはっきりしている。さとい。

慁
心10 (14) 4 1265 6141 コン 漢 願 hùn

意味 ❶心配する。うれえる。❷うるさく、さわがしい。みだれる。みだす。

慎
忄10 (13) 1 3121 614E 常用 シン 漢 呉 震 shèn つつしむ・つつしみ・つつ-まし い(つつ-まし)

[愼] 忄10 (13) 2 5638 613C 人 旧字体。

筆順 

なりたち  [形声]「忄(=こころ)」と、音「眞(シ→シン)(=まこと)」とから成る。まことを尽くしてつつしむ。

意味 ❶すみずみまで気をくばる。用心する。**つつしむ**。例 慎二於言一(ゲンにつつしむ)(=ことばに気をくばる)。〈論語・学而〉 慎思(シンシ)。慎重(シンチョウ)。謹慎(キンシン)。❷「つつしんで」と読んで、強く禁止する意をあらわす。決して。ゆめゆめ。〔あとに「勿(ブツ)」「不」などをともなう〕 例 慎勿二与戦一(つつしんでともにたたかうなかれ)(=決して相手にして戦うな)。〈史記・項羽紀〉

古訓 中古 おそる・ちか・つつしむ・まこと・ゆめ 中世 いかる・おも

ふ・ちか・つつしむ・まこと・ゆめゆめ 近世 おもふ・しづか・つつしむ・つまびらか・まこと
人名 ちか・ちかし・のり・まこと・みつ・よし

【慎思】(シンシ) 注意深く考える。例 慎思録(シンシロク)(＝貝原益軒(かいばらエキケン)の著。道徳についての考えを述べたもの)。

【慎終】(シンシュウ) 一(おわりをつつしむ) ①終盤でも、初めと同じようなつつしみ深い態度でのぞむ。終始慎重におこなう。②親の喪礼を丁重におこない、悲しみの気持ちを十分に尽くす。

【慎重】(シンチョウ) 注意深くじっくりと考え、軽々しく行動しないこと。対 軽率。例 —を期する。—な運転。

【慎独】(シンドク) 自分ひとりのときでも、おこないをつつしむこと。〔「君子必慎二其独一也(クンシはかならずそのひとりをつつしむなり)。〈大学〉」から〕

【慎罰】(シンバツ) 慎重に審査して刑罰を適用する。類 慎刑。

【慎微】(シンビ) 小さいことでも、ゆるがせにせず、注意深い態度でのぞむ。

【慎密】(シンミツ) ①注意深く口がかたい。②細かいところまで慎重に気をつかう。
●戒慎(カイシン)・謹慎(キンシン)

愬
心10 (14) 2 5639 612C

一 ソ 漢 遇 sù　二 サク 漢 陌 sè
うった-える(うった-ふ)・つ-げる(つ-ぐ)

意味 一 ❶不満や苦しみを言いたてる。**うったえる。つげる。** 通 訴。❷他人を悪く言う。そしる。通 訴。例 公伯寮愬二子路於季孫一(コウハクリョウ シロをキソンにうったう)(＝公伯寮が子路のことを季孫にそしった)。〈論語・憲問〉❸むかう。通 遡(ソ)。二 驚いて、ぞっとする。例 愬愬(サクサク)(＝驚きおそれる)。

愫
忄10 (13) 3 8457 612B

ソ 漢 遇 sù

意味 いつわりのない心。まこと。参考 愫(まこと)(＝人名)。

愴
忄10 (13) 2 5640 6134

ソウ(サウ) 漢 漾 chuàng

意味 悲しむ。胸をいためる。例 悲愴(ヒソウ)。

【愴▼怳】(ソウコウ) 悲しみいたんで、ぼうっとするさま。失意のさま。

【愴愴】(ソウソウ) 悲しみいたむさま。

態
心10 (14) 1 3454 614B 教5

タイ 漢 呉 隊 tài
さま・ざま・なり・わざ-と

筆順 ム 台 育 育 能 能 態 態

なりたち  [会意]「心(＝こころ)」と「能(ノウ→イタ)(＝はたらき)」とから成る。外にあらわれた心のはたらき。

意味 すがた。様子。ありさま。**さま。** 例 態勢(タイセイ)。容態(ヨウダイ)。

日本語での用法 《わざと》《わざわざ》「態(わざ)とし損(ソン)じる・態態(わざわざ)来(き)たけれど会(あ)うことができない」▼特に心がけて。ことさらに。

古訓 中古 さま・すがた・つかふ・わざ 中世 かたち・こころよし・わざ・わざと 近世 しわざ・なりふり・よきこころ

人名 かた

【態色】(タイショク) 外見の姿。うわべ。

【態勢】(タイセイ) 日 ものごとに対応する身がまえや態度。例 受け入れ—。—を立て直す。

【態度】(タイド) ①考えや感情などが、ことば・表情・身ぶりにあらわれたもの。挙動。そぶり。例 —が大きい(＝尊大である)。ほがらかな—。②ものごとに対する取り組み方や心がまえ。例 —を硬化させる。
●悪態(アクタイ)・擬態(ギタイ)・形態(ケイタイ)・事態(ジタイ)・失態(シッタイ)・実態(ジッタイ)・醜態(シュウタイ)・重態(ジュウタイ)・状態(ジョウタイ)・生態(セイタイ)・変態(ヘンタイ)

慆
忄10 (13) 4 1266 6146

トウ(タウ) 漢 豪 tāo

意味 ❶よろこばせる。よろこぶ。例 慆耳(トウジ)(＝よろこぶ)。❷おこたる。なまける。例 慆慢(トウマン)。❸うたがう。❹⇩【慆慆】(トウトウ) ❷
【慆慆】(トウトウ) ①久しいさま。②乱れるさま。
【慆慢】(トウマン) おこたる。なまける。気ままにする。

慝
心10 (14) 2 5655 615D

トク 漢 職 tè
わる-い(わる-し)・かく-す

意味 ❶よこしまな考え。邪悪な心。例 民無レ懐レ慝(たみトクをいだくなし)(＝人民はよこしまな考えをもたない)。〈魏志・武帝紀〉❷災い。例 蟲慝(コトク)(＝虫による害)。❸陰の気。また、湿気。❹**かくす。** 通 匿。

[慱]
忄10 (13) ⇩ 慱(ハク)(199ジペー)

慕
⺗10 (14) 1 4273 6155 常用

ボ 漢 遇 mù
したう(した-ふ)・したわしい(した-はし)

筆順 一 艹 芇 莒 莫 莫 慕 慕

なりたち  [形声]「⺗(＝こころ)」と、音「莫(ボ)」とから成る。習う。習って、心がひかれる。

意味 心ひかれて思いをよせる。**したう。したわしい。** 例 不レ慕二栄利一(エイリをしたわず)(＝富貴を願わない)。〈陶淵明・五柳先生伝〉慕情(ボジョウ)。思慕(シボ)。

古訓 中古 このむ・こひ・こひし・こひねがふ・したふ・しのふ・ねがふ 中世 おもふ・こひねがふ・こふ・したふ・しのぶ・ならふ・ねがふ 近世 おもふ・こひねがふ・したふ・ならふ・ねがふ

人名 もと

【慕化】(ボカ) 徳による教化をしたう。特に、周辺の諸国や異民族が中華帝国に帰服すること。

【慕効】(ボコウ) その人の徳をしたって見習う。類 慕倣(ボホウ)。

【慕情】(ボジョウ) 日 (人や故郷を)なつかしみ、恋いしたう気持ち。恋情。例 ある人への—を述べた歌。
●敬慕(ケイボ)・思慕(シボ)・追慕(ツイボ)・恋慕(レンボ)

慂
心10 (14) 2 5642 6142

ヨウ 漢 腫 yǒng

意味 「慫慂(ショウヨウ)」は、何かをするように、すすめること。

慄
忄10 (13) 2 5643 6144 常用

リツ 漢 リチ・リツ 呉 質 lì
おそ-れる(おそ-る)・おのの-く(をのの-く)

筆順 丶 忄 忄 怦 怦 慄 慄 慄

なりたち [形声]「忄(＝こころ)」と、音「栗(リツ)」とから成る。おそれる。

意味 こわさや寒さで、からだがふるえる。**おそれる。おののく。** 例 慄然(リツゼン)。戦慄(センリツ)。

古訓 中古 おそる・おづ・わななく・をののく 中世 うやまふ・おそる・をののく 近世 いたむ・うれふ・おそる・かなしむ・つつしむ・をののく

【慄然】(リツゼン) おそろしさにぞっとしてふるえるさま。

【慄慄】(リツリツ) ①おそれるさま。おののくさま。②寒さでふるえるさま。また、寒さの厳しいさま。

慰
心11 (15) 1 1654 6170 常用

イ(ヰ) 漢 呉 未 wèi
なぐさめる(なぐさ-む)・なぐさむ・なぐさみ・なぐさめ・なぐさむ・なぐさみ

筆順 ㇇ コ 尸 尸 尉 尉 慰 慰

なりたち [形声]「心(=こころ)」と、音「尉イ」とから成る。安らかにさせる。

意味 ❶なだめて心を落ち着かせる。なぐさめる。なぐさむ。例 慰安イアン。慰問イモン。弔慰チョウイ。❷気分がふさぐ。通 鬱ウツ。

古訓 中古 いこふ・とふ・なぐさむ・やすし・やすむ・やむ 中世 とふ・なぐさむ・やすし・やすむ・やむ 近世 なぐさむ・なぐさめる・やすんずる

人名 のり・やす・やすし

【慰安】イアン ①心やからだをいたわり、安らかにする。②日 日ごろの苦労にむくいるため、人を楽しませる。

【慰▼誨】イカイ いたわりさとす。いたわって教える。

【慰▼藉】イシャ 心をなぐさめ、安らぎを与える。表記 現 慰謝

【慰謝料】イシャリョウ 日 〔法〕（身体・生命・自由・名誉などをおかした人が）相手の精神的苦痛や損害をつぐなうために支払うお金。表記 旧 慰▼藉料

【慰▼拊】イフ なぐさめいたわる。慰撫イブ。

【慰▼撫】イブ なぐさめいたわる。慰拊イフ。例 —のことば。

【慰問】イモン なぐさめはげますために、訪問する。例 被災地を—する。

【慰喩】イユ【慰諭】イユ いたわる。なぐさめさとす。

【慰留】イリュウ なだめて引きとめる。例 辞任を—する。

【慰霊】イレイ 死者の霊をなぐさめる。例 戦死者の—祭。

【慰労】イロウ 努力や苦労をねぎらう。例 —金。—会。

●自慰ジイ・弔慰チョウイ

[慨] 忄11 (14) ⇩ 慨ガイ（520ページ）

[愨] 心11 (15) ⇩ 慤カク（520ページ）

慣 忄11 (14)

1 2023 6163 教5

カン（クヮン）漢 呉 諫 guàn

なれる（な-る）・なれ・ならす・なら-わす（なら-はす）・なら-わし（ならはし）

筆順 忄 忄 忄 忄 忄 慣 慣 慣

なりたち [形声]「忄(=こころ)」と、音「貫カン」とから成る。なれる。

意味 以前から繰り返していて、なれている。なれる。また、昔からのしきたり。ならわし。例 慣習カンシュウ。慣例カンレイ。

古訓 中古 このむ・たのむ・ならふ・まなぶ 中世 このむ・たのむ・ならふ・まなぶ 近世 ならふ

人名 みな

【慣行】カンコウ 日 以前から、ならわしとしておこなわれている事柄や行事。例 —に従う。

【慣習】カンシュウ ①なれる。習熟する。②日 昔から伝えられ広くおこなわれてきた、決まったやり方。ならわし。しきたり。風習。例 —法(=文章化されていないが、法と同じ力をもっている習慣)。

【慣性】カンセイ 日 〔物〕物体が外からの力を受けない限り、そのままの運動や状態を続ける性質。惰性。例 —の法則。

【慣用】カンヨウ ①使いなれている。②日 習慣として世間に広く使われている。例 —句。

【慣用音】カンヨウオン 日 昔から日本で使われてきた漢字の音で、漢音・呉音・唐音とは異なるもの。「耗(コウ)」をモウ、「輸(シュ)」をユ、「腔(コウ)」をクウと読むなど。

【慣用句】カンヨウク 日「慣用語カンヨウゴ②」に同じ。

【慣用語】カンヨウゴ 日 ①ある場面で一般によく使われる、決まり文句。「おはよう」「ごめんください」などの類。②二つ以上の語が結びついて、ある固定した意味をもつようになったことば。「首をつっこむ(=参加する)」「足が地につかない(=落ち着かない)」など。慣用句。

【慣例】カンレイ 繰り返しおこなわれて、習慣になっているやり方。ならわし。しきたり。例 —に従う。

●習慣シュウカン

慶 心11 (15)

1 2336 6176 常用

ケイ 漢 キョウ（キャウ）呉 敬 qìng

よ-い（よ-し）・よろこ-ぶ

筆順 亠 广 户 庐 庐 声 鹿 慶

なりたち [会意]「心(=こころ)」と「夂(=行く)」と「鹿(=贈り物の鹿皮しかがわ)」の省略体とから成る。出かけて行って人を祝う。

意味 ❶めでたいと祝う。よろこぶ。また、めでたいこと。よろこび。例 慶賀ケイガ。慶事ケイジ。慶弔ケイチョウ。同慶ドウケイ。❷褒美を与える。また、褒美。例 慶以レ地チをもってケイするに(=褒美として土地を与えた)。〈孟子・告子下〉慶賞ケイショウ。❸さいわい。幸福。例 天慶テンケイ。余慶ヨケイ。

古訓 中古 あ・ことば・よし・よろこび・よろこぶ 中世 おほいなり・さいはひ・よし・よろこぶ 近世 いはふ・さいはひ・たまもの・よし・よろこぶ

人名 たかし・ちか・のり・みち・やす・やすし・よし

【慶雲】ケイウン めでたいときにあらわれるという五色の雲。瑞雲ズイウン。景雲。例 慶雲寿星見ケイウンジュセイあらわる(=めでたい雲と老人星があらわれた)。〈白居易・司天台〉

【慶賀】ケイガ めでたいことに対してのよろこび。また、よろこび祝う。慶祝。例 —にたえない。—に存じます。

【慶事】ケイジ (結婚や出産などの)めでたいこと。祝いごと。

【慶祝】ケイシュク よろこび、いわう。また、そのよろこびごと。

【慶祥】ケイショウ よろこびごとの兆し。吉祥。類 慶瑞ケイズイ。

【慶賞】ケイショウ 手柄に対して与えられるもの。褒美。例 不三敢懐二慶賞爵禄一あえてケイショウシャクロクをおもわず(=恩賞を受け、爵位俸禄にありつこうなどというさもしい気持ちはいだかなくなる)。〈荘子・達生〉

【慶弔】ケイチョウ (結婚や出産などの)よろこびごとと、葬式などの不幸。例 —電報。

【慶典】ケイテン (国家の)祝いの儀式。めでたい儀式。

【慶福】ケイフク めでたいこと。さいわい。類 慶祚ケイソ。

●大慶タイケイ・同慶ドウケイ・落慶ラッケイ

慧 心11 (15)

1 2337 6167 人

ケイ 漢 エ（ヱ）呉 霽 huì

さと-い（さと-し）

[慧] 心11 (15) 旧字体。

なりたち [形声]「心(=こころ)」と、音「彗スイ→ケイ」とから成る。さとい。

意味 心のはたらきがすぐれる。よく気がつく。さとい。例 好行二小慧一このんでショウケイをおこなう(=こざかしいことばかりすることを好む)。〈論語・衛霊公〉慧敏ケイビン。智慧チエ。

古訓 中古 さかし・さとし・さとり・さとる・とし・めぐむ 中世 あきらむ・さかし・さとる・めぐむ 近世 かほよし・さとし・さとす・さとる・ものしる

人名 あき・あきら・さかし・さと・さとし・さとる

【慧▼黠】ケイカツ ①かしこい。さとい。②悪がしこい。ずるがしこい。こすい。

【慧眼】一 ケイガン ものごとの真実のすがたや裏面を見ぬく鋭い眼力ガンリキ。炯眼ケイガン。例 —の士。二 エゲン 〔仏〕五眼ゴゲンの一つ。仏弟子がそなえる、真理を見通す智慧チエのまなこ。

【慧悟】ケイゴ かしこい。さとい。

【慧敏】かしこいさま。鋭くさといさま。

[憇] 心11(15)
⇩憩(525ページ)

慷 忄11(14)
2 5645 6177
コウ(カウ)漢 養 kāng

[忼] 忄4(7) 4 1237 5FFC 本字。

意味 心が高ぶる。嘆く。例 慷慨。
【慷慨】①(世の中の不正などに)激しくいきどおり、嘆く。例 悲憤―する。②心が高ぶって悲しみ嘆く。例 高祖乃起舞、慷慨傷懐(=劉邦はそこで立ち上がって踊り、感きわまって胸がいっぱいになった)。〈史記・高祖紀〉

[慠] 忄11(14)
⇩傲(109ページ)

[慘] 忄11(14)
⇩惨(509ページ)

慙 心11(15)
2 5647 6159
サン(サム)漢 ザン(ザム)呉 覃 cán
は-じる(は-づ)・はじ(はぢ)

[慚] 忄11(14) 2 5648 615A 別体字。

意味 はずかしく思う。きまりが悪い。**はじる**。例 慙愧。

【慙恚】はじて怒る。類 慙忿・慙憤。

【慙愧】①自分の言動を、悔やみ、はずかしく思うこと。類 慙恥・慙羞。例 ―の念。―にたえない。②感謝する。例 亦須三慙二愧桑弘羊一(=《漢の大臣》桑弘羊に感謝するのがよろしい)。〈白居易・塩商婦〉

【慙死】深くはじて死ぬ。死ぬほどにはじいる。

【慙色】はずかしそうな表情。

【慙赧】はじて赤面する。

慫 心11(15)
2 5649 616B
ショウ漢 腫 sǒng
すす-める(すす-む)

意味 ❶ぞっとする。おそれる。通 悚。例 慫兢(=おそれる)。❷人にすすめて、従わせる。**すすめる**。例 慫慂。
【慫慂】わきからすすめて、そうするようにしむける。

慴 忄11(14)
2 5650 6174
ショウ(セフ)漢 葉 shè
おそ-れる(おそ-る)

意味 おびえてびくびくする。**おそれる**。通 慑。例 慴悸。

【慴悸】おびえて、胸がどきどきする。

【慴懼】おそれる。おびえる。

【慴伏】【慴服】おそれて屈服する。おそれて服従する。

慯 忄11(14)
2 5651 616F
ショウ(シャウ)漢 陽 shāng
いた-む・うれ-える(うれ-ふ)

意味 うれえ悲しむ。心をいためる。**いたむ**。**うれえる**。通 傷。例 哀慯。

慼 心11(15)
4 1268 617C
セキ漢 錫 qī

意味 心配する。うれえる。例 慼憂(=うれえる。うれえ)。

憁 忄11(14)
― 6181
ソウ漢 送 còng

[惣] 忄9(12) 2 5627 6121 俗字。

意味 ⇩【憁恫】
【憁恫】①せわしく走り回るさま。②無知なさま。③思うにまかせないさま。

憎 忄11(14)
1 3394 618E 常用
ソウ漢 ゾウ呉 蒸 zēng
にくむ・にくい(にく-し)・にくらしい(にく-らし)・にくしみ

[憎] 忄12(15) 3 8462 FA3F 人 旧字体。

筆順
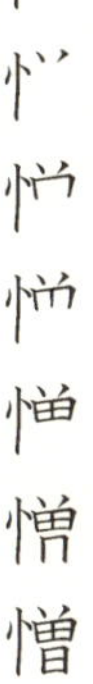

なりたち

[形声]「忄(=こころ)」と、音「曾ソウ」とから成る。にくむ。

意味 激しくきらう。いやがる。**にくむ**。**にくしみ**。対 愛。例 憎悪。愛憎。

日本語での用法 《にくい》「心憎い配慮」▼ねたましいほど立派だ。

古訓 中古 うらむ・そねむ・にくむ 中世 そねむ・にくむ 近世 あし・にくむ

【憎悪】心の底からにくみきらう。例 ―の念をいだく。

【憎疾】【憎嫉】にくむ。

【憎体】日 いかにもにくたらしいさま。例 ―な態度をとる。―口(=にくまれぐち)。
●愛憎・生憎

慥 忄11(14)
2 5652 6165
ゾウ(ザウ)慣 ソウ(サウ)漢 号 zào
まこと・せわ-しい(せは-し)・たし-か・たし-かめる(たし-かむ)

意味 ❶あわただしい。にわか。**せわしい**。例 慥然(=にわかに)。❷まじめで、てあつい。**まこと**。例 慥慥(=まじめ)。

日本語での用法 《たしか》「慥かに見た・慥か今年の春のこと・慥かでない情報」▼確実に。きっと。たぶん。まちがいなく。〔古くは「慥」と書いたものが変形して「慥」と一致したもの〕

慱 忄11(14)
2 5653 6171
タン漢 寒 tuán
うれ-える(うれ-ふ)

意味 ❶心配で落ち着かないさま。**うれえる**。例 慱慱(=うれえるさま)。❷まるい。通 団。

慟 忄11(14)
2 5654 615F
トウ漢 ドウ呉 送 tòng
なげ-く

意味 身もだえして悲しむ。ひどく泣いて悲しむ。**なげく**。例 子哭レ之慟(=孔子は《顔淵の死を》身もだえするほどに泣き悲しんだ)。〈論語・先進〉慟哭。哀慟。

【慟泣】非常に悲しみ、泣く。

【慟哭】〔「哭」は、声をあげて泣く意〕ひどく悲しみ、身をふるわせ、声をあげて泣く。号泣。例 慟哭松声迴(=激しく声をあげて泣くと松風の音もあたりを吹きめぐる)。〈杜甫・北征〉訃報に接して―する。

慓 忄11(14)
2 5656 6153
ヒョウ(ヘウ)漢 嘯 piào

意味 すばしっこい。すばやい。通 剽。例 慓悍。
【慓悍】すばしこくて、荒々しいさま。剽悍。例 ―な部族。

慢 忄11(14)
1 4393 6162 常用
バン漢 マン呉 諫 màn
おこた-る・あなど-る・おご-る

筆順

なりたち

[形声]「忄(=こころ)」と、音「曼バ」とから成る。おこたる。

4画
[心(忄・⺗)] 11画▼憇 慷 慠 慘 慙 慚 慫 慴 慯 慼 憁 憎 慥 慱 慟 慓 慢

意味 ❶心がゆるむ。なまける。**おこたる。** 例 彰其慢（そのマンをあらわす）（＝その怠慢を明らかにする）。〈諸葛亮・出師表〉 怠慢（タイマン）。❷軽くみる。おろそかにする。**あなどる。** 例 我遠而慢之（われとおしとしてこれをあなどる）（＝私は遠いことのように思っておろそかにしていた）。〈左伝・襄三〉 慢侮（マンブ）。❸おごりたかぶる。**おごる。** 例 慢心（マンシン）。高慢（コウマン）。❹動きがおそい。ゆるやか。例 慢然（マンゼン）。緩慢（カンマン）。❺拘束されず、気ままなさま。例 慢遊（マンユウ）。慢歩（マンポ）。

古訓 中古 あなづる・おくる・おくれたり・おこたる・おごる・なめし・みだりがはし・ゆるなり・ゆるふ 中世 あなづる・あなどる・おこたる・おごる・たゆむ・みだりがはし・みだる 近世 あなどる・いるがせにす・おこたる・おごる・なぐる・みだり・やぶる・ゆるやか

【慢易】（マンイ） ①あなどる。軽視する。②おおらかである。

【慢心】（マンシン） 自分の力をほこってうぬぼれる。思いあがった心。例 ―をいさめる。

【慢世】（マンセイ） 世の中を見くだしておごる。

【慢性】（マンセイ） ①がまん強い。②おっとりした性格。③日（急な変化はないが）長びいて、なかなか治らない病気の性質。対 急性。例 ―鼻炎。④日 よくない状態が長く続いていること。例 ―のインフレに悩まされる。

【慢然】（マンゼン） 動きがおそいさま。

【慢罵】（マンバ） 人をさげすんで、ののしる。例 人を―する。

【慢侮】（マンブ） 人をかろんじあなどる。

【慢舞】（マンブ） ゆるやかな舞。例 緩歌慢舞凝糸竹（カンカマンブシチクをこらす）（＝のどかな歌の調べ、ゆるやかな舞にのって管弦の楽の粋を凝らす）。〈白居易・長恨歌〉

【慢遊】【慢▼游】（マンユウ） ①なまけて気ままにあそぶ。②日 気の向くままに旅をする。▽漫遊。

● 我慢（ガマン）・緩慢（カンマン）・驕慢（キョウマン）・高慢（コウマン）・傲慢（ゴウマン）・自慢（ジマン）・増上慢（ゾウジョウマン）・怠慢（タイマン）

憂

心11（15） 1 4511 6182 常用

ユウ（イウ）漢 ウ呉 尤 yōu
うれえる（うれ-ふ）・**うれい**（うれひ）・**うい**（う-し）

筆順 

なりたち  ［会意］本字は「㥑」で、「心（＝こころ）」と「頁（＝かお）」とから成る。うれいの心が顔にあらわれる。うれえる。

意味 ❶心配する。（悩みや悲しみで）気がふさぐ。**うれえる。** また、心配事。つらいこと。うれえ。**うれい。** 例 楽以忘憂（たのしみてもってうれいをわする）（＝熱中してつらいことも忘れる）。〈論語・述而〉 憂国（ユウコク）。憂慮（ユウリョ）。杞憂（キユウ）。❷（父母の）喪も。うれえ。**うれい。** 例 丁憂（テイユウ）（＝父母の喪にあう）。

古訓 中古 いたはし・いたはる・うらむ・うれふ・うれへ 中世 うし・うれひ・うれふ・うれへ 近世 うれひ・うれふ・おもふ・おもんばかる・やまひ

【憂鬱】（ユウウツ） 心配ごとなどがあって気がふさぐさま。気持ちがはればれしないさま。類 憂結。例 ―な空模様。

【憂懐】（ユウカイ） ①心配する思い。憂心。②心配に思う。

【憂患】（ユウカン） うれい。心配ごと。例 憂患不能入（ユウカンいるあたわず）（＝苦しみの入りこむすきはない）。〈荘子・刻意〉 ―を除く。

【憂苦】（ユウク） 心を悩ませる。心配して苦しむ。うれえて苦しむ。類 憂労。

【憂▼懼】（ユウク） 心配で、びくびくしておそれる。類 憂畏（ユウイ）・憂虞（ユウグ）・憂怖。

【憂国】（ユウコク） 国の現状や将来のことについて心をいため、嘆くこと。例 ―の士。―の情。

【憂思】（ユウシ） 心配する心。例 憂思壮難任（ユウシさかんにしてたえがたし）（＝うれいの気持ちがさかんにわきおこり、たえがたい）。〈王粲・七哀詩〉

【憂囚】（ユウシュウ） うれいに閉じこめられる。うれいに沈む。

【憂愁】（ユウシュウ） 心から離れない悲しみ。例 ―の思いに沈む。

【憂▼恤】（ユウジュツ） （天下や民衆のことを）心配する。あわれむ。

【憂傷】（ユウショウ） うれえ悲しむ。

【憂色】（ユウショク） ふさぎこんだ顔つきや様子。例 ―に包まれる。

【憂心】（ユウシン） 心配する気持ち。例 ―が深い。

【憂世】（ユウセイ） 国や世の中の行く末を心配し、嘆くこと。

【憂▼慼】【憂戚】（ユウセキ） 心配して悩む。

【憂憤】（ユウフン） （社会や世の中のできごとに対し）悲しみいきどおる。例 ―やるかたなく身をひく。

【憂▼悶】（ユウモン） 心の底にあって解決できない事柄に、悩み苦しむ。例 ―のうちに世を去る。

【憂慮】（ユウリョ） 今の状態やなりゆきを考え、あれこれ心配する。例 夙夜憂慮（シュクヤユウリョす）（＝朝も夜も心配しどおしです）。〈諸葛亮・出師表〉 ―にたえない。

● 一喜一憂（イッキイチユウ）・外憂（ガイユウ）・杞憂（キユウ）・内憂（ナイユウ）

慵

忄11（14） 2 5657 6175

ヨウ慣 ショウ漢 冬 yōng
ものう-い（ものう-し）

意味 けだるくて、何をする気にもならない。**ものうい。** 例 日高睡足猶慵起（ひたかくねむりたりてなおおくるにものうし）（＝日が高く昇り、睡眠も十分であるが、起きるのがおっくうである）。〈白居易・香炉峰下新卜山居草堂初成偶題東壁〉 慵惰（ヨウダ）。

【慵惰】（ヨウダ） おこたる。なまける。ものぐさ。

慾

心11（15） 1 4561 617E

ヨク漢 呉 沃 yù

意味 むやみにほしがる（心）。欲望。通 欲。例 棖也慾、焉得剛（トウやヨクなり、いずくんぞゴウたるをえんや）（＝申棖（シントウ）はよくばりな男だ。どうして剛直なものか）。〈論語・公冶長〉 嗜慾（シヨク）。

表記 現代表記では「欲」に書きかえることがある。熟語は「欲」も参照。

慮

心11（15） 1 4624 616E 常用

リョ漢 呉 御 lǜ
おもんぱか-る・おもんぱか-り

筆順 

なりたち  ［形声］「思（＝おもう）」と、音「虍コ…▼ヨリ」とから成る。思いはかる。

意味 ❶あれこれ考えをめぐらす。計画する。**おもんぱかる。おもんぱかり。** 例 愚者千慮必有一得（グシャもセンリョにかならずイットクあり）（＝愚か者の考えでも千に一つは取るべきものがある）。〈史記・淮陰侯伝〉 慮外（リョガイ）。遠慮（エンリョ）。考慮（コウリョ）。❷心配する。例 莫慮杞天崩（キテンのくずるるをリョするなかれ）（＝かの杞キの国の人のように天が崩れるのを心配してはならない）。〈杜甫・寄劉峡州伯華使君〉 憂慮（ユウリョ）。❸じゃまをする。みだす。❹「おおむね」と読み、たいてい、およそ、の意。「無慮（ムリョ）」も同義。

古訓 中古 うらおもふ・おもはかる・おもふ・おもんみる・しる・すぶ・はかる 中世 うらおもひ・おもふ・おもんばかる・はかりこと・はかる 近世 うたがふ・うれふ・おもふ・おもんばかる・すぶる・すべて・はかる

人名 のぶ

【慮外】（リョガイ） ①思いがけないこと。意外。例 ―の事件。②日 もってのほかのこと。無礼。例 この―者め！

● 遠慮（エンリョ）・考慮（コウリョ）・熟慮（ジュクリョ）・思慮（シリョ）・配慮（ハイリョ）・不慮（フリョ）・無慮（ムリョ）・憂慮（ユウリョ）

憒

忄12（15） 4 1270 6192

カイ（クヮイ）漢 呉 隊 kuì

意味 ❶心が乱れる。みだれる。例 憒憒カイカイ(＝意識が混乱したさま)。❷道理がわからず、おろか。例 昏憒コンカイ。
【憒乱】カイラン 乱れる。混乱する。

憨 心12(16) 4 1275 61A8
カン(カム)漢 覃 hān
意味 ❶頭のはたらきがにぶい。おろか。例 憨痴カンチ(＝おろかなさま)。❷飾りけがない。例 憨厚カンコウ(＝素朴で気だてがよい)。憨直カンチョク(＝実直なさま)。

憪 忄12(15) ― 61AA
一カン漢 刪 xián 二カン漢 霰 xiàn
意味 一心しずかに、たのしむ。通閑。二心が安らかでない。
例 憪然カンゼン。
【憪然】カンゼン ①心が安らかでないさま。不安なさま。②おごり高ぶるさま。不遜ソンなさま。

憙 心12(16) 2 5658 6199
キ漢呉 紙 xǐ よろこ-ぶ
意味 うれしく思う。よろこぶ。通喜。

憘 忄12(15) 4 1273 6198
一キ漢呉 支 xī 二キ漢呉 紙 xǐ
意味 一嘆く声。ああ。二よろこぶ。通喜・憙キ。
難読 憘うれしい

憍 忄12(15) 3 8461 618D
キョウ(ケウ)漢呉 蕭 jiāo
意味 わがままにふるまう。おごりたかぶる。おごる。通驕キョウ。例 憍慢キョウマン(＝おごりたかぶる)。虚憍キョキョウ(＝からいばりする)。

憖 心12(16) 2 5659 6196
一ギン漢 震 yìn 二キン漢 問 xìn なまじ・なまじい・なまじい-に(なまじひ-に)

[憗] 心12(16) 4 1272 6197
別体字。
意味 一❶しいてねがう。せめて…とねがう。なまじ。なまじいに。❷欠ける。そこなう。例 両君之士皆未レ憖也リョウクンのシみないまだかけざるなり(＝双方の君の戦士はみなまだそこなわれていない)。〈左伝・文十二〉❸慎しみ深いさま。例 憖憖ギンギン(＝ひかえめなさま)。二口をあけて笑うさま。通听ギン。

憩 心12(16) 1 2338 61A9 常用
ケイ漢 霽 qì いこ-い(いこひ)・いこ-う(いこ-ふ)・やす-む

[憇] 心11(15) 2 5660 6187
俗字。

筆順

なりたち

【形声】本字は「愒」で、「忄(＝こころ)」と、音「曷カツ→ケイ」とから成る。いこう。
参考 一説に、「憩」は「息(＝やすむ)」と音「舌カツ→ケイ」とから成る、という。
意味 ひと息いれて、ゆったりとくつろぐ。やすむ。いこう。いこい。
例 休憩キュウケイ。小憩ショウケイ。
古訓 中古 いきつく・いこふ・くらおろす・やすむ・やむ 中世 いきつく・いこふ・やすむ 近世 いこふ・とどまる・やすむ
人名 やす
【憩石】ケイセキ 岩に腰をおろして休む。
【憩息】ケイソク やすむ。憩いこう。

憬 忄12(15) 2 5661 61AC 常用
ケイ漢 梗 jǐng あこが-れる(あこが-る)

筆順

なりたち

【形声】「忄(＝こころ)」と、音「景ケイ」とから成る。覚悟する。
意味 ❶はっと気づく。さとる。例 憬然ケイゼン(＝気づくさま)。❷はるかに遠いさま。例 憬憬ケイケイ(＝遠いさま)。
参考 「憧憬ショウケイ|ドウケイ」は、あこがれる意。
古訓 中古 さとる 中世 さとる・とほし 近世 さとる・とほし・ゆく
人名 さとる

憼 心12(16) 3 8463 61BC
ケイ漢 梗 jǐng
意味 ❶うやまう。❷警戒する。いましめる。通儆ケイ。

憓 忄12(15) 4 1271 6193
ケイ漢 霽 huì
意味 ❶すなおに従う。例 憓征ケイセイ(＝天意にしたがって討つ)。❷恩恵。めぐみ。

憲 心12(16) 1 2391 61B2 教6
一ケン漢 願 xiàn 二ケン漢呉 銑 xiǎn のり

[憲] 心12(16) ― 2F8AC
旧字体。

筆順

なりたち

【形声】「心(＝こころ)」と「目(＝め)」と、音「害カイ→ケン」の省略体とから成る。心と目ですばやくさとる。さとい。派生して「のり」の意。
意味 一❶手本として守り、従うように定められた決まり。おきて。のり。例 憲法ケンポウ。国憲コッケン。朝憲チョウケン。❷手本とする。のっとる。例 文武是憲ブンブこれのっとる(＝文王・武王を手本とする)。〈詩経・大雅・崧高〉❸公布する。しめす。例 憲二禁于王宮一キンをオウキュウにしめす(＝禁令を王宮内に公布する)。〈周礼・天官・小宰〉❹「憲法」の略。例 憲政ケンセイ。違憲イケン。❺上官。また、役人。例 上憲ジョウケン(＝上官)。官憲カンケン。❻喜び楽しむさま。例 憲憲ケンケン①。二⇩【憲憲】ケンケン②
古訓 中古 のとる・のり 中世 うやまふ・かしこし・ことわる・のり・まこと 近世 あらはす・おこる・とし・のり・はからひ
人名 あきら・かず・さだ・さとし・ただし・ただす・とし
【憲憲】ケンケン ①喜び楽しむさま。欣欣キンキン。②さかんなさま。顕顕ケンケン。
【憲章】ケンショウ ①手本にして従う。②法律。制度。③(日)国家や団体などが定めた重要な原則。例 国連―。児童―。
【憲制】ケンセイ 法制。法規。規則。
【憲政】ケンセイ (日)憲法にもとづいておこなう政治。立憲政治。
【憲範】ケンパン 法式。典範。
【憲兵】ケンペイ (日)軍隊の中で、おもに警察の役目を受け持つ軍人。MP(＝ミリタリー・ポリス)。
【憲法】ケンポウ ①規則。法律。②(日)国家の組織の基本を定めた決まり。国家の最高法。例 ―を制定する。③(日)ものごとの基本となる決まり。例 わが家の―。
●違憲イケン・改憲カイケン・官憲カンケン・合憲ゴウケン・護憲ゴケン・立憲リッケン

慳 忄12(15) 2 5644 6173
カン漢 ケン呉 刪 qiān お-しむ(を-しむ)
意味 ❶けちで、ものおしみする。おしむ。例 慳貪ケンドン。邪慳ジャケン。❷たりない。欠けている。おしむ。例 仲冬雪猶慳チュウトウゆきなおおしむ(＝真冬でも雪はめったに降らない)。〈陸游・懐昔〉
【慳貪】ケンドン ①けちで欲ばりなさま。②(日)思いやりがないさま。愛想がないさま。つっけんどん。邪険。例 ―に追い返す。

憯 忄12(15) ― 2F8AE
サン(サム)漢 感 cǎn

意味 ❶心を痛め悲しむ。いたむ。通惨。例 憯怛（サンダツ）。❷残酷な。むごい。通惨。例 憯酷（サンコク）。

【憯酷】（サンコク） むごい。惨酷。

【憯▼悽】（サンセイ） ①いたみ悲しむ。②むごい。いたましい。

【憯▼怛】（サンダツ） 心を痛める。悲しむ。惨怛（サンダツ）。類憯痛。

憧

忄12（15） 1 3820 61A7 常用

㊀ドウ慣 ショウ漢 冬 chōng
㊁トウ（タウ）漢 ドウ（ダウ）呉 絳 zhuàng
あこがれる（あこが-る）・あこがれ

筆順 忄 忄 忄 忄 忄 忄 憧 憧 憧

なりたち ［形声］「忄（＝こころ）」と、音「童（トウ）」とから成る。心がふらつく。

意味 ㊀⇩【憧憧】（ショウショウ） ㊁おろかなさま。例 愚憧（グドウ）。

日本語での用法《あこがれる》「歌手（カシュ）に憧（あこが）れる」▼理想とするものになりたいと強く望む。［あるものに心がひかれてふわふわする、が原義］

古訓 中古 あくがる・おろか・おろかなり 中世 あこがるる・おろか・おろかなり 近世 おろか・さわぐ・ゆきつづく・ゆく

【憧憬】（ショウケイ／ドウケイ） 日 あこがれる。例 ―の的。

【憧憧】（ショウショウ） ①心がゆれてさだまらないさま。②落ち着かないさま。③絶え間なく行き来するさま。

憔

忄12（15） 2 5662 6194

ショウ（セウ）漢呉 蕭 qiáo
やつ-れる（やつ-る）

意味 心配のため、顔色が悪くなり、やせ衰える。やつれる。例 憔悴（ショウスイ）。憔慮（ショウリョ）。

難読 手足（てあし）が憔（かじ）ける

【憔▼悴】（ショウスイ） （心配ごとや病気などのために）げっそりとやつれる。例 今漂淪憔悴（いまはヒョウリンショウスイす）（＝今は失意流浪のはてに身体もやつれた）。〈白居易・琵琶行・序〉―しきった顔つき。

【憔慮】（ショウリョ） 苦しい思いをする。

憎

［憎］ 忄12（15） ⇩憎（ゾウ）（523ページ）

憚

忄12（15） 2 5663 619A

タン漢呉 翰 dàn
はばか-る・はばか-り

［忄単］ 忄9（12） 4 1255 60EE 俗字。

意味 ❶おそれて身がすくむ。また、かしこまる。はばかる。例 尊厳而憚（ソンゲンにしてはばからる）（＝威厳があって人に畏敬（イケイ）される）。〈荀子・致士〉❷しりごみする。気がねする。はばかる。例 過則勿レ憚レ改（あやまちてはすなわちあらたむるにはばかることなかれ）（＝誤りをおかしたならば改めることをためらってはならない）。〈論語・学而〉忌憚（キタン）。❸苦労が重なり、病気になる。通癉（タン）。

日本語での用法《はばかる》「憎（にく）まれっ子（こ）、世（よ）に憚（はばか）る」▼さしさわりになるほど羽をのばす。はびこる。

【憚避】（タンピ） はばかりさける。

【憚服】（タンプク） おそれてひれ伏す。おそれて服従する。

憊

心12（16） 2 5664 618A

ハイ漢 卦 bèi
つか-れる（つか-る）

意味 つかれはてる。つかれる。例 顔色甚憊（ガンショクはなはだつかる）（＝表情はつかれはてていた）。〈荘子・譲王〉困憊（コンパイ）。

憑

心12（16） 2 5665 6191

ヒョウ漢 蒸 píng
よ-る・たの-む・つ-く

意味 ❶よりかかる。もたれる。よる。通凭（ヒョウ）・馮（ヒョウ）。例 憑欄（ヒョウラン）（＝てすりによりかかる）。❷よりどころ（とする）。よる。たのむ。通馮。例 憑拠（ヒョウキョ）。信憑（シンピョウ）。❸（高いところに）登る。よる。通馮。例 憑眺（ヒョウチョウ）（＝高いところから遠くを眺める）。❹さかんに。おおいに。通馮。例 帝憑怒（テイおおいにいかる）（＝天帝はたいそう怒った）。〈列子・湯問〉❺いっぱいになる。みちる。例 憑不レ厭二乎求索一（みつれどもキュウサクするにあかず）（＝いっぱいになっても飽き足りずに求める）。〈楚辞・離騒〉❻（川を）歩いてわたる。わたる。通馮。

日本語での用法《つく》「狐憑（きつねつ）き・憑（つ）き物（もの）が落（お）ちる・狐（きつね）が憑（つ）く」▼不思議なものが、とりつく。のりうつる。

難読 憑子（たのもし）

【憑依】（ヒョウイ） ［「依」も、よりかかる意］①たよる。すがる。例 失三其所二憑依一（そのヒョウイするところをうしなう）（＝たよりになるものをなくす）。〈韓愈・雑説〉法に―する。②神や霊魂がのりうつる。例 ―霊。

【憑拠】（ヒョウキョ） よりどころとする。依拠。根拠。

【憑肩】（ヒョウケン／かたによる） 肩によりかかる。例 左臂憑レ肩右臂折（サヒはかたによりユウヒはおる）（＝（老翁の）左の腕は（玄孫の）肩によりかかり、右の腕は折れている）。〈白居易・新豊折臂翁〉

【憑▼恃】（ヒョウジ） ［「恃」は、たよる意］たのみにする。たよる。類 憑仗（ヒョウジョウ）。

憫

忄12（15） 2 5666 61AB

ビン漢 ミン呉 軫 mǐn
あわ-れむ（あはれ-む）・うれ-える（うれ-ふ）

［閔］ 門4（12） 2 7960 9594 本字。

意味 ❶かわいそうに思う。あわれむ。通愍（ビン）。例 憫察（ビンサツ）。憫笑（ビンショウ）。憫然（ビンゼン）。憐憫（レンビン）。❷心配する。気にやむ。うれえる。例 阨窮而不レ憫（ヤクキュウしてうれえず）（＝困窮しても気にやまない）。〈孟子・公孫丑上〉

【憫凶】（ビンキョウ） 父母との死別をいう。愍凶（ビンキョウ）。

【憫察】（ビンサツ） あわれんで思いやる。例 よろしくご―のほど願い上げます。

【憫笑】（ビンショウ） あわれみながらわらう。例 人の―を買う。

【憫然】（ビンゼン） ①いかにもあわれなさま。例 曲罷憫然（キョクやみてビンゼンたり）（＝演奏が終わったとき、あたりはしみじみとした気配に包まれていた）。〈白居易・琵琶行・序〉②かわいそうに思うさま。▽愍然（ビンゼン）。

【憫▼惻】（ビンソク） あわれむ。

憮

忄12（15） 2 5667 61AE

ブ漢 ム呉 麌 wǔ

意味 ❶うつろなさま。心がむなしいさま。❷かわいがる。いつくしむ。通撫（ブ）。❸美しい。通嫵（ブ）。❹⇩【憮然】（ブゼン）

【憮然】（ブゼン） がっかりしたり不満があったりして、ことばが出ないさま。例 ―とした表情。―たる面持（おもも）ち。

憤

忄12（15） 1 4216 61A4 常用

フン漢 吻 fèn
いきどおる（いきどほ-る）・いきどおり（いきどほ-り）

筆順 忄 忄 忄 忄 忄 憤 憤 憤 憤

なりたち ［形声］「忄（＝こころ）」と、音「賁（フン）」とから成る。感情が満ち、あふれる。

意味 ❶腹を立てる。激しく怒る。いきどおる。例 憤慨（フンガイ）。鬱憤（ウップン）。義憤（ギフン）。❷ふるいたつ。例 発憤（ハップン）。

古訓 中古 いかる・いきどほり・いきどほる・うごく・かざる・せめぐ・むつかる・わづらはし 中世 いかる・いきどほり・いきどほる・かざる・みだる・やぶる・をしむ 近世 いかる・いきどほり・いきどほる・つむ・やぶる・をしむ

【発レ憤】⇩【発憤】(910ジペー)

【憤怨】いきどおりうらむ。㊫憤惋。

【憤慨】不正や不当なことに対して、ひどく腹を立てる。憤激。憤怒。㊫憤恚。

【憤起】ふるいたつ。奮起。

【憤激】はげしく怒る。憤慨。憤怒。

【憤死】いきどおりのあまりに死ぬ。

【不レ憤不レ啓】(教えを受ける者が、自分でわかろうとして)いらいらするほどでなければ、(私は)教え導かない。〔問題の解決に苦しんだ者のみを指導するという、孔子のことば〕〈論語・述而〉→【不レ悱不レ発】(512ジペー)

【憤然】ひどく腹を立てているさま。忿然。例 —として席を立つ。

【憤嘆】【憤▼歎】いきどおりなげく。

【憤怒】いきどおる。いかる。忿怒。例 —の相。

【憤発】①ふるい立つ。奮発。②怒る。いきり立つ。

【憤▼悱】〔「悱」は、もだえる意〕①理解できずにもだえ、言いあらわせずに苦しむ。②いきどおる。憤慨。

【憤憤】いきどおるさま。

【憤▼懣】〔「懣」は、もだえる意〕①いきどおり、もだえる。憤悶。②やりばのない、いきどおり。例 —やるかたない。▽忿懣。

【憤▼悶】「憤懣①」に同じ。

●公憤・私憤・発憤・悲憤

[懣] 心12(16) ⇩懣(529ジペー)

懰 忄12(15) ④1276 61AD リョウ(レウ)㊅ 篠 liǎo

意味 はっきりしている。あきらか。

[憐] 忄12(15) ⇩憐(529ジペー)

憥 心12(16) ④1274 61A5 ロウ(ラウ)㊅ 豪 láo

意味 心が疲労する。疲れる。難読 憥い

懌 忄13(16) ②5668 61CC エキ㊅ 陌 yì たの-しむ・よろこ-ぶ

意味 愉快に思う。機嫌がよい。**たのしむ**。**よろこぶ**。例 喜懌(=よろこぶ)。

懊 忄13(16) ②5669 61CA ㊀オウ(アウ)㊅㊇ 号 ào ㊁イク㊅ 屋 yù なや-む

意味 ㊀深くなやむ。もだえ苦しむ。**なやむ**。また、くやむ。うらむ。例 懊悩。㊁「懊咿」は、心の中で悲しむさま。

【懊悩】思いなやみ、苦しむ。例 罪の深さに—する。

[應] 心13(17) ⇩応(489ジペー)

憶 忄13(16) ①1817 61B6 常用 オク㊅㊇ 職 yì おぼ-える(おぼ-ゆ)・おも-う(おも-ふ)

筆順 忄 忙 忙 悟 悟 憶 憶 憶

なりたち [形声]「忄(=こころ)」と、音「意イ…→オク」とから成る。おもう。

意味 ❶あれこれ考える。おもい起こす。**おもう**。例 追憶。❷心にとどめて忘れない。**おぼえる**。例 過レ目皆憶(=一度読めばすべて記憶した)。〈梁書・昭明太子統伝〉 憶念。記憶。❸勝手に推測する。㊟臆。例 憶説。憶測。

古訓 中古 おぼゆ・おもふ・たもつ 中世 おもふ・たづぬ 近世 おもふ・しるす

【憶説】はっきりとした根拠のない、勝手な推測による意見。臆説。

【憶測】はっきりとした根拠もなく、勝手にこうだろうとおしはかる。当て推量。臆測。例 —でものを言う。

●記憶・追憶

懐 忄13(16) ①1891 61D0 常用 カイ(クヮイ)㊅ エ(ヱ)㊇ 佳 huái ふところ・なつ-かしい(なつか-し)・なつ-かしむ・なつ-く・なつ-ける(なつ-く)・おも-う(おも-ふ)・おも-い(おもひ)・いだ-く

[懷] 忄16(19) ②5671 61F7 人 旧字体。

筆順 忄 忄 忙 忡 恢 悽 懐 懐

なりたち  [形声]「忄(=こころ)」と、音「褱カイ」とから成る。忘れずに思う。

意味 ❶心に、思いや考えをもつ。**おもう**。**おもい**。また、心の中であたためる。**なつかしむ**。例 懐レ詐暴憎(=いつわりをいだきて暴憎す)。〈柳宗元・送薛存義序〉 懐疑。懐古。感懐。❷心を寄せ、したう。**なつく**。また、安心させ、味方にする。**なつける**。例 懐レ敵附レ遠(=敵を手なずけ、遠方の国を味方につける)。〈漢書・食貨志上〉 懐柔。❸胸のあたり。**ふところ**。例 懐中。❹ふところにだく。**いだく**。例 懐レ石遂自沈二汨羅一以死(=石をふところに抱くとそのまま身を汨羅江に沈めて死んだ)。〈史記・屈原伝〉 ❺とりかこむ。つつむ。❻みごもる。はらむ。例 懐胎。

古訓 中古 いだく・いたむ・いたる・おもひ・おもふ・かぬ・かへる・きたる・こころ・したがふ・すつ・たか・ちか・ちかし・つね・とどまる・とどむ・なつかしむる・なつく・はらむ・ふつころにす・ふところ・やす・やすし・やはらぐ 中世 いだく・おもひ・おもふ・かね・ちか・なつかし・なつく・ふところ・やす・やすんず 近世 いだく・いたる・おもふ・かぬる・きたる・とどまる・なづく・ふところ・やすんず・をさむ

人名 かぬ・かね・きたす・たか・ちか・つね・もち・やす

【懐疑】本当にそうなのかどうか、うたがいをもつ。例 —心。—的になる。

【懐旧】昔をなつかしく思うこと。懐古。例 —談。

【懐郷】ふるさとをなつかしく思う。望郷。

【懐剣】日 身を守るためにふところに入れて持ち歩く短刀。ふところがたな。例 —をしのばせる。

【懐古】昔のことを思い出してなつかしむ。懐旧。例 —趣味。往時を—する。

【懐思】おもう。おもいめぐらす。おもいをいたす。

【懐紙】日 ①たたんでふところに入れておく紙。菓子をめいめいに分けたり、茶器や杯などをふいたりするのに使う。②和歌や連歌の会で、作品を書くための紙。

【懐弐】二心をいだく。主人に対してそむこうとする気持ちをもつ。

【懐柔】うまく手なずけて味方に引き入れる。だきこむ。

【懐春】〔「春」は、婚礼の時期をいう〕女性が結婚したいと思う。〈詩経・召南・野有死麕〉

【懐石】日 茶の湯の席で、茶の前に出す簡単な料理。〔禅僧が温石(=あたためた石)をふところに入れて空腹をしのいだことから、一時しのぎに腹を満たす意という〕

【懐想】なつかしく思う。

【懐胎】みごもる。懐妊。妊娠。

【懐中】(カイチュウ) ①ふところやポケットの中。また、その中に入れて持っていること。例 —電灯。—にしのばせる。②日「懐中物(もの)」の略。財布や時計など、ふところに入れるもの。

【懐土】(カイド|ドをおもう) ①今住んでいるところに満足し、安住する。対 懐徳(カイトク)。②郷土をなつかしむ。

【懐徳】(カイトク|トクをおもう) ①徳をしたう。徳になびく。②常に徳を思う。対 懐土(カイド)。例 君子懐レ徳、小人懐レ土(クンシはトクをおもい、ショウジンはドをおもう)(=君子は道徳を心にいだくが、小人は安住できる土地を心に思う)。〈論語・里仁〉

【懐妊】【懐▼姙】(カイニン) おなかの中に子ができる。みごもる。妊娠。懐胎。類 懐孕(カイヨウ)。

【懐附】(カイフ) なつく。帰服する。

【懐抱】(カイホウ) ①ふところに抱く。いだく。②心にいだく。③ふところ。④心。胸中。

【懐炉】(カイロ) 日 ふところやポケットに入れて、からだを暖める小さな器具。

【懐刀】(ふところがたな) 日 ①ふところに入れて持ち歩き、身を守る短刀。懐剣(カイケン)。②主人や上司に最も信頼されている部下。

【懐手】(ふところで) 日 和服のふところに両手を入れていること。人まかせにして、自分は何もしない意にも用いられる。
●感懐(カンカイ)・述懐(ジュッカイ)・所懐(ショカイ)・追懐(ツイカイ)・本懐(ホンカイ)

懈
忄13 (16) 2 5672 61C8
カイ 漢 ケ 呉 卦 xiè
おこた-る

意味 気がゆるむ。なまける。**おこたる**。例 朝夕不レ懈(チョウセキおこたらず)(=朝から晩まで職務を怠らない)。〈史記・始皇紀〉 懈怠(カイタイ)。

【懈▼弛】(カイシ) おこたる。なまける。気をゆるめる。

【懈怠】(カイタイ|ケタイ) なまける。おこたる。類 懈惰(カイダ)・懈慢(カイマン|ケマン)。

憾
忄13 (16) 1 2024 61BE 常用
カン(カム) 漢 勘 hàn
うら-む・うら-み

筆順 忄 忄 忄 忙 怓 憾 憾 憾 憾

なりたち [形声]「忄(=こころ)」と、音「感(カン)」とから成る。不満に思う。

意味 心に不満が残る。うらめしく思う。**うらむ**。**うらみ**。例 憾悔(カンカイ)。遺憾(イカン)。

古訓 中古 うらみ・うらむ・うれふ・くるし 中世 うらむ・うらむる・うれふ 近世 うらむ

【憾▼恚】(カンイ) うらむ。また、うらみ怒る。

【憾悔】(カンカイ) うらみくやむ。

懃
心13 (17) 2 5673 61C3
キン 漢 ゴン 呉 文 qín
つと-める(つと-む)・ねんご-ろ

意味 ❶心をこめてつとめる。**ねんごろ**。通 勤。例 懃懇(キンコン)。慇懃(インギン)。❷心配する。うれえる。通 勤。例 愁懃(シュウキン)(=うれい)。
【懃懇】(キンコン) ①心がこもったさま。懃懃(キンキン)。例 意気—。②つとめるさま。▽勤懇。

懇
心13 (17) 1 2609 61C7 常用
コン 漢 阮 kěn
ねんごろ

筆順 ⺈ 豸 豸 豸ヨ 貇 貇 貇 懇 懇

なりたち  [形声]「心」と、音「貇(コン)」とから成る。まこと。まごころ。

意味 ❶まごころがこもっていて、手厚い。**ねんごろ**。例 懇誠(コンセイ)。懇切(コンセツ)。懇篤(コントク)。❷心からねがいもとめる。例 懇願(コンガン)。懇請(コンセイ)。懇望(コンモウ)。

古訓 中古 かなし・かなしぶ・ねむごろ・はるかに・まこと 中世 かなしぶ・かなしむ・ねんごろ・はるかに・まこと 近世 かなしむ・ねんごろ・まこと

人名 まこと

【懇意】(コンイ) ①親切な心。②日 親しくつきあって、仲がよいさま。心安いさま。例 —な間柄。

【懇款】(コンカン) 〔「款」も、まことの意〕まこと。まごころ。

【懇願】(コンガン) すがるように、熱心にたのむ。懇望(コンモウ)。切望。

【懇懇】(コンコン) 心をこめて繰り返し説くさま。例 —とさとす。

【懇志】(コンシ) 親切に行きとどいた気持ち。

【懇書】(コンショ) 日 心のこもった手紙。また、相手の手紙を敬っていう。例 ご—拝受いたしました。

【懇情】(コンジョウ) 思いやりの深い親切な気持ち。

【懇親】(コンシン) うちとけて親しくすること。例 —会。

【懇誠】(コンセイ) まごころ。

【懇請】(コンセイ) 願いや望みを熱心にたのむ。例 協力を—する。

【懇切】(コンセツ) 行きとどいて親切なこと。また、細かく気をくばること。例 —丁寧に答える。

【懇談】(コンダン) 日 互いの事情を説明しながら、うちとけてゆっくり話し合う。例 —会。

【懇到】(コントウ) まごころが十分に行きとどくこと。懇切。

【懇篤】(コントク) 親切で手厚いさま。心がこもっていて丁寧なさま。

【懇命】(コンメイ) 日 ねんごろなおおせ。親切なお心添え。〔他人の命令を敬っていうことば〕

【懇望】(コンモウ|コンボウ) 相手に熱心にのぞむこと。懇願。切望。

【懇諭】(コンユ) 日 こんこんと言い聞かせる。

【懇話】(コンワ) 日 うちとけて話し合うこと。懇談。例 —会。

懆
忄13 (16) 2 5674 61C6
ソウ(サウ) 漢 皓 cǎo
うれ-える(うれ-ふ)

意味 不安で落ち着かない。**うれえる**。例 懆懆(ソウソウ)(=うれえて落ち着かない)。

𢢫
心13 (17) 4 1277 228AB 国字
たまつばき・ことぶき

意味 **たまつばき**。ツバキの美称。古来長寿の木とされる。

憺
忄13 (16) 2 5675 61BA
タン(タム) 漢 ダン(ダム) 呉 勘 dàn
しず-か(しづ-か)

意味 ❶やすらか。**しずか**。例 観者憺兮忘レ帰(みるものやすんじてかえるをわする)(=見ている人はくつろいで帰ることも忘れてしまう)。〈楚辞・九歌・東君〉 憺然(タンゼン)。❷うれえる。例 惨憺(サンタン)。

憹
忄13 (16) 3 8464 61B9
ドウ(ダウ) 漢 ノウ(ナウ) 呉 豪 náo

意味 心が乱れる。もだえ苦しむ。なやむ。例 懊憹(オウノウ)(=なやみ苦しむ)。

懋
心13 (17) 2 5676 61CB
ボウ 漢 宥 mào
すす-む・つと-める(つと-む)

意味 ❶努力する。つとめ、はげむ。**つとめる**。例 惟時懋哉(これこれをつとめよ)(=さあ、はげみなさい)。〈書経・舜典〉 ❷さかんな。立派な。すばらしい。通 茂(ボ)。例 懋勲(ボウクン)。❸よろこぶ。❹交易する。通 貿。例 懋遷(ボウセン)。

【懋勲】(ボウクン) 多大な功績。大手柄。類 懋績。

【懋遷】(ボウセン) 〔「遷」も、とりかえる意〕交易する。交易。

懜
忄13 (16) ⇩ 懵(ボウ)(529ページ)

懍
忄13 (16) 2 5678 61CD
リン(リム) 漢 寝 lǐn
あや-ぶむ・おそ-れる(おそ-る)・おのの-く(をのの-く)

意味 ❶おそれつつしむさま。あやぶむ。おそれる。おののく。例 懍懍リンリン。❷厳正なさま。身をひきしめるさま。例 懍然リンゼン。

【懍然】リンゼン ①ぞっとするさま。②身をひきしめるさま。例 懍然作レ色（リンゼンとしていろをなす）（＝身をひきしめ顔色を変えた）。〈世説・軽詆〉

【懍慄】リンリツ ①寒くて震える。②おそれおののく。ぞっとする。

【懍懍】リンリン ①おそれつつしむさま。②気高くて威厳のあるさま。③寒さが身にしみるさま。

憐
忄13 (16) 1 4689 6190 人 レン 漢 呉 先 lián あわ-れむ（あはれ-む）・あわ-れみ（あはれみ）

[憐] 忄12 (15) ―― 旧字体。

なりたち [形声]「忄（＝こころ）」と、音「粦リン」とから成る。あわれにおもう。

意味 ❶かわいそうだと思う。あわれむ。例 此翁白頭真可レ憐（このおきなのハクトウまことにあわれむべし）（＝この老人の白髪頭はまことに気の毒だ）。〈劉希夷・代悲白頭翁〉 憐憫レンビン。哀憐アイレン。❷かわいがって大事にする。いとおしむ。あわれむ。例 愛憐アイレン。可憐カレン。

古訓 中古 あはれぶ・いとほし・うつくしぶ・かなし・かなしぶ・なさけ・めぐむ・めごむ 中世 あはれぶ・あはれむ・いとほし・おもしろし・かなしぶ・かなしむ 近世 あはれむ・なづる・やすんずる

【憐察】レンサツ 相手のことを察してあわれむ。思いやってあわれむ。

【憐▼憫】【憐▼愍】レンビン あわれむこと。気の毒に思うこと。例 ―の情をもよおす。

懕
心14 (18) 4 1278 61D5 一 エン（エム）漢 塩 yān 二 エン（エム）漢 艶 yàn

意味 一「懕懕エンエン」は、安らぐさま。また、けだるいさま。二 ❶嫌悪する。いとう。通 厭エン。❷満足する。あきる。通 厭エン。

難読 懕懕ぶらぶら

懝
忄14 (17) 4 1279 61DD ガイ 漢 隊 ài

意味 ❶かしこくない。おろか。❷おどおどする。おそれる。例 懝怯ガイキョウ（＝おそれておびえる）。竦懝ショウガイ（＝おそれる）。

懦
忄14 (17) 2 5679 61E6 ジュ 漢 虞 ダ 漢 箇 nuò よわ-い（よわ-し）

意味 ❶気が弱い。意気地がない。臆病ビョウ。よわい。例 懦弱ダジャク。怯懦キョウダ。❷やわらかい。例 水形懦（みずはかたちダなり）（＝水の形状はやわらかい）。〈韓非・内儲説上〉

【懦弱】ダジャク ①意気地がないさま。気が弱いさま。例 ―な精神をきたえる。②気力や体力に欠けていて、弱々しいさま。類 懦軟。▽惰弱。

【懦夫】ダフ 気が弱くて、臆病ビョウな男。意気地なし。

懲
心14 (18) 1 3608 61F2 常用 チョウ 漢 蒸 chéng こ-りる（こ-る）・こ-らす・こ-らしめる（こらし-む）

[懲] 心15 (19) 3 8465 FA40 人 旧字体。

筆順 彳 彳 徉 徉 徨 徴 懲 懲

なりたち [形声]「心（＝こころ）」と、音「徵チョウ」とから成る。こらしめる。

意味 ❶あやまちを繰り返さないように思い知らせる。こらす。こらしめる。例 懲悪チョウアク。懲戒チョウカイ。懲罰チョウバツ。❷もう繰り返すまいという気持ちになる。こりる。例 懲二於羹一者而吹レ韲（あつものにこりしものはなますをふく）（＝熱いスープでやけどをしてこりた者は、冷たいなますも吹いて食べる）。〈楚辞・九章・惜誦〉

古訓 中古 いましむ・おそる・こらす・こる・ころす・とどむ・はじむ・はじめ・はたる・やむ 中世 いましむ・おそる・こらす・こる・ころす・とどむ・やむる 近世 いましむ・いましむる・おそる・こらす・とどめる・やむる

【懲悪】チョウアク わるものをこらしめること。例 勧善―。

【懲役】チョウエキ 日 刑務所に入れて、労働に従わせる刑罰。例 ―刑を科す。

【懲戒】チョウカイ 不正な行為を二度と繰り返さないように、こらしめ、いましめる。例 ―免職。

【懲罰】チョウバツ 不正や不当な行為をこらしめるために、罰を与える。また、その罰。例 ―を受ける。

懟
心14 (18) 4 1280 61DF ツイ 漢 寘 タイ 漢 隊 duì

意味 相手に不快な気持ちをいだく。うらむ。

懣
心14 (18) 2 5680 61E3 バン 漢 マン 呉 旱 ボン 漢 モン 呉 願 mèn もだ-える（もだ-ゆ）・もだ-え・いきどお-る（いきどほ-る）

[懑] 心12 (16) 4 1269 2285B 俗字。

意味 怒りや悩みで胸がいっぱいになる。いきどおる。もだえる。例 憤懣フンマン。忿懣フンマン。

[懴] 忄15 (18) ⇩ 懺ザン（530ジペー）

[懲] 心15 (19) ⇩ 懲チョウ（529ジペー）

懵
忄15 (18) 4 1281 61F5 一 ボウ 漢 モウ 呉 董 měng 二 ボウ 漢 モウ 呉 径 mèng

[懜] 忄13 (16) ―― 61DC 本字。

意味 一 無知で、おろかなさま。例 懵懵ボウボウ（＝おろかなさま）。二 ぼんやりとして、はっきりしない。くらい。例 懵然ボウゼン（＝ぼんやりしたさま）。

[懷] 忄16 (19) ⇩ 懐カイ（527ジペー）

懸
心16 (20) 1 2392 61F8 常用 ケ 慣 ケン（クェン）漢 先 xuán か-ける（か-く）・か-かる

筆順 冂 目 旦 県 県 県 県⁻ 縣 縣 懸

なりたち [形声]「心（＝こころ）」と、音「縣ケ」とから成る。心にかける。

意味 ❶ひっかけて、つりさげる。ぶらさがる。また、心にかける。かける。かかる。例 懸二一壺於肆頭一（イッコをシトウにかく）（＝壺つぼを一つ店の軒先につるした）。〈後漢書・費長房伝〉 懸念ケネン。懸賞ケンショウ。❷とだえる。かけはなれる。例 懸隔ケンカク。懸絶ケンゼツ。❸よりどころがない。根拠がない。例 懸断ケンダン（＝根拠もなく断定する）。

古訓 中古 かかる・かく・くだる・たる・とほし・はるか・はるかなり・はるかに 中世 かかる・かくる・かけ・はるか・はるかなり 近世 かかる・かける・はるか・はるかなり

人名 とお・はる

【懸念】ケネン 気になって不安に思う。心配。例 ―をいだく。

【懸案】ケンアン とりあげられたままで、まだ解決していない問題。例 ―事項。前期からの―。

【懸河】ケンガ ①傾斜が急で水の流れが速い川。滝。②ことばが流暢リュウチョウなさまのたとえ。例 願借二弁口如一懸河一（ねがわくはベンコウのケンガのごとくなるをからん）（＝立て板に水のような雄弁を借りてきたいものだ）。〈韓愈・石鼓歌〉 ③水や涙がとめどなく流れるさまのたとえ。

【懸河▼之弁（辯）】ケンガのベン 勢いよく流れる水のように、なめらかでよどみない弁舌。〈隋書・儒林伝序〉

【懸解】(ケンカイ) ①逆さづりが解かれる。②苦しい状態から解放される。③悟る。解脱(ゲダツ)する。▽県解。

【懸崖】(ケンガイ) ①切り立ったがけ。きりぎし。断崖。②日 盆栽で、枝や茎が根もとよりも低く垂れさがっている形につくったもの。例 菊の―づくり。

【懸隔】(ケンカク) 二つの事柄の間が、かけ離れていること。

【懸金】(ケンキン) 「懸賞(ケンショウ)」に同じ。

【懸▼磬】【懸▼罄】(ケンケイ) ①つるされた磬。〔「磬・罄(ケイ)」は打楽器の名。また、尽きる意〕②室内で見えるのは、磬がぶらさがっているような垂木(たるき)だけで、家財などが何もないこと。貧しいことのたとえ。〈国語・魯上〉

【懸懸】(ケンケン) ①はるかに遠いさま。遠く隔たるさま。②気にかけるさま。

【懸弧】(ケンコ) 〔男の子が生まれると、弧(=ゆみ)を門の左にかけて祝ったことから〕男子の誕生。〈礼記・内則〉から〕

【懸車】(ケンシャ) ①官職をしりぞくこと。〔漢の薛広徳(セツコウトク)が退官のとき、皇帝からたまわった車を高いところにかけて、記念とした故事による〕〈漢書・薛広徳伝〉例 宦途事了是懸車(カントことおわりてこれケンシャす)(=役人生活も終わり官職を退いた)。〈白居易・刑部尚書致仕〉②七十歳のこと。〔昔は七十歳で退官したことから〕

【懸▼鶉】(ケンジュン) 粗末な衣服。丈の短い衣服を着ているさまを、ウズラの尾の毛がはげているのにたとえた。県鶉。

【懸象】(ケンショウ) 〔天にかかる意〕天体。日月星辰(セイシン)。県象。

【懸賞】(ケンショウ) 賞品や賞金をかけて募集したり、探したりすること。また、その賞品や賞金。例 ―小説。―がかかる。

【懸垂】(ケンスイ) ①たれさがる。②日 鉄棒にぶらさがり、腕を曲げたりのばしたりして、からだを上下させる。

【懸▼旌】(ケンセイ) ①旗ざおにはためく旗。落ち着かない心のたとえ。②旗をかかげる。軍事行動を起こすことをいう。▽類 懸旆(ケンハイ)。

【懸絶】(ケンゼツ) (考え方や様子などが)他とかけ離れている。例 意見の―すること、はなはだしい。

【懸泉】(ケンセン) 滝。瀑布(バクフ)。類 懸湍(ケンタン)・懸瀑(ケンバク)。

【懸想】(ケンソウ) 一 ①遠く思いをはせる。②考えをめぐらす。おしはかる。二 ソウ 日 思いをかける。恋する。

【懸▼榻】(ケントウ|トウをかく) 賢人の賓客を特別に待遇すること。
◆後漢の陳蕃(チンバン)は、ふだんは客人に会わなかったが、賢人の徐穉(ジョチ)が来たときだけは特に榻(=腰かけ)を設けて応対し、帰ったあとは榻を壁にかけて使わなかったという。……〈後漢書・徐穉伝〉

【懸命】(ケンメイ) ①命をあずける。命運を任せる。②日 力を出しきって、がんばるさま。例 ―に走る。

【懸▼梁刺股】(ケンリョウシコ) 苦労して学問にはげむこと。〔「懸梁」は、漢の孫敬が頭を縄で梁(はり)に結びつけて眠気をこらえた故事〈太平御覧・三六三・漢書〉から。「刺股」は、戦国時代の蘇秦(ソシン)が読書中の眠気をさますため、錐(きり)で自分の股(もも)を刺した故事〈戦国策・秦一〉から〕

【懸腕直筆】(ケンワンチョクヒツ) 書道で、腕(=手首)を肘(ひじ)からつり下げるようにして構え、筆を垂直に立てること。大きな字を書くのに適する。

懶

忄16(19) ②5681 61F6

ラン 漢 呉 旱 lǎn
おこた-る・ものう-い(ものう-し)・なま-ける(なま-く)・ものぐさ

[嬾] 女16(19) ②5347 5B3E 本字。

意味 ❶めんどうくさがる。**なまける**。**おこたる**。例 吾少懶二学問一(われわかくしてガクモンをおこたる)(=私は若いころ学問をなまけた)。〈宋書・范曄伝〉懶惰(ランダ)。❷けだるい。**ものうい**。

【懶惰】(ランダ) 〔誤って「ライダ」とも読む〕すべきことをしないで、なまけているさま。怠惰。類 懶慢。対 勤勉。例 懶惰故無レ匹(ランダなることもとよりたぐいなし)(=昔から無類のなまけもの)。〈陶淵明・責子〉―な生活を送る。

懽

忄17(20) ②5685 61FD

カン(クヮン) 漢 寒 huān
よろこ-ぶ・よろこ-び

意味 楽しく思う。**よろこぶ**。**よろこび**。通 歓。

懺

忄17(20) ②5682 61FA

ザン 慣 サン(サム) 漢
セン(セム) 呉 陥 chàn
く-いる(く-ゆ)

[懴] 忄15(18) ②5683 61F4 俗字。

意味 〔梵語(ボンゴ) kṣama の音訳〕あやまちを認めて許しをこう。**くいる**。例 懺悔(サンゲ|ザンゲ)。

【懺悔】(ザンゲ|サンゲ) ①〔仏教では「サンゲ」〕おかした罪やあやまちを、神仏の前でくい改める。②キリスト教で、神父や牧師の前で自らの罪を告白すること。〔十六、七世紀の日本のキリシタンも「サンゲ」といった〕例 ―録(サンゲロク)。罪を―(ザンゲ)する。

懿

心18(22) ②5684 61FF

一 イ 漢 呉 寘 yì
二 イ 漢 呉 支 yī
よ-い(よ-し)

意味 一 ❶うるわしい。立派。**よい**。また、ほめたたえる。よみする。例 懿徳(イトク)。❷女性の徳をほめることば。例 懿旨(イシ)。二 詠嘆をあらわす。ああ。通 噫(イ)。

【懿業】(イギョウ) 立派な事業・業績。

【懿訓】(イクン) 立派な教訓。

【懿旨】(イシ) 皇后・皇太后など、身分の高い女性の命令。

【懿親】(イシン) ①親族間のこの上ない親しみ。②親族。

【懿績】(イセキ) 立派な功績。

【懿徳】(イトク) 立派な徳。

【懿風】(イフウ) よい風習。

懼

忄18(21) ②5686 61FC

ク 漢 グ 呉 遇 jù
おそ-れる(おそ-る)

参考 「懼」は「惧」の本字。→惧(グ)(508ジペー)

意味 ❶こわがってびくびくする。**おそれる**。また、おどす。例 勇者不レ懼(ユウシャはおそれず)(=勇敢な人はこわがらない)。〈論語・子罕〉❷心配する。また、用心する。**おそれる**。例 臨レ事而懼(ことにのぞみておそる)(=任務を前に用心する)。〈論語・述而〉恐懼(キョウク)。

【懼然】(クゼン) ①おじけてびくびくするさま。②驚いてぎょっとするさま。例 南栄趎懼然顧二其後一(ナンエイシュクゼンとしてそのうしろをかえりみる)(=南栄趎はぎょっとしてふり返った)。〈荘子・庚桑楚〉

懾

忄18(21) ②5687 61FE

ショウ(セフ) 漢 葉 shè
おそ-れる(おそ-る)・おど-す

意味 ❶失神しそうなほど、おびえる。**おそれる**。例 懾怖(ショウフ)(=おそれおののく)。懾服(ショウフク)。❷おどして、服従させる。**おどす**。例 声懾二四海一(こえはシカイをおどす)(=名声は全世界を威服させた)。〈淮南・氾論〉

【懾畏】(ショウイ) おそれる。

【懾▼憚】(ショウタン) おそれはばかる。

【懾伏】【懾服】(ショウフク) おそれて服従する。おそれてひれ伏す。

[戀] 心19(23) ⇩恋(レン)(503ジペー)

戇

心24(28) ―― 6207

一 トウ(タウ) 漢 絳 zhuàng
二 コウ 漢 送 gàng

意味 一❶信念を曲げない。かたくな。例 戇直（トウチョク）。❷愚直。おろか。例 戇愚（トウグ）。二そそっかしい。

【戇愚】（トウグ） 間抜け。愚か。

【戇直】（トウチョク） 朴訥（ボクトツ）でおもねらない。剛直。

62 4画 戈 ほこ ほこがまえ部

ほこの形をあらわす。「戈」をもとにしてできている漢字と、「戈」の字形を目じるしにして引く漢字とを集めた。

⓪ 531 戈 ① 531 戉 戊 ② 531 戋 戍 戎 戌 成 ③ 533 我 戒 成 ④ 533 戔 戕 或 ⑦ 534 戛 戝 戚 ⑧ 534 戞 戟 ⑨ 534 戡 戣 戢 戦 ⑩ 536 截 戠 ⑪ 536 戯 戮 ⑫ 536 戰 ⑬ 536 戲 戴 ⑭ 536 戳

この部首に所属しない漢字
咸→口 246　哉→口 247　威→女 344　栽→木 681　裁→衣 1193　載→車 1288

戈 戈0（4） 2 5689 6208
カ（クヮ）漢 呉 歌 gē　ほこ

意味 両刃（もろは）の刀身を長い柄に対し直角につけた、敵をひっかける武器。かぎぼこ。**ほこ**。また、武器や戦争のこと。例 戈甲（カコウ）。干戈（カンカ）（＝たてと、ほこ。また、戦争）。→矛（ボウ）（937ジペ）

【戈剣】（カケン） ほこと剣（つるぎ）。武器。

【戈甲】（カコウ） ほこと、よろい。また、武器。武具。

【戈矛】（カボウ） ①〔「矛」は、枝状の刃がないほこ〕ほこ。②武器。③軍隊。④戦闘。いくさ。

【止戈】（シカ）（ほこをとどむ）⇩【止戈】（723ジペ）

戉 戈1（5） 2 5690 6209
エツ（ヱツ）漢 月 yuè　まさかり

意味 大きなおの。帝王の権力の象徴とされた。**まさかり**。通 鉞（エツ）。例 斧戉（フエツ）。

戊 戈1（5） 1 4274 620A 人
ボ 漢 ム 呉 宥 wù　つちのえ

なりたち 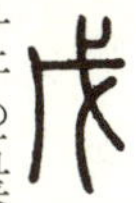 〔象形〕五つの竜（辰）がからみ合う形。十干の第五。

意味 十干の五番目。**つちのえ**。方位では中央、五行（ゴギョウ）では土にあてる。例 戊辰（ボシン）（＝つちのえ・たつ）。戊夜（ボヤ）。

古訓 中古 つちのえ 中世 つちのえ 近世 しげる・つちのえ

人名 さかる・しげ・しげる

【戊▼辰役】（ボシンのエキ） 日 一八六八（明治元）年に始まった、新政府軍（官軍）と旧幕府軍との戦い。翌年の五月に新政府軍が北海道箱館（はこだて）の五稜郭（ゴリョウカク）を攻め落として終結した。戊辰戦争。〔明治元年の干支（えと）が戊辰（ボシン）（＝つちのえ・たつ）であったことから〕

【戊夜】（ボヤ） 昔の時刻の呼び名で、五夜の一つ。およそ午前四時、およびその前後の二時間。寅（とら）の刻。五更。

戋 戈2（6） 4 1282 2298F
サイ 漢 灰 zāi

意味 きずつく。

戍 戈2（6） 2 5691 620D
ジュ 慣 シュ 漢 呉 遇 shù　まも-る・まも-り

意味 ❶武器をとって国境を守る。また、ある場所に駐屯して警備する。**まもる**。例 三男鄴城戍（サンダンギョウジョウにまもる）（＝三人の息子は鄴の町で守りについている）。〈杜甫・石壕吏〉 戍辺（ジュヘン）。衛戍（エイジュ）。❷国境を守る任務・兵士・とりで。**まもり**。例 築レ城置レ戍（しろをきずきまもりをおく）（＝城壁を築き、とりでを設ける）。〈魏書・源懐伝〉 戍役（ジュエキ）。戍卒（ジュソツ）。

【戍衛】（ジュエイ） （国境を）守り固めること。また、その兵士。類 戍守（ジュシュ）。

【戍役】（ジュエキ） （国境の）守りにつく任務。また、その兵士。

【戍煙】（ジュエン） （国境の）守備兵が生活する場で立てるけむり。

【戍卒】（ジュソツ） （国境を）守る兵士。類 戍兵。例 戍卒叫、函谷挙（ジュソツさけび、カンコクあがる）（＝国境警備の兵が叫び声をあげ、函谷関の守りが破れる）。〈杜牧・阿房宮賦〉

【戍▼徭】（ジュヨウ） 兵役と労役。

【戍楼】（ジュロウ） （国境を）守備する陣営の物見やぐら。

戎 戈2（6） 1 2931 620E
ジュウ（ジウ）漢 東 róng　えびす

意味 ❶武器。また、兵士や軍隊。さらに、戦争のこと。例 戎衣（ジュウイ）。戎馬（ジュウバ）。❷征伐する。討つ。うつ。例 戎レ商必克（ショウをうたばかならずかたん）（＝商を征伐すればきっと勝つ）。〈国語・周下〉 ❸古代中国西方の異民族。**えびす**。例 戎夷（ジュウイ）。西戎（セイジュウ）。❹春秋時代の国名。今の山東省にあった。❺大きい。例 戎功（ジュウコウ）。❻たすける。❼あなた。なんじ。

【戎▼夷】（ジュウイ） 西方と東方の異民族。また、広く異民族。

【戎衣】（ジュウイ） 戦場に着て出る衣服。軍服。例 —をまとう。

【戎越】（ジュウエツ） 西方と東南方の異民族。また、広く異民族。

【戎華】【戎夏】（ジュウカ） 中国の地と異民族の地。中国と周辺異民族。

【戎器】（ジュウキ） 戦いの道具。武器。兵器。

【戎機】（ジュウキ） ①軍事。戦争。②軍事上の時機。

【戎軒】（ジュウケン） ①「戎車（ジュウシャ）」に同じ。②軍隊。軍事。

【戎功】（ジュウコウ） 大きな功績。

【戎行】（ジュウコウ） ①軍隊の列。軍列。②軍隊。軍事。

【戎事】（ジュウジ） 戦争。軍事。

【戎車】（ジュウシャ） 戦闘に使う車。兵車。戎軒。

【戎▼狄】（ジュウテキ） 〔「狄」は、北方の異民族の意〕野蛮な国に住む人々を指したことば。例 戎狄是膺（ジュウテキこれをうつ）（＝北方の異民族は攻めて打ち破る）。〈詩経・魯頌・閟宮〉

【戎馬】（ジュウバ） ①戦争に使うウマ。軍馬。②武器とウマ。③戦争。例 戎馬関山北（ジュウバカンザンのきた）（＝関所のおかれた山々の北では今もなお戦乱がうち続いている）。〈杜甫・登岳陽楼〉

【戎蛮】（ジュウバン） ①西方と南方の異民族。また、広く異民族を指す。②春秋時代の異民族、蛮氏のこと。

【戎備】（ジュウビ） 軍備。

【戎服】（ジュウフク） 軍服。戎衣。

戌 戈2（6） 2 5692 620C
ジュツ 慣 シュツ 漢 シュチ 呉 質 xū　いぬ

意味 十二支の十一番目。方位では西北西、時刻では午後八時、およびその前後の二時間。月では陰暦の九月。動物ではイヌにあてる。**いぬ**。

成 戈2（6） 1 3214 6210 教4
セイ 漢 ジョウ（ジャウ）呉 庚 chéng　なる・なす

［成］ 戈3（7） — 2F8B2 旧字体。

筆順 ノ 厂 万 成 成 成

なりたち 成 [形声]「戊(=ほこ)」と、音「丁テイ→セイ」とから成る。なしとげる。

意味 ❶なしとげる。うまくいく。**なす**。**なる**。対 敗。例 成就ジョウジュ・セイジュ。成功。達成。❷できあがる。しあがる。例 完成。落成。❸みのる。そだつ。例 成熟。成長。❹成人する。例 不レ成而死(=未成年で死んだ)。〈左伝・哀五〉成年。❺形のあるものにまとめあげる。また、別のものにつくりかえる。例 玉不レ琢不レ成レ器(=天然の美玉もみがかなければ立派な玉器にならない)。〈礼記・学記〉構成。変成。❻ととのった。まとまった。例 成数。成夜(=一晩中)。❼すでにできあがって定まった。例 成案。成語。❽争いごとをおさめる。平定する。また、和睦する。たいらげる。たいらぎ。例 秦晋為レ成(=秦と晋は和睦した)。〈左伝・成二〉

日本語での用法 《なり》「上様うえさまの御成おなり・御成道おなりみち・御成門おなりモン」▼貴人のおでまし。

古訓 中古 あきらかに・しげ・しげし・そなふ・たひらかに・たひらぐ・なす・なだむ・なる・ひさ・ふさ 中世 あきらか・しげ・たひらか・たひらぐ・なす・なる・ひら 近世 あはす・かさなる・かならず・たひらか・たひらぐ・なす・なる・よし・をはる

人名 あき・あきら・おさむ・さだ・さだむ・しげ・しげる・たいら・なり・のり・はかる・ひで・ひら・ふさ・まさ・まさる・みち・みのる・よし

【成就】ジョウジュ ①事がうまくいく。できあがる。また、なしとげる。例 事が―する。②〔仏〕願いがかなう。例 大願―。

【成仏】ジョウブツ 〔仏〕①悟りをひらいて仏となる。②日 死んで仏となる。死ぬ。

【成案】セイアン ①できあがった考え。また、それを書いた文章。対 草案・試案。例 ―を得る。②法律などの前例。

【成育】セイイク 育って大きくなる。また、育てて大きくする。成長。発育。例 ―条件。

【成因】セイイン 日 ものごとの成り立つ原因。例 地形の―。

【成員】セイイン 日 団体や組織を構成する人。メンバー。

【成果】セイカ 日 期待や目的にかない、役に立つ結果。例 ―をあげる。―を収める。また、努力に見合うだけのよい結果。

【成漢】セイカン 五胡十六国の一つ。氐テイ族の李特リトクが今の四川省内に建てた国。後蜀コウショク。(三〇四―三四七)

【成魚】セイギョ 日 成長したさかな。対 稚魚・幼魚。

【成業】セイギョウ ①生活のための仕事とする。②なしとげた事情。③日 学業や修業を終えて一人前になること。例 ―の見こみなし。

【成均】セイキン ①中国古代、五帝のときの大学。一説に、周代の大学。五学の一つ。②大学のこと。

【成句】セイク ①昔の人が作り、今も広く知られていることば。名文句やことわざなど。②日 二つ以上の語が結びついて、ある特定の意味をあらわすことば。たとえば、「あごを出す(=疲れる)」など。慣用句。

【成▼蹊】セイケイ (人が集まることにより)小道ができる。→【桃李不レ言下自成レ蹊】(683ページ)

【成語】セイゴ ①古人のことばで、今でもよく使われるもの。成句。例 故事―。②日 二つ以上の語が結びついてできたことば。熟語。

【成功】セイコウ ①目的どおりに、事をなしとげる。対 失敗。例 若二夫成功一則天也(=なしとげられるかどうかは時の運である)。〈孟子・梁恵王下〉―を収める。―に導く。②事業をなしとげた功績。例 巍巍乎、其有二成功一也(=高々と、立派な業績をうち立てた)。〈論語・泰伯〉③日 出世し、富を得る。

【成康】セイコウ 周の成王と康王。また、その治世。天下が太平で、刑罰のおこなわれることがなかったという。

【成婚】セイコン 結婚すること。例 ―を祝う。

【成算】セイサン ①すでにできあがった計画。②成功するという確信。または成功するという予想。例 ―がある。

【成事】セイジ ①なしとげられたこと。すでに起こったこと。既成の事実。例 成事不レ説(=起こってしまったことは言いわけができない)。〈論語・八佾〉②過去の事例。先例。慣例。③ものごとをなしとげる。ものごとを完成させる。

【成周】セイシュウ 周代の都市、洛邑ラクユウ(今の河南省洛陽市)。東周の首都。

【成熟】セイジュク ①(穀物や果物が)十分に実る。例 農作物の―。②(身心や技術が)十分に発達し、成長する。熟達。③ものごとが、ちょうどよい時期に達する。④熟練する。

【成城】セイジョウ 〔「城」は、国の意〕見識の高い人格者は、国を興おこし、社会を隆盛に導くということ。例 哲夫成レ城(=知恵ある男子は一国を興す)。〈詩経・大雅・瞻卬〉

【成人】セイジン ①成長して、大人になる。また、成年に達した人。おとな。〔昔の中国では、二十歳以上の男子および十五歳以上の女子。日本の法律では、満二十歳以上の男女をいう〕例 ―式。②完全無欠な人。例 子路問二成人一(=子路が(孔子に)完全無欠な人とはどういう人かと問うた)。〈論語・憲問〉

【成数】セイスウ 日 低いけたの数値を切り上げ、または切り捨てて、高いけたの数値であらわした数。概数。

【成績】セイセキ ①てがら。②日 仕事や学習の程度を、試したりはかったりして得られる結果。また、その評価。

【成層】セイソウ 日 層をなして重なる。例 ―岩。―圏(=地球上の大気の上層で、地上約一〇キロメートルから五〇キロメートルの間。対流圏の上にある)。

【成体】セイタイ 日 成長して、生殖可能となった動物。

【成竹】セイチク 〔画家が竹を描くときは、まず心に竹の図像を描き、それから実際に始めるということから〕前もって立てておく計画や構想。

【成虫(成蟲)】セイチュウ 日 成長した昆虫。対 幼虫。

【成長】セイチョウ ①育って大きくなる。成育。発育。②発展して大規模になる。例 経済―。

【成都】セイト 四川省の省都。三国蜀ショクの都の地。

【成道】㊀セイドウ ①人としての道を完成させる。②道路をつくりあげる。㊁ジョウドウ 〔仏〕悟りをひらく。仏道を成就して真理を会得エトクする。

【成徳】セイトク ①立派な徳。完成された徳。②徳を完成させる。

【成年】セイネン 日 社会の成員としての資格や能力を認められる年齢。日本の法律では満二十歳。成人。対 未成年。

【成敗】㊀セイハイ ①成功と失敗。成否。②勝つことと負けること。例 ―は時の運。㊁セイバイ 日〔もと、善を成し悪を敗やぶる意〕①政治をおこなう。②処罰する。こらしめる。例 けんか両―。③昔の刑罰で、打ち首による死罪。

【成否】セイヒ 成功と失敗。成功か失敗か。例 ―を占う。

【成美】セイビ ①人を励まして美徳や長所を完成させる。〔「君子成二人之美一、不レ成二人之悪一(=君子は他人の美点を助けてなしとげさせ、他人の悪い点を助長することはない)。〈論語・顔淵〉」から〕②完成させて立派にする。

【成分】セイブン 日 ものをつくりあげている素材や要素。全体を構成している部分。例 薬の―。文の―(=主語や述語など)。

【成文】セイブン 法律や規則などを、文章に書きあらわすこと。また、その文章。

【成文法】セイブンホウ 日 文章にまとめられ、公布された法律。

【成立】セイリツ ①ものごとがなりたつ。できあがる。例 理事会が—する。法案が—する。②成人になる。例 零丁孤苦、至ニ於成立一（レイテイコクして、セイリツにいたる）（＝孤独で頼る者もなく、ひとり苦しみながらやっと成人した）。〈李密・陳情表〉

●育成セイク・完成カンセイ・既成キセイ・形成ケイセイ・結成ケッセイ・構成コウセイ・合成ゴウセイ・混成コンセイ・作成サクセイ・賛成サンセイ・造成ゾウセイ・促成ソクセイ・速成ソクセイ・大成タイセイ・達成タッセイ・養成ヨウセイ・落成ラクセイ

我

戈3（7） 1 1870 6211 教6 ガ 漢 呉 哿 wǒ われ・わ

筆順 ノ 二 千 手 我 我 我

なりたち [形声]「戈（＝ほこ）」と、音「手イス→ガ」とから成る。自分のことをいうことば。

参考 一説に、のこぎりの形という。

意味 ❶自分自身（を指していう）。われ。わ。例 我田引水ガデンインスイ。自我ジガ。忘我ボウガ。❷自分の考えにこだわること。ひとりよがり。例 毋レ固毋レ我コなくガなし（＝執着せず、我を張らない）。〈論語・子罕〉 我見ガケン。我執ガシュウ。我ガを張はる。

日本語での用法《が》「曽我そが・曽我部そがべ・我他彼此がたひし・我他俱佐がたくさ」▼「が」の音をあらわす万葉仮名。

古訓 中古 いたつき・かたる・われ 中世 おごる・わが・われ 近世 かたぶく・わが・われ

難読 我孫子あびこ（＝姓・地名）

【我意】ガイ ①自分の心。②日 自分の考えを（正しいとして）おし通そうとする気持ち。わがまま。我ガ。例 —を通す。

【我見】ガケン 〔仏〕自分だけの、かたよった意見や考え方。

【我執】ガシュウ ①〔仏〕自分自身の内部には、いつも変わらない本質的なものがあるとして、それにとらわれること。例 —を捨てる。②自分の考えにとらわれて、離れられないこと。

【我曹】ガソウ わがソウ われら。われわれ。自分たち。

【我田引水】ガデンインスイ 日〔自分の田にだけ水を引き入れる意〕自分に都合のよいように言ったり、行動したりすること。

【我慢】ガマン ①〔仏〕自分をえらいと思い、おごり高ぶる。例 —増長ゾウチョウ。②日 痛みや苦しみなどをこらえる。辛抱する。例 今度の失敗は—してやる。③日 こらえて許す。

【我欲】【我▼慾】ガヨク 日 自分の利益だけを強く求める心。例 —を捨てる。

【我利】ガリ 自分だけの利益。例 —我欲。

【我利我利亡者】ガリガリモウジャ 日 自分の利益だけを考えて行動する人をののしっていうことば。

【我流】ガリュウ 日 正規の流儀ではない、自分勝手なやり方。自己流。例 —を通す。

●怪我ケガ・自我ジガ・物我ブツガ・忘我ボウガ・無我ムガ

戒

戈3（7） 1 1892 6212 常用 カイ 漢 呉 卦 jiè いましめる（いまし-む）・いましめ

筆順 一 二 干 开 戒 戒 戒

なりたち [会意]「廾（＝両手）」と「戈（＝ほこ）」とから成る。戈ほこを手に持ち、不測の事態に備え、用心する。

意味 ❶敵や災害に備えて用心する。念入りに準備する。いましめる。例 戒ニ強敵一キョウテキにいましむ（＝強敵にそなえる）。〈韓非・存韓〉 戒厳カイゲン。警戒ケイカイ。❷あやまちをしないように注意する。つつしむ。さとす。いましめる。通 誡カイ。例 戒告カイコク。訓戒クンカイ。自戒ジカイ。❸禁じる。欲を断つ。いましめる。例 戒レ肉ニクをいましむ（＝肉食を断つ）。〈魏志・管輅伝〉 ❹（修行の上で）避けるべき事柄。また、そのおきて。いましめ。例 戒律カイリツ。受戒ジュカイ。破戒ハカイ。❺告げる。例 戒旦カイタン。❻境界。さかい。通 界。

古訓 中古 いたる・いましむ・つつしむ 中世 いましむ・いましめ・つつしむ・まぼる・まもる 近世 いましむ・いましめ・そなはる・そなへる・つぐる・つつしむ・をしゆる

【戒禁】カイキン 禁令。いましめ。おきて。

【戒厳】カイゲン ①警戒をきびしくすること。厳戒。②〔法〕戦争や大きな災害、事変のときなどに、司法・行政の一部または全部を、軍の支配下に移し、治安の維持にあたること。

【戒厳令】カイゲンレイ 日〔法〕「戒厳②」の状態を宣告する命令。

【戒告】カイコク ①あやまちなどをいましめ、注意する。誡告カイコク。②日〔法〕公務員に対する処分の一つ。二度と繰り返さないように、本人に注意を言いわたすこと。〔もと「譴責ケンセキ」といった〕

【戒師】カイシ 〔仏〕出家して仏門に入るときの儀式などをとりしきり、仏教のいましめを授ける僧。

【戒▼杖】カイジョウ 僧や山伏やまぶしが持つ杖つえ。錫杖シャクジョウ。

【戒心】カイシン 油断しない。気をつける。用心。注意。例 当レ在レ薛也、我有ニ戒心一（セツにあるにあたりては、われにカイシンあり）（＝薛の国にいたときは用心する気持ちがあった）。〈孟子・公孫丑下〉

【戒慎】カイシン いましめ、つつしむ。気をつけて、用心する。

【戒旦】カイタン ①夜明けを知らせる。②夜明け。

【戒壇】カイダン 〔仏〕僧に戒律を授ける儀式をおこなう壇。例 —院（＝戒壇が設けてある建物）。

【戒▼牒】カイチョウ 僧尼が戒律を受けたことを証明する文書。

【戒勅】カイチョク ①（「勅」も、いましめる意）いましめる。②漢代、天子が地方官に発した文書。類 戒書。

【戒▼飭】カイチョク （「飭」も、いましめる意）①注意を与え謹慎させる。例 —の処分を受ける。②自らをいましめ、つつしむ。

【戒名】カイミョウ 〔仏〕①戒律を受けて仏門に入るとき、師から与えられる名。法号。②日 人が死んだあと、生前の名を改めて、つけられる名。法名。対 俗名ゾクミョウ。

【戒律】カイリツ 〔仏〕僧が守らなければならない、いましめと決まり。例 —を破る。

●遺戒イカイ・訓戒クンカイ・警戒ケイカイ・厳戒ゲンカイ・斎戒サイカイ・自戒ジカイ・懲戒チョウカイ

成

戈3（7） ⇩成セイ（531ページ）

戔

戈4（8） 2 5693 6214 一 サン 漢 ザン 呉 寒 cán 二 セン 漢 先 jiān すく-ない（すく-なし）・そこ-なう（そこ-なふ）

意味 一 そこなう。通 残。例 戔余ザンヨ（＝災害などから生き残ったもの）。二「戔戔センセン」は、❶わずかなさま。❷数が多いさま。積み重なったさま。❸水が浅く、水中のものが見えるさま。

日本語での用法《さ》「素戔嗚尊すさのおのみこと（＝日本神話の神の名）」▼「さ」の音にあてる万葉仮名。

戕

戈4（8） 4 1283 6215 ショウ（シャウ）漢 陽 qiāng

意味 傷つける。殺す。そこなう。例 戕害ショウガイ（＝傷つける）。

【戕虐】ショウギャク そこない、しいたげる。また、残虐なことをする。

【戕賊】ショウゾク そこなう。害する。傷つける。

或

戈4（8） 1 1631 6216 人 一 ヨク 漢 職 yù 二 コク 漢 ワク 呉 職 huò ある・あるい-は

なりたち [会意]「口（＝かこい）」と「戈（＝ほこ）」で「一（＝土地）」を守る。くに。

意味 一 地域。国。通 域。二 ❶はっきりしないものごと、はっきりさせたくないものごとを指すことば。**ある**。例 或時(あるとき)。或所(あるところ)。或人(あるひと)。❷ある人が。あるひと。例 或問(ワクモン)。或曰(あるいわく)。❸存在する。（たまたま）ある。例 未レ或レ不レ亡(いまだほろびざるあらず)（＝滅亡しなかったためしはない）。〈書経・五子之歌〉❹まどう。まどわす。あやしむ。通惑。❺「**あるいは**」と読み、㋐（多く「或…或…」の形で）あるもの（場合）は…、一方は…の意。列挙・対比をあらわす。例 或是或非(あるいはぜにしてあるいはひなり)（＝あるものは正しく、あるものはまちがっている）。〈荀子・解蔽〉㋑もしも…ならば……のときは、の意。仮定・条件をあらわす。㋒もしかすると……かもしれない、の意。推測をあらわす。例 得二其門一者或寡矣(そのモンをうるものはあるいはすくなし)（＝その門を見つけられる人は少ないかもしれない）。〈論語・子張〉

古訓 中古 あり・あるいは・あるとき・あるひと・うたがふ・くに・つねに・また・まどふ・もし 中世 あり・あるいは・うたがふ・もし 近世 あるいは・もし・もしくは

人名 もち

【或者】(あるいは) ①もしかすると。…かもしれない。②ある人は。ある者は。あるは。③または。あるいは。あるは。

【或体】(ワクタイ) 同音・同義であるが、字の構成が異なっている字体。別体。異体。

【或問】(ワクモン) ある人の質問と、それに答えるかたちで自分の意見を述べていく文章の形式。

【或或】(ワクワク) まどうさま。迷うさま。惑惑。

戛 戈7(11) 2 5694 621B カツ 漢 黠 jiá ほこ

[戞] 戈8(12) 2 5701 621E 俗字。

意味 ❶長いほこ。**ほこ**。❷たたいて音を鳴らす。うつ。例 鏗レ金戛レ瑟(かねをうちシツをうつ)（＝鐘をつき瑟を弾く）。〈元稹・華原磬〉❸金属や玉石のふれあう音。また、ツルなどの甲高い鳴き声。例 戛然(カツゼン)。❹人間社会のおきて。のり。例 不レ率二大戛一(タイカツにしたがわず)（＝人の道に従わない）。〈書経・康誥〉❺⇩【戛戛】(カツカツ)

【戛戛】(カツカツ) ①かたいものがふれあう音の形容。例 —たる馬蹄(バテイ)のひびき。②くいちがうさま。③困難なさま。④独創的なさま。

【戛然】(カツゼン) ①ツルなどの鳴き声の形容。②ものが打ち合うときの音の形容。③音が突然やむさま。④ものごとが突然やむさま。⑤ぬきんでているさま。

[戝] 戈7(11) ⇩財(ザイ)(1254ジペー)

戚 戈7(11) 1 3244 621A 常用 セキ 漢 シク・シャク 呉 錫 qī いた-む・うれ-える(うれ-ふ)

筆順 

なりたち  [形声]「戉(＝まさかり)」と、音「尗(セキ)」とから成る。まさかり。

意味 ❶まさかり。おの。例 干戚(カンセキ)（＝たてと、おの）。❷身内。親類。特に、母方の親族。例 外戚(ガイセキ)。親戚(シンセキ)。❸親しい。親しむ。例 相友甚戚(あいともとしてはなはだしたしむ)（＝お互いに友人として非常に親しかった）。〈列子・力命〉❹身近にひしひしと感じる。**いたむ**。**うれえる**。また、悲しみ。うれい。例 戚戚(セキセキ)。休戚(キュウセキ)（＝喜びと悲しみ）。❺⇩【戚施】(セキシ) ❻⇩【戚然】(セキゼン)

古訓 中古 いたむ・うれふ・しじむ・したし・ちかし・ちかづく・なやむ 中世 いたむ・うとし・うれふ・したし・ちかし・ちかづく・はぢ 近世 いたむ・うれふ・かなしむ・したしむ・ちかし・をの

【戚施】(セキシ) ①背が曲がって上を見上げることができない人。②〔仰げないことから〕へつらう人のたとえ。③ヒキガエル。

【戚戚】(セキセキ) ①親しみ合うさま。②心配や悲しみなどのため、心が乱れて落ち着かないさま。例 君子坦蕩蕩、小人長戚戚(クンシはタンとしトウトウ、ショウジンはとこしなえにセキセキ)（＝君子はおだやかにのびのびしており、小人はいつでもこせこせしている）。〈論語・述而〉

【戚然】(セキゼン) おそれつつしむさま。警戒するさま。

【戚属】(セキゾク) 親族。親戚。

【戚里】(セキリ) ①漢代、長安にあった町の名。天子の母方の親戚が住んでいた所。②天子の母方の親戚。

[戞] 戈8(12) ⇩戛(カツ)(534ジペー)

戟 戈8(12) 1 2365 621F 人 ゲキ 慣 ケキ 漢 キャク 呉 陌 jǐ ほこ

なりたち  [会意]「戈(＝ほこ)」と「倝(＝枝)」の省略体とから成る。枝刃(えだ)のあるほこ。

意味 ❶まっすぐな切っ先と直角の枝刃をもつ、ほこ。敵を刺すことも引っかけることもできる。えだぼこ。**ほこ**。例 戟盾(ゲキジュン)（＝ほこと、たて）。剣戟(ケンゲキ)。→矛(ボウ)(937ジペー) ❷刺したり引っかけたりする。また、刺激する。さす。例 戟レ喉癢レ肺(のどをさしハイをかゆからしむ)（＝のどを刺激し、肺をかゆくする）。〈柳宗元・与崔連州論石鍾乳書〉刺戟(シゲキ)。

古訓 中古 ほこ・ほこのさき・みつまたなるほこ 中世 ほこ 近世 たけし・ほこ

【戟手】(ゲキシュ) ひじを曲げ、腕を戟のような形にして人を打とうとする。一説に、指を戟の刃のようにして人を指す。相手を怒りののしるときのしぐさ。

戡 戈9(13) 2 5702 6221 カン(カム) 漢 覃 kān か-つ・さ-す

意味 ❶つきさす。**さす**。❷戦争に勝ち、平定する。**かつ**。例 戡定(カンテイ)。

【戡定】(カンテイ) 戦いに勝って、乱をおさめる。賊を平らげる。平定。鎮定。例 反乱軍を—する。

戣 戈9(13) 4 1284 6223 キ(クヰ) 漢 支 kuí

意味 三方に枝刃(えだ)の突き出たほこ。ほこ。

戢 戈9(13) 3 8466 6222 シュウ(シフ) 漢 呉 緝 jí

意味 ❶兵器をまとめて収める。おさめる。例 戢兵(シュウヘイ)（＝戦争をやめる）。❷収めて、しまう。おさめる。例 戢翼(シュウヨク)。

参考 戢(おさむ)（＝人名）。

【戢翼】(シュウヨク)(つばさをおさむ) 鳥がつばさをたたんでとどまる。また、隠居することのたとえ。

戦 戈9(13) 1 3279 6226 教4 セン 漢 呉 霰 zhàn いくさ・たたかう(たたか-ふ)・たたかい(たたかひ)・おのの-く(をのの-く)・そよ-ぐ

[戰] 戈12(16) 2 5705 6230 人 旧字体。

筆順 

なりたち  [形声]「戈(＝ほこ)」と、音「單(タン→セン)」とから成る。たたかう。

意味 ❶武器をとっていくさをする。**たたかう**。例 戦争(センソウ)。内戦(ナイセン)。反戦(ハンセン)。❷勝負をきそう。競争する。**たたかう**。例 舌戦(ゼッセン)。論戦(ロンセン)。名人戦(メイジンセン)。❸おそれや寒さでふるえる。**おののく**。通顫(セン)。例 戦慄(センリツ)。戦戦恐恐(センセンキョウキョウ)。❹風に揺れて動く。**そよぐ**。

古訓 中古 おそる・そよく・そよめく・たたかふ・ふるふ・わななく・をののく 中世 おそる・そよぐ・そよめく・たたかふ・わななく・をののく 近世 おそる・たたかひ・たたかふ・をののく

【戦意】センイ たたかおうという積極的な気持ち。例 ―を失う。

【戦雲】センウン 戦争が今にも始まりそうな、暗く重苦しい雰囲気のたとえ。例 ―急を告げる。―が垂れこめる。

【戦役】センエキ 日 たたかい。いくさ。戦争。

【戦火】センカ ①戦争による火災。②戦争。例 ―を交える。

【戦果】センカ ①たたかいの結果。②たたかいで勝ちとった品物や手柄。例 多くの―をあげる。

【戦禍】センカ 〔「禍」は、わざわいの意〕戦争によるわざわい。戦争による被害。例 ―をまぬがれる。

【戦格】センカク 〔「格」は、木や竹を方形に組んだもの〕外敵の侵入を防ぐために設けられた柵(サク)。防御柵。さかもぎ。

【戦汗】センカン おそれおののいて出る汗。冷や汗。

【戦艦】センカン ①戦争に用いる船。②攻撃力と防御力にすぐれた大型の軍艦。

【戦記】センキ 日 戦争の記録。また、それをもとにした小説。軍記。例 ―文学。

【戦旗】センキ 戦陣に掲げる旗。

【戦機】センキ ①戦争が起こりそうな気配。例 ―が到来する。②行動を起こせば勝つことのできる機会。例 ―が熟する。③軍事上の秘密。軍機。

【戦況】センキョウ たたかいの様子。戦争の状況。例 ―報告。

【戦局】センキョク 戦争のなりゆき。戦況。

【戦勲】センクン 〔「勲」は、手柄の意〕戦争での手柄。戦功。

【戦後】センゴ ①戦争が終わったあと。終戦後。アプレゲール。②日 特に、第二次世界大戦後。▽対 戦前。

【戦功】センコウ 戦争での手柄。戦勲。例 ―をあげる。

【戦国】センゴク ①戦争で国内が乱れていること。戦乱の世。②戦争をしている国々。③戦国時代。例 ―の武将。

【戦国時代】センゴクジダイ ①周代の韓(カン)・趙(チョウ)・魏(ギ)が晋(シン)を三分割した紀元前四〇三年から、秦(シン)の始皇帝が中国全土を統一した紀元前二二一年までの、約百八十年間の混乱期。②日 室町時代末期、応仁(オウニン)の乱(一四六七―一四七七)から、織田信長が上洛(ジョウラク)する(一五六八)までの混乱期。

【戦国七雄】センゴクのシチユウ 中国の戦国時代に勢力を競い合って互いに対立していた、斉(セイ)・楚(ソ)・燕(エン)・韓(カン)・趙(チョウ)・魏(ギ)・秦(シン)の七つの強国。

【戦骨】センコツ 戦死者の遺骨。

【戦災】センサイ 日 戦争による災害。戦禍(センカ)。例 ―孤児。

【戦士】センシ ①戦場でたたかう兵士。②事業や社会運動などの最前線で活躍する人をいうことば。例 企業―。

【戦史】センシ 戦争の歴史。戦争のありさまの記録。

【戦死】センシ 戦場でたたかって死ぬ。類 戦亡(センボウ)。例 ―者。

【戦時】センジ 戦争をしているとき。対 平時。例 ―体制。

【戦車】センシャ ①戦争に用いた車。古代、実戦に用いる「攻車」と輸送に用いる「守車」があった。兵車。革車。②日 厚い装甲で防護された車体に火砲を装備し、キャタピラで走る戦闘用車両。タンク。

【戦術】センジュツ ①戦闘や競争などに勝つための方法・手段。例 速攻―。②ある目的を達成するための方法・手段。例 人海―。▽作戦。→【戦略】センリャク

【戦勝】【戦▼捷】センショウ ①戦争に勝つ。かちいくさ。対 戦敗。例 ―国。②科挙(＝官吏登用試験)の合格者。

【戦▼竦】センショウ おそれおののく。

【戦場】センジョウ 戦争がおこなわれている場所。戦地。戦陣。

【戦色】センショク ①おそれおののく顔つき。おそれつつしむ顔つき。②たたかいの気配。

【戦陣】【戦陳】センジン ①たたかいのための陣営。例 ―を張る。②たたかいの方法。③戦場。

【戦▼塵】センジン ①戦場にたつ砂ぼこり。例 ―にまみれる。②戦争によるさわぎや混乱。例 ―を避ける。

【戦跡】センセキ 古戦場。

【戦績】センセキ 日 たたかいや試合の成績・結果。例 ―の記録。

【戦線】センセン 日 ①戦争で敵と直接向かいあっているところ。最前線。また、戦場。例 ―が拡大する。②政治運動や社会運動などでの、闘争の場面や形。例 労働―の統一。

【戦前】センゼン ①戦争がはじまるまえ。②日 特に、第二次世界大戦のまえ。▽対 戦後。

【戦戦恐恐】センセンキョウキョウ おそれおののくさま。びくびくしているさま。例 戦戦兢兢、如レ臨二深淵一、如レ履二薄氷一(センセンキョウキョウとして、シンエンにのぞむがごとく、ハクヒョウをふむがごとし)(＝深い淵(ふち)をのぞきこむときのように、薄い氷を踏むときのように、おこないを慎重にするものである)。〈詩経・小雅・小旻〉 表記 旧 戦戦▼兢▼兢

【戦争】センソウ ①たたかい。いくさ。②武力を用いた国と国との争い。対 平和。③激しい競争や状態。例 受験―。

【戦隊】センタイ 海軍や空軍での、兵力の編制単位。

【戦端】センタン 戦争の始まるきっかけ。例 ―を開く。

【戦地】センチ 戦争をしている場所。戦場。

【戦中】センチュウ ①戦争のおこなわれているあいだ。②日 特に、第二次世界大戦がおこなわれていたあいだ。例 ―派。

【戦闘】セントウ 武器や兵力を用いて、相手や敵を倒そうとしてたたかう。例 ―機。―態勢。

【戦敗】センパイ 戦争に負ける。まけいくさ。対 戦勝。例 ―国。

【戦犯】センパン 日 「戦争犯罪人」の略。戦勝国の側からいう、戦争に負けた国の指導的立場にいた人々の中で、戦争をひきおこした責任者、また、戦争中に人道上・国際法上の罪をおかしたとして裁判にかけられる者。

【戦費】センピ 日 戦争に必要な費用。例 ―を調達する。

【戦病死】センビョウシ 日 軍隊に加わって戦地におもむいているときに病死すること。

【戦法】センポウ 戦争や競技・ゲームなどをおこなう方法。戦術。例 奇襲―。―を変える。

【戦没】【戦▼歿】センボツ 戦病死を含めて、戦争で死ぬこと。類 戦亡(センボウ)。例 ―者の慰霊碑。

【戦友】センユウ 同じ部隊に属し、戦場でともにたたかう仲間。

【戦乱】センラン ①戦争のために世の中がみだれること。②戦争。

【戦慄】【戦▼栗】センリツ 恐怖のために、からだが震えること。身震いすること。例 使二民戦栗一(たみをしてセンリツせしむ)(＝人民たちを震え上がらせる)。〈論語・八佾〉 ―を覚える。

【戦利品】センリヒン 戦争で、敵から奪い取った武器や品物。

【戦略】センリャク たたかいに勝つための総合的な計画や方法。〔一つ一つの作戦などを「戦術」というのに対して、全体的な場合に用いる〕例 長期的な経済―を立てる。

【戦力】センリョク ①戦争をおこなう力。たたかう能力。兵力。武力。軍事力。例 ―を増強する。②能力のある働き手のたとえ。例 ―になる。

【戦歴】センレキ 日 戦争や試合でたたかった経歴。

【戦列】センレツ 日 ①戦争をおこなう部隊の列。例 ―を離れる。②闘争や試合をおこなう組織や団体のたとえ。例 労働運動の―に加わる。

●応戦(オウセン)・海戦(カイセン)・開戦(カイセン)・合戦(カッセン)・観戦(カンセン)・休戦(キュウセン)・苦戦(クセン)・激戦(ゲキセン)・決戦(ケッセン)・交戦(コウセン)・作戦(サクセン)・参戦(サンセン)・終戦(シュウセン)・接戦(セッセン)・舌戦(ゼッセン)・宣戦(センセン)・対戦(タイセン)・挑戦(チョウセン)・停戦(テイセン)・内戦(ナイセン)・熱戦(ネッセン)・敗戦(ハイセン)・反戦(ハンセン)・奮戦(フンセン)・防戦(ボウセン)・乱戦(ランセン)・歴戦(レキセン)・論戦(ロンセン)

截

戈10 (14) 2 5703 622A

セツ㊥漢 セチ㊥呉 屑 jié

たｰつ・きｰる

意味 ❶切断する。たちきる。**たつ。きる。** 例 截レ趾適レ屨（＝足を切ってはきものに合わせる）。〈後漢書・荀爽伝〉截断セツダン。半截ハンセツ。❷さえぎる。はばむ。**たつ。きる。** 例 径截ニ輜重一（＝すばやく輸送部隊をさえぎった）。〈李華・弔古戦場文〉❸区切りがはっきりしている。きちんとととのっている。例 直截チョクセツ。

難読 截岸きりぎし（＝断崖ダンガイ）・一節截ひとよぎり

【截然】セツゼン〔慣用で「サイゼン」とも〕①切りたっているさま。②区別がはっきりしているさま。例 違いは―としている。

【截断】セツダン〔慣用で「サイダン」とも〕断ち切る。切り離す。切断。例 截断衆流セツダンシュウル（＝俗界の雑念妄想を断ち切ること）。〈石林詩話・上〉

【截髪】セッパツ 母が子の客人をもてなすこと。賢母のおこないの一つ。截髪留賓セッパツリュウヒン。◆晋シンの陶侃トウカンのもとを客人が訪れたとき、陶侃の母は自分の髪を売って金に換え、客人をもてなした。…………〈世説・賢媛・注〉

戩

戈10 (14) 4 1285 6229

セン㊥漢 銑 jiǎn

意味 ❶滅ぼす。滅ぶ。❷尽くす。ことごとく。例 戩穀センコク（＝すべて善い）。❸さいわい。

戯

戈11 (15) 1 2126 622F 常用

一 ギ㊥慣 キ㊥漢 ゲ㊥呉 寘 xì
二 キ㊥漢 支 xī
三 コ㊥漢 虞 hū
四 キ㊥漢㊥呉 支 huī

たわむれる（たはむｰる）・たわむれ（たはむれ）・ざｰれる（ざｰる）

[戲] 戈13 (17) 2 5706 6232 人 旧字体。

筆順 丨 ト 广 虍 虚 戯 戯

なりたち  [形声]「戈（＝ほこ）」と、音「虘キ」とから成る。武器。また、戦闘の前に武器を持っておどる。

意味 一 ❶力くらべをする。**たわむれる。** 例 請下与ニ君之士一戯上（＝あなたの戦士と力くらべをさせてください）。〈左伝・僖二八〉❷おもしろくあそぶ。**たわむれる。** 例 球戯キュウギ。遊戯ユウギ。❸ふざける。からかう。冗談を言う。**たわむれる。ざれる。** 例 前言戯レ之耳（＝先ほどのことばは冗談を言っただけだ）。〈論語・陽貨〉戯言ゲンギ。❹芝居。例 戯曲ギキョク。戯劇ギゲキ。二「戯皇ギコウ」は、古代の伝説上の帝王、伏羲フッキのこと。虙戯フクギ。羲皇ギコウ。三「於戯ああ」は、おどろき・感動・失望などの声。嗚呼ああ。四 大将の旗。また、軍隊を指揮する。通 麾キ。

古訓 中古 あそぶ・たはぶる・たはぶれ・もてあそぶ 中世 ああ・たはぶる・たはぶれ・たはむる・たはむれ・つはもの・なげく 近世 ああ・たのしむ・たはぶる・たはぶれ・たはむる・たはむれ・つはもの・はた・もてあそぶ

難読 戯おどける・戯じゃれる・戯言たわごと・ざれごと・悪戯いたずら

【戯画】ギガ ①たわむれに描く。②日 こっけいな絵。また、世の中を風刺した絵。例 鳥獣―。

【戯館】ギカン 劇場。芝居を上演する場所。類 戯場。

【戯玩】ギガン たわむれあそぶ。また、玩具ガング。

【戯▼謔】ギギャク たわむれおどける。

【戯曲】ギキョク 演劇の台本。また、台本の形で書かれた文学作品。脚本。

【戯言】ギゲン たわむれに言うことば。ざれごと。冗談。戯語。

【戯語】ギゴ たわむれのことば。冗談。戯言ギゲン。

【戯▼狎】ギコウ たわむれなれる。

【戯書】ギショ たわむれに書いた文字や文章。ざれがき。いたずらがき。らくがき。

【戯談】ギダン たわむれに話す。冗談を言う。

【戯文】ギブン ①演劇の筋書き。脚本。②日 たわむれに書いた文章。また、こっけいな文章。

【戯予（豫）】ギヨ たわむれ楽しむ。

【戯弄】ギロウ もてあそぶ。

【戯作】ギサク・ゲサク ①たわむれに書いた文章や作品。例 ―として読みすてる。②日 江戸時代後期の洒落本しゃれボン・滑稽本コッケイボン・人情本などの読み物。例 ―者。

●悪戯アクギ・いたずら・児戯ジギ・遊戯ユウギ

戮

戈11 (15) 2 5704 622E

リク㊥漢 ロク㊥呉 屋 lù

ころｰす

意味 ❶命をうばう。死刑にする。**ころす。** 例 殺戮サツリク。誅戮チュウリク。❷さらしものにする。死体を公衆の面前に並べて、いましめとする。さらす。例 禹殺而戮レ之これをころしてさらす（＝禹は《防風氏を》殺して見せしめとした）。〈国語・魯下〉❸侮辱する。はずかしめる。例 戮辱リクジョク。❹力を合わせる。通 勠リク。例 戮力リクリョク。

【戮辱】リクジョク（刑罰を科して）はずかしめる。

【戮力】リクリョク 力を合わせる。協力。勠力リクリョク。例 戮レ力而攻レ秦ちからをあわせてシンをせむ（＝力を合わせて秦を攻める）。〈史記・項羽紀〉―一心。

[戰] 戈12 (16) ⇩戦セン（534ジペー）

[戲] 戈13 (17) ⇩戯ギ（536ジペー）

戴

戈13 (17) 1 3455 6234 常用

タイ㊥漢㊥呉 隊 dài

いただｰく

筆順 十 土 𠁼 寺 𢆉 戴 戴 戴

なりたち  [形声]「異（＝分ける）」と、音「𢦏サイ→タイ」とから成る。物を分けてふやす。のせる。

意味 ❶頭の上にのせる。**いただく。** 例 戴冠タイカン。戴天タイテン。❷あがめたっとぶ。おしいただく。**いただく。** 例 推戴スイタイ。奉戴ホウタイ。❸感謝する。**いただく。** 例 戴ニ陛下之徳一（＝陛下の恩徳に感謝する）。〈史記・留侯世家〉

日本語での用法 《いただく》「遠慮なく戴いただきます・お話し戴いただく」▼「飲む」「食う」「もらう」「…してもらう」のへりくだった言い方。

古訓 中古 いただく・うやまふ・おほふ・かしづく 中世 いただく・うけたまはる・かづく・すなはち・たてまつる・になふ 近世 いただく・うくる・おびる・かたげる・こと・ます

難読 戴星馬うつきひたいのうま（ひたいじろ）

【戴冠式】タイカンシキ 日 国王が初めて王冠をかぶり、王位についたことを広く知らせる儀式。

【戴星】タイセイ 空に星をいただく。朝早く家を出、夜遅く帰る。早朝から深夜まで職務に励むこと。〈呂覧・察賢〉から〕

【戴天】タイテン ①この世に生活する。例 父之讎、弗ニ与共戴レ天ともにテンをいただかず（＝父のかたきとこの世に共存することはできない）。〈礼記・曲礼上〉②天をいただき、天の恩恵をこうむる。

【戴白】タイハク 〔「白」は、白髪の意〕白髪頭しらがあたま。また、老人。

戳

戈14 (18) 2 5707 6233

サク㊥漢 覚 chuō

意味 ❶先のとがったものでさす。つく。❷印鑑。

63 4画

戸(戸) と とだれ部

門の扉の片方の形をあらわす。「戸(戸)」の形をもとにしてできている漢字を集めた。

⓪ 537 戸 戸 ③ 537 戻 ④ 537 所 所 房 房 戾 ⑤ 538 扃 扁 扁 ⑥ 539 扆 扇 扇 ⑦ 539 扈 ⑧ 539 扉 扉

この部首に所属しない漢字

肩→月 1088　啓→口 252　雇→隹 1407　肇→聿 1085

戸 [戶]

戸0 (4)　1 2445 6238 教2　コ㊥㊦ と・へ 户 hù

[戶] 戸0 (4) 6236 旧字体。

筆順 一 ㇇ ㇄ 戸

なりたち [象形] 門の片一方の形。内側を守る、扉。

意味 ❶片開きの扉。また、家・部屋などの出入り口。**と**。例 戸口(ココウ)。戸籍(コセキ)。門戸(モン)。❷家屋。一家。世帯。家。例 漁戸(ギョコ)(=漁師)。❸特定の職業を営む人。❹飲める酒の量。酒量。例 大戸(タイコ)(=大酒飲み)。上戸(ジョウゴ)。下戸(ゲコ)。❺はばむ。とどめる。❻まもる。例 戸二殿門一(デンモンをまもる)(=宮殿の門を守る)。〈漢書・王嘉伝〉

古訓 中古 つかさどる・と・ひらく・へ 中世 と・へ・へい・へべ 近世 あな・いへ・と・とどまる・へべ・まもる

人名 いえ・かど・かべ・ひろ・まもる・もり

【戸外】(コガイ) 家のそと。屋外。例 戸外之履満(コガイのくつみてり)(=扉の外には来客の靴がたくさんある)。〈荘子・列禦寇〉

【戸戸】(ココ) どの家も。家々。家ごと。

【戸口】一(ココウ) 家の数と人の数。戸数と人口。例 ―調査。二(とぐち) 日 家の出入り口。

【戸主】(コシュ) ①一家の主人。世帯主。②日 旧制度で、一家の長として家族を統率し、扶養した者。家長。

【戸数】(コスウ) 家のかず。家の軒数。

【戸籍】(コセキ) ①戸数・人口を記録した帳簿。②日 夫婦とその未婚の子供の氏名・本籍・生年月日・性別・続き柄などを記した公文書。例 ―を作る。

【戸長】(コチョウ) ①中国の宋(ソウ)代、租税の取り立てを担当した村役人。②日 明治時代の初期、町村の事務をとった役人。現在の町長や村長にあたる。

【戸部】(コブ) ①唐以後の六部(リクブ)の一つ。人民の戸籍や国土、税務・財務をつかさどった。もと「民部」と称したが、唐の太宗(李世民(リセイミン))の諱(いみな)を避けたもの。②日 民部省の中国風の呼称。

【戸別】(コベツ) 日 家ごと。一軒一軒。例 ―訪問。

【戸板】(といた) 日 雨戸の板。はずして物をのせて運ぶときに使った。例 怪我人(ケガニン)を―で運ぶ。

●雨戸(あまど)・木戸(きど)・瀬戸(せと)・納戸(ナンド)・門戸(モンコ)

戻 [戾]

戸3 (7)　1 4465 623B 常用　一 レイ㊥ ライ㊦ 二 レツ㊥ 戾 lì 戾 liè　**もどり・もどる・もどす**・もと-る

[戾] 戸4 (8) 3 8467 623E 旧字体。

筆順 一 ㇇ ㇄ 戸 戸 戻 戻

なりたち [会意] 「犬(=いぬ)」が「戸(=と)」の下から体をねじ曲げて出る。派生して「そむく・もとる」の意。

意味 一 ❶道理にはずれ、ひねくれている。また、さからい、そむく。**もとる**。例 義不二相戻一(ギはあいもとらず)(=意味は相反しない)。〈韓愈・論語筆解〉 背戻(ハイレイ)。❷手あらい。むごい。また、激しい。例 戻虐(レイギャク)(=道にそむき、民を虐げる)。暴戻(ボウレイ)。❸つみ。あやまち。また、災い。例 大戻(タイレイ)(=大きな災い)。〈詩経・小雅・節南山〉 罪戻(ザイレイ)。❹いたる。例 戻止(レイシ)。❺安定する。定まる。❻かわかす。二 ひねる。ねじる。通 捩(レツ)。

日本語での用法 《もどる》《もどす》「ふりだしに戻(もど)る・もとの場所(ばショ)に戻(もど)す・食(た)べたものを戻(もど)す」▼もとの位置・状態にする。もとの位置・状態に近いものにする。

古訓 中古 いたる・きたる・さだむ・そむく・つみ・とし・とつぐ・とどまる・とどむ・にはかなり・まじはる・もどる 中世 いたる・そむく・とどまる・まじはる・もぢ・もとほる・もとる・もどる 近世 いたる・きたる・そむく・たがふ・つみ・とし・なため・のり・はんべる・まがる・みだる・もどる・やむる

【戻止】(レイシ) 来る。至る。

●背戻(ハイレイ)・返戻(ヘンレイ)

所 [所]

戸4 (8)　1 2974 6240 教3　ソ㊥ ショ㊦ 语 suǒ　**ところ**・とこ

[所] 戸4 (8) 旧字体。

筆順 一 ㇇ ㇄ 戸 戸 所 所 所

なりたち [形声] 「斤(=おの)」と、音「戸(コ→シ)」とから成る。木を切る音。借りて、ところ。

意味 ❶(特定のものごとがそこにあったり、そこでおこなわれたりする)ばしょ。**ところ**。通 処。例 住所(ジュウショ)。要所(ヨウショ)。屯所(トンショ)。❷ふさわしい立場。本来そうあるべき状態。例 各得二其所一(おのおのそのところをう)(=それぞれふさわしい立場を手に入れる)。〈易・繋辞下〉 ❸「…(する)**ところ**」と読み、動作の対象・内容・場所などを指し示す。例 魚我所レ欲也(うおはわがほっするところなり)(=魚は私がほしいと思うものだ)。〈孟子・告子上〉 所感(ショカン)。所与(ショヨ)。所在(ショザイ)。❹多く「為～所…」の形で「～の…(する)ところとなる」と読み、～に…される、の意。受け身をあらわす。「～のために…(せ)らる」と読むこともある。例 為二人所レ制(ひとのセイするところとなる)(=人に支配される)。〈史記・項羽紀〉 ❺もし。仮定をあらわす。多く、誓いをたてるときに用いる。例 所不二此報一、無二能渉レ河(もしこれにむくいずんば、よくカをわたるなからん)(=この仕返しをしないかぎり、黄河をわたることはない)。〈左伝・宣一七〉 ❻ばかり。おおよその数をあらわす。例 十人所(ジュウニンばかり)(=十人ほど)。〈史記・滑稽伝・西門豹〉

古訓 中古 たり・ところ・のぶ・ばかり・みもと・らる・る 中世 ところ・みもと・もと 近世 ところ・ばかり・ひびく・をりどころ

人名 のぶ

難読 所縁(ゆかり・ゆかり)・臥所(ふしど)

【所為】一(ショイ) しわざ。おこない。ふるまい。二(せい) 日 ものごとの原因や理由。例 失敗を人の―にするな。

【所▼謂】(ショイ) 一般にいわれているところの。世の中でいうところの。例 ―(いわゆる)知識人。

【所演】(ショエン) 日 芸能などが上演されること。

【所懐】(ショカイ) 心に思うこと。思い。所感。例 ―を述べる。

【所轄】(ショカツ) 役所などが支配し、管理する。また、その範囲。所管。管轄。例 ―の税務署。

【所感】(ショカン) 心に感じた事柄。所懐。感想。例 年頭の―を述べる。

【所管】(カンショ) 役所などが支配し、管理する。また、その範囲。所轄。管轄。例 各省庁の―する関係機関。

【所願】(ガンショ) ねがうこと。ねがい。例 長年の―。

【所期】(キショ) 前もって、そうしようと心に決めること。予期。例 ―の目的を達成する。

【所業】(ギョウショ) ①仕事。職業。②日 おこない。しわざ。ふるまい。所行(ギョウショ)。例 ひどい―だ。

【所見】(ケンショ) ①見たところ。見たもの。また、見立て。例 医師による―。②考え。意見。例 ―を述べる。

【所▼怙】(コショ) 〔「怙」は、頼る、頼る所の意〕子が頼りとする親のこと。父母。

【所作】(サショ) ①おこない。②日 身のこなし。ふるまい。動作。③日「所作事(ショサごと)」の略。歌舞伎(かぶき)で、音曲(オンギョク)に合わせて踊る舞踊。また、舞踊を主とした芝居。振り事。

【所載】(サイショ) 印刷物にのせてあること。例 前号―の論文。

【所在】(ザイショ) ①ものごとのある場所。ありか。例 責任の―を明らかにする。②人のいる場所。例 ―を知らせる。③日 すること。仕事。任務。例 ―なさそうにしている。

【所産】(サンショ) つくり出したもの。生産されたもの。産物。例 長年の努力の―。

【所司】(シショ) ①役目。持ち場。②日 鎌倉時代の職名で、侍所(さむらいどころ)・小侍所の次官。③日 室町時代の職名で、侍所の長官。

【所司代】(ショシダイ) 日 ①室町時代、「所司③」の代理として事務を取りあつかった職。②「京都所司代」の略。江戸時代の職名で、京都の護衛、朝廷・公家(クゲ)・西国大名の監察などをおこなった。また、その役所。

【所持】(ショジ) 身につけて持っている。例 ―品。

【所収】(ショシュウ) 書物におさめられていること。

【所出】(ショシュツ) ①出どころ。出所(シュッショ)。例 ―が判明する。②生まれ。出生。

【所所】(ショショ) ところどころ。処処。例 ―に散らばる。

【所信】(ショシン) ある事柄について信じているところ。例 ―表明。

【所親】(ショシン) したしくしている人。

【所生】(ショセイ|ショショウ) ①生みの親。父母。例 久游恋二所生一(ひさしくあそびてショセイをこう)(=長く旅をして生みの親たちが恋しくなった)。〈陶淵明・庚子歳五月中従都還阻風於規林〉②生んだ子。③生まれた土地。出生地。

【所説】(ショセツ) 説くところ。主張の内容。例 彼の―を聞く。


【所詮】(ショセン) 日 結局。つまり。どんなにしても。〔否定的な結果についていうことが多い〕例 ―はかない夢だ。

【所蔵】(ショゾウ) しまっておく。また、しまってあるもの。例 ―品。美術館の―する名画。

【所属】(ショゾク) ある組織や団体に属している。

【所存】(ショゾン) 思うところ。考え。例 がんばり通す―です。

【所帯】(ショタイ) 日 ①生活のもとになる土地・家屋・財産。例 ―をたたむ。②独立して一家をかまえ、生計を営むこと。また、その一家。世帯(セタイ)。例 ―道具。―を持つ。③一家の暮らし。例 ―をきりつめる。▽世帯(ショタイ)。

【所長】(ショチョウ) ①すぐれているところ。②日 研究所・出張所・営業所などの長。

【所定】(ショテイ) 決まっていること。例 ―の用紙。―の場所。

【所天】(ショテン) 天として仰ぎ、崇拝している人。臣下が君主を、子が父を、妻が夫を指していう。

【所伝】(ショデン) 文書や口伝えなどによって伝えられたもの。伝え。

【所動】(ショドウ) はたらきかけられること。受け身。受動。

【所得】(ショトク) ①自分のものとなること。②日〔経〕個人や企業が、一定の期間内に得た収入や利益。例 ―税。

【所望】(ショモウ) ほしいとのぞむ。例 貴殿のご―により…。

【所有】(ショユウ) 一 自分のものとして持っている。また、そのもの。例 ―権。―者。二(あらゆる) あるものすべて。

【所与】(ショヨ) ①あたえられていること。また、そのもの。例 ―の事例をもとに判断する。②〔哲〕解決すべき課題としてあたえられたもの。与件。

【所用】(ショヨウ) ①もちいること。また、そのもの。例 当社―の資材。②日 用事。用件。例 ―で外出する。

【所要】(ショヨウ) 必要なこと。また、必要とするもの。例 ―時間。

【所領】(ショリョウ) 大名や寺社などが所有する土地。領地。

【所労】(ショロウ) ①疲れ。②日 病気。わずらい。例 ―につき休暇を願う。

【所論】(ショロン) 論じるところ。主張する論。意見。

【所柄】(ところがら) 日 その土地の性質や様子。場所がら。例 ―をわきまえる。

【所以】(ゆえん) ①いわれ。わけ。理由。例 所三以貴二我身一(わがみをとうとぶゆえん)(=わたしにとって大切な理由)。〈陶淵明・飲酒〉人の人たる―。②手段。方法。例 所三以導二民一(たみをみちびくゆえん)(=民衆をみちびく手段)。〈史記・循吏伝・賛〉
●箇所(カショ)・急所(キュウショ)・近所(キンジョ)・随所(ズイショ)・関所(せきショ)・短所(タンショ)・長所(チョウショ)・難所(ナンショ)・場所(ばショ)・見所(みどころ)・名所(メイショ)

房 戸4 (8)

1 4328 623F 常用

一 ホウ(ハウ)漢 ボウ(バウ)呉 陽 fáng
二 ホウ(ハウ)漢 ボウ(バウ)呉 陽 páng

ふさ・へや

[房] 戸4 (8) 旧字体。

筆順 一 ⺕ ヨ 戸 戸 戸 房 房

なりたち  [形声]「戸(=と)」と、音「方ホ」とから成る。堂の中で、左右のわきにある小部屋。

意味 一 ❶母屋(おもや)の両わきの小部屋。また、家の中のくぎられた空間。へや。例 厨房(チュウボウ)。❷すまい。いえ。例 山房(サンボウ)。❸役所。例 兵房(ヘイボウ)。❹妻。例 女房(ニョウボウ)。❺支族。分家。例 遠房(エンボウ)(=遠い親族)。❻小部屋のようにくぎられた形のもの。また、袋状のもの。例 子房(シボウ)。乳房(ニュウボウ)。❼供え物をのせる台。俎(ソ)。❽二十八宿の一つ。そいぼし。例 房宿(ボウシュク)。
二「阿房宮(アボウキュウ)」は、宮殿の名。

日本語での用法 一《ふさ》①「花房(はなぶさ)・ブドウの房(ふさ)」▼小さなものがたくさんまとまっているもの。②「房(ふさ)のついたひも」▼束ねた糸の先をばらばらにしたもの。二《ボウ》「房州(ボウシュウ)・房総(ボウソウ)」▼旧国名「安房(あわ)(=今の千葉県南部)」の略。

古訓 中古 つつむ・なかば・ねや・のぶ・はなぶさ・ふさ・ほし 中世 なかば・ねや・のぶ・はなぶさ・ふさ・ほし 近世 いへ・かたはら・す・ふさ・ほし・ほしのやどり・まないた・やづつ

人名 お・のぶ

【房事】(ボウジ) 〔閨房(ケイボウ)(=寝室)の中での事柄の意〕男女の性の交わり。

【房室】(ボウシツ) 部屋。

【房宿】(ボウシュク|ボウシュウ) 二十八宿の一つ。東南にあり、今のさそり座の頭にあたる四つの星。そいぼし。

【房中】(ボウチュウ) ①部屋の中。室内。②寝室の中。

【房▼櫳】(ボウロウ) 部屋の窓。
●子房(シボウ)・暖房(ダンボウ)・女房(ニョウボウ)・文房(ブンボウ)・冷房(レイボウ)

戻 戸4 (8)

⇩戻(レイ)(537ページ)

扃 戸5 (9)

3 8468 6243

一 ケイ漢 青 jiōng
二 ケイ漢 迥 jiǒng

意味 一❶門戸を外から閉ざすための横木。かんぬき。例扃関(ケイカン)(=かんぬき)。❷家の出入り口。門。例金扃(キンケイ)。❸かんぬきをかける。閉ざす。例扃扉(ケイヒ)。二「扃扃(ケイケイ)」は、はっきりと見ぬくさま。参考 扃(とざし)(=人名)。

【扃鍵】(ケイケン) 門戸のかんぬきや鍵(かぎ)。また、かんぬきや鍵で門を閉ざす。類扃鎖(ケイサ)。

【扃扉】(ケイヒ|とびらをとざす) とびらを閉める。

扁
戸5(9) 2 5708 6241 一ヘン 漢 銑 biǎn 二ヘン 漢 先 piān ひら-たい(ひら-たし)

[扁] 戸5(9) ―― 俗字。

意味 一❶扉の上などに掲げる、字を書いた横長のふだ。額(がく)。例扁額(ヘンガク)。❷平らでうすい。ひらたい。例扁平(ヘンペイ)。❸(biàn)広くゆきわたる。あまねし。通遍。例扁然(ヘンゼン)。二小さい。例扁舟(ヘンシュウ)。

日本語での用法《ヘン》「木扁(きへん)・扁旁(ヘンボウ)」▼漢字の字形を構成する要素の一つ。原則として、左右に分けられる漢字字形のうち、意味をあらわすと認められる部分。通常、左側の部分。偏(へん)。

【扁額】(ヘンガク) 門や室内にかける、横に長い額。

【扁舟】(ヘンシュウ) 小舟(こぶね)。例扁舟空老去(ヘンシュウむなしくおいさる)(=私は小舟の中でいたずらに年老いてしまった)。〈杜甫・野望〉

【扁然】(ヘンゼン) あまねく生ずるさま。

【扁桃】(ヘントウ) ①バラ科の落葉高木。種子は食用また薬用。アーモンド。アメンドウ。②「扁桃腺(ヘントウセン)」に同じ。

【扁桃腺】(ヘントウセン) 日のどの奥にある長円形のリンパ腺。

【扁平】(ヘンペイ) たいらなさま。ひらべったいさま。

【扁▼旁】(ヘンボウ) 漢字の扁と、つくり。偏旁(ヘンボウ)。例―冠脚。

扂
戸6(10) 4 1286 6246 イ 漢 尾 yǐ

意味 ❶宮殿の入り口と窓との間に置く屛風(ビョウ)。ついたて。例黼扂(イフ)(=黒と白との斧(おの)の模様をぬいとりした屛風)。玉扂(ギョクイ)。❷もたれかかる。よりかかる。

扇
戸6(10) 1 3280 6247 常用 一セン 漢 呉 霰 shàn 二セン 漢 呉 先 shān おうぎ(あふぎ)・あお-ぐ(あふ-ぐ)

[扇] 戸6(10) ―― 旧字体。

筆順 一 ㇇ ヨ 戸 戸 扇 扇 扇

なりたち [篆] [会意]「戶(=と)」と「羽(=つばさ)」とから成る。鳥のつばさのように開閉するとびら。派生して「おうぎ」の意。

意味 一❶とびら。例門扇(モンセン)。❷あおいで風をおくったり、ちりをはらったりする道具。うちわ。おうぎ。例扇子(センス)。扇面(センメン)。団扇(ダンセン)。掌扇(ショウセン)。❸儀式に用いる、柄の長い大型のおうぎ。例障扇(ショウセン)。❹てぬぐい。布巾(フキン)。❺去勢した。通騸(セン)。例扇馬(センバ)。二❶おうぎなどで風をおこす。あおぐ。例扇風(センプウ)。❷けしかけて、ある感情や行動を起こすようにしむける。あおる。通煽(セン)。例扇情(センジョウ)。扇動(センドウ)。❸勢いがある。さかんである。おこる。例此道弥扇(このみちいよいよおこる)(=このやりかたがますます流行した)。〈梁書・謝挙伝・賛〉

古訓 中古 あふぎ・あふぐ・おどろく・さわがし・たすく・とびら 中世 あふぎ・あふぐ・とびら 近世 あふぎ・あふぐ・うごかす・とびら・とぼそ

人名 み

難読 海扇(ほたてがい)

【扇情】(センジョウ) 日情欲をあおりたてる。煽情(センジョウ)。例―的な写真を使ったポスター。

【扇子】(センス) ①多くは円形で柄(え)がついた、あおいで涼むための道具。うちわ。②日あおいで涼むための道具。竹や木を細くけずったものを一か所でまとめ、紙や布をはって折りたためるようにしたもの。舞踊の道具にも用いる。おうぎ。

【扇動】(センドウ) 他人をそそのかし、あおりたてて、ある行動を起こすようにしむける。煽動(センドウ)。

【扇面】(センメン) ①おうぎ。扇子(センス)。②日おうぎの地紙(じがみ)。また、その形。例―に切った紙。

【扇揚】(センヨウ) (おうぎが風を起こすのにたとえて)他からの力であおり上げる。

【扇惑】(センワク) あおり惑わせる。

●夏炉冬扇(カロトウセン)・団扇(ダンセン)・鉄扇(テッセン)

扈
戸7(11) 2 7829 6248 コ 漢 麌 hù したが-う(したが-ふ)

意味 ❶君主のお供をする。したがう。また、従者。おとも。例扈従(コショウ)。❷制止する。とどめる。❸「跋扈(バッコ)」は、思うままに力をふるう。

【扈従】(コショウ|コジュウ) 身分の高い人のお供をする。また、その人。随従(ズイジュウ)。供奉(グブ)。

扉
戸8(12) 1 4066 6249 常用 ヒ 漢 微 fēi とびら

[扉] 戸8(12) ―― 旧字体。

筆順 ㇇ ヨ 戸 戸 戸 扉 扉 扉

なりたち [篆] [形声]「戶(=と)」と、音「非(ヒ)」とから成る。門のとびら。

意味 ひらき戸。とびら。ドア。例柴扉(サイヒ)。鉄扉(テッピ)。門扉(モンピ)。

64 4画 手て(扌てへん)部

五本指のある手の形をあらわす。「手」が偏(=漢字の左側の要素)になるときは「扌(てへん)」(三画)となる。「手」をもとにしてできている漢字と、「扌」の字形を目じるしにして引く漢字とを集めた。

揜揩換揀揮揆掎揭揵掔捲揣揫揉揲
揃揃搜插揷揔揕提揥搭揳揰揶揄揖
揚揺 [10] 576 搉携搩搴搆搞搓搾搦搢摂
搶搔損搐搥搗搨搯搏搬搒摸摹搤搖
[11] 579 摑摎撃摳摧摯摺摺摭摠摶摛摘
摚摽摩摩摝 [12] 581 撹撝撟擎擕撮撒撕
撰撰撤撐撑撞撓撚播撥撫撇撲撩擄
撈 [13] 583 撼擐據擧擒擊撿擌擅操撾擇
撻擔擋擘擗擁擂 [14] 585 擱擬擤擦擠擡
擽擢擢擣擯 [15] 586 擴擷攅擾擶擻攄擲
擿擺攀擥擽 [16] 587 攏 [17] 587 攖攀攘攔 [18]
587 攜攫攝 [19] 587 攢攤攞攣 [20] 587 攪攫攩
[22] 587 攬

手

手0（4）　1 2874　624B　教1

ス慣　シュウ（シウ）漢　シュ呉　有 shŏu　て・た

付表 手伝（てつだ）う・上手（じょうず）・下手（へた）

筆順 ノ 二 三 手

なりたち ［象形］指と、てのひらを広げた形。て。

意味 ❶てくび（または肩）から先の部分。て。また、うで。例 握手（アクシュ）。挙手（キョシュ）。拍手（ハクシュ）。❷手に持つ。また、手で打つ（殺す）。てにする。例 手ニ熊羆一（ユウヒをてにす）（＝手でクマを打ち殺す）。〈司馬相如・上林賦〉❸自分自身で。てずから。例 手記（シュキ）。手書（シュショ）。❹筆跡。て。例 手跡（シュセキ）。手習（てならい）。女手（おんなで）。❺手先を使ってすること。例 手芸（シュゲイ）。手話（シュワ）。❻やり方。腕前。例 手段（シュダン）。手法（シュホウ）。妙手（ミョウシュ）。❼ある技術を有する人。ある行為や仕事をする人。例 運転手（ウンテンシュ）。名手（メイシュ）。❽支配のおよぶ範囲。例 手中（シュチュウ）。

日本語での用法 一《て》①「取（と）っ手（て）・持（も）ち手（て）」▼道具や器物の、手で持つ部分。②「手（て）を打（う）つ・決（き）め手（て）」▼有効なはたらきや方法。③「上手（かみて）・山（やま）の手（て）・行（ゆ）く手（て）」▼方向。方面。④「厚手（あつで）・古手（ふるて）・この手（て）の品（しな）」▼性質や形状の種類。⑤「痛手（いたで）・深手（ふかで）」▼受けた傷。⑥「酒手（さかて）」▼代価。代金。駄賃。⑦「手（て）を切（き）る」▼交際。関係。⑧「手（て）が足（た）りない・ネコの手（て）も借（か）りたいほど忙（いそが）しい」▼労働力としての人。二《た》「手折（たお）る・手綱（たづな）・花（はな）を手向（たむ）ける」▼「て」の変化したもの。多く熟語として、複合した形で用いる。

古訓 中古 て・てづから・とる　中世 て・てづから　近世 うで・て・てにす

人名 で

難読 空手（からて）・双手（もろて）・手巾（てぬぐい）・手枕（たまくら）・手向山（たむけやま）・手弱女（たおやめ）

【手淫】（シュイン）手などで自分の性器を刺激して快感を得ること。自慰。オナニー。

【手下】（シュカ）①支配下の。②（てした）日 部下。配下。子分。例 盗賊の―（てした）。

【手格】【手▼挌】（シュカク）素手で捕らえてなぐる。また、素手で打ち殺す。

【手簡】【手▼翰】（シュカン）手紙。自筆の手紙。書簡。

【手記】（シュキ）①自分の体験や感想などを書きしるしたもの。例 戦争体験者の―。②自分で書きしるすこと。自書。

【手技】（シュギ）手でするわざ。手仕事。手芸。

【手巾】（シュキン）手ぬぐい。手ふき。ハンカチーフ。

【手芸（藝）】（シュゲイ）①自分で植える。②刺繡（シシュウ）や編み物など、手先でする工芸。例 ―用品。

【手語】（シュゴ）①手ぶりで意思を伝える。②弦楽器を演奏する。〔弾く手が、その人の心情を伝えることから〕③手話。

【手工】（シュコウ）①（木・紙・竹などを使って）手先でする仕事。手工芸。②日 もと、小学校の教科の一つ。現在の「工作」。

【手交】（シュコウ）日（公式文書などを）手わたしする。

【手札】（シュサツ）一 手紙。自筆の手紙。手簡。二（てふだ）日 ①名ふだ。名刺。②トランプなどで、手持ちのふだ。③「手札判（てふだバン）」の略。写真で、縦十一センチメートル、横八センチメートルほどの大きさ。

【手写】（シュシャ）手で書きうつす。例 ―本。

【手術】（シュジュツ）日 医師が治療のため、からだの一部を切り開いて、必要な処置をする。

【手書】（シュショ）①自ら書き記す。また、そのもの。手書き。②自筆の手紙。

【手抄】（シュショウ）自ら書き記す。また、自筆のもの。

【手詔】（シュショウ）天子が自ら書き記した、みことのり。

【手▼燭】（シュショク）①手に持つともしび。②（てショク）日（持ち運びができる）柄（え）のついたろうそく立て。

【手勢】（シュセイ）一 手つき。手ぶり。二（てゼイ）日 手下の兵士。

【手跡】【手▼蹟】（シュセキ）書いた文字。筆跡。例 みごとな―。

【手足】（シュソク）一 手と足。身体。身（み）。例 民無レ所レ措ニ手足一（たみシュソクをおくところなし）（＝《刑罰が公正を失うと》民は安心して身を置くところがない）。〈論語・子路〉 二（てあし）日 腹心の部下。例 社長の―となって働く。

【手沢】（シュタク）①長く使っているために、ものについた手あか。例 手沢存焉爾（シュタクソンすればなり）（＝《父の死後にその残した書物を読むに堪えないのは》父の手あかがついていて、悲しみをそそるからである）。〈礼記・玉藻〉②故人の生前の愛用品。

【手沢本】（シュタクボン）手あかがつくほど故人が愛読していた本。また、書き入れなどがされている愛蔵本。

【手段】（シュダン）①腕まえ。手並み。②日 目的をかなえるための方法。てだて。例 最後の―。―を選ばない。

【手談】（シュダン）碁を打つこと。〔石を置く手が互いの会話となることから〕

【手中】（シュチュウ）手のなか。手のうち。例 成功を―におさめる。

【手▼套】（シュトウ）（てトウ）〔「套」は、おおいの意〕てぶくろ。

【手動】（シュドウ）日 機械などを手でうごかすこと。対 自動。

【手▼搏】（シュハク）〔「搏」は、打つ意〕①素手でなぐる。また、素手で捕らえる。②格闘技。

【手板】（シュハン）笏（しゃく）のこと。官人が礼装したとき持つ細長い板。

【手兵】（シュヘイ）日 自ら直接に率いる兵。手勢（てゼイ）。

【手法】（シュホウ）ものを作ったり、計画を進めるときのやり方。技法。また、表現の方法。例 強引な―。独自の―がみられる。

【手裏剣】（シュリケン）日 敵に投げつける小さな剣。

【手▼榴弾】（シュリュウダン）（てリュウダン）日 手で投げつける小型爆弾。手投げ弾。

【手練】（シュレン）日 一 熟練した腕前。たくみな手ぎわ。例 ―の早技。二（てレン）人をだましたり、まるめこんだりする方法。例 ―手管（てくだ）（＝うまいことを言って人を操り、だますやり方）。

【手話】（シュワ）日 耳や口の不自由な人のために、手の動きなどで考えや気持ちを伝える方法。例 ―通訳士。

【手腕】（シュワン）①うで。手首。②ものごとをその場に応じて的確におこなう力。腕前。手並。技量。例 ―家（カ）（＝実行力のある人。やりて）。―を発揮する。

【手弱女】（たおやめ）日 しとやかで美しい女性。優美な女性。対 益荒男（ますらお）。

【手綱】(たづな) 日①ウマを操るために、くつわに結びつけて手に持つつな。例—さばき。—を引く。②人を指導し監督することのたとえ。

【手水】(ちょうず) 日〔「てみず」の変化〕①手や顔を水で洗うこと。また、その水。例—鉢。—を使う。②便所。〔あとで手を洗うところから〕例—場。—に立つ。

【手▼斧】日一(ちょうな) 木材を荒削りするときに使う、柄が鍬形に曲がったおの。例—始め(=大工の仕事始め)。

二(ておの) 日片手でにぎれる小型のおの。

【手当】(てあて) 日①報酬としてのお金。給料。②基本的な給料以外のお金。例住宅—。家族—。③病気やけがの治療や処置をすること。例応急—。④ものごとの準備や処置をすること。例輸送機の—を急ぐ。

【手荒】(てあら) 日乱暴なさま。例—なまねをするな。

【手▼枷】(てかせ) 日①昔、罪人の手首にはめて自由に動かせないようにした道具。手錠。②自由をさまたげるもの。

【手形】(てがた) 日①手のかたち。手のひらに墨などを塗って、紙などにおしたもの。例横綱の—。②〔経〕一定の金額を一定の日時・場所で支払うことを明示した有価証券。

【手刀】(てがたな) 日①手の指をそろえてのばし、刀のようにして小指のある側で打つこと。②相撲で、勝ち力士が行司から懸賞を受け取るときの作法。「心」または「忄(=りっしんべん)」を書く形に手を動かす。例—を切る。

【手柄】(てがら) 日人から注目されるような、立派なはたらきや仕事。功績。例—を立てる。

【手軽】(てがる) 日簡単でたやすいさま。例—な食事ですます。

【手際】(てぎわ) 日ものごとを処理するしかた。例—がよい。

【手金】(てキン) 日手付けのお金。手付け金。例—を打つ。

【手心】(てごころ) 日そのときの状態にしたがって、無理のないようにすること。類手加減。例—を加える。

【手頃】(てごろ) 日①扱いやすい大きさや重さであるさま。例—な大きさに切る。②自分の能力や要求に適しているさま。例—な値段の服。

【手順】(てジュン) 日ものごとをするときの順序。例—をふむ。

【手錠】(てジョウ) 日①手首にはめて自由をうばう道具。例—をかける。②江戸時代の刑罰。また、それに用いた「①」に似た道具。類手鎖。

【手数】(てスウ・てかず) 日①仕事をするのに必要な労力や時間。てま。例—をかける。—がかかる。②わざわざすること。ほねおり。めんどう。例お—でした。③囲碁や将棋で、打ったり指したりした手のかず。

【手相】(てソウ) 日手のひらにある筋やしわなどの様子。その人の性格や運勢をあらわすとされる。例—を見る。

【手代】(てダイ) 日①主人の代理人。②商家で、番頭と丁稚との中間に位置づけられていた使用人。

【手玉】(てだま) 日①手につけて飾る玉。②布製の小さな袋に豆などを入れたおもちゃ。おてだま。例—にとる(=自由に操る。思うままにあしらう)。

【手帳】(てチョウ) 日予定やメモを書いておく小さなノート。表記 旧手▼帖
【手配】(てハイ) 日①準備をする。てくばり。用意。例切符の—。②犯人を逮捕するための準備や指令。例指名—。

【手旗】(てばた) 日①手に持つ小さな旗。②通信に用いる赤色と白色の小さな旗。例—信号。

【手引】(てびき) 日①案内する。導く。例内部の者が—した犯行。②入門書。案内。しおり。例—書。観察の—。③つて。縁故。例先輩の—で就職した。

【手風琴】(てフウキン) 日アコーディオン。風琴。

【手本】(てホン) 日①文字や絵を練習するとき、そばに置いて模範とするもの。例習字の—。②見習うべき人・もの・おこない。模範。例後輩のよい—となる。

【手間】(てま) 日①仕事を完成させるのに必要な労力と時間。例一度—で。—のかかる仕事。②「手間賃」の略。仕事にかかった時間や出来高に応じて支払われるお金。

【手間暇】【手間隙】(てまひま) 日労力と時間。例—かけてやっと完成させた。

【手前】(てまえ) 日①自分の前。自分に近いほう。例—に引く。②人に対する自分の立場・体裁。③茶の湯の作法・様式。点前。④わたくし。例—ども。⑤おまえ。

【手前味▼噌】(てまえミソ) 日自分で自分をほめること。自慢。

【手▼毬】【手▼鞠】(てまり) 日手でついて遊ぶまり。

【手不レ釈レ巻】(てよりカンをはなさず) 書物を手放さない。常に勉学するさま。〈曹丕・典論〉

【手業】(てわざ) 日①手でする技術的な仕事。手仕事。②柔道で、投げわざのうち、おもに腕を使うわざ。
●相手・握手・得手・歌手・旗手・逆手・挙手・空手・好敵手・小手・後手・上手・触手・助手・選手・先手・着手・入手・拍手・懐手・下手・捕手・妙手・名手・両手

［手(扌)］0画▼才 扌

才 扌0 (3) 4 1287 624C ⇩部首解説

才 才0 (3) 1 2645 624D 教2

筆順 一 寸 才

サイ漢 ザイ呉 灰 cái

なりたち ［会意］「丨(=茎)」が上へ向かって「一(=地)」をつらぬき、「ノ(=枝葉)」が生えようとしている、芽ばえたばかりの草木。派生して「はじめ・もちまえ」の意。

意味 ❶生まれつきの素質。もちまえ。通材。例才気。才能。天才。❷知恵。学識。教養。ざえ。また、それをもつ人。例才難(=すぐれた人材はえがたい)。〈論語・泰伯〉才女。多才。❸やっと…ばかり。わずかに。通纔。例身死才数月耳(=本人が死んでやっと数か月たったばかりである)。〈漢書・賈山伝〉❹裁決する。さだめる。また、裁断する。たつ。通裁。例唯王才レ之(=ただ王がご裁決くだされればよいのです)。〈戦国策・趙二〉

日本語での用法 《サイ》「十二才」▼俗に、年齢をあらわす「歳」の略字として用いる。

古訓 中古 たがふ 中世 しわざ・もちゐる・わざ・わづか 近世 したぢ・ちから・はじめ・もちゆる・もと・わづか

人名 かた・さとし・たえ・ちから・とし・もち・もと

【才媛】(サイエン) 日〔「媛」は、美しい女性の意〕学問や才能のある美しい女性。才女。対才子。

【才▼穎】(サイエイ) 才能がすぐれ、かしこい。

【才華】(サイカ) すぐれた才能。立派な才能。類才章。

【才覚】(サイカク) 日①頭のさえ。鋭いひらめき。工夫。機転。例—に富む。②工夫して、資金や物資を手に入れること。工面。算段。例資金を—する。

【才学】(サイガク) 才能と学問。例—衆にすぐれる。

【才幹】(サイカン) ものごとをうまくなしとげる能力。才能。例学識—ともにすぐれる。

【才気】(サイキ) 鋭い頭のはたらき。例—煥発。

【才器】(サイキ) 才能と力量。また、それらを備えた人。才具。

【才具】(サイグ) 「才器」に同じ。

【才芸（藝）】サイゲイ 才能と身につけている技芸。例 従臣才芸咸第一（＝つき従う家来たちも文学の才能はみな第一流）。〈韓愈・石鼓歌〉

【才子】【才士】サイシ ①知恵のすぐれた人。よく気のまわる人。才人。対才女・才媛。例 才士也夫（＝ひとかどの人物だなあ）。〈荘子・天下〉 ―多病（＝才知のある人は病気がちである）。②抜け目のない人。如才ない人。

【才俊】サイシュン 才能のすぐれた人物。

【才女】サイジョ すぐれた才能のある女性。才媛。対才子。

【才色】サイショク （女性の）すぐれた才能と美しい顔だち。才貌。例 ―兼備。

【才人】サイジン ①すぐれた才能のある人。才子。②後宮の女官の職名。例 輦前才人（＝天子のお車の先払いの女官たち）。〈杜甫・哀江頭〉

【才藻】サイソウ 〔「藻」は、詩や文章に使われる美しいことばの意〕すぐれた詩文をつくる豊かな才能。文才。

【才地】サイチ ①才能と家柄。才能と門地。②才能と資質。類才質。

【才知】【才▼智】サイチ 才能と知恵。頭脳のはたらき。例 ―を縦横に発揮する。―に富む。

【才調】サイチョウ ①才能。特に、文才。②才気のすぐれたさま。

【才▼槌】サイづち 日小さな木製のつち。例 ―頭（＝才槌の形に似て、額と後頭部が突き出ている頭）。

【才度】サイド 「才量」に同じ。

【才徳】サイトク 才能と人格。

【才能】サイノウ 才知と能力。すぐれた素質や能力。例 音楽の―。―を開花させる。

【才筆】サイヒツ すぐれた詩や文章。また、それを書く才能。文才。

【才物】サイブツ 日頭のはたらきがよく、すぐれた才能のある人物。才子。対鈍物。例 ―との評判が高い。

【才望】サイボウ 才能と人望。才能にめぐまれ、信頼のあついこと。

【才貌】サイボウ 「才色」に同じ。

【才名】サイメイ 才能があるという評判。例 ―が高い。

【才略】サイリャク 〔「略」は、計略・はかりごとの意〕①知恵と、はかりごと。例 ―にひいでる。②うまく考えたはかりごと。知略。知謀。

【才量】サイリョウ 才気と度量。才度。

【才腕】サイワン 日ものごとをてきぱきと処理するうでまえ。敏腕。例 ―をふるう。

●英才・奇才・鬼才・秀才・俊才・商才・多才・天才・鈍才・非才・文才

[手（扌）] 1―2画▼扎 扒 打 扒 払

扎
扌1（4） 2 5709 624E

サツ漢 黠 zhā

意味 ❶つきさす。例 扎針（＝針をさす）。❷「扎扎」は、機を織る音。

扒
扌2（5） 3 8469 6256 国字

いり

意味 ❶手で入れる。はめる。❷さがす。❸人名・地名に用いる字。例 野扒（＝姓）。扒下（＝愛知県の地名）。

打
扌2（5） 1 3439 6253 教3

テイ漢 チョウ（チャウ）呉 梗

ダ・タ唐 馬 dǎ

うつ・うち・ぶ-つ・ダース

筆順 一 ナ 扌 扌 打

なりたち  〔形声〕「扌（＝て）」と、音「丁テイ」とから成る。撃つ。

意味 ❶たたく。ぶつ。うつ。例 打撃。打擲。殴打。❷（手を使って）ある動作をすることをあらわす。例 打魚（＝魚をとる）。打水（＝水をくむ）。❸動詞の上につけて、その動作をすることをあらわす。例 打開。打算。打診。❹（dá）単位をあらわすことば。十二でひと組みのもの。英語のダース（dozen）の意にあてて用いる。例 鉛筆一打。

古訓 中古うつ 中世うつ・きる・こく 近世うつ

【打囲】ダイ ①とりかこむ。②狩猟。〔周りをとりかこんでおこなうことから〕

【打開】ダカイ ①うち破る。きりひらく。②日行き詰まった状態を切りひらいて、よい方向に導く。例 ―策を講じる。

【打鬼】ダキ 邪鬼を追い払う。また、その儀式。おにやらい。

【打▼毬】ダキュウ ①ウマに乗ったまま、毬杖という棒でまりを打って遊ぶ競技。平安時代に中国から伝わった。毬杖。②まりを蹴って遊ぶ競技。けまり。

【打球】ダキュウ 日野球やゴルフなどで、打ったボール。

【打撃】ダゲキ ①強く打つこと。②大きな損害。いたで。ショック。例 不況で店が―を受ける。③日野球で、ピッチャーの投げたボールをバッターが打つこと。バッティング。

【打算】ダサン ①精算する。また、見積もる。②日損得を計算する。例 ―がはたらく。―的。

【打者】ダシャ 日野球で、ピッチャーの投げたボールを打つ人。バッター。例 強―。―一巡の猛攻。

【打診】ダシン ①〔医〕指先で患者の胸や背中などを軽くたたき、音によって内臓の状態をみる。②日事前にはたらきかけて、相手の考えや出かたをさぐる。例 先方の意向を―する。

【打数】ダスウ 日野球で、バッターが安打・三振・凡打した回数。四死球や犠打は含めない。打率を算出するときのもとになる。例 四―一安打。

【打線】ダセン 日野球で、バッター全員の顔ぶれ。また、その攻撃力。例 ―を組む。―が爆発する。

【打点】ダテン 日野球で、安打・四死球・犠打などによってバッターがあげた得点。例 ―王。―を争う。

【打電】ダデン 日電報や無線電信を打つ。

【打倒】ダトウ うちたおす。負かす。やっつける。

【打破】ダハ ①うちやぶる。負かす。②望ましくない状況や習慣をなくす。例 因習を―する。

【打棒】ダボウ 日野球で、バット。また、打撃力。例 ―をふるう。

【打撲】ダボク ぶつけたり、なぐられたりする。例 ―傷。全身―。

【打率】ダリツ 日野球で、全打数に対するヒットの割合。打撃成績を示す。

【打力】ダリョク 日①打つ力。②野球で、攻撃して点を取る力。打撃力。

【打▼擲】チョウチャク 人をたたいたり、なぐったりする。例 ―を加える。さんざんに―する。

●安打・代打・博打・乱打・連打

扒
扌2（5） 4 1289 6252

一ハツ漢 黠 bā 二ハイ漢 卦 bài

意味 一❶かきわける。かき出す。❷へばりつく。二ぬきとる。ぬく。

払［拂］
扌2（5） 1 4207 6255 常用

［拂］扌5（8） 2 5736 62C2 人 旧字体。

一フツ漢 ホツ唐 物 fú

二ヒツ漢 質 bì

はらう（はら-ふ）・はらい（はらひ）

筆順 一 ナ 扌 払 払

なりたち  〔形声〕「扌（＝て）」と、音「弗フツ」とから成る。うちはらう。

意味 一❶はらいのける。とりのぞく。**はらう**。例 払拭。払底。厄払（ヤクはらい）。❷かるくふれる。かすめる。**はらう。** 例 春風払ㇾ檻（シュンプウおばしまをはらう）（＝春風がてすりをかすめる）。〈李白・清平調詞〉 ❸ふりうごかす。**はらう。** 例 払ㇾ衣而去（ころもをはらいてさる）（＝《憤然と》衣服をふりはらって立ち去る）。〈世説・方正〉 ❹うつ。はたきおとす。**はらう。** 例 払二翳鳥一（エイチョウをはらう）（＝翳鳥《＝伝説上の鳥の名》をうちおとす）。〈司馬相如・上林賦〉 ❺そむく。さからう。例 忠言払二於耳一（チュウゲンみみにさからう）（＝まごころのこもった諫言（カンゲン）は受け入れられにくい）。〈韓非・外儲説左上〉 払戻（フツレイ）。 ■二 たすける。ただす。通 弼（ヒツ）。

日本語での用法 《はらい》《はらう》 ①「税金（ゼイキン）を払（はら）う・犠牲（ギセイ）を払（はら）う」▼代償・代金を差し出して、事をすます。②「敬意（ケイイ）を払（はら）う・注意（チュウイ）を払（はら）う」▼わざわざ気持ちを向ける。心してする。

古訓 中古 うごく・うちはらふ・うつ・すつ・ただす・のごふ・はく・はらふ・ふせく・もとる 中世 うちはらふ・うつ・かすむ・のくる・はひはらひ・はらふ・もとる 近世 うつ・さかふ・さる・のごふ・のぞく・はらふ・みだす

【払士】（ヒッシ） 君主を補佐する賢臣。

【払衣】（フツイ） ①着物をからげる。転じて、奮い立つさま。②着物を振るって、ちりをはらう。③隠棲（インセイ）する。

【払逆】（フツギャク） そむく。さからう。

【払暁】（フツギョウ） 夜明け。明け方。あかつき。類 払曙（フツショ）・払旦（フッタン）。

【払拭】（フッショク・フッシキ） ①（望ましくないものを）すっかりとりのぞく。ぬぐい去る。例 不安を―する。②（うつわのよごれをふき取って用いるように）人材を登用する。

【払底】（フッテイ） 日 （いれものをひっくり返して底をはたいたように）ものがすっかりなくなってしまう。品切れ。例 在庫が―する。

【払天】（フッテン） 天にとどくほど非常に高い。

【払乱】（フツラン） そむき乱す。さからい乱す。

【払戻】（フツレイ） ■一 さからう。そむく。■二 （はらいもどし）日 一度はらわれたお金を返すこと。例 運賃の―。

【払子】（ホッス） 〔仏〕ウマの尾の毛などを束ねて柄（え）をつけた仏具。煩悩をはらうための象徴とする。

●拭払（ショクフツ）・披払（ヒフツ）

扑

扌2（5） 4 1288 6251

ボク 慣 ホク 漢 屋 pū

意味 ❶軽くたたく。うつ。❷勢いよくうつ。なぐる。うつ。通 撲。❸刑罰に用いる杖（つえ）。例 鞭扑（ベンボク）。❹うちやぶる。たおす。

扱

扌3（6） 1 1623 6271 常用

［扱］ 扌4（7） 旧字体。

■一 キュウ（キフ）漢 緝 xì ■二 ソウ（サフ）漢 洽 chā ■三 キュウ（キフ）漢 緝 jí

あつかう（あつか-ふ）・あつかい（あつかひ）・こ-く・こ-ぐ・しご-く

筆順 一 十 扌 扨 扨 扱

なりたち ［形声］「扌（＝て）」と、音「及（キュウ）」とから成る。おさめる。

意味 ■一 集めて取りこむ。おさめる。例 以ㇾ箕自郷而扱ㇾ之（キをもってみずからにむかいてこれをおさむ）（＝《長者にちりがとばないように》ちりとりを自分の方にむけて取る）。〈礼記・曲礼上〉 ■二 さしはさむ。さす。例 扱ㇾ衽（おくみをさす）（＝おくみを《帯に》さしはさむ）。〈礼記・喪大記〉 ■三 とどく。およぶ。通 及。例 婦拝扱ㇾ地（フはハイしてチにおよぶ）（＝婦人は拝礼して《手が》地にとどくようにする）。〈儀礼・士昏礼〉

日本語での用法 ■一《あつかい》《あつかう》「取（と）り扱（あつか）う・客（キャク）の扱（あつか）いがよい」▼機械などを使いこなす。事件などの処理にあたる。相手となる人やものにふさわしい対応をする。■二《こく》《しごく》「稲（いね）を扱（こ）く・槍（やり）を扱（しご）く・扱（しご）き帯（おび）」▼はさんだりひっぱったりして、まわりについているものをとりのぞく。また、そのような動作をする。■三《しごく》「運動部（ウンドウブ）で扱（しご）かれる・研修（ケンシュウ）に行（い）って扱（しご）いてもらうがいい」▼きびしく訓練する。

古訓 中古 くむ・さしはさむ・をさむ 中世 あぐる・あつかふ・うる・こく・さしはさむ・とる・ひく・もぐ・をさむ 近世 あぐる・あつかふ・うる・てつく・とる・ひく・をさむ・をさむる

扞

扌3（6） 2 5710 625E

カン 漢 翰 hàn

ふせ-ぐ・まも-る

意味 ❶さえぎる。こばむ。通 捍（カン）。例 扞拒（カンキョ）。❷侵されないように、くいとめる。**ふせぐ。まもる。** 通 捍（カン）。例 扞衛（カンエイ）。❸ふれる。おかす。通 干。例 時扞二当世之文網一（ときにトウセイのブンモウをおかす）（＝時には当代の法律にふれることもある）。〈史記・游侠伝・序〉 ❹勇猛なさま。通 悍（カン）。例 扞将（カンショウ）（＝勇猛な将軍）。❺矢を射るときにそでに巻く革のおおい。こて。

【扞衛】（カンエイ） 防いで守る。また、守り。類 扞護。

【扞格】（カンカク） あまりに堅固で入りこむことができないさま。

【扞拒】（カンキョ） さえぎる。防いで守る。類 扞禦（カンギョ）・扞制。

【扞馬】（カンバ） 気性のあらいウマ。荒馬。悍馬（カンバ）。

【扞蔽】（カンペイ） ①防いで守る。②周囲の守り。藩屏（ハンペイ）。

［手（扌）］2―3画▼扑 扱 扞 扣 扛 扤 扠 扨

扣

扌3（6） 2 5711 6263

コウ 漢 宥 kòu

う-つ・たた-く・ひか-える（ひか-ふ）

意味 ❶進もうとするものを押さえて、引き止める。**ひかえる。** 例 扣留（コウリュウ）（＝引き止めておく）。❷刀をぬきかける。例 扣刀（コウトウ）。❸さしひく。例 扣除（コウジョ）。❹**たたく。うつ。** 通 叩（コウ）。例 扣ㇾ舷而歌ㇾ之（ふなばたをたたいてこれをうたう）（＝船べりをたたいて拍子をとりながら歌をうたった）。〈蘇軾・赤壁賦〉 扣門（コウモン）（＝門をたたく）。

【扣除】（コウジョ） 金額・数量などを差し引く。表記 現 控除

【扣制】（コウセイ） 引き止める。押さえとどめる。

【扣頭】（コウトウ） 〔あたまで地面をたたく意〕丁寧にお辞儀をする。叩頭（コウトウ）。

扛

扌3（6） 2 5712 625B

■一 コウ（カウ）漢 江 gāng ■二 コウ（カウ）漢 講 kǎng

あ-げる（あ-ぐ）

意味 ■一 ❶両手で重いものを持ち上げる。**あげる。** 例 扛鼎（コウテイ）。❷（二人以上で）力を合わせて持ち上げる。**あげる。** 例 令二十人扛一ㇾ之（ジュウニンをしてこれをあげしむ）（＝十人にかつぎあげさせた）。〈後漢書・費長房伝〉 ■二 肩でになう。かつぐ。

【扛▼鼎】（コウテイ） ①鼎（かなえ）を持ち上げる。例 籍長八尺余、力能扛ㇾ鼎（セキはチョウハッシャクヨ、ちからはよくかなえをあぐ）（＝項籍《＝項羽》は身長八尺余り、鼎を持ち上げることができるほどの力があった）。〈史記・項羽紀〉 ②権力の強いこと。

扤

扌3（6） 4 1291 6264

ゴツ 漢 月 wù

意味 ゆりうごかす。

扠

扌3（6） 2 5713 6260

サ 漢 シャ 呉 麻 chā

さ-す・やす・さて

意味 ❶魚を突き刺してとる道具。**やす。** 通 杈（サ）。例 魚扠（ギョサ）。❷突き刺す。**さす。**

日本語での用法 《さて》▼「扠」が「叉（サ）」と「手（て）」とに分けられることから、日本語の「さて」にあてたもの。

扨

扌3（6） 2 5714 6268 国字

さて

意味 ❶次の話題に移るときに用いることば。ところで。**さて**。例 扨て、次に討論に入ります。❷何かを始めようとするときのかけ声。また、ためらう気持ちなどをあらわす。さあ。**さて**。例 扨てそろそろ帰ろうか。扨てどうしたものか。参考 「扠」の変形したもの、という説がある。

扚 扌3 (6) 3 8470 625A　シャク 慣　テキ 漢　錫 dí

意味 引きつける。ひく。参考 扚瀬(=姓)。扚子(=愛知県の地名)。扚子沢(=栃木県の地名)。

[扡] 扌3 (6) ⇩拖(552ページ)

托 扌3 (6) 1 3481 6258 人　タク 漢 呉　薬 tuō　の-せる(の-す)

なりたち [形声]「扌(=て)」と、音「乇」とから成る。手にのせる。

意味 ❶手のひらでものをうけとる。手のひらにものをのせる。例 托鉢。❷ものをのせる台。例 托子。茶托。❸たよる。たのむ。あずける。通 託。例 一蓮托生。委托。一書ショを人に托して送る。

古訓 中古 ささぐ 中世 おす・ささぐる・たなまる・つく・よる 近世 おす・ささぐる

【托子】 茶碗をのせるひらたいうつわ。茶托。

【托生】 ほかのものにたよって生きていくこと。託生。→【一蓮托生】(3ページ)

【托鉢】〔仏〕僧が鉢を持ってお経をとなえながら家々を回り、ほどこしを受ける。乞食。例 —僧。

[扱] 扌4 (7) ⇩扱(543ページ)

抂 扌4 (7) 2 5716 6282　一 オウ(ワウ) 漢　養 wǎng　二 キョウ(キャウ) 漢　陽 kuáng　ま-げる(ま-ぐ)

意味 一 **まげる**。通 枉。二 あれくるう。通 狂。

【抂惑】 日 道理をわきまえず、でたらめなこと。枉惑。横惑。誑惑。

找 扌4 (7) 2 5718 627E　一 カ(クヮ) 漢　麻 huá　二 ソウ zhǎo

意味 一 船をこぐ。通 划。二 ❶さがし求める。例 找尋(=さがし求める。尋ねる)。❷不足を補う。

技 扌4 (7) 1 2127 6280 教5　キ 漢　ギ 呉　紙 jì　わざ

筆順 一 十 扌 扌 扩 抆 技

なりたち [形声]「扌(=て)」と、音「支(シ→キ)」とから成る。たくみなわざ。

意味 ❶手先のこまかいわざ。習練・研究によって身につけたすぐれたはたらき。腕前。**わざ**。例 技芸。技術。演技。❷職人。たくみ。❸役者。わざおぎ。通 伎。

古訓 中古 しわざ・たくみ・よる 中世 あやつる・わざ 近世 たくみ・てだて・わざ

人名 あや・たくみ

【技官】 日 特別の技術や学術に関する仕事をする国家公務員。例 文部科学—。

【技芸(藝)】 美術・工芸分野の専門的な技術。

【技工】 手でものを加工する技術。また、その技術をもっている人。例 歯科—士(=入れ歯などをつくる技術者)。

【技巧】 ①手わざ。細工。特に、工芸の技能。②剣道・弓道などの武芸。③手わざが上手なこと。④日 たくみな技術。すぐれた技能。テクニック。例 —をこらす。—的な文章。

【技師】 日 高度の専門的な技術がいる仕事をしている人。技術者。エンジニア。例 建築—。

【技手】 日 技師の下で、技術に関する仕事をする人。〔技師と発音が似ているので、区別して「ギて」ともいう〕

【技術】 ①(たくみに)ものを作ったり、ものごとをうまくおこなったりするわざ・方法。テクニック。例 運転—。②日 科学の理論を実際の生活に役立てるわざ。科学技術。例 —革新。

【技能】 ものを作ったり、ものごとをおこなったりする能力。腕前。例 —試験。英会話の—。

【技法】 技術上の方法。手法。例 パステル画の—。

【技▼癢】 技能をすぐに発揮したくて、もどかしく感じる。腕が鳴る。伎癢。伎懩。

【技量】 ものごとをたくみにおこなう能力。腕前。手腕。伎倆。表記 旧 技▼倆

● 演技・球技・競技・国技・実技・神技・闘技・特技・寝技・妙技・余技

抉 扌4 (7) 2 5717 6289　ケツ 漢　屑 jué　えぐ-る(ゑぐ-る)・こじ-る(こ-ず)・くじ-る

意味 ❶えぐりだす。こじあける。(かくれていたものを)あばく。**えぐる**。通 決。例 抉剔。探抉。❷つきさす。うがつ。例 以レ杖抉二其傷一而死(=棒を傷につきさして死んだ)。〈左伝・襄一七〉❸弓を射るときに指を傷つけないための道具。ゆがけ。例 抉拾(=ゆがけ)。

【抉▼剔】〔「剔」も、えぐる意〕えぐり出す。剔抉。類 抉出。

【抉摘】 ①えぐり出す。探し出す。②あばく。(欠点や秘密など)隠れているものを明らかにする。

抗 扌4 (7) 1 2519 6297 常用　コウ(カウ) 漢　漾 kàng　ふせ-ぐ・あらが-う(あらが-ふ)

筆順 一 十 扌 扌 扩 抗 抗

なりたち [形声]「扌(=て)」と、音「亢」とから成る。ふせぐ。

意味 ❶おさえとどめる。こばむ。**ふせぐ**。例 安能抗二此難一乎(=どうしてこの災いをふせぐことができよう)。〈蜀志・諸葛亮伝〉❷てむかう。さからう。**あらがう**。例 抗議。抗争。反抗。❸対等にはりあう。対等にふるまう。あたる。例 抗礼。対抗。❹高く上げる。上げる。また、たかい。通 亢。例 抗声(=声を張り上げる)。❺奏上する。例 抗疏。❻意志がつよい。例 抗直。

古訓 中古 あぐ・あたる・きはまる・くらぶ・ことに・さいぎる・すくふ・たくらぶ・ひとり・むかふ・わたる 中世 あがる・あぐ・あぐる・うごかす・きはまる・きはむ・こばむ・さいぎる・しめす・すくふ・たくらぶ・つぶす・ふせぐ・むかふ 近世 あぐる・あたる・うつ・おほふ・ふせぐ

【抗顔】 ①顔つきをおごそかにする。態度に威厳のあるさま。②対面する。

【抗議】 相手のやり方・態度・意見に対して、反対意見や苦情を強く申し立てる。例 —行動。

【抗拒】 防ぐ。抵抗する。類 抗禦。

【抗菌】 日〔医〕有害な細菌がふえるのをおさえること。例 —作用。—性の物質。

【抗言】 相手の意見に逆らって自分の意見を強く言いは

る。抗弁。抗論。

【抗原】コウゲン 日〔医〕体内にはいって抗体や免疫をつくり出すもとになる物質。細菌など。例 —抗体反応。

【抗行】コウコウ ①立派なおこないをする。また、そのおこない。②対等に並ぶ。対抗する。

【抗衡】コウコウ 対等に並ぶ。対抗する。〔「衡」は車のくびきで、道で出あった車どうしが互いに譲り合わないことから〕

【抗告】コウコク 日〔法〕裁判所の決定や命令に対して異議申し立てをおこなう。例 —を却下する。

【抗志】コウシ こころざしを高く保つ。高尚なこころざしをもつ。

【抗節】コウセツ 節操を堅く守る。

【抗戦】コウセン 敵に対して抵抗してたたかう。

【抗▼疏】コウソ 天子に上奏文をたてまつる。上奏して直言する。類 抗表。

【抗争】コウソウ 相手と張り合ってあらそう。例 派閥—。

【抗体】コウタイ 日〔医〕細菌などの抗原が体内にはいったとき、それに抵抗してつくられる物質。免疫を生じるもととなり、二度の発病を防ぐ。免疫体。例 抗原—反応。

【抗直】コウチョク 屈することがなく正直である。

【抗敵】コウテキ ①対等に並ぶ。張り合う。②敵に対抗する。

【抗日】コウニチ 日本の侵略や支配に対して抵抗すること。

【抗弁(辯)】コウベン ①相手の意見に張り合って、自分の意見を述べ立てる。抗言。抗論。②日〔法〕民事訴訟で、相手の申し立てに反論し、それをしりぞけるための主張をする。

【抗力】コウリョク 〔物〕①物体が面と接しているとき、面が物体をおし返す力。②物体が流体中を運動しているとき、物体にはたらく流体の抵抗力。

【抗礼】コウレイ 対等の礼をおこなう。同等の儀式作法で遇する。

【抗論】コウロン 相手と張り合って自分の意見を述べ立てて議論する。あらがう。抗言。抗弁。

●対抗タイコウ・抵抗テイコウ・反抗ハンコウ

[拘] 扌4(7) ⇩拘コウ(551ジペー)

抵 扌4(7) ―627A シ漢 紙 zhǐ うーつ

意味 たたく。うつ。通 抵シ。

扻 扌4(7) 4 1292 627B 一シツ漢 質 zhì 二ソン漢 阮 sǔn 三カン漢 感 kǎn

扯 扌4(7) 3 8471 626F シャ漢 馬 chě

意味 一くしで髪の毛をすく。くしけずる。くし。通 櫛シ。二へらす。へる。通 損。三たたく。うつ。難読 扻すき出だす

扯 (cont.)

意味 ❶引き止める。ひく。❷ひらく。さく。難読 扯断ぎる・扯断ぎちれる・扯ひっかく

扭 扌4(7) 4 1293 626D ジュウ(ヂウ)漢 有 niǔ

意味 ひねる。ねじる。例 扭断ダンジュウ(=ねじ切る)。

抒 扌4(7) 2 5719 6292 ショ漢 ジョ呉 語 shū くーむ・のーべる(のーぶ)

意味 ❶くみとる。くむ。例 抒厠シジョ(=便所のくみとり)。❷心の中の思いを述べる。のべる。通 叙。例 抒意イジョ(=思いを述べる)。抒情ジョジョウ。❸のぞきさる。とく。通 紓ジョ。

【抒情】ジョジョウ 感情や感動を詩歌や文章などで表現すること。例 —的。表記 現 叙情

【抒情詩】ジョジョウシ 作者の感情・感動を表現した詩。対 叙事詩。表記 現 叙情詩

承 手4(8) 1 3021 627F 教5 一ショウ漢 ジョウ呉 蒸 chéng 二ジョウ漢呉 迥 zhěng うけたまわる(うけたまはーる)・うーける(うーく)

筆順 フ 了 子 孑 孑 手 承 承

なりたち  〔会意〕「手(=て)」と「マ(=わりふ)」と両手でささげる形とから成る。両手でわりふを受ける。

意味 一❶両手でささげもつ。ささげる。例 承飲イショウ(=杯をささげもつ)。❷上からおりてくるものを下でうけとめる。うける。例 承二天休一テンキュウをうく(=天の加護をうける)。〈左伝・宣三〉承塵ジンショウ(=ちりをうけるために寝台の上に張る幕)。❸(人のことばや行為を)尊いものとしておしいただく。たてまつる。うけたまわる。うける。例 承恩オンショウ(=天子の恩愛を受ける)。承教キョウショウ(=教えを受ける)。❹ひきうける。になう。うける。例 承乏ボウショウ。❺うけいれる。ききいれる。したがう。うける。例 承認ニンショウ。承服フクショウ。了承リョウショウ。❻前のものをうけつぐ。うける。例 承前ゼンショウ(=前のものの続き)。継承ケイショウ。口承コウショウ。二すくう。通 拯ジョウ。

古訓 中古 うく・うけたまはる・さぐる・ささぐ・たすく・つかうまつる・つかふ・つぐ・よし 中世 うく・うくる・うけたまはる・ささぐ・つかうまつる・つかふ・つぐ・よし 近世 うくる・うけたまはる・ついずる・つかうまつる・つぐ・とどまる・のする

人名 こと・すけ・つぎ・つぐ・よし

難読 承久ジョウキュウ(=年号)・承塵なげし・承加菊ソガギク

【承引】ショウイン ①聞き入れる。引き受ける。承諾。承知。例 何とぞご—いただきたく。②取り調べの結果、罪を認める。

【承歓】ショウカン ①君主などの喜ぶ様子を見て、こびへつらう。例 承レ歓侍レ宴無二閑暇一カンをうけエンにジしてカンカなし(=天子の機嫌をとり宴会につき従ってひまな時がない)。〈白居易・長恨歌〉②父母の喜ぶ様子を見る。父母に仕えることをいう。

【承顔】ショウガン 表情を見て意にそうようにする。目上の人に仕えることをいう。

【承句】ショウク 漢詩の絶句で、第二句目。第一句(=起句)を受けて内容をひろげる。→【起承転結】キショウテンケツ(1270ジペー)

【承継】ショウケイ ①受けつぐ。継承。例 伝統の—。②養子に跡をつがせる。また、養子となって跡をつぐ。

【承志】ショウシ ①意にそうようにする。②こころざしをつぐ。

【承嗣】ショウシ ①〔受け継ぐ意〕世襲。代々。例 —大夫タイフ(=世襲の大夫)。②世継ぎ。嗣子。

【承事】ショウジ 一ことをうく 職務を与えられて働く。

【承順】ショウジュン ①意にそうようにして従う。②従順である。

【承諾】ショウダク 聞き入れる。引き受ける。承引。承知。例 事後—。—を得る。

【承知】ショウチ ①知っている。例 すでにご—のとおり。②日 聞き入れる。認める。承引。承諾。③日〔「承知しない」の形で〕許さない。例 今度やったら—しない。

【承認】ショウニン 日 正しい、また、もっともだとみとめて受け入れる。例 —を取りつける。

【承服】【承伏】ショウフク ①納得して従う。例 とても—しかねる。②取り調べの結果、罪を認める。

【承平】ショウヘイ 平和な世の中が長く続く。太平。

【承乏】ショウボウ 一とぼしきをうく 〔人材の欠乏を承ける意〕官職の欠員をうめるにあたり、適材がないため自分が空席を仮に引きつぐ。官職に就くことをへりくだっていうことば。例 摂レ官承レ乏カンをかねとぼしきをうく(=仮に官職を兼務し、空席を引きつぐ)。〈左伝・成二〉

●継承ケイショウ・口承コウショウ・伝承デンショウ・拝承ハイショウ・了承リョウショウ

抄

扌4(7) 1 3022 6284 常用

ソウ(サウ)漢 **ショウ**(セウ)呉 肴 chāo

すーく・すくーう(すくーふ)

筆順 一 十 扌 扌 扌 扌 抄

なりたち [形声]「扌(=て)」と、音「少ショウ→ソウ」とから成る。すくいとる。

参考 一説に、「鈔」の俗字。

意味 ❶(ひしゃくやさじで)すくいとる。**すくう**。例 匙抄二爛飯一(さじもてランハンをすくう)(=さじで粥をすくう)。〈韓愈・贈劉師服〉 ❷かすめとる。うばう。かすめる。例 匈奴数抄二郡界一(キョウドしばしばグンのさかいをかすむ)(=匈奴はしばしば郡の境界を略奪した)。〈後漢書・郭伋伝〉 抄盗(=ぬすみとる)。❸(もとのとおり)書き写す。うつす。例 抄写(=書き写す)。手抄。❹わき道を通って先回りする。例 抄襲。❺紙をすく。**すく**。例 抄紙。抄造。❻容量の単位。一升の千分の一。一説に一万分の一。

日本語での用法《**ショウ**》①「抄物・無門関抄・河海抄・枕草子春曙抄」▼古典の注釈書。②「抄録・抄訳」▼抜き書きする。

古訓 中古 かすむ・すくふ・すゑ・とる・にぎる・ぬきづ・ぬく 中世 すゑ・とる・ぬきんづ・ぬく 近世 うつす・かすむる・すくふ・とる

人名 あつ

【抄撮】①抜き書き。抄本。②わずか。微量。

【抄紙】紙をすく。紙すき。

【抄襲】①敵の側面や背後に迂回して奇襲する。②他人の文章を盗み、自分の作ったものにする。剽窃。

【抄出】日 書物などから一部分を抜き出して、書き写す。また、その抜き出した文章。抜き書き。

【抄書】①書物を書き写す。②日 書物を抜き書きする。また、そうして書き写した書物。抄本。

【抄本】①手書きの本。対 版本。②日 もとの書物から必要な部分だけを抜き出した本。抄出本。対 原本。③日 書類の原本から必要な部分だけを抜き書きした書類。対 謄本・原本。例 戸籍―。

【抄物】日 一 ショウモツ 和漢の古典の注釈書。二 ショウもの〔「…抄」という名のついた一連の書物の意〕おもに室町時代に、五山の僧たちが作った、仏典や漢籍の講釈の聞き書き。

【抄訳】日 外国語の原文の一部分を抜き出して翻訳する。また、その翻訳。対 完訳・全訳。

【抄略】【抄▼掠】①かすめ取る。奪い取る。

【抄録】①原文どおり書き写す。②日 原文から重要なところだけを抜き書きして、短くまとめる。また、その文章。抜粋。例 議事録の―。

折

扌4(7) 1 3262 6298 教4

一 シャク慣 **セツ**漢 セチ・**セツ**呉 屑 zhé
二 テイ漢 斉 tí

おる(をーる)・**おり**(をり)・**おれる**(をーる)・へーぐ

筆順 一 十 扌 扌 扩 折 折

なりたち [会意]「斤(=おの)」で「扌(=草)」を切る。断ち切る。派生して「おる」の意。

意味 一 ❶**おる**。**おれる**。おれまがる。例 折レ券棄レ責(ケンをおりてサイをすつ)(=借用証を折って債権を放棄する)。〈史記・高祖紀〉 折柳。曲折。屈折。❷勢いを断つ。くじく。途中でくじける。屈服する。例 折北。挫折。❸反論して屈服させる。非難する。例 折伏。面折(=面と向かって非難する)。❹(若くして)死ぬ。例 夭折。❺判断をくだす。さばく。例 折獄。❻(shé)損をする。例 折閲。二「折折」は、のんびりとくつろいださま。通 提。

日本語での用法《**おり**》①「折り悪しく・折りを見て行動する」▼時機。場合。②「菓子折り・折り箱」▼うすい板や厚い紙を折り曲げて作った箱。

古訓 中古 あかつ・かがまる・かがむ・かく・きる・くじく・くだく・さく・さくる・さだむ・たつ・とどむ・のこる・へかる・へなる・わかつ・わる・をり・をる 中世 くじく・くじる・さく・さだむ・ただす・とどまる・へつる・わかつ・をり・をりから・をる 近世 かがめる・くじく・たつ・へづる・わかじに・をる

【折敷】日 うすい板を折り曲げて四方を囲った角盆。

【折柄】日 ①ちょうどそのとき。例 ―のにわか雨にあう。②まさにそのような時期。例 寒さ厳しき―。

【折目】日 ①折りたたんでつけた筋。例 ズボンの―。②ものごとの区切り。けじめ。節度。例 ―正しい人。

【折閲】値下げをして売る。安売りする。

【折角】①角をおる。②いばっている人をやりこめる。〔前漢の朱雲が、元帝に気に入られていた五鹿充宗と論争をしてやりこめたことを、当時の人が「鹿の角を折った」としゃれた故事〈漢書・朱雲伝〉から〕③頭巾の角をおり曲げる。〔後漢の郭泰が旅の途中で、雨に打たれて頭巾の角が折れてしまったのを、彼を慕う人がまねした故事〈後漢書・郭太伝〉から〕④日 わざわざ。骨を折って。苦労して。例 ―努力したのに水の泡になる。⑤日 めったにない。たまの。例 ―の休日に仕事がはいる。⑥日 一生懸命に。せいぜい。例 ―ご自愛ください。

【折簡】長さの決まっている竹簡や木簡を半分に折って書いた失礼な手紙。

【折▼檻】①強くいさめること。②日 厳しくしかること。また、体罰を加えること。例 親から―を受ける。◆前漢の成帝が朱雲に厳しくいさめられたのを怒り、朝廷から朱雲をひきずり出させようとしたところ、朱雲が檻(=てすり)にしがみついたため、その檻が折れてしまった。のちに帝は朱雲を直諫の士としてほめたたえた。……〈漢書・朱雲伝〉

【折▼桂】科挙(=官吏登用試験)に合格すること。また、わずかばかりの出世。〔晋の郤詵が、賢良(=官吏登用の方法の一つ)に最優秀の成績で合格したことを、カツラの林の一枝にすぎないと謙遜した故事から〕〈晋書・郤詵伝〉

【折獄】訴訟事件を裁くこと。裁判。

【折挫】くじく。くじける。

【折枝】〔「枝」は「肢」で、手足の意〕①手足をもむ。按摩をする。②木の枝を折る。③腰を曲げてお辞儀をする。④「折柳①」に同じ。

【折衝】〔敵の衝いてくるほこさきを折る意から〕対立する事柄について、相手の出方に応じたかけひきをしながら交渉する。例 外交―の場。→【樽俎折衝】(711ページ)

【折節】一 自己の主義主張を曲げる。二 日 ①季節。時刻。例 ―の移り変わり。②そのときどき。例 ―の思い出。③ちょうどそのとき。④ときどき。たまに。例 ―に旧師を訪ねることがあった。

【折足】鼎の足が折れる。能力が大任にたえ切れず、失敗することのたとえ。〈易・鼎〉

【折衷】【折中】二つの別のものからそれぞれよいところをとって、ほどよく調和させる。例 ―案。和洋―。

【折半】お金やものを半分ずつに分ける。例 経費を―する。もうけを—する。

【折伏】㊀セップク 相手をやっつけて、従わせる。㊁シャクブク〔仏〕悪人などを論破し、強く説得して正しい仏の教えに従わせる。また、相手を説きふせて宗教を信仰させる。

【折北】セッポク 負けて逃げる。敗北。

【折腰】セツヨウ 腰を曲げる。頭を下げてお辞儀をする。

【折柳】セツリュウ ①ヤナギの枝をおる。見送ること。送別。折枝セッシ。〔旅立つ人を見送るときに、ヤナギの枝を折ってはなむけとし、旅の平安を祈った〕②楽曲の名。折楊柳セツヨウリュウ。例 此夜曲中聞二折柳一（このよキョクチュウセツリュウをきく）（=この夜、笛の曲の中に折楊柳の調べを聞いた）。〈李白・春夜洛城聞笛〉

●右折ウセツ・曲折キョクセツ・屈折クッセツ・骨折コッセツ・左折サセツ

抓

扌4（7） ②5720 6293

ソウ（サウ）漢 肴 zhuā

つま-む・つね-る・つ-む

意味 ❶つめでひっかく。かく。通 搔ソウ。例 抓痒ソウヨウ（=つめで、かく）。❷指先でつかむ。つまむ。

日本語での用法《つねる》「ほほを抓ねる・我わが身みを抓ねる」▼指先で強く皮膚をつまんでねじる。

択

扌4（7） ①3482 629E 常用

タク漢 ジャク（ヂャク）呉 陌 zé

えら-ぶ・よ-る

［擇］扌13（16） ②5804 64C7 旧字体。

筆順 一 ナ 才 扫 护 択

なりたち ［形声］「扌（=て）」と、音「睪エキ→タク」とから成る。よりわけて取る。

意味 ❶よいものをえらびとる。えらぶ。例 択二其善者一而従レ之（そのよきものをえらびてこれにしたがう）（=すぐれたほうを選んで手本とする）。〈論語・述而〉採択サイタク。二者択一ニシャタクイツ。❷よりわける。区別する。えらぶ。例 牛羊何択焉（ギュウヨウなんぞえらばん）（=ウシとヒツジとで何の区別がありましょう）。〈孟子・梁恵王上〉

古訓 中古 えらぶ・える・すつ・はなつ・わきまふ 中世 えらぶ・そろゆる・とる・むしる 近世 えらぶ・えらむ・そろへる

人名 えらむ・より

【択一】タクイツ 日 二つ以上のものの中から一つだけを選ぶ。例 二者—。

【択吉】タッキツ よい日を選ぶ。

【択郷】タッキョウ 住む場所を選ぶ。環境のよい場所を選ぶ。

【択言】タクゲン 道理に合うことばを選んで言う。例 口無二択言一（くちにタクゲンなし）（=ことばを選んで発言する必要がない。言行が道にかなっている意）。〈孝経・卿大夫〉

【択交】タッコウ ①友好を深めるべき国をよく選ぶ。②友とすべき人をよく選ぶ。類 択友。

【択行】タッコウ 選びとってするべき悪いおこない。

【択材】タクザイ 立派な人材を選ぶ。

【択士】タクシ 立派な人物を選ぶ。

●採択サイタク・選択センタク

抖

扌4（7） ②5721 6296

ト慣 トウ漢 有 dǒu

うご-く・ふる-う（ふる-ふ）

意味 ❶ふり動かす。ふるう。❷身ぶるいする。ふるえる。

【抖▼擻】トソウ〔仏〕①さっぱりと、ふりおとす。煩悩をふりはらい、仏道修行にはげむ。頭陀ズダ。②ふるいたたせる。例 抖擻精神（セイシンをトソウす）（=発奮する）。〈語類・二九〉

投

扌4（7） ①3774 6295 教3

トウ漢 ドウ・ズ（ヅ）呉 尤 tóu

なげる（な-ぐ）

付表 投網とあみ

筆順 一 十 扌 扌 扒 投 投

なりたち ［形声］「扌（=て）」と、音「殳シュ→トウ」とから成る。なげつける。また、なげすてる。

意味 ❶手でものを遠くへ飛ばす。なげる。例 投球トウキュウ。投石トウセキ。❷身をなげる。とびこむ。例 投身トウシン。投井トウセイ（=井戸に身を投げる）。❸なげすてる。あきらめる。やめる。例 投棄トウキ。投降トウコウ。❹与える。おくる。例 投与トウヨ。恵投ケイトウ。❺身を寄せる。また、宿にとまる。例 暮投石壕村（くれにセキゴウソンにトウず）（=暮れ方、石壕村に宿をとった）。〈杜甫・石壕吏〉投宿トウシュク。❻（気持ちが）ぴったり合う。また、合わせる。例 意気投合イキトウゴウ。❼いたる。例 投暮ボにトウず（=日暮れになる）。

古訓 中古 いたる・いる・おく・おほふ・おもむく・からむ・とらふ・とる・なぐ・なげすつ 中世 いたる・いる・おく・なぐ・なぐる・なげうつ 近世 あはす・いるる・おくる・すつる・なぐる・なげうつ・なげる・はふる・ほかす・ほる・むかふ・ゆく・よする

人名 なぎ・ゆき

【投影】トウエイ 日 ①かげ（=形）を映す。また、その映ったかげ。例 山なみを湖面に—する。②あるものごとの中に、別のものの影響があらわれる。例 世相が音楽に—される。③〔数〕ある一点から見たものの形を、平面上に書きあらわすこと。また、そのえがいた図。例 —図。

【投下】トウカ ①高いところから投げ落とす。例 爆弾を—する。②事業に資本を出す。投資。例 資金を—する。

【投▼戈】トウカ 〔「戈」は、ほこの意〕武器を捨てて、戦争をやめる。

【投▼函】トウカン 日 郵便物をポストに入れる。

【投閑】トウカン ①閑職に回される。②静かな環境に入る。

【投棄】トウキ 投げ捨てる。処分する。例 不法—。

【投機】トウキ ①時機にかなう。また、機会をとらえて、利益を得ようとする。②〔仏〕修行者が禅の神髄を会得すること。③日 株や商品の相場の変動によって生じる売買利益を得ようとする取り引き。例 株式—。

【投球】トウキュウ 日 野球で、ピッチャーがボールを投げる。また、投げたボール。例 全力—。

【投▼壺】トウコ 首の細長い壺つぼに矢を投げ入れる競技。客をもてなす儀礼的な遊戯としておこなった。つぼうち。つぼなげ。

【投降】トウコウ 負けを認めて、敵に降参する。降服。

【投稿】トウコウ 日 掲載されることを求めて、原稿を新聞社や雑誌社に送る。また、その原稿。例 —欄。

【投合】トウゴウ 意見や気持ちなどがぴったりとあう。例 意気—。

【投獄】トウゴク （罪をおかした人を）監獄に入れる。

【投▼笏】トウコツ 〔「笏」は、官位のある者が持つ「しゃく」〕官職を退く。役人を辞める。類 投簪トウシン。

【投▼梭】トウサ 〔「梭」は、機織はたおりの梭ひ（=横糸を通す道具）〕①梭ひをすばやく動かして、機を織る。②女が男の求愛をはねつけること。ひじでっぽう。投梭折歯。〔晋シンの謝鯤シャコンが隣家の美人に求愛したところ、女は梭を投げつけて謝鯤の歯を二本折ったという〕〈晋書・謝鯤伝〉

【投死】トウシ 命がけでおこなう。一身をささげる。

【投資】トウシ 日 利益を得るために事業や株式などに資金を出す。例 株式—。

【投射】トウシャ ①機会に乗じて利益を得る。②日 物体に光を当てる。例 —図法。

【投宿】トウシュク 旅館にとまる。

【投書】トウショ ①文書や手紙を投げ入れる。②日 意見や要望、苦情などを書いて、新聞社や雑誌社、役所や関係機関などに送る。また、その原稿や手紙。例―欄。

【投身】トウシン 死ぬつもりで、高い所から地面や水中に飛び降りる。身投げ。例―自殺。

【投石】トウセキ 石を投げつける。

【投▼杼】トウチョ 虚偽の知らせも度重なれば人を信用させてしまうこと。◆孔子の弟子の曽参ソウシン(曽子)と同姓同名の者が人を殺し、それを曽子の母に告げる者があった。曽子の母は信じようとせず平然と機はたを織り続けていたが、告げる者が三人目になると、杼ひ(=横糸を通す道具)を投げ捨ててあわてて外に飛び出した。……〈戦国策・秦二〉

【投▼擲】トウテキ 〔「擲」も、なげうつ意〕①ものを遠くにほうり投げる。②日「投擲競技」の略。砲丸・やり・円盤などを投げて、その距離をきそう競技。

【投入】トウニュウ ①投げ入れる。例火の中に―する。②事業などに資金や労力をつぎこむ。例お金と人を―する。

【投筆】トウヒツ 筆を捨てる。学問をやめることのたとえ。

【投筆従▼戎】トウヒツジュウジュウ 学問をやめて従軍する。文人が軍務につくこと。〔小役人をしていた後漢の班超が、出世の志を抱き、のちに軍功を立て将軍になった故事から〕類投筆吏トウヒツリ。

【投票】トウヒョウ 日選挙や採決のとき、候補者の氏名や賛成・反対を用紙に書いて提出する。例―箱。無記名―。

【投▼錨】トウビョウ いかりを下ろす。船が停泊する。対抜錨バツビョウ。

【投▼袂】トウベイ ①たもとを振るいうつ。激怒して立ち上がるさま。②たもとを振り動かす。舞をまうさま。

【投薬】トウヤク 患者に薬を与える。投与。例―の処方箋セン。

【投与】トウヨ ①なげあたえる。②日医者が薬を患者に与える。投薬。例生なまワクチンを―する。

【投了】トウリョウ 日囲碁や将棋で、負けを認めて戦いをやめる。

●完投カントウ・失投シットウ・続投ゾクトウ・力投リキトウ

把

扌4(7) 1 3936 628A 常用

一 ハ漢 呉 馬 bǎ
二 ハ漢 禡 bà
三 ハ漢 麻 pá

つか-む

筆順 一 十 扌 扌 扣 扣 把

なりたち [形声]「扌(=て)」と、音「巴ハ」とから成る。しっかりにぎりもつ。

意味 一 ①片手に取る。にぎる。つかむ。とる。また、掌握する。例左手把二秦王之袖一(さしゅもてシンノウのそでをとる)(=左手で秦王の袖をつかむ)。〈史記・刺客伝・荊軻〉把握アク。把持ジ。②ひとにぎり。ひとたば。例一把イチ。十把一絡ジッパひとからげ。③見張る。まもる。例把門モン(=門番)。④「…をとりて」と読み、…を…で、の意。処置の対象や材料・用具をあらわす。例欲下把二西湖一比中西子上(セイコをとりてセイシにひせんとほっす)(=西湖を西施にたとえよう)。〈蘇軾・飲湖上初晴後雨〉 二 器物や道具の、手でにぎるところ。取っ手。つか。例剣把ケンハ。 三 手でひっかく。通爬ハ。

古訓 中古 かさかく・たばぬ・たはり・つかむ・とる・にぎる・もたり 中世 たばぬる・たばね・とる・にぎる・もたり 近世 くくる・たばぬる・つかむ・とる・にぎる・もつ

【把握】ハアク ①手でつかむ。例―力。②手をたずさえる。③日内容や状況などをしっかりと理解する。

【把玩】ハガン 手元に置いて楽しむ。類把弄ハロウ。

【把持】ハジ ①手ににぎってもつ。②権力や他を自由にする力を保つ。例権力を―し続ける。

【把手】ハシュ ①手を握る。握手。②とって ドアや道具・機械などについている、手でつかむ部分。つまみ。ハンドル。取っ手。〔ドアの場合はノブともいう〕

【把捉】ハソク ①手でつかまえる。②意味・内容・問題点などをしっかりと理解する。例要点を―する。

抜

扌4(7) 1 4020 629C 常用

[拔] 扌5(8) 2 5722 62D4 人 旧字体。

ハツ漢 バツ・バチ呉 黠 bá

ぬく・ぬける(ぬ-く)・ぬかす・ぬかる・ぬかり

筆順 一 十 扌 扌 扌 扐 抜

なりたち [形声]「扌(=て)」と、音「犮ハ」とから成る。引く。ぬき取る。

意味 ❶引きだす。ぬく。例抜糸バッシ。抜本バッポン。❷えらびだす。引きたてる。ぬく。例抜粋バッスイ。抜擢バッテキ。❸上に出る。ぬきんでる。ぬく。例抜群バツグン。海抜カイバツ。❹攻め取る。ぬく。例抜二二十城一(ニジュウジョウをぬく)(=二十の都市を攻めおとした)。〈史記・魏公子伝〉❺移しかえる。ゆり動かす。動揺させる。例確乎其不レ可レ抜(カッコとしてそれぬくべからず)(=しっかりしていて動かせない)。〈易・乾・文言〉堅忍不抜ケンニンフバツ。❻救う。❼突然。にわかに。

日本語での用法 一《ぬく》《ぬかす》《ぬける》「手を抜ぬく・荷を抜ぬく・順番ジュンバンを抜ぬかす・要点ヨウテンの抜ぬけた報告書ホウコクショ」▼途中を省略する。途中をごまかす。はぶく。二《ぬく》「やり抜ぬく・困こまり抜ぬく」▼最後まで…する。すっかり…する。三《ぬかり》《ぬかる》「手抜てぬかり・抜ぬからぬ顔かお」▼油断して失敗する。落ち度がある。

古訓 中古 あなぐる・すくふ・ぬきいづ・ぬく・やはず 中世 すくふ・ぬきんづ・ぬく 近世 ぬきんづ・ぬきんづる・ぬく

人名 やはず

【抜群】バツグン 多くのものの中で、とびぬけてすぐれていること。例―の成績をあげる。

【抜剣】バッケン 剣をさやからぬく。また、そのぬいた剣。抜刀。例抜レ剣起舞(ケンをぬきたちてまう)(=剣をぬいて立ちあがって舞う)。〈史記・項羽紀〉

【抜山蓋世】バツザンガイセイ ⇩【力抜レ山兮気蓋レ世】(ちからはやまをぬき きはよをおおう)(171ページ)

【抜糸(絲)】バッシ 日医 傷口や切り口を縫い合わせた糸を、傷が治ったあとでぬきとる。

【抜歯】バッシ 〔医〕歯をぬくこと。

【抜進】バッシン 選び出して地位を進める。選ばれて昇進する。

【抜粋】バッスイ 日書物や文書などから、大切な部分や必要な部分をぬき出す。また、そのぬき出したもの。ぬき書き。例議事録の―。表記 旧抜▼萃

【抜▼萃】バッスイ ①多くの中からぬけ出る。群をぬく。②日「抜粋バッスイ」に同じ。

【抜俗】バツゾク 世間一般からぬきん出る。

【抜▼擢】バッテキ 多くの人の中から、特に才能を認めて重要な役割をまかせる。例主役に新人を―する。

【抜刀】バットウ かたなをさやからぬく。また、そのぬいたかたな。

【抜▼錨】バツビョウ 船の錨いかりを上げて、出港する。対投錨。

【抜本】バッポン 根本的な原因をとりのぞくこと。例―的な対策を講じる。

【抜本塞源】【抜本塞原】バッポンソクゲン 〔木の根をぬきとったり、水源をふさいだりする意〕おおもとをこわすことのたとえ。のちに転じて、災いの原因を根本からとりのぞくこと。〈左伝・昭九〉

●奇抜キバツ・警抜ケイバツ・選抜センバツ・卓抜タクバツ・不抜フバツ

扳

扌4(7) 4 1294 6273

ハン漢 刪 pān

意味 手をのばして引く。ひく。例扳援ハンエン(=引っぱる)。

批

扌4（7） 1 4067 6279 教6

ヒ㊬ ヘイ㊥ 斉 pī

う-つ

筆順

なりたち ［形声］本字は「㧛」で、「扌(=て)」と、音「毘(ヒ→ヘイ)」とから成る。手で打つ。

意味 ❶手でたたく。**うつ**。また、攻撃する。例 批殺(ヒサツ)(=手で打ち殺す)。❷さわる。ふれる。例 批鱗(ヒリン)。❸とりのぞく。はらう。例 批レ患折レ難(カンをはらいナンをくじく)(=困難をはらいのける)。〈史記・蔡沢伝〉 ❹臣下からの文書の終わりに書きこむ天子の決裁。例 批准(ヒジュン)。硃批(シュヒ)(=朱筆で書かれた天子の決裁)。❺よしあしをきめる。品定めする。例 批判(ヒハン)。批評(ヒヒョウ)。❻けずる。斜めに切る。そぐ。

古訓 中古 うつ・たまさか・ひきひらく 中世 うつ・けづる・そぐ・とる・へぐ 近世 うつ・おす・ころばす・しめす・たすくる・まろばす

【批准】(ヒジュン) ①君主が、臣下の差し出した文書の決裁をする。②〔法〕国家の代表が外国と結んだ条約を、国家が最終的に認める。また、その手続き。例 講和条約が国会で―された。

【批正】(ヒセイ) 批評して、誤りを訂正する。例 ご―を乞(こ)う。

【批点】(ヒテン) ①詩歌や文章などのすぐれたところや重要なところを示すために、その部分のわきに点を打つこと。また、その点。例 ―を打つ。②詩歌や文章などの批評。

【批答】(ヒトウ) 天子が上奏文に回答すること。また、その文書。

【批難】(ヒナン) ①仇敵(キュウテキ)を迎えうつ。②日 相手のまちがいや欠点を責めとがめる。非難。例 ―の的。―を浴びる。

【批判】(ヒハン) ①臣下の上奏文について、天子や大臣がよしあしの判断を下す。②ものごとのよしあしについて判断する。③日 ものごとの欠陥と思われることに対し、否定的な意見を述べる。例 ―的な意見。

【批評】(ヒヒョウ) ものごとのよしあしや価値のあるなしについて判断し意見を述べる。〔文学・美術などの芸術作品を対象とする場合が多い〕例 ―家。

【批▼鱗】(ヒリン) 天子の激しい怒りをこうむること。逆鱗(ゲキリン)にふれること。〔〈戦国策・燕三〉から〕

扶

扌4（7） 1 4162 6276 常用

一 フ㊥ 虞 fú
二 ホ㊥ 虞 pú

たす-ける(たす-く)・は-う(は-ふ)

筆順

なりたち ［形声］「扌(=て)」と、音「夫(フ)」とから成る。手でたすける。

意味 一 ❶倒れないように支える。**たすける**。例 顚而不レ扶(たおるれどもたすけず)(=倒れるのをたすけ支えない)。〈論語・季氏〉 ❷手をかす。助力する。世話をする。**たすける**。例 扶助(フジョ)。扶養(フヨウ)。❸沿って行く。よる。例 便扶二向路一、処処志レ之(すなわちさきのみちにより、ショショにこれをしるす)(=そこでもとの道に沿って、ところどころしるしをつけた)。〈陶淵明・桃花源記〉 ❹(fú)長さの単位。四寸。通 膚。例 扶寸(フスン)。❺⇩【扶疏】(フソ) ❻⇩【扶風】(フフウ) ❼⇩【扶揺】(フヨウ)

二⇩【扶伏】(ホフク)

古訓 中古 おしかかる・かむがふ・すがる・すけ・たすく・つく・とらふ・はふ 中世 おしかかる・かむがへ・すがる・すけ・たすく・たすけ・たすける 近世 たすく・たもつ・はらばふ・まもる・よる

人名 すけ・たもつ・まもる・もと

【扶育】(フイク) 世話をしてそだてる。例 亡き姉の子を―する。

【扶▼掖】(フエキ) 「扶助(フジョ)」に同じ。

【扶侍】(フジ) そばについていて世話をする。例 幼君を―する。

【扶持】 一(フジ) 人を助ける。養う。二(フチ) 日 ①「扶持米(フチマイ)」の略。江戸時代に、主君が家臣に給与として与えた米。②俸禄(ホウロク)を与えて、家臣として召し抱える。

【扶助】(フジョ) (困っている人に)力を貸して助ける。(金銭的に)援助する。扶掖(フエキ)。例 相互―。―料。

【扶将】(フショウ) 手を貸して支える。

【扶寸】(フスン) 〔「寸」も、長さの単位〕わずかの長さ。膚寸。

【扶▼疏】(フソ) ①木の枝葉が茂って広がるさま。扶疎(フソ)。扶蘇(フソ)。②からだを揺らして歩くさま。③四方に広がるさま。

【扶桑】(フソウ) ①『山海経(センガイキョウ)』の中に出てくる神木の名。東方の日の出るあたりの海中にあるとされ、その木のある場所も指すようになった。㋐昔、中国で東方の海上にある国を指した呼び名。㋑日本の別名。②植物の名。ブッソウゲ(扶桑花・仏桑花)。ハイビスカスのこと。

【扶風】(フフウ) ①疾風。暴風。はやて。②地名。漢代、三輔(サンポ)の一つ、右(ウ)扶風の地。今の陝西(センセイ)省の中西部。→【三輔】(サンポ)(13ページ)

【扶余(餘)】(フヨ) 紀元前二世紀ころから中国の東北部に存在した部族名、また国名。夫余。

【扶揺】(フヨウ) ①つむじ風。たつまき。②まきあがる。まきおこる。③東方の島に生えていたという神木。

【扶養】(フヨウ) 生活のめんどうをみて、やしなう。例 ―家族。

【扶翼】(フヨク) (仕事がはかどるように)助ける。かばい守る。

【扶老】(フロウ) ①老人の歩行などを助け支える。例 扶レ老携レ幼(ロウをたすけヨウをたずさう)(=人々が皆連れ立って行くさま)。②老人の用いる杖(つえ)。例 策二扶老一以流憩(フロウをつえつきてもってリュウケイす)(=杖をついて散歩したり休憩したりする)。〈陶淵明・帰去来辞〉③杖にする竹や樹木の名。

【扶伏】【扶服】(ホフク) ①はらばう。②力を尽くす。力をふりしぼる。③ひれ伏す。▽匍匐(ホフク)。

扮

扌4（7） 1 4217 626E

一 フン㊥ 吻 fěn
二 フン㊬ ハン㊥ 諫 bàn

よそお-う(よそほ-ふ)

意味 一 あわせる。まとめる。二 身を飾る。**よそおう**。役者が登場人物の姿になる。例 扮装(フンソウ)。警官(ケイカン)に扮(フン)する。

【扮飾】(フンショク) 表面を飾りたてる。都合よくうわべを飾る。粉飾。例 ―した話。

【扮装】(フンソウ) 俳優が役にふさわしいように、化粧をし、衣装をつける。例 ハムレットの―をする。

抃

扌4（7） 2 5723 6283

ヘン㊥ ベン㊤ 霰 biàn

う-つ・てう-つ

意味 手をたたく。**うつ**。例 抃悦(ベンエツ)。

【抃悦】(ベンエツ) 手を打って喜ぶ。

【抃舞】(ベンブ) 手を打って踊りを踊る。躍りあがって喜ぶ。抃悦(ベンエツ)。類 抃躍(ベンヤク)・抃踊(ベンヨウ)。

抔

扌4（7） 2 5724 6294

ホウ㊥ 尤 póu

すく-う(すく-ふ)・など

意味 ❶手ですくいとる。**すくう**。例 抔飲(ホウイン)。❷ひとすくい。例 一抔土(イッポウのド)(=ひとすくいの土。また、墓に盛る土)。

日本語での用法 《など》▼副助詞の「など」「なんど」にあてる。「私(わたくし)抔(など)の及(およ)ばないところ・これ抔(など)は如何(いかが)ですか」

【抔飲】(ホウイン) 手ですくって飲む。

【抔土】(ホウド) ①ひとすくいの土。きわめて少ないこと。②墳墓。土を高く盛り上げてつくった墓。

抙

扌4（7） 4 1301 6299

ホウ㊥ 尤 póu

意味 かき集める。

参考 抙傘(あいあいがさ)。

[抛] 扌4(7) ⇩抛ホウ(556ページ)

扼
扌4(7) ②5715 627C
アク㊉ ヤク㊈ 陌 è
おさ-える(おさ-ふ)

意味 ❶おさえつける。にぎりしめる。しめつける。ふさぎとめる。おさえる。例 力扼レ虎ちからはとらをおさう(=力はトラをおさえつけるほどだ)。〈漢書・李陵伝〉扼殺ヤクサツ。扼腕ヤクワン。❷牛馬に車を引かせるとき、その首をおさえる横木。くびき。通 軛ヤク。

【扼喉】ヤクコウ ①のどもとをおさえつける。②急所をおさえる。要地をつかむ。例 京大阪に至る—の地。
【扼殺】ヤクサツ 首をしめてころす。
【扼腕】ヤクワン 自分のうでを強くにぎりしめて、激しい感情をあらわす。例 切歯—する(=歯ぎしりをし、うでを強くにぎりしめて怒りをあらわす。または、残念がる)。

抑
扌4(7) ①4562 6291 常用
ヨク㊉ オク・ヨク㊈ 職 yì
おさ-える(おさ-ふ)・おさ-え(おさへ)・そもそも・そも

筆順

なりたち [指事] 本字は「[illegible]」で、「印」を左右に反転した形。印インをおすように、おさえつける。

意味 ❶低くおしさげる。おさえる。対 揚。例 抑揚ヨクヨウ。❷おさえつけて、勢いをとめる。おさえる。例 抑圧ヨクアツ。抑制ヨクセイ。❸「そもそも」と読み、㋐あるいは・それとも、の意。選択をあらわす。例 求レ之与、抑与レ之与これをもとめたるか、そもそもこれをあたえたるか(=こちらが求めたものなのか、それとも向こうが与えたものなのか)。〈論語・学而〉㋑だが・とはいえ、の意。軽い逆接をあらわす。例 抑末也そもそもすえなり(=とはいえ末梢マッショウ的なことだ)。〈論語・子張〉❹⇩【抑抑】ヨクヨク

古訓 中古 あやつる・おさふ・おす・しかる・そもそも・とどむ 中世 おさふ・おさゆる・そもそも 近世 おとす・おす・おもふ・かがむ・きびし・せまる・そもそも・とどむ・ふさぐ・やむる・をさむる

人名 あきら

【抑圧】ヨクアツ (行動・言論・欲望などを)おさえつける。例 感情の—。欲望を—する。
【抑▼遏】ヨクアツ 「抑制ヨクセイ」に同じ。
【抑畏】ヨクイ わがままをおさえて、おそれつつしむ。
【抑鬱】ヨクウツ 心がおさえつけられたようで、はればれとしないこと。例 —症。
【抑止】ヨクシ おさえてやめさせる。抑制。例 核の—力。
【抑制】ヨクセイ 勢いをおさえて止める。抑止。抑遏ヨクアツ。例 感情の—。物価の上昇を—する。
【抑塞】ヨクソク ①ふさぐ。②気持ちがふさがる。憂鬱ユウウツ。
【抑損】ヨクソン ①おさえて減らす。ひかえめにする。制限する。抑制する。②自らをおさえて減らす。へりくだる。謙遜ケンソンする。
【抑退】ヨクタイ ①しりぞける。②しりぞく。
【抑揚】ヨクヨウ ①調子を高くしたり低くしたりすること。イントネーション。例 —のない話し方。②勢いを強めたり弱めたりすること。アクセント。例 —のある文章。
【抑抑】ヨクヨク ①つつしむさま。②立派なさま。③心がふさぐさま。憂鬱ユウウツなさま。
【抑留】ヨクリュウ ①無理に引き止める。②[法]外国の人や船などを強制的に国内に引き止めておく。例 —船。

押
扌5(8) ①1801 62BC 常用
一 オウ(アフ)㊉㊈ 洽 yā
二 コウ(カフ)㊉㊈ 洽 xiá
おす・おさえる(おさふ)・おし

筆順

なりたち [形声]「扌(=て)」と、音「甲ウコ→ウオ」とから成る。手でおさえる。

意味 一 ❶上から重みを加える。おす。通 圧。例 押レ之以レ石これをおすにいしをもってす(=石で重しにする)。〈後漢書・東夷伝〉❷かきはん。公文書・契約書などに書かれた図案化されたサイン。また、かきはんを書く。例 花押カオウ。❸はんこ。また、はんこをおす。例 押印オウイン。押捺オウナツ。❹(詩の)韻をふむ。例 押韻オウイン。脚韻キャクイン。❺とりおさえる。拘禁する。例 押収オウシュウ。❻とりしきる。管理する。また、護送する。例 押領オウリョウ。❼担保にする。例 押金オウキン(=保証金)。二 つぎつぎと。こもごも。通 狎コウ。

日本語での用法 《おし》《おす》①「押おしの一手イッテ・押おしがきく」▼相手をおさえ、前にすすむ。②「押おし入いる・押おし進すすめる・押おし黙だまる」▼動詞の上について「むりに…する」意をあらわす。また、下のことばの意味を強める。

古訓 中古 あつむ・おす・かむがふ・さしはさむ・しるす・はさむ 中世 あつむ・おさふ・おさゆる・おす・かむがふ 近世 おす・しるす・つかぬる・をさむ

【押印】オウイン 印判インバンをおす。捺印ナツイン。例 記名—。
【押韻】オウイン 韻文の句の始めや終わりに、同じひびきの音を置く。〔始めの音をそろえるのが頭韻、終わりの音をそろえるのが脚韻〕
【押字】オウジ 文書の末尾などに書き記す自筆の署名。書き判。〔草書体が花の形のように見えたことから、「花押カオウ」「押花オウカ」ともいう〕
【押収】オウシュウ 日 [法] 裁判所が、または、裁判所の許可にもとづいて検察・警察が、証拠となるものを差しおさえること。例 証拠物件を—する。
【押▼捺】オウナツ 日 印判インバンなどをおす。押印。捺印。
【押領】オウリョウ ①つかさどる。監督する。②統率する。③日 無理やり奪う。横取りする。
●花押カオウ・長押なげし

拐
扌5(8) ①1893 62D0 常用
カイ㊉ 蟹 guǎi
かた-る・かどわか-す(かどはか-す)

[拐] 扌5(8) 俗字。

筆順

なりたち [形声]「扌(=て)」と、音「叧カ→カイ」とから成る。だましとる。

意味 ❶(金品を)だましとる。また、人をだまして連れ去る。かたる。かどわかす。例 拐帯カイタイ。誘拐ユウカイ。❷つえ。例 木拐ボクカイ。

古訓 近世 おびる・たぶらかす・とびのる

【拐帯】カイタイ 預かっている金銭や物品を持ち逃げする。例 公金を—する。

拡
扌5(8) ①1940 62E1 教6
カク(クヮク)㊉ 薬 kuò
ひろ-がる・ひろ-げる(ひろ-ぐ)・ひろ-める(ひろ-む)

[擴] 扌15(18) ②5818 64F4 旧字体。

筆順

なりたち [形声]「扌(=て)」と、音「廣ウコ→クカ」とから成る。ひろげる。

意味 広くする。ひろげる。ひろがる。例 拡而充レ之これをひろげてみたす(=おし広げて充実させる)。〈孟子・公孫丑上〉拡散カクサン。拡大カクダイ。

古訓 中世 ひきはるこころ・ひろげ・ひろむ・ほがらか 近世 おしひろむ・ひろげる・ひろむ 人名 ひろ・ひろし・ひろむ

【拡散】カクサン 日 ①ばらばらに広がって散る。例 病原体が―する。②濃度が違う二つ以上の液体や気体が、まじり合って時間がたつと、同じ濃度になっていく現象。

【拡充】カクジュウ 範囲を広め、内容を充実させる。例 施設を―する。

【拡大】カクダイ 大きさや規模を広げて大きくする。また、広がって大きくなる。対 縮小。例 ―鏡。組織を―する。

【拡張】カクチョウ 日 規模を広げて大きくする。また、広がって大きくなる。例 事業を―する。

拑

扌5(8) 2 5726 62D1

ケン(ケム)漢 塩 qián
カン(カム)漢 鎌
つぐ-む・はさ-む・わきばさ-む

意味 ❶はさむ。通 鉗カ・箝カ。例 蚌合而拑ニ其喙一ホウあわせてそのくちばしをはさむ(=ドブガイは殻を合わせてシギのくちばしをはさみつけた)。〈戦国策・燕二〉 ❷口をふさぐ。口にものをかませて黙らせる。通 鉗カン・箝カン。例 拑口カンコウ。

【拑口】カンコウ 口を閉ざす。箝口カンコウ。鉗口カンコウ。緘口カンコウ。

拒

扌5(8) 1 2181 62D2 常用

一 キョ漢 ゴ呉 語 jù
二 ク漢 麌 jǔ
こば-む・ふせ-ぐ

[拒] 扌5(8) 旧字体。

筆順 一 十 扌 扌 扌 拒 拒

なりたち [形声]「扌(=て)」と、音「巨キョ」とから成る。ふせぐ。こばむ。

意味 一 ❶よせつけないでまもる。ふせぐ。例 外以拒レ難そとはもってナンをふせぐ(=外に向かっては戦争からまもる)。〈荀子・君道〉 ❷ことわる。はねつける。こばむ。例 来者不レ拒きたるものはこばまず(=自分を慕って来る者に対してはこばまない)。〈孟子・尽心下〉拒絶キョゼツ。拒否キョヒ。 二 方陣。軍隊を四角形に配列する陣立て。通 矩ク。

古訓 中古 いたる・こばむ・すまふ・はらふ・ふさぐ・ふせく 中世 こばむ・ふさぐ・ふせぐ 近世 いたる・きたる・こばむ・たがふ・ふせぐ・まもる

【拒▼捍】【拒▼扞】キョカン 防ぐ。抵抗する。

【拒▼諫】キョカン いさめを聞き入れない。

【拒抗】キョコウ こばんで逆らう。反抗する。

【拒止】キョシ ふせぎとめる。こばんでとどめる。

【拒絶】キョゼツ 要求や申し出などを、はっきりと断る。受け入れない。受けつけない。拒否。対 受諾。例 申し出を―する。

【拒否】キョヒ 日 提案・要求・要望などを承認せず、明確に断る。拒絶。例 ―権。転勤を―する。

拠

扌5(8) 1 2182 62E0 常用

キョ漢 コ呉 御 jù
よ-る

[據] 扌13(16) 2 5801 64DA 旧字体。

筆順 一 十 扌 扌 扐 扐 拠 拠

なりたち [形声]「扌(=て)」と、音「豦キョ」とから成る。つえによりかかる。

意味 ❶よりかかる。ささえにする。よる。例 左手拠レ膝ひだりてひざによる(=左手はひざをささえにする)。〈荘子・漁父〉 ❷たよりにする。よりどころにする。もとづく。よる。例 依拠イキョ。 ❸(ある場所を)しめる。たてこもる。よる。例 拠点キョテン。割拠カッキョ。占拠センキョ。 ❹理由となる事柄。しるし。よりどころ。例 根拠コンキョ。論拠ロンキョ。

日本語での用法 《よんどころ》「拠よんどころ無ない事情ジジョウ」▼(「拠無い」の形で)やむをえない。

古訓 中古 おく・おさふ・さだむ・たつ・ひく・やすし・よりどころ・よる 中世 たつ・たもつ・ひく・よる・よんどころ 近世 おす・たもつ・ひく・まもる・よりどころ・よる

人名 より

【拠守】キョシュ たてこもって守る。

【拠出】キョシュツ 寄付や事業などのために金銭や品物を出す。例 ―金を集める。参考 本来は「醵出」。

【拠点】キョテン 活動のよりどころとなるところ。足場。例 研究の―となる。海外進出の―をきずく。

【拠有】キョユウ 占領して自分のものとする。

●依拠イキョ・割拠カッキョ・根拠コンキョ・準拠ジュンキョ・証拠ショウコ・占拠センキョ・典拠テンキョ・本拠ホンキョ・論拠ロンキョ

拘

扌5(8) 1 2520 62D8 常用

コウ慣 ク漢呉 虞 jū
とど-める(とど-む)・とら-える(とら-ふ)・かか-わる(かか-はる)・こだわ-る(こだは-る)

[拘] 扌4(7) 3 8472 6285 俗字。

筆順 一 十 扌 扚 扚 拘 拘 拘

なりたち [会意]「扌(=て)」と「句コウ(=止める)」とから成る。手で止める。

意味 ❶つかまえて、逃げないようにする。とどめる。とらえる。例 拘禁コウキン。拘束コウソク。拘留コウリュウ。 ❷あることに心がとらわれる。かかわる。こだわる。例 不レ拘ニ於時一、請ニ学於余一ときにかかわらずして、ガクをよにこう(=時代の風潮にこだわらずに私に教えを請うた)。〈韓愈・師説〉拘泥コウデイ。

古訓 中古 かかふ・かがまる・かかる・かく・かどふ 中世 かかはる・かかふる・かがまる・かがむ・かがむる・かかゆ・とどまる・とる 近世 あつむ・かがまる・たもつ・とどめる・とらへる・ひく・ひるがへる

【拘引】コウイン ①とらえて連れて行く。②日 [法] 容疑者・被告人などを裁判所・警察署などに連れて行くこと。例 ―状。▽勾引コウイン。

【拘禁】コウキン ①とらえて、一定の場所に閉じこめておく。②[法] 留置場・刑務所などに長期間閉じこめておく。例 身柄を―する。

【拘▼繫】【拘係】コウケイ ①とらえて牢ロウにつなぐ。②かかずらう。

【拘▼牽】コウケン ①ものごとにこだわる。拘泥。②自由を制限する。束縛する。

【拘拘】コウコウ ①曲がって伸びないさま。一説に、美しいさま。②こだわるさま。③のびのびとしたさま。自適なさま。④跳びはねるさま。

【拘守】コウシュ ①堅くまもる。②こだわる。拘泥。③とらえて見張る。拘禁。

【拘囚】コウシュウ ①とらえて牢ロウに入れる。拘束。②ものごとにとらわれる。束縛される。③囚人。

【拘執】コウシュウ ①とらえる。拘束。②こだわる。固執。

【拘束】コウソク ①とらえて自由をうばう。例 身柄の―を解く。②行動などの自由をうばう。例 ―時間。仕事に―される。

【拘俗】コウゾク 俗世間の因習や固定観念にとらわれる。

【拘置】コウチ 日 [法] 容疑者・刑事被告人・死刑囚を一定の場所に閉じこめておくこと。例 ―所。

【拘泥】コウデイ あるものごとにこだわって、自由がきかなくなる。執着する。例 つまらないことに―する。

【拘留】コウリュウ ①とらえて引きとめる。とどまる。例 拘ニ留漢使一（＝漢の使者をとらえてとどめる）。〈漢書・匈奴伝下・賛〉②日〔法〕逃走・証拠隠滅のおそれのある容疑者などを一定期間拘置所に留置すること。

【拘▼攣】コウレン ①ものごとにとらわれる。束縛される。②拘束する。③筋肉が萎縮シュクし、からだを伸ばせなくなる病気。

招

扌5（8） 1 3023 62DB 教5

一ショウ（セウ）漢 呉 蕭 zhāo
二キョウ（ケウ）漢 蕭 qiáo
三ショウ（セウ）漢 蕭 sháo
まねく・まねき

筆順 一 扌 扌 扨 扨 招 招 招

なりたち ［形声］「扌（＝て）」と、音「召ショウ」とから成る。手で、よびよせる。

意味 一 ❶（手で合図をして）近くに来させる。**まねく**。例 登レ高而招たかきにのぼりて（＝高いところに登って手まねきする）。〈荀子・勧学〉❷呼び寄せる。また、引き起こす。**まねく。まねき**。例 満招レ損ソンをまねく（＝増長すれば損害をまねく）。〈書経・大禹謨〉招集ショウシュウ。招待ショウタイ。❸明らかにする。❹（弓矢の）まと。例 射招シャショウ（＝的を射る）。❺⇩【招提】ショウダイ ❻⇩【招揺】ショウヨウ ① 二もちあげる。また、とりあげて示す。あげる。例 招二人過一ひとのあやまちをあぐ（＝他人のまちがいを言い立てる）。〈国語・周下〉 三❶古代の楽曲の名。舜シュンが作ったとされる。通 韶ショウ。❷⇩【招揺】ショウヨウ ②③

古訓 中古 あきらかに・とる・まねく・よばふ・よぶ 中世 かならず・ほだす・まねく・よぶ 近世 あぐる・かかぐる・きたす・まねく・もとむ

人名 あき・あきら・もとむ

【招引】ショウイン まねき寄せる。招来。例 講師を—する。
【招延】ショウエン 「招来ショウライ①」に同じ。
【招宴】ショウエン 宴会に人をまねく。また、人をまねいて開く宴会。例 旧友を—する。自宅で—をもよおす。
【招喚】ショウカン 人をまねいて、呼び寄せる。呼び出す。召喚。
【招還】ショウカン 派遣していた者を呼びもどす。召還ショウカン。例 大使を本国に—する。
【招▼麾】ショウキ 指揮する。
【招降】ショウコウ 敵に降伏を勧める。
【招魂】ショウコン ①死者のたましいをこの世にまねいて祭ること。例 —祭。—社。②心配ごとなどのために肉体を離れてしまった生者のたましいを呼びもどして元気にする。
【招集】ショウシュウ 呼び出して人を集める。召集。例 —をかける。市議会を—する。
【招請】ショウセイ 特にたのんで来てもらう。例 教師を外国から—する。
【招招】ショウショウ 呼びまねくさま。
【招待】ショウタイ／ショウダイ 日 客としてまねいてもてなす。例 —状。
【招提】ショウダイ 〔仏〕〔梵語ボン cāturdiśa（＝四方）の音訳〕①四方。四方の僧。②〔四方の僧が集まり住む意〕北魏ホクギの太武帝タイブテイが建立した伽藍ガランの名称。③寺院。
【招致】ショウチ 人や企業、催し物などを呼ぶ。まねいて来てもらう。例 町に大学を—する。
【招▼牌】ショウハイ 店の看板。客寄せのために門前にかける。
【招福】ショウフク 福運をまねき寄せる。例 神社で—を祈願する。
【招▼聘】ショウヘイ 礼を厚くして人をまねく。
【招▼辟】ショウヘキ 官職に任命するためにまねく。召辟ショウヘキ。
【招要】ショウヨウ【招▼邀】ショウヨウ 人をまねく。招待する。
【招揺】ショウヨウ ①北斗七星の第七星。杓ひしゃくの柄えの先端にある星。揺光。②さまようさま。③ゆり動かすさま。
【招来】ショウライ ①まねき寄せる。招延。例 指導者を—する。②ある事態を引き起こす。例 物価上昇を—する。

抻

扌5（8） 2 5727 62BB
シン 漢 震 shēn
チン 漢 真 chēn

意味 引きのばす。ひっぱる。

拙

扌5（8） 1 3259 62D9 常用
セツ 漢 セチ 呉 屑 zhuō
つたない（つたな-し）・まず-い（まづ-し）

筆順 一 十 扌 扎 扑 抖 拙 拙

なりたち ［形声］「扌（＝て）」と、音「出シュツ→セツ」とから成る。手しごとがうまくない。

意味 ❶へた。まずい。**つたない**。対 巧。例 守レ拙セツをまもる（＝世渡り下手を堅持する）。〈陶淵明・帰園田居〉 拙劣セツレツ。巧拙コウセツ。稚拙チセツ。❷自分や自分に関するものごとをへりくだっていうことば。例 拙者セッシャ。拙僧セッソウ。拙宅セッタク。拙著セッチョ。

日本語での用法 《セツ》「下拙ゲセツ（＝拙者。わたくしめ）・拙セツにおまかせくだされ」▼一人称の代名詞として用いる。

古訓 中古 かたくなし・たつ・たゆ・つたなし・にぶし 中世 つたなし・にぶし 近世 つたなし・ほる

【拙悪】セツアク へたで、できばえが悪いさま。例 —な作品。
【拙▼宦】セッカン 低い官職。また、資質の劣った役人。官吏の謙称。
【拙吟】セツギン へたな詩歌。自作の詩歌を謙遜ケンソンしていう語。類 拙詠。
【拙▼荊】セッケイ 自分の妻の謙称。類 拙妻。〔後漢ゴカンの梁鴻リョウコウの妻、孟光モウコウは、質素で荊（＝いばら）をかんざしにしたという故事〈列女・八〉から〕
【拙計】セッケイ 「拙策セッサク①」に同じ。
【拙工】セッコウ 腕の劣った職人。
【拙攻】セッコウ 日（スポーツで）へたな攻撃。
【拙稿】セッコウ できの悪い原稿。〔自分の原稿を謙遜ケンソンしていう〕例 —をお読みいただきありがとう存じます。
【拙策】セッサク ①へたな計画・はかりごと。拙計。拙謀。②自分の立てた計画。〔謙遜ケンソンしていう〕例 —を提案させていただきます。
【拙者】セッシャ ①才能のとぼしい者。②日 わたくし。武士などが自分をへりくだって言った。
【拙守】セッシュ 日（スポーツで）へたな守備をする。また、その守備。対 好守。例 —で自滅する。
【拙手】セッシュ へたな腕前。
【拙誠】セッセイ つたない真心。例 巧詐不レ如二拙誠一コウサはセッセイにしかず（＝たくみないつわりは、つたない真心には及ばない）。〈韓非・説林上〉
【拙戦】セッセン へたな試合や戦いをする。また、その戦い。
【拙僧】セッソウ 僧が自分のことをへりくだっていうことば。
【拙速】セッソク やり方やできばえはよくないが、手早く仕上げること。対 巧遅コウチ。例 兵聞二拙速一へいにはセッソクをきく（＝戦争ではやり方はまずくともすばやくやったために成功した例はある）。〈孫子・作戦〉
【拙宅】セッタク 日 自分の家を謙遜ケンソンしていうことば。
【拙著】セッチョ 自分の著書を謙遜ケンソンしていうことば。
【拙文】セツブン へたな文章。〔自分の文章を謙遜ケンソンしていう〕
【拙謀】セツボウ 「拙策セッサク①」に同じ。
【拙劣】セツレツ へたでおとっているさま。つたないさま。対 巧妙。
【拙論】セツロン くだらない論文や議論。〔自分の論文や議論を謙遜ケンソンしていう〕

●巧拙コウセツ・古拙コセツ・稚拙チセツ

拖

扌5（8） 3 8474 62D6
タ 漢 歌 tuō

【挖】扌5(8) 4 1303 62D5 本字。

【扡】扌3(6) 4 1290 6261 別体字。

意味 ❶引っぱる。ひく。例 拖曳(タエイ)(＝引く)。❷うばいとる。うばう。❸たれ下がる。たらす。

【拖泥帯水】(タデイタイスイ) 泥水をかぶる。苦悩の泥水にまみれている人を救うために、自ら泥水をかぶる。同じ境遇に身を置いて親身になって対応すること。〈碧巌録〉

【拏】手5(9) ⇩拿(ダ)(561ジペー)

【抬】扌5(8) ⇩擡(タイ)(585ジペー)

拓

扌5(8) 1 3483 62D3 常用

一 セキ漢 陌 zhí
二 **タク**漢 薬 tuò
ひら-く

筆順 一 扌 扌 扩 扩 拓 拓

なりたち [形声]「扌(＝て)」と、音「石(セキ)」とから成る。ひろう。

意味 一 手でひろう。通 摭(セキ)。二 ❶(土地を)切り開いて、利用できるようにする。**ひらく**。例 拓殖(タクショク)。開拓(カイタク)。干拓(カンタク)。❷もちあげる。また、手でおす。❸(tà) 石碑・器物にきざまれた文字・模様を紙に写しとる。石ずり(をとる)。通 搨(トウ)。例 拓本(タクホン)。❹⇩【拓落】(タクラク)

古訓 中古 とる・ひらく・ひろふ 中世 おす・ひらく・ひろふ 近世 うくる・うける・おす・ひらく

人名 ひら・ひろ・ひろし・ひろむ

【拓殖】(タクショク) 日 未開の土地を切り開いて、人を住まわせる。

【拓地】(タクチ) ①土地を開拓する。②領土を広げる。

【拓本】(タクホン) 石碑などにきざまれた文字や模様を、表面に紙をあて墨を使って写しとったもの。石ずり。例 石刻—。—を取る。

【拓落】(タクラク) ①落ちぶれる。不遇である。②広大である。③思いどおりにふるまい、とらわれることがない。

● 開拓(カイタク)・干拓(カンタク)・魚拓(ギョタク)

拆

扌5(8) 2 5730 62C6

タク漢 チャク呉 陌 chāi
ひら-く・さ-く

意味 割る。解体する。はぎとる。**さく**。**ひらく**。通 坼(タク)。

【拆字】(タクジ) 漢字を偏・旁(つくり)・冠(かんむり)・脚(あし)などの構成要素に分けること。また、それによる占い。

【拆裂】(タクレツ) さける。さけ割れる。

担

扌5(8) 1 3520 62C5 教6

A 一 **タン**(タム)漢呉 覃 dān
二 **タン**(タム)漢呉 勘 dàn
B 一 **タン**漢 旱 dǎn
二 ケツ漢 屑 jiē
になう(にな-ふ)・**かつぐ**・かた-げる(かた-ぐ)

【擔】扌13(16) 2 5731 64D4 旧字体。

筆順 一 扌 扌 扣 扣 担 担

なりたち A[擔] [形声] 本字は「儋」で、「亻(＝ひと)」と、音「詹(タン)」とから成る。かつぐ。B[担] [形声]「扌(＝て)」と、音「旦(タン)」とから成る。はらう。

意味 A[擔] 一 ❶ものを直接、または天秤(テンビン)棒などを使って、肩にかつぐ。**になう**。例 担架(タンカ)。荷担(カタン)。❷引き受ける。責任を負う。**になう**。例 担当(タントウ)。負担(フタン)。分担(ブンタン)。二 ❶かついだもの。荷物。❷引き受けたもの。責任。例 重担(ジュウタン)(＝重責)。

B[担] 一 はたく。はらう。二 高くあげる。あがる。例 担撟(タンキョウ)(＝高く上がる)。

日本語での用法 《かつぐ》①「縁起(エンギ)を担(かつ)ぐ・迷信(メイシン)を担(かつ)ぐ」▼縁起などにとらわれる。②「うまく担(かつ)がれてしまった」▼だます。

古訓 A[擔] 中古 おふ・おもんみれば・になふ・みだる 中世 おふ・かたぐ・になふ・みだる 近世 おふ・かす・かたぐ・かたげる・になふ B[担] 近世 あがる・うつ・こたふる・こたへる・はらふ

【担(擔)架】(タンカ) けが人や病人を寝かせたまま運ぶ道具。例 —をかつぐ。

【担(擔)石】(タンセキ) ひとかつぎの重さと、一石(イッセキ)(＝一斛(イッコク))の量。わずかな量。

【担(擔)当】(タントウ) ある仕事を責任をもって引き受ける。また、その人。分担。例 —者。政権を—する。

【担(擔)任】(タンニン) 仕事を受け持つ。また、学校で教師がクラスを受け持つ。また、その人。受け持ち。例 三年生を—する。

【担(擔)保】(タンポ) 〔法〕借金を返せない場合の保証として貸し主に差し出すもの。抵当。例 —に取る。

● 加担(カタン)・荷担(カタン)・負担(フタン)・分担(ブンタン)

抽

扌5(8) 1 3574 62BD 常用

チュウ(チウ)漢 尤 chōu
ぬ-く・ひ-く・ぬき-んでる(ぬき-んづ)

【抈】扌7(10) 4 1318 22B46 別体字。

筆順 一 扌 扌 扣 抽 抽 抽

なりたち [形声]「扌(＝て)」と、音「由(ユウ→チュウ)」とから成る。引き出す。

意味 ❶全体の中からある部分をとり出す。ぬき出す。**ぬく**。**ひく**。例 抽出(チュウシュツ)。抽象(チュウショウ)。抽選(チュウセン)。❷とりのぞく。**ぬく**。❸植物が芽や穂を出す。

古訓 中古 ぬきいづ・ぬく・はらふ 中世 ぬきんづ・ぬく・ひく 近世 ぬきんづ・ぬく・のぞく・ひく・をさむる

難読 抽斗(ひきだし)

【抽出】(チュウシュツ) 全体の中から特定のものをぬき出す。例 —液。無作為—。

【抽象】(チュウショウ) 日 個々の事物から共通の要素や性質をぬき出して、頭の中でとらえなおす。対 具象・具体。例 —化(＝抽象してとらえること)。—論。—概念。—芸術。

【抽象的】(チュウショウテキ) 日 ①ものごとを抽象してとらえるさま。②実際から離れ、漠然としているさま。▽対 具体的。

【抽心】(チュウシン) ①まごころをあらわす。②草木が芽を出す。

【抽▼籤】(チュウセン) くじを引く。くじ引き。抽選。

【抽▼擢】(チュウタク) 多くの者の中から選びぬく。引きぬく。抜擢(バッテキ)。選抜。類 抽抜。

【抽斗】(ひきだし) 机やたんすのひきだし。

拄

扌5(8) 3 8473 62C4

シュ慣 チュウ(チウ)漢 麌 zhǔ

意味 ❶手で支える。例 拄頰(チュキョウ)。❷杖(つえ)をつく。つえつく。

【拄▼杖】(シュジョウ・チュジョウ) ①杖(つえ)をつく。②杖。

【拄頰】(チュキョウ) ほおづえをつく。

抵

扌5(8) 1 3681 62B5 常用

一 **テイ**漢 タイ呉 薺 dǐ
二 シ漢呉 紙 zhǐ
あ-たる・あ-てる(あ-つ)

筆順 一 扌 扌 扌 扦 抵 抵

なりたち [形声]「扌(＝て)」と、音「氐(テイ)」とから成る。おしのけて、こばむ。

意味 一 ❶おしのける。おす。例 排抵(ハイテイ)(=おしのける)。❷(つので)ぶつかる。おかす。ふれる。**あたる**。例 抵触(テイショク)。❸あるものにつりあう。相当する。**あたる**。例 家書抵二万金一(カショバンキンにあたる)(=家からの手紙は多くの金に相当するほどだ)。〈杜甫・春望〉抵当(テイトウ)。❹さからう。はばむ。こばむ。例 抵抗(テイコウ)。❺行きつく。いたる。例 直抵二甘泉一(ただちにカンセンにいたる)(=まっすぐ甘泉宮に到達する)。〈史記・蒙恬伝〉 二 ❶たたく。うつ。通 扺(シ)。❷なげすてる。なげうつ。

古訓 中古 あたる・いたる・うつ・なぐ・ふる 中世 あたる・いたる・なげうつ 近世 あたる・あつる・いたる・おしひらく・おす・なげうつ・ふるる

人名 あつ・やす・ゆき

【抵掌】(シショウ) たなごころをうつ 話の合間に手を打つ。夢中になって話しているさま。

【抵▼捂】【抵▼牾】(テイゴ) 食い違う。牴牾(テイゴ)。

【抵抗】(テイコウ) 日 ①外からの力に張りあったり、さからったりする。対 服従。例 ―力。時の権力に―する。②〔物〕物体の運動に対して逆方向に作用する力。抗力。③〔物〕「電気抵抗」の略。導体が電流の通過をこばむ力。単位は、オーム。

【抵罪】(テイザイ) 罪を犯して処罰される。

【抵死】(テイシ) ①死罪になる。②死に至る。③格別に。特に。

【抵触】(テイショク) ①ふれる。突き当たる。②法律や規則にふれる。例 法に―する。③ものごとが、互いに矛盾する。ぶつかる。▽牴触(テイショク)。觝触(テイショク)。

【抵当】(テイトウ) ①ぶつかる。邪魔をする。②借金を返せない場合の保証として貸し主に差し出すもの。かた。担保。例 家を―に入れる。

【抵排】(テイハイ) 押しのける。排除する。觝排(テイハイ)。

拈

扌5 (8) 2 5732 62C8

デン(デム)漢 ネン(ネム)呉 塩 niān

つま-む・と-る・ひね-る

意味 ❶指先にはさんで持つ。手でとる。**つまむ**。通 捻(ネン)。例 拈華(ネンゲ)(=指先に花をはさんで示す)。拈香(ネンコウ)(=香をたく)。拈出(ネンシュツ)。❷(niǎn)指先で撚(よ)る。通 撚(ネン)。

日本語での用法《ひねる》①「蛇口(ジャぐち)を拈(ひね)る・転(こ)ろんで腰(こし)を拈(ひね)る」▼回転させる。ねじる。②「頭(あたま)を拈(ひね)る・一句(イック)拈(ひね)る」▼苦心して考え出す。工夫する。

【拈華微笑】(ネンゲミショウ)〔仏〕ことばでは説明できない真理を心から心へ伝えること。以心伝心。◆釈迦(シャカ)が霊鷲山(リョウジュセン)で説法したとき、ハスの華を指先につまんで衆に示したところ、一同理解できなかったが、弟子の摩訶迦葉(マカカショウ)ただひとりがその意を悟ってほほえんだ、という仏教説話。……………〈大梵天王問仏決疑経〉

【拈出】(ネンシュツ) ①つまむ。②日 ⇩【捻出】(ネンシュツ)(571ジペー)

拝

扌5 (8) 1 3950 62DD 教6

[拜]

手5 (9) 2 5733 62DC 人 旧字体。

ハイ漢呉 卦 bài

おがむ(をが-む)

筆順 一 寸 扌 扌 扌 扌 拝 拝

なりたち [会意]「手(=て)」と「𠦪(=相手をうやまって早く進む)」とから成る。すみやかに進み出て、頭を手のところまで下げる。おがむ。

意味 ❶お辞儀をする。ひざまずき、むなもとで両手を重ね合わせ、頭を手の位置まで下げて、敬意をあらわす。**おがむ**。〔「拱(キョウ)」や「揖(ユウ)」よりも敬意が高い〕例 拝礼(ハイレイ)。再拝(サイハイ)。三拝(サンパイ)。❷挨拶(アイサツ)に出向く。お目にかかる。また、神仏などにお参りする。例 拝顔(ハイガン)。参拝(サンパイ)。礼拝(レイハイ)。❸お礼をする。例 其人拝レ之以レ牛(そのひとこれにハイするにうしをもってす)(=その人は〔子路に〕ウシでお礼をした)。〈呂覧・察微〉❹官職・任務をさずける。また、さずかる。例 拝レ亮為二丞相一(リョウをハイしてジョウショウとなす)(=諸葛亮(ショカツリョウ)を丞相に任命した)。〈蜀志・諸葛亮伝〉拝命(ハイメイ)。❺相手を敬い自分をへりくだっていうことば。例 拝聴(ハイチョウ)。拝読(ハイドク)。

古訓 中古 うや・ぬく・をがむ 中世 ぬく・をがむ 近世 かがむる・したがふ・てつく・てをあはす・をがむ

【拝謁】(ハイエツ) 身分の高い人にお目にかかる。謁見。

【拝賀】(ハイガ) 目上の人につつしんでお祝いのことばを申し上げる。例 宮中―。新年―式。

【拝官】(ハイカン) 役人に任命される。また、官職を授けられる。

【拝観】(ハイカン) 日 神社仏閣やそこの宝物などを見物する。例 ―料。寺宝を―する。

【拝顔】(ハイガン) 日 目上の人に会うことをへりくだっていうことば。お目にかかる。拝眉(ハイビ)。例 ―の栄に浴する。

【拝▼跪】(ハイキ) ひざまずいておがむ。

【拝▼拱】(ハイキョウ) 胸もとで両手を組み、お辞儀をする。拱手の礼をとる。

【拝具】(ハイグ) ①神仏を礼拝するときに用いる道具。②日 手紙の末尾に用いる語。〔つつしんで細かに申し上げる意〕

【拝啓】(ハイケイ) 日〔つつしんで申し上げる意〕手紙の書き出しに書いて相手に敬意をあらわすことば。拝呈。謹啓。

【拝見】(ハイケン) 見ることをへりくだっていうことば。つつしんで見る。例 お手並み―。

【拝察】(ハイサツ) 日 人の心中(シンチュウ)などを推察することをへりくだっていうことば。例 お喜びのことと―いたします。

【拝芝】(ハイシ)〔「芝」は「芝眉(シビ)」。人の顔を敬っていうことば〕お目にかかる。拝顔。拝眉。類 拝面。

【拝辞】(ハイジ) ①断ることをへりくだっていうことば。例 入閣を―する。②いとまごいすることをへりくだっていうことば。例 拝辞詣二闕下一(ハイジしてケッカにいたる)(=おいとまごいしようとして宮門のところまでうかがった)。〈杜甫・北征〉

【拝謝】(ハイシャ) ①つつしんで礼を述べる。例 噲拝謝起、立而飲レ之(カイハイシャしてたち、たちながらにしてこれをのむ)(=樊噲(ハンカイ)はつつしんで礼を述べて立ち上がり、立ったまま大杯の酒を飲みほした)。〈史記・項羽紀〉ご厚意を―いたします。②断ることをへりくだっていうことば。

【拝借】(ハイシャク) かりることをへりくだっていうことば。例 お知恵を―。

【拝手】(ハイシュ) ひざまずき頭を手につけて、丁寧にお辞儀をする。また、そのお辞儀。

【拝受】(ハイジュ) うけとることをへりくだっていうことば。いただく。例 勲位を―する。貴簡―いたしました。

【拝▼塵】(ハイジン) 貴人にへつらう。権力者の機嫌をとる。↓

【拝二後塵一】(コウジンをハイす)(475ジペー)

【拝▼趨】(ハイスウ) 相手のところへ出向くことをへりくだっていうことば。参上。例 ―してお礼を申し上げる。

【拝▼疏】(ハイソ) 上奏文をたてまつる。類 拝表。

【拝▼埽】(ハイソウ) 祖先の墓を掃除する。墓参りをする。類 拝墓。

【拝聴】(ハイチョウ) 日 相手の話をきくことをへりくだっていうことば。うけたまわる。例 ご高見を―したく存じます。

【拝呈】(ハイテイ) ①ものを贈ることをへりくだっていうことば。さしあげる。謹呈。例 著者―。②手紙の書き出しに書くことば。拝啓。謹啓。

【拝殿】(ハイデン) 日 拝礼をおこなうために神社の本殿の前に建てられた建物。例 ―にぬかずく。

【拝読】(ハイドク) 読むことをへりくだっていうことば。類 拝誦(ハイショウ)。

例お手紙―いたしました。
【拝年】ハイネン 新年の喜びを申しあげる。また、新年の礼。年始。類拝春。
【拝眉】ハイビ 日会うことをへりくだっていうことば。お目にかかる。拝顔。類拝面。例―のうえ申し上げます。
【拝伏】ハイフク ひれふす。ふしておがむ。
【拝復】ハイフク 日〔つつしんでお返事申し上げます、の意〕返事の手紙の最初に書くことば。復啓フッケイ。啓復。
【拝命】ハイメイ ①命令を受けることをへりくだっていうことば。②官職に任命される。例大使を―する。
【拝▼揖】ハイユウ 拝礼と揖礼(=両手を胸もとで組み上下させる敬礼)。
【拝領】ハイリョウ 貴人や目上の人からものをいただく。
【拝礼】ハイレイ お辞儀をする。特に、神仏に頭を下げておがむ。
●跪拝キハイ・再拝サイハイ・参拝サンパイ・四方拝シホウハイ・崇拝スウハイ・遥拝ヨウハイ・礼拝ハイハイ/レイハイ

拍
扌5 (8) 1 3979 62CD 常用 ヒョウ(ヒャウ)慣 ハク漢 陌 pāi うーつ

筆順 一 扌 扌 扌' 扌白 拍 拍 拍

なりたち 形声 本字は「拍」で、「扌(=て)」と、音「百ハク」とから成る。手で打つ。

意味 ❶手のひらでたたく。うつ。例拍子シヒョウ。拍手ハクシュ。❷音楽のリズム(の単位となる区切り)。例拍子。❸数枚の板をひもで結び、打ち鳴らして拍子をとる楽器。例拍板ハクバン(=拍子をとるために打ち鳴らす二枚の板)。❹竿さおをふって石や火を遠くへ飛ばす兵器。例拍竿ハクカン。

古訓 中古うつ・たたく 中世うつ・たたく・はやす 近世うつ・たたく・てうつ・むちうつ

人名 ひら

【拍車】ハクシャ ①戦争に用いる車の一種。②乗馬靴のかかとにつける金具。ウマの腹部におしつけて速く走らせるのに用いる。例―をかける(=一段と進行を早める)。―がかかる。
【拍手】一 ハクシュ 両手のひらを打ち合わせて音を出す。手をたたく。また、その音。例―が鳴りやまない。―喝采カッサイ。二 かしわで 日〔「拍」を「柏」と誤用したことからか〕神前で手を打ち鳴らす。
【拍子】ヒョウシ ①音楽で、リズムのもとになる規則的な強弱の音の組み合わせ。例三三―サンビョウシの曲。②音楽や踊りに合わせて調子をとること。例手―てビョウシ。―をとる。③日〔多く「…した拍子に」の形で〕何か動作をしたはずみに。…したとたん。例荷物を持ち上げた―に腰を痛めた。

[拔]
扌5 (8) ⇩抜バツ(548ジペー)

拌
扌5 (8) 2 5734 62CC 一 ハン漢 寒 pān 二 ハン漢 翰 pàn 三 ハン漢 旱 bàn かきま-ぜる(かきま-ず)

意味 一 なげだす。すてる。二 手で半分にする。わる。わける。三 まぜあわせる。かきまぜる。例拌蚌ハンボウ(=ハマグリを割って、中の珠たまをとること)。攪拌カクハン。

披
扌5 (8) 1 4068 62AB 常用 ヒ漢呉 支 pī ひら-く

筆順 一 扌 扌 扌' 扌' 披 披

なりたち 形声「扌(=て)」と、音「皮ヒ」とから成る。わきから持つ。派生して「ひらく」の意。

意味 ❶手でひろげる。心中を打ち明ける。ひらく。例披レ帷イをひらく(=とばりを開く)。〈史記・項羽紀〉披見ヒケン。披瀝ヒレキ。❷ばらばらに分かれる。例披髪ヒハツ(=結っていない髪)。❸肩の上におおいかぶせる。はおる。通被。❹⇩【披靡】ヒビ

古訓 中古かかる・きる・そふ・つたふ・はる・ひらく・わかる・をる 中世あらはす・きる・とる・ひらく 近世さる・になふ・ひらく・わかつ

人名 ひら・ひろ

【披閲】ヒエツ 書物をひらいて読む。ひらいてよく目を通す。披見。類披覧。
【披肝】ヒカン 思っていることを打ち明ける。披胆。
【披襟】ヒキン ①着物のえりをひらく。くつろぐこと。②「披胆ヒタン」に同じ。
【披見】ヒケン 手紙や文書をひらいて見る。披閲。披繙ヒハン。類披読。例―を許さず。
【披胆】ヒタン 心の中を打ち明ける。披襟。披肝。類披懐。
【披▼繙】ヒハン「披見ヒケン」に同じ。
【披披】ヒヒ ①ひらひらと動くさま。②髪がふり乱れたさま。
【披▼靡】ヒビ ①草木が風になびくさま。②相手になびき従うさま。例漢軍皆披靡カングンみなヒビす(=漢軍はみな道をあけてなびいた)。〈史記・項羽紀〉
【披払】ヒフツ ①あおりたてて動かすさま。②風などで揺れて、なびくさま。
【披離】ヒリ 散り散りばらばらになる。散り乱れる。
【披▼瀝】ヒレキ 自分の気持ちや考えを包みかくさずに述べる。開陳。表白。例真情を―する。誠意を―する。
【披露】ヒロウ ①(文書などを)ひらいて見せる。②日広く人々に見せたり知らせたりする。例―宴。腕前を―する。

拊
扌5 (8) 2 5735 62CA フ漢 麌 fǔ う-つ・たた-く

意味 ❶手でさする。おさえる。なでる。通撫フ。❷なだめる。なぐさめる。めんどうを見る。通撫。例拊愛フアイ。❸たたく。うつ。例拊手フシュ。拊掌フショウ。❹人をたたく板。例捶拊スイフ(=棒と板)。❺皮製の小型の打楽器。例搏拊ハクフ。❻刀や弓の手でにぎる部分。つか。ゆづか。

【拊愛】フアイ かわいがって大切にする。撫愛ブアイ。
【拊手】フシュ 手をぽんと打つこと。喜んだときや合点がいったときのしぐさ。撫掌ブショウ。撫手ブシュ。
【拊循】フジュン 落ち着かせ、なぐさめいたわる。撫循ブジュン。
【拊心】フシン 手で胸をうつこと。悲しみや嘆きやいきどおりを示すしぐさ。撫心ブシン。撫膺ブヨウ。
【拊▼髀】フヒ ももをうつ(ももをたたく)。気持ちがたかぶったときや感心したときのしぐさ。撫髀ブヒ。
【拊翼】フヨク はばたく。奮起することのたとえ。撫翼ブヨク。

[拂]
扌5 (8) ⇩払フツ(542ジペー)

抦
扌5 (8) 4 1302 62A6 ヘイ漢 梗 bǐng

意味 手に持つ。とる。通秉ヘイ。参考 抦崎からさき(=姓)。砥抦とづか(=姓)。

拇
扌5 (8) 2 5737 62C7 ボ漢 モ呉 有 mǔ おやゆび

意味 手および足の親指。おやゆび。例拇印ボイン。拇指ボシ。

【拇印】ボイン 右手の親指の先に朱肉や墨をつけ、指紋をおして印章の代わりとしたもの。例―押捺オウナツ。
【拇指】ボシ 手のおやゆび。母指。〔足のおやゆびは「拇趾ボシ」〕

【拇▼趾】(シボ) 足のおやゆび。例 外反(ガイハン)——。

抱 扌5(8)
[抱] 扌5(8) ——旧字体。
1 4290 62B1 常用
ホウ(ハウ)漢呉 **だく・いだく・かかえる** 皓 bào
かかえ(かか-ふ)・かかへ)

筆順 一 十 才 扚 拘 拘 抱

なりたち  [形声] 本字は「褏」で、「衣(=ころも)」と、音「包(ホ)」とから成る。衣で包むように、いだく。

意味 ❶両手で包みかこむ。**だく。いだく。かかえる。** 例 抱擁(ホウヨウ)。❷(だきかかえるように)とりかこむ。また、内側に曲がる。**いだく。** 例 清江一曲抱レ村流(セイコウイッキョクむらをいだいてながる)(=澄んだ川の水がぐるりと村をめぐって流れている)。〈杜甫・江村〉 ❸まもる。たもつ。**いだく。** 例 抱朴(ホウボク)。❹心の中に、ある感情・考えをもつ。心にいだく。おもう。おもい。例 抱懐(ホウカイ)。抱負(ホウフ)。❺なげうつ。
通 抛(ホウ)。

日本語での用法 《かかえる》「家来(ケライ)や用人(ヨウニン)を抱(かか)える・運転手(ウンテンシュ)を抱(かか)える」▼人をやとう。

古訓 中古 いだく・いたる・うだく・かかふ・とる・ふところ・もつ 中世 いだく・いたる・たもつ・ひきとる 近世 いだく・かかへる・さしはさむ・すつる・たばさむ・たもつ・なげうつ・ひきとる・をさむる

人名 たもつ・もち

【抱一】(ホウイツ|イッをいだく) ただ一つの真理の道を守る。道家の説く自然のままを守る。〈老子・三〉
【抱懐】(ホウカイ) ある考えを心の中にもつ。また、その考え。例 青雲の志を——する。
【抱関】(ホウカン) 〔「関」は、門のかんぬきの意〕門番。職務の低いことのたとえ。
【抱関撃▼柝】(ホウカンゲキタク) 〔「柝」は、拍子木の意〕門番や夜回り。小役人を指す。〈孟子・万章下〉
【抱薪救火】(ホウシンキュウカ|たきぎをいだきてひをすくう) 薪を持って火を消しに行く。災害を除こうとして、かえって勢いづかせること。〈戦国策・魏三〉
【抱柱】(ホウチュウ) ⇩【尾生之信】(ビセイのシン)(403ページ)
【抱負】(ホウフ) ①だいたり背おったりする。②心の中にいだいている計画や決意。例 政治改革の——を語る。
【抱腹】(ホウフク) 〔「捧腹(ホウフク)」が本来の書き方。「抱腹」は慣用的な用字〕はらをかかえて大笑いすること。例 ——絶倒。
【抱朴】【抱▼樸】(ホウボク|ボクをいだく) 〔「朴・樸」は、切り出したままの木材の意〕生まれながらの素朴さをもち続ける。例 見レ素抱レ朴(ソをあらわしボクをいだく)(=真情を示し、純粋をたもつ)。〈老子・一九〉
【抱擁】(ホウヨウ) 愛情をこめてだきしめる。だきかかえる。例 しっかりと——する。

抛 扌5(8)
[抛] 扌4(7) 俗字。
62CB 2 5738 629B
ホウ(ハウ)漢 肴 pāo
なげう-つ・ほう-る(はふ-る)

意味 ほうりなげる。なげすてる。**なげうつ。** 例 抛棄(ホウキ)。抛擲(ホウテキ)。抛物線(ホウブツセン)。

難読 抛出(ほうりだす)

【抛棄】(ホウキ) (自分の義務や権利・利益などを)放り出す。捨てて去る。表記 現 放棄
【抛▼擲】(ホウテキ) ①ほうり投げる。②うちすててかえりみない。例 全財産を——して研究にうちこむ。▽放擲(ホウテキ)。
【抛物線】(ホウブツセン) ①〔数〕定点と定直線とから等距離にある点の軌跡。②投げ上げた物体が、重力の作用を受けて落下するときに描く曲線。表記 ▽現 放物線

抹 扌5(8)
1 4385 62B9 常用
バツ漢 **マチ・マツ**呉 曷 mǒ
す-る

筆順 一 十 才 才 扌 抹 抹 抹

なりたち [形声]「扌(=て)」と、音「末(バツ)」とから成る。塗りつける。

意味 ❶こすりつける。**する。** 例 一抹(イチマツ)。塗抹(トマツ)。❷こすり消す。塗って見えなくする。例 抹消(マッショウ)。❸すって粉にする。例 抹香(マッコウ)。抹茶(マッチャ)。❹さっとよぎる。例 四十三年如二電抹一(シジュウサンネンいなずまのマッするがごとし)(=四十三年がいなずまのひらめくように過ぎた)。〈蘇軾・次欧公西湖韻〉 ❺かすかなあと。例 一抹(イチマツ)。❻(mò) 琴の弾き方の一種。弦を内にはじく。はらう。

古訓 中古 かく・くだく 中世 かく・くだく・する・なづる 近世 けす・すりけす・する・なづる・ぬりけす・はらふ

【抹香】(マッコウ) モクレン科の植物シキミの葉と樹皮を粉にした香。仏前の焼香に用いる。例 ——くさい(=仏教的な雰囲気がある)。
【抹殺】【抹▼撒】(マッサツ) ①消してなくす。塗りつぶす。抹消。②意見や、事実・存在を認めず、否定する。例 歴史上の事実を——する。社会から——される。
【抹消】(マッショウ) 日 (不要な)字句を消してなくす。例 三字——。
【抹茶】(マッチャ) 日 茶の新芽をうすでひいて粉にしたもの。茶の湯で用いる。碾(ひ)き茶。例 ——をたてる。
● 一抹(イチマツ)・塗抹(トマツ)

拗 扌5(8)
2 5725 62D7
一 **オウ**(アウ)漢 **ヨウ**(エウ)呉 巧 ǎo
二 **オウ**(アウ)漢 **ヨウ**(エウ)呉 效 ào
ねじ-る(ね-づ)・ねじ-ける(ねぢ-く)・す-ねる・こじ-れる(こじ-る)

意味 一 手で曲げて断ち切る。おる。**ねじる。** 例 反拗二楊柳枝一(かえってヨウリュウのえだをおる)(=むしろ楊柳の枝を折る)。〈折楊柳枝歌〉
二 ❶口調がなめらかでない。舌がもつれる。また、(詩などが)破格である。例 拗体(ヨウタイ)(=平仄(ヒョウソク)のきまりに合わない詩)。❷(niù) 心がすなおでない。ひねくれる。**ねじける。すねる。** 例 執拗(シツヨウ)(=しつこい。頑固)。

【拗音】(ヨウオン) 日 日本語の発音で、「や」「ゆ」「よ」「わ」を右下に小さく書いてあらわす音。

拉 扌5(8)
2 5739 62C9 常用
ラ・ラツ慣 **ロウ**(ラフ)漢呉 合 lā
くだ-く・ひし-ぐ

筆順 一 十 才 扌 扩 扩 拉 拉

なりたち  [形声]「扌(=て)」と、音「立(リュウ→ロウ)」とから成る。くじく。

意味 ❶おしつぶす。**くだく。ひしぐ。** 例 拉殺(ロウサツ)。❷ひっぱる。例 拉致(ラチ)。❸⇩【拉丁】(ラテン)

古訓 中古 くだく・とりしばる・とりひしぐ・ひさぐ・ひしぐ 中世 くだく・とりひしぐ・ひしぐ 近世 くじく・くだく・とりひしぐ・まねく

【拉麺】(ラーメン) 中華そば。老麺(ラーメン)。
【拉致】(ラチ|ラッチ) むりやりに連れていく。例 何者かに——される。
【拉丁】【拉典】(ラテン) 日〔英 Latin の音訳〕①「ラテン語」の略。古代ローマ帝国の共通語。現在でも学術語として使われている。②「ラテン民族」のこと。ラテン語系の言語を使う人々。おもに、フランス・スペイン・ポルトガル・イタリア・ルーマニアの人々。▽羅甸(ラテン)。

【拉朽】ラキュウ くちた物をくだく。容易なことのたとえ。
【拉枯】ラコ 枯れ木をくだく。容易なことのたとえ。
【拉殺】ラサツ 手でおしつぶして殺す。

［挐］手5(9) ⇩挐ワン(572ページ)

按
扌6(9) 1 1636 6309 人 アン 漢 呉 翰 àn おさ-える(おさ-ふ)

なりたち  [形声]「扌(=て)」と、音「安アン」とから成る。下におさえる。

意味 ❶手で(上から下へ)おさえつける。また、なで、さする。**おさえる**。例 按レ剣而跽(=剣のつかに手をかけて中腰になる)。〈史記・項羽紀〉 按摩アンマ。❷ひかえる。とどめる。例 按兵アンペイ。❸よく調べる。考える。通案。例 愚按グアン(=わたくしが考えてみるに)。按問アンモン(=罪状を吟味する)。❹もとづく。例 按レ功而賞(=功績にもとづいて賞を与える)。〈商君・君臣〉 ❺見回る。例 按二楡谿旧塞一(=楡谿の古いとりでを見回った)。〈史記・衛青伝〉 ❻そこで。すなわち。

古訓 中古 おさふ・おしする・おす・しづかなり・とどむ・とる 中世 おす・とどむ・とる・ひらく 近世 おさへる・おす・かんがふ・くだす・とどむる・とる・ひかへる

【按語】アンゴ ある文についての説明や考証のことば。
【按察】アンサツ 一 (特に政治上のことについて)調べて事情を明らかにする。調べて善悪を考えること。二 アゼチ 日 内侍シナイ以上の女官で、天皇の譲位後も、元の天皇に仕える者。
【按察使】アンサツシ ①中国の官名。地方の政治の様子を監察する長官。唐代に置かれ、明ミン代には司法長官となった。②アゼチ 日 令外リョウゲの官の一つ。数国を単位とした地方の政治を監察するために置かれた官。
【按針】アンジン 日 ①〔磁石で船の針路をはかる意〕航海士。水先案内。②ウィリアム=アダムスの日本名。三浦みうら按針。徳川家康の外交顧問となったイギリス人。
【按排】アンバイ【按配】アンバイ 日 ものごとをほどよく整える。安排アンバイ。例 日程を―する。座席を―する。
【按分】アンブン ⇩【案分】アンブン(677ページ)
【按兵】アンペイ|へイをアンず 進軍を差しひかえる。
【按摩】アンマ 筋肉のこりをもみほぐして血行をよくする治療法。また、それを職業とする人。例 ―をとる。

【按脈】アンミャク 病人の脈をとって診察する。

扜
扌6(9) 2 5743 6327 ウ yǔ

意味 姓の一つ。

参考 扜谷とちだに(=福井県の地名)。「杇とちくぬぎ」とは別の字。

拽
扌6(9) 4 1305 62FD エイ 漢 霽 yè

意味 ひっぱる。ひく。

挂
扌6(9) 2 5744 6302 カ(クヮ) 慣 カイ(クヮイ)・ケイ 漢 卦 guà か-ける(か-く)

意味 ❶高いところにかける。**かける**。かかる。通掛。例 挂冠カイカン。❷ひっかかる。また、物をひっかけて取る。通掛。例 挂二功名一(=功名を釣りあげる)。〈荘子・漁父〉 ❸気にかかる。通掛。例 挂念ケネン(=気にかかる)。

【挂冠】カイカン|カンをカく 官職をやめる。辞職。致仕。掛冠カイカン。
◆前漢末、逢萌ホウボウが王莽オウモウに仕えることをいさぎよしとせず、冠かんむりを洛陽ラクヨウの城門にかけて去った。〈後漢書・逸民伝・逢萌〉

【挂罥】カイケン|ケイケン 〔「罥」も、ひっかかる意〕ひっかかる。例 高者挂二罥長林梢一(=(暴風で)空高く飛んだ屋根のカヤは高い木々の林の梢にひっかかっている)。〈杜甫・茅屋為秋風所破歌〉
【挂錫】ケイシャク|カイシャク 錫杖ジョウシャク(=旅の僧の杖つえ)を壁にかける。僧がひとところに長く滞在すること。掛錫カシャク。

挌
扌6(9) 2 5740 630C カク 漢 陌 gé う-つ

意味 なぐりあう。なぐる。**うつ**。通格。例 挌闘カクトウ(=組み合ってたたかう)。

括
扌6(9) 1 1971 62EC 常用 カツ(クヮツ) 漢 曷 kuò くく-る・くく-り・くび-れる(くび-る)

筆順 一 扌 扌 扌 扦 扦 括 括

なりたち  [形声]「扌(=て)」と、音「舌カツ」とから成る。たばねしめくくる。

意味 ❶たばねる。**くくる**。ひとつにまとめる。例 一括イッカツ。総括ソウカツ。統括トウカツ。❷もとめる。さがす。❸矢の末端の、弦をかけるところ。やはず。通筈カツ。❹騒がしい。かまびすしい。通聒カツ。

古訓 中古 あなぐる・かむがふ・くくる・くじる・むすぶ 中世 あなぐる・いたる・かんがふ・くくり・くくる・とづる・むすぶ・やさき・やはず 近世 いたる・かんがふ・くくる・とづる・むすぶ・やさき・やはず

【括弧】カッコ 文章や語句、数式・数字などを囲む一対の記号。( )〔 〕や「 」など。また、その記号をつけて、他の部分とは違うあつかいをすべきことをあらわすこと。
【括▼嚢】カツノウ ①袋の口をしばる。転じて、沈黙する。〈易・坤〉②ひとまとめにする。
【括約】カツヤク しめくくる。まとめる。例 ―筋。
◐一括イッカツ・概括ガイカツ・総括ソウカツ・統括トウカツ・包括ホウカツ

拮
扌6(9) 2 5741 62EE 一キツ 漢 質 jié 二カツ 漢 黠 jiá ケツ 漢 屑 jié

意味 一 ❶⇩【拮据】キッキョ ❷⇩【拮抗】キッコウ 二 せまる。例 勾践終拮而殺レ之(=勾践は結局せまって殺してしまった)。〈戦国策・秦三〉

【拮据】キッキョ 忙しく働くさま。例 予手拮据(=わたしの手は休みなく働く)。〈詩経・豳風・鴟鴞〉
【拮抗】キッコウ|ケッコウ 双方の力がほぼ等しく、はりあう。対抗。頡頏キッコウ。例 ―して平衡を保つ。

挙
手6(10) 1 2183 6319 教4 キョ 漢 コ 呉 語 jǔ あげる(あ-ぐ)・あげて・あがる・こぞ-る

［擧］手13(17) 2 5809 64E7 旧字体。

［舉］臼9(16) 2 5810 8209 別体字。

筆順 丶 丷 ⺍ 𭕄 兴 兴 㐅 挙

なりたち  [形声]「手(=て)」と、音「與ヨ→キョ」とから成る。両手でもちあげる。

意味 ❶上にあげる。もちあげる。**あげる**。例 王与二孟説一挙レ鼎(=王は孟説と鼎をもちあげ《て力くらべをし》た)。〈史記・秦紀〉 挙手キョシュ。❷事をおこす。とりおこなう。おこない。例 挙行キョコウ。快挙カイキョ。❸ふるまい。身のこなし。例 挙動キョドウ。一挙一動イッキョイチドウ。❹人をとりたて用いる。**あげる**。例 挙用キョヨウ。科挙カキョ。選挙センキョ。❺とりあげて示す。数えあげる。**あげる**。例 挙例キョレイ。枚挙マイキョ。列挙レッキョ。❻とらえる。めしとる。めしあげる。あげる。例検挙。❼よくおこなわれる。さかんになる。おこる。あがる。例其人存則其政挙（＝立派な人が位にいれば政治はよくなる）。〈中庸〉❽攻めおとす。あげる。例一戦而挙二鄢郢一（＝一度目の合戦で鄢と郢を攻めおとした）。〈史記・平原君伝〉❾すべてをあげて。こぞって。みな。あげて。例挙国。挙党。❿科挙（＝官吏登用試験）の略。例挙業。挙場。

古訓 中古 あぐ・いらす・こぞる・ただす 中世 あぐ・あぐる・こぞる・ことごとく・ふるまひ・よづ・よづる 近世 あがる・あぐる・あげる・かく

人名 しげ・すすむ・たか・たつ・ひら・みな

難読 挙母（ころも）（＝地名）・挙白（さかずきをあぐる・のみつくす）・挙動（ふるまい）

【挙火】キョカ ①火を燃やして炊事をする。生活をする。②のろしをあげる。挙兵する。
【挙家】キョカ 家の者全員。家全体。家じゅう。
【挙業】キョギョウ 科挙（＝官吏登用試験）のための勉強。
【挙行】キョコウ 式や行事を、とりおこなう。例式を―する。
【挙国】キョコク （国をあげての意）国全体。
【挙国一致】キョコクイッチ 国全体が一つになって同じ態度や行動を示す。例―して復興をめざす。
【挙座】【挙▼坐】キョザ 座にいる者みな。一座の者。
【挙子】キョシ ①科挙（＝官吏登用試験）の受験者。②子供を産むこと。
【挙止】キョシ 立ち居ふるまい。身のこなし。動作。挙動。挙措。例落ち着いた―。
【挙式】キョシキ 日式をあげる。特に、結婚式をあげる。
【挙手】キョシュ 手をあげる。例賛成の方は―を願います。―の礼。
【挙証（證）】キョショウ 証拠をあげて示す。
【挙▼踵】キョショウ（くびすをあぐ） つまさき立つ。待ち望むさま。
【挙場】キョジョウ 科挙（＝官吏登用試験）の試験場。
【挙人】キョジン｜コジン 中国の明（ミン）・清（シン）の時代、地方の試験（＝郷試（キョウシ））に合格し、都での試験（＝会試（カイシ））を受けることができる人。
【挙世】キョセイ 世間全体。世をあげて。例挙世皆濁、我独清（キョセイみなにごり、われひとりすめり）（＝世の中すべて濁り切っている、私一人が清廉なのだ）。〈楚辞・漁父〉
【挙措】【挙▼錯】【挙▼厝】キョソ ①実行することと、廃止すること。例以レ法治レ国、挙措而已矣（ホウをもってくにをおさむるは、キョソのみ）（＝法律で国を治めるには、ただ法律の認めることだけを実行し、法律の認めないことをやめるだけでよい）。〈韓非・有度〉②人を任用することと、人を用いないこと。③立ち居ふるまい。挙止。挙動。例―を失う（＝とりみだす）。
【挙党（黨）】キョトウ 日その党全体。党員全員。例―一致。
【挙動】キョドウ 立ち居ふるまい。様子や動作。挙止。挙措。例―不審の男。
【挙杯】キョハイ（さかずきをあぐ） さかずきを手にして酒を飲む。さかずきをあげる。類挙爵・挙觴（キョショウ）。例挙レ杯邀二明月一（さかずきをあげてメイゲツをむかう）（＝さかずきを持つ手を高くあげて空の月を招き寄せる）。〈李白・月下独酌〉
【挙白】キョハク ①（「白」は、言う意）㋐報告する。㋑杯をあげて、飲み干したことを告げる。乾杯。②（「白」は、罰杯用の杯である「大白」の意）罰として酒を飲ませる。罰杯。
【挙兵】キョヘイ 兵を集めて戦いを起こす。
【挙用】キョヨウ それまでより上の地位に取り立てる。登用。
【挙例】キョレイ 実例をあげる。
●一挙・快挙・科挙・義挙・愚挙・軽挙・検挙・再挙・推挙・選挙・壮挙・大挙・暴挙・枚挙・列挙

挟

扌6（9） 1 2220 631F 常用

一 キョウ（ケフ）漢 葉 xié
二 コウ（カフ）漢 洽 ショウ（セフ）漢 葉 jiā
はさむ・はさまる

［挾］ 扌7（10） 2 5749 633E 旧字体。

筆順

なりたち

［形声］「扌（＝て）」と、音「夾（キョウ）（＝わきばさむ）」とから成る。わきばさんで持つ。

意味 一❶両側からはさむ。わきにかかえる。はさむ。はさまる。例挟撃（キョウゲキ）。❷引き連れる。はさむ。わきばさむ。例挟二飛仙一以遨遊（ヒセンをわきばさみてもってゴウユウす）（＝空を飛ぶ仙人を引き連れて漫遊する）。〈蘇軾・赤壁賦〉❸かくしもつ。いだく。所有する。はさむ。例挟二不信之心一（フシンのこころをさしはさむ）（＝不信感をいだく）。〈塩鉄・世務〉例挟書律（キョウショリツ）。❹たよりにする。かさにきる。また、ささえる。はさむ。例不レ挟レ長（チョウをさしはさまず）（＝年長であることをかさにきることがない）。〈孟子・万章下〉二❶広くゆきわたる。あまねし。通浹（ショウ）。例挟治（ショウチ）。❷ひとめぐりする。通浹（ショウ）。例挟日（ショウジツ）。❸箸（はし）。また、箸ではさむ。通梜（コウ）・筴（コウ）。

古訓 中古 さしはさむ・とる・はさむ・わきはさむ 中世 いだく・さしはさむ・はさむ・わきはさむ 近世 いだく・いたる・おびる・かくす・さしはさむ・たすく・まもる・もつ・わきばさむ

人名 さし・もち

【挟貴】キョウキ 高貴な身分を人に誇る。
【挟撃】キョウゲキ 前後から、または、左右から、はさみうちで攻撃する。はさみうち。例敵の―にあう。
【挟持】キョウジ ①両方からはさんで、つかまえにかかる。②頼みとする。③こわきにかかえる。たばさむ。④心にいだく。懐抱。
【挟書律】キョウショリツ 秦（シン）代、民間人に、医薬・占い・農芸以外の書物の私有を禁じた法律。
【挟日】ショウジツ 十日間。十干のひとめぐり。類挟旬（ショウジュン）。
【挟治】ショウチ あまねくおさめる。

拱

扌6（9） 2 5742 62F1

キョウ漢 ク呉 腫 gǒng
こまね-く・こまぬ-く

意味 ❶両手を胸の前で重ね合わせる。こまねく。こまぬく。（「拝」よりも敬意が軽い）例拱手（キョウシュ）。拝拱（ハイキョウ）。❷両手でかかえる。木の太さをあらわす。❸まわりをめぐる。とりまく。

【拱手】キョウシュ ①両手を胸の前で重ね合わせる、中国の礼。②何も行動を起こさないでいる。手をこまねく。例―傍観。③何もしないでも。ごく簡単に。
【拱把】キョウハ （「拱」は、両手のひらで包めるほどの太さ。「把」は、片手で握るほどの太さ）木の幹がまだ細いこと。〈孟子・告子上〉
【拱璧】キョウヘキ 両手でかかえるほどの大きな璧（＝宝玉）。
【拱木】キョウボク ①両手で抱きかかえるほどの太さの木。②墓に植えられて、年を経た大きな木。死後の歳月にたとえる。
【拱▼揖】【拱▼挹】キョウユウ 拱手して会釈する。

挈

手6（10） 2 5745 6308

一 ケイ慣 ケツ漢 屑 qiè
二 ケイ漢 霽 qì
ひっさ-げる（ひっさ-ぐ）

意味 一❶手にさげて持つ。ひっさげる。例提挈（テイケツ）。❷引き連れる。たずさえる。二❶刻む。通契。例挈亀（ケイキ）（＝カメの甲に占いのことばを刻む）。❷契約。通契。

拳

手6（10） 1 2393 62F3 常用

ケン（クェン）漢 ゲン（グェン）呉 先 quán
こぶし

[拳] 手6（10）

旧字体。

筆順 丶 丷 䒑 龹 龹 龹 巻 拳

なりたち  [形声]「手(=て)」と、音「龹ケン」とから成る。にぎった手。

意味 ❶にぎりこぶし。げんこつ。**こぶし**。また、こぶしをにぎる。例 拳固ゲンコ。徒手空拳トシュクウケン。鉄拳テッケン。❷素手でおこなう武術。例 拳法ケンポウ。太極拳タイキョクケン。❸曲がる。例 拳曲ケンキョク。❹ちから。例 無レ拳無レ勇ちからなくユウなし(=力もなく勇気もない)。〈詩経・小雅・巧言〉❺⇩【拳拳】ケンケン ❻⇩【拳攣】ケンレン

日本語での用法《ケン》「狐拳きつねケン・虫拳むしケン」▼もと、中国から伝えられた、手でさまざまの形をつくって勝負を争う遊び。

古訓 中古 うつ・かがまる・こぶし・ちから・にぎる 中世 かがむ・かがめる・こぶし・にぎり・にぎる 近世 うれふ・かかへる・こぶし・したふ・つつしむ・つとむる・にぎりこぶし

人名 かたし・ちから・つとむ

難読 蕨拳わらび

【拳曲】ケンキョク 拳こぶしのようにかがまっているさま。折れ曲がっているさま。巻曲。

【拳拳】ケンケン ①うやうやしく、ささげもつさま。②いつくしむさま。③つとめはげむさま。

【拳拳服膺】ケンケンフクヨウ 〔「服膺」は、心に留める意。「膺」は、胸の意〕教えなどを大切に心に保ち、守りおこなう。例 得二一善一則拳拳服膺而弗レ失レ之矣イチゼンをうればケンケンフクヨウしてこれをうしなわず(=一つの善を知ったなら、それをしっかりと心にもち、決して忘れない)。〈中庸〉―すべき教え。

【拳固】ゲンコ 日 かたくにぎりしめた手。にぎりこぶし。拳骨ゲンコツ。

【拳骨】ゲンコツ 日 かたくにぎりしめた手。にぎりこぶし。拳固ゲンコ。

【拳銃】ケンジュウ 日 片手でにぎって操作できる小型の銃。短銃。ピストル。例 二丁―。

【拳大】ケンダイ 拳こぶしほどの大きさ。

【拳闘】ケントウ 日 リングの上で、二人の選手がグローブをつけて打ち合う競技。ボクシング。

【拳▼匪】ケンピ 白蓮ビャクレン教の一派で、拳法の訓練を名目とした秘密結社。一九〇〇年、排外運動を起こし天津テンシンや北京ペキンを襲ったが、各国の連合軍に鎮圧された。義和団。

【拳法】ケンポウ こぶしでついたり、足でけったりしてたたかう武術。例 少林寺―。

【拳万】ゲンマン 日 約束を守るしるしとして、二人が小指をからみ合わせること。また、その約束のことば。例 指切り―。

【拳勇】ケンユウ ①いさましく力のあるさま。②「拳法ケンポウ」に同じ。

【拳▼攣】ケンレン 悩みもだえ、すっきりしないさま。

挍 扌6（9）

4 1307 630D

コウ(カウ)漢 キョウ(ケウ)呉 効 jiào

意味 文字を見くらべて誤りをただす。通 校。例 挍合キョウゴウ。

拷 扌6（9）

1 2573 62F7 常用

ゴウ(ガウ)慣 コウ(カウ)漢 皓 kǎo

う-つ

筆順 扌 扌 扌 扌 拷 拷

なりたち [形声]「扌(=て)」と、音「考コウ」とから成る。むちで打って罪人をとりしらべる。

意味 罪を白状させるために肉体的苦痛を与える。たたく。**うつ**。例 拷問ゴウモン。

古訓 中古 うつ 中世 うつ 近世 うつ・かすめる

【拷問】ゴウモン 自白を強いるために肉体に苦痛を与える。拷掠ゴウリョウ。例 ―にかける。―を加える。

【拷▼掠】一 ゴウリャク 奪い取る。かすめ取る。奪略。二 ゴウリョウ「拷問ゴウモン」に同じ。

拶 扌6（9）

1 2702 62F6 常用

サツ漢 曷 zā

せま-る

筆順 扌 扌 扌 扌 拶 拶

なりたち [形声]「扌(=て)」と、音「巛ツレ→サツ」とから成る。手でおす。

意味 ❶手でおしのけて進み出る。**せまる**。例 挨拶アイサツ(=問答をいどむ)。❷(zǎn) 罪人の指をはさむ刑具。例 拶指サッシ(=指をはさむ拷問の道具)。

古訓 中世 せむる 近世 せまる

指 扌6（9）

1 2756 6307 教3

シ漢 呉 紙 zhǐ

ゆび・さす

筆順 扌 扌 扌 扌 指 指

なりたち  [形声]「扌(=て)」と、音「旨シ」とから成る。手のゆび。

意味 ❶手のゆび。**ゆび**。また、足のゆび。例 十指黒ジッシくろし(=十本の指は黒い)。〈白居易・売炭翁〉 指紋シモン。屈指クッシ。食指ショクシ。❷さし示す。さしずする。ゆびさす。**さす**。例 指揮シキ。指令シレイ。❸せめる。とがめる。**さす**。例 指弾シダン。指摘シテキ。❹直立する。立つ。例 頭髪上指トウハツジョウシす(=頭髪は怒りで逆立った)。〈史記・項羽紀〉❺意味。主旨。通 旨。❻美味。通 旨。❼まっすぐに。ただちに。例 指通二予南一ただちにヨのみなみにツウず(=まっすぐに予州の南に通じる)。〈列子・湯問〉

古訓 中古 および・さす・しめす・すつ・むなし・むね・ゆび・ゆびさす 中世 さす・しめす・すつる・むね・ゆび・ゆびさす 近世 おもむき・さしまねく・さす・しめす・むね・ゆび・ゆびさす

人名 むね

【指図】さしズ 日 言いつけて、あることを他人にさせる。また、その言いつけ。指示。指令。指揮。例 ―を受ける。

【指圧】シアツ 日 ゆびのはらや手のひらで、からだの表面から、つぼをおす。また、その治療法。例 ―師。

【指画】一 シカク ゆびで描いて親切に教える。二 ガシ ゆび先に墨をつけて描く。唐の張璪チョウソウが始めた画法。清シンの高其佩コウキハイ・朱耷シュトウ、日本の池大雅いけのタイガらが愛用した。

【指帰】シキ|シイキ 根本あるいは規範となる考え。意図。〔『三教指帰サンゴウシイキ』は空海の著作〕

【指揮】【指▼麾】シキ ①他の人々にさしずして動かす。また、そのさしず。下知ゲチ。例 陣頭―。―官。②合奏や合唱など音楽の演奏を指示し、まとめる。例 ―者。―棒。

【指呼】シコ ①ゆびさしながら口に出す。例 ―確認する。②日 呼べば答えが返ってくるほど近い距離。例 ―の間カン。

【指顧】シコ ①ゆびで示しながら目で見る。②わずかな時間。

【指向】シコウ ある方向や目的などを目ざして向かう。例 一点に―する。

【指示】ジシ ①さししめす。例 請指二示王一こうオウにシジせん(=どうか王にさししめさせてください)。〈史記・廉頗藺相如伝〉標識の―に従う。②他人に何かをさせるために言いつける。また、その言いつけ。さしず。例 ―に従う。―を仰ぐ。

【指事】シジ 漢字の六書リクショのうち、発生に関するものの一つ。数や位置などの抽象的な概念を、ある約束に従って図形としてあらわしたもの。「一」「二」「上」「下」など。象事。

【指趣】シシュ 考え。意向。趣旨。

【指掌】シショウ ①ゆびと、てのひら。②たなごころをさす 簡単明解なこと、また、たやすいことのたとえ。〔〈論語・八佾〉から〕

【指針】シシン 日①時計・磁石・計器などの目盛りを示す針。②進むべき方向や、とるべき態度を示したもの。方針。例人生の━とする。
【指数】シスウ ①ゆびでさしてかぞえる。②〈数〉数字や数式の右肩に小さくしるして、それらを繰り返し何回かけ合わせるかを示したもの。a^2やx^nの2やn。③日物価や賃金などの変動を、基準になる数値を一〇〇として比較した数値。例物価━。
【指斥】シセキ ①名ざしする。②名ざしして排斥する。
【指▼嗾】シソウ さしずしてそそのかす。けしかける。扇動。使嗾シソウ。例━者。
【指弾】シダン ①つめではじく。②つめではじくぐらいの短い時間。③日非難・排斥する。例世の━を受ける。
【指定】シテイ あるものに定める。例━席。
【指摘】シテキ ①ゆびでつまみ取る。②まちがいなどをあばく。③日取り上げて示す。例するどい━。まちがいを━する。
【指点】シテン ①一つずつさし示す。②それぞれを取りあげて非難する。
【指導】シドウ 教えみちびく。例━者。━要領。
【指南】シナン 教えみちびく。また、その人。〔「指南車」からできたことば〕例剣術━。
【指南車】シナンシャ 中国古代に作られた、方向を指示する車。車の上に置いた人形のゆびが、いつも南をさすように作ってある。

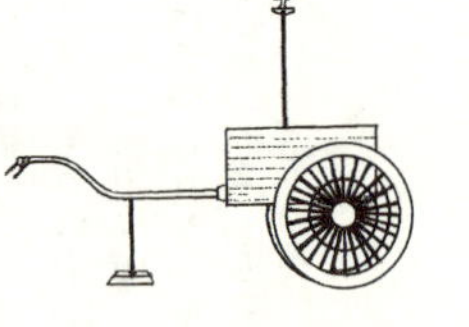
［指南車］

【指標】シヒョウ 日ものごとの状態を知るための基準となる、ものや事柄。
【指腹▼之約】シフクのヤク 誕生前の子供どうしの結婚を、それぞれの親が約束すること。指腹婚。
【指名】シメイ 名ざしする。例━手配。議長に━される。
【指紋】シモン 日手のゆび先の内側にある、多くの細い線がつくり出す紋様。ひとりひとりの形が異なり一生変わらないので、個人を特定する手段とする。例━認証。
【指要】シヨウ おもな内容。要旨。
【指令】シレイ 組織で、上位の者から下の者へ命令を出す。また、その命令。例緊急━。━を受ける。
●屈指クッシ・五指ゴシ・十指ジッシ・食指ショクシ・無名指シムメイ

持

扌6（9） 1 2793 6301 教3
チ漢 ジ（ヂ）呉 支 chí
もつ・もち

筆順 扌 扌 扌 扌 持 持 持

なりたち 〔形声〕「扌（＝て）」と、音「寺シ→チ」とから成る。にぎる。

意味 ❶しっかりと手にとる。片手で支える。もつ。例右手持ニ匕首一ユウシュヒシュをもって（＝右手で短刀を持つ）。〈史記・刺客伝・荊軻〉所持ショジ。❷とりしきる。とりおこなう。例王莽持レ政オウモウまつりごとをジす（＝王莽が政治をとりしきる）。〈漢書・劉歆伝〉❸じっともちこたえる。まもる。たもつ。例持久ジキュウ。保持ホジ。身を高かたく持ジする。❹勢力がつりあっている。勝負がつかない。例持碁ジゴ。❺手をかす。たすける。例扶持フジ。❻つかえる。通侍。

古訓 中古 うつ・たすく・たもつ・とる・もたり・もち・もつ 中世 たすく・たもつ・とる・にぎる・もち・もつ 近世 たもつ・とる・にぎる・もつ

人名 たもつ・よし

【持戒】ジカイ 〈仏〉戒律を守ること。戒を保つこと。対破戒。
【持久】ジキュウ 長い間もちこたえる。例━力。━戦にもちこむ。
【持▼戟】ジゲキ ほこをもつ 戟ほこを手にする。また、それを持った兵士。
【持碁】ジゴ 勝負が引き分けになった碁。持ジ。もち。
【持参】ジサン 日持っていく。また、持ってくる。例━金。
【持正】ジセイ セイをジす 正道を守る。かたよりがない。
【持節】ジセツ ①〔「節」は、天子の使者を示す旗〕天子の使者になる。②節操を固く守る。類持操。
【持説】ジセツ ①自分の説を変えずに持ち続ける。②日自分がふだんから主張している意見。持論。
【持続】ジゾク 日同じ状態を長く保つ。また、長くつづく。例効果が━する。━力。
【持重】ジチョウ おもきをジす ①正道を固く守る。②軽々しくならず、慎重にする。③重責を担う。
【持病】ジビョウ 日①長い間わずらっていて治らないでいる病気。宿痾シュクア。例━の喘息ゼンソク。②なかなか直すことのできない悪い癖。
【持仏】ジブツ 日身につけたり、身近なところに安置して礼拝ライハイする仏像。念持仏ネンジブツ。例━堂。
【持平】ジヘイ へいをジす 公平を保ち、かたよらない。
【持満】ジマン マンをジす ①満ち足りた状態をそのまま維持する。②弓を十分に引きしぼる。例広乃令ニ士持レ満毋レ発コウすなわちシをしてマンをジしてハッするなからしむ（＝李広将軍は、兵士に弓を十分に引きしぼったまま矢を放たせなかった）。〈史記・李将軍伝〉③日できる限りの準備をして、行動する機会を待つ。
【持薬】ジヤク 日常用している薬。また、必要なときいつでも用いられるように持ち歩いている薬。常備薬。
【持養】ジヨウ ①身を保持しやしなう。例万民を━す。②相手を受け入れ従う。おもねる。
【持論】ジロン ①論を立て、主張する。②日自分がふだんから主張している考えや意見。持説。例━を曲げない。
●維持イジ・支持シジ・住持ジュウジ・所持ショジ・扶持フジ・フチ・保持ホジ

拾

扌6（9） 1 2906 62FE 教3
一シュウ（シフ）漢 ジュウ（ジフ）呉 緝 shí
二ショウ（セフ）漢 葉 shè
三キョウ（ケフ）漢 葉 jiè
ひろう（ひろ-ふ）

筆順 扌 扌 扌 扌 拾 拾 拾

なりたち 〔形声〕「扌（＝て）」と、音「合ゴウ→シュウ」とから成る。ひろう。おさめる。

意味 一❶落ちているものをとりあげる。ひろう。例拾遺シュウイ。拾摭シュウセキ。拾得シュウトク。❷あつめる。おさめる。例収拾シュウシュウ。❸矢を射るとき、左腕につける用具。ゆごて。❹「十」の大字ダイジ。商売や契約の文書で、数字を書きかえられないように使う。二一歩一歩のぼる。わたる。通渉。例拾レ級聚レ足キュウをわたりあしをあつむ（＝一段ごとに両足をそろえて階段をのぼる）。〈礼記・曲礼上〉三かわるがわる。こもごも。例拾投キョウトウ（＝順番に投壺トウコする）。

古訓 中古 かはる・かふ・とも・とる・とを・ひろふ・をさむ 中世 とる・とを・ひろふ・をさむ 近世 かはるがはる・とを・ひらふ・ひろふ・ゆがけ・をさむ

人名 おさむ・とお・ひろ・ひろい・ひろお・ひろし

【拾遺】シュウイ ①落ちているものをひろう。例百姓羞レ拾レ遺ヒャクセイイをシュウするをはず（＝民衆も道に落ちているものをひろって自分のものにすることを恥じるようになった）。〈荀子・正論〉②もれたり、ぬけ落ちたりしているものをひろい補うこと。また、ひろい補ったもの。例━和歌集。③唐・宋ソウ代の官名。天子をいさめる役。④日「侍従ジジュウ」の唐名トウミョウ。例━愚草グソウ（＝侍従であった藤原定家テイカの自撰ジセンの歌集）。

【拾遺補▼闕】シュウイホケツ（おちたるをひろいかけたるをおぎなう）君主の過失を補い正す。〈司馬遷・報任少卿書〉

【拾収】シュウシュウ ひろい集める。乱れたものをとりまとめる。整理する。収拾。

【拾▼翠】シュウスイ ①〔「翠」は、緑草の意〕春の野山で摘み草をする。②〔「翠」は、翡翠(スイ)(=かわせみの意)〕カワセミの羽をひろい集めて首飾りにする。春に女子の遊んでいる様子をいう。

【拾▼摭】シュウセキ ひろい取る。類拾取・拾掇(シュウテツ)。

【拾得】㊀シュウトク 落とし物をひろう。例 —物(ブツ)。財布を—する。㊁ジットク 唐代の僧。→【寒山拾得(カンザンジットク)】(381ページ)

挐
手6(10) 4 1308 6310 ㊀ジョ(ヂョ)漢 魚 rú ㊁ダ漢 麻 ná

意味 ㊀❶ひっぱる。ひく。例 挐舟(ジョシュウ)(=舟を引く)。❷みだす。みだれる。㊁とらえる。つかむ。通拏(ダ)。

拯
扌6(9) 2 5746 62EF ショウ漢 ジョウ呉 迥 zhěng すく-う(すく-ふ)

意味 ❶(水から)すくい上げる。救助する。**すくう**。例 拯救(ジョウキュウ)。❷上にあげる。あげる。

【拯救】ジョウキュウ すくう。危険な状態から助ける。

拭
扌6(9) 1 3101 62ED 常用 ショク漢 シキ呉 職 shì ふ-く・ぬぐ-う(ぬぐ-ふ)

筆順 扌 扌 扌 扩 拭 拭 拭

なりたち [形声]「扌(=て)」と、音「式(ショク)」とから成る。汚れをぬぐう。

意味 汚れやくもりを布などでこすりとってきれいにする。**ふく**。**ぬぐう**。例 清拭(セイシキ)。払拭(フッショク)。

古訓 中古 きよし・のごふ・はく 中世 きよし・きよむ・のごふ 近世 いさぎよし・きよむる・のごふ・ふく

【拭浄】ショクジョウ ぬぐい清める。害悪をとりのける。

【拭払】ショクフツ ぬぐいとる。払拭(フッショク)。

【拭目】ショクモク 目をぬぐって注意深く見る。よく見ること。

拵
扌6(9) 2 5747 62F5 ソン漢 元 cún こしら-える(こしら-ふ)

意味 すわりがよいように置く。すえる。

日本語での用法《**こしらえる**》「物(もの)を拵(こしら)える・顔(かお)を拵(こしら)える・理由(リユウ)を拵(こしら)えて辞退(ジタイ)する」▼つくる。また、かまえる。もうける。見せかける。かざる。

拿
手6(10) 2 5729 62FF ダ漢 ナ呉 麻 ná ひ-く・つか-む

[拏] 手5(9) 2 5728 62CF 本字。

意味 ❶とらえる。**つかむ**。例 拿捕(ダホ)。❷ひっぱる。**ひく**。通挐(ジョ)。❸欧米語の「ナ」の音訳。例 拿破崙(ナポレオン)。

【拿捕】ダホ 不法に侵入したり、法律に違反したりした他国の船をとらえる。

挃
扌6(9) 4 1306 6303 チツ漢 質 zhì

意味 ❶「挃挃(チツチツ)」は、イネを刈る音。❷手でたたく。つく。

挑
扌6(9) 1 3609 6311 常用 ㊀チョウ(テウ)漢 篠 tiǎo ㊁チョウ(テウ)漢呉 蕭 tiāo ㊂トウ(タウ)漢 豪 táo いどむ

筆順 扌 扌 扌 扌 扌 挑 挑 挑 挑

なりたち [形声]「扌(=て)」と、音「兆(チョウ)」とから成る。かきみだす。

意味 ㊀❶(戦いなどを)けしかける。誘いかける。**いどむ**。例 挑戦(チョウセン)。挑発(チョウハツ)。❷ひっかけて起こす。かきたてる。かかげる。例 孤灯挑尽未レ成レ眠(コトウかかげつくしていまだねむりをなさず)(=一本のともしびの灯心をかきたてつくすほど夜が更けてもまだ眠れない)〈白居易・長恨歌〉挑灯(チョウトウ)。❸ほじくりだす。あばく。例 以挑二其悪一(もってそのアクをあばく)(=欠点をほじくりだす)〈韓非・説難〉㊁❶肩にひっかけてかつぐ。になう。例 挑担(チョウタン)(=肩にかつぐ)。❷えらぶ。とる。❸軽薄で浮ついている。うすい。通佻(チョウ)。㊂⇩【挑達(タットウ)】

古訓 中古 あぐ・いとなむ・いどむ・かいかへす・かかぐ・かきあぐ・くじる・くだく・くびる・たすく・とる・はらふ・めぐる・をさむ 中世 いどむ・かかぐ・かかぐる・くじる・とる・めぐらす・をさむ 近世 いどむ・かかぐ・かろがろし・たはぶる・とる・になふ・もてあそぶ・ゆきかふ・をどる

【挑戦】チョウセン ①たたかいをしかける。例 —的な態度。—を受ける。②日 新しいことや困難なことなどに進んで立ち向かう。例 記録に—する。新しい分野に—する。

【挑灯(燈)】㊀チョウトウ（ともしびをかかぐ）灯心をかきたてる。ともしびをかかげて明るくする。㊁チョウチン 日 提灯(チョウチン)。

【挑発】チョウハツ 相手をわざと刺激して、求める反応を起こさせる。しかける。例 —的行動。—に乗る。

【挑達】タットウ ①行ったり来たりするさま。また、互いによく会うさま。②軽はずみであるさま。

拼
扌6(9) 3 8475 62FC ピン慣 ヘイ漢 庚 pīn

意味「拼音(ピンイン)」は、中国語をローマ字で表音化したもの。

参考 岩拼(いわはえ)(=姓)。拼積(はえづみ|はいづみ)。→捧(ホウ)(575ページ)

[挘]
扌6(9) ⇩毟(むしる)(739ページ)

挊
扌6(9) 3 8476 630A ロウ漢 送 nòng

意味 もてあそぶ。通弄(ロウ)。

参考 挊田(かせだ)(=姓)。挊信(かせのぶ)(=岡山県の地名)。

挨
扌7(10) 1 1607 6328 常用 アイ漢 蟹 āi お-す

筆順 扌 扌 扌 扌 扌 挨 挨 挨

なりたち [形声]「扌(=て)」と、音「矣(イ→アイ)」とから成る。背を撃つ。

意味 ❶後ろから押す。また、押し合いをする。**おす**。例 挨拶(アイサツ)。❷たよる。❸順序にしたがって。ついで。

古訓 中古 あつむ・おす・たぐひ・やから 中世 おす・さづく 近世 うつ・おこたる・おす・せおふ・せまる

【挨拶】アイサツ ①人が多数集まって、押し合うさま。②(仏)禅僧が探りの問いかけをする。問答をいどむ。③日 人と会ったとき、決まったことばや動作をかわして親愛の気持ちを示し合う。例 朝の—。④日 儀礼としてのことばを、述べたり通知したりする。例 —状を配る。就任の—。時候の—。⑤日 応答する。例 —のしようがない。ご—だな(=反語で、「失礼な言い方だな」の意)。⑥日 仲介。仲裁。調停。例 —は時の氏神(うじがみ)。

【挨次】アイジ 順々に進む。

捙
扌7(10) 4 1319 6359 エイ漢 霽 yè

意味 引く。参考 一説に「拽(エイ)」の誤字。難読 捙(てぐるま)

捐
扌7 (10) ②5748 6350

エン(ヱン) 漢 呉 先 juān
す-てる(す-つ)

意味 ❶持っていたものを手放す。とりのぞく。**すてる**。例 捐棄(エンキ)。❷私財を手放して人を助ける。与える。例 義捐金(ギエンキン)。

【捐官】(エンカン) 金銭や財物で官職を手に入れる。また、そうして得た官職。

【捐館】(エンカン) 〔住んでいた館(たやか)を捐(す)てて去る意〕死去すること。「死」という語を避けて使う。類 捐館舎・捐舎。

【捐棄】(エンキ) 捨てる。見捨てる。無償で手放す。

【捐金】(エンキン) お金を寄付すること。また、その寄付金。義捐金。

【捐▼軀】(エンク) (国や正義に)命をささげる。捐身。

【捐身】(エンシン) ①命を落とす。②「捐軀(エンク)」に同じ。

【捐生】(エンセイ) 命を捨てる。

【捐▼瘠】(エンセキ) 飢え死にする。

捍
扌7 (10) ②5750 634D

カン 漢 翰 hàn
こば-む・まも-る

意味 ❶さえぎる。**こばむ**。通 扞(カン)。❷侵されないように、くいとめる。ふせぐ。**まもる**。通 扞(カン)。例 捍衛(カンエイ)(=ふせぎまもる)。❸かたく丈夫なさま。❹勇猛なさま。通 悍(カン)。

捄
扌7 (10) ④1316 6344

一 ク 漢 虞 jū
二 キュウ(キウ) 漢 尤 qiú
三 キュウ(キウ) 漢 宥 jiù

意味 一 土をかき集めて盛る。あつめる。二 匙(さじ)が細長いさま。三 すくう。通 救。

[挾]
扌7 (10)

⇩ 挟(キョウ) (558ページ)

捃
扌7 (10) ③8479 6343

クン 漢 問 jùn
と-る・ひろ-う(ひろ-ふ)

意味 ひろい集める。**ひろう**。**とる**。例 捃摭(クンセキ)。

【捃▼摭】(クンセキ) ひろい集める。類 捃採(クンサイ)・捃拾(クンシュウ)。

捂
扌7 (10) ―― 6342

ゴ 漢 遇 wǔ
さか-らう(さか-らふ)

意味 ❶そむく。**さからう**。通 牾(ゴ)。例 抵捂(テイゴ)。❷しっかりと押さえる。ふさぐ。

捁
扌7 (10) ④1315 6341

コウ(カウ) 漢 巧 jiǎo

意味 かきみだす。通 攪(コウ)。参考 捁石(いしはね)(=姓)。

捆
扌7 (10) ―― 6346

コン 漢 呉 阮 kǔn

意味 ❶たたいて堅くする。たたく。例 捆屨(コンク)(=麻などをたたいて、くつを作る)。❷しばる。通 梱(コン)。例 捆縛(コンバク)(=縄でしばる)。

挲
手7 (11) ④1311 6332

サ 漢 歌 suō

意味 手でなでる。さする。例 摩挲(マサ)(=なでる。こする)。

挫
扌7 (10) ①2635 632B 常用

サ 漢 ザ 呉 箇 cuò
くじ-く・くじ-ける(くじ-く)

筆順 扌 扌 扌 扌 扌 挫 挫

なりたち 〔形声〕「扌(=て)」と、音「坐(サ)」とから成る。くじく。

意味 ❶へしおる。くだく。**くじく**。例 捻挫(ネンザ)。❷途中で勢いを失う。**くじける**。例 挫折(ザセツ)。頓挫(トンザ)。❸おさえつける。はずかしめる。**くじく**。例 久挫二於刀筆之前一(ひさしくトウヒツのまえにくじかる)(=長い間、記録官の前ではずかしめられた)。〈漢書・陳湯伝〉

古訓 中古 おさふ・くじく・くだく・とりしばる・とりひしぐ・ひしぐ・もぐ・をる 中世 くだく・とりひさぐ・とりひしぐ・はさむ 近世 くじく・くだく・とりひしぐ・をる

【挫▼衄】(ザジク) (戦いに)くじけて敗れる。

【挫傷】(ザショウ) ①くじけ、きずつく。②打ったり転んだりしたとき、皮下組織がきずつく。また、そのきず。打ち身。例 脳―。

【挫折】(ザセツ) ①くじかれ、おれる。②仕事や計画が途中でだめになる。例 事業は半ばで―した。③失敗して、気力を失う。例 ―感を味わう。―を知らない若者。

【挫北】(ザボク) 戦いに敗れて逃げる。敗戦。

捎
扌7 (10) ④1317 634E

ソウ(サウ) 漢
ショウ(セウ) 呉 肴 shāo

意味 ❶かすめとる。とる。例 捎星(ショウセイ)(=星に手がとどくほど高いさま)。❷手ではらう。はらう。

振
扌7 (10) ①3122 632F 常用

一 シン 漢 呉 震 zhèn
二 シン 漢 呉 真 zhēn
ふる・ふり・ふるう(ふる-ふ)・ふれる(ふ-る)

筆順 扌 扌 扌 扌 扌 扌 振

なりたち 〔形声〕「扌(=て)」と、音「辰(シ)」とから成る。たすける。ふるいおこす。

意味 一 ❶ふりうごかす。**ふるう**。ふるえる。ふるわす。例 振動(シンドウ)。振鈴(シンレイ)。❷ふるいおこす。**ふるう**。例 振興(シンコウ)。❸困っている人を助ける。危機から救う。すくう。通 賑(シン)。例 振二貧窮一(ヒンキュウをすくう)(=貧しい者を助ける)。〈韓非・外儲説右上〉❹整備する。ととのえる。例 修レ徳振レ兵(トクをおさめヘイをととのう)(=徳をみがき、軍隊を整備する)。〈史記・五帝紀〉❺いにしえ。また、はるか。例 振古(シンコ)。二 ⇩【振振】(シンシン)

日本語での用法 一《ふり》①「身振(みぶ)り・人(ひと)の振(ふ)りを見(み)てわが振(ふ)り直(なお)す・知(し)らん振(ふ)り」▼ふるまい。ようす。動作。しぐさ。②「名刀(メイトウ)一振(ひとふ)り」▼刀や剣を数えることば。③「一年(イチネン)振(ぶ)り・十日(とおか)振(ぶ)りの雨(あめ)」▼時間の経過をあらわすことば。二《ふる》「役(ヤク)を振(ふ)る」▼分け与える。わりあてる。

古訓 中古 うごく・おこす・おこる・すくふ・すつ・ととのふ・にぎはふ・のぶ・ひらく・ふるふ・むくふ・より・よる・をさむ 中世 うごく・すくふ・ととのふ・ひらく・ふり・ふるふ・をさむ 近世 あぐる・あつし・うごく・さく・すくふ・とし・ととのへる・とどまる・ふるふ・をさむる

人名 おさむ・のぶ

【振衣】(シンイ) ①衣服をふるって、ちりを払う。②世のちりから逃れて志を高くもつ。

【振起】(シンキ) ふるいおこす。元気を出す。振挙。振作。

【振救】(シンキュウ) 金銭や物品を施して援助する。振恤(シンジュツ)。類 振済(シンサイ)。

【振窮】(シンキュウ) 貧しい人々に施しをして救う。

【振挙】(シンキョ) 「振起(シンキ)」に同じ。

【振恐】(シンキョウ) 震えあがって恐れる。震恐。例 色変振恐(いろへんじシンキョウす)(=顔色が変わって震え恐れる)。〈史記・刺客伝・荊軻〉

【振古】(シンコ) ①大昔。太古。②昔から。例 ―未曽有(ミゾウ)。

【振興】(シンコウ) ものごとをさかんにする。例 産業を―する。

【振作】(シンサク|シンサ) 「振起(シンキ)」に同じ。

【振▼恤】【振▼卹】(シンジュツ) 「振救(シンキュウ)」に同じ。

【振振】(シンシン) ①さかんなさま。②信義の厚いさま。③情け深く心のあたたかいさま。④群れをなして飛ぶさま。⑤思いあがって得意になっているさま。

【振張】(シンチョウ) 日 威力をのばし広げる。伸張。

【振動】(シンドウ) ①両手を打ち合わせる拝礼。②ふるいうごかす。

ふるいうごく。例 振動従服（シンドウジュウフクす）（＝《民衆はことごとく》ふるいたって服従する）。〈荀子・正論〉③〔物〕物体の位置や電流の方向・強さなどが、ある範囲のなかで周期的に変化する。例 ―数。弦の―。

【振徳】（シントク）金銭や物品を施す。

【振怖】（シンプ）震え恐れる。震怖。

【振幅】（シンプク）振動している物体の、静止位置から最も遠い位置までの距離。例 ふりこの―が大きい。

【振旅】（シンリョ）①軍隊の隊列を整えて凱旋（ガイセン）する。②軍隊を訓練する。

【振鈴】（シンレイ）合図のためにすずを鳴らすこと。また、そのすず。

【振▼鷺】（シンロ）①群れ飛ぶサギ。②サギの白さのように清廉潔白な人物のたとえ。〈揚雄・劇秦美新〉

●発振（ハッシン）・不振（フシン）

挻
扌7（10）　4 1313 633B　セン 漢 先 shān

意味 ❶ひきのばす。❷うばいとる。とる。❸こねてやわらかくする。こねる。うつ。通 埏（セン）。例 挻埴（センショク）（＝粘土をこねる）。

搜
扌7（10）　1 3360 635C　常用　ソウ（サウ）慣　シュウ（シウ）漢 尤 sōu　さがす

［搜］扌9（12）　2 5751 641C　人　旧字体。

筆順 扌 扌 扌 扣 押 押 搜 搜

なりたち ［形声］「扌（＝て）」と、音「叟（ソウ→シュウ）」とから成る。多い。また、さがしもとめる。

意味 手さぐりでさがす。さがしもとめる。さぐる。さがす。例 捜査（ソウサ）。捜索（ソウサク）。

古訓 中古 あさる・あなぐる・さぐる・もとむ 中世 あさる・あなぐる・あなどる・えらぶ・さぐる・もとむ 近世 あつむ・うごく・かきみだす・かぞふる・とし・もとむ

【捜検】（ソウケン）「捜査（ソウサ）①」に同じ。

【捜査】（ソウサ）①さがし調べる。捜検。②〔法〕公訴のため、国家の機関が犯人や証拠をさがし集める。例 ―本部。

【捜索】（ソウサク）①さがしもとめる。例 ―隊。遭難者を―する。②〔法〕犯人や証拠物件を発見するため、国家の機関が人や家などを強制的に調べる。例 家宅―する。

【捜討】（ソウトウ）①〔「討」は、尋ねる意〕尋ね求める。②調べ出してよく検討する。

【捜羅】（ソウラ）①〔「羅」は、網の意〕（網を張ったように）残らずさがして集める。②見回り捜査をする。

挿
扌7（10）　1 3362 633F　常用　ソウ（サフ）漢 洽 chā　さす・はさ-む

［揷］扌9（12）　2 5771 63D2　旧字体。

［插］扌9（12）　4 1328 63F7　別体字。

筆順 扌 扌 扌 扩 扦 插 挿 挿

なりたち ［形声］「扌（＝て）」と、音「臿（ソウ）」とから成る。さしこむ。

意味 ❶すきまにさしいれる。さしこむ。さしはさむ。さす。例 挿入（ソウニュウ）。挿話（ソウワ）。❷地面にさしこんで土を起こす農具。すき。

古訓 中古 さしはさむ・はさむ 中世 さしはさむ・すき 近世 さしいれる・さしはさむ・さす・すき・すく・になふ

【挿花】（ソウカ）①髪に花をさす。②日 生け花。生花（セイカ）。

【挿▼秧】（ソウオウ）田に苗を植える。

【挿架】（ソウカ）①書架に書物を収める。また、蔵書。②竹製の棚。

【挿画】（ソウガ）日 文章にそえた絵。類 挿絵（さしエ）。

【挿入】（ソウニュウ）あいだにはさみこむ。さしいれる。例 ―句。

【挿話】（ソウワ）日 ひとつづきの文章や談話のなかにさしはさんだ短い話。エピソード。逸話。

捉
扌7（10）　1 3410 6349　常用　ソク 慣　サク 漢 呉 覚 zhuō　とらえる（とら-ふ）・つか-まえる（つか-まふ）

筆順 扌 扌 扌 扣 扣 捉 捉 捉

なりたち ［形声］「扌（＝て）」と、音「足（ソク→サク）」とから成る。手でつかむ。

意味 ❶しっかりにぎる。つかむ。とる。例 捉筆（ソクヒツ）（＝筆をとる。書く）。把捉（ハソク）（＝つかまえる）。❷つかまえる。とらえる。例 捕捉（ホソク）。

古訓 中古 いたる・からむ・とらふ・とる 中世 つかむ・とらふ・とらゆる・とる・にぎる 近世 うながす・からめる・つかむ・とらへる・にぎる

【捉生】（ソクセイ）（セイをとらう）いけどりにする。捕虜にする。

【捉髪】（ソクハツ）為政者が賢者を求める気持ちが強いことのたとえ。吐哺捉髪（トホソクハツ）。→【吐哺握髪】（トホアクハツ）（230ページ）

挼
扌7（10）　4 1314 633C　ダ 漢 歌 ruó

意味 両手でもみくだく。もむ。例 挼挲（ダサ）（＝もむ）。

難読 挼葉沢（たらばさわ）（＝宮城県の地名）

［捊］扌7（10）⇩抽（チュウ）（553ページ）

捗
扌7（10）　1 3629 6357　常用　チョク 漢 職 zhì　はかど-る・はか

［涉］扌8（11）　――　俗字。

筆順 扌 扌 扌 扌 拈 拼 拼 捗

なりたち ［形声］「扌（＝て）」と、音「陟（チョク）」の省略体とから成る。打つ。

意味 打つ。たたく。

日本語での用法 《チョク》《はか》《はかどる》「進捗（シンチョク）・捗（はか）が行く・仕事（しごと）が捗（はかど）る」▼仕事などが順調にすすむ。すすみぐあい。〔「陟（チョク）（＝のぼる。すすむ）」ととりちがえて使われるようになったもの〕

古訓 近世 うつ・たたく・をさむる・をさめる

人名 おさむ

挺
扌7（10）　1 3682 633A　人　チョウ（チャウ）慣　テイ 漢 迥 tǐng　ぬ-く

なりたち 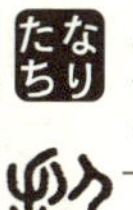［形声］「扌（＝て）」と、音「廷（テイ）」とから成る。抜く。

意味 ❶ひきぬく。ぬく。例 挺レ剣而起（ケンをぬきてたつ）（＝剣を抜いて立ちあがる）。〈戦国策・魏四〉❷ずばぬけて、すぐれる。抜きん出る。例 挺抜（テイバツ）（＝ずばぬける）。❸自らすすんで、抜け出る。例 挺身（テイシン）。❹生み出す。はやす。例 旁挺二竜目一（かたわらにリュウモクをテイす）（＝そばに竜眼《＝植物の名》がはえている）。〈左思・蜀都賦〉❺ゆるめる。例 挺二重囚一（ジュウシュウをゆるくす）（＝重罪の囚人の刑をゆるめる）。〈呂覧・仲夏〉❻まっすぐにする。例 不二復挺一（またテイせず）（＝二度とまっすぐにならない）。〈荀子・勧学〉挺直（テイチョク）（＝まっすぐ）。❼銃・刃物・墨など、まっすぐなものを数えることば。例 鉄砲十挺（ジッテッポウ）。❽棍棒（コンボウ）。通 梃（テイ）。例 白挺（ハクテイ）（＝大きな棍棒）。

古訓 中古 いづ・うごかす・すくふ・たすく・なだむ・ぬきいづ・ぬく・ひく・ゆるす 中世 えだ・ぬく・ぬけでたり・よろこぶ 近世 ただし・たもつ・ぬく・ぬけいづる・ゆるうす
人名 ただ・なお・もち
【挺傑】テイケツ 抜きん出てすぐれている。傑出。類 挺秀。
【挺出】テイシュツ ①能力が抜きん出ている。②植物が生え出る。
【挺身】テイシン ①身を投げ出して行動する。例 挺レ身而闘みをテイしてたたかう(＝身の危険を省みず戦う)。〈蘇軾・留侯論〉 ②ひとり脱出する。
【挺進】テイシン 多数の中から抜け出して先にすすむ。
【挺然】テイゼン 多くのものより抜きん出てすぐれているさま。
【挺特】テイトク おおぜいの中で、才能がとび抜けてすぐれている。
類 挺抜・挺立。

[𢭏] 扌7(10) ⇩搗トウ(578ページ)

捏
扌7(10) 2 5752 634F
ネツ 慣 デツ 漢 屑 niē
こ-ねる(こ-ぬ)・つく-ねる(つく-ぬ)

意味 ❶手でつまむ。土をこねてものを作る。こねる。例 捏塑ネツソ(＝こねて、立体のものを作る)。❷事実でないことを作りあげる。こじつける。例 捏造ネツゾウ。捏デッち上あげる。
【捏造】ネツゾウ―デツゾウ ①土などをこねてものを作る。②実際はありもしないことを、事実であるかのように作りあげる。でっちあげ。

捌
扌7(10) 1 2711 634C
ハツ 漢 ハチ 呉 黠 bā
さば-き・さば-く・さば-ける(さば-く)・は-ける(は-く)

意味 ❶二つにわける。引きわける。❷農具の名。歯のない土ならし。❸「八」の大字ダイジ。商売や契約の文書で、数字を書きかえられないように使う。
日本語での用法 《さばき》《さばく》「包丁ホウチョウ捌さばき・手綱たづなをたくみに捌さばく・在庫品ザイコヒンがきれいに捌さばける・捌さばけた人ひと」▼整理する。始末する。うまくあつかう。ものわかりがいい。

挽
扌7(10) 1 4052 633D 人
バン 漢 阮 wǎn
ひ-く

[挽] 扌8(11) ――俗字。

なりたち  [形声]本字は「輓」で、「車(＝くるま)」と、音「免ベン→バン」とから成る。車を引く。

意味 ❶ひっぱる。ひく。通 輓バン。例 挽引バンイン(＝ひく)。❷ひつぎを乗せた車をひく。死者を悼む。通 輓バン。例 挽歌バンカ。❸ひきもどす。たてなおす。例 挽回バンカイ。
古訓 中古 ひく・ゆみひく 中世 ひく 近世 ひく
日本語での用法 《ひく》「木挽こびき・ろくろで挽ひく」▼前後・回転の、動作・作用で仕事をする。
【挽歌】バンカ ①昔、中国で葬式のとき、柩ひつぎをのせた車を挽ひく人が歌った歌。②人の死を悲しむ歌。輓歌バンカ。
【挽回】バンカイ 失ったものを取り返す。もとの状態にもどす。回復。例 名誉を―する。

捕
扌7(10) 1 4265 6355 常用
ホ 漢 ブ 呉 遇 bǔ
とらえる(とら-ふ)・とらわれる(とらは-る)・とる・つかまえる(つか-まふ)・つかまる

筆順 

なりたち  [形声]「扌(＝て)」と、音「甫フ→ホ」とから成る。取る。

意味 逃げるものを追いかけて、とりおさえる。とらえる。つかまえる。例 捕レ魚為レ業ぎょをとらうるをギョウとなす(＝魚をつかまえるのを生業とする)。〈陶淵明・桃花源記〉 捕獲ホカク。捕鯨ホゲイ。逮捕タイホ。
古訓 中古 とらふ・とる 中世 とらふ・とらへる・とらゆる・とる 近世 おふ・とらへる・とる
【捕影】【捕景】ホエイ 影かげをとらう(実体のないものをとらえるということから)とりとめがなく、あてにならないもののたとえ。
【捕獲】ホカク ①つかまえる。とらえる。②戦時に、交戦国の船舶などを取り押さえること。
【捕鯨】ホゲイ クジラをとること。例 ―船団。
【捕殺】ホサツ とらえて殺す。例 ネズミを―する。
【捕治】ホジ―ホチ 罪人をとらえて取り調べる。
【捕手】ホシュ 日 野球で、投手からの投球を受け、また本塁を守る選手。キャッチャー。
【捕縄】ホジョウ 日 犯人の逮捕などのときに用いるなわ。とりなわ。
【捕食】ホショク 生物が他の種シュの生物をとらえて食べる。
【捕捉】ホソク つかまえる。とらえる。例 状況を―する。
【捕縛】ホバク つかまえてしばる。例 犯人を―する。
【捕亡】ホボウ 逃げる者をとらえる。逮捕。
【捕吏】ホリ 罪人をとらえる役人。
【捕虜】ホリョ 戦争で敵にとらえられた人。とりこ。俘虜フリョ。

挹
扌7(10) 3 8478 6339
ユウ(イフ) 漢 緝 yì

意味 ❶(水などを)くみとる。くむ。例 挹水ユウスイ(＝水をくむ)。❷ひっぱる。ひく。❸両手を胸の前で組み合わせて、挨拶アイサツする。こまぬく。通 揖ユウ。❹しりぞける。おさえる。例 挹損ユウソン。挹退ユウタイ(＝へりくだる)。
【挹損】ユウソン ①抑える。減らす。②気持ちを抑えてへりくだる。③抑えつける。さげすむ。
【挹注】ユウチュウ 水をくんで、そそぎ込む。

[捩] 扌7(10) ⇩捩レイ(572ページ)

挵
扌7(10) 4 1312 6335
ロウ 漢 送 nòng
せせ-り・せせ-る

意味 もてあそぶ。通 弄ロウ。
日本語での用法 《せせる》「歯はを挵せせる」▼ほじる。つつく。

[捞] 扌7(10) ⇩撈ロウ(583ページ)

掖
扌8(11) 2 5753 6396
エキ 漢 陌 yè
わきばさ-む・たす-ける(たす-く)

意味 ❶人の腕をひっぱる。一説に、わきにかかえる。わきばさむ。例 掖以赴レ外わきばさみてもってそとにおもむく(＝腕をひっぱって外に放り出す)。〈左伝・僖三五〉 ❷わきの下に手をそえるようにして、ささえる。たすける。例 誘掖ユウエキ(＝導きたすける)。❸わきの下。わき。通 腋エキ。例 狐掖コエキ(＝キツネのわきの下の毛で作った毛皮)。❹両わきにあるもの。例 掖門エキモン。
【掖垣】エキエン ①宮殿のそばの土塀。②唐代、左掖(＝門下省)と右掖(＝中書)のこと。のち、中央官庁をいう。
【掖庭】【掖廷】エキテイ 宮殿わきの皇妃や宮女の住む殿舎。後宮。また、そこを管理する役所。
【掖門】エキモン 大門の左右にある小門。
【掖誘】エキユウ 人を導き助ける。誘掖。

掩
扌8(11) 1 1770 63A9
エン(エム) 漢 呉 琰 yǎn
おお-う(おほ-ふ)

意味 ❶手でさえぎってかくす。おおう。ふさぐ。とじる。例 君王掩レ面クンノウおもてをおおう(＝皇帝は顔をおおいかくした)。〈白居易・長恨歌〉 掩蓋エンガイ。掩耳エンジ。掩蔽エンペイ。❷かくまう。かばう。おおう。

例 掩護(ゴエン)。❸おさえつける。あなどる。例 掩人(エンジン)(=人をあなどる)。❹とまる。やむ。例 室人和則謗掩(シツジンワすればすなわちそしりやむ)(=家族が仲良くすれば悪口はとまる)。〈班昭・女誡〉❺急におそいかかる。つかまえる。おそう。例 掩襲(エンシュウ)。

【掩▼翳】(エンエイ) おおい隠す。

【掩咽】(エンエツ) 顔をおおって、むせび泣く。掩泣。

【掩蓋】(エンガイ) ①上をおおう。また、おおうもの。②日 戦場の陣地や塹壕(ザンゴウ)の上部にかぶせる、おおい。

【掩泣】(エンキュウ) 「掩咽(エンエツ)」に同じ。

【掩護】(エンゴ) ①おおって守る。②敵の攻撃から味方を守る。例 ―射撃。表記 ②は 現 援護

【掩耳】(エンジ) 一(みみをおおう) 耳をおさえて聞かないようにする。

【掩襲】(エンシュウ) 敵の不意をついて襲撃する。類 掩撃。

【掩塞】(エンソク) おおいふさぐ。類 掩閉(エンペイ)。

【掩蔽】(エンペイ) ①おおいかくす。わからないようにする。例 ―工作。過失を―する。②日 天体が他の天体をかくす現象。特に、月が恒星をかくすことをいう。星食。

【掩門】(エンモン) 一(モンをおおう) 門をとじる。

【掩有】(エンユウ) (領土などを)あわせもつ。奄有(エンユウ)。

【掩抑】(エンヨク) おしとどめる。

[掴] 扌8 (11) ⇩摑(カク)(579ジペー)

掛 扌8 (11)

1 1961 639B 常用

カ(クヮ)慣 カイ(クヮイ)漢 卦 guà

かけ・かける(か-く)・かかる・かかり

筆順 一 十 扌 扌 扌 挂 掛

なりたち [形声]「扌(=て)」と、音「卦(カイ)」とから成る。手で、かける。

意味 ひっかけてつり下げる。ひっかかる。**かける**。**かかる**。通 挂(カ)。例 掛冠(カイカン)。

日本語での用法 一《**かかる**》《**かける**》「心配(シンパイ)を掛(か)ける・金(かね)を掛(か)ける・願(ガン)を掛(か)ける・腰(こし)を掛(か)ける・電話(デンワ)を掛(か)ける」▼作用させる。作用する。関係させる。消費させる。二《**かかり**》「掛員(かかりイン)・出札掛(シュッサツがかり)」▼特定の仕事・役目を受けもつ人。三《**かけ**》「掛(か)け売(う)り・八掛(ハチがけ)け(=二割引き)・掛(か)け値(ね)なし・書(か)き掛(か)け・掛(か)けそば」▼名詞「かけ」に広くあてる。

古訓 中古 かかる・かく・かけまくも・かく 中世 かかる・かく・かくる・かけまくも・かける 近世 あはする・かける・はさむ・わかつ

【掛冠】(カイカン/カカン) 〔定められた役職のかんむりをぬいで柱などにかける意〕官職をやめる。挂冠(カイカン/ケイカン)。

掎 扌8 (11)

2 5754 638E

キ漢 紙 jǐ

ひ-く

[掎] 扌9 (12)

4 1325 22C24

俗字。

意味 ❶片足をつかんでひっぱる。ひきとめる。後方から牽制(ケンセイ)する。**ひく**。例 掎掣(キセイ)(=ひきとめる)。掎角(キカク)。❷引き金をひく。発射する。**ひく**。例 機不二虚掎一(キはむなしくはひかず)(=引き金は無駄にひかない)。〈班固・西都賦〉❸つまみとる。指摘する。例 掎摭(キセキ)。

【掎角】(キカク) 敵を前後からはさんで攻める。〔シカを捕獲するとき、後ろから足をひっぱるのを「掎」、前からつのをつかむのを「角」という〕〔〈左伝・襄一四〉から〕

【掎▼摭】(キセキ) 〔「摭」は、拾う意〕①引き寄せて拾う。②指摘する。

掬 扌8 (11)

1 2137 63AC 人

キク漢 呉 屋 jū

すく-う(すく-ふ)・むす-ぶ

[匊] 勹6 (8)

4 0344 530A

本字。

なりたち 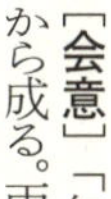 [会意]「勹(=つつむ)」と「米(=こめ)」とから成る。両手に在る。

意味 両手ですくいとる。**すくう**。例 掬水(キクスイ)。一掬(イッキク)(=両手でひとすくいするほど。また、わずか)。

古訓 中古 つづまる・つづむ・とる・にぎる・はかる・むすぶ・ゆふ 中世 すくふ・とる・にぎる・むすぶ 近世 すくふ・つまむ・とる・にぎる

【掬飲】(キクイン) 両手ですくって飲む。

【掬水】(キクスイ) 水を両手ですくいあげること。また、すくいあげた水。例 月、―の中(うち)に在り。

掀 扌8 (11)

2 5755 6380

キン漢 文 ケン漢 元 xiān

あ-げる(あ-ぐ)・かか-げる(かか-ぐ)

意味 ❶手で高く持ち上げる。**かかげる**。**あげる**。❷かぶせてあるものをとりのける。めくる。❸わき上がる。さかまく。上がる。

【掀天】(キンテン/テンにあがる) (波などが)空高く上がる。

掘 扌8 (11)

1 2301 6398 常用

一クツ漢 物 jué 二コツ漢 月 kū

ほる

筆順 一 十 扌 扩 扩 掘 掘 掘

なりたち 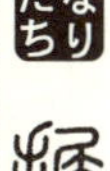 [形声]「扌(=て)」と、音「屈(クツ)」とから成る。ほる。

意味 一❶けずりとって、穴をあける。埋まっているものをほりだす。**ほる**。例 掘削(クッサク)。採掘(サイクツ)。発掘(ハックツ)。❷つきはてる。つきる。通 屈。例 虚而不レ掘(キョにしてつきず)(=からっぽだが、つきはてることがない)。〈老子・五〉❸突き出ているさま。通 崛(クツ)。例 掘起(クッキ)。二ほらあな。通 窟(クツ)。

古訓 中古 あばく・うがつ・くじる・にぎる・ほる 中世 あばく・うがつ・はらふ・ひらく・ほる 近世 うがつ・つぐ・つくす・ひらく・ほる

【掘起】(クッキ) そびえ立つ。抜きん出る。崛起(クッキ)。

【掘削】(クッサク) 日 土や岩をほりとって穴をあける。例 ―機。トンネルを―する。表記 旧 掘▼鑿

●採掘(サイクツ)・試掘(シクツ)・盗掘(トウクツ)・発掘(ハックツ)

掲 扌8 (11)

1 2339 63B2 常用

一ケイ慣 ケツ漢 ケチ・ケツ呉 月 jiē 二ケイ漢 霽 qì

かかげる(かか-ぐ)

[揭] 扌9 (12)

3 8483 63ED 人

旧字体。

筆順 一 十 扌 扌 扌 扌 掲 掲

なりたち  [形声]「扌(=て)」と、音「曷(カツ→ケ)」とから成る。高くあげる。

意味 一❶よく見えるように高くあげる。目立つように示す。また、手にもつ。**かかげる**。例 掲載(ケイサイ)。掲示(ケイジ)。掲揚(ケイヨウ)。❷あける。ひらく。**かかげる**。例 掲甕(ケイオウ)(=かめのふたを取る)。❸肩にかつぐ。になう。例 負レ匱掲レ篋(ひつをおいはこをになう)(=ひつを背負い、はこをかつぐ)。〈荘子・胠篋〉❹「掲掲(ケイケイ/ケツケツ)」は、㋐長く、高いさま。㋑揺れ動くさま。㋒すばやいさま。二衣服のすそをからげて川をわたる。例 浅則掲(あさければケイす)(=浅ければすそをからげてわたる)。〈詩経・邶風・匏有苦葉〉

古訓 中古 あらはる・いたる・いちしるし・おふ・たつ・とる・むさぼる・わたる 中世 あぐ・いちしるし・かかぐ・かかぐる 近世 あぐる・おふ・かかぐ・たつる

4画

[手(扌)] 8画▼ 掴 掛 掎 掬 掀 掘 掲

人名 なが

【掲暁】ケイギョウ（「暁」は、知らせる意）民衆に公表する。科挙（=官吏登用試験）の合格者を発表する。

【掲載】ケイサイ 日新聞や雑誌、または著作物に文章や写真などをのせる。例—誌。広告—料。

【掲示】ケイジ 多くの人に知らせるべきことを人目につくところにはり出す。また、その文書。

【掲出】ケイシュツ 目につきやすいように、かかげて示す。

【掲貼】【掲▼帖】ケイチョウ 文書を掲示する。

【掲揚】ケイヨウ 日旗などを竿さおや塔の上に高くかかげる。例国旗を—する。

●前掲ゼンケイ・別掲ベッケイ

捲

扌8(11) 1 2394 6372 人

一ケン(クェン)漢 銑 juǎn
二ケン(クェン)漢 先 quán
まーく・まくーる・まくーれる（まくーる）・めくーる・めくーれる

[捲] 扌9(12) 俗字。

なりたち  [形声]「扌(=て)」と、音「巻ケン」とから成る。気勢がある。借りて「まく」の意。

意味 一❶まるくまいて、おさめる。まきあげる。まく。通巻。例捲土重来ケンドチョウライ。席捲セッケン。❷つつみこむ。しまいこむ。おさめる。二❶にぎりこぶし。通拳ケン。❷⇩【捲捲】ケンケン

古訓 中古 かがまる・こぶし・にぎる・まく 中世 にぎり・まく・まくる 近世 かかぐる・はげむ・をさむる

【捲握】ケンアク 手中に巻きこむように握りしめる。

【捲捲】ケンケン 苦心して尽力するさま。

【捲土重来】ケンドチョウライ（つちをまきあげてかさねてきたる）一度敗れた者が勢力を盛り返して攻めてくること。巻土ケンド重来。例—を期す。

[捡] 扌8(11) ⇩撿ケン（583ジペー）

控

扌8(11) 1 2521 63A7 常用

コウ漢 送 kòng
ひかえる（ひかーふ）・ひかえ（ひかへ）

筆順 一 十 扌 扌 扌 扩 控 控 控

なりたち  [形声]「扌(=て)」と、音「空ウク→ウコ」とから成る。遠くのものを引いて近づける。

[手(扌)] 8画▼ 捲 捡 控 採 捨 捨

意味 ❶手前にひっぱる。ひく。例控弦ゲンウコ。❷ひきとどめる。おしとどめる。例控制。❸出かけていって、訴える。例控訴ソウコ。❹投げる。落ちる。例時則不レ至而控二於地一而已矣（ときにすなわちいたらずしてちになぐるのみ）(=ときには届かずに地面に落ちるだけだ)。〈荘子・逍遥遊〉

日本語での用法 一《コウ》「控除ジョウ」▼さし引く。とりのぞく。二《ひかえる》①「控ひかえ室シツ」▼準備して待つ。②「酒さけを控ひかえる」▼抑制する。少なめにする。③「手帳チョウに控ひかえる」▼書きとめる。

古訓 中古 うつ・おこる・おつ・なぶる・のごふ・ひく・ふる・ふれはふ・もちゐる 中世 うつ・おこる・なぶる・のごふ・ひく・ふる・もちゐる 近世 うつ・つぐる・はからふ・ひかへる・ひく

【控御】コウギョ【控▼馭】【控▼禦】ギョウ ウマを御するように、人をおさえつけて自由にさせない。控制。

【控弦】コウゲン ①弓のつるを引く。②弓を引く兵士。

【控除】コウジョ 日（計算の対象から）一定の金額を差し引く。例—額。必要経費を—する。表記 旧▼扣除

【控制】【控▼掣】コウセイ 動きをおさえる。

【控訴】コウソ ①うったえる。告発する。②日〔法〕一審の判決を不服として上級の裁判所に再審を求めること。〔二審の判決に対するものは「上告」という〕

採

扌8(11) 1 2646 63A1 教5

サイ漢呉 賄 cǎi
とる

筆順 扌 扌 扌 扌 扌 採 採

なりたち [形声]「扌(=て)」と、音「采イサ(=つみとる)」とから成る。手でつみとる。

意味 ❶指先でつまむ。とる。例採花サイカ(=花をつむ)。採摘テキサイ(=つみとる)。❷えらんで、とりこむ。あつめる。とる。例採集シュウサイ。採択タクサイ。採用ヨウサイ。

古訓 中古 えらぶ・つむ・とる・ひろふ・をさむ 中世 とる・もとむ 近世 つむ・とる

人名 もち

【採掘】サイクツ 石炭・石油や金・銀など有用な鉱物をほりだす。採鉱。例石炭の—場。

【採血】サイケツ 検査や献血のために、からだから血液をとる。

【採決】サイケツ 日議案を成立させるかどうか、投票・挙手などの方法できめる。例委員会で—する。

【採光】サイコウ 日室内に日光をとり入れる。例天窓から—する。

【採鉱】サイコウ 鉱石を掘りだす。採掘。

【採算】サイサン 日商売や事業で、収入と支出を引き合わせて利益が出ること。例—割れ。—が合う。—がとれない。

【採取】サイシュ 研究・調査に必要なものを集める。例指紋—。標本用の植物—。

【採拾】サイシュウ ①とり集める。採集。②たきぎをとり、木の実をひろう。貧乏な生活をいう。

【採集】サイシュウ 調査や研究の資料になるものを、広くあつめる。例昆虫—。昔話の—。

【採薪▼之憂】サイシンのうれい・サイシンのユウ ⇩【采薪之憂】サイシンのうれい（845ジペー）

【採寸】サイスン 日服をつくるとき、身体の寸法をはかる。例スーツの—。

【採石】サイセキ 鉱石を採取したり、石材を切り出したりする。

【採▼摭】サイセキ（「摭」は、拾う意）拾いとる。采摭サイセキ。

【採草】サイソウ 家畜の飼料や、肥料にするため、草を刈りとる。

【採択】サイタク いくつかの同類のものの中から、選びとる。例決議案を—する。

【採炭】サイタン 石炭を採掘する。例—量。

【採点】サイテン 日ある基準にそって点数をつける。

【採納】サイノウ 意見を受け入れる。采納サイノウ。

【採否】サイヒ 採用するかしないかということ。例—の決定。

【採訪】サイホウ 資料を集めるために、あちらこちらをおとずれて調べる。

【採油】サイユ ①石油を採掘する。②ナタネ・ゴマなどからあぶらをしぼりとる。

【採用】サイヨウ ふさわしい人物・案・方法を選んで、使うように決める。例新人を—する。提案を—する。

【採▼蓮】サイレン ①ハスの実をとる。②楽府ガフ題の一つ。男女の相愛を歌った詩が多い。

【採録】サイロク 文書に記録したり、録音・録画したりする。例講演の主旨を—する。民話を—する。

捨

扌8(11) 1 2846 6368 教6

シャ漢呉 馬 shě
すてる（すーつ）

[捨] 扌8(11) 旧字体。

筆順 扌 扌 扲 扲 拴 捨 捨 捨

なりたち 【形声】「扌(=て)」と、音「舍シャ」とから成る。解きはなす。

意味 ❶手放して、ほうっておく。やめる。**すてる**。㋟取。例取捨シュシャ。❷お金や品物を手放し、差し出す。ほどこす。例喜捨キシャ。施捨シシャ。❸ゆるす。釈放する。㋟舍。❹とどまる。やすむ。㋟舍。

古訓 中古 おく・すつ・とく・はなつ・やめて・わする 中世 おく・すつ・すつる・ほどこす 近世 すつる・すてる・とく・はなつ・ほどくと。

人名 えだ・すて

【捨象】シャショウ 日〔哲〕いくつかのものごとから共通する要素をひきだすとき、個々の特有の要素を考察の対象からはずすこと。

【捨身】㊀シャシン〔仏〕①仏道修行や、世の人々を救うため、自分の身命をすてる。例捨身飼虎シャシンシコ(=子をもつ飢えたトラに我が身を与えた薩埵サッタ太子成道ジョウドウの説話)。②仏門にはいること。㊁すてみ 日命を失う覚悟で事にあたること。命がけ。例―で戦う。

【捨仮名】すてがな 日①送り仮名。特に、普通には不要だと思われる送りがな。「心ろ」「山ま」の小字。②一つの漢字に二通り以上の読みがある場合に、書き手の意図を示すため漢字の下に小さくそえる仮名。「心シン(=こころでなくシンと読む)」「二人リ(=ニニンでなくふたりと読む)」の小字。

●喜捨キシャ・取捨シュシャ・用捨ヨウシャ

授

扌8 (11) 1 2888 6388 教5

シュウ(シウ)漢 ジュ呉 宥 shòu

さずける(さづ-く)・**さずかる**(さづ-かる)

筆順 扌 扌 扌 扌 扌 扌 授 授

なりたち 【会意】「扌(=て)」と「受シュ(=うける)」とから成る。手渡し、うけとらせる。

意味 ❶手渡して、与えたり、与えられたりする。**さずける**。**さずかる**。例授受ジュジュ。授与ジュヨ。❷おしえる。つたえる。**さずける**。例口授コウジュ。伝授デンジュ。

古訓 中古 あたふ・うく・さづく・たまふ・とる・よる・をしふ 中世 さづく・さづくる・つく・とる・はたらかす 近世 あたへる・さづく・さづくる

人名 さずく

【授衣】ジュイ ①冬の衣服の用意をする。②陰暦九月のこと。〔冬の衣服の支度をする時期〕

【授戒】ジュカイ〔仏〕仏教徒となる者に、守るべき戒律を与える。例―会エ。―の師。

【授業】ジュギョウ ①学校などで学問や技術を教える。例伝レ道授レ業みちをつたえギョウをさずく(=人の道を伝え学業をさずける)。〈韓愈・師説〉②生活の方法を与える。

【授産】ジュサン 日失業や貧困で困っている人に仕事を与え、生活できるようにする。例―所ジョ。

【授受】ジュジュ さずけることと、うけとること。うけわたし。やりとり。例金銭の―。

【授章】ジュショウ 勲章などを与える。㋟受章。

【授賞】ジュショウ 賞を与える。㋟受賞。例―式。

【授精】ジュセイ 日〔医〕卵子に精子を結びつける。例人工―。

【授乳】ジュニュウ 日赤ん坊にちちを飲ませる。哺乳ホニュウ。

【授命】ジュメイ ①命を投げ出して力を尽くす。②命令を受ける。天命をさずかる。

【授与】ジュヨ 賞状などを、公的な場でさずけあたえる。例卒業証書―式。

●教授キョウジュ・口授コウジュ/クジュ・収授シュウジュ・受授ジュジュ・神授シンジュ・天授テンジュ・伝授デンジュ

掌

手8 (12) 1 3024 638C 常用

ショウ(シャウ)漢呉 養 zhǎng

たなごころ・てのひら・つかさどる

筆順 丶 丷 ⺍ 尚 尚 堂 掌

なりたち 【形声】「手(=て)」と、音「尚ショウ」とから成る。てのひら。たなごころ。

意味 ❶**てのひら**。**たなごころ**。例掌上ショウジョウ。掌中ショウチュウ。合掌ガッショウ。❷てのひらでたたく。うつ。❸役目として担当し、取り扱う。支配・管理する。**つかさどる**。例掌握ショウアク。車掌シャショウ。

古訓 中古 あづかる・たなうら・たなごころ・たなそこ・つかさどる・にぎる 中世 うつ・たなうら・たなごころ・つかさどる 近世 たなごころ・つかさどる

人名 つかさ・なか

難読 掌侍ナイシのジョウ

【掌握】ショウアク ①手ににぎる。②思いどおりに支配する。

【掌管】ショウカン 取り扱う。監督する。管掌。

【掌故】ショウコ ①古くからのしきたり。慣例。故実。②漢代、礼儀や音楽の古来のしきたりを扱った官。

【掌上】ショウジョウ てのひらの上。例可レ運ニ之掌上一これをショウジョウにめぐらすべし(=《天下を治めることは》てのひらの上で物をころがすようにたやすい)。〈孟子・公孫丑上〉―に運めぐらす(=自分の思いどおりにする)。

【掌状】ショウジョウ 日開いたてのひらのような形。例―複葉。

【掌節】ショウセツ 天子から授かった割り符を管理する官。

【掌中】ショウチュウ ①てのひらのなか。手中シュチュウ。②手に入れること。自分のものとすること。例勝利を―におさめる。

【掌中珠】ショウチュウのたま 最も大切にしているもの。例昔君視レ我、如ニ掌中珠一むかしきみわれをみること、ショウチュウのたまのごとし(=君は昔、私を手の中に大切に持っている玉のように思ってくれていた)。〈傅玄・短歌行〉

【掌典】ショウテン ①つかさどること。担当すること。②日皇室の祭祀サイシをつかさどる職員。

●合掌ガッショウ・車掌シャショウ・職掌ショクショウ・分掌ブンショウ・落掌ラクショウ

捷

扌8 (11) 1 3025 6377 人

ショウ(セフ)漢呉 葉 jié

はや-い(はや-し)・か-つ

なりたち 【形声】「扌(=て)」と、音「疌ショウ」とから成る。けものや鳥をとらえる。

意味 ❶えものをすばやくとる。すばやい。**はやい**。例捷疾ショウシツ。敏捷ビンショウ。❷はやみち。ちかい。例捷径ショウケイ。❸戦いに勝つ。**かつ**。かち。例捷報ショウホウ。戦捷センショウ。❹えもの。戦利品。例戎捷ジュウショウ(=戦いに勝って得た戦利品)。❺事がうまくいく。成功する。

古訓 中古 かさぬ・かつ・さとる・すぐる・すみやかなり・とし 中世 かさぬ・かちもの・かつ・すぐる・すぐれたり・とし・なる 近世 うる・かつ・かり・すみやか・たひらぐる・たへたり・とし・はやし

人名 かち・さとし・すぐる・とし・はや・はやし・まさる

【捷急】ショウキュウ すばしこい。はしこい。

【捷給】ショウキュウ〔すみやかに供給する意〕対応がすばやく、話し上手である。

【捷径】ショウケイ ①ちかみち。はやみち。㋩捷路。例山中の―。②てっとりばやい方法。例上達の―。

【捷疾】ショウシツ すばやい。敏捷ビンショウ。捷敏。

【捷書】ショウショ 勝利の報告書。

【捷捷】ショウショウ ①動作がすばやいさま。また、その者。②ぺらぺらとよく口のまわるさま。

【捷足】(ショウソク) 足の速いさま。また、その者。

【捷速】(ショウソク) 「捷敏(ビン)②」に同じ。

【捷敏】(ショウビン) ①賢い。さとい。②すばやいさま。敏捷。捷速。

【捷聞】(ショウブン) 「捷報(ショウホウ)」に同じ。

【捷報】(ショウホウ) 戦いや試合に勝ったという知らせ。勝報。捷聞。

推

扌8 (11) 1 3168 63A8 教6

スイ 漢呉 支 タイ 漢呉 灰 tuī

おす・おして

筆順 推

なりたち [形声] 「扌(=て)」と、音「隹(イス)」とから成る。おしのける。

意味 ❶後ろから力を加えて前へおしやる。おす。例 攬レ衣推レ枕(イをとりまくらをおす)(=上着をとって枕をおしやる)。〈白居易・長恨歌〉 推進(スイシン)。推輓(スイバン)。❷移り動く。移り変わる。例 推移(スイイ)。❸広く他におよぼす。おしひろげる。例 推恩(スイオン)。❹よいと認めて、人にすすめる。おす。例 推挙(スイキョ)。推奨(スイショウ)。推薦(スイセン)。❺知っていることをもとに、まだわからないことについて考える。おしはかる。例 推察(スイサツ)。推量(スイリョウ)。類推(ルイスイ)。推(お)して知(し)るべし。❻とりのぞく。おしのける。❼辞退して、人にゆずる。また、人におしつける。例 推レ食食レ我(ショクをおしてわれにくらわす)(=自分の食べものを遠慮して私に食べさせた)。〈史記・淮陰侯伝〉

古訓 中古 あぐ・うつ・おしはかる・おしひらく・おす・たづぬ・つく・とふ・はかる・ひらく・ゆづる 中世 うつ・おしたつ・おす・つらぬ・はかる・もとむ・ゆづる 近世 うつる・えらぶ・えらむ・きはむる・ささぐ・すすむ・すすめる・たづぬる

人名 ひらく

【推移】(スイイ) ものごとの状態が時間とともにうつりかわっていく。変遷。例 能与レ世推移(よくよとスイイす)(=《聖人はものごとにこだわることなく》世俗に順応していける)。〈楚辞・漁父〉 時代の―。

【推演】【推▼衍】(スイエン) 〔「演・衍」は、広める意〕(考えを)おし広める。

【推恩】(スイオン|オンをおす) ①恩恵を人に広くおよぼす。②爵位などの恩典を、臣下やその先祖に授ける。

【推究】【推求】【推窮】(スイキュウ) (罪などを)取り調べる。問いただす。

【推挙】(スイキョ) 人をある地位・仕事にふさわしいとしてすすめる。推薦。例 横綱に―する。

【推計】(スイケイ) 一部のデータをもとに全体のおおよその数を計算する。推算。例 ―学。

【推考】(スイコウ) おしはかってかんがえる。

【推▼敲】(スイコウ) 詩や文章の表現を何度も練り直す。例 ―を重ねる。◆唐の賈島(カトウ)はある日詩をつくり、「僧推月下門(ソウはおすゲッカのモン)」の「推(=押す)」を「敲(=たたく)」に改めようかどうしようか迷ったとき、韓愈(カンユ)の助言で「敲」に決したという。……〈唐詩紀事・賈島〉

【推▼轂】(スイコク) 〔車の轂(こしき)をおす意〕①将軍の任命や派遣のとき、天子が車をおす儀礼。②人の事業を助けて完成させる。③賢人を優遇するよう推薦する。

【推察】(スイサツ) 相手の気持ちや事情をおしはかる。思いやる。推量。推測。例 おおかたの―はつく。

【推参】(スイサン) 日 ①訪問することを、謙遜(ケンソン)していう言い方。例 明日―いたします。②さしでがましいこと。おこないが無礼であること。例 ―者(もの)。―至極(ゴクシ)。

【推算】(スイサン) おおよその数を算出する。推計。

【推奨】(スイショウ) これがよいと、特にとりあげてほめ、人にもすすめる。例 大いに―する。

【推賞】【推称】(スイショウ) ①ほめて引き立てる。②日 すぐれているとして、すすめる。例 ―に値する作品。

【推譲】(スイジョウ) 地位や功績などを、自分が推薦した人にゆずる。類 推謙。

【推進】(スイシン) ①人を推薦する。②力を加えて、ものごとを目的に向かっておしすすめる。例 計画の―。③日 プロペラ・スクリュー・ジェット噴射などで航空機や船などをすすめる。例 ―器。―力。

【推選】(スイセン) えらび出して、人にすすめる。推薦。

【推薦】(スイセン) よいと思う人やものごとを、人にすすめる。推選。例 ―状。―図書。

【推測】(スイソク) わかっている事柄をもとに、見当をつける。推量。例 ―の域を出ない。

【推戴】(スイタイ) (高貴な人を)団体の長としてむかえる。例 名誉総裁に―する。

【推択】(スイタク) 人材を登用する。また、才人を選抜する。

【推度】(スイタク) おしはかる。想像する。

【推定】(スイテイ) ある事実関係をもとに判断する。例 損害額を―する。―年齢。

【推▼輓】【推▼挽】(スイバン) 〔車を後ろからおしたり前でひいたりする意〕人を、その地位にふさわしいとして上の人にすすめる。推挙。推薦。〈左伝・襄二四〉から〉例 後進を―する。

【推服】(スイフク) 尊敬し、服従する。敬服。

【推問】(スイモン) 問いつめる。罪を問いただす。類 推治(スイチ)。

【推理】(スイリ) ①道義を尊ぶ。②日 わかっている事実をもとに、未知の事柄を導き出す。例 ―小説。

【推量】(スイリョウ) 日 ①はっきりしている事柄をもとに、ものごとの事情などをおしはかる。推測。推度(スイタク)。例 心中(シンチュウ)を―する。②文法で、助動詞の用法の一つ。不確かなことを予想の形であらわすもの。「う」「よう」「らしい」など。

【推力】(スイリョク) 日 〔物〕ものをおしすすめる力。推進力。

【推論】(スイロン) ①よく調べて論じる。②日 わかっている事実をもとに、筋道を立てて結論を導く。例 事故の原因を―する。

●邪推(ジャスイ)・類推(ルイスイ)

捶

扌8 (11) 2 5757 6376

スイ 漢呉 紙 chuí

う-つ・むちう-つ

意味 ❶棍棒(コンボウ)やむちで打ちすえる。むちうつ。うつ。例 鞭捶(ベンスイ)(=むちで打つこと)。❷棍棒。むち。

【捶撃】(スイゲキ) むち、または杖(つえ)でたたく。類 捶楚(スイソ)。

据

扌8 (11) 1 3188 636E 常用

一 キョ 漢 コ 呉 御 jù
二 キョ 漢 コ 呉 魚 jū

すえる(す-う)・すわる

筆順 据

なりたち [形声] 「扌(=て)」と、音「居(キョ)」とから成る。指先を曲げてかきとる。

意味 一 ❶手先を使う。❷よりどころとする。よる。通 拠。❸おごり高ぶる。通 倨(キョ)。例 据傲(キョゴウ)。据慢(キョマン)(=えらそうにする)。二 「拮据(キッキョ)」は、忙しく働くさま。

日本語での用法 《すえる》「棚(たな)を据(す)える・据(す)え膳(ゼン)・客(キャク)を上座(ジョウザ)に据(す)える・腰(こし)を据(す)える」▼位置におく。落ち着かせる。

古訓 中古 すみか・たちまち 中世 なぞらふ・よる 近世 あがく・てかがまる

【据傲】(キョゴウ) 高ぶって他をあなどる。

掣

手8 (12) 2 5758 63A3

セイ 漢呉 霽 chè

ひ-く

意味 ❶引き止めて、自由にさせない。**ひく**。例 掣曳(セイエイ)。掣肘(セイチュウ)。牽掣(ケンセイ)。❷すばやく飛ぶ。例 掣電(セイデン)。飛掣(ヒセイ)。

【掣▼曳】(セイエイ)〔「曳」も、引く意〕①引っぱる。②人を引き止める。引き止めて自由にさせない。

【掣肘】(セイチュウ)〔「肘」は、ひじの意〕わきから干渉して自由にさせない。掣臂(セイヒ)。例 ―を加える。

【掣電】(セイデン)〔電光がひらめく意〕速いこと、また、時間の短いことのたとえ。電掣。

【掣▼臂】(セイヒ)「掣肘(セイチュウ)」に同じ。

接

扌8 (11)

1 3260 63A5 教5

セツ 慣 ショウ(セフ) 漢 呉 葉 jiē

つぐ・は-ぐ

筆順 ナ 扌 扩 扩 拉 接 接 接

なりたち  [形声]「扌(=て)」と、音「妾(ショウ)」とから成る。交わり、くっつく。

意味 ❶くっついて、つながる。つなぐ。**つぐ**。例 接合(セツゴウ)。接続(セツゾク)。溶接(ヨウセツ)。❷うけつぐ。ひきつぐ。**つぐ**。例 漢興接ニ秦之弊一(カンおこりシンのヘイをつぐ)(=漢が建国されても秦の弊害をうけついだ)。〈史記・平準書〉❸人と会う。ふれあう。例 接見(セッケン)。面接(メンセツ)。接客(セッキャク)に接する。❹そばに近づく。ふれる。例 兵刃既接(ヘイジンすでにセッす)(=武器で戦いがはじまった)。〈孟子・梁恵王上〉接近(セッキン)。額(ひたい)を接する。❺手でじかに受け取る。例 接受(セツジュ)。接収(セッシュウ)。

古訓 中古 あふ・えらぶ・たやすし・ついづ・つぐ・つづく・ともがら・とる・まじはる・みちびく 中世 あふ・とる・まじはる・まじふ・みちびく・もつ 近世 あふ・すみやか・つぐ・つづく・つらなる・とる・まじはる

人名 つぎ・つら・もち

【接意】(セツイ)人の気にいるようにする。

【接引】(セツイン|ショウイン)①人を引き寄せる。招く。②推薦する。③〔仏〕仏が人を浄土に導く。

【接岸】(セツガン)①岸に接する。②日 船が岸壁や陸地に横づけになる。対 離岸。

【接客】(セッキャク)客をもてなすこと。客に応対すること。例 ―業。

【接近】(セッキン)①そばにちかづく。例 台風が―する。②日 差が少ない。例 実力が―している。

【接遇】(セツグウ)もてなす。接待する。例 客に―する。

【接見】(セッケン)①人を引き入れて面会する。②身分の高い人が公の場で客に面会する。引見。例 国王が使節を―する。③日〔法〕身柄を拘束されている被疑者・被告人と弁護士などが面会する。

【接合】(セツゴウ)つなぎあわせる。くっつける。接着。例 ―剤。

【接骨】(セッコツ)折れたほねをつなぐ。ほねつぎ。例 ―院。

【接辞】(セツジ)接頭語と接尾語の総称。

【接写】(セッシャ)日 カメラを近づけて写真をとる。例 ―レンズ。

【接種】(セッシュ)日 病気の予防などのために、からだに病原菌・ウイルスなどを植えつける。例 予防―。

【接受】(セツジュ)うけとる。また、うけいれる。例 公文書を―する。

【接収】(セッシュウ)①近づいて信用を得る。②受け取る。③日 国などが権力によって所有物を取り上げる。例 ―解除。

【接▼踵】(セッショウ)(きびすをセッす|くびすをセッす)〔前後の人と、かかとがくっつくことから〕ものごとが次々と続いて起こる。〈戦国策・秦四〉

【接触】(セッショク)①近づいてふれる。ふれあう。例 車の―事故。②人と人が連絡をつける。例 重要人物と―する。

【接戦】(セッセン)①近づいて戦う。例 持ニ短兵一接戦(タンペイをもちてセッセンす)(=刀を手にして接近戦をおこなった)。〈史記・項羽紀〉②日 力が同程度のため、なかなか勝負がつかない戦いや試合。

【接線】(セッセン)日〔数〕曲線または曲面上の一点にふれる直線。切線。

【接続】(セツゾク)①つづく。つなげる。例 前の文章に―する。②日 電車などが連絡する。例 ―が悪い。急行に―する。

【接続詞】(セツゾクシ)日 品詞の一つ。自立語で活用がなく、単語・文節・文などを結びつけるはたらきをすることば。「および」「または」「しかも」「だから」「けれども」など。

【接続助詞】(セツゾクジョシ)日 助詞の一つ。用言や助動詞について、前後の語句の意味上の関係を示す。「ば」「ので」「から」「と」「が」「のに」「ながら」など。

【接待】(セッタイ)(お茶や食事を出して)客をもてなす。例 ―費。―を受ける。

【接地】(セッチ)①地面に接する。例 主翼の車輪がまず―する。②日 電気機器と地面とを銅線などでつなぐ。アース。

【接着】(セッチャク)日 ぴったりとくっつける。また、くっつく。例 ―剤。

【接点】(セッテン)日 ①(二つの異質なものが)接するところ。例 両者の考えの―を探す。②〔数〕接線が、曲線または曲面と接する点。

【接頭語】(セットウゴ)日 文法で、それだけでは用いられず、他のことばの上について、意味をそえたり強めたりすることば。「お手紙」の「お」、「か弱い」の「か」、「御(ゴ)出席」の「御」など。対 接尾語。

【接尾語】(セツビゴ)日 文法で、それだけでは用いられず、他のことばの下について意味をそえたり、別の品詞をつくったりすることば。「ぼくら」の「ら」、「春めく」の「めく」、「封建的」の「的」など。対 接頭語。

【接物】(セツブツ)①外の物と接触し、物をよく見る。②人と接触する。交際する。③〔仏〕衆生(シュジョウ)を教え導く。

【接▼吻】(セップン)親愛や尊敬の気持ちをあらわすために、唇を相手の唇やほお、手などにつける。口づけ。キス。

【接木】(セツボク|つぎき)切り取った木の枝や芽を、別の木を台木(ダイぎ)としてつぎ合わせる。例 甘柿(あまがき)を―(つぎき)する。

● 応接(オウセツ)・間接(カンセツ)・逆接(ギャクセツ)・近接(キンセツ)・順接(ジュンセツ)・直接(チョクセツ)・密接(ミッセツ)・面接(メンセツ)・溶接(ヨウセツ)・隣接(リンセツ)

措

扌8 (11)

1 3328 63AA 常用

一 ソ 漢 呉 遇 cuò
二 サク 漢 陌 zé

お-く

筆順 一 十 扌 扌 拱 拱 措 措

なりたち 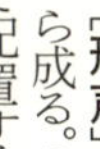 [形声]「扌(=て)」と、音「昔(セキ→ソ)」とから成る。そのままにしておく。

意味 一 ❶考えて配置する。**おく**。例 挙措(キョソ)。❷おこなう。ふるまう。例 措辞(ソジ)。措置(ソチ)。❸やめる。すてる。**おく**。例 此刑之所ニ以不レ措也(これケイのおかざるゆえんなり)(=これが刑罰を廃止しない理由である)。〈柳宗元・断刑論〉 二 おしつぶす。はさむ。例 争レ門措レ指(モンをあらそいゆびをはさむ)(=門の開閉を争って指をはさみつぶした)。〈史記・梁孝王世家〉

古訓 中古 あく・おきてけり・おく・つむ・ほどこす 中世 おく・たちまち・つむる・やすし 近世 おく・さしおく・しく・すておく・とらへる

【措意】(ソイ)気に留める。注意する。

【措画】(ソカク)措置し計画する。とりはからう。

【措辞】(ソジ)①ものを言う。②詩や文章を書くときのことばの使い方。言い回し。例 巧みな―。

【措大】(ソダイ)書生。例 窮(キュウ)―(=貧乏書生)。

【措置】(ソチ)①うまく始末をつける。また、そのための手続きをとる。例 万全の―を講じる。②〔手足を置く意〕ゆったりくつろぐ。

● 挙措(キョソ)・失措(シッソ)

掃

扌8 (11)
1 3361 6383
常用

一 ソウ(サウ)漢呉 皓 sǎo
二 ソウ(サウ)漢呉 号 sào
はく・はら-う(はら-ふ)

筆順 一 † 扌 扫 扫 掃 掃

なりたち [会意]「扌(=て)」と「帚(=ほうき)」とから成る。手にほうきを持ち、そうじをする。

意味 一 ❶ほうきでちりをはらい、きれいにする。はらう。はく。例 紅不レ掃(くれないはらわず)(=紅葉した落ち葉をそうじしない)。〈白居易・長恨歌〉 掃除(ソウジ)。清掃(セイソウ)。❷すっかり取り除く。ほろぼす。例 掃討(ソウトウ)。掃滅(ソウメツ)。一掃(イッソウ)。❸残さずかき集める。例 掃二梁園之群英一(リョウエンのグンエイをつくす)(=《漢の文帝の子の》梁の孝王のもとにいた英才たちを総動員する)。〈李白・鳴皐歌送岑徴君〉 ❹(筆で)描く。はく。例 戯拈二禿筆一掃二驊騮一(たわむれにトクヒツをとりてカリュウをはく)(=たわむれにちびた筆を手にとり驊騮《=名馬の名》を描く)。〈杜甫・題壁上韋偃画歌〉 二 ほうき。通 帚(ソウ)。

古訓 中古 すつ・そそく・はきくづ・はく・はらふ 中世 はきくづ・はく・はらふ 近世 すつる・のぞく・はらふ

人名 のぶ

【掃▼夷】ソウイ 追い払う。平らげる。例 掃二夷凶逆一(キョウギャクをソウイす)(=逆賊を追討する)。〈魏志・袁紹伝注・魏氏春秋〉

【掃海】ソウカイ 日 海中に設置された機雷などの危険物を取り除く。例 —艇。沿岸を—する。

【掃▼洒】【掃▼灑】ソウサイ ほうきではいて水をまく。掃除。

【掃除】ソウジ はいたりふいたりなどして、汚れをきれいにする。

【掃射】ソウシャ なぎはらうように弾丸を発射する。例 機銃—。

【掃▼苔】ソウタイ ①こけをとり払う。②〔墓石についたこけをとり払うことから〕墓参り。

【掃地】ソウチ|チをはらう ①地面をはく。②すべてなくなる。

【掃▼殄】ソウテン 〔「殄」は、ほろぼす・たやす意〕残らず滅ぼす。掃滅。

【掃討】【掃▼蕩】ソウトウ 日 敵などを残らず打ちはらう。完全に除く。掃滅。

【掃墓】ソウボ|はかをはらう 墓参する。

【掃滅】ソウメツ 打ちほろぼす。掃殄(ソウテン)。掃討。例 ゲリラを—する。表記 ⑪▼剿滅

【掃門】ソウモン|モンをはく 人の家の門前をはき清める。転じて権力者に面会を求める手段を講じること。〔漢の魏勃(ギボツ)が斉(セイ)の宰相の曹参(ソウシン|サンソウ)に面会するため、曹参の食客の門を掃除して面会できた〕〈史記・斉悼恵王世家〉

● 一掃(イッソウ)・清掃(セイソウ)

掫

扌8 (11)
2 5756 63AB

ソウ漢 尤 zōu
う-つ

意味 拍子木を打ちながら夜回りをする。

掙

扌8 (11)
4 1324 6399

一 ソウ(サウ)漢 庚 zhēng
二 ソウ(サウ)漢 敬 zhèng

意味 一 刺す。二 ❶ささえる。❷うばいとる。かせぐ。

難読 掙了(かせぐ)

[掻]

扌8 (11)
⇩掻(ソウ)(577ジペー)

捼

扌8 (11)
3 8481 637C

ダ漢 歌 ruó
も-む

意味 もむ。通 挼(ダ)。

参考 捼男(しずお)(=人名)。

探

扌8 (11)
1 3521 63A2
教6

タン(タム)漢 覃 tàn
さぐる・さがす

筆順 一 † 扌 扌 扌 挥 探 探

なりたち  [形声]「扌(=て)」と、音「罙(シ)→(タ)ン」とから成る。手さぐりして、とる。

意味 ❶おく深いところまで手をのばして、目当てのものをつかもうとする。さぐる。さがす。例 探求(タンキュウ)。探索(タンサク)。❷まだ知らないものごとや土地を、よく知ろうとする。たずねる。例 探検(タンケン)。探勝(タンショウ)。探訪(タンボウ)。❸あらかじめ。例 探二租黄犢一待二寒耕一(あらかじめコウトクをソして カンコウをまつ)(=まえもって小牛を賃借りし、冬の野良仕事にそなえる)。〈陸游・初秋即事〉

古訓 中古 くじる・さぐる・とる 中世 くじる・さぐる・さぐる・とる 近世 うかがふ・こころみる・さがす・さぐる・とる

人名 とる

難読 探湯(くかたち)・盟神探湯(くかたち|くがたち)

【探花】タンカ ①春、花の名所を訪れる。②宋(ソウ)代以降、殿試(=天子がおこなう官吏登用試験)で第三位に合格した人。首席を状元、次席を榜眼(ボウガン)という。

【探求】タンキュウ あるものをさがし求める。例 平和を—する。

【探究】タンキュウ ものごとの本質や真理をさぐって明らかにする。例 真理を—する。

【探検】【探険】タンケン 日 未知の地域にはいって実地に調べる。

【探査】タンサ 様子をさぐって調べる。例 鉱脈を—する。

【探索】タンサク ①道理をさがし求める。②人の居場所やもののありかなどをさがし求める。例 資料の—。

【探春】タンシュン 野山で春の風光を楽しむ。

【探勝】タンショウ 景色のよい場所を見て歩く。例 紅葉の地を—する。

【探題】タンダイ ①詩歌の会で、自分の詠(よ)むべき題を、示された いくつかの題の中から、くじなどで引き当てること。②〔仏〕法会で論題を出し、議論の可否を判断する役。③日 鎌倉・室町時代、幕府から派遣されて地方の政務などをあつかった長官。例 九州—。

【探知】タンチ 目に見えないものや隠されているものをさぐって知る。例 逆—。

【探▼籌】タンチュウ くじを引く。抽選。

【探鳥】タンチョウ 日 野鳥を観察する。バードウオッチング。例 —会。

【探偵】タンテイ 日 人の秘密や行動をこっそりと調べる。また、それを職業とする人。例 —小説。

【探湯】一 タントウ|ゆをさぐる ①熱湯に手を入れる。②悪事に手を出さないこと。例 見二不善一如レ探レ湯(フゼンをみてはゆをさぐるがごとくす)(=不善を見たときには、熱湯にふれた手をさっと引っこめるように急いで身を引く)。〈論語・季氏〉 二 くかたち|くがたち 日 日本古代の裁判の方法。神にちかったあと、熱湯に手を入れ、やけどをしなければ正しい、やけどをすれば悪いと判断した。

【探▼嚢】タンノウ|ノウをさぐる 〔袋の中を探る意〕①容易なことのたとえ。探二嚢中物一(ノウチュウのものをさぐる)。②盗みをすることのたとえ。

【探梅】タンバイ 冬、早咲きの梅(うめ)をたずねて野山に出かける。

【探訪】タンボウ 日 社会の実状やものごとの真相を、実際に現地をたずねてさぐり調べる。例 史跡の—。

掉

扌8 (11)
2 5760 6389

チョウ(テウ)漢
トウ(タウ)呉 嘯 diào
ふる-う(ふる-ふ)

意味 ❶ゆりうごかす。ふる。ふるう。例 掉尾(トウビ)。❷ととのえる。ただす。例 掉鞅(トウオウ)(=敵前でウマのむながいを直す。余裕のあるたとえ)。

【掉頭】チョウトウ|トウトウ|かしらをふる 否定するさま。拒否するさま。

【掉舌】チョウゼツ|トウゼツ|したをふるう ①弁舌をふるう。遊説(ユウゼイ)に出る。②食べ物を求める。

【掉尾】チョウビ|トウビ ①しっぽを振る。②日〔とらえられた魚が、

のがれようと激しく尾をふる意〕最後になって勢いがよいこと。例 —の勇を奮う。③日 最後。最終。末尾。例 —を飾る。

[捗] 扌8(11) ⇩捗(チョク)（563ジペー）

掟 扌8(11) 2 5761 639F テイ漢 ジョウ呉 径 dìng おきて

意味 道教でいう、天のさだめ。**おきて**。

日本語での用法《**おきて**》「掟(おきて)破(やぶ)り・仲間(なかま)の掟(おきて)に従(したが)う」▼その社会や組織に属する人が守らなければならない決まり。さだめ。

掇 扌8(11) 6387 一テツ慣 タツ漢 曷 duó 二テツ漢 屑 zhuō

意味 一❶とる。ひろう。❷けずる。二みじかい。

【掇遺】(テツイ) 先人の偉業を拾い集める。

【掇去】(テッキョ) けずり去る。

【掇拾】(テッシュウ) 拾い取る。取り集める。拾掇(シュウテツ)。

掏 扌8(11) 2 5759 638F トウ(タウ)漢 豪 tāo す-る

意味 ❶掘る。❷手をのばして、中からとり出す。また、かすめとる。**する**。例 掏摸(トウバク)。

【掏▼摸】(トウバク/すり) 他人の身につけている財布などを、こっそり盗みとること。また、その人。巾着(キンチャク)切り。ちぼ。

捺 扌8(11) 1 3872 637A 人 ダツ漢 ナツ呉 曷 nà お-す

なりたち [形声]「扌(=て)」と、音「奈(ダイ→ダツ)」とから成る。手でおさえる。

意味 ❶手でおさえつける。**おす**。例 捺印(ナツイン)。押捺(オウナツ)。❷漢字の右はらい。永字八法の「磔(タク)」。

古訓 中古 おさふ・おす・ささふ・さす・とどむ 中世 おす・からむ・さす・たつ・にぎる 近世 おさへる・おす・からむ

人名 とし

【捺印】(ナツイン) 日 印判をおす。押印(オウイン)。押捺(オウナツ)。例 署名—する。

【捺染】(ナッセン) 日 染色法の一つ。型紙を当て、のりをまぜた染料をすりつけてそめる。プリント染(ぞ)め。

捻 扌8(11) 1 3917 637B 常用 **ネン**慣 ジョウ(デフ)漢 葉 niē ひね-る・ねじ-る(ね-づ)

筆順
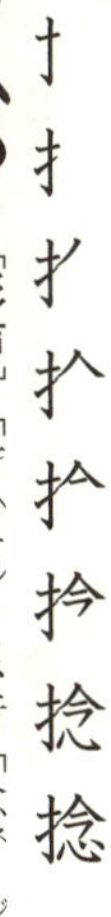

なりたち

[形声]「扌(=て)」と、音「念(ネン→ジョウ)」とから成る。ひねる。

意味 ❶指先でねじる。よる。**ひねる**。通撚(ネン)。例 捻挫(ネンザ)。お捻(ひね)り。❷ふさぐ。つまる。❸(niǎn) 指先にはさんで持つ。つまむ。通拈(ネン)。例 捻香(ネンコウ)(=香をたくこと)。

日本語での用法《**ひねる**》「捻(ひね)り出(だ)す」▼(時間・お金などを)やりくりしてつくりだす。

古訓 中古 はさむ・ひねる・ふさがる・ふさぐ 中世 つく・はさまる・ひねる・をさむ 近世 はさまる・ひねる・をさむ

【捻挫】(ネンザ) 日 手や足の関節をくじく。くじき。

【捻出】(ネンシュツ) 日 苦心して費用や考えなどをひねりだす。拈出(ネンシュツ)。例 旅費を—する。妙案を—する。

排 扌8(11) 1 3951 6392 常用 **ハイ**漢呉 佳 pái つら-ねる(つら-ぬ)・おしひら-く

筆順
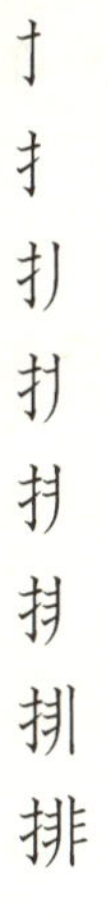

なりたち
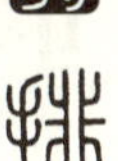
[形声]「扌(=て)」と、音「非(ヒ→ハイ)」とから成る。おしのける。

意味 ❶おしのける。しりぞける。おしだす。例 排気(ハイキ)。排除(ハイジョ)。排斥(ハイセキ)。❷**おしひらく**。ひらく。例 排ㇾ空駆ㇾ気(クウをひらききにギョす)(=空をおしひらいて昇り大気をあやつる)。〈白居易・長恨歌〉 排門(ハイモン)(=門をひらく)。❸ならぶ。ならべる。**つらねる**。例 排行(ハイコウ)。排列(ハイレツ)。

古訓 中古 おしひらく・おす・つらぬ・はらふ・ひらく 中世 おしひらく・おす・はらふ・ふせぐ 近世 おしのける・おしひらく・おす・しりぞく・はらふ・ふいご

人名 おし

【排外】(ハイガイ) 外国人や外国の文化・思想などを受け入れず、しりぞけること。例 —思想。

【排気】(ハイキ) ①内部の気体を外に除き去ること。例 —口。②燃焼して不用になった気体を、エンジンから外に出すこと。また、その気体。例 —音。—量。

【排球】(ハイキュウ) バレーボールのこと。

【排撃】(ハイゲキ) 非難・攻撃してしりぞける。例 反対者を—する。

【排行】(ハイコウ) ①列をつくって並ぶこと。②中国で、一族中の同一世代の人々(=兄弟やいとこなど)を年齢順に数字をつけて呼ぶこと。たとえば、「元二(ゲンジ)」は、元家(ゲンケ)の二番目の者。輩行。

【排出】(ハイシュツ) ①内部にあるものを外へおし出す。例 汚水を—する。②「排泄(ハイセツ)」に同じ。

【排除】(ハイジョ) おしのけて取りのぞく。例 危険物の—。

【排水】(ハイスイ) ①内部にたまった不用な水を外に出す。対給水。例 —ポンプ。②水に浮かんだ物体が、水中に沈んでいる部分と同じ体積の水をおしのける。例 —量(=船の重量表示に用い、トンであらわす)。

【排▼擠】(ハイセイ) 〔「擠」は、押す。押し出す意〕人を押しのけ、しりぞける。排斥。

【排斥】(ハイセキ) 好ましくないものとしてしりぞける。

【排▼泄】(ハイセツ) 動物が消化管にたまった不用物や尿などを体外へ出す。排出。例 —物。

【排他】(ハイタ) 仲間以外の人を嫌い、しりぞける。例 —的な土地柄。

【排▼詆】(ハイテイ) しりぞける。

【排日】(ハイニチ) 外国で、日本の国や文化、または日本人・日本製品などを、しりぞけること。対親日。例 —感情。

【排尿】(ハイニョウ) 日 小便をする。

【排▼擯】(ハイヒン) しりぞける。排斥。

【排仏】(ハイブツ) 仏教をしりぞける。

【排仏毀釈】(ハイブツキシャク) 日 ⇩【廃仏毀釈】(ハイブツキシャク)（452ジペー）

【排便】(ハイベン) 日 大便をする。

【排▼悶】(ハイモン) 心の憂(う)さを払う。憂さ晴らしをする。

【排卵】(ハイラン) 動物の雌が卵子を卵巣から排出する。

【排律】(ハイリツ) 漢詩の形式の一つ。おおむね律詩の規則に従いつつ、五言または七言の対句を六組以上の偶数句並べて作った長編の詩。

【排列】(ハイレツ) 順序を決めて並べる。また、その並べ方。配列。例 —を変える。見本どおりに—する。

掵 扌8(11) 2 5762 63B5 国字 はば

意味 地名・人名に用いる字。〔「椧」とも書く〕例 掵上(はばうえ)・二ノ掵(にのはば)(=いずれも秋田県の地名)。掵(はば)(=姓)。

[挽] 扌8(11) ⇩挽バ(564ページ)

描
扌8(11) 1 4133 63CF 常用 ビョウ(ベウ)漢 蕭 miáo えがく(ゑが-く)・かく

筆順 一 十 扌 扌 扩 拃 描 描 描

なりたち [形声]「扌(=て)」と、音「苗ビョウ」とから成る。形やようすを手でかく。えがく。

意味 絵や文章にうつしとる。かく。えがく。例 描写ビョウシャ。描出ビョウシュツ。素描ソビョウ。

古訓 中世 ゑがく 近世 うつ・なげうつ・ゑがく

【描画】ビョウガ 絵をかく。

【描写】ビョウシャ 絵画・小説・映像・音楽などで、それぞれの表現手段を用いて事柄や感情などをえがき出す。描出。例 風景―。心理―。

【描出】ビョウシュツ えがきだす。描写。例 自然を―する。

●寸描スンビョウ・素描ソビョウ・点描テンビョウ

捬
扌8(11) 4 1322 636C フ漢 麌 fǔ

意味 ❶ふせぐ。まもる。❷手でさする。なでる。通 拊フ・撫フ。❸手のひらでたたく。うつ。通 拊・撫。

捧
扌8(11) 1 4291 6367 人 ホウ漢 腫 pěng ささ-げる(ささ-ぐ)

なりたち [形声]「扌(=て)」と、音「奉ホウ」とから成る。ささげる。

意味 ❶両手を前方、目の上あたりに上げて持つ。さしあげる。ささげ持つ。ささげる。通 奉。例 捧持ホウジ。捧読ホウドク。❷うけたまわる。受ける。❸両手でかかえる。例 捧心ホウシン。捧腹絶倒ホウフクゼットウ。

古訓 中古 ささぐ 中世 ささぐ・つかふ 近世 ささぐ・ささげる・にぎる・ひく

人名 かた・たか・もち

【捧持】ホウジ 高くささげ持つ。奉持。例 旗を―する。

【捧心】ホウシン(むねをささぐ) 両手で胸をかかえる。悲しんだり病んでいたりするさまをいう。→【西施捧心】セイシホウシン(1203ページ)

【捧読】ホウドク 威儀を正し、うやうやしくささげ持って読む。奉読。例 勅語を―する。

【捧負】ホウフ かかえたり背負ったりする。転じて、助ける。例 提携捧負テイケイホウフ(=親が子の)手を引きかばい助ける)。〈李華・弔古戦場文〉

【捧腹絶倒】ホウフクゼットウ たおれるほどに大笑いする。〈蘇軾・答陳季常書〉 表記「抱腹絶倒」は慣用的な用字。

掊
扌8(11) 638A 一ホウ漢 フ呉 尤 póu 二ホウ漢 フ呉 有 pǒu

意味 一かき集める。とりたてる。二くだく。わる。通 剖ホ。

【掊撃】ホウゲキ 攻撃する。また、うたれる。打撃。

【掊克】ホウコク 厳しく税をとり立てる。また、その役人。

𢰝
扌8(11) 4 1320 22C1D 国字 も・もて

意味 人名に用いる字。例 𢰝木もぎ・もてぎ(=姓)。

捫
扌8(11) 2 5763 636B モン漢呉 元 mén と-る・な-でる(な-づ)・ひね-る

意味 ❶手さぐりする。なでる。例 捫足モンソク(=あしをなず)。❷手でおさえる。❸ひねりつぶす。❹握る。持つ。

【捫▼虱】モンシツ(=しらみをひねる) 人前で平然とシラミをつぶすこと。ものごとにこだわらないさまをいう。◗前秦ゼンシンの王猛オウモウが東晋トウシンの大将桓温カンオンに謁見したとき、シラミをつぶしながら臆オクせず天下のことを論じた。……〈晋書・王猛載記〉

【捫択】モンタク【捫著】モンチャク(ジャク) 日 ものごとがもつれること。もめごと。紛争。悶着モンチャク。

掠
扌8(11) 1 4611 63A0 人 リャク漢 薬 lüè リョウ(リャウ)漢呉 漾 lüè かす-める(かす-む)・かす-る

なりたち [形声]「扌(=て)」と、音「京ケイ→リャク」とから成る。奪い取る。

意味 ❶すばやくうばいとる。かすめる。例 掠奪リャクダツ。侵掠シンリャク。❷かすめて通る。すれすれで通りすぎる。例 掠二予舟一而西也(ヨのふねをかすめてにしにす)(=(ツルが)私の舟のすぐそばをかすめて西へ通りすぎた)。〈蘇軾・後赤壁賦〉❸むちですばやく打つ。例 掠答リャクチ。❹(木を)切る。例 掠林リャクリン。❺永字八法の一つ。左はらい。撇ヘツ。

表記 現代表記では「略」に書きかえることがある。熟語は「略」も参照。

古訓 中古 うばふ・かすむ・とる・むばふ・やぶる 中世 うばふ・かすむ・かすむる・かすめる・かたむ・やすし 近世 うばふ・かすむる・かすめる・とる・むちうつ

【掠奪】リャクダツ 力ずくでうばいとる。暴力で自分のものとする。略奪。例 ―行為。

【掠▼笞】リャクチ むちで打ってきびしく取り調べること。

【掠美】リャクビ(=びをかすむ) 人の善行や手柄をかすめ取って自分のものにする。

【掠考】リャクコウ 罪人をむちで打って調べる。類 掠治リャクチ。

捩
扌8(11) 一レツ漢 屑 liè 二レイ漢 霽 lì ねじ-る(ね-づ)・もじ-る(もぢ-る)・よじ-る(よぢ-る)

[捩] 扌7(10) 2 5764 6369 俗字。

意味 一力を加えてひねる。よじる。ねじる。例 捩舵レツダ(=かじを曲げて方向をかえる)。二❶ばち。琵琶ビワの弦を弾く道具。❷ねじ。しかけ。からくり。例 関捩カンレイ(=ねじ。また、しかけのある装置。機関)。

日本語での用法 《もじり》《もじる》「古歌コカの捩もじり・有名ユウメイな格言カクゲンを捩もじった文句モンク」▼古くからありよく知られている句や歌をよりどころとして言いかえること。パロディー。

掄
扌8(11) 4 1323 6384 一ロン漢 元 lún 二リン漢 真 lún

難読 掄子じね

意味 一選び出す。えらぶ。例 掄選ロンセン。掄択ロンタク。二(手に持って)振り回す。

捥
扌8(11) 3 8480 6365 一ワン漢呉 翰 wàn 二ワン漢呉 寒 wān 三ワン漢呉 旱 wǎn も-ぐ・も-げる(も-ぐ)・もぎ-る

[掔] 手5(9) 4 1304 22AB8 別体字。

意味 一手首。うで。通 腕。二ねじる。ひねる。三もぎとる。もぐ。

握
扌9(12) 1 1614 63E1 常用 アク漢呉 覚 wò にぎる

筆順 十 扌 扌 扩 扩 掘 掘 握 握

なりたち [篆] [形声]「扌(=て)」と、音「屋クオ→クア」とから成る。つかんで、もつ。にぎる。
意味 ❶手でしっかりとつかむ。にぎりしめる。**にぎる**。例握手アクシュ。握力アクリョク。❷手のうち。掌中。例兵権在レ握ヘイケンはアクにあり(=軍の指揮権は掌中にある)。〈宋書・休範伝〉❸自分のものとする。例掌握ショウアク。把握ハアク。❹長さの単位。四寸。❺容量の単位。ひと握りの量。例一握イチアクの砂すな。❻⇩【握齪】アクセク
古訓 中古つかむ・とる・にぎり・にぎる 中世つかむ・とる・にぎり・にぎる 近世ちひさし・とる・にぎる
人名 もち
【握手】アクシュ ①親愛の気持ちをあらわすために、手をにぎってする挨拶アイサツ。例かたい―をかわす。②日協力することのたとえ。例その政策では両党が―した。
【握▼齪】アクセク・アクサク ①心が狭く、こせこせするさま。②日せかせかと忙しくするさま。例―と働く。▽齷齪アクセク。
【握髪吐哺】アクハツトホ 為政者が、すぐれた人物を求めるのに熱心なことのたとえ。→【吐哺握髪】トホアクハツ(230ジペー)
【握力】アクリョク ものをにぎりしめる手の力。例―計。
●一握イチアク・掌握ショウアク・把握ハアク

揠
扌9(12) 4 1332 63E0
アツ漢 黠 yà ぬ-く
意味 引き抜く。**ぬく**。
【揠苗助長】アツビョウジョチョウ なえをぬきてたすけチョウぜしむ ⇩【助長】ジョチョウ(174ジペー)

援
扌9(12) 1 1771 63F4 常用
一エン(ヱン)漢 元 yuán 二エン(ヱン)漢 霰 yuàn
たす-ける(たす-く)・たす-け

[援]
扌9(12) ――旧字体。

筆順 扌 扌 扌 扌 扌 援 援 援

なりたち [篆] [形声]「扌(=て)」と、音「爰エン」とから成る。ひっぱる。
意味 一❶手をのばしてひっぱる。(弓などを)引く。ひく。❷(人物を)引き上げる。登用する。❸(意見や疑問などを)出す。提出する。❹手にとる。持つ。ひく。例援筆エンピツ。❺証拠として引用する。例援用エンヨウ。二手をさしのべる。**たすける**。**たすけ**。例楚国援也ソコクはたすけなり(=楚ソの国は秦シンの)たすけとなる存在である)。〈戦国策・秦四〉援護エンゴ。救援キュウエン。
古訓 中古たすく・とる・ぬく・ひく・まぼる・まもる 中世たすく・ひく 近世すくふ・たすく・たすくる・とる・ぬく・ひかへる・ひく
人名 すけ・たすく
【援引】エンイン 「援用エンヨウ」に同じ。
【援拠】エンキョ (それ相当な事柄を)引用して根拠とする。証拠をあげて示す。
【援軍】エングン 応援や救助のために派遣される部隊。
【援護】エンゴ ①助け守る。例被災者を―する。②敵の攻撃から味方を守る。例―射撃。表記②は㊞▼掩護
【援助】エンジョ 困っている人や団体に力を貸してたすける。例技術―。学費を―する。
【援用】エンヨウ 日自分の説を補うために、他の書物の記述や事例を引用する。援引。例聖書を―する。
●応援オウエン・救援キュウエン・後援コウエン・支援シエン・声援セイエン・来援ライエン

掾
扌9(12) 2 5765 63BE
エン漢 霰 yuàn
意味 地方官の下級の補佐役。下役したヤク。例掾史エンシ。
日本語での用法《ジョウ》①▼律令制の四等官シトウカンで、国司の第三位。判官ジョウ。②「竹本筑後掾たけもとチクゴのジョウ・豊竹山城少掾とよたけやましろのショウジョウ」▼すぐれた芸能人などに与えられる、昔の国名をつけて官名になぞらえた呼び名。
【掾史】エンシ 下級官吏。下役。属官。類掾属・掾佐。

揜
扌9(12) 4 1331 63DC
エン(エム)漢 琰 yǎn おお-う(おほ-ふ)
意味 ❶手でおおいかくす。**おおう**。通弇エン・掩エン。❷おおいかぶせて、とらえる。とる。

揩
扌9(12) 2 5766 63E9
カイ漢 佳 kāi す-る・ぬぐ-う(ぬぐ-ふ)
意味 こする。**ぬぐう**。例揩涙カイルイ。

換
扌9(12) 1 2025 63DB 常用
カン(クヮン)漢 翰 huàn
かえる(か-ふ)・かわる(か-はる)

筆順 扌 扌 扌 扌 扌 換 換 換

なりたち [篆] [形声]「扌(=て)」と、音「奐カン」とから成る。とりかえる。
意味 ❶とりかえる。中身をいれかえる。**かえる**。例呼レ児将出換二美酒一ジをよびもちいだしてビシュにかえしむ(=下男を呼んで(ウマと皮ごろもを)持って行かせ、うまい酒と交換させる)。〈李白・将進酒〉換気カンキ。交換コウカン。❷あらたまる。移り変わる。**かわる**。例物換星移幾度秋ものかわりてほしうつりいくたびのあきぞ(=万物は移り変わり星は巡り、何年が経っただろう)。〈王勃・滕王閣〉
古訓 中古かはる・かふ・かへる 中世かはる・かふ・かふる・かへる・かゆる 近世うる・かはる・かふ・かへる
人名 やす
【換韻】カンイン 古体詩で、句末に踏む韻を途中でかえること。
【換気】カンキ 室内の空気をいれかえる。例―扇。
【換金】カンキン 日物を売って金銭にかえる。例宝石を―する。
【換言】カンゲン 日同じ内容のことを、別のことばで言いかえる。言いかえ。別言ベツゲン。
【換骨奪胎】カンコツダッタイ 古人の詩文の形式や着想をたくみに利用して、独自の作品をつくりあげること。焼き直し。〔先人の作品の、意味を変えずに、ことばだけを変えることを「換骨」、その意味や発想を手本として、少し変えて表現することを「奪胎」という〕〈冷斎夜話・換骨奪胎法〉
【換算】カンサン・カンザン ある単位の数量を他の単位の数量に数えなおす。また、その計算。例ドルを円に―する。
●交換コウカン・互換ゴカン・転換テンカン・変換ヘンカン

揀
扌9(12) 2 5767 63C0
カン漢 潸 jiǎn えら-ぶ
意味 えらびとる。**えらぶ**。例揀選カンセン。

揮
扌9(12) 1 2088 63EE 教6
キ(クヰ)漢 微 huī ふる-う(ふる-ふ)

筆順 扌 扌 扌 扌 扌 揮 揮 揮

なりたち [篆] [形声]「扌(=て)」と、音「軍クン→キ」とから成る。手をゆりうごかす。ふるう。
意味 ❶(勢いよく)ふりうごかす。ふるいおこす。**ふるう**。例発揮ハッキ。❷とびちる。まきちらす。例揮発キハツ。❸さしずする。例指揮シキ。❹筆を手にして書く。❺ぬぐい去る。例揮涙キルイ。揮汗キカン(=汗をふるう)。❻⇩【揮霍】キカク
古訓 中古うごかす・そそく・つくす・とる・のごふ・はらふ・ふるふ・ほどこす 中世うつ・える・のごふ・ふるふ・ほどこす 近世あわただし・うごかす・うごく・さしまねく・ちらす・つくす・ふるふ
【揮▼霍】キカク ①すばやいさま。②ふり捨てる。こだわりのないさ

ま。③金品をむだづかいする。

【揮▼毫】キゴウ ふでをふるう〔「毫」は、筆の意〕毛筆で字や絵をかく。また、その字や絵。類揮筆・揮墨。例揮レ毫落レ紙如二雲烟一ふでをふるいてかみにおとせばウンエンのごとし（＝〔張旭チョウキョクが〕筆を紙上に走らせると、あたかも雲煙がわき起こるかのようである）。〈杜甫・飲中八仙歌〉

【揮▼灑】【揮▼洒】キサイ ①筆をふるって墨を注ぐ。字や絵を（思うままに）かく。②洗い清めてきれいになる。

【揮手】キシュ てをふるう 手を振って別れを惜しむ。例揮レ手自レ茲去てをふるってここよりさる（＝〔互いに〕手を振りあってここから立ち去ろうとする）。〈李白・送友人〉

【揮発】キハツ 日常温で液体が気体になる。例一油（＝ベンジンやガソリンなど）。一性の薬品。

【揮涙】キルイ なみだをふるう ①涙をはらいのける。②涙を流す。▽類揮涕キテイ。

揆
扌9(12) ②5768 63C6 キ漢 キ・ギ呉 紙 kuí はか-る・はかりごと

意味 ❶考えをめぐらす。はかる。はかりごと。例揆策キサク（＝はかりごと）。百揆ヒャッキ。❷方法。やりかた。例一揆イッキ（＝やり方を一つにする）。❸尺度。基準。例先聖後聖其揆一也センセイコウセイそのキはイツなり（＝時代にかかわらず聖人のおこないの基準は同じである）。〈孟子・離婁下〉

【揆測】キソク はかる。測量する。

【揆度】一キタク おしはかる。二キド 法則。

掎
扌9(12) ⇩掎キ（565ジペー）

揭
扌9(12) ⇩掲ケイ（565ジペー）

揵
扌9(12) ③8484 63F5 一ケン漢呉 先 qián 二ケン漢呉 願 jiàn

意味 一❶かつぎあげる。❷たてる。二とざす。また、かんぬき。通楗ケン。

掔
手9(13) ④1326 6394 ケン漢 先 qiān

［孯］子9(12) ④0589 5B6F 別体字。

意味 ❶ひきしまって、かたい。通堅。❷厚みがある。あつい。❸引く。通牽ケン。

［捲］
扌9(12) ⇩捲ケン（566ジペー）

揣
扌9(12) ②5769 63E3 一スイ漢 シ呉 紙 chuǎi 二スイ漢 支 zhuī はか-る

意味 一手さぐりする。はかる。おしはかる。例揣摩シマ。二❶むちで打つ。❷打ってきたえる。例揣而鋭レ之うちてこれをするどくす（＝鍛えて刃先を鋭くする）。〈老子・九〉

【揣度】シタク スイタク おしはかる。測定する。

【揣知】シチ スイチ おしはかって知る。

【揣摩】シマ あれこれと勝手に事情をおしはかること。当て推量。例一憶測。

揫
手9(13) ④1333 63EB シュウ（シウ）漢 尤 jiū

意味 ❶たばにする。たばねる。❷あつめて、たくわえる。おさめる。あつめる。❸しっかりとして、かたい。通遒シュウ。

揉
扌9(12) ②5770 63C9 ジュウ（ジウ）漢 尤 róu た-める（た-む）・も-む・も-める（も-む）

意味 ❶手で、やわらかくする。また、形を変えたり、まぜあわせたりする。もむ。ためる。例揉輪ジュウリン（＝木を曲げて車輪をつくる）。雑揉ザツジュウ。枝えだを揉ためる。❷おとなしく従う。例揉二此万邦一このバンポウをしたがう（＝国々を従える）。〈詩経・大雅・崧高〉

日本語での用法《もめる》「会議カイギが揉もめる・気キが揉もめる」▼争いが生じる。紛糾フンキュウする。もつれる。

揲
扌9(12) ④1335 63F2 セツ漢 屑 shé

意味 占いで、めどぎ（＝筮竹ゼイチク）を数える。かぞえる。

揃
扌9(12) ①3423 63C3 人 セン漢 銑 jiǎn そろ-い（そろ-ひ）・そろ-う（そろ-ふ）・そろ-える（そろ-ふ）

［揃］扌9(12) 俗字。

なりたち  ［形声］「扌（＝て）」と、音「前セ」とから成る。切りそろえる。

意味 （つめやひげを）切る。切りそろえる。切ってでこぼこをなくす。きる。通剪セン。例揃刈センガイ（＝刈る。切る）。

日本語での用法《そろい》《そろう》「条件ジョウケンが揃そろう・三みつ揃ぞろいの背広せびろ」▼いくつかあるもののどれをとっても、質や条件が同じである。

古訓 中古 こく・そそる・そろふ・のごふ 中世 そろふ・そろゆる 近世 きる・けす・しるす・する・そろふ・そろへる

［搜］
扌9(12) ⇩捜ソウ（563ジペー）

［插］
扌9(12) ⇩挿ソウ（563ジペー）

［揷］
扌9(12) ⇩挿ソウ（563ジペー）

［揔］
扌9(12) ⇩総ソウ（1044ジペー）

揕
扌9(12) ④1330 63D5 チン（チム）漢 沁 zhèn さ-す

意味 ❶刀などでつきさす。さす。❷たたく。うつ。

提
扌9(12) ①3683 63D0 教5 一テイ漢 ダイ呉 斉 tí 二テイ漢 チョウ（チャウ）唐 薺 dǐ 三シ漢 支 shí さげる（さ-ぐ）・ひさげ

筆順 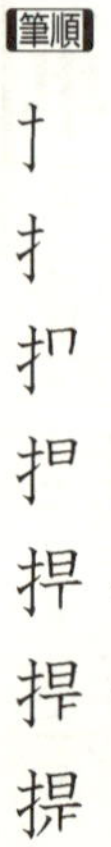

なりたち  ［形声］「扌（＝て）」と、音「是シ→テイ」とから成る。ぶらさげて持つ。

意味 一❶手にさげて持つ。ぶらさげる。さげる。例提二一匕首一入二不測之彊秦一イチヒシュをさげてフソクのキョウシンにいる（＝短刀一ふりを手にして何がおこるかわからない強国の秦にのりこんでいく）。〈史記・刺客伝・荊軻〉 提灯チョウチン。❷手に持って、高く上げて見せる。さしだす。かかげる。例提案テイアン。提供テイキョウ。❸手を引いて、みちびく。ひきつれる。例提督テイトク。❹手をたずさえる。たすけあう。例提携テイケイ。❺梵語ボンゴの音訳。例提婆達多ダイバダッタ。菩提樹ボダイジュ。❻⇩【提封】テイホウ 二なげつける。なげうつ。例以二薬嚢一提二荊軻一也ヤクノウをもってケイカになげうつ（＝薬袋を荊軻に投げつけた）。〈史記・刺客伝・荊軻〉 三「提提シシ」は、鳥が群れて飛ぶさま。

古訓 中古 あぐ・うつ・さぐ・たつ・たゆ・つむ・とる・ひきさぐ・ひさぐ・ひさげ・やすし 中世 つむ・とる・ひさげ・ひつさぐ・ひつさぐる 近世 あぐる・かかへる・さげる・たづさへる・つむ・なげうつ・ひこづらふ・ひつさぐる

人名 あき・たか・のぶ

【提灯（燈）】チョウチン 〔「チョウ」も「チン」も、唐音〕竹ひごを輪状にして骨格とし、紙をはった照明具。挑灯チョウチン。

【提案】テイアン 日 思いつきや考え、議案などを出す。また、その案。

【提▼孩】テイガイ 手を引かれて歩く年ごろの子供。幼児。

【提学】テイガク 「提挙学事司」の略。宋ソウから清シン代、地方の学校行政をつかさどった役所。また、その役人。
【提起】テイキ ①説き明かす。話を切り出す。②持ち上げる。③問題となる事柄や訴訟をもちだす。例 問題を—する。
【提議】テイギ 議案や議論を出す。また、その案。提言。
【提挙】テイキョ ①(茶や塩、水利など)特殊の事務を管理する官。②監督する官吏。
【提供】テイキョウ 日 自分のもっているものを、他人のために差し出す。例 資料の—を受ける。場所を—する。
【提琴】テイキン ①胡弓の一種。二弦や四弦のものが一般的。②日「バイオリン」の訳語。
【提携】テイケイ ①(ものを)携帯する。②互いに手をつなぐ。③互いに助け合って事をおこなう。協力する。タイアップ。
【提▼挈】テイケツ ①たずさえる。②助け合う。
【提言】テイゲン 日 考えや意見を出す。また、その意見。
【提綱】テイコウ ものごとの主要な点をあげる。要点をつかむ。
【提示】テイジ その場にもちだして、示す。呈示。例 身分証明書を—する。
【提出】テイシュツ 書類などを人に見せるために差し出す。呈出。例 議案を—する。
【提唱】テイショウ 人の先に立って、ある考えや主義を示し、主張する。
【提▼撕】テイセイ ①後輩を教え導く。②奮い立たせる。
【提訴】テイソ 日 うったえ出る。訴訟を起こす。
【提督】テイトク ①艦隊の総司令官。また、海軍の将官。②明や清代の武官の、最高位の官名。
【提封】テイホウ すべてまとめて。全部。おおよそ。
【提要】テイヨウ 学問や思想の大要を述べること。また、大要をまとめた本。提綱。例 物理学—。
●前提ゼンテイ

掃

扌9 (12)
3 8482
63E5

意味 一 髪飾り。こうがい。くし。二 捨て去る。すてる。

一 テイ 漢 霽 tì
二 テイ 漢 霽 dì

搭

扌9 (12)
1 3775
642D
常用

トウ(タフ) 漢 呉 合 dā
の-せる(の-す)・の-る

筆順 扌 扌 扌 掞 搭 搭 搭

なりたち [形声]「扌(=て)」と、音「荅トウ」とから成る。のせる。

意味 ❶手や肩にのせる。のせる。例 搭載トウサイ。搭乗トウジョウ。❷ぶら下げる。かける。❸乗り物の中にはいる。のる。❹手でたたく。うつ。

古訓 中古 うちかく・おほふ・かく・とる 中世 うちかく・うつ・かく・かくる 近世 うつ・かける・さぐる・つく・なづる

【搭載】トウサイ ①航空機・車・船などに貨物や機器などを積みこむ。積載。②日 機器などに電子部品を組みこむ。
【搭乗】トウジョウ 船・列車・航空機などに乗りこむ。例 —券。

挨

扌9 (12)
4 1334
63EC

トツ 漢 月 tū

意味 つきあたる。つきだす。つく。通 突。例 搪挨トウトツ(=無理におかす)。

挿

扌9 (12)
4 1327
63BD

ホウ(ハウ) 漢 敬 pèng
はえ(はへ)

意味 ぶつかる。ぶつける。

日本語での用法 《はえ》《はい》「挿積はえづみ・はいづみ」▼〈動詞「挿はえる」の連用形から〉木材や米俵などを積み上げた山。挿えは・いは。

揶

扌9 (12)
2 5772
63F6

ヤ 漢 麻 yé
からか-う(からか-ふ)

意味 ⇩【揶揄】ヤユ

【揶▼揄】ヤユ からかう。皮肉を言ったりして、からかう。

揄

扌9 (12)
2 5773
63C4

一 ユ 漢 虞 yú
二 ユウ(イウ) 漢 尤 yóu
からか-う(からか-ふ)

意味 一 ❶ひきだす。ひく。❷振り動かす。❸「揶揄ヤユ」は、からかう。二 くみとる。とりだす。例 或舂或揄あるいはショウしあるいはユウす(=穀物をうすでつき、それをうすからくみだす)。〈詩経・大雅・生民〉

揖

扌9 (12)
1 4512
63D6

一 ユウ(イフ) 漢 緝 yī
二 シュウ(シフ) 漢 緝 jí

意味 一 ❶(敬意をあらわすための礼の作法で)両手を胸の前で重ね合わせて、挨拶アイサツのことばを言う。拱手キョウシュの礼。(「拝」よりも敬意が軽い) 例 揖譲ユウジョウ。❷遠慮して辞退する。ゆずる。二 ❶集める。❷一つのことに熱中する。集中する。

難読 揖斐川いびがわ(=地名)

【揖譲】ユウジョウ ①両手を胸の前で重ね合わせる挨拶アイサツをして、人にへりくだる。例 揖譲而升、下而飲ユウジョウしてのぼり、くだりてのむ(=丁寧に会釈して堂にのぼり、降りてから酒を飲む)。〈論語・八佾〉②天子が世襲によらず、徳のある者に位をゆずること。禅譲ゼンジョウ。

揚

扌9 (12)
1 4540
63DA
常用

ヨウ(ヤウ) 漢 呉 陽 yáng
あげる(あ-ぐ)・あがる

筆順 扌 扌 扣 扫 担 担 揚 揚 揚

なりたち 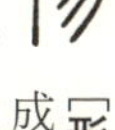 [形声]「扌(=て)」と、音「昜ヨウ」とから成る。飛びあがる。

意味 ❶高いほうへ動く。あがる。例 高揚コウヨウ。飛揚ヒヨウ。浮揚フヨウ。❷高く持ちあげる。よく目立つようにする。あげる。例 揚二素波一ソハをあぐ(=白波を立てる)。〈漢武帝・秋風辞〉揚名ヨウメイ。掲揚ケイヨウ。発揚ハツヨウ。❸奮い立つ。例 兵気恐不レ揚へイキおそらくはあがらざらん(=兵士の士気もおそらく奮い立たないだろう)。〈杜甫・新婚別〉❹目元。まゆ。例 清揚セイヨウ(=美しい目元)。❺兵器の名。まさかり。おの。❻古代の九州の一つ。揚州ヨウシュウ。今の江蘇コウソ・安徽アンキ・江西・浙江セッコウ・福建各省にわたる地域。❼⇩【揚搉】ヨウカク ❽⇩【揚揚】ヨウヨウ

古訓 中古 あがる・あきらかに・あぐ・あらはす・うごかす・かきあぐ・さがす・とぶ・ひたひろし・ひらく・やぶる 中世 あがる・あぐ・あぐる・うごかす・かきあぐ・さがす・ひたひ・ひたひろなり 近世 あがる・あきらか・あらはす・いたむ・つかるる・とびあがる・ひらく・まさかり・まゆぎは・まゆもと

人名 あき・あきら・たか・のぶ

【揚足】あげあし 日 柔道や相撲などで、床や地面から離れて、浮きあがった足。挙足あげあし。例 —を取る(=人のことばじりや言いまちがいをとらえて、とがめたりからかったりする)。
【揚▼搉】【揚較】ヨウカク ①大略を示す。おおよそ。②大要を論じる。評論する。
【揚言】ヨウゲン ①声を大きくして、公然と言う。例 自分が指導者だと—する。②大げさに言う。③デマを言いふらす。
【揚州】ヨウシュウ ①⇩意味❻ ②江蘇省にある都市。隋ズイ代以降、経済・文化で栄え、文人などが訪れた。
【揚州夢】ヨウシュウのゆめ 昔の豪遊を夢にたとえていったことば。〔唐の杜牧トボクが揚州の繁華街に遊んだ時を追憶したことから〕〈杜牧・遣懐〉
【揚子江】ヨウスコウ 中国第一の大河、長江の下流域の部分の呼称。おもに外国人によって長江全域を指すこともあった。

【揚波】(ヨウハ) ①波を立てる。②時勢に従って世間の人と同じように行動すること。〔〈楚辞・漁父〉から〕

【揚眉】(ヨウビ) ①目を見張る。②急に厳しい目つきになる。意気ごんでいるさま。

【揚名】(ヨウメイ) ①名声を高める。②日名ばかりで実(ジツ)のないこと。虚名。例 —の介(すけ)(=平安時代以後、名ばかりで職務も俸禄(ホウロク)もない国司の次官)。

【揚揚】(ヨウヨウ) 得意なさま。誇らしげなさま。得得(トクトク)。例 意気—と引きあげる。

【揚力】(ヨウリョク) 日 気体や液体の流れの方向と垂直に、物体をおしあげるようにはたらく力。

●掲揚(ケイヨウ)・高揚(コウヨウ)・止揚(シヨウ)・称揚(ショウヨウ)・賞揚(ショウヨウ)・発揚(ハツヨウ)・飛揚(ヒヨウ)・浮揚(フヨウ)・悠揚(ユウヨウ)・抑揚(ヨクヨウ)

揺

扌9（12） 1 4541 63FA 常用

ヨウ（エウ）漢 呉 蕭 yáo

ゆれる（ゆ-る）・ゆる・ゆらぐ・ゆるぐ・ゆする・ゆさぶる・ゆすぶる

［搖］ 扌10（13） 2 5774 6416 人 旧字体。

筆順 扌 扌 扌 揺 揺 揺 揺

なりたち ［形声］「扌(=て)」と、音「䍃(ヨウ)」とから成る。ゆれうごく。

意味 ❶手でゆりうごかす。ゆする。ゆさぶる。例 揺籃(ヨウラン)。❷ゆらゆらとゆれる。例 翠華揺揺行復止(スイカヨウヨウとしてゆきてまたとどまる)(=皇帝の旗はゆらゆらとゆれて進んではまた止まる)。〈白居易・長恨歌〉❸かんざし。❹のぼる。上昇する。例 遂乃風挙雲揺(ついにすなわちかぜのごとくあがりくものごとくのぼる)(=そのまま風のように舞い上がり雲のように上昇する)。〈班固・西都賦〉❺移動する。うつる。例 天星尽揺(テンセイはことごとくうつる)(=天上の星はすべて移動する)。〈漢書・天文志〉

古訓 中古 うごかす・うごく・つまよる・ふる・ふるふ・めぐる・ゆるく 中世 うごかす・うごく・つまよる・ゆるく 近世 うごかす・うごく・おこす・のびやか

難読 揺(ゆる)ぎの板(たい)

【揺▼曳】(ヨウエイ) ①ゆらゆらとたなびく。例 煙が—する。②音の響きが長く残る。例 楽音の—。

【揺動】(ヨウドウ) ゆれうごく。動揺する。類 揺蕩(ヨウトウ)・揺盪(ヨウトウ)。

【揺風】(ヨウフウ) つむじ風。疾風。

【揺揺】(ヨウヨウ) ①ゆらゆらとゆれるさま。飄飄(ヨウヨウ)。例 舟揺揺以軽颺(ふねはヨウヨウとしてもってかるくあがる)(=舟はゆらゆらとして風に軽くあおられている)。〈陶淵明・帰去来辞〉②よりどころがなくて落ち着かないさま。不安なさま。遥遥(ヨウヨウ)。

【揺▼漾】(ヨウヨウ) ①ゆれ動く。②漂うさま。③飛ぶさま。

【揺落】(ヨウラク) ひらひらと落ちる。例 —の秋。

【揺▼籃】(ヨウラン) 〔「籃」は、かごの意〕①赤ん坊を寝かせて、ゆり動かす、かご。ゆりかご。②発展したものごとの、初めをはぐくんだ時期や場所。例 —期。古代文明—の地。

搉

扌10（13） 4 1336 6409

カク 漢 覚 què

たた-く・はか-る

意味 ❶こつこつとたたく。たたく。❷たたいたりして確かめる。はかりかんがえる。はかる。通 榷(カク)。例 搉量(カクリョウ)(=分量をはかる)。商搉(ショウカク)(=くらべる)。

携

扌10（13） 1 2340 643A 常用

ケイ 漢 斉 xié

たずさえる（たづさ-ふ）・たずさわる（たづさ-はる）

［攜］ 扌12（15） 4 1352 64D5 別体字。

［攜］ 扌18（21） 2 5824 651C 本字。

筆順 扌 扌 扌 扌 扌 携 携

なりたち ［形声］「扌(=て)」と、音「巂(ケイ)」とから成る。手にさげて持つ。

意味 ❶手にさげたり身につけたりして持つ。たずさえる。例 携レ杖(つえをたずさう)(=つえを持つ)。携帯(ケイタイ)。必携(ヒッケイ)。❷手をつなぐ。例 提携(テイケイ)。連携(レンケイ)。❸ともなって行く。連れ立つ。例 携レ幼入レ室(ヨウをたずさえてシツにいる)(=幼児の手をひいて部屋に入る)。〈陶淵明・帰去来辞〉❹分離する。はなれる。例 携離(ケイリ)(=そむいてはなれる)。

日本語での用法 《たずさわる》「公務(コウム)に携(たずさ)わる・事業(ジギョウ)に携(たずさ)わる」▼関係をもつ。従事する。

古訓 中古 いだく・たづさはる・たづさふ・はなる・ひきさぐ・ひく・ひさぐ 中世 たづさはる・たづさふ・ひつさぐ 近世 そへる・たづさふ・たづさへる・つらなる・はなる・ひく・ひつさぐる・もつ

【携玩】(ケイガン) 連れ立って鑑賞する。

【携行】(ケイコウ) 持っていく。身につけていく。携帯。例 —食糧。

【携弐】(ケイジ) (主君や味方などに)そむき、離れる。

【携手】(ケイシュ) 手をとり合う。親しいこと。

【携帯】(ケイタイ) ①身につけたり、手に持って運ぶ。携行。類 携持。例 —電話。②助ける。

●提携(テイケイ)・必携(ヒッケイ)・連携(レンケイ)

揲

扌10（13） 4 1339 6429

一 ケツ 漢 屑 jié　二 タク 漢 チャク 呉 陌 zhǎ

意味 一 ❶かつぐ。❷こわきにかかえる。二 指をひらいてものをはかる。通 磔(チャク)。例 一揲手(イッチャクシュ)(=親指と中指を開いたときの長さ)。

搴

手10（14） 2 5775 6434

ケン 漢 先 qiān

あ-げる（あ-ぐ）・かか-げる（かか-ぐ）・ぬ-く

意味 ❶ぬき取る。ぬく。❷うばい取る。例 搴旗(ケンキ)(=敵の旗をうばう)。❸まくりあげる。あげる。からげる。かかげる。例 搴裳(ケンショウ)(=すそをからげる)。

搆

扌10（13） 2 5776 6406

コウ 漢 ク 呉 宥 gòu

かま-える（かま-ふ）

意味 組み合わせてつくりあげる。しくむ。ひきおこす。かまえる。通 構。

搞

扌10（13） 4 1337 641E

コウ（カウ）漢 肴 gǎo

意味 （現代中国語で）する。やる。

搓

扌10（13） 2 5777 6413

一 サ 漢 歌 cuō　二 サイ 漢 佳 chāi

よ-る

意味 一 ❶両手をこすりあわせる。❷ひもや糸をよる。よる。二 断ち切る。

搾

扌10（13） 1 2681 643E 常用

サク 慣 サ 漢 禡 zhà

しぼる・し-める（し-む）

筆順 一 扌 扌 扌 扌 搾 搾

なりたち ［形声］「扌(=て)」と、音「窄(サク)(=せまい)」とから成る。しぼる。

意味 強くおしつけて、水分を取り出す。しぼる。例 搾取(サクシュ)。搾乳(サクニュウ)。圧搾(アッサク)。

古訓 近世 しぼる

【搾取】(サクシュ) ①油などをしぼりとる。②日 資本家が労働者に正当な報酬を払わず、利益を得る。例 中間—。

【搾乳】(サクニュウ) 日 ウシなどのちちをしぼる。例 —機。

●圧搾(アッサク)

搦
扌10 (13)
2 5778 6426
ジャク(ヂャク)慣 ダク漢
ニャク呉 覚 nuò
から-む・から-み・から-める(から-む)

意味 ❶手でおさえる。とらえる。にぎる。例 搦管。 ❷抑制する。おさえる。 ❸みがく。する。例 搦朽磨鈍(=古くなったものをみがき、鋭くないものをみがく)。〈班固・答賓戯〉

日本語での用法 一《からみ》《からむ》《からめる》「相手役との搦み・酒のうえで人に搦む・情に搦められる」▼関連をもつ、まつわりつく。 二《がらみ》「四十搦み・一万円搦み」▼…ぐらい。…見当。

【搦管】筆を手にする。

搢
扌10 (13)
3 8487 6422
シン漢 震 jìn
さしはさ-む

意味 手でさしこむ。さしはさむ。例 搢紳。

【搢紳】〔地位をあらわす笏を大帯にはさむ意〕仕官して礼服をつける高官。地位や身分の高い人。例 —の士。

摂
扌10 (13)
1 3261 6442
常用
セツ慣 ショウ(セフ)漢呉 葉 shè
と-る・おさ-める(をさ-む)・か-わる(か-はる)

[攝]
扌18 (21)
2 5780 651D
人
旧字体。

筆順

なりたち [形声]「扌(=て)」と、音「聶」とから成る。ひきよせて、とりいれる。

意味 ❶取り入れて、うまくあつかう。例 摂取。包摂。 ❷手に持つ。とる。かかげる。例 摂レ衣而上(=すそを手でからげてのぼる)。〈蘇軾・後赤壁賦〉 ❸やしなう。ととのえる。おさめる。例 摂生。 ❹代理をつとめる。兼ねておこなう。かわる。例 官事不レ摂(=役職は兼任させない)。〈論語・八佾〉 摂行。摂政。

日本語での用法 《セツ》「摂州」▼旧国名「摂津(=今の大阪府西部と兵庫県南東部)」の略。

古訓 中古 あつまる・あつむ・おそる・かいつくろふ・かぬ・さしはさむ・すぶ・すべて・ただす・つかむ・つくる・つくろふ・とる・やしなふ・をさむ 中世 すぶ・つくろふ・とる・ひきもつ・やすんず・をさむ 近世 かぬる・かはる・かる・しるす・とのへる・とらへる・とる・ひかへもつ・をさむる

人名 おさむ・かぬ・かね・たすく

【摂衣】①衣服の乱れを整える。②着衣の下端を上にあげる。すそをからげる。

【摂関】日 摂政と関白。例 —政治。

【摂家】日 摂政や関白になることができる家柄。藤原氏北家の一族で、近衛・九条・二条・一条・鷹司の五家をいう。摂関家。

【摂行】①代わって職務をおこなう。②事を兼ねて、おこなう。兼摂。

【摂氏】〔考案者セルシウス (Celsius) の中国での音訳「摂爾思」から〕水の氷点を〇度、沸点を一〇〇度とし、その間を百等分する温度のはかり方。摂氏温度。セ氏。記号℃

【摂取】①取り入れて、自分のものにする。例 異文化を—する。②〔仏〕仏が慈悲の力で、迷い苦しんでいる人々を救いとる。▽類 摂受。

【摂政】①君主に代わって政治をとりおこなうこと。また、その人。例 —関白藤原基経。②日 天皇が幼かったり病気のときなど、代わって公務をおこなう人。

【摂生】健康を保つために、日常生活に気をくばる。養生。摂養。例 —につとめる。

【摂津】日 旧国名の一つ。今の大阪府西部と兵庫県南東部。摂州。

【摂養】①子供を養育する。②「摂生」に同じ。

【摂理】①代理でものごとを処理する。②自然界を支配している理法。例 自然の—。③キリスト教で、この世を支配する神の意志。神意。例 天の—に従う。

搶
扌10 (13)
2 5779 6436
一 ショウ(シャウ)漢 ソウ(サウ)呉 陽 qiāng
二 ソウ(サウ)漢 庚 chēng
三 ショウ(シャウ)漢 ソウ(サウ)呉 養 qiǎng
こば-む・つ-く

意味 一 ❶さからう。こばむ。❷突進する。ぶつかる。つく。例 我決起而飛、搶二楡枋一(=私たちは思い切って飛びあがり、ニレやマユミの木に突進する)。〈荘子・逍遥遊〉 二 ⇩【搶攘】 三 うばいとる。例 搶奪。

【搶▼攘】乱れるさま。ごたごたするさま。

搔
扌10 (13)
3 8486 6414
ソウ(サウ)漢 豪 sāo
か-く

[掻]
扌8 (11)
1 3363 63BB
俗字。

意味 ❶つめでひっかく。かく。例 搔痒。 ❷さわぐ。通 騒。例 搔擾。

【搔首】①頭をかく。心配で落ち着きのないさま。②刀で首をかき切る。また、その首。

【搔▼擾】みだれさわぐ。騒擾。

【搔頭】①頭をかくこと。髪をなでさすること。②かんざし。例 翠翹金雀玉搔頭(=カワセミの羽、黄金製のクジャクの髪飾り、玉で作ったかんざし)。〈白居易・長恨歌〉

【搔▼爬】【搔▼把】①つめでひっかく。②〔医〕体内の組織の一部を、器具を用いてかき出し、除去する。

【搔▼痒】【搔▼癢】かゆいところをかく。→【隔靴搔痒】1402ページ

損
扌10 (13)
1 3427 640D
教5
ソン漢呉 阮 sǔn
そこ-なう(そこ-なふ)・そこ-ねる(そこ-ぬ)

筆順

なりたち [形声]「扌(=て)」と、音「員→ソ」とから成る。減らす。

意味 ❶量を少なくする。へらす。へる。例 為レ道日損(=無為自然の道を実行すると日々知識が減っていく)。〈老子・四八〉 損耗。減損。 ❷だめにする。きずつける。そこなう。そこねる。例 損壊。損傷。破損。 ❸財産や利益を失う。対 得。例 損失。損亡。 ❹へりくだる。謙遜する。例 退損。 ❺易の六十四卦の一つ。☶☱ 兌下艮上。山の下に湿地がある象。

古訓 中古 おとす・おとろふ・しぬ・すつ・そこなふ・ちか・つたなし 中世 すくなし・そこなふ・そこぬ 近世 うしなふ・おとす・おとる・そこなふ・へらす・へる

人名 ちか

【損益】①増減。②損失と利益。出費と収入。例 斟二酌損益一(=政治上の利害得失を適切に処理する)。〈諸葛亮・出師表〉 —計算書。③減る。失う。

[手(扌)] 10画▼ 搦 搢 摂 搶 搔 損

4画

【損壊】ソンカイ こわれる。[例] 台風で—した家屋。

【損害】ソンガイ 事故や災害などで、財産や利益を失うこと。損失。[例] —賠償。—を与える。

【損金】ソンキン [日]損をして失ったお金。損失金。(対)益金。

【損失】ソンシツ ①取り引きで損をする。(対)利益。[例] 多額の—をこうむる。②大切なものを失う。

【損者三楽】ソンシャサンゴウ|ソンシャサンラク 身をそこなう三つの好み。驕楽(キョウラク)(=おごりたかぶる)、佚遊(イツユウ)(=怠けて好き勝手に遊ぶ)、宴楽(=酒色にふける)をいう。〈論語・季氏〉

【損傷】ソンショウ そこないきずつける。そこなわれきずつく。

【損得】ソントク [日]損失と利得。損ともうけ。[例] —抜き。

【損亡】ソンボウ|ソンモウ 損害を受け利益を失う。損失を与える。損失。損毛。

【損耗】ソンモウ|ソンコウ そこなわれて減る。使って減る。

【損友】ソンユウ 交際して自分の損になる友達。(対)益友(エキユウ)。→【三友】サンユウ(14ページ)

【損抑】ソンヨク 自分を抑えてへりくだる。謙遜(ケンソン)する。抑損。降損。(類)損挹(ソンユウ)。

【損料】ソンリョウ [日]道具などを借りたときの使用料。

●汚損(オソン)・毀損(キソン)・欠損(ケッソン)・破損(ハソン)

搐

扌10 (13) [3]8485 6410 チク(漢) [屋] chù ひ-く

[意味] 筋肉がひきつる。ひく。[例] 搐搦(チクジャク)(=ひきつけ)。

搥

扌10 (13) [4]1338 6425 [一]ツイ(漢)(呉) [支] chuí [二]タイ(漢) [灰] duī

[意味] [一]打ちたたく。うつ。[二]なげうつ。

搗

扌10 (13) [2]5781 6417 トウ(タウ)(漢)(呉) [皓] dǎo う-つ・つ-く

［擣］扌14 (17) [2]5814 64E3 本字。

［捣］扌7 (10) [4]1309 22B4F 俗字。

[意味] ❶うすに入れて、きねでつく。つく。[例] 搗薬(トウヤク)(=薬種をついて薬にする。また、その薬)。❷やわらかくするために砧(きぬた)(=木や石の台)にのせて布をうつ。たたく。うつ。[例] 搗衣(トウイ)。❸かきみだす。[例] 搗乱(トウラン)(=みだす)。

[難読] 搗栗(かちぐり)・搗布(かちめ|かじめ)

【搗衣】トウイ ころもにする布をやわらかくするために、砧(きぬた)で打つこと。[例] 万戸搗衣声(バンコトウイのこえ)(=どこの家からも砧を打つ音が聞こえてくる)。〈李白・子夜呉歌〉

搨

扌10 (13) [2]5782 6428 トウ(タフ)(漢) [合] tà う-つ・うつ-す・す-る

[意味] ❶書画をしき写して、副本を作る。うつす。❷石碑などに刻まれた文字・模様を紙に写しとる。石ずり(をとる)。する。(通)拓。[例] 搨本(トウホン)(=石ずりにした本)。

搯

扌10 (13) [4]1340 642F トウ(タウ)(漢) [豪] tāo

[意味] ❶かすめとる。する。(通)掏(トウ)。❷かるく打つ。たたく。

[難読] 搯巻(まくるき)(=滑車の一種)

搏

扌10 (13) [2]5783 640F ハク(漢)(呉) [薬] bó う-つ

[意味] ❶とりおさえる。つかまえる。[例] 搏撃(ハクシ)。搏執(ハクシュウ)。❷手でたたく。うつ。[例] 搏闘(ハクトウ)(=なぐりあって戦う)。手搏(シュハク)。❸はばたく。うつ。[例] 搏二扶揺一而上者九万里(フヨウにうってのぼることキュウマンリ)(=《鵬(おおとり)が》つむじ風に羽ばたいて旋回しながら上昇すること九万里)。〈荘子・逍遥遊〉 ❹脈をうつ。(通)拍。[例] 脈搏(ミャクハク)。❺ひろう。[例] 搏二耆亀一(キキをとる)(=老いたカメを拾った)。〈張衡・西京賦〉

【搏影】ハクエイ|かげをうつ 〔ものの影をうつ意〕とらえどころのないこと、また、感触の得られないことのたとえ。

【搏撃】ハクゲキ なぐりつける。

【搏摯】【搏▼鷙】ハクシ 〔「摯・鷙」は、つかむ・わしづかみにする意〕手で捕らえる。

【搏執】ハクシュウ 召し捕る。

搬

扌10 (13) [1]4034 642C [常用] ハン(漢) [寒] bān はこ-ぶ・うつ-す

[筆順] 扌 扐 扚 抅 搬 搬 搬 搬 搬

[なりたち] [形声]「扌(=て)」と、音「般ハ」とから成る。手ではこぶ。

[意味] ❶手で別の場所に持っていく。うつす。はこぶ。[例] 搬入(ハンニュウ)。搬送(ハンソウ)。運搬(ウンパン)。❷引っ越す。うつる。[例] 搬家(ハンカ)(=転居する)。

[古訓] [中古]はらふ [中世]はこぶ・はらふ [近世]てかがまる・にぎる・のぞく・はらふ

【搬出】ハンシュツ 荷を外へ運び出す。(対)搬入。

【搬送】ハンソウ ①人やものを運ぶ。[例] コンテナを—する。②音声や画像などを高周波にのせて送る。[例] —ケーブル。

【搬入】ハンニュウ 荷を中へ運びこむ。(対)搬出。

搒

扌10 (13) — 6412 [一]ホウ(ハウ)(漢) [庚] péng [二]ホウ(ハウ)(漢) [漾] bàng

[意味] [一]むちで打つ。[二]船をこぐ。

【搒人】ホウジン 船頭。枋人(ホウジン)。

【搒▼掠】ホウリョウ|ボウリャク むち打つ。拷問にかける。

摸

扌10 (13) [1]4446 6478 [一]モ(慣) バク(漢) マク(呉) [薬] mō [二]ボ(漢) モ(呉) [虞] mó さぐ-る・うつ-す

［摹］手10 (14) [3]8488 6479 本字。

[意味] [一]なでるようにして、手さぐりする。さぐる。[例] 摸索(モサク)。掏摸(トウバク|すり)。[二]手本を見て、手でまねる。うつす。(通)模。[例] 摸写(モシャ)。摸倣(モホウ)。臨摸(リンボ|リンモ)。

[参考] 「[二]」の意味では「摹」も使うが、「[一]」の意味には「摸」を使うことが多い。

[表記] 現代表記では「模」に書きかえることがある。熟語は「模」も参照。

【摸擬】モギ 本物に似せてする。[表記] (現)模擬

【摸刻】モコク 原本そっくりに版木(ハンぎ)にほる。また、その本。[表記] (現)模刻

【摸索】モサク 手さぐりでさがす。様子がわからないまま、あれこれとさがす。[表記] (現)模索

【摸写】モシャ まねて書きうつす。[表記] (現)模写

【摸造】モゾウ [日]似せてつくる。[表記] (現)模造

【摸倣】モホウ まねる。似せる。[表記] (現)模倣

搤

扌10 (13) — 6424 アク(漢) ヤク(呉) [陌] è

[意味] 手で強くにぎりしめる。おさえつける。(通)扼(ヤク)。[例] 搤殺(ヤクサツ)。搤腕(ヤクワン)。

【搤咽】ヤクイン 咽喉(インコウ)(=のど)をつかむ。転じて、急所をおさえる。(類)搤亢(ヤクコウ)。

【搤殺】ヤクサツ 首をしめて殺す。扼殺(ヤクサツ)。

【搤腕】ヤクワン いらだちや怒りのため、思わず自分のうでをにぎりしめる。扼腕(ヤクワン)。[例] 切歯(セッシ)—(=歯ぎしりしてくやしがる)。

【搖】扌10(13) ⇩揺ヨウ(576ページ)

摑
扌11(14) 3 8489 6451 人 カク(クヮク)漢 陌 guó つか-み・つか-む・つか-まる・つか-まえる(つか-まふ)

[掴] 扌8(11) 1 3647 63B4 俗字。

なりたち [形声]「扌(=て)」と、音「國コク」とから成る。手でうつ。

意味 手のひらでたたく。うつ。なぐる。例 摑打ダカク(=なぐる)。

日本語での用法 《つかみ》《つかむ》「鷲摑わしづかみ・摑つかみかかる」▼手であらっぽくにぎる。

古訓 中古 つかむ 中世 うつ・ささぐる・たなごころ 近世 うつ

摎
扌11(14) 2 5787 644E 一 キュウ(キウ)漢 尤 jiū 二 コウ(カウ)漢 巧 jiǎo くび-る・もと-める(もと-む)

意味 一 ❶しめ殺す。しぼる。くびる。❷巻きつく。からまる。二 さがしもとめる。もとめる。

撃
手11(15) 1 2366 6483 常用 ゲキ慣 ケキ漢 キャク呉 錫 jī うつ

[擊] 手13(17) 3 8502 64CA 人 旧字体。

筆順 亘 車 軎 軗 毄 毄 撃

なりたち 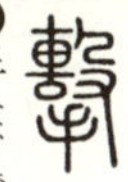 [形声]「手(=て)」と、音「毄ケキ」とから成る。うつ。

意味 ❶手などで強くうつ。たたく。うつ。例 撃殺ゲキサツ。打撃ダゲキ。❷敵を攻撃する。攻める。うつ。例 撃退ゲキタイ。追撃ツイゲキ。進撃シンゲキ。❸相手を剣で突き刺す。うつ。例 請以ㇾ剣舞、因撃ニ沛公於ㇾ坐一殺ㇾ之(こいねがわくはケンをもってまい、よりてハイコウをザにうちてこれをころせ)(=剣舞を願い出て、その機に乗じて沛公を席で刺し殺せ)。〈史記・項羽紀〉❹目標に向けて、矢や弾丸を発射する。うつ。例 射撃シャゲキ。狙撃ソゲキ。❺ものにぶつかる。あたる。うつ。例 車轂撃くるまはコクうつ(=車道が混雑する)。〈戦国策・斉一〉目撃モクゲキ。

古訓 中古 うつ・たたく・をさむ 中世 うつ・たたく・つくろふ 近世 うつ・ころす・たたく・ふれる

【撃砕】ゲキサイ 攻めてうちくだく。例 敵を―する。

【撃殺】ゲキサツ たたきころす。また、銃などでうちころす。

【撃刺】ゲキシ ①ほこで打ち、刃物でさす。②剣でさし殺す。また、その技。剣法。撃剣。

【撃壌】ゲキジョウ 木で靴の形に作ったものを地面に置き、別の木片を投げてぶつける遊びの一種。〔一説に、地面をたたいて拍子をとり、歌をうたうさま〕

【撃壌歌】ゲキジョウカ 帝尭テイギョウのとき、ある老人が平和な天下が実現されているさまをうたった歌。→【鼓腹撃壌】コフクゲキジョウ(1512ページ)

【撃▼攘】ゲキジョウ 敵をうちはらう。撃退。

【撃針】ゲキシン 日 小銃の撃発装置の部品。雷管(=起爆点火装置)に衝撃を与える。

【撃節】ゲキセツ ①リズムをとる。拍子をとる。②褒めたたえる。③使者を送る。

【撃汰】ゲキタイ(タイをうつ) 〔「汰」は、波の意〕櫂かいで波をうつ。舟をこぐ。

【撃退】ゲキタイ 反撃して追いはらう。また、追い返す。

【撃▼柝】ゲキタク 拍子木を打って夜回りをする。また、その人。

【撃断】ゲキダン ①うってたち切る。例 撃ニ断子路之纓一(シロのエイをゲキダンす)(=子路の冠のひもを断ち切った)。〈史記・仲尼弟子伝・子路〉②きびしく罰する。断固としてとりおこなう。

【撃▼筑】ゲキチク 筑(=琴キンに似た弦楽器)を鳴らす。

【撃沈】ゲキチン 船を攻撃して、しずめる。

【撃墜】ゲキツイ ①たたき落とす。②日 飛行機をうちおとす。

【撃破】ゲキハ 敵をうちやぶる。例 敵の主力を―した。

【撃缶】【撃▼缻】ゲキフ 〔「缶フ・缻フ」は、素焼きの土器〕缶を打楽器代わりに打って拍子をとること。例 不ㇾ肯ㇾ撃ㇾ缻(フをうつをがえんぜず)(=缻を打とうとしない)。〈史記・廉頗藺相如伝〉

【撃滅】ゲキメツ 敵を攻撃して、ほろぼす。例 機動部隊を―する。

【撃剣】ゲッケン 剣をつかうわざ。剣術。

● 一撃イチゲキ・迎撃ゲイゲキ・襲撃シュウゲキ・銃撃ジュウゲキ・出撃シュツゲキ・衝撃ショウゲキ・追撃ツイゲキ・突撃トツゲキ・反撃ハンゲキ・砲撃ホウゲキ・遊撃ユウゲキ

摳
扌11(14) 4 1344 6473 コウ漢 ク呉 尤 kōu かか-げる(かか-ぐ)

意味 ❶衣のすそをからげる。かかげる。例 摳衣コウイ(=謁見するときの作法として、すそをからげる)。❷ほじくり出す。さぐる。

難読 引摳ひきつくろう

摧
扌11(14) 2 5784 6467 一 サイ漢 ザイ呉 灰 cuī 二 サ漢 箇 cuò くだ-く・くじ-く

意味 一 ❶おしたり、たたいたりして、こなごなにこわす。くだく。例 檣傾楫摧ほばしらかたむきかじくだく(=船の帆柱は傾き、櫂かいはくだける)。〈范仲淹・岳陽楼記〉摧折サイセツ。❷相手の勢いを弱める。くじく。また、勢いがくじける。二 農具で草をきる。

【摧枯】サイコ 枯れたり腐ったりした木をくだく。努力しなくても容易にできることのたとえ。類 摧朽サイキュウ・摧槁サイコウ。

【摧挫】【摧▼剉】サイザ くだきこわす。うちくだく。

【摧残】サイザン くだき、こわす。破壊する。

【摧辱】サイジョク 恥をかかせる。侮辱する。

【摧折】サイセツ ①うちこわす。②挫折ザセツする。③自己の頑固な考えを捨てる。

【摧北】サイホク 〔「北」は、逃げる意〕①敗走する。②うち破って、敵を追い出す。

摯
手11(15) 2 5785 646F 常用 シ漢 寘 zhì と-る

筆順 土 幸 幸 剌 執 執 埶 摯

なりたち  [会意]「手(=て)」と「執(=とる)」とから成る。握り持つ。

意味 ❶しっかりと手につかむ。とる。❷気配りがゆきとどく。まじめ。例 真摯シンシ。

古訓 中古 うつ・くつろぐ・つかむ・とらふ・とる・にぎる・むらがる 中世 とる・むらがる・もつ 近世 いたる・つかむ・とく・にへ・もつ

摺
扌11(14) 1 3202 647A 人 一 ショウ(セフ)漢 葉 zhé 二 ロウ(ラフ)漢 合 lā す-る

[摺] 扌11(14) 俗字。

なりたち  [形声]「扌(=て)」と、音「習シュウ→ショウ」とから成る。こわす。

意味 一 ❶やぶる。こわす。❷折りたたむ。また、その冊子や文書。例 摺本ショウホン。二 身体をそこなう。くじく。骨を折る。例 因命ニ彭生一摺ニ其脅一(よってホウセイにメイじてそのキョウをくじかしむ)(=そして彭生に命令して《桓公カンコウの》肋骨コツを折らせた)。〈史記・魯周公世家〉

日本語での用法 《すり》《する》「摺すり粉木こぎ・摺すり染ぞめ・信夫摺しのぶずり・手摺てずり」▼こすりつける。また、染料を紙や布の面にすりつけて、絵や文字、模様を出す。

古訓 中古 うつす・する・とりひしぐ 中世 する・たたむ・やぶる

近世 くじく・する・やぶる

【摺奏】天子に直接上奏する機密文書。奏摺。

【摺本】一 帖装本。刊本。 二 日 版木で印刷した本。版本

摭 扌11(14) 3 8491 646D
セキ 漢 陌 zhí
ひろ-う(ひろ-ふ)

意味 落ちているものをとりあげる。ひろう。例 摭取(=ひろいとる)。摭拾(=ひろい集める)。捃摭。

[摠] 扌11(14) ⇩総(1044ジペー)

摶 扌11(14) 2 5786 6476
一 タン 漢 寒 tuán
二 セン 漢 先 zhuān
まる-める(まる-む)

意味 一 ❶手でまとめて、まるくする。まるめる。例 摶飯。❷まるい。通 団。例 摶摶(=まるいかたち)。❸あつめる。例 摶心(=心を集中する)。
二 ひとつにまとめる。集中する。もっぱらにする。通 専。

【摶飯】飯を手でまるめること。にぎりめし。

摛 扌11(14) 4 1342 645B
チ 漢 支 chī

意味 述べあらわす。のべる。例 摛藻(=文章を作る。また、美しい詩文)。

摘 扌11(14) 1 3706 6458 常用
一 テキ 慣 タク 漢
チャク 呉 陌 zhāi
二 テキ 漢 チャク 呉 錫 tì
つむ・つま-む

筆順 扌 扌 扩 护 捬 摘 摘 摘

なりたち [形声]「扌(=て)」と、音「啇テキ」とから成る。果物をつみとる。

意味 一 ❶つまんで、ちぎりとる。つむ。つまむ。とりのぞく。例 摘果。茶を摘む。❷抜き出す。例 摘要。摘録。例 摘発。摘抉。
二 つまみ出して、あばく。通 擿・剔。

古訓 中古 さぐる・すく・すくふ・つむ・とる・むしる 中世 さぐる・さしはさむ・つむ・とる 近世 あばく・うごかす・かかげる・つむ・とる・ひろふ

人名 つみ

【摘果】①食用にするため果実をつみ取る。②日 果樹栽培で、不要な実をつみ取る。

【摘出】①ぬきだす。選びだす。②中からつまみだす。から だの一部を手術によって取りだす。剔出。例 腎臓を一する。③あばきだす。例 不正を一する。

【摘除】〔医〕手術して取りのぞく。例 胃を一する。

【摘発】①悪事や不正を見つけだして、公にする。例 汚職を一する。②解き明かす。

【摘要】大切な箇所や事項を、抜き書きすること。また、その抜き書き。例 一欄。改正案の一。

【摘録】要点を抜き出して、書きしるすこと。また、その記録や文書。

【摘記】要点を抜き書きすること。また、その抜き書き。

【摘▼抉】【摘▼抉】あばきだす。摘発。剔抉。

撐 扌11(14) 4 1341 645A
トウ(タウ) 漢 ドウ(ダウ) 呉 陽 chēng

意味 ❶棒などで、ささえる。通 撑。❷ぶつかる。参考 撐と倒れる。

摽 扌11(14) 4 1345 647D
一 ヒョウ(ヘウ) 漢 篠 biào
二 ヒョウ(ヘウ) 漢 蕭 biāo
三 ヒョウ(ヘウ) 漢 蕭 piāo

意味 一 ❶たたく。うつ。❷落ちる。例 摽落。
二 ❶手を振って人を去らせる。❷高くかかげる。通 標。例 摽榜(=標榜)。❸刀剣の先。通 鏢。例 摽末。
三 高く上がるさま。例 摽然。

【摽梅】ウメの実が熟して落ちる。女子の婚期が来ることのたとえ。また、婚期を過ぎたことのたとえ。〔〈詩経・召南・摽有梅〉から〕

【摽末】刀のきっ先。ごくわずかなことのたとえ。例 一の功(=ほんの少しの功績)。

摩 手11(15) 1 4364 6469 常用
バ 漢 マ 呉 歌 mó
す-る・さす-る

[摩] 手11(15) ―― 旧字体。

筆順 亠 广 广 庐 庥 麻 靡 摩

なりたち [形声]「手(=て)」と、音「麻バ」とから成る。手でこする。

意味 ❶手でこする。手をこすり合わせる。する。例 濯レ手以摩レ之(てをあらいてもってこれをする)(=手を洗って、両手をこすり合わせる)。〈礼記・内則〉❷(物と物とが)こすれ合う。する。例 木与レ木相摩則然(きときとあいマすればすなわちもゆ)(=木と木をこすり合わせれば燃える)。〈荘子・外物〉摩擦。摩耗。❸(すれあうほどに)近づく。せまる。例 摩天楼。舷舷相摩す。❹みがく。錬磨する。例 研摩。❺研究する。切磋琢磨する。❻梵語の音訳。例 摩訶。摩耶夫人(=釈迦の生母)。摩利支天。

古訓 中古 したがふ・する・ちかし・ちかづく・てする・とぐ・なづ・なぐ 中世 する・なづ・なづる・みがく 近世 けす・する・とぐ・なでる・のごふ・みがく

人名 きよ・なず

【摩▼訶】〔梵語 mahā の音訳〕すぐれていること。大きなこと。例 一不思議(=非常に不思議なこと)。

【摩肩】肩と肩とが触れ合う。混雑しているさま。
→【肩摩】(1088ジペー)

【摩▼挲】【摩▼娑】手でなでまわす。愛撫する。

【摩擦】日 ①こする。すれあう。例 乾布一。②意見や感情が食い違い、対立する。例 経済一。③ある物体が他の物体に接しながら動くとき、接触面におこる運動にさからおうとする力。例 一力。

【摩切】①みがく。転じて、人格を立派にみがきあげる。②間近に迫る。③いさめる。

【摩頂放▼踵】(チョウをマしてくびすにいたる) 自他の区別なく人を愛せと説いた墨子の兼愛説に対し、「頭のてっぺんから足の先まですり減らして人のために尽くす」のは、人を治める立場にある者のすることではないと、孟子が批判したことば。〈孟子・尽心上〉

【摩天楼】〔天にすれすれにとどきそうな建物の意。英 skyscraper の訳語〕超高層建築物。

【摩尼】①マニ教のこと。三世紀ごろペルシャで発達した宗教で、唐代に流行した。末尼。②〔仏〕〔梵語 mani の音訳〕「摩尼珠」「摩尼宝珠」の略。竜王の髻髪(=まげ)の中にある清浄な玉。害悪を除くという。

【摩滅】すり減る。磨滅。

【摩耗】機械の部分や道具などが、すりへること。磨耗。

【摩利支天】〔「摩利支」は梵語 marici の音訳で、陽炎の意〕仏教の守護神で、太陽の炎を神格化した女神。日本では武士の守り神とされた。

【摩塁】マルイ ルイを 敵のとりでに迫る。匹敵する。例 名人の塁を摩す(=名人と肩を並べるほどになる)。

摝
扌11 (14) 4 1343 645D ロク漢 屋 lù

意味 ❶ふり動かす。❷すくいとる。例 摝取シュク(=すくう)。

[撹]
扌12 (15) ⇩攪カ(587ページ)

撝
扌12 (15) 4 1348 649D キ(クヰ)漢呉 支 huī

意味 ❶切りひらく。さく。❷へりくだる。ゆずる。例 撝謙ケン。❸指揮して動かす。さしまねく。

【撝謙】キケン へりくだる。謙遜ケンソンする。

撟
扌12 (15) 4 1349 649F キョウ(ケウ)漢呉 篠 jiǎo

意味 ❶高くあげる。あげる。あがる。例 撟舌キョウゼツ(=驚きのあまり舌がもつれる)。❷まがったものをまっすぐにする。ためる。通 矯。例 撟枉キョウオウ。❸仮託する。いつわる。通 矯。例 撟制キョウセイ(=皇帝の命令にかこつける)。

擎
手12 (16) 3 8492 64CE ケイ漢 キョウ(キャウ)呉 庚 qíng

意味 ❶両手を前方、目の上あたりに上げて持つ。ささげる。❷両手で押し上げるように支える。かかげる。例 擎天ケイテン テンをささぐ(=天を支える。大力ダイリキのたとえ)。

[擕]
扌12 (15) ⇩携ケイ(576ページ)

撮
扌12 (15) 1 2703 64AE 常用 サツ漢 サチ・サツ呉 曷 cuō
とる・つかーむ・つまーむ・つまーみ

筆順 扌 扌 扣 捍 揖 撮 撮

なりたち [形声]「扌(=て)」と、音「最イサ→ツサ」とから成る。三本の指でつまみとるほどの少ない量。

意味 ❶ひとつまみほどの分量。わずか。例 撮土サツド。圭撮サツケイ。❷指先でつまみとる。つまむ。例 撮取サッシュ(=つまみとる)。❸容量の単位。一升の千分の一。一説に一万分の一。❹(必要なだけの少量を)つまんで、取る。例 撮要サツヨウ。

日本語での用法 一《サツ》《とる》「撮影サツエイ・風景フウケイを撮とる」▼(スチール・映画・テレビ・ビデオなど)写真を写す。二《つまみ》「鍋蓋なべぶたの撮つまみ」▼うつわや蓋ふたで、手で持つ部分。

古訓 中古 すぶ・すべて・とる・のぶ 中世 すぶる・せく・つかむ・つまむ・とる・にぎる・むせぶ 近世 からむ・つまむ・とる・ひく

【撮影】サツエイ 日 写真や映画・ビデオなどをとる。例 特殊―。

【撮土】サツド ひとつまみの土。わずかな土。

【撮要】サツヨウ 要点を抜き出して簡潔に書くこと。また、書いたもの。摘要。

●一撮イッサツ・空撮クウサツ

撒
扌12 (15) 1 2721 6492 人 一 サン慣 サツ漢 曷 sǎ 二 サン慣 サツ漢 曷 sā
まーく

なりたち [形声]「扌(=て)」と、音「散サン」とから成る。まき散らす。

意味 一 一面にまきちらす。まく。例 撒二塩空中一差可レ擬 しおをクウチュウにまけばややぎすべし(=塩を空中にまきちらしたら《雪と》ほとんど同じでしょう)。〈世説・言語〉撒水サンスイ。撒布サンプ。二 ❶外に放つ。手もとから放す。はなつ。❷排泄セツする。例 撒尿サンニョウ(=排尿する)。撒屎サンシ(=排便する)。

古訓 中古 こく・つらぬ 中世 つらぬ・ひろごる 近世 ちらす・はなつ・まく

【撒水】サンスイ サッスイ 〔本来の読みは「サッスイ」〕水をあちこちにまく。みずまき。表記 現 散水

【撒布】サンプ サップ 広くゆきわたるようにまく。表記 現 散布

撕
扌12 (15) 2 5789 6495 一 シ漢呉 支 sī 二 セイ漢 斉 xī
さーく

意味 一 手で引っ張ったり、切ったりして二つに分ける。さく。例 撕開シカイ(=引きさく)。二 注意をうながす。さとらせる。例 提撕テイセイ(=教えみちびく)。

撰
扌12 (15) 1 3281 64B0 人 一 セン漢呉 潸 zhuàn 二 サン漢 銑 xuǎn
えらーぶ

[撰] 扌12 (15) ―― 俗字。

なりたち [形声]「扌(=て)」と、音「巽ソン→セン」とから成る。えらぶ。

意味 一 ❶ことばを吟味して、詩や文章を作る。書物をあらわす。例 撰者センジャ。杜撰ズサン。❷編集する。例 撰集センシュウ。勅撰チョクセン。❸こころざし。志向。例 異二乎三子者之撰一 サンシシャのセンにことなる(=三人の志向とは違います)。〈論語・先進〉❹のり。法則。例 天地之撰テンチのセン(=天地の法則)。〈易・繋辞下〉 二 えらぶ。よりわける。通 選。例 撰二良辰一而将レ行 リョウシンをえらびてまさにおこなわんとす(=よい日をえらんでおこなおうとする)。〈班昭・東征賦〉

古訓 中古 うつ・えらぶ・かず・かぞふ・そなふ・のぶ・をさむ 中世 えらぶ・かぞふ・そなふ・たもつ 近世 えらむ・かぞへる・こと・つくる・のぶる・のり・もつ

人名 のぶ

【撰者】センジャ ①詩歌・文章などを作る人。著者。②すぐれた作品を集めて歌集や文集にする人。選者。編纂者ヘンサンシャ。例 勅撰チョクセン集の―。

【撰修】センシュウ 文書を集めて書物として整える。例 史書を―する。

【撰集】センシュウ センジュウ すぐれた詩歌や文章をえらんで、編集すること。また、その書物。例 近代詩の―。

【撰述】センジュツ 文章をととのえて、書物としてあらわす。著述。例 注釈書を―する。

【撰進】センシン 詩や文集を編んで、献上すること。例 古事記を―したときの序文。

【撰定】センテイ ①書物を編纂ヘンサンする。②えらび出す。

【撰録】センロク 文章を選び集めて収録する。文章に記録する。

撤
扌12 (15) 1 3717 64A4 常用 テツ漢 テチ呉 屑 chè
すーてる(すーつ)

筆順 扌 扌 扌 揹 揹 撤 撤

なりたち [形声]「扌(=て)」と、音「㪿テツ」とから成る。手でとりのける。

意味 ❶取り下げる。ひきあげる。ひっこめる。例 撤回テッカイ。撤収テッシュウ。撤退テッタイ。❷取り除く。やめる。すてる。例 不レ撤レ薑食 キョウをテッせずしてくらう(=はじかみを取り除かずに食べる)。〈論語・郷党〉撤去テッキョ。撤廃テッパイ。

古訓 中古 あばく・うがつ・こぼつ・さる・しりぞく・すつ・とほす・とる・まかる 中世 あばく・しりぞく・すつ・すつる・とほる・とる 近世 いましむる・すつる・はぐ・はなつ・はらふ・をさむ

【撤回】テッカイ いったん出した意見や案を取り下げる。例 処分の―を求める。要求を―する。

【撤去】テッキョ 建物や施設・機械・装置など、大きなものを取り除く。例 放置自転車の―。

【撤収】(テッシュウ) ①とりさって、しまいこむ。例 テントを―する。②「撤退(テッタイ)」に同じ。

【撤退】(テッタイ) 引きはらう。特に、軍隊が根拠地をとりはらって、しりぞく。撤収。

【撤廃】(テッパイ) それまであった制度などをなくす。例 規制を―する。

【撤兵】(テッペイ) 派遣していた軍隊を引きあげる。㊟派兵・出兵。

撐
扌12 (15)
―― 6490
トウ(タウ)㊥漢 庚 chēng

［撑］
扌12 (15)
4 1347 6491
俗字。

意味 ❶(棒などをあてて)倒れないようにする。ささえる。例 撐拄(トウシュウ)(=ささえる)。❷棹(さお)で舟を進める。さおさす。例 撐船(トウセン)(=さおさして船を進める)。

撞
扌12 (15)
1 3821 649E
人
シュ㊥慣 トウ(タウ)㊥漢 ドウ(ダウ)㊥呉 絳 江 zhuàng
う-つ・つ-く

なりたち ［形声］「扌(=て)」と、音「童(トウ)」とから成る。速くつく。

意味 ❶すばやく打ちたたく。**つく**。例 抜レ剣撞而破レ之(ケンをぬきつきてこれをやぶる)(=剣を抜いて、たたきこわした)。〈史記・項羽紀〉❷つきあたる。例 撞着(ドウチャク)。衝撞(ショウドウ)。

撞木(シュモク)。撞球(ドウキュウ)。撞撃(ドウゲキ)(=つく)。

古訓 中古 うつ・つく 中世 うつ・つく 近世 うつ・たたく・つく

【撞木】(シュモク) ①鐘(ショウ)・鉦(ケイ)・磬などを打ち鳴らす丁字形の棒。かねたたき。②つりがねを鳴らすためにつり下げた太い棒。

【撞木▼杖】(シュモクづえ) 日 にぎりの部分を丁字形にした、つえ。

【撞球】(ドウキュウ) 長方形の台上で、いくつかの玉をキュー(=棒)でつくゲーム。ビリヤード。玉突き。

【撞着】(ドウチャク)【撞著】(ドウチャク) ①(思いがけなく)つきあたる。②つじつまが合わない。矛盾。例 自己―(ドウチャク)。自家―(ドウチャク)。

【撞入】(トウニュウ・ドウニュウ) つき入って勢いよく進む。突入。

撓
扌12 (15)
2 5790 6493
トウ(タウ)㊥慣 ドウ(ダウ)㊥漢 ニョウ(ネウ)㊥呉 巧 náo
しな-う(しな-ふ)・しな-る・たわ-む・たわ-める(たわ-む)・た-める(た-む)

意味 ❶手でかきまぜる。かきみだす。例 撓乱(ドウラン)。❷やわらかく弓なりに曲げる。**たわめる**。**たわむ**。例 縄不レ撓レ曲(ジョウはまがれるにたわまず)(=墨縄(すみなわ)は木が曲がっていても曲がったりはしない)。〈韓非・有度〉不撓不屈(フトウフクツ)(=決してくじけない)。

難読 撓(しお)り・撓(たい)める

【撓屈】(ドウクツ) ①ゆがめる。②びくびくする。しりごみする。

【撓▼擾】(ドウジョウ) 乱し騒がす。騒いで苦しめる。擾乱(ジョウラン)。

【撓敗】(ドウハイ) 戦いに敗れる。乱れ敗走する。

【撓乱】(ドウラン) かきみだす。攪乱(コウラン)。例 撓二乱我同盟一(わがドウメイをドウランす)(=我々の同盟をかき乱した)。〈左伝・成一三〉

撚
扌12 (15)
1 3918 649A
デン㊥漢 ネン㊥呉 銑 niǎn
ひね-る・よ-る・よ-り

意味 ❶指先でひねって、ねじり合わせる。**ひねる**。**よる**。例 撚二梅花一枝一(バイカイッシをとる)(=ウメの花一枝を手折る)。〈聊斎・嬰寧〉撚糸(ネンシ)。紙撚(こより)。❷にぎる。持つ。手にとる。例 手撚二金僕姑一(てにキンボッコをとる)(=手には金の矢を持つ)。〈杜牧・重送〉❸琵琶(ビワ)の弾き方の一種。左手の指を棹(さお)の部分で左右にもむように動かす。

【撚糸(絲)】(ネンシ) 糸に、よりをかけること。また、よりをかけた糸。

【撚紙】(ネンシ) 指で紙をよる。こより。

播
扌12 (15)
1 3937 64AD
人
一 ハン・バン㊥慣 ハ㊥漢 箇 bò
二 ハン・バン㊥慣 ハ㊥漢 哿 bǒ
ま-く

なりたち ［形声］「扌(=て)」と、音「番(ハン→ハ)」とから成る。種をまく。

意味 一 ❶(種を)まきちらす。**まく**。例 播種(ハシュ)。❷宣揚する。広める。例 是播二其悪於衆一也(これそのアクをシュウにハするなり)(=《不仁でありながら高い位についていることは》民衆に悪徳をまきちらすことになる)。〈孟子・離婁上〉伝播(デンパ)。❸亡命する。さすらう。例 播遷(ハセン)。播蕩(ハトウ)。二 ゆりうごかす。ひる。㊨簸(ハ)。例 播鼗(ハトウ)(=ふりつづみを鳴らす)。〈論語・微子〉

日本語での用法 《バン》「播州(バンシュウ)赤穂(あこう)・播但(バンタン)(=播磨(はりま)と但馬(たじま))」▼旧国名「播磨(はりま)(=今の兵庫県南西部)」の略。

古訓 中古 あがる・うう・うごかす・うごく・うゆ・すつ・はなる・ほしいまま・ほどこす・わかる 中世 あがる・ほどこす 近世 あぐる・うごかす・うつる・しく・すつる・たねかす・はなつ

人名 かし・すけ・ひろ

【播越】(ハエツ) 居場所をなくし、他国にさすらう。

【播種】(ハシュ) 作物のたねをまく。たねまき。

【播植】(ハショク)【播殖】(ハショク) 作物のたねをまき、苗を植える。

【播遷】(ハセン) 遠くの地を流浪する。

【播▼蕩】(ハトウ) 国を捨てて他国を流浪する。

【播揚】(ハヨウ) ①自ら進んで事を起こす。②伝え広める。広く知れわたるようにする。

【播磨】(はりま) 日 旧国名の一つ。今の兵庫県南西部にあたる。播州(バンシュウ)。

撥
扌12 (15)
2 5791 64A5
バチ㊥慣 ハツ㊥漢 曷 bō
は-ねる(は-ぬ)・はら-う(はら-ふ)

意味 ❶手を加えて正しく整える。おさめる。例 撥乱(ハツラン)(=乱世をおさめる)。❷手ではじいて、はねあげる。**はねる**。**はらう**。例 香炉峰雪撥レ簾看(コウロホウのゆきはすだれをかかげてみる)(=香炉峰の雪はすだれをはね上げて見る)。〈白居易・香炉峰下新卜山居草堂初成偶題東壁〉撥音(ハツオン)。挑撥(チョウハツ)。反撥(ハンパツ)。❸手でかき分ける。ひらく。❹琵琶(ビワ)などの弦をはじいて鳴らす道具。また、太鼓を打つ棒。ばち。例 曲終収レ撥(キョクおわりてバチをおさむ)(=曲が終わり、バチを手もとによせる)。〈白居易・琵琶行〉❺⇩【撥刺】(ハツラツ)

【撥音】(ハツオン) 日 日本語の発音で、「天気(テンキ)」「按摩(アンマ)」「女(おんな)」「リンゴ」「ペン」などの「ん」「ン」であらわす音(オン)。はねる音。

【撥音便】(ハツオンビン) 日 音便の一つ。発音上、活用語の連用形語尾や、語中のある音が「ん」に変わること。「飛びて」が「飛んで」、「死にて」が「死んで」、「かみなづき」が「かんなづき」、また「盛り」が「さかん」になるなど。

【撥去】(ハッキョ) はらいのける。㊞撥棄(ハッキ)。

【撥▼剌】(ハツラツ) ①琴(キン)の弦を強く張りすぎて、音の調子がはずれる。②弓を引きしぼる。③魚がぴちぴちとはねる音。

【撥乱反正】(ハツランハンセイ) 世の乱れをおさめ、もとの正しい状態にかえすこと。〔「撥二乱世一反二諸正一、莫レ近二諸春秋一(ランセをおさめこれをセイにかえすは、シュンジュウよりちかきはなし)(=乱れた世を治めて正しい世にもどすには『春秋』の教えにもとづくのがいちばんだ)。〈公羊・哀一四〉」から〕

撫
扌12 (15)
1 4179 64AB
人
フ㊥漢 ブ㊥呉 麌 fǔ
な-でる(な-づ)

なりたち ［形声］「扌(=て)」と、音「無ブ→フ」とから成る。安んじる。

意味 ❶人をおだやかにさせる。なだめる。例 撫安。慰撫。❷手のひらで、こする。さする。**なでる**。また、かわいがる。例 以レ手撫レ膺坐長嘆(=手で胸をなでてなんとはなしに長いため息をつく)。〈李白・蜀道難〉撫育。愛撫。ひげを撫する。❸軽くたたく。うつ。❹手に持つ。にぎる。例 撫レ剣疾視(=剣を手にしてにらみつけた)。〈孟子・梁恵王下〉 ❺楽器を手にする。演奏する。例 撫レ琴而写レ之(=琴を弾いてその音色をまねた)。〈韓非・十過〉

古訓 中古 うつ・おさふ・かいなづ・かく・たたく・とる・なづ・もつ・もむ・やすし・やすむ・より・よる 中世 とる・なづる・もつ・よる 近世 うつ・さする・したがふ・すすめる・なづる・よる

人名 やす・よし

難読 撫子(=秋の七草の一つ)・撫養(=地名)

【撫安】いつくしみ安んずる。類 撫綏。

【撫慰】①部下や民衆をいつくしむ。②人の心をなだめて、いたわる。慰撫。▽類 撫字。

【撫育】やさしくかわいがって、子供をそだてる。愛育。

【撫軍】①諸侯の太子が父に従って出陣すること。②六朝時代、将軍の称号。③明・清代、巡撫の別称。→【巡撫】②(422ページ)

【撫▼恤】【撫▼卹】やさしくいたわり助ける。また、あわれんで、ものをめぐむ。

【撫循】いたわって服従させる。拊循。

【撫掌】手をたたく。うれしがるさま。

【撫心】①胸をなでおろす。心を安らかにする。②胸をたたく。悲しみや怒りをあらわすさま。拊心。

【撫存】いたわり、いつくしむ。

【撫養】いつくしみ、そだてる。愛育。撫育。

【撫弄】慰めに琴などをかなでる。なぐさみにもてあそぶ。

【撫和】いたわる。やわらげしずめる。類 撫輯・撫緝。

●愛撫・慰撫・鎮撫

撇

扌12 (15) 4 1346 6487

一 ヘツ 漢 屑 piē　二 ヘイ 慣 ヘツ 漢 屑 piě

意味 一 ふきとる。ぬぐう。例 撇涕(=涙をふく)。二 漢字の左はらい。通 丿。例 波撇(=漢字の右はらいと左はらい)。

撲

扌12 (15) 1 4348 64B2 常用

ホク 漢 ホク・**ボク** 呉 屋 覚 pū
ハク 漢 呉
う-つ・なぐ-る
付表 相撲

筆順 扌 扌 扌 扌 扌 撲 撲

なりたち ［形声］「扌(=て)」と、音「菐ホ→ク」とから成る。手でたたく。うつ。

意味 ❶勢いよくうつ。**なぐる**。**うつ**。また、軽くたたく。例 撲殺。打撲。❷うちはらう。はらいのける。例 撲滅。❸たおれる。通 踣。例 撲地。❹⇩【撲朔】

古訓 中古 うちはらふ・うつ・さす・すなほ・すなほに・たふす 中世 うちけつ・うちはらふ・うつ・つくろふ・はらふ 近世 うちけつる・うつ・たふる・のごふ

難読 撲傷

【撲▼朔】①ウサギがぴょんぴょんはねて走るさま。例 雄兎脚撲朔(=雄ウサギは足がぴょんぴょんはねる)。〈木蘭詩〉②ウサギ。

【撲殺】なぐり殺す。

【撲地】①地に倒れる。②地に満ちる。地上一面にすきまなく並ぶさま。

【撲滅】打ちのめす。完全に退治する。類 撲殄。

撩

扌12 (15) 2 5792 64A9

リョウ(レウ) 漢 蕭 liáo

意味 ❶乱をおさめる。おさめととのえる。例 撩理(=おさめる)。❷いりみだれる。通 繚。例 撩乱。❸ひっかける。からめとる。

【撩乱】いりみだれるさま。花が咲きみだれるさま。繚乱。例 百花―の春。

擄

扌12 (15) 3 8501 64C4

リョ 慣 ロ 漢 麌 lǔ

意味 生けどりにする。例 擄掠(=人をさらい、財物をうばう)。

参考 擄

撈

扌12 (15) 2 5793 6488

ロウ(ラウ) 漢 豪 lāo
とら-える(とら-ふ)・と-る

［捞］

扌7 (10) 4 1310 22B50 俗字。

意味 水の中からすくいあげて、**とる**。例 撈採。漁撈。

【撈採】水にもぐってものをとる。

撼

扌13 (16) 2 5794 64BC

カン(カム) 漢 感 hàn
うご-かす・うご-く

意味 強い力を加えて、ゆりうごかす。**うごかす**。**うごく**。例 波撼岳陽城(=洞庭湖の)波は岳陽の町をゆりうごかすように寄せ来る)。〈孟浩然・臨洞庭〉 撼動。震撼。

【撼動】①ゆり動かす。ゆさぶる。類 撼揺。②相手を罪におとしいれる。

擐

扌13 (16) 3 8503 64D0

カン(クヮン) 漢 諫 huàn

意味 よろいを身に着ける。きる。つらぬく。例 擐甲(=よろいを着る)。

［據］

扌13 (16) ⇩拠(551ページ)

［擧］

手13 (17) ⇩挙(557ページ)

擒

扌13 (16) 2 5802 64D2

キン(キム) 漢 侵 qín
とりこ

意味 ❶生け捕りにする。とらえる。例 擒獲(=とりこにする)。擒捉。❷とらえられた人。**とりこ**。例 擒生。

【擒縦】①つかまえたり放したりする。②日 思いどおりにあやつる。例 ―自在。

【擒生】敵を生け捕りにする。また、捕虜。

【擒捉】とらえる。捕獲する。捕捉。

【擒縛】生け捕りにして、しばる。捕縛。

［擊］

手13 (17) ⇩撃(579ページ)

撿

扌13 (16) 3 8494 64BF

一 レン(レム) 漢 呉 琰 liǎn
二 ケン(ケム) 漢 呉 琰 jiǎn

［捡］

扌8 (11) 4 1321 22BA6 俗字。

意味 一 ❶こまねく。こまぬく。❷ひきしめる。通 斂。二 とりしまる。とりしらべる。通 検。例 撿閲(=検閲)。撿校(=検校)。

擌

扌13 (16) 4 1351 64CC

サク 漢 陌 sè
はご

意味 鳥をとらえる道具。細く割った竹に鳥もちを塗り、おとりをおいて小鳥をとらえるわな。はが。**はご**。例 高擌。千本擌。

擅

扌13 (16)　2 5803　64C5

セン漢 霰 shàn
ほしいまま

意味 独り占めにして、自分のしたいようにする。**ほしいまま**(にする)。例 擅権(センケン)。擅断(センダン)。独擅場(ドクセンジョウ)。

【擅横】センオウ わがまま勝手を、おしとおす。専横。例 ―なふるまい。―をきわめる。

【擅権】センケン 権力をほしいままにする。専権。例 ―をふるう。

【擅場】センジョウ ①その場所を占有する。②その場に並ぶ相手がいない。独り舞台。独擅場(ドクセンジョウ)。③詩文の作法にぬきん出ている。▽専場。

【擅断】センダン 自分勝手に決める。表記 現専断

操

扌13 (16)　1 3364　64CD　教6

ソウ(サウ)漢呉 豪 cāo
みさお(みさを)・あやつる・と-る

筆順 扌 扌 扣 扣 揾 揾 揾 操

なりたち  [形声]「扌(＝て)」と、音「喿(ソウ)」とから成る。にぎり持つ。

意味 ❶しっかりと手に持つ。**とる**。例 操持(ソウジ)。❷手に持って、うまく使いこなす。**あやつる**。**とる**。例 操作(ソウサ)。操縦(ソウジュウ)。❸心のもちかた。品性。信念。**みさお**。例 志操(シソウ)。節操(セッソウ)。

古訓 中古 あやつる・こころざし・こころばせ・とる・みさを 中世 あつかふ・あやつる・あやとる・こころざし・こころばせ・とる・みさを 近世 あやつる・あやとる・とる・みさを・もつ

人名 あや・さお・とる・みさ・もち

【操業】ソウギョウ ①品性とおこない。品行。例 猶当レ崇二其操業一(なおまさにそのソウギョウをあがめるべし)(＝やはりその品行を大切にすべきである)。〈晋書・謝尚伝〉②業務をおこなう。③日 機械を動かして作業をする。例 ―短縮。二十四時間―。

【操▼觚】ソウコ 〔「觚」は、古代中国で文字を書き記すのに使った木の札〕詩や文章を作ること。

【操行】ソウコウ (道徳的な面から見た)日ごろのおこない。身持ち。品行。類 操履。例 操行不軌(ソウコウフキ)(＝心がまえや行動が規範から外れている)。〈史記・伯夷伝〉

【操作】ソウサ 一 ソウサク・ソウサ からだを動かして仕事をする。また、仕事。例 著二布衣一、操作而前(フイをきソウサクしてすすむ)(＝麻や綿の粗末な服を着て、仕事をしながら進み出た)。〈後漢書・梁鴻伝〉 二 ソウサ ①機械などを思いどおりに動かす。②日 自分に都合よく変える。例 帳簿を―する。

【操持】ソウジ ①手に握る。②志をかたく守る。節操。操守。③とりしきる。

【操車】ソウシャ 日 車両の編成や入れかえをする。例 ―場(ソウシャジョウ)。

【操舎】ソウシャ 〔「舎」は、捨てる意〕守ることと、捨てること。

【操守】ソウシュ 自分の主義や志をかたくまもって、変えないこと。節操。操持。例 ―堅正(ケンセイ)。

【操縦】ソウジュウ ①指揮する。掌握する。機械など、特に飛行機を、思いどおりに動かす。例 ―桿(カン)。②他人を自分の思いどおりに動かす。例 部下をたくみに―する。

【操心】ソウシン ①志を失わぬよう気をつける。②心配する。

【操▼舵】ソウダ かじをあやつって、船を目的の方向へ進ませる。例 ―手。―室。

【操練】ソウレン 軍事訓練をする。練兵。調練。例 江戸幕府の海軍―所(ジョ)。

●志操(シソウ)・情操(ジョウソウ)・節操(セッソウ)・体操(タイソウ)・貞操(テイソウ)

撾

扌13 (16)　3 8493　64BE

タ漢 麻 zhuā

意味 たたく。うつ。例 撾鼓(タコ)(＝太鼓をたたく)。撾殺(タサツ)(＝撲殺する)。

[擇]

扌13 (16)

⇩択(タク)(547ページ)

撻

扌13 (16)　2 5805　64BB

タツ漢 ダツ呉 曷 tà
むちう-つ・う-つ

意味 むちでたたく。**むちうつ**。例 鞭撻(ベンタツ)。類 撻戮(タツリク)。

【撻辱】タツジョク むち打って、はずかしめる。

【撻▼笞】タッチ 〔「笞」も、むちうつ意〕むちでたたく。

[擔]

扌13 (16)

⇩担(タン)(553ページ)

擋

扌13 (16)　4 1350　64CB

トウ(タウ)漢 漾 dǎng

意味 ❶さえぎる。通 攩(トウ)。例 阻擋(ソトウ)(＝はばむ)。❷おおいかくす。おおう。

擘

手13 (17)　2 5806　64D8

ハク漢 陌 bò
さ-く・つんざ-く

意味 ❶指を使って二つに分ける。**さく**。例 釵擘二黄金一合分レ鈿(サイはオウゴンをさきゴウはデンをわかつ)(＝かんざしは黄金を二つにさき、小箱は螺鈿(ラデン)を二つに分ける)。〈白居易・長恨歌〉 擘裂(ハクレツ)。❷区分する。分配する。例 擘画(ハッカク)。❸おやゆび。例 擘指(ハクシ)。❹弓を張る。手で弓をひきしぼる。例 擘張(ハクチョウ)。

【擘▼窠】ハクカ ①書や篆刻(テンコク)で字の大小をそろえるための、ます目。②大きな字。擘窠書。

【擘指】ハクシ おやゆび。拇指(ボシ)。

【擘張】ハクチョウ 手で弩(ド)(＝はじきゆみ)をひきしぼる。〔足で弩をひきしぼることは「蹶張(ケッチョウ)」という〕

【擘裂】ハクレツ 爪(つめ)の先を使って、細かくさく。ひきさく。また、つんざく。劈裂(ヘキレツ)。

【擘画】ハッカク 区分けする。計画的に配分する。

擗

扌13 (16)　4 1353　64D7

ヘキ漢 陌 pǐ

意味 悲しみのあまり、手で胸をたたく。うつ。むねうつ。例 擗摽(ヘキヒョウ)(＝胸をたたいて嘆く)。

擁

扌13 (16)　1 4542　64C1　常用

ヨウ漢 オウ呉 腫 yōng
(旧 yǒng)
いだ-く

筆順 扌 扌 扩 扩 扩 揥 揥 擁

なりたち  [形声]「扌(＝て)」と、音「雍(ヨウ)」とから成る。だきかかえる。

意味 ❶だきかかえる。**いだく**。例 擁レ盾入二軍門一(たてをヨウしてグンモンにいる)(＝盾を抱えて軍門から入ろうとした)。〈史記・項羽紀〉 抱擁(ホウヨウ)。❷だきかかえるようにして、助ける。まもる。例 暁見千兵擁二大牙一(あかつきにみるセンペイのタイガをヨウするを)(＝明け方になると《霧も晴れて》《越後の》大軍が大将の旗を守ってやってくるのがわかった)。〔頼襄・題不識庵撃機山図〕 擁護(ヨウゴ)。❸取り囲むようにして、さえぎる。ふさぐ。例 雪擁二藍関一馬不レ前(ゆきはランカンをヨウしてうますすまず)(＝雪は藍関を埋め尽くすようにふさいでいて、ウマさえも進めない)。〈韓愈・左遷至藍関示姪孫湘〉 擁蔽(ヨウヘイ)。❹⇩

【擁腫】ヨウショウ

古訓 中古 おさふ・かかふ・すべて・たすく・たたく・とどむ・とる・のごふ・ふさぐ・まぼる・まもる 中世 いだく・かいいだく・かくす・かこむ・とる・のごふ・ふさぐ・ふせぐ・まぼる・まもる 近世 いだく・かかへる・さへぎる・したがふ・ふさぐ・まもる

【擁▼遏】【擁▼閼】ヨウアツ ①さえぎり、とどめる。②「擁塞(ヨウソク)」に同じ。

【擁衛】ヨウエイ 「擁護(ヨウゴ)一」に同じ。

【擁護】(ヨウゴ) ㊀大事なものをしっかりと、かばい守る。擁衛。 ㊁(オウゴ)〔仏〕神仏が助け守る。加護する。例人権の―。応護。

【擁膝】(ヨウシツ/ひざをいだく) ひざを抱きかかえて考えこむ。詩作などに苦心しているさま。

【擁腫】(ヨウショウ) (材木の節やこぶのように)ふくれあがっているさま。転じて、醜いさま、無益なさま。例其大本擁腫而不ㇾ中ニ縄墨一(そのタイホンはヨウショウしてジョウボクにあたらず)(=《樗(チョ)という大木の》太い幹はこぶだらけで、すみなわもあてられません)。〈荘子・逍遥遊〉

【擁塞】(ヨウソク) ふさぐ。ふさがる。擁遏(ヨウアツ)。

【擁蔽】(ヨウヘイ) おおいかくす。

【擁立】(ヨウリツ) 周りから盛り立てて、地位につかせようとする。例幼帝を―する。

擂

扌13 (16) ②5807 64C2

㊀ライ㊥ 灰 léi ㊁ライ㊥ 隊 lèi

す-る・う-つ

意味 ㊀すりつぶす。**する**。例擂槌(ライツイ)(=すりこぎ)。擂盆(ライボン)(=すりばち)。擂(す)り鉢(バチ)。 ㊁たたく。**うつ**。例擂鼓(ライコ)(=太鼓をたたく)。

難読 擂茶(ザルイ)(=茶入れのつぼの一種)

擱

扌14 (17) ②5808 64F1

カク㊥ 薬 gē

お-く

意味 ❶(ひっかかって動きを)とめる。とどまる。❷ものをおく。**おく**。例擱筆(カクヒツ)。

【擱筆】(カクヒツ/ふでをおく) 詩文を書くのをやめる。また、詩文を書き終える。㊀起筆。例以上をもって―する。

擬

扌14 (17) ①2128 64EC 常用

ギ㊥㊥ 紙 nǐ

なぞら-える(なぞら-ふ)・もど-き

筆順 扌 扌 扌 扌 扌 擬 擬 擬 擬

なりたち 擬 [形声]「扌(=て)」と、音「疑(ギ)」とから成る。おしはかる。

意味 ❶どうしようかと考える。おもいはかる。例擬議(ギギ)(=考えて論ずる)。❷くらべて、似るようにする。**なぞらえる**。似せる。また、似たもの。**もどき**。例辞賦擬ニ相如一(ジフはショウジョにギす)(=《揚雄(ヨウユウ)の》辞賦は、《同じく賦の名手の》司馬相如のそれにも比べられる)。〈左思・詠史詩〉 擬態(ギタイ)。模擬(モギ)。雁擬(ガンもどき)。

古訓 中古 あたる・あてはかる・おもふ・きる・しづかに・す・する・たはぶる・たはぶれ・とる・なずらふ・ななむとす・ならぶ・ひとし・まねきる 中世 あてがひ・あてがふ・せたげる・せむとす・なずらふ・なぞらふ・はかる 近世 かたどる・なぞらふ・まねる・はかる

【擬音】(ギオン) 自然のおとに似せて道具などを用いて出すおと。擬声。例―効果。

【擬音語】(ギオンゴ) 日「擬声語(ギセイゴ)」に同じ。

【擬古】(ギコ) 昔の風習や方法をまねること。例―的な手法。

【擬古文】(ギコブン) 古い時代の作品の文体をまねた文章。

【擬作】(ギサク) まねてつくること。また、その作品。例ロダンの―。

【擬死】(ギシ) 不意の刺激に対し、死んだように動かなくなること。昆虫やヘビなどに見られる。

【擬似】(ギジ) 日よく似ているが、本物ではないこと。疑似。例―体験。

【擬人】(ギジン) ①他人と比べる。②日人間でないものを人間に見立てること。

【擬人法】(ギジンホウ) 日文章を書くとき、人間でないものを人間に見立てて表現する方法。「風がささやく」「山が招く」など。

【擬声】(ギセイ) ある音声に似せること。擬音。

【擬声語】(ギセイゴ) 日ものの音、自然の音、人や動物のこえなどを、その音声に似せて表現したことば。「ガタガタ」「サヤサヤ」「シクシク」「ワンワン」など。擬音語。

【擬装】(ギソウ) 日他人の目をあざむくために、外見を別のものに似せてよそおう。偽装。例―工作。

【擬態】(ギタイ) 日①あるものごとの状態や様子に似せること。②動物が周囲の環境に似た色や形をもっていること。

【擬態語】(ギタイゴ) 日ものごとの状態や人の様子などの感じを表現したことば。「ひらひら」「すべすべ」「にこにこ」など。

【擬定】(ギテイ) ①考えを決める。②起草した法案などを定める。

【擬宝珠】(ギボシ/ギボウシ/ギボウシュ) 日①宝珠(ホウジュ)(=炎が燃え上がった様子をあらわした玉)をかたどった飾りで、欄干の柱の頭などに取り付けるもの。②ユリ科の多年草。

擤

扌14 (17) ④1355 64E4

コウ(カウ)㊥ 梗 xǐng

か-む

意味 手で鼻をかむ。参考 打擤(かむ)。

擦

扌14 (17) ①2704 64E6 常用

サツ㊥ 曷 cā

する・すれる(す-る)・こす-る・かす-る

筆順 扌 扌 扌 扌 扌 擦 擦 擦

なりたち [形声]「扌(=て)」と、音「察(サツ)」とから成る。こする。

意味 ❶こする。**する**。**すれる**。例擦過傷(サッカショウ)。摩擦(マサツ)。❷ぬぐう。ふく。例擦拭(サッショク)。

古訓 中古 わたる 中世 はしら 近世 する・なづる

人名 あきら

【擦過傷】(サッカショウ) 日こすってできた、きず。すりきず。

擠

扌14 (17) ②5811 64E0

セイ㊥ サイ㊥ 霽 jǐ

お-す・おとしい-れる(おとしい-る)

意味 ❶おしのける。**おす**。例反擠ㇾ之(かえりてこれをおす)(=《相手が落とし穴にはまっても、助けようとせず》かえって押し落とす)。〈韓愈・柳子厚墓誌銘〉 擠排(セイハイ)。❷**おとしいれる**。例擠陥(セイカン)。

【擠陥】(セイカン) (人を)罪におとしいれる。

【擠抑】(セイヨク) 排斥しておさえつける。人の昇進を妨げることなどをいう。

擡

扌14 (17) ②5812 64E1

タイ㊥ ダイ㊥ 灰 tái

もた-げる(もた-ぐ)

[抬]

扌5 (8) ②5813 62AC

俗字。

意味 持ち上げる。**もたげる**。高く上げる。例擡頭(タイトウ)。

【擡挙】(タイキョ) ①高く持ち上げる。②人の身分を高く引き上げ、用いる。

【擡頭】(タイトウ) ①頭をもたげる。②新たに勢力をのばしてくる。例革新派の―。③文章中で、貴人の姓名などを次行の先頭に書くこと。敬意をあらわす書式。▽台頭(タイトウ)。

擥

扌14 (17) ④1354 22DE1

チャク zhǎ

意味 「擥手(チャクシュ)」は、インドの尺度の訳。手の親指と中指をいっぱいに張った長さ。約八寸。参考「搩」(576ページ)を「チャク」と読む場合にあてた字。

擢

扌14 (17) ①3707 64E2 人

テキ㊥ タク㊥ 覚 zhuó

ぬきん-でる(ぬきん-づ)

[擢]

扌14 (17)

俗字。

なりたち 擢 [形声]「扌(=て)」と、音「翟(テキ)」とから成る。引く。

意味 ❶引っ張って、(よいものを)取り出す。ひきぬく。例 抜擢(バッテキ)。❷多くのものの中で、(すぐれて)ぬけ出ている。**ぬきんでる**。❸伸ばす。高くさし出す。かかげる。例 纖纖擢二素手一(センセンとしてソシュをあぐ)(=なよやかに白い腕を上げる)。〈古詩十九首〉

古訓 中古 あさる・さらふ・たつ・たる・ぬきいづ・ぬく 中世 いづる・ぬきんづる・ぬく・ひく 近世 あげる・いだす・ぬきとほる・ぬきいだす・ぬきんづ・ぬく・ひく

【擢用】(タクヨウ・テキヨウ) 多くの中から特に選び出して用いる。抜擢(バッテキ)。例 大臣に―する。

【擢授】(テキジュ・タクジュ) 多くの者の中からすぐれた人物を抜き出して高位につける。

【擢秀】(テキシュウ・タクシュウ) ①人柄や才能が多くの者の中で抜きん出る。②草木の穂先が生長して長く伸びている。

【擢第】(テキダイ・タクダイ) 科挙(=官吏登用試験)に及第する。

[擣] 扌14(17) ⇩搗(トウ)(578ページ)

擯 扌14(17) 2 5815 64EF ヒン 漢 呉 震 bìn しりぞ-ける(しりぞ-く)

意味 ❶主人のそばで介添えをする人。❷客を案内し、接待する。また、その人。みちびく。みちびき。❸のけ者にする。**しりぞける**。例 擯斥(ヒンセキ)。

【擯介】(ヒンカイ) (「介」は、客側の介添え役の意) 主人と客との間に立って世話をする人。介添え。類 擯相(ヒンショウ)。

【擯斥】(ヒンセキ) おしのけて、しりぞける。のけ者にする。排斥。類 擯棄(ヒンキ)・擯却(ヒンキャク)。

[擴] 扌15(18) ⇩拡(カク)(550ページ)

擷 扌15(18) 3 8504 64F7 ケツ 漢 屑 xié

意味 つまみとる。つむ。例 擷花(ケッカ)。擷取(ケッシュ)。

[攅] 扌15(18) ⇩攢(サン)(587ページ)

擾 扌15(18) 1 3081 64FE ジョウ(ゼウ) 漢 ニョウ(ネウ) 呉 篠 rǎo みだ-れる(みだ-る)・みだ-す・わずら-わしい(わづら-はし)

意味 ❶邪魔をして、うるさく騒がしい。**みだれる**。**みだす**。**わずらわしい**。例 擾乱(ジョウラン)。騒擾(ソウジョウ)。❷じゃれるように、なつかせる。ならす。例 擾化(ジョウカ)。擾馴(ジョウジュン)(=なつかせる)。

【擾化】(ジョウカ) なつかせて教化する。立派になるよう指導する。

【擾擾】(ジョウジョウ) いり乱れているさま。騒がしいさま。

【擾▼攘】【擾▼穣】(ジョウジョウ) 騒ぎみだれるさま。

【擾民】(ジョウミン) ①民衆をなつかせて従える。②民衆を労役などでわずらわす。

【擾乱】(ジョウラン) みだれ騒ぐ。騒いで秩序をみだす。騒乱。例 門下大驚擾乱(モンカおおいにおどろきてジョウランす)(=家来たちは非常に驚いて大混乱になった)。〈史記・項羽紀〉

擶 扌15(18) 2 5817 64F6 セン 漢 霰 jiàn

意味 矢の曲がりを直す。

日本語での用法 《だま》「高擶(たかだま)(=山形県の地名)」▼地名に用いる字。

擻 扌15(18) 3 8505 64FB ソウ 漢 有 sǒu

意味 うちはらう。はらう。例 抖擻(トソウ)(=ふりはらう。また、ふるいたたせる)。

攄 扌15(18) 4 1358 6504 チョ 漢 魚 shū

意味 思いを述べる。のべる。

擲 扌15(18) 2 5819 64F2 チャク 慣 テキ 漢 ジャク(ヂャク) 呉 陌 zhì なげう-つ・なぐ-る

意味 なげつける。**なげうつ**。例 投擲(トウテキ)。乾坤一擲(ケンコンイッテキ)。打擲(チョウチャク)。

日本語での用法 《なぐる》「拳骨(ゲンコツ)で擲(なぐ)る」▼強く打つ。横ざまに打つ。たたく。

【擲果】(テキカ) ①果物を投げる。女性が美男子に果物を投げて気をひくことをいう。②美貌(ビボウ)の男子。◆西晋(セイシン)の潘岳(ハンガク)は美男であったので、外出すると女性たちが投げる果物が車にいっぱいになったという。…〈晋書・潘岳伝〉

【擲▼梭】(テキサ) ①機織りで、梭(ひ)(=横糸を通す道具)を縦糸の間に投げ入れること。②梭が通うように時の過ぎるのが早いこと、また、しきりに行き来することのたとえ。

【擲弾】(テキダン) 手で投げたりして使う小型の爆弾。手榴弾(シュリュウダン)。例 ―筒(トウ)。

擿 扌15(18) 4 1357 64FF 一 テキ 漢 ジャク(ヂャク) 呉 陌 zhì 二 テキ 漢 錫 tì

意味 一 投げつける。なげうつ。通 擲(テキ)。例 擿二秦王一(シンノウになげうつ)(=秦王に《短剣を》投げつける)。〈史記・刺客伝・荊軻〉 二 悪事などをあばき出す。あばく。例 擿抉(テキケツ)。擿発(テキハツ)(=摘発)。

【擿▼抉】【擿▼觖】(テッケツ) 隠れた悪事などを、あばき出す。

擺 扌15(18) 2 5820 64FA ハイ 漢 蟹 bǎi うちふる-う(うちふる-ふ)・ひら-く

意味 ❶はらいのける。**うちふるう**。例 擺撥(ハイハツ)。❷ゆり動かす。❸切り開く。左右におし開く。**ひらく**。

【擺脱】(ハイダツ) 旧習や束縛などから抜け出す。捨て去る。

【擺▼撥】(ハイハツ) うち捨てる。振り払う。

【擺落】(ハイラク) 払い落とす。捨て去る。

攀 手15(19) 2 5821 6500 ハン 漢 ヘン 呉 刪 pān とど-まる・ひ-く・よ-じる(よ-づ)

意味 ❶しがみつくようにして登る。よじのぼる。**よじる**。例 人攀二明月一不レ可レ得(ひとメイゲツをよじるもうべからず)(=人は明るい月のところまでよじのぼることはできない)。〈李白・把酒問月〉 登攀(トウハン)。❷たよりとするものにしがみつく。すがる。例 攀竜附鳳(ハンリョウフホウ)。

【攀援】(ハンエン) ①よじ登る。②ひき留める。③助ける。頼る。

【攀縁】(ハンエン) ①よじ登る。攀援。②〔仏〕俗事に気が引かれる。③日 怒る。

【攀附】(ハンプ) ①よじ登る。②高位者を頼って、引き立ててもらうよう願う。

【攀慕】(ハンボ) とりすがって、したう。去って行く車にすがりついて、名残を惜しむことをいう。類 攀恋。

【攀竜附▼鳳】(ハンリョウフホウ) 〔竜(リュウ)につかまり、鳳凰(ホウオウ)に付き従う意〕家来がすぐれた君主に従って、功績をたてること。また、弟子がすぐれた先生に従って、立派な人間となること。〈漢書・叙伝下〉

[擥] 手15(19) ⇩攬(ラン)(587ページ)

擽 扌15(18) 2 5822 64FD リャク 漢 ラク 漢 薬 lüè くすぐ-る

意味 ❶たたく。❷攻撃する。通 掠(リャク)。

日本語での用法《くすぐる》①「わきの下(した)を擽(くす)ぐる」▼皮膚に触れたりこすったりして、むずむずした感じを起こさせる。②「彼女(かのじょ)の虚栄心(キョエイシン)を擽(くす)ぐる」▼それとなく相手を喜ばせるようなことを言って、相手の心を動かす。

攏 扌16(19) 4 1360 650F ロウ漢 董 lǒng
意味 ❶よせ集める。一つにまとまる。❷琴(キン)や琵琶(ビワ)の弦を指で押さえる。弦楽器の指づかいの一つ。おさえる。例 軽攏慢撚抹復挑(かるくおさえゆるくひねりて つまみまたはらう)(＝弦を軽く押さえゆるやかにひねり、つまんではじく)。〈白居易・琵琶行〉 攏撚(ロウネン)(＝琴(キン)などの弦を押さえてひねる)。

攖 扌17(20) 4 1362 6516 エイ漢 庚 yīng
意味 ❶近寄る。ふれる。例 攖鱗(エイリン)(＝逆鱗(ゲキリン)にふれる)。❷みだす。例 攖擾(エイジョウ)(＝みだす)。攖心(エイシン)。

㩮 扌17(20) 4 1359 3A6E ケン漢 元 qiān
意味 両手でもち上げる。あげる。

攘 扌17(20) 2 5823 6518 一 ジョウ(ジャウ)漢 養 rǎng 二 ジョウ(ジャウ)漢 漾 ràng 三 ジョウ(ジャウ)漢 陽 ráng 四 ドウ(ダウ)漢 庚 níng はら-う(はら-ふ)・ぬす-む
意味 一 ❶しりぞける。排斥する。**はらう。** 例 攘夷(ジョウイ)。❷他人のものを自分のものにしてしまう。**ぬすむ。** 例 其父攘ㇾ羊(そのちち ひつじをぬすむ)(＝父親はヒツジを自分のものにしてしまった)。〈論語・子路〉 ❸⇩【攘攘】(ジョウジョウ)① 二 (相手の方へ)おす。ゆずる。通 譲。例 遜攘(ソンジョウ)。三 ⇩【攘攘】(ジョウジョウ)② 四「搶攘(ソウジョウ・ドウジョウ)」は、乱れるさま。

【攘▼夷】(ジョウイ) 外国人を追いはらって、国内に入れないこと。例 尊王(ソンノウ)—。

【攘除】(ジョウジョ) 追いはらい、取りのける。

【攘攘】(ジョウジョウ) ①ごたごたと入り乱れているさま。②多いさま。

【攘斥】(ジョウセキ) おしのける。排斥する。

【攘▼臂】(ジョウヒ) ひじをはらう 腕をまくる。力を尽くすことをいう。

攔 扌17(20) 4 1361 6514 ラン漢 寒 lán さえぎ-る(さへぎ-る)
意味 行く手を邪魔する。**さえぎる。** 例 牽ㇾ衣頓ㇾ足攔ㇾ道哭(ころもをひきあしをトンしみちをさえぎってコクす)(＝衣服を引っ張り地団駄を踏み、行く手をさえぎって泣きさけぶ)。〈杜甫・兵車行〉

[**攜**] 扌18(21) ⇩携(イケ)(576ページ)

㩳 扌18(21) 4 1363 3A73 ショウ漢 腫 sǒng
意味 まっすぐにおし立てる。例 㩳身(ショウシン)。

[**攝**] 扌18(21) ⇩摂(ツセ)(577ページ)

攢 扌19(22) 3 8506 6522 一 サン漢 翰 cuán 二 サン漢 旱 zǎn あつ-まる・あつ-める(あつ-む)

[**攅**] 扌15(18) 2 5825 6505 俗字。

意味 一 多くのものを一つにまとめる。**あつめる。あつまる。** 例 攢聚(サンシュウ)。二 たくわえる。ためる。

【攢攢】(サンサン) たくさん集まっているさま。群がるさま。

【攢▼聚】(サンシュウ) 集中する。群がる。類 攢簇(サンソウ)・攢叢(サンソウ)。

【攢▼蹙】(サンシュク) 〔「蹙」は、「縮」の意〕一か所に集中する。

【攢▼竦】(サンショウ)【攢▼聳】(サンショウ) 日 多くの山が連なり、群がるようにそびえるさま。

【攢▼仄】(サンソク) (声・音などが)幾重にも重なり集まるさま。

【攢眉】(サンビ) まゆねを寄せる。まゆをひそめる。不愉快な様子や、つらい様子をいう。

【攢峰】(サンポウ) 重なり連なっている山峰。類 攢巒(サンラン)。

攤 扌19(22) 2 5826 6524 タン漢 寒 tān ひら-く・ひろ-げる(ひろ-ぐ)
意味 平らに敷きのべる。**ひろげる。ひらく。**
【攤書】(タンショ) 読書する。
【攤銭】(タンセン) ばくちの一種。銭(ぜに)数十枚をうつわの中に入れ、四枚ずつ取り出して最後の端数を当てるもの。

攞 扌19(22) 4 1364 651E ラ漢 哿 luǒ
意味 手で引き裂く。難読 入囉攞(バジラ)(＝真言の一つ)

攣 手19(23) 2 5827 6523 レン漢呉 先 luán つ-る・つ-れる(つ-る)・ひ-く
意味 ❶筋肉や皮膚が不自然に引っぱられる。ひきつる。**つる。つれる。ひく。** 例 痙攣(ケイレン)。❷一緒に連なる。連なって、ずるずる引っぱる。**ひく。** 例 牽攣(ケンレン)。

【攣▼踠】(レンエン) 手足が曲がって伸びない病気。

【攣拘】(レンコウ) つなぎ縛られる。束縛される。拘束。

【攣攣】(レンレン) 恋い慕って、思いを断ち切れないさま。恋々。

攪 扌20(23) 2 5788 652A カク慣 コウ(カウ)漢 巧 jiǎo みだ-す・ほだ-てる
[**撹**] 扌12(15) 1 1941 64B9 俗字。
意味 ❶かきみだす。**みだす。** 例 祇攪二我心一(まさにわがこころをみだす)(＝ただ、ただ私の心をかき乱す)。〈詩経・小雅・何人斯〉 攪乱(カクラン)。❷かきまわす。まぜる。例 攪拌(カクハン)。
【攪▼拌】(カクハン・コウハン) よくまざるように、かきまわす。例 —器。
【攪乱】(カクラン・コウラン) かきまわして混乱させる。例 —戦術。

攫 扌20(23) 2 5828 652B カク(クヮク)漢 薬 jué つか-む・さら-う(さら-ふ)
[**爴**] 爪11(15) 4 8011 7234 別体字。
意味 手につかみとる。うばい取る。**つかむ。** 例 攫取(カクシュ)(＝つかみとる)。一攫千金(イッカクセンキン)。

日本語での用法《さらう》「人気(ニンキ)を攫(さら)う・人攫(ひとさら)い」▼かすめ取る。うばい去る。


【攫鳥】(カクチョウ) ほかの動物をつめでつかんで殺す猛禽(モウキン)。

【攫▼搏】(カクハク) 〔「搏」は、翼でうつ意〕鳥獣がつめや翼で獲物を捕らえる。

攩 扌20(23) 3 8507 6529 一 トウ(タウ)漢 養 dǎng 二 コウ(クヮウ)漢 養 tǎng
意味 一 ❶ともがら。仲間。通 党。❷さえぎる。通 擋(トウ)。二 たたく。うつ。難読 攩網(たもあみ)

攬 扌22(25) 2 5816 652C ラン(ラム)漢呉 感 lǎn と-る
[**擥**] 手15(19) 4 1356 64E5 本字。
意味 ❶集めて、とりまとめる。例 収攬(シュウラン)。総攬(ソウラン)。❷つまむ。手に持つ。**とる。** 例 攬ㇾ裙脱二糸履一(クンをとりシリをぬぐ)(＝すそをからげて絹ぐつを脱ぐ)。〈玉台・為焦仲卿妻作〉 ❸ながめる。みる。通 覧。例 流攬(リュウラン)(＝あちこちながめる)。

65 4画 支 し しにょう部

えだを手に持つ形で、「えだ」や「分ける」の意をあらわす。「支」をもとにしてできている漢字を集めた。

0 588 支 8 588 攲

この部首に所属しない漢字

翅→羽 1071　鼓→鼓 1511

支

支0 (4)　1 2757　652F　教5

シ 漢 呉 支 zhi　ささえる（ささ-ふ）・ささえ（ささへ）・つか-える（つか-ふ）・つか-え（つかへ）・か-う（か-ふ）

付表 差し支える

筆順 一 十 ㄅ 支

なりたち  ［会意］「又（＝て）」と「十（＝竹を二分した一方）」とから成る。竹の分かれたえだ。

意味 ❶中心となるものから分かれ出たもの。㋐えだ。通枝。例 支脈。支流。㋑（胴体から分かれ出たものである）手足。通肢。例 四支（＝両手両足）。❷分けてばらばらにする。分け与える。例 支給。支分。支離。❸（えだをあてて）倒れないようにする。おさえて動かないようにする。ささえる。ささえ。例 支援。支柱。❹ふせぎとめる。こばむ。例 魏不レ支レ秦（＝魏は秦をふせげなかった）。〈史記・商君伝〉❺はかる。計算する。例 支度。支地（＝土地の広さを計算する）。❻日や年の順序を示す呼び名。例 支干。干支。十二支。

日本語での用法《つかえる》①「深酒は仕事に差し支える…と言って差し支えない」▼さしさわりがある。②「ことばが支えて出て来ない」▼ふさがる。とどこおる。

古訓 中古 あたる・えだ・ささふ・はかる・わかつ 中世 あぐる・えだ・ささふ・ささゆる・はかる・みつ・もつ 近世 あぐる・えだ・ささへる・たもつ・はかる・みつる・もろもろ

人名 え・えだ・たもつ・なか・もろ・ゆた

難読 突っ支い

【支▼裔】エイ 〔「裔」は、末の意〕①主流であるものから分かれ出たもの。分かれ。末流。②分かれた血筋。遠い子孫。類 支胤。

【支援】エン 日 力をかして助ける。援助する。

【支解】カイ 四肢（両手両足）をつけねから切り離す、重い刑罰。支分。枝解。

【支干】カン 十二支と十干。えと。→【干支】カン（438ページ）

【支給】キュウ 金銭や物品などをわりあてて与える。例 交通費は実費を―する。

【支局】キョク 日 本社や本局から離れて、その区域の仕事をする事務所。例 新聞社の―。

【支子】シ 長男以外の子。分家を立てた子。また、正妻以外の子。支庶。対 嫡子（チャクシ）・（テキシ）。

【支持】ジ ①ささえもつ。②日 意見や政策・計画などに賛成して援助する。例 ―政党。

【支社】シャ 日 本社から離れてその区域の仕事をする、出先の事務所。例 ―長。

【支出】シュツ 日 お金を支払う。また、払ったお金。対 収入。

【支所】ショ 日 会社や役所などで、本社や本庁から離れて仕事をする事務所。

【支庶】ショ ①「支子シ」に同じ。②分家。類 支族。

【支署】ショ 日 警察署や消防署、税務署などで、本署から離れてその地域を分担する役所。分署。対 本署。

【支障】ショウ 日 さしさわり。さしつかえ。例 ―をきたす。

【支線】セン 日 ①（鉄道などで）主要な路線から分かれた線。対 幹線・本線。②電柱などをささえるために張る線。

【支体】タイ からだ。手足とからだ。肢体。

【支隊】タイ 日 本隊から分かれて、独立した行動をする部隊。枝隊。対 本隊。

【支度】タク ①計算する。はかる。②日 用意する。準備する。仕度。例 旅―（タビジタク）。食事の―。

【支柱】チュウ ①ささえの柱。つっかい棒。②ものごとのささえとなる、大切な物や人。例 国家の―といえる人。

【支店】テン 日 本店から分かれてその地域に出した店。対 本店。例 銀行の―。

【支点】テン 日 てこの、ささえとなる固定した点。→【力点】リキテン ①（171ページ）

【支那】ナ 中国のこと。秦シの始皇帝によって中国が平定統一された紀元前二二一年以後、インドで、秦を「シナ（支那）」あるいは「シンタン（震旦）」と呼んだことばが、定着したもの。ヨーロッパに伝わり「チャイナ」となる。

【支配】ハイ ①ものごとを細分して処理する。とりしきる。②日 統治する。影響下におく。例 植民地―。

【支配人】ハイニン 日 商店や会社で、主人や社長に代わって営業に関するすべての業務をとりしきる役の人。マネージャー。

【支部】ブ 日 本部から分かれて、その地域の事務をとる機関。対 本部。例 地方―。

【支分】ブン ①（領地を）細かく分ける。分割する。②「支解カイ」に同じ。③支払う。

【支分節解】セップンカイ 〔支体（＝肢体）を分け、関節を解く意〕文章を細部まで分析することのたとえ。〈中庸章句序〉

【支弁（辨）】ベン 日 お金をはらう。例 公費で―する。

【支脈】ミャク ①山脈・鉱脈・葉脈などの、元から分かれ出た脈。②いきさつ。ものごとの経過。

【支離】リ ①分かれる。分散する。②離散する。さすらう。③身体に障害があり不自由なさま。④奇妙なさま。でたらめなさま。

【支離滅裂】リメツレツ ばらばらですじみちが通らないさま。めちゃくちゃ。例 ―な説明。

【支流】リュウ ①本流に注ぐ川。また、本流から分かれた流れ。②おおもとから分かれた系統。分派。分家。▽対 本流。

●干支カン・シ・収支シュウ・十二支ジュウニ

攲

支8 (12)　4 1365　6532

キ 漢 支 qi　そばだ-てる（そばだ-つ）

意味 一端をあげてかたむける。そばだてる。通 敧キ・欹キ。例 攲枕チン（＝まくらをそばだつ（＝もたれかかるように、枕を斜めに立てる））。

66 4画 攴（攵） ぼくにょう ぼくづくり部

「攴」は「卜（＝木のえだ）」を「又（＝手）」に持つ形で、「うつ」「強制する」などの意をあらわす。「攴」は省略して「攵」とも書き、字形から俗に「攴」を「とまた」、「攵」を「のぶん」ともいう。「攴（攵）」の字形を目じるしにして引く漢字と、「攴（攵）」の字形を目じるしにして引く漢字を集めた。

⓪ 589 攴 攵 ② 589 攷 收 ③ 589 改 攻 攸 ④ 590 放 ⑤ 591 故 政 敉 ⑥ 593 效 敏 ⑦ 593 救 敔 教 敎 敖 敍 敘 敕 敗 敏 ⑧ 596 敢 敧 敬 散 敞 敦 敝 ⑨ 598 敫 数 ⑩ 599 敲 ⑪ 599 敺 數 敵 敷 數 ⑫ 600 整 ⑬ 601 斁 厳 斂 ⑭ 602 斃 ⑮ 602 斄 ⑯ 602 斅

この部首に所属しない漢字
孜→子 357　致→至 1110　赦→赤 1268　繁→糸 1054　變→言 309

攴
攴0（4）　2 5829 6534
ボク㊥慣　ホク㊥漢　屋　ハク㊥漢　覚　pū

［攵］
攵0（4）　2 5830 6535
俗字。
意味 かるくたたく。うつ。
参考 「攵」は「文ブン」の俗字として用いることがある。

攷
攵2（6）　2 5831 6537
コウ(カウ)㊥漢㊥呉　皓 kǎo
かんが-える(かんが-ふ)・たた-く
意味 ❶うつ。たたく。例 攷問コウモン(=拷問)。❷しらべて明らかにする。かんがえる。〔学術論文・著作の標題などに用いる〕
通 考。例 攷究コウキュウ。論攷ロンコウ。

［收］
攵2（6）　⇩収シュウ（211ジペー）

改
攵3（7）　1 1894 6539　教4
カイ㊥漢㊥呉　賄 gǎi
あらためる(あらた-む)・あらたまる・あらためて

筆順
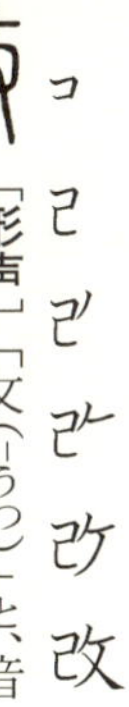

なりたち

［形声］「攵(=うつ)」と、音「己キ…→イカ」とから成る。あらためる。

意味 ❶それまでのものをやめて新しいものにかえる。あらためる。例 過則勿憚改あやまちてはすなわちあらたむるにはばかることなかれ(=誤りを犯したならば改めることをためらってはいけない)。〈論語・学而〉改革カイカク。更改コウカイ。❷新しいものにかわる。今までとは違う姿になる。あらたまる。例 今年花落顔色改コンネンはなおちてガンショクあらたまる(=今年の花が散って、〔春がゆき、それとともに〕人の容色もおとろえていく)。〈劉希夷・代悲白頭翁〉❸あらたに。あらためて。例 改嫁カイカ(=再婚する)。

日本語での用法 一《カイ》《あらためる》《あらため》「改札カイサツ・財布サイフを改あらためる・証文ショウモンを改あらためる・宗門改シュウモンあらため」▼しらべてみる。検査する。二《あらたまる》「改あらたまって言いい出だす・改あらたまった挨拶アイサツ」▼態度をかえる。よそ行きの態度をとる。四角ばる。

古訓 中古 あたらし・あらたに・あらたまる・あらたむ　中世 あらたむ・さらに・はかる　近世 あらたむ・かはる

人名 あら・なお

【改悪】カイアク ①悪いことをあらためる。②日 あらためた結果、かえって前よりわるくなる。また、前よりわるくする。㊟対 改善。例 制度の―。
【改易】カイエキ ①あらためかえる。②日 江戸時代の武士の刑罰で、身分や役職をうばい、財産を没収し、平民にすること。
【改悔】カイカイ 後悔して過ちを正す。
【改革】カイカク 社会の制度や習慣などを新しくあらためかえる。例 農地―。行政―。
【改旧】カイキュウ 〔旧ふるきをあらたむ〕①おきてをあらためる。古い制度や習慣を変える。②日 憲法をあらためる。
【改憲】カイケン ①おきてをあらためる。②日 憲法をあらためる。
【改元】カイゲン〔元ゲンをあらたむ〕年号をあらためる。類 改号。
【改悟】カイゴ【改▼寤】カイゴ 悪事やあやまちをさとり、あらためる。悔悟。改心。改悛カイシュン。
【改行】一 カイコウ ①おこないを改める。②再婚する。二 カイギョウ 日 原稿・印刷物などの文章で、行をかえる。
【改稿】カイコウ 日 原稿を書きあらためる。例 新版は全体にわたり―した。
【改歳】カイサイ 年があらたまる。新年。類 改年。
【改作】カイサク あらためて、つくり直す。例 旧作を―する。
【改札】カイサツ 日 駅の出入り口で、乗車券などを調べること。また、その場所。例 ―口ぐち。自動―機。
【改▼刪】カイサン 詩歌や文章の語句を削ったり、書き加えたりして、よりよくする。
【改▼竄】カイザン 〔「竄」は、書き加える意〕原文の文面や文字をあらため、直す。〔日本では特に悪用する場合にいう〕例 書類を―する。
【改宗】カイシュウ 日 信仰する宗教や宗派をかえる。宗旨がえ。例 仏教徒がキリスト教に―した。
【改修】カイシュウ なおしあらためる。修理する。例 ―工事。
【改春】カイシュン 日 あらたまった年。新年。
【改▼悛】カイシュン あやまちを認め、くいあらためる。悔悛。改心。例 ―の情が見える。
【改称】カイショウ それまでの呼び名をかえる。また、あらためた呼び名。改名。
【改▼醮】カイショウ 〔「醮」は、婚礼で受ける酒杯の意〕(女子が)再婚する。
【改心】カイシン 悪かったことをさとって、心を入れかえる。改悟。改悛カイシュン。例 ―して仕事に励む。
【改進】カイシン 日 古い制度や習慣をあらためて、進歩させる。また、進歩する。例 立憲―党。
【改新】カイシン ①古い制度や習慣をあらためて、あたらしくする。例 大化タイカの―。②年の始め。新年。
【改正】カイセイ ①規則などの不備な点をあらためて、よいものにする。例 規約を―する。②正朔セイサク(=暦)をあらためて作る。
【改姓】カイセイ 姓をかえる。例 ―届。
【改善】カイゼン ①改心して善をおこなう。②日 ものごとの悪い点をよい方向にあらためる。改良。対 改悪。例 生活―。
【改組】カイソ 日 組織や編成をつくりかえる。組織がえ。編成がえ。例 委員会を―する。
【改葬】カイソウ ほうむった遺体や遺骨を、他の場所へほうむりなおす。
【改装】カイソウ ①装飾や設備をかえる。もようがえ。②荷づくりや包装をしなおす。
【改造】カイゾウ それまでのものをつくりかえる。例 内閣―。
【改題】カイダイ 題をかえる。また、その題。例 ―して再刊する。
【改築】カイチク 建物の一部または全部を、建てかえる。例 増―。校舎を―する。
【改鋳】カイチュウ 鋳造しなおす。鋳いなおす。例 銀貨を―する。
【改定】カイテイ 従来の決まりなどをあらため、新しく決める。例 運賃の―。
【改訂】カイテイ 書物の内容などの一部を訂正したり、書きあらためたりする。例 ―版。
【改廃】カイハイ (法律や制度などを)あらためたり、やめたりする。改正と廃止。例 規則の―を論ずる。
【改版】カイハン 日 ①版木ハンぎをほりなおす。②書物のもとの版の内容などをあらためる。また、その出版物。
【改変】カイヘン ものごとの内容や状態をかえる。例 組織の―。

【改編】カイヘン 日新しく編成や編集をしなおす。例 番組の―。
【改名】カイメイ 名前をかえる。改称。例 元服ゲンプクして―する。
【改容】カイヨウ|ヨウをあらたむ 顔つきや態度を変えて、きちんとする。
【改良】カイリョウ 日欠点をあらため、さらによくする。例 品種―。
【改暦】カイレキ ①こよみや暦法をあらためる。②年があらたまる。新年。

攻

攵3（7） 1 2522 653B 常用

コウ漢 ク呉 東 gōng
せめる（せ-む）

筆順 

なりたち  [形声]「攵（=うつ）」と、音「工コウ」とから成る。うつ。

意味 ❶軍勢を従えて敵をうつ。**せめる**。例 戮レ力而攻レ秦ちからをあわせてシンをせむ（=力を合わせて秦を攻撃した）。〈史記・項羽紀〉攻防コウボウ。❷相手の欠点をとがめる。なじる。**せめる**。例 攻レ之可也これをせめてカなり（=《不心得者の冉求ゼンキュウを》責めたてるのがよかろう）。〈論語・先進〉❸玉や金属をみがく。転じて、研究する。学問する。おさめる。おさむ。例 他山之石、可二以攻一レ玉タザンのいし、もってギョクをおさむべし（=よその山のつまらぬ石でも、玉をみがく役に立つ）。〈詩経・小雅・鶴鳴〉攻究コウキュウ。専攻センコウ。❹治療する。病をなおす。おさむ。例 攻病コウヘイ|やまいをおさむ。攻療コウリョウ（=治療）。

古訓 中古 うつ・かたし・せむ・つくる・まじはる・みがく・よし・をさむ 中世 うつ・せむ・せむる・せめる・つむる・よし・をさむ 近世 うつ・かたし・せむる・つくる・ならふ・みがく・よくする・をさむ

人名 おさむ・せむ・たか・よし

【攻囲】コウイ 包囲してせめる。例 ―作戦。
【攻学】コウガク|ガクをおさむ 学問を修める。学術を研究する。
【攻究】コウキュウ 学問などを深く学びきわめる。考究。例 ―する領域がひろい。
【攻玉】コウギョク|ギョクをおさむ 玉をみがく。知識や人徳を向上させることのたとえ。→意味❸
【攻苦】コウク 苦難と戦う。
【攻苦食▼啖】コウクタンをくらう 〔「啖」は、粗食の意〕苦しい生活にたえ、苦労して勉学にはげむ。〈史記・叔孫通伝〉
【攻撃】コウゲキ ①敵や相手をせめうつ。対守備・防御。②人を非難する。
【攻守】コウシュ せめることと、まもること。例 ―所ところを変える（=立場が逆になる）。
【攻城野戦】コウジョウヤセン 城をせめたり野原で戦ったりする。〈史記・廉頗藺相如伝〉
【攻勢】コウセイ 日攻撃の態勢。対守勢。例 ―に転じる。
【攻戦】コウセン せめたたかうこと。戦争。
【攻討】コウトウ せめうつ。討伐。攻伐。
【攻発】コウハツ せめてあばく。隠し事を探り出す。
【攻伐】コウバツ 「攻討コウトウ」に同じ。
【攻抜】コウバツ 敵城をせめ落とす。
【攻防】コウボウ せめることと、ふせぐこと。攻守。例 ―戦。
【攻略】コウリャク【攻▼掠】コウリャク せめて、うばいとる。類攻取・攻奪。例 敵城を―する。

●遠交近攻エンコウキンコウ・後攻コウコウ・侵攻シンコウ・進攻シンコウ・先攻センコウ・専攻センコウ・速攻ソッコウ・内攻ナイコウ・反攻ハンコウ・猛攻モウコウ

攸

攵3（7） 2 5833 6538

ユウ（イウ）漢 尤 yōu
ところ

意味 ❶水が流れるさま。❷すみやかで停滞せず、のびやかなさま。例 攸然ユウゼン。❸とおい。はるか。通悠。例 攸攸ユウユウ。❹「…（する）**ところ**」と読み、動作の対象や内容を指し示す。例 攸レ叙のぶるところ（=述べたこと）。

【攸然】ユウゼン ①速く進むさま。例 攸然而逝ユウゼンとしてゆけり（=《魚が》すうっと泳いでいった）。〈孟子・万章上〉②ゆったりとして、おだやかなさま。
【攸攸】ユウユウ ①遠くはるかなさま。②深く思うさま。

放

攵4（8） 1 4292 653E 教3

一 ホウ（ハウ）漢呉 漾 fàng
二 ホウ（ハウ）漢呉 養 fǎng
三 ホウ（ハウ）漢呉 陽 fāng
はなす・はなつ・はなれる（はな-る）・ほうる（はふ-る）

筆順 

なりたち 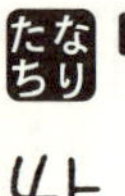 [形声]「攵（=うつ）」と、音「方ホウ」とから成る。おいはらう。

意味 一❶おいはらう。例 屈原既放クツゲンすでにはなたる（=屈原はすでに追放の身となった）。〈楚辞・漁父〉放逐ホウチク。追放ツイホウ。❷縛りつけたり閉じこめたりしていたものを自由にする。**はなす**。**はなれる**。例 放免ホウメン。解放カイホウ。❸外へむけて出す。**はなつ**。例 放送ホウソウ。放電ホウデン。❹ひらく。咲く。例 百花斉放ヒャッカセイホウ。❺火をつける。燃やす。例 放火ホウカ。❻自由にさせる。気ままにする。ほしいまま。例 葛伯放而不レ祀カツハクはほしいままにしてまつらず（=葛伯はのんべんだらりとして祭祀シを怠っていた）。〈孟子・滕文公下〉放恣ホウシ。放任ホウニン。❼手をはなして、おく。おろす。例 放下ホウカ。放置ホウチ。❽なげすてる。ほうりだす。通抛ホウ。例 放棄ホウキ。放擲ホウテキ。❾授業が終わる。ひける。例 放課後ホウカゴ。放学ホウガク。
二❶たよる。よる。例 放二於利一而行リによりておこなう（=利益ばかりに頼って行動する）。〈論語・里仁〉❷ならう。まねをする。ならう。通倣。例 放効ホウコウ。
三❶二艘ソウの船を並べる。例 放舟ホウシュウ|ふねをならぶ（=《安定を増すために》舟をつないで並べる）。❷ちょうど…の時に。…にあたり。通方。例 放春ホウシュン。❸さからう。そむく。通方。例 放命ホウメイ。

古訓 中古 いたる・おく・なずらふ・ならふ・はづす・はなつ・ほしいまま・まかす・ゆるす・よる 中世 おく・すたる・すつる・なぞらふ・ならふ・はづす・はなす・はなつ・ほしいまま・まかす・ゆるす 近世 いたる・おく・おふ・さる・すたる・すつる・すてる・たくらぶ・ちらす・ならふ・はなす・はなつ・はなる・ほしいまま・よる

人名 おき・ゆき・ゆく

難読 放かす・放下かす・放こく・放ひる

【放逸】ホウイツ【放▼佚】ホウイツ ①ちりぢりになるさま。散逸するさま。②勝手気ままにふるまい、だらしがないさま。放恣ホウシ。放縦。例 ―なふるまい。
【放映】ホウエイ 日テレビで放送する。特に、映画を放送する。
【放下】ホウカ|ホウゲ ①手をはなして、下におく。手ばなす。おろす。②投げすてる。放棄する。③〔仏〕無我の境地を求めて、一切の執着から離脱すること。④日禅僧の姿で遊芸をする者。例 ―僧ゾウ。
【放火】ホウカ 火事を起こそうとして、火をつける。つけび。ひつけ。対失火。例 ―魔。
【放歌】ホウカ あたりかまわず大声で歌う。例 ―高吟。
【放学】ホウガク ①学校で一日の課業を終える。類放課。②日（校則を破るなどして）学校から追放される。放校。
【放課後】ホウカゴ 日学校で、その日の課業を終えてからの時間。例 ―のクラブ活動。
【放棄】ホウキ ①（罪人などを）許し、ときはなつ。②投げ捨てる。③権利や責任などを、あえて捨て去る。例 権利を―する。表記 ②③は 旧▼抛棄
【放吟】ホウギン 思う存分に、大声で詩や歌をうたう。例 高歌―する。
【放言】ホウゲン ①思うままに遠慮なくいう。また、不用意で無責

任な発言。暴言。例 ―癖。②ことばを放棄する。論じない。沈黙する。

【放効】〔「放」も「効」も、習う意〕人のおこないを見習う。模倣する。

【放校】日 校則に違反した学生や生徒を退学させる。例 ―処分。

【放散】①広くまきちらす。例 熱を―する。②わがまま。勝手気ままにすること。

【放恣】【放▼肆】勝手気ままで、しまりがないさま。放逸。放縦。例 ―な生活。

【放▼弑】〔「弑」は、下の者が上の者を殺す意〕君主を追放したり、誅滅したりする。放伐。

【放射】日 ①〔物〕光や熱、また電磁波・粒子線などを、外へはなつ。例 ―熱。―性元素。②中央の一点から、線などを四方八方に出すこと。

【放縦】勝手気ままなさま。わがまま。放逸。放恣。例 ―な性格。

【放出】①放免して出す。②日 たくわえていたものを一気に出す。例 ―物資。

【放春】①春。時節がまさに春であること。②春になり草木が芽をふく。

【放生】〔仏〕とらえた生き物を逃がしてやる。功徳が あるとされる。例 ―会(=放生の儀式)。

【放情】心をのびのびとさせる。

【放心】①失われた善なる心。例 学問之道無レ他、求二其放心一而已矣(=学問の道はほかでもない、そのなくした良心を探し求めるだけだ)。〈孟子・告子上〉②心配や心づかいをやめる。放念。例 その件はご―ください。③日 精神的ショックを受けたり、他に気をとられたりして、ぼんやりする。例 ―状態。

【放神】気持ちを自由にする。思いのままにする。

【放水】①(ためてある水や川の水などを)導いて流す。例 ―路。②日 (消火などのために)ホースで水を勢いよく出す。例 ―車。

【放送】日 ラジオやテレビなど、電波を利用して多くの人に、音声や映像の情報を送る。例 校内―。

【放題】日 〔「…放題」の形で〕勝手気ままにおこなうこと、十分におこなうこと、の意をあらわす。例 やりたい―。

【放達】ものごとにこだわらず、気ままにふるまう。

【放胆】ものごとを大胆にするさま。豪胆。豪放。対 細心。例 ―な性格。

【放胆文】思うまま大胆に書きあらわした文章。宋の謝枋得が『文章軌範』の編集に際して「小心文」に対応して用いたもの。→【小心文】(395ジペー)

【放誕】①言動が勝手気ままであるさま。②華やかではあるが内容に乏しいさま。

【放談】①出まかせの話。②思うままを、遠慮なく語る。また、その話。例 時事―。

【放置】①置く。②日 ほうっておく。例 ―自転車。

【放逐】追いはらう。追放。例 仲間から―される。

【放▼黜】罪によって追放する。

【放鳥】日 生態調査や繁殖のために、目じるしをつけた鳥を野にはなす。また、その鳥。

【放▼擲】投げ捨てる。ほうっておく。抛擲。放棄。放置。例 任務を―する。

【放電】日 ①蓄電池などにたくわえた電気を放出する。対 充電。②離れた二つの電極間に、電流が流れる。例 ―管。

【放▼蕩】①勝手気ままなさま。②日 まじめに働かず、酒や遊びごとにふける。道楽。例 ―息子。

【放尿】日 小便をする。

【放任】なりゆきにまかせて、ほうっておく。例 自由―。

【放熱】日 ①熱を出して、まわりの空気を暖める。例 暖房用の―器。②(機械の)熱を散らして冷やすこと。例 ―器(=ラジエーター)。

【放念】日 心配したり、気にかけたりしない。考えることをやめる。放心。例 ご―ください。

【放伐】悪政をおこなった君主を武力で討伐して、新王朝を建てること。対 禅譲。

【放飯流▼歠】大口をあけて飯をかきこみ、流し入れるように汁を飲みこむ。不作法な食べ方をいう。本来の任務を知らないことのたとえ。〈孟子・尽心上〉

【放▼屁】おならをする。

【放物線】①〔数〕定点と定直線とから等しい距離にある点を連ねた曲線。②ものをななめに投げ上げたとき、そのものが空中に描く曲線。表記 ▽旧▼抛物線

【放▼辟邪▼侈】勝手気ままで、思いあがって、したいほうだいの悪い行為をする。〈孟子・梁恵王上〉

【放▼榜】科挙(=官吏登用試験)の合格者の姓名を掲示する。

【放牧】ウシやウマやヒツジなどを放し飼いにする。

【放漫】【放慢】①怠慢なさま。②でたらめで計画性のないさま。例 ―な経営が倒産をまねいた。

【放命】命令に逆らう。方命。

【放免】①拘束を解き、自由にする。とらわれの身の罪を問わず、解放する。例 無罪―になる。②〔法〕被告人や被疑者の拘留を解く。

【放▼鷹】飼いならしたタカをはなして、鳥や小さな獣を捕る猟。鷹狩り。

【放▼埒】日 ①〔ウマが埒(=馬場のさく)から外に出る意〕勝手気ままで、だらしないさま。放逸。放恣。放縦。②酒色などの道楽にふけること。放蕩。

【放流】①追放する。②日 せきとめてある水などを流す。例 ダムの水を―する。③日 魚を川などにはなす。例 アユの稚魚を―する。

【放列】日 ①大砲を横一線に並べた隊形。砲列。②ずらりと並んだ形。例 カメラの―。

【放浪】①気ままに行動する。例 放二浪形骸之外一(=精神の世界に遊ぶ)。〈王羲之・蘭亭序〉②あてもなく、さまよいあるく。流浪。例 ―の旅。―の身。

●開放・解放・豪放・釈放・追放・民放

故

攵5 (9)

1 2446 6545 教5

コ 漢 呉 遇 gù

ゆえ(ゆゑ)・ゆえに(ゆゑに)・こと さら-に・ふる-い(ふる-し)・もと

筆順 一 十 ナ 古 古 古' 故

なりたち 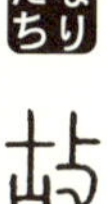 [形声]「攵(=そうさせる)」と、音「古コ(=いにしえ)」とから成る。そうさせるもと。

意味 ❶原因。理由。わけ。ゆえ。ゆえに。例 馬無レ故而亡入レ胡(=ウマは理由なく逃げ出してえびすの国に行ってしまった)。〈淮南・人間〉是故。❷わけあって。わざと。ことさらに。例 故意。故買。❸本来。ふだんから。もとより。例 懶惰故無レ匹(=日ごろから比べようがないほどの怠け者だ)。〈陶淵明・責子〉❹古くからの。もとの。ふるい。また、ふるいこと。例 故家。故事。温故知新。❺昔なじみの。なじみ。例 君安与二項伯一有レ故(=あな

たはどうして項伯となじみなのですか)。〈史記・項羽紀〉 故旧コキュウ。❻生まれ育ったふるさとの。例 故郷コキョウ。故国ココク。故山コザン。❼思いがけない悪いできごと。例 兄弟無レ故一楽也(=兄弟姉妹によくないできごとがないのは一つの楽しみである)。〈孟子・尽心上〉 故障コショウ。事故ジコ。❽死ぬ。例 物故ブッコ。

古訓 中古 いにしへ・かるがゆゑに・こと・ことさらに・たへたり・ふるし・まことに・もと・ゆゑ・わざ・わざと・わざはひ 中世 いにしへ・かたはし・かるがゆゑに・ことさら・ふりたり・ふるし・もと・ゆゑ・ゆゑに 近世 いにしへ・かるがゆゑに・こと・ことさら・さらに・ふるし・もと・もとより・ゆゑ

人名 ひさ・ふる

難読 故かるがゆえに

【故衣】コイ 古い着物。また、いつも着なれている衣服。

【故意】コイ ①昔の人の心。②昔からの友情。例 感二子故意長一(=君の昔と変わらぬ友情に深く感じるところがある)。〈杜甫・贈衛八処士〉 ③本来の意味。古来の意義。④昔ながらの趣。⑤(よくない結果になるのがわかっていて)わざとすること。また、その気持ち。対 過失。例 ―に傷つける。

【故▼淵】コエン (魚などが)以前すんでいた淵ふち。例 池魚思二故淵一(=池の魚は生まれ故郷の川の淵に帰りたいと思うものだ)。〈陶淵明・帰園田居〉

【故園】【故▼苑】コエン ①古い庭。②ふるさと。故郷。例 何人不レ起故園情(=だれが故郷を懐かしむ心を起こさないであろうか)。〈李白・春夜洛城聞笛〉 ③故郷の田園。

【故家】コカ ①古くから続いた、由緒ある家柄。旧家。②旧居。旧宅。

【故旧】コキュウ 昔からの友人。昔なじみ。旧知。故知。例 ―忘れがたし。

【故郷】コキョウ 生まれ育った土地。ふるさと。郷里。類 故丘。例 低レ頭思二故郷一(=うなだれてはふるさとを思い出す)。〈李白・静夜思〉 ―へ錦にしきを飾る。

【故君】コクン ①前代の君主。先君。②もと仕えていた主君。もとの主人。

【故▼吾】コゴ もとの私。昔の自分。

【故国】ココク ①長い歴史をもつ国。②自分の生まれ育った国。祖国。母国。例 異国にあって―をおもう。③ふるさと。故郷。

【故殺】コサツ ①故意に人を殺す。②日〔法〕一時の感情にまかせて、手段や方法を考えずに人を殺すこと。対 謀殺。

【故山】コザン ふるさとの山。転じて、ふるさと。

【故▼址】【故▼趾】コシ 往時の町や建物などのあった場所。

【故紙】コシ ①書きそこなって不要になった紙。反故ほご。反故紙ほごがみ。②古びた書物。〔軽んじた言い方〕 ③古くから伝わる文書・書簡。

【故事】コジ ①歴史上のできごと。②世間におこなわれているしきたりや特別なことばの、もとになった言い伝え。

【故事成語】コジセイゴ 故事にもとづいてできている熟語。

【故事来歴】コジライレキ 昔から伝えられてきた事物についての、いわれと歴史。

【故実】コジツ ①昔あった事柄。②出典。典故。③日 法律・制度・儀式・作法などについての、古くからのしきたり。例 有職ユウソク―(=朝廷や武家の古来の儀式や風俗などを研究する学問)。

【故習】コシュウ 昔からの習慣。習わし。

【故障】コショウ 日 ①からだや機械などが、うまくはたらかなくなる。例 エンジンが―する。②ものごとの進行をさまたげるもの。さしさわり。また、その申し立て。支障。異議。

【故城】コジョウ 古い城壁。古い城市。

【故人】コジン ①古くからの友人。旧友。例 西出二陽関一無二故人一(=西のかた、陽関を越えてしまえば、(このように酒をくみ交わす)親友もいないだろう)。〈王維・送元二使安西〉 ②前夫。前妻。以前の恋人。例 故人従レ閤去(=前妻は部屋から去って行った)。〈玉台・上山采蘼蕪〉 ③わたし。昔の友人・部下・門下に対する自称。④日 死んだ人。例 ―をしのぶ。

【故地】コチ 歴史上のできごとや人物に、ゆかりのある土地。

【故知】コチ ①昔からの友人。旧知。旧友。②「故智コチ」に同じ。

【故▼智】コチ 昔の人が用いた、すぐれた知恵と、はかりごと。例 ―にならう。

【故▼轍】コテツ ①車の通った車輪のあと。②これまでの経歴。③古くからのしきたり。常規。

【故都】コト 昔、都のあった所。旧都。古都。

【故土】コド ①ふるさと。②祖国。故国。③固有の領土。④昔、遊んだ土地。

【故道】コドウ ①昔の交通路。旧道。対 新道。②古来のやり方や道徳。特に、昔の聖人のおこなった道。▽古道。

【故買】コバイ 盗んだ品物と知りながら買う。例 盗品―。

【故物】コブツ 使い古した品しな。古物コブツ。

【故里】コリ ふるさと。故郷。

【故侶】コリョ 昔からの仲間。古い友だち。類 故友。

【故塁】コルイ 昔のとりで。古い城。

【故老】コロウ 昔のことをよく知っている老人。古老。

●縁故エンコ・事故ジコ・世故セコ・物故ブッコ・反故ホゴ

政

攵5 (9)

1 3215 653F

教5

一 セイ漢 ショウ(シャウ)呉 敬 zhèng

二 セイ漢 ショウ(シャウ)呉 庚 zhēng

まつりごと

筆順 一 丅 下 正 正 正' 政 政 政

なりたち 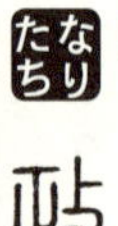 [会意]「攵(=うつ)」と「正(=ただしい)」とから成る。ただす。

意味 一 ❶ただす。ただしい。通 正。例 政議セイギ(=正しい議論)。斧政フセイ(=文章を正すこと)。❷世の中をおさめること。まつりごと。例 道レ之以レ政(=政治によって民衆を導く)。〈論語・為政〉 政治セイジ。行政ギョウセイ。善政ゼンセイ。❸いろいろな問題を引き受けて処理するやり方。例 家政カセイ。財政ザイセイ。農政ノウセイ。二 ❶征伐する。うつ。通 征。例 政レ適伐レ国(=敵国を征伐する)。〈史記・范雎伝〉 ❷土地の税。賦税。通 征。例 地政チセイ(=土地税)。

古訓 中古 うつ・ただ・ただし・ただす・なり・なる・のぶ・のり・まさ・まさし・まつりごと・をさむ 中世 ただ・ただし・のぶ・のり・まさし・まつりごと・をさむ 近世 ただし・ただす・まさに・まつりごと

人名 おさ・かず・すなお・ただ・ただし・ただす・つかさ・なり・のぶ・のり・まさ・まさし・ゆき

【政界】セイカイ 日 政治にかかわる人々の社会。例 ―の大物おおもの。―に入る。

【政客】セイキャク/セイカク 日 政治にたずさわる人。政治家。

【政教】セイキョウ ①政治と教化。②日 政治と宗教。例 ―分離。

【政局】セイキョク 日 政治のなりゆき。政情。例 ―が緊迫する。

【政経】セイケイ 日 政治と経済。例 ―学部。

【政見】セイケン 旧 政治家や政党自身の、政治についての考え方。例 —放送。—発表。
【政権】セイケン 政治をおこなう権利や権力。類 政柄セイヘイ。例 —党。—をにぎる。
【政綱】セイコウ 政府や政党の基本方針。例 —を発表する。
【政策】セイサク 旧 政治上の目標や、それを実現するための手段。例 外交—。—を立てる。
【政事】セイジ 政治のこと。また、政治上の事柄。〔日本でも明治初頭までは今の「政治」の意に用いた〕
【政事堂】セイジドウ 唐・宋ソウ代、宰相が政務を執った所。
【政治】セイジ ①国をまとめおさめること。まつりごと。例 政党—。②政治がうまくおこなわれる。③旧 人々の考えや利害の違いを調整し、集団をまとめていくこと。例 —的手腕。
【政治家】セイジカ 旧 ①政治にたずさわる人。政客。②組織や集団の中で、かけひきや根まわしのたくみな人。
【政商】セイショウ 旧 政府または政治家と結びついて、特別な利益を得ている商人。例 —が暗躍する。
【政情】セイジョウ 旧 政治や政界の様子。政局。例 —不安。
【政績】セイセキ 行政上の功績。
【政戦】セイセン 旧 ①政治上の争い。政争。②政治と戦争。
【政争】セイソウ 旧 政治上の主義や主張の違いから起こる争い。また、政権争い。政戦。例 —にまきこまれる。
【政体】セイタイ ①政治のあり方。②旧 国家の主権を運用する形式。立憲政体と専制政体とがある。
【政談】セイダン 旧 ①政治についての意見や議論。②政治や裁判の事件をもとにした物語。例 大岡おおおか—。
【政庁】セイチョウ 旧 政務を取り扱う官庁。
【政敵】セイテキ 旧 政治上で、対立したり競争したりする相手。
【政典】セイテン ①先王の政治に関する書籍。②政策と制度。
【政党(黨)】セイトウ 旧 政治上の主義・主張や、同じ政策をもつ人々が作った団体。政策の実現や政治的権力の獲得をめざす。例 —政治。革新—。
【政道】セイドウ 政治のこと。また、政治のやり方。例 —を正す。
【政府】セイフ ①政治をおこなう役所。②旧 内閣および各省庁など、中央の行政機関。例 —の高官。
【政変】セイヘン ①政治情勢の変化。②旧 政権の担当者が急にかわること。内閣の急な交代や、武力によって政権をうばうクーデターなど。
【政務】セイム 政治上のさまざまな仕事。また、行政事務。
【政理】セイリ ①政治上の道理。②すぐれた政治的能力のあること。
【政略】セイリャク 政治上のはかりごと。例 —結婚。
【政令】セイレイ ①政治上の命令や法令。②旧 憲法やその他の法律で決められたことを実際におこなうために、内閣が出す命令。例 —指定都市（=政令で指定された市のことで、都道府県と同じような行政単位としてあつかわれる）。
【政論】セイロン 政治上の問題についての議論。例 —を戦わす。
【政所】まんどころ 旧 ①平安時代以後、高位の家で、所有地の事務をあつかった機関。②鎌倉かまくら・室町幕府の政務機関。主として財政をあつかった。③「北きたの政所まんどころ」の略。摂関家セッカンケなどの、貴族の妻の敬称。
●悪政アクセイ・圧政アッセイ・院政インセイ・家政カセイ・行政ギョウセイ・国政コクセイ・財政ザイセイ・摂政セッショウ・善政ゼンセイ・内政ナイセイ・郵政ユウセイ

敄
攵5 (9) 4 1366 6544 ブ漢 ム呉 遇 wù

意味 仕事にはげむ。つとめる。通 務。

效
攵6 (10) ⇒効コウ(176ページ)

敏
攵6 (10) 1 4150 654F 常用 ビン漢 ミン呉 軫 mǐn さと-い(さと-し)・と-し

[敏] 攵7 (11) 3 8508 FA41 人 旧字体。

筆順 𠂉 仁 句 毎 毎 毎 敏 敏

なりたち  [形声]「攵(=うつ)」と、音「毎バイ→ビ」とから成る。すばやい。

意味 ❶行動がすばやい。すばしこい。とし。例 君子欲訥於言而敏於行クンシはゲンにトツにして、おこないにビンならんとほっす（=君子はことばは慎重に、行動はすばやくあろうとする）。〈論語・里仁〉 敏速ビンソク。機敏キビン。❷頭の回転がはやい。感覚がするどい。さとい。例 敏而好学ビンにしてガクをこのむ（=利発で学問好きである）。〈論語・公冶長〉 敏感ビンカン。目敏めざとい。❸勤勉である。つとめる。例 人道敏政ジンドウはセイにつとむ（=人としての道は政治に勤勉であることだ）。〈中庸〉

古訓 中古 かたち・さとし・すみやかに・とし・まさし 中世 うやまふ・かた・すみやか・つつしむ・とし 近世 あしのおほゆび・おごそか・つつしむ・とし・はやし・みみとし

人名 あきら・さと・さとし・さとる・しげ・すすむ・つとむ・と・はや・はやし・はる・まさ・よし

難読 敏こい・敏捷はしこい

【敏活】ビンカツ 旧 頭の回転が早く、動作がすばやいさま。例 —な行動。
【敏感】ビンカン 旧 わずかなことでも鋭く感じとるさま。鋭敏。対 鈍感。例 —に反応する。
【敏求】ビンキュウ 勉学を怠らず、努力して求める。〔「好レ古敏以求レ之者也いにしえをこのみビンにしてこれをもとめたるものなり（=昔のことを愛好して、努力して追求した者である）」〈論語・述而〉から〕
【敏給】ビンキュウ 〔「給」も、すばやい意〕①言動がすばやいさま。敏捷ビンショウ。②賢くて口達者なさま。
【敏恵】ビンケイ【敏▼慧】ビンケイ かしこい。さとい。鋭敏。
【敏行】ビンコウ ①行動を機敏にする。→意味❶ ②怠けず努力する。
【敏才】ビンサイ よくはたらく才知。
【敏▼捷】ビンショウ 動作がすばやいさま。敏速。機敏。類 敏疾。例 —に立ちまわる。—な身のこなし。
【敏速】ビンソク 動作がすばやいさま。機敏。敏捷ビンショウ。例 —な対応。—に行動する。
【敏腕】ビンワン 旧 ものごとをてきぱきと、たくみに処理するさま。また、その能力。腕きき。辣腕ラツワン。例 —な記者。—をふるう。
●鋭敏エイビン・過敏カビン・機敏キビン・俊敏シュンビン・不敏フビン・明敏メイビン

救
攵7 (11) 1 2163 6551 教4 グ慣 キュウ(キウ)漢 ク呉 宥 jiù すく-う(すく-ふ)・すく-い(すく-ひ)

筆順 一 十 才 求 求 求 救 救

なりたち 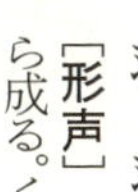 [形声]「攵(=うつ)」と、音「求キュウ」とから成る。くいとめる。

意味 ❶危険や困難からのがれさせる。危難をくいとめる。たすける。すくう。例 救援キュウエン。救済キュウサイ。❷たすけ。すくい。例 請レ救於魏すくいをギにこう（=魏に救援を求めた）。〈戦国策・趙三〉

古訓 中古 すくふ・すけ・たすく・なり・はらふ・ひら・やむ・をさむ 中世 すくふ・たすく・まぼる 近世 あつまる・すくふ・たすくる・にぎはす・まもる

人名 すけ・たすく・なり・ひら・まもる・やす

【救援】キュウエン 困難な状態にある人をすくい助ける。例 —物資。—を仰ぐ。
【救解】キュウカイ 人の罪をすくう。また、危難から逃れさせる。

【救急】キュウキュウ ①急な災難からすくい出すこと。例―車。②日急病人やけが人に急場の手当てをすること。
【救護】キュウゴ ①助け出して、保護する。②日病人やけが人の手当てをする。例―班。
【救荒】キュウコウ 凶作で苦しんでいる人をすくうこと。例―作物（＝凶作にそなえて主食の代用として作られる作物）。
【救済】キュウサイ すくい助ける。例難民を―する。
【救出】キュウシュツ 日危険な状態から助け出す。例遭難者の―。
【救▼恤】キュウジュツ 〔「恤」は、あわれんで物をめぐむ意〕困っている人に金品をおくって助ける。例―品。
【救助】キュウジョ 危険な状態にある人を、すくい出す。例災害―。人命―。
【救世】キュウセイ 一 人々を世の中の混乱や不安からすくうこと。特に宗教で、迷い悩む人々をすくい、幸福に導くこと。二 セ／ゼ／グ／グ セ／ゼ／ゼ 〔仏〕世の人を苦しみからすくうこと。例―観音カンノン。
【救世済民】キュウセイサイミン 世の中をよくし、人々を苦しみからすくうこと。〈曹植・周武王賛〉
【救世主】キュウセイシュ ①宗教で、人類を苦しみや悩みからすくう人。メシア。特にキリスト教で、イエス＝キリストのこと。②苦しい状態にある会社や団体などを、すくう人。
【救難】キュウナン 災難や危険な状態からすくい出すこと。
【救民】キュウミン 困っている人々を助けること。
【救命】キュウメイ 危険な状態にある人の命をすくうこと。例―具。―ボート。
【救薬】キュウヤク 〔「薬」は、治療する意〕病人などを癒いやし、すくう。
【救療】キュウリョウ 病気などを防ぎ、貧しい患者に、奉仕として医療を施しすくう。例―活動。

敔 攵7（11） 4 1367 6554 ギョ漢 ゴ呉 語 yǔ

意味 ❶禁じる。とどめる。通圉ギョ・禦ギョ。❷伝統的な古楽器の一種。木製で、伏したトラのような形をし、その背部にある、のこぎりの歯のような刻みを、ささらでこすって鳴らす。楽曲のしめくくりに用いた。〔現在でも宗廟ソウビョウの祭礼に用いられる〕

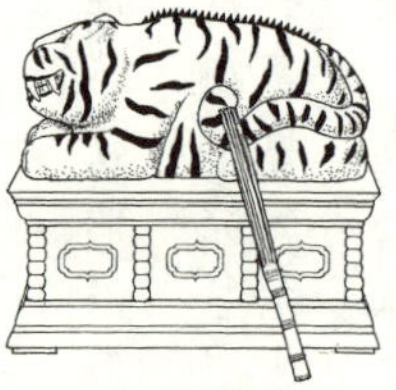
[敔❷]

教 攵7（11） 1 2221 6559 教2

一 コウ（カウ）漢 キョウ（ケウ）呉 効 jiào
二 コウ（カウ）漢 キョウ（ケウ）呉 肴 jiāo
おしえる（をし‐ふ）・おしえ（をしへ）・おそわる（をそ‐はる）

［教］攵7（11） 654E 旧字体。

筆順 一 + 土 耂 考 孝 孝 教

なりたち  [会意]「攵（＝する）」と「孝（＝まねる）」とから成る。上の者がさずけ、下の者がならいまなぶ。

意味 一 ❶ものの考え方や知識・経験・技能をさずける。おしえる。おそわる。例愛二其子一、択レ師而教レ之ソノコヲアイシテハ、シヲエラビテコレヲオシエシム（＝かわいいわが子については、先生を選んで子供を教育する）。〈韓愈・師説〉教育キョウイク。❷教えること。教える内容。おしえ。例敬奉レ教ツツシンデオシエヲホウゼン（＝つつしんで教えを受けましょう）。〈史記・刺客伝・荊軻〉示教シキョウ。❸神仏や聖人のおしえ。おしえ。例教主キョウシュ。宗教シュウキョウ。道教ドウキョウ。二「（…を）して…（せ）しむ」と読み、…に…させる・…を…にする、の意。使役をあらわす。例遂教二方士殷勤覓一ツイニホウシヲシテインギンニモトメシム（＝すぐに道士に〔楊貴妃ヨウキヒの魂を〕念入りにさがさせた）。〈白居易・長恨歌〉

古訓 中古 しむ・せしむ・たか・たかし・のり・をしふ 中世 せしむ・せしむる・たかし・のり・をしふ・をしへ・をしゆ 近世 さづくる・せしむ・せしむる・ならふ・のり・みちびく・をしへ・をしへる

人名 かた・きよ・さとし・たか・なり・のぶ・のり・みち・ゆき・よし

【教案】キョウアン ①清シン代に起きた、キリスト教に関連した事件。②日授業の目標・順序・方法などをまとめた指導案。教授案。
【教育】キョウイク ①おしえそだてる。例得二天下英才一而教二育之一テンカノエイサイヲエテ、コレヲキョウイクす（＝天下の英才を見いだし、その者を教育する）。〈孟子・尽心上〉②日知識や技能などが身につくように、おしえる。〔社会人として成長することを目的に訓練する〕
【教員】キョウイン 学校の職員で、生徒や学生に授業をおこなう人。教師。例―室。
【教化】キョウカ 一 道徳や宗教のおしえによって、よいほうに導く。例―を受ける。二 キョウケ／ギョウケ 〔仏〕人々に仏のおしえを説いて、仏の道に導く。
【教科】キョウカ 日学校でおしえる、国語や理科などの授業の科目。例必修―。得意な―。
【教科書】キョウカショ 日学校教育などで、各教科の授業をおこなう際に使う書物。テキスト。
【教会】キョウカイ ①同じ宗教を信じる人々の集まり。キリスト教や一部の新宗教でいう。②キリスト教徒が集まって礼拝や儀式、集会などをおこなう建物。教会堂。
【教戒】キョウカイ ①おしえいましめる。教訓。訓戒。教誡キョウカイ。類教禁。②日刑務所で、受刑者を正しい道に導く。例―師。表記 ▽旧教▼誨
【教学】キョウガク 教育。また、おしえることと、まなぶこと。例教学為レ先キョウガクヲセンとなす（＝〔昔の王は〕教育を優先した）。〈礼記・学記〉
【教官】キョウカン ①教化・教育をつかさどる役人。②明ミン・清シン代の地方官立学校の教員。③日国公立の学校や研究所などの、教師や研究者。例指導―。④日教育や技術指導にあたって、教える側に立つ人。指導員。例自動車教習所の―。
【教義】キョウギ ①教育の本旨。②宗教のおしえの、中心となる内容。教理。
【教区】キョウク 宗教の布教に都合のよい広さで設けられた区域。例―牧師。
【教訓】キョウクン ①おしえさとす。いましめる。②日過去の失敗などから得た知恵。訓戒。例―をいかす。―を垂れる。
【教権】キョウケン 日①おもにカトリック教会で、法王や教会がもつ宗教上の権力。②教育する上で教師がもつ権力。
【教護】キョウゴ ①管理する。②日非行少年を保護し、指導する。例―院（＝教護を目的とした福祉施設）。
【教皇】キョウコウ／キョウオウ ローマカトリック教会の最高位の聖職者。ローマ法王。
【教唆】キョウサ ①悪いことをするように、そそのかす。例―扇動。②〔法〕他人に、犯罪を実行する意志を起こさせる。例殺人―の罪。
【教材】キョウザイ 日学校で、授業や学習に用いる資料や道具類の総称。教科書や、工作・実験の用具、スライドなど。例―費。
【教士】キョウシ ①訓練された兵士。②宣教師。③日剣道や

弓道などの武道で、範士に次ぐ称号。
【教師】キョウシ ①学校などで、学問や技芸をおしえる人。教員。先生。例家庭―。②宗教上の指導者。布教師。
【教示】キョウジ・キョウシ ある事柄について、どうしたらよいか、具体的におしえること。例ご―願います。
【教室】キョウシツ 日①学校で、授業をおこなう部屋。教場。②大学などで、専攻科目別の研究室。例英文学―。③さまざまな技術・学芸・スポーツなどをおしえる所。また、その集まり。例料理―。
【教主】キョウシュ ある宗教や教派をはじめた人。教祖。また、その中心的な指導者。
【教授】キョウジュ ①学問や技芸をおしえる。②宋代以後、地方官立学校の教員の官名。③日大学および付設の研究機関、高等専門学校などで、教育や研究にたずさわる人。例名誉―。准―。
【教習】キョウシュウ ①ある技術や知識をおしえ、身につけさせる。②清代、教師のこと。
【教書】キョウショ 日①ローマ法王が信者に向けて公式に発表する文書。②アメリカで、大統領が連邦議会に、また州知事が州議会に出す意見書や報告書。例年頭―。
【教条】キョウジョウ 教会が公認した、信仰のよりどころとなる中心的なおしえ。教義。また、それを箇条書きにしたもの。
【教場】キョウジョウ ①軍隊を訓練する場所。練兵場。②日学校で、授業をする所。教室。
【教生】キョウセイ 日「教育実習生」の略。教員の資格を取るために、学校で教育技術を実習する学生。
【教祖】キョウソ 日ある宗教や宗派をはじめた人。教主。開祖。宗祖。
【教則】キョウソク 日ものごとをおしえる上での規則。例―本。
【教卓】キョウタク 日教室で、教壇の前にある教師用の机。
【教団】キョウダン 日同じ宗教や教派の信者がつくった集まり。
【教壇】キョウダン 日教室で教師がおしえるときに立つ壇。例―に立つ(=教師になって、おしえる)。
【教程】キョウテイ ①ある科目や技術をおしえるときの順序や方法。教範。例基礎―。②教科書。例語学―。
【教典】キョウテン ①教育に関する法令。②宗教(特に仏教)の教えを記した書物。経典。
【教徒】キョウト ある宗教の信者。信徒。例イスラム―。仏―。
【教頭】キョウトウ ①宋代の軍隊で武芸を教練する下級官。②日小・中・高等学校で、校長を補佐し、校務をとりまとめる役職。また、その人。副校長。
【教導】キョウドウ 進むべき道を示し、みちびく。例師の―を仰ぐ。
【教範】キョウハン 日教授法。教程。
【教父】キョウフ ①(「父」は、はじめの意)おしえのはじめ。②古代キリスト教会の代表的な神学者。カトリック教会では、その教えの正しさと生活の清らかさを認められた人をいう。例―アウグスティヌス。
【教▼鞭】キョウベン 日教師が授業のときに使う細い棒。例―を執る(=教師になって、おしえる)。
【教坊】キョウボウ 唐代、都に設置し、宮中の楽人や倡女(ショウジョ)(=歌妓(カギ))の歌舞の訓練をさせた教習所。例名属教坊第一部(なはキョウボウダイイチのブにゾクす)(=教習所で琵琶(ビワ)の第一級の弾き手の中に名を連ねた)。〈白居易・琵琶行〉
【教本】キョウホン ①おしえの根本。②日教科書。教則本。テキスト。例中国語の―。
【教務】キョウム 日①学校で、教育や授業にかかわる事務。例―課。―主任。②宗教上の事務。
【教諭】キョウユ ①おしえさとす。②宋代以後の県の学校の教員。③日幼稚園・小・中・高等学校・特別支援学校の、教員免許をもつ人の呼び名。
【教養】キョウヨウ ①おしえ育てる。②日文化的・学問的に、幅広い知識。また、それによって養われる心の豊かさや品位。例知性と―。
【教理】キョウリ 宗教上の真理と認められたおしえ。また、それをまとめた体系。教義。例仏教の―。
【教令】キョウレイ ①命令。②教化。③時節に応じた規定。避けねばならぬきまりをいう。禁忌。
【教練】キョウレン ①おしえて、よくできるようにさせる。②軍隊でおこなう戦闘訓練。例軍事―。③日学校でおこなった軍事訓練。
●回教(カイキョウ)・旧教(キュウキョウ)・顕教(ケンキョウ)・司教(シキョウ)・宗教(シュウキョウ)・儒教(ジュキョウ)・殉教(ジュンキョウ)・新教(シンキョウ)・説教(セッキョウ)・胎教(タイキョウ)・調教(チョウキョウ)・布教(フキョウ)・仏教(ブッキョウ)・文教(ブンキョウ)・密教(ミッキョウ)

敖
攵7(11) 2 5836 6556
一ゴウ(ガウ)漢 豪 áo
二ゴウ(ガウ)漢 号 ào
おご-る

意味 一❶気ままに出歩く。ぶらつく。あそぶ。たわむれる。通遨(ゴウ)。例敖遊(ゴウユウ)。❷⇩【敖敖】ゴウゴウ 二いい気になって、好き勝手なことをする。おごる。通傲(ゴウ)。例敖慢(ゴウマン)。倨敖(キョゴウ)。驕敖(キョウゴウ)。
【敖敖】ゴウゴウ ①長いさま。背の高いさま。②おおぜいで中傷するさま。
【敖惰】ゴウダ いい気になって怠けるさま。
【敖慢】ゴウマン おごり高ぶって、人をあなどる。
【敖民】ゴウミン 遊び暮らして怠けている人々。
【敖遊】ゴウユウ【敖▼游】ゴウユウ 気ままに遊び暮らす。遨遊(ゴウユウ)。

[敍]
支7(11) ⇩叙(ジョ)(216ジペー)

[敘]
攵7(11) ⇩叙(ジョ)(216ジペー)

[敕]
攵7(11) ⇩勅(チョク)(177ジペー)

敗
攵7(11) 1 3952 6557 教4
ハイ漢 ハイ・バイ呉 卦 bài
やぶ-れる(やぶ-る)・ま-ける(ま-く)

筆順 丨 冂 月 目 貝 貝 貯 敗

なりたち  [会意]「攵(=うつ)」と「貝ハイ(=たから)」とから成る。やぶり、そこなう。

意味 ❶こわす。こわれる。やぶる。やぶれる。例欲レ敗二従約一(ショウヤクをやぶらんとほっす)(=同盟をこわそうとした)。〈史記・蘇秦伝〉敗屋(ハイオク)。❷くさる。くずれる。やぶれる。例魚餒而肉敗不レ食(うおあざれてニクやぶれたるはくらわず)(=魚がくさって肉がくずれたものは口にしない)。〈論語・郷党〉腐敗(フハイ)。❸まかす。うちまかす。やぶる。例秦数敗二趙軍一(シンしばしばチョウのグンをやぶる)(=秦は何度も趙の軍をうち破った)。〈史記・廉頗藺相如伝〉❹戦いや試合に負ける。やぶれる。まける。例敗軍(ハイグン)。敗北(ハイボク)。完敗(カンパイ)。❺しくじる。うまくいかない。やぶれる。例夫功者難レ成而易レ敗(それコウはなりがたくしてやぶれやすし)(=そもそも功を立てるのはむずかしくて、しくじりやすい)。〈史記・淮陰侯伝〉失敗(シッパイ)。❻凶作。例敗歳(ハイサイ)(=凶年)。

古訓 中古 あぶる・そこなふ・やぶる 中世 くつがへす・そこなふ・ひさし・やぶる 近世 くつがへす・くつがへる・くづす・くづるる・そこねる・やぶる

難読 敗荷(やれはす)

【敗衣】ハイイ 破れてぼろぼろな着物。敝衣(ヘイイ)。
【敗因】ハイイン 日負けた原因。対勝因。
【敗屋】ハイオク こわれた家。あばら家。
【敗壊】ハイカイ こわす。破壊する。
【敗局】ハイキョク 囲碁や将棋で、負けた対局。対勝局。

4画

[攴(攵)] 7画▼ 敖 敍 敘 敕 敗

【敗軍】ハイグン 負けいくさ。敗戦。また、戦いに負けた軍隊。例 受二任於敗軍際一（ニンをハイグンのサイにうく）（=大きな任務を《国が滅ぶような》敗戦の時に受けた）。〈諸葛亮・出師表〉

【敗軍▼之将不レ可三以言二勇】ハイグンのショウはもってユウをいうべからず 失敗した者は、そのことについて、弁解や意見を述べる資格がない。敗軍の将は兵を語らず。〈史記・淮陰侯伝〉

【敗子】ハイシ 〔家を滅ぼす子の意〕道楽息子。放蕩トウ息子。類敗家子ハイカシ。

【敗残】ハイザン 日 ①生きていく上で、競争に負け、落ちぶれる。例人生の―者。②戦いに負けて、生き残る。例―兵。

【敗者】ハイシャ 戦いや試合に負けた者。敗北者。また、負けた側。対勝者。例―復活戦。

【敗▼衄】ハイジク 〔「衄」も、敗ぶれる意〕戦いに負ける。

【敗将】ハイショウ 戦いに負けた軍の大将。

【敗▼絮】ハイジョ 古くてぼろぼろの綿。

【敗色】ハイショク 日 負けそうな気配。類敗勢。例―が濃い。

【敗績】ハイセキ ①戦争で大敗する。②仕事を失敗する。

【敗戦】ハイセン 日 戦いや試合に負けること。負けいくさ。例―処理。―投手。

【敗訴】ハイソ 日 裁判で、自分に不利な判決が出されること。対勝訴。

【敗走】ハイソウ 戦いに負けて逃げる。例ろくに戦わずに―する。

【敗卒】ハイソツ 戦いに負けた兵士。類敗兵。

【敗退】ハイタイ 戦いに負けてしりぞく。試合に負ける。例力戦の末、―した。

【敗着】ハイチャク 日 囲碁や将棋で、負ける原因となった悪い一手。対勝着。

【敗徳】ハイトク 道徳をそこなう。また、品性をそこなう。

【敗筆】ハイヒツ 使い古して穂先がすり切れた筆。禿筆トクヒツ。退筆。

【敗報】ハイホウ 戦いや試合に負けたという知らせ。対勝報。

【敗亡】ハイボウ 戦いに負けて逃げる。また、負けて滅びる。敗滅。

【敗北】ハイボク 〔「北」は、背を向けて逃げる意〕戦いや試合に負ける。また、負けて逃げる。対勝利。例―を喫する。

【敗滅】ハイメツ 戦いに負けて滅びる。敗亡。

【敗余(餘)】ハイヨ ①戦いに負けたあと。例―の兵。②失敗のあと。

【敗乱】ハイラン そこなわれ、みだれる。例秩序が―する。

●完敗カンパイ・惨敗ザンパイ・失敗シッパイ・勝敗ショウハイ・成敗セイバイ・惜敗セキハイ・全敗ゼンパイ・大敗タイハイ・不敗フハイ・腐敗フハイ・優勝劣敗ユウショウレッパイ・連敗レンパイ

［敏］攵7(11) ⇩敏ビン（593ページ）

敢

攵8(12) 1 2026 6562 常用 カン（カム）漢呉 感 gǎn あ-えて（あ-へて）

筆順
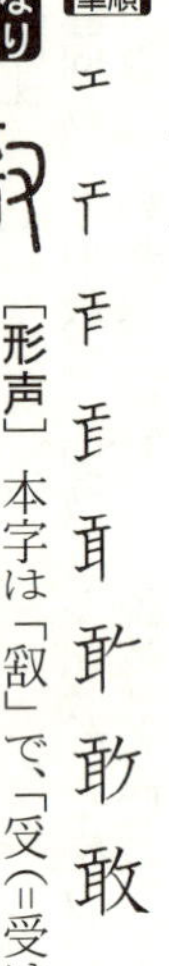

なりたち

［形声］本字は「𣪊」で、「𠬪（=受けわたす）」と、音「古コ→カン」とから成る。自ら進んでおこなう。

意味 ❶思いきって…する。…する勇気がある。あえてする。**あえて**。例 若二聖与一レ仁、則吾豈敢（セイとジンとのごときは、すなわちわれあにあえてせんや）（=聖や仁というようなことは、どうして私にできるであろうか）。〈論語・述而〉 敢行カンコウ。果敢カカン。勇敢ユウカン。❷思いきって。はばからずに。積極的に。例 敢問レ死（あえてシをとう）（=思いきって死についておたずねします）。〈論語・先進〉 ❸「不二敢…一」は、「**あえて…(せ)ず**」と読み、無謀にも…することはできない・無礼にも…することはできない、の意。否定をあらわす。例 不二敢仰視一（あえてギョウシせず）（=無礼にも顔をあげて見るようなことはできない）。〈史記・蘇秦伝〉 ❹「敢不二…一」は、「**あえて…(せ)ざらんや**」と読み、どうして…せずにいられようか、の意。反語をあらわす。例 敢不レ走乎（あえてにげざらんや）（=どうして逃げないでいられましょうか）。〈戦国策・楚一〉

古訓 中古 あふ・あへて・いさむ・いな・いなや・かしこまる・すすむ・まかす・をかす 中世 あふ・あへて・はたす・をかす 近世 あへて・あへてする・いさむ・をかす

人名 いさ・いさみ・いさむ・すすむ・つよし

【敢為】カンイ 思いきっておこなうこと。〔反対や困難を〕おしきってすること。敢行。例―の精神。

【敢▼諫】カンカン 臣下が主君の怒りをおそれずに欠点を改めるよう忠告する。

【敢言】カンゲン 思いきって意見を述べる。

【敢行】カンコウ 困難や無理があっても、それをおしきっておこなう。断行。例悪天候でも―する予定。

【敢死】カンシ 死を覚悟すること。命がけ。決死。例―の士（=死をも恐れぬ人）。

【敢戦】カンセン 死に物狂いで戦う。

【敢然】カンゼン 危険や困難をおそれずに、思いきって事に当たるさま。例―と悪に立ち向かう。

【敢闘】カントウ いさましく戦う。奮闘。例―賞。力戦―する。

敧

攴8(12) 3 8509 6567 キ漢 支 qī

意味 かたむける。ななめにする。そばだ-てる（そばだ-つ）。**そばだてる**。通攲キ・欹キ。例 敧傾キケイ（=かたむく）。

敬

攵8(12) 1 2341 656C 教6 ケイ漢 キョウ（キャウ）呉 敬 jìng うやま-う（うやま-ふ）

筆順
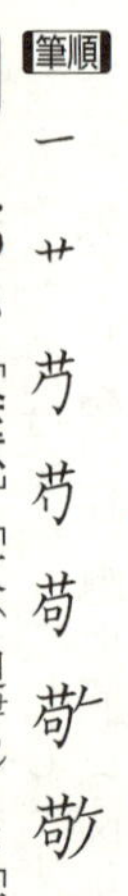

なりたち

［会意］「攵（=迫せまる）」と「苟（=いましめる）」とから成る。迫って、いましめる。つつしむ。

意味 ❶かしこまる。うやまって身をつつしむ。例 敬レ事而信（ことをつつしみてシンあり）（=慎重に事に取り組んで信用される）。〈論語・学而〉 ❷うやうやしく重んじる。**うやまう**。例 門人不レ敬二子路一（モンジンシロをケイせず）（=《瑟シツを弾じることについて》門人たちは子路に敬意をはらわなくなった）。〈論語・先進〉 敬意ケイイ。尊敬ソンケイ。

古訓 中古 うや・うやまふ・つつしむ・つとむ・より・ゐやまふ・をがむ 中世 うや・うやまふ・かざる・たふとし・つつしむ・をがむ 近世 いましむ・うやうやし・うやまふ・つつしむ

人名 あき・あきら・あつ・いつ・うや・かた・きよし・さとし・たか・たかし・ただし・とし・のり・はや・ひさ・ひろ・ひろし・ゆき・よし

【敬愛】ケイアイ 尊敬と親しみを感じる。例―の念をいだく。

【敬畏】ケイイ （自分の力をはるかに超えたものに対して）深くうやまい、おそれる。畏敬。例天道を―する心。

【敬意】ケイイ 相手を尊敬する気持ち。例―を表ヒョウする。

【敬遠】ケイエン ①うやまった上で、ある距離をおく。〔「敬二鬼神一而遠レ之（キシンをケイしてこれをとおざく）（=鬼神をうやまうが深入りせず、ある距離をおく）。〈論語・雍也〉」から〕②日 表面はうやまうように見せて、実はきらって近づかないようにする。③日 野球で、打者にわざとフォアボールを与える。

【敬仰】ケイギョウ うやまい、貴ぶこと。

【敬具】ケイグ ①つつしんでそなえる。②日 つつしんで申し上げます。敬白。拝具。〔手紙の終わりにそえる語。「拝啓」「謹啓」などの書きはじめの語に対応して使う〕

【敬▼虔】ケイケン （神や仏を）深くうやまい、つつしむさま。例―な信者。

【敬語】ゴケイ 日話し手や書き手が、聞き手や読み手、また、話題にのぼっている人などへ、敬意をあらわすのに使うことば。尊敬語・謙譲語・丁重語・丁寧語・美化語など。
【敬事】ケイジ「ことをつつしむ」 ①まじめに仕事をおこなう。仕事にいそしむ。→意味❶ ②うやうやしく仕える。
【敬順】ケイジュン つつしんで従う。
【敬尚】ケイショウ うやまって、とうとぶ。
【敬承】ケイショウ ①〔「承」は、うけ継ぐ意〕つつしんで継承する。②つつしんでうけたまわる。
【敬称】ケイショウ ①うやまい褒める。②日人名の下につけて、その人への敬意をあらわす語。殿(どの)・様(さま)・公・妃・殿下など。例─を略す。③日相手や相手方の事柄に、敬意をあらわす語。貴殿・貴社・尊父(ソンプ)・母堂など。
【敬譲】ケイジョウ ①つつしんで人に譲る。②日尊敬と謙譲。相手をうやまい、自分がへりくだること。例─語。
【敬神】ケイシン 神をうやまうこと。例─崇仏。
【敬慎】ケイシン うやまい、つつしむ。例威儀を─す。
【敬体】ケイタイ 日文末を「です」「ます」などの丁寧語で結ぶ、口語の文体。です・ます体。対常体。
【敬忠】ケイチュウ 目上の人をうやまい、まごころを尽くす。
【敬弔】ケイチョウ 死者を、つつしんでとむらう。
【敬重】ケイチョウ 尊敬して大切にする。
【敬天】ケイテン 天をうやまうこと。天を、この宇宙を支配する絶対的なものと考える、中国古代の思想。敬天思想。
【敬天愛人】ケイテンアイジン 天をうやまい、人民をいつくしむ。〈陸佃・乞宣仁聖烈皇后改御崇政殿受冊状〉
【敬白】ケイハク ①つつしんで言う。②日つつしんで申し上げます。敬具。〔手紙や文書の終わりにそえる語〕例店主─。
【敬服】ケイフク 尊敬して従う。すっかり感心して尊敬の気持ちをもつ。感服。例彼の努力には─した。
【敬復】ケイフク つつしんでご返事申し上げます。拝復。〔返信の初めに記す語〕
【敬慕】ケイボ 深く尊敬し、その人のあとに従おうとする。例─の念。─する恩師。
【敬礼】ケイレイ ①敬意をもって待遇する。②敬意をあらわす、おじぎや挙手の礼などをする。また、その礼。
【敬老】ケイロウ 老人をうやまうこと。例─精神。
●愛敬(アイキョウ・アイケイ)・畏敬(イケイ)・恭敬(キョウケイ)・失敬(シッケイ)・崇敬(スウケイ)・尊敬(ソンケイ)・表敬(ヒョウケイ)・不敬(フケイ)

散

攵8 (12) 1 2722 6563 教4

一サン 漢 呉 翰 sàn
二サン 漢 呉 旱 sǎn
ちる・ちらす・ちらかす・ちらかる・ちらし

筆順 一 艹 艹 昔 昔 背 散 散

なりたち  [形声]「月(=にく)」と、音「𢻱サン(=はなれる)」とから成る。ばらばらになった肉。派生して「ばらばら」の意。

意味 一❶まとまっているものがばらばらになる。ちらばる。ちらす。ちる。例散乱(サンラン)。❷ばらまく。分け与える。まきちらす。ちらして失(な)くす。ちらす。例千金散尽還復来(センキンサンジつくすもまたかえりきたる)(=千金を使い尽くしてもふたたび金は戻ってくる)。〈李白・将進酒〉散財(サンザイ)。散布(サンプ)。二❶ばらばらで、まとまりがない。例散漫(サンマン)。❷まとまりがなく、役に立たない。ぶらぶらと気ままな。ひまな。例散儒(サンジュ)。散人(サンジン)。❸(まとまっていない)粉のくすり。例散薬(サンヤク)。胃散(イサン)。

古訓 中古あかつ・あぶる・あらく・かぞふ・くばる・ちらす・ちる・とく・はなつ・ほどこす・やむ 中世あらく・ちらす・ちる・はなる 近世あらく・あらける・しく・ちらす・ちる・はなつ・わかる

人名 のぶ

【散逸】【散▼佚】サンイツ ①ひとまとまりの文書や書物が、ちらばって所在不明になる。例資料が─する。②世間からのがれてのんびり暮らす。
【散会】サンカイ 会合が終わって人々が、それぞれに帰っていく。例なごやかに─した。
【散開】サンカイ 軍隊が敵の砲撃を避けるため、ちらばり広がる。散兵。例─隊形。敵前で─する。
【散楽】サンガク 古代中国の踊りや軽業(かるわざ)などの民間芸能。日本には奈良時代に伝わり、のちに田楽(デンガク)や猿楽(さるガク)に受け継がれた。
【散官】サンカン 名称だけで、何の任務もない官職。功臣に、本職のほかに与えられる名誉職。
【散関】サンカン 陝西(センセイ)省宝鶏(ホウケイ)県の南西にあった関所。四川省との交通の要所であった。
【散騎常侍】サンキジョウジ 秦(シン)代の散騎(=騎馬で帝につき従う官)と中常侍(=帝の側近)とが、三国時代の魏(ギ)の時に一つになった官職。皇帝のそばにいて、あやまちをいさめ、政治上の相談も受けた。

【散切】ザンぎり 日①切り下げたままの髪型。②「散切頭(ザンぎりあたま)」の略。明治初期に流行した男子の髪型。まげを結わず、西洋風に襟もとで切りそろえた。
【散華】サンゲ ①〔仏〕仏を供養(クヨウ)するために花をまきちらすこと。特に法会(ホウエ)のとき、経をとなえながら列をなして歩き、五色の紙で作ったハスの花びらをまきちらすこと。②日〔華(はな)と散るの意〕戦時に、新聞や雑誌などで、戦死を美化していった語。例大陸に─した勇士。
【散見】サンケン あちらこちらに少しずつ、ちらばって見える。例人家が─する。
【散光】サンコウ 日①平らでない面や空中の微粒子に当たって、四方にちらされた光。②くもり空の光のように、方向が定まっていないために、かげのできない光。
【散斎】【散斉】サンサイ ①祭祀(サイシ)の前におこなわれる七日間の斎戒(=心身を清める儀式)のこと。期間中は馬車に乗らず、音楽も聞かず、弔問にも行ってはならないとされる。②斎戒の期間があけること。
【散在】サンザイ あちらこちらに、ちらばってあること。点在。例島々が─する。
【散剤】サンザイ こなぐすり。粉薬(こなぐすり)。散薬。
【散財】サンザイ ①金品を分け与える。②日(無駄なことに)大金を使う。
【散策】サンサク 〔「策」は、杖(つえ)の意〕特に目的もなく歩き回る。そぞろ歩き。散歩。例庭園を─する。
【散散】サンザン 日①ひどいさま。ひどく悪いさま。例─な目にあう。─な一日。②はなはだしいさま。思いきり。さんざ。例─迷惑をかける。
【散士】【散史】サンシ ①官に仕えない、民間の文筆家。②文人や画家などの雅号にそえて用いる語。散人。山人。例東海散士(トウカイサンシ)(=本名、柴四朗(しばシロウ))。
【散失】サンシツ ばらばらになってなくなる。散逸。
【散儒】サンジュ 世の中の役に立たない学者。
【散職】サンショク ひまな官職。
【散人】サンジン ①役に立たない人。また、官に仕えず、世の中の雑事にわずらわされずに、気ままに暮らす人。②「散士(サンシ)②」に同じ。例荷風(カフウ)─。
【散水】サンスイ・サッスイ 日水をあちこちにまく。例─車。表記旧▼撒水
【散銭】サンセン ①金銭をほどこし与える。②小銭(こぜに)。

【散卒】サンソツ いくさに負けて、ちりぢりになった兵士。
【散村】サンソン 日人家が所々に、ちらばっている村。
【散弾】サンダン 日発射と同時に、多数の小弾丸が飛びちるしくみのたま。ばらだま。霰弾サンダン。例—銃(=ショットガン)。
【散地】サンチ ①自国内での戦争。〔兵士は土地に慣れていて気がゆるみ、妻子を気づかってちりぢりに逃げやすいのでいう〕②ひまな地位。仕事のない官職をいう。
【散発】サンパツ ①五石散(=六朝リクチョウ時代に流行した向精神薬)が効き目をあらわすこと。②日弾丸が時間をおいて発射されること。例—する敵の砲火。③日ものごとがときどき起こること。例今でも同じような事件が—する。
【散髪】サンパツ ①ばらばらにたらした髪。ざんばら髪。転じて、役人をやめること。②日髪を切ってととのえる。斬髪ザンパツ。
【散票】サンピョウ 日選挙で、特定の候補者に票が集まらず、何人かの候補者に分散すること。また、その票。
【散布】サンプ ①まきちらす。ばらまく。例農薬を—する。②所々に、ちらばってある。表記①は旧▼撒布
【散文】サンブン 音数にとらわれず、韻を踏む必要もなく、自由に書かれた文章。対韻文。
【散文的】サンブンテキ 日①詩のようなリズムがなく、散文のようなさま。対詩的。②しみじみとした趣や、おもしろみのないさま。例—な人物。
【散兵】サンペイ ①敗残兵。②定員外で集められた臨時の兵士。③適当な距離をとって、兵士を配置すること。散開した兵。例—線(=散兵によって形成された戦闘線)。
【散歩】サンポ 特に目的もなく、気晴らしや軽い運動のため、ぶらぶら歩く。そぞろ歩き。散策。
【散亡】サンボウ ①ちりぢりに逃げる。②ちらばってなくなること。散逸。例及レ至ニ秦焚書一、書散亡益多(シンのフンショにいたるにおよび、ショのサンボウますますおおし)(=秦シンの焚書により、書物の散逸がますます多くなった)。〈史記・儒林伝・高堂生〉
【散木】サンボク 役に立たない木。転じて、無能ゆえに人に使われずにすみ、天寿を全うする人のたとえ。〈荘子・人間世〉
【散米】サンマイ 日邪気をはらうため、また、供え物として神前にまきちらす米。うちまき。
【散漫】サンマン ①あたりに立ちこめるさま。②日ちらばって、まとまりがない。とりとめがない。また、気持ちが集中しない。例—な文章。注意力—だ。
【散薬】サンヤク ①六朝リクチョウ時代に流行した向精神薬である五石散。②日こなぐすり。粉薬こなぐすり。散剤。
【散乱】サンラン ばらばらに、ちらばる。例破片が—する。
●一目散イチモクサン・一散イッサン・雲散ウンサン・解散カイサン・拡散カクサン・閑散カンサン・四散シサン・退散タイサン・発散ハッサン・分散ブンサン・離散リサン

敞 攵8(12) ②5840 655E

ショウ(シャウ)漢呉 養 chǎng
あき-らか・たか-い(たか-し)・ひら-く

意味 ❶ゆったりとして広い。例敞閑ショウカン(=広く静かなさま)。❷土地や建物が高くひろびろとしている。たかい。例高敞コウショウ(=土地が高く開けているさま)。❸目の前にあらわれる。ひらける。ひらく。

敦 攵8(12) ①3856 6566 人

一トン漢 元 dūn
二トン漢 ドン呉 元 tún
三タイ漢 隊 duì
四タイ漢 灰 duī
五タン 寒 tuán
六チョウ(テウ)漢 蕭 diāo
あつ-い(あつ-し)

なりたち ［形声］「攵(=うつ)」と、音「享シュン→トン」とから成る。問いつめる。借りて「心があつい」の意。

意味 一❶心がこもっていて、丁寧な。(人情が)あつい。通惇トン。例敦厚トンコウ。敦朴トンボク。❷はげむ。つとめる。例敦ニ善行一(ゼンコウにつとむ)(=善いおこないに励む)。〈礼記・曲礼上〉 二あつめる。あつまる。例敦ニ万騎於中営一分(バンキをチュウエイにあつむ)(=多くの騎兵を天子の陣営に集めた)。〈揚雄・甘泉賦〉 三黍稷ショショク(=キビの類)を盛る、ほぼ球形の青銅器。 四❶統治する。おさめる。例敦ニ商之旅一(ショウのリョをおさむ)(=(武王は)殷インの人々を統治した)。〈詩経・魯頌・閟宮〉 ❷せまる。追い立てる。 五むらがり生えるさま。 六美しい模様のあるさま。通彫。例敦弓チョウキュウ(=天子の持つ、飾り模様が彫ってある弓)。

古訓 中古あつ・あつし・あつまる・あつむ・すすむ・つとむ・つとめ・つらなる・つらぬ・をさむ 中世あつし・あつむ・ことわり・ことわる・すすむ・つとむ・つらぬ・はかる・やすし 近世あつし・あつまる・いかる・いづれ・おほいなり・おほふ・ことわり・せまる・そしる・つとむる・なげうつ・ひとり・をさむ

人名 あつ・あつし・おさむ・つとむ・つる・のぶ

【敦化】トンカ 万物を手厚く育て、教化する。
【敦厚】トンコウ まごころがあって、人情にあつい。例—な人物。
【敦▼煌】トンコウ 甘粛省北西部にある都市。漢代以後、東西交通の要地として栄えた。仏教芸術の貴重な遺跡がある。燉煌トンコウ。
【敦尚】トンショウ 心から尊敬する。あつくうやまう。
【敦▼厖】【敦▼尨】トンボウ ①生活が豊かである。例民生敦厖(ミンセイトンボウなり)(=民衆の生活は豊かである)。〈左伝・成一六〉②素朴で誠実である。
【敦朴】【敦▼樸】トンボク 人情があつくて、飾りけがないさま。例—な人柄。

敝 攵8(12) ②5841 655D

ヘイ漢呉 霽 bì
やぶ-れる(やぶ-る)

意味 ❶やぶれて古びる。ぼろぼろにいたむ。やぶれる。通弊。例衣ニ敝縕袍一(やぶれたるウンポウをきる)(=破れた綿入れを着る)。〈論語・子罕〉敝衣ヘイイ。敝履ヘイリ。❷つかれる。通弊。例疲敝ヒヘイ。❸自分に関するものごとについての謙遜ケンソン語。通弊。例敝屋ヘイオク。敝国ヘイコク(=自国の謙称)。❹おおう。かくれる。通蔽ヘイ。例敝虧ヘイキ(=おおわれ、かくれる)。❺邪悪な。わるい。例敝俗ヘイゾク(=悪い風俗)。敝腸ヘイチョウ(=悪い心)。

【敝衣】ヘイイ 破れた着物。ぼろぼろの服。弊衣。例—破帽(=ぼろの衣類と破れた帽子。特に、明治時代の書生や旧制高校生の、質実で豪放を装った身なりをいう)。
【敝屋】ヘイオク ぼろぼろの家。あばら家。また、自分の家をへりくだっていうことば。弊屋。
【敝▼垢】ヘイコウ 衣服が破れ、あかじみていること。
【敝賦】ヘイフ 〔「賦」は、兵卒・車両の意〕自国の軍隊をへりくだっていうことば。
【敝履】ヘイリ 〔「履」は、はきものの意〕破れたはきもの。弊履。例—を棄すつるがごとし(=おしげもなく捨てる)。

敫 攵9(13) ④1368 656B

キョウ(ケウ)漢 篠 jiǎo

意味 光りかがやくさま。例敫然キョウゼン。

数 攵9(13) ①3184 6570 教2

一ス・スウ漢 シュ呉 遇 shù
二ス・スウ漢 シュ呉 麌 shǔ
三サク漢呉 覚 shuò
四ショク漢 ソク呉 沃 cù
かぞ-える(かぞ-ふ)・かず・しばしば

付表 数珠ジュズ・数寄屋すきや・数奇屋すきや

[數] 攵11(15) ②5843 6578 旧字体。

筆順 丷 半 米 米 娄 娄 数 数

なりたち  【形声】「攵(=うつ)」と、音「婁ロ→ウス」とから成る。かぞえる。

意味 ㊀❶かず。例 数字スウジ。数量スウリョウ。回数カイスウ。❷いくつかの。例 数日スウジツ。数人スウニン。❸運命。めぐりあわせ。例 数奇スウキ。運数ウンスウ。命数メイスウ。❹技術。わざ。例 小数ショウスウ(=つまらぬ技)。❺策略。はかりごと。例 権謀術数ケンボウジュッスウ。❻手段。方法。㊁❶かぞえる。一つ一つ数えあげて取りあげる。例 不レ可二勝数一あげてかぞうべからず(=すべてを数えあげることはできない)。〈史記・陳渉世家〉❷罪をかぞえて責める。例 数譲スウジョウ。㊂❶しばしば。何度も。例 范増数目二項王一ハンゾウしばしばコウオウにもくす(=范増は何度も項王に目くばせした)。〈史記・項羽紀〉❷速い。通 速。例 遅数チサク(=遅いことと速いこと)。㊃こまかい。細密なさま。目がつまっているさま。例 数罟ソクコ。

古訓 中古 あまた・あまたたび・かず・かぞふ・ことわる・しばしば・たびたび 中世 あまた・あまたたび・かず・かぞふ・しばしば 近世 えだ・かず・かぞふ・かぞふる・きびし・しきり・しばしば・すみやか・せむる・わきまふ・わづらはし

人名 のり・ひら

難読 無数あまた

【数年】かぞえどし 日 生まれた年を一歳とかぞえ、新年になるたびに一歳を加えていく年齢のかぞえ方。対 満年齢。

【数数】㊀サクサク ①しばしば。たびたび。②ソクソク(「ソクソク」は慣用読み) あわただしいさま。あくせくするさま。㊁かずかず 日 多く。例 名言メイゲンの—。—の名作を世に送り出す。

【数珠】ジュズ・ズズ 多数の小さい玉を糸でつないで輪にした仏具。仏を拝むときなどに用いる。念珠ネンジュ。珠数ジュズ・ズズ。

【数学】スウガク 日 数量や図形などの、性質や法則性を研究する学問。代数・幾何・解析などの分野がある。

【数奇】㊀スウキ・サッキ (「数」は運命、「奇」は幸運でない意) 不運なさま。また、幸・不幸の移り変わりが激しいさま。例 —な運命をたどる。㊁すき 日「数寄すき」に同じ。

【数▼闋】スウケツ (「闋」は、歌が一曲終わることの意) 数曲。また、数回繰り返して歌うこと。例 歌数闋、美人和レ之うたうことスウケツ、ビジンこれにワす(=〈項羽は〉何度か繰り返して歌い、虞美人グビジンもそれに合わせて歌った)。〈史記・項羽紀〉

【数口】スウコウ ①数人。②数人の家族。例 —の家。

【数行】㊀スウコウ いくつかの筋・列。例 項王泣数行下コウオウなみだスウコウくだる(=項羽は涙をいく筋か流した)。〈史記・項羽紀〉数行過雁月三更スウコウのカガンつきサンコウ(=静かな深夜の月夜の空を、いくつかの列をなしてカリが渡っていく)。〈日本外史・上杉氏〉㊁スウギョウ 文章のいくつかの行。

【数合】スウゴウ 数回、敵と戦うこと。数度の合戦。例 切り結ぶこと—にして相手の力量を知る。

【数刻】スウコク しばらくの間。

【数詞】スウシ 日 文法で、名詞のうち、数量や順序をあらわす語。「一つ」「二番」「三本」「第四」「五号」「百」など。〔事物の順序をあらわす語を序数詞(「一番」「二つめ」など)、数字の下につけてものの種類をあらわす語を助数詞(「三個」「四本」など)という〕

【数字】スウジ ①いくつかの文字。②数をあらわす文字。漢数字(一・二・三…)、アラビア数字(1・2・3…)、ローマ数字(Ⅰ・Ⅱ・Ⅲ…)など。③数量。例 記録的な—。—が物語る事実。

【数次】スウジ 数回。例 —にわたる会談。

【数式】スウシキ 日 数や量をあらわす数字や文字を、＋－×÷などの計算記号で結びつけ、数量関係を示した式。整式、分数式など。式。

【数術】スウジュツ ①古代の、天文・暦・占いに関する学問。②はかりごと。術数ジュッスウ。

【数譲】スウジョウ (「譲」も、責める意) 責めとがめる。非難する。

【数多】スウタ・あまた 数がたくさんあること。多数。例 —の人々がつめかける。

【数段】スウダン 日 ①二、三段から五、六段。②かなりの程度の差があること。ずっと。数等。例 相手の実力は—上だ。

【数値】スウチ 日 ①数式の中の文字にあてはまる数。例 —を代入する。②計算や測定の結果、得られた数。例 予想どおりの—が出た。

【数等】スウトウ 日 ずっと。数段。例 相手は—上手うわてだ。

【数理】スウリ ①数学の理論。②計算。計算方法。例 —に明るい。

【数量】スウリョウ 数であらわした量。また、ものの数と分量。例 —を計算する。

【数列】スウレツ 日 〔数〕一定の規則に従って並んでいる数の列。

【数寄】すき 日 風流なこと。また、それを好むこと。特に、和歌や茶の湯を好むこと。数奇すき。例 —を凝らす(=風流の趣を、十分にあらわす)。

【数寄屋】すきや 日 ①庭の中に、母屋おもやとは別に建てた茶室。②近世のはじめに建てられた、茶室風の建物。例 —造り。▽数奇屋すきや。

【数▼罟】ソクコ・ソッコ 目の細かい網。

● 頭数あたまかず・回数カイスウ・概数ガイスウ・画数カクスウ・奇数キスウ・偶数グウスウ・権謀術数ケンボウジュッスウ・戸数コスウ・算数サンスウ・実数ジッスウ・少数ショウスウ・整数セイスウ・総数ソウスウ・多数タスウ・打数ダスウ・単数タンスウ・手数てスウ・てかず・点数テンスウ・人数ニンズウ・場数ばかず・端数はスウ・有数ユウスウ

敲 支10(14) ②5842 6572 コウ(カウ)漢 肴 qiāo たた-く

意味 ❶とんとんとたたく。たたく。例 僧敲月下門ソウはたたくゲッカのモン(=僧は月明かりのもと門をたたいた)。〈賈島・題李凝幽居〉❷短いむち。また、むちで打つ。例 敲扑コウボク。

【敲▼扑】コウボク むち。また、むちうつ。

【敲門】コウモン 人を訪ねて門をたたく。→【推敲】スイコウ(568ジペー)

敺 支11(15) ④1369 657A ㊀ク漢 呉 虞 qū ㊁オウ漢 有 ōu

意味 ㊀追いはらう。かる。通 駆。例 敺除クジョ(=駆除)。㊁むちや杖つえで打つ。うつ。通 殴。例 敺殺オウサツ(=殴り打ち殺す)。

[數] 攵11(15) ⇒数ウス(598ジペー)

敵 攵11(15) ①3708 6575 教5 テキ漢 ジャク(ヂャク)呉 錫 dí かたき・あだ・かな-う(かな-ふ)

筆順 亠 产 产 商 商 商 啇 敵

なりたち 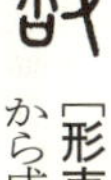 【形声】「攵(=うつ)」と、音「啇シ→キテ」とから成る。仇あだ。力がつりあう相手。

意味 ❶実力がひとしい。対等な相手。対抗する相手。例 好敵手コウテキシュ。匹敵ヒッテキ。無敵ムテキ。❷立ち向かう相手。あだ。かたき。例 敵視テキシ。仇敵キュウテキ。宿敵シュクテキ。❸立ち向かう。はむかう。攻撃する。例 夫誰与レ王敵それたれかオウとテキせん(=いったいだれが王にはむかうのだろうか)。〈孟子・梁恵王上〉

古訓 中古 あた・あたる・うつ・かたき・ひとし 中世 あた・あたる・うつ・かたき・ともがら・ひとし 近世 あた・あだ・あたる・あるじ・うつ・かたき・たぐひ・ともがら・ふせぐ

人名 とし
難読 敵娼(あいかた)
【敵意】テキイ 相手を敵とみて、にくみきらう気持ち。害を加えようとする心。例 —をいだく。—がある。
【敵影】テキエイ 日 敵の姿。敵のかげ。
【敵▼愾】テキガイ 〔「愾」は、恨み怒る意〕①主君の恨みを晴らそうとすること。②敵に対して怒りを燃やし、これに立ち向かおうとする意気ごみ。例 —心を燃やす。
【敵方】テキがた 日 敵側の人々。敵のほう。対 味方。例 —に回す。—のスパイ。
【敵艦】テキカン 敵の軍艦。
【敵軍】テキグン 敵の軍隊。敵の軍勢。対 友軍。
【敵国】テキコク 戦争をしている相手の国。
【敵国外患】テキコクガイカン 敵対する国から侵略を受ける心配。〈孟子・告子下〉
【敵国破謀臣亡】テキコクやぶれてボウシンほろぶ 敵国が滅びると、計略を立てる臣下はいなくなる。有能でも、用がすめば捨てられることのたとえ。〔「狡兎死良狗烹、高鳥尽良弓蔵(コウトシしてリョウクにられ、コウチョウつきてリョウキュウおさめらる)」(=ずるがしこいウサギが死ぬとかしこい猟犬は煮て食われてしまい、高く飛ぶ鳥がいなくなると良い弓は蔵の中にしまわれる)〈史記・淮陰侯伝〉に続く句〕
【敵視】テキシ 日 相手を敵とみなす。
【敵手】テキシュ ①競争相手。ライバル。例 好—。②日 敵の手。例 —にゆだねる。—に倒れる。
【敵襲】テキシュウ 敵がおそってくること。例 —に備える。
【敵▼讐】テキシュウ あだ。かたき。
【敵将】テキショウ 敵の大将。敵の将軍。
【敵情】テキジョウ 敵の様子。相手方の状況。例 —をさぐる。
【敵人】テキジン 争っている相手。敵方(テキがた)。
【敵陣】テキジン 敵の陣地。相手方の陣営。例 —に切りこむ。
【敵勢】一 テキセイ 敵の勢力。敵のいきおい。例 —あなどりがたし。二 テキゼイ 日 敵の軍勢。例 —に包囲された。
【敵前】テキゼン 敵のいる前。敵陣の前。例 —上陸。
【敵対】テキタイ 相手を敵として立ち向かう。対抗。例 —心。
【敵弾】テキダン 日 敵が撃つ弾丸。
【敵地】テキチ 敵の領地。敵の占有地。例 —にのりこむ。
【敵中】テキチュウ 敵地のなか。
【敵背】テキハイ 敵のうしろ。例 —をつく。
【敵兵】テキヘイ 敵の兵士。

【敵本主義】テキホンシュギ 日 ほかに目的があるように見せかけておいて、急に真の目的に向かって行動するやり方。〔明智光秀(あけちみつひで)が毛利攻めで出陣しながら、「敵は本能寺(ホンノウジ)にあり」と言って、主君の織田信長(おだのぶなが)を討った故事から〕
【敵薬】テキヤク 日 配合によっては毒になる薬。
【敵塁】テキルイ 敵のとりで。
【敵礼】テキレイ 対等の人に対する礼。
【敵機】テキキ 日 敵の飛行機。例 —襲来。
●外敵(ガイテキ)・強敵(キョウテキ)・恋敵(こいがたき)・碁敵(ゴがたき)・宿敵(シュクテキ)・大敵(タイテキ)・天敵(テンテキ)・難敵(ナンテキ)・無敵(ムテキ)・論敵(ロンテキ)

敷
攵11 (15) 1 4163 6577 常用
フ 漢 呉 虞 fū
しく
付表 桟敷(さじき)

[敷] 攵11 (15) 旧字体。

筆順

なりたち [形声]「攵(=うつ)」と、音「尃フ」とから成る。のべひろげる。

意味 ❶平らにひろげる。しく。例 敷布(しきフ)。敷設(フセツ)。❷広く行きわたらせる。また、広く行きわたっているさま。例 敷衍(フエン)。❸述べる。例 敷奏(フソウ)。❹塗る。例 敷薬(フヤク)(=くすりをぬる)。

古訓 中古 あまねし・しく・ひらく・ほどこす・わかつ 中世 しく・ちる・のぶ・ひらく・ほどこす 近世 しく・ちらす・つらぬる・ひらく・ほどこす

人名 のぶ・ひら・ひろ

【敷居】しきい 日 引き戸や障子などの下の、みぞのある横木。しきみ。閾(しきい)。対 鴨居(かもい)。例 —が高い(=義理を欠いたり面目(メンボク)のないことがあったりして、その家に行きにくい)。
【敷金】しききん 日 ①家や部屋の借り主が、家主(やぬし)に預ける保証金。②取り引きの保証として預ける証拠金。
【敷島】しきしま 日 ①大和(やまと)(=今の奈良県にあたる)の別名。②日本の国の別名。例 —の道(=和歌をよむ素養)。
【敷地】しきチ 日 建物を建てたり、道路や公園をつくったりするための用地。例 広い—の家。
【敷▼藁】しきわら 日 植物の根もとや、家畜小屋にしく、わら。例 厩舎(キュウシャ)の—。
【敷▼衍】【敷演】フエン ①広く行きわたらせる。②意味や趣旨などを、さらにおし広げて説明する。例 師の教えを—する。▽布衍(フエン)。
【敷教】フキョウ 教えを広める。布教。
【敷設】フセツ すえつける。設置する。布設。例 線路の—工事。
【敷奏】フソウ 君主に申しあげる。奏上する。
【敷陳】フチン すべて残さず述べる。例 敷二陳存亡之機一(ソンボウのキをフチンす)(=存亡の兆しをすべて述べる)。〈淮南・要略〉
【敷布】一 フフ しきのべる。二 しきフ 日 しき布団の上にしく布。シーツ。
●桟敷(さじき)・座敷(ザしき)・風呂敷(フロしき)・屋敷(やしき)

整
攵12 (16) 1 3216 6574 教3
セイ 漢 ショウ(シャウ) 呉 梗 zhěng
ととのえる(ととの-ふ)・ととのう(ととの-ふ)

筆順

なりたち [会意]「攵(=うつ)」と「束(=たばねる)」と「正(セイ)(=ただす)」とから成る。ととのえる。

意味 ❶正しくそろえる。きちんとする。ととのえる。ととのう。例 整備(セイビ)。整理(セイリ)。調整(チョウセイ)。❷きちんと、ととのったさま。例 望二虜陳不一レ整(リョのジンのととのわざるをのぞむ)(=敵の陣容がきちっとしていないのを望み見た)。〈魏志・武帝紀〉

古訓 中古 つくろふ・ととのふ 中世 ととのふ・ひとしむ 近世 ととのふ・ととのへる・ととのほる・ひとし

人名 おさむ・ただし・ただす・なり・ひとし・まさ・よし

【整暇】セイカ 身なりがととのい、しかもゆったりとしていること。
【整形】セイケイ 日 形をととのえる。例 美容—。
【整合】セイゴウ 日 ぴったり合う。きちんと合わせる。また、理論などに矛盾のないこと。例 —性を求める。
【整骨】セイコツ 骨が折れたり、関節が外れたりしたのを治療すること。骨つぎ。接骨。例 —医。
【整枝】セイシ 日 果樹の不要な枝をかりこんで形をととのえ、管理しやすくする。例 —作業。
【整式】セイシキ 日〔数〕数式のうち、数字ではない文字について、足し算・引き算・かけ算以外の演算を含まない式。たとえば、$a+2bx-3cy$ のような式。
【整粛】セイシュク 行儀作法などがととのって、おごそかであるさま。例 —な行進。
【整除】セイジョ 整数どうしの割り算で、割り切れること。
【整数】セイスウ 自然数(1,2,3…)と、それに対応する負数(−1,

―2、―3…)および零(0)。㊟小数・分数。

【整斉】セイセイ 秩序だっていること。規則正しくととのっていること。また、ととのえる。

【整然】セイゼン きちんと正しくととのっているさま。井然(セイゼン)。㊟整。㊟雑然。例―と並べる。

【整地】セイチ 日建築や耕作のために、地面を平らにならす。地ならし。例―作業。

【整腸】セイチョウ 日腸の調子をととのえること。例―剤。

【整調】セイチョウ 日①からだや機械などの調子をととのえる。②複数のこぎ手の競漕(キョウソウ)用ボートで、こぎ手の調子に注意し、こぎ方をととのえる。またその人。ストローク。

【整▼飭】【整勅】セイチョク ①規則正しくととのっている。②(言行や人柄が)きちんとしている。例志行整飭(シコウセイチョクたり)(=心がけやおこないがきちんとしている)。〈新唐・呂諲伝〉

【整頓】セイトン 乱れているものをきちんとする。かたづける。例整理―。

【整髪】セイハツ (髪の毛を刈って)髪型をととのえる。例―料。

【整版】セイハン ①木版や瓦版(かわらバン)など、一枚の面にほって印刷するもの。また、それで印刷したもの。②印刷用の原版を作ること。製版。

【整備】セイビ 不完全でないように、きちんとととのえておく。例自動車―工場。書類の―。

【整容】セイヨウ 姿や形をととのえる。姿勢を正しくする。

【整理】セイリ ①乱れているものをきちんと、ととのえる。かたづける。例―整頓(セイトン)。交通―。②日無駄をなくす。例人員―。

【整流】セイリュウ 日①水や空気の乱れた流れをととのえる。例―板。②電気の流れを、交流から直流に変える。例―器。

【整列】セイレツ きちんと列をつくって並ぶ。例―乗車。

●均整(キンセイ)・修整(シュウセイ)・調整(チョウセイ)

斁

攵13 (17) 4 1370 6581

一エキ㊥ 陌 yì
二ト㊥ 遇 dù

意味 一あきていやになる。いとう。二緊張が解けてくずれる。やぶれる。例斁敗(トハイ)(=やぶれる)。斁乱(トラン)(=みだれる)。

厳

攵13 (17) 1 2423 53B3 教6

ゲン(ゲム)㊥
ゴン(ゴム)㊥
おごそか・きびしい(きび-し)・いか-めしい(いか-めし)・いか-つい(いか-つし)

[嚴] 口17 (20) 2 5178 56B4 人 旧字体。

筆順 ⺍ 𫝀 严 岸 崖 嵓 嚴 厳

なりたち 嚴 [形声]「吅(=うながす)」と、音「厰(ギン→ゲン)」とから成る。命じていそがせる。口やかましく、きびしい。

意味 ❶はげしい。きびしい。例誅厳不レ為レ戻(チュウのゲンなるもレイとなさず)(=刑罰が厳しいからといって残酷とはいえない)。〈韓非・五蠹〉厳寒(ゲンカン)。厳禁(ゲンキン)。厳守(ゲンシュ)。❷いかめしい。おごそか。例厳粛(ゲンシュク)。厳然(ゲンゼン)。威厳(イゲン)。❸尊重する。たっとぶ。とうとぶ。例厳二大国之威一(タイコクのイをとうとぶ)(=大国の権威を尊重する)。〈史記・廉頗藺相如伝〉❹父親。㊟慈。例厳君(ゲンクン)。

古訓 中古 いつくし・うやまふ・かざる・きびし・たふとし・とのふ・はげし・よそふ・よそほひ 中世 いつくし・いつくしく・いつくしみ・うつくし・うやまふ・かざる・きびし・はげし・よそほふ 近世 いましむ・いましむる・おごそか・おどす・かざる・きびし・たつとし・つつしむ

人名 いかし・いず・いつ・いつき・いわ・かね・たか・つよ・よし

難読 厳島(いつくしま)(=地名)

【厳威】ゲンイ ①おごそかで重々しい。威厳のあるさま。②うやまいおそれる。

【厳苛】ゲンカ 法律や政治などがきびしいさま。

【厳家】ゲンカ 家風のきびしい家。

【厳戒】ゲンカイ きびしく警戒する。例―体制。

【厳格】ゲンカク 日きびしく正しいさま。型や規則などをきびしく守るさま。㊟寛容。例―なしつけ。―に育てる。

【厳▼恪】【厳▼愨】ゲンカク おごそかで、つつしみ深いさま。

【厳寒】ゲンカン きびしい寒さ。酷寒(コッカン)。極寒(ゴッカン)。㊟厳暑。

【厳禁】ゲンキン きびしく禁止する。きびしい禁令。例火気―。

【厳君】ゲンクン 父母、特に父親の敬称。厳父。

【厳訓】ゲンクン ①きびしい教え。②父の教え。父の命令。

【厳刻】【厳酷】ゲンコク きびしいさま。

【厳守】ゲンシュ 日(規則や命令を)かたくまもる。遵守。例時間―のこと。

【厳重】ゲンジュウ ①尊重するさま。尊敬するさま。②おごそかで重々しいさま。③重大であるさま。深刻なさま。④非常にきびしいさま。いいかげんなことを許さないさま。例―に検査する。

【厳粛】ゲンシュク きわめておごそかで、つつしみ深いさま。心がひきしまるさま。

【厳▼峻】ゲンシュン ①きびしい。例吏務―たり(=官吏としての仕事ぶりは厳格であった)。②険しく切り立っているさま。

【厳暑】ゲンショ 日きびしい暑さ。酷暑。㊟厳寒。

【厳色】ゲンショク おごそかな顔つき。いかめしい表情。

【厳正】ゲンセイ きびしく公正を重んじること。決まりをきびしく守るさま。例―な選考の結果。

【厳選】ゲンセン 基準をきびしくして、えらぶ。例材料を―する。

【厳然】ゲンゼン 近寄りがたいほど、おごそかなさま。動かしがたいさま。㊟厳乎(ゲンコ)。例―たる態度。表記 ㊥▼儼然

【厳霜】ゲンソウ ①草木を枯らすほどのきびしい霜。②きびしい刑罰のたとえ。例厳霜之誅(ゲンソウのチュウ)(=きびしい処罰)。〈漢書・孫宝伝〉

【厳存】ゲンソン|ゾン 日まぎれもなく、確かに存在する。儼存(ゲンソン)。

【厳冬】ゲントウ 寒さのきびしい冬。冬の寒さが特にきびしい時期。例―期。

【厳罰】ゲンバツ 手心(てごころ)を加えないで、きびしく罰すること。また、その罰。例―に処する。

【厳父】ゲンプ ①ちちをたっとぶ 父を尊敬する。例孝莫レ大二於厳一レ父(コウはちちをたっとぶよりダイなるはなし)(=父親を尊敬することより大きな孝行はない)。〈孝経・聖治〉②父親の敬称。③厳格な父親。

【厳封】ゲンプウ しっかりと封をする。例―の書状が届く。

【厳密】ゲンミツ 細かいところまできびしく注意をはらっているさま。例―な計算。―に調査する。

【厳命】ゲンメイ ①父親や主君の命令。②絶対に守るように、きつく命じる。また、その命令。例―に従う。

【厳明】ゲンメイ (政治や命令などが)厳正で、はっきりしている。きびしくて公正である。

●威厳(イゲン)・戒厳(カイゲン)・謹厳(キンゲン)・荘厳(ソウゴン)・尊厳(ソンゲン)・冷厳(レイゲン)

斂

攵13 (17) 2 5844 6582

一レン(レム)㊥㊥ 琰 liǎn
二レン(レム)㊥ 艶 liàn
おさ-める(をさ-む)

意味 一❶あつめる。とりあげておさめる。例収斂(シュウレン)。❷税をとりたてる。例苛斂誅求(カレンチュウキュウ)(=税を一方的に厳しく取り立てること)。❸しまいこむ。おさめ入れる。例斂翼(レンヨク)(=鳥がつばさをおさめて休む)。❹ひきしめる。ととのえる。つつしみ正す。おさめる。例整二頓衣裳一起斂レ容(イショウをセイトンしてたちてかたちをおさむ)(=衣服の乱れを直すため、つっと立ちあがってから居ずまいを正し

た）。〈白居易・琵琶行〉斂衽（レンジン）。㊁死者を着替えさせてから棺に入れる。㊟殮（レン）。例 斂葬（レンソウ）。

【斂手】（レンシュ｜てをおさむ）①手をひっこめる。手出しをしない。②敬礼の一つ。両手を組んで尊敬の態度を示す。

【斂▼衽】（レンジン｜えりをおさむ）襟を正す。恭敬の念をあらわす動作。

【斂▼迹】（レンセキ｜あとをおさむ）①跡を絶つ。身をつつしみ、勝手な行動をとらない。②かくれる。逃れる。③隠居する。

【斂葬】（レンソウ）死体をうめてほうむる。

【斂眉】（レンビ｜まゆをおさむ）まゆをひそめる。まゆを寄せる。

【斂容】（レンヨウ｜ヨウをおさむ｜すがたをおさむ）居ずまいを正す。

斃

攵14（18）　2 5845 6583

ヘイ㊥　霽 bì

たお‐れる（たふ‐る）・たお‐す（たふ‐す）

意味 たおれて死ぬ。**たおれる**。例 斃死（ヘイシ）。斃而后已（たおれてのちやむ）。

【斃▼而后▼已】（たおれてのちやむ）命のある限り努力し続ける。〈礼記・表記〉㊫死而後已（シしてのちやむ）。

【斃死】（ヘイシ）行きだおれになる。野垂れ死に。

斄

攵15（19）　4 1371 6584

リ㊥　支 lí

意味 ❶かたい巻き毛。㊟氂（リ）。❷ウシ科の哺乳動物。ヤク。例 斄牛（ギリュウ）（＝ヤク）。

斅

攴16（20）　4 1372 6585

コウ（カウ）㊥　効 xiào

意味 考え方や知識をさずけて、分からせる。教える。

【斅学半】（おしうるはまなぶのなかばなり）人に教えることは、教える本人にとっても勉強のたすけになる。〈書経・説命下〉

67　4画　文 ぶん部

交わった線の形で、「あや」「もよう」の意をあらわす。「文」をもとにしてできている漢字と、「文」の字形を目じるしにして引く漢字とを集めた。

0 602 文　6 604 斉　8 604 斑 斐 斌

この部首に所属しない漢字

吝→口 239　孛→子 357　対→寸 388　斉→斉 1513　紊→糸 1028　斎→斉 1514

文

文0（4）　1 4224 6587　教1

㊀ブン㊥　モン㊤　文 wén
㊁ブン㊥　モン㊤　問 wén（㊐ wèn）
㊂ビン㊥　真 mín
ふみ・あや

筆順 丶 亠 ナ 文

なりたち  ［象形］交わった線の形。

意味 ㊀❶線で描いたような模様。**あや**。㊟紋。例 文様（モンヨウ）。縄文（ジョウモン）。❷模様をつけて飾る。いれずみ。例 文レ身断レ髪（みにいれずみしかみをたつ）（＝からだに入れ墨模様を施し、髪を短く切っている）。〈史記・呉太伯世家〉文飾（ブンショク）。❸ことばを目に見える形にした記号。字。例 文字（モジ）。金石文（キンセキブン）。甲骨文（コウコツブン）。❹字を書きつらねて、まとまった内容をあらわしたもの。**ふみ**。例 行有二余力一、則以学レ文（おこないてヨリョクあらば、すなわちもってブンをまなべ）（＝実践して余裕があれば、文献を学べ）。〈論語・学而〉文献（ブンケン）。詩文（シブン）。❺ことばのはたらきによって生み出されるもの。礼儀・音楽・学問・芸術・教養、文化一般。㊥武。例 文王既没、文不レ在レ茲乎（ブンノウすでにボッしたれども、ブンここにあらずや）（＝文王は亡くなったが、その文化はここにあるのだ）。〈論語・子罕〉文芸（ブンゲイ）。人文（ジンブン）。❻おだやかな。弱い。㊥武。例 文火（ブンカ）。㊁表面を美しく飾る。また、うわべをとりつくろう。つくろう。かざる。例 小人之過也、必文（ショウジンのあやまつや、かならずかざる）（＝小人は過ちを犯すと必ずとりつくろう）。〈論語・子罕〉㊂⇩【文莫】（ビンボ）

日本語での用法 《モン》①「六文銭（ロクモンセン）」▼昔の貨幣の単位。一文は一貫の千分の一。②「十文半（ジュウモンハン）」▼足袋（たび）・靴の大きさの単位。一文は約二・四センチメートル。

古訓 中古 あや・うるはし・おごく・かざる・ふみ・まだら・もどろかす 中世 あや・いろどる・かざる・ふみ・ひかり・まだら 近世 あや・うつくし・かざる・のり・はなやか・ふみ・まじはる・ヱがく

人名 あき・あきら・いと・すじめ・とも・のぶ・のり・ひさ・ひとし・ふみし・み・やす・ゆき・よし

難読 文旦・文橙（ボンタン）（＝ザボンの別名。ブンタン）

【文▼莫】（ビンボ｜ビンバク）励み、努力するさま。例 文莫吾猶レ人也（ビンボはわれなおひとのごとし）（＝勤勉では私も人並みだ）。〈論語・述而〉〔一説に「文は吾れ猶お人のごときこと莫（な）からんや」と訓読し、「文」を努力とも文章とも解釈する〕

【文月】（ふづき｜ふみづき）㊐もと、陰暦で七月のこと。太陽暦でもいう。

【文机】（ふづくえ｜ふみづくえ）㊐本を読んだり書きものをしたりする机。多くは、和風のすわり机をいう。

【文箱】【文▼筥】（ふばこ｜ふみばこ）㊐①手紙や書類などを入れておく箱。②手紙を入れて、送り届けるための細長い箱。③書物を入れて持ち運びする箱。

【文殻】（ふみがら）㊐読んでしまって、いらなくなった手紙。

【文案】（ブンアン）①公文書。②公文書の草案を書く役人。③㊐文章の下書き。草案。例 ―を練る。

【文衣】（ブンイ）華美な服装。

【文意】（ブンイ）文章の意味や内容。例 ―が通らない。

【文運】（ブンウン）①学問や芸術の発展・盛衰の様相。②学問や芸術がさかんにおこなわれていること。例 ―隆盛。

【文▼苑】（ブンエン）①文章を集めたもの。文集。②文学の世界。文壇。③文学者の集まり。

【文化】（ブンカ）①学問による教化。②㊐学問・芸術・宗教など、人間の精神的活動から生み出されたもの。例 日本―。―遺産。

【文化人】（ブンカジン）㊐学問や芸術などに関係して活動する人。〔ジャーナリズムが使うことば〕

【文火】（ブンカ）火力の弱い火。弱火（よわび）。㊥武火（ブカ）。

【文科】（ブンカ）①科挙（＝官吏登用試験）で、経学を課して人材を選抜するもの。武挙（＝武術を課するもの）に対して言う。②㊐大学で、文学・語学・法学・経済学・商学などを学ぶコースの総称。㊫文系。㊥理科。③㊐哲学・史学・文学などの人文科学を研究する分野。㊥理科。

【文華】（ブンカ）①詩文がはなやかであること。②文化や文明がはなやかなこと。

【文雅】（ブンガ）①詩文などを作る文学の道。風雅の道。②風流でみやびやかなこと。例 ―の士。

【文学】（ブンガク）①学問。学芸。②書物の校正や文章の作成などをつかさどった官。漢代から始まる。儒学。また、その学説。③文献。経典（ケイテン）。④㊐詩歌・小説・戯曲など、ことばによる芸術。また、それらについて研究する学問。例 今世紀最高の―。⑤㊐「④」や歴史学・哲学・言語学・心理学などの総称。例 ―部。

【文官】（ブンカン）軍事関係以外の、行政の仕事を任務とする官吏。㊥武官。

【文義】（ブンギ）文章の意味。文意。

【文教】（ブンキョウ）①学問や礼儀、音楽による教化。②学芸・文化・教育に関すること。例―地区。

【文具】ブング ①法律だけが形式的にそなわっていること。②文房具。例―店。

【文型】ブンケイ 回〔英 sentence pattern の訳語〕文のいろいろな、かた。例基本―。

【文芸(藝)】ブンゲイ ①文章で表現された学芸。学問。②回学問と芸術。例―復興。③回音楽や美術に対して、詩歌・小説・戯曲など、ことばによる芸術。文学。例大衆―。④回言語文化と芸術。

【文献】ブンケン 〔「献」は、賢人の意〕昔の文化を知るのに役立つもの。また、文字に書かれている資料。例参考―。

【文言】一ブンゲン ①易の乾と坤の二卦についての解説。②飾ったことば。美辞麗句。③中国で、口語に対する文語のこと。対白話。二ゴモン 回手紙や文章のなかの語句。例会の規約の―。

【文庫】ブンコ 回①書物を入れておく、くら。また、そこに集められた書物。例学級―。②書類や印鑑などを入れておく箱。例手―。③小型の叢書。例―判。―本。

【文語】ブンゴ ①理論の透徹したことば。聖人賢者のことばを指していう。②美辞麗句を用いたことば。③回文章を書くときに使うことば。書きことば。文章語。対口語。④回平安時代の古典で使われていることばを基本として書かれた文章語。対口語。

【文語体】ブンゴタイ 回①古典で使われていることばで書かれた、文体や文章の様式。対口語体。②文章語の様式。

【文語文】ブンゴブン 回文語体で書かれた文。和文・候文・和漢混交文など。対口語文。

【文豪】ブンゴウ 偉大な小説家。大作家。例明治の―。

【文才】ブンサイ 文章を書く才能。例彼には―がある。

【文采】【文彩】【文▼綵】ブンサイ ①美しい模様といろどり。②文章の華やかさと美しさ。③文章を書く才能。

【文士】ブンシ ①文人。②回文章を書くことを職業としている人。作家。例―劇。三文―。

【文思】ブンシ ①天地をよく治め、思慮深いこと。帝王をたたえていう。②文章にこめられた思い、思想。③文章を書く才能。文才。

【文事】ブンジ 学問や芸術などに関する事柄。対武事。

【文辞】ブンジ ①たくみなことば。②文章のことば。また、文章のこと。類文詞。

【文質】ブンシツ 〔「文」は、飾りの意〕①外見と実質。②外観の華やかさと内面の素朴さ。

【文質▼彬▼彬】ブンシツヒンピン うわべの美しさと内容とがうまくとけあっていること。〈論語・雍也〉

【文弱】ブンジャク 学問や芸能に多くの関心があり、ひよわなこと。例―の徒。

【文儒】ブンジュ ①経書にとらわれずに自らの思想を文章にする儒者。対世儒。②すぐれた学者。文士。

【文集】ブンシュウ ①文章や詩歌などを集めて本の形にしたもの。②モンジュウ 回「白氏文集」の略。〔「ハクシモンジュウ」という読みは明治以降のもの〕

【文術】ブンジュツ ①文章の書き方。②学術。

【文書】ブンショ｜モンジョ 文字を書きしるしたもの。例古―。

【文章】一ブンショウ ①模様。あや。飾り。②礼儀・音楽・制度など文化の中心を形成するもの。③徳が外にあらわれ出たもの。ことばづかい、威厳など。④いくつかの文を重ねて、ある思想や感情をあらわしたもの。二モンジョウ 回文章道(＝律令制の大学で、中国の歴史や詩文を学ぶ学科)の略。例―博士。

【文場】ブンジョウ 文学者の社会。文学界。文苑。文壇。

【文飾】ブンショク ①いろいろな語句を用いて文章をかざる。②かざり。あや。③過失や悪事を言いつくろう。

【文身】ブンシン 入れ墨。

【文臣】ブンシン 学問や芸術などで仕える臣下。

【文人】ブンジン 文学に長じた人。特に、詩文を作ったり、絵をかいたりする人。対武人。

【文人画】ブンジンガ 文人が趣味としてかく、風流な味わいを重んじる絵。南画。例―の典型、蕪村の作品。

【文責】ブンセキ 回発表した文章についての責任。例―在記者(＝談話の聞き書きや、話の要点をまとめた文の、用語や文章の趣旨についての責任は記者にある)。

【文籍】ブンセキ 書物。書籍。

【文節】ブンセツ 回文法で、文を、意味や発音の上から不自然にならないように区切った、最小の単位。「わたくしは／学校から／三時に／帰った」のように区切る、それぞれのことば。つまり、自立語ないしは自立語＋付属語が一文節を成す。

【文藻】ブンソウ ①文章のあや・飾り。②詩歌や文章を作る才能。文才。例―に富む。③水草。

【文体】ブンタイ ①優雅なものごし。節度ある態度。②文章の体裁・様式。文語体・口語体・書簡体など。③回文章にあらわれる書き手の特徴。文章のスタイル。

【文題】ブンダイ 文章や詩歌を作るときの題。

【文壇】ブンダン 文学者の社会。文学界。文苑。

【文治】ブンチ｜ブンジ 武力によらないで、教育や学問を広め、法令を整えて世の中をおさめること。対武功。

【文中】ブンチュウ 文章のなか。例―敬称略。

【文鳥】ブンチョウ スズメほどの大きさの小鳥。頭が黒く、くちばしと足は桃色。飼い鳥で、人によく慣れる。

【文鎮】ブンチン 用紙や書類などが風で動かないように、おさえるおもし。

【文通】ブンツウ ①文学に通暁していること。対武達。②回手紙のやりとりをする。例―がとだえる。

【文典】ブンテン ①書籍。②回〔「典」は、法則の意〕文法を書きしるした書物。文法書。例日本―。

【文頭】ブントウ 文や文章のはじめの部分。対文末。

【文徳】ブントク 学問や礼儀、音楽による教化。例遠人不レ服、則修ニ文徳一以来レ之(＝遠方の人が服従しなければ、礼楽による教化をおこなって彼らが慕い来るようにさせる)。〈論語・季氏〉

【文馬】ブンバ からだに美しい模様のあるウマ。

【文範】ブンパン 手本や模範となるような文章。また、そのような文章を集めた書物。

【文筆】ブンピツ ①文章を書くこと。例―家。―業。②韻文(文)と散文(筆)。

【文武】ブンブ 文の道と武の道。学問と武芸。例―両道。

【文物】ブンブツ 文化が生み出した、芸術・学問・宗教・法律などを含めた、すべてのもの。例秦代の―。

【文房】ブンボウ 書斎。

【文房具】ブンボウグ ものを書くのに用いる道具。用紙や筆記用具など。文具。

【文房四宝】ブンボウシホウ 書斎における四つの宝。筆・墨・硯・紙。〈避暑録話〉

【文法】ブンポウ ①法律・規則。②文章の作り方。修辞法。③回ことばのつながり・組み立て・はたらきなどについての決まり。また、それについての研究。

【文墨】ブンボク 詩文を作ったり、書画をかいたりすること。また、その人。

【文末】ブンマツ 文や文章の終わりの部分。対文頭。

【文脈】ブンミャク 日 文章中の、文や語句の続きぐあい。文章のすじみちや流れ。文理。例 ―をたどる。―の乱れ。

【文民】ブンミン 日〔英 civilian の訳語。日本国憲法にあることば〕軍人でない、また軍人であったことのない、一般の人。例 ―による統制。

【文名】ブンメイ すぐれた文章を作るという評判。例 ―が高い。

【文明】ブンメイ ①学問・教養があって人格がすぐれていること。文徳があること。②日 人間の知識が進み、技術が発達して生活が向上すること。また、そのような状態。例 ―国。―の利器。

【文明開化】ブンメイカイカ 日 人間の知識や技術が進み、世の中がひらけること。特に、明治時代の初め、欧米の文明を盛んに取り入れたこと。

【文面】ブンメン ①入れ墨のある顔。②日 手紙などの書き方や、その内容。例 喜びが―にあふれている。

【文雄】ブンユウ 文章の大家。文豪。

【文楽】ブンラク 日 義太夫節（ギダユウぶし）に合わせて演じる人形芝居。人形浄瑠璃（ジョウルリ）。〔近代、「文楽座」という劇場で多く興行されたことによる呼び名〕

【文吏】ブンリ ①文官。②裁判をおこなう役人。

【文理】ブンリ ①礼儀。②ものごとのすじみち。条理。③文章のすじみち。文脈。④模様。あや。⑤日 文科と理科。例 ―学部。

【文林】ブンリン ①文学者の仲間。文壇。②詩文を集めた本。

【文例】ブンレイ 文章の書き方の見本。また、ある事柄の例としてあげた文。

【文字】モジ・モンジ ①ことばの音または意味、もしくは音と意味両方を、目に見える形にあらわしたもの。字。一字を指すとともに、二字以上の連結をも指す。②文字をつなげた、ことば。また、文章。

【文句】モンク ①文章や話のなかの、語句やことば。例 いい―をさがす。②日 不満。不平。苦情。言い分（ブン）。例 ―をつける。

【文殊】モンジュ 「文殊菩薩（ボサツ）」の略。知恵の徳を受け持つという。例 三人寄れば―の知恵。

【文選】 一 モンゼン 六世紀前半、梁（リョウ）の昭明太子（ショウメイタイシ）蕭統（ショウトウ）が編集した、ジャンル別の詩文集。三十巻（のちに六十巻）。二 ブンセン 日 活版印刷で、原稿のとおりに活字を拾い集めていくこと。また、その人。

【文盲】モンモウ 日 読み書きができないこと。また、その人。

【文様】モンヨウ 日 飾りとしての模様。図柄（ズがら）。デザイン。紋様。

●欧文（オウブン）・漢文（カンブン）・経文（キョウモン）・原文（ゲンブン）・構文（コウブン）・国文（コクブン）・作文（サクブン）・散文（サンブン）・重文（ジュウブン）・序文（ジョブン）・電文（デンブン）・天文（テンモン）・邦文（ホウブン）・名文（メイブン）・訳文（ヤクブン）・論文（ロンブン）・和文（ワブン）

［斉］文6（10） ⇩斉（セイ）（1513ジペー）

斑

文8（12） 1 4035 6591 常用

ハン 漢 刪 bān

まだら・はだら・ふ・ぶち・むら

筆順 一 T 干 王 玗 玟 斑

なりたち  ［形声］本字は「辬」で、「文（＝あや）」と、音「辡（ハン）」とから成る。まだらな文様。

意味 ❶異なる色が点々と交じっている模様。**まだら。ぶち。ふ。** 例 斑点（ハンテン）。斑紋（ハンモン）。虎斑（とらふ）。❷まだらになる。特に、頭髪がごま塩になることをいう。例 蕭疎鬢已斑（ショウソたるビンすでにハンたり）（＝薄くなった鬢にはもうしらがが交じっている）。〈韋応物・淮上喜会梁州故人〉 斑白（ハンパク）。

古訓 中古 あかつ・まだらか・まだらなり 中世 まだら 近世 ふ・まだら

難読 斑鳩（いかるが・いかる）・雀子斑（そばかす）・斑雪（はだれゆき）

【斑点】ハンテン ものの表面にある、地色とは色の違う点々。まだら。ふ。例 皮膚に赤い―が出る。

【斑白】ハンパク 白髪まじりのかみの毛。ごましお。半白。

【斑斑】ハンパン ①斑点がたくさんついて、まだら模様になっているさま。②色がくっきりと鮮やかに映っているさま。

【斑猫】ハンミョウ 昆虫の一種。体長約二センチメートル。背中に鮮やかなまだら模様がある。ミチオシエ・ミチシルベなどと呼ばれる。

【斑紋】【斑文】ハンモン まだら模様。

斐

文8（12） 1 4069 6590 人

一 ヒ 漢 尾 fěi
二 ヒ 漢 微 fēi
あや

なりたち  ［形声］「文（＝あや）」と、音「非（ヒ）（＝もよう）」とから成る。あやのある模様。

意味 一 あや模様があり、美しいさま。**あや。** 例 斐然（ヒゼン）。二 姓の一つ。

日本語での用法 《ひ》「甲斐（かいのくに）・甲斐（かい）がない」▼「ひ」の音をあらわす万葉仮名。

古訓 中古 うるはし・まだらかなり 中世 まだらかなり 近世 あや

人名 あき・あきら・あやる・い・なが・よし

難読 揖斐（いび）（＝地名）・己斐（こい）（＝地名）・許斐（このみ）（＝地名・姓）

【斐然】ヒゼン ①美しい模様のあるさま。例 斐然成ㇾ章（ヒゼンとしてショウをなす）（＝美しい模様を織りなしている）。〈論語・公冶長〉 ②身をひるがえすさま。ひらりと。例 斐然嚮ㇾ風（ヒゼンとしてかぜにむかう）（＝〈天下の人士は〉ひらりと身をひるがえして〈秦（シ）の〉威風に従った）。〈賈誼・過秦論〉

斌

文8（12） 1 4144 658C

ヒン 漢 真 bīn

意味 文と武とをかねそなえる。外面と内実とがほどよく調和している。通 彬（ヒン）。例 斌斌（ヒンピン）。

【斌斌】ヒンピン 外見と内実のバランスがよいさま。

68 4画

斗 とます 部

ひしゃくの形をあらわす。「斗」をもとにしてできている漢字を集めた。

斗

斗0（4） 1 3745 6597 常用

一 トウ 漢 ト 呉 有 dǒu
二 トウ 漢 ト 呉 宥 dòu
ます

筆順 丶 ⺀ 斗 斗

なりたち  ［象形］容量をはかる柄（え）つきの、うつわ。

意味 一 ❶酒や穀物の量をはかる道具。ひしゃく。**ます。** 例 斗斛（トコク）。斗桶（トヨウ）。❷ひしゃくの形のもの。例 熨斗（ウットゥ）（＝火のし）。玉斗（ギョクト）（＝玉製の酒器のひしゃく）。漏斗（ロウト）。❸容量の単位。十升（ジッショウ）。例 斗酒（トシュ）。斗米（トベイ）（＝一斗の米）。転じて、わずかな米。わずかな給料）。❹一斗ますほどの大きさの。小さな。あるいは、大きな。例 斗室（トシツ）（＝ごく小さい部屋）。斗胆（トタン）。❺星座の名。㋐二十八宿の一つ。ひきつぼし。南斗。㋑北斗七星。例 斗柄（トヘイ）。斗牛（トギュウ）。❻切り立ったさま。けわしい。㊢陡。例 斗入。■二 たたかう。㊢闘。

日本語での用法 《ト》「一斗缶」▼尺貫法の容量の単位。十升(=約一八リットル)。

古訓 中古 あと・にはかなり・ふるひ 中世 はかる・ほし・ます 近世 さかづき・ほし・ます

人名 はかる・ほし

【斗牛】(トギュウ) ①二十八宿のうちの斗宿と牛宿。「斗」は射手座の一部、「牛」は山羊座の一部。例 月出ニ於東山之上一、徘ニ徊於斗牛之間一(=月は東山の上に出て、斗宿と牛宿の間へと動いて行く)。〈蘇軾・赤壁賦〉②虬(=みずち)に似た想像上の動物。

【斗▼斛】(トコク) ①「斗」は一斗の、「斛」は十斗(または五斗)のます。②わずかな量のたとえ。例 ―の禄(=わずかな給料)。

【斗▼卮酒】(トシシュ) 一斗入りの大杯につがれた酒。例 則与ニ斗卮酒一(=そこで大杯に一斗の酒を入れて渡した)。〈史記・項羽紀〉

【斗酒】(トシュ) 一斗の酒。多量の酒。例 ―なお辞せず(=酒はいくらでも飲める)。

【斗▼筲】(トショウ) 〔「斗」は一斗のます、「筲」は一斗二升を入れる竹かご〕①小さなうつわ。②度量が狭いことのたとえ。例 斗筲之人、何足レ算也(=器量の小さい者たちで、とるに足りない)。〈論語・子路〉③わずかな量のたとえ。④身分が低いことのたとえ。例 ―の役(=いやしい仕事)。

【斗胆】(トタン) きもっ玉の太いこと。度胸があること。

【斗南】(トナン) 北斗七星より南の地。天下。例 ―の一人(=天下第一の人。賢人)。

【斗入】(トニュウ) 岬が険しく切り立って海につき出ている。例 山は海に―す。

【斗柄】(トヘイ) 北斗七星で、ひしゃくの柄の部分の三つの星。㊧斗杓。

【斗▼桶】【斗▼甬】(トヨウ) 〔「桶・甬」は、斛(=十斗のます)の意〕ます。斗斛。

【斗量】(トリョウ) ますではかるほど分量が多いこと。

【斗糧】【斗▼粮】(トリョウ) 一斗の食糧。わずかな食糧。例 不レ費ニ斗糧一(=わずかな食糧も無駄にしない)。〈戦国策・秦一〉

●泰斗・北斗・漏斗

料

斗6 (10)

1 4633 6599

教4

■一 リョウ(レウ)㊥㊦ 嘯 liào

■二 リョウ(レウ)㊥㊦ 蕭 liáo

はか-る

筆順 丷 丬 半 米 米 米 米 料 料

なりたち 〔会意〕「米(=穀物)」と「斗(=ひしゃく)」とから成る。穀物をひしゃくではかる。

意味 ■一 ❶ますで穀物や液体をはかる。また、かぞえる。例 料民(=人口の調査)。計料。❷おしはかる。かんがえる。例 料得(=おしはかる)。思料。❸きりもりする。うまくおさめる。管理する。例 料理。❹選別する。えらぶ。例 料簡。❺もとになるもの。たね。しろ。例 料紙。材料。燃料。❻⇩【料峭】■二 なぶる。挑発する。例 料ニ虎頭一、編ニ虎須一(=トラの頭をもてあそび、トラのひげを編む)。〈荘子・盗跖〉

日本語での用法 《リョウ》「料金・送料」▼代金。

古訓 中古 かず・かぞふ・ことわる・はからふ・はかる 中世 かず・かぞふ・ことわる・はかり・はかる・をさむ 近世 かず・かぞふ・かぞふる・はかる・をさむる

人名 かず

【料簡】(リョウカン) ■一 選択する。料揀。■二 (ケン) 日 ①考え。思慮分別。気持ち。例 ―がせまい。悪い―をおこすな。②こらえる。許す。例 ―してください。▽了見。了簡。

【料金】(リョウキン) 日 ものの利用や使用、見物などに支払う代金。

【料紙】(リョウシ) 日 ものを書くのに用いる紙。用紙。例 写経の―。

【料▼峭】(リョウショウ) 春風が肌寒いさま。

【料亭】(リョウテイ) 日 和風にしつらえた、高級な日本料理店。㊧割烹。

【料理】(リョウリ) ①ものごとをてぎわよく処理する。難問などを自力で解決する。例 対戦相手を簡単に―する。②世話する。③日 食材を調理する。また、その食べ物。

【料量】(リョウリョウ) ①計量する。はかる。②おしはかる。

●慰謝料・衣料・顔料・給料・原料・香料・食料・資料・染料・送料・塗料・肥料・無料

斛

斗7 (11)

2 5847 659B

コク㊥ 屋 hú

ます

意味 ❶容量の単位。十斗。南宋末以降は五斗。㊢石。**ます**。例 万斛。❷液体や穀物、十斗の量をはかる容器。例 斗斛之禄(=わずかな俸給)。

斜

斗7 (11)

1 2848 659C

常用

■一 シャ㊥㊦ 麻 xié

■二 ヤ㊥ 麻 yé

なな-め・はす

筆順 ノ 人 仒 仐 余 余 余 斜 斜

なりたち 〔形声〕「斗(=ひしゃく)」と、音「余ヨ→シャ」とから成る。ひしゃくでくむ。

意味 ■一 ❶傾いている。ゆがんでいる。**ななめ**。例 遠上ニ寒山一石径斜(=遠くものさびしい山に登ると、石の多い小道が斜めに上に向かってのびている)。〈杜牧・山行〉斜面。傾斜。斜に構える。❷日や月が沈みかけている。**ななめ**。例 夔府孤城落日斜(=夔州(=今の重慶市奉節県)の孤城に夕日が沈みかけている)。〈杜甫・秋興〉斜月。❸よこしまな。わるい。例 偏斜。■二 地名に用いる字。例 斜谷(=陝西省の終南山にある谷)。

古訓 中古 かたぶく・ななめ・ななめに・よこさま 中世 かたぶく・くむ・ちる・ななめ・ゆがむ 近世 くむ・すぢかひ・ちる・つか・ななめ・ひづみ

難読 斜眼にらむ・不斜なのめならず(=ひととおりでない)

【斜雨】(シャウ) ななめに降りつける雨。

【斜影】(シャエイ) ななめに映るかげ。

【斜▼柯】(シャカ) 〔「柯」は、木の枝の意〕①ななめに伸びた枝。②からだをななめに傾ける。

【斜眼】(シャガン) ①横目で見る。②やぶにらみ。斜視。

【斜▼暉】(シャキ) 夕方、西に傾いた太陽の光。㊧斜曛。

【斜景】(シャケイ) ①夕日。転じて、老年のたとえ。②ななめにのびた影。斜影。

【斜▼頸】(シャケイ) 日〔医〕筋肉の異常などによって、首が傾いた状態になる病症。

【斜月】(シャゲツ) 西に傾きかけて、ななめに照らす月。残月。

【斜光】(シャコウ) ななめにさしてくる光。

【斜▼巷】(シャコウ) 〔曲がりくねった路地の意。そのような場所にあったことから〕遊郭。狭斜の巷。

【斜視】(シャシ) ①横目で見ること。②日〔医〕両眼の視線が一致しない。また、その目。斜眼。

【斜日】(シャジツ) 西に傾いた太陽。夕日。斜陽。

【斜線】シャセン ななめに引いた線。例―で区別を示す。
【斜辺】シャヘン 〔数〕直角三角形の、直角と向かいあう辺。
【斜面】シャメン 傾斜している平面。スロープ。例急―。
【斜陽】シャヨウ ①西に傾いた太陽。夕日。また、その光。斜日。②日 落ちぶれていく。衰えていく。例―産業。

斝
斗8（12） 3 8510 659D カ漢 馬 jiǎ

意味 三本足の酒器。酒を温めるのに用いたとされる。

斟
斗9（13） 2 5848 659F シン（シム）漢 侵 zhēn く-む

［酙］酉4（11） 4 9033 9159 別体字。

意味 ひしゃくで水や酒をくむ。転じて、人の気持ちや事情を察する。思いやる。くむ。例斟酌シンシャク。

【斟酌】シンシャク ①酒をくむ。②適切に処理する。はかる。〔「酌」も、汲くむ意〕例斟ニ酌損益一ソンエキをシンシャクす（＝利害をはかる）。〈諸葛亮・出師表〉③相手の事情や気持ちをくみとる。④日 ほどよくする。手かげんする。例処分に―を加える。

斡
斗10（14） 1 1622 65A1 人 一アツ慣 ワツ漢 曷 wò 二カン（クヮン）漢 旱 guǎn めぐ-る

なりたち ［形声］「斗（＝ます）」と、音「倝ワツ」とから成る。ひしゃくの柄え。派生して、めぐらす。

意味 一 くるくるまわる。めぐらす。めぐる。例斡旋アッセン。二 取りあつかう。つかさどる。例斡ニ山海之貨一サンカイのカをつかさどる（＝山海の品物を取りあつかう）。〈漢書・食貨志下〉

古訓 中古 めぐらす 中世 めぐる 近世 から・くさび・ころぶ・まろぶ・めぐらす

人名 はる・まる

【斡旋】アッセン ①めぐる。②間に立って世話をしたり、とりはからったりする。とりもち。周旋。例―料。仕事を―する。

69 4画 斤 おの おのづくり部

おのの形をあらわす。「斤」をもとにしてできている漢字と、「斤」の字形を目じるしにして引く漢字とを集めた。

0 606 斤 1 606 斥 4 606 斧 5 607 斫 7 607 斬 断 8 608 斯 9 608 新 10 610 斲 13 610 斵 14 610 斷 21 610 斸

この部首に所属しない漢字

匠→匚188 所→戸537 欣→欠718 質→貝1262

斤
斤0（4） 1 2252 65A4 常用 一キン漢 文 jīn 二キン漢 問 jìn おの（をの）

筆順 ノ 厂 斤 斤

なりたち ［象形］柄えの先に刃がついた、おのの形。

意味 一 ❶木を切る道具。おの。また、おので切る。例斧斤フキン。❷重さの単位。十六両。二 ⇩【斤斤】キンキン

日本語での用法《キン》①「香木コウボク一斤イッキン」▼尺貫法の重さの単位。一斤は、普通一六〇匁もんめ（＝約六〇〇グラム）。②「食ショクパン一斤イッキン」▼食パンの量の単位。一斤は、だいたい三五〇グラムから四〇〇グラムのあいだ。

古訓 中古 えらぶ・きる・はかり・をの 中世 はかり・まさかり・をの・をのぎる 近世 はかり・をの

人名 のり

【斤斤】キンキン ①明らかなさま。②つつしみ深いさま。
【斤両】キンリョウ 〔「両」も、重さの単位〕重さ。重量。
【斤量】キンリョウ 日 はかりではかった重さ。目方。類斤目キンめ。

斥
斤1（5） 1 3245 65A5 常用 一セキ漢 陌 chì 二セキ漢 陌 chǐ さ-す・しりぞ-ける（しりぞ-く）

筆順 ノ 厂 斤 斤 斥

なりたち ［形声］本字は「㡿」で、「广（＝建物）」と、音「屰ゲキ→セキ」とから成る。家をおし広げる。

意味 一 ❶おしのける。しりぞける。例斥退セキタイ（＝しりぞける）。斥力セキリョク。排斥ハイセキ。❷気づかれないように、こっそり様子を見る。うかがう。例斥候セッコウ。❸ゆびさす。さす。例指斥シセキ。❹開拓する。切り開く。ひらく。例斥地チをセキひらく。二 小さい。通尺セキ。例斥鷃セキアン。

古訓 中古 あらはす・さす・しりぞく 中世 さして・しりぞく 近世 おほいなり・さす・しりぞく・しりぞくる・すつる・はかる・ひらく

人名 たか・とお

【斥▼鷃】セキアン 鳥の名。ミソサザイの類。
【斥▼譴】セキケン 責めとがめる。
【斥地】チをセキひらく 土地を開拓する。
【斥逐】セキチク 追いはらう。
【斥力】セキリョク 日〔物〕物体と物体が、互いに遠ざけあう力。反発力。対引力。
【斥候】セッコウ 敵軍の様子や地形を偵察する。また、その兵。類斥兵セキヘイ。例―を出す。

斧
斤4（8） 1 4164 65A7 人 フ漢 麌 fǔ おの（をの）

［鈇］金8（16） 4 9094 28A1E 別体字。

なりたち ［形声］「斤（＝おの）」と、音「父フ」とから成る。たたき切る道具。

意味 あつい刃に柄えをつけた、木などを断ち切る道具。まさかり。おの。また、おので切る。例斧鉞フエツ。斧斤フキン。斧正フセイ。

古訓 中古 よき・をの 中世 まさかり・よき・をの 近世 よき・をの

人名 はじめ

難読 手斧ちょうな

［斧］

【斧▼鉞】フエツ【斧▼戉】フエツ ①おのと、まさかり。また、広く武器や征伐を指す。②日 大きな修正をすること。例文章に―を加える。
【斧▼柯】フカ ①おのの柄え。②政治権力のたとえ。権柄ケンペイ。③仲人なこうど。媒酌人。〈詩経・斉風・南山〉から〉
【斧▼鑊】フカク 〔「鑊」は、肉や魚を煮るかまの意〕罪人を切るおのと、かまゆでの刑に使うかま。重い刑罰のこと。
【斧斤】フキン おの。まさかり。
【斧▼鑿】フサク ①おのと、のみ。また、おのとのみで細工をすること。②詩文や書画などに技巧をこらすこと。
【斧質】フシツ【斧▼鑕】フシツ 〔「鑕」は、罪人を切る処刑台〕おのと処刑台。処刑のこと。
【斧正】フセイ【斧政】フセイ 〔おので削って正す意〕他人の詩文に手

を加えること。類斧削。例 —を請う(=先生に自分の詩文の添削を依頼するときの言い方)。

【斧▼劈】中国の山水画の画法の一つ。おので木を切りさいたように岩石のひびをえがいて、険しさを表現する技法。

●石斧・蟷螂之斧・雷斧

斫

斤5 (9) 2 5849 65AB

シャク 漢 呉 薬 zhuó
きざ-む・き-る

意味 ❶斧などでたたき切る。**きる**。例 斫断(=切る)。斫木(=切った木。また、木を切る)。❷打つ。たたく。例 斫破(=打ちこわす)。❸攻撃する。例 斫営(=敵陣に切りこむ)。

日本語での用法 《はつり》《はつる》「斫り工・皮を斫る」▼少しずつ削り取る。また、皮などをはぐ。

斬

斤7 (11) 1 2734 65AC 常用

ザン 慣 サン(サム) 漢 鏟 zhǎn
きる

筆順 一 ㄒ 百 亘 車 斬 斬 斬

なりたち 𨋪 [会意]「車(=くるま)」と「斤(=おの)」とから成る。切りころす。もと、車裂き。

意味 ❶(刃物で)**きる**。きりころす。例 斬殺。❷首切り、胴切りの刑。古くは車でからだを引き裂く刑。例 斬首。❸きわだっている。はなはだ。通嶄。例 斬新。❹絶える。尽きる。例 君子之沢、五世而斬(=徳の高い君子でも余沢は五代で絶えてしまう)。〈孟子・離婁下〉 ❺まったく。きわめて。通嶄。例 斬新。

古訓 中古 かる・きる・けづる・さく・たえぬ・たつ・たゆ・やうやく 中世 きる・けづる 近世 うつ・きる・ころす・たつ・つくる

【斬▼奸】【斬▼姦】悪人を切り殺す。例 —趣意状。

【斬衰】五服(=五種類の喪服)の中で最も重い喪に服するときに着る服。粗い麻の布を裁断しただけのもので、縁をまったく縫わないで作る。子が父の喪に服したり、妻が夫の喪に服したりする場合などに用いる。

【斬罪】首を切り落とす刑。斬首。打ち首。

【斬殺】切って殺す。例 —死体。

【斬首】首を切り落とす。首を切り落とす刑。また、その首。斬罪。打ち首。類斬級。例 —に処する。—百余級。

【斬新】(発想・考え方などが)独自で、他に類のないさま。例 —なデザイン。

【斬伐】①征伐する。②罪人を処刑する。③木を切る。

【斬髪】①髪を短く刈る。また、刈った頭。②日 髪を後ろへなでつけ、切りそろえた男性の髪型。明治初期に流行した。ざんぎり頭。

断

斤7 (11) 1 3539 65AD 教5

[斷] 斤14 (18) 2 5850 65B7 旧字体。

タン 漢 ダン 呉 旱 duàn
たつ・ことわり・ことわる

筆順 丷 亠 半 米 迷 断 断 断

なりたち 𣃔 [会意]「斤(=おの)」と「㡭(=絶つ)」とから成る。たちきる。

意味 ❶ずばりとたちきる。二つにきりはなす。**たつ**。例 孟母以レ刀断ニ其織一(=孟子の母はかたなで織りかけの布を断ち切った)。〈列女・母儀〉 断絶。切断。❷つづけていたものをやめる。例 断食。断酒。❸ずばりときめる。思いきってする。例 断行。決断。断をくだす。❹判決をくだす。さばく。例 断獄。断罪。❺どんなことがあっても。かならず。例 断乎。断然。断じて。

日本語での用法 《ことわり》《ことわる》①「申し出を断る」▼拒絶する。辞退する。②「前もって断らずに帰る」▼事のわけを説明する。

古訓 中古 きる・けづる・ことわる・さだむ・ただす・たつ・たゆ・はかる・むなし・やむ・わかつ 中世 きる・ことわる・さだむ・たえる・たちきる・たゆ・わかつ 近世 きる・ことわる・さだむる・たつ

人名 さだ・さだむ・とう

【断案】①訴訟事件。②最終的に決定した案。例 —をくだす。

【断雲】ちぎれ雲。

【断崖】【断▼厓】切り立った険しいがけ。例 —絶壁。

【断簡】きれぎれになった文書や手紙。書類や手紙のきれはし。例 断簡零墨(=きれぎれになった書状や筆跡)。

【断岸】切り立ったがけになっている岸。

【断機】機で織りかけの布をたち切ること。【断機▼之戒】⇩【孟母断機】(360ページ)

【断金】金属を断ち切る。厚い友情や堅い約束などのたとえ。

【断金▼之契】堅い友情や約束事のたとえ。〔「二人同レ心、其利断レ金(=二人が心を一つにして事に当たれば、鋭利な刃物で金属を切断するように強い力を発揮する)。〈易・繫辞上〉」から〕

【断言】①ことばで表現できない。②日 迷いやあいまいなところがなく、きっぱりと言い切る。明言。例 その点については—できない。

【断弦】【断▼絃】①琴の弦を断ち切る。②弓や琴の切れた弦。③〔夫婦を琴瑟にたとえることから〕妻を失うこと。

【断▼乎】【断固】決意を曲げたりすることなく、きっぱりとおしきって、ものごとをおこなうさま。断然。〔「断固」は、日本での用字〕例 —たる態度。—として主張を通す。

【断交】交際をやめる。特に、国家間のつきあいをやめる。絶交。例 隣国と—する。

【断行】反対をおしきっておこなう。例 熟慮—。

【断獄】訴訟事件に判決をくだす。また、裁判。

【断魂】魂が抜ける。あまりの悲しみや感動に我を忘れる。〔極度の悲しみや感動を形容する〕

【断裁】紙や布などをたち切る。例 —機。

【断罪】①犯罪に対する刑を定める。裁判で判決をくだす。②罪人の首を切る刑罰。打ち首。

【断食】一定の期間、食べ物をとらない。信仰・修行、抗議の意思表示、また、病気の治療などを目的とする。

【断▼而敢行鬼神避レ▼之】強い意志をもって決行するならば、鬼神でさえもそれをさける。〈史記・李斯伝〉

【断酒】酒を飲まない。酒をたつ。禁酒。例 —宣言。

【断種】①悪い病気などを伝えないため、子供ができないように手術する。②あとつぎや血筋をたやす。

【断章】文章や語句の一部分。また、短いきれぎれの文。断編。

【断章取義】文章や語句の一部を、本来の意味にかかわりなく自分に都合のいいように解釈したり、利用したりすること。〈雕竜・章句〉

【断水】①水路を遮断して、水が通わないようにする。②日 水道の給水が止まる。また、止める。

【断▼截】【断切】たち切る。截断。例 —面。

【断絶】①今まで続いてきたものごとが、とだえる。また、たやす。例 家系が—する。②つながりをたち切る。例 国交を—する。③日 考え方や心が通じない。例 世代間の—。

【断線】ダンセン ①切れた糸。②日 電線や電話線が切れる。

【断然】ダンゼン ①きっぱりとおしきって、ものごとをおこなうさま。また、かたく決心しているさま。断じて。断乎ダンコ。②他とくらべて、とびぬけているさま。例 —おもしろい。

【断想】ダンソウ ①妄想を断ち切る。例 —録。②日 折にふれて抱いた断片的な感想。

【断層】ダンソウ 日 ①地殻の割れ目に沿って地層がずれてくい違うこと。また、その現象。例 活—。②考え方などのくい違い。例 世代間の—。

【断続】ダンゾク 切れたり続いたりする。例 雨が—的に降る。

【断断】ダンダン ①ひたすら一つのことに専念して、その態度をいつまでも変えないさま。②確かに。疑いなく。

【断腸】ダンチョウ はらわたがちぎれるかと思うほど、悲しくいたましいこと。例 —の思い。

【断断▼乎】【断断固】ダンダンコ 「断乎」を強めていう語。

【断腸】はらわたをたつ ◆晋シンの桓温カンオンが三峡を通ったとき、従者が子猿を捕らえた。母猿は岸を伝いながら悲しげに叫び、どこまでもあとを追って来たが、ついに船に飛び込んで息絶えた。母猿の腹を裂くと、腸がずたずたにちぎれていた。この話を聞いた桓温は、従者を罷免するよう命じた。……………………〈世説・黜免〉

【断定】ダンテイ ①判決・裁定をくだす。②他に選択の余地を残さないように判断する。例 —をくだす。

【断頭台(臺)】ダントウダイ 日 罪人の首を切る台。ギロチン。例 —の露ゆと消える。

【断熱】ダンネツ 日 熱が伝わるのをさえぎる。例 —材。

【断念】ダンネン 日 あきらめる。思い切る。例 進学を—する。

【断髪】ダンパツ ①髪の毛を短く切る。例 —式。②日 女性の髪型の一つ。髪を結わず、後ろは首筋の線で、前は額からまゆの辺りで、水平に切りそろえる。〔昭和初期に流行〕

【断髪文身】ダンパツブンシン 髪の毛を短く切り、からだに入れ墨をする、古代、未開の民族に見られた風習。〈荘子・逍遥遊〉

【断片】ダンペン 日 ひとまとまりのものから切り離された一部分。切れはし。例 —的な知識。—をつなぎあわせる。

【断編】ダンペン ひとまとまりの文章中の、一部分。また、きれぎれの文章。断章。表記 ⑭断▼篇

【断▼蓬】ダンポウ たちきられて根のない蓬(=ムカショモギの類)。よるべなくさまようことのたとえ。飛蓬ヒホウ。転蓬テンポウ。

【断末魔】ダンマツマ 〔仏〕〔「末魔」は梵語ボンゴ marman の音訳で、からだの急所。これを傷つけると激痛とともに絶命するという〕息を引き取るまぎわの苦痛。また、臨終。例 —の叫び。—の苦しみ。

【断面】ダンメン 日 ①切り口の面。例 —図。②ある一つの視点でながめると見えてくる、ある状態。例 社会の—を描く。

【断▼爛朝報】ダンランのチョウホウ きれぎれに破れてまとまりのない官報。〔王安石が『春秋』を短い文章が雑多に集まった書物と批評したことば〕〈宋史・王安石伝〉

●英断エイダン・横断オウダン・裁断サイダン・縦断ジュウダン・診断シンダン・即断ソクダン・速断ソクダン・中断チュウダン・独断ドクダン・判断ハンダン・不断フダン・分断ブンダン・油断ユダン・予断ヨダン

斯

斤8 (12)

1 2759 65AF 人

シ 漢 呉 支 sī

こ-の・こ-れ・か-く・こ-う(か-う)

なりたち [形声]「斤(=おの)」と、音「其キ…▼シ」とから成る。切りさく。

意味 ❶切り分ける。切り離す。例 斧以斯レ之(=おので、いばらを切る)。〈詩経・陳風・墓門〉 ❷「この」「これ」「ここ」「かく」と読み、ものごとを指し示す。例 逝者如レ斯夫(=過ぎゆくものはこの(川の流れの)ようであろうか)。〈論語・子罕〉 斯学ガク(=この学)。斯道ドウ(=この道)。❸「すなわち」「ここに」と読み、そうすれば・すぐに、の意。接続をあらわす。例 我欲レ仁、斯仁至矣(=わたしが仁を求めれば、仁はすぐにやってくる)。〈論語・述而〉 ❹⇩【斯須】シュ

古訓 中古 かかる・かく・かくのごとく・ここに・これ・しばらく・しろし・のり 中世 ここに・この・これ・しろし 近世 これ・さく・しろし・すなはち

人名 つな・のり

難読 瓦斯ガス・斯波しば(=姓)・波斯ペルシャ・斯須しばらく

【斯界】シカイ 日 専門家が集まってつくる社会。また、今、話の中で話題となっている分野。その道。例 —の権威。

【斯学】シガク この方面の学問。また、特に儒学を指す。

【斯須】シュ ほんのわずかな時間。かたとき。須臾シュユ。

【斯道】シドウ ①先王の教え。聖人の道。例 何莫レ由ニ斯道一也(=なぜ人々は先王の教えに従おうとしないのか)。〈論語・雍也〉 ②日 学問や技術などで、その人がたずさわっている方面。例 —の第一人者。

【斯文】シブン ①この学問。また、特に儒学を指す。例 天之将レ喪ニ斯文一也(=いま天がこの文化を滅ぼそうとするなら)。〈論語・子罕〉 ②儒学者。

【斯民】シミン この民。民衆。〔親しみを込めた言い方〕

新

斤9 (13)

1 3123 65B0 教2

シン 漢 呉 真 xīn

あたらしい(あたら-し)・あらた・にい(にひ)

筆順 亠 立 立 辛 亲 新 新 新

なりたち [形声]「斤(=おの)」と、「木(=き)」と、音「辛シ」とから成る。木を切って取る。派生して「あたらしい」の意。

意味 ❶今までにない、はじめての(もの)。**あたらしい。あらた。** 例 新作シンサク。新年シンネン。❷新鮮なさま。すがすがしいさま。例 客舎青青柳色新カクシャセイセイリュウショクあらたなり(=旅館のヤナギが青々として鮮やかですがすがしい)。〈王維・送元二使安西〉 ❸…したばかり。近ごろ。例 潦倒新停濁酒杯ロウトウあらたにとどむダクシュのハイ(=年老いてやつれ、近ごろ濁り酒を飲むのもやめた)。〈杜甫・登高〉 ❹あたらしくする。例 一新イッシン。更新コウシン。❺あたらしい人。あたらしいものごと。例 温レ故而知レ新ふるきをたずねてあたらしきをしる(=過去のことを学習し、あたらしい事柄も理解する)。〈論語・為政〉 ❻前漢の末、王莽モウオウが漢朝をうばって建てた王朝。一代、十五年で滅んだ。(八―二三)

日本語での用法 《あら》《にい》「新玉あらたまの年とし・新手あらて・新妻にいづま・新盆にいボン」▼あることばの上にそえて、あたらしい、という意味をあらわす。

古訓 中古 あたらし・あらたし・あらたしき・あらたに・あらたむ・にひ 中世 あたらし・あたらしし・あらたなり・にひ・はじめ 近世 あざやか・あたらし・あらたむる・うるはし・にひ・はじめ

人名 あき・あきら・あら・すすむ・ちか・はじめ・はじむ・よし・わか

【新案】シンアン 日 あたらしい着想や工夫。例 —特許。実用—。

【新鋭】シンエイ ある分野で頭角をあらわしてきて、その勢いがさかんなこと。また、その人やもの。新進気鋭。対 古豪。例 —の機種。期待の—。

【新芽】シンガ|シンめ あたらしく出てきた芽。若芽。例 —を吹く。

【新開】シンカイ ①あたらしく開墾すること。例 —の田地。②あたらしくひらけて市街ができること。例 —地。

【新顔】シンがお 日 あたらしく仲間に入った人。新入り。新人。対 古顔ふるがお。例 —の社員。

【新株】シンかぶ 日 株式会社が増資するときに、あらたに発行する

株。子株。㊌旧株。

【新柄】(シンがら) ㊐あたらしく考え出された模様。

【新刊】(シンカン) 本や雑誌をあたらしく刊行すること。また、その刊行物。例―書。今月の―。

【新館】(シンカン) もとからあるものに対し、あらたに建てた建造物。㊌旧館。例デパートの―。

【新奇】(シンキ) 目あたらしくて、変わっているさま。例―をてらう。―なコマーシャル。

【新鬼】(シンキ) 死んだばかりの人の魂。㊌故鬼・旧鬼。例新鬼煩冤旧鬼哭(シンキはハンエンしキュウキはコクす)(=死んだばかりの人の魂は恨みもだえ、古い霊魂は大声で泣いている)。〈杜甫・兵車行〉

【新規】(シンキ) ①あたらしい規則。②㊐今までとは違って、あたらしいこと。例―開店。

【新▼禧】(シンキ) 新年を祝うこと。例恭賀―。謹賀―。

【新義】(シンギ) あたらしい意味。新解釈。

【新機軸】(シンキジク) ㊐目あたらしい計画や工夫。例―を出す。

【新旧】(シンキュウ) あたらしいものと古いもの。また、あたらしいことと古いこと。新古。例―交代。―勢力の衝突。

【新居】(シンキョ) ①あたらしく建てた家。新宅。例―に移る。②あたらしく移り住む家。例―を構える。▽㊌旧居。

【新教】(シンキョウ) ㊐十六世紀の宗教改革で、ローマ教会に反対してできたキリスト教の一派。プロテスタント。㊌旧教。

【新曲】(シンキョク) あたらしく作られた歌曲や楽曲。新声。

【新局面】(シンキョクメン) 問題や情勢が、あらたな段階に入ること。

【新型】【新形】(シンがた) ㊐あたらしく考え出された型。また、その型で作られたもの。ニュータイプ。新式。例―の車両。

【新劇】(シンゲキ) ㊐明治末期に西欧の近代劇の影響を受けておこった演劇。リアリズムを主体とするもので、歌舞伎(かぶき)などの伝統演劇や新派に対していう。㊌旧劇。

【新月】(シンゲツ) ①陰暦で、月の初めに見える細い三日月。②東の空にのぼったばかりの月。③月の第一日の月。地球からは見えない状態にある。㊌満月。

【新古】(シンコ) あたらしいものと、ふるいもの。新旧。

【新語】(シンゴ) ①あたらしく作られた、または、使われだしたことば。新造語。②新出の語。

【新香】(シンコウ|シンコ) ㊐①あたらしい漬物。しんづけ。②漬物。こうのもの。こうこ。こうこう。おしんこ。

【新興】(シンコウ) 以前からあるものに対して、あたらしいものがさかんにおこること。例―勢力。―芸術。


【新婚】(シンコン) 結婚してあまり日がたっていないこと。また、その人。例―旅行。―生活。

【新妻】(シンサイ|にいづま) 結婚して間もないつま。

【新歳】(シンサイ) あたらしい年。新年。

【新作】(シンサク) あたらしく作る。また、その作品。㊌旧作。例―の舞踊。秋の―。

【新参】(シンザン) ㊐あたらしく仲間に入ること。また、その人。新入り。新人。㊌古参。例―者(もの)。

【新式】(シンシキ) あたらしい方法や様式。新型。㊌旧式。例―の印刷機。

【新車】(シンシャ) ①新品の馬車。②㊐新型の自動車や電車。

【新釈】(シンシャク) あたらしい解釈。

【新酒】(シンシュ) その年にとれた米で造った酒。㊌古酒。

【新種】(シンシュ) ㊐あたらしく発見されたり、作りだされたりした品種。例―の米を開発する。

【新秋】(シンシュウ) ①秋の初め。初秋。例―の候。②陰暦七月の別名。

【新修】(シンシュウ) 書物をあたらしく編修する。また、その本。

【新出】(シンシュツ) ①あたらしく世に知れる。例―資料。②㊐教科書などで、初めて出現すること。例―漢字。

【新春】(シンシュン) 新年。正月。はつはる。例―のおよろこびを申し上げます。

【新書】(シンショ) ①あたらしい書物。②㊐教養や新しい話題を多く収めた本の叢書(ソウショ)。判型は文庫本よりひと回り大きい。

【新粧】【新▼妝】(シンショウ) ①最近流行している女性の服装。②化粧したての姿。

【新▼嘗祭】(シンジョウサイ|にいなめサイ) ㊐天皇が、十一月二十三日に、その年にとれた新米を神に供えて感謝し、自らも食べる儀式。旧祝祭日で、現在は「勤労感謝の日」となった。

【新進】(シンシン) その分野にあたらしく進出すること。また、その人。例―作家。

【新進気鋭】(シンシンキエイ) あたらしくあらわれて、将来が期待されること。また、その人。新鋭。

【新人】(シンジン) ①あたらしく迎えた嫁。例新人迎来旧人棄(シンジンむかえきたりてキュウジンすてらる)(=あたらしい嫁は迎え入れられ、昔からの妻は離縁される)。〈白居易・母別子〉②新婚の嫁。新妻。③女性が自分の夫を指していうことば。④㊐その社会や分野であたらしく加わった人。ニューフェース。新顔(シンがお)。例―研修会。⑤㊐人類の進化で、旧人の次にあたり、現在の人類につながるもの。クロマニヨン人など。

【新正】(シンセイ) 新年の正月。

【新生】(シンセイ) ①未熟な書生。学問を学び始めた人。②あたらしく生まれる。例―児。③あたらしい生活に入る。例過去を捨てて―する。

【新生面】(シンセイメン) ㊐これまでになかったあたらしい方面や分野。例―を開く。

【新声】(シンセイ) あたらしく作られた音楽。新曲。

【新制】(シンセイ) あたらしい制度。㊌旧制。例―高校。

【新政】(シンセイ) それまでと異なる、あたらしい政治体制。例―をしく。明治の―。

【新星】(シンセイ) ㊐①あたらしく発見された星。②突然明るく輝きだした星。③急に人気の出た人。例歌謡界の―。

【新設】(シンセツ) あたらしく設ける。例―校。

【新雪】(シンセツ) あたらしく降り積もった雪。例―を踏んで行く。

【新説】(シンセツ) ①あたらしく立てられた学説や意見。㊌旧説。例―をとなえる。②㊐初めて聞く話。初耳(はつみみ)。例それは―だ。

【新▼撰】(シンセン) 書物をあたらしく編集する。

【新鮮】(シンセン) ①あたらしくて、生きがいいさま。例―な魚。②よごれていない。例―な山の空気。③㊐あたらしく感じられる。例―な目でものを見る。

【新装】(シンソウ) ①あたらしく造る。新造。②㊐建物の内装や外装、設備などをあたらしくする。例―開店。

【新造】(シンゾウ) ①あたらしくつくる。建物や船など大きなものについていうことが多い。例―船。②(ゾシン) ㊐昔、武家や上流商家の妻女、またのちには、若い人妻や未婚の若い女性を呼ぶことば。例ご―(ゾシ)さん。

【新卒】(シンソツ) ㊐「新卒業生」の略。その年に学校を卒業する人。例―の社員。―を採用する。

【新体詩】(シンタイシ) ㊐明治初期、西洋の詩の形式を取り入れて、あたらしい体裁で作られた詩。漢詩に対していう。

【新宅】(シンタク) ①あたらしく建てた家。新居。㊌旧宅。例―に引っ越す。②㊐本家から分かれた家。分家。

【新地】㊀(シンチ) ①あらたに手に入れた土地。あたらしい領地。②㊐あらたに開かれた土地。㊫新開地。③㊐「②」にできた盛(さか)り場や遊郭。㊁(さらチ) ㊐建物のない宅地。更地(さらチ)。

【新知】(シンチ) ①あたらしく知り合うこと。また、知り合ったばかりの人。㊌旧知。②㊐あたらしい知行(チギョウ)(=領地)。

【新築】シンチク あたらしく建物を建てる。また、その建物。例―工事。家を―する。

【新茶】シンチャ 新芽をつんで作った茶。かおりが高い。はしり茶。

【新着】シンチャク あたらしく届いたばかりであること。また、そのもの。例―の図書。

【新注】【新▼註】シンチュウ ①あたらしい注釈。②宋(ソウ)代の儒学者の注釈。特に、朱熹(シュキ)(=朱子)による経典(ケイテン)の注釈を、漢以来の古注に対していう。▽対古注。

【新調】シンチョウ あたらしく作ったり買いととのえたりする。また、そのもの。例―の家具。スーツを―する。

【新陳代謝】シンチンタイシャ 〔「陳」は、古い意〕①生物が外界から食物を取り入れてエネルギー源とし、不要なものを体外に出す。物質交代。物質代謝。②あたらしいものが古いものにかわる。例組織の―をはかる。

【新手】シンて|あらて ①あたらしいやり方や方法。例―の商売。②あたらしく戦いに参加した、元気な兵隊。例―がおし寄せる。③あたらしく仲間に加わった人。

【新訂】シンテイ 書物などの内容の大部分を直して、あたらしくする。例―版。

【新店】シンテン|シンみせ あたらしく開いた店。

【新田】シンデン あたらしく開墾した田。例―を開く。

【新都】シント あたらしい都。対旧都・古都。

【新党】シントウ あたらしい政党。例―を結成する。

【新道】シンドウ|シンみち あたらしく開いた道路。対旧道・古道。

【新内】シンナイ 「新内節(ぶし)」の略。江戸時代後期にできた浄瑠璃(ジョウルリ)の一つ。例―流し。

【新入】シンニュウ あたらしく入ってくること。また、その人。新入り。新顔(がお)。新参(ザン)。例―生。―社員。

【新任】シンニン あたらしく任命されること。また、その人。対先任・前任。例―の先生。

【新年】シンネン あたらしいとし。としの初め。新春。例謹賀―。

【新派】シンパ ①あらたに派遣する。②あたらしい流派。対旧派。例―をおこす。③「新派劇」の略。旧劇(=歌舞伎(かぶき)劇)に対し、現代の世話物などを演じる演劇。明治中期にさかんになった。対旧派。

【新盤】シンバン あたらしく発売されたCDなど。新譜。

【新版】シンパン ①あたらしく本を出版すること。また、その本。新刊。②前に出版された本の、内容や体裁をあたらしくして出版すること。また、その本。対旧版。

【新品】シンピン あたらしい品物。対中古品・古物。例―の靴。

【新婦】シンプ はなよめ。対新郎。

【新譜】シンプ ①あたらしい曲の楽譜。②あたらしく発売されたCDなど。新盤。例今月の―。

【新風】シンプウ あたらしい風潮。また、やり方。例―を吹きこむ。

【新聞】シンブン ①最近聞いたこと。また、新知識。②社会に起こったできごとや話題などを、速く正確に世間に知らせるための定期刊行物。多くは、日刊。例―記者。

【新法】シンポウ ①あたらしく定められた法令。例―が施行される。②あたらしく考え出された方法。③宋(ソウ)代に王安石が作った一連のあたらしい法律。▽対旧法。

【新発意】シンボチ|シンボッチ 〔仏〕悟りを求め、出家した人。出家して間もない人。

【新仏】シンぼとけ|あらぼとけ|にいぼとけ 〔仏〕死後間もない死者。〔死後初めての盂蘭盆会(ウラボンエ)に祭られる死者の霊にもいう〕

【新盆】シンボン|にいボン|あらボン 〔仏〕人の死後、初めて迎えるお盆。初盆(はつボン)。

【新本】シンポン ①人の手にふれていない、あたらしい本。②あたらしく発刊された本。新刊本。▽対古本。

【新米】シンマイ ①その年にあたらしくとれた米。対古米(コマイ)。②〔「新前(シンまえ)」の変化〕「新前(シンまえ)」に同じ。

【新前】シンまえ あたらしく仕事についたばかりで、慣れていない人。新米(マイ)。新参(ザン)。新人。例―が大きな口をきく。

【新味】シンミ ①その年に初めて味わうもの。はつもの。②あたらしい味わい。あたらしい趣。例―を出す。

【新▼莽】シンモウ 漢の王莽(オウモウ)。〔前漢末、帝位につき、新という国を建てたことから〕

【新約】シンヤク ①あたらしい約束や契約。②「新約聖書」の略。▽対旧約。

【新約聖書】シンヤクセイショ 〔「約」は、神とイスラエル人との契約の意〕キリスト教の教典の一つ。キリストの生涯と言行などを記す。対旧約聖書。

【新訳】シンヤク あたらしい翻訳。対旧訳。例―源氏物語。

【新薬】シンヤク あたらしく作られたくすり。例―を開発する。

【新湯】シンゆ|あらゆ|さらゆ わかしたてで、まだ、だれも入っていない風呂(ふろ)。また、その湯。

【新羅】シンラ|しらぎ 朝鮮で最初の統一国家。七世紀中ごろに百済(ヒャクサイ)(くだら)・高句麗(コウクリ)を滅ぼし、六七六年に樹立した。九三五年、高麗(コウライ)に滅ぼされた。

【新来】シンライ あたらしく来た人や物。例―の教師。

【新涼】シンリョウ 秋の初めのころの、すずしさ。秋涼。

【新緑】シンリョク 初夏のころの、若葉のみどり。例―の候。

【新暦】シンレキ ①新たに制定したこよみ。②現在使われている太陽暦。陽暦。〔陰暦明治五年十二月三日を一八七三(明治六)年一月一日と定めて、新暦に改めた〕対旧暦。

【新郎】シンロウ はなむこ。対新婦。

【新枕】にいまくら 結婚した男女が初めて共に寝ること。例―を交わす。

●維新イシン・一新イッシン・温故知新オンコチシン・改新カイシン・革新カクシン・更新コウシン・最新サイシン・刷新サッシン・清新セイシン

斲 斤10(14) 4 1374 65B2 タク漢 覚 zhuó きーる

[斵] 刂13(15) 4 0331 20807 別体字。

[斲] 斤13(17) 4 1375 65B5 別体字。

意味 けずりとる。けずる。きる。例斲削(タクサク)(=けずる)。斲輪(タクリン)(=木をけずって車輪を作る)。郢斲(エイタク)。

[斵] 斤13(17) ⇨斲タク(610ジペー)

[斷] 斤14(18) ⇨断ダン(607ジペー)

斸 斤21(25) 4 1376 65B8 チョク漢 沃 zhú

意味 ❶農具。すきや、くわ。❷畑の草を刈る。

70 4画 方 ほう ほうへん 部

はたがひるがえる形をあらわす「㫃(エン)」の省略形。「㫃」をもとにしてできている漢字と、「方」の字形を目じるしにして引く漢字とを集めた。

0 方 610　4 於 612　5 施 斿 612　6 旂 旃 旆 612　旁 旄 旅 旅　7 旌 旋 族 旉 614　9 旔 旒 614　10 旗 615　12 旙 615　14 旛 615

この部首に所属しない漢字

房→戸538　放→攵590

方 方0(4) 1 4293 65B9 教2

一 ホウ(ハウ)漢呉 陽 fāng

二 ホウ(ハウ)漢 陽 páng

かた・まさ-に

付表 行方(ゆくえ)

筆順 、亠方方

なりたち 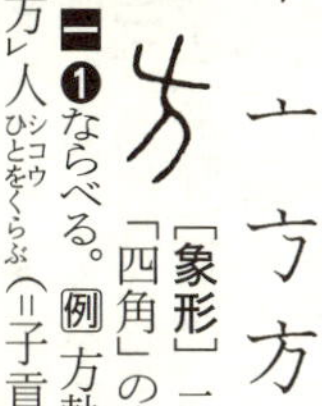 [象形] 二艘(ソウ)の舟を並べた形。派生して「四角」の意。

意味 一 ❶ならべる。例 方軌(ホウキ)。❷比較する。くらべる。例 子貢方レ人(シコウひとをくらぶ)(=子貢は他人を比較した)。〈論語・憲問〉❸四つのかどのある形。例 地方千里(チはホウセンリ)(=土地の広さは千里四方)。〈史記・項羽紀〉方眼(ホウガン)。方形(ホウケイ)。❹文字を書くための四角い木の札。木簡。例 方冊(ホウサク)。方策(ホウサク)。❺(真四角のかどのように)きちんとしている。正しい。正直である。例 方正(ホウセイ)。方直(ホウチョク)。❻向き。かた。例 方位(ホウイ)。方向(ホウコウ)。❼地。大地。〔古代、天は円形、地は方形と考えられていた〕例 戴レ円履レ方(エンをいただきホウをふむ)(=天を頭上にいただき大地をふみしめる)。〈淮南・本経〉❽区切られた土地。地域。例 方言(ホウゲン)。地方(チホウ)。❾何かをするやりかた。わざ。技術。例 方式(ホウシキ)。方便(ホウベン)。処方(ショホウ)。❿同じ数をかけあわせる。例 平方(ヘイホウ)。立方(リッポウ)。⓫さからう。通 妨。例 方命(ホウメイ)。⓬「まさに」「…にあたる」と読み、ちょうど・まさしく、などの意をあらわす。例 天下方擾(テンカまさにみだる)(=天下はまさに乱れている)。〈史記・高祖紀〉⓭「はじめて」と読み、ちょうどそうなって、の意をあらわす。例 焦遂五斗方卓然(ショウスイはゴトにしてはじめてタクゼン)(=焦遂(という大酒飲み)は、五斗も飲んでからでないと、意識がはっきりしないのだ)。〈杜甫・飲中八仙歌〉 二「方皇(ホウコウ)」「方羊(ホウヨウ)」は、さまようさま。仿偟(ホウコウ)。仿佯(ホウヨウ)。

日本語での用法《かた》①「あの方(かた)・お二方(ふたかた)」▼他人を敬意をこめて呼ぶ呼びかた。②「賄(まかな)い方(かた)・裏方(うらかた)」▼係。役割。

古訓 中古 あたる・かた・けた・さかり・すでに・すみ・たくらぶ・ただす・ために・たもつ・つねに・ところ・ならぶ・のり・はじむ・はじめ・ひたふと・まさに・また・みざかり・みち・より・よる 中世 あたり・あたる・かた・かたがた・けた・さかり・すでに・たくらぶ・ただす・たもつ・ならぶ・のり・はじむ・はじめて・まさ・まさに・また・みち 近世 いかだ・いた・かた・くに・けた・たぐひ・たくらぶ・ただし・たもつ・つね・てだて・ならべる・のっとる・のり・はかる・まさに・みち・むかふ

人名 あたる・か・しげ・すけ・たか・ただし・たもつ・つね・なみ・のり・ひとし・ふさ・まさ・み・みち・やす・より

難読 方便(てだて)・方便(たばかり)・片方(かたえ)・後方(しりえ)

【方案】ホウアン ①回①計画。もくろみ。②決まり。方針。

【方位】ホウイ ①東西南北と、その間をさらに細分した方角。②陰陽道(オンミョウドウ)で、方角のよしあし。例 ―を占う。

【方円】【方員】ホウエン 四角と丸。例 不レ以二規矩一不レ能レ成二方員一(キクをもちいざればホウエンをなすことあたわず)(=定規・コンパスを用いなければ四角や丸を作ることはできない)。〈孟子・離婁上〉→【水随二方円器一(みずはホウエンのうつわにしたがう)】(746ペー)

【方外】ホウガイ ①区域の外。域外。②国の外。異民族の地。例 恩沢―に及ぶ。③俗世の外。世俗のことにわずらわされない世界。

【方角】ホウガク 回(基準になる地点から見た)ある場所の方向。

【方眼】ホウガン ①四角い穴。②回 たてよこに連続した、同じ大きさの正方形。例 ―紙(ホウガンシ)。

【方軌】ホウキ ①車を並べる(キをならぶ)。〔「軌」は、わだちの意〕馬車が並んで進む。②平坦(ヘイタン)な道。③肩を並べる。④品行方正である。

【方技】【方伎】ホウギ 医術・神仙術・天文学・占術などの総称。方術。

【方形】ホウケイ 四角形。

【方計】ホウケイ はかりごと。計略。方略。

【方潔】ホウケツ 〔方正潔白の意〕おこないが正しく心が清い。

【方言】ホウゲン ①ある地方の、ことばの体系。例 琉球(リュウキュウ)―。②共通語とは違う、その地方独特のことばや言いまわし。対 共通語。

【方▼壺】ホウコ ①口が四角で腹が丸いつぼ。②渤海(ボッカイ)のはるか東にあって、神仙が住むという伝説上の島。

【方向】ホウコウ ①進んだり、指し示したりする、むき。方角。例 左の―。②目ざすところ。めあて。例 ―づけ。

【方今】ホウコン ちょうどいま。まさに現在。当今。現今。今日(コンニチ)。例 ―の世相。

【方冊】ホウサク 書籍。書物。方策。〔「方」は木の板を、「冊」は竹簡や木簡をつなぎあわせたもの。紙のなかった時代、これらに文章を書いたことから〕

【方策】ホウサク ①書物。記録。方冊(ホウサク)。〔「方」は木の板、「策」は竹の札。紙のなかった時代には、これらに文章を書いた〕②ものごとを処理するための方法や手段。例 万全の―を立てる。

【方士】ホウシ 方術を使う人。占術・医術などをおこなう人。

【方志】ホウシ 〔「志」は「誌」で、記す意〕地方の風土や習俗、産物などについての記録。

【方式】ホウシキ 回 一定のしかた。決まったやり方。例 ―に従う。

【方舟】ホウシュウ 一 舟を二艘(ソウ)並べていかだのようにつなぐ。また、その舟。二(はこぶね) 回 四角い形の舟。箱舟。例 ノアの―。

【方術】ホウジュツ 天文学や占い、仙術・医術などの術。

【方丈】ホウジョウ ①一丈(=約三メートル)四方。②〔仏〕寺の中の住職の居間。また、住職。③神仙が住むという、海の中の山。

【方針】ホウシン ①方位を示す磁石の針。②ものごとを進めるにあたっての、方向ややり方の原則。例 ―を立てる。

【方陣】ホウジン ①兵士を四角形に配置した陣形。方形の陣。②回 正方形を区切って、たて・よこ・ななめの、どの合計も同じになるように数を並べたもの。魔方陣。

【方寸】ホウスン 〔一寸(=約三センチメートル)四方の意〕①ごくせまい面積。例 ―の地。②〔心は胸の中の一寸四方の部分にあるとされたことから〕心の中。胸のうち。例 今已失二老母一方寸乱矣(いますでにロウボをうしないてホウスンみだる)(=今老母を亡くしてしまい心が乱れている)。〈蜀志・諸葛亮伝〉

【方正】ホウセイ ①きちんとしていて正しいこと。方直。例 品行―。②漢代、民間の優秀な人材を官吏に登用する際の試験科目の一つ。

【方相氏】ホウソウシ 周代の官名。クマの皮をかぶり、四つ目の仮面に黒い上着と赤いはかまを着て、矛(ほこ)と盾(たて)とを持って病気や悪霊(アクリョウ)、妖怪(ヨウカイ)などを追い払う役。

【方内】ホウダイ・ホウナイ 国内。天下。

【方宅】ホウタク 四角い土地。例 方宅十余畝(ホウタクジュウヨホ)(=(わたしの)四角い土地は十畝(ポ)あまり)。〈陶淵明・帰園田居〉

【方直】ホウチョク 正しくて乱れがない。方正。

【方鎮】ホウチン 地方の守備や治安に当たる軍事長官の総称。

【方程式】ホウテイシキ ①〔数〕未知数を含む等式のうち、その未知数に特別の数値を与えたときに成立するもの。例 ―の解。②回 あることをなしとげる確実な方法。例 勝利の―。

【方途】ホウト 進むべき道。ものごとを処理するために、とるべき方法。手段。例 解決のための―を示す。

【方土】ホウド ①地方。②風土。各地の風俗・産物など。

【方伯】ホウハク ①殷(イン)・周代、各地に置かれた諸侯の長。②地方長官。

【方便】ホウベン ①〔仏〕仏が人々を救うために使う、仮の手段。②回 ある目的のために、便宜的にとる手段。例 うそも―。

【方法】ホウホウ ある目的を果たすためのやり方。手段。方式。

【方法論】ホウホウロン 回 学問研究の方法についての理論や論議。

【方方】㊀いろいろな方面。あちこち。例—探して歩く。例来賓の—。㊁かた 日「ひとびと」の丁寧な表現。みなさま。—(=おのおのがた)、ご油断めさるな。

【方命】メイにさからう｜メイをやぶる 命令を放棄する。放命。

【方面】①その方向の地域。例関西—。②日それに関する分野や領域。例各—の意見を求める。

【方▼輿】大地。〔大地は方形で輿(=万物を載せるもの)と考えられていたことから〕

【方略】はかりごと。計略。方計。例—をめぐらす。

●裏方・遠方・親方・快方・漢方・西方・他方・三方・四方・上方・先方・双方・地方・当方・東方・殿方・八方・平方・味方・行方・立方・両方

於

方4(8) 1 1787 65BC 人

㊀オ(ヲ)漢 ウ呉 虞 wū ㊁ヨ漢 オ(ヲ)呉 魚 yú

お-いて・お-ける

なりたち ［象形］カラスの形。「烏ゥ」の古字。借りて助字などに用いる。

意味 ㊀❶カラス科の鳥。カラス。通烏ゥ。例於鵲ジャク。❷なげくことば。ああ。例於乎ああ。❸⇩【於菟トオ】❹⇩【於邑ユウ】

㊁❶「…(に)おいて(す)」と読み、場所や時間などをあらわす。例争レ利者於レ市(=利益を得ようとする者は市場でする)。〈史記・張儀伝〉❷あとに来る語に「…に」「…を」と送りがなを付す助字で、動作の対象や目的をあらわす。訓読では読まない。例己所レ不レ欲、勿レ施二於人一(=自分がしてほしくないことを、他人に対しておこなってはいけない)。〈論語・衛霊公〉 君子博学二於文一(=一人前の人間は、たくさんの書物を学んでいるものだ)。〈論語・雍也〉❸あとに来る語に「…より」と送り仮名を付す助字で、起点や比較をあらわす。訓読では読まない。例青取二之於藍一、而青二於藍一(=青の染料は植物のアイから取れるが、アイよりも青い)。〈荀子・勧学〉

古訓 中古 あ・いづくぞ・いづくにか・うへ・おいてす・おく・ここに・これ・むつまし・より・よりも 中世 ああ・おいて・おく・に・より・よりも 近世 ああ・おいて・かはる・に・ゆく

【於越】春秋時代の越の国のこと。于越ウエツ。

【於▼乎】【於呼】【於戯】ああ 驚き・悲しみ・喜び・嘆きなど、ものごとに強く感じたときに出す声。嗚呼ああ。嗟乎ああ。

【於▼菟】トオ トラの別名。〔春秋時代の楚ソの方言〕

【於▼邑】【於▼悒】ユウ ①憂える。気分がふさがる。②むせび泣く。嗚咽オエツする。

施

方5(9) 1 2760 65BD 常用

㊀シ漢 セ呉 支 shī ㊁イ漢 支 yí ㊂イ漢 寘 yì ㊃シ漢呉 紙 shǐ

ほどこす・ほどこし・し-く

筆順 丶 亠 方 方 扩 於 施 施

なりたち ［形声］「㫃(=旗がひるがえるさま)」と、音「也ヤ…→シ」とから成る。旗がゆらぐさま。借りて「しきおよぼす」の意。

意味 ㊀❶実行する。広く行きわたらせる。しく。ほどこす。例施行シコウ。施政シセイ。実施ジッシ。❷お金や品物を与える。めぐむ。ほどこす。ほどこし。例施肥セヒ。施米セマイ。布施フセ。㊁よこざま。ななめ。ななめに進む。通迤イ。例施従イジュウ。㊂のびる。つづく。ひく。例功施到レ今(=功績は現在まで及んでいる)。〈史記・李斯伝〉㊃❶見すてる。すてる。例君子不レ施二其親一(=君子は自分の親族を見捨てない)。〈論語・微子〉❷ゆるめる。免除する。通弛シ。例施刑シケイ(=刑をゆるめる。罪をゆるす)。

古訓 中古 あたふ・うつす・おく・おこなふ・しく・すつ・つく・はづす・はふ・ほどこす・まうく・もちゐる・ゆるす・ゆるなり・ゆるふ・わたる 中世 うつす・うつる・おこなふ・はる・ほどこす・もちゆ・ゆるす 近世 あたへる・およぶ・くはふ・しく・はる・ひらめく・ほどこす・まうくる・めぐむ・もちゆる

人名 のぶ・はる・ます・もち

【施従】イジュウ｜ななめにしたがう よこざまに見え隠れして進む。例施二従良人之所一レ之(=夫のゆくあとを見え隠れしながらついて行った)。〈孟子・離婁下〉

【施為】イシ おこなう。おこない。行為。

【施工】シコウ｜セコウ 工事を実際におこなう。実施。例—主しぬ。

【施行】㊀シコウ｜セコウ ①実際におこなう。実施。例悉以咨レ之、然後施行(=一つ一つ諮問したあとで実行する)。〈諸葛亮・出師表〉②法律などが有効なものとして実際に用いられる。例—令。㊁セギョウ 〔仏〕僧や貧しい人にものを与えること。

【施策】シサク｜セサク 日政治家や役人などが、計画や対策を立てて、実際におこなう。また、実行すべき計画や対策。例福祉に対する—。—を誤る。

【施舎】シシャ ①ほどこす。めぐむ。②労役を免除すること。③興ることとすたれること。④旅館。宿屋。

【施政】シセイ 実際に政治をおこなうこと。また、その政治。例—方針。

【施設】シセツ ①実行する。とりおこなう。②日ある目的のためにもうけられた建物や設備。例公共—。③日社会福祉のための建物や設備。特に、母子寮や老人ホームなど。

【施餓鬼】セガキ 〔仏〕法会ホウエの一つ。餓鬼道に落ちて飢えに苦しむ亡者や、弔う人のいない亡者のためにする供養クヨウ。

【施業】シギョウ｜セギョウ 日業務をおこなう。特に、森林の管理についていう。

【施主】セシュ ①〔仏〕寺や僧にお金やものをほどこす人。②日〔仏〕葬式や法事を、中心になってとりおこなう人。③日家を建てるときの建て主しぬ。施工主しぬ。

【施錠】セジョウ 日かぎをかける。例校門に—する。

【施肥】セヒ 日植物に肥料を与える。

【施米】セマイ 日僧や貧しい人に米を与えること。また、その米。

【施物】セモツ 僧や貧しい人に与える品物。

【施薬】セヤク (貧しい)病人にくすりを与えること。また、そのくすり。例—院。

【施与】セヨ｜シヨ ほどこしあたえる。また、あたえるもの。例施二与貧困一(=貧しい人にほどこしをする)。〈韓非・姦劫弑臣〉—を受ける。

【施療】セリョウ 日①貧しい人のために、無料で病気やけがの手当てをする。例—院。②病気などを治療する。加療。例患者を—する。

●実施ジッシ・布施フセ

斿

方5(9) 4 1377 65BF

㊀ユウ(イウ)漢 尤 yóu ㊁リュウ(リウ)漢 尤 liú

意味 ㊀あそぶ。通遊。㊁旗の吹き流し。はたあし。通旒リュウ。例斿旐チョウリュウ(=はたあし)。

旂

方6(10) 4 1378 65C2

キ漢 微 qí

はた

意味 さおに鈴がつき、竜が描かれた号令用の旗。はた。例旂旗キキ(=はた)。竜旂リュウキ｜キリョウ。

旃

方6(10) 2 5851 65C3

セン漢呉 先 zhān

はた・はたのえ

意味 ❶曲がった柄(え)につけた赤色無地の旗。**はた**。**はたのえ**。例 旃旌(センセイ)(=旗)。❷毛織物。通 氈(セン)。例 旃裘(センキュウ)。❸⇩

【旃檀】(センダン)

【旃▼裘】(センキュウ) ①北方の遊牧民が着る、獣毛を織って作った服。氈裘(センキュウ)。②北方の異民族。

【旃▼檀】(センダン) ①香木の一種。インド産のビャクダン科の常緑高木。幼木のうちからかんばしいので、大成する人が幼時からひいでることのたとえとされる。栴檀(センダン)。②日 センダン科の落葉高木。楝(おうち)。栴檀。

【旃毛】(センモウ) 毛織物に用いる毛。氈毛(センモウ)。

旆

方6 (10) 2 5852 65C6

ハイ 漢 泰 pèi

はた

意味 ❶旗のふちかざり。❷旗の総称。**はた**。例 旆旌(ハイセイ)。旋旆(センパイ)(=旗の向きを変える)。

【旆▼旌】(ハイセイ) 〔「旌」も、旗の意〕はた。旌旗(セイキ)。旌旆(セイハイ)。

【旆旆】(ハイハイ) ①旗が垂れ下がっているさま。〔一説に、旗がひるがえるさま〕②草木がさかんに茂っているさま。

旁

方6 (10) 2 5853 65C1

一 ホウ(ハウ)漢 ボウ(バウ)呉 陽 páng

二 ホウ(ハウ)漢 漾 bàng

三 ホウ(ハウ)漢 庚 bēng

かたわ-ら(かたはら)・つくり・かたがた

意味 一 ❶広くゆきわたる。あまねく。例 旁引(ボウイン)。旁証(ボウショウ)。❷わき。そば。かたえ。**かたわら**。通 傍。例 旁観(ボウカン)。旁若無人(ボウジャクブジン)。道旁(ドウボウ)。❸漢字を構成する右側の部分。**つくり**。対 偏。例 戈旁(ほこづくり)。偏旁冠脚(ヘンボウカンキャク)。❹横。例 旁行(ボウコウ)。❺⇩【旁魄】(ボウハク) 二 寄りそう。よる。通 傍。三 ⇩【旁旁】(ホウホウ)

日本語での用法 《**かたがた**》①「御機嫌伺(ゴキゲンうかが)い旁(かたがた)差(さ)し上(あ)げたいものがございます」▼…のついでに。②「それはたしかに問題(モンダイ)で、旁(かたがた)規定(キテイ)を検討(ケントウ)すべき時(とき)にきている」▼そういうことならそれで。いずれにせよ。

【旁引】(ボウイン) 多くの資料を広く調べて用いる。博引(ハクイン)。

【旁観】(ボウカン) かかわりあいにならずに、そばで見ている。傍観。

【旁求】(ボウキュウ) 広くさがしもとめる。

【旁系】(ボウケイ) 日 直系から分かれ出た、つながり。傍系。対 直系。例 —親族。

【旁午】(ボウゴ) ①縦横に交錯する。入り乱れる。②いたるところ。四方八方。

【旁行】(ボウコウ) ①あまねくめぐる。②あまねくゆきわたる。③文章を横書きする。④変な歩き方をすること。横歩き。

【旁若無人】(ボウジャクブジン) そばに人がいないかのように、勝手なふるまいをすること。傍若無人。〔「已而相泣、旁若ᐨ無ᐨ人者ᐨ(すでにしてあいなき、かたわらにひとなきがごとし)(=みんなで泣きだしてしまい、まわりの人のことなど気にしていないようだった)。〈史記・刺客伝・荊軻〉」から〕

【旁証】(ボウショウ) ①広くさまざまな資料を引いて証明する。②側面から証明する。また、間接的な証拠。傍証。

【旁通】(ボウツウ) あらゆることについて詳しく知っている。

【旁▼魄】【旁薄】【旁▼礴】(ボウハク|ホウハク) ①混ぜ合わせる。例 将ᐨ旁ᐨ礴万物ᐨ以為ᐨ一(まさにバンブツをホウハクしてもってイツとなさんとす)(=万物を混ぜ合わせて一つにしようとする)。〈荘子・逍遥遊〉②つつみこむ。おおう。満ちる。例 —としてわだかまる。

【旁旁】(ホウホウ) ウマが駆け回ってとまらないさま。

旄

方6 (10) 2 5854 65C4

一 ボウ 漢 豪 máo

二 ボウ 漢 号 mào

意味 一 ❶カラウシの尾を飾りにつけた旗。はた。例 旌旄(セイボウ)(=軍隊での指揮用の旗)。❷カラウシの尾の毛。通 氂(ボウ)。❸毛の長いウシ。カラウシ。例 旄牛(ボウギュウ)。二 八、九十歳の老人。としより。通 耄(ボウ)。

［旄 一❶］

【旄牛】(ボウギュウ) 毛の長いウシ。カラウシ。

旅

方6 (10) 1 4625 65C5 教3

リョ 漢 呉 語 lǚ

たび

［旅］ 方6 (10) F983 旧字体。

筆順

なりたち

［会意］「㫃(=旗がひるがえるさま)」と「从(=ともにする)」とから成る。兵士五百人からなる軍隊。

意味 ❶軍隊。周代で、五百人の部隊。例 旅団(リョダン)。軍旅(グンリョ)。師旅(シリョ)。❷隊を組んで、めぐりあるく。**たび**。例 旅客(リョカク)。逆旅(ゲキリョ)。❸故郷や自宅を離れる。例 羇旅(キリョ)(=他国に身を寄せている人)。❹多くのものが集まる。また、多くの人々。例 里旅(リリョ)(=村里の群衆)。❺背骨。通 膂(リョ)・呂(リョ)。例 旅力(リョリョク)。❻易の六十四卦(カ)の一つ。☲☶ 艮下離上(ゴンカリショウ)。山の上に火がある象。❼植物が野生する。自生する。

古訓 中古 いくさ・たび・たむろ・つらぬ・のぶ・やどる 中世 おほし・たび・たむろ・つらぬ・のぶ・もろもろ・やどる 近世 いくさ・せじし・たび・たびびと・つらぬる・みち・もろもろ

人名 たか・もろ

【旅路】(たびじ) 日 ①旅行でたどる道。旅行のコース。例 —の果て。②旅行。例 死出の—。

【旅寝】(たびね) 日 旅行先に泊まること。旅枕(たびまくら)。例 山の宿で一夜の—をする。

【旅籠】(はたご) 日 ①「旅籠屋(はたごや)」の略。旅館・宿屋の昔風の言い方。②昔、旅行のときに、食べ物や身の回りの品などを入れたかご。

【旅客】(リョカク|リョキャク) 旅をする人。旅行者。例 —機。

【旅館】(リョカン) 旅行者の宿泊や食事の世話をする宿。

【旅銀】(リョギン) 日 旅費の昔風の言い方。路銀。〔金とともに銀も通貨として用いられていたのでいう〕

【旅券】(リョケン) 日 海外旅行者に本国政府が発行する身分証明書。パスポート。

【旅行】(リョコウ) 家を離れて、よその土地へ出かける。たび。

【旅思】(リョシ) 旅路(たびじ)での思い。旅愁。旅情。

【旅次】(リョジ) 旅のやどり。また、旅の途中。例 パリでの—。

【旅舎】(リョシャ) 旅館。類 旅店。

【旅愁】(リョシュウ) 旅に出て感じられるもの悲しい気持ち。例 —をなぐさめる。

【旅酬】(リョシュウ) 酒宴における儀礼の一つ。集まった人々が順々に酒をすすめて、互いに杯をくみかわすこと。

【旅宿】(リョシュク) 旅先で、泊まる。旅泊。また、ホテルや旅館など、旅行中に泊まる宿。

【旅情】(リョジョウ) 旅先で味わうしみじみとした思い。例 —にひたる。

【旅食】(リョショク) ①庶民で官位にある者。任官直後で、正式な俸禄(ホウロク)がまだもらえない者。〔おおぜいで一緒に役所で食事をすることから〕②他郷で暮らすこと。

【旅人】(リョジン) ①官名。平民で官位のある者。②(たびびと) 旅行者。

【旅生】(リョセイ) 種をまかないのに生える。自生。野生。例 野穀旅生(ヤコクリョセイす)(=野生の穀物が生える)。〈後漢書・光武紀上〉

【旅装】リョソウ 旅行中の服装。旅じたく。例─を解く。
【旅団】リョダン 日軍隊の編制単位の一つ。師団より下、連隊より上の規模。例─長。
【旅程】リョテイ ①旅行の道のり。行程。②旅行の日程。スケジュール。例─表。
【旅亭】リョテイ 宿屋。旅館。
【旅中】リョチュウ 旅行しているあいだ。旅行中。
【旅泊】リョハク 旅に出て泊まる。旅宿。
【旅費】リョヒ 日旅行にかかる費用。特に、交通費と宿泊費。
【旅力】リョリョク ①すべての力。もろもろの力。②背骨の力。また、筋肉の力。体力。膂力リョリョク。
◐軍旅グンリョ・逆旅ゲキリョ・長旅ながたび

旌
方7（11） ②5855 65CC
セイ漢 庚 jīng
あらわ-す（あらは-す）・はた

意味 ❶羽飾りをつけた旗。使節の旗じるし。はた。例 旌旗セイキ。❷（旗を与えて）表彰する。はっきりとほめたたえる。あらわす。例 旌表セイヒョウ。❸識別する。見わける。例 旌別セイベツ。
【旌旗】セイキ はた。旆旌ハイセイ。類 旌旆セイハイ。例 旌旗無レ光日色薄セイキひかりなくニッショクうすし（＝《天子の》旗も色あせ、陽光も弱々しい）。〈白居易・長恨歌〉
【旌▼麾】セイキ ①軍の指揮をするのに用いる旗。大将旗。②広く旗をいう。▽類 旌旄セイボウ。
【旌顕】セイケン よいおこないをほめたたえ、世の中に知らせる。表彰する。旌表。旌門。
【旌節】セイセツ ①使者がしるしとして持つ旗。〔竹製で、飾りに旄牛ボウギュウ（＝カラウシ）の尾がつく〕②旗と割り符。将軍が使者を派遣するときにさずけるもので、軍事権力の象徴。
【旌▼旆】セイハイ 旗。旌旗。
【旌表】セイヒョウ よいおこないをたたえて、世に広く知らせる。旌顕。旌門。〔忠義や孝養を尽くした人の家の門に天子が旗を立てて賞揚したことから〕
【旌別】セイベツ 区別する。識別する。例 善悪を─する。
【旌門】セイモン ①天子の行幸中、野外で食事をとる際に、周囲をおおった垂れ幕の入り口に旗を立ててつくった門。②「旌表セイヒョウ」に同じ。

旋
方7（11） ①3291 65CB 常用
━セン漢 先 xuán
━セン漢 霰 xuàn
めぐ-る

筆順
なりたち ［会意］「㫃（＝旗がひるがえるさま）」と「疋（＝はたざお）」とから成る。旗で兵士を指揮する。派生して「めぐる」の意。
意味 ━❶ぐるりとまわって、もどってくる。かえる。例 旋帰センキ。凱旋ガイセン。❷ほしいまま。思い通りに。例 旋沽レ酒ほしいままにさけをかう（＝思う存分酒を買う）。〈李白・少年行〉❸小便をする。━ぐるぐるまわる。めぐる。例 旋回センカイ。旋転センテン。螺旋ラセン。
古訓 中古 かへる・ほしいまま・めぐる・もとほる・ゆばりまる 中世 いばり・かへる・つじ・ほしいまま・まはる・まろぶ・めぐる・もとほし・やや・ゆばり・ゆばりまる 近世 いばり・おひまはす・かへる・まとふ・めぐる・やや
難読 旋風かぜ・旋覆花おぐるま・旋毛つむじ
【旋頭歌】セドウカ 日五・七・七・五・七・七の六句から成る和歌の形式。『万葉集』に多くみられる。
【旋回】【旋▼廻】センカイ ①めぐらす。方向転換させる。②ぐるぐるまわる。例 上空を─する。
【旋帰】センキ めぐって、もとにもどる。
【旋▼踵】センショウ ①かかとをぐるりと回して、向きを変えること。転じて、ごく短い時間。②しりぞくこと。
【旋転】センテン くるくると回る。回転。
【旋盤】センバン 日加工する材料を回転させながら、削ったり切ったり、ねじ山を作ったりする工作機械。
【旋風】センプウ ①気圧の変化などで起こる、渦巻き状の風。つむじ風。②日突然起こった、世間を驚かすようなできごと。また、その影響。例 角界に─をまきおこした力士。
【旋毛】センモウ 渦を巻くように生えている毛。つむじ。
【旋律】センリツ 日音の高低と長短の組み合わせによってできる音の流れ。ふし。メロディー。
◐周旋シュウセン

族
方7（11） ①3418 65CF 教3
ソク漢 ゾク呉 屋 zú
やから

筆順
なりたち ［会意］「㫃（＝むらがるさま）」と「矢（＝や）」とから成る。矢じり。派生して「やから」の意。
意味 ❶同じ仲間のグループ。みうち。やから。例 一族イチゾク。家族カゾク。親族シンゾク。❷同じ種類のもの。例 魚族ギョゾク。語族ゴゾク。水族館スイゾクカン。❸集まる。むらがる。通 簇ゾク。例 雲気不レ待ニ族而雨一ウンキあつまるをまたずしてあめふる（＝雲が十分集まらないうちに雨が降る）。〈荘子・在宥〉❹一族全員を死刑にする。例 族殺ゾクサツ。
古訓 中古 えだ・こはし・しふ・やから・ゆかり 中世 あつまる・たぐひ・やから・ゆかり 近世 あつまる・たぐひ・やから・やじり・ゆかり
人名 えだ・つぎ・つぐ
【族殺】ゾクサツ 一人の罪によって、一族の者を一人残らず死刑にする。族滅。
【族子】ゾクシ ①親類や一族の子。②兄弟の子。
【族称】ゾクショウ 日明治の制度で、国民の身分の呼び名。華族・士族・平民があった。たとえば「東京府華族」「山形県士族」「愛知県平民」などといった。
【族生】ゾクセイ 植物がむらがり生える。叢生ソウセイ。表記 旧▼簇生
【族制】ゾクセイ 日家族制度や氏族制度など、血のつながりによる集団の決まり。
【族姓】ゾクセイ ①同姓の親族。②一族の姓。家柄。③有名な家柄。例 世為ニ族姓一よよゾクセイたり（＝代々有名な家柄であった）。〈後漢書・独行伝・陸続〉
【族党（黨）】ゾクトウ 一族とその家来。一族郎党。類 族隷。
【族望】ゾクボウ ①名望のある家柄。②一族内での人望。
【族滅】ゾクメツ 一族をほろぼす。族殺。
【族類】ゾクルイ ①同族の者。一族。②同類。
◐遺族イゾク・王族オウゾク・貴族キゾク・血族ケツゾク・豪族ゴウゾク・氏族シゾク・種族シュゾク・部族ブゾク・民族ミンゾク

旉
方7（11） ④1379 65C9
フ漢呉 虞 fū
意味 のべひろげる。しく。通 敷。

旔
方9（13） ④1380 65D4
ケン漢 願 jiàn
意味 すばやい。はやい。

旒
方9（13） ②5856 65D2
リュウ（リウ）漢 尤 liú
意味 ❶旗の先に垂らした飾り。はたあし。例 旒旗リュウキ。❷冠の前後に垂らす玉飾り。たまだれ。例 旒冕リュウベン。
日本語での用法《リュウ》「一旒イチリュウの旗はた」▼旗や幟のぼりを数えることば。

【旒旗】キリュウ 垂れ飾りのついた、はた。
【旒▼冕】ベンリュウ 前後に玉飾りを垂らした冠。高貴の人がかぶる。冕旒ベンリュウ。

旗

方10（14） 1 2090 65D7 教4

キ 漢 呉 支 qí
はた

筆順 ゛ 方 方 扩 旃 旃 旗 旗

なりたち 形声 「㫃（＝はたがひるがえるさま）」と、音「其キ」とから成る。兵士がその下に集合する、クマやトラを描いたはた。

意味 ❶布や紙でつくり、さおなどにつけて掲げる、国や団体などのしるし。**はた**。例 軍旗グンキ。校旗コウキ。国旗コッキ。❷清朝シンチョウの軍事や行政の組織。例 旗人キジン（＝八旗に所属した者）。八旗ハッキ。❸二十八宿の一つ。みぼし。通 箕キ。

古訓 中古 あらはす・はた 中世 あらはす・はた 近世 あらはす・しるし・しるしのはた・はた・ほし

人名 たか

【旗下】カキ 大将の旗のもと。麾下キカ。
【旗艦】キカン 日 司令官または司令長官が乗って、艦隊の指揮をする軍艦。
【旗鼓】キコ ①軍隊の旗と太鼓。転じて、軍隊の命令。例 信建ニ大将之旗鼓一シンタイショウのキコをたつ（＝韓信カンシンは大将の旗印を掲げた）。〈史記・淮陰侯伝〉②兵力。軍勢。例 —堂々。
【旗▼幟】キシ ①（昔、戦いで使われた）旗印はたじるし。軍旗。②日 はっきり示された態度。立場。主義主張。旗色キショク。
【旗▼幟鮮明】キシセンメイ 日 旗印はたじるしが鮮やかで、まぎれのないこと。主義主張や、態度・立場をはっきりあらわすこと。
【旗手】キシュ ①軍隊やスポーツの団体などで、そのしるしとなる旗を持つ役目の人。②ある運動や思潮の先導をする人。
【旗章】キショウ 旗の模様。旗印はたじるし。国旗・軍旗・校旗・社旗などについていう。例 英国の—は、ユニオンジャック。
【旗色】キショク 日 ①はたいろ 勝敗や、また、広くものごとのなりゆき。形勢。例 —はたいろが悪い。②立場。主張。旗幟キシ。
【旗亭】キテイ 〔目じるしとして旗を立てたことから〕①居酒屋。料理屋。②はたごや。宿屋。
【旗▼旄】キボウ 〔「旄」は、カラウシの尾〕カラウシの尾をさおの先につけた旗。大将の旗。
【旗門】キモン ①旗を立てた門。②日 スキーの回転競技で、その間を通るべきものとしてコース上に設けられる、一対の旗。
【旗頭】はたがしら 日 その地方の武士団のかしら。一派の首領。
【旗指物】はたさしもの 日 武士がよろいの背中にさして、戦場での目印にした小旗。
【旗印】はたじるし 日 ①昔、戦場で目印として旗につけた紋所や文字などの、しるし。馬印うまじるし。例「風林火山」の—（＝武田信玄たけだシンゲンのもの）。②団体などが掲げる、運動の方向性を示した目標。スローガン。例 平和を—として掲げる。
【旗日】はたび 日 〔国旗を掲げて祝うことから〕国民の祝日。
【旗本】はたもと 日 ①陣中で大将のいるところ。本陣。本営。②江戸時代、直参ジキサン（＝将軍直属の家臣）で、将軍に直接面会できる身分の者。
●国旗コッキ・日章旗ニッショウキ・反旗ハンキ・半旗ハンキ

[旙]

方12（16） ⇩旛ハン（615ページ）

旛

方14（18） 2 5857 65DB

ハン 漢 バン 呉 元 fān
はた

[旙]

方12（16） 2 5858 65D9 別体字。

意味 幅が広く、長く垂れ下がった旗。**はた**。通 幡ハン。

71 4画 无（旡・旡） なし むにょう すでのつくり 部

「ない」の意をあらわす「无」と、字形のよく似た「旡」をもとにしてできている漢字とを集めた。

0 615 无 旡 5 615 既 7 616 旣 旣

この部首に所属しない漢字
蠶→虫 1171

无

无0（4） 2 5859 65E0

ブ 漢 ム 呉 虞 wú
な-い（な-し）

意味 **ない**。通 無。例 无量寿仏ムリョウジュブツ（＝寿命に限りのない仏、すなわち阿弥陀仏アミダブツ）。

参考 「無」の古字。「無」の簡体字として用いられている。

難読 无墓なしはか・无墓なはかい・无頼ブライ（＝無頼）

【无妄】ボウ—ムモウ—ボウムモウ ①易キエの六十四卦カの一つ。☳☰ 震下乾上シンカケンショウ。天の下で雷が動く象。②いつわりがないさま。③思いがけないさま。▽無妄ボウム。

旡

旡0（4） 2 5860 65E1

キ 漢 未 jì
む-せる（む-す）

意味 飲食物などが、のどにつまる。**むせる**。

参考 「欠ケン（＝あくび）」を左右反対向きにした形。

既

旡5（10） 1 2091 65E2 常用

キ 漢 呉 未 jì
すでに

[旣]

旡7（11） 3 8511 FA42 旧字体。

[旣]

旡7（11） — 65E3 本字。

筆順 ᄀ ヨ 艮 艮 既 既 既

なりたち 形声 「皀（＝穀物のよいかおり）」と、音「旡キ」とから成る。食べつくす。

意味 ❶ことごとく…する。つきる。つくす。例 皆既日食カイキニッショク。❷「**すでに**」と読み、もう・とっくに、の意。ものごとが、もはやなされていることを示す。対 未。例 宋人既成レ列ソウひとすでにレツをなす（＝宋国の軍隊は、もう列をととのえ終わっていた）。〈左伝・僖二二〉既往キオウ—すでにゆく。既存キソン—すでにソンす。

古訓 中古 かさぬ・ことごとく・すでに・つきたり 中世 ことごとく・すでに・つく・をはる 近世 くらふ・すこし・すでに

人名 つき

難読 既望いざよい

【既往】キオウ 過ぎてしまった昔。過去。已往イオウ。例 既往不レ咎キオウはとがめず（＝過去のことはとがめない）。〈論語・八佾〉
【既往症】キオウショウ 日 過去にかかったことのある病気。
【既刊】キカン すでに刊行したこと。また、その書物。対 未刊。
【既決】キケツ ①すでに決定したこと。例 —の書類。②日〔法〕判決がすでに確定したこと。例 —囚。▽対 未決。
【既婚】キコン 結婚して、妻または夫がいること。対 未婚。
【既習】キシュウ すでに学習したこと。対 未習。例 —の漢字。
【既述】キジュツ すでに前に、のべたこと。前述。
【既遂】キスイ （犯罪を）すでにしてしまったこと。対 未遂。
【既成】キセイ すでにできあがって存在していること。例 —政党。—の事実。
【既済】キセイ 一 易キエの六十四卦カの一つ。☵☲ 離下坎上ウ。水が火の上にある象。□二サイキ 日事がすでにすんだこと。決済や返済などがすでに終わっていること。対未済。

【既製】キセイ 品物がすでにできあがっていること。例 —服。

【既存】キソン|キゾン すでに存在している。例 —の施設。

【既知】キチ すでに知っていること。また、知られていること。対未知。例 —数。—の情報。

【既知数】キチスウ ①〔数〕方程式の中で、値(あたい)がわかっている数。②内容や値打ちなどが、すでにわかっているもの。▽対未知数。

【既定】キテイ すでに決定していること。対未定。例 —の事実。—の方針を守る。

【既倒】キトウ すでにたおれたこと。例 廻二狂瀾於既倒一(キョウランをキトウにめぐらす)(=崩れかかった大波を元通りにする。悪くなった形勢を回復させる)。〈韓愈・進学解〉

【既得】キトク すでに自分のものとしてもっていること。例 —権(=すでに得ている権利)。

【既報】キホウ すでに報告・報道したこと。例 —の事件。

【既望】キボウ 陰暦で十六日のこと。また、十六日の月。〔望月(もちづき)(=満月。十五日)を過ぎた日をいう〕

【既▼而】すでにして まもなく。引き続いて。例 楚子賜二之金一、既而悔レ之(ソシこれにキンをたまう、すでにしてこれをくゆ)(=楚子は金を与えたが、すぐにそれを後悔した)。〈左伝・僖一八〉

［旣］旡7(11) ⇩既キ(615ジペー)

［旣］旡7(11) ⇩既キ(615ジペー)

72 4画

日 ひ ひへん 部

太陽の形をあらわす。「日」をもとにしてできている漢字と、「日」の字形を目じるしにして引く漢字とを集めた。

この部首に所属しない漢字

［无(旡・旡)］7画▼既 既 ［日］0画▼日

日

日0(4) 1 3892 65E5 教1

ジツ漢 ニチ呉 質 rì

ひ・か

付表 日和(ひより)・明日(あす)・昨日(きのう)・今日(きょう)・一日(ついたち)・二十日(はつか)・二日(ふつか)

筆順 丨 冂 日 日

なりたち ［象形］欠けのない丸い輪郭をもつ太陽の形。

意味 ❶太陽。ひ。例 日光ニッコウ。日食ニッショク。白日ハクジツ。❷太陽が出ているあいだ。ひる。例 日夜ニチヤ。日中ニッチュウ。❸二十四時間のひとくぎり。例 日程ニッテイ。一日イチニチ。毎日マイニチ。❹日数を数えることば。か。例 三日ミッカ|サンニチ。❺まいにち。ひごとに。ひび。例 吾日三二省吾身一(われひにわがみをサンセイす)(=私は毎日何度も自分を反省する)。〈論語・学而〉日刊ニッカン。日記ニッキ。日進月歩ニッシンゲッポ。❻以前。さきに。例 日君乙レ使(さきにキミシにとぼし)(=以前、わが君は人材がとぼしかった)。〈左伝・襄三〉往日オウジツ。❼あるとき。いつか。例 後日ゴジツ。他日タジツ。来日ライジツ。❽「日本」の略。例 日中ニッチュウ。駐日チュウニチ。来日ライニチ。

日本語での用法 《ニチ》①「日州ニッシュウ・日豊ニッポウ」▼旧国名「日向(ひゅうが)(=今の宮崎県)」の略。②「土日ドニチ」▼「日曜日」の略。

古訓 中古 ひ・ひび・ひる・もと・やすし 中世 あかし・てらす・ひ・ひびに・ひる 近世 あかし・さきに・てらす・ひ・ひびに

人名 あき・あきら・てる・はる

難読 日照雨(そばえ)(=天気雨)・三十日(みそか)

【日月】ジツゲツ|ニチゲツ ①太陽と月。例 仲尼日月也、無二得而踰一焉(チュウジはジツゲツなり、えてこゆることなし)(=孔子は日月のようなものだ、越えることができない)。〈論語・子張〉②年月。つきひ。歳月。例 準備にかなりの—を費す。③皇帝・皇后のたとえ。

【日域】ニチイキ|ジツイキ ①日の出るところ。極東の地。②日の照らすところ。天下。③日 日本の別名。

【日▼烏】ニチウ 太陽。〔太陽の中には三本足のカラスがいるという伝説から〕

【日▼暈】ニチウン 太陽のまわりにできる虹色(にじいろ)の光の輪。日光が雲を通りぬけるときに屈折して起こる現象。

【日影】ニチエイ|ひかげ 日光。日ざし。また、日あし。例 —(ひかげ)がさす。

【日限】ニチゲン 締め切りの日。指定の期限。例 回答の—を定める。返済の—がせまる。

【日午】ニチゴ 正午。真昼。

【日時】ニチジ ①日と時刻。日どり。例 会議の—。②日 日数と時間。例 復興には—がかかる。

【日乗】ニチジョウ 〔「乗」は、記録の意〕毎日の記録。日記。例 断腸亭日乗ダンチョウテイニチジョウ(=永井荷風(ながいカフウ)の日記)。

【日常】ニチジョウ 日々の生活。つねひごろ。ふだん。平生ヘイゼイ。例 —生活。—茶飯事サハンジ。

【日舞】ニチブ 日「日本舞踊ニホンブヨウ」の略。対洋舞。

【日米】ニチベイ 日 日本と米国。

【日没】ニチボツ 太陽が沈むこと。日の入り。例 —が早い。

【日夜】ニチヤ ①昼と夜。昼夜。例 —を分かたぬ努力。②昼も夜も。つねに。いつも。例 —努力する。

【日用】ニチヨウ ふだん使うこと。例 —品。—雑貨。

【日▼傭】ニチヨウ|ひヨウ 一日単位の約束で働くこと。日雇い。

【日曜】ニチヨウ 日 週の第一日。日曜日。例 —大工。

【日輪】ニチリン 太陽。

【日暦】ニチレキ|ジツレキ ①こよみ。カレンダー。②歴史官が朝廷の日々の事績を書き記した記録。③日記。

【日録】ニチロク 日々のできごとの記録。日記。

【日和】□一ニチワ|□二ひより 日 ①日光がうららかである。例 —にめぐまれる。②よい天気。晴天。例 小春—(こはるびより)(=十一月ころの暖かい晴天の日)。行楽—。③「日和下駄(ひよりゲタ)」の略。晴れた日にはく、歯の低い下駄。

【日和見】ひよりみ 日〔船頭が空の様子を見て船を動かすことから〕どちらにつくのが有利か情勢をうかがっていて、自分の態度を明らかにしないこと。例 —主義。

【日華】(ニッカ) ①日の光。②日日本と中国。特に、日本と中華民国。

【日貨】(ニッカ) 日本から外国へ輸出した商品。例—排斥。

【日課】(ニッカ) 毎日必ずすることにしている事柄。例夕方の散歩を—にしている。

【日角】(ニッカク) ①額(ひたい)の中央部分の骨が隆起して太陽のような形になっている人相。帝王の骨相とされる。②人相術で、額の左の部分のこと。対月角。

【日刊】(ニッカン) 日(週刊・月刊などに対して)毎日刊行すること。また、その刊行物。例—紙。

【日記】(ニッキ) 毎日のできごとや感想などを書き記したもの。日録。日乗。日誌。例—帳。

【日▼晷】(ニッキ) 〔「晷」は、日かげの意〕①日かげ。②時間。③日時計。

【日脚】(ニッキャク) 一 雲間からさす太陽の光線。二(ひあし) 日太陽が出てから日が暮れるまでの時間。日足(ひあし)。例—が延びる。—が速い。

【日給】(ニッキュウ) ①毎日支給する。②日(時給・週給などに対して)一日あたりいくらと決めて、支払われる給料。日当。

【日興】(ニッキョウ) 一 日々の遊び。一日の楽しみ。例左相日興費二万銭一(サショウはニッキョウにバンセンをついやす)(=左丞相(サジョウショウ)は、酒宴を開く日々の遊興に一万銭の大金を使い果たす)。〈杜甫・飲中八仙歌〉二(ニッコウ) 日々にさかんになる。

【日勤】(ニッキン) ①毎日勤めはげむ。②日昼間の勤務。対夜勤。

【日系】(ニッケイ) 日①国籍は日本ではないが、日本人の血筋をひいていること。例—人。—三世。②会社などで、日本の資本や日本人が経営にかかわっていること。例—企業。

【日景】 一(ニッケイ) 日光。二(ニチエイ) 〔「景」は、影の意〕日かげ。

【日光】(ニッコウ) 日の光。太陽の光。例—写真。—浴。

【日参】(ニッサン) ①毎日役所へ出仕する。②日神社や寺へ毎日参拝する。③日たのみごとなどがあって毎日相手のところへ行く。

【日産】(ニッサン) 日(月産・年産などに対して)一日あたりの生産高、あるいは産出量。例—三万食の弁当工場。

【日子】 一(ニッシ) ①日付。日にち。②日数。③太陽の子。④生活。暮らし。二(ひこ) 日男子の美称。彦(ひこ)。対日女(ひめ)。

【日誌】(ニッシ) 毎日の業務やできごとなどの公的な記録。日記。

【日者】(ニッシャ) ①古代の占い師の一種。日々の吉凶を占う人。②先日。以前。さきごろ。

【日射】(ニッシャ) 照りつける日の光。太陽光線。ひざし。例—病。

【日収】(ニッシュウ) 日(月収・年収などに対して)一日あたりの収入。

【日照】(ニッショウ) 日の光が地上をてらすこと。例—権。—時間。

【日章旗】(ニッショウキ) 日〔「日章」は、太陽のしるしの意〕日の丸のはた。日本の国旗。

【日色】(ニッショク) ①太陽の色。②日光。

【日▼昃】【日▼仄】(ニッショク・ニッソク) 〔「昃・仄」は、傾く意〕太陽が西に傾きかけた時刻。昼下がり。昼過ぎ。午後二時ごろ。

【日食】【日▼蝕】(ニッショク) 月が太陽と地球の間にはいり、地球から太陽の一部または全部が見えなくなる現象。対月食。

【日新】(ニッシン) 日々新たになる。日ごとに新しくなるよう修養に心がけることの大切さをいう。例苟日新、日日新、又日新(まことにひにあらたに、ひびにあらたに、またひにあらたなり)(=本当に日に日に新しくなる)。〈大学〉

【日進月歩】(ニッシンゲッポ) 日日々目に見えて進歩する。たえまない進歩。例電子工学の応用は—だ。

【日数】(ニッスウ・ひかず) 一日を単位として数える、日の数。また、何かをするのに要する日にち。例出席—(ニッスウ)。—(ひかず)を数える。

【日夕】(ニッセキ) ①朝夕。いつも。②夕方。例山気日夕佳(サンキニッセキによし)(=山のかすみが夕暮れにたなびいて美しい)。〈陶淵明・飲酒〉

【日旦】(ニッタン) 毎朝。朝。また、毎日。

【日中】(ニッチュウ) ①正午。②日の出ている間。昼間。例—の降水確率。③日本と中国。〔「日中」は日本側から、中国側からは「中日」〕例—の交流。④〔仏〕正午および正午を中心とした四時間。

【日直】(ニッチョク) 役所や学校などでの昼間の当番。対宿直・夜直。

【日程】(ニッテイ) 仕事・旅行・会議などの、一日ごとの予定。また、その全体。スケジュール。例議事—。—がつまっている。

【日当】(ニットウ) 日労働に対して一日あたりいくらとして、支払われるお金。手当(てあて)。日給。例出張の—。

【日東】(ニットウ) 日本の別名。例—僧(ソウ)(=日本の僧)。

【日辺】(ニッペン・ジッペン) ①太陽の近く。非常に遠いところのたとえ。例孤帆一片日辺来(コハンイッペンジッペンよりきたる)(=小舟が一艘太陽のあたりからやって来た)。〈李白・望天門山〉②天子のそば。王城の付近。みやこ。

【日報】(ニッポウ) ①毎日の報告。例売り上げ—。②日日刊新聞の名につけることば。例新潟—。

【日本】(ニッポン・ニホン) わが国の国名。アジアの東方に日本海をへだてて位置し、南北に長く連なる島々から成る。首都は東京。〔太陽の出るところ、「日のもと」にあてた漢字を音読したもの〕例—(ニホン)海流。—(ニホン)画。

【日陰】(ひかげ) 日物のかげになって、日の当たらないところ。対日向(ひなた)。

【日柄】(ひがら) 日暦の上から見た、その日の縁起のよしあし。例—を選んで式の日取りを決める。

【日暮途遠】【日暮塗遠】【日▼莫途遠】(ひくれてみちとおし) 日が暮れたのに道のりはまだ遠い。老いてもなお目的が達せられないことのたとえ。例吾日莫途遠。吾故倒行而逆二施之一(われひくれてみちとおし。われゆえにトウコウしてこれをゲキシす)(=わたしは老いゆく身ながら目的はまだとげられずにいる。だから非道を承知でもやらずにはいられなかったのだ)。〈史記・伍子胥伝〉

【日頃】(ひごろ) 日①ふだん。平生(ヘイゼイ)。例—の行い。②ここ数日。近ごろ。例—考えていること。

【日薄二西山一】(ひセイザンにせまる) 〔「薄」は「迫」で、せまる意〕太陽が西の山に沈もうとしている。年老いて死が近づいてきていることのたとえ。〈李密・陳情表〉

【日銭】(ひぜに) 日①毎日、手もとにはいる現金。例—をかせぐ。②毎日少しずつ返す約束で、貸し借りするお金。

【日歩】(ひブ) 日(月利・年利に対して)利息の計算で、元金百円に対する一日あたりの利息。例—三銭。

【日干】【日乾】(ひぼし) 日日に当ててかわかすこと。また、そのもの。対陰干(かげぼ)し。例魚の—。

【日向】(ひゅうが) 日旧国名の一つ。今の宮崎県。日州(ニッシュウ)。
● 一両日(イチリョウジツ)・縁日(エンニチ)・隔日(カクジツ)・過日(カジツ)・元日(ガンジツ)・期日(キジツ)・休日(キュウジツ)・終日(シュウジツ)・祝日(シュクジツ)・親日(シンニチ)・前日(ゼンジツ)・即日(ソクジツ)・当日(トウジツ)・半日(ハンニチ)・平日(ヘイジツ)・訪日(ホウニチ)・本日(ホンジツ)・毎日(マイニチ)・末日(マツジツ)・命日(メイニチ)・厄日(ヤクび)・落日(ラクジツ)・離日(リニチ)・連日(レンジツ)

旧

日1(5) 1 2176 65E7 教5

キュウ(キウ)漢 ク呉 宥 jiù

ふる-い(ふる-し)・もと

[舊] 臼11(17) 2 7149 820A 旧字体。

[舊] 艹13(16) 4 8685 26F94 別体字。

筆順 丨 リ 刂 旧 旧

なりたち 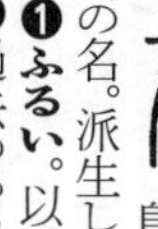 ［形声］「萑（＝頭に角のような毛の生えた鳥）」と、音「臼」とから成る。ミミズクの類の鳥の名。派生して「ふるい」の意。

意味 ❶ふるい。以前の。昔の。㊉新。例 旧悪。懐旧。旧交。❷過去のある時期以来の。昔からの。例 旧家。旧年。旧習。❸（現在からみて）すぐ前の。例 旧冬。❹昔なじみ。古くからの友人。例 訪ㇾ旧半為ㇾ鬼（＝古い友人の消息をたずねてみると、半分はもう死んでしまっていた）。〈杜甫・贈衛八処士〉故旧。

古訓 中古 いにしへ・ひさし・ふるし・むかし・もと・もとより 中世 ひさし・ふるし・むかし・もと 近世 としより・ひさし・ふるし・むかし・もと

人名 ひさ・ふさ・ふる

【旧▼痾】キュウア 以前からかかっている病気。持病。宿痾。

【旧悪】キュウアク ①昔の恨み。例 伯夷叔斉不ㇾ念二旧悪一（＝伯夷叔斉は過ぎたことを恨み続けることはなかった）。〈論語・公冶長〉②前におこなった悪事。例 —を暴く。

【旧姻】キュウイン【旧因】キュウイン 古い姻戚。また、離縁した配偶者。

【旧雨今雨】キュウウキンウ 〔「雨」は、友人のたとえ〕古い友と、新しい友。〔〈杜甫・秋述〉から〕

【旧怨】キュウエン 昔のうらみ。旧恨。宿怨。例 —を忘れない。

【旧縁】キュウエン 「旧知」に同じ。

【旧家】キュウカ ①古くから続いている家。由緒ある家。例 —の出。②以前住んでいた家。

【旧懐】キュウカイ 昔をなつかしむ心。懐旧。

【旧株】キュウかぶ 日 株式会社が新たに発行する株券に対して、すでに発行されている株券。㊉新株。

【旧貫】キュウカン【旧慣】キュウカン 古くからのしきたりや、ならわし。例 仍二旧貫一如ㇾ之何（＝昔からのしきたりに従ってはどうだろう）。〈論語・先進〉

【旧館】キュウカン 新館に対して、古い方の建物。㊉新館。

【旧観】キュウカン ①昔のありさま。もともとの姿。②古い楼閣。昔の高殿。

【旧記】キュウキ 古い記録。例 —をひもとく。

【旧鬼】キュウキ 昔死んだ人の魂。例 新鬼煩冤旧鬼哭（＝死んだばかりの人の魂はもだえ苦しみ、昔死んだ人の魂は声をあげて泣いている）。〈杜甫・兵車行〉

【旧▼誼】キュウギ 「旧好」に同じ。

【旧居】キュウキョ 以前に住んでいた住まい。㊉新居。

【旧▼墟】キュウキョ 昔、城などのあったあと。

【旧教】キュウキョウ ①古いおしえ。②日 宗教改革以前からあるキリスト教の一派。カトリック。㊉新教。

【旧業】キュウギョウ ①先人が手がけてきた事業。②古くから積みてきた家の財産。③以前の別荘。

【旧曲】キュウキョク 昔から伝えられ、なじんできた楽曲。㊉新曲。例 旧曲聞来似ㇾ斂ㇾ眉（＝かつて歌った曲を聞いて、悲しんでまゆをひそめているかのようだ）。〈曽鞏・虞美人草〉

【旧劇】キュウゲキ 日 ①明治時代に起こった新劇や新派劇に対して、歌舞伎のこと。②映画で、時代劇の古い言い方。

【旧故】キュウコ 昔なじみ。

【旧交】キュウコウ 古くからのつきあい。例 —を温める。

【旧好】キュウコウ 昔のよしみ。古いなじみ。旧誼。

【旧稿】キュウコウ 以前に書いた、詩や文章などの原稿。

【旧号】キュウゴウ ①以前用いていた雅号。②日 雑誌などの、古い号数のもの。バックナンバー。

【旧国】キュウコク ①歴史の古い国。②故郷。ふるさと。

【旧穀】キュウコク 昨年以前に収穫した、古い穀物。

【旧恨】キュウコン 「旧怨」に同じ。

【旧作】キュウサク 以前につくった作品。㊉新作。

【旧▼址】キュウシ【旧▼趾】キュウシ 「旧跡」に同じ。

【旧時】キュウジ 昔。以前。往時。

【旧式】キュウシキ ①昔からのしきたり。②古い型。例 —の車。③時代おくれであるさま。例 —な方法。▽㊉新式。

【旧主】キュウシュ もとの主人。以前仕えた主君。

【旧習】キュウシュウ 古いならわし。昔からの習慣。旧風。㊧旧染・旧俗。例 —を改める。

【旧称】キュウショウ 古い呼び名。もとの名前。

【旧章】キュウショウ （周公の礼法など）古代の聖人が定めた制度。

【旧▼蹤】キュウショウ 過去の足跡。転じて、訪れた土地。

【旧情】キュウジョウ ①昔の心持ち。かつて親しくしていたころの情愛。例 —を温める。②昔なじみへの情。

【旧臣】キュウシン 古くから仕えている家来。また、以前仕えていた家来。例 徳川家の—。

【旧人】キュウジン ①古くから仕える賢臣。②古なじみ。③その組織や地位に以前からいる人。㊉新人。④日 猿人や原人の次にあらわれた旧石器時代中期の人類。約二十万年から五万年前のネアンデルタール人などをいう。⑤日 新しい時代に合わない人。

【旧制】キュウセイ 古い制度。㊉新制。例 —中学。

【旧姓】キュウセイ 日 結婚や養子縁組みによって姓が変わった場合の、もとの姓。

【旧世界】キュウセカイ 日 アメリカ大陸発見以前に知られていた世界。アジア・アフリカ・ヨーロッパのこと。旧大陸。㊉新世界。

【旧跡】キュウセキ【旧▼蹟】キュウセキ 歴史に残るような事件や建物のあったところ。古跡。旧址。例 名所—をたずねる。

【旧説】キュウセツ 以前おこなわれた説。古い考え方。㊉新説。

【旧蔵】キュウゾウ ①古くから所蔵していること。また、そのもの。②ある時期に、所蔵していたこと。また、そのもの。

【旧相識】キュウソウシキ 昔なじみ。旧知。

【旧族】キュウゾク ①古い一族。古くからある家系。昔から続いている家すじ。②旧臣の子孫。

【旧態】キュウタイ 昔のまま。もとのままの状態。例 —依然。

【旧体制】キュウタイセイ 日 古い社会制度。古い社会組織。㊉新体制。例 —を打ち破る。

【旧大陸】キュウタイリク 日「旧世界」に同じ。㊉新大陸。

【旧宅】キュウタク 以前に住んでいた家。㊉新宅。

【旧知】キュウチ 昔からの知り合い。昔なじみ。旧縁。旧相識。例 —の間柄。

【旧注】キュウチュウ【旧▼註】キュウチュウ 儒学で、経典の古い注釈。特に、宋以降の新注に対して、漢から唐までの注をいう。古注。

【旧典】キュウテン ①古くから伝わる文章や書物。古文書。②昔の制度。古い規則。

【旧都】キュウト 昔、みやこのあった所。もとのみやこ。古都。㊉新都。例 荒れはてた—。

【旧冬】キュウトウ 前年末の冬。昨年の冬。〔年が明けてから使うことば〕

【旧▼套】キュウトウ 古くさいやり方。ありきたりの形式。例 —を脱する。

【旧道】キュウドウ 昔からある道。㊉新道。例 箱根の—。

【旧徳】キュウトク ①先人の恩徳。先祖の功徳。②徳の高い老臣。③以前におこなった善事。④昔のよしみ。旧好。

【食二旧徳一】キュウトクをはむ 先祖の功徳によって子孫が爵位を受ける。〈易・訟〉

【旧年】キュウネン 去年。昨年。〔年が明けてから使うことば〕

【旧派】キュウハ ①古い流派。㊉新派。②日 歌舞伎のこ

と。〔新派劇に対していうことば〕

【旧版】(キュウハン) 書物で、改訂や増補などの手を加える前の版。㊉新版。

【旧風】(キュウフウ) 古い風習やしきたり。旧習。

【旧物】(キュウブツ) ①昔の制度・文物。②(先祖など)昔から伝えられてきたもの。③昔の思い出の品。例 唯将₂旧物₁表₂深情₁(ただキュウブツをもってシンジョウをあらわす)(=今はただ思い出の品をさしあげて、私の深い情愛をあらわすこととします)。〈白居易・長恨歌〉

【旧聞】(キュウブン) 以前に聞いた話。古い情報。例 ―に属する。

【旧弊】(キュウヘイ) ①昔からある悪い習慣。例 ―を打破する。②古くさい風俗や習慣にとらわれているさま。例 ―な考え方。

【旧邦】(キュウホウ) 古くからある国。昔から続いている国。

【旧▼朋】(キュウホウ) 「旧友(キュウユウ)」に同じ。

【旧法】(キュウホウ) ①廃止された法律や法令。古い法令。②古いやり方。古い方法。例 ―を伝える老舗(しにせ)。▽㊉新法。

【旧盆】(キュウボン) 日 旧暦によって八月におこなう、祖先の霊をまつる行事。盂蘭盆(ウラボン)。

【旧名】(キュウメイ) 以前の名。もとの名。

【旧約】(キュウヤク) ①昔の約束。例 ―を守る。②日「旧約聖書」の略。▽㊉新約。

【旧約聖書】(キュウヤクセイショ) 日〔「約」は、神とイスラエル人との契約の意〕もとユダヤ教の聖典で、キリスト教に採用されたもの。イスラエル民族の歴史が記されている。

【旧訳】(キュウヤク) 以前の翻訳。古い翻訳。㊉新訳。

【旧友】(キュウユウ) 昔の友達。また、昔からの友達。旧朋(キュウホウ)。

【旧遊】(キュウユウ) ①以前、出かけた旅。昔の遊行。また、その土地。②古い交際。昔なじみの友。

【旧来】(キュウライ) ①昔から。古くから。②古くからのこと。従来。例 ―の制度を改める。

【旧領】(キュウリョウ) もと支配していた土地。昔の領地。

【旧例】(キュウレイ) ①昔の史官の書物の凡例や書法。②先例となっているものごとのきまり。

【旧暦】(キュウレキ) 日 月の満ち欠けをもとにして決めたこよみ。太陰暦。陰暦。〔日本では、一八七二(明治五)年まで公式に使用されていた〕㊉新暦。

【旧▼廬】(キュウロ) もと住んでいた家。また、古くなった家。

【旧老】(キュウロウ) 昔のことに精通している老人。宿老。故老。

【旧▼臘】(キュウロウ) 〔「臘」は、十二月の意〕去年の十二月。〔新年になってから使うことば〕

◐懐旧(カイキュウ)・故旧(コキュウ)・新旧(シンキュウ)・倍旧(バイキュウ)・復旧(フッキュウ)

旦

日1 (5)

1 3522 65E6 常用

ダン㊍ タン㊎㊋ 翰 dàn

あした

筆順 丨 ⺆ 日 日 旦

なりたち  [会意]「日(=太陽)」が「一(=地)」の上にあらわれる。朝。

意味 ❶太陽が地平線からあらわれるころ。日の出。あさ。あした。例 旦夕(タンセキ)。旦暮(タンボ)。元旦(ガンタン)。❷「一旦(イッタン)」は、ある日。❸中国の伝統演劇で、女形(おんながた)。

古訓 中古 あかつき・あきらかなり・あけぬ・あした・つとめて 中世 あきらか・あけなんとす・あさ・あした・ついたち・みなつき 近世 あかつき・あきらか・あさ・あした・ついたち・をんながた

人名 あき・あきら・あけ・あさ・ただし・のぼる・はじめ

【旦日】(タンジツ) ①夜明けの太陽。②明朝。翌日。例 旦日饗₂士卒₁(タンジツシソツにキョウす)(=翌朝、兵士に食糧をふるまった)。〈史記・項羽紀〉

【旦夕】(タンセキ) ①朝と晩。朝夕(チョウセキ・あさゆう)。②朝から晩までたえず。例 旦夕勤学不ㇾ息(タンセキキンガクしてやすまず)(=朝から晩まで学問にはげみ続けた)。〈列女・母儀〉③(この朝か晩かというほどの)さしせまった時間。例 命(イメイ)―にせまる(=命の尽きる時がせまっている)。

【旦旦】(タンタン) ①毎朝。毎日。②真心がこもっている。誠実なさま。例 信誓旦旦(シンセイタンタンたり)(=たしかに真実を誓った)。〈詩経・衛風・氓〉③明るいさま。

【旦昼】(タンチュウ) 昼間。一説に、明日。

【旦那】(ダンナ) ①〔仏〕〔もと、「布施(フセ)」の意の梵語(ボンゴ) dāna の音訳〕寺や僧に寄進や布施をする人。檀家(ダンカ)。②日 一家のあるじ。主人。例 うちの―。お宅の―さま。③日 男の客、得意先、または目上の男性に呼びかけることば。④日 夫。⑤日 夫と同等の役割をする、ひいきの客。例 ―持ちの芸者。▽檀那(ダンナ)。

【旦那寺】(ダンナでら) 日 先祖代々の墓があり、長いあいだ信徒になっている寺。菩提寺(ボダイジ)。檀那寺(ダンナでら)。

【旦暮】(タンボ) ①朝と夕方。②朝も夕も。たえず。いつも。③時がさしせまっていること。例 もはや―の命(いのち)。

【旦明】(タンメイ) 明け方。夜明け。

◐元旦(ガンタン)・月旦(ゲッタン)・歳旦(サイタン)・晨旦(シンタン)

旭

日2 (6)

1 1616 65ED 人

キョク㊎ 沃 xù

あさひ

なりたち 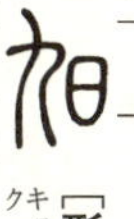 [形声]「日(=太陽)」と、音「九(キュウ→キョク)」とから成る。あさひがのぼるさま。

意味 ❶朝、東からのぼる太陽。あさひ。例 旭光(キョッコウ)。旭日(キョクジツ)。❷あさひがのぼって、明るくかがやくさま。例 天旭(テンキョク)(=空が明るい)。

古訓 中古 あさひ・あした 中世 あさひ・あした・かかやく 近世 あきらか・あさひ・あした・おごる

人名 あき・あきら・あさ・きよし・てる・のぼる・ひ

【旭日】(キョクジツ) 朝の太陽。朝日。㊟旭旦(キョクタン)。例 ―昇天の勢い(=朝日がのぼるようなさかんな勢い)。―旗(キ)(=中心にある太陽から八方に光線の出ている朝日をかたどった旗印(はたじるし)。旧日本軍の軍旗・軍艦旗)。

【旭光】(キョッコウ) 朝日の光。例 ―を浴びる。

旨

日2 (6)

1 2761 65E8 常用

シ㊎㊋ 紙 zhǐ

むね・うま-い(うま-し)

[旨] 日3 (7) 4 1381 3AD6 俗字。

筆順 ノ ヒ ヒ 旨 旨 旨

なりたち  [形声]「日(=あまくてうまい)」と、音「ヒ(ヒ→シ)」とから成る。うまくてよい。

意味 ❶味がよい。うまい。例 旨肴(シコウ)。❷よい。すばらしい。❸心のうち。考え。むね。例 旨意(シイ)。主旨(シュシ)。❹天子の考え。命令。例 恩賜(シオン)(天子からの恩典)。

日本語での用法 《むね》「倹約(ケンヤク)を旨(むね)とする」▼大事なこと。第一。宗(むね)。

古訓 中古 あまし・さす・むね・むまし・よし 中世 あまし・うまし・こころ・こころざし・むね・むまし・よし 近世 あまし・うまし・こころ・こころざし・むね・むまし

人名 よし

難読 旨酒(うまざけ)・旨味(うまみ)

【旨意】(シイ) 考え。趣。例 何らの―もない。

【旨甘】(シカン) うまい食べ物。

【旨▼肴】(シコウ) うまい料理。例 ―に舌つづみを打つ。

【旨酒】(シシュ) うまい酒。美酒。

【旨趣】シシュ・シシイ ①意味。趣旨。②心の中の思いや考え。
●宗旨・主旨・趣旨・要旨・論旨

旬

日2（6） 1 2960 65EC 常用

シュン㊥ ジュン㊤ 真 xún

筆順 ノ 勹 勺 旬 旬 旬

なりたち  〔会意〕「勹（＝つつむ）」と「日（＝太陽）」とから成る。十日をひとくくりとする。

意味 ❶十日間。例 旬刊ジュンカン。上旬ジョウジュン。❷十年。例 満七旬シチジュン（＝満七十歳）。❸みちる。まるまる。例 旬歳ジュンサイ。❹あまねく。広くゆきわたる。

日本語での用法 《シュン》「旬シュンの野菜ヤサイ・旬シュンの味あじ」▼食用に供するのに最もふさわしい季節の。

古訓 中古 あまねくす・ころほひ・とを・めぐる 中世 とをか・ひとし・ひとへに 近世 あまねし・とをか・ひとし・みつる

人名 ただ・とき・ひとし・ひら・まさ・みつ・みつる

【旬刊】ジュンカン 日 新聞・雑誌などを十日ごとに刊行すること。また、その刊行物。

【旬間】ジュンカン 日（行事などをおこなう）十日間。例 交通安全―。

【旬月】ジュンゲツ ①一か月。②十か月。③十日から一か月。わずかな日数をいう。例 ―の間カン。

【旬歳】ジュンサイ まる一年。満一年。

【旬▼朔】ジュンサク 十日あるいは一か月。わずかな日数をいう。

【旬日】ジュンジツ 十日間。例 ―のうちに。―を経て。

【旬報】ジュンポウ 日 十日目ごとに出す報告。また、その刊行物。

【旬余（餘）】ジュンヨ 十日あまり。例 今年もあと―に押し迫った。

●下旬ゲジュン・上旬ジョウジュン・初旬ショジュン・中旬チュウジュン

早

日2（6） 1 3365 65E9 教1

サッ慣 ソウ（サウ）㊥㊤ 皓 zǎo

はやい（はや-し）・はやまる・はやめる（はや-む）・さ

付表 早乙女さおとめ・早苗さなえ

筆順 丨 冂 日 日 旦 早

なりたち  〔会意〕「日（＝太陽）」が「十（＝人の頭）」の上にある。朝はやいとき。

意味 ❶太陽が出てくるころ。あけがた。朝はやく。例 早朝ソウチョウ。早飯ソウハン（＝朝めし）。❷ある時刻に、まだなっていない。ある時期の、はじめのほうである。はやい。㊀晩。例 早期ソウキ。早春ソウシュン。早蕨さわらび。❸わかい。㊀晩。例 早婚ソウコン。早世ソウセイ。早乙女さおとめ。❹すみやかに。はやく。例 早急サッキュウ。早早ソウソウ。

古訓 中古 あした・すみやかなり・すみやかに・つと・つとに・つとめて・とし・にはかなり・にはかに・はやく・はやし・まづ 中世 あした・すみやか・つと・とし・はやし 近世 あした・さき・つと・はじめ・はやし

人名 さき・はや・はやし

難読 早苗饗さなぶり

【早乙女】さおとめ 日 田植えをする若い女性。

【早急】サッキュウ・ソウキュウ 日 非常に急ぐこと。至急。例 ―に相談したい。

【早速】サッソク 日 すぐに。すみやかに。例 ―返事をする。

【早▼蕨】さわらび 日 春、芽を出したばかりのワラビ。

【早▼晏】ソウアン はやいことと、おそいこと。早晩。

【早期】ソウキ はやい時期。はじめのうち。例 病気の―発見。

【早暁】ソウギョウ 夜の明けはじめるころ。あかつき。払暁フツギョウ。

【早計】ソウケイ はやまった軽率な考えや行動。例 ―に過ぎる。

【早▼慧】ソウケイ 幼少から賢いこと。

【早婚】ソウコン 若いうちに結婚する。㊀晩婚。

【早産】ソウザン 月たらずで子が生まれる。

【早秋】ソウシュウ 秋の初めのころ。初秋。㊀晩秋。

【早熟】ソウジュク ①果物や穀物などが、普通よりもはやく熟すこと。また、その品種。早生わせ。㊀晩熟。例 ―のスイカ。②日 年のわりに、心やからだの発達がはやいこと。ませていること。

【早春】ソウシュン 春の初めのころ。はるさき。初春。㊀晩春。

【早世】ソウセイ【早逝】ソウセイ 若くして死ぬ。はや死に。例 吾上有二三兄一、皆不幸早世われかみにサンケイあり、みなフコウにしてソウセイす（＝私には二三人の兄がいたが、皆不幸にも若死にした）。〈韓愈・祭十二郎文〉

【早生】ソウセイ 日 ①わせ 作物や果物などが、普通よりもはやく熟すこと。㊀中生なかて・晩生おくて。例 ―種。→【早稲】ソウトウ ②普通よりはやく生まれること。例 ―児。

【早成】ソウセイ ①はやくなしとげる。②はやくおとなびる。早熟。例 ―性（＝鳥のひなが孵化フカ後すぐ運動すること）。

【早早】ソウソウ ①すぐに。急いで。はやばや。例 ―に立ち去れ。②日 …してすぐ。…の直後。例 新年―。

【早退】ソウタイ ①はやく隠退する。②日 決められた時刻よりもはやく、勤務先や学校を退出する。はやびき。はやびけ。

【早旦】ソウタン 〔「旦」は、朝の意〕早朝。

【早着】ソウチャク 日 列車やバスなどが、決まった時刻よりもはやく着く。㊀延着。

【早朝】ソウチョウ ①朝のはやいうち。朝はやく。例 ―マラソン。②朝はやく政務をとる。あさまつりごと。例 従レ此君王不二早朝一これよりクンノウソウチョウせず（＝このときから皇帝は朝の政務をとらなくなった）。〈白居易・長恨歌〉

【早稲】ソウトウ・わせ いちばんはやく実るイネ。㊀晩稲バントウ・おくて。例 ―の収穫。→【早生】ソウセイ

【早年】ソウネン としが若いとき。㊀晩年。例 ―の作品。

【早発】ソウハツ ①はやく出発・発車する。②日 症状などがはやく出る。▽㊀遅発。

【早晩】ソウバン ①朝と夕方。②はやいことと、おそいこと。早晏ソウアン。③おそかれはやかれ。いずれ。例 ―できあがる。

【早苗】ソウビョウ・さなえ 苗代なわしろから田に移し植えるころのイネの若い苗。

【早老】ソウロウ 年のわりにはやく年寄りじみること。

【早馬】はやうま 日 急ぎの知らせを伝える使者が乗るウマ。また、その使い。例 ―を立てる。

【早合点】はやガテン・はやガッテン 日 よく聞かないで、わかったつもりになる。はやのみこみ。はやとちり。例 ―はけがのもと。

【早鐘】はやがね 日 ①火事など危険や事件の発生を知らせるために、激しく打ち鳴らす鐘。例 ―を打つ。②不安や緊張で心臓がどきどきすることをたとえていう。

【早瀬】はやせ 日 川の流れのはやい浅瀬。

【早業】【早技】はやわざ 日 すばやくてたくみな腕前。例 目にもとまらぬ―。

●尚早ショウソウ・最早もはや

旱

日3（7） 2 5861 65F1

カン㊥ 旱 hàn

ひでり

意味 ❶長い間、雨が降らないで、水がかれる。ひでり。例 旱害カンガイ。旱天カンテン。❷水がない、陸地の。例 旱路カンロ。

【旱害】カンガイ 日照りのために作物が不作になること。㊈旱殃オウ・旱災。表記 現干害

【旱乾】カンカン 日照り。

【旱天】カンテン 日 日照り続きの空。例 ―の慈雨（＝待ち望んでいたことが実現することのたとえ）。表記 現干天

【旱▼魃】カンバツ 〔「魃」は、日照りの神の意〕①日照りの神。

と。水がれ。 類旱母。②長い間の日照りで田畑の水がかれてなくなること。水がれ。

【旱路】(カンロ) 陸路。対水路。

【旱▼潦】(カンロウ) 日照りと大雨。旱魃(カンバツ)と水害。

旰

日3(7) 65F0

一カン 漢 翰 gàn 二カン 漢 翰 hàn くーれる(くーる)

意味 一日が暮れる。日暮れ。**くれる**。例 旰食(カンショク)。 二「旰(カン)」は、盛大なさま。

【旰食】(カンショク) おそく食事をとること。君主が政務に熱心なことをいう。→【宵衣旰食】(ショウイカンショク)(376ページ)

[旨]

日3(7) ⇩旨(シ)(619ページ)

旲

日3(7) 4 1382 65F2

タイ 漢 灰 tái

意味 日の光。 参考 旲(ひろし)(=人名)。

昀

日4(8) 3 8512 6600

イン 漢 真 yún

意味 日の光。 参考 紀昀(キイン)・趙昀(チョウイン)(=人名)。

易

日4(8) 1 1655 6613 教5

一エキ 漢 ヤク 呉 陌 yì 二イ 漢 呉 寘 yì

やさしい(やさーし)・かーえる(かーふ)・かーわる(かーはる)・やすーい(やすーし)

筆順 丨 冂 日 日 彑 昜 易 易

なりたち  [象形] 頭と四本の足のある、トカゲの形。

意味 一❶(皮膚の色を変える)トカゲ。ヤモリ。通蜴(エキ)。例 蜥易(セキエキ)。❷次々と変化する。**かわる**。例 不易(フエキ)。変易(ヘンエキ)。❸とりかえる。あらためる。**かえる**。例 改易(カイエキ)。交易(コウエキ)。貿易(ボウエキ)。❹古代の占い。また、占いの書物。陰陽思想にもとづき、算木(サンぎ)と筮竹(ゼイチク)を用いて吉凶を占う。例 易経(エキキョウ)(=書名。五経(ゴキョウ)の一つ)。易者(エキシャ)。 二❶たやすい。**やさしい**。対難。例 易簡(イカン)。易易(イイ)。容易(ヨウイ)。❷…しがちである。すぐに…する。例 少年易レ老学難レ成(ショウネンおいやすくガクなりがたし)。→【少年】(ショウネン)(397ページ) ❸軽んじる。あなどる。例 易慢(イマン)。軽易(ケイイ)。❹ととのえる。おさめる。例 喪与二其易一也寧戚(もはそのおさめんよりはむしろいため)(=喪に服すときは、形式を整えるより、心から悲しめ)。〈論語・八佾〉❺平らなさま。平坦な。例 易地二(チイ)。

古訓 中古 あきなふ・あなづる・かはる・かふ・かろかろし・そむく・たやすし・やす・やすし・をさむ 中世 あきなふ・あなどる・かたどる・かはる・かろかろし・ことなり・そむく・たがふ・たやすし・やすし・をさむる 近世 あなどる・あらたむ・かはる・かへる・かゆる・たひらか・はらふ・やすし・をさむ

人名 おさ・おさむ・かぬ・かね・やす・やすし

【易易】(イイ) 非常にたやすいさま。例 勝つことは一たることだ。

【易簡】(イカン) たやすいこと。簡単。平易。

【易慢】(イマン) 軽んじ、あなどる。

【易学】(エキガク) 「易一❹」を研究する学問。

【易▼簀】(エキサク) 〔「簀」は、タケで編んだ、むしろや、すのこで、敷物の意〕学徳の高い人が死にのぞんで、大夫(タイフ)用の敷物は分不相応だと言って取りかえさせてから死んだという。〈礼記・檀弓上〉 ◐孔子の弟子の曽参(ソウシン)が死ぬこと。

【易者】(エキシャ) 日「易一❹」の書物にもとづいて、人の吉凶や幸・不幸を占う人。

【易▼筮】(エキゼイ) 〔「筮」は、占いに使う細いタケの意〕筮竹(ゼイチク)によって占うこと。

【易姓革命】(エキセイカクメイ) 〔姓を易(か)え、命(メイ)を革(あらた)める意〕王朝が代わること。古代中国の政治思想で、天命によって天子になった者の子孫が悪政をおこなった場合、他の一族の者に天命が下って新しい王朝を開くことになるという考え。

【易占】(エキセン) 「易一❹」でうらなうこと。

【易俗】(エキゾク) 〔ゾクをかう〕悪い習俗を改める。

【易断】(エキダン) 日占いによる吉凶の判断。

【易地】一(エキチ)〔チをかう〕①立場をかえる。②土地を交換する。 二(イチ) 平らな土地。平地。

◐安易(アンイ)・簡易(カンイ)・交易(コウエキ)・難易(ナンイ)・不易(フエキ)・平易(ヘイイ)・貿易(ボウエキ)・容易(ヨウイ)

旺

日4(8) 1 1802 65FA 常用

オウ(ワウ) 漢 漾 wàng

さかーん

筆順 丨 冂 日 日 日一 旪 旰 旺

なりたち [形声] 「日(=太陽)」と、音「王(ウオ)」とから成る。光が多く美しい。

意味 日の光が四方に輝き広がるさま。**さかん**。例 旺盛(オウセイ)。

【旺盛】(オウセイ) さかんなさま。元気のあるさま。例 一な食欲。

古訓 中古 よし 中世 さかん・ひのかかやく 近世 あきらか・かかやく・かがやく・さかん・ひのかさ

人名 あき・あきら・さかえ・さかり・ひかり

昕

日4(8) 3 8514 6615

キン 漢 文 xīn

意味 日の出のころ。あさ。例 昕昕(キンキン)(=夜明け)。昕夕(キンセキ)(=朝夕)。 参考 銭大昕(センタイキン)(=清(シ)の学者)。

昈

日4(8) 4 1386 6608

コ 漢 麌 hù

意味 ❶明らか。例 昈分(コフン)(=明らかに分かれる)。❷美しいさま。例 昈昈(ココ)。

昂

日4(8) 1 2523 6602 人

コウ(カウ) 慣 ゴウ(ガウ) 漢 陽 áng

あーがる・たかーい(たかーし)・たかーぶる

[昂]

日5(9) 663B 俗字。

なりたち  [形声] 「日(=太陽)」と、音「卬(ウゴ)」とから成る。あがる。

意味 ❶高く上にあがる。**あがる**。**たかぶる**。例 昂然(コウゼン)。意気軒昂(イキケンコウ)。激昂(ゲキコウ)。❷高くそびえるさま。**たかい**。例 昂聳(コウショウ)(=高くそびえる)。

古訓 中古 あがる・あぐ・あふぐ 中世 あがり・あがる・あぐる 近世 あがる・あきらか・さかん・たかし・のぼる

人名 あき・あきら・たか・たかし・のぼる

【昂昂】(コウコウ) ①志やおこないが抜きんでてすぐれているさま。②気位の高いさま。③傲慢(ゴウマン)なさま。

【昂然】(コウゼン) 意気さかんで自信満々のさま。おごりたかぶったさま。例 一たる態度。一と胸を張る。

【昂騰】(コウトウ) 日物価や株価などが大幅に上がる。騰貴。対下落。 表記 現高騰

【昂奮】(コウフン) 日感情が高ぶる。 表記 現興奮

【昂揚】(コウヨウ) 日気分や意識などが高まる。また、高める。 表記 現高揚

◐激昂(ゲキコウ)・軒昂(ケンコウ)

昊

日4(8) 2 5863 660A 人

コウ(カウ) 漢 皓 hào

なりたち  ［形声］「日(=ひ)」と、音「天(コウ)」とから成る。春の天。

意味 広々として大きい空。そら。例 昊天(コウテン)。

古訓 中古 おほいなり・はる・はるかなり・ひろし 中世 あきらか・おほいなり・ひろぐる・ひろし 近世 なつのそら・ひろし

人名 あきら・ひろ・ひろし

【昊▼穹】(コウキュウ) 青空。大空。

【昊▼蒼】(コウソウ) 青空。蒼天。

【昊天】(コウテン) ①大空。そら。〈書経・堯典〉 ②春・夏・秋の空。

【昊天▼罔レ極】(コウテンきわまりなし) 大空は果てしない。父母の恩の広大さのたとえ。〈詩経・小雅・蓼莪〉

【昊天上帝】(コウテンジョウテイ) 天帝。上帝。〈左伝・成三〉

昆

日4 (8) 1 2611 6606 常用

コン 漢 呉 元 kūn

あに

筆順 

なりたち  ［会意］「日(=同じ)」と「比(=ならぶ)」とから成る。同じ仲間。

意味 ❶仲間。群れ。群れをなして集まる虫。例 昆虫(コンチュウ)。❷兄。**あに**。例 昆弟(コンテイ)。❸子孫。例 後昆(コウコン)(=あとつぎ)。❹⇩【昆侖】(コンロン)

古訓 中古 おなじ・ことごとく・このかみ・たふとし・のち・はふ・はらから 中世 あに・おなじ・ことごとく・このかみ・たふとし 近世 あきらか・あはす・おなじ・ことごとく・このかみ・のち・みな

人名 ひ・ひで・やす

【昆▼夷】(コンイ) 周代、西北にいた部族。犬戎(ケンジュウ)。

【昆季】(コンキ) 〔「季」は、弟の意〕兄弟。

【昆虫(蟲)】(コンチュウ) ①虫の総称。②節足動物の一群。アリ・ハチ・バッタ・トンボ・チョウなど、種類が多い。

【昆弟】(コンテイ) あにと、おとうと。兄弟(キョウダイ)。

【昆布】(コンブ／コブ) 寒い海の岩礁に生える長い帯状の海藻。食用やヨードの原料になる。えびすめ。ひろめ。

【昆▼侖】(コンロン) ①まるいもの。また、もやもやして形のないもの。②西方にあり、神霊が集うとされた、伝説の山。崑崙(コンロン)。峴崘(コンロン)。

昏

日4 (8) 1 2610 660F 人

コン 漢 呉 元 hūn

く-れ・くら-い(くら-し)

［昏］日5 (9) 662C 別体字。

なりたち  ［会意］「日(=ひ)」と「氏(=下がる)」の省略体とから成る。日がおちて暗い。

意味 ❶日暮れ。夕暮れ。**くれ**。例 昏暁(コンギョウ)。昏黄(コンコウ)。❷おろか。道理に暗い。**くらい**。例 昏昧(コンマイ)。❸時世が乱れる。混乱する。例 乱昏(ランコン)(=世の中が乱れる)。❹目がくらむ。まよう。まどう。例 昏倒(コントウ)。昏迷(コンメイ)。昏惑(コンワク)。❺結婚する。めとる。通 婚。❻三か月未満の嬰児(エイジ)の死。例 夭昏(ヨウコン)。

古訓 中古 うつ・くらし・くる・こほし・つとむ・ひくる・みだる・ゆふべ 中世 くらし・くるる・くれ・ひぐれ・ゆふべ 近世 おろか・かはる・くらし・くれ

難読 黄昏(たそがれ)・【昏闇】(たそがれどき)

【昏暗】(コンアン) ①暗い。②おろかなこと。

【昏姻】(コンイン) ①結婚すること。婚姻。②妻の親族。姻族。姻戚(インセキ)。例 兄弟―。

【昏虐】(コンギャク) おろかで残虐である。

【昏暁】(コンギョウ) ①夕暮れと夜明け。②おろかなことと、かしこいこと。

【昏黄】(コンコウ) 夕暮れ。たそがれ。昏暮。黄昏。

【昏黒】(コンコク) 日が暮れて暗い。

【昏昏】(コンコン) ①暗いさま。②おろかなさま。例 今以二其昏昏一使二人昭昭一(いまそのコンコンたるをもってひとをしてショウショウたらしめんとす)(=自分はおろかであるのに、人を悟らせようとする)。〈孟子・尽心下〉 ③意識がはっきりしないさま。例 ―と眠り続ける。

【昏酔】(コンスイ) 意識を失うほど酒によう。よいつぶれる。泥酔。

【昏睡】(コンスイ) 意識を失ったように眠る。例 ―状態。

【昏絶】(コンゼツ) 目がくらんで気を失う。気絶。

【昏定▼晨省】(コンテイシンセイ) 子が親に仕えるときの礼の一つ。夜は寝床をととのえ、朝は機嫌をうかがう。〈礼記・曲礼上〉→【温清定省】(オンセイテイセイ)(792ジペー)

【昏倒】(コントウ) 気が遠くなったり目がくらんだりして、たおれる。

【昏暮】(コンボ) 夕暮れ。たそがれ。昏黄(コンコウ)。

【昏▼眊】(コンボウ) ①目がかすんではっきり見えない。②老いぼれる。昏耄(コンボウ)。

【昏▼耄】(コンボウ) 老いぼれる。また、老いぼれ。昏眊(コンボウ)。

【昏昧】(コンマイ) ①暗い。②おろか。

【昏明】(コンメイ) ①暗いことと明るいこと。②夜と昼。また、日暮れと夜明け。

【昏迷】(コンメイ) ①意識がうすれ、ぼんやりしていること。②混乱してわからなくなる。例 政情がいよいよ―している。表記 ②は 現 混迷

【昏▼蒙】(コンモウ) ①暗い。②おろか。

【昏乱】(コンラン) ①心がみだれる。分別(フンベツ)をなくす。②人の道がおこなわれず、世の中がみだれる。例 国家昏乱、有二忠臣一(コッカコンランして チュウシンあり)(=世の中がみだれると忠臣があらわれる)。〈老子・一八〉

【昏礼】(コンレイ) 結婚の儀礼。婚礼。〔古代、婚礼は日が暮れてからおこなわれたことによる〕

【昏惑】(コンワク) 心がくらみ、まどう。道理がわからず判断に迷う。昏迷。

［旹］日4 (8) ⇩時(ジ)(629ジペー)

昇

日4 (8) 1 3026 6607 常用

ショウ 漢 呉 蒸 shēng

のぼる

［昪］日6 (10) 3 8523 66FB 別体字。

筆順 

なりたち  ［形声］「日(=太陽)」と、音「升(ショウ)」とから成る。太陽がのぼる。

意味 上にあがる。**のぼる**。通 升・陞(ショウ)。例 昇降(ショウコウ)。昇天(ショウテン)。上昇(ジョウショウ)。

古訓 中古 すすむ・たすく・のぼる 中世 あがる・たすく・のぼる 近世 たひらか・のぼる・ひのぼる

人名 あきら・かみ・すすむ・たかし・のぼり・のり・ひで・ます

【昇華】(ショウカ) 日 ①〔物〕固体が直接に気体になる。また、その逆の現象もいう。ドライアイスや樟脳(ショウノウ)などにみられる。②〔心理学などで〕欲望や精神などを、低い状態から、一段と高い状態に向ける心のはたらき。例 精神の―。③〔芸術活動などで〕低俗な段階・状態・次元にあるものが、高尚な方に移って価値を高めること。

【昇格】(ショウカク) 地位や資格が上がる。例 部長に―する。

【昇級】(ショウキュウ) 地位や等級が上がる。昇進。進級。

【昇給】(ショウキュウ) 日 給料が上がる。例 定期―。

【昇▼汞】(ショウコウ) 〔化〕塩化第二水銀の別名。劇薬で、染色・消毒剤などに用いる。例 ―水。

【昇降】ショウコウ のぼりくだり。あがりおり。例 ―口ぐち。

【昇叙】ショウジョ 上級の官位に任用される。陞叙ショウジョ。

【昇進】ショウシン 地位が上がる。昇級。昇格。昇任。陞進ショウシン。対降級・降等。例 教授に―する。

【昇段】ショウダン 日 (武道や囲碁・将棋などで)段位が上がる。

【昇天】ショウテン ①天にのぼること。さかんなことのたとえ。例 旭日キョクジツ―の勢い。②死ぬこと。

【昇殿】ショウデン 日 ①神社の拝殿にのぼる。例 ―参拝。②清涼殿セイリョウデンの殿上テンジョウの間まにのぼる。

【昇騰】ショウトウ 〔「騰」も、のぼる意〕おどりあがる。高くのぼる。例 物価が―する。

【昇任】ショウニン 上の地位や任務にのぼる。昇進。昇級。陞任ショウニン。対降任。例 部長に―する。

【昇平】ショウヘイ 世の中が平和に治まって、さかえること。太平。昌平ショウヘイ。

昌

日4 (8) 1 3027 660C 人

ショウ(シャウ)漢 陽 chāng

さか-ん

なりたち 〔会意〕「日(=尊い太陽)」と「日(=言う)」とから成る。よいことば。派生して「さかん」の意。

意味 ❶あかるい。あきらかな。例 昌明ショウメイ(=夜が明ける)。❷さかえる。さかん。例 昌運ショウウン。昌盛ショウセイ。繁昌ハンジョウ。❸よい。立派な。例 昌言ショウゲン。

古訓 中古 あきらかなり・さかゆ・さかりなり・ひさし・まさ・まさし・よし 中世 あきらか・あきらかなり・さかり・さかんなり・まさ・まさに・よし 近世 あきらか・さかんなり・ひのひかり・よきことば・よし

人名 あき・あきら・あつ・あつし・さかえ・しげる・すけ・のぼる・ひさし・まさ・まさし・まさる・よ・よし

【昌運】ショウウン さかんになる運勢。よい方向へ向かう、めぐりあわせ。盛運。例 国の―を祈る。

【昌言】ショウゲン ①道理にかなったことば。よいことば。②はばかることなく、はっきりと発言する。

【昌盛】ショウセイ さかえること。さかんなこと。繁栄。繁盛。例 国家の―。

【昌平】ショウヘイ ①国が栄え、世の中が平和なこと。太平。昇平。例 ―の世を楽しむ。②今の山東省曲阜キョクフ市南東の地。孔子の出身地。

【昌平▼黌】ショウヘイコウ 日 江戸幕府の学問所。一六九〇(元禄ゲンロク三)年、徳川綱吉とくがわつなよしが江戸の湯島に、朱子学を奨励するためにつくった。昌平坂学問所。湯島聖堂ともいう。

【昌▼黎】ショウレイ ①今の河北省易県の地。②中唐の文人、韓愈カンユの号。

昃

日4 (8) 2 5864 6603

ショク漢 ソク呉 職 zè

かたむ-く

意味 太陽が西にかたむく。かたむく。例 日中則昃ひチュウすればすなわちかたむく(=太陽が中天にのぼれば、やがてはかたむく。ものごとが極点に達すれば、衰えることのたとえ)。〈易・豊・彖〉

昔

日4 (8) 1 3246 6614 教3

セキ漢 シャク呉 陌 xī

むかし

筆順 一 十 廾 廾 昔 昔 昔 昔

なりたち 〔会意〕「廾(=残りの肉)」と「日(=太陽)」とから成る。ほした肉。派生して「むかし」の意。

意味 ❶先ごろ。以前。また、遠い過去。いにしえ。むかし。例 昔日セキジツ。往昔オウセキ。今昔コンジャク。❷ゆうべ。夜。通夕。例 通昔ツウセキ(=一晩中)。❸きのう。昨日。❹終わり。すえ。例 孟夏之昔モウカのセキ(=初夏の終わり)。〈呂覧・任地〉

古訓 中古 いにしへ・さかる・つね・とき・ひさし・むかし・よべ・よる 中世 いにしへ・きのふ・ひさし・むかし 近世 いにしへ・きのふ・さき・ひさし・ほじし・むかし

人名 つね・とき・はじめ・ひさ・ふる

【昔時】セキジ むかし。往時。昔日。昔年。例 昔時人已没、今日水猶寒セキジひとすでにボッし、コンニチみずなおさむし(=昔の人はもういない、しかし今、この川の水だけは《変わらず》寒々と流れている)。〈駱賓王・易水送別〉

【昔日】セキジツ むかし。過去の日々。往時。昔時。例 ―の面影をしのぶ。

【昔者】セキシャ 一 ①むかし。過去の年月。過ぎ去った時。例 昔者、荘周夢為二胡蝶一(=むかし、荘子は夢でチョウになった)。〈荘子・斉物論〉②きのう。昨日。二 むかしもの 日 昔かたぎの人。

【昔人】セキジン むかしの人。古人。

【昔昔】セキセキ 一 毎夜。毎晩。例 昔昔夢為二国君一(=毎夜夢の中で君主となる)。〈列子・周穆王〉 二 むかしむかし 日 ずっとむかし。おおむかし。

【昔年】セキネン ①むかし。以前。往年。昔時。例 ―をしのぶ。②前の年。去年。

●一昔ひとむかし・今昔コンジャク

昄

日4 (8) 4 1385 6604

ハン漢 潸 bǎn

意味 大きい。例 昄章ハンショウ(=大いに明らか)。

参考 「昄キ」は「帰」の俗字で、別の字。

旻

日4 (8) 2 5865 65FB

ビン漢 真 mín

あきぞら

意味 ❶秋の空。あきぞら。例 旻天ビンテン。❷天空。そら。

【旻天】ビンテン 秋の空。→【蒼旻】ソウビン(1150ページ)

旼

日4 (8) 4 1384 65FC

ビン漢 ミン呉 真 mín

意味 「旼旼ビンビン」は、なごやかなさま。

昉

日4 (8) 3 8513 6609

ホウ(ハウ)漢 養 fǎng

意味 ❶明るくなる。明るい。あきらか。❷はじまる。はじめる。

参考 李昉リホウ・玄昉ゲンボウ(=人名)。

明

日4 (8) 1 4432 660E 教2

メイ漢 ミョウ(ミャウ)呉 ミン唐 庚 míng

あかり・あかるい(あか-るし)・あからむ・あかるむ・あきらか・あける(あ-く)・あく・あくる・あかす

付表 明日あす

［朙］ 月7 (11) 4 1427 6719 本字。

筆順 丨 冂 日 日 町 明 明 明

なりたち 〔会意〕「囧(=まど)」と「月(=つき)」とから成る。照ってあかるい。

意味 ❶光がよく当たって、ものがはっきり見える。あかるい。例 明暗メイアン。明月メイゲツ。❷はっきりしている。あきらか。また、清らか。例 明衣メイイ。明白メイハク。明瞭メイリョウ。❸はっきりさせる。あかす。例 説明セツメイ。表明ヒョウメイ。❹頭のはたらきがはっきりしている。かしこい。例 英明エイメイ。聡明ソウメイ。❺太陽がのぼって、あかるくなる。あからむ。あける。例 未明ミメイ。❻あけて、その次の。あくる。例 明春ミョウシュン。明朝ミョウチョウ。明年ミョウネン。❼暗いなかの光。あかるくするもの。**あかり**。例 光明。照明。灯明。❽視力。例 失明。❾この世。例 幽明。❿霊的な存在。まつられた死者。神。例 明器。神明。⓫朱元璋が元を滅ぼして建てた王朝。はじめ南京に都したが、永楽帝の時に北京に遷都した。北宋以来の漢民族による統一王朝として繁栄したが、やがて清に滅ぼされた。明。(一三六八—一六四四) 例 明朝。明版。⓬古代インドの学問の分科。例 因明(=論理学)。声明。

古訓 中古 あかし・あき・あきら・あきらかなり・あきらかに・あく・あけぬ・あらはす・とし・なる・のり・ひかる・みつ 中世 あき・あきら・あきらか・あくる・あける・あす・きよし・てらす・みつ 近世 あかし・あきらか・あく・あける・あらはる・いさぎよし・さとす・しろし・そなはる・とほる・ひかり・まなこ・め・わきまふ

人名 あか・あき・あきら・あけ・きよし・さとし・さや・さやか・てる・とおる・とし・のり・はる・ひろ・ひろし・みつ・よし

難読 明珍(=姓)・明衣・明石・明障子

【明王】ミョウオウ 一〔仏〕仏の教えを守り、人々を救済する神。例 不動—。二 メイオウ かしこく立派な君主。明君。

【明後日】ミョウゴニチ あさって 日あすの次の日。

【明春】ミョウシュン 来年の春。

【明星】ミョウジョウ ①あかるい星。②金星の別名。あけがた、東の空に輝くのを「明けの明星」、日の沈んだあと西の空に見えるのを「宵の明星」という。

【明朝】一 ミョウチョウ あさ あすの朝。例 明朝有レ意抱レ琴来(=あすの朝気が向いたら琴を持っておいでなさい)。〈李白・山中与幽人対酌〉 二 ミンチョウ ①明の王朝。また、その時代。②日「明朝体」の略。活字の書体の一つ。一般に本や新聞などの本文に使われる。例 —活字。

【明日】ミョウニチ あす・あした 今日の次の日。対 昨日。

【明年】ミョウネン 来年。対 昨年・去年。

【明晩】ミョウバン あすの晩。明夜。対 昨晩。

【明夜】ミョウヤ ①昼と夜。②日 あすのよる。明晩。対 昨夜。

【明暗】メイアン ①あかるさと、くらさ。例 —をつける。②賢さと愚かさ。③真と偽。④喜びと悲しみ。幸運と不運。例 —を分ける。人生の—。

【明衣】メイイ ①神に仕える人が飲食や言動をつつしみ、心身を清めてから着る衣服。②死者のからだを洗ったあとに着せる服。

【明▼夷】メイイ 易の六十四卦の一つ。☷☲ 離下坤上。太陽が地中に入る象。

【明▼允】メイイン 洞察力があって誠実である。

【明快】メイカイ ①すじみちがはっきりしていて、わかりやすいこと。例 単純—。②あかるくて、気持ちがいいこと。

【明解】メイカイ わかりやすくはっきりした解釈。例 —な注釈。

【明確】メイカク はっきりしていて、まちがいがないこと。例 —な根拠を示す。態度を—にする。

【明鑑】メイカン ①曇りなくきれいな鏡。明鏡。②すぐれた見識。

【明記】メイキ はっきり書く。例 理由を—する。

【明器】メイキ ①死者とともに埋葬するためにつくられた器物。②諸侯が領地をもらうときに王からたまわる宝物。

【明教】メイキョウ すばらしい教え。立派な教え。明訓。

【明鏡】メイキョウ ①曇りのない鏡。明鑑。例 誰知明鏡裏、形影自相憐(=澄んだ鏡の中にわが身とわが影とがあわれみあう境遇になろうとは、だれが予想しえたであろうか)。〈張九齢・照鏡見白髪〉②裁判で、公正な判決を下せることのたとえ。③月。

【明鏡止水】メイキョウシスイ 〔曇りのない鏡と、静かで動かない水の意〕心にこだわりや憂いがなく、澄みきっておだやかなこと。

【明君】メイクン かしこく立派な君主。名君。類 明主。対 暗君。

【明訓】メイクン すぐれた教え。明教。

【明経】一 メイケイ ①経書にくわしいこと。②科挙(=官吏登用試験)の試験科目の一つ。経書の意味について問う。③明・清代、貢生(=地方出身者で中央の大学に入った者)の敬称。二 ミョウギョウ 日律令制で、大学寮に設けられた学科の一つ。経書について学ぶ。

【明月】メイゲツ ①雲のない空に、あかるく輝く月。②十五夜の月。特に、陰暦八月十五日の月。名月。

【明言】メイゲン 迷いもなく、はっきりと言う。断言。確言。

【明公】メイコウ 名誉・地位のある人に対する敬称。あなたさま。

【明細】メイサイ こまかい点まで、くわしくはっきりしていること。また、その内容。例 —書。—に報告する。給料の—。

【明察】メイサツ ①真相を正しく見抜く。例 智術之士必遠見而明察(=知謀にたけた人物は必ず将来を見通して真相を見抜くものだ)。〈韓非・孤憤〉②他人の推察をほめていうことば。賢察。高察。例 ご—のとおり。

【明視】メイシ はっきり見える。例 —距離。

【明示】メイジ はっきりとわかるようにしめす。対 暗示。

【明治】メイジ 日明治天皇の在位の年号。大正の前。一八六八年九月八日から一九一二年七月三十日まで。

【明時】メイジ ①四季の変化をあきらかにする。②世の中がよく治まって平和な時代。

【明識】メイシキ はっきりと知ること。また、すぐれた認識。

【明珠】メイシュ ①あかるく光り輝く宝玉。②すぐれた人物や詩文のたとえ。

【明秀】メイシュウ ①あかるくて美しい。例 神情明秀(=顔つきは明るくて美しい)。〈晋書・王衍伝〉②才能がひときわすぐれている。

【明証(證)】メイショウ はっきりした証拠を示すこと。また、その証拠。例 犯行の—。無罪を—する。

【明色】メイショク あかるい感じの色。対 暗色。例 —を主にした色彩。

【明信】メイシン ①清らかで誠実な気持ち。②はっきりと信じる。確信する。③確かな、たより。

【明神】一 メイシン あきらかな神。二 ミョウジン 日神をたっとぶ言い方。霊験あらたかな神。例 稲荷大—。

【明聖】メイセイ ものごとの道理に通じ、知徳にすぐれていること。

【明▼晰】メイセキ はっきりしていて、よくわかること。例 頭脳—。

【明窓浄机】【明窓浄▼几】メイソウジョウキ 〔光の入るあかるい窓と、きれいにしてある机の意〕あかるく清潔で、勉強にふさわしい部屋。例 明窓浄机、筆硯紙墨、皆極二精良一(=さっぱりした書斎に、文房具もすべて選び抜かれたものばかり)。〈欧陽脩・試筆〉

【明達】メイタツ かしこく、ものごとによく通じている。例 —の士。

【明断】メイダン すじみちを立てて、はっきりと決断や判断をする。すぐれた判断。例 —をくだす。

【明知】【明▼智】メイチ すぐれた知恵。かしこいこと。

【明著】メイチョ はっきりしている。あきらかにする。

【明徴】メイチョウ はっきりした証拠を示し、証明すること。また、その証拠。明証。

【明▼暢】メイチョウ ①論旨がはっきりとわかりやすく、文章が流れるようである。②音声がはっきりしていて、のびのびとしている。例 音吐明暢(=話し方が明暢である)。〈宋史・王沔伝〉

【明哲】メイテツ 賢明で、ものの道理がよくわかっていること。また、そういう人。例 —神のごとき人。

【明哲保身】メイテツホシン 賢明で道理をわきまえ、身を安全にたもつこと。〔「既明且哲、以保二其身一（すでにメイかつテツ、もってそのみをたもつ）」（＝賢明で知恵があるので、その身を安泰にできる）。〈詩経・大雅・烝民〉から〕例—の術。

【明徹】メイテツ ものごとがあきらかで、はっきりしていること。例—な論理。

【明度】メイド 日色のあかるさの度合い。〔彩度・色相と合わせて、色の三要素とされる〕

【明答】メイトウ はっきりと、わかるように答えること。また、その答え。確答。名答。例質疑に—する。

【明堂】メイドウ 古代中国で、天子が政治をおこなった建物。

【明道】メイドウ ①道をあきらかにする。②あかるい道。③北宋の学者、程明道（程顥）のこと。

【明徳】メイトク ①立派な道徳心。また、それにもとづく正しいおこない。②天からさずかったよい性質。仁・義・礼・智の徳。例大学之道、在レ明二明徳一（ダイガクのみちは、メイトクをあきらかにするにあり）（＝大学での学問は、明徳を明らかにするのが目的だ）。〈大学〉

【明白】メイハク はっきりしていて、疑いようもないさま。あきらか。明瞭。〔「明明白白」は、強めた言い方〕例—に答える。—な事実。

【明発】メイハツ ①夜明け。例明発不レ寐、有レ懐二二人一（メイハツいねず、ニニンをおもうあり）（＝夜明けまで眠れず、父母を慕う）。〈詩経・小雅・小宛〉②父母を思う気持ちのたとえ。③あばき出す。④説明する。解明する。

【明▼媚】メイビ 〔「媚」は、美しい意〕山や川など自然の景色が美しいこと。例風光—の土地。

【明敏】メイビン かしこくて、頭の回転がはやいさま。例—な頭脳。—な若者。

【明文】メイブン まちがいがないよう、内容をはっきりと書きあらわした文章。例決定事項を—化する。

【明弁（辨）】メイベン 道理にもとづき、はっきり見分ける。例理非を—する。

【明弁（辯）】メイベン ものごとをはっきり、わかりやすく述べる。また、そのような弁論。

【明法】一 メイホウ ①法をあきらかにすること。また、あきらかな法令。②唐・宋時代、科挙（＝官吏登用試験）の試験科目の一つ。法律に関する学科。二 ミョウボウ 日律令制で、日本の大学寮で教えた法律学。例—道。—博士。

【明▼眸▼皓歯】メイボウコウシ 〔「眸」は瞳、「皓」は白い意〕美しく澄んだひとみと白い歯。美女をいう。例明眸皓歯今何在（メイボウコウシいまいずくにかある）（＝澄んだひとみと白い歯のあの美女（楊貴妃）は、今どこにいるのだろうか）。〈杜甫・哀江頭〉

【明明】メイメイ たいそうはっきりしているさま。例—たる事実。—白白。→【明白】

【明滅】メイメツ あかるくなったり暗くなったりする。あかりがついたり消えたりする。点滅。例—する灯火。

【明喩】メイユ ①あきらかなたとえ。②日はっきりとわかるように直接にたとえること。「紅葉のような手」「桜のように散る」など。直喩。対暗喩・隠喩。

【明▼亮】メイリョウ 「明瞭」に同じ。

【明瞭】メイリョウ はっきりとよくわかること。明白。明確。明亮。例簡単—。—な発音。

【明倫】メイリン 人としてふみおこなうべき道をあきらかにすること。

【明朗】メイロウ ①あかるく楽しく、はれやかなこと。例—快活。—な人柄。②日ごまかしたり、かくしたりしないで、内容をはっきり示すこと。例—会計。—な経営。

●有明あけ・解明カイメイ・簡明カンメイ・究明キュウメイ・賢明ケンメイ・言明ゲンメイ・克明コクメイ・自明ジメイ・釈明シャクメイ・証明ショウメイ・照明ショウメイ・鮮明センメイ・透明トウメイ・発明ハツメイ・判明ハンメイ・不明フメイ・文明ブンメイ

昱

日5（9） 3 8521 6631 イク漢 呉 屋 yù

意味 ❶日が明るい。あきらか。例昱昱イクイク（＝光り輝くさま）。昱耀ヨウ（＝明るく輝く）。❷明くる日。

映

日5（9） 1 1739 6620 教6 エイ漢 ヨウ呉 敬 yìng うつる・うつす・はえる（は-ゆ）

[暎] 日8（12） 2 5885 668E 俗字。

筆順 丨 冂 日 日' 日冂 日口 映 映

なりたち  [形声]「日（＝太陽）」と、音「央ウオ→イエ」とから成る。照りはえる。

意味 うつる。はえる。❶光に照らされて、形があらわれる。光を反射して輝く。❷光が当たって、色があざやかな対照をなす。例映照エイショウ（＝てりかがやく）。反映ハンエイ。例千里鶯啼緑映紅（センリうぐいすないてみどりくれないにエイず）（＝はるかかなたまで、ウグイスの鳴き声が響き、新緑が赤い花と照り映えてあざやかだ）。〈杜牧・江南春〉❸光を当てて、形をあらわす。うつす。例映画エイガ。映写エイシャ。

古訓 中古 かかやく・かくる・てらす・てる・ひかり・ひらめく 中世 あきらか・うつろふ・かかやく・かくる・ひらめく 近世 あきらか・うつろふ・かかやく・かがやく

人名 あき・あきら・え・てる・はゆ・みつ

難読 映日紅しまりつ・映日果いちじく

【映画】エイガ 日連続して撮影したフィルムをうつし出して、ものの動きや様子を再現するもの。シネマ。キネマ。ムービー。活動写真。例SF—。—館。—を見る。

【映写】エイシャ 日映画のフィルムやスライドをスクリーンにうつし出す。例—機。スライドを—する。

【映像】エイゾウ 日①光の屈折や反射によってあらわれる物のかたち。②テレビの画面や、映画・スライドのスクリーンにうつし出された像。例—が乱れる。③頭に思いうかぶものの姿や様子。心象。イメージ。

【映帯】エイタイ 景色などが互いにひきたてあうこと。例映二帯左右一（サユウにエイタイす）（＝風光があたりに照りはえている）。〈王羲之・蘭亭序〉

【映発】エイハツ 輝く。照りはえる。

●上映ジョウエイ・反映ハンエイ・放映ホウエイ

昫

日5（9） 3 8519 662B ク漢 遇 xù

意味 日が出て、あたたかい。また、あたたかく、はぐくむ。通煦。例昫昫クク（＝あたたかなさま）。参考 劉昫リュウク（＝人名）。

昡

日5（9） 4 1387 6621 ケン漢 ゲン呉 霰 xuàn

意味 日が光り輝く。通炫ゲン・眩ゲン。例昡曜ゲンヨウ（＝まばゆい）。

昂

日5（9） ⇩昂コウ（621ページ）

昿

日5（9） ⇩曠コウ（640ページ）

昏

日5（9） ⇩昏コン（622ページ）

昨

日5（9） 1 2682 6628 教4 サク漢 薬 zuó きのう（きのふ） 付表 昨日きのう

筆順 丨 冂 日 日 日' 日𠂉 昨 昨 昨

なりたち 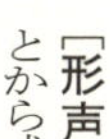 [形声]「日（＝太陽）」と、音「乍サ→サク」とから成る。一日前。

意味 ❶きょうの前の日。きのう。例昨日サクジツ。昨夜サクヤ。❷ひとまわり前の。例昨年サクネン。昨夏サッカ。❸過ぎてしまった昔。例昨非今是サクヒコンゼ

古訓 中古きのふ・さき・むかし・むくふ・むくゆ 中世きのふ・さきに・むかし・むくふ・むくゆ 近世きのふ・さき・ひさし・むかし

【昨暁】サクギョウ きのうの夜明けごろ。

【昨日】サクジツ/きのう 今日の一日前の日。対明日ミョウニチ。例—通知がまいりました。

【昨秋】サクシュウ 昨年の秋。去年の秋。去秋。

【昨週】サクシュウ 日今週の前の週。先週。

【昨春】サクシュン 昨年の春。去年の春。去春。

【昨冬】サクトウ 昨年の冬。去年の冬。去冬。

【昨年】サクネン ことしの前のとし。旧年。去年。対明年ミョウネン・来年。例—来の不況。

【昨晩】サクバン きのうの晩。昨夜。ゆうべ。対明晩ミョウバン。

【昨非今是】サクヒコンゼ 過去の誤りに今になって気づく。また、時勢や状況の変化によって、きのう悪としたことも、きょうは善に考えられる、ということ。〔「実迷レ途其未レ遠、覚ニ今是而昨非一」(ジツにみちにまようことそれいまだとおからずいまのぜにしてサクのヒなるをさとる)(=〈人生の〉道を誤ったがまだそれほど遠くまで来たわけではない。現在のあり方が正しく、きのうまでは間違っていたことに気づいた)。〈陶淵明・帰去来辞〉から〕

【昨報】サクホウ 日きのうの報道。〔新聞などで使う〕

【昨夢】サクム 昨夜の夢。過去のはかなさのたとえ。

【昨夜】サクヤ きのうの夜。昨晩。対明夜ミョウヤ。

【昨夕】サクユウ きのうの夕方。〔「ゆうべ」の改まった言い方〕

【昨夏】サッカ 昨年の夏。去年の夏。去夏。

【昨今】サッコン 日「近ごろ」「このごろ」の改まった言い方。例—の風潮。

昵

日5(9) 2 5867 6635 ジツ(ヂツ)漢 質 nì ちか-づく

[暱] 日10(14) 4 1416 66B1 本字。

意味 遠慮なく、仲よくする。なれ親しむ。**ちかづく**。例昵近ジッキン・昵懇ジッコン。

【昵近】ジッキン ①親しみ近づく。②親しい人。

【昵▼狎】ジッコウ なれ親しむ。

【昵懇】ジッコン 日親しい関係であること。懇意。入魂ジッコン。例—の間柄。

【昵比】ジッピ なれ親しむ。例昵ニ比罪人一(ザイニンにジッピす)(=犯罪者になれ親しむ)。〈書経・泰誓中〉

春

日5(9) 1 2953 6625 教2 シュン漢 シュン呉 真 chūn はる

筆順 一 三 三 夫 夫 春 春 春

なりたち  [会意]「日(=太陽)」と「艸(=くさ)」と「屯チュン→シュ(=草木の芽が出はじめる)」とから成る。草木が活動をはじめる、はる。

意味 ❶四季の第一。立春から立夏までの間。ほぼ三月・四月・五月。陰暦では一月・二月・三月。**はる**。例春分シュンブン・春眠シュンミン・立春リッシュン。❷五行説で、「木」「東」「青」などに当てる。例春宮シュングウ。❸年の初め。正月。例賀春ガシュン。新春シンシュン。❹男女が求めあう心。情欲。例思春期シシュンキ。春情シュンジョウ。❺若く元気な時期。青年期。例回春カイシュン。青春セイシュン。❻年月。例一臥ニ東山一三十春(ひとたびトウザンにふすサンジッシュン)(=東山のふもとに隠居して以来三十年)。〈高適・人日寄杜二拾遺〉❼酒。〔唐代以降の俗語〕

古訓 中古はる・ひろし 中世とき・とし・のどか・はる 近世はじめ・はる

人名 あずま・あつ・かす・す・とき・とし・はじむ・はじめ

難読 春日かすが・春宮トウグウ・春鶯囀シュンノウデン

【春陰】シュンイン ①春がすみ。花ぐもり。②春の時間。春の時の流れ。③春の花や木によってできるかげ。

【春雨】一シュンウ 春の雨。二はるさめ 日①静かに降る春の雨。②でんぷんからつくった細い糸状の食べ物。

【春▼霞】シュンカ/はるがすみ 春に立つかすみ。例—がたなびく。

【春寒】シュンカン 春先の寒さ。余寒。例—の候。

【春気】シュンキ ①春の気配。②春の景色。

【春季】シュンキ ①春の末。②春の季節。例—運動会。

【春期】シュンキ 日春の期間。例—講習。

【春▼暉】シュンキ ①春の日ざし。②父母の恩のたとえ。

【春機】シュンキ 異性に対する欲情。色情。春情。例—発動期(=思春期)。

【春宮】シュングウ ①東方を支配する春の神、青帝の住む宮殿。②トウグウ 皇太子のいる宮殿。また、皇太子。例—御所ゴショ。参考 元来「東宮」と書くが、五行説で春は東に当たるので、「春宮」を「トウグウ」と読む。

【春暁】シュンギョウ 春の夜明けごろ。春のあかつき。

【春景】シュンケイ 春の景色。春光。春色。

【春光】シュンコウ ①春の景色。春景。春色。②春の日ざし。例春光不レ度玉門関(シュンコウわたらずギョクモンカン)(=春の日ざしは、玉門関の北まではやって来ない)。〈王之渙・涼州詞〉

【春行】シュンコウ 〔「行」は、行楽の意〕春に野山をめぐる。

【春耕】シュンコウ 春に田畑をたがやす。

【春事】シュンジ ①春の耕作の仕事。②春の趣。春の景色。

【春日】シュンジツ 春の一日。また、春の日ざし。例春日遅遅(シュンジツチチ)(=うららかな春の日が、なかなか暮れずにのどかである)。〈詩経・豳風・七月〉

【春社】シュンシャ 春の耕作を始めるに当たって、土地神に豊作を祈願する祭り。

【春愁】シュンシュウ 春の、なんとなく憂鬱ユウウツで思い悩む気分。例—秋思(=春のものうさと秋のもの思い)。

【春秋】シュンジュウ ①春と秋。②一年。また、年月。歳月。星霜。例—を経る。③年齢。④魯ロの国の歴史書。⑤「春秋時代」の略。

【春秋時代】シュンジュウジダイ 周が都を洛陽ラクヨウにうつした紀元前七七〇年から、韓カン・魏ギ・趙チョウが晋シンを分割して独立する紀元前四〇三年までの時代。

【春秋高】シュンジュウたかし 年齢が高い。年をとっていること。〈史記・呂后紀〉

【富ニ▼於春秋一】シュンジュウにとむ 〔今後の年月がまだ多い意から〕年若く、将来性がある。〈史記・李斯伝〉

【春秋筆法】シュンジュウのヒッポウ 魯ロの国の歴史書『春秋』での言い回しのように、文字の使い方で人をほめたりけなしたりすること。

【春▼笋】【春▼筍】シュンジュン ①春のたけのこ。②女性の細くやかな指のたとえ。

【春宵】シュンショウ 春の夕べ。春の夜。

【春宵一刻直千金】シュンショウイッコクあたいセンキン 〔「直」は、「値あたい」に同じ〕春の夜は趣が深く、ひとときに千金の価値があるほどである。〈蘇軾・春夜〉

【春情】シュンジョウ ①春の景色。春色。春光。②異性に対する欲情。いろけ。

【春色】シュンショク 春の景色。春景。春光。例錦江春色来ニ天地一(キンコウのシュンショクテンチにきたる)(=錦江には天地いっぱいの春が訪れる)。〈杜甫・登楼〉

【春心】シュンシン ①春に感じるもの思い。②異性への恋情。

【春信】シュンシン 春が来る知らせ。春のおとずれ。例—を聞く。

【春水】(シュンスイ) ①春の川の水。②天子が春におこなう狩猟。

【春雪】(シュンセツ) 春に降る雪。

【春暖】(シュンダン) 寒さのやわらいだ春のあたたかさ。㊟秋冷。例 —の候。

【春潮】(シュンチョウ) 春のうしお。

【春泥】(シュンデイ) 雪どけや霜どけによる春先のぬかるんだ地面。

【春風】(シュンプウ) ①春の風。例 春風江上路(=春風の吹く川沿いの道)。〈高啓・尋胡隠君〉②恩恵をもたらすことのたとえ。③なごやかな雰囲気のたとえ。

【春風▼駘▼蕩】(シュンプウタイトウ) ①春風がやさしく吹き、のどかであるさま。〈黄庭堅・次韻清虚同訪李園〉②日 人柄がおだやかでおおらかなさま。例 —たる人物。

【春分】(シュンブン) 二十四節気の一つ。三月二十一日ごろで、昼と夜の長さがほぼ等しくなる。㊟秋分。

【春坊】(シュンボウ) ①皇太子の宮殿。春宮。②皇太子に関する事務をつかさどる役所。

【春望】(シュンボウ) 春のながめ。例 山麓の—。

【春眠】(シュンミン) 春の夜の心地よいねむり。例 春眠不レ覚レ暁、処処聞二啼鳥一(=春の眠りは心地よく、明け方になったのも気づかずにいると、あちこちから鳥のさえずりが聞こえてくる)。〈孟浩然・春暁〉

【春夢】(シュンム) ①春の夜のゆめ。②春のゆめのように、はかないことのたとえ。例 むなしき—と消える。

【春夜】(シュンヤ) 春のよる。

【春遊】【春▼游】(シュンユウ) ①天子が春におこなう国内の巡行。②春の行楽。

【春余(餘)】(シュンヨ) 春のなごり。春が終わろうとしている時期。

【春陽】(シュンヨウ) 春の暖かい日光。また、おだやかな春の季節。

【春雷】(シュンライ) 春に鳴るかみなり。

【春嵐】(シュンラン) ①春にかかる、もや。②日 春のあらし。

【春▼蘭】(シュンラン) ラン科の多年草。早春にうす緑の花をつける。他のランにさきがけて咲くのでこの名がある。ほくろ。

【春告魚】(はるつげうお) 日 春のおとずれを知らせる魚。ニシン。

【春告鳥】(はるつげどり) 日 春のおとずれを知らせる鳥。ウグイス。
●迎春・初春・新春・青春・惜春・早春・仲春・晩春・陽春・立春

昭

日5(9) 1 3028 662D 教3

ショウ(セウ)漢 蕭 zhāo

あき-らか

筆順 丨 П 日 日ㇷ 日ㇷ 日ㇷ 昭 昭

なりたち [形声]「日(=太陽)」と、音「召ショウ」とから成る。日が照り輝いて明るい。

意味 ❶すみずみまで光がとどいて明るい。あきらか。また、あきらかにする。例 昭顕ショウケン。昭明ショウメイ。❷宗廟ソウビョウ(=祖先のみたまや)に位牌ハイを並べる順序。例 昭穆ショウボク。

古訓 中古 あきら・あきらかなり・あきらむ・てらす・てる・ひかり 中世 あきらか・てらす・ひかり 近世 あきらか・あらはる・ひかり

人名 あき・あきら・ただ・ただし・てる・はる・ひかる・ひろ・ひろし

【昭回】(ショウカイ) 光り輝いてめぐる。例 倬彼雲漢、昭二回于天一(=大いなる天の川は、天を光り輝きながらめぐる)。〈詩経・大雅・雲漢〉
【昭顕】(ショウケン) あきらか。あきらかになる。
【昭示】(ショウジ) はっきりと示す。明示する。
【昭昭】(ショウショウ) 明るいさま。
【昭代】(ショウダイ) 平和に治まっている世。
【昭▼穆】(ショウボク) 宗廟ソウビョウ(=祖先のみたまや)や墓地における配置の順序を示す呼び名。〔全部で始祖から七世までを設け、始祖を中央に、二世・四世・六世は左に置いて「昭」、三世・五世・七世は右に置いて「穆」と呼ぶ〕
【昭明】(ショウメイ) ①あきらかである。あきらかにする。②光。③星の名。④南朝梁リョウの蕭統ショウトウの諡おくりな。昭明太子。↓【文選】(モンゼン)(604ページ)
【昭和】(ショウワ) 日 昭和天皇の在位の年号。大正の次、平成の前。一九二六年十二月二十五日から一九八九年一月七日まで。

是

日5(9) 1 3207 662F 常用

シ漢 ゼ呉 紙 shì

これ・ここ・こ-の・か-くの

[昰] 日5(9) 3 8520 6630 本字。

筆順 丨 П 日 旦 早 早 昰 是

なりたち [会意]「日(=太陽)」と「正(=ただす)」とから成る。まっすぐで正しい。

意味 ❶正しい。㊟非。例 是非ゼヒ。是是非非ゼゼヒヒ。❷正しいと見なす。例 是ゼとする。是ゼなり。是認ゼニン。❸正しいと見なした方針。例 国是コクゼ。社是シャゼ。❹正しくする。例 是正ゼセイ。❺㋐「これ」と読み、…だ…である、の意。断定をあらわす。例 富与貴是人之所レ欲也(=財産と地位とは、人が望むものである)。〈論語・里仁〉㋑「これ」「この」「ここ」と読み、ものごとをさし示す。例 小人反レ是(=つまらない人物は、これと反対のことをする)。〈論語・顔淵〉㋒「如レ是」「若レ是」の場合は「かくのごとし」と読み、このようである、の意をあらわす。例 有レ本者如レ是(=根本がきちんとしているものは、このようである)。〈孟子・離婁下〉㋓目的語を前に出して強調する。例 戎狄是膺(=異民族の西戎ジュウや北狄テキは征伐する)。〈詩経・魯頌・閟宮〉❻あらゆる。いかなる。

古訓 中古 かかること・かくのごとき・かくのごとく・ここに・ことわる・これ・なほし・よし 中世 ここ・ここに・この・これ・ただち・なほ・なほし・よし 近世 かく・ここ・この・これ・すぢめ・すなほ・なほし・ほとり・よし

人名 すなお・ただし・ただす・なお・ゆき・よし

【是正】(ゼセイ) 誤りなどをただして、なおす。例 貿易の不均衡を—する。

【是是非非】(ゼゼヒヒ) よいことはよい、悪いことは悪いと、はっきりと判断すること。例 是レ是非レ非、謂二之知一(=正しいことを正しいとし、誤ったことを誤りとすることを知という)。〈荀子・脩身〉—の態度をつらぬく。

【是認】(ゼニン) 日 よいとみとめる。また、そのとおりだとみとめる。承認。㊟否認。例 相手側の提案を—する。

【是非】(ゼヒ) ①よいことと悪いこと。例 別二嫌疑一、明二是非一(=疑わしいことを判断し、よいことと悪いことを明らかにする)。〈史記・太史公自序〉—もない(=やむを得ない)。②日 どうしても。どうか。例 —見てください。

【是非曲直】(ゼヒキョクチョク) 正しいことと間違ったこと、曲がったこととまっすぐなこと。事の善し悪あし。〈語類・三五〉

【是非▼之心】(ゼヒのこころ) 正しいことと間違ったことを見分ける心。例 無二是非之心一、非レ人也(=是非の心のない者は、人ではない)。〈孟子・公孫丑上〉
●国是・党是・如是

星

日5(9) 1 3217 661F 教2

セイ漢 ショウ(シャウ)呉 青 xīng

ほし

[曐] 白13(18) 4 8183 76A8 古字。

【筆順】 丨 冂 日 尸 旦 早 星 星 星

なりたち [形声]「日(=光りかがやく)」と、音「生セイ」とから成る。天空にかがやき光る、ほし。

意味 ❶夜空に光る天体。ほし。例 星座セイザ。火星カセイ。惑星ワクセイ。❷ほしくずのように小さい。例 星火セイカ。星星セイセイ。❸はかりの目盛り。❹二十八宿の一つ。ほとおりぼし。❺重要な人物。例 巨星キョセイ。

日本語での用法《ほし》①「図星ズぼし・目星めぼし・本星ホンぼしを捜さがす」▼ねらいをつけた相手。対象。②「星取表ほしとりヒョウ・黒星くろぼし・白星しろぼし」▼勝ち負けのしるしのまる。

古訓 中古 はる・ほし 中世 ほし 近世 ほし

人名 とし・のぼる

【星雲】セイウン 日 雲のように見える天体。銀河系内のガスやちりの集まりによるものと、銀河系外の恒星の集まりによるものとがある。例 暗黒―。アンドロメダ―。

【星火】セイカ ①星の名。さそり座のアンタレス。②流星。ものごとのさし迫ったことのたとえ。③小さな火。

【星河】セイガ 天の川。銀河。類 星漢。

【星学】セイガク 太陽・月・星など天体に関する学問。天文学の古い呼称。

【星期】セイキ 七夕。転じて、結婚する日。〔牽牛ケンギュウと織女ショクジョが会うことから〕

【星行】セイコウ ①星の輝いている夜明け前に出かける。②流れ星のように速く行く。

【星座】セイザ 夜空の星を、見える位置によっていくつかずつまとめて、動物や神話の人物などの形になぞらえて名をつけたもの。現在のものは古代ギリシャの星座にもとづく。さそり座・オリオン座など八十八ある。→【星宿】セイシュク

【星散】セイサン 星のようにちらばる。ちりぢりになること。四散。

【星使】セイシ 天子の使者。勅使。〔天上の星の使者にたとえたことば〕

【星宿】セイシュウ|セイシュク 中国で、太陽の黄道コウドウに沿って天球を二十八に分けて定めた星座。→【二十八宿】ニジュウハッシュク(42ページ)

【星章】セイショウ 日 旧陸軍で、帽子・襟などにつけた星の形の記章。

【星条旗】セイジョウキ 日 アメリカ合衆国の国旗。〔星と、縞しまをなす条(=すじ)とでかたどった旗〕

【星▼辰】セイシン ほし。星座。星宿。

【星星】セイセイ ①こまかいものがぽつぽつとあるさま。②ぽつぽつと白いさま。

【星霜】セイソウ 〔「星」は一年で天をひとめぐりし、「霜」は毎年降りることから〕年月。歳月。例 幾―を経る。

【星団】セイダン 日 恒星が数多く集まっているもの。例 球状―。

【星斗】セイト 〔「斗」は、北斗七星と南斗六星の意〕ほし。

【星布】セイフ 天の星のようにびっしりと敷きつめられていること。

【星▼芒】セイボウ 〔「芒」は、先のとがったものの意〕星の光。

【星夜】セイヤ 星が明るく輝く夜。ほしづきよ。

●衛星エイセイ・巨星キョセイ・恒星コウセイ・白星しろぼし・新星シンセイ・水星スイセイ・図星ずぼし・明星ミョウジョウ・目星めぼし・遊星ユウセイ・流星リュウセイ

昼

日5 (9) 1 3575 663C 教2 チュウ(チウ)漢 呉 宥 zhòu ひる

[晝] 日7 (11) 2 5876 665D 人 旧字体。

筆順 フ コ 尸 尺 尺 尽 昼 昼 昼

なりたち [会意]「畫(=くぎる)」の省略体と「日(=太陽)」とから成る。日が出てからしずむまで。夜とへだてられた、ひる。

意味 ❶日の出から日の入りまでのあいだ。ひるま。ひる。例 昼夜チュウヤ。昼寝ひるね。❷正午ごろ。まひる。例 昼食チュウショク。

古訓 中古 ひる 中世 ひる 近世 かぎる・さかひ・ひる

人名 あき・あきら

【昼間】チュウカン|ひるま 朝から夕方までの間。日中ニッチュウ。対 夜間。例 ―人口カンジンコウ。

【昼錦】チュウキン ひるにしきを着て歩く。故郷に帰ることのたとえ。故郷ににしきを飾る。〔「富貴不レ帰二故郷一、如二衣レ繍夜行一(フウキにしてコキョウにかえらざるはシュウをきてよるゆくがごとし)」(=富貴の身分になって故郷に帰らないのは、ぬいとりのある美しい衣服を着て夜に歩くようなものだ)。〈史記・項羽紀〉から〕

【昼▼餐】チュウサン 正式の昼食。ひるげ。午餐。ランチョン。

【昼食】チュウショク|チュウジキ 〔「チュウジキ」は、やや古風な言い方〕ひるごはん。ひるめし。午餐ゴサン。対 朝食・夕食。

【昼寝】チュウシン|ひるね ひるまに眠ること。午睡ゴスイ。

【昼夜】チュウヤ ひるとよる。例 ―を問わず働く。

【昼夜兼行】チュウヤケンコウ ①ひるもよるも休みなく移動する。例 昼夜兼行、到二頼郷一(チュウヤケンコウして、ライキョウにいたる)。〈呉志・孫登伝〉②日 ひるもよるも休みなくおこなうこと。例 ―で復旧を急ぐ。

【不レ舎二昼夜一】チュウヤをおかず 〔「舎」は、とどまる意〕ひるもよるも休むことがない。例 逝者如レ斯夫、不レ舎二昼夜一(ゆくものはかくのごときか、チュウヤをおかず)(=過ぎ去っていくものはこのようなものか、昼となく夜となくとどまることがない)。〈論語・子罕〉→【川上之嘆】センジョウのタン(421ページ)

【昼▼餉】ひるげ 日 ひるごはん。ひるめし。対 朝餉あさげ・夕餉ゆうげ。

●白昼ハクチュウ・真昼まひる

昶

日5 (9) 2 5868 6636 チョウ(チャウ)漢 養 chǎng

意味 ❶日が、ながい。ひさしい。❷のびやか。通 暢チョウ。

参考 昶ひさし・昶のぼる・昶あきら・昶あき(=人名)。

昳

日5 (9) 3 8522 6633 一 テツ漢 屑 dié 二 イツ漢 質 yì

意味 一 日が傾く。ひぐれ。二「昳麗イツレイ」は、ひときわ美しい。

昞

日5 (9) 3 8515 661E ヘイ漢 梗 bǐng

[昺] 日5 (9) 3 8516 663A 別体字。

意味 明るく、はっきりしているさま。あきらか。通 炳ヘイ。例 昞然ヘイゼン(=あきらか)。

昪

日5 (9) 4 1388 662A ヘン漢 ベン呉 霰 biàn

意味 ❶喜び楽しむさま。❷日の光で明るいさま。

昴

日5 (9) 2 5869 6634 人 ボウ(バウ)漢 巧 mǎo すばる

なりたち [形声]「日(=天体)」と、音「卯ボウ」とから成る。星の名。

意味 二十八宿の一つ。すばるぼし。すばる。昴宿ボウシュウ|ボウシュク。

参考「すばる」は、「統すべる(=一つにまとめる)」の意。六個の星が集まって見えるのでいう。「昂コウ」は別の字。

古訓 中古 あきらか・すばる 中世 すばるぼし・ほしのな 近世 すばる・ほし・ほしのな

昢

日5 (9) 3 8517 6622 ホツ漢 月 pò

意味 日の出。例 昢昢(=朝日が輝きはじめるさま)。参考 昢夫(=人名)。

味
日5(9) 1 4370 6627 常用
バイ漢 マイ呉 隊 mèi
くら-い(くら-し)

筆順 丨 ＰＢ 日 日一 日二 昧 昧 昧

なりたち [形声]「日(=ひ)」と、音「未ビ→バイ」とから成る。ようやく明るくなるころ。

意味 ❶光が少なくて、よく見えない。くらい。例 昧爽。暗昧。蒙昧。❷ものごとをよく知らない。おろか。くらい。例 愚昧。❸失礼なことを平気でする。おかす。例 冒昧(=むりにおこなう)。

古訓 中古 あきらけし・くらし・くる・むさぼる・をかす 近世 あけぼの・くらし・ほし 中世 くらし・くらます・むさぼる・をかす

【昧谷】マイコク 伝説で、太陽が沈むところ。

【昧死】マイシ 〔愚かで無礼なため死を覚悟で罪を犯す意〕上奏文に用いた決まり文句。例 敢不二昧死以聞一(=どうして死罪を犯してでも申し上げずにおられましょうか)。〈新書・数寧〉

【昧爽】マイソウ 夜明け方。未明。類 昧旦。

【昧昧】マイマイ ①深く思うさま。②ほの暗いさま。③ぼんやりとして、はっきりしないさま。④愚かなさま。

● 曖昧・愚昧・三昧

昜
日5(9) 2 5870 661C
ヨウ(ヤウ)漢 陽 yáng
と-ぶ・とびあ-がる

意味 ❶ひらく。❷太陽。太陽が出る。

昤
日5(9) 3 8518 6624
レイ漢 青 líng

意味 ❶「昤昤」は、日ざしが明るいさま。❷「昤曨」は、日の光。

晏
日6(10) 2 5871 664F 人
アン漢 諫 yàn
おそ-い(おそ-し)・やす-らか

なりたち [形声]「日(=太陽)」と、音「安ア→ン」とから成る。空が晴れる。派生して「やすらか」の意。

意味 ❶空が晴れわたるさま。はれる。❷落ち着いて、しずか。やすらか。例 晏如。❸(時刻が)おそい。例 晏起。

古訓 中古 おそし・くらし・くる・しづかに・たけぬ・はる・ひたく・やすし・やすらか・ゆふべ 中世 おくる・くるる・くれ・はれたり・ひくる・ひたかし・ひたく・ひたくる・やすし 近世 あざやか・おそし・はる・ひくれ・ひたくる・やすし・やすんず・やはらぐ・ゆふべ

人名 おそ・さだ・はる・やす・やすし

【晏晏】アンアン ①おだやかなさま。例 言笑晏晏(=おだやかに談笑する)。〈詩経・衛風・氓〉②さかんなさま。

【晏▼駕】アンガ 天子が死ぬこと。崩御。〔棺を載せた駕(=車)がおそい時間に出発することから〕

【晏起】アンキ 朝おそく起きること。朝ねぼう。

【晏如】アンジョ おだやかでやすらかなさま。類 晏然。例 簞瓢屢空、晏如也(=よく食事も事欠くほどだったが、平然としていた)。〈陶淵明・五柳先生伝〉 ―としていられない。

【晏眠】アンミン 朝おそくまでねむる。ゆっくりとねむる。

[晦]
日6(10) ⇩晦(631ジペー)

晑
日6(10) 4 1390 6651
キョウ(キャウ)漢 養 xiǎng

意味 明らか。あかるい。

晅
日6(10) 4 1389 6645
ケン漢 元 xuān

意味 日に当てて、かわかす。かわく。例 晅曜(=日に照らされて輝く)。

晃
日6(10) 1 2524 6643 人
コウ(クヮウ)漢呉 養 huǎng
あき-らか

[晄]
日6(10) 2 5872 6644 人
別体字。

なりたち [形声]「日(=太陽)」と、音「光コ→ウ(=ひかる)」とから成る。あかるい。

意味 光が四方に輝き、あかるい。あきらか。例 晃晃。

古訓 中古 てる・ひかる・ほがらかなり 中世 あきらか・てる・ひかり 近世 あきらか・かかやく・かがやく・てる・ひかり・ひかる

人名 あき・あきら・てる・のぼる・ひかる・ひろし・みつ・みつる

【晃晃】コウコウ 明るく光り輝くさま。例 ―と輝く。

【晃▼蕩】コウトウ ①空が明るくて広大なさま。②ゆれるさま。

【晃▼曜】【晃▼燿】コウヨウ 光り輝く。

晎
日6(10) 4 1391 664E
コウ漢 董 hǒng

意味 「晎晎」は、日が明るくなりはじめるさま。

[晈]
日6(10) ⇩皎(917ジペー)

晒
日6(10) 1 2715 6652 人
サイ漢 卦 shài
さら-し・さら-す

[曬]
日19(23) 4 1421 66EC
本字。

なりたち [形声]「日(=ひ)」と、音「麗イレ→イサ」とから成る。日にさらす。

意味 日に当ててかわかす。虫干しする。さらす。例 晒書。

日本語での用法 《さらし》《さらす》①「晒し粉・晒し布」▼日に当てたり、水で洗い流したりして白くする。②「晒し首・晒し者・人目に晒す」▼(こらしめのため)多くの人の目にふれるようにする。

古訓 中古 かわく・さらす・ほす 中世 さらす・ほす 近世 さらす・のぶる・ほす

【晒書】サイショ 書物の虫干し。

時
日6(10) 1 2794 6642 教2
シ漢 ジ呉 支 shí
とき
付表 時雨・時計

[旹]
日4(8) 4 1383 65F9
古字。

筆順 Ｐ 日 日一 日十 日土 時 時

なりたち [形声]「日(=太陽)」と、音「寺シ」とから成る。四季。

意味 ❶季節。例 時節。四時。❷過去から現在へ、さらに未来へという移り変わり。とき。例 時運。時間。天時。❸あるとき。このごろ。例 時下。往時。❹ちょうどよいとき。折よく。例 時雨。時機。時宜。❺折にふれて。ときどき。ときに。例 学而時習レ之(=学んで適当な時期におさらいをする)。〈論語・学而〉❻機会をねらう。うかがう。通 伺。例 孔子時二其亡一也、而往拝レ之(=孔子は《陽貨の》不在をみすまして、お礼に出かけた)。〈論語・陽貨〉❼つかさどる。通 司。例 時夜。❽これ。この。通 是・之。

古訓 中古 あきらかに・いま・ここに・この・これ・しばらく・たちまちに・とき・ときどき・ときなふ・みる・もとより・より・よりより 中世 あきらか・ここに・これ・しばらく・たちまち・とき・ときなふ・みる・よりより 近世 うかがふ・これ・とき・なか・よし

人名 これ・はる・もち・ゆき・よし・より

難読 時節(おりふし)・時鳥(ほととぎす)・時平(ときひら|シヘイ)

【時雨】㊀(ジウ) ちょうどよいときに降る雨。例 如二時雨降一、民大悦(ジウのふるがごとくにして、たみおおいによろこべり)(＝いいタイミングで雨が降ってきたかのように、人民は大喜びした)。〈孟子・滕文公下〉 ㊁(しぐれ) 日 ①晩秋から初冬のころに、降ったりやんだりする雨。例 小夜(さよ)―。村―。②続いたりやんだりするもののたとえ。例 せみ―。虫―。

【時雨▼之化】(ジウのカ) 草木が雨によって育つように、人民が有徳者に教化されること。〈孟子・尽心上〉

【時運】(ジウン) 世の中のなりゆき。例 ―に乗る。

【時下】(ジカ) このごろ。ただいま。〔おもに手紙で「時下ますますご清祥のことと…」のように用いる〕

【時価】(ジカ) その時々の値段。また、現在の値段。例 ―数百万円のダイヤモンド。

【時間】(ジカン) 日 ①過去・現在・未来と移り変わり、続いていく時の流れの全体。㊟空間。例 悠久の―。②時の流れをある長さで区切ったもの。例 待ち―。③時の単位。一日を二十四等分した一つ。一時間は六十分。④ある時刻。例 到着―。⑤ある時刻からある時刻までの間。また、何かをしている間。例 営業―。

【時▼艱】(ジカン) その時の困難な情勢。難局。

【時期】(ジキ) 日 何かをするための期間。何かをおこなうとき。例 ―尚早。

【時機】(ジキ) 何かをするのにちょうどよい時。適当な機会。チャンス。例 ―到来。―をうかがう。

【時宜】(ジギ) ①何かをするのにふさわしい時。例 ―にかなう。―を得る。②その時にふさわしい挨拶(アイサツ)。

【時給】(ジキュウ) 日 (週給・日給などに対して)時間あたりの賃金。時間給。

【時局】(ジキョク) その時期の世の中のありさま。時代の情勢。例 重大な―をむかえる。

【時空】(ジクウ) 日 時間と空間。例 ―をこえる。

【時限】(ジゲン) 日 ①何かをおこなう時間や時刻を限定すること。例 ―スト。②授業時間の単位。校時。

【時好】(ジコウ) その時代の好み。流行。

【時効】(ジコウ) 日 一定期間が過ぎたために、本来もっていた権利や義務がなくなること。例 ―が成立する。その話はもう―だ(＝古いことなので、もう責任をとることはない)。

【時候】(ジコウ) 四季折々の気候。時節。例 ―の挨拶(アイサツ)。

【時刻】(ジコク) ①時の流れの中のある一点。また、それを時・分・秒などであらわしたもの。例 ―表。②時機。機会。

【時差】(ジサ) ①各国、各地域の間の時刻の差。地域ごとの標準時でくらべる。例 ―ぼけ。②日 時刻をずらして、他と重ならないようにすること。例 ―通勤。

【時事】(ジジ) そのときそのときの社会的なできごと。例 ―解説。

【時時刻刻】(ジジコッコク) 日 時刻を追って。次第に。例 ―と変化する。

【時日】(ジジツ) ①ものごとのおこなわれる日と時。日時(ニチジ)。例 ―を定める。②何かをするのにかかる時間。ひにち。例 少なからぬ―を要する。

【時習】(ジシュウ) 折にふれて復習する。〔一説に、いつも復習する〕

【時針】(ジシン) 日 時計の短針。

【時人】(ジジン) その時代の人。

【時世】(ジセイ|ときよ) その時代。世の中の状態。例 ―時節(ときよ)。いいご―(ジセイ)だ。

【時世粧】(ジセイショウ|ジセイのよそおい) 流行の化粧や服装。ファッション。

【時制】(ジセイ) ①時節に合った制度。②日 過去・現在・未来・過去完了など、時に関する文法上の特徴。テンス。

【時勢】(ジセイ) その時代の世の中のなりゆき。時流。例 ―にのる。―におくれる。

【時節】(ジセツ) ①折々の季節。時候。例 菊の―。―柄(がら)ご自愛ください。②日 何かをするのに適切な機会。時機。例 ―到来。③日 世の中の状況。

【時速】(ジソク) 日 一時間に進む距離であらわした速さ。㊟秒速・分速。例 ―二七〇キロの新幹線。

【時代】(ジダイ) ①時の流れの、あるひとまとまり。例 江戸―。少年―。②日 その時の世の中。例 ―おくれ。③日 昔の世。例 ―劇。④日 時がたって古くなる感じ。例 ―がつく。

【時代錯誤】(ジダイサクゴ) 日 ①時代をとりちがえること。アナクロニズム。②時代おくれで今の世に合わないこと。例 ―の考え方。

【時代色】(ジダイショク) 日 その時代の特色。

【時代物】(ジダイもの) 日 ①時がたって、古くなったもの。骨董(コットウ)。例 ―のフロックコート。②浄瑠璃(ジョウルリ)や歌舞伎(かぶき)で、江戸時代以前に取材した作品。㊟世話物。③明治時代以前を題材にした文学や芸術。

【時点】(ジテン) 日 時の流れの中での、ある一点。例 現―。

【時評】(ジヒョウ) 日 ①そのときそのときの社会的なできごとに対する批評。例 文芸―。②その時代の評判。

【時風】(ジフウ) ①季節に応じて適度に吹く風。②その時代の風習。

【時分】㊀(ジブン) 日 ①ある時期。ころ。例 若い―。②何かをするのにちょうどいい時機。例 ―時(どき)(＝食事どき)。―をうかがう。㊁(ジフン) ①時刻。②日 分(フン)を単位として計算した時間。例 所要―。

【時文】(ジブン) ①その時代の文章。②現代の文章。③科挙(＝官吏登用試験)に用いた文体。

【時病】(ジヘイ) ①その時代の悪習。時弊。②流行病。

【時弊】(ジヘイ) 「時病(ジヘイ)①」に同じ。

【時報】(ジホウ) 日 ①時刻の知らせ。例 六時の―。②そのときどきの情報。また、その新聞や雑誌。例 社会―。

【時務】(ジム) ①季節に応じてしなければならない仕事。多く農作業をいう。例 民―を廃せず(＝民は季節に応じた仕事を怠らない)。②今やるべきこと。

【時夜】(ジヤ) 夜をつかさどるもの。ニワトリのこと。

【時流】(ジリュウ) その時代の世の中の動き、傾向。時勢。例 ―に逆らう。―に流される。

【時令】(ジレイ) ①年中行事を定めた政令。月令(ゲツレイ)。②時節。季節。

【時論】(ジロン) ①その時代の一般の考え。世論。例 ―に流されるな。②時事に関する議論。例 ―に耳をかたむける。

【時計】(トケイ) 日 〔もと「土圭(トケイ)」と書いた語のあて字〕時刻を示したり、時間を計ったりする装置。例 ―まわり(＝右まわり)。腕―(ドケイ)。

【時鳥】(ほととぎす) 日 初夏に南から渡ってくる鳥。鳴き声が「テッペンカケタカ」などと聞こえる。不如帰(フジョキ|ほととぎす)。杜鵑(トケン|ほととぎす)。子規(シキ|ほととぎす)。

● 一時(イチジ)・暫時(ザンジ)・潮時(しおどき)・瞬時(シュンジ)・常時(ジョウジ)・随時(ズイジ)・寸時(スンジ)・戦時(センジ)・定時(テイジ)・当時(トウジ)・同時(ドウジ)・日時(ニチジ)・不時(フジ)・毎時(マイジ)・臨時(リンジ)・零時(レイジ)

晌 日6 (10) 3 8525 664C

ショウ(シャウ) 漢 養 shǎng

意味 ❶正午。まひる。ひる。例 晌午（ショウゴ）。❷しばらくの間。ひととき。参考 半晌（ハンとき）。晌子（ときこ）（＝人名）。

［昇］ 日6（10） ⇩昇（ショウ）（622ページ）

［春］ 日6（10） ⇩春（シュン）（1110ページ）

晋

日6（10） 1 3124 664B 人

シン漢 震 jìn
すす-む

［晉］ 日6（10） 2 5873 6649 旧字体。

［曅］ 日12（16） 4 1420 3B1C 本字。

なりたち  ［会意］「日（＝太陽）」と「臸（＝いたる）」とから成る。すすむ。

意味 ❶すすむ。❷易（エキ）の六十四卦（カ）の一つ。☲☷ 坤下離上（コンカリショウ）。太陽が地の上に出る象。❸春秋時代、今の山西省にあった国。文公の時、最も国力が充実。のち、魏（ギ）・趙（チョウ）・韓（カン）の三国に分裂した。（？—前三七六）❹司馬炎（シバエン）が建てた王朝。西晋（セイシン）（二六五—三一六）と東晋（三一七—四二〇）に分かれる。❺山西省の別名。

古訓 中古 おさふ・すすむ 中世 すすむ 近世 いしづき・おさへる・すすむ・すすめる

人名 あき・くに・のぼる・ひろし・ゆき

晟

日6（10） 2 5880 665F 人

セイ漢 ジョウ（ジャウ）呉 敬 shèng

［晟］ 日7（11） 旧字体。

なりたち  ［形声］「日（＝太陽）」と、音「成（セイ）」とから成る。あかるい。

意味 ❶あかるく輝く。あきらか。❷さかん。通 盛。

古訓 中古 おほし・かかやく・てる 中世 あきらか・さかんなり 近世 あきらか・いひびつ・さかん

人名 あき・あきら・てる・まさ

晁

日6（10） 2 5874 6641

一 チョウ（テウ）漢 蕭 zhāo
二 チョウ（テウ）漢 蕭 cháo
あさ

意味 一 夜が明け、日がのぼるとき。**あさ**。通 朝。二 姓の一つ。例 晁衡（チョウコウ）（＝柿本人麻呂（かきのもとのひとまろ）の中国名）。

晦

日7（11） 1 1902 6666 人

カイ（クヮイ）漢 隊 huì
みそか・つごもり・くら-い（くら-し）・くら-ます

［晦］ 日6（10） 俗字。

なりたち 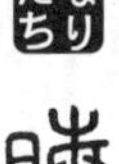 ［形声］「日（＝ひ）」と、音「毎（バイ→カイ）」とから成る。月の尽きる日。みそか。

意味 ❶陰暦の月末。月の見えない、暗い夜の日。**みそか**。**つごもり**。対 朔（サク）。❷暗くてよくわからない。**くらい**。例 晦渋（カイジュウ）。❸よくわからなくする。**くらます**。例 韜晦（トウカイ）。

参考 「つごもり」は「月隠（つきごもり）」の意。陰暦で、月の最後の日。月末。みそか。「大晦（おおつごもり）」は十二月三十一日。

古訓 中古 かくす・かくる・くらし・くる・しばらく・つごもり 中世 くらし・くらます・しばらく・つごもり 近世 きり・くらし・つごもり

難読 晦日（みそか）

【晦顕】（カイケイ） 隠遁（イントン）することと栄達すること。

【晦▼朔】（カイサク） 〔「晦」は、みそか、「朔」は、ついたちの意〕月の最後の日と初めの日。月末と月初。朔晦。

【晦渋】（カイジュウ） ことばや文章が難しく、意味や内容がわかりにくいこと。難解。

【晦蔵】（カイゾウ） 自分の才能を隠して人に知られないようにする。

【晦明】（カイメイ） ①暗いこととあかるいこと。明暗。②夜と昼。

【晦冥】【晦▼瞑】（カイメイ） 暗いこと。真っ暗。例 是時雷電晦冥（このときライデンしてカイメイなり）（＝このとき稲妻が走り、真っ暗になった）。〈史記・高祖紀〉

晗

日7（11） 4 1394 6657

カン（カム）漢 覃 hán

意味 明け方。

［晥］ 日7（11） ⇩晥（カン）（917ページ）

晞

日7（11） 2 5875 665E

キ漢 微 xī
あき-らか・あ-く・かわ-く・ほ-す

意味 ❶太陽にさらしてかわかす。**ほす**。**かわく**。例 晞髪（キハツ）（＝髪をかわかす）。❷夜が明ける。あける。**あく**。❸消失する。きえる。例 晞日（キジツ）（＝日にさらす）。

晛

日7（11） 4 1401 665B

ケン漢 銑 xiàn

意味 太陽の熱気。

晤

日7（11） 2 5877 6664

ゴ漢 遇 wù
あ-う（あ-ふ）・あき-らか・さと-る・む-かう（む-かふ）

参考 晤宏（あきひろ）（＝人名）。

意味 ❶聡明（ソウメイ）なさま。さとい。かしこい。通 悟。❷面会する。**あう**。**むかう**。例 晤言（ゴゲン）。面晤（メンゴ）（＝会う）。

【晤言】（ゴゲン） 面と向かって話す。うちとけて、語りあう。

［晧］ 日7（11） ⇩皓（コウ）（917ページ）

晙

日7（11） 3 8527 6659

シュン漢 震 jùn

意味 明るい。あきらか。

［巻］ 日7（11） ⇩春（シュン）（1110ページ）

晨

日7（11） 2 5879 6668 人

シン漢 ジン呉 真 chén
あした

なりたち  ［会意］本字は「曟」で、「臼（＝両手をあわせる）」と「辰（シン）（＝とき）」とから成る。よあけ。

意味 ❶太陽がのぼってくる朝。早朝。**あした**。例 晨旦（シンタン）。❷ニワトリが時を告げる。例 牝鶏之晨（ヒンケイのシン）（＝牝鶏（ヒンケイ）の晨（あした）す）。

古訓 中古 あきらかなり・あけぬ・あした・けさ・つと・つとめて・とき 中世 あきらか・あした・つと 近世 あきらか・あけぼの・あした・つと・はやし・ほし

人名 あき・あきら・あさ・とき

難読 晨明（あけぼの）・晨昏（あけくれ）

【晨▼暉】（シンキ） 朝の日光。類 晨光。

【晨鶏】（シンケイ） 朝早く鳴くニワトリ。例 —時を告ぐ。

【晨鐘】（シンショウ） 夜明けをつげる鐘（かね）。

【晨炊】（シンスイ） 朝早く飯を炊く。例 急応二河陽役一、猶得レ備二晨炊一（キュウにカヨウのエキにオウぜば、なおシンスイにそなうるをえん）（＝急いで河陽の戦場に行けば、私でも朝食の準備のお役にくらいは立つでしょう）。〈杜甫・石壕吏〉

【晨征】（シンセイ） 朝早く出立する。類 晨行（シンコウ）。

【晨星】（シンセイ） ①夜明けの空に残る星。暁星（ギョウセイ）。②〔夜明けになると星が少なくなることから〕数が少なく、まばらになること。例 —落落（ラクラク）（＝友人がだんだん少なくなること）。

【晨省】（シンセイ） 子が親に仕えるときの礼の一つ。朝に父母の機嫌をうかがうこと。昏定晨省（コンテイシンセイ）。→【温凊定省】（テイセイ）（792ページ）

【晨旦】（シンタン） 朝。早朝。晨朝。

【晨朝】 一（シンチョウ） 早朝。あさ。晨旦（シンタン）。二（あしたにチョウす） 朝早く参内する。
【晨風】シンプウ ①朝の風。②鳥の名。ハヤブサ。
【晨門】シンモン 門番。朝になると城門を開き、夜になると閉じる役目の者。
【晨夜】シンヤ 朝と夜。朝早くから夜おそくまで。

晟
日7(11) ⇨晟セイ(631ジペー)

晢
日7(11) 2 5881 6662
セツ漢 屑 zhé
セイ漢 霽 zhì
あき-らか・さと-る

晣
日7(11) 4 1402 6663 別体字。

意味 ❶明るい。あきらか。例 昭晢ショウセツ(=明るい)。❷さとる。

晝
日7(11) ⇨昼チュウ(628ジペー)

昪
日7(11) ⇨鼎テイ(1511ジペー)

晩
日7(11) ⇨晩バン(634ジペー)

晡
日7(11) 3 8529 6661
ホ漢 虞 bū

意味 ❶午後三時から五時ころ。申さるの刻。❷日暮れ。くれ。❸日が落ちる。くれる。例 晡食ホショク(=夕食)。

晻
日8(12) 4 1409 667B
━アン(アム)漢 勘 àn
━アン(アム)漢 感 ǎn
三エン(エム)漢 琰 yǎn

意味 ━光が少なく、くらい。また、道理や知識にくらい。おろか。通暗・闇アン。例 晻昧アンマイ(=暗い。また、愚か)。━「晻藹アンアイ」は、日をおおうさま。三「晻晻エンエン」は、暗いさま。

暎
日8(12) ⇨映エイ(625ジペー)

暀
日8(12) 4 1410 6680
オウ(ワウ)漢 漾 wàng

意味 勢いがさかんである。通旺オウ。例 暀暀オウオウ(=美しくさかんなさま)。

晷
日8(12) 3 8532 6677
キ(クヰ)漢 紙 guǐ
ひかげ

意味 ❶日の影。ひかげ。例 日晷ニッキ(=時刻を知るために立てた柱のかげ)。❷時間。とき。例 寸晷スンキ(=わずかな時間)。❸日時計。例 晷儀キギ(=日時計)。

暁
日8(12) 1 2239 6681 常用
キョウ(ケウ)漢
ギョウ(ゲウ)呉 篠 xiǎo
あかつき・さと-る

曉
日12(16) 2 5892 66C9 人 旧字体。

筆順

なりたち
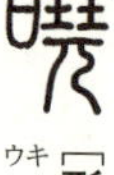
[形声]「日(=太陽)」と、音「堯ギョウ→キョウ」とから成る。あけがた。

意味 ❶空が明るくなってくるころ。夜明け。あかつき。例 暁光ギョウコウ。暁星ギョウセイ。早暁ソウギョウ。❷明らかになる。はっきりとわかる。さとる。例 通暁ツウギョウ。❸はっきりと知らせる。申す。さとす。例 往暁レ之曰、天積気耳ゆきてこれをさとしていわく、テンはセッキなるのみ(=その人のところに行って、天というのは空気のあつまりですよ、と教えた)。〈列子・天瑞〉

古訓 中古 あかつき・あきらかに・あけぬ・あした・さとす・さとる・しる・とき・とし 中世 あかつき・あきらか・さとす・さとる 近世 あかつき・あきらか・あした・さとす・とほる・ものしる

人名 あき・あきら・あけ・さとし・たか・たかし・とき・とし

【暁闇】ギョウアン 明け方の暗いとき。あかつきやみ。
【暁雲】ギョウウン 明け方の雲。
【暁解】ギョウカイ さとる。はっきりと理解する。類暁悟。
【暁起】ギョウキ 朝早く起きる。
【暁光】ギョウコウ 明け方の光。例 ―を望むさわやかさ。
【暁習】ギョウシュウ 精通する。熟知する。
【暁鐘】ギョウショウ 明け方に鳴らす鐘かね。夜明けを告げる鐘。
【暁星】ギョウセイ ①明け方の空に残る星。②明けの明星。金星。③〔明け方の星は少ないことから〕数が少ないこと。
【暁然】ギョウゼン 明らかなさま。はっきりと。
【暁達】ギョウタツ くわしく知っていること。通暁。暁暢ギョウチョウ。
【暁▼暢】ギョウチョウ ①くわしく知っていること。通暁。暁達。例 暁ニ暢軍事一グンジにギョウチョウす(=軍事についてくわしい)。〈諸葛亮・出師表〉②はっきりとしていてよどみがない。
【暁天】ギョウテン 明け方の空。例 ―の星(=数が少ないこと)。
【暁▼譬】ギョウヒ 教えさとす。類暁諭。
●今暁コンギョウ・春暁シュンギョウ・早暁ソウギョウ・通暁ツウギョウ・払暁フツギョウ

景
日8(12) 1 2342 666F 教4
━ケイ漢 梗 jǐng
━エイ漢 梗 yǐng
ひかり・かげ
付表 景色けしき

筆順

なりたち

[形声]「日(=太陽)」と、音「京ケイ」とから成る。太陽の光。

意味 ━❶太陽の光。ひかり。例 春和景明はるやわらぎひかりあきらかなり(=のどかな春、光も明るい)。〈范仲淹・岳陽楼記〉❷(太陽に照らし出された)自然のながめ。けしき。例 景色ケシキ。光景コウケイ。風景フウケイ。❸ものごとのありさま。ようす。例 景気ケイキ。景況ケイキョウ。❹大きい。めでたい。例 景雲ケイウン。景福ケイフク。❺大きくて立派であると認める。あおぐ。例 景仰ケイギョウ。景慕ケイボ。━かげ。通影。例 景響ケイキョウ(=影響)。

日本語での用法 《ケイ》①「景品ケイヒン」▼風情ゼイを添える。おまけとする。②「三幕三景サンマクサンケイ」▼演劇などの場面。シーン。

古訓 中古 おほきなり・おもはかる・かげ・てらす・ねがふ・ひかり 中世 あきらか・おほいなり・かげ・かたち・てらす・とき・ひかげ・ひかり 近世 あきらか・おほいなり・かげ・てる・ひかり

人名 あき・あきら・てる・ひかる・ひろ

難読 景天草いきくさ|ちどめぐさ|ベンケイソウ

【景印】エイイン 書物の文面を写真を用いて複製し印刷すること。影印。
【景従】ケイジュウ 影のようにつき従う。影従。
【景雲】ケイウン めでたいしるしの雲。瑞雲ズイウン。慶雲。
【景観】ケイカン ながめ。景色。〔多く、すばらしいながめに使う〕
【景気】ケイキ ①ようす。ありさま。②日 経済活動の状態。例 ―の変動。③日 商売や営業の様子。例 ―がいい。④日 勢い。元気。例 ―をつける。
【景況】ケイキョウ ①ものごとの様子。景気。状況。②日 経済の状況。市況。例 三月の―。
【景教】ケイキョウ キリスト教の一派、ネストリウス派のこと。唐代に中国に伝えられた。
【景仰】ケイギョウ|ケイコウ 徳を慕い尊敬する。
【景光】ケイコウ ①大いなる光。めでたい光。②時間。光陰。③景色。光景。
【景行】ケイコウ ①立派なおこない。②仰ぎ慕う。景仰。
【景勝】ケイショウ 景色がすばらしいこと。景色のよい場所。例 ―の地。
【景星】ケイセイ 大きな星。めでたいことがあるときにあらわれるとされる。瑞星ズイセイ。
【景致】ケイチ 景色。また、その趣。風致。類景趣。

【景品】ケイヒン 日①商品につけて客に贈る品物。おまけ。例 ―つき。②くじや福引きで当たる品物。例 ―を当てる。③行事や競技の、参加者や勝者に贈る品物。例 ―をもらう。

【景福】ケイフク たいへん幸せなこと。すばらしい幸福。

【景物】ケイブツ ①その季節にふさわしい趣を添える、自然のもの。例 夏の―ホタル。②その場に興を添えるもの。

【景慕】ケイボ 尊敬し、したう。景仰。

【景色】ケイショク・ケシキ 自然のながめ。風景。例 雪―ゆきゲシキ。

●遠景エンケイ・近景キンケイ・借景シャッケイ・情景ジョウケイ・絶景ゼッケイ・全景ゼンケイ・点景テンケイ・背景ハイケイ・夜景ヤケイ

晬

日8(12) 4 1407 666C サイ漢 隊 zuì

意味 ❶まる一日。例 晬時サイジ(=まる一日)。❷一周年。特に、子供が満一歳になること。また、満百日になること。例 晬日サイジツ(=満一歳の誕生日)。

【晬盤】サイバン 満一歳の誕生日に、さまざまなものを並べて、子供が第一に何を取るかを見て将来を占うこと。

晭

日8(12) 4 1408 666D シュウ(シウ)漢 有 zhōu

意味 明るい。参考 義晭てるよし(=人名)。

暑

日8(12) 1 2975 6691 教3 ショ漢呉 語 shǔ あつ-い(あつ-し)・あつさ

[暑] 日9(13) 3 8535 FA43 人 旧字体。

筆順

なりたち [形声]「日(=太陽)」と、音「者ャシ→ョシ」とから成る。湿気があって、あつい。

意味 ❶不快になるほど気温が高い。あつい。あつさ。対寒。例 暑気ショキ。酷暑コクショ。猛暑モウショ。❷夏の土用の十八日間。あつさの続くころ。例 暑中ショチュウ。小暑ショウショ。大暑タイショ。

古訓 中古 あたたかなり・あたたけし・あつし・いはく 中世 あした・あたたか・あつし・あらはす 近世 あつさ・あつし・むす

人名 あつ・あつし・なつ

【暑気】ショキ 夏の暑さ。対寒気。例 ―にあたる。―払い。

【暑月】ショゲツ 暑い夏の季節。

【暑中】ショチュウ 日①夏の暑い期間。例 ―休暇。②夏の土用(=立秋の前の十八日間。七月二十日ごろから八月七日ごろまで)の間。例 ―見舞い。▽対寒中。

【暑熱】ショネツ 夏の厳しい暑さと熱気。炎熱。暑気。

●炎暑エンショ・寒暑カンショ・酷暑コクショ・残暑ザンショ・小暑ショウショ・大暑タイショ・避暑ヒショ・猛暑モウショ

晶

日8(12) 1 3029 6676 常用 セイ漢 ショウ(シャウ)呉 庚 jīng あき-らか

[𣇵] 日8(12) 4 1403 231F5 俗字。

筆順

なりたち [会意]「日(=太陽)」を三つ重ねる。きらめく光。

意味 ❶澄みきって、きらきら輝く。あきらか。例 晶光ショウコウ。❷きらきら光る鉱石。規則正しく小さな平面で囲まれた物質。例 結晶ケッショウ。水晶スイショウ。

古訓 中古 あきらか・ひかり・ひかる・ひる 中世 あきらか・ひかり 近世 あきらか・ひかり

人名 あき・あきら・さやか・てる・ひかる・まさ

【晶光】ショウコウ きらめく光。

【晶▼熒】ショウケイ きらきらと輝く。

【晶晶】ショウショウ きらきらと輝いているさま。

●液晶エキショウ・結晶ケッショウ・水晶スイショウ

晴

日8(12) 1 3218 6674 教2 セイ漢 ショウ(シャウ)呉 庚 qíng は-れる(は-る)・はれ・はらす

[晴] 日8(12) FA12 旧字体。

筆順

なりたち [形声] 本字は「夝」で、「夕(=ゆうべ)」と、音「生イセ」とから成る。星が見える夜。

意味 空に雲が少ない。はれる。はれ。例 晴天セイテン。快晴カイセイ。晴耕雨読セイコウウドク。

日本語での用法 一《はれ》「晴はれ着ぎ・晴はれの舞台ブタイ・晴はれがましい」▼おもて向き。人まえ。二《はらす》「うらみを晴はらす・疑うたがいを晴はらす」▼さっぱりとさせる。

古訓 中古 はる・はれ 中世 はるる・はれ 近世 はるる

人名 あきら・きよし・てる・なり・はる

【晴陰】セイイン 晴れと曇り。類晴曇セイドン。

【晴雨】セイウ 晴れと雨。例 ―にかかわらず実施する。

【晴眼】セイガン 日①視覚に障害のない目。はっきり見える目。例 ―者。②⇒【正眼】ガン②(724ページ)

【晴好雨奇】セイコウウキ 〔「奇」は、すぐれている意〕晴れでも雨でも、山水の景色は美しくすばらしいこと。〔「水光瀲灩晴方好、山色空濛雨亦奇スイコウレンエンとしてはれてまさによく、サンショクコウモウとしてあめもまたキなり」(=さざ波輝く晴れの時よく、山けむる雨もまたよし)。〈蘇軾・飲湖上初晴後雨〉から〕

【晴耕雨読】セイコウウドク 日 晴れた日は外で畑を耕し、雨の日は家で読書をする生活。悠々自適。

【晴川】セイセン 晴れた日の遠くまで見わたせる川。例 晴川歴歴漢陽樹セイセンレキレキたりカンヨウのジュ(=晴れわたった長江の対岸に、漢陽の街の木立ちがはっきりと見える)。〈崔顥・黄鶴楼〉

【晴天】セイテン 晴れた空。いい天気。好天。

【晴天▼霹▼靂】セイテンのヘキレキ 晴れた日の雷。突然発生して人を驚かせるできごとのたとえ。青天霹靂ヘキレキ。

【晴天白日】セイテンハクジツ ①太陽が白く輝き、よく晴れた空。快晴の天気。②心にやましいことが何もないことのたとえ。▽青天白日。

【晴嵐】セイラン 晴れた日に山に立ちのぼる山気サンキ。

【晴朗】セイロウ 晴れてうららかなさま。類晴明。例 天気―。

晰

日8(12) 2 5882 6670 セキ漢 錫 xī あき-らか

[晳] 日8(12) 3 8531 6673 別体字。

意味 はっきりしている。あきらか。例 明晰メイセキ。

晫

日8(12) 4 1406 666B タク漢 覚 zhuó

意味 明るい。あきらか。参考 晫雄あきお(=人名)。

智

日8(12) 1 3550 667A 人 一チ漢呉 寘 zhì 二チ漢 支 zhī さと-い(さと-し)

なりたち [会意]「日(=言う)」と「知チ(=しる)」とから成る。知っていることを口に出す。

意味 一❶ものごとを理解し、わきまえる頭のはたらき。ちえ。例 智チ・仁ジン・勇ユウ。上智ジョウチ。❷かしこい(人)。ものしり。さとい。例 智者チシャ。智将チショウ。❸はかりごと。たくらみ。例 智計チケイ。二しる。通知。

古訓 中古さかし・さとし・さとる・しる・とし・とも 中世さかし・さとし・さとす・さとる・しる・とし・とも 近世あきらか・かしこし・さかし・さとし・さとる・しる・ものしる

人名 あき・あきら・さかし・さと・さとし・さとる・とし・とみ・とも・のり・まさる・もと

表記 現代表記では「知」に書きかえることがある。熟語は「知」も参照。

【智恵】【智▼慧】エチ/チケイ ①〔仏〕真理や善悪をわきまえ、悟りをひらく心のはたらき。②ものごとの道理をわきまえ、正しく判断し処理する、すぐれた頭のはたらき。例 智慧出、有二大偽一チエいでて、タイギあり（＝知恵が発達すると、そこから大きなうそが生まれる）。〈老子・一八〉▽知恵。

【智計】チケイ うまいはかりごと。

【智者】チシャ 賢人。

【智術】チジュツ 知恵とはかりごと。知謀。

【智▼嚢】チノウ 知恵袋。知謀にたけた人のこと。

晪

日8（12） 4 1405 666A テン 漢 銑 tiǎn

意味 あきらか。

晩

日8（12） 1 4053 6669 教6 バン 漢 メン 呉 阮 wǎn おそ-い（おそ-し）・く-れ

［晚］日7（11） 3 8528 665A 人 旧字体。［𣆶］日8（12） 4 1404 231B6 別体字。

筆順 日 日 旷 晗 晗 晗 晚 晩

なりたち  ［形声］「日（＝太陽）」と、音「免ベン→バン」とから成る。太陽が沈んで暗くなる。

意味 ❶日暮れから夜にかけての時間。くれ。例 晩鐘バンショウ。今晩コンバン。❷時期がおくれている。おそい。対早。例 晩学バンガク。晩婚バンコン。晩熟バンジュク。❸終わりの時期。すえ。対初。例 晩春バンシュン。晩冬バントウ。❹老年。老後。例 孔子晩而喜レ易コウシバンにしてエキをこのむ（＝孔子は晩年に『易』を好んだ）。〈史記・孔子世家〉晩歳バンサイ。

古訓 中古うしろ・おそし・くる・くれ・くれぬ・のち・ひくれぬ・ゆふぐれ・ゆふべ・ようべ 中世おくる・おくるる・おそし・くるる・くれ・くれる・のち・ひぐれ・ゆふぐれ・ゆふべ・ようべ 近世おくる・おそし・くるる・くれ・ひぐれ・ゆふべ

人名 おそ

難読 晩鐘あいり・晩稲おしね|おくて

【晩▼鴉】バンア 夕暮れのカラス。

【晩▼禾】バンカ おそく実るイネ。おくて。晩稲。

【晩夏】バンカ 夏の終わりごろ。対初夏。

【晩▼霞】バンカ ①夕焼け。②日夕がすみ。

【晩学】バンガク 年をとってから学問や習いごとを始めること。例 吾晩学無レ師われバンガクにしてしなし（＝私は年をとってから学問を始めたので師がいない）。〈蘇洵・送石昌言為北使引〉

【晩方】バンがた 日日が暮れるころ。夕方。

【晩期】バンキ ①一生のうちの晩年の時期。②ある時代や期間の終わりの時期。末期マッキ。例 唐代の―。

【晩▼暉】バンキ 夕方の日の光。夕日。夕暉セッキ。

【晩菊】バンギク おそい時期に咲くキク。

【晩景】バンケイ ①夕方の景色。②夕方の光。例 晩景臥鐘辺バンケイガショウのヘン（＝夕方の光が、《落ちて》地に横倒しになっている鐘にさしている）。〈杜甫・秦州雑詩〉③日夕方。ばんげ。

【晩婚】バンコン 比較的年をとってからの結婚。対早婚。

【晩歳】バンサイ ①晩年。例 晩歳迫二偸生一バンサイトウセイにせまらる（＝晩年死ぬべき命をかろうじて生きのびられた）。〈杜甫・羌村〉②不作。栄達できないことのたとえ。③年末。年の暮れ。

【晩▼餐】バンサン 夕食。ディナー。〔日本では、改まった場合にいう〕類晩餉バンショウ。例 ―会。

【晩酌】バンシャク ①夜、酒を飲む。②日（家庭で）夕食のときに酒を飲むこと。また、その酒。

【晩秋】バンシュウ 秋の終わりごろ。暮秋。対初秋。

【晩就】バンシュウ おそく成就する。晩成。対速成。

【晩熟】バンジュク 穀物や果物・野菜などが、普通のものよりおそく実ること。また、その品種。おくて。〔成熟のおそい人の意に用いることもある〕対早熟。

【晩春】バンシュン 春の終わりごろ。暮春。対初春。

【晩照】バンショウ ①夕方の日の光。夕日。夕暉セッキ。②月。

【晩鐘】バンショウ 夕方に鳴らす鐘かね。入相いりあいの鐘。

【晩食】バンショク 晩ごはん。夕食。晩めし。

【晩▼翠】バンスイ 草木が冬枯れの季節になっても青々としていること。例 枇杷晩翠、梧桐早凋ビワバンスイ、ゴドウソウチョウ（＝ビワの木は冬になっても青々として、アオギリの木は早く葉を落とす）。〈千字文〉

【晩生】バンセイ ①あとから生まれた人。〔先輩に対して自分を謙遜ケンソンするときにも使う〕②おくて 日穀物や果物・野菜などが、普通よりもおくれて熟すこと。対早生わせ。

【晩成】バンセイ ①年をとってから成功する。例 大器晩成タイキはバンセイす（＝大人物は大成するのがおそい）。〈老子・四一〉②おそく完成する。

【晩節】バンセツ ①一生の終わりの時期。晩年。②年老いて、かたく守っている信念や主義。例 ―を全まっとうする。

【晩霜】バンソウ 春の終わりごろ降りる霜しも。おそじも。

【晩冬】バントウ 冬の終わりごろ。対初冬。

【晩唐】バントウ ①唐代の詩の流れを四期（＝初唐・盛唐・中唐・晩唐）に分けた、最後の期。八三六年から唐末まで。杜牧トボク・李商隠リショウインらが出た。②唐代の終わりごろ。

【晩稲】バントウ|おくて おそく実るイネ。晩禾バンカ。対早稲ソウトウ|わせ。

【晩年】バンネン 一生の終わりの時期。年老いた時期。対早年。

【晩輩】バンパイ 後輩。

【晩飯】バンパン|バンめし 夜の食事。晩ごはん。夕食。晩食。

【晩来】バンライ 〔「来」は、時をあらわす語の下につくことば〕夕方。夕暮れ。例 天気晩来秋テンキバンライあきなり（＝夕暮れになって、秋らしい雰囲気が漂ってきた）。〈王維・山居秋暝〉

●今晩コンバン・昨晩サクバン・早晩ソウバン・毎晩マイバン・明晩ミョウバン

普

日8（12） 1 4165 666E 常用 ホ 漢 フ 呉 麌 pǔ あまね-し・あまね-く

［普］日10（14） ― 669C 本字。

筆順 丷 䒑 丬 並 並 並 普 普

なりたち  ［形声］「日（＝太陽）」と、音「竝ヘイ→ホ」とから成る。太陽の光の色がない。借りて、「あまねし」の意。

意味 広く全面にゆきわたる。あまねく。あまねし。例 普及フキュウ。普通フツウ。普遍フヘン。

古訓 中古あまねし・おほきなり・くもる・みな 中世あまねし・おほいなり・かぬ・かぬる 近世あまねし・おほいなり・ひろし

人名 かた・ひろ・ひろし・ひろむ・ゆき

難読 普化僧フケソウ・普化宗フケシュウ・普魯西プロシア

【普及】フキュウ 広く世の中にゆきわたる。

【普賢】フゲン 〔仏〕「普賢菩薩ボサツ」の略。理知と慈悲の心をそなえ、すべての生き物を救うという菩薩。釈迦シャカの右に立ち、多くは白象に乗っている。

【普▼洽】(フコウ) 広くゆきわたる。

【普請】(フシン) 〔「シン」は唐音。「普(あまね)く請(こ)う」の意〕①〔仏〕共同で作業をする。堂や塔を建てる。②日〔仏〕広く人々に寄付を願って寺の本堂の―。③日家や道路を、造ったり直したりする。例 安―(やすブシン)。道―(みちブシン)。

【普段】(フダン) 日いつも。日ごろ。〔本来「不断」と書く。「普段」はあて字〕例 ―着(ぎ)。→【不断】(フダン)(20ジペー)

【普茶】(フチャ) 〔仏〕人々に茶を出してもてなすこと。例 ―料理(=黄檗(オウバク)宗の僧が江戸初期に伝えた、中国風の精進(ショウジン)料理)。

【普通】(フツウ) 日①ほかと特に違ったところがないこと。ありふれたこと。並み。対特別・特殊。例 ―の生活。―に考える。②一般的に。たいていの場合。通常。

【普通名詞】(フツウメイシ) 日同じ種類のものを広く指し示す名詞。「山・道・いす」など。対固有名詞。

【普天】(フテン) 大地の上すべてに広がる天。天下。例 普天之下、莫レ非ニ王土一(フテンのもと、オウドにあらざるなし)(=この広い世界はすべて、王の領土である)。〈孟子・万章上〉

【普遍】【普▼徧】(フヘン) ①広くゆきわたっている。例 日本中に―している。②広くすべてに共通している。対特殊。

昪

日8(12) 2 5883 6683

音義未詳

参考 一説に、「罪(ザイ)」の俗字。〔「罒(=あみがしら)」は、「日」のように書かれることがある〕

暗

日9(13) 1 1637 6697 教3

アン(アム)漢呉 勘 àn

くらい(くら-し)・くらがり・やみ

筆順 丨 冂 日 日亠 日立 暗 暗

なりたち [形声]「日(=太陽)」と、音「音(イン→アン)」とから成る。太陽に光がない。

意味 ❶光が少なく、ものがよく見えない。くらい。くらがり。やみ。通闇(アン)。例 暗黒(アンコク)。暗夜(アンヤ)。明暗(メイアン)。❷ものをよく知らない。道理や知識にくらい。おろか。例 暗愚(アングア)。暗礁(アンショウ)。❸隠れてよく見えない。ひそかに。こっそり。例 暗殺(アンサツ)。暗躍(アンヤク)。暗(アン)に。❹はっきりとは意図しないで。それとなく。例 暗合(アンゴウ)。暗示(アンジ)。❺見ないで。そらで。通諳(アン)。例 暗記(アンキ)。暗算(アンザン)。暗唱(アンショウ)。

古訓 中古 くらし・そら・そらに・むなし・やみ・よる 中世 くらし・そら・そらに・むなし・やみ・よる 近世 くらし・ふかし・やみ

難読 暗(そら)に

【暗暗】(アンアン) ①まっくらなさま。闇闇(アンアン)。②ひっそりとして静かなさま。③こっそりと。ひそかに。暗暗裏。

【暗暗裏】(アンアンリ) ひそかに事を進めるさま。うちうちで。こっそり。闇闇裡(アンアンリ)。例 ―に処理する。

【暗鬱】(アンウツ) 日気持ちがくらくしずむさま。憂鬱(ユウウツ)。

【暗雲】(アンウン) ①今にも雨が降りそうな黒い雲。例 ―が空をおおう。②大きな事件が今にも起こりそうな、不安で不気味な情勢。例 ―が低迷する。

【暗影】(アンエイ) 日①くらいかげ。②不気味で不吉な予感。例 前途に―を投げかける。表記 ▽旧暗▼翳

【暗記】(アンキ) 何も見ないで言ったり、したりできるくらい完全に覚える。諳記(アンキ)。例 丸―。

【暗鬼】(アンキ) ①くらやみにいると思われる鬼(おに)。②不安から生じるおそれ。→【疑心生ニ暗鬼一】(ギシンアンキをショウず)(900ジペー)

【暗▼渠】(アンキョ) 地下に作った水路。暗溝(アンコウ)。対明渠(メイキョ)。

【暗愚】(アング) 道理もわからずおろかなこと。闇愚(アング)。対賢明。

【暗君】(アンクン) おろかな君主。暗主。闇君(アンクン)。対明君。

【暗香】(アンコウ) ほのかなかおり。

【暗号】(アンゴウ) 部外者にはわからないように決めた通信用の秘密の記号。例 ―電報。―を解読する。

【暗合】(アンゴウ) 何もしめしあわせていないのに一致すること。無意識のうちに一致していること。闇合(アンゴウ)。

【暗黒】(アンコク) ①まっくらなこと。くらやみ。②社会秩序が乱れ悪が栄えること。例 ―街。▽闇黒(アンコク)。

【暗恨】(アンコン) 心に秘めたうらみ。例 別有ニ幽愁暗恨生一(ベツにユウシュウアンコンのショウずるあり)(=そんなときにこそ深いうれいとひそかな恨みが生じてくる)。〈白居易・琵琶行〉

【暗殺】(アンサツ) (政治や思想上の対立などから)人をひそかにねらって殺す。闇討(やみう)ち。例 大統領を―する。

【暗算】(アンザン) 頭の中で計算する。

【暗示】(アンジ) 日①それとなくわからせるようにする。ほのめかす。対明示。②相手に何となくあることを思いこむようにさせる。例 ―にかける。

【暗室】(アンシツ) ①くらい部屋。闇室(アンシツ)。②日外光がはいらないように作った部屋。写真の現像や理科の実験などに使う。

【不レ侮ニ暗室一】(アンシツをあなどらず) くらい部屋の中でも悪いことをしない。人が見ていなくても悪事にかかわらない。不レ欺ニ暗室一(アンシツをあざむかず)。

【暗射】(アンシャ/アンセキ) 相手の不備につけいって弓を射る。

【暗主】(アンシュ) 愚かな君主。暗君。対明主。

【暗唱】(アンショウ) 完全に覚えて、何も見ずに言える。例 詩を―する。表記 旧暗▼誦

【暗証(證)】(アンショウ) 日本人であることを証明するために、他人に知られないように登録しておく数字や文字。パスワード。例 ―番号。―記号。

【暗礁】(アンショウ) ①海上からは見えない岩。かくれ岩。②日ものごとの進行をさまたげるような、予想もしなかった困難や障害。例 ―にのりあげる。

【暗色】(アンショク) くらい感じのする色。対明色。

【暗然】(アンゼン) ①くらいさま。②日心がふさぎ、うっとうしいさま。例 ―たる思い。▽闇然(アンゼン)。

【暗▼澹】【暗淡】(アンタン) ①くらくてはっきりしないさま。例 ―とした空模様。②将来に希望がもてず、くらくしずんだ気持ち。例 ―たる思い。―として重苦しい気分。

【暗中飛躍】(アンチュウヒヤク) 日人知れずひそかに策動する。暗躍。

【暗中模索】(アンチュウモサク) ①くらやみの中を手さぐりでさがす。②手がかりやあてもないままにいろいろやってみて、解決策やよい方法を求める。表記 ▽旧暗中▼摸索

【暗転】(アンテン) ①ひそかに運動して昇進する。②日状況が悪い方向に変わる。例 運命が―する。③日演劇で、幕をおろさず舞台をくらくして場面を変えること。

【暗闘】(アントウ) 日①敵意を表面に出さずに争う。表面化しない争い。例 反対派と―する。②歌舞伎(かぶき)で、くらやみの中、せりふを言わずに演技をすること。また、その場面。だんまり。

【暗箱】(アンばこ) 日昔の写真機の胴体部。外の光をさえぎり、前面にレンズ、後面に感光板を置いた箱形の部分。

【暗部】(アンブ) 日①ものごとのくらい部分。②表にあらわれない、かげの部分。例 政界の―。

【暗譜】(アンプ) 日楽譜を覚えこむ。諳譜(アンプ)。

【暗昧】(アンマイ) ①愚かである。蒙昧(モウマイ)。愚昧(グマイ)。暗愚。闇昧(アンマイ)。②くらい。はっきりしない。③後ろぐらい。やましい。多く、男女関係にいう。

【暗幕】(アンマク) 日外の光をさえぎり部屋をくらくする、黒いカーテン。例 ―を張る。

【暗黙】(アンモク) 日わかっていても、何も言わずだまっていること。

例 ―の了解。

【暗夜】アンヤ 月の出ていないくらい夜。やみよ。闇夜アンヤ。

【暗躍】アンヤク 日 人に知られないように、ひそかに事をはかり活動する。暗中飛躍。

【暗喩】アンユ 日「…のようだ」「…のごとし」など、たとえの形をとらないで、「雪の肌」のように、二つのものを直接結びつける比喩。隠喩。対 直喩・明喩。

【暗流】アンリュウ ①地中の水の流れ。伏流。②表面にあらわれない動き。表面に出ないよくない動き。例 政界の―。

【暗涙】アンルイ 人知れずひそかに流すなみだ。例 ―にむせぶ。

●明暗メイアン・溶暗ヨウアン・冷暗レイアン

暐

日9 (13) 4 1411 6690 イ(ヰ)漢 尾 wěi

意味 光り輝くさま。例 暐映イエイ(=光り輝く)。暐曄イヨウ(=光にあふれているさま)。

暈

日9 (13) 2 5884 6688 ウン漢 問 yùn かさ・ぼか-す・ぼか-し・ぼ-ける(ぼ-く)・めまい(めまひ)

意味 ❶うすぐもりのときなどに、太陽や月のまわりにぼんやり見える光の輪。かさ。例 月暈ゲツウン。日暈ニチウン。❷光によって物のまわりに生じるぼんやりした部分。また、色のにじみ。例 墨暈ボクウン(=墨のにじみ)。❸頭がぼんやりして、目がまわる。めまい。例 眩暈ゲンウン。船暈センウン。

日本語での用法 《ぼかし》《ぼかす》「暈ぼかし染ぞめ・話はなしを暈ぼかす」▼境目をぼんやりさせる。はっきりわからないようにする。濃いところから、次第にうすくなるようにする。

【暈囲】ウンイ 太陽や月のまわりに、うすく見える光の輪。

【暈船】ウンセン ふねに酔う。船酔い。

暍

日9 (13) 3 8534 668D エツ漢 月 yē カツ漢 曷 hè あつ-い(あつ-し)

意味 ❶暑気あたり。また、熱中症。例 暍死エッシ(=暑気にあたって死ぬ)。❷暑い。あつい。例 暍暍エツエツ(=異常に暑いさま)。暍暑エッショ。

暇

日9 (13) 1 1843 6687 常用 カ漢 ケ呉 禡 xiá ひま・いとま

筆順

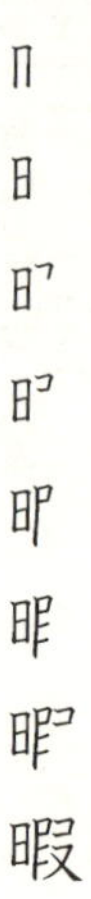

なりたち

[形声]「日(=太陽)」と、音「叚カ」とから成る。すべきことがなく、ひま。

意味 ❶しなければならないことがないとき。ひま。例 暇日カジツ。休暇キュウカ。余暇ヨカ。暇乞いとまごい(=別れを告げる)。❷ゆったりする。のんびりする。例 神意甚暇シンイはなはだカなり(=心境はまことにのんびりしていた)。〈世説・任誕〉

古訓 中古 あく・いとま・いとまあき 中世 いとま・いとまあき・しづかなり・ひま 近世 いとま・いとまあき・ひま

【暇逸】カイツ のんびりとして怠ける。

【暇日】カジツ ひまな日。

【暇予(豫)】カヨ ①のんびりと遊び楽しむ。②ひま。

【暇人】ひまジン 日 するべき仕事や用がなく、時間の余っている人。閑人ひまジン。

●閑暇カンカ・休暇キュウカ・寸暇スンカ・余暇ヨカ

暉

日9 (13) 2 5886 6689 人 キ(クヰ)漢呉 微 huī かがや-く

なりたち

[形声] 本字は「暈」で、「日(=太陽)」と、音「軍クン→キ」とから成る。太陽の光。

意味 太陽のかがやき。ひかり。かがやく。通 輝。例 暉映キエイ。金暉キンキ。

古訓 中古 かかやく・てらす・てる・ひかり・ひかる 中世 かかやく・かがやく・てる・ひかり・ひのひかり・ゆふひかり 近世 かかやく・かがやく・てる・ひかり・ひのひかり・ゆふひ ひかり

人名 あき・あきら・てらす・てる・ひかり・ひかる

【暉映】キエイ 照りはえる。

【暉暉】キキ ①月や太陽が光り輝くさま。②あでやかなさま。

暄

日9 (13) 2 5887 6684 ケン漢 元 xuān あたた-か・あたた-かい(あたたか-し)

意味 (太陽のおかげで)あたたかい。あたたか。例 暄寒ケンカン。

難読 負暄ひなたぼこ

【暄寒】ケンカン 暖かさと寒さ。時候の挨拶アイサツのことば。

【暄▼妍】ケンケン 気候が暖かくて景色が美しい。

【暄暖】ケンダン 暖かい。温暖。

【暄風】ケンプウ 春の暖かい風。

【暄和】ケンワ 暖かくておだやかである。暖和。

暙

日9 (13) 4 1413 6699 シュン漢 真 chūn

意味 人名に用いる字。

[暑]

日9 (13) ⇩暑ショ(633ジペー)

暒

日9 (13) 4 1412 6692 セイ漢 庚 qíng

意味 晴れる。通 晴。例 暒晏セイアン(=快晴)。参考 暒田たくわ(=姓)。

暖

日9 (13) 1 3540 6696 教6 ダン漢 ナン呉 ノン唐 旱 nuǎn あたた-か・あたた-かい(あたたか-し)・あたた-まる・あたた-める(あたた-む)

[暖]

日9 (13) ―旧字体。

筆順

なりたち [形声]「日(=太陽)」と、音「爰エン→ダン」とから成る。あたたかい。

意味 ❶ほどよいぬくもりが感じられる。**あたたか。あたたかい。**通 煖ダン。例 暖衣飽食ダンイホウショク。暖気ダンキ。❷あたたかくする。**あたためる。あたたまる。**通 煖ダン。例 暖房ダンボウ。暖炉ダンロ。

古訓 中古 あたたかなり・あたたかに・あたたむ 中世 あたたか・あたたかなり・あらはす 近世 あたたか・あたたむ・ぬくし・ぬくもる・やはらか・やはらぐ

人名 あつ・はる・やす

難読 暖気ノンキ

【暖衣飽食】ダンイホウショク あたたかい着物を着て、腹いっぱい食べること。ぜいたくな生活。飽食暖衣。類 暖飽ダンポウ。例 臣得三暖衣飽食敝車駑馬、以奉二其身一(シンダンイホウショクヘイシャドバ、もってそのみをホウずるをう)(=私は《主君からいただいた》あたたかい着物と十分な食、それに質素な車と駄馬とでお仕えできるのです)。〈説苑・臣術〉

【暖気】一 ダンキ あたたかい空気。また、あたたかい気候。二 ノンキ 日 心配のないこと。気楽。暢気ノンキ。呑気ノンキ。

【暖国】ダンゴク/ダンコク あたたかい気候の国や地域。

【暖色】ダンショク 日 あたたかい感じのする色。赤・黄・オレンジなど。温色。対 寒色。

【暖帯】ダンタイ 温帯のうち、熱帯に近い地域。

【暖地】ダンチ あたたかい気候の土地。対 寒地。

【暖冬】ダントウ 日 いつもの年より気候のあたたかい冬。

【暖房】ダンボウ ①新居の祝いをする。②部屋の温度をあたたかくする。また、その装置。▽煖房ダンボウ。対 冷房。例 ―を入れる。

【暖流】ダンリュウ ①温泉。②日 温度の高い海流。黒潮(くろしお)・メキシコ湾流など。対 寒流。
【暖炉】ダンロ 火をたいて部屋をあたたかくする設備。壁の一部に作ることが多い。煖炉(ダンロ)。
【暖▼簾】ノレン （「暖」の唐音はノン。「ノンレン」が変化したもの）①部屋の出入り口に垂らす布。②日 店の出入り口に垂らす、店名や屋号を書いた布。例 ―に腕押し(＝手ごたえのないこと)。③日 店の信用や歴史。店の屋号。例 ―にかかわる。―を分ける。
●温暖(オンダン)・寒暖(カンダン)・春暖(シュンダン)

晸
日9(13) 3 8533 6678 テイ 漢 梗 zhěng
意味 日が出るさま。

暘
日9(13) 2 5888 6698 ヨウ(ヤウ) 漢 陽 yáng あき-らか・ひ・は-れ
意味 ❶太陽が出る。例 暘谷(ヨウコク)(＝伝説で、太陽が昇る場所)。❷**あきらか**。❸太陽。**ひ**。❹晴天。**はれ**。

㬎
日10(14) 4 1414 3B0E ケン 漢 銑 xiǎn
意味 明らか。通 顕。参考 㬎(あき)(＝人名)。

暠
日10(14) 3 8536 66A0 一 コウ(カウ) 漢 皓 hào 二 コウ(カウ) 漢 皓 gǎo
意味 一 白く清らか。通 皓(コウ)。例 暠皓(コウコウ)。二 明るくかがやく。例 暠暠(コウコウ)(＝かがやく)。参考 李暠(リコウ)・周暠(シュウコウ)(＝人名)。

［暱］
日10(14) ⇩昵(ジツ)(626ページ)

暢
日10(14) 1 3610 66A2 人 チョウ(チャウ) 漢 呉 漾 chàng の-びる(の-ぶ)
なりたち ［形声］「申(＝のびる)」と、音「昜(ヨウ→チョウ)」とから成る。障害がなく、よく通じる。
意味 ❶のびのびとする。のびやか。**のびる**。例 暢達(チョウタツ)。流暢(リュウチョウ)。❷よく通じる。とおる。例 暁暢(ギョウチョウ)(＝通暁する)。通暢(ツウチョウ)(＝とどこおりなくよく通じる)。❸十分に述べる。例 暢叙(チョウジョ)。❹ゆきわたる。あますところがないさま。例 暢洽(チョウコウ)(＝あまねくゆきわたる)。❺充実する。みちる。
古訓 中古 およぶ・かよひありく・かよふ・とほる・のぶ・まさ 中世 かよふ・とほる・のぶ 近世 いたる・とほる・ながし・のぶる・みつる
人名 あき・あきら・いたる・かど・とおる・なが・のぶ・のぶる・ひろ・ひろし・まさ・みつ・みつる

【暢月】チョウゲツ 陰暦十一月の別名。
【暢叙】チョウジョ あますところなく述べる。例 足三以暢二叙幽情一(もってユウジョウをチョウジョするにたれり)(＝心の底にある思いを述べつくすのに十分だ)。〈王羲之・蘭亭序〉
【暢達】チョウタツ ①のびそだつこと。②のびのびしていること。例 ―な文章。
【暢茂】チョウモ 草木が生い茂る。繁茂する。
【暢気】ノンキ 日 〔「暖気(ノンキ)」の当て字〕①悩みや心配もなく、細かいことを気にせず、気楽なさま。例 ―に暮らす。②気が長いさま。例 ―な性格。▽呑気(ノンキ)。

［普］
日10(14) ⇩普(フ)(634ページ)

暮
日10(14) 1 4275 66AE 教6 ボ 漢 遇 mù くれる(く-る)・くれ・くらす・くらし

筆順 一 艹 节 苜 莒 莫 暮 暮

なりたち ［会意］「日(＝太陽)」と、「莫(ボ)(＝日がくれる)」とから成る。日ぐれ。
参考 古くは「莫」が「くれる」の意をあらわしたが、「莫」が「ない・なかれ」の意に用いられるようになったため、さらに「日」を加えてできた字。
意味 ❶太陽がしずむ。夕方。**くれる**。例 暮色(ボショク)。朝暮(チョウボ)。薄暮(ハクボ)。❷季節や年、人生の終わり。**くれ**。例 暮春(ボシュン)。暮年(ボネン)。歳暮(セイボ)。
日本語での用法 一《くらし》《くらす》「苦(くる)しい暮(く)らし・都会に暮(く)らす」▼生計。生活。また、生活する。年月を送る。二《くれる》「思案(シアン)に暮(く)れる」▼思い悩む。判断できなくなる。
古訓 中古 おそし・くらし・くる・くれ・ゆふべ・よふべ 中世 くるる・くれ・くれる・ゆふべ・よる 近世 おそし・くらし・くるる・くれ・ひぐれ・ゆふべ

【暮雲】ボウン 夕方の雲。
【暮景】ボケイ ①夕方の景色。暮色。②年老いた心身の状態。老境。
【暮歳】ボサイ ①年の暮れ。陰暦の十二月。②晩年。
【暮愁】ボシュウ 夕暮れ時に感じるものさびしい気持ち。類 暮思。例 ―をいだいて家路(いえじ)につく。
【暮春】ボシュン 春の終わりごろ。晩春。陰暦では三月。例 偶坐藤樹下、暮春下旬間(たまたまトウジュのもとにザす、ボシュンゲジュンのカン)(＝三月の下旬、なんということもなくフジの木の下にすわってみた)。〈韓愈・感春〉
【暮鐘】ボショウ 夕方に鳴らす鐘(かね)。晩鐘。
【暮色】ボショク 夕方の景色。また、そのうす暗い感じ。例 蒼然(ソウゼン)たる暮色、自レ遠而至(とおきよりしていたる)(＝うっすらとした夕暮れの気配が、遠くの方からやってくる)。〈柳宗元・始得西山宴遊記〉―蒼然(ソウゼン)。―に包まれる。
【暮雪】ボセツ 夕方に降る雪。また、夕方の雪景色。例 比良(ひら)の―(＝近江(おうみ)八景の一つ)。
【暮▼砧】ボチン 夕暮れに打つきぬたの音。例 白帝城高急二暮砧一(ハクテイジョウたかくしてボチンキュウなり)(＝白帝城は高くそびえ、夕暮れになるときぬたを打つ音がせわしげに聞こえてくる)。〈杜甫・秋興〉
【暮年】ボネン 老年。晩年。類 暮歯・暮齢。
【暮夜】ボヤ ①夕暮れ時。②夜。夜なか。
●歳暮(サイボ・セイボ)・夕暮(セキボ・ゆうぐれ)・薄暮(ハクボ)・野暮(ヤボ)

暝
日10(14) 2 5889 669D 一 メイ 漢 ミョウ(ミャウ) 呉 青 míng 二 メイ 漢 ミョウ(ミャウ) 呉 径 mìng くら-い(くら-し)
意味 一 日が暮れて、くらい。**くらい**。例 暝天(メイテン)。二 夕暮れ。夜。例 暝鐘(メイショウ)(＝夕暮れの鐘(かね)の音)。
【暝天】メイテン 夜の暗い空。
【暝途】メイト 暗い道。

曄
日10(14) 2 5901 66C4 ヨウ(エフ) 漢 呉 葉 yè かがや-く
意味 はなやかにかがやく。**かがやく**。通 燁(ヨウ)。例 曄然(ヨウゼン)。

暦
日10(14) 1 4681 66A6 常用 レキ 漢 リャク 呉 錫 lì こよみ

［曆］
日12(16) 3 8539 66C6 人 旧字体。

筆順 一 厂 厂 厈 厤 厤 暦 暦

4画

［日］9―10画▼ 晸 暘 㬎 暠 暱 暢 普 暮 暝 曄 暦

なりたち 【形声】「日(=太陽)」と、音「厤レキ」とから成る。こよみ。

意味 ❶天体の運行にもとづいた、季節や月日などの定め。また、それを書き記したもの。**こよみ**。例 暦法レキホウ。陰暦インレキ。旧暦キュウレキ。太陽暦タイヨウレキ。❷まわりあわせ。運命。さだめ。例 暦数レキスウ。❸数。例 大暦タイレキ(=大まかな数)。

古訓 中古 かぞふ・こよみ・ふ 中世 かず・こゆみ・こよみ・ふる 近世 かず・こよみ

人名 かず・とし

【暦官】レキカン こよみをつかさどる官職。

【暦日】レキジツ ①こよみ。例 山中無二暦日一サンチュウレキジツなし(=山の中の俗世を離れた暮らしには、こよみはない)。〈太上隠者・答人〉②こよみで定めた日。また、月日。年月。

【暦象】レキショウ ①こよみによって天体運行の様子を観察すること。②太陽・月・星などの天体。

【暦数】レキスウ ①太陽や月の運行からこよみを作る方法。②自然に定まった運命。めぐりあわせ。例 天の—。

【暦年】レキネン ①年月。歳月。②日 こよみで定められた一年。一月一日から十二月三十一日まで。三百六十五日、または三百六十六日。

【暦年齢】レキネンレイ 日 こよみで数えた年齢。生活年齢。

【暦尾】レキビ こよみの末尾。一年の最後の日。大みそか。

【暦法】レキホウ ①こよみに関する法則。②天体の動きからこよみを作る方法。▽類 暦術。

【暦命】レキメイ 暦数と天命。そうなる運命。

● 陰暦インレキ・還暦カンレキ・旧暦キュウレキ・新暦シンレキ・西暦セイレキ・花暦はなごよみ・陽暦ヨウレキ

暵

日11(15) 4 1417 66B5

カン 漢 翰 hàn

意味 ❶日にさらして乾かす。かわく。例 暵地カンチ(=土地を掘り起こして乾かす)。❷日照り。例 暵旱カンカン(=日でり)。暵魃カンバツ(=日でり。旱魃カンバツ)。

暭

日11(15) ⇩ 皞コウ(917ページ)

暫

日11(15) 1 2735 66AB 常用

サン(サム)漢 ザン(ザム)呉 勘 zàn

しばら-く・しばーし

筆順 一 百 亘 車 斬 斬 暫 暫

なりたち 【形声】「日(=太陽)」と、音「斬ザン」とから成る。時間的に長くない。

意味 ❶わずかの時間。一時的に。**しばらく**。例 暫時ザンジ。暫定ザンテイ。❷たちまち。にわかに。❸…したばかり。やっと。

日本語での用法 《**しばらく**》「暫しばらくぶり」▼やや長い間。

古訓 中古 あからさま・かりそめ・しばらく・たぢろく 中世 あからさま・かりそめ・しばらく・たぢろく 近世 あからさま・しばらく・にはか

【暫時】ザンジ 少しの時間。しばらく。類 暫且ザンショ。例 —休憩。

【暫定】ザンテイ 日 とりあえず決めておくこと。本式ではない仮の決定。例 —予算。—的処置。

暲

日11(15) 3 8537 66B2

ショウ(シャウ)漢 陽 zhāng

意味 日が明るい。あきらか。参考 暲子あきこ(=人名)。

暴

日11(15) 1 4329 66B4 教5

一 ハク漢 バク呉 薬 pù
ホク漢 ボク呉 屋 pù
二 ホウ漢 ボウ呉 号 bào

あばく・あばれる(あばーる)・さらーす

筆順 口 旦 早 昇 昇 暴 暴 暴

なりたち 【会意】両手で「米」をささげもち、「日(=太陽)」にあてる。

意味 一❶日にさらす。**さらす**。通 曝バク。❷人の目にふれるようにする。**あばく**。例 暴露バクロ。二❶手荒い。荒々しい。例 凶暴キョウボウ。乱暴ランボウ。❷けたはずれに。むやみに。例 暴飲ボウイン。暴利ボウリ。❸突然。にわかに。例 暴発ボウハツ。暴落ボウラク。❹手で打つ。「搏ハク(=手で打つ)」に通じる。例 暴虎馮河ボウコヒョウガ。

日本語での用法 《**あばれる**》「暴あばれ馬うま・酒さけを飲のんで暴あばれる」▼秩序を乱し、したい放題にふるまう。

古訓 中古 あらし・あらはす・さらす・しふ・たけし・たちまち・とし・にはかなり・にはかに・のいふす・はらさらす・をかす 中世 あらし・あらはす・さらす・にはか・やぶる・をかす 近世 かはく・さらす・たけし・にはか・ほす・よこしま・をかす

難読 暴風はやて・のわき・暴雨むらさめ・ゆうだち・はやさめ

【暴著】バクチョ 明らかになる。発覚する。

【暴露】バクロ ①風雨にさらされる。②かくしていた秘密や悪事が人に知られる。あばく。例 秘密を—する。不正を—する。
表記 ▽旧▼曝露

【暴骨】バッコツ 骨を野にさらす。戦死して遺体が野ざらしになる。また、その骨。

【暴悪】ボウアク 道理や人情にはずれ、荒々しいこと。乱暴なこと。例 —な君主。

【暴圧】ボウアツ 日 暴力や権力を使っておさえつける。

【暴威】ボウイ 荒々しく激しい勢い。例 —をふるう。

【暴飲暴食】ボウインボウショク 日 むやみに飲んだり食べたりすること。

【暴雨】ボウウ 激しく降る雨。また、にわか雨。

【暴▼悍】ボウカン あらあらしい。乱暴である。

【暴漢】ボウカン 日 [「漢」は、男の意] 乱暴なことをする男。例 —におそわれる。

【暴虐】ボウギャク 乱暴でむごい行為。むごいやり方で苦しめること。例 —の限りを尽くす。

【暴逆】ボウギャク 乱暴で、道理に逆らうおこないをすること。

【暴▼謔】ボウギャク ひどくからかう。

【暴挙】ボウキョ 日 乱暴な行動。まともでは考えられない無謀な計画や行動。例 —を戒める。

【暴君】ボウクン ①人民を苦しめる、乱暴でむごい君主。タイラント。②わがままで、いばっている人。例 わが家やの—。

【暴▼桀】ボウケツ 乱暴で荒々しい。

【暴言】ボウゲン 日 相手や周囲に配慮しない乱暴なことば。例 —を吐く。

【暴行】ボウコウ ①乱暴なおこない。例 邪説暴行有作ジャセツボウコウまたおこる(=誤った考えや乱暴なおこないが横行する)。〈孟子・滕文公下〉②日 人に暴力をふるう。例 —を加える。③日 女性を力ずくでおかす。強姦ゴウカン。

【暴虎▼馮河】ボウコヒョウガ [「暴」は、素手で打つ意。「馮」は、大河を歩いて渡る意] むこうみずの勇気を出して、無謀なおこないをすることのたとえ。例 暴虎馮河、死而無レ悔者、吾不レ与也ボウコヒョウガ、シしてくいなきものは、われともにせざるなり(=トラを素手で打ち、大河を歩いて渡ったりして、死んでも悔いないような者とは、私は一緒に行動したくない)。〈論語・述而〉—の勇。

【暴死】ボウシ 急に死ぬこと。頓死トンシ。

【暴疾】ボウシツ ①激しくあばれまわる。②急病。

【暴状】ボウジョウ 乱暴な行動や秩序を乱すありさま。

【暴政】ボウセイ 人民を苦しめる残酷な政治。悪政。

【暴説】ボウセツ 日 筋の通らない乱暴な説。

【暴走】ボウソウ 日 ①乱暴に走る。例 —族。②運転していないのに、車などがひとりでに走り出す。③勝手にものごとを進める。例 —を戒める。④コンピューターで、プログラムが制御できない状態になること。
【暴憎】ボウゾウ 激しくにくむ。
【暴徒】ボウト 騒ぎを起こし社会秩序を乱す人々。例 —を鎮圧する。
【暴怒】ボウド 激しく怒る。激怒する。
【暴騰】ボウトウ 日 値段が急な勢いで上がる。急騰。対 暴落。例 地価の—。
【暴動】ボウドウ 日 おおぜいの人が騒ぎを起こし、社会秩序を乱すこと。例 —を起こす。
【暴発】ボウハツ ①病気や騒ぎなどが突然起こる。突発。②日 銃の弾が間違って突然発射される。
【暴評】ボウヒョウ 日 乱暴な批評をする。また、その批評。
【暴風】ボウフウ 激しく吹き荒れる風。あらし。例 —域。—圏。
【暴風雨】ボウフウウ 激しい風をともなった雨。あらし。
【暴慢】ボウマン 自分勝手で乱暴なこと。例 動二容貌一、斯遠二暴慢一矣ヨウボウをうごかせば、ここにボウマンをとおざかる（=《君子らしく》荘重に行動すれば、《相手の》乱暴や無礼を受けずにすむ）。〈論語・泰伯〉—なふるまい。
【暴勇】ボウユウ むこうみずで、荒々しい勇気。例 —をふるう。
【暴落】ボウラク 日 値段が急な勢いで下がる。急落。対 暴騰。例 株価の—。
【暴利】ボウリ 不当な多額の利益。例 —をむさぼる。
【暴▼掠】【暴略】ボウリャク 乱暴をはたらき、物をうばい取ること。強奪ゴウダツ。
【暴力】ボウリョク 相手を傷つけ力ずくで事を運ぼうとする、乱暴な行為。例 —団。—をふるう。
【暴戻】ボウレイ 乱暴で道理や人情に反すること。例 暴戻恣睢、聚レ党数千人ボウレイシキ、トウをあつむることスウセンニン（=《大盗賊の盗蹠セキトウは》暴虐の限りを尽くし、数千人の配下を集めた）。〈史記・伯夷伝〉—の限りを尽くす。
【暴論】ボウロン 日 常識をはずれた乱暴な議論や理論。例 —を吐く。
【以レ暴易レ暴】ボウをもってボウにかう 乱暴な行為をやめさせるために乱暴な行為をする。伯夷ハクイと叔斉シュクセイが、殷インの紂王チュウオウを討とうとした周の武王をそしったことば。例 以レ暴易レ暴兮、不レ知二其非一矣ボウをもってボウにかえ、そのヒをしらず（=乱暴を乱暴にかえて、それが間違いであることがわからない）。〈史記・伯夷伝〉
●横暴オウボウ・凶暴キョウボウ・狂暴キョウボウ・強暴キョウボウ・自暴ジボウ・粗暴ソボウ・乱暴ランボウ

曁
日12（16） 2 5890 66C1
キ 漢 寘 jì
いた-る・およ-ぶ・と・とも-に
意味 ❶太陽がのぼりはじめる。❷ある地点に到着する いたる。およぶ。❸…と。ともに。および。

暿
日12（16） 4 1419 66BF
一キ 漢 紙 xǐ 二キ 漢 支 xī
意味 一 ❶さかんなさま。❷熱い。二 火がさかんにおこる。通 熹キ。
参考 暿一よしかず（=人名）。

［曉］
日12（16） ⇩暁ギョウ（632ジペー）

暻
日12（16） 3 8538 66BB
ケイ 漢 梗 jǐng
意味 あきらか。あかるい。

［晉］
日12（16） ⇩晋シン（631ジペー）

暹
日12（16） 2 5891 66B9
セン（セム）漢 塩 xiān
すす-む・のぼ-る
意味 ❶太陽がのぼりはじめる。のぼる。❷進む。すすむ。❸「暹羅センラ—シャム—シャム」は、タイ王国の古い呼び名。

㬚
日12（16） 4 1418 3B1A
テツ 漢 屑 chè
意味 あかるい。あきらか。

曈
日12（16） 3 8540 66C8
トウ 漢 ドウ 呉 東 tóng
意味 日の光がさしてくる。例 曈曈トウトウ（=日が出て明るくなってくるさま。また、明るいさま）。

暾
日12（16） 2 5893 66BE
トン 漢 元 tūn
あけぼの・あさひ・あたた-か
意味 ❶（のぼりはじめた）太陽。あさひ。例 朝暾チョウトン（=あさひ）。❷（太陽が）次第に出てくるさま。あけぼの。❸暖かい。あたたか。

曇
日12（16） 1 3862 66C7 常用
タン（タム）漢 ドン（ドム）呉 覃 tán
くもる・くもり

筆順

なりたち [会意]「日（=太陽）」と「雲（=くも）」とから成る。雲が空に広がる。
意味 ❶雲が多い。くもる。くもり。例 曇天ドンテン。❷外国語の「ドン」「タン」などの音訳字。例 優曇華ウドンゲ。悉曇シッタン。
日本語での用法 《くもる》①「レンズが曇くもる」▼すきとおっていたものが見えなくなる。②「顔おかが曇くもる」▼表情や気分が暗くなる。
古訓 中古 くもる・くろくも 中世 くもる・くろくも 近世 くもる

暼
日12（16） 2 5894 66BC
ヘツ 漢 屑 piē
意味 「暼暼ヘツヘツ」は、太陽が沈むさま。
参考 「暼ベツ」は別の字。

暸
日12（16） 2 5902 66B8
リョウ（レウ）漢 蕭 liáo
あき-らか
意味 明るい。あきらか。
参考 「暸リョウ」は別の字。

［曆］
日12（16） ⇩暦レキ（637ジペー）

曖
日13（17） 2 5903 66D6 常用
アイ 漢 隊 ài
くら-い（くら-し）

筆順

なりたち [形声]「日（=ひ）」と、音「愛イア」とから成る。日がかげる。
意味 ❶日光がさえぎられて、うすぐらい。くらい。はっきりしない。例 曖曖アイアイ。❷見えないようにかくす。おおう。例 堙曖インアイ（=おおわれて見えない）。
古訓 中古 くもる・くらし・ほのかなり 中世 あくる・くもる・くもる・くらし・ほのか 近世 おぼろ・くもる・くらし
【曖曖】アイアイ ①うすぐらいさま。②ぼんやりとかすんでいるさま。例 曖曖遠人村、依依墟里煙アイアイたりエンジンのむら、イイたりキョリのけむり（=遠くの村里がぼんやりとかすんで見えて、村里の炊事の煙がほのかに見える）。〈陶淵明・帰園田居〉③生い茂っているさま。
【曖昧】アイマイ はっきりしないさま。あやふやでいいかげんなさま。例 —な態度。—に返事をする。
【曖昧模▼糊】アイマイモコ 〔「模糊」は、ぼんやりとよく見えない意）ぼんやりとして、よくわからないさま。

[曦] 日13(17) ⇩曦ギ（640ページ）

曙
日13(17) 1 2976 66D9 人 ショ漢 御 shǔ あけぼの

[曙] 日14(18) ——旧字体。

なりたち [形声]「日（＝太陽）」と、音「署ショ」とから成る。よあけ。

意味 ❶夜がほのぼのと明けてくるころ。**あけぼの**。例 曙光。❷夜が明ける。あける。例 耿耿星河欲レ曙天（コウコウたるセイガあけんとほっするのテン）（＝天の川が光り輝いて、夜が明けようとしている）。〈白居易・長恨歌〉

古訓 中古 あかつき・あきらか・あけぬ・あさぼらけ・ほのか 中世 あかつき・あきらか・あけぼの・あさぼらけ 近世 あかつき・あけぼの・あさぼらけ・あした

人名 あき・あきら・あけ

【曙光】ショコウ ①夜明けの日の光。暁光ギョウコウ。②日 悪い状況がよい方向に向かうきざし。やっと見えてきたわずかな希望。例 平和への—を見いだす。

曚
日13(17) 2 5904 66DA モウ漢 董 méng くら-い（くら-し）

意味 ❶日がおおわれて、うすぐらい。**くらい**。例 曚曨モウロウ。❷おろかな。例 曚昧モウマイ。

【曚昧】モウマイ ①暗いこと。②道理がわからず、おろかなこと。例 無知—。▽蒙昧モウマイ。

【曚▼曨】モウロウ ぼんやりして、さだかでないさま。朦朧モウロウ。

曛
日14(18) 3 8542 66DB クン漢 文 xūn

意味 ❶夕日の光。また、夕暮れ。例 曛日クンジツ。残曛ザンクン（＝夕日）。❷日が暮れて暗い。くらい。例 曛黒クンコク。

【曛日】クンジツ 夕日。

[曙] 日14(18) ⇩曙ショ（640ページ）

曜
日14(18) 1 4543 66DC 教2 ヨウ（エウ）漢呉 嘯 yào かがや-く

[曜] 日14(18) ——旧字体。

筆順 日 … 曜

なりたち [形声]「日（＝太陽）」と、音「翟テキ→ヨウ」とから成る。日がひかりかがやく。

意味 ❶（高くのぼった太陽のように）目立って光り輝く。**かがやく**。通 燿ヨウ・耀ヨウ。例 曜威ヨウイ。❷輝く日・月・星。例 七曜シチヨウ（＝日と月と、火・水・木・金・土の五星）。❸顕示する。誇示する。例 曜兵ヨウヘイ（＝武力を誇示する）。

日本語での用法《ヨウ》「曜日ヨウび」▼日・月と火・水・木・金・土の五星を一週間の七日に割り当てた呼び名。

古訓 中古 かかやく・てらす・てる・ひかる・ひのひかり 中世 かかやく・てらす・ひかり・ほし 近世 かかやく・かがやく・てらす・ひかり

人名 あき・あきら・かが・てらす・てる・ひかる

【曜威】ヨウイ 威光を輝かす。

【曜日】ヨウび 日 一週間の、それぞれの日の呼び名。

● 火曜カヨウ・金曜キンヨウ・月曜ゲツヨウ・七曜シチヨウ・水曜スイヨウ・土曜ドヨウ・日曜ニチヨウ・木曜モクヨウ

曠
日15(19) 2 5905 66E0 コウ（クヮウ）漢呉 漾 kuàng あき-らか・むな-しい（むな-し）・ひろ-い（ひろ-し）

[昿] 日5(9) 2 5906 663F 俗字。

意味 ❶広々として明るい。**あきらか**。❷広々として何もない。**むなしい**。例 曠野コウヤ。空曠クウコウ。❸何もせずに過ごす。むなしくする。例 曠日弥久コウジツビキュウ。❹遠い。久しい。例 曠遠コウエン。

難読 曠野あら

【曠遠】コウエン はるかに遠い。

【曠古】コウコ 前例がないこと。古今未曽有ココンミゾウ。前代未聞。例 —の大事業。

【曠日】コウジツ 一日中何もせず、むなしく日を過ごすこと。

【曠日弥久】コウジツビキュウ｜ひをむなしくしてひさしきにわたる むなしく日を過ごして長い年月がたつこと。曠日持久。例 大傅之計、曠日弥久（タイフのケイは、コウジツビキュウなり）（＝大傅さまの計画は、時間ばかりかかりすぎる）。〈史記・刺客伝・荊軻〉

【曠職】コウショク 職務を怠って、十分に果たさないこと。

【曠世】コウセイ ①世にまれなこと。めったにないこと。希代キダイ。類 曠代コウダイ。例 —の才（＝この世にくらべるものがないほどすぐれている才能）。②非常に長い時間。久しいあいだ。

【曠野】コウヤ 広々として何もない野原。表記 現広野

曝
日15(19) 1 3988 66DD 人 バク慣 ホク漢 屋 pù さら-す

なりたち [形声]「日（＝ひ）」と、音「暴バク」とから成る。日光にさらす。

意味 ❶日光にあててかわかす。日にあたる。**さらす**。通 暴バク。例 蚌方出曝（ボウまさにいでてさらす）（＝ドブガイがちょうど水から出て日なたぼっこをしていた）。〈戦国策・燕二〉 曝書バクショ。❷風雨にさらす。**さらす**。通 暴バク。例 曝露バクロ。

古訓 中古 あらはす・あらはる・かわく・さらす・にはか・ほす 中世 あきらか・かわく・さらす 近世 さらす

【曝書】バクショ 書物を日光にさらし、風にあてる。虫干しをする。晒書サイショ。

【曝背】バクハイ 背中を日光にさらす。背中のひなたぼっこ。

【曝涼】バクリョウ 日光や空気にさらして虫干しすること。

【曝露】バクロ ①風雨にさらされる。②かくしていた秘密や悪事が人に知られる。表記 ▽現暴露

曦
日16(20) 2 5907 66E6 ギ慣 キ漢 支 xī あさひ・ひのひかり

[曦] 日13(17) 3 8541 3B22 別体字。

意味 太陽。日の光。ひかり。例 曦光ギコウ。

【曦光】ギコウ 太陽の光。

曨
日16(20) 3 8543 66E8 ロウ漢 東 董 lóng

意味 「曚曨モウロウ」は、空がうす明るいさま。

曩
日17(21) 2 5908 66E9 ドウ（ダウ）漢 ノウ（ナウ）呉 養 nǎng さき・ひさ-しい（ひさ-し）・むかし

意味 ❶以前の。**さき**。**むかし**。例 曩古ドウコ。❷**ひさしい**。

【曩古】ドウコ｜ノウコ むかし。

【曩時】ドウジ｜ノウジ むかし。以前。さきごろ。類 曩者ドウシャ｜ノウシャ・曩昔ドウセキ｜ノウセキ。

【曩祖】ドウソ｜ノウソ 先祖。〈抱朴子・自叙〉

[曬] 日19(23) ⇩晒サイ（629ページ）

73 4画

曰 いわく ひらび部

口からことばを出すさまをあらわす。「曰」をもとにしてできている漢字と、「曰」の字形を目じるしにして引く漢字とを集めた。

この部首に所属しない漢字

曰

曰0(4) 2 5909 66F0

エツ(ヱツ)漢 ワチ呉 月 yuē
い-う(い-ふ)・い-わく(い-はく)・のたま-わく(のたま-はく)・ここ-に

意味 ❶だれかが言ったことばをあらわす。いう。いわく。のたまわく。例 子曰(シいわく)。❷名づけて…という。よぶ。なづける。例 視レ之不レ見、名曰レ夷(これをみれどもみえず、なづけてイという)(=見ようとしても見えないもの、これを夷とよぶ)。〈老子・一四〉 ❸「ここに」と読み、語気を強める。

日本語での用法 《いわく》「曰(いわ)く因縁(インネン)・曰(いわ)く付(つ)き」▼それについて言うべきわけ。わけ。

曳

曰2(6) 1 1740 66F3 人

エイ漢 エイ(ヱイ)呉 霽 yè
ひ-く

[曵] 曰3(7) 2 5910 66F5 俗字。

なりたち  [形声]「申(=のばす)」と、音「丿(ヘツ…→エイ)」とから成る。引っぱる。

意味 ❶ひきずる。ひく。例 曳航(エイコウ)。曳光弾(エイコウダン)。❷くたびれる。例 疲曳(ヒエイ)。❸⇨【曳曳】

古訓 中古 ひく・ゐる 中世 のぶる・ひく 近世 のばす・のぶる・ひく

人名 とお・のぶ

【曳曳】(エイエイ) ①ゆらゆらと揺れ動くさま。②ゆったりとしているさま。

【曳航】(エイコウ) 日 船が他の船を引っぱって行く。引航。例 故障した船を―する。

【曳光弾】(エイコウダン) 日 弾着がわかるように光を放ちながら飛ぶ砲弾。

【曳▼杖】(エイジョウ) つえをついて歩く。つえをひく。

【曳船】(エイセン) ①(ふねをひく) 船に綱をつけて引っぱる。②(ひきふね) 日 船を引いて行く船。タグボート。

【曳兵】(エイヘイ|ヘイをひく) 〔「兵」は、武器の意〕 武器をひきずる。戦争に負けて逃げるさま。例 棄レ甲曳レ兵而走(コウをすてヘイをひきてはしる)(=よろいをすて武器をひきずって逃げる)。〈孟子・梁恵王上〉

曲

曰2(6) 1 2242 66F2 教3

キョク(クヰョク)漢 コク呉 沃 qū
まがる・まげる(ま-ぐ)・くま・くせ

筆順 

なりたち  [象形] まるくまげた中にものを入れるうつわの形。派生して「まがる」の意。

意味 ❶まっすぐでない。まがる。まげる。対 直。例 曲折(キョクセツ)。曲線(キョクセン)。屈曲(クッキョク)。❷まがった部分。奥まったところ。くま。例 春日潜行曲江曲(シュンジツセンコウすキョッコウのくま)(=ある春の日に、ひそかに曲江の奥まったあたりを歩いた)。〈杜甫・哀江頭〉 ❸へんぴな土地。いなか。例 曲士(キョクシ)。❹真実をゆがめる。よこしま。まげる。例 曲学阿世(キョクガクアセイ)。曲解(キョッカイ)。❺くわしい。こまかい。例 曲礼(キョクレイ)。委曲(イキョク)。❻ちょっとした技。民間の演芸。例 曲芸(キョクゲイ)。❼(qǔ) 音楽のふし。例 曲調(キョクチョウ)。歌曲(カキョク)。

日本語での用法 一《キョク》「曲馬団(キョクバダン)・曲乗(キョクの)り・曲弾(キョクび)き・曲独楽(キョクごま)・曲(キョク)がない」▼変化のあるおもしろみ。二《くせ》「曲事(くせごと)・曲者(くせもの)・読曲(よみくせ)(=特別の読み方)」▼あやしい。正しくない。普通とちがう。

古訓 中古 かがまる・くはし・くま・つばひらかに・つぶさに・ほとり・まがる・まぐ・めぐる・ゆがむ・わげたり 中世 くせ・くはし・くま・つぶさ・つまびらか・まがる・まぐる 近世 あや・かがまる・くせ・くはし・くま・まがる・ゆがむ・わげる

人名 くま・のり

難読 曲尺(かねじゃく)・曲直瀬(まなせ)(=姓)・曲輪(くるわ)・浦曲(うらわ)

【曲引】(キョクイン) 〔「引」も、楽曲の意〕楽曲。

【曲学】(キョクガク) 真実をまげた、正しくない学問。対 正学。

【曲学▼阿世】(キョクガクアセイ) 学者が論理的な筋道をまげて、世の人が喜ぶような言説をとなえること。〔「無二曲学以阿一レ世(キョクガクもってよにおもねるなかれ)(=学問をまげて世におもねってはならない)。〈史記・儒林伝・轅固生〉」から〕例 ―の徒。

【曲技】(キョクギ) 日 軽業(かるわざ)。また、軽業のようなむずかしい技術。例 ―団。―飛行を披露する。

【曲芸(藝)】(キョクゲイ) ①医術や占い、書画などのちょっとした技能。②日 玉乗り・綱渡り・手品・皿回しなど、むずかしい技を見せる芸。軽業(かるわざ)。

【曲言】(キョクゲン) はっきり言わないで、遠回しに言う。対 直言。

【曲士】(キョクシ) ①田舎の人。②全体のことに通じていない人。つまらない人物。③よこしまな人。心のまがった人。

【曲師】(キョクシ) 日 浪曲(=浪花節(なにわぶし))の三味線を弾く人。

【曲事】(キョクジ) ①志をまげて仕える。②正しくないこと。不正。

【曲射】(キョクシャ) 日 物かげにある目標に、砲弾を山なりの弾道でうつ射撃。例 ―砲。

【曲尺】(キョクシャク|かねジャク) ①直角にまがった金属製のものさし。大工や建具師(たてグシ)などが用いる。かねざし。さしがね。まがりがね。②日「①」で用いる長さの単位。約三〇・三センチメートルを一尺とした、ものさし。鯨尺(くじらジャク)では八寸。

【曲従】(キョクジュウ) 自己の意思をまげて従う。

【曲尽】(キョクジン) ①細かなところまで述べつくす。②すべて使いつくす。

【曲水宴】(キョクスイのエン|ゴクスイのエン) 三月三日の節句に、庭園内のまがりくねった流れのほとりに座し、上流から流した杯が前を通り過ぎないうちに詩歌(シイカ)をつくり、また、酒も飲んで楽しむ遊び。

【曲折】(キョクセツ) ①折れまがる。まがりくねる。例 ―した山道。②こみいった事情。いきさつ。例 欲三上書報二天子軍曲折一(ジョウショしてテンシにグンのキョクセツをホウぜんとほっす)(=軍事の詳細を天子に報告しようとした)。〈史記・李将軍伝〉 紆余(ウヨ)―。

【曲節】(キョクセツ) ①(セツをまぐ) 節操をまげる。②日 曲の調子やふし。メロディー。

【曲説】(キョクセツ) かたよっていて、正しくない議論をすること。また、その意見。曲論。

【曲線】(キョクセン) 丸みをおびてまがった線。例 ―美(=丸みをおびた線がつくり出す美しさ)。

【曲想】(キョクソウ) 日 音楽の曲のテーマ・思想。

【曲調】(キョクチョウ) 曲の調子。ふしまわし。例 変化に富んだ―。―をつける。

【曲直】(キョクチョク) ①まがったことと、まっすぐなこと。②まちがっていることと、正しいこと。正邪。例 理非―をただす。

【曲▼磴】キョクトウ まがりくねった石段。

【曲▼撓】キョクドウ ①まがる。たわむ。②正しくない。よこしま。

【曲突▼徙薪】キョクトツシシン かまどの煙突をまげ、薪たきぎをほかの場所へ移して火事になるのを防ぐ。災いを未然に防ぐことのたとえ。◆淳于髡ジュンウコンが隣家のかまどの煙突がまっすぐで薪がそばに積んであるのを見て、これでは火事が起こると注意したが、聞き入れられず、果たして火事になり、人々が手伝って火を消した。のちにお礼の宴会を催したが忠告してくれた淳于髡を招待しなかった。ある人が、忠告してくれた人に恩返しをせず、髪をこがし、額にやけどをした人を上座に置くなど、本末転倒である、と言った。……〈漢書・霍光伝〉

【曲馬】キョクバ 日 ウマに乗って曲芸をしたり、ウマに曲芸をさせたりすること。例 ―団。

【曲▼庇】キョクヒ 道理をまげて人をかばう。

【曲筆】キョクヒツ 事実をいつわって書く。また、その文章。対 直筆チョクヒツ。例 舞文―ブブンキョクヒツ（＝文章を飾り、事実から遠いことを書くこと）。

【曲眉豊頰】キョクビホウキョウ 美しい曲線を描くまゆと、ふっくらしたほお。美人の形容。〈韓愈・送李愿帰盤谷序〉

【曲譜】キョクフ 音楽・歌の譜。楽譜。

【曲面】キョクメン 日 丸みをおび、なめらかにまがっている面。対 平面。

【曲目】キョクモク ①戯曲の目録。②日 演奏する音楽の曲の目録。例 ―を選ぶ。

【曲礼】キョクレイ／キョクライ ①個々の具体的な細かい礼儀作法。②『礼記ライキ』の篇名ヘンメイの一つ。

【曲▼彔】キョクロク 法会ホウエのときなどに、僧が腰かける、いす。背もたれの部分が丸くまげてある。

【曲論】キョクロン まちがいを故意に正しいと論ずる。また、かたよった見方で、正しくない議論。曲説。例 ―を排する。

【曲解】キョッカイ わざとゆがめて解釈する。例 忠告を―する。

【曲者】くせもの 日 ①あやしいもの。例 ―が侵入する。②何かわけがあって油断のならない人や事柄。例 笑顔が―だ。

●音曲オンギョク／オンキョク・戯曲ギキョク・屈曲クッキョク・組曲くみキョク・交響曲コウキョウキョク・作曲サッキョク・同工異曲ドウコウイキョク・舞曲ブキョク・編曲ヘンキョク・名曲メイキョク・謡曲ヨウキョク・浪曲ロウキョク・湾曲ワンキョク

［曳］曰3（7）⇩曳イエ（641ジペー）

更

曰3（7）　1 2525　66F4　常用

一 コウ（カウ）漢　キョウ（キャウ）呉　庚 gēng
二 コウ（カウ）漢　キョウ（キャウ）呉　敬 gèng

さら・さらに・ふける・ふかす・あらた-める（あらた-む）・こもごも

筆順 一 厂 亓 亓 亘 更 更

なりたち ［形声］「攴（＝うつ）」と、音「丙ヘイ→コウ」とから成る。改める。

意味 一 ❶以前からあるものをやめて、新しくする。あらためる。あらたまる。かえる。❷かわる。かわる。こもごも。通 交。例 更改コウカイ。更新コウシン。変更ヘンコウ。❸経験する。へる。例 更事コウジ（＝人生経験を積む）。❹補償する。つぐなう。❺日没から日の出までを五等分した時間の単位。夜間の時刻の呼び名。例 五更ゴコウ。初更ショコウ。深更シンコウ。二 そのうえに。かさねて。さらに。例 更上一層楼さらにイッソウのロウにのぼる（＝さらに一階上にのぼる）。〈王之渙・登鸛鵲楼〉

日本語での用法 一《ふけ》《ふける》「夜よが更ふける・夜更よふけ」▼時間が進んでいく。二《ふかす》「読書ドクショに夜よを更ふかす」▼おそくまで起きている。三《さら》「その事実ジジツは更さらにない・更更さらさら身みに覚おぼえがない」▼決して…ない。まったく…ない。否定判断をみちびく副詞。

古訓 中古 あらたむ・かはる・かはるがはる・かふ・さらに・たがひに・たく・ふ・また 中世 あらたむ・かはる・かはるがはる・さらに・たがひ・ふくる・ふたたび・また 近世 あらたまる・あらたむ・あらたむる・かはる・さらに・ふたたび・また

人名 かわる・つぐ・とお・のぶ

難読 更級さらしな・更科さらしな・更衣ころもがえ

【更衣】一 コウイ ①衣服を着かえる。例 ―室。②日 後宮キュウの女官で、女御ニョウゴに次ぐ位。二 ころもがえ 日 陰暦四月一日と十月一日に、それぞれ季節の服や調度を改めたこと。衣替え。〔現代でも、季節に合わせて衣服をかえる〕

【更改】コウカイ 改めかえる。以前の約束や契約などを、新しくしなおす。例 契約を―する。

【更始】コウシ 古いものを捨てて新たに始める。

【更新】コウシン 新しいものに改める。改めて新しくする。例 記録を―する。免許を―する。

【更正】コウセイ 正しいものに改める。特に、登記や納税申告の誤りを改めるときにいう。例 ―決定。

【更生】コウセイ ①生き返る。蘇生ソセイ。②好ましくない状態から立ち直る。再起。例 自力ジリキ―。③日 不用品に手を加えて、再び使えるようにする。再生。例 廃品を―する。

【更代】コウタイ 入れかわる。交代。

【更張】コウチョウ ①琴の糸を張りかえる。②衰えていたことを改めて、盛んにする。

【更迭】コウテツ ①入れかわる。②日 ある役職や地位についている人を、ほかの人と入れかえる。例 大臣を―する。

【更年期】コウネンキ 日 女性の成熟期から老年期への移行の時期。四十五歳ごろから五十五歳ごろ。例 ―障害。

【更番】コウバン かわるがわる交代する。

【更漏】コウロウ 水時計。また、時間。

【更▼紗】サラサ 日〔ポルトガル saraça の音訳〕人物や花鳥、幾何学模様などを染め出した綿布。例 印度―。

【更地】さらチ 日 建物や樹木がなく、すぐに建物が建てられる土地。新地さらチ。

●殊更ことさら・深更シンコウ・尚更なおさら

旱

曰3（7）　4 1422　3AD7

コウ漢　有 hòu

意味 厚い。通 厚。

日本語での用法《ひこ》「建旱ひたて（＝人名）」▼「日ひ」「子こ」の合字として「ひこ」と読む。

曷

曰5（9）　2 5911　66F7

カツ漢　曷 hé

なん-ぞ・いずく-んぞ（いづくんぞ）

意味 「なに」「なんぞ」と読み、どうして、の意。疑問・反語をあらわす。例 曷不委心任去留なんぞこころにゆだねてキョリュウをまかせざる（＝どうして自分の心に従って、身のふり方を決めないのか）。〈陶淵明・帰去来辞〉

【曷為】なんすれぞ どうして。なぜ。何為なんすれぞ。

書

曰6（10）　1 2981　66F8　教2

ショ漢呉　魚 shū

かく・ふみ

筆順 ㇇ ⺕ ⺕ 聿 聿 書 書 書

なりたち ［形声］「聿（＝ふで）」と、音「者シャ→ショ」とから成る。ふでで文字や絵をかきしるす。

意味 ❶文字や文章をかきしるす。かく。例 書家カショ。書記ショキ。清書。❷かきしるしたもの。文字。文字のかき方。例書体。楷書。草書。❸かきつけ。てがみ。ふみ。例書簡。書状。遺書。❹本。例書架。書籍。蔵書。❺五経の一つ、『書経』のこと。例詩書（＝詩経と書経）。❻文体の名。国家の制度や文化を記したもの。例礼書（＝礼制を記したもの）。楽書（＝音楽文化を記したもの）。

古訓 中古かく・しるす・のぶ・ふみ 中世かく・しるす・ふみ 近世あらはす・かく・しるす・ふみ

人名 のぶ・のり・ぶん

【書案】(ショアン) ①文書の草案。また、調査報告書。②〔「案」は、机の意〕読書机。

【書院】(ショイン) ①学問を講義する所。②読書や書きものをする部屋。書斎。③出版社などの名にそえる語。④日書院造りの座敷。客間。

【書院造り】(ショインづくり) 日伝統的な和風建築の家の構造。

【書淫】(ショイン) 〔「淫」は、程度を越す意〕度を過ごすほどの読書好き。書痴。

【書屋】(ショオク) ①読書する部屋。書斎。②書物を置く部屋。③書斎や書庫の名にそえる語。

【書架】(ショカ) 本棚。書棚。

【書家】(ショカ) 書にすぐれた人。書道の専門家。例一流の―。

【書画】(ショガ) 書と絵。例―骨董。

【書簡】(ショカン) 手紙。書状。例―箋。―文。表記 旧書▼翰

【書記】(ショキ) ①書きしるすこと。例―能力。②会議の記録や文書作成などをおこなう人。また、その役。③日労働組合や政党で事務を受けもつ人。例―局。―長。

【書▼笈】(ショキュウ) 背負えるように作った書物箱。

【書経】(ショキョウ) 五経の一つ。古代から周までの政治記録。二十巻。尚書。

【書▼篋】(ショキョウ) 本箱。書笥。類書箱。

【書局】(ショキョク) ①朝廷や官庁の書物編集所。また、その役人。②清代、官立の書籍発行所。例金陵―。③書店。出版社。類書館。

【書契】(ショケイ) 〔「契」は、木に刻んで約束を書いたもの〕文字。

【書▼痙】(ショケイ) 日〔医〕〔「痙」は、筋肉がひきつる病気〕長時間（力を入れて）書き続けたとき、指にけいれんや痛みが起こる症状。

【書見】(ショケン) 日読書する。例―台。

【書剣】(ショケン) 〔書物と刀剣の意〕文武両道に通ずる人。

【書庫】(ショコ) 本を入れておく部屋や建物。

【書▼賈】(ショコ) 書籍を売買する人。書籍商。本屋。書肆。書舗。

【書佐】(ショサ) 漢から唐代、文書を管理する補佐官。

【書斎】(ショサイ) 読書や書きものをする部屋。

【書策】(ショサク) ①書物。書冊。②書物を持参して科挙（＝官吏登用試験）の会場に入ること。

【書冊】(ショサツ) 書物。書策。

【書札】(ショサツ) ①手紙。書簡。②書物。書策。

【書史】(ショシ) ①記録をつかさどる官吏。②書物。③書道の歴史。

【書▼笥】(ショシ) 本箱。書篋。類書箱。

【書▼肆】(ショシ) 〔「肆」は、店の意〕書店。書賈。書舗。

【書誌】(ショシ) 日①書物の成立や内容について書き記したもの。例―学。②特定の人物や事柄に関する書物の目録。③書物。

【書式】(ショシキ) 日公式の書類の、決まった書き方。

【書写】(ショシャ) 〔「写」も、書く意〕①書く。書き写す。②日小中学校の国語科の科目。文字を正しく書く学習。

【書社】(ショシャ|ショサ) ①村落の戸口や田地の広さを社（＝土地の神のやしろ）の帳簿に記載すること。周代、二十五戸を一社とした。後世には、登記されている人や土地を指した。②文学結社。

【書状】(ショジョウ) 手紙。書簡。

【書信】(ショシン) 手紙。たより。

【書生】(ショセイ) ①学問をしている人。②日学生。〔特に明治から昭和初期ごろの言い方〕③日他人の家に住みこみ、手伝いをしながら勉強をする人。

【書跡】【書▼蹟】(ショセキ) （筆で）書かれた文字のあと。筆跡。

【書籍】(ショセキ) 本。書物。図書。

【書体】(ショタイ) ①文字に書くときの形・様式。漢字の、楷書・行書・草書・篆書・隷書など。②日印刷文字の、明朝体・ゴシック・イタリックなど。③日文字の書きぶり。書風。

【書棚】(ショだな) 日本を並べておくたな。本だな。書架。

【書痴】(ショチ) 読書ばかりしていて、世間知らずの人。また、本の収集家。書淫。

【書▼帙】(ショチツ) ①書籍を入れる袋や箱。書物を包むおおい。→帙(429ページ) ②書籍。

【書中】(ショチュウ) ①書物や文書に記された文章の中。②日手紙。例お目にかかってお礼申し上げるべきところ、―をもって失礼します。

【書▼厨】(ショチュウ) ①書架。②よく読書はしているものの、実際の役には立たない人。〔あざけりの意をこめたことば〕〈南斉・陸澄伝〉▽類書簏。

【書店】(ショテン) 日①本や雑誌などを売る店。本屋。②出版社などの名にそえる語。

【書伝】(ショデン) ①書物に書き伝えられている事柄。また、書籍。②『書経』の注釈書。

【書道】(ショドウ) 日①筆で文字を書く芸術。②習字。例―塾。

【書▼牘】(ショトク) 手紙。文書類の総称。

【書不レ尽レ言】(ショはゲンをつくさず) 文字は、口で言おうとすることを十分には表現できない。〈易・繫辞上〉

【書足二以記一名姓一▼而▼已】(ショはもってメイセイをしるすにたるのみ) 書は自分の姓名が書ければよい。◐項籍（＝項羽）は幼い時、書を学んだがものにならなかった。次いで、剣術を学んだがやはりものにならなかった。叔父の項梁が、このことを怒ると、籍は「文字などは名前が書ければ十分だ。剣術はしょせん一人を相手とするもの。学ぶほどのものではない。万人を相手とする方法を学びたい」と言った。〈史記・項羽紀〉

【書評】(ショヒョウ) 日本を紹介し批評した文章。

【書風】(ショフウ) 筆書きの文字の特徴。書体。

【書舗】(ショホ) 書店。書肆。書賈。

【書法】(ショホウ) 文字や文章の書き方。筆法。

【書房】(ショボウ) ①書斎。②出版社などの名にそえる語。

【書名】(ショメイ) ①書道の名声。②書物の題名。本の名前。

【書面】(ショメン) 日①書類。文書。例―で通知する。②（手紙などの）文面。例―からは読み取れない。

【書目】(ショモク) ①書物の目録。②日本の題名。書名。

【書物】(ショモツ) 本。図書。書籍。書冊。

【書問】(ショモン) 手紙で安否を問う。また、手紙。

【書林】(ショリン) ①多くの書物を集めたところ。②出版社や書店などの名にそえる語。

【書類】(ショルイ) 日記録や事務的内容を、公的に書き記したもの。文書。例機密―。―を作る。

●願書・行書・原書・古書・司書・辞書

（ジョ）・証書（ショウショ）・聖書（セイショ）・蔵書（ゾウショ）・著書（チョショ）・投書（トウショ）・読書（ドクショ）・葉書（はがき）・秘書（ヒショ）・封書（フウショ）・洋書（ヨウショ）・六書（リクショ）・良書（リョウショ）・類書（ルイショ）

[朁] 日6（10） ⇩曹（ソウ）（644ページ）

曽

日7（11） 1 3330 66FD 常用

一 ソ・**ソウ** 漢呉 蒸 zēng
二 ソ・**ソウ** 漢 **ゾ**・ゾウ 呉 蒸 céng
かつ-て・すなわ-ち（すなは-ち）

[曾] 日8（12） 1 3329 66FE 人 旧字体。

筆順

なりたち ［形声］「八（＝別れる）」と「曰（＝いう）」と、音「罒（ソウ）」とから成る。語気のゆるやかなもの。

意味 一 ❶調子を強める字。**すなわち**。例 曽是以為レ孝乎（すなわちここをもってコウとなさんや）（＝つまり、そんなことだけで孝行といえるだろうか）。〈論語・為政〉 ❷三代へだたった親族。例 曽祖父（ソウソフ）。曽孫（ソウソン）。❸増やす。ます。通増。例 曽益（ソウエキ）。❹姓の一つ。例 曽参（ソウシン）（＝孔子の弟子）。 二 ❶かさなる。通層。例 曽雲（ソウウン）（＝重なり合う雲）。❷以前に。これまでに。**かつて**。例 曽遊（ソウユウ）。未曽有（ミゾウ）（いまだかつてあらず）（＝これまでになかった）。

古訓 中古 いにしへ・かさなる・かさぬ・かつて・これ・すなはち・そのかみ・なぞ・なんぞ・むかし 中世 かつて・すなはち・むかし 近世 いまし・かさなる・かつて・すなはち・むかし

人名 かつ・つね・なり・ます

難読 曽孫（ひこ・ひひこ・まご）・曽祖母（ひいばば）

【曽益】（ソウエキ） 増す。増やす。増益。

【曽祖父】（ソウソフ） 祖父母の父親。ひいおじいさん。対曽祖母。

【曽祖母】（ソウソボ） 祖父母の母親。ひいおばあさん。対曽祖父。

【曽孫】（ソウソン） 孫の子供。ひまご。ひこ。

【曽伯祖】（ソウハクソ） 曽祖父の兄。

【曽遊】（ソウユウ） 前に一度行ったことがあること。例 —の地。

曹

日7（11） 1 3366 66F9 常用

ソウ（サウ） 漢 ゾウ（ザウ） 呉 豪 cáo

[朁] 日6（10） 3 8544 66FA 俗字。

筆順

なりたち ［会意］「棘（＝原告と被告が法廷の東に並ぶ）」と「曰（＝両者の言い分を聞きさばく人）」とから成る。原告と被告のふたりをさばく人。

意味 ❶役人。属官。つかさ。例 曹長（ソウチョウ）。獄曹（ゴクソウ）。法曹（ホウソウ）。❷役所の部局。局（つぼね）。部屋。例 曹司（ソウシ）。❸複数の人々。ともがら。やから。例 曹輩（ソウハイ）。我曹（ガソウ）。❹周代、武王の弟、叔振鐸（シュクシンタク）が封じられた国。今の山東省内にあった。（？—前四八七）❺姓の一つ。例 曹参（ソウサン）（＝漢初の宰相）。曹操（ソウソウ）。

古訓 中古 つかさ・ともがら・なんぢ・むら・むらがる 中世 つかさ・ともがら・なんぢ・むら 近世 つぼね・ともがら・ともに・むらがる・もろもろ

人名 とも・のぶ

【曹司】 一（ソウシ） 役所。局（つぼね）。 二（ゾウシ） 日 ①昔、宮中の役人や女官がいた部屋。局（つぼね）。②親元にいる貴族の若者の部屋。また、その若者。曹子（ゾウシ）。〔名門や金持ちの息子をあらわす「御曹司（おんゾウシ）」の元になった語〕

【曹長】（ソウチョウ） 日 もと、陸軍の階級の一つ。軍曹の上。

【曹洞宗】（ソウトウシュウ）（ソウドウシュウ） 〔仏〕禅宗の一派。唐代、洞山良价（トウザンリョウカイ）とその弟子曹山本寂（ソウザンホンジャク）が開いた。日本には、一二二三年に入宋（ニッソウ）した道元が伝えた。

【曹輩】（ソウハイ） 仲間。ともがら。

【曹達】（ソーダ） 日〔オランダ soda の音訳〕①〔化〕ナトリウムの化合物、特に炭酸ナトリウム。ガラス・石鹸（セッケン）などの原料。②ソーダ水。炭酸水。例 クリーム—。

●重曹（ジュウソウ）・法曹（ホウソウ）

曼

日7（11） 2 5056 66FC

バン 漢 マン 呉 願 màn
なが-い（なが-し）

意味 ❶長く引きのばす。ひく。例 曼声（マンセイ）。❷ずるずると長い。**ながい**。通漫。例 冗曼（ジョウマン）。❸繊細で美しい。うつくしい。例 曼姫（マンキ）（＝美女）。❹外国語の「マン」の音訳字。例 曼陀羅（マンダラ）。曼姶頓（マンハッタン）（＝ニューヨークの地区の名）。

【曼延】【曼▼衍】（マンエン） ①果てがない。限りない。②いつまでも続いて絶えないさま。③広がる。

【曼辞】（マンジ） 美しい語句で飾りたてたことば。美辞。

【曼珠沙華】（マンジュシャゲ） ①〔仏〕〔梵語（ボンゴ）mañjūṣaka の音訳〕天上に咲くという白い花。②日 ヒガンバナの別名。

【曼声】（マンセイ） 声を長く引く。

【曼▼陀羅】【曼▼荼羅】（マンダラ） 〔仏〕〔梵語（ボンゴ）maṇḍala の音訳〕仏の悟りの境地。また、それを図に描いたもの。

【曼▼陀羅華】（マンダラゲ） ①〔仏〕〔梵語（ボンゴ）māndāra または māndārava の音訳〕天上に咲き、人々に喜びを与えるという美しい花。②チョウセンアサガオの別名。

【曼曼】（マンマン） 距離や時間が非常に長いさま。遠いさま。

最

日8（12） 1 2639 6700 教4

サイ 漢呉 泰 zuì
もっと-も・も 付表 最寄（もより）

[冣] 冖8（10） 4 0313 51A3 本字。

[㝡] 宀8（11） 4 0803 3761 俗字。

筆順

なりたち ［会意］「冃（＝おおう）」と「取（＝とる）」とから成る。つみあげる。派生して「もっとも」の意。

意味 ❶程度が、いちばんはなはだしい。**もっとも**。例 最愛（サイアイ）。最近（サイキン）。最（サイ）たる。❷いちばんすぐれている。例 最勝（サイショウ）。殿最（デンサイ）（＝功績が劣るものと、すぐれたもの）。❸集める。あつめる。あつまる。❹合計で。すべて。

日本語での用法 《も》「最早（もはや）」▼すでに。

古訓 中古 あつまる・あつむ・いと・すぐる・すぐれたり・つとむ・もとも 中世 あつむ・いと・いとど・さきだつ・すぐれたり・すすぐ・まさる・もっとも・もとも 近世 あつむる・かなめ・すぐる・とる・まさる・も・もう・もっとも

人名 あつむ・いと・いや・かなめ・たかし・まさる・ゆたか・よし

難読 最上川（もがみがわ）

【最愛】（サイアイ） もっとも愛していること。例 —の妻。—の人。

【最悪】（サイアク） もっとも悪い状態。対最良・最善。例 —の事態に備える。

【最下】（サイカ） 程度や段階がいちばん下であること。また、もっとも劣っていること。対最上。例 —の地位。

【最強】（サイキョウ） いちばん強いこと。例 —の部隊。

【最近】（サイキン） 近ごろ。このごろ。例 —のニュース。

【最恵国】（サイケイコク） 日 通商条約を取り結ぶ国々の中で、いちばん有利なあつかいをされる国。例 —待遇。

【最敬礼】（サイケイレイ） 日 いちばん丁寧で、敬意を深くあらわしたお辭儀。例—をする。

【最古】サイコ いちばん古いこと。対最新。例—の和歌集。

【最後】サイゴ ①いちばんあと。対最初。例—の授業。②日 何かをしたらそれっきり。それまで。例これをのがしたら—、勝てる見こみはない。

【最期】サイゴ 日 命の終わるとき。死にぎわ。臨終。例あえない—をとげる。—の一言ひとこと。

【最高】サイコウ ①程度や段階がいちばん高いこと。例—速度。—の素材。②大変すばらしいこと。例この映画は—だ。▽対最低。

【最高潮】サイコウチョウ 日 感情や状況がいちばん盛り上がったとき。クライマックス。例—に達する。

【最高峰】サイコウホウ 日 ①いちばん高い峰ね。例ヒマラヤの—。②いちばんすぐれているもの。例平安文学の—。

【最終】サイシュウ いちばんおわり。最後。対最初。例—電車。

【最初】サイショ いちばんはじめ。対最後・最終。

【最小】サイショウ いちばん小さいこと。対最大。例—の面積。

【最小限】サイショウゲン 日 これ以上小さくすることができない限度。最小限度。対最大限。

【最小公倍数】サイショウコウバイスウ 日〔数〕二つ以上の整数の共通の倍数のうち、いちばん小さいもの。

【最少】サイショウ ①いちばん少ないこと。対最多。例損害を—にとどめる。②いちばん若いこと。最年少。例—年齢。

【最勝】サイショウ いちばんすぐれている。

【最上】サイジョウ 程度や段階がいちばん上であること。また、もっともすぐれていること。最高。対最下サイカ。例—の品しな。

【最深】サイシン いちばん深いこと。例世界—の湖。

【最新】サイシン いちばん新しいこと。対最古。例—の情報。

【最盛】サイセイ いちばんさかんなこと。例出荷が—の時期。

【最盛期】サイセイキ 日 ①いちばん勢いがあって栄えている時期。全盛期。例帝国の—。②出荷のいちばん多い時期。例ブドウの—。

【最前】サイゼン 日 さっき。少し前。先ほど。例—お会いしました。

【最善】サイゼン ①いちばんよいこと。最良。対最悪。例—の方法。②日 できるかぎりやること。ベスト。例—を尽くす。

【最多】サイタ いちばん多いこと。対最少。例—出場。

【最大】サイダイ いちばん大きいこと。対最小。例—の問題点。

【最大限】サイダイゲン 日 これ以上大きくすることができない限度。最大限度。対最小限。例—の努力をはらう。

【最大公約数】サイダイコウヤクスウ 日 ①〔数〕二つ以上の整数の共通の約数のうち、いちばん大きいもの。②多くの事柄に共通している部分。例—の意見を要求として出す。

【最短】サイタン いちばん短いこと。対最長。例—距離。

【最中】サイチュウ 日 一 何かがおこなわれている、ちょうどそのとき。さなか。もなか。例食事の—。二 もなか もち米の粉で作った二枚のうすい皮を合わせた中にあんを入れた和菓子。

【最長】サイチョウ ①いちばん長いこと。対最短。例—の任期をつとめる。②いちばん年長であること。最年長。

【最低】サイテイ ①程度や段階がいちばん低いこと。例—賃金。②日 ひどく劣っていること。例—の人間だ。▽対最高。

【最低限】サイテイゲン 日 程度や段階がいちばん低い限界のところ。例—の条件。

【最適】サイテキ いちばんふさわしいこと。例—の温度。

【最良】サイリョウ いちばんよいこと。最善。対最悪。

【最早】もはや 日 最終的な段階として。これ以上は。すでに。例—これまで。—夜もすっかりふけた。

朁 日8(12) 4 1423 6701 サン(サム)漢 感 cǎn

意味 すなわち。そこで。

[曾] 日8(12) ⇩曽ソウ(644ページ)

替 日8(12) 1 3456 66FF 常用

テイ漢 タイ呉 霽 tì

かえる(か-ふ)・かわる(か-はる)

付表 為替かわせ

筆順 ニ ナ 夫 夫ニ 扶 扶 替 替

なりたち  [形声]「竝(=ならびたつ)」と、音「白シ→イテ」とから成る。すたれる。

意味 ❶すたれる。おとろえる。例替廃ハイタイ。衰替スイタイ。隆替リュウタイ。❷とりかえる。いれかわる。**かえる**。**かわる**。例交替コウタイ。代替ダイタイ。替かえ歌うた。❸すてる。しりぞける。さる。例替否ヒタイ(=良くないものをすてる)。

古訓 中古 かはり・かはる・かふ・しろ・すぐる・すたる・すつ・たがふ・やむ・をしふ 中世 かはし・かはる・かふ・すたる・すつ・たすく 近世 おとろふ・かはる・すたる・すつる・なびく・ほろぶる・まつ

【替歌】かえうた 日 ある歌のメロディーだけを借りて、別の歌詞をつけた歌。対本歌もとうた。

【替玉】かえだま 日 にせもの。例—を使う。

【替廃】ハイタイ すたれる。

●為替かわせ・交替コウタイ・代替ダイタイ・両替リョウがえ

[會] 日9(13) ⇩会カイ(65ページ)

朅 日10(14) 4 1424 6705 ケツ漢 屑 qiè

意味 ❶出かけて行く。❷勇ましいさま。例朅朅ケツケツ。❸「朅来ケツライ」は、行く。あるいは、来る。また、どのように。

74 4画 月(月・⺝) つき つきへん部

古くは「月(つきへん)」、「月(ふなづき)」、「月(にくづき)」を区別したが、常用漢字ではすべて「月」の字形に統一された。ここには、欠けた月の形をあらわす「月」をもとにしてできている漢字、舟の形をあらわす「月」をもとにしてできている漢字、「月」の字形を目じるしにして引く漢字を集めた。身体にかかわる「にくづき」は、「肉」の部首に区別して示した。

月 月0(4) 1 2378 6708 教1

ゲツ(グヱツ)漢 ガチ(グヮチ)・ガツ(グヮツ)呉 月 yuè

つき

付表 五月さつき・五月雨さみだれ

筆順 丿 冂 月 月

なりたち  [象形] 欠けた月の形。

意味 ❶地球の衛星。つき。例月光ゲッコウ。日月ジツゲツ。満月マンゲツ。

❷一年を十二に分けた単位。例 月旦ゲッタン。今月コンゲツ。来月ライゲツ。❸つきごとの。例 月刊ゲッカン。月給ゲッキュウ。月例ゲツレイ。

日本語での用法 《ゲツ》「月水金ゲッスイキン」▼「月曜日」の略。

古訓 中古 かくる・つき・よ・よる 中世 しろし・つき・つきづき・よる 近世 かける・つき

人名 つぎ

難読 月代さかやき・月次つきなみ

【月▼暈】ゲツウン 月の周りにできる、ぼんやりとした光の輪。月のかさ。

【月忌】ガッキ 故人の毎月の命日。また、その日の仏事。

【月影】ゲツエイ｜つきかげ ①月の光。月光。②月の光に照らし出されたものの姿。また、そのかげ。

【月下】ゲッカ 月光の下。月の光のさしているところ。例 鳥宿池辺樹、僧敲月下門とりはやどるチヘンのき、ソウはたたくゲッカのモン（＝鳥が岸辺の木に宿って眠りにつくころ、《寺を訪れた》僧が月光のさす門をたたく）。〈賈島・題李凝幽居〉—の宴。

【月下氷人】ゲッカヒョウジン 男女の仲をとりもつ人。なこうど。媒酌人。〔「月下老ゲッカロウ」と「氷上人ヒョウジョウジン」という縁結びの神を一つにいったもの〕

【月華】ゲッカ ①月の光。②月。③月のまわりに輪のように生じる五色の雲気。月暈ゲツウン。

【月額】ゲツガク ①毎月の決められた量。②日 一か月あたりの金額。例 —十万円を支払う。

【月刊】ゲッカン 日（日刊・週刊・季刊などに対して）毎月一回、定期的に刊行すること。また、その出版物。

【月間】ゲッカン 日 一か月のあいだ。一か月間。また、特別のことがおこなわれる一か月間。例 交通事故防止—。

【月宮】ゲッキュウ 月にあるという宮殿。月宮殿。

【月給】ゲッキュウ （時給・日給などに対して）一か月ごとに支払われる給料。

【月琴】ゲッキン 中国伝来の弦楽器。琵琶ワビに似て小さく、胴は円形で弦は四本。

【月窟】ゲックツ ①伝説で、月のすみか。西方にあるという。月蝟ゲックツ。②西の果ての地。③月にあるほら穴。月の岩屋。④月の宮殿。⑤月。

【月▼桂】ゲッケイ ①伝説で、月に生えているというカツラの木。②月。月光。③科挙（＝官吏登用試験）に及第すること。

【月▼桂冠】ゲッケイカン 日 古代ギリシャで、競技の勝利者にかぶせられた、月桂樹の枝と葉で作ったかんむり。

【月経】ゲッケイ 成熟した女性の子宮から周期的に出血する現象。つきのもの。生理。メンス。

【月▼卿】ゲッケイ ①朝廷の高官。大臣。〔天子を日に、臣下を月にたとえたことから〕②日 公卿クギョウのこと。

【月光】ゲッコウ｜ガッコウ 月の光。例 牀前看二月光一、疑是地上霜ショウゼンゲッコウをみる、うたごうらくはこれチジョウのしもかと（＝寝台の前にさしてきた月光を見ると、霜が降りたのかと見まがうばかりだ）。〈李白・静夜思〉

【月▼朔】ゲッサク 月のはじめの日。ついたち。朔日サクジツ。月旦ゲッタン。

【月産】ゲッサン 日（日産・年産などに対して）一か月あたりの生産量や産出量。

【月支】ゲッシ ①弓の的。②「月氏ゲッシ」に同じ。③一年の各月に割り当てられた十二支のこと。一月が子シ—ね、二月が丑ウチュ—うしと続く。類 月建。④日 月々の支出。

【月氏】ゲッシ 西域にいたトルコ系の異民族。甘粛カンシュク省あたりに住んでいたが、前漢の時、匈奴キョウドに追われて西方に移り、大月氏国を建てた。故地にとどまったものを小月氏という。月支ゲッシ。

【月次】ゲツジ 日 毎月。月ごと。つきなみ。例 —報告。

【月日】ゲツジツ｜つきひ 一 ①月と太陽。②時間。年月。例 —が流れ去る。二 ぴガッ 日付ひづけとしての月と日。例 生年—。

【月謝】ゲッシャ 日 毎月の謝礼。毎月の授業料。

【月収】ゲッシュウ （日収・年収などに対して）一か月の収入。

【月色】ゲッショク 月の色。月の光。例 —皓皓コウコウ。

【月食】【月▼蝕】ゲッショク 地球が太陽と月との間にはいって太陽の光をさえぎるため、月の一部あるいは全部が見えなくなること。対 日食。例 皆既—。

【月精】ゲッセイ ①月の精。月魄ゲッパク。②ウサギ。〔月にウサギがすむという伝説から〕

【月世界】ゲッセカイ｜つきセカイ 日 月の世界。

【月旦】ゲッタン ①月のはじめの日。ついたち。月朔ゲッサク。②「月旦評ゲッタンヒョウ」のこと。例 人物—。

【月旦評】ゲッタンヒョウ 人物の批評。人物の品定め。〔後漢の許劭キョショウが、月のはじめに人物評をしたという故事から〕

【月▼兎】ゲット 月の別名。〔月にウサギがすむという伝説から〕

【月▼魄】ゲッパク 月の精。また、月。月光。

【月表】ゲッピョウ 一か月ごとに記録する表。例 営業成績の—。

【月評】ゲッピョウ 日 新聞や雑誌などに毎月のせる、文芸作品や論文などの批評。

【月賦】ゲップ ①月を詠じた賦フ（＝韻文の一体）。②日 代金を月々に分けて支払うこと。月賦払い。対 年賦。

【月餅】ゲッペイ 中国風の焼き菓子。クルミなどを入れたあんを小麦粉でまるく包んで焼いたもの。

【月俸】ゲッポウ 月々の俸給。月給。

【月報】ゲッポウ ①毎月、出す報告書。例 生産—。②日 毎月定期に刊行する全集などの各巻にはさみこむ、印刷物。

【月末】ゲツマツ その月の終わり。つきずえ。

【月明】ゲツメイ 月のあかるいこと。また、あかるい月の光。月あかり。例 月明垂レ葉露ゲツメイはにたるるつゆ（＝月光が葉に垂れる露にきらめく）。〈杜甫・秦州雑詩〉

【月面】ゲツメン 月の表面。例 —探査機。—に着陸する。

【月余（餘）】ゲツヨ 一か月あまり。例 —の入院生活。

【月曜】ゲツヨウ 日 週の第二日。日曜の次、火曜の前。月曜日。

【月来】ゲツライ この数か月間。例 —体調がすぐれない。

【月利】ゲツリ 日（年利・日歩ぶひに対して）一か月を単位として決めた利息。例 —二パーセント。

【月輪】ゲツリン｜ガツリン 月。また、満月。例 —峰にかかる。

【月令】ゲツレイ｜ガツリョウ 季節に応じてなすべき毎月の政令と年中行事。

【月例】ゲツレイ 毎月決まっておこなわれること。例 —会議。

【月霊】ゲツレイ ①月。②皇后・皇太子のたとえ。

【月齢】ゲツレイ 日 ①新月を基準として、月の満ち欠けを日数であらわしたもの。満月はおよそ十五日。②満一歳未満の赤ん坊の、生まれてからの月の数。例 —三か月の乳児。

【月露】ゲツロ 月夜の露つゆ。

【月明星▼稀】つきあきらかにほしまれなり 月が明るく輝いて、まわりの星はまばらにしか見えない。大人物があらわれて周囲の人々の影が薄くなってしまうことのたとえ。〈曹操・短歌行〉

【▼喘レ月】つきにあえぐ ⇩【呉牛喘レ月】ゴギュウつきにあえぐ（237ジペー）

【月見】つきみ 日 ①月をながめて楽しむこと。観月。例 —の宴。②そば・うどんなどに生卵を割って落としたもの。卵を月に見立てていう。例 —うどん。

●隔月カクゲツ・神無月かんなづき・如月きさらぎ・歳月サイゲツ・正月ショウガツ・新月シンゲツ・先月センゲツ・年月ネンゲツ・半月ハンゲツ・名月メイゲツ・明月メイゲツ・望月もちづき

有

月2（6）

1 4513 6709

教3

一 ユウ（イウ）漢 ウ呉 有 yǒu

二 ユウ（イウ）漢 ウ呉 宥 yòu

ある（あ-り）・も-つ・たも-つ・また

筆順 ノ ナ 才 有 有 有

なりたち 【形声】「月（＝つき）」と、音「又ユウ」とから成る。月の影で日食が起きるように、ふだんあるはずのないものがある。

意味 一 ❶存在する。ある。もつ。対無。例有志ユウシ。有望ユウボウ。含有ガンユウ。所有ショユウ。❷持ちつづける。治める。たもつ。例巍巍乎、舜禹之有二天下一也ギギたるかな、シュンウのテンカをたもてるや（＝立派なものだなあ、舜や禹といった聖王が天下を治め続けた様子は）。〈論語・泰伯〉保有ホユウ。領有リョウユウ。❸ゆたかである。多い。例有年ユウネン。❹王朝名などの名詞や動詞などにつく接頭語。例有夏ユウカ。有周ユウシュウ。二加えて。さらに。また。通又ユウ。例十有五ジュウユウゴ（＝十五）。

古訓 中古 あり・あるいは・います・たもつ・まします・また 中世 あり・ある・たもつ・はたす・また 近世 あり・ある・たもつ・はたす・また

人名 あき・あり・すみ・ただし・とお・とも・なお・なり・みち・もち・もと・ゆたか

【有明】ありあけ 日 ①月が空に見えている状態で、夜が明けること。陰暦十六日以後の夜明け。例—の月。②明け方。

【有為】一ユウイ 〈仏〉因縁によって生じたこの世のすべてのもの。対無為。二ユウイ 才能があること。将来役に立つと思われること。例—の青年。

【有為転変】テンペン 日〈仏〉この世のものは常に移りかわるもので一定せず、はかないということ。例—は世のならい。

【有▼卦】ウケ 陰陽道オンミョウドウで、幸運が七年間続くという年回り。例—に入いる（＝幸運にめぐりあう）。

【有象無象】ウゾウムゾウ ①〈仏〉「象」は、かたちの意）形のあるものや形のないものなど、すべてのもの。類有相無相ウソウムソウ。②日とるに足りない人々。

【有待】ウダイ 〈仏〉〈食物や衣服にたよることから〉人間の身体。はかない人間の存在。

【有頂天】ウチョウテン 〈仏教で、最高の天の意で、そこにのぼりつめることから〉喜びでわれを忘れること。得意の絶頂。

【有徳】ユウトク・トクユウ ①すぐれた徳をそなえていること。例尊レ賢育レ才以彰二有徳一ケンをたっとびサイをはぐくみもってユウトクをあきらかにす（＝賢者を尊び才能ある人を育てて、徳のある人を顕彰する）。〈孟子・告子下〉—の士。②日富裕であること。

【有髪】ウハツ （僧や尼が剃髪テイハツしないで）髪の毛を生やしていること。例—の僧。

【有無】ウム ①あることと、ないこと。あるかないか。例不正の—。②日承知と不承知。イエスとノー。例—を言わさず。

【有▼耶無▼耶】ウヤムヤ 〈あるのか、ないのかの意〉はっきりしないこと。あいまいであること。例責任を—にする。

【有位】ユウイ ①天子の位。②官位にあること。

【有意】ユウイ ①意思や意図があること。②日意味があること。例—差（＝統計などで、偶然起こったとは考えられない差）。

【有意義】ユウイギ ①意味があるさま。②日価値があるさま。例—な意見。

【有益】ユウエキ 利益のあるさま。役に立つさま。対無益。例—な意見。—に利用する。

【有価】ユウカ 価値や価格があること。例—物件。—証券。

【有夏】ユウカ ①夏カ王朝のこと。②中国。中華。

【有害】ユウガイ 害があるさま。対無害。例—な食品。

【有蓋】ユウガイ おおいや、ふたのあること。対無蓋。例—貨車。

【有間】ユウカン ①違いがある。②すきまがある。仲が悪く、しっくりいかない。有隙ユウゲキ。③病気が少しよくなる。④しばらくして。有頃ユウケイ。⑤ひまがある。有閑。

【有閑】ユウカン 生活に余裕があって、ひまがあること。有間。例—階級。

【有感】ユウカン ①感銘を受ける。②日からだに感じられること。例—地震。

【有機】ユウキ 日①生命をもち、生活の機能があること。また、生命をもつものから生み出されること。②「有機物」「有機化合物」の略。▽対無機。

【有機体】ユウキタイ 日①生命をもち、生活機能をそなえている組織体。生物を他の物質と区別していう。②多くのものが密接に結びついてまとまったはたらきをするもの。

【有機物】ユウキブツ 日でんぷんやエタノールなど、炭素を含む物質。ただし、一酸化炭素・二酸化炭素など少数の例外は、炭素を含むが有機物に分類されない。有機化合物。対無機物。

【有給】ユウキュウ 日給料が支払われていること。対無給。例—休暇。

【有形】ユウケイ かたちのあること。目に見えること。対無形。例—文化財。—の援助。

【有頃】ユウケイ しばらくして。有間ユウカン。

【有隙】ユウゲキ【有▼郤】ユウゲキ すきまがある。仲が悪く、しっくりいかない。有間ユウカン。

【有限】ユウゲン 限りがあるさま。対無限。例—な資源。

【有功】ユウコウ 手柄・功績があること。例欲レ誅二有功之人一ユウコウのひとをチュウせんとほっす（＝手柄を立てた人を殺そうとする）。〈史記・項羽紀〉

【有効】ユウコウ 効きめがあること。効果や効力があること。役に立つこと。対無効。例薬の—期限。

【有罪】ユウザイ 〈法〉刑事裁判の判決で、つみがあると認められること。対無罪。

【有産】ユウサン 日財産があること。金持ち。対無産。例—階級。

【有子】ユウシ ①孔子の弟子、有若ユウジャクの敬称。②孔子の弟子、冉求ゼンキュウ（字あざなは有）の敬称。

【有司】ユウシ 〈司（＝担当する職務）がある者の意〉役人。官吏。例籩豆之事則有司存ヘントウのことはすなわちユウシソンす（＝祭祀サイシの器物のことは、係の役人がいるのでまかせておけばよい））。〈論語・泰伯〉

【有史】ユウシ 過去を知るための記録が残されていること。歴史があること。例—時代。—以前。—以来。

【有志】ユウシ・こころざしあり そのことに特に関心や意欲をもっていること。また、その人。例有レ志者事竟成こころざしあるものはことついになる（＝強い意志をもつ者は、いかなることもいつかは成しとげる）。〈後漢書・耿弇伝〉—一同。—を募る。

【有事】ユウジ 戦争などの大事件が起こること。例—に備える。—立法。

【有識】ユウシキ 知識があること。ものごとをよく知っていること。また、そのような人。例—者。

【有秋】ユウシュウ 収穫がある。豊作である。

【有衆】ユウシュウ 国民。人民。君主が人民を呼ぶことば。例朕チンなんじ—に示す。

【有終の美】ユウシュウのビ 日最後までやりとおし、ものごとを立派になしとげること。〈「靡レ不レ有レ初、鮮二克有レ終一はじめあらざるなきも、よくおわりあることすくなし（＝初めの無いものはないが、良い終わり方ができるものは少ない）。〈詩経・大雅・蕩〉」から〉例—を飾る。

【有償】ユウショウ 代価を支払う必要があること。補償の必要があること。対無償。例—の援助。

【有情】一ユウジョウ ①感情がある。②よしみがある。③趣がある。二ウジョウ 〈仏〉人間・鳥獣など、感情を有するこの世のすべての生き物。対無情。

【有色】ユウショク 色がついていること。例—野菜。

【有職】一ユウショク ①ショクあり 任務がある。②職業についていること。㊀無職。例—者。二ソクユウ 日朝廷や武家の、しきたりや習わしをよく知っていること。また、その人。例—家。—故実。

【有身】ユウシン 妊娠する。みごもる。

【有人】ユウジン 人が乗っていること。また、人が存在すること。例—衛星。

【有神論】ユウシンロン 日神は存在すると考える立場。㊀無神論。例—者。

【有数】ユウスウ 特に数え上げるほど、きわだっていること。屈指。例世界—の大企業。

【有性】ユウセイ 日雌雄の性の区別があること。例—生殖。

【有政】ユウセイ 政治。まつりごと。

【有税】ユウゼイ 税金がかかること。納税の必要があること。㊀無税。例—品。

【有声音】ユウセイオン 日発音するときに声帯を振動させて出す音。母音のほか、[b][d][g][m][n][ŋ][v][z][ʒ]などの子音がこれにあたる。㊀無声音。

【有線】ユウセン 日①電線を使う通信。②「有線放送」の略。限られた場所や地域内でおこなう、電線を使った放送。▽㊀無線。

【有道】ユウドウ 正しい道にかなっていること。また、そのようなおこないをする人。

【有毒】ユウドク 毒性があるさま。㊀無毒。例—ガス。人体に—な物質。

【有年】ユウネン／とし あり ①作物が実る。豊作である。②何年にもなる。③長生きする。

【有能】ユウノウ すぐれた能力や才能があるさま。㊀無能。例—な人物。

【有配】ユウハイ 日株式などで、配当があること。㊀無配。

【有半】ユウハン 〔数をあらわすことばにつけて〕…と、さらにその半分。例一年—(=一年半)。

【有苗】ユウビョウ 古代、南方にいた異民族。三苗。

【有夫】ユウフ おっとがあること。例—の身。

【有邦】ユウホウ ①国を治める。②諸侯。③国家。

【有望】ユウボウ 将来が楽しみで、のぞみがあるさま。例—株。前途—な若者。

【有名】ユウメイ ①世の中に広く知られている。名高い。㊀無名。例—人。②名だけがある。

【有名無実】ユウメイムジツ 名ばかりで実質がともなっていないこと。〈国語・晋八〉から〕例社長といっても—の存在だ。

【有余(餘)】ユウヨ 〔数をあらわすことばにつけて〕もう少しつけ加わることを示す。…あまり。例一年—の海外生活。

【有用】ユウヨウ 役に立つさま。㊀無用。例社会にとって—な人物。—植物。

【有利】ユウリ ①利益があるさま。例—な条件。②都合がいいさま。例—に解釈する。

【有理】ユウリ 道理があること。例造反—(=反逆にも道理がある。一九三九年毛沢東が演説で使ったことばで、文化大革命のときの紅衛兵のスローガン)。

【有料】ユウリョウ 日料金がいること。㊀無料。例—駐車場。

●含有・共有・希有・公有・国有・固有・所有・特有・保有・領有

服

月4 (8)

1 4194
670D

教3

一 フク 漢 ブク 呉 屋 fú
二 フク 慣 フウ 漢 フ 呉 有 fú

したが-う(したが-ふ)

[服] 月4 (8) — 旧字体。

筆順

なりたち

[形声]「月(=ふね)」と、音「𠬝(フク)」とから成る。用いる。仕える。

意味 一 ❶つとめをおこなう。つかえる。従事する。例有レ事弟子服ニ其労一(ことあらばテイシそのロウにフクす)(=仕事があれば、若者が骨を折る)。〈論語・為政〉服役。服務。❷つきしたがう。心からしたがう。したがう。例感服。心服。❸おそれしたがう。また、力でおさえしたがわせる。例服従。服属。征服。❹身につける衣類。例服装。衣服。❺身につける。自分のものにする。例服ニ文綵一(ブンサイをフクす)(=きらびやかな着物を身につける)。〈老子・五三〉着服。❻喪でひきこもる。例服喪。服忌。❼薬や茶をのむ。例服毒。服用。❽思慕する。したう。例寤寐思服(ゴビにシフクす)(=寝ても覚めても思慕する)。〈詩経・周南・関雎〉❾四頭立ての馬車を引く、内側の二頭のウマ。㊀驂。二 一回分の薬の量を数えることば。例一服。

古訓 中古 う・うらむ・きぬ・きもの・きる・ころも・したがふ・つく・ととのふ・ならふ・はとり・ふかし・よそほひ 中世 きぬ・きる・きるもの・ころも・したがふ・ならふ・よそほひ 近世 おこなふ・きもの・きる・こと・したがふ・ととのふ・つく・ならふ・ふくろふ・もちゆる

人名 こと・もと・ゆき・よ

難読 服部(はっとり)・服明(ブクあけ)

【服役】フクエキ ①懲役に服する。例有罪の判決を受け、—する。②兵役に服する。

【服玩】【服▼翫】フクガン 衣服や日常愛用の器物。

【服御】【服▼馭】フクギョ ①衣服や車馬の類。②馬車を御する。③使う。使用する。

【服地】フクジ 日洋服を仕立てるのに使う布地。

【服事】フクジ ①従い仕える。②官の仕事に従事する。

【服従】フクジュウ 人の命令におとなしくしたがう。㊀反抗・抵抗。例絶対—。命令に—する。

【服色】フクショク ①車馬の色。歴代の王朝は固有の色を車馬に用いた。夏は黒、殷は白、周は赤であったという。②衣服の色。

【服飾】フクショク 衣服とアクセサリー。例—デザイナー。

【服喪】フクソウ／もフク 人の死後しばらくの間、その親族が祝いの行事などをひかえ、身をつつしむ。例—期間。

【服装】フクソウ 身につける衣服。身なり。よそおい。

【服属】フクゾク つき従う。従属する。

【服田】フクデン 農業に従事する。

【服毒】フクドク 毒を飲む。例—自殺。

【服馬】フクバ ①四頭立ての馬車で、内側の二頭のウマ。②馬車を引くウマ。

【服務】フクム 日事務や業務につく。例—規定。

【服薬】フクヤク 薬を飲む。服用。

【服用】フクヨウ 日「服薬」に同じ。例毎食後に—すること。

【服養】フクヨウ 衣食。衣服と食物。

【服▼膺】フクヨウ 〔「膺」は、胸。胸につける意〕心にとどめて忘れない。→【拳拳服膺】ケンケンフクヨウ(559ページ)

【服労】フクロウ 従事する。働く。

【服忌】ブッキ 日喪に服してつつしむ。

●衣服・感服・屈服・元服・降服・克服・呉服・私服・心服・制服・被服・不服・平服・洋服・礼服・和服

朋

月4 (8)

1 4294
670B

人

ホウ 漢 ボウ 呉 蒸 péng

とも

[朋] 月4 (8) — 旧字体。

なりたち  [象形] 鳳ホウ(=おおとり)の形。鳳が飛ぶと多くの鳥が付き従うことから、仲間の意。

意味 ❶同じ先生についている学友。とも。例有レ朋自二遠方一来、不二亦楽一乎ともありエンポウよりきたる、またたのしからずや(=同学の士が遠くから来てくれて語り合うのは、なんとも楽しいことだ)。〈論語・学而〉 朋友ホウユウ。同朋ドウホウ。❷仕事や目的を共有する仲間。例朋党ホウトウ。朋輩ホウハイ。❸匹敵する者。ならぶ相手。例無朋ムホウ(=たぐいなくすぐれる)。❹仲間をつくる。むれる。むらがる。例朋比ホウヒ(=結託する)。

古訓 中古 かたちはふ・ちはふ・とも・ともがら・むらがる 中世 とも・ともだち・むらがる 近世 いつかひ・とも・ふたび

【朋党(黨)】ホウトウ 共通の利害や主義による人々の集まり。例塞二朋党之門一ホウトウのモンをふさぐ(=徒党を組むことを禁止する)。〈史記・蘇秦伝〉

【朋輩】ホウハイ 仲間。友達。また、同僚。傍輩。類朋儔ホウチュウ・朋徒。

【朋友】ホウユウ 友達。友人。例与二朋友一交而不レ信乎ホウユウとまじわりてシンならざるか(=友達とのつきあいで誠実でないことがなかったかどうか)。〈論語・学而〉

胐
月5(9) ②5912 670F ヒ漢 尾 fěi みかづき

意味 新月から三日月のころの月明かり。また、陰暦の三日のこと。三日月。みかづき。例胐魄ヒハク(=新月)。

朔
月6(10) ①2683 6714 人 サク漢 覚 shuò ついたち

なりたち  [形声]「月(=つき)」と、音「屰ゲキ→サク」とから成る。ついたち。

意味 ❶陰暦で、月の第一日。ついたち。例朔日ジツ。朔旦タン。❷北。[十二支の第一番目の子ネが北にあたることによる] 例朔風フウ。朔方ホウ。❸はじめ。はじまり。

古訓 中古 あらたむ・うごかす・きた・ついたち・はじめ 中世 あらたむ・うごかす・きた・ついたち 近世 きた・ついたち・つくる・はじめ

人名 いち・きた・はじめ・もと

難読 四月朔日わたぬき(=姓)・八月朔日ほづみ(=姓)

【朔日】サクジツ 月の最初の日。ついたち。類朔月ゲツ。

【朔吹】サクスイ 北から吹く風。北風。朔風。

【朔旦】サクタン ついたちの朝。

【朔漠】サクバク 北方の砂漠の地。

【朔風】サクフウ 北風。朔吹スイ。例朔風飄二胡雁一サクフウコガンをひるがえす(=北風にあおられるようにカリが舞っている)。〈杜甫・遺興〉

【朔方】サクホウ 北のほう。北。朔北。

【朔望】サクボウ 陰暦で、ついたちと満月(=第十五日)。

【朔望月】サクボウゲツ 朔(=新月)から次の朔まで、また、望(=満月)から次の望までの平均時間。二十九日十二時間四十四分二秒八。

【朔北】サクホク ①北。北方。②北方の辺境の地。朔方。塞北サイホク。類朔地。

【朔▼晦】サッカイ 陰暦で、毎月の一日と最後の日。ついたちとみそか。晦朔カイサク。

【朔気】サッキ ①北方の寒気。②「節気」の別名。中国の天文学で、一年を二十四の気に分け、それを十五日ごとに各月のはじめと真ん中に配置するが、月のはじめのものを朔気(節気)、半ばのものを中気という。

朒
月6(10) ④1425 6712 ジク(ヂク)漢 ニク呉 屋 nǜ

意味 ❶陰暦の一日ついたちころ、東の空にわずかに見える月。ついたちづき。対朓チョウ。❷足りない。対朓チョウ。

朓
月6(10) ③8545 6713 チョウ(テウ)漢 篠 tiǎo

意味 ❶陰暦の月末に、西の空にわずかに見える月。みそかづき。つごもりづき。対朒ジク。❷余る。対朒ジク。参考 謝朓シャチョウ(=六朝リクチョウ斉の詩人)。

朕
月6(10) ①3631 6715 常用 チン(チム)漢 ジン(ヂム)呉 寝 zhèn われ

[朕] 月6(10) ―― 旧字体。

筆順 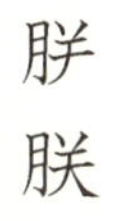

なりたち  [形声]「月(=ふね)」と、音「关ショウ→チン」とから成る。舟の板の継ぎ目。借りて「われ」の意。

意味 ❶天子が自分を指していうことば。われ。[秦シンの始皇帝が定めたもので、それ以前は、一般の人も使った] ❷しるし。きざし。

古訓 中古 われ 中世 われ 近世 ぬひめ・まろ・み・われ

朗
月6(10) ①4715 6717 教6 ロウ(ラウ)漢呉 養 lǎng ほがらか

[朗] 月7(11) ③8546 F929 人 旧字体。

[朖] 月7(11) ②5913 6716 本字。

筆順 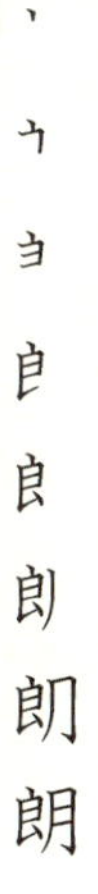

なりたち  [形声]「月(=つき)」と、音「良リョウ→ロウ」とから成る。明るい。

意味 ❶明るくはっきりしている。あきらか。例朗月ゲツ。晴朗セイ。❷晴れ晴れしているさま。からっとしてこだわりのないさま。ほがらか。例朗報ホウ。明朗メイ。❸声が高く澄んでいる。例朗詠エイ。朗読ドク。❹道理に明るい。かしこい。例朗悟ゴ。

古訓 中古 あきら・あきらかなり・いかに・ほがらか・ほがらかなり 中世 あきら・あきらか・ほがらか・ほがらかなり 近世 あきらか・ほがらか

人名 あき・あきら・きよし・さえ・とき・ほがら

難読 朝朗あさぼらけ

【朗詠】ロウエイ 漢詩や和歌などに節ふしをつけて高らかにうたう。例和歌の―。

【朗吟】ロウギン 漢詩や七五調の文章などを声高くとなえる。

【朗月】ロウゲツ 明るく、澄みわたった月。また、その光。

【朗悟】ロウゴ かしこくて理解が早い。

【朗▼誦】ロウショウ 声高く読み上げる。例自作の句を―する。

【朗色】ロウショク 晴れやかな顔の表情。例顔に―をうかべる。

【朗然】ロウゼン ①明るいさま。②声が澄んでいて、よく通るさま。③はっきりしているさま。▽朗朗。

【朗読】ロウドク 詩歌シイカや文章などを声を出して読む。例小説を―する。―にたえる文章。

【朗抱】ロウホウ 曇りのない心。清らかな気持ち。

【朗報】ロウホウ 日よい知らせ。聞くとうれしくなる知らせ。吉報。対悲報・凶報。例―に接する。

【朗朗】ロウロウ ①声が大きく高く、よく通るさま。例音吐オントン―。②(人柄などが)明るいさま。③はっきりしているさま。▽朗然。

●晴朗セイロウ・明朗メイロウ

腰
月7(11) ④1426 23372 国字 さおとめ(さをとめ)・そうとめ(さうとめ)

意味 「五月女さおとめ―そうとめ」の合字。姓に用いる。

望 月7(11) 1 4330 671B 教4 ボウ(バウ)漢 モウ(マウ)呉 漾 wàng のぞむ・のぞみ・もち

[望] 月7(11) 旧字体。

筆順 亠 亡 切 胡 望 望 望

なりたち  [形声]「亡(=にげる)」と、音「朢」の省略体とから成る。にげて出て外にいるが、もとへ帰ることをのぞむ。

意味 ❶遠くを見る。見上げる。のぞむ。例 望見。眺望。展望。❷ねがう。ほしがる。のぞむ。のぞみ。例 望蜀。希望。待望。❸うらむ。例 怨望。❹人気。人々に、したわれ尊敬されること。例 人望。声望。❺満月。陰暦十五日の夜。もち。例 望月。望日。既望。❻祭りの名。天子や諸侯が領内の山川を祭った。例 望祭(=山川の神を祭る祭礼)。

古訓 中古 あふぐ・うらむ・ねがふ・のぞむ・みる・もち 中世 うかがふ・うらむ・のぞむ・もち・もちづき 近世 うかがふ・ねがふ・のぞむ・まつり・みる

人名 まどか・み・みつる

難読 既望

【望雲】①白雲をあおぎみる。㋐君主をあおぎ慕うことのたとえ。㋑遠くにある父母や故郷のことを思う。②「望気」に同じ。

【望遠】遠くを見ること。例 ―レンズ。

【望遠鏡】レンズを組み合わせて遠くのものを拡大して見る装置。例 天体―。

【望外】期待していた以上であること。例 ―の喜び。

【望気】雲気を見て吉凶を占う。望雲。

【望郷】ふるさとをなつかしく思うこと。例 ―の念。

【望月】①月をながめること。②陰暦十五日の夜の月。満月。

【望見】遠くからながめる。遠くをながめる。例 望二見廉頗一、相如引レ車避匿(=廉頗を遠くから見ると、藺相如は車を引き返させて隠れた)。〈史記・廉頗藺相如伝〉

【望▼祀】【望▼祠】山川を遠くからながめて祭る。

【望日】満月の日。

【望▼蜀】一つの望みを満足させた上に、さらに欲ばってもう一つを望むこと。得レ隴望レ蜀。〔「既平レ隴復望レ蜀」〈後漢書・岑彭伝〉にもとづく。後漢の光武帝が隴の国を得てさらに蜀の国を望んだ故事から〕

【望族】名望のある家柄。名門。

【望風】①遠くからながめる。②威風を遠くから見る。③根拠のないこと。

【望洋】【望羊】【望陽】①遠くをながめるさま。②あまりに広々として、見分けのつかないさま。③とりとめのないさま。ぼんやりとしているさま。例 ―たる荒野。

【望楼】遠くを見わたすための高い塔。ものみやぐら。

●一望・願望・希望・失望・志望・所望・信望・人望・絶望・眺望・展望・熱望・本望・野望・有望・要望・欲望

朙 月7(11) ⇨明(623ペー)

朗 月7(11) ⇨朗(649ペー)

朖 月7(11) ⇨朗(649ペー)

期 月8(12) 1 2092 671F 教3 一キ漢 ゴ呉 支 qī 二キ漢 支 jī

[朞] 月8(12) 2 5914 671E 別体字。

筆順 一 卄 甘 甘 其 其 期 期

なりたち 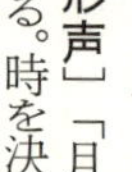 [形声]「月(=時)」と、音「其」とから成る。時を決めて会う。

意味 一❶約束して会う。約束する。とりきめる。例 与二老人一期、後何也(=老人と会う約束をして、遅れるとは何ごとだ)。〈史記・留侯世家〉期約。❷心にきめる。必ずそうすると決心する。例 期レ死非レ勇也(=死を決意するのは勇気ではない)。〈左伝・哀六〉成功を期す。❸のぞむ。あてにして待つ。例 期待。所期。予期。❹きめられた日時。ひとくぎりの時間。例 期間。期限。学期。帰期(=帰る時期)。❺百歳。年寄り。老人。例 耄期(=おいぼれ)。二太陽・月がひとまわりする時間。一か年。また、一か月。例 期月。期年。

古訓 中古 あたる・あつ・あふ・かぎる・かならず・こころざす・ちぎる・つのる・とき・ほど・まつ 中世 あたる・あつ・あふ・かぎる・かならず・こころざす・さだむ・すすむ・ちぎる・つのる・とき・まつ・もとむ 近世 あたる・あてる・あふ・かぎる・かならず・ちぎる・とき・まこと

人名 さね・とき・とし・のり

【期会】①日時を約束して集まること。また、期日。②年度の会計。③機会。とき。

【期間】日ある時刻・時期から他の時刻・時期までの間。

【期月】①満一か月。②〔十二か月を一周する意〕満一年。

【期限】前もって、始めと終わりをいつと限って決めた時期。一定の期間。例 無―。―を設ける。

【期日】決めてある日。例 ―を守る。

【期首】日ある決められた期間の初め。対期末。

【期成】日成功や成立を強く希望し、それへ向けて努力する。例 博覧会誘致―同盟。

【期待】結果や発生する状態を願って、待っている。あてにして待つ。例 ―はずれ。

【期年】満一年。一周年。

【期服】一年間の喪。

【期望】期待する。

【期末】日一定の期間の終わり。対期首。例 ―試験。

【期門】漢代、天子の護衛兵。〔漢の武帝がおしのびの外出を好み、警護の者を宮殿の門に待たせていたことから〕

【期約】とりきめ。約束。

●雨期・延期・会期・夏期・学期・過渡期・乾期・刑期・後期・最期・最盛期・死期・時期・周期・初期・所期・前期・早期・短期・中期・長期・定期・適齢期・冬期・同期・任期・納期・端境期・変声期・末期・満期・予期

朝 月8(12) 1 3611 671D 教2 一チョウ(テウ)漢呉 蕭 zhāo 二チョウ(テウ)漢呉 蕭 cháo あさ・あした 付表 今朝

[朝] 月8(12) 旧字体。

筆順 一 十 古 古 直 卓 朝 朝

なりたち  [形声]「𠦝(=日がのぼりはじめる)」と、音「舟→チョウ」とから成る。あさ。

意味 ■一 ❶日の出からのしばらくの間。**あした**。**あさ**。㊇夕。例 一朝。朝食。朝夕。早朝。❷ひととき。一日。例 一朝。■二 ❶天子や君主にお目にかかる。まみえる。〔古く、家臣は早朝に君主にまみえた〕例 朝見。会朝。❷天子が政治をおこなうところ。例 朝廷。朝野。❸一系統の王朝・君主が受けついで統治する期間。例 清朝。唐朝。南朝。❹同じ君主が統治する期間。また、その宮廷。例 玄宗朝（＝玄宗皇帝の時代）。

古訓 中古 あさ・あした・あつまる・あつむ・つかまつる・つとめて・とき・とも・ともがら・のり・みかど・みやこ 中世 あさ・あした・つと・とも・のり・みかど・みやこ 近世 あさ・あした・つと

人名 あきら・かた・つと・とき・とも・のり・はじめ

【朝不レ及レ夕】（あしたゆうべにおよばず） 朝の状況が夕方までもたない。非常に困難な事態にあることのたとえ。〈左伝・僖七〉

【朝衣】（チョウイ） ①朝廷に出るときに着る衣服。朝服。②朝、着用した衣服。

【朝威】（チョウイ） 朝廷や天子の威光。

【朝隠】（チョウイン） 朝臣でありながら無欲で、隠者のような生活をする。

【朝雲暮雨】（チョウウンボウ） 男女のちぎり。〔戦国時代、楚の懐王と巫山の神女との故事による〕〈宋玉・高唐賦〉→【巫山之夢】（フザンのゆめ）（424ページ）

【朝謁】（チョウエツ） ①身分の高い人に会う。拝謁する。②朝廷に参内して天子に謁見する。

【朝宴】（チョウエン） 朝廷でもよおされる宴会。

【朝家】（チョウカ） 朝廷。国家。

【朝賀】（チョウガ） 臣下が朝廷で天子に賀詞を述べること。

【朝会】（チョウカイ） ①臣下が朝廷に集まる儀式。②日 朝の集会。㊈朝礼。

【朝歌夜弦】【朝歌夜▼絃】（チョウカヤゲン） 朝も晩も音楽にふける。〈杜牧・阿房宮賦〉

【朝儀】（チョウギ） 朝廷でおこなわれる儀式。また、その作法。

【朝議】（チョウギ） 朝廷でおこなわれる会議。また、その決定。

【朝▼覲】（チョウキン） ①諸侯が天子に謁見すること。②日 天皇が太上天皇などの宮殿に行幸すること。

【朝見】（チョウケン） 臣下が参内して、天子に拝謁すること。例 —の儀。

【朝権】（チョウケン） 朝廷がもっている権力や権威。

【朝憲】（チョウケン） 朝廷・国家の法制度。㊈朝章・朝典。

【朝貢】（チョウコウ） 服従の意思を示すため、弱い国が強い国へみつぎものを差し出す。

【朝▼餐】（チョウサン） ①朝食。あさげ。②朝食をとること。

【朝三暮四】（チョウサンボシ） ①目先の利益にとらわれて、大局から見れば実質が同じであることに気づかないこと。②言いくるめて、人をだますこと。

はサル。サル遣い）はサルをたくさん飼っていたが、やがて貧乏になり、サルのえさを減らさなければならなくなった。そこで、えさのトチの実を「朝は三つで暮れには四つにしよう」と言うと、サルたちはみな怒った。「では、朝は四つで暮れには三つにしてやろう」と言うと、サルたちは今度は大喜びした。……………〈列子・黄帝〉〈荘子・斉物論〉

（❤宋の国の狙公（＝「狙」はサル。サル遣い）…）

【朝市】■一（チョウシ） 朝廷と市場。また、人が多く集まる場所や、名誉や利益を争う場所のたとえ。例 大隠隠二朝市一（タイインはチョウシにかくる）（＝真の隠者は、俗世間の中にこそ隠れ住んでいるものだ）。〈王康琚・反招隠〉■二（あさいち）日 朝、人が集まって野菜や魚などを売り買いすること。また、その場所。

【朝旨】（チョウシ） 朝廷の意向。朝廷の命令。

【朝日】（チョウジツ） ①天子が政務を執る日。②朝早く参内する。③周代、天子が太陽をまつる儀式。④（あさひ） 朝のぼる太陽。

【朝▼餉】■一（チョウショウ／あさげ） 朝食。㊇昼餉・夕餉。■二（あさがれい）日 天皇の朝食。例 —の間（＝清涼殿にある、天皇が朝食をとる部屋）。

【朝食】（チョウショク） 朝の食事。あさはん。あさめし。㊇昼食・夕食。

【朝臣】■一（チョウシン） 朝廷に仕える臣下。■二（あそん／あそみ）日 六八四年に制定された八色の姓の第二位。

【朝紳】（チョウシン） 〔朝服に用いる大帯の意〕高位の朝臣。

【朝夕】（チョウセキ／あさゆう） ①朝と夕方。例 —の勤行。②明け暮れ。いつも。一日中。

【朝宗】（チョウソウ） ①臣下が天子に謁見する。㊈朝請。②多くの川が海に注ぎこむ。〔川と海の関係を臣下と天子にたとえたことば〕

【朝朝暮暮】（チョウチョウボボ） 毎朝毎晩。例 聖主朝朝暮暮情（セイシュチョウチョウボボのジョウ）（＝陛下は毎日、彼女を思い続けている）。〈白居易・長恨歌〉

【朝廷】（チョウテイ） 天子が政治をおこなうところ。例 大和—。

【朝敵】（チョウテキ） 日 朝廷にそむき、謀反をくわだてる者。

【朝堂】（チョウドウ） 官吏が政務にたずさわるところ。また、広く朝廷をいう。

【朝班】（チョウハン） 群臣が天子に謁見するときに、身分に応じて割り当てられた席順。また、官位の序列。㊈朝列。

【朝服】（チョウフク） 朝廷に出仕するときに着る服。礼服。朝衣。

【朝聞夕改】（チョウブンセキカイ） 朝に自分の過ちについて聞くと夕暮れには改める。すぐに過ちを改めること。〈晋書・周処伝〉

【朝柄】（チョウヘイ） 朝廷の権力。

【朝暮】（チョウボ） ①朝と夕暮れ。朝夕。②まもなく。すぐに。例 —の人（＝死ぬ時が間近にせまっている人）。③朝から晩まで一日中。

【朝命】（チョウメイ） 朝廷の命令。朝廷による任命。例 —にそむく。

【朝野】（チョウヤ） ①朝廷と在野。政府と民間。例 —の名士。②天下。全国民。世の中。例 —をあげての歓迎。

【朝陽】（チョウヨウ） ①朝日。②（朝日が当たる）山の東面。

【朝来】（チョウライ） ①早朝。②朝から続くこと。朝以来。㊇夜来。例 —の雨。③朝にやって来る。

【朝礼】（チョウレイ） ①おがむ。参拝する。②ウマを調教するときの礼法。③日 学校や会社などで、授業や仕事を始める前に集まっておこなう朝の挨拶。朝会。

【朝令暮改】（チョウレイボカイ） 朝に下した命令を夕方には改める。法令などが頻繁に変わること。〈漢書・食貨志上〉

【朝露】（チョウロ／あさつゆ） 朝、草や葉の上などに降りる露。はかないもののたとえ。例 人生如二朝露一（ジンセイはチョウロのごとし）（＝人の一生は朝露のようにはかないものだ）。〈漢書・蘇武伝〉 —の命。

●王朝・帰朝・早朝・来朝・六朝

朦

月13（17） ②5915 6726

モウ㊥ ム・モウ㊐ 東 méng おぼろ

意味 月の光がぼんやりかすんでいる。また、はっきりしないこと。**おぼろ**。例 朦気。朦朧。

【朦気】（モウキ） もうもうと立ちこめる気。

【朦朦】（モウモウ） ①おぼろなさま。うす暗いさま。矇朧。②霧・煙・ほこりなどが一面にただよっているため、まわりがよく見えなくなったり、うす暗くなったりするさま。

【朦▼朧】（モウロウ） ①月光のおぼろなさま。②ぼんやりとかすんでいたり、もやもやしていたり、とりとめがなかったりするさま。例 意識—。

朧

月16（20） ②5916 6727

ロウ㊥ 東 lóng おぼろ

意味 月の光がぼんやりしているさま。うす明るいさま。**おぼろ。** 例 朧月（ロウゲツ）。朧朧（ロウロウ）。朦朧（モウロウ）。朧（おぼろ）げにおぼえている。

日本語での用法 《**おぼろ**》「朧昆布（おぼろコンブ）・朧豆腐（おぼろドウフ）」▼やわらかく輪郭のはっきりしない食材に対して用いる。

【朧月夜】（おぼろづきよ・おぼろづくよ） 日 おぼろ月の出ている夜。おぼろよ。

【朧豆腐】（おぼろドウフ） 日 ①豆乳に苦汁（にがり）を加えて固まりかけたときにすくいとった、やわらかな豆腐。②くずあんをかけた豆腐料理の一つ。

【朧夜】（おぼろよ） 日 おぼろ月の出ている夜。

【朧銀】（ロウギン・おぼろギン） 日 銅三に銀一の割合でまぜた合金。四分一（シブイチ）。

【朧月】（ロウゲツ・おぼろづき） ぼんやりと明るい月。

【朧朧】（ロウロウ） おぼろにかすむさま。うす明るいさま。

75 4画 木 きへん 部

地面から生え立った「き」の形をあらわす。「木」をもとにしてできている漢字と、「木」の字形を目じるしにして引く漢字とを集めた。

⓪ 652 木 ① 654 札 朮 本 末 未 ② 658 朳 机 朽
朿 朱 朶 杒 朳 朴 朸 ③ 660 杝 杇 杅 杆 杞 杏
杋 杠 杌 杈 材 杍 杓 杓 杪 条 杖 杉 杦 束 杣
村 杔 杜 杤 杢 杙 来 李 ④ 664 枉 果 枒 枾 极
枅 杰 杴 杭 杲 枝 枑 杵 松 枩 枢 枘 析 枛 杻
杶 杼 東 料 杸 杷 杯 栜 柹 枺 板 枇 杪 枌 枋
枚 枕 枡 杳 林 枦 枠 ⑤ 671 栄 荣 栅 栐 架 枷
柯 枴 柿 柑 柬 枳 柩 枵 枸 枯 柙 査 柤 柵 柞
枲 柒 柘 柊 柊 柔 柷 柗 柛 染 柁 柝 柱 柢 栃
柮 柰 栂 柏 柈 柀 枹 柎 柄 枰 某 柾 柚 柺 柳
栁 柃 柆 ⑥ 676 案 桉 移 栫 栧 桜 栓 桧 桅 格
核 栙 栝 株 栞 桓 桔 桕 框 栱 栩 栫 桂 栟 桁
栔 柧 桍 校 栲 栲 桄 根 栽 柴 桟 栭 桎 栻 桴
栖 栬 栓 栴 栫 桑 桒 桗 桌 桃 桐 档 梅 栢 栟
桝 栾 栗 栳 ⑦ 684 梛 械 桷 桿 梆 梂 梟 梜 桾
梘 梧 梗 梏 梱 梭 桫 梓 梔 梻 桼 梢 梢 窠 條

桙 梫 桵 梲 梳 巣 梍 梛 梛 梯 梃 梴 桶 梪 梼
梨 梄 梖 梅 梱 梚 梶 梹 梈 梺 棻 梐 桲 梵 椛
栟 梠 梁 ⑧ 688 椏 椅 棭 棝 椁 棺 棋 棊 椈 極
棘 椇 椚 椡 棨 検 椦 棬 椢 椌 椀 棍 棔 棌 棧
椣 椦 椋 椒 椄 植 森 棯 棰 椙 棲 棤 棈 棗 棷
椊 棕 棚 椨 楕 棧 椥 椎 棣 椂 棟 棹 棠 棖 梡
棏 棃 棥 棐 棼 椺 椑 棒 椪 棉 椋 棱 棆 棙 椀
⑨ 694 椷 楹 椻 椵 楷 楽 棄 業 楬 楗 楜 楢 楂
榊 椶 楸 楫 楺 楯 楔 楨 楚 楤 楕 楥 椴 楮 楪
椿 椹 楴 楨 椽 楠 楪 楾 楣 楅 楓 楩 楟 楙 楏
椰 楡 楢 楢 楊 榎 楞 楝 楼 楖 ⑩ 700 榮 榲 榎
樺 槐 概 榷 榪 槏 榦 榿 榉 榘 構 構 槁 槀 槓
榥 榼 榖 榾 槎 榊 楔 槲 榰 榭 榺 榁 榛 槙 槇
槺 槍 橐 榒 槌 榻 槑 槃 榧 榑 榜 槱 槼 模 様
榕 榴 榔 槞 ⑪ 704 槇 横 槶 槪 槩 槨 樂 樌 槵
槻 槗 樛 樀 槿 権 槅 槔 槲 樝 榷 槧 樤 槢 樟
樅 槳 樇 槮 樞 槭 槽 樔 樕 樰 槫 樗 樢 樔 樋
樊 槾 標 樵 橀 様 樑 樏 樓 樜 ⑫ 708 樼 樾 橫
樫 橄 橌 機 橲 樻 橘 橋 檕 橛 樶 樲 樹 樵 橡
樴 樳 檠 樿 樷 橇 樽 橂 橢 橐 橙 橦 樸 橈 樠
橳 橎 橅 橆 樸 樝 檏 橉 ⑬ 712 檼 檐 檍 檟 檜
檞 檥 橿 樺 檒 橄 檢 檎 櫛 櫼 檣 檯 樸 檡 檀
檉 檔 檗 檬 檑 樑 ⑭ 714 櫆 櫃 櫂 檫 櫅 檽 櫂
檮 檸 檳 檺 櫔 ⑮ 715 檪 檻 櫜 櫛 櫥 櫝 櫑 櫐
櫟 櫓 櫚 ⑯ 716 櫱 檣 櫧 櫬 樸 櫝 櫞 欄 櫪 櫨
櫳 ⑰ 716 檃 櫻 櫸 權 欄 櫺 ⑱ 716 欟 欋 ⑲ 716
欑 欗 欏 欒 欐 ⑳ 717 欗 ㉑ 717 欝 欗 ㉒ 717 欖
㉔ 717 欟 欞

この部首に所属しない漢字

呆→口 239
乗→丿 34
集→隹 1407
采→⺤ 845
相→目 927
禁→示 961
牀→爿 847
彬→彡 471
麓→鹿 1503
秉→禾 968
渠→氵 793
鬱→鬯 1478

木

木0（4）
① 4458 6728
教1
ボク 漢　モク 呉　屋 mù
き・こ
付表 木綿（もめん）

筆順 一 十 才 木

なりたち ［象形］上に枝葉を出し、下に根をのばした木の形。

意味 ❶たちき。**き。** 例 樹木（ジュモク）。草木（ソウモク）。❷ものをつくる材料とする、き。**き。** 用材。例 木像（モクゾウ）。材木（ザイモク）。❸木で作られた器物・器具、また、道具など。㋐木製の楽器。古代の八音の一つ。例 木魚（モクギョ）。木琴（モッキン）。㋑木製の棺おけ。例 就木（シュウボク）（＝棺おけに入る。人が死ぬこと）。㋒木製の刑具。例 三木（サンボク）（＝首や手足を留める刑具）。❹五行（ゴギョウ）の一つ。方位では東、季節では春をあらわす。❺自然のままで、飾りけがない。通 樸（ボク）。例 木訥（ボクトツ）。❻感覚がない。しびれる。例 麻木（マボク）（＝しびれる。また、感覚の鈍い人間）。

日本語での用法 一《**き**》「木（き）を打（う）つ・木（き）が入（はい）る」▼「拍子木（ヒョウシぎ）」の略。普通「柝（き）」と書く。二《**モク**》「火（カ）、木（モク）、土（ド）」▼「木曜日」の略。

古訓 中古 き・こ　中世 き・こ　近世 き・こ・こだち・すなほ・つよし・をかす

人名 しげ・しげる・すなお

難読 木綿四手（ゆうしで）・木菟（みみずく）・木天蓼（またたび）・木欒子（ムクロジ）

【木口】（きぐち） 日 ①材木の種類や性質。例 良い―をそろえる。②（こぐち） 木材の切り口。小口（こぐち）。

【木靴】（きぐつ） 日 木をくりぬいて作ったはきもの。サボ。

【木戸】（きど） 日 ①庭や通路に作る、簡単な開き戸。例 裏―。②城門。例 大（お）―。③相撲・芝居などの興行場の出入り口。例 ―銭（セン）（＝興行物の入場料）。

【縁レ木求レ魚】（きによりてうおをもとむ） 木によじのぼって魚をさがす。目的と手段とが合致せず、実現不可能なことのたとえ。〈孟子・梁恵王上〉

【木霊】（こだま） 日 ①樹木に宿るという精霊。木精（モクセイ）。②〔古く「①」のしわざと考えていたことから〕音や声が周囲の山や谷に反響して返ってくること。山びこ。エコー。谺（こだま）。例 ―が返る。

【木陰】（ボクイン・モクイン・こかげ） 日かげになる木の下。例 ―で憩う。

【木肌】 一（キボク） 木目（モクめ）。木理（モクリ）。二（きはだ） 日 木の皮の表面。木の幹の外側を包む皮。類 木膚（きはだ）。

【木▼屐】ボクゲキ　木製のはきもの。木靴。木履。

【木主】ボクシュ　木製の位牌。

【木場】㊀ボクジョウ　①元代に宮殿造営のための木材を管理した役所。②材木をたくわえておく場所。貯木場。㊁ばき　〔日〕材木市場があり材木商が多く集まっている町。

【木人】ボクジン　①木彫りの人形。でく。②感情にとらわれず、外物の影響を受けない人。木石漢。〔例〕―石心。

【木▼燧】ボクスイ　木をこすり合わせて火をおこす道具。

【木石】ボクセキ　①木と石。②人情や男女の情愛のわからないことのたとえ。〔例〕身非二木石一（＝私は感情のないものではない）。〈司馬遷・報任少卿書〉

【木石漢】ボクセキカン　〔日〕人情や男女の情愛のわからない男。石部金吉。

【木▼屑】ボクセツ　おがくず。のこぎりで材木をひいた時に出るくず。

【木▼鐸】ボクタク　①木製の舌をつけた金属製の鈴。昔、法令などを人々に知らせるときに鳴らした。②社会の指導者。先頭に立って人々を教え導く人。〔例〕天将下以二夫子一為中木鐸上（＝天は先生（＝孔子）を世の指導者としようとしている）。〈論語・八佾〉 新聞は社会の―。

【木通】ボクツウ／モクツウ／あけび　アケビ科のつる性落葉低木。秋、うす紫色をした長円形の甘い実がなる。つるでかごなどを編む。

【木▼菟】ボクト／みみずく　フクロウ科の鳥。頭に耳のように見える飾りの毛がある。オオコノハズクやコノハズクは、この仲間。ずく。

【木奴】ボクド／モクド　①ミカンの木。〔三国呉の李衡の植えたミカンの木が奴隷のように尽くして、子孫に大いなる財をもたらしたという故事から〕②果樹など、経済的利益をもたらす木。

【木刀】ボクトウ　木で作ったけいこ用の刀。木剣。

【木桃】ボクトウ　①樹木の名。サンザシ。②大きなモモ。

【木▼訥】ボクトツ　飾りけがなく実直なさま。人ずれせず口べたなさま。朴訥。〔例〕剛毅木訥近レ仁（＝意志が強く飾りけのない人は、仁の徳に近い）。〈論語・子路〉 ―な人。

【木魅】ボクミ　老木が姿を変えた妖怪。

【木履】㊀ボクリ　木製のはきもの。木靴。木屐。㊁ぽっくり　〔日〕〔「ボクリ」の変化〕女の子や舞妓がはく下駄。歩くとポクポク音をたてる。

【木▼瓜】ボッカ／ぼけ　バラ科の落葉低木。枝にとげがあり、春、うす紅・白などの花が咲く。

【木客】ボッカク　①きこり。②山の奥深くに住むという怪物。

【木強】【木▼彊】ボッキョウ　素朴で強情なさま。

【木剣】ボッケン　木で作ったけいこ用の刀。木刀。〔対〕真剣。

【木工】㊀ボッコウ　古代の官名。建築をつかさどった。㊁モッコウ　木を使って工芸品などを作ること。また、作る人。杢。〔例〕―機械。㊂モク　〔日〕律令制で「木工寮」の略。宮殿の造営などにあたった。

【木公】ボッコウ　①マツ（松）のこと。〔松の字は木と公とから成ることから〕②伝説上の人物。東王父、東王公とも。

【木▼乃▼伊】ミイラ　人間などの死体がそのままの形で乾燥して残ったもの。〔オランダ語 mummie の音訳という〕

【木牛流馬】モクギュウリュウバ／ボクギュウリュウバ　蜀の諸葛亮が創案したという、牛馬にかたどった機械じかけの兵糧運搬車。〈蜀志・諸葛亮伝〉

【木魚】モクギョ　経を読むときにたたく木製の仏具。中は空で、外側には魚のうろこの紋様が彫りつけてある。

【木偶】モクグウ／でく　①木で作った人形。②人形芝居に使う人形。また、そのかしら。でこ。③他人の言いなりになる人。ただいるだけで役に立たない人。〔例〕―の坊。

【木材】モクザイ　建築・木工・製紙などの材料としての原木。

【木酢】〔日〕㊀モクサク　木材を乾留してできる液体。酢酸を含み、防腐剤などにする。㊁ずき　ユズ・ダイダイなどからしぼった酢。

【木質】モクシツ　①木のかたさ・やわらかさなどの性質。②〔日〕木の皮の内側のかたい部分。〔例〕―部。

【木匠】モクショウ／ボクショウ／だくみ　木工。大工。

【木星】モクセイ　太陽系の惑星中最大のもの。太陽に近い方から数えて五番目。

【木▼犀】モクセイ　モクセイ科の常緑小高木。秋、甘い香りを放つ小花が咲く。赤黄色の花はキンモクセイ、白い花はギンモクセイ。

【木精】モクセイ　①木に宿る霊。木の精。②こだま。山びこ。③木星。④麒麟（＝想像上の動物）の異名。⑤メチルアルコールの別名。

【木製】モクセイ　木で作ること。また、作ったもの。〔例〕―の家具。

【木造】モクゾウ　（建築物など）木で造ること。また、造ったもの。〔例〕―家屋。

【木像】モクゾウ　木で作った像。〔例〕仏の―。

【木賊】モクゾク／とくさ　シダ類トクサ科の常緑多年草。茎をかわかしてものをみがくのに使う。〔「とくさ」は木地や爪などを砥ぎみがくのに使う「砥草」から〕

【木炭】モクタン　①木を蒸し焼きにして作った燃料。すみ。②デッサンなどに使うやわらかいすみの棒。〔例〕―画。

【木彫】モクチョウ　木材に彫刻すること。また、彫刻したもの。〔例〕―の額縁。

【木馬】㊀モクバ　木で作った、ウマ。〔例〕遊園地の回転―。㊁きんま／うきま　〔日〕山地で木材を運ぶための、そりに似た道具。敷き並べたまくら木の上を人力で引く。

【木杯】モクハイ　木製のさかずき。

【木版】モクハン　木材の板に字や絵などを彫りつけた印刷版。また、それで印刷したもの。〔例〕―画。―刷り。

【木皮】モクヒ／ボクヒ　木の皮。漢方薬にする樹皮。〔例〕草根―。

【木片】モクヘン　木の切れはし。

【木母】モクボ　①ウメ。〔「栂（＝梅）」は木と母とから成ることから〕②母親の木像。〔漢代、丁蘭は幼時に母親を失い孝養を尽くすことができなかったため、母の木像を作って仕えたという故事〈宋書・楽志四〉から〕

【木本】モクホン　①木の根もと。②茎がかたい幹になっている多年生の植物。〔対〕草本。

【木目】モクめ　〔日〕木を切ったとき、断面にあらわれるすじめ。板目と柾目がある。木理。もく。

【木綿】㊀モクメン　パンヤ科の落葉高木。種子にある軟毛をわたとして用いる。パンヤ。インドワタノキ。㊁モメン　〔日〕①ワタ（＝アオイ科の植物）の種についている長い繊維を精製したもの。きわた。綿。コットン。②「①」をつむいで作った糸。木綿糸。③「①」を織って作った布。綿布。

【木曜】モクヨウ　〔日〕日曜から数えて、週の五番目の曜日。木曜日。

【木▼蘭】モクラン　①「木蓮」に同じ。②病気の老父に代わって男装して従軍し、軍功をあげたという女傑。ムーラン。古詩「木蘭詩」に歌われている。

【木理】モクリ／ボクリ　木の切り口にあらわれる年輪などがつくりだすすじめ模様。木目。

【木▼蓮】モクレン　モクレン科の落葉低木。春、葉の出る前に赤紫または白色の大きな六弁の花が咲く。木蘭。

【木▼蠟】モクロウ　〔日〕ハゼノキからとった蠟。ろうそくの材料などに使う。

【木灰】モッカイ／きばい　〔日〕草や木を焼いて作った灰。カリ肥料やあく抜きに使う。〔例〕焚き火をして―を作る。

【木管】モッカン　①木で作ったくだ。②〔日〕「木管楽器」の略。木を材料として作った管楽器。

【木簡】(モッカン|ボッカン) 古代の中国や日本で、文字を書き記すために使われた、うすくそいだ細長い木の札。

【木琴】(モッキン) いろいろな長さの木片を音階順に並べ、先に丸い玉のついたばちで打ち鳴らす打楽器。シロホン。

【木▼槿】(モッキン|むくげ) アオイ科の落葉低木。夏から秋にかけて、朝、紫・白の花が咲くが、夕方にはしぼむ。キハチス。モクゲ。

【木鶏】(モッケイ|ボッケイ) 木で作ったニワトリ。勝負事などにおいて十分な訓練を積み、動じることのなくなった無敵の存在をいう。◆闘鶏を養成する人物が王のためにニワトリを訓練していたが、そのニワトリは、十日後の、虚勢を張り気力に任せてふるまう段階、二十日後の、まだ相手の音や影に反応する段階、三十日後の、まだ相手をにらみ見て意気盛んな段階を経て、四十日後に、他のニワトリの鳴き声にも一切動じない、木彫りのニワトリのような姿になって完成された。……………………〈荘子・達生〉

【木▼斛】(モッコク) ツバキ科の常緑高木。葉は、楕円(ダエン)形で厚く、つやがある。夏、黄白色の小さい花が咲く。厚皮香。

●枯木(コボク)・材木(ザイモク)・雑木(ザツボク|ゾウき)・山川草木(サンセンソウモク)・樹木(ジュモク)・草木(ソウモク|くさき)・大木(タイボク)・千木(ちぎ)・低木(テイボク)・土木(ドボク)・苗木(なえぎ)・生木(なまき)・庭木(にわき)・版木(ハンぎ)・板木(ハンぎ|バンぎ)・拍子木(ヒョウシぎ)・丸木(まるき)・老木(ロウボク)

札

木1(5)

1 2705　672D　教4

サツ㊚　點 zhá

ふだ・さね

筆順 一 十 才 木 札

なりたち  [形声]「木(=き)」と、音「乙ツイ→サツ」とから成る。うすくて小さい木のふだ。

意味 ❶(字を書くための)うすい板。ふだ。例 表札(ヒョウサツ)。門札(モンサツ)。❷手紙。書きつけ。例 鑑札(カンサツ)。書札(ショサツ)。❸とじあわせてよろいを作る鉄や革の板。さね。❹若死にする。夭折(ヨウセツ)する。例 天札(ヨウサツ)。❺伝染病。疫病。例 札厲(サツレイ)。大札(ダイサツ)。

日本語での用法 □一《サツ》①「お札(サツ)・札束(サツたば)」▼紙幣。②「改札(カイサツ)・検札(ケンサツ)」▼入場券。乗車券。□二《ふだ》①「切り札(きりふだ)・手札(てふだ)」▼トランプ。カード。②「お札(ふだ)をもらう」▼社寺のお守り。

古訓 中古 あざはれる・ならべる・ふむだ 中世 さね・ふだ 近世 かたぶく・こふだ・ふだ・よろひのさね・わかじに

【札▼翰】(サッカン) 手紙。

【札記】(サッキ) 読書の際に要点や批評などを記したもの。劄記(サッキ)。

【札束】(サツたば) 日 紙幣のたば。

【札片】(サツびら) 日 たくさんの紙幣。〔上品なことばではない〕例 —を切る(=大金を見せびらかして惜しげもなく使う)。

【札▼厲】【札▼癘】(サツレイ) 伝染病にかかって死ぬ。

●一札(イッサツ)・改札(カイサツ)・鑑札(カンサツ)・検札(ケンサツ)・高札(コウサツ)・出札(シュッサツ)・入札(ニュウサツ)・表札(ヒョウサツ)・門札(モンサツ)・落札(ラクサツ)

朮

木1(5)

2 5918　672E

□一 シュツ㊚ ジュツ㊐ 質 shú

□二 チュツ㊚ 質 zhú

おけら(をけら)・うけら

意味 □一 アワ(粟)の一種。もちあわ。□二 薬草の一種。オケラ。ウケラ。例 白朮(ビャクジュツ)(=健胃・利尿剤)。

本

木1(5)

1 4360　672C　教1

ホン㊚㊐　阮 běn

もと

[夲] 大2(5)　2 5281　5932　俗字。

筆順 一 十 才 木 本

なりたち  [会意]「木(=き)」と「丅(=下)」とから成る。木の下の部分。

参考 「夲」は本来「トウ」と読み、速く進む意で、「本」とは別の字。

意味 ❶木のつけね。もと。㊉末。❷植物の茎。例 草本(ソウホン)。木本(モクホン)。❸おおもと。基礎。㊉末。例 君子務レ本、本立而道生(クンシはもとをつとむ、もとたちてみちショウず)(=立派な人間は根本を大切にする。根本が確立すれば道は自然と生じる)。〈論語・学而〉基本(キホン)。❹農業(生産活動の根本であることから)。例 本業(ホンギョウ)。本事(ホンジ)。❺よりどころ、中心となるもの。例 本拠(ホンキョ)。本源(ホンゲン)。本部(ホンブ)。❻正式。まことの。例 本名(ホンミョウ)。本会議(ホンカイギ)。❼もとをたずねる。根源を究める。もとづく。例 本レ之則無(これをもとづくればすなわちなし)(=その根本を探究すれば何もない)。〈論語・子張〉❽もととする。根拠とする。もとづく。例 本二人倫一(ジンリンにもとづく)(=人としての道にもとづく)。〈史記・儒林伝・公孫弘〉❾もとから。もともと。例 本質(ホンシツ)。本来(ホンライ)。❿もとで。例 資本(シホン)。元本(ガンポン)。⓫(まさに)その。(ほかならない)この。例 本学(ホンガク)。本件(ホンケン)。本人(ホンニン)。⓬書物。例 本棚(ホンだな)。絵本(エホン)。写本(シャホン)。⓭草木・書物などを数えることば。例 芝草(シソウ)(=マンネンタケ)一本(イッポン)。鉛筆(エンピツ)五本(ゴホン)。

日本語での用法 《ホン》「一本勝(イッポンが)ち・三本勝負(サンボンショウブ)」▼武道などの勝負を数えることば。また、広くものを数えることばとして用いる。

古訓 中古 もと・もとづく・もとゐ 中世 はじめ・もと・もとづく 近世 はじめ・もと・をさむる

人名 なり・はじめ

難読 本居(もとおり)・本(うぶすな)

【本位】(ホンイ) ①何かをするときのもとになる考え方。判断や行動の基準とするもの。例 —貨幣。自分—の考え。②もとの位置。例 —に復する。

【本意】(ホンイ) 〔古くは「ホイ」とも〕①本来の考え・意図。例 —を遂げる。②自分の考え・意志。例 私の—ではない。③主旨。例 —にかなう。

【本営】(ホンエイ) 戦時に軍隊を統帥する中心となる陣営。総大将のいる陣営。本陣。

【本▼卦】(ホンカ|ホンケ) ①生まれた年の干支(えと)。例 —還(がえ)り(=数え年で六十一歳になること。還暦)。②八卦(ハッカ)で、算木(サンぎ)を二回置いて占うときの初めの算木の結果。

【本科】(ホンカ) ①科挙(=官吏登用試験)の進士科。②学校の本体をなす課程。学習の中心となるプログラム。㊉予科・別科・選科。③この科。今、話題にしている科。

【本歌】(ホンカ) 日 本歌取りの歌(=すでに作られている和歌・連歌の語句や趣向などを意識的に取り入れて作った歌)の、もととなった歌。

【本懐】(ホンカイ) かねてからの望み・志。本望(ホンモウ)。例 —を遂げる。

【本格】(ホンカク) ①根本の規則や規格。②日 本来の正しい方式や手続きをふんでいること。〔略式やいいかげんなものに対していう〕例 —化。—的。

【本貫】(ホンカン) 「本籍(ホンセキ)」に同じ。

【本管】(ホンカン) ①自分の任務の場所。②その所属の部署をつかさどること。また、その者。主管。③日 水道・ガスなどを通す、中心となる太い管。㊉支管。

【本館】(ホンカン) 日 ①中心となる建物。もとからある建物。㊉別館・新館。例 デパートの—。②この建物。当館。

【本願】(ホンガン) ①本来のねがい。宿願。例 —を果たす。②〔仏〕仏や菩薩(ボサツ)が、衆生(シュジョウ)を救おうとして立てた誓い。㊊本誓(ホンゼイ)。例 弥陀(ミダ)の—。

【本気】(ホンキ) 日まじめな気持ち。真剣。例―で取り組む。

【本紀】(ホンギ) ①根本の綱紀。②『史記』など紀伝体の歴史書で、帝王の事跡を書いた部分。対世家(セイカ)・列伝。

【本義】(ホンギ) ①ことばや文字のもつ本来の意味。原義。対転義。②ものごとの根本をなす意義。③正義にもとづく。

【本給】(ホンキュウ) 日手当などを加えない、基本の給料。基本給。

【本拠】(ホンキョ) 日生活や仕事などのよりどころとなる大切な場所。例―地。敵の―をたたく。

【本業】(ホンギョウ) ①基本的な学業。②農業。対末業。③いくつかある仕事の中で主となる職業。対副業。

【本家】(ホンケ) ①一族・一門の中心となる家。対分家・別家。例―から養子をむかえる。②流派の家元。宗家(ソウケ)。③「本店(ホンテン)①」に同じ。④実家。さと。⑤自分の家。

【本元】 一(ホンゲン) ①おおもとの気。人の精神や生命力のこと。②ふるさと。出生地。二(ホンもと) 日ものごとのもと。おおもと。例本家(ホンケ)本(ホン)―。

【本源】(ホンゲン)【本原】(ホンゲン) ものごとの根本。もと。みなもと。例―をたずねる。

【本国】(ホンゴク) ①その人の国籍のある国。例―に送還される。②生まれた国。祖国。母国。③〔植民地などに対して〕本来の領土。例イギリス―。

【本腰】(ホンごし) 日真剣かつ本格的に取り組もうとする心がまえ。まじめ。本気。例―を入れる。

【本根】(ホンコン) 根本。根源。基礎。おおもと。

【本妻】(ホンサイ) 日正妻。対権妻(ゴンサイ)・内妻。

【本山】(ホンザン) ①〔仏〕一宗一派の中心となる寺院。本寺。対末寺。②ものごとの中心になるものや人。もとじめ。③この寺。当山。

【本支】(ホンシ) ①幹と枝。②本家と分家。

【本支百世】(ホンシヒャクセイ) 本家も分家も一族みな永遠に繁栄する。〈詩経・大雅・文王〉

【本旨】(ホンシ) もとからの目的。本来の趣旨。例―に反する。

【本紙】(ホンシ) 日①付録に対して、文書などの主要部分。②新聞などの本体をなす紙面。〔日曜版や号外などに対していう〕③この新聞。わが新聞。

【本字】(ホンジ) ①本来の正しいとされる漢字(の字体)。正字。特に『説文解字(セツモンカイジ)』の小篆(ショウテン)にもとづく字。②日〔かな文字に対して〕漢字。真名(まな)。真字(まな)。

【本事】(ホンジ) ①根本となる仕事。多く、農業をいう。本業。〔商業を末とするのに対する〕②もとになっている事柄。出典。③もちまえの技術。本領。

【本式】(ホンシキ) 本来正しいとされている形式や方法。正式。対略式。例―に習う。

【本質】(ホンシツ) そのものの根本を形づくる性質・要素。例―的。問題の―にふれる。

【本日】(ホンジツ) きょう。この日。例―休診。

【本社】(ホンシャ) 日①会社の中心である事業所。対支社。②この会社。わが社。当社。③同じ神をまつる神社の中で、おおもとの神社。対末社・分社。例―の造営。④神体をまつる社殿。本殿。⑤この神社。

【本州】(ホンシュウ) ①故郷。郷里。②日日本列島の中心となっている最も大きな島。本土。本島。〔北海道・九州・四国などに対していう〕

【本性】(ホンショウ|ホンセイ) ①生まれつきの性質。例―をあらわす。②通常の精神状態。本心。正気(ショウキ)。例―(ホンショウ)を失う。

【本省】(ホンショウ) ①この省。②日中央の最高官庁。〔管轄下の役所に対していう〕例―から来た課長。

【本城】(ホンジョウ) ①この町。②日領土内にある城のうちで中心となる城。根城(ねじろ)。対出城(でじろ)。③日この城。当城。

【本色】(ホンショク) ①本来の色。もとの色。②生まれつきの性質。もともとの性質。③穀物で納める租税。〔貨幣で納める折色に対していう〕

【本職】(ホンショク) ①ひとりでいくつかの職をこなす人の、おもな職業。対兼職・内職。②専門家。くろうと。③官吏などの職務上の自称。類本官。

【本心】(ホンシン) ①本来の正しい心。良心。例―に立ち返る。②外にあらわさない本当の気持ち。真意。例―を打ち明ける。③木の根株。

【本陣】(ホンジン) ①大将がいる陣営。本営。②日江戸時代、宿駅で諸大名・勅使などの貴人が宿泊した宿。例脇(わき)―(=本陣の予備の宿舎)。

【本数】(ホンスウ) ①万物の根本となる道。②日「本(ホン)」をつけてかぞえるものの数。例当たりくじの―。

【本筋】(ホンすじ) 日①本来の筋道。例話を―にもどす。②正当な筋道。正しい道理。③嫡流。嫡出。

【本籍】(ホンセキ) その人の戸籍のあるところ。原籍。本貫。例―を移す。―地。

【本説】(ホンセツ) ①根本となるべき説。根拠となる確かな説。例―のない語源説。②この説。

【本船】(ホンセン) ①主となる船。小さな船を従えている大きな船。もとぶね。親船。②この船。

【本線】(ホンセン) 日①鉄道線路や電線などで中心となる主要な線。幹線。対支線。例東海道―。②自動車専用道路で通常の走行に利用される車線。③この線。当線。

【本選】(ホンセン) 日予選のあとにおこなわれる、本格的で最終的な審査・選抜。対予選。例―まで残る。

【本然】(ホンゼン|ホンネン) ①本来そうあるべき状態。②生まれつき。自然のまま。天然。③本来の姿。例―の姿。

【本然▼之性】(ホンゼンのセイ|ホンネンのセイ) 天から与えられたありのままの性質。朱子学における絶対的な善。対気質之性。

【本膳】(ホンゼン) 日①「本膳料理」の略。本膳・二の膳・三の膳からなる正式な日本料理。②「①」で、第一の膳。一の膳。

【本葬】(ホンソウ) 日本式の葬儀。対密葬。

【本草】(ホンゾウ) ①草と木。植物。②漢方薬としてあつかう植物・鉱物・動物をまとめていうことば。③「本草学」の略。

【本草学】(ホンゾウガク) 中国古来の薬物学・植物学。〔のちに博物学として発展した〕

【本則】(ホンソク) ①本来のきまり。原則。対変則。②法令の主体となる部分。対付則。③この規則。

【本尊】(ホンゾン) ①〔仏〕寺で本堂の中央に安置され、信仰の対象として最も重んじられている仏像。②ものごとの中心となる人やもの。また、本人。当人。例ご―がまだあらわれない。

【本体】(ホンタイ) ①そのものの本質。ものごとの真相。実体。例教育の―。②付属するものを除いた中心となる部分。例機械の―と付属品。③天賦の本性。④〔哲〕現象を形成する根本実体。実体。

【本隊】(ホンタイ) ①主力となる部隊。対支隊・分隊。例ヒマラヤ登山の―。②この隊。わが隊。

【本態】(ホンタイ) 本来の姿。本当の姿。

【本題】(ホンダイ) ①本来の話題。②主要な論点。主題。例話の―にはいる。③この問題。

【本宅】(ホンタク) ①常住のすまい。複数の家を住居に使用している場合、ふだん家族が住んでいる家。本邸。対別宅。②今の世を仮の宿に見立て、死後帰する場所。あの世。③〔分家に対して〕本家。④自分の位置。

【本棚】(ホンだな) 日本を並べておく棚。書棚。書架。

【本地】一(ホンチ) ①人の性の本質。②この土地。当地。当所。■ホンジ〔仏〕仏や菩薩の本来の姿。例仏陀は神明の―なり。

【本地垂▼迹】ホンジスイジャク〔仏〕①民衆を救うために、仏や菩薩が姿を変えてあらわれる。②日日本の神道の神は、仏や菩薩が人々を救うために、姿をかりてこの世にあらわれたものであるという考え方。たとえば、八幡神は阿弥陀如来が姿をかりたものとする。

【本庁】ホンチョウ ①中央官庁。〔管轄下の役所に対していう〕例―から担当者が来る。②この庁。当庁。

【本朝】ホンチョウ ①その仕えている国。政府。②〔外国に対して〕わが国。③日日本人が自国の朝廷をいうことば。また、わが国。日本。対異朝。例古く―に伝えられた経典。

【本調子】ホンチョウシ 日①三味線で、基本となる調子。②本来の調子が出ること。例ようやく―になってきた。

【本邸】ホンテイ 日本宅。対別邸。

【本店】ホンテン ①営業の本拠となる店。ほんだな。本家。対支店・分店。②この店。当店。

【本殿】ホンデン 日神社で神霊をまつってある建物。正殿。

【本土】ホンド ①ふるさと。故郷。②この土地。当地。③日本国。例―政府。④日国土の中で主となる部分。〔属国や島に対していう〕⑤日「本州②」に同じ。例―から北海道に渡る。

【本当】ホントウ ①本来…しなければならない。②日真実。事実。③日正しいこと。すじが通っていること。例―なら私が行くべきなのだが。④日本調子。例退院したばかりでまだ―ではない。

【本島】ホントウ ①諸島・列島のうちで、中心になる島。例沖縄―。②この島。③日「本州②」に同じ。

【本堂】ホンドウ〔仏〕寺院で、本尊を安置する建物。

【本道】ホンドウ ①主要な地点を結んでいる中心となる街道。対間道。例―をそれる。②正しいみち。正道。例教育の―。人としての―をふみはずす。③漢方で、内科。④わが地方。

【本人】ホンニン ①その人。当人。②当事者。当局者。③張本人。首領。④この人。あの人。

【本音】ホンね 日〔まことの音色の意〕口に出さない本心。また、本心から出たことば。例―を吐く。―と建前。

【本能】ホンノウ 人類や動物が生まれつきもっている性質や能力。

【本場】ホンば 日①本来の産地。よい品の主要な産地。例紬の―。②本式にものごとがおこなわれている場所。例―じこみの英語。③証券取引所で、午前中の立ち会い。

【本番】ホンバン 日①ラジオ・テレビ・映画・演劇・演奏会などで、正式に放送・撮影・演技・演奏などをすること。②本格的であること。例夏―をむかえる。

【本表】ホンピョウ 日①中心になる表。対付表。②この表。

【本部】ホンブ 組織の中で中心となる部署。全体の指揮や監督をするところ。対支部。例捜査―。

【本復】ホンプク 日病気がすっかり治る。全快。例病も―した。

【本分】ホンブン ①守るべき分限。果たすべき義務。例―を尽くす。―にもとる。②本来そなわっている性質。もちまえ。③当然の運命。

【本文】ホンブン・ホンモン ①本や文書の中の、主とする文。〔解説・付録・序文・跋文などに対していう〕②解釈や注の対象となっている、もとの文章。③ある表現のよりどころとなった、古書の文章。例―のある文章。

【本編】ホンペン ①本や文書の本体となる部分。正編。対続編。②この編。この文章。表記▽⑪本▼篇

【本舗】ホンポ ①この店。当店。②日特定の商品を製造・販売するおおもとの店。総本店。

【本邦】ホンポウ この国。わが国。当国。例―初演のオペラ。

【本法】ホンポウ ①本体となる法律。②この法律。

【本俸】ホンポウ 手当などを加えない基本となる俸給。本給。

【本末】ホンマツ ①もとと、すえ。重要なことと、そうでないこと。例事の―をとり違える。②初めと終わり。③農業と商業。

【本末転倒】ホンマツテントウ 「本末①」が逆になっていること。例―もはなはだしい発言。表記⑪本末▼顛倒

【本丸】ホンまる 日①城の中心になるところで、城主の居所。②中心。核心。例―にせまる。

【本名】ホンミョウ・ホンメイ ①本当の名前。戸籍に登録されている名前。実名。〔芸名・ペンネーム・通り名・偽名などに対していう〕②固有名詞。

【本命】■ホンミョウ・ホンメイ 生まれた年の干支。また、それにあたる星。■ホンメイ 日①競馬・競走などで、一着になると予想されるウマや選手。②最有力と見られている人。例次期総理大臣の―。▽対対抗馬。

【本務】ホンム ①主要な仕事。本来のつとめ。対兼務。例―に精を出す。②道徳上守るべきつとめ。③農業。

【本望】ホンモウ ①以前からかなえたいと思い続けてきたのぞみ。本懐。例―を果たす。②のぞみを達して満足すること。例これだけできれば―だ。

【本物】ホンもの 日①真正のもの。例―のダイヤモンド。②本格的なこと。熟達したこと。例彼の研究も―になった。

【本来】ホンライ ①もともと。もとから。元来。例紅茶―の味わい。②通常。普通。例―ならば釈明してしかるべきだ。

【本流】ホンリュウ ①川の主となる流れ。対支流。②中心となる流派・グループ。例保守の―をとなえる政治家。▽主流。③この流派。当流。

【本領】ホンリョウ ①本来の特色。持ち前。特質。例―を発揮する。②日封建時代、代々受けついで所有してきた領地。例―安堵。

【本塁】ホンルイ ①本拠とするとりで。根城。根拠地。②日野球で、捕手の前にある塁。投手が投球の目標とするところ。ホームベース。ホームプレート。例―打（＝ホームラン）。

【本鈴】ホンレイ 日開演・開始などを知らせるために鳴らすベル。対予鈴。

【本暦】ホンレキ 日基準となるこよみ。日の出・日の入り・満潮・干潮の時刻など、各月日に関係のある事項がのせてある。

【本論】ホンロン ①議論・論文などの主要な部分。例―に入る。②この論。当論。

●絵本・生一本・基本・脚本・古本・根本・資本・抄本・台本・手本・謄本・読本・日本・旗本・標本

末

木1（5）　①4386　672B　教4

バツ漢　マチ・マツ呉　曷mò

すえ（すゑ）

筆順　一　＝　キ　才　末

なりたち  ［会意］「木（＝き）」と「一（＝上）」とから成る。木の上の部分。

意味 ❶ものごとのはしの部分。こずえ。すえ。対本。例末梢。末端。本末。❷ひと続きのものの終わりの部分。対始。例末期。末尾。期末。❸主要でないこと。つまらぬもの。下位。例瑣末。枝葉末節。❹商業。〔農業を本とするのに対する〕例末業。❺細かくくだいたもの。こな。くず。例粉末。❻無い。例末レ由也已（＝手だてが無い）。〈論語・子罕〉

日本語での用法 《ま》「末那板・末那箸（＝料理用の長いはし）」▼「ま」の音をあらわす万葉仮名。

古訓 中古くだく・するゑ・なし・はし・をはる 中世こずゑ・するゑ・つくる・はし・をはり 近世こずゑ・するゑ・つくる・なし・はし・はし・よわし・ほず

人名 こずえ・とめ・とも・ひで・ひろ・ほず

難読 末摘花（すえつむはな）（＝ベニバナの別名）・末濃（すそご）・末枯（うらがれる）・木末（こぬれ）

【末広】（すえひろ） 日①末の方が次第に広がっていること。例―で縁起がよい。②扇子。〔お祝いの席などで使うことば〕③次第に栄えていくこと。▽末広がり。

【末▼裔】（マツエイ｜バツエイ） 子孫。末孫。後裔（コウエイ）。

【末学】（マツガク） 根本的なものではない、浅薄な学問。多く、自分の学問をへりくだっていう。

【末期】 一（マッキ） ものごとの終わりの時期。対初期。例―的な様相。江戸の―。 二（マツゴ） 日 人が、まさに息をひきとる時。死にぎわ。臨終。例―の水をとる。

【末技】（マツギ） つまらない技術。類末芸。

【末議】（マツギ） つまらぬ議論。自己の主張をへりくだっていう。

【末業】（マツギョウ） 商工業。類末作（マッサク）。対本業（＝農業）。

【末光】（マッコウ） ①遠くから届いてきた、かすかな光。例日月之末光（ジツゲツのマッコウ）（＝太陽や月の最後の光）。〈史記・蕭相国世家〉 ②天子の威光のたとえ。

【末座】【末▼坐】（マツザ） 地位の低い方の人がすわる席。下座（しもざ）。末席。例―につらなる。

【末子】（マッシ｜バッシ） ①粉末。こな。②すえの子。すえっこ。季子。対長子。

【末寺】（マツジ） 本山の管轄下にある寺。対本山。

【末日】（マツジツ） ①ある期間の最後の日。最終日。例締め切りは三月―です。②キリスト教で、世界が滅びる最後の日。

【末社】（マッシャ） 日①本社に付属する小さい神社。対本社。②たいこもち。宴席などで、取りもち役の男性。

【末▼梢】（マッショウ） ①枝の先。こずえ。②もののはし。もののすえ。例―的（＝問題の中心からはずれていて重要でないさま）。

【末世】（マッセ｜マッセイ） ①道義・道徳のすたれた世。②〔仏〕仏教の教えが衰えた世。末法（マッポウ）の世。

【末席】（マッセキ｜バッセキ） 地位の低い方の人が座る席。下座（しもざ）。末座。対上席。例―をけがす（＝参加・同席することの謙譲表現）。

【末節】（マッセツ） ①本筋から離れていて、あまり重要ではないこと。つまらない事柄。例枝葉（シヨウ）―にこだわる。②とるに足らぬ節操。

【末造】（マツゾウ） ①終わりの時期。末期。②つまらない製造物。

【末代】（マツダイ） ①すえの世。末世。末期。②人が死んだあとのこの世。また、死んでから何代も経た先の世。のちの世。例―までの恥。

【末端】（マッタン） ①さき。はし。②日組織などで、中心から最も遠い部分。例―価格。組合の―。

【末弟】（マッテイ｜バッテイ） 兄弟の中でいちばん下の者。最年少のおとうと。対長兄。

【末途】（マット） ①道の終わり。②終わりの時期。末期。末世。③老年。晩年。

【末年】（マツネン） ①（ある時代などの）終わりの方のとし。晩年。対初年。例明治―。②すえの世。後世。

【末輩】（マッパイ） 日①地位や技術が下の人。つまらない人。例―に先をこされる。②自分を謙遜（ケンソン）していうことば。

【末尾】（マツビ） 文章・番号・列など、ひと続きになっているものの最後の部分。おしまい。おわり。例手紙の―。

【末筆】（マッピツ） ①漢字を書くときの最後の一画。②日〔多く「末筆ながら…」の形で〕手紙などで終わりに書くことば。

【末文】（マツブン） 日①手紙文の最後をしめくくる部分や文。たとえば、「まずはお知らせまで」「まずは右御礼（おんレイ）まで」の類。〔手紙を書いた理由を短くまとめた文や形式的な挨拶（アイサツ）のことばから成る〕②文章の終わりの部分。

【末法】（マッポウ） 〔仏〕正法（ショウボウ）・像法（ゾウボウ）・末法（マッポウ）の「三時」のうち、第三の時代。釈迦（シャカ）の死後一千年（二千年とも）以後の一万年間。仏の教法が残るだけで修行する者も悟りを得る者もいない時代という。日本では二千年説をとり、一〇五二年から末法の世になると信じられた。対正法・像法。例―思想。

【末末】 一（マツマツ） しまい。最後。 二（すえずえ） 日①行くすえ。将来。例―のことを考える。②子孫。例―まで伝える。③身分の低い人々。しもじも。

【末葉】（マツヨウ｜バツヨウ） ①ある時代の終わりごろ。末期。例十八世紀―。②子孫。末裔（マツエイ）。例旧領主の―を名のる。③（すえば｜うらば） 日草木の先にある葉。

【末利】（マツリ） 商工業による利益。また、商工業。

【末流】（マツリュウ｜バツリュウ） ①川の下流。②子孫。血筋のすえ。例真田（さなだ）家の―。③本流から分かれた流派。すえの流派。例世尊寺（セソンジ）（＝書道の一流）の―。④つまらない流派。⑤すえの世。末世。

【末路】（マツロ） ①旅程の終わり。転じて、ものごとの最終段階。例此言二末路之難一（これマツロのかたきをいうなり）（＝これは最終段階が困難であることを言っているのだ）。〈戦国策・秦五〉②盛んだったものがおちぶれた、すえ。なれの果て。例平家一門の―。③一生のうちの最後。晩年。例痛ましい―。

●巻末（カンマツ）・期末（キマツ）・結末（ケツマツ）・月末（ゲツマツ）・歳末（サイマツ）・瑣末（サマツ）・始末（シマツ）・週末（シュウマツ）・終末（シュウマツ）・粗末（ソマツ）・端末（タンマツ）・顛末（テンマツ）・年末（ネンマツ）・幕末（バクマツ）・場末（ばすえ）・粉末（フンマツ）・文末（ブンマツ）・本末（ホンマツ｜もとすえ）

未

木1（5）

1 4404
672A

教4

ビ漢 ミ呉 未 wèi

いま-だ・ひつじ・ま-だ

筆順 一 二 キ 才 未

なりたち  ［象形］木が枝葉をしげらせた形。借りて、十二支の八番目。

意味 ❶十二支の八番目。方位では南南西、時刻では午後二時、およびその前後の二時間。月では陰暦の六月。動物ではヒツジにあてる。**ひつじ。** ❷「**いまだ…ず**」と読む再読文字。まだ…でない、の意。ものごとがまだ実現していないことをあらわす。対既。例未レ聞二好レ学者一也（いまだガクをこのむものをきかず）（＝（彼以外に）まだ学問好きだという者は聞いたことがない）。〈論語・雍也〉

未成年（ミセイネン）。

古訓 中古いまだ・いまだ…すまじ・いまだ…せず・ず・せず・ず・ひつじ 中世あらず・いまだ・ず・ひつじ 近世あぢはひ・あらず・いまだ・ひつじ

人名 いま・いや

難読 未通女（おとめ｜おぼこ）・朝未（あさまだき）

【未央】（ビオウ｜ビヨウ｜ミオウ） ①まだ朝にならない。②まだなかばにならない。③まだ尽きない。④「未央宮（ビオウキュウ）」の略。漢の高祖が長安に造った宮殿。例太液芙蓉未央柳（タイエキのフヨウビヨウのやなぎ）。〈白居易・長恨歌〉 参考 古くから、漢音で「ビヨウ」と発音していた。

【未済】 一（ビセイ） 易（エキ）の六十四卦（カ）の一つ。☵☲ 坎下離上（カンカリジョウ）。火が水の上にある象。 二（ミサイ） 日①ものごとの処理がまだすんでいないこと。例―事項。②納めるべき金銭・借金などをまだ納めていないこと。例―金額。▽対既済。

【未開】（ミカイ） ①まだ花が咲かない。②まだ開通しない。③まだ文明がひらけていないこと。原始的な社会の状態。例―社

［木］1画▼未

4画

会。④まだ利用・研究・調査などがおよんでいないこと。例 ―の原野。―の領域。

【未刊】ミカン（刊行の予定があるが）まだ刊行されていないこと。㊟既刊。

【未完】ミカン まだ完成・完了・完結していないこと。例 ―の作品。―の大器。

【未冠】ミカン〔昔、中国では男子は二十歳になると冠をつけたことから〕二十歳未満であること。また、その男子。

【未決】ミケツ ①まだ決定しない。未解決。②まだ評決・表決などがおこなわれていないこと。③〔法〕刑事事件で、有罪か無罪かまだ決まらない状態。例 ―囚。▽㊟既決。

【未見】ミケン ①まだ見ていないこと。例 ―の資料。②まだ会っていないこと。例 ―の友。

【未婚】ミコン まだ結婚していないこと。㊟既婚。

【未習】ミシュウ まだ習ったことがないこと。㊟既習。例 ―の単語。

【未熟】ミジュク ①穀物や果物などの実がまだ熟していないさま。②動物がまだ十分に成育していないさま。例 ―児。③学問・技術・芸道などで、一人前ではないさま。例 ―者もの。

【未詳】ミショウ まだ明らかになっていないこと。まだくわしくはわからないこと。例 作者―。氏名―。

【未遂】ミスイ ①まだなしとげない。②（犯罪・悪事で）計画を実行したが目的を果たせずに終わったこと。㊟既遂。例 殺人―。

【未成年】ミセイネン まだ成年（＝日本では満二十歳）になっていないこと。また、その人。㊟成年。

【未然】ミゼン〔未いまだ然しからずの意〕まだ事が起こらない状態にあること。まだそうならないうち。例 事故を―に防ぐ。

【未曽有】ミゾウ｜ミソウ〔未いまだ曽かつて有あらずの意〕これまでに起きたことのないこと。空前。例 ―の大災害。

【未知】ミチ まだ知らないこと。まだ知られていないこと。㊟既知。例 ―の世界。

【未知数】ミチスウ ①〔数〕方程式で値のわかっていない数。x、y などの文字であらわす。㊟既知数。②日 そのものの真価がまだわからないこと。例 彼の力は―である。

【未着】ミチャク 日 送ったものがまだ着かないこと。

【未定】ミテイ まだ決まっていないこと。㊟既定・決定。例 ―稿（＝まだ仕上がっていない原稿）。期日―。

【未到】ミトウ まだだれも行きついていないこと。まだだれもきわめていないこと。例 前人―の境地。

【未踏】ミトウ まだだれも足を踏み入れていないこと。まだ人が立ち入ったことがないこと。例 ―峰。人跡―の秘境。

【未読】ミドク まだ読んでいないこと。例 ―の書物を手にとる。

【未納】ミノウ 納めるべき金銭や物品を、期限を過ぎても納めていないこと。例 会費―。

【未発】ミハツ｜いまだハッせず まだ外にあらわれていない状態。例 喜怒哀楽之未レ発、謂二之中一（キドアイラクのいまだハッせざる、これをチュウという）（＝喜怒哀楽の感情がまだ起こっていない状態を中という）。〈中庸〉

【未分化】ミブンカ 日 まだ分かれて発達・発展するまでにいたっていないこと。例 社会保障制度の―による不公平。

【未▼萌】ミホウ〔まだ芽生えていない意〕何も起こっていない状態。例 治レ民者禁二姦於未萌一（たみをおさむるものはカンをミホウにキンず）（＝民を治める者は、悪事をまだ起こっていない段階で禁止する）。〈韓非・心度〉

【未亡人】ミボウジン｜ビボウジン ①夫に死別した妻が、生き残っている自分をへりくだっていうことば。②夫に死別してひとりでいる婦人。

【未満】ミマン 基準の数値に達しないこと。例 百円―。

【未明】ミメイ 夜がまだすっかり明けていないころ。夜明け前。しののめ。払暁フツギョウ。例 本日―に亡くなった。

【未聞】ミモン｜ミブン まだ聞いたことがないこと。例 前代―ミモン。

【未来】ミライ ①現在のあとに来る時。これから先。㊟現在・過去。例 ―都市。②〔仏〕三世サンゼの一つ。死後の世。未来世ミライセ。来世ライセ。後世ゴセ。

【未来永▼劫】ミライエイゴウ〔仏〕これから先、永久に。未来永久にわたること。

【未了】ミリョウ ①まだ終わらない。㊟完了。例 審議―。②まだわからない。まだ了解しない。

【未練】ミレン 日 ①あきらめきれない気持ち。心が残って、思い切れないこと。例 ―がましい。―を残す。②まだ熟練していないこと。未熟。例 技も心も―。

杁

木2（6） 2 5921 6741 国字

いり

参考 日本語の「いり」にあたる「入」に、木偏をそえた字。また、「朳ハツ｜えぶり」は別の字だが、「杁」とまぎれることがある。

意味 地名に用いる字。例 小杁いおり・杁杁いわり（＝ともに愛知県の地名）。

机

木2（6） 1 2089 673A 教6

キ㊅㊇ つくえ 紙 微 jī

筆順 一 十 オ 木 机 机

なりたち 〔象形〕本字は「几」で、足のついた台の形。ひじかけ。つくえ。

意味 ❶読書や勉強のための台。つくえ。例 経机キョウづくえ。書机ショ。文机ふづくえ｜ふみづくえ。❷ひじつき。脇息キョウソク。❸木の名。ハンノキの一種。

古訓 中古 うつはり・つくゑ 中世 おしまづき・つくゑ 近世 おしまづき・さるなし・つくゑ

【机案】キアン〔「案」も、つくえの意〕つくえ。几案キアン。

【机下】キカ ①つくえの下。②日 手紙のわき付けに使うことば。〔相手のつくえの下もとに差し上げます、の意〕▽案下アンカ。玉案下。

【机上】キジョウ つくえの上。例 ―の空論。

【机上論】キジョウロン 日 つくえの上だけで組み立てた理論。実際には役に立たない考えや計画。机上の空論。

●経机キョウづくえ・書机ショづくえ・文机ふづくえ｜ふみづくえ・明窓浄机メイソウジョウキ

朽

木2（6） 1 2164 673D 常用

キュウ（キウ）㊅ ク㊇ 有 xiǔ

くちる（く―つ）

［歹丂］歹2（6） 3C59 本字。

筆順 一 十 オ 木 朾 朽

なりたち 〔形声〕「歹（＝ほね）」と、音「丂コウ→キュウ」とから成る。くさる。

意味 ❶木がくさる。くちる。例 朽木キュウボク。老朽ロウキュウ。衰朽スイキュウ。❷おとろえる。❸だめになる。すたれる。例 不朽フキュウ。

古訓 中古 くさし・くちもの・くつ・ふるし 中世 くつ・くつる 近世 くさし・くちき・くつる

【朽索】キュウサク くさった縄。

【朽敗】キュウハイ くさってくずれる。くちはてる。

【朽木】キュウボク ①くさった木。くち木。②教育するに値しない人のたとえ。→【朽木糞牆】キュウボクフンショウ

【朽木▼糞▼牆】キュウボクフンショウ くち木には手のほどこしようがない、怠け者には教えようのないことのたとえ。〔「朽木不レ可レ

彫也、糞土之牆不レ可レ杇也(=くさった木には彫刻できず、ぼろぼろになった土壁は塗りなおすことができない)。〈論語・公冶長〉」から〕

【朽葉】キュウヨウ/くちば 枯れた落ち葉。また、落ち葉のくさったもの。例 ―色(=赤みのある黄色)。

●不朽フキュウ・腐朽フキュウ・老朽ロウキュウ

朿

木2(6) 2 5919 673F シ漢 寘 cì はり

意味 木のとげ。草木の、のぎ。通刺。

朱

木2(6) 1 2875 6731 常用 ス慣 シュ漢呉 虞 zhū あか-い(あか-し)・あか・あけ

筆順 ノ 𠂉 𠂊 牛 牛 朱

なりたち  [指事]「朱(=木)」の中心に「一(=赤いしんの部分)」がある。松など幹の中心部分が赤い木。派生して「赤い」の意。

意味 ❶黄色をおびた赤。また、その顔料。あか。あけ。例 朱印シュイン。朱肉シュニク。朱あけに染そまる(=真っ赤になる。血に染まる)。❷正色セイショク(=純粋な色)としての赤。方角は南、季節は夏にあてる。例 悪三紫之奪二朱也一(=間色である紫色が正色である朱色をしのいでいるのが憎い)。〈論語・陽貨〉 朱夏シュカ。朱雀シュザク。❸⇒【朱儒】シュジュ

日本語での用法 《シュ》「一朱銀イッシュギン」▼江戸時代の貨幣の単位。一両の十六分の一。

古訓 中古 あかし 中世 あかし・あけ 近世 あかし・あけ

人名 あけみ・あや

難読 朱鷺とき・朱実あけみ

【朱印】シュイン ①朱肉でおした印。朱色の印。②日 室町時代から江戸時代、武家が出す公文書におした印。また、その公文書。御朱印。例 ―状。―船。

【朱鉛】シュエン 〔「鉛」は、おしろいの意〕べにと、おしろい。丹鉛。

【朱桜】シュオウ ①さくらんぼ。桜桃オウトウ。②美女の赤い唇。

【朱夏】シュカ 夏。〔四季について、青春・白秋・玄冬と並べていう〕

【朱顔】シュガン ①酒に酔って赤くなった顔。②赤みがさして、つややかな顔。③美女。④少年。

【朱軒】シュケン 貴人が乗る朱塗りの車。

【朱戸】シュコ 朱塗りの門。勲功により天子から賜る九錫キュウシの一つ。最高の栄誉とされた。

【朱紫】シュシ ①朱と紫。②正と邪。善と悪。朱は正色(=まじりけのない色)、紫は間色(=まじりあった色)。③衣服や官印のひもが朱や紫のもの。高位高官が用いた。転じて、高位高官をいう。

【朱子学】シュシガク 宋ソウ代に朱熹シュキ(=朱子)によって大成された儒学の一学派。人は天理(=宇宙万物を支配する道理)に従って生きるべきで、欲望を捨て身をつつしみ、万物の道理を一つずつきわめて宇宙の真相全体がわかるようになるまで学問にはげむよう説く。日本には鎌倉時代の初めに伝えられ、江戸時代には幕府の官学となった。宋学ソウガク。

【朱儒】シュジュ ①身長の低い人。こびと。②見識のない人をののしっていうことば。③まだ成人しない者。▽侏儒シュジュ。

【朱書】シュショ/シュがき 朱で書く。また、朱で書いたもの。

【朱唇▼皓歯】シュシンコウシ 赤い唇に白い歯。美人の形容。〈楚辞・大招〉

【朱泥】シュデイ ①朱砂シュシャ(=朱色の鉱物)を用いて作った丸薬。大晦日おおみそかに服用して、邪を払ったといわれる。②日 赤茶色の焼き物。また、それを作るための土。例 ―の急須キュウス。

【朱頓】シュトン 春秋時代の大富豪、陶朱(=范蠡ハンレイ)と猗頓イトンのこと。

【朱肉】シュニク 日 朱色の印肉。

【朱シュに交まじわれば赤あかくなる】人は、つきあう相手や環境によって、よくも悪くもなる。〔「近レ朱者赤、近レ墨者黒(=朱砂シュシャ(=朱色の鉱物)に近づく者は赤く、墨に近づく者は黒くなる)。〈傅玄・太子少傅箴〉」から〕

【朱筆】シュヒツ/シュふで 朱色の墨を含ませた筆。書き入れや校訂をするのに用いる。例 ―を入れる(=文章をなおす)。

【朱墨】シュボク ①朱色の墨。②文章に傍点などをうつときに用いる朱と黒の墨。③公文書を作成すること。

【朱明】シュメイ 一 ①夏の季節。朱夏。②太陽。二 シュミン 明ミンの王朝。〔皇帝の姓が朱であることから〕

【朱門】シュモン 赤い漆塗りの門。貴人や富豪の家をいう。例 朱門酒肉臭(=お屋敷では酒や肉のにおいがしている)。〈杜甫・自京赴奉先県詠懐五百字〉

【朱▼雀】シュジャク/スザク/シュシャク/スジャク 漢代のころ、東西南北の四方に配した神の一つ。南方を守る。〔青竜(=東)・白虎ビャッコ(=西)・玄武(=北)と並べていう〕

朶

木2(6) 2 5920 6736 ダ慣 タ漢 哿 duǒ えだ

[朵] 艹6(9) 4 8621 44B3 別体字。

意味 ❶花や実が木の枝からたれさがる。しだれる。たれる。例 白花簷外朶(=白い花がひさしの外にたれさがっている)。〈杜甫・題新津北橋楼〉 ❷花や、それに似た雲などを数えることば。例 一朶イチダの花はな。五朶雲ゴダウン(=五朶ゴダの雲くも)。万朶バンダの桜さくら。❸耳。例 耳朶ジダ。❹動く。動かす。例 朶頤ダイ。

【朶▼頤】ダイ ①あごを動かして物を食べようとするさま。②物欲しげなさま。

【朶雲】ダウン 相手からもらった手紙を敬っていうことば。〔唐の韋陟イチョクが手紙に署名した「陟」の字が、五つの雲のようであったということから〕〈新唐・韋陟伝〉

朷

木2(6) 2 5923 6737 トウ(タウ)漢 豪 dāo

意味 ❶木の名。❷木の芯シン。

朳

木2(6) 3 8547 6733 ハツ漢 ハチ呉 黠 bā えぶり・えんぶり

意味 田をならす農具。えぶり。

日本語での用法 《えんぶり》▼青森県八戸はちのへ地方の豊年を祈る民俗芸能。

朴

木2(6) 1 4349 6734 常用 一 ボク慣 ハク漢 覚 pò 二 ボク慣 ハク漢 覚 pǔ ほお(ほほ)

筆順 一 十 オ 木 朴 朴

なりたち  [形声]「木(=き)」と、音「卜ホク→ハク」とから成る。木の皮。

意味 一 ❶木の皮。例 桑朴ソウボク。❷ニレ科の落葉高木。エノキなど。また、ホオノキの近縁種。二 飾りけがない。通樸。例 質朴シツボク。素朴ソボク。

日本語での用法 《ほお》「朴ほおの木き・朴歯ほおば」▼モクレン科の落葉高木。ホオノキ。材はやわらかく、くるいが少ないので、器具・家具・版木・げたの歯などに用い、葉は食物を包むのに用いる。日本特産。

古訓 中古 すなほなり・ほほ・ほほのき 中世 かしはのき・すなほ・ほ

う・ほほのき [近世]あらたま・おほがしは・すなほ・ほほのきのかは
[人名] すなお・なお
【朴直（ボクチョク）】飾りけがなく正直なさま。[例]—な人となり。
【朴▼訥（ボクトツ）】飾りけがなく口べたなこと。木訥（ボクトツ）。[例]—とした語り口。
【朴念仁（ボクネンジン）】[日]①口べたで無愛想な人。②人の気持ちや道理のわからない人。気のきかない男。
●質朴（シツボク）・純朴（ジュンボク）・素朴（ソボク）

朸
木2(6) [2]5922 6738
リョク[漢] [職]lì
おうご（あふご）
[意味] ❶もくめ。❷いばら。かど。[通]棘（キョク）。
[参考]「枴（カイ）（＝つえ）」と混同して用いることがある。
[日本語での用法]《**おうご**》《**おうこ**》▼ものをになうのに用いる棒。てんびんぼう。

杝
木3(7) [4]1433 675D
一イ[漢] [支]yí
二チ[漢] [紙]zhì
三リ[漢] [支]lí
[意味] **一**シナノキ科シナノキ属の木。**二**木目にしたがって木を裂く。**三**竹や柴（しば）などを編んで作ったかきね。まがき。[例]杝落（リラク）（＝まがき）。
[難読] 杝（もく）め（＝姓）

杇
木3(7) [3]8549 6747
オ（ヲ）[漢] [虞]wū
ぬ-る

[𣏓]
木3(7) [4]1428 233D3
別体字。

[意味] ❶壁を塗る道具。こて。❷こてで壁を塗る。**ぬる**。[例]糞土之牆不レ可レ杇也（フンドのショウはぬるべからざるなり）（＝ぼろぼろになった土壁は塗り直すことができない）。〈論語・公冶長〉

杆
木3(7) [2]5924 6746
一カン[漢] [翰]gàn
二カン[漢] [寒]gān
三カン gǎn
はたざお（はたざを）・まゆみ
[意味] **一**クワ科の落葉高木。ヤマグワ。**二**細長い棒。さお。[通]桿（カン）。[例]旗杆（キカン）（＝はたざお）。**三**（てごろな長さの）木ぎれ。[通]桿（カン）。[例]筆杆（ヒッカン）（＝筆の軸）。

杞
木3(7) [2]5925 675E
キ[漢] コ[呉] [紙]qǐ
[意味] ❶ナス科の落葉低木。枸杞（クコ）。果実・根・葉を薬用にする。❷ヤナギの一種。カワヤナギ。若い枝で行李（コウリ）などを編む。[例]杞柳（キリュウ）。❸良材とされる木。オウチ・アズサなど。[例]杞梓（キシ）。❹周代、夏王朝の子孫が封（ホウ）じられたという諸侯国。今の河南省内にあった。（?—前四四五）[例]杞憂（キユウ）。
【杞▼梓（キシ）】オウチとキササゲ。ともに良質の木材で、すぐれた人材のたとえ。
【杞憂（キユウ）】とりこし苦労。◆昔、杞（キ）の国に、天地がくずれたらどこにも行き場がなくなる、と心配して食事ものどを通らなくなってしまった人がいた。その人が心配していることを気の毒に思う人がいて、「天は空気が積み重なったものだし、地は土の塊（かたまり）にすぎない。どちらもこの宇宙に満ち満ちているものだから、くずれる心配はない」と教えてやった。すると心配していた人は安心し、二人で大いに喜んだ。……〈列子・天瑞〉
【杞柳（キリュウ）】カワヤナギ。コブヤナギ。枝が細くしなやかで、箱やかごなどを作る。

杏
木3(7) [1]1641 674F [人]
コウ（カウ）[漢] キョウ（キャウ）[呉]
アン[唐] [梗]xìng
あんず
[なりたち]  [形声]「木（＝き）」と、音「向（コウ）」の省略体とから成る。アンズの木。
[意味] ❶バラ科の落葉高木。**アンズ**。中国原産。果実はウメに似てあまずっぱく食用になる。種子の中の杏仁（キョウニン）は薬用、また、食用。カラモモ。❷「銀杏（ギンナン）」は、イチョウの実。
[古訓] [中古]からもも・さいはひ [中世]からもも [近世]アンズ・からもも
【杏仁（キョウニン／アンニン）】アンズの核。また、その中にある肉。漢方で、せき止め・胃痛止めなどの薬として使う。[例]—水（キョウニンスイ）。
【杏園（キョウエン）】①アンズの園。②唐代、長安の曲江のほとりにあった庭園。科挙（＝官吏登用試験）の合格者が宴会を賜ったところ。
【杏壇（キョウダン）】①孔子が弟子たちに講義をした所。山東省曲阜（キョクフ）市の孔子廟（コウシビョウ）の前にある。まわりにアンズの木がある。②学問を教授する講堂。
【杏林（キョウリン）】①アンズの木の林。②「医者」の美称。◆三国時代の呉の医者董奉（トウホウ）は、患者から治療代を受け取る代わりにアンズを植えさせたところ、数年後には林となって、アンズの実で財をなし、多くの貧しい人々を救った。……〈神仙伝・董奉〉

𣏒
木3(7) [4]1429 233D2 [国字]
くるみ
[意味] 地名に用いる字。[例]𣏒田（くるみだ）（＝福島県の地名）。

杠
木3(7) [2]5926 6760
コウ（カウ）[漢] [江]gāng
はたざお（はたざを）・ゆずりは（ゆづりは）
[意味] ❶寝台の前の横木。❷**はたざお**。❸小さな橋。
[日本語での用法] **一**《**ちぎ**》《**ちきり**》「杠秤（ちぎ／ちきり／ちぎばかり）」▼大きな杆秤（さおばかり）。**二**《**ゆずりは**》▼ユズリハ科の常緑高木。新しい葉が出ると古い葉が落ちることから「譲（ゆず）り葉」といい、縁起物として正月の飾りにする。

杌
木3(7) [4]1430 674C
ゴツ[漢] [月]wù
くいぜ（くひぜ）
[意味] ❶枝のない木。[例]杌木（ゴツボク）。❷とび出た切り株。**くいぜ**。❸突き出て不安定なさま。[例]杌隉（ゴツゲツ）。
【杌▼隉（ゴツゲツ）】不安定なさま。揺らいでいるさま。
【杌木（ゴツボク）】葉や枝が落ちて、幹だけになった木。

杈
木3(7) [3]8550 6748
サ[漢] [麻]サイ[漢] [卦]chā
えだ・やす
[意味] ❶ふたまたに分かれた枝。**えだ**。❷先端がまたに分かれた、魚を刺してとる道具。**やす**。[通]扠（サ）。❸稲束などをはさむ農具。

材
木3(7) [1]2664 6750 [教4]
サイ[漢] ザイ[呉] [灰]cái
[筆順] 一 十 才 木 木 村 材
[なりたち]  [形声]「木（＝き）」と、音「才（サイ）」とから成る。いろいろな用途のある木。
[意味] ❶家や器具などを作るために切り出した木。[例]材木（ザイモク）。角材（カクザイ）。❷品物をつくるもとになるもの。役に立つもの。[例]材料（ザイリョウ）。教材（キョウザイ）。題材（ダイザイ）。❸すぐれた能力のある人。腕前。[通]才。[例]逸材（イツザイ）。人材（ジンザイ）。
[古訓] [中古]き [中世]き・つくりき [近世]つくりき・はかる・はしら・もと
[人名] えだ・き・たね・もと・もとき・もとし
【材幹】**一**（ザイカン）材木。**二**（サイカン）はたらき。腕前。才幹。[例]将来のある—のもちぬし。
【材質（ザイシツ）】①生来の質。素質。②材木の性質。[例]—のかたい木。③日加工や製作に使う材料の性質。例製品の―。―を吟味する。

【材木】建築や器具などの材料にする木。角材・板材など。丸太も含む。例―店。

【材吏】有能な官吏。

【材料】①加工してものを作るのに使う、もとのもの。例建築の―。②研究や調査で取りあつかう資料。例研究―を集める。
●逸材・教材・建材・資材・取材・人材・製材・素材・題材・適材・鉄材・廃材・木材

杍 木3(7) 4 1431 674D
㊀シ㊥紙 zǐ ㊁リ㊥紙 lǐ
意味 ㊀ノウゼンカズラ科の落葉高木。キササゲ。通梓。㊁バラ科の落葉高木。スモモ。通李。

杓 木3(7) 1 2861 6753
㊀シャク㊥薬 sháo ㊁ヒョウ(ヘウ)㊥蕭 biāo
ひしゃく

[杓] 木3(7) ― 俗字。
[𣏐] 木3(7) 4 1434 233D0 俗字。

意味 ㊀ひしゃく。通勺。例杓子。㊁❶ひしゃくの柄。❷北斗七星の柄の部分にあたる三つの星。

【杓子】①水をくむ道具。ひしゃく。ひさご。②日飯をよそったり汁物をすくったりする道具。しゃもじ。例金―。貝―。

【杓子定規】日〔曲がっているしゃもじの柄を定規にするように〕ほかには通用しない基準や規則で判断しようとするさま。融通がきかない態度や方法のたとえ。

条 木3(7) 1 3082 6761 教5
チョウ(テウ)㊥ ジョウ(デウ)㊥蕭 tiáo
すじ(すぢ)

[條] 木7(11) 2 5974 689D 人 旧字体。

筆順 ノ ク 夂 冬 夂 条 条

なりたち [形声]「木(=き)」と、音「攸ユウ→チョウ」とから成る。小枝。

意味 ❶木の小枝。えだ。例枝条。柳条。❷すじみち。すじ。例条理。線条。❸ひとくだりずつ書いた文。くだり。例条文。箇条。❹細長くのびる。のびやか。❺細長いものを数えることば。また、条文などを数えることば。例一条の光。十七条憲法。

日本語での用法 《ジョウ》「右の通り申し上げ候条…」▼よって。ゆえに。…けれども。…が。候文に用いる順接または逆接のことば。…とは言い条」

古訓 中古 えだ・かぎる・さとる・したがふ・すぢ・つとむ・ながし・にはかなり・みち・をさむ・をちをち 中世 えだ・かぎる・さとる・したがふ・しな・すぢ・つとむ・ながし・みち・をさむ・をちをち 近世 えだ・こえだ・すぢ・ながし・のぶる・ひさき・をちをち

人名 え・えだ・なが・みち

【条貫】①すじみち。道理。②筋が通っていること。

【条規】条文(=箇条書き)にした規則。

【条件】①事柄の項目。②あることが成り立つため、また発生するために、まず満たされていなければならない事柄。例―が厳しい。

【条項】法律・規則・契約などの、箇条書きにした一つ一つの文や項目。〔「条」の中の分類を「項」という〕

【条条】①秩序だっているさま。②一条一条。③風の音がもの寂しいさま。蕭蕭。

【条対】一つ一つ箇条書きにして答えること。類条答。

【条達】①条理が通っている。②木の枝のようにあまねく広がる。

【条虫(蟲)】日寄生虫の一つ。人間の腸に寄生する。サナダムシ。平たくて多くの節があり、数メートルにもなる。條虫。

【条▼暢】のびやかなさま。

【条陳】一つ一つ箇条書きにして述べる。

【条風】①東北から吹く風。万物を成長させる、立春のころの風。融風。②春分のころの東風。明庶風。

【条幅】掛け軸。

【条文】(法律・規則や条約・規約などの)箇条書きの文。

【条目】①箇条書きの項目。また、その文書。例―ごとに審議する。②法令。規則。また、その文書。

【条約】①箇条書きにした約束。②国どうし、または国と国際機構の間で、互いに守るべき約束を文書で取り決めたもの。また、その条文。例―を締結する。

【条理】ものごとの道理。自然で、正しいすじみち。例―が立つ。―があり、人情を心得た処置。

【条例】①すじみちを立てて列挙した例。②箇条書きにした法規。③日都道府県市町村などの地方公共団体が定める法規。
●箇条・教条・索条・信条・逐条・柳条

杖 木3(7) 1 3083 6756 人
チョウ(チャウ)㊥ ジョウ(ヂャウ)㊥養 zhàng
つえ(つゑ)

なりたち [形声]「木(=き)」と、音「丈チョウ」とから成る。手に持つもの。

意味 ❶手に持って歩行を助ける道具。つえ。例錫杖。❷つえをつく。たよる。また、持つ。とる。通仗。例杖剣。❸(刑罰の道具としての)棍棒。また、五刑(=笞・杖・徒・流・死)の一つ。棍棒で打ちすえる刑罰。

古訓 中古 き・つく・つゑ・もつ・よる 中世 つく・つゑ・つゑつく・もつ・よる 近世 たのむ・つゑ・つゑつく・もつ・よる

人名 き・もち

【杖家】〔家の中でつえをつく年齢の意〕五十歳。〔「五十杖二於家一、六十杖二於郷一、七十杖二於国一、八十杖二於朝一(=五十歳になると家で杖をつき、六十歳になると郷で杖をつき、七十歳になると国都で杖をつき、八十歳になると朝廷で杖をつく)。〈礼記・王制〉」から〕

【杖郷】〔郷でつえをつく意〕六十歳。→【杖家】

【杖▼屨】①(老人が用いる)つえと、くつ。〈礼記・曲礼上〉②年長者に対する敬称。③つえをついて歩きまわる。

【杖刑】五刑の一つ。棍棒で打つ刑罰。

【杖剣】①剣をつえとする。また、剣を持つ。②ひとふりの剣にたよること。挙兵のたとえ。

【杖国】〔国都でつえをつく意〕七十歳。→【杖家】

【杖策】【杖▼筴】①ウマのむちをつえにしてつく。②ウマにむち打って行くこと。

【杖朝】〔朝廷でつえをつく意〕八十歳。→【杖家】

杉 木3(7) 1 3189 6749 常用
サン(サム)㊥咸 shān
すぎ

[杦] 木3(7) 3 8548 6766 俗字。

筆順 一 十 才 木 朩 杉 杉

なりたち [形声]「木(=き)」と、音「彡サン」とから成る。スギの木。

意味 スギ科の常緑針葉樹。**スギ**。幹はまっすぐに伸び、大木になる。材は良質で、建築・家具などに広く利用される。

古訓 中古すぎ 中世すぎ 近世すぎ

束

木3(7) 1 3411 675F 教4

ソク 漢 呉 沃 shù
たば・たばねる(たば-ぬ)・つか・つか-ねる(つか-ぬ)

筆順 一 一 冂 冃 㠭 申 束

なりたち  [会意]「口(=めぐらせる)」と「木(=き)」とから成る。しばる。たばねる。

意味 ❶しばってひとまとめにする。**たばねる。つかねる**。例 春秋三伝束二高閣一(=『春秋』の三伝(=公羊伝・穀梁伝・左氏伝)は高殿に束ねたままである)。〈韓愈・寄盧仝〉 束縛。束髪。結束。❷行動を制限する。自由を奪う。例 約束。拘束。検束。❸ひとまとめにしたもの。また、たばねたものを数えることば。例 薪一束。二束三文。

日本語での用法 一《ソク》「十二束三伏(=十二束と指三本、つまり五十一本の指幅の、通常の矢の長さ。また、その矢)」▼矢の長さをいう語。親指を除いた指四本分(=こぶし一握り)の幅。二《つか》①「束を出す。束が無い」▼本の厚み。②「束の間(=わずかの時間)・八束(=長いこと)」▼親指を除いた指四本分の幅の長さ。三《つかねる》「手を束ねて見ている」▼腕を組む。

古訓 中古しばる・つか・つかぬ・つかむ・ほだす・ゆふ 中世しばる・つか・つかぬ・つかぬる・つつむ 近世つかぬる・つかねる

人名 き・さと・つかぬ・つかね

難読 束子

【束手】①両手をしばる。②抵抗も手出しもしないことを示す行為。

【束▼脩】〔「脩」は、干し肉〕①入門・訪問時に持参する金品。入門料。謝礼としては最も軽いもの。〔古代中国で、入門・訪問時に、たばねた干し肉を相手や先生に進物としたことによる〕例 自レ行二束脩一以上、吾未二嘗無一レ誨焉(=干し肉を持参する者から上の身分の者は、どんな人でも教えなかったということはない)。〈論語・述而〉 ―の礼をとる。②けいこごとの謝礼。③身なりをととのえる。

【束装】旅装をととのえる。

【束身】①自らをしばる。帰順を示す行為。②自己を抑制する。おこないをつつしむ。

【束帯】①衣服をととのえる。例 束帯立二於朝一(=衣服を整えて朝廷に立つ)。〈論語・公冶長〉②朝廷での礼装。朝服。例 衣冠―。

【束縛】①しばる。例 手足を―する。②制限を加えて自由にさせない。例 時間に―される。

【束髪】①髪をたばねて結う。特に、古代中国の風俗で、男子が成童(十五歳)になってはじめて髪を結い、冠をかぶること。②日 明治から昭和初期まで流行した、女性の西洋風の髪型。

●結束・札束・収束・装束・約束

杣

木3(7) 2 5928 6763 国字

そま

意味 ❶木材をとるための山。**そま**。例 杣山。❷木材を切り出す人。**そま**。例 杣人。❸杣山から切り出した木。**そま**。例 杣木。

村

木3(7) 1 3428 6751 教1

[邨] 阝4(7) 2 7823 90A8 本字。

ソン 漢 呉 元 cūn
むら

筆順 一 十 才 木 朩 村 村

なりたち  [会意]「阝(=むら)」と「屯(=あつまる)」とから成る。人があつまるところ。むら。

意味 ❶人が集団をつくって生活する単位の一つ。**むら**。例 村落。漁村。農村。❷いなかの。いなかじみた。ひなびた。例 村夫子。

日本語での用法 《むら》《ソン》「村議会・村道・村立」▼地方公共団体の一つ。

古訓 中古さと・むら 中世さと・むら 近世むら

人名 さと・すえ・つね

【村▼塢】むらざと。多く、山村をさす。

【村学究】いなかの学者。見識の狭い学者をあざけっていうことば。

【村漢】村の男。村人。

【村▼墟】むらざと。村落。

【村▼酤】いなかの酒。地酒。類 村酒・村醸・村醪。

【村▼巷】①村の小道。②村。

【村書】村の子供たちに教えるための教科書。『百家姓』など。

【村笛】①素朴な笛。②村人が吹く笛。

【村夫子】①いなかの学者。地方の学者を軽蔑していうことば。例 一介の―にすぎない。②日 中央では知られていないが、狭い地方の人々の尊敬を集めている学徳のある人。例 ―然とした風貌。

【村落】村で、人家が集まっているところ。むらざと。

【村里】村の、人家の集まったところ。

【村▼閭】むらざと。

【村雨】日 一時に強く降ってすぐやむ雨。通り雨。にわか雨。驟雨。叢雨。

【村時雨】日 降ってはやみ、やんでは降る時雨。ひとしきり降ってやむ時雨。叢時雨。

【村八分】日 ①村のおきてを破った人とその家族に対して、村全体でおこなう私的制裁。葬式と火事のときを除いて、一切つきあわないというもの。②仲間はずれにすること。例 ―にあう。―を受ける。

●寒村・漁村・山村・農村・無医村

杔

木3(7) 4 1432 6754

タク 漢 薬 tuō

意味 「杔櫨」は、木の名。参考 杔原(=岡山県の地名)。

杜

木3(7) 1 3746 675C 人

ド 慣 ト 漢 ズ(ヅ) 呉 麌 dù
もり

なりたち  [形声]「木(=き)」と、音「土ト」とから成る。ヤマナシの木。

意味 ❶バラ科の落葉高木。ヤマナシ。山野に自生。果実はナシに似るが小さい。❷とざす。ふさぐ。例 杜絶。杜門。❸姓の一つ。例 杜甫。杜牧。

日本語での用法 《もり》「神宮の杜・鎮守の杜」▼木々の生いしげっているところ。森。特に、神の降りてくるところをいう。

古訓 中古 とづ・ふさぐ・もり・ゆづりは 中世 とづる・ふさぐ・もり・やまなし・ゆづりは 近世 あまなし・とづる・のぞむ・ふさぐ

【杜▼撰】ズサン|ズザン ①書いたものに誤りが多いこと。〔宋ソの杜黙トモクが、よく規則にはずれた詩を作ったことによる〕②日 手落ち、手ぬきの多いさま。例 ―な仕事。

【杜氏】トウジ|トジ 日 酒を造る職人。〔はじめて酒を造ったといわれる杜康トコウという人物の姓から〕例 越後エチゴの―。

【杜▼鵑】トケン|ほととぎす ①ホトトギス科の鳥。初夏に鋭い声で鳴き、その鳴き声は「テッペンカケタカ」と聞こえるといわれる。托卵タクランをする。②サツキ。ツツジの一種。

【杜口】トウコウ|くちをとざす 口をつぐんで何も言わない。

【杜康】トコウ ①最初に酒を造ったとされる人物。②酒。

【杜若】一トジャク ヤブミョウガ。ツユクサ科の多年草。二かきつばた 日 アヤメ科の多年草。水辺や湿地に生え、初夏に紫や白の花が咲く。

【杜絶】トゼツ ①ふさぎとめる。断絶。②続いていたものが切れてしまう。例 道路交通が―する。表記 ②は 現 途絶

【杜仲】トチュウ トチュウ科の落葉高木。お茶や生薬に用いる。

【杜門】トモン 門を閉ざす。

杤

木3(7) 2 5929 6764 国字 とち

意味 トチノキ。〔おもに、人名・地名に用いる〕→栃と(675ジペー)

参考 一説に、十(=と)と千(=ち)をかけて「万」になるところから、「万」を「とち」と読み、「木」をつけて「トチノキ」の意とした。

杢

木3(7) 1 4461 6762 国字 もく

意味 ①「木工寮モクリョウ」の略。→【木工】三モク(653ジペー) ②材木で家などを建てる職人。大工。木匠こだくみ。もく。〔多く、人名・地名に用いる〕

杙

木3(7) 2 5927 6759 ヨク 漢 職 yì くい(くひ)

意味 ❶果樹の名。ザクロの一種。❷家畜などをつなぎとめるための棒。くい。例 以レ杙為レ楹ヨクをもってエイとなす(=くいを大黒柱とする。つまらぬ人間を重く用いる意)。〈韓愈・進学解〉

来

木3(7) 1 4572 6765 教2 一ライ 漢呉 灰 lái 二ライ 漢呉 隊 lài くる(く)・きたる・きたす

[來] 人6(8) 2 4852 4F86 人 旧字体。

筆順 一 ㇒ ㇖ 立 平 来 来

なりたち [象形] ムギの形。天からもたらされた穀物。ムギ。派生して「もたらされる」「くる」の意。

意味 一 ❶向こうからこちらに近づく。こちらにいたる。くる。例 往来オウライ。飛来ヒライ。❷ものごとが起こる。ものごとを起こさせる。まねく。きたす。例 招来ショウライ。由来ユライ。❸現在の次にくる(時の区切り)。きたる。例 来月ゲツ。来春シュン。来年ネン。❹そのときから。ある時期から現在まで。このかた。例 以来イライ。古来コライ。従来ジュウライ。夜来ヤライ。❺語のあとにそえる助字で、語調をととのえる。訓読では普通読まない。例 帰去来兮かえりなんいざ(=さあ帰ろう)。〈陶淵明・帰去来辞〉 二 ねぎらう。慰労する。通 勑ライ。例 労来ロウライ(=いたわりねぎらう)。

古訓 中古 かへる・きたる・このかた・ころほひ・つとむ・より・よる 中世 およぶ・きたる・くる・このかた・このごろ・つとむ 近世 いたる・およぶ・かへる・きたす・きたる・つとむ・よぶ

人名 いたる・き・く・こ・な

難読 来栖くるす(=姓)・根来ねごろ(=姓・地名)・去来ざい|いさい

【来意】ライイ ①訪問した理由や目的。例 ―を告げる。②手紙に書いてよこした気持ち。言ってきた用事の趣旨。例 ご―を承諾します。

【来王】ライオウ 遠方の国や異民族が帰服して、天子に謁見に来る。

【来▼裔】ライエイ 子孫。

【来往】ライオウ 行ったり来たりする。行き来。往来。

【来賀】ライガ 祝うために、人が来る。例 受二天之祜一、四方来賀テンのコをうけ、シホウライガせん(=天の幸いを授かり四方の国が祝賀に来るだろう)。〈詩経・大雅・下武〉

【来▼駕】ライガ 日 〔かごに乗って来る意〕人が来ることを敬った言い方。来臨。類 来車。例 ぜひ、ご―くだされたく。

【来格】ライカク 〔「格」は、至るの意〕やって来る。

【来学】ライガク ①(弟子が)師のもとに来て学ぶ。②後世の学徒。

【来館】ライカン 映画館・図書館・美術館その他、館と名のつく施設に来る。例 ―者。

【来帰】ライキ ①帰って来る。②帰順する。帰服する。③婦人が離縁されて実家に帰る。

【来期】ライキ 日 現在の次の期。次期。例 ―の刊行物。対 先期・前期・今期。

【来儀】ライギ ①鳳凰ホウオウが飛んで来て立派な姿を示す。②逸材があらわれる。

【来客】ライキャク|ライカク 訪ねて来る客。客として来る。例 ただいま―中です。

【来享】ライキョウ 遠方の国や異民族が特産物を天子に献上しに来る。来聘ライヘイ。

【来迎】一ライゲイ 出かけて来てむかえる。二ライゴウ ①〔仏〕人が死ぬときに、阿弥陀仏アミダや菩薩ボサツが極楽浄土からむかえに来ること。例 ―図。②日 高い山の上でむかえる日の出。来光。例 元日ガンジツのご―を拝む。

【来月】ライゲツ 今月の次の月。翌月。対 先月。

【来光】ライコウ 高い山の上でむかえる日の出。来迎ライゴウ。〔しばしば「御来光ゴライコウ」という〕

【来航】ライコウ 外国から海をわたって来る。例 黒船―。

【来貢】ライコウ 外国から使者が来て貢ぎ物を献上する。

【来▼寇】ライコウ 外国の敵が攻めて来る。外国からの侵略。

【来旨】ライシ 手紙などで通知されたことの趣旨。類 来示ライジ。

【来▼茲】ライシ 〔「茲」は、年の意〕来年。

【来日】一ライジツ ①明日。②将来の日。後日。二ライニチ 日 外国人が日本へ来る。来朝。対 離日。

【来社】ライシャ 日 会社などに、外から訪ねて来る。例 明日ご―ください。

【来者】ライシャ ①自分よりあとに生まれる者。②自分をしたって来る者。③将来。未来。

【来者可レ追】ライシャはおうべし これからのことは改めることができる。〔「往者不レ可レ諫、来者猶レ可レ追オウシャはいさむべからず、ライシャはなおおうべし(=過ぎたことはどうしようもないが、これからのことは改められる)」〈論語・微子〉から〕

【来者不レ拒】ライシャはこばまず|きたるものはこばまず 自分をたよりにしてくる者を受け入れ、自分のもとを離れる者を引きとめない。人のえりごのみをしないことのたとえ。〔「往者不レ追、来者不レ拒オウシャはおわず、ライシャはこばまず」〈孟子・尽心下〉から〕

【来週】ライシュウ 日 今週の次の週。次週。対 先週。

【来襲】ライシュウ 敵がおそって来る。例 敵機―。
【来春】ライシュン｜はる ①次に来る春。来年の春。例 ―卒業する。②来年の正月。明春。
【来書】ライショ よそから来る手紙。類 来信・来簡・来翰(ライカン)・来札・来状。
【来場】ライジョウ 場所や会場に来る。例 ご―の皆様。
【来診】ライシン ①医者が患者の家に行って診察すること。〔患者の側のことば〕例 ―を頼む。②患者が医者のもとに行って診察を受けること。〔医者の側のことば〕例 ―の方はここにカードを入れてください。
【来▼訊】ライジン 訪ねて来る。来訪。
【来世】ライセ｜ライセイ ①〔仏〕三世(サンゼ)の一つ。死後、次に生まれ変わるという世。後世(ゴセ)。対 前世・現世。例 ―を願う。②次の時代。
【来孫】ライソン 自分から五代目の孫。玄孫の子。
【来宅】ライタク (客が)自分の家に来る。例 明日午後―された し。
【来談】ライダン 用件を話しに来る。来て話をする。例 ―を待つ。
【来朝】ライチョウ ①諸侯が天子の朝廷へ来る。②日 外国人が日本へ来る。来日。
【来聴】ライチョウ そこにやって来て聴(き)く。
【来店】ライテン 店に来る。
【来任】ライニン 任務につくために任地に来る。例 日本駐在米国大使の―。
【来年】ライネン 今年の次の年。明年。対 去年・昨年。例 ―のことを言うと鬼が笑う(=明日のことさえわからないのだから遠い先のことはもっとわからない)。
【来賓】ライヒン 招待されて来た客。来客を敬っていうことば。例 ―席。―の祝辞。
【来附】ライフ 帰服する。帰順する。類 来服。
【来復】ライフク ①去ったものが、またもどって来る。例 一陽―。②引き返す。
【来▼聘】ライヘイ ①「来享(ライキョウ)」に同じ。②礼を尽くして人を招く。
【来訪】ライホウ 人がたずねて来る。
【来報】ライホウ ①知らせて来ること。また、その知らせ。例 現地からの―を待つ。②〔仏〕来世で受けるむくい。
【来奔】ライホン 脱出して来る。逃げて来る。
【来命】ライメイ ①相手の手紙の敬称。②相手のことばの敬称。
【来由】ライユウ それまでの経過。来歴。
【来遊】【来▼游】ライユウ ①遊びに来る。例 ご―を待つ。②遠方から旅をしてやって来る。
【来葉】ライヨウ 〔「葉」は、世の意〕後世。
【来▼莅】ライリ 〔「莅」は、臨の意〕神霊などが降りて来る。降臨する。
【来臨】ライリン 人がある場所に出向くことを、その人を敬っていうことば。おでまし。おいで。例 ―の栄に浴す。
【来歴】ライレキ ①ある事柄がどのように経過したかということ。由来。例 故事―。―を記した文書。②人の経歴。
●以来(イライ)・往来(オウライ)・外来(ガイライ)・元来(ガンライ)・旧来(キュウライ)・去来(キョライ)・家来(ケライ)・古来(コライ)・再来(サイライ)・在来(ザイライ)・襲来(シュウライ)・従来(ジュウライ)・将来(ショウライ)・生来(セイライ)・伝来(デンライ)・到来(トウライ)・渡来(トライ)・如来(ニョライ)・年来(ネンライ)・舶来(ハクライ)・本来(ホンライ)・未来(ミライ)・由来(ユライ)

李
木3 (7)
1 4591 674E 人
リ 漢 呉 紙 lǐ
すもも

なりたち  [形声]「木(=き)」と、音「子シ…▼リ」とから成る。スモモの木。

意味 ❶バラ科の落葉高木。スモモ。中国原産。早春、白い花をつける。果実は赤紫色または黄色に熟し、あまずっぱく食用にする。例 桃李(トウリ)。❷裁判官。役人。通 理。例 司李(シリ)(=刑罰をつかさどる官。法官)。行李(コウリ)(=外交使節)。❸姓の一つ。例 李白(リハク)。

古訓 中古 すもも・つばきもも 中世 すもも 近世 すもも
人名 もも

【李下不ㇾ正ㇾ冠】かんむりをただざず スモモの木の下では、実を盗むのかと疑われないために、かぶっている冠が曲がっていても直さない。人に疑われる行動をつつしめ、という教え。〔「瓜田不ㇾ納ㇾ履(カデンにくつをいれず)」に続く句〕〈君子行〉
【李耳】リジ ①老子の姓名とされる。②トラの別称。
【李唐】リトウ 唐王朝。〔唐の皇帝の姓が李であることから〕

枉
木4 (8)
2 5930 6789
オウ(ワウ) 漢 呉 養 wǎng
ま-がる・ま-げる(ま-ぐ)・ま-げて

意味 ❶まっすぐなものをまげる。ねじまげる。**まがる**。**まげる**。例 枉道(オウドウ)。枉法(オウホウ)。❷無理におしまげて。わざわざ。**まげて**。例 枉駕(オウガ)。❸罪におとしいれられる。無実の罪。例 冤枉(エンオウ)。❹むだに。いたずらに。例 枉費(オウヒ)(=むだについやす)。❺あやまち。不正。例 矯二秦之枉一(シンのオウをたむ)(=秦国の過ちを正す)。〈柳宗元・封建論〉

【枉▼駕】オウガ｜ガをまぐ 乗り物の方向をわざわざ変えて立ち寄る。貴人の来訪の敬語。来駕。枉顧。例 先日はご―を賜りありがとう存じました。
【枉屈】オウクツ ①無理に屈服させる。②貴人が身をかがめ、へりくだって来訪する。
【枉顧】オウコ｜まげてかえりみる 「枉駕(オウガ)」に同じ。
【枉死】オウシ 災難や殺害によって死ぬ。非業(ヒゴウ)の死。横死。
【枉訴】オウソ 無実の罪で人を訴える。誣告(ブコク)。
【枉道】オウドウ｜みちをまぐ ①正しい道理を守らないで、人にこびる。例 枉ㇾ道而事ㇾ人(みちをまげてひとにつかう)(=正道をまげて人に仕える)。〈論語・微子〉②寄り道をする。まわり道。
【枉▼橈】【枉▼撓】オウドウ ①法をまげて人を罪におとしいれる。②まがる。たわむ。
【枉法】オウホウ 法をまげる。法を不正に用いる。

果
木4 (8)
1 1844 679C 教4
カ(クヮ) 漢 呉 哿 guǒ
はたす・はてる(は-つ)・はて・はたして・おお-せる(おほ-す)
付表 果物(くだもの)

筆順 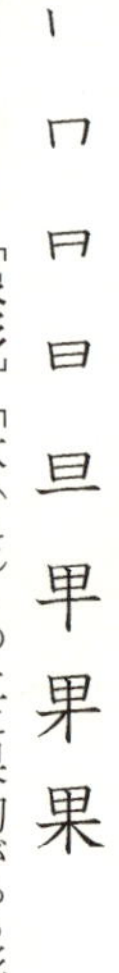

なりたち  [象形]「木(=き)」の上に果物がある形。木の実。

意味 ❶草木の実。くだもの。例 果実(カジツ)。果樹(カジュ)。青果(セイカ)。❷あることがもとになって生じたもの。例 結果(ケッカ)。効果(コウカ)。成果(セイカ)。❸結末をつけるように、思いきってする。思いきりがよい。例 果敢(カカン)。果断(カダン)。❹なしとげる。**はたす**。例 聞二王命一而遂不ㇾ果(オウメイをきけども、ついにはたさず)(=王の命令を受けても、結局なしとげることがない)。〈孟子・公孫丑下〉❺みたす。例 果腹(カフク)(=腹を満たす)。❻思ったとおり。**はたして**。例 果然(カゼン)。❼ついに。とうとう。**はたして**。例 果得二晋国一(はたしてシンコクをえたり)(=とうとう晋国を手に入れた)。〈左伝・僖二八〉❽もし。本当に。**はたして**。例 果遇、必敗(はたしてあわば、かならずやぶる)(=もし敵にあったら、必ず負ける)。〈左伝・宣二〉

日本語での用法 一《はたす》「使(つか)い果(は)たす」▼すっかり…してしまう。二《はてる》①「宴(エン)が果(は)てる」▼終わる。②「旅中(リョチュウ)に果(は)てる」▼死ぬ。③「あきれ果(は)てる・困(こま)り果(は)てる」

▼まったく…する。▼終わり。極限。三《はて》「果(は)てしない・宇宙(チュウ)の果(は)て」▼終わり。

古訓 中古 くだもの・このみ・つひに・とぐ・はたす 中世 くだもの・このみ・つひに・はたす 近世 かつ・くだもの・このみ・はたす・はつる・はて・はてる・まこと・まさる

人名 あきら・このみ・はた・はたし・まさる

【果鋭】カエイ 決断力があって頭がよい。

【果園】カエン 果物のなる木を植えて育てる場所。果樹園。

【果敢】カカン 決断力に富み、困難に力強く立ち向かうさま。例 悪二果敢而窒者一(カカンにしてふさがるものをにくむ)(=思い切って行動するけれども、道理をわきまえない者をにくむ)。〈論語・陽貨〉勇猛―。―に戦う。

【果▼毅】カキ 決断力があり、意志が強い。

【果菜】カサイ ①山野で果実をとる。②果物と野菜。③実の部分を食用にする野菜。ナス・カボチャ・ピーマン・トマトなど。果菜類。

【果実】カジツ ①植物の実。種を包みこんでいるもの。②果物。例 ―酒。③研究や努力によって手にはいる成果。例 日本の学術の―。

【果樹】カジュ 果物のなる木。例 ―園。

【果汁】カジュウ 果物をしぼって得る液体。ジュース。

【果然】カゼン ①あきたりるさま。〈荘子・逍遥遊〉②思ったとおり。予期したとおり。はたして。例 ―病状は好転した。

【果断】カダン 思いきりがよいさま。例 ―な処置。

【果糖】カトウ 果実や蜂蜜(はちみつ)などに含まれる糖類の一つ。

【果肉】カニク 果実の、皮と種を除いたやわらかい部分。例 梅の―を裏ごしする。

【果皮】カヒ ①果実の、種を除いた部分。②果実の表面の皮。

【果物】カブツ・くだもの 食用になる果実のうち、穀物や野菜に分類されないもの。水菓子(みずガシ)。

【果報】カホウ ①〔仏〕因果応報。前世(ゼン)におこなったことに対するむくい。例 善悪の―。②日 よいむくい。めぐってきた幸運。例 ―者(もの)。―は寝て待て。

●因果(ガイン)・結果(ケッカ)・効果(コウカ)・青果(セイカ)・釣果(チョウカ)

枒
木4(8) 4 1440 6792 ガ 漢 麻 yá

意味 木の枝のまたになって分かれるところ。

[柹]
木4(8) ⇩柿(かき)(672ジペ)

极
木4(8) 3 8552 6781 キョウ(ケフ) 漢 葉 jí

意味 ❶ロバの背に置き、荷を載せる板。❷船をこぐ。楫(かじ)。❸「極(キョク)」の簡体字。参考 大极(おおなぎ)・极木(またぎ)(=姓)。极木(まだのき)(=青森県の地名)。

[枅]
木4(8) ⇩枅(ケイ)(679ジペ)

[杰]
木4(8) ⇩傑(ケツ)(109ジペ)

杴
木4(8) 4 1437 6774 ケン(ケム) 漢 塩 xiān こすき

意味 田畑をたがやす農具。木鋤(こすき)。

杭
木4(8) 1 2526 676D 人 コウ(カウ) 漢 陽 háng くい(くひ)

なりたち [形声]「木(=き)」と、音「亢(コウ)」とから成る。わたる。

意味 ❶船でわたる。わたる。❷杭州(コウシュウ)(浙江(セッコウ)省)の略。

日本語での用法《くい》「杭(くい)を打(う)つ」▼地面に打ちこみ、目じるしや柱とする棒。

古訓 中古 あぐ・きはまる・たくらぶ・むかふ 中世 あぐ 近世 あまのがは・ふなわたし・ふね・むまだらひ

杲
木4(8) 2 5862 6772 コウ(カウ) 漢 皓 gǎo あき-らか・たか-い(たか-し)

意味 ❶(日が出て)明るいさま。あきらか。例 杲杲(コウコウ)。❷たかい。

日本語での用法《かお》「朝杲(あさがお)(=花の名)・杲鳥(かおどり)(=鳥の名)」▼万葉集で「顔」にあてる字。

【杲▼乎】コウコ 高いさま。

【杲杲】コウコウ 日の明るいさま。

枝
木4(8) 1 2762 679D 教5 シ 漢 呉 支 zhī えだ・え

筆順 一 十 才 木 木 杧 杪 枝

なりたち [形声]「木(=き)」と、音「支(シ)」とから成る。木の幹から別に生じた部分。

意味 ❶木の幹から分かれ出たもの。えだ。例 枝葉(シヨウ)。幹枝(カンシ)。樹枝(ジュシ)。❷中心部から分かれ出たもの。例 枝道(えだみち)。❸てあし。通 肢。例 枝解(シカイ)。❹ささえる。通 支。❺えとの十二支。通 支。

古訓 中古 えだ・ささふ・しげ・わかる 中世 えだ・おほえだ・しげ 近世 えだ・こずゑ・ささへる

人名 き・しげ・しな

難読 三枝(さいぐさ|さえぐさ|さきくさ)・枝折(しおり)・枝折戸(しおりど)

【枝▼胤】シイン 子孫。

【枝▼柯】シカ 木の枝。

【枝解】シカイ 手足を切りはなす刑罰。

【枝幹】シカン ①枝と幹。②本家と分家。③十二支と十干。

【枝▼梧】シゴ ①対抗する。抵抗する。②支える。③ごまかす。

【枝▼蔓】シマン ①枝と蔓(つる)。②罪に巻きこまれる。

【枝葉】シヨウ・えだは ①枝と葉。②ものごとの主要でない部分。

【枝葉末節】シヨウマッセツ 日 ものごとの主要でない部分。

柢
木4(8) 4 1439 233DA シ 漢 支 shì

意味 碓(からうす)の、さお・きね。参考 柢本(かきもと)(=姓)。

杵
木4(8) 1 2147 6775 人 ショ 漢 呉 語 chǔ きね・つち

なりたち [形声]「木(=き)」と、音「午(ゴ→ショ)」とから成る。臼(うす)でつくきね。

意味 ❶臼(うす)の中の穀物をついたり、餅(もち)をついたりする道具。きね。例 杵臼(ショキュウ)。❷ものをつく道具。つち。例 砧杵(チンショ)(=きぬたと、つち)。❸武器の一つ。たて。例 血流漂レ杵(ちながれてショをただよわす)(=血の海に盾がただよう)。〈書経・武成〉

古訓 中古 きね・つち 中世 きね・シモク・つち 近世 きね

難読 臼杵(うすき)(=地名)

【杵臼】ショキュウ きねと、うす。

【杵臼▼之交】ショキュウのまじわり 身分の差をこえた交わり。◆後漢のとき、太学(タイガク)に留学していた公沙穆(コウサボク)は貧しくて学費がなかったので呉祐(ゴユウ)に雇われて臼(うす)つきをしていたが、呉祐がその学力に驚き、以後二人は友人になったという。〈後漢書・呉祐伝〉

松
木4(8) 1 3030 677E 教4 ショウ 漢 冬 sōng まつ

[枩]
木4(8) 2 5932 67A9 別体字。

[枀]
木5(9) 3 8559 67D7 別体字。

[寀] 木7(11) 3 8571 68A5 別体字。 [寀] 木10(14) 4 1520 3BA4 別体字。

筆順 一 十 オ 木 杧 松 松

なりたち [形声]「木(=き)」と、音「公コウ→ショウ」とから成る。マツの木。

意味 マツ科の常緑針葉樹。**マツ**。アカマツ・クロマツなど多くは大木となる。庭木や建築・器具材など、広く用いられる。樹齢が長く、常緑樹であることから、長寿や節操のかたいことのたとえにされる。例 松柏ショウハク。松露ショウロ。

古訓 中古 まつ 中世 まつ 近世 まつ

人名 ときわ・ます

難読 松蘿ひかげのかずら・松楊おがせ・松蘇利むろのきすず

【松▼筠】ショウイン(一年中枯れることのない)マツとタケ。節操の堅いことのたとえ。

【松韻】ショウイン 松風の音。マツの木に吹く風の音。松濤ショウトウ。松籟ショウライ。

【松▼毬】ショウキュウ マツの実。まつぼっくり。まつかさ。

【松魚】ショウギョ 日 カツオの別名。

【松▼喬】ショウキョウ ①伝説上の仙人、赤松子セキショウシと王子喬オウシキョウ。②隠遁トンイン者。仙人。

【松▼喬▼之寿】ショウキョウのジュ 赤松子セキショウシと王子喬オウシキョウのような長寿。喬松之寿。〈晋書・隠逸伝・辛謐〉

【松江▼鱸】ショウコウのロ 松江(=呉松江。江蘇コウソ省にある川)でとれる鱸(=スズキに似た魚)。美味で知られる。〈後漢書・方術伝下・左慈〉

【松子】ショウシ マツの実。まつぼっくり。まつかさ。

【松樹】ショウジュ マツの木。

【松竹梅】ショウチクバイ ①マツとタケとウメ。寒さに耐える植物。→【歳寒三友】サイカンのサンユウ(727ページ) ②日 寒中でも緑を保ち、花をつけることから祝い事に用いる。また、三つの順位をあらわし、普通、松を上、竹を中、梅を下とする。

【松▼濤】ショウトウ マツに吹く風の音。松韻。

【松▼柏】ショウハク ①マツとコノテガシワ。また、常磐木ときわぎ(=常緑樹)のこと。②(「①」が一年中、緑色を保つことから)節操を守って変えないこと。例 歳寒、然後知二松柏之後一彫也としさむくして、しかるのちにショウハクのしぼむにおくるるをしる(=寒い季節になって、はじめてマツやコノテガシワが枯れないことがわかる。《困難なときほど志の堅さが目立つ意》)。〈論語・子罕〉 ―の操みさお。

【松▼柏▼摧為レ薪】ショウハクくだかれてたきぎとなる 生き生きと緑色をしていたマツやコノテガシワの木も砕かれて、たきぎとなる。この世のはかなさのたとえ。〔「古墓犂為レ田コボすかれてデンとなる」に続く句〕〈古詩十九首〉 →【桑田変成レ海】ソウデンヘンじてうみとなる(682ページ)

【松▼柏▼之寿】ショウハクのジュ 長寿。長生き。

【松風】ショウフウ 一まつかぜ ①マツに吹く風。マツの枝や葉を鳴らして吹く風。松籟ショウライ。②日 茶釜ちゃがまや鉄瓶の湯の煮え立つ音。

【松明】ショウメイ 一たいまつ マツやタケなどをたばね、その先に火をつけたもの。明かりとして使った。類 松火ショウカ。

【松▼蘿】ショウラ ①コケの一種。マツの木に寄生して糸のようにたれさがる。女蘿ジョラ。サルオガセ。サガリゴケ。ヒカゲノカズラ。②安徽アンキ省歙ショウ県の松蘿山で産する茶。

【松▼籟】ショウライ マツに吹く風。松風。また、その音。松韻。

【松露】ショウロ ①マツの葉に置くつゆ。②日 ショウロ科の、きのこ。かさと柄えの区別がない小さな球形で、食用。四、五月ごろ海岸の松林の砂地に生える。

●市松いちまつ・門松かどまつ・唐松からまつ・落葉松からまつ・白砂青松ハクシャセイショウ

枢 木4(8) 1 3185 67A2 常用 スウ漢 虞 shū とぼそ・くるる・とまら

[樞] 木11(15) 2 6068 6A1E 旧字体。

筆順 一 十 オ 木 杧 杈 枢

なりたち [形声]「木(=き)」と、音「區ク→スウ」とから成る。とびらを開閉する軸。

意味 ❶開き戸の回転軸や軸受け。**とぼそ。くるる。とまら**。例 枢機スウキ。枢要スウヨウ。中枢チュウスウ。❷中心となる、重要な部分。例 政枢セイスウ。宸枢シンスウ。❸政権。また、天子の位。例 天枢テンスウ。❹星の名。北斗七星の第一星。❺木の名。刺楡シユ(=ニレ科の落葉高木)。

古訓 中古 とぼそ・とまら・ほぞ・もと 中世 くるる・くるるぎ・くろろ・とぼそ・とまら 近世 くるる・とぼそ・はた

【枢奥】スウオウ ものごとのおおもととなり、奥まったところにある重要な部分。

【枢機】スウキ ①ものごとの大切なところ。枢要。類 枢管。②重要な政務。例 国家の―をにぎる。―に参画する。

【枢機▼卿】スウキキョウ 一スウキケイ 日 ローマカトリック教会で、教皇に次ぐ聖職。教皇の選出や教会行政などの要務にたずさわる。カーディナル。

【枢衡】スウコウ 国家の重要な事柄をつかさどる職務。宰相。

【枢軸】スウジク(「軸」は、車軸の心棒の意)ものごとの大切なところ。特に政治活動の中心となる重要な部分。例 国政の―となる。

【枢臣】スウシン 国家のかなめとなる臣下。重臣。

【枢属】スウゾク 枢密院の仲間。

【枢府】スウフ 軍事をつかさどる官庁。枢密院や軍機処など。

【枢密】スウミツ 秘密で重要な事柄。政治上の秘密。機密。例 ―顧問官。

【枢密院】スウミツイン ①唐から宋ソウにかけて、軍政や機密をあつかった役所。②日 一八八八(明治二一)年から一九四七(昭和二二)年まで置かれた、天皇の諮問機関。

【枢務】スウム 重要な政務。国務。

【枢要】スウヨウ 大切なところ。一つのものごとの中で最も重要なさま。例 国政上―な地位。

【枢路】スウロ 日 政治上の重要な地位。

枘 木4(8) 3 8554 6798 ゼイ漢 霽 ruì ほぞ

意味 木材どうしを接合するための突起。**ほぞ**。例 枘鑿ゼイサク(=ほぞと、ほぞ穴)。

析 木4(8) 1 3247 6790 常用 セキ漢 シャク呉 錫 xī さ-く

筆順 一 十 オ 木 朩 杤 析

なりたち [会意]「木(=き)」と「斤(=おの)」とから成る。木をおので切りさく。

意味 ❶木をおので割る。**さく**。例 析薪セキシン。❷分解する。入り組んだものを、わけてはっきりさせる。例 解析カイセキ。分析ブンセキ。❸わかれる。はなれる。例 析出セキシュツ。離析リセキ。

古訓 中古 わかつ 中世 くだく・わかつ・わる 近世 くだく・たきぎ・ヒヤウシぎ・わかつ・わりき・わる

【析出】セキシュツ ①事物を切り離して特定の要素を取り出す。②日 〔化〕溶液または溶融状態から固体が分離して出てくる。

【析薪】まきを割る。【負二析薪一】父親がまきを割り、子がそれを背負う。子が父の仕事を継ぐことのたとえ。〔〈左伝・昭七〉から〕
●解析・透析・分析

枛
木4 (8) 3 8555 679B
ソウ(サウ)漢 効 zhào
意味 木のとげ。 参考 枛木(=岩手県の地名)。

杻
木4 (8) 3 8551 677B
一 ジュウ(ヂウ)漢 有 niǔ
二 チュウ(チウ)漢呉 有 chǒu
意味 一 モチノキ科の常緑高木。モチノキ。冬青。 二 罪人の手などにはめて、自由をうばう刑具。かせ。 例 杻械。杻鎖。

杶
木4 (8) 4 1438 6776
チュン漢 真 chūn
意味 センダン科の落葉高木。チャンチン。 通 椿。
参考 杶(=宮城県の地名)。

杼
木4 (8) 2 5933 677C
一 チョ漢 語 zhù
二 ショ漢 ジョ呉 語 shù
どんぐり・ひ
意味 一 ❶機織りのよこ糸を通す道具。ひ。 対 柚。 例 杼機。 ❷削って薄くする。とがらせる。 二 クヌギやトチの実。どんぐり。 例 杼栗(=どんぐりとクリ)。
【杼機】はたおりの道具。

東
木4 (8) 1 3776 6771 教2
トウ漢呉 東 dōng
ひがし・あずま(あづま)

筆順 一 厂 冂 日 申 東 東

なりたち  [会意]「日(=太陽)」が「木(=き)」の中にある。動く。借りて「ひがし」の意。

意味 ❶方位の名。ひがし。 例 東方。東洋。極東。 ❷ひがしに向かう。ひがしに行く。ひがしす。 例 秦師遂東(=秦国の軍勢はそのまま東に向かった)。〈左伝・僖三三〉 ❸ひがしの方で。ひがしに向かって。ひがしのかた。 ❹主人。〔古代、主人は東側に、客は西側に座したことから〕 例 東家。東人。 ❺五行で、春。 例 東宮。東作。馬耳東風。

日本語での用法 《あずま》「東遊び・東歌・東男」▼箱根より東の地方。特に、関東を指す。

古訓 中古 あづま・さる・ひむがし 中世 あづま・うごく・ひがし・ひんがし 近世 あづま・うごく・ひがし
人名 あがり・あきら・き・こち・のぼる・はじめ・はる・ひで・もと
難読 東海林(=姓)・東雲・東風・東宮・東る・東はひつぎのみや

【東男】① 日 ①東国の男。無骨者などの意で使う。②江戸生まれの男。気っぷのよさや男らしさをいう。 対 京女。 例 —に京女。

【東亜】アジアの東部。東アジア。

【東▼夷】一 古代、東方の異民族を見くだして呼んだことば。 二 日 京都の人が関東の人をさげすんで呼んだことば。

【東雲】一 ①東方の雲。②明け方に東の空にたなびく雲。 二 日 夜明け。明け方。

【東▼瀛】①東の海。東海。②日本。

【東欧】ヨーロッパの東部。東ヨーロッパ。

【東屋】一 東側にある家屋。 二 日 屋根と柱だけで壁のない小屋。庭園などに休息や展望を目的として建てる。亭。四阿。阿舎。

【東下】①長安から洛陽へ行くこと。② 日 京都から東国へ行くこと。

【東家】①東どなりの家。②主人。〔近世のことば〕

【東歌】一 東の地方の歌。 二 日『万葉集』や『古今和歌集』にある東国の人々がよんだ和歌。東国方言を多く含んでいる。

【東海】①東方の海。②(中国で)東シナ海。③ 日「東海道」の略。④ 日 東海地方。静岡・愛知・三重の三県と岐阜県の一部。

【東海道】日 ①律令制で七道の一つ。伊賀・伊勢・志摩・尾張・三河・遠江・駿河・甲斐・伊豆・相模・武蔵・安房・上総・下総・常陸の十五の国から成る。②京都から太平洋に沿った国々を通り江戸につながる街道。 例 —五十三次(=江戸時代、東海道におかれた五十三の宿駅)。

【東漢】後漢。〔西の長安に都した前漢に対して、東の洛陽に都したことから〕 対 西漢。

【東▼嚮】【東向】【東郷】東を向く。 例 項王・項伯東嚮坐、亜父南嚮坐。亜父者范増也。沛公北嚮坐、張良西嚮侍(アホとはハンゾウなり。ハイコウはホッキョウしてザし、チョウリョウは西嚮して侍す)(=項王(=項羽)と項伯は東を向いて座り、亜父は南を向いて座った。亜父とは范増である。沛公(=劉邦)は北に向いて座り、張良は西に向かって控えていた)。〈史記・項羽紀〉 参考 古来中国では、南面(=北側の席)は君主の、北面(=南側の席)は臣下の位置とされている。しかし、宴席のような場では、東面(=西側の席)が上座で、西面(=東側の席)が下座であった。

【東宮】①皇太子の宮殿。②皇太子。 例 —御所。▽春宮。

【東君】①太陽の神。また、太陽。②伝説中の仙人の名。東王公。③春をつかさどる神。

【東京】一 ①漢代の洛陽。②北宋時代の開封。③遼・金代の遼陽。 二 日(明治初期、「トウケイ」とも)日本国の首都。また、東京都。 三 ベトナムの北部地方、ソンコイ川下流のデルタ地帯。

【東経】イギリスのグリニッジ天文台を通る子午線を○度として、そこから東にはかった経度。 対 西経。

【東呉】三国時代の呉の国。また、その地域(=江蘇省・浙江省の東部)。長江の東にあたる。

【東皇】①天の神。東皇太一。②春をつかさどる神。

【東▼皐】東の丘。日あたりのよい高地、また田畑をいう。 例 登二東皐一以舒嘯(=東の丘に登ってゆったりと歌をうたう)。〈陶淵明・帰去来辞〉

【東国】①東の国。② 日 奈良時代以来、畿内(=奈良や京都の周辺の地域)からみて東方の国。特に、関東地方。 例 —の武士。—の荒夷。

【東西】①東と西。 例 —南北。②東洋と西洋。また、東方諸国と欧米諸国。③方角や方向。また、世の中の事柄。 例 —を失う(=方向がわからない。どうすればよいかわからない)。④品物。物。⑤ 日 芝居などの口上で、はじめに言うことば。東西東西。

【東西南北人】定まった住居を持たず各地を放浪する人。孔子の自称という。〈礼記・檀弓上〉

【東作】春におこなう耕作。春耕。

【東山】一 ①東方の山地。『詩経』東山に由来して遠征の地をいう。②魯の東部にある山。一説に、孔子が登ったという蒙山。③浙江省にある山。東晋の謝安が隠棲したことから、隠退の意にも用いる。 例 —の志(=隠退の意志)。 二 日「東山道」(=近江・美濃・飛騨・信濃・上野・下野・陸奥・出羽の七国から成る地域)」の略。三 ひがしやま 日京都東方の山地。

【東周】トウシュウ 「東遷②」以後の周王朝。対西周。

【東序】トウジョ 夏王朝のときの大学。王宮の東にあった。

【東▼牀】トウショウ 女婿。むすめむこ。→【坦腹】タンプク (287ページ)

【東上】トウジョウ ①東を上位とする。②西の地方から東の地方へ行く。③日西の方から東京(江戸)へ行く。対西下。

【東城】トウジョウ 今の安徽省定遠県の東南にあった地。楚の項羽が漢と戦ったところ。

【東▼晋】トウシン 異民族の侵入で滅ぼされた西晋の皇族、司馬睿(元帝)が建康(=今の南京)を都として建てた王朝。十一代で南朝宋に滅ぼされた。(三一七—四二〇)

【東進】トウシン 東へ進む。対西進。例台風が—する。

【東遷】トウセン ①東方に移る。②紀元前七七〇年、周の平王が異民族の侵入によって都を鎬京から東の洛邑に移したこと。

【東漸】トウゼン 文明や勢力が次第に東方へ進み移る。対西漸。例仏教—。

【東▼岱】トウタイ 〔五岳のうちの東方にある〕泰山(一名、岱山)のこと。

【東▼儲】トウチョ 〔「儲」は、後継ぎの意〕皇太子。東宮。

【東天】トウテン ①東の空。例—が明らむ。②明け方の東の空。

【東天紅】トウテンコウ 日①東方の空が明らむ。②夜明けを知らせるニワトリの鳴き声。③ニワトリの品種の一つ。高知県原産。鳴き声が長い。

【東都】トウト ①東方の都。②日江戸時代の江戸。③日現在の東京。

【東道】トウドウ ①東への道。東方への道。②「東道の主」の略。主人となって客の案内をすること。また、その人。

【東▼坡】トウバ 北宋の文人、蘇軾の号。

【東南】トウナン 東と南との中間の方角。南東。たつみ。ひがしみなみ。例—アジア。

【東部】トウブ ある地域の東の方の部分。

【東風】トウフウ|こち|ひがしかぜ ①東から吹く風。②春風。例馬耳—。

【東方】トウホウ|トウボウ ①東の方角。東の方面。対西方。②東洋。アジア。例—文化。

【東北】トウホク ①東と北との中間の方角。北東。うしとら。ひがしきた。②中国の、東北部の地方。もと、満州と呼んだ。③日東北地方のこと。青森・岩手・秋田・宮城・山形・福島の六県。奥羽地方。例—弁。

【東奔西走】トウホンセイソウ 〔東西に奔走する意〕あちらこちらといそがしくかけまわる。〈弁山堂別集・八〉例資金集めに—する。

【東洋】トウヨウ ①東方の海洋。東海。②黄海。③(中国から見て)日本。④アジアの東部および南部の地域。日本・中国・朝鮮半島・インド・ミャンマー・タイ・インドネシアなど。対西洋。

【東▼籬】トウリ 家の東側の垣根。例採レ菊東籬下、悠然見二南山一(キクをとるトウリのもと、ユウゼンとしてナンザンをみる)(=東側の垣根のもとでキクを摘み、ゆったりとした心で南山をながめる)。〈陶淵明・飲酒〉

【東流】トウリュウ ①(川や海流などが)東の方に流れる。②川。〔中国の川は多くが東に流れることから〕③〔仏〕仏教が東方に広まる。

●関東・極東・近東・中東・坂東

[木] 4画▼ 料 杈 杷 杯 杮

料

木4(8) 3 8553 6793

一 シュ 漢 zhǔ
二 トウ 漢 ト 呉 有 dǒu
ますがた

意味 一 水をくむ道具。ひしゃく。二 棟木を支えるために、柱の上に置く方形の木材。**ますがた**。とがた。例科栱(=ますがた。斗栱)。参考 料木(=姓)。

杈

木4(8) 4 1435 233E4 国字

とが

意味 人名に用いる字。例杈栂木(=姓)。

杷

木4(8) 1 3939 6777 人

一 ハ 漢 麻 pá
二 ハ 漢 禡 bà
さらい(さらひ)・つか

なりたち  [形声]「木(=き)」と、音「巴ハ」とから成る。麦を収穫する器具。

意味 一 ❶農具の名。穀物などをかき集めたり、土をならしたりするもの。**さらい**。例細杷(=落ち葉をかき集めたりする道具)。犂杷。❷「枇杷」は、バラ科の常緑高木。初夏にだいだい色の実が熟す。二 刀剣などの、手でにぎる部分。**つか**。例杷柄(=にぎり)。

古訓 中世 さらひ 近世 かひ・さらひ

杯

木4(8) 1 3953 676F 常用

ハイ 漢 灰 bēi
さかずき(さかづき)・つき

[桮] 木7(11) 4 1471 686E 本字。 [盃] 皿4(9) 1 3954 76C3 人 別体字。

筆順 一 十 オ 木 木 杉 杯 杯

なりたち 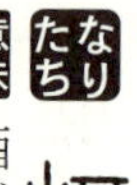 [形声]「木(=き)」と、音「否ヒ→ハイ」とから成る。飲み物を入れるうつわ。

意味 酒をついで飲むうつわ。**さかずき**。例杯酒ハイシュ。乾杯カンパイ。酒杯シュハイ。

古訓 中古 さかづき 中世 さかづき 近世 さかづき・ほとぎ

【杯▼棬】【杯圏】ハイケン ①木の薄片を曲げて作るさかずき。②亡き母。〔亡くなった母の使った「①」が、母を思い出させることから〕③「杯酒ハイシュ」に同じ。

【杯▼杓】ハイシャク さかずきと酒をくむひしゃく。酒を飲むこと。例不レ勝二杯杓一(ハイシャクにたえず)(=これ以上酒は飲めない)。〈史記・項羽紀〉

【杯酒】ハイシュ さかずきの酒。また、酒の入ったさかずき。

【杯▼觴】ハイショウ さかずき。

【杯洗】ハイセン 日宴席で、人に酒をつぐ前に、さかずきをひたして洗ううつわ。

【杯中蛇影】ハイチュウのダエイ 思いこみのこわさ・疑心暗鬼のたとえ。◆楽広ガクコウが、久しく姿を見せない友人にそのわけを尋ねると、「以前二人で酒を飲んだとき、さかずきの中にヘビがいるように見えた。我慢して酒を飲んだら病気になった」と答えた。時に河南の役所の壁には獣の角が掛けてあり、そこにヘビの絵がかかれていた。楽広がそれがさかずきの酒に映っただけだと説明すると、友人は事情がわかり、病気がけろっと治ったという。……〈晋書・楽広伝〉

【杯中物】ハイチュウのもの 酒。例天運苟如レ此、且進二杯中物一(テンウンいやしくもかくのごとくんば、しばらくハイチュウのものをすすめん)(=これが運命というものならば、とりあえず酒でも飲むとしよう)。〈陶淵明・責子〉

【杯盤▼狼▼藉】ハイバンロウゼキ 酒宴の場で、さかずき・皿・鉢などが散らばって、だらしのない状態になっていること。例肴核既尽、杯盤狼藉(コウカクすでにつき、ハイバンロウゼキたり)(=酒のさかなもなくなって、杯や皿が散らかり放題)。〈蘇軾・赤壁賦〉

●一杯イッパイ・乾杯カンパイ・苦杯クハイ・賜杯シハイ・祝杯シュクハイ・罰杯バッパイ・返杯ヘンパイ・満杯マンパイ・水杯みずさかずき

杮

木4(8) 4 1441 233DF

ハイ 漢 卦 pài

意味 麻さあ。

柿
木4（8）　676E

ハイ漢　隊 fèi　こけら

［杮］
木4（8）　4 1436　233D5　別体字。

意味 けずりくず。**こけら**。例 柿落とし（=新築の劇場ではじめておこなう興行）。

参考 「柿シ（=カキ）」は木部五画で、別の字。

板
木4（8）　1 4036　677F　教3

ハン漢　バン呉　潸 bǎn　いた

筆順 一 十 才 木 朾 扩 析 板

なりたち ［形声］「木（=き）」と、音「反ハ」とから成る。木のいた。

意味 ❶木をうすく平らに切ったもの。**いた**。また、うすくて平らなもの。例 看板。黒板。銅板。❷印刷のために字や絵を彫ったいた。はんぎ。通 版。例 板本。❸詔書。また、公文書や辞令。例 詔板。❹しゃく。古代、官吏が手に持った細長いいた。メモをとるのに用いた。例 手板。❺拍子をとるための打楽器。例 拍板。❻罪人を打つための刑具。例 板子。

古訓 中古 いた　中世 いた・とどむ　近世 いた・いたふだ・ふだ・へぎいた

難読 板歯（むかば・まえば）

【板材】日 板に作ってある木材。

【板塀】日 板で作った塀。類 板垣。

【板目】日 ①板と板との合わせ目。②木目（モク）がまっすぐ平行に通っていないこと。また、その板。対 柾目。

【板木】日 一 印刷するために文字や絵を彫る木の板。サクラ・ツゲなどを用いる。中国では古くアズサを用いた。彫り板。印板。形木。版木。二 寺院などで、合図にたたく長方形の厚い板。

【板金】金属の板を加工すること。鈑金。例 —工。

【板子】一 ①木製の板状のものの総称。②罪人を打つ竹の板。二 日 和船の底にしく揚げ板。例 —一枚、下は地獄（=船乗りの仕事の危険なことのたとえ）。

【板下】日 木版画や印判などを彫るとき、板木や印材に張りつける絵や字を書いた、うすい紙。版下。

【板書】日 授業で黒板やボードに字を書くこと。例 要点を—する。

【板▼蕩】国家や社会が乱れること。〔「板」と「蕩」はいずれも『詩経』「大雅」中の篇名で、周の厲王の無道な政治をそしっていることから〕

【板本】板木を使って印刷した書物。版本。木版本。対 活字本。

【板元】日 本や雑誌を出版したところ。出版元。発行所。版元。

●画板・看板・甲板・黒板・鉄板・戸板・登板・羽子板・平板・胸板・床板

枇
木4（8）　1 4090　6787　人

一 ヒ漢　ビ呉　支 pí　二 ヒ漢呉　紙 bǐ

なりたち ［形声］「木（=き）」と、音「比ヒ」とから成る。木の名。枇杷。

意味 一「枇杷」は、バラ科の常緑高木。果樹として栽培。果実は卵形で夏にだいだい色に熟す。葉は薬用、材は櫛などにする。二 祭祀に用いる木のさじ。しゃもじ。

古訓 中古 うつき・さしぐし・ならぶ・ほそくし・ほそし　中世 うつき　近世 こふくべ・ビハ

杪
木4（8）　2 5934　676A

ビョウ（ベウ）漢　篠 miǎo　こずえ（こずゑ）・すえ（すゑ）

意味 ❶枝の先。**こずえ**。例 杪頭（=枝の先）。❷ある期間の終わり。**すえ**。例 杪春。❸ごく小さい。例 杪小（=こまかい）。

【杪秋】秋の末。晩秋。

【杪春】春の末。晩春。

【杪冬】冬の末。晩冬。また、陰暦十二月の別称。

枌
木4（8）　2 5935　678C

フン漢　文 fén　にれ・むね

意味 ❶ニレ科の落葉高木。**ニレ**。例 枌楡。❷二階建ての棟。**むね**。

難読 枌板

【枌▼楡】①ニレの木。②郷里。〔漢の高祖の出身地、豊邑の社（=土地の神）の名を「枌楡」といったことから〕

枋
木4（8）　2 5936　678B

一 ホウ（ハウ）漢　陽 fāng　二 ホウ（ハウ）漢　漾 fàng　三 ヘイ漢　敬 bǐng　いかだ・まゆみ

意味 一 ニシキギ科の落葉低木。**マユミ**。例 枋楡（=マユミの木とニレの木）。二 **いかだ**。三 取っ手。柄。転じて、権力。支配の手段。通 柄。例 八柄（=帝王が臣下を支配する八つの手段）。

枚
木4（8）　1 4371　679A　教6

バイ漢　マイ呉　灰 méi　ひら

筆順 一 十 才 木 朩 枚 枚

なりたち ［会意］「木（=き）」と「攵（=つえ）」とから成る。幹。

意味 ❶木の幹。❷夜討ちや奇襲のときに、兵士やウマの口にかませて声を出すのをふせいだ木片。**ばい**。例 銜枚（=枚を口にふくむ）。❸一つ一つ。いちいち。例 枚挙。❹ものを数えることば。例 枚数。硯一枚。槍二十枚。

日本語での用法 《マイ》《ひら》「三百枚の原稿・銀二枚・一枚の花びら」▼うすくて平たいものや軽いものを数えることば。

古訓 中古 えだ・から・ひら・むちうつ　中世 えだ・かず　近世 えだ・かず・ひこばえ・むち

人名 かず・ふむ

難読 枚方（=地名）

【枚挙】一つ一つ数えあげる。例 —にいとまがない（=いちいち数えるひまがない。数が多い）。

●三枚・千枚・大枚

枕
木4（8）　1 4377　6795　常用

一 チン慣　シン（シム）漢呉　寝 zhěn　二 チン慣　シン（シム）漢呉　沁 zhèn　まくら

筆順 一 十 才 木 朩 朩 枕 枕

なりたち ［形声］「木（=き）」と、音「冘イン→シン」とから成る。寝るときに頭にしくもの。

意味 一 寝るときに頭の下に置くもの。**まくら**。例 枕席。

二 ❶まくらにする。例 枕草チンソウ。枕流漱石チンリュウソウセキ。❷臨む。近づく。接する。例 枕河チンガ（＝河に臨む）。

日本語での用法《まくら》「話はなしの枕まくら・枕詞まくらことば」▼言い出すとき初めに加えて言う話やことば。

古訓 中古 ささふ・まくら・まくらにす・よる 中世 まくら・まくらす・よる 近世 まくら・まくらとす・よる

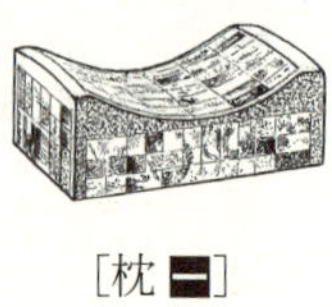

[枕 一]

【枕▼戈】チンカ ―ほこをまくらとす 武器をまくらにして眠る。常に戦う準備をしていることのたとえ。

【枕骸】チンガイ （まくらを並べて伏したように）重なり合った死体。例 枕骸遍レ野チンガイやにあまねし（＝重なり合った死体が原野一面に広がっている）。〈李華・弔古戦場文〉

【枕▼藉】【枕籍】チンシャ ①まくらや敷物にする。熱中しているもののたとえ。例 枕二籍詩書一シショをチンシャす（＝『詩経』や『書経』をまくらにしたり、下に敷いたりする。経典テイにになじむ意）。〈塩鉄・殊路〉 ②（互いにまくらや敷物にして）重なり合って寝る。例 相与枕二藉乎舟中一あいともにシュウチュウにチンシャす（＝互いに舟の中で重なり合って寝た）。〈蘇軾・赤壁賦〉

【枕上】チンジョウ ①眠らないで寝床にいること。②まくらがみ 寝ているまくらのあたり。まくらもと。

【枕席】チンセキ 〔「席」は、敷物の意〕①寝床。例 ―に侍はべる（＝夜とぎをする）。②寝室。③重なり合う。

【枕草】チンソウ 草をまくらにして寝る。親の喪中の作法。〈左伝・襄一七〉

【枕▼簟】チンテン まくらと、むしろ。寝具のこと。

【枕頭】チントウ まくらもと。例 ―の書。

【枕辺】チンペン ―まくらべ まくらもと。枕上。枕頭。

【枕流▼漱石】チンリュウソウセキ 負けおしみの強いこと。→【漱石枕流】ソウセキチンリュウ（808ページ）

【枕木】まくらぎ 日 レールを固定するために、レールの下に敷く木やコンクリートの角材。

【枕詞】まくらことば 日 ①和歌などの修辞法の一つ。あることばの前につけて、そのことばを修飾したり語調をととのえたりする。たとえば、「青丹あおによし」「久方ひさかたの」「たらちねの」などをいい、それぞれ「奈良」「光」「母」にかかる。②話の前置き。

【▼攲レ枕】まくらをそばだつ まくらを傾ける。立てたまくらにもたれるようにして、上体を起こす。例 遺愛寺鐘攲レ枕聴、香炉峰雪撥レ簾看イアイジのかねはまくらをそばだててきき、コウロホウのゆきはすだれをかかげてみる（＝遺愛寺の鐘は枕を立ててじっと聴き入り、香炉峰の雪はすだれをかかげて見る）。〈白居易・香炉峰下新卜山居草堂初成偶題東壁〉〔本来「攲」が正しいが、「欹」を用いることが少なくない〕

枡

木4（8） 2 5938 67A1 国字

ます

[桝] 木6（10） 1 4381 685D 別体字。

意味 ❶穀物や酒などの量をはかる四角い容器。ます。例 枡形ますがた。枡酒ますざけ（＝枡一ぱいについだ酒）。❷歌舞伎かぶきや相撲の見物席。ます。

【枡席】ますセキ 日 芝居小屋や相撲小屋で、正方形に区切ってつくられた見物席。

杳

木4（8） 2 5866 6773

ヨウ（エウ）漢 篠 yǎo

くら-い（くら-し）・はる-か

意味 ❶日がしずんで、まっくら。くらい。例 杳冥ヨウメイ。❷よく見えない。はるか。とおい。通 遥ヨウ。例 杳乎ヨウコ（＝ふかくひろいとおい）。杳然ヨウゼン。杳ヨウとして知しれない（＝はっきりしない）。

【杳▼邃】ヨウスイ 奥深いさま。

【杳然】ヨウゼン 遠くはるかなさま。例 桃花流水杳然去トウカリュウスイヨウゼンとしてさる（＝モモの花が川の流れに乗ってはるか遠くに去っていく）。〈李白・山中問答〉

【杳▼渺】ヨウビョウ ①はるかに遠いさま。②奥深い。

【杳冥】ヨウメイ うす暗くて、はっきりしないさま。

【杳杳】ヨウヨウ ①暗いさま。また、ぼんやりしたさま。②はるかに遠いさま。

林

木4（8） 1 4651 6797 教1

リン（リム）漢 呉 侵 lín

はやし

筆順 一 十 オ 木 木一 村 材 林

なりたち

［会意］「木（＝き）」がならぶ。平らな土地に木がむらがり生えたところ。

意味 ❶平らな土地で、木や竹がたくさん生えているところ。はやし。例 林野リンヤ。森林シンリン。竹林チクリン。❷同類の人やものの集まり。例 儒林ジュリン。詞林シリン。❸数多い。たくさんあるさま。例 林立リンリツ。

古訓 中古 きみ・はやし・ふさ 中世 き・きみ・しげし・はやし 近世 おほし・さかんなり・しげる・はやし

人名 き・きみ・きん・しげ・しげる・とき・な・ふさ・もと・もり・よし

【林下】リンカ ①林の下。ひっそりと静かな場所をいう。②官をやめて静かに暮らす所。

【林学】リンガク 日 樹木や森林、林業について研究する学問。

【林間】リンカン 林の中。例 ―学校。―に酒を酌む。

【林間暖レ酒焼二紅葉一】リンカンにさけをあたためてコウヨウをやく 林の中で紅葉を燃やして酒をあたためる。〔「石上題レ詩掃二緑苔一セキジョウにシをダイしてリョクタイをはらう（＝緑のこけを払って石の上に詩を書きつける）。〈白居易・送王十八帰山寄題仙遊寺〉」と続く〕

【林業】リンギョウ 日 森林を育てて、材木・木炭・きのこなどを生産する産業。

【林▼胡】リンコ 春秋戦国時代、今の山西省北方にいた匈奴キョウドの部族の名。趙チョウの李牧ボクリに滅ぼされた。

【林▼檎】リンゴ ①バラ科の落葉高木。春に白い花が咲き、秋に赤や黄緑色の実がなる。②「①」の赤い実。

【林産】リンサン 日 木材や木炭などが山林からとれること。また、山林でとれるもの。例 ―物。―資源。

【林政】リンセイ 日 森林や林業にかかわる行政。

【林泉】リンセン ①林と泉。②隠遁トンインの場所。例 林泉約リンセンのヤク（＝隠遁の約束）。〈徐鉉・奉和子竜大監与舎弟贈答之什〉

【林相】リンソウ 日 樹木の種類や茂り方などから見た、その森林の状態。

【林▼藪】リンソウ ①草木の生い茂った所。②人や物がたくさん集まっている所。

【林道】リンドウ 日 ①林の中の道。②山林でとれた木材などを運ぶための道。

【林▼霏】リンピ 林にたちこめている、もや。

【林府】リンプ 物がたくさん集まっている所。

【林野】リンヤ 森林と野原。例 ―に遊ぶ。

【林▼邑】リンユウ 今のベトナム南部にあったチャム族の国。チャンパ。はじめ秦シンや漢の統治下にあったが後漢になって独立し、唐では環王、のち占城などの名で呼ばれ、海上貿易で栄えた。十五世紀後半、ベトナムに征服された。

【林立】リンリツ 林の木のように、細長いものがたくさん並び立っている。例 ビルが―する都会。

●原始林ゲンシリン・山林サンリン・酒池肉林シュチニクリン・樹林ジュリン・植林ショクリン・森林シンリン・梅林バイリン・密林ミツリン

［枦］ 木4（8）⇩櫨ロ（716ジペー）

枠

木4（8）　1 4740　67A0　常用　国字

わく

筆順　一 十 才 木 朩 杦 杦 枠

なりたち　国字。［会意］「木（=き）」と「卆（=糸をまきつける道具）」とから成る。わく。

意味　❶ものごとの仕切り。範囲。**わく**。例 別枠（べつわく）。❷外側を囲むもの。外郭。ふち。**わく**。例 外枠（そとわく）。窓枠（まどわく）。

●大枠（おおわく）・黒枠（くろわく）・別枠（べつわく）

栄

木5（9）　1 1741　6804　教4

［榮］木10（14）　2 6038　69AE　人　旧字体。

［荣］木5（9）　4 1442　8363　俗字。

エイ（ヱイ）漢　ヨウ（ヰャウ）呉　庚 róng

さかえる（さか-ゆ）・**さかえ**・**はえ**・**はえる**（は-ゆ）

筆順　丶 丷 ⺌ 𰀁 𰀁 学 栄 栄 栄

なりたち　榮［形声］「木（=き）」と、「熒（ケイ→エイ）」の省略体「𤇾」とから成る。キリの木。また、屋根の両端のそりかえった部分。派生して「さかえる」の意。

意味　❶華やかに咲いた花のようにさかえる。**さかえ**。例 栄華（エイガ）。栄枯（エイコ）。繁栄（ハンエイ）。❷名誉。名声。ほまれ。**はえ**。例 栄冠（エイカン）。栄光（エイコウ）。栄誉（エイヨ）。❸かがやかしくも。はえある。例 栄覧（エイラン）。❹地位があがる。出世する。さかんになる。例 栄進（エイシン）。栄達（エイタツ）。栄転（エイテン）。❺血管によって全身に運ばれる活力素。さかんにするもの。例 栄気（エイキ）（=血気）。栄養（エイヨウ）。

古訓　中古 いはふ・えさかり・さかゆ・さかりなり・なか・はな・はなさく・ひさし・よし　中世 さかふ・さかゆる・はなさく・はなぶさ・ひさし　近世 きりのき・さかへる・さかんなり・しげる・はえ・はなさく・はなぶさ

人名　さか・さかえ・さこう・しげ・しげる・たか・てる・なか・なが・はる・ひさ・ひさし・ひで・まさ・よし

難読　栄西（ヨウサイ｜エイサイ）（=禅僧の名）・栄螺（さざえ）

【栄位】エイ　名誉ある輝かしい地位。例 ―につく。

【栄華】一 エイカ　草木がさかえ茂る。また、花を開く。二 エイガ　富や権力を手に入れ、はなやかにさかえること。例 ―をきわめる。―の夢（=栄華が長続きしないこと）。

【栄冠】エイカン　勝利者におくられるかんむり。また、名誉ある勝利や成功。栄誉。例 ―に輝く。―を手にする。

【栄顕】エイケン　〔栄達し、名が顕（あら）われる意〕出世して高位につく。

【栄枯】エイコ　〔草木が茂ることと、かれること〕地位や権力を得て勢いがあることと、おちぶれること。例 ―盛衰。

【栄光】エイコウ　①何かをなしとげて得る、輝かしいほまれ。栄誉。名誉。例 ―に輝く。②めでたいひかり。瑞光（ズイコウ）。

【栄爵】エイシャク　名誉ある爵位。例 ―を望む。

【栄色】エイショク　光りかがやく容色。

【栄辱】エイジョク　ほまれと、はずかしめ。名誉と恥辱。→【衣食足則知二栄辱一】（イショクたればすなわちエイジョクをしる）（1189ジペー）

【栄進】エイシン　上の地位や役職にすすむ。昇進。出世。栄達。

【栄達】エイタツ　高い地位・身分にのぼり、さかえる。立身出世。栄進。例 ―を求める。

【栄適】エイテキ　出世して楽しく暮らす。

【栄典】エイテン　名誉ある恩典。多大な功績のある人物に対して国家が特別に表彰して授ける勲章や褒章。

【栄転】エイテン　今までより高い地位や役職について、転任する。対 左遷。

【栄▼芬】エイフン　木が茂り、よいかおりがする。

【栄名】エイメイ　輝かしいほまれ。名誉。類 栄問（エイブン）・栄聞（エイブン）。例 ―を立てる。

【栄誉】エイヨ　人から評価され、たたえられること。栄光。名誉。例 ―に浴する。

【栄養】エイヨウ　①親に孝養を尽くす。②日 生物が生命を保ち、成長し活動するために養分をとること。また、その養分。滋養。営養。例 ―失調。―がいい。

【栄▼耀】ヨウ｜エイヨウ　〔「耀」は、光りかがやく意〕①お金や地位と権力を手にし、勢いがあること。②日 ぜいたくに暮らすこと。派手なこと。例 ―の生活ぶり。

【栄▼耀栄華】エイヨウ｜エイガ　はなやかにさかえ、時めくこと。さかえておごること。例 ―をきわめる。

【栄覧】エイラン　〔光栄にも見せていただくの意〕人の文章を見せてもらう。拝読。

【栄利】エイリ　名誉と利益。例 ―を追わない。

●共存共栄（キョウソンキョウエイ）・虚栄（キョエイ）・顕栄（ケンエイ）・光栄（コウエイ）・清栄（セイエイ）・繁栄（ハンエイ）

枻

木5（9）　3 8556　67BB

一 エイ 漢　霽 yì　二 セツ 漢　屑 xiè

意味　一 船を進める道具。かい。通 栧（エイ）。例 蘭枻（ランエイ）（=モクレンのかい）。蘭槳（ランショウ）。二 弓の曲がりを直す器具。ゆだめ。例 檠枻（ケイセツ）（=ゆだめ）。

栐

木5（9）　4 1443　6810

エイ（ヱイ）漢　梗 yǒng

意味　❶木の名。❷人名に用いる字。

架

木5（9）　1 1845　67B6　常用

カ 漢　禡 jià

かける（か-く）・**かかる**

筆順　フ カ 加 加 加 架 架 架 架

なりたち　［形声］「木（=き）」と、音「加カ」とから成る。ものを置いたり、支えたりするための道具。

意味　❶着物かけ。衣装かけ。例 衣架（イカ）。❷ものをのせる台。たな。例 書架（ショカ）。担架（タンカ）。❸かけわたす。**かける**。**かかる**。例 屋下架レ屋（オクカにオクをカす）（=屋根の下に屋根をかける。無用なこと）。〈家訓・序致〉架設（カセツ）。高架（コウカ）。❹こえる。超越する。しのぐ。通 駕カ。例 凌架（リョウカ）。

古訓　中古 かまふ・たかほこ・まがき・ませ　中世 たかほこ・ほこ・まがき・わたり　近世 かまへる・たつる・たな・とまりぎ・わたす・わたり

人名　みつ・わたる

難読　稲架（さは｜ざは）

【架橋】カキョウ　橋をかける。また、その橋。例 ―工事。

【架空】カクウ　①実際には存在しないこと。想像でつくったこと。つくりごと。虚構。対 実在。例 ―名義。―の人物。②空中にかけわたすこと。例 ―ケーブル。

【架設】カセツ　橋や電線などをかけわたす。例 電話の―工事。

【架線】カセン　日 ①電線をかけわたすこと。また、その電線。②線路の上にかけ、電車に電気を送る電線。〔鉄道関係者は「ガセン」という〕例 ―が切れる。

●後架（コウカ）・高架（コウカ）・十字架（ジュウジカ）・書架（ショカ）・担架（タンカ）

枷

木5（9）　2 5940　67B7

一 カ 漢　麻 jiā　二 カ 漢　禡 jià

かせ・くびかせ

意味　一 ❶イネやムギの穂を打って、実を落とす農具。からざお。例 連枷（レンカ）。❷罪人の首にはめて自由をうばう刑具。**かせ**。**くびかせ**。例 足枷（あしかせ）。首枷（くびかせ）。手枷（てかせ）。二 着物かけ。衣装かけ。通 架。例 桅枷カイ(=衣服をかける家具)。

【枷鎖】サカ 首かせと、くさり。罪人につける刑具。

柯
木5(9) 2 5941 67EF カ 漢呉 歌 kē えだ

意味 ❶斧おのの柄え。え。例 爛柯ランカ。❷木の枝。えだ。例 枝柯シカ(=木の枝)。

枴
木5(9) 2 5942 67B4 カイ(クヮイ) 漢 蟹 guǎi つえ(つゑ)

意味 老人のつえ。つえ。例 鉄枴テッカイ。木枴モッカイ。

参考 「另」の字形は「另」あるいは「另」とも書く。

柿
木5(9) 1 1933 67FF 常用 シ 漢 紙 shì かき

[柹] 木4(8) 3 8557 67F9 別体字。

筆順 一 十 木 木' 杧 杧 柿 柿 柿

なりたち [形声]「木(=き)」と、音「市シ」とから成る。赤い実のなる果樹。

意味 カキノキ科の落葉高木。カキ。果実は、秋に赤黄色に熟す。材は家具用。

参考 「柿ハイ(=けずりくず。こけら)」は木部四画で、別の字。

古訓 中古 かき 中世 かき 近世 かき

人名 かげ・かつ

柑
木5(9) 1 2027 67D1 人 ■一 カン(カム) 漢 覃 gān ■二 ケン(ケム) 漢 塩 qián こうじ(かうじ)

なりたち [形声]「木(=き)」と、音「甘カ」とから成る。木の名。ミカンの類。

意味 ■一 ミカン科の常緑高木。ミカンの一種で、秋にだいだい色の実をつける。例 柑橘カンキツ。金柑キンカン。蜜柑ミカン。■二 ❶はさむ。通 拑ケ。例 柑馬バケン(=ウマの口に木片をかませて、ものを食べないようにさせる)。❷口を閉じる。通 拑ン。例 柑口ケンコウ(=口をつぐむ)。

古訓 近世 カウジ・くつばみ・クネンボ・つぐむ・ミカン

【柑▼橘】カンキツ ミカン・ダイダイ・レモン・ユズなどの、ミカン科の木や果実。

【柑子】■一 カンジ ■二 コウジ ■一 ①ミカンの古い言い方。②唐代、員外(=天子の顧問役の官名)の別名。■二 ミカンの品種の一つ。黄色で小さく、すっぱい。コウジミカン。例 ―色いろ(=赤みがかった黄色)。―革かわ(=こうじ色に染めた革)。

柬
木5(9) 2 5943 67EC カン 漢 潸 jiǎn えら-ぶ

意味 ❶選択する。えらぶ。通 揀カ。例 柬抜カンバツ(=えらび出す)。❷手紙。通 簡。例 手柬シュカン(=手紙)。

枳
木5(9) 2 5944 67B3 キ・シ 漢呉 紙 zhǐ からたち

意味 ミカン科の落葉低木。カラタチ。初夏に五弁の白い花が咲く。秋には、丸く黄色い果実をつけるが食用にならない。例 枳棘キョク。枳殻コク。

【枳▼棘】キキョク カラタチといばら。どちらもとげがある。心にとげがあり、人のじゃまをする者にたとえてもいう。

【枳殻】キコク/からたち カラタチの木。また、その果実。

柩
木5(9) 2 5945 67E9 キュウ(キウ) 漢 宥 jiù ひつぎ

意味 死体を納める木製のはこ。ひつぎ。例 柩車キュウシャ。

【柩車】キュウシャ ひつぎを乗せる車。霊柩車。

枵
木5(9) ― 67B5 キョウ(ケウ) 漢 蕭 xiāo

意味 ❶むなしい。からっぽである。❷腹がすく。へる。例 枵腹従公キョウフクジュウコウ(=腹をすかせて公共のためにつくす)。❸大きい。

【枵然】キョウゼン ①大きなさま。②空虚なさま。③腹がすいているさま。

枸
木5(9) 2 5946 67B8 ■一 ク 漢呉 麌 jǔ ■二 コウ 漢 ク 呉 有 gǒu ■三 コウ 漢 ク 呉 尤 gōu

意味 ■一 ❶クロウメモドキ科の落葉高木。ケンポナシ。花穂をつけた枝が肉質化して甘味を帯び、食用になる。❷コショウ科の常緑つる性植物。キンマ。マレーシア原産。葉で石灰とビンロウの実を包み、チューインガムのようにかんで味わう。❸「枸櫞クエン」は、ミカン科の常緑低木。ブシュカン。シトロンの変種。芳香があり観賞用。■二 ⇒【枸杞】コ。■三 「枸橘キツ」は、カラタチ。

【枸▼櫞酸】クエンサン 旧 柑橘カンキツ類の実に含まれる酸。さわやかな酸味があり、清涼飲料などに使われる。

【枸▼杞】クコ ナス科の落葉低木。花はうす紫色で、赤い実をつける。実・若葉・根などを食用や薬用にする。句杞コウキ/クコ。例 ―茶。―飯めし。―酒。

枯
木5(9) 1 2447 67AF 常用 コ 漢呉 虞 kū かれる(か-る)・からす

筆順 一 十 木 木' 朾 杙 枯 枯 枯

なりたち [形声]「木(=き)」と、音「古コ」とから成る。木がひからびる。

意味 ❶水分やうるおいがなくなる。かれる。からす。対 栄。例 栄枯盛衰エイコセイスイ。枯木コボク。❷衰える。おちぶれる。例 枯渇コカツ。❸くちはてる。死ぬ。例 一将功成万骨枯イッショウこうなりてバンコツかる(=一人の将軍が輝かしい功績を収めるかげには、多くの兵士の犠牲がある)。〈曹松・己亥歳〉 枯骨ココツ。❹お金や名誉などを求める心がない。あっさりとした。例 枯淡コタン。

古訓 中古 からき・からす・かる・かわく 中世 かる・かるる 近世 かるる・かれき・くつる

【枯栄】コエイ かれることと茂ること。衰えることと栄えること。栄枯。盛衰。

【枯▼涸】コカク/ココ ①水がかれてなくなる。②物がつきてなくなる。▽枯渇。

【枯渇】コカツ ①水分がなくなり、かわききる。干あがる。例 川が―する。②すっかりなくなってしまう。出つくす。例 才能が―する。表記 ▽旧▼涸渇

【枯魚】コギョ 干したさかな。ほしうお。ひもの。

【枯▼槁】ココウ 「槁」も、かれる意 ①草木がかれる。→【柔脆】ジュウゼイ(674ジベ―) ②やせ衰えて元気がない。③おちぶれる。

【枯骨】ココツ ①くちはてた、死者のほね。②やせ衰えたからだ。

【枯死】コシ 草木がかれる。立ちがれ。例 虫害で―した木。

【枯痩】コソウ やせほそる。やつれる。

【枯燥】コソウ 干からびる。すっかりかわく。

【枯淡】コタン (人柄などが)無欲で、さっぱりとした味わいがあること。また、(書画や詩文などに)あっさりとした趣があること。淡泊。例 ―の境地。

【枯腸】コチョウ ①空っぽの腸。空腹。②詩文の発想がまったく浮かんでこないこと。

【枯木】コボク かれた木。かれき。例 ―に花開く(=不運な人や

老人がふたたび勢いにのる。また、ありえないことが起こる)。

【枯木発レ栄】コボクエイをハッす かれ木が花を咲かす。衰えたものがふたたび盛んになることのたとえ。〈曹植・七啓〉

【枯木死灰】コボクシカイ 〔かれ木と冷たい灰の意〕無心で、無欲なこと。また、活気のないこと。槁木コウボク死灰。〔〈荘子・斉物論〉から〕

【枯落】コラク ①かれ落ちる。②おちぶれる。凋落チョウラク。

柙
木5(9) 4 1449 67D9 コウ(カフ)漢 洽 xiá おり

意味 ❶猛獣などをとじこめておく所。おり。例 虎兕出二於柙一(コジおりよりいず)(=トラや兕ジ(=ウシに似た一角獣)が檻おりから逃げ出す)。〈論語・季氏〉 ❷木のはこ。通 匣コウ。

査
木5(9) 1 2626 67FB 教5 一 サ漢 麻 chá 二 サ漢 ザ唐 麻 zhā しら-べる(しら-ぶ)

筆順 一 十 才 木 杏 杳 査 査

なりたち [形声]「木(=き)」と、音「且ショ→サ」とから成る。木で作ったいかだ。借りて「しらべる」の意。

意味 一 ❶いかだ。例 浮査フサ(=いかだ)。❷事情を明らかにする。しらべる。例 査察ササツ。検査ケンサ。二 バラ科の落葉低木。サンザシ。通 楂サ。例 山査子サンザシ。

古訓 中古 あぢきなし・うきき 中世 あぢきなし・うきき 近世 いかだ・うきき

【査閲】サエツ ①実際によく調べる。②日 軍事教練の成績を実地に調べる。

【査牙】サガ ふぞろいに突き出ているさま。杈牙サガ。槎牙サガ。

【査験】サケン 調べる。調査する。

【査察】ササツ 規定どおりにおこなわれているかどうか、様子を調べる。視察。例 ―官。空中―。

【査収】サシュウ (お金やものを)よく調べて受け取る。例 ご―ください。

【査証(證)】サショウ 日 外国へ行くときに、入国先が入国を許可したことを証明する旅券の裏書き。入国許可証。ビザ。

【査定】サテイ 日 よく調べて、金額や等級などを決める。例 税務―。勤務成績を―する。

【査問】サモン 状況をよく調べるため、当事者や関係者に問いただす。例 ―委員会。責任者を―する。

●監査カンサ・審査シンサ・捜査ソウサ・探査タンサ・調査チョウサ

柤
木5(9) 2 5947 67E4 サ漢 麻 zhā

意味 ❶木の囲い。さく。❷バラ科の落葉低木。サンザシ。通 査。

柵
木5(9) 1 2684 67F5 常用 サク漢 陌 zhà サン漢 諫 shān しがらみ

筆順 一 十 木 机 杊 柵 柵 柵

なりたち [形声]「木(=き)」と、音「冊サク」とから成る。木を編むように組んで立てたもの。

意味 ❶木や竹を編んで作った垣根。さく。例 柵門サクモン(=さくをめぐらした屋敷の門)。竹柵チクサク。❷さくをまわりにめぐらしたとりで。例 城柵ジョウサク。❸水流をせきとめるため、杭くいを打ち並べ竹や木をとりつけたもの。しがらみ。例 水柵スイサク。

古訓 中古 たて・たてき・まがき・ませがき 中世 さま・しがらみ・たて・ませがき・まど 近世 しがらみ・まがき

柞
木5(9) 2 5948 67DE 一 サク漢 薬 zuò 二 サク漢 陌 zé ははそ・たらのき

意味 一 ❶ブナ科の落葉高木。クヌギ。❷ブナ科コナラ属の植物の別名。ははそ。❸イイギリ科の常緑小高木。クスドイゲ。二 木を切る。

難読 柞山ほうさやま(=姓)

【柞蚕(蠶)】サクサン カイコの一種。クヌギの葉などを食べ、褐色のまゆを作る。

枲
木5(9) 4 1445 67B2 シ漢 紙 xǐ

意味 アサの雄株おかぶ。麻あさ。例 枲縄シジョウ(=麻縄あさなわ)。

柒
木5(9) ⇩漆シ(807ジペー)

柘
木5(9) 1 3651 67D8 人 シャ漢呉 禡 zhè つげ

なりたち [形声]「木(=き)」と、音「石セキ→シャ」とから成る。クワの一種。

意味 クワ科の落葉小高木。ハリグワ。とげがあり、葉はクワよりかたい。薬や紙の材料、黄色の染料に利用される。

日本語での用法 《つげ》▼ツゲ科の常緑低木。材は堅く、くし、印、将棋の駒こまなどに利用される。柘植つげ。

古訓 中古 えびら・つみ・つみのき 中世 かひこのえびら・くは・つみ・つみのき 近世 つげ・つみ・のぐは・やまぐは

難読 柘植げ・柘榴ざくろ

柊
木5(9) 1 4102 67CA 人 シュウ(シウ)漢 東 zhōng ひいらぎ(ひひらぎ)

[柊] 木5(9) ―― 旧字体。

なりたち [形声]「木(=き)」と、音「冬トウ→シュウ」とから成る。木の名。

意味 ❶「柊楑シュウキ」は、さいづち。木製の、物をたたく小さな工具。❷「柊葉シュウヨウ」は、中国南部に産する、バショウに似た植物。

日本語での用法 《ひいらぎ》▼モクセイ科の常緑小高木。葉はかたく、ふちに鋭いとげがある。枝葉は悪魔・悪病を払うとして節分の行事に使う。

古訓 中世 サイづち・ひひらぎ 近世 つち・ひひらぎ・ひらぎ

柔
木5(9) 1 2932 67D4 常用 ジュウ(ジウ)漢 ニュウ(ニウ)呉 尤 róu やわらか(やはらか)・やわらかい(やはらか-し)・やわ-らげる(やは-らぐ)

筆順 フ マ ヌ 予 矛 柔 柔 柔

なりたち [形声]「木(=き)」と、音「矛ボウ→ジュウ」とから成る。曲げたりのばしたりできる木。

意味 ❶やわらかい。しなやか。やわらか。例 柔軟ジュウナン。内柔外剛ナイジュウガイゴウ。柔肌やわはだ。❷よわよわしい。もろい。例 柔脆ジュウゼイ。柔弱ニュウジャク。優柔不断ユウジュウフダン。❸おだやか。心やさしい。おとなしい。例 柔順ジュウジュン。柔和ニュウワ。❹安心させて手なずける。やわらげる。例 懐柔カイジュウ。

日本語での用法 《ジュウ》《やわら》「柔術ジュウジュツ・柔道ジュウドウ・柔やわらを取とる」▼手に武器を持たずにたたかう、護身の方法。

古訓 中古 やすし・やはらかなり・やはらかに・やはらぐ・よし・わるし・わろし 中世 やはらか・やはらかなり・やはらぐ・よわし 近世 したがふ・ととのふ・やすんず・やはらか・やはらぐ・よわし

人名 とう・なり・やす・やわ・よし

難読 柔毛にこげ

【柔▼翰】ジュウカン 毛筆のこと。類柔毫ジュウゴウ。

【柔日】ジュウジツ 十干ジッカンで日数を数えるときの偶数番目の月。乙オツ（きのと）・丁テイ（ひのと）・己キ（つちのと）・辛シン（かのと）・癸キ（みずのと）にあたる日。対剛日。

【柔術】ジュウジュツ ①軟化させる術。②日 日本古来の武術の一つ。投げる・突く・けるなどして相手と戦う。やわら。→【柔道】ジュウドウ②

【柔順】ジュウジュン やさしく、すなおでおとなしいさま。温順。

【柔▼脆】ジュウゼイ やわらかでもろいさま。例 万物草木之生也柔脆、其死也枯槁バンブツソウモクのいくるやジュウゼイ、そのしするやココウ（＝動植物が生きているときはやわらかでもろく、死ぬと枯れて干からびる）。〈老子・七六〉

【柔▼懦】ジュウダ 気が弱い。臆病オクビョウ。

【柔▼荑】ジュウテイ ①やわらかなツバナの芽。②女性のやわらかくてしなやかな手のたとえ。

【柔道】ジュウドウ ①温和で謙譲という処世法。②日 柔術を洗練した武道・格闘技。武器を用いずに相手と組み合い、投げたり押さえこんだりして戦う。やわら。

【柔軟】ジュウナン ①やわらかいさま。例 一体操。②考え方などを、その場に応じて変えられること。融通がきくさま。例 一な思考。一に対処する。

【柔▼媚】ジュウビ ①物腰がやわらかく、相手にこびへつらう。②おだやかで美しい。

【柔能制レ剛】ジュウよくゴウをセイす やわらかくしなやかなものが、かえってかたく強いものに勝つ。〔〈老子・七八〉から〕

【柔弱】ニュウジャク｜ジュウジャク 弱々しいこと。気力や体力がないこと。軟弱。例 人之生也柔弱ひとのうまるるやジュウジャクなり（＝人は生まれたときはやわらかく弱々しい）。〈老子・七六〉

【柔和】ニュウワ やさしくておだやかなさま。穏和。例 一な人柄。

【柔肌】やわはだ 日 女性や幼児の、やわらかい皮膚。

●温柔オンジュウ・外剛内柔ガイゴウナイジュウ・懐柔カイジュウ・優柔ユウジュウ

柷 木5（9） 4 1452 67F7 シュク漢 屋 zhù

意味 古代中国の木製箱形の楽器。演奏を開始するとき合図に鳴らすもの。〔終演に鳴らす楽器は、「敔ギョ」〕例 柷敔シュクギョ。

［柷］

［柗］ 木5（9） ⇩松ショウ（665ジペー）

柛 木5（9） 4 1450 67DB シン漢 真 shēn

意味 木が立ち枯れる。参考 柛代くましろ（＝姓）。

染 木5（9） 1 3287 67D3 教6 セン慣 ゼン（ゼム）漢呉 琰 rǎn そめる（そ-む）・そまる・しみる（し-む）・しみ

筆順 ⺀ 冫 氵 氿 氿 氿 染 染 染

なりたち ［会意］「氵（＝みず）」と「木（＝そめる材料）」と「九（＝そめる回数）」とから成る。何度も色をしみこませる。そめる。

意味 ❶布などを（色がつく）液体にひたして、じわじわと色をしみこませる。そめる。例 染色センショク。染料センリョウ。❷じわじわと色や性質が変わる。そまる。しみる。例 染化センカ。沾染テンセン。❸けがす。よごれる。例 汚染オセン。誣染フセン（＝ありもしない汚名をきせる）。❹病気がうつる。例 感染カンセン。伝染デンセン。

古訓 中古 しむ・そむ・にじむ・にらぐ 中世 けがす・しむ・そむ・そむる・にじむ 近世 しむ・そむ・そむる・そめる・やはらか

人名 そめ

難読 馴染なじみ・煮染にしめ

【染化】センカ 教えを広くゆきわたらせる。教化する。

【染指】センシ 味見をする。また、自分の取り分でない利益を取る。〔〈左伝・宣四〉から〕→【食指動】ショクシうごく（1452ジペー）

【染色】センショク ①糸や布などに色をつける。例 一の工程。②そめた色。そめ色。例 あざやかな一。

【染色体】センショクタイ 日 細胞の核が分裂するときにあらわれる糸状の物質。遺伝子を含み、生物の種類によって数や形が異なる。〔色素によくそまることからいう〕

【染織】センショク 布をそめることと織ること。

【染髪】センパツ かみの毛をそめる。染毛。例 金色に一する。

【染筆】センピツ 〔墨などをつけて筆先をそめる意〕筆で字や絵をかく。揮毫キゴウ。潤筆ジュンピツ。例 一料。一を乞こう。

【染毛】センモウ 日 髪の毛をそめる。染髪センパツ。

【染料】センリョウ 色をそめつける材料。例 合成一。天然一。

●愛染アイゼン・汚染オセン・感染カンセン

［柁］ 木5（9） ⇩舵ダ（1115ジペー）

柝 木5（9） 2 5949 67DD タク漢 薬 tuò き・ひょうしぎ（ひゃうしぎ）・さく

意味 ❶（木を二つに）わける。ひらく。❷長方形の一対の木をたたいて音を出すもの。夜回りや舞台で用いる。き。ひょうしぎ。例 柝声タクセイ（＝拍子木ヒョウシぎをたたく音）。夜柝ヤタク（＝夜回りの拍子木）。柝きがはいる。

【▼偃レ柝】タクをふす 夜回りの拍子木ヒョウシぎをしまって用いない。世の中が平和で警戒の必要がないことのたとえ。

柱 木5（9） 1 3576 67F1 教3 一チュウ（チウ）漢 ジュ（ヂュ）呉 麌 zhù 二チュウ（チウ）漢呉 麌 zhǔ はしら・じ（ぢ）

筆順 一 十 才 木 木' 杧 杧 柱 柱

なりたち ［形声］「木（＝き）」と、音「主シュ→チュ」とから成る。建物をささえるはしら。

意味 一❶屋根を支える直立した材木。はしら。また、中心となって、支えるもの。例 円柱エンチュウ。支柱シチュウ。大黒柱ダイコクばしら。❷琴の胴の上に立てて弦を支えるもの。ことじ。じ。例 琴柱ことじ。二ささえる。通拄チュ。例 柱天チュウテン（＝天を支える）。

日本語での用法《はしら》「伊奘諾いざなぎ・伊奘冉いざなみ二柱ふたはしらの神かみ」▼神や死者の霊を数えることば。

古訓 中古 ことぢ・ささふ・たつ・はしら・ふさぐ 中世 ことぢ・はしら 近世 はしら・ふさぐ

【▼膠レ柱】ことじにかわす ことじを、にかわで固定する。融通がきかないことのたとえ。例 若三膠レ柱而鼓二瑟耳ことじにかわしてシツをこするがごときのみ（＝ことじににかわをつけて動かないようにし、大琴を演奏するようなものである）。〈史記・廉頗藺相如伝〉

【柱下史】チュウカシ ①周・秦シン代、文書・書籍の管理をつかさどった官。〔宮殿の柱の下に書籍があり、そこで職務にあたったことから〕②漢代以降、御史（＝天子の秘書）の別称。③老子。〔周の「①」だったということから〕

【柱国】チュウコク ①〔国家の柱となる重要な都市の意〕国都。②戦国楚ソの国の、武官の最高職。唐以降は名誉職となる。③国家を支える重要な臣下。

【柱石】チュウセキ ①柱と、その土台になる石。②国や組織を支える重要な人。例 国家の一となる。

【柱頭】チュウトウ ①柱の上部。②柱の上の部分にある彫刻。

キャピタル。③日めしべの先。ここに花粉がつく。

【柱廊】チュウロウ 柱と屋根とからなる、壁のない吹き抜けの廊下。コロネード。

◯円柱エンチュウ・角柱カクチュウ・支柱シチュウ・霜柱しもばしら・大黒柱ダイコクばしら・電柱デンチュウ・氷柱ヒョウチュウ|つらら・帆柱ほばしら・門柱モンチュウ

柢
木5(9) 2 5950 67E2 テイ漢 薺 dǐ ね
意味 木の根。ものごとのもとになるもの。**ね**。例 根柢コンテイ。

杤
木5(9) 1 3842 6803 常用 国字 とち
[𣜜] 木12(16) 4 1546 2371C 別体字。
筆順

なりたち 国字。「杤」あるいは「𣜜」が変形してできた字。
意味 トチノキ。〔おもに、地名・人名に用いる〕
参考 栃木とちぎ(=県名)。「杤」は日本で古くから用いられていたが、一八七九(明治一二)年に県名としては「栃」を用いるとされた。
古訓 近世 とち

柮
木5(9) 2 5951 67EE トツ漢 月 duò かぶ・くいぜ(くひぜ)
意味 短く切った木。**かぶ**。**くいぜ**。例 榾柮コツトツ|ぶか。

[柰] 木5(9) ⇩奈ナ(332ジペー)

栂
木5(9) 1 3646 6802 バイ漢 灰 méi つが・とが
意味 バラ科の落葉高木。ウメ。通梅。
日本語での用法 《**つが**》《**とが**》「栂つがの木きの(=枕詞まくらことば)・栂尾とがのお(=地名)」▼マツ科の常緑高木。庭木とする。材は建築・器具・パルプなどに用いる。

柏
木5(9) 1 3980 67CF 人 ハク漢 ヒャク呉 陌 bǎi かしわ(かしは)・かえ(かへ)・かや
[栢] 木6(10) 1 1992 6822 別体字。
なりたち  [形声]「木(=き)」と、音「白ハク」とから成る。木の名。ヒノキの類。
意味 ヒノキ・コノテガシワなどのヒノキ科の常緑樹。マツとともに、節操のかたいことのたとえにされる。例 松柏ショウハク。
日本語での用法 《**かしわ**》「柏餅かしわもち」▼ブナ科の落葉高木。大きな葉は、古来、食品を包むのに用いる。
古訓 中古 かしは・かしはぎ・かへ・かへのき 中世 かしは・かへ・かや 近世 かしは・かや
難読 柏槙ビャクシン|いぶき・柏竹ささら|びん
【柏手】かしわで 日神を拝むとき、両手の手のひらを打ち合わせて鳴らすこと。拍手かしわで。例 ―を打つ。
【柏餅】かしわもち 日①カシワの葉でくるんだあん入りの餅菓子。五月五日の端午の節句に食べる習慣がある。②半分に折った布団にくるまり、「①」のような形になること。
【柏酒】ハクシュ コノテガシワの葉をひたして造った酒。邪気を払うとされ、元旦ガンタンに飲む。
【柏城】ハクジョウ 皇帝や皇后の墓。〔周囲に柏を植えたことから〕
【柏台(臺)】ハクダイ 御史台ギョシダイの別称。〔漢代、その役所にコノテガシワが植わっていたことから〕類柏府。
【柏▼梁体】ハクリョウタイ 漢詩の形式の一つ。漢の武帝が柏梁台で群臣とともに作ったのが最初とされる。各人が七言の句を一句ずつ作り、句ごとに韻を踏む。
【柏▼梁台(臺)】ハクリョウダイ 漢の武帝が長安城内に築いた楼台。のち、広く宮殿をいう。

柈
木5(9) 4 1447 67C8 ハン漢 バン呉 寒 pán
意味 大きくて浅い、食物を盛る容器。はち。おおざら。通盤・槃バン。例 柈杅バンウ(=はち。盤盂バンウ)。

柀
木5(9) 3 8558 67C0 ヒ漢 紙 bǐ
意味 ❶スギ科の常緑針葉樹。スギ。❷イチイ科の常緑高木。カヤ。
参考 晴柀はれまき(=姓)。

枹
木5(9) 2 5952 67B9 フ漢 虞 fú ばち
意味 太鼓を打ち鳴らす棒。**ばち**。通桴フ。例 枹鼓フコ。
参考 訓「ばち」は、もともとは字音「バチ(撥)」の転用。
【枹鼓】フコ ①ばちと太鼓。②〔戦闘のとき、兵の士気をふるいたたせるために「①」を用いたことから〕戦争・軍隊のこと。

柎
木5(9) 2 5953 67CE フ漢 虞 fū うてな・はなぶさ
意味 ❶うつわの脚。❷花の萼ガク。**はなぶさ**。**うてな**。

柄
木5(9) 1 4233 67C4 常用 ヘイ漢 敬 bǐng がら・え・つか
[棅] 木8(12) 4 1491 68C5 別体字。
筆順

なりたち  [形声]「木(=き)」と、音「丙ヘイ」とから成る。斧おのなどの、持つ部分。
意味 ❶器物や刀剣の、手で持つ部分。**え**。**つか**。例 柄杓ヘイシャク|ひしゃく。❷相手をとらえて左右する強い力。権力。例 横柄オウヘイ。権柄ケンペイ。❸もとになるもの。材料。例 話柄ワヘイ。
日本語での用法 一《**がら**》①「柄がらが大おおきい」▼からだつき。体格。②「柄がらが悪わるい・柄がらにもなく」▼様子。品格。また、その人のもともとの性質。③「花柄はながら」▼布地などの模様。二《**から**》《**がら**》「折柄おりから・続柄つづきがら・所柄ところがら・吾柄われから」▼形式名詞「から」「がら」にあてる字。
古訓 中古 え・かび・から・つか・とる 中世 え・えだ・かひ・から・つか 近世 え・かひ・つか・もと
人名 えだ・かい・もと
【柄▼杓】ヘイシャク|ひしゃく お湯や水などをくむ道具。お椀ワンのような容器に長い柄えがついている。
【柄臣】ヘイシン 権力を握っている臣下。
【柄用】ヘイヨウ 重用されて権力を握る。
◯間柄あいだがら・家柄いえがら・絵柄エがら・横柄オウヘイ・作柄サクがら・続柄つづきがら・土地柄トチがら・身柄みがら・銘柄メイがら・役柄ヤクがら・葉柄ヨウヘイ

枰
木5(9) 4 1444 67B0 ヘイ漢 庚 píng
意味 ❶木の名。❷古代のすごろく盤。また、碁盤。例 枰棊キヘイ。❸板をしいた寝台。また、腰掛け。

某
木5(9) 1 4331 67D0 常用 一 バイ漢 メ呉 灰 méi 二 ボウ漢 ム呉 有 mǒu なにがし・それがし

筆順 一 十 卄 廿 甘 甘 草 某

なりたち 〔会意〕「木(=き)」と「甘(=酸味のもと)」とから成る。すっぱい果実。ウメの実。

意味 一「梅バイ」の古字。ウメの実。二❶人の名前や日時・場所などが不明なとき、また、明らかであっても、わざとぼかしていうときに用いることば。ある。**それがし。なにがし。** 例 某月某日ボウゲツボウジツ。某氏ボウシ。某所ボウショ。❷わたくし。**それがし。**〔自分のことをへりくだっていうときに用いる〕

古訓 中古 そこ・それ・それがし 中世 それがし・なにがし 近世 そこ・それ・それがし・なにがし・われ

人名 いろ

【某甲】ボウコウ｜それがし ①だれそれ。ある人。②わたくし。

柾
木5(9) 1 4379 67FE 人 国字 まさ・まさき

なりたち 国字。〔会意〕「木(=き)」と「正(=まさ)」とから成る。木の、まさめ。

参考 遼リョウ代の字書『竜龕手鑑リュウガンシュカン』によると「柩キュウ」の俗字。

意味 ❶板の木目が平行に通っているもの。例 柾目まさめ。柾の板。❷つる性植物テイカカズラの古い名。例 柾まさきの葛かずら。

古訓 中世 まさ・まさき 近世 まさ・まさき

柚
木5(9) 1 4514 67DA 人 一ユウ(イウ)漢 ユ呉 有 yòu 二チク漢 ジク(ヂク)呉 屋 zhú ゆず

なりたち 〔形声〕「木(=き)」と、音「由ユ」とから成る。ユズ。

意味 一ミカン科の常緑小高木。**ユズ。**果実は冬、淡黄色に熟し、香気が高く香味料とする。例 柚子ユズ。二機織はたおりのたて糸をまく道具。たてまき。通 軸。対 杼チョ。

古訓 中古 ゆ 中世 ゆ 近世 おにたちばな・ゆ・ゆず

難読 柚柑コウ・柚醤ユびしお・柚餅子ユベシ

柼
木5(9) 3 8560 67FC ヨウ(エウ)漢 篠 yǎo

意味 引きずり出す。参考 柼木うとぎ(=兵庫県の地名)。

柳
木5(9) 1 4488 67F3 常用 リュウ(リウ)漢呉 有 liǔ やなぎ

［桺］木7(11) 4 1472 687A 本字。［栁］木5(9) 3 8561 6801 俗字。

筆順 一 十 才 木 朩 杪 柳 柳

なりたち 〔形声〕「木(=き)」と、音「丣ユウ→リュウ」とから成る。茎が細く葉が小さいヤナギ。

意味 ❶シダレヤナギ・イトヤナギなど、ヤナギ科の落葉高木。**ヤナギ。**街路樹・並木とする。細い枝が垂れる。例 柳絮リュウジョ。楊柳ヨウリュウ。青柳あおやぎ。❷死者の遺体をのせる車。霊柩車レイキュウシャ。例 柳車リュウシャ。❸二十八宿の一つ。ぬりこぼし。例 柳宿リュウシュク。❹ヤナギの芽ぶく春。例 柳風リュウフウ(=春風)。❺美女や芸妓ゲイギのたとえ。例 柳巷花街リュウコウカガイ(=色町)。

古訓 中古 しだりやなぎ・やなぎ 中世 やなぎ 近世 しだりやなぎ・ほし・やなぎ

難読 柳川やながわ・柳葉魚シシャモ

【柳行▼李】やなぎゴウリ 日 コリヤナギの枝の皮をはいで干し、麻糸で編んで作った箱形の荷物入れ。

【柳暗花明】リュウアンカメイ ①ヤナギが茂ってほの暗く、花が明るく咲きほこる。美しい春の景色をいう。〈陸游・遊山西村〉②芸者や遊女の集まっている地域のたとえ。花柳街。例 —の巷ちまた。

【柳意】リュウイ ヤナギが揺れている春の風情。

【柳営】リュウエイ ①規律正しい陣営。また、将軍の陣営。細柳営サイリュウエイ。〔漢の将軍の周亜夫シュウアフが細柳サイリュウという地で、規律正しい陣を張ったという故事〈漢書・周亜夫伝〉による〕②日 将軍。将軍家。

【柳眼】リュウガン ヤナギの新芽。〔形が、目覚めたばかりの目に似ていることから〕

【柳糸(絲)】リュウシ ヤナギの枝。

【柳▼絮】リュウジョ ①〔「絮」は、わたの意〕ヤナギの種子に付いている白い綿毛。また、それが雪のように飛び散ること。②雪の形容。

【柳条】リュウジョウ ヤナギの枝。類 柳枝。

【柳色】リュウショク ヤナギの青々とした色。例 客舎青青柳色新カクシャセイセイリュウショクあらたなり(=旅館の前のヤナギは〈雨に洗われ〉青々として目に新鮮である)。〈王維・送元二使安西〉

【柳堤】【柳▼隄】リュウテイ ヤナギが植わっている堤つつみ。類 柳塘リュウトウ。

【柳眉】リュウビ ヤナギの葉のように細く形のよい眉まゆ。美人の眉の形容。

【柳眉リュウビを逆立さかだてる】日 美人が眉まゆをつりあげて怒る。

【柳腰】リュウヨウ｜やなぎごし 美人の細くてしなやかな腰。美人のたとえ。細腰サイヨウ。

●青柳あおやぎ・川柳センリュウ

柃
木5(9) 4 1446 67C3 レイ漢 青 líng ひさかき

意味 ツバキ科の常緑低木。ヒサギ。**ヒサカキ。**

柆
木5(9) 2 5954 67C6 ロウ(ラフ)漢 合 lā うだち

意味 ❶木を折る。❷木の柵サク。

日本語での用法 《うだち》▼棟木むなぎを支える短い柱。うだつ。

案
木6(10) 1 1638 6848 教4 アン漢呉 翰 àn つくえ・かんが-える(かんが-ふ)

筆順 丶 宀 宀 安 安 安 案 案

なりたち 〔形声〕「木(=き)」と、音「安アン」とから成る。短い足のついた台。

意味 ❶**つくえ。**台。例 案下アンカ。案アンに倚よって考かんがえる。❷よく考える。**かんがえる。**しらべる。通 按アン。例 案出アンシュツ。考案コウアン。思案シアン。❸あらかじめ考えたこと。推量。計画。予想。例 案外アンガイ。案アンの定ジョウ。❹公文書。例 案牘アントク。❺裁判。訴訟事件。例 案件アンケン。❻手でなでる。手をかける。通 按。例 案剣アンケン。❼とめる。抑止する。通 按。例 案兵アンペイ(=兵を止めて動かさない)。❽もとづく。依よる。通 按。例 案法アンポウ(=法に依拠する)。❾すなわち。そこで。例 財物積、国家案自富矣ザイブツつまば、コッカすなわちおのずからとむ(=財物が蓄積されれば、国家はそこで自然に豊かになる)。〈荀子・王制〉

日本語での用法 《アンずる》「子この病やまいを案アンずる・案アンずるより産うむが易やすし」▼心配する。

古訓 中古 おさふ・おす・かむがふ・しづかに・つくゑ 中世 おしまづき・かんがふ・つくゑ 近世 おしまづき・かんがふ・つきゑ・つくゑ・めぐる・よる

【案下】アンカ〔机のそばの意〕手紙で、あて名の左下に書いて敬意をあらわすことば。机下。机右キユウ。玉案下。

【案外】アンガイ 日 思っていたことと実際とが違うさま。思いのほか。意外。例 問題は―簡単だった。

【案机】【案▼几】アンキ つくえ。几案。

【案件】アンケン ①訴訟中の事件。②日 会議で話し合うための議案。例 重要―。

【案剣】アンケン|ケンをアンず すぐさま抜けるように剣に手をかける。按剣アンケン。例 案レ剣瞋レ目ケンをアンじめをいからす(=剣のつかに手をかけ、目をつり上げる)。〈荘子・盗跖〉

【案験】アンケン 罪状を取り調べる。

【案行】アンコウ ①調べてまわる。巡視する。②コウにアンず 隊列を整える。

【案山子】シアンザン|かかし|かがし ①鳥や獣が作物を荒らしにこないように、田畑に立てる人形。[「案山」は、机のように平たく低い山の意で、山田(=山の中にある田)のこと。「案山子」は、山田を守る者] ②日 見た目は立派でも中身のない人。見かけだおし。

【案出】アンシュツ 日 考え出す。例 新方式を―する。

【案▼堵】アンド [「堵」は、垣かき。垣の内に落ち着いて暮らす意から] 安心する。(心が)安定しているさま。安堵。

【案頭】アントウ 机の上。机上。几上キジョウ。類 案上。

【案▼牘】アントク 公文書。

【案内】アンナイ 日 ①事件の起こっているうちに。②内容や様子を人に知らせる。手引き。例 入試―。③ある場所へ行く道を教えたり、連れて歩いたりする。ガイド。例 道―。④取り次ぎ。また、取り次ぎをたのむこと。例 ―もなしに入りこむ。⑤よく知っていること。例 ご―のとおり。

【案▼撫】アンブ 安んずる。安定させる。安撫アンブ。按撫アンブ。

【案分】アンブン 日 基準となる数量に比例した割合に従い、数量や物を分ける。按分アンブン。例 ―して割り当てる。

【案文】アンブン ①文意を考える。②日 案として作った文章。下書き。例 共同声明の―。

●議案ギアン・懸案ケンアン・原案ゲンアン・考案コウアン・私案シアン・思案シアン・試案シアン・図案ズアン・草案ソウアン・代案ダイアン・提案テイアン・答案トウアン・発案ハツアン・文案ブンアン・法案ホウアン・妙案ミョウアン・名案メイアン・立案リツアン

桉
木6 (10) 4 1465 6849
一アン 漢 呉 翰 àn 二アン ān

意味 一 つくえ。通案。二 フトモモ科の常緑高木。ユーカリ。

栘
木6 (10) 4 1456 6818
イ 漢 支 yí

意味 バラ科の落葉低木。ニワウメ。また、ニワザクラ。

桙
木6 (10) 2 5966 6859
ム 慣 ウ 漢 虞 yú
きのほこ・ほこ

意味 ❶木製の食器。通盂ウ。❷たらい。通杅ウ。

日本語での用法《ほこ》《きのほこ》▼突くのに用いた武器の一つ。「鉾ほこ」の金偏を木偏に変えたもの。

栧
木6 (10) — 6827
エイ 漢 霽 yì

意味 船を進める道具。かい。通枻エイ。

桜
木6 (10) 1 2689 685C 教5
オウ(アウ) 漢 庚 yīng
さくら

[櫻] 木17 (21) 2 6115 6AFB 人 旧字体。

筆順 一 十 木 木 杪 桜 桜

なりたち 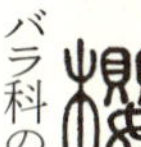 [形声]「木(=き)」と、音「嬰イエ→ウオ」とから成る。シナミザクラの木。

意味 バラ科の落葉低木。シナミザクラ(支那実桜)。春、白またはうすくれないの花が咲き、さくらんぼに似た赤い果実は食用になる。例 桜桃オウトウ。

日本語での用法《さくら》①「桜前線ぜんせん・桜餅さくらもち」▼バラ科の落葉高木。サクラ。春、うすくれないの花が咲き、材は建築・器具などに利用される。種類が多い。古くから日本人にしたしまれ、国花とされる。②「桜肉さくらニク」▼馬肉。③「桜さくらになって買かう」▼客のふりをして商品を見たり買ったりして、ほかの客をひきつける役の人。

古訓 中古 さくら 中世 さくら 近世 さくら・ゆすらむめ

【桜花】オウカ|さくらばな サクラの花。例 ―爛漫ランマン。

【桜桃】オウトウ ①中国原産の、バラ科の落葉低木。シナミザクラ。②日 果実を食用にするサクラ。また、その果実。さくらんぼ。さくらんぼう。

【桜貝】さくらがい 日 海にすむ二枚貝。貝殻の長さは二センチメートルぐらいで、きれいなさくら色。

【桜肉】さくらニク 日 [サクラの花のような色をしていることから] 馬肉。さくら。

●観桜カンオウ・葉桜はざくら

𣑊
木6 (10) 4 1453 2344A 国字
カイ
やまぶき

意味 バラ科の落葉低木。ヤマブキ。[人名などに用いる字]

[桧]
木6 (10) ⇩檜カイ(713ページ)

桅
木6 (10) 4 1464 6845
ガイ(グヮイ) 漢 灰 wéi
ほばしら

意味 船に立てて、帆をかける柱。ほばしら。例 桅竿ガイカン(=ほばしら)。

参考「梔くちなし」とは別の字。

格
木6 (10) 1 1942 683C 教5
コウ(カウ) 慣 カク 漢 キャク 呉 陌 gé
ただ-す・いた-る

筆順 一 十 木 杪 枚 枚 格 格

なりたち  [形声]「木(=き)」と、音「各カ」とから成る。木の枝が長くのびるさま。派生して「いたる」の意。

意味 ❶ものごとをきわめる。いたる。例 格物致知カクブツチチ。❷おこないを正しくする。あやまりをなおす。ただす。例 格心カクシン。❸きまり。しきたり。法則。基準。例 格式カクシキ。規格キカク。本格ホンカク。❹くらい。身分。おもむき。例 格調カクチョウ。品格ヒンカク。風格フウカク。❺木や竹を四角に組んだもの。例 格子コウシ。❻手でうつ。なぐる。通挌カク。例 格闘カクトウ。❼はばむ。こばむ。さからう。てむかう。例 匈奴之弓弗レ能レ格キョウドのゆみはばむあたわず(=匈奴の弓にはてむかえない)。〈漢書・鼂錯伝〉

日本語での用法《カク》「主格シュカク・目的格モクテキカク」▼文法で、文中のあることばが他のことばに対してもっている関係。

古訓 中古 いたる・うつ・たくらぶ・はからふ・はかり 中世 いたる・きたる・のり・はかる 近世 いたる・きたる・ただす・とほる・のり・はかる

人名 きわめ・ただ・ただし・ただす・つとむ・のぼる・のり・はかる

【格外】カクガイ ①規格からはずれていること。規格外。例 ―の製品。②なみはずれていること。

【格言】カクゲン 人の生き方やものごとの真理を、短く言いあらわしたことば。金言キンゲン。箴言シンゲン。

【格差】カクサ 日 資格・等級・品質・価格などの違い。例 賃金―。男女の―をなくす。

【格子】一カクシ ①きまった形。格式。②原稿用紙。二コウシ ①細い木や竹を、たてよこに組んだもの。戸や窓にとりつける。例 ―戸。②日「格子縞じま」の略。たて縞と、よこ縞を組み合わせた模様。チェック。

【格式】 ㊀カクシキ 身分や家柄、階級に応じたきまりや作法。また、その身分や家柄。例 ―が高い。―を重んじる。㊁キャクシキ 日〔「格」は律令の補助や修正、「式」は施行細則の意〕日本の律令時代のきまり。

【格心】カクシン ①正しい心。②心を正す。

【格人】カクジン 正しい心をもった人。

【格正】カクセイ ただしく直す。

【格段】カクダン 日 違いが特に大きいこと。格別。例 ―の差がある。―に良くなる。

【格致】カクチ ①趣。風格。②「格物致知カクブッチチ」の略。③物理学・化学などの自然科学。

【格調】カクチョウ ①詩歌の体裁と調子。②品格。③文学や芸術などの作品のもつ、上品さや気高さ。例 ―高い文章。

【格闘】カクトウ ①相手と組み合って戦う。例 ―技。②日 困難なものごとに懸命に取り組む。例 難題と―する。▽挌闘カクトウ。

【格納】カクノウ 日 倉庫などにしまう。例 ―庫。

【格物致知】カクブッチチ ①朱子学で、ものごとの道理を追究して、自己の知識を深めること。②陽明学で、心を正しくして、生まれながらにもつ知をみがくこと。▽致知格物。格致。

【格別】カクベツ 日 ①程度が普通とは違っているさま。とりわけ。格段。特別。例 うまさは―だ。②別とするさま。論外。例 お金持ちは―として。

【格律】カクリツ ①規律。きまり。②法律。

【格虜】カクリョ 主人の命にそむく、反抗的な召し使い。

【格令】カクレイ ①規則。②法令。

【格天井】ゴウテンジョウ 日 角材を格子シコウの形に組んで、裏に板を張った天井。

●価格カカク・規格キカク・厳格ゲンカク・合格ゴウカク・骨格コッカク・資格シカク・失格シッカク・昇格ショウカク・人格ジンカク・性格セイカク・体格タイカク・適格テッカク・同格ドウカク・破格ハカク・品格ヒンカク・風格フウカク・別格ベッカク

核

木6 (10)

1 1943 6838 常用

カク漢 陌 hé

さね

筆順 一 十 木 … 核 核

なりたち [形声]「木(=き)」と、音「亥イ→カク」とから成る。木の皮で作ったうつわ。借りて「さね(=果実の中心部)」の意。

意味 ❶果実の中心にあるかたい部分。たね。さね。例 果核カカク。❷ものごとの中心にある大切な部分。例 核心カクシン。中核チュウカク。❸確かめる。調べる。例 核実カクジツ(=真実を確かめる)。校核コウカク(=くらべ調べる)。❹真実。確実。例 其事核そのことカクたり(=その事は確かである)。〈漢書・司馬遷伝・賛〉

日本語での用法 《カク》①「核質カクシツ」▼生物の細胞の中心にある部分。②「核爆発カクバクハツ・核兵器カクヘイキ」▼原子核。③「核廃絶カクハイゼツ・反核ハンカク」▼核兵器。

古訓 中古 あきらかに・さね・さねぐむ・まこと 中世 さね 近世 くさのね・さね

難読 核子さなご

【核家族】カクカゾク 日〔英 nuclear family の訳〕ひと組みの夫婦とその子供だけで暮らす家族。例 ―化が進む。

【核酸】カクサン 日〔生〕細胞の核に含まれていて、生命の維持や遺伝に重要なはたらきをする物質。リボ核酸とデオキシリボ核酸とに大別される。

【核心】カクシン ①果物の種。②ものごとの中心となる大切な部分。中核。中枢。例 ―をつく発言。問題の―にふれる。

【核桃】カクトウ クルミ。胡桃コトウ。

【核分裂】カクブンレツ 日 ①〔生〕細胞分裂で、細胞核が二つに分かれる。②〔物〕ウランやプルトニウムなどの原子核が二つに分かれること。その際発生する大量のエネルギーが原子炉や原子爆弾に利用される。対 核融合。

【核兵器】カクヘイキ 日 核分裂や核融合のときに発生する大量のエネルギーを利用した兵器。原子爆弾や水素爆弾など。

【核融合】カクユウゴウ 日〔物〕水素やヘリウムなどの原子核が二つ以上結合し、一つの原子核になること。そのとき発生する大量のエネルギーが水素爆弾に利用される。対 核分裂。

●結核ケッカク・原子核ゲンシカク・地核チカク・中核チュウカク・反核ハンカク・非核ヒカク・卵核ランカク

栫

木6 (10)

3 8566 685B 国字

かせ

意味 つむいだ糸を巻き取るH字形の道具。かせ。

栝

木6 (10)

3 8563 681D

㊀カツ(クヮツ)漢 曷 kuò ㊁テン(テム)漢 琰 tiǎn

意味 ㊀❶弓などの曲がりを直す器具。ためぎ。例 檃栝カイツ(=ためぎ)。❷弦つるにあてるための、矢の末端に切りこんだ部分。やはず。例 箭栝センカツ。㊁火をおこすための木ぎれ。たきぎ。

参考 栝楼根カロウコン|カロコン(=キカラスウリの塊根)。

株

木6 (10)

1 1984 682A 教6

シュ・チュ(チウ)漢 虞 zhū

かぶ・くいぜ(くひぜ)

筆順 一 十 木 … 株 株

なりたち [形声]「木(=き)」と、音「朱シュ」とから成る。木の根。

意味 ❶木の根もとの地面にあらわれた部分。また、木を切ったあと地上に残った部分や根。きりかぶ。くいぜ。例 守株シュシュ。❷根のついた草木を数えることば。かぶ。例 バラ一株ひとかぶ。❸一つのことに関連して次々と罪がおよぶ。連座する。例 株蔓シュマン。株連シュレン。株連蔓引シュレンマンイン。

日本語での用法 《かぶ》①「株かぶを売うって資金シキンを作つくる・株券かぶケン」▼株式会社であつかう資本のひとまとまり。②「お株かぶを奪ばう」▼その人の特技。③「株かぶを上あげる・親分株おやブンかぶ」▼評価や地位。

古訓 中古 えだ・くひぜ・もと 中世 えだ・かぶ・きのね・くひぜ 近世 かぶ・くひぜ

人名 もと・より

【株価】かぶカ 日 株式の市場での値段。

【株券】かぶケン 日 株式の持ち主であることを示す有価証券。株式。株。

【株式】かぶシキ 日 ①株式会社の資本を等分にした一つ。資本の単位。②株券。株。例 ―の売買。―市況。

【株主】かぶぬし 日 株式会社に出資し、株券を持っている人。例 ―総会。

【守レ株】かぶをまもる|くいぜをまもる ⇩【守株】シュシュ(364ジペー)

【株塊】シュカイ 木の切り株や土のかたまり。思考や感情をもたないもののたとえ。

【株▼蔓】シュマン 「株連蔓引シュレンマンイン」に同じ。

【株連】シュレン 「株連蔓引シュレンマンイン」に同じ。

【株連▼蔓引】シュレンマンイン 根が連なったつるを引っ張るように、関係者に次々と罪がおよぶこと。株連。株蔓。〈晦庵集・六三〉

●頭株あたまかぶ・親株おやかぶ・旧株キュウかぶ・子株こかぶ・守株シュシュ・新株シンかぶ・古株ふるかぶ

栞

木6 (10)

2 5957 681E 人

カン漢 寒 kān

しおり(しをり)

なりたち 〔会意〕「木(=き)」と「幵(=目じるし)」とから成る。道しるべの木。

意味 山道を歩くときに、目じるしとするために折ったり切ったりした木の枝。**しおり**。

日本語での用法 《しおり》①「本(ホン)に栞(しおり)をはさむ」▼読みかけの本にはさんで目じるしとするもの。②「修学旅行(シュウガクリョコウ)の栞(しおり)」▼案内書。手引き。

古訓 中古 きる 近世 しるし・しをり

桓

木6(10) 1 2028 6853

カン(クヮン) 漢 呉 寒 huán

意味 ❶昔、宿場などのしるしとして立てた柱。例 桓表(カンピョウ)。❷貴人を埋葬するとき、棺(ひつぎ)を墓の穴に下ろすために立てた柱。❸落葉高木のムクロジの別名。❹姓の一つ。例 桓玄(カンゲン)。桓譚(カンタン)。

【桓表】(カンピョウ) 役所や宿場に目じるしとして立てられた柱。

桔

木6(10) 1 2143 6854 人

キチ・キツ 慣 ケツ 漢 屑 jié

なりたち 〔形声〕「木(=き)」と、音「吉(ツキ→ツケ)」とから成る。桔梗は薬。

意味 「桔梗(キキョウ)」は、秋の七草の一つ。

古訓 近世 ありのひふき・はねつるべ

難読 桔槔(はねつるべ)

柏

木6(10) 4 1467 6855

キュウ(キウ) 漢 有 jiù

意味 トウダイグサ科の落葉中高木。ナンキンハゼ。烏柏(キュウ)。

框

木6(10) 2 5958 6846

キョウ(キャウ) 漢 陽 kuàng

かまち

意味 ❶戸・窓・障子などの周囲の枠。**かまち**。例 門框(モンキョウ)。❷器物のまわりにはめこんで固定したり保護したりする枠。例 鏡框(キョウキョウ)。❸床の間や縁側などの端をかくすためにわたす横木。例 上(あ)がり框(がまち)。縁框(エンがまち)。

栱

木6(10) 3 8565 6831

キョウ 漢 腫 gǒng

意味 棟木(むなぎ)を支えるために、柱の上に置く方形の木材。ますがた。例 栱桷(キョウカク)(=ますがたと、たるき)。科栱(カキョウ)(=ますがた)。栱枅(キョウケイ)(=棟木)。

参考 栱(むおさ)(=人名)。

栩

木6(10) 2 5959 6829

ク 漢 麌 xǔ

かしのき・くぬぎ・とち

意味 ❶ブナ科の落葉高木。**クヌギ**。❷「栩栩然(クククゼン)」は、よろこび満足するさま。〈荘子・斉物論〉

栫

木6(10) 4 1455 2344B 国字

くれ

意味 人名に用いる字。例 栫林(くればやし)(=姓)。

桂

木6(10) 1 2343 6842 人

ケイ 漢 呉 霽 guì

かつら

なりたち 〔形声〕「木(=き)」と、音「圭(ケイ)」とから成る。「百薬の長」とされる木。

意味 ❶ニッケイ・モクセイなどの、香りのよい木。例 桂花(ケイカ)(=モクセイの花)。❷月に生えているという伝説上の木。また、月の別名。例 桂月(ゲッケイ)。月(つき)の桂(かつら)。❸広西チワン族自治区の別の呼び名。〔昔の桂林郡(ケイリングン)の名による〕

日本語での用法 《かつら》一《ケイ》▼将棋の駒(こま)の桂馬(ケイマ)の略。二 ▼カツラ科の落葉高木。カツラ。材は建築・家具用。

古訓 中古 かかる・かく・かつら・ひさし・めかつら 中世 かつら・かつらのき・めかつら 近世 かつら・めかづら

人名 かつ・よし

【桂▼庵】(ケイアン) 日 奉公人の仕事の世話をする人。口入れ屋。慶庵。〔江戸時代の医者、大和慶庵(やまとケイアン)が縁談の仲介をしたことから〕

【桂▼庵玄樹】(ケイアンゲンジュ) 室町時代の臨済宗の僧。明(ミン)に渡り朱子学を学ぶ。

【桂冠】(ケイカン) ①モクセイの花や葉で編んだ冠。②日「月桂冠(ゲッケイカン)」の略。月桂樹の枝や葉で作った冠(かんむり)。古代ギリシャで競技の優勝者や、また、すぐれた詩人がつけた。

【桂冠詩人】(ケイカンシジン) 日 古代ギリシャのすぐれた詩人に月桂冠が与えられたことにならって、イギリスで、国王から任命され、慶弔のときには公的な詩を作った詩人。現在は、詩人として最高の名誉職。

【桂月】(ケイゲツ) ①月の別名。②(かつらづき) 陰暦八月の別名。

【桂舟】(ケイシュウ) モクセイの木で造った舟。美しい舟をいう。

【桂秋】(ケイシュウ) モクセイの花が咲きにおう秋の季節。仲秋のころをいう。

【桂▼棹▼蘭▼槳】(ケイトウランショウ) モクセイの木で作ったさおと、かい。美しいさおと、かい。蘭(=モクレン)の木で作ったかい。例 桂棹兮蘭槳、撃二空明一兮泝二流光一(かつらのさおランのかい、クウメイにさおさしリュウコウをさかのぼる)(=美しいさおや、かいで、澄みわたった水にさおさして月光に輝く水面をさかのぼり行く)。〈蘇軾・赤壁賦〉

【桂▼魄】(ケイハク) 月の別名。桂月。類 桂輪。

【桂皮】(ケイヒ) 肉桂(ニッケイ)の樹皮を乾燥させたもの。薬用や香辛料などにする。

【桂馬】(ケイマ) 日 将棋の駒(こま)の一つ。左または右どなりのますの、二ます前方に斜めに進む。桂(ケイ)。馬(ま)。例 —跳び。

【桂林】(ケイリン) ①モクセイの林。②文芸に親しむ人々の仲間。③広西チワン族自治区の都市。奇峰の多い景勝の地。

【桂林一枝】(ケイリンのイッシ) 科挙(=官吏登用試験)に抜群の成績で合格することのたとえ。◗晋(シン)の郤詵(ゲキシン)が賢良(=官吏採用法の一つ)に第一位の成績を収めたのを、桂の林の一本の枝を折ったようなものだと謙遜(ケンソン)した。……〈晋書・郤詵伝〉

栟

木6(10) 2F8E0

ケイ 漢 斉 jī

ひじき(ひぢき)・ほうだて(はうだて)・ますがた

[枅]

木4(8) 2 5939 6785

俗字。

意味 棟木(むなぎ)を支えるために、柱の上に置く方形の木。ますがた。

日本語での用法 《はしらぬき》《ほうだて》▼戸の納まりをよくするために、立て添える角材。

桁

木6(10) 1 2369 6841 常用

一 コウ(カウ) 漢 庚 héng 二 コウ(カウ) 漢 漾 hàng

けた

筆順 十 木 木 朾 杅 桁 桁

なりたち 〔形声〕「木(=き)」と、音「行(コウ)」とから成る。横木。

意味 一 ❶家屋の柱や橋脚の上にかけわたす横木。**けた**。例 屋桁(オクコウ)。❷井戸の上の横木。例 井桁(セイコウ)。二 衣服をかける家具。ころもかけ。例 衣桁(イコウ)。

日本語での用法 《けた》「一桁(ひとけた)・二桁(ふたけた)」▼数の位取り。

古訓 中古 けた・なげし 中世 けた・しもと 近世 けた・みぞかけ・ものほしざを

桀

木6 (10) 2 5960 6840

ケツ漢 屑 jié
はりつけ

意味 ❶鳥のとまり木。ねぐら。❷罪人をしばって高く木の上にかかげる。**はりつけ**。❸悪賢く目だつ。わるもの。例 桀黠(ケッカツ)。❹すぐれて目だつ。通 傑。❺持ち上げる。かかげる。例 桀レ石以投レ人(いしをかかげてもってひとになぐ)(=石を持ち上げ、人に投げつけた)。〈左伝・成三〉 ❻古代中国の夏(カ)王朝最後の天子の名。暴虐非道で、殷(イン)の湯(トウ)王に滅ぼされた。例 桀紂(ケッチュウ)。

【桀▼黠】(ケッカツ)【桀▼猾】(ケッカツ) 凶暴で悪賢い。

【桀▼紂】(ケッチュウ) 夏(カ)王朝の最後の王である桀王と、殷(イン)王朝の最後の王である紂王。ともに王朝を滅ぼした暴君であり、暴君の代名詞として用いられる。

【桀犬▼吠レ▼尭】(ケッケンギョウにほゆ)(ケツのいぬギョウにほゆ) 暴君である桀王の犬が、聖王である尭にほえたてる。主人に忠義を尽くして、善悪をわきまえず相手を攻撃することのたとえ。

柧

木6 (10) 2 5955 67E7

コ漢 虞 gū

意味 ❶六角や八角のかどをもった木材。かど。❷六角柱や八角柱の形をした木簡。通 觚(コ)。

桍

木6 (10) 2 5961 684D

コ漢 虞 kū

意味 ❶木の名。❷農具などの柄(え)をさしこむ穴。

校

木6 (10) 1 2527 6821 教1

一 コウ(カウ)漢 キョウ(ケウ)呉 効 jiào
二 コウ(カウ)漢 キョウ(ケウ)呉 効 xiào
くら-べる(くら-ぶ)

筆順 一 十 木 木' 杧 杧 校 校

なりたち  [形声]「木(=き)」と、音「交(コウ)」とから成る。囚人につける木のかせ。

意味 一 ❶罪人の手足や首にはめる刑具。かせ。❷見くらべて誤りを正す。調べる。**くらべる**。通 較(コウ)。例 校合(キョウゴウ)。校閲(コウエツ)。校正(コウセイ)。❸あらがう。抵抗する。例 犯而不レ校(おかされてもあらがわず)(=被害を受けても抵抗しない)。〈論語・泰伯〉 二 ❶人を集めて教育するところ。まなびや。例 校舎(コウシャ)。学校(ガッコウ)。休校(キュウコウ)。❷指揮官のいるところに作られた柵(サク)。転じて、軍の指揮官。例 将校(ショウコウ)。

古訓 中古 かぞふ・かんがふ・くびる・したぢ 中世 かんがふ・かんがふ・すみやか・たくらぶ・はし・むくふ 近世 あしかし・かんがふ・すみやか・ものまなびどころ・をり

人名 ただし・とし・なり

難読 校倉(あぜくら)

【校合】(キョウゴウ・コウゴウ) 日 ①何種類かの本文をくらべて、違いを調べる。校訂。例 写本を集めて—する。②もとの原稿と照らし合わせて間違いを直す。校正。

【校医(醫)】(コウイ) 日 学校からたのまれて、児童・生徒の病気やけがの治療、および健康管理をする医師。学校医。

【校尉】(コウイ) 漢代、大将軍の下に置かれた軍中の官職。隋(ズイ)・唐以降、名誉職となる。

【校異】(コウイ) 日 古典作品などで、何種類かある本文の語句や文字の違いをくらべること。また、その結果。例 巻末に本文の—を示す。

【校閲】(コウエツ) ①観察する。照合する。②文書や原稿を調べ、間違いを直したり補ったりする。例 —者。

【校歌】(コウカ) 日 学校の特色や教育の目標をあらわすために作られた歌。

【校外】(コウガイ) その学校のそと。対 校内。例 —学習。

【校▼覈】(コウカク) 調べて明らかにする。

【校勘】(コウカン) 〔「勘」は、考える意〕くらべて考える。特に、古典などでの本文の違いをくらべて研究する。

【校紀】(コウキ) 日 学校生活での道徳的な決まり。学校の規律。例 —の乱れを正す。

【校規】(コウキ) 日 学校での規則。校則。例 —に照らす。

【校旗】(コウキ) 日 学校のしるしとするはた。例 —を制定する。

【校具】(コウグ) 日 授業などのために、学校に備えつけてある用具。

【校▼讐】(コウシュウ) 一つの書物についてさまざまな版本を比較し、文字の異同や正誤を調べること。〔もと、一人でおこなうことを「校」、二人でおこなうことを「讐」といった。「讐」の由来は、二人が向かい合って、一方が読み上げ他方が照らし合わせるさまが、かたき(讐)どうしのように見えるから〕 類 校対(コウタイ)。

【校書】(コウショ) ①書物を比べ合わせて文字の異同・正誤を調べる。②芸妓(ゲイギ)の優雅な呼び方。〔唐代、芸妓で詩人でもあった薛濤(セットウ)が、元稹(ゲンジン)のために「①」をしたという故事〈唐詩紀事・元稹〉から〕

【校章】(コウショウ) 日 その学校のしるし。例 帽子の—。

【校人】(コウジン) ①池や沼を管理する役人。②天子のウマを管理する役人。

【校正】(コウセイ) ①古代、馬を管理する役人。②もととなる本や原稿とくらべ合わせて、間違いを直したり補ったりする。例 —刷り。

【校則】(コウソク) 日 学校での規則。校規。

【校注】(コウチュウ)【校▼註】(コウチュウ) 書物の文章を他の本文とくらべて違いを調べ、説明をつける。

【校長】(コウチョウ) ①古代、士卒の長。隊長。②日 学校の最高責任者。学校長。例 —室。

【校訂】(コウテイ) 古典などの本文を他とくらべ合わせて、正しく直す。校合(キョウゴウ)。例『古事記』の—をする。

【校庭】(コウテイ) 日 学校の庭や運動場。

【校内】(コウナイ) その学校の中。対 校外。例 —放送。

【校風】(コウフウ) 日 学校が伝統的に作り上げてきた独特の気風。例 質実な—。

【校本】(コウホン) 古典作品などで、もとの形を研究するために、何種類かある本文をくらべて違いを示し、比較できるようにした本。また、誤りを正した本。例 古写本を集めて—を作る。

【校友】(コウユウ) 日 ①同じ学校の友人。②同じ学校の在校生・卒業生・教職員をまとめていうことば。

【校理】(コウリ) ①写本や印刷物を比べ合わせて、正しく整理する。校正。校訂。②宮中の蔵書の校勘や管理をする官。

【校了】(コウリョウ) 日 校正が完了する。

【校猟】(コウリョウ) 木を組んで柵(サク)をつくり、鳥獣を囲いこんで猟をする。

●学校(ガッコウ)・休校(キュウコウ)・下校(ゲコウ)・検校(ケンギョウ)・将校(ショウコウ)・全校(ゼンコウ)・転校(テンコウ)・登校(トウコウ)・分校(ブンコウ)・母校(ボコウ)・本校(ホンコウ)

栲

木6 (10) 2 5962 6832

コウ(カウ)漢 皓 kǎo
たえ(たへ)

[栲] 木6 (10) 4 1459 23465 俗字。

意味 山樗(サンチョ)(=オウチに似た落葉小高木)のこと。〔一説に、ミツバウツギ科のゴンズイ。また、ウルシ科のヌルデともいう〕

日本語での用法 《たえ》「白栲(しろたえ)」▼カジノキやコウゾなどの木

の皮の繊維で織った白色の布。

桄 木6(10) 4 1463 6844
一コウ(クヮウ) 漢 漾 guàng 二コウ(クヮウ) 漢 陽 guāng

意味 一横木。二ヤシ科の常緑高木。サトウヤシ。また、クロツグ(桄榔)。

根 木6(10) 1 2612 6839 教3
コン 漢呉 元 gēn
ね

筆順

なりたち [形声]「木(=き)」と、音「艮コン」とから成る。木の、ね。

意味 ❶木や草の、地中にある部分。ね。例 球根キュウコン・大根ダイコン。❷ものごとのもと。例 根源コンゲン・禍根カコン・病根ビョウコン。❸徹底的に。ねこそぎ。例 根絶コンゼツ・根治コンジ/コンチ。❹深くさぐる。例 根源コンゲン。

日本語での用法 《コン》①「根コンをつめる・根気コンキ・精根セイコン」▼忍耐力。気力。②「根号コンゴウ・平方根ヘイホウコン」▼方程式の答え。また、ある数を何回かかけあわせた数の、もとの数。ルート。

古訓 中古 ね・はじめ・もと 中世 ね・はじめ・もとづく 近世 ね・ねもと・もと・もとづく

人名 もと

【根幹】コンカン ①木の根と、みき。②ものごとの土台となる大切な部分。おおもと。根本コンポン。中枢。例 民主主義の―をなす思想。

【根気】コンキ ①気質。②日 一つのことをねばり強く続ける気力。根コン。例 ―がない。―よく仕事をこなす。

【根拠】コンキョ ①占拠する。巣くう。②よる。よりどころとする。③意見や判断、また、行動のよりどころとなる事柄。例 ―を示す。④活動のよりどころとなる場所。ねじろ。本拠。例 ―地。

【根茎】コンケイ ①木の根と、くき。②根のように見える地中のくき。ハス・タケ・サツマイモの地下茎など。

【根元】一コンゲン「根源コンゲン」に同じ。二ねもと ①草や木の根のあたり。根の部分。例 松の―。②つけねのあたり。つけねの部分。例 枝が―から折れる。▽根本ねもと。

【根源】コンゲン ①ものごとのいちばんもととなるところ。おおもと。根本コンポン。例 諸悪の―。②おおもとを探る。▽根元コンゲン。

【根号】コンゴウ 日〔数〕累乗根をあらわす記号。ルート。√や∛など。

【根菜】コンサイ 野菜のなかで、根や球根を食用とするもの。根菜類。ダイコン・ニンジン・レンコンなど。

【根治】コンジ/コンチ ①根源をたどり徹底的に処理する。②日 病気をもとから完全になおす。また、なおる。例 ―手術。

【根性】コンジョウ ①本来もっている性質。また、身についた性質。性根しょうね。気性。気質。例 ―をたたきなおす。②日 最後までやりぬこうとする気持ち。例 なかなか―のある男だ。

【根絶】コンゼツ よくないものごとを、もとから完全に取り除く。根絶ねだやし。例 感染症を―する。

【根▼蔕】コンタイ/コンテイ ①植物の根と果実のへた。②ものごとの根本。基礎。土台。

【根底】【根▼柢】コンテイ ものごとのいちばんもとになっているところ。おおもと。根本コンポン。土台。例 政治の―をゆるがす。

【根本】一コンポン ものごとのいちばんもとにある大事なところ。おおもと。根底。根源。根幹。例 ―的。―からやりなおす。二ねもと「根元二ねもと」に同じ。

【根毛】コンモウ 日〔生〕植物の根の先の、毛のような細い部分。水分や養分を吸収する。

【根粒】【根▼瘤】コンリュウ 日〔生〕マメ科植物などの根に細菌がはいってできるこぶ。例 ―バクテリア。

【根太】ねだ 日 建物の床板を下から支える横木。

【根深】ねぶか 日 ネギの別名。例 ―汁。

【根雪】ねゆき 日 積もったまま、春までとけない雪。

●尾根おね・垣根かきね・気根キコン・球根キュウコン・心根こころね/シンコン・性根ショウね・精根セイコン・大根ダイコン・羽根はね・屋根やね・六根ロッコン

栽 木6(10) 1 2647 683D 常用
サイ 漢呉 灰 zāi
う-える(う-う)

筆順

なりたち [形声]「木(=き)」と、音「𢦏サイ」とから成る。土塀を築くときに用いる土を両側からはさむ長い板。借りて「草木を植える」の意。

意味 ❶植物の苗を植え、育てる。うえる。例 栽植サイショク。栽培サイバイ。❷苗木。うえこみ。例 前栽センザイ。盆栽ボンサイ。

古訓 中古 うう・うゆ 中世 うう・ううる・うゆる 近世 ううる・うゆ・うゆる・ついぢいた

人名 たね

【栽植】サイショク 植物を植える。植栽。

【栽培】サイバイ ①野菜・果樹などの植物を植えて育てる。例 温室―。②日 魚介類を孵化フカ・養育・放流、また養殖する。例 ―漁業。

柴 木6(10) 1 2838 67F4 人
一サイ 漢 佳 chái 二サイ 漢 卦 zhài 三シ 漢 寘 zì
しば

なりたち [形声]「木(=き)」と、音「此シ…→サイ」とから成る。こまごまとした木材。

意味 一❶枝をたきぎなどに使う、小さい雑木ゾウき。しば。例 柴薪サイシン。❷しばを焼いて上帝をまつる祭り。例 柴ニ於上帝一(=しばを焼いて上帝に祭る)。〈礼記・大伝〉❸しばで作ったように粗末な。例 柴車サイシャ。柴門サイモン。二❶木を編んで作った柵サク。かきね。とりで。通 寨サイ。例 柴営サイエイ(=陣営)。柴柵サイサク。❷ふさぐ。とじる。例 柴門サイモン。柴路サイロ(=道をふさぐ)。三積み上げたもの。例 助ㇾ我挙ㇾ柴シわれをたすけてシをあげよ(=私のために積み重ねた獲物を献上せよ)。〈詩経・小雅・車攻〉

古訓 中古 くぬぎ・しば・しばやく 中世 しば・しばやく 近世 かくす・しば・たきぎ

【柴▼荊】サイケイ ①しばや、いばらなどの小木。②あばらや。

【柴車】サイシャ しばで作った粗末な車。飾りたてない車。

【柴薪】サイシン しばと、たきぎ。

【柴扉】サイヒ ①しばで作った粗末な戸。しばの戸。柴門サイモン。②粗末な住まい。わび住まい。

【柴望】サイボウ 柴と望という二つの祭祀サイシ。「柴」はしばをたいて天を祭り、「望」は遠くから山川を眺めて祭る。

【柴門】サイモン ①しばで作った粗末な門。しばの戸。②粗末な家。▽柴扉サイヒ。③(しばを積んで門をふさぐことから)門を閉じて人と交際しない。杜門トモン。

【柴山】しばやま 日 雑木ゾウきが生えている山。

桟 木6(10) 1 2723 685F 常用
サン 漢 諫 セン 漢 銑 zhàn
かけはし 付表 桟敷さじき

[棧] 木8(12) 2 6002 68E7 旧字体。

筆順

なりたち [形声]「木(=き)」と、音「戔(セン→サン)」とから成る。竹や木を組み合わせたかけはし。

意味 ❶木を組み合わせて作った、棚やかけはし。**かけはし**。例 栈道(サンドウ)。❷家畜を飼うため木や竹で作った柵(サク)。例 馬栈(バサン)。羊栈(ヨウサン)。

日本語での用法《サン》「障子(ショウジ)の栈(サン)」▼戸や障子の骨。

古訓 中古 えつり・かけはし・かはらのえつり・したぢ 中世 えつり・かけはし・たな 近世 えつり・かけはし・たな

【栈敷】(さじき) 日 芝居や相撲や祭りなどを見る客のために、高く作った見物席。例 —席。天井—。特設—。

【栈雲】(サンウン) 雲と連なるような高いところにある、かけはし。

【栈閣】(サンカク) ①「栈道(サンドウ)」に同じ。②宮中の楼閣の間をつなぐ廊下。上下二重になっていて、上道を天子が、下道を臣下が通った。▽類 栈径。

【栈道】(サンドウ) 険しいがけに板を並べ、棚のように作った道。かけはし。栈閣。類 栈径。

【栈橋】(サンばし) 日 岸から水上につき出し、船の荷物の上げ下ろしや人の乗り降りに使う設備。

栭

木6(10) 4 1458 682D

ジ 漢 支 ér

意味 ❶きのこの一種。キクラゲ。❷棟木(むなぎ)を支えるために、柱の上に置く方形の木。ますがた。❸クリの一種。参考 芝栭(しばぐり)図説(=国書)。

桎

木6(10) 2 5963 684E

シツ 漢 質 zhì あしかせ

意味 罪人の足にはめてしめつけ、その自由をうばう刑具。**あしかせ**。また、自由をうばう。拘束する。例 桎梏(シッコク)。

【桎▼梏】(シッコク)〔「梏」は、手かせの意〕行動の自由をうばうもの。束縛。拘束。梏桎。

栻

木6(10) 4 1461 683B

ショク 漢 シキ 呉 職 shì

意味 古代の占いに用いられた星座盤。

𣑑

木6(10) 4 1454 23451 国字

する

意味 人名に用いる字。例 𣑑子(こする)(=姓)。

栖

木6(10) 1 3220 6816 人

セイ 漢 斉 qī す・すみか・す-む

なりたち [形声]「木(=き)」と、音「西(セイ)」とから成る。棲(す)む。→西(セイ)(1202ページ)

意味 鳥のすみか。**す**。**すみか**。**すむ**。通 棲(セイ)。

古訓 中古 いこふ・かかる・す・すみ・すみか・すむ・やどる 中世 すくふ・すまひ・すみか・すむ・とぐら・とりゐ 近世 いこふ・すみか・すむ・たたずむ・とし

難読 栖(す)・来栖(くるす)・国栖(くず)・有栖川(ありすがわ)・鳥栖(とす)

【栖息】(セイソク) 鳥や動物が生活している。棲(す)む。棲息(セイソク)。表記 現 生息

栬

木6(10) 3 8564 682C

セイ 漢 霽 zuì もみじ(もみぢ)

意味 小さな杙(くい)。

日本語での用法 一《もみじ》▼色づく樹木。二《い》「栬鰾偲漬(いみっし)」▼忍者文字の「い」。

栓

木6(10) 1 3282 6813 常用

セン 漢 先 shuān

筆順 一 十 木 朩 朩 栓 栓

なりたち [形声]「木(=き)」と、音「全(セン)」とから成る。あなに入れて、ふさいだり動かないようにしたりする木のくぎ。

意味 ❶瓶などの口や、穴・管をふさぐもの。**せん**。例 血栓(ケッセン)。耳栓(みみセン)。❷水などの出口につけて流れを調節したり止めたりする装置。**せん**。例 給水栓(キュウスイセン)。消火栓(ショウカセン)。

古訓 中古 きくぎ 中世 きくぎ 近世 きくぎ・とがき・ほとぎ

栴

木6(10) 1 3283 6834

セン 漢 呉 先 zhān

意味「栴檀(センダン)」は、香木の名。

【栴▼檀】(センダン) ①インドなど南方産のビャクダン科の香木。材の色が赤っぽいものを赤栴檀(シャクセンダン)、黒っぽいものを紫檀(シタン)、白っぽいものを白檀(ビャクダン)という。例 —は二葉(ふたば)より芳(かんば)し(=栴檀は芽を出したばかりの二葉のときから、かぐわしい。偉大な人物は子供のときからすぐれているというたとえ)。②日 センダン科の落葉高木。暖地に生え、初夏に、うす紫色の花が咲く。古名は、オウチ(楝)。旃檀(センダン)。

栫

木6(10) 2 5965 682B

セン 漢 霰 jiàn かき・かこ-う(かこ-ふ)・ふしづけ

意味 ❶木ぎれなどで囲う。**かこう**。**かき**。❷束ねた柴(しば)を川や沼などに沈めておいて、魚が入りこんだところをとらえるしかけ。**ふしづけ**。

桑

木6(10) 1 2312 6851 常用

[桒]

木6(10) 3 8562 6852 俗字。

ソウ(サウ) 漢 呉 陽 sāng くわ(くは)

筆順 フ ヌ 叒 叒 桒 桒 桑

なりたち [会意]「叒(=クワの葉)」と「木(=き)」とから成る。カイコがその葉を食う木。

意味 クワ科の落葉高木。**クワ**。葉をカイコの飼料とする。材は家具に使い、樹皮は製紙原料となる。例 桑田(ソウデン)。

古訓 中古 くは・くはのき 中世 くは 近世 くは

難読 桑折(こおり)(=地名)

【桑畑】(くわばたけ) 日 クワを植えた畑。桑田(ソウデン)。

【桑原】(くわばら) 日 ①クワ畑。②〔クワ畑には雷が落ちないと信じられていたことから〕雷や不吉なことをさけるための、まじないの文句。例 おお、—、—。

【桑稼】(ソウカ) 養蚕と農耕。

【桑海】(ソウカイ)「桑田変成レ海(ソウデンヘンじてうみとなる)」に同じ。

【桑乾】(ソウカン) 今の河北省を流れ、北京(ペキン)の南で運河に注ぐ川。永定河。盧溝(ロコウ)河。

【桑戸】(ソウコ) クワの木の枝などで作った戸。貧しい家のこと。例 —の士。

【桑弧▼蓬矢】(ソウコホウシ) ①クワの木の弓とヤナギヨモギの矢。祝儀に用いる。〔男子が生まれたとき、この弓矢で天地四方を射て将来の活躍を祈った〕〈礼記・射義〉②男子が雄飛活躍しようとする志。桑蓬志(ソウホウのこころざし)。

【桑▼梓】(ソウシ) ①クワとキササゲ。②〔昔、家の周囲にクワとキササゲを植えて子孫の暮らしの助けにしたということから〕故郷。また、敬老の意。例 —を思う。

【桑田】(ソウデン) クワ畑。類 桑園。

【桑田▼滄海】(ソウデンソウカイ) ⇩【滄海桑田】(ソウカイソウデン)(802ページ)

【桑田変成レ海】(ソウデンヘンじてうみとなる) 陸地だったクワ畑が時を経て大海となるように、世の移り変わりの激しいこと。桑田滄海(ソウデンソウカイ)。桑海。〔「松柏摧為レ薪(ショウハククだかれてたきぎとなる)」と対にしても用いられる〕〈劉希夷・代悲白頭翁〉

【桑年】〔「桑」の俗字「桒」を分解すると、十が四つと八になることから〕四十八歳のこと。

【桑▼蓬志】「桑弧蓬矢②」に同じ。

【桑麻】クワとアサ。重要な作物・農作業をいう。

【桑門】〔仏〕〔梵語 śramaṇa の音訳〕僧。僧侶。沙門。

【桑▼楡】①クワとニレ。②〔木の枝を夕日が照らすことから〕夕方。日暮れ。③太陽の沈む所。④晩年。

【桑林】①クワの林。②殷代の楽曲名。③七年ひでりが続いたとき、殷の湯王が雨ごいをしたという地。

桗 木6(10) 4 1468 6857 ダ慣 タ漢 箇 duò
意味 ❶木の根もと。❷花などを数えることば。通朶。

桌 木6(10) 4 1466 684C タク漢 覚 zhuō
意味 テーブル。つくえ。通卓。参考 桌（＝人名）。

桃 木6(10) 1 3777 6843 常用 トウ（タウ）漢呉 豪 táo もも
筆順 一 十 木 村 村 村 机 桃
なりたち [形声]「木（＝き）」と、音「兆チョウ→トウ」とから成る。モモの木。
意味 バラ科の落葉小高木。モモ。春、うすくれないの花が咲き、夏、大きい実をつける。果肉はやわらかく甘い。種や葉は薬用となる。例 桃花。桃源。桃李。
古訓 中古 かかぐ・もも・もものき 中世 もも 近世 もも
難読 桃花鳥（つき）
【桃花】モモの花。
【桃花水】【桃華水】モモの花が咲くころ、春雨や雪どけ水で増す川の水。
【桃菓】モモの実。
【桃源】俗世間を離れた平和で美しい理想の世界。別天地。ユートピア。桃源郷。◆ある漁夫がモモの林の中の川をさかのぼり、水源の山にある入り口から中に進むと、外界と隔絶した平和な村があった。あとでもう一度おとずれようとしたが、どうしても道を見つけられなかったという。……〈陶淵明・桃花源記〉
【桃源郷】「桃源」に同じ。
【桃弧】モモの木で作った弓。災いをはらうとされる。
【桃梗】モモの木で作った人形。魔よけに用いた。
【桃符】モモの木で作ったふだ。正月に門にかかげて魔よけとする。
【桃▼夭】〔「夭」は、若い意〕嫁ぐ年ごろの娘を、しなやかなモモの若木にたとえて祝福したことば。→【夭夭】（329ページ）
【桃▼李】①モモとスモモ。②自分が取り立てた人物。すぐれた門人。〔モモやスモモを育てれば、夏には木かげで休み、秋には実を食べることができることから〕〈韓詩外伝・七〉
【桃▼李不ㇾ言下自成ㇾ▼蹊】（とうりものいわざれどもしたおのずからみちをなす）美しい花やおいしい実をつける、モモやスモモの木の下には自然に人が集まり道ができる。徳のある立派な人物には、自然に人がしたい寄ってくることをいう。〈史記・李将軍伝・賛〉→【成蹊】（532ページ）
◆桜桃・白桃

桐 木6(10) 1 2245 6850 人 トウ漢 ドウ呉 東 tóng きり
なりたち [形声]「木（＝き）」と、音「同トウ」とから成る。キリの木。
意味 ❶ゴマノハグサ科の落葉高木。キリ。葉は大きく卵形。初夏、うす紫色の花が咲く。材は木目が美しく、軽くて狂いが少ないので、たんす・琴・げたなどに用いられる。❷「梧桐」は、アオギリ。アオギリ科の落葉高木。❸〔琴の胴をキリで作ることから〕琴。例 桐君（＝琴）。桐糸（＝琴の弦）。
古訓 中古 きり・きりのき 中世 きり 近世 かろがろし・きり
人名 ひさ
【桐▼梓】キリとキササゲ。ともに良質の木材。
【桐油】アブラギリの種からとった油。防水用に紙や布に塗る。例 ―合羽（＝桐油紙で作った合羽）。―紙（＝水をはじくように、桐油をしみこませた紙）。

[档] 木6(10) ⇩檔（714ページ）

梅 木6(10) 1 3963 6885 教4 バイ漢 メ呉 灰 méi うめ 付表 梅雨
[梅] 木7(11) 3 8569 FA44 人 旧字体。
[楳] 木9(13) 1 3964 6973 別体字。
[槑] 木10(14) 4 1529 69D1 別体字。
筆順 一 十 木 杧 杦 梅 梅
なりたち [形声]「木（＝き）」と、音「毎イ→バ」とから成る。ウメの木。
意味 ❶バラ科の落葉高木。ウメ。中国原産。早春、香りのよい白・紅色などの花が咲く。六月ごろ、酸味のある実がなる。例 梅花。梅林。寒梅。❷ウメの実がなるころ降り続く長雨。また、その季節。例 梅雨。入梅。
古訓 中古 うめ・むめ・むめのき 中世 むめ・むめのき 近世 うめ・むめ
人名 み
難読 梅花皮（かいらぎ）
【梅雨】〔ウメの実が熟するころの雨の意〕六月から七月ごろに降る長雨。また、その期間。参考 この時期は黴（かび）が生えやすいことから「黴雨」とも書く。
【梅園】ウメの木をたくさん植えてある庭園。
【梅花】ウメの花。
【梅花粧】女性が額の中央にウメの花をえがく装い。〔南朝宋の武帝の娘、寿陽公主の額に落ちたウメの花をまねたことによる〕
【梅酢】ウメの実を塩漬けにしたときに出る汁。多く、シソで赤く色づけする。
【梅子】①ウメの実。②ウメの木。
【梅酒】青いウメの実を、氷砂糖を加えた焼酎にひたしてつくる果実酒。
【梅信】ウメの開花を知らせる便り。
【梅毒】性病の一つ。スピロヘータパリダによって起こる慢性の感染症。黴毒。
【梅林】ウメの木を植えた林。
◆塩梅・寒梅・観梅・紅梅・入梅

[栢] 木6(10) ⇩柏（675ページ）

栟 木6(10) 4 1457 681F ヘイ漢 庚 bīng
[栟] 木8(12) 2F8E5 本字。
意味 ヤシ科の常緑高木。シュロ。例 栟櫚（＝棕櫚）。

［桝］木6(10) ⇩枡ます(670ページ)
参考 栟田はいだ・岩栟いわはえ・栟木はべき(=姓)。

［栾］木6(10) ⇩欒ラン(716ページ)

栗
木6(10) 1 2310 6817 人 リツ漢 質 lì くり

なりたち  [会意]「襾(=実がたわわに実るさま)」と「木(=き)」とから成る。クリの木。

意味 ❶ブナ科の落葉高木。**クリ**。山野に自生するが、果樹として栽培もする。材はかたく、建材などに利用され、果実は食用。❷おそれる。ふるえおののく。通慄リツ。例 使₂民戦栗₁たみをしてセンリツせしむ(=民をおそれさせる)。〈論語・八佾〉 ❸かたい。堅固な。例 縝栗シンリツ(=綿密で堅固なこと)。❹⇩【栗栗】リツリツ

古訓 中古 くり・さく・つつしむ 中世 くり・つつしむ 近世 おそる・かたし・くり・しじまる・つつしむ

難読 栗栖くるす(=姓・地名)・団栗どんぐり

【栗毛】くりげ 日 馬の毛色の名。明るい茶色、あるいはこげ茶色をいう。また、その毛色の馬。

【栗名月】くりメイゲツ 日 陰暦九月十三日の月。クリや枝豆を供える。豆名月。→【芋名月】いもメイゲツ(1120ページ)

【栗▼鼠】リス リス科の哺乳動物。ふさふさした大きな尾をもち、木の実を好んで食べる。キネズミ。

【栗栗】リツリツ ①多いさま。ぎっしりと積まれているさま。②おそれつつしむさま。③ふるえるさま。

【栗烈】リツレツ 寒さが厳しいさま。

栳
木6(10) 4 1460 6833 ロウ(ラウ)漢 皓 lǎo

意味 「栲栳コウロウ」は、ヤナギの枝などを編んで作った、物を入れるうつわ。ざる。

㭷
木7(11) 4 1469 3B77 国字 おおこ

意味 地名に用いる字。例 㭷島おおこじま(=長崎県の島)。

械
木7(11) 1 1903 68B0 教4 カイ漢呉 卦 xiè かせ

筆順 一 十 木 杧 械 械 械 械

なりたち  [形声]「木(=き)」と、音「戒カイ」とから成る。罪人の手足にはめる刑具。

意味 ❶罪人の首や手足にはめて、自由をうばう刑具。**かせ**。また、かせをはめる。例 械繋カイケイ(=かせをはめて牢屋ロウやにつなぐ)。械梏カイコク(=手かせ、足かせ)。❷しかけのある道具。例 器械キカイ。機械キカイ。❸兵器。武器。

古訓 中古 あしかし・つくろふ 中世 あしかし・あしがせ・てがせ 近世 あしがせ・かし・つゑ

【械器】カイキ 道具。器具。

桷
木7(11) 2 5968 6877 カク漢 覚 jué ずみ・すみぎ・たるき

意味 屋根板などを支えるために、棟から軒にかけわたす角材。**たるき**。**すみぎ**。

日本語での用法 《ずみ》▼ヒメカイドウの別名。

桿
木7(11) 2 5969 687F 一 カン漢 寒 gān 二 カン gǎn てこ

意味 一 細長い棒。さお。通杆カン。二 (てごろな長さの)木ぎれ。棍棒コンボウ。通杆カン。例 操縦桿ソウジュウカン。

梙
木7(11) 4 1479 6899 カン(クヮン)漢 諫 huàn

意味 ムクロジ科の落葉高木。ムクロジ。通槵カン。参考 梙野くしの・くじの(=姓)。

梂
木7(11) 4 1474 6882 キュウ(キウ)漢 尤 qiú いが

意味 クリなどの実を包む、鋭いとげにおおわれた外皮。**いが**。

梟
木7(11) 2 5970 689F キョウ(ケウ)漢呉 蕭 xiāo ふくろう(ふくろふ)

意味 ❶フクロウ科の猛禽モウキン。**フクロウ**。森の木のほらなどにすみ、くちばしが鋭く、夜間に小動物を捕食する。〔親鳥を食う不孝の悪鳥とされ、夏至の日にとらえられて羹あつもの(=スープ)にされたという〕 ❷たけだけしい。勇ましく強い。例 梟悪キョウアク。梟雄キョウユウ。❸罪人の首をさらして高くかかげる。さらし首。例 梟首キョウシュ。❹さいころの目で「一」。例 梟盧キョウロ(=さいころばくち。「盧」は、「六」をあらわす)。

【梟悪】キョウアク 荒々しくて人の道にそむいているさま。例 —な盗賊。

【梟▼悍】キョウカン たけだけしく、荒々しい。

【梟首】キョウシュ 罪人の首をはねて、木にかけてさらすこと。また、その首。さらし首。

【梟将】キョウショウ 勇猛な将軍。

【梟臣】キョウシン 勢力があって悪い臣。

【梟帥】キョウスイ 一 たけだけしい将軍。特に、異民族の猛将をいう。二 たける 日 上代、勇猛な種族の首領を指したことば。

【梟名】キョウメイ 非常に強いという評判。武勇の誉れ。例 —の聞こえた敵将。

【梟雄】キョウユウ 勇猛な武人。たけだけしい英雄。例 劉備天下之梟雄リュウビはテンカのキョウユウなり(=劉備は天下の勇猛な武人である)。〈呉志・魯粛伝〉 乱世の—。

梜
木7(11) 4 1481 689C キョウ(ケフ)漢 葉 jiā

意味 ❶タケや木でできた、ものをはさんで取る細長い二本の棒。はし。例 梜匕キョウヒ(=はしと、さじ)。❷木やタケの札に書いた文字の磨滅を防ぐためにそえる、板や箱。参考 梜川さがわ(=姓)。

桾
木7(11) 2 5985 687E クン漢 文 jūn さるがき・ふし

意味 「桾櫏クンセン」は、カキノキ科の落葉高木。シナノガキ。**サルガキ**。桾櫏クンセン。桾杆クンセン。

日本語での用法 《ふし》「桾織ふしおり・桾縄目ふしなわめの鎧よろい」▼糸や縄などで、ところどころにある、こぶのようにふくらんだ部分。節ふし。

梘
木7(11) 4 1478 6898 ケン漢 銑 jiǎn

意味 水を通し導くための木やタケで作った管。かけひ。例 梘水ケンスイ。

日本語での用法 《カン》「梘水カンスイ」▼「鹹カン」の字の代わりに用いる。

【梘水】一 ケンスイ かけひ。二 カンスイ 日 中華そばの食感や風味をよくするために加える、炭酸カリウムなどを溶かしたアルカリ性の液。鹹水カンスイ。

梧
木7(11) 1 2472 68A7 人 一 ゴ漢 虞 wú 二 ゴ漢 遇 wù あおぎり(あをぎり)

なりたち  [形声]「木(=き)」と、音「吾ゴ」とから成る。アオギリの木。

意味 ㊀アオギリ科の落葉高木。**アオギリ**。街路樹にする。樹皮は緑色で、葉は大きい。材は琴や家具に用いられる。例 梧桐(ゴトウ)。㊁「魁梧(カイゴ)」は、壮大なさま。
古訓 中古 きり・きりのき・ささふ 中世 きり・きりのき 近世 あをぎり・きり・こと・ささへる・はしら
【梧下】ゴカ ①アオギリの木の下。②日〔アオギリで作った机のあたりの意〕手紙で、脇付(わきづけ)の一つ。机下。類 梧右(ゴユウ)。
【梧▼檟】ゴカ ①アオギリとヒサゴ。ともに良質の木材。②優秀な人材のたとえ。
【梧▼桐】ゴトウ｜ゴドウ アオギリの別名。例 非₂梧桐₁不レ止(ゴトウにあらずんばとまらず)(=〈鳳凰(ホウオウ)は〉アオギリの木でなければ降りて止まらない)。〈荘子・秋水〉
【梧▼桐一葉】ゴトウイチヨウ〔秋にアオギリの落葉が最も早いことから〕秋のおとずれのたとえ。また、衰退のきざしをあらわす。→【一葉落知₂天下秋₁】(テンカのあきをしる)(3ジペー)
【梧葉】ゴヨウ アオギリの葉。→【少年易レ老学難レ成】(ショウネンおいやすくガクなりがたし)(397ジペー)

梗
木7 (11)
1 2528 6897 常用
コウ(カウ)漢 キョウ(キャウ)呉 ▲梗 gěng
やまにれ・ふさ-ぐ

筆順

なりたち

[形声]「木(=き)」と、音「更(コウ)」とから成る。ヤマニレ。

意味 ❶かたいとげのある木。ニレの一種、ヤマニレとされる。❷枝や茎。例 花梗(カコウ)。❸まっすぐで硬い。つよい。例 梗正(コウセイ)。梗直(コウチョク)(=剛直)。❹ふさがる。**ふさぐ**。例 梗塞(コウソク)。❺あらまし。例 梗概(コウガイ)。❻「桔梗(キキョウ)」は、キキョウ。
古訓 中古 えやみ・むね・やましむ 中世 こけら・たけし・とちがら・むね 近世 あるる・おほむね・すなほ・ふさぐ・やまし・やまにれ
【梗概】コウガイ おおよその内容。あらすじ。あらまし。概略。概要。
【梗渋】コウジュウ ふさがって通じない。つかえる。梗塞。
【梗正】コウセイ 正直である。一本気である。剛直。類 梗直。
【梗塞】コウソク ふさがって通じない。つかえる。梗渋。例 心筋―。

梏
木7 (11)
2 5971 688F
コク漢 沃▲ gù
てかせ

意味 罪人の手首にはめて自由をうばう刑具。また、自由をさまたげるもの。**てかせ**。例 梏桎(コクシツ)。
【梏▼桎】コクシツ〔「桎」は、足かせの意〕行動の自由をうばうもの。束縛。拘束。桎梏。
【梏亡】コクボウ ①(欲望が)手かせとなり、心身を滅ぼす。〔一説に、「梏」は「攪(コウ)」で、コウボウと読み、乱して滅亡させる意とする〕②失わせる。なくす。

梱
木7 (11)
1 2613 68B1
コン漢 ▲阮 kǔn
しきみ・こうり(かうり)・こり

意味 ❶門の内外を分ける仕切り。**しきみ**。例 梱内(コンナイ)(=仕切りのうち。域内。国内)。❷そろえてしばる。通 捆(コン)。例 梱包(コンポウ)。
日本語での用法 ㊀《こり》「生糸(きいと)一梱(ひとこり)・綿糸(メンシ)一梱(ひとこり)」▼包装した荷物を数えることば。㊁《こうり》「梱(こうり)に詰めて送(おく)る」▼タケやヤナギで編んだ、衣類などを入れるかご。行李(コウリ)。
【梱包】コンポウ 日 箱に入れたりひもで縛ったりして、荷造りする。また、その荷物。例 ―材料。製品を―する。

梭
木7 (11)
2 5972 68AD
サ漢 歌▲ suō
ひ

意味 機織(はたお)りのよこ糸を通す道具。たて糸のあいだを、左右によこ糸をくぐらせるのに用いる。**ひ**。例 梭杼(サチョ)。
【梭▼杼】サチョ 機織(はたお)りで、たて糸の中をくぐらせて、よこ糸を通す道具。ひ。機杼(キチョ)。
【梭投】サトウ ①機織(はたお)りで、ひ(=よこ糸を通す道具)を左右に通して動かす。②時間のたつのが急なこと。

桫
木7 (11)
4 1470 686B
サ漢 歌▲ suō

意味 ❶ヘゴ科の木性シダ植物。ヘゴ。例 桫欏(サラ)(=ヘゴ)。❷梵語(ボンゴ)の音訳。例 桫欏(サラ)(=娑羅(サラ))。

梓
木7 (11)
1 1620 6893 人
シ漢 ▲紙 zǐ
あずさ(あづさ)

なりたち

[形声]「木(=き)」と、音「宰(サイ→シ)」の省略体とから成る。キササゲの木。

意味 ❶ノウゼンカズラ科の落葉高木。キササゲ。材は良質で、器物を作ったり、印刷の版木に用いたりした。例 桑梓(ソウシ)。❷版木(に彫って印刷する)。例 上梓(ジョウシ)。
日本語での用法《あずさ》「梓弓(あずさゆみ)」▼カバノキ科のヨグソミネバリの別名。古くは弓を作るのに用い、和歌などに詠まれた。
古訓 中古 あづさ 中世 あづさ・つげ・まゆみ 近世 あかめがしは・あづさ・ことのき・はまひさぎ
【梓宮】シキュウ ①天子やその后(きさき)のひつぎ。〔キササゲの木で作ったことから〕②天子の墓。みささぎ。
【梓匠輪▼輿】シショウリンヨ 工作の職人。大工。梓人(=木工職人)、匠人(=土木工事の職人)、輪人(=車輪を作る職人)、輿人(=車体を作る職人)のこと。〈孟子・滕文公下〉
【梓人】シジン ①器物を作る工芸職人。さしもの師。②周代、工芸をつかさどる官。③木版印刷の刻字をする職人。
【梓里】シリ〔昔、家の周囲にキササゲを植えて子孫の暮らしの助けにしたことから〕故郷。

梔
木7 (11)
2 5973 6894
シ漢 支▲ zhī
くちなし

意味 アカネ科の常緑低木。**クチナシ**。初夏、香気のある白い花が咲く。実は染料・薬用とする。

梻
木7 (11)
4 1485 68BB 国字
しきび・しきみ

難読 梔子(くちなし)・山梔子(くちなし)
意味 モクレン科の常緑小高木。**シキビ**。**シキミ**。枝葉を仏前に供える。樒(しきみ)。

[桼]
木7 (11)
⇩漆(シツ)(807ジペー)

梢
木7 (11)
1 3031 68A2 人
ソウ(サウ)漢 ショウ(セウ)呉 ▲肴 shāo
こずえ(こずゑ)

[梢] 木7 (11) ― 旧字体。

なりたち

[形声]「木(=き)」と、音「肖(ショウ→ソウ)」とから成る。こずえ。

意味 ❶木の幹や枝の先。**こずえ**。例 樹梢(ジュショウ)。末梢(マッショウ)。❷ものごとの、すえ。❸船のかじ。例 梢公(ショウコウ)。❹⇩【梢】(ショウショウ)
古訓 中古 こずゑ 中世 うつ・こずゑ 近世 あぜみぞ・かぢ・こえだ・こずゑ・さを
人名 こず・すえ・たか
【梢公】ショウコウ 船のかじを取る人。船頭。

4画
[木] 7画▼梗 梏 梱 梭 桫 梓 梔 梻 桼 梢 梢

【梢梢】ショウショウ ①木の葉が風に鳴る音。風の音の形容。例 ─として樹林をわたる風。②小さい。わずか。③尾の垂れるさま。④木々のこずえ。

[案] 木7(11) ⇒松(ショウ)(665ページ)

[條] 木7(11) ⇒条(ジョウ)(661ページ)

梣

木7(11) 3 8570 68A3 シン(シム)漢 侵 cén とねりこ

意味 モクセイ科の落葉高木。**トネリコ**。

梫

木7(11) 4 1483 68AB シン(シム)漢 寝 qǐn

意味 木の名。ニッケイ。あるいは、モクセイ。 難読 梫木(あせぼ)

桵

木7(11) 3 8568 6875 ズイ漢 支 ruí

意味 ウコギ科の落葉低木。タラノキ。 参考 桵沢(さわら)(=姓)。

梲

木7(11) 3 8572 68B2 一セツ漢 屑 zhuō 二タツ漢 曷 tuō 三エイ(ヱイ)漢 霽 ruì うだち・うだつ

意味 一 梁(はり)の上に立てて棟木(むなぎ)を支える短い柱。**うだち。うだつ**。例 山節藻梲(やまにせつしソウにセッす)(=柱の上の節(ますがた)に山形の彫刻をし、うだつに水草の模様を描く。《身分不相応の室内装飾をいう》)。〈論語・公冶長〉 二 梲棒(タツボウ)。また、つえ。例 梲杖(タツジョウ)(=木のつえ)。 三 鋭利なさま。するどい。通 鋭。

梳

木7(11) 2 5964 68B3 ソ漢 魚 shū くし・くしけず-る(くしけづ-る)・けず-る(けづ-る)・す-く・と-く

意味 ❶髪の毛をすいて、ととのえる道具。ときぐし。**くし**。〔歯の粗いものを「梳(ソ)」といい、細かいものを「篦(ヘイ)」という〕 ❷髪の毛を整える。**すく。くしけずる。けずる**。例 梳洗(ソセン)。梳櫛(ソシツ)。 ❸整理する。整える。例 爬梳(ハソ)(=整える)。

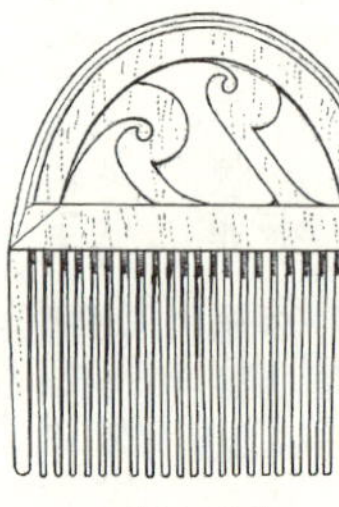
[梳❶]

日本語での用法《ソ》「梳毛織物(ソモウおりもの)」▼毛織物に用いる繊維をすいて、太さ・長さのそろったものに加工すること。

【梳▼盥】ソカン 髪をとかし手を洗う。

【梳▼櫛】ソシツ 髪をとかす。くしけずる。類 梳頭・梳髪。

【梳洗】ソセン 髪をとかし、顔を洗う。また、(化粧などして)身なりを整える。

【梳▼沐】ソモク 〔「沐」は、髪を洗う意〕髪を洗い、くしでとかす。

巣

木7(11) 1 3367 5DE3 教4 ソウ(サウ)漢 呉 肴 cháo す・す-くう(すく-ふ)

[巢] 巛8(11) 3 8408 5DE2 人 旧字体。

筆順

なりたち [象形] 木の上にある鳥のすみかの形。

意味 ❶鳥のす。動物のすみか。**す**。また、すを作る。**すくう**。例 営巣(エイソウ)。帰巣(キソウ)。 ❷盗賊などのかくれが。例 巣窟(ソウクツ)。

古訓 中古 す・すくふ・とりのす 中世 す・すくふ・とりのす 近世 かけはし・す・とりのす

【巣箱】すばこ 日 ①野鳥が巣を作りやすいように、人間が作って木などにとりつけてやる箱。②ミツバチを飼っておく箱。

【巣窟】ソウクツ ①木の上の住居と土の中の住居。類 巣穴。②悪者などがかくれ住むところ。悪者のすみか。根城(ねじろ)。例 悪の─。

【巣林一枝】ソウリンイッシ 〔ミソサザイが林の中にある一本の枝に巣を作ることから〕分(ブン)に応じた環境に満足して暮らすこと。〈荘子・逍遥遊〉から〕

● 病巣(ビョウソウ)・古巣(ふるす)・卵巣(ランソウ)

梍

木7(11) 2 5984 688D ソウ(サウ)漢 皓 zào

意味 ❶マメ科の落葉高木。サイカチ。通 皁(ソウ)。 ❷どんぐり。通 皁(ソウ)。

参考 「梍(ウォ)(=鎌(かま)の柄(え)。かまつか)」は、別の字。

梛

木7(11) 2 5975 689B 人 ダ漢 ナ呉 歌 nuó なぎ

[梛] 木7(11) ─ 旧字体。

なりたち [形声] 「木(=き)」と、音「那(ダ)」とから成る。木の名。

意味 木の名。例 枸梛(クナ)(=キョウチクトウ)。

日本語での用法《なぎ》▼「那木(なぎ)」を一字に合わせた字。マキ科の常緑高木の名。

古訓 近世 なぎ

梯

木7(11) 1 3684 68AF 人 テイ漢 呉 斉 tī はしご

なりたち [形声] 「木(=き)」と、音「弟(テイ)」とから成る。木製の階段。

意味 ❶高所へのぼりおりするための道具。**はしご**。例 梯階(テイカイ)。雲梯(ウンテイ)。 ❷階段状のもの。例 梯田(テイデン)(=段々畑)。 ❸上に進んでいく手引き。例 階梯(カイテイ)(=手引き。入門書)。 ❹よりかかる。もたれる。例 梯几(テイキ)(=机にもたれる)。

古訓 中古 かけはし・はし 中世 かけはし・のぼりはし・はし・ひこばえ 近世 かけはし・のぼりはし・はしご・ひこばえ

人名 はし

【梯階】テイカイ ①はしご。階段。②手引き。案内。▽階梯(カイテイ)。

【梯形】テイケイ ①はしごの形。②「台形(ダイケイ)」の古い言い方。

【梯航】テイコウ ①はしごと、ふね。②「梯山航海(テイザンコウカイ)」の略。はしごで山に登り、船で海をわたる。海や山をこえて遠くへ行くこと。③手引き。案内。

【梯索】テイサク 〔「索」は、縄の意〕縄ばしご。

【梯子】テイシ・はしご ①二本の長い棒の間に足がかりとなる横木を何本も取り付けた道具。高い所へのぼるときに使う。例 縄─(なわばしご)。②日「梯子酒(はしござけ)」の略。次々に店をかえて、酒を飲み歩くこと。

【梯田】テイデン 階段状に作った田畑。段々畑。

梃

木7(11) 2 5976 6883 テイ漢 チョウ(チャウ)呉 迥 tǐng てこ・つえ(つゑ)

意味 ❶棍棒(コンボウ)。**つえ**。例 殺人以梃(ひとをころすにテイをもってす)(=棍棒で人をなぐり殺す)。〈孟子・梁恵王上〉 ❷棒状のものを数えることば。通 丁・挺(チョウ)。例 墨(すみ)一梃(イッチョウ)。

日本語での用法《てこ》「梃(てこ)でも動(うご)かない・梃入(てこい)れ」▼小さい力を大きな力に変えるしかけ。

難読 梃子(てこ)・変梃(ヘンテコ)

梴

木7(11) 4 1484 68B4 テン漢 先 chān

意味 木が伸びて長いさま。例 梴梴(テンテン)(=木が長いさま)。

桶 木7(11) 1 1819 6876 人

一 トウ漢 ツウ呉 董 tǒng
二 ヨウ漢 腫 yǒng
おけ(をけ)

なりたち [形声]「木(=き)」と、音「甬ヨウ→トウ」とから成る。木製方形で六升入る容器。

意味 一 ❶水などを入れる筒形の容器。おけ。例 面桶メンツウ(=顔を洗うおけ)。天水桶テンスイおけ。❷魚を捕らえる道具。例 筒桶トウトウ(=「筒」は竹製、「桶」は木製)。二 六斗の量をはかるます。

古訓 中古 をけ 中世 をけ 近世 とかき・をけ

難読 担桶ごた

梪 木7(11) 4 1482 68AA

トウ漢 宥 dòu

意味 昔、食物や神への供え物をのせたうつわ。たかつき。通 豆。参考 梪沢ささいかち(=岩手県の地名)。

梼 木7(11) ⇒檮トウ(714ジペー)

梨 木7(11) 1 4592 68A8 常用

リ漢呉 支 レイ漢 ライ呉 斉 lí
なし

棃 木8(12) 4 1490 68C3 本字。

筆順 ニ 千 禾 禾 利 利 梨 梨

なりたち [形声]「木(=き)」と、音「秎リ」とから成る。ナシの木。

意味 ❶バラ科の落葉高木。ナシ。中国原産の果樹の一つ。春、白い花をひらく。果実は水けが多く、甘い。例 梨園リエン。梨花リカ。❷梵語ボンゴの音訳。例 梨倶吠陀リグベーダ(=古代インドの、自然賛美の詩)。阿闍梨アジャリ。❸多数の。多い。通 黎レイ。例 梨庶レイショ(=民衆)。

古訓 中古 つしむ・なし・わかる 中世 つしみ・つしむ・なし 近世 なし

難読 梨子なし・花梨カリン

【梨雲】リウン ナシの花がたくさん咲いて白雲のように見えるさま。類 梨花雲。

【梨園】リエン ①ナシ畑。②〔唐の玄宗ゲンソウ皇帝が、ナシを植えた庭園で音楽や演技を教えたことから〕芝居。演劇。また、演劇や俳優の世界。日本では、特に歌舞伎かぶきの世界を指す。例 —の名門。

【梨花】リカ ナシの花。例 梨花一枝春帯レ雨リカイッシはるあめをおぶ(=〈楊貴妃ヨウキヒの涙にぬれた顔は〉ナシの木の一枝が春雨にぬれたようだ)。〈白居易・長恨歌〉

【梨雪】リセツ ナシの花。〔花の白さを雪にたとえたことば〕

桮 木7(11) ⇒杯ハイ(668ジペー)

梖 木7(11) 4 1476 6896

バイ慣 ハイ漢呉 泰 bèi

意味 ヤシ科の高木。オウギヤシ。その葉は、インドで文字を書く紙の代わりに用いられた。参考 枳梖のきけん(=姓)。

【梖多羅】バイタラ〔梵語ボンゴ pattra の音訳〕オウギヤシの葉。貝多羅バイタラ。

梅 木7(11) ⇒梅バイ(683ジペー)

㭭 木7(11) 4 1477 3B6D

ハツ漢 黠 bā

意味 ❶木の名。❷田をならす農具。えぶり。通 朳ハツ。

参考 㭭幡はやた(=姓)。

梚 木7(11) 4 1480 689A

バン漢 阮 wǎn

意味 木の名。参考 梚木こび・木梚こびき(=姓)。

梶 木7(11) 1 1965 68B6 人

ビ漢 尾 wěi
かじ(かぢ)

なりたち [形声]「木(=き)」と、音「尾ビ」とから成る。こずえ。

意味 木の枝の先。こずえ。

日本語での用法《かじ》①「梶かじをとる」▼船や車の進む方向を変える装置。②「梶かじの木き」▼クワ科の落葉高木。コウゾの仲間で、樹皮を和紙の原料とする。

古訓 中古 かぢ 中世 かぢ 近世 かぢ・こずゑ

梹 木7(11) ⇒檳ビン(714ジペー)

桴 木7(11) 2 5979 6874

フ漢 虞 フウ漢 尤 fú
いかだ・ばち・むなぎ

意味 ❶むなぎ。❷小さないかだ。いかだ。例 桴筏フバツ。❸いかだに乗る。❹太鼓を打つ棒。太鼓のばち。ばち。通 枹フ。例 桴鼓フコ(=ばちと太鼓)。

参考 訓「ばち」は、もともとは字音「バチ(撥)」の転用。

【桴▼筏】フバツ〔「筏」は、大きないかだの意〕いかだ。

梺 木7(11) 2 5982 68BA 国字

ふもと

意味 山の下のあたり。山のすそ。ふもと。

棻 木7(11) 4 1486 68FB

フン漢 文 fēn

意味 ❶香木の名。❷盛んに茂るさま。

梐 木7(11) 4 1475 6890

ヘイ漢 薺 bì

意味 ❶人やウマの侵入を防ぐための木の柵さく(=柵)。例 梐枑ヘイゴ。❷牢獄ロウゴク。ひとや。参考 梐けやき(=姓)。

桲 木7(11) 3 8567 6872

ボツ慣 ホツ漢 月 bó

意味 ❶イネやムギの穂を打って、実を落とす農具。からざお。❷「榲桲オツボツ」は、バラ科の果樹。マルメロ。難読 榲桲マルメロ

梵 木7(11) 2 5980 68B5

ハン(ハム)漢 ボン(ボム)呉 陥 fàn

意味 ❶古代インド哲学で宇宙の究極的原理とされた「ブラフマン(brahman)」の漢訳語。神聖・清浄ショウジョウ(=清らかで、けがれがない)の意。例 梵行ボンギョウ。梵天ボンテン。❷インドの。仏教の。例 梵語ボンゴ。梵鐘ボンショウ。

難読 梵そよぎ(=姓)

【梵宇】ボンウ〔「宇」は、家の意〕仏教の寺。寺院。伽藍ガラン。梵刹ボンセツ。

【梵行】ボンギョウ〔仏〕①欲望を断った清らかなおこない。②仏教の修行。

【梵語】ボンゴ 古代インドの言語。サンスクリット。

【梵妻】ボンサイ〔仏〕僧の妻。大黒だいこく。

【梵字】ボンジ 梵語を記すための、古代インドの文字。例 卒塔婆ソトバの—。

【梵鐘】ボンショウ〔神聖な仏事の鐘の意〕寺のつりがね。撞木シュモクで打ち鳴らす。

【梵刹】ボンセツ/ボンサツ 仏教の寺。寺院。伽藍ガラン。梵宇。

【梵天】ボンテン/ボンデン ①バラモン教で、宇宙創造の神。②〔仏〕帝釈天タイシャクテンとともに、仏のそばにいて仏法を守護する神。

▽梵天王。

【梵唄】バイ〔仏〕①仏典の偈頌(=仏徳をたたえた韻文)を曲調にあわせて唱えること。声明。②四箇法要の一つ。法会で、最初に偈を唱えること。

椛

木7 (11) 1 1981 691B 人 国字 もみじ(もみぢ)・かば

筆順

なりたち 国字。[会意]「木(=き)」と「花(=はな)」とから成る。花のように色づく木。

意味 ❶花のように色づいた木。**もみじ**。❷カバノキ。**カバ**。〔「樺」の省略形〕

古訓 中世 かばさくら・なぎ 近世 かば

[栭]

木7 (11) ⇩柳(676ジペー)

柖

木7 (11) 2 5981 68A0 リョ漢 ロ呉 語 lǚ こまい(こまひ)・のきすけ

意味 屋根のひさし。のき。**のきすけ**。例 梁柖(=はりと、ひさし)。

梁

木7 (11) 1 4634 6881 人 リョウ(リャウ)漢呉 陽 liáng うつばり・はし・はり・やな

[樑]

木11 (15) 4 1543 6A11 別体字。

なりたち [形声]「木(=き)」と「氵(=川)」と、音「刅」とから成る。川にかけた橋。

意味 ❶板などをかけわたして造った橋。かけはし。**はし**。例 橋梁。❷柱の上にわたして屋根を支えるための横木。**うつばり**。**はり**。例 梁木(=うつばり)。棟梁。❸川をせきとめて、魚をとるしかけ。**やな**。❹中央の高く盛り上がった部分。例 脊梁。鼻梁。❺古代の九州の一つ。梁州。今の陝西省南部から四川省にかけての地域。❻戦国時代、魏が都を大梁(=今の開封)に移した後の国名。❼南北朝時代の南朝の一つ。斉の皇族、蕭衍が、禅譲を受けて建てた王朝。(五〇二—五五七)❽五代の一つ。(九〇七—九二三)→【後梁】②(476ジペー)

古訓 中古 うつはり・はし・やな 中世 うきはし・うつばり・はし・はり・やな 近世 うきはし・うつばり・はし・はり・やな

難読 高梁(=地名)・魚梁・独梁

【梁園】【梁▼苑】漢代、文帝の子で梁の孝王が造った庭園。兎園。

【梁材】①梁になる大きな材木。②立派な人材。

【梁山泊】①山東省にある梁山のふもとの沼地。小説『水滸伝』で、宋江や林冲などの豪傑がたてこもった。②豪傑や野心家の集まる場所。

【梁上君子】泥棒。盗賊。盗人。◆後漢の陳寔は、ある日、梁の上に盗賊がひそんでいるのに気づき、家の者を集めて言った。「人間は本来みな善人であるのに、悪い習慣に染まってしまう者もいる。いま梁の上にいる君子も、その一人だ」。それを聞いた盗賊は梁から下りてきて謝り、改心したという。……〈後漢書・陳寔伝〉

【梁津】橋と渡し場。

【梁▼塵】梁の上のちり。すばらしい歌声や音楽のたとえ。例 —飛ぶ。

【動二梁▼塵一】歌声のすぐれていることのたとえ。◆漢代、魯の国の虞公は、たいそう歌声が美しく、声を発すると梁の上のちりが動いたという。……〈劉向・別録〉

【梁柱】①橋を支える柱。橋脚。②家屋のうつばり。類 梁木。③鼻ばしら。鼻梁。

【梁棟】①梁と棟木。②大臣など重要な地位にある人物。

【梁父】【梁▼甫】斉の泰山のふもとにある丘。昔、天子は泰山で天の神を、梁父で地の神を祭った。→【封禅】(390ジペー)

【梁父吟】【梁▼甫吟】まだ世に出る前の、諸葛亮が好んで口ずさんだという詩。→【二桃殺三士】(42ジペー)

【梁木壊】梁の木が折れる。偉大な人物の死をいう。〔孔子が自分の死を予感して歌ったことば「泰山頽梁木壊(=泰山は崩れ、梁の材木が折れる)」〈礼記・檀弓上〉から〕

椏

木8 (12) 2 5983 690F ア漢 麻 yā また

意味 ❶木のまた。枝の分かれ目。**また**。❷「三椏」は、朝鮮人参のこと。〔日本で、「三椏」は、ジンチョウゲ科の落葉低木。和紙の原料とする〕

椅

木8 (12) 1 1656 6905 常用 一イ漢 支 yī 二イ漢 紙 yǐ

筆順 一 十 木 木 杧 桉 椅 椅

なりたち [形声]「木(=き)」と、音「奇キ…▼イ」とから成る。梓の一種。イイギリ。

意味 一イイギリ科の落葉高木。イイギリ。材は、げたや器具にする。二背もたれのあるこしかけ。いす。通 倚。例 椅子。籐椅。

古訓 中古 えだ・きり 中世 うるし・うるしのき・きりのき 近世 くだ・たをやか・ひさき

【椅▼几】寄りかかる台。脇息。倚几。

【椅子】①腰をおろすもの。腰かけ。②日 地位や役職のたとえ。座。ポスト。例 社長の—をねらう。

椑

木8 (12) 3 8576 68ED エキ漢 陌 yì

意味 木の名。参考 狩谷棭斎(=江戸時代後期の漢学者)。

[梱]

木8 (12) ⇩棫(705ジペー)

[椁]

木8 (12) ⇩槨(705ジペー)

棺

木8 (12) 1 2029 68FA 常用 一カン(クヮン)漢 寒 guān 二カン(クヮン)漢 翰 guàn ひつぎ

筆順 一 十 木 木 杧 杧 棺 棺

なりたち [形声]「木(=き)」と、音「官カ」とから成る。死体をしまうもの。

意味 一死者を納めるはこ。**ひつぎ**。例 石棺。二死者をひつぎに納める。

古訓 中古 ひつき・ひとき 中世 ひつぎ・をさむ 近世 ひつぎ・をさむる

【棺▼桶】日 死者を入れる箱。ひつぎ。棺。

【棺▼槨】【棺▼椁】【棺郭】〔「棺」は、内側のかんおけ。「槨・椁・郭」は、棺を入れる外側の箱の意〕ひつぎ。

【蓋レ棺事始定】その人の価値や業績は、死んで棺おけのふたがされてからはじめて決まるもので、生前の評判はあてにならない。〈杜甫・君不見簡蘇徯〉

◆出棺・石棺・納棺

棋 ［棊］

棋 木8（12） 1 2093 68CB 常用 ゴ 慣 **キ** 漢 ギ 呉 支 qí

［棊］ 木8（12） 2 5987 68CA 本字。

筆順 一 十 木 朩 朩 村 柑 柑 棋 棋

なりたち ［形声］「木（＝き）」と、音「其（キ）」とから成る。将棋や碁。

意味 ❶囲碁・将棋。例 棋士（キシ）。棋譜（キフ）。将棋（ショウギ）。❷碁を打ったり、将棋を指したりする。

古訓 中古 ゴ 中世 ゴ 近世 ゴ・ゴいし

【棋院】（キイン） ①囲碁を打って遊ぶ建物。②日 囲碁の専門家の団体。また、その集会所。

【棋局】（キキョク） ①碁盤や将棋盤。②囲碁や将棋の勝負の形勢。勝敗のなりゆき。

【棋士】（キシ） 日 囲碁や将棋の対局を職業とする人。類 棋客（キカク・キキャク）。

【棋子】（キシ） 碁石。また、将棋の駒（こま）。

【棋▼峙】【棋▼跱】（キジ） 碁石を並べたように群雄・豪傑が割拠する。また、碁の対局をするように勢力を張りあう。

【棋戦】（キセン） 囲碁や将棋の勝負。

【棋置】（キチ） 碁石を並べたように多く集まっている。類 棋布。

【棋譜】（キフ） ①囲碁や将棋の技術を説明した書。②囲碁や将棋の勝負を、手順に従って記録したもの。

【棋風】（キフウ） 日 囲碁や将棋にあらわれる、その人の特徴。

椈

椈 木8（12） 2 5988 6908 キク 漢 屋 jú

意味 木の名。ヒノキ科の常緑樹「柏（ハク）」の別名。

極

極 木8（12） 1 2243 6975 教4 **キョク** 漢 **ゴク** 呉 職 jí **きわめる**（きは-む）・**きわまる**（きは-まる）・**きわみ**（きはみ）・**きわめて**（きは-めて）・き-める（き-む）・き-まる

筆順 十 木 朩 朾 柯 柯 極 極 極

なりたち ［形声］「木（＝き）」と、音「亟（キョク）」とから成る。屋根の最も高いところ。むね。

意味 ❶むね。むなぎ。❷この上ないところ。また、行き着く果て。**きわみ**。例 極限（キョクゲン）。究極（キュウキョク）。❸最高の地位。天子の位。例 登極（トウキョク）。皇極（コウキョク）。❹この上ないところまで達する。行き着く。**きわめる**。**きわまる**。例 極言（キョクゲン）。極力（キョクリョク）。❺この上なく。**きわめて**。例 極悪（ゴクアク）。極上（ゴクジョウ）。至極（シゴク）。❻地軸や電池の両端。例 南極（ナンキョク）。陽極（ヨウキョク）。❼疲れはてる。疲れる。病む。例 人極馬倦（ひとつかれうまうむ）（＝人馬ともに疲れはてた）。〈漢書・王褒伝〉❽はやいさま。すみやか。例 出入甚極（シュツニュウはなはだすみやかなり）（＝出入りがはなはだ迅速である）。〈荀子・賦〉

日本語での用法 《きめる》《きめ》「月極（つきぎ）め・取（と）り極（き）め」▼定める。約束する。

古訓 中古 いたる・かぎり・きはまる・きはむ・すみやかなり・つかる・つく・つくす・とづく・なか・むね 中世 いたる・きはまる・きはむ・きはむる・つくる 近世 いたる・かならず・きはまる・きはめる・なか・むね・をはり

人名 いたる・きわ・なか・のり・みち・むね

【極悪】（ゴクアク） きわめて悪いこと。例 —非道（ゴクアクヒドウ）。

【極意】 一（キョクイ） 意をきわめる。満足するまでおこなう。二（ゴクイ） 日 武芸や芸道などで、いちばん深いところにある境地やわざ。奥の手。奥義（オウギ）。例 茶道の—をきわめる。

【極右】（キョクウ） 思想が極端に右翼的（＝保守的・国粋主義的）であること。また、そういう人。対 極左。

【極言】（キョクゲン） ①思う存分に言うこと。②極端な言い方をすること。また、そのことば。極論。

【極限】（キョクゲン） ①それ以上は進めない限界のところ。かぎり。限度。例 —状態。②〔数〕一定の法則に従って変化する数が、ある数値に限りなく近づくときの、その数。例 —値。

【極左】（キョクサ） 日 思想が極端に左翼的（＝急進的・革命主義的）であること。また、そういう人。対 極右。

【極処】（キョクショ） ものごとの行きつくところ。きわまったところ。

【極小】（キョクショウ） ①きわめて小さいこと。②〔数〕関数で、数値が小さくなっていき、増加に転じるときの最小値。▽対 極大。

【極少】（キョクショウ） きわめて少ないこと。

【極星】（キョクセイ） 天球の極にいちばん近い星。北極星のこと。

【極大】（キョクダイ） ①きわめて大きいこと。②〔数〕関数で、数値が大きくなっていき、減少に転じるときの最大値。▽対 極小。

【極端】（キョクタン） 日 ①いちばんはし。②普通の程度や状態などからきわめて離れていること。また、きわめてかたよっているさま。例 両—の意見。—な水不足。—におそれる。

【極地】（キョクチ） ①いちばん果ての土地。最果て。②南極と北極の地方。例 —研究。

【極致】（キョクチ） 最高の状態や趣。きわみ。例 技術の—。

【極天】（キョクテン） ①天のきわみ。空の果て。②空のいたるところ。満天。

【極点】（キョクテン） ①たどりつくことのできる最後のところ。例 —に達する。②南極点または北極点。例 —に立つ。

【極度】（キョクド） 日 これ以上のことはないという状態や程度。例 —の疲労。—にきらう。

【極東】（キョクトウ） 日 ①東の果て。②〔英 Far East の訳語〕ヨーロッパから見て、いちばん東にある地域。日本・中国・朝鮮半島などアジア東部。

【極微】（キョクビ・ゴクビ） きわめて小さいこと。ミクロ。例 人間の目では見えない—の世界。

【極浦】（キョクホ） 遠くまで続く水辺。

【極望】（キョクボウ） ①見わたすかぎり。②目をこらしてはるか遠くをながめる。▽類 極目（キョクモク）。

【極北】（キョクホク） 日 北の果て。また北極に近いところ。例 —の地。

【極洋】（キョクヨウ） 日 南極や北極に近い海。例 —の漁業。

【極楽】 一（キョクラク） 非常に楽しい。二（ゴクラク） ①〔仏〕「極楽浄土」の略。②きわめて安らかでたのしい境遇。天国。▽対 地獄。

【極楽往生】（ゴクラクオウジョウ） 〔仏〕①死んでこの世を去り、極楽浄土に生まれ変わること。②安らかに死ぬこと。大往生。

【極楽浄土】（ゴクラクジョウド） 〔仏〕阿弥陀如来（アミダニョライ）のいる、平和で安らかな理想の世界。西方（サイホウ）浄土。極楽。

【極量】（キョクリョウ） ①一定の量。②日 劇薬などを用いるときの、一回または一日の最大の分量。例 —を超えて服用したらしい。

【極力】（キョクリョク） できるかぎりの努力をするさま。精いっぱい。例 —急いで仕上げます。

【極論】（キョクロン） ①十分に論じ尽くす。②日 極端な言い方をする。また、極端な内容の議論。極言。例 —すれば中止ということだ。

【極刑】（キョッケイ） 最も重い刑罰。死刑。例 —に処す。

【極光】（キョッコウ） 南極や北極の地方で、大気中に起きる発光現象。いろいろな色が、カーテンや帯のように見える。オーロラ。

【極印】（ゴクイン） 日 ①品質の証明や偽造防止のために、貨幣や品物につける、しるし。②（悪いという）消せない証拠。例裏切り者の―をおされる。

【極月】ゴクゲツ／ゴッゲツ 日陰暦十二月の別名。師走（しわす）。

【極極】ゴクゴク 日きわめて。たいそう。非常に。ごく。例―初歩の段階。

【極彩色】ゴクサイシキ 日美しく華やかで、濃いいろどり。

【極暑】ゴクショ きわめて暑いこと。酷暑。厳暑。猛暑。対極寒（ゴッカン）。例―の候。

【極上】ゴクジョウ 日これ以上はないというほどに上等なこと。また、そのもの。最上。例―の牛肉。

【極製】ゴクセイ 日これ以上はないというほどの最高の作り方。また、その製品。例精選―。

【極道】ゴクドウ 日ばくちや酒などの道楽にふけったり、平気で悪事をはたらいたりすること。また、そうする人。獄道。例―者（もの）。―息子。

【極熱】ゴクネツ この上なく熱（あつ）いこと。ひどい熱（あつ）さ。酷熱。例―の砂漠。

【極熱地獄】ゴクネツジゴク 〔仏〕八大地獄の一つ。炎熱に苦しめられるという、最も熱い地獄。大焦熱地獄。

【極秘】ゴクヒ 日絶対に秘密にしなければならないこと。例―情報。―のうちに進める。

【極貧】ゴクヒン 日きわめてまずしいこと。赤貧。

【極太】ごくぶと 日①糸などの太さで、いちばん太いもの。例―の毛糸。②万年筆などの筆記用具で、えがく線がいちばん太いもの。▽対極細（ごくぼそ）。

【極細】ごくぼそ 日①糸などの太さで、いちばん細いもの。例―の毛糸。②万年筆などの筆記用具で、えがく線がいちばん細いもの。▽対極太（ごくぶと）。

●陰極（インキョク）・究極（キュウキョク）・磁極（ジキョク）・至極（シゴク）・電極（デンキョク）・南極（ナンキョク）・北極（ホッキョク）・陽極（ヨウキョク）・両極（リョウキョク）

棘

木8（12） 2 5989 68D8 キョク漢 コク呉 職 jí いばら・とげ

意味 ❶クロウメモドキ科の落葉高木。サネブトナツメ。❷バラ・カラタチなど、とげのある草木。いばら。例荊棘（ケイキョク）。棘（いばら）の冠（かんむり）（=荊冠（ケイカン））。❸とがる。はり。とげ。例棘皮動物（キョクヒドウブツ）。❹さしせまった。切迫した。通亟（キョク）。例孔棘（コウキョク）（=はなはだ切迫している）。❺やせる。やせた。例棘者（キョクシャ）。

【棘囲】【棘▼闈】キョクイ 科挙（=官吏登用試験）の試験場。〔不正を防ぐため、いばらの木をめぐらせたことから〕類棘院。

【棘心】キョクシン ①いばらの木の芽。②〔いばらの木の芽を幼い子にたとえて〕母が子を育てる労苦。

【棘針】キョクシン ①いばらのとげ。②肌をさすような寒風のたとえ。

【棘薪】キョクシン たきぎになるほどに生長したいばらの木。人間の子が成人になったことのたとえ。

【棘人】キョクジン 〔悲しみやせた者の意〕父母の喪に服している人が、自分を指していうことば。

【棘皮動物】キョクヒドウブツ 日ウニ・ナマコ・ヒトデ・ウミユリなど、からだの表面にとげや、いぼの多い無脊椎（ムセキツイ）動物。

【棘門】キョクモン ①天子の宿営地に戟（ゲキ）（=ほこ）などを立てて門としたもの。②宮城の門。宮門。

椇

木8（12） 4 1507 6907 ク漢 麌 jǔ

意味 ❶クロウメモドキ科の落葉高木。ケンポナシ。❷古代中国で、神にまつるときに、いけにえをのせた台。難読 枳椇（けんぽなし）

椚

木8（12） 2 6015 691A 国字 くぬぎ

意味 クヌギ。櫟（くぬぎ）。〔姓・地名などに用いる〕

椡

木8（12） 2 6017 6921 国字 くぬぎ

意味 地名に用いる字。例三ツ椡（みつくぬぎ）（=新潟県の地名）。

棨

木8（12） 3 8575 68E8 ケイ漢 薺 qǐ

意味 ❶古代に用いられた木製あるいは絹製の通行証。例棨信（ケイシン）。❷儀式用のほこ。例棨戟（ケイゲキ）（=布で包んだ儀式用のほこ）。

【棨信】ケイシン 宮門の出入りに用いる割り符。

［棨信］

検

木8（12） 1 2401 691C 教5 ケン（ケム）漢呉 琰 jiǎn しら-べる（しら-ぶ）・あらた-める（あらた-む）

［檢］木13（17） 2 6093 6AA2 人 旧字体。

筆順 

なりたち 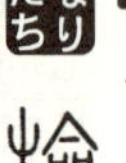 ［形声］「木（=き）」と、音「僉（セン→ケン）」とから成る。表題を書く。

意味 ❶文書をまとめ、表題をつけて封をする。また、封印。例封検（フウケン）。印検（インケン）（=印をおして封をする）。❷取り調べる。しらべる。通撿（ケン）。例検閲（ケンエツ）。検査（ケンサ）。点検（テンケン）。❸取り締まる。引き締める。通撿（ケン）。例検挙（ケンキョ）。検束（ケンソク）。

古訓 中古 あなぐる・おなじ・かむがふ・ただす・をさむ 中世 かんがふ・かんがふる・しるす・をさむ 近世 かんがふ・しるす・のり・ふみ

人名 のり

【検非違使】ケビイシ 日〔「ケンビイシ」の変化〕平安時代、都の犯罪の取り締まりや訴訟をあつかった官職。

【検印】ケンイン 日①検査がすんだことを示す印。②著作者が、出版にあたって自分の著作物の一冊一冊、また一枚一枚におす印。発行を認め、発行部数を検査したことを示す。

【検疫】ケンエキ 日外国からの感染症を予防するため、港や空港などで病原体の有無を検査し、必要に応じて消毒や隔離などの処置をすること。また、その検査。

【検閲】ケンエツ ①調べ改める。②日新聞や出版物・映画・郵便物などの内容や表現について、公権力が思想的・道徳的に問題がないかを調べる。憲法により禁止されている。

【検温】ケンオン 日体温をはかる。例―器（=体温計）。

【検▼覈】ケンカク 調べて明らかにする。調査する。

【検眼】ケンガン 日視力を調べる。

【検挙】ケンキョ ①過失を告発する。②日警察や検察庁が犯人や容疑者をとらえる。例選挙違反を―する。

【検校】 一 ケンコウ ①調べ考える。②たずねる。 二 ケンギョウ 日〔調べたり、くらべたりして検討する意〕①昔、寺社の事務や僧尼の監督をした職。②盲人の最上位の官職名。

【検査】ケンサ 日異常な点や不正などがないかを調べる。点検。例身体―。製品を―する。

【検索】ケンサク ①しらべさがす。②日情報や資料を調べて、目的のものをさがし出す。〔辞書類や索引、コンピューターを使うときにいう〕

【検札】ケンサツ 日電車や列車の中で、車掌が乗客の切符を調べる。

【検察】ケンサツ ①事実をよく調べて明らかにする。②日犯罪について調べ、証拠を集める。③日「検察官（=犯罪の捜査や裁判の請求をおこなう司法官)」また、「検察庁」の略。例 —当局。

【検死】【検▼屍】ケンシ 日 変死者などの死因をさぐるために死体を調べる。検視。

【検視】ケンシ ①実際に見て調べる。現地に赴いて調べる。② 日 検死。特に、法律上検察官などがおこなうものをいう。

【検字】ケンジ 漢字の字書で、文字を総画数の順に、同画数では部首別に並べた単字(=一つ一つの文字)索引。

【検事】ケンジ ①事実を調べる。②日 検察官の階級の一つ。検事長の下、副検事の上。③日 検察官の通称。

【検▼讐】ケンシュウ 書物を校訂する。

【検出】ケンシュツ 日 調査や分析などをして、その中に含まれている成分を見つけ出す。例 微量の毒物が—された。

【検証(證)】ケンショウ ①実際に調べて事実を証明する。例 科学的に—された事実。②日〔法〕裁判官などが現場の状況や証拠物件を実際に見て調べる。例 現場を—する。

【検針】ケンシン 日 電気・ガス・水道などの使用量を見るために、メーターの目盛りを調べる。例 ガスの—員。

【検診】ケンシン 日 病気かどうかを調べるために診察する。例 集団—。定期—。

【検正】ケンセイ ①きちんとしていて正しい。②調べて正す。

【検束】ケンソク ①調べてとりしまる。②日 実力を用いて、自由な行動をさせない。③日〔法〕もと、警察官が公安に害がある者や保護の必要な者の自由を束縛し、警察署に留置したこと。

【検地】ケンチ 日 年貢高などを決めるため、田畑の境界・広さ・収穫量などを調べる。〔豊臣秀吉が全国的に実施した太閤検地が、江戸時代にも受けつがれた〕

【検定】ケンテイ 日 ある基準を定めてそれに達しているかどうかを調べ、合否を決める。例 教科書の—制度。

【検討】ケントウ いろいろな観点からよく調べ、考える。例 試案を—する。

【検尿】ケンニョウ 日 病気の診断のために、尿を調べる。

【検品】ケンピン 日 商品や製品を検査する。例 —所。

【検分】ケンブン 日 実際に立ち会って調べる。例 実地を—する。

【検便】ケンベン 日 寄生虫・細菌・出血などがあるかどうかを知るために、大便を調べる。

【検問】ケンモン 疑わしい点がないか問いただす。例 —所。

●首実検・車検・送検・探検・点検

椦
木8(12) 2 5991 6926 ケン

意味 「棬」の誤字、あるいは国字「桛」の誤字という。

棬
木8(12) 4 1504 68EC 一 ケン(クヱン)漢 先 quān 二 ケン(クヱン)漢 霰 juàn まげもの・わげもの

意味 一 木をうすくそいで曲げて作った容器。**まげもの**。例 杯棬(=さかずきと、まげもの)。 二 ウシの鼻に通す木製の環。牛鼻環。

【棬枢】ケンスウ 木を曲げて作った、門戸を開閉するための装置。とぼそ。貧しい家のたとえ。

棡
木8(12) 2 5992 68E1 コウ(カウ)漢 陽 gāng

意味 ❶ブナ科の落葉高木。ナラガシワ。❷両手でもちあげる。通 扛。

椌
木8(12) 2 5993 690C コウ(カウ)漢 江 qiāng

意味 古代中国の打楽器の一つ。柷に同じ。

椃
木8(12) 4 1506 6903 コウ(カウ)漢 豪 háo

意味 木の名。参考 椃木(=姓)。

棍
木8(12) 2 5994 68CD コン漢 願 gùn つえ(つゑ)・つか-ねる(つか-ぬ)

意味 ❶(まるい木の)ぼう。**つえ**。例 棍棒。❷悪者。ならず者。例 棍徒(=ならず者)。

【棍棒】コンボウ 手であつかう棒。

棔
木8(12) 2 6001 68D4 コン漢 元 hūn ねむのき

意味 マメ科の落葉高木。**ネムノキ**。

棌
木8(12) 4 1492 68CC サイ漢呉 隊 cǎi

意味 山から切り出したままで、手を加えていない木材。あらき。まるき。例 棌椽(=丸木をたるきとする、質素な建物)。

[棧]
木8(12) ⇩桟(681ページ)

椣
木8(12) 2 6016 6923 国字 しで

意味 地名に用いる字。例 椣原(=奈良県の地名)。

楉
木8(12) 3 8581 6949 ジャク漢 薬 ruò しもと

意味 「楉榴」は、ザクロ。

日本語での用法 《しもと》▼枝の茂った若い木立。

棕
木8(12) 2 6003 68D5 ソウ漢 シュ・シュウ呉 東 zōng

[椶]
木9(13) 2 6004 6936 本字。

意味 「棕櫚」は、ヤシ科の常緑高木。幹の先の方にうちわの骨のような葉が多数つく。幹を網状にとりまく繊維で縄やほうきを作る。

椒
木8(12) 2 6005 6912 ショウ(セウ)漢 蕭 jiāo はじかみ

意味 ❶ミカン科の落葉低木。サンショウ。葉と実に香りがあり、香辛料や薬用とする。材はすりこぎに使われる。古名、**ハジカミ**。例 椒花(=サンショウの花)。山椒(=ハジカミ)。❷「胡椒」は、コショウ科のつる性常緑低木。実は香辛料にする。❸山のいただき。山頂。例 山椒(=山頂)。

【椒▼桂】ショウケイ ①サンショウと肉桂の木。ともに香木で、香辛料などに用いる。②すぐれた人物のたとえ。

【椒酒】ショウシュ サンショウなどを浸して造った香りのある酒。正月の祝賀の際に飲む。屠蘇酒など。

【椒房】ショウボウ ①皇后・后妃の御殿。後宮。→【椒房殿】②皇后・后妃。▽類 椒屋・椒庭。

【椒房殿】ショウボウデン 漢の未央宮の皇后の御殿。〔芳香効果と悪気払い、またサンショウは実の多いことから子孫繁栄のため、壁にはサンショウ入りの土が塗ってあったという〕

【椒▼蘭】ショウラン ①サンショウとアララギ。ともに香料に用いる。②すぐれていることのたとえ。③戦国時代、楚の子椒と司馬子蘭。ともに口先ばかりうまい人物。〈楚辞・離騒〉

椄
木8(12) 2 6006 6904 ショウ(セフ)漢 葉 jiē つぎき・つ-ぐ

意味 木の枝や芽を切り取ってほかの木につぎ合わせる。**つぎき。つぐ。**

植

木8(12) 1 3102 690D 教3

ショク・チョク 漢 職
チ 漢 寘 zhí
うえる(う-う)・うわる・た-てる(た-つ)・た-つ

［櫃］木13(17) 4 1561 3BF0 別体字。

筆順 一 十 木 木 杧 杭 植 植 植

なりたち ［形声］「木(=き)」と、音「直(チョク)」とから成る。(とざすために)門の扉を合わせて中央に立てるまっすぐな木。

意味 ❶まっすぐに立てる。**たてる。たつ。** 例 植二其杖一而芸(そのつえをたててくさぎる)(=その杖をたてかけて草を刈っていた)。〈論語・微子〉 ❷草木をうえつける。**うえる。うわる。** 例 植樹(ショクジュ)。植物(ショクブツ)。移植(イショク)。

日本語での用法 《ショク》①「植字(ショクジ)・誤植(ゴショク)」▼活字を枠の中に並べて版を組む。②「植民(ショクミン)・入植(ニュウショク)」▼開拓のために人を住みつかせる。③「植皮(ショクヒ)・植毛(ショクモウ)」▼体の一部を移植する。

古訓 中古 うう・うゆ・おふ・こころざし・たつ・ほどこす・よせたつ 中世 ううる・うゆる・こころざす・たつる・たね・ほどこす・よせたつる 近世 うゆる・うゑき・うゑる・おく・たつる

人名 うえ・たつ・たね・なお

【植字】(ショクジ／ジチョク) 日 活版印刷で、活字を原稿に従って並べて、組み版をつくる。

【植樹】(ショクジュ) 木を植える。例 ―祭。

【植生】(ショクセイ) 日 ある地域に生えている植物の分布状態。例 ―図。

【植皮】(ショクヒ) 日 やけどなどでそこなわれた皮膚の部分に、健康な皮膚を移植する。例 ―手術。

【植物】(ショクブツ) 生物を二種に分けたうちの一つ。草・木・藻類・菌類など。多くは一か所に固定して生活し、光合成をおこない、土や水から養分をとって生きる。対 動物。

【植民】(ショクミン) 日 国外の新しい土地に移住・定着し、その土地を開拓・開発すること。また、その人々。殖民。例 ―地。

【植毛】(ショクモウ) 日 毛を植える。例 頭頂部に―する。

【植林】(ショクリン) ①直立した木々。②日 林をつくるために苗木を植える。

●移植(イショク)・誤植(ゴショク)・入植(ニュウショク)・播植(ハショク)・腐植(フショク)

森

木8(12) 1 3125 68EE 教1

シン(シム)漢 侵 sēn
もり

筆順 一 十 木 木 杰 杰 森 森

なりたち ［会意］「林(=むらがりはえる木)」と「木(=き)」とから成る。木が多いさま。

意味 ❶樹木が多いさま。樹木が高くそびえているさま。例 森林(シンリン)。森茂(シンボウ)。❷ものが多い。例 森羅万象(シンラバンショウ)。❸おごそか。おくふかい。例 森厳(シンゲン)。❹うすぐらい。ほのぐらい。例 陰森(インシン)。

日本語での用法 《もり》「森(もり)の中(なか)・森(もり)に入(はい)る」▼樹木がたくさん茂っている所。

古訓 中古 あつむ・いよいよ・いよよかなり・しげし 中世 いよいよ・いよやかなり・もり 近世 いよやか・おほし・さかんなり・もり

人名 しげ・しげる

【森閑】(シンカン) 日 物音ひとつ聞こえず、静まりかえっているさま。深閑。例 ―とした山寺。

【森厳】(シンゲン) おごそかで重々しいさま。きびしくおごそかなさま。

【森森】(シンシン) ①木々が盛んに茂るさま。②木が高くそびえるさま。③多いさま。ゆたかなさま。④おごそかなさま。威厳のあるさま。⑤ほの暗いさま。

【森然】(シンゼン) ①木々の茂るさま。②多く並び立っているさま。③おごそかなさま。

【森羅万象】(シンラバンショウ) 〔古くは「シンラマンゾウ」とも。「森羅」は、数限りなく並び連なる意。「万象」は、万物の意〕宇宙に存在する、すべての事物や現象。〈景徳伝灯録・六〉

【森林】(シンリン) 木がたくさん茂っている所。森(もり)。例 ―浴。

【森列】(シンレツ) おごそかにならぶ。整然とならぶ。

棯

木8(12) 2 6012 68EF

ジン(ジム)漢 寝 rěn
なつめ

意味 果樹の名。ナツメの一種。**ナツメ。**

棰

木8(12) 3 8577 68F0

スイ漢 紙 chuí
たるき・むち

意味 ❶罪人を打つ棍棒(コンボウ)。**むち。** 通 捶(イス)。例 棰楚(スイソ)。❷むちで打ちすえる。むちうつ。通 捶(イス)。

日本語での用法 《たるき》▼「垂木」の合字。

【棰▼楚】(スイソ) 罪人を打つ棒とむち。また、棒やむちで打つ刑。

椙

木8(12) 1 3190 6919 国字

すぎ

意味 杉の木。〔おもに地名・姓などに用いる〕例 椙谷(すいだに)(=地名)。

棲

木8(12) 1 3219 68F2 人

一 セイ漢 斉 qī
二 セイ漢 斉 xī
す・すみか・す-む

なりたち ［形声］「木(=き)」と、音「妻(セイ)」とから成る。鳥が宿る。

意味 一 ❶すみかとする。**すむ。** 通 栖(セイ)。例 棲息(セイソク)。隠棲(インセイ)。同棲(ドウセイ)。両棲類(リョウセイルイ)。❷鳥のすみか。**す。** また、住居。**すみか。** ❸⇒【棲遅】(セイチ) 二 「棲遑(セイコウ)」「棲棲(セイセイ)」は、あわただしく落ち着かないさま。

古訓 中古 いこふ・かかる・す・すみ・すみか・すむ・やどる 中世 すくふ・すまひ・すみか・すむ・とぐら・とりゐ 近世 いこふ・すみか・すむ・たたずむ・とし

【棲隠】(セイイン) 世俗から離れた所に逃れてすむ。隠棲。棲遁(セイトン)。

【棲宿】(セイシュク) 鳥などが木に宿る。

【棲息】(セイソク) ①(動物が)生活している。また、繁殖する。例 フクロウが―する森。②隠居する。表記 ①は 現 生息

【棲遅】(セイチ) ①のどかに暮らす。ゆったりと暮らす。また、隠退する。②財産を費やす。③くだる。さがる。④とどまる。⑤おとる。⑥不遇のためさまよう。

【棲▼遁】(セイトン) 世間から逃れてかくれすむ。隠棲(インセイ)。

棤

木8(12) 4 1502 68E4

セキ漢 陌 サク漢 薬 cuò

意味 木の皮があらい。参考 棤木(ならき)(=姓)。

棈

木8(12) 3 8573 68C8

セン漢 霰 qiàn

意味 木の名。参考 棈木川(あべきがわ)(=鹿児島県の川)。棈松(あべまつ・あおまつ)・棈木(あおき)(=姓)。

棗

木8(12) 2 6007 68D7

ソウ(サウ)漢 皓 zǎo
なつめ

意味 クロウメモドキ科の落葉小高木。**ナツメ。** 夏に、あわい黄色の花をつけ、長円形の実を結ぶ。実は食用・薬用。

日本語での用法《なつめ》「小棗こなつめ・平棗ひらなつめ」▼茶道で、抹茶を入れる容器。形がナツメの実に似ているところから。

【棗本】ソウホン 版木で刷った書物。〔ナツメの木を版木としたことから〕

【棗▼栗】ソウリツ ナツメとクリ。妻が、夫の両親に朝の挨拶アイサツをするときに持って行くもの。

棷
木8(12) 4 1505 68F7

一ソウ漢 尤 zōu 二ソウ漢 有 sǒu

意味 一❶たきぎ。❷あさがら。おがら。二草木が茂る湿地。さわ。やぶ。通藪ソウ。

椊
木8(12) 3 8580 690A

一ソツ漢 月 zuó 二スイ漢 寘 cuì

意味 一柱のほぞ。二木がくさる。くちる。参考 椊田たそね(=姓)。二本椊ドホン(=岩手県の地名)。

㮈
木8(12) 4 1509 3B88

ダイ漢 ナイ呉 泰 nài

意味 果樹の名。カラナシ。

棚
木8(12) 1 3510 68DA 常用

ホウ(ハウ)漢 庚 péng
たな

筆順 一 十 木 朾 朋 棚 棚 棚

なりたち [形声]「木(=き)」と、音「朋ホ」とから成る。かけはし。

意味 ❶かけはし。❷木や竹で作ったやぐら。小屋。

日本語での用法《たな》「書棚ショだな・戸棚だな・本棚ホンだな・網棚あみだな」▼ものをのせるために板を平らに渡したもの。

古訓 中古 たな・やなぐひ 中世 たな・やなぐひ 近世 かけはし・たな

●網棚あみだな・書棚ショだな・本棚ホンだな

椨
木8(12) 2 6013 6928 国字

たぶ・たぶのき

[﨓]
木8(12) 4 1489 FA13 別体字。

意味 クスノキ科の常緑高木。タブノキ。〔おもに姓や地名に用いる〕例 椨木たぶき(=姓)。椨川たぶがわ(=鹿児島県の地名)。

𣕚
木8(12) 4 1488 2355A 国字

たも

意味 モクセイ科の落葉高木。トネリコ。タモノキ。〔おもに姓や地名に用いる〕例 𣕚木たものき(=姓)。𣕚ノ木たものき(=岩手県の地名)。

椥
木8(12) 2 6009 6925

チェ zhī
なぎ

意味 地名に用いる字。例 檳椥ベンチェ(=ベトナムの地名)。

参考 椥辻なぎつじ(=京都府の地名)。

椎
木8(12) 1 3639 690E 常用

一ツイ漢 ズイ(ヅイ)呉 支 chuí 二ツイ慣 スイ漢呉 支 zhuī
つち・しい(しひ)

筆順 一 十 木 朾 杵 椎 椎 椎

なりたち [形声]「木(=き)」と、音「隹イス」とから成る。たたく道具。

意味 一❶ものをたたく道具。つち。例 鉄椎テッツイ。❷打つ。たたく。例 椎撃ツイゲキ(=たたく。うつ)。椎心ツイシン(=悲しんで胸をたたく)。❸素朴な。飾りが無い。例 椎輪ツイリン。❹にぶい。のろまな。例 椎鈍ツイドン。二せぼね。例 脊椎セキツイ。

日本語での用法《しい》「椎しいの実み」▼ブナ科の常緑高木。シイ。材質はかたく、建材や器具材とする。実はどんぐりといい、食べられる。

古訓 中古 うつ・サイつち・しひ・つち 中世 しひ・しひのき・つち 近世 うつ・サイづち・しひ・つく・つち

【椎▼髻】ツイケイ【椎結】ツイケイ つちの形のように束ねた頭髪。もとどり。まげ。

【椎骨】ツイコツ 脊椎セキツイ動物の脊柱セキチュウ(=背骨)を構成している一つ一つの骨。

【椎▼鑿】ツイサク つちと、のみ。また、大工道具のこと。

【椎殺】ツイサツ つちでたたいて殺す。打ち殺す。

【椎鈍】ツイドン 素朴で頭のはたらきが遅い。愚鈍。魯鈍ロドン。類 椎魯ツイロ。

【椎▼剽】ツイヒョウ 人をたたき殺して、物を奪う。

【椎埋】ツイマイ ①人をつちで打ち殺して埋める。また、人を殺す。②墓をあばく。③人殺しの盗賊。

【椎輪】ツイリン ①質素な車。推車。桟車サン。類 椎車。②ものの始まり。起源。また、新しく始める。創始する。

棣
木8(12) 2 6008 68E3

一テイ漢 霽 dì 二テイ漢 霽 tì
とお-る(とほ-る)

意味 一❶バラ科の落葉低木。ニワウメ。また、ニワザクラ。例 常棣ジョウテイ。❷おとうと。通弟。例 賢棣ケンテイ。二通じる。とおる。例 棣通テイツウ。

【棣▼鄂】テイガク ニワウメの花。また、兄弟のたとえ。

【棣▼鄂▼之情】テイガクのジョウ 〔ニワウメの花はいくつも集まって咲くことから〕兄弟が互いに和していること。〈詩経・小雅・常棣〉から〕

㮇
木8(12) 4 1508 3B87

テン(テム)漢 艶 tiàn

意味 火かき棒。

棟
木8(12) 1 3779 68DF 常用

トウ漢呉 送 dòng
むね・むな

筆順 一 十 木 朩 柯 桓 棟 棟

なりたち [形声]「木(=き)」と、音「東ト」とから成る。むなぎ。

意味 ❶屋根の最も高い部分。また、そこにわたす木。むね。例 棟宇トウウ。棟木むなぎ。上棟ジョウトウ。❷重要な人物。例 棟梁トウリョウ。

日本語での用法《トウ》《むね》「病棟ビョウトウ・流失家屋リュウシツカオク十二棟ジュウニむね」▼むね続きの建物。また、それを数えることば。

古訓 中古 すけ・むね 中世 むなぎ・むね 近世 むなぎ・むね

人名 たかし・むなぎ

【棟宇】トウウ 家の棟木むなぎと軒。また、家屋。建物。

【棟幹】トウカン ①棟木むなぎに用いる木材。②国家の中心となる人物。重臣。

【棟▼梁】トウリョウ 〔棟むねと梁はりは家の重要な部分であることから〕①国や一族を支えて重い責任を負う人。例 源氏の一。②日大工などの職人の親方。かしら。

●汗牛充棟カンギュウジュウトウ・病棟ビョウトウ・別棟べつむね

棹
木8(12) 2 6010 68F9

一トウ(タウ)漢 効 zhào 二タク漢呉 覚 zhuō
さお(さを)

意味 一❶船をこぐ道具。さお。また、舟をこぐ。さおさす。通櫂トウ。例 棹孤舟コシュウにさおさす(=一艘ソウの舟をこぐ)。〈陶淵明・帰去来辞〉棹竿トウカン(=舟をこぐ、さお)。❷船。例 帰棹キトウ(=帰路につく船)。二つくえ。通卓。例 棹子タクシ(=つくえ)。

参考 日本語では「棹さお」と「櫂かい」とを区別するが、本来は同じ意味。

日本語での用法 《さお》 ①「棹秤・太棹の三味線一」▼長い棒の形のもの。②「箪笥、長持おのおの二棹」▼たんすや長持を数えることば。〔長い棹を渡して運んだことから〕

【棹歌】トウカ 船頭が舟をこぎながらうたう歌。ふなうた。櫂歌トウカ。㊓棹唱トウショウ。

【棹郎】トウロウ 船乗り。かこ。船夫。

棠
木8(12) 2 6011 68E0 トウ(タウ)漢 ドウ(ダウ)呉 陽 táng

意味 ❶「甘棠カントウ」は、バラ科の落葉高木。❷「海棠カイドウ」は、バラ科の落葉低木。春、うすべに色の花が咲く。

棖
木8(12) 4 1494 68D6 トウ(タウ)漢 庚 chéng

意味 ❶門の両わきに立てた木の柱。❷触れる。あたる。

[梼]
木8(12) ⇩橈ドウ(712ページ)

棏
木8(12) 4 1493 68CF トク漢 職 dé

意味 木の名。参考 棏平たきひら(=姓)。

[棃]
木8(12) ⇩梨なし(687ページ)

棥
木8(12) 4 1503 68E5 ハン漢 元 fán

意味 かきね。まがき。通 樊ハン。参考 棥しげる(=人名)。

棐
木8(12) 3 8574 68D0 ヒ漢 尾 fěi ゆだめ

意味 ❶弓の曲がりを直す器具。ゆだめ。❷補助・指導する。たすける。例 棐忱ヒシン(=誠実な人を助ける)。❸イチイ科の常緑高木。カヤ。通 榧ヒ。例 棐几キヒ(=カヤ製の机。つくえ)。

棼
木8(12) 3 8579 68FC フン漢 文 fén

意味 ❶楼閣の棟木むなぎ。❷ものごとが入り乱れる。みだれる。通 紛。例 棼然ゼンフン・棼棼フンフン(=乱れるさま)。

[棅]
木8(12) ⇩柄イへ(675ページ)

[栟]
木8(12) ⇩栟イへ(683ページ)

棒
木8(12) 1 4332 68D2 教6 ホウ(ハウ)漢 ボウ(バウ)呉 講 bàng

[木] 8—9画 ▼棠 棖 梼 棏 棃 棥 棐 棼 棅 栟 棒 椪 棉 椋 棱 棆 棙 椀 椷 楹

筆順 

なりたち  [形声] 本字は「棓」で、「木(=き)」と、音「咅ホウ」とから成る。ぼう。つえ。

意味 ❶細長い、ほぼ同じ太さの木ぎれ。ぼう。❷ぼうで打つ。例 棒術ボウジュツ(=棒を使う武術)。棍棒コンボウ。鉄棒テツボウ。

日本語での用法 《ボウ》 ①「棒グラフ・棒組み・棒線を引く」▼棒を平面的にとらえ、細長い形のものをいう。②「棒読み」▼棒がほぼ同じ太さであることから、変化のないこと。一本調子。

古訓 中古 あひ・しもと・はさみき 中世 しもと 近世 うつ・つゑ

【棒喝】ボウカツ 禅宗で、僧が未熟者に悟りをうながすために、棒で打ったり大声でしかったりする。

【棒▼縞】ボウじま 日 太い縦じま。

【棒針】ボウばり 日 編み物用の、両端がとがっている針。

●相棒あいボウ・片棒かたボウ・金棒かなボウ・心棒シンボウ・鉄棒テツボウ・泥棒どろボウ・綿棒メンボウ・用心棒ヨウジンボウ

椪
木8(12) 2 6014 692A ポン pèng はい(はひ)・はえ(はへ)

意味 「椪柑ポンカン」は、インド原産のミカンの一種。皮は厚いがやわらかく、甘くて香気が高い。〔「椪ポン」は、西インドの地名 Poona の音訳〕

日本語での用法 《はい》《はえ》 「椪田はいだ・はえだ(=姓)・三椪みはえ(=宮崎県の小・中学校名)」▼人名・地名に用いる字。

棉
木8(12) 1 4441 68C9 メン漢 先 mián わた

意味 ❶アオイ科の一年草または木本ホンモク性植物。ワタ。ワタノキ。種の表面につく白い毛のような繊維から、わたをつくる。通 綿。例 棉花メンカ(=わたを取る材料の、ワタの花)。❷パンヤ科の落葉高木。パンヤノキ。東南アジア原産。わた毛はクッションなどの詰めものにする。インドワタノキ。キワタ。例 木棉モクメン(=インドワタノキ)。

椋
木8(12) 1 4426 690B 人 リョウ(リャウ)漢 陽 liáng むく

なりたち  [形声] 「木(=き)」と、音「京キョウ→リョウ」とから成る。チシャノキ。

意味 ムラサキ科の落葉高木。チシャノキ。材はやや かたく、建築・家具・器具材にする。

日本語での用法 《むく》 ①「椋の木き・椋の葉は〔研磨材に用いる〕」▼ニレ科の落葉高木。ムクの木。②「椋むくが飛んで来る」▼「椋鳥むくどり」の略。ムクドリ科の鳥。

古訓 中古 むく 中世 むく・むくのき 近世 むくのき

人名 くら

難読 小椋おぐら・こぐれ・おぐれ(=姓)・椋橋山くらはしやま(=地名)

[棱]
木8(12) ⇩稜リョウ(976ページ)

棆
木8(12) 2 6018 68C6 リン漢 真 lún

意味 クスノキ科の落葉低木。クロモジ。

棙
木8(12) 4 1501 68D9 一 レイ漢 霽 lì 二 レツ漢 屑 liè

意味 一 琵琶ビワを弾く、ばち。二 力を加えてひねる。ねじる。通 捩レツ。

椀
木8(12) 1 4748 6900 人 ワン漢 旱 wǎn

なりたち [形声] 「木(=き)」と、音「宛エン」とから成る。木製のまるい容器。

意味 木製のまるい食器。通 盌ワン・碗ワン。例 茶椀チャワン。汁椀しるワン。飯椀めしワン。

古訓 中古 ころもはり・はさみき・まり・もひ 中世 たむき・はさみき・もひ 近世 こさかづき・さかづき・もひ

【椀子】ワンこ 日「椀」の東北方言。例 一蕎麦そば。

椷
木9(13) 4 1516 6972 イ(キ)漢 微 wēi

意味 「椷窬イトウ」は、便器。おまる。

楹
木9(13) 2 6019 6979 エイ漢 庚 yíng はしら・つかばしら

意味 邸宅の広間の正面にある一対の円柱。はしら。例 楹聯エイレン。

【楹書】エイショ 遺言書。〔春秋時代、斉の宰相晏嬰アンエイが死に臨んで柱に穴をあけて遺言書をしまい、子に残したことから〕

【楹棟】エイトウ 〔柱と、むなぎの意〕重責をになう人物。

【楹▼聯】(エイレン) 門の左右の柱に、一句ずつ対(ツイ)にして掛けた聯句の掛け物。柱聯(チュウレン)。

榎
木9(13) 4 1511 693B

エン 漢 願 yàn

意味 水の流れをせきとめるために木でつくった仕切り。せき。

参考 榎井原(ひっいばら)(=三重県の地名)。

椵
木9(13) 3 8583 6935

一 カ 漢 馬 jiǎ
二 カ 漢 麻 jiā

意味 一 木の名。ユズの類。二 ❶かせ。通 枷(カ)。❷昔、イヌをしばるのに用いた器具。参考「椵(とど)」と通じて用いられることがある。椵川町(とどがわチョウ)(=北海道の地名)。椵木(もみのき)・椵山(もみやま)(=姓)。

楷
木9(13) 2 6020 6977 常用

一 カイ 漢 佳 jiē
二 カイ 漢 蟹 kǎi

筆順 十 木 朩 朼 枇 楷 楷

なりたち [形声]「木(=き)」と、音「皆(カイ)」とから成る。孔子の墓に植えられたという木。

意味 一 ウルシ科の落葉高木。トネリバハゼノキ。中国原産。孔子の墓に植えられた木として有名。例 楷木(カイボク)(=楷の木)。二 ❶見ならうべきもの。模範。のり。例 楷式(カイシキ)。❷漢字の点画をくずさずに書いた書体。例 楷書(カイショ)。

古訓 中古 すなはち 中世 かたき・すなはち・のり 近世 うつす・かた・かたき・のつとる・のり

人名 のり

【楷式】(カイシキ) 手本。模範。のり。類 楷則・楷模(カイボ)。

【楷書】(カイショ) 漢字の書体の一つ。模範となる書体。正書。真書。

【楷法】(カイホウ) ①のり。手本。模範。②楷書の書き方。例 ―の極則(キョクソク)。

楽
木9(13) 1 1958 697D 教2

[樂]
木11(15) 2 6059 6A02 人 旧字体。

一 ガク 漢 呉 覚 yuè
二 ラク 漢 呉 薬 lè
三 ゴウ(ガウ) 漢 ギョウ(ゲウ) 呉 効 yào
たのしい(たの-し)・たのしむ
付表 神楽(かぐら)

筆順 ノ 白 白 泊 泊 泊 準 楽

なりたち [象形] 木の柄(え)の上に、大小の鼓(つづみ)がある楽器の形。

意味 一 ❶演奏された音。また、音をかなでる。道具を使って、音楽を生み出す。例 音楽(オンガク)。雅楽(ガガク)。声楽(セイガク)。❷演奏者。例 女楽(ジョガク)(=舞楽を奏する女子)。二 こころよい。やすらか。**たのしい。たのしむ。** 例 楽園(ラクエン)。快楽(カイラク)。喜怒哀楽(キドアイラク)。三 このむ。ねがう。**たのしむ。** 例 知者楽水、仁者楽山(チシャはみずをたのしみ、ジンシャはやまをたのしむ)(=知恵ある人は水を好み、仁徳ある人は山を好む)。〈論語・雍也〉三楽(サンゴウ)。信楽(シンギョウ)(=仏の教えを信じ喜んで従うこと)。

参考 雅楽の曲名は、「越天楽(エテンラク)」「秋風楽(シュウフウラク)」「千秋楽(センシュウラク)」「太平楽(タイヘイラク)」「万歳楽(マンザイラク)」など、「ラク」と読みならわす。

日本語での用法 《ラク》①「楽(ラク)にできる・楽勝(ラクショウ)」▼たやすい。簡単。②「楽(ラク)まで人気(ニンキ)が続(つづ)く・楽日(ラクび)」▼「千秋楽(センシュウラク)」の略。相撲や演劇の興行の最後の日。③「楽(ラク)の茶碗(チャワン)」▼「楽焼(ラクやき)」の略。

古訓 中古 うつくしぶ・しらぶ・たのしぶ・たのしむ・ねがふ・よし・よろこぶ 中世 たのし・たのしむ・ねがふ 近世 このむ・たのしむ・ねがふ

人名 たのし・もと・やすし・よし

難読 楽車(ダンじり)・催馬楽(サイバラ)・楽浪(さざなみ)

【楽員】(ガクイン) 楽団に所属して演奏する人。楽団員。

【楽音】(ガクオン) ①楽器などの音。②日 規則正しく振動し、高低がはっきりしていて、耳に心地よい音。対 騒音。

【楽才】(ガクサイ) 音楽の才能。また、その才能のある人。例 ―に恵まれる。

【楽師】(ガクシ) ①周代、舞楽を教えたという官。②広く音楽に従事する官。③音楽を職業とする者。音楽家。楽士(ガクシ)。

【楽章】(ガクショウ) ①歌詞。②日 交響曲・ソナタ・協奏曲などを構成している、それぞれにまとまりのある部分。例 第四―合唱付き。

【楽人】(ガクジン|ガクニン) ①音楽をつかさどる役人。②音楽を演奏する人。楽士(ガクシ)。

【楽正】(ガクセイ) ①音楽に合わせて、うたう歌詞の順序などを整理する。②古代、音楽に従事する官の長。

【楽節】(ガクセツ) 楽章を構成する単位で、音楽的にまとまった構想をもつもの。

【楽隊】(ガクタイ) 音楽を合奏する一団。音楽隊。例 ―の行進。

【楽壇】(ガクダン) 日 音楽家や音楽関係者の社会。音楽界。

【楽典】(ガクテン) 西洋音楽で、基礎的な規則を書いた本。

【楽譜】(ガクフ) 音楽を記号で書きあらわしたもの。西洋音楽では、五線譜に音符や記号を用いて示す。譜。音譜。

【楽屋】(ガクや) 日 ①劇場やスタジオなどで、出演者が準備や休憩などをする部屋。②関係者だけが知っている事柄。内幕。例 ―話(ばなし)。―落ち。

【楽歌】(ガッカ) ①楽器の伴奏に合わせてうたう歌。②歌曲。

【楽器】(ガッキ) 音楽を演奏する道具。打楽器・管楽器・弦楽器・鍵盤(ケンバン)楽器など。

【楽曲】(ガッキョク) 音楽の曲。声楽曲・器楽曲などの総称。

【楽戸】(ガッコ) ①昔、罪人の妻や女性の罪人で、国の命令により歌・踊り・音楽などをさせられた者。②娼家(ショウカ)の別名。③民間で音楽を職業としていた者。類 楽手。

【楽府】(ガフ) ①漢の武帝のとき宮中に設けられた、音楽をつかさどる役所。②「①」で作られたり集められたりした歌で、音楽に合わせて歌われたもの。③漢詩の種類の一つ。唐以後で、「②」の歌の題を借りて作った詩。

【楽易】(ラクイ) 心たのしくおだやかなさま。

【楽逸】【楽▼佚】【楽▼軼】(ラクイツ) のんびりしているさま。

【楽園】(ラクエン) 悩みや苦しみがなく、平和でたのしいところ。パラダイス。極楽(ゴクラク)。楽土。例 地上の―。小鳥たちの―。

【楽歳】(ラクサイ) 作物のよく実った年。豊年。

【楽士】一 (ラクシ) すぐれた人物を好む。二 (ガクシ) (劇場などに雇われて)音楽を演奏する人。楽師(ガクシ)。楽人(ガクジン)。

【楽思】一 (ラクシ) 心中のたのしさ。二 (ゴウシ) なつかしく慕う。例 万歳後吾魂魄猶楽思沛(バンザイののちわがコンパクなおハイをゴウシせん)(=ずっと後々まで、私の魂は故郷の沛のことを思いつづけるだろう)。〈史記・高祖紀〉

【楽勝】(ラクショウ) 日 ①苦労せず、らくに相手に勝つ。対 辛勝。②〔俗な言い方で〕らくにできること。

【楽聖】一 (ラクセイ) ①聖人であることを楽しむ。②酒を好む。〔澄んだ酒を聖人、濁った酒を賢人といったことから〕二 (ガクセイ) 偉大な音楽家。例 ―ベートーベン。

【楽天】(ラクテン) 心配したり悩んだりせず、のんきにたのしむこと。対 厭世(エンセイ)。例 ―家(カ)。―的。―地(=楽園)。

【楽土】(ラクド) 悩みや苦しみがなく、平和でたのしい理想の世界。楽園。類楽天地。例王道―の夢。

【楽寝】ラクね 日気楽にのんびり寝る。

【楽焼】ラクやき 日①手で形を作り、低温で焼いた陶器。うわぐすりの色で赤楽・黒楽などがある。②素焼きの陶器に客に絵や文字を書かせ、短時間で焼いたもの。

【楽浪】 一ラクロウ 前漢、武帝のとき朝鮮半島に置かれた郡。今の平壌を中心とした地域にあった。二さざなみ 日近江の国。

【楽観】ラッカン ①喜んで見守る。②日ものごとの明るい面やよい面をとらえ、先のことを心配せずに気楽に考える。対悲観。例―的。―を許さない情勢。将来を―している。

【楽国】ラッコク 安楽に暮らせる国・土地。楽土。

●安楽・音楽・快楽・雅楽・器楽・喜怒哀楽・苦楽・弦楽・行楽・極楽・娯楽・声楽・奏楽・田楽・道楽・独楽・能楽・文楽・邦楽・洋楽

棄

木9 (13) 1 2094 68C4 常用 キ漢呉 寘 qì す-てる(す-つ)

[弃] 廾4 (7) 2 5517 5F03 古字。

筆順 亠 𠫓 𠫓 …棄

なりたち [会意]「𠀠(=左右の手で、ちりとりを持ってすてる)」と「𠫓(=さか子。不孝の子として、すてられる)」とから成る。すてる。

意味 ❶なげすてる。すてる。例棄捐。遺棄。投棄。❷とりあげない。つかわない。やめる。例棄却。放棄。❸忘れ去る。忘れる。例棄忘(=すて去る。忘れる)。

古訓 中古こぼす・すたる・すつ 中世すつ・すつる 近世すたる・すつる・そむく・のこす

人名 すて

【棄▼捐】キエン 〔「捐」も、すてる意〕①すてて用いない。②人に金や物をめぐみ与える。

【棄却】キキャク 〔「却」は、しりぞける意〕①すてて用いない。類棄去。②日〔法〕裁判所が訴訟の申し立てを認めないこと。例控訴を―する。

【棄権】キケン 日権利をすてて使わない。例選挙を―する。

【棄妻】キサイ ①夫に見すてられた妻。②離縁された妻。▽類棄婦。

【棄市】キシ 昔の中国の刑罰。罪人を死刑にして死体を人の多く集まる市中にさらすこと。獄門。

【棄児】キジ すてられた子供。捨て子。

【棄世】キセイ ①世俗をすてる。俗世間から離れる。②死を遠まわしにいうことば。

【棄損】キソン ⇨【毀損】ソン(735ジ)

【棄唾】キダ 吐きすてられた、つば。すてても惜しくないほど価値のないもののたとえ。唾棄。

【棄養】キヨウ 〔子供が親に孝養を尽くせなくなることから〕父母が死ぬこと。

●遺棄・自棄・投棄・廃棄・破棄・放棄

業

木9 (13) 1 2240 696D 教3 ギョウ(ゲフ)漢 ゴウ(ゴフ)呉 葉 yè わざ

筆順 ‥ ‥ 业 业 业 丵 業 業

なりたち [会意]「丵(=のこぎりの歯のような形)」と「木(=方形の板)」とから成る。鐘鼓などの楽器をかける大きな板。借りて「しごと」の意。

意味 ❶しごと。つとめ。なりわい。例業績。業務。事業。❷学問。美術・工芸などの技能。わざ。例学業。修業。❸おこない。しわざ。例悪業。所業。❹創始する。はじめる。例項梁業レ之、子羽接レ之(=項梁が創始し、項羽が後を継いだ)。〈史記・太史公自序〉❺従事する。仕事とする。例駝業ニ種樹一(=駝は植木屋を仕事としていた)。〈柳宗元・種樹郭橐駝伝〉❻すでに。まえに。例良業為取レ履(=張良は老人のためにすでに履物を拾い上げてやっていた)。〈史記・留侯世家〉❼仏教で、報いをひきおこすもととなるおこない。前世のおこないによって、現世で受ける報い。ごう。例業苦。罪業。❽「業業」は、危ぶみ恐れるさま。

日本語での用法 《ゴウ》「業を煮やす・業腹」▼恥・怒りなどの心。

古訓 中古うごく・しわざ・つとむ・なり・なりはひ・なる・のり・はげむ・みち 中世うごく・ことわざ・しわざ・なり・なりはひ・なる・のり・みち・わざ 近世あやふし・いとぐち・うごく・おほいなり・しわざ・すぎはひ・なりはひ・はじめ・わざ

人名 いさお・おき・かず・くに・つとむ・なり・のぶ・のり・はじめ・ふさ

難読 業なりわい 業わいすぎ

【業界】ギョウカイ 日同じ種類の事業をしている人々の社会。例―誌。金融―。

【業者】ギョウシャ 日①商業・工業などを営む人。例出入りの―。②同業者。例―仲間の情報。

【業績】ギョウセキ 日事業や研究など、仕事の成績や成果。実績。成績。例―をあげる。偉大な―を残す。

【業態】ギョウタイ 日①事業や業務の状態。例―の調査。②事業や業務の形態。例証券業としての―が整う。

【業務】ギョウム 職業としての仕事。例―に専念する。

【業余(餘)】ギョウヨ 日①本業以外の仕事。②余暇にすること。アマチュア。

【業力】 一ギョウリョク 言動などからうかがえる、その人の才能。二ゴウリキ 〔仏〕善業・悪業に対してそれぞれに報いる力のあること。

【業因】ゴウイン 〔仏〕楽しみや苦しみなどの報いを受けるもととなる善悪のおこない。因縁。例善悪の果報はみな前世の―による。

【業火】ゴウカ 〔仏〕①地獄で罪人が悪業の報いとして焼かれる激しい火。②身を滅ぼす悪業を火にたとえたことば。

【業果】ゴウカ 〔仏〕前世の善悪のおこないによって、現世で受ける報い。業報。

【業苦】ゴウク 〔仏〕前世で悪いおこないをした報いとして、現世で受ける苦しみ。

【業種】 一ゴウシュ 〔仏〕業を生じるもと。二ギョウシュ 日職業・業務の種類。職種。例景気に左右されない―。

【業腹】ゴウはら 日非常に腹が立つこと。しゃくにさわること。例あきらめるのも―だ。

【業病】ゴウビョウ ①〔仏〕前世の悪業の報いでかかるという不治の病気。②治りにくい病気。難病。例―にとりつかれる。―に苦しむ。

【業報】ゴウホウ 〔仏〕①前世のおこないによって、現世で受ける報い。業果。②特に、悪業の報い。

【業魔】ゴウマ 〔仏〕前世での悪いおこない。悪業を悪魔にたとえたことば。

【業▼已】すでに 〔「業すでに已すでに」とも読む〕もはや。とっくに。例楚王業已欲レ和ニ於秦一(=楚王は以前から秦と和平しようと思っていた)。〈史記・楚世家〉

【業師】わざシ 日①柔道や相撲などで、わざをかけるのが上手な人。②策略をめぐらし、駆け引きの上手な人。策士。

【業物】わざもの 日名人がつくった切れ味の鋭い刀。名刀。例世に知られた―。

●営業エイギョウ・開業カイギョウ・家業カギョウ・神業かみわざ・企業キギョウ・休業キュウギョウ・漁業ギョギョウ・兼業ケンギョウ・工業コウギョウ・鉱業コウギョウ・作業サギョウ・産業サンギョウ・残業ザンギョウ・始業シギョウ・事業ジギョウ・失業シツギョウ・実業ジツギョウ・修業シュウギョウ・終業シュウギョウ・授業ジュギョウ・宿業シュクゴウ・巡業ジュンギョウ・商業ショウギョウ・職業ショクギョウ・創業ソウギョウ・操業ソウギョウ・卒業ソツギョウ・同業ドウギョウ・農業ノウギョウ・廃業ハイギョウ・非業ヒゴウ・副業フクギョウ・分業ブンギョウ・本業ホンギョウ・林業リンギョウ

楬
木9(13) 4 1515 696C
一ケツ漢 月 jié 二カツ漢 黠 qià

意味 一❶標記するための木の札。たてふだ。❷表示する。しるす。例楬明ケツメイ。二中国古代の楽器。終演の合図に鳴らす。敔ギョ。

楗
木9(13) 3 8585 6957
一ケン漢 阮 jiàn 二ケン漢 阮 jiǎn

意味 一❶門を閉めるために立てる木。とざし。❷水流をせきとめるしかけ。せき。二歩行が不自由なこと。足なえ。通蹇ケン。

楜
木9(13) 2 6021 695C
コ漢 虞 hú くるみ

意味「胡椒コショウ」の「胡」に木偏を加えた字で、「楜椒コショウ」として使う。

日本語での用法《くるみ》「楜沢くるみさわ（=姓）・楜ケ原くるみがはら（=富山県の地名）」▼姓・地名に用いる字。

楿
木9(13) 4 1518 697F 国字
コウ かつら

意味 木の名。カツラ科の落葉高木。**カツラ**。

楂
木9(13) 3 8584 6942
一サ漢 麻 chá 二サ漢 麻 zhā

意味 一いかだ。通査・槎サ。二バラ科の落葉低木。サンザシ（山楂子）。難読 楂魚まんぼう

【榊】木9(13) ⇩榊さかき（702ジペー）

【椶】木9(13) ⇩棕シュ（691ジペー）

楸
木9(13) 2 6022 6978
シュウ（シウ）漢 尤 qiū ひさぎ

意味 ❶ノウゼンカズラ科の落葉高木。キササゲ。**ヒサギ**。❷（ヒサギで作ることから）碁盤。

【楸局】シュウキョク 碁盤。また、碁を打つこと。

楫
木9(13) 2 6023 696B
シュウ（シフ）漢 緝 jí
ショウ（セフ）漢 葉 jí
かじ（かぢ）

【檝】木13(17) 3 8621 6A9D 別体字。

意味 ❶船を進める道具。かい。**かじ**。❷船をこぐ。さおさす。例烝徒楫之ジョウトこれをさおさす（=多くの人が船をこぐ）。〈詩経・大雅・棫樸〉

日本語での用法《かじ》「楫取かじとり」▼船を進める道具。また、その方向を変えるもの。〔古語では「かい（=水をかいて船を進める道具）」のことを「かじ」と言った〕

【楫師】シュウシ・ショウシ 船のかじを取る人。船頭。

【楫▼櫂】シュウトウ・ショウトウ 船を進める、かい。〔短いものを「楫」、長いものを「櫂」という〕

楺
木9(13) 4 1517 697A
ジュウ（ジウ）漢 有 rǒu

意味 木を曲げる。ためる。通揉ジュ。参考 楺井もみい（=姓）。

楯
木9(13) 1 2961 696F 人
シュン漢 ジュン呉 軫 shǔn たて

なりたち [形声]「木（=き）」と、音「盾シュン」とから成る。てすり。

意味 ❶欄干。てすり。❷(dùn) 攻撃から身を守る武具。**たて**。通盾。例矛楯ジュン。

古訓 中古 おばしま・たて 中世 おばしま・たて 近世 おばしま・たて

楔
木9(13) 2 6024 6954
セツ・ケツ漢 屑 カツ漢 黠 xiē くさび

意味 ❶二つのものの間に打ちこみ、抜けないようにしたり、ものを割ったりするV字形のもの。**くさび**。例楔子セッシ。❷門の両側の木柱。❸シナミザクラ。

【楔形文字】セッケイモジ・ケッケイモジ・くさびがたモジ 日紀元前三〇〇〇年ごろから、古代メソポタミア地方で使われた文字。葦あしの茎の先を粘土板に押しつけて書いたので、一画一画がくさびの形をしている。

【楔子】セッシ ①くさび。②元ゲン代の戯曲で、序幕や、幕間の軽い一幕。③明ミン以降の小説で、序章。プロローグ。

【椾】木9(13) ⇩箋セン（1004ジペー）

楚
木9(13) 1 3331 695A 人
ソ漢呉 語 chǔ いばら・しもと

なりたち [形声]「林（=はやし）」と、音「疋ヨ…→ソ」とから成る。むらがり生える木。

意味 ❶むらがり生える低木。**いばら**。例楚棘ソキョク（=いばら）。❷クマツヅラ科の落葉低木。ニンジンボク。中国原産。庭木とし、果実は薬用。❸古代、ニンジンボクの枝で作った刑罰用のむち。**しもと**。❹いたむ。痛み。苦しみ。例楚痛ソツウ（=痛み）。❺すっきりとして美しい。例楚楚ソソ。清楚セイソ。❻春秋戦国時代の国の名。春秋時代には、荘王ソウオウが覇者となり、五覇ゴハの一人に数えられる。戦国時代には七雄の一つ。長江中流の地を領有し、郢エイに都をおいた。二十五代、五百余年続き、秦シンに滅ぼされた。（?―前二二三）例楚囚ソシュウ。❼長江中流一帯、現在の湖南・湖北二省の地域の名。例楚歌ソカ。

古訓 中古 いたむ・うつ・すはえ・たか・たかし・なやます・なやむ・ゐる 中世 いたし・うつ・すはい・すはえ 近世 おどろ・つらなる・とのほる

人名 うばら・たか

難読 楚すわえ・―ずわえ・楚割すわやり

【楚歌】ソカ 楚の地方の、うた。→【四面楚歌】シメンソカ（271ジペー）

【楚囚】ソシュウ 他国にとらわれている人。捕虜。〔春秋時代、楚の鍾儀ショウギが晋シンにとらえられたとき、楚の冠をぬぐことなく、故郷を忘れなかった故事から〕〈左伝・成九〉類楚俘ソフ。

【楚楚】ソソ ①あざやかなさま。②いばらの茂るさま。③つらいさま。④女性や花などの清らかで美しいさま。例―として咲くヤマユリ。

【楚▼撻】ソタツ つえで打つ。たたく。

【楚腰】ソヨウ ほっそりした腰。〔春秋時代、楚の霊王はほっそりとした腰の女性を愛したので、やせようとして餓死する者が宮中に続出した故事〈韓非・二柄〉から〕例楚腰繊細掌中軽ソヨウセンサイショウチュウにかろし（=楚の宮女のようなほっそりした腰の美人は、手のひらの上で舞うかのごとく軽やかであった）。〈杜牧・遣懐〉

楤
木9(13) 3 8587 6964
ソウ漢 董 sǒng たら

意味 タラノキに似た木の名。鵲不踏(ジャクフトウ)。

日本語での用法《たら》「楤(たら)の芽(め)・楤穂(たらぼ)(=タラノキの若芽)」▼ウコギ科の落葉低木。タラノキ。

楕

木9(13) 1 3442 6955 人 タ漢 ダ呉 歌 タ漢 哿 tuǒ

［橢］木12(16) 2 6083 6A62 本字。

なりたち  [形声]「木(=き)」と、音「隋(タ)」とから成る。車体にある長円形のうつわ。

意味 細長い円形。小判形。例 楕円(ダエン)。

古訓 近世 ほそながし

【楕円】(ダエン) 横または縦に長い円。長円。〔数学的には、二つの点からの距離の和が一定の点の集まり〕

𣗄

木9(13) 3 8582 235C4 国字 たらのき・くぬぎ

意味 地名に用いる字。例 𣗄代(たらのきダイ)(=山形県の地名)。𣗄平(くぬぎだいら)(=長野県の地名)。

椴

木9(13) 1 3846 6934 タン漢 ダン呉 翰 duàn とど・むくげ

意味 ❶シナノキ科シナノキ属の木をまとめて呼ぶことば。また、ヤナギ科ハコヤナギ属の一種。〔日本名は不明〕❷アオイ科の落葉低木。ムクゲ。

日本語での用法《とど》「椴松(とどまつ)」▼マツ科の常緑高木。材は建築・器具・パルプ材として用いる。

楮

木9(13) 2 6026 696E チョ漢 語 chǔ こうぞ(かうぞ)

意味 ❶クワ科の落葉低木。**コウゾ**。樹皮の繊維を紙の原料とする。例 楮紙(チョシ)(=コウゾの紙)。❷かみ。例 楮墨(チョボク)。❸手紙や紙幣。例 寸楮(スンチョ)(=短い手紙)。

【楮券】(チョケン) 紙幣。〔元(ゲン)代に始まる〕類 楮幣。

【楮先生】(チョセンセイ) 紙の別名。〔原料であるコウゾの擬人化〕〈韓愈・毛穎伝〉

【楮墨】(チョボク) ①紙と墨。②詩文や書画。

楪

木9(13) 2 6036 696A チョウ(テフ)漢 チャ唐 葉 dié ゆずりは(ゆづりは)

意味 (木製の)平らで浅い、食物を盛る小ぶりの容器。小皿。例 楪子(チャツ)(=菓子などをのせて出す漆塗りの小皿)。

参考 材料が石・陶器などならば「碟」とも書く。

日本語での用法《ゆずりは》「楪(ゆずりは)(=山形県・宮崎県の地名)」▼常緑高木の名。地名・人名に用い、「楪」とも書く。

椿

木9(13) 1 3656 693F 人 チン慣 チュン漢 真 chūn つばき

なりたち [形声]「木(=き)」と、音「春(シュン→チュン)」とから成る。木の名。

意味 ❶伝説上の霊木。この木は、八千年を春とし八千年を秋とし、三万二千年が人間の一年にあたるという。長寿や父親にたとえられる。例 椿寿(チンジュ)。椿萱(チンケン)。❷センダン科の落葉高木。チャンチン(香椿)。中国原産。材は木目が美しく、建材や家具材に用いる。

日本語での用法 一《チン》「椿事(チンジ)」▼「珍(チン)」にあてて、めずらしい、変わった、の意に用いる。二《つばき》「椿油(つばきあぶら)・椿餅(つばきもち)」▼ツバキ科の常緑高木。暖地に生育。花木として植え、また、種から油をとる。早春、赤・白などの大形の花が咲く。園芸種が多い。材は細工物に用いる。

古訓 中古 つばき・つばきのき 中世 つばき 近世 つばき・むくげ

【椿▼萱】(チンケン) 椿堂と萱堂。父母。〔「椿」は長寿をあらわすことから父にたとえ、「萱」は萱草(ケンソウ)(=ワスレグサ)の意で、夫人の居室(北堂)の庭に植えられていたことから母親にたとえる〕〔〈荘子・逍遥遊〉〈詩経・衛風・伯兮〉から〕

【椿事】(チンジ) 日 思いがけないできごと。珍事。例 前代未聞の—が出来(シュッタイ)する。

【椿寿】(チンジュ) 長生き。長寿。長命。〔三万二千年が人間の一年にあたるという大椿(ダイチン)にちなむことば〕

【椿説】(チンセツ) 日 めずらしい話。珍説。例 —弓張月(ゆみはりづき)(=滝沢馬琴(たきざわばきん)の伝奇小説)。

【椿庭】(チンテイ) 父親。伝説上の「大椿」にちなむ。類 椿堂・椿府(チンプ)。→意味❶

【椿年】(チンネン) 長寿を祝うことば。類 椿齢。

椹

木9(13) 2 6027 6939 一 シン(シム)漢 ジン(ジム)呉 寝 shèn 二 チン(チム)漢 侵 zhēn あて・さわら(さはら)

意味 一 クワの実。二 丸太を割ったり、ものを打ちくだいたり、切断したりするときの台。あてぎ。**あて**。例 椹質(チンシツ)。

日本語での用法《さわら》▼ヒノキ科の常緑高木。日本特産。桶(おけ)などに用いられ、園芸品種も多い。

【椹質】(チンシツ) ①ものを切ったり打ったりするときの台。②腰斬(ヨウザン)の刑をおこなうとき、罪人を伏させる台。③弓の的。

楴

木9(13) 2 6028 6974 テイ漢 霽 tì

意味 髪を整えるかんざし。

楨

木9(13) 3 8588 6968 テイ漢 庚 zhēn (旧 zhēng)

意味 ❶モクセイ科の常緑小高木。トウネズミモチ。女貞(ジョテイ)。❷土塀を築くとき、枠板の両端に立てる支柱。例 楨幹(テイカン)。

参考 維楨(これえだ)(=伊藤仁斎(ジンサイ)の名)。

【楨幹】(テイカン)【楨▼榦】(テイカン) ①土塀や土壁を作るときに用いる木材。〔「楨」は両わきの横板を「幹」という〕②ものごとの基礎。また、重要な役割をする人や事柄。③支える。

椽

木9(13) 2 6029 693D テン漢呉 先 chuán たるき

意味 屋根板などを支えるために、棟から軒にかけわたす長い木材。丸いたるき。**たるき**。例 椽大之筆(テンダイのふで)。

【椽▼桷】(テンカク)〔「桷」は、四角いたるき〕たるき。

【椽大▼之筆】(テンダイのふで) ①たるきのように大きなふで。②立派な文章。▽椽筆(テンピツ)。◆東晋(トウシン)の王珣(オウジュン)は大きな筆を与えられた夢を見た。果たして、武帝が亡くなり、弔辞や諡号(シゴウ)(=おくり名)を定める文章を書くことになった。……〈晋書・王珣伝〉

【椽筆】(テンピツ)「椽大之筆(テンダイのふで)」に同じ。

楠

木9(13) 1 3879 6960 人 ダン(ダム)漢 ナン(ナム)呉 覃 nán くすのき・くす

なりたち [形声]「木(=き)」と、音「南(ダ)」とから成る。木の名。

意味 南の地方に生える大木の名。**ナン**。

日本語での用法《くすのき》▼クスノキ科の常緑高木。高く伸び、材は芳香がある。樟(くすのき)。

古訓 中古 くす・くすのき 中世 くす・くすのき 近世 くすのき・とびらのき

【楠公】コウナン 日 南北朝時代の武将、楠木正成くすのきまさしげを尊んだ呼び方。大楠公ダイナンコウ。

[楳] 木9(13) ⇨梅バイ(683ページ)

楾 木9(13) 2 6025 697E 国字 はんぞう(はんざふ)

意味 湯水を注ぐためのうつわ。注ぎ口となる柄えの半分がうつわに挿入されているもの。**はんぞう**。はそう。〔「はんぞう」は、「半挿ハンゾウ」「匜」「𤭯」とも書く〕

楣 木9(13) 3 8586 6963 ビ漢 支 méi

意味 ❶門や出入り口の扉の上に渡した横木。まぐさ。例 門楣ビモン。❷ひさし。のき。

榀 木9(13) 3 8589 6980 ヒン pǐn こまい(こまひ)・しな

意味 家屋の骨組みを数えることば。

日本語での用法 一《こまい》▼①土壁の下地シタジ。②たるきにのせる細長い材木。二《しな》「榀布しなぬの(=シナノキの皮の繊維から作る丈夫な布。科布しなぬの。信濃布しなのぬの)」▼シナノキ科の落葉高木。シナノキ。

楓 木9(13) 1 4186 6953 人 フウ漢 東 fēng かえで(かへで)

なりたち  【形声】「木(=き)」と、音「風フ」とから成る。木の名。

意味 マンサク科の落葉高木。**フウ**。中国原産。秋に紅葉する。

日本語での用法《かえで》「伊呂波楓いろはかえで・高雄楓たかおかえで」▼カエデ科の植物をまとめていう。特にイロハカエデ類が、紅葉の美しさで代表的。もみじ。

古訓 中古 かつら・かへで・をかつら 中世 かいで・かつら・かへで・もみぢ・をかづら 近世 かいで・かへで・もみぢ

難読 楓山もみじやま

【楓橋】フウキョウ 江蘇コウソ省蘇州市の郊外にある橋。〔唐の詩人、張継の「楓橋夜泊」の詩で知られる〕

【楓樹】フウジュ ①フウの木。②日 カエデの木。

【楓▼宸】フウシン 天子のいる宮殿。〔漢代、宮殿に多くのフウが植えられていたことから〕

【楓葉】フウヨウ ①(紅葉した)フウの葉。②日(紅葉した)カエデの葉。

【楓林】フウリン ①フウのはやし。例 停レ車坐愛楓林晩くるまをとどめてそぞろにアイすフウリンのくれ(=車を止めて何とはなしにフウの林の夕景をめでる)。〈杜牧・山行〉②日 カエデのはやし。

楩 木9(13) 4 1514 6969 ヘン漢 ベン呉 先 pián

意味 よい建築材となる大木の名。

𣖔 木9(13) 4 1510 23594 国字 ほう

意味 地名に用いる字。例 𣖔木作ほうのきザク(=福島県の地名)。

楙 木9(13) 2 6030 6959 ボウ漢 宥 mào しげ-る・つと-める(つと-む)・ぼけ

意味 ❶木が盛んに枝をのばす。**しげる**。通 茂ボ。例 楙盛ボウセイ(=木が茂る)。❷バラ科の落葉低木。木瓜ボッカ。**ボケ**。❸**つとめる**。通 懋ボウ。

榁 木9(13) 2 6035 6981 国字 むろ

意味 ヒノキ科の常緑小高木、ネズの古名。**ムロ**。ムロノキ。

椰 木9(13) 2 6031 6930 人 ヤ漢 麻 yē やし

なりたち  【形声】本字は「枒」で、「木(=き)」と、音「牙ガ→ヤ」とから成る。ヤシの木。

意味 ヤシ科の常緑高木。**ヤシ**。ココヤシ・ナツメヤシなど熱帯地方に三千種以上ある。果実は球形で、食用・飲料とするほか、ヤシ油をとる。例 椰子ヤシ。

古訓 中古 かつら 中世 かつら 近世 やしほ

楡 木9(13) 2 6032 6961 ユ漢 虞 yú にれ

意味 ニレ科の落葉高木。**ニレ**。寒冷地に自生。街路樹や庭木にする。例 楡枋ユホウ。

【楡▼莢銭】ユキョウセン 漢代の銭。〔形がニレのさやに似ていたことから〕

【楡▼枋】ユボウ ニレの木と、マユミの木。例 我決起而飛搶二楡枋一われケッキしてとびユホウにいたる(=我々はふるい立って飛び、ニレやマユミの木に飛びつく)。〈荘子・逍遥遊〉

【楡柳】ユリュウ ニレの木と、ヤナギの木。例 楡柳蔭二後簷一ユリュウコウエンをおおう(=ニレの木やヤナギの木が家の後方の軒をおおっている)。〈陶淵明・帰園田居〉

楢 木9(13) 1 3874 6962 人 ユウ(イウ)漢 尤 yóu なら

[楢] 木9(13) ――俗字。

なりたち  【形声】「木(=き)」と、音「酋シュ→ユ」とから成る。車輪となる柔らかい木。

意味 ブナ科の落葉高木。**ナラ**。山野に自生。秋、どんぐりがなる。材は家具・建築などに、樹皮と葉は染色に用いる。

古訓 中古 かしはぎ・つみきにす・つむ・なら・ならのき・ははそのき 中世 つみき・なら・ならのき・むろのき 近世 しばやく・つむ・とち・なら

楊 木9(13) 1 4544 694A 人 ヨウ(ヤウ)漢呉 陽 yáng やなぎ

なりたち  【形声】「木(=き)」と、音「昜ヨ」とから成る。ヤナギの木。

意味 ❶ヤナギ科の落葉低木。**ヤナギ**。カワヤナギ・ネコヤナギなど、枝の垂れない種類をいう。例 楊柳ヨウリュウ。❷姓の一つ。例 楊貴妃キヒ。

古訓 中古 やなぎ・ゆやなぎ 中世 かはやなぎ・やなぎ 近世 やなぎ

【楊花】ヨウカ ヤナギの花。柳絮リュウジョ。

【楊弓】ヨウキュウ 日 遊戯用の小さいゆみ。すわって射る。江戸時代に使われた。

【楊枝】一ヨウシ ヤナギの枝。二ヨウジ 日 ①歯の間につまったものを取るための、細くて小さな棒。つまようじ。②歯ブラシ。▽楊子ヨウジ。

【楊梅】ヨウバイ やまもも ヤマモモ科の常緑高木。雌雄異株。初夏に一、二センチメートルの球形で赤い実をつけ、食用になる。

【楊柳】ヨウリュウ 「楊」はカワヤナギ、「柳」はシダレヤナギ】①ヤナギ類の総称。②「折楊柳セツヨウリュウ」は、送別の曲の名。→【折柳】セツリュウ②(547ページ)

楆 木9(13) 4 1513 6946 ヨウ(エウ)漢 蕭 yāo

意味 木の名。ナツメの一種。

楞 木9(13) 2 6033 695E ロウ漢 リョウ呉 蒸 léng

意味 ❶とがったかど。通 稜リョウ。例 楞角リョウカク。❷梵語ボンゴの音訳。例 楞伽リョウガ(=山の名)。

楝 木9(13) 2 6034 695D レン漢 霰 liàn おうち(あふち)

意味 センダン科の落葉高木。センダン。**オウチ**。

楼 木9(13) 1 4716 697C 常用 ロウ漢 ル呉 尤 lóu たかどの・やぐら

［樓］ 木11(15) 2 6076 6A13 旧字体。

筆順 十 木 杉 柈 楼 楼 楼 楼

なりたち  [形声]「木(=き)」と、音「婁ロウ」とから成る。二階またはそれ以上の建物。

意味 ❶高層の建物。**たかどの**。例 更上一層楼イッソウのロウにのぼる(=たかどのを、さらにもう一階のぼる)。〈王之渙・登鸛鵲楼〉楼閣ロウカク。高楼コウロウ。❷ものみやぐら。例 望楼ボウロウ。❸茶屋。遊女屋。例 青楼セイロウ。

古訓 中古 たかどの 中世 かさなる・たかどの・ひく・やぐら 近世 あつまる・たかどの・やぐら

人名 たか・つぎ

【楼閣】ロウカク 空高くそびえた、立派な建物。たかどの。楼台。類 楼観ロウカン・楼榭ロウシャ。例 空中—。砂上の—。

【楼月】ロウゲツ 楼上の月。また、楼上から見る月。

【楼上】ロウジョウ ①高い建物の上。②建物の階上の部屋。

【楼船】ロウセン 物見やぐらのある大きな船。いくさぶね。

【楼台(臺)】ロウダイ 高くて立派な建物。たかどの。楼閣。例 多少楼台烟雨中タショウのロウダイエンウのうち(=多くの高い寺の建物が霧雨の中にけむって見える)。〈杜牧・江南春〉

【楼門】ロウモン やぐらのある門。二階づくりの門。類 楼闕ロウケツ。例 南禅寺の—。

【楼▼蘭】ロウラン 漢・魏ギ時代の西域の国。今の新疆シンキョウウイグル自治区、ロプノール湖畔にあった。鄯善ゼンゼン。

【楼▼櫓】ロウロ 敵の様子を見る仮設のやぐら。物見やぐら。

●鐘楼ショウロウ|シュロウ・塔楼トウロウ・望楼ボウロウ・摩天楼マテンロウ

［榔］ 木9(13) ⇨榔ロウ(704ページ)

［榮］ 木10(14) ⇨栄エイ(671ページ)

榲 木10(14) 2 6037 69B2 一 オツ(ヲツ)漢 月 wēn 二 オン(ヲン)漢 元 wēn すぎ

意味 一「榲桲ボツ」は、バラ科の落葉高木。西アジア原産。マルメロ。洋ナシ形の香りのよい果実を砂糖漬けやジャムにする。二 杉の木。**スギ**。

榎 木10(14) 1 1761 698E 人 カ漢 馬 jiǎ えのき

なりたち [形声]「木(=き)」と、音「夏カ」とから成る。木の名。

意味 ノウゼンカズラ科の落葉高木。キササゲ。材は建築や造船などに用いられ、種は薬用になる。

日本語での用法 《え》《えのき》「榎茸えのきだけ・一本榎イッポンえのき」▼ニレ科の落葉高木。材は建築・器具・燃料用。昔は一里塚に植えられた。

古訓 中古 えのき 中世 えのき 近世 えのき

樺 木10(14) 1 1982 6A3A 人 カ(クヮ)漢 禡 huà かば・かんば

なりたち [形声]「木(=き)」と、音「華カ」とから成る。木の名。

意味 カバノキ科の落葉高木。特に、シラカバをいう。高原に自生。樹皮は紙状に薄くはがれ、紙やろうそくを作るのに用いられる。例 樺燭カショク(=カバの木の皮で作るたいまつ)。

古訓 中古 かには・かば 中世 かば 近世 かには・かば・かばざくら

難読 樺太からふと(=地名)・樺焼かばやき(=蒲焼かばやき)・岳樺だけかんば・樺かにわ(=カバザクラ)

槐 木10(14) 2 6039 69D0 カイ(クヮイ)漢 佳 huái えんじゅ(ゑんじゅ)

意味 ❶マメ科の落葉高木。**エンジュ**。街路樹や庭木とする。花と実は薬用、材は建築用。❷〔周代、朝廷の庭にエンジュの木を三本植え、三公(=臣下で最高の三つの位)の席を定めたことから〕三公。例 槐位カイイ。槐門カイモン。

【槐安夢】カイアンのゆめ ⇨【南柯夢】ナンカのゆめ(198ページ)

【槐位】カイイ 三公の位。槐庭。槐門。類 槐鉉カイゲン・槐座・槐鼎カイテイ。

【槐▼棘】カイキョク エンジュといばら。三公九卿キュウケイの位。〔周代、宮中のエンジュの木は三公の、いばらは九卿の座を定めたことから〕→意味❷

【槐市】カイシ 漢代、長安にあった市場いち。〔エンジュの木が多く植えられていた。また、市には読書人や学生が集まって議論をしたことから、後世、学府の別名ともなった〕

【槐▼宸】カイシン 皇帝の宮殿。

【槐庭】カイテイ 「槐位カイ」に同じ。

【槐門】カイモン 「槐位カイイ」に同じ。

概 木10(14) 1 1921 6982 常用 ガイ慣 カイ漢 隊 gài とかき・おおむ-ね(おほむ-ね)・おもむき

［槪］ 木11(15) 3 8604 69EA 旧字体。

［槩］ 木11(15) 3 8603 69E9 本字。

筆順 木 杧 杷 根 根 椤 概 概

なりたち  [形声]「木(=き)」と、音「既キ→ガイ」とから成る。正確にはかるために、ますの上を平らにならす木製の道具。とかき。

意味 ❶ますで穀物をはかるときに、盛り上がった部分を平らにする棒。**とかき**。ならし。ますかき。❷平らにする。ならす。量を制限する。例 人満則天概レ之ひとみつればテンこれをガイす(=人が地上に一杯になると、天が間引きする)。〈管子・枢言〉❸大体の。おおよそ。**おおむね**。例 概算ガイサン。梗概コウガイ。❹まとめる。すべる。例 概括ガイカツ。一概イチガイ。大概タイガイ。❺心のもち方。かたい志。例 感概カンガイ。気概キガイ。❻様子。景色。**おもむき**。例 勝概ショウガイ(=すぐれた景色)。

古訓 中古 おほむね・はかり・はらふ 中世 おほむね・とかき 近世 おほむね・とかき・なげく・はかり・ますかき・みさを

人名 むね

【概括】ガイカツ 内容を大まかにまとめる。例 研究の全体を—して説明する。

【概観】ガイカン 全体の様子を大まかに見る。また、大体の様子。例 戦後の経済発展を—する。

【概況】ガイキョウ 大体の様子。例 全国の天気—。

【概見】ガイケン ①全体があらわれる。②大体のことがわかる。③大まかに観察する。

【概言】ガイゲン あらましを述べる。

【概算】ガイサン 日 およその計算をする。対 精算。例 経費の―を出す。

【概数】ガイスウ 日 おおよその数や量。例 ―をつかむ。参加者の―を報告する。

【概説】ガイセツ 日 全体の内容を大まかに説明する。また、その説明。概論。例 日本語の歴史について―する。

【概念】ガイネン 日 ①〔哲〕個々のものの共通点を取り出してまとめたもの。例 国家の―。②そのことばのあらわす意味・内容。例 単語のもつ―。③頭の中だけでつくりあげている考え。例 ―的。―で描いた図。

【概評】ガイヒョウ 日 全体を大づかみにとらえて批評する。また、その批評。例 最近の出版界を―する。

【概要】ガイヨウ 日 大まかな内容。あらまし。大略。大要。概略。例 計画の―を説明する。

【概略】ガイリャク 日 大まかな内容。あらまし。大略。概要。例 反対意見の―を報告する。

【概論】ガイロン ある学問・論説の内容を全体的にとらえ、要点をまとめて説明する。また、その説明。通論。概説。例 経済学―。

●一概イチガイ・感概カンガイ・気概キガイ・大概タイガイ

榷 木10(14)

4 1525 69B7 カク 漢 覚 què

意味 ❶丸木橋。❷専売する。利益を独占する。例 榷会カッカイ。榷酤カッコ（=酒の専売）。難読 榷ひとつばし

【榷会】カッカイ 〔「会」は、仲買人の意〕役人が売買の仲立ちをして特定の商人に利便を与え、政府が利益を独占すること。

【榷管▼之利】カッカンのリ 塩や鉄などを政府が専売することによって得る利益。類 榷利カクリ。

槝 木10(14)

2 6047 69DD 国字 かし

意味 人名・地名に用いる字。例 槝之浦東かしのうらひがし（=鹿児島県の地名）。

槏 木10(14)

3 8593 69CF カン（カム）漢 ケン（ケム）呉 琰 qiǎn

意味 ❶戸。❷窓の両側の柱。参考 槏森かねもり（=福島県の地名）。

榦 木10(14)

⇨幹カン（442ジペ）

榿 木10(14)

2 6040 69BF キ 漢 支 qī はりのき

意味 カバノキ科の落葉高木。ハンノキの一種。**ハリノキ**。

榉 木10(14)

⇨欅キョ（716ジペ）

榘 木10(14)

⇨矩ク（939ジペ）

構 木10(14)

1 2529 69CB 教5 コウ 漢 ク 呉 宥 gòu

かま-える（かま-ふ）・かま-え（かまへ）・かま-う（かま-ふ）

[構] 木10(14) 旧字体。

筆順 十 木 朾 柑 栉 構 構 構

なりたち 〔形声〕「木（=き）」と、音「冓コ（=交互に積み重ねる）」とから成る。木を交互に積み重ねておおう。

意味 ❶積み重ねて、つくりあげる。ものごと・考えを組み立てる。**かまえる**。例 構成コウセイ。構想コウソウ。構築コウチク。❷建物のつくり。ものの外見や仕組み。**かまえ**。例 構内コウナイ。機構キコウ。虚構キョコウ。❸はかる。計画する。例 文王与二諸侯一構レ之ブンノウショコウとこれをかまう（=文王は諸侯と〈紂王チュウオウ討伐を〉計画した）。〈淮南・説林〉❹陥れる。危害を加える。例 構二害明賢一メイケンをコウガイす（=賢者を陥れた）。〈後漢書・宦者伝〉❺交える。接する。通 媾コウ。例 構兵コウヘイ。構精コウセイ（=男女が交合する）。❻詩文を作る。また、その作品。例 宿構シュクコウ（=あらかじめ作った文章）。❼クワ科の落葉高木。カジノキ。

日本語での用法 《かまい》《かまう》①「なりふり構かまわず・どうかお構かまいなく」▼気にかける。心配りをする。②「江戸えどお構かまい」▼さしつかえありとする。追放。

古訓 中古 かまふ 中世 かまふ・かまへ・かまゆ・かまゆる・つくる 近世 あつまる・あふ・おほふ・かぢ・かまへ・かまへる・つくる・なる・ほこ・むすぶ

【構会】コウカイ ①仲たがいさせる。②計略で他者を陥れる。

【構外】コウガイ 日 建物や敷地などの区域の外。対 構内。例 駅の―。

【構陥】コウカン いつわりを述べて、無実の人を罪に陥れる。

【構思】コウシ おもいをかまう ①あれこれと思いを巡らせる。②文章・絵画などの内容や組み立てを考える。構想を練る。

【構図】コウズ 日 ①絵画や写真などの芸術作品で、いろいろな要素を効果的に配置すること。また、その配置。②全体から見たものごとの位置関係。例 社会の―。

【構成】コウセイ 日 個々のものや各部分を、一つに組み立てる。また、組み立てられたもの。例 社会を―する人々。年齢―。

【構想】コウソウ 日 ものごとの全体的な内容や実現の方法について、考えをまとめる。また、その考え。例 新企画の―を練る。

【構造】コウゾウ ものごとが成り立っている仕組み。組み立て。つくり。例 建物の―。遺伝子の―。

【構築】コウチク 基礎から組み立ててつくりあげる。例 新しい理論の―。

【構内】コウナイ 日 建物や敷地などの区域の中。対 構外。例 大学の―。

【構難】コウナン 戦乱を起こす。類 構乱。

【構文】コウブン 日 文章の組み立て。主部・述部などの関係や、前後の語句のかかりぐあいなど。例 日本語の―。

【構兵】コウヘイ へいをかまう 戦争をする。兵を交える。

●機構キコウ・虚構キョコウ・結構ケッコウ

槁 木10(14)

2 6041 69C1 コウ（カウ）漢 呉 皓 gǎo か-れる（か-る）

[槀] 木10(14) 4 1528 69C0 本字。

意味 ❶水分がなくなる。**かれる**。また、枯れ木。例 槁木コウボク。枯槁ココウ。❷あわただしいさま。例 槁葬コウソウ（=あわただしく埋葬する）。

【槁▼梧】コウゴ ①枯れたアオギリの木。②ひじかけ。③琴キンの別名。

【槁▼悴】コウスイ ①草木が枯れてしおれる。②（病気や生活苦で）やせ衰える。

【槁暴】コウバク 枯れてかわく。干からびる。

【槁木死灰】コウボクシカイ からだは枯れ木のようで、心は冷たい灰のようだ。活気や情熱のないことのたとえ。枯木死灰コボクシカイ。〈荘子・斉物論〉から

槓 木10(14)

2 6042 69D3 コウ（カウ）漢 江 gàng

意味 てこに用いる棒。てこ。例 槓桿コウカン（=てこ）。

榥
木10(14) 3 8591 69A5 コウ(クヮウ)漢 養 huàng

意味 ❶読書のための机。ふづくえ。❷明かり取りの窓。
参考 榥男ふみお(=人名)。

榼
木10(14) 4 1527 69BC コウ(カフ)漢 合 kē

意味 ❶酒を入れる容器。さかだる。たる。❷ふたつきの容器。

榖
木10(14) 4 1521 6996 コク漢 屋 gǔ

意味 クワ科の落葉高木。カジノキ。カジ。コウゾ。樹皮は紙の原料となる。例 榖紙コクシ(=カジやコウゾの樹皮の繊維をすいた和紙)。参考「穀」とは別字。

榾
木10(14) 2 6043 69BE コツ漢 月 gǔ ほた・ほだ

意味 ❶モチノキ科の常緑高木。ヒイラギモチ。セイヨウヒイラギ。❷たきぎなどにする木の切れはし。切りかぶ。**ほた。ほだ。** 例 榾火ほたび(=たき火)。

槎
木10(14) 2 6044 69CE サ漢 麻 chá いかだ

意味 ❶斜めに切り落とす。そぐ。❷**いかだ。** 通査。例 浮槎フサ(=いかだ)。❸「槎枒ガサ」は、入りまじって不ぞろいなさま。

榊
木10(14) 1 2671 698A 人 国字 さかき

[榊] 木9(13) 俗字。

なりたち 国字。[会意]「木(=き)」と「神(=かみ)」とから成る。神事に用いる木。
意味 ❶神事に用いる常緑樹をまとめていう。**さかき。** 賢木さかき。❷ツバキ科の常緑小高木。**サカキ。** 神木とされ、枝葉を神事に用いる。
古訓 中古さかき 中世さかき 近世さかき

槊
木10(14) 2 6046 69CA サク漢 覚 shuò ほこ

[㮶] 木10(14) 3 8594 3BB6 別体字。

意味 ❶柄えの長い矛ほこ。**ほこ。** ❷古代の遊びの一種。すごろく。例 棋槊キサク。
【横レ槊賦レ詩】ほこをよこたえてしをふす 武器を持ったまま詩を作り、また歌う。文武両道に通じる英雄の気風をいう。〔三国時代の魏ギの曹操ソウを評したことば〕〈蘇軾・赤壁賦〉

榰
木10(14) 4 1524 69B0 シ漢 支 zhī

意味 ❶柱をささえる土台。❷ささえる。参考 榰柱すけばしら。

榭
木10(14) 3 8592 69AD シャ漢 禡 xiè

意味 ❶屋根のある見晴らし台。たかどの。うてな。例 台榭タイシャ。亭榭テイシャ。❷武術を講習する道場。

榺
木10(14) 4 1526 69BA ショウ漢 径 shèng

意味 機織はたおりのたて糸を巻くH字形の道具。ちきり。

[窠]
木10(14) ⇩松ショウ(665ページ)

榛
木10(14) 1 3126 699B 人 シン漢 真 zhēn はしばみ・はり・はん

なりたち [形声]「木(=き)」と、音「秦シ」とから成る。ハシバミの木。
意味 ❶カバノキ科の落葉低木。**ハシバミ。** 果実はどんぐり状で、食用となる。ヘーゼルもこの一種。❷草木の茂るさま。茂み。例 榛蕪シンブ。
日本語での用法《はり》《はん》「榛原はりはら・榛はんの木き(=ハリノキの音便による変化)」▼カバノキ科の落葉高木。ハンノキ。実を染料に用いる。
古訓 中古おどろ・とねりこ・はしばみ 中世はしばみ 近世さかんなり・しげる・はしばみ
人名 しげる・はる
難読 榛原はいばら・榛名はるな
【榛穢】シンアイ/シンワイ ①雑草のくさむら。また、雑草がはびこること。②悪い風習が広まること。
【榛▼荊】シンケイ いばらなどの雑草が生い茂り、荒れはてたさま。類榛棘シンキョク。
【榛▼蕪】シンブ ①草木が生い茂っているさま。荒れはてたさま。②ものごとが複雑にからみ合って、わずらわしいこと。③弱まること。衰えていくこと。④身分が低い。自己の謙称。
【榛▼莽】シンボウ/シンモウ ①草木が乱雑に生い茂っている所。くさむら。②危機や混乱のあること。▽類榛叢シンソウ。

槙
木10(14) 1 4374 69D9 人 ㊀テン漢 先 diān ㊁シン漢 軫 zhěn こずえ(こずゑ)・まき

[槇] 木10(14) 2 8402 69C7 人 旧字体。

なりたち [形声]「木(=き)」と、音「眞シン…→テン」とから成る。木の頂いただき。
意味 ㊀❶木の枝や幹の先。**こずえ。** ❷木がたおれる。㊁❶木目が細かい。
日本語での用法《まき》▼コウヤマキ科のコウヤマキ、マキ科のイヌマキなどの称。庭木・生け垣などにする。材は建築・器具用。また、スギやヒノキなどの総称。真木まき。
古訓 中古こずゑ 中世こずゑ・まき 近世こずゑ・たふれぎ・まき
難読 槙皮まいはだ・柏槙ビャクシン/いぶき

榱
木10(14) 2 6067 69B1 スイ漢 支 cuī たるき

意味 棟から軒桁のきげたに渡して屋根板を支えるたるき。椽テン(=丸いたるき)や桷カク(=角材のたるき)をまとめていう。**たるき。**

槍
木10(14) 1 3368 69CD 人 ソウ(サウ)漢 陽 qiāng やり

なりたち [形声]「木(=き)」と、音「倉ソウ」とから成る。突く武器。
意味 ❶長い棒の先をとがらせたり、刃をつけたりした武器。**やり。** 通鎗ソウ。例 刀槍トウソウ。竹槍たけやり。❷土を掘り、草を除く農具。❸突く。例 見二獄吏一則頭槍レ地ゴクリをみればすなわちあたまをつく(=牢獄ゴクの役人に会うと、頭を地面に打ちつけてお辞儀をする)。〈司馬遷・報任少卿書〉
古訓 中古うつき・つく・ほこ 中世うつき・ほこ 近世きずつく・たるる・とがる・ふせぐ・ほこ
人名 ほこ
【槍▼杆】ソウカン やりの柄え。また、広く武器。類槍柲ソウヒ。
【槍手】ソウシュ ①やりを使う兵士。②科挙(=官吏登用試験)で、受験者に代わって答案を作る者。替え玉。
【槍術】ソウジュツ 日やりを使って戦う武術。類槍法。
【槍玉】やりだま 日①やりを手玉のように自由に使うこと。②人をやりで突き刺すこと。例 ―に挙げる(=非難や攻撃の的にして責める)。

[橐] 木10 (14) ⇩橐(タク)(711ページ)

榒 木10 (14) 4 1519 6992 ダク漢 陌 nuò

意味 木の名。参考 藤榒(ふじからまり)(=福島県の地名)。

槌 木10 (14) 1 3640 69CC 人 ツイ漢 支 chuí つち

なりたち  [形声]「木(=き)」と、音「追(ツイ)」とから成る。木の棒。

意味 ❶ものを打ちたたく道具。つち。通 鎚(ツイ)・椎(ツイ)。例 金槌(かなづち)。木槌(きづち)。鉄槌(テッツイ)。❷うつ。たたく。例 槌心(ツイシン)(=胸をたたく)。

古訓 中古 うつ・くみ・さいづち・つち・バチ 中世 うつ・ぐみのき・さいづち・つち 近世 うつ・つち・なげうつ

榻 木10 (14) 2 6048 69BB トウ(タフ)漢 合 tà しじ(しぢ)・とこ

意味 ❶細長くて低い腰かけ。寝台にもなる。とこ。例 榻牀(トウショウ)(=寝台。腰かけ)。❷模写する。拓本をとる。通 搨(トウ)。❸きめの粗い布。例 榻布(トウフ)。

日本語での用法 《しじ》▼牛車(ギッシャ)からウシをはずしたとき、ながえのくびきを支えたり、乗り降りするための踏み台にするもの。

【榻布】(トウフ) きめの粗い、厚い布。

[槑] 木10 (14) ⇩梅(バイ)(683ページ)

槃 木10 (14) 2 6049 69C3 ハン漢 バン呉 寒 pán たらい(たらひ)

意味 ❶手を洗った水を受ける木製の容器。たらい。通 盤。❷楽しみ。例 考槃(コウハン)(=楽しみをなす)。

【槃▼盂】(バンウ) たらいと、飲食物をもる鉢。

榧 木10 (14) 2 6050 69A7 ヒ漢 尾 fěi かや

意味 イチイ科の常緑高木。カヤ。庭木とする。材はかたく、木目が美しい。碁盤に珍重される。実は食用・薬用。

榑 木10 (14) 2 6052 6991 フ漢 虞 fú くわのき(くはのき)・くれ

意味 伝説上の神木の名。榑桑(フソウ)。

日本語での用法 《くれ》「榑木(くれき)」▼古く、丸太を割っただけの用材。また、建築用の板材。

【榑桑】(フソウ) ①東方の日の出るところに生えるという神木。②日本の別名。▽扶桑(フソウ)。

榜 木10 (14) 2 6054 699C

一 ホウ(ハウ)漢 ボウ(バウ)呉 養 bǎng
二 ホウ(ハウ)漢 ボウ(バウ)呉 敬 bàng
三 ホウ(ハウ)漢 ボウ(バウ)呉 庚 bēng
ふだ・こ-ぐ

意味 一 ❶立てふだ。例 標榜(ヒョウボウ)。榜札(ボウサツ)(=立てふだ)。❷ふだにはりつけて示す。例 榜人(ボウジン)。榜箠(ボウスイ)。二 ❶むちでたたく。むちうつ。例 榜人(ボウジン)。❷船を進める。こぐ。また、こぐ道具。かい。三 弓の曲がりを直したり、反りを出したりする道具。ゆだめ。

【榜歌】(ボウカ) 船頭のうたう歌。船歌。

【榜眼】(ボウガン) 北宋(ホクソウ)以降、科挙(=官吏登用試験)の第二席をいう。〔「榜」は合格者の掲示板。「眼」は二つの意〕

【榜人】(ボウジン) 船乗り。船頭。

【榜▼箠】(ボウスイ) 木や竹のむちで罪人を打って責める。類 榜楚(ボウソ)・榜笞(ボウチ)・榜掠(ボウリョウ)。

樮 木10 (14) 2 6051 6A2E 国字 ほくそ

意味 地名に用いる字。例 樮川(ほくそがわ)(=和歌山県の地名)。

榠 木10 (14) 2 6053 69A0 メイ漢 青 míng

意味 「榠樝・榠楂・榠査(メイサ)」は、バラ科の落葉高木。カリン。果実を薬用にする。

模 木10 (14) 1 4447 6A21 教6 ボ漢 モ呉 虞 mó かたど-る・のっと-る

筆順 十 木 木一 木艹 木芇 木苩 木莫 模

なりたち 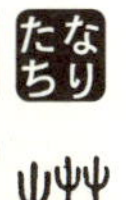 [形声]「木(=き)」と、音「莫(ボ)」とから成る。木で作る、かた。

意味 ❶同じ形のものを作るための枠。かた。例 模型(モケイ)。❷手本。のり。例 模範(モハン)。❸手本としてまねる。うつす。のっとる。通 摹(モ)・摸(モ)。例 模写(モシャ)。模倣(モホウ)。❹⇩【模糊】(モコ)。

古訓 中古 うつす・かたぎ・ためし 中世 うつす・かたき・ためし・のり 近世 いがた・うつす・かた・かたち・のっとる

人名 かた・とお・のり・ひろ

【模楷】(ボカイ|モカイ) ①手本。模範。②型をまねる。

【模効】【模▼傚】(ボコウ|モコウ) 手本としてまねる。模倣。

【模擬】(モギ) 本物をまねる。それに似せる。例 ―試験。―裁判。表記 旧▼摸擬

【模型】(モケイ) ①溶かした金属などを流しこむ型。鋳型。②実物の形をまねて作ったもの。ひながた。例 船の―。

【模▼糊】(モコ) (姿・形などが)ぼんやりとしたさま。また、はっきり見えないさま。例 涙で―として見えない。

【模刻】(モコク) 原本の形をまねして彫る。表記 旧▼摸刻

【模作】(モサク) 日 まねてつくる。また、その作品。模造。表記 旧▼摸作

【模索】(モサク) 日 手さぐりでさがす。手がかりを求めてさぐる。例 暗中―。打開策を―する。表記 旧▼摸索

【模写】(モシャ) 本物そっくりにまねして、うつしとる。また、うつしとったもの。例 法隆寺の壁画を―する。表記 旧▼摸写

【模造】(モゾウ) 日 本物そっくりにまねてつくる。また、つくったもの。模作。例 ―品。表記 旧▼摸造

【模造紙】(モゾウシ) 日 やや厚みのある、真っ白で丈夫な洋紙。表記 旧▼摸造紙

【模範】(モハン) 手本になるもの。見習う対象となるもの。例 ―演技。

【模倣】(モホウ) まねをする。似せる。模効(ボコウ)。対 創造・独創。例 デザインを―する。表記 旧▼摸倣

【模本】(モホン|ボホン) 書画をまねて作ること。また、そのようにして作られた複製品。

【模様】(モヨウ) ①様子。ありさま。例 空―。②日 織物・染め物・工芸品などに、飾りとしてつける絵や形。例 唐草(からくさ)―。―編み。

様 木10 (14) 1 4545 69D8 教3

一 ヨウ(ヤウ)漢 漾 yàng
二 ショウ(シャウ)漢 養 xiàng
さま・ざま

[樣] 木11(15) 2 6075 6A23 人 旧字体。

筆順 十 木 木¨ 栏 样 样 样 様

なりたち 樣 [形声]「木(=き)」と、音「羕ヨウ」とから成る。トチの実。借りて「やり方の型」の意。

意味 **一** ❶ 決まった形式。型。例 様式ヨウシキ。唐様からヨウ。仕様シヨウ。❷ ありさま。**さま**。例 様子ヨウス。一様イチヨウ。異様イヨウ。**二** トチの実。通 橡ショウ。

日本語での用法 **一**《さま》「様付さまづけで呼よぶ・奥様オクさま・皆様みなさま」▼人をあらわす名詞などについて、敬意をあらわす。**二**《ざま》「死しに様ざま・様ざまはない」▼様子・姿を俗っぽくいう。

古訓 中古 すすむ・ためし 中世 さま・ためし・のごふ 近世 さま・とち・のり・ふり

【様子】ヨウ **一** シ 見本。ひながた。形式。**二** ヨウ ス 日 ①ものごとのありさま・状態。②人の外見や容姿、身なり。③人の態度やそぶり。例 ―がおかしい。④わけ。事情。子細。例 ―ありげ。⑤何かが起こりそうな気配。きざし。兆候。例 夕立が来そうな―だ。▽容子ヨウス。

【様式】ヨウシキ ①やりかた。型。タイプ。例 生活―。②決められている一定の形式。フォーム。例 履歴書の―。古い―を守る。③日 芸術作品や建築物の表現形態。時代・流派などで異なる特徴をもつ。スタイル。例 ―美。ロココ―。

【様相】ヨウソウ 日 ものごとの状態。ありさま。様子。例 話し合いは決裂の―を呈する。

【様体】ヨウタイ／ヨウダイ 日 ①病気の様子。病状。②ものごとや人の様子。ありさま。▽容体。容態。

【様態】ヨウタイ 日 ものごとの状態。ありさま。例 現代社会の―を鋭く描く。

【依レ様画二▼葫▼蘆一】ヨウによりてコロをえがく 手本どおりにヒョウタンを描く。まねるだけで新味のないことのたとえ。〈東軒筆録・一〉

【様本】ヨウホン ①出版物のサンプル。見本刷り。②見本帳。カタログ。

● 一様イチヨウ・今様いまヨウ・異様イヨウ・王様オウさま・貴様キさま・多様タヨウ・同様ドウヨウ・不様ブざま・無様ブざま・模様モヨウ・文様モンヨウ・紋様モンヨウ

榕 木10(14) 2 6055 6995 ヨウ 漢 冬 róng

意味 ❶「榕樹ヨウジュ」は、クワ科の常緑高木。ガジュマル。❷ 福建省福州市の別名。榕城ヨウジョウ。〔ガジュマルが多いことから〕

榴 木10(14) 2 6056 69B4 リュウ(リウ) 漢 尤 liú

意味 ザクロ科の落葉小高木。ザクロ。秋に球形の赤い実がなり、熟すと裂ける。

難読 石榴ジャクロ・ザクロ・岩榴つつじ・海石榴つばき

【榴火】リュウカ ザクロの花。〔火のような色であることから〕

【榴弾】リュウダン 日 中に炸薬サクヤクを詰め、破裂時に散るようにした、破壊力の強い弾丸。例 ―砲。手―ユシ。

榔 木10(14) 1 4717 6994 ロウ(ラウ) 漢 養 lǎng

[榔] 木9(13) ―― 俗字。

意味 「檳榔ビンロウ」は、ヤシ科の常緑高木。ビンロウジュ。

[槞] 木10(14) ⇩櫳ロウ(716ページ)

𣘹 木11(15) 4 1531 23639 イン yín

意味 地名や人名に用いる字。

参考 𣘹原池たらいけ・𣘹原山たらやま(=長野県の地名)。

横 木11(15) 1 1803 6A2A 教3

一 コウ(クヮウ) 漢 庚 héng
オウ(ワウ) 呉
二 コウ(クヮウ) 漢 敬 hèng
オウ(ワウ) 呉
よこ・よこたわる(よこ-たはる)

[橫] 木12(16) 3 8616 6A6B 人 旧字体。

筆順 十 木 木一 木卄 栱 棤 構 横

なりたち 橫 [形声]「木(=き)」と、音「黄コウ」とから成る。さえぎるための木。

意味 **一** ❶ かんぬき。例 横木よこぎ(=よこにわたした木)。❷ 左右の方向。東西の方向。**よこ**。例 横断オウダン。横長よこなが。❸ よこにする。よこたえる。**よこたわる**。例 青山横二北郭一セイザン ホッカクによこたわる(=青々とした山が、《町を取り囲む》城壁の北側に横たわっている)。〈李白・送友人〉横臥オウガ。❹ 満ちあふれる。例 横溢オウイツ。横流オウリュウ。**二** ❶ よこにはみでる。勝手な。例 横暴オウボウ。専横センオウ。❷ 異常な。意外な。例 横死オウシ。

日本語での用法 《よこ》「横道よこみち・横好よこずき・横町よこチョウ」▼本筋でない。わきの。

古訓 中古 きぬはり・ほしいまま・みつ・よこ・よこさま・よこたふ 中世 きぬばり・よこ・よこさま・よこたはる 近世 ほしいまま・ものまなびどころ・よこ・よこしま・よこたはる・よこたふ

人名 み

難読 横川よかわ(=比叡山ヒエイザン内の区域名)

【横逸】オウイツ 何ものにもとらわれず、勝手気ままにふるまう。

【横▼溢】オウイツ (知識や活気が)満ちあふれるほど盛んなこと。汪溢オウイツ。例 ―する教養。

【横禍】オウカ 思いがけぬ災い。

【横▼臥】オウガ 〔「仰臥ギョウガ」や「伏臥フクガ」に対し〕よこになって寝る。よこむきに寝る。

【横隔膜】オウカクマク 日〔生〕哺乳動物の胸と腹の間にある膜。うすい筋肉性の膜で呼吸を助ける。

【横議】オウギ ①道理にはずれた勝手な議論をする。②非難する。物議をかもす。

【横逆】オウギャク 勝手気ままで道理にはずれていること。

【横行】オウコウ ①勝手気ままに歩き回る。また、のさばる。例 悪徳商法が―する。②よこに進む。よこばい。例 ―文字(=西洋の文字。アルファベットなど)。

【横死】オウシ 事故や殺人など、思いがけない災難で死ぬ。非業ヒゴウの死。不慮の死。変死。

【横恣】【横▼肆】オウシ 勝手気ままなさま。

【横斜】オウシャ よこやななめに傾く。木の枝やその影の形容。

【横生】オウセイ ①人間以外の万物すべて。②(人の内面から)あふれ出る。③次々と発生する。④意外なことが起こる。

【横政】オウセイ 乱暴な政治。民を苦しめる政治。悪政。

【横絶】オウゼツ よこぎる。横断する。

【横説▼竪説】オウセツジュセツ 〔「竪」は、縦の意〕思うままに弁舌をふるう。〈語類・八〇〉

【横線】オウセン／よこセン よこに引いた線。対 縦線。

【横隊】オウタイ 日 よこに並んでいる隊形。対 縦隊。例 一列―。

【横断】オウダン ①よこに切る。例 ―面。対 縦断。②日 大陸や海などを、東西の方向に通り抜ける。対 縦断。③日 道路や川などを直角の方向によこぎる。例 ―歩道。

【横着】【横著】オウチャク 日 すべきことを、しないですませようとすること。ずるいさま。怠けるさま。例 ―をきめこむ。―な態度。

【横笛】テオウキ｜よこぶえ よこにして吹く笛。フルート・しの笛など。㊟縦笛。

【横転】テオウテン 日①よこだおしになって、ころがる。例車が―する。②左右に回転する。例―宙返り。

【横道】一オウドウ ①道によこたわる。道をふさぐ。②道理にはずれていること。邪道。㊟正道。例―者もの。二よこみち 日①本道からわきにはいった道。わきみち。例―をぬけて国道に出る。②本筋からわきにそれる。例話がすぐに―にそれる。

【横波】オウハ ①よこなみ よこから打ち寄せる波。②女性の流し目のたとえ。

【横風】オウフウ ①よこかぜ よこざまに吹きつけてくる風。例―用の滑走路。②日えらそうにいばっているのが、外見や態度にあらわれているさま。横柄オウヘイ。大風おおフウ。例―な口をきく。

【横柄】オウヘイ 日えらそうにいばった態度をとるさま。大柄おおヘイ。押柄オウヘイ。例―な態度をとる。―な応対をする。

【横放】オウホウ 好き勝手にふるまう。

【横暴】オウボウ わがまま勝手で乱暴なこと。例―をきわめる。

【横民】オウミン 法に従わない民。粗暴な民。

【横目】一オウモク ①人の目。②怒った目。③四の字の隠語。二よこめ 日①顔は動かさず、目だけを動かしてよこを見ること。例―に見る。―をつかう。②色目。流し目。

【横▼夭】オウヨウ 若死に。夭折。

【横流】一オウリュウ ①水があふれて流れ出る。②動乱。わざわい。二よこながし 日品物などを、正規の経路を通さずに他へ転売する。例援助物資を―する。

【横領】オウリョウ 日他人の金品や公共のものを、勝手に自分のものにしてしまう。着服。例会社の金を―する。

【横歴】オウレキ 歩き回る。

【横糸】よこいと 日織物で、縦糸に直角によこにわたす糸。緯糸よこいと。㊟縦糸。

【横紙】よこがみ 日①紙の漉すき目がよこにはいっている紙。例―破り(=不合理なことを無理に押し通すこと)。②和紙をよこ長に使うこと。また、その紙。

【横軸】よこジク 日〔数〕グラフの座標軸(=原点で直角に交わる直線)のうち、よこにのびている方。㊟縦軸。

【横町】【横丁】よこチョウ 日表通りから裏にはいった通りや町並み。小路こうじ。

【横綱】よこづな 日①相撲の力士の最高位。大関の上の位。また、その力士。②同類の中で最もすぐれているものや人。例日本酒の―。

【横手】日一よこて よこの方。わき。二よこで 感動したり何かを思いついたりしたときに、手のひらを打ち合わせること。例―を打つ。

【横文字】よこモジ 日アルファベットなど、よこ方向に書く決まりの文字。また、それで書かれた西洋の文章。

【横▼槍】よこやり 日①戦っているときに、よこからやりを突き入れること。②他人の話や仕事に、よこから口をはさんだりじゃましたりすること。例―を入れる。

【横恋慕】よこレンボ 日他人の妻や夫、または恋人など、すでに相手のいる人に恋をする。

槶
木11(15) 3 8606 69F6

カイ(クワイ)漢 隊 guì
くぬぎ・はこ

[椢]
木8(12) 2 5990 6922 俗字。

意味 器物の中空部。箱の内側。**はこ**。

日本語での用法 《**くにき**》《**くにぎ**》《**くぬぎ**》▼人名・地名に用いる。「國」と「木」とを合わせた字。「くぬぎ」は「くにき」が変化したことば。

[概]
木11(15) ⇩概イガ(**700**ジペー)

[槩]
木11(15) ⇩概イガ(**700**ジペー)

槨
木11(15) 2 6058 69E8

カク(クワク)漢 薬 guǒ
おおどこ(おほどこ)・ひつぎ

[椁]
木8(12) 2 5986 6901 本字。

意味 棺を納める外側の箱。外棺。**おおどこ**。うわひつぎ。例棺槨カンカク。

[樂]
木11(15) ⇩楽クガ(**695**ジペー)

樌
木11(15) 2 6078 6A0C

カン(クワン)漢 翰 guàn
きむら

意味 むらがり生える木。**きむら**。

槵
木11(15) 3 8605 69F5

カン(クワン)漢
ゲン(グエン)呉 諫 huàn

意味 ムクロジ科の落葉小高木。ムクロジ。種子は追い羽根や念珠のたまに用いられる。

槻
木11(15) 1 3648 69FB 人

キ漢 支 guī
つき

なりたち [形声]「木(=き)」と、音「規キ」とから成る。木の名。

意味 クルミ科の落葉高木。ケヤキの一種。弓の材とする。〔一説に、モクセイ科のトネリコ〕

日本語での用法 《**つき**》「槻弓つきゆみ」▼木の名。ケヤキの古名という。

古訓 中古つきのき 中世けやき・つき・つきのき 近世つき

椅
木11(15) 4 1536 69E3

キ漢 支 jī

意味 箸はしで取る。

参考 椅原うるしはら(=姓)。

樛
木11(15) 2 6060 6A1B

キュウ(キウ)漢 尤 jiū
まがりき・ま‐がる

意味 枝が、下の方に曲がったり、からまったりする。**まがりき**。**まがる**。

【樛結】キュウケツ からみあって結びつく。ごちゃごちゃ入り乱れる。

[槗]
木11(15) ⇩橋ウキョ(**710**ジペー)

槿
木11(15) 2 6061 69FF

キン漢 吻 jǐn
むくげ

意味 アオイ科の落葉低木。**ムクゲ**。夏から秋にかけて、紫・白などの花をつける。花は朝ひらいて夕方にしぼむので、短命なもの、はかないもののたとえとされる。〔古くは、アサガオと呼ばれた〕例槿花キンカ。

難読 槿花あさがお｜むくげのはな

【槿域】キンイキ 朝鮮の別名。〔ムクゲが多いことから〕

【槿花】キンカ ムクゲの花。

【槿花一日栄】キンカイチジツのエイ はかない栄華のたとえ。〔「槿花一日自為レ栄キンカイチジツおのずからエイをなす(=ムクゲの花が咲くのはほんの一日だが、それなりに盛りを楽しむ)。〈白居易・放言〉」から〕㊟槿花一朝イッチョウの栄エイ・槿花一朝の夢。

【槿▼籬】キンリ ムクゲの生け垣。

権
木11(15) 1 2402 6A29 教6

ケン(クエン)漢 ゴン呉 先 quán
かり・はかり

［權］木17(21) 2 6062 6B0A 旧字体。

筆順 十 木 杧 柠 栫 栫 梓 権

なりたち 權 [形声]「木(=き)」と、音「雚カン→ケン」とから成る。木の名。借りて「はかりのおもり」の意。

[権❶]

意味 ❶竿秤さおばかりの、おもり。例 権衡コウ。❷量や重さをはかる。判断する。例 権然後知二軽重一（権ケンしてしかるのちに軽重ケイチョウを知る）（=はかりにかけて初めて、軽いか重いかがわかる）。〈孟子・梁恵王上〉❸いきおい。威勢。例 権勢セイ。権力リョク。実権ジッ。❹変則的ではあるがその場に適したやり方。臨機応変の措置。例 権宜ギ。権変ペン。❺謀略。人をだますはかりごと。対経。例 権謀ボウ。権譎ケツ。❻仮かりの一時的な。例 権官ガン。権化ゲ。❼自分の意思で自由に行動したり、特定の利益を受け取ることができる資格。例 人権ジン。著作権チョサク。

古訓 中古 いやし・おもし・かりそめ・しばらく・つら・はかり・はかりこと・はかりのおもし・はかる・はじめ・よろし・をこつり・をこつる 中世 かり・かりそめ・はかり・はかりこと・はじむ・よろし 近世 かぬる・かり・きぼちす・しばらく・たひらか・はかりのおもり・はかる

人名 いさむ・ちから・のり・はかる・よし

【権威】ケンイ ①人を従わせ圧倒する力。権勢と威力。例 —を失墜する。②日 ある分野で最もすぐれている専門家。大家タイカ。オーソリティー。例 生物学の—。

【権益】ケンエキ 日 権利と、それにともなう利益。特に、他国の領土内で得た権利と利益。例 —を守る。

【権家】ケンカ ①「権門ケンモン」に同じ。②兵家の別名。〔権謀術数に長じることから〕

【権官】一ケンカン 正式な任命を受ける前に職にある官吏。官吏の見習いや代理をする。二ゴンカン 日 律令制で、臨時の官。平安以降、副官をいう。

【権貴】ケンキ 高貴な地位にいて権勢がある者。

【権宜】ケンギ 時と場合に応じた措置ソチ。権時。

【権▼譎】ケンケツ はかりごとによって人をあざむく。類 権詐ケンサ。

【権限】ケンゲン 日 法令や規則にもとづいて、権利を行使できる範囲。例 命令する—がある。

【権衡】ケンコウ ①〔「衡」は、はかりのさおの意〕はかりの、おもりとさお。また、はかり。②つりあい。バランス。均衡。例 —をはかる。③ものを比べる標準となるもの。尺度。基準。例 —を示す。

【権時】ケンジ ①しばらくの間。暫時。とりあえず。②「権宜ケンギ」に同じ。

【権術】ケンジュツ 「権謀術数ケンボウジュッスウ」の略。

【権臣】ケンシン 君主をしのぐ強い権力をもった家臣。

【権数】ケンスウ 「権謀術数ケンボウジュッスウ」の略。

【権勢】ケンセイ 人を支配し、思いのままにふるまう力をもっていること。権力と威勢。例 —をふるう。

【権摂】ケンセツ|ケンショウ 一時的に他の職務を代行する。

【権高】ケンだか 日 相手を見くだしたような態度をとるさま。傲慢ゴウマン。例 —にふるまう。

【権知】ケンチ ①仮に職務をおこなう官。②兼務する。例 —府事（=中央官で地方官を兼任した者）。

【権度】ケンド ①〔「度」は、ものさしの意〕度量衡全般。権量。②規範。規則。

【権道】ケンドウ 臨機応変の処置。〔正当な手段によらない場合が多い〕

【権能】ケンノウ ①権威。威力。②日 権利行使ができる能力。③日 権利の範囲。権限。

【権柄】ケンペイ ①政治をおこなう権利。例 —をにぎる。②人を支配し、おさえつけること。例 —ずくで（=権力にうったえて）。

【権変】ケンペン 時勢の変化に適切に対応する。臨機応変。

【権謀】ケンボウ ①その場に応じた策。臨機応変の策。②陰謀。人をあざむくはかりごと。

【権謀術数】ケンボウジュッスウ 人を上手にだまし、あざむくはかりごと。権術。権数。〈大学章句・序〉例 —をめぐらす。

【権門】ケンモン 官位が高く勢力の強い家柄。権家ケンカ。例 —勢家セイカ（=権力と権勢のある家）。

【権▼輿】ケンヨ 〔「権」は、はかりのおもり、「輿」は、車のはこの部分の意。はかりを作るにはおもりから、車を作るには車台からはじめることから〕ものごとのはじめ。起こり。

【権要】ケンヨウ ①権力のある重要な地位。また、その人。②ものごとの要点。

【権利】ケンリ ①権力と利益。〈荀子・勧学〉②ものごとを自分の意思で自由におこない対処できる資格。対 義務。例 —を守る。③所有権や使用権など、ある事柄に関する利益を受けることのできる力。例 —書。土地の—をゆずる。

【権量】ケンリョウ 〔「量」は、升ますの意〕度量衡全般。権度。

【権力】ケンリョク 人を支配し服従させ、思いのままにふるまう力。例 国家—。—をにぎる。

【権化】ゴンゲ ①〔仏〕〔「権」は仮かり、「化」は形を変える意〕仏や菩薩ボサツが人々を救うために姿を変えてこの世にあらわれること。また、あらわれたもの。化身ケシン。権現ゴンゲン。②日 抽象的な概念や思想が、具体的な姿をあらわしたように思えるもの。例 悪の—。

【権現】ゴンゲン ①「権化ゴンゲ①」に同じ。日本では、特に古来の神に姿を変えてあらわれたものをいう。春日かすが権現・熊野くまの権現など。②日 江戸時代、徳川家康いえやすを敬った言い方。〔一六一七年、後水尾みずのお天皇から東照大権現の神号を得たことから〕

【権妻】ゴンサイ 日〔仮かりの妻の意。明治時代に使われたことば〕めかけ。愛人。対 正妻・本妻。

【権太】ゴンタ 日〔浄瑠璃ジョウルリ『義経千本桜よしつねセンボンざくら』の登場人物「いがみの権太」の名から〕①ごろつき。悪者。ならず者。②〔京阪ケイハンの方言で〕いたずらっ子。例 —をする。

●棄権キケン・債権サイケン・執権シッケン・実権ジッケン・主権シュケン・人権ジンケン・政権セイケン・全権ゼンケン・同権ドウケン・利権リケン

［槴］木11(15) 4 1541 69F4 コ漢 麌 hù

意味 ❶書物を入れるはこ。例 書槴ショコ。❷魚をとる道具。

［槹］木11(15) 2 6063 69F9 コウ(カウ)漢 豪 gāo はねつるべ

意味 水をくみ上げる道具。はねつるべ。例 桔槹キッコウ（=はねつるべ）。

［槲］木11(15) 2 6064 69F2 コク漢 屋 hú かしわ(かしは)

意味 ブナ科の落葉高木。カシワ。材は建築、樹皮は染料に用いる。

［樝］木11(15) 4 1545 6A1D サ漢 麻 zhā

意味 バラ科の落葉低木。クサボケ。別名、シドミ・シドメ・ワ

モッカ。難読 榠樝カリン・山樝子サンザシ

榷
木11(15) 4 1538 69EF　サイ 漢 灰 cuī

意味 木の名。杖つえに用いられるという。

槧
木11(15) 2 6065 69E7　サン(サム) 漢 ザン(ザム) 呉 感　セン(セム) 漢 艶 qiàn

意味 ❶文字を書くために加工した長い板。❷版木。また、版木を使って印刷した書物。版本。刊本。例 宋槧ソウザン(=宋の時代に印刷された本)。❸手紙。

[榛]
木11(15) ⇩漆シツ(807ページ)

槢
木11(15) 3 8602 69E2　シュウ(シフ) 漢 緝 xí

意味 ❶かたい木。❷くさび。参考 槢木きすり・きする(=姓)。槢木ぎする(=大分県の地名)。

樟
木11(15) 1 3032 6A1F 人　ショウ(シャウ) 漢 陽 zhāng　くす・くすのき

なりたち [形声]「木(=き)」と、音「章ショウ」とから成る。木の名。

意味 クスノキ科の常緑高木。クスノキ。クス。暖地に生育。防風林・街路樹にする。材は油を含み芳香がある。蒸留して樟脳ショウノウをとり、防虫剤・薬用にする。

古訓 中古 くすのき 中世 くすのき・くぬぎ 近世 くす・くすのき・くぬぎ

【樟脳】ショウノウ クスの木から作られ、芳香を発する結晶体。化学工業の原料のほか、防腐剤・防虫剤に用いる。

樅
木11(15) 2 6066 6A05　ショウ 漢 冬 cōng　もみ・もみのき

意味 マツ科の常緑高木。モミ。モミノキ。

槳
木11(15) 4 1539 69F3　ショウ(シャウ) 漢 養 jiǎng

[㯍]
木11(15) 4 1540 3BCD　別体字。

意味 舟をこぐ道具。かい。例 蘭槳ランショウ(=モクレンのかい)。

槮
木11(15) 4 1537 69EE　シン(シム) 漢 侵 sēn

意味 樹木が長くのびるさま。

[樞]
木11(15) ⇩枢スウ(666ページ)

槭
木11(15) 2 6069 69ED　一 セキ 慣 シュク 漢 屋 qì　二 サク 漢 陌 sè　かじ-ける(かじ-く)

意味 一 カエデ科カエデ属の植物をまとめていう。カエデ。例 槭樹セキジュ(=かえで)。二 草木が枯れたさま。かじける。

槽
木11(15) 1 3369 69FD 常用　ソウ(サウ) 漢 豪 cáo　おけ(をけ)・ふね

筆順 十 木 朾 栭 栭 槽 槽 槽

なりたち  [形声]「木(=き)」と、音「曹ソウ」とから成る。ウマなど家畜のえさを入れるうつわ。

意味 ❶牛馬の飼料を入れるおけ。かいばおけ。うまぶね。例 槽櫪ソウレキ。❷箱形の容器。ふね。おけ。例 水槽スイソウ。浴槽ヨクソウ。❸やわらかい木。例 槽矛ソウボウ(=やわらかい木で作ったほこ)。

古訓 中古 こう・さかふね・ふね・むまふね 中世 こう・さかぶね・むまぶね 近世 さかふね・ためおけ・むまだらひ

難読 湯槽ゆぶね・酒槽さかぶね

【槽▼櫪】ソウレキ 〔「櫪」も、かいばおけの意〕①うまやのかいばおけ。②馬小屋。うまや。例 駢二死於槽櫪之間一ソウレキのカンにヘンシす(=馬小屋の中で、ほかの平凡なウマと首を並べて死ぬ)。〈韓愈・雑説〉

●歯槽シソウ・水槽スイソウ

樔
木11(15) 2 6070 6A14　一 ソウ(サウ) 漢 肴 cháo　二 ショウ(セウ) 漢 篠 jiǎo　す

意味 一 木の上のすみか。す。通 巣。二 たちきる。通 剿ショウ・勦ショウ。例 樔絶ショウゼツ(=命がたえる)。

難読 国樔くず(=奈良時代、吉野川よしのがわの上流に住んでいた部族。また、その土地)。

槲
木11(15) 3 8608 6A15　ソク 漢 屋 sù

意味 「樸槲ボクソク」は、薪まきになる小木。〔一説に、カシワの木〕

樰
木11(15) 4 1533 6A30 国字　たら・ゆき

意味 人名に用いる字。例 樰沢たらさわ・樰沢ゆきざわ(=姓)。

槫
木11(15) 2 6071 69EB　タン 漢 寒 tuán　まる-い・まる-める(まる-む)

意味 ❶棟木むなぎ。❷まるい。まるめる。また、集める。通 摶タン。

樗
木11(15) 1 3584 6A17　チョ 漢 魚 chū　おうち(あふち)

意味 ❶ニガキ科の落葉高木。シンジュ。中国原産。材は建築やパルプなどに用いる。ニワウルシ。❷『荘子ソウジ』で、材木として役に立たない木とされたことから、無用のもののたとえ。例 樗材チョザイ。樗櫟チョレキ。

日本語での用法 《おうち》▼センダンの古名。落葉高木。材は器具・家具用。皮・実は薬用。

【樗牛】チョギュウ 〔「牛」は、カラウシ〕『荘子ソウジ』では、ウシもからだばかり大きくて、ネズミをとらえることもできない役立たずとしていることから、自らを「役立たず」としてへりくだっていう表現。〔明治時代の文学者、高山林次郎の雅号〕

【樗材】チョザイ ①役に立たない材木。樗散。樗櫟チョレキ。②自分をへりくだっていうことば。

【樗散】チョサン 〔「樗櫟散木チョレキサンボク」の略。「散木」も、材木として役に立たない木の意〕役に立たないこと。無能な人のたとえで、自分をへりくだっていう。樗材。類 樗才。

【樗▼蒲一】チョボイチ 日 かけごとの一つ。一個のさいころを使い、あらかじめ決めておいた目が出ると勝ちとなる。ちょぼ。

【樗▼櫟】【樗▼櫪】チョレキ 〔「櫟・櫪」も、材木として役に立たないことから〕①役に立たない人、無能な人のたとえ。②自分をへりくだっていうことば。▽樗材。樗散。例 余ヨもとより—の材にて何ら為なすところなし。

樢
木11(15) 2 6088 6A22　一 チョウ(テウ) 漢 篠 niǎo　二 ボク 漢 屋 mù　くまたか・やどりぎ

意味 一 ❶つた。通 蔦チョウ。❷ヤドリギ科の常緑低木。ヤドリギ。他の樹木に寄生する。二 鳥の名。クマタカ。

𣙇
木11(15) 4 1532 23647 国字　つぐ

意味 人名に用いる字。例 宮𣙇みやつぐ(=姓)。

樋
木11(15) 1 4085 6A0B 人　トウ 漢 東 tōng　ひ・とい(とひ)

なりたち ［形声］「木(=き)」と、音「通ト」とから成る。木の名。

意味 木の名。〔一説に、アケビ〕

日本語での用法 《ひ》《とい》「樋竹とい・雨樋あまどい・懸かけ樋ひ」▼竹や木をかけわたして水を流す管。

古訓 中古 ひ 中世 おろか・とひ・ひ 近世 とひ・とゆ・ひ

樊

木11(15) 2 6072 6A0A

ハン漢 元 fán

かご・かこ-う(かこ-ふ)・まがき

意味 ❶ウマが荷の重さで進まない。❷鳥獣をとじこめておくもの。檻おり。**かご**。例 樊籠ハンロウ。❸通行をさまたげるもの。垣根。**まがき**。通 藩。例 竹樊ハンチク(=竹垣)。❹入り乱れたさま。例 樊然ハンゼン(=入り乱れるさま)。❺姓の一つ。例 樊噲ハンカイ。

【樊中】ハンチュウ 鳥かごのなか。

【樊▼籬】ハンリ ①生け垣。まがき。②領域。範囲。

【樊籠】ハンロウ ①鳥かご。獣を入れる檻おり。②官職など、自由を束縛される境遇のたとえ。例 久在二樊籠裏一、復得レ返二自然一(ひさしくハンロウのうちにありしも、またシゼンにかえるをえたり)(=長い間、束縛の多い役人生活を送ってきたが、ふたたび自然のままの生活に戻ることができた)。〈陶淵明・帰園田居〉

槾

木11(15) 4 1542 69FE

バン漢 マン呉 寒 翰 màn

意味 左官などが壁をぬる道具。こて。通 鏝バ。

標

木11(15) 1 4124 6A19 教4

ヒョウ(ヘウ)漢呉 蕭 biāo

しるし・しめ・しるべ・しる-す

筆順

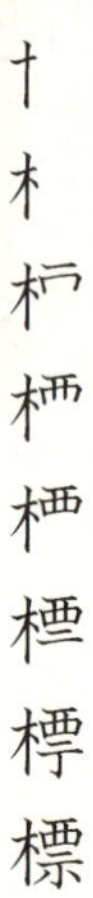

なりたち

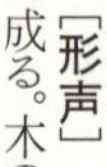

［形声］「木(=き)」と、音「票ヒョウ」とから成る。木の末端の細い部分。

意味 ❶木のいちばん高いところ。こずえ。末すえ。❷高くかかげた目じるし。**しるし**。**しめ**。**しるべ**。例 標識ヒョウシキ。目標モクヒョウ。❸見本。典型。例 標本ヒョウホン。❹高くかかげる。しめす。**しるす**。例 標示ヒョウジ。標榜ヒョウボウ。❺人品。風格。例 標格ヒョウカク。

日本語での用法 《しめ》「標縄しめなわ・標野しめの」▼(神聖な)特定の場所を示す境界。注連しめ。

古訓 中古 あぐ・あらはす・うつ・おつ・こずゑ・さかひ・しめ・しるし・しるす・するす・たか 中世 あらはす・こずゑ・しめす・すはい・すはえ・するゑ・たか 近世 あぐる・あらはす・おつる・こずゑ

人名 えだ・こずえ・すえ・たか・たかし・とお・ひで

【標縄】しめなわ 日 境を示すために木に張りわたす縄。特に、神を祭る場所や、清浄な場所、家の出入り口などに張る。しめ。注連縄しめなわ。七五三縄しめなわ。

【標野】しめの 日 貴人の所有地で一般の人が入れない野。禁野キンヤ。

【標格】ヒョウカク 風格。品格。風采フウサイ。

【標記】ヒョウキ ①目じるしとして書く。また、その目じるし。標識。②日 題目として書く。また、その題目。標題。例 ―の件につき、ご説明いたします。

【標挙】ヒョウキョ ①はっきりと示す。②抜きん出る。③(人を)高く評価する。ほめあげる。

【標語】ヒョウゴ 日 主義・主張・信条などを短くまとめた語句。モットー。スローガン。例 交通安全の―。

【標高】ヒョウコウ ①目立って高い。高い品格。②日 海面を基準にしてはかった高さ。海抜。

【標指】ヒョウシ 目標。目あて。

【標示】ヒョウジ 目じるしとして示しておく。また、その文字や記号など。例 ―板バン。道路―。

【標識】ヒョウシキ 何かを知らせるために設置されている目じるし。類 標幟ヒョウシ。例 航路―。道路―。

【標準】ヒョウジュン ①ものごとのよりどころとなるもの。目あて。例 ―値。②最も一般的であること。また、最も平均的なもの。スタンダード。例 ―以下。―サイズ。

【標準語】ヒョウジュンゴ 日 その国の国語で、発音・文法などのあらゆる面でよりどころとして認められたことば。対 方言。

【標題】ヒョウダイ ①書物の題名。②日 講演や演劇などの題目。表題。

【標致】ヒョウチ ①ものごとの趣旨をはっきりと示す。②容貌ヨウボウが美しい。風格がよい。

【標注】【標▼註】ヒョウチュウ 書物で、欄外に書いてある注釈。

【標的】ヒョウテキ 弓や射撃のまと。また、議論などで、攻撃の対象となるもの。ターゲット。例 反対派の―となる。

【標点】ヒョウテン ①句読点や括弧など、文章を読みやすくする記号。②詩文の重要な箇所に施すしるし。

【標▼榜】【標▼牓】ヒョウボウ 〔「榜・牓」は、はりつけて示す意〕①人の善行をたたえる。また、それをしるしたかけふだ。②主義や主張を公然とかかげ示す。例 民主主義を―する。

【標本】ヒョウホン ①〔「標」は、末えすの意〕事の末と本もと。②日 動物・植物・鉱物の実物を集めて保存したもの。例 昆虫―。③日 見本。また、その種類で代表的なもの。例 ―調査。

●座標ザヒョウ・商標ショウヒョウ・道標ドウヒョウ・墓標ボヒョウ・目標モクヒョウ

𣘸

木11(15) 4 1534 23638 国字

べんど

意味 クスノキ科の常緑高木。ヤブニッケイの俗称。〔姓に用いる〕例 𣘸べんど・𣘸べん(=姓)。

樒

木11(15) 2 6073 6A12

ビツ漢 ミチ・ミツ呉 質 mì

しきみ

［櫁］

木14(18) 2 6074 6AC1

別体字。

意味 香木の名。また、沈香ジンコウ。

日本語での用法 《しきみ》「仏前ブツゼンに水みずや樒しきみを供そなえる」▼モクレン科の常緑小高木。枝を仏前に供える。葉から抹香や線香をつくる。

［様］

木11(15) ⇩様ヨウ(703ページ)

［樑］

木11(15) ⇩梁リョウ(688ページ)

樏

木11(15) 3 8607 6A0F

一 ルイ漢 支 léi

二 ルイ漢 紙 lěi

かんじき

意味 一 山道を行く際に用いる道具。人を乗せるかご。〔裏に釘くぎを打った履物など諸説ある〕二 中にしきりのある容器。わりご。

日本語での用法 《かんじき》▼雪の中を歩くときに靴につけるもの。

難読 樏子かれいけ

［樓］

木11(15) ⇩楼ロウ(700ページ)

樚

木11(15) 4 1544 6A1A

ロク漢 屋 lù

意味 ❶「樚木ロクボク」は、フジウツギ科の落葉低木。フジウツギ。葉は有毒成分を含む。酔魚草スイギョソウ。❷「樚櫨ロクロ」は、轆轤ロクロ。

参考 樚本たぶもと(=姓)。

橒

木12(16) 4 1555 6A52

ウン漢 文 yún

意味 ❶木の名。❷木の模様。木目モク。きさ。

樾

木12(16) 3 8611 6A3E

エツ(ヱツ)漢 月 yuè

意味 木のかげ。こかげ。また、こかげとなる木。例 樾蔭イエツ(=こかげ)。樾下カエツ(=樹下)。難読 街樾なみき

【横】 木12(16) ⇩横ウオ(704ページ)

樫
木12(16) 1 1963 6A2B 人 国字 かし

なりたち 国字。[会意]「木(=き)」と「堅(=かたい)」とから成る。堅い木。

意味 ブナ科の常緑高木。カシ。実はどんぐり。材はかたく良質で、船や器具の材料として重要。

古訓 中古 かし・かしのき 中世 かし・かたぎ・けやき 近世 かし・かたぎ

橄
木12(16) 2 6077 6A44 カン(カム)漢 感 gǎn

意味 ⇩【橄欖】カンラン

【橄▼欖】カンラン ①カンラン科の常緑高木。カンラン。中国南部・インドシナ原産。実は形がオリーブに似て、食用。②モクセイ科の常緑小高木。オリーブ。地中海地方原産。実は食用とし、オリーブ油をとる。〔漢訳聖書の誤用によって、日本でもオリーブを指すようになった〕

橺
木12(16) 4 1553 6A7A カン漢 潸 xiàn

意味 大木であるさま。参考 橺山くぬぎやま(=姓)。

機
木12(16) 1 2101 6A5F 教4 キ漢呉 微 jī はた

筆順 木 木' 木幺 木幺幺 木幾 機 機 機

なりたち [形声]「木(=き)」と、音「幾キ」とから成る。はたを織る道具。

意味 ❶はたを織る道具。はた。例 機業キギョウ。織機ショッキ。❷弩ド(=はじき弓)の矢を発射する装置。❸こまかい部分を組み合わせた、しかけ。からくり。例 機械キカイ。機関キカン。❹きっかけ。きざし。潮時しおどき。例 機運キウン。機会キカイ。危機キキ。契機ケイキ。❺こまやかな心のはたらき。頭の回転がはやい。例 機知キチ。機転キテン。❻重要な秘密。例 機密キミツ。❼事務。政務。例 万機バンキ。❽たくらみ。いつわり。例 機心キシン。機謀キボウ(=はかりごと)。❾あやうい。危険。通 幾。例 処レ高而不レ機たかきにおりてあやうからず(=高いところにいても危なくない)。〈淮南・原道〉

古訓 中古 おほゆみ・たかはた・はた・はたもの・わかつる・をこつる 中世 あやつる・はた・はたもの 近世 あやつり・かならず・からくり・くるる・はかる・はたらく

人名 たくみ・のり・はかる・はずみ

難読 機物はたもの・機関からくり

【機運】キウン 時のめぐりあわせ。ちょうどいい機会。時運。例 ―が熟する。

【機縁】キエン ①〔仏〕すべての人に仏の教えを受ける縁があること。②何かが起こるきっかけ。例 学問を志した―。

【機会】キカイ 事をなすにふさわしい時。適切な時。チャンス。機。例 ―をうかがう。―をのがす。

【機械】キカイ ①巧妙な仕組みで作動する器具。例 有二機械一者必有二機事一、有二機事一者必有二機心一(きかいあるものはかならずきじあり、きじあるものはかならずきしんあり)(=巧妙な構造の道具を使えば必ず巧妙な仕事をすることになり、そうなると、巧みに人をあざむく心が生じる)。〈荘子・天地〉②動力によって一定の動きをし、定められた仕事をするしかけ。例 工作―。―化。

【機械▼之心】キカイのこころ 巧妙に計略をめぐらす心。いつわりをたくらむ心。機心。〈淮南・原道〉

【機関】キカン ①動くしかけを施したからくり。②考え。たくらみ。③日 火力・電力・蒸気などのエネルギーを、機械を動かす力にかえる装置。エンジン。例 内燃―。④日 ある目的のもとにつくられた組織。例 報道―。金融―。

【機関誌】キカンシ 日 ある団体・組織・学会などが、活動の様子や主張を知らせたり、情報交換をしたりするために発行する雑誌。参考 新聞の場合は「機関紙」と書く。

【機関車】キカンシャ 日 電動機・ディーゼル機関・蒸気機関などを取りつけ、客車や貨車を引いて運転する車両。

【機器】キキ 機械・器械・器具をまとめていうことば。器機。例 教育―。オーディオ―。

【機宜】キギ 機会をうまく利用したやり方。

【機業】キギョウ 日 織物を作る仕事。また、その職業・産業。

【機具】キグ 日 機械・器具をまとめていうことば。例 農―。

【機警】キケイ 機転が利き、すばやく察する。

【機嫌】キゲン ①〔仏〕人の嫌うこと。②日 人の気持ちや気分の状態。例 ―がいい。③日 健康状態や生活状況。安否。例 ご―うかがいに行く。④日〔多く「ご機嫌」の形で〕とてもよい気分であるさま。例 今日はずいぶんご―ですね。

【機巧】キコウ ①巧妙なしかけ。からくり。②知恵をはたらかせる。たくらみ。

【機甲】キコウ 日 戦車や装甲車などで武装し、攻撃力・防御力・機動力にもすぐれていること。例 ―部隊。

【機構】キコウ ①事業。②日 機械のしくみ。③日 団体を成り立たせているしくみ。組織。例 ―改革。行政―。

【機材】キザイ 日 機械を作る材料。また、機械と材料。例 建設―。

【機事】キジ ①巧妙な仕事。→【機械】キカイ① ②機密事項。機密。

【機軸】キジク ①車両や機関の軸。②活動の中心、重要な部分。③日 やりかた。計画。方法。例 新―をうちだす。

【機首】キシュ 日 航空機の前部。例 ―を上げて飛び立つ。

【機種】キシュ 日 航空機や機械類の種類。

【機銃】キジュウ 日「機関銃」の略。弾丸が連続して発射される銃。例 ―掃射。

【機上】キジョウ 日(飛行中の)航空機の中。類 機中。例 ―の人となる(=航空機に乗る)。

【機心】キシン 人をあざむこうとする心。機械之心キカイのこころ。→【機械】キカイ①

【機枢】キスウ ものごとのいちばん重要な部分。かなめ。〔「機」は弩ド(=はじき弓)のばね、「枢」は戸のとぼそで、ともに不可欠な部分〕

【機数】キスウ うまいはかりごと。機略。類 機策。

【機先】キセン ものごとの起こる直前。ものごとの始まる直前。例 ―を制する(=相手より先に行動し、有利な立場に立つ。先手を取る)。

【機体】キタイ 日 ①航空機のエンジン以外の部分。また、航空機の胴体の部分。例 ―に穴があく。②航空機の全体。

【機知】【機▼智】キチ ①機会を利用する知恵。②時と場合に応じてはたらく鋭い才知。ウイット。機転。例 ―に富む。

【機▼杼】キチョ ①機織はたおりに用いる杼ひ。②機織りの仕事。織物職人。③詩文を作るときの構想。

【機長】キチョウ 日 航空機の乗務員の責任者。キャプテン。

【機転】キテン 何かが起きたとき、とっさに対応できる、たくみな判断。気転。例 ―が利く。

【機動】キドウ ①しかけが動く。②日 軍隊などで、状況に応じて

（部隊や兵器をもって）すばやく対応できること。例 ―部隊。―力。

【機内】キナイ 日 航空機の内部。例 ―食。

【機能】キノウ 日 目的に応じてものがはたらく。また、そのはたらき。活動できる能力。例 法律が―する。心臓の―が衰える。運動―。

【機微】キビ 表面にはっきりとあらわれ出ない、微妙な心の動きや事柄。幾微。例 人情の―を描き出す。

【機敏】キビン その場に応じた行動・対処をとることがすばやいさま。例 係員が―に対応する。

【機変】キヘン ①人をいつわる。たくらむ。②時と場所に応じて適切な方法を用いる。

【機密】キミツ 国家や組織などでの重要な秘密。例 軍事―。

【機務】キム 軍事上秘密の任務。

【機要】キヨウ ものごとの重要な部分。多く、秘密にすべき事柄をいう。

【機雷】キライ 日「機械水雷」の略。水中にしかけて、船が接触すると爆発する仕組みの兵器。例 ―を敷設する。

【機利】キリ 時勢をたくみにつかんで利益を得る。

【機略】キリャク 時と場合に応じた、たくみなはかりごと。機数。類 機策。例 ―縦横。―に富む。

【機屋】はたや 日 ①機はたを織るための建物。例 トンカラトンと―から音がする。②機を織る職業の家や職人。

●危機キキ・好機コウキ・航空機コウクウキ・時機ジキ・写真機シャシンキ・勝機ショウキ・待機タイキ・蓄音機チクオンキ・投機トウキ・動機ドウキ

橲
木12（16） 2 6079 6A72 国字

き・じさ

意味 人名・地名に用いる字。例 山橲やまき（＝姓）。橲原じさばら（＝福島県の地名）。

樻
木12（16） 3 8610 6A3B

キ（クキ）漢 寘 kuì

意味 ❶木の名。霊寿木レイジュボク。杖つえや鞭むちとする。❷ふたのある箱。ひつ。通 櫃キ。例 長樻ながびつ。

橘
木12（16） 1 2144 6A58 人

キツ（クキツ）漢 質 jú

たちばな

なりたち ［形声］「木（＝き）」と、音「矞ツキ」とから成る。クネンボの木。

意味 インドシナ原産の常緑小高木。クネンボ。ウンシュウミカンに近縁。実は香りと酸味が強い。

日本語での用法 《キツ》《たちばな》①「源平藤橘ゲンペイトウキツ」▼四姓の一つ「橘たちばな氏」の略。②「橘たちばなの花はな・右近ウコンの橘たちばな」▼四国・九州・沖縄などに自生するミカン科の常緑低木。ヤマトタチバナ。

古訓 中古 たちばな 中世 たちばな 近世 カウジ・たちばな・ミカン

【橘中▼之楽】キッチュウのたのしみ 碁を打つ楽しみ。〔ある男が大きなクネンボの実を割ったところ、中で二人の老人が碁を楽しんでいたという故事から〕〈玄怪録・三〉

【橘化為▼枳】たちばなカしてからたちとなる 環境によって人の気質が変わることのたとえ。〔淮南ワイナンのクネンボの木を淮北に移すとカラタチになると信じられていた〕〈晏子・雑下〉から

橋
木12（16） 1 2222 6A4B 教3

㊀キョウ（ケウ）漢 蕭 qiáo

㊁キョウ（ケウ）漢 蕭 jiāo

㊂キョウ（ケウ）漢 篠 jiǎo

はし

［槗］木11（15） 4 1535 2363A 俗字。

筆順 十 木 … 橋 橋

なりたち ［形声］「木（＝き）」と、音「喬ウキョ」とから成る。木を並べてつくった、はし。

意味 ㊀❶川などの向こうとこちらの二地点を結びつけるもの。はし。例 橋梁キョウリョウ。鉄橋テッキョウ。❷はしをかける。❸木の名。南山の南側に生えている高木。例 橋梓キョウシ。㊁井戸のはねつるべ。㊂❶山道で用いる乗り物。山かご。通 轎キョウ。❷正しくする。ためる。ただす。通 矯。例 橋飾キョウショク（＝矯正する）。

古訓 中古 たかし・はし・はしわたす・よこたはる 中世 たかし・はし 近世 うしのはなづらぎ・たかし・はし・はねつるべ・もぎき

人名 たか・たかし

【橋架】キョウカ 日 橋板を渡すための横木。はしげた。

【橋脚】キョウキャク 橋を支えている柱。橋ぐい。

【橋▼梓】キョウシ 〔「橋」も「梓」も木の名〕父子のたとえ。南山に高くそびえる橋木を父に、北山に低く立つ梓木を子にたとえた。喬梓キョウシ。〔周の伯禽ハクキンと康叔コウシュクが、橋木と梓木とを見て、父子の道を悟った故事〈尚書大伝・四〉から〕

【橋頭】キョウトウ 橋のたもと。橋のほとり。橋畔。

【橋頭▼堡】キョウトウホ ①橋を守るためにつくった陣地。②日 海からの上陸や川をわたる作戦のため、敵地につくる攻撃の拠点。③日 何かをするときの足がかり。

【橋畔】キョウハン 橋のすぐ近く。橋のたもと。橋頭。

【橋▼梁】キョウリョウ 〔「梁」も、橋の意〕橋。例 ―工事。

●石橋いしばし・架橋カキョウ・桟橋さんばし・鉄橋テッキョウ・陸橋リッキョウ

檠
木12（16） 2 6091 6AA0

ケイ漢 庚 qíng

たな・ゆだめ

意味 ❶弓の材の曲がりを直す器具。ゆだめ。❷たな。燭台ショクダイ。また、灯火そのもの。例 灯檠トウケイ（＝灯火の台）。短檠タンケイ（＝灯油皿を据える柱の短い灯火台）。

橛
木12（16） 3 8615 6A5B

ケツ（クェツ）漢 月 jué

くい（くひ）

意味 ❶地面に打ちこみ、柱や目じるしとする棒。くい。❷棒の切れ端。木ぎれ。例 乾屎橛カンシケツ（＝禅語で、乾いてかちかちになった棒状の糞ソ）。

樶
木12（16） 2 6080 6A36

サイ漢 灰 zuī

意味 ❶木の節。❷足場の悪いところを進むための履物。

樲
木12（16） 4 1547 6A32

ジ漢 寘 èr

意味 クロウメモドキ科の落葉高木。サネブトナツメ。ナツメの原種で、枝にとげがある。例 樲棘ジキョク（＝サネブトナツメ。また、サネブトナツメやいばら。値打ちのないもののたとえ）。

樹
木12（16） 1 2889 6A39 教6

シュ（シウ）漢 ジュ呉 遇 shù

き・た-てる（た-つ）

筆順 木 朩 … 樹 樹

なりたち ［形声］「木（＝き）」と、音「尌ユシ（＝たてる）」とから成る。立ち木。

意味 ❶生えている木。き。例 樹木ジュボク。❷木を植える。うえる。例 樹木ジュモク。落葉樹ラクヨウジュ。❸しっかりと立てる。たてる。たつ。例 樹立ジュリツ。❹門の内側をのぞかれないように立てた目かくしの塀。ついたて。また、ついたてを立てる。例 邦君樹塞レ門ホウクンはジュしてモンをふさぐ（＝一国の君主はついたてを立てて、門の中をのぞかれないようにする）。〈論語・八佾〉

古訓 中古 うう・うゆ・うゑき・き・たつ 中世 ううる・うゑき・き・た

つる 近世 うゆる・うゑき・うゑる・き・たつ・たつる
人名 いつき・しげ・しげる・たちき・たつ・たつき・たつる・な・みき・むら
難読 樹神こだま・樹霊こだま
【樹欲レ静▼而風不レ止】きしずかならんとほっすれどもかぜやまず 木は静かにしていたくても、風が吹いて思いどおりにならない。親孝行しようと思うときにはすでに親は死んでいて孝行できないことのたとえ。風樹の嘆。〈韓詩外伝・九〉
【樹陰】ジュイン【樹▼蔭】ジュイン 木のかげ。こかげ。例 ―に涼をとる。
【樹影】ジュエイ ①木の姿。②木のかげ。例 長い―。
【樹液】ジュエキ 日 ①木の中に含まれる水分や養分から成る液。②木の皮などからにじみ出る液体。木の分泌液。
【樹海】ジュカイ 日 海のように一面に広がる森林。
【樹幹】ジュカン 木のみき。
【樹畜】ジュチク|キジク クワやアサなどの栽培と、ブタやニワトリなどの飼育。農民の生計を立てる術。
【樹芸(藝)】ジュゲイ 植物、特に五穀を栽培する。類 樹種。
【樹下石上】ジュカセキジョウ|ジュゲセキジョウ 〔仏〕〔道ばたの木の下や石の上を宿とする意〕仏道の修行。また、修行中の出家の身をいうことば。〈高僧法顕伝〉
【樹功】ジュコウ 手柄を立てる。類 樹勲。
【樹子】ジュシ ①古代、諸侯の子で後継ぎに決められた人。嫡子。例 無レ易ニ樹子一ジュシをかうるなかれ(=嫡子を変えてはならない)。〈公羊・僖三〉②樹木。
【樹脂】ジュシ 木から分泌される粘液。やに。例 合成―。
【樹▼梢】ジュショウ 木の末端。こずえ。類 樹杪ジュビョウ・樹末。
【樹頂】ジュチョウ 木のてっぺん。いただき。類 樹顚ジュテン・樹頭。
【樹皮】ジュヒ 木の表皮。
【樹氷】ジュヒョウ 氷点下の霧や雲が、木の枝などに凍りついたもの。白い花が咲いているように美しく見える。
【樹木】ジュモク 一 木。立ち木。二 ジュボク|きをうう 木を植える。ものごとをしっかりした形でうちたてる。
【樹立】ジュリツ 木がたくさん茂っている林。例 照葉―。
【樹林】ジュリン 日 木の年齢。例 ―五百年の老木。
【樹齢】ジュレイ
● 街路樹ガイロジュ・果樹カジュ・広葉樹コウヨウジュ・常緑樹ジョウリョクジュ・植樹ショクジュ・針葉樹シンヨウジュ・大樹タイジュ・落葉樹ラクヨウジュ

樵

木12 (16) 1 3033 6A35
ショウ(セウ) 漢 ジョウ(ゼウ) 呉 蕭 qiáo
きこり・こ-る

意味 ❶たきぎ。❷たきぎをとる人。きこり。例 樵夫ショウフ。
【樵▼謳】ショウオウ きこりのうたう歌。樵歌。類 樵唱。
【樵歌】ショウカ きこりが作業しながらうたう歌。きこりうた。
【樵客】ショウカク きこり。杣人そまびと。樵夫。
【樵▼汲】ショウキュウ 山でたきぎを拾い、川で水をくむ。また、それをする人。
【樵漁】ショウギョ ①きこりや漁師。村人一般を指す。②木を切ることと、漁をすること。
【樵径】ショウケイ きこりの通る細い山道。
【樵▼蘇】ショウソ 〔「蘇」は、草刈りの意〕①木を切り、草を刈る。②民の生計。暮らし。例 生民何計楽ニ樵蘇一セイミンなんのケイありてショウソをたのしまん(=人民はどうやって日常生活を楽しめようか)。〈曹松・己亥歳〉
【樵▼叟】ショウソウ 年を取ったきこり。樵夫。
【樵夫】ショウフ【樵父】ショウフ きこり。
【樵牧】ショウボク ①木を切り、牧畜をする。②きこりと牧童。

橡

木12 (16) 1 3843 6A61
ショウ(シャウ) 漢 養 xiàng
とち・くぬぎ・つるばみ

意味 ❶トチノキ科の落葉高木。トチ。トチノキ。庭木・街路樹にする。種からでんぷんをとり、餅もちをつくる。材は器具用。❷ブナ科の落葉高木。クヌギ。実はどんぐりと呼ぶ。材は薪炭用。樹皮や実は染色に用いる。

樴

木12 (16) 4 1549 6A34
ショク 漢 シキ 呉 職 zhí

意味 木のくい。牛馬をつなぐくい。杙くい。例 樴子ショクシ(=目じるしのくい)。司樴吏シショクリ(=周代、牧畜をつかさどる役人。司樴吏)。

樳

木12 (16) 4 1548 6A33
シン(シム) 漢 ジン(ジム) 呉 侵 xún

意味 伝説上の大木の名。例 樳木ジンボク。参考 樳畑さがしばた(=長野県の地名)。

[橤]

木12 (16) ⇩蕊ズイ(1155ジペー)

樿

木12 (16) 4 1550 6A3F
セン 漢 ゼン 呉 銑 霰 shàn
つげ

意味 ツゲ科の常緑低木。ツゲ。材は黄色で、きめが細かく、印材や版木、櫛くしなどにする。例 樿櫛センシツ(=ツゲのくし)。
参考 樿男おつぎ(=人名)。

[蕺]

木12 (16) ⇩叢ソウ(217ジペー)

橇

木12 (16) 2 6082 6A47
キョウ(ケウ) 漢 蕭 qiāo
そり・かんじき

意味 ❶泥地で用いる舟の形をした履物。❷雪や氷の上をすべらせて進む道具。そり。例 犬橇いぬぞり。
日本語での用法 《かんじき》「橇かんじきを履はく」▼雪の中に足が埋まらないよう靴の下につけて用いるもの。樏かんじき。

樽

木12 (16) 1 3514 6A3D 人
ソン 漢 元 zūn
たる

[樽]

木12 (16) ―― 俗字。

[墫]

土12 (15) 2 5251 58AB 別体字。

[罇]

缶12 (18) 3 9025 7F47 別体字。

なりたち 〔形声〕「木(=き)」と、音「尊ソ」とから成る。木製の酒器。
参考 「墫」は土器、「罇」は陶器。
意味 酒を入れるうつわ。通 尊。例 樽俎ソンソ。
日本語での用法 《たる》「醬油樽ショウユだる・漬物樽つけものだる・味噌樽みそだる」▼酒やしょうゆ、水などを入れる、ふたのある木製・陶製・金属製の容器。
古訓 中古 こみか・もたひ 中世 たる 近世 たる
【樽▼榼】ソンコウ ①酒つぼや、さかずき。②酒を飲む。
【樽▼俎】ソンソ 〔「俎」は、魚や肉をのせる台の意〕酒を入れるうつわと料理をのせる台。転じて、宴会。尊俎。
【樽▼俎折衝】ソンソセッショウ 酒宴の席にいながら相手の事情を察知し、戦う前に敵の攻勢をくじくこと。転じて、外交上のかけひき。〔〈新序・雑事一〉から〕
【樽▼罍】ソンライ ①酒つぼ。②飲酒。

[橢]

木12 (16) ⇩楕ダ(698ジペー)

橐

木12 (16) 3 8613 6A50
タク 漢 薬 tuó
ふくろ

[槖]

木10 (14) 4 1530 69D6 俗字。

意味 ❶小さなふくろ。また、底のないふくろ。ふくろ。例 橐嚢

ノタク。❷ふいご。❸⇩【槖駝】タクダ

【難読】槖籥ふいご・槖吾つわぶき

【槖▼駝】タクダ ①ラクダの別名。〔背中にふくろ状のこぶがあることから、また、ふくろにはいった荷を運ぶことからともいう。「ラクダ」は「タクダ」のなまり〕②背骨が曲がってこぶのようになる病気。傴僂ウ。③植木屋。〔ある植木の名人が「②」の病気で、「槖駝」と呼ばれたことから〕例—師。

【槖▼嚢】タクノウ 大小のふくろ。〔「嚢」は、大きなふくろ。また、底のあるふくろ。ただし、底の有無については異説がある〕

【槖▼籥】タクヤク 鍛冶かじ屋が火をおこすとき風を送る道具。ふいご。風箱かざばこ。

橙 木12(16) 2 6084 6A59 人 トウ(タウ)漢 呉 庚 chéng だいだい

なりたち [形声]「木(=き)」と、音「登トウ」とから成る。橘キツのたぐい。

意味 ミカン科の常緑低木。ダイダイ。インド・ヒマラヤ地方原産。古く中国を経て渡来。暖地で栽培。果実は冬に黄色に熟し、香りが高い。皮は薬用、果汁は調味料とされる。

古訓 中古 あべたちばな・かけはし・からたち・たちばな・はし・はなたちばな・やまたちばな 中世 あへたちばな・かぶち・たちばな・のぼりはし・はなたちばな・やまたちばな・ユカウ 近世 クネンポ・だいだい・やまたちばな

【橙皮】トウヒ ダイダイの実の皮を乾燥させたもの。よい香りで苦みがあり、健胃剤や防臭剤とする。

橦 木12(16) 2 6085 6A66 一トウ(タウ)漢 江 chuáng 二トウ漢 東 tóng 三ショウ漢 シュ呉 冬 chōng

意味 一❶とばりを張る支柱。❷さお。二木の名。実についている毛をつむいで布にする。ワタの木。例橦布トウフ(=橦をつむいで織った布)。三攻撃する。刺す。

樘 木12(16) 3 8614 6A56 トウ(タウ)漢 庚 chēng

意味 支柱。はしら。例相輪樘ソウリントウ(=相輪を柱の上部に取り付けた仏塔)。

橈 木12(16) 2 6086 6A48 一トウ慣 ドウ(ダウ)漢 効 náo 二ジョウ(ゼウ)漢 蕭 ráo たわ-む・たわ-める(たわ-む)・かじ(かぢ)

[桡] 木8(12) 4 1487 234E4 俗字。

意味 一❶曲がった木。❷木を曲げる。たわめる。たわむ。通撓ドウ。例橈曲キョク(=たわめ曲げる)。❸屈服させる。くじく。通撓ドウ。例橈辞ジョウ(=屈服したことを表明することば)。二船を進める道具。かい。かじ。また、船。

【橈敗】ドウハイ 敗北し挫折ザセツする。失敗する。くじけてやぶれる。撓敗ドウハイ。

[⿰木萬] 木12(16) ⇩栃ちと(675ジペー)

橳 木12(16) 3 8617 6A73 国字 ぬで・ぬで

意味 人名や地名に用いる字。例橳島ぬでじま・ぬでしま(=姓)。橳島町ぬでじままち(=群馬県の地名)。

橎 木12(16) 4 1554 6A4E ハン漢 阮 fán

意味 木の名。参考 橎本はしもと(=姓)。

橅 木12(16) 3 8612 6A45 一ボ漢 モ呉 虞 mó 二フ漢 ブ呉 麌 fǔ ぶな

意味 一同じ形のものを作るための枠。かた。通模。二なでる。通撫ブ。

日本語での用法 《ぶな》▼ブナ科の落葉高木。

橆 木12(16) 4 1551 6A46 一ブ漢 ム呉 麌 wǔ 二ブ漢 ム呉 虞 wú

意味 一木が茂る。多い。二ない。通無。

樸 木12(16) 2 6087 6A38 一ボク慣 ハク漢呉 覚 pǔ 二ホク漢 ボク呉 屋 pú きじ(きぢ)

意味 一❶加工していない木。あらき。❷飾りけのない。ありのままの状態。きじ。通朴。例樸実ボクジツ。質樸シツボク。素樸ソボク。二群生した木。

【樸学】ボクガク ①古代の素朴な学問。経学のこと。②清シン代の考証学。

【樸質】ボクシツ 〔「質」も、飾りけのない意〕ありのままで飾らないこと。地味。素朴。質素。朴質。

【樸実】ボクジツ 飾りけがなく、すなおでまじめなこと。朴実。

【樸素】ボクソ ①ありのままで、自分を偽らない。素朴。②質素でつつましい。

【樸忠】ボクチュウ 飾りけがなく、誠実なこと。樸実。

【樸直】ボクチョク 飾りけがなく、すなおで正直なこと。朴直。

【樸▼訥】ボクトツ 飾りけがなく誠実だが、口べたであること。朴訥ボクトツ。木訥ボクトツ。

【樸鈍】ボクドン ①誠実だが、融通が利かない。②武器に鋭さがない。

【樸野】ボクヤ 洗練されていない。いなかじみている。類樸陋ボクロウ。

【樸▼魯】ボクロ 愚かで機転が利かない。〔自分をへりくだっていうこともある〕

【樸厚】ボッコウ 飾らない人柄で、情に厚くまじめである。朴厚。類樸淳ボクジュン。

橸 木12(16) 2 6081 6A78 国字 まさ・たる

意味 まさめ。まさ。〔一説に、「櫑イラ(=たる)」の俗字〕

𣜿 木12(16) 3 8609 2373F 国字 ゆずりは

意味 ユズリハ科の常緑高木。ユズリハ。〔地名・人名に用い、「楪」とも書く〕

橉 木12(16) 4 1552 6A49 リン漢 震 lìn

意味 ❶木の名。❷門や入り口の敷居。

檃 木13(17) 4 1559 6A83 イン漢 吻 yǐn

[櫽] 木17(21) 4 1579 6AFD 別体字。

意味 曲がった木や弓をまっすぐにする道具。ためぎ。例檃栝インカツ

【檃▼栝】【檃括】インカツ ①曲がったものを正しい形にする木の枠。ためぎ。②人のおこないを正すこと。▽隠括。

檐 木13(17) 2 6089 6A90 一エン(エム)漢 塩 yán 二タン(タム)漢 勘 dàn ひさし・のき

意味 一❶屋根の端の、壁より外側に張り出した部分。のき。ひさし。通簷エン。例飛檐ヒエン(=高い軒。また、反りをうってそびえる垂木たるき)。❷ひさしのようにつき出た部分。ひさし。通簷。例笠檐リュウエン。二❶かつぐ。になう。通担。❷肩にかついで人を運ぶ乗り物。輿こし。

【檐▼鐸】エンタク 軒につるした風鈴。類檐鈴。

檍 木13(17) 2 6090 6A8D オク慣 ヨク漢 職 yì あおき(あをき)

意味 モチノキ科の常緑高木。モチノキ。材質がかたく、車や弓を作る。

日本語での用法 《あおき》《あおぎ》「筑紫(つくし)の日向(ひゅうが)の小門(おど)の橘(たちばな)の檍原(あおぎはら)(=古語は、あはぎはら)。〔日本書紀〕」▼「あはぎ」の音変化した語形。地名に用いるが、もと植物名。

檟 木13(17) 4 1563 6A9F カ漢 馬 jiǎ ひさぎ

意味 ❶ノウゼンカズラ科の落葉高木。キササゲ。**ヒサギ**。楸(シュウ)。例 梧檟(ゴカ)(=良材となる木)。❷茶の木。例 檟楛・檟苦(カク)(=茶の木)。参考 檟(えの)(=姓)。

檜 木13(17) 2 5956 6A9C 人 一カイ(クヮイ)漢 泰 guì 二カイ(クヮイ)漢 泰 huì ひ・ひのき

[桧] 木6(10) 1 4116 6867 人 俗字。

なりたち  [形声]「木(=き)」と、音「會(カイ)」とから成る。コノテガシワのような葉で、マツのような幹の木。

意味 一ヒノキ科の常緑高木。イブキ。海岸に自生。庭木・盆栽とする。材は建築・器具用。二人名に用いる字。例 秦檜(シンカイ)。

日本語での用法 《ひのき》「檜皮(ひわだ)・檜舞台(ひのきブタイ)」▼ヒノキ科の常緑高木。幹はまっすぐにのびる。材は良質で、建築・土木・船舶・車両その他用途が広い。

古訓 中古 ひ・ひのき 中世 ひ・ひのき 近世 ひのき

難読 檜山(ひやま)・檜原(ひばら)

【檜葉】一(カイヨウ) ヒノキの別名。ヒノキの葉。二(ひば) 日 アスナロの木の別名。

【檜扇】(ひおうぎ) 日 ①ヒノキの細長くうすい板を糸でつなぎあわせた扇。昔の公卿(クギョウ)が持ったもので、位に応じて板の枚数が決められていた。②アヤメ科の多年草。葉がつるぎ状で扇のように広がっており、夏に黄赤色の花をつける。種は黒く光沢があり、「ぬばたま」「うばたま」という。カラスオウギ。

【檜垣】(ひがき) 日 ヒノキのうすい板を、斜めに網のように編んで作った垣根。

【檜舞台(臺)】(ひのきブタイ) 日 ①ヒノキの板を張った、歌舞伎(かぶき)や能などの舞台。②自分の腕前を見せる晴れの場所。例 —を踏む。

【檜皮】(ひわだ|ひはだ) 日 ①ヒノキの皮。②「檜皮葺(ひわだぶき)」の略。ヒノキの皮で屋根をふくこと。また、その屋根。

檞 木13(17) 3 8622 6A9E カイ漢 蟹 jiě かしわ(かしは)

意味 木の名。マツの類。

日本語での用法 《かしわ》▼ブナ科の落葉高木。〔「槲(コク|かしわ)」に通じた用法〕

檥 木13(17) 3 8623 6AA5 ギ漢 紙 yǐ

意味 船が出航できるように、準備をととのえる。ふなよそおい。通 艤(ギ)。例 檥船(ギセン)。参考 檥峠(ぶなとうげ)(=埼玉県の地名)。

【檥船】(ギセン|ふねをギす) 出航の準備をととのえて船を岸につける。例 烏江亭長檥レ船待(ウコウのテイチョウふねをギしてまつ)(=烏江の渡し場の役人は、船を出せるようにして待っていた)。〈史記・項羽紀〉

橿 木13(17) 1 1964 6A7F キョウ(キャウ)漢 陽 jiāng かし

意味 材がかたく、車輪用とされた木。モチノキなど。

日本語での用法 《かし》「橿原(かしはら)(=地名)」▼ブナ科の常緑高木。樫(かし)。

檋 木13(17) 4 1560 6A8B キョク漢 コク呉 沃 jú

意味 山の中を行くための乗り物。また、裏に釘(くぎ)を打った履物。かんじき。例 山行乗レ檋(やまをゆくにキョクにのる)(=山を歩くときには、かんじきを履いた)。〈史記・夏紀〉

𣜌 木13(17) 4 1557 2370C 国字 くろべ

意味 ヒノキ科の常緑高木。**クロベ**。ネズコ。ゴロウヒバ。木曽(きそ)の五木の一つ。

檄 木13(17) 2 6092 6A84 ゲキ慣 ケキ漢 錫 xí ふれぶみ

意味 人々を集めたり、人々に告げ知らせたりするために、役所から出した文書。触(ふ)れ文(ぶみ)。

【檄書】(ゲキショ) 「檄文(ゲキブン)①」に同じ。例 檄文(ゲキブン)。飛レ檄(ゲキをとばす)。

【檄文】(ゲキブン) ①昔の中国で、兵を集めたり触れを告げたりするときに役所が出した木の札の文書。檄書。②敵を非難して自分たちの主張を述べ、人々をふるい立たせて行動をともにすることをすすめる文書。例 —を飛ばす。▽檄。

【飛レ檄】(ゲキをとばす) 「檄文①」を送り、すぐに行動を起こすように説く。〔「激励」の意に用いるのは誤り〕

[檢] 木13(17) ⇩検(ケン)(690ジペー)

檎 木13(17) 1 2473 6A8E 人 ゴ慣 キン(キム)漢 侵 qín

なりたち [形声]「木(=き)」と、音「禽(キン)」とから成る。木の名。

意味 「林檎(リンゴ)」は、果実の名。また、その果樹。

古訓 中古 くひとる・なし 中世 なつなし・はしばみ 近世 リンゴ

[櫛] 木13(17) ⇩櫛(シツ)(715ジペー)

[檝] 木13(17) ⇩楫(シュウ)(697ジペー)

檣 木13(17) 2 6094 6AA3 ショウ(シャウ)漢 陽 qiáng ほばしら

[艢] 舟13(19) 2 7164 8262 別体字。

意味 ❶船に立てて、帆をかける柱。**ほばしら**。例 檣頭(ショウトウ)。危檣(キショウ)(=高いほばしら)。❷帆船。

【檣頭】(ショウトウ) 船の帆柱の先。マストの先。

【檣楼】(ショウロウ) 船の帆柱の上部にある物見台。

[木置] 木13(17) ⇩植(ショク)(692ジペー)

橾 木13(17) 4 1558 6A7E 一スウ慣 ス漢 虞 shū 二ショウ(セウ)漢 蕭 qiāo

意味 一車輪の中央の、車軸を通す穴。二土を掘りおこす道具。すき。通 鍬(ショウ)。

檡 木13(17) 4 1564 6AA1 一タク漢 陌 zhái 二ト漢 虞 tú

意味 一「檡棘(タクキョク)」は、ゆがけに用いられた、かたい木の名。二「於檡(オト)」は、於菟(オト)(=トラ)。

檀 木13(17) 1 3541 6A80 人 タン漢 ダン呉 寒 tán まゆみ

なりたち  [形声]「木(=き)」と、音「亶(タン)」とから成る。木の名。

意味 ❶ニレ科の落葉高木。中国北部特産。材はかたく、車軸や農具に用いる。〔日本名は未詳〕 ❷ビャクダンなどの香木。例 白檀。梅檀。 ❸「紫檀」は、マメ科の常緑小高木。 ❹梵語の音訳。例 檀那。

日本語での用法 《まゆみ》 ▼ニシキギ科の落葉低木。昔、弓の材料にした。

古訓 中古 ほしいまま・ほどこす・まゆみ・もはら 中世 あふち・ほどこす・まゆみ・もつぱら 近世 にほひぎ・まゆみ

【檀越】〔仏〕〔梵語 dānapati の音訳〕寺や僧に金品を寄進する人。施主。檀那。檀家。

【檀家】〔仏〕ある寺に属して、法事などの仏事をたのんだり、金品を寄進して寺の経営を助けたりする家。檀那。檀越。例 ―総代。

【檀弓】①檀の木で作った弓。 ②『礼記』の篇名。

【檀紙】日 和紙の一種。厚手で縮緬のようなしわがある。昔は、檀の樹皮で作られたが、今は楮を使うことが多い。陸奥紙。

【檀尻】日 関西地方で、山車(=祭礼のときに引く飾りをつけた車)のこと。山。屋台。楽車。

【檀徒】〔仏〕檀家の人々。

【檀那】⇩【旦那】(619ページ)

【檀板】楽器の名。檀の板でできた、拍子を取るための木の板。拍板。

【檀林】①〔仏〕「梅檀林」の略。寺。また、僧の学問所。 ②日「檀林派」の略。江戸時代、西山宗因を中心とした俳諧の一派。談林。

樘 木13(17) 3 8619 6A89 テイ 漢 チョウ(チャウ) 呉 庚 chēng

意味 ❶ギョリュウ科の落葉小高木。ギョリュウ。タマリスク。河柳。例 樘柳(=ギョリュウ)。 ❷春秋時代の宋の地名。 参考 樘(=姓)。

檔 木13(17) 3 8620 6A94 トウ(タウ) 漢 漾 dàng

[档] 木6(10) 2 5967 6863 俗字。

意味 ❶木の枠。 ❷公文書を保存しておく棚。例 檔案(=公文書。特に、中国近代の史料となる保存記録)。

檗 木13(17) 2 6101 6A97 ハク 漢 呉 陌 bò きはだ・きわだ(きはだ)

[蘗] 艹17(20) 2 6102 8617 別体字。

意味 ミカン科の落葉高木。キハダ。キワダ。樹皮はコルク質が発達する。幹の内皮は鮮やかな黄色で、染料・薬用とする。黄檗。

参考 档ケ山(=鹿児島県の地名)。

檬 木13(17) 2 6108 6AAC モウ 漢 東 méng

意味 ❶「檸檬」は、レモン。 ❷「檬果」は、マンゴー。

檑 木13(17) 4 1562 6A91 ライ 漢 隊 lèi

意味 古代の武器。大木を城壁の上などから投げ落とすもの。投げ丸太。檑木。

[櫟] 木13(17) ⇩櫟(715ページ)

櫆 木14(18) 4 1568 6AC6 カイ(クヮイ) 漢 灰 kuí

意味 スープをくむ大きなひしゃく。通 魁。

櫃 木14(18) 2 6104 6AC3 キ(クヰ) 漢 寘 guì ひつ

意味 ❶ふたのある箱。ひつ。例 飯櫃。鎧櫃。 ❷衣類や書籍をしまっておく、たんす。戸棚。例 書櫃。

櫏 木14(18) 4 1565 23764 国字 サイ

意味 人名に用いる字。例 櫏賀(=姓)。

檫 木14(18) 4 1566 6AAB サツ 漢 サチ 呉 黠 chá

意味 クスノキ科の落葉高木。

[欝] 木14(18) ⇩爵(846ページ)

檽 木14(18) 4 1567 6ABD 一 ドウ 漢 宥 nòu 二 ゼン 漢 銑 ruǎn

意味 一 木の名。 二 ❶「檽棗」は、カキノキ科の落葉高木。マメガキ。 ❷キクラゲ科のきのこ。キクラゲ。

櫂 木14(18) 2 6105 6AC2 人 トウ(タウ) 漢 効 zhào かじ(かぢ)・かい

なりたち [形声]「木(=き)」と、音「翟テキ→トウ」とから成る。船を進める用具。

意味 ❶水をかいて船を進めていく道具。かじ。かい。また、かいで船をこぐ。通 棹。例 桂櫂(=モクセイの木で作ったかい)。 ❷船。通 棹。例 孤櫂。→棹(693ページ)

古訓 中古 かい・さを 中世 かい・さを 近世 かぢ

【櫂歌】舟をこぎながら船頭がうたう歌。舟歌。棹歌。類 櫂唱。

【櫂舟】かいで舟をこぐ。棹舟。

檮 木14(18) 2 5977 6AAE 一 トウ(タウ) 漢 豪 táo 二 チュウ(チウ) 漢 尤 chóu くい(くひ)

[梼] 木7(11) 1 3778 68BC 俗字。

意味 一 ❶切り株。くい。 ❷役に立たず、愚かなさま。例 檮昧(=愚か。自らをへりくだっていうことば)。 二 ❶かたく強い木。 ❷数をかぞえるための棒。通 籌。

難読 檮原(=高知県の地名)

【檮▼杌】①〔伝説上の、太古の悪人、あるいは悪獣の呼び名から〕悪人。 ②春秋時代、悪事をこらしめるために書かれたという楚の国の歴史書。

檸 木14(18) 2 6106 6AB8 ネイ 慣 ドウ(ダウ) 漢 梗 níng

意味 「檸檬」は、ミカン科の常緑小高木。レモン。インド原産。果実は長円形で黄色、酸味が強く香りがよい。料理や菓子、飲み物などに使う。

檳 木14(18) 2 6107 6AB3 ビン 慣 ヒン 漢 真 bīn

[梹] 木7(11) 2 5978 68B9 俗字。

意味 (bīng)「檳榔」は、ヤシ科の常緑高木。ビンロウジュ。マレーシア原産。種子は薬用および染料とする。

[櫁] 木14(18) ⇩樒(708ページ)

欐 木14(18) 4 1569 6AD4 レイ㊥ 霽 lì

意味 木の名。 参考 欐川(=姓)。

櫞 木15(19) 2 6109 6ADE エン㊥ 先 yuán

意味 「枸櫞」は、ミカン科の常緑低木。ブシュカン。シトロンの変種。芳香があり観賞用。

檻 木15(19) 2 6103 6ABB カン(カム)㊥ 豏 jiàn おり(をり)

意味 ❶動物や囚人を閉じこめておく、囲い。**おり**。例 檻車。❷おりに閉じこめる。例 囚檻。❸橋や階段などに、腰の高さぐらいに横にわたした棒。てすり。おばしま。例 欄檻。折檻。❹⇩【檻檻】

【檻檻】車の行き過ぎる音を形容したことば。例 大車檻檻(=大夫の乗った車がガラガラと行く)。〈詩経・王風・大車〉

【檻車】おりのついた車。囚人や猛獣を移送した。

【檻▼穽】「「穽」は、落とし穴の意」おりと落とし穴。また、わな。陥穽。例 ―におちる。

【檻送】囚人をおりに入れて移送する。㊀檻致。

【檻▼輿】日 四方を板で囲い、囚人を移送した輿。

櫜 木15(19) 4 1571 6ADC コウ(カウ)㊥ 豪 gāo ゆぶくろ

意味 ❶弓矢などをしまうふくろ。**ゆぶくろ**。例 櫜鞬。❷弓矢をしまう。例 櫜弓戢戈(=武器をしまう。戦争をやめる)。〈後漢書・袁術伝〉

【櫜▼鞬】弓矢を入れるふくろ。鞬櫜。

櫛 木15(19) 1 2291 6ADB 人 シツ㊥ 質 zhì くし・くしけず-る(くしけづ-る)

[櫛] 木13(17) ―― 俗字。

なりたち [形声]「木(=き)」と、音「節」とから成る。くし。

意味 ❶髪の毛をすいて、ととのえる道具。**くし**。❷くしで髪の毛をすく。**くしけずる**。例 櫛風沐雨。❸そぎ落とす。けずる。例 櫛垢爬痒(=あかを落とし、かゆい所をかく)。〈韓愈・試大理評事王君墓誌銘〉

古訓 中古 くし・けづる 中世 くし・けづる 近世 くし・くしけづる

【櫛形】日 上側が丸くなっている昔のくしの形。半月の形。例 ―の窓。ニンジンを―に切る。

【櫛▼笥】日 くしや化粧道具を入れておく箱。例 玉―(=櫛笥の美称)。

【櫛目】日 髪をくしですいたあとにできる筋目。

【櫛櫛】くしの歯のように立ち並ぶさま。また、多く集まるさま。

【櫛▼梳】髪をくしけずる。

【櫛比】「「比」は、並ぶ意」くしの歯のようにすきまなく並ぶ。例 民家が―している。

【櫛風▼沐雨】「風で髪をとかし、雨で髪を洗う意」風雨にさらされながら、あちこち走りまわって苦労すること。沐雨櫛風。(=大雨で髪を洗い、強風で髪をとかす)。〈荘子・天下〉から〕〔「沐甚雨、櫛疾風」

【櫛▼沐】髪をとかし、からだを洗う。身だしなみを整える。

櫤 木15(19) 3 8624 6AE4 国字 たも

意味 クスノキ科の常緑高木。タブノキの別名。**たも**。〔おもに地名に用いる〕例 櫤山(=山形県の地名)。

櫝 木15(19) 4 1572 6ADD トク㊥ 屋 dú はこ・ひつぎ

意味 ❶木の箱。**はこ**。例 匱櫝。❷箱に入れる。おさめる。❸**ひつぎ**。

【買レ櫝還レ珠】外見にとらわれて、ものの本質や真価を知らないことのたとえ。◆楚の人が鄭で真珠を売ろうと、豪華な箱に入れて出かけたところ、鄭の人は箱だけを買って中の真珠を返した。…〈韓非・外儲説左上〉

櫑 木15(19) 2 6110 6AD1 一ライ㊥ 灰 léi 二ライ㊥ 賄 lěi たる・もたい(もたひ)

意味 一❶酒樽。**たる**。㊀罍。❷食物を盛る容器。**もたい**。二櫑具剣(=つかがしらに、山の形の飾りがある、古代の長剣)のこと。

櫐 木15(19) 4 1570 6AD0 ルイ㊥ 紙 lěi

意味 ❶つる性植物の名。つるくさ。かずら。❷次々とつながる。㊀累。参考 上櫐・下櫐(=福島県の地名)。

櫟 木15(19) 2 6111 6ADF 一レキ㊥ 錫 lì 二ヤク㊥ 薬 yuè くぬぎ・いちい

[栎] 木13(17) 2 6112 6AAA 俗字。

意味 一❶ブナ科の落葉高木。**クヌギ**。材は薪炭用。樹皮や実は染色に用いる。実はどんぐりと呼ぶ。『荘子』人間世篇で、材木として役に立たない木とされたことから、無用なもののたとえ。例 櫟散。❷こすって音を出す。こする。例 櫟釜。二地名に用いる字。例 櫟陽(=漢王劉邦が一時、都を置いた地)。

日本語での用法 《いちい》▼イチイ科の常緑高木。建材や工芸品に用いる。昔は笏の材料としたことから、名は一位にちなむ。アララギ。

【櫟散】①役に立たない材木。②役に立たない人物のたとえ。〔自分をへりくだっていうときにも用いる〕

【櫟▼樗】役に立たない人やもののたとえ。樗櫟。

【櫟釜】かまの底をこすって鳴らす。かまの中に何も無いことを客にあてつけに知らせること。〈史記・楚元王世家〉

櫓 木15(19) 1 4706 6AD3 人 ロ㊥ 麌 lǔ やぐら

なりたち [形声]「木(=き)」と、音「魯」とから成る。大きな盾。

意味 ❶大きな盾。例 流血漂櫓(=流血が大きな盾を浮かべた《戦死者の多いこと》)。〈賈誼・過秦論〉❷見張りのための高い建物。**やぐら**。例 望櫓。❸船をこぐ道具。㊀艪。例 櫓声。

古訓 中古 こしき・やぐら 中世 こしき・さを・やぐら 近世 たて・やぐら

【櫓太鼓】日 やぐらの上で鳴らす太鼓。相撲や芝居の興行で、客寄せをしたり、始まりや終わりを知らせたりする。

【櫓声】船の櫓をこぐ音。

櫚 木15(19) 2 6113 6ADA リョ㊥ ロ㊇ 魚 lǘ

意味 ❶「花櫚(カリョ)」は、フタバガキ科の落葉高木。カリン。タイ・ミャンマー原産。〔日本では、中国原産のバラ科の「榠樝(メイサ)」も「花櫚」に似ているためカリンと呼ぶ〕 ❷「棕櫚(シュロ)」は、ヤシ科の常緑高木。シュロ。

［櫱］ 木16(20) ⇩蘖(ゲツ)(1165ページ)

［[木+篙]］ 木16(20) ⇩篙(コウ)(1006ページ)

櫧 木16(20) ③8625 6AE7 ショ㊉漢 魚 zhū かし
意味 ブナ科の常緑高木。**カシ**。

櫬 木16(20) ④1575 6AEC シン㊉漢 震 chèn ひつぎ
意味 ❶遺体を納めるはこ。**ひつぎ**。特に、二重の棺の内側のもの。また、遺体の入っている「柩(キュウ)」に対して、空のもの。例 輿櫬(ヨシン)。❷アオギリの別名。
【▼輿レ櫬】(シンをヨす) ひつぎをかついで行く。死を覚悟していることを示すため、棺を背負って敵に降伏すること。〈左伝・僖〉

𣟿 木16(20) ④1573 237FF 国字 なぎ
意味 人名に用いる字。例 𣟿良(なぎら)(=姓)。

𣟧 木16(20) ④1574 237E7 国字 ひし
意味 地名に用いる字。例 𣟧輪田(ひしわだ)(=岩手県の地名)。

櫲 木16(20) ④1577 6AF2 ヨ㊉漢 御 yù
意味 クスノキ科の落葉低木。

欄 木16(20) ①4583 6B04 常用 ラン㊉漢㊉呉 寒 lán てすり・おばしま
［欄］ 木17(21) ③8627 F91D 人 旧字体。

筆順 木 朩 朩 朩 柙 柙 椚 棡 欄 欄

なりたち ［形声］「木(=き)」と、音「闌(ラン)」とから成る。木の名。借りて「てすり」の意。

意味 ❶**てすり**。**おばしま**。例 欄干(ランカン)。❷動物を閉じこめておく囲い。おり。例 欄厩(ランキュウ)(=牛馬を飼う屋舎)。❸絹布や紙に書かれた区切りの枠。枠。例 欄外(ランガイ)。広告欄(コウコクラン)。朱糸欄(シュシラン)(=赤い枠)。

古訓 中古 おばしま・はしらぬき・ませ 中世 おばしま・まがき・ませ 近世 おばしま

難読 欄木(ませき)(=姓)

【欄外】(ランガイ) ①手すりの外側。②本文を囲む枠の外側。例 ―の書きこみ。③日 新聞や雑誌・本などの紙面で、本文以外の余白の部分。
【欄干】(ランカン) ①橋・縁側・階段などの手すり。欄杆(ランカン)。欄檻(ランカン)。類 欄楯(ランジュン)。②涙のとめどなく流れ落ちるさま。例 涙―として流る。▽闌干(ランカン)。
【欄▼杆】【欄▼檻】(ランカン) 「欄干(ランカン)①」に同じ。
【欄間】(ランま) 日 日本建築で、天井と鴨居(かもい)や長押(なげし)との間の、格子や透かし彫りの板をはめた部分。
【欄▼牢】(ランロウ) 馬屋。牛小屋。
●空欄(クウラン)・高欄(コウラン)

櫪 木16(20) ②6114 6AEA レキ㊉漢 錫 lì くぬぎ
意味 ❶ウシやウマの飼料を入れるおけ。かいばおけ。また、一説にうまやを指す。例 槽櫪(ソウレキ)。❷ブナ科の落葉高木。**クヌギ**。通 櫟(レキ)。
【櫪馬】(レキバ) ①うまやにつながれたウマ。②自由にふるまえず、才能をおさえつけられた人のたとえ。

櫨 木16(20) ①4007 6AE8 ロ㊉漢 虞 lú はぜ・はぜのき
［枦］ 木4(8) ②5937 67A6 俗字。
意味 ❶木造建築で、柱の上に置き、軒(のき)などを支えるもの。斗栱(トキョウ)。❷ウルシ科の落葉高木。**ハゼノキ**。ハジ。ハジノキ。秋に美しく紅葉する。果実から木蠟(モクロウ)をとるために栽培される。❸「甘櫨(カンロ)」「櫨橘(ロキツ)」は、果実の名。ミカンの一種。
難読 黄櫨(はぜのき)

櫳 木16(20) ④1578 6AF3 ロウ㊉漢 東 lóng おり(をり)
［槞］ 木10(14) ②6057 69DE 別体字。
意味 ❶れんじ窓。例 簾櫳(レンロウ)(=すだれと窓)。❷鳥や獣を飼うおり。**おり**。例 櫳檻(ロウカン)(=おり)。
参考 「攏(ロウ)(=髪をすく)」に通じて用いられる。

［櫽］ 木17(21) ⇩檃(イン)(712ページ)

［櫻］ 木17(21) ⇩桜(オウ)(677ページ)

欅 木17(21) ②6116 6B05 キョ㊉漢 語 jǔ けやき
［﨔］ 木10(14) ③8590 FA14 俗字。
意味 ❶ニレ科の落葉高木。**ケヤキ**。庭木や街路樹にする。材はかたく、木目が美しいので建築・造船・器具用として使われる。❷クルミ科の落葉高木。
難読 山毛欅(ぶな)・仙毛欅(いぬぶな)

［權］ 木17(21) ⇩権(ケン)(705ページ)

［欄］ 木17(21) ⇩欄(ラン)(716ページ)

櫺 木17(21) ②6118 6AFA レイ㊉漢 青 líng れんじ
［欞］ 木24(28) ③8629 6B1E 別体字。
意味 窓や欄間(ランま)に、細い木や竹をはめこんだ格子。**れんじ**。例 櫺子(レンジ)。

［[木+観]］ 木18(22) ⇩欟(カン)(717ページ)

欋 木18(22) ④1581 6B0B ク㊉漢 グ㊉呉 虞 qú
意味 ❶農具の名。歯が四つの、さらい(杷(ハ))。さらい。❷木の根がとぐろを巻くように生える。

欑 木19(23) ④1584 6B11 サン㊉漢 寒 cuán
意味 ❶多くのものを一つにまとめる。あつめる。あつまる。通 攢(サン)。例 欑集(サンシュウ)(=あつめる)。❷細いタケをたばねた杖(つえ)。
参考 欑(あつむ)・欑(しげる)(=人名)。

［[木+覇]］ 木19(23) ⇩欛(ハ)(717ページ)

欏 木19(23) ④1582 6B0F ラ㊉漢 歌 luó
意味 木の名。ヤマナシ。

欒 木19(23) ②6119 6B12 ラン㊉漢 寒 luán

[栾] 木6(10) 4 1462 683E 俗字。

意味 ❶ムクロジ科の落葉小高木。中国・朝鮮半島原産。夏に黄色の花をひらき、秋に実を結ぶ。実は数珠玉(ジュズだま)になる。❷丸いさま。また、人の集まりのなごやかなさま。例 団欒(ダンラン)。❸「朱欒(シュラン)」は、ミカン科の常緑小高木。ザボン。❹⇩【欒欒】(ランラン)

難読 木欒子(むくろじ)

【欒▼栱】(ランキョウ) 肘木(ひじき)(=柱の上の肘状の横木)と、升形(ますがた)(=棟木(むなぎ)を支える方形の木)。

【欒欒】(ランラン) からだのやせたさま。

欐 木19(23) 4 1583 6B10 レイ漢 ライ呉 霽 lì

意味 ❶柱の上にわたして屋根を支えるための横木。うつばり。例 梁欐(リョウレイ)(=うつばり)。❷小さな船。例 船欐(センレイ)。

欗 木20(24) 4 1586 6B17 ラン漢 寒 lán

意味 木の名。ニッケイ・モクセイの類。参考「欄(ラン)」の俗字としても用いる。

[欝] 木21(25) 3 8628 6B1B ⇩鬱(ウツ)(1478ページ)

欛 木21(25) ハ漢 禡 bà

[㰌] 木19(23) 4 1585 2383D 別体字。

意味 ❶器物の、手で持つ部分。え。つか。例 欛柄(ハヘイ)(=器物の取っ手。また、手がかり)。❷土のかたまりをくだく農具。まぐわ。

欖 木22(26) 2 6120 6B16 ラン(ラム)漢 感 lǎn

意味 「橄欖(カンラン)」は、木の名。→橄(カン)(709ページ)

欟 木24(28) 2 6122 6B1F カン(クヮン)漢 翰 guàn つき

[槻] 木18(22) 4 1580 23824 俗字。

意味 水をくむうつわ。ほとぎ。通 罐(カン)。

日本語での用法 《つき》「木村欟斎(きむらつきのや|きむらカンサイ)(=幕末・明治時代の国学者の名)」▼「槻(つき)」に通じて用いられる。

[欞] 木24(28) ⇩櫺(レイ)(716ページ)

---

76 4画 欠 あくび けんづくり 部

大きくあけた口から息が出るさまをあらわす。「欠」をもとにしてできている漢字を集めた。

欠

欠0(4) 1 2371 6B20 教4

A ケツ慣 ケン(ケム)漢 カン(カム)呉 陷 qiàn
B ケツ漢 ケチ(クヱチ)呉 屑 quē
かける(か-く)・かく・あくび

[缺] 缶4(10) 2 6994 7F3A 旧字体。

[欿] 缶4(10) 4 8466 7F3C 別体字。

[缼] 大9(12) 4 0539 21647 俗字。

筆順 ノ ㇇ ケ 欠

なりたち A [欠]  [象形] 息が「人(=ひと)」の口から上に向かって出る形。派生して「足りない。かける」の意。

B [缺]  [形声] 「缶(=つぼ)」と、音「夬(ケツ)」とから成る。つぼなどがこわれる。かける。

参考 「欠」と「缺」とは、本来別の字だが、「欠」は古くから「缺」と同じ意味にも用いられている。

意味 A [欠] ❶あくび。あくびをする。例 欠伸(ケンシン)。❷不足する。足りない。例 四十如今欠二一年(シジュウジョコンイチネンをかく)(=四十歳になるには今はまだ一年足りない)。〈白居易・寒食夜〉

B [缺] ❶足りない。十分でない。不完全である。**かける**。**かく**。また、きず。落ち度。かけ。通 闕(ケツ)。例 欠陥(ケッカン)。欠点(ケッテン)。❷官職・地位のあき。例 補欠(ホケツ)。❸衰える。すたる。例 周道始欠(シュウドウはじめてかく)(=周の道徳が衰えはじめた)。〈漢書・礼楽志〉

日本語での用法 《ケツ》「欠勤(ケッキン)・欠航(ケッコウ)・欠場(ケツジョウ)・欠席(ケッセキ)・出欠(シュッケツ)・病欠(ビョウケツ)」▼やすむ。予定していたことや、なすべきことをやめる。

古訓 A [欠] 中古 あくび・あくびす・くぼむ・すくなし・たらず 中世 あくび・かく・かくる・さとる 近世 あくび・かく
B [缺] 中古 かく・わる 中世 かくる・かけたり 近世 かく・かくる・とる・われる

【欠(缺)片】(かけら) 日 ①こわれたり割れたりしたものの、小さい一部分。破片。例 ガラスの―で手を切る。②ほんの少し。わずか。例 良心の―もない。

【欠(缺)員】(ケツイン) 日 定員に足りないこと。また、その人数。例 ―を補充する。

【欠(缺)課】(ケッカ) 日 授業や講義を休む。

【欠(缺)画】(ケッカク) 漢字の(最後の)一画を省略して書くこと。天子や貴人の名前の字を書くことを遠慮しておこなわれた。玄を玄、桓を桓とするなど。闕画(ケッカク)。類 欠筆(ケッピツ)。

【欠(缺)格】(ケッカク) 日 必要な資格がないこと。対 適格。

【欠(缺)巻】(ケッカン) 日 何巻かでまとまっている書物や雑誌などの一部がかけていること。また、その本。欠本。

【欠(缺)陥】(ケッカン) ①落ち度。②構造や機能などのうえでの、大きな欠点。不備。不足。例 ―商品。

【欠(缺)勤】(ケッキン) 日 つとめを休む。対 出勤。例 無断―。

【欠(缺)欠(缺)】(ケツケツ) 心が満たされないさま。そこなわれるさま。一説に、争いたくなるさま。

【欠(缺)航】(ケッコウ) 日 悪天候や事故などのために、船や航空機が定期の運航をやめる。例 台風で―になる。

【欠(缺)講】(ケッコウ) 日 学校や教師の都合で、予定の講義をおこなわない。

【欠(缺)字】(ケツジ) ①文章の中で、帝王や貴人に敬意を表するために、称号や名前の上を一字分以上あけて書くこと。闕字(ケツジ)。②文章の中で、あるべき文字がぬけていること。また、その文字。

【欠(缺)如】(ケツジョ) 足りない。かけている。闕如(ケツジョ)。

【欠(缺)場】(ケツジョウ) 日 試合・競技会・舞台などの出場予定者が出場しない。対 出場。例 けがで―する。

【欠(缺)食】(ケッショク) 日 十分な食事がとれない。また、食事をとらない。

【欠(缺)席】(ケッセキ) 日 授業や会議・会合などを休む。対 出席。例 ―届。会議を―する。

【欠(缺)損】ケッソン ①ものがこわれるなどして、一部がかける。例 エンジンの部品が―する。②日 金銭面での損失。赤字。例 大きな―を出す。

【欠(缺)点】ケッテン 日 不十分なところ。不完全なところ。短所。弱点。難点。対 長所・美点。

【欠(缺)番】ケツバン 日 一連番号の中で、ある番号がぬけていること。また、その番号。例 永久―。―をうめる。

【欠(缺)便】ケツビン 日 船や航空機などの定期便が運航をやめること。欠航。例 台風のため―となる。

【欠(缺)乏】ケツボウ 必要なものが足りない。不足。闕乏(ケツボウ)。例 ビタミンが―する。

【欠(缺)本】ケッポン ①ひとそろいの書物で、ある巻または冊のかけているもの。対 完本(カンポン)。②全集や叢書(ソウショ)などで、かけている巻。欠巻。▽闕本(ケッポン)。

【欠(缺)落】ケツラク あるはずのものがない。ぬけおちている。例 重要な部分が―している。

【欠(缺)礼】ケツレイ 礼儀をかく。挨拶(アイサツ)などをしない。失礼。例 喪中のため年賀―いたします。

【欠(缺)漏】ケツロウ ①器などがかけて水がもれる。②必要なものがぬけおちている。もれ。闕漏(ケツロウ)。

【欠▼缺】ケンケツ ①かけている。足りない。②欠点。

【欠伸】ケンシン／あくび 眠いときや退屈なときなどに、自然に口が大きくあいて、深く、大きな呼吸をすること。

●出欠(シュッケツ)・病欠(ビョウケツ)・不可欠(フカケツ)・補欠(ホケツ)

次

欠2 (6)　1 2801　6B21　教3

一 シ 漢 ジ 呉 寘 cì

二 シ 漢 支 zī

つぐ・つぎ・つぎに・ついで

筆順 丶 冫 冫 次 次 次

なりたち  [会意]「二(=ふたつ)」と「欠(=あくび)」とから成る。立ち止まって休息する。やどる。

意味 一 ❶やどる。とまる。また、その場所。例 旅次(リョジ)(=旅行先での宿泊)。❷つぐ。つぎ。二番目の。例 次善(ジゼン)。次点(ジテン)。次男(ジナン)。❸順序。順序をつけて並べる。例 次第(シダイ)。順次(ジュンジ)。席次(セキジ)。❹回数を数えることば。例 今次(コンジ)(=今回)。第二次(ダイニジ)。❺いたる。およぶ。例 次骨(ジコツ)(=骨にいたる。程度が深いさま)。❻あいだ。中。例 胸次(キョウジ)(=胸中)。語次(ゴジ)(=話の中)。❼他人の作った詩の韻に合わせて詩を作る。例 次韻(ジイン)。二 ⇩【次且】シショ

古訓 中古 ついづ・ついで・つぎ・つぐ・とどまる・なげく・なみ・ならぶ・やどる 中世 ちかし・ついで・つぎ・つぐ・なみ・やどる 近世 ちかづく・ついづる・つぎ・つぐ・ところ・なみ・やど・やどる

人名 いたる・ちか・つぐる・ひで・やどる

難読 月次(つきなみ)・日次(ひなみ)

【次位】ジイ 日 次のくらい。次の地位。また、二番目。

【次韻】ジイン 他人が作った漢詩と同じ韻字(=韻をふんでいる句末の字)を使って漢詩を作ること。また、その詩。和韻。

【次回】ジカイ 日 この次の回。次の折。次の時。

【次期】ジキ 日 この次の期間・時期。来期。対 先期・前期・今期。例 ―委員長を選出する。

【次兄】ジケイ 上から二番目の兄。

【次元】ジゲン 日 ①〔数〕空間の広がりを示すことば。〔長さだけの直線は一次元、縦と横に広がる平面は二次元、縦・横・高さに広がる立体は三次元〕②ものの見方や考え方を導き出す立場。例 ―の違う意見にとまどう。

【次号】ジゴウ 日 新聞・雑誌などの、次の号。対 前号。例 ―予告。

【次子】ジシ 二番目に生まれた子。また、次男。

【次且】ジショ【次▼雎】シショ 進もうとして進めないさま。

【次女】ジジョ 二番目の娘。二女。

【次序】ジジョ ①順序。次第。②順序をつける。

【次数】ジスウ ①ものごとの繰り返し起こった回数。②日〔数〕数式で、文字の因数をいくつ含んでいるかを示す数。x^3y^2 の場合、x に関しては三次、y に関しては二次、x および y に関しては五次。

【次席】ジセキ ①桃枝竹(トウシチク)(=竹の一種)で編んだむしろ。②日 二番目の地位。また、その地位の人。対 首席。例 ―判事。

【次善】ジゼン 日 最善ではないが第二によいこと。例 ―の策。

【次第】シダイ ①ものごとの順序。例 式―。②日 ものごとが起こった事情やなりゆき。わけ。由来。例 事の―を話す。③日〔「…次第」の形で〕ア〔名詞につけて〕…によって決まる。例 あなたの考え―だ。イ〔動詞につけて〕…するとすぐに。…するやいなや。例 着き―知らせる。

【次代】ジダイ 日 次の時代。次の世代。例 ―をになう青年。

【次長】ジチョウ 長官や部長などの次の地位・職。また、その人。

【次点】ジテン 日 当選者・入選者に次ぐ得点。また、その人。

【次男】ジナン 二番目の息子。二男。類 次息(ジソク)。

【次比】ジヒ ①並ぶ。肩を並べる。同じである。②配列。順序。

●一次(イチジ)・順次(ジュンジ)・席次(セキジ)・年次(ネンジ)・目次(モクジ)・野次(ヤジ)

欧

欠4 (8)　1 1804　6B27　常用

[歐] 欠11 (15)　2 6131　6B50　旧字体。

一 オウ 漢 有 ǒu

二 オウ 漢 尤 ōu

はーく

筆順 一 フ ヌ 区 区 区 欧 欧

なりたち  [形声]「欠(=口をあける)」と、音「區(ク→ウオ)」とから成る。吐く。

意味 一 ❶もどす。口から出す。はく。通 嘔(ウオ)。❷たたく。うつ。通 毆。例 欧杖(オウジョウ)(=棒でたたく)。二 ❶うたう。歌唱する。通 謳(ウオ)。例 欧歌(オウカ)(=ほめたたえる。謳歌)。❷「欧羅巴(ヨーロッパ)」の略。例 欧化(オウカ)。欧米(オウベイ)。西欧(セイオウ)。

古訓 中古 うつ・おくび・はく・むかつく 中世 うつ・たまふ・はく 近世 うつ・はく・ゑづく

【欧亜】オウア 〔「亜」は、亜細亜(アジア)の略〕ヨーロッパとアジア。亜欧。例 ―連絡。

【欧化】オウカ 日 思想や風俗などがヨーロッパ風になる。また、ヨーロッパ風にする。西洋化。例 ―政策。

【欧州】オウシュウ 「欧羅巴州(ヨーロッパシュウ)」の略。ヨーロッパ。表記 旧 欧▼洲

【欧▼泄】オウセツ 吐きもどし、腹も下す。上吐下瀉(ジョウトゲシャ)。

【欧風】オウフウ ヨーロッパ風。西洋風。洋風。例 ―建築。

【欧文】オウブン ヨーロッパやアメリカで使われる文字。また、文章。横文字。例 ―の手紙。

【欧米】オウベイ 日〔「米」は、亜米利加(アメリカ)の略〕ヨーロッパとアメリカ。例 ―諸国。

●西欧(セイオウ)・東欧(トウオウ)・南欧(ナンオウ)・訪欧(ホウオウ)・北欧(ホクオウ)

欣

欠4 (8)　1 2253　6B23　人

キン 漢 コン・ゴン 呉 文 xīn

よろこーぶ

なりたち  [形声]「欠(=口をあける)」と、音「斤(キン)」とから成る。わらい、よろこぶ。

意味 わらい、よろこぶ。例 欣喜(キンキ)(=よろこぶ)。欣然(キンゼン)。欣求(ゴング)。

古訓 中古 ねがふ・よろこび・よろこぶ 中世 ねがふ・よろこぶ 近世

たのしむ・よろこぶ

人名 やす・やすし・よし

【欣▼懌】キンエキ 喜ぶ。類 欣悦キンエツ・欣説キンエツ。

【欣快】キンカイ たいへんうれしく気持ちがよいこと。例 —の至り。

【欣喜】キンキ よろこぶ。

【欣喜▼雀躍】キンキジャクヤク こおどりして喜ぶ。欣躍。〔「雀躍」は、スズメのようにとびはねる意〕〈隠居通議・一六〉

【欣欣】キンキン たいそう喜んでいるさま。

【欣幸】キンコウ 幸せなことだと思って喜ぶこと。例 —の至り。

【欣然】キンゼン 心から喜ぶさま。例 欣然規レ往キンゼンとしてゆかんことをはかる（＝大いに喜んで自分も行こうと計画した）。〈陶淵明・桃花源記〉

【欣舞】キンブ 日 おどり上がって喜ぶ。欣喜乱舞。例 知らせを聞いて—する。

【欣慕】キンボ 喜びしたう。例 いよいよ—の念を深める。

【欣躍】キンヤク こおどりして喜ぶ。欣喜雀躍ジャクヤク。

【欣求】ゴンググ 〔仏〕喜んで願いもとめる。

【欣求浄土】ゴングジョウド 〔仏〕極楽浄土への往生を心から願いもとめること。→【厭離穢土】エンリエド（208ページ）

㰦 欠5(9) 4 1587 3C26

キョ 漢 御 qù

意味 あくびをする。例 㰦㰦キョキョ（＝あくびをするさま）。欠㰦ケンキョ（＝あくび）。

欬 欠6(10) 3 8630 6B2C

ガイ 慣 カイ 漢 呉 隊 kài

意味 せきをする。せきばらい。通 咳ガイ。

欯 欠6(10) 4 1588 6B2F

キツ 漢 質 xì

意味 よろこぶ。例 欯欯キツキツ（＝喜ぶさま）。

欸 欠7(11) 2 6123 6B38

一 アイ 漢 灰 āi
二 アイ 漢 賄 ǎi
そし-る・なげ-く

意味 一 ❶声をあげてしかる。**そしる**。❷うらみ、なげく。**なげく**。二 ⇩【欸乃】アイダイ

難読 欸乃うたふな・欸乃歌うたふな

【欸▼乃】アイダイ ①船頭が舟をこぐとき調子を合わせるためにかけあう声。また、櫓ロのきしる音。例 欸乃一声山水緑アイダイイッセイサンスイみどりなり（＝船頭のかけ声が、緑したたる山川に響きわたる）。〈柳宗元・漁翁〉 ②舟歌やきこりの歌など、労働しながらうたう歌。③広く、のびやかな歌声。

[欵] 欠7(11) ⇩款カ ン（719ページ）

欷 欠7(11) 2 6124 6B37

キ 漢 微 xī
なげ-く

意味 ❶しゃくりあげて泣く。すすり泣く。例 欷歔キキョ。❷なげき悲しむ。**なげく**。例 欷吁キク（＝なげく）。

【欷▼歔】キキョ 〔「歔」も、すすり泣く意〕すすり泣く。むせび泣く。歔欷。唏嘘キキョ。類 欷泣。例 嗚咽オエツ—する。

欲 欠7(11) 1 4563 6B32 教6

ヨク 漢 呉 沃 yù
ほっする（ほっ-す）・ほしい（ほ-し）

筆順 ハ グ 公 谷 谷 谷 谷 欲

なりたち [形声]「欠（＝口をあけてほしがる）」と、音「谷コク→ヨク（＝空虚でなんでも受け入れる）」とから成る。むさぼる。

意味 ❶もっとほしいと願う。ほしがる。**ほっする**。**ほしい**。通 慾ヨク。例 欲求ヨッキュウ。貪欲ドンヨク。❷願い求める気持ち。むさぼる心。通 慾。例 禁欲キンヨク。物欲ブツヨク。無欲ムヨク。❸「ほっす」と読み、…しようと思う、の意。意志をあらわす。例 沛公欲レ王二関中一ハイコウはカンチュウにオウたらんとほっす（＝沛公は関中地方の王になろうと考えている）。〈史記・項羽紀〉 ❹「ほっす」または単に「す」と読み、…しそうになる、の意。未来をあらわす。例 山青花欲レ然やまあおくしてはなもえんとほっす（＝山は若葉で青く、花がいまにも燃え出しそうに赤く咲いている）。〈杜甫・絶句〉

古訓 中古 おもふ・おもへらく・す・せむとす・とす・ななむとす・ねがふ・ほす・ほっす・むさぼる 中世 おもふ・なんなんとす・ねがふ・ほっす・むさぼる 近世 おもふ・ねがふ・ほしい・ほっす・むさぼる・をしむ

【欲気】ヨクケ 日 ほしがる気持ち。欲心。慾気ヨクケ。例 —を出して失敗する。

【欲情】ヨクジョウ ①ほしがる気持ち。欲心。②性的な欲望。色情。例 —をいだく。▽慾情ヨクジョウ。

【欲心】ヨクシン ほしがる気持ち。欲念。慾心ヨクシン。例 —には際限がない。

【欲得】ヨクトク 利益を得ようとすること。ものをほしがること。慾得ヨクトク。例 —ずく（＝損得だけを考えて行動すること）。

【欲念】ヨクネン ほしがる気持ち。欲心。慾念ヨクネン。例 —を払いのける。

【欲望】ヨクボウ 手に入れたいと、強く願うこと。また、その心。慾望ヨクボウ。例 —を満たす。

【欲目】ヨクめ 日 実際以上に、自分に都合よく見てしまうこと。ひいき目。慾目ヨクめ。例 親の—。

【欲火】ヨッカ 〔仏〕欲情が火のごとく激しいことのたとえ。慾火ヨッカ。

【欲界】ヨッカイ 〔仏〕三界サンガイ（＝欲界・色界シキカイ・無色界）の一つ。欲望に満ちた世界。慾界ヨッカイ。

【欲求】ヨッキュウ 手に入れようともとめる。ほしがる。慾求ヨッキュウ。例 —を満たす。—不満。

●愛欲アイヨク・意欲イヨク・禁欲キンヨク・強欲ゴウヨク・私欲シヨク・食欲ショクヨク・肉欲ニクヨク・物欲ブツヨク・無欲ムヨク

欹 欠8(12) 2 6126 6B39

一 イ 漢 支 yī
二 キ 漢 支 qī
そばだ-つ・そばだ-てる（そばだ-つ）

意味 一 ああ。嘆息して発することば。二 ななめにする。かたむける。**そばだつ**。**そばだてる**。〔この意味のときは本来「攲キ」を用いる〕例 欹傾キケイ（＝かたむける）。欹レ枕まくらをそばだつ（＝まくらを立ててかたむける）。

款 欠8(12) 1 2030 6B3E 常用

[欵] 欠7(11) 3 8631 6B35 俗字。

カン（クヮン）漢 旱 kuǎn
まこと・しる-す

筆順 一 十 士 圭 圭 款 款 款

なりたち [会意]「欠（＝口をあける）」と「祟（＝うつろ・からっぽ）」とから成る。中がからっぽで、心に欲するものがある。借りて「よろこぶ」の意。

意味 ❶うちとけて親しくする。よろこぶ。たのしむ。通 歓。例 款然カンゼン。款待カンタイ。❷まごころ。**まこと**。例 忠款チュウカン。❸たたく。例 款門カンモン（＝門をたたく。訪問する）。❹とめる。とどめる。例 款客カンキャク（＝款待して客を引きとめる）。❺いたる。例 遣三使款二居延塞一つかいをしてキョエンのサイにいたらしむ（＝使者を居延のとりでに派遣した）。〈後漢書・班固伝〉 ❻中身のない。うつろな。例 款言カンゲン。❼ゆるやか。ゆるい。例 款歩カンポ（＝ゆっくり歩く）。❽器物に刻んだ文字。また、書画におす印。例 款識カンシ。落款ラッカン。

❾法令や規約などの箇条書きにされたひとまとまりの文。項目。例定款テイカン。約款ヤッカン。❿必要な費用。金銭。経費。例借款シャッカン。

古訓 中古 いたる・たたく・ただす・なげく・まこと・やまぶき・よろこび 中世 いたる・たたく・まこと 近世 いたる・いつくしむ・したしむ・しづか・たたく・つつしむ・まこと・むなし・ゆるやか

人名 すけ・ただ・まさ・よし

【款款】カンカン ①忠実で、誠意あるさま。②ゆるやかなさま。緩緩。③ゆったりと楽しむさま。

【款曲】カンキョク ①まごころ。②打ちとけて親しくする。③くわしいさま。④思いを訴える。

【款言】カンゲン ①でたらめ。そらごと。②打ちとけたことば。

【款▼晤】カンゴ 〔「晤」は、対話する意〕うちとけて語り合う。

【款語】カンゴ うちとけて話をする。懇談する。類款話。

【款▼狎】カンコウ うちとけて、なれ親しむ。なれなれしくする。

【款▼洽】カンコウ うちとけて親しく交わる。

【款識】カンシ|カンシキ 〔一説に、「款」は陰文インブン（＝くぼませた字）、「識」は陽文ヨウブン（＝浮き彫りにした字）の意〕青銅器の銘文メイブン。

【款然】カンゼン 心からうちとけるさま。

【款待】カンタイ 真心をこめて人をもてなす。優遇。優待。歓待。例思わぬ—を受ける。

【款談】カンダン 心からうちとけて、楽しく語り合う。

【款冬】カントウ ①ツワブキ。〔冬に至って花を咲かせることから〕②日ヤマブキ（山蕗）の異名。

【款附】カンプ 忠誠を尽くし喜んで従う。

【款服】カンプク ①心から忠誠を誓う。類款伏カンプク。②罪を悔いて刑に服する。

【款密】カンミツ 親しく交わり、関係が深い。親密。

【納レ款】カンをいる 他国と内通する。敵によしみを通じる。

【通レ款】カンをツウず|よしみをツウず ⇩【通款】ツウカン（1308ページ）

●借款シャッカン・定款テイカン・約款ヤッカン・落款ラッカン

欿

欠8（12） 6B3F カン（カム）漢 ゴン（ゴム）呉 感 kǎn

意味 ❶心がうつろである。❷燃えるさま。

【欿然】カンゼン 満ち足りないさま。際限なく欲するさま。

欺

欠8（12） 1 2129 6B3A 常用 ギ慣 キ漢 コ呉 支 qī あざむく

筆順 一 廾 甘 其 其 其ケ 欺 欺

なりたち  [形声]「欠（＝口をあけて言う）」と、音「其キ」とから成る。あざむく。

意味 ❶だます。いつわる。あざむく。例欺慢ギマン。詐欺サギ。❷ばかにする。あなどる。例群童欺ニ我老無レ力グンドウわがおいてちからなきをあなどる（＝子供たちは、私が年を取って無力なのをばかにする）。〈杜甫・茅屋為秋風所破歌〉❸圧倒する。まさる。例才欺ニ管楽一サイはカンガクをあざむく（＝《諸葛亮ショカツリョウの》才能は、管仲や楽毅ガッキよりはるかにすぐれている）。〈諸葛亮博望焼屯・第一折〉

古訓 中古 あざける・あざむく・あなづる・いつはる・たぶろかす 中世 あざむく・たぶらかす 近世 あざむく・あなどる・いつはる・しのぐ・みだり

【欺▼誑】ギキョウ だます。あざむく。欺瞞ギマン。

【欺負】ギフ だます。あざむく。

【欺▼誣】ギフ だます。いつわりあざむく。類欺罔ギボウ|ギモウ。

【欺慢】ギマン【欺▼謾】ギマン だます。あざむき、あなどる。

【欺▼瞞】ギマン うそをついて人をだます。あざむく。例—に満ちた政治。

【欺惑】ギワク あざむきまどわす。偽りで混乱させる。

欽

欠8（12） 1 2254 6B3D 人 キン（キム）漢 侵 qīn うやま-う（うやま-ふ）・つつし-む・ねが-う（ねが-ふ）

なりたち  [形声]「欠（＝口をあける）」と、音「金キン」とから成る。口をあけるさま。借りて「つつしむ」の意。

意味 ❶敬いしたう。うやまう。つつしむ。例欽仰キンギョウ。欽慕キンボ。❷天子に関するものごとについて敬意をあらわすことば。例欽定キンテイ。

古訓 中古 あがむ・うやまふ・たふとぶ・つつしむ・ねがふ・ふける・ゆづる・ゐやまふ 中世 うやまふ・たつとぶ・つつしむ・ねがふ・ふける 近世 うやまふ・うれふ・つつしむ・なげく

人名 うや・ただ・のぞむ・ひとし・まこと・よし

【欽仰】キンギョウ|キンゴウ 敬いしたう。

【欽差】キンサ ①天子の命を受けて派遣される使者。勅使。②公の使い。公使。▽類欽命。

【欽尚】キンショウ 敬いとうとぶ。尊敬する。類欽崇キンスウ。

【欽羨】キンセン 尊敬しながらもうらやむ。

【欽定】キンテイ 天子・君主が命じて制定する。例—憲法。

【欽天監】キンテンカン 明ミン・清シン代、天文・暦数をつかさどった役所。唐代は「司天台」、宋ソウ代は「司天監」といった。

【欽慕】キンボ 尊敬し、したう。敬慕。例先生を—する。

欻

欠8（12） 6B3B クツ漢 コチ・コツ呉 物 xū

［歘］欠12（16） 4 1590 6B58 別体字。

意味 急に。たちまち。例欻然クツゼン（＝忽然コツゼン。突然）。

歆

欠9（13） 3 8632 6B46 キン（キム）漢 侵 xīn

意味 ❶祭られた神霊が供物の香気を喜んで受けとる。うける。例歆享キンキョウ（＝神が供物を受けとる）。❷喜んで従う。よろこぶ。例歆然キンゼン（＝喜ぶさま）。❸受け入れたいと願う。ほしがる。むさぼる。例歆羨キンセン。参考劉歆リュウキン（＝前漢末の学者）。

【歆羨】キンセン むさぼるように、うらやむ。

歇

欠9（13） 2 6128 6B47 ケツ漢 カチ呉 月 xiē やす-む・や-む・や-める（や-む）・つ-きる（つ-く）

意味 ❶休む。いこう。例間歇カンケツ。歇息ケッソク。❷やむ。やめる。また、つきる。なくなる。

【歇後】ケツゴ|ケッコウ ある成句の後半の部分を省略し、前半部分だけで意味をもたせる語法。たとえば「友于ユウウ」だけで「友ニ于兄弟一ケイテイにユウなり（＝兄弟が仲よくする）」〈論語・為政〉の意とするなど。

【歇息】ケッソク やすむ。休憩する。

歃

欠9（13） 2 6129 6B43 ソウ（サフ）漢 洽 shà すす-る

意味 すすって飲む。すする。例王当ニ歃レ血而定レ従ちをすすりてショウをさだむべし（＝王が、いけにえの血をすすって盟約を結ぶ儀式をおこなってください）。〈史記・平原君伝〉

歌

欠10（14） 1 1846 6B4C 教2 カ漢呉 歌 gē うた・うた-う（うた-ふ）

［謌］言10（17） 2 7572 8B0C 別体字。

筆順 一 〒 可 可 哥 哥 哥ケ 歌

なりたち 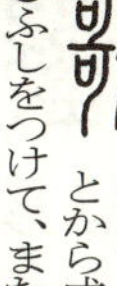 ［形声］「欠（＝口をあける）」と、音「哥カ」とから成る。うたう。

意味 ❶ふしをつけて、または音楽に合わせてうたう。**うたう。** 例 歌数闋、美人和レ之うたうことスウケツ、ビジンこれにワす（＝〔項羽は〕数回歌い、虞美人グビジンが唱和した）。〈史記・項羽紀〉 歌唱カショウ。❷節のついたことば。**うた。** 例 歌謡カヨウ。校歌コウカ。唱歌ショウカ。❸漢詩の形式の一つ。例 挽歌バンカ。長恨歌チョウゴンカ。

日本語での用法《カ》《うた》「東歌あずまうた・防人歌さきもりのうた・歌人カジン・六歌仙ロッカセン」▼漢詩に対し、日本の和歌。

古訓 中古 うた・うたう・うたふ・うたふ・しらぶ 中世 うた・うたふ 近世 うた・うたふ

【歌媛】カエン 歌をうたうことを仕事とする女性。うたいめ。芸者。類 歌妓カギ・歌女。

【歌▼謳】【歌▼嘔】カオウ ①声をそろえて歌をうたう。②ほめたたえる。謳歌。

【歌会】カイ｜うたカイ 日 和歌を作り、発表や批評をしあう会。例 新年の―を開く。

【歌格】カカク 日 ①和歌を作るときの決まり。②和歌の品格。

【歌学】カガク 日 和歌に関する学問。例 日本の―。

【歌管】カカン 歌をうたい、楽器を奏でる。例 歌管楼台声細細カカンのロウダイこえサイサイ（＝たかどのから聞こえるにぎやかな歌や音楽も今はかすかになってしまった）。〈蘇軾・春夜〉

【歌境】カキョウ 日 ①歌に表現されている心の状態や境地。②歌を作るときの心境。

【歌曲】カキョク ①歌の節。②クラシック音楽で、詩などに曲をつけた声楽曲。リート。例 シューベルトの―集。

【歌劇】カゲキ 日 音楽、特に歌を中心とした劇。歌手による歌と演技・舞踊などの要素からなる舞台劇。オペラ。

【歌語】カゴ 日 和歌によく使われることば。うたことば。詩語。たとえば、「蛙かえる」を「かわず」と表現する類。

【歌才】カサイ 日 歌を作る才能。例 ―に恵まれる。

【歌詞】カシ ①節をつけて歌うことば。歌の文句。例 ―を覚える。②日 和歌によく使われることば。うたことば。歌語。

【歌手】カシュ 日 歌をうたうことを職業とする人。歌い手。シンガー。例 流行―。

【歌集】カシュウ 日 ①和歌をあつめた本。②歌曲・民謡など、歌をあつめた本。

【歌▼什】カジュウ 詩歌。また、詩歌集。〔『詩経』の雅ガと頌ショウでは、詩を十篇ペンずつまとめて、それぞれ「什」と呼んでいることから〕

【歌唱】カショウ 歌をうたう。また、その歌。例 ―力。―指導。

【歌▼頌】カショウ 徳や功績をたたえた詩歌をうたうこと。また、その歌。

【歌人】カジン ①歌をうたう者。歌手。②日 和歌をよく詠む人。歌詠み。例 ―として名を残す。

【歌吹】カスイ 歌をうたい、笛を吹く。

【歌聖】カセイ 日 最高の評価を受けている歌人。歌仙。例 ―柿本人麻呂かきのもとのひとまろ。

【歌仙】カセン 日 ①和歌の名人。例 三十六―。②連歌・俳諧カイの形式の一つ。三十六句から成る。

【歌扇】カセン 歌い女めが歌舞に用いる扇。

【歌体】カタイ 日 和歌の形式。長歌・短歌・旋頭歌セドウカなど。

【歌題】カダイ 日 和歌を作るときの題。

【歌壇】カダン 日 和歌を作ることを専門にしている人の社会。

【歌道】カドウ 日 和歌の道。また、和歌の作法や心得。歌学。

【歌碑】カヒ 詩歌を彫りつけてある石碑。多く、その場所にゆかりのある人を記念して建てる。

【歌舞】カブ うたったり、舞をまったりする。例 但看古来歌舞地ただみるコライカブのチ（＝ただ、昔老人たちがうたい舞って楽しんだこの地を見る）。〈劉希夷・代悲白頭翁〉 ―音曲ギョク。

【歌舞伎】一 カブキ 歌舞をする芸人。二 かぶき 日〔動詞「かぶく（＝異様な服装、異常な言動をする）」の名詞形「かぶき」に漢字をあてたもの〕江戸時代に発達し、現代まで続く日本の古典演劇。出雲阿国いずものおくにに始まるといわれる。せりふ・舞踊・音楽を一体としたもので、舞台装置などに独特のスタイルをもつ。

【歌風】カフウ ①歌をうたう。②日 和歌の作り方の特色。和歌の作風や詠みぶり。例『万葉集』の―。

【歌謡】カヨウ 節をつけてうたう歌。民謡・童謡・流行歌など。例 ―曲。古代―。

【歌留多】カルタ 日〔ポルトガル語 carta の音訳〕遊びに使う、絵や文字を書いた長方形の紙のふだ。トランプ・いろはガルタ・歌ガルタ（＝百人一首）など。骨牌カルタ。加留多カルタ。例 ―取り。

【歌論】カロン 日 和歌の本質や分類・作歌法などに関する理論や評論。

【歌話】カワ 日 和歌に関する話。類 歌談。

●校歌コウカ・国歌コッカ・詩歌シイカ｜シカ・唱歌ショウカ｜ガショウ・聖歌セイカ・短歌タンカ・長歌チョウカ・舟歌ふなうた・牧歌ボッカ・連歌レンガ・和歌ワカ

歊 欠10（14） 4 1589 6B4A キョウ（ケウ）漢 蕭 xiāo

意味 ❶大気や蒸気が高く昇るさま。例 歊雲キョウウン（＝立ちのぼる雲）。❷熱気を発する。あつい。例 歊熱キョウネツ（＝きびしい暑さ。炎）。

歉 欠10（14） 2 6130 6B49 ケン（ケム）漢 琰 qiàn あきたり-ない（あきたり-なし）

意味 ❶穀物が実らない。飢饉キキン。不作。例 歉歳ケンサイ。❷食べ物が足りない。腹がいっぱいにならない。例 腹歉衣裳単はらあかずイショウひとえのみ（＝すき腹をかかえ、ひとえの服しかない）。〈李商隠・行次西郊作一百韻〉❸不満である。ものたりない。**あきたりない。** 通 慊ケン。例 歉然ケンゼン（＝あきたりない）。

【歉歳】ケンサイ 飢饉キキンの年。不作の年。凶年。対 豊歳。

【歉▼敝】【歉弊】ケンペイ 作物が実らず、飢えて苦しみ疲れる。

［歎］欠10（14） ⇩歎タン（722ページ）

［歃］欠11（15） ⇩飲イン（1453ページ）

［歐］欠11（15） ⇩欧オウ（718ページ）

歓 欠11（15） 1 2031 6B53 常用 カン（クヮン）漢 呉 寒 huān よろこ-ぶ

［歡］欠17（21） 2 6136 6B61 旧字体。

筆順 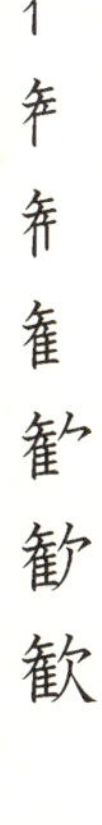

なりたち 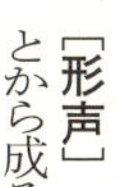 ［形声］「欠（＝口をあける）」と、音「雚カン」とから成る。喜び楽しむ。

意味 ❶にぎやかによろこぶ。なごやかにたのしむ。**よろこぶ。** よろこび。たのしみ。通 懽カン・驩カン。例 歓喜カンキ。歓迎カンゲイ。歓楽カンラク。❷仲よくなる。うちとける。例 歓交カンコウ（＝仲のよい交際）。❸相思相愛の男女が互いに相手を呼ぶことば。例 歓君カンクン（＝いとしい人）。

古訓 中古 たのしぶ・たのしむ・よろこび・よろこぶ 中世 たのしみ・よろこぶ 近世 たのしむ・よろこぶ

人名 よし

【歓会】カンカイ 楽しくうちとけた集まり。

【歓喜】一 カンキ 非常に喜ぶ。対 悲哀。例 合格の知らせに

―する。

【歓喜天】(カンギテン) 二(ギカン)〔仏〕人々に幸福と平和をもたらすという神。象頭人身の男女二神が抱擁(ホウヨウ)する形に造られることが多い。大聖天(ダイショウテン)。㊩歓喜仏(カンギブツ)。

【歓迎】(カンゲイ) 人を喜んでむかえる。㊥歓送。例 ―会。

【歓呼】(カンコ) 喜びの声をあげる。また、喜びの声。例 民衆の―の声にむかえられる。

【歓娯】(カンゴ) 喜び楽しむ。娯楽。

【歓▼狎】(カンコウ) 喜びのあまり、なれ親しむ。うちとけて、なれなれしくする。

【歓▼洽】(カンコウ) 喜び、うちとける。多くの人々とともに喜ぶ。

【歓笑】(カンショウ) 喜びから笑みを浮かべる。楽しく笑い合う。

【歓心】(カンシン) 喜ぶ気持ち。例 ―を買う(=人の機嫌をとる)。

【歓声】(カンセイ) 喜びのあまりに出す叫びごえ。例 ―をあげる。

【歓戚】(カンセキ) 喜びや悲しみ。例 歓戚不レ由レ天(カンセキはテンによらず)(=喜びや悲しみは天命によるものではない)。〈白居易・詠懐〉

【歓送】(カンソウ) 日 出発する人をはげまし祝福しておくり出す。㊥歓迎。例 ―会。

【歓待】(カンタイ) 喜んでもてなす。

【歓談】(カンダン) うちとけて楽しく話し合う。

【歓天喜地】(カンテンキチ) テンによろこびチによろこぶ 大喜びする。〈紅楼夢・三九〉

【歓服】(カンプク) 喜んで従う。自発的に服従する。悦服。

【歓楽】(カンラク) 喜び楽しむ。例 ―街。―の巷(ちまた)。

【歓楽極▼兮哀情多】(カンラクきわまりてアイジョウおおし) 喜びや楽しみがきわまると、かえって悲しい気持ちがわきおこってくる。〈漢武帝・秋風辞〉

【尽レ歓】(カンをつくす) ①父母に孝養を尽くす。②十分に喜び楽しむ。例 人生得レ意須レ尽レ歓(ジンセイイをうればすべからくカンをつくすべし)(=人として生きる上で思いどおりになるようなことがあったなら、十分に楽しむことだ)。〈李白・将進酒〉

●哀歓(アイカン)・交歓(コウカン)・合歓(ゴウカン・ねむ)

歎

欠11 (15) 1 3523 6B4E 人

タン 漢 呉 翰 tàn

ほ-める(ほ-む)・なげ-く

［歎］ 欠10 (14) ――俗字。

なりたち 「形声」「欠(=口をあける)」と、音「鸛(タン)」の省略体とから成る。うなる。喜ばしいことがあって、うたう。

意味 ❶ため息をつく。感心してほめたたえる。ほめる。例 詠歎(エイタン)。感歎(カンタン)。賞歎(ショウタン)。❷ため息をもらす。失望して悲しむ。なげく。㊎嘆。例 歎息(タンソク)。悲歎(ヒタン)。❸声を長く引いて歌う。唱和する。例 一唱而三歎(イッショウしてサンタンす)(=一人が歌い、三人が唱和する)。〈呂覧・適音〉

参考 「嘆」と「歎」とは、いずれも、喜怒哀楽の感きわまって、ため息をつくことで、古くから通じて用いられる。ただし、「嘆」は、悲しみなげく、「歎」は、ほめたたえる、という意味に用いられることが多かった。

表記 現代表記では「嘆」に書きかえることがある。熟語は「嘆」も参照。

古訓 中古 なげく・ほむ 中世 なげく・ほむ・やむ 近世 ためいき・なげく・によふ・ほむる

【歎異】(タンイ) 一 すばらしいと感心すること。嘆異。二(タンニ)〔仏〕異端邪説を批判すること。〔『歎異抄(タンニショウ)』は、異説をなげいた弟子たちが、親鸞(シンラン)の教えを正しく伝えようと記したもの〕

【歎願】(タンガン) 事情を話し、なんとかしてほしいと心からたのむ。懇願。哀願。嘆願。例 ―書。

【歎辞】(タンジ) 感心して、ほめたたえることば。嘆辞。例 ―を呈する。

【歎賞】(タンショウ) 感心して、ほめたたえる。称賛。嘆称。嘆賞。

【歎声】(タンセイ) ①なげきのあまりに出る声やため息。②感心して、思わず出る声。例 ―をもらす。▽嘆声。

【歎息】(タンソク) なげいたり感心したりして、ため息をつく。嘆息。例 行逢二落花一長歎息(ゆくゆくラッカにあいてチョウタンソクす)(=道すがら散りゆく花を見ては大きなため息をつく)。〈劉希夷・代悲白頭翁〉

【歎美】(タンビ) 日 感心してほめたたえる。嘆賞。歎賞。嘆美。例 自然を―する。

［歕］

欠12 (16) ⇩喜キ(257ページ)

歙

欠12 (16) 2 6132 6B59

一 キュウ(キフ) 漢 緝 xī
二 ショウ(セフ) 漢 葉 shè

す-う(す-ふ)

意味 一 ❶鼻から吸いこむ。すう。㊎吸。❷集める。まとまる。また、一つにまとまって和合する。㊎翕(キュウ)。例 歙然(キュウゼン)。❸すぼめる。ちぢめる。例 歙肩(キュウケン)(=肩をすぼめる)。二 ❶とりいれる。とる。㊎摂。例 歙硯(ショウケン)(=歙州(キュウシュウ)の地に産する、すずり。硯(すずり)の産地として有名。❷安徽(アンキ)省の東南の地名。「キュウケン」「歙州硯(キュウシュウケン)」とも)。

【歙歙】(キュウキュウ) ①多くのものが一つに合すること。仲間になって悪いことをするさま。②ものごとにとらわれないさま。

歔

欠12 (16) 2 6133 6B54

キョ 漢 魚 xū

すすりな-く・な-く・なげ-く

意味 ❶鼻から息を出す。ふく。例 或歔或吹(あるいはふきあるいはふく)(=鼻から息を出したり、口から息を出したりする)。〈老子・二九〉 ❷すすりなく。なく。なげく。例 歔欷(キョキ)。

【歔▼欷】(キョキ) しゃくりあげて泣く。むせび泣く。欷歔。例 嗚咽(オエツ)―。

［歘］

欠12 (16) ⇩欻ツク(720ページ)

歛

欠13 (17) 2 6134 6B5B

カン(カム) 漢 覃 hān

おも-う(おも-ふ)・ねが-う(ねが-ふ)

意味 ❶欲する。おもう。ねがう。❷あたえる。

参考 「斂レン(=おさめる)」として混用されることがある。

歟

欠13 (17) 2 6135 6B5F

ヨ 漢 魚 語 御 yú

か・や

意味 「や」「か」と読み、…だろうか、の意。疑問・反語・詠嘆をあらわす。例 然則彼皆非歟(しからばすなわちかれはみなヒなるか)(=そうであるならば彼らはみんな間違っているのか)。〈孟子・告子上〉

歠

欠15 (19) 3 8634 6B60

セツ 漢 屑 chuò

意味 ❶すすって飲む。すうようにして食べる。すする。㊎啜(セツ)。❷すすって食べる飲食物。

［歡］

欠17 (21) ⇩歓カン(721ページ)

［歈］

欠17 (21) ⇩吹イス(238ページ)

77 4画 止 とめる とめへん 部

ねもと、あるいは足の形で、「とまる」「あるく」の意をあらわす。「止」をもとにしてできている漢字を集めた。

11 728 嶖　12 728 歴　14 728 歸

この部首に所属しない漢字

企→人 66　凪→几 147　肯→月 1088　歯→歯 1515

止

止0（4）　1 2763　6B62　教2

シ 漢 呉　紙 zhǐ

とまる・とめる（と-む）・とど-まる・とど-める（とど-む）・とど-め・や-める（や-む）・や-む・さ-す・よ-す

筆順 丨 卜 圵 止

なりたち  〔象形〕草木が根を生やした形。

意味 ❶足。通趾。例 斬二左止一（＝左足をきる）。〈漢書・刑法志〉 ❷じっとしている。**とまる。とどまる。** 例 止水。止舎。静止。停止。 ❸やめさせる。禁じる。**とめる。とどめる。** 例 止血。禁止。制止。 ❹**やめる。やむ。** 例 終止。中止。廃止。 ❺姿。様子。たちいふるまい。 例 挙止。容止（＝姿かたち）。 ❻「ただ（…のみ）」と読み、限定や強調をあらわす。通只。 例 止可三以一宿二而不レ可二久処一也（＝ただもってイッシュクすべきも、ひさしくおるべからず）（＝一泊だけならよいが長逗留はできない）。〈荘子・天運〉 ❼文末に置く助字で、語調をととのえたり、疑問をあらわしたりする。 例 既曰帰止、曷又懐止（＝すでにここにとつげり、なんぞまたおもうや）（＝すでに嫁いでしまった者を、どうしていつまでも恋い慕うのか）。〈詩経・斉風・南山〉

古訓 中古 いたる・したがふ・ただ・とどまる・とどむ・やむ・やすむ・やむ 中世 したがふ・とどまる・とどむ・やすむ・やむ 近世 いたる・かたちづくり・しづか・ただ・とどまる・とどめる・やむ・をる

人名 いたる・しずか・ただ・とどむ・とめ・とも・もと

【止▼遏】阻止する。邪魔をする。

【止▼戈】（＝ほこをとどむ）武器を使わない。戦争をやめること。

【止観】〔仏〕〔「止」は心を静止して雑念をとどめる、「観」は正しい知恵によって見つめる意〕心に浮かぶ雑念を払い、真理を悟ること。

【止血】出血をとめる。例 —剤。

【止舎】休息する。宿営する。止宿。

【止宿】旅館や他人の家にとまる。宿泊する。例 上京して親類の家に—する予定。

【止水】①流れず、動かない状態の水。例 人莫レ鑑二於流水一、而鑑二於止水一（＝ひとリュウスイにかんがみることなくして、シスイにかんがみる）（＝人は、流れている水を鏡とすることはなく、静止している水を鏡として用いるものだ）。〈荘子・徳充符〉 ②心が静かで乱れないことのたとえ。例 明鏡—。

【止足】とどまることと、足ること。分に安んじることをいう。→【知レ止】②

【止息】①休む。休息。②停止する。終息。

【止揚】日〔哲〕弁証法において、矛盾または対立する二つの考えを、一段高いところで調和・統一し発展させること。アウフヘーベン。揚棄。

【知レ止】（＝とどまるをしる）①至善の状態にいつづけることを知る。〈大学〉 ②己の分を知り、とどまるべきことを知る。〔「知レ足不レ辱、知レ止不レ殆（＝たるをしればはずかしめられず、とどまるをしればあやうからず）」（＝満足することを知ればはずかしめられることはない。欲望はとどまることを心がければ危険なことはない）。〈老子・四四〉」から〕

●休止・禁止・制止・静止・阻止・中止・停止・廃止・防止・抑止

正

止1（5）　1 3221　6B63　教1

一 セイ 漢　ショウ（シャウ）呉　敬 zhèng

二 セイ 漢　ショウ（シャウ）呉　庚 zhēng

ただしい（ただ-し）・ただす・まさ

筆順 一 丅 下 正 正

なりたち  〔会意〕「一（＝とどまるべきところ）」と「止（＝とどまる）」とから成る。悪いことをとどめる。ただしい。

意味 一 ❶理想をめざして、まっすぐに進むこと。まっすぐ筋のとおった。**ただしい。** 例 正直。正義。公正。 ❷まっすぐに、ただしくする。**ただす。** 例 改正。矯正。是正。 ❸本来の。本筋の。 例 正統。正門。 ❹標準的な。公認された。 例 正史。五経正義。 ❺相対するもののうち、上位の方。対副。 例 正続。正副（＝正と副）。主と従）。 ❻ちょうどぴったり。まさに。 例 正午。正中。 ❼まじりけのない。 例 正色。純正。 ❽長官。おさ。対副。 例 検事正。僧正。 ❾数学や電気のプラス。対負。 例 正極。正数。 二 ❶年の初め。 例 正月。賀正。 ❷標的。まと。例 正鵠。

日本語での用法 一《ショウ》「正一位・正三位」▼同じ位階を正・従に分ける制度で、その上位のもの。 二《かみ》「市正（＝市司の長官）・隼人正」▼律令制の四等官で、諸司の最上位。長官。

古訓 中古 かみ・きく・さはらか・しばらく・ただ・ただし・ただす・たひらかなり・ととのふ・とどむ・のぶ・ひたふと・ひとし・ひる・まさ・まさし・まさに・まつりごと・をさをさし 中世 この・これ・さだまる・さだむ・ただし・ながし・まさし・まさに 近世 きみ・さだまる・したがふ・ただし・たひらか・つかさ・まさし・まさに・まつりごと・よし・をさ

人名 あき・あきら・おさ・おさむ・きみ・きよし・さだ・すなお・たか・ただ・ただし・つら・なお・のぶ・はじめ・まこと・まさし・よし

【正覚】〔仏〕正しい悟り。例 —に至る。

【正金】日 ①〔紙幣などに対して〕金貨や銀貨。正貨。 ②現金。

【正絹】日 まじりけのない純粋なきぬ糸・きぬ織物。本絹。例 —の振り袖。

【正午】〔「午」は、午の時刻の意〕昼の十二時。午後零時。真昼。

【正念】①〔仏〕仏の正しい教えを心にいだき、往生を信じること。②〔仏〕一心に信仰する気持ち。③正気。本気。

【正念場】日 失敗の許されない大切な場面。重要な局面。

【正札】日 掛け値ではなく実際の値段を書いて、商品につけておく札。

【正法眼蔵】〔仏〕〔「正法眼」は正しい教えをとらえる目。真理を見通す眼識。「蔵」は、すべてをおさめる、くらの意〕 ①禅宗で、悟りの真実をいう語。悟りを得て迷いが無く一切をおさめた、悟りそのものを指す。②日 日本曹洞宗の開祖、道元の著した法語集。

【正位】①正式の地位。例 —に就く。②天子の位。③位置を正す。

【正員】ある団体の正式な一員。

【正価】日 掛け値ではない実際の値段。例 現金—。

【正貨】日〔紙幣などに対して〕金貨や銀貨など、それ自体が実質上の価値をもつ貨幣。本位貨幣。

【正解】①正しい解釈。②日 正しい答え。正答。例 —者。出題に対する—。

【正格】①正しい決まり。例 —の文章。②日 日本語の動詞で、活用が規則的であること。対変格。

4画

[止] 0—1画▼止 正

【正確】セイカク 間違いやあいまいさがなく、たしかなさま。例―な数値。―に伝える。

【正学】セイガク 正しい学問。公に正当と認める学問。対曲学・異学。

【正▼諫】セイカン 正論を説いていさめる。また、そのことば。

【正眼】セイガン ①まっすぐ前から見ること。正視。②日剣道の構えの一つ。刀を相手の目に向けて中段に構えるもの。青眼。晴眼。例―に構える。

【正気】一セイキ ①広く自然界に存在しているという、正しく大きな力。②正しい気風。正しい心。対邪気。二ショウキ 日正しい思考や判断のできる精神状態。気が確かなこと。対狂気。例―の沙汰(サタ)ではない。

【正規】セイキ 正式な決まり。また、正式な決まりに合っていること。例―軍。―の手続き。―に採用される。

【正義】セイギ ①人としておこなうべき正しい道。正しい道理。例―のために戦う。―感。②正しい意味。③標準となる解釈。例五経正義(ゴキョウセイギ)(＝書名)。

【正業】セイギョウ ①正規の学業。例―を受ける。②社会的に認められている職業。まともな職業。例―に就く。

【正極】セイキョク 電気で、陽極。プラスの極。また、磁石で、北を指す極。対負極。

【正襟】セイキン えりをただす 身だしなみをととのえ、態度を引きしめる。威儀を正す。〈史記・日者伝〉

【正訓】セイクン ①正して、教える。②日漢字の本来の意味にもとづいた訓。

【正系】セイケイ 正しい系統。正しい血統。

【正経】セイケイ 儒教の正しい教えを伝える書物。十三経(ジュウサンギョウ)。

【正▼卿】セイケイ 卿(ケイ)の中でも特に地位の高いもの。春秋時代、諸侯に次ぐ権勢があった。

【正月】セイゲツ・ショウガツ ①一年の最初の月。一月。②年の初めの祝いの期間。また、新年の祝い。例―(ショウガツ)休み。

【正言】セイゲン ①遠慮せずに正しいと思うことを述べる。また、そのことば。直言。②道理にかなった正しいことば。例正言若レ反(セイゲンははんするがごとし)(＝道理にかなった正しいことばは常識に反するように聞こえるものだ)。〈老子・七八〉

【正弦】セイゲン 〔数〕三角関数の一つ。直角三角形で一つの鋭角の大きさが与えられたとき、対辺の長さの斜辺の長さに対する比。サイン。記号 sin 例―曲線。

【正誤】セイゴ ①正しいことと間違ったこと。例―を論ずる。②間違いを直すこと。例―表。

【正号】セイゴウ ①正しい称号。②正の数をあらわす記号。プラス記号。「＋」であらわす。対負号。

【正攻法】セイコウホウ 日奇計を用いずに正面から正々堂々とせめていくこと。例―で相手と交渉する。

【正▼鵠】セイコク 〔慣用で「セイコウ」とも。「鵠」も、的(まと)の意〕①弓の的の中心。②ものごとの要点。急所。例―を射る(＝ものごとの要点をおさえる)。

【正座】一セイザ 足をくずさず行儀よくすわる。端座。正坐(セイザ)。二ショウザ 日正面の席。最も大切な客がすわるところ。例―に着く。

【正妻】セイサイ 法律上の手続きをふんだつま。本妻。正室。対権妻(ゴンサイ)・内妻。

【正▼朔】セイサク ①王朝が定めた暦。〔漢代以前、王朝ごとに暦を新しくした〕②〔「朔」は、月の初めの日〕正月一日。元日。

【奉二正▼朔一】セイサクをホウず ①諸侯が正朔を使用する。②天子の統治権のもとで、臣下となって仕える。〔古代、諸侯は天子から正式の暦を受け取り、それによって自国の政治をおこなった〕▽奉朔。

【正▼餐】セイサン 日〔西洋料理で〕正式な献立(コンダテ)による食事。ディナー。

【正史】セイシ 国家が正式なものとして認めたり、正式なものとして編集したりした、紀伝体の歴史書。例、『史記(シキ)』『漢書(カンジョ)』『後漢書(ゴカンジョ)』。対外史・野史。

【正使】セイシ 主となる使者。対副使。

【正始】セイシ ①礼儀にかなった始まり方。②ものごとの始まりを正す。人倫の道の根本などを礼にかなった本来のものにする。〈詩経・大序〉

【正視】セイシ まっすぐ前から見る。直視。例―できない光景。

【正字】セイジ ①正統と認められている形の漢字。対俗字。②間違えずに書かれた字。

【正式】セイシキ 決められたとおりの手続きをふんでいること。対略式。例―に辞退する。

【正室】セイシツ ①(君主が)休息をする部屋。②身分の高い人の本妻。正房(セイボウ)。③正妻の長男。嫡子。▽対側室。

【正邪】セイジャ 正しいことと悪いこと。善悪。理非。正否。例―曲直。―をわきまえる。

【正▼閏】セイジュン ①〔「閏」は、正統ではない意〕正しい系統と正しくない系統。正統と閏統。例南北朝の―を論ずる。②普通の月と、うるう月。③日普通の年と、うるう年。

【正書】セイショ 点や画をくずさずに正確に書いた書体。楷書(カイショ)のこと。

【正書法】セイショホウ ①楷書(カイショ)の法。転じて、楷書。②日〔英 orthography の訳語〕〔欧米でアルファベットを用いて〕ことばを書きあらわすときの、正しい書き方。正しい文字表記をすること。正字法。

【正常】セイジョウ 普通であるさま。普通の状態。ノーマル。対異常。例―な数値を示す。血圧は―だ。

【正色】セイショク ①いろをただす 顔色をあらためる。まじめな表情をする。②古代、五種の純正な色。青・赤・白・黒・黄。五行説にのっとる。〈礼記・王制〉③そのもの本来の色。例天之蒼蒼、其正色邪(テンのソウソウたる、それセイショクか)(＝空が青いのは、あれは空そのものの色なのだろうか)。〈荘子・逍遥遊〉④美人。⑤演劇で、重要な役を演じる。

【正身】セイシン ①(私欲に走らず、おもねらず)身を正しくたもつ。②本人。当人。

【正真】ショウシン うそいつわりなく、本当であること。

【正真正銘】ショウシンショウメイ 日うそいつわりやまちがいがなく、本当であること。本物であること。

【正数】セイスウ 〔数〕零より大きい数。プラスの数。対負数。

【正正堂堂】セイセイドウドウ ①陣容が盛大なさま。勢いがさかんなさま。〔「無レ要二正正之旗一、勿レ撃二堂堂之陣一(セイセイのはたをむかうるなかれ、ドウドウのジンをうつなかれ)(＝軍旗が整った軍隊には戦いをしかけてはならず、立派な陣営には攻撃してはならない)。〈孫子・軍争〉」から〕②逃げたり、ずるいやり方をしたりせず、正面から向かっていくさま。公明正大。例―と戦いを挑む。

【正装】セイソウ 日儀式や訪問などのとき、正式の服装をする。また、その服装。対略装。

【正続】セイゾク 書物などで、最初に作られたものと続きのもの。正編と続編。

【正体】一セイタイ ①正しいあり方。正しい姿。②漢字の、正しい字体。正字体。対異体・略体。二ショウタイ 日①表面からはわからない、真の姿。本性(ホンショウ)。例―をあらわす。②普通の状態のときの、しっかりしている気持ち。正気(ショウキ)。例―をなくす。

【正対】セイタイ ①正しく答える。②ちょうど適合する。③相手の正面に向く。例 試験官に―して問いに答える。④正面から向かっていく。例 相手の要望に―する。

【正大】セイダイ ①態度が立派で正しいこと。例 公明―。②正しくおおらかなこと。例 天地―の気。

【正旦】セイタン ①元旦。一月一日。②中国の演劇で、女主人公の役。また、その俳優。

【正着】セイチャク 日 囲碁で、その場に応じた最も適切な一手。

【正嫡】セイチャク／セイテキ ①正式の妻。正妻。本妻。②正妻が生んだ嫡子。▽正適セイテキ。

【正中】セイチュウ ①ちょうど真ん中。中心。②ある天体が真南または真北に来る。③正しく当たる。的中。命中。

【正朝】セイチョウ ①天子が群臣に謁見するところ。②元日の朝。元旦ガンタン。

【正調】セイチョウ 正しい調子。特に日本の民謡で、昔から歌われてきた正しい歌い方。対 変調。例 ―おはら節ぶし。

【正直】一 セイチョク 正しくまっすぐなこと。二 ショウジキ 日 うそやごまかしがなく、すなおで正しいさま。例 ―に話す。

【正丁】セイテイ ①中国古代の戸籍で、租税や力役を課せられる成人男子。②セイテイ／ショウテイ／チョウ 日 律令制で、税や労役・兵役を負わされた二十一歳から六十歳までの健康な男子。

【正定】一 セイテイ 文章の異同を調べ、誤りを正す。二 ショウジョウ〔仏〕八正道ハッショウドウの一つ。正しい知恵で悟りを得ること。

【正適】セイテキ 「正嫡セイチャク」に同じ。

【正殿】セイデン ①宮殿の中心で、儀式をしたり政務をおこなったりする建物。表御殿おもてゴテン。②日 神社の中心となる建物。本殿。

【正度】セイド ①正朔セイサクと度量衡。正しい暦と、はかり。②正しい法則や規則。

【正当】一 セイトウ 正しく道理に合っているさま。対 不当。例 ―な理由。―な要求。二 ショウトウ ちょうどそれにあたっている。〔忌日キニチについていうことが多い〕例 ―命日。

【正答】セイトウ 日 正しい答えをする。また、その正しい答え。正解。対 誤答。

【正統】セイトウ ①ショウトウ（帝位や家柄で）いちばん正しい血筋。正系。②（教義・学説・流派などで）いちばん正しい系統。本流。

【正道】セイドウ 道理にかなった正しい道。また、正しい方法。対 邪道・横道。例 天下の―。

【正犯】セイハン〔法〕刑法上、犯罪行為を自らおこなう者。主犯。対 従犯。

【正否】セイヒ 正しいことと正しくないこと。例 事の―を明らかにする。

【正風】一 セイフウ『詩経』国風のうち、周南と召南の二十五篇ヘンの詩。いずれも王道政治がおこなわれた周王朝初期の作とされる。対 変風。二 ショウフウ 日 松尾芭蕉ばしょうによる俳諧カイの流派。蕉風。

【正文】セイブン ①（注釈や付記に対して）文書の本文。②日 条約や契約で、解釈の基準となる、もとの文章。

【正法】一 セイホウ 正しい法や制度。二 ショウボウ〔仏〕①仏の正しい教え。仏法。②正法・像法ゾウボウ・末法マッポウの「三時」のうち、最初の時期。仏の正しい教えがおこなわれる最初の五百年間、または千年間。対 末法マッポウ。

【正房】セイボウ ①家屋の正面奥に位置する部屋。正殿。主人の居室。②本妻。正室。

【正方形】セイホウケイ〔数〕四辺の長さと四つの内角がそれぞれ等しい四角形。

【正本】一 セイホン ①写本や副本のもとになる原本。②〔法〕正式に写して、原本と同じ効力をもつもの。二 ショウホン 日 ①歌舞伎かぶきなどの芝居の台本。脚本。②浄瑠璃ジョウルリや長唄ながうたなどで、節づけを書き入れた版本。

【正味】一 セイミ 正しい味。二 ショウミ 日 ①〔「正身ショウみ」がもとか〕いれものや包み紙などを除いた、中身の重さ。②実際の数量。

【正夢】一 セイム 正しい夢。自然に見る夢。対 逆夢さかゆめ。二 まさゆめ 日 同じことがあとで現実に起こる夢。

【正名】セイメイ（なをただす） 実体と名称とを一致させる。大義名分を明らかにする。また、そのようにして正された名。〈論語・子路〉

【正命】セイメイ 天寿を全まっとうすること。天命に従って死ぬこと。対 非命。

【正面】一 セイメン まっすぐに向かう。二 ショウメン 日 ①真向かい。例 ―を向く。②建物などの表側。例 ―の入り口。③まっすぐ直接に対するさま。例 改革に―から取り組む。

【正門】セイモン 建物の正面にある門。表門おもてモン。

【正陽】セイヨウ ①太陽が南中し、最も盛んになった陽の気。真っ昼間。正午。②陰暦の四月。夏至に近く、陽の気の旺盛オウセイな月。

【正路】セイロ 道理に合った正しい道。正道。義。

【正論】セイロン 道理に合った正しい意見。例 ―を吐く。

● 改正カイセイ・賀正ガショウ／ガセイ・矯正キョウセイ・厳正ゲンセイ・公正コウセイ・校正コウセイ・修正シュウセイ・是正ゼセイ・端正タンセイ・中正チュウセイ・訂正テイセイ・適正テキセイ・不正フセイ・補正ホセイ

此

止2（6） 1 2601 6B64 人 シ漢呉 紙 cǐ これ・ここ・こ-の・か-く

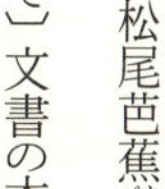

なりたち [会意]「止（＝とどまる）」と「匕（＝ならぶ）」とから成る。止まる。借りて、「これ」の意。

意味 ❶「これ」「ここ」「この」と読み、近くの人・ものごと・所などを示す。例 此匹夫之勇これヒップのユウなり（＝これはつまらぬ男の勇気だ）。〈孟子・梁恵王下〉鼓二楽於此一ここにガクをコす（＝ここで音楽を演奏する）。〈孟子・梁恵王下〉 ❷「かく」と読み、このように、の意をあらわす。例 如レ此則無二敵於天下一かくのごとくんばすなわちテンカにテキなし（＝このようであれば、この世に敵はいなくなる）。〈孟子・公孫丑上〉 ❸「ここに」と読み、それでこそ、すなわち、の意をあらわす。例 有レ徳此有レ人トクあればここにひとあり（＝為政者に道徳があれば、人材が集まってくる）。〈大学〉

古訓 中古 ここに・この・これ・なむぢ 中世 ここ・この・これ・とどむ 近世 ここに・この・これ・とどまる

難読 此許ここもと・此彼かれこれ・此歳ことし

【此岸】シガン（このきし） ①こちら側のきし。②〔仏〕悟りに達していない、迷いの世界。この世。現世ゲンセ。▽対 彼岸ヒガン。

【此君】シクン（このきみ） 竹の別名。〔東晋トウシンの王徽之オウキシはこよなく竹を好み、「何可三一日無二此君一邪なんぞイチジツもこのきみなかるべけんや（＝一日たりともこの君のないのに耐えられようか）」と言ったことから〕〈晋書・王徽之伝〉

【此処】【此所】シショ（ここ） ①話し手がいるところ。また、話し手に近いところ。②話し手が問題として取りあげている事柄・状況・場面。例 ―が大切だ。③（現在に近い過去あるいは未来を含んで）最近。例 ―二、三日が山場だ。

［歩］

止3（7） ⇩歩ホ（726ジペー）

岐

止4（8） 3 8636 6B67 キ漢 ギ呉 支 qí

意味 分かれ道。えだみち。通 岐。例 岐路キロ（＝分かれ道）。

武

止4（8） 1 4180 6B66 教5 ブ漢 ム呉 麌 wǔ たけ-し

筆順 一 二 〒 亍 芇 正 武 武

なりたち 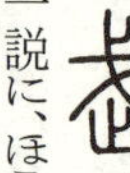 ［会意］「止(=とめる)」と「戈(=ほこ)」とから成る。手柄を立ててほこをおさめる。

参考 一説に、ほこを持って進む。

意味 ❶勇ましい。強い。**たけし**。㊟文(ブン)。例 武勇(ブユウ)。❷いくさ。戦い。軍事にかかわること。㊟文(ブン)。例 武器(ブキ)。尚武(ショウブ)。❸足の踏みあと。足跡。例 踵武(ショウブ)(=先人の事業を継承する)。❹あとをつぐ。継承する。つぐ。例 下武維周(しもつぐはこれシュウなり)(=子孫が先祖の事業を継承したのは周である)。〈詩経・大雅・下武〉❺片足を踏み出したときの、ひと足分の長さ。半歩。例 歩武(ホブ)。

日本語での用法 一《ぶ》《む》「阿武隈川(あぶくまがわ)・武蔵野(むさしの)・武玉川(むたまがわ)」▼「ぶ」「む」の音をあらわす万葉仮名。二《ブ》「武州(ブシュウ)・総武(ソウブ)・東武(トウブ)」▼旧国名「武蔵(むさし)(=今の東京都・埼玉県と神奈川県北東部)」の略。

古訓 中古 あと・しのぐ・たけ・たけし・つぐ・つはもの・とら 中世 あと・いさむ・たけし・ちぎる・つよし 近世 あと・いさむ・おどす・たけし・たつ・つよし

人名 いさ・いさみ・いさむ・たかし・たけ・たける・たつ・つぐ・つよし・ふか・ますら・よし

難読 武士(もののふ)・武具(もののぐ)・武夫(ますらお)・武隈(たけくま)(=宮城県の古地名)

【武威】(ブイ) 武力による威光。例 天下に—を輝かす。

【武運】(ブウン) ①武士・軍人としての運命。例 —長久。②戦争の勝敗の運。例 —つたなく敗れる。

【武衛】(ブエイ) ①武力で貴人を護衛する。②軍制の一つ。宮中の警護軍。③日 兵衛府(ヒョウエフ)の中国風の呼び方。

【武火】(ブカ) 火力の強い火。強火(つよび)。㊟文火(ブンカ)。

【武官】(ブカン) 軍事関係の仕事を任務とする官吏。㊟文官。

【武漢】(ブカン) 長江中流の漢口・武昌(ブショウ)・武陽の併称。武漢三鎮。今は統合されて湖北省の省都で武漢市。

【武関】(ブカン) 今の陝西(センセイ)省商南県にあった関所。戦国時代の秦(シン)・楚(ソ)の国境にあり、漢の劉邦(リュウホウ)が秦攻略のため軍を進めた地。

【武器】(ブキ) ①戦いに用いる道具。銃や刀剣など。兵器。例 —を執る。②日 目的を達成するための効果的な手段。例 語学力を—にする。

【武技】【武伎】(ブギ) 剣術・弓術・馬術など、いくさの技術。武術。武芸。

【武挙】(ブキョ) ①武芸による武官採用試験。漢の武帝のときに始まり、唐以降は科挙(=官吏登用試験)の一科目となる。合格者は武進士と呼ばれた。㊟文挙。②武官採用試験の郷試(キョウシ)で挙人(=合格者)になった者。武挙人。

【武具】(ブグ) 戦いに使う道具。特に、よろい・かぶとなどの防具。

【武勲】(ブクン) 戦争でたてた手柄。いさおし。武功。

【武家】(ブケ) 日 ①武士の家柄。武門。㊟公家(クゲ)。②武士。例 お—さま。

【武芸(藝)】(ブゲイ) 兵士が身につけるべき技術。弓術・槍術(ソウジュツ)・剣術・馬術など。武術。例 —百般にひいでる。

【武芸(藝)十八般】(ブゲイジュウハッパン) 十八種類の武芸。〔中国と日本、また時代によって、その内容は異なる〕

【武庫】(ブコ) ①武器や食料などの軍用品を納める倉庫。また、それを管理する役所。②博識をほめることば。多くの貴重なものが入っていることにちなむ。

【武功】(ブコウ) 戦争でたてた手柄。武勲。

【武骨】(ブコツ) 日 ①礼儀作法をわきまえず、態度が荒っぽいさま。無(ブ)作法。②風流を解さず、洗練されていないさま。無(ブ)風流。③ごつごつとほねばっているさま。例 —で大きなからだ。▽無骨(ブコツ)。

【武骨者】(ブコツもの) 日 ①礼儀作法を知らない粗野な人。②風流を解さない人。無趣味で洗練されていない人。▽無骨者(ブコツもの)。

【武士】(ブシ) 武術をおさめ、戦いに従事した身分の人。さむらい。もののふ。武人。例 花は桜木、人は—。

【武士道】(ブシドウ) 日 武士の重んじた道徳。忠義・名誉・武勇・礼節・信義などを大切にすること。

【武事】(ブジ) 戦争や軍隊に関することがら。軍事。㊟文事。

【武術】(ブジュツ) 戦いのための技術。剣術・弓術・槍術(ソウジュツ)・馬術など。武芸。武技。武道。

【武将】(ブショウ) 兵士の大将。例 戦国時代の—。

【武神】(ブシン) ①戦争の神様。いくさがみ。②武道の神様。

【武人】(ブジン) いくさびと。武士。軍人。㊟文人。

【武装】(ブソウ) 武器を身につけ、戦いの準備をする。例 —解除。—をととのえる。

【武断】(ブダン) ①武力にたよって専制的に政治をおこなったり、ものごとを処理したりすること。㊟文治(ブンチ)。例 —政治。②独善的に判断する。

【武道】(ブドウ) ①兵士が身につける武芸。武術。②日 武士道。

【武徳】(ブトク) 兵士の守るべき徳。

【武備】(ブビ) 戦争に対するそなえ。軍備。兵備。

【武夫】(ブフ) ①武人。②勇士。③玉(ギョク)に似た美しい石。

【武辺】(ブヘン) 日 武道に関する事柄。

【武弁】(ブベン) 〔「弁」は冠。武官がかぶる冠の意〕武人。武士。例 一介の—。

【武名】(ブメイ) 日 武士としてのよい評判。武人としての名声。

【武門】(ブモン) 日 武士の家柄。武士の家筋。武家。例 —の誉れ。—に生まれる。

【武勇】(ブユウ) 武術にすぐれ、勇敢なこと。例 —伝。

【武略】(ブリャク) 軍事上の計略。戦略。例 —にひいでる。

【武陵桃源】(ブリョウトウゲン) 俗世間から離れたところにある、平和でのどかな別世界。ユートピア。桃源郷。〔陶淵明(トウエンメイ)の「桃花源記(トウカゲンキ)」に描かれた理想郷〕

【武力】(ブリョク) 軍隊の力。軍事力。例 —を行使する。

【武烈】(ブレツ) めざましい武功。

【武蔵】(むさし) 日 旧国名の一つ。今の東京都と埼玉県のほとんどと、神奈川県北東部にあたる。武州(ブシュウ)。

【武者】(ムシャ) 日 武士。特に、戦場に出るため、よろい・かぶとを身につけた武士。例 落ち—。—修行(シュギョウ)。

●玄武(ゲンブ)・公武(コウブ)・尚武(ショウブ)・文武(ブンブ)

歩

止4(8) 1 4266 6B69 教2

ホ㊥ ブ・フ㊦ 遇 bù

あるく・あゆむ・あゆみ

［歩］止3(7) 3 8635 6B65 人 旧字体。

筆順 丨 ト 止 止 步 步 步 歩

なりたち  ［会意］「止(=あし)」と「少(=止の反転形)」が交互に並ぶ。左右の足を交互に出してあるく。

意味 ❶**あるく**。**あゆむ**。また、**あゆみ**。例 歩行(ホコウ)。散歩(サンポ)。❷ものごとのなりゆき。世の移り変わり。例 国歩(コクホ)(=国の前途)。❸ウマに乗らない兵隊。兵士。例 歩騎(ホキ)。❹長さの単位。六尺。唐以降、五尺。〔左右両足を踏み出した、ふた足分の長さ。ひと足分の長さは「跬(キ)」という〕❺継ぐ。つき従う。例 跬歩(キホ)(=ひと足、ふた足分の短い距離)。❻天体の運行を他人の詩の韻に従って同じ韻で詩を作る)。例 歩韻(ホイン)(=

計算する。はかる。例 天文推歩之術(テンモンスイホのジュツ)（＝天体運行の計算法）。〈後漢書・楊厚伝〉

日本語での用法 一《ブ》①「歩合(ブあい)・日歩(ひブ)・一歩(イチブ)」▼利息・口銭(コウセン)などの割合の単位。一割の十分の一。②「反歩(タンブ)」▼尺貫法の田畑などの面積の単位。一歩(イチブ)は約三・三平方メートル。坪(つぼ)。二《フ》「成(な)り歩(フ)」▼将棋の駒(こま)の歩兵(フヒョウ)の略。三《ホ》「歩測(ホソク)・万歩計(マンポケイ)」▼ひと足の長さ。また、その数をかぞえることば。

古訓 中古 あゆむ・ありく・おこなふ・かち・たづぬ 中世 あゆむ・あよむ・かち 近世 あゆむ・ありく・かち・ふなつき

人名 すすむ・わたる

【歩合】(ブあい) 日 ①ある数と他の数とを比べたときの割合。例 公定―。②取引高や仕事量に対する手数料や分配金。例 利益の―。―を取る。

【歩騎】(ホキ) 歩兵と騎兵。転じて、軍隊をいう。

【歩月】(ホゲツ) 月影のもとを歩く。

【歩行】(ホコウ) 歩く。例 ―者。―が困難になる。

【歩▼驟】(ホシュウ) 〔「驟」は、小走りの意〕ものごとを進める順序。段取り。次第。

【歩▼哨】(ホショウ) (軍隊で)警戒や監視のため、受け持ち場所を見回ること。また、その兵士。見張り。例 ―に立つ。

【歩障】(ホショウ) 竹の枠に張った囲いの幕。貴人が道を歩くとき、ちりや風を防ぐのに用いた。

【歩数】(ホスウ) 歩くときの足の動きを数えた回数。

【歩▼趨】【歩▼騶】(ホスウ) 〔「趨・騶」は、小走りの意〕人についていく。追従する。

【歩測】(ホソク) 日 一定の歩幅で歩き、その歩数で距離をはかる。例 橋の長さを―する。

【歩卒】(ホソツ) 歩兵(ホヘイ)。類 歩士。

【歩調】(ホチョウ) 日 ①(おおぜいで)歩くときの、足を動かす調子。②おおぜいでものごとをするときの進めぐあい。足並み。例 各社の―が乱れる。

【歩道】(ホドウ) 歩行者用の道。対 車道。例 ―橋。横断―。

【歩武】(ホブ) ①〔「歩」はふた足、「武」はひと足の意〕ほんの少しのへだたり。②あゆみ。足どり。例 ―堂々と行進する。

【歩兵】 一(ホヘイ) ①徒歩で戦う兵。②日 陸軍の兵種の一つ。小銃などで武装して徒歩で戦う兵士。▽歩卒(ホソツ)。二(フヒョウ) 日 将棋の駒(こま)の一つ。歩(フ)。

【歩揺】(ホヨウ) 歩くとゆれる、女性の髪飾り。例 雲鬢花顔金歩揺(ウンビンカガンキンホヨウ)（＝ふさふさとした豊かな髪、花のように美しい顔、ゆらゆら揺れる金のかんざし）。〈白居易・長恨歌〉

【歩▼輦】(ホレン) 人が引く車。類 歩挽(ホバン)車。

【歩廊】(ホロウ) ①建物と建物を結んだり、建物のまわりにぐるりとつけられたりしている廊下。渡り廊下。回廊。②日 駅のプラットホーム。

【学レ歩▼於▼邯▼鄲】(ホをカンタンにまなぶ) ⇩【邯鄲歩】(カンタンのあゆみ)（1330ページ）

●競歩(キョウホ)・散歩(サンポ)・譲歩(ジョウホ)・初歩(ショホ)・進歩(シンポ)・退歩(タイホ)・徒歩(トホ)・日進月歩(ニッシンゲッポ)・日歩(ひブ)・漫歩(マンポ)

歪

止5(9) 1 4736 6B6A

ワイ 漢 佳 wāi

ゆが-む・ゆが-む・ゆが-める(ゆが-む)・ひず-む(ひづ-む)・ひず-み(ひづみ)・いびつ

意味 正しくない。ゆがんだ。**ゆがむ**。**ひずむ**。まげる。**いびつ**。例 歪曲(ワイキョク)。

【歪曲】(ワイキョク) ものごとの内容をゆがめる。例 事実を―して伝える。

[荷] 止6(10) ⇩前(ゼン)（163ページ）

歳

止9(13) 1 2648 6B73 常用

セイ 漢 サイ 呉 霽 suì

とし 付表 二十歳(はたち)

[歳] 止9(13) ― 6B72 旧字体。

筆順 ﾄ 止 产 岸 歳 歳 歳

なりたち  [形声]「歩(＝天をあゆむ)」と、音「戌(シュツ)→イセ(＝つくす)」とから成る。木星。

意味 ❶星の名。木星。〔約十二年で天を一周する。古く、この星の運行を暦の基準とした〕例 歳星(サイセイ)。❷一年。としつき。**とし**。例 歳月(サイゲツ)。歳出(サイシュツ)。歳末(サイマツ)。例 同歳(ドウサイ)。二十歳(ニジッサイ)。❸としの数。年齢。よわい。**とし**。また、年齢を数えることば。❹穀物の出来・不出来。みのり。例 豊歳(ホウサイ)。歉歳(ケンサイ)（＝凶作）。

古訓 中古 とし 中世 とし 近世 とし・ほし

人名 とせ・みのる

難読 千歳(ちとせ)・二十歳(はたとせ)・三歳(みとせ)・百歳(ももとせ)

【歳陰】(サイイン) 十二支。対 歳陽。

【歳華】(サイカ) ①年月。歳月。光陰。年華。②春の風景。

【歳寒】(サイカン) 寒い季節。冬。

【歳寒三友】(サイカンのサンユウ) ①冬に友とすべき松・竹・梅。画題にする。②乱れた世の中で友とすべき、山水(＝自然の風景)・松竹(＝マツとタケ)・琴酒(キンシュ)(＝琴と酒)。

【歳寒松▼柏】(サイカンのショウハク) 〔松や柏(＝ヒノキの類)が冬でも緑を保つことから〕すぐれた人物が節(セツ)を変えないことのたとえ。〔〈論語・子罕〉から〕→【松柏】(ショウハク)②（666ページ）

【歳月】(サイゲツ) 年と月。としつき。年月(ネンゲツ)。

【歳月不レ待レ人】(サイゲツひとをまたず) 年月は人の都合にかかわりなく過ぎ去る。〈陶淵明・雑詩〉

【歳功】(サイコウ) ①一年間の四季のめぐりや、それに伴う行事。②一年間の農事。一年間の収穫。

【歳貢】(サイコウ) ①毎年、遠方の属国や諸侯が朝廷に贈る貢ぎ物。農民の税などもいう。②毎年、地方長官や諸侯が領内の人材を推挙して都に遊学させる制度。

【歳歳】(サイサイ) 毎年。としごと。例 年年歳歳花相似、歳歳年年人不レ同(ネンネンサイサイはなあいにたり、サイサイネンネンひとおなじからず)（＝花は毎年同じに咲くが、それを見る人の姿は毎年変わってゆく）。〈劉希夷・代悲白頭翁〉

【歳事】(サイジ) ①年中行事。例 東都―記。②一年の順序。四季。③年ごとの祭り。④農事。例 ―を終える。

【歳時】(サイジ) 一年の四季折々。時節。

【歳時記】(サイジキ) ①季節ごとの行事や自然などを書き記した本。②日「俳諧歳時記(ハイカイサイジキ)」の略。俳句の季語を集め、季節ごとに分類して解説し、例句をかかげた本。季寄せ。

【歳出】(サイシュツ) 国家や公共団体などの一会計年度中のすべての支出。対 歳入。

【歳序】(サイジョ) 一年間の季節のめぐり。季節。四季。

【歳除】(サイジョ) 〔「除」は、旧年の疫病を追い払う意〕一年の終わり。大晦日(おおみそか)。除夜。

【歳星】(サイセイ) 木星。太歳(タイサイ)。→意味❶

【歳旦】(サイタン) 〔「旦」は、朝の意〕①新年の第一日。元旦(ガンタン)。元日。②新年。年のはじめ。

【歳朝】(サイチョウ) ①正月一日の朝。元旦。歳旦(サイタン)。②陰暦で、正月から四月まで。

【歳入】(サイニュウ) 国家や公共団体などの一会計年度中のすべての収入。対 歳出。

【歳晩】(サイバン) 年が暮れる。また、年の暮れ。歳暮(サイボ)。

【歳費】サイヒ ①一年間に必要とされる費用。②日国会議員に支給される一年分の給与。
【歳暮】一 サイボ 年の暮れ。年末。歳末。例 —のあわただしさ。二 セイボ 日世話になった人に贈る年末の贈り物。
【歳末】サイマツ 年の暮れ。年末。歳晩。例 —助け合い募金。
【歳余（餘）】サイヨ ①一年あまり。一年以上。年余。②暦法で、一年の基準日数のあまり。③一年のうちで、農業のひまな時。農閑期。
【歳陽】サイヨウ 十干ジッカン。対歳陰。
【歳徳神】としトクジン 日陰陽道オンミョウドウで、年の初めに祭る神。この神のいる方角を歳徳（＝恵方エホウ）といい、何ごとにも吉とする。年によって方角は変わる。恵方神えほうがみ。
●千歳センザイ・万歳バンザイ/マンザイ

歴

止10（14） 1 4682 6B74 教4 レキ漢 リャク呉 錫 lì へ-る（ふ）

［歷］ 止12（16） 3 8637 6B77 人 旧字体。

筆順 一 厂 厈 厍 厤 厤 歴 歴

なりたち ［形声］「止（＝あし）」と、音「厤レキ」とから成る。一歩一歩と過ぎる。

意味 ❶次々と過ぎていく。経過する。へる。例 歴任レキニン。❷これまでに過ぎてきたあと。例 歴史レキシ。学歴ガクレキ。経歴ケイレキ。❸とびこえる。越える。例 朝廷不二歴レ位而相与言一チョウテイにはくらいをこえてあいともにいわず（＝朝廷では他人の席をとびこえて話し合ってはならない）。〈孟子・離婁下〉❹選択する。えらぶ。例 歴二吉日一キチジツをえらぶ（＝良き日を選ぶ）。〈楚辞・離騒〉❺あまねく。ことごとく。例 歴記レッキ（＝逐一記述する）。歴訪レキホウ。❻こよみ。暦法。通暦。❼はっきりと。あきらかな。例 歴然レキゼン。歴歴レキレキ。歴レッとした証拠ショウコ。❽まばらな。例 歴歯レキシ（＝ぬけてまばらになった歯並び）。❾飼い葉桶おけ。また、馬小屋。通櫪レキ。❿⇩【歴落】レキラク ⓫⇩【歴乱】レキラン

古訓 中古 あまねし・えらぶ・つぐ・つたふ・ととのふ・ふ・へだつ・へたり・へる・まれなり 中世 あまねし・すぐる・つね・ふる・へる 近世 こよみ・すぐる・つぐ・つたはる・なるかみ・ふる・へる

人名 つぐ・つね・ふる・ゆき

難読 歴歴ありありと・的歴あざやか

【歴階】レキカイ 一段に片足しかかけずに階段を上る。急ぐさま。〔古くは一段ごとに両足をそろえるのが礼儀とされた〕類歴級。例 毛遂按レ剣歴階而上モウスイケンをアンじてレキカイしてのぼる（＝毛遂は剣に手をかけて大急ぎで階段をのぼった）。〈史記・平原君伝〉
【歴歳】【歴載】レキサイ 年を経る。歴年。
【歴山】レキザン 帝舜シュンが耕作したとされる山。この伝説のある同名の山は、山東・山西・浙江セッコウ・江蘇コウソの各省にある。
【歴仕】レキシ 何代もの君主に仕える。類歴事。
【歴史】レキシ ①人間社会における過去の事象の移り変わり。また、それを記録したもの。例 わが家やの—に名をとどめる。②日「①」について研究する学問。歴史学。
【歴史的仮名遣い】レキシテキかなづかい 日平安時代初期の書きあらわし方にもとづいた、仮名のつかい方。旧仮名遣い。〔「い」「ゐ」、「え」「ゑ」、「お」「を」、また「じ」「ぢ」、「ず」「づ」などを使い分ける〕
【歴日】レキジツ ①年月。また、こよみ。暦日。②日を経る。
【歴象】レキショウ ①天文をあまねく観測・記録する。②こよみ。▽暦象レキショウ。
【歴数】レキスウ ①一つ一つかぞえあげること。②めぐりあわせ。運命。暦数。③天体の運行をもとに暦を作る方法。こよみ。暦数。④天命を受け、天子になる運。暦数。
【歴世】レキセイ ①世を経ること。②代々ダイダイ。世々よよ。歴代。例 —のすぐれた帝王。
【歴戦】レキセン 何度も戦う。例 —のつわもの。
【歴然】レキゼン はっきりとしているさま。あきらかなさま。歴々。例 だれの目にも—としている。—たる事実。
【歴代】レキダイ 代々ダイダイ。世々よよ。歴世。例 —の大統領。
【歴朝】レキチョウ 代々ダイダイの朝廷・王朝。
【歴程】レキテイ 経過した年月や道程。過程。例 天路テンロ—（＝バニヤンの小説。原題 The Pilgrim's Progress）。
【歴任】レキニン 次々に官職につくこと。例 要職を—する。
【歴年】レキネン 年月を経ること。また、毎年。年々。歴歳。例 —にわたる研究。
【歴訪】レキホウ 次々にいろいろな国や土地をたずねてまわる。例 各国を—する。
【歴遊】レキユウ いろいろな土地を旅行してまわる。
【歴落】レキラク ①心がのびやかで、細事にこだわらないさま。磊落ライラク。②互いに入り混じって並ぶ。交錯しているさま。③声や音が鳴り続けるさま。
【歴乱】レキラン ①入り乱れるさま。②花が咲き乱れるさま。
【歴覧】レキラン 次々と見てまわる。また、一つ一つ見る。
【歴歴】レキレキ ①あきらかに見えるさま。歴然。②日〔「お歴歴」の形で〕地位や身分の高い人々。
●学歴ガクレキ・経歴ケイレキ・職歴ショクレキ・前歴ゼンレキ・病歴ビョウレキ・遍歴ヘンレキ・来歴ライレキ・履歴リレキ・略歴リャクレキ

歵

止11（15） 4 1592 6B75 サク漢 陌 zé

意味 正しい。〔一説に、「賾サク」の誤字〕

［歷］ 止12（16） ⇩歴レキ（728ジペー）

［歸］ 止14（18） ⇩帰キ（431ジペー）

78 4画 歹（歺） がつへん かばねへん 部

肉をけずりとられた骨のかけらの形で、「死ぬ」の意をあらわす。「歹」をもとにしてできている漢字を集めた。

0 728 歹 歺 2 728 歽 死 4 730 歿 歾 殀 5 730 殃 殂 殆 殄 6 730 残 殊 殉 7 732 殍 8 732 殛 殘 殖 殕 10 732 殞 11 732 殤 12 732 殪 殫 13 733 殭 殩 殮 14 733 殯 15 733 殰 17 733 殲

この部首に所属しない漢字

列→刂156 夙→夕313

歹

歹0（4） 2 6138 6B79 一 ガツ漢 曷 è 二 タイ漢 賄 dǎi

［歺］ 歺0（5） 4 1593 6B7A 本字。

意味 一 肉をけずりとった骨。二 悪い。対好。例 歹人タイジン（＝悪者）。好歹コウタイ（＝よしあし）。

［歽］ 歹2（6） ⇩朽キュウ（658ジペー）

死

歹2（6） 1 2764 6B7B 教3 シ漢呉 紙 sǐ しぬ

筆順 一 厂 歹 歹 歺 死

なりたち 【会意】「歹(=肉をけずりとられた骨)」と「匕(=ひと)」とから成る。命がつきる。

意味 ❶生命がなくなる。しぬ。対生。例 死去シキョ。死亡シボウ。死滅シメツ。❷死者。例 事レ死如レ事レ生（シにつかうるにセイにつかうるがごとくす）(=死者を祭って奉仕するときには、その人が生きているのと同じようにする)。〈中庸〉❸死刑にする。五刑の一つ。❹活動をやめる。使われなくなる。消える。つきる。例 流言止焉、悪言死焉（リュウゲンはやみ、アクゲンはつきん）(=流言はやみ、悪口もなくなるであろう)。〈荀子・大略〉死語ゴ。❺命がけ。死に物狂い。例 死守シュ。死闘トウ。死力リョク。❻生命にかかわるほど危険な。例 死線セン。死地チ。❼しかばね。通 尸シ。❽感覚を失う。くさる。例 死肌キ。

日本語での用法《シ》①「二死満塁ニシマンルイ」▼野球で、アウトのこと。②「死球シキュウ」▼野球で、デッドボールのこと。③「死語ゴシ・死蔵ゾウ」▼本来の機能を果たしていない。役に立たない。

古訓 中古 いたる・いぬ・うしなふ・かる・きゆ・ころす・しぬ・ほろぶ・むなし・わざはひ 中世 かるる・きゆる・しぬ・しぬる 近世 きはまる・しぬる・つくる・みまかる・ゆく・をはる

【死因】シイン 日死んだときの、その原因。例 —は心不全だ。
【死灰】シカイ ①火の気がなくなった、冷たい灰。冷灰レイカイ。②生気のないもの。例 —のような肉体。
【死灰復燃】シカイまたもゆ 力を失って滅んだはずのものが、ふたたび盛り返す。〈史記・韓長孺伝〉
【死骸】シガイ 死んだ人や動物のからだ。死体。死屍シシ。なきがら。屍骸ガイ。
【死角】シカク 日①弾丸の届く範囲でも、地形の様子などで射撃できない区域。②物のかげになるなどして、見えない範囲。
【死学】シガク 日役に立たない学問。虚学。
【死活】シカツ 死ぬか生きるか。例 —にかかわる大問題。
【死肌】シキ 感覚のなくなった肌。血のかよわなくなった肌。例 去二死肌一（シキをさる）(=感覚を失ったはだをなおす)。〈柳宗元・捕蛇者説〉
【死期】シキ・シゴ ①死ぬとき。死にぎわ。臨終。例 —がせまる。②死ぬべきとき。死にどき。例 —をのがす。
【死去】シキョ 人が死ぬ。死亡。
【死苦】シク ①〔仏〕四苦の一つ。生命のあるものは、いずれ死ぬという苦しみ。→【四苦】シク（270ページ） ②死ぬときの苦しみ。また、死ぬほどつらい苦しみ。

【死刑】シケイ 犯罪者の生命をうばう刑罰。極刑。
【死後】シゴ 死んだあと。没後。対生前。例 —の世界。
【死語】シゴ 日①現在では使われなくなったことば。廃語。②現在あまり用いられない言語。古代ギリシャ語やラテン語など。
【死交】シコウ たとえ死んでも変わらないほどの強固な交わり。刎頸之交フンケイのまじわり。
【死罪】シザイ ①死刑。②死んでおわびをするほどの、重いつみ。例 —に値する。
【死産】シザン・シサン 日赤ん坊が死んで生まれる。
【死士】シシ 死を覚悟した士。命をなげうって何事かを成そうとする男。
【死▼屍】シシ〔「屍」は、しかばねの意〕死んだ人や動物のからだ。死体。死骸ガイ。なきがら。例 —累累ルイルイ。
【死▼屍に▼鞭打つ】シシにむちうつ 死んだ人の生前の言行を非難・攻撃する。〔楚ソの平王に父と兄を殺された伍子胥ゴシショが、その恨みをはらすために、平王の死体を掘り出して鞭で打ったという故事〈史記・伍子胥伝〉から〕
【死児】シジ 死んだ子供。類 死子。
【死児ジの齢よわいを数かぞえる】日過去のどうにもならないことを、あれこれと嘆くこと。死んだ子の年を数える。
【死▼而後▼已】シしてのちやむ 死んでようやくやめる。死ぬまで努力を続けること。例 死而後已、不二亦遠一乎（シしてのちやむ、またとおからずや）(=《士は人道の完成に努め》死ぬまで努力を続ける。その道のりのなんと遠いことであろうか)。〈論語・泰伯〉
【死者】シシャ 死んだ人。死人。例 —に鞭むち打つ。
【死守】シシュ 命がけで守る。例 王座を—する。
【死所】【死処】シショ 死に場所。死地。
【死傷】シショウ 死ぬことと、けがをすること。例 —者。
【死且不朽】シすともかつくちず 人が死んだあとでも、その人の言行は語り継がれる。〈左伝・僖三〉
【死生】シセイ 死ぬことと生きること。死と生。生死。
【死生有レ命】シセイメイあり 人間の生と死とは運命によるものであって、人の力ではどうすることもできない。例 死生有レ命、富貴在レ天（シセイメイあり、フウキテンにあり）(=生死も財産・身分も天命である)。〈論語・顔淵〉
【死節】シセツ 節義を守り通すために命を落とす。
【死諸葛走二生仲達一】シせるショカツいけるチュウタツをはしらす 死後にまで強い影響力をもつことのたとえ。死せる孔明生ける仲達を走らす。◆三国時代、蜀ショクの諸葛亮ショカツリョウ（字あざなは孔明）が五丈原ゴジョウゲンの陣中で病没したとき、退却する蜀軍を魏ギの将軍司馬懿シバイ（字は仲達）が追ったところ、蜀軍は孔明がまだ生きていると見せかけて反撃の構えをしたので、仲達はおそれ逃走した。……〈蜀志・諸葛亮伝注・漢晋春秋〉

【死戦】シセン 命のかぎり戦う。死闘。
【死線】シセン 日①牢獄ロウゴクなどの周囲に設けた境界線。〔これを越えると射殺される〕②死ぬか生きるかの境。命にかかわる危険な状態。例 —をさまよう。
【死相】シソウ ①死が間近にせまっている様子の人相。例 —があらわれる。②死者の顔つき。死に顔。
【死蔵】シゾウ 日使えるものを、無駄にしまいこんでおく。
【死体】シタイ 死んだ人や動物のからだ。なきがら。死骸シガイ。死屍シシ。表記 旧▼屍体
【死地】シチ ①死に場所。死所。例 —を求める。②生きて帰れないような危険な場所や状態。例 —におもむく。
【死中】シチュウ じっとして死を待つよりほかに方法のない状態。
【死中求レ活】シチュウにカツをもとむ 「死中求レ生シチュウにセイをもとむ」に同じ。
【死中求レ生】シチュウにセイをもとむ 絶体絶命の状況にあって、切り抜ける方法を探し求める。例 男児当三死中求二生（ダンジまさにシチュウにセイをもとむべし）(=男児たるもの危機にあっても活路を探すものだ)。〈後漢書・公孫述伝〉
【死闘】シトウ 死に物狂いで、たたかう。また、非常に激しいたたかい。例 —をくりひろげる。
【死人】シニン 死んだ人。死者。例 —に口無し。
【死馬の骨を買う】シバのほねをかう つまらない人物でも大切に用いれば優秀な人材が集まる。→【先従レ隗始】まずカイよりはじめよ（1402ページ） ◆ある人が、死んだ名馬の骨を大金で買ったところ、人々は、生きた名馬ならさらに高い値で買うだろうと思い、多くの名馬が集まったという。……〈戦国策・燕〉
【死斑】シハン 日死後数時間ほどたって死体の皮膚にあらわれる、赤紫色の斑点。屍斑シハン。
【死病】シビョウ かかったら助からない病気。不治フジの病やまい。
【死物】シブツ 日①生命のないもの。対生物セイブツ。②役に立たないもの。活用されないもの。対活物カツブツ。
【死文】シブン 日①実際には用いられることのない、法律や命令など。空文。②内容に見るべきところのないつまらない文章。
【死別】シベツ 死による別れ。永別。永訣エイケツ。〔多く、近親者の間でいう〕対生別。例 幼くして両親と—した。

【死亡】シボウ 死ぬ。死去。例 ―通知。
【死没】【死▼歿】シボツ 人が死ぬ。死去。死亡。例 ―者。
【死命】シメイ ①生きるか死ぬかの、大切なところ。生死の急所。例 ―を制する。②死ぬべきいのち。例 ―を達観する。
【死滅】シメツ 死に絶える。〔多く、同類のものがすべてが滅びるときにいう〕絶滅。例 ―した動物。
【死薬】シヤク 死に至るくすり。毒薬。
【死友】シユウ ①命を失うことになっても、そむかない友。親友。②すでに死んだ友人。先立った友。亡友。
【死霊】シリョウ・シレイ 日死者の魂。怨霊オンリョウ。対生き霊リョウ。例 ―にとりつかれる。
【死力】シリョク 死ぬ気になってしぼり出す力。ありったけの力。例 ―を尽くして戦う。
●仮死カシ・餓死ガシ・急死キュウシ・決死ケッシ・検死ケンシ・殉死ジュンシ・焼死ショウシ・水死スイシ・生死セイシ・戦死センシ・即死ソクシ・致死チシ・万死バンシ・必死ヒッシ・病死ビョウシ・変死ヘンシ

殁
歹4(8) 2 6139 6B7F ボツ漢 モツ呉 月 mò

[殁] 歹4(8) 4 1594 6B81 俗字。

意味 ❶しぬ。例 死殁シボツ。❷おわる。おえる。例 殁レ世而不レ巻よをおうるまでうまず(=一生、飽きることがなかった)。〈墨子・節用中〉 ❸なくなる。消滅する。例 敗殁ハイボツ。

表記 現代表記では「没」に書きかえることがある。熟語は「没」も参照。

殀
歹4(8) 2 6140 6B80 ヨウ(エウ)漢呉 篠 yǎo わかじに

意味 ❶若くて死ぬこと。短命。わかじに。通夭ヨウ。例 殀寿ヨウジュ。❷ころす。例 不レ殀レ夭オウをころさず(=動物の子を殺さない)。〈礼記・王制〉

【殀寿】ヨウジュ 若死にすることと長生きすること。夭寿ヨウジュ。

殃
歹5(9) 2 6142 6B83 ヨウ(ヤウ)漢 オウ(アウ)呉 陽 yāng わざわ-い(わざはひ)

意味 ❶災難。天罰。わざわい。例 天殃テンオウ。余殃ヨオウ(=子孫にまでおよぶわざわい)。❷そこなう。きずつける。わざわいする。例 不レ教レ民而用レ之、謂二之殃一レ民たみをおしえずしてこれをもちう、これをたみをわざわいすという(=民を教化しないで戦に徴用する、これは民をそこなうものである)。〈孟子・告子下〉

【殃禍】オウカ わざわい。災害。類殃害。
【殃▼咎】オウキュウ わざわいと、とがめ。
【殃及二池魚一】わざわいチギョにおよぶ ⇒【池魚之殃】チギョのわざわい(751ページ)

殂
歹5(9) 3 8638 6B82 ソ漢 虞 cú

意味 逝く。死ぬ。特に、帝王についていう。例 殂落ソラク(=帝王が死ぬ)。崩殂ホウソ(=崩御)。

殆
歹5(9) 1 4356 6B86 タイ漢 ダイ呉 賄 dài 人 ほとん-ど・あや-うい(あやふ-し)・ほとほと

なりたち [形声]「歹(=骨のかけら)」と、音「台イ」とから成る。危うい。

意味 ❶危険だ。あぶない。あやうい。また、あやうくする。例 思而不レ学則殆おもいてまなばざればすなわちあやうし(=考えるだけで学ばなければ(独断に陥り)危険だ)。〈論語・為政〉 危殆キタイ(=あやういこと。危険)。❷つかれる。くたびれる。例 困殆コンタイ(=苦しむ)。❸おこたる。通怠。例 修レ政不レ殆まつりごとをおさめておこたらず(=善政につとめて怠ることがない)。〈淮南・泰族〉 ❹…にちかい。すんでのことに。ほとんど。例 零落殆尽レイラクしてほとんどつく(=おちぶれてほとんどいなくなった)。〈孔融・論盛孝章書〉

古訓 中古 あやふし・あやぶむ・おこたる・およぶ・ちかし・ちかづく・はじむ・はじめ・ほとほと・やうやく 中世 あやふし・ほとんど 近世 あやふし・ちかし・はじめ・ほとんど

人名 ちか・ちかし

殄
歹5(9) 2 6141 6B84 テン漢 銑 tiǎn あや-うい(あや-ふし)・た-つ・つ-きる(つ-く)・つ-くす・ほろ-ぶ

意味 ❶消滅する。つきる。ほろぶ。断つ。ほろぼす。つくす。例 殄滅テンメツ。❷病みつかれる。あやうい。例 殄瘁テンスイ。❸よい。通腆テン。

【殄▼瘁】テンスイ 病みおとろえる。荒廃し衰退する。
【殄▼殲】テンセン 「殄滅テンメツ」に同じ。
【殄滅】テンメツ 根だやしにする。また、残らず滅びる。殄殲テンセン。

残
歹6(10) 1 2736 6B8B 教4 サン漢 ザン・セン呉 寒 cán のこる・のこす・そこ-なう(そこ-なふ) 付表 名残なごり

[殘] 歹8(12) 2 6144 6B98 旧字体。

筆順 一 ア 歹 歹 歼 残 残 残

なりたち [形声]「歹(=肉をけずりとられた骨)」と、音「戔サン」とから成る。そこなう。

意味 ❶そこなう。きずつける。やぶる。また、そこなわれる。やぶれる。例 残殺ザンサツ。残酷ザンコク。敗残ハイザン。❷むごい。ひどい。わるい。例 残虐ザンギャク。❸あとにのこる。のこる。のこす。また、わずかにのこったもの。あまり。例 残存ザンソン。残留ザンリュウ。無残ムザン。❹尽きようとする。例 金炉香尽漏声残キンロコウつきてロウセイザンす(=金の香炉の香が燃え尽き、水時計の音もかすかになる)。〈王安石・夜直〉 残燭ザンショク。残喘ザンゼン。

古訓 中古 そこなふ・のこす・のこり・のこる・ほろぶ・やぶる 中世 そこなふ・のこる・ほろぶ・やぶる 近世 あしし・きずつく・そこなふ・のこる・やぶる

【残雨】ザンウ 大雨のあとに降る小雨こさめ。雨のなごり。
【残英】ザンエイ 散りのこり、色あせてしなびた花びら。
【残▼鶯】ザンオウ 春の終わりに鳴くウグイス。老鶯。晩鶯。
【残花】ザンカ 散らないでのこっている花。特に、サクラの花についていう。
【残壊】ザンカイ ものをこわし、使えなくする。類残毀ザンキ。
【残害】ザンガイ 傷つけたり殺したりする。
【残骸】ザンガイ ①戦場や被災地などに捨て置かれた死体。死骸。②ひどく焼けたりこわれたりしてのこったもの。
【残額】ザンガク 日のこりの金額または数量。残金。残高。
【残寒】ザンカン 立春を過ぎても、のこっている寒さ。余寒。
【残簡】【残▼翰】ザンカン ちりぢりになった古い書物や文書で、その一部分だけのこっているもの。断簡。
【残▼暉】ザンキ ①沈む夕日の光。あるいは夕日が沈んだあとの余光。残照。②夕日。落日。
【残菊】ザンギク 秋の終わりごろまで、咲きのこっているキクの花。
【残虐】ザンギャク 人や生きものを殺したり苦しめたりして、むごたらしくあつかうさま。残酷。例 ―な行為。
【残業】ザンギョウ 日決められた勤務時間のあとまでのこって、仕事をすること。また、その仕事。超過勤務。例 ―手当。
【残金】ザンキン 日①支払いをしたあとで、手元にのこった金額。残額。②借金など、まだ払っていない金。
【残欠(缺)】【残▼闕】ザンケツ 古い書物や記録などで、一部分が欠けて不完全なこと。また、そのもの。 例 古い絵巻物の一。一本。

【残月】ザンゲツ 夜が明けてからも、空にのこって見える月。有明(ありあけ)の月。例 淡い一の影。

【残光】ザンコウ 日が沈んだあとも、空にのこっている光。残照。

【残更】ザンコウ 夜の明け方。五更。午前四時前後。

【残▼肴】【残▼殽】ザンコウ 酒宴などで食べのこされた料理や酒肴。残飯。

【残紅】ザンコウ ①散りのこりのあかい花。②地面に落ちたあかい花。ボタンの花などを指す。③涙でほおべにがくずれたさま。

【残酷】【残刻】ザンコク 人や生きものをひどく苦しめて、平気でいるさま。むごたらしいさま。残虐。例 一な仕打ちをする。

【残▼渣】ザンサ 日 溶かしたり、こしたりしたあとにのこるかす。のこりかす。例 瓶の底の一。

【残殺】ザンサツ 傷つけ殺す。むごたらしく殺す。惨殺。

【残▼滓】ザンシ|ザンサイ 日 〔「ザンサイ」は慣用読み。「滓」は、かすの意〕のこったかす。例 封建社会の一。

【残日】ザンジツ ①沈もうとしている太陽。落日。夕日。入り日。②日 のこりの日数。

【残春】ザンシュン 春の終わり。春の雰囲気がのこっている日。

【残暑】ザンショ 立秋を過ぎてもまだのこっている、夏のような暑さ。例 きびしい一が続く。

【残照】ザンショウ 日が沈んでからもしばらくの間、山や空の一部にのこっている夕日の光。残光。夕焼け。

【残▼燭】ザンショク ①今にも燃え尽きそうなともしび。残灯。②夜明けについている灯火。

【残生】ザンセイ ①生命をそこなう。②老いてのこされた、短い人生。のこり少ない命。余生。残年。例 一を楽しむ。

【残雪】ザンセツ 春になっても消えないで、のこっている雪。

【残▼喘】ザンゼン ①今にも絶えそうな息。虫の息。②自分の年。余命の謙遜(ケンソン)語。例 留二残喘一(ザンゼンをとどむ)(=生きながらえる)。〈蘇軾・杭州召還乞郡状〉

【残▼蟬】ザンゼン 秋になっても鳴いているセミ。季節はずれのセミ。類 残蜩(ザンチョウ)。

【残像】ザンゾウ 日 見たものを取り去ったあとも、ごく短い時間それが見えるように感じる感覚。

【残賊】ザンゾク ①人を傷つけ殺す。②残酷で人の道に外れた人。③日 討伐されてのこった賊。残党。余賊。

【残存】ザンソン|ザンゾン なくならないで、のこっている。生きのこる。

【残▼樽】【残尊】ザンソン 中身ののこっているたる。特に、酒ののこったたる。

【残高】ザンだか 日 収入と支出など、差し引き勘定をしたあとに、のこっている金額。残額。例 預金の一を調べる。

【残徒】ザント 戦いで討ちもらされて、のこった者。残党。

【残土】ザンド 日 土木工事で、掘ったときに出る、いらない土。

【残灯(燈)】ザントウ 消えずにのこっているともしび。残燭(ザンショク)。類 残釭(ザンコウ)。

【残党(黨)】ザントウ いくさに敗れて、仲間の多くが討たれた中で、生きのこった者たち。残徒。例 平家(ヘイケ)の一。

【残忍】ザンニン あわれみがなく、平気でむごいことをするさま。

【残年】ザンネン ①この先生きていられる年月。余命。余生。残喘(ザンゼン)。②一年の終わり。年末。年の暮れ。

【残念】ザンネン 日 ①思いどおりにならず、もの足りなく思ったり、不満に思ったりするさま。心のこりのするさま。遺憾(イカン)。例 一ですが欠席いたします。②悔しいさま。無念。

【残破】ザンパ ばらばらにする。破壊する。

【残杯冷▼炙】ザンパイレイシャ 飲みのこしの酒と、冷めた肉料理。転じて、冷遇され、恥辱をうけること。〈家訓・雑芸〉

【残飯】ザンパン 食べのこした飯や料理。例 一をあさる。

【残品】ザンピン 日 売れないで、のこった品物。例 一を安く売る。

【残部】ザンブ 日 ①のこりの部分。②本や雑誌などの、売れのこっている部数。例 一僅少(キンショウ)。

【残兵】ザンペイ 戦いに負けて生きのこった兵。

【残亡】ザンボウ ①ほろんでなくなる。敗れ滅びる。滅亡する。②戦争に負けて逃げる。

【残▼氓】ザンボウ 亡国の民(たみ)。生き残っている民。遺民。

【残暴】ザンボウ 荒々しく、むごたらしい。残忍暴虐。残虐。

【残務】ザンム 日 やりのこした仕事。例 一整理。

【残夢】ザンム ①目が覚めても心にのこる夢。②明け方になって、うとうとして見る夢。

【残夜】ザンヤ 明け方。夜明け。しののめ。未明。

【残余(餘)】ザンヨ のこり。あまり。例 一を分配する。

【残陽】ザンヨウ 沈もうとする太陽。夕日。入り日。

【残▼戮】ザンリク むごたらしく殺す。惨殺。虐殺。

【残留】ザンリュウ 日 その場所にとどまる。あとにのこる。例 一農薬。敵地に一させられる。

【残塁】ザンルイ ①攻め落とされずに、のこっているとりで。②日 野球で、攻撃が終わったときに、走者が塁にのこっていること。

殊

歹6 (10)

1 2876 6B8A 常用

シュ 漢 ジュ 呉 虞 shū

こと・ことに

筆順 一 ア 万 歹 歺 歼 殊

なりたち  [形声]「歹(=肉をけずりとられた骨)」と、音「朱(シュ)」とから成る。ころす。首とからだとを別々に切りはなす刑罰。

意味 ❶ころす。死ぬ。例 殊死(シュシ)。❷たちきる。たつ。例 断二其後之木一而弗レ殊(そのうしろのきをきりてたたず)(=その後方の木を切りかけにして、たちきらなかった)。〈左伝・昭三〉❸わける。区分する。別にする。別々にする。異(こと)にする。例 天下同レ帰而殊レ塗(テンカきをおなじくしてみちをことにす)(=天下は帰着点を同じにするが、その道のりを別々にする)。〈易・繋辞下〉❹普通と違っている。異なる。特にすぐれている。例 殊遇(シュグウ)。殊勲(シュクン)。特殊(トクシュ)。❺はなはだ。非常に。ことに。❻意外にもまったく。何と結局。ことに。例 君行殊不レ返(きみゆきてことにかえらず)(=あなたは出かけて結局帰らない)。〈徐幹・情詩〉❼すぎる。こえる。例 年殊二七十一(としシチジュウをすぐ)(=年齢が七十歳をこえていた)。〈後漢書・梁竦伝〉

古訓 中古 ことなり・ことに・たつ・たゆ・はなはだ 中世 いちじるし・ことなり・ことに・たゆ 近世 きる・ことなり・ことにす・ころす・わかつ

人名 よし

【殊更】ことさら 日 ①特別の気持ちをこめて、おこなうさま。わざと。わざわざ。例 一に会うのを避ける。②他と比べて特別なさま。特に。とりわけ。例 夕景色が一美しい。

【殊異】シュイ ①他と大きく異なっている。②珍しくて貴重。

【殊域】シュイキ 故郷・故国ではない場所。異郷。異域。外国。類 殊境。

【殊▼裔】シュエイ 〔「裔」は、夷狄(イテキ)の国の意〕はるか遠くの国。例 包二挙殊裔一(シュエイをホウキョす)(=遠い果ての国までも、残らず包みこむ)。〈魏志・陳留王奐紀〉

【殊恩】シュオン 特別に受けた恩。格別の情け。例 一に浴する。

【殊遇】シュグウ 特別の手厚い待遇。心のこもったもてなし。

【殊勲】シュクン めだって、すぐれた手柄。例 一賞。

【殊功】【殊効】シュコウ 特にめざましいはたらき。殊勲。例 建二殊功於季漢一(シュコウをキカンにたつ)(=蜀漢(ショッカン)でめざましい功績をあげた)。〈蜀志・諸葛亮伝〉

【殊死】シュシ ①死刑にする。斬首(ザンシュ)の刑。また、死刑囚。②死を覚悟する。必死になる。命をかける。例 軍皆殊死戦(グンみなシュシしてたたかう)(=軍の全員が決死の覚悟で戦う)。〈史記・淮陰侯伝〉

【殊姿】シュシ 容姿がとりわけすぐれていること。

【殊勝】シュショウ ①風景などが特にすぐれていること。②日 心がけなどが、立派で感心なさま。けなげ。例 —な心がけだ。

【殊色】シュショク ①美しさがとりわけ抜きんでていること。②さまざまな色合い。

【殊絶】シュゼツ とびぬけてすぐれている。秀絶。

【殊俗】シュゾク ①ゾクをことにす 風俗・習慣が異なっている。②異なる習俗がおこなわれている地。外国。異境。

【殊致】シュチ ①チをことにす 趣を異にする。②美しい風景。

【殊▼寵】シュチョウ 特別にかわいがる。特に、天子が格別の恩寵(オンチョウ)を施すこと。類 殊眷(シュケン)。

【殊塗同帰】シュトドウキ 異なる道を行きながら同じ所へ帰る。方法は違うが、同じ結果にいたること。同帰殊塗。殊塗同致。

→意味❸

【殊能】シュノウ 抜きんでた能力や才能。

【殊方】シュホウ ①ホウをことにす 方向や方法が異なっていること。例 好悪殊レ方(コウオホウをことにす)(=好き嫌いはそれぞれ異なっている)。〈漢書・芸文志〉②異なる土地。他郷。異郷。

【殊類】シュルイ ①種類や地位、身分が異なる。②人ならぬもの。鬼神や狐狸(コリ)・妖怪(ヨウカイ)の類。

●特殊(トクシュ)・文殊(モンジュ)

殉

歹6 (10) 1 2962 6B89 常用

シュン漢 **ジュン**呉 震 xùn

したが-う(したが-ふ)

筆順 一 ア 歹 歹 歹 殉 殉 殉 殉 殉

なりたち [形声]「歹(=肉をけずりとられた骨)」と、音「旬(シュン)」とから成る。身分のとうとい死者につきしたがって死ぬ。

意味 ❶主君や夫の死を追って臣下や妻が死ぬ。また、死んだ人の供として一緒に葬る。**したがう**。じゅんじる。例 殉死(ジュンシ)。❷信念・理想や、ある目的のために命をかけてつとめる。**したがう**。じゅんじる。例 殉教(ジュンキョウ)。殉国(ジュンコク)。殉職(ジュンショク)。❸むさぼる。もとめる。例 殉利(ジュンリ)。

古訓 中古 いとなむ・いとふ・ころす・したがふ・とこふ・となふ・ほろぶ・めぐる・もとむ 近世 いとなむ・ころす・とぶらふ・もとむ 中世 いとなむ・おくる・したがふ・もとむ

【殉教】ジュンキョウ 日 自分の信仰する宗教のために、命をなげうつ。

【殉国】ジュンコク 国のために命を捨ててはたらく。例 —の士。

【殉死】ジュンシ 主君の死を追って、家来などが死ぬ。

【殉職】ジュンショク 日 職務のために命を落とす。例 —した警察官。

【殉節】ジュンセツ 節義のために命をすてる。徇節(ジュンセツ)。

【殉葬】ジュンソウ 貴人が死んだとき、死後の世界で供をするため、人間や器物を墓に埋めること。

【殉道】ジュンドウ 一みちにジュンず 正しい道を実現するために、一身を賭(ト)して努力する。例 天下無レ道、以レ身殉レ道(テンカみちなければ、みをもってみちにジュンず)(=世に道がおこなわれないときには、道のために命がけで励む)。〈孟子・尽心上〉

【殉難】ジュンナン 困難や災難にあって死ぬ。特に、国家や宗教のために命を捨てる。例 —者。

【殉名】ジュンメイ 名誉を守るために、命を投げ出す。

【殉利】ジュンリ 一リにジュンず 命をかけて利益を追い求める。例 小人則以レ身殉レ利(ショウジンはすなわちみをもってリにジュンず)(=徳の少ない人間は、利益のために身を犠牲にする)。〈荘子・駢拇〉

殍

歹7 (11) 2 6143 6B8D

ヒョウ(ヘウ)漢 篠 piǎo

うえじに(うゑじに)

意味 うえて死ぬ。餓死。**うえじに**。また、うえて死んだ人。例 殍餓(ヒョウガ)(=うえ死にする。また、その人)。

殛

歹8 (12) 4 7801 6B9B

キョク漢 職 jí

意味 ❶責めとがめて流罪にする。❷罪を責めて殺す。ころす。

[殘]

歹8 (12) ⇩残(ザン)(730ページ)

殖

歹8 (12) 1 3103 6B96 常用

ショク漢 シキ呉 職 zhí

ふえる(ふ-ゆ)・**ふやす**

筆順 一 ア 歹 歹 歹 歹 殖 殖 殖

なりたち [形声]「歹(=肉をけずりとられた骨)」と、音「直(チョク→ショク)」とから成る。脂肪がくさる。派生して「ふえる」の意。

意味 ❶(動植物が)うまれふえる。**ふえる**。生長する。また、そだてる。例 生殖(セイショク)。養殖(ヨウショク)。❷(財産を)たくわえる。**ふやす**。ふえたもの。たくわえ。例 殖産(ショクサン)。殖財(ショクザイ)。❸(植物を)うえる。立てる。通 植。

古訓 中古 うう・うゆ・たつ・たね・もち 中世 うう・うゆる・おふ・たつる・たね 近世 うゆる・おほし・そだつ・たつ・なる・のびる・ふゆる

人名 え・しげる・たね・なか・のぶ・ふゆ・ます・もち

難読 麻殖(えお)(=地名)

【殖貨】ショクカ 財貨をふやす。貨殖。

【殖財】ショクザイ 財産をふやす。例 相応に—の道を考える。

【殖産】ショクサン ①財産をふやす。例 貯蓄による—。②日 産業を盛んにし、生産物をふやす。例 —興業。

【殖民】ショクミン 日 本国以外の土地に移住し、その土地を切り開いたり、新しい市場をつくったりする。また、その人々。植民。

●増殖(ゾウショク)・繁殖(ハンショク)・養殖(ヨウショク)・利殖(リショク)

殕

歹8 (12) 2 6145 6B95

ホク漢 職 bó

くず-れる(くづ-る)・たお-れる(たふ-る)・やぶ-れる(やぶ-る)

意味 たおれて死ぬ。**たおれる**。

殞

歹10 (14) 2 6146 6B9E

イン(ヰン)漢呉 軫 yǔn

お-ちる(お-つ)・お-とす・し-ぬ・そこ-なう(そこ-なふ)・ほろ-ぶ

意味 ❶命を落とす。死亡する。**しぬ**。例 殞没(インボツ)。殞命(インメイ)。❷落下する。**おちる**。通 隕(イン)。例 殞墜(インツイ)(=落ちる)。

【殞没】【殞▼歿】インボツ 死ぬ。死亡する。

【殞命】インメイ 命を落とす。

殤

歹11 (15) 2 6147 6BA4

ショウ(シャウ)漢 陽 shāng

し-ぬ・わかじに・いのちみじか-し

意味 ❶若死にする。また、若死にした者。例 長殤(チョウショウ)(=十九歳から十六歳で死ぬ)。中殤(チュウショウ)(=十五歳から十二歳で死ぬ)。下殤(カショウ)(=十一歳から八歳で死ぬ)。❷戦争や思いがけない事故で死ぬ。また、その死者。例 国殤(コクショウ)(=国のために命を落とした人)。

殪

歹12 (16) 2 6148 6BAA

エイ漢 霽 yì

し-ぬ・たお-す(たふ-す)・たお-れる(たふ-る)

意味 ❶死亡する。**しぬ**。**たおれる**。例 殪没(エイボツ)(=たおれ死ぬ)。❷殺す。**たおす**。例 殪戎(エイジュウ)。

【殪▼戎】エイジュウ 〔「戎」は、征伐する意〕討伐する。

殫
歹12(16) 2 6149 6BAB タン 漢 寒 dān きわ-める(きは-む)・つ-きる(つ-く)・つ-くす

意味 ❶なくなる。つきる。例 殫竭(=つきはてる)。殫亡 ❷出しつくす。つくす。例 殫二其地之出一(=その土地の産物を(税として)出しつくす)。〈柳宗元・捕蛇者説〉殫力(=力をつくす)。❸ことごとく。きわめる。例 殫見治聞

【殫極】尽きはてる。類 殫尽・殫竭。

【殫見▼治聞】見聞や知識が広くて豊かなこと。〈班固・西都賦〉

【殫残】完全に滅ぼす。

【殫亡】すっかりなくなる。尽きはてる。

殭
歹13(17) 3 8640 6BAD キョウ(キャウ) 漢 陽 jiāng

意味 からだをこわばらせる。たおれて死ぬ。たおれる。通 僵。例 殭尸(=硬直した死体)。殭仆(=たおれる)。

殩
歹13(17) 3 8639 6BA9 サン 漢 翰 cuàn

意味 喪中の家へ贈る食料。

殮
歹13(17) 4 7802 6BAE レン(レム) 漢 艶 liàn

意味 埋葬する前に、死者の衣服を整えて棺に入れる。通 斂。例 葬殮(=葬儀)。

殯
歹14(18) 2 6150 6BAF ヒン 漢 震 bìn かりもがり・もがり

意味 死者を棺におさめて、埋葬まで安置しておく(こと)。かりもがり。もがり。また、その棺。例 殯宮

【殯▼柩】死体を納めたひつぎ。類 殯棺。

【殯宮】かりもがりの宮殿。天子または貴人の遺骸を棺に納め、埋葬まで安置しておく宮殿。

[殲]
歹15(19) ⇩殲(733ページ)

殲
歹17(21) 2 6151 6BB2 セン(セム) 漢 塩 jiān つ-くす・ほろ-ぼす

[殱]
歹15(19) 2 6152 6BB1 俗字。

意味 皆殺しにする。ほろぼす。つくす。つきる。例 殲滅。

【殲滅】残らずほろぼす。皆殺しにする。全滅。掃滅。

79 4画 殳 ほこづくり るまた 部

杖を持って人をうつ意をあらわす。「殳」をもとにしてできている漢字を集めた。

この部首に所属しない漢字
穀→禾976 轂→車1292

殳
殳0(4) 2 6153 6BB3 シュ 漢 虞 shū ほこ

意味 ❶兵器の一つ。先駆けの兵車に立て、人を遠ざける杖。ほこ。❷漢字の書体で、秦の八体の一つ。殳書。

殴
殳4(8) 1 1805 6BB4 常用 オウ 漢 有 ǒu なぐ-る・う-つ

[毆]
殳11(15) 2 6156 6BC6 旧字体。

筆順 一 フ ヌ 区 区 区' 殴 殴

なりたち 毆 [形声]「殳(=つえでうつ)」と、音「區ク→ウオ」とから成る。つえで人をうつ。

意味 強く打つ。むちや杖で打つ。たたく。なぐる。例 殴殺

古訓 中古 うつ・かる 中世 うつ 近世 うつ・たたく

【殴撃】なぐりたたいたりする。殴打。

【殴殺】なぐり殺す。

【殴打】顔やからだを、なぐったりたたいたりする。殴撃。

段
殳5(9) 1 3542 6BB5 教6 タン 漢 ダン 呉 翰 duàn

筆順 ノ 亻 𠂤 𠂤 𠂤 段 段 段

なりたち 段 [形声]「殳(=つえでうつ)」と、音「耑タ」の省略体とから成る。椎で物をたたく。借りて「区切り」の意。

意味 ❶つちでたたく。きたえる。通 鍛。❷たたいた干し肉。例 段脩(=たたいてショウガとニッキをまぶした干し肉)。❸わける。例 分段(=分ける)。❹距離・時間・事物・演劇・文章などの一部分。区切り。例 段階・段落。❺絹織物の一種。どんす。通 緞。例 段子。❻織物を数える単位。例 絹布二千段。

日本語での用法 一《タン》①「五段歩の田たんぼ」▼尺貫法の田畑などの面積の単位。一段は三百歩。約三百坪(=約一〇アール)。反。②「十四五段の廻船」▼和船の帆の大きさを示す単位。二《ダン》①「石段・階段」▼石などを積み重ねて階段状にしたもの。きざはし。②「算段」▼やり方。てだて。方法。③「初段から二段に進む」▼技量などの等級。④「道行の段・六段の調べ」▼歌舞伎・浄瑠璃・箏曲などで、独立して演じられる一部分。

古訓 中古 きる・くだく・つきたる・つだつだ・はしぎれ・くだくだ・つたきる 近世 ありさま・おす・きれぎれ・なげうつ 中世 きれ・きれぎれ・くだくだ・つたきる

【段位】日 武道や囲碁・将棋などで、段であらわした技量の等級。

【段階】日 ①能力などによって分けた区切り。順序。例 初級の—。②ものごとが進み、移り変わっていくときの、ある一定の状態。進行の過程。例 仕上げの—にかかる。

【段丘】日 川や海や湖の岸に沿った、階段状の地形。土地の隆起や水面の降下などによってできる。例 海岸—。

【段差】日 ①道路や床などで、高低のある所。また、その高さの差。例 —に注意。②段位の違いによる能力の差。

【段段】①切れ切れになっているさま。②少しずつ。順を追って。次第に。例 —明るくなってくる。③日 階段。また、階段のようになったもの。例 —畑。

【段平】日 刃の幅の広い刀。また、単に刀のこと。

【段幕】日 紅白や五色の布を横に何段も縫い合わせた幕。

【段落】①文章や話の、意味や形の上での、ひと区切り。パラグラフ。②日 ものごとの区切り。

● 階段・格段・算段・手段・昇段・特段・値段・別段

殷

殳6(10) 2 6154 6BB7

一イン漢 オン呉 文 yīn
二アン漢 エン呉 刪 yān
三イン漢 オン呉 吻 yǐn

さか-ん

意味 一 ❶豊かなさま。さかえた。**さかん**。また、大きい。多い。例 殷賑シン。❷ただしい。ただす。例 殷二仲春一(=仲春チュウシュンを正しく定める)。〈書経・尭典〉 ❸実在が確認されている中国最古の王朝。夏の桀ケツ王を滅ぼして湯ト王が建てたという。紀元前十一世紀ごろ、第三十代の紂チュウ王のとき、周の武王に滅ぼされた。初めの国号を商ショウといったが、のち、都を河南の地に移して殷と改めた。(前一七〇〇ごろ—前一一〇〇ごろ) ❹うれえ、いたむさま。通慇イン。例 殷殷イン。❺⇒【殷勤】 二 黒みがかった赤。赤黒い色。例 殷殷アン。殷紅アンコウ。三 ❶雷の音。❷ふるえる。ふるわす。例 殷レ天動レ地テンをふるいチをうごかす(=天を震わせ地を動かす)。〈司馬相如・上林賦〉

【殷紅】アンコウ 色の名。黒みがかった赤色。
【殷殷】一インイン ①うれえ、いたむさま。慇慇イン。②盛んなさま。③音が大きく鳴りひびくさま。例 —たる鐘の音。二アンアン 赤黒いさま。
【殷鑑不レ遠】インカンとおからず 戒めとなる失敗の前例は、自分の身近なところにある。〔殷の国が戒めにすべき悪い手本(=鑑かがみ)は、遠い昔に求めなくても、すぐ前の夏カ王朝の滅びたことに見える、の意〕〈詩経・大雅・蕩〉商鑑不レ遠ショウカンとおからず。
【殷▼墟】【殷虚】インキョ 古代王朝、殷の都があったとされる場所。現在の河南省安陽市郊外にある。甲骨文字の刻まれた亀甲キッコウや獣骨が発見された。
【殷勤】インギン 礼儀正しく、丁寧なさま。慇懃インギン。例 —無礼(=丁寧すぎて、かえって失礼なこと)。
【殷▼昌】インショウ 勢いの盛んなこと。繁栄していること。繁盛ハンジョウ。殷盛インセイ。
【殷商】インショウ 殷王朝。最初、湯ト王が商の地に都を置いて国名を「商」とし、のちに盤庚バンコウという王が、殷の地に都を移して国名を「殷」とした。併せて殷商とよぶ。
【殷▼賑】インシン 商売などが盛んで、にぎわっていること。繁盛ハンジョウ。殷盛インセイ。例 港町は—をきわめた。
【殷盛】インセイ 大いに栄えていること。繁盛ハンジョウ。殷賑インシン。
【殷阜】インプ 勢いが盛んで豊かなさま。
【殷富】インプ 盛んで豊かなさま。例 —な人々。
【殷憂】インユウ うれいのはなはだしいさま。

殺

殳6(10) 1 2706 6BBA 教4

一サツ漢 セチ・セツ呉 黠 shā
二サイ漢呉 卦 shài

ころ-す・あや-める(あや-む)・そ-ぐ・そ-げる

[殺] 殳7(11) 3 8641 F970 旧字体。
[煞] 灬9(13) 4 7986 715E 俗字。

筆順 ノ メ 殺

なりたち  [形声]「殳(=つえでうつ)」と、音「杀サ→サツ」とから成る。ころす。

意味 一 ❶死なせる。**あやめる**。**ころす**。例 殺意サツイ。殺人サツジン。暗殺アンサツ。殺生セッショウ。❷取り除く。なくす。滅ぼす。例 抹殺マッサツ。❸語のあとにそえる助字で、その語の意味を強める。例 悩殺ノウサツ。忙殺ボウサツ。黙殺モクサツ。❹そこなう。きずつける。また、すさんださま。例 殺気サッキ。殺風景サップウケイ。二 ❶減らす。**そぐ**。例 減殺ゲンサイ。相殺ソウサイ。❷おとろえる。例 隆殺リュウサイ。

古訓 中古 かる・きる・ころす・そす・そつ・たけし・とし 中世 かる・きる・ころす 近世 ころす・そぐ・そこなふ・たけし・ちる・へらす

【殺意】サツイ 人をころそうとする気持ち。例 —をいだく。
【殺害】サツガイ(セツガイ) 人をころす。殺人。
【殺気】サッキ ①草木を枯らす寒気。②ころし合いでも始まりそうな、さしせまった気配。荒々しい気分。例 —だつ。—がみなぎる。—をはらむ。
【殺菌】サッキン 日 細菌を熱や薬品などでころす。
【殺傷】サッショウ ころしたり、きずつけたりする。例 —事件。
【殺人】サツジン 人をころす。殺害。例 —罪。—事件。
【殺陣】サツジン(たて) 日 芝居や映画などで、斬きり合いや捕り物などの乱闘の場面。また、その演技。立ち回り。例 —師シ。
【殺青】サッセイ ①竹を火にあぶって、青みや油分を取り除くこと。また、取り除いたもの。中国で、紙のなかった時代に文字を記すのに用いた。②文書。記録。
【殺虫(蟲)】サッチュウ 人や農作物に害を与える虫をころす。例 —剤。
【殺到】サットウ 多くの人やものごとが、一度にどっとおし寄せる。例 注文が—する。
【殺伐】サツバツ ①人をころす。②(人をころしても何も感じないような)心にうるおいや温かみのないさま。すさんで荒々しいさま。例 —たる風景。
【殺風景】サップウケイ 〔もと、風景をそこなう意〕①眺めてみて、単調で趣がないさま。例 —な町並み。②興ざめがして、つまらないこと。無風流。例 樹木も石もない—な庭。
【殺▼戮】サツリク 〔「戮」も、ころす意〕多くの人を、むごたらしくころす。例 大量—。
【殺略】【殺▼掠】サツリャク 人をころして物をうばい取る。
【殺生】セッショウ ①ころすことと、生かすこと。②〔仏〕生きものをころす。例 —禁断。無益な—を禁じる。③日 むごいさま。思いやりがなく、ひどいさま。例 —な話。

●虐殺ギャクサツ・減殺ゲンサイ・自殺ジサツ・銃殺ジュウサツ・併殺ヘイサツ

殻

殳7(11) 1 1944 6BBB 常用

カク漢 覚 ké/qiào

から

[殼] 殳8(12) 2 6155 6BBC 旧字体。
[壳] 士5(8) 4 0522 58F3 別体字。

筆順 一 十 士 殻

なりたち  [形声]「殳(=つえでうつ)」と、音「𡉉コウ→カク」とから成る。上から下にあるものをうつ。また、「から」の意。

意味 ものの外側や表面をおおうかたい皮。果実の外皮や、卵や貝のから。**から**。例 貝殻がら。地殻チカク。卵殻ランカク。

古訓 中古 かは・かひ 中世 から 近世 から・はく・もと

【殻物】カクブツ 貝類。類 殻族。

●甲殻コウカク・地殻チカク・卵殻ランカク

𣪘

殳7(11) 4 7803 23A98

キ(クヰ)漢 紙 guǐ

意味 祭祀サイシの穀物を盛る、円形の青銅器。通 簋キ。

[殺] 殳7(11) ⇒殺サツ(734ページ)

[殼] 殳8(12) ⇒殻カク(734ページ)

殽

殳8(12) 4 7804 6BBD

一コウ(カウ)漢 肴 xiáo
二コウ(カウ)漢 肴 yáo
三コウ(カウ)漢 効 xiào

意味 一 ❶いりみだれる。通 淆コウ。例 殽乱コウラン。❷河南省にある山の名。殽山コウザン。通 崤コウ。二 肉や魚の料理。ごちそう。通 肴コウ。例 殽饌コウセン(=酒のさかな。酒宴)。三 ❶まねをする。ならう。かたどる。通 効。❷効果。ききめ。通 効。

【殽核】コウカク 〔「核」は、種のある果物〕酒とともに食べる料理。酒のさかな。
【殽▼函】コウカン 殽山コウザンと函谷関カンコクカン。秦シンの東方の要害。〔殽

山は河南省西部にあり、西に函谷関が続いている〕

【殽乱】コウラン 入りまじること。入り乱れて判別できないこと。㊫殽雑。

毀

殳9 (13) ②5244 6BC0 常用

一キ(クヰ)㊥㊦ 紙 huǐ
二キ(クヰ)㊥㊦ 寘 huì
こぼ-つ・こわ-す(こは-す)・こぼ-れる(こぼ-る)・そし-る

筆順 亻 (F 臼 白 皇 毀 毀 毀

なりたち 〔形声〕「土(=つち)」と、音「毇キ」の省略体とから成る。(土器が)欠ける。

意味 一 ❶破壊する。そこなう。傷つける。こわす。こぼつ。また、傷つく。くじける。例毀壊カイ。毀棄キ。破毀ハ。❷健康をそこねる。やせる。例毀瘠セキ。❸人を悪く言う。そしる。例仲尼不レ可レ毀也チュウジはそしるべからざるなり(=孔子を悪く言うことはできない)。〈論語・子張〉毀誉褒貶ホウヘン。二乳歯がぬける。例毀歯シ。

古訓 中古 かく・こほつ・そこなふ・そしる・ほろぼす・やす・やぶる・をかす 中世 かけたり・こぼつ・そこなふ・そしる・やぶる 近世 かくる・くづるる・こぼつ・そこなふ・そしる・やせる・やぶる・やぶるる

【毀壊】キカイ 破りこわす。また、こわれ破れる。破壊。
【毀棄】キキ こわしすてる。破りすてる。例文書を—する。
【毀言】キゲン 人をそしることば。悪口。
【毀▼訾】キシ 悪しざまに言う。けなす。㊫毀詆テイ。
【毀歯】キシ 乳歯がぬけて永久歯に生えかわる。転じて、七、八歳の子供。
【毀傷】キショウ こわしきずつける。痛めきずつける。損傷。
【毀▼瘠】キセキ 喪に服して、悲しみのあまりひどくやせ衰える。
【毀損】キソン ①物をこわす。物がこわれる。破損。例文化財を—する。②名誉や信用などを傷つける。傷つく。例名誉—で訴える。
【毀▼謗】キボウ けなす。悪口を言う。
【毀誉】キヨ けなすことと、ほめること。悪口とほめことば。
【毀誉褒▼貶】キヨホウヘン 日〔「褒貶」は、ほめることとけなすこと〕ほめたり、けなしたりすること。称賛と悪口。また、世間の評判。例—に左右されない。

殾

殳9 (13) ④7805 6BBE

シュン㊥ 震 xùn

意味 築く。

殿

殳9 (13) ①3734 6BBF 常用

テン㊥ デン㊦ 霰 diàn
との・どの・しんがり

筆順 コ 尸 屏 展 展 殿 殿 殿

なりたち 〔形声〕「殳(=つえでうつ)」と、音「展トン→テ」とから成る。打つ音。借りて「ごてん」の意。

意味 ❶大きくどっしりした建物。また、天子や貴人の住まい。ごてん。また、神仏を祭る建物。例殿堂デンドウ。宮殿キュウデン。仏殿ブツデン。❷貴人をとうとんでいうことば。例殿下カ。貴殿キデン。❸最後尾にいて敵の追撃を防ぐ軍勢。しんがり。また、しんがりをつとめる。例奔而殿はしりてデンたり(=敗走してしんがりをつとめる)。〈論語・雍也〉殿軍デングン。❹試験や勤務評定で、最も低い成績。㊉最。❺しずめる。安泰にする。例殿二天子之邦一テンシのくにをデンす(=天子の国を安泰にする)。〈詩経・小雅・采菽〉

日本語での用法 《との》《どの》「殿方とのがた・殿御ごとの・東山殿ひがしやまどの」▼主君を臣下が、夫を妻が、男性を女性が呼ぶことば。また、人名などにそえて敬意をあらわすことば。

古訓 中古 おくる・おくれたり・おとど・しつぱらひ・しづむ・との・ふせく 中世 おくる・おくれたり・しづむ・との 近世 おくるる・おとる・しつぱらひ・との

人名 あと・すえ

【殿宇】デンウ 〔「宇」は、家の意〕立派な建物。殿堂。
【殿下】デンカ ①宮殿の階段の下。②諸侯や王を敬っていう呼び名。③日天皇や皇后など「陛下」と呼ばれる人以外の皇族を、敬っていう呼び名。例皇太子—。内親王—。
【殿階】デンカイ 宮殿内に昇る階段。御殿のきざはし。㊫殿陛デンペイ。
【殿閣】デンカク ①宮殿と楼閣。宮殿と付属する建物を併せた称。②「殿閣大学士」の略。宋ソウ代以降、大学士、宰相の別称となる。
【殿▼檻】デンカン 宮殿の手すり。御殿の欄干。
【殿軍】デングン 大部隊のいちばん後ろにいて、追ってくる敵を防ぐ部隊。しんがり。㊉先鋒センポウ。
【殿後】デンゴ 軍隊のいちばん後ろ。しんがり。殿軍。
【殿最】デンサイ ①しんがりと、さきがけ。②軍功や考課の評価で、上のもの(=最)と、下のもの(=殿)。
【殿試】デンシ 科挙(=官吏登用試験)の最終試験。宋ソウ代に定められ、皇帝が自ら試験官となった。
【殿舎】デンシャ 御殿。やかた。
【殿上】デンジョウ 一御殿の内部。二テンジョウ 日①「殿上テンジョウの間ま」の略。昔、宮中の清涼殿セイリョウデンにあった一室。②「殿上人テンジョウびと」の略。昔、宮中の清涼殿に昇ることを許された人。㊉地下ジゲ。
【殿中】デンチュウ ①御殿のなか。②日将軍のいる所。
【殿堂】デンドウ ①大きくて立派な建物。例白亜の—。②神仏を祭ってある建物。③日ある方面の、おおもとになる建物や場所。例学問の—である大学。
【殿版】デンパン 清シン初、宮殿内の武英殿で印刷・出版された書物。武英殿本。㊫殿本デンポン。
【殿▼廡】デンブ 宮殿の軒下の回廊。
【殿方】とのがた 日多く女性が、男性一般を指していう、丁寧な言い方。
【殿御】とのご 日女性が男性を敬って呼ぶことば。殿方とのがた。
●貴殿キデン・宮殿キュウデン・御殿ゴテン・昇殿ショウデン・神殿シンデン・沈殿チンデン・拝殿ハイデン・伏魔殿フクマデン・本殿ホンデン・湯殿ゆどの

〔毆〕

殳11 (15) ⇩殴オウ(733ページ)

毅

殳11 (15) ①2103 6BC5 人

キ㊎ ギ㊥ 未 yì
つよ-い(つよ-し)・たけ-し

なりたち 〔形声〕「殳(=つえでうつ)」と、音「豙ギ」とから成る。激しく怒る。派生して「意志がつよい」の意。

意味 意志がつよく、ものごとに動じない。決断力がある。つよい。たけし。例毅然ゼン。弘毅コウキ。剛毅ゴウキ。

古訓 中世 はたす 近世 いかる・けだつ・つよし・はたす

人名 かた・かつ・こわし・さだむ・しのぶ・たか・たかし・たけ・つよ・つよき・つよし・とし・のり・はた・はたす

【毅然】キゼン 意志がつよく、心を動かさないさま。例—たる態度でのぞむ。—として拒否する。
【毅勇】キユウ 意志がつよく、勇ましいこと。

毇

殳12 (16) ④7806 6BC7

キ(クヰ)㊥ 紙 huǐ

意味 玄米を精白する。

毈

殳12 (16) ④7807 6BC8

タン㊥ ダン㊦ 翰 duàn

【毉】殳14(18) ⇩医(188ジペー)
意味 卵が孵化しない。すもり。

80 4画 毋 なかれ（母 はは）部

禁止の意をあらわす。「毋」をもとにしてできている漢字はないが、字形のよく似た「母(五画)」や、「毌」の字形を目じるしにして引く漢字を集めた。

この部首に所属しない漢字

毋
毋0(4) 2 6157 6BCB

ブ漢 ム呉 虞 wú
な-い(な-し)・なか-れ

意味 ❶「なかれ」と読み、…するな、の意。禁止をあらわす。例 毋二妄言一(=不用意にしゃべるな)。〈史記・項羽紀〉 ❷「なし」と読み、…ない、の意。否定をあらわす。例 毋レ固(=固執しない)。〈論語・子罕〉

【毋望】思いがけないこと。例 —の福(=思いがけない幸せ)。—の禍(=思いがけない災い)。

毌
毋0(4) 6BCC

カン(クヮン)漢 翰 guàn

意味 貫き通す。つらぬく。通 貫。

母
母0(5) 1 4276 6BCD 教2

ボ漢 モ呉 有 mǔ
はは
付表 乳母・母さん・叔母・伯母・母屋・母家

筆順

なりたち

［象形］「女(=おんな)」が両乳を垂らし、子にのませようとする形。

意味 ❶女親。はは。また広く、女性親族の年長者。対 父。例 母子。母堂。父母。曽祖母。伯母。姨母。❷婦人に対する敬称。また、老婦人。例 有二一母一(=ある婦人がいた)。〈史記・淮陰侯伝〉 ❸ものを生み出すもと。例 万物之母(=万物の根源)。〈老子・一〉 母型。酵母。

日本語での用法《ボ》「母校・母国・航空母艦」
▼出身(地)。本拠。

古訓 中古 いろは・はは・みち 中世 はは・みち 近世 したふ・はは・め・やしなふ

難読 乳母・雲母・挙母(=地名)・水母

【母屋】【母家】日 ①軒や廊下などに対して、家のおもな部分。もや。〔もと寝殿造りの中央の部分を指した〕例 庇を貸して—を取られる(=恩を仇で返される)。②離れなどに対して、住まいの中心となる建物。③分家や支店に対して、本家や本店。

【母御】日 他人の母親を敬っていうことば。対 父御。

【母音】〔言〕声帯の振動をともなって出た声が、口の中で舌や歯などによって、さまたげられないで発音される音。現代日本語ではア・イ・ウ・エ・オの五つ。対 子音。

【母▼艱】母親が死ぬこと。母の喪。類 母憂。

【母儀】①人の母親としての手本。多く、皇后のあるべき姿をいう。類 母範。②日 はぎみ。母堂。

【母兄】母が同じ兄。同母兄。同腹の兄。対 母弟。

【母系】日 ①母親の血筋につながる系統。②母方の系統をもとに、家の跡取りを伝えていくこと。▽対 父系。

【母型】日 活字を作るための、金属の鋳型。字母。

【母権】日 ①子に対する、母親としての権利。②母方の血筋が家長としての権利をもつこと。また、その権利。例 —制の時代。▽対 父権。

【母語】日 ①幼いときに自然に身につけたことば。自分の祖国の言語。母国語。②〔言〕同じ系統に属する諸言語の、祖先にあたる言語。祖語。〔たとえば、イタリア語・フランス語などの母語はラテン語〕

【母后】帝王の母。皇太后。

【母校】日 出身校。また、現在学んでいる学校。

【母港】日 その船が根拠地としている、みなと。

【母国】日 自分の生まれた国。祖国。

【母国語】日 自分の生まれ育った国のことば。母語。

【母子】母と子。対 父子。例 出産後は—ともに健康。

【母性】日 女性がもつ、母親としての本能的な性質。対 父性。例 —愛。—本能。

【母船】日 遠洋漁業などで、付属漁船がとってきた魚介類を、加工したり貯蔵したりする設備のある大きな船。親船おやぶね。例 —式漁業。

【母銭】商売の元になるお金。元手。資本。

【母体】①子供を生む、母親のからだ。例 —保護。②日 分かれ出た、もとのもの。例 国連を—とする組織。

【母胎】赤ん坊がいる、母親の腹の中。母の胎内。

【母弟】母親が同じ弟。同母弟。同腹の弟。対 母兄。

【母党(黨)】母方の親戚。

【母堂】日 他人の母を敬っていうことば。例 ご—様。

【母乳】母親の乳房から出る乳。例 —で育てる。

【母衣】日 昔、鎧の背につけて矢を防ぐなどした、幅の広い布、または布製の大きな袋。

●雲母・義母・空母・継母・実母・字母・聖母・祖母・父母・保母・養母・老母

毎
毋2(6) 1 4372 6BCE 教2

一 バイ漢 マイ呉 賄 měi
二 バイ漢 マイ呉 隊 mèi
ごと・ごと-に・つね-に

毎
母2(7) 3 8642 6BCF 人

旧字体。

筆順

なりたち

［形声］「屮(=草木が初めて生じる)」と、音「母ボ→バイ」とから成る。草が盛んに上へのび出る。派生して「つねに・ごとに」の意。

意味 一 ❶そのたびごとに。一つごとに。ごと。いつも。つねに。例 毎二朝時一(=参内するたびに)。〈史記・廉頗藺相如伝〉 毎回。毎度。毎日。❷時間の単位について、その時間あたりの速度や流量をあらわす。…につき。…あたり。例 毎時一五〇キロメートル。毎秒一リットルの流水量。❸…ではあるが。いえども。例 毎レ有二良朋一(=良き友がいても)。〈詩経・小雅・常棣〉 ❹むさぼる。例 毎生。❺⇩【毎毎】② 二 ⇩【毎毎】③

古訓 中古 ごとに・しばしば・つねに・むさぼる 中世 ごとに・つね 近世 いつも・おのおの・およそ・ごとに・しばしば・つね・むさぼる

人名 かず・つね

【毎回】一回ごと。そのたびごと。毎度。例 —出演する。

【毎期】その期間や期限の、たびごと。一期ごと。

【毎月】一か月ごと。月ごと。月づき。例 —の例会。

【毎号】新聞や雑誌などの、その号ごと。

【毎次】そのたびごと。そのつど。毎回。例 —報告する。

【毎時】マイジ 一時間ごと。一時間につき。例 ―五〇キロメートルの速度。
【毎週】マイシュウ 一週間ごと。各週。例 ―会合を開く。
【毎食】マイショク 一回の食事ごと。食事のたび。例 ―の献立。
【毎生】マイセイ|セイをむさぼる あくせくして生きる。生きることに執着する。例 品庶毎レ生ヒンショはセイをむさぼる（＝庶民は生きることに執着する）。〈漢書・賈誼伝〉
【毎夕】マイセキ|マイゆう 毎日の夕方。夕ごと。毎晩。
【毎朝】マイチョウ|マイあさ 毎日の朝。朝ごと。
【毎度】マイド ①そのたびごと。例 ―失敗する。②いつも。例 ―ありがとうございます。
【毎日】マイニチ 一日ごと。ひごと。くる日もくる日も。日日ニチニチ|ひび。
【毎年】マイネン|マイとし 一年ごと。としごと。くる年くる年。年年ネンネン。
【毎晩】マイバン 晩ごと。夜ごと。毎夜。例 ―出かける。
【毎秒】マイビョウ 一秒ごと。一秒間につき。例 ―三〇万キロメートルの光の速さ。
【毎分】マイフン 一分ごと。一分間につき。例 ―三リットルの水量がある。
【毎毎】マイマイ ①いつも。つねづね。毎度。例 ―ごひいきにあずかる。②バイバイ 草が生い茂るさま。例 原田毎毎ゲンデンバイバイたり（＝原野の田畑に草が生い茂っている）。〈左伝・僖三〉③バイバイ くらいさま。混乱して迷うさま。味味マイマイ。
【毎夜】マイヤ|マイよ 毎日の夜。夜ごと。夜な夜な。毎晩。
●戸毎こごと・日毎ひごと・夜毎よごと

毒

母4（8）　1 3839　6BD2　教4
一トク漢　ドク呉　沃 dú
二タイ漢　隊 dài

筆順 一 十 キ 主 圭 圭 毒 毒

なりたち ［形声］「屮（＝草木が初めて生じる）」と、音「毒アイ→トク」とから成る。人を害する草。

意味 一 ❶生命や健康をそこなうもの。どく。例 毒薬ドクヤク。消毒ショウドク。中毒チュウドク。❷毒を使って、害する。毒をもる。例 可ニ以毒レ鼠もってネズミをドクすべし（＝〈礜ヨという名の白い石の毒で〉ネズミを駆除できる）。〈山海・西山〉❸傷つける。苦しめる。また、わざわい。例 害毒ガイドク。❹凶悪な。ひどい。むごい。例 毒舌ドクゼツ。毒暑ドクショ。❺うらむ。例 毒恨ドクコン（＝うらむ）。❻困る。苦しむ。病む。例 仙聖毒レ之センセイこれをやむ（＝仙人はこれに困った）。〈列子・湯問〉 二⇨【毒冒】タイマイ

古訓 中古 いたむ・うれふ・つかふ・にがし・やむ・をさむ 中世 いたむ・くるしむ・そこなふ・にがし 近世 あしもの・いたむ・えだち・くるしむ・そこなふ・にくむ

難読 毒ブス（＝附子ブス）・毒島ブスじま（＝姓）

【毒冒】タイマイ ウミガメの一種。玳瑁タイマイ。瑇瑁タイマイ。
【毒液】ドクエキ 毒を含んだ液。例 ―を分泌する。
【毒牙】ドクガ ①（毒ヘビなどの）毒液を出すきば。例 ―にかかる。②日 人をおとしいれようとする悪だくみ。毒手ドクシュ。例 ―にかかる。
【毒害】ドクガイ 毒薬を飲ませて殺す。毒殺。
【毒気】ドクキ|ドクケ|ドッケ ①毒となる成分。有害な気体。例 ―を含むガスがふき出る。②日 人を不愉快にする心。わるぎ。悪意。例 彼の―にあてられる。
【毒血】ドクケツ|ドクち 病毒を含んだ血。悪血オケツ|アクち。
【毒殺】ドクサツ 毒薬を使って殺す。毒害。
【毒矢】ドクシ|ドクや 矢の先に毒を塗った矢。
【毒死】ドクシ 毒薬によって死ぬ。
【毒手】ドクシュ ①人を殺そうとする手段。②ひどいやり方。悪だくみ。魔手。毒牙ドクガ。例 敵の―にかかる。
【毒酒】ドクシュ 毒を入れたさけ。
【毒暑】ドクショ ひどい暑さ。酷暑。類 毒熱。
【毒▼瘴】ドクショウ 病気を引き起こすような、山川の有毒な気。毒気。瘴気ショウキ。
【毒刃】ドクジン 日 人を傷つけ殺そうとする刃物。凶刃キョウジン。
【毒性】ドクセイ 日 生物にとって有毒な性質。例 ―が強い。
【毒舌】ドクゼツ 日 非常に口の悪いこと。ひどい悪口や、手きびしい皮肉。例 ―家。―をふるう。
【毒素】ドクソ 日 生物体で作られる有毒な物質。細菌が作ったり、動植物が腐ったりしてできる。
【毒草】ドクソウ 毒の成分をもつ、くさ。ドクゼリ・トリカブトなど。
【毒虫（蟲）】ドクチュウ|ドクむし 毒をもち、人体を刺すなどして害を与える虫。ハチ・ムカデ・サソリなど。
【毒筆】ドクヒツ 日 人を傷つけるために、ひどい悪口や皮肉を書くこと。また、その文章。例 ―をふるう。
【毒婦】ドクフ 日 平気で悪いことをする、心のねじけた女。悪婦。
【毒物】ドクブツ 毒を含むもの。有毒な物質や薬物。
【毒味】【毒見】ドクみ 日［「味」は、あて字］①身分の高い人に出す飲食物に、毒が含まれていないかを調べるために前もって食べてみること。例 将軍のお―役。②料理の味かげんをみる。味見。例 ―してから客に出す。
【毒薬】ドクヤク 少量でも体内にはいると、生命の危険がある薬。青酸カリ・砒素ヒソなど。［「劇薬」よりも毒性が強い薬］
【毒竜】ドクリュウ|ドクリュウ 毒をもち、人に害を与える竜。煩悩や欲望による迷いのたとえ。
【毒▼癘】ドクレイ 人体に害をもたらす悪い空気。また、悪い空気によってかかる病気。
【以レ毒攻レ毒】ドクをもってドクをおさむ 毒薬を使って解毒する。ある悪を除くのに、他の悪を使う。〈大乗入楞伽経・六〉
【以レ毒制レ毒】ドクをもってドクをセイす 「以レ毒攻レ毒ドクをもってドクをおさむ」に同じ。
●害毒ガイドク・解毒ゲドク・鉱毒コウドク・消毒ショウドク・中毒チュウドク・服毒フクドク・無毒ムドク・猛毒モウドク・有毒ユウドク

【毓】母9（14）　⇨育イク（1087ページ）

81 4画 比 くらべる ならびひ部

人が二人ならぶようすをあらわす。「比」と、「比」の字形を目じるしにして引く漢字とを集めた。

この部首に所属しない漢字

比

比0（4）　1 4070　6BD4　教5
一ヒ漢　ヒ・ビ呉　寘 bì（旧 bì）
二ヒ漢呉　紙 bǐ
くらべる（くら-ぶ）・ころ・ならぶ・たぐい（たぐひ）

筆順 一 ヒ ヒ' 比

なりたち ［指事］「从（＝二人ならぶ）」を左右反対向きにした形。したしい。

意味 一 ❶したしむ。近づきになる。例 克順克比よくしたがいよくしたしむ（＝〈民は王季に〉よく従い、よく親しんだ）。〈詩経・大雅・皇矣〉比党ヒトウ。❷かたよって親しくする。えこひいきする。くみする。例 君子周而不レ比、小人比而不レ周クンシはシュウしてヒせず、ショウジンはヒしてシュウせず（＝君子は広く公平に交際し、かたよることはない。小人は一部にかたより、広く公平に交際することがない）。〈論語・為政〉❸助ける。例 胡不レ比焉なんぞたすけざる（＝どうして助けてくれないのか）。〈詩

経・唐風・杕杜〉❹合わせる。合う。例 比レ知同レ力（＝知恵を合わせ、力を合わせる）。〈荀子・臣道〉❺ならぶ。となりあう。ならべる。ひとしい。近い。例 比肩ヒケン。比翼ヒヨク。❻みな。すべて。ならびに。❼しきりに。連続して。…ごとに。例 比年ヒネン。❽以前。さきに。❾…のときになって。ころおい。ころ。また、このごろ。例 比年ヒネン。比来ヒライ。❿易エキの六十四卦カの一つ。☷☵ 坤下坎上カンシヨウ。地の上に水がある象。

㊁❶二つのものをならべて、違いを見つける。くらべる。例 比較ヒカク。対比タイヒ。❷なぞらえる。たとえる。例 比況ヒキョウ。比喩ヒユ。❸仲間。同類のもの。たぐい。また、類似する。例 比倫ヒリン。比類ヒルイ。無比ヒム。❹準ずる。ならう。例 礼比二太社一也（＝儀礼は太社に準じた）。〈後漢書・祭祀志中〉❺ためし。先例。例 以二先王之法一為レ比（＝いにしえの聖王のやり方を先例とする）。〈韓非・有度〉❻『詩経シキョウ』の六義リクギの一つ。似たものにたとえて述べたもの。

日本語での用法 《ヒ》「比ヒを求もとめる」▼同種の二つの量の割合。

古訓 中古 くらぶ・このごろ・これ・ころほひ・しきり・たぐひ・たくらぶ・たとふ・ちかし・ちかづく・とも・ともがら・なみ・ならぶ 中世 このごろ・ころ・ころほひ・そなふる・たぐひ・たくらぶ・ちかづく・ならぶ 近世 おもねる・およぶ・かなふ・きびし・ころほひ・さき・しきり・したがふ・そなふ・たぐひ・たくらぶ・ちかし・ちかづく・ついづる・つらなる・ならび・ならぶ・はかる・まつ

人名 これ・たか・たすく・ちか・ちかし・つな・とも・なみ・ひさ・ひとし

難読 比売神ひめがみ・比売知ひめじ・比目魚ひらめ

【比屋】ヒオク ①家々が軒を並べる。②のきなみ。だれもかれも。

【比屋可封】ヒオクホウずべし 〔上に立つ人物がすぐれていれば民も徳を備え、だれもが諸侯に封ぜられるほどになる意〕その土地の教化が行き届いていること。〔〈尚書大伝・五〉から〕

【比価】ヒカ ほかのものとくらべての価格や価値。

【比較】ヒカク|ヒコウ 二つ以上のものをくらべ合わせる。

【比擬】ヒギ ひきくらべる。なぞらえる。比況。

【比況】ヒキョウ ①くらべて別のものにたとえること。比擬。②日 文法で、動作や状態などを、ほかのものにたとえてあらわすこと。〔「ようだ」「ごとし」などを用いる〕例 ―の助動詞。

【比興】ヒキョウ ①『詩経』の六義リクギの比（＝比喩ヒユ）と興（＝思いをものに仮託する）。②ものにたとえて意を述べる。③詩歌を作る。

【比丘】ビク 〔仏〕〔梵語ボン bhikṣu の音訳〕出家して、戒カイを受けた男性の僧。対 比丘尼ビクニ。

【比丘尼】ビクニ 〔仏〕〔梵語ボン bhikṣuṇī の音訳〕出家して、戒カイを受けた女性の僧。尼僧。対 比丘。

【比肩】ヒケン ①肩を並べる。②人が多い。③同じような程度で、優劣がつけられない。匹敵。例 彼に―する者はいない。

【比校】ヒコウ 照らし合わせる。比較する。

【比歳】ヒサイ 毎年。比年。

【比周】ヒシュウ ①私心によるかたよったつき合いと、正しい道にのっとった交友。→意味㊀❷ ②徒党を組んで悪事をはたらく。比党。

【比重】ヒジュウ 日 ①〔物〕ある物質の重さの、それと同体積のセ氏四度の水の重さに対する比。②ほかのものごととの比較の割合。例 研究費のなかで書籍代の占める―が大きい。

【比定】ヒテイ 日（年代や場所などについて）比較や考証をして推定する。例 古寺の跡に―されている地。

【比党（黨）】ヒトウ 徒党を組む。集まって悪事をはたらく。比周。

【比年】ヒネン ①毎年。比歳。②このごろ。

【比附】ヒフ ①親しみ、つき従う。②強引に比較する。③故事や法にならう。

【比方】ヒホウ ①比較する。並べてくらべる。②たとえる。なぞらえる。③似る。

【比目魚】ヒモク ㊀ギョ 目がおのおの一つしかなく、二匹並んで泳ぐという想像上の魚。㊁ひらめ 日 ヒラメやカレイの類。

【比喩】ヒユ ものごとの説明などをするとき、似かよったものにたとえて表現すること。譬喩ヒユ。

【比翼】ヒヨク ①鳥などがつばさを並べて飛ぶ。②「比翼鳥ヒヨクのとり」の略。③日「比翼仕立て」の略。和裁・洋裁で、そで口やボタン部の仕立て方の一つ。

【比翼塚】ヒヨクづか 日 心中シンジュウした男女や、恋し合った男女を一緒に葬った墓。

【比翼鳥】ヒヨクのとり ①雌雄とも、一つの目、一つのつばさしかないため、一体にならなければ飛べないという想像上の鳥。②夫婦あるいは男女の愛情が深いことのたとえ。比翼連理ヒヨクレンリ。③ヒヨクどり 日 スズメ目フウチョウ科の小鳥。ゴクラクチョウ。

[比翼鳥 ①]

【比翼連理】ヒヨクレンリ 夫婦あるいは男女の愛情が深いことのたとえ。〔「在レ天願作二比翼鳥一、在レ地願為二連理枝一（＝天にあっては一体となって飛ぶ鳥に、地にあっては枝のつながった木のようになりたい）。〈白居易・長恨歌〉」から〕

【比来】ヒライ 最近。近ごろ。

【比率】ヒリツ 日 数量を、全体、または他の数量とくらべたときの割合。比。

【比倫】ヒリン ①くらべる。②同じ仲間。同類。比類。例 ―を絶した名作。

【比隣】ヒリン 隣近所。近隣。村里。例 生レ女猶得レ嫁二比隣一（＝女の子を生めば、まだしも近隣に嫁がせることができる）。〈杜甫・兵車行〉

【比類】ヒルイ ①〔「類」は、善の意〕よいものにくらべなぞらえる。②くらべ合わせる。類別する。③くらべる価値のあるもの。同類。たぐい。例 ―がない。

【比例】ヒレイ ①前例。ためし。また、前例にならう。②日〔数〕二つの数や量が、同じ割合で増えたり減ったりすること。正比例。対 逆比例・反比例。

●対比タイヒ・等比トウヒ・無比ムヒ・類比ルイヒ

毖
比5（9） 3 8643 6BD6 ヒ漢 寘 bì

意味 ❶気をひきしめて用心する。つつしむ。例 毖祀ヒシ（＝つつしんで祭る）。❷つかれる。なやむ。❸水がにじみ出る。例 毖涌ヒヨウ（＝水がわく）。通 泌ヒ。

毘
比5（9） 1 4091 6BD8 人 ヒ漢 ビ呉 支 pí たす-く

[毗]
比5（9） 3 8644 6BD7 本字。

なりたち  [形声]「田（＝あたま）」と、音「比ヒ」とから成る。人の臍へそ。

意味 ❶（人の）へそ。ほぞ。❷そばについて、助ける。例 毘佐ヒサ（＝補佐する）。毘翼ヒヨク（＝力をそえる）。❸梵語ボン vai の音訳字。例 毘沙門ビシャモン（＝仏法の守護神）。

古訓 中古 あつし・すけ・たすく・とも・ねがふ・ひろふ・もち・やすし 中世 たすく・ひろふ・ほしいまま 近世 あきらか・あつし・たすく・へ

そ・ほぞ

【毘▼盧遮那仏】全宇宙をあまねく照らす光を放つといわれる仏。盧遮那仏。盧舎那仏。〔密教でいう大日如来〕

毚

比13（17） 4 7809 6BDA

サン（サム）漢 咸 chán

意味 ❶すばしこいウサギ。ウサギ。例 毚毫（＝ウサギの毛で作った筆）。毚兎（＝ウサギ）。❷「毚欲」は、貪欲。むさぼる。

82 4画 毛 け部

「け」が生えているさまをあらわす。「毛」をもとにしてできている漢字を集めた。

0 739 毛 4 739 毜 6 739 毦 毧 7 739 毬 毫 毟 8 740 毯 毰 11 740 毵 氂 12 740 氅 13 740 氈 22 740 氍

この部首に所属しない漢字

尾→尸 403　耄→老 1077　耗→耒 1079

毛

毛0（4） 1 4451 6BDB 教2

ボウ漢 モウ呉 豪 máo

け

筆順 ノ 二 三 毛

なりたち  [象形] 生えている毛の形。

意味 ❶人間や動物の皮膚に生える細い糸状のもの。け。例 毛髪。羽毛。❷ごく小さく、細かい、わずかのもの。例 毛頭。毛管。毫毛。❸作物や草木。また、それが生えそだつ。例 不毛。二毛作。❹ない。無。例 飢者毛レ食（＝飢えた者に食物がない）。〈後漢書・馮衍伝〉❺「毫」の略字〕貨幣の単位「角」の通称。十銭。

日本語での用法 一《け》①「毛野・毛野国」▼奈良時代以前に、今の群馬県と栃木県の地域を指していったことば。のち、群馬県を「上毛野」、栃木県を「下毛野」と呼び、奈良時代以後は、「上野」「下野」というようになった。②「毛並みのよい馬・毛色が違う」▼生まれつきや血筋などをたとえていう。二《モウ》①「上毛（＝今の群馬県を指す。上毛野の上二字を音読したもの）・両毛（＝今の群馬県と栃木県。上毛野と下毛野を併せていう）」▼「毛野国」のこと。②▼単位。㋐長さでは一寸の千分の一。㋑重さでは一匁の千分の一。㋒割合では一割の千分の一。㋓貨幣では一円の一万分の一。

古訓 中古 くさ・け・けぶくむ・ちち 中世 かぞふ・くさ・け・ちち 近世 くさ・け・としより・なし

人名 あつ

難読 毛受（＝姓）

【毛脚】【毛足】日①毛ののびぐあい。例 ―が早い。②毛の多く生えている足。けずね。③毛皮や絨毯などの表面の毛の長さ。例 ―が長い。

【毛唐】日〔ひげや体毛が多い外国人の意〕「毛唐人」の略。昔、欧米人を卑しんで呼んだことば。

【吹レ毛求レ疵】①毛を吹き分けて、小さなきずを探し求める。少しのあやまちも許さず、厳しく指摘する。吹毛の求。〔「吹レ毛求二小疵一」。〈韓非・大体〉」から〕②日ものごとを荒立てたため、かえって自分に不利になること。

【毛羽】獣の毛と鳥の羽。転じて、鳥と獣。

【毛▼穎】〔「穎」は、とがっている意〕毛筆の別名。毛錐子。〈韓愈・毛穎伝〉

【毛管】日①きわめて細いガラス管。毛細管。例 ―現象。②全身に網目状に分布する、細い血管。毛細血管。

【毛挙】①細かいことまで述べる。特に、軽微な罪まで数え上げる。②重要なものを粗略に取り扱う。

【毛血】①いけにえにする動物の毛と血。②毛髪と血色。例 毛血日益衰（＝頭髪も血色も日々衰えていく）。〈韓愈・祭十二郎文〉

【毛孔】毛の生えている皮膚の小さい穴。毛穴。

【毛▼嫱】西施と並び称される美女の名。例 毛嫱西施天下之美人也（＝毛嫱や西施は天下一の美人である）。〈管子・小称〉

【毛▼錐子】毛筆の別名。毛穎。〔その先端が錐のようにとがっていることから〕〈旧五代・史弘肇伝〉

【毛▼氈】獣の毛の繊維に水分や圧力を加えて作った敷物。例 ―を敷く。

【毛虫（蟲）】一 毛でからだがおおわれている動物。獣。二日チョウやガの幼虫。

【毛頭】日①毛の生えた頭。赤ん坊のこと。②髪の先を垂らしている頭。少年のこと。③日〔下に打ち消しのことばをともなって〕毛の先ほども。少しも。例 ―信じない。

【毛髪】人のかみのけ。

【毛筆】穂先を獣の毛で作ったふで。対 硬筆。

【毛布】厚く織った毛織物。寝具などに使う。ケット。

【毛病】①ウマの毛ぐせ。②悪い性質。欠点。悪癖。

●羽毛・根毛・純毛・刷毛・不毛・羊毛

毜

毛4（8） 2 6159 6BDF 国字

むしーる

[挵] 扌6（9） 3 8477 6318 別体字。

[毟] 毛7（11） 4 7812 6BEE 別体字。

意味 ❶毛などをつかんで引きぬく。むしる。例 草毟り。毛を毟る。❷つまんで少しずつはがして取る。例 魚の身を毟って食べる。

毦

毛6（10） 4 7810 6BE6

ジ漢 寘 èr

意味 ウマや兵器につける、羽毛で作った飾り。例 氅毦（＝羽毛の飾り物）。

毧

毛6（10） 4 7811 6BE7

ジュウ（ジウ）漢 東 róng

意味 細い毛。例 毧毯（＝絨毯。カーペット）。

難読 天鵞毧

毬

毛7（11） 2 6160 6BEC 人

キュウ（キウ）漢 尤 qiú

まり・いが・かさ

なりたち  [形声]「毛（＝け）」と、音「求」とから成る。まり。

意味 ❶毛皮で作った球。まり。例 打毬。手毬。❷まりのような形をしたもの。例 毬果。

日本語での用法 《いが》「毬栗」▼クリの実を包む、鋭いとげにおおわれた外皮。

古訓 中古 まり 中世 てまり・まり 近世 てまり・まり

難読 三毬杖・毬藻

【毬▼栗】日①いがの中にはいったままの、クリの実。②髪の毛を丸刈りにした男の子の頭。例 ―坊主。

【毬果】マツ・スギ・モミなどの、球形の果実。球果。

毫 毛7(11) ②6161 6BEB コウ(カウ)漢 ゴウ(ガウ)呉 豪 háo すこ-し・わず-か(わづ-か)

意味 ❶きわめて細い毛。例 毫毛ゴウモウ。白毫ビャクゴウ。❷ごくわずか。すこし。例 毫末ゴウマツ。寸毫スンゴウ。毫ゴウも疑うたがいはない。❸筆。例 揮毫キゴウ。兎毫トゴウ(=ウサギの毛で作った筆)。❹長さや重さの単位。長さでは、一寸の千分の一。重さでは、一銭の千分の一。

【毫素】ゴウソ 筆と白い絹布。転じて、紙。〈陸機・文賦〉類毫紙・毫楮ゴウチョ。

【毫髪】ゴウハツ ①毛すじ。毛髪。②わずかな。ほんの少しの。

【毫▼芒】ゴウボウ 毛と、のぎ。非常に細かいもののたとえ。

【毫末】ゴウマツ 〔毛すじの先の意。あとに打ち消しのことばをともなって〕ごくわずか。少しも。毛頭。例 疑問は―もない。

【毫毛】ゴウモウ ①細い毛。②ごくわずか。ほんの少し。例 毫毛不二敢有レ所レ近(ゴウモウもあえてちかづくるところあらず)(=少しも〔財産を〕自分の身に近づけようとしなかった)。〈史記・項羽紀〉

【毫▼釐】ゴウリ ほんの少し。ごくわずか。

【毫▼釐千里】ゴウリセンリ ⇩【豪釐千里】ゴウリセンリ(1251ジペー)

[毮] 毛7(11) ⇩毟むしる(739ジペー)

[毱] 毛8(12) ⇩鞠キク(1430ジペー)

毳 毛8(12) ②6162 6BF3 セイ・ゼイ漢 霽 cuì にこげ・けば

意味 ❶鳥や獣のやわらかな短い毛。むくげ。にこげ。例 毳毛ゼイモウ。❷毛織物。毛皮。また、それで作られた物。❸もろい。やわらかい。よわい。通脆ゼイ。❹口当たりがよい。通脆ゼイ。❺泥道を滑って進む、板で作った乗り物。そり。通橇セイ。

日本語での用法《けば》「毳立けばだつ」▼紙や布の表面がこすれて、繊維が細かい毛のように立つ。

【毳▼冕】ゼイベン 毛織りの服と、礼装用の冠。古代、周の天子が四方の山川を祭る際に着た礼服。

【毳毛】ゼイモウ ①細く、やわらかい毛。わたげ。にこげ。②鳥の腹部にあるやわらかい毛。

毯 毛8(12) ②6163 6BEF タン(タム)漢 感 tǎn

意味 毛を織って作った敷物。けむしろ。毛氈モウセン。例 絨毯ジュウタン。

毵 毛11(15) ③8645 6BFF サン(サム)漢 覃 sān

意味 「毵毵サンサン」は、毛髪などが乱れて、垂れ下がるさま。

氂 毛11(15) ④7814 6C02 ━ボウ漢 モウ呉 豪 máo ━リ漢 支 lí

意味 ━ウシ科の哺乳動物。ヤク。また、その尾。通旄ボウ。例 氂牛ボウギュウ。━長さ・重さなどの単位。厘リン。通釐リ。

【氂牛】ボウギュウ|リギュウ チベットで飼われている、毛の長いウシ。カラウシ。犛牛ボウギュウ|リギュウ。〔古くから「氂」と「犛」とは混用される〕

氅 毛12(16) ③8646 6C05 ショウ(シャウ)漢 養 chǎng

意味 ❶鶖シュウという水鳥の羽毛。例 鶖氅シュウショウ。❷羽毛で作った外套ガイトウ。例 氅衣ショウイ。鶴氅カクショウ。

氈 毛13(17) ②6165 6C08 セン漢 先 zhān

[氊] 毛13(17) ④7815 6C0A 別体字。

意味 獣の毛に水分や圧力を加えて作った布。もうせん。フェルト。例 花氈カセン|はなむしろ。毛氈モウセン。

難読 氈受めんじょう(=姓)

【氈▼幄】センアク ①毛氈モウセンの垂れ幕。②毛氈を張りめぐらした家。また、匈奴キョウドの住まい。③匈奴。▽類氈帳。

【氈▼裘】センキュウ ①毛織物と皮の服。②〔「①」を着ていたことから〕匈奴キョウド。

【氈車】センシャ 毛氈モウセンを張りめぐらした車。おもに北方の民族が用いた。

氎 毛22(26) ④7816 6C0E チョウ(テフ)漢呉 葉 dié

意味 目の細かい毛布や綿布。例 白氎ハクチョウ(=白い綿布)。

83 4画 氏 うじ部

くずれそうな山のがけの意をあらわす「氏」と、字形のよく似た「民」、および「氏」「民」をもとにしてできている漢字を集めた。

0 740 氏 1 740 氐 民 4 741 氓

この部首に所属しない漢字

帋→巾1025 昏→日622

氏 氏0(4) ①2765 6C0F 教4 ━シ漢 ジ呉 紙 shì ━シ漢 支 zhī うじ(うぢ)

筆順 ノ ㇄ 㠯 氏

なりたち [形声]「𠂢(=山のがけによりそう形)」と、音「乁イ→シ」とから成る。今にも落ちそうな山のがけ。借りて「うじ」の意。

意味 ━❶同じ血族から分かれた集団。(尊卑による)家がら。うじ。例 氏神うじがみ。氏素性うじスジョウ。氏族シゾク。❷特定の人物・王朝・官職などにそえる称号。例 神農氏シンノウシ。夏后氏カコウシ。太史氏タイシシ。❸結婚した女性を指すとき、その女性の父姓につけることば。例 姜氏キョウシ。❹少数民族の称号。例 拓跋氏タクバツシ。❺単に人を呼ぶときに、その姓の下につけることば。例 伯氏ハクシ。❻姓。名字ミョウジ。例 氏名シメイ。━「閼氏エンシ」は、匈奴キョウドの単于ゼンウの妃。

日本語での用法《シ》①「夏目金之助氏なつめキンのすけシ・匿名氏トクメイシ・無名氏ムメイシ」▼人の姓や姓名の下につけて敬意をあらわす。②「氏シの言ゲによれば」▼「その方かた」を意味する。

古訓 中古うぢ 中世うぢ 近世うぢ・くづるる

【氏神】うじがみ 日①氏の祖先として祭る神。②その土地に生まれた者を守る神。鎮守チンジュの神。産土うぶすなの神。

【氏子】うじこ 日①氏神うじがみの子孫。②氏神が守っている土地に生まれ住んでいる者。③同じ氏神を祭る人々。

【氏素性】【氏素姓】うじスジョウ 日家柄。家すじ。

【氏姓】シセイ 家柄を示す氏うじと、血筋をあらわす姓かばね。姓氏。

【氏族】シゾク 〔「族」は、同じ祖先をもつと意識している血縁集団〕同じ祖先から出た集団。例 ―制度。

【氏名】シメイ 日名字ミョウジと名前。姓名。例 住所と―。

●華氏カシ・彼氏かれシ・源氏ゲンジ・摂氏セッシ

氐 氏1(5) ③8647 6C10 ━テイ漢 薺 dǐ ━テイ漢 斉 dī

意味 ━根本。もと。通柢テイ。━❶下げる。たれる。例 氐首シテイ。❷ひくい。通低。❸(中国の西方に住んでいた)異民族。えびす。例 氐羌テイキョウ(=氐族と羌族)。❹二十八宿の一つ。とも。ともぼし。例 氏宿シテイシュウ。

【氏首】シテイシュイ 首を垂れる（こうべをたるる）。頭をたれる。うつむく。

民

氏1（5） 1 4417 6C11 教4 ビン漢 ミン呉 真 mín たみ

筆順

なりたち ［象形］さかんに群がり生まれ出る形。多くのたみ。

意味 ❶〔官に対して〕官位をもたない人。〔君クンに対して〕統治される側の人。一般の人々。たみ。例 民間カン。民衆シュウ。国民コク。❷人間。ひと。例 務二民之義一（たみのギをつとむ）（＝人としてなすべき義務を果たす）。〈論語・雍也〉

古訓 中古 たみ・わるし・わろし 中世 たみ 近世 たみ・ひと

人名 ひと・み・もと

【民草】ミンソウ（たみくさ・たみぐさ）日 人民。青人草（あおひとくさ）。〔人民を数多い草にたとえた表現。古い言い方〕

【民意】ミンイ ①人民の気持ち。民心。②国民の意思・意見。

【民▼彝】ミンイ 〔「彝」は、不変の道理の意〕人の常に守るべき倫理。人倫。

【民隠】ミンイン（いたみのたみ）〔「隠」は、痛み・苦しみの意〕民の苦しみ。例 勤恤二民隠一（つとめてミンインをうれう）（＝力を尽くして民の苦しみをあわれむ）。〈国語・周上〉

【民営】ミンエイ 日 民間の経営。個人や会社などが経営すること。私営。対 官営・公営・国営。

【民家】ミンカ 一般の人の家。人が住む家屋。類 民屋オク。

【民歌】ミンカ 民衆の間で口ずさまれる歌。民謡。俚謡リヨウ。

【民間】ミンカン ①普通の人々の社会。例 ―療法。②日 公的な機関に属さないこと。例 ―人。―放送。

【民居】ミンキョ 民家。

【民具】ミング 日 民衆が古くから日常の生活の中で製作し、使用してきた道具。たんす・なべ・ざる・はきもの・食器など。

【民芸（藝）】ミンゲイ 日 民衆の中に伝えられ、民衆の生活の特色を生かして生まれた芸術。特に、工芸品。例 ―品。

【民権】ミンケン 日 国民が政治に参加して、自分の人権や財産などを守る、基本的な権利。例 自由―。

【民国】ミンコク ①「中華民国」の略称。②年号としての「中華民国」の略。〔民国元年は西暦一九一二年にあたる〕

【民事】ミンジ ①人民、または国民についての事柄。㋐農業。例 民事不レ可レ緩也（ミンジはゆるくすべからず）（＝農業をゆるがせにしてはならない）。〈孟子・滕文公上〉㋑政治。②日〔法〕民法や商法など、個人間の義務や権利を規定した法律が適用される事柄。対 刑事。例 ―法。

【民時】ミンジ 農民が農耕にいそしむ時期。農繁期。例 彼奪二其民時一、使レ不レ得三耕耨以養二其父母一（かれそのミンジをうばいて、コウドウしてもってそのフボをやしなうことをえざらしむ）（＝敵国では民が農業をおこなう時間を奪い、田畑をたがやし草を取って父母を養うことができないようにしている）。〈孟子・梁恵王上〉

【民主】ミンシュ ①君主。②日 国家の主権が人民にあること。

【民主主義】ミンシュシュギ 日 国家の主権は国民にあるとして、政治の上で国民の意思を尊重する主義。デモクラシー。

【民需】ミンジュ 日 民間の需要。対 官需・軍需。

【民衆】ミンシュウ 一般人民。世間の多くの人々。庶民。大衆。

【民庶】ミンショ 普通の人々。民衆。庶民。

【民情】ミンジョウ ①国民の生活状態。例 ―を視察する。②国民の心情や実情。民心。例 ―が温和な国柄。

【民心】ミンシン 国民の考えや気持ち。民意。民情。

【民人】ミンジン 普通の人々。人民。民衆。庶民。民庶。

【民生】ミンセイ ①人民の生活や生計。例 ―の安定をはかる。②自然にそなわった人の性。本性。天性。民性。

【民声】ミンセイ 民衆の声。世論。

【民政】ミンセイ ①人民の幸福や利益をはかる政治。人民に直接に関係している政治。②日 軍人でない、一般の人がおこなう政治。

【民選】ミンセン 日 人民が適任者を選ぶ政治のしくみ。対 官選。

【民俗】ミンゾク 民間でおこなわれている信仰・風俗・習慣など。

【民族】ミンゾク 日 同じ人種に属し、同じ言語を話し、生活様式などの文化的伝統と歴史的な運命を共にする人々の集団。

【民族主義】ミンゾクシュギ 日 他国からの干渉をきらい、民族の独立と統一を重視する思想や運動。ナショナリズム。

【民賊】ミンゾク 民を害する者。

【民天】ミンテン 人民が天を尊ぶように、大切にするもの。食糧。

【民度】ミンド 日 民衆の文化的・経済的程度の高低。

【民表】ミンピョウ 民衆の手本となる人。

【民風】ミンプウ 民衆の風俗。民間の習わし。

【民福】ミンプク 民衆の幸福。

【民物】ミンブツ ①民の財産。②人民を含めた万物。③民衆の習俗・習わし。

【民兵】ミンペイ（ミンヘイ）農民を主体とした人民によって編制された軍隊。また、その兵士。

【民母】ミンボ ①身分の低い、無名の母親。②〔人民の母の意〕皇后。

【民▼氓】ミンボウ 〔「民」はもとからその土地にいた人々、「氓」は他所から流入した人々〕一般の民衆。人民。

【民望】ミンボウ ①人民が為政者にのぞむもの。②一般民衆が（手本にしたいと）仰ぎのぞむ者。③世間の人望。

【民放】ミンポウ 日「民間放送」の略。広告料金の収入で運営されている放送局。商業放送。

【民法】ミンポウ 日〔法〕家族関係・財産相続・物権などの、私的な権利義務について規定した法律。

【民牧】ミンボク 地方行政をつかさどる者。州・郡・県の長官。牧民官。

【民本主義】ミンポンシュギ 日 ①人民は国家の存在の根本をなすものとする考え。孟子シモウが強く説いた。②民主主義。〔大正時代、デモクラシーの訳語として、一時期使われたことば〕

【民謡】ミンヨウ 民衆の生活の中から生まれ、伝えられてきた、郷土色のある歌謡。民歌。俚謡リヨウ。

【民力】ミンリョク 民間の財力・労働力。多く、国の財力・労働力と対比して用いられる。

【民話】ミンワ 日 土地の人々に語りつがれてきた、昔話や伝説。

●移民イミン・漁民ギョミン・公民コウミン・国民コクミン・市民シミン・住民ジュウミン・主権在民シュケンザイミン・庶民ショミン・人民ジンミン・農民ノウミン

氓

氏4（8） 2 6166 6C13 ボウ（バウ）漢 庚 méng たみ

意味 ❶（他国から逃亡してきた）ひと。たみ。例 流氓リュウボウ（＝他国から流れてきた、たみ）。❷庶民。民衆。例 蒼氓ソウボウ（＝人民。たみくさ）。

【氓隷】ボウレイ 身分の低い民。人民。

84 4画

气 きがまえ部

わきあがる雲の形で、「ゆげ」や「いき」などの意をあらわす。「气」をもとにしてできている漢字を集めた。

气

气0 (4) 2 6167 6C14

一 キ漢 未 qì 二 キツ漢 コツ呉 物 qǐ いき・もと-める(もと-む)

意味 一 雲気。また、気体。**いき**。通気。通乞(ツキ)。 二 ❶こい求める。**もとめる**。通乞(ツキ)。❷人に物を与える。

気

気2 (6) 1 2104 6C17 教1

キ漢 ケ呉 未 qì いき 付表 意気地(イクジ)

[氣] 气6 (10) 2 6170 6C23 人 旧字体。

[炁] 灬4 (8) 4 7960 7081 俗字。

筆順 ノ 𠂉 ⺈ 气 気 気

なりたち 氣 [形声]「米(=こめ)」と、音「气(キ)」とから成る。客に贈るまぐさや米。借りて「ゆげ・いき」などの意。

意味 ❶自然現象のもと。天気や四季の変化を起こすもととなるもの。通气(キ)。例 気候(キコウ)。気象(キショウ)。天気(テンキ)。❷陰暦で、一年を二十四に分けた一つの期間。例 節気(セッキ)。❸固体でも液体でもないもの。空気や、もや。ガス。例 気化(キカ)。気体(キタイ)。蒸気(ジョウキ)。❹生命現象のもととなるもの。活力。例 気力(キリョク)。元気(ゲンキ)。❺偉人がもつとされる雲気。例 令三人望二其気一(ひとをしてそのキをのぞましむ)(=人に〈劉邦(リュウホウ)の〉雲気を見させる)。〈史記・項羽紀〉❻呼吸。**いき**。例 気絶(キゼツ)。気息(キソク)。❼かおり。におい。また、においをかぐ。例 気味(キミ)。❽心のはたらき。例 気鋭(キエイ)。気性(キショウ)。気分(キブン)。❾なんとなく感じられる様子。例 気配(ケハイ)。気品(キヒン)。雰囲気(フンイキ)。❿万物を構成する根元的物質。⓫宋(ソウ)学で、表面にあらわれる現象をいう。万物を支配する原理である「理」に対する語。例 理気二元論(リキニゲンロン)。

参考 常用漢字表では「キ」「ケ」を字音とするので、そのあつかいとするが、日本語の接頭語・接尾語の「け」(「けおされる」「けだるい」「いやけ」「食いけ」など)にあてるので、音・訓は区別しにくい。

古訓 中古 いき・けはひ 中世 いき・けはひ・ねごと 近世 いき・とき

人名 おき・とき

【気合】(キあい) 日 ①事にあたるときの張りつめた激しい気持ち。また、そのかけ声。例 —がこもる。②いき。呼吸。

【気圧】(キアツ) 日 ①大気の圧力。地球をとりまく大気の重さで生ずる圧力。例 —配置。②気体の圧力の単位。一気圧は約一〇一三ヘクトパスカル。

【気韻】(キイン) (詩文・書画などの)気品の高い趣。例 —生動(=書画などに、気品が生き生きと感じられること)。

【気宇】(キウ) (「宇」は、器量の意) 気がまえ。心の広さ。度量。見識。器宇。例 —壮大。

【気鬱】(キウツ) 気分が沈んで、心が晴れないさま。

【気運】(キウン) ①気候の移り変わり。②時勢が、ある方向に向かおうとする動き。なりゆき。例 賛成の—が高まる。

【気鋭】(キエイ) 意気ごみがするどく、激しいさま。例 新進—。

【気炎】(キエン) (火が燃えあがるさまの意) 盛んな意気ごみ。気勢。例 怪—。—を上げる。表記 旧気▼焔

【気温】(キオン) 日 大気の温度。(気象庁では、地上一・五メートルで測る) 例 —が上がる。

【気化】(キカ) ①陰陽の気が結合して万物を生み出す。例 —熱。②日 〔物〕液体や固体が気体に変わる。また、変える。

【気概】(キガイ) しっかりした意志とかたい節操。困難にくじけない気持ち。気力。意気地(イクジ)。例 —のある人。

【気軽】(キがる) 日 むずかしく考えず、あっさりしているさま。くつろいでいるさま。例 —な服装。—に引き受ける。

【気管】(キカン) 〔生〕脊椎(セキツイ)動物の呼吸器官の一部。のどの下部から肺に通じていて、呼吸するときに空気が流れる管。

【気岸】(キガン) 気を強くもち、容易に屈しないこと。

【気球】(キキュウ) 空気より軽い気体や、暖めた空気を満たして、空中にあげる球形の袋。例 熱—。観測—。

【気▼俠】(キキョウ) 仁俠(ニンキョウ)の心。男だて。義俠心。俠気。

【気位】(キぐらい) 日 自分の品位に対する誇り。例 —が高い。

【気苦労】(キグロウ) 日 周囲に対して気をつかう苦労。気づかい。心労。気骨(キぼね)。例 —が絶えない。

【気孔】(キコウ) 日 ①〔生〕植物の葉の裏にあって、呼吸や蒸散作用などを営むための小さなあな。②溶岩が固まるときにできた、ガスのぬけ出たあな。

【気功】(キコウ) 中国の保健養生法の一つ。呼吸を整え、からだを動かす。

【気候】(キコウ) ①季節や天候。時候。②それぞれの土地の、長期間を平均してみた、気温や降雨量などの気象の状態。例 —の変化。③五日を一候、十五日を一気、一年を二十四気・七十二候に分ける暦法。

【気骨】(キコツ) 一 信念を守りとおそうとする強い心。気概。例 —のある人。二(キぼね) 日 気づかい。気苦労。例 —が折れる(=気疲れする)。

【気根】(キコン) ①長く耐えられる力。気力。根気。②〔生〕植物の地上部から空気中に出ている根。

【気障】(キざ) 日 (「気障(キざわり)」の略から) 服装や態度などが、人に不快や反感を与えるほど、気どっているさま。いやみ。

【気質】一(キシツ) ①人それぞれがもっている性質。気だて。気性(キショウ)。例 おこりっぽい—。②詩や文章の格調。③日 心理学で、個人の性格のもとをなす感情的傾向。二(かたぎ) 日 その年代や職業または身分の人に、特有のものの考え方。気風。例 職人—。名人—。

【気質▼之性】(キシツのセイ) 宋(ソウ)の程顥(テイコウ)・程頤(テイイ)らが説き、朱熹(シュキ)がまとめた儒学の学説。後天的に陰陽の気の影響をうけた人の性質を指し、それによって人の善悪・賢愚が分かれるとした。気稟(キヒン)。対本然之性(ホンネンのセイ)。

【気性】(キショウ) 生まれつきの性分。気象(キショウ)。例 あらい—。

【気象】(キショウ) ①大気中に生じる、天気・風雨・気温・気圧などの現象。景色。例 朝暉夕陰、気象万千(チョウキセキイン、キショウバンセン)(=朝日の光から夕日のかげりと、千変万化する景色)。〈范仲淹・岳陽楼記〉—観測。②心のはたらきが外にあらわれた姿。性格。気だて。気性(キショウ)。例 進取の—。

【気丈】(キジョウ) 日 気持ちがしっかりしているさま。気丈夫(キジョウブ)。例 —な娘。

【気丈夫】(キジョウブ) 日 ①たよりになるものがあって、安心に思うこと。心丈夫。②心のもち方がしっかりしているさま。気丈。例 —な老人。

【気色】一(キショク) ①感情があらわれた顔つき。顔色(かおいろ)。②日 受けた感じ。心もち。例 —が悪い。二(ケシキ) 日 ①態度にあらわれる心の様子。例 おそれる—もない。②なんとなく感じられる様子。きざし。気配。例 秋の—が感じられる。

【気随】(キズイ) 日 自分の思うままにするさま。気儘(キまま)。

【気随気▼儘】(キズイキまま) 日 他人に気をつかわず、自分の思いどおりにするさま。例 —に暮らす。

【気数】(キスウ) ①運命のめぐりあわせ。気運。運勢。②季節のめぐり。節気。

【気勢】(キセイ) ①勇み立った意気ごみ。例 —を上げる。—をそぐ。②詩や文章の格調。

【気節】(キセツ) ①意気と節操。意志が強く、節操があること。

②時候。節気。
【気絶】ゼツ ①息が絶える。呼吸が止まる。②一時的に意識を失う。気を失う。
【気息】ソク ①いき。呼吸。②におい。③消息。しらせ。
【気息▼奄▼奄】エンエン いきが苦しく、今にも死にそうなさま。いきも絶え絶えの様子。〈李密・陳情表〉
【気体】タイ ①精神と肉体。心身。②日 一定の形や体積がなく、自由に流動する物質。空気やガスのようなもの。㊟液体・固体。
【気団】ダン 日 広い地域にわたって、ほとんど一様の温度や湿度をもった大きな空気のかたまり。例 寒―。シベリア―。
【気付】日 一 つけ 気絶した人の意識を、もどさせること。また、そのために何かを飲むこと。例 ―薬ぐすり。二 づけ|つけ 郵便物を送るとき、相手の立ち寄る所や臨時の連絡先に書きそえることば。例 山田旅館―田中花子様。
【気転】テン ①大気の変化。②日 あることが起きたとき、それに応じてすばやくはたらく心や、うまい考え。機転。
【気筒】【気▼筩】トウ 日 蒸気機関や内燃機関で、ピストンが往復する円筒。シリンダー。汽筩キトウ。
【気道】ドウ 日〔生〕呼吸するための空気の通路となる器官。鼻から肺まで。
【気▼嚢】ノウ 日〔生〕鳥の胸や腹にある空気袋。肺につながり、空中を飛ぶのに助けとなる。
【気▼魄】ハク 力づよく立ち向かう気力。強い精神力。気概。例 ―にあふれる。参考「気迫」は代用字。
【気蓋レ世】キはよをおおう 気力は天下を圧するほど盛んである。〈史記・項羽紀〉→【力抜レ山兮気蓋レ世】ちからはやまをぬき キはよをおおう（171ジペー）
【気品】ヒン ①万物。②人品。③日 どことなく感じられる上品さ。気高い品位。例 ―のある婦人。―が高い。
【気▼稟】ヒン ①「気質之性キシツのセイ」に同じ。②生まれつきもっている、すぐれた気質。天性。
【気風】日 一 フウ ある集団が共通してもっている気質。例 自由をとうとぶ―。二 ップ 〔「キフウ」の変化〕その人の行動や態度などから感じられる性質。気まえ。気性ショウ。例 ―のいい人。
【気分】ブン ①気質。②日 気持ち。こころもち。例 ―がよい。③日 そのあたり全体にただよう感じ。雰囲気。
【気泡】ホウ 日 液体または固体の中に、気体が含まれてできる、あわ。空気のあわ。あぶく。
【気前】まえ 日 ①気だて。気質。②金銭や物を、惜しげもなく出す性質。例 ―がいい。
【気▼儘】まま 日 他人に気がねしないで、自分の思うままにふるまうこと。例 ―に暮らす。
【気味】ミ|ビ ①においと、あじ。②少しそれがある状態。趣。気配。例 風邪の―がある。③気持ち。気分。例 ―が悪い。
【気密】ミツ 日 空気が流通しないよう密閉されていること。
【気脈】ミャク ①血が通る道筋。血管。②相互のつながり。感情や意思のつながり。例 ―を通じる。
【気楽】ラク 日 だれにも気がねせず、のびのびするさま。ものごとにこだわらないさま。のんき。例 ―に過ごす。
【気流】リュウ 日 大気中に生じる空気の流れ。例 乱―。
【気力】リョク ①ものごとをなしとげようとする精神力。精力。根気。例 ―をふりしぼって走る。②体力。③勢力。権勢。
【気類】ルイ ①天地の気を受けて成り立っているもの。人ともの含めた万物のこと。②気の合うこと。
【気配】日 一 ケハイ なんとなく感じられる、それらしい様子。例 春の―。人の来る―。二 くばり まちがいなく事が運ぶように、細かい心づかいをすること。配慮。例 ―が足りない。
●意気イキ・一気イッキ・一本気イッポンギ・色気いろケ・陰気インキ・浮気うわキ・英気エイキ・外気ガイキ・火気カキ・堅気かたギ・活気カッキ・寒気カンキ|さむけ・換気カンキ・空気クウキ・景気ケイキ・血気ケッキ・語気ゴキ・才気サイキ・殺気サッキ・士気シキ・磁気ジキ・邪気ジャキ・臭気シュウキ・上気ジョウキ・蒸気ジョウキ・暑気ショキ・生気セイキ・大気タイキ・短気タンキ・強気つよキ・電気デンキ・熱気ネッキ・排気ハイキ・病気ビョウキ・平気ヘイキ・本気ホンキ・勇気ユウキ・陽気ヨウキ・弱気よわキ・涼気リョウキ・冷気レイキ

氛
气4（8） ②6168 6C1B
フン漢 ブン呉 文 fēn
いき・わざわ-い（わざはひ）

意味 ❶吉凶を暗示する気象。特に、凶兆。例 氛祥フンショウ。妖氛ヨウフン（＝不吉な気）。❷雲気。かすみや、もや。いき。通雰。例 氛囲気フンイキ。氛気フンキ。❸俗世間の気風。例 俗氛ゾクフン（＝世のちり）。❹けがれた悪い気。わざわい。❺⇩【氛氳】フンウン
【氛▼埃】フンアイ 空気中に舞う、ほこり。類 氛垢フンコウ。
【氛囲気】フンイキ 日 ①大気。②人や場所などがもつ、独特の気配。雰囲気。
【氛▼氳】フンウン ①気の盛んなさま。②陰と陽の二つの気が合わさったさま。③ぼんやりしたさま。
【氛気】フンキ ①大気中にただよう雲や、もや。②まがまがしい気。悪い気。
【氛祥】フンショウ 不吉な気と、めでたい気。吉凶を示す雲気。

氤
气6（10） ②6169 6C24
イン漢 真 yīn
さかん

意味 ⇩【氤氳】インウン
【氤▼氳】インウン ①陰陽の二気が盛んなさま。②気のやわらぐさま。気が立ちこめるさま。

[氣]
气6（10） ⇩気キ（742ジペー）

氳
气10（14） ③8648 6C33
ウン漢 文 yūn

意味 ⇩【氛氳】フンウン（743ジペー）

85 4画 水（氵さんずい・氺したみず）部

流れる水の様子をあらわす。「水」が偏になるときは「氵（さんずい）（三画）」、下につくときは「氺（したみず）（五画）」となる。「水」をもとにしてできている漢字と「氺」の字形を目じるしにして引く漢字とを集めた。

0 744 水 氵 氺 1 747 永 氶 氷 2 748 氿 求 汁 汀 汃 氾 3 749 汚 汙 汗 汍 汲 江 汞 汕 汜 汝 汎 汐 池 汢 汛 4 751 汯 汪 汽 沂 汲 決 沅 沍 沆 汨 沙 汼 沚 沁 汭 汰 沢 沖 沈 沉 沗 沓 沌 沛 泛 汫 沘 沕 汾 汶 汩 汴 汳 沔 没 沒 沐 沃 沪 5 757 泆 泳 沿 泱 泓 河 泔 泣 況 泂 泬 泫 沽 泗 泻 泅 沭 沼 泩 泄 泉 泝 沮 沱 泰 治 注 泜 泥 沾 沺 波 泊 泮 泌 泯 泭 沸 法 泫 泡 泡 泙 泖 沫 油 泪 泠 泑 6 765 洟 洧 洩 洿 海 洄 活 洹 洎 洶 洫 洯 洴 洪 洸 洽 洱 洒 洙 洲 洳 洵 泇 浄 津 泚 浅 洗 洊 洤 桊 洮 洞 派 派 洦 洀 洋 洛 洌 洼 7 773 浦 海 浣 浛 浠 涇 涓 涀

[气] 4―10画▼ 氛 氤 氣 氳 [水（氵・氺）]

4画

浩浩浤涍浞涘浚消消浹涉浸浸涔浵
浙涎涷涕涊涂涛涜涅涅浘浜浮浮浡
浥涌浴浬流涙浰浪[8]781淫淫渶液淹
涴渕渊淤淌涯渇涵淦涫淇渓涬涸淆
淏淈混済淬涮淄渋淑淳渚渉淞淌淐
浄深渗清淸淛淒淅淺淙涭涿淡添添
淟淘淖淂淝淼涪洴淎淀淶淕涼淩淋
淪淚淍淮[9]791渥渭湋湮湮淵湲温渦
湏渴渙渠減湖港港湟渾渣湌滋滋湿
消湑渚湘湫湜渫湶渲湔渧湊測湛湍
渟湞渧湉渡湯滔湃渫湲湄渼渺滑渢
湗渤溢満湎渝湧湧游溂湾[10]799溢溢
滃溫滙滑漢滊滎溪源溝溝滉溘溷滓
溼溲溴準滁溽溱溯滄滞滝溺溺滇滔
滕溏漠澼溥滂溟滅溚溶溧溜溓[11]805
漪潁演漚漑滮漢漼漁漌滬滸滹滾漼
漨漆滫漖漿漳滲漘漸漕漱滯漐漲漬
滴滌漯漂漫滿漾漓漣滷漏漊漉漥[12]
810潙滰澐潰潟潤澗澖澆潔潔潢澔潸
潜澌澍潗澁潤潯潜潛潺潨潠潭潴潮
潮澄澂澈潼潒潡潑潘濆潽澎澑潾潦
[13]814澳澥濩澼激澯濈潚澮澌澷澭澶
澡澩澤濁澾澹澱濃澼澠濛澟濘澧濂
潞濊[14]816濰濼濶濠濟濕濡澀濬濚濯
濯濤濘濔濞濱濵濮[15]817瀅瀇澋瀉瀋
濺瀦瀆瀑瀊瀷瀀瀁濼濫瀏濾[16]819瀛
瀊瀚瀟瀬瀨瀞瀳瀧瀦瀕瀝瀘[17]820瀾
灌瀺瀼瀰瀕瀹瀾瀲[18]820瀠灇灘灃灋
[19]820灔灑灘灞[21]821灝灞[22]821灣[23]821
灎灥灤[28]821灩

この部首に所属しない漢字
酒→酉1337
黍→黍1507
黎→黍1507
鴻→鳥1494

4画

[水(氵・氺)] 0画 ▼水

水

水0 (4)
1 3169 6C34
教1
スイ 漢 呉
みず(みづ)
紙 shuǐ

筆順 

なりたち 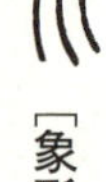 [象形] 流れるみずの形。

意味 ❶酸素と水素の化合物。みず。例 水質。海水。淡水。❷河川や池・湖・海など、みずをたたえた所。対陸。例 水産。水陸。山水。❸河川。川の流れ。例 渭水。❹みずをくむ。水仕事をする。例 薪水之労（＝炊事の苦労）。❺みずのようなもの。液体。例 水銀。化粧水。墨水。❻水にひたす。うるおす。❼水があふれる。おおみず。また、水攻めにする。例 水旱。❽五行の一つ。方位では北、季節では冬、色では黒、五音では羽をあらわす。

日本語での用法 一《スイ》「月水金」▼「水曜日」の略。二《みず》①「水をさす・親子水入らず」▼間にはいってじゃまをするもの。②「水がはいる・水入りの大相撲」▼休息。③「水を向けてみる」▼相手をさそうもの。

古訓 中古 かは・みづ・ゆ・を 中世 みづ 近世 みづ

人名 お・たいら・な・なか・み・みな・ゆ・ゆき

難読 水脈（みお）・水手（かこ）・水母（くらげ）・水葱（なぎ）・水虎（かっぱ）・水夫（かこ）・水狗（かわうそ）・垂水（たるみ）・主水（もんど）・水雲（もずく）・水綿（あおみどろ）

【水圧】日 水の圧力。

【水位】日 川や湖や海などの、水面の高さ。

【水域】日 海や川などの水面上の、一定の範囲。

【水陰】①水。〔水は陰陽で陰に属するとされた〕対 火陽。②川の南側。〔川の南岸、山の北面を「陰」という〕

【水運】船で荷物や人をはこぶこと。水路による運送。

【水泳】日 およぐ。また、およぐ速さを競うスポーツ。

【水駅】船着き場。船着き場にある宿屋。水次。

【水煙】【水▼烟】①水上のもや。②水たばこ。③〔仏〕塔の九輪の上部にある、火炎状の飾り。④日 水が細かく散って、けむりのようになったもの。みずしぶき。

【水鉛】日〔化〕金属元素、モリブデンの古い呼び名。

【水▼甕】みずがめ。類 水缸。

【水温】日 水の温度。

【水火】①水と火。生活に必要なもの。例 民非二水火一不レ生活一（＝民衆は水や火がなければ生きていけない）。〈孟子・尽心上〉②洪水と火災。例 ―の難。③水におぼれ、火に焼かれるような苦しみ。例 救二民於水火之中一（＝民衆を悲惨な状況から救う）。〈孟子・滕文公下〉―も辞せず。④危険なことのたとえ。⑤性質が正反対で、仲の悪いもののたとえ。氷炭。例 ―の仲。

【不レ通二水火一】日常生活に不可欠な水や火すら、近所と融通し合わない。近隣とつき合わないこと。〈漢書・孫宝伝〉

【水禍】①大水で災難を受けること。水害。例 ―に遭う。②水におぼれる災難。例 ―で命を落とす。

【水害】洪水による災害。水禍。

【水涯】【水▼厓】水辺。みずぎわ。川や湖、海の岸辺。

【水客】①船で旅をする人。②船頭や水夫。③各地を渡り歩いて商売をする人。行商人。④ヒシの花の別名。

【水閣】水辺に建つ高殿。類 水楼。

【水菓子】くだもの。〔やや古い言い方〕

【水干】日 ①のりを使わずに水にひたして張った絹。②昔の、男子の服装。簡略な狩衣。

【水▼旱】①大水と日照り。水害と干害。②海と陸。水陸。

【水患】大水による災害。水害。類 水災。

【水管】水を通す、くだ。

【水気】①五行説で水の気。②水蒸気。③むくみ。水腫。④日 ものに含まれる水分。湿りけ。例 ―の多いミカン。

【水牛】ウシ科の哺乳動物。角は長く大きく弓形で、水浴を好む。南アジア・アフリカの熱帯・亜熱帯で家畜化され、耕作などに使われる。角は印材に用いる。

【水鏡】一 ①水と鏡。物の形をありのままに映すもの。②すぐれた洞察力をもつ人。二 日 姿や物のかげが、水面に映るのをかがみにたとえたもの。例 ―のごとき湾内の朝の海。

【水曲】①川などの屈曲した所。②みぎわ。

【水魚▼之交】水と魚が切り離せないように、関係が非常に親密なこと。そもそもは、三国時代、蜀の劉備と諸葛亮（字は孔明）との深い君臣愛を指したが、夫婦・友人の間柄にもいう。〔「孤之有二孔明一猶二魚之有レ水也」（＝私、劉備に孔明がいるのは、ちょうど魚に水があるようなものである)。〈蜀志・諸葛亮伝〉から」

【水▼禽】スイキン 水辺で生活する鳥。みずとり。ガン・カモメ・チドリなど。

【水銀】スイギン (化)〔古くは「みずかね」〕金属元素の一つ。銀白色の光沢をもち、常温で液体の唯一の金属。多くの金属とアマルガムをつくる。元素記号 Hg

【水琴窟】スイキンクツ 日 地中にかめを伏せて埋め、水滴が落ちたときに反響する音を楽しむしかけ。

【水軍】スイグン ①船いくさ。また、水上で戦う軍隊。海軍。水師。②軽快な舟。③日 中世、水上で戦闘活動をおこなった武力集団。海賊衆。例 村上むらかみ—。

【水系】スイケイ 川の本流と支流や、その流れに沿った湖や沼などを合わせた、流水域の系統。例 信濃川しなのがわ—。

【水鶏】スイケイ ①カエルの一種で、カジカ。②くいな クイナ科の水鳥の総称。渡り鳥の一つ。〔日本の詩歌などで鳴き声が「たたく」と表現されたのは、夏に飛来するヒクイナ〕

【水月】スイゲツ ①水と月。②水面に映る月影。実体のないものや人品の清らかなことにたとえる。③水のように澄んだ月。

【水源】スイゲン 川の水の流れ出るもと。みなもと。例 —地。

【水光】スイコウ 水面のかがやき。

【水行】スイコウ ①船で行く。水路で旅する。対 陸行。②水の流れ。川の流れ。

【水郷】スイゴウ|スイキョウ ①水辺にある村里・集落。②水の多い土地。水村。類 水郭。③川や湖に沿った景勝地。

【水耕法】スイコウホウ 植物を、土を使わず、養分を含んだ水で栽培する方法。水みず栽培。水耕。水耕栽培。

【水彩】スイサイ 日 水でといた絵の具で絵をかくこと。また、その絵。水絵みずえ。対 油彩。例 —画。—絵の具。

【水際】スイサイ|みずぎわ 陸と水面とが接する所。みぎわ。なぎさ。

【水産】スイサン 川や湖や海などからとれる産物。例 —業。

【水死】スイシ 水におぼれて死ぬ。溺死デキシ。

【水師】スイシ ①水上で活動する軍隊。水軍。②周代の官名。河川の管理をつかさどった。③船頭。水手スイシュ。

【水次】スイジ ①川の船着き場。船着き場にある宿屋。水駅。②川のほとり。水辺。

【水質】スイシツ 日 水の性質や成分や純度。例 —検査。

【水車】スイシャ|みずぐるま 水力で車を回し、その力を仕事に利用する仕組み。例 —スイシャ小屋。

【水▼榭】スイシャ 水辺に建つ高殿たかどの。水閣。類 水楼。

【水手】スイシュ 船をこぐ人。船頭。かこ。

【水腫】スイシュ (医)からだの組織のすきまなどに、水分が多量にたまって、むくむこと。むくみ。浮腫フシュ。水気スイキ。

【水準】スイジュン ①水平を測る道具。みずもり。②日 ものの価値や高さを決めるもと。一定の標準。レベル。例 生活—。

【水準器】スイジュンキ 日 面の水平や傾きを測る器具。水平器。

【水晶】スイショウ 六角柱状に結晶した石英。置物・印材・装身具・光学器械・時計などに用いる。

【水▼漿】スイショウ ①水や粥かゆなどの流動食。〔喪中は、水漿すら口に入らないとされた〕②飲料。しる。みず。

【水上】スイジョウ ①水の上。水面。例 —交通。②湖沼や池、河川などのほとり。水辺。例 —公園。③みなかみ 川の上流。かわかみ。

【水蒸気】スイジョウキ 日 水が蒸発して気体となったもの。ゆげ。

【水色】一 スイショク 川や湖や海などの、水辺の景色。二 みずいろ 日 うすい青みをおびた色。

【水食】【水▼蝕】スイショク 雨や波などが地表を浸食すること。また、その作用。例 —作用。

【水心】一 スイシン 川や湖などの中央。水面の中心。二 みずごころ 日 ①水泳の心得。②相手の好意に対する、こちらの好意。例 魚心うおごころあれば—(=相手が好意を示すなら、こちらも好意をもって応じる)。

【水深】スイシン 川や湖や海などの、水の深さ。

【水神】スイジン 水の神。川の神。河伯カハク。水伯。

【水生】【水▼棲】スイセイ ①(植物が)水の中にはえる。例 —植物。②(動物が)水の中にすむ。例 —動物。▽対 陸生。

【水声】スイセイ 水の流れる音。みずおと。

【水性】スイセイ 日 水にとけやすい性質をもっていること。対 油性。

【水星】スイセイ 太陽系の惑星の一つ。太陽に最も近く、最も小さい。

【水勢】スイセイ 水の流れるいきおい。例 川の—が増す。

【水精】スイセイ ①水の精。②水星。辰星シンセイ。③真珠。〔水中で生じる珠だから〕④月。〔太陽は火に、月は水に属するとされたことから〕⑤スイショウ 水晶。

【水仙】スイセン ①水中の仙人。水神スイジンの馮夷フウイ、呉ゴの伍子胥ゴシショ、楚ソの屈原、晋シンの郭璞カクハクなどをいう。②ヒガンバナ科の多年草。早春に白色や黄色の六弁の花が咲く。

【水洗】スイセン 水であらい流す。例 —便所。

【水素】スイソ 日 (化)気体元素の一つ。無色・無臭で、最も軽い元素。酸素と化合して水になる。

【水草】スイソウ|みずくさ ①水と草。②水中や水辺に生える草。

【水葬】スイソウ 遺体を、海中に投下してほうむる。対 火葬・土葬・風葬。例 戦死者を—にする。

【水槽】スイソウ 水をたくわえておく入れ物。みずおけ。

【水族】スイゾク 水中にすむ生き物。例 —館。

【水村】スイソン 川や湖のほとりにある集落。水辺の村落。水郷。類 水郭。例 水村山郭酒旗風スイソンサンカクシュキのかぜ(=水辺の村にも山辺の里にも、居酒屋の旗がはためいている)。〈杜牧・江南春〉

【水中】スイチュウ 水のなか。例 —花カ。—めがね。—カメラ。

【水鳥】スイチョウ|みずとり 水上や水辺にすむ鳥。水禽スイキン。

【水底】スイテイ|みなそこ|みずそこ (川や湖や海などの)水のそこ。

【水程】スイテイ ①船旅の行程。水行。②水路。船旅。

【水滴】スイテキ ①水のしたたり。しずく。例 —石を穿うがつ(=わずかな力でも集まれば大業を果たせる)。②硯すずりにつぐ水を入れておく、小さなうつわ。水さし。

【水天】スイテン 水と空。また、水に映る空。例 —一碧イッペキ(=よく晴れわたって、水と空との青がひとつづきになっていること)。

【水天宮】スイテングウ 日 船人ふなびとの守護神を祭る神社。水の神を祭る社やしろ。

【水田】スイデン|みずた 稲作のために水を張った耕地。たんぼ。

【水殿】スイデン ①水上あるいは水辺にある宮殿。②天子の乗る船。御座船。

【水土】スイド ①水と土。②海と陸。③その地方の自然環境や風土。例 不レ習二水土一、必生二疾病一(スイドにならわず、かならずシッペイをショウぜん)(=この土地の気候に慣れていないから、きっと病気になる)。〈呉志・周瑜伝〉

【水痘】スイトウ (医)子供に多い急性の感染症の一つ。発熱して全身に発疹ハッシンができ、水疱スイホウとなる。水疱瘡みずボウソウ。

【水筒】スイトウ 飲み水を入れて携帯する容器。

【水稲】スイトウ 水田でつくるイネ。対 陸稲。

【水道】スイドウ ①水の流れるみち。②船の通るみち。③日 飲料水など生活に必要な水を供給する設備。上水道。④日 海が陸地にはさまれて、狭くなった水路。海峡。

【水団】スイトン 〔「トン」は、唐音〕①砂糖の餡アンを包んだ白玉

（しらたま）。水にひたして冷やして食べる。②日小麦粉を水でこねてだんご状にしたものを、汁に入れて煮た食べ物。

【水難】スイナン　水によって受ける災難。洪水や難破、また、水死など。例—の相がある。

【水▼囊】スイノウ　①消火用の水の入ったふくろ。②日食べ物をすくって、水を切るためのふるい。みずこし。みずふるい。③日ズック製の折りたたみバケツ。

【水馬】スイバ　①伝説上の動物。水中にすみ、姿はウマに似るという。②アメンボの別名。③タツノオトシゴの別名。④足の速い船。

【水伯】スイハク　①〔「伯」は、神の意〕川や海などの水の神。水神（スイジン）。河伯（カハク）。②〔川のかしらの意〕黄河の別称。

【水爆】スイバク　日「水素爆弾」の略。水素の核融合反応を利用した爆弾。

【水盤】スイバン　日陶器や金属などでつくり、中に水を張って花を生けたり盆石を置いたりする浅く広い容器。

【水筆】スイヒツ　ふでの穂に芯（シン）を入れないで、その全部に墨を含ませて用いる、ふで。

【水浜（濱）】スイヒン　陸と水が接する場所。川や湖のほとり。水辺（スイヘン）。

【水府】スイフ　①水をつかさどる星の名。オリオン座にある。②水神（スイジン）のいる所。海底にあるという想像上の都。例—竜宮（リュウグウ）。③水の深い所。④日茨城県の水戸（みと）の別名。

【水分】スイブン　日含まれている水の量。みずけ。例—の多いナシ。

【水平】スイヘイ　①静かな水面のようにたいらなさま。例—面。②水準器。③重力方向に対して直角な方向。対鉛直・垂直。例—飛行。④上がり下がりのないこと。例—を保つ。

【水平線】スイヘイセン　①海と空との境として見える線。例太陽が—に沈む。②水平方向の直線。

【水兵】スイヘイ　海軍の兵士。例—服。

【水瓶】スイヘイ｜みずがめ　①水をためておくかめ。例—に水を張る。②日貯水池。ダム。例首都圏の—（みずがめ）。▽水甕（スイオウ｜みずがめ）。

【水辺】スイヘン｜みずべ　川や湖などに近い所。水のほとり。みずぎわ。

【水母】スイボ　①水の神。②クラゲ。海月（カイゲツ）。

【水泡】スイホウ　①水のあわ。みなわ。②はかなく、たよりないもののたとえ。例—に帰（キ）す（＝努力が無駄になる）。

【水▼疱】スイホウ　皮膚の表面にできる水ぶくれ。

【水防】スイボウ　警戒して水害をふせぐこと。例—訓練。

【水墨】スイボク　①水と墨。②「水墨画」の略。墨だけでかいた絵。すみえ。例—の山水画。③絵をかくときに用いる、うすずみ色。

【水没】スイボツ　水の中に沈んで、姿が見えなくなる。

【水▼沫】スイマツ　①水面に浮かぶ泡。みなわ。②水しぶき。

【水蜜桃】スイミツトウ　モモの一品種。中国の原産。大きくて水分が多く、甘くてやわらかい。水蜜。

【水脈】スイミャク　①地下水が筋となって流れている所。例—を掘りあてる。②河川の流れ。③日川や海などで船の通る道。水路。みお。

【水明】スイメイ　清らかな水が日の光を受けて、美しく輝くこと。例山紫—の地。

【水面】スイメン｜みなも｜みのも　水の表面。水上（スイジョウ）。例—に風波なし。—下（スイメンカ）。

【水門】スイモン　①河口。②貯水池や用水路などで、水量を調節するために開閉する門。例—を開けて放水する。

【水紋】スイモン　水の動きによって水面にできる模様。

【水薬】スイヤク｜みずぐすり　液状の飲み薬。

【水▼楊】スイヨウ　カワヤナギ。水辺に生える。蒲柳（ホリュウ）。

【水曜】スイヨウ　日日曜から数えて、週の四番目の曜日。水曜日。

【水浴】スイヨク　水をあびる。みずあび。

【水雷】スイライ　水中で爆発させて敵の艦船を破壊する兵器。例魚形—（＝魚雷）。機械—（＝機雷）。

【水利】スイリ　①水上輸送の便利。船で人や荷物を運ぶ上での便利。例—のよい地域。②（農耕や飲料などのための）水の利用。例—権。

【水陸】スイリク　水と陸。水上と陸上。例—両用。

【水流】スイリュウ　水の流れ。例—の急な所。

【水量】スイリョウ　（川やダムなどの）水の量。みずかさ。

【水力】スイリョク　水の力。水の勢い。特に、水の流れによって生じるエネルギー。例—発電。

【水冷】スイレイ　日（エンジンのシリンダーなどの熱を）水でひやすこと。対空冷。例—式。

【水練】スイレン　日①水泳の技術。②水泳（の練習）。例—場。

【水▼簾】スイレン　①滝。〔水が落ちる様子が、まるですだれのように見えることから〕②浮き草。類水萍（スイヒョウ）。

【水路】スイロ　①水を通す道。②船の通る道。③日プールの競泳コース。例短—。

【水▼潦】スイロウ　①雨水（あまみず）。②雨の日が続くこと。長雨。例水潦将レ降（スイロウまさにくだらんとす）（＝もうすぐ長雨の季節になろうとしている）。〈左伝・襄二〇〉③水たまり。

【水▼屑】みくず　日水中のごみ。例—となる（＝水死する）。

【水木】みずき　日ミズキ科の落葉高木。初夏のころ、白い四弁の花が咲く。〔芽ぶきのころ、枝を折ると樹液がしたたるほど出るところからの命名〕

【水着】みずぎ　日水泳をするときなどに着る衣服。海水着。

【水茎】みずくき｜みずぐき　日①筆。例—の跡（あと）（＝筆跡）。②筆跡。書いた文章。例うるわしき御（お）—拝見いたしました。

【水▼垢離】みずごり　日神仏に祈願するのに、心身のけがれをとるため、冷水を浴びること。例—をとる。

【水杯】【水▼盃】みずさかずき　日もう会えないかもしれない人と別れるとき、水を入れた杯を互いにくみかわすこと。

【水先】みずさき　日①水の流れていく方向。②船の進む方向。③「水先案内」の略。船が港や内海、運河などの危険な水域を通るとき、水路の案内をすること。例—人。

【水仕】みずシ　日水仕事や台所仕事をすること。また、それをする人。

【水商売】みずショウバイ　日収入が、客の人気に左右される、安定度の低い職業。接客業や料理屋など。

【水玉】みずたま　日①丸く玉になった水滴。ハスの葉などを転がる水のかたまりや、飛び散る水のしぶきなど。②「水玉模様」の略。丸く玉になった水滴をかたどって並べた模様。

【水茶屋】みずチャや｜みずヂャや　日江戸時代、社寺の境内や道ばたで、湯茶を出して道行く人を休ませた店。

【水時計】みずドケイ　日小さな穴からもれ出る水が容器にたまる水面の高さによって、時刻をはかる装置。漏刻（ロウコク）。

【水場】みずば　日①野鳥や野獣が水を飲みに集まる場所。②登山などで、飲料水や炊飯用の水をくむ場所。

【水▼芭▼蕉】みずバショウ　日サトイモ科の多年草。初夏、うす緑色の花が咲き、そのあと、バショウのような葉が出る。

【水随二方円器一】みずはホウエンのうつわにしたがう　水はうつわの形によって四角にもなれば円形にもなる。人民の善悪は君主の善悪に左右されることのたとえ。〔〈荀子・君道〉から〕

【水引】みずひき　日①こよりをのりで固め、数本合わせて真ん中から染め分けたもの。祝いごとや不祝儀（ブシュウギ）に用いる。②タデ科の多年草。ミズヒキソウ。夏から秋にかけて、細長い穂に赤または白の小花をつける。

【水屋】 日①神社や寺院で、参詣人が手や口を洗い清める所。みたらし。②茶室で、茶道具類を置いたり洗ったりする所。③食器や茶器などを入れる家具。茶だんす。

【水無月】 日陰暦六月。太陽暦でもいう。

● 汚水・海水・渇水・喫水・給水・行水・下水・香水・洪水・湖水・山水・入水・出水・浸水・進水・節水・潜水・増水・脱水・淡水・断水・治水・貯水・排水・噴水・放水・用水・冷水

氵 氵0 (3) 4 7817 6C35 ⇩部首解説

氺 氺0 (5) 4 7819 6C3A ⇩部首解説

永 水1 (5) 1 1742 6C38 教5

エイ(ヱイ)漢 ヨウ(ヰャウ)呉 梗 yǒng
ながい(なが-し)・とこしえ(とこしへ)

筆順 丶 亅 刁 永 永

なりたち  [象形] 長く流れる川の道すじの形。

意味 ❶川の流れがながい。ながい。❷時間がながい。とこしえに。例 永久。永住。永眠。❸距離がながい。隔たりが大きい。遠い。例 永望(=遠くをのぞむ)。❹ひきのばす。例 永日。❺ことばをながくのばしてうたう。うたう。通 詠。例 永歌(=声をながくしてうたう)。永嘯(=ながく吟ずる)。

古訓 中古 とほし・なが・ながうす・ながし・のり・ひたぶる 中世 とほし・ながし・ひたすら・ひたぶる 近世 とほし・ながし・のぶる・はるか・ひさし・ひたぶる

人名 つね・とお・なが・ながし・のぶ・のり・はる・はるか・ひさ・ひさし・ひら

難読 永に・永え・永久

【永永】 いつまでも続くこと。絶え間のないこと。

【永遠】 時間をこえて果てしなく続くこと。とこしえ。とわ。永久。永劫。例 —の愛を信じる。

【永懐】 ながい間思い続ける。特に、恋心についていうことが多い。

【永久】 時間の限定がなく、いつまでも続いていくこと。とこしえ。とわ。永遠。永劫。例 —不変。

【永▼訣】 永久に別れる。死別。永別。

【永▼巷】 後宮。また、後宮に住む宮女。〔宮女の住居が連なり、その間をながい小路(巷)が走っていたことから〕

【永康】 平穏な状態が永久に続くこと。

【永▼劫】 〔「劫」は、非常にながい時間〕 非常にながい歳月。永久に続く時間。永遠。例 —回帰。未来—。

【永日】 ①日をながくする。春になって日中がながいこと。また、のどかな春の日なが。②朝から晩まで。一日中。

【永字八法】 「永」の字に含まれている、八種の基本的点画の筆法。側・勒・努・趯・策・掠・啄・磔。書法伝授の一つ。

[永字八法]

【永寿】 ながく生きる。寿命がながいこと。

【永州】 隋・唐代の州名。現在の湖南省永州市。

【永住】 同じ土地にながく(死ぬまで)住み続ける。例 —の地。

【永世】 ①限りない世。のちのちの世まで。永代。例 —の平安。②終身。

【永世中立】 日他国間のいかなる紛争や戦争にも関係しない国であること。永久局外中立。例 —国。

【永生】 ①ながく生きること。長命。長寿。②永遠に滅びない生命。

【永逝】 死ぬ。永眠。〔やや改まった言い方〕

【永続】 ながくいつまでも続く。ながつづき。

【永代】 限りなくながく続く年月。永世。永久。例 —借地権。

【永代経】 日檀家から布施を受けるなどして、寺院が故人の毎年の命日や彼岸などにおこなう読経。永代読経。

【永嘆】 ながく息を吐き、なげく。長嘆息。

【永図】 将来のことを見越した、はかりごと。

【永年】 ①長生き。長寿。②ながい年月。長年月。例 —勤続。

【永別】 ふたたび会うことのないわかれ。永の別れ。死別。永訣。

【永眠】 ①ながくねむる。②日ながいねむりにつく。死ぬこと。永別。永訣。

【永楽銭】 明の永楽年間に鋳造された銅銭。表面に「永楽通宝」の文字が刻まれている。

氶 水1 (5) 4 7818 6C36

ショウ漢 ジョウ呉 迥 zhěng

意味 今の山東省棗荘市を水源とする川の名。氶水。

氷 水1 (5) 1 4125 6C37 教3

[冰] 冫4 (6) 2 4954 51B0 本字。

ヒョウ漢呉 蒸 bīng
こおり(こほり)・こお-る(こほ-る)・ひ

筆順 丨 亅 刁 氵 氷

なりたち  [会意] 「水(=みず)」と「冫(=凍る)」とから成る。水がこおる。

意味 ❶水が低温のためかたまる。こおる。また、こおり。例 氷結。流氷。❷こおりのように清らかで、けがれのないもの。例 氷肌。氷心。

古訓 中古 こほり・ひ 中世 こほり・ひ 近世 あや・こほり・こほる・ひ

人名 きよ・すが

難読 氷筋・氷箸・氷頭膾

【氷雨】 日①冷たい雨。雪が空中でとけて、みぞれのような冷たい雨。②ひょう。あられ。

【氷▼夷】 川の神の名。河伯。馮夷。

【氷菓】 日果汁や糖蜜に香料を加えて凍らせた食品。アイスキャンディーやシャーベットなど。氷菓子。

【氷河】 ①凍っている川。②日高山の万年雪が、大きなこおりのかたまりとなり、それ自体の重みでそのまま流れ出したもの。ヒマラヤやアルプスなどに見られる。

【氷塊】 こおりのかたまり。

【氷解】 ①こおりがとける。②疑いや迷いがすっかりなくなる。疑惑がはれる。氷釈。例 氷解凍釈(=心の迷いが氷のとけるように消える)。〈荘子・庚桑楚〉 疑念が—する。

【氷肌】 ①こおりのように白く透き通った肌。きめの細かい、なめらかな白い肌。類 氷膚。②梅の花。

【氷魚】ヒョウギョ 一 こおりの下にいるさかな。今にも息が止まりそうなことのたとえ。二 ひうお・ひお 日 アユの幼魚。体長二、三センチメートル。半透明で、こおりのようなところからつけた名。

【氷鏡】ヒョウキョウ ①曇りのない鏡。こおりのように澄んだ鏡。②きれいに澄んだ月。氷輪。③澄みわたった心。

【氷結】ヒョウケツ ①液体が固まって、こおりとなる。凍る。②こおりが張りつめる。例 湖が―する。

【氷原】ヒョウゲン 厚いこおりでおおわれた原野。

【氷山】ヒョウザン ①こおりの山。（権勢などの）頼りにならないことのたとえ。〔熱でとけ去ることから〕②氷河から分かれて海に浮かぶ、こおりの巨大なかたまり。海面下に全体積の七分の六がある。例 ―の一角（＝ほんの一部分のあらわれ）。

【氷室】ヒョウシツ・ひむろ こおりをたくわえておく部屋。

【氷釈】ヒョウシャク ①こおりがとける。②こおりがとけるように、心中のわだかまりや疑問がなくなる。氷解。

【氷上】ヒョウジョウ こおりの上。例 ―のスポーツ。

【氷心】ヒョウシン こおりのように澄みきった、浮世の名利にまどわされない清らかな心。例 一片氷心在二玉壺一（イッペンのヒョウシンのギョッコにあり）（＝ひとかけらの氷のように清い心が、玉でできたつぼの中にある）。〈王昌齢・芙蓉楼送辛漸〉

【氷人】ヒョウジン 結婚の仲立ちをする人。なこうど。媒酌人。類 氷上人ヒョウジョウジン。→【月下氷人】ゲッカヒョウジン（646ページ）

【氷刃】ヒョウジン とぎすまされた、こおりのようなやいば。

【氷雪】ヒョウセツ ①こおりと、ゆき。②心が清らかなこと。

【氷霜】ヒョウソウ ①こおりと、しも。②節操が堅固で、いさぎよいこと。③性格が厳格で、近づきがたいこと。

【氷炭】ヒョウタン 〔「炭」は、すみ火の意〕①互いに相反して一つに調和しないもの。性質の異なるものどうし。②危険なもの。

【氷炭不二相容一】ヒョウタンあいいれず 互いにひどく違っていて、調和しない。君子と小人は共存できないこと。〈陸游・寄題李季章侍郎石林堂〉

【氷炭不二同レ器▼而久一】ヒョウタンうつわをおなじくしてひさしからず こおりと炭火とが同じうつわに長時間あることはない。〈韓非・顕学〉

【氷柱】ヒョウチュウ ①つらら 水のしずくが凍って、棒のように垂れ下がったもの。例 軒先の―。②日 夏、室内を涼しくするために置く、柱形のこおり。

【氷点】ヒョウテン 日 水が凍り始めるときの温度。一気圧のもとではセ氏〇度。

【氷点下】ヒョウテンカ 日 セ氏〇度より低い温度。水の氷点以下の温度。例 ―に保つ。―二度の気温。

【氷▼嚢】ヒョウノウ 日 こおりや水を入れて頭や患部を冷やし、炎症をやわらげ、熱をさますための袋。こおりぶくろ。

【氷片】ヒョウヘン こおりのかけら。

【氷面】ヒョウメン こおりの表面。

【氷輪】ヒョウリン 冷たくかがやく月。氷鏡。

●結氷ケッピョウ・樹氷ジュヒョウ・薄氷ハクヒョウ・霧氷ムヒョウ・流氷リュウヒョウ

汎

氵2 (5)　4 7821 6C3F　キ(クヰ)漢　紙 guǐ

意味 がけのわきなどからわき出る泉。わきみず。例 汎泉キセン。

【汎濫】キカン 〔「濫」は、わき上がる泉〕わき出る泉。わき水。

求

氺2 (7)　1 2165 6C42　教4　キュウ(キウ)漢　グ呉　尤 qiú　もとめる(もと-む)

筆順 一 十 才 才 求 求

なりたち  [象形] 毛皮をつり下げた形。借りて「もとめる」の意。

意味 ❶得ようとつとめる。さがす。**もとめる**。例 求レ剣若レ此、不二亦惑一乎（ケンをもとむることかくのごときは、またまどいならずや）（＝剣を探すのにこんな〈舟べりに印をつける〉やり方をするのは、なんとひどい間違いではないか）。〈呂覧・察今〉求索キュウサク。求人キュウジン。❷たずねもとめる。探究する。**もとめる**。例 予嘗求二古仁人之心一（ヨかつていにしえのジンジンのこころをもとむ）（＝私は以前、古い時代の仁者の心をたずね求めた）。〈范仲淹・岳陽楼記〉求道キュウドウ・グドウ。❸こいもとめる。ねがう。ほしがる。**もとめる**。例 求レ生以害レ仁（セイをもとめてもってジンをガイす）（＝生きながらえようとして仁徳をそこなう）。〈論語・衛霊公〉❹せめもとめる。せめる。例 君子求二諸己一（クンシはこれをおのれにもとむ）（＝君子は自分を責める）。〈論語・衛霊公〉

日本語での用法 《もとめる》「当店テントウでお求もとめください」▼「買う」のやや改まった感じの表現。

古訓 中古 もとむ・をはる　中世 みる・もとむ　近世 かはごろも・ひとし・もちゆる・もとむ

人名 き・つとむ・ひで・ひとし・もと・もとむ・もとめ・やす

難読 求食あさる・求聞持グモンジ・求食火いさりび

【求愛】キュウアイ ①相手の愛をもとめる。例 ―の手紙。②動物が交尾の相手をさがす。例 ―行動。

【求雨】キュウウ 雨ごい。雨が降ることを天に願う儀式。

【求解】キュウカイ ①とりなしを頼む。弁解を依頼する。②説明をもとめる。③悟りをもとめる。

【求刑】キュウケイ 日〔法〕検察官が被告人に科すべき刑罰を、裁判官に請求する。

【求婚】キュウコン 結婚を申しこむ。プロポーズ。

【求索】キュウサク ①さがしもとめる。②要求する。

【求職】キュウショク 日 勤め先をさがす。職さがし。対 求人。

【求心】キュウシン ①こころにもとむ 心で納得しようとする。〈孟子・公孫丑上〉②日 中心に近づこうとする。対 遠心。例 ―的行動。

【求心力】キュウシンリョク 日 ①〔物〕物体が円運動をするとき、円の中心に向かう力。〔「向心力」の古い言い方〕②組織などで、人心を集める力。例 ―を欠く。

【求人】キュウジン ①人材をさがしもとめる。②日（会社や工場などで）働く人をさがしもとめること。対 求職。例 ―広告。

【求全▼之毀】キュウゼンのそしり 完璧カンペキを期して事をおこなっても、思いがけない非難をうけることもある。〈孟子・離婁上〉

【求知心】キュウチシン 日 知識を得ようとする意欲。探求心。

【求道】一 キュウドウ ①真理をたずねもとめる。例 ―の精神。②道路をさがしもとめる。二 グドウ 仏道などの真理を追求して修行する。例 ―者。―に精進ショウジンする。

●希求キキュウ・請求セイキュウ・探求タンキュウ・追求ツイキュウ・要求ヨウキュウ・欲求ヨッキュウ

汁

氵2 (5)　1 2933 6C41　常用　一 シュウ(シフ)漢　ジュウ(ジフ)呉　緝 zhī　二 キョウ(ケフ)漢　葉 xié　しる・つゆ

筆順 丶 冫 氵 氵 汁

なりたち  [形声]「氵(＝みず)」と、音「十シュウ」とから成る。しる。

意味 一 ❶中からにじみ出る水分。**しる**。例 果汁カジュウ。胆汁タンジュウ。肉汁ニクジュウ。❷何かがとけこんでいる液体。**しる**。例 墨汁ボクジュウ。灰汁カイジュウ・あく。❸利益。例 啜汁セツジュウ（＝甘いしるを吸う）。❹雨と雪がまじったもの。みぞれ。❺なみだ。例 目汁モクジュウ。二 かなう。あう。また、やわらぐ。通 協・叶キョウ。

日本語での用法 《しる》「味噌汁みそしる・汁物しるもの」▼液体の多い食品。

古訓 中古 かなふ・しる・なびく　中世 かなふ・しる・なびく　近世 うるほふ・かなふ・しる

難読 灰汁あく・苦汁にがり

【汁粉】(しるこ) 回あずきあんをとかした汁に、餅(もち)または白玉(しらたま)を入れた食べ物。

●灰汁(カイジュウ／あく)・果汁(カジュウ)・苦汁(クジュウ／にがり)・胆汁(タンジュウ)

汀

氵2（5） 1 3685 6C40 人

■一テイ㊥漢 青 ting
■二テイ㊥漢 径 tìng

なぎさ・みぎわ(みぎは)

なりたち [形声]「氵(＝みず)」と、音「丁(テイ)」とから成る。たいら。派生して「なぎさ」の意。

意味 ■一❶水ぎわの平らな地面。**なぎさ。みぎわ。** 例 汀沙(テイサ)。汀洲(テイシュウ)。❸小さな流れ。小川。長汀(チョウテイ)。❷中州(なかす)。

■二⇩【汀瀅(テイエイ)】

古訓 中古 とどこほる・みぎは 中世 なぎさ・みぎは 近世 す・すさき・なぎさ・みぎは

【汀▼瀅】(テイエイ) 水が澄んでいるさま。

【汀曲】(テイキョク) 入りくんで、まがりくねった波打ちぎわ。

【汀沙】(テイサ／テイシャ) 水ぎわの砂原。砂浜(すなはま)。

【汀▼洲】(テイシュウ) ①水中に土砂が積もってできた陸地。中州(なかす)。②なぎさと中州。

【汀▼渚】(テイショ) ①なぎさ。水と陸が接する所。②中州(なかす)。

【汀線】(テイセン) 回海面や湖面と陸地とが接する線。

【汀▼蘭】(テイラン) 水ぎわに咲くランの花。

氿

氵2（5） 4 7820 23C7F 国字

ぬかり

意味 地名に用いる字。例 氿(ぬかり)(＝福島県の地名)。

氾

氵2（5） 1 4037 6C3E 常用

■一ハン(ハム)㊥漢 陥 fàn
■二ハン(ハム)㊥漢 咸 fán

ひろ-がる

筆順 丶 丷 氵 氾 氾

なりたち [形声]「氵(＝みず)」と、音「㔾(ハン)」とから成る。水があふれる。

意味 ■一❶水があふれて、広がる。通汎(ハン)・泛(ハン)。例 氾濫(ハンラン)。❷広くいきわたる。あまねく。通汎(ハン)・泛(ハン)。例 氾論(ハンロン)。❸ゆらゆら動くさま。ただよう。うかぶ。通汎(ハン)・泛(ハン)。■二❶地名。今の河南省襄城(ジョウジョウ)県の南にあった。❷今の山東省曹県の北を流れていた川の名。氾水(ハンスイ)。

古訓 中古 あまねし・うかぶ 中世 うかぶ・ひろし 近世 あまねし・ただよふ・ひろし

人名 ひろ・ひろし

【氾濫】(ハンラン) ①河川などが増水して、あふれる。洪水。②はびこる。増えて害が生じる。例 悪書の―。▽汎濫(ハンラン)。

【氾論】(ハンロン) 広く全般にわたって論じること。汎論(ハンロン)。

汚

氵3（6） 1 1788 6C5A 常用

■一オ(ヲ)㊥漢 ウ・オ(ヲ)㊥呉 虞 wū
■二ワ㊥漢呉 麻 wā

けがす・けがれる(けが-る)・けがらわしい(けがらは-し)・よごす・よごれる(よご-る)・よごれ・きたない(きたな-し)

[汙]

氵3（6） 3 8649 6C59

別体字。

筆順 丶 丷 氵 汀 汚 汚

なりたち [形声]「氵(＝みず)」と、音「亐(ウ→オ)」とから成る。水がにごってきたない。

意味 ■一❶たまり水。にごり水。❷よごれた。**きたない。** 例 汚水(オスイ)。汚点(オテン)。汚物(オブツ)。❸**よごす。**きたなくする。例 衣尽汚(ころもことごとくけがる)(＝衣服がみんなきたなくなった)。〈史記・滑稽伝・東方朔〉❹不正をおこなう。**けがす。** 例 汚職(オショク)。汚名(オメイ)。貪汚(タンオ)。❺恥辱。恥。例 汚悪(オアク)(＝はずかしめと、そしり)。汚辱(オジョク)。❻よごれをすすぐ。洗う。例 薄汚二我私一(ここにわがシをあらう)(＝私の肌着を洗う)。〈詩経・周南・葛覃〉❼地位や土地などが低い。いやしい。例 汚邪(オヤ)。汚隆(オリュウ)。■二土を掘る。土を低くする。

古訓 中古 けがす・けがる・にごる・ぬらす・ぬる 中世 けがす・けがる・にごる 近世 けがす・けがる・たまりみづ・にごる

【汚▼穢】(オアイ／オワイ) ①よごれている。不潔である。②けがれる。けがれたもの。きたないもの。特に、糞尿(フンニョウ)。大小便。

【汚▼垢】(オコウ) あか。よごれ。けがれ。

【汚邪】(オジャ) 一 けがれてよこしまな。邪悪な。二(オヤ) 低くくぼんだ土地。低地。くぼ地。

【汚職】(オショク) 回公務員がその立場を利用して、特定の人に利益を与え、賄賂(ワイロ)を取るなどの不正な行為をすること。〔古くは「瀆職(トクショク)」といった〕

【汚辱】(オジョク) ①けがしはずかしめること。はずかしめ。恥。例 ―を受ける。②身分が低い。

【汚水】(オスイ) よごれた、きたない水。例 ―が流れこむ。

【汚染】(オセン) ①きたなくなる。②病原菌や放射能、また、ちりやほこりなどによって、空気や水、食物などをよごす。また、よごされる。例 環境―。大気を―する。③感染する。

【汚損】(オソン) 物をよごし、きずつける。よごれたり、きずついたりする。例 ―した身分証明書。

【汚濁】(オダク／オジョク) ①よごれて、にごる。②世の中のけがれ。

【汚池】(オチ) 水たまり。池にたまった水。

【汚泥】(オデイ) ①きたない水と、どろ。例 ―にまみれる。②おこないがいやしい。けがれた行為。

【汚点】(オテン) ①きれいなものの表面についた、よごれ。②不名誉な事柄。きず。例 歴史に―を残す。

【汚▼瀆】(オトク) ①小さな水たまり。②きたない溝。どぶ。③よごす。けがす。

【汚物】(オブツ) きたないもの。特に、排泄物(ハイセツブツ)。

【汚▼衊】(オベツ) ①血でよごす。血をぬりつけてけがす。②他人の名誉をおとしめること。

【汚名】(オメイ) 〔名をけがす意〕不名誉なうわさ。悪い評判。悪名。例 ―をそそぐ。

【汚吏】(オリ) 不正をおこなう役人。心のいやしい官吏。

【汚隆】(オリュウ) ①土地の高低。②衰えることと栄えること。

汗

氵3（6） 1 2032 6C57 常用

■一カン㊥漢 ガン㊥呉 翰 hàn
■二カン㊥漢 ガン㊥呉 寒 hán

あせ

筆順 丶 丷 氵 汀 汗 汗

なりたち [形声]「氵(＝みず)」と、音「干(カン)」とから成る。からだの表面から出る液。

意味 ■一❶人や動物のからだの表面からにじみ出る液。**あせ。**また、あせをかく。例 汗顔(ガンカン)。発汗(ハッカン)。❷苦労する。苦しいこと。❸火であぶるとあせのようににじみ出す青竹の水分。例 汗簡(カンカン)。❹⇩【汗漫(カンマン)】■二北方の異民族の長。例 成吉思汗(ジンギスカン)。

古訓 中古 あせ・あせあゆ・あせながす 中世 あせ 近世 あせ

難読 汗疹(あせも)・汗衫(カザミ／はだぎ／あせとり)・盗汗(ねあせ)

【汗簡】(カンカン) ①油けをぬいた竹のふだ。昔、紙の代用として、竹のふだを火であぶり、青みを取って文字を書いた。②文書。書物。▽汗青。

【汗顔】(ガンカン) ①顔にあせをかく。②非常に恥ずかしい思いをする。例 ―の至り。

【汗牛充棟】(カンギュウジュウトウ) 〔荷を引けばウシがあせをかき、積み上げれば棟(むね)にまで届くの意〕蔵書が非常に多いこと。〈柳宗

〈元・陸文通先生墓表〉から〉

【汗血】カンケツ 血のあせを流す。激しい労働に耐えること。

【汗血馬】カンケツバ ①漢代、西域の大宛ダイエン国(=現在のフェルガナ地方)で産出された、大型で走力にすぐれた名馬。汗馬。②特に才能のひいでた人。

【汗▼衫】一カンサン 上衣の下に着る、薄くてあせを吸う肌着。二かざみ 日平安時代、貴族の女性や子供が夏に着た、薄手の上着。

【汗▼疹】カンシン あせも。あせぼ。

【汗青】カンセイ 「汗簡カンカン」に同じ。

【汗馬】カンバ ①「汗血馬」の略。②乗っているウマがあせをかくほど、戦場を駆けること。例必二汗馬之労一カンバのロウをヒッす(=〈家業を放り出して〉兵役につく)。〈韓非・五蠹〉

【汗馬▼之労】カンバのロウ ①ウマにあせをかかせて戦場を駆けまわる労苦。また、戦功。汗馬之功カンバのコウ。例蕭何未三嘗有二汗馬之労一ショウカいまだかつてカンバのロウあらず(=蕭何はいままで一度も戦場で手柄を立てたことがない)。〈史記・蕭相国世家〉②ウマにあせを流させるほどの重労働。

【汗背】カンパイ 恥ずかしさのあまり、背中にあせをかく。

【汗漫】カンマン ①果てしなく広がっているさま。②散漫として、とりとめのないさま。

●盗汗トウカン・発汗ハッカン・冷汗レイカン

汍

氵3(6) 4 7822 6C4D カン(クヮン)漢 ガン(グヮン)呉 寒 wán

意味 「汍汍カンカン」「汍瀾カンラン」は、涙がとめどなく流れるさま。

参考 汍ひろ(=人名)。

汲

氵3(6) ⇩汲キュウ(752ページ)

江

氵3(6) 1 2530 6C5F 常用 コウ(カウ)漢 ゴウ(ガウ)呉 江 jiāng え

筆順 丶 氵 氵 氵 汀 江

なりたち [形声]「氵(=みず)」と、音「工コウ」とから成る。川の名。

意味 ❶長江チョウコウおよびその支流。例江碧鳥逾白コウはあおくしてとりはいよいよしろし(=青緑色の長江に、飛ぶ鳥はいっそう白く見える)。〈杜甫・絶句〉江河コウガ。江水コウスイ(=長江の水)。❷大きな川。例黒竜江コクリュウコウ(=アムール川)。

日本語での用法 一《コウ》「江都コウト(=江戸えどの異名)・江東コウトウ(=東京隅田川すみだがわの東側)」▼江戸の略。二《ゴウ》「江州ゴウシュウ」▼旧国名「近江おうみ(=今の滋賀県)」の略。三《え》「入いり江え・堀江ほりえ」▼陸地にはいりこんでいる海岸や湖岸や川岸の水面。

古訓 中古え 中世え 近世え

人名 きみ・ただ・のぶ・ひろ

難読 江豚いるか・江鮭あめのうお

【江戸】えど 日東京都の中心部の古称。徳川家康トクがわいえやすが幕府を開いてから発展した。

【江戸前】えどまえ 日①江戸の前の海(=東京湾)でとれる魚介類。例—のハゼ。②江戸風。江戸好み。例—の鮨し。

【江▼靄】コウアイ 大きな川の上にただよう、もや。川霧。類江煙。

【江河】コウガ ①長江と黄河。②大きな川。大河。

【江海】コウカイ ①大河と海。特に、長江と海。②海のように大きな川。③広いもの、豊かなもののたとえ。④世の中。世間。

【江漢】コウカン 長江と漢水(=陝西センセイ省西部に発し、漢口カンコウで長江に注ぐ川)。例江漢以濯レ之コウカンもってこれをあらう(=長江や漢水の水で〈布を〉洗う)。〈孟子・滕文公上〉

【江郷】コウキョウ 川べりの村。水郷。類江村コウソン。

【江月】コウゲツ ①川の上にかかった月。川面かわもを照らす月。②川の流れに映った月。

【江湖】コウコ [古くは「ゴウコ」] ①長江と洞庭ドウテイ湖。また、大きな川とみずうみ。②地方。田舎。例転二徙於江湖間一コウコのかんにテンシす(=田舎を流浪する)。〈白居易・琵琶行〉③世間。世の中。例—の散人(=世に役立たない者)。

【江左】コウサ 長江下流南岸の地。現在の江蘇コウソ省・浙江セッコウ省のあたり。江東。

【江山】コウザン ①川と山。山河。②国土。

【江▼渚】コウショ 大きな川の、水ぎわ。中州なかす。類江汀コウテイ。例漁二樵於江渚之上一コウショのほとりにギョショウす(=長江のほとりで魚をとり、きこりをする)。〈蘇軾・赤壁賦〉

【江上】コウジョウ [古くは「コウショウ」] ①長江の水面。また、長江のほとり。例煙波江上使二人愁一エンパコウジョウひとをしてうれえしむ(=長江の水面にはもやがたちこめ、人を深い悲しみにさそう)。〈崔顥・黄鶴楼〉②川面かわも。また、川のほとり。例—の月。

【江城】コウジョウ 川のほとりにある町。特に、長江沿岸の町。

【江心】コウシン ①川の中心。②長江の中流。

【江西】コウセイ ①隋ズイ・唐代以前、長江中下流の北岸。②明ミン・清シン代、長江中流の南側一帯。江右コウユウ。③日琵琶ビワ湖の西側の地。

【江船】コウセン 大きな川を上下する船。多く、長江のものを指す。例江船火独明コウセンひとりあきらかなり(=〈夜の長江で〉川船のあかりだけが唯一光を放っている)。〈杜甫・春夜喜雨〉

【江東】コウトウ 長江下流の南側の地。古代、呉、越の国のあった地方。江左。

【江頭】コウトウ 川のほとり。多く、長江のほとりを指す。類江岸。

【江南】コウナン 長江下流の南岸の地方。

【江畔】コウハン 川岸。川のほとり。江頭。類江浜。

【江表】コウヒョウ 長江下流の南岸。江左。江東。江南。

【江北】コウホク ①長江以北の地。②長江下流北岸の地一帯。現在の江蘇コウソ省の北部。

【江右】コウユウ 長江中流南岸の地。左右は長江の北側から見ていう。現在の江西省のあたり。江西。

【江陵】コウリョウ 県名。現在の湖北省南部、長江の北岸にあった交通の要衝。春秋時代、楚ソの都、郢エイがあったとされる。

【江楼】コウロウ 川のほとりの高殿たかどの。

【江▼淮】コウワイ ①長江と淮水。②長江と淮水の流域一帯。現在の安徽アンキ省、江蘇コウソ省。

●大江タイコウ・長江チョウコウ・堀江ほりえ

汞

水3(7) 2 6171 6C5E コウ漢 董 gǒng みずがね(みづがね)

意味 化学元素の一つ。液体状の銀白色の金属。温度計・蛍光灯などに用いられる。水銀。**みずがね**。例昇汞水ショウコウスイ(=塩化水銀の水溶液。殺菌・消毒用)。

難読 汞粉はらや(=白色で粉末状の、薬剤の一つ)

汕

氵3(6) 2 6172 6C55 サン漢 諫 shàn あみ・およ-ぐ

意味 ❶魚が泳ぐさま。**およぐ**。❷魚をとるあみ。**あみ**。

汜

氵3(6) 3 8650 6C5C シ漢 紙 sì

意味 ❶川の本流から分かれた小さな水流。えだがわ。❷流れのなくなった水路。❸河南省を流れる川の名。汜水シスイ。

汝

氵3(6) 1 3882 6C5D 人 ジョ漢 ニョ呉 語 rǔ な・なんじ(なんぢ)・なれ・うぬ

なりたち [形声]「氵(=川)」と、音「女ジョ」とから成る。川の名。

意味 ❶河南省を流れる川の名。汝水ジョスイ。汝河ジョガ。❷**なんじ**。**な**。おまえ。例 汝輩ジョハイ。

古訓 中古なんぢ・なんぢのきみ 中世なれ・なんぢ 近世なんぢ

【汝輩】ジョハイ(なんじがともがら) おまえたち。君たち。〔目上から目下に用いる〕 類汝曹ジョソウ(なんじがともがら)。

汛
氵3(6) 4 7823 6C5B ジン慣 シン漢 震 xùn

意味 水をまく。そそぐ。例 汛掃ジンソウ(=水をまき、掃除する。また、掃討する)。

汐
氵3(6) 1 2814 6C50 人 セキ漢 陌 xī しお(しほ)・うしお(うしほ)

なりたち [形声]「氵(=みず)」と、音「夕セキ」とから成る。ゆうしお。

意味 夕方に起きる海水の干満。ゆうしお。例 潮汐チョウセキ。

古訓 中古しぼる・ひるしほ・ゆふしほ 中世うしほ 近世うしほ・ゆふしほ

人名 きよ

池
氵3(6) 1 3551 6C60 教2 チ漢呉 支 chí いけ

筆順 丶 氵 氵 汋 汋 池

なりたち [形声]「氵(=みず)」と、音「也ヤ→チ」とから成る。水がたまり、集まった所。

意味 ❶自然にできた大きな水たまり。また、地面を掘って水をためた所。**いけ**。例 池苑チエン。池沼チショウ。池塘チトウ。❷城壁のまわりの堀。例 金城湯池キンジョウトウチ(=防備の堅固な城)。❸すずりの、水をためるくぼんだ所。例 硯池ケンチ。墨池ボクチ。❹雨樋あまどい。❺衣服のふちの飾り。

日本語での用法《チ》「電池デンチ・肉池ニクチ(=印肉を入れておくもの)」▼何かをためて、入れておくところ。

古訓 中古いけ 中世いけ 近世いけ・おもむろ・ためいけ・ゆるやか

難読 池鯉鮒チリュウ(=東海道の宿駅。今の愛知県知立チリュウ市)

【池▼苑】【池園】チエン 池と庭園。

【池魚】チギョ 池の中のさかな。

【池魚▼之▼殃】チギョのわざわい ①思いがけない災難に遭うこと。まきぞえになること。〔昔、池に投じたという宝玉をさがすために池の水をさらったところ、宝玉は見つからず池の魚もみな死んでしまったという故事〈呂覧・必己〉から〕 ②火災に遭うこと。〔城門が焼けたとき、池の水をくんで消したために、魚が死んでしまったという故事〈杜弼・檄梁文〉から〕 ▽殃及二池魚一(わざわいチギョにおよぶ)。

【池▼籞】チギョ 〔「籞」は、竹製のしがらみ〕いけす。

【池▼隍】チコウ 〔「池」は水堀、「隍」は水のない空堀〕城壁のまわりの堀。

【池沼】チショウ 池と沼。

【池亭】チテイ 池のほとりのあずまや、または建物。

【池▼塘】チトウ 池のつつみ。池の土手。→【少年易レ老学難レ成】(ショウネンおいやすくガクなりがたし)(397ページ)

【池頭】チトウ 池のほとり。池辺。

【池畔】チハン 池のほとり。池頭。池辺。例 —のヤナギ。

【池辺】チヘン 池のほとり。池の付近。池頭。池畔。

●金城湯池キンジョウトウチ・電池デンチ・臨池リンチ

汢
氵3(6) 2 6173 6C62 国字 ぬた

意味 泥深い田。沼田ぬまた。また、地名に用いる字。

汎
氵3(6) 1 4038 6C4E 常用 ハン(ハム)漢 ボン(ボム)呉 陥 fàn うか-ぶ・ひろ-い(ひろ-し)

筆順 丶 氵 氵 汎 汎 汎

なりたち [形声]「氵(=みず)」と、音「凡ハン」とから成る。水に浮くさま。

意味 ❶水面に浮かぶ。また、船を浮かべる。**うかぶ**。通泛ハン。例 汎舟ハンシュウ(=船を浮かべる)。❷風や波のままに、ゆらゆら動く。ただよう。通泛ハン。❸すみずみまで。広がっているさま。**ひろい**。あまねく。通氾ハン。例 汎愛ハンアイ。汎称ハンショウ。❹あたり一面に流れ出る。あふれる。通氾ハン。例 汎溢ハンイツ(=水が広くあふれる)。汎濫ハンラン。

日本語での用法《ハン》「汎ハンアジア主義シュギ・汎ハン太平洋平和会議ヘイワカイギ」▼英語「pan-」の音訳。全。すべて。

古訓 中古あまねし・うかす・うかぶ・こぼす・ささぐ・ただよふ・ひろし 中世うかぶ・ひろし 近世うかぶ・うく・ただよふ

人名 ひろ・ひろし・ひろむ・みな

難読 汎織おりけ

【汎愛】ハンアイ すべての人を差別なく愛する。博愛。例 汎愛レ衆而親レ仁(ひろくシュウをアイしてジンにしたしむ)(=大勢の人を分けへだてなく愛し、仁徳ある人に親しむ)。〈論語・学而〉—ハンアイ主義。

【汎称】ハンショウ 全体をひとまとめにして呼ぶこと。また、その名称。総称。

【汎渉】ハンショウ ①海や川を渡ること。②さまざまなことに広く通じていること。

【汎神論】ハンシンロン 日〔哲〕一切の存在は神そのものであり、神と宇宙は一体であるとする考え方。

【汎汎】ハンハン ①川などの水が、広くすみやかに流れるさま。②水に浮きただようさま。③水に映った影のゆらめくさま。④広々として果てしないさま。⑤うわべの。平凡な。

【汎用】ハンヨウ 一つのものを広くいろいろの方面に使う。例 —機械。

【汎濫】ハンラン ①河川などの水があふれ出る。②増えて害がある。はびこる。▽氾濫ハンラン。

【汎論】ハンロン ①広く全体にわたって論じる。②全体についての議論。通論。▽総論。

沄
氵4(7) 4 7825 6C84 ウン漢 文 yún

意味 ❶水がうずまいて流れるさま。❷⇒【沄沄】ウンウン

【沄沄】ウンウン ①水がわき立つさま。②入り乱れているさま。③評判などが遠く伝わるさま。

汪
氵4(7) 2 6174 6C6A オウ(ワウ)漢 陽 wāng

意味 ❶湖や海などの深く広いさま。ひろい。例 汪汪オウオウ。❷液体がたまる。液体があふれる。例 汪然オウゼン。❸水のよどんだ池。いけ。❹姓の一つ。例 汪兆銘オウチョウメイ(=中華民国の政治家)。

【汪汪】オウオウ ①湖や海がゆったりと広く水をたたえているさま。②度量の広いさま。

【汪然】オウゼン ①広く深いさま。②涙がとめどなくあふれるさま。さめざめ。例 汪然出レ涕(オウゼンとしてなみだをいだす)(=はらはらと涙を流す)。〈柳宗元・捕蛇者説〉

【汪洋】オウヨウ ①水の広く深くたたえられているさま。②人や文章に深みや広がりのあるさま。

汽
氵4 (7) 1 2105 6C7D 教2 キ 漢 未 qì

[滊] 氵10 (13) 4 7906 6ECA 別体字。

筆順 丶 冫 氵 氵 汽 汽 汽

なりたち [篆] [形声]「氵(=みず)」と、音「气キ」とから成る。水がなくなる。また、ゆげ。

意味 ❶水が涸かれる。❷液体や固体の変化した気体。特に、水蒸気。例 汽缶カン。汽船セン。

参考「滊」は、もと別の字だが、日本語では「汽❷」の意に使われてきた。

古訓 中古 あやふし・つく・ほとほと 近世 かはく・ちかし・つくる・なんだたる・ほとんど

【汽缶(罐)】キカン 日 かまの中に高圧の蒸気を発生させ、その力を動力源とする装置。蒸気がま。ボイラー。

【汽車】キシャ 日 蒸気機関車によって客車や貨車を引いて、レールの上を走る列車。SL。参考 現代中国語では、自動車の意。

【汽水】キスイ 日 海水と淡水とがまざりあっている、塩分濃度の低い水。

【汽船】キセン 日 蒸気機関または内燃機関を動力とする船。

【汽笛】キテキ 日 (汽車や汽船などで)蒸気をふき出して鳴らす、信号用のふえ。例 一声セイ。出港の一。

沂
氵4 (7) 2 6175 6C82 一キ 慣 ギ 漢 微 yí 二ギン 漢 真 yín ほとり

意味 一 黄海に注ぐ川の名。沂水キスイ。二 川岸。きし。はて。

参考「鴨沂オウキ」は、京都、鴨かも川の岸辺の意。

汲
氵4 (7) 1 2166 6C72 人 キュウ(キフ) 漢 呉 緝 jí くむ

[汲] 氵3 (6) 俗字。

なりたち [篆] [形声]「氵(=みず)」と、音「及キュウ」とから成る。水を引く。

意味 ❶水をくみ上げる。くむ。水を引き入れる。ひく。例 汲引キュウイン。汲水キュウスイ(=水をくみ上げる)。❷人物を見こんで、引き入れる。みちびく。❸くみ取る。調べ考える。例 汲古キュウコ。❹地名。現在の河南省にあった。例 汲冢書キュウチョウショ。❺⇩【汲汲】キュウキュウ

古訓 中古 くむ・すく・すくふ・みづくむ 中世 くむ・すくむ・すくふ 近世 くむ・すすむ

【汲引】キュウイン ①水を引き入れる。②人を引き上げ用いる。

【汲汲】キュウキュウ こせこせとそのことばかりに努めるさま。例 不ニ汲汲於富貴一(フウキにキュウキュウたらず)(=財産や地位を得ることばかりに努めない)。〈陶淵明・五柳先生伝〉

【汲古】キュウコ 昔のことを調べる。

【汲▼綆】キュウコウ 井戸のつるべに結びつけた縄。つるべなわ。類 汲索。

【汲▼冢書】キュウチョウショ 晋シ代に、汲郡(=今の河南省新郷市)の不準が、戦国時代の魏ギの襄ジョウ王の墓から得たとされる先秦シンの古書。竹簡に科斗カト文字で書かれていたという。『竹書紀年』『穆ボク天子伝』などが伝わる。

決
氵4 (7) 1 2372 6C7A 教3 一ケツ(クヱツ) 漢 ケチ(クヱチ) 呉 屑 jué 二ケツ(クヱツ) 漢 ケチ(クヱチ) 呉 屑 xuè きめる(き-む)・きまる

[决] 冫4 (6) 2 4951 51B3 俗字。

筆順 丶 冫 氵 汀 沪 決

なりたち [篆] [形声]「氵(=みず)」と、音「夬ケ」とから成る。上から下へ流れる。

意味 一 ❶堤防が切れて水が流れ出す。きれる。例 決壊ケッカイ。決河ケッカ。❷堤防を切って水を通す。きる。❸断絶する。たち切る。例 決絶ケツゼツ。❹歯でかみきる。❺ものごとをきっぱりと断定する。心をしっかり決める。**きめる**。**きまる**。また、きまり。例 決断ケツダン。決定ケッテイ。議決ギケツ。❻判決を下す。さばく。また、さばき。裁定。例 決獄ケツゴク。❼わかれる。通 訣ケツ。例 決別ケツベツ。❽えぐり出す。えぐる。通 抉ケツ。例 決眼ケツガン(=目をえぐり出す)。❾かならず。きっと。例 決定ケツジョウ。二 速いさま。急いで。例 決驟ケッシュウ(=速く走る)。

古訓 中古 うがつ・かならず・くじる・ことわる・さくる・さだむ・たつ・たゆ・ひらく・やぶる・わかつ 中世 さくる・さだむ・ゆかけ 近世 さだむ・たつ・わかる・わくる

人名 さだ・さだむ・ひろ・ひろし

【決意】ケツイ 意志をはっきりときめる。また、きめた意志。決心。

【決河】ケッカ ①黄河の水があふれて堤防を切って流れること。②一般に、川の水が堤を切って流れること。例 一の勢い(=すさまじい勢い)。

【決壊】【決潰】ケッカイ 堤防が水の勢いで切れて、くずれる。例 ダムが一する。

【決起】ケッキ ①勢いよく立ち上がる。奮い立って行動を始める。例 総一集会。②日(反乱などのため)覚悟して行動を起こす。表記 ▽旧▼蹶起

【決議】ケツギ (会議や集会で)議論して決定する。また、決定した事柄。例 一を得て実行する。

【決行】ケッコウ ためらわずにおこなう。例 雨天でも一する。

【決獄】ケツゴク 裁判で判決を下す。

【決済】ケッサイ 日 代金の支払いによって、売買取引をすませる。

【決裁】ケッサイ ある事柄について決定する権限をもつ者が、提案の採否をきめる。例 大臣の一を得る。

【決算】ケッサン 日 ①[経]一定期間内の、収入・支出・利益・損失の総計。対 予算。例 一報告。②金銭の収支をすべて計算して、最終的にまとめる。③総まとめ。しめくくり。

【決死】ケッシ 死ぬ覚悟をすること。例 今日固決レ死(きょうもとよりシをケッす)(=今日はもともと死ぬ覚悟だ)。〈史記・項羽紀〉

【決勝】ケッショウ ①最終的に勝負をきめること。例 一点。一のレース。②第一位をきめること。例 一戦。

【決心】ケッシン あることをしようと心にきめる。決意。

【決絶】ケツゼツ ①たちきる。②絶交する。

【決戦】ケッセン 最後の勝敗をきめるために、たたかう。また、そのたたかい。例 一をいどむ。

【決選】ケッセン 日 ①予選のあとでおこなう最終選考。本選。②最終的に一人を選んできめること。例 一投票。

【決然】ケツゼン 強く決心したさま。例 一たる態度。

【決断】ケツダン ①きっぱりときめる。例 一をせまられる。②事のよしあしを裁く。

【決着】ケッチャク 日 争いごとや議論などの、きまりをつける。例 一がつく。一をつける。

【決定】一ケッテイ はっきりと定める。また、定められた内容。例 中止を一する。二ケツジョウ(ケチジョウ) ①[仏]信じて疑わないこと。例 一信(=揺らぐことのない信心)。②必ず。きっと。さだめし。例 一、これは負けいくさと覚えたり。

【決闘】 恨みや争いの決着をつけるため、命をかけてたたかう。果たし合い。
【決別】 （二度と会わないという気持ちで）きっぱりとわかれる。例 過去と―する。表記 旧▶訣別
【決裂】 ①土地などを分割する。②会談や交渉などで、意見が対立して、ものわかれになる。例 談判が―する。
●解決・可決・議決・採決・裁決・先決・即決・対決・判決・否決・表決

沅
氵4（7） 3 8654 6C85 ゲン（グヱン）漢 元 yuán

意味 湖南省の西部を流れ、洞庭湖に注ぐ川の名。沅水。沅江。例 沅湘（＝沅水と湘水）。

沍
氵4（7） 2 6176 6C8D コ漢 ゴ呉 遇 hù か-れる（か-る）

意味 ❶水が寒さで凍りつく。きわめて寒い。通冱・涸。例 沍寒。沍涸（＝凍りつく）。❷水源が凍結して、かれる。かれる。とじる。ふさぐ。通冱・涸。
【沍寒】 凍りつくほどの寒さ。きびしい寒さ。冱寒。

沆
氵4（7） 3 8655 6C86 コウ（カウ）漢 養 hàng

意味 ❶水面が果てしなく広がるさま。例 沆茫。沆瀁。❷大きな湿地。さわ。例 沆沢（＝大きなさわ）。❸立ちこめた気。もや。例 沆瀣（＝夜半の冷気）。朝沆（＝朝もや）。
【沆▼茫】 水面が広大なさま。
【沆▼瀁】 水が広々として大きいさま。

汩
氵4（7） 6C69 一 コツ漢 月 gǔ 二 イツ（キツ）漢 質 yù おさ-める（をさ-む）

意味 一 ❶治水する。おさめる。❷かき乱す。みだす。例 汩乱（＝攪乱する）。❸埋没する。例 汩没。❹⇩【汩汩】 二 水の流れが速いさま。例 汩汩。参考 「汨」とは別の字。
【汩汩】 一 ①波の音。水流の音。②盛んなさま。③埋没する。落ちぶれる。二 ①水流が急なさま。②思いや話がとぎれないさま。③動揺して不安なさま。
【汩没】 ①沈む。隠れて見えなくなる。落ちぶれる。②川の水音や波の音。▽汩汩。

沙
氵4（7） 1 2627 6C99 常用 サ漢 シャ呉 麻 shā すな・よな-げる（よな-ぐ）・いさご

筆順 丶 冫 氵 氵丨 汃 沙 沙

なりたち ［会意］「氵（＝みず）」と「少（＝すくない）」とから成る。水が少ないと見える、すな。

意味 ❶水辺のごく小さな石のつぶ。すな。いさご。通砂。❷水辺の地。みぎわ。すなはま。例 沙鷗。❸水も草もない砂地の野。例 沙場。沙漠。❹水中で細かいものをより分ける。よなげる。例 沙汰。❺外国語「サ」「シャ」の音にあてる字。例 沙翁。沙羅双樹。

古訓 中古 いさご・のぞく 中世 いさご・えらぶ・すなご 近世 いさご・すな・まさご

人名 いさ・す・まさご

難読 沙魚（はぜ）・沙蚕（ごかい）

【沙翁】 日 十六世紀後半のイギリスの劇作家、シェークスピアのこと。〔シェークスピアの音訳「沙吉比亜」の略に「翁」を加えたもの〕
【沙▼鷗】 浜辺にいるカモメ。例 天地一沙鷗（＝私はまるで天と地の間に一羽だけいる砂浜のカモメのようだ）。〈杜甫・旅夜書懐〉
【沙塞】 北方や西方の砂漠にある、とりで。また、その周辺に住む異民族。
【沙▼渚】 水辺の砂地。川の中州の砂原。砂浜。類 沙汀。
【沙場】 ①砂漠。例 酔臥二沙場一（＝酔いつぶれて砂漠に倒れ伏す）。〈王翰・涼州詞〉 ②戦いの場としての砂漠。
【沙▼磧】 砂や石におおわれた地面。砂漠や川原など。
【沙草】 砂地に生えている草。
【沙汰】 〔「汰」も、水に入れて細かいものをより分ける意〕①より分ける。②日 よしあしや処置を決める。また、その結果にもとづく通知や指図。例 追って―する。地獄の―も金次第。③日 おこない。事件。例 正気の―とは思えない。④日 評判。便り。例 音―がない。
【沙漠】 砂や岩ばかりの広い土地。砂漠。
【沙羅】 〔仏〕「沙羅双樹①」に同じ。
【沙羅樹】 〔仏〕「沙羅双樹①」に同じ。
【沙羅双樹】 ①〔仏〕〔「沙羅」は、梵語 śāla の音訳〕釈迦が没したとき、時ならぬ白色の花を咲かせたという木。釈迦の病床の四方に二本ずつあったという。沙羅。沙羅樹。②フタバガキ科の常緑高木。インド原産。③ツバキ科のナツツバキの別名。シャラノキ。ツバキに似た白い花が咲く。▽娑羅双樹。
【沙弥】 〔仏〕〔梵語 śrāmaṇera の音訳〕出家したばかりで、十分に修行していない僧。
【沙門】 〔仏〕〔梵語 śramaṇa の音訳〕出家して修行する僧。桑門。

［氵卆］
氵4（7） ⇩淬（784ページ）

沚
氵4（7） 2 6177 6C9A シ漢 紙 zhǐ なぎさ・みぎわ（みぎは）

意味 小さな中州。なぎさ。みぎわ。

沁
氵4（7） 2 6178 6C81 シン（シム）漢 沁 qìn し-みる（し-む）・し-む

意味 ❶水がしみこむ。しみる。また、ひたす。例 壁に雨水が沁みる。❷水をくむ。

汭
氵4（7） 4 7824 6C6D ゼイ漢 霽 ruì

意味 ❶川が回りこむようにして合流する所。❷古代の川の名。参考 汭下（＝秋田県の地名）。

汰
氵4（7） 1 3433 6C70 常用 タ慣 タイ漢 泰 tài よな-げる（よな-ぐ）・おご-る

筆順 丶 冫 氵 汁 汏 汰 汰

なりたち ［形声］「氵（＝みず）」と、音「太」とから成る。よなげる。

意味 ❶水とともにすくって洗い出し、中の役に立つものを拾い分ける。よなげる。ゆる。あらう。例 沙汰。淘汰。❷必要以上にたっぷりとある。分をこえたさま。おごる。通泰。

古訓 中古 あらふ・おごる・すぐ・すすぐ・たがふ・なみ・ゆする・ゆる 中世 あらふ・すすぐ・そろふ・なみ・はなはだ・ゆる 近世 あらふ・すぐる・そろゆる

【汰▼侈】【汰▼肆】(シタ/シタイ) 身分不相応なぜいたくをする。おごりたかぶる。

沢

氵4 (7) 1 3484 6CA2 常用

一 タク 漢 チャク 呉 陌 zé
二 エキ 漢 陌 yì
さわ(さは)

[澤] 氵13 (16) 2 6323 6FA4 旧字体。

筆順 丶 冫 氵 氵コ 氵尸 沢

なりたち 澤 [形声]「氵(=みず)」と、音「睪(エキ→タク)」とから成る。つやつやとうるおいがある。

意味 一 ❶つやがある。つやつやしい。つや。例 光沢(コウタク)。脂沢(シタク)(=つや)。❷水が浅くたまっている所。草木の茂った所。湿地。さわ。例 沢畔(タクハン)。山沢(サンタク)。沼沢(ショウタク)。❸(水けが)たっぷりある。うるおう。うるおす。例 潤沢(ジュンタク)。❹俸給。給与。例 干沢(カンタク)(=俸禄(ホウロク)を求める)。❺なさけ。めぐみ。例 恩沢(オンタク)。恵沢(ケイタク)。❻体内をめぐる液。唾液(ダエキ)や汗。例 手沢(シュタク)(=ものにしみついた、手の汗)。❼(手などを)こする。もむ。二 ❶古い酒。通 醳(エキ)。❷楽しむ。よろこぶ。通 懌(エキ)。

日本語での用法 《さわ》「沢登(さわのぼ)り」▼山あいの谷川。

古訓 中古 あぶらわた・うつくしび・うるふ・うるほし・さは・たづぬ・なだらかなり・なめらかなり・ほどこす・めぐむ・よろこぶ 中世 あぶらわた・うつくし・うるほす・うるほふ・さは・めぐむ 近世 いつくしむ・うるほひ・うるほふ・さは

人名 ます・めぐみ

難読 沢瀉(おもだか|なぎ)

【沢▼庵】(タクアン) 日「沢庵漬け」の略。干したダイコンを塩と糠(ぬか)でつけた漬物。〔江戸初期、沢庵和尚(オショウ)の考案という〕

【沢雨】(タクウ) 万物をうるおす恵みの雨。慈雨。

【沢山】(タクサン) 日〔あて字〕①数量の多いこと。多く。あまた。②十分あって、それ以上不要なさま。例 もう―だ。

【沢畔】(タクハン) 沼やさわのほとり。

【沢▼梁】(タクリョウ) 川で魚をとるための、しかけ。やな。

【沢国】(タッコク) 湖や沼、川などが多い国。水の豊かな地方。

◐遺沢(イタク)・恩沢(オンタク)・恵沢(ケイタク)・光沢(コウタク)・潤沢(ジュンタク)・手沢(シュタク)・沼沢(ショウタク)

沖

氵4 (7) 1 1813 6C96 常用

チュウ(チウ) 漢 呉 東 chōng
おき

[冲] 冫4 (6) 2 4953 51B2 俗字。

筆順 丶 冫 氵 氵口 氵口 沖

なりたち 沖 [形声]「氵(=みず)」と、音「中(チュウ)」とから成る。水がわいて動く。

参考 「沖」は「衝」の簡体字としても用いられる。

意味 ❶水がまっすぐわき上がり、なだらかに流れる。例 沖積(チュウセキ)。沖天(チュウテン)。❷わき上がるように、まっすぐのぼる。真上へ高く飛ぶ。❸かたよらず、おだやか。例 沖和(チュウワ)。❹中が空(から)である。うつろ。また、むなしい。例 虚沖(キョチュウ)(=心がむなしいさま)。❺知恵や経験が不足で、頭がうつろ。おさない。例 沖人(チュウジン)。❻⇩【沖沖】(チュウチュウ)。

日本語での用法 《おき》「沖(おき)に出(で)る・沖(おき)の小島(こじま)」▼海岸線から離れた海上。

古訓 中古 いたる・うごく・ひひる・ふかし・むなし 中世 いたる・おき・ひいる・ふかし・むなし 近世 うごく・おき・とびあがる・ふかし・むなし

人名 とおる・なか・のぼる・ふかし

難読 沖舟(うつお|ぶね)(=一本の木をくりぬいて作った舟)

【沖合】(おきあい) 日 沖のほう。例 ―漁業。

【沖虚】(チュウキョ) ①心の中を空にして、雑念をなくすこと。②何もない空中にのぼっていく。仙人になること。

【沖人】(チュウジン) ①幼い子供。童子。類 沖子。②天子が自らをへりくだって指すことば。

【沖積】(チュウセキ) 河口や川べりなどに、川の流れが運んだ土砂がつみ重なること。例 ―平野。

【沖沖】(チュウチュウ) ①ものの垂れ下がっているさま。②氷の割れる音の形容。③心に憂いのあるさま。忡忡(チュウチュウ)。

【沖天】(チュウテン) 天にのぼる。空高くのぼる。例 ―の勢い。

【沖幼】(チュウヨウ) おさない。類 沖弱。

【沖和】(チュウワ) ①やわらぐ。おだやかになる。②調和した天地の気。

沈

氵4 (7) 1 3632 6C88 常用

一 チン(チム) 漢 ジン(ヂム) 呉 侵 chén
二 シン(シム) 漢 呉 寝 shěn
三 タン(タム) 漢 覃 tán
しずむ(しづ-む)・しずめる(しづ-む)

[沉] 氵4 (7) 4 7826 6C89 俗字。

筆順 丶 冫 氵 氵冖 氵几 沈

なりたち 沈 [形声]「氵(=みず)」と、音「冘(イン→チン)」とから成る。雨が降り、大きなおかの上にたまった水。借りて「しずむ」の意。

意味 一 ❶(水中に)深くはいる。しずむ。しずめる。対 浮。例 沈下(チンカ)。沈没(チンボツ)。浮沈(フチン)。❷ものごとにふける。おぼれる。例 沈酔(チンスイ)。沈溺(チンデキ)。❸かくれる。ひそむ。例 幽沈(ユウチン)(=世を逃れ静かに暮らす)。❹気がふさぐ。元気がない。おちこむ。例 沈鬱(チンウツ)。沈痛(チンツウ)。意気消沈(イキショウチン)。❺落ち着いている。しずか。例 沈思(チンシ)。沈着(チンチャク)。沈黙(チンモク)。❻おちぶれる。例 沈下僚(カリョウにしずむ)(=低い官位におちぶれた)。〈左思・詠史詩〉❼とどこおる。とどまる。また、ひさしい。例 沈痾(チンア)。沈滞(チンタイ)。❽非常にふかい。例 沈痛(チンツウ)。❾ぬかるみ。どろぬま。❿⇩【沈沈】(チンチン)。二 姓の一つ。例 沈徳潜(シントクセン)(=清(シン)の詩人)。三 ⇩【沈沈】(タンタン)。

古訓 中古 おつ・しづむ・とどむ 中世 しづむ 近世 したたり・しづく・しづむ

人名 うし

【沈香】(ジンコウ) ①ジンチョウゲ科の熱帯産常緑高木。材は香木とする。②香料の一種。「①」の木質に沈着した樹脂成分を熱すると芳香を放つ。その優良品を「伽羅(キャラ)」という。比重が重く水にしずむところからの称。沈水香(ジンスイコウ)。

【沈丁花】(ジンチョウゲ|チンチョウゲ) 日 ジンチョウゲ科の常緑低木。早春、香りの強い花が咲く。

【沈▼痾】(チンア) 長年にわたる病気。宿痾(シュクア)。沈痼(チンコ)。

【沈鬱】(チンウツ) 気がしずんで、晴れ晴れしないさま。

【沈遠】(チンエン) 落ち着きがあり、考えの深いこと。

【沈下】(チンカ) しずんでいくように、さがる。例 地盤が―する。

【沈▼毅】(チンキ) 落ち着いて、ものごとに動じない強い精神力がある。

【沈魚落▼雁】(チンギョラクガン) 美人の形容。〔どんなに美人でも、動物から見れば驚怖の対象でしかないという『荘子』の話をもじったもの〕◐毛嬙(モウショウ)や麗姫(リキ)は、世に名高い美人であるが、そのような美女であっても、魚はその姿を見れば水中深くもぐり、鳥は空高く飛び去り、麋鹿(ビロク)(=トナカイと、シカ)はすばやく走り去ってしまう。

……〈荘子・斉物論〉

【沈金】チンキン 回漆器に文様を毛彫りにして、金箔(パク)や金粉でうめる蒔絵(まきえ)の技法。

【沈吟】チンギン ①低い声で歌う。②考えこむ。もの思いにしずむ。

【沈▼痼】チンコ ①「沈痾(チンア)」に同じ。②長年の悪い習慣。

【沈思】チンシ 深く考えこむ。じっくりと考える。例—黙考。

【沈深】チンシン ①落ち着いていて、考えぶかいさま。例性格は—で、読書を好む。②水がふかいこと。

【沈酔】チンスイ 酒に、酔いつぶれる。

【沈静】チンセイ 落ち着いていて、しずかなこと。例景気の—化。

【沈潜】チンセン ①大地の徳が深くしずんでかくれる。②消極的で軟弱である。③(徳化が)深くおよぶ。④心を落ち着けて、考えにふける。つきつめて、きわめる。例研究に—する。

【沈▼竈産▼鼃】チンソウアをサンす 「竈」は、かまど。「鼃」は、カエル。洪水のはなはだしいこと。◆春秋時代、晋(シン)の知伯が晋陽(シンヨウ)を水攻めしたとき、城内の家々は水に没し、かまどからはカエルが生まれた。……〈国語・晋九〉

【沈滞】チンタイ ①とどこおって進まない。気分があがらない。停滞する。例—したムード。②長い間、状態が変わらない。③隠退する。

【沈着】【沈著】チンチャク 落ち着いているさま。ものごとに動じないさま。例—冷静に行動する。

【沈沈】一チンチン ①盛んであるさま。②水の深く静かなさま。③静かで音のないさま。④夜が静かにふけていくさま。例鞦韆院落夜沈沈(シュウセンインラクよるチンチン)(=ぶらんこのある中庭で夜はふけてゆく)。〈蘇軾・春夜〉⑤落ち着いて、黙っているさま。⑥音信の絶えているさま。二タンタン 宮殿が奥深く、うかがい知れないさま。

【沈痛】チンツウ 悲しみや苦しみに、心をいためる。例沈痛迫二中腸一(チンツウチュウチョウにせまる)(=深い悲しみが胸をしめつける)。〈杜甫・新婚別〉—な面持ち。

【沈溺】チンデキ ①水におぼれる。②あることにとらわれ、それ以外のことに注意を払えなくなる。③困難におちいる。

【沈殿】チンデン 回①水中によどみ、しずむ。②液体中にまざったものが、底にしずんでたまる。また、そのもの。表記▽旧沈▼澱

【沈年】チンネン 何年もの間。長年。多年。

【沈浮】チンプ ①浮いたり、しずんだりすること。浮沈。②盛んになったり衰えたりすること。栄枯盛衰。③数の多いさま。

【沈没】チンボツ ①船などが水中にしずむ。例—船を引き上げる。②攻め落とされる。③迷う。おぼれる。耽溺(タンデキ)。④埋没する。⑤回俗に、酒に酔いつぶれること。

【沈▼湎】【沈▼沔】チンメン 「湎・沔」は、ふける・おぼれるの意。酒など、悪い習慣におぼれる。

【沈黙】チンモク 口をきかないでいる。だまっている。例—を守る。

【沈勇】チンユウ 落ち着いていて、勇気のあるさま。

【沈憂】チンユウ 深いうれい。もの思いにしずむ。類沈愁。例沈憂令二人老一(チンユウひとをしておいしむ)(=深いうれいは人を老けさせる)。〈曹植・雑詩〉

【沈▼淪】チンリン 「淪」も、しずむ意。①しずみこむ。深く水中に没する。②落ちぶれる。零落。③死ぬ。亡くなる。④志を得ず不遇な人。⑤何かに熱中し、周囲のことが目に入らないさま。沈溺(チンデキ)。

●撃沈(ゲキチン)・血沈(ケッチン)・消沈(ショウチン)・深沈(シンチン)・赤沈(セキチン)・爆沈(バクチン)・浮沈(フチン)

[忝] *4(9)

⇒添(テン)(789ページ)

沓 水4(8)

1 2303 6C93 人

トウ(タフ)漢 合 tà くつ

なりたち [会意]「水(=みず)」と「日(=言う)」とから成る。ことば数が多く、よどみないさま。

意味 ❶ことば数が多いさま。よどみなくしゃべるさま。例沓沓(トウトウ)。❷かさなりあうさま。こみあうさま。かさなる。例雑沓(ザットウ)。❸水がわき出る。❹あなどる。おこたる。例怠沓(タイトウ)(=あなどる。軽くみる)。

日本語での用法 《くつ》「浅沓(あさぐつ)・深沓(ふかぐつ)・沓掛(くつかけ)(=地名・姓)・沓冠(くつかぶり)」▼足にはくもの。くつ。鞜(トウ)(=くつ。本来は革製のくつ)の字の一部を省いた字。

古訓 中古 あふ・かさなる・かさぬ 中世 かさぬ・むさぼる 近世 かさなる・みだり・むさぼる

人名 かず

【沓冠】くつかぶり｜くつかむり 回ある語句を和歌の各句の最初と最後に詠みこむ遊び。

【沓雑】トウザツ こみあう。混雑する。雑踏。

【沓至】トウシ 次々とやってくる。どっと来る。

【沓沓】トウトウ ①よどみなくしゃべるさま。例—と話す。②精神がたるんでいるさま。③速く行くさま。

沌 氵4(7)

1 3857 6C8C 人

一トン漢 阮 dùn 二テン漢 銑 zhuàn

なりたち [形声]「氵(=みず)」と、音「屯(トン)」とから成る。水が集まるさま。

意味 一❶水が流れない。開通しない。ふさがる。❷「混沌・渾沌(コントン)」は、もやもやと、ものの形のさだまらないさま。また、天と地がまだ分かれない、宇宙の初めの状態。二湖北省武漢市漢陽区に源を発し、東北に流れて長江に注ぐ川の名。沌水(テンスイ)。

古訓 中古 ひたたく・ほどこす 中世 ひたたく 近世 くはし・つかへる・ふさがる・まろかし

沛 氵4(7)

2 6179 6C9B

ハイ漢 泰 pèi

意味 ❶(雨や水流の)勢いが盛んなさま。通霈(ハイ)。例沛然(ハイゼン)。❷あふれるさま。豊かなさま。例沛乎(ハイコ)(=気力の盛んなさま)。❸倒れる。例造次顛沛(ゾウジテンパイ)(=あわただしいときと、つまずいて倒れそうな危急のとき)。❹湿地帯。さわ。例沛沢(ハイタク)。❺江蘇(コウソ)省沛県。漢の高祖(=劉邦(リュウホウ))の出身地。例沛公(ハイコウ)(=劉邦)。❻⇒【沛艾】(ハイガイ)

【沛▼艾】ハイガイ ウマの進み行く様子が立派であるさま。

【沛然】ハイゼン ①雨が盛んに降るさま。例—たる夕立が降ってきた。②勢いが盛んなさま。

【沛沢】ハイタク 草の茂る沼地や湿地。

泛 氵4(7)

2 6202 6CDB

一ハン(ハム)漢 ボン(ボム)呉 陥 fàn 二ホウ漢 腫 fěng うーかぶ・うーかべる(うーかぶ)

意味 一❶水に浮かんでただよう。うかぶ。うかべる。通汎(ハン)。例泛舟(ハンシュウ)。❷水があふれる。通汎(ハン)。❸全体をおおう。広くゆきわたる。あまねく。通汎(ハン)。例泛論(ハンロン)(=広く論じる)。二ひっくり返る。くつがえす。例泛駕(ホウガ)(=車をひっくり返す)。

【泛舟】ハンシュウ｜ふねをうかぶ ふねを浮かべる。例与レ客泛レ舟、遊二於赤壁之下一(キャクとふねをうかべて、セキヘキのもとにあそぶ)(=客人と舟に乗り、赤壁のあたりに遊んだ)。〈蘇軾・赤壁賦〉

【泛称】ハンショウ ひっくるめていう。広く全般にわたっていう。また、その名称。総称。汎称(ハンショウ)。

浒 氵4(7) 3 8657 6C9C ハン㊤ 翰 pàn

意味 岸辺。みぎわ。

沘 氵4(7) 3 8656 6C98 ヒ㊤ 紙 bǐ

意味 川の名。「沘水」は、❶安徽省の淠河。❷河南省の泌陽河。

沕 氵4(7) 4 7829 6C95 ■一 ビツ㊤ 質 mì ■二 ブツ㊤ 物 wù

意味 ■一 ひそむ。かくれる。■二 ❶「沕沕」は、奥深く、かすかなさま。❷死ぬ。

汾 氵4(7) 2 6180 6C7E フン㊤ 文 fén

意味 山西省の中部を流れ、黄河に注ぐ川の名。汾水。汾河。

汶 氵4(7) 3 8653 6C76 ■一 ブン㊤ モン㊥ 問 wèn ■二 ボン㊤ モン㊥ 元 mén

意味 ■一 山東省を流れる川の名。汶河。汶水。■二 ⇩【汶汶】

【汶汶】ボンボン｜モンモン ①けがれているさま。汚れのひどいさま。②道理をわきまえないさま。おろかなさま。

汨 氵4(7) 2 6181 6C68 ベキ㊤ 錫 mì

意味 江西省に発して湖南省北東部を流れ湘江に注ぐ川の名。汨水。

参考 「汨」とは別の字。

【汨羅】ベキラ 汨水が羅水と合流した、湖南省北東部を流れる川。楚の忠臣の屈原が投身自殺した。汨羅江。

【汨羅▼之鬼】ベキラのキ 日 ①楚の屈原の霊。②水死者。〔屈原が汨羅江に身を投げて死んだことから〕

汴 氵4(7) 3 8652 6C74 ヘン㊤ ベン㊥ 霰 biàn

［汳］ 氵4(7) 2 6182 6C73 本字。

意味 ❶今の河南省を流れていた川の名。汴水。❷今の河南省開封市の別称。

【汴京】ベンケイ 五代の梁・晋・漢・周から北宋までの都。今の河南省開封市。

沔 氵4(7) 4 7828 6C94 ベン㊤ メン㊥ 銑 miǎn

意味 ❶陝西省を流れる川の名。沔水。❷水が満ちる。みなぎる。

没 氵4(7) 1 4355 6CA1 常用 ボツ㊤ モチ・モツ㊥ 月 mò しず-む(しづ-む)

［沒］ 氵4(7) 2 6183 6C92 旧字体。

筆順 

なりたち  ［形声］「氵(=みず)」と、音「㲃」とから成る。水の中にすっかりはいる。

意味 ❶水中に深くはいる。**しずむ**。例 水没。沈没。❷うずめる。例 積雪没レ脛(=積雪はすねをうずめる《ほど深い》)。〈李華・弔古戦場文〉 埋没。❸かくれる。例 神出鬼没。❹落ちる。例 平沙日未レ没(=《果てしなく広がる》この砂漠では、まだ日は落ちていない)。〈王昌齢・塞下曲〉 ❺ものごとにうちこむ。はまりこむ。例 没頭。没入。❻おちぶれる。例 没落。❼死ぬ。㊟殁。例 没年。病没。❽とりあげる。例 没収。❾無くなる。つきる。また、無い。打ち消しのことば。例 旧穀既没(=古い穀物がなくなる)。〈論語・陽貨〉 没却。没交渉。

日本語での用法 《ボツ》「没書・その提案は没にする」▼使わない。採用しない。

古訓 中古 いる・かくる・しづむ・しぬ・つくす・ほろぶ・をさむ 中世 いる・おぼる・かくる・しづむ・ほろぶ・をさむ 近世 いる・おぼる・しづむ・つくす・むさぼる・をはる

難読 没分暁漢・没義道

【没我】ボツガ 日 ものごとに打ちこんで、自分を忘れること。例 自己を—する。

【没却】ボッキャク 日 捨て去って、ないようにする。なくしてしまう。

【没交渉】ボッコウショウ ①本筋と無関係である。②日 交渉・つきあいがまったくない。無関係。例 世間とは—に暮らす。

【没歯】ボッシ ①よわいをボッす〔「歯」は、年齢の意〕一生涯。死ぬまで。命の尽きるまで。没世。②歯の生えかわる年。男子八歳、女子七歳を指す。毀歯。③老年。

【没収】ボッシュウ 日 ①(犯罪者などの持ち物を)強制的に取りあげる。②〔法〕行政上でさしさわりのある場合、国家が個人や団体の所有物を、強制的に国の所有とすること。

【没趣味】ボッシュミ 日 趣味のないさま。おもしろみがないさま。

【没書】ボッショ 日 新聞や雑誌が、投書や投稿などを採用しないこと。没。

【没世】ボッセイ｜よをボッす｜よをおう ①死ぬ。この世を去る。例 没レ世不レ忘也(=《先王が》世を去っても《民は》忘れない)。〈大学〉 ②死ぬまで。一生涯。永久に。没歯。例 没レ世不レ行二尋常一(=一生涯、わずかな距離をも進めない)。〈荘子・天運〉

【没頭】ボットウ ①首をはねる。②そのことだけに心を打ちこむ。熱中する。没入。例 研究に—する。

【没入】ボツニュウ ①犯罪者の財産や器物などを、強制的に取りあげる。②しずみこむ。例 海中に—する。③日 心を打ちこむ。没頭。例 製作に—する。

【没年】ボツネン ①死んだときの年齢。②死んだときの年代や年号。▽殁年。

【没落】ボツラク ①敵の手に落ちる。陥落。②栄えていたものが衰える。おちぶれる。

●陥没・出没・神出鬼没・水没・戦没・沈没・日没・病没・埋没

沐 氵4(7) 2 6184 6C90 ボク㊤ モク㊥ 屋 mù あら-う(あら-ふ)

意味 ❶髪の毛を洗う。**あらう**。例 新沐者必弾レ冠(=髪を洗いたての人は必ず冠をはじいてほこりを払う)。〈楚辞・漁父〉 沐浴。沐雨。❷(官吏が沐浴のため)休暇をとる。例 休沐(=休暇をとる)。❸恵みをうける。うるおう。例 沐恩。❹うまく処理する。用意する。おさめる。例 沐椁(=棺をととのえる)。❺「沐猴」は、サル。

【沐雨】モクウ 〔雨で髪を洗う意〕雨にぬれながら、かけずりまわって苦労すること。例 櫛風—。

【沐恩】モクオン 恩をうける。恵みをこうむる。

【沐浴】モクヨク 髪やからだを洗って、身を清める。例 斎戒—。

【沐▼猴▼而冠】モッコウにしてカンす 〔サルがかんむりをつけている意〕粗野な人が、うわべだけを飾ること。〈史記・項羽紀〉

沃
氵4（7） 1 4564 6C83 常用
ヨク 漢 沃 wò
そそ-ぐ・こ-える（こ-ゆ）

筆順 、 ⺀ 氵 氵 汻 沃

なりたち [形声] 本字は「𣳚」で、「氵（＝みず）」と、音「芺ヨク」とから成る。水をそそぐ。

意味 ❶水を流しこむ。そそぐ。例 沃灌ヨクカン。沃雪ヨクセツ（＝湯を雪にかける）。❷土地に水を引き、ひたす。うるおす。❸土地が肥えている。地味が豊か。こえる。例 沃野ヨクヤ。肥沃ヒヨク。❹人の心に注ぎこむ。教え導く。❺美しい。❻あらう。

古訓 中古 いる・うるほす・こやす・こゆ・そそく 中世 そそく 近世 うるほす・さかんなり・そそぐ・ながれくだる・やはらか

人名 ぬる・そそぐ

難読 沃化ヨウカ・沃素ヨウソ

【沃度丁幾】ヨードチンキ 〔独 Jodtinktur の音訳〕日 沃素ヨウソと沃化カリウムとをアルコールに溶かしたもの。消毒薬として用いる。ヨーチン。

【沃▼衍】ヨクエン 土地が肥えていて平らであること。

【沃▼灌】ヨクカン 水をそそぎかける。水をかけて洗い流す。

【沃若】ヨクジャク ①みずみずしく、つやのあるさま。美しいさま。②従順でおとなしいさま。

【沃壌】ヨクジョウ 豊かな土地。よく肥えた土地。沃土。

【沃▼饒】ヨクジョウ 地味が肥えて、作物がよくできること。

【沃▼瘠】ヨクセキ 土地が肥えていることと、やせていること。肥瘠ヒセキ。肥墝ヒコウ。

【沃地】ヨクチ ①地味が肥えた土地。沃土。例 入植に適した―。②水を地に注ぐ。

【沃土】ヨクド 地味が肥えた土地。沃地。沃壌。

【沃野】ヨクヤ 地味の肥えた平野。例 ―が広がる。

沪
氵4（7） ⇩濾ロ（819ジペー）

泆
氵5（8） 3 8659 6CC6
イツ 漢 質 yì

意味 ❶水がいっぱいになってあふれる。通溢イツ。例 泆湯イツトウ（＝沸騰した湯があふれる）。❷ほしいままにする。例 淫泆インイツ。

泳
氵5（8） 1 1743 6CF3 教3
エイ（ヱイ）漢 敬 yǒng
およ-ぐ・およ-ぎ

筆順 、 ⺀ 氵 汀 汸 泳 泳 泳

なりたち [形声]「氵（＝みず）」と、音「永エイ」とから成る。もぐって水中を行く。

意味 水にからだを浮かせて自由に進む。また、水中をもぐり進む。およぐ。およぎ。例 泳法エイホウ（＝およぎ方）。水泳スイエイ。

古訓 中古 あそぶ・およぐ・くぐる 中世 およぐ 近世 およぐ・みづくぐる

【泳者】エイシャ 日 水泳競技で、およぐ人。例 第一―。

◐遠泳エンエイ・競泳キョウエイ・水泳スイエイ・背泳ハイエイ・遊泳ユウエイ

沿
氵5（8） 1 1772 6CBF 教6
エン 漢 呉 先 yán
そ-う（そ-ふ）

筆順 、 ⺀ 氵 氵 氵八 沿 沿 沿

なりたち [形声]「氵（＝みず）」と、音「㕣エン」とから成る。川にそって下る。

意味 ❶（川や道路などの長いものの）端に寄りそう。離れないように進む。近づく。たどる。そう。例 沿海エンカイ。沿岸エンガン。沿線エンセン。❷しきたりにしたがう。継承する。例 沿革エンカク。

古訓 中古 あらたむ・したがふ・しづむ・ながれ・よどむ・よる 中世 したがふ・そふ・ながれ・よどむ 近世 したがふ・そふ・ながれ

【沿海】エンカイ ①海にそう。②海にそった陸地。③日 陸地にそった海。例 ―漁業。

【沿革】エンカク 〔「沿」は従来、「革」は変革の意〕始めから現在までの、移り変わりをたどる。また、もとのものの移りぐあい。変遷。例 東京大学の―。―誌。

【沿岸】エンガン ①海や湖や川にそった陸地。例 ―地域。②日 陸地にそった水域。例 ―漁業。

【沿習】エンシュウ 昔からの習わし。風習。

【沿▼襲】エンシュウ 習慣に従う。因習。

【沿線】エンセン 日 鉄道ぞいの地帯。例 私鉄―。

【沿道】エンドウ 日 道にそった所。例 パレードを待ち受ける―の大観衆。

泱
氵5（8） 2 6186 6CF1
一 ヨウ（ヤウ）漢 オウ（アウ）呉 陽 yāng
二 オウ（アウ）漢 養 yǎng
三 エイ 漢 ヨウ（ヤウ）呉 庚 yīng
たなび-く・ふか-い（ふか-し）

意味 一「泱泱オウオウ」は、水が深く広がるさま。二「泱漭オウモウ」は、広々としたさま。また、うす暗いさま。三「泱泱エイエイ」は、雲がわき起こるさま。英英。

泓
氵5（8） 2 6187 6CD3
オウ（ワウ）漢 庚 hóng
ふか-い（ふか-し）

意味 ❶深くて大きな川。❷水が深いさま。ふかい。例 泓泓オウオウ（＝水の深いさま）。❸水が澄みきったさま。❹硯すずりの、水をためておく部分。また、硯。❺今の河南省柘城シャジョウ県の北を流れていた川の名。泓水オウスイ。

河
氵5（8） 1 1847 6CB3 教5
カ 漢 ガ 呉 歌 hé
かわ（かは）
付表 河岸かし・河原かわら

筆順 、 ⺀ 氵 汀 汀 河 河 河

なりたち [形声]「氵（＝みず）」と、音「可カ」とから成る。黄河（＝川の名）。

意味 ❶黄河。例 河南カナン。河北カホク。江河コウガ。❷大きなかわ。かわ。例 河川カセン。運河ウンガ。山河サンガ。❸陸地を掘った水路。例 運河ウンガ。❹天あまの川がわ。例 河漢カカン。銀河ギンガ。

日本語での用法《カ》「河州カシュウ」▼旧国名「河内かわち」（＝今の大阪府の中東部）」の略。

古訓 中古 かは 中世 かは 近世 かは

人名 ひろ

難読 河鹿かじか・河内こうち（＝姓）・河野こうの（＝姓）・河骨こうほね・河馬カバ・天河あまのがわ・十河そごう・河伯かわのかみ

【河海】カカイ ①川と海。②黄河と海。③広く大きなこと。

【河海不▼択二細流一】カカイはサイリュウをえらばず 心を広くもって、他人の意見をよく聞き、見識を高めてこそ大人物になれる、ということ。◐黄河や海はあらゆる小さな支流をも集めたからこそ、大きく深くなった。秦シン王も万民を受け入れてこそ、人徳を天下に示すことになるのです、という李斯リシのことば。……〈史記・李斯伝〉

【河漢】カカン ①黄河と漢水（＝陝西セン省西部に発し、漢口で長江に注ぐ川）。②天あまの川がわ。例 河漢清且浅カカンきよくかつあさし（＝天の川は澄みきって浅い）。〈古詩十九首〉

【河漢▼之言】カカンのゲン 〔天の川が果てしなく遠く大きいことから〕漠然として、とりとめのないことば。でたらめ。〈荘子・逍遥遊〉から

【河岸】㊀カガン かわぎし。例—段丘。㊁しか 日①川岸で、船をつけて人や荷物をあげおろしする場所。また、そこに立つ市場。特に、魚市場(うおいちば)。魚河岸(うおがし)。②(仕事や飲食など)何かをする場所。例—を変える。
【河源】カゲン 黄河の源流。また、源流の流れる地域一帯。
【河▼渠】カキョ 〔「渠」は、人工の水路の意〕川と掘り割り。
【河口】カコウ/かわぐち 川が、海や湖に流れこむ所。例—港(カコウコウ)。
【河港】カコウ 河口または川岸にある港。
【河▼朔】カサク 黄河より北の地。河北。
【河床】カショウ 日川の底。川底の地盤。
【河上】カジョウ ①黄河のほとり。また、川のほとり。かわぎし。かわべ。河畔(カハン)。②日川の上流。かわかみ。③日川の水面。
【河心】カシン 川の流れの中央。
【河津】カシン ①川の渡し場。②山西省の竜門の別称。
【河西】カセイ 黄河の西の地。現在の甘粛省から陝西(センセイ)省にかけての一帯。
【河清】カセイ ①黄河の水が澄むこと。類河右。②〔常に濁っている黄河の水が千年に一度澄むという伝説から〕めったにないこと、珍しいこと、また、太平のしるし、のたとえ。
【▼俟二河清一】カセイをまつ 〔「俟」は、待つ意〕黄河の水が澄むことを待つ。ありえないことをいつまでも待つこと。〈左伝・襄八〉例百年—。
【河川】カセン 川の総称。川。例—敷(じき)。一級—。
【河内】㊀カダイ/カナイ 河南省の黄河以北の地。㊁ハノイ 日ベトナム社会主義共和国の首都「ハノイ」にあてた字。㊂かわち 日旧国名の一つ。今の大阪府東南部にあたる地域。
【河童】かっぱ 日川や沼にすむ想像上の動物。人間の子供のような姿をして、口先がとがり、背中には甲羅を、頭の上には水をたたえた皿をもっている。また、水泳のうまい人のたとえ。川太郎。河伯(カハク)。例—の川流れ(=どんな名人でも思わぬ失敗をするということ)。
【河図】カト 古代の伝説上の書物。伏羲(フッキ)の時代、黄河からあらわれた竜馬の背に書かれていたという図。伏羲はそれをもとに「易(エキ)」の卦(カ)を作ったとされる。
【河図▼洛書】カトラクショ めでたいことが起こるきざし。「河図」も「洛書」も聖人の出現を告げたという。〈易・繋辞上〉→【洛書】ラクショ(773ページ)
【河東】カトウ 黄河の東の地。現在の山西省の西側、陝西(センセイ)省との境を流れる黄河東岸の地一帯。

【河豚】カトン/ふぐ 海にすむ魚。内臓にテトロドトキシンという毒をもつものが多い。例—は食いたし、命は惜しし。
【河南】カナン ①黄河以南の地。②洛陽(ラクヨウ)の別名。③現在の内モンゴル自治区オルドス地方。類河套(カトウ)。
【河伯】カハク ①黄河の神。②川を守る神。水神(スイジン)。水伯。例—水神。③イカの別名。④日河童(かっぱ)。
【河畔】カハン ①黄河のほとり。②川のほとり。川端(かわばた)。川辺。例加茂(かも)の—。
【河浜(濱)】カヒン ①黄河のほとり。②川のみぎわ。
【河▼汾】カフン ①黄河と汾水(フンスイ)。②現在の山西省の西部、黄河と汾水に挟まれた地域。③汾水の別名。
【河北】カホク 黄河以北の地。現在の河北省。黄河下流の北側、渤海(ボッカイ)の西に位置する。河朔(カサク)。
【河▼洛】カラク ①黄河と洛水。②現在の陝西(センセイ)省東北部の黄河と洛水に挟まれた地域。③河図(カト)と洛書。
【河▼梁】カリョウ ①川にかかった橋。②〔李陵(リリョウ)の「与蘇武」の詩から〕人を送って別れること。また、その地。
●運河(ウンガ)・銀河(ギンガ)・山河(サンガ)・星河(セイガ)・大河(タイガ)・渡河(トカ)・氷河(ヒョウガ)

泔
氵5（8）　3 8660　6CD4
カン(カム)漢　覃 gān
意味 米のとぎ汁。しろみず。ゆする。例泔水(カンスイ)。
【泔水】カンスイ 米のとぎ汁。
【泔▼坏】ゆするつき 日昔、洗髪用の米のとぎ汁を入れたうつわ。

泣
氵5（8）　1 2167　6CE3　教4
キュウ(キフ)漢呉　緝 qì
なく・なかす・なき
筆順 、 冫 氵 氵' 汁 汁 泣 泣
なりたち [形声]「氵(=みず)」と、音「立(リュウ→キュウ)」とから成る。声を出さずに涙を流す。
意味 ❶声を立てずに涙を流してなく。すすりなく。なく。例泣二孤舟之嫠婦一(コシュウのリフをなかしむ)(=一艘(イッソウ)の小舟に乗っているやもめをすすり泣きさせる)。〈蘇軾・赤壁賦〉感泣(カンキュウ)。号泣(ゴウキュウ)。❷なみだ。例泣数行下(なみだスウコウくだる)(=涙がいくすじか流れ落ちた)。〈史記・項羽紀〉
日本語での用法 《なき》「泣(な)きを入(い)れる」▼泣きついて謝罪すること。わび。
古訓 中古 なく・なくなく・なみだ・なむだ 中世 かなし・なく・なく・なみだ 近世 すみやか・とし・なく・わく
【泣▼諫】キュウカン 泣いていさめる。
【泣血】キュウケツ 血のような涙を流す。深く悲しんで、(声を出さずに)泣く。例泣血三年、未二嘗見一歯(いまだかつてはをあらわさず)(=親の死を悲しんで三年の間は、歯を出して笑うことがなかった)。〈礼記・檀弓上〉
【泣訴】キュウソ 困難や苦労などを、泣いてうったえる。
【泣▼涕】キュウテイ 〔「涕」は、涙の意〕①涙を流して泣く。涕泣。②涙。
【泣斬二馬▼謖一】ないてバショクをきる 全体の規律を守るためには、大切な部下であっても、厳正に処罰する。揮レ涙斬二馬謖一(なみだをふるってバショクをきる)。◆三国時代、蜀(ショク)の諸葛亮(ショカツリョウ)(字(あざな)は孔明(コウメイ))が先陣の指揮を任せた部下の馬謖は、孔明の指示に従わず、勝手な行動をして敗戦をまねいた。そこで孔明は、軍律を維持するため、目をかけていた馬謖をやむなく処刑した。……〈蜀志・馬謖伝〉
●感泣(カンキュウ)・号泣(ゴウキュウ)・涕泣(テイキュウ)・悲泣(ヒキュウ)

況
氵5（8）　1 2223　6CC1　常用
キョウ漢呉　漾 kuàng
いわん-や(いはん-や)・ま-して
［况］冫5（7）　2 4955　51B5　俗字。
筆順 、 冫 氵 氵' 沪 沪 況 況
なりたち [形声]「氵(=みず)」と、音「兄(ケイ→キョウ)」とから成る。寒々としたさま。借りて「くらべる」の意。
意味 ❶くらべる。たとえる。例以往況レ今(いにしえをもっていまにたとう)(=過去を現在にくらべる)。〈漢書・高恵高后文功臣表〉比況(ヒキョウ)。❷与える。たまわる。たまう。例況二斉国一(セイコクにたまう)(=斉の国に下さった)。〈史記・司馬相如伝〉❸さらに。ますます。例況也永歎(ますますエイタンす)(=ますます長く嘆息する)。〈詩経・小雅・常棣〉❹ものごとの様子。ありさま。おもむき。例近況(キンキョウ)。実況(ジッキョウ)。状況(ジョウキョウ)。❺多く、文中や句末に「於」「乎」「哉」などをそえて、「いわんや(…をや)」と読み、まして…はなおさらだ、の意。抑揚をあらわす。例死馬且買二之五百金一、況生馬乎(シバすらかつこれをゴヒャクキンにかう、いわんやセイバをや)(=死馬でさえ五百金で買ったのだ、まして生きている馬ならなおさら買うはずだ)。〈戦国策・燕一〉
古訓 中古 いはむや・いらふ・くらぶ・ここ・たくらぶ・たとひ・たま

ふ・たまもの・なずらふ・ならぶ・ます・ますます・よし 中世 いはんや・たくらぶ・たとふ 近世 いはんや・たまふ・ますます
● 概況ガイキョウ・活況カッキョウ・近況キンキョウ・現況ゲンキョウ・好況コウキョウ・市況シキョウ・状況ジョウキョウ・盛況セイキョウ・戦況センキョウ・不況フキョウ

洞 氵5(8) 4 7832 6CC2 ケイ(クヱイ) 漢 迥 jiǒng

意味 ❶遠くへだっている。はるか。通迥ケイ。例 洞酌ケイシャク(=遠方から酌んで来る)。❷水が深く広いさま。例 洞洞ケイケイ。

泬 氵5(8) 4 7839 6CEC ケツ(クヱツ) 漢 屑 xuè

意味 「泬寥ケツリョウ」は、空が広々としたさま。また、すがすがしい天空。

泫 氵5(8) 3 8662 6CEB ケン(クヱン) 漢 ゲン(グヱン) 呉 銑 xuàn

意味 水滴が落ちる。したたる。したたり。例 泫泫ゲンゲン。泫目ゲンモク(=涙を流させる)。泫露ゲンロ(=降りた露)。
【泫泫】ゲンゲン ①露のしたたるさま。②涙が流れ落ちるさま。

沽 氵5(8) 2 6188 6CBD 一 コ 漢 虞 gū 二 コ 漢 麌 gǔ か-う(か-ふ)・う-る・あきな-う(あきな-ふ)

意味 一 商品を売り買いする。**あきなう**。**うる**。また、**かう**。通酤コ。例 求ニ善賈一而沽レ諸ゼンコをもとめてこれをうらんか(=よい買い手をさがして〔美玉を〕売ろうか)。〈論語・子罕〉沽券コケン。沽酒コシュ。二 ❶酒を売る人。酒屋。❷商人。❸粗悪である。あらい。
【沽券】コケン 日〔もと、土地の売買のときの証文の意〕人の値打ち、体面、品位。面目メンボク。估券コケン。例 ―にかかわる。
【沽酒】コシュ 店で買った酒。売っている酒。また、酒を売る。

泗 氵5(8) 2 6189 6CD7 シ 漢 寘 sì はなみず(はなみづ)

意味 ❶泗水シスイ(=山東省泗水県を源とし江蘇コウソ省の淮水ワイスイに注ぐ川)。❷鼻じる。**はなみず**。例 涕泗テイシ(=涙と、はなみず)。
【泗▼洙】シシュ ①泗水シスイと洙水シュスイ。孔子の故郷の魯ロを流れる二つの川。②〔孔子がこの付近で弟子を教育したことから〕孔子の学問。儒学。
【泗上】シジョウ ①泗水のほとり。特に、北岸をいう。②孔子の学派。また、学問の中心地。

[泻] 氵5(8) ⇨瀉シャ(817ページ)

泅 氵5(8) 2 6190 6CC5 シュウ(シウ) 漢 尤 qiú およ-ぐ

意味 遊泳する。**およぐ**。例 泅泳シュウエイ・泅浮シュウフ(=およぐ)。

沭 氵5(8) 4 7831 6CAD シュツ 漢 ジュツ 呉 質 shù

意味 山東省沂山ギザンの南麓ナンロクを水源とする川の名。

沼 氵5(8) 1 3034 6CBC 常用 ショウ(セウ) 漢 呉 篠 zhǎo ぬま

筆順 丶 冫 氵 汀 汈 沼 沼 沼

なりたち  [形声]「氵(=みず)」と、音「召チョウ→ショウ」とから成る。池。

意味 いけ。**ぬま**。日本では特に、水が浅く、泥のたまったぬまを指す。例 沼沢ショウタク。湖沼コショウ。池沼チショウ。

古訓 中古 いけ・ぬ・ぬま 中世 いけ・ぬま 近世 いけ・すむ・ぬま

難読 沼垂ぬったり(=新潟県の地名)

【沼気】ショウキ ぬまの底で発生する気体。メタンガス。
【沼上】ショウジョウ ぬまのほとり。類 沼畔ショウハン。
【沼沢】ショウタク ①ぬまと湿地。例 ―地(=水辺の湿地)。②水草が生える湿地帯。
【沼地】ぬまチ ぬまや水たまりの多い土地。

泩 氵5(8) 4 7838 6CE9 セイ 漢 庚 shēng

意味 水が深く広いさま。参考 泩ひろ(=人名)。

泄 氵5(8) 2 6185 6CC4 一 セツ 漢 屑 xiè 二 エイ 漢 霽 yì も-れる(も-る)・も-らす

意味 一 ❶あふれ出る。外にあらわれる。**もれる**。**もらす**。通洩セツ。例 漏泄ロウセツ。❷(体内の不要なものを)おし出す。のぞく。例 泄痢セツリ(=下痢が続く)。排泄ハイセツ。❸(思いなどが)少しずつ外に出る。例 俾ニ民憂泄一たみのうれいをさらしむ(=民の憂いをなくさせる)。〈詩経・大雅・民労〉❹あなどる。なれる。通褻セツ。二 ❶安徽アンキ省を流れる川の名。❷⇩【泄泄】エイエイ
【泄泄】エイエイ ①ゆったりとしたさま。②鳥のはばたくさま。
【泄漏】セツロウ 「漏」も、もれる意。①水がもれる。②(秘密などが)もれる。また、もらす。漏泄。

泉 水5(9) 1 3284 6CC9 教6 セン 漢 セン・ゼン 呉 先 quán いずみ(いづみ)

[洤] 氵6(9) 4 7844 6D24 別体字。

筆順 丿 亻 冂 白 皁 皁 泉 泉

なりたち  [象形] 水がわき出て川となる形。

意味 ❶地表にわき出る水。**いずみ**。例 温泉オンセン。源泉ゲンセン。鉱泉コウセン。❷流れ落ちる水。たき。例 懸泉ケンセン。飛泉ヒセン。❸死後の世界。あの世。よみ。例 泉下センカ。黄泉コウセン。❹貨幣。ぜに。通銭。例 貨泉カセン。刀泉トウセン。

日本語での用法 《セン》「泉州センシュウ」▼旧国名「和泉いずみ(=今の大阪府の南部)」の略。

古訓 中古 いづみ 中世 いづみ 近世 いづみ・みなもと

人名 きよ・きよし・みず・みち・みつ・もと

難読 黄泉よみ・よもつくに・温泉ゆ

【泉韻】センイン いずみからわき出る水の音。類 泉声。
【泉下】センカ 〔黄泉コウセンの下の意〕死後に行くという世界。よみの国。あの世。冥土メイド。泉界。
【泉界】センカイ 「泉下センカ」に同じ。
【泉水】センスイ ①いずみ。わき水。②日 庭園の池。
【泉石】センセキ ①いずみと、いし。自然の山水。②庭に造られた池や庭石。
【泉布】センプ 貨幣の古称。類 泉幣センペイ。
【泉府】センプ 古代、市税の徴収や物価の安定をつかさどったとされる官。『周礼シュライ』の地官の一つ。
【泉路】センロ 死後、行くとされる場所。泉下。あの世。黄泉コウセン。冥府メイフ。
● 温泉オンセン・原泉ゲンセン・源泉ゲンセン・鉱泉コウセン・盗泉トウセン・噴泉フンセン・冷泉レイセン

泝 氵5(8) 2 6191 6CDD ソ 漢 遇 sù さかのぼ-る

[㴑] 氵9(12) 4 7881 3D11 本字。

意味 ❶流れにさからって進む。**さかのぼる**。通遡ソ。例 泝ニ

流光（リュウコウ）一さかのぼる（＝月光きらめく水面をさかのぼる）。〈蘇軾・赤壁賦〉❷向かう。また、迎える。

沮

氵5 (8) ②6192 6CAE

━ショ㊥漢 ショ・ソ㊥呉 語 jǔ ━ショ㊥漢 ショ・ソ㊥呉 御 jù はば-む

意味 ━❶さえぎる。じゃまをする。**はばむ**。㊨阻。例 沮止（ソシ）。❷くじける。勢いがなくなる。例 沮喪（ソソウ）。❸停止する。とどめる。やむ。例 沮抑（ソヨク）（＝とどめる）。❹やぶれる。こわれる。例 沮潰（ソカイ）（＝やぶれこわれる）。❺もれる。例 沮泄（ソセツ）。━水がたまって引かない地。例 沮沢（ソタク）（＝低湿地帯）。

表記 現代表記では「阻」に書きかえることがある。熟語は「阻」も参照。

【沮▼洳】ショジョ・ソジョ アシなどが生える低湿地。類沮沢（ソタク）。

【沮▼洳場】ショジョジョウ・ソジョジョウ 牢獄（ロウゴク）などのしめった所。〈文天祥・正気歌〉

【沮勧】ソカン 悪事をさまたげ、善事を勧めること。勧善懲悪。

【沮止】ソシ くいとめる。ふせぐ。表記 現阻止

【沮▼泄】ソセツ もれる。にじみ出る。

【沮喪】ソソウ がっかりして元気がなくなる。例 意気―。表記 現阻喪

【沮廃】ソハイ ①ものごとのじゃまをして、うまくいかなくさせる。②勢いが失われる。

沱

氵5 (8) ②6193 6CB1

タ㊥漢 ダ㊥呉 歌 tuó

意味 「滂沱（ボウダ）」は、涙がたくさん流れるさま。

泰

氺5 (10) ①3457 6CF0 常用

タイ㊥漢呉 泰 tài

やす-い（やす-し）・ゆたか

[泰] 小5 (9) ④1238 3917 俗字。 [夳] 氺6 (11) ③8664 23CFE 俗字。

筆順 三 夫 夫 夫 泰 泰 泰 泰

なりたち  [形声]「廾（＝両手）」と「氺（＝みず）」と、音「大（タイ）」とから成る。両手から水がよどみなくしたたる。派生して「たっぷりとゆとりがある」の意。

意味 ❶ゆったりと落ち着いている。おだやか。やすらか。**やすい**。例 泰然（タイゼン）。泰平（タイヘイ）。安泰（アンタイ）。❷きわめて大きい。㊨太。例 泰河（タイガ）（＝大河）。❸非常に。きわめて。はなはだしい。㊨太。例 泰安（タイアン）（＝非常になごやか）。泰西（タイセイ）。❹ぜいたくである。傲慢（ゴウマン）なさま。おごる。例 驕泰（キョウタイ）。❺山東省にある泰山（タイザン）のこと。例 泰斗（タイト）。❻易（エキ）の六十四卦（カ）の一つ。☷☰ 乾下坤上（ケンカコンショウ）。天と地が交わる象。

古訓 中古 おほいなり・たひらかに・なめらかにす・なめる・はなはだし・ひろ・やす・やすし・ゆたかに・よし 中世 おほいなり・なめらか・はなはだ・やすし・ゆたか 近世 おごる・おほいなり・とほる・なめらか・やすし・ゆたか

人名 あきら・たか・とおる・ひろ・ひろし・やす・やすし・よし

【泰一】タイイツ 古代神話で最も尊いとされた神。太一（タイイツ）。太乙（タイイツ）。

【泰山】タイザン ①五岳の一つ。山東省にある名山。聖山として崇拝される。太山（タイザン）。②大きな山。大山。

【泰山不▽譲二土壌一】タイザンはドジョウをゆずらず 泰山は小さな土くれもこばまずとりこんで、大きな山を形作っている。大人物になるには、心を広くもって、さまざまな人の意見を受けいれなければならない、ということ。〈李斯・諫逐客書〉

【泰山北斗】タイザンホクト 泰山と北斗星。ともに人々が仰ぎ尊ぶもの。泰斗（タイト）。〈新唐・韓愈伝・賛〉

【泰山木】タイサンボク 日 モクレン科の常緑高木。大山木（タイサンボク）。

【泰西】タイセイ 〔はるかに西の意〕西洋。欧米。対泰東。

【泰然】タイゼン ゆったりと落ち着いているさま。例 ―と座す。

【泰然自若】タイゼンジジャク 大事にあってもあわてることなく、平常と変わらないさま。〈金史・顔盞門都伝〉例 ―たる態度。

【泰斗】タイト 「泰山北斗（タイザンホクト）」の略。学問や芸術などの分野の最高権威。例 物理学の―。

【泰東】タイトウ 〔はるかに東の意〕東洋。極東。対泰西。

【泰平】タイヘイ 世の中がおだやかで平和なこと。太平。例 天下―の世にある。

【泰平楽】タイヘイラク 日 のんきに、好き放題なことを言うこと。太平楽。〔天下太平を祝う雅楽の曲名「太平楽」との語呂（ゴロ）合わせによる〕例 ―を並べる。

●安泰（アンタイ）・否泰（ヒタイ）

治

氵5 (8) ①2803 6CBB 教4

チ㊥漢 ジ（ヂ）㊥呉 寘 zhì

おさめる（をさ-む）・おさまる（をさ-まる）・なおる（なほ-る）・なおす（なほ-す）

筆順 、 : 氵 氵 氵 治 治 治

なりたち  [形声]「氵（＝みず）」と、音「台（イ→チ）」とから成る。治水（チスイ）（＝川の名）。借りて「おさめる」の意。

意味 ❶管理する。統治する。**おさめる**。**おさまる**。例 治安（チアン）。治国（チコク）。政治（セイジ）。❷よくおさまった世の中。対乱。例 帰二於治一（チにキす）（＝よくおさまった世の中になる）。〈荀子・性悪〉❸修理する。**なおす**。❹河川の流れを調節する。**おさめる**。例 治水（チスイ）。❺病気をなおす。病気がおさまる。**なおす**。**なおる**。例 治療（チリョウ）。完治（カンチ）。湯治（トウジ）。❻刑を決め、罪人を取り締まる。例 治罪（チザイ）。❼ととのえる。例 治装（チソウ）。❽政庁を置く。都を置く。また、政庁の所在地。例 徙治二櫟陽一（うつりてレキヨウにチす）（＝櫟陽に遷都する）。〈史記・秦紀〉❾匹敵する。くらべる。

古訓 中古 いやす・うるはし・たもつ・つくろふ・はらふ・はる・まつりごと・をさむ・をさをさし 中世 つくろふ・をさむ・をさむる・をさをさし 近世 ただす・ならふ・をさまる・をさむ・をさむる・をさをさし

人名 あき・おさむ・さだ・ただ・ただす・つぎ・とお・はる・ひろ・よし

難読 治具（ジグ）

【治安】チアン ①世の中をやすらかにおさめる。②国家や社会の秩序が保たれ、平和なこと。例 ―を維持する。

【治下】チカ・ジカ ①人々をおさめる。②支配下。統治下。例 ルイ十六世―のフランス。

【治化】チカ 民をおさめて正しい方向に導く。教化。

【治外法権】チガイホウケン 日〔法〕外国に住んでも、その国の法律の適用を受けない権利。外交官などがもつ。

【治具】チグ ①国をおさめる手段。法律や制度など。②グをおさむ 酒食のもてなしの準備をする。

【治験】チケン ①罪人などを取り調べる。②日 治療の効き目。また、それを調べる。例 ―薬。

【治行】チコウ ①地方官の業績。②旅行の準備をする。治装。

【治国】チコク 国をおさめること。

【治国平天下】チコクヘイテンカ 国がおさまってこそ天下が太平になること。昔の天子の理想とする政治。〔〈大学〉から〕例 修身斉家（セイカ）―。―の術を求める。

【治獄】チゴク 裁判をおこなう。

【治罪】チザイ 法律によって罪を定め、処罰する。

【治山】チサン 水害を防ぐため、山に木を植え、管理すること。

【治産】チサン ①家業にはげみ収入を増やす。治生（チセイ）。②日 財産を運営する。財産についての管理や処分。

【治者】チシャ 国や地方、人民をおさめる人。為政者。

【治所】(チショ) 州や郡、県の役所の所在地。また、その役所。

【治水】(チスイ) 水害を防止し水利をよくするため、堤防や水路をつくること。例 ―工事。

【治世】(チセイ) ①よくおさまった世の中。対乱世。②世の中をおさめる。また、その期間。例 明治天皇の―。

【治生】(チセイ) 生活の手段を立てる。治産。

【治績】(チセキ) 世の中をおさめた功績。

【治装】(チソウ) 旅の支度をする。旅装をととのえる。治行。辨装(ベンソウ)。類治厳。

【治▼而不レ忘レ乱】(ちにしてランをわすれず) 現在の平和や幸福に安心せず、常に万一の場合の備えをおこたらない。治に居て乱を忘れず。〈易・繫辞下〉

【治任】(チニン) ①〔「任」は、荷物の意〕旅行の荷物を準備する。②人々をおさめる仕事。

【治平】(チヘイ) 世の中がよくおさまっていること。太平。

【治兵】(チヘイ) ①出陣前の閲兵式。②兵を補充し、装備を整えて軍隊を補強すること。

【治癒】(チユ) 病気やけがが、すっかりなおる。例 自然―。

【治要】(チヨウ) ①一年間の会計を締める。②政治の要点。③ものごとの要点をまとめる。

【治乱】(チラン) ①世の中がおさまることと、みだれること。例 ―興亡。②乱をおさめる。③みだれる。

【治療】(チリョウ) 手当てをして、病気やけがをなおす。例 ―法。

●根治(コンジ・コンチ)・自治(ジチ)・政治(セイジ)・退治(タイジ)・湯治(トウジ)・統治(トウチ)・法治(ホウチ)

注

氵5(8) 1 3577 6CE8 教3

シュ・シュウ(シウ)漢 シュ呉
チュ・チュウ(チウ)漢呉 遇 zhù
そそぐ・つ-ぐ・さ-す

筆順 丶 冫 氵 氵 汁 汁 注 注

なりたち  【形声】「氵(=みず)」と、音「主シュ」とから成る。そそぐ。

意味 ❶水を流しこむ。水をかける。つぐ。そそぐ。例 注射(チュウシャ)。注水(チュウスイ)。注入(チュウニュウ)。❷気持ちや視線を一点に集中させる。例 注意(チュウイ)。注目(チュウモク)。傾注(ケイチュウ)。❸くっつける。つける。例 烏膏注レ脣(ウコウをくちびるにチュウす)(=黒い口紅を唇につける)。〈白居易・時世粧〉 ❹ねらいをつけて投げる。例 以レ瓦注者巧(かわらをもってチュウするはたくみなり)(=瓦を賭かけて、もの投げ遊びをするなら、上手にやってのける)。〈荘子・達生〉 ❺記載する。例 注記(チュウキ)。❻くわしくときあかす。また、本文の語句の説明。通註。例 注解(チュウカイ)。注釈(チュウシャク)。脚注(キャクチュウ)。

古訓 中古 いる・しるす・そそく・つく・とどむ・はぐ・もちゐる 中世 うるほす・しるす・そそぐ 近世 うるほふ・しるす・そそぐ

難読 注湯(さしゆ)・注水(さしみず)・注薬(さしぐすり)・油注子(あぶらつぎ)・湯注子(ゆつぎ)

【注意】(チュウイ) ①あることに心をとめる。気持ちを集中する。また、気をくばる。例 ―力。②気をつける。用心。例 ―書き。③日 気をつけるように言う。忠告。例 ―を与える。

【注音符号】(チュウインフゴウ・チュウオンフゴウ) 中国語の発音記号。注音字母を改称したもの。現在は、おもに台湾で使われる。

【注解】(チュウカイ) 文章の意味や難解な語句に、説明を加える。また、その説明。注釈。註解(チュウカイ)。

【注記】(チュウキ) ①書きとめる。記録する。また、その記録。②「注」を書きしるす。また、その注。註記(チュウキ)。

【注視】(チュウシ) 気持ちを集中して見守る。注目。

【注射】(チュウシャ) ①水をそそぎかける。②ことばをなめらかに発する。③複数の矢を一か所めがけて集中的に射込む。④日 針のような管で薬液を体内に入れる。例 ―器。

【注釈】(チュウシャク) 注を加えて説明すること。註釈(チュウシャク)。

【注進】(チュウシン) 日 ①事件を記して上申する。②異変などを急いで目上の人に知らせる。例 殿へ―におよぶ。

【注水】(チュウスイ) ①水をそそぎ入れる。例 タンクに―する。②水をかける。例 火元に―する。

【注入】(チュウニュウ) ①川が流れ込む。②日 液体をそそぎ入れる。つぎこむ。③日 ものを送りこんだり、知識をつめこんだりする。例 兵力を―する。

【注文】 一(チュウブン) 注釈の文。註文(チュウブン)。二(チュウモン) 日 ①品物の種類・寸法・品質・数量などの希望を言って、作らせたり届けさせたりする。例 ―建築。本を―する。②人に何かをしてもらうときに、条件や希望を出す。例 ―をつける。▽註文(チュウモン)。

【注目】(チュウモク) 注意して見る。関心をもって見守る。注視。例 ―に値する。―を浴びる。

【注油】(チュウユ) ①油をそそぐ。②日 機械の動きをよくしたり、磨滅を防ぐために油をさす。

【注連】(チュウレン・しめ) ①水をそそいで清めた縄。葬儀のとき、出棺後に家の入り口に連ねて張り、死者の魂が入らないようにする。②日「注連縄(しめなわ)」に同じ。

【注連縄】(しめなわ) 日 神聖な場所であることを示すなどのために、張る縄。注連(チュウレン)。しめ。七五三縄(しめなわ)。

●脚注(キャクチュウ)・傾注(ケイチュウ)・受注(ジュチュウ)・転注(テンチュウ)・発注(ハッチュウ)

泜

氵5(8) 4 7837 6CDC

テイ漢 斉 チ漢 支 chí

意味 河北省を東流する川の名。泜水(チスイ・テイスイ)。背水の陣をしいた、漢軍の韓信(カンシン)が趙(チョウ)軍の陳余(チンヨ)を斬きった所。

泥

氵5(8) 1 3705 6CE5 常用

一 デイ漢 ナイ呉 斉 ní
二 デイ漢 ナイ呉 霽 nì
三 デイ漢 ナイ呉 霽 nì
四 デツ漢 屑 niè
どろ・なず-む(なづ-む)

筆順 丶 冫 氵 氵 沪 沪 沪 泥

なりたち  【形声】「氵(=みず)」と、音「尼ジ…→デイ」とから成る。泥水(デイスイ)(=川の名)。借りて「どろ」の意。

意味 一 ❶水けを多く含んだ土。どろ。例 泥水(デイスイ)。泥濘(デイネイ)。汚泥(オデイ)。❷どろのようなもの。例 泥炭(デイタン)。金泥(キンデイ)。❸伝説上の動物。〔一説に、「泥イ」は南海にすむ伝説上の動物で、水がなくなると、酔ってどろのようになるという〕例 泥酔(デイスイ)。二 ⇒【泥泥】(デイデイ)。三 こだわる。もたもたする。動きがとれない。とどこおる。なずむ。例 致レ遠恐レ泥(とおきをいたさんにはなずまんことをおそる)(=小さい技術にも見どころはあるが)君子の道をきわめる際にはじゃまになるおそれがある(ので、君子は手をつけない)。〈論語・子張〉拘泥(コウデイ)。暮れ泥む(=日が暮れそうで暮れない)。四 黒くなる。くろむ。

古訓 中古 かこつ・けがす・けがる・こひぢ・つちくれ・とどこほる・なづむ・なやます・なやむ・ぬる・ひぢ・ひぢりこ 中世 とどこほる・どろ・なづむ・ひぢりこ 近世 つゆけし・どろ・なづむ・ひぢりこ

人名 ぬり・ね・ひじ

難読 泥鏝(てこ)・泥鰌(どじょう)・泥障(あおり)

【泥金】(デイキン) 金粉を膠(にかわ)などに溶かしたもの。金色の顔料。

【泥行】(デイコウ) どろでぬかるんだ道を行くこと。

【泥沙】(デイサ) ①どろと、すな。泥砂。②地位や価値が低いもののたとえ。

【泥▼滓】(デイシ) どろと、かす。けがれたもの、卑しいものをいう。

【泥人】(デイジン) 土で作った人形。雨乞(あまご)いなどの儀式のときに用いた。類泥塑人(デイソジン)。

【泥水】(デイスイ) どろまじりの水。どろみず。

【泥酔】デイスイ 正体がなくなるほど、ひどく酔う。→意味一❸
【泥炭】デイタン 日炭化が不十分な、質の悪い石炭。ピート。
【泥中】デイチュウ どろの中。
【泥中の▼蓮】デイチュウのはちす どろの中に咲くハスの花。悪い環境に影響されず、清純であることのたとえ。〔「予独愛下蓮之出二淤泥一而不上染（＝私ひとりは、ハスの花がどろの中に咲きながらもけがれないのを愛するのである）。〈周敦頤・愛蓮説〉から〕
【泥泥】デイデイ ①草や木がやわらかく、みずみずしく茂るさま。②露がおりてぬれているさま。
【泥塗】デイト ①（「塗」は「途」で、みちの意）どろ道。ぬかるみ。②よごれたものや場所。また、低い地位。③どろまみれにする。蔑視ベッシする。
【泥土】デイド ①やわらかな土。どろ。②きたないものや値打ちのないもの。
【泥▼濘】デイネイ （「濘」も、どろの意）ぬかるみ。どろ道。
【泥縄】どろなわ 日〔泥棒をつかまえてから、縛るための縄をなう意〕事が起きて、あわてて対策を考えること。例—式。
【泥棒】【泥坊】どろボウ 日他人の金品を盗むこと。また、その人。
●雲泥ウンデイ・汚泥オデイ・拘泥コウデイ

沾

氵5 (8) 2 6194 6CBE
一セン慣 テン(テム)漢 呉 塩 zhān
二テン(テム)漢 呉 塩 tiān
うるお-う(うるほ-ふ)

意味 一❶水にひたる。水がしみこむ。ぬれる。**うるおう**。うるおす。通霑テン。例沾襟テンキン(＝涙でえりもとをぬらす)。沾湿テンシツ。沾被テンピ。❷恩恵にあずかる。例沾洽センコウ。二増し加える。そえる。通添。
【沾▼洽】センコウ テンコウ ①雨が降って、大地が十分にうるおう。②君主の恵みが広くゆきわたる。③知識などが深く広い。
【沾湿】テンシツ テンシュウ ぬれる。しめる。うるおう。
【沾染】テンセン しみそまる。外部からの影響によって変化する。
【沾被】テンピ ①うるおう。ぬれる。②恵みをほどこす。

沺

氵5 (8) 2 6201 6CBA
テン漢 デン呉 先 tián

意味 「沺沺デンデン」は、水が果てしなく広がるさま。

波

氵5 (8) 1 3940 6CE2 教3
ハ漢 呉 歌 bō
なみ
付表 波止場はとば

筆順 、 ミ 氵 氵 汸 沪 波 波

なりたち [形声]「氵(＝みず)」と、音「皮ハ」とから成る。水がわき上がって流れる。

意味 ❶風などによって起こる水面の上がり下がり。**なみ**。また、なみだつ。例波浪ハロウ。風波フウハ。防波堤ボウハテイ。❷激しいなみのようにゆれ動く。例波瀾ハラン。心波シンパ。❸なみのように伝わる。およぶ。例波及ハキュウ。余波ヨハ。❹なみのような動きや形をとるもの。例音波オンパ。電波デンパ。❺まなざし。目つき。例横波オウハ(＝ながし目)。眼波ガンパ(＝まなざしのあでやかさ)。

古訓 中古 かたぶく・しわ・つつみ・なごり・なごろ・なみ・ひたす 中世 しわ・なみ・ひたす 近世 なみ・なみだつ・めぐる

難読 波斯ペルシャ(＝イランの旧称)・波蘭ポーランド

【波枕】なみまくら 日船旅で波の音を聞きながら眠ること。
【波間】なみま 波と波のあいだ。例—にただよう小舟。
【波及】ハキュウ 波紋が広がっていくように、ものごとの影響が次々に伝わっていく。例—効果。
【波状】ハジョウ 日①波のような形。例—紋。②波が打ち寄せるように、繰り返す様子。例—攻撃。
【波食】【波▼蝕】ハショク 波の打ち寄せる力で陸地や岩をけずり取ること。例—台地。
【波心】ハシン ①波の中心。②湖や池の中央部。
【波臣】ハシン 〔水中の君主に仕えると考えられたことから〕魚のこと。〈荘子・外物〉
【波長】ハチョウ 日①光や電波などの波動の山と山、または谷と谷との距離。例—が長い。②（比喩ヒユ的に）相手の性格やものの考え方の傾向。例—が合わない。
【波頭】ハトウ なみがしら 波の盛り上がったところ。例白い—。
【波▼濤】ハトウ 〔「濤」は、大きな波の意〕大きく盛り上がる波。例—をこえて行く。
【波動】ハドウ ①波の動き。また、波が動く。②波のような動き。例景気の—。③日〔物〕ある一点に起こった振動が、次々に周囲に伝わっていく現象。水面の波や、音波・地震波・電磁波など。
【波止場】はとば 日船をつなぎ、荷物や人をあげおろしするために、陸から海中に突き出して造った、港の設備。船着き場。埠頭フトウ。
【波風】一ハフウ 波と風。また、風が強く吹いて波が立つ。風波フウハ。例—が高くなる。二なみかぜ 日争い。もめごと。例—が絶えない。
【波紋】【波文】ハモン ①細かい波の模様。また、輪のように水面に広がる波の模様。②日一つのできごとから起こった影響。例意外な—を生じる。
【波羅蜜】ハラミツ〔仏〕〔梵語ボンゴ pāramitā の音訳〕現実の生死をこえて涅槃ネハンの境キョウに達すること。悟りを開くこと。→【六波羅蜜】ロクハラミツ（131ページ）
【波乱】ハラン ①波が乱れさわぐ。②もめごと。さわぎ。例—をまき起こす。③ものごとの変化や起伏。例—に満ちた生涯。
【波▼瀾】ハラン 〔「波」は小さい波、「瀾」は大きい波〕①波。②日「波乱ハラン」の代用字。
【波▼瀾万丈】ハランバンジョウ 多くの事件や大きな変化に満ちている。〈続玄怪録・三〉例—の人生。
【波路】ハロ なみじ 船の通る海上の道すじ。船路ふなじ。航路。例—はるかに。万里バンリの—なみじをこえて行く。
【波浪】ハロウ 〔「浪」は、大きな波の意〕波。また、大波。
●音波オンパ・寒波カンパ・周波シュウハ・秋波シュウハ・電波デンパ・年波としなみ・脳波ノウハ・風波フウハ・余波ヨハ

泊

氵5 (8) 1 3981 6CCA 常用
一ハク漢 バク呉 薬 bó
二ハク漢 陌 pō
とまる・とまり・とめる(と-む)

筆順 、 ミ 氵 氵 泊 泊 泊 泊

なりたち [形声] 本字は「洦」で、「氵(＝みず)」と、音「百ハク」とから成る。船をとめる。

意味 一❶船を岸につける。**とめる**。**とまる**。例夜泊二秦淮一近二酒家一(＝よる秦淮シンワイに泊ハクして酒家シュカに近かし)(＝今宵、秦淮河に船どまりすると、酒楼に近かった)。〈杜牧・泊秦淮〉停泊テイハク。漂泊ヒョウハク。❷宿をとる。とどまる。**とまる**。例外泊ガイハク。宿泊シュクハク。❸休息する。憩う。❹あっさりして欲がない。例淡泊タンパク。❺うすい。通薄。二沼や沢。例水泊スイハク(＝湖)。梁山泊リョウザンパク。

古訓 中古 いたる・きはむ・さらなみ・ただよふ・とどまる・とどむ・とまり・にごる・はかなり・よし 中世 とどまる・とどむ・とまり 近世 しろし・ただよふ・とどめる・とまり

難読 泊瀬山はつせやま

【泊▼乎】ハクコ ハッコ 心静かで落ち着きがあり、欲のないこと。泊如ハクジョ。類泊然。
【泊如】ハクジョ ①心静かで欲のないこと。泊乎ハクコ。類泊然。②水の広いさま。

【泊船】ハクセン 港に船をとめる。類泊舟ハクシュウ。

【泊地】ハクチ 船が安全に停泊できる所。例艦隊の―。

（●外泊ガイハク・宿泊シュクハク・淡泊タンパク・停泊テイハク・漂泊ヒョウハク）

泮

氵5（8） 3 8663 6CEE ハン漢 翰 pàn

意味 ❶中国古代の諸侯が設けた学校。例泮宮ハンキュウ（=古代の諸侯が建てた学校）。泮水ハンスイ（=泮宮前の半月形の池）。❷氷がとける。消えてなくなる。とける。

泌

氵5（8） 1 4071 6CCC 常用 一ヒツ漢 質 bì 二ヒ漢 寘 mì

筆順 丶 氵 氵 汃 沁 泌 泌 泌

なりたち [形声]「氵（=みず）」と、音「必ヒツ」とから成る。軽快に流れる。

意味 一❶谷川の細くて、はやい流れ。❷泉が、わいて流れるさま。いずみ。二液体が小さな穴からにじみ出る。例分泌ブンピツ／ブンピ。

古訓 中世 たたふ・ながる 近世 いづみ・たぎる・ながるる

【泌尿器】ヒニョウキ 日〔医〕尿をつくり、体外に排出する器官。腎臓ジンゾウ・膀胱ボウコウ・尿道などから成る。例―科。

泯

氵5（8） 2 6203 6CEF ビン漢 ミン呉 軫 mǐn ほろ-びる（ほろ-ぶ）・ほろ-ぶ・みだ-れる（みだ-る）

意味 ❶滅亡する。なくなる。ほろびる。ほろぶ。例泯滅ビンメツ（=ほろびる）。泯没ビンボツ（=なくなる）。❷没する。死ぬ。❸混乱する。みだれる。通紊ビン。例泯乱ビンラン。

【泯尽】ビンジン 滅びる。失われる。類泯絶ビンゼツ・泯滅ビンメツ。

【泯然】ビンゼン ①広々としているさま。②滅んでなくなるさま。

【泯泯】ビンビン ①混乱するさま。②愚かで道理を知らないさま。③水の清らかなさま。④滅んでなくなるさま。⑤静まっているさま。

【泯乱】ビンラン （道徳・秩序などが）乱れる。混乱する。

泭

氵5（8） 4 7840 6CED フ漢 虞 fū

意味 いかだ。通桴フ。参考「桴フ」は、小さないかだ。

沸

氵5（8） 1 4208 6CB8 常用 一フツ慣 ヒ漢 未 fèi 二フツ漢 物 fú わく・わかす・たぎ-る・にえ

筆順 丶 氵 氵 沪 沪 涄 沸 沸

なりたち [形声]「氵（=みず）」と、音「弗フツ」とから成る。水があふれでる。

意味 一❶泉がわき出る。わきあがる。わく。例沸沸フツフツ。❷湯がにえたぎる。わく。わかす。例沸点フッテン。沸騰フットウ。煮沸シャフツ。❸盛んに起こるさま。騒がしいさま。二水がふりかかる。また、ふりかける。そそぐ。例沸声フッセイ（=おおぜいが騒ぎたてる声）。

古訓 中古 あわ・たぎる・わかす・わく 中世 わかす・わく 近世 いかる・わく

【沸点】フッテン 日〔物〕液体が沸騰しはじめる温度。〔「沸騰点」の略語〕

【沸騰】フットウ ①波がわき立つさま。②にえたつ。例湯が―する。③（気持ちや議論などが）わきたつように激しく盛んになる。例人気が―する。

【沸沸】フツフツ ①液体がわき出るさま。また、煮えたぎるさま。例湯が―と煮えたつ。②感情などがたかぶって、勢いをおさえられないさま。例怒りが―とわきあがる。

法

氵5（8） 1 4301 6CD5 教4 ハッ・ホッ慣 ホウ（ハフ）漢 ホウ（ホフ）呉 洽 fǎ のり・のっと-る・フラン

［灋］ 氵18（21） 4 7951 704B 本字。

［汯］ 氵5（8） 4 7834 3CD2 別体字。

筆順 丶 氵 氵 汁 汁 注 法 法

なりたち [会意]「氵（=水平にする）」と「廌（=正直でない者に触れるという神獣）」と「去（=悪を去る）」とから成る。神獣にふれさせて公平に悪をとり去る刑罰。

意味 ❶刑罰。刑法。例明罰勑法バツヲアキラカニシホウヲトトノウ（=刑罰を明らかにして法律を整える）。〈易・噬嗑・象〉❷社会の決まり。おきて。のり。例法規ホウキ。憲法ケンポウ。❸法律を適用する。処罰する。また、法律を守る。例将法太子マサニタイシヲホウセントス（=太子を処罰しようとした）。〈史記・商君伝〉❹手本とする。したがう。のっとる。例文王不足法与ブンオウモノットルニタラザルカ（=文王も模範とするのに十分ではないのですか）。〈孟子・公孫丑上〉❺手本。模範。例法帖ホウジョウ。❻ものごとのしかた。やりかた。例作法サホウ。手法シュホウ。方法ホウホウ。❼戦国時代の学派の一つ。法家。例名法メイホウ（=名家と法家）。❽仏の道。仏教。例法会ホウエ。説法セッポウ。仏法ブッポウ。❾仏教で、すべての存在・事柄。例法界ホウカイ。諸法ショホウ。

日本語での用法 一《フラン》「十五法フラン」▼もと、フランス・ベルギーなどの貨幣の単位。二《のり》「法面のりメン」▼斜面の傾きの程度。斜面。

古訓 中古 ことわり・のとる・のり 中世 ことわり・のつとる・のり 近世 かず・つね・のつとる・のり

人名 さだむ・つね・はかる・ひろ・みち

【法被】ハッピ 日〔もと、下級武士や中間チュウゲンが着た家紋つきの上着〕職人などが着る、背中やえりに屋号などを染め出した上着。しるしばんてん。半被ハッピ。

【法案】ホウアン 日法律の案文。法律案。

【法印】ホウイン ①〔仏〕〔仏法のしるしの意〕他の教えにはない、仏法の不変不動の教え。②日〔仏〕僧の最高の位。③日中世には仏師・経師キョウジに、また江戸時代には儒者・医師・絵師・連歌師などにも与えられた称号。

【法雨】ホウウ 〔仏〕雨が万物をうるおすように、人々を教化し恵みを施すこと。

【法会】ホウエ 〔仏〕①人々を集めて、仏の道を説く行事。②「法要ホウヨウ」に同じ。

【法衣】ホウイ 一ホウエ・ホウイ 僧や尼の着る衣服。ころも。僧衣。二 日「法服ホウフク③」に同じ。

【法益】ホウエキ 日法律によって保護されている利益。

【法悦】ホウエツ ①〔仏〕仏の教えを聞いて、心からよろこびを感じること。法楽ホウラク。②日うっとりと引きこまれ、我を忘れるような、よろこびを味わうこと。例―にひたる。

【法▼筵】ホウエン 〔仏〕〔「筵」は、むしろ・ござの意〕説法をするための場所。

【法王】ホウオウ ①〔仏〕釈迦シャカのこと。釈迦如来。仏ほとけ。②ローマカトリック教会の最高位の聖職者。ローマ法王。教皇キョウコウ。例―庁。

【法皇】ホウオウ 日出家した上皇の敬称。

【法科】ホウカ ①刑法の条文。②日法律に関する学科。③日大学で、法律に関する研究や教育をおこなう学部。法学部。

【法家】ホウカ ①先秦センシン時代の諸子百家の一つ。法律や刑罰を重んじた。韓非カンピや商鞅ショウオウが代表者。②人の守るべき道をわきまえて、君主を補佐する臣下。③日法律にくわしい人。法律家。

【法▼駕】ホウガ ①天子の乗る車。②天子。皇帝。

【法界】ホウカイ|ホッカイ 〔仏〕①意識の対象となるすべてのもの。宇宙全体。例―衆生ジョウ(=全世界のあらゆる生き物)。②日仏教徒の社会。仏門。

【法界▼悋気】ホウカイリンキ 日自分には何のかかわりもないことに、やきもちをやくこと。

【法外】ホウガイ ①法律からはずれている。②日〔道理のほかという意〕理屈に合わないさま。度はずれ。例―な値段。

【法学】ホウガク 法律に関する学問。法律学。例―博士。

【法官】ホウカン 法律にたずさわる官吏。裁判官。

【法規】ホウキ 日法律や規則。例交通―。

【法義】【法儀】ホウギ 規則。法則。のり。

【法橋】ホウキョウ|ホッキョウ ①〔仏〕仏法。衆生シュジョウを彼岸に導きわたすことを橋にたとえたことば。②日〔仏〕「法眼ゲン③」に次ぐ僧の位。③日江戸時代、医師・絵師・連歌師などに与えられた称号。

【法禁】ホウキン ものごとを禁止する法律。禁制。禁令。

【法言】ホウゲン 正しく礼にかなったことば。儒教の教えを伝えることば。法語。

【法眼】ホウゲン ①正しい眼識。②〔仏〕五眼ゲンの一つ。仏法の真相を見る菩薩ボサツの目。知恵の目。③日〔仏〕「法印イン②」に次ぐ僧の位。④日江戸時代、医師・仏師・連歌師などに与えられた称号。例狩野かの―元信もとのぶ。

【法故】ホウコ 古くからのおきてと、しきたり。

【法語】ホウゴ ①手本とすべき正しいことば。法言。②〔仏〕教義をわかりやすく説いた訓話。法談。法話。例仮名な―。

【法効】【法▼傚】ホウコウ 手本としてまねる。

【法号】ホウゴウ 〔仏〕「法名ミョウ」に同じ。

【法三章】ホウサンショウ 漢の高祖が建国のとき、秦シの厳しい法律を改めて取り決めた、殺人、傷害、盗みを犯した者だけを罰する、三か条の簡素な法。〈史記・高祖紀〉

【法師】ホウシ ①〔仏〕仏道を修行して師となった人。②〔仏〕僧。坊さん。例荒あら―。③日〔「…法師」の形で〕…の(形をした)人。例一寸―ボウシ。影―ボウシ。

【法事】ホウジ ①正しい礼法。法律。②「法要ヨウ」に同じ。

【法式】ホウシキ (儀式や礼儀などの)決まった形式やり方。

【法主】〔仏〕一ホウシュ|ホッシュ ①(仏教の主あるじの意)釈迦シャカ如来。仏ほとけ。②一つの宗派の長。③法要の主宰者。二ホッス 日〔仏〕「ス」は、呉音〕真宗東本願寺派の長。

【法守】ホウシュ 道徳規範に従って職務を遂行する。

【法術】ホウジュツ ①古代中国で法家ホウカがとなえた、法律を厳守する政治術。②手段。方法。例座禅の―。

【法相】ホウショウ 日法務大臣。

【法▼帖】ホウジョウ 手習いや鑑賞用に、昔の書家の書を印刷した折り本。類法書。

【法人】ホウジン 日〔法〕団体や会社など、個人と同様に権利をもち、義務を果たすことが認められている組織。

【法制】ホウセイ ①法律と制度。②法律で定めた制度。

【法曹】ホウソウ ①役所で法律をつかさどる人。類法吏。②日司法の仕事をしている人。裁判官や弁護士、検察官など。

【法蔵】ホウゾウ 〔仏〕①仏の説いた教え。また、仏のそなえる一切イッサイの功徳ドク。②仏教の経典キョウテン。

【法則】ホウソク ①法律。規則。おきて。②手本。模範。③のっとる。手本とする。④ものごとや現象に見られる、常に変わらない関係。例万有引力の―。

【法体】ホウタイ|ホッタイ 〔仏〕髪をそって衣を着た僧の姿。僧体。僧形ギョウ。対俗体。

【法談】ホウダン 〔仏〕仏法の趣旨をわかりやすく説いた話。法話。法語。

【法治】ホウチ ①法律にもとづいて政治をおこなうこと。例―国家。②韓非カンピらの政治理念。対徳治。

【法治主義】ホウチシュギ 日①人の本性を悪と考え、厳しい法によって人民を治めるべきだとする考え。戦国時代、韓非カンピらの法家が主張した。対徳治主義。②政治は、議会で制定された法律にもとづいておこなわれるべきだとする主義。

【法廷】【法庭】ホウテイ 裁判がおこなわれる所。例―で争う。

【法定】ホウテイ 日法律で決められていること。

【法的】ホウテキ 日法律の立場で考えるさま。例―な措置をとる。

【法典】ホウテン ①規範となるべき事柄が書かれている本。転じて、法律・おきて。②日(同じ種類の)法律を体系的にまとめた書物。「刑法典」「民法典」など。例ナポレオン―。

【法度】一ホウド ①法律や制度。②基準となるもの。従うべき礼儀。二ハット 日①法律と制度。例武家諸―。②禁止されていること。禁制。例酒は、ご―だ。

【法灯】【法燈】ホウトウ 〔仏〕釈迦シャカの教えを、闇やみを照らすともしびにたとえたことば。また、仏法を次々と伝え広めていくことにもいう。→【伝灯】デントウ(70ジペー)

【法統】ホウトウ 〔仏〕仏法の伝統。仏法の系統や流派。類法流。例―を継ぐ。

【法難】ホウナン 〔仏〕仏法を広めようとするときに受ける迫害。

【法服】ホウフク ①正式の衣服。礼により階級ごとに決められた衣服。②ホウブク|ホップク 僧の着る服。法衣ホウエ。③日裁判官が法廷で着用する制服。法衣イ。

【法文】一ホウブン 日法令の条文。法律の文章。二ホウモン 〔仏〕仏法を説いたお経の文章。

【法名】ホウミョウ 〔仏〕①出家して仏門にはいった者に、その宗門で授ける名。②日死んだ人におくる名。戒名。▽法号。対俗名。

【法務】ホウム ①〔仏〕仏教や寺院に関する事務。②日法律関係の事務。例―大臣。―省。

【法網】ホウモウ 罪人を捕らえる法律を、網にたとえたことば。例―をかいくぐる。

【法門】ホウモン ①王宮の南門。〔法令が南門より出されることから〕②〔仏〕仏の教え。仏法。例大乗・小乗の―。

【法要】ホウヨウ 〔仏〕①仏教の要義。②亡くなった人を供養ヨウするための集まり。法会ホウエ。法事。例―をいとなむ。

【法▼螺】ホラ ①ホラガイ。②ホラガイの殻を加工して吹き鳴らすようにしたもの。③日おおげさに言ったり、ないことをあるように言ったりすること。例―を吹く。大おお―ボラ吹き。

【法▼螺貝】ホラがい 日①フジツガイ科の海産の巻き貝。大形で淡褐色の地ジに斑点ハンテンがある。②「①」の頭部を切って吹き口とし、音が出るようにしたもの。山伏ぶしなどが用いた。

【法楽】ホウラク ①仏法を信仰するよろこび。法悦。②日神仏の前で芸能や歌・連歌の会をおこない、神仏に奉納すること。③日楽しみ。なぐさみ。例目の―。

【法理】ホウリ ①法律の原理。法の道理。例―学。②〔仏〕仏法の真理。

【法力】ホウリキ 〔仏〕①仏法の功徳ドク。仏法の威力。②仏道修行によって得られる、不思議な力。例―をたのむ。

【法律】ホウリツ ①法と律。のっとるべき規律。②日国会が定め国民が守らなければならない、その国の決まり。例―違反。

【法輪】ホウリン 〔仏〕車輪がどこまでも転がるように、仏の教えが世の中の悪を打ち破っていくこと。

【法令】ホウレイ 法律と命令。例―の定めるところに従う。

【法例】ホウレイ ①従来のおきて。②法律の適用に関する原則や規定。例―に照らした処置。

【法論】 〔仏〕仏教の教義についての議論。宗論。
【法話】 〔仏〕仏法をだれにでもわかるように、やさしく説き聞かせる話。法談。法語。
【法華】 日〔仏〕①「妙法蓮華経」の略。天台宗や日蓮宗で重んじられる経。法華経。②「法華宗」の略。天台宗や日蓮宗(の一派)の別名。
●違法・技法・刑法・憲法・合法・寸法・製法・文法・民法・無法・滅法・用法・論法

泡
氵5 (8) 1 4302 6CE1 常用
一 ホウ(ハウ) 漢 呉 肴 pào
二 ホウ(ハウ) 漢 呉 肴 pāo
三 ホウ(ハウ) 漢 呉 肴 páo
あわ・あぶく

[泡]
氵5 (8) ——旧字体。

筆順 泡

なりたち [形声]「氵(=みず)」と、音「包ホウ」とから成る。泡水(=川の名)。借りて「あわ」の意。

意味 一 空気を包んだ丸い液体。あぶく。あわ。例 泡沫。水泡。気泡。 二 江蘇省沛県の西を流れる川の名。泡河。 三「泡泡」は、急流の水音。また、水がわき出す音。

古訓 中古 あわ・みづのあわ・みつぼ 中世 あわ・うたつみ・ながる 近世 あわ・さかんなり・ながるる

【泡盛】 日 沖縄特産の焼酎。米を発酵させ蒸留して造る。
【泡影】 あわと影。はかないもののたとえ。
【泡幻】 あわや、まぼろしのように、はかないもののたとえ。
【泡▼沫】 あわ。はかないもののたとえ。例 —の恋。
●気泡・水泡・発泡

泙
氵5 (8) 2 6204 6CD9
ホウ(ハウ) 漢 庚 pēng

意味 ❶谷。❷水がぶつかりあう音。通 澎。例 泙泙・泙湃(=波など、水がぶつかる音)。

泖
氵5 (8) 4 7835 6CD6
ボウ(バウ) 漢 巧 mǎo

意味 ❶流れのない水面。よどみ。❷古代の湖の名。

沫
氵5 (8) 1 4387 6CAB 人
バツ 漢 マチ・マツ 呉 曷 mò
あわ・しぶき

なりたち [形声]「氵(=川)」と、音「末バツ」とから成る。川の名。

意味 ❶水のあわ。みなわ。あわ。例 水沫。泡沫。❷水の細かいつぶ。しぶき。例 飛沫。❸つば。つばき。唾液。❹四川省に発し長江に注ぐ大渡河の古名。沫水。❺消える。終わる。やむ。

古訓 中古 あわ 中世 あわ 近世 あわ・やむ

人名 わ

難読 沫雪・飛沫・沫雨・水沫

油
氵5 (8) 1 4493 6CB9 教3
ユウ(イウ) 漢 ユ 呉 尤 yóu
あぶら

筆順 油

なりたち [形声]「氵(=みず)」と、音「由ユウ」とから成る。油水(=川の名)。借りて「雲などがわきおこるさま」。また、「あぶら」の意。

意味 ❶雲が盛んにわき起こるさま。また、ゆったりと落ち着いているさま。例 油雲(=盛んにわき起こる雲)。油然。❷あぶら。例 原油。石油。灯油。❸あぶらでつやを出す。つや。例 油壁車。

古訓 中古 あぶら・うやまふ・やはらか 中世 あぶら 近世 あぶら・さかんなり・つつしむ

難読 油皮・油葉・油点草

【油菜】 アブラナ科の二年草。春、黄色い花が咲く。種から油をとる。ナタネ。ナノハナ。
【油然】 ①盛んにわき起こり、広がっていくさま。例 雲が—とわく。②ゆったりとしているさま。悠然。
【油壁車】 壁を色のついた油や漆で塗った車。貴族の女性が乗った。
【油油】 ①雲や水がゆったりと流れるさま。②態度がゆったりとしていておだやかなさま。③草木が勢いよく伸びるさま。例 禾黍油油(=作物は実り豊かである)。〈史記・宋微子世家〉
【油煙】 油が不完全燃焼したときに出る、黒くて細かい炭素の粉。例 —墨。
【油彩】 日 油絵の具で絵をかく。また、その絵。油絵。対 水彩。例 —画。
【油紙】 油をしみこませた防水用の紙。
【油脂】 動植物からとった油や脂肪の総称。例 —工業。植物—。
【油井】 原油をくみ上げるための井戸。
【油性】 水に溶けないなど、油の性質をもっていること。対 水性。例 —塗料。
【油槽】 石油やガソリンなどをたくわえる、大型の容器。油タンク。例 —船(=タンカー)。
【油単】 油をひいた布や紙。たんすなどの道具をおおったり、敷物にしたりする。
【油断】 日 うっかり注意をおこたる。不注意。〔語源は諸説ある〕例 —大敵。—もすきもない。
【油田】 石油を産出する地域。例 —地帯。
●給油・軽油・原油・重油・精油・石油・注油・灯油

[泪]
氵5 (8) ⇩涙(780ページ)

泠
氵5 (8) 3 8661 6CE0
レイ 漢 リョウ(リャウ) 呉 青 líng

意味 ❶すがすがしい。例 泠風。❷はっと気づく。さとる。例 暁泠(=はっきりさとる)。❸楽人。わざおぎ。通 伶。例 泠人。

【泠人】 楽人。伶人。参考「泠」とは別の字。
【泠然】 ①軽やかで、さっぱりしているさま。②涼やかで清らかなさま。③冷たいさま。▽冷然。
【泠風】 おだやかなそよ風。微風。

泐
氵5 (8) 4 7833 6CD0
ロク 漢 職 lè

意味 ❶風化などによってできる石の裂け目。❷石に文字などを彫る。きざむ。通 勒。例 泐蝕(=篆刻)。

洟
氵6 (9) 2 6206 6D1F
イ 漢 呉 支 yí
テイ 漢 霽 tì

意味 はなみず。はなじる。また、垂れる涙。例 涕洟。
はなじる・はなみず(はなみづ)・はな

洧
氵6 (9) 4 7846 6D27
イ(ヰ) 漢 紙 wěi

意味 河南省を流れる川の名。洧水。

洩

氵6（9） 1 1744 6D29

一 エイ 慣 セツ 漢 屑 xiè
二 エイ 漢 霽 yì

も-らす・も-れる（も-る）・も-る

意味 一❶（液体や秘密・不満などが）もれる。もれる。もらす。通 泄セツ。例 洩漏セツロウ。❷（大量の水が）流れ落ちる。流れ込む。また、滝。❸へらす。へる。二 ⇒【洩洩】エイエイ

【洩洩】エイエイ ①心が伸びやかなさま。②物の軽やかに浮かぶさま。▽泄泄エイエイ。

【洩漏】セツロウ（秘密などが）もれる。また、もらす。漏洩ロウセツ。

洿

氵6（9） 3 8670 6D3F

オ（ヲ） 漢 ウ 呉 虞 wū

意味 ❶水が流れない。たまり水。例 洿池チオ（=ため池）。❷くぼみ。例 洿下カオ（=低地）。❸濁ってきたない。通 汚。例 洿染センオ（=けがす）。

海

氵6（9） 1 1904 6D77 教2

カイ 漢呉 賄 hǎi
うみ

付表 海女あま・海士あま・海原うなばら

［海］ 氵7（10） 3 8673 FA45 人 旧字体。

筆順 丶 冫 氵 氵 汇 海 海 海

なりたち  ［形声］「氵（=みず）」と、音「毎バイ→カイ」とから成る。多くの川が流れこむ池。

意味 ❶多くの水が集まった所。うみ。例 海岸カイガン。近海キンカイ。❷大きな湖。例 青海セイカイ。❸人やものがたくさん集まる所。例 雲海ウンカイ。学海ガッカイ。樹海ジュカイ。❹海のように、広く大きいさま。例 海容カイヨウ。❺海外。例 海表カイヒョウ。

古訓 中古 うみ・わたつみ 中世 うみ 近世 うみ・おほいなり

人名 あま・うな・ひろ・ひろし・み

難読 海参いりこ・海神わたつみ・海胆うに・海豚いるか・海雲もずく・海鼠なまこ・海腸このわた・海髪おご・海嘯つなみ・海鞘ほや・海獺らっこ・海糠魚あみ・海蘿ふのり・海上うなかみ（=地名）・海石榴つばき・海扇ほたて・海鰻はも

【海原】うなばら 日 広々とした海。例 大おお—。青あお—。

【海幸】うみさち 日 ①海でとれる魚や貝など。うみのさち。②海のえものをとる道具。▽対 山幸やまさち。

【海千山千】うみセンやまセン 日〔海に千年、山に千年すんだヘビは、竜になるという伝説から〕いろいろな経験を積み、悪がしこいこと。また、その人。例 —の古ふるつわもの。

【海域】カイイキ ある範囲内の海の区域。例 日本周辺の—。

【海員】カイイン 日 船の乗組員。船員。

【海運】カイウン ①うみめぐる 海水が動く。海が荒れる。〈荘子・逍遥遊〉②海上を船で人や物などを運ぶこと。例 —業。③潮の干満。

【海外】カイガイ 四海のそと。海の向こうの国々。外国。例 —旅行。—移住。

【海▼燕】カイエン｜うみつばめ ウミツバメ科の海鳥。黒みをおびた細長いつばさと、ふたまたに分かれた尾をもつ。

【海角】カイカク ①海に突き出た岬。②海のはて。

【海客】カイカク ①海を渡る旅人。②海辺をさまよう人。③特別にもてなす必要のない客。並の客人。

【海岳】カイガク ①海と山。②海より深く、山より高い恩義。大恩。例 —に報いる。③四海と五岳。

【海▼壑】カイガク 〔「壑」は、谷の意〕①海。②深い恩義。君主や父母の恩の深いこと。

【海関】カイカン ①海辺の関所。②港に設けられた税関。

【海岸】カイガン 陸が海と接している所。海辺。浜辺。例 —線。

【海気】カイキ 海辺の空気。例 —浴。

【海牛】日 一 カイギュウ 熱帯から亜熱帯の海にすむ哺乳動物。ジュゴンやマナティーの仲間。二 うみうし 海にすむ軟体動物。ナメクジに似ており、種類が多い。

【海魚】カイギョ 海にすむ魚。また、海でとれる魚。

【海況】カイキョウ 日 海上の天候や波の状態。

【海峡】カイキョウ 海が、両側からの陸地によって、せばめられている所。水道。瀬戸せと。例 関門—。津軽つがる—。

【海曲】カイキョク ①海が陸地に入りこんでいる地形。②辺境の海辺。類 海隅・海阿カイア。

【海区】カイク 日（漁業に関する行政や研究のため）海上に設定された区画。

【海軍】カイグン 海上の守りをおもな任務とする、軍備や軍隊。

【海月】カイゲツ ①海上に出た月。また、海に映った月の影。②くらげ 海にすむ腔腸コウチョウ動物。クラゲ。水母スイボ。

【海溝】カイコウ ①潮流の激しい海域。②海底で、特に深い部分が溝みぞのように続いている所。例 日本—。マリアナ—。

【海産】カイサン 魚・貝・海藻・塩など海でとれるもの。例 —物。

【海市】カイシ 大気の密度や日光の屈折などによって、遠くの建物や物体が、近くに浮かんで見える現象。蜃気楼シンキロウ。

【海日】カイジツ 海から昇る太陽。海の上の太陽。

【海獣】カイジュウ 海にすむ哺乳動物。クジラ・アザラシなど。

【海女】カイジョ ①伝説上の海神の娘。②あま 日 海にもぐって貝や海藻などをとる仕事をしている女性。

【海▼嘯】カイショウ ①満潮時、三角形状に開いた河口部などで、逆流により起こる高い波。②海鳴り。③津波。

【海上】カイジョウ ①海や大きな湖のほとり。例 海上之人、有下好二漚鳥一者上（カイジョウのひとに、オウチョウをこのむものあり）（=海のほとりに住む人で、カモメを好む者がいた）〈列子・黄帝〉②海のうえ。海面。洋上。対 陸上。例 —交通。—輸送。

【海食】【海▼蝕】カイショク 日 波や潮流が、少しずつ陸地をけずり取っていく作用。例 —崖ガイ。

【海人】カイジン ①海辺に住む人。②あま 魚をとり、塩を焼く人。漁夫。

【海神】カイジン 海の神。わたつみ。

【海図】カイズ ①海の図。②日 海底の地形や、潮の流れ、港や灯台の位置などをしるした、航海用の図面。

【海水】カイスイ 海の塩からい水。例 —浴。

【海戦】カイセン 海上での戦闘。例 日本海—。

【海鮮】カイセン 海産の魚貝など、新鮮な食べ物。例 —料理。

【海草】カイソウ ①海中に生える種子植物。アマモ・イトモなど。②「海藻カイソウ」の俗な言い方。

【海▼陬】カイスウ｜カイソウ 辺境の海辺。へんぴな海辺の村。

【海藻】カイソウ 海中に生え、胞子で増える植物。ワカメ・コンブ・テングサなど。

【海象】カイゾウ｜セイウチ 北極海にすむ哺乳動物。体長三メートルにもなり、四肢はひれ状。長い二本のきばをもつ。海馬カイバ。

【海賊】カイゾク 船に乗って、ほかの船や沿岸の集落をおそって、金品をうばい取る集団。類 海寇カイコウ。対 山賊。例 —船。

【海賊版】カイゾクバン 日 著作物を無断で複製して売り出した非合法のもの。

【海▼岱】カイタイ 〔「岱」は泰山〕舜シュンの時代にあったとされる十二の州の一つ。泰山から東海までの地。青州（=現在の山東省）のこととされる。

【海▼苔】一 カイタイ｜のり 海中の岩などにつく、コケのような海藻。二 のり 日 アサクサノリを和紙のようにすいて干した食品。例 —巻き。焼き—。

【海内】カイダイ ①四海の内。国内。例 —無双。▽天下。②日 四方を海に囲まれた日本の国。

【海中】カイチュウ 海面の下。海のなか。例 —水族館。

【海鳥】カイチョウ｜うみどり 海岸や島にすみ、魚などをえさとする鳥。

【海潮音】(カイチョウオン) ①打ちよせる波の音。うしおの音。②〔仏〕仏や菩薩(ボサツ)の説法の声。▽潮音。潮声。

【海底】(カイテイ) 海の底。例 ―火山。―探査。

【海▼甸】(カイデン) 海岸の土地。海に接する地方。

【海▼棠】(カイドウ) バラ科の落葉低木。春、サクラに似たうすべに色の花が下向きに咲く。はなかいどう。

【海童】(カイドウ) 伝説上の、海中に住むという子供。

【海道】(カイドウ) ①海上の、船の通り道。海路。航路。②海岸に沿った街道。また、街道に沿った地域。③日「東海道」の略。例 ―下り。―筋。

【海難】(カイナン) 航海中の事故や災難。例 ―救助。―事故。

【海馬】(カイバ) ①タツノオトシゴの別名。②セイウチの別名。↓

【海象】(カイゾウ) ③日〔医〕大脳半球の内側にあり、本能・記憶・自律神経などの中枢がある部位。

【海抜】(カイバツ) 日平均海面を基準とした陸地の高さ。標高。

【海彼】(カイヒ) 日〔海の彼方(かなた)の意〕海外。外国。海外から将来された意をあらわす。例 ―の書物。―本。

【海氷】(カイヒョウ) 海に浮かんだ氷。

【海表】(カイヒョウ) 海の向こう。海外。

【海▼豹】(カイヒョウ|あざらし) 寒帯の海にすむ哺乳動物。青黒色のからだに黒い斑点(ハンテン)があり、足はひれ状。

【海浜(濱)】(カイヒン) うみべ。はまべ。類 海畔。例 ―公園。

【海風】(カイフウ) ①海から吹いてくる風。また、海の上を吹く風。②日日中、海から陸に向けて吹く風。海軟風。対 陸風。

【海兵】(カイヘイ) 海軍の兵士。例 ―隊。

【海辺】(カイヘン) 海のほとり。うみべ。海浜(カイヒン)。

【海防】(カイボウ) 海岸の防備。

【海面】(カイメン) 海水の表面。海上。例 ―をただよう。

【海綿】(カイメン) 日①「海綿動物」の略。からだの表面に無数の穴があり、海底の岩などに付着して生活する。②「①」の繊維状の骨格を乾かしたもの。スポンジ。

【海門】(カイモン) 陸にはさまれた、せまい海。海峡。類 海頸(カイケイ)。

【海洋】(カイヨウ) 広々とした大海。大洋。対 大陸。

【海容】(カイヨウ) 海のような広い心でゆるすこと。例 ご―ください(＝手紙などで使う、改まったことば)。

【海里】(カイリ) 日海上での距離をあらわす単位。一海里は約一八五二メートルで、緯度一分(プン)の長さに相当する。浬(カイリ)。

【海▼狸】(カイリ) ビーバーの別名。ヨーロッパ北部やアメリカ北部の川にすむ哺乳動物。平たい尾と強い歯をもつ。


【海陸】(カイリク) 海と陸。水陸。

【海流】(カイリュウ) ①(道徳が)大いに広まる。常に一定の方向に動く、海水の流れ。潮流。②日海洋の中を、例 日本―。

【海路】(カイロ) 海上の航路。船路(ふなじ)。例 待てば―の日和(ひより)あり(＝海が荒れていて船が出なくても、気長に待っていれば海はおさまる。のんびり待てば、よいことがある)。

【海老】(カイロウ|えび) 日海産また、淡水産の節足動物。イセエビ・クルマエビ・シバエビなど、食用になるものが多い。例 ―(えび)で鯛(たい)を釣る(＝わずかなもので大きな利益を得ること。えびたい)。

【海楼】(カイロウ) 海に面した高殿。海辺の楼閣。

【海湾】(カイワン) 陸地に入りこんでいる海。入(い)り海。湾。

【海▼鼠】(なまこ) 日腹面が平らで、背がまるい筒形の海産動物。食用にする。

【海星】(ひとで) 日海底にすむ棘皮(キョクヒ)動物。からだは平たく、星形をしているものが多い。イトマキヒトデ・オニヒトデなど。

【海松貝】(みるがい) 日浅い海でとれる、たまご形の二枚貝。すしだねや刺身にする。みる。水松貝(みるがい)。
●荒海(あらうみ)・沿海(エンカイ)・公海(コウカイ)・航海(コウカイ)・四海(シカイ)・深海(シンカイ)・絶海(ゼッカイ)・東海(トウカイ)・領海(リョウカイ)・臨海(リンカイ)

洄
氵6 (9)
③8665 6D04
カイ(クヮイ)漢 灰 huí

意味 ❶川の流れに逆らってのぼる。さかのぼる。例 遡洄(ソカイ)(＝さかのぼる)。❷渦を巻いて流れる。うずまく。例 洄旋(カイセン)。

【洄▼汨】(カイイツ) 水がめぐり流れるさま。

【洄洄】(カイカイ) ①水が渦巻き流れること。②心が乱れ、迷い惑うさま。

【洄▼洑】(カイフク) 〔「洑」も、渦巻きの意〕水が渦を巻いて流れること。

活
氵6 (9)
①1972 6D3B
教2
一 カツ(クヮツ)漢 曷 huó
二 カツ(クヮツ)漢 曷 guō
いーきる(いーく)・いーかす・いーける(いーく)

筆順 

なりたち  〔形声〕「氵(＝みず)」と、音「舌(カツ)」とから成る。水が流れるさま。派生して「いきいきとする」の意。

意味 一 ❶生き生きしている。勢いがよい。例 活気(カッキ)。活発(カッパツ)。快活(カイカツ)。❷命がある。暮らす。いきる。例 自活(ジカツ)。生活(セイカツ)。死中求レ活(シチュウにカツをもとむ)。活字(カツジ)。活水(カッスイ)。❸固定していない。うごく。例 活用(カツヨウ)。❹助ける。いかす。例 項伯殺レ人、臣活レ之(コウハクひとをころし、シンこれをいかす)(＝項伯が人を殺したとき、私が彼を救ってやった)。〈史記・項羽紀〉 ❺役立てる。いかす。例 活用(カツヨウ)。二 ⇩
【活活】(カツカツ)

日本語での用法 《カツ》「活(カツ)を入(い)れる」▼気絶した人をよみがえらせる方法。また、元気づける。

古訓 中古 いきかへる・いく・いこふ・ながれ・やしなふ・よみがへる・わたらふ 中世 いきかへる・いくる・やしなふ・よみがへる・わたらひ 近世 いかす・いきる・いける・ながるる・よみがへる

人名 いく・ひろ・ひろし

難読 活業(なりわい)・活計(たつき|なりわい)・活花(いけばな)・活作(いけづくり)・活惚(かっぽれ)

【活火】(カッカ) 激しく燃える火。

【活活】(カツカツ) ①水の勢いよく流れるさま。②泥道などが滑りやすくなっているさま。滑滑(カツカツ)。

【活眼】(カツガン) 鋭く、ものごとの本質を見ぬく眼力(ガンリキ)。例 ―を開く(＝真実を見ぬく力をもつ)。

【活気】(カッキ) ①生きる力。いぶき。②生き生きとした積極的な気分や雰囲気。威勢のよいさま。生気。例 ―づく。

【活魚】(カツギョ) 生きている魚。また、料理するまで生かしておく、魚や貝類。いけうお。いきうお。例 ―輸送。―料理店。

【活況】(カッキョウ) (商売や取り引きなどの)活動が盛んで、生き生きしている状況。例 ―を呈する。

【活句】(カック) (禅宗で)活きた語句。生き生きとした字句。対 死句。

【活計】(カッケイ) 生活をいとなむ。また、生活に必要な金銭を得るための、仕事や手だて。生計。例 ―を立てる。

【活劇】(カツゲキ) 日なぐりあい、斬(き)りあい、撃ちあいなど、激しい動作を主とした演劇や映画、テレビドラマなど。また、そのような激しい動き。例 冒険―。―を演じる。

【活殺】(カッサツ) 生かすことと殺すこと。生殺。例 ―自在(＝相手を生かすも殺すも思いのまま)。

【活字】(カツジ) 〔固定していなくて、動く字の意〕①活版印刷で使う、一字一字の字の型。木や鉛などで作る。例 ―を組む。②印刷された文字や出版された文章。〔絵・写真・漫画などに対していう〕

【活写】(カッシャ) 日(文章や絵や映像などに)ありさまを、生き生きと描き出す。例 古代精神を―する。

【活人】(カツジン) ①(死人に対して)生きて活動している人。例

—画（=扮装ソウした人物が静止して、絵のように見せるもの）。②人を生かす。例—の法（=医術）。

【活人剣】カツジンケン・カツニンケン ①禅の指導法を刀剣にたとえたことば。②日 刀剣も用い方によっては人を生かすものだということ。対殺人刀セツニントウ。

【活水】カッスイ ①流れている水。流水。②日 キリスト教で、洗礼のときに頭にそそぐ水。

【活性化】カッセイカ 日①〔化〕物質の原子や分子が、光や熱などのエネルギーを吸収して、化学反応を起こしやすい状態になること。②組織や人間関係などに刺激を与えて、動きや反応を活発にする。例社内の—をはかる。

【活栓】カッセン 日〔動く栓の意〕管にとりつけ、液体や気体の流れを調節する栓。コック。

【活塞】カッソク 日 蒸気機関やポンプなどの筒にはめこまれ、往復運動をする栓。ピストン。

【活脱】カッダツ ①非常によく似ている。生き写しであるさま。②生き生きしているさま。

【活動】カツドウ ①うごく。②生き生きと元気よく働く。また、ある目的をもってうごく。例精力的に—する。③そのもの本来のはたらきをする。例火山—。

【活剝生▼呑】カッパクセイドン 生きたまま皮をはいで丸のみするように、他人の詩文をそっくり盗用すること。〔〈大唐新語・諧謔〉から〕

【活発】カッパツ 行動や精神が生き生きとして活気のあるさま。例—に発言する。表記 旧活▼潑

【活▼潑▼潑地】カッパツパツチ・カッパッパッチ 勢いがよく、活気にあふれたさま。〈中庸或問〉

【活版】【活板】カッパン 活字を組み、行間や字間を整えて作った、印刷用の版。また、それで印刷したもの。例—印刷。

【活仏】カツブツ ①生きている仏。徳の高く、情けの深い僧を敬って呼ぶことば。②チベット仏教の首長。

【活弁（辯）】カツベン 日「活動写真弁士」の略。無声映画のスクリーンのわきにいて、場面の説明や登場人物のせりふの代弁をする人。また、その話芸。

【活躍】カツヤク 日①勢いよく、踊ったり跳ねたりする。②役目にふさわしい、めざましい活動をして、成果をあげる。

【活用】カツヨウ ①そのものの特質をうまく生かして、利用する。例語学力を—する。②日文法で、文中での文法上のはたらきや、語の続き方に応じて、規則的に語形が変わること。

【活用語】カツヨウゴ 日文法で、単語のうち活用するもの。動詞・形容詞・形容動詞・助動詞。

【活力】カツリョク 日はたらき、動くために必要な、肉体的・精神的エネルギー。バイタリティー。精力。例—にあふれる。

【活路】カツロ ①通りぬけることのできる道。②命の助かる道。血路。③行きづまったところからぬけ出す方法。例—を開く。④生活のかてを得る手段。生計。例—を見いだす。

●快活カイカツ・死活シカツ・自活ジカツ・生活セイカツ・復活フッカツ

洹
氵6（9） 3 8669 6D39 カン（クヮン）漢 寒 huán

意味 ❶今の河南省を流れる川の名。洹水カンスイ。❷「洹洹カンカン」は、水が盛んに流れるさま。

泊
氵6（9） 3 8666 6D0E キ漢 寘 jì

意味 ❶なべに水を加える。そそぐ。❷スープ。しる。❸…に至る。およぶ。難読 泊夫藍サフラン

洶
氵6（9） 2 6208 6D36 キョウ漢 腫 xiōng わき-でる（わき-づ）・わ-く

意味 ❶水がわきあがるさま。わきでる。わく。例洶涌キョウヨウ。❷（波や風の音が）さわがしいさま。（おおぜいの人が）騒ぎたてるさま。例洶洶キョウキョウ（=波がさかまく音）。洶動キョウドウ。

【洶動】キョウドウ 騒ぎ乱れ、静まらないこと。

【洶▼涌】【洶湧】キョウヨウ 水がわきあがるさま。波が立つさま。

洫
氵6（9） 2 6209 6D2B キョク漢 職 xù みぞ

意味 ❶水田の用水路。みぞ。例溝洫コウキョク（=田畑の間にあるみぞ）。❷城壁の周囲の堀。ほり。❸空かにする。むなしくする。❹こわれる。みだれる。やぶれる。

［洯］
水6（10） ⇩潔ケツ（811ジペー）

汧
氵6（9） 4 7847 6C67 ケン漢 先 qiān

意味 ❶流水が滞った所。さわ。❷甘粛省に発する川の名。汧水ケンスイ。例汧渭ケンイ（=汧水と渭水）。❸山の名。汧山ケンザン。

洪
氵6（9） 1 2531 6D2A 常用 コウ漢 グ・コウ呉 東 hóng おおみず（おほみづ）

筆順 丶 氵 氵 汁 汁 汫 洪 洪

なりたち  ［形声］「氵（=みず）」と、音「共キョウ→コウ」とから成る。おおみず。

意味 ❶河川が氾濫ハンランすること。おおみず。例洪水コウズイ。❷おおらかな。立派な。おおきい。通鴻コウ。例洪恩コウオン。洪業コウギョウ。

古訓 中古 おほいなり・おほきなり 中世 おほいなり・おほみづ・ひろし・ふとし 近世 おほいなり・おほみづ

人名 おお・ひろ・ひろし

【洪恩】コウオン 大きなめぐみ。大恩。鴻恩コウオン。類洪恵。例王の—を蒙こうむる。

【洪化】コウカ 君主の徳によって、教化の広がるさま。正しい政治がおこなわれているさま。

【洪業】コウギョウ 偉大な事業。特に、帝王としてのすぐれた業績。大業。鴻業コウギョウ。

【洪▼鈞】コウキン 〔「鈞」は、ろくろの意で、万物を造型する天を指す〕①天。万物の造物主。造化。②国家の支配者。

【洪勲】コウクン 大きな手柄。偉勲。

【洪荒】コウコウ ①果てしなく広がる混沌コントン。宇宙の始めのさま。鴻荒コウコウ。②広大で取りとめのないさま。

【洪細】コウサイ 大きいものと細かいもの。細大。巨細。類洪纖。

【洪算】コウサン 〔「算」は、寿命の意〕寿命の長いこと。長寿。

【洪緒】コウショ 代々受け継がれていく大事業。鴻緒コウショ。類洪基。

【洪水】コウズイ ①大雨などによって、川の水があふれること。おおみず。②日たくさんのものが、一時にあふれ出る様子。例車の—。光の—。

【洪図】コウト 大きな計画。鴻図コウト。

【洪▼濤】コウトウ 大きな波。巨波。類洪波・洪瀾コウラン。

【洪伐】コウバツ 〔「伐」は、功の意〕立派な功績。大手柄。

【洪範】コウハン 大いなる手本。天地の大法。〔夏カの禹ウ王の時代、洛水ラクスイからあらわれたカメの背に書かれていた文章で、箕子キシが周の武王に伝えたものとされる〕

【洪覆】コウフウ・コウフク 〔大きく世を覆うものの意〕①天。②天子の大いなる恩恵。

【洪量】コウリョウ ①度量の大きいこと。大度タイド。弘量コウリョウ。②大酒飲み。

【洪▼鑪】【洪炉】コウロ ①大きな溶鉱炉。②人材を陶冶トウヤする。③天地。世の中。

洸

氵6 (9)　[2]6211 6D38　[人]

[一] コウ(クヮウ)㊥漢 [陽] guāng
[二] コウ(クヮウ)㊥漢 [養] huàng

なりたち  [会意]「氵(=みず)」と「光(コウ)(=ひかる)」とから成る。水がゆれて光る。借りて「勇ましいさま」の意。

意味 [一] ❶水がゆれて光るさま。[例] 洸洸(コウコウ)。❷勇ましいさま。❸山東省を流れる川の名。洸河(コウガ)。[二] ❶水が深いさま。㊟滉(コウ)。[例] 洸洋(コウヨウ)。❷⇩【洸忽(コウコツ)】

古訓 [中古] たけし・ひろし [近世] たけし・ながるる・わきみづ

人名 たかし・たけし・ひかる・ひろ・ひろし・ふかし・みつ・みつる

【洸洸(コウコウ)】①水がゆらめいて光るさま。②勇ましいさま。③水面が広々としているさま。

【洸▼忽(コウコツ)】【洸▼惚(コウコツ)】①ぼんやりとしているさま。②うっとりしているさま。▽恍忽(コウコツ)。恍惚(コウコツ)。

【洸洋(コウヨウ)】①水が広く深いさま。②言説が大げさでとりとめないこと。[例] 洸洋自恣(コウヨウジシ)(=その言は漠然としてとりとめなく、ひとりよがりである)。〈史記・荘子伝〉

洽

氵6 (9)　[2]6210 6D3D

コウ(カフ)㊥漢 ゴウ(ガフ)㊥呉 [洽] qià
うるお-す(うるほ-す)・あまね-し

意味 ❶水分が十分にゆきわたる。うるおう。**うるおす**。[例] 洽汗(コウカン)(=びっしょりと汗をかく)。❷広くゆきわたる。全体をおおう。**あまねし**。[例] 洽博(コウハク)。❸やわらぐ。やわらげる。調和する。[例] 洽和(コウワ)(=うちとけて心がやわらぐ)。❹ぴったりあう。かなう。あう。

【洽▼浹(コウショウ)】①あまねくゆきわたる。学問・知識が幅広いこと。②あまねくしみわたる。広くうるおう。

【洽著(コウチョ)】あまねく知れわたる。著名になる。

【洽博(コウハク)】知識や学問が広く、ものごとによく通じているさま。[例] 万事につけて―な知識をもつ。

【洽比(コウヒ)】〔「比」は、親しむ意〕打ちとける。仲よくする。

【洽聞(コウブン)】見聞の広いこと。知識の多いこと。博聞。

【洽平(コウヘイ)】あまねく平和である。

【洽覧(コウラン)】書物を広く読む。博覧。

洱

氵6 (9)　[3]8668 6D31

ジ㊥漢 [紙] ěr

意味 河南省を流れていた川の名。

難読 普洱茶(プーアルチャ)(=中国の茶の一つ)

洒

氵6 (9)　[2]6215 6D12

[一] サイ㊥漢 シャ㊥呉 [卦] sǎ
[二] セイ㊥漢 [薺] xǐ
[三] セン㊥漢 [銑] xiǎn
[四] サイ㊥漢 [賄] cuǐ
[五] ソン㊥漢 [阮] sěn

あら-う(あら-ふ)・そそ-ぐ・すす-ぐ

参考 古くから「灑(サイ/シャ)」と通じて用いられている。

意味 [一] ❶水をまく。**そそぐ**。[例] 洒掃(サイソウ)。❷自然で、こだわりがない。さっぱりしている。[例] 洒然(シャゼン)。洒脱(シャダツ)。洒落(シャラク)。[二] ❶水を注いできよめる。**あらう**。❷名誉を回復する。汚名をすすぐ。**すすぐ**。㊟洗(セイ)。[例] 洒濯(セイタク)。[三] ❶敬う心が生じるさま。[例] 洒如(センジョ)(=うやうやしくするさま)。❷こごえる。[例] 洒洒(センセン)(=寒い)。[四] ❶高く険しいさま。❷あざやか。[五] おどろく。[例] 洒然(ソンゼン)。

【洒心(サイシン)】心を清らかにする。[例] 洒心去欲(サイシンしてヨクをさる)(=心を清らかにして欲をもたない)。〈荘子・山木〉

【洒掃(サイソウ)】【洒▼埽(サイソウ)】水をまき、ほうきではき清める。掃除すること。灑掃(サイソウ)。[例] ―薪水(シンスイ)の労に従う(=掃除や炊事の仕事にたずさわる)。

【洒洒落落(シャシャラクラク)】気持ちや態度がさっぱりとしていて、こだわりのないさま。〔洒落(シャラク)を強めていうことば〕

【洒然(シャゼン)】[一] ①水などが降りそそぐさま。[例] 風雨(フウウ)―として衣服にそそぐ。②わだかまりがなく気持ちや趣味がさっぱりとしているさま。[例] ―として笑うのみ。[二](センゼン) うやうやしいさま。つつしむさま。㊝洒如(センジョ)。[三](ソンゼン) おどろくさま。

【洒脱(シャダツ)】あるがままで、こだわりがない。さっぱりして、あかぬけているさま。[例] 軽妙―。―な人。

【洒落(シャラク)】[一] 性質がさっぱりして、わだかまりがない。[二](しゃれ) 〔日〕〔あて字〕①似た音を使って人を笑わせる、ことばの遊び。また、気のきいた冗談。[例] 駄―(だじゃれ)。―をとばす。②趣味がよく、あかぬけていること。おしゃれ。[例] ―者。

【洒濯(セイタク)】洗いすすぐ。洗濯。

洙

氵6 (9)　[2]6212 6D19

シュ㊥漢 [虞] zhū

意味 山東省の川の名。洙水(シュスイ)。[例] 洙泗(シュシ)。

【洙▼泗(シュシ)】①洙水と泗水。孔子の故郷の魯(ロ)の地を流れる二つの川。②〔孔子がこのあたりで弟子を教育したことから〕孔子の学問、儒学。泗洙。

洲

氵6 (9)　[1]2907 6D32　[人]

シュウ(シウ)㊥漢呉 [尤] zhōu
しま・す

[𣴀] 氵6 (9)　[4]7841 23D00　別体字。

なりたち [形声]「氵(=みず)」と、音「州(シュウ)」とから成る。川のなかす。

参考 「州」より後にできた字。

意味 ❶川の中に土砂がたまってできた小島。なかす。**す**。[例] 砂洲(サす)。❷大陸。くに。**しま**。[例] 五大洲(ゴダイシュウ)。

古訓 [中古] しま・す [中世] くに・しま・す [近世] しま・す

人名 くに・ひろ・ひろし

表記 現代表記では「州」に書きかえることがある。熟語は「州」も参照。

【洲▼渚(シュウショ)】〔「渚」も、中州(なかす)の意〕川の中州。

【洲▼嶼(シュウショ)】〔「嶼」は、小島の意〕川の中にある島。中州(なかす)。㊝洲島。

【洲▼汀(シュウテイ)】①砂におおわれた水辺。②川の中州(なかす)。

●満洲(マンシュウ)

洵

氵6 (9)　[2]6213 6D35　[人]

シュン㊥漢 ジュン㊥呉 [真] xún
まこと-に

なりたち  [形声]「氵(=みず)」と、音「旬(シュン)」とから成る。川の名。借りて「まことに」の意。

意味 本当に。まったく。**まことに**。㊟恂(シュン)。

古訓 [中古] さかる・まこと [中世] とほし [近世] とほし・のごふ・まこと

人名 のぶ・まこと・ひとし

洳

氵6 (9)　[2]6214 6D33

ジョ㊥漢 [御] rù

意味 ❶低湿地。❷北京(ペキン)郊外を南に流れる川の名。洳河(ジョカ)。

浄

氵6 (9)　[1]3084 6D44　[常用]

セイ㊥漢 **ジョウ**(ジャウ)㊥呉 [敬] jìng
きよ-い(きよ-し)・きよ-める(きよ-む)

[淨] 氵8 (11)　[2]6238 6DE8　[人]　旧字体。

筆順 

なりたち 浄 ［形声］「氵（＝みず）」と、音「争（ソウ→セイ）」とから成る。魯の国の北側の城門にある池。借りて「きよい」の意。

意味 ❶けがれがない。いさぎよい。**きよい**。例 浄財（ジョウザイ）。清浄（セイジョウ）。浄潔（ジョウケツ）（＝いさぎよい）。❷きれいにする。けがれを除く。**きよめる**。例 浄化（ジョウカ）。自浄（ジジョウ）。洗浄（センジョウ）。❸仏教で、迷いを去る意。例 浄土（ジョウド）。❹男を去勢する。

古訓 中古 いさぎよし・きよし・きよむ 中世 いさぎよし・きよし 近世 いさぎよし・きよし

人名 きよ・きよし・きよみ・きよむ・しず・しずか

【浄域】（ジョウイキ） ①〔仏〕「浄土（ジョウド）」に同じ。②寺院や神社の境内。浄界。

【浄院】（ジョウイン） 寺院。寺。類 浄宇・浄宮（ジョウキュウ）・浄刹（ジョウセツ）。

【浄衣】（ジョウエ｜ジョウイ） 神事や祭り、また葬式などの、宗教的な行事をつかさどる人が着る、白い着物。

【浄化】（ジョウカ） 日 ①よごれを取り除いて清潔にする。例 ―槽。魂の―。②不正や害悪を取り除く。例 政界を―する。

【浄界】（ジョウカイ） 〔「界」は、境界の意〕①〔仏〕「浄土（ジョウド）」に同じ。②「浄域（ジョウイキ）②」に同じ。

【浄机】【浄▼几】（ジョウキ） きれいに清められた机。

【浄財】（ジョウザイ） 社寺または社会事業などに寄付するお金。〔寄付を受ける側で使うことば〕例 広く―を集める。

【浄写】（ジョウシャ） 日 文章をきれいに書きうつす。清書。

【浄書】（ジョウショ） 日 下書きを、きれいに書き直す。清書。

【浄土】（ジョウド） 〔仏〕仏や菩薩（ボサツ）が住むという、罪悪や迷いのない清らかな世界。特に、阿弥陀如来（アミダニョライ）のいる西方極楽（サイホウゴクラク）浄土。浄域。浄界。

【浄土宗】（ジョウドシュウ） 日〔仏〕平安末期、法然（ホウネン）が開いた仏教の一派。「南無阿弥陀仏（ナムアミダブツ）」という名号（ミョウゴウ）（＝念仏）をとなえれば極楽浄土に往生できると説く。

【浄土真宗】（ジョウドシンシュウ） 日〔仏〕鎌倉（かまくら）時代に親鸞（シンラン）が開いた浄土宗の一派。阿弥陀仏（アミダブツ）を信じさえすれば、弥陀の本願によって極楽往生できる、と説いた。真宗。一向宗。門徒宗。

【浄▼玻璃】（ジョウハリ） 〔「玻璃」は、七宝（シッポウ）の一つ。水晶〕①くもりのない水晶。②〔仏〕「浄玻璃鏡（ジョウハリのかがみ）」の略。地獄の閻魔（エンマ）の庁にあり、死者の生前のおこないを映し出すという鏡。

【浄福】（ジョウフク） ①俗事をまったく忘れて感じる幸福。②信仰によって得られる精神的な幸せ。例 ―に満ちる。

【浄瑠璃】（ジョウルリ） 〔「瑠璃」は、七宝（シッポウ）の一つ。紺色の玉（ギョク）〕①〔仏〕清くすきとおった瑠璃。②日 伝統芸能の一つ。三味線で伴奏し、人形芝居に合わせて語る音曲（オンギョク）。→【義太夫】（ギダユウ）（1068ページ）

●自浄（ジジョウ）・清浄（ショウジョウ｜セイジョウ）・洗浄（センジョウ）・不浄（フジョウ）

津

氵6（9） 1 3637 6D25 常用 シン 漢 真 jīn つ

筆順

なりたち 津 ［形声］「氵（＝みず）」と、音「聿（シ）」とから成る。川などの渡し場。

意味 ❶渡し場。船着き場。**つ**。例 津頭（シントウ）。❷水がしみでる。うるおう。あふれる。例 津液（シンエキ）。津津（シンシン）。❸重要な所。例 津要（シンヨウ）。❹てがかり。つて。てづる。てびき。例 津梁（シンリョウ）。問津（モンシン）。❺岸辺。例 津涯（シンガイ）。❻天津（テンシン）市の別名。❼⇩【津津】（シンシン）

古訓 中古 うるふ・うるほす・つ・わたる 中世 うるほふ・つ・わたる 近世 うるほふ・しる・つ・わたり

人名 ず・ひろ・ひろし・わたり・わたる

難読 口津（つば）き

【津液】（シンエキ） ①つばき。つば。唾液（ダエキ）。②体内に流れる血液や唾液などの総称。体液。

【津涯】（シンガイ） ①水辺。水ぎわ。岸辺。②船着き場。渡し場。

【津関】（シンカン） 渡し場と関所。

【津岸】（シンガン） 川の渡し場。船着き場。類 津渡（シント）。

【津津】（シンシン） 盛んにわき出るさま。例 興味―。

【津人】（シンジン） 渡し舟の船頭。渡し守（もり）。

【津逮】（シンタイ） ①渡し場を向こう岸へ渡る。類 津達。②導く。ガイドする。

【津頭】（シントウ） 渡し場のほとり。渡し場。

【津▼筏】（シンバツ） ①渡しのいかだ。②手引き。ガイド。案内。

【津要】（シンヨウ） ①水陸の交通の要地。②ものごとの重要な点。要点。③重要な官職・地位。

【津▼梁】（シンリョウ） ①渡し場や橋。川を渡るのに必要なもの。②橋渡しをするもの。手引き。つて。

【問レ津】（シンをとう） ⇩【問津】（モンシン）（255ページ）

【津津浦浦】（つつうらうら） 日 全国いたる所。

【津波】【津浪】（つなみ） 日 地震や高潮などによって、急激に海岸におしよせてくる高い波。例 ―警報。

泚

氵6（9） 4 7836 6CDA セイ 漢 薺 cǐ

意味 ❶水が澄んでいる。きよい。例 清泚（セイセイ）。❷汗をかく。また、汗が流れるさま。❸筆に墨をつける。例 泚筆（セイヒツ）（＝筆に墨をつける）。

浅

氵6（9） 1 3285 6D45 教4 一 セン 漢 呉 銑 qiǎn 二 セン 漢 先 jiān 三 セン 漢 銑 jiàn あさい（あさ-し）

［淺］ 氵8（11） 2 6241 6DFA 旧字体。

筆順

なりたち 淺 ［形声］「氵（＝みず）」と、音「戔（セン）」とから成る。深くない。

意味 一 ❶水が少ない。底が深くない。**あさい**。対 深。例 浅海（センカイ）。深浅（シンセン）。❷知識や考えが足りない。あさはか。例 浅学（センガク）。浅薄（センパク）。浅慮（センリョ）。❸あっさりした。とぼしい。わずかな。例 浅酌（センシャク）。浅春（センシュン）。❹時間が短い。例 日（ひ）が浅（あさ）い。❺色がうすい。あわい。例 浅紅（センコウ）（＝うすくれない）。浅緑（センリョク）。❻⇩【浅浅】（センセン）① 二 水の流れが速いさま。例 浅浅（センセン）②。三 ⇩【浅浅】（センセン）③

古訓 中古 あさし 中世 あさし 近世 あさし・ながるる

人名 あさ・あさし

【浅▼葱】（あさぎ） 日 うすい青や緑。また、その中間の色。

【浅▼茅】（あさじ） 日 まばらに生えたチガヤ。また、背の低いチガヤ。例 ―が宿（やど）（＝チガヤの生えているような、手入れのゆきとどかない家）。

【浅手】【浅傷】（あさで） 日 軽いけが。軽傷。対 深手。

【浅▼蜊】（あさり） 日 浅い海底の砂地にすむ二枚貝。食用。

【浅海】（センカイ） 深くない海。普通、海岸から水深二〇〇メートルくらいまでの所をいう。対 深海。

【浅学】（センガク） ①学問について十分な知識をもたないこと。②自分の学識の謙称。例 ―非才。

【浅近】（センキン） ①（学問が）奥行がなく俗っぽいこと。あさはか。②平易である。

【浅見】（センケン） ①考えがあさはかなこと。②自分の考えや見識の謙称。愚見。管見。
【浅才】センサイ ①才能がおとっている。②自分の才能の謙称。短才。例—を恥じる。
【浅識】センシキ 知識が少ない。見識が狭い。
【浅酌】センシャク ほどよく酒を飲んで楽しむ。例—低唱(=ほろよい気分で、小声で歌を口ずさむこと)。
【浅春】センシュン 春のはじめ。早春。
【浅浅】センセン ①少しずつ。②水がさらさらと流れるさま。③ことば巧みなさま。口先だけのさま。
【浅帯】センタイ 儒者が身につける、幅の広い帯。〔幅が広いと衣服のしめつけが浅いことから〕
【浅短】センタン あさはかでおとっている。知識・学問が浅く、考えが足りない。
【浅薄】センパク 知識や考えが足りない。また、趣味などが表面を飾るだけで、深みがないさま。あさはか。浅膚センプ。
【浅膚】センプ 〔「膚」は、うわべだけの意〕あさはかなさま。浅薄。例—な見識。
【浅聞】センブン 見聞の狭いこと。知識が少ないこと。寡聞カブン。
【浅謀】センボウ あさはかなはかりごと。対深謀。
【浅瀬】あさせ 川や海で、水の深くない所。
【浅慮】センリョ 深い考えがないこと。考えが足りないこと。短慮。対深慮。例私の—から思わぬ失敗を招いた。
【浅劣】センレツ 知識や能力が不十分で、おとっているさま。
【浅▼陋】センロウ ①見聞の狭いこと。知識の少ないこと。②簡素である。粗末である。
●深浅シンセン・遠浅とおあさ

洗

氵6 (9) 1 3286 6D17 教6

一セン 慣 セイ 漢 サイ 呉 薺 xǐ
二セン 漢 呉 銑 xiǎn
あらう(あら-ふ)・あらい(あらひ)

筆順 氵 氵 氵 氵 汁 汁 洗 洗 洗

なりたち [形声]「氵(=みず)」と、音「先セ」とから成る。足をあらいきよめる。

意味 一❶水で(足の)汚れを落とす。けがれをとりのぞく。一掃する。すすぐ。あらう。例洗レ盞更酌さかずきをあらいてさらにくむ(=さかずきをあらってさらに酒を飲む)。〈蘇軾・赤壁賦〉洗濯センタク。水洗スイセン。❷不名誉や遺恨をのぞく。はらす。すすぐ。例洗雪センセツ。❸すすぐためのうつわ。例筆洗ヒッセン。二❶さっぱりしたさま。例洗然センゼン(=うやうやしくつつしむさま)。❸先駆けする。通先。例洗馬センバ。

日本語での用法 一《あらい》「鯉こいの洗あらい」▼コイやコチなどの魚の身をうすく切り、冷水や氷にさらして身をしめたもの。二《あらう》「身元みもとを洗あらう」▼よく調べる。

古訓 中古 あらふ・きよし・すすぐ・をさむ 中世 あらふ・すかす・をさむ 近世 あしあらふ・あらふ・きよむる・すすぐ・たらひ

人名 きよ・きよし

難読 手洗たらい・御手洗みたらし|みたらい

【洗胃】センイ ①胃袋を洗う。②悪事を正直に認め、心を入れかえる。
【洗▼刮】センカツ ①洗ってこする。②過去の秘密や欠点を探り出す。
【洗眼】センガン ①(治療などのために)目を洗う。②美しいものを見て、目を楽しませる。
【洗顔】センガン 日顔を洗う。洗面。
【洗剤】センザイ 日食器や衣服を洗うとき、汚れがよく落ちるように用いる薬剤。例合成—。
【洗三】センサン 子供が生まれて三日目に湯をつかわせ、客を呼ぶ儀式。
【洗耳】センジ|みみをあらう 栄達をきらい俗世間をけがらわしいものとすること。例洗二耳於頴水浜一みみをエイスイのヒンにあらう(=頴水のほとりで耳をあらう)。類洗児。
◆古代、尭帝ギョウテイが許由キョユウに「天下を譲ろう」と言ったとき、隠者の許由は「けがれたことを聞いた」と、頴水エイスイ(=川の名)で耳を洗ったという。……〈高士伝・許由〉
【洗車】センシャ 車の汚れを洗い落とす。
【洗浄】センジョウ 汚れや有害なものを洗い落として、きれいにする。例胃を—する。表記 旧洗▼滌センデキ|センジョウ
【洗心】センシン 心のけがれを洗い清める。改心。例—革面(=心を入れかえ、あやまちを改める)。
【洗雪】センセツ 〔「雪」も、すすぐ意〕恥や負い目を洗いすすぐ。汚名を返上する。雪辱。
【洗足】センソク|センゾク ①足の汚れを洗い落とす。また、そのための湯や水。②俗世間からのがれる。
【洗濯】センタク ①衣服などの汚れを洗い落とす。②汚れや疲れなどをとりさる。例命の—。
【洗▼滌】センデキ|センジョウ 〔「滌」も、洗いすすぐ意〕洗い清める。表記 現洗浄センジョウ
【洗脳】センノウ 日人工的・強制的に、人の思想や考え方を、まったく異なったものに変えてしまう。
【洗馬】センバ 〔もとは「先馬」〕官名。秦シ・漢代は太子の外出のときの先駆け、晋シ代以降は太子の書籍を管理する役となった。太子洗馬。
【洗髪】センパツ 髪の毛を洗う。
【洗兵】センペイ ①出征するにあたり、雨にあう。②〔武器を洗い清める意〕戦争が終わり平和になること。
【洗米】センマイ 日神前の供え物として用いる、水できれいに洗った米。饌米センマイ。
【洗面】センメン 顔を洗う。洗顔。例—所。
【洗▼沐】センモク ①髪やからだを洗い清める。沐浴。②休暇をもらう。官吏がからだを洗うため、役所の当直を休んで家に帰ること。
【洗礼】センレイ ①キリスト教で、信徒となるときの儀式。頭に水を注ぐ、または、からだを水にひたす。バプテスマ。例—を受ける。②まったく新しいものにふれる。また、厳しい体験をする。例西洋思想の—。
【洗練】【洗▼煉】センレン ①詩や文章を、よりよいものにする。例文章を—する。②人格や感覚、また趣味などを、あかぬけたものにする。例—された服装。

洊

氵6 (9) 4 7843 6D0A

セン 漢 霰 jiàn

意味 次々と重ねて。しきりに。例洊至センシ|しきりにいたる(=あいついでやって来る)。

[洤]

氵6 (9) ⇨泉セン(759ジペー)

[⿱龹水]

*6 (11) ⇨泰タイ(760ジペー)

洮

氵6 (9) 3 8667 6D2E

トウ(タウ) 漢 豪 táo

意味 ❶甘粛省の西南部を流れる川の名。洮河トウカ。洮水。❷手を清める。あらう。例洮盥トウカン(=手を洗う)。❸水の中で不純物をよりわける。よなげる。通淘トウ。

洞

氵6 (9) 1 3822 6D1E 常用

トウ 漢 ドウ 呉 送 dòng
ほら・うつろ・うろ

筆順 氵 氵 氵 汌 洞 洞 洞 洞

なりたち [形声]「氵(=みず)」と、音「同ウト」とから成る。はやく流れる。派生して「つらぬく」。また「ほらあな」の意。

4画

[水(氵・氺)] 6画 ▼洗 洊 洤 ⿱龹水 洮 洞

意味 ❶中がうつろな穴。ほらあな。**ほら**。例 洞窟ドウクツ。空洞クウドウ。鍾乳洞ショウニュウドウ。❷つらぬく。つきとおす。つらなる。深く見とおす。例 洞見ドウケン。洞察ドウサツ。❸よくわかる。知りつくす。例 洞達ドウタツ(=はっきりと理解する)。❹奥深い。例 洞想ドウソウ(=深い思索)。❺⇩【洞洞ドウドウ】

古訓 中古 あきらかなり・うつほ・とほる・ぬく・ほがらかなり・ほら 中世 うつろ・ほがらか・ほら 近世 かすか・ふかし・ほがらか・ほら

人名 あき・あきら・とおる・ひろ

難読 雪洞ぼんぼり

【洞開】ドウカイ ①広々とひらける。②からりと晴れる。▽類 洞啓。

【洞▼壑】ドウガク ①ほら穴。洞窟ドウクツ。②深い谷。

【洞貫】ドウカン ①つらぬき通る。貫通する。②詳しく知っている。通暁。▽類 洞暁。

【洞観】ドウカン ①「洞宮ドウキュウ」に同じ。②見通す。見抜く。洞察。洞視。

【洞宮】ドウキュウ 道教の寺院。道観。道院。洞観。〔道教の仙人は洞穴に住むとされていたことから〕

【洞窟】ドウクツ 地中や山の斜面にできた穴。ほらあな。洞穴。

【洞穴】ドウケツ ほらあな。洞窟ドウクツ。

【洞見】ドウケン ものごとの先まで見通す。また、本質や真実を見抜く。洞察。例 早くから今日コンニチを―していた。

【洞戸】ドウコ ①並んだ部屋に通じる出入り口。②ほら穴やトンネルの入り口。洞門。

【洞察】ドウサツ ものごとの将来を鋭く見通す。表面にあらわれない本質や真実を見抜く。洞見。例 ―力。

【洞視】ドウシ 「洞観ドウカン②」に同じ。

【洞▼簫】ドウショウ 管楽器の名。竹製で、尺八に似る。

【洞然】ドウゼン ①奥深いところから聞こえてくる音の形容。②つつしみ深いさま。③穴がぽっかりあいているさま。④ものごとの根底まで見通せるさま。了然。⑤あっけらかんとしたさま。

【洞庭】ドウテイ ①洞庭湖。例 昔聞洞庭水、今上岳陽楼(むかしきくドウテイのみず、いまのぼるガクヨウロウ)(=昔、話に聞いた洞庭湖、今、その湖畔にある岳陽楼にのぼる)。〈杜甫・登岳陽楼〉②太湖の別名。江蘇コウソ省杭州コウシュウにある湖。③広い庭。

【洞庭湖】ドウテイコ 湖南省北部にあり、長江に連なる中国第二の湖。岳陽楼ガクヨウロウなどで知られる名勝の地。

【洞徹】ドウテツ ①つらぬき通る。貫通する。②知り抜いている。

【洞天】ドウテン 〔天に通じる意〕仙人が住むとされる場所。

【洞天福地】ドウテンフクチ ①仙人の住むとされる場所。三十六洞天。七十二福地。②すばらしい景勝の地。

【洞洞】ドウドウ ①まじめで誠実なさま。つつしみ深いさま。②形のないさま。③色が黒いさま。④混じり合うさま。⑤つらぬき通すさま。

【洞房】ドウボウ ①奥まった所にある部屋。奥の間。②女性の寝室。閨房ケイボウ。③新婚の部屋。

【洞門】ドウモン ほら穴。また、ほら穴の入り口。

●空洞クウドウ・雪洞セツドウ|ぼんぼり・風洞フウドウ

派

派 氵6(9) 1 3941 6D3E 教6 ハ 慣 ハイ 漢 卦 pài

[派] 氵6(9) 旧字体。

筆順 氵 氵 氵 沂 沂 沠 沠 派

なりたち  [会意]「氵(=みず)」と「𠂢(=分かれて流れる)」とから成る。分かれて流れる水。

意味 ❶川の支流。また、分かれ出たもの。分かれる。分かれ。例 派生ハセイ。分派ブンパ。流派リュウハ。❷立場や考え方を同じくするグループ。例 派閥ハバツ。右派ウハ。党派トウハ。❸つかわす。さしむける。また、分けて出す。例 派遣ハケン。派兵ハヘイ。特派員トクハイン。

古訓 中古 ちまた・みなまた・わかつ・わかる 中世 みなまた・わかる 近世 えだながれ・みなまた

人名 また

【派遣】ハケン 日 ある仕事や任務のために、人を差し向ける。手分けしてつかわす。

【派出】ハシュツ 仕事のある場所に、人手を分けて差し向ける。派遣。

【派出所】ハシュツジョ 日 ①本部から差し向けられた人が仕事をする場所。②町の中に設けられた、警官の勤務する所。現在は交番と呼ばれる。参考「駐在所」は、家族とともに居住しながら警官が勤務する。

【派生】ハセイ 元から分かれて、別のものとして新たに生じる。

【派手】はで 日 ①服装や化粧などが華やかで、人目をひくさま。例 ―な柄のシャツ。②行動や態度がおおげさで、人の注意をひくさま。例 ―に金かねを使う。▽対 地味ジミ。

【派閥】ハバツ 日 ある集団全体を自分たちに有利に動かすために、考えや利益を同じくする人たちがつくる、排他的な集まり。例 ―抗争。政党の―。

【派兵】ハヘイ 軍隊を差し向ける。出兵。対 撤兵。

【派別】ハベツ ①川の流れが別々になる。②ものごとを要素によって分ける。区別。分別。

●学派ガクハ・硬派コウハ・左派サハ・宗派シュウハ・新派シンパ・立派リッパ

洦

洦 氵6(9) 4 7845 6D26 ハク 漢 陌 pò

意味 浅い川。参考『顔氏家訓ガンシカクン』に見え、「泊ハク」の本字とされる。

洀

洀 氵6(9) 4 7842 6D00 一 ハン 漢 バン 呉 寒 pán 二 シュウ(シウ) 漢 尤 zhōu

意味 一 ⇩【洀桓】バンカン 二 波紋。

【洀▼桓】バンカン ①ぐるぐる回るさま。②なかなか前進しないさま。盤桓バンカン。

洋

洋 氵6(9) 1 4546 6D0B 教3 ヨウ(ヤウ) 漢 陽 yáng なだ

筆順 氵 氵 氵 氵 氵 氵 洋 洋

なりたち  [形声]「氵(=みず)」と、音「羊ヨウ」とから成る。川の名。借りて「広いうみ」の意。

意味 ❶大きな海。広い海。**なだ**。例 洋上ヨウジョウ。遠洋エンヨウ。海洋カイヨウ。❷広々とひろがる。満ちあふれる。例 洋洋ヨウヨウ。茫洋ボウヨウ。❸世界を東西の二つに分けたそれぞれ。例 西洋セイヨウ。東洋トウヨウ。❹外国。特に、西洋。例 洋式ヨウシキ。

古訓 中古 たたふ・とく・ながれ・ゆたかなり 中世 おほいなり・ただよふ・ながる 近世 おほし・さかんなり・ながるる・なみ

人名 あき・あきら・うみ・おおみ・きよ・くに・なみ・ひろ・ひろし・ふかし・み・みつ・やす・ゆたか

難読 洋袴ズボン・洋琴ピアノ

【洋▼溢】ヨウイツ 満ちあふれて、広がる。例 声名洋溢乎中国セイメイはチュウゴクにヨウイツす(=名声が中国中に広がる)。〈中庸〉

【洋画】ヨウガ 日 ①西洋で発達した材料や技法で描く絵。油絵をはじめ水彩やパステル、その他がある。対 日本画。②欧米で作られる映画。対 邦画。

【洋学】ヨウガク 日 江戸時代、西洋の科学技術や言語・文学・思想などについての学問。対 漢学・和学。

【洋楽】ヨウガク 日 西洋の音楽。対 邦楽。

【洋菓子】ヨウガシ 日 西洋風の材料や作り方でできた菓子。ケーキャシュークリームなど。対和菓子。

【洋館】カン 日西洋風の建て方をした建物。西洋館。〔おもに明治・大正期に建てられた建築物をいう〕

【洋弓】キュウ 日西洋式の弓。また、それによる競技。アーチェリー。対和弓。

【洋琴】キン ①近世、中国・朝鮮の弦楽器。②日ピアノ。〔明治・大正期に用いられた翻訳語〕

【洋犬】ケン 日西洋種のイヌ。シェパードやテリアなど。対和犬。

【洋行】コウ ①中国にある外国人の商店。②日（視察・留学・遊覧などの目的で）西洋やアメリカに行く。

【洋才】サイ 日西洋の学問や技術を使いこなす能力。例和魂—。

【洋裁】サイ 日洋服をデザインしたり縫ったりすること。対和裁。

【洋傘】ヨウサン／ヨウがさ 西洋式の傘。こうもりがさやパラソルなど。

【洋紙】シ 日本や新聞、包装紙などに使われる紙。パルプを原料にし、機械で作られる。西洋紙。対和紙。

【洋式】シキ 日西洋風のやり方や使い方。また、西洋の様式。洋風。対和式・日本式。例—便所。—の生活。

【洋室】シツ 日西洋風のつくりの部屋。洋間ヨウま。対和室。

【洋酒】シュ 日西洋式のつくり方でできた酒。ワイン・ウイスキー・ブランデーなど。対日本酒。

【洋種】シュ 日（動物や植物などで）西洋を原産地とするもの。また、その系統。対在来種・国産種。

【洋書】ショ 日西洋で出版された、外国語で書かれた本。類洋本。対和書。

【洋上】ジョウ 海の上。海の水面。海上。例—補給。

【洋食】ショク 日西洋風の食事。西洋料理。対和食。

【洋装】ソウ 日①西洋風の服装。②西洋式の製本のしかた。洋とじ。例—本ボン。▽対和装。

【洋品】ヒン 日西洋風の衣類。ネクタイやハンカチなどの付属品を含めていう。例—店。

【洋普】フ あまねくゆきわたること。

【洋舞】ブ 日バレエやダンスなど、西洋の踊り。また広く、西洋風の舞踏芸術をいう。対日舞。

【洋風】フウ 日西洋風。洋式。対和風。例—建築。

【洋服】フク 日西洋式の衣服。対和服。

【洋本】ホン 日①西洋の書物。②洋とじの本。洋装本。▽対和本・唐本トウホン。

【洋間】ま 日西洋風の部屋。洋室。対日本間。

【洋洋】ヨウ ①水が果てしなく広がっているさま。例—たる大河。②眺望が広く開けているさま。例前途—（＝将来が希望に満ちているさま）。③大きいさま。多いさま。満ちあふれるさま。例其喜洋洋そのよろこびヨウヨウたり（＝喜びが豊かに満ちあふれる）。〈范仲淹・岳陽楼記〉④美しく盛大なさま。例洋洋乎盈レ耳哉ヨウヨウコとしてみみにみてるかな（＝《音楽は》のびのびと美しく耳に広がるなあ）。〈論語・泰伯〉

●遠洋エン・海洋カイ・西洋セイ・大洋タイ・南洋ナン・和洋ワ

洛

氵6（9） 1 4576 6D1B 人 ラク 漢 呉 薬 luò

なりたち [形声]「氵（＝川）」と、音「各カク→ラク」とから成る。川の名。

意味 ❶陝西セン省に源を発し、河南省洛陽ラクヨウを経て黄河に注ぐ川の名。洛水スイ。洛河ガ。例洛書ショ。❷中国の古都、洛陽。例洛外ガイ。洛中チュウ。❸反復する。つながる。通絡。例洛誦ショウ（＝何度も読んで暗唱する）。

日本語での用法《ラク》「洛中洛外図ラクチュウラクガイズ・洛北ホクの秋あき・上洛ジョウ」▼京都。

古訓 中古さと・みち・みやこ 中世みやこ 近世みやこ

【洛外】ガイ ①洛陽の郊外。都の外。②日京都市の郊外。例洛中—。

【洛学】ガク 宋ソウの程顥テイコウ・程頤テイイ兄弟の学問。〔二人が洛陽の人であったことから〕

【洛京】キョウ ①洛陽。②都。京都。京師。▽類洛師。

【洛書】ショ 夏カの時代、禹ウが洪水を治めたときに、洛水からあらわれたカメの甲羅に書かれていたという、九つの模様。→【河図洛書】カトラクショ（758ページ）

【洛城】ジョウ ①洛陽。②日京都。

【洛神】シン ①洛水の女神。②美女。▽類洛女ジョ・洛妃。

【洛中】チュウ ①洛陽の市中。都の中。②日京都の市中。

【洛▼閩▼之学】ラクビンのガク 洛陽の人である程顥テイコウ・程頤テイイ兄弟の学問と、閩ビン（＝現在の福建省）で学んだ朱熹シュキ（＝朱子）の学問。

【洛▼邑】ユウ 「洛陽」の旧称。

【洛陽】ヨウ ①河南省の都市。東周・後漢・西晋セイシン・隋ズイなどの都が置かれた。古名、洛邑ラクユウ。②日都。特に平安京、すなわち京都の別名。▽洛城。

【洛陽紙価貴】ラクヨウのシカたかし 著書がもてはやされること。類洛陽の紙価を高める。●晋シンの左思サシが「三都賦サントのフ」を作ったとき、洛陽の人々がこぞってこれを書き写したために、品薄となった紙の値段が高くなったという。〈晋書・文苑伝・左思〉

洌

氵6（9） 2 6216 6D0C レツ 漢 屑 liè きよ-い（きよ-し）

意味 ❶きよい。きよらか。例泉香而酒洌いずみかんばしくしてさけきよし（＝泉はかおり高く酒は清く澄んでいる）。〈欧陽脩・酔翁亭記〉❷さむい。つめたい。通冽レツ。例洌風プウ。清洌セイ（＝水が澄んで冷たい）。

洼

氵6（9） 4 7849 6D3C ワ 漢 麻 wā

意味 ❶深くくぼんだ池。❷くぼみ。通窪ワ。

【洼水】スイ たまり水。よどんだ水。渟水テイスイ。例沢無二洼水一さわにワスイなし（＝沢では水はとどまらない）。〈淮南・覧冥〉

浦

氵7（10） 1 1726 6D66 常用 ホ 漢 フ 呉 麌 pǔ うら

筆順 冫 氵 汀 汀 沔 涓 浦 浦

なりたち [形声]「氵（＝みず）」と、音「甫フ→ホ」とから成る。水ぎわ。

意味 ❶海や川などのほとり。水辺。うら。例浦辺ホヘン（＝水辺）。❷大河と支流が合流する所。

日本語での用法《うら》「田子たごの浦うら・津津浦浦つつうらうら」▼海や湖が陸地にはいりこんだ所。

古訓 中古あまねし・うら・ひさし 中世うら 近世うら・はま・ほとり

【浦風】かぜ 日海岸を吹く風。

海

氵7（10） ⇩海カイ（766ページ）

浣

氵7（10） 2 6217 6D63 カン（クヮン）漢 ガン（グヮン）呉 旱 huàn あら-う（あら-ふ）・すす-ぐ

[澣] 氵13（16） 2 6321 6FA3 別体字。

意味 ❶衣服やからだの汚れをおとす。**すすぐ**。**あらう**。例 浣衣(カンイ)。浣腸(カンチョウ)。❷十日間。〔唐代、官吏に十日ごとに沐浴(モクヨク)のための休日を与えた制度から〕例 下浣(ゲカン)(=下旬)。

【浣衣】(カンイ) ①衣服を洗う。②何度も洗った衣服。古着。

【浣花渓】(カンカケイ) 四川省成都市を流れる川。百花潭(ヒャッカタン)。濯錦江(タクキンコウ)。〔唐の杜甫(トホ)がこのほとりに浣花草堂を建てて住んだ〕

【浣▼洒】(カンサイ) あらいすすぐ。洗濯。類 浣染・浣濯・浣滌(カンデキ)。

【浣雪】(カンセツ) 〔恥や不名誉などを〕すすぎ去る。汚名をそそぐ。

【浣腸】(カンチョウ) 〔医〕肛門(コウモン)から薬液を腸の中に送りこんで洗うこと。灌腸(カンチョウ)。

浛

氵7 (10) 4 7850 6D5B　カン(カム)漢 覃 hán

意味 水の中につける。ひたす。通 涵(カン)。

浠

氵7 (10) 4 7852 6D60　キ漢 微 xī

意味 湖北省を流れる川の名。浠水(キスイ)。

涇

氵7 (10) 3 8675 6D87　ケイ漢 青 jīng

意味 ❶陝西(センセイ)省で渭水(イスイ)に合流する川の名。涇水(ケイスイ)。例 涇以渭濁(ケイはイをもってにごる)(=涇水は渭水と合流して濁る)。〈詩経・邶風・谷風〉❷水路。掘り割り。❸大便。例 涇溲(ケイシュウ)(=大便と小便)。

【涇▼渭】(ケイイ) ①涇水と渭水。ともに陝西(センセイ)省を流れる川。②〔涇水の水は澄み、渭水の水は濁っていることから〕ものごとの区別・優劣などがはっきりとわかることのたとえ。

涓

氵7 (10) 2 6218 6D93　ケン(クェン)漢 先 juān　えら-ぶ・たまりみず(たまりみづ)

意味 ❶わずかに流れる水。また、細く流れるさま。微小なさま。わずかなさま。例 涓涓(ケンケン)。涓滴(ケンテキ)。❷清らかな。❸清掃する。例 涓人(ケンジン)。❹選択する。**えらぶ**。また、すてる。例 涓吉(ケンキツ)(=吉日をえらぶ)。涓選(ケンセン)(=悪を除き善をえらぶ)。

【涓▼埃】(ケンアイ) かぼそい水流と、ちり。ごくわずかなことのたとえ。

【涓潔】(ケンケツ) 清らかでさっぱりとしている。

【涓涓】(ケンケン) ①水が細く流れるさま。ちょろちょろと流れるさま。例 泉涓涓而始流(いずみはケンケンとしてはじめてながる)(=泉はじめて流れ出した)。〈陶淵明・帰去来辞〉②清らかなさま。

【涓人】(ケンジン) 宮中の奥に入って掃除をする人。宦官(カンガン)がこの仕事をする場合が多かったので、特に宦官を指す。

【涓滴】(ケンテキ) ①ぽとりぽとりと水がしたたる。②しずく。一滴の水。③微細なこと。

【涓流】(ケンリュウ) ①細い水流。②微小なこと。

涀

氵7 (10) 4 7854 6D80　ケン漢 霰 xiàn

意味 ❶(山水画の)山上にある川。❷陝西(センセイ)省また、河南省を流れていた川の名。涀水(ケンスイ)。

浩

氵7 (10) 1 2532 6D69　人　コウ(カウ)漢呉 皓 hào　ひろ-い(ひろ-し)・おお-きい(おほ-いなり)

[浩] 氵7 (10) 2F903 旧字体。　[澔] 氵12 (15) 3 8718 6F94 別体字。

なりたち  [形声]「氵(=みず)」と、音「告(コウ)」とから成る。ひろい。

意味 ❶豊かで多い。広々としている。**ひろい**。**おおきい**。例 浩恩(コウオン)。浩瀚(コウカン)。浩然(コウゼン)。❷盛大なさま。おおいに。例 浩飲(コウイン)(=たくさん酒を飲む)。❸深い。例 浩嘆(コウタン)。

古訓 中古 おほいなり・おほきなり・さかり・はるかなり・ゆたかなり 中世 おほいなり・はるか・ひろし・ゆたか 近世 おほいなり・おほし・さかんなり・そそぐ・ひろし

人名 あき・おおい・きよし・たか・たかし・つぐ・ひろ・ひろし・ゆたか

【浩恩】(コウオン) (主君や帝王の)大きな恵み。鴻恩(コウオン)。洪恩。大恩。例 ―に浴する。

【浩歌】(コウカ) 大声を出して歌うこと。類 浩唱。

【浩▼瀚】【浩汗】(コウカン) 〔「瀚」も、広い意〕①広くて大きいさま。浩渺(コウビョウ)。例 洪河浩汗(コウガはコウカンたり)(=黄河は広大である)。〈魏書・穆亮伝〉②本のページ数や巻数などの量が多いさま。

【浩気】(コウキ) 「浩然之気(コウゼンのキ)」に同じ。

【浩▼劫】 一 (コウキョウ) 宮殿の大きな階段。二 (コウコウ) ①〔仏〕未来永遠にわたる時間。永劫(エイゴウ)。②人間の大きな災い。

【浩浩】(コウコウ) ①広々としたさま。例 浩浩乎平沙無レ垠(コウコウコとしてヘイサかぎりなし)(=広々として平らな砂原が果てしなく続く)。〈李華・弔古戦場文〉②水が豊かに広がっているさま。例 ―たる海原。

【浩浩湯湯】(コウコウショウショウ) 水が盛大に流れるさま。〈范仲淹・岳陽楼記〉

【浩笑】(コウショウ) 大いにわらう。大声でわらう。

【浩▼穣】(コウジョウ) ①人口が多いこと。②書物が多いこと。

【浩然】(コウゼン) ①水が豊かに流れるさま。②広大なさま。広くゆったりしているさま。③やみがたい気持ちのさま。例 浩然有二帰志一(コウゼンとしてキシあり)(=なんとしてでも帰りたい気になった)。〈孟子・公孫丑下〉

【浩然▼之気】(コウゼンのキ) 天地の間に満ちている大きく強い気。転じて、自然と一体になった、のびやかで解放された気持ち。浩気。〈孟子・公孫丑上〉例 ―を養う。

【浩嘆】(コウタン) 深くなげくこと。

【浩▼蕩】(コウトウ) ①広々としているさま。②考えが足らず、大ざっぱでだらしないさま。③心が何ものにもとらわれないさま。

【浩▼渺】【浩▼眇】(コウビョウ) 果てしなく広いさま。浩瀚(コウカン)。類 浩洋。

浤

氵7 (10) 2 6219 6D64　コウ(クヮウ)漢 庚 hóng　わ-く

意味 「浤浤(コウコウ)」は、激しく波立つさま。

涍

氵7 (10) 4 7857 6D8D　コウ(カウ)漢 キョウ(ケウ)呉 効 xiào

意味 ❶川の名。❷「涍泉(コウセン)」は、泉の名。

浞

氵7 (10) 4 7851 6D5E　サク漢 覚 zhuó

意味 ❶水にひたす。ぬらす。❷「浞野侯(サクヤコウ)」は、漢の将軍、趙破奴(チョウハド)のこと。

涘

氵7 (10) 4 7859 6D98　シ漢 紙 sì

意味 水辺。みぎわ。きし。例 両涘(リョウシ)(=両岸)。

浚

氵7 (10) 2 6220 6D5A　シュン漢 震 jùn　さら-う(さら-ふ)・さら-える(さら-ふ)

意味 ❶水底にたまった泥を取り去って、深くする。**さらう**。例 浚川(シュンセン)(=川底をさらう)。浚渫(シュンセツ)。井戸浚(いどさら)え。❷うばい取る。❸深い。例 浚潤(シュンカン)(=深い谷)。❹速い。通 駿(シュン)。例 浚流(シュンリュウ)(=急流)。

日本語での用法 《さらい》《さらう》「お浚(さら)い・教(おそ)わったところを浚(さら)う」▼復習する。

【浚▼渫】(シュンセツ) 川や港などの泥をさらって、水深を深くする。例 ―船。河口を―する。

消

氵7 (10)

1 3035 6D88 教3

ショウ（セウ）漢呉 簫 xiāo

きえる（き-ゆ）・けす

［消］氵7 (10) 旧字体。

筆順 ミ シ シ' シ'' シ''' 消 消

なりたち ［形声］「氵（=みず）」と、音「肖 ショウ」とから成る。きえうせる。

意味 ❶なくなる。ほろびる。**きえる**。例 消失。消滅。解消。❷おとろえる。弱る。例 消瘠。消長。❸なくす。へらす。つかいはたす。**けす**。例 消火。消却。消費。❹少なくなる。小さくなる。弱る。例 消減（=減少する）。❺とりのぞく。しのぐ。例 消夏。消暑。❻まぎらす。気をそらす。例 消憂。❼月日をおくる。すごす。例 消光。消日。❽糖尿病。消渇。通 痟。例 消疾（=糖尿病）。❾⇩【消揺】

古訓 中古 きゆ・きよし・けす・つくす・とく 中世 きえる・きゆる・きよし・けす 近世 おとろふ・きえる・きゆる・けす・すつる・つくす・へらす

【消炎】炎症をおさえる。例 ―剤。

【消音】音を小さくする。または、音が外部にもれないようにする。例 ―装置。

【消化】①物の形が消えて変化する。銷化。②食べたものを養分として吸収しやすくする。例 ―のいい食べ物。③日知識などを完全に理解し身につける。④日仕事などを処理したり、予算などを使ってしまったりする。また、商品などを売りさばく。例 ―試合。

【消火】火を消す。火事を消し止める。例 ―器。

【消夏】夏の暑さをしのぐ。暑さよけ。避暑。消暑。銷夏。

【消渇】例 ―法。

【消渇】①のどがかわき尿が出にくくなる病気。糖尿病。痟瘍。②日俗に、婦人の淋病。

【消閑】【消間】ひまをつぶす。退屈しのぎ。例 ―の具。

【消却】［「却」は、…してしまうの意］①消してしまう。②日使ってしまう。消費。例 予算を―する。▽銷却。

【消去】消えてなくなる。また、消してなくす。

【消去法】日 条件に合わないものや未知のものを、消し去っていき、最後に適正なものを得ようとする方法。

【消極的】日 進んで取り組もうとしないさま。保守的で、否定的なさま。対 積極的。例 ―な性格。

【消遣】①消し去る。とりのぞく。②気晴らしをする。うさを晴らす。

【消光】日［「光」は光陰で、時間の意］月日を送る。日を過ごす。消日。例 為すこともなく―するのみ。

【消魂】①気絶する。②驚きのあまりあっけにとられる。たまげる。▽銷魂。

【消索】［「索」は、尽きる意］消えつきる。消えてなくなる。

【消散】消えてちらばる。消えてなくなる。例 疑いがすっかり―した。

【消失】①消えてなくなる。消滅。②（権利などを）失ってしまう。例 所有権を―した。▽銷失。

【消日】一日を過ごす。消光。銷日。

【消暑】夏の暑さをしのぐ。消夏。銷暑。

【消尽】すっかり使いはたしてしまう。銷尽。

【消釈】とけて消える。消えてなくなる。銷釈。例 氷凍消釈（=氷がとけてなくなる）。〈礼記・月令〉

【消▼瘠】やせほそる。銷瘠。類 消痩。

【消息】①消えることと生じること。②衰えることと栄えること。消長。栄枯盛衰。③変化する。④安否。また、それについての知らせ。連絡。例 ―を絶つ。⑤現在の状況についての情報。動静。例 ―不明。―通。⑥音信。手紙。たより。例 ―文。

【消長】消滅したり生成したりする。衰えたり盛んになったりする。消息。盛衰。例 卒莫二消長一也（=満ち欠けする月は変わり続けるが）結局月自体は消えたり生じたりはしない）。〈蘇軾・赤壁賦〉勢力の―。

【消沈】気持ちがしずんで、元気がなくなる。銷沈。例 意気―する。

【消▼殄】消えてなくなる。滅びて消える。消滅。

【消灯（燈）】日 明かりを消す。対 点灯。例 ―時刻。

【消毒】①害悪をとりのぞく。②日薬や熱などで病原菌を殺す。例 日光―。

【消費】使ってなくす。物や時間やエネルギーなどを使う。ついやす。消却。費消。対 生産。例 資源を―する。―者。

【消防】日 ①火事を消したり予防したりすること。救急や災害などに関する活動もおこなう。②消防官や消防隊など、「①」を仕事とする人や機関。

【消磨】①すりきれる。すりへらす。磨滅する。銷磨。②暇をつぶす。

【消滅】消えてなくなる。消失。例 権利の―。

【消耗】［「ショウモウ」は慣用読み］①消えうせる。②使って減らす。使って減る。例 ―品。③音信。消息。④日体力や精神力などを使いはたす。

【消憂】うさを晴らす。気晴らし。銷憂。例 楽二琴書一以消レ憂（=琴や読書を楽しんで心のうさを晴らそう）。〈陶淵明・帰去来辞〉

【消揺】①ぶらぶらと歩く。散歩する。逍遥。逍揺。②遠方を眺めのぞむ。

●雲散霧消・解消・費消・抹消

浹

氵7 (10)

2 6221 6D79

一 ショウ（セフ）漢 葉 jiā

二 コウ（カフ）漢 洽 xiá

あまね-し・うるお-う（うるほ-ふ）・うるお-す（うるほ-す）・とお-る（とほ-る）

意味 一 ❶ぬれて、しみとおる。**うるおす**。**うるおう**。例 汗流浹レ背（=汗が流れて背中をぬらす）。〈後漢書・伏皇后紀〉❷広くゆきわたる。**あまねし**。例 浹洽。❸うちとける。例 浹和。❹ひとめぐりする。めぐる。例 浹旬（=十日間）。❺貫通する。**とおる**。二 ⇩【浹▼渫】

【浹▼渫】波がうちよせるさま。

【浹▼洽】①すみずみまでゆきわたる。②うちとける。浹和。和洽。

【浹日】十日間。十干の最初の甲から最後の癸までのひとめぐりをいう。類 浹旬。

【浹▼辰】十二日間。十二支の子から亥までのひとめぐりをいう。

【浹和】うちとける。浹洽。

［渉］氵7 (10) ⇩ 渉（785ジペー）

浸

氵7 (10)

1 3127 6D78 常用

シン（シム）漢呉 沁 jìn

ひたす・ひたる・つ-かる・つ-け る（つ-く）・つ-く

［浸］氵7 (10) 旧字体。

［濅］氵13 (16) 6FC5 本字。

筆順 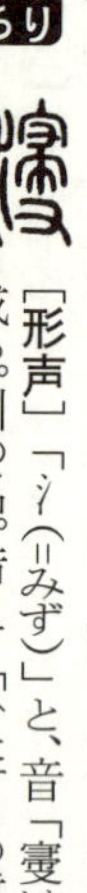

なりたち  ［形声］「氵(=みず)」と、音「𣧄シ」とから成る。川の名。借りて「ひたす」の意。

意味 ❶水の中につかる。**つける。ひたる。ひたす。** 例 江浸レ月(コウつきをひたす)(=川は水面に月影をひたしている)。〈白居易・琵琶行〉浸水シンスイ。❷水がしみこむ。じわじわと中にはいりこむ。例 浸食シンショク。浸透シントウ。浸入シンニュウ。❸水をかける。そそぐ。例 浸灌シンカン。❹恵みを与える。うるおす。❺少しずつ。次第に。ようやく。例 浸漸シンゼン(=次第に事態がすすんでいく)。

古訓 中古 うるふ・うるほす・すすく・ひたす・ひたたく・ひとし・ほとぼす・やうやく・をかす 中世 うるほふ・ひたす・ひとし・やうやく 近世 すすむ・ひたす・やうやく

人名 すすむ

【浸淫】イシン ①次第にしみこむ。②水があふれる。③親しくなる。なれ親しむ。④だんだんと近づく。

【浸▼灌】カシン 〔「灌」も、そそぐ意〕水をそそぐ。水にひたす。

【浸肌】キシン 暑さや寒さなどが肌にしみこむ。

【浸漬】シシン ①水につける。水にひたす。②教訓や悪口を次第に信じる。

【浸出】シュツ 日 固体を液体の中にひたして、その成分をとけ出させる。例 ―液。

【浸潤】ジュン ①液体がしみこんで全体にゆきわたる。にじむ。転じて、悪口が次第に広がって人々に信じられる。②思想や風習が広まる。例 悪習が―する。③日〔医〕炎症などの病変部が周囲に広がっていく。例 肺―。

【浸潤▼之▼譖】シンジュンのそしり 他人の悪口が、水がしみこんでいくように、次第に信じられていくこと。〈論語・顔淵〉

【浸食】【浸▼蝕】ショク 風や水の力で陸地や岩石がけずられていく。例 ―作用。

【浸尋】【浸▼潯】ジシン (水がしみこむように)ものごとがゆっくりとすすむさま。類 浸漸シンゼン。

【浸水】スイ ①水につかる。例 床上―。②水がはいりこむ。また、その水。例 船首に―した。

【浸染】セン/ゼン ①だんだんとしみこんで、そまる。②思想などに感化される。③布や糸を染料にひたして、色をつける。

【浸透】トウ 日 ①液体がしみとおる。例 ―圧。②思想や考え方などが広まっていく。表記 ▽旧▼滲透

【浸入】ニュウ 日 水が建物や土地にはいりこむ。

涔 氵7(10) 3 8677 6D94 シン(シム)漢 侵 cén

意味 ❶長雨で水びたしになる。洪水。例 涔旱シンカン。❷小さな水たまり。例 牛蹄ギュウテイの涔シン(=ウシのひづめの跡にたまった水。わずかな水)。❸⇩【涔涔】シンシン

【涔▼旱】カシン 洪水と旱魃カンバツ。水旱。

【涔涔】シンシン ①雨や涙・汗がぽたぽたと落ちるさま。②空が暗く、雨が降りそうなさま。③苦しみ疲れ、憂えるさま。

［氵杉］ 氵7(10) ⇩滲シ(807ジペー)

浙 氵7(10) 2 6222 6D59 セツ漢 屑 zhè

意味 ❶浙江セッコウ省を流れる川の名。浙江セッコウ。❷「浙江省セッコウショウ」の略。浙江流域で、春秋時代の越エツの地。例 浙東セットウ。

【浙東】トウセッ 浙江の東側一帯。現在の浙江省東部。

涎 氵7(10) 2 6223 6D8E セン漢 ゼン呉 先 xián よだれ

意味 つば。唾液ダエキ。**よだれ。** 例 垂涎スイゼン(=よだれをたらす)。流涎リュウゼン(=よだれ)。

涑 氵7(10) 4 7858 6D91 ソク漢 屋 sù

意味 川の名。涑水ソクスイ。

【涑水】スイソク ①山西省の西南部を流れる川。②〔涑水郷の出身であることから〕司馬光シバコウのこと。涑水翁ソクスイオウ。

涕 氵7(10) 2 6224 6D95 テイ漢呉 霽 tì なみだ・なーく

意味 ❶**なみだ。** また、なみだを流してなく。**なく。** 例 涕泣テイキュウ。流涕リュウテイ。❷はなみず。例 鼻涕ビテイ(=はなみず)。

【涕▼洟】イテイ なみだと、はなみず。はなみずを垂らしながら泣くこと。

【涕泣】キュウテイ なみだを流してなく。例 趙国志士聞レ之、皆為涕泣(チョウコクのシシこれをきき、みなためにテイキュウす)(=《予譲が死んだ日》趙の国の正義の士たちは知らせを聞いて、皆、予譲のために泣いた)。〈史記・刺客伝・予譲〉―して袖そでをぬらす。

【涕▼泗】シテイ 〔「泗」は、はなみずの意〕なみだ。例 憑レ軒涕泗流(ケンによりてテイシながる)(=高楼の手すりによりかかっていると、なみだがあふれ出るのをとめられない)。〈杜甫・登岳陽楼〉

【涕涙】ルイテイ なみだ。例 ―両頰リョウキョウをうるおす。

【涕零】レイテイ なみだがこぼれる。なみだを流す。

涊 氵7(10) 4 7856 6D8A デン漢 銑 niǎn

意味 汗が出るさま。例 涊然デンゼン。

涂 氵7(10) 3 8674 6D82 一 ト漢 虞 tú 二 チョ漢 ジョ(ヂョ)呉 魚 chú

意味 一 ❶雲南省を水源とする川の名。❷道路。みち。通 途。❸ぬりつける。ぬる。通 塗。❹姓の一つ。二 ❶清める。はらう。通 除。❷「涂月ジョゲツ」は、陰暦十二月。❸安徽アンキ省を流れる川の名。涂水ジョスイ。

［涛］ 氵7(10) ⇩濤ウト(817ジペー)

［涜］ 氵7(10) ⇩瀆クト(818ジペー)

涅 氵7(10) 2 6226 6D85 ネ慣 デツ漢 ネチ・ネツ呉 屑 niè

［𣵀］ 氵7(10) 4 7860 23D40 俗字。

意味 ❶水底の黒いどろ。くろつち。黒い色。また、黒く染める。くろむ。例 涅而不レ緇(デッすれどもくろまず)(=黒く染めても黒くならない)。〈論語・陽貨〉❷土をぬりこめる。ふさぐ。❸梵語ボンゴの音訳。例 涅槃ネハン。

難読 涅色くりいろ

【涅歯】シデッ 日 歯を黒く染めること。また、その歯。おはぐろ。

【涅▼槃】ネハン 〔仏〕〔梵語ボンゴ nirvāṇa の音訳〕①すべての迷いや悩みから解放された、安らぎの境地。悟りの世界。例 ―に入いる。②釈迦シャカの死。入滅。入寂ニュウジャク。

【涅▼槃会】エネハン 〔仏〕釈迦シャカ入滅の日とされる、陰暦二月十五日におこなわれる法会ホウエ。

浘 氵7(10) 3 8671 6D58 ビ漢 ミ呉 尾 wěi

意味 「浘浘ビビ」は、水流が盛んなさま。

浜 氵7(10) 1 4145 6D5C 常用 A ヒン漢 真 bīn B ホウ(ハウ)漢 庚 bāng はま

［濱］ 氵14(17) 2 6332 6FF1 旧字体。

［濵］ 氵14(17) 3 8727 6FF5 別体字。

筆順 氵氵氵汻洴浜浜

なりたち A [濱] [形声]「氵(=みず)」と、音「賓ヒ」とから成る。水ぎわ。B [浜] [形声]「氵(=みず)」と、音「兵ヘイ→ホウ」とから成る。掘り割り。

意味 A ❶水ぎわ。なみうちぎわ。はまべ。**はま**。例 海浜カイヒン。砂浜すなはま。❷ぎりぎりまで接している。面する。臨む。例 浜二洙泗一シュシにヒンす(=洙水と泗水とに臨む)。〈史記・貨殖伝〉❸辺境の地。また、地の果て。例 率土之浜ソツドのヒン(=国の果て)。〈詩経・小雅・北山〉浜塞ヒンサイ(=辺境のとりで)。

B 船が通行できる水路。掘り割り。

古訓 A [濱] 中古 きし・きは・すはま・そふ・はま・ほとり 中世 きし・はま・ほとり 近世 はま・ほとり・みぎは・みづぎは

B [浜] 近世 ふないり

【浜(濱)▼荻】はまおぎ 日 ①海辺に生えているオギ。②アシの別名。例 難波なにわの葦あしは伊勢いせの浜荻—(=同じものも、場所によって名前が変わる、ということわざ)。

【浜(濱)▼茄子】はまなす 日 北日本の海岸に見られるバラ科の低木。初夏、赤い大きな花をつける。浜梨はまなし。玫瑰マイカイ。

【浜(濱)辺】はまべ 日 浜のあたり。海や湖の水ぎわ。

【浜(濱)防風】はまボウフウ 日 海岸の砂地に見られるセリ科の植物。葉を刺身のつまや、酢の物にする。

【浜(濱)海】ヒンカイ 海に沿った場所。海辺。海浜。

【浜(濱)涯】ヒンガイ 水と陸の接するところ。水辺。浜辺。

浮

氵7 (10) 1 4166 6D6E 常用

フウ漢 フ・ブ呉 尤 fú

うく・うかれる(うーかる)・うかぶ・うかべる(うーかぶ)

付表 浮気うわき・浮つくうわつく

[浮] 氵7 (10) ── 旧字体。

筆順 氵氵氵氵氵浮浮

なりたち [形声]「氵(=みず)」と、音「孚フ→ウフ」とから成る。うく。

意味 ❶水面や空中にうきただよう。**うかぶ**。**うかべる**。対沈。例 浮雲フウン。浮沈フチン。浮遊フユウ。❷舟やいかだをうかべる。船旅をする。**うく**。例 乗レ桴浮二于海一いかだにのりてうみにうかばん(=いかだに乗って海にうかぼう)。〈論語・公冶長〉浮淫フイン。❸固定していない。その場しのぎの。例 浮食フショク。❹度合いをこえる。すぎる。例 恥三名之浮二於行一也なのおこなひにすぐるをはずるなり(=名声が行為をこえているのを恥じる)。〈礼記・表記〉浮冗フジョウ(=無駄なこと)。❺よりどころがない。定めがない。例 浮言フゲン。浮生フセイ。浮説フセツ。❻うわついた。軽々しい。実ジツのない。例 浮華フカ。浮薄フハク。浮藻フソウ(=うわべだけのことば)。❼梵語ボンの音訳。例 浮図フト。

日本語での用法 一《うく》「浮ういたお金かね」▼余りが出る。二《うかぶ》①「頭あたまに浮うかぶ」▼思いつく。②「浮うかばれない死しに方かた」▼成仏ジョウブツする。

古訓 中古 うかぶ・うかる 中世 うかぶ・うかる・すぐ 近世 あふる・うかぶ・うく・すぎる・ただよふ・ながるる

人名 ちか

難読 浮雲あぶない・浮言あだしごと・浮腫むくみ・浮石かるいし・浮石糖カルメラ・浮子うき・浮浪漢ならずもの・浮標うき

【浮淫】フイン ①舟遊びをする。②おこないがうわついてみだらである。

【浮雲】フウン・うきぐも ①空にただよっている雲。②不安定で、あてにならないもの。はかないもののたとえ。例 浮雲遊子意フウンユウシのイ(=行くえ定めぬ浮雲はあてもない旅をする君の心のようだ)。〈李白・送友人〉③関係のないもの。無縁なもののたとえ。例 不義而富且貴、於レ我如二浮雲一フギにしてとみかつたっときは、われにおいてフウンのごとし(=道に外れたことをして富貴を得ることは、私にとっては何の値打ちもない)。〈論語・述而〉

【浮栄】フエイ 俗世での栄え。虚栄。

【浮▼漚】フオウ ①水にうかぶ泡。うたかた。②はかないもののたとえ。

【浮華】フカ うわべだけはなやかで、実質がないさま。

【浮客】フカク ①一か所にとどまらない旅人。さすらいの旅客。②小作農。

【浮気】フキ・うわき 一フキ ①空中をただよっている気。蜃気シンキ。②軽々しい気性。二うわき 日 ①うわついているさま。思慮に欠ける。例 —な性格。②特に男女関係において、誠実さに欠けて移り気である。例 —者。

【浮寄】フキ 身を寄せるところがないこと。仮に宿っていること。

【浮橋】フキョウ・うきはし 船を並べた上に板を渡して造った橋。

【浮幻】フゲン うたかたや、まぼろしのようにはかないもの。まぼろしのようにはっきりしないもの。

【浮言】フゲン 根拠がないことば。あてにならない話。浮説。流言。例 —にまどわされる。

【浮誇】フコ・フカ ①大言壮語する。②大げさに過ぎること。誇大な表現。

【浮光】フコウ 水面に反射した日や月の光。

【浮詞】フシ うわついた、なかみのないことば。根拠のないでまかせ。類浮辞。

【浮腫】フシュ 皮下組織に水分がたまり、むくむこと。

【浮食】フショク 固定した仕事をしないで食らう。遊んで暮らす。

【浮世】フセイ・うきよ 一フセイ 無常で、はかないこの世。例 —の義理。二うきよ 日 ①今、生きているこの人間世界。②つらいことの多い世間。はかないこの世。憂うき世よ。例 —の風。

【浮世絵】うきよエ 日 江戸時代に起こった風俗画。遊女や役者、名勝や宿場などが描かれ、多くの版画がある。

【浮生】フセイ 定めなく、はかない人生。例 浮生若レ夢フセイはゆめのごとし(=はかない一生は、まるで夢を見ているようである)。〈李白・春夜宴桃李園序〉

【浮説】フセツ 根拠のないあやふやな説。いいかげんなうわさ。風評。浮言。

【浮浅】フセン あさはかなこと。軽浮浅薄ケイフセンパク。軽薄。

【浮▼躁】フソウ 軽率で落ち着きがない。

【浮沈】フチン【浮▼湛】フチン ①うくことと、しずむこと。また、栄えることと衰えること。栄枯盛衰。うきしずみ。例 事業の—にかかわる。②俗世間のありさまに合わせた行動をとる。

【浮図】【浮▼屠】フト 〔仏〕①〔梵語ボン buddha (=目覚めた者)の音訳〕仏陀ブッダ。ほとけ。また、僧。②寺の塔。仏塔。転じて、寺。

【浮動】フドウ ①水にうかびただよう。②落ち着かず、ゆれうごく。例 —票。

【浮薄】フハク (風俗・人情・行動などが)軽々しくて、いいかげんなさま。移り気なこと。軽薄。浅薄。例 軽佻ケイチョウ—。

【浮▼泛】フハン・フヘン ①うかびただようこと。②船遊び。③表面だけで内実のないもの。④多すぎること。

【浮▼靡】フビ けばけばしくてうわついたもの。

【浮▼萍】フヒョウ ①浮き草。②落ち着きなく移ろうもののたとえ。例 浮萍心性フヒョウシンセイ(=浮気な性質)。

【浮評】フヒョウ 日 根も葉もないうわさ。浮説。

【浮漂】フヒョウ ①水にうかび、ただよう。例 —植物。②表面だけでなかみがない。

【浮標】フヒョウ 海にうかべてある標識。ブイ。

【浮浮】フフ ①ふわふわとたちのぼるさま。②雨や雪がさかんに降るさま。③水が滔々と流れるさま。
【浮文】フブン 表面だけで内容のない文章。
【浮木】フボク｜うきぎ 水上にうかんでいる木。例 盲亀の―(=非常にまれなことのたとえ。浮き木の亀)。
【浮▼沫】フマツ 水にうかぶ泡。うたかた。
【浮名】一フメイ 実態以上の評判。虚名。二うきな 日恋愛や情事についてのうわさ。例 ―を流す。―が立つ。
【浮遊】【浮▼游】フユウ ①水中や空中にうかび、ただよっている。②あちこち歩きまわる。③職をもたず流浪する。④カゲロウ。蜉蝣。
【浮揚】フヨウ うかびあがる。例 景気が―する。
【浮▼梁】フリョウ ①船を並べ、その上に板を渡して造った橋。浮き橋。②地名。現在の江西省景徳鎮市の一部。茶の名産地。
【浮力】フリョク 日〔物〕液体や気体が、その中にある物体を、うきあがらせるようにはたらく力。重力と反対の方向にはたらく。
【浮浪】フロウ 一定の住所や職業をもたず、あちこちさまよって生活する。さすらう。また、そのような人。

浡
氵7 (10) 6D61
ホツ漢 ボツ呉 月 bó
意味 ❶水がわき出る。❷わき立つ。盛んなさま。通 勃。例 浡然ボツゼン。
【浡然】ボツゼン ものごとが盛んに起こるさま。勃然ボツゼン。

浥
氵7 (10) 3 8672 6D65
ユウ(イフ)漢 緝 yì
意味 水けをおびる。うるおう。しめる。例 渭城朝雨浥ニ軽塵一(=渭城の街は朝方に雨が降って、ほこりもしずまってしっとりしている)。〈王維・送元二使安西〉 浥浥ユウユウ(=ぬれているさま)。

[涌]
氵7 (10) ⇩湧ユ(799ジペー)

浴
氵7 (10) 1 4565 6D74 教4
ヨク漢呉 沃 yù
あびる(あ-ぶ)・あびせる(あ-びす)
付表 浴衣ゆかた

筆順 

なりたち  [形声]「氵(=みず)」と、音「谷コク→ヨク」とから成る。からだに水をかけて、きよめる。

意味 ❶水や湯でからだを洗う。ふろにはいる。あびる。あびせる。例 新浴者必振レ衣(=からだを洗いたての人は必ず衣服を振ってほこりを払う)。〈楚辞・漁父〉 浴室ヨクシツ。入浴ニュウヨク。沐浴モクヨク。日光浴ニッコウヨク。❷身にあびる。例 海水浴カイスイヨク。集中砲火シュウチュウホウカを浴あびる。❸(恩恵などを)こうむる。うける。例 恩恵オンケイに浴ヨクする。

古訓 中古 あぶす・あむ・あむす・あらふ・かはあむ・みあらふ・やしなふ・ゆあむ 中世 あらふ・ゆあぶる 近世 あらふ・ゆあみ・ゆあみす

難読 湯浴ゆあみ

【浴衣】一ヨクイ 入浴するときに着る衣服。二ゆかた 日(「ゆかたびら」の略。もと、入浴するときに用いた)入浴後に着る木綿で作られた単衣ひとえ。今は夏の和服ともなっている。例 ―でくつろぐ。
【浴室】ヨクシツ 風呂場ふろば。湯殿ゆどの。
【浴日】ヨクジツ｜ひにヨクす ①日光を浴びること。②国家や君主に尽くした大きな功績。
【浴場】ヨクジョウ 日①大きな風呂場ふろば。浴室。例 大―。②風呂屋。湯屋ゆや。例 公衆―(=銭湯)。
【浴槽】ヨクソウ ふろおけ。ゆぶね。
【浴殿】ヨクデン 宮中の風呂場ふろば。浴場。
【浴用】ヨクヨウ 入浴するときに使うこと。例 ―石鹸セッケン。
●水浴スイヨク・入浴ニュウヨク

浬
氵7 (10) 1 1929 6D6C 人
リ漢 支 lǐ
かいり・ノット

なりたち [形声]「氵(=みず)」と、音「里リ」とから成る。海上での距離の単位。

意味 海上での距離をあらわす単位。海里カイリ。

日本語での用法 《ノット》▼船の速度の単位。一時間に一海里(=一八五二メートル)進む速さ。節ノット。〔knot の訳〕

流
氵7 (10) 1 4614 6D41 教3
リュウ(リウ)漢 ル呉 尤 liú
ながれる(なが-る)・ながれ・ながす

筆順 

なりたち  [会意]「氵(=みず)」と「㐬(=だしぬけに出る)」とから成る。水がながれだす。

意味 ❶(水などが)ながれる。ながす。また、ながれ。例 流出シュツリュウ。流水リュウスイ。海流カイリュウ。❷ながれるようにすらすらと。なめらかな。例 流暢リュウチョウ。流麗リュウレイ。❸世の中に広まる。ゆきわたる。例 流行リュウコウ。流布ルフ。❹あてもなくさまよう。さすらう。例 流離リュウリ。流転ルテン。❺はずれる。それる。例 流矢リュウシ。流弾リュウダン。流用リュウヨウ。❻移動する。例 流体リュウタイ。流蛍リュウケイ(=風のまにまに飛ぶホタル)。❼変化する。❽勝手にする。例 民和而不レ流たみワしてながれず(=人民は和合して、ほしいままにすることはない)。〈荀子・楽論〉 ❾伝える。ながす。例 流ニ芳後世一ホウをコウセイにながす(=名声を後世まで残す)。〈晋書・桓温伝〉 ❿とどまる。通 留。例 流滞リュウタイ(=とどこおる)。⓫求める。例 左右流レ之サユウにこれをもとむ(=左に右にと探し求める)。〈詩経・周南・関雎〉 ⓬たしかなよりどころがない。いいかげんな。例 流言リュウゲン。流説リュウセツ。⓭(学問や芸術などの)系統。仲間。ながれ。また、それに固有のやり方。例 流派リュウハ。亜流アリュウ。⓮等級や身分。例 一流イチリュウ。二流ニリュウ。上流ジョウリュウ。⓯辺境の地。例 流荒リュウコウ(=遠い果ての地)。流官リュウカン(=地方官)。⓰刑罰として遠方へ送る。ながす。また、五刑(=笞チ・杖ジョウ・徒ズ・流ル・死)の一つ。島流しの刑。例 流罪ルザイ。流謫ルタク。遠流オンル。⓱⇩【流連】リュウレン

日本語での用法 一《リュウ》《ながれ》「五流ゴリュウの旗はた・一流ひとながれの旗はた」▼旗などを数えることば。二《リュウ》《ながれ》《ながれる》「流会リュウカイ・お流ながれ・計画ケイカクが流ながれる」▼予定していたことが中止になる。

古訓 中古 うかる・くだり・くだる・しく・たぐひ・つたふ・ともがら・ながす・ながる・ながれ・めぐる・もとむ・ゆく 中世 たぐひ・つたはる・つたふ・ながる・ながるる 近世 えらむ・たぐひ・つたはる・ながす・ながるる・ながれ

人名 しく・とも・はる

【枕レ流▼漱レ石】ながれにまくらしいしにくちすすぐ ⇩【漱石枕流】ソウセキチンリュウ(808ジペー)
【流▼鏑馬】やぶさめ 日ウマを走らせながら、馬上から矢を射て、的に当てる競技。鎌倉かまくら時代に武士のあいだで盛んにおこなわれ、現在では神社の行事などに残る。
【流亜】リュウア 同じような能力・才能・実力のもの。亜流。
【流域】リュウイキ 日川の流れとその周辺の地域。例 長江―。
【流淫】リュウイン 度をこして乱れたおこない。
【流▼衍】リュウエン 伝わって広がること。流行。
【流▼鶯】リュウオウ 木々の間を飛び移りながら鳴くウグイス。
【流下】リュウカ (上から下へ、または上流から下流へ)流れくだる。また、そのもの。例 ―物ブツ。

【流火】リュウカ 陰暦の七月。〔この時期に大火(=サソリ座のアンタレス)が夕方、西の空に沈むことから〕
【流▼霞】リュウカ ①かすみや雲が、風にたなびき流れること。②仙人の飲むとされる酒の名。流霞酒。
【流会】リュウカイ 日 会合などが、とりやめになる。
【流汗】リュウカン ①あせをかくこと。また、流れるあせ。例 ―淋漓リン(=あせがぼたぼたと流れ落ちるさま)。②恥じたり苦しんだりするさま。
【流感】リュウカン 日「流行性感冒」の略。インフルエンザウイルスによって発病する感染性のかぜ。
【流丸】リュウガン ①流れ弾。②転がる玉たま。例 流丸止ニ於甌臾一、流言止ニ於知者一(リュウガンはオウユにとどまり、リュウゲンはチシャにとどまる)(=転がる玉はくぼ地で止まり、流言は知者のところで止まる)。〈荀子・大略〉
【流儀】リュウギ 日 ①ものごとのやり方。例 自分の―を押しとおす。②芸道や武道などで、その流派に伝えられてきた独特の作法やスタイル。例 茶道の―。
【流求】リュウキュウ ⇩【琉球】リュウキュウ(875ページ)
【流金▼鑠石】リュウキンシャクセキ 金属や石が溶けるほどの暑さ。気温が高いことのたとえ。〈楚辞・招魂〉
【流▼寓】リュウグウ 放浪して他郷に住むこと。
【流形】リュウケイ 万物がさまざまな形をとって、あらわれるもの。森羅万象。
【流▼憩】リュウケイ 歩きまわり、ときに立ち止まって一休みすること。例 策ニ扶老一以流憩(フロウをつえつきてもってリュウケイす)(=つえをついて歩きまわったり休んだりする)。〈陶淵明・帰去来辞〉
【流血】リュウケツ ①争いなどで、血を流す。血が流れる。また、その血。例 ―を見る。②事故などで、人がけがをしたり死んだりすること。例 ―の惨事。
【流血漂▼櫓】リュウケツロをただよわす 〔「櫓」は、大きな盾たて〕⇩【血流漂▼杵】ちながれてショをただよわす(1184ページ)
【流言】リュウゲン ①うわさを言いふらす。②確かな根拠や裏づけのないうわさ。デマ。流説。浮説。例 ―に踊らされる。
【流言飛語】【流言▼蜚語】リュウゲンヒゴ 世間に広まっている根拠のないうわさ。〈明史・馬孟禎伝〉
【流光】リュウコウ ①もれ出る光。あふれ出る光。②流れる水に映った月の光。③時間が経つこと。光陰。④徳や教化を後世に伝える。
【流行】リュウコウ ①流れゆく。川の水が流れる。②広く行きわたる。③よどみない弁舌。④日 服装や行動、ことばや思想などが、世間に急速に広まり、もてはやされる。はやる。例 ―語(=はやりことば)。―遅れ。⑤日〔医〕感染性の病気により、ある地域に同時に多くの患者が出る。
【流行▼坎止】リュウコウカンシ 流れに乗って進み、危険に遭えば止まる。平和な時世には出仕し、混乱した世ならば出仕せず民間にいる。〔〈漢書・賈誼伝〉から〕
【流▼寇】リュウコウ 拠点をもたず、各地を転々とする盗賊。類 流賊。
【流黄】リュウコウ ①⇩【硫黄】いおう(947ページ) ②萌黄もえぎ色の絹織物。③玉ギョクの一種。
【流恨】リュウコン 時がたっても消えないうらみ。遺恨。
【流砂】【流沙】リュウサ ①風や水流で流れる砂。②中国西北部の砂漠地帯。
【流産】リュウザン 日 ①〔医〕妊娠二十二週未満で胎児が死んで、母体外に出ること。②計画などが途中でだめになるたとえ。
【流▼竄】リュウザン―ルザン ①逃れ隠れる。②罪によって遠くへ流されること。流刑ルケイ。
【流矢】リュウシ ねらいが外れて、飛んできた矢。ながれや。
【流▼徙】リュウシ 戦争や天災で故郷を離れてさすらうこと。
【流▼澌】リュウシ 解けて流れる氷。
【流事】リュウジ 根拠のない事柄。例 流事流謀リュウジリュウボウ(=根拠がない事柄や計画)。〈荀子・致士〉
【流失】リュウシツ 家や建造物などが水に流されて、なくなる。
【流出】リュウシュツ ①流れ出る。例 土砂の―。②お金や物品、人などが外へ出ていく。例 人口の―。▽対 流入。
【流▼觴曲水】リュウショウキョクスイ 〔「觴」は、杯の意〕陰暦三月三日に、曲水に酒の入った杯を流し、その杯が自分の前に来るまでに詩を作る宴。〈王羲之・蘭亭序〉
【流人】リュウジン ①故郷を離れてさすらう人々。②ルニン 罪によって遠方に流された人。
【流水】リュウスイ ①流れている水。例 ―で冷やす。②流れ。特に、川の流れ。
【流声】リュウセイ ①世の中に広まっている名声・評判。②評判や名声が広まること。③すばらしい音楽。
【流星】リュウセイ ①天体のかけらが、地球の大気中に突入して発光し、尾を引いて飛ぶように見えるもの。ながれぼし。よばいぼし。②流星のように光を放つ宝剣。③縄の両端に鉄鎚テッツイをつけた武器。流星鎚。④動作がすばやいさま。
【流石】リュウセキ 一 ①流れていく石。②石をとかして流す。 二 さすが 日〔「漱石枕流ソウセキチンリュウ」の故事にもとづくあて字〕①期待どおりに。例 ―、プロだね。②そうはいうもののやはり。例 ―に疲れた。③あれほどの。さしもの。例 ―の彼もお手上げだ。
【流説】リュウセツ―ルセツ 世間に広まっている根拠のないうわさ。流言。浮説。
【流▼歠】リュウセツ 口を大きく開けて汁物を流しこむこと。一気に飲みほすこと。例 勿ニ放飯一、勿ニ流歠一(ホウハンするなかれ、リュウセツするなかれ)(=飯を口に放りこむように食べたり、汁物を口に流しこむように飲んではならない)。〈礼記・曲礼上〉
【流▼涎】リュウセン―リュウゼン ①よだれを垂らす。②うらやましがる。ほしがる。垂涎スイゼン。
【流線形】【流線型】リュウセンケイ―リュウセンがた 日 魚や飛行機の胴体のように、先端が丸く、全体として細長い、水や空気の抵抗が最も小さくなる形。例 ―の車両。
【流▼蘇】リュウソ 五色の羽や糸で作った房飾り。車やカーテンの飾りに用いた。
【流俗】リュウゾク ①世の中の悪い習俗・風習。②世の中。俗世。世間。③世俗の人。俗人。
【流体】リュウタイ 日〔物〕液体と気体。自由に形をかえ、流動する。流動体。例 ―工学。
【流弾】リュウダン ねらいが外れて、飛んでくるたま。ながれだま。
【流▼暢】リュウチョウ ①すっきりとして、よどみがない。なだらか。②ことばや文章が、すらすらと出てくるさま。
【流通】リュウツウ ①(液体や気体が)とどこおらず流れる。例 空気の―が悪い。②社会で広く通用する。③〔経〕商品が生産者から消費者へわたる。また、そのしくみ。
【流▼涕】リュウテイ ①涙を流す。泣く。②流す涙。
【流伝】リュウデン―ルデン 世間に広く伝わる。人々によく知られている事柄。
【流電】リュウデン ①いなずま。雷光。②すばやいことのたとえ。
【流灯】【流燈】リュウトウ 日 灯籠トウロウに火をともし、水に浮かべて流す、お盆の行事。灯籠流し。例 ―会エ(=灯籠流しの法要)。
【流▼宕】リュウトウ ①遠くまで遊び歩く。遠遊。②おちぶれてさすらう。③好き勝手にふるまい、程度を知らない。
【流動】リュウドウ ①流れ動いて固定しない。例 風で砂が―する。

―食。②ものごとの状態が不安定で、条件次第で変動する。例―する国際情勢。

【流毒】(リュウドク) ①害毒を流す。②流された害毒。

【流入】(リュウニュウ) ①流れこむ。例湖に―する川。②お金や物品、人などが外からはいってくる。例外国資本の―。難民が―する。▽対流出。

【流波】(リュウハ) ①流れる水。流水。②流し目。③恩恵がながく続くこと。

【流派】(リュウハ) ①川の支流。②学問や芸術、芸能などで、立場や考え方などの違いによって分かれた一派。例新しい―を起こす。

【流配】(リュウハイ・ルハイ) 罪を犯した者を遠方に送ること。配流。流罪(ルザイ)。

【流輩】(リュウハイ) 同じ流れをくむ仲間。同輩。同類。

【流麦】(リュウバク・むぎをながす) 読書や勉学に専心すること。麦を漂わす。❶後漢の高鳳(コウホウ)は、庭に干した麦を見張るよう頼まれていたが、にわか雨に流されているのも気がつかずに読書に夢中になっていた。〔高鳳は後に立派な学者になった〕……〈後漢書・高鳳伝〉

【流▼盼】(リュウハン) 流し目で見る。流眄(リュウベン)。流波。秋波。類流睇(リュウテイ)。

【流氷】(リュウヒョウ) 北極や南極の海から流れてくる大きな氷。

【流品】(リュウヒン) 人品の高下。社会的地位の高低。

【流風】(リュウフウ) ①昔から伝わっているよい習慣・風習。対流弊。例流風善政(リュウフウゼンセイ)(=先人の残したよい習わしと、よい政治)。〈孟子・公孫丑上〉②風に乗って流れてくる音楽。

【流弊】(リュウヘイ) 昔から伝わっている悪い習慣。人々に広まってしまった悪い習俗。対流風。

【流▼眄】(リュウベン・ルメン) 流し目でちらりと見る。流盼(リュウハン)。

【流芳】(リュウホウ) ①よい香りをただよわせる。②よい評判が広く世間に伝わる。

【流亡】(リュウボウ) ①故郷を離れ他国をさまよう。流浪(ルロウ)。②消えてなくなる。

【流▼氓】(リュウボウ) ①食を求めて各地を移り歩く民。流民。②無頼漢。ごろつき。

【流民】(リュウミン・ルミン) 住居や職業がなく、あてもなくさまよう人々。

【流目】㊀(リュウモク) 視線をあちこちに向ける。見まわす。㊁(ながしめ) 日①横目でちらりと視線を向ける。例―に見る。②色目(いろめ)。例―を使う。

水(氵・氺) 7画▼涙 浰 浪

【流用】(リュウヨウ) 日ものやお金を、決められた使い道以外のことに使う。融通。例資金を―する。

【流▼庸】(リュウヨウ)【流▼傭】(リュウヨウ) 故郷を離れた土地で、人に雇われること。また、その人。

【流落】(リュウラク) 落魄(ラクハク)して流浪(ルロウ)する。落ちぶれてさすらう。

【流離】(リュウリ) ①災害や戦乱で各地を転々とする。②故郷をはなれて、さまよう。流浪(ルロウ)。例―の旅人。転変―する。③涙が流れ落ちるさま。④瑠璃(ルリ)。

【流流】(リュウリュウ) ①順々に。②日それぞれの流儀や流派。③日流儀によって、いろいろなやり方があること。

【流量】(リュウリョウ) 管や水路などを流れる量。例―計。

【流麗】(リュウレイ) 文章や音楽などが、よどみなく美しいさま。

【流連】(リュウレン) 楽しみにふけって、家に帰るのを忘れる。いつづけ。留連(リュウレン)。

【流連荒亡】(リュウレンコウボウ) 飲食や狩猟などの遊びにふけり、家に帰るのを忘れること。〈孟子・梁恵王下〉

【流露】(リュウロ) ①草の上のつゆ。②内にあるものが外にあらわれる。また、すっかりあらわす。吐露。

【流刑】(リュウケイ・ルケイ) 「流罪(ルザイ)」に同じ。

【流罪】(ルザイ・リュウザイ) 罪人を遠い土地や島に送る刑罰。島流し。遠島。流刑(ルケイ)。

【流▼謫】(ルタク・リュウタク) 日流罪(ルザイ)になること。官職をうばわれて、遠方へ追いやられること。例―の身となる。

【流転】(ルテン・リュウテン) ①〔仏〕生死や迷いの世界を、いつまでもさまよい続ける。輪廻(リンネ)。②ものごとが絶えず移り変わる。例万物は―する。生死―。③ぐるぐるめぐる。④各地を転々とする。

【流布】(ルフ) 〔「布」は、広くゆきわたる意〕世の中に広くゆきわたる。例俗説が―する。

【流布本】(ルフボン) 日いくつかの異なる文章がある古典のうち、最も多く読まれていた本。通行本。例『平家物語』の―。

【流浪】(ルロウ) あてもなくさまよう。例―の民(たみ)。

●下流(カリュウ)・我流(ガリュウ)・寒流(カンリュウ)・逆流(ギャクリュウ)・急流(キュウリュウ)・気流(キリュウ)・渓流(ケイリュウ)・激流(ゲキリュウ)・交流(コウリュウ)・合流(ゴウリュウ)・主流(シュリュウ)・上流(ジョウリュウ)・女流(ジョリュウ)・時流(ジリュウ)・清流(セイリュウ)・対流(タイリュウ)・暖流(ダンリュウ)・中流(チュウリュウ)・潮流(チョウリュウ)・直流(チョクリュウ)・底流(テイリュウ)・電流(デンリュウ)・配流(ハイリュウ・ルハイ)・漂流(ヒョウリュウ)・風流(フウリュウ)・放流(ホウリュウ)・本流(ホンリュウ)

涙

氵7 (10) 1 4662 6D99 常用

㊀ルイ 漢 呉 寘 lèi ㊁レイ 漢 霽 lì

なみだ

[淚] 氵8 (11) 3 8683 6DDA 人 旧字体。

[泪] 氵5 (8) 2 6205 6CEA 別体字。

筆順 氵 氵 氵 沪 沪 沪 涙 涙

なりたち [形声]「氵(=みず)」と、音「戻イ→ルイ」とから成る。なみだ。

意味 ㊀❶なみだを流す。なみだ。例涙痕(ルイコン)。涙腺(ルイセン)。感涙(カンルイ)。❷なみだのようなもの。例燭涙(ショクルイ)(=ろうそくのとけて流れる様子)。㊁「漻涙(リョウレイ)」は、水が速く流れるさま。

日本語での用法《なみだ》「涙雨(なみだあめ)・涙金(なみだキン)」▼ごくわずかな。

古訓 中古 なく・なみだ・なむだ 中世 なみだ・なんだ 近世 なみだ・なんだ

【涙雨】(なみだあめ) 日①深い悲しみを、天が感じて流すなみだに見たてた雨。②日照り続きのあとの、ほんの少し降る雨。

【涙金】(なみだキン) 日同情して出す、わずかなお金。特に、ごく少額の手切れ金のこと。

【揮レ涙斬二馬▼謖一】(なみだをふるってバショクをきる) ⇨【泣斬二馬謖一】(ないてバショクをきる)(758ページ)

【涙河】(ルイカ) なみだを盛んに流す。大泣きする。

【涙痕】(ルイコン) ほおに残るなみだのあと。

【涙珠】(ルイシュ) ①なみだのしずく。珠(たま)のようななみだ。②鮫人(コウジン)(=人魚)のなみだからできるとされる珠(たま)。泣珠(キュウシュ)。

【涙腺】(ルイセン) 日なみだを分泌する腺。

●暗涙(アンルイ)・感涙(カンルイ)・血涙(ケツルイ)・紅涙(コウルイ)・声涙(セイルイ)・熱涙(ネツルイ)・落涙(ラクルイ)

浰

氵7 (10) 4 7853 6D70

レン 漢 霰 liàn

意味 ❶水が速く流れるさま。❷広東(カントン)省を流れる川の名。浰水(レンスイ)。

浪

氵7 (10) 1 4718 6D6A 常用

㊀ロウ(ラウ) 漢 呉 漾 làng ㊁ロウ(ラウ) 漢 ラン 唐 陽 láng

なみ

筆順 氵 氵 氵 汸 泊 浪 浪 浪

なりたち [形声]「氵(=みず)」と、音「良(リョウ→ロウ)」とから成る。川の名。借りて「なみ」の意。

意味 一 ❶おおなみ。なみ。例 波浪(ハロウ)。麦浪(バクロウ)。❷なみのように起伏しているもの。例 放浪(ホウロウ)。流浪(ルロウ)。❸なみのように気ままにする。さすらう。例 放浪(ホウロウ)。流浪(ルロウ)。❹ほしいままで、いいかげんなさま。無駄に。みだりに。例 浪費(ロウヒ)。❺⇒【浪莽】(モウロウ) 二 ❶「孟浪(モウロウ)」は、でたらめなこと。❷⇒【浪浪】(ロウロウ)

古訓 中古 うかぶ・うかる・うごく・なみ・ほしいまま・みだりがはし 中世 うかる・なみ・みだり 近世 ながるる・なみ・なみだつ・みだり

難読 楽浪(さざなみ)

【浪花】ロウカ 一 なみしぶき。白いなみ。二 (なにわ) 日 今の大阪市およびその付近の古名。浪速(なにわ)。浪華(なにわ)。例 ―節(ぶし)。

【浪曲】ロウキョク 日 江戸末期、大坂に起こった大衆芸能。三味線の伴奏で物語を演じる。浪花節(なにわぶし)。

【浪語】ロウゴ でたらめなことば。虚言。嘘(うそ)。妄言。

【浪士】ロウシ ①官職をもたないで流浪している士。②日 主家をもたない武士。浪人。例 赤穂(あこう)―。

【浪子】ロウシ 放蕩(ホウトウ)息子。道楽者。

【浪死】ロウシ 無駄死に。犬死に。徒死。

【浪声】ロウセイ なみの音。

【浪跡】ロウセキ【浪▼迹】ロウセキ あてもなくふらふらと歩きまわる。

【浪伝】ロウデン みだりに世間に広めること。

【浪人】ロウニン ①風波にただようように、居所の定まらない者。②日「浪士(ロウシ)②」に同じ。牢人(ロウニン)。③日 入学や就職の試験などに落ちて、次の受験をめざしている人。④日 失業中の人。

【浪費】ロウヒ 金品や時間などを無駄に使う。

【浪漫主義】ロウマンシュギ 日〔「浪漫」は、フランス語 roman のあて字〕十八世紀末から十九世紀にかけてヨーロッパで起こった文学・芸術・思想の大きな流れ。ロマン主義。

【浪▼莽】モウロウ 広大で果てのないさま。

【浪浪】ロウロウ ①涙が盛んに流れるさま。②雨が降り続くさま。③日 さまよい歩くこと。放浪。例 ―の旅。④日 よろめくさま。⑤日 決まった職につかないでいること。また、落ちぶれたさま。例 ―の身。

●波浪(ハロウ)・風浪(フウロウ)・浮浪(フロウ)・放浪(ホウロウ)・流浪(ルロウ)

淫

氵8 (11)

1 1692 6DEB 常用

イン(イム) 漢 呉 侵 yín

みだら

[淫] 氵8 (11) 俗字。

筆順 氵 氵 氵 氵 浮 淫 淫

なりたち [形声]「氵(=みず)」と、音「㸒(イン)」とから成る。筋目に沿ってしみこむ。一説に、長く続く雨。

意味 ❶水につかる。また、じわじわとしみこむ。ひたす。うるおう。例 浸淫(シンイン)(=次第にしみこむ)。❷深入りする。おぼれる。ふける。例 淫酒(インシュ)(=酒におぼれる)。書淫(ショイン)(=読書をしすぎる)。酒色(シュショク)に淫(イン)する。❸男女関係で、深入りして道をふみはずす。みだれる。みだら。通 婬(イン)。例 淫奔(インポン)。姦淫(カンイン)。邪淫(ジャイン)。❹まどわす。みだす。例 富貴不能淫(フッキもインするあたわず)(=財産や地位も心をまどわすことはできない)。〈孟子・滕文公下〉❺邪悪。よこしま。例 淫邪(インジャ)。❻度をこすさま。例 淫費(インピ)(=過度の出費)。淫雨(インウ)。❼身分をわきまえない。さし出たさま。例 淫名(インメイ)(=身分をこえた称号)。❽⇒【淫淫】(インイン)

古訓 中古 あそぶ・うるふ・おほいなり・おほきなり・しづむ・そむ・ひさし・みだる・むさぼる 中世 うるほふ・ながあめ・みだりなり 近世 あふるる・うるほふ・おほいなり・かだまし・すぐる・たはける・たはぶれる・とどまる・のぶる・ひさし・ほしいまま・みだるる・むさぼる・やぶる

【淫▼哇】インアイ〔「哇」は、みだらな音声の意〕みだらな音楽。

【淫逸】インイツ【淫▼佚】インイツ ①したい放題に楽しみにふけるさま。放蕩(ホウトウ)。②男女関係が乱れているさま。

【淫淫】インイン ①どんどん増えるさま。②流れ続けるさま。③行き来するさま。④遠くへ去ってゆくさま。

【淫雨】インウ 長く降り続いている雨。

【淫楽】 一 インガク みだらな音楽。二 インラク 度をこした楽しみ。

【淫▼驕】インキョウ 酒色におぼれ、おごり高ぶること。

【淫刑】インケイ ①むやみに刑罰を用いる。②ゆきすぎた刑罰。過酷にすぎる刑。

【淫荒】インコウ 酒色にふけり、すさんだ生活をすること。婬荒(インコウ)。

【淫志】インシ ①みだらな気持ちを起こす。②よこしまな気持ち。みだらな志。

【淫▼祀】インシ 民間信仰などで、いかがわしいものを神として祭ること。例 ―邪教。

【淫▼祠】インシ いかがわしい神を祭った、やしろ。

【淫辞】インジ いつわりが多く、うわべだけを飾ったことば。正しくない言説。

【淫邪】インジャ 正しい道に外れた考えや気持ちを抱いている。みだらでよこしまである。

【淫水】インスイ ①氾濫(ハンラン)した水。あふれ出す水。②日 精液。腎水(ジンスイ)。

【淫声】インセイ みだらな音楽。猥雑(ワイザツ)な音楽。淫楽。類 淫音。

【淫溺】インデキ ものごとや女色にふけり、他のことをかえりみないさま。

【淫▼蕩】イントウ 酒や快楽にふけり、節度のないさま。

【淫売】バイイン 日 売春すること。また、その女性。売笑。

【淫▼靡】インビ ①過度のぜいたくや、おごり。②風俗や生活、特に性道徳が乱れているさま。例 ―な風習。

【淫風】インプウ ①正しくない生活にふけろうとする風潮。②男女間のみだらな風潮。

【淫▼辟】インペキ【淫▼僻】インペキ ①節度をこえてみだらなさま。②よこしまで正しくない。

【淫放】インポウ 酒色にふけり、自堕落なさま。淫蕩(イントウ)。

【淫奔】インポン〔「奔」は、女が男のもとへはしり行く意〕①性風俗が乱れているさま。例 ―な風潮。②性的にだらしのないさま。淫乱。

【淫▼湎】インメン〔「湎」も、おぼれる意〕酒色にふけり、心がすさむ。

【淫欲】インヨク【淫▼慾】インヨク 異性に対する肉体的な欲望。情欲。色欲。

【淫乱】インラン ①人の道に外れたおこないをする。例 淫乱生而礼義文理亡焉(インランショウじてレイギブンリほろぶ)(=節度をなくしたでたらめが起こり、秩序や道理が滅んでしまう)。〈荀子・性悪〉②酒色におぼれ、遊びほうける。③情欲をほしいままにするさま。性的な快楽におぼれるさま。例 ―な性質。

【淫濫】インラン ①度がすぎること。②色欲におぼれる。淫乱。

【淫▼霖】インリン 長雨。淫雨。霪霖(インリン)。

【淫▼猥】インワイ〔「猥」も、みだらの意〕肉体的欲望をそそるような、みだらな。卑猥(ヒワイ)。

渶

氵8 (11)

4 7877 6E36

エイ 漢 庚 yīng

意味 山東省を流れていた川の名。

液

氵8 (11)

1 1753 6DB2 教5

エキ 漢 陌 yè

しる・つゆ

筆順 氵 氵 汁 汴 汸 液 液

なりたち [形声]「氵(＝みず)」と、音「夜ヤ→エキ」とから成る。にじみ出る水分。

意味 ❶水状のもの。しる。例 液体(エキタイ)。血液(ケツエキ)。樹液(ジュエキ)。❷わき。かたわら。通 掖(エキ)。例 液門(エキモン)(＝わきの通用門)。

古訓 中古 あせ・しる・つはき・ほとぼす・ほとり・よだり 近世 あせ・しる・つばき・よだれ

【液化】(エキカ) 日〔化〕気体や固体が、液体になる。液体にする。

【液剤】(エキザイ) 日 液状の薬。

【液汁】(エキジュウ) 日(果物や草木などの)しる。つゆ。例 ナシの—。

【液晶】(エキショウ) 日「液状結晶」の略。液体と固体の中間の性質をもつ物質。電卓やテレビの画面などに利用されている。

【液状】(エキジョウ) 日 液体の状態。例 —化現象。

【液体】(エキタイ) 日〔物〕水のように、形は定まらないが一定の体積をもつ物質。対 固体・気体。例 —酸素。

●胃液(イエキ)・血液(ケツエキ)・樹液(ジュエキ)・体液(タイエキ)・唾液(ダエキ)・粘液(ネンエキ)・溶液(ヨウエキ)

淹

氵8 (11) 2 6227 6DF9

エン(エム) 漢 アン(アム)・エン(エム) 呉 塩 yān

ひた-す・い-れる(い-る)

意味 ❶長い間水につける。ひたす。❷長い間、ひとところにとどまる。とどこおる。例 淹滞(エンタイ)。❸久しい。また、久しく。例 淹歳(エンサイ)。❹満ちる。およぶ。まる…。例 淹日(エンジツ)(＝まる一日)。❺ぐずぐずしている。のろい。例 淹遅(エンチ)(＝おそい)。❻広く深い。ひろい。例 淹博(エンパク)。

日本語での用法 《いれる》「茶(チャ)を淹(い)れる」▼お茶の葉やコーヒーなどに湯を注いで飲めるようにする。

難読 淹(とどま)る

【淹該】(エンガイ) ものごとに広く深く通じている。知識や学問の幅が広い。淹博(エンパク)。類 淹貫(エンカン)・淹通(エンツウ)。

【淹久】(エンキュウ) ①一か所に長い間滞在する。長逗留(ながトウリュウ)する。②長く昇進しない。下位にとどまる。▽類 淹泊(エンパク)・淹留(エンリュウ)。

【淹究】(エンキュウ) 学問などを幅広く身につける。

【淹歳】(エンサイ) ①長く久しい年月。②まる一年の間。

【淹宿】(エンシュク) 一夜を過ごす。宵を越す。

【淹▼恤】【淹▼卹】(エンジュツ)〔「恤・卹」は、憂える意〕故郷を離れた地で久しく憂え苦しむ。

【淹滞】(エンタイ) ①その場にとどまる。とどこおる。②すぐれた才能がありながら、長く下位にとどまっている。また、その人。

【淹博】(エンパク) 学問や知識が広く深い。淹該。類 淹通(エンツウ)。

涴

氵8 (11) 4 7867 6DB4

一 エン(ヱン) 漢 オン(ヲン) 呉 阮 wǎn
二 ワ 漢 箇 wò

意味 一 水がうずまいて流れるさま。例 涴演(エンエン)(＝水が曲がりくねって流れるさま)。涴瀬(エンライ)(＝水が曲がりくねった急流)。二 よごす。よごれる。例 涴染(ワセン)(＝汚染)。

[渕]

氵8 (11) ⇩淵(エン)(791ジペー)

[渊]

氵8 (11) ⇩淵(エン)(791ジペー)

淤

氵8 (11) 2 6243 6DE4

ヨ 漢 オ 呉 魚 yū

どろ・にご-る

意味 ❶水底にたまる泥。どろ。例 淤泥(オデイ)。❷泥がたまるようにして、流れがつまる。とどこおる。にごる。例 淤滞(オタイ)(＝とどこおる)。淤塞(オソク)(＝つまってたまる)。❸泥がたまってできた場所。中州(なかス)。例 州淤(シュウオ)(＝中州)。

【淤▼閼】(オアツ)(泥などがつまって)水が流れなくなる。

【淤泥】(オデイ) ぬかるみ。汚泥(オデイ)。

渮

氵8 (11) 2 6249 6E2E

カ 漢 歌 hé

意味 山東省を流れていた川の名。渮水(カスイ)。

涯

氵8 (11) 1 1922 6DAF 常用

ガイ 漢 呉 佳 yá

きし・はて

筆順 氵 氵 汇 汇 沂 浐 涯 涯

なりたち [会意]「氵(＝みず)」と、「厓ガイ(＝がけ)」とから成る。水辺。

意味 ❶みずぎわ。きし。例 水涯(スイガイ)。❷行きついて終わりになる所。かぎり。はて。例 吾生也有レ涯(わがセイにかぎりあり)(＝我々の人生には限りがある)。〈荘子・養生主〉生涯(ショウガイ)。天涯(テンガイ)。空(そら)の涯(はて)。❸制限。かぎり。また、制限する。かぎる。

古訓 中古 かぎる・きし・きは・きはまる・なぎさ・ほとり 中世 かぎり・きし・きは・ほとり・みぎは 近世 かぎり・きし・ほとり・みぎは

人名 みぎわ

【涯岸】(ガイガン) ①水ぎわ。ほとり。②果て。かぎり。▽涯際。類 涯涘(ガイシ)。

【涯際】(ガイサイ) ①岸のほとり。水ぎわ。②ものごとの終わり。果て。かぎり。際限。

【涯分】(ガイブン) 身のほど。分際(ブンザイ)。例 —を忘れる。

●境涯(キョウガイ)・際涯(サイガイ)・生涯(ショウガイ)

渇

氵8 (11) 1 1973 6E07 常用

[渴]

氵9 (12) 3 8688 6E34 人 旧字体。

一 カツ 漢 カチ 呉 曷 kě
二 カツ 慣 ケツ 漢 屑 jié

かわく・かわき

筆順 氵 氵 氵 氵 泹 渇 渇 渇

なりたち [形声]「氵(＝みず)」と、音「曷ツカ」とから成る。水がつきる。

意味 一 ❶のどがかわく。また、のどがかわいて水を求めるように、強くほしがる。かわく。かわき。例 渇望(カツボウ)。飢渇(キカツ)。❷いそぐ。例 渇葬(カッソウ)(＝急いで葬る)。二 水がなくなる。かれる。通 竭(ケツ)。例 渇水(カッスイ)。枯渇(コカツ)。

古訓 中古 うう・かる・ねがふ・みづなし・みづにうう・みづにうゑたり 中世 かわく・のどかわく・みづうゑ 近世 かわく・つくる・みづうゑ

【渇愛】(カツアイ)〔仏〕非常に愛する。度をこして好む。

【渇仰】(カツゴウ・カツギョウ) ①〔仏〕(のどがかわいて水を求めるように)仏の教えを深く信仰する。例 帰依(キエ)し—する。②人を心から尊敬し、したう。あこがれ望む。

【渇▼而▼穿レ井】(カッしてセイをうがつ) のどがかわいてから井戸を掘りはじめる。ふだんからの用意がなく、せっぱつまってからあわてるたとえ。〈説苑・奉使〉

【渇水】(カッスイ) 雨や雪が十分に降らず、水が不足する。また、川などの水量が少なくなる。例 —期。

【渇者易レ為レ飲】(カッするものはインをなしやすし) のどがかわいた人は、どんなものでもありがたがって飲む。苛酷(カコク)な政治に苦しんでいる人は、わずかな仁政でもありがたがることのたとえ。〈孟子・公孫丑上〉

【渇不レ飲二盗泉水一】(カッすれどもトウセンのみずをのまず)〔「盗泉」は、泉の名〕どんなに困っても不正はしないことのたとえ。◆孔子は盗泉という名を嫌って、のどがかわいてもその水は飲まなかったという。……………〈陸機・猛虎行〉

【渇望】(カツボウ)(のどのかわいた人が水をほしがるように)激しく求

める。心から望む。切望。熱望。例 自由を―する。
❸ 飢渇(キカツ)・涸渇(コカツ)・消渇(ショウカチ/ショウカツ)

涵
氵8 (11) 2 6230 6DB5
カン(カム)漢 覃 hán
ひた-す・うるお-す(うるほ-す)

意味 ❶水にたっぷりとつけるように、うるおす。ひたす。また、うるおう。例 涵養(カンヨウ)。❷しまう。納める。とりいれる。例 包涵(ホウカン)(=つつみこむ)。涵容(カンヨウ)(=広く受けいれる)。

【涵▼昫】(カンク) 水にひたしたり温めたりして、やしない育てる。人々に恩恵をほどこすこと。

【涵▼濡】(カンジュ) ①ひたしうるおす。②あまねく恵みをほどこす。

【涵養】(カンヨウ) 水にひたすように、学問や精神をやしなう。

淦
氵8 (11) 2 6232 6DE6
一 カン(カム)漢 勘 gàn
二 カン(カム)漢 覃 hán
あか・ふなゆ

意味 一 ❶水が船のすきまから中に入る。また、船の底にたまった水。あか。ふなゆ。❷江西省を流れる川の名。淦水(カンスイ)。二 しずむ。

涫
氵8 (11) 4 7865 6DAB
カン(クヮン)漢 翰 guàn

意味 ❶湯がにえたぎる。わく。例 涫湯(カントウ)(=にえたぎる)。❷手に水をかけて洗う。あらう。通 盥(カン)。例 涫漱(カンソウ)(=手を洗い、口をすすぐこと。また、そのための水)。

淇
氵8 (11) 2 6231 6DC7
キ漢 支 qí

意味 河南省を流れる川の名。淇水(キスイ)。

【淇奥】(キイク) 淇水(キスイ)の湾曲した場所。河南省北西の地域。

渓
氵8 (11) 1 2344 6E13 常用
ケイ漢呉 斉 xī
たに

[溪] 氵10 (13) 2 6268 6EAA 旧字体。
[谿] 谷10 (17) 2 7616 8C3F 本字。
[谿] 谷8 (15) 4 8889 27BBE 俗字。

筆順 渓

なりたち  【形声】「谷(=たに)」と、音「奚(ケイ)」とから成る。舟が通れないほどせまい、たに。

意味 たにま。谷間を流れる川。たに。例 縁レ渓行(たにによりてゆく)(=谷川の川筋をたどって行く)。〈陶淵明・桃花源記〉 渓谷(ケイコク)。渓流(ケイリュウ)。

古訓 中古 さは・たに 中世 たに 近世 たに

【渓▼澗】(ケイカン) 谷川。渓流。

【渓谷】(ケイコク) 山と山にはさまれた所。たにま。

【渓水】(ケイスイ) 谷川の水。また、谷川。

【渓声】(ケイセイ) 谷川の水の音。

【渓流】(ケイリュウ) 谷間の水の流れ。谷川。

涬
氵8 (11) 3 8679 6DAC
ケイ漢 迥 xìng

意味 「涬溟(ケイメイ)」「溟涬(メイケイ)」は、混沌(コントン)とした根源の気。また、無限に広がっているさま。

涸
氵8 (11) 2 6233 6DB8
カク漢呉 薬 hé
コ漢呉 遇
か-れる(か-る)・か-らす

意味 ❶水がなくなる。かれる。からす。例 涸渇(コカツ)。窮涸(キュウコ)(=水がなくなって苦しむ)。❷凍りつく。通 冱(コ)。例 涸陰(コイン)。

【涸陰】(コイン) 物が凍りついてしまうほどの、きびしい寒さ。また、そのような気候の土地。

【涸渇】(コカツ) ①かわいて水がなくなる。②使いきって不足する。例 才能が―する。表記 ▽現 枯渇

【涸▼轍▼鮒魚】(コテツのフギョ) いまにも乾きそうなわだちの水たまりにいるフナ。非常な困難な状況にあることのたとえ。涸鮒。〈荘子・外物〉から】→【轍鮒】(テップ)(1293ジペー)

【涸▼鮒】(コフ) 「涸轍鮒魚(コテツのフギョ)」に同じ。類 涸鱗(コリン)。

淆
氵8 (11) 2 6234 6DC6
コウ(カウ)漢 肴 xiáo
ま-じる

意味 いりみだれる。まじる。にごる。例 玉石混淆(ギョクセキコンコウ)。

【淆乱】(コウラン) 入りまじって乱れる。

淏
氵8 (11) 4 7872 6DCF
コウ(カウ)漢 皓 hào

意味 水が清らかなさま。参考 淏(しきょ)(=人名)。

淈
氵8 (11) 4 7870 6DC8
コツ漢 月 gǔ

意味 ❶掘り返すようにして、かきみだす。みだす。にごす。通 汩(コツ)・滑。例 何不下淈二其泥一而揚中其波上(なんぞそのどろをにごしてそのなみをあげざる)(=どうして泥をかきまわして波を立てようとしないのか)。〈楚辞・漁父〉 淈乱。❷掘るようにして、徹底的にけずりとる。例 淈尽(コツジン)(=あったものがなくなる。尽きる)。❸わき出た水が地表を掘り進むように流れる。例 淈淈(コツコツ)(=水がこんこんとわいて流れるさま)。

【淈乱】(コツラン) かきまわして混乱させる。攪乱(カクラン)する。

混
氵8 (11) 1 2614 6DF7 教5
一 コン漢 阮 hùn
二 コン漢 元 hún
三 コン漢 阮 gǔn
四 コン漢 元 kūn
まじる・まざる・まぜる(ま-ず)・こむ

筆順 混

なりたち  【形声】「氵(=みず)」と、音「昆(コン)」とから成る。さかんに流れる。

意味 一 ❶川が盛んに流れるさま。例 混流(コンリュウ)(=豊かに流れる)。❷入りまじる。入り乱れる。例 混雑(コンザツ)。混沌(コントン)。混乱(コンラン)。❸一つになる。一つにあわせる。まじる。まざる。まぜる。例 混一(コンイツ)。混成(コンセイ)。混同(コンドウ)。❹にごる。また、区別のつかないさま。例 混然(コンゼン)。混濁(コンダク)。混冥(コンメイ)。二 すべて。通 渾(コン)。例 混身(コンシン)(=全身)。三 ⇒【混混】(コンコン)① 四 ⇒【混侖】(コンロン)

古訓 中古 おなじ・にごる・はびこる・ひたす・ひたたく・みだりがはし・むらがる・もる 中世 おほいなり・にごる・ひたたく・むらがる 近世 おなじ・おほいなり・にごる・ひたすら・まじはる

人名 ひろ・むら

【混一】(コンイツ) いくつもあるものを、ひとまとめにする。渾一(コンイツ)。

【混血】(コンケツ) 日 人種や民族の異なる男女の間に生まれた子供。ハイブリッド。対 純血。例 ―児。

【混元】(コンゲン) 天地が分かれる前の混沌(コントン)とした状態。天地開闢(カイビャク)以前の状態。

【混交】(コンコウ) いろいろなものが入りまじる。例 玉石(ギョクセキ)―(=すぐれたものと、そうでないものとが、まじっていること)。表記 旧 混▼淆

【混合】(コンゴウ) 異なる性質のものが、まじりあう。また、まぜあわせる。例 ―ダブルス。土とセメントを―する。

【混混】(コンコン) ①水が盛んにわき出るさま。滾滾(コンコン)。例 源泉混混、不レ舎二昼夜一(ゲンセンコンコンとして、ちゅうやをおかず)(=泉の水は盛んにわき出て、昼も夜もやむことがない)。〈孟子・離婁下〉 ―と泉がわ

く。②まじりあったさま。にごったさま。③陰陽二気がまじって区別のつかないさま。はっきりしないさま。

【混在】(コンザイ) 性質の違うものがまじりあって、同じところに存在する。例 複数の民族が―する。

【混雑】(コンザツ) ①ごたごたと入りまじる。秩序がない。②日 身動きできないほどこみあう。例 交通機関の―。

【混種語】(コンシュゴ) 日 漢語と和語、あるいは和語と外来語のように、異なった種類の単語が、結びついてできたことば。「重箱」「赤インク」「サボる」など。

【混色】(コンショク) 日 異なる色をまぜあわせる。また、そうしてできた新しい色。

【混成】(コンセイ) まぜあわせて、全体をつくる。例 男女―チーム。

【混戦】(コンセン) ①敵味方が入り乱れて戦う。乱戦。②試合で、勝負の行くえがわからないほど、もみ合って戦う状態。

【混線】(コンセン) 日 ①回線が故障して、通信や通話がまじる。②いくつかの話がまじりあって、よくわからなくなる。

【混然】(コンゼン) いくつかのものが、まじりあって一つになり、区別がつかなくなるさま。渾然(コンゼン)。例 ―一体となる。

【混濁】(コンダク) ①清らかであるはずのものが、にごる。②世の秩序が乱れる。③日 意識がはっきりしなくなる。

【混同】(コンドウ) ①一つになる。一つにまとめる。②本来、区別すべきものを、同じようにあつかう。例 公私を―する。

【混▼沌】(コントン) ①まだ天地が分かれておらず、あらゆるものが入りまじっている状態。②いろいろな要素が入りまじって、事態のなりゆきがはっきりしないさま。例 ―たる世界情勢。▽渾沌(コントン)。混淪(コンロン)。渾淪(コンロン)。

【混入】(コンニュウ) あるものの中に別のものがまじる。また、まぜ入れる。例 異物が―する。

【混▼芒】【混▼茫】(コンボウ) ぼんやりして区別がつかない状態。

【混紡】(コンボウ) 日 異なる種類の繊維をまぜて、糸につむぐ。例 綿とポリエステルの―。

【混迷】(コンメイ) 事態がどう動くかわからなくなる。例 ―の度を深める。―する政局。表記 ⓐ▼昏迷

【混冥】【混▼溟】(コンメイ) ①うす暗くはっきりしないさま。②始めや終わりといった区別のない深遠なさま。〈荘子・天地〉

【混用】(コンヨウ) 異なる種類のものをまぜて使う。

【混浴】(コンヨク) 日 男女が同じ浴場に一緒に入る。

【混乱】(コンラン) 秩序がなくなって、わけがわからない状態になる。例 ―が起きる。話が―する。

【混▼淪】 一(コンリン) 二(コンロン) 一 ①「混沌(コントン)」に同じ。②水がぐるぐると巡るさま。二 ⇩【崑崙】(コンロン)(416ページ)

済

氵8 (11) 1 2649 6E08 教6

［濟］ 氵14 (17) 2 6327 6FDF 旧字体。

一 セイ漢 サイ呉 薺 jǐ
二 セイ漢 サイ呉 霽 jì
すみ・すむ・すます・な-す・すく-う(すく-ふ)

筆順 氵 氵 汁 汶 浐 浐 済

なりたち ［形声］「氵(=みず)」と、音「齊(セイ)」とから成る。川の名。借りて「川をわたる」の意。

意味 一 ❶河南省を流れる川の名。済水(セイスイ)。二 ❶(川や難路を)わたる。わたす。例 済河(サイガ)(=川をわたる)。❷(苦しみ・困難から)すくう。例 済度(サイド)。救済(キュウサイ)。❸ものごとをなしとげる。なす。例 済美(セイビ)。❹増やす。ます。❺こっそり通過する。とおる。例 済師(セイシ)(=軍隊を増援する)。例 済レ身(みをとおす)(=通りぬける)。❷⇩【済済】(セイセイ)

日本語での用法 《すむ》《すます》①「仕事(しごと)が済(す)む・支払(しはら)いが済(す)む」▼おわる。おえる。②「金(かね)で済(す)ます・気(き)が済(す)む」▼不十分ながら決着をつける。

古訓 中古 さだまる・すくふ・たすく・なす・なり・なる・ひとし・まさし・ます・やむ・わたす・わたり・わたる 中世 すくふ・たすく・ひとし・わたる 近世 すくふ・とどまる・とほる・なす・わたす・わたる

人名 いつき・お・かた・さとる・ただ・とおる・なり・なる・ひとし・まさ・ます・やす・よし・わたす・わたり・わたる

【済世】(サイセイ|セイセイ) 社会の不公正や弊害をなくして、人々を救おうとする。例 ―の志。

【済生】(サイセイ) 人々の命を救う。

【済度】(サイド) 〔仏〕〔「度」は、渡す意〕 苦しみの多いこの世から、彼岸(=悟りの境地)へ人々を導く。例 衆生(ジュジョウ)を―する。

【済美】(サイビ|セイビ|ビをなす) 祖先の事業を受け継いで立派になしとげる。例 世済二其美一(よよその ビをなす)(=代々、祖先の事業を受け継ぎ発展させてきた)。〈左伝・文一八〉

【済民】(サイミン) 人民の苦しみを救う。例 経世(ケイセイ)―。

【済化】(セイカ) 人々を救い、善に導く。

【済勝▼之具】(セイショウのグ) 景勝の地を巡り歩くための道具。丈夫な足、健脚のこと。〈世説・棲逸〉

【済済】(セイセイ) ①数が多く、盛んなさま。例 多士―(=すぐれた人物がそろっていること)。②ととのって美しいさま。

【済済多士】(セイセイたるタシ) 優秀な人材が数多くそろっていること。多士済済。〈詩経・大雅・文王〉

●救済(キュウサイ)・経済(ケイザイ)・決済(ケッサイ)・返済(ヘンサイ)・弁済(ベンサイ)

淬

氵8 (11) 2 6235 6DEC

サイ漢 隊 cuì
にら-ぐ

［浂］ 氵4 (7) 4 7827 3CC3 俗字。

意味 ❶焼き入れに使う水の容器。❷焼き入れをする。にらぐ。例 淬礪(サイレイ)。❸はげむ。はげます。例 淬勉(サイベン)。

【淬勉】(サイベン) はげみつとめる。努力する。

【淬励】【淬▼厲】(サイレイ) はげます。激励する。

【淬▼礪】(サイレイ) ①刃物に焼きを入れ、研磨する。②はげます。きたえる。

涮

氵8 (11) 4 7866 6DAE

サン漢 諫 shuàn

意味 ❶水の中で、あるいは中に水を入れて揺り動かして洗う。ゆすぐ。❷肉などを熱湯にさっと通す。例 涮羊肉(シュアンヤンロウ)(=熱湯にくぐらせた羊肉)。

淄

氵8 (11) 3 8681 6DC4

シ漢呉 支 zī

意味 ❶山東省を流れる川の名。淄水(シスイ)。例 淄澠(シジョウ)(=淄水と澠水)。臨淄(リンシ)(=戦国時代の斉(セイ)の都)。❷黒い色。くろ。転じて、僧侶(ソウリョ)。通 緇(シ)。例 淄素(シソ)(=黒と白)。淄流(シリュウ)(=僧侶の社会)。

渋

氵8 (11) 1 2934 6E0B 常用

ジュウ(ジフ)慣 シュウ(シフ)漢呉 緝 sè
しぶ・しぶい(しぶ-し)・しぶる

［澁］ 氵12 (15) 2 6307 6F81 人 旧字体。

［澀］ 氵14 (17) 2 6308 6F80 別体字。

筆順 氵 氵 氵 氵 氵 氵 渋 渋

なりたち ［会意］本字は「歰」で、「止(=あし)」四つから成る。なめらかでない。

意味 ❶なめらかに進まない。とどこおる。しぶる。例 渋滞(ジュウタイ)。難渋(ナンジュウ)。❷わかりにくい。例 晦渋(カイジュウ)。❸味がしぶい。しぶい。例 酸渋(サンジュウ)。

日本語での用法《しぶ》「柿かきの渋しぶ・渋しぶうちわ・渋紙しぶがみ」▼タンニンを多く含む、しぶ柿の汁。

古訓 中古 さび・しぶかす・しぶし・しぶる 中世 さび・しぶ・しぶし・しぶる 近世 しぶる

【渋皮】しぶかわ 日 木の実の、表皮のすぐ内側にある、うすい皮。しぶい味がする。例 ―がむける(=洗練されて、美しくなる)。

【渋渋】しぶしぶ 日 気が進まず、いやいやながら。例 ―あやまる。

【渋味】しぶみ 日 ①しぶいあじ。②地味ジミだが深い味わいがあること。例 ―のある演技。

【渋滞】ジュウタイ ①ものごとが順調に進行しない。例 議事が―する。②日 交通や流通の途中で、とどこおって、なかなか先へ進めない。例 交通―。

【渋面】ジュウメン／しぶつら／しぶっつら 日 不愉快に感じていることが、あらわれている表情。しぶい顔。例 ―をつくる。苦虫にがむしをかんだような―。

●苦渋クジュウ・茶渋チャしぶ・難渋ナンジュウ

淑

氵8 (11) 1 2942 6DD1 常用 シク漢 シク・シュク呉 屋 shū しと-やか・よ-い(よ-し)

筆順 氵 氵 汁 汁 汁 淑 淑 淑

なりたち 【形声】「氵(=みず)」と、音「叔シュク→シク」とから成る。清らかで深い。派生して「よい」の意。

意味 ❶善良である。よい。例 淑化シュクカ(=善良な風習)。❷(女性が)上品で落ち着いている。しとやか。例 淑女シュクジョ。淑徳シュクトク。貞淑テイシュク。❸きよらかで美しい。例 淑姿シュクシ(=優美な姿)。清淑セイシュク。❹見習って自分を立派にする。人を手本としてわが身をよくする。例 淑艾シュクガイ。私淑シシュク。

古訓 中古 うるはし・よし 中世 そそく・なみ・よし 近世 すむ・やはらぐ・よし

人名 きみ・きよ・きよし・すえ・すみ・とし・ひで・ふかし

【淑媛】シュクエン ①才能があり、しとやかな女性。淑女。②女官の一つ。魏ギの文帝の時に置かれた九嬪キュウヒンの一つ。

【淑▼艾】シュクガイ 〔「艾」は、修める意〕君子としての在り方を学び、わが身を修めること。〈孟子・尽心上〉

【淑質】シュクシツ 天性の善良さ。類 淑性。

【淑女】シュクジョ 気品と教養のある、しとやかな女性。また、上流婦人。レディー。対 紳士。例 窈窕淑女ヨウチョウたるシュクジョ、君子好逑クンシのコウキュウ(=しとやかな女性は、立派な若者のよき妻)。〈詩経・周南・関雎〉

【淑真】シュクシン 善良で、正直であること。貞淑で誠実なこと。

【淑人】シュクジン ①善良な人。②美人。③宋ソウ代以降、貴人の妻や母親に与えられた称号。

【淑節】シュクセツ めでたい節句。

【淑徳】シュクトク 女性としてのやさしく気品のある徳。

【淑▼慝】シュクトク 〔「慝」は、悪い意〕よいことと悪いこと。

【淑問】 一 シュクブン よい評判。令名。淑聞シュクブン。二 シュクモン 裁判が公正であること。

【淑茂】シュクモ／シュクボウ 〔「茂」は、ひいでている意〕人格がすぐれ立派である。

【淑誉】シュクヨ (女性の)しとやかで人柄がよいという評判。

【淑気】シュクキ 春の暖かくおだやかな気配。

【淑均】シュクキン 善良で公平であること。

【淑訓】シュククン 女性にふさわしい教育。

淳

氵8 (11) 1 2963 6DF3 人 一 シュン漢 ジュン呉 真 chún 二 シュン漢 真 zhūn あつ-い(あつ-し)・すなお(すなほ)

なりたち 【形声】「氵(=みず)」と、音「享シュン」とから成る。こして清める。借りて「てあつい」の意。

意味 一 ❶まごころがある。人情があつい。あつい。通 惇ジュン。例 淳徳ジュントク(=あつい徳)。温淳オンジュン。❷飾りけがない。すなお。通 純・醇ジュン。例 淳朴ジュンボク。淳良ジュンリョウ。❸まじりけがない。通 純。例 淳粋ジュンスイ(=純粋)。❹明るい。二 液体を注ぎ入れる。そそぐ。

古訓 中古 あつ・あつし・きよし・こまやかに・すなほに・もはら・よし 中世 あつし・きよし・すなほ・もつぱら 近世 すなほ・そそぐ・ただし・ならぶ

人名 あき・あつ・あつし・あつみ・あつむ・きよし・さとし・さとる・たか・たかし・ただ・ただし・とし・ひろ・ひろし・まこと・よし

【淳化】ジュンカ すなおになるよう、教え導く。醇化ジュンカ。

【淳▼澆】ジュンギョウ 人情の厚いことと薄いこと。

【淳厚】ジュンコウ 誠意があり、正直なこと。醇厚ジュンコウ。

【淳淳】ジュンジュン ①飾りけがなく、すなおであること。淳朴。②ものごとが移ろうさま。流動。例 禍福淳淳カフクはジュンジュンたり(=幸運と不運が移り変わること)。〈荘子・則陽〉

【淳風】ジュンプウ 飾りけがなく、すなおな気風。淳朴な風俗。

【淳朴】ジュンボク 飾りけがなく、すなおなさま。純朴。醇朴ジュンボク。例 ―な人柄。―な村人。

【淳良】ジュンリョウ 善良で、すなおなさま。醇良ジュンリョウ。純良。

【淳▼魯】ジュンロ すなおで飾りけが少ない。淳朴。実直。

【淳和】ジュンワ／ジュンカ／ジュンナ おだやかですなおである。心やさしく、実直である。

渚

氵8 (11) 1 2977 6E1A 人 ショ漢呉 語 zhǔ なぎさ・みぎわ

[渚] 氵9 (12) 3 8687 FA46 人 旧字体。

なりたち 【形声】「氵(=みず)」と、音「者シャ→ショ」とから成る。川の名。また「なぎさ」の意。

意味 ❶波うちぎわ。みぎわ。なぎさ。例 汀渚テイショ(=みずぎわ)。❷川の中にできる小さな陸地。中州なかす。

古訓 中古 すはま・なぎさ・みぎは 中世 す・なぎさ・はま・みぎは 近世 す・なぎさ・みぎは

【渚崖】ショガイ 水辺。みぎわ。川辺。類 渚岸。

【渚宮】ショキュウ 春秋時代、楚ソの国にあった宮殿の名。

渉

氵8 (11) 1 3036 6E09 常用 ショウ(セフ)漢呉 葉 shè わた-る・かか-わる(かか-はる)

[涉] 氵7 (10) 3 8676 6D89 人 旧字体。

筆順 氵 氵 汁 汁 沚 涉 渉 渉

なりたち 【会意】「氵(=みず)」と「歩(=あるく)」とから成る。あるいて水をわたる。

意味 ❶川を歩いてわたる。また、船や橋でわたる。わたる。例 徒渉トショウ。跋渉バッショウ。❷歩きまわる。経る。広く見聞する。例 園日渉以成レ趣エンはひにわたりてもっておもむきをなす(=庭は毎日散歩していると、それにより趣が深まる)。〈陶淵明・帰去来辞〉渉猟ショウリョウ。博渉ハクショウ(=広く見聞する)。❸関係する。かかわる。例 渉外ショウガイ。干渉カンショウ。交渉コウショウ。❹達する。およぶ。行く。例 遠渉二江湖之間一とおくコウコのカンにわたる(=はるか遠くの江南の地にいたる)。〈通鑑・漢・建安三〉

古訓 中古 あゆむ・およぐ・まじはる・わたる 中世 のぼる・まじはる・まじる・わたる 近世 かちわたり・ながるる・ふる・わたる

人名 あゆみ・あゆむ・さだ・すすむ・たか・ただ・わたり

【渉外】ショウガイ 外部や外国との連絡や交渉を、専門に担当すること。例 ―課。

【渉▼禽】ショウキン 日〔「禽」は、鳥の意〕浅い水辺を歩きまわって、えさをとる鳥。サギ・ツル・チドリなど。

【渉世】ショウセイ 世の中のさまざまなことを経験する。

【渉猟】ショウリョウ ①あちこち歩きまわってさぐる。②書物などに広く目を通す。例 古文書モンジョを―する。

【渉歴】ショウレキ ①さまざまな場所をめぐる。②いろいろな体験をする。③さまざまな書物を読む。渉猟。

淞
氵8（11） 2 6236 6DDE

ショウ 漢 冬 sōng

意味 江蘇コウソ省太湖に発し長江に注ぐ川の名。淞江ショウコウ。呉淞江ゴショウコウ。〔「淞スン」は、現代中国口語音〕

淌
氵8（11） 2 6237 6DCC

一 ショウ（シャウ）漢 漾 chàng
二 ショウ（シャウ）漢 養 chǎng
おおなみ（おほなみ）

意味 一 大きな波。**おおなみ**。二 水が勢いよく流れるさま。

淐
氵8（11） 4 7873 6DD0

ショウ（シャウ）漢 陽 chāng

意味 川の名。

［淨］
氵8（11） ⇩浄ジョウ（769ジペー）

深
氵8（11） 1 3128 6DF1 教3

シン（シム）漢 ジン（ジム）呉 侵 shēn
ふかい（ふか-し）・**ふか**まる・**ふか**める（ふか-む）・ふ-ける・み

筆順 氵 氵冖 氵穴 浮 深 深

なりたち 〔会意〕本字は「罙」で、「穴（＝あな）」と「火（＝ひ）」と「求（＝もとめる）」の省略体とから成る。（火がなければ見えない穴のように）ふかい。

意味 ❶底や奥までの距離が長い。**ふかい**。対浅。例 深淵シンエン。深奥シンオウ。❷意味がふかい。考えがあさはかでない。例 深意シンイ。深遠シンエン。深謀遠慮シンボウエンリョ。❸心がこもっている。ねんごろ。例 深謝シンシャ。深切シンセツ。❹重大なさま。はなはだしいさま。例 深刻シンコク。深好シンコウ（＝たいへんよい）。❺きびしい。むごい。例 秦之遇ニ将軍ニ、可レ謂レ深矣シンのショウグンをグウする、ふかしというべし（＝秦の将軍に対する待遇はむごいといえる）。〈史記・刺客伝・荊軻〉深刑シンケイ。❻色が濃い。例 深紅シンク。深緑シンリョク。❼夜が更ける。**ふける**。例 夜深忽夢少年事よるふけてたちまちゆめみたりショウネンのこと（＝夜更けにふとはなやかな若いころを夢見る）。〈白居易・琵琶行〉深更シンコウ。深夜シンヤ。❽茂る。例 城春草木深しろはるにしてソウモクふかし（＝都城は春の盛りで草も木もこんもりと茂っている）。〈杜甫・春望〉

古訓 中古 かくす・かくる・ふかし・ふく・むつまし 中世 とほし・ふかし 近世 とほし・ふかさ・ふかし

人名 とお・ふか・ふかし・ふかみ

【深衣】シンイ 古代の服の一種。衣（＝うわぎ）と裳ショウ（＝もすそ）とをつなげて仕立てたもの。大夫タイフ・士は朝廷での日常着とし、庶民は吉礼のときに着用。

【深意】シンイ 深い心。深い考え。また、深い意味。深旨。

【深▼淵】シンエン ①深い淵ふち。水が深くよどんでいる所。②日はかりしれない、ものごとの奥底。例 精神の―をのぞく。

【如レ臨ニ深▼淵一、如レ履ニ薄氷一】シンエンにのぞむがごとく、ハクヒョウをふむがごとし ふかい淵をのぞきこみ、薄い氷をふむように、おこないは慎重であらねばならない。〈詩経・小雅・小旻〉→【戦戦恐恐】センセンキョウキョウ（535ジペー）

【深遠】シンエン 内容が奥深く、簡単には理解できない。深奥。深玄。

【深奥】シンオウ ①内容がおく深く、つかみにくい。深遠。深玄。例 ―な学問。②ものごとの奥底おくそこ。例 ―をきわめる。

【深化】シンカ ものごとの程度や内容を深める。また、深くなる。

【深海】シンカイ 深い海。対浅海。例 ―魚。―を探査する。

【深懐】シンカイ 深く考えこむ。思いにふける。深思。類深惟シンイ。

【深閑】シンカン 物音がせず、ひっそりと静まりかえっているさま。森閑。例 ―とした山の中。

【深▼仇】シンキュウ 深いうらみ。遺恨を抱く相手。類深讐シンシュウ。

【深紅】シンク｜シンコウ 濃い赤色。真紅シンク｜シンコウ。例 ―シンクのバラ。

【深刑】シンケイ きびしい刑罰。厳刑。酷刑。

【深渓】シンケイ 深い谷。けわしい谷。類深谷シンコク。

【深▼閨】シンケイ 屋敷の奥深くにある女性の部屋。深窓。類深房。例 養在ニ深閨一やしなわれてシンケイにあり（＝深窓のうちに育てられた）。〈白居易・長恨歌〉

【深玄】シンゲン 奥深いさま。幽玄。深奥。

【深▼痼】シンコ ①体の奥深くにある病気。②病が重くなる。

【深更】シンコウ 夜ふけ。深夜。例 会議は―におよぶ。

【深厚】シンコウ ①情が深い。親切で思いやりがある。②文章の意味が深く含蓄がある。③山と川。〔「深」は川、「厚」は山を指す〕

【深▼巷】シンコウ 〔「巷」は、路地の意〕奥まった小路。路地裏。例 狗吠ニ深巷中一いぬはシンコウのうちにほゆ（＝犬が路地裏で吠えている）。〈陶淵明・帰園田居〉

【深呼吸】シンコキュウ 大きくゆっくりと呼吸する。

【深刻】シンコク ①深くきざむ。深くほる。②むごい。無慈悲である。深酷。③日危険が迫っていて、重大で、おろそかにできないさま。例 ―な事態。④日深く思いつめるさま。

【深山】シンザン｜みやま 深い山奥。例 ―幽谷シンザンユウコク。

【深旨】シンシ 深い考え。深い意味。深意。

【深思】シンシ ものごとを深く考える。熟考。

【深室】シンシツ ①家の奥まったところにある部屋。深窓。②罪人を閉じ込めておく部屋。座敷牢ロウ。

【深謝】シンシャ ①ひたすらあやまる。陳謝。②日心から感謝する。例 お心遣いに―いたします。

【深酒】シンシュ｜ふかざけ たくさん酒を飲む。

【深情】シンジョウ 一 ①まごころ。相手を深く思う気持ち。真情。厚情。②本心を隠す。二 ふかなさけ 日情愛が強いこと。例 悪女の―。

【深深】シンシン 一 ①奥深いさま。例 ―たる森が広がる。②音もなく静まりかえっているさま。例 ―とした夜更け。③日心や体に深く感じられるさま。例 寒さが―と身にしみる。④日夜が更けていくさま。例 夜は―と更けわたる。二 ぶかぶか 日〔「と」をともなって〕たいへん深く。例 矢が―と刺さった。―と頭を下げる。

【深甚】ジンジン ものごとや気持ちなどの程度が、非常に深い。甚深。例 ―なる謝意を表する。

【深▼邃】シンスイ ①山や谷、家などが奥深いこと。②学問などの奥深い趣。

【深省】シンセイ ①大いに悟る。本質を悟る。②日深く反省する。

【深切】シンセツ ①厳しい。②丁寧である。懇切。親切。③意見などが的を射ている。適切。

【深雪】シンセツ｜みゆき 深く積もった雪。

【深浅】シンセン ①深いことと浅いこと。例 ―をはかる。②日色が濃いことと薄いこと。濃淡。

【深窓】シンソウ 家の奥深くの部屋。特に、女性が大切に育てられる所をいう。深閨シンケイ。例 ―の佳人。

【深層】シンソウ ものごとの奥深いところ。深くかくれていて、表面からは見えない部分。対表層。例—心理。

【深▼潭】シンタン 深い淵ふち。また、深い池。深淵シンエン。

【深長】シンチョウ 内容に深みがあって複雑なさま。例 意味—。

【深重】シンチョウ ①いくつも重なること。②深みがあって重々しいさま。例—な論旨。③慎重なさま。

【深沈】シンチン ①考えが周到で、ゆき届いていること。②落ち着きがあり動じることがない。③ものごとにのめりこむ。沈潜。

【深度】シンド 日海などの深さ。例—計。

【深博】シンパク 知識が深く広い。

【深文】シンブン ①〔「文」は、法律の条文〕法律を厳しく運用する。②深い意味をもつ文章。

【深謀】シンボウ よく考えて立てられた計画や計略。

【深謀遠慮】シンボウエンリョ 将来を見通して、深く考えて作られた計画や行動。〈賈誼・過秦論〉類深慮遠謀。例—をめぐらす。

【深墨】シンボク 顔色が黒ずんで見えるほど、やつれはてている。深く喪に服しているさま。

【深夜】シンヤ よなか。夜おそい時刻。深更。例—放送。

【深憂】シンユウ 深い悩み。深刻な心配ごと。例—に閉ざされる。

【深慮】シンリョ 慎重に深く考えること。対浅慮。例—遠謀。

【深緑】シンリョク 濃い緑色。ふかみどり。例—の森。

【深林】シンリン 木々が深く茂った林。例 深林人不レ知シンリンひとしらず(=深い竹林の趣はだれも知らない)。〈王維・竹里館〉—に分け入る。

【深手】ふかで【深傷】ふかで 日ひどいけが。重傷。対浅手。例—を負う。

●最深サイシン・水深スイシン・測深ソクシン

【滲】氵8 (11) ⇩滲シ(807ジペー)

清

氵8 (11) 1 3222 6E05 教4

セイ漢 ショウ呉 シン唐 庚 qīng

きよい(きよ-し)・きよまる・きよめる(きよ-む)・す-む・すが・さやか

付表 清水しみず

【淸】氵8 (11) 6DF8 旧字体。

筆順 丶 氵 氵 汁 浐 浐 清 清

なりたち [形声]「氵(=みず)」と、音「青セイ」とから成る。明るい。すんだ水のさま。

意味 ❶(水や空気が)澄んでいる。きれいな。きよい。きよまる。すむ。対濁。例 清澄セイチョウ。清朗セイロウ。河清カセイ。❷あざやか。明らか。例 清明セイメイ。清光セイコウ。❸(気分が)さわやか。すがすがしい。例 清新セイシン。清清セイセイ。清涼セイリョウ。❹(態度や行動が)きよらか。きよい。㋐けがれがない。けだかい。例 高談転清コウダンうたたきよし(=高尚な話は、話すほどにますますきよらかに進む)。〈李白・春夜宴桃李園序〉清楚セイソ。清貧セイヒン。㋑相手の状態などを敬っていうことば。例 清栄セイエイ。❺きれいさっぱりと整理する。きよめる。例 清算セイサン。清書セイショ。粛清シュクセイ。❻きれいにする。例 清除セイジョ(=完全に取り除く)。清掃セイソウ。❼静か。おだやか。例 四海清シカイせいたり(=四海すべて平和である)。〈李白・古風〉❽酒などをこして、不純物を除く。すます。例 清酒セイシュ。❾涼しい。すがすがしい。さわやか。例 清風セイフウ。❿満州族の愛新覚羅アイシンカクラ氏が建てた王朝。初代の太祖ヌルハチは満州を統一して国号を後金コウキンとしたが、二代太祖のときに清シンと改めた。一六四四年、明ミンが滅びたのに乗じて華北に侵入、北京ペキンに都して中国全土を統一した。辛亥革命シンガイカクメイによって滅び、中華民国となる。(一六一六—一九一二) 例 日清ニッシン戦争センソウ。

古訓 中古 いさぎよし・かはや・きよし・きよむ・さむし・すます・すむ・すめり・はらふ 中世 いさぎよし・きよし・すむ 近世 いさぎよし・きよし・すずし・すむ

人名 あき・きよ・きよし・しず・すず・すみ

難読 月清つきさやか・清汁すまし

【清朝】一 シンチョウ 中国最後の王朝。清シン。二 セイチョウ ①早朝。②当代の王朝の美称。③「清朝体セイチョウタイ」の略。漢字の活字の書体の一つ。筆で書いた楷書カイショに似た形で、名刺などに用いる。

【清▼夷】セイイ 世の中がよく治まっているさま。

【清韻】セイイン 清らかな音色。澄んだ音や声。

【清栄】セイエイ ①清らかに栄える。②日手紙文に用いる挨拶アイサツのことば。清祥。例 ますますご—のことと存じます。

【清影】セイエイ ①清らかな影。②清らかな月の光。

【清▼婉】セイエン 清らかで、たおやかなさま。

【清艶】セイエン 清らかでありながら、なまめかしい魅力があるさま。例—な美女。

【清音】セイオン ①清らかで澄んだ音や声。②日日本語で、カ・サ・タ・ハ行の音。濁音や半濁音に対して、にごらない音。

【清化】セイカ 清く明らかな教化。天子の徳が広がるさま。

【清華】一 セイカ ①文章が清らかで華やかなこと。②清らかで美しい光景。③尊い家柄。二 セイガ 日公卿クギョウの家格の一つ。平安時代後期以降、大臣を出すことができるとされた九つの家柄。

【清雅】セイガ 清らかで上品な趣があるさま。

【清介】セイカイ 清廉で人と交わらないこと。

【清客】セイカク ①風流な付き合いをする客。②梅の別名。

【清官】セイカン ①格式が高く重要だが、実際の職務はあまりない役職。清班。②清廉潔白な官吏。

【清閑】セイカン【清間】セイカン 俗世間から離れて、静かな境地にいること。静閑。例—を楽しむ。

【清輝】セイキ【清▼暉】セイキ 日月の清らかな光。例 清輝玉臂寒セイキにギョクヒさむからん(=清らかな月の下、あなたの白い腕は冷たく光っていることだろう)。〈杜甫・月夜〉

【清虚】セイキョ ①欲がなく清い心をしていること。②天空。

【清狂】セイキョウ ①実際には狂っていないのに、狂人のようなふるまいをする者。②常識にとらわれず、自由にふるまう者。

【清興】セイキョウ ①上品な趣味。風雅な楽しみ。②他人の楽しみや遊びを敬っていうことば。

【清暁】セイギョウ すがすがしい明け方。類清晨セイシン・清旦セイタン。

【清教徒】セイキョウト 日プロテスタントの一派。十六世紀後半、イギリスに始まる。ピューリタン。

【清潔】セイケツ ①汚れがなく、きれいなさま。清浄。②人格や行動にごまかしや不正がない。姿かたちや態度がさわやかな印象を与えるさま。清廉。対不潔。例—な選挙。

【清倹】セイケン 欲がなく、つつましやかであること。類清約。

【清光】セイコウ 清らかな(月の)光。

【清香】セイコウ 清らかで、よいにおい。芳香。

【清算】セイサン 日①お金の貸し借りを整理して、支払いをすませる。例 借金を—する。②過去のよくない関係からきっぱり離れる。③〔法〕会社や法人などが解散した後、債権・債務を法律に従って整理すること。

【清拭】セイシキ 日布などでふく。特に、病人や死んだ人のからだをふいて、清潔にする。

【清酒】セイシュ ①こして造る、澄んだ酒。対濁酒。②日日本酒。米を原料にして造る。

【清秀】セイシュウ 顔かたちなどが清らかで、すぐれていること。秀麗。例 眉目ビモク—。

【清純】セイジュン けがれがなく純粋なさま。例—派。—な心。

【清▼醇】セイジュン 澄んでいてまじりけのないこと。また、そのような味の酒。

【清書】セイショ きれいに書き直す。また、書き直したもの。浄書。

【清宵】セイショウ 空気が澄んでいて気持ちのよい夜。

【清祥】セイショウ 日〔「祥」は、さいわいの意〕手紙文で使う挨拶アイサツのことば。清勝。清栄。例ご―のことと存じ上げます。

【清商】セイショウ 一①〔「商」は、五音の一つ〕高く澄んで、哀愁を帯びた音色。②涼やかな秋風。例清商応レ秋至セイショウあきにオウじていたる(=涼しい風が秋とともにやってきた)。〈潘岳・悼亡詩〉 二シンショウ 日清シン国の商人。

【清唱】セイショウ ①清らかな声で歌うこと。②伴奏のない歌。

【清勝】セイショウ 日手紙文で、相手が健康に生活していることを喜ぶ挨拶アイサツのことば。清祥セイショウ。

【清浄】セイジョウ 一①心静かで迷いがない。邪念や私心がない。例―な心。②きれいなさま。例空気―器。二ショウジョウ〔仏〕現世の迷いや煩悩から解き放たれた清らかな境地。対不浄。例六根ロッコン―。

【清新】セイシン すがすがしくて、新鮮なさま。例―の気。

【清水】セイスイ 一清らかで澄んだ水。二しみず 日きれいなわき水。

【清清】セイセイ すっきりした気持ちになる。例厄介払ヤッカイばらいをして―した。

【清切】セイセツ ①〔「切」は、はなはだしい意〕非常に清らかであること。〈杜甫・楽遊園歌〉②さびしく、いたましい。③きびしい。厳格である。④天子のそば近く仕える高貴な官職。

【清節】セイセツ 清らかな節操。類清操セイソウ。

【清▼楚】セイソ ①すっきりとして美しいさま。女性の容姿についていう。例―な装い。②明らかなさま。はっきりしている。

【清掃】セイソウ 掃除をして、きれいにする。

【清痩】セイソウ|セイシュウ 背が高くやせていること。

【清濁】セイダク ①澄んでいることと、にごっていること。類清癯セイク。②よいことと悪いこと。例―併あわせ呑のむ(=度量がある)。③優れていることと劣っていること。④清音と濁音。

【清淡】セイタン 清らかでさっぱりしていること。

【清談】セイダン ①魏ギ・晋シンの時代、知識人の間に流行した、老荘思想にもとづく哲学的な談論。②現実と離れた芸術や学問などの風流な話。

【清致】セイチ 清らかな趣。すがすがしい雰囲気。例―に興じる。

【清澄】セイチョウ 清らかに澄んでいるさま。例―な泉。

【清聴】セイチョウ ①音や声がきれいにきこえるさま。②話をきいてくれた相手を敬っていうことば。静聴。

【清適】セイテキ ①気分がさっぱりとしていて、安らかであること。②手紙文などで、相手の無事や健康を祝っていうことば。例ご―のことと拝察いたします。

【清徹】セイテツ【清▼澈】セイテツ ①清らかで透き通っている。②静かで明るい。

【清道】セイドウ ①清らかな生き方。②天子の行く先を掃き清める。また、その役。先払い。清蹕セイヒツ。

【清寧】セイネイ 世の中が平和でよく治まっている。類清靖セイセイ・清泰。

【清白】セイハク ①品行が清廉潔白なこと。②いやしい職についていないこと。③清酒と濁酒。

【清▼謐】セイヒツ 清らかで静かなさま。よく治まって安らかなさま。清寧。例世の中が―にもどる。

【清▼蹕】セイヒツ ①天子の行幸のとき、先払いをすること。また、その役。清道。類清野。②天子の行幸。

【清貧】セイヒン おこないを正しくし、質素に生活すること。例―をたっとぶ。

【清風】セイフウ ①すがすがしい風。例清風徐来、水波不レ興セイフウおもむろにきたりて、スイハおこらず(=清風がゆるやかにわたってきて、水面は波静か)。〈蘇軾・赤壁賦〉―明月。②高潔な風格。

【清福】セイフク ①精神的な幸福。②手紙文などで、相手の幸せを祈ることば。幸福。例ご―をお祈りします。

【清▼芬】セイフン ①清らかでかぐわしい香り。類清馥セイフク。②人柄がすがすがしく落ち着いていること。類清徳。例誦ニ先人之清芬一センジンのセイフンをうたう(=先人のすばらしい徳行をうたい上げる)。〈陸機・文賦〉

【清平】セイヘイ ①世の中が無事に治まっている。類清泰・清靖セイセイ。例海内清平カイダイはセイヘイたり(=天下は平和に治まっている)。〈班固・両都賦・序〉②清廉で公平であること。

【清名】セイメイ 人柄が高潔であるという評判。類清誉セイヨ。

【清明】セイメイ ①清く澄んでけがれのないさま。例―な月。②心が清らかで明朗であるさま。③二十四節気の一つ。清明節。陽暦の四月五、六日ごろにあたる。

【清門】セイモン 高貴な家格。立派な家柄。名門。

【清夜】セイヤ すがすがしく晴れた静かな夜。

【清遊】セイユウ【清▼游】セイユウ ①世俗的なものから離れた、風雅な遊び。②相手の旅行や遊びなどを敬っていうことば。

【清覧】セイラン ①すがすがしく美しい風景。また、それを見ること。②相手に見てもらうことを敬っていうことば。高覧。

【清流】セイリュウ ①澄んだ水の流れ。対濁流。②政治が乱れていないこと。③心が清らかで、おこないの正しい人。④高貴な家柄の人。

【清涼】セイリョウ|ショウリョウ ①清らかで快い冷たさのあるさま。例―なわき水。②さわやかで、すがすがしいさま。例―剤。③心静かで、わずらわしさのないさま。

【清▼冽】セイレツ ①水が清らかに澄んで、冷たいさま。例―な流れ。②淡白でさっぱりしたさま。

【清廉】セイレン 心が清らかで、おこないが正しい。お金や名声などの世俗的な欲望に動かされないさま。例―潔白。―な人柄。―の士。

【清▼漣】セイレン 水面に立つ清らかなさざ波。類清漪セイイ。

【清朗】セイロウ 清らかに澄んで明るいさま。晴朗。例―な月。

【清和】セイワ ①気候がおだやかで、のどかなこと。例―の季節。②世の中がよく治まっていて、平和なこと。③陰暦四月、または四月一日の別名。

【清話】セイワ 世俗的な事柄にかかわらない、趣味や学問などの高尚な話。例―を拝聴する。

●河清カセイ・血清ケッセイ・粛清シュクセイ

淛
氵8 (11) 3 8684 6DDB

一セイ漢呉 霽 zhì 二セツ漢 屑 zhé

意味 一 ❶川の名。淛河セイガ。❷人名に用いる字。例謝肇淛シャチョウセイ(=『五雑組ゴザッソ』の著者)。二川の名。浙江セッコウ。

通浙セ。

[淒]
氵8 (11) ⇩凄セイ(144ページ)

淅
氵8 (11) 2 6240 6DC5

セキ漢 錫 xī

かーす・とーぐ・よねあらーう(よねあらーふ)

意味 ❶米をとぐ。よなげる。**かす。とぐ。よねあらう。** 例米淅桶こめかしおけ。❷といだ米。かしよね。❸河南省を流れる川の名。淅川セキセン。淅水セキスイ。❹⇩【淅淅】セキセキ ❺⇩【淅瀝】セキレキ

参考「浙セツ」とは別の字。

【淅淅】セキセキ 雨や風、水の流れ、鈴などがたてるかすかな音の形容。

【淅▼瀝】セキレキ 雨や雪、風や落ち葉、機はたの梭ひなどがたてる、ものさびしい音の形容。

[淺]
氵8 (11) ⇩浅セン(770ページ)

淙
氵8 (11)　2 6242　6DD9

一 ソウ 漢 冬 cóng
二 ソウ 漢 絳 shuàng
あつ-まる・そそ-ぐ・なが-れる(なが-る)

意味 一 ❶水の流れる音。また、流れるさま。例 淙淙(ソウソウ)。❷急流。滝。例 懸淙(ソウケン)(=滝)。飛淙(ソウヒ)(=ほとばしる急流。滝)。二 水が流れこむ。**そそぐ。ながれる。あつまる。**

【淙▼潺】(ソウセン) 水のさらさらと流れる音。淙琤(ソウソウ)。

【淙淙】(ソウソウ) さらさらと水が流れるさま。また、その音。

【淙▼琤】(ソウソウ) 〔「琤」は、玉のふれ合う音の形容〕 水の流れる音。淙潺(ソウセン)。

[漻]
氵8 (11)　⇨溲(ソウ)(815ページ)

涿
氵8 (11)　3 8680　6DBF

タク 漢 覚 zhuō

意味 ❶河北省を水源とする川の名。涿水(タクスイ)。❷たたく。うつ。

【涿鹿】(タクロク) ①地名。今の河北省涿鹿県の南にあった。黄帝が蚩尤(シユウ)と戦った地という。②古代の刑罰。額に入れ墨をした。

淡
氵8 (11)　1 3524　6DE1　常用

一 タン(タム) 漢 感 dàn
二 エン(エム) 漢 琰 yǎn
あわ-い(あは-し)・うす-い(うす-し)

筆順 氵 氵 氵' 氵'' 氵火 氵炎 淡

なりたち [形声]「氵(=みず)」と、音「炎(エン→タン)」とから成る。うすい味。

意味 一 ❶色・香り・味などがうすい。**あわい。** 対 濃。例 淡彩(タンサイ)。濃淡(ノウタン)。❷態度があっさりしている。こだわらない。例 淡淡(タンタン)。淡泊(タンパク)。冷淡(レイタン)。❸さっぱりしている。わだかまりがない。例 淡交(タンコウ)。淡粧(タンショウ)。淡薄(タンパク)(=さっぱりしていてそっけないさま)。❹塩分を含まない水。また、塩けのうすい食物。例 淡水(タンスイ)。❺おもしろみがない。つまらない。二 ⇩【淡淡】二(エンエン)

日本語での用法 《タン》「淡州(タンシュウ)・紀淡海峡(キタンカイキョウ)」 ▼旧国名「淡路(あわじ)(=今の兵庫県淡路島)」の略。

古訓 中古 あは・あはし 中古 あはし・しづかなり・すさまじ・ほしいままなり・みつ 中世 あはし・あはし 近世 あはし・うすし・ただよふ・みつる

人名 あわ・あわし・あわじ

難読 淡竹(はチク)・淡海(おうみ)

【淡路】(あわじ) 日 旧国名の一つ。今の兵庫県の淡路島。

【淡煙】【淡▼烟】(タンエン) もやもやけむりで、薄くかすんでいるさま。

【淡雅】(タンガ) 飾りけがなく、品がよいこと。澹雅(タンガ)。

【淡交】(タンコウ) あっさりした交際。わだかまりのない君子のまじわり。風雅のまじわり。淡水之交(タンスイのまじわり)。

【淡紅】(タンコウ) うすい赤色。うすくれない。例 —色。

【淡彩】(タンサイ) あっさりしたうすい、いろどり。例 —画。

【淡▼爾】(タンジ) あっさりしていて欲のないさま。恬淡(テンタン)。類 淡如(タンジョ)・淡然。

【淡粧】(タンショウ) 化粧をあまりしていないさま。薄化粧。例 淡粧濃抹総相宜(タンショウノウマツすべてあいよろし)(=薄化粧のときも装いをこらしたときも、どちらもすばらしい)。〈蘇軾・飲湖上初晴後雨〉

【淡水】(タンスイ) 川や湖などの、塩分をほとんど含まない水。真水(まみず)。対 鹹水(カンスイ)。例 —魚。海水を—化する。

【淡水▼之交】(タンスイのまじわり) 水のようにさっぱりした、しかし変わることのない君子の友情。淡交。〔「君子之交淡若レ水(クンシのまじわりはあわきことみずのごとし)。〈荘子・山木〉」から〕

【淡雪】(あわゆき・タンセツ) うっすらと積もった、とけやすい春の雪。

【淡淡】(タンタン) 一 ①ものの味わいなどが、あっさりしているさま。例 —とした色調。②人の性格や態度などが、こだわりがなく落ち着いているさま。例 —と事情を説明する。二 (エンエン) 水をたたえているさま。

【淡泊】【淡白】(タンパク) ①態度や性格が、さっぱりしていて、こだわりが少ないさま。②ものの味や色などが、さっぱりしているさま。対 濃厚。例 —な味つけの料理。

【淡墨】(タンボク) うすくすった墨。また、うすい墨の色。うすずみ。

【淡味】(タンミ) あっさりした味わい。さっぱりした趣。

【淡緑】(タンリョク) うすい緑色。うすみどり。例 —色。

●枯淡(コタン)・濃淡(ノウタン)・平淡(ヘイタン)・冷淡(レイタン)

添
氵8 (11)　1 3726　6DFB　常用

[忝] 氺4 (9)　4 7830　6C97　俗字。
[添] 氵8 (11)　4 7863　23DF9　俗字。

テン(テム) 漢 塩 tiān
そえる(そ-ふ)・そう(そ-ふ)

筆順 氵 氵ニ 氵チ 氵天 氵忝 添 添

なりたち [形声]「氵(=みず)」と、音「忝(テン)」とから成る。増して加える。

参考 俗字「忝」は、「忝(テン)(=かたじけない)」とは別の字。「泰(タイ)」「黍(ショ)」の俗字としても用いられる。

意味 (主となるものに)つけくわえる。つけたす。**そえる。そう。** 例 添加(テンカ)。添削(テンサク)。添付(テンプ)。

古訓 中古 そふ・ます 中世 そふ・そゆる・ます 近世 そへる・ます

人名 そえ・ます

難読 添水(そうず)(=ししおどし)

【添加】(テンカ) 別のものをつけくわえる。また、つけくわわる。例 —物。着色料を—する。

【添削】(テンサク) ①ことばをつけくわえたり、けずったりして、詩や文章をよりよいものにする。②答案の誤りを正したり、コメントをつけたりして、指導する。例 —指導。▽添刪(テンサン)。

【添▼刪】(テンサン) 「添削(テンサク)」に同じ。

【添書】(テンショ) 日 一(シヨ) ①人を紹介するときに持たせてやる手紙。紹介状。②使いの者や贈り物にそえる手紙。添え手紙。二(そえがき) ①文書にそえて書き記した文句。②書画や焼き物などに、由来や証明を記した文書。③(手紙の)追って書き。

【添乗】(テンジョウ) 日 列車・客船・航空機などの旅行につきそって、その世話をする。例 —員。

【添丁】(テンテイ) 〔「丁」は、壮丁の意〕 男子を生むこと。〔人口に壮丁を一人加える意〕

【添付】(テンプ) 日 書類などに、あるものをそえる。

●別添(ベッテン)

淟
氵8 (11)　4 7874　6DDF

テン 漢 銑 tiǎn

意味 ❶にごって、きたない。例 淟濁(テンダク)。淟涊(テンデン)(=にごる)。❷しずむ。うずもれる。例 淟汩(テンコツ)(=埋没する)。

【淟濁】(テンダク) にごり。汚濁。

淘
氵8 (11)　1 3781　6DD8

トウ(タウ) 漢 豪 táo
よな-げる(よな-ぐ)

意味 ❶水ですすぎ洗う。水の中で不純物をよりわける。また、米をとぐ。**よなげる。** 例 淘米(トウマイ)(=米をとぐ)。❷悪いものを取り除き、よいものを残す。例 淘汰(トウタ)。淘井(トウセイ)(=井戸さらえ)。

【淘汰】(トウタ) ①不純物を水で洗い流す。②不要なものや悪いものを取り除き、適切なものを残す。③自然環境の中で、生存に適するものが残り、適しないものは滅んでいく。選択。例 自然—。

淖
氵8（11） ③8682 6DD6
㊀ドウ（ダウ）漢 効 nào ㊁シャク漢 薬 chuò ㊂タク漢 覚 zhuō

意味 ㊀水けの多い土。どろ。例 淖濘（ドウネイ）（＝ぬかるみ）。㊁⇩
【淖約】（シャクヤク） しなやかで美しい。柔弱でなまめかしい。
㊂姓の一つ。
【淖約】（シャクヤク）

[淂]
氵8（11） ⇩得（トク）（479ページ）

淝
氵8（11） ③8685 6DDD
ヒ漢 微 féi

意味 安徽（アンキ）省を流れる川の名。淝水（ヒスイ）。〔三八三年、東晋（トウシン）が前秦（ゼンシン）を破る戦闘（淝水の戦い）があった〕

淼
水8（12） ③8686 6DFC
ビョウ（ベウ）漢 篠 miǎo

意味 水面がはてしなく広がっているさま。ひろい。例 淼淼（ビョウビョウ）（＝水が広々としているさま）。淼茫（ビョウボウ）。
【淼▼茫】（ビョウボウ） 水が遠くまで広がっているさま。川や海の広々としたさま。類 淼漫（ビョウマン）。

涪
氵8（11） ③8678 6DAA
フ・フウ漢 尤 fú

意味 ❶四川省を流れる川の名。涪江（フウコウ）。❷地名。例 涪陵（フウリン）（＝漢代の県名）。❸「涪翁（フウオウ）」は、北宋（ホクソウ）の詩人、黄庭堅（コウテイケン）の号。

洴
氵8（11） ④7869 6D34
ヘイ漢 青 píng

意味 「洴澼（ヘイヘキ）」は、綿（わた）を白くするため水にさらす音。さらす。

淎
氵8（11） ④7871 6DCE
ホウ漢 腫 pěng

意味 川の名。

淀
氵8（11） ①4568 6DC0 人
テン漢 デン呉 霰 diàn
よど・よど-む

なりたち [形声]「氵（＝みず）」と、音「定（テイ→テン）」とから成る。どろ。

意味 ❶水中のかすが沈んでたまる。よどむ。また、そのたまったおり。どろ。通 澱（デン）。❷水が浅くたまった所。よど。通 澱（デン）。❸水深の浅い湖や沼。通 澱（デン）。

日本語での用法 《よどむ》「空気（クウキ）が淀（よど）む・言（い）い淀（よど）む」▼流れが止まり、動きのない状態をいう。

古訓 中古 あさきみづ・よど・よどみ・よどむ 中世 あさきみづ・よど・よどむ 近世 あさみ・よど・よどみ

淶
氵8（11） ④7876 6DF6
ライ漢 灰 lái

意味 河北省を流れる川の名。淶水（ライスイ）。

淕
氵8（11） ②6244 6DD5
リク漢 屋 lù
みぞれ

意味 雪や氷まじりの雨。みぞれ。

涼
氵8（11） ①4635 6DBC 常用
㊀リョウ（リャウ）漢呉 陽 liáng ㊁リョウ（リャウ）漢呉 漾 liàng
すずしい（すず-し）・すずむ

[凉]
冫8（10） ②4958 51C9 人
俗字。

筆順 

なりたち  [形声]「氵（＝みず）」と、音「京（ケイ→リョウ）」とから成る。水で酒をうすめる。派生して「うすらさむい、すずしい」の意。

意味 ㊀❶ひややかで、さわやかなさま。すずしい。例 涼風（リョウフウ）。清涼（セイリョウ）。涼（リョウ）をとる。❷冷たくて思いやりがない。少ない。うすい。例 涼徳（リョウトク）。❸ひえびえとして、ものさびしいさま。例 荒涼（コウリョウ）。❹気落ちする。悲しむ。悲しみ。例 悲涼（ヒリョウ）。㊁❶補佐する。たすける。例 涼二彼武王一（かのブオウをたすく）（＝うれえる）。❷風にさらす。例 暴涼（バクリョウ）（＝風通しをする）。❸冷やす。（＝武王を助けた）。〈詩経・大雅・大明〉

古訓 中古 あはれぶ・かなしぶ・きよし・さがす・さむし・すすく・すずし・たすく・ひややかなり 中世 うすし・きよし・すすぐ・すずし 近世 うすし・さむきかぜ・すずし

人名 あつ・きよし・すけ・まこと

【涼意】（リョウイ） すずしい気配。

【涼陰】 ㊀（リョウイン） すずしい木（こ）かげ。涼蔭（リョウイン）。㊁（リョウアン） 君主が喪に服すること。諒闇（リョウアン）。

【涼雨】（リョウウ） 暑さをやわらげてくれる雨。例 恵みの―。

【涼感】（リョウカン） すずしそうな感じ。例 ―のある色合い。

【涼気】（リョウキ） すずしい空気。すずしさを感じさせる気配。

【涼州】（リョウシュウ） 漢代以来、現在の甘粛省に置かれた州。西域に通じる要衝。

【涼秋】（リョウシュウ） ①すずしい風の吹きはじめた秋。②ひえびえとしてさびしい秋。

【涼徳】（リョウトク） 〔「涼」は、薄い意〕人徳の少ないこと。

【涼風】（リョウフウ｜すずかぜ） すずしい風。例 ―の立つころ（＝初秋）。

【涼味】（リョウミ） すずしさ。すずしげな感じ。例 ―満点。

【涼涼】（リョウリョウ） ①人との付き合いが薄いこと。他人と親しまずひとりさびしいさま。②ひんやりとすずしいこと。
●荒涼（コウリョウ）・清涼（セイリョウ）・納涼（ノウリョウ）

淩
氵8（11） ④7875 6DE9
リョウ漢呉 蒸 líng

意味 ❶今の江蘇（コウソ）省を流れていた川の名。❷相手をこえて上に出る。こえる。しのぐ。通 陵・凌（リョウ）。例 淩雲（リョウウン）（＝雲をしのぐほどの高い志）。淩駕（リョウガ）（＝しのぐ）。❸力ずくでおかす。あなどりはずかしめる。通 陵・凌（リョウ）。例 淩辱（リョウジョク）（＝はずかしめる）。

淋
氵8（11） ①4652 6DCB 人
リン（リム）漢 侵 lín
さび-しい（さび-し）

なりたち  [形声]「氵（＝みず）」と、音「林（リン）」とから成る。水をそそぐ。

意味 ❶水が絶えずたれる。したたり落ちる。そそぐ。うるおす。例 淋雨（リンウ）。淋漓（リンリ）。❷（lìn）性病の名。通 痳（リン）。例 淋病（リンビョウ）。

日本語での用法 《さびしい》「淋（さび）しい場所（バショ）・淋（さび）しい生活（セイカツ）・ふところが淋（さび）しい」▼人けがなくてひっそりしている。孤独である。とぼしい。不足。

古訓 中古 あくたる・したたる・したつ・したでゆばり・したむ・たる・ひたす・もる 中世 したむ・そそく・ひたす 近世 うるほふ・そそぐ・にごる

【淋雨】（リンウ） 長雨。淫雨（インウ）。霖雨（リンウ）。

【淋▼巴節】（リンパセツ） 日〔医〕〔「淋巴」は、ドイツ語 Lymph のあて字〕リンパ管のところどころにある、小さなふくらみ。体内に入りこんだ細菌を分解して取り除く。からだに炎症が起こると、はれる。淋巴腺（リンパセン）。

【淋▼巴腺】（リンパセン） 日「淋巴節（リンパセツ）」に同じ。

【淋病】（リンビョウ） 淋菌に感染しておこる性病。淋疾。痳病（リンビョウ）。

【淋▼漓】【淋離】（リンリ） ①長くて美しい。②数が多く盛んである。③汗や血などが、したたり落ちるさま。例 流汗―。④生き生きとしているさま。勢いがあるさま。例 墨痕（ボッコン）―たる筆勢。

【淋淋】(リンリン) 水がしたたり落ちるさま。ぽたぽたと水のこぼれること。㊫淋瀝(リンレキ)・淋漉(リンロク)。例 洪淋淋焉(あふるることリンリンたり)(=水がぽたぽたこぼれる)。〈枚乗・七発〉
【淋浪】(リンロウ) ①水が絶え間なくしたたるさま。②乱れるさま。酒を飲んで騒ぐさま。

淪

氵8 (11) 2 6245 6DEA
リン漢呉 真 lún
しず-む(しづ-む)・さざなみ

意味 ❶川面(かわも)の小さな波。さざなみ。❷おちこむ。しずむ。例 淪落(リンラク)。沈淪(チンリン)(=しずむ)。❸おちぶれる。ほろびる。しずむ。例 沈淪(チンリン)(=おちぶれる)。

【淪▼猗】【淪▼漪】(リンイ) さざ波。㊫漣漪(レンイ)・淪漣(リンレン)。

【淪溺】(リンデキ) 沈みおぼれる。沈没する。沈溺。

【淪暮】(リンボ) 年をとって衰える。

【淪没】【淪▼歿】(リンボツ) ①水中に沈む。②敵に奪われる。③死ぬこと。

【淪滅】(リンメツ) 失う。なくなる。消え去る。

【淪落】(リンラク) ①おちぶれる。㊫零落。例 —の身となる。②衰えて滅びる。例 —の道をたどる。

【淪▼漣】(リンレン) さざなみ。また、さざなみが立つ。

[淚]

氵8 (11) ⇩涙(ルイ)(780ジペー)

𣷓

氵8 (11) 4 7864 23DD3
ワ漢 歌 hé

意味 「涫𣷓(カンワ)」は、水がわきたつさま。水がさかまくさま。
参考 音𣷓(おとなぎ)(=姓)。野𣷓(のうなぎ)(=和歌山県の地名)。

淮

氵8 (11) 2 6246 6DEE
ワイ慣 カイ(クヮイ)漢
エ(ヱ)呉 佳 huái

意味 長江や黄河に次ぐ中国第三の大河。淮水(ワイスイ)。淮河(ワイガ)。例 淮陰(ワイイン)。淮南(ワイナン)。淮南子(エナンジ)。

【淮南子】(エナンジ) 前漢の淮南王(ワイナンオウ)劉安(リュウアン)が編集した思想書。

【淮陰】(ワイイン) 地名。淮水の南側一帯。現在の江蘇(コウソ)省淮陰市付近。前漢の功臣、韓信(カンシン)が封(ホウ)じられた。

【淮南】(ワイナン) 淮水の南、長江以北の土地。

渥

氵9 (12) 1 1615 6E25 人
アク漢 覚 wò
あつ-い(あつ-し)

なりたち  [形声]「氵(=みず)」と、音「屋(オク→アク)」とから成る。うるおう。
意味 ❶水分を十分に受けて、うるおう。うるおす。例 渥露(アクロ)(=つゆ)。❷てあつい。ねんごろ。また、恩沢。例 渥恩(アクオン)。❸つややか。例 渥彩(アクサイ)(=美しいいろどり)。渥赭(アクシャ)。
古訓 中古 あつし・あむ・うるふ・ひたす 中世 あたたか・あつし・うるほす 近世 あつし・うるほふ
人名 あつ・あつし・ひく
難読 渥美(あつみ)(=地名・姓)
【渥恩】(アクオン) 深い恩恵。特に、主君から受ける恵み。
【渥▼赭】(アクシャ) ①赤らんでつやのある顔色。赤ら顔。②赤い色。濃い赤色。▽㊫渥丹(アクタン)。
【渥然】(アクゼン) つやのある顔色。血色のよい顔。
【渥恵】(アクケイ) 手厚い恩恵。厚恩。渥恩。㊫渥洽(アクコウ)。

渭

氵9 (12) 2 6247 6E2D
イ(ヰ)漢 未 wèi

意味 黄河最大の支流。渭水(イスイ)。

【渭城】(イジョウ) ①陝西(センセイ)省咸陽(カンヨウ)市の東北にある地。秦(シン)の都、咸陽にあたり、漢代に渭城県が置かれた。②唐の詩人、王維の「送三元二使二安西一(ゲンジのアンセイにつかいするをおくる)」と題する詩。渭城曲(イジョウのキョク)。

【渭水】(イスイ) 黄河最大の支流。甘粛省南東部から、陝西(センセイ)省中部を流れる。流域には、秦(シン)の咸陽(カンヨウ)や唐の長安など、歴代の都があった。㊫渭河(イガ)・渭川(イセン)。

【渭陽】(イヨウ) ①地名。渭水の北岸一帯。②母方のおじ。母の兄弟。

湋

氵9 (12) 4 7886 6E4B
イ(ヰ)漢 微 wéi

意味 川の名。

湮

氵9 (12) ——
イン漢 真 yīn
エン漢 先 yān
しず-む(しづ-む)・ふさ-ぐ

[湮]

氵9 (12) 2 6248 6E6E 俗字。

意味 ❶(水中に)しずむ。例 湮没(インボツ)。❷埋没する。うずもれる。例 埋湮(マイイン)。❸ほろぶ。滅びてなくなる。例 湮滅(インメツ)。❹(気が)ふさぐ。ふさがる。例 湮鬱(インウツ)。湮塞(インソク)(=ふさがる)。

【湮鬱】(インウツ) ふさぎこむさま。陰鬱(インウツ)。

【湮墜】(インツイ) ①滅びさる。消えさる。滅亡する。②死ぬ。▽㊫湮淪(インリン)。

【湮没】(インボツ) ①滅びさる。消えてなくなる。②死ぬ。③水に沈んで見えなくなる。④民間にうもれて消息を聞かなくなる。

【湮滅】(インメツ) 滅びてなくなる。また、あとかたもなく消し去る。隠滅。堙滅(インメツ)。例 証拠を—する。

【湮▼阨】(インヤク) 不幸な状態にある。落ちぶれていきづまる。

淵

氵9 (12) 1 4205 6DF5 人
エン(ヱン)漢 先 yuān
ふち

[渕] 氵8 (11) 2 6228 6E15 俗字。
[渊] 氵8 (11) 2 6229 6E0A 俗字。

なりたち  [会意]「氵(=みず)」と「𣶒(=うずまくようす)」から成る。うずまく水。

意味 ❶水を深くたたえ、よどんでいるところ。ふち。例 深淵(シンエン)。❷ものの集まるところ。例 淵叢(エンソウ)。❸深い。奥深い。例 淵淵(エンエン)。淵塞(エンソク)。淵静(エンセイ)(=静まりかえる)。❹おくゆかしい。しずか。例 淵博(エンパク)。

古訓 中古 はら・ふかし・ふち 中世 ふかし・ふち 近世 ふかし・ふち
人名 すえ・すけ・なみ・のぶ・ひろ・ふかし
【淵意】(エンイ) 深い考え。心の奥深くの感情。㊫淵旨(エンシ)。

【淵淵】(エンエン) ①深く、静かなさま。②鼓の音の形容。

【淵雅】(エンガ) どっしりと落ち着きがあり、上品である。

【淵海】(エンカイ) 淵(ふち)と海。深くて広いもののたとえ。

【淵客】(エンカク) ①水に慣れた人。泳ぎの上手な人。また、船頭。②人魚。鮫人(コウジン)。

【淵源】【淵原】(エンゲン) ものごとが生まれてくる、みなもと。もののおおもと。根源。根本。例 —をきわめる。

【淵▼邃】(エンスイ) 奥深い。ひっそりとしていて奥がうかがえない。

【淵泉】(エンセン) ①深いいずみ。②(水が深くたたえられて、尽きることがないさまから)思慮深いさま。

【淵然】(エンゼン) ①奥深いさま。②水が深くたたえられているさま。

【淵▼叢】【淵▼藪】(エンソウ) 〔魚が集まるふちや、鳥獣が集まるやぶの意〕ものが多く集まる所。例 学芸の—。

【淵塞】(エンソク) 考え深く、誠実である。塞淵。

【淵博】(エンパク) 見聞・学問などが深く広いこと。淹博(エンパク)。㊫淵弘(エンコウ)。

【淵▼謨】(エンボ) 深いはかりごと。深謀。㊫淵図(エント)・淵謀(エンボウ)。

【淵黙】(エンモク) 落ち着きがあり、口数が少ないこと。

【淵瀬】(エンライ/ふちせ) ①川などで、深い所と浅くて流れの速い所。②日移り変わりの激しいこと。

湲

氵9 (12) 2 6251 6E72

エン(ヱン)漢 先 yuán
カン(クヮン)漢 删
なが-れる(なが-る)

意味 ❶「湲湲(エンエン/カンカン)」は、㋐水がさらさらと流れるさま、㋑ひっくりかえるさま、また、入り乱れるさま。❷「潺湲(センエン/センカン)」は、水が流れるさま。

温

氵9 (12) 1 1825 6E29 教3

一 オン(ヲン)漢 ウン呉 元 wēn
二 ウン漢 オン(ヲン)呉 問 yùn
あたたか・あたたかい(あたた-かし)・あたためる(あたた-む)・あたたまる

[溫] 氵10 (13) 3 8692 6EAB 人 旧字体。 [𥁕] 皿5 (10) 4 8187 25055 本字。

筆順 冫 氵 汈 泪 渇 温 温

なりたち [会意]「皿(=さら)」と「囚(=とりこ)」とから成る。囚人に食事を与える。なさけぶかく、あたたかい。

意味 一 ❶あたたかい。あたためる。あたたかさ。例 温泉(オンセン)。保温(ホオン)。❷大切にする。しまいこむ。例 温存(オンゾン)。❸人柄や表情がおだやか。やさしい。例 温顔(オンガン)。温厚(オンコウ)。温情(オンジョウ)。❹学んだことを繰り返しならう。復習する。たずねる。例 温習(オンシュウ)。温故知新(オンコチシン)。❺ぬくもり。温度。例 気温(キオン)。 二 積みたくわえる。つむ。通 蘊(ウン)。

古訓 中古 あたたかなり・あたたかに・あたたむ・うるふ・たづぬ 中世 あたたか・あたたむ・たづぬ・ぬるし 近世 あたたか・さらへる・たづぬる・にこやか・のどか・よし

人名 あつ・あつし・いろ・すなお・ただす・つつむ・なが・ならう・のどか・はる・み・みつ・みつる・やす・やすし・ゆたか・よし

難読 温州蜜柑(ウンシュウミカン)(=中国の地名がついているが、日本原産のミカン)・温灰(ぬくばい)・温習(さらい)・温湯(ぬるまゆ)

【温▼飩】(ウンドン/オンドン) 日 小麦粉をこね、のばして細長く切った食品。饂飩(ウドン)。

【温気】(ウンキ/オンキ) ①温度が高い空気。②陽気。③あたたかさ。特に、夏の蒸し暑さ。例 むっとする―。

【温克】(ウンコク/オンコク) 心が広い。また、つつしみ深い。

【温▼藉】【温籍】(ウンシャ) 寛容である。蘊藉(ウンシャ)。醞藉(ウンシャ)。

【温温】(オンオン) ①やさしく、人当たりのよいさま。②うるおいがあるさま。③気温があたたかいさま。

【温雅】(オンガ) 性格がおだやかで、おくゆかしいさま。上品なさま。

【温顔】(オンガン) ①おだやかな人柄をあらわす、やさしい顔つき。温容。例 ―を拝す。②母親。

【温恭】(オンキョウ) おだやかで、つつしみ深いさま。例 温恭自虚(オンキョウジキョ)(=おだやかでうやうやしく謙虚にする)。〈管子・弟子職〉

【温血】(オンケツ) 血液があたたかい。対 冷血。

【温故】(オンコ) 〔「故」は、いにしえの意〕すでに知っていることを学び直す。また、過去のことを調べる。

【温故知新】(オンコチシン) 昔のものごとを調べ、そこから新たな考え方や道理を見つけだす。例 温レ故而知レ新、可三以為二師矣(ふるきをたずねてあたらしきをしる、もってシたるべし)(=過去のことを学習し、新しいことがらも理解する。そうしてはじめて人の師となることができる)。〈論語・為政〉

【温厚】(オンコウ) ①おだやかで、思いやりがあるさま。温和。例 ―篤実な人柄。②富む。生活が豊か。

【温室】(オンシツ) ①あたたかい部屋。②日 風呂(ふろ)場。浴室。湯殿。③日 植物を育てたり、保護したりするために温度を調節できるようにした建物。

【温車】(オンシャ) 死体を運ぶための車。轀車(オンシャ)。轀輬車(オンリョウシャ)。

【温石】(オンジャク) 日 ①火で焼いた石を布で包んだもの。また、その石。ふところに入れて体をあたためるのに用いた。②ぼろを着た人をあざけっていう。〔ぼろ布で「①」を包んだことから〕

【温習】(オンシュウ) すでに学んだことを、何度もやり直したり、練習したりする。おさらい。復習。例 ―会。

【温柔】(オンジュウ) ①性格がおだやかでやさしい。②あたたかく、やわらかい。また、気候や風土がおだやかなさま。

【温柔郷】(オンジュウキョウ) ①美女が男を迷わすところ。閨房(ケイボウ)。〈趙飛燕外伝〉②色里。花柳界。

【温順】(オンジュン) ①性格がおだやかで、すなおなさま。温純。例 ―な人柄。②気候や風土がのどかなさま。例 ―な土地。▽温柔。

【温潤】(オンジュン) あたたかく、親切なこと。

【温床】(オンショウ) ①床をあたためる。②(おんどこ) 日 野菜の苗などを育てるため、人工的にあたためた苗床。③日 悪いものごとを引き起こしやすい原因や環境。例 汚職の―。

【温情】(オンジョウ) やさしく思いやりのある心。また、その心づかい。

【温色】(オンショク) ①あたたかみのある色つや。②おだやかでやさしい表情。③日 あたたかい感じのする色。暖色(ダンショク)。

【温尋】(オンジン) 〔「尋」は「燖(ジン)」で、あたためる意〕①冷めたものをもう一度あたためる。②復習する。

【温水】(オンスイ) あたたかい水。対 冷水。例 ―プール。

【温▼凊定省】(オンセイテイセイ) 子供が心をこめて親孝行することをいうことば。〔父母が、冬はあたたかく(=温)、夏はすずしく(=凊)過ごせるように、夕方には寝床をととのえ(=定)、朝にはよく眠れたかどうかを気づかう(=省)」〈礼記・曲礼上〉から〕

【温泉】(オンセン) 地中の熱によってあたためられた地下水がわき出るもの。いでゆ。〔日本では、普通、セ氏二五度以上のものをいう〕対 冷泉。例 ―治療。→【鉱泉】(コウセン)(1357ジペー)

【温存】(オンゾン) ①いたわる。②日 余裕をもって、大切に残しておく。保存。例 体力を―する。

【温帯】(オンタイ) 熱帯と寒帯との間の地域。気候がおだやかで、季節に変化があり、降水量も多い。例 ―植物。―林。

【温暖】【温▼煖】(オンダン) 気候がおだやかで、あたたかいさま。対 寒冷。例 ―な保養地。

【温度】(オンド) 日 暖かさや冷たさの度合いを、数値であらわしたもの。基準の取り方により、絶対温度・カ氏温度・セ氏温度などがある。例 ―計。―差。

【温突】(オンドル) 〔朝鮮語〕朝鮮半島や中国東北部で使われる暖房装置。たき口で燃料を燃やし、床の下に熱い煙を通して部屋や寝床などをあたためる。

【温熱】(オンネツ) あたたかさ。あつさ。また、熱。例 ―療法。

【温風】(オンプウ) ①あたたかい風。②陰暦六月ごろに吹く風。

【温飽】(オンポウ) あたたかな衣服を着、十分な食べ物を食べること。豊かな生活をすることのたとえ。暖衣飽食。

【温容】(オンヨウ) 人柄のおだやかさをあらわす、やさしい顔や姿。温顔。例 師の―に接する。

【温浴】(オンヨク) あたたかな湯につかること。入浴。

【温良】(オンリョウ) 人柄がおだやかで、善良なさま。温和(オンワ)。

【温良恭倹譲】(オンリョウキョウケンジョウ) 人柄が、おだやかで素直、うやうやしく、つつましやかで、ひかえめであること。子貢(シコウ)が師である孔子の人となりを語ったことば。〈論語・学而〉

【温和】(オンワ) ①気候があたたかで、おだやかなさま。温順。②性格・態度・ことばつきがおだやかなさま。温厚。穏和(オンワ)。例 ―な人柄。

● 検温(ケンオン)・高温(コウオン)・常温(ジョウオン)・水温(スイオン)・体温(タイオン)・微温

ビオン・保温ホオン

渦

氵9 (12) 1 1718 6E26 常用

一 カ(クヮ)慣 ワ漢 歌 wō
二 カ(クヮ)漢 歌 guō
うず(うづ)

筆順 氵 氵 沪 沪 沪 渦 渦 渦

なりたち [形声]「氵(=みず)」と、音「咼カ…→ワ」とから成る。水がうずを巻く。

意味 一 ❶水がうずを巻く。**うず**。例 渦旋カセン。渦中カチュウ。❷うず状のもの。例 渦脈カミャク(=うずを巻いたようなすじ)。渦紋カモン。二 河南省に発し安徽アンキ省を流れて淮河ワイガに注ぐ川の名。渦水カスイ。

古訓 中世 うづ 近世 うづ・うづまく

【渦潮】うずしお 日 うずを巻いて流れる海水。例 鳴門なるとの—。

【渦旋】カセン うずを巻いて回る。水がうず巻く。旋渦。盤渦。

【渦中】カチュウ ①うずの中。②複雑な事件やもめごとのさなか。例 —に身を投じる。—に巻きこまれる。

【渦紋】カモン うず巻きの模様。

湏

氵9 (12) 4 7888 6E4F

カイ(クヮイ)漢 隊 huì

意味 顔を洗う。参考 普通「須シュ」の俗字として用いる。

渇

氵9 (12) ⇩渴カツ(782ジペー)

渙

氵9 (12) 2 6250 6E19

カン(クヮン)漢 翰 huàn
あき-らか

意味 ❶氷がとける。とけて分かれる。ちらばり広がる。例 渙発カンパツ。❷つやや模様があって美しいさま。**あきらか**。例 渙渙カンカン。❸易キエの六十四卦カの一つ。☴☵ 坎下巽上カンカソンショウ。風が水の上を吹く象。❹⇩【渙渙】カンカン

【渙汗】カンカン ①天子が詔勅を出すこと。〔汗がもとに戻らないように、一度出された詔勅は取り消せないことから〕②広く流布する。

【渙渙】カンカン 水が盛んに流れ広がるさま。

【渙発】カンパツ 皇帝や天皇の命令が、広く世間へ向けて発せられる。〔氷がとけて散らばり広がるように、四方に発する意〕

渠

氵9 (12) 1 2184 6E20

キョ漢 コ呉 魚 qú
みぞ・かれ

意味 ❶地面を掘った水路。掘り割り。**みぞ**。例 暗渠アンキョ。溝渠コウキョ。❷水路をひらく。❸(悪者の)かしら。通 巨。例 渠魁キョカイ。❹大きい。通 巨。❺**かれ**。三人称の代名詞。例 渠輩キョハイ(=かれら)。❻「なんぞ」「いずくんぞ」と読み、「どうして。まさか…まい」の意をあらわす。例 渠有二其人一乎いずくんぞそのひとあらんや(=まさかそんな人はおるまい)。〈漢書・孫宝伝〉 ❼⇩【渠渠】キョキョ

【渠▼魁】キョカイ 盗賊などのかしら。首領。頭目。巨魁キョカイ。

【渠渠】キョキョ ①広く奥深いさま。②落ち着きがなく、せかせかしているさま。遽遽キョキョ。③盛んなさま。④丁寧で心のこもっているさま。

【渠帥】キョスイ【渠率】キョスイ 盗賊や悪党の首領。

減

氵9 (12) 1 2426 6E1B 教5

カン(カム)漢 ゲン(ゲム)呉 豏 jiǎn
へる・へらす

筆順 氵 氵 汇 沂 沪 減 減 減

なりたち  [形声]「氵(=みず)」と、音「咸カン」とから成る。そこなう。へる。

意味 ❶数量が少なくなる。**へる**。少なくする。**へらす**。対 増。例 減少ゲンショウ。削減サクゲン。半減ハンゲン。❷程度が下がる。小さくなる。例 減退ゲンタイ。❸引き算。例 減法ゲンポウ。加減乗除カゲンジョウジョ。❹そこなう。そぐ。例 減却ゲンキャク。❺…に劣る。…に次ぐ。

古訓 中古 おとす・おとる 中世 おとる・すくなし・へらす・へる 近世 おとす・かろし・すくなし・へらす・へる

人名 き・つぎ

【減圧】ゲンアツ (空気圧や水圧などの)圧力を下げる。また、圧力が下がる。

【減員】ゲンイン ①定員をへらす。②日 会社や役所などで、人をへらす。例 不況で社員が—された。▽対 増員。

【減益】ゲンエキ (会社などの)利益がへる。対 増益。

【減価】ゲンカ ①商品の値段を下げる。また、値引きした価格。②品位や評判を落とす。

【減額】ゲンガク 金額などをへらす。また、へる。対 増額。

【減却】ゲンキャク へる。そこなう。また、へらす。例 一片花飛減二却春一いっぺんのはなとんではるをゲンキャクす(=ひとひらの花が飛び散っただけでも、春景色はそこなわれる)。〈杜甫・曲江〉 興味を—する。

【減給】ゲンキュウ 日 給料をへらす。特に、罰として、一定期間、給料の額を少なくする。減俸。例 —処分。

【減刑】ゲンケイ 恩赦の一つ。いったん決定した刑罰を、より軽いものにする。

【減殺】ゲンサイ 〔「ゲンサツ」と読むのは誤り。「殺」は、けずる意〕①程度や量をへらす。例 仕事の意欲を—する。②軽くする。弱める。

【減産】ゲンサン 生産量がへる。また、へらす。対 増産。

【減算】ゲンザン 〔数〕引き算。減法。対 加算。

【減資】ゲンシ 日 企業などが資本金をへらす。また、へらした資本。対 増資。

【減収】ゲンシュウ 収入や収穫量が少なくなる。また、その額や量。対 増収。例 税金が増えて実質的には—になる。

【減少】ゲンショウ 数量や程度がへって、少なくなる。対 増加。

【減水】ゲンスイ 水の量がへる。また、へらすこと。対 増水。

【減衰】ゲンスイ 数量がだんだん少なくなる。また、次第に衰える。

【減数】ゲンスウ ①数がへる。②日〔数〕引き算で、引くほうの数。

【減税】ゲンゼイ 税金の負担額を少なくする。対 増税。

【減▼竈】ゲンソウ 陣地に作るかまどの数をへらし、兵数が少ないように見せかけて、敵をあざむく計略。〔戦国時代、斉セイの孫臏ソンビンが、魏ギの龐涓ホウケンをだました策の故事〈史記・孫臏伝〉から〕

【減速】ゲンソク 動いているものの、速度を落とす。また、速度が落ちる。対 加速。

【減退】ゲンタイ ①勢力が弱まる。②体力や気力などが衰える。対 増進。例 食欲が—する。③しりぞく。隠退する。

【減反】ゲンタン【減段】ゲンタン 日〔「反・段」は、土地の面積をあらわす単位〕農作物、特に米を生産する田畑の面積をへらす。

【減点】ゲンテン 日 誤りや違反に応じて点数を差し引く。また、その引かれた点数。例 —法。

【減法】ゲンポウ 〔数〕引き算。減算ゲンザン。対 加法。

【減俸】ゲンポウ 給料の額をへらす。減給。対 増俸。例 —処分。

【減摩】ゲンマ【減磨】ゲンマ ①すりへる。②機械などの摩擦部分で、摩擦を少なくする。例 —剤。

【減免】ゲンメン 軽減と免除。刑罰を軽くしたり、義務や負担などを少なくしたりする。例 授業料の—。

【減耗】ゲンモウ／ゲンコウ 〔「ゲンモウ」は慣用読み。「耗」も、へる意〕へらして少なくする。また、へってなくなる。例 効果が—する。

【減量】ゲンリョウ 日 数量がへる。また、へらす。特に、体重にいう。対 増量。例 試合前の—。

● 加減カゲン・軽減ケイゲン・激減ゲキゲン・節減セツゲン・漸減ゼンゲン・低減テイゲン・

湖

氵9 (12) 半減(ハンゲン) 1 2448 6E56 教3

コ㊥漢 虞 hú
みずうみ(みづうみ)・うみ

筆順 氵氵汁汁沽湖湖湖

なりたち [形声]「氵(=みず)」と、音「胡コ」とから成る。大きな池。

意味 みずうみ。例 湖沼コショウ。湖畔コハン。

古訓 中古 なみ・みづうみ 中世 なみ・みづうみ 近世 みづうみ

人名 ひろし

難読 余呉湖よごのうみ（よごのうみ）

【湖海▼之士】コカイの シ 民間にあって、豪快で気っぷのよい人物。在野の豪傑。〈魏志・陳登伝〉

【湖岸】コガン みずうみの岸。また、みずうみの岸に近いところ。

【湖沼】コショウ みずうみや、ぬま。〔広い意味では、池や沼沢ショウタクなども含む〕

【湖上】コジョウ ①みずうみの水面の上。湖面。例 —の船。②みずうみのほとり。湖畔。

【湖心】コシン みずうみの中心部。

【湖水】コスイ みずうみ。また、みずうみの水。例 —に浮かぶ島。

【湖底】コテイ みずうみの底。例 —に沈む。

【湖畔】コハン みずうみのほとり。湖辺。湖上。

【湖辺】コヘン みずうみのほとり。湖畔。

【湖面】コメン みずうみの水の表面。湖上。例 鏡のような—。

港

氵9 (12) 1 2533 6E2F 教3

コウ(カウ)㊥漢 講 gǎng
みなと

[港] 氵9 (12) 旧字体。

筆順 氵氵汁洪洪洪港港

なりたち [形声]「氵(=みず)」と、音「巷コウ」とから成る。支流。また、船がとまれるところ。

意味 みなと。船着き場。例 港湾コウワン。寄港キコウ。

古訓 中古 たまたま・ちまた 中世 ちまた 近世 ふなぢ・みなと・みなと・みな また・みを

【港▼澳】コウイク 〔「澳」は、水が陸地に深く入り込んだ地形〕みなと。港湾。

【港外】コウガイ みなとの外。㊀港内。例 貨物船が—に出る。

【港口】コウコウ みなとの出入り口。㊁港門。

【港内】コウナイ みなとの中。㊀港外。例 —に客船が入港する。

【港湾】コウワン みなとと、それに付属する施設全体。みなと。

●開港カイコウ・寄港キコウ・帰港キコウ・漁港ギョコウ・空港クウコウ・出港シュッコウ・入港ニュウコウ・良港リョウコウ

湟

氵9 (12) 2 6252 6E5F

コウ(クヮウ)㊥漢 陽 huáng

意味 ❶青海省の東部を流れる川の名。湟水コウスイ。❷水のない堀。からぼり。❸池。堀。また、湿地帯。

渾

氵9 (12) 2 6253 6E3E

一 コン㊥漢 元 hún
二 コン㊥漢 阮 hún/hùn
三 コン㊥漢 阮 gǔn
すべ-て

意味 一 ❶水が盛んにわき出る音。❷にごる。にごす。例 莫レ笑農家臘酒渾ロウシュのにごれるを(=農家なので酒がにごっているのを笑わないでほしい)。〈陸游・遊山西村〉❸一体とみる。まじる。㊂混。例 渾然コンゼン。❹まったく。すべて。例 白頭搔更短、渾欲レ不レ勝レ簪ハクトウかけばさらにみじかく、すべてシンにたえざらんとほっす(=白髪頭をかくほどに髪は短くなり、かんざしをとめることはまったくできそうにもない)。〈杜甫・春望〉渾身コンシン。二 ❶(hún)大きい。例 渾厚コンコウ。❷(hùn)まじる。まざる。㊂混。例 渾然コンゼン。渾沌コントン。❸(hùn)(人を)笑わせる。(人を)からかうような。例 渾名コンメイ。三 ⇩【渾渾】コンコン

【渾厚】コンコウ 質実で重厚なさま。

【渾▼殽】コンコウ まじりあうこと。入り混じること。混殽コンコウ。

【渾渾】コンコン 水が盛んにわき出すさま。また、流れるさま。滾滾コンコン。例 —とわき出る泉。

【渾身】コンシン からだ全部。全身。満身。例 —の力。

【渾然】コンゼン とけあって区別がつかないさま。混然。例 —一体となる。

【渾大】コンダイ 一つにまとまっていて大きいさま。

【渾天儀】コンテンギ 古代中国で、天体の位置を測定するために使われた観測装置。渾儀コンギ。

【渾▼沌】コントン ①⇩【混沌】コントン(784ページ) ②荘子のたとえ話にみえる帝王の名。例 中央之帝為二渾沌一チュウオウのテイをコントンとなす(=中央の帝を渾沌という)。〈荘子・応帝王〉

【渾名】コンメイ・あだな その人の特徴をとらえて、他人がつけて呼ぶ名前。ニックネーム。諢名コンメイ。

【渾▼淪】コンロン・コンリン ①太古、天と地が分かれる前のあいまいな状態。②⇩【混沌】コントン(784ページ)

渣

氵9 (12) 2 6254 6E23

サ㊥漢 麻 zhā
かす

意味 液体の底に沈んだもの。また、汁を除いてあとに残ったもの。しぼりかす。かす。例 渣滓サシ。油渣ユサ。

【渣▼滓】サシ 液体の底にたまるかす。おり。

[淦]

氵9 (12) ⇩飡サン(1456ページ)

滋

氵9 (12) 1 2802 6ECB 常用

ジ㊥慣 シ㊥漢呉 支 zī
しげ-る・ま-す・ますます

[滋] 氵9 (12) 旧字体。

[茲] 丷8 (11) 4 8636 26C73 俗字。

筆順 氵氵氵氵氵滋滋滋

なりたち [形声]「氵(=みず)」と、音「茲シ」とから成る。水が増える。

意味 ❶数や量が増える。増加する。ます。例 滋生ジセイ(=子や若芽がどんどん増える)。❷水分を与える。うるおす。ひたす。例 滋雨ジウ。滋潤ジジュン(=ひたる)。❸草木が繁茂する。しげる。例 滋育ジイク(=そだてる)。❹栄養になる。また、味がよい。美味。例 滋養ジヨウ。滋味ジミ。❺いよいよ。ますます。例 滋繁ジハン(=ますます茂る)。

古訓 中古 あぢはふ・うるふ・おほふ・こし・こまやかなり・しげし・ふさ・ます・ますます 中世 うるほす・おほし・こし・しげし・しる・ます 近世 うまし・うるほす・おほし・こい・しげし・ます

参考 滋賀しが(=県名)。

人名 しく・しげ・しげし・ふさ・まさ

【滋雨】ジウ 草木をうるおす恵みの雨。慈雨。

【滋▼蔓】【滋▼曼】ジマン ①草木の生長が早い。はびこる。②権力や権勢が大きくなること。例 滋蔓難レ図ジマンははかりがたし(=一度強大になった権力は、とり除くことが難しい)。〈左伝・隠元〉

【滋味】ジミ ①食べ物のおいしさ。美味。②豊かな味わいのあること。感慨深いこと。例 —に富んだ文章。

【滋養】ジヨウ ①やしない育てる。②からだの栄養になるもの。栄

養。例 —のある食べ物。

湿
氵9（12） 1 2830 6E7F 常用
一 シツ 慣　シュウ（シフ）漢 呉　緝 shī
二 シュウ（シフ）漢 呉　緝 chì
しめる・しめり・しめす

［濕］氵14（17） 2 6328 6FD5 人 旧字体。［溼］氵10（13） 6EBC 本字。

筆順

なりたち ［会意］「一（＝おおう）」と「土（＝つち）」と「氵（＝みず）」と、音「㬎」の省略体とから成る。土が水けをおびる。しめる。

意味 一 水けがあってじめじめする。うるおう。しめる。しめす。例 江州司馬青衫湿（＝江州司馬のこの私の青い上衣は（涙で）しとどにぬれていた）。〈白居易・琵琶行〉 湿原シツゲン。陰湿インシツ。二 ⇨【湿湿】シュウシュウ

古訓 中古 うるふ・うるほふ・しめる・ぬらす・ぬる 中世 うるほす・うるほふ・しめる・ぬるる 近世 うごく・うるほふ・うれひ・しづく・しめす・しめる・ぬるる

難読 湿地しめじ（＝キノコの名）・湿とる・湿気しける

【湿気】シッケ｜シッキ ①空気などに含まれる水分。しめりけ。例 —の多い季節。②日 暗くしめっぽいものごとの様子。
【湿原】シツゲン 水分の多い土地にできる草原。例 —地帯。
【湿潤】シツジュン ①しめりけが多いさま。②水けをふやすこと。例 —剤。
【湿生】シッショウ 一 〔仏〕母胎や卵からでなく、水分から生まれると考えられた生き物。カやカエルなど。二 シッセイ 日 植物が、しめりけが多い所に生育すること。例 —植物。
【湿▼疹】シッシン 皮膚におこる炎症の一つ。かゆみや水ぶくれなどをともなう。例 アトピー性の—。
【湿性】シッセイ 水分を含んでいること。また、水分の多い性質。対 乾性。
【湿地】シッチ 水分の多い土地。例 —の病巣。類 湿土。例 —帯。
【湿田】シツデン 水はけの悪い水田。対 乾田。
【湿度】シツド 日 空気中に含まれる水分の度合い。例 —計。
【湿布】シップ 水やお湯、または薬にひたした布を患部に当てて、治療の助けとする方法。また、その布。例 —薬。温—。
【湿湿】シュウシュウ ①水面がゆらゆら揺れるさま。②牛が耳を揺り動かすさま。

● 陰湿イン・除湿ジョ・多湿タ

渞
氵9（12） 4 7878 6E1E
シュウ（シウ）漢 尤 qiú
意味 水源。みなもと。

湑
氵9（12） 4 7889 6E51
ショ 漢 語 xǔ
した-む
意味 ❶酒をこして澄ます。こす。したむ。❷清く澄んだきま。きよい。例 湑酒シュショ（＝清酒）。❸葉が茂るさま。
日本語での用法 《したむ》《したみ》「湑み酒したみざけ（＝升からあふれてたまった酒）」▼しずくを垂らす。また、残りなくしずくを垂らして空にする。

［渚］
氵9（12） ⇨ 渚ショ（785ページ）

湘
氵9（12） 1 3037 6E58 人
ショウ（シャウ）漢 陽 xiāng
なりたち ［形声］「氵（＝川）」と、音「相ショウ」とから成る。川の名。
意味 ❶川の名。湘江ショウコウ。湘水。例 瀟湘ショウショウ八景ハッケイ。❷湖南省の別名。❸煮る。
古訓 中古 ささらなみ・にる 中世 ささらなみ・にる 近世 にる
【湘江】ショウコウ 広西セイチワン族自治区の北部から流れ出て、湖南省を北に流れ、洞庭湖に注ぐ川。類 湘水。
【湘竹】ショウチク 湘江ショウコウのほとりで産する、竹の一種。簫ショウなどの楽器の材料になる。斑竹ハンチク。湘妃竹。〔湘妃が舜シュンの死を悲しんで流した涙が竹に落ちて、斑紋ができたとされる〕
【湘南】ショウナン ①湘江ショウコウの南部の地方。②日 神奈川県南部、三浦みうら半島から相模さがみ湾沿岸の地域。

湫
氵9（12） 2 6255 6E6B
一 ショウ（セウ）漢 篠 jiǎo
二 シュウ（シウ）漢 尤 jiū
三 シュウ（シウ）漢 尤 qiū
くて
意味 一 土地が低く、しめりけが多い。例 湫隘ショウアイ（＝土地が低く狭い）。二 ❶なくなる。つきる。例 湫尽シュウジン（＝つきる）。❷すずしい。三 ❶池。ふち。❷とどこおる。例 湫底シュウテイ（＝ひとところに集まって散らない）。❸うれいにしずむさま。例 湫湫シュウシュウ（＝うれえるさま）。
日本語での用法 《くて》「長湫ながくて（＝愛知県の地名）」▼水草などが生えている低湿地。

湜
氵9（12） 3 8690 6E5C
ショク 漢 職 shí
意味 水底が見えるほど透きとおる。清い。例 湜湜ショクショク（＝清らかに澄んだきま）。
参考 郭湜カクショク（＝人名）。
難読 湫湜まぬけい

渫
氵9（12） 2 6256 6E2B
一 セツ 漢 屑 xiè
二 チョウ（テフ）漢 葉 dié
さら-う（さら-ふ）
意味 一 ❶水底の泥を取り除く。さらう。例 浚渫シュンセツ。❷外へもれる。もらす。通 泄セツ。例 漏渫ロウセツ。❸終わる。やめる。例 為レ歓未レ渫カンをなしていまだやめず（＝歓楽にふけり、まだやめない）。〈曹植・七啓〉 二「浹渫コウチョウ」は、波が打ち寄せるさま。

湶
氵9（12） 2 6257 6E76
セン 漢 元 quán
いずみ（いづみ）
意味 いずみ。通 泉。

渲
氵9（12） 4 7882 6E32
セン 漢 霰 xuàn
意味 水墨画の技法の一つ。淡墨を塗った上を、細筆に水を含ませて細かくこすり、何度も染めたような雰囲気を出す。例 渲染センセン。

湔
氵9（12） 4 7891 6E54
セン 漢 先 jiān
意味 ❶川の名。湔水センスイ。❷水でよごれをおとす。洗う。例 湔雪センセツ（＝清める）。❸洗い清める。そそぐ。すすぐ。例 湔抜センバツ①。❹推薦する。通 薦セン。
【湔▼灑】センサイ 洗いそそぐ。洗濯。類 湔洗・湔濯・湔滌センデキ。
【湔抜】センバツ ①推薦して抜擢バッテキする。②洗いおとす。すすぐ。悪習を除く。類 湔祓センフツ。

［㴑］
氵9（12） ⇨ 泝ソ（759ページ）

湊
氵9（12） 1 4411 6E4A 人
ソウ 漢 宥 còu
みなと・あつ-まる・あつ-める（あつ-む）
なりたち ［形声］「氵（＝みず）」と、音「奏ソウ」とから成る。水上で人々が集まる所。
意味 ❶舟の集まる所。みなと。❷人や物が多く集まる。あつまる。あつめる。通 輳ソウ。例 湊集ソウシュウ。輻湊フクソウ（＝四方から集まる）。❸皮膚。通 腠ソウ。例 湊理ソウリ（＝皮膚のきめ）。

古訓 中古あつまる・みなと 中世あつまる・みなと 近世あつまる・すすむ・みなと
人名 あつむ・すすむ
【湊会】(ソウカイ) 人や物が集まる。類湊集(ソウシュウ)。

測

氵9（12） 1 3412 6E2C 教5

ソク漢 シキ呉 職 cè
はかる

筆順

なりたち ［形声］「氵（＝みず）」と、音「則(ソク)」とから成る。水の深さをはかる。

意味 ❶水の深さをはかる。また、ものの高さ・長さ・広さなどをはかる。**はかる**。例 測定(ソクテイ)。測量(ソクリョウ)。目測(モクソク)。❷知っていることをもとに、未知のことに見当をつける。おしはかる。例 推測(スイソク)。予測(ヨソク)。不測(フソク)（＝予想外）。❸観察する。例 測候(ソッコウ)。測天(ソクテン)（＝天体を観測する）。❹深い。例 測恩(ソクオン)（＝深い恩）。

古訓 中古かぞふ・たばかり・はかる・ふかし・ほとり 中世たばかり・はかる・ひろし・ふかし・ほとり 近世はかる・ふかし
人名 ひろ・ひろし

【測深】(ソクシン) 水底までの深さをはかる。例 音響—器。

【測度】 一(ソクド) ものごとの度数や尺度などを数値としてはかる。二(ソクタク) 頭で考えて、おしはかる。忖度(ソンタク)。推量。

【測地】(ソクチ) ある土地の位置や広さ、高さなどをはかる。

【測定】(ソクテイ) 数や量をはかり、数値であらわす。例 体重—。

【測量】(ソクリョウ) ①他人の心をおしはかる。忖度(ソンタク)。②土地や建物などの位置・高さ・広さなどを、道具を用いてはかる。③基準となる地点から距離・方向・角度などをはかり、地形を図にあらわす。例 —術。海岸線を—する。

【測▼揆】(ソッキ) おしはかる。はかる。測度(ソクタク)。

【測候】(ソッコウ) 天文や気象の変化を調べる。例 —所。
●臆測(オクソク)・観測(カンソク)・計測(ケイソク)・実測(ジッソク)・推測(スイソク)・不測(フソク)・目測(モクソク)・予測(ヨソク)

湛

氵9（12） 1 3525 6E5B 人

一チン（チム）漢 ジン（ヂム）呉 侵 chén
二タン（タム）漢 鎌 zhàn
三タン（タム）漢 覃 dān
四セン（セム）漢 塩 jiān
たた-える（たた-ふ）

なりたち ［形声］「氵（＝みず）」と、音「甚(ジン→チン)」とから成る。しずむ。

意味 一❶水中に沈む。また、ものごとに没頭する。例 湛溺(チンデキ)。湛湎(チンメン)。涪湛(フウチン)（＝浮き沈み）。❷深い。例 湛恩(ジンオン)（＝深い恩）。二❶水がいっぱいに満ちているさま。**たたえる**。❷水が澄んでいるさま。清いさま。例 湛然(タンゼン)。❷水が転じて、心がゆったりと落ち着いているさま。例 清湛(セイタン)。三❶深みにはまりこむ。おぼれる。ふける。通 酖(タン)。例 湛酒(タンシュ)（＝酒におぼれる）。❷楽しむ。四ひたす。例 湛酒(センシュ)（＝酒にひたす）。

古訓 中古あまねし・しりぞく・たたふ・たのし・たのしぶ・たのしむ・ふかし・みつ 中世しづむ・たたふ・たたゆる 近世しづむ・たたゆ・やすし
人名 あつし・きよ・きよし・ふかし・やす・やすし

【湛然】(タンゼン) ①水がいっぱいにたたえられているさま。例 —たる湖。②静かで落ち着いているさま。

【湛湛】 一(タンタン) ①露が多いさま。②深く厚いさま。③厚く積み重なるさま。二(タンチン) ①水を豊かにたたえるさま。②水が深く澄んでいるさま。三(チンチン) 水がごうごうと流れる音。沈沈(チンチン)。

【湛露】(タンロ) いっぱいに置いたつゆ。繁露。

【湛溺】(チンデキ/タンデキ) ①水におぼれる。②ものごとにふける。耽溺(タンデキ)。③おちいる。はまる。

【湛▼湎】【湛▼沔】(チンメン) ものごとにふけり、他を顧みない。おぼれる。

湍

氵9（12） 2 6258 6E4D

タン漢 寒 tuān
せ・はやせ・はや-い（はや-し）

意味 水の流れが速いさま。また、そのところ。**せ**。**はやせ**。**はやい**。例 激湍(ゲキタン)（＝早瀬。急流）。

【湍激】(タンゲキ) 水の流れが速く激しい。

【湍水】(タンスイ) 流れの速い水。急流。早瀬。

【湍瀬】(タンライ) 川が浅くなっていて、流れが急なところ。早瀬。

【湍流】(タンリュウ) 川の流れが急である場所。早瀬。湍水(タンスイ)。

渟

氵9（12） 2 6259 6E1F

テイ漢 青 tíng
た-まる・とどこお-る（とどこほ-る）・とど-まる

意味 ❶水がたまって流れないさま。**とどまる**。通 停。例 渟渟(テイテイ)。渟水(テイスイ)（＝たまり水）。❷深い。例 渟淵(テイエン)（＝深いふち）。

日本語での用法 《ぬ》「茅渟鯛(ちぬだい)（＝クロダイ）・茅渟海(ちぬのうみ)（＝古く、和泉(いずみ)・淡路(あわじ)両国の間の海を指した。現在の大阪湾一帯の海）」▼「ぬま（＝沼）」の意の和語「ぬ」に「渟」の字をあてたもの。

【渟蓄】(テイチク) ①水がたまる。②含蓄がある。③深く広い学識と才能を備えていること。

【渟渟】(テイテイ) 静かに水がたたえられているさま。

【渟泊】(テイハク) 船が港に泊まること。停泊。碇泊(テイハク)。

湞

氵9（12） 3 8691 6E5E

テイ漢 庚 zhēn（旧 zhēng）

意味 広東(カントン)省を流れる川の名。湞水(テイスイ)。

渧

氵9（12） 4 7880 6E27

一テイ漢 タイ呉 霽 dì
二テイ漢 ダイ呉 斉 tí

意味 一❶精液。❷しずく。二泣く。通 啼(テイ)。

難読 一渧(ひとしただり)

湉

氵9（12） 4 7885 6E49

テン（テム）漢 塩 tián

意味 水面がおだやかなさま。例 澶湉(タンテン)（＝水面が静かなさま）。

渡

氵9（12） 1 3747 6E21 常用

ト漢 ド呉 遇 dù
わたる・わたり・わたす・わたし

筆順

なりたち ［形声］「氵（＝みず）」と、音「度(ト)」とから成る。わたる。

意味 ❶川を横切って行く。**わたる**。例 願大王急渡(ねがわくはダイオウいそぎわたれ)（＝どうか大王、急いで〔この烏江(ウコウ)を〕お渡りください）。〈史記・項羽紀〉❷向こうがわへ移動する。**わたる**。**わたす**。例 渡航(トコウ)。渡米(トベイ)。雁(かり)が渡(わた)る。❸わたし場。**わたし**。例 渡津(トシン)。

古訓 中古ただ・ほとり・わたす・わたり・わたる 中世さる・すくふ・ひろし・わたり・わたる 近世さる・ひろし・わたし・わたり・わたる
人名 ただ・ひろし

【渡河】(トカ) 川をわたる。特に部隊などが、集団で大きな川をわたる。例 —作戦。

【渡海】(トカイ) 船で海をわたる。渡航。航海。

【渡御】(トギョ) 日天皇・三后・将軍、または祭りのみこしの、おでまし。

【渡口】(トコウ) わたし場。津口(シンコウ)。

【渡航】トコウ ①船でわたる。②日 船や飛行機で、外国へ行く。例 海外へ—する。
【渡渉】トショウ 川をわたる。また、川をこえる。
【渡津】トシン 〔「津」も、わたし場の意〕①わたしぶねと、船着き場がある所。わたし場。②わたし場から川をわたること。
【渡世】トセイ 日〔世の中をわたる意〕世間で生活をいとなむこと。暮らしていくこと。また、そのための職業。仕事。なりわい。例 —人(=やくざ。ばくち打ち)。
【渡船】トセン わたし場で、人や荷物を向こう岸に運ぶ、専用の船。わたしぶね。例 —場。—の便がいい。
【渡頭】トトウ ①わたし場。渡口。渡津。②わたし場をつかさどる役人。
【渡来】トライ 日 外国から海をわたってやってくる。また、その物。伝来。舶来。例 南蛮—の品。
●過渡カト・譲渡ジョウト

湯

氵9 (12)
1 3782
6E6F
教3

一 トウ(タウ)漢呉 タン唐 陽 tāng
二 トウ(タウ)漢呉 漾 tàng
三 ショウ(シャウ)漢 陽 shāng
四 ヨウ(ヤウ)漢 陽 yáng
ゆ

筆順

なりたち [形声]「氵(=みず)」と、音「昜ヨウ→トウ」とから成る。熱い水。

意味 一 ❶水が熱くなったもの。ゆ。例 熱湯ネットウ。❷温泉。風呂ふろ。例 湯治トウジ。銭湯セントウ。❸漢方で、水を加えて煎センじた薬。例 葛根湯カッコントウ。❹スープ。汁。例 湯麺タンメン(=汁そば)。菜湯サイタン(=野菜スープ)。❺殷イン王朝の創始者、湯王のこと。例 湯武トウブ。商湯ショウトウ。二 ❶湯をかける。湯につける。❷あたためる。煮る。❸ほしいまま。したい放題。通蕩トウ。❹押す。揺り動かす。通蕩トウ。三「湯湯ショウショウ」は、水が盛んに流れるさま。四 日が昇る。また、その場所。通暘ヨウ。例 湯谷ヨウコク(=日が昇る所)。

古訓 中古 ひかり・ゆ・わかす 中世 ひかり・ひたす・ゆ 近世 さかんなり・ながるる・ゆ

人名 のり

難読 湯湯婆タンポ・湯中あたり・湯女ゆな・白湯さゆ

【湯火】トウカ ①熱湯と烈火。②非常に危険なこと。例 蒙二矢石一赴二湯火一(=弓矢や投石に身をさらし、危険な場所におもむく)。〈漢書・鼂錯伝〉③やけど。
【湯▼鑊】トウカク 釜かまゆでの刑に用いる、足のない大きなかなえ。例 就二湯鑊一(=釜ゆでの刑を受ける)。〈史記・廉頗藺相如伝〉
【湯▼壺】一トウコ 湯たんぽ。二ゆつぼ 日 温泉などで、お湯につかることができるところ。
【湯治】トウジ 日 温泉にはいって病気やけがをなおす。また、温泉地でゆっくり休む。例 —客。—に行く。
【湯水】一トウスイ お湯。わかした水。二ゆみず 日 お湯や水。例 —のように使う(=どんどん無駄づかいをすることのたとえ)。
【湯池】トウチ ①熱湯をたたえ容易に近づけない池。要害堅固な城の堀をいう。例 金城湯池キンジョウトウチ(=城が堅固なさま)。
【湯殿】一トウデン 入浴するための設備がある部屋、または、建物。浴室。浴場。二ゆどの〈漢書・蒯通伝〉②温泉。
【湯武】トウブ 殷インの湯王と、周の武王。
【湯▼沐】トウモク 〔「湯」はからだを洗うこと、「沐」は頭髪を洗うこと〕ゆあみすること。沐浴。
【湯▼沐▼邑】トウモクのユウ ①周代、諸侯が天子に謁見する前、身を清めるために与えられた都の近くの地。〈礼記・王制〉②皇后や皇女が与えられた封地ホウチ。〔ここからの税収が化粧や湯沐の費用に当てられたことから〕
【湯薬】トウヤク せんじぐすり。熱湯で、薬の成分を煮だして飲む。
【湯▼桶】一おけ 日 一 入浴するときに使う、おけ。たらいや洗面器など。二ゆトウ 食後に飲むお湯などを入れておくうつわ。多くは木製・漆塗りで、注っぎ口がついている。
【湯▼桶読】ゆトウよみ 日「湯桶ゆトウ」のように、上の字を訓読み、下の字を音読みにする二字熟語の読み方。「家賃やチン・車代くるまダイ・店番みせバン」など。対 重箱読ジュウばこよみ。
【湯気】ゆげ 日 お湯や、あたたかい食べ物などから立ちのぼる蒸気。空気に冷やされて白い煙のように見える。
【湯桁】ゆげた 日 ゆぶね。また、そのまわりにわたしてある横木。
【湯煎】ゆセン 日 容器ごと湯につけて、中のものを間接に温める。おだやかな加熱や保温のためにおこなう。
【湯玉】ゆだま 日 ①お湯の中からわき上がってくる空気の泡。②小さな玉のように飛び散る熱湯。
【湯茶】ゆチャ 日 飲み物としてのお湯やお茶。
【湯葉】【湯波】【湯婆】ゆば 日 豆乳を煮て、その表面にできるうすい皮膜でつくった食品。油葉ゆば。例 —料理。
【湯船】【湯槽】ゆぶね 日 浴槽ヨクソウ。例 —につかる。
【湯文字】ゆモジ 日〔「湯巻き」の「ゆ」に「文字」をつけた女房詞ニョウボウことば〕①昔、女性が入浴のときに身につけた布。②女性が和服を着るときの下着。腰巻き。
【湯屋】ゆや 日 風呂屋ふろや。銭湯セントウ。〔古い言い方〕
●産湯うぶゆ・給湯キュウトウ・銭湯セントウ・熱湯ネットウ・薬湯ヤクトウ

[滔]

氵9 (12) ⇩滔トウ(803ページ)

湃

氵9 (12)
2 6260
6E43
ハイ漢 卦 pài

意味「澎湃ホウハイ」は、大きな波など、水がぶつかりあう音。また、水がいっぱいにみなぎるさま。

湈

氵9 (12)
4 7884
6E48
バイ漢 灰 méi

意味 こわれる。
難読 湈原うるしはら(=姓)

[溌]

氵9 (12) ⇩潑ハツ(813ページ)

湄

氵9 (12)
3 8689
6E44
ビ漢 支 méi

意味 草の生えた岸辺。ほとり。

渼

氵9 (12)
4 7883
6E3C
ビ漢 ミ呉 紙 měi

意味「渼陂ビハ」は、陝西セイン省にあった湖の名。

渺

氵9 (12)
2 6261
6E3A
ビョウ(ベウ)漢 篠 miǎo
はる-か

意味 ❶(水が)果てしなく広いさま。**はるか**。例 渺渺ビョウビョウ。渺茫ビョウボウ。縹渺ヒョウビョウ。❷ごく小さくてはっきり見えないさま。かすか。例 渺滄海之一粟ビョウたるソウカイのイチゾクのみ(=大海をただようほんの小さな粟粒あわつぶのようなものだ)。〈蘇軾・赤壁賦〉
【渺然】ビョウゼン ①限りなく広いさま。②非常に小さいさま。
【渺渺】ビョウビョウ はるか遠くまで広がっているさま。渺茫ビョウボウ。
【渺▼茫】ビョウボウ 〔「茫」も、広々としている意〕広々として果てしないさま。はるかに遠いさま。渺渺。例 一別音容両渺茫イチベツよりオンヨウふたつながらビョウボウたり(=一別以来、天子のお声もお顔もすっかり遠くはるかなものとなってしまった)。〈白居易・長恨歌〉

湣
氵9（12） 4 7893 6E63

一ビン漢 軫 mǐn 二コン漢 元 hūn

意味 一 諡号（シゴウ）に用いられた字。通閔（ビン）。例 湣公（ビンコウ）。二 くらくてはっきりしない。例 湣湣（コンコン）（＝混乱したさま）。

渢
氵9（12） 4 7879 6E22

一フウ漢 東 fēng 二ハン（ハム）漢 咸 fán

意味 一「渢渢（フウフウ）」は、ふわふわとただようさま。二「渢渢（ハンハン）」は、音声がほどよいさま。

湗
氵9（12） 4 7892 6E57

ホウ漢 宋 fèng

意味 ❶深い泥。❷マコモの根。通葑（ホウ）。参考 湗田（たふけ）（＝愛知県の地名）。

渤
氵9（12） 2 6263 6E24

ホツ漢 ボツ呉 月 bó

意味「渤海（ボッカイ）」は、海域の名。また、国名。

【渤海】ボッカイ ①中国東北部、遼東（リョウトウ）半島と山東半島に囲まれ、東は黄海に通じる海域。②中国東北部・朝鮮半島北部・ロシア沿海州地域にあった、ツングース系民族の国。平安時代の日本とも交流があった。（七一三―九二六）

湓
氵9（12） 4 7890 6E53

ホン漢 ボン呉 元 pén

意味 ❶長江に注ぐ川の名。湓江（ボンコウ）。湓水（ボンスイ）。〔長江に注ぐ所を「湓口（ボンコウ）」「湓浦口（ボンポコウ）」という〕例 湓魚（ボンギョ）。❷水がわき出る。例 湓溢（ボンイツ）。

【湓▼溢】ボンイツ 水がわきあふれるさま。濆溢（フンイツ）。

【湓魚】ボンギョ 長江の支流である湓江でとれる魚。美味なことで有名。

満
氵9（12） 1 4394 6E80 教4

［滿］氵11（14） 2 6264 6EFF 旧字体。

一マン漢呉 旱 mǎn 二マン慣 ボン漢 モン呉 願 mèn

みちる（み-つ）・みたす

筆順 氵 氵 汁 汫 満 満 満 満

なりたち  [形声]「氵（＝みず）」と、音「㒼（マン）」とから成る。みちあふれる。

意味 一 ❶いっぱいになる。十分になる。みちる。みたす。みちたりる。例 満溢（マンイツ）。満天（マンテン）。満満（マンマン）。❷期限や標準に達する。例 満員（マンイン）。満期（マンキ）。満了（マンリョウ）。❸すべて。全部の。例 満座（マンザ）。満天下（マンテンカ）。満面（マンメン）。❹「満州（マンシュウ）」の略。中国東北部の古称。例 北満（ホクマン）。二 もだえ苦しむ。煩悶（ハンモン）する。通懣（マン）。例 憂満（ユウマン）（＝思い悩む）。

日本語での用法《マン》①「満（マン）九歳（キュウサイ）になる」▼満年齢のこと。誕生日になって一歳を加える数え方。②「事件（ジケン）が起（お）きてから満（マン）五年（ゴネン）になる」▼年数などがめぐって、ちょうどぴったりの数になること。

古訓 中古 あり・たる・ふくる・みち・みつ 中世 みつ・みつる 近世 あふる・たる・みつ・みつる

人名 あり・ます・まろ・みち・みつる・みのる・よろず

難読 満天星（どうだん・つつじ）

【満意】マンイ ①一つのことに意識を集中する。一意。専意。②願いがかない、満足する。

【満▼溢】マンイツ みちあふれる。水や恩恵が広くゆきわたる。

【満員】マンイン ①決められた人数に達していること。②日その場所や乗り物などが、人でいっぱいになること。また、その状態。

【満悦】マンエツ 日みちたりて、よろこぶ。例 ―の体（テイ）。

【満開】マンカイ 日花がそろって、ひらききって咲く。また、その状態。花盛り。

【満額】マンガク 日あらかじめ計画していた一定の金額に達すること。また、要求どおりの金額になること。例 ―回答。

【満干】マンカン 日潮がみちることと引くこと。潮のみちひ。干満。

【満貫】マンガン ①銭ひもいっぱいに銭を通すこと。②これ以上ないこと。十分に満ちていること。

【満願】マンガン ①〔仏〕願いがかなう。②日日数を決めて、神仏に願をかけた、その期間が終わること。

【満艦飾】マンカンショク 日①（祝日や儀式などに）軍艦全体を旗や電球などでかざること。②華やかにかざりたてること。③ベランダなどが洗濯物などでいっぱいになっていること。

【満期】マンキ 日①一定の期間が終わること。例 定期預金が―になる。②手形の支払い期日。

【満喫】マンキツ 日①腹いっぱい食べたり飲んだりする。②心ゆくまで十分楽しむ。例 自由を―する。

【満月】マンゲツ ①まんまるに輝いて見える月。陰暦十五日の夜の月。もちづき。対新月。例 ―の夜。②一か月まるまる。③妊娠十か月。臨月。

【満▼腔】マンコウ からだ全体。胸いっぱい。心から。満身。例 ―の願い（＝心からの願い）。―の謝意をあらわす。

【満座】マンザ ①座にみちあふれる。②その場にいる人みんな。

【満載】マンサイ ①船・車などに荷物や人を、あふれるほど積みこむ。②日新聞や雑誌などの紙面に記事をたくさんのせる。

【満作】マンサク 日農作物がたくさん実る。豊作。例 豊年―。

【満更】まんざら 日〔下に打ち消しのことばをともなって〕必ずしも…でない。いつも…とはかぎらない。例 ―でもない顔つき。

【満山】マンザン ①山全体。山じゅうにみちていること。例 ―のサクラ。②寺全体。▽全山。

【満室】マンシツ ①部屋いっぱいになる。②日ホテルやマンションなどで、空き部屋がないこと。例 全館―。

【満車】マンシャ 日駐車場などで、収容台数いっぱいに車がはいっていること。

【満酌】マンシャク 杯になみなみと酒を注ぐこと。類満斟（マンシン）。例 満酌不レ須レ辞（マンシャクジするをもちいず）（＝いっぱいに注いだこの酒を、遠慮するにはおよばない）。〈于武陵・勧酒〉

【満州】【満▼洲】マンシュウ ①地名。現在の中国東北部。東三省ともよばれた。②民族名。ツングース系で、中国東北部に居住していた。明（ミン）以前は女真族とよばれていたが、十七世紀に明を滅ぼして清（シン）を建国。③国名。清朝最後の皇帝であった宣統帝溥儀（フギ）を日本政府が擁立し、中華民国から分離して「①」に建てた国。（一九三二―四五）表記 旧満▼洲

【満場】マンジョウ 会場全体。また、その場にいる人全員。満堂。例 ―の拍手。―は水を打ったように静まりかえった。

【満場一致】マンジョウイッチ 日その場にいる人すべてが、同じ意見になること。例 予算案は―で可決された。

【満身】マンシン からだ全体。からだ中。また、からだにみちあふれていること。全身。例 ―創痍（ソウイ）。―の力。

【満水】マンスイ 水がいっぱいになること。

【満席】マンセキ 乗り物や劇場などの席が客ですべてふさがっていること。例 ―の盛況。

【満足】マンゾク ①十分であるさま。欠けたところがなく完全であるさま。例 ―な回答。②自分の希望や願いがかなって、みちたりた気持ちになる。③日〔数〕与えられた条件にかなっていること。例 等式を―する数値を求めよ。

【満地】マンチ 地上一面。見わたす限りすべて。地にみちているさま。

【満潮】マンチョウ 潮（しお）がみちること。また、それによって海面が高くなった状態。みちしお。対干潮。例 ―時の水位。

【満天】マンテン 空いっぱいに広がっていること。空一面。例

月落烏啼霜満レ天（つきおちからすないてしもテンにみつ）(=月が沈みカラスの鳴き声が聞こえてきて、霜の降りる気配が夜空に広がっている)。〈張継・楓橋夜泊〉

【満点】マンテン 日①(試験などで)決められている最高の点数。例 百点―。②最高のできばえ。申し分のないこと。

【満天下】マンテンカ ①天下にみちあふれる。②日 この世の中のすべて。全国。全世界。

【満都】マント 日 みやこ全体。また、みやこ中にみちあふれていること。例 ―の関心を集める。

【満堂】マンドウ 堂にいっぱい。また、堂にいる人すべて。満場。例 金玉キンギョク―。

【満杯】マンパイ ①さかずきをみたす。②日 いれものが液体でいっぱいになっていること。③日 その場にはいりきらない状態になっていること。

【満帆】マンパン ①船の帆ほをすべて張ること。②帆いっぱいに風を受けて、順調に進むこと。また、その帆。例 順風―。

【満票】マンピョウ 日 選挙や選出、また選歌や選句などで、投票者すべてから票を得ること。例 ―で当選する。

【満幅】マンプク ①紙や布などの一面全体。②(「満幅の」の形で)全面的な。完全な。例 ―の信頼。▽全幅。

【満腹】マンプク おなかがいっぱいになる。対 空腹。

【満満】マンマン みちみちているさま。いっぱいであるさま。例 自信―。―たる湖。

【満面】マンメン 顔全体。顔じゅう。例 満面塵灰煙火色（マンメンのジンカイエンカのいろ）(=顔じゅう灰だらけ、すすだらけ)。〈白居易・売炭翁〉―に笑みをうかべる。

【満目】マンモク 見わたす限り。目にはいるものすべて。例 満目蕭然感極而悲（マンモクショウゼンとしてカンきわまりてかなしむ）(=見わたす限りのものさびしさに、感きわまって悲しむ)。〈范仲淹・岳陽楼記〉

【満了】マンリョウ 日 決められた期間を終える。例 任期―。

【持レ満】ジすマンを ⇩【持満】ジマン(560ページ)

●円満エンマン・干満カンマン・充満ジュウマン・不満フマン・豊満ホウマン・飽満ホウマン・未満ミマン

湎

氵9 (12) 2 6262 6E4E

ベン 漢 メン 呉 銑 miǎn

おぼ-れる(おぼ-る)・しず-む(しづ-む)・ただよ-う(ただよ-ふ)

意味 ❶酒などにおぼれる。夢中になる。ふける。おぼれる。例 沈湎チンメン(=酒におぼれる。心がうばわれる)。❷「湎湎ベンベン／メンメン」は、流れ移るさま。

渝

氵9 (12) 2 6265 6E1D

ユ 漢 虞 yú

あふ-れる(あふ-る)・か-える(か-ふ)・か-わる(か-はる)

意味 ❶変更する。かわる。かえる。例 渝平ユヘイ。❷たがえる。そむく。例 渝盟ユメイ。❸氾濫ハンランする。みちあふれる。例 渝溢ユイツ(=あふれる)。❹重慶ジュウケイ市の別名。

【渝州】ユシュウ 隋ズイ・唐代、現在の重慶市付近にあった州の名。例 思レ君不レ見下二渝州一（きみをおもえどもみえずユシュウにくだる）(=君を慕いながらも見えず、《やるせなくも》渝州へと下る)。〈李白・峨眉山月歌〉

【渝替】ユタイ 内実が変わって衰える。

【渝平】ユヘイ これまでの恨みをすてて仲よくすること。

【渝盟】ユメイ／メイをかう 約束をたがえる。盟約にそむく。

湧

氵9 (12) 1 4515 6E67 常用

ヨウ 漢 ユ・ユウ 呉 腫 yǒng

わく・わ-かす

[湧] 氵9 (12) ――旧字体。

[涌] 氵7 (10) 1 4516 6D8C 本字。

筆順 氵 氵 氵 氵 氵 涌 涌 湧 湧

なりたち  [形声]「氵(=みず)」と、音「甬ヨウ」とから成る。水がわき出る。

意味 水がふき出す。次々と出てくる。わきあがる。わく。例 湧出ユウシュツ。湧水ユウスイ。

古訓 中古 あがる・たぎる・わかす・わく 中世 わく 近世 わく

人名 いずみ・わか・わき

【湧出】ユウシュツ わきでる。

【湧水】ユウスイ／わきみず 地上にわき出てくる水。

【湧泉】ユウセン ①水がわき出て、いずみになったもの。②感情や元気などが、盛んにわき出ることのたとえ。

【湧然】ユウゼン 盛んにわきおこるさま。

游

氵9 (12) 2 6266 6E38

一 リュウ(リウ) 漢 尤 liú

二 ユウ(イウ) 漢 尤 yóu

あそ-ぶ・およ-ぐ

意味 一 旗が風にひるがえる末端の部分。はたあし。はたて。通 旒リュウ。二 ❶水上に浮かびただよう。およぐ。❷よそに出る。旅行する。例 游学ユウガク(=遊学)。❸まじわる。交遊する。❹楽しむ。あそぶ。❺なまける。

参考 熟語は「遊」も参照。

溂

氵9 (12) 2 6267 6E82 国字

ラツ

意味 「潑剌ハツラツ」の「剌ラツ」を、「潑」のさんずいに合わせて替えた字。

湾

氵9 (12) 1 4749 6E7E 常用

ワン 漢 刪 wān

[灣] 氵22 (25) 2 6352 7063 旧字体。

筆順 氵 氵 氵 氵 氵 湾 湾 湾 湾

なりたち [形声]「氵(=みず)」と、音「彎ワン」とから成る。いりえ。

意味 ❶海岸線が弓なりにまがって、陸地に入りこんだ所。いりえ。例 湾入ワンニュウ。港湾コウワン。❷弓なりにまがる。通 彎ワン。例 湾曲ワンキョク。

古訓 中古 せ・せせらく・ふかし・みづあひ・みづのほとり・みなあひ 中世 せせなぎ・せせらき・なぎさ 近世 みづのくま

人名 みずくま

【湾岸】ワンガン 入り江の岸一帯。湾沿いの陸地。例 ―道路。

【湾曲】ワンキョク 弓なりにまがっている。表記 旧▼彎曲

【湾口】ワンコウ 湾の入り口。例 せまい―。

【湾然】ワンゼン 川の水が弓形に岸の方へ入りこんださま。

【湾頭】ワントウ 湾のほとり。湾のそば。

【湾内】ワンナイ 湾のなか。

【湾入】ワンニュウ 日 海岸線などが、陸地側に弓形に入りこんでいる。例 大きく―した入り江。表記 旧▼彎入

溢

氵10 (13) 1 1678 6EA2 人

イツ 漢 イチ・イツ 呉 質 yì

あふ-れる(あふ-る)・み-ちる(み-つ)

[溢] 氵10 (13) ――俗字。

なりたち  [形声]「氵(=みず)」と、音「益エキ⋯▸イツ」とから成る。容器に満ちる。

意味 ❶(水が)いっぱいになってこぼれる。あふれる。みちる。例 溢喜イッキ。横溢オウイツ(=みなぎりあふれる)。脳溢血ノウイッケツ。❷ゆきすぎる。度をこえた。例 溢美ビイツ。❸重さの単位。二十両。一説に二十四両。

日本語での用法《あぶれる》「溢(あぶ)れ者(もの)・職(ショク)に溢(あぶ)れる」▼仕事や地位にありつけない。

古訓 中古 あつまる・あぶる・あます・こぼす・こぼる・たたふ・たる・みつ 中世 あふる・あふるる・あぶるる・あまる・みがく・みつ 近世 あふるる・あまる・しづかなり・つつしむ・つらなる・みつる

人名 ます・みつ・みつる

【溢喜】イッキ この上ないよろこび。

【溢美】イツビ 分に過ぎた賞賛。ほめすぎ。

【溢美▼之言】イツビのゲン 度をこしたほめことば。〈荘子・人間世〉

【溢誉】イツヨ 事実をこえたほまれ・評判。ほめすぎ。

【溢利】イツリ 余分の利益。

滃

氵10 (13) 4 7905 6EC3

オウ 漢 董 wěng

意味 雲や水が盛んにわくさま。例 滃滃(オウオウ)・滃然(オウゼン)(=雲が盛んにわくさま)。

[溫] 氵10 (13) ⇩温(オン)(792ジペー)

[滙] 氵10 (13) ⇩匯(カイ)(189ジペー)

滑

氵10 (13) 1 1974 6ED1 常用

一 カツ(クヮツ) 漢 呉 黠 huá
二 コツ 漢 月 gǔ
すべる・なめらか・ぬめ-る

筆順 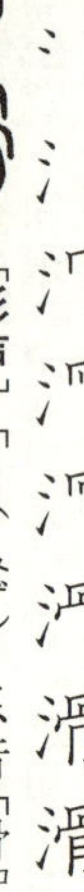

なりたち  [形声]「氵(=みず)」と、音「骨(コツ→カツ)」とから成る。とどこおることなくなめらか。

意味 一 ❶すべすべしている。**ぬめる**。**なめらか**。例 潤滑(ジュンカツ)。平滑(ヘイカツ)。❷事がとどこおりなくはこぶ。**なめらか**。例 円滑(エンカツ)。❸すべりおちる。**すべる**。例 滑降(カッコウ)。滑走(カッソウ)。滑落(カツラク)。❹ずるい。悪がしこい。通 猾(カツ)。例 巧滑(コウカツ)。二 ❶口がうまく、ことばたくみである。例 滑稽(コッケイ)。❷みだす。みだれる。例 滑乱(コツラン)(=かきみだす)。

日本語での用法 《すべる》①「入試(ニュウシ)に滑(すべ)る」▼失敗する。②「口(くち)が滑(すべ)る・筆(ふで)が滑(すべ)る」▼うっかりことばに出したり、書いたりする。

古訓 中古 なめらかなり・なめらかにす・なめる 中世 とし・なめらか・なめらかなり 近世 とし・なめらか・ぬめる・みだる

難読 滑子(なめこ)・滑川(なめりかわ)(=地名)・常滑(とこなめ)(=地名)・滑滑(ぬめぬめ/すべすべ)

【滑空】カックウ 日 ①グライダーなどが、動力を使わずに気流を利用して空を飛ぶ。例 —機(=グライダー)。②鳥が羽ばたきをせず、羽を広げたまま空を飛ぶ。

【滑降】カッコウ 日 すべりおりる。特に、スキーで斜面をすべりおりることをいう。例 —競技。

【滑車】カッシャ 重い物を引き上げるときなどに使う道具。周囲にみぞのある車の、みぞにつなをかけて動かす。

【滑走】カッソウ 日 ①すべる。例 氷上を—する。②飛行機が離着陸のとき、地上や水面をすべるように走る。例 —路。

【滑脱】カツダツ ①抜け落ちる。②日 状況に対応して、自由自在に変化するさま。例 円転—。

【滑落】カツラク すべり落ちる。例 —事故。

【滑稽】コッケイ ①口先がうまいさま。おどけていて、おもしろい。おかしい。例 —なしぐさ。②機転が利いて世渡りがうまい。例『史記』の—列伝。③日 くだらない。ばからしい。

●円滑(エンカツ)・潤滑(ジュンカツ)・平滑(ヘイカツ)

漢

氵10 (13) 1 2033 6F22 教3

カン 漢 呉 翰 hàn
から・あや

[漢] 氵11 (14) 3 8705 FA47 人 旧字体。

筆順 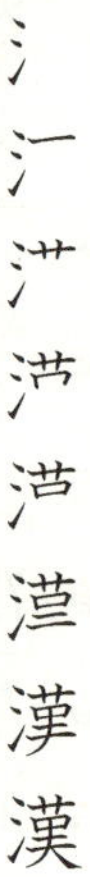

なりたち  [形声]「氵(=みず)」と、音「㔍(キン→カン)」とから成る。漢水(カンスイ)(=川の名)。

意味 ❶陝西(センセイ)省から湖北省を流れて武漢(ブカン)で長江に注ぐ川の名。漢水(カンスイ)。長江最長の支流。❷あまのがわ。銀河。例 河漢(カカン)。銀漢(ギンカン)。天漢(テンカン)。❸王朝の名。㋐劉邦(リュウホウ)(=高祖)が建てた王朝。(前二〇六—後八)→【前漢】ゼンカン(164ジペー) ㋑劉秀(リュウシュウ)が建てた王朝。(二五—二二〇)→【後漢】ゴカン(476ジペー) ❹漢民族。例 漢語(カンゴ)。漢族(カンゾク)。❺おとこ。男子。例 悪漢(アッカン)。巨漢(キョカン)。暴漢(ボウカン)。

日本語での用法 《あや》《から》「漢織(あやはとり)・漢心(からごころ)」▼中国の別名。特に日本から見ての、中国の人や文物を指す。

古訓 中古 そら・とほる 中世 あまのかは・おぎろ・そら・もろこし 近世 あまのがは・そら

人名 かみ・くに・なら

【漢音】カンオン 日 日本の漢字音の一つ。奈良時代から平安時代初めに遣唐使や渡来した中国人によってもたらされ、正式な漢字音として用いられた。長安地方の発音にもとづく。たとえば、「京・経・敬・軽・境・慶」を「ケイ」と読むなど。→【呉音】ゴオン(236ジペー)→【唐音】トウオン(251ジペー)

【漢家】カンカ/カンケ ①漢の王室。類 漢室。②日 中国。対 本朝。③日 漢方医。

【漢学】カンガク ①漢・唐代におこなわれた儒学。経書(ケイショ)の字句の実証的解釈を重んじた。訓詁(クンコ)の学。宋(ソウ)・明(ミン)代の宋学に対する語。②日〔国学や洋学に対して〕中国の文学や思想などについて研究する学問。例 —者。

【漢▼奸】カンカン 漢民族でありながら漢民族を裏切る者。

【漢語】カンゴ ①中国で用いる言語。中国語。②日 昔、中国から伝わって日本語に取り入れられたことば。③日 音読みの漢字を組み合わせた熟語。例 —の多い文章。▽対 和語。

【漢皇】カンコウ ①漢朝の皇帝。②唐朝の皇帝。〔唐の詩人が、唐の皇帝を直接詠むのを避けて借りた語〕例 漢皇重レ色思二傾国一(カンコウいろをおもんじてケイコクをおもう)(=唐の玄宗皇帝は女色を好んで絶世の美女はいないものかと思いをつのらせた)。〈白居易・長恨歌〉 ▽類 漢帝。

【漢才】カンサイ/カンザイ 日 中国から伝わった学問や技術。また、それを使いこなす能力。例 和魂—(ワコンカンサイ)(=中国の知識と、日本人固有の精神をあわせもつこと)。

【漢詩】カンシ ①中国、漢代の詩。②日 中国の伝統的な詩。また、日本で作られた漢字だけの詩。からうた。

【漢字】カンジ 「漢語①」を書きあらわすために作られた文字。原則として一文字一音節で、一字が一語に対応する。日本・朝鮮・ベトナムなど周辺諸国にも大きな影響を与えた。真名(まな)。対 仮名(かな)。

【漢儒】カンジュ ①漢代の儒者。②日 儒教の経典(ケイテン)の研究者。

【漢書】一 カンジョ 前漢の正史。二 カンショ 日 中国の書物。漢籍。

【漢人】カンジン ①漢民族の人。また、漢の時代の人。②日〔日本から見て〕中国人。唐人。

【漢数字】カンスウジ 日 数をあらわす漢字。一・二・三など。和数字。対 算用数字・アラビア数字。

【漢籍】カンセキ ①漢代の書物。②日〔「籍」は、文書の意〕漢文で書かれた中国の書物。漢書(カンショ)。

【漢節】カンセツ 〔「節」は、タケの割り符〕漢の天子から使者のしるしとして授けられた割り符。

【漢中】カンチュウ 秦(シン)代の郡の名。今の陝西(センセイ)省南部、漢水上流にある盆地で、交通の要所であった。

【漢土】ドカン 〔漢の土地の意〕中国本土。また、中国。唐土。
【漢文】ブカン ①漢字。漢語。②漢代の文章・文学。③漢の文帝。④日漢字だけで書かれた文章。中国の古典の詩文や、それにならって作られた日本人の文章や文学作品。
【漢文学】ブンガク ①漢代の文学。②日中国の古典文学。また、それにならって作られた日本人の文学作品。③日中国の古典文学や思想を研究する学問。
【漢文訓読】カンブンクンドク 日漢文を読解するのに、日本語の語順や文法に従って句読点や返り点をつけ、日本語の助詞・助動詞や活用語尾などを補って読むこと。たとえば、「守株シュシュ」を「くいぜヲまもル」と読むなど。
【漢方】ポウ 日〔「方」は、薬の調合の意〕中国固有の医術。また、それが日本に伝わり発達したもの。例—医。—薬。
【漢民族】カンミンゾク 日現在の中国の主要な民族。四千年以上前から中国本土に住み、最古の文明の一つを築いた。類漢族。
【漢名】カンメイ 日〔動植物などの〕中国での名前。対和名。
【漢訳】カンヤク 日他国語を漢文に訳す。例—された仏典。
【漢和】ワカン 日①中国と日本。和漢。②漢語と日本語。漢語と和語。また、漢字と日本語。例—辞典(=漢字や漢語の読み方や意味を日本語で解説した辞典)。
●好漢コウカン・痴漢チカン・無頼漢ブライカン・門外漢モンガイカン・和漢ワカン

[滊] 氵10(13) ⇩汽キ(752ページ)

滎 水10(14) ③8702 6ECE 一ケイ漢 青 xíng 二エイ漢 庚 yíng

意味 一❶河南省を流れていた川の名。滎水ケイスイ。❷古代の沼地の名。今の河南省滎陽ケイヨウ県のあたりにあった。❸小さな川。二「滎瀯エイエイ」は、波がわきたつさま。

[溪] 氵10(13) ⇩渓ケイ(783ページ)

源 氵10(13) ①2427 6E90 教6 ゲン(グヱン)漢呉 元 yuán みなもと

筆順 氵 氵 汇 沥 洦 源 源

なりたち 【形声】「氵(=みず)」と、音「原ゲン」とから成る。みなもと。

参考 「原(=みなもと)」の別体字。「原」が「はら」の意に使われるようになり、新たに「源」ができた。

意味 ❶水の流れ出る所。ものごとのはじまるもと。**みなもと**。例源流ゲンリュウ。起源キゲン。語源ゴゲン。❷さがし求める。たずねる。例天下之才難源テンカのサイはたずねがたし(=天下の秀才はさがしにくい)。〈南史・謝荘伝〉

古訓 中古 あつし・たづぬ・みなもと・もと 中世 あつし・みなもと・もと 近世 あつし・みなかみ・みなもと

人名 あつし・はじめ・もと・もとい・よし

日本語での用法 《ゲン》《みなもと》「源三位頼政ゲンザンミよりまさ・源氏ゲンジ・源平ゲンペイ・源義家みなもとのよしいえ」▼古代から日本の代表的名家の姓であった、源みなもと・平たいら・藤原ふじわら・橘たちばなの一つ。

【源委】ゲンイ もとと、すえ。本末。
【源語】ゲンゴ 日『源氏物語』の略。
【源氏】ゲンジ 日①氏族の一つ。「源みなもと」の姓をもった一族。例—と平家の合戦カッセン。②『源氏物語』の略。また、その主人公。
【源氏名】ゲンジな 日①〔もと、『源氏物語』の巻名にちなんでつけたことから〕昔、女官ニョカンや遊女などが用いた別名。②水商売の女性が、店で用いる仮名カメイ。
【源泉】ゲンセン ①水がわき出るみなもと。例温泉の—。②ものごとが起こってくる、おおもと。根本。起源。根源。例文化の—。▽原泉。
【源平】ゲンペイ 日①源氏と平氏。例—の合戦。②〔源氏の旗が白、平氏の旗は赤であることから〕白と赤。また、敵と味方。紅白。例—糸いと。—対抗。—に分かれる。
【源由】ゲンユウ 原因。原由。
【源流】ゲンリュウ ①川などが流れ出るみなもと。水源。②ものごとの初め。始まり。起源。例日本民族の—をさぐる。③水源とその支流。本末。
●音源オンゲン・根源コンゲン・資源シゲン・字源ジゲン・水源スイゲン・電源デンゲン

溝 氵10(13) ①2534 6E9D 常用 コウ漢呉 尤 gōu みぞ・どぶ

[溝] 氵10(13) 旧字体。

筆順 氵 氵 汫 泄 溝 溝 溝 溝

なりたち 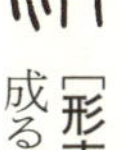 【形声】「氵(=みず)」と、音「冓コウ」とから成る。田の周囲をめぐる水路。

意味 ❶水を引くための水路。また、地を掘って水路を作る。❷都市や城のまわりの堀。掘り割り。**みぞ**。例溝渠コウキョ。❸通じ合う。例溝通コウツウ。❹みぞを掘って、へだてる。例溝絶コウゼツ(=隔絶する)。

古訓 中古 みぞ 中世 みぞ 近世 おろか・ほり・みぞ

難読 御溝水みかわみず

【溝▼壑】コウガク ①谷。谷間。また、みぞ。どぶ。②危険な場所や、みじめな境遇のたとえ。
【溝▼渠】コウキョ 〔「渠」も、みぞの意〕防衛や灌漑カンガイ、排水用の水路。みぞ。堀。下水。どぶ。例—を整備する。
【溝▼洫】コウキョク 田畑の間にある、みぞ。類溝澮コウカイ。
【溝池】コウチ みぞと、いけ。また、城の堀。
【溝中▼瘠】コウチュウのセキ みぞに落ちている死体。困窮のため、やせ衰えた人の死体。〈荀子・栄辱〉から
【溝▼瀆】コウトク ①みぞ。どぶ。②困窮していることのたとえ。
●海溝カイコウ・側溝ソッコウ・地溝チコウ

滉 氵10(13) ②6270 6EC9 人 コウ(クヮウ)漢 養 huàng ひろ-い(ひろ-し)

なりたち 【形声】「氵(=みず)」と、音「晃コウ」とから成る。水が深く広いさま。

意味 ❶水の広く深いさま。**ひろい**。例滉瀁コウヨウ。❷(水や光などが)ゆれる。ゆらめく。例滉蕩コウトウ(=ゆらめく)。

古訓 中古 かかやく・たたふ・みなぎる・わかす・わく 中世 なみ・みなぎる 近世 なみ・ひろし

人名 あき・あきら・ひろ・ひろし

【滉▼瀁】【滉▼漾】コウヨウ ①水の広く深いさま。②波や光などがゆらめくさま。▽滉蕩コウトウ。

溘 氵10(13) ②6269 6E98 コウ(カフ)漢 合 kè たちま-ち・にわ-か(には-か)

意味 ❶突然に。にわかに。**たちまち**。例溘死コウシ。溘然コウゼン。❷⇩【溘溘】コウコウ

【溘▼焉】コウエン ①にわかに。突然。例—として逝く。②突然世を去ること。▽溘然コウゼン。
【溘溘】コウコウ ①水や風などが動いて立てる、ごうごうという音の形容。②寒いさま。
【溘死】コウシ 突然世を去ること。急死。類溘逝コウセイ。
【溘然】コウゼン 「溘焉コウエン」に同じ。

溷 氵10(13) 2 6271 6EB7
コン 漢 願 hùn
けが-れる(けが-る)・けが-す・にご-る
意味 ❶みだれる。**にごる**。**けがれる**。**けがす**。例 溷濁コンダク。❷かわや。便所。例 溷厠コンシ。❸汚物。大小便。例 糞溷フンコン。
【溷▼淆】【溷▼肴】コンコウ 入り乱れる。類 溷錯コンサク。
【溷▼厠】コンシ 便所。類 溷軒コンケン。
【溷濁】コンダク にごる。また、にごり。世の中が乱れること。混濁。

滓 氵10(13) 2 6272 6ED3
サイ 慣 シ 漢 紙 zǐ
おり・かす
意味 ❶水底に沈んだもの。**おり**。液体をこしたあとに残るかす。例 鉱滓コウサイ。残滓ザンシ。❷黒ずむ。くろむ。また、汚れ。例 泥而不レ滓くろめず(=黒く染めようとしても黒ずまない)。〈史記・屈原伝〉

[溼] 氵10(13) ⇩湿シツ(795ジペー)

溲 氵10(13) 2 6276 6EB2
一 シ 慣 シュウ(シウ) 漢 シュ 呉 尤 sōu
二 シュウ(シウ) 漢 シュ 呉 有 sǒu
いばり・ゆばり
意味 一 ❶水の中でゆすって洗う。よなげる。例 溲米シュウマイ(=米をとぐ)。❷小便(をする)。しと。**いばり**。**ゆばり**。例 溲瓶シビン。二 液体につける。ひたす。例 溲酒シュウシュ。
【溲瓶】シビン|シュビン|シュウヘイ 病人などが寝たままで小便をするための容器。
【溲器】シュウキ 便器。おまる。

溴 氵10(13) 4 7903 6EB4
シュウ xiù
意味 化学元素の名。臭素。

準 氵10(13) 1 2964 6E96 教5
シュン 漢 ジュン 呉 軫 zhǔn
なぞら-える(なぞら-ふ)・なずら-える(なずら-ふ)

[凖] 冫10(12) 2 5037 51D6 俗字。

筆順 氵 汁 汻 汻 淮 淮 進 準

なりたち  [形声]「氵(=みず)」と、音「隼シュン」とから成る。水平。

意味 ❶平らにする。例 平準ヘイジュン(=平均化する)。❷水平の度合いをはかる器具。みずもり。また、ものごとをはかる目安。例 基準キジュン。水準スイジュン。標準ヒョウジュン。❸おしはかる。はかる。例 準二高下一コウゲを(=高さをはかる)。〈漢書・溝洫志〉❹目安としてならう。よりどころとする。のっとる。**なぞらえる**。例 準拠ジュンキョ。準用ジュンヨウ。❺弓のまと。例 準的ジュンテキ。❻鼻。〔一説に、「頔セツ(=ほおぼね)」の意とする〕例 隆準リュウセツ(=高い鼻すじ)。

日本語での用法 《ジュン》「準急ジュンキュウ・準決勝ジュンケッショウ」▼本式・正式なものに次ぐ。

古訓 中古 なずらふ・のり 中世 なぞらふ・はやぶさ・ひとし 近世 たひらか・なぞらふ・ならふ・はかる・ひとし
人名 たいら・とし・なろう・のり・はや・はやと・ひと・ひとし
難読 垂準さげすみ・準縄みずばかり

【準拠】ジュンキョ 基準になるものの内容や決まりに従う。また、その基準。標準。依拠。例 教科書に―した問題集。
【準縄】ジュンジョウ 〔「縄」は、直線を引くのに用いる道具、墨縄すみなわ〕①みずもりと墨縄。②基準。規則。守らなければならないおきて。例 規矩キク―(=手本)。
【準則】ジュンソク 従うべき規則。また、規則に従うこと。類 準程。
【準的】ジュンテキ まと。めあて。また、標準。
【準備】ジュンビ 前もって必要なものをそろえたり、手はずをととのえたりする。また、その用意。例 ―期間。
【準用】ジュンヨウ ある事柄に通用される規則などを、似た事柄にも応用する。例 規約を―する。
●基準キジュン・規準キジュン・照準ショウジュン・水準スイジュン・標準ヒョウジュン

滁 氵10(13) 3 8694 6EC1
チョ 漢 ジョ(ヂョ) 呉 魚 chú
意味 ❶安徽アンキ省を流れる川の名。❷「滁州ジョシュウ」は、安徽省の地名。

溽 氵10(13) 2 6273 6EBD
ジョク 漢 沃 rù
むしあつ-い(むしあつ-し)
意味 湿度が高く暑い。**むしあつい**。例 溽暑ジョクショ。
【溽暑】ジョクショ ①むし暑い。②日 陰暦六月の別称。

溱 氵10(13) 3 8693 6EB1
シン 漢 真 zhēn
意味 ❶川の名。溱水シンスイ。❷「溱溱シンシン」は、量が多いさま。また、汗が出るさま。❸到達する。いたる。通 臻シン。

[溯] 氵10(13) ⇩遡ソ(1322ジペー)

滄 氵10(13) 2 6275 6EC4
ソウ(サウ) 漢 呉 陽 cāng
意味 ❶(水が)あおみどり色の。青々とした。あおい。通 蒼ソウ。例 滄海ソウカイ。滄茫ソウボウ。滄浪ソウロウ。❷寒い。冷たい。例 滄滄ソウソウ(=寒いさま)。
【滄海】ソウカイ ①青々とした大海。例 安知滄海東いずくんぞしらんソウカイのひがし(=どうして知り得よう、大海の東にある君の故国を)。〈王維・送秘書晁監還日本国〉②北海にあるという仙人の住む島。▽蒼海ソウカイ。
【滄海桑田】ソウカイソウデン 世の中の変化の激しいこと。桑田滄海。〔仙女の麻姑マコが、大海が桑畑くわばたけに三度変わったのを見たという故事〈神仙伝・王遠〉から〕
【滄海遺珠】ソウカイのイシュ 〔大海の中にとり残された珠たまの意〕世に知られずにいる賢者のたとえ。〈新唐・狄仁傑伝〉
【滄海▼之一▼粟】ソウカイのイチゾク 〔大海の中のひとつぶの粟あわの意〕広大なものの中の、きわめて小さいもの、はかないもののたとえ。〈蘇軾・赤壁賦〉
【滄▼洲】ソウシュウ ①東海にあるという、仙人の住む所。滄浪洲ソウロウシュウ。②青々とした、田舎の水辺。隠者の住む所。
【滄▼茫】ソウボウ 水面が青々として果てしなく広がっているさま。蒼茫ソウボウ。
【滄▼溟】ソウメイ 〔青くうす暗い意〕海。また、青海原あおうなばら。
【滄浪】ソウロウ ①青々とした波。青々とした水の色。②湖北省を流れる漢水の支流。
【滄浪歌】ソウロウのうた 古代民間に流布した歌で、「滄浪之水清兮、可三以濯二吾纓一、滄浪之水濁兮、可三以濯二吾足一(ソウロウのみずすまば、もってわがエイをあらうべし、ソウロウのみずにごらば、もってわがあしをあらうべし)」とうたうもの。〈楚辞・漁父〉では、世の動きに合わせて身を処すべきであるとする。〈孟子・離婁上〉では「吾」を「我」とし、禍福は自らまねくもの、とする。→【濯纓タクエイ】(817ジペー)・→【濯足タクソク】(817ジペー)

滞 氵10(13) 1 3458 6EDE 常用
テイ 漢 タイ 呉 霽 zhì
とどこお-る(とどこほ-る)・なず-む(なづ-む)

[滯] 氵11(14) 2 6292 6EEF 人 旧字体。

【筆順】氵 氵 汁 汫 泄 洪 滞 滞

なりたち [形声]「氵(=みず)」と、音「帯イタ→イテ」とから成る。こり固まる。

意味 ❶こり固まる。かたまる。例 凝滞ギョウタイ(=かたまる)。❷ものごとがつかえて、進まない。**とどこおる**。例 滞納タイノウ。渋滞ジュウタイ。沈滞チンタイ。❸一か所にとどまる。例 滞空タイクウ。滞在タイザイ。❹とりのこす。もれる。例 滞穂タイスイ(=とり残された穂。落ち穂)。

古訓 中古 おそし・さはる・ためらふ・とどこほる・とどむ・ひさし 中世 とどこほる・とどまる・ひさし 近世 こる・すたる・とどこほる・とどこる・とどまる・ひさし

【滞▼淹】タイエン〔「淹」も、とどまる意〕①長い間とどまる。停滞。②賢才が世に埋もれていること。

【滞貨】タイカ【滞荷】タイカ ①売れ残っている商品。例 ―処理。②輸送がとどこおっている貨物。

【滞▼礙】タイガイ とどこおる。さまたげとなる。

【滞空】タイクウ 日 飛行機などが、空中のある範囲を飛び続ける。例 ―時間。

【滞固】タイコ 一つのことにこだわって融通がきかない。凝滞ギョウタイ。類 滞泥タイデイ。

【滞獄】タイゴク 裁判の判決がとどこおる。

【滞在】タイザイ しばらくある所にとどまる。滞留。逗留トウリュウ。例 知人の家に―する。

【滞積】一タイシ ①物品がひと所に蓄えられている。②胸に、つもった思い。類 滞思。二タイセキ 処理がおくれて、たまる。とどこおる。例 郵便物が―する。

【滞日】タイニチ 日 外国人が日本に来て、しばらくとどまる。

【滞納】タイノウ 日 決められた日時を過ぎても、おさめていない。例 家賃を―する。税金を―する。

【滞留】タイリュウ ①つかえて進まない。とどこおる。停滞。例 書類の―。②旅先でしばらくとどまっている。滞在。逗留トウリュウ。③才能のある人が長く埋もれている。

●延滞エンタイ・渋滞ジュウタイ・遅滞チタイ・沈滞チンタイ・停滞テイタイ

滝

氵10 (13) 1 3476 6EDD 常用

一ロウ 漢 東 lóng 二ロウ(ラウ) 漢 江 lóng 三ソウ(サウ) 漢 江 shuāng

たき

[瀧] 氵16 (19) 1 3477 7027 人 旧字体。

【筆順】氵 氵 汁 沪 浐 浐 涪 滝

なりたち [形声]「氵(=みず)」と、音「龍リョウ→ウロ」とから成る。雨の降るさま。

意味 一「滝滝ロウロウ」は、水の流れる音。二急流。早瀬。三広東カントン省を流れる川の名。滝水ソウスイ。

日本語での用法 《たき》「滝壺たきつぼ・華厳ゴケンの滝たき」▼高いがけや急な斜面を、激しく流れ落ちる水流。

古訓 中古 たき 中世 たき 近世 うるほふ・しめり・たき

人名 たけし・よし

●男滝おだき・雄滝おだき・女滝めだき・雌滝めだき

溺

氵10 (13) 1 3714 6EBA 常用

一デキ 漢 錫 nì 二ジョウ(デウ) 漢 ニョウ(ネウ) 呉 嘯 niào

おぼれる(おぼ-る)

[溺] 氵10 (13) ―― 俗字。

【筆順】氵 氵 氵 沪 沪 泻 溺 溺

なりたち [形声]「氵(=みず)」と、音「弱ジャク→デキ」とから成る。川の名。借りて、「おぼれる」の意。

意味 一❶水中に沈む。**おぼれる**。例 溺死デキシ。❷度をこえてのめりこむ。ふける。**おぼれる**。例 溺愛デキアイ。耽溺タンデキ。❸苦境におちいる。例 溺苦デキク。二小便をする。小便。ゆばり。通 尿。例 矢溺シニョウ(=小便)。

古訓 中古 おほほる・しづむ・ゆばり・ゆばりまりかく・ゆばりまる 中世 おぼる・おぼるる・ゆばり 近世 いばり・おぼるる・しづむ・ゆばり

【溺愛】デキアイ 子供などをむやみにかわいがる。

【溺死】デキシ 水におぼれて死ぬ。水死。例 ―者。

【溺職】デキショク〔「職務の中でおぼれてしまう意」〕職務を沈滞させる。仕事にたえきれない。

【溺惑】デキワク あるものごとに心をうばわれて、前後の見境をなくしてしまう。惑溺。

【溺器】ニョウキ|ジョウキ 小便のために使う容器。しびん。

滇

氵10 (13) 3 8701 6EC7

テン 漢 先 diān

意味 ❶「滇池テンチ」は、雲南省の湖。昆明湖コンメイコ。昆明池コンメイチ。❷雲南省の別名。

滔

氵10 (13) 2 6277 6ED4

トウ(タウ) 漢 豪 tāo

はびこ-る

[滔] 氵9 (12) 4 7894 3D1E 俗字。

意味 ❶水が満ちあふれて広がる。あふれる。**はびこる**。例 滔天トウテン。滔滔トウトウ。❷あなどる。例 滔慢トウマン。❸ゆり動かす。例 振滔シントウ(=激しくゆする)。❹わきたつように集まる。

【滔天】トウテン ①水が天にとどくほど、みなぎりあふれること。②勢いが盛んなこと。例 ―の勢い。

【滔滔】トウトウ ①水がみなぎって盛んに流れていくさま。洋洋。例 滔滔逝水流ニ今古一トウトウたるセイスイキンコにながる(=滔滔と流れ行く川の水は昔も今も絶え間ない)。〈曽鞏・虞美人草〉―たる大河。②世の中の風潮などが、ある方向に勢いよく進んでいくさま。③勢いよく、すらすらと話すさま。例 ―と意見を述べる。④広々としているさま。

滕

*10 (15) 2 6278 6ED5

トウ 漢 蒸 téng

わ-く・あが-る

意味 ❶水がわきあがる。**わく**。❷「滕口トウコウ」は、口を開く。発言する。❸春秋戦国時代の国名。今の山東省滕州トウシュウ市にあった小国。

【滕王閣】トウオウカク 唐の太祖の弟で、滕王に封ホウぜられた李元嬰ゲンエイが新建(=今の江西省新建県)に建てた楼閣。

溏

氵10 (13) 2 6279 6E8F

トウ(タウ) 漢 陽 táng

いけ・ぬま

意味 ❶**いけ**。通 塘トウ。❷どろみず。❸どろのような状態。

日本語での用法 《たれ》「溏醬みそたれ」▼どろどろの状態のものとして「たれみそ」の「たれ」にあてる。

漠

氵10 (13) 1 3989 6F20 常用

バク 漢 マク 呉 薬 mò

ひろ-い(ひろ-し)

【筆順】氵 氵 汁 浐 浐 渮 漠 漠

なりたち [形声]「氵(=みず)」と、音「莫バク」とから成る。中国の北方に広がるさばく。

意味 ❶砂や小石の平原。すなはら。例 砂漠サバク。❷果てしなく広いさま。**ひろい**。例 漠漠バクバク。茫漠ボウバク。❸とりとめなく、ぼんやりしているさま。例 漠然バクゼン。空漠クウバク。❹さびしい。ひっそりしている。例 寂漠セキバク。❺無関心なさま。冷淡なさま。例 漠然ゼン。

古訓 中古 きよし・しづかなり・みつ 中世 しづか・はるか・ひろし 近世 おほいなり・しづか・ひろし・まさご

人名 きよし・とお・ひろ・ひろし

【漠然】バクゼン ①静かなさま。②無関心なさま。③ぼんやりとしていて、内容・目的などがはっきりしないさま。

【漠漠】バクバク ①広々として、果てしないさま。例 ―たる荒野。②ぼんやりとして、はっきりしないさま。うす暗いさま。例 空空―。③ひっそりとしたさま。④無関心なさま。

【漠北】バクホク ゴビ砂漠以北の地域。対 漠南。

●空漠クウバク・広漠コウバク・索漠サクバク・寂漠セキバク

澼

氵10 (13) 4 7904 6EBF ハン 漢 翰 pàn

意味 水ぎわ。通 泮ハ。

溥

氵10 (13) 2 6280 6EA5 ホ 漢 フ 呉 麌 pǔ あまね-し・おお-い(おほ-し)・ひろ-い(ひろ-し)

意味 ❶広く大きい。**ひろい**。❷広くゆきわたる。**あまねし**。例 溥洽フコウ。

【溥洽】フコウ 恩徳などが広くゆきわたること。普洽フコウ。

【溥大】フダイ 広くて大きい。

【溥天】フテン 天のおおうかぎりすべて。天下全体。普天フテン。

【溥天率土】フテンソツド どこまでも広がる天と、果てしない陸。天下。全世界。〈詩経・小雅・北山〉から

滂

氵10 (13) 2 6281 6EC2 ボウ(バウ) 慣 ホウ(ハウ) 漢 陽 pāng

[霶] 雨13 (21) 4 9189 9736 別体字。

意味 ❶水が盛んに流れるさま。例 滂沱ボウダ。滂沛ホウハイ。滂湃ホウハイ。❷盛大なさま。例 滂洋ホウヨウ。

【滂沱】ボウダ ①雨が激しく降るさま。②涙がとめどなくあふれるさま。例 君をおもうて涙―たり。

【滂沛】ホウハイ・ボウハイ ①雨が激しく降るさま。②意気盛んなさま。③恩恵などが、あまねくゆきわたるさま。

【滂湃】ホウハイ ①水の勢いが盛んなさま。例 ―として怒濤ドトウがさかまく。②日(大波のように)ものごとが広い範囲でわき起こるさま。例 新気運が―として起こる。▽澎湃ホウハイ。

【滂洋】ホウヨウ・ボウヨウ 豊かで広いさま。盛大なさま。

溟

氵10 (13) 2 6282 6E9F 一 メイ 漢 青 míng 二 メイ 漢 迥 mǐng くら-い(くら-し)・うみ

意味 一 ❶(小雨が降って)うすぐらい。**くらい**。例 溟溟メイメイ。❷水の色が黒ずんだ大海。**うみ**。例 北溟有レ魚ホクメイにうおあり(=北方の暗い海に魚がいる)。〈荘子・逍遥遊〉溟海メイカイ。❸そぼ降る雨。例 溟沐メイモク(=小雨)。二 ⇒【溟涬】メイケイ

【溟海】メイカイ 〔水の色が黒っぽく見えることから〕大きな海。大海原おおうなばら。

【溟涬】メイケイ ①天地がまだ分かれていないころの、混沌コントンとしている自然の気。②境界のないさま。広々として果てのないさま。③とうといさま。尊重するさま。

【溟溟】メイメイ ①暗いさま。②うす暗くて、小雨の降るさま。③奥深くて言いつくせないさま。

【溟濛】メイモウ ①小雨が降って、うす暗い。また、小雨。②うす暗い。よく見えにくい。

滅

氵10 (13) 1 4439 6EC5 常用 ベツ 漢 メチ・メツ 呉 屑 miè ほろびる(ほろ-ぶ)・ほろぼす

筆順 氵 氵 汇 泝 泝 滅 滅 滅

なりたち [形声]「氵(=みず)」と、音「威ケツ→ベツ(=消えてなくなる)」とから成る。つきる。

意味 ❶つきてなくなる。**ほろびる**。**ほろぼす**。うしなう。例 大義滅レ親タイギシンをメッす(=正義のためには肉親をも捨てる)。〈左伝・隠四〉滅亡メツボウ。消滅ショウメツ。❷あかりを消す。火が消える。例 火三月不レ滅ひサンゲツメッせず(=火は三か月間消えなかった)。〈史記・項羽紀〉点滅テンメツ。明滅メイメツ。❸(仏や高僧が)死ぬ。悟りの境地にはいる。例 寂滅ジャクメツ。入滅ニュウメツ。

古訓 中古 いる・きゆ・けす・したがふ・しぬ・つくす・ほろぶ・ほろぼす 中世 きゆる・けす・つくす・ほろぶ 近世 きゆる・けす・たゆる・つくる・ほろぶ

難読 滅入める・滅金メッキ

【滅却】メッキャク ①ほろびてなくなる。また、ほろぼす。②消し去る。なくしてしまう。→【心頭】シントウ(487ページ)

【滅菌】メッキン 日 熱や薬品を用いて細菌を殺す。殺菌。例 ―ガーゼ。―消毒。

【滅後】メツゴ ①ほろびてしまったあと。②〔仏〕釈迦シャカの死後。

【滅口】メッコウ・くちを メッす 口封じのために殺す。転じて、口どめ。

【滅罪】メツザイ 仏教やキリスト教などで、念仏やざんげにより、また、善行を積むことにより、自分の罪を消すこと。

【滅私】メッシ 〔自分をなくす意〕個人的な利益や損得をかえりみないこと。例 ―奉公。

【滅失】メッシツ ①ほろびてなくなる。例 ―のおそれのある文化財。②日 物品などがそこなわれ、価値がなくなるほどになる。

【滅相】メッソウ ①〔仏〕命がつきて、ほろびていくこと。また、その姿。②日 めちゃくちゃなさま。滅法。例 ―な、それは言いがかりです。③日〔「滅相もない」の形で〕とんでもない。

【滅多】めった 日〔あて字〕①いいかげんなさま。むやみ。例 ―やたら。―なことをするなよ。②〔「滅多に」の形で。あとに打ち消しのことばをともなって〕ほとんど…ない。例 こんな機会は―にない。

【滅亡】メツボウ ほろびてなくなる。また、ほろぼす。

【滅法】メッポウ ①〔仏〕因縁に支配された世界を超えた絶対的真理のこと。無為法。②日 とんでもないさま。滅多。例 ―なことを言う。③日 たいへん。はなはだしく。例 ―寒い。

【滅没】メツボツ ほろびて、なくなる。消えうせる。

【滅裂】メツレツ ①ばらばらで、形が整わないこと。例 支離―。②軽々しく、ぞんざいなこと。③ずたずたに切ること。

●隠滅インメツ・幻滅ゲンメツ・死滅シメツ・自滅ジメツ・絶滅ゼツメツ・全滅ゼンメツ・入滅ニュウメツ・破滅ハメツ・不滅フメツ・磨滅マメツ

漭

氵10 (13) 6F2D ボウ(バウ) 漢 モウ(マウ) 呉 養 mǎng

意味 水面が果てしないさま。

【漭漾】ボウヨウ 水面の広いさま。広大なさま。類 漭沆ボウコウ。

溶

氵10 (13) 1 4547 6EB6 常用 ヨウ 漢 ユウ 呉 冬 róng とける(と-く)・とかす・とく

筆順 氵 氵 氵 泞 浡 浤 溶 溶

なりたち [形声]「氵(=みず)」と、音「容ヨウ」とから成る。水が盛んに流れるさま。

意味 ❶水の流れが盛んなさま。例 溶溶ヨウヨウ。❷ゆったりしたさま。安らかなさま。例 溶溶ヨウヨウ。❸物質が液体の中にとけこむ。**とける**。**とかす**。例 溶液ヨウエキ。溶解ヨウカイ。溶媒ヨウバイ。❹固体の

物質が（熱などで）液状になる。**とける**。例 溶解ヨウカイ。溶岩ヨウガン。溶鉱炉ヨウコウロ。❺⇩【溶漾】ヨウヨウ

古訓 中世 うごく・ただよふ・ながる・みづのはしる・もる 近世 さかんなり・ながるる・わきあがる

【溶液】ヨウエキ 日 他の物質がとけこんで、むらなくまじりあっている液体。

【溶解】ヨウカイ 日 ①〔化〕物質が他の液体や固体にとけこんで、均一にまじりあう。例 ―度。②金属などが熱によってとけ、液体のようになる。鎔解ヨウカイ。③とけこむ。なじむ。

【溶岩】ヨウガン 日 地下のマグマが、火山の噴火などで、どろどろの状態のまま地表に流れ出したもの。また、それが冷えて固まってできた岩石。熔岩ヨウガン。例 ―流。

【溶鉱炉】ヨウコウロ 日 鉱石を熱してとかし、鉄・銅・鉛などの金属を分離させる装置。高炉。鎔鉱炉ヨウコウロ。

【溶剤】ヨウザイ 日〔化〕物質をとかすために用いる液体。アルコール・ベンジン・エーテルなど。

【溶質】ヨウシツ 日〔化〕溶液の中にとけこんでいる物質。たとえば、食塩水の中の食塩。対 溶媒。

【溶接】ヨウセツ 日 金属やガラスなどの一部分を熱し、半分とけた状態にして、他のものとつなぎあわせる。熔接ヨウセツ。

【溶媒】ヨウバイ 日〔化〕溶液で、物質をとけこませている液体。たとえば、食塩水では水。対 溶質。

【溶融】ヨウユウ 日〔化〕金属などの固体を、熱を加えてとかす。また、とけて液状になる。熔融ヨウユウ。融解。

【溶溶】ヨウヨウ ①水が多く、さかんに流れるさま。②心が広くて、ゆったりしているさま。

【溶▼漾】ヨウヨウ ①ゆらゆらゆれる。②波がただようさま。

溧
氵10（13） 4 7902 6EA7 リツ 漢 質 lì

意味 ❶江蘇ソコウ省を流れていた川の名。溧水リッスイ。❷寒い。つめたい。

溜
氵10（13） 1 4615 6E9C 人

一 リュウ（リウ）漢 宥 liù
二 リュウ（リウ）漢 尤 liú
たーめる（たーむ）・たーまる・ため

[澑] 氵12（15） 2 6317 6F91 本字。

なりたち [形声]「氵（＝川）」と、音「畱リュウ」とから成る。川の名。借りて、「水流」の意。

意味 一 ❶川の流れ。水流。また、流れるさま。例 急溜キュウリュウ。❷しずくがたれる。したたる。しずく。雨だれ。例 溜滴リュウテキ（＝しずく。また、雨だれ）。二 すべり落ちる。すべる。

日本語での用法 一《ため》《たまる》《ためる》「溜ため池いけ・水みず溜ためる」▼水が流れず、そのままの状態でじっとしている。とどこおる。二《リュウ》「乾溜カンリュウ・蒸溜ジョウリュウ・分溜ブンリュウ」▼物質を加熱し、蒸気を冷やして純粋な成分をとり出す。

古訓 中古 あましたり・したつ・たまる 中世 あましたり・あまだり・あまりみづ・しただる・しづむ 近世 あまだり・したたる

【溜飲】リュウイン 日 食べ物がうまく消化されずに胃の中にたまり、胃液が口まで上がってくること。例 ―が下がる（＝不愉快な気持ちが晴れてすっきりする）。

溓
氵10（13） 4 7901 6E93 一 レン（レム）漢 琰 liǎn 二 レン（レム）漢 塩 lián

意味 一「溓溓レンレン」は、氷がうすく張るさま。二 川の流れが静かなさま。

漪
氵11（14） 3 8706 6F2A イ 漢 支 yī

意味 風が吹く水面にできる小さな波。さざなみ。例 漪淪イリン（＝さざ波）。漪漣イレン。

【漪▼瀾】イラン（「瀾」は、大波の意）波。

【漪▼漣】イレン さざ波。また、波だつ。

潁
水11（15） 2 6283 6F41 エイ 漢 梗 yǐng

意味 今の河南省に源を発し、東南に流れて淮水ワイスイに注ぐ川の名。潁水エイスイ。潁河エイガ。

難読 潁原えばら（＝姓）

【洗二耳▼於潁水浜（濱）一】みみをエイスイのヒンにあらう ⇩【洗耳】センジ（771ページ）

演
氵11（14） 1 1773 6F14 教5 エン 漢 呉 銑 yǎn のーべる（のーぶ）

筆順 氵 … 演

なりたち [形声]「氵（＝みず）」と、音「寅イン→エン」とから成る。長く遠くまで流れる。派生して「ひきのばす」の意。

意味 ❶水が長い距離を流れる。遠方まで流れる。うるおう。うるおす。❷（ことばの意味を）おし広げる。引きのばして説明する。敷衍フエンする。**のべる**。例 演二周易一シュウエキをのぶ（＝〈文王は〉易の八卦ハッカを敷衍フエン〈して六十四卦カに〉した）。〈司馬遷・報任少卿書〉演繹エンエキ。演義エンギ。❸（音楽や劇などの芸を）人前でおこなう。例 演技エンギ。演奏エンソウ。❹実際にやってみる。けいこする。例 演習エンシュウ。

古訓 中古 いたる・うるふ・のぶ・ひく 中世 のぶる・ひろし 近世 とほる・ながし・のぶる・ひろし

人名 のぶ・のぶる・ひろ・ひろし・ひろむ

【演▼繹】エンエキ ①意義をおし広げて述べる。②日〔哲〕一般的な原理から論理的に推論して、特殊・個別の命題を導き出す。対 帰納。

【演技】エンギ 日 ①劇や曲芸、スポーツなどを、観客の前でおこなう。また、そのわざ。例 ―力。②特別な目的のために、見せかけの態度をとる。例 それらしく―をする。

【演義】エンギ ①事柄や、その意義をくわしく述べる。敷衍フエン。②中国の小説の形式の一つ。歴史上の事実などをもとにして、大衆向けにわかりやすく書いた物語。

【演芸（藝）】エンゲイ 日 落語・講談・浪曲・ものまね・漫才などの、大衆向けの芸能を演じること。また、その芸ごと。例 ―会。

【演劇】エンゲキ 俳優が登場人物に扮フンし、舞台でせりふや身ぶりによって、ある筋書きを観客に演じて見せる芸術。

【演算】エンザン 計算。運算。例 四則―。

【演者】エンジャ・エンシャ 日 ①舞台やテレビなどで、演劇や芸能を演じる人。出演者。②聴衆に自分の考えを述べる人。講演者。

【演習】エンシュウ ①実際におこなうように練習する。例 予行―。②日 軍隊などが、実戦をまねて訓練をする。例 ―場。③日 大学で、教官の指導のもとに、学生が小さなグループで発表や討論をおこなう形式の授業。ゼミナール。

【演出】エンシュツ ①新しく生まれ変わる。②日 演劇やテレビなどで、出演者に演技の指導をし、照明や音楽などを利用して、シナリオから実際の劇を作り上げていく。例 ―家。③日 自分の意図どおりにものごとを企画・実現する。例 閉会式を―する。

【演説】エンゼツ ①〔仏〕道理や意義をおし広げて説く。②日 おおぜいの前で自分の考えや主張を述べる。例 立会たちあい―会。

【演奏】エンソウ 器楽を奏する。例 ―会。

【演台（臺）】ダイ 日講演や発表をするとき、話し手の前に置く台。

【演題】ダイ 日講演や演説などの題名。例 —を掲げる。

【演壇】ダン 日講演や演説をする人が立つ壇。例 —に登る。

【演武】ブ 武芸などのけいこをすること。また、それを人に見せること。

【演舞】ブ 日踊りや舞を演じること。また、それを観客に見せること。例 —場。

●開演カイエン・客演キャクエン・共演キョウエン・公演コウエン・講演コウエン・実演ジツエン・主演シュエン・出演シュツエン・上演ジョウエン・独演ドクエン・熱演ネツエン

漚

氵11（14）③8704 6F1A

一オウ漢 ウ呉 宥 òu
二オウ漢 ウ呉 尤 ōu

意味 一長く水の中につける。ひたす。例 漚麻オウマ（＝アサをひたして、やわらかくする）。二❶水に浮いた泡。うたかた。例 浮漚フオウ（＝うたかた。はかない人生のたとえ）。❷カモメ。通鷗オウ。例 漚鳥オウチョウ（＝カモメ）。

漑

氵11（14）②6284 6F11

ガイ慣 カイ漢呉 隊 gài
そそ-ぐ

意味 ❶水をそそぐ。田に水を引く。**そそぐ**。例 漑灌ガイカン。❷洗い清める。

【漑▼灌】ガイカン 田に水を引く。灌漑カンガイ。

漶

氵11（14）④7916 6F36

カン（クヮン）漢 翰 huàn

意味 「漶漫カンマン」は、ぼんやりとして、はっきりしないさま。また、まとまりのないさま。

［漢］

氵11（14）⇩漢カン（800ページ）

［漼］

氵11（14）⇩灌カン（820ページ）

漁

氵11（14）①2189 6F01 教4

リョウ（レフ）慣 ギョ漢 ゴ呉 魚 yú
すなど-る・いさ-る・あさ-る

筆順 氵 氵 汐 洵 渔 渔 渔 漁

なりたち  ［会意］「魚（＝さかな）」と「氵（＝みず）」とから成る。魚をつかまえる。

意味 ❶魚や貝をとる。**すなどる**。**いさる**。例 漁業ギョギョウ。漁師リョウシ。大漁タイリョウ。❷むさぼり求める。不正な手段で手に入れる。**あさる**。例 漁色ギョショク。漁利ギョリ。侵漁シンギョ（＝他人の物をおかしとる）。

参考 慣用音「リョウ」は、「猟リョウ」の字音を転用したもの。語によって用いることがある。

古訓 中古すなどり・すなどる 中世すなどり・すなどる 近世うばふ・すなどり・とる

人名 すな

【漁翁】ギョオウ 老いた漁師。漁師のおやじ。漁父ギョフ。

【漁火】ギョカ｜いさりび 夜に漁をするとき、海面を照らし、魚を寄せるためにかかげる明かり。例 江楓漁火対二愁眠一コウフウギョカシュウミンにタイす（＝川岸の楓樹フウジュといさり火とが、寝つけない私の目の前に浮かんでいる）。〈張継・楓橋夜泊〉

【漁家】ギョカ 漁師の家。類漁戸ギョコ。

【漁歌】ギョカ 漁師の歌。類漁唱ギョショウ。

【漁獲】ギョカク 水産物をとること。また、とった水産物。例 —高。—量。

【漁期】ギョキ｜リョウキ ①ある水産物が最も多くとれる時期。旬シュン。②漁をするのが許されている期間。例 サケの—。

【漁況】ギョキョウ 漁のよしあし。魚のとれぐあい。例 活発な—。

【漁業】ギョギョウ 魚介類や海藻などの水産物をとること。また、それらの職業や産業。水産業。例 —権。養殖—。

【漁区】ギョク 日漁業をおこなうために、特に決められている区域。

【漁具】ギョグ 漁をするときに用いる道具。

【漁港】ギョコウ 漁業活動の中心となる港。漁船の停泊、物資の積み降ろし、水産物の加工や輸送のための施設などがある。

【漁師】ギョシ｜リョウシ 魚や貝類などをとって生活の手段としている人。漁者。類漁人ギョジン・漁夫。

【漁者】ギョシャ 「漁師ギョシ」に同じ。

【漁▼樵】ギョショウ ①漁師と、きこり。また、世間を離れて暮らす隠者のたとえ。②魚をとったり木を切ったりする。例 吾与レ子漁二樵於江渚之上一われとしとコウショのほとりにギョショウす（＝私とあなたとは長江のほとりで魚をとったり木を切ったりしている）。〈蘇軾・赤壁賦〉

【漁礁】ギョショウ 日〔「礁」は、水中の岩の意〕海中に、岩や堆積タイセキ物、沈んだ船や人工のブロックなどがあって、魚が多く集まる場所。魚礁ギョショウ。例 人工—。

【漁場】ギョジョウ｜ギョば｜リョウば 魚介類が豊かで、漁に適した場所。

【漁色】ギョショク｜リョウショク｜いろをあさる 女色にふけること。例 —家ギョショクカ。

【漁船】ギョセン 漁業に用いる船。類漁舟ギョシュウ。例 マグロ—。

【漁村】ギョソン 漁業をおもな産業とする村。

【漁奪】ギョダツ 魚をあさるように、民から物をうばいとる。

【漁釣】ギョチョウ 魚をつる。魚つり。

【漁灯（燈）】ギョトウ 漁業に用いる灯火。漁火ギョカ。

【漁父】ギョフ｜ギョホ 漁師。また、老漁夫。

【漁父▼之利】ギョフの｜ギョホのリ 当事者同士が争っているうちに、第三者が、何の苦労もなく利益を得ること。鷸蚌之争イツボウのあらそい。例 —を占める。◆ドブ貝が貝殻をひらいてひなたぼっこをしていると、シギがやってきてその肉を食べようとつついた。ドブ貝は貝殻を閉じてシギのくちばしをはさんだ。どちらもゆずらずがんばっていると、漁師が見つけて両方ともつかまえてしまった。…………〈戦国策・燕二〉

【漁法】ギョホウ 日魚など水産物をとる方法。例 地引き網—。

【漁民】ギョミン 漁業を仕事としている人々。漁師。

【漁網】ギョモウ 魚などをとらえるための、あみ。

【漁陽】ギョヨウ 唐代、安禄山アンロクザンが反乱をおこした地。今の天津テンシン市薊イケ県。例 漁陽鼙鼓ギョヨウのヘイコ（＝安禄山の反乱軍の陣太鼓）。〈白居易・長恨歌〉

【漁利】ギョリ ①リをあさる 利益をむさぼる。②漁業による利益。

【漁猟】ギョリョウ ①〔「猟」は、狩りの意〕魚や鳥、獣などをとること。②うばいとる。かすめる。③書物を広く読みあさる。渉猟ショウリョウする。

【漁労】ギョロウ 魚や貝類などの水産物をとること。漁業。例 狩猟と—の生活。表記 旧漁▼撈

●禁漁キンリョウ・出漁シュツリョウ・大漁タイリョウ・不漁フリョウ・密漁ミツリョウ

漌

氵11（14）④7913 6F0C

キン漢 吻 jǐn

意味 きよい。

滬

氵11（14）②6286 6EEC

コ漢 麌 hù

意味 ❶竹を並べて魚をとるしかけ。魞えり。すだて。❷上海シャンハイ市の別名。例 滬語コゴ（＝上海語）。

滸

氵11（14）②6287 6EF8

コ漢 麌 hǔ
きし・ほとり・みぎわ（みぎは）

意味 水辺。**ほとり**。**きし**。**みぎわ**。例 水滸スイコ。

日本語での用法 《こ》「烏滸おこがましい・烏滸おこの沙汰サタ」▼和語「おこ（＝おろか。ばかげている。歴史的仮名遣いは『をこ』）」の「こ」にあてた字。

滹

氵11 (14) [4]7910 6EF9

コ(漢) [虞] hū

意味 「滹沱(ゴダ)」は、河北省を流れる川の名。滹沱河(ゴダガ)。

滾

氵11 (14) [2]6288 6EFE

コン(漢) [阮] gǔn

たぎ-る

意味 ❶水が盛んに流れるさま。例 滾滾(コンコン)。❷湯が煮えたぎる。**たぎる**。例 滾水(コンスイ)(=煮えたぎる湯)。

【滾滾】(コンコン) ①水が波立ちあふれるように流れるさま。例 不尽長江滾滾来(フジンのチョウコウコンコンとしてきたる)(=尽きることない長江は、波をわき立たせながら流れている)。〈杜甫・登高〉 ②水がさかんにわき出すさま。例 ―とわき出る泉。

漼

氵11 (14) [4]7917 6F3C

サイ(漢) [賄] cuǐ

意味 ❶水が深いさま。❷涙が流れるさま。例 漼漼(サイサイ)・漼然(サイゼン)(=はらはらと涙を流すさま)。❸「漕漼(ソウサイ)」は、川を歩いて渡る音の形容。

滻

氵11 (14) [4]7911 6EFB

サン(漢) [潸] chǎn

意味 陝西(センセイ)省を流れる川の名。滻水(サンスイ)。

漆

氵11 (14) [1]2831 6F06 常用

シツ(漢) シチ・シツ(呉) [質] qī

うるし

［桼］ 木7 (11) [4]1473 687C 本字。

［㯃］ 木11 (15) [3]8601 3BC3 別体字。

［柒］ 木5 (9) [4]1448 67D2 俗字。

筆順 氵 氵一 汁 汴 泍 渁 漆 漆

なりたち  [象形] 樹液のしたたる木の形。

意味 ❶ウルシの木。秋、美しく紅葉する落葉高木。また、その樹液からとった塗料。**うるし**。例 漆器(シッキ)。乾漆(カンシツ)。❷うるしのように黒い。また、黒褐色の塗料。例 漆黒(シッコク)。❸「七」の大字(ダイジ)。商売や契約の文書で、数字を書きかえられないように使う。「柒」を用いることが多い。

古訓 [中古]うるし・うるしぬりのき・くろし・ぬる [中世]うるし [近世]かたちづくり・うるし

難読 仮漆(ニス)

【漆園】(シツエン) ①戦国時代、荘子が役人をしていた所の地名。所在地は不詳。②戦国時代の思想家、荘子のこと。

【漆器】(シッキ) うるしを塗ったうつわや道具。塗り物。

【漆▼喰】(シックイ) [日]〔「石灰」の唐音に漢字をあてたものという〕建物の壁などに用いる材料。石灰・ふのり・麻糸・粘土などを混ぜ、水で練って作る。例 ―壁。―塗りの天井。

【漆黒】(シッコク) うるしを塗ったように真っ黒なさま。また、真っ暗なさま。例 ―の闇(やみ)。

【漆書】(シッショ) 竹簡(チクカン)にうるしで書かれた文字。また、うるしで字を書く。

【漆宅】(シッタク) 〔うるしを塗ったことから〕棺(ひつぎ)。

【漆瞳】(シッドウ) うるしのように黒いひとみ。

滫

氵11 (14) [4]7909 6EEB

シュウ(シウ)(漢) [有] xiǔ

意味 古くて臭くなった米のとぎ汁。

漵

氵11 (14) [4]7908 6F35

ショ(漢) ジョ(呉) [語] xù

意味 ❶水辺。はま。例 沙漵(サジョ)(=砂はま)。❷湖南省漵浦(ジョホ)県に発し、沅水(ゲンスイ)に注ぐ川の名。漵水(ジョスイ)。

漿

水11 (15) [2]6289 6F3F

ショウ(シャウ)(漢)(呉) [陽] jiāng

意味 ❶酸味のある酒の一種。❷飲料の総称。しる。例 壺漿(コショウ)(=つぼに入れた飲み物)。❸どろりとした液状のもの。

難読 鉄漿(かね・おはぐろ)・酸漿(ほおずき)・漿(こんず)(=米を煮た汁)

漳

氵11 (14) [3]8708 6F33

ショウ(シャウ)(漢)(呉) [陽] zhāng

意味 ❶山西省を水源とする川の名。漳河(ショウガ)。❷福建省を源流とする川の名。漳江。

滲

氵11 (14) [2]6290 6EF2

シン(シム)(漢)(呉) [沁] shèn

し-みる(し-む)・にじ-む

［渗］ 氵8 (11) [4]7861 6E17 俗字。

［涁］ 氵7 (10) [4]7855 6D81 別体字。

意味 ❶水が少しずつしみこむ。しみ出る。**しみる**。**にじむ**。例 滲出(シンシュツ)。滲透(シントウ)。❷水がかれる。

【滲出】(シンシュツ) にじみ出る。しみ出る。例 ―液。

【滲▼泄】(シンセツ) ①しみ出す。しみこんでもれる。また、そのもの。②小便。

【滲透】(シントウ) [日]しみとおる。例 ―力。表記 (現)浸透

【滲漏】(シンロウ) ①しみて、もれる。②手落ち。手抜かり。抜け目。特に、金銭の出納についていう。

【滲▼漉】(シンロク) ①にじみ出て、したたり落ちる。②恩恵を施す。

漘

氵11 (14) [4]7914 6F18

シン(慣) シュン(漢) [真] chún

意味 水辺。はま。きし。

漸

氵11 (14) [1]3318 6F38 常用

一 セン(セム)(漢) ゼン(ゼム)(呉) [琰] jiàn

二 セン(セム)(漢) [塩] jiān

三 サン(サム)(漢) ザン(ザム)(呉) [咸] chán

ようや-く(やうや-く)・ようよ-う(やうや-う)

筆順 氵 氵 沪 洹 渖 渖 漸 漸

なりたち  [形声] 本字は「趣」で、「走(=はしる)」と、音「斬(サン→セ)」とから成る。すすむ。

意味 一 ❶じわじわと進む。例 杜漸(トゼン)(=《災いを》初めのうちに取り除く)。❷発端。きざし。例 西漸(セイゼン)。東漸(トウゼン)。❸次第に。だんだんと。**ようやく**。例 漸次(ゼンジ)。漸進(ゼンシン)。漸漸(ゼンゼン)。❹易(エキ)の六十四卦(カ)の一つ。☶☴ 艮下巽上(ゴンカソンショウ)。山の上に木がある象。二 ❶流れる。そそぐ。❷ひたす。しみる。そまる。例 漸漬(ゼンシ)。漸染(ゼンセン)。❸⇒【漸漸】二(センセン) 三 山が険しいさま。例 漸漸(ザンザン)。

古訓 [中古]いたる・いる・うるふ・くだる・すすむ・そそく・ながれ・はじめ・ひたす・やうやく [中世]いる・すすむ・ひたす・やうやく [近世]いる・すすむ・ひたす・やうやく・やや

人名 すすむ・つぐ

【漸減】(ゼンゲン) 少しずつ、へっていく。また、へらす。(対)漸増。

【漸漬】(ゼンシ) ①(水が)しみこむ。②感化される。

【漸次】(ゼンジ) だんだんと。少しずつ。漸漸(ゼンゼン)。

【漸進】(ゼンシン) ①唱えはじめる。②少しずつ着実に進んでいく。だんだんと程度が増す。(対)急進。例 ―主義。

【漸染】(ゼンセン) そまる。影響される。

【漸漸】 一(ゼンゼン) だんだんと。次第に。漸次。例 ―と移動する。二(センセン) ①麦などの穂が勢いよくのびるさま。②涙の流れ落ちるさま。三(ザンザン) 山が高く険しいさま。

【漸増】(ゼンゾウ) 少しずつ、ふえていく。また、ふやす。(対)漸減。例

交通事故が―する。

【漸入二佳境一】ようやくカキョウにいる 〔次第によい境地にいく意〕だんだん興味が深まること。◆東晋トウシンの顧愷之コガイシがサトウキビを食べるときいつも先の方から甘い根元の方へと食べていった。ある人がそのわけを聞いたときに答えたことば。〈晋書・顧愷之伝〉

漕

氵11 (14) 1 3370 6F15 人 ソウ 漢 豪 cáo こ-ぐ

なりたち [形声]「氵(=みず)」と、音「曹ソウ」とから成る。水路によって穀物を運ぶ。

意味 ❶舟で物を運ぶ。例 運漕ウンソウ。回漕カイソウ。❷水路。運河。例 漕溝ソウコウ。

日本語での用法《ソウ》《こぐ》「漕手シュウ・漕艇テイウ・舟ふねを漕こぐ」▼舟を櫓ロや櫂かいですすめる。

古訓 中古 こぐ・ふね 中世 こぐ 近世 こぐ・はこぶ

【漕運】ソウウン 舟で食糧などを運ぶ。水上の運送。

【漕溝】ソウコウ 運河。類 漕渠ソウキョ。

【漕手】ソウシュ 日 舟をこぐ人。また、競漕キョウソウでボートをこぐ人。

【漕艇】ソウテイ 日 舟をこぐ。特に、競漕キョウソウのボートにいう。例 ―場。―大会。

【漕転】ソウテン 舟で物を運ぶ。

漱

氵11 (14) 2 6291 6F31 人 ソウ・シュウ(シウ) 漢 宥 shù くちすす-ぐ・すす-ぐ・ゆす-ぐ・うがい(うがひ)

なりたち [形声]「氵(=みず)」と、音「欶ソク→ソウ(=すう)」とから成る。水を吸い、口を洗う。

意味 ❶口をゆすぐ。うがいする。くちすすぐ。うがい。通 嗽ソウ。例 漱石枕流チンリュウ。含漱ガンソウ。❷水の中でゆすって、よごれを落とす。すすぐ。ゆすぐ。❸波が岸をあらう。

古訓 中古 あらふ・うがふ・くちすすぐ・すすぐ・すふ・ふくむ・ほがらかなり 中世 うがひす・くちすすぐ・すふ・そそぐ 近世 あらふ・くちすすぐ・すすぐ

【漱▼澣】ソウカン すすぎ洗う。類 漱濯ソウタク・漱滌ソウデキ。

【漱玉】ソウギョク 水流が岩にあたり、玉がぶつかるような音をたてる。

【漱石枕流】ソウセキチンリュウ〔いしにくちすすぎながれにまくらす〕〔川の石で口をすすぎ流れを枕にして寝る〕隠遁イントン生活のたとえ。また、こじつけを言うこと。負けおしみの強いことのたとえ。〔夏目漱石の号は、ここからとったもので、自らを頑固者だとする自負や自嘲ジチョウがこめられている〕◆西晋セイシンの孫楚ソンソという人が、世をのがれて山野にかくれ住もうとし、「石に枕まくらし(=石を枕として寝る)、流れに漱すすぐ(=川の流れで口をすすぐ)生活をしようと思う」と言うべきところを、まちがえて「石で漱ぎ、流れに枕する」と言ってしまった。誤りを指摘シテキされると、「石で漱ぐのは歯をみがくため、流れに枕するのは俗世間ゾクセケンのけがらわしいことを聞いた耳を洗うため」とこじつけて誤りを認めようとしなかった。〈世説・排調〉

〔滞〕

氵11 (14) ⇨滞タイ(802ページ)

漐

水11 (15) 3 8703 6F10 チュウ(チフ) 漢 緝 zhí

意味 汗が出るさま。例 漐漐チュウチュウ(=汗が出るさま)。

難読 漐とる(=湿る。ぬれる)

漲

氵11 (14) 2 6293 6F32 一チョウ(チャウ) 漢 養 zhǎng 二チョウ(チャウ) 漢 漾 zhàng みなぎ-る

意味 一❶水が満ちあふれる。みなぎる。例 巴山夜雨漲二秋池一ハザンヤウシュウチにみなぎる(=巴山には夜の雨が降り、秋色濃い池の水はあふれんばかりだ)。〈李商隠・夜雨寄北〉❷蓄積して、たまる。ふえる。❸(zhǎng)海洋の名。例 漲海チョウカイ(=南シナ海)。二いっぱいに広がる。みなぎる。例 漲天テンにみなぎる(=天一面に広がる)。闘志トウシが漲みなぎる。若わかさが漲みなぎる。

漬

氵11 (14) 1 3650 6F2C 常用 シ 漢 呉 寘 zì つける(つ-く)・つかる・ひた-す・ひた-る

筆順 氵 氵 汢 洼 清 清 清 漬

なりたち [形声]「氵(=みず)」と、音「責サク→シ」とから成る。水にひたす。

意味 ❶液体にひたす。ひたす。ひたる。つける。つかる。例 漬酒シシュ(=酒につける)。❷染まる。染める。感化される。伝染する。例 漸漬ゼンシ(=感化される)。❸病気が重いこと。

日本語での用法《つけ》《つける》「漬物つけもの・梅漬うめづけ・粕漬かすづけ・塩漬しおづけ」▼塩・ぬか・みそ・酒かすなどの中に長いあいだ入れて、色や味をしみこませる。

古訓 中古 うるふ・つく・つけもの・ひたす 中世 つくる・つけもの・つける・ひたす 近世 しぬる・つける・ひたす

【漬浸】シシン ひたる。ひたす。

滴

氵11 (14) 1 3709 6EF4 常用 テキ 漢 チャク 呉 錫 dī しずく(しづく)・したたる・したたり・たらす

筆順 氵 汁 泞 滴 滴 滴 滴 滴

なりたち [形声]「氵(=みず)」と、音「啇テキ」とから成る。水がしたたる。

意味 ❶液体がしずくになって落ちる。したたる。しずく。したたり。例 滴下テキカ。水滴スイテキ。点滴テンテキ。❷しずくを数えることば。

古訓 中古 あまつび・しただる・したつ 中世 したたり・しただる・しただれ・したづ・しづく・みづいれ 近世 したたり・しただる・しづく・そそぐ

【滴下】テキカ 液体がしたたり落ちる。また、液体を一滴ずつ落とす。例 試薬を―する。

【滴滴】テキテキ ①流れ動くさま。②水などがぽたぽたと、したたり落ちるさま。③水が落ちるようにつやっぽく美しいさま。

【滴▼瀝】テキレキ 〔「瀝」も、したたる意〕水などがしたたり落ちるさま。また、その音やしずく。瀝滴。

【滴露】テキロ つゆがしたたり落ちること。また、つゆのしずく。

【滴血】テキケツ ①血液による親族の見分け方。六朝リクチョウ時代に始まった。親族どうしの血は水中にしたたらせると凝固し、死者の骨にしたたらせるとしみこむとされた。瀝血レッケツ。②ホトトギスの別名。〔のどから血がしたたってやっと鳴き止むとされたことから〕

●雨滴ウテキ・水滴スイテキ・点滴テンテキ・余滴ヨテキ

滌

氵11 (14) 2 6294 6ECC デキ・ジョウ(デウ) 慣 テキ 漢 錫 dí あら-う(あら-ふ)・すす-ぐ

意味 ❶水で洗いすすいでよごれを落とす。あらう。すすぐ。例 滌蕩デキトウ。洗滌センデキ。❷きよめる。はらう。❸⇨【滌滌】デキデキ

【滌洗】デキセン 洗いすすぐ。洗ってよごれを落とす。

【滌滌】デキデキ 日照りで草木や川の水が乾ききるさま。類 滌濯デキタク。

【滌▼蕩】【滌▼盪】デキトウ ①よごれを洗い流す。②ゆり動かす。

漯

氵11 (14) 3 8707 6F2F トウ(タフ) 漢 合 tà

意味 ❶古代の川の名。漯河トウカ。❷汗が出るさま。例 漯漯トウトウ(=汗が出るさま)。

漂

氵11 (14)　1 4126　6F02　常用

一 ヒョウ(ヘウ) 漢呉 蕭 piāo
二 ヒョウ(ヘウ) 漢呉 嘯 piào
ただよう(ただよ-ふ)

筆順 氵 汀 汀 汧 洒 湮 漂 漂

なりたち [形声]「氵(=みず)」と、音「票(ヒョウ)」とから成る。水に浮かぶ。

意味 一 ❶水に浮いて、ただよう。流れにまかせてゆれ動く。**ただよう**。さすらう。例 漂着(ヒョウチャク)。漂泊(ヒョウハク)。漂流(ヒョウリュウ)。❷風が吹く。ひるがえす。通 飄(ヒョウ)。❸けだかいさま。例 漂然(ヒョウゼン)。 二 水で布や、わたを白くする。さらす。あらう。例 諸母漂(ショボさらす)(=女性たちが川で古綿(ふるわた)をさらしていた)。〈史記・淮陰侯伝〉 漂白(ヒョウハク)。

古訓 中古 うかぶ・おほほる・ただよふ・ながす 中世 うかぶ・ただよふ・ながる 近世 うかぶ・うごく・ただはす・ただよふ・ながす

【漂▼寓】(ヒョウグウ) さまよい歩き、他郷で仮住まいをする。

【漂失】(ヒョウシツ) 物が水にただよって、なくなってしまう。流失。

【漂▼杵】(ヒョウショ) 「きねをただよわす」〔多量の流血が大盾をうかべる意〕 ⇒【血流漂レ杵】(ちながれてショをただよわす)(1184ジペー)

【漂説】 一(ヒョウセツ) 根拠のないうわさ。根も葉もないうわさ。 二(ヒョウゼイ) 他郷を遊説(ユウゼイ)する。

【漂然】(ヒョウゼン) けだかく立派なさま。高遠なさま。

【漂着】(ヒョウチャク) 水の上をただよっていたものが岸に流れつく。

【漂▼蕩】(ヒョウトウ) ①さまよう。さすらう。②広々として、あてのないさま。③川の流れが激しいさま。④水害で財産などを流される。

【漂白】(ヒョウハク) 色を抜いて白くする。また、しみやよごれなどを取り除く。例 —剤。

【漂泊】(ヒョウハク) ①船がただよう。漂流。②あてもなくさすらう。放浪。例 —する詩人。—の思い。

【漂母】(ヒョウボ) 洗濯したり布をさらしたりする女性。

【漂揺】(ヒョウヨウ) ただよい動く。ゆれ動く。

【漂流】(ヒョウリュウ) ①水の上にただよって流されていく。例 —するボート。—船。②さすらう。放浪。例 見知らぬ国に—する。

【漂▼淪】(ヒョウリン) 〔「淪」は、沈む意〕うらぶれて、さすらう。落ちぶれ衰える。類 漂落。例 漂淪憔悴転二徙於江湖間一(ヒョウリンショウスイしてコウコのカンにテンシす)(=落ちぶれてやせ細り、川と湖の地(=田舎)を流浪(ルロウ)している)。〈白居易・琵琶行・序〉

【漂浪】(ヒョウロウ) ①水の上をただよう。漂流。②あてもなくさすらう。放浪。例 —する少数民族。

漫

氵11 (14)　1 4401　6F2B　常用

マン 漢呉 翰 màn
そぞ-ろに・みだ-り

筆順 氵 沪 沪 浔 淠 渭 漫 漫

なりたち [形声]「氵(=みず)」と、音「曼(バン→マン)」とから成る。水がはてしなく広がるようす。

意味 ❶水が満ちる。充満する。❷一面に広がる。例 漫天(マンテン)。瀰漫(ビマン)(=はびこる)。❸どこまでも続くさま。すべて。あまねく。例 長夜漫兮(チョウヤマンたり)(=長い夜はいつまでも続く)。〈荀子・正名〉 ❹むだに。むやみに。**みだり**。みだりに。例 漫罵(マンバ)。❺とりとめなく。なんとなく。**そぞろに**。例 漫歩(マンポ)。漫遊(マンユウ)。

日本語での用法 《マン》「漫画(マンガ)・漫才(マンザイ)」▼おかしい。こっけいな。

古訓 中古 けがる・さわがし・すずろ・たなびく・つらぬ・とほし・はびこる・ひろし・みだり・みだりがはし 中世 さわがし・たなびく・つらなる・はびこる・みだり・みだりがはし 近世 あまねし・おかす・おほみづ・ちる・はびこる・ひろし・やぶる

人名 ひろ・ひろし・みつ

難読 漫行(すずろあるき)

【漫▼衍】【漫延】(マンエン) ①広大で限りないさま。果てしなく続いているさま。②一面にあふれ広がるさま。また、広がり入り混じるさま。③盛大なさま。

【漫画】(マンガ) 日 ①おもしろみや風刺をこめ、大胆に誇張し、省略した絵。②絵だけで、または絵と短いせりふによって、ストーリーを描きだしたもの。コミック。劇画。例 四こま—。③動画。アニメーション。例 —映画。

【漫汗】(マンカン) ①(水の)果てしなく広大なさま。②破れよごれているさま。③散らばっているさま。散乱。

【漫言】(マンゲン) ①布告する。②深い意味や考えなしに発したことば。漫語。

【漫語】(マンゴ) とりとめないことば。漫言。

【漫才】(マンザイ) 日 二人が、おもしろおかしい問答やしぐさで客を笑わせる演芸。例 —師。かけ合い—。

【漫然】(マンゼン) ①すべて。まったく。②大きなさま。③日 はっきりした目的もなくするさま。なんとはなしに。

【漫談】(マンダン) 日 ①意味のない話。とりとめのない話。②風刺やユーモアを織り交ぜ、おもしろい話しぶりで客を笑わせる演芸。例 —家。

【漫天】(マンテン) 天一面に広がる。満天。

【漫罵】(マンバ) みだりにののしること。

【漫筆】(マンピツ) 軽い気持ちで、気の向くままに書いた文章。

【漫評】(マンピョウ) あれこれ気軽に批評する。また、その批評。

【漫文】(マンブン) ①一貫した主題をもたないで、気の向くままに書いた文章。②おもしろさやおかしさをねらった文章。

【漫歩】(マンポ) ぶらぶら歩きまわる。そぞろ歩き。散歩。散策。

【漫漫】(マンマン) ①広々として果てしないさま。例 —と広がる大海。②長く続いているさま。例 故園東望路漫漫(コエンひがしにのぞめばみちマンマン)(=東の方故郷をはるかに望めば、その路は長く遠い)。〈岑参・逢入京使〉 ③勝手気ままなさま。また、だらしないさま。④ぼんやりしたさま。⑤行動がゆっくりしたさま。⑥夜の長いさま。例 漫漫秋夜長(マンマンとしてシュウヤながし)(=秋の夜は果てもなく長い)。〈曹丕・雑詩〉

【漫遊】(マンユウ) 〔「遊」は、旅をする意〕気の向くままに、あちこち旅をする。例 諸国を—する。

【漫▼瀾】(マンラン) ①はるかで限りのないさま。水の広大なさま。②とりとめのないさま。③ばらばらに散っているさま。分散。

【漫浪】(マンロウ) 定職がなく、ぶらぶらと過ごす。また、その者。浮浪。放浪。

【漫録】(マンロク) 気の向くままに書きとめること。また、それらを集めて編集した記録。
○散漫(サンマン)・冗漫(ジョウマン)・放漫(ホウマン)・浪漫(ロウマン)

[滿]

氵11 (14) ⇩満(マン)(798ジペー)

漾

氵11 (14)　2 6301　6F3E

ヨウ(ヤウ) 漢呉 養 yàng
ただよ-う(ただよ-ふ)・なが-い(なが-し)

意味 ❶川の名。漾水(ヨウスイ)。❷川が長いさま。❸水面がゆれ動くさま。❹水に浮かぶ。うかべる。**ただよう**。例 漾舟(ヨウシュウ)(=舟を浮かべる)。

参考 『漾虚集(ヨウキョシュウ)』は、夏目漱石(なつめソウセキ)の短編集。

漓

氵11 (14)　2 6302　6F13

リ 漢 支 lí
うす-い(うす-し)・したた-る

意味 ❶知識や考え方などが浅いさま。浮薄な。**うすい**。❷水がしみこむ。しみる。❸水や、汗・血などがしたたるさま。例 淋漓(リンリ)。❹うす酒。通 醨(リ)。

漣
氵11(14) 1 4690 6F23 人
レン漢 先 lián
さざなみ

なりたち ［形声］「氵(=みず)」と、音「漣」とから成る。大きな波。

意味 ❶水面におこる細かな波。また、波が次々とおこるさま。さざなみ。例 漣漪。❷さめざめと泣くさま。例 涙漣(=涙を流す)。

古訓 中古 なみ 中世 こなみ・ささなみ・さざなみ 近世 こなみ・さざなみ・さざらなみ・なみだたる

【漣▼漪】水面の小さな波。さざなみ。

滷
氵11(14) 2 6303 6EF7
ロ漢 リョ・ロ呉 麌 lǔ

意味 ❶塩からい水。また、塩。例 滷汁(=にがり)。❷塩分を多く含み、耕作に適さない土地。しおち。例 滷地。

漏
氵11(14) 1 4719 6F0F 常用
ロウ漢 ロ呉 宥 lòu
もる・もれる(も-る)・もれ・もらす

筆順

なりたち ［会意］「氵(=みず)」と「屚(=屋根からもれおちる雨)」とから成る。もれおちる水で計る水時計。

意味 ❶水時計。水時計の示す時刻。例 漏刻。❷水や光がすきまからこぼれ出る。もる。もれる。例 牀頭屋漏無二乾処一(=寝台のあたりは屋根から雨もりがして乾いたところもない)。〈杜甫・茅屋為秋風所破歌〉 漏屋。漏水。❸秘密が知られる。もれる。もらす。例 漏洩。漏泄。❹ぬけおちる。取りこぼす。手ぬかり。もれる。もれ。例 遺漏。疎漏。❺せまくて見苦しいさま。通 陋。❻煩悩。例 有漏。無漏。

古訓 中古 うがつ・うす・かく・こぼる・したたる・したつ・もる 中世 したたる・もらす・もる・もるる 近世 あな・けらくさし・もらす・もる・もるる

【漏▼洩】〔「ロウエイ」は慣用読み〕外部にもれる。また、もらす。漏泄。例 機密が—する。

【漏屋】雨もりがするような、あばら家。自分の家の謙称。

【漏鼓】時刻を知らせるために打つ太鼓。

【漏刻】容器から一定量の水がもれるようにし、水位の変化によって時間の経過をはかるしかけ。水時計。

［漏刻］

【漏▼卮】①酒がもれる杯。転じて、大酒飲み。②利益が外部に流出する。

【漏出】中からもれ出る。また、もらす。例 水が—する。

【漏水】①水時計のしたたり落ちる水。②水がもれる。また、もれ出た水。

【漏▼泄】「漏洩」に同じ。

【漏▼箭】水時計の時刻を示す矢。

【漏天】①長雨の時季の空。②雨量の多い地方。

【漏電】日 電線や機械などの不良な部分から、電気が外へもれる。例 —が原因の火災。

【漏斗】アサガオの花のように、上が開いている円錐形の容器。液体を口の小さな容器に入れるときなどに使う。じょうご。

【漏露】隠していたことがばれる。事が露見する。

●遺漏・粗漏・疎漏

漊
氵11(14) 4 7912 6F0A
一 ロウ漢 有 lǒu 二 ロウ漢 尤 lóu

意味 一 水を流す、みぞ。二 湖北省を水源とする川の名。

漉
氵11(14) 1 2587 6F09
ロク漢 屋 lù
こ-す・す-く

意味 ❶池や沼の水を取り除く。干上がらせる。さらう。すくう。例 漉池(=池の水を空にする)。❷液体がしみ出す。したたる。例 漉漉。❸布などを通して液体中のよごれや、かすを取り除く。濾過する。こす。例 漉酒(=酒をこす)。

日本語での用法 《すく》「紙を漉く・手漉き」▼繊維をすくって和紙や海苔などをつくる。

難読 漉水嚢

【漉漉】したたり落ちるさま。

［漥］
氵11(14) ⇩窪(986ページ)

潙
氵12(15) 3 8710 6F59
イ(ヰ)・キ(クヰ)漢呉 支 wéi

意味 湖南省を流れる川の名。参考「潙山霊祐」は、唐代の禅僧。

滰
氵12(15) 4 7918 23F7E 国字
いと

意味 人名に用いる字。例 大滰(=姓)。

澐
氵12(15) 4 7926 6F90
ウン漢 文 yún

意味 ❶長江の大波。おおなみ。❷「澐澐」は、川がさかまき流れるさま。

潰
氵12(15) 1 3657 6F70 常用
カイ(クヮイ)漢呉 隊 kuì
つぶす・つぶれる(つぶ-る)・つぶれ・つい-える(つひ-ゆ)

筆順

なりたち ［形声］「氵(=みず)」と、音「貴キ→カイ」とから成る。水がもれる。

意味 ❶堤防がくずれる。例 決潰(=決壊)。❷くずれてばらばらになる。ついえる。つぶれる。つぶす。やぶれる。通 壊。例 潰滅。潰乱。❸からだの組織がくずれる。ただれる。例 潰瘍。❹(囲みなどを)やぶる。ついやす。おとろえさせる。例 潰レ囲南出馳走(=包囲網を突破して南へ向けてひた走った)。〈史記・項羽紀〉

古訓 中古 いかる・つづく・つひやす・つひゆ・つもる・つゆ・とげぬ・みだる・もる 中世 つぶる・つゆる・みだる 近世 いかる・さくる・つひゆる・つぶす・つぶれる・とぐる・とどまる・にげちる・みだるる・やぶるる

【潰散】戦いに敗れた軍隊がばらばらに敗走する。

【潰走】戦いに負け散り散りになって逃げる。敗走。壊走。

【潰滅】めちゃめちゃにこわれてしまう。壊滅。

【潰瘍】〔医〕皮膚や内臓の組織が、ただれてくずれ、かなり深くまでそこなわれること。例 胃—。

【潰乱】①戦いに負けた部隊が混乱して散り散りになる。②秩序や習慣をやぶる。例 風俗を—する。▽壊乱。

潟
氵12(15) 1 1967 6F5F 常用
セキ漢 陌 xì
かた

筆順

なりたち [形声]「氵(=みず)」と、音「舄シャ→セキ」とから成る。
意味 塩分を多量に含んだ土地。そのため、耕作に適さない土地。例 潟鹵(=海辺の塩分の多い土地)。
日本語での用法 《かた》《がた》「八郎潟・松浦潟」▼海の一部分が、砂州などによって区切られてできた、湖や沼、また、入り江。
古訓 中古 かた 中世 かた 近世 かた

㵎 氵12(15) ―― 3D4E カン漢 ケン呉 諫 jiàn たに・たにみず(たにみづ)

[澗] 氵12(15) 1 2034 6F97 別体字。

意味 ❶谷川。たに。例 澗谷(=谷川)。❷山あい。例 澗戸(=山あいの家)。❸河南省の東北に発し、洛陽県の南西で洛水に注ぐ川の名。澗水。

【澗▼阿】谷川の湾曲した所。

【澗響】谷川の水音。類 澗籟。

【澗渓】【澗▼谿】谷川。類 澗壑。

澖 氵12(15) 4 7927 6F96 カン漢 刪 xián
意味 果てしなく広がるさま。例 溷澖(=混沌として果てしないさま)。

澆 氵12(15) 2 6304 6F86 ギョウ(ゲウ)慣 キョウ(ケウ)漢 蕭 jiāo そそ-ぐ・うす-い(うす-し)

意味 ❶水をそそぎかける。そそぐ。特に、田畑に水を引く。灌漑する。例 澆灌(=田畑に水を注ぐ)。❷注いで消す。例 澆愁(=酒を飲んで愁いを消す)。❸あさはかなさま。また、人情味がうすい。まことがない。うすい。例 澆季。

【澆▼訛】軽薄で、いつわりが多い。類 澆詭。

【澆季】(「季」は、終わりの意) 道徳や風俗が乱れた、末の世。類 澆末・澆世。例 ―末世。

【澆薄】人情がうすい。薄情で誠実さがない。

潔 氵12(15) 1 2373 6F54 教5 ケツ漢 ケチ・ケツ呉 屑 jié いさぎよい(いさぎよ-し)・きよ-い(きよ-し)

[潔] 氵12(15) ―― 旧字体。

[洯] 水6(10) 4 7848 6D2F 別体字。

筆順 氵 氵 氵 氵 潔 潔 潔 潔

なりたち [形声]「氵(=みず)」と、音「絜ケツ」とから成る。水が清い。
意味 ❶けがれがなく、きよい。おこないや性質がさっぱりとして、けじめただしい。いさぎよい。例 潔癖。純潔。清潔。❷飲食などをつつしみ、心身をきよめる。例 潔斎。❸高尚なさま。例 高潔。❹節操のあるさま。例 潔婦(=貞節な婦人)。❺てみじか。すっきりしている。例 簡潔。
古訓 中古 いさぎよし・きよし・ひかる 中世 いさぎよし・きよし・きらきらし 近世 いさぎよし・すむ
人名 いさ・いさお・いさむ・きよ・きよし・きよむ・ゆき・よし
【潔斎】宗教的行事や大切な作業などの前に、心身を清らかにする。例 精進―。
【潔白】心が清らかでおこないが正しいさま。罪や不正がないさま。例 清廉―な人。身の―をあかす。
【潔癖】わずかなよごれや不正でも、ひどくきらうさま。例 ―症。
【潔廉】いさぎよく、欲がないさま。
●簡潔・高潔・純潔・清潔・貞潔・不潔・廉潔

潢 氵12(15) 3 8713 6F62 ㊀コウ(クヮウ)漢 陽 huáng ㊁コウ(クヮウ)漢 漾 huáng ㊂コウ(クヮウ)漢 養 huàng
意味 ㊀水がたまってできた池。ためいけ。例 潢池。池潢。㊁❶紙を染める。❷表装する。例 装潢。㊂水の広く深いさま。通 滉。例 潢洋。

【潢汚】【潢▼洿】たまり水。くぼ地にたまった水。

【潢潢】①大きいさま。水の深く広いさま。②武勇にすぐれたさま。

【潢池】①水たまりの池。②狭い土地のたとえ。

【潢洋】【潢▼瀁】水の広々としているさま。深く広いさま。広々として果てのないさま。

【潢▼潦】雨が降って地上を流れる水。

[澔] 氵12(15) ⇨浩(774ページ)

潸 氵12(15) 2 6306 6F78 サン漢 刪 shān

[澘] 氵12(15) 4 7924 6F98 俗字。
意味 ❶涙を流すさま。例 潸然。❷涙を流す。また、涙。
【潸潸】①雨の降るさま。②涙の流れるさま。さめざめ。潸然。
【潸然】涙が流れるさま。さめざめ。例 ―と泣く。

澌 氵12(15) 3 8716 6F8C シ漢 寘 sì
意味 ❶水が尽きる。尽き果てる。つきる。例 澌尽(=つきる)。澌滅(=ほろびる)。❷氷がとけて流れる。例 流澌。❸「澌澌」は、雨や雪の降る音の形容。

澍 氵12(15) 3 8717 6F8D ㊀シュ漢 ジュ呉 遇 shù ㊁シュ漢 ジュ呉 遇 zhù
意味 ㊀❶ほどよい時に降る雨。あめ。例 嘉澍。❷雨が降る。うるおう。㊁水などを流しこむ。そそぐ。通 注。
参考 王澍(=人名)。

潗 氵12(15) 4 7920 6F57 シュウ(シフ)漢 緝 jí
意味 ❶水がわき出て流れるさま。❷「潗潗」は、虫の鳴き声や雨音の形容。

[澁] 氵12(15) ⇨渋(784ページ)

潤 氵12(15) 1 2965 6F64 常用 ジュン漢 ニン呉 震 rùn うるお-う(うるほ-ふ)・うるお-い(うるほ-ひ)・うるお-す(うるほ-す)・うる-む

筆順 氵 氵 氵 氵 潤 潤 潤 潤

なりたち [形声]「氵(=みず)」と、音「閏ジュン」とから成る。うるおす。
意味 ❶水分をたっぷり含む。また、そのしめりけ。うるおう。うるおい。うるおす。うるむ。例 潤滑。湿潤。浸潤。❷恵み・利益を施す。また、それを受けて豊かになる。うるおう。例 利潤。❸つやを加える。立派にする。飾る。例 潤色。潤身。
古訓 中古 うるふ・うるほす・にぎはし・ぬらす 中世 うるふ・うるほす・うるほふ 近世 うるほひ・うるほふ・ほとびる・ます
人名 うる・うるう・うるお・さかえ・ひろ・ひろし・まさる・ます・みつ・めぐみ・めぐむ

[水(氵・氺)] 12画▼ 澗 㵎 澖 澆 潔 潔 潢 澔 潸 澘 澌 澍 潗 澁 潤

【潤益】(ジュンエキ) ①つけ加える。増加する。②利益。

【潤屋】(ジュンオク)（＝オクをうるおす） 家屋を立派にする。家庭をよくする。

【潤下】(ジュンカ) ①ものをうるおし、低い方へ向かう、水の性質。②水。

【潤滑】(ジュンカツ) うるおいがあって、なめらかなこと。また、なめらかにすること。㊫潤膩(ジュンジ)。例 ―剤。―油。

【潤湿】(ジュンシツ)（ジュンシュウ） うるおう。うるおす。

【潤色】(ジュンショク) ①色つやをつける。事実を大げさにしたりつけ加えたりして、おもしろくする。例 史実を―した物語。②文章に手を加えて、美しく飾る。潤飾。

【潤身】(ジュンシン)（＝みをうるおす） 修養を積み学問にはげんで、自身を立派にする。自らの人格を高める。例 富潤レ屋、徳潤レ身（とみはオクをうるおし、トクはみをうるおす）（＝財産は家屋を立派にし、修養は人格を立派にする）。〈大学〉

【潤沢】(ジュンタク) ①うるおすこと。うるおっているさま。うるおい。②日 物がたくさんあるさま。豊富。例 ―な資金。

【潤美】(ジュンビ) つやがあって美しい。

【潤筆】(ジュンピツ) ①書や絵をかくこと。揮毫(キゴウ)。染筆(センピツ)。②「潤筆料」の略。文章や書画を書いて得る報酬。
●湿潤(シツジュン)・浸潤(シンジュン)・豊潤(ホウジュン)・利潤(リジュン)

潯

氵12 (15)　②6309 6F6F

シン（シム）㊌ ジン（ジム）㊍ 侵 xún
きし・ふか-い（ふか-し）・ほとり

意味 ❶岸辺の水の深い所。ふち。**きし**。❷江西省九江(キュウコウ)市の別名。
【潯陽】(ジンヨウ) ①唐代の地名。今の江西省九江市。尋陽(ジンヨウ)。②江西省九江市近辺の長江の別称。

潜

氵12 (15)　①3288 6F5C　常用

セン（セム）㊌㊍ 塩 qián
ひそむ・ひそめる（ひそ-む）・もぐる・くぐ-る

［潛］氵12 (15)　②6310 6F5B　旧字体。
［濳］氵16 (19)　②6311 6FF3　別体字。

筆順 氵 氵 汁 沣 泮 淶 淶 潜 潜

なりたち 
［形声］「氵（＝みず）」と、音「朁(サン→セン)」とから成る。もぐって川をわたる。

意味 ❶水中に深くはいりこむ。**もぐる**。**くぐる**。例 潜航(センコウ)。潜水(センスイ)。❷かくれる。ひそかにする。かくす。**ひそむ**。**ひそめる**。例 山岳潜レ形(サンガクかたちをひそむ)（＝山々も姿を見せない）。〈范仲淹・岳陽楼記〉 潜在(センザイ)。潜入(センニュウ)。❸心を静かに落ち着ける。例 潜心(センシン)。沈潜(チンセン)。

古訓 中古 かくす・かくる・かづく・くくる・しづむ・ひそかに・みなくくる 中世 くぐる・しづむ・ひそかに・ひそまる・ひそむ 近世 かくる・くぐる・ひそか

人名 すみ・ひそみ

難読 潜女(かずきめ)

【潜逸】(センイツ) ①世間や人などから姿をかくす。また、隠者。②才能などを世に知らせない。▽㊫潜晦(センカイ)・潜虚。

【潜隠】(センイン) ①ひそむ。かくれる。②仕官しないで、世をのがれて静かに暮らす。潜蔵。㊫潜翳(センエイ)。

【潜▼函】(センカン) 日 土木工事で、地下や水中につくる箱状の作業場。ケーソン。例 ―工法。

【潜血】(センケツ) 日〔医〕目で見てもわからないほどの少量の血液が、便や尿にまじって出ていること。潜出血。例 ―反応。

【潜行】(センコウ) ①水中などを、もぐって行く。②表面に出ず地下を流れる。③人目に立たぬように、こっそり行動する。例 春日潜行曲江曲(シュンジツセンコウすキョッコウのくま)（＝ある春の日、曲江の湾曲しながら流れるあたりを、人目をしのんで歩いた）。〈杜甫・哀江頭〉 地下に―する。

【潜幸】(センコウ) 天子がひそかに出かける。お忍びの行幸(ギョウコウ)。

【潜航】(センコウ) 日 潜水艦などが、水中をもぐって進む。潜水。

【潜▼蛟】(センコウ) ①谷間などの水中にひそんでかくれている、みずち（＝ヘビや竜に似た想像上の動物）。例 舞二幽壑之潜蛟一(ユウガクのセンコウをまわしむ)（＝奥深い淵(ふち)に身をひそめているみずちを舞い立たせる）。〈蘇軾・赤壁賦〉 ②埋もれている才能。

【潜在】(センザイ) 表面にあらわれてはいないが、内にかくれて存在する。伏在。㊧顕在。例 ―能力。

【潜▼竄】(センザン) かくれのがれる。姿をくらます。

【潜志】(センシ) こころざしをひそませる。心を集中して研究する。

【潜心】(センシン) 落ち着いて一心に考える。没頭。㊫潜思。

【潜水】(センスイ) 水中にもぐる。例 ―泳法。

【潜蔵】(センゾウ) ①「潜伏(センプク)①」に同じ。②「潜隠(センイン)②」に同じ。

【潜邸】(センテイ) 即位前に天子が住んでいた邸宅。

【潜匿】(セントク) ひそかにかくれる。こっそりかくす。

【潜入】(センニュウ) 身分をかくして、ひそかに入りこむ。もぐりこむ。例 敵地に―する。

【潜伏】(センプク) ①見つからないようにかくれている。潜蔵。②日〔医〕感染しているが、病気の症状はあらわれていない状態。例 ―期間。

【潜竜】(センリュウ)（センリョウ） 〔水中にかくれていて、天にのぼっていない竜の意〕天子になるべき人。また、まだ有名になっていない英雄や豪傑。臥竜(ガリョウ)。伏竜(フクリョウ)。

【潜竜▼勿レ用】(センリョウもちうることなかれ) 〔潜竜は動き出してはならない意〕不幸な境遇にあり、まだ機会に恵まれていない場合には、いかに有能な士といえども無理に活動してはならない。〈易・乾〉

【潜▼鱗】(センリン) 水中深くにかくれすむ魚。

潺

氵12 (15)　②6305 6F7A

サン㊌ 刪
セン㊌ 先 chán

意味 水のさらさらと流れる音。例 潺湲(センカン)。潺潺(センセン)。

【潺▼湲】(センカン)（センエン） ①水の流れるさま。また、その音。②涙が流れるさま。例 涙―として下る。

【潺潺】(センセン) ①水がさらさらと流れるさま。潺湲(センカン)。例 ―たる流水を聞く。②雨がしとしとと降るさま。

潨

氵12 (15)　④7923 6F68

ソウ㊌ 東 cóng

意味 ❶小川が大きな川に流れこむ。❷急な流れ。例 潨潺(ソウセン)（＝流れの速いさま）。❸「潨潨(ソウソウ)」は、水が流れる音の形容。

潩

氵12 (15)　④7922 6F60

ソン㊌ 願 セン㊌ 銑 sùn

意味 勢いよくふき出す。ふく。例 潩水(ソンスイ)（＝水を口にふくんで吹く）。

潭

氵12 (15)　②6312 6F6D

一 タン（タム）㊌ 覃 tán
二 シン（シム）㊌ ジン（ジム）㊍ 侵 xún
ふち

意味 一 ❶水が深くたたえられた所。池。**ふち**。例 潭淵(タンエン)（＝深いふち）。❷深い。奥深い。㊐覃(タン)。例 潭思(タンシ)（＝深く思う）。二 水辺。きし。ほとり。例 江潭(コウシン)（＝川の淵(ふち)のほとり）。

【潭心】(タンシン) 深い淵(ふち)の底。

【潭深】(タンシン) ①淵(ふち)がふかい。②学問・学識のふかいこと。

【潭府】(タンプ) ①水を深くたたえている所。深い淵(ふち)。②〔奥深くて近づきにくいところから〕大臣のいる役所・邸宅。③人の家の敬称。

【豬】氵12(15) ⇩豬チョ(819ページ)

潮 氵12(15) 1 3612 6F6E 教6

チョウ(テウ) 漢 呉 蕭 cháo
しお(しほ)・うしお(うしほ)

[潮] 氵12(15) 2F90F 旧字体。

筆順

なりたち [会意] 本字は「淖」で、「氵(=みず)」と「朝(=朝廷に参る)」の省略体とから成る。諸侯が天子に拝謁するように、しおの流れが満ち引きする。

意味 ❶海水が月と太陽との引力によって満ち引きする現象。うしお。しお。例 干潮カンチョウ・満潮マンチョウ。❷海水がみちる。さす。❸海。❹浮き出す。帯びる。例 潮紅チョウコウ(=赤みがさす。赤色を帯びる)。❺しめる。うるおう。

日本語での用法 一《チョウ》「潮流リュウ・思潮シチョウ・風潮フウチョウ」▼世の中の動き。二《しお》①「潮目しおめ・黒潮くろしお」▼海水の流れ。②「隣りの人が立ったのを潮に自分も立った」▼ものごとにけじめをつけるよい機会。

古訓 中古 あさしほ・うしほ・しほ 中世 あさしほ・うしほ 近世 あさしほ・うしほ

【潮風】しおかぜ 日 海上や海岸に吹く風。海の塩分を含んだ風。
【潮煙】しおけむり 日 海水が岩などに当たって飛び散るしぶき。例 ―が立つ。
【潮騒】しおさい 日 潮が満ちてくるときの波の音。また単に、波の音。海鳴り。例 遠く―を聞く。
【潮境】しおざかい 日 ①異なる海流が出合うときのさかいめ。よい漁場となる。例 親潮と黒潮の―。②川の水と海の水とのさかいめ。③ものごとの境界。さかいめ。
【潮路】しおじ 日 ①潮が流れる道すじ。②海上を船で行くときの道すじ。海路。航路。例 はるかな―。
【潮時】しおどき 日 ①満潮や干潮の時刻。②ちょうどよい時期。ほどよいころあい。例 ―を見はからう。
【潮位】チョウイ 日 基準となる面から測った、海面の高さ。類 潮高。例 津波で―が上がる。
【潮音】チョウオン ①海の波の音。②〔仏〕おおぜいの僧がそろって読経ドキョウする声。▽海潮音。潮声。
【潮害】チョウガイ ⇩【塩害】エンガイ(297ページ)
【潮候】チョウコウ 潮の満ち引きする時刻。しおどき。潮信。
【潮信】チョウシン ①「潮候コウ」に同じ。②定められた時期。きめられた約束。また、女性の生理の時期。〔潮の干満は定期的であることから〕
【潮声】チョウセイ 「潮音チョウオン」に同じ。
【潮▼汐】チョウセキ 潮の満ち引き。うしお。干満。
【潮流】チョウリュウ ①潮の流れ。②潮の満ち引きによって起こる海水の流れ。例 ―が速い。③日 ものごとが、動いていく方向。例 ―に乗る(=時代の変化などにうまく合う)。
●渦潮うずしお・黒潮くろしお・紅潮コウチョウ・高潮コウチョウ・初潮ショチョウ

澄 氵12(15) 1 3201 6F84 常用

一 チョウ 漢 ジョウ(ヂョウ) 呉 蒸 chéng
二 トウ(タウ) 漢 径 dèng
すみ・すむ・すます

[澂] 氵12(15) 2 6313 6F82 本字。

筆順

なりたち [形声] 「氵(=みず)」と、音「徵チョウ」の省略体とから成る。水が清らかである。

意味 一 ❶にごりがなく清らかになる。空や光にくもりがなく美しい。音がさえる。すむ。例 清澄セイチョウ。❷心が美しく清い。例 澄心チョウシン。❸平定する。やすんじる。例 澄清チョウセイ。二 液体中のよごれが沈み、きれいになる。

日本語での用法《すます》①「耳を澄ます」▼心を集中させる。②「澄ました顔」▼自分には関係ない、といった気どった顔をする。

古訓 中古 きよし・すみ・すむ 中世 きよし・すみ・すむ・すめる 近世 すむ

人名 きよ・きよし・きよみ・さやか・すめる・とおる

【澄▼瑩】チョウエイ 〔「瑩」は、玉ギョクの光る色〕すみわたって明るい。すきとおって清らかなさま。
【澄高】チョウコウ ①月がすみわたり、高くかがやく。②気品があって、清くけだかい。
【澄心】チョウシン ①静かにすんだ心。②心を清らかにすること。
【澄清】チョウセイ ①すんでいて、きよらか。②にごりをきよめる。乱世をきよめて治める。
【澄爽】チョウソウ すみきって、さわやかなさま。
【澄汰】チョウタ よごれを流してきよめる。よくないものをより分けて除く。淘汰トウタ。
【澄▼潭】チョウタン 水のすんだ淵ふち。
【澄▼澈】【澄徹】チョウテツ ①水底が見えるほどすきとおる。②明るくすみわたる。
【澄▼碧】チョウヘキ すんで緑色をしている。また、その水。
【澄明】チョウメイ 明るくすみわたっているさま。清澄。

澈 氵12(15) 3 8715 6F88

テツ 漢 屑 chè

意味 ❶水が清くすきとおる。きよい。例 清澈セイテツ(=すきとおる。すみきる)。❷つらぬきとおす。とおす。とおる。通 徹。例 澈底テッテイ(=徹底)。澈夜テツヤ(=徹夜)。

潼 氵12(15) 2 6314 6F7C

トウ 漢 ドウ 呉 東 tóng

意味 ❶陝西セン省潼ドウ県を流れる川の名。潼水トウスイ。❷関所の名。潼関トウカン。❸「潼潼トウトウ」は、波の高いさま。

潒 氵12(15) 4 7919 6F52

トウ(タウ) 漢 養 dàng

意味 「潒潒トウトウ」は、水がゆれ動くさま。蕩蕩トウトウ。

潡 氵12(15) 3 8712 6F61

トン 漢 ドン 呉 阮 dùn

意味 洪水。おおみず。参考 高泉性潡コウセンショウトン(=黄檗オウバク宗の僧)。

潑 氵12(15) 3 8709 6F51

ハツ 漢 曷 pō

[溌] 氵9(12) 1 4014 6E8C 俗字。

意味 ❶水がとびちる。生き生きと、勢いのよいさま。気迫のあるさま。また、横暴なさま。例 潑頼ハツライ(=凶暴なさま)。潑剌ハツラツ。活潑潑地カッパッパッチ(=きわめて勢いのよいさま)。❷水をまく。そそぐ。❸魚がはねるさま。

【潑▼剌】【潑▼溂】ハツラツ ①魚がぴちぴちとはねるさま。②生き生きとして元気が満ちあふれているさま。例 元気―。

潘 氵12(15) 2 6315 6F58

一 ハン 漢 寒 pān
二 ハン 漢 寒 pán
三 ハン 漢 元 fān

意味 一 ❶米のとぎしる。しろみず(しろみづ)・とぎしる。例 潘水ハンスイ。潘沐ハンモク(=

髪を洗うための米のとぎじる）。❷姓の一つ。[例] 潘岳（ハンガク）（＝西晋（セイシン）の文人）。**二** うずまき。**三**（水が）あふれ出る。あふれる。

【潘▼楊好】（ハンヨウのよしみ）〔潘岳（ハンガク）の家と、その妻、楊（ヨウ）氏の実家が代々婚姻を重ねてきた故事〈潘岳・楊仲武誄〉から〕姻戚（インセキ）関係にある二家が親密に交際すること。

濆
氵12（15） [2]6325 6FC6

一 フン(漢) [文] fén **二** フン(漢) [吻] ホン(漢) [元] pēn

[意味] **一** 大きな堤防。また、水辺。きし。**ほとり**。**二** 水がわき出る。また、わきたつ。(通)噴。[例] 濆泉（フンセン）（＝わきでる泉）。

潽
氵12（15） [4]7925 6F7D

ホ(漢) フ(呉) [麌] pǔ

[意味] 川の名。

澎
氵12（15） [2]6316 6F8E

ホウ（ハウ）(漢) [庚] pēng

[意味]「澎湃（ホウハイ）」は、水や波のぶつかりあう音。また、水がいっぱいにみなぎるさま。

［澑］
氵12（15） ⇩溜（リュウ）（805ジペー）

潾
氵12（15） [3]8714 6F7E

リン(漢) [真] lín

[意味] ❶「潾潾（リンリン）」は、水が清くすきとおるさま。❷石のすきまから流れ出る水。

潦
氵12（15） [2]6319 6F66

一 ロウ（ラウ）(漢) [皓] lǎo **二** ロウ（ラウ）(漢) [号] lào **三** ロウ（ラウ）(漢) [豪] liáo

あまみず（あまみづ）・にわたずみ（にはたづみ）

[意味] **一** 雨が降ってたまった水。**あまみず**。**にわたずみ**。**二** 雨水の多いさま。洪水。おおみず。[例] 大潦（ダイロウ）（＝大洪水）。**三** ❶⇩【潦草】（ロウソウ）❷⇩【潦倒】（ロウトウ）

【潦水】（ロウスイ）①雨のあとにたまっている水。②水があふれて流れること。大水。

【潦草】（ロウソウ）①なげやりでいいかげんなさま。②失意。

【潦倒】（ロウトウ）①散漫でしまりのないさま。②大らかでおだやかなさま。③衰えて元気のないさま。落ちぶれたさま。[例] 潦倒新停濁酒杯（ロウトウあらたにとどむダクシュのハイ）（＝老い衰えた今、《わずかの慰みである》濁り酒さえ断ったばかりなのだ）。〈杜甫・登高〉

澳
氵13（16） [2]6320 6FB3

一 イク（ヰク）(漢) [屋] yù **二** オウ（アウ）(漢) [号] ào

おき

[意味] **一** 水が陸地に深くはいりこんだ所。くま。**二** ❶船舶が停泊できる所。[例] 港澳（コウオウ）。浦澳（ホオウ）。❷「澳門（マカオ）」は、広東（カントン）省の南岸にある特別行政区。旧ポルトガル領。

[日本語での用法]《**おき**》▼海岸や湖岸から離れた水上。

澥
氵13（16） [4]7930 6FA5

カイ(漢) ゲ(呉) [蟹] xiè

[意味] ❶陸地に湾入した海。特に、渤海（ボッカイ）をいう。[例] 勃澥（ボッカイ）（＝渤海）。❷海。[例] 澥宇（カイウ）（＝うみべ）。

濩
氵13（16） [4]7938 6FE9

一 カク（クヮク）(漢) [薬] huò **二** コ(漢) [遇] hù

[意味] **一** ❶うつわに入れて煮る。にる。❷「濩落（カクラク）」は、がらんとして何もないさま。廓落（カクラク）。**二** ❶広くしきつめる。❷「大濩（タイコ）」は、殷（イン）の湯（トウ）王が作ったとされる音楽。

［澣］
氵13（16） ⇩浣（カン）（773ジペー）

激
氵13（16） [1]2367 6FC0 [教6]

ゲキ(慣) ケキ(漢) [錫] jī

はげしい（はげ-し）

[筆順]

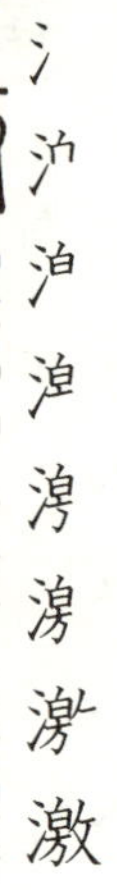

[なりたち]

［形声］「氵（＝みず）」と、音「敫（キャク→ケキ）」とから成る。さえぎられて、流れが速まる。

[意味] ❶水をせき止めて、どっと流す。❷勢いが強くて速い。はなはだしい。**はげしい**。[例] 激動（ゲキドウ）。激流（ゲキリュウ）。急激（キュウゲキ）。❸勢いづける。はげます。はげむ。また、感情がほとばしる。ふるいたつ。[例] 激情（ゲキジョウ）。激励（ゲキレイ）。感激（カンゲキ）。

[古訓] [中古] うつ・うづまく・おもむく・およく・さいぎる・すすぐ・せく・そそく・つく・とほる・はげむ・もとむ [中世] うごかす・さいぎる・とほる・みなぎる [近世] かぜふく・はげむ・ほとばしる・みなぎる

【激越】（ゲキエツ）①音などが遠くまでするどくひびく。②（感情や行動、主義主張などが）はげしく荒々しいさま。

【激化】（ゲキカ）(日)（争いなどが）はげしくなる。程度がはなはだしくなる。[例] 闘争が―する。

【激減】（ゲキゲン）(日) 数量がひどくへる。また、急に少なくなる。(対)激増。[例] 人口が―する。

【激語】（ゲキゴ）はげしいことばで言い争う。また、そのことば。

【激▼昂】【激▼卬】（ゲキコウ｜ゲッコウ）（怒りなどで）感情が一気にたかぶる。

【激賞】（ゲキショウ）大いにほめる。ほめちぎる。絶賛。

【激情】（ゲキジョウ）おさえきれないほどのはげしい気持ち。[例] 一時の―にかられる。

【激職】（ゲキショク）忙しく重要な職務。劇職。

【激甚】（ゲキジン）非常にはげしいこと。[例] ―災害。

【激切】（ゲキセツ）①（言動などが）はげしく、厳しい。②（感激や恐怖などで）感情を高ぶらせる。③大いにはげます。

【激戦】（ゲキセン）(日) はげしく戦うこと。劇戦。激闘。

【激増】（ゲキゾウ）(日) 数量がひどくふえる。また、急に多くなる。急増。(対)激減。[例] 交通事故が―する。

【激▼湍】（ゲキタン）早瀬。急流。[例] 清流激湍（セイリュウゲキタン）（＝清らかな川や早瀬）。〈王羲之・蘭亭序〉

【激痛】（ゲキツウ）非常にはげしいいたみ。劇痛。(対)鈍痛。

【激怒】（ゲキド）ひどくおこる。激憤。憤激。

【激闘】（ゲキトウ）(日) はげしいたたかい。激戦。[例] ―を繰り返す。

【激動】（ゲキドウ）(日)（社会などが）はげしく変動する。（人の心などが）ひどくゆり動かされる。[例] ―の時代を生きぬく。

【激突】（ゲキトツ）勢いよくぶつかる。互いにはげしくぶつかりあう。[例] フェンスに―する。優勝候補どうしの―。

【激発】（ゲキハツ）①わざと目立つようにする。②気持ちを奮い立たせる。発憤する。また、感情がたかぶって、一気に爆発する。[例] 愛情の―。③ものごとが急に起こる。また、頻発する。④過激な行動を引き起こす。[例] 暴動が各地で―した。

【激憤】【激▼忿】（ゲキフン）はげしくいきどおる。憤激。激怒。

【激変】（ゲキヘン）これまでと大きくかわる。また、急に変化する。

【激務】（ゲキム）たいそう忙しく、きびしい仕事。劇務。

【激揚】（ゲキヨウ）①はげしく起こる。②はげまされて奮起する。③感動して奮い立つ。

【激流】（ゲキリュウ）①はげしく速い流れ。急流。②(日) ものごとが、はげしく大きく動いていくこと。[例] 時代の―。

【激励】【激▼厲】（ゲキレイ）①元気が出るように、はげます。気力をふるい起こさせる。[例] 叱咤（シッタ）―する。②性格や語調がはげしく率直である。

【激烈】（ゲキレツ）非常にはげしいさま。劇烈。猛烈。熾烈（シレツ）。[例] ―な競争。

【激論】（ゲキロン）互いに主張を曲げず、はげしく意見のやりとりをする。また、その議論。例 —をたたかわせる。
●過激カゲキ・刺激シゲキ・憤激フンゲキ

澯 氵13(16) 4 7931 6FAF サン漢 翰 càn
意味 水が清らかなさま。

濈 氵13(16) 4 7934 6FC8 シュウ(シフ)漢 緝 jí
意味 ❶「濈濈シュウシュウ」は、たくさん寄り集まるさま。揖揖シュウシュウ。❷水や汗が流れ出る。❸すばやいさま。

潚 氵13(16) 4 7921 6F5A 一シュク漢 屋 sù 二シュウ(シウ)漢 尤 sōu
意味 一❶深く清いさま。❷すばやいさま。二米をとぐ。よなげる。通溲シュウ。

濇 氵13(16) 3 8723 6FC7 ショク漢 職 シュウ(シフ)漢 緝 sè
意味 ❶なめらかに通らない。通渋ジュウ。例 濇滞シュウタイ(=とどこおる)。❷はにかむ。例 羞濇シュウシュウ。

澵 氵13(16) 4 7933 6FB5 シン漢 真 zhēn
意味 河南省にあったという川の名。

[**濅**] 氵13(16) ⇩浸シン(775ページ)

濉 氵13(16) 4 7935 6FC9 スイ漢 支 suī
意味 安徽アンキ省を源流とする川の名。

澶 氵13(16) 3 8721 6FB6 一セン漢 先 chán 二タン漢 翰 dàn
意味 一❶⇒【澶淵エンセン】❷「澶湲センエン」は、水がゆるやかに流れるさま。潺湲センエン。二「澶漫タンマン」は、気ままにする。また、のびやかに広がるさま。
【澶▼淵】センエン 現在の河北省濮陽ボクヨウ市の西にあった、古代の湖の名。また、地名。一〇〇四年、この地で北宋ホクソウと遼リョウとの間で盟約(澶淵の盟)が結ばれた。

澡 氵13(16) 2 6322 6FA1 ソウ(サウ)漢呉 皓 zǎo あら-う(あら-ふ)・きよ-める(きよ-む)
意味 ❶手を洗う。洗いきよめる。あらう。例 澡盥ソウカン。沐澡モクソウ(=髪と手を洗う)。❷心身をきよめる。修養する。おさめる。例 澡身ソウシン(=心身をきよく保つ)。
【澡▼盥】ソウカン 手を洗う。
【澡雪】ソウセツ あらいすすぐ。類 澡洗・澡濯。
【澡▼沐】ソウモク からだと髪を洗う。沐澡。

㵤 氵13(16) 4 7932 3D64 ソウ(サフ)漢 洽 shà
[**𣷺**] 氵8(11) 4 7862 23DFA 俗字。
意味 水が満ちあふれる。

[**澤**] 氵13(16) ⇩沢タク(754ページ)

濁 氵13(16) 1 3489 6FC1 常用 ダク漢 ジョク(ヂョク)呉 覚 zhuó にご-る・にご-す・にご-り
筆順 氵 汀 泗 泗 渇 渇 濁 濁 濁
なりたち [形声]「氵(=みず)」と、音「蜀ショク→ダク」とから成る。川の名。借りて「にごる」の意。
意味 ❶よごれて、すきとおらない。にごる。にごす。にごり。対清。例 濁酒ダクシュ。濁流ダクリュウ。❷よごれる。けがれる。例 挙世皆濁よをあげてみなにごれる(=世の中すべてよごれている)。〈楚辞・漁父〉❸政治や道徳が乱れたさま。みだれる。例 濁世ダクセイ。
古訓 中古 にごる 中世 にごる 近世 すまるぼし・にごる
【濁音】ダクオン 日 日本語で、ガ・ザ・ダ・バ行の音。清音や半濁音に対して、にごる音。
【濁▼穢】ダクアイ/ダクワイ 俗世間のけがれたものや事柄。けがれ。
【濁酒】ダクシュ/にごりざけ もろみを取っていない、白くにごった酒。どぶろく。もろみざけ。濁醪ダクロウ。対清酒。→【潦倒】ロウトウ(814ページ)
【濁水】ダクスイ にごった水。
【濁世】ダクセイ/ジョクセ ①風俗や政治などの乱れた世。②〔仏〕罪にけがれたこの世。
【濁声】ダクセイ/にごえ がらがらして、にごった感じの声。
【濁点】ダクテン 日 濁音をあらわすため、かなの右上に書き加える小さな二つの点。「ガ・ザ・ダ・バ」などの「゛」。
【濁流】ダクリュウ ①土砂などでにごった水の流れ。対清流。②潔白でない者の集まり。不正を犯す集団。
【濁▼醪】ダクロウ にごり酒。どぶろく。濁酒。
●汚濁オダク・混濁コンダク・清濁セイダク・白濁ハクダク・連濁レンダク

澾 氵13(16) 4 7928 6FBE タツ漢 曷 tà
意味 すべすべとして、なめらか。

澹 氵13(16) 2 6324 6FB9 一タン(タム)漢 感 dàn 二セン(セム)漢 艶 shàn 三タン(タム)漢 覃 tán あわ-い(あは-し)・うす-い(うす-し)
意味 一❶おだやかなさま。しずか。やすらか。❷水がゆったりとゆれ動くさま。たゆたう。例 澹澹タンタン。❸あっさりしている。あわい。通淡。例 澹泊タンパク。恬澹テンタン。二十分である。たりる。通贍セン。三「澹台(臺)滅明タンダイメツメイ」は、孔子の弟子。字あざなは子羽。
【澹然】タンゼン ①あっさりしていて、ものにとらわれない。無欲なさま。②静かで安らかなさま。▽類澹如タンジョ。
【澹澹】タンタン ①水が静かにゆれ動くさま。②あっさりしたさま。淡淡。例 —としたつきあい。
【澹泊】【澹薄】タンパク あっさりして無欲なさま。淡泊。

澱 氵13(16) 1 3735 6FB1 テン漢 デン呉 霰 diàn おり・よど-む・よど
意味 ❶水の底に沈んだ、かす。おり。例 澱汚デンオ(=かす)。❷水中のかすが沈んでたまる。また、かすがたまって水が流れない。よどむ。よどみ。よど。通淀デン。例 沈澱チンデン。澱よどんだ川かわの水みず。❸浅い湖や沼。通淀テン。
日本語での用法 《デン》①「澱江デンコウ・澱水デンスイ」▼「淀川よどがわ」の中国風の言い方。②「澱粉デンプン」▼オランダ語 Zetmeel の訳語。
【澱粉】デンプン 日 植物の根や茎、種子に貯蔵されている、粒状の炭水化物。

濃 氵13(16) 1 3927 6FC3 常用 ジョウ(ヂョウ)漢 ノウ呉 冬 nóng こ-い(こ-し)・こま-やか
筆順 氵 沪 渉 渉 浬 浬 濃 濃 濃
なりたち [形声]「氵(=みず)」と、音「農ドウ→ジョウ」とから成る。露が多い。こい。
意味 ❶露にたっぷりぬれているさま。例 濃濃ジョウジョウ(=露が多いさま)。❷色・味の度合いが強い。密度が大きい。こってりしている。こい。対淡。例 濃厚ノウコウ。濃紺ノウコン。濃密ノウミツ。❸はなはだしいさま。例 濃笑ノウショウ(=大笑い)。❹程度が十分であるさま。例 濃春ノウシュン。

日本語での用法《ノウ》「濃州・濃尾(=美濃と尾張)」平野」▼「美濃(=今の岐阜県)」の略。

古訓 中古 あつし・こい・こまやかなり 中世 こし・こまやか・だむ 近世 あつし・こい・こまやか・つゆけし

人名 あつ・あつし・の

難読 下濃・末濃・村濃・鯉濃・濃絵

【濃茶】(こいチャ) 日 抹茶の一種。茶の老木から作った上等の茶。また、それを点てたお茶。色も味もこい。対 薄茶。

【濃艶】(ノウエン) あでやかで美しいさま。なまめかしくうるわしいさま。例 ―な美女。―にほほえむ。

【濃厚】(ノウコウ) ①徳や恩が重い。大きい。②書や画の筆法が重厚である。③色や味わいがこってりしているさま。対 淡泊。例 ―な味つけ。④ものの密度や濃度などが高いさま。例 ―な気体。⑤日 刺激的で、情熱的である。例 ―な描写。⑥日 特定の気配や可能性などが、はっきり感じられるさま。

【濃紺】(ノウコン) こい紺色。例 ―の制服。

【濃縮】(ノウシュク) 日 液体などをこくする。例 ―果汁。―ウラン。

【濃春】(ノウシュン) 春がたけなわであること。

【濃粧】(ノウショウ)【濃▼妝】(ノウショウ) 厚化粧をする。濃抹。

【濃淡】(ノウタン) (色や味わい、ものごとの程度などの)こさと、うすさ。こいところと、うすいところ。グラデーション。

【濃度】(ノウド) 日 溶液や混合気体などの、構成成分の割合を示す値。例 ―の高い排気ガス。

【濃抹】(ノウマツ) [「抹」は、塗る意] こってりと塗る。厚化粧にもいう。濃粧。例 淡粧濃抹総相宜(=薄化粧のときも装いをこらしたときも、どちらもすばらしい)。〈蘇軾・飲湖上初晴後雨〉

【濃密】(ノウミツ) 日 密度がこいさま。色合いなどがこまやかである。

【濃霧】(ノウム) こい霧。深い霧。例 ―注意報。

【濃緑】(ノウリョク) 黒ずんだ感じの、こい緑色。ふかみどり。深緑。

澼
氵13 (16) 3 8722 6FBC ヘキ 漢 錫 陌 pì

意味 ❶「洴澼」は、水で洗い日に当てて白くする。水でさらす。❷「腸澼」は、下痢。

澠
氵13 (16) 3 8719 6FA0 一 ベン 漢 メン 呉 銑 miǎn 二 ショウ 漢 ジョウ 呉 蒸 shéng

意味 一 地名に用いる字。例 澠池。二 山東省を流れる川の名。

【澠池】(ベンチ・メンチ) 今の河南省澠池県の西。戦国時代に、趙王が藺相如とともに秦王と会見した地。世に「澠池の会」で知られる。黽池。

濛
氵13 (16) 2 6334 6FDB モウ 漢 東 méng くら-い(くら-し)

意味 霧のように降る雨。小雨。また、もやもやとしてうすぐらいさま。例 濛雨。濛味。

【濛雨】(モウウ) こまかな雨。霧雨。小雨。細雨。

【濛気】(モウキ) 立ちこめている、もや。

【濛昧】(モウマイ) ①霧などが立ちこめて、うす暗いさま。濛濛。②ものごとの道理にくらいさま。▽蒙昧。

【濛濛】(モウモウ) 霧・湯気・煙・砂ぼこりなどで、あたりがうす暗いさま。濛昧。例 ―と立ちこめる湯気。

澟
氵13 (16) 4 7929 6F9F リン(リム) 漢 寝 lǐn

意味 身が引きしまるように、厳しく寒い。通 凜。例 澟然(=寒さがきびしいさま。厳粛なさま)。

澪
氵13 (16) 2 6326 6FAA 人 レイ 漢 青 líng みお(みを)

なりたち [形声]「氵(=みず)」と、音「零」とから成る。川の名。

意味 川の名。[一説に、「泠」の俗字]

日本語での用法《みお》「澪を引く・澪標」▼水深の浅い三角州などに、自然にえぐられてできた水路。船の通り道。

古訓 中古 みを 近世 みづのな

難読 水澪

【澪標】(みおつくし) 日 河口の港や川などで、船の水路を示すために立てた柱。みおじるし。

澧
氵13 (16) 3 8720 6FA7 レイ 漢 ライ 呉 薺 lǐ

意味 ❶河南省を源流とする川の名。澧水。❷「澧澧」は、波の音。❸うまい水。通 醴。例 澧泉(=うまい湧き水)。

濂
氵13 (16) 2 6318 6FC2 レン(レム) 漢 塩 lián うす-い(うす-し)

意味 ❶浅い川。❷川の名。濂渓。濂水。

【濂渓】(レンケイ) ①湖南省道県を流れ、瀟水に注ぐ川。〔道県は北宋の学者、周敦頤の故郷で、この川のほとりに住んでいた〕②江西省廬山のふもとを流れ、長江に注ぐ川。〔晩年、廬山のふもとに住んだ周敦頤が、旧居にちなんで名づけた〕

潞
氵13 (16) 3 8711 6F5E ロ 漢 遇 lù

意味 ❶川の名。❷今の山西省にあった国名。

濊
氵13 (16) 3 8724 6FCA 一 カイ(クヮイ)・ワイ 漢 泰 huì 二 ワイ 漢 エ(ヱ) 呉 泰 wèi 三 カツ(クヮツ) 漢 曷 huò

意味 一 ❶「汪濊」は、深く広いさま。❷きたない。けがらわしい。通 穢。二「濊貊」は、古代中国の民族の名。三「濊濊」は、魚網の目を通る水の音の形容。

濰
氵14 (17) 3 8726 6FF0 イ(ヰ) 漢 ユイ 呉 支 wéi

意味 ❶山東省を流れる川の名。濰河。❷地名。例 濰坊(=山東省の市)。

瀅
氵14 (17) 4 7936 6FDA エイ 漢 庚 yíng

意味 ❶水がうずまくさま。通 瀠。例 瀅洄(=うずまくさま)。❷水がわきあがるさま。例 瀅激(=わきあがるさま)。

[潤]
氵14 (17) ⇩ 闊 (1387ジ)

濠
氵14 (17) 1 2574 6FE0 コウ(カウ) 漢 ゴウ(ガウ) 呉 豪 háo ほり

意味 ❶城のまわりを掘って、水をたたえた池。ほり。通 壕。例 外濠。❷安徽省を流れる川の名。濠水。

日本語での用法《ゴウ》「濠洲・白濠主義」▼「濠太剌利」の略。豪。

【濠▼濮間想】(ゴウボクのカンソウ) 俗世間を離れた静かな心。◆荘子が濠梁(=濠水の、やな。また、橋)で、楽しく泳ぐ魚を見て楽しみ、また、濮水で釣りをしていたとき、自由に生きることが自分の願いであるとして楚王の招きに応じなかった、という『荘子』秋水篇にある二つの話にもとづく。……〈世説・言語〉

[濟]
氵14 (17) ⇩ 済 (784ジ)

[濕]
氵14 (17) ⇩ 湿 (795ジ)

濡
氵14(17) 1 3908 6FE1 人
一 ジュ 漢 虞 rú
二 ジュウ(ジウ) 漢 尤 róu
ぬ-れ・ぬ-れる(ぬ-る)・ぬ-らす・そぼ-つ

なりたち [形声]「氵(=川)」と、音「需(ジュ)」とから成る。川の名。借りて「ぬらす」の意。

意味 一 ❶水がかかって、しっとりする。うるおう。**ぬらす。ぬれ。** 例 濡衣(ジュイ)(=水にぬれた服)。❷雨の恵みを受ける。また、恩恵を施す。めぐみ。例 濡沢(ジュタク)(=恩恵に浴する)。❸ぐずつく。とどこおる。例 濡滞(ジュタイ)(=ぐずぐずする)。❹⇩【濡需(ジュジュ)】 二 ⇩【濡忍(ジュウニン)】

古訓 中古 あたたかなり・うるふ・うるほす・うるほふ・とどこほる・ぬらす・ひたす・やはらかなり 中世 うるほす・うるほふ・とどこほる・ぬらす・ぬるる・ひたす 近世 うるほす・うるほふ・とどこほる・ぬる・ひたす・やはらか

【濡忍】(ジュウニン/ジュニン) よく侮辱に耐える。たえしのぶ。
【濡首】(ジュシュ) 首まで酒にひたる。酔い痴れて、正気を失う。
【濡需】(ジュジュ) しばしの安逸をむさぼり楽しむ。
【濡染】(ジュセン) ①そまる。見たり聞いたりして自然に力がつくこと。②筆で字や絵をかく。

[澀] 氵14(17) ⇩渋(ジュウ)(784ジペー)

濬
氵14(17) 2 6329 6FEC
シュン 漢 震 jùn
さら-う(さら-ふ)・ふか-い(ふか-し)・ほ-る

意味 ❶水底を深くさらって、流れを通す。**さらう。** 通 浚(シュン)。❷底や奥までの距離が長い。**ふかい。** 例 濬谷(シュンコク)(=深い谷に)。濬潭(シュンタン)。
【濬▼潭】(シュンタン) 深いふち。深淵(シンエン)。
【濬哲】(シュンテツ) 深い知恵のあること。また、その人。

[瀞] 氵14(17) ⇩瀞(セイ)(819ジペー)

濯
氵14(17) 1 3485 6FEF 常用
タク 漢 覚 zhuó
あら-う(あら-ふ)・すす-ぐ・そそ-ぐ・ゆす-ぐ

[濯] 氵14(17) ── 旧字体。

筆順 氵 氵ヨ 氵ヨ 氵ヨヨ 氵ヨヨ 氵ヨヨ 氵ヨヨ 濯

なりたち [形声]「氵(=みず)」と、音「翟(テキ→タク)」とから成る。水であらう。

意味 ❶水でよごれをおとす。あらいきよめる。**あらう。すすぐ。そそぐ。ゆすぐ。** 例 洗濯(センタク)。❷⇩【濯濯(タクタク)】

古訓 中古 あむ・あらふ・かかやく・かはあむ・すすく・てあらふ 中世 あらふ・かはあぶる・かはあむ・すすぐ 近世 あらふ・いさぎよし・うるはし・おほいなり・すすぐ

難読 御裳濯川(みもすそがわ)(=地名)

【濯▼纓】(タクエイ/エイをあらう) 〔纓(=冠のひも)を洗い清める意〕世俗を超越することのたとえ。→【滄浪歌】(ソウロウカ)(802ジペー)
【濯足】(タクソク/あしをあらう) 〔足をあらう意〕世俗を超越することのたとえ。→【滄浪歌】(ソウロウカ)(802ジペー)
【濯濯】(タクタク) ①光り輝くさま。②明るく清らかなさま。③山に草木がないさま。例 若(かのごとく)彼濯濯也(タクタクたるなり)(=あのように《山は》つるつるになった)。〈孟子・告子上〉
● 盥濯(カンタク)・洗濯(センタク)

濤
氵14(17) 2 6225 6FE4
一 トウ(タウ) 漢 呉 豪 tāo
二 チュウ(チウ) 漢 尤 cháo
なみ

[涛] 氵7(10) 1 3783 6D9B 俗字。

意味 一 ❶大きな波。おおなみ。**なみ。** 例 濤声(トウセイ)。怒濤(ドトウ)。波濤(ハトウ)。❷波のような音。例 松濤(ショウトウ)(=まつかぜ)。 二 海水の満ち引き。しお。うしお。
【濤声】(トウセイ) 大波が打ち寄せる音。例 とどろく──。

濘
氵14(17) 2 6331 6FD8
ネイ 漢 径 nìng
どろ・ぬめ-り・おちい-る

意味 ❶泥のようにまつわりつく。**どろ。** ぬかる。ぬかるみ。**ぬめり。** 例 泥濘(デイネイ)(=ぬかるみ)。❷「汀濘(テイネイ)」は、浅い池や沼。
【濘▼淖】(ネイドウ) ぬかるみ。どろ道。

瀰
氵14(17) 2 6330 6FD4
一 ビ 漢 紙 mǐ
二 デイ 漢 薺 nǐ
ふか-い(ふか-し)

意味 一 「瀰瀰(ビビ)」「瀰漫(ビマン)」は、水が満ちたさま。通 瀰(ビ)。 二 「瀰瀰(デイデイ)」は、多いさま。また、やわらかいさま。

濞
氵14(17) 4 7937 6FDE
一 ビ 慣 ヒ 漢 寘 pì
二 ヘイ 漢 霽 bì

意味 一 水が勢いよく流れこむ音。 二 雲南省の川の名。

[濱] 氵14(17) ⇩浜(ヒン)(776ジペー)

[濵] 氵14(17) ⇩浜(ヒン)(776ジペー)

濮
氵14(17) 2 6333 6FEE
ボク 慣 ホク 漢 屋 pú

意味 ❶山東省を流れて黄河へとつながっていた古代の川の名。濮水(ボクスイ)。❷地名に用いる字。❸「百濮(ヒャクボク)」は、古代の少数民族の名。

【濮上▼之音】(ボクジョウのイン) みだらな音楽。国をほろぼす音楽。桑間濮上。桑濮の音。◐春秋時代、衛(エイ)の霊公が濮水のほとりで聞いた音楽は、殷(イン)を滅亡に導く、乱れたものだったという。……〈礼記・楽記〉

瀅
氵15(18) 3 8728 7005
エイ 漢 径 yíng

意味 「瀅瀅(エイエイ)」「瀅渟(エイテイ)」は、水が清らかに澄んでいるさま。

瀇
氵15(18) 4 7942 7007
オウ(ワウ)・コウ(クヮウ) 漢 養 wǎng

意味 「瀇滉(オウコウ)」「瀇瀁(オウヨウ)」は、水が深く広いさま。

[澔] 氵15(18) ⇩灝(コウ)(821ジペー)

瀉
氵15(18) 2 6335 7009
シャ 漢 禡 xiè
そそ-ぐ・は-く

[泻] 氵5(8) 3 8658 6CFB 俗字。

意味 ❶水をどっと流す。**そそぐ。** 例 一瀉千里(イッシャセンリ)。❷腹をくだす。くだす。例 瀉痢(シャリ)。❸食べたものをはき出す。もどす。**はく。** 例 吐瀉(トシャ)。❹塩分を含んだ土地。例 瀉土(シャド)。

難読 沢瀉(おもだか/なぎ)

【瀉下】(シャカ) ①滝のように勢いよく流す。②下痢。腹くだし。
【瀉血】(シャケツ) 〔医〕静脈から余分な血をぬきとる。刺胳(シラク)。
【瀉剤】(シャザイ) くだしぐすり。下剤。類 瀉薬。
【瀉土】(シャド) 塩分を含んだ土。植物が育たない荒れ地。瀉鹵(シャロ)。潟土(セキド)。
【瀉痢】(シャリ) 腹くだし。下痢。
【瀉▼鹵】(シャロ) 塩分を含んだ土。しおつち。

瀋
氵15(18) 2 6336 700B
シン(シム) 漢 寝 shěn
しる

4画

[水(氵・氺)] 14―15画▼ 濡澀濬瀞濯濯濤濘瀰濞濱濵濮瀅瀇澔瀉瀋

意味 ❶汁。しる。例 墨瀋ボクシン（＝墨汁）。❷遼寧リョウネイ省瀋陽シンヨウ市の南を流れる川の名。瀋水シンスイ。

【瀋陽】シンヨウ 遼寧リョウネイ省の都市。清朝シンチョウ初期の都で、盛京セイケイといい、都が北京ペキンに移ってからは奉天ホウテンと称した。

濺
氵15（18） 2 6337 6FFA
一 セン 漢 霰 jiàn
二 セン 漢 先 jiān
そそ-ぐ

意味 一 小さなしぶきをふりかける。そそぐ。また、その水しぶき。例 感レ時花濺レ涙ときにカンじてははなにもなみだをそそぐ（＝この嘆かわしい時勢を思うと、美しい花を見ても涙がはらはらと流れる）。〈杜甫・春望〉 二「濺濺センセン」は、水の流れるさま。また、その音。

［瀦］
氵15（18） ⇩瀦チョ（819ページ）

瀆
氵15（18） 3 8729 7006
一 トク 漢 屋 dú
二 トウ 漢 宥 dòu
けが-す・けが-れる（けが-る）

［涜］ 氵7（10） 1 3834 6D9C 俗字。

意味 一 ❶耕地に水を引く用水路。みぞ。どぶ。例 瀆溝トクコウ（＝用水溝）。❷大きな川。例 四瀆シトク（＝長江・淮水ワイスイ・黄河・済水セイスイの四つの大河）。❸清らかなもの、おかしてはならないものをそこなう。けがす。けがれる。けがれ。通 黷トク。例 瀆職トクショク。冒瀆ボウトク。❹軽んじる。あなどる。❺みだれる。みだりに。事細かに。軽々しく。例 瀆告トッコク。二 穴。通 竇トウ。例 央瀆オウトウ（＝大穴）。

【瀆職】トクショク 日（職務をけがす意）公務員が、その地位や権利を利用して、不正なおこないをする。汚職。
【瀆神】トクシン 神の神聖や権威をけがす。
【瀆告】トッコク ①軽々しく言う。②お耳をけがして申し上げる。貴人に対して言う謙譲語。

瀑
氵15（18） 2 6338 7011
一 バク 慣 ホク 漢 屋 pù
二 バク 慣 ホウ 漢 号 bào
たき

意味 一 高いがけから勢いよく落ちる川の水。たき。例 瀑布バクフ。懸瀑ケンバク（＝滝）。飛瀑ヒバク（＝高所から落ちる滝）。二 ❶急に激しく降る雨。にわか雨。また、暴風雨。❷水しぶき。例 瀑沫バクマツ（＝水しぶき）。

【瀑布】バクフ 〔落下する水が白い布のように見えることから〕大きな滝。例 ナイアガラ―。

瀊
氵15（18） 4 7943 700A
ハン 漢 寒 pán

意味 水がうずまく。参考 瀊さかのぼり（＝愛知県の地名）。

濹
氵15（18） 3 8725 6FF9 国字
ボク

意味 隅田川すみだがわの漢語風の表記。墨水ボクスイ。参考 永井荷風『濹東綺譚ボクトウキダン』によれば、林述斎はやしジュッサイ（一七六八―一八四一）の作字という。

瀀
氵15（18） 4 7941 7000
ユウ（イウ） 漢 尤 yōu

意味 水が充足している。ゆたか。例 瀀渥ユウアク（＝水分がゆたかである）。

瀁
氵15（18） 2 6339 7001
一 ヨウ（ヤウ） 漢 漾 yàng
二 ヨウ（ヤウ） 漢 養 yǎng
ただよ-う（ただよ-ふ）・ふか-い（ふか-し）

意味 一 水面がゆれうごくさま。ただよう。通 漾ヨウ。二 はてしなく深く広いさま。ふかい。例 滉瀁コウヨウ（＝水が広々とたゆたうさま）。

濼
氵15（18） 4 7940 6FFC
一 ラク 漢 薬 luò
二 ハク 漢 薬 pō
三 レキ 漢 錫 lì

意味 一 ❶古代の川の名。❷「淫濼インラク」は、だるくて力が入らなくなる。二 沼や沢。通 泊。三 シダ植物の一種。ミヤマシケシダ。貫衆カンジュ。根茎は解熱などの漢方薬。消濼ショウレキ。

濫
氵15（18） 1 4584 6FEB 常用
一 ラン（ラム） 漢 勘 làn
二 カン（カム） 漢 豏 jiàn
みだ-れる（みだ-る）・みだ-りに・う-かぶ

筆順 氵 氵 氵 汇 泸 泸 泸 泸 濫 濫

なりたち  【形声】「氵（＝みず）」と、音「監カン→ラン」とから成る。広がってのびる。

意味 一 ❶水が外へあふれ出る。あふれる。ひろがる。例 氾濫ハンラン。❷ものごとの枠をこえて気ままにする。むちゃをする。また、道義に反することをする。みだれる。みだりに。例 濫獲ランカク。濫用ランヨウ。❸むやみに欲しがる。むさぼる。❹水に浸す。ひたす。❺うかべる。例 濫觴ランショウ。二 わき上がる泉。例 濫泉カンセン。

古訓 中古 うかぶ・ぬすみ・ぬすむ・ひたす・ひたたく・ひろし・みだり・みだりがはし・みだる 中世 うかぶ・ひたす・ひろし・みだる 近世 ただよふ・はびこる・ひたす・みだる

【濫▼竽】ランウ 「濫吹ランスイ」に同じ。
【濫獲】ランカク 魚や獣などを、やたらにとる。乱獲。
【濫挙】ランキョ （有能・無能の別なく）むやみに人を登用する。
【濫巾】ランキン 隠者用の頭巾ズキンをかぶり隠者ぶる。まやかしの世捨て人。
【濫掘】ランクツ 日（鉱山などから）むやみにほり出す。乱掘。
【濫行】ランコウ／ランギョウ ①乱暴な行為。例 ―におよぶ。②ふしだらなおこない。節度のない生活。例 ―をいましめる。▽乱行。
【濫作】ランサク 芸術家などが、内容は二の次にして、やたらに作品をつくる。乱作。
【濫▼觴】ランショウ 〔「觴」は、さかずきの意〕ものごとのはじまり。みなもと。起源。源流。〔長江のような大河も、その源はさかずきを浮かべるほどの小さな流れであることから〕〈荀子・子道〉例 ―をたずねる（＝ものごとの起こりを調べる）。
【濫吹】ランスイ 〔みだりに笛を吹く意〕才能や実力のない者が、あるようにふるまうこと。また、不相応の地位にいること。濫竽ランウ。南郭濫竽ナンカクランウ。◐斉セイの宣王は竽ウ（＝笛の一種）の合奏を好み、いつも三百人の楽人に演奏させていた。南郭処士ナンカクショシは、竽を吹けないのにまぎれ込み俸給を得ていた。のち、湣ビン王が即位すると、独奏の好きな王は、ひとりひとりに演奏させたため、分不相応の処士は逃げ出してしまった。……〈韓非・内儲説上〉
【濫造】ランゾウ 日 品質を考えずに量ばかり多くつくる。乱造。例 粗製―。
【濫読】ランドク 日 いろいろな本を、手当たり次第に読む。乱読。対 精読。
【濫伐】ランバツ 日 森林の保護などを考えず、やたらと木を切り倒す。乱伐。
【濫発】ランパツ 日（紙幣や手形などを）先の見通しもないのに、むやみに発行する。乱発。
【濫費】ランピ お金や物をどんどん使ってしまう。浪費。乱費。例 予算を―する。
【濫用】ランヨウ ①限度をこえて、むやみに利用する。乱用。
【濫立】ランリツ ①（建築物などが）乱雑に立ち並ぶ。例 ビルが―する。②（選挙の候補者などが）むやみに多く立つ。▽乱立。

瀏
氵15 (18) 2 6340 700F
リュウ(リウ) 漢 尤 liú
きよ-い(きよ-し)

[嚠]
口15 (18) 2 5172 56A0 別体字。

意味 ❶流れが清く澄みきっているさま。**きよい**。例 瀏如(リュウジョ)(＝清いさま)。瀏亮(リュウリョウ)。❷「瀏覧(リュウラン)」は、ざっと目を通す。

【瀏瀏】(リュウリュウ) ①水が流れるさま。転じて、すばやく進むさま。②風が速く吹くさま。③清らかなさま。

【瀏▼亮】(リュウリョウ) 楽器の音などがあざやかにひびきわたるさま。嚠喨(リュウリョウ)。劉喨(リュウリョウ)。

濾
氵15 (18) 2 6341 6FFE
リョ 漢 ロ 呉 御 lǜ
こ-す

[沪]
氵4 (7) 3 8651 6CAA 俗字。

意味 液体を紙や布などの細かなすきまを通して、まじりものを取り除く。**こす**。例 濾過(ロカ)。濾紙(ロシ)。

【濾過】(ロカ) 細かい網目に液体や気体を通し、まじりものを取り分ける。例 —器。溶液を—する。

【濾紙】(ロシ) 日 小さな固体のまざった液体をこすために使う紙。濾過紙。

瀛
氵16 (19) 2 6342 701B
エイ 漢 庚 yíng
うみ

意味 ❶大海。**うみ**。例 瀛海(エイカイ)。❷池。沢。湿地。❸「瀛洲(エイシュウ)」は、伝説上の島。東方の海中にあり、仙人が住んでいるという。

【瀛海】(エイカイ) 大海。

瀣
氵16 (19) 4 7944 7023
カイ 漢 ガイ 呉 卦 xiè

意味 夜半の水気。露。仙人の食べ物とされる。例 沆瀣(コウカイ)・瀣気(カイキ)(＝夜半の水気)。

瀚
氵16 (19) 2 6343 701A
カン 漢 翰 hàn
ひろ-い(ひろ-し)

意味 広く大きい。**ひろい**。例 瀚瀚(カンカン)。浩瀚(コウカン)。

【瀚海】(カンカイ) ①広大な砂漠。ゴビ砂漠、また、バイカル湖とも。②唐代の都護府の一つ。ゴビ砂漠以北を管理した。

【瀚瀚】(カンカン) 広大なさま。

瀟
氵16 (19) 2 6347 701F
ショウ(セウ) 漢 蕭 xiāo

意味 ❶川の流れが細く清いさま。❷こざっぱりとしたさま。例 瀟然(ショウゼン)。❸ものさびしいさま。通 蕭(ショウ)。例 瀟洒(ショウシャ)。瀟湘(ショウショウ)。❹湖南省を流れる川の名。例 瀟湘(ショウショウ)。❺⇩【瀟瀟】(ショウショウ)

【瀟▼洒】(ショウシャ|ショウサイ) すっきりとして清らかなさま。あかぬけてしゃれているさま。類 瀟灑(ショウシャ)。例 —な西洋館。

【瀟▼湘】(ショウショウ) ①洞庭(ドウテイ)湖の南、瀟水と湘水の合流点。名勝の地。瀟湘八景(ハッケイ)として知られる。②湖と河川。

【瀟瀟】(ショウショウ) 風雨が激しいさま。また、雨がさびしく降るさま。

【瀟然】(ショウゼン) ①ものさびしいさま。②世俗を超えたさま。③さわやかなさま。

瀬
氵16 (19) 1 3205 702C 常用
ライ 漢 泰 lài
せ

[瀨]
氵16 (19) 3 8730 7028 人 旧字体。

筆順 氵 沪 沖 涑 涑 瀬 瀬 瀬

なりたち  [形声]「氵(＝みず)」と、音「賴(ライ)」とから成る。水が砂の上を流れる。

意味 ❶流れの浅いせせらぎ。あさせ。例 石瀬(セキライ)。湍瀬(タンライ)(＝早瀬)。❷水の流れの速い所。はやせ。**せ**。せと。例 急瀬(キュウライ)。

日本語での用法 《せ》①「立(た)つ瀬(せ)がない」▼立場。場所。よりどころ。②「逢瀬(おうせ)」▼時。場合。おり。

古訓 中古 すすく・せ 中世 すすぐ・せ 近世 せ

【瀬戸】(せと) 日 ①海で、両側から陸地が接近してせまくなっている所。海峡。例 音戸(オンど)の—。②「瀬戸物(せともの)」の略。愛知県瀬戸地方で作られる焼き物。陶器や磁器。焼き物。

【瀬戸際】(せとぎわ) 日 成功と失敗や、勝敗などの分かれめ。ぎりぎりまで追いつめられたところ。例 運命の—に立つ。

● 浅瀬(あさせ)・塩瀬(しおぜ)・早瀬(はやせ)

瀞
氵16 (19) 1 3852 701E
セイ 漢 ジョウ(ジャウ) 呉 敬 jìng
とろ・きよ-い(きよ-し)

[瀞]
氵14 (17) —— 俗字。

意味 水が、けがれがなくきよい。**きよい**。通 浄。

日本語での用法 《とろ》《どろ》「瀞峡(どろキョウ)(＝地名)・瀞八丁(どろハッチョウ)(＝地名)・長瀞(ながとろ)(＝地名)」▼川の流れが静かで深い所。〔地名に用いることが多い〕

[潛]
氵16 (19) ⇩潜(セン)(812ジペ)

[瀧]
氵16 (19) ⇩滝(たき)(803ジペ)

瀦
氵16 (19) 1 3585 7026
チョ 漢 魚 zhū
みずたまり(みづたまり)

[瀦]
氵15 (18) —— 俗字。

[潴]
氵12 (15) 2 6344 6F74 別体字。

意味 水のたまっている所。**みずたまり**。ため池。また、水がたまる。水をためる。例 瀦水(チョスイ)(＝水をためる)。

難読 三瀦(みずま)(＝地名・姓)

瀕
氵16 (19) 1 4146 7015 人
ヒン 漢 真 bīn
せま-る

[瀕]
氵17 (20) —— 俗字。

なりたち  [会意]「頁(＝あたま)」と「渉(＝わたる)」とから成る。水辺。人が渉(わた)ろうとして、顔をしかめて、もはや進めずに止まるところ。

意味 ❶水面と陸とが接した所。みぎわ。通 浜。例 海瀕(カイヒン)(＝海辺)。❷すれすれに近づく。**せまる**。例 瀕死(ヒンシ)。

古訓 中古 すはま・ほとり 中世 ちかし・ちかづく・とどまる・ほとり 近世 そふ・つく・はま・ほとり・みぎは・みづきは

【瀕死】(ヒンシ) いまにも死にそうなこと。例 —の重傷。

瀝
氵16 (19) 2 6345 701D
レキ 漢 錫 lì
こ-す・したた-る

意味 ❶しずくをしたたらす。**したたる**。しずく。例 瀝滴(レキテキ)。竹瀝(チクレキ)(＝竹の油)。❷表示する。あらわす。例 披瀝(ヒレキ)。

【瀝青】(レキセイ) ①松やにの別称。②日 炭化水素化合物の一般的な言い方。コールタール・アスファルト・ピッチなど。

【瀝胆】(レキタン) 忠誠を尽くす。

【瀝滴】(レキテキ) したたること。したたり。しずく。滴瀝。

【瀝瀝】(レキレキ) ①しずくがしたたり落ちるさま。②泉がわき出る、川がさらさらと流れるなどの、水の音の形容。③風の音の形容。例 岸打つ波—たり。

【瀝血】(ケツ) ①したたる血。②(わが身を傷つけ血をしたたらせて)仇(かたき)をうつことを誓う。例―の仇(かたき)。③血書して誠意や誓約を示す。④⇩【滴血】(テッケツ)①(808ページ)

瀘 氵16(19) [2]6346 7018 ロ漢 虞 lú

意味 ❶チベットに源を発し、雲南省北部を流れ、四川省宜賓(ギヒン)市で長江に注ぐ川の名。今の金沙江(キンサコウ)。瀘水(ロスイ)。❷地名。今の四川省瀘州市。

[濶] 氵17(20) ⇩闊(カツ)(1387ページ)

灌 氵17(20) [2]6285 704C カン(クヮン)漢呉 翰 guàn そそ-ぐ

[潅] 氵11(14) [1]2035 6F45 俗字。

意味 ❶水をかけて、まんべんなくうるおす。また、水を流し入れる。**そそぐ**。例 灌漑(カンガイ)。灌仏(カンブツ)。❷祭祀(サイシ)で、酒を地にそそいで神の降臨を求める儀式。❸酒を飲む。❹草木がむらがって生える。例 灌木(カンボク)。❺⇩【灌灌】(カンカン)

【灌園】(カンエン) ①畑に水をまく。畑仕事をする。②官を辞して隠居する。

【灌▼漑】(カンガイ) 水を川や湖などから引いて、農地をうるおす。

【灌灌】(カンカン) ①誠意を尽くすさま。例 老夫灌灌(ロウフカンカンたり)(=老人は誠意を尽くしていさめる)。〈詩経・大雅・板〉②伝説上の鳥の名。また、獣の名。九尾のキツネ。③水の流れの盛んなさま。

【灌頂】(カンジョウ/カンチョウ) 〈頭のいただきに水をそそぐ意〉①古くインドで、国王の即位の際、水を頭上に注いだ儀式。②〔仏〕真言宗などで、入門のときや教えを伝授したときに、香水(コウズイ)を注ぐ密教の儀式。③日 墓参りなどで、墓に水をかけること。④日 雅楽や和歌などで、秘伝の曲目や奥義を伝授すること。

【灌水】(カンスイ) 水をそそぐ。例―装置。

【灌注】(カンチュウ) ①水などをそそぎかける。②水が流れこむ。ほとばしる。類灌沃(カンヨク)。

【灌腸】(カンチョウ) ①腸詰め。ソーセージ。②日 肛門(コウモン)から腸に薬液を注入する。浣腸(カンチョウ)。

【灌仏】(カンブツ) 〔仏〕仏像に香水(コウズイ)や甘茶(あまチャ)などを注ぎかける儀式。浴仏。例―会(エ)(=四月八日に釈迦(シャカ)が誕生したことを祝い、釈迦をかたどった仏像に香水や甘茶などを注ぎかける行事)。

【灌木】(カンボク) ①むらがり生えている木。叢木(ソウボク)。②「低木」の古い言い方。対喬木(キョウボク)。

【灌▼莽】(カンモウ) 草木が群生している原野。

瀺 氵17(20) [4]7947 703A サン(サム)漢 咸 chán

意味 手足に出る汗。

瀼 氵17(20) [4]7948 703C 一ジョウ(ジャウ)漢 陽 ráng 二ジョウ慣 ドウ(ダウ)漢 養 nǎng

意味 一露が多いさま。例 瀼瀼(ジョウジョウ)(=たっぷりと湿るさま)。二❶水が流れるさま。❷水底にたまる泥。

瀰 氵17(20) [2]6348 7030 ビ漢 ミ呉 紙 支 mí わた-る

意味 満ちる。いっぱいに広がる。はびこる。例 瀰漫(ビマン)。

【瀰漫】(ビマン) ①一面に散布する。充満する。②長く続いて絶えないさま。③冗長である。④水の満ちるさま。⑤(ある風潮などが)広まりはびこる。例 怠惰な気風が―する。

[瀕] 氵17(20) ⇩瀕(ヒン)(819ページ)

瀹 氵17(20) [4]7946 7039 ヤク漢 薬 yuè

意味 ❶水につける。ひたす。❷水に入れて熱する。にる。例 瀹茗(ヤクメイ)(=煎茶(センチャ))。❸水の流れを整える。おさめる。例 瀹疏(ヤクソ)(=水路を通す)。

瀾 氵17(20) [2]6349 703E ラン漢 寒 lán なみ

意味 ❶大きな波。さざなみ。**なみ**。また、波立つ。例 狂瀾怒濤(キョウランドトウ)。❷⇩【瀾漫】(ランマン)

【瀾汗】(ランカン) ①波が大きくうねるさま。②涙のはらはらとこぼれるさま。闌干(ランカン)。

【瀾漫】(ランマン) ①乱雑なさま。散らばっていくさま。②色鮮やかなさま。

瀲 氵17(20) [2]6350 7032 レン(レム)漢 艶 琰 liàn うか-ぶ・なぎさ

意味 ❶波打ちぎわ。みぎわ。**なぎさ**。❷水に浮かぶ。**うかぶ**。❸「瀲瀲(レンレン)」は、波がゆれうごくさま。また、水があふれるさま。❹「瀲灔(レンエン)」は、波がゆれうごくさま。また、さざ波が立って光るさま。例 水光瀲灔晴方好(スイコウレンエンとしてはれてまさによし)(=水面がきらきら光って、晴れた日の景色は美しい)。〈蘇軾・飲湖上初晴後雨〉

難読 波瀲(なぎさ)

灊 氵18(21) [3]8731 704A 一シン(シム)漢 侵 二セン(セム)漢 塩 qián

意味 ❶四川省を流れる川の名。❷安徽(アンキ)省にあった古代の地名。また、その地にあった山の名。天柱山。

灇 氵18(21) [4]7950 7047 ソウ漢 東 cóng

意味 ❶水の音。❷川が合流する。

難読 灇(あいおち)(=姓)

[灘] 氵18(21) ⇩灘(ダン)(821ページ)

灃 氵18(21) [4]7949 7043 ホウ漢 東 fēng

意味 ❶古代の川の名。灃水(ホウスイ)。❷周代の地名。❸「灃沛(ホウハイ)」は、雨が盛んに降るさま。

[灋] 氵18(21) ⇩法(ホウ)(763ページ)

[灔] 氵19(22) ⇩灩(エン)(821ページ)

灑 氵19(22) [2]6351 7051 一サイ漢 蟹 サ漢 シャ呉 馬 sǎ 二シ漢 紙 xǐ そそ-ぐ

意味 一❶水をまく。また、水をふりかけて洗う。**そそぐ**。通洒(サイ)。例 灑掃(サイソウ)。❷散る。散らす。例 蹄足灑血(テイソクちをちらす)(=鳥獣の足は血にまみれる)。〈宋玉・高唐賦〉❸投げる。振りはらう。例 灑釣投網(チョウをなげあみをなぐ)(=釣り針を投げ網を投げる)。〈潘岳・西征賦〉❹ものごとにこだわらず、さっぱりしているさま。通洒(シャ)。例 灑落(シャラク)。瀟灑(ショウシャ)。二洗う。例 灑耳(シジ)。

【灑泣】(サイキュウ) 涙をぬぐう。

【灑灑】(サイサイ) ①(木の葉などが)一面に散りしくさま。②絶え間なく続くさま。

【灑然】(サイゼン) ①さっぱりとして清らかなさま。②驚くさま。③風が吹き、雨が降りそそぐさま。

【灑掃】【灑▼埽】(サイソウ) 水で洗い清め、ほうきでちりを払う。掃除をすること。洒掃(サイソウ)。

【灑落】(サイラク/シャラク) ①はらりと落ちるさま。②ものごとにこだわらず、さっぱりしているさま。

灘

氵19(22) 1 3871 7058 人 ダン漢 翰 タン漢呉 寒 tān なだ

[灘] 氵18(21) 俗字。

なりたち [形声]「氵(=みず)」と、音「難ダン」とから成る。水にぬれて、乾く。早瀬。

意味 ❶川の水が浅く流れが急で、船で行くのに危険なところ。早瀬。瀬。例 急灘キュウダン。❷海辺や川辺の砂が積もっている所。州す。例 海灘カイタン(=砂浜)。

日本語での用法 《なだ》「鹿島灘かしまなだ・玄界灘ゲンカイなだ」▼陸から遠く、潮の流れが急で波の荒い海。

古訓 中古 かた・せ・わたせ・わたりせ 中世 せ・なだ 近世 せ・なだ

【灘響】ダンキョウ 急流の響き。類 灘声ダンセイ。

[灞] 氵19(22) ⇨灞ハ(821ジペー)

灝

氵21(24) 3 8732 705D コウ(カウ)漢 皓 hào

[𤂖] 氵15(18) 4 7939 24096 別体字。

意味 ❶豆を煮た汁。❷広々としている。広い。通 浩コウ。例 灝瀚コウカン(=広い)。灝気コウキ。❸しろい。通 皓コウ。例 灝露コウロ。

【灝気】コウキ 天上に広々と澄みわたる気。顥気コウキ。

灞

氵21(24) 3 8733 705E ハ漢 禡 bà

[灞] 氵19(22) 4 7952 3D9A 別体字。

意味 陝西セン省秦嶺シン山脈を源流とし渭水スイに注ぐ川の名。灞水ハスイ。例 灞橋ハキョウ。

【灞橋】ハキョウ 陝西セン省西安アン市東方の灞水にかかる橋。昔、長安(=今の西安)からこの橋まで人を見送り、ヤナギの枝を折って送別の意を示した。

[灣] 氵22(25) ⇨湾ワン(799ジペー)

[灔] 氵23(26) ⇨灩エン(821ジペー)

灥

水23(27) 4 7954 7065 一シュン漢 先 xún 二セン漢 先 quán

意味 一多くの泉。二いずみ。通 泉。

難読 灥みなもと(=姓)

灤

氵23(26) 3 8735 7064 ラン漢 寒 luán

意味 河北省灤平ランヘイ県のあたりを流れる川の名。灤河ランガ。灤水ランスイ。

灩

氵28(31) 4 7955 7069 エン(エム)漢 艶 yàn

[灔] 氵19(22) 4 7953 7054 別体字。

[灔] 氵23(26) 3 8734 704E 別体字。

意味 水が豊かにたゆたう。また、水面がゆれて光る。例 灩瀲エンレン・瀲灩レンエン(=水面が光るさま)。

86 4画 火 ひ ひへん (灬 れっか れんが) 部

燃えあがるほのおの形をあらわす。「火」が下につくとき「灬(れっか・れんが)」となることがある。「火」をもとにしてできている漢字と、「灬」の字形を目じるしにして引く漢字とを集めた。

0 821 火 灬 2 822 灰 灰 光 灯 3 823 灸 災 灾 灼 灼 灶 灵 4 824 炎 炁 炅 炕 炗 炙 炒 炊 炆 炉 5 825 為 炯 炬 烔 炫 炸 炷 炤 炻 炱 炟 炭 点 炳 炮 6 827 烏 烟 烋 烓 烜 烘 烤 烖 烝 烬 烔 烊 烑 烙 烈 烞 7 829 焉 焔 焃 焈 焏 焄 烱 焭 焆 焂 焌 焇 焫 烹 烽 8 829 焕 焰 焱 焮 焜 焠 煮 焯 焼 焦 然 焞 焚 焙 無 焟 9 835 煒 煜 煙 煙 熘 煆 煥 煕 煇 煦 煢 煊 煌 煞 煮 煑 照 煎 煎 煠 煓 煖 煤 煩 煬 煉 煨 10 838 熅 熖 熇 熙 熊 熏 熒 熕 熀 煽 煸 熄 熔 燁 11 839 熨 熯 熈 熈 熬 熟 熱 熛 熢 熳 熠 熮 12 841 燕 燄 燗 燗 熹 熺 熾 熒 燋 燒 燙 燈 燉 燃 燔 燓 燜 燎 燐 13 843 燠 營 燬 燦 燮 燭 燧 燥 燵 14 843 爀 燻 燼 爇 燹 燾 燿 燿 15 844 爍 爕 爚 爆 16 844 爓 爐 17 844 爛 25 845 爨

この部首に所属しない漢字

杰→木109 畑→田893 秋→禾969 羔→羊1066 魚→魚1481 黒→黒1508 勞→力175 毯→毛740 榮→木671 勲→力182 瑩→玉878 默→黒1508 螢→虫1172 黛→黒1509 黨→黒124 鶯→鳥1498

火

火0(4) 1 1848 706B 教1 カ(クヮ)漢呉 コ唐 哿 huǒ ひ・ほ

筆順 丶 丷 少 火

なりたち [象形] ほのおが上にめらめらと上がる形。

意味 ❶ものが燃えるときに生じる光や熱。ほのお。ひ。例 火炎カエン。火気カキ。発火ハッカ。❷あかり。ともしび。例 漁火ギョカ。灯火トウカ。❸もえる。やける。また、やく。例 火災カサイ。火事カジ。火葬カソウ。❹煮炊きした食べ物。❺(火がついたように)ものごとがさしせまる。また、感情の激しいさま。例 火急カキュウ。心火シンカ。❻五行ギョウの一つ。方位では南、季節では夏をあらわす。❼心宿にある星の名。さそり座のアンタレス。夏の星の代表。南の空に見られる赤い星。大火。❽火星。❾唐代の兵制で、十人の組のこと。

日本語での用法 《カ》「月ゲツ、火カ、水スイ」▼「火曜日」の略。

古訓 中古 ひ 中世 ひ・やく 近世 そこなふ・ひ・ほ・やぶる

難読 火熨斗ひのし

【火雲】カウン 夏の雲。

【火炎】カエン 燃え上がる火。また、ほのお。例 ―放射器。―太鼓コダイ(=枠の周囲に、燃え立つほのおの飾りがある太鼓)。

表記 旧 火▼焔

【火化】カカ ①火でものを煮る。②火葬。

【火花】カカ ①灯心の先にできる燃えかすが、花のような形になったもの。中国の古い風習では、これができると縁起がよいとされた。②灯火に集まる蛾ガ。③ひばな 石や金属が激しくぶつかり合ったり、放電したりするときに飛び散る細かい火。例 ―ひばなを散らす(=激しく争う)。

【火▼浣布】【火▼澣布】カカンプ 防火用の石綿の布。

【火気】カキ ①物質が燃えるときの熱気。火の勢い。②五行説の一要素。火の気キ。③非常に怒ったさま。怒気。怒りやすい気質。④日 火の気ケ。例 ―厳禁。

【火器】カキ ①火薬で発射する武器。銃や大砲。例 重―。小―。②日 火を入れるうつわ。火鉢など。

【火急】カキュウ 非常にさしせまっていること。例 ―の用事。

【火牛計】カギュウのケイ　ウシの角(つの)に刀を結び、尾には、油を注いだ葦(あし)を結んで火をつけて、敵に向かわせる戦法。戦国時代、斉(セイ)の田単(デンタン)が燕(エン)軍に対して用い大勝した。〔〈史記・田単伝〉から〕

【火刑】カケイ　日 火あぶりの刑。

【火口】カコウ　日 一 カコウ　火山の噴火口(フンカコウ)。噴煙や溶岩の出るところ。例 —原。 二 ひぐち　①火災の発生した所。出火場所。②点火するところ。③ガスバーナーなどの器具の先端の炎が出る部分。 三 ほくち　火打ち石でおこした火を、うつしとるもの。

【火候】カコウ　①食物を煮る火かげん。②道家で、丹薬の練りぐあい。③学問・修養の習熟の程度。

【火災】カサイ　火による災難や災害。火事。例 —報知機。

【火山】カザン　地下のマグマが地上に噴出したり、マグマの上昇で地面が盛り上がったりしてできた山。また、溶岩やガスを噴出している山。例 —灰(ばい)。海底—。

【火事】カジ　失火による事故。例 山—。船(ふな)—。

【火車】カシャ　一 カシャ　①古代中国の戦争で、火攻めに使ったくるま。②ひのくるま　〔仏〕罪人を乗せて地獄へ運んでいく、燃えているくるま。 二 ひのくるま　日 お金がなくて家計が苦しいことや、切りぬけるための方策が立たないことのたとえ。

【火酒】カシュ　ウイスキー・焼酎(ショウチュウ)・ウオツカのような、アルコール分の多い蒸留酒。

【火種】カシュ　一 カシュ　①火の類に属するもの。例 脂非二火種一(シはカシュにあらず)(=油は火の類ではない)。〈抱朴・対俗〉②焼き畑農業。例 火種山田薄(カシュしてサンデンうすし)(=焼き畑をして山や田畑の草木がなくなってしまった)。〈劉長卿・送州人孫沅自本州却帰句章新営所居〉 二 ひだね　日 争いごとの原因。例 —を残す。③ひだね　火をおこすときの、もとになる小さな火。

【火床】カショウ　ひどこ　日 ストーブやふろがまの、火をたくところ。

【火傷】カショウ　やけど　火や熱湯、また冷たいドライアイスなどにふれて、皮膚がただれること。また、そのきず。

【火縄】カジョウ　ひなわ　①竹や檜(ひのき)の皮の繊維などを縄状にしたもの。昔、鉄砲の導火線に用いた。②ヨモギや草をより合わせて作った縄。燃やして煙で蚊や虫の駆除をする。

【火縄銃】ひなわジュウ　日「火縄①」で点火・発射する銃。室町時代にポルトガルから伝えられた。火縄筒(づつ)。種子島(たねがしま)。

【火食】カショク　一 カショク　①食物に火を通し、煮たり焼いたりしてたべること。対 生食(セイショク)。②日常の食事。 二 カジキ　〔仏〕供える物を火にくべて、諸仏を供養すること。密教の護摩のこと。

【火▼燼】カジン　火が燃えたあと。燃えかす。

【火星】カセイ　①太陽に四番目に近い惑星。直径は地球の約半分で、赤く光る。熒惑(ケイワク)。②心宿の第二星。さそり座のアンタレスのこと。大火。

【火勢】カセイ　火の燃えるいきおい。例 —が強い。

【火▼箭】カセン　先端に火をつけて射る矢。

【火葬】カソウ　死体を焼いて残った骨をほうむる。荼毘(ダビ)。対 水葬・土葬・風葬。例 —場。

【火宅】カタク　〔仏〕苦しみや不安に満ちているこの世を、燃えさかる家にたとえたことば。現世。娑婆(シャバ)。例 三界無レ安、猶如二火宅一(サンガイやすんずるなし、なおカタクのごとし)(=人の世に平安はない、まるで燃えさかる家のようである)。〈法華経〉

【火中】カチュウ　①火のなか。例 —の栗(くり)を拾う(=他人のために危険な思いをする)。②火のなかに入れて焼き捨てる。例 手紙を—にする。

【火箸】カチョ　ひばし　炭火を持つための金属製のはし。例 焼け—火箸(ひばし)(=炭火で熱くなった火箸)。

【火田】カデン　①草木を焼いて、猟をすること。②山野を焼き、その灰を肥料として耕作をする農法。焼き畑(はた)。

【火斗】カト　①炭火を入れて衣服のしわをのばす道具。火のし。②日 炭火を運ぶ柄(え)のついたうつわ。十能(ジュウノウ)。

【火▼遁】カトン　火によって身をかくし、敵からのがれる術。例 —の術。

【火難】カナン　火によって受ける、わざわい。火災。例 —の相(ソウ)。

【火兵】カヘイ　①火を用いて戦う兵士。②炊事を担当する兵。③日〔「兵」は、武器の意〕銃や大砲など、火薬の力で弾丸を発射する兵器。火器。

【火兵戦】カヘイセン　日「火兵③」による戦闘。対 白兵戦。

【火砲】【火▼炮】カホウ　口径の大きい重火器。大砲。

【火薬】カヤク　①薬品名。おもに水虫治療に使う。②激しい爆発を起こす薬品。花火や、爆弾・ダイナマイトなどに使う。例 —庫。

【火曜】カヨウ　①火星。例 火曜方流(カヨウまさにながる)(=火星がちょうど流れていく)。〈謝朓・七夕賦〉②日の光。③日 日曜からかぞえて、週の三番目の曜日。火曜日。

【火力】カリョク　①火の力。火の勢い。例 —発電所。②道家で修練した腕前。③火薬による大砲や銃などの威力。例 —をほこる戦隊。

【火輪】カリン　①太陽。日輪。②火の輪。③日「火輪車(カリンシャ)」の略。明治初期、汽車のこと。

【火炉】カロ　①火鉢やいろり、また、こんろやかまど。②日 香をたくうつわ。香炉。③日 ボイラーの燃料を燃やすところ。かま。

【火▼燵】コタツ　日 やぐらの中に炉や電熱器を入れて、布団をかぶせた暖房具。足やひざを入れてあたたまる。炬燵(コタツ)。

【火▼桶】ひおけ　日 木で作った、まるい火鉢。内側に金属板が張ってある。

【火皿】ひざら　日 ①火縄銃の、火薬を入れるところ。②キセルやパイプの、タバコをつめるところ。③ストーブなどの、燃料をのせて燃やす格子(コウシ)の部分。火格子(ひゴウシ)。

【火玉】ひだま　日 ①空中を飛ぶ火の玉。②キセルにつめたタバコの火のかたまり。

【火達磨】ひダルマ　日 全体が火に包まれて燃えていること。例 全身—になる。

【火柱】ひばしら　日 勢いが強く、空中に柱のように燃え上がった火。例 —が立つ。

【火鉢】ひバチ　日 中に灰を入れて中央に炭火を置き、手や室内をあたためる道具。例 長—。

【火蓋】ひぶた　日 火縄銃の火皿をおおうふた。例 —を切る(=戦いや試合などを始める)。

【火元】ひもと　日 ①火事の出た場所や、出した家。例 —の確認を急ぐ。②火のある場所。ひのもと。例 —を確かめてから外出する。③事件や騒ぎのもと。例 うわさの—。

【火影】ほかげ　日 ①暗がりで見える火の光。例 風でろうそくの—がゆれる。②ともしびに照らし出された姿や形。例 障子に—が映る。▽灯影(ほかげ)。

●引火(インカ)・口火(くちび)・下火(したび)・出火(シュッカ)・消火(ショウカ)・戦火(センカ)・大火(タイカ)・耐火(タイカ)・鎮火(チンカ)・点火(テンカ)・電光石火(デンコウセッカ)・灯火(トウカ)・発火(ハッカ)・噴火(フンカ)・放火(ホウカ)・防火(ボウカ)

灬
灬0（4）
4 7956 706C
⇩部首解説

灰
火2（6）
1 1905 7070
教6
カイ（クヮイ）漢　ケ（クヱ）呉　［灰］huī
はい（はひ）

［灰］
火2（6）
旧字体。

筆順
一 厂 … 灰

なりたち  [会意]「火(=ひ)」と「𠂇(=手)」とから成る。手で持てるほどになった燃え残り。

意味 ❶ものが燃えつきたあとに残る粉。燃えかす。**はい**。例 灰塵カイジン・灰燼カイジン。❷焼き尽くして、はいになる。ほろびる。例 灰滅カイメツ。❸がっかりして元気を失う。活気がなくなる。例 灰心カイシン。❹黒と白の中間の色。はいいろ。例 灰白色カイハクショク。

古訓 中古 はひ 中世 はひ・あく 近世 かれひ・はひ

難読 石灰シックイ

【灰汁】カイジュウ・あく ①はいを水にとかした汁のうわずみ。例 ─で洗う。②植物に含まれる、渋い成分。例 ─をぬく。③人の性質や文章などにあらわれる、どぎつさ。例 ─の強い作品。

【灰心】カイシン ①冷めたはいのように無欲で平静な心。②元気をなくし気落ちしている心。失意のさまをいう。

【灰▼塵】カイジン はいと、ちり。価値のないもの。

【灰▼燼】カイジン ①はいと燃え残ったかす。例 ─に帰キす(=火事ですっかり焼けてしまう)。②焼けて、はいとなること。滅んでなくなることのたとえ。

【灰土】カイド はいと、つち。土灰。例 ─と化す(=焼けて荒れ果てる)。

【灰白色】カイハクショク 灰色いろがかった白色。

【灰分】カイブン ①ちりのように散りうせる。滅んでなくなること。例 項籍灰分コウセキカイブンす(=項籍は滅んだ)。〈陸雲・盛徳頌〉②燃えかす。はい。③食物の中に含まれている鉱物質の栄養素。ミネラル。

【灰滅】カイメツ 焼き尽くす。ほろびてなくなる。

[灮] 火2(6) ⇩光コウ(119ページ)

灯

火2(6) 1 3784 706F 教4

A テイ漢 チン唐 青 dīng
B トウ漢呉 ドン唐 蒸 dēng
ひ・ともしび・とも-す・とも-る

[燈] 火12(16) 1 3785 71C8 人 旧字体。

筆順 丶 丷 火 火一 灯

なりたち A [灯][形声]「火(=ひ)」と、音「丁テイ」とから成る。はげしい火。
B [燈][形声]「火(=ひ)」と、音「登トウ」とから成る。油皿あぶらざらのついた、火をともす道具。派生して「ともしび」の意。

参考 元ゲン代ころから、「灯」は「燈」の代用とされている。

意味 A [灯] ❶火。❷火勢がはげしいさま。
B [燈] ❶明かり。**ともしび**。**ひ**。例 灯火トウカ。街灯ガイトウ。提灯チョウチン。❷世を照らす仏の教え。例 仏灯ブットウ。法灯ホウトウ。

古訓 A [灯] 中世 ともしび 近世 ともしび・はげしきひ・ひ
B [燈] 中古 あぶらひ・とぼしび・ともしび 中世 かがりび・とぼしび・ともしび 近世 あぶらつき・ともしび

難読 灯影ほかげ・灯火ともしび・御灯みあかし

【灯(燈)下】トウカ 明かりのもと。明かりのそば。例 ─に書をひろげる。

【灯(燈)火】トウカ ①ともしび。明かり。②ともしびのもとで読書や勉強をすること。

【灯(燈)火可レ親】トウカしたしむべし 秋は気候もよく、夜も長くなるので、読書に適している。〔「灯火稍可レ親、簡編可二巻舒一トウカまさにしたしむべく、カンペンケンジョすべし(=あたかも灯火になじむころ、書物をひもとくによい)。〈韓愈・符読書城南〉」から〕

【灯(燈)花】トウカ 灯心の先が燃えきって花のように見えるかたまり。

【灯(燈)▼檠】【灯(燈)▼擎】トウケイ 灯火をかかげる台。灯台。燭台ショクダイ。

【灯(燈)▼燭】トウショク ともしび。明かり。

【灯(燈)心】トウシン・トウシン 行灯アンドンやランプなどの、灯油にひたして火をともす、しん。類 灯炷トウシュ。

【灯(燈)台(臺)】トウダイ ①昔、照明のために油皿をのせた台。②岬や半島などに建てて、船の安全のために、夜は強い光を放って航路を示す塔。ライトハウス。▽灯明台トウミョウダイ。

【灯(燈)台(臺)下暗し】トウダイもとくらし 日〔「灯台①」のすぐ下は暗いことから〕身近なことはかえって気がつきにくいことのたとえ。

【灯(燈)明】トウメイ 一 メイ ともしび。また、ともしびの明るいこと。二 ミョウ 〔仏〕①神や仏に供える明かり。②迷いの闇やみを明るく照らす知恵の光。

【灯(燈)油】トウユ ①燃やして明かりにするあぶら。②ストーブなどの燃料にするあぶら。原油を、低い温度で蒸留して得られる。

【灯(燈)籠】トウロウ ①昔の照明器具。竹や木で作った枠に紙をはり、中に火をともす。提灯チョウチン。②日 石や金属で作って火をともし、庭にすえたりするもの。例 石─いしドウロウ。

● 行灯アンドン・外灯ガイトウ・街灯ガイトウ・幻灯ゲントウ・消灯ショウトウ・走馬灯ソウマトウ・提灯チョウチン・点灯テントウ・電灯デントウ

灸

火3(7) 1 2168 7078 人

キュウ(キウ)漢 有 jiǔ
やいと

なりたち  [形声]「火(=ひ)」と、音「久キュ」とから成る。(亀甲キッコウを占いのために)やく。

意味 もぐさを体に置いて火をつけ、その熱で治療する方法。きゅう。**やいと**。例 灸治キュウジ。灸鍼キュウシン。

古訓 中古 こがす・やいとう・やく 中世 あつし・やいと・やいとう・やく 近世 あつし・やいと・やく

【灸治】キュウジ きゅうによって、病気や痛み、また、疲れなどをなおす。

【灸▼鍼】キュウシン きゅうと、はり。鍼灸。

【灸点】キュウテン 日 ①きゅうをすえる場所に墨でつける小さなしるし。②きゅうをすえる。

災

火3(7) 1 2650 707D 教5

サイ漢呉 灰 zāi
わざわい(わざはひ)

[烖] 火6(10) ─ 70D6 本字。 [灾] 火3(7) 4 7959 707E 別体字。

筆順 く 巜 巛 巛 災 災 災

なりたち  [形声]「火(=ひ)」と、音「𢦏サイ(=わざわい)」とから成る。天が起こす火のわざわい。

意味 ❶火事。また、火事になる。やける。例 火災カサイ。❷地震・洪水など、自然界に起こるわざわい。また、不幸をもたらすできごと。**わざわい**。例 災害サイガイ。災難サイナン。天災テンサイ。

古訓 中古 ほたくひ・わざはひ 中世 わざはひ 近世 あやふし・わざはひ

【災異】サイイ 自然界に起こる異常なできごと。天変地異。類 災変・災妖サイヨウ。

【災禍】サイカ 自然から受けるわざわい。思いがけない不幸なできごと。例 台風による─。

【災害】サイガイ 思いがけず起こり、人の力では防ぎきれない(ことの多い)わざわい。また、それによる損害。例 ─救助。

【災患】サイカン わざわい。

【災▼咎】サイキュウ 天が、いましめとして下すわざわい・不幸。

【災祥】サイショウ ①わざわいと幸せ。禍福。②(「祥」は、兆しの意)わざわいの兆し。

【災難】サイナン 思いがけない不幸なできごと。また、その苦難。

【災厄】サイヤク 〔「厄」も、わざわいの意〕不幸なできごと。わざわい。災難。
【災▼厲】サイレイ 流行病。
●震災シンサイ・人災ジンサイ・戦災センサイ・息災ソクサイ・被災ヒサイ・防災ボウサイ

灼 火3（7） 1 2862 707C 人 シャク漢 薬 zhuó やく

［灼］火3（7）― 俗字。

なりたち ［形声］「火（=ひ）」と、音「勺シャク」とから成る。（亀甲キッコウを占いのために）やく。

意味 ❶あぶる。**やく**。例 灼熱シャクネツ。❷光りかがやく。あきらか。また、明白に。例 灼灼シャクシャク。❸驚きあわてる。おそれる。

古訓 中古 あきらかなり・うるはし・さかり・さかりなり・たたる・やく 中世 あきらか・かかやかす・かかやく・てらす・ともす・やく 近世 あきらか・あつし・さかんなり・やく

【灼灼】シャクシャク ①色彩がはっきりしていて、美しいさま。例 灼灼其華シャクシャクたりそのはな（=輝くばかりに美しい花が咲いている）。〈詩経・周南・桃夭〉②光りかがやくさま。
【灼▼爍】シャクシャク 光り輝くさま。
【灼然】シャクゼン 明らかなさま。光り輝くさま。
【灼熱】シャクネツ ①あわてる。あせる。②日 焼けて熱くなる。焼けつくように熱い。例 —の太陽。
【灼見】シャッケン ①はっきり見る。②明らかな見解。

［灶］火3（7） ⇩竈ソウ（988ジペー）

［灵］火3（7） ⇩霊レイ（1419ジペー）

炎 火4（8） 1 1774 708E 常用 一エン（エム）漢呉 塩 yán 二エン（エム）漢呉 艶 yàn 三タン（タム）漢 覃 tán ほのお（ほのほ）・ほむら

筆順 丶 丷 ⺌ 火 火 炏 炎 炎

なりたち ［会意］「火（=ひ）」を重ねる。さかんに燃え上がるほのお。

意味 一❶火が燃え上がる。また、燃やす。例 炎上エンジョウ。❷燃えるように熱い。例 炎暑エンショ。炎天エンテン。❸熱や痛みを起こす病気。例 炎症エンショウ。胃炎イエン。❹南方。五行説で火は南を意味することから。例 炎荒エンコウ。❺太陽。例 炎精エンセイ。二❶ものが燃えるときに光りかがやく部分。**ほのお**。通焔エン。例 火炎カエン。❷明かり。光。また、照らす。三⇩【炎炎】三タン

古訓 中古 あつし・ほのほ 中世 あつし・ほのほ 近世 あつし・ほのほ・ほむら・やく

人名 あつし

難読 火炎ほむら・陽炎かげろう

【炎炎】エンエン 一エン ①火が盛んに燃えるさま。例 炎炎衝レ天エンエンてんをつく（=ほのおが激しく燃え上がって天をつく）。〈史記・天官書〉②色彩があざやかで美しいさま。③権力や勢力をふるうさま。例 炎炎者滅エンエンたるものはメッす（=権勢は滅ぶ）。〈漢書・揚雄伝下〉 二タン 言論が美しく盛んなさま。例 大言炎炎タイゲンタンタンたり（=大いなる言は美しく盛んである）。〈荘子・斉物論〉 表記 一①は 旧▼焔▼焔
【炎火】エンカ ほのおを上げて激しく燃える火。表記 旧▼焔火
【炎夏】エンカ 暑い夏。真夏。
【炎▼旱】エンカン 焼けるように暑いひでり。
【炎漢】エンカン ①〔五行説で、火徳により王朝を開いたことから〕漢王朝。②〔炎帝を祖先とすることから〕漢民族。
【炎荒】エンコウ 暑くて遠い、南方の未開地。
【炎暑】エンショ 真夏の、焼けるようなあつさ。酷暑。猛暑。炎熱。
【炎症】エンショウ からだの一部分が熱をもって、赤くはれたり痛んだりする症状。例 —がおさまる。
【炎▼瘴】エンショウ ①暑気あたり。②南方の湿地帯に発生する毒気。熱病などを引き起こす。
【炎上】エンジョウ 火が盛んに燃えあがる。
【炎心】エンシン 日 ほのおの中心部（の輝きの弱い暗いところ）。表記 旧▼焔心
【炎精】エンセイ ①太陽。②五行説の火徳。また、火徳によって開いた王朝。
【炎帝】エンテイ ①古代の伝説上の帝王。→【神農】シンノウ（959ジペー）②夏や南方をつかさどる神。③太陽。
【炎天】エンテン ①焼けるように暑い真夏の天気。②南方。③伝説中の炎の山。
【炎毒】エンドク たえられないほどの暑さ。また、暑気あたり。類 炎虐。
【炎熱】エンネツ ①夏の焼けるような暑さ。炎暑。②温度が高いこと。③権勢があって高貴なことのたとえ。④にぎやかなことのたとえ。
【炎▼魃】エンバツ 日照りの神。日照り。
【炎風】エンプウ ①熱風。②北東の風。
【炎涼】エンリョウ ①暑さや寒さ。気温のこと。②人情の厚いことと薄いこと。
●胃炎イエン・火炎カエン・気炎キエン・脳炎ノウエン・肺炎ハイエン

［炁］灬4（8） ⇩気キ（742ジペー）

炅 火4（8） 3 8737 7085 ケイ漢 迥 jiǒng

意味 ❶光があって、あかるい。例 炅炅ケイケイ（=明るいさま）。❷体温が高い。あつい。

難読 炅つね

炕 火4（8） 4 7962 7095 コウ（カウ）漢 漾 kàng

意味 ❶床下に熱を通して暖をとる装置。オンドル。❷火にあててかわかす。あぶる。

［炛］火4（8） ⇩光コウ（119ジペー）

炙 火4（8） 2 6353 7099 シャ漢呉 禡 セキ漢 シャク呉 陌 zhì あぶ-る

意味 ❶肉を火の上で焼く。**あぶる**。また、あぶり肉。例 膾炙カイシャ。❷先生に親しく接して教えを受ける。例 親炙シンシャ。

難読 炙物あぶりもの・炙魚やきざかな

【炙背】シャハイ ①〔背に太陽を受ける意〕気持ちのよいことのたとえ。②〔背を火で焼く意〕苦しいことのたとえ。

炒 火4（8） 2 6354 7092 ソウ（サウ）漢 ショウ（セウ）呉 巧 chǎo い-る・いた-める（いた-む）

意味 ❶なべで、いる。あぶりこがす。**いる**。例 炒豆いりまめ。❷油でいためる。**いためる**。例 炒飯チャーハン。

【炒飯】チャーハン・チャオファン 〔中国語音〕ご飯と肉・卵・野菜などをいためた中華料理。焼き飯めし。

炊 火4（8） 1 3170 708A 常用 スイ漢 支 chuī たく・かし-ぐ

筆順 丶 丷 ⺌ 火 火 炒 炊 炊

なりたち ［形声］「火（=ひ）」と、音「吹スイ」の省略体とから成る。飯をたく。かまどで飯をたく。

意味 ❶食べ物を煮たきする。飯をたく。**たく**。**かしぐ**。例 炊事スイジ。炊飯スイハン。自炊ジスイ。❷⇩【炊累】スイルイ

古訓 中古いひかしく・かしく 中世いひかしく・かしく 近世かしく
人名 い・かし・とぎ・とぐ
【炊煙】スイエン かまどのけむり。例一条の—を見る。
【炊金▼饌玉】スイキンセンギョク 〔黄金をたき物とし、宝玉を食物とする意〕ぜいたくな食事のたとえ。〈駱賓王・帝京篇〉
【炊▼爨】スイサン ①〔「爨」は、かまどの意〕煮たきする。炊事。例飯盒ハンゴウ—。②炊事夫。
【炊事】スイジ 煮たきして食べ物をつくる。例—場ば。—当番。
【炊飯】スイハン ごはんをたくこと。例—器。
【炊婦】スイフ 炊事をする女。炊事婦。
【炊累】スイルイ ちりやほこりが舞い上がるさま。
●自炊ジスイ・雑炊ゾウスイ

炆
火4(8) 4 7961 7086 ブン漢 支 wén
意味 とろ火。

炉
火4(8) 1 4707 7089 常用 ロ漢呉 虞 lú いろり(ゐろり)
[爐] 火16(20) 2 6404 7210 旧字体。
筆順 丶 丷 火 火 炉 炉 炉 炉
なりたち [形声]「火(=ひ)」と、音「盧ロ」とから成る。いろり。
意味 ❶火鉢。いろり。通鑪ロ。例炉辺ロヘン。暖炉ダンロ。❷香をたくつぼ。通鑪ロ。例香炉コウロ。❸火を入れて、燃やしたり熱したりする装置。例原子炉ゲンシロ。溶鉱炉ヨウコウロ。
古訓 中古たく・やく 中世すびつ・やく・ゆるり・ゐるり 近世ひたき・やすり・ゐろり
【炉心】ロシン 日原子炉の中心部。
【炉端】ろばた 日いろりのへり。いろりばた。例—焼き。
【炉辺】ロヘン いろりのまわり。ろばた。例—談話(=ろばたで、なごやかに語りあうこと)。
●懐炉カイロ・香炉コウロ・高炉コウロ・暖炉ダンロ・溶鉱炉ヨウコウロ

為
灬5(9) 1 1657 70BA 常用 一イ(ヰ)漢呉 支 wéi 二イ(ヰ)漢呉 寘 wèi す-る(す)・な-す・ため 付表 為替かわせ
[爲] 爫8(12) 2 6410 7232 人 旧字体。
筆順 丶 ソ 𠂊 𡗗 為 為 為 為 為
なりたち [象形]  サルの形。派生して「作為する」「なる」の意。
参考 甲骨文字などの古い字形は「手」と「象(=ゾウ)」とから成る、とされる。
意味 一❶おこなう。する。なす。例行為コウイ。無為ムイ。❷つくる。例作為サクイ。❸統治する。おさめる。例為国以礼くにをおさむるにレイをもってす(=国を治めるのに礼によってする)。〈論語・先進〉❹なおす。治療する。おさめる。例秦伯使医緩為之シンハクイカンをしてこれをおさめしむ(=秦伯は医者の緩を治療にあたらせた)。〈左伝・成10〉❺まなぶ。ならう。おさめる。例女為周南召南矣なんじシュウナンショウナンをまなびたるか(=お前は周南の詩と召南の詩を学んだか)。〈論語・陽貨〉❻みなす。思う。考える。(…と)なす。例知之為知之、不知為不知これをしるをこれをしるとなし、しらざるをしらずとなす(=知っていることを知っているとして、知らないことを知らないとする)。〈論語・為政〉❼…である。…たり。例爾為爾、我為我なんじはなんじたり、われはわれたり(=あなたはあなた、わたしはわたし)。〈孟子・公孫丑上〉❽…になる。(…と)なる。例高岸為谷コウガンたにとなる(=高い岸は陥没して谷になる)。〈詩経・小雅・十月之交〉❾される。「為A所B(AノBスル所トなる)」「為AB(AニBセらル)」という形で用いられる。受身をあらわす。例衛太子為江充所敗エイタイシコウジュウのやぶるところとなる(=衛太子は江充に敗れた)。〈漢書・霍光伝〉❿まもなく…しようとする。まさに…せんとす。例君為来見也きみまさにきたりてまみえんとす(=殿様はこちらに来てお会いになろうとしておられる)。〈孟子・梁恵王下〉⓫もし。例為近王、必掩口もしオウにちかづけば、かならずくちをおおえ(=もし王様の近くに行かれたら必ず口をおおい隠しなさい)。〈韓非・内儲説下〉⓬「か」「や」と読み、疑問・反語を示す。例奚以之九万里而南為なにをもってキュウマンリにゆきてみなみするをなすか(=どうして九万里の高さまで行ってから南に向かうのか)。〈荘子・逍遥遊〉二❶…のために。動作の原因や目的をあらわす。例皆為利来みなリのためにきたる(=みな利益のために来る)。〈史記・貨殖伝〉❷たすける。…のためにする。例夫子為衛君乎フウシはエイのきみをたすけんか(=先生は衛の君主を助けるだろうか)。〈論語・述而〉
古訓 中古おもへり・ごとし・しかする・しく・しわざ・す・すけ・する・たすく・ため・たり・つくる・なす・なり・なる・まなぶ・まねす・もし・らる・をさむ 中世おこなふ・おもへり・して・しわざ・す・する・たすく・ため・たり・たる・つくる・なす・なる・をさむ 近世おこなふ・して・しわざ・する・たすくる・ため・つくる・なす・よる・をさむ
人名 おさむ・これ・さだ・しく・しげ・すけ・ち・なり・なる・ゆき・よし・より
難読 以為おもらく・為事ごと
【為我】イガ 自分だけの利益のために行動すること。戦国時代の楊朱ヨウシュの学説。例楊子取為我ヨウシはイガをとる(=楊子は自分のために行動することを主張した)。〈孟子・尽心上〉—主義。
【為人】イジン ①ひととなり 人柄。また、性質。②ひとのためにする ㋐他人のためにする。㋑他人に知られようとする。③ひとたり 子孫を残せる身体である。④ひとのために 人の利益になるように。
【為政】イセイ ①まつりごとをなす 政治をおこなうこと。執政。例為政以徳まつりごとをなすにトクをもってす(=道徳によって政治をおこなう)。〈論語・為政〉—者。②自分の考えで処理する。決定権をもつ。例今日之事、我為政コンニチのことはわれまつりごとをなす(=今日のことは私がとりしきる)。〈左伝・宣二〉③官位につく。役人になる。例子奚不為政シなんぞまつりごとをなさざる(=あなたはどうして官位について(政治をおこなわ)ないのか)。〈論語・為政〉
【為替】かわせ 日取引のとき、現金の代わりに証書などで送金する方法。また、その証書など。
●有為ウイ・ユウイ・行為コウイ・作為サクイ・人為ジンイ・無為ムイ

[烟] 火5(9) ⇩煙エン(835ページ)

炬
火5(9) 2 6357 70AC キョ漢 コ呉 語 jù かがり
意味 ❶小枝やアシなどを束ねて先に火をつけたもの。たいまつ。かがりび。かがり。例炬火キョカ。❷やく。たく。❸ろうそく。
【炬火】キョカ たいまつ。かがりび。
【炬▼燵】コタツ 日熱源の上にやぐらを置き、布団をかけた暖房具。火燵コタツ。

炯
火5(9) 2 6355 70AF ケイ(クェイ)漢 迥 jiǒng あき-らか
[烱] 火7(11) 2 6356 70F1 俗字。
意味 ❶明るい光。また、光り輝くさま。例炯炯ケイケイ。❷はっ

きりしている。**あきらか**。例 炯眼(ケイガン)。

【炯戒】(ケイカイ) はっきりとした戒め。

【炯眼】(ケイガン) ものごとの本質を、明らかに見通す眼力(ガンリキ)。

【炯炯】(ケイケイ) ①光り輝くさま。例 珥二金貂之炯炯一(キンチョウのケイケイたるをさしはさむ)(=輝く金貂の飾りを冠に挿した)。〈潘岳・秋興賦〉 ②目が冴(さ)えて眠れないさま。心配ごとで夜寝つけないことをあらわす。例 夜炯炯而不レ寐兮(よるケイケイとしていねられず)(=夜、不安で眠れない)。〈楚辞・哀時命〉 ③鋭く真相や事態を見抜くこと。明察。

炫
火5(9) 3 8739 70AB
ケン漢 ゲン呉 霰 xuàn

意味 ❶光り輝く。かがやく。例 炫燿(ゲンヨウ)。❷まぶしい。目がくらむ。通 眩(ケン)。例 炫目(ゲンモク)。❸自慢する。てらう。通 衒(ケン)。

【炫目】(ゲンモク) 目をくらます。まぶしい。

【炫▼燿】【炫▼耀】(ゲンヨウ) ①光り輝く。②てらう。ほこる。見せびらかす。

【炫惑】(ゲンワク) まどう。困惑する。

炸
火5(9) 2 6358 70B8
一 サク漢 薬 zhà
二 ソウ(サフ)漢 合 zhá
さ-ける(さ-く)

意味 一(火薬が)爆発する。**さける**。例 炸裂(サクレツ)。二 食べ物を油で揚げる。通 煠(ソウ)。例 炸菜(ツァイ)(=春巻などの揚げ物)。

【炸発】(サクハツ) 爆発する。

【炸薬】(サクヤク) 爆弾や砲弾などを炸裂させる火薬。

【炸裂】(サクレツ) 爆薬によって破裂する。例 爆弾が―する。

炷
火5(9) 3 8740 70B7
シュ漢呉 遇 zhù
た-く

意味 ❶灯心。❷火をともす。**たく**。例 炷レ香(コウをたく)(=香をくゆらす)。❸火のついた線香を数えることば。

炤
火5(9) 3 8738 70A4
一 ショウ(セウ)漢呉 蕭 zhāo
二 ショウ(セウ)漢呉 嘯 zhào

意味 一 明るい。あきらか。例 炤炤(ショウショウ)・炤明(ショウメイ)(=あきらかなさま)。二 明るくする。てらす。通 照。例 炤燿(ショウヨウ)(=明るくてらす)。

炻
火5(9) 4 7964 70BB
セキ shí

意味 「炻器(セッキ)」は、石のように硬く焼いた陶磁器の一種。

炱
火5(9) 4 7967 70B1
タイ漢 灰 tái

意味 ❶煙にふくまれる黒い粉のかたまり。すす。例 煤炱(バイタイ)(=すす)。❷黒い。くろ。

炟
火5(9) 4 7966 709F
タツ漢 曷 dá

意味 ❶人名に用いる字。例 劉炟(リュウタツ)(=後漢の章帝)。❷光り輝く。

炭
火5(9) 1 3526 70AD 教3
タン漢呉 翰 tàn
すみ

筆順 ' 山 山 屵 岸 岸 炭 炭 炭

なりたち [形声]「火(=ひ)」と、音「屵(カン→タン)」とから成る。木を焼いて灰となる前の、黒いもの。

意味 ❶木を蒸し焼きにして作った燃料。また、木の燃えたあとに黒く残る燃えかす。**すみ**。例 木炭(モクタン)。練炭(レンタン)。❷「石炭(セキタン)」の略。例 炭鉱(タンコウ)。炭田(タンデン)。

日本語での用法 《タン》「炭酸(タンサン)・炭水化物(タンスイカブツ)」▼「炭素(タンソ)」の略。

古訓 中古 あらすみ・すみ 中世 すみ 近世 あらずみ・すみ

難読 炭斗(すみとり)

【炭▼櫃】(すびつ) 日「「櫃(ひつ)」は、ふたのある箱の意」①いろり。炉。②角火鉢(かくひばち)。

【炭団】(タドン) 「「ドン」は、唐音」木炭や石炭の粉をまるく固めた燃料。

【炭化】(タンカ) 日 ①有機物が化学変化を起こして、ほとんど炭素だけになる。②ある物質が炭素と化合する。例 ―物。

【炭火】(タンカ|すみび) 炭でおこした火。また、火がついて赤くなっている炭。例 鮎(あゆ)の―焼き。

【炭坑】(タンコウ) 石炭を掘り出すためのあな。

【炭鉱】【炭▼礦】(タンコウ) 日 石炭を掘り出す鉱山。

【炭酸】(タンサン) 日〔化〕二酸化炭素が水にとけてできる弱い酸。例 ―水。

【炭水】(タンスイ) 日 ①石炭と水。例 ―車(=蒸気機関車に連結する、炭水を積んだ車両)。②炭素と水素。例 ―化物。

【炭水化物】(タンスイカブツ) 日 炭素・水素・酸素の化合物。でんぷんや砂糖など。

【炭素】(タンソ) 日〔化〕ダイヤモンド・石炭などをつくっている無味・無臭の固体元素。自然界には化合物として広く存在する。記号C
【炭田】(タンデン) 日 石炭を多く産出する地域。例 筑豊(チクホウ)―。

活性炭(カッセイタン)・泥炭(デイタン)・塗炭(トタン)・木炭(モクタン)

点
灬5(9) 1 3732 70B9 教2
[點] 黑5(17) 2 8358 9EDE 旧字体。
テン(テム)漢呉 琰 diǎn
つ-く・つ-ける(つ-く)・とも-す・とも-る・た-てる(た-つ)・ちょぼ

筆順 ｜ ⺊ ⺊ 占 占 占 点 点 点

なりたち [形声]「黑(=くろ)」と、音「占(セン→テン)」とから成る。小さな黒いもの。

意味 ❶小さい、円形・しずく形のしるし。**ちょぼ**。ぽち。「、」や「・」。例 点線(テンセン)。❷文章の切れ目につけるしるし。例 句点(クテン)。読点(トウテン)。句読点(クトウテン)。❸漢字の筆画の一つ。例 点画(テンカク)。❹けがれ。よごれ。きず。また、けがす。例 点欠(テンケツ)。❺しずく。しずくを垂らす。例 点滴(テンテキ)。点眼(テンガン)。❻点をうつ。しるしをつける。しるしをつけて調べる。例 点検(テンケン)。点呼(テンコ)。点睛(テンセイ)。❼名簿を調べる。名簿に記入する。また、徴発する。例 点鬼簿(テンキボ)。点行(テンコウ)。❽火や明かりをつける。**つける**。**ともす**。例 点火(テンカ)。点滅(テンメツ)。貧者(ヒンジャ)の一灯(イットウ)を点(テン)ずる。❾塗る。塗りつぶして訂正する。例 点漆(テンシツ)。点定(テンテイ)。❿茶をたてる。**たてる**。例 点茶(テンチャ)。⓫ある特定の箇所や事柄。例 欠点(ケッテン)。終点(シュウテン)。地点(チテン)。⓬首を上下にふる。うなずく。例 点頭(テントウ)。⓭時刻を知らせるために打つ音を数えることば。例 一点鐘(イッテンショウ)。寅(とら)の一点(イッテン)。⓮あちこちに散らばっているさま。例 点在(テンザイ)。点点(テンテン)。

日本語での用法 《テン》「採点(サイテン)・満点(マンテン)・点(テン)が辛(から)い・よい点(テン)を取(と)る」▼成績の評価の数値。

古訓 中古 うなづく・かく・けがす・けがる・けづる・さす・しりぞく・しるす・ぬきづ 中世 かく・かんがふ・しるす・わかつ 近世 おす・かんがへる・けがす・けす・しるす

【点火】(テンカ) 一 火をつける。例 ―装置。二(とぼし) 日 たいまつや紙燭(シソク)などの照明器具。ともし。
【点画】(テンカク) 漢字を形づくる点と線。例 ―を正しく書く。
【点額】(テンガク) ①ひたいに筆で点をうつ。子供の厄除(やくよ)けのまじないなど。②試験に落ちること。〔竜門を登りきった魚は竜となるが、失敗した魚はひたいをぶつけて帰るという伝説から〕〈水経注・河水四〉
【点勘】(テンカン) 一つ一つ細かく調べる。校勘。校訂。

【点眼】テンガン ①目薬をさす。点薬。例 ―薬。②囲碁で、相手の目を取ること。③泣く。涙を流す。

【点鬼簿】テンキボ〔「鬼」は、死者の意〕①死者の姓名を記した帳簿。過去帳。例 ―に加える(=死ぬ)。②詩文中に古人の姓名や昔の事柄を乱用するのをそしっていうことば。〈朝野僉載・六〉

【点景】テンケイ 風景画や風景写真に、味わいを出すためにそえる人物や動物。添景。例 ―人物。

【点欠(缺)】テンケツ きず。欠点。

【点検】テンケン ①しるしをつけて調べる。一つ一つよく調べる。例 定期―。ガス器具を―する。②評論する。指摘する。

【点呼】テンコ 人員を確認するために、ひとりひとりの名を呼ぶ。例 ―をとる。

【点行】テンコウ 兵士を徴発する。徴兵。例 行人但云点行頻(コウジンただいうテンコウしきりなりと)(=兵役にかり出された兵士たちは、ただ言う「このごろしきりに徴発があるのだ」と)。〈杜甫・兵車行〉

【点在】テンザイ 日 ぽつりぽつりと散らばって存在する。散在。例 山奥に―する集落。

【点字】テンジ 目の不自由な人が指先でふれて読み取れるようにした、文字の符号。

【点漆】テンシツ うるしをぬる。真っ黒のさま。

【点心】テンシン|テンジン ①〔仏〕禅宗で、正午前後にとる少量の食物。②決まった食事の合間に軽く食べて腹をみたす。間食をする。③茶うけの菓子。茶菓子。おやつ。

【点数】テンスウ 日 ①得点や評点など、評価を数であらわしたもの。②品物の数。例 展覧会の出品―。

【点▼睛】テンセイ〔「睛」は、ひとみの意〕①ひとみを書き入れる。例 皆不レ可ニ点睛一、或点レ之、必飛走也(みなテンセイすべからず、あるいはこれをテンぜば、かならずやヒソウす)(=《描いた動物たち》どれにも目を入れてはならない。もし入れたなら、きっと飛び去ってしまうだろう)。〈拾遺記・四〉②最も重要なことを最後に加えて、完成させること。例 ―を欠く。→【画竜点睛】ガリョウテンセイ(892ページ)

【点染】テンセン ①染めつける。色をつける。②画家が景色をえがいて着色する。転じて、文章を美しく飾る。③けがす。よごれる。また、けがれ。よごれ。

【点線】テンセン 日 多くの点が並んでつくられた線。対 実線。例 地図上に境界を―で示す。

【点▼酥】テンソ ①乳脂肪を軽くつけるという意味から、ウメなどの花があちこちで咲いているさま。②白っぽくやわらかそうで美しいもののたとえ。

【点茶】テンチャ ①お茶を入れる。②日 抹茶をたてる。

【点定】テンテイ 文章や文字を改めて、正しくする。完璧(カンペキ)な文章に直す。

【点▼綴】テンテイ〔「テンテツ」は、慣用読み〕①飾りを添えて、さらに美しくする。②ほどよく配置する。例 奇石を―する。

【点滴】テンテキ ①雨だれなどの水のしずくがしたたり落ちる。また、その音。②少しのしずく。わずかなこと。例 ―石をうがつ。③日 栄養・薬・水分・血液などを一滴ずつ、時間をかけて静脈に注入する。

【点点】テンテン ①小さなものが多く散らばっているさま。②日 複数の点・点線。③日〔「点点と」の形で〕しずくなどがしたたり落ちるさま。

【点灯(燈)】テントウ 明かりをつける。対 消灯。

【点頭】テントウ 感心したり承知したりして、うなずく。首肯。

【点描】テンビョウ 日 ①細かい点や短い線でものの形をあらわす絵のかき方。例 ―画。②ものごとや人物の特徴的な部分を取り出して、描写する。例 人物―。

【点滅】テンメツ 明かりがついたり消えたりする。例 信号が―しはじめる。

【点訳】テンヤク 日 普通の文字を点字に直す。点字訳。

【点薬】テンヤク ①目ぐすり。点眼薬。②目ぐすりをさす。点眼。

●汚点(オテン)・欠点(ケッテン)・合点(ガテン)・観点(カンテン)・起点(キテン)・極点(キョクテン)・拠点(キョテン)・原点(ゲンテン)・採点(サイテン)・失点(シッテン)・視点(シテン)・時点(ジテン)・弱点(ジャクテン)・重点(ジュウテン)・濁点(ダクテン)・地点(チテン)・頂点(チョウテン)・得点(トクテン)・難点(ナンテン)・美点(ビテン)・満点(マンテン)・盲点(モウテン)・要点(ヨウテン)・力点(リキテン)・利点(リテン)・論点(ロンテン)

炳

火5 (9) 2 6359 70B3

ヘイ 漢 ヒョウ(ヒャウ) 呉 梗 bǐng

あき-らか・かがや-く

意味 ❶明るく、はっきりしているさま。**あきらか**。**かがやく**。例 炳然(ヘイゼン)。炳炳(ヘイヘイ)。❷明かりをつける。ともす。例 炳燭(ヘイショク)(=ともしびをつける)。

難読 炳然(いちじるし)・炳焉(いちじるし)

【炳▼蔚】ヘイイ ①文様が鮮やかで美しいさま。②文章が美しいさま。③文化が盛んなさま。④文官。

【炳然】ヘイゼン 明らかなさま。類 炳焉(ヘイエン)・炳乎(ヘイコ)。

【炳炳】ヘイヘイ ①光り輝くさま。②明らかなさま。③文才に秀でるさま。

炮

火5 (9) 2 6360 70AE

一 ホウ(ハウ) 漢 肴 páo
二 ホウ(ハウ) 漢 効 pào

あぶ-る

意味 一 ❶火に当てて、まる焼きにする。**あぶる**。つつみ焼き。例 炮煎(ホウセン)(=あぶることと、煮つめること)。炮烙(ホウラク)。❷燃やす。やく。二 ❶大砲。通 砲。❷爆竹。

【炮煮】ホウシャ|ホウショ あぶることと、煮ること。また、煎(い)ること。

【炮▼烙】一 ホウラク 殷(イン)の紂王(チュウオウ)がおこなったという、火あぶりの刑。油をぬった銅柱を火の上にかけて罪人にその上を歩かせた。例 ―の刑。二 ホウロク 日 素焼きの平たい土なべ。焙烙(ホウロク)。

烏

灬6 (10) 1 1708 70CF 人

オ(ヲ) 漢 ウ 呉 虞 wū

からす・いず-くんぞ(いづ-くんぞ)

なりたち  [象形] 孝行な鳥であるカラスの形。

意味 ❶カラス科の鳥のうち、大形でくちばしが大きく、全体に黒色の鳥。**カラス**。例 烏合(ウゴウ)。寒烏(カンウ)。❷〔太陽の中に三本足のカラスがすむという伝説から〕太陽。日(ひ)。例 烏兎(ウト)。❸(カラスのように)黒い。例 烏衣(ウイ)。烏鷺(ウロ)。❹感嘆の声をあらわす。通 嗚(オ)。例 烏呼(ああ)。❺「**いずくんぞ**」と読み、どうして…か、の意。疑問・反語をあらわす。例 遅速有レ命、烏識ニ其時一(チソクメイあり、いずくんぞそのときをしらんや)(=遅い速いはめぐり合わせだ。どうしてその時がわかろうか、わかりはしない)。〈漢書・賈誼伝〉

古訓 中古 いづくぞ・からす・くろし 中世 いづくんぞ・からす・くろし・やはらぐ 近世 ああ・いづくんぞ・からす・くろし

難読 烏鵲(かささぎ)・烏鷺(しろくろ)・烏芋(くわい)

【烏呼】【烏▼乎】ああ 驚きや、嘆きの気持ちをあらわすことば。嗚呼(ああ)。

【烏衣】ウイ ①黒い色の衣服。粗末な服。②ツバメの別称。

【烏竜茶】ウーロンチャ〔「ウーロン」は、中国語音〕中国茶の一つ。台湾や福建省に産し、独特の香味がある。〔葉の仕上がりが黒っぽく、形が竜のつめを思わせるので、この名がある〕

【烏▼焉】ウエン〔「烏」と「焉」とは字形が似ているところから〕書き誤りしがちなこと。文字の書き誤り。焉烏(エンウ)の誤り。

【烏▼滸】一 ウコ 南方に住んでいた異民族。二 オコ 日 おろか。

【烏合】ウゴウ カラスの群れのように、規律なく集まること。烏集。例 烏合之衆(ウゴウのシュウ)(=規律や統制のとれていない人々の群れ)。〈後漢書・公孫述伝〉

【烏▼鵲】ウジャク|ウシャク ①カササギ。例 月明星稀、烏鵲南飛つきあきらかにほしまれに、ウジャクみなみにとぶ（＝月の光が明るくて星影もまばらに、カササギが南方へ飛んでいく）。〈曹操・短歌行〉 ②カラスとカササギ。

【烏集】ウシュウ ①カラスが群れ集まる。②カラスのように統制なく、人が集まる。烏合。例 烏集之交ウシュウのまじわり（＝結びつきがうすくて、争いなどを起こしやすいつきあい）。〈管子・形勢解〉

【烏賊】ウゾク|いか 十本の足がある、海にすむ軟体動物。外敵にあうと墨を出して逃げる。〔死んだふりをして海面に浮き、近づいてきたカラスをつかまえるということから〕

【烏鳥私情】ウチョウのシジョウ カラスの子が成長してから、食物を口移しにして親に恩を返す情愛。例 烏鳥私情、願乞レ終レ養ウチョウのシジョウ、ねがわくはやしないをおえんことをこう（＝カラスのような私のささやかな愛情ではありますが、どうか孝養を全うさせていただきたくお願いします）。〈李密・陳情表〉→【反哺】ハンポ（214ジ）→【終養】シュウヨウ（1033ジ）

【烏▼兎】ウト ①太陽と月。〔中国の伝説で、太陽にはカラス、月にはウサギがいるとされたことから〕 ②月日ひつき。歳月。

【烏▼兎▼匆▼匆】ウトソウソウ 月日のたつのが早いさま。

【烏飛▼兎走】ウヒトソウ 〔「烏」は日（＝太陽）、「兎」は月の意〕 月日のたつのが早いことのたとえ。兎走烏飛。烏兎匆匆ウトソウソウ。〈劉軻・黄石巌院記〉

【烏帽】ウボウ 隠者がかぶった黒い頭巾ズキン。

【烏有】ウユウ いずくんぞあらんや まったくない。存在しないこと。皆無。例 ―ユウに帰キす（＝すべてなくなる）。

【烏有先生】ウユウセンセイ 架空の人物のこと。〔漢の司馬相如シバショウジョの「子虚賦シキョのフ」に、子虚や亡是公ボウゼコウとともに設定された、三人の架空の人物のうちの一人〕

【烏▼鷺】ウロ 〔カラスとサギの意〕 ①黒と白。②回 碁石の別名。例 ―を戦わす（＝碁を打つ）。

【烏乱】ウロン 回 〔「ロン」は、唐音〕 人物などが怪しく疑わしいこと。胡乱ウロン。

【烏帽子】エボシ 回 昔、成人した男子がかぶった帽子。近世では、おもに公家クゲや武士が用いた。〔カラスのような黒い色であることから〕

【烏天▼狗】からすテング 回 全身黒色で、カラスのようなくちばしと翼をもつ天狗。

【烏からすに反哺ハンポの孝コウあり】〔カラスの子は成長すると、親鳥の口に食物を含ませることから〕子が親の養育の恩に報いること。反哺の孝。→【烏鳥私情】ウチョウのシジョウ

【烏▼之雌雄】からすのシユウ 〔カラスのめすとおすとは区別しにくいことから〕ものごとの善悪や優劣の識別が、まぎらわしいことのたとえ。例 誰知二烏之雌雄一たれかからすのシユウをしらん（＝いったい、だれがカラスの雌雄を見分けることができようか、できはしない）。〈詩経・小雅・正月〉

烟
火6 (10) ⇨煙エン（835ジ）

烋
灬6 (10) 2 6362 70CB
一キュウ（キウ）漢 ク呉 尤 xiū 二コウ（カウ）漢 肴 xiāo
さいわ-い（さいはひ）・よ-い（よ-し）・よろこ-び

意味 一❶立派な。よい。さいわい。通休。❷「烋烋キュウキュウ」は、息づかいのあらいさま。二「咆烋ホウコウ」は、ほえさけぶさま。

烓
火6 (10) 4 7972 70D3
ケイ漢 迥 エイ（ヱイ）漢 斉 wēi

意味 ❶携帯用のこんろ。❷明るい。また、明かり。

烜
火6 (10) 4 7973 70DC
一ケン漢 阮 xuǎn 二キ（クヰ）漢 紙 huǐ

意味 一❶かわかす。かわく。❷明るい。あきらか。例 烜赫ケンカク（＝名声や威力の盛んなさま）。烜然ケンゼン。二神を祭る火。火。例 司烜氏シキ。

烘
火6 (10) 3 8742 70D8
コウ漢 東 hōng

意味 ❶もやす。やく。❷火に当てて、暖めたり乾かしたりする。あぶる。

烤
火6 (10) 3 8743 70E4
コウ kǎo

意味 火で熱する。あぶる。

烖
火6 (10) ⇨災サイ（823ジ）

烝
灬6 (10) 2 6363 70DD
ジョウ慣 ショウ漢 蒸 zhēng
む-す・もろもろ

意味 ❶湯気ゆげを当てて熱する。ふかす。むす。通蒸。例 烝矯ジョウキョウ。❷気体が上昇する。❸多い。もろもろ。例 烝民ジョウミン。❹すすめる。献上する。❺親族内で、下の世代の者が上の世代の女性と密通する。通蒸。対報。❻君主。❼冬の祭り。❽⇨【烝烝】ジョウジョウ

【烝矯】ジョウキョウ 曲がっている木を蒸してやわらかくし、まっすぐにためる。例 待二檃栝烝矯一インカツジョウキョウをまちて（＝ため木を当てて蒸して矯正する）。〈荀子・性悪〉

【烝烝】ジョウジョウ ①よくなるさま。②盛んに起こるさま。③厚いさま。④火が燃え上がるさま。

【烝民】ジョウミン 多くの人々。万民。例 立二我烝民一、莫レ匪二爾極一わがジョウミンをたつるは、なんじのキョクにあらざるなし（＝われわれ万民が暮らしていけるのは、あなた様のおかげです）。〈左伝・成六〉

烬
火6 (10) ⇨燼ジン（844ジ）

烔
火6 (10) 3 8741 70D4
トウ漢 東 tóng

意味 「烔烔トウトウ」は、熱気がこもるさま。

烊
火6 (10) 4 7970 70CA
ヨウ（ヤウ）漢 陽 yáng

意味 火で金属をとかす。通煬ヨウ。

烑
火6 (10) 4 7971 70D1
ヨウ（エウ）漢 蕭 yáo

意味 光る。明るい。

烙
火6 (10) 2 6364 70D9
一ラク漢 薬 lào 二ラク漢 薬 luò
や-く

意味 一鉄を熱して焼きつけ、しるしをつける。やく。例 烙印ラクイン。二火あぶりの刑。例 炮烙ホウラク。

【烙印】ラクイン ①人や動物、物に、目印として焼きつけた印。②昔、刑罰として、罪人のひたいなどにおし当てた焼き印イン。③回 消すことのできない汚名。例 卑怯者ヒキョウものの―をおされる。

烈
灬6 (10) 1 4685 70C8 常用
レツ漢 レチ・レツ呉 屑 liè
はげ-しい（はげ-し）

筆順 一 ア 歹 歹 列 列 列 烈 烈

なりたち [形声]「灬（＝ひ）」と、音「列レツ」とから成る。火がはげしい。

意味 ❶（火の）勢いが強い。はげしい。また、きびしい。例 烈火レッカ。猛烈モウレツ。❷性格・気性・正義感などが強い。例 烈士レッシ。壮烈ソウレツ。❸明るい。美しい。例 烈考レッコウ（＝輝ける父。父の美称）。❹手柄。すぐれた功績。例 功烈コウレツ。

古訓 中古 いかめし・からばし・さかゆ・たけし・つらなる・てる・はげし 中世 あきらか・あつし・たけし・つらなる・はげし・ひかり・ます・もゆる 近世 あつし・あまり・さかんなり・のこり・はげし・ひかり・わざ

人名 あき・あきら・あつし・いさお・たけ・たけし・ただし・つよし・つら・はげし・やす

【烈火】レッカ 激しく燃える火。猛火。例 ―のごとく怒る。

【烈士】レッシ 気性が強く、信念をつらぬいて行動する男子。列士。類 烈夫レップ。対 烈女。

【烈日】レツジツ 激しく照りつける太陽。夏の厳しい日照り。例 秋霜―（＝厳しい刑罰、おごそかな権威、不動の意志などのたとえ）。

【烈女】レツジョ 義をつらぬくためには、命もかえりみない女性。烈婦レップ。列女。対 烈士。

【烈祖】レッソ いさおが高く美徳がある先祖。先祖の尊称。

【烈婦】レップ 「烈女レツジョ」に同じ。

【烈風】レップウ 激しく吹く風。木の太い幹がゆれるような強い風。例 烈風無レ時休レップウときなし（＝激しく吹く風はいっこうに弱まらない）。〈杜甫・同諸公登慈恩寺塔〉

【烈烈】レツレツ ①武力・火の勢いなどが非常に激しいさま。例 烈烈征師レツレツたるセイシ（＝威武盛んな軍隊）。〈詩経・小雅・黍苗〉②高く切り立ったさま。例 南山烈烈ナンザンレツレツたり（＝南山は高く切り立つ）。〈詩経・小雅・蓼莪〉③うれい悲しむさま。④功績や徳行が高大なさま。例 俊徳烈烈シュントクレツレツたり（＝徳がすぐれて他を圧する）。〈漢書・韋賢伝〉⑤剛直、一本気のさま。⑥明るく輝くさま。

● 強烈キョウレツ・激烈ゲキレツ・鮮烈センレツ・壮烈ソウレツ・痛烈ツウレツ・熱烈ネツレツ・猛烈モウレツ

烖
火6（10） 4 7968 241FE

（漢字の字体記述要素）

焉
灬7（11） 2 6365 7109

エン（エン）漢 呉 先 yān いず-くんぞ（いづ-くんぞ）

意味 ❶「いずくんぞ」と読み、どうして…か、の意。疑問・反語をあらわす。例 未レ知レ生、焉知レ死いまだセイをしらず、いずくんぞシをしらん（＝まだ生のこともわかっていないのに、どうして死についてわかるだろうか）。〈論語・先進〉❷「いずくにか」と読み、どこに、どこで、の意。疑問・反語をあらわす。例 其子焉往そのこいずくにかゆかん（＝その子たる人民は《文王のもと以外の》どこに行くだろうか）。〈孟子・離婁上〉❸「なにをか」と読み、なにを…か、の意。疑問・反語をあらわす。例 焉求なにをかもとめん（＝なにを求めることがあろう）。〈陶淵明・帰去来辞〉❹「ここ」「これ」と読み、場所や事物を指し示す。例 心不レ在レ焉こころここにあらず（＝心がここにない）。〈大学〉❺語のあとにそえる助字で、状態をあらわす。例 忽焉コツエン（＝たちまち）。突然。❻文末に置く助字で、肯定・断定をあらわす。訓読では読まない。例 余甚惑焉よははなはだまどう（＝私はたいへん困惑する）。〈史記・伯夷伝〉

【焉▼烏】エンウ 似かよって誤りやすい二字の例に使う語。魯魚ロギョ。亥豕ガイシ。烏焉ウエン。例 ―の誤り。

焔
火7（11） ⇨焰エ（830ジペー）

焃
火7（11） 4 7974 7103

カク漢 キャク呉 陌 hè

意味 火が赤いさま。通 赫カ。

熈
火7（11） ⇨熙キ（838ジペー）

焏
灬7（11） ⇨亟キョク（47ジペー）

焄
灬7（11） 4 7975 7104

クン漢 文 xūn

意味 ❶煙でいぶす。くすべる。通 燻クン。❷よいにおいがする。香る。香り。通 薫。例 焄蒿クンコウ（＝祭祀サイシの供物からたちのぼる香り）。参考 焄かおる（＝人名）。

烱
火7（11） ⇨炯ケイ（825ジペー）

焭
火7（11） ⇨煢ケイ（836ジペー）

焆
火7（11） 4 7976 7106

ケン（クェン）漢 先 juān

意味 明るい。参考 焆あきら（＝人名）。

焂
火7（11） ⇨倏シュク（860ジペー）

焌
火7（11） 4 7979 710C

一シュン漢 震 jùn 二シュツ漢 質 qū

意味 一火をつける。二❶火で燃やす。くべる。❷燃えているものを水に入れて、火を消す。

焇
火7（11） 4 7977 7107

ショウ（セウ）漢 蕭 xiāo

意味 ❶かわかす。かわく。乾燥する。❷つきる。つくす。きえる。けす。通 銷ショ。

焫
火7（11） 3 8745 712B

ゼツ漢 屑 ruò/rè

意味 ❶火をつけて燃やす。やく。例 焫蕭ゼッショウ（＝ヨモギを焼く）。燔焫ハンゼツ（＝燃やす）。❷中国医学の治療法の一つ。焼いた針でつぼを刺激する。

烹
灬7（11） 1 4303 70F9

ホウ（ハウ）漢 庚 pēng に-る

意味 ❶魚肉や野菜をゆでる。料理する。にる。例 狡兎死走狗烹コウトしシてソウクにらる（＝すばしこいウサギがいなくなると猟犬は煮て食われる）。〈史記・越王句践世家〉烹鮮ホウセン。割烹カッポウ。❷かまゆでの刑にする。例 烹二説者一とくものをにる（＝意見した者を煮殺す）。〈史記・項羽紀〉烹刑ホウケイ。

【烹▼醢】ホウカイ ①（煮ることと、塩漬けにすること）古代の酷刑の一つ。②人をむごたらしく殺す。

【烹割】ホウカツ 料理をする。割烹カッポウ。

【烹刑】ホウケイ かまゆでの刑。

【烹▼飪】ホウジン 食物を煮る。調理する。類 烹熟。

【烹鮮】ホウセン（センをにる）（「鮮」は魚の意）①小魚を煮る。②民を治めること。国政。→【治二大国一若レ烹二小鮮一タイコクをおさむるはショウセンをにるがごとくす】（319ジペー）

烽
火7（11） 2 6366 70FD

ホウ漢 フ・フウ呉 冬 fēng のろし

熢
火11（15） 4 7992 71A2

別体字

意味 火を燃やし、煙を上げて急を知らせる合図。のろし。例 烽火ホウカ。

難読 烽ひとぶ（＝のろしの設備）

【烽煙】【烽▼烟】ホウエン のろしの煙。烽火。

【烽火】ホウカ ①敵の襲来を急いで知らせるために上げる、火や煙の信号。のろし。②戦争・戦乱のたとえ。例 烽火連二三月一ホウカサンゲツにつらなる（＝戦乱は何か月も続いた）。〈杜甫・春望〉

【烽起】ホウキ （のろしが上がる意）戦乱が起こる。参考「蜂起ホウキ」は、暴動や兵乱を一斉に起こすこと。

【烽候】【烽▼堠】ホウコウ のろしを上げる物見台。また、敵状を探り、のろしを上げる者。

【烽▼燧】ホウスイ のろし。

煐
火8（12） 4 7983 7150

エイ漢 庚 yíng

意味 人名などに用いる字。

焰
火8(12) 3 8749 7130 人
エン(エム)漢呉 艶 yàn
ほのお(ほのほ)・ほむら

[燗] 火16(20) — 7213 本字。
[焔] 火7(11) 1 1775 7114 俗字。
[焻] 火9(13) 4 7987 3DD4 俗字。
[熖] 火10(14) 4 7988 7196 俗字。
[燄] 火12(16) 3 8764 71C4 別体字。

なりたち [形声]「火(=ひ)」と、音「閻(エン)」とから成る。ほのお。
意味 めらめらと燃える火。**ほむら**。**ほのお**。通炎。例 火焰(カエン)。気焰(キエン)。
表記 「焰」は古くから「炎」と通用し、現代表記では「炎」に書きかえることがある。熟語は「炎」も参照。
古訓 中古 ほのほ・やく 中世 ひかる・ほのほ 近世 ひかり・ひのひかり・ひばな・ほのほ・ほむら
【焰焰】エンエン ①火の燃え始めのさま。小さな火。例 焰焰不レ滅、炎炎若何(エンエンにメッせずんば、エンエンをいかんせん)。(=火は小さなうちに消さないと、猛火になってからは手の打ちようがない)。〈家語・観周〉 ②火が盛んに燃えるさま。表記 ②は 現 炎炎

焱
火8(12) 4 7982 7131
エン(エム)漢 艶 yàn

意味 燃え上がる火。ほのお。通炎・焰(エン)。参考 「猋(ヒョウ)」に通じて用いられることがある。

焮
火8(12) 3 8748 712E
キン漢 問 xìn

意味 ❶あぶる。やく。❷光り輝く。❸炎症をおこす。

焜
火8(12) 2 6367 711C
コン漢呉 阮 元 kūn
かがや-く

意味 (火が)光り輝く。例 焜燿(コンヨウ)。
日本語での用法 《コン》「焜炉(コンロ)」▼移動可能の小さな炉。
【焜▼燿】コンヨウ 輝く。照らす。光り輝かす。

焠
火8(12) 3 8747 7120
サイ漢 隊 cuì

意味 ❶焼き入れをする。にらぐ。通淬(サイ)。❷しみこませる。つける。例 以レ薬焠レ之(くすりをもってこれにサイす)(=毒薬を《短剣に》塗りつける)。〈史記・刺客伝・荊軻〉 難読 焠児(チマッ)

煮
灬8(12) 1 2849 716E 常用
シャ慣 ショ漢 語 zhǔ
にる・にえる(にゆ)・にやす

[煮] 灬9(13) 3 8753 FA48 人 旧字体。
[煑] 火9(13) 3 8752 7151 本字。

筆順 一 十 土 耂 者 者 者 煮

なりたち [形声]「火(=ひ)」と、音「者(シャ→ショ)」とから成る。にる。
意味 ものを水に入れて熱する。また、味をつける。**にる**。**にえる**。例 煮沸(シャフツ)。煮物(にもの)。
古訓 中古 いる・かしく・にる・ゆづ 中世 いる・にる 近世 いる・にる
【煮沸】シャフツ 火にかけてわかす。煮たてる。例 —消毒。
【煮物】にもの 日 味をつけて煮た食べ物。例 野菜の—。

焯
火8(12) 4 7981 712F
シャク漢 薬 zhuó

意味 ❶明るい。あきらか。❷光り輝く。❸焼く。

焼
火8(12) 1 3038 713C 教4
一 ショウ(セウ)漢呉 蕭 shāo
二 ショウ(セウ)漢呉 嘯 shào
やく・やける(や-く)・やき

[燒] 火12(16) 2 6386 71D2 人 旧字体。

筆順 丶 火 火 灶 炷 焼 焼 焼

なりたち [形声]「火(=ひ)」と、音「堯(ギョウ→ショウ)」とから成る。火で、やく。
意味 一 ❶火をつけて燃やす。燃える。**やく**。**やける**。例 焼却(ショウキャク)。全焼(ゼンショウ)。燃焼(ネンショウ)。❷加熱する。❸酒を蒸留する。また、蒸留酒。例 焼酒(ショウシュ)。二 植物がよく生えるようにするために野草を焼く。野焼きをする。また、野火。例 夕照紅二於焼一(セキショウはショウよりもあかし)(=夕焼けは野火よりも赤い)。〈白居易・秋思〉
古訓 中古 たく・もゆ・やく 中世 たく・やく 近世 たく・のび・やく
【焼売】シューマイ (中国語音)中華料理で、味つけしたひき肉や野菜を皮で包んで、蒸した食べ物。
【焼▼夷】ショウイ (「夷」は、平らげる意)やき払う。焦夷(ショウイ)。例 —弾(ダン)。
【焼却】ショウキャク ①〔仏〕世界壊滅時の大火災。②日 やきすてる。例 ごみの—炉。
【焼香】ショウコウ ①香をたく。②香をたいて仏や死者にたむける。例 霊前で—する。
【焼残】ショウザン ①やき滅ぼす。②やけて形が変わる。
【焼死】ショウシ やけ死ぬ。例 —者。
【焼失】ショウシツ やけてなくなる。例 —面積。
【焼酒】ショウシュ ①唐代の酒の名。例 焼酒初開二琥珀香一(ショウシュはじめてコハクのかおりをひらく)(=焼酒はやっと琥珀の香りがたちはじめた)。〈白居易・荔枝楼対酒〉 ②蒸留酒。
【焼身】ショウシン 自分のからだを火でやく。例 —自殺。
【焼尽】ショウジン すっかりやける。やきつくす。
【焼酎】ショウチュウ 日 酒かすや、イモ・ムギ・ソバなどを発酵させ、さらに蒸留して造った酒。例 いも—(ジョウチュウ)。
【焼眉▼之急】ショウビのキュウ 事態が緊迫していることのたとえ。焦眉之急(ショウビのキュウ)。〈水滸伝・三〉
●延焼(エンショウ)・全焼(ゼンショウ)・燃焼(ネンショウ)・半焼(ハンショウ)・類焼(ルイショウ)

焦
灬8(12) 1 3039 7126 常用
ショウ(セウ)漢 蕭 jiāo
こげる(こ-ぐ)・こがす・こがれる(こ-がる)・あせる・じ-らす

筆順 亻 亻 什 什 隹 隹 隹 焦

なりたち [形声]「灬(=ひ)」と、音「隹(スイ→ショウ)」とから成る。火で焼きこがされる。
意味 ❶焼かれて黒くなる。**こげる**。**こがす**。例 焦土(ショウド)。焦熱(ショウネツ)。焦眉(ショウビ)。❷心をなやまし、いらいらする。**あせる**。**こがす**。**こがれる**。例 焦心(ショウシン)。焦燥(ショウソウ)。❸乾燥する。また、口がかわく。例 焦渇(ショウカツ)。❹漢方でいう「六腑(ロップ)」の一つ。消化や排泄(ハイセツ)をつかさどるとされる。三焦(サンショウ)。通膲(ショウ)。
古訓 中古 いる・かわく・こがす・こがる・やく 中世 かわく・こがす・こがる・こがる 近世 あぶる・かじける・こげる
【焦渇】ショウカツ ①ひどくのどがかわく。②気があせって落ち着かないことのたとえ。
【焦心】ショウシン ひどく心配する。あせっていらいらする。また、その気持ち。焦燥。焦慮。
【焦▼瘁】ショウスイ やつれはてたさま。焦悴(ショウスイ)。
【焦燥】ショウソウ ①枯れる。乾燥している。②気をもむ。あせっていらだつ。焦躁(ショウソウ)。焦心。例 —感。—にかられる。
【焦点】ショウテン 日 ①〔物〕鏡やレンズなどで、光が反射または屈折して集中する点。〔そこに物を置くと焼けこげることから〕例 —が合う。②人々の関心が集中する点。問題点。例

議論の—をしぼる。

【焦土】ショウド 焼けこげた土。特に、戦争や大火災で焼け野原になった市街地など。例—と化す。

【焦熱】ショウネツ ①焼きつくすようなあつさ。例—の砂漠。②日「焦熱地獄」の略。仏教で、八大地獄の一つ。罪をおかして死んだ者を、激しく燃える火の中に投げこんで苦しめる。炎熱地獄。

【焦眉】ショウビ 日〔眉まゆがこげるほど火が近くにきている意〕事態が差し迫っていること。

【焦眉▼之急】ショウビのキュウ 日〔「焦眉之急」の日本での書き方〕危ないことが身に迫っていること。

【焦慮】ショウリョ あせり心配すること。心がいらいらする。焦心。例—の色が見える。

然

灬8 (12) 1 3319 7136 教4 ゼン漢 ネン呉 先 rán しか-り・しか-して・しか-し・しか-らば

筆順 ノ ク タ 夕 夕 肰 肰 肰 肰 然

なりたち [形声]「灬(=ひ)」と、音「肰ゼン」とから成る。もやす。

意味 ❶もえる。もやす。通燃。例 山青花欲レ然やまはあおくしてはなはもえんとほっす(=山は新緑が美しく、花は今にも燃え出しそうに赤く咲いている)。〈杜甫・絶句〉 ❷そうである。そのとおりである。しかり。例 虎以為レ然、故遂与レ之行とらもってしかりとなし、ゆえについにこれとゆく(=トラはそのとおりだと考え、そこでこれ(=キツネ)と一緒に行った)。〈戦国策・楚一〉 ❸そのとおりだと思う。正しいと認める。しかりとす。例 沛公然二其計一ハイコウそのケイをしかりとす(=沛公はその計略をもっともだと考えた)。〈史記・高祖紀〉 ❹そうであるならば。順接をあらわす。しからば。しかして。例 然則人之性悪明矣しからばすなわちひとのセイアクなることあきらかなり(=そうであれば人の本性が悪なのは明らかだ)。〈荀子・性悪〉 ❺しかし。そうではあるが。逆接をあらわす。しかれども。例 然志猶未レ已しかれどもこころざしなおいまだやまず(=けれども私はまだあきらめてはおりません)。〈蜀志・諸葛亮伝〉 ❻「如…然」「若…然」は「…のごとくしかり」と訓読し、…のようだ、の意。例 如レ見二其肺肝一然そのハイカンをみるがごとくしかり(=まるで体内の肺や肝臓が見えるようなものだ)。〈大学〉 ❼語のあとにそえる助字で、状態をあらわす。例 偶然グウゼン。決然ケツゼン。

古訓 中古 うく・うけたまはる・おのづから・しかなり・しかも・しかり・しづかなり・ほしいまま 中世 いちじるし・しかうして・しかも・しかり・ともす・もゆる・やく 近世 しかうして・しかも・しかり・たく・もえる・もゆる

人名 しか・なり・のり

難読 然者されば・然様さよう・徒然つれづれ・宛然さながら

【然▼而】しかれども しかし。ところが。それなのに。

【然諾】ゼンダク 引き受ける。承諾。

【然否】ゼンピ そうであるか、そうでないか。

【重二然諾一】ゼンダクをおもんず 心やすく人の頼みを承諾しないが、請け合ったなら必ずやりとげる。〈韓愈・柳子厚墓誌銘〉

●依然イゼン・偶然グウゼン・決然ケツゼン・公然コウゼン・浩然コウゼン・雑然ザツゼン・整然セイゼン・全然ゼンゼン・卒然ソツゼン・超然チョウゼン・天然テンネン・同然ドウゼン・突然トツゼン・漠然バクゼン・必然ヒツゼン・憤然フンゼン・平然ヘイゼン・未然ミゼン・歴然レキゼン

焞

火8 (12) 3 8746 711E 一トン漢 元 tūn 二タイ漢 灰 tuī

意味 一❶「焞燿トンヨウ」は、光明。ひかり。❷「焞焞トントン」は、光が乏しくて暗いさま。二「焞焞タイタイ」は、盛んなさま。

焚

火8 (12) 1 4218 711A 人 一フン漢 文 fén 二フン漢 ボン呉 問 fèn た-く・や-く

[燓] 火12 (16) 4 8004 71D3 本字。

なりたち [会意]「火(=ひ)」と「林(=はやし)」とから成る。林野を焼いて狩りをする。

意味 一ものを燃やす。やく。たく。例 焚焼フンショウ(=焼く)。焚書坑儒フンショコウジュ。二たおれる。たおす。通偾フン。例 象有レ歯以焚二其身一、賄也ゾウのはありてもってそのみをたおすは、たからなればなり(=ゾウがきばを持つためにその身を滅ぼすのは、それが財貨だからです)。〈左伝・襄二四〉

古訓 中古 あぶる・かわく・たく・たぶる・やいがりす・やく 中世 かわく・たく・やく 近世 たく・たぶる・やく

【焚刑】フンケイ 火あぶりの刑。

【焚殺】フンサツ 焼き殺す。焼殺。

【焚▼灼】フンシャク ①火あぶりの刑にする。②非常に暑いさま。③たいそう心をいためる。

【焚書】フンショ 書物を焼くこと。思想統制上、有害とみとめた書物を焼き捨てること。多くは、秦シンの焚書を指す。

【焚書坑儒】フンショコウジュ 〔「坑」は、穴に生き埋めにすること。「儒」は儒学者〕秦シンの始皇帝が思想統制のため、医薬・占い・農業関係以外の書物を焼き、儒学者数百人を穴埋めにした事件。〈史記・始皇紀〉から〕

【焚滅】フンメツ 焼きほろぼす。また、焼けてほろびる。

焙

火8 (12) 2 6368 7119 ホウ(ハウ)慣 ハイ漢 バイ呉 隊 bèi あぶ-る

意味 火にかざして焼く。あぶる。また、火に当ててかわかす。ほうじる。例 焙炉ホイロ。焙茶ホウチャ。焙烙ホウロク。

【焙煎】バイセン 茶の葉やコーヒー豆を、火であぶって煎いる。例 自家—。

【焙炉】ホイロ 日 茶の葉やゴマなどを入れて火にかけ、ゆすりながら乾燥させる器具。

【焙茶】ホウチャ 茶の葉を火にかけてかわかすこと。また、ほうじ茶。

【焙▼烙】ホウロク 日 素焼きの浅い土なべ。穀類や茶をいったり蒸し焼きにしたりする。炮烙ホウロク。例—蒸し。

【焙▼烙頭巾】ホウロクズキン 日 焙烙の形をした頭巾。僧や医者などが用いた。大黒頭巾。

無

灬8 (12) 1 4421 7121 教4 ブ漢 ム呉 虞 wú ない(な-し)・なし・なくす

筆順 ノ 𠂉 仁 午 缶 冊 無 無 無 無

なりたち [形声]「亡(=なくなる)」と、音「無ブ(=ない)」とから成る。なくなる。

意味 ❶存在しない。…がない。ない。対有。例 無益ムエキ。無限ムゲン。無言ムゴン。❷ないがしろにする。かろんじる。なみする。例 無レ父無レ君、是禽獣也ちちをなみしきみをなみするは、これキンジュウなり(=父や主君を軽んじるのは、鳥やけだものである)。〈孟子・滕文公下〉 無視ムシ。無法ムホウ。❸「なし」と読み、…(が)ない、の意。否定をあらわす。例 君子食無レ求レ飽クンシはショクあくことをもとむるなし(=君子は食事について腹いっぱいになることを求めない)。〈論語・学而〉 ❹「なかれ」と読み、…するな、の意。禁止をあらわす。通毋ブ。例 爾其無レ忘二乃父之志一なんじそれなんじがちちのこころざしをわするるなかれ(=決して父の志を忘れるな)。〈新五代・伶官伝〉 ❺いかなる条件にもかかわりなく。…を問わず。…となく。例 君子無二衆寡一クンシはシュウカとなく(=君子には人民の多い少ないなど関係ない)。〈論語・尭日〉 ❻道教で、万物の根源としての何もない状態。❼⇩【無射】ブエキ

古訓 中古 あぢきなし・いな・いなや・しぬ・すくなし・ないがしろ・なかれ・なし・なみす・ほろぶ・むしろ・むなし 中世 いなや・ないがしろ・なかれ・なし 近世 ないがしろにす・なかれ・なし・なみす

名）

難読 無奈(いかんともするなし)（＝どうしようもない）・無患子(ムクロジ)（＝樹木の名）

【無傷】 一 (なかれ いたむ) 気にするな。かまわない。例 無レ傷也、是乃仁術也(いたむなかれ、これすなわちジンのジュツなり)（＝気になされるな、これこそ仁をおこなう方法である）。〈孟子・梁恵王上〉 二 (ムショウ|きず) ①きずがついていないこと。例 —の中古車。②きずや欠点・失敗などがまったくないこと。▽無疵(きず)。

【無愛想】(ブアイソウ) 日 必要最小限の応対だけで、おせじなどを言わないさま。そっけないさま。例 —な人。

【無射】 一 (ブエキ) ①中国古代の音楽で、十二律の一つ。②陰暦九月の別名。③鐘の名。また、大きな鐘。二 (いとわるるなし) 〔「射」は、嫌われる意〕嫌われることがない。〈詩経・周頌・清廟〉

【無気味】(ブキミ) 日 得体が知れず、気味が悪いさま。不気味(ブキミ)。例 —な声が響く。

【無器用】(ブキヨウ) 日 ①手先の細かい作業が得意ではないさま。②ものごとをうまく処理できないさま。要領が悪いさま。▽不器用(ブキヨウ)。

【無細工】(ブサイク) 日 ①作り上げたものや手先の仕事が下手なさま。②目鼻だちがととのっていないさま。例 —な顔。▽不細工(ブサイク)。

【無沙汰】(ブサタ) 日 〔「沙汰」は、便りの意〕便りをしない。知らせがない。類 無音(ブイン)。例 —をいたす。

【無作法】(ブサホウ) 日 作法にはずれること。行儀が悪いさま。ぶしつけ。不作法(ブサホウ)。例 —な質問。—な食べ方。

【無様】(ブざま) 日 かっこうの悪いこと。見ていて情けなくなるさま。不様(ブざま)。例 —な負け方。

【無似】(ブジ) 〔賢人に似ていない意〕愚か者。自分を謙遜(ケンソン)していうことば。

【無事】(ブジ) ①戦争や天変地異など、特に変わったことがないこと。事故や失敗などのないこと。例 国家無事(コッカブジなり)（＝国は平穏である）。〈史記・平準書〉②することがないさま。例 学堂日無事(ガクドウひびブジなり)（＝学校では毎日することがない）。〈韓愈・秋懐〉③必要のないこと。

【無精】(ブショウ) 日 からだをちょっと動かすことや身だしなみを整えることでも、面倒くさがるさま。おっくうがるさま。不精(ブショウ)。無性(ブショウ)。例 —ひげ。—者(もの)。筆(ふで)—。

【無粋】(ブスイ) 日 人情の機微、世の中の裏表や風流な趣などが理解できないさま。野暮(やぼ)。不粋(ブスイ)。

【無風流】(ブフウリュウ) 日 風流や風情(フゼイ)、また、趣味を理解しないさま。不風流(ブフウリュウ)。

【無用心】(ブヨウジン) ①心を用いない。よく考えない。②日 警戒が不十分なさま。不用心(ブヨウジン)。

【無頼】(ブライ) ①才能がない、役に立たないさま。②無理難題を言って人を困らせるおこない。③頼れるものがなく、どうしようもないこと。④定職につかず、おこないもよくないさま。やくざ。例 —漢。—の徒。—な生活。

【無▼聊】(ブリョウ) 〔「聊」は、楽しむ意〕①心配ごとがあって、楽しくないこと。②貧しくて頼れるものがないさま。③することがなくて、退屈なこと。例 —をなぐさめる。—に苦しむ。

【無礼】(ブレイ) 礼儀にはずれるさま。礼儀を知らない。失礼。例 —者(もの)。—な態度。

【無礼講】(ブレイコウ) 日 席の順位や礼儀などをうるさくいわず、みなでくつろいで楽しむ宴会。

【無▼已】(イム|やむなし) ①果てしがない。②怠ることがない。例 嗟予子行レ役、夙夜無レ已(ああわがこエキにゆく、シュクヤやむことなからん)（＝ああわが子が辺境の守備に出た、朝から夜まで怠けることはないだろう）。〈詩経・魏風・陟岵〉③しかたがない。

【無位】(ムイ) ①〔仏〕限界がないこと。②位階を授かっていないこと。無冠。例 —無官。

【無為】(ムイ) ①何もしないで、ぶらぶらしていること。例 —無策。②儒家の主張で、賢者を任用して政治をおこなうこと。例 無為而治者、其舜也与(ムイにしておさまるものは、それシュンか)（＝〈政治を賢者に任せて〉自分では何もせずに天下が治まったのは、舜だろうか）。〈論語・衛霊公〉③道家の主張で、あるがままにまかせて、人の手を加えないこと。例 —自然。④〔仏〕因縁(インネン)を超越した絶対的真実。対 有為(ウイ)。

【無一物】(ムイチモツ|ムイチブツ) お金や財産などを、何ひとつ持っていないこと。例 火事にあって—だ。

【無逸】(ムイツ) 楽しまない。安逸に流れない。

【無益】(ムエキ|ムヤク|エキなし) 利益がないこと。何のたしにもならないこと。むだ。対 有益。例 終夜不レ寝、以思、無レ益(シュウヤいねず、もっておもうも、エキなし)（＝一晩中寝ないで考えたが、無駄であった）。〈論語・衛霊公〉

【無援】(ムエン) 助けてくれる人がいないこと。例 孤立—。

【無縁】(ムエン) ①かかわりがないさま。無関係。例 権力とは—の人。②〔仏〕死後にとむらってくれる親族などがいないこと。例 —仏(ぼとけ)。

【無音】 一 (ムオン) 音がしないこと。音を出さないこと。例 —構造。二 (ブイン|ブオン) 日（手紙や来訪などの）連絡がないこと。無沙汰(ブサタ)。例 ご—に過ごし失礼しております。

【無我】(ムガ) ①自分本位でないこと。無私。②〔仏〕万物は移りゆき滅びゆくものであって、「我(ガ)（＝不変の実体）」は存在しないという考え方。③日 何かに夢中でわれを忘れること。無心。類 無意識。例 —夢中。

【無害】(ムガイ) ①他のものごとに悪い影響を与えないこと。対 有害。例 人畜—。②災いがない。③曲がったところがない。公平に事を処理する。

【無▼碍】【無▼礙】 〔「碍・礙」は、さえぎる意〕一 (ムガイ) さまたげられないこと。さしさわりがないこと。二 (ムゲ) 〔仏〕自由自在で、何ものにもさまたげられないこと。例 融通(ユウズウ)—。

【無何有▼之郷】(ムカウのさと|ムカユウのキョウ) 何もなく、人の手も加わっていない、広々とした世界。荘子(ソウシ)の説いた理想郷。〈荘子・逍遥遊〉

【無学】(ムガク) ①学問や知識がないこと。②〔仏〕学問をきわめて、もはや学ぶべきものがないこと。また、その人。

【無官】(ムカン) 官職についていないこと。また、その人。対 有官(ユウカン)。例 無位—。

【無冠】(ムカン) ①冠がない。冠をつけない。②日 位についていないこと。無位。③日（力はあるが）地位や肩書きをもたないこと。例 —の帝王（＝権力はないが自由にふるまう人の意で、ジャーナリストのこと）。

【無期】(ムキ) いつ終わるという期限がないこと。また、それを定めないこと。無期限。例 —延期。

【無機】(ムキ) ①自然にまかせる。はかりごとをしない。②日 生命をもたないこと。生活の機能をもたないこと。③日〔化〕「無機物」「無機化合物」の略。▽対 有機。

【無軌道】(ムキドウ) 日 ①線路がない。類 無軌条。例 —電車。②常識をはずれて、でたらめな行動をするさま。例 —な若者たち。

【無休】(ムキュウ) ①やまない。止まらない。②日 やすまずに働くこと。店などが休業しないこと。例 年中—。

【無給】(ムキュウ) 日 給料が支払われないこと。対 有給。

【無窮】(ムキュウ) 果てしない。無限。永遠。例 —の天空。

【無▼彊】(ムキョウ) きわまりない。無窮。

【無極】(ムキョク) ①果てるところのないさま。②老荘思想で、万物の根源。

【無菌】ムキン 日 細菌がいないこと。また、人工的につくりだした、細菌のいない状態。例 ―室。実験用の―動物。

【無▼垢】ムク ①〔仏〕ものごとへの執着などがなく、清らかなこと。②心身にけがれがないこと。例 純真―。③日 まじりものや模様のないこと。例 金―(=純金)の仏像。

【無下】ムゲ 日 ①それより下がないほど、ひどいさま。例 ―な仕打ち。②身分がごく低い。③〔「無下に」の形で〕きっぱりとためらわずに。むやみに。例 たっての頼みを―に断れない。

【無形】ムケイ 見たり触れたりできる、固定したかたちのないもの。対 有形。例 有形―の援助を受ける。

【無稽】ムケイ 〔「稽」は、考える意〕考え方などに根拠がなく、でたらめなこと。例 無稽之言勿レ聴(ムケイのゲンはきくことなかれ)(=根拠のはっきりしない意見はきいてはいけない)。〈書経・大禹謨〉荒唐―(=まったくとりとめがないこと)。

【無芸(藝)】ムゲイ ①つねなし 決まったやり方がない。例 用レ人無レ芸(ひとをもちうるにつねなし)(=人を使うには決まった方法はない)。〈国語・越下〉②きわまりなし 限度がない。例 貪欲無レ芸(タンヨクきわまりなし)(=限りなくむさぼる)。〈国語・晋八〉③日 人に見せるような芸の才能をもたないこと。対 多芸。例 ―大食。

【無欠(缺)】ムケツ 日 欠点や不足なところがないこと。完全であること。例 完全―。

【無血】ムケツ 日 ①血を流さないこと。例 ―手術。②武力を行使しないこと。例 ―開城。

【無限】ムゲン ①制約がない。②数や程度にかぎりがない。果てしなく続く。対 有限。例 ―の可能性を秘めている。

【無限軌道】ムゲンキドウ 日 ブルドーザーや戦車などの、前後の車輪をつないでかけた、ベルト状の装置。キャタピラー。

【無限大】ムゲンダイ 日 ①かぎりなく大きいこと。例 子供の可能性は―だ。②〔数〕変数の絶対値が、どんなに大きい正数よりも大きくなること。記号∞

【無間地獄】ムゲンジゴク 〔仏〕〔古くは「ムケンジゴク」〕八大地獄の一つ。きわめて長いあいだ、絶え間なく苦しみを受けるという地獄。阿鼻地獄(アビジゴク)。

【無故】ムコ ゆえなし ①理由がない。②事故がない。

【無▼辜】ムコ 〔「辜」は、罪の意〕罪がないこと。また、その人。例 ―の民(たみ)。

【無後】ムゴ ①後継者がいない。②遅くはないさま。

【無口】ムコウ/ムくち ことばかずの少ないこと。寡言。寡黙。例 ―だが人に好かれる。

【無行】ムコウ ①乱れていて列をなしていない。②善行がない。品行が悪い。③してはならないおこない。

【無効】ムコウ ききめがないこと。役に立たないこと。対 有効。例 チケットが―になる。―票。

【無告】ムコク 窮状を告げて助けを求めることができない。また、その人。

【無骨】一ムコツ ①人体の骨のない部位。②からだがやわらかくて、なよなよしていることの形容。③字の書きぶりが弱々しいこと。④精髄となる内容のない文章。⑤気概のないさま。二ブコツ 日 ①風流を理解しないこと。風情(フゼイ)のないこと。②礼儀作法をわきまえないこと。スマートでないさま。例 ―なふるまい。▽武骨。

【無根】ムコン ①根がない。②よりどころがない。例 事実―。

【無言】ムゴン/ムゲン ことばを声に出さないこと。ものを言わないこと。例 ―劇(ムゴンゲキ)(=パントマイム)。―で会釈(エシャク)する。

【無罪】ムザイ 〔法〕刑事裁判の判決で、被告人の行為がつみにならないこと。対 有罪。例 ―判決。

【無策】ムサク 解決すべき問題や事柄に対して、適切な対策や計画を立てていないこと。例 無為―。

【無雑】ムザツ まじりけがないこと。例 純一―。

【無差別】ムサベツ ①違いがない。差異がない。②わけへだてをしない。平等。対 差別。例 ―に攻撃する。

【無産】ムサン ①生業のないこと。無職。②財産のないこと。③日「無産階級」の略。資産をもたず、労働で賃金を得て生活する人々の階級。プロレタリアート。▽対 有産。

【無惨】【無残】ムザン 日 むごたらしいこと。いたいたしくて見るにたえないさま。例 ―な姿をさらす。

【無▼慚】ムザン 〔「慚」は、はずかしく思う意〕①〔仏〕悪いことをしても、心に恥じないこと。例 破戒―の悪僧。②日 残酷なこと。乱暴なこと。

【無私】ムシ 自分の利益や個人的感情を、考えに入れないこと。無我。没我。例 公平―。

【無視】ムシ ①目を向けない。見ない。例 無レ視無レ聴(みることなくきくことなし)(=いかなるものをも見たり聴いたりしない)。〈荘子・在宥〉②日 あるものごとに気づいていても、それがないかのようにふるまう。黙殺。例 信号を―する。

【無地】ムジ ①場所や土地がない。②日 布や紙などの全体が一色で、模様がないこと。また、そのもの。例 ―の着物。

【無実】ムジツ ①植物が実らないこと。②内容がともなわないこと。事実でないこと。実体のないこと。例 以二無実之言一誅レ之(ムジツのゲンをもってこれをチュウす)(=事実ではないことばで罪ある者を殺す)。〈管子・明法解〉有名―。③日 証拠となる事実がないのに、罪をおかしたとされること。ぬれぎぬ。冤罪(エンザイ)。

【無慈悲】ムジヒ (弱い立場の人に対して)思いやりやあわれむ気持ちのないさま。冷酷。例 ―な仕打ち。

【無邪気】ムジャキ ①漢方医学で、病気の原因となる悪い気がないこと。②日 すなおであどけないこと。悪気がないさま。天真爛漫(テンシンランマン)。例 ―ないたずら。③日 ものごとを深く考えないさま。例 真相を知らず―に喜ぶ。

【無臭】ムシュウ くさみやにおいがないこと。例 無味―。

【無住】ムジュウ 〔仏〕①何ものにも依拠しないこと。②寺に住職がいないこと。また、その寺。

【無宿】ムシュク 日 ①住む家のないこと。また、その人。やどなし。②江戸時代、人別帳から除かれること。また、その人。

【無性】一ムショウ ①〔仏〕仏となる素質がないこと。②実体がないこと。③日〔「無性に」の形で〕むやみに。感情をおさえられないほどいちずに。例 ―に会いたい。二ムセイ 〔生〕雌雄の区別がないこと。例 ―生殖。三ブショウ 日「無精(ブショウ)」に同じ。

【無償】ムショウ 日 ①一定の仕事や行動に対して、何も報いられないこと。例 ―奉仕。―の愛。②代金や代価を必要としないこと。無料。例 教科書を―で与える。▽対 有償。

【無上】ムジョウ ①この上もないこと。最上。最高。例 尊無上矣(とうときことムジョウなり)(=この上なく尊いものだ)。〈荀子・君子〉②かみをなみす 上位の者をないがしろにする。

【無状】ムジョウ ①形がない。②目立ったおこないや功績がない。③礼儀を欠いている。④そのありさまを表現できない。⑤不手際。自分を謙遜(ケンソン)していう。

【無常】ムジョウ ①変化して定まらないこと。例 民心無常(ミンシンはムジョウなり)(=民の心は変化して定まることがない)。〈書経・蔡仲之命〉②〔仏〕この世の中のあらゆるものは移り変わり、同じ状態のままではないということ。また、人の命ははかないということ。対 常住。例 万物無常(バンブツムジョウなり)(=すべてのものは移り変わる)。〈牟融・理惑論〉―観。諸行(ショギョウ)―。③人の死の婉曲(エンキョク)表現。

【無情】ムジョウ ①まことなし 真実がない。まことでない。例 無レ情者、不レ得レ尽二其辞一(まことなきものをして、そのジをつくすをえざらしむ)(=誠の心のない者がいくら弁解しようにもできないようにする)。〈大学〉②思いやりや情け心のないこと。非情。薄情。例 斉人多ㇾ詐而無情（=斉の人はうそが多く、人情がない）。〈漢書・公孫弘伝〉 ―の雨。③〔仏〕心や精神や感情のはたらきをもたないこと。

【無色】ムショク ①色がついていないこと。例 ―透明。②日 考え方や立場がかたよっていないこと。例 政治的に―だ。

【無職】ムショク 決まった仕事についていないこと。対 有職。

【無心】ムシン ①意図的、計算的でない。例 雲無心以出ㇾ岫（=雲は自然のままに山中の岩穴からわき出ている）。〈陶淵明・帰去来辞〉 ②〔仏〕何ものにもとらわれないこと。虚心。③日 人にものをねだる。例 金を―する。

【無人】 一 ムジン ①すぐれた人材がいない。②人がいない。例 ―島。 二 ブニン 日 人手が足りない。人が少ない。

【無尽】ムジン ①いくらでもあって、なくならないこと。例 ―灯。②日「無尽講ムジンコウ」の略。組合員全員が定期的にかけ金を出し、くじなどで順番にその金を借り、全員に行きわたるまでおこなうもの。頼母子講たのもしコウ。

【無尽蔵】ムジンゾウ 〔仏教で、つきることなくはたらく仏法の功徳ドクの意〕（財宝や資源などが）いくらとってもなくならないこと。例 是造物者之無尽蔵也（=これが造物主の尽きることない懐の広さなのだ）。〈蘇軾・赤壁賦〉

【無数】ムスウ ①かぞえきれないほど多いこと。②定まった数がないこと。

【無声】ムセイ ①声や音のないこと。例 聴ㇾ之無ㇾ声（=どんなに耳を澄ましてもその音が聞こえない）。〈荘子・知北遊〉 ―映画。②〔言〕発音するとき声帯が振動しないこと。

【無声音】ムセイオン 日 [f][k][p][s][t]のように、声帯を振動させずに発音する音。対 有声音。

【無勢】 一 ムセイ 勢力や権力がないこと。 二 ブゼイ 人数が少ないこと。対 多勢ゼイ。例 多勢に―。

【無生物】ムセイブツ 日 生命がなく、生活するはたらきをもたないもの。水や石など。対 生物。

【無籍】ムセキ ①税を納めないこと。また、税を徴収しないこと。例 故万民無ㇾ籍而国利帰二于君一也（=これによって、人民は租税を徴収されず、しかも国の利益は君主の手に入ることになる）。〈管子・国蓄〉 ②ならずもの。③日 国籍や戸籍、また、学籍などがないこと。

【無銭】ムセン 日 ①金銭を持たないこと。例 ―旅行。②料金を支払わないこと。例 ―飲食。

【無線】ムセン 日 ①電線を引かないこと。また、用いないこと。対 有線。例 ―操縦。②「無線電信」の略。電波を使っておこなう通信。

【無前】ムゼン ①前方に敵対する者がいないさま。②前例がないさま。

【無双】ムソウ ①二つとないこと。並ぶもの、くらべるものがないほどすぐれているさま。無比。無二。無類。例 天下無双（=天下に並ぶものがない）。〈史記・李将軍伝〉 ②日 衣服や器具などの表裏が同じつくりであること。例 ―に仕立てる。

【無想】ムソウ ①夢にも思わない。②〔仏〕心に何も思いうかべないこと。無心。例 無念―。

【無造作】【無雑作】ムゾウサ 日〔「造作」は、手をかけてつくる意〕①簡単なこと。例 ―にやってのける。②よく考えないで気軽におこなうこと。例 ―に引き受ける。

【無他】ムタ ⇩【無ㇾ他】なし（61ジペー）

【無駄】ムダ 日 やったことに見合うだけの効果を生まないこと。役に立たないさま。例 ―な努力を重ねる。

【無体】ムタイ ①形のないこと。また、決まった形式のないこと。例 ―物ブツ。―財産権（=著作権・特許権など）。②日 道理にあわないさま。無理。無法。例 ―な要求。③日 ないがしろにする。

【無題】ムダイ ①作品の題がないこと。②前もって題を決めずに詩歌を作ること。また、その詩歌。

【無断】ムダン ①ものごとを思いきりよく決断しない。例 戒二於無断一（=決断をひきのばすことを戒める）。〈漢書・匡衡伝〉 ②日 前もって知らせておいたり許可を得たりしないで、勝手にすること。例 ―欠席。―で持ち出す。

【無知】【無▼智】ムチ ①知覚がないこと。②知識のないこと。また、おろかで知恵のないこと。例 吾有ㇾ知乎哉、無知也（=私が（特に何か）知っていることがあるだろうか、格別何か知っているわけではない）。〈論語・子罕〉 ―蒙昧モウマイ。③配偶者がいないさま。

【無恥】ムチ はずかしいと思わないこと。恥知らず。例 厚顔―。

【無茶】ムチャ 日 ①すじみちの立たないこと。②度が過ぎるさま。無謀。無鉄砲。例 ―な注文。

【無賃】ムチン 日 料金を支払わないこと。また、料金のいらないこと。ただ。例 ―乗車。

【無手勝流】ムてかつリュウ 日 ①戦わずに、また、力でなく策によって勝つ方法。〔戦国時代の剣豪、塚原卜伝ボクデンが船中で勝負をいどまれたとき、相手だけを陸に上げて船を出し、「戦わずして勝つが無手勝流だ」と言った故事による〕②自己流のやり方。自分勝手な方法。

【無敵】ムテキ きそい合う相手がまったくないほど強いこと。例 ―艦隊。

【無鉄砲】ムテッポウ 日 あと先をよく考えずに行動するさま。向こう見ず。無茶。無謀。例 ―な連中。

【無道】ムドウ／ブドウ ①社会や政治が腐敗し乱れているさま。例 天下無道（=天下に正しい政道がおこなわれていない）。〈論語・季氏〉 ②道徳に反すること。道理に合わない考え方や行動。非道。また、その人。例 如殺二無道一以就二有道一、何如（=もし無法者を殺して有徳者を重く用いたとすれば、いかがでしょう）。〈論語・顔淵〉 悪逆―。

【無毒】ムドク 毒のないこと。対 有毒。例 ―のヘビ。―の茸きのこ。

【無頓着】ムトンジャク／ムトンチャク 〔「頓着」は、気にかける意〕ものごとにこだわらないこと。また、他人がどう思うかということを気にかけないさま。例 服装に―な人。

【無難】 一 ムナン ①災いがない。②困難がない。 二 ブナン ①とりたてていいと言えるほどでもないが、悪くもないさま。例 ―な仕上がり。②どちらかといえばまちがいがないさま。安全。例 予約しておいた方が―だ。

【無二】ムニ ①二つとない。並ぶもの、あるいは、同じものがほかにないこと。無双。無類。例 人臣無二（=臣下として並ぶものがいない）。〈漢書・谷永伝〉 ―の親友。②二心がないこと。

【無二無三】ムニムサン ①〔仏〕成仏の道は、二、三がなく、ただ一つだけの意。②日 わきめもふらず。ひたすら。一心不乱。

【無念】 一 ムネン ①〔仏〕迷いを捨てて無我の境地にはいること。②日 くやしいさま。残念。例 ―な最期ゴ。 二 おもうことなからんや 思い出すことがないだろうか、いやきっとある。忘れてはならないの意。例 無ㇾ念二爾祖一（=あなたの祖先を忘れてはならない）。〈詩経・大雅・文王〉

【無念無想】ムネンムソウ ①〔仏〕無我の境地にはいり、何も思いうかべないこと。無心。例 ―の境地。②考えるべきことを考えないこと。思慮がないこと。

【無能】ムノウ 能力や才能がないこと。役に立たないさま。

㋟有能。例君子病㆑無㆑能焉（くんしはノウなきをやむ）(=立派な人物は自分が無能力であることを気にやむ)。〈論語・衛霊公〉

【無比】ムヒ　ほかにくらべるものがないほどすぐれていること。無双。無二。無類。例正確―の時計。

【無筆】ムヒツ　読み書きができないこと。また、その人。無学。文盲(モンモウ)。

【無風】ムフウ　①風がないこと。②日ほかからの影響や混乱を受けないこと。例―選挙区。

【無病】ムビョウ　病気にかからないこと。健康。例―息災(ソクサイ)。

【無文】ムブン｜ムモン　①文字による記載がない。書物に書いてない。②ことばや文章にいろどりがないこと。③模様がないこと。無地。例―の白旗(しらはた)。④日(和歌や俳句、また能楽などで)一見、飾りけがないが、実は深い味わいがあること。

【無分別】ムフンベツ　①区別がない。②日道理をわきまえないさま。よく考えずに行動するさま。例―をするものではない。

【無辺】ムヘン　限りないこと。果てしなく広々としていること。例無辺落木蕭蕭下（ムヘンのラクボクショウショウとしてくだる）(=果てしなく続く林からは落ち葉のものさびしい音がしている)。〈杜甫・登高〉

【無辺際】ムヘンザイ｜ムヘンサイ　限りのないこと。果てしなく広いこと。無限。例仏の慈悲は―だ。

【無偏無党(黨)】ムヘン｜ムトウ（ヘンなく｜トウなし）　一方にかたよらず、公平である。〈書経・洪範〉

【無方】ムホウ　①一定の決まりや方向のないさま。②限りがないさま。③勝手気ままなさま。放縦。

【無法】ムホウ　①法律や制度がないこと。また、法律があっても守られていないこと。例―地帯。②限度をこえて、むちゃくちゃなこと。乱暴なさま。例―者(もの)。―な行為。

【無妄】ムボウ｜ムモウ　⇩【无妄】ボウ（615ページ）

【無望】ムボウ　①希望のないさま。②限りがないさま。

【無謀】ムボウ　①策がない。計画性がない。②結果を考えずに行動するさま。無鉄砲。無茶。例―な運転。

【無味】ムミ　①あじがないこと。例淡乎其無味（タンコとしてそれムミなり）(=淡くて味がない)。〈老子・三五〉―無臭。②おもしろみや、あじわいがないこと。

【無味乾燥】ムミカンソウ　日内容や表現におもしろみも、あじわいもないさま。例法律の条文のように―だ。

【無名】ムメイ　①名称がないこと。また、名前がわからないこと。②世間に知られていないこと。㋟有名。例不㆑患㆓無㆒名（ムメイをうれえず）(=名声がないことを気にしない)。〈国語・晋二〉③正当な理由がないこと。例殺㆑之無名（これをころすはムメイなり）(=これを殺すことに正当な理由がない)。〈史記・淮陰侯伝〉④道家で、天地がまだ形成されていない状態。例無名天地之始（ムメイはテンチのはじめなり）(=無名とは天地の始まりをいう)。〈老子・一〉

【無名氏】ムメイシ　名前のわからない人を示すために、その人の名前のように用いることば。例―に道を聞かれた。

【無名指】ムメイシ　手の第四指。くすりゆび。なしゆび。

【無明】一ムメイ　目が見えない。二ムミョウ　(仏)真理に暗いこと。さまざまな煩悩の根源。例―長夜(チョウヤ)(=真理に目覚めがたいことのたとえ)。

【無銘】ムメイ　日刀剣・書画・器物などに作者の名前がはいっていないこと。また、その作品。㋟在銘。

【無闇】【無暗】むやみ　日①善悪やあとさきを考えないこと。例―に言いふらす。②限度をこえていること。

【無用】ムヨウ　①役に立たないこと。㋟有用。例―の長物(チョウブツ)(=あるとかえってじゃまなもの)。②用事や必要がないこと。例問答―。心配ご―。③日ある行為を、してはならないと禁じることば。例天地―(=上下を逆さまにするな)。

【無用▼之用】ムヨウのヨウ　役に立ちそうもないと思えるものが、実は役に立つものであるということ。例人皆知㆓有用之用㆒而莫㆑知㆓無用之用㆒也（ひとみなユウヨウのヨウをしりて、ムヨウのヨウをしるなし）(=人はみな有用なものが役立つことは知っているが、無用なものが役に立つことを知らない)。〈荘子・人間世〉

【無▼恙】ムヨウ｜つつがなし　心配がない。無事である。

【無庸】ムヨウ　功績もなく役立たずで、才能が平凡である。凡庸。

【無欲】【無▼慾】ムヨク　ほしがる気持ちがないこと。例―の勝利。大欲は―に似たり。

【無理】ムリ　①道理に合わないこと。例―を通す。②強いて。強引に。例―に追いこす。③むずかしいさま。できないさま。例―な相談。

【無理無体】ムリムタイ　日すじの通らないことや相手の意思に反することを、強いてするさま。例―なことを言う。

【無理解】ムリカイ　ものごとの意味や道理、人の気持ちや都合がわからないこと。例周囲の―を気にしない。

【無慮】ムリョ　①深く考えない。②心配しないさま。例澹然無慮（タンゼンとしてムリョ）(=安らかで憂えることをしない)。〈淮南・原道〉③だいたい。およそ。〔非常に数が多いことを、おおまかに示すことば〕例今反虜無慮三万人（いまハンリョはムリョサンマンニンなり）(=今反逆者は、およそ三万人である)。〈漢書・馮奉世伝〉

【無両】ムリョウ　二つとない。無二。

【無料】ムリョウ　日料金がいらないこと。ただ。㋟有料。例―駐車場。入場―。

【無量】ムリョウ　限りなく大きくて、はかりしれないこと。㊫無代(ムダイ)。例―劫(ゴウ)(=限りなく長い時間)。感―。

【無量寿】ムリョウジュ　(仏)〔寿命が無限にあるところから〕阿弥陀仏(アミダブツ)の別名。無量寿仏。

【無力】ムリョク　何かをするのに必要な能力や資力、権力などがないこと。㋟有力。

【無類】ムルイ　ほかにくらべるものがないこと。ならぶものがないこと。無比。無双。無二。

【無漏】ムロ　(仏)漏(=けがれ)が少しもない。煩悩のないさま。

【無論】ムロン｜ロンなし　論ずるまでもなく。言うまでもなく。勿論(モチロン)。例不㆑知㆑有㆑漢、無㆑論㆓魏晋㆒（カンのあるをしらず、ギシンはロンなし）(=漢王朝があったのを知らず、魏晋は言うまでもない)。〈陶淵明・桃花源記〉―(ムロン)よくわかっている。

●有無(ウム)・皆無(カイム)・虚無(キョム)・絶無(ゼツム)

【煉】火8(12)　⇩煉レン（838ページ）

煒

火9(13)　③8754　7152

一イ(ヰ)漢　尾 wěi　二キ(クヰ)漢　微 huī

意味 一 輝くように赤い。あか。例煒管(イカン)(=筆の美称)。二 光り輝く。かがやき。通輝。例煒煌(キコウ)(=光り輝くさま。華やかなさま)。

【煒▼曄】【煒▼燁】キヨウ　①明らかなさま。わかりやすいさま。②光り輝くさま。③盛んなさま。

煜

火9(13)　③8755　715C

イク漢　屋 yù

意味 光り輝く。例煜煜(イクイク)。煜明(イクメイ)(=あかり)。参考 李煜(リイク)(=五代十国、南唐の最後の君主)。

【煜煜】イクイク　光るさま。明るく輝くさま。

煙

火9(13)　①1776　7159　常用

エン(ヱン)漢呉　先 yān

けむる・けむり・けむい(けむ-し)

【煙】火9(13)　――　旧字体。

【烟】火6(10)　②6361　70DF　別体字。

【𤇆】火5(9)　④7965　241C6　俗字。

筆順 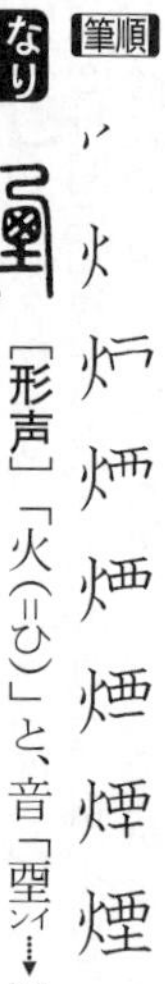

なりたち 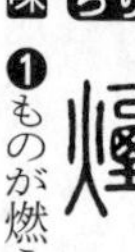 [形声]「火(=ひ)」と、音「垔イン→エン」とから成る。火が燃えて立ちのぼるけむり。

意味 ❶ものが燃えるときに立ちのぼる気体や微小な固体。けむり。けむる。例 煙火エンカ。煙突エントツ。狼煙ロウエン(=のろし)。❷けむりのようなもの。かすみ。もや。例 煙霞エンカ。煙霧エンム。雲煙ウンエン(=雲と、かすみ)。❸けむりに含まれる黒い粉。すす。例 松煙ショウエン(=松の木を燃やして作ったすす。墨の原材料)。❹タバコ。また、阿片アヘン。例 煙草エンソウ。喫煙キツエン。

古訓 中古 かまど・けぶり・もゆ 中世 かまど・けぶり・けむり 近世 けぶり・けむり

【煙雨】エンウ 細かくてけむっているように見える雨。霧雨きりさめ。

【煙火】エンカ ①飯を炊く、かまどのけむり。炊煙。人煙ジンエン。例 煙火万里エンカはバンリなり(=各家のかまどの煙が万里にたなびいた)。〈史記・律書〉 ②道家で、火で煮た食事。熟食。③のろし。烽火ホウカ。④神仏や祖先に供える線香。⑤花火。

【煙花】エンカ ①霧やもやの中の花。②もやかすみにつつまれた春の花。転じて、遠くかすんだ春の景色をいう。例 煙花三月下二揚州一エンカサンガツヨウシュウにくだる(=《わが友は》春がすみたなびく三月、遠く揚州へ下っていく)。〈李白・黄鶴楼送孟浩然之広陵〉 ③妓女ギジョ。

【煙▼霞】エンカ ①もやと、かすみ。また、そのためにぼんやりと見える景色。②山水の景色。

【煙▼霞▼痼疾】エンカのコシツ 自然を深く愛して旅を楽しむ習癖。また、隠居して自然を友とすること。〈新唐・田游巌伝〉 類 煙霞癖エンカのヘキ。

【煙海】エンカイ ①もやが立ちこめてぼんやり見える海。②数の多いことの形容。煙霏エンピ。例 —のごとし。

【煙害】エンガイ 日 工場の排煙、山火事、火山のけむりなどが、人畜・農作物・山林に与える損害。

【煙管】エンカン 一 けむりを通すくだ。類 煙筒。例 —ボイラー。二 キセル ①刻みタバコを吸う道具。②日 (「①」は、途中は竹で両端だけに金属を使っていることから) 鉄道で、乗車から下車までの、途中の一部を無賃乗車する不正行為。キセル乗車。

【煙景】エンケイ かすみにつつまれた春の景色。

【煙硝】エンショウ 日 ①もと、火薬の別名。おもに黒色火薬をいう。②硝酸カリウムの別名。硝石。▽焔硝エンショウ。

【煙▼塵】エンジン ①けむりと、ちり。②煙突のけむりに含まれている、ちり。③戦場に巻き上がる砂けむり。また、戦乱。

【煙▼燼】エンジン ①けむりと燃えかす。②滅びゆくもののたとえ。

【煙草】一 エンソウ かすみがたなびいている草原。二 タバコ 南アメリカ原産のナス科の一年草。また、その葉を乾燥させて加工し、火をつけてけむりを吸うもの。莨タバコ。例 巻き—。

【煙毒】エンドク ①アヘンの毒。②日 工場の煙突から出るけむりに含まれている有毒物質。

【煙突】エントツ けむりを外に出すための、長い筒。煙出けむだし。

【煙波】エンパ 川や湖の水面が、かすんでけむりのように見えること。例 煙波江上使二人愁一エンパコウジョウひとをしてうれえしむ(=かすみが立ちこめる長江の水面は人を憂いにさそう)。〈崔顥・黄鶴楼〉

【煙▼霏】エンピ ①雲やもやが立ちこめる。②数の多いことの形容。煙海。

【煙幕】エンマク 日 戦場で、味方の姿をかくすために発生させるけむり。例 —を張る。

【煙霧】エンム ①けむりと、きり。けむりのように流れる薄いきり。②薄く透けて見える織物。紗羅サラ。③日 工場から出たけむりや自動車の排気ガスなどが結合して生じた、空気のよごれ。スモッグ。

【煙滅】エンメツ けむりのようにあとかたもなく消える。〔「湮滅インメツ」の誤用から〕

●喫煙キツエン・禁煙キンエン・水煙スイエン|みずけむり・土煙つちけむり・噴煙フンエン

[焔] 火9(13) ⇩焔エン(830ページ)

煆 火9(13) 3 8750 7146 カ 漢 麻 xiā

意味 火気が強い。

煥 火9(13) 2 6369 7165 カン(クヮン) 漢 呉 翰 huàn あき-らか・かがや-く

意味 火の光が広がり輝く。かがやく。また、そのさま。あきらか。例 煥乎カンコ。煥発カンパツ。

【煥▼乎】カンコ 光り輝くさま。例 煥乎其有二文章一カンコとしてそれブンショウあり(=光り輝くばかりの文化が生まれた)。〈論語・泰伯〉

【煥発】カンパツ 外面に輝きあらわれる。例 才気—。参考「渙発カンパツ」は、詔勅ショウチョクが下されること。

[熙] 灬9(13) ⇩熙キ(838ページ)

[煇] 火9(13) ⇩輝キ(1290ページ)

煦 灬9(13) 2 6372 7166 ク 漢 遇 xù あたた-か・あたた-める(あたた-む)

意味 ❶あたたかい。あたためる。❷あたたかく、はぐくむ。また、恩恵。めぐみ。例 煦育クイク。

【煦育】クイク あたためるように育てる。はぐくむ。

【煦▼嫗】クウ ①あたため育てる。②温暖なさま。

【煦煦】クク ①慈しみかわいがるさま。②愛想がよく、穏やかなさま。③ぽかぽかとあたたかいさま。

煢 火9(13) 2 6373 7162 ケイ 漢 キョウ(キャウ) 呉 庚 qióng うれ-える(うれ-ふ)・ひとり・やもめ

[𤇾] 火7(11) 4 7980 3DC0 俗字。

意味 ❶身寄りのない、ひとりもの。ひとり。やもめ。通 惸ケイ。例 煢独ケイドク。❷うれえる。

【煢独】ケイドク 〔「煢」は兄弟のないこと、「独」は子のないこと〕身寄りのない人。惸独ケイドク。

煊 火9(13) 4 7984 714A ケン(クェン) 漢 元 xuān

意味 火であたたかい。あたたか。通 暄ケン。

煌 火9(13) 2 6374 714C 人 コウ(クヮウ) 漢 陽 huáng かがや-く・きらめ-く

なりたち  [形声]「火(=ひ)」と、音「皇コウ」とから成る。かがやく。

意味 きらきら光る。明るい。かがやく。きらめく。例 煌煌コウコウ。

古訓 中古 あきらかに・いたむ・かかやく・ひ・ひかる 中世 てらす・ひかり 近世 かかやく・ひかり

人名 あき・あきら

【煌煌】コウコウ ①まぶしいほど明るいさま。きらきら光るさま。例 —と照らす。②名声などが高く輝かしいさま。③光るように美しいさま。

[煞] 灬9(13) ⇩殺サツ(734ページ)

[煮] 灬9(13) ⇩煮シャ(830ページ)

[煑] 火9(13) ⇩煮シャ(830ページ)

照

火9 (13) 1 3040 7167 教4

ショウ(セウ) 漢 呉 嘯 zhào

てる・てらす・てれる・てり

筆順 ⺆ 日 日ᄀ 旫 昭 昭 昭 照 照

なりたち [形声]「灬(=ひ)」と、音「昭ショウ(=あきらか)」とから成る。明るくてらす。

意味 ❶光が当たって明るくなる。明るくする。てる。てらす。例 照射ショウシャ。照明ショウメイ。❷てらしあわせる。例 照合ショウゴウ。対照タイショウ。❸日光。例 残照ザンショウ。❹明らかに。はっきりと。例 照覧ショウラン。❺写ったかげ。写真にうつす。例 照影ショウエイ。

日本語での用法 《てれる》「照れ隠し・照れ臭い」▼顔が赤くなるのを感じる。恥ずかしがる。

古訓 中古 あきらかなり・あり・かがみる・てらす・てる・とし・ひかり 中世 あきらか・てらす・てる・なまめく・ひかり・ほろぼす 近世 あきらか・てらす・てる・ともしび・ひ

人名 あき・あきら・あり・とし・のぶ・ひかる・ひろ・みち・みつ

【照映】ショウエイ てりはえる。てらす。

【照影】ショウエイ 絵や写真などの像。肖像。

【照応】ショウオウ ①協力する。共同する。②呼応する。引き立つ。例 文章の前後が—しない。

【照会】ショウカイ ①てらしあわせて考える。②役所間でやりとりされる公文書。③わからない点を問い合わせて明らかにする。例 参加資格を—する。

【照合】ショウゴウ くらべあわせて内容があっているかどうか調べる。例 原文と—する。

【照査】ショウサ てらしあわせて調べる。

【照射】ショウシャ ①日光がてりつける。②光線や放射線などを当てる。例 飛行機にサーチライトを—する。

【照準】ショウジュン 日 ①銃や大砲のねらいを定めること。例 —を合わせる。②目標を定めること。

【照度】ショウド 日 〔物〕光を受けた面の明るさの程度。単位面積が単位時間に受ける光の量。単位は、ルクス。記号 lx

【照破】ショウハ ①すべてをてらし出す。②〔仏〕仏の知恵の光が、衆生シュジョウの無明ムミョウの闇やみをてらすこと。

【照明】ショウメイ ①光を当てて明るくする。②日 舞台や撮影の効果を高めるために使う光線。

【照覧】ショウラン ①はっきりと見る。②神仏がごらんになる。例 神々もご—あれ。

【照臨】ショウリン ①上の方から四方をてらす。②天子が天下を治める。君臨。③貴人の来訪を敬っていうことば。

●観照カンショウ・参照サンショウ・残照ザンショウ・自照ジショウ・対照タイショウ・日照ニッショウ

煎

灬9 (13) 1 3289 714E 常用

セン 漢 先 jiān

いる・に-る

[煎] 灬9 (13) 俗字。

筆順 丷 䒑 艹 前 前 前 前 煎

なりたち [形声]「灬(=ひ)」と、音「前セ」とから成る。乾かすように火にかける。

意味 ❶ほどよくあぶる。いる。例 煎餅センベイ。焙煎バイセン。❷煮て成分を出す。せんじる。にる。例 煎茶センチャ。煎薬センヤク。❸精練する。また、溶けて消える。❹いらだつ。また、いじめる。例 煎督セントク。

古訓 中古 いる・にる 中世 あぶる・いる・にる・ゆびく 近世 いる・につめる・にる

難読 煎海鼠いりこ

【煎汁】センジュウ 薬草などの成分を煮出した汁。せんじた汁。

【煎茶】センチャ ①湯でせんじ出して飲む茶の葉。また、湯でせんじ出した茶。②日 緑茶の一種。茶葉の新芽を精製したもの。

【煎督】セントク 厳しく催促する。

【煎餅】センベイ 小麦粉や米の粉を水で練ってのばし、焼いた菓子。

【煎薬】センヤク せんじ出して飲む薬。せんじぐすり。

【煎和】センワ 煮て味を調える。

煠

火9 (13) 3 8756 7160

ソウ(サフ) 漢 洽 zhá

いた-める(いた-む)

意味 熱湯や油で調理する。ゆでる。あげる。いためる。通 炸ソ。

煓

火9 (13) 4 7985 7153

タン 漢 寒 tuān

意味 火が盛んに燃えるさま。

煖

火9 (13) 2 6375 7156

ダン 漢 ナン 呉 旱 nuǎn

意味 (火で)あたためる。あたたかい。通 暖。例 煖房ダンボウ。煖炉ダンロ。

【煖衣飽食】ダンイホウショク あたたかい衣服と十分な食物。衣食に不自由のない、ぜいたくな生活。暖衣飽食。〈墨子・天志中〉

【煖房】ダンボウ ①新居をかまえたとき、親戚シンセキや友人がおこなう宴会。②あたためた部屋。また、部屋をあたためる。▽暖房。

【煖炉】ダンロ ①火をたいて部屋をあたためる装置。②冬にいろりを囲んで酒盛りをすること。▽暖炉。

煤

火9 (13) 1 3965 7164 人

バイ 漢 灰 méi

すす・すす-ける(すす-く)

なりたち [形声]「火(=ひ)」と、音「某ボ」とから成る。すす。

意味 ❶煙に含まれる黒い粉。すす。例 煤煙バイエン。煤払すすはらい。❷墨すみ。〔すすを使って墨を作ることから〕❸石炭。例 煤炭バイタン(=石炭)。

古訓 中古 かまのあか・すす・すび 中世 すす・へすび・へすみ 近世 すす・すみ・ほこり

【煤竹】すすたけ 日 ①すすけて赤黒い色になった竹。②大掃除のとき、すす払いに使う、枝葉のついたままの竹。

【煤煙】バイエン ①石炭を燃やしたときに出るすすとけむり。②すすを多く含むけむり。すすけむり。

【煤▼塵】バイジン 鉱業や工業の現場で生じる、煙やほこりに含まれているこまかい粒子。

煩

火9 (13) 1 4049 7169 常用

ハン 漢 ボン 呉 元 fán

わずらう(わづら-ふ)・わずらわす(わづら-はす)・わずらわしい(わづら-はし)・うるさい(うるさ-し)

筆順 丶 火 灯 炘 烦 煩 煩 煩

なりたち [会意]「頁(=あたま)」と「火(=やける)」とから成る。熱があって頭痛がする。

意味 ❶頭が熱くて痛む。苦しみ悩む。いらいらする。わずらう。例 煩悶ハンモン。煩悩ボンノウ。❷面倒をかける。わずらわす。例 若亡レ鄭而有レ益二于君一、敢以煩二執事一(もしテイをほろぼしてきみにエキあらば、あえてもってシツジをわずらわせん)(=もし鄭を滅ぼしてそれがご主君の利益になるのでしたら、執事(=相手の役職、ここではあなた)にご面倒をおかけしましょう)。〈左伝・僖三〇〉 ❸ごたごたして面倒な。わずらわしい。例 煩瑣ハンサ。煩雑ハンザツ。

古訓 中古 いたづかはし・つかる・なやます・なやむ・わづらはし・わ

づらひ・わづらふ 中世 いたはし・しげし・つかるる・わづらひ・わづらふ 近世 あつし・つかるる・もだえる・やける・わづらはし・わづらはす・わづらふ

【煩▼冤】ハンエン ①風がめぐって吹くさま。②もだえ苦しむ。うらむ。例 新鬼煩冤旧鬼哭シンキはハンエンしキュウキはコクす(=死んだばかりの霊魂は(死を)うらみもだえ、古い霊魂は大声をあげて泣いている)。〈杜甫・兵車行〉

【煩苛】ハンカ わずらわしく、厳しすぎる。また、そのような法律。

【煩簡】ハンカン ①面倒なことと手軽なこと。②忙しいことと、ひまなこと。▽繁簡。

【煩言】ハンゲン ①怒りや不満のことば。②くだくだしいことば。

【煩▼囂】ハンゴウ うるさい。騒々しい。

【煩▼瑣】ハンサ こまごまとしてわずらわしいさま。煩砕。類 煩細。例 手続きが―だ。

【煩砕】ハンサイ 「煩瑣ハンサ」に同じ。

【煩雑】ハンザツ こみいって、まとまりがつかないさま。面倒なさま。わかりにくいさま。繁雑。煩瑣ハンサ。対 簡素。例 ―な事務。

【煩冗】ハンジョウ わずらわしく手間がかかる。

【煩▼擾】ハンジョウ ①ごたごたして乱れている。②かき乱す。手間をかける。

【煩辱】【煩▼縟】ハンジョク ①わずらわしく、めんどうである。②こまごました忙しいことで人に使われる。

【煩想】ハンソウ わずらわしい思い。雑念。

【煩多】ハンタ 面倒なことが多く、わずらわしいこと。わずらわしく感じるほど多いこと。繁多。

【煩文】ハンブン ①必要でない文字。また、ごたごたした文章。繁文。②こまごました儀式や法規。

【煩法】ハンポウ|ボウ わずらわしい法律や規約。

【煩忙】ハンボウ 非常にいそがしいこと。繁忙。多忙。例 ―をきわめる。

【煩▼悶】ハンモン 心がうれえて、苦しみもだえる。苦悶。例 日夜ひとり―する。

【煩憂】ハンユウ ごたごたした心配ごと。例 乱二我心一者今日之日多二煩憂一わがこころをみだすものはきょうのひにしてハンユウおおし(=我が心を乱すのは今日の日で、心配がすこぶる多い)。〈李白・宣州謝朓楼餞別校書叔雲〉

【煩乱】ハンラン ごたごたしてみだれる。乱雑なさま。

【煩慮】ハンリョ あれこれ思いわずらうこと。また、わずらわしく、面倒なこと。

【煩累】ハンルイ ①邪魔する。わずらわす。面倒をかける。②日 わずらわしいこと。うるさいこと。例 ―をおよぼす。

【煩礼】ハンレイ わずらわしい礼儀作法。繁礼。

【煩労】ハンロウ ①働きすぎて疲労する。②心をわずらわせ、くたびれること。また、面倒な苦労。

【煩悩】ボンノウ ①仏 心身をまどわせ、悩ませるすべての欲望。心の迷い。例 ―即ソク菩提ボダイ(=煩悩こそがそのまま悟りである)。②うれい悩むこと。苦悶クモンすること。

煬 火9(13) 2 6376 716C

一ヨウ(ヤウ)漢 漾 yàng 二ヨウ(ヤウ)漢 陽 yáng あぶ-る・て-らす

意味 一 ❶火であぶる。あぶる。やく。❷火にあたる。❸諡おくりなに用いる字。例 煬帝ヨウダイ(=隋ズイの二代皇帝)。二 火で金属をとかす。

煉 火9(13) 1 4691 7149 人

レン漢 霰 liàn ね-る

[煉] 火8(12) 俗字。

なりたち 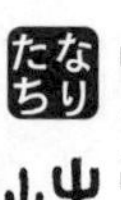 [形声]「火(=ひ)」と、音「柬カン→レン」とから成る。金属を溶解して精錬する。

意味 ❶鉱石を火でとかして不純物を取り除き、質をよくする。ねる。通 錬。例 精煉セイレン。❷練りかためる。通 錬。例 煉瓦ガレン。煉丹レンタン。煉炭レンタン。

古訓 中世 きたふ・ねる 近世 きたふ・ねる

【煉瓦】レンガ 日 粘土と砂などをまぜ、直方体にかためて焼いた、赤茶色の建築材料。例 ―色。―造り。

【煉獄】レンゴク カトリックで、死者の霊魂が火に焼かれることによって、生前の罪が清められるとする場所。天国と地獄のあいだにあるという。

【煉丹】レンタン ①道士の術で、不老不死の仙薬を作る。また、そのくすり。②気を丹田タンデンに集めて精神統一すること。例 ―の術。③ねりぐすり。

【煉炭】レンタン 日 石炭や木炭の粉を練りかためた燃料。普通円筒形で、縦に十数個の穴があいている。練炭。

【煉乳】レンニュウ 日 煮つめて濃くした牛乳。コンデンスミルク。練乳。

煨 火9(13) 3 8757 7168

ワイ漢 灰 wēi

意味 ❶灰の中にうずめた炭火。うずみび。例 煨炭ワイタン(=うずみび)。❷うずみ火で焼く。例 煨芋ワイウ(=いもを焼く)。

参考 煨おき。

熅 火10(14) 3 8759 7185

ウン漢 文 yūn

意味 ❶炎の上がらない小さな火。例 熅火ウンカ(=炎の出ない火)。❷ほのぼのとあたたかい。

[焰] 火10(14)

⇩焔エン(830ページ)

熇 火10(14) 3 8760 7187

一カク漢 薬 hè 二コウ(カウ)漢 皓 kǎo

意味 一 火が燃え上がって熱いさま。例 熇熇カクカク。二 あぶる。通 烤コウ。例 熇焚コウフン。

【熇熇】カクカク ①勢いが盛んである。②非常に熱い。

【熇▼焚】コウフン あぶり焼く。

熙 灬10(14) 2 8406 7199 人

キ漢呉 支 xī ひか-る・ひろ-い(ひろ-し)・よろこ-ぶ

[煕] 灬9(13) 2 6370 7155 旧字体。
[熈] 灬11(15) 2 6371 7188 俗字。
[凞] 灬11(15) 3 8758 FA15 俗字。
[凞] 冫15(17) 3 1455 51DE 俗字。
[焈] 火7(11) 4 7978 7108 古字。

なりたち 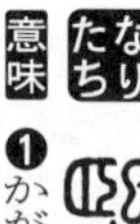 [形声]「灬(=ひ)」と、音「配イ→キ」とから成る。かわく。派生して「ひかる」の意。

意味 ❶かがやく。**ひかる**。例 光熙コウキ。❷**ひろい**。広まる。❸盛んになる。興る。例 熙隆キリュウ(=盛んになる)。❹たのしく、よろこぶさま。**よろこぶ**。例 熙熙キキ。❺たわむれる。通 嬉キ。❻感嘆の声。ああ。

古訓 中古 あそぶ・おこす・おこる・おほきなり・さかりに・ひろし・ひろまる・よろこぶ 中世 ひかり・ひろし・ひろまる・やはらぐ・よろこぶ 近世 かわく・ひかり・ひろし・ひろまる・やはらぐ

人名 おき・さと・てる・のり・ひろ・ひろし・ひろみ・ひろむ・よし

【熙熙】キキ ①なごみ楽しむさま。例 衆人熙熙、如レ享二太牢一、如二春登レ台シュウジンキキとして、タイロウをうくるがごとく、はるにダイをのぼるがごとし(=人々は楽しそうで、まるでごちそうをもらったり、春に高台に登っているかのようだ)。〈老子・二〇〉②みだらで欲情のさかんなさま。③[一説に、広いさま]

【熙▼洽】(コウキ) ①楽しみやわらぐ。②名君が相次いで位を継ぐこと。転じて、安らかに治まっている世。
【熙笑】(キショウ) 楽しげに喜びわらう。
【熙朝】(キチョウ) ①王朝の政治を盛んにする。②よく治まっている世。盛世。

熊

灬10 (14) 1 2307 718A 常用

ユウ(イウ)漢 東 xióng
くま

筆順 ム 肓 肓 肙 能 能 熊

なりたち  [形声]「能(=くま)」と、音「炎(エン→ユウ)」の省略体とから成る。クマ。

意味 けものの名。**クマ**。例 熊掌(ユウショウ)。熊胆(ユウタン)。

古訓 中古 くま 中世 くま 近世 かかやく・くま・ひかる

人名 かげ

難読 熊野(ゆや)・朝熊山(あさまやま)

【熊襲】(くまそ) 日 古代、九州の中南部に住んでいたという種族。
【熊手】(くまで) 日 ①長い柄の先にクマの手のようなつめをつけた道具。竹製のものや、鉄製で昔の武器としたものなどがある。②酉(とり)の市で売る縁起物。
【熊虎】(ユウコ) ①クマとトラ。②勇ましくたけだけしい者のたとえ。熊羆(ユウヒ)。例 有二関羽張飛熊虎之将一(カンウ・チョウヒユウコのショウあり)(=関羽・張飛という勇猛な武将がいる)。〈呉志・周瑜伝〉
— の士。
【熊掌】(ユウショウ) クマのてのひら。美味とされる八珍(ハッチン)の一つ。類 熊蹯(ユウハン)。
【熊胆】(ユウタン|くまのい) クマの胆嚢(タンノウ)を干したもの。漢方で胃の薬とする。
【熊▼羆】(ユウヒ) ①クマとヒグマ。②勇士のたとえ。熊虎(ユウコ)。③〔「①」は山にいて陽の気であることから〕男子が生まれる夢のお告げ。熊羆の祥(ショウ)。

熏

灬10 (14) 2 6377 718F

クン漢 呉 文 xūn
いぶ-す・くす-べる(くす-ぶ)

意味 ❶けむり。❷煙でいぶす。**くすべる**。通 燻(クン)。❸火であぶる。やく。通 燻(クン)。例 熏煮(クンシャ)。熏灼(クンシャク)。❹感化する。通 薫。例 熏染(クンセン)(=薫染)。熏陶(クントウ)(=薫陶)。❺おだやかな。通 薫。例 熏風(クンプウ)(=薫風)。❻夕暮れ。たそがれ。通 曛(クン)。例 熏夕(クンセキ)。

【熏煮】(クンシャ) 煮たり焼いたりする。厳しい暑さのたとえ。
【熏▼灼】(クンシャク) くすべ焼く。勢威が盛んなことのたとえ。
【熏夕】(クンセキ) たそがれどき。

熒

火10 (14) 3 8761 7192

ケイ漢 青 エイ(ヱイ)漢 迥 yíng

意味 ❶ともしび。かすかな光。例 熒光(ケイコウ)(=ホタルの放つ光)。熒燭(ケイショク)。❷ホタル。通 蛍。例 熒惑(ケイワク)。❸まどう。まどわす。

難読 熒惑星(なつひぼし)

【熒▼燭】(ケイショク) 小さいともしび。かすかな明かり。
【熒惑】(ケイワク|ケイコク) ①兵乱の兆しを示すという星。火星。熒惑星。②火神の名。③世をさわがし、まどわすこと。

熕

火10 (14) 2 6380 7195

コウ gōng

意味 ❶大砲。おおづつ。例 砲熕(ホウコウ)(=大砲)。❷船。

難読 発熕(いしびや)

熿

火10 (14) 4 7989 7180

コウ(クヮウ)漢 養 huǎng

意味 炎が広がるように明るい。あきらか。

煽

火10 (14) 1 3290 717D

[煽] 火10 (14) —— 俗字。

セン漢 先 shān
あお-る(あふ-る)・あお-り(あふり)・おだ-てる(おだ-つ)

意味 ❶あおいで火をおこす。**あおる**。❷そそのかす。けしかける。**あおる。おだてる**。例 煽情(センジョウ)。煽動(センドウ)。❸火などの勢いが盛んである。

【煽情】(センジョウ) 日 感情・情欲をあおる。扇情。
【煽動】(センドウ) おだて惑わす。そそのかして、何らかの行動を起こすようにしむける。扇動。

熄

火10 (14) 2 6379 7184

ショク漢 ソク呉 職 xī
き-える(き-ゆ)・や-む

意味 ❶火が消える。**きえる**。❷消えてなくなる。また、おわる。**やむ**。通 息。例 熄滅(ソクメツ)。終熄(シュウソク)。

【熄滅】(ソクメツ) 消えてなくなる。なくす。

熔

火10 (14) 1 4548 7194

ヨウ漢 冬 róng
と-かす・と-ける(と-く)

意味 金属を火で熱して液状にする。**とかす。とける**。通 鎔(ヨウ)。

例 熔岩(ヨウガン)。熔接(ヨウセツ)。

表記 現代表記では「溶」に書きかえることがある。熟語は「溶」も参照。

燁

火10 (14) 3 8762 71C1

ヨウ(エフ)漢 葉 yè

意味 炎が明るく輝くさま。あかるい。例 燁煜(ヨウイク)。

【燁▼煜】(ヨウイク) 明るく輝くさま。また、楽音が華やかなさま。
【燁然】(ヨウゼン) 光り輝くさま。類 燁燁(ヨウヨウ)。

熨

火11 (15) 2 6381 71A8

一 ウツ漢 物 yùn/yù
二 イ(ヰ)漢 未 wèi
の-す・ひのし・のし

意味 一 ❶炭火を中に入れて、その熱で布などのしわをのばす、金属でできた底の平たい道具。アイロン。**ひのし。のし**。例 熨斗(ウット)。❷のばして平らにする。**のす**。二 漢方の温湿布。

【熨斗】 一(ウット) ⇩意味 一❶ 二(のし) 日「熨斗鮑(のしあわび)」の略。アワビの肉をうすくして、干したもの。昔、儀式で魚の代用とした。また、これを包んだ形に、色紙を折ったもの。祝いの贈り物にそえる。〔秦(シン)の始皇帝が不老不死の仙薬としてアワビを求めたという伝説がある〕
【熨斗紙】(のしがみ) 日 のしや水引(みずひき)を印刷した紙。
【熨斗袋】(のしぶくろ) 日 のしと水引(みずひき)をつけた袋。祝儀用。

熯

火11 (15) 4 7994 71AF

一 カン漢 漢 翰 hàn
二 ゼン漢 銑 rǎn

意味 一 焼く。あぶる。二 火がさかんに燃えるさま。

[熙] 灬11 (15) ⇩熙(キ)(838ジペー)

[熈] 灬11 (15) ⇩熙(キ)(838ジペー)

熬

灬11 (15) 2 6382 71AC

ゴウ(ガウ)漢 豪 áo
い-る

意味 ❶火にかけて水分を除く。**いる**。こがす。❷耐える。我慢する。

難読 熬海鼠(いりこ)

熟

灬11 (15) 1 2947 719F 教6

シュク漢 ジュク呉 屋 shú/shóu
うれる(う-る)・つらつら

［熟］ 火12（16） 4 8002 243BC 別体字。

筆順 亠 古 亨 享 郭 孰 孰 熟

なりたち ［形声］「灬（＝ひ）」と、音「孰（シュク）」とから成る。火で十分やわらかく煮る。

意味 ❶火にかけてやわらかくする。よく煮る。煮える。例 半熟（ハンジュク）。❷果物などが実って食べごろになる。うれる。じゅくす。例 熟柿（ジュクシ）。完熟（カンジュク）。未熟（ミジュク）。❸十分な状態になる。慣れて上手になる。例 熟練（ジュクレン）。習熟（シュウジュク）。❹十分に。よくよく。つらつら。例 熟睡（ジュクスイ）。熟慮（ジュクリョ）。

古訓 中古 あまし・うむ・かしく・くはし・こまやかに・たしか・つばひらかに・つひに・つまひらかに・つらつら・なる・にる・ねる・むまし 中世 あまし・うむ・つひに・つらつら・なる・ねる・むまし 近世 うます・うむ・うめる・ただるる・つらつら

人名 あつし・なり・みのる

難読 熟鮨（なれずし）・晩熟（おくて）・柿（かき）が熟（う）む

【熟議】（ジュクギ） 十分に話し合う。

【熟計】（ジュクケイ） 周到に計画する。

【熟語】（ジュクゴ） ①よく使うことばや文句。②慣用句。成句。イディオム。③日 二つ以上の漢字が結合してできたことば。「学校」「社会」「思想」などの字音語と、「谷川（たにがわ）」「山道（やまみち）」「家柄（いえがら）」などの和語がある。

【熟考】（ジュクコウ） 日 十分に時間をかけて、考えぬく。熟慮。

【熟思】（ジュクシ） あれこれと思いをめぐらし考える。熟慮。熟考。

【熟柿】（ジュクシ） よく熟してやわらかくなったカキ。例 ―の落ちるのを待つ（＝気長に時機が来るのを待つ）。

【熟視】（ジュクシ） じっと見つめる。細かに注意して見る。凝視。

【熟字】（ジュクジ） 日 二字以上の漢字で書きあらわすことば。

【熟字訓】（ジュクジクン） 日 二字以上の漢字から成り、漢字一字一字の読みにはよらず、全体で一つの語としての読みをあてたもの。「田舎（いなか）」「五月雨（さみだれ）」「紅葉（もみじ）」など。

【熟▼悉】（ジュクシツ） 十分に知る。知悉。悉知（シッチ）。

【熟食】（ジュクショク） よく煮た食物。

【熟睡】（ジュクスイ） ぐっすり眠る。類 熟眠。

【熟成】（ジュクセイ） 時間をかけて、十分にできあがる。成熟。

【熟達】（ジュクタツ） 十分に練習を積んで、上手になる。熟練。習熟。例 ―した演技。

【熟知】（ジュクチ） 十分に知りつくしている。

【熟読】（ジュクドク） 文章の意味をよく考えながら、じっくり読む。精読。味読。対 速読。例 ―玩味（ガンミ）する。

【熟年】（ジュクネン） 日 五十歳前後の、成熟した年齢。中高年。

【熟▼爛】（ジュクラン） ①果物などがよく熟して形がくずれる。②風俗などがひどく乱れる。

【熟慮】（ジュクリョ） 時間をかけて、十分に考えをめぐらす。熟考。深慮。例 ―断行。

【熟練】（ジュクレン） ①経験を積んで、上手になる。習熟。熟達。例 ―工。②十分に煮て練った白い絹。

【熟路】（ジュクロ） 通い慣れた道。よく知っている道。

●円熟（エンジュク）・成熟（セイジュク）・早熟（ソウジュク）・晩熟（バンジュク）・老熟（ロウジュク）

熱

灬11（15） 1 3914 71B1 教4

ゼツ 漢 ネチ・ネツ 呉 屑 rè

あつい（あつ-し）・あつさ

筆順 十 土 夫 坴 坴 埶 埶 熱

なりたち  ［形声］「灬（＝ひ）」と、音「埶（ゲイ→ゼツ）」とから成る。火で、あつい。

意味 ❶温度が高い。あつい。例 熱帯（ネッタイ）。熱湯（ネットウ）。炎熱（エンネツ）。❷あつくする。温度を高くする。やく。❸病気などで高くなった体温。例 熱病（ネツビョウ）。解熱（ゲネツ）。発熱（ハツネツ）。❹夢中になる。興奮する。例 熱狂（ネッキョウ）。熱中（ネッチュウ）。情熱（ジョウネツ）。❺さわがしい。にぎやかである。例 鬧熱（ドウネツ）（＝にぎやか）。❻あせる。いらだつ。例 熱中（ネッチュウ）。

古訓 中古 あたたむ・あたたかなり・あつくす・あつし・いきる・ほとほる 中世 あつかふ・あつし・たく・ほとほる・やく 近世 あつし・にえたつ・むす

人名 あつ・あつし

難読 熱海（あたみ）（＝地名）・熱川（あたがわ）（＝地名）

【熱愛】（ネツアイ） 心の底から強く愛する。

【熱意】（ネツイ） ものごとに対する、強い意気ごみ。熱心な気持ち。

【熱演】（ネツエン） 日 強く気持ちをこめて演じる。また、その演技や講演。例 ―が続く。

【熱感】（ネッカン） 日 熱が出た感じ。例 くじいた足首に―がある。

【熱気】（ネッキ） ①高温の気体。たまらなく暑い空気。例 ―がふき出す。②日 熱中したり興奮したりして高まった感情。例 場内が―に包まれる。③（ケネッ） 日 体温がやや高い感じ。熱っぽさ。例 少し―がある。

【熱狂】（ネッキョウ） 日 ひどく興奮して、夢中になる。例 勝利に―する。

【熱血】（ネッケツ） ①生き血。鮮血。②感動しやすく、熱心で盛んな意気。例 ―漢（＝情熱的に行動する男）。

【熱源】（ネツゲン） 日 利用できる熱のもとになるもの。例 電気を―とする暖房器具。

【熱砂】（ネッサ・ネッシャ） 日に焼かれてあつくなった砂。

【熱唱】（ネッショウ） 日 心をこめて歌う。例 応援歌を―する。

【熱情】（ネツジョウ） 日 燃えるような強い思い。情熱。例 ―を注ぐ。

【熱心】（ネッシン） ひとつのことに気持ちを集中して、一生懸命なさま。例 研究―な学生。

【熱誠】（ネッセイ） 日 熱烈なまごころ。熱情から出た誠意。赤誠。例 ―あふれる医療活動。

【熱戦】（ネッセン） 日 ①気迫のこもった激しい戦いや試合。激戦。例 ―をくり広げる。②実際に武器をとって戦うこと。

【熱帯】（ネッタイ） 赤道を中心に、南回帰線と北回帰線にはさまれた地帯。対 寒帯。例 ―魚。

【熱中】（ネッチュウ） ①いらだつさま。転じて、名声や権力を追い求めること。例 不レ得二於君一則熱中（きみにえられざればすなわちネッチュウす）（＝主君に用いられないと、何とかして気に入るようにと気をもむものである）。〈孟子・万章上〉 ②ひとつのことに夢中になって、うちこむ。例 クラブ活動に―する。

【熱腸】（ネッチョウ） ①熱いまごころ。②腹わたが煮えくり返るような思い。

【熱湯】（ネットウ） 煮えたっている湯。煮え湯。例 ―消毒。

【熱闘】（ネットウ） 日 激しくぶつかりあって、たたかうこと。

【熱▼鬧】（ネットウ・ドウ） 人が混雑していて騒がしい。また、人の往来が激しく、にぎやかである。

【熱波】（ネッパ） 日 激しい暑さが続けておそってくる現象。対 寒波。

【熱病】（ネツビョウ） 高熱を出す病気をまとめていうことば。マラリア・チフス・肺炎など。

【熱風】（ネップウ） 高温の風。あつい風。例 ―乾燥機。

【熱弁（辯）】（ネツベン） 日 熱のこもった弁舌。強く感情をこめた話しぶり。例 ―をふるう。

【熱望】（ネツボウ） 日 心をこめて願い望む。切望。

【熱量】（ネツリョウ） 日 熱をエネルギーの量としてあらわしたもの。単位は、カロリーやジュールなどを用いる。

【熱涙】（ネツルイ） 深い感動を受けてあふれるなみだ。例 ―にむせぶ。

【熱烈】ネツレツ ①温度が高い。熱があること。②意気が盛んであること。例 精熾熱烈(セイシネツレツ)(=精力があふれ盛んである)。〈論衡・四諱〉 ③権勢が盛んなこと。例 熱烈之勢(ネツレツのいきおい)(=盛んな権勢)。〈抱朴・刺驕〉 ④きわめて激しい感情の表出。例 ―歓迎。―な声援をおくる。

【熱論】ネツロン 日 熱心に議論する。例 ―を闘わせる。

● 過熱(カネツ)・解熱(ゲネツ)・高熱(コウネツ)・情熱(ジョウネツ)・耐熱(タイネツ)・電熱(デンネツ)・白熱(ハクネツ)・発熱(ハツネツ)・微熱(ビネツ)・平熱(ヘイネツ)・放熱(ホウネツ)

熛 火11(15) 4 7990 719B ヒョウ(ヘウ)漢 蕭 biāo

意味 ❶舞い飛ぶ炎。火の粉。とびひ。❷火の粉が飛ぶように速い。はやい。例 熛起(ヒョウキ)。熛風(ヒョウフウ)。

【熛起】ヒョウキ 火の粉が飛ぶように、素速く事を起こす。

【熛風】ヒョウフウ 疾風。はやて。飄風(ヒョウフウ)。

[熢] 火11(15) ⇩烽(ホウ)(829ジペー)

熳 火11(15) 4 8001 71B3 マン màn

意味 色彩が鮮やかなさま。例 爛熳(ランマン)(=爛漫(ランマン))。

熠 火11(15) 4 7991 71A0 ユウ(イフ)・シュウ(シフ)漢 緝 yì

意味 光り輝く。明るい。あざやか。例 熠熠(イクユウ)(=光の鮮やかなさま)。熠燿(ユウヨウ)(=鮮やかで明るいさま)。

熮 火11(15) 4 7993 71AE リュウ(リウ)漢 尤 有 liǔ

意味 味などが、ただれるように強い。難読 船熮(ふなたで)(=船底を火であぶり、虫害や腐食を防止すること)

燕 灬12(16) 1 1777 71D5 人 一 エン(ヱン)漢 霰 yàn 二 エン(ヱン)漢 先 yān つばめ

なりたち  [象形] ツバメの形。

意味 一 ❶春にやって来て秋に南方に去る渡り鳥。**ツバメ**。つばくらめ。つばくろ。例 燕雀(エンジャク)。飛燕(ヒエン)。❷くつろぐ。安息する。通 宴。例 燕息(エンソク)(=くつろぐ。いこう。休息)。❸酒盛り。通 宴。例 燕飲(エンイン)。❹あなどる。なれる。❺⇩【燕婉】エンエン

二 ❶周代初期、今の北京(ペキン)あたりに建てられた国。戦国七雄の一つとなったが、秦(シン)に滅ぼされた。(?—前二二二) ❷河北省の別名。今の北京を中心とする地方。例 燕京(エンケイ)。

古訓 中古 つばくらめ・やすし・やすむず・よし 中世 つばくら・つばくらめ・つばめ・やすし 近世 つばくら・つばくらめ・つばめ・やすむ・よろこぶ

人名 てる・なる・やす・よし

難読 燕子花(かきつばた)

【燕飲】エンイン 酒盛りをすること。宴飲。

【燕▼婉】エンエン ①しとやかで従順なさま。②美女。

【燕▼窩】エンカ ウミツバメの巣。中華料理の上等な材料となる。燕巣(エンソウ)。

【燕楽】一 エンガク 酒宴で奏する音楽。宴楽(エンガク)。 二 エンラク ①酒宴の楽しみ。②うちとけて楽しむ。

【燕▼頷虎▼頸】エンガンコケイ ツバメのようなあごと、トラのような頭をした人相。遠方の国の王侯となる貴相。〔後漢の班超(ハンチョウ)を人相見が予言した故事による〕〈後漢書・班超伝〉 類 燕頷虎頭(エンガンコトウ)。

【燕居】エンキョ 自室でのんびりとくつろぐ。

【燕京】エンケイ 北京(ペキン)の古名。〔春秋戦国時代の燕国の都があったことから〕

【燕語】エンゴ ①くつろいで語り合う。宴語。讌語(エンゴ)。②ツバメの鳴き声。

【燕好】エンコウ 酒席に招待し、贈り物をして厚くもてなす。宴好。

【燕支】エンシ ①顔料の紅をとる草。②紅色。また、紅色の顔料。燕脂(エンジ)。③匈奴(キョウド)の地にある山。紅を産する。

【燕脂】エンシ・エンジ 紅色の顔料。ベニバナの花からつくる。燕支。

【燕▼雀】エンジャク ①ツバメやスズメのような小さな鳥。②小人物のたとえ。

【燕▼雀安知二▼鴻▼鵠▼之志一▼哉】エンジャクいずくんぞコウコクのこころざしをしらんや 〔「鴻鵠」は、オオトリやクグイ(=ハクチョウ)などの大きな鳥〕小人物は大人物の遠大な志を理解することはできない。◆秦(シン)の陳勝(チンショウ)は、若いころ人に雇われて畑を耕す身だったが、あるとき耕作の手を休めて言った。「今はこんな身分だが、もし出世したとしても、あんたのことは忘れないよ」これを聞いた仲間は言った。「雇われの身分のくせに、出世なんかできるものか」陳勝は大きなため息をついてこう言った。「ああ、ツバメやスズメみたいな小鳥なんかに、どうしてオオトリやクグイのような大きな鳥の考えていることがわかろうか」のちに陳勝は秦に反乱を起こし、秦の滅亡のきっかけをつくった人物として、歴史に名をとどめた。……………………〈史記・陳渉世家〉

【燕寝】エンシン 休息をする部屋。類 燕室。

【燕石】エンセキ 燕山(=河北省にある山)から出る、玉(ギョク)に似た石。見た目は似ていても価値のないもの。似て非なるもの。まがいもの。類 燕礫(エンレキ)。

【燕巣】エンソウ 「燕窩(エンカ)」に同じ。

【燕朝】エンチョウ 天子の休息する御殿。

【燕尾服】エンビフク 日 男性の洋式の礼服。上着のうしろのすそがツバメの尾のように二つに割れて、長く垂れている。

【燕服】エンプク くつろいだときに着る衣服。ふだん着。

【燕毛】エンモウ 祭祀(サイシ)のあとの宴席の席次を、頭髪やひげの色で区別して定めた礼。長老が上座を占めた。

【燕翼】エンヨク ①祖先が子孫の安楽をはかる。②臣下が天子を補佐する。③ツバメの翼。

[燄] 火12(16) ⇩焔(エン)(830ジペー)

燗 火12(16) 2 6383 71D7 カン慣 ラン漢呉 翰 làn ただ-れる(ただ-る)

[爛] 火12(16) — 243D0 俗字。

意味 やわらかく、くずれるほどよく煮る。

参考 本来は、「爛(ラン)」の異体字。

日本語での用法 《カン》「燗酒(カンざけ)・燗(カン)をつける・熱燗(あつカン)で飲む」▼酒をあたためる。

熹 灬12(16) 2 6384 71B9 キ漢 支 xī

意味 ❶あぶる。❷火が盛んにおこる。さかん。❸照らす。かがやく。❹よろこぶ。通 喜・憙(キ)。

【熹微】キビ 日光が弱々しいさま。例 恨二晨光之熹微一(シンコウのキビなるをうらむ)(=朝日がまだほの暗いのを残念に思う)。〈陶淵明・帰去来辞〉

【熹平石経】キヘイセッケイ 後漢の熹平四年、経書の文字を正しく定めるために刻された石碑。

熺 火12(16) 3 8763 71BA キ漢 支 xī

意味 ❶火が盛んにおこり、輝く。通 熹(キ)。❷煮炊きする。たく。通 饎(キ)。

熾

火12（16）　2 6385　71BE

シ 漢 呉　寘 chì　さか-ん・おこ-す・おこ-る・おき

意味 火が勢いよく燃える。また、勢いが激しい。**さかん**。例 熾烈（シレツ）。

日本語での用法 一《**おこす**》《**おこる**》「火（ひ）を熾（おこ）す」▼炭などに火をつける。火の勢いを盛んにする。二《**おき**》「熾火（おきび）」▼赤くおこった炭火。また、消し炭。燠（おき）。

【熾▼灼】（シシャク）①火が盛んに燃えるさま。②権勢が盛んなさま。

【熾盛】（シセイ）火や感情、権勢などの勢いが激しく盛んなこと。

【熾烈】（シレツ）勢いが盛んで激しいこと。例 陽光熾烈（ヨウコウシレツ）（＝太陽の光が強い）。〈列子・湯問〉

［燚］

火12（16）　⇩熟（ジュク）（839ページ）

燋

火12（16）　4 8003　71CB

一 ショウ（セウ）漢 呉　蕭 jiāo
二 ショウ（セウ）漢　蕭 qiáo
三 シャク 漢　薬 zhuó

意味 一 ❶たいまつ。かがりび。❷こがす。通 焦。例 燋頭（ショウトウ）。二 やつれる。通 憔。例 燋悴（ショウスイ）（＝憔悴）。三 あぶる。やく。通 灼（シャク）。例 燋熱（シャクネツ）（＝灼熱）。

【燋頭▼爛額】（ショウトウランガク）〔髪をこがし額にやけどする意〕失火を未然に防ぐ方策を立てた者ではなく、消火のために働いた者を賞する。本（もと）より末（すえ）を重んずることのたとえ。曲突徙薪（キョクトツシシン）。〈漢書・霍光伝〉

［燒］

火12（16）　⇩焼（ショウ）（830ページ）

燙

火12（16）　4 8005　71D9

トウ（タウ）漢　漾 tàng

意味 ❶やけどする。やけど。❷加熱して、あたためたり、平らにしたりする。

［燈］

火12（16）　⇩灯（トウ）（823ページ）

燉

火12（16）　2 6387　71C9

一 トン 漢　元 tún
二 トン dùn
三 トン 漢　元 tūn
四 トン 漢　元 dūn
さか-ん

意味 一 あかあかと燃えるさま。**さかん**。二 調理法の一つ。とろ火で煮こむ。三 暖かい。通 暾（トン）。例 温燉（オントン）。四 地名に用いる字。例 燉煌（トンコウ）（＝敦煌（トンコウ））。

燃

火12（16）　1 3919　71C3　教5

ゼン 漢　ネン 呉　先 rán
もえる（も-ゆ）・もやす・もす

筆順 丷 火 炒 炒 炒 燃 燃 燃

なりたち ［形声］「火（＝ひ）」と、音「然（ゼン）（＝もやす）」とから成る。もやす。

意味 **もえる**。**もやす**。**もす**。例 燃焼（ネンショウ）。燃料（ネンリョウ）。可燃（カネン）。

古訓 中古 たく・とぼす・ともす・もやす・もゆ・やく 中世 とぼす・ともす・もやす・もゆる・やく 近世 たく・ともす・もえる・もやす・もゆる・やく

【燃▼犀】（ネンサイ）①暗いところを明るく照らすこと。〔東晋（トウシン）の温嶠（オンキョウ）が、サイの角（つの）をもやして、怪物が住むという深い淵（ふち）をのぞいた故事〈晋書・温嶠伝〉から〕②見識がすぐれていること。

【燃焼】（ネンショウ）日 ①物がもえる。例 完全—。②もっている力を十分出しきる。

【燃費】（ネンピ）日 機械が、一定の燃料でできる仕事量。燃料消費率。例 —のよい車。

【燃料】（ネンリョウ）日 ①熱や火を得るためにもやす材料。②機械を動かすためのエネルギー源。

燔

火12（16）　2 6388　71D4

ハン 漢　元 fán
あぶ-る・た-く・や-く

意味 ❶燃やす。**やく**。❷火であぶる。**あぶる**。また、あぶり肉。通 膰（ハン）。例 燔肉（ハンニク）。

【燔▼劫】（ハンキョウ）家を焼いておびやかす。焚劫（フンコウ）。

【燔▼柴】（ハンサイ）天を祭る儀式。土を盛った壇に柴（しば）を積み、その上に玉帛（ギョクハク）やいけにえを置いて焼いた。類 燔燎（ハンリョウ）。

【燔▼炙】（ハンシャ）①あぶって焼く。②あぶって焼いた肉。焼き肉。

【燔肉】（ハンニク）肉をあぶる。また、祭祀（サイシ）のとき、神にそなえるあぶり肉。ひもろぎ。

［燓］

火12（16）　⇩焚（フン）（831ページ）

燗

火12（16）　4 8006　71DC

メン・モン mèn

意味 なべを密閉して、とろ火で煮こむ。

燎

火12（16）　2 6389　71CE　人

一 リョウ（レウ）漢 呉　篠 liǎo
二 リョウ（レウ）漢 呉　蕭 liáo
三 リョウ（レウ）漢 呉　嘯 liào
かがりび

なりたち ［形声］「火（＝ひ）」と、音「尞（リョウ）」とから成る。火をはなつ。

意味 一 ❶（山野を）焼きはらう。もやす。やく。例 燎原（リョウゲン）。❷あぶる。二 ❶照明のために屋外に燃やす火。**かがりび**。にわび。例 燎火（リョウカ）。❷やけど。例 燎泡（リョウホウ）（＝やけど）。三 ❶古代の祭祀（サイシ）の名前。柴（しば）を焼いて天を祭る。❷明るく照らす。あかるい。あきらか。例 燎燎（リョウリョウ）。通 尞（リョウ）。

古訓 中古 かわく・たく・とぶひ・ともしび・もゆ・やく 中世 かがりび・ともしび・にはび・もゆる・やく 近世 かがりび・こがす・たいまつ・てらす・にはび

人名 あきら

【燎火】（リョウカ）①燃え広がる火。例 燎火及室（リョウカシツにおよぶ）（＝火事が家に迫っている）。〈抱朴・審挙〉②夜間の警備などでたく火。かがり火。燎燭（リョウショク）。

【燎原】（リョウゲン）火が野原を焼くこと。野焼き。

【燎原▼之火】（リョウゲンのひ）野火がどんどん燃え広がるように、勢いが盛んで止められないこと。悪事がはびこったり、敵を次々に破って進撃したりするさまをいう。燎原の勢い。〔「悪之易也、如火之燎于原（アクのやすきや、ひのはらをやくがごとし）（＝悪がはびこりやすいことは、火が原野に燃え広がるようである）。〈左伝・隠六〉」から〕

【燎▼燭】（リョウショク）かがり火。燎火。

【燎毛】（リョウモウ）〔けをやく〕きわめて容易なことのたとえ。〔かみをやく〕〈史記・刺客伝・荊軻〉から〕類 燎髪（リョウハツ）—

【燎猟】（リョウリョウ）夜間に猟をする。

燐

火12（16）　1 4653　71D0

リン 漢　真 lín
おにび

意味 ❶夜、原野や沼地にぼうっとあらわれる青白い光。また、死体の骨から出る青白い光。**おにび**。例 燐光（リンコウ）。❷ほたる火。❸光り輝くさま。❹非金属元素の一つ。動物の骨や歯に含まれる。鉱物として産し、マッチや殺虫剤の原料となる。

難読 燐寸（マッチ）・燐火（きつねび）

【燐火】（リンカ）「燐光（リンコウ）①」に同じ。

【燐光】（リンコウ）①空気中の黄燐（オウリン）が自然に発する青白い光。

おにび。燐火。②日 硫化カルシウムなどに光を当てたあと、光を取り去っても、それ自身が光を発している現象。また、その光。
【燐酸】リンサン 日 燐を硝酸とともに熱するときできる結晶体の酸。医薬や化学工業に使う。例 —肥料。
【燐肥】リンピ 日 燐酸を特に多く含んでいる肥料。花や実を充実させる作用がある。例 —をほどこす。

燠 火13(17) 2 6390 71E0
一 イク 漢 屋 yù
二 オウ(アウ) 漢 号 皓 ào
おき・あたた-かい(あたたか-し)
意味 一 熱があってあつい。**あたたかい。** 例 燠燠イクイク(=あたたか)。温燠オンイク。二 ⇩【燠休】キュウ
日本語での用法《おき》「燠おきで火をおこす・燠おきを保存ホゾンする」▼赤くおこった炭火。また、消し炭。熾おき。
【燠休】【燠▼咻】キュウ｜ウク なぐさめいたわるときの声。なぐさめる。いたわる。噢咻キュウ｜ウク。

【營】火13(17) ⇩営エイ(256ジペー)

燬 火13(17) 2 6391 71EC
キ(クヰ) 漢 紙 huǐ
さか-ん・や-く
意味 ❶激しい火。ひ。❷焼きつくす。もやす。**やく。** ❸太陽。例 燬炎キエン(=盛んに燃える太陽のほのお)。

燦 火13(17) 1 2724 71E6 人
サン 漢 翰 càn
あき-らか
なりたち [形声]「火(=ひ)」と、音「粲サン」とから成る。あざやかに輝く。
意味 あざやかに光り輝くさま。**あきらか。** 通粲サン。例 燦燦サンサン。燦然サンゼン。
古訓 中世 かかやく 近世 あきらか・あざやか・いさぎよし
人名 あきら
【燦燦】サンサン ①きらきらと光り輝くさま。例 —とふりそそぐ日の光。②あざやかで美しいさま。
【燦然】サンゼン きらきらと輝くさま。あざやかなさま。
【燦▼爛】サンラン あざやかに光り輝くさま。はなやかに美しいさま。例 星漢燦爛セイカンサンラン(=天の川が光り輝く)。〈曹操・歩出夏門行〉

燮 火13(17) 2 5057 71EE
ショウ(セフ) 漢 葉 xiè
やわ-らげる(やは-らぐ)
【爕】火15(19) 3 8767 7215 俗字。
意味 ほどよく調和させる。**やわらげる。** 例 燮理ショウリ。
【燮理】ショウリ ①ほどよく調整して処理する。②宰相の任務。
【燮和】ショウワ うまく調和させ、おさめる。

燭 火13(17) 1 3104 71ED 人
ショク 漢 ソク 呉 沃 zhú
ともしび
なりたち [形声]「火(=ひ)」と、音「蜀ショク」とから成る。庭で燃やすかがり火。
意味 ❶たいまつやろうそくの火。あかり。**ともしび。** 例 燭台ショクダイ。華燭カショク。紙燭シショク。❷てらす。例 燭レ之以ニ日月之明一(これをてらすにジツゲツのメイをもってす)(=日月の明るさでこれを照らす)。〈荘子・天運〉
日本語での用法《ショク》「百燭ヒャクショクの電球デンキュウ」▼電灯の明るさをあらわす昔の単位。燭光ショッコウ。
古訓 中古 てらす・てる・ともしび・ひらめく 中世 てらす・ともしび・ひらめく 近世 てらす・ともしび
人名 てる
【燭台(臺)】ショクダイ ろうそくを立ててともす台。ろうそく立て。
【燭涙】ショクルイ ろうそくが燃えて涙のように垂れる、ろう。
【燭花】【燭華】ショッカ ともしびの炎。
【燭光】ショッコウ ①ともしびの光。灯光。②日 光度の昔の単位。燭ショク。〔現在は「カンデラ」を使う〕
●華燭カショク・銀燭ギンショク・手燭シュショク｜てショク・蠟燭ロウソク

燧 火13(17) 2 6392 71E7
スイ 漢 寘 suì
ひうち・のろし
意味 ❶火だねをとる道具。木を錐きりのようにもんで発火させたり、凹面鏡で発火させたりするもの。例 燧火スイカ(=きりび。また、のろし)。❷味方に戦争や急を知らせる合図の火。**のろし。** また、のろし台。例 烽燧ホウスイ。
日本語での用法《ひうち》「燧石ひうちいし」▼石と鉄を打ち合わせて火だねをとること。
【燧人氏】スイジンシ 古代中国の伝説上の帝王の名。はじめて火をおこすことを考案し、民に食物を煮たり焼いたりすることを教えたという。燧人。
【燧石】スイセキ｜ひうちいし 日 石英の一種。火打ち金と打ち合わせると火花を出す。火打ち石。

燥 火13(17) 1 3371 71E5 常用
ソウ(サウ) 漢 呉 皓 zào
かわ-く・はしゃ-ぐ
筆順 … 燥
なりたち [形声]「火(=ひ)」と、音「喿ソウ」とから成る。かわく。
意味 ❶水分がなくなる。からからになる。**かわく。** また、かわかす。例 乾燥カンソウ。❷いらだつ。あせる。例 焦燥ショウソウ。
日本語での用法《はしゃぐ》「子供こどもが燥はしゃぐ」▼うかれてさわぐ。陽気になる。
古訓 中古 かわく・ほす・もゆ 中世 かわく 近世 かわく・はしやぐ・ほめく
【燥剛】ソウゴウ 地面などが乾燥してかたいこと。例 —堅固の地。
【燥湿】ソウシツ ①乾くことと湿ること。②日 常生活や暮らし向きの具合。〔住まいは湿気を避けて、乾燥を選ぶことから〕

燵 火13(17) 2 6393 71F5 国字
タツ
意味 「火燵・炬燵コタツ」は、炭火の上にやぐらを置いて、上から布団をかぶせる暖房具。

爀 火14(18) 3 8766 7200
カク 漢 呉 陌 hè
意味 ❶火が赤く燃えるさま。あかい。通赫カク。例 爀爀カクカク(=焼けつくように熱い)。❷明るいさま。例 爀曦カクキ(=光り輝くさま)。

燻 火14(18) 2 6378 71FB
クン 漢 呉 文 xūn
いぶ-す・くす-べる(くす-ぶ)・くすぶ-る・くゆ-らす
意味 ❶煙でいぶして黒くする。**いぶす。くすべる。** ふすべる。**くすぶる。** ふすぶる。例 燻蒸クンジョウ。燻製クンセイ。❷あぶる。やく。
日本語での用法 一《くすぶる》「心こころならずも燻くすぶる」▼向上しないまま、ひきこもる。二《くゆらす》「紫煙シエンを燻くゆらす」▼タバコを吸う。
【燻蒸】クンジョウ ①気が立ちのぼる。薫烝。②日 香りをつけたり、

保存をよくしたりするために、いぶす。例サケを―する。③日殺虫や殺菌のために、薬剤でいぶす。例―剤。

【燻製】日塩づけにした魚や肉をいぶしてかわかし、長く保存できるようにした食品。例サケの―。表記現薫製

燼
火14(18) 2 6394 71FC シン漢 ジン呉 震 jìn

[烬] 火6(10) 4 7969 70EC 俗字。

意味 ❶燃やしつくす。焼きはらう。例燼滅。❷燃えのこり。燃えさし。焼けあと。例灰燼。❸戦争や災害で生き残った人々。例燼余。
難読 燼もえくい
【燼滅】①燃え尽きてなくなる。②ほろんで絶える。
【燼余(餘)】①燃えのこり。②戦争や災害で生き残った人。▽余燼。

爇
灬14(18) 4 8007 7207 ゼツ漢 ネツ呉 屑 ruò

意味 焼く。くべる。例爇焼(=焼く)。

燹
火14(18) 2 6401 71F9 セン漢 銑 xiǎn のび

意味 ❶野原の草を焼く火。野火。**のび**。❷戦争による火災。例兵燹(=戦災)。❸もやす。やく。

燾
灬14(18) 3 8765 71FE 一トウ(タウ)漢 号 dào 二トウ(タウ)漢 豪 tāo

意味 一あまねくおおう。例燾覆(=おおう)。二人名に用いる字。例張国燾。

燿
火14(18) 2 6402 71FF 人 ヨウ(エウ)漢 嘯 yào かがや-く

[燿] 火14(18) ――旧字体。

なりたち  [形声]「火(=ひ)」と、音「翟テキ→ヨウ」とから成る。照る。
参考「耀」の本字。
意味 ❶照り輝く。**かがやく**。ひかる。また、ひかり。輝き。例栄燿。光燿。❷目をくらます。まどわす。例眩燿。
古訓 中古かかやく・てらす・てる・ひかり 中世かかやく・さかんなり・てらす・ひかり 近世かがやく・てる・ひかり・ひかる
人名 あき・あきら・てる

爍
火15(19) 2 6403 720D シャク漢呉 薬 shuò かがや-く・と-かす・とろ-かす・とろ-ける(とろ-く)

意味 ❶光り輝くさま。**かがやく**。❷金属をとかす。**とかす**。**とろかす**。
通鑠。

[爕] 火15(19) ⇩燮(843ページ)

爝
火15(19) 4 8008 3E05 セツ漢 屑 jié

意味 燃えのこり。ほくそ。
難読 火爝ほくそ

爆
火15(19) 1 3990 7206 常用 **バク**慣 ハク漢呉 覚 ホウ(ハウ)漢呉 効 bào は-ぜる(は-ず)

筆順 火 炉 炉 焊 煤 煤 爆 爆

なりたち  [形声]「火(=ひ)」と、音「暴ホク→ハク」とから成る。火が飛んでやける。

意味 火力で勢いよくはじけ、破れる。火がはじけて飛び散る。**はぜる**。例爆発。空爆。原爆。

古訓 中古あつし・あぶる・さらす・はためく 中世あつし・はしる・はためく・ひはる 近世あつし・おつる・はぜる・ひはしる・やく
【爆音】日①(飛行機や自動車などの)エンジンの出す大きな音。②爆発の音。爆発音。

【爆撃】日飛行機から爆弾を投下して攻撃する。

【爆砕】日爆薬を使ってこなごなにこわす。

【爆死】日爆発や爆撃によって死ぬ。

【爆笑】日大きな声ではじけるように笑う。また、おおぜいの人がどっと笑う。例―の渦に包まれる。

【爆心】日爆発の中心地点。空中で爆発したとき、その直下の地点。例―地。

【爆弾】日①爆発による力で相手に損害を与える武器。例―を投下する。②大きな影響や危険を生じるもののたとえ。例―発言。―をかかえる(=いつ再発するかわからない病気や故障などをもっている)。

【爆竹】竹や紙の筒に火薬をつめて火をつけ、たてつづけに爆発させるもの。祝賀用に鳴らす。

【爆破】①破壊する。撃破する。②日爆薬を使って破壊する。例工事で岩石を―する。

【爆発】日①化学反応や急激な膨張などによって、多量の光・熱・音・ガスなどが一瞬のうちに発生する。例―音。②たまっていたものが一気にふき出す。例怒りが―する。

【爆風】日爆発によって起きる強烈な風。例―で吹き飛ぶ。

【爆薬】日反応が瞬時に全体におよんで爆発する火薬。ダイナマイトなど。

【爆裂】大きな音とともに破裂する。例―弾。
●原爆・水爆・被爆

[爓] 火16(20) ⇩焰(830ページ)

[爐] 火16(20) ⇩炉(825ページ)

爛
火17(21) 2 6405 721B ラン漢呉 翰 làn ただ-れる(ただ-る)

意味 ❶やわらかくくずれるほどよく煮る。くずれる。❷果物などがくずれるほどよく熟する。**ただれる**。例爛熟。❸焼かれて肉が破れる。やけどをする。**ただれる**。❹腐る。例爛柯。腐爛。❺かがやく。はなやか。例爛漫。絢爛。❻大いに。十分に。例爛酔。

【爛▼柯】〔斧の柄が腐る意〕碁に夢中になって、時のたつのを忘れること。また、囲碁のこと。◆晋の時代、きこりの王質は、数人の子供が碁を打って歌っているのに出会った。王質が聴き入っていると子供が棗のようなものをくれたが、食べると少しも腹が減らなかった。しばらくして気がつくと斧の柄がすっかり腐っていた。故郷の村に帰ってみると、王質がいたころの人は、だれもいなくなっていた。……〈述異記上〉

【爛熟】①果物などが十分に熟す。②詳しく知りつくしていること。熟練していること。③日ものごとが極度に成熟・発達する。例―した文化。

【爛酔】酒にひどくよう。泥酔。

【爛然】あざやかなさま。

【爛漫】①光が四方に輝きを放つさま。②花が咲き乱れるさま。例―たる桜花。春―。③草木がうっそうと茂っているさま。④人の性格などが、ありのままで無邪気なさま。例天真―。⑤みだらなさま。

【爛爛】①きらきらと光り輝くさま。②色彩があざやかなさま。③日眼光がするどく光るさま。例―と光る目。

爨

火25（29）　2 6406 7228　サン㊥　翰 cuàn　かし-ぐ・かまど

意味 ❶飯をたく。**かしぐ**。例 炊爨(スイサン)。❷**かまど**。

87 4画　爪 つめ そうにょう（⺥・爫 つめかんむり）部

手をおおいかぶせるようにして物をつかむ形をあらわす。「爪」が上につくときは「⺥・爫（つめかんむり）」となる（新字体は「爫」の形）。「爪」をもとにしてできている漢字と、「⺥・爫」の字形を目じるしにして引く漢字とを集めた。

0 845 爪 ⺥ 爫 4 845 采 采 争 爬 5 845 爰 8 846 爲 11 846 爴 13 846 爵 14 846 爵

この部首に所属しない漢字

瓜→瓜 1206　妥→女 340　受→又 215　奚→大 335　愛→心 512　舜→舛 1112

爪

爪0（4）　1 3662 722A　常用　ソウ（サウ）㊥㊤　巧 zhǎo　**つめ・つま**

筆順 ノ 厂 爪 爪

なりたち ［象形］指先でつまむ形。

意味 ❶動物の手足のつめ。**つめ**。例 爪牙(ソウガ)。❷琴(こと)などをひくときに指先にはめるもの。**つめ**。例 琴爪(キンソウ)(ことづめ)。❸護衛するもののたとえ。例 爪士(ソウシ)（＝防衛にあたる兵士）。❹つめを切る。例 小臣爪レ足(ショウシンあしをつめきる)（＝小臣（＝死者の側近）が死者の足のつめを切る）。〈礼記・喪大記〉❺かく。ひっかく。例 爪ニ其膚一以験ニ其生枯一(そのフをかきてもってそのセイコをけみす)（＝樹皮をひっかいてその木が枯れていないかを調べる）。〈柳宗元・種樹郭槖駝伝〉

古訓 中古 つめ　中世 つめ　近世 つめ・つめきる・にぎる

難読 爪弾(つまび)く

【爪印】(ソウイン) 一 つめのあと。つめあと。二 (つめイン) 日 指先に墨または朱肉をつけて、印のかわりにおすこと。また、その印。つめがた。つめばん。拇印(ボイン)。

【爪牙】(ソウガ) ①つめと、きば。例 鋭い―をむく。②国を守り、君主をたすける勇士のたとえ。また、勇猛なさま。③人に害を加えるもの。魔手。悪党。毒牙(ドクガ)。例 ―にかかる（＝えじきになる）。

【爪角】(ソウカク) ①つめと角(つの)。②自分を守り、相手を倒すための手段のたとえ。

【爪痕】(ソウコン)(つめあと) ①つめでひっかいたあと。また、つめをおしつけてできるあと。②日 被害のあとのたとえ。例 台風の―(つめあと)。

●苦髪楽爪(クガミラクづめ)・小爪(こづめ)・深爪(ふかづめ)

⺥

⺥0（4）　4 8010 722B　⇩部首解説

爫

爫0（4）　4 8009 FA49　⇩部首解説

采

爫4（8）　1 2651 91C7　常用　一 **サイ**㊥㊤　賄 cǎi　二 **サイ**㊥㊤　隊 cài　と-る

［采］⺥4（8）　旧字体。

筆順 ノ 𠂆 ⺈ 爫 爫 平 采 采

なりたち ［会意］「木（＝き）」と「⺥（＝手でつかむ）」とから成る。木の実をつかみとる。

意味 一 ❶手で（えらんで）つかみとる。**とる**。通 採。❷いろどり。あや。通 彩。例 采衣(サイイ)。❸すがた。かたち。例 風采(フウサイ)。❹仕事。官職。こと。例 疇咨若ニ予采一(たれかあヨがことにしたがう)（＝ああ、だれが私の仕事（＝政務）に従うだろうか）。〈書経・尭典〉❺木の名。クヌギやナラの類。例 采椽(サイテン)。❻⇩【采采】(サイサイ) 二 ❶領地。知行地。例 采地(サイチ)。采邑(サイユウ)。❷野草。通 菜。

古訓 中古 いろ・いろどり・いろどる・えらぶ・こく　中世 いろ・いろどる・えらぶ・こと・とる　近世 いろどる・こと・つかうまつる・とる

人名 あや・うね・こと

難読 采女司(うねめのつかさ)

【采衣】(サイイ) いろどりの美しい服。彩衣。綵衣(サイイ)。

【采▼芹】(サイキン) 〔学校の門の南を流れる川でセリ（＝水菜の一種）を摘む意〕入学する。〈詩経・魯頌・泮水〉

【采采】(サイサイ) ①盛んに茂るさま。②さまざまな事柄。③華やかなさま。

【采女】(サイジョ) 一 〔民間から選びとった女性の意〕漢代の女官(ジョカン)の名。のち、宮中女官の通称。二 (うねめ) 日 古代、各地の豪族から選ばれて宮中にはいった女官。

【采薪▼之憂】(サイシンのうれい)(サイシンのユウ) 病気でたきぎをとりに行けないうれい。自分が病気であることの婉曲(エンキョク)表現。採薪之憂。〈孟子・公孫丑下〉

【采地】(サイチ) 「采邑(サイユウ)」に同じ。

【采▼椽】(サイテン) クヌギのたるき。伐採したままの、加工前のたるきの木材。質素な建築のたとえ。

【采配】(サイハイ) 日 ①武家時代、大将が兵を指揮するときに使った道具。厚紙を細長く切ってたばね、柄(え)の先につけたもの。例 ―を振る。②指揮。さしず。例 巧みな―で勝つ。

【采▼薇歌】(サイビのうた) 伯夷(ハクイ)・叔斉(シュクセイ)の兄弟は、殷(イン)王朝を武力で滅ぼした周の武王を批判して、周の穀物を食べるのをきらい、首陽山にこもって薇（＝ノエンドウ）をとって飢えをしのいだ。その二人が死に臨んでつくったという歌。〈史記・伯夷伝〉

【采▼邑】(サイユウ) ①卿大夫(ケイタイフ)の領地。②臣下に分け与えて治めさせる領地。▽采地(サイチ)。

●喝采(カッサイ)・納采(ノウサイ)・風采(フウサイ)

［争］

⺥4（8）　⇩争(ソウ)（40ページ）

爬

爪4（8）　2 6408 722C　ハ㊥　麻 pá　か-く

意味 ❶つめでひっかく。**かく**。例 搔爬(ソウハ)。❷地面を、はうようにして進む。ものにつかまってのぼる。はう。例 爬行(ハコウ)。爬虫類(ハチュウルイ)。

【爬行】(ハコウ) つめをひっかけて、はって行く。

【爬虫(蟲)類】(ハチュウルイ) 日 脊椎(セキツイ)動物の中で、カメ・ヘビ・ワニ・トカゲなどの総称。卵生または卵胎生で、からだは、うろこにおおわれている。

【爬羅▼剔▼抉】(ハラテッケツ) 〔かき集めてえぐり出す意〕①世に知られていないすぐれた人物をさがし出す。〈韓愈・進学解〉②他人の欠点をさぐり出して、あばく。

爰

⺥5（9）　2 6409 7230　エン（ヱン）㊥　元 yuán　ここ・ここ-に

意味 ❶ここにおいて。そこで。**ここ**。**ここに**。例 爰許(ここもと)（＝ここ。ここに。また、わたくし）。❷とりかえる。例 爰居(エンキョ)（＝住居をかえる）。❸「爰爰(エンエン)」は、ゆるやか。ゆったりとしたさま。

【爰書】(エンショ) 秦・漢代、司法に関する記録や報告などの文書。取り調べ書。

[爲] ⺥8(12) ⇩為(イ)(825ジベ)

[爴] 爪11(15) ⇩攫(カク)(587ジベ)

爵

⺥13(17) 1 2863 7235 常用 シャク漢 薬 jué さかずき(さかづき)

[爵] ⺥14(18) 旧字体。

[爵] 木14(18) 3 8618 23763 別体字。

筆順 爵

なりたち [象形] スズメの形をしたさかずきを手に持つ形。

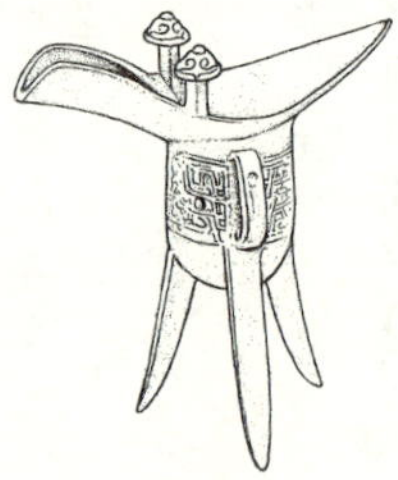

[爵❶]

意味 ❶祭礼用の三本足の酒器。さかずき。❷諸侯や貴族の位。公爵・侯爵・伯爵・子爵・男爵の五等級を指す。例 爵位(シャクイ)。❸爵位を授ける。❹スズメ。通雀(シャク)。

古訓 中古 さかづき・すずみ・つかさ・つかさどる 中世 くらゐ・さかづき・すずめ・つかさ 近世 くらゐ・さかづき・すずめ

人名 くら・たか・たかし

【爵位】(シャクイ) ①諸侯や貴族としての身分と、役人としての地位。②貴族の身分をあらわす階級。公爵・侯爵・伯爵・子爵・男爵の五等級。〔日本では、一八八四(明治一七)年の華族令によって制定され、新憲法施行の一九四七(昭和二十二)年まで存続した〕

【爵秩】(シャクチツ) 「爵禄(シャクロク)」に同じ。

【爵土】(シャクド) 爵位と領地。類爵封(シャクホウ)。

【爵服】(シャクフク) 爵位と、それにふさわしい服装。

【爵▼邑】(シャクユウ) 爵位と領地。

【爵羅】(シャクラ/ジャクラ) スズメを捕らえる網。雀羅(ジャクラ)。

【爵▼禄】(シャクロク) 爵位と俸禄(ホウロク)。禄爵。爵秩。

●公爵(コウシャク)・侯爵(コウシャク)・子爵(シシャク)・授爵(ジュシャク)・男爵(ダンシャク)・伯爵(ハクシャク)

[爵] ⺥14(18) ⇩爵(シャク)(846ジベ)

88 4画 父 ちち部

手で杖(=つえ・むち)をふりあげた形で、男親の意をあらわす。「父」をもとにしてできている漢字を集めた。

0 846 父 4 846 爸 6 846 爹 9 846 爺

この部首に所属しない漢字

斧→斤606 釜→金1353

父

父0(4) 1 4167 7236 教2

一 ホ慣 フ漢 ブ呉 麌 fǔ

二 ホ慣 フ漢 ブ呉 麌 fù

ちち・てて

付表 叔父(おじ)・伯父(おじ)・父(とう)さん

筆順 ノ ハ グ 父

なりたち [象形] 手で杖(つえ)をふりあげる形。一族を先導し教化する家長。

意味 一❶親族の中で年長の男性。例 叔父(シュクフ/おじ)。祖父(ソフ)。伯父(ハクフ/おじ)。❷男親。ちち。対母。例 父母(フボ)。岳父(ガクフ)。尊父(ソンプ)。二❶老人を敬っていうことば。例 漁父(ギョホ)(=年老いた漁師)。田父(デンプ)(=年老いた農夫)。❷男性を敬っていうことば。通甫(ホ)。例 尚父(ショウホ)(=太公望呂尚(リョショウ))。仲父(チュウホ)(=斉の名宰相管仲)。尼父(ジホ)(=孔子(字(あざな)は仲尼(チュウジ)))。

古訓 中古 かぞ・ちち 中世 かぞ・ちち 近世 ちち・のり・はじめ

人名 ち・のり

【父御】(ちちご/てて) 日 他人の父親を敬っていうことば。〔やや古い言い方〕尊父(ソンプ)。対母御(ははご)。

【父君】(フクン/ちちぎみ) 日 ①自分の父親を敬っていうことば。父上(ちちうえ)。②他人の父親を敬っていうことば。

【父兄】(フケイ) ①父と兄。例 入則事二父兄一(いりてはフケイにつかう)(=家にいれば父や兄に従う)。〈論語・子罕〉②親戚(シンセキ)の男性。おじや、いとこなど。③君主が同姓の臣下を敬っていうことば。④長老や年長者。⑤日 児童や生徒の保護者。父母。

【父系】(フケイ) ①父親の方の血筋。②日 父親の方の血筋をもとにして、男の子が家や財産などをつぐこと。▽対母系。

【父権】(フケン) 日 ①父親がもつ、家族をまとめ支配する力。また、代々それが受けつがれること。家父権。②子供に対する父親としての力や重み。また、父親の親権。▽対母権。

【父子】(フシ) 父と子。対母子。例 一家庭。

【父師】(フシ) ①父と先生。また、ものごとを教えてくれる人。師父。②天子の補佐官。太師。③古代、太子の教育係。大司成。④老齢で職を辞して郷里に帰った大夫(タイフ)。⑤年長者への尊称。

【父事】(フジ) 自分の父に仕えるように、人に仕える。

【父執】(フシュウ/フシツ) 〔「執」は、友人の意〕父の友人。例 怡然敬二父執一(イゼンとしてフシュウをうやまう)(=うれしそうに父の友人を尊敬する)。〈杜甫・贈衛八処士〉

【父性】(フセイ) 日 父親がもつ、子や家族を愛し守ろうとする性質。対母性。例 一愛。

【父祖】(フソ) ①父と祖父。②(父親の方の)先祖。例 一伝来の土地。

【父党(黨)】(フトウ) 父方の親族。

【父道】(フドウ) ①父のやり方。②父として守るべき道。③礼制で、父と同列にあつかわれること。

【父母】(フボ/ちちはは) ①父と母。両親。二親(ふたおや)。例 父母唯其疾之憂(フボにはただそのやまいをこれうれえしめよ)(=親にはただ病気のことだけを心配させ、それ以外は心配をかけるな)。〈論語・為政〉②万物を形成する根源。③〔人民の父母の意〕古代中国で、地方の長官。父母官。

【父老】(フロウ) ①老人を敬っていうことば。②村人たちの中心となるような年寄り。長老。

●岳父(ガクフ)・厳父(ゲンプ)・実父(ジップ)・慈父(ジフ)・神父(シンプ)・尊父(ソンプ)・老父(ロウフ)

爸

父4(8) 4 8012 7238 ハ漢 禡 bà

意味 お父さん。ちち。

爹

父6(10) 4 8013 7239 タ漢 哿 チャ漢 麻 diē

意味 ❶父親。ちち。❷召し使いの、主人に対する尊称。

爺

父9(13) 1 4476 723A ヤ漢 麻 yé じい(ぢい)・じじ(ぢぢ)・じじい(ぢぢい)・おやじ(おやぢ)

意味 ❶俗に、父を呼ぶことば。例 爺娘(ヤジョウ)。阿爺(アヤ)(=父の親称)。❷年長の、または身分の高い男性を敬っていうことば。だんなさま。例 老爺(ロウヤ)。

日本語での用法 《ヤ》《じい》《じじい》「好好爺(コウコウヤ)・お爺(じい)さ

ん・花咲爺（はなさかじじい｜はなさかじい）」▼年とった男性。

【爺娘（ジャジョウ）】【爺嬢】「父母」の俗称。

【爺爺（ヤヤ）】①父や年長者に対する尊称。②俗に、祖父。

89 4画 爻（㸚）こう部

物を交差させた形を二つ合わせた形で、「交わる」の意をあらわす。「爻」と、「爻」を二つあわせた「㸚」をもとにしてできている漢字を集めた。

0 847 爻　5 847 爼　7 847 爽　10 847 爾

爻

爻0（4）　②6411　723B

コウ（カウ）漢　肴 yáo

意味 ❶まじわる。❷易（エキ）の卦（カ）を組み立てる符号。⚋（＝陰）と⚊（＝陽）とを組み合わせる。例 爻辞（コウジ）。

【爻辞（コウジ）】易（エキ）のそれぞれの符号（爻）を説明したことば。

［爼］

爻5（9）　⇩俎（ソ）（91ジペー）

爽

爻7（11）　①3354　723D　常用

ソウ（サウ）漢　養 shuǎng
さわやか（さは-やか）

筆順 一 ㇒ 𠂊 㸚 㸚 㸚 爽 爽

なりたち 会意 「㸚（＝すきまが広く明るい）」と「大（＝おおいに）」とから成る。明るい。

意味 ❶夜あけの明るさ。あきらか。例 爽旦（ソウタン）（＝朝早く）。❷すがすがしい。**さわやか**。例 爽快（ソウカイ）。颯爽（サッソウ）。❸ちがう。まちがえる。違反する。たがう。例 爽失（ソウシツ）（＝まちがえる）。❹傷つく。失う。そこなう。例 五味令二人口爽一（ゴミはひとのくちをしてそこなわしむ）（＝五味の美食は人の口を麻痺（ヒマ）させる）。〈老子・一二〉

古訓 中古 あきらかなり・あらはす・いさぎよし・ここだし・さはやかなり・たがふ・みだり 中世 あきらか・いさぎよし・さはやか・たがふ 近世 あきらか・いさぎよし・さはやか・たがふ・たつとし・はげし

人名 あき・あきら・さ・さや・さわ・たけし

【爽快（ソウカイ）】さわやかで、気持ちのよいこと。すがすがしいこと。

【爽秋（ソウシュウ）】さわやかな秋。例（時候の挨拶（アイサツ）で）―の候。

【爽然（ソウゼン）】①さわやかなさま。②がっかりしてぼんやりするさま。茫然（ボウゼン）。③はっきりとするさま。すっきりするさま。

【爽▼邁（ソウマイ）】性格がさわやかですぐれている。

【爽約（ソウヤク｜ヤクにたがう）】約束をやぶる。違約。

【爽涼（ソウリョウ）】さわやかで、すずしいこと。例 初秋の―を肌で感じる。

爾

爻10（14）　①2804　723E　人

ジ漢　ニ呉　紙 ěr
なんじ（なんぢ）・そ-の・しか-り・のみ

［尒］小2（5）　②5385　5C13　俗字。

［尓］小2（5）　③4759　5C12　俗字。

なりたち 形声 「冂（＝おおう）」と「㸚（＝すきまが広く明るい）」と、音「尒（ジ）」とから成る。はなやか。借りて「なんじ」の意。

意味 ❶相手を指していうことば。**なんじ**。❷「**その**」と読み、事柄や時を指し示す。例 爾後（ジゴ｜そののち）。❸そうである。そのようである。**しかり**。かくのごとし。例 君爾妾亦然（きみしかりショウもまたしかり）（＝あなたさまはそうだし、わたしもそうです）。〈玉台・為焦仲卿妻作〉❹「**のみ**」と読み、…だけだ、…にほかならない、の意。限定・強調をあらわす。例 勇之於レ将、乃数分之一爾（ユウのショウにおけるや、すなわちスウブンのイチのみ）（＝勇というのは将軍に求められる要素のうちの数分の一を占めるにすぎない）。〈呉子・論将〉❺語のあとにそえる助字で、状態をあらわす。→【云爾（ウンジ）】（43ジペー）例 莞爾（カンジ）（＝にっこりと）。卒爾（ソツジ）（＝にわかに）。

日本語での用法 《に》「手爾波（てには）・太爾（たに）（＝谷）」▼「に」の音をあらわす万葉仮名。

古訓 中古 しかのごとき・しかり・すすむ・その・ちかし・ちかづく・なむだち・なむぢ 中世 しかも・しかり・その・それ・ちかづく・なんぢ・わくる 近世 しかり・ちかし・なんぢ・のみ・わかつ

人名 あき・あきら・ちか・ちかし・み・みつる

難読 爾乃（しかのみならず）・手爾平波（てにをは）

【爾雅（ジガ）】①中国最古の辞書。意味によってことばを分け記してある。前漢のころの成立。②ことばや文章が正しく美しいこと。

【爾後（ジゴ）】①あなたの子孫。②（そののち）こののち。以後。自後。例 爾後墳籍略不レ可レ看（ジゴのフンセキほぼみるべからず）（＝《誤字の横行により》その後の書物はほとんど読めなくなってしまった）。〈家訓・雑芸〉

【爾今（ジコン）】日 いまからのち。こののち。今後。自今。例 ―、言動にはつつしんでもらう。

【爾輩（ジハイ｜なんじがともがら）】おまえたち。類 爾曹（ジソウ｜なんじがともがら）。

【爾余（ジヨ）】（餘）このほか。これ以外。そのほか。それ以外。自余。例 ―の件については次回にまわす。

【爾来（ジライ）】①それからのち。それ以後。そのとき以来。例 爾来二十有一年矣（ジライニジュウユウイチネン）（＝それ以後二十一年）。〈諸葛亮・出師表〉②近ごろ。

90 4画 爿 しょうへん部

「木」の字を二つに分けた左半分の形。新字体では「丬」。「爿」をもとにしてできている漢字と、「爿」の字形を目じるしにして引く漢字とを集めた。

0 847 爿 丬　4 847 牀　6 848 牂　13 848 牆

この部首に所属しない漢字
壮→士306　壯→士306

爿

爿0（4）　②6413　723F

ショウ（シャウ）漢　陽 qiáng

意味 木を二つに割った左半分の形。木ぎれ。

丬

丬0（3）　④8014　4E2C

（漢字の字体記述要素）

牀

爿4（8）　②6414　7240

ソウ（サウ）漢
ショウ（シャウ）・ジョウ（ジャウ）呉　陽 chuáng
とこ・ゆか

意味 ❶細長い寝台や腰かけ。**とこ**。通 床。例 牀几（ショウキ）。❷ものを置く台。例 銃牀（ジュウショウ）。

【牀▼几（ショウキ）】日 ①折りたたみのできるいす。②横に長い、ベンチのような腰かけ。▽床几（ショウギ）。将几（ショウギ）。

【牀▼褥（ショウジョク）】【牀▼蓐（ショウジョク）】寝床。とこ。しとね。

【牀▼榻（ショウトウ）】寝台。また、腰かけ。

【牀頭（ショウトウ）】〔「頭」は、場所を示す語〕寝台。寝床のあたり。例 片月到二牀頭一（ヘンゲツショウトウにいたる）（＝月光が寝床のあたりまできた）。〈岑参・宿岐州北郭厳給事別業〉

牂
爿6 (10) 4 8015 7242
ソウ(サウ)漢 陽 zāng

意味 牝(めす)のヒツジ。めひつじ。〔牡(おす)のヒツジは「羝(テイ)」〕

牆
爿13 (17) 2 6415 7246
ショウ(シャウ)漢 呉 陽 qiáng
かき

［墻］ 土13 (16) 2 5254 58BB 別体字。

意味 土や石で築いた塀。かきね。**かき**。例 牆壁(ショウヘキ)。

【▼鬩二▼于牆一】(かきにせめぐ) 〔「鬩」は、言い争う意〕同じかきねの中で争う。近しい者どうしが仲たがいする。鬩牆(ゲキショウ)(＝かきにせめぐ)。〈詩経・小雅・常棣〉

【牆衣】(ショウイ) 塀の上の苔(こけ)。

【牆垣】(ショウエン) 〔「牆」は高いかきね、「垣」は低いかきねの意〕かきね。かき。かこい。垣牆。牆籬(ショウリ)。例 厚二其牆垣一(そのショウエンをあつくす)(＝そのかきねを厚くする)。〈左伝・襄三〉

【牆壁】(ショウヘキ) ①土・石・れんがなどで造った塀。②あいだをさえぎるもの。例 —を築く。表記 ▽現障壁

【牆面】(ショウメン) ①壁に向かって立つ。②〔壁に向かって立つと向こう側が見えないことから〕勉強をせず、ものを知らないことのたとえ。〈論語・陽貨〉

【牆▼籬】(ショウリ) かきね。

91 4画 片 かた かたへん部

「木」の字を二つに分けた右半分の形。「片」をもとにしてできている漢字を集めた。

片
片0 (4) 1 4250 7247 教6
ヘン漢 呉 霰 piàn
かた・きれ・ひら・ペンス

筆順 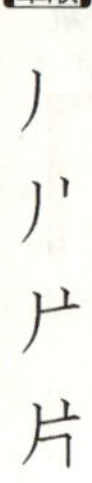

なりたち  ［指事］一本の「木」の右半分。半分に分けた木。

意味 ❶二つでひと組みの一方。かたわれ。**かた**。例 片手(てかた)。片方(ホウかた)。❷平たくてうすいもの。小さいかけら。また、それを数えることば。**きれ**。例 片雲(ヘンウン)。断片(ダンペン)。一片(ひとひら)の花弁(カベン)。❸わずか。すこし。例 片影(ヘンエイ)。片時(ヘンジ)。片言隻句(ヘンゲンセキク)。

日本語での用法 一《かた》「片言(かたこと)・片意地(かたイジ)・片仮名(かたかな)・片田舎(かたいなか)・片恋(かたこい)」▼不全な、かたくなな、中心からはずれた、一方的な、などの意をあらわす。二《ペンス》▼イギリスの貨幣の単位。ペニー(片尼)の複数形。一ポンドの百分の一。

古訓 中古 かたおもて・かたつかた・かたはし・かたはら・かたへ 中世 かたかた・かたはし・わかつ 近世 かたかた・かたへら・なかば・へぐ・わかつ

【片腕】(かたうで) 日①一方の腕。②最も頼みとする人。

【片仮名】【片仮字】(かたかな) 日日本語の音節文字の一つ。万葉仮名の一部分を省略して作られた。平仮名(ひらがな)の「い」「ろ」「は」などに対して「イ」「ロ」「ハ」など。対平仮名。

【片恋】(かたこい) 日どちらか一方からだけの恋。片思い。

【片隅】(かたすみ) 日中央部分からはなれた、一方のすみ。目立たないところ。すみっこ。例 都会の—。部屋の—。

【片手】(かたて) 日①一方の手。②〔片方の手の指の数から〕金額などで「五」のつく数をあらわす。例 —なら引き受ける。

【片刃】(かたは|かたば) 日片面または片側だけに刃(は)のついている刃物。対両刃(リョウば)。

【片肺】(かたハイ) 日①一方の肺。②エンジンが二つある飛行機で、一方のエンジンしか動かない状態。例 —飛行。

【片方】(かたホウ) 日二つあるものの一方。対両方。

【片棒】(かたボウ) 日かごなどをかつぐ二人のうちの一方。例 —をかつぐ(＝一緒に仕事をする。特に、悪事の共犯者となる)。

【片身】(かたみ) 日①衣服の身ごろの片方。片身ごろ。②からだの半分。特に、魚を背骨に沿っておろした一方の身。半身(ハンみ)。例 鰹(かつお)の—。

【片道】(かたみち) 日行きか帰りか、どちらか一方。対往復。

【片面】(かたメン) 日物の一方の面。事柄の一部分。対両面。

【片雨】(ヘンウ) 局地的に降る雨。また、通り雨。

【片雲】(ヘンウン) ちぎれ雲。ひときれの小さな雲。例 可レ憐片雲生(あわれむべしヘンウンのショウず)(＝空に浮かんだちぎれ雲はあわれさをさそう)。〈梁簡文帝・浮雲〉

【片影】(ヘンエイ) わずかのかげ。ちらっと見えた姿。例 雲間(くもま)に旅客機の—を見た。

【片月】(ヘンゲツ) 上弦または下弦の月。弓張り月。かたわれ月。

【片言】(ヘンゲン) 一①ちょっとしたことば。わずかなことば。ひとこと。例 —隻字。②片方の言い分。〔外国人や幼児のことばづかいにいう〕 二(かたこと) 日不完全で、たどたどしい言い方。

【片言隻句】(ヘンゲンセキク) 「片言隻字(ヘンゲンセキジ)」に同じ。

【片言隻字】(ヘンゲンセキジ) ちょっとしたことば。わずかなことば。片言隻句。〈陸機・謝平原内史表〉 類片言隻語・片言隻辞。

【片刻】(ヘンコク) 「片時(ヘンジ)」に同じ。

【片時】(ヘンジ|ヘンシ|かたとき) ほんのちょっとの時間。少しのあいだ。一時(イットき)。片刻。例 片時千里江南路(ヘンジセンリコウナンのみち)(＝ほんのわずかな時間に千里も進む江南の旅路)。〈王茂孫・春夢〉

【片▼楮】(ヘンチョ) ①紙きれ。②簡単な手紙。寸楮。

【片片】(ヘンペン) ①切れ切れであるさま。例 —たる知識。②うすくて小さいものが、風に吹かれて軽く舞っているさま。例 片片軽鷗下二急湍一(ヘンペンたるケイオウキュウタンをくだる)(＝ひらひらと身軽なカモメは早瀬を下っていく)。〈杜甫・小寒食舟中作〉 ③日うすっぺらで、とるにたりないさま。例 —たる小冊子。

【片▼鱗】(ヘンリン) 〔一枚のうろこの意〕ものごと全体の、ほんの一部分。〔その一部分から全体の大きさや偉大さが想像できるときにいう〕例 大器(タイキ)の—をうかがわせる。

○ 一片(イッペン)・紙片(シヘン)・断片(ダンペン)・木片(モクヘン)

版
片4 (8) 1 4039 7248 教5
ハン漢 ヘン呉 潸 bǎn
いた・ふだ

筆順 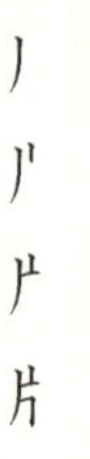

なりたち  ［形声］「片(＝木ぎれ)」と、音「反(ハ)」とから成る。木のいた。

参考 「板(ハ)」の本字。

意味 ❶木や石、金属などの薄く平らなもの。**いた**。通板。❷土壁を作るときに、土を両側からはさむ板。例 版築(ハンチク)(＝土を二枚の板ではさみ、土をつきかためて土壁を作ること)。❸文字を書く木のふだ。❹戸籍や土地の帳簿。例 版籍(ハンセキ)。版図(ハント)。❺文字や図を彫りつける印刷用の板。はんぎ。例 版画(ハンガ)。版本(ハンポン)。活版(カッパン)。❻書物を印刷して世に出すこと。例 版権(ハンケン)。再版(サイハン)。出版(シュッパン)。❼笏(コツ)。しゃく。朝廷に参内するときに手に持つ板。例 手版(シュハン)。❽城壁などの計量に用いる面積の単位。一版は高さが二尺で長さが八尺。一説に、高さが二尺で長さは一丈。

古訓 中古 くだく・さく・しるし 中世 いた・ふんだ 近世 いた・ふだ・いた・ひがむ・もとる・わかつ

【版画】(ガハン) 日木・石・銅などの板に絵や文字を刻みつけて版を作り、墨などを塗って紙に絵や文字を写しとるもの。また、その技法。例 ―展。

【版木】(ハンぎ) 日印刷するために文字や絵を彫りこんだ板。板木(ハンぎ)。例 浮世絵の―。

【版権】(ハンケン) 日①本などの著作物を出版し、それによる利益を得る権利。出版権。②「著作権」の古い言い方。

【版行】(ハンコウ) 出版物を印刷し、世に出す。板行(ハンコウ)。刊行。

【版式】(ハンシキ) 印刷版の様式。凸版(トッパン)・凹版(オウハン)・平版(ヘイハン)など。

【版下】(はんした) 日①版木を彫るときに板にはりつける、清書した下書き。②凸版(トッパン)や平版(ヘイハン)などで、製版する文字や図・絵などの原稿。

【版籍】(ハンセキ) ①土地台帳と戸籍簿。②支配する領地とそこに住む人民。

【版籍奉還】(ハンセキホウカン) 日一八六九(明治二)年六月、大名がその「版籍②」を朝廷に返したこと。

【版図】(ハント) 〔「版」は戸籍、「図」は地図の意〕支配している領土。国土。

【版本】(ハンポン) 木版で印刷した本。木版本。板本(ハンポン)。対写本。

【版面】(ハンメン・ハンづら) 日印刷版の表面。例 ―の汚れ。例 宋(ソウ)代の―。

●活版(カッパン)・再版(サイハン)・重版(ジュウハン)・出版(シュッパン)・初版(ショハン)・新版(シンパン)・図版(ズハン)・絶版(ゼッパン)・平版(ヘイハン)・木版(モクハン)

[牋] 片8 (12) ⇩箋(セン)(1004ページ)

牌 片8 (12) 1 3955 724C ハイ漢 佳 pái ふだ・パイ

[牌] 片9 (13) 俗字。

意味 ❶文字や目じるしを書いてかけておくふだ。看板。**ふだ**。例 金牌(キンパイ)。銀牌(ギンパイ)。例 牌子(ハイシ)。❷役人が身分証明のために持つふだ。例 骨牌(コッパイ)。❸カルタなど、遊びに用いるふだ。マージャンの牌(パイ)(=パイ)。❹盾(たて)。例 盾牌(ジュンパイ)。❺明(ミン)・清(シン)代、上級官庁が下級官庁に下す公文書の一種。

【牌子】(ハイシ) ①看板。マーク。②ふだ。鑑札。

【牌▼牓】【牌▼榜】(ハイボウ) 看板。告知板。

【牌楼】(ハイロウ) 市街などに立てる鳥居の形をした門。上部に額を掲げる。類牌坊。

牒 片9 (13) 1 3613 7252 人 チョウ(テフ)漢 ジョウ(デフ)呉 葉 dié ふだ

なりたち  [形声]「片(=半分の木)」と、音「枼(ウチョ)」とから成る。木のふだ。

意味 ❶文書を書き記す木や竹のふだ。かきつけ。**ふだ**。例 符牒(フチョウ)。❷書籍。記録。書き物。例 牒籍(チョウセキ)(=書籍)。❸役所などで関係方面にまわす公文書。まわしぶみ。例 通牒(ツウチョウ)。❹訴えぶみ。訴状。例 牒状(チョウジョウ)(=告発文)。

古訓 中世 ふだ・ふんだ 近世 いた・ふだ・ゆかいた

[牌] 片9 (13) ⇩牌(ハイ)(849ページ)

牓 片10 (14) 4 8016 7253 ボウ(バウ)慣 ホウ(ハウ)漢 養 bǎng

意味 ❶立てふだ。ふだ。通榜(ボウ)。例 牓札(ボウサツ)。❷ふだにはりつけて示す。通榜。例 牓示(ボウジ)。

【牓札】(ボウサツ) 看板。かけふだ。

【牓子】(ボウシ) ①唐・宋(ソウ)代、天子に謁見するときに、姓名や用件などを記して提出した文書。②名刺。なふだ。③布告。

【牓示】(ボウジ) かかげ示す。掲示する。

[牕] 片11 (15) ⇩窓(ソウ)(985ページ)

牖 片11 (15) 3 8769 7256 ユウ(イウ)漢 ユ・ヨウ呉 有 yǒu まど

[牗] 片11 (15) 4 8017 7257 別体字。

意味 ❶壁に穴をあけて作った窓。格子(コウシ)のはまった窓。**まど**。例 子問レ之、自レ牖執二其手一(シこれをとい、まどよりそのてをとる)(=孔子は〈冉伯牛(ゼンハクギュウ)を〉見舞い、窓からその手をとった)。〈論語・雍也〉 牖戸(ユウコ)。❷誘導する。みちびく。例 牖民(ユウミン)。

【牖戸】(ユウコ) 窓と戸。また、出入り口。

【牖民】(ユウミン・たみをみちびく) 人民をよい方向に導く。

牘 片15 (19) 2 6417 7258 トク漢 屋 dú ふだ

意味 ❶文章を書きつけた木の札。**ふだ**。また、書き物・手紙。例 牘書(トクショ)(=文書。また、手紙)。尺牘(セキトク)。❷楽器の名。竹筒の先に二つの穴が開いていて、地面に打ちつけて音を出す。舂牘(ショウトク)。

92 4画 牙(牙) きば きばへん 部

上下の歯が互いにかみあう形をあらわす。俗字の「牙」の字だけをここに入れた。俗字の「牙」および、「邪」「雅」など常用漢字の構成部分となるときは「牙(五画)」の形になる。

0 849 牙 牙

牙 牙0 (4) 1 1871 7259 常用 ガ漢 ゲ呉 麻 yá きば・は

[牙] 牙0 (5) 俗字。

筆順 一 ㇐ 于 牙

なりたち  [象形] きばの形。

意味 ❶歯。特に、前歯のとなりにあり、とがっていて交互にかみあう歯。**きば**。例 歯牙(シガ)。象牙(ゾウゲ)。毒牙(ドクガ)。❷かむ。例 両虎相牙(リョウコあいガす)(=二匹のトラがかみあう)。〈太玄・争〉 ❸象牙の飾りをつけた、天子や将軍の旗。また、それを立てた本陣。例 牙営(ガエイ)。牙城(ガジョウ)。❹売買の間にはいって手数料をとる。また、その人。仲買(なかがい)。例 牙行(ガコウ)。

古訓 中古 き・きざす・きば・ザウのき 中世 きば・は 近世 おくば・きば・は・はた

難読 牙婆(あいす)・牙籤(はぜこ)

【牙営】(ガエイ) 〔「牙旗(ガキ)」の立っている陣営の意〕大将のいる陣営。本営。本陣。

【牙▼儈】(ガカイ・あいす) 売買の仲介をする人。仲買人(なかがいニン)。類牙人(ガジン)・牙保(ガホ)。

【牙旗】(ガキ) 軍隊で、天子や大将のはた。〔さおの先に象牙(ゾウゲ)またはは猛獣の牙(きば)の飾りがついているからという〕 類牙幢(ガトウ)・牙纛(ガトウ)。

【牙行】(ガコウ) 仲買人(なかがいニン)。

【牙▼璋】(ガショウ) 軍が出陣のときに用いる割り符。

【牙城】(ガジョウ) 〔「牙旗(ガキ)」の立っている城の意〕①大将のいる城。②本拠地。例 ゲリラ組織の―にせまる。

【牙銭】(ガセン) 手数料。口銭。コミッション。例 ―を取る。

93 4画

牛（うし）（牜うしへん）部

角のあるウシの形をあらわす。偏（＝漢字の左側の要素）になるときは「牜（うしへん）」となる。「牛」をもとにしてできている漢字を集めた。

牛

牛0（4） 1 2177 725B 教2

ギュウ（ギウ）漢 ゴ呉 尤 niú

うし

筆順 ノ 𠂉 𠂉 牛

なりたち  ［象形］頭に二本の角があり、盛り上がった背と垂れ下がった尾のあるウシの形。

意味 ❶家畜の一つ。**ウシ**。例 牛馬（ギュウバ）。汗牛充棟（カンギュウジュウトウ）。闘牛（トウギュウ）。❷星の名。㋐二十八宿の一つ。いなみぼし。例 牛宿（ギュウシュク）（＝斗宿・牛宿のあたり）。㋑牽牛星（ケンギュウセイ）。ひこぼし。例 牛女（ギュウジョ）（＝牽牛星と織女星）。

古訓 中古 うし 中世 うし・ほし 近世 うし・ひこぼし

人名 とし

難読 牽牛花（あさがお）・牛膝（いのこずち）・牛蒡（ゴボウ）

【対レ牛弾レ琴】（うしにタイしてことをダンず） 愚か者に道理を説いても無駄なことのたとえ。馬の耳に念仏。◆春秋時代、魯ロの公明儀がウシに琴を弾いて聞かせたが、ウシはただ草を食べるだけであった。……〈祖庭事苑〉

【放二牛▼于桃林▼之野一】（うしをトウリンのやにはなつ） 戦争が終わり平和になることのたとえ。「帰二馬于華山之陽一（うまをカザンのヨウにかえし）」に続く句。偃武修文（エンブシュウブン）。◆周の武王は、殷（イン）を滅ぼした後、軍馬を華山（＝今の陝西（センセイ）省にある高峰）の南にもどし、戦いに用いたウシを桃林の原野（＝今の河南省の西端から陝西省の潼関（ドウカン）あたりの地）に放ち、再び戦争を起こさないことを示した。…〈書経・武成〉

【牛飲馬食】（ギュウインバショク）〔ウシのように飲み、ウマのように食う意〕多量に飲み食いする。類 鯨飲馬食。

【牛角】㊀（ギュウカク）ウシの、つの。㊁（ゴカク）㊐〔ウシの二本のつのは大きさも長さもほぼ同じことから〕実力に差がないこと。五分五分（ゴブゴブ）。互角。

【牛後】（ギュウゴ）⇩【寧為二鶏口一、無レ為二牛後一】（むしろケイコウとなるとも、ギュウゴとなかれ）（385ページ）

【牛脂】（ギュウシ） ウシのあぶらを精製した、白い脂肪のかたまり。料理・石鹼（セッケン）製造などに用いる。ヘット。

【牛車】㊀（ギュウシャ） ウシが引く車。㊁（ギッシャ）㊐平安時代の貴族が用いた、ウシに引かせた屋形つきの車。

【牛舎】（ギュウシャ） ウシを飼う建物。牛小屋。

【執二牛耳一】（ギュウジをとる） 同盟・党派・団体などのリーダーとなって主導権をにぎる。牛耳る。〔春秋時代、諸侯が同盟を結ぶとき、ウシの耳を切り取り、その血をすすって約束を誓ったが、盟主が牛耳を入れた容器を手に持ったことから〕〈左伝・定八〉

【牛▼溲馬勃】（ギュウソウバボツ）〔「牛溲」は薬草の一つ、「馬勃」は湿地などに生ずる菌〕下等な薬。転じて、役立たずのたとえ。〈韓愈・進学解〉

【牛刀】（ギュウトウ） ウシなどの大きな家畜の肉を切りさくのに用いる、大きな包丁。例 割レ鶏焉用二牛刀一（にわとりをさくにいずくんぞギュウトウをもちいん）（＝ニワトリを料理するのにウシを料理する大きな包丁は必要ない《小さなことを処理するのに、大げさな手段は不必要だ》）。〈論語・陽貨〉

【牛童】（ギュウドウ） 牛飼いの子供。類 牛豎（ギュウジュ）。

【牛肉】（ギュウニク） 食用とするウシの肉。ぎゅう。

【牛乳】（ギュウニュウ） ウシのちち。飲用、また、加工用。ミルク。

【牛馬】（ギュウバ） ウシとウマ。例 ―のようにこき使われる。

【牛馬走】（ギュウバソウ） ①牛馬の世話をする者。自己の謙称。例 太史公牛馬走、司馬遷再拝言（タイシコウギュウバソウ、シバセンサイハイしていう）（＝太史公たる司馬遷めが再拝して申し上げます）。〈司馬遷・報任少卿書〉②牛馬のように走り回る苦労。

【牛皮】（ギュウヒ） ①ウシのかわ。②㊐蒸した白玉粉に砂糖・水あめを加えて作る生菓子。求肥（ギュウヒ）。

【牛歩】（ギュウホ） ㊐ウシのような遅いあゆみ。ものごとの進みぐあいがのろいこと。例 ―戦術（＝採決などの際、ゆっくり歩いて議事の進行をさまたげる方策）。

【牛毛】（ギュウモウ） ①きわめて多いことのたとえ。②法令などの細かいことのたとえ。③小さいこと、細かいことのたとえ。

【牛酪】（ギュウラク） 牛乳の脂肪をかためたもの。バター。

【牛郎】（ギュウロウ） ①牛飼いの男。②牽牛（ケンギュウ）星。

【牛頭】（ゴズ）〔仏〕地獄で門番をしているという、頭がウシでからだは人間の姿をした鬼。例 ―馬頭（メズ）。

【牛頭天王】（ゴズテンノウ）〔仏〕インドの祇園精舎（ギオンショウジャ）の守護神。

●役牛（エキギュウ）・水牛（スイギュウ）・闘牛（トウギュウ）・肉牛（ニクギュウ）・乳牛（ニュウギュウ）・野牛（ヤギュウ）・和牛（ワギュウ）

牝

牛2（6） 1 4438 725D

ヒン漢 軫 pìn

めす・め・めん

意味 ❶獣や鳥のめす。**めす**。対 牡（ボ）。例 牝馬（ヒンバ）。牝牡（ヒンボ）。❷かぎあな。❸渓谷。

【牝鶏】（ヒンケイ） めすのニワトリ。めんどり。

【牝鶏▼之▼晨】（ヒンケイのシン）【牝鶏の晨（あした）す】〔「晨」は、ニワトリが時を告げる意〕朝、時を告げるべきおんどりに代わって、めんどりが時を告げる。女性が権力をふるうことのたとえ。牝鶏晨（あした）す。〈書経・牧誓〉

【牝朝】（ヒンチョウ） 唐の則天武后の朝廷。〔女性による治世であったことから〕

【牝馬】（ヒンバ） めすのウマ。めすうま。めうま。対 牡馬（ボバ）。

【牝馬▼之貞】（ヒンバのテイ） 牝馬が従順であること。柔順さが美徳となって成功をおさめることのたとえ。〈易・坤〉

【牝▼牡】（ヒンボ） 動物のめすとおす。雌雄。牡牝。

牟

牛2（6） 1 4422 725F 人

ボウ漢 ム呉 尤 móu

なりたち  ［会意］「牛（＝うし）」と「ム（＝声が口から出る）」とから成る。牛が鳴く。

意味 ❶ウシの鳴き声。例 牟然（ボウゼン）。❷大きい。多い。例 賢者之道牟而難レ知（ケンジャのみちはボウにしてしりがたし）（＝賢者のやり方はとても大きくて簡単に理解することはできない）。〈呂覧・謹聴〉❸うばいとる。欲ばって食べる。例 牟食（ボウショク）（＝むさぼりくう）。❹ひとみ。通 眸（ボウ）。例 牟子（ボウシ）（＝ひとみ）。❺オオムギ。例 牟麦（ボウバク）（＝むぎ。オオムギ）。

日本語での用法 《む》「牟礼（むれ）（＝地名）・牟田（むた）（＝地名・姓）」▼「む」の音（オン）をあらわす万葉仮名。

古訓 中古 ほゆ・まさる 中世 あはれむ・うしのなく・うばふ・おほい

なり・すぐる・すすむ・とる・はじめ・まさる 近世 あはれむ・うしのこゑ・うばふ・おほいなり・しりぞく・すごす・すすむ・とる・はじめ・ひとし・ます・をかす

人名 すすむ・ます・もと

【牟然】ボウゼン ウシの鳴き声の形容。

【牟利】ボウリ 利益をむさぼる。

【牟尼】ムニ 〔梵語(ボンゴ) muni の音訳〕聖者。賢者。釈迦(シャカ)を敬っていう。例 釈迦—。

牣 牛3(7) 4 8018 7263 ジン 漢 震 rèn

意味 いっぱいになる。みちる。例 充牣(ジュウジン)。

牡 牛3(7) 1 1820 7261 人 ボ 漢 有 mǔ おす(をす)・お(を)・おん(をん)

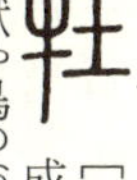

なりたち [形声]「牛(=うし)」と、音「土(ボ)」とから成る。動物のおす。

意味 ❶獣や鳥のおす。**おす**。対 牝(ヒン)。例 牡馬(ボバ)。牡鹿(おじか)。❷かぎ。かんぬき。例 牡鑰(ボヤク)(=差し込むかぎ)。❸丘陵。

古訓 中古 をうし・をけもの 中世 をうじ・をけもの 近世 かぎ・をけもの

難読 牡鹿(さおしか)・牡丹餅(ぼたもち)

【牡丹】ボタン ①キンポウゲ科の落葉低木。晩春から初夏にかけて、赤紫・白・うすくれない・黄などの大きな花が咲く。中国で花の王とされる。②日イノシシの肉。例 —鍋(なべ)。

【牡▼蠣】ボレイ・かき 海産の二枚貝。食用。また、殻を焼いてくだいた粉を薬や小鳥のえさにする。

牢 牛3(7) 1 4720 7262 ロウ(ラウ) 漢 呉 豪 láo ひとや

[窂] 穴4(9) 4 8313 7A82 別体字。

意味 ❶おりに入れて飼育した、祭り用のいけにえ。例 太牢(タイロウ)(=ウシ・ヒツジ・ブタのいけにえ)。少牢(ショウロウ)(=ヒツジ・ブタのいけにえ)。❷家畜を飼育する囲い。おり。例 執二家於牢一(シをロウにとらう)(=いけにえのブタを飼っている場所から取り寄せる)。〈詩経・大雅・公劉〉 ❸罪人を閉じこめておくところ。**ひとや**。また、閉じこめる。例 牢獄(ロウゴク)。牢死(ロウシ)。入牢(ニュウロウ・ジュロウ)。❹がっしりとして丈夫である。かたい。例 牢記(ロウキ)。牢固(ロウコ)。堅牢(ケンロウ)。❺うれえる。例 牢愁(ロウシュウ)。❻⇩【牢騒】(ロウソウ) ❼⇩【牢落】(ロウラク) ❽⇩【牢籠】(ロウロウ)

【牢記】ロウキ しっかり覚えておく。銘記。

【牢▼乎】ロウコ しっかりとしていて動かないさま。例 —たる方針。—として動かしがたい信念。

【牢固】ロウコ しっかりしているさま。また、かたいさま。堅固(ケンゴ)。例 —たる守りの城。

【牢獄】ロウゴク 罪人をとじこめておく場所。獄舎。牢屋(ロウや)。牢。類 牢檻(ロウカン)。

【牢死】ロウシ 牢獄の中で死ぬ。獄死。

【牢愁】ロウシュウ 心にわだかまりがあって悲しむ。うれい。憂愁。

【牢騒】ロウソウ 思うままにならず不満なさま。

【牢落】ロウラク ①とりとめのないさま。②ものさびしいさま。③まばらなさま。

【牢籠】ロウロウ ①すべてをひとまとめにする。②他人を自分の思うままにする。籠落。

犂 牛4(8) 4 8019 24629 国字 ぐし

意味 人名に用いる字。例 犂宮城(みやぎぐし)(=姓)。

物 牛4(8) 1 4210 7269 教3 ブツ 漢 モチ・モツ 呉 物 wù もの

筆順

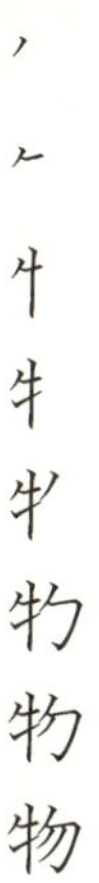

なりたち [形声]「牛(=うし)」と、音「勿(ブツ)」とから成る。いろいろなもの。

意味 ❶自然界のすべて形あるもの。**もの**。例 物体(ブッタイ)。生物(セイブツ)。万物(バンブツ)。❷事柄。ものごと。例 事物(ジブツ)。文物(ブンブツ)。❸ひと。世間。例 物議(ブツギ)。人物(ジンブツ)。俗物(ゾクブツ)。❹自分以外のもの。例 物与レ我皆無レ尽也(ものとわれとみなつくるなきなり)(=自分以外のものも自分もすべて尽きはてることがない)。〈蘇軾・赤壁賦〉 物我(ブツガ)。❺周囲の景色。また、環境。❻妖怪(ヨウカイ)。例 物怪(ブッカイ)。

日本語での用法 《もの》「物悲(ものがな)しい・物狂(ものぐる)おしい・物寂(ものさび)しい・物(もの)すごい・物憂(ものう)い・物静(ものしず)か」▼形容詞・形容動詞の上につけて「なんとなく」の意をあらわす。

古訓 中古 かたち・こと・ことごと・しるし・たぐひ・もの 中世 こと・たぐひ・もの 近世 こと・たぐひ・はかる・もの

人名 たね

難読 物怪(もののけ・モッケ)

【物化】ブッカ ①ものが変化すること。〈荘子・斉物論〉 ②人が死ぬこと。物故。〈荘子・刻意〉

【物価】ブッカ ものの値段。

【物華】ブッカ ①もののもっている輝き。②美しい景色。風景。

【物我】ブツガ 自分以外のものと自分。また、客観と主観。

【物怪】一 ブッカイ 奇怪なもの。あやしいもの。変化(ヘンゲ)。二 モッケ 日思いもかけないこと。意外。例 —の幸い。三 もののけ 日人にとりついた死霊・生き霊。

【物外】ブツガイ・モツガイ 〔世間の外の意〕俗世間から離れた場所。

【物議】ブツギ 世間であれこれと話題にすること。例 —をかもす(=いろいろと論議をひきおこす)。

【物件】ブッケン 日品物・土地・建物など。例 証拠—。

【物故】ブッコ 人が死ぬこと。死去。死亡。物化(ブッカ)。例 —者。

【物候】ブッコウ 万物が気候に応じて変化すること。季節ごとの風物。

【物産】ブッサン その土地で生産される、農産物・工芸品などの産物。例 物産殷充(ブッサンインジュウなり)(=〔呉の〕物産は豊富である)。〈左思・呉都賦〉 —展。

【物資】ブッシ 日生活するのに必要なもの。食料・衣料・医薬品など。例 救援—。—の調達。

【物質】ブッシツ 日①見たり、手でさわったりして、確かめられるもの。例 未知の—。②(精神や心とは別に対立して存在するものの意味で)形のあるもの。また、お金や品物。対 精神。例 —文明。

【物証(證)】ブッショウ 日品物による証拠。物的証拠。例 —がとぼしい。

【物象】ブッショウ ①ものの形やありさま。②自然の風景。

【物情】ブツジョウ ①ものごとの状態。②世間の人々の気持ち。例 —騒然。

【物色】ブッショク ①動物の毛の色。②形のありさま。③多くのものの中から、適当なものをさがす。例 室内を—する。

【物心】一 ブッシン ①人の心。②日物質と精神。例 —両面から援助する。二 ものごころ 日世の中のしくみや人々の気持ちを理解できる知識や分別(フンベツ)。例 —がついたころの記憶。

【物性】ブッセイ 物質のもっている性質。例 —物理学。

【物騒】ブッソウ 日〔「ものさわがし」を漢語風にいったことば〕①危害が加えられそうで、あぶない感じのすること。例 —なものをふりまわす。②世の中がさわがしいこと。例 —な時代。

【物体】ブッタイ ①ものの本体。ものの形体。②日目に見えるなど、具体的な形をもって存在しているもの。もの。例 未確認飛行—(=UFO(ユーフォー))。③日 知覚や精神のないもの。例 単なる—にすぎない。
【物的】ブッテキ 日 ものに関するさま。物質的。対 人的・心的。例 —証拠。
【物納】ブツノウ 日 お金の代わりに品物で税金をおさめる。対 金納。
【物品】ブッピン しなもの。もの。例 —税。—の管理。
【物望】ブツボウ 世間の人々が望むこと。期待すること。衆望。
【物欲】【物▼慾】ブツヨク お金や品物をほしがる気持ち。例 —を刺激する。
【物理】ブツリ ①ものごとの道理。②日 ものの性質や作用などに関すること。例 —現象。③日「物理学」の略。物質や物体の構造・運動、熱や電磁気などのエネルギーやその作用について研究する学問。
【物理的】ブツリテキ 日 広さ・重さ・強さ・時間などに関係があるさま。例 —に不可能だ。
【物流】ブツリュウ 日「物的流通」の略。生産者から消費者にわたるまでの商品のながれ。品物の包装・運送などの仕事。
【物量】ブツリョウ 日 ものの量。また、量が多いこと。
【物療】ブツリョウ 日「物理療法」の略。電気・熱・放射線などを用いる治療法。理学療法。例 —内科。
【物力】ブツリョク ①ものを生ずる力。②租税のほかに、財産の多少によって徴収する税金。③経済力。
【物累】ブツルイ 世間とのかかわりあい。世俗のわずらわしさ。例 無ニ人非一、無ニ物累一(ひとのそしりなく、もののわずらいなし)(=人にそしられることもなく、物にわずらわされることもない)。〈荘子・天道〉
【物類】ブツルイ ①万物。②ものの種類。また、同類のもの。③生き物。
【物論】ブツロン 世間の評判。世の評価。世論。
【物語】ものがたり 日 ①すじのあるまとまった話を語ること。また、その内容。話。②古くから語り伝えられた話。③日本の文学で、平安時代から鎌倉(かまくら)・室町時代にかけて作られた散文の作品。『竹取物語』『源氏物語』『平家物語』など。
【物種】ものだね 日 ものごとのもととなるもの。例 命あっての—だ。
【物日】ものび 日 祝いごとや祭りごとなどがある、特別な日。
●異物(イブツ)・器物(キブツ)・見物(ケンブツ)・現物(ゲンブツ)・好物(コウブツ)・穀物(コクモツ)・作物(サクモツ)・実物(ジツブツ)・私物(シブツ)・植物(ショクブツ)・食物(ショクモツ)・書物(ショモツ)・進物(シンモツ)・静物(セイブツ)・臓物(ゾウモツ)・建物(たてもの)・動物(ドウブツ)・荷物(にモツ)・廃物(ハイブツ)・風物(フウブツ)・本物(ホンもの)・魔物(マもの)・名物(メイブツ)

牧

牛4 (8)
1 4350 7267
教4

ボク漢 モク呉 屋 mù
まき

筆順 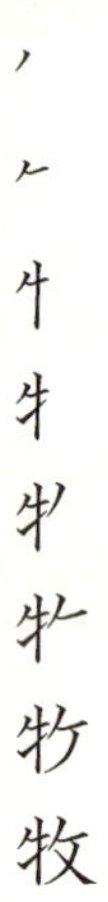

なりたち  [会意]「攵(=むちうつ)」と「牛(=うし)」とから成る。ウシを飼い、やしなう人。

意味 ❶家畜を放し飼いにする。飼育する。飼う。また、その場所。まき。例 牧場(ボクジョウ)。牧畜(ボクチク)。放牧(ホウボク)。❷家畜を飼う人。❸郊外。❹人を治める。教え導く。やしなう。例 牧師(ボクシ)。牧民(ボクミン)。❺地方長官。例 州牧(シュウボク)(=州の長官)。

古訓 中古 うしかふ・かふ・けものかふ・むまき・やしなふ・をさむ 中世 うしかふ・まき・やしなふ・をさむ 近世 かふ・まき・やしなふ・をさむる

人名 おさむ・つかさ

【牧牛】ボクギュウ ウシを放し飼いにすること。また、そのウシ。
【牧▼圉】ボクギョ ①ウシやウマを飼う所。放牧地。牧場。②牛馬を飼う人。
【牧子】ボクシ「牧童(ボクドウ)①」に同じ。類 牧豎(ボクジュ)。
【牧師】ボクシ ①官名。周代、牧草地を管理した。②キリスト教のプロテスタントで、神に仕え、信者を教え導く人。〔カトリックでは「神父」という〕
【牧守】ボクシュ 州牧(=州の長官)と郡守(=郡の長官)。地方長官。
【牧場】ボクジョウ・まき・ぱ 家畜を放し飼いにする所。
【牧神】ボクシン 日 ギリシャ・ローマ神話で、森林や牧畜の神。上半身は人間で、下半身はヤギの姿をしている。牧羊神。
【牧人】ボクジン 牧場で家畜を飼育する人。牧夫(ボクフ)。
【牧草】ボクソウ 家畜のえさとするための草。例 —地。
【牧畜】ボクチク 牧場で、家畜を飼うこと。また、その産業。
【牧童】ボクドウ ①家畜の世話をする少年。牧子(ボクシ)。例 牧童遥指杏花村(ボクドウはるかにゆびさすキョウカのソン)(=牛飼いの少年は、遠くに見えるアンズの花咲く村を指さす)。〈杜牧・清明〉②日 牧場で家畜を飼う仕事にたずさわる者。
【牧伯】ボクハク 漢代以降、地方長官の尊称。
【牧夫】ボクフ 家畜の世話をする人。牧人(ボクジン)。
【牧民】ボクミン 人民を治めること。牧養。〔牧人が家畜を養うことにたとえたことば〕例 —官(=地方長官)。
【牧野】ボクヤ ①家畜を放し飼いにする野原。②周の武王が殷(イン)の紂(チュウ)王を滅ぼした地。今の河南省淇(キ)県の南。
【牧羊】ボクヨウ ヒツジを飼うこと。また、そのヒツジ。
【牧羊神】ボクヨウシン「牧神(ボクシン)」に同じ。
【牧養】ボクヨウ ①牧場で家畜を飼う。②人民をやしない治める。牧民。
【牧歌】ボッカ ①牛飼いの歌う歌。②日 自然にとけこんだのどかな農村の生活をあつかった詩や歌。例 —的。
●放牧(ホウボク)・遊牧(ユウボク)

牯

牛5 (9)
4 8021 726F

コ漢 麌 gǔ

意味 雌のウシ。めうし。例 牯牛(コギュウ)。参考 (去勢された)雄のウシをいう場合もある。

牲

牛5 (9)
1 3223 7272
常用

セイ漢 ショウ呉 庚 shēng
いけにえ(いけにへ)・にえ(にへ)

筆順 

なりたち  [形声]「牛(=うし)」と、音「生(セイ)」とから成る。からだに傷のない、いけにえのウシ。

意味 祭祀(サイシ)のときに供える生きた動物。もとは、祭りで神にささげるために清めたウシ。いけにえ。例 犠牲(ギセイ)。三牲(サンセイ)(=ウシ・ヒツジ・ブタのいけにえ)。

古訓 中古 いけにへ 中世 いけにへ・にへ 近世 いけにへ

【牲殺】セイサツ いけにえ。〔生きた動物を殺して供えることから〕
【牲酒】セイシュ 祭祀(サイシ)に用いる、いけにえと酒。
【牲▼牷】セイセン 〔「牷」は、毛が一色でからだの完全ないけにえ〕毛の色がまだらでなく、からだにも傷のないいけにえ。
【牲▼牢】セイロウ 祭祀(サイシ)に供えられたいけにえ。

牮

牛5 (9)
4 8020 726E

セン漢 霰 jiàn

意味 ❶傾く家屋などを支える。❷土や石を積んで水をせきとめるもの。

牴

牛5 (9)
2 6418 7274

テイ漢 タイ呉 薺 dǐ
ふ-れる(ふ-る)

意味 (ウシが角と角を突き合わせるように)突き当たる。ふれる。通 抵・觝(テイ)。例 牴触(テイショク)。
【牴▼牾】テイゴ ぶつかり合う。矛盾する。くい違う。
【牴触】テイショク ①角と角を突き当てる。②法律や規則に違反する。例 法律に—する。▽抵触。

牸

牛6 (10) 4 8022 7278 シ㊈漢 ジ㊈呉 寘 zì

意味 雌の家畜。めす。例 牸牛ジギュウ(＝めうし)。

特

牛6 (10) 1 3835 7279 教4 トク㊈漢 ドク㊈呉 職 tè

筆順 ノ 𠂉 牛 牛 牜 牪 特 特

なりたち  [形声]「牛(＝うし)」と、音「寺シ→トク」とから成る。雄牛。

意味 ❶特に目立つ、立派な雄牛。❷抜きん出て(すぐれている。とりわけ。ことに。例 特殊トクシュ。特長トクチョウ。特別トクベツ。❸ただひとつの。それだけにしかない。例 特性トクセイ。特有トクユウ。独特ドクトク。❹「ただ(…のみ)」と読み、限定や強調の意をあらわす。ただ…だけ。例 特与二嬰児一戯耳ただエイジとたわむるるのみ(＝ただ子供とふざけていただけです)。〈韓非・外儲説左上〉

古訓 中古 ことに・たぐひ・ただ・ひとり・まこと 中世 ことに・こと ひうし・ひとり 近世 ことに・ただ・ひとり・をうし

人名 こと・ただ・よし

【特異】トクイ 普通と違っているさま。特殊。特別。例 —な体験。—な才能。

【特技】トクギ 日 目立ってすぐれている技能や技術。

【特産】トクサン 日 その土地で生産され、品質などのすぐれた産物。また、珍しい産物。例 北海道—のジャガイモ。

【特旨】トクシ 天子の特別のおぼしめし。

【特使】トクシ 日 特別の役目をもった使者。〔おもに海外への使者をいう〕

【特質】トクシツ 日 他には見られない、そのもののもつ特別な性質。特性。例 熱に強いという—。

【特赦】トクシャ ①特別にゆるす。②〔法〕恩赦の一種で、服役中の特定の罪人になされる刑の免除。

【特殊】トクシュ 普通と違っていること。特異。特別。㊉対 一般・普通・普遍。例 —な事情がある。

【特種】トクシュ 日 一 特別な種類であること。目立って変わっている種類。二 トクだね 新聞・雑誌やテレビ放送などで、その社だけが手に入れた、特別なニュース。スクープ。

【特需】トクジュ 日 戦争などの事情による特別な需要。例 —景気。—産業。

【特集】トクシュウ 日 新聞・雑誌やテレビ放送などで、他とは別にある一つの問題にしぼって記事や番組をまとめること。また、その記事や番組。表記 旧特▼輯

【特賞】トクショウ 日 コンクールや展示会などで、すぐれたものに与えられる特別な賞。例 —にかがやく。

【特色】トクショク 日 他のものにくらべて、違っている点。また、すぐれている点。例 —を示す。

【特性】トクセイ 日 そのものだけに見られる特別な性質。特質。

【特牲】トクセイ いけにえに用いる一頭のウシ。または、ブタ。

【特製】トクセイ 日 材料や作り方に、他よりも気をつかって作ること。また、その品物。例 当店—の菓子。

【特設】トクセツ ある目的のために、そのときだけ特別にもうける。例 —のステージ。

【特選】トクセン ①特別にえらび出す。例 以二特選一受レ命トクセンをもってメイをうく(＝特に選ばれて命令を受けた)。〈後漢書・王允伝〉②日 展覧会・コンクールなどで、目立ってすぐれているものに与えられる賞。

【特操】トクソウ 常に変わらない、かたい心。

【特待】トクタイ 日 特別な待遇をすること。例 —生(＝成績が優秀で、授業料を免除される生徒・学生)。

【特大】トクダイ 日 きわだって大きいこと。例 —サイズ。

【特達】トクタツ ①訪問の手みやげに、束帛ソクハク(＝絹布の束)をそえずに圭ケイ・璋ショウの玉だけを贈ること。②抜きんでた才知のあるさま。

【特段】トクダン 日 普通と違う。特別。例 —の注意をはらう。

【特注】トクチュウ【特▼註】トクチュウ 日 特別に注文する。

【特長】トクチョウ とりわけすぐれている長所。

【特徴】トクチョウ ①特別のお召し。例 蒙二特徴一トクチョウをこうむる(＝特別のお召しを受ける)。〈後漢書・郎顗伝〉②日 他とくらべたときに、違っている点。とりわけ目立つところ。特色。例 —のある筆跡。

【特定】トクテイ 日 ①種類や範囲が限られている。例 —の地域に生える植物。②人やもので、確かにその人(それ)であると決めること。例 犯人を—する。

【特典】トクテン 限られた人に与えられる、特別な扱い。例 会員の—。

【特等】トクトウ 等級で、最高であること。普通、一等の上の等級。例 —席。

【特売】トクバイ 日 ふだんよりきわだって安く売る。

【特発】トクハツ 日 ①電車やバスなどを臨時に出す。②〔医〕原因不明で発病する。例 —性の疾患。

【特筆】トクヒツ ①独特な表現法。②他とは別に取り上げて書く。例 —大書タイショ。—にあたいする発言。

【特別】トクベツ 普通と違うさま。格別。特殊。㊉対 普通。例 —な日。—の訓練をする。

【特報】トクホウ 日 特別に、ものごとを広く知らせる。また、特別なニュース。

【特務】トクム 日 特別に与えられた仕事。特別な任務。

【特命】トクメイ ①他とは別扱いで命ずる。特別の命令。②他とは別扱いで任命する。特別の任務。例 —大使。

【特約】トクヤク 日 特別な条件や利益をともなう契約をする。また、その契約。例 —店。

【特有】トクユウ そのものだけが特別にもっていること。

【特立独行】トクリツドッコウ 世間を気にせず、自分の信念に従ってものごとをおこなうこと。〈礼記・儒行〉

【特例】トクレイ 日 特別扱いにするものごと。例外。例 —として認める。

【特価】トッカ 日 とりわけ安い値段。例 —品。

【特記】トッキ 日 それだけを取り上げて書く。例 —事項。

【特急】トッキュウ 日 ①「特別急行列車」の略。急行よりも速い列車。例 —券。②きわだっていそぐこと。大いそぎ。例 超—で仕事をこなす。

【特級】トッキュウ 日 等級で、一級よりも上のもの。

【特許】トッキョ ①特別に許可すること。②日「特許権」の略。パテント。例 —を申請する。—を取る。

【特訓】トックン 日「特別訓練」の略。普通以上に内容を充実させておこなう訓練や練習。

【特権】トッケン 日 ある限られた身分や階級・職務の人にのみ与えられる特別の権利。例 —階級。

【特効】トッコウ 日 きわだってすぐれたききめ。例 —薬ヤク。

●奇特キトク|ドク・独特ドクトク

牽

牛7 (11) 1 2403 727D 人 ケン㊈漢㊈呉 先 qiān ひ-く

なりたち  [形声]「牛(＝うし)」と「冖(＝牛を引く縄)」と、音「玄ケン」とから成る。前に引く。

意味 ❶ひっぱる。ひく。例 牽引ケンイン。牽強附会ケンキョウフカイ。❷引き連れる。率いる。例 牽帥ケンソツ。❸ひっぱられて自由をうし

4画

[牛(牜)] 6—7画▼ 牸 特 牽

なう。とらわれる。例 牽連ケンレン。 例 牽制ケンセイ。 ❹かかる。かかわる。つながる。
古訓 中古 ひく 中世 すみやか・つらなる・とし・ひく 近世 いけにへ・すすむ・つらなる・ひく・まねく
人名 くる・とき・とし・ひき
難読 牽牛花あさがお・牽牛星ひこぼし|いぬかいぼし
【牽引】ケンイン ①ひっぱる。ひき寄せる。 ②相手の自由な動きを抑制する。牽制。 例 相牽引也あいケンインするなり（＝互いに牽制しあう）。〈左伝・襄二三〉 ③まきぞえにする。
【牽引車】ケンインシャ 日 ①他の車両をつないでひっぱる、馬力の強い車。 ②おおぜいの先頭に立って行動する人のたとえ。
【牽牛】ケンギュウ ①牛を引く。 ②「牽牛星ケンギュウセイ」に同じ。 例 ―と織女。
【牽牛星】ケンギュウセイ わし座の一等星アルタイル。七月七日の七夕の晩に、天の川で織女星（＝おりひめ）と会うという伝説がある。ひこぼし。牽牛。
【牽強】ケンキョウ 無理にこじつける。
【牽強附会】【牽強▼傅会】ケンキョウフカイ 自分に都合のよいように、こじつけていう。〈西昆酬唱集・上〉 例 ―の説。
【牽制】【牽▼掣】ケンセイ ①相手が自由な行動をしにくいようにする。拘束する。 例 莫三能牽二制長卑一よくチョウヒをケンセイすることなし（＝族長や民衆を抑えることができない）。〈魏志・鄧艾伝〉 ②日 野球で、走者の動きをおさえようとする。 例 ―球。
【牽染】ケンセン 仲間に引きこんで悪事にそまるようにする。
【牽帥】【牽率】ケンソツ ひきいる。
【牽連】ケンレン ①つらなり続く。関連する。 ②連座させる。
【牽▼攣▼乖隔】ケンレンカイカク 互いに心はひかれながら、身は遠く離れている状態。 例 牽攣乖隔各欲二白首一ケンレンカイカクおのおのハクシュならんとほっす（＝思慕の情にひかれながら身は遠く離れたまま、互いに老境に入ろうとしている）。〈白居易・与微之書〉

牾 牛7（11） 2 6419 727E ゴ 漢 遇 wǔ さか-らう（さか-らふ）
意味 ❶そむく。**さからう**。 例 牾逆ゴギャク。 ❷逢あう。出会う。
【牾逆】ゴギャク さからう。もとる。

牿 牛7（11） 4 8023 727F コク 漢 沃 gù
意味 ❶牛馬を入れるおり。 ❷ウシの角につけて、人が突かれないようにするための横木。かせ。 ❸行動の自由をうばうもの。かせ。桎梏シッコク。 通 梏コ。

［犆］牛7（11） ⇩犢トク（855ジペー）

［犁］牛7（11） ⇩犂リ（854ジペー）

犀 牛8（12） 1 2652 7280 人 セイ 漢 サイ 呉 斉 xī
なりたち ［形声］「牛（＝うし）」と、音「尾ビ……▼セイ」とから成る。辺境に住み、鼻とひたいに角のある牛。
意味 ❶サイ科の哺乳動物。**サイ**。陸生の草食獣としてはゾウについで大きい。表皮はかたく、頭部に一本または二本の角がある。 例 犀角サイカク。 ❷かたい。するどい。 例 犀利サイリ。
古訓 中世 かたし 近世 かたし・けもののな・ひさごのさね
難読 木犀モクセイ
【犀角】サイカク サイのつの。また、その粉末。漢方薬として、解熱ゲネツの効きめがあるとされる。
【犀甲】サイコウ サイの皮で作ったよろい。
【犀利】サイリ ①武器が、強くて鋭い。 例 器不二犀利一キサイリならず（＝武器が鋭利でない）。〈漢書・馮奉世伝〉 ②頭のはたらきが鋭いさま。 例 ―な観察。 ③文章の内容が的確で力強いさま。 例 ―な批評。

犇 牛8（12） 2 6422 7287 ホン 漢 元 bēn はし-る・ひしめ-く
意味 ❶（ウシの群れが驚いて）あわてて走る。**はしる**。 通 奔。 ❷逃亡する。にげる。
日本語での用法 《ひしめく》「群衆グンシュウが犇ひしめく」▼たくさんの人が集まって、おしあいへしあいする。
難読 犇犇ひしひし・犇ひしと
【犇走】ホンソウ かけまわる。いろいろと世話をする。

犂 牛8（12） 2 6420 7282 レイ 漢 呉 斉 リ 漢 呉 支 lí からすき・すき
［犁］牛7（11） 2 6421 7281 俗字。
意味 ❶ウシに引かせて土を耕す道具。**からすき**。**すき**。また、すきで耕す。たがやす。すく。 ❷毛色が黄と黒の、まだら牛。 例 犂牛ギリュウ。 ❸およぶ。いたる。 通 黎レイ。 例 犂二二十五年一吾冢上柏大矣ニジュウゴネンにおよべば、わがチョウジョウのハクダイなり（＝二十五年もすると、私の墓に植えたヒノキも大きくなります）。〈史記・晋世家〉
【犂老】リロウ 老人。
【犂旦】レイタン 夜明け。黎明レイメイ。 類 犂明。

犍 牛9（13） 3 8771 728D 一 ケン 漢 呉 元 jiān 二 ケン 漢 先 qián
意味 一 ウシを去勢する。また、去勢したウシ。 二「犍為ケンイ」は、漢代の郡の名。

犎 牛9（13） 4 8024 728E ホウ 漢 フ 呉 冬 fēng
意味 野牛の一種。 例 犎牛ホウギュウ。

犏 牛9（13） 4 8025 246A5 バン（バム）漢 マン（マム）呉 感 mǎn
意味 梵語ボンゴの音訳字。

犒 牛10（14） 2 6423 7292 コウ（カウ）漢 号 kào ねぎら-う（ねぎら-ふ）
意味 飲食物を贈って兵士をなぐさめる。**ねぎらう**。また、ねぎらい。 例 犒労コウロウ（＝いたわりねぎらう）。
【犒賞】コウショウ 飲食物を与えて兵士をねぎらう。 類 犒錫コウセキ。

犖 牛10（14） 2 6424 7296 ラク 漢 覚 luò すぐ-れる（すぐ-る）・まだらうし
意味 ❶毛の色がまだらなウシ。**まだらうし**。 ❷（目立って）明らかなさま。はっきりしている。**すぐれる**。 例 犖犖ラクラク（＝明らかなさま。また、すぐれているさま）。 ❸⇩【犖确】ラッカク
【犖▼确】ラッカク ①岩石が多く連なるさま。 例 山石犖确行径微サンセキラッカクにしてコウケイビなり（＝山の岩石が多く連なって道ははっきりしない）。〈韓愈・山石〉 ②かたいさま。

犛 牛11（15） 3 8772 729B ボウ（バウ）漢 肴 máo リ 漢 支 lí
意味 ウシ科の哺乳動物。ヤク。カラウシ。 通 氂ボウ。 例 犛牛ボウギュウ|ギリュウ（＝ヤク）。

犠 牛13（17） 1 2130 72A0 常用 一 ギ 慣 キ 漢 支 xī 二 ギ 慣 サ 漢 歌 xī いけにえ（いけにへ）
［犧］牛16（20） 2 6426 72A7 旧字体。

筆順

なりたち  [形声]「牛(=うし)」と、音「羲(キ)」とから成る。祖先の祭りに供えるいけにえ。いけにえ。

意味 [一] 祭祀(サイシ)のときに神に供える生きた動物。いけにえ。例 犠牲(ギセイ)。[二] 酒だる。例 犠尊(ギソン)。

古訓 中古 いけにへ 中世 いけにへ・にへ 近世 いけにへ・もたひ

【犠牲】(ギセイ) ①祭祀(サイシ)のときに神にささげる生き物。いけにえ。②ものごとをなしとげるために生命や大切なものをなげうつこと。また、そこなうこと。例 以レ身為二犠牲一(みをもってギセイとなす)(=自分のからだをささげる)。〈呂覧・順民〉 ③日 事故や災害によって死ぬこと。

【犠尊】【犠▼樽】【犠▼罇】(ギソン) 酒器。酒だる。ウシの形をしていたり、ウシが描かれたりしている。

【犠打】(ギダ) 日 野球で、走者を進めるために、打者が外野フライやバントをして、アウトになること。犠牲打。

犢

牛15(19) 2 6425 72A2 トク 漢 屋 dú こうし

[㸿] 牛7(11) 3 8770 3E3F 俗字。

意味 ウシの子。**こうし**。

【犢鼻▼褌】(トクビコン・ふんどし) 男性の下着。ひざまでの長さのズボン下。また、陰部をおおう布。

[犧] 牛16(20) ⇩犠(ギ)(854ページ)

94 4画 犬(いぬ)(犭(けものへん))部

イヌの形で、イヌや獣の意をあらわす。偏(ヘン)(=漢字の左側の要素)になるときは「犭(けものへん)(三画)」となる。「犬」をもとにしてできている漢字を集めた。

0 855 犬 犭
1 855 犮
2 855 犰 犯
3 856 犱 犲 状
4 856 狁 狂 犾 狃 狀 狆 狄 㹠 犹
5 857 狗 狎 狌 狙 犭召 狛 狒 犭由
6 858 狢 狭 狐 狡 狠 狩 独
7 860 狹 狺 狷 狻 倏 狽 狳 狸 狼
8 861 猗 猒 猗 猊 猇 猜 猖 猘 猙 猝 猪 猋 猫 猛 猟
9 862 猬 猨 猳 献 猴 猩 犭复 猯 猹 猪 猱 猶 猶 猷 猷 猧 猥
10 864 猿 猾 獅 獏 猽
11 864 獒 獄 獐 獎
12 865 獦 犭爲 獗 獣 獠
13 865 獪 獬 獲 獫 犭喿 獨
14 866 獯 獮 獰 獱
15 866 獷 獸 獵
16 866 獻 獺
17 866 獼
20 866 玁

この部首に所属しない漢字

哭→口 249
默→黑 1508
飆→風 1450

犬

犬0(4) 1 2404 72AC 教1 ケン 漢 呉 いぬ 銑 quǎn

筆順 一 ナ 大 犬

なりたち 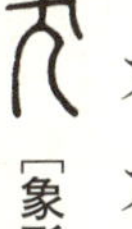 [象形] イヌの形。

意味 ❶イヌ科の哺乳動物。**イヌ**。例 狂犬(キョウケン)。番犬(バンケン)。猟犬(リョウケン)。❷つまらないもののたとえ。例 犬羊(ケンヨウ)(=イヌとヒツジ)。❸自分をへりくだっていうことば。また、他人を卑しめていうことば。例 犬子(ケンシ)(=自分の子供の謙称。あるいは他人の子供の蔑称(ベッショウ))。

日本語での用法 《**いぬ**》 ①「敵方(テキがた)の犬(いぬ)」▼スパイ・まわしもの。②「犬蓼(いぬたで)・犬山椒(いぬザンショウ)」▼似ているが、本物ではない。③「犬筑波集(いぬつくばシュウ)(=俳諧(ハイカイ)連歌集の名)」▼品位の低い。おとる。④「犬死(いぬじに)(=何の意味もなく無駄に死ぬ)」▼無駄な。役に立たない。

古訓 中古 いぬ 中世 いぬ 近世 いぬ

【犬畜生】(いぬチクショウ) 日 ①イヌやそのほかのけだもの。②道徳や倫理を知らない者。また、人としての感情や理性のない者。

【犬猿】(ケンエン) イヌとサル。例 ―の仲(=仲の悪いことのたとえ)。―も啻(ただ)ならず(=イヌとサルよりも仲が悪い)。

【犬牙相制】(ケンガあいセイす) ①(イヌの牙(きば)が互いに食い違っているように)国境が入りくんでいる。〈史記・孝文紀〉 ②互いに牽制(ケンセイ)し合う。

【犬歯】(ケンシ) 日 哺乳動物の門歯(=前歯)の両わきにある、上下二本ずつの先のとがった歯。人でいえば、糸切り歯。

【犬▼戎】(ケンジュウ) 中国の西北方面に住んでいた異民族。前七七一年、周の地に侵入して幽王を殺し、周を東遷させた。

【犬馬】(ケンバ) ①イヌやウマ。②自分のことを主君や目上の人に対してへりくだっていうことば。

【犬馬心】(ケンバのこころ) 臣下が主君のために尽くす心。〈史記・三王世家〉

【犬馬▼之養】(ケンバのやしない) イヌやウマを養うように、親をただ養うだけで、敬う心の欠けている孝養のたとえ。〔「至二於犬馬一皆能有レ養(ケンバにいたるまでみなよくやしなうことあり)(=イヌやウマでも人はよく養っている)。〈論語・為政〉」から〕

【犬馬歯】(ケンバのよわい) ただ、生きているだけの年齢。馬齢。〔自分の年齢を謙遜(ケンソン)していうことば〕〈漢書・趙充国伝〉 類 犬馬之齢(ケンバのよわい)。

【犬馬▼之労】(ケンバのロウ) 主君や人に対して、ためになると思ってする努力。〔自分の努力を謙遜(ケンソン)していうことば〕〈晋書・段灼伝〉 類 汗馬之労(カンバのロウ)。

【犬羊▼之質】(ケンヨウのシツ) イヌやヒツジのように能力のないこと。〔自分の才能を謙遜(ケンソン)していうことば〕〈曹丕・与呉質書〉

● 狂犬(キョウケン)・番犬(バンケン)・猛犬(モウケン)・野犬(ヤケン)・猟犬(リョウケン)

犭

犭0(3) 4 8026 72AD ⇩部首解説

犮

犬1(5) 4 8027 72AE ハツ 漢 曷 bá

意味 イヌが走るさま。

犰

犭2(5) 4 8028 72B0 キュウ(キウ) 漢 尤 qiú

意味 「犰狳(キュウヨ)」は、哺乳動物の一種。アルマジロ。

犯

犭2(5) 1 4040 72AF 教5 ハン(ハム) 漢 ボン(ボム) 呉 鎌 fàn おかす(をか-す)

筆順 ノ 犭 犭 犭 犯

なりたち  [形声]「犭(=いぬ)」と、音「㔾(ハン)」とから成る。おかす。

意味 ❶境界をこえてはいりこむ。法をやぶる。**おかす**。例 違犯(イハン)。侵犯(シンパン)。❷罪をおかすこと。また、つみびと。例 犯罪(ハンザイ)。犯人(ハンニン)。殺人犯(サツジンハン)。❸そこなう。害を加える。例 水火之所レ犯、猶不レ可レ救、而況天乎(スイカのおかすところすら、なおすくうべからず、しかるにいわんやテンをや)(=水や火の損害ですら救うことができない、ましてや天の災害はなおさらである)。〈国語・周下〉 ❹(危険や困難な状況に)立ち向かう。打ち勝つ。例 触二風雨一、犯二寒暑一(フウウにふれ、カンショをおかす)(=雨風をものともせず、寒さ暑さに立ち向かう)。〈柳宗元・捕蛇者説〉

❺用いる。例 犯₌三軍之衆₋、若ᴸ使₌一人₋(サングンのシュウをおかすこと、イチニンをつかうがごとし)(=三軍という大人数を、一人を使うように用いる)。〈孫子・九地〉

古訓 中古 をかす 中世 をかす 近世 けがす・こゆる・ふるる・をかす

【犯意】ハンイ 日 犯罪になることを知りながら、その行為を実行しようとする意思。例 ―があった。

【犯科】ハンカ 法律をおかす。類 犯違。例 作ᴸ姦犯ᴸ科(カンをなしカをおかす)(=不正をなし法をおかす)。〈諸葛亮・出師表〉

【犯顔】ハンガン 主君や上位者がいやな顔をしても、気おくれせずにいさめる。

【犯▼諱】ハンキ 目上の人を諱(いみな)(=本名)で呼ぶ。〔中国では、本名を他人が口にすることを避ける慣習があった〕

【犯逆】ハンギャク そむき逆らう。主君や親にそむく。

【犯禁】ハンキン 禁止されていることをおこなう。禁令をおかす。

【犯▼闕】ハンケツ 〔「闕」は、宮門・宮城の意〕宮中に侵入する。

【犯行】ハンコウ 日 法律を破るおこない。犯罪行為。例 ―をかくす。―に走る。

【犯罪】ハンザイ 罪をおかすこと。また、その罪。

【犯上】ハンジョウ 上位者に逆らい、上位者をしのぐ。例 不ᴸ好ᴸ犯ᴸ上而好ᴸ作ᴸ乱者、未₌之有₋也(かみをおかすことをこのまずしてランをおこすことをこのむものは、いまだこれあらざるなり)(=目上の人に逆らうことを好まないのに争乱を起こすことを好む者はいない)。〈論語・学而〉

【犯人】ハンニン 罪をおかした人。犯罪者。

【犯▼蹕】ハンヒツ 〔「蹕」は貴人の外出の際の先払い〕天子の行幸の際、車の通り道に立ち入ること。

【犯法】ハンポウ 法律をおかす。

●共犯キョウハン・主犯シュハン・侵犯シンパン・不犯フボン・防犯ボウハン

犱

犭3(6) 4 8029 72B1 ケキ 漢 陌 jí

意味 獣の名。

犲

犭3(6) ⇨豺(サイ)1251ページ

状

犬3(7) 1 3085 72B6 教5 ソウ(サウ) 漢 ジョウ(ジャウ) 呉 漾 zhuàng かたち

【狀】

犬4(8) 3 8774 72C0 人 旧字体。

筆順 丨 丬 丬 壯 状 状

なりたち [形声]「犬(=いぬ)」と、音「爿ショウ→ソウ」とから成る。イヌのすがた。

意味 ❶すがた。かたち。様子。ありさま。例 状態ジョウタイ。形状ケイジョウ。実状ジツジョウ。❷言いあらわす。様子を述べる。例 白状ハクジョウ。名状メイジョウ。❸文書。手紙。かきつけ。名簿。例 状元ジョウゲン。賞状ショウジョウ。書状ショジョウ。免状メンジョウ。

古訓 中古 かたち・かたどる・すがた 中世 かたち・かたどる・すがた・よし 近世 かたち・たぐひ・にたり・のぶる・ふだ・ふみ

人名 かた・のり

【状況】ジョウキョウ 日 その時々の様子やありさま。情況。

【状元】ジョウゲン 科挙(=官吏登用試験)で、殿試(=最終試験)の首席合格者。類 状頭。

【状態】ジョウタイ 形・性質・調子や、ものごとのありさま。

【状箱】ジョウばこ 日 ①手紙を入れて整理しておく箱。②昔、手紙を届けるときに、使いの者に持たせた箱。

【状貌】ジョウボウ 顔かたち。容貌。例 見₌高祖状貌₋(コウソのジョウボウをみる)(=高祖の容貌を見る)。〈史記・高祖紀〉

●異状イジョウ・賀状ガジョウ・窮状キュウジョウ・行状ギョウジョウ・形状ケイジョウ・現状ゲンジョウ・惨状サンジョウ・実状ジツジョウ・賞状ショウジョウ・書状ショジョウ・白状ハクジョウ・病状ビョウジョウ・別状ベツジョウ・免状メンジョウ・礼状レイジョウ

狁

犭4(7) 4 8030 72C1 イン(ヰン) 漢 軫 yǔn

意味 「獫狁ケンイン」は、中国古代の北方にいた民族。のちに匈奴キョウドと称された。

狂

犭4(7) 1 2224 72C2 常用 キョウ 漢 オウ(ワウ) 呉 陽 kuáng くるう(くる-ふ)・くるおしい(くる-ほし)・ふ-れる(ふ-る)

筆順 ノ 犭 犭 犴 狂 狂

なりたち [形声]「犭(=いぬ)」と、音「王ワウ→キョウ」とから成る。やたらにかみつくイヌ。借りて「くるう」の意。

意味 ❶心のはたらきが自分でおさえきれず、普通でなくなる。くるう。例 狂気キョウキ①。狂人キョウジン①。発狂ハッキョウ。❷常識にとらわれず自由気ままなさま。奔放なさま。例 狂気キョウキ②。狂人キョウジン②。❸軽はずみだが意気さかんなさま。例 好ᴸ勇而狂(ユウをこのみてキョウたり)(=血気さかんで軽率である)。〈左伝・文二〉狂簡キョウカン。❹普通の枠をはずれたさま。くるおしい。例 狂喜キョウキ。狂信キョウシン。❺なみはずれて勢いが強い。荒れくるう。例 狂風キョウフウ。狂瀾キョウラン。

古訓 中古 いつはる・くるふ・たふる・まがる・まぐ・みだり・みだりがはし 中世 くるふ・たばかる・たほる・たふる・ものぐるひ 近世 くるふ・たけし・ものぐるひ

【狂飲】キョウイン むやみに酒を飲む。暴飲。

【狂易】キョウエキ ①精神に異常をきたす。②勝手で軽率である。

【狂花】【狂華】キョウカ 季節はずれに咲く花。狂い咲きの花。

【狂歌】キョウカ ①感情のままうたう。②たわむれにうたう。③日 諧謔カイギャクを主とした短歌。江戸時代中期に流行。

【狂簡】キョウカン 志は大きいが、ものごとのやり方が大雑把であること。例 吾党之小子、狂簡(わがトウのショウシ、キョウカンなり)(=私の郷里にいる若者たちは、志は大きいがやり方が雑だ)。〈論語・公冶長〉

【狂気】キョウキ ①心の動きが普通ではない状態。対 正気ショウキ。②常識にとらわれず、思うままにふるまう気質。

【狂喜】キョウキ うれしさのあまり、大喜びをすること。

【狂句】キョウク 日 こっけい・皮肉などのおかしみを内容とした、俳句形式の句。

【狂▼狷】【狂▼獧】キョウケン 〔「狷・獧」は、かたいじなさま〕①狂者(=理想に向かって果敢に行動する人物)と狷(獧)者(=節義を守りかたくなな人物)。例 必也狂狷乎(かならずやキョウケンか)(=『中庸を得た人物を選べないとしたら』私はやむなく狂者、狷者を得て、これと事をともにしたい)。〈論語・子路〉②気ままで世間体を気にしないさま。

【狂言】キョウゲン ①道理に合わないことば。②人を驚かすようなことば。大言壮語。豪語。③日 日本の伝統芸能の一つ。能楽の出し物の合間におこなわれる、こっけいさを強調した劇。④日 歌舞伎かぶき芝居のこと。また、その出し物。例 世話―。⑤日 本当らしくふるまうこと。うそ。例 ―強盗。

【狂言▼綺語】キョウゲンキギョ 人を引きつけるように、わざと飾ったことば。小説などの文章をさげすんでいう。〈白居易・香山寺白氏洛中集記〉

【狂▼狡】キョウコウ くるい乱れた悪人。

【狂死】キョウシ 精神に異常をきたして死ぬ。くるいじに。

【狂詩曲】キョウシキョク 日 ラプソディー。

【狂疾】キョウシツ 精神に異常をきたす病気。

【狂者】キョウシャ 「狂人キョウジン」に同じ。

【狂信】キョウシン 日 他人の意見も聞かず、ただひたすらに信じこむ。

【狂人】(キョウジン) ①精神に異常をきたした人。②常識にとらわれず、思うままにふるまう人。▽狂者。

【狂草】(キョウソウ) 書体の一つ。草書のなかで、標準的ではない個性的な書きぶりのもの。唐の張旭(チョウキョク)が有名。

【狂▼躁】【狂▼譟】【狂騒】(キョウソウ) ①軽はずみなさま。②異常な感じのする大さわぎ。例 カーニバルの―。

【狂想曲】(キョウソウキョク) 日 綺想曲(キソウキョク)。カプリッチオ。

【狂態】(キョウタイ) ①異常なふるまい。②勝手気ままなふるまい。

【狂▼顚】【狂▼癲】(キョウテン) 精神異常。

【狂▼悖】(キョウハイ・キョウボツ) 本心をなくして道理にそむくこと。類 狂妄(キョウボウ・キョウモウ)。

【狂風】(キョウフウ) 荒れくるって、吹きまくる風。

【狂暴】(キョウボウ) 興奮して荒れくるうさま。

【狂奔】(キョウホン) なりふりかまわず走りまわる。例 金策に―する。

【狂薬】(キョウヤク) 酒のこと。〈晋書・裴楷伝〉

【狂乱】(キョウラン) ①ひどくとりみだす。②予想できない異常な状態のたとえ。例 ―する物価。

【狂▼瀾】(キョウラン) ①荒れくるう大波。例 ―怒濤(ドトウ)。②ものごとが乱れてまとまりのつかないこと。

【▼廻二狂▼瀾於既倒一】(キョウランをキトウにめぐらす) 〔「既倒」は、すでにたおれている意。荒れくるう、くずれかけた大波を、もとの形におしかえす〕衰えかけたものを、たてなおす。不利な形勢を有利にする。〈韓愈・進学解〉

【狂惑】(キョウワク) 精神が乱れて、ものの道理がわからなくなる。

●粋狂(スイキョウ)・酔狂(スイキョウ)・癲狂(テンキョウ)・頓狂(トンキョウ)・熱狂(ネッキョウ)・発狂(ハッキョウ)・風狂(フウキョウ)

犾

犭4(7) 3 8773 72BE

ギン 漢 文 yín

意味 二匹のイヌがかみ合う。 参考 犾守(いずもり)(=姓)。犾舘(いだて)(=青森県の地名)。犾森(えぞもり)(=岩手県の地名)。

狃

犭4(7) 2 6429 72C3

ジュウ(ヂウ) 漢 有 niǔ

なら-う(なら-ふ)・な-れる(な-る)

意味 ❶よく習いしたしむ。**ならう**。**なれる**。例 狃習(ジュウシュウ)。❷ほしがる。むさぼる。❸おごり、あなどる。

【狃習】(ジュウシュウ) なれる。ならいおぼえる。また、習慣。

[狀]

犬4(8) ⇩状(ジョウ)(856ページ)

狆

犭4(7) 2 6430 72C6

チュウ 漢 東 zhòng

ちん

意味 中国南西部、貴州・雲南地方に住む少数民族、布依(プイ)族の古称。

日本語での用法 《ちん》「狆(ちん)ころ・狆(ちん)くしゃ(=狆がくしゃみをしたような顔)」▼からだが小さくて毛の長いイヌ。

狄

犭4(7) 2 6431 72C4

一 テキ 漢 錫 dí
二 テキ 漢 錫 tì

えびす

意味 一 ❶中国北方の異民族。また、広く外国人をさげすんでいうことば。**えびす**。例 夷狄(イテキ)。北狄(ホクテキ)。❷鳥の名。キジ。また、キジの羽(を描いた衣)。通 翟(テキ)。二 ❶遠い。通 逖(テキ)。❷取り除く。けずる。通 剔(テキ)。

【狄▼鞮】(テキテイ) 西方の異民族のことばを通訳する人。

㹠

犭4(7) 4 8031 3E60

トン 漢 元 tún

意味 家畜の一種。ブタ。通 豚。

[犹]

犭4(7) ⇩猶(ユウ)(863ページ)

狗

犭5(8) 1 2273 72D7

コウ 漢 ク 呉 有 gǒu

いぬ

[㺃]

犭8(11) 4 8041 3E83

俗字。

意味 ❶イヌ科の小動物。**イヌ**。また、小さいイヌ。例 喪家之狗(ソウカのいぬ)(=喪中の家の飼いイヌ。また、宿なしイヌ)。〈史記・孔子世家〉 狗肉(クニク)。❷つまらない者、人の言いなりになって働く者のたとえ。例 走狗(ソウク)。

参考 中国では、イヌをあらわすのに、「犬」よりも「狗」を多く用いる。

【狗▼鼠】(クソ・コウソ) 〔イヌとネズミの意〕性格や行為が卑しい者のたとえ。

【狗▼彘】(クテイ・コウテイ) 〔イヌとブタの意〕性格や行為が卑しい者のたとえ。

【狗▼屠】(クト・コウト) イヌを殺して肉を商う人。例 愛二燕之狗屠及善撃レ筑者高漸離一(エンのコウトおよびよくチクをうつもののコウゼンリをアイす)(=《荊軻(ケイカ)は》燕(エン)の国の狗屠や筑(チク)の名手高漸離と仲よくした)。〈史記・刺客伝・荊軻〉

【狗盗】(クトウ・コウトウ) イヌのまねをして、しのびこむ泥棒。こそどろ。例 有下能為二狗盗一者上(よくクトウをなすものあり)(=《食客の中に》こそどろがいた)。〈史記・孟嘗君伝〉→【鶏鳴狗盗】(ケイメイクトウ)(1496ページ)

【狗▼竇】(クトウ・コウトウ) ①イヌが出入りする塀などの穴。②前歯が欠けていることをたわむれていう語。〈世説・排調〉

【狗肉】(クニク) イヌの肉。→【羊頭狗肉】(ヨウトウクニク)(1065ページ)

【狗馬】(クバ・コウバ) 〔イヌとウマの意〕臣下が主君に対して自分をへりくだっていう語。

【狗尾続▼貂】(クビゾクチョウ・コウビゾクチョウ) 〔イヌの尾がテンの尾に続くの意〕つまらぬ者が立派な者のあとに続くことのたとえ。また、立派な仕事を継承することを謙遜(ケンソン)していう。

◆趙(チョウ)王の司馬倫(シバリン)は、帝位を奪ったあと、一派の者みなだれかれとなく官爵を授けたので、朝廷が開かれるたびに、テンの尾で飾った冠をつけた者で座がいっぱいになった。人々はそれを風刺して、「いまにテンの尾が足りなくなって、イヌの尾で作るようになるだろう」と言った。……〈晋書・趙王倫伝〉

狎

犭5(8) 2 6432 72CE

コウ(カフ) 漢 ギョウ(ゲフ) 呉 洽 xiá

な-れる(な-る)

意味 ❶なれなれしい。**なれる**。また、ならす。例 狎近(コウキン)(=なれ親しむ)。❷習熟する。慣れる。例 未レ狎二君政一(いまだきみのセイになれず)(=まだ晋(シン)の君主の政治になれていない)。〈国語・周中〉 ❸あなどる。例 狎侮(コウブ)。❹かわるがわる。こもごも。例 晋楚狎主二諸侯之盟一也久矣(シンソこもごもショコウのメイをつかさどるやひさし)(=晋と楚がかわるがわる諸侯の盟を主宰するようになってから長い)。〈左伝・襄二七〉

【狎愛】(コウアイ) なれ親しんで愛する。近づける。

【狎客】(コウカク) ①親しく交際のある人。②遊里のなじみの客。

【狎玩】【狎▼翫】(コウガン) なれなれしくもてあそぶ。

【狎▼昵】(コウジツ) 〔「昵」も、なれる意〕なれなれしくする。

【狎邪】(コウジャ) ①なれなれしくて礼を欠く。また、そのような人。②遊里。また、遊女。

【狎臣】(コウシン) お気に入りの家臣。

【狎侮】(コウブ) なれなれしくして、あなどる。軽侮。

【狎弄】(コウロウ) なれなれしくたわむれる。

狌

犭5(8) 4 8032 72CC

一 セイ 漢 ショウ(シャウ) 呉 敬 shēng
二 セイ 漢 ショウ(シャウ) 呉 庚 xīng

意味 一 イタチの類。例 狸狌(リセイ)(=ヤマネコとイタチ)。二「狌狌(ショウジョウ)」は、想像上の動物。猩猩(ショウジョウ)。

狙

犭5(8) 1 3332 72D9 常用

ソ(慣) ショ(漢) 魚 jū

ねらう(ねら-ふ)

筆順

なりたち [形声]「犭(=けもの)」と、音「且ソ」とから成る。サルの一種。

意味 ❶獣の名。テナガザル。サル。例 狙公。狙猴。❷ひそかにすきをうかがう。ねらう。例 狙撃。

古訓 中古 さる 中世 さる 近世 いぬ・うかがふ・さる・ねらふ

難読 狙公

【狙撃】ソゲキ かくれて、人をねらいうつ。例 狙撃秦皇帝博浪沙中(=秦の始皇帝を博浪沙でねらいうつ)。〈史記・留侯世家〉

【狙公】ソコウ サルを飼う者。また、猿回し。例 狙公賦芧(=猿回しがサルにどんぐりを与える)。〈荘子・斉物論〉

【狙候】ソコウ ねらいうかがう。狙伺。

【狙▼猴】ソコウ サル。猿猴。

【狙伺】ソシ ひそかにねらう。狙候。

㹦

犭5(8) 4 8033 3E66

チョウ(テウ)漢 蕭 diāo

意味 ❶尾の短いイヌ。❷獣の名。テン。通貂。

狛

犭5(8) 1 2593 72DB

ハク漢 薬 bó/pò

こま・こまいぬ

意味 オオカミに似た、ヒツジを監視するイヌ。

日本語での用法 《こま》「狛人・狛犬」▼高麗(=昔の朝鮮)伝来の意をあらわす。

【狛犬】こまいぬ 日 (高麗犬の意) 神社や寺院の入り口に二頭ひと組みで置かれる魔よけのための獅子に似た動物の像。こま。

狒

犭5(8) 2 6433 72D2

ヒ漢 未 fèi

意味 「狒狒」は、アフリカ産の大形のサル。

㹨

犭5(8) 4 8034 3E68

ユウ(イウ)漢 宥 yòu

意味 ❶黒くて尾の長いサル。❷獣の名。イタチ。

[狢]

犭6(9) ⇨貉カク(1252ページ)

狭

犭6(9) 1 2225 72ED 常用

[狹] 犭7(10) 2 6437 72F9 人 旧字体。

[陜] 阝7(10) 2 7993 965C 本字。

コウ(カフ)漢 キョウ(ケフ)呉 洽 xiá

せまい(せま-し)・せばめる(せば-む)・せばまる(せば-む)・さ

筆順

なりたち [形声]「阝(=おか)」と、音「夾コウ」とから成る。せまい。

意味 幅や面積が少ない。せまい。せばめる。せばまる。対広。例 狭小。偏狭。

日本語での用法 《さ》「狭霧・狭衣・狭筵」▼名詞などにつけて、語調を整える。

古訓 中古 さし・さみす・せばし・わきばさむ 中世 さみす・しるし・せばし・せばせばし・まなぶ 近世 せばし

難読 狭井(=地名)・狭間・狭山(=地名)・桶狭間(=地名)

【狭▼隘】キョウアイ ①せまくるしいこと。②心がせまいこと。人物が小さいこと。狭量。例 —な人物。

【狭軌】キョウキ 日 鉄道のレールの間隔が標準軌間(一・四三五メートル)よりせまいもの。対広軌。

【狭義】キョウギ あることばがもついろいろな意味のうち、範囲のせまいほうのもの。せまい意味。対広義。

【狭斜】キョウシャ 細い横道。多く、遊里をいう。例 —の巷。

【狭小】キョウショウ せまく小さいこと。対広大。例 —な土地。

【狭量】キョウリョウ 心がせまいさま。度量が小さいさま。小量。対広量。例 —な人物。

【狭▼陋】キョウロウ せまくて、むさ苦しい。

【狭間】はざま 日 ①せまいすきま。②谷。谷間。③城壁にあけてある、矢や銃をうつための穴。銃眼。さま。▽迫間。

狐

犭6(9) 1 2449 72D0

コ漢 ク呉 虞 hú

きつね

意味 イヌ科の哺乳動物。キツネ。ずるがしこくて、うたぐり深い性質であるとされる。皮は衣類に用いられる。例 狐疑。狐裘。白狐。

【狐仮▽虎威】とらのイをかる ⇨【仮▽虎威】とらのイをかる(1167ページ)

【狐▼貉】コカク キツネとムジナ。また、その毛皮で作った上等な衣服。貴人が着用した。例 衣敝縕袍、与衣狐貉者立而不恥者、其由也与(=破れた綿入れを着て、上等な毛皮を着た人と並び立っても恥じないのは、由(=子路。孔子の弟子)くらいのものだ)。〈論語・子罕〉

【狐疑】コギ 不必要にうたがいをいだいて、なかなか信じない。例 —逡巡(=うたぐり深く迷うこと)。

【狐▼裘】コキュウ [「裘」は、かわごろも] キツネの毛皮で作った服。昔の中国で、身分の高い人が用いた。

【狐死首丘】コシシュキュウ キツネは、死ぬとき必ずもとすみかの方に頭を向ける。故郷を忘れないことのたとえ。〈楚辞・九章・哀郢〉

【狐臭】コシュウ わきが わきの下が、汗などでにおうこと。また、そのにおい。腋臭。

【狐▼鼠】コソ キツネとネズミ。ともに陰険な動物とされ、小人物、また不忠者のたとえ。→【城狐】ジョウコ(289ページ)→【社鼠】ソシャ(955ページ)

【狐白▼裘】コハクキュウ キツネのわきの下の白い毛皮で作った服。狐裘のうち上等のもので、非常にたっとばれた。

【狐▼媚】コビ キツネが人をまどわすように、巧みにこびてだます。

【狐▼狸】コリ ①キツネとタヌキ。[人をだますもののたとえ] 例 —妖怪。—の住処。②人をだましたり、こそこそと悪事をはたらいたりして、信用できない者のたとえ。

【狐▼狼】コロウ ①キツネとオオカミ。②ずるがしこく、悪だくみをしている者のたとえ。

【狐惑】コワク 疑う。

狡

犭6(9) 2 6436 72E1

コウ(カウ)漢 キョウ(ケウ)呉 巧 jiǎo

ずる-い(ずる-し)

意味 ❶すばしこい。また、わるがしこい。ずるい。例 狡猾。狡知。狡兎。❷壮健な。力の強い。例 壮狡(=力の強い人)。❸そこなう。害を加える。例 狡虫(=害虫)。

難読 狡辛い

【狡▼獪】コウカイ 「狡猾」に同じ。

【狡▼猾】コウカツ わるがしこいこと。ずるいこと。狡獪。

【狡詐】コウサ わるがしこくて、うそつきである。類狡譎。

【狡算】コウサン 悪だくみ。類狡計。

【狡知】(コウチ)【狡▼智】(コウチ) わるがしこい知恵。悪知恵。奸知(カンチ)。例 ―にたける(=悪知恵がよくはたらく)。

【狡童】(コウドウ)【狡▼僮】(コウドウ) わるがしこい子供。また、美しいが誠意のない少年。

【狡▼兎死走▼狗▼烹】(コウトシしてソウクにらる)〔すばしこいウサギが死ぬと猟犬は不要となり、煮て食われてしまう意〕利用価値のある間は使われるが、無用になると捨てられることのたとえ。〈史記・越王句践世家〉 類 狡兎死良狗亨(コウトシしてリョウクにらる)。〈史記・淮陰侯伝〉

【狡吏】(コウリ) ずるがしこい役人。黠吏(カツリ)。

狠

犭6(9) 2 6435 72E0

コン 漢 阮 hěn

意味 ❶心がねじけている。凶悪なさま。例 狠戾(コンレイ)。❷はなはだ。とても。通 很(コン)。

【狠▼愎】(コンヒョク) 心がねじけていて、残忍である。狠戾(コンレイ)。

【狠戾】(コンレイ) 心がねじけていて、凶悪なさま。狂暴なさま。狠愎(コンヒョク)。

狩

犭6(9) 1 2877 72E9 常用

シュウ(シウ) 漢 シュ 呉 宥 shòu

かる・かり

筆順 ノ 犭 犭 犭' 狞 狩 狩

なりたち [形声]「犭(=いぬ)」と、音「守(シュ)」とから成る。野に火をつけておこなう、冬のかり。

意味 ❶(火を使って)動物をかりたてて、つかまえること。かる。かり。例 狩猟(シュリョウ)。参考「狩」は特に冬のかりのことで、春のかりは「蒐(シュウ)」、夏のかりは「苗(ビョウ)」、秋のかりは「獮(セン)」という。❷諸侯が守り治める領土。通 守。例 巡狩(ジュンシュ)。

日本語での用法 《かり》「桜狩(さくらがり)・紅葉狩(もみじがり)・松茸狩(まつたけがり)」▼花を見たり、果物・野菜・山菜などを採ったりすること。

古訓 中古 かり・かる 中世 かり・かりす 近世 かり・ふゆのかり・やいかり

人名 もり

【狩衣】(かりぎぬ) 日〔もと、狩りの服だったのでいう〕公家や武家の平服。のちに礼服となる。襟が丸く、そでにくくりがある。

【狩人】(シュジン・かりゅうど)〔「かりゅうど」は、「かりびと」の変化〕野生の鳥や獣をとる仕事の人。猟師。猟人(リョウジン)。

【狩田】(シュデン)〔「田」も、狩りの意〕狩り。兵士の鍛錬のため、冬季におこなう狩り。

【狩猟】(シュリョウ) 鳥や獣をとる。狩りをする。狩り。猟。

独

犭6(9) 1 3840 72EC 教5

[獨] 犭13(16) 2 6455 7368 旧字体。

トク 漢 ドク 呉 屋 dú

ひとり

筆順 ノ 犭 犭 犭口 犭中 独 独

なりたち [形声]「犭(=いぬ)」と、音「蜀(ショク→トク)」とから成る。イヌどうしが争う。ほかのイヌと争い、ひとりぼっち。

意味 ❶他の助けを借りずに。ひとりで。ひとり。例 独学(ドクガク)。独習(ドクシュウ)。独立(ドクリツ)。❷自ら進んで。ひとり先に。例 独修(ドクシュウ)。❸老いて子のない者。例 孤独(コドク)(=親のない子と、子のない老人)。❹それひとつだけ。他とは異なる。例 独特(ドクトク)。❺「ひとり」と読み、ただ…だけ、の意。限定をあらわす。例 吾以レ捕レ蛇独存(われへびをとらうるをもってひとりソンす)(=私だけヘビ捕りをするので、〈村に〉残っていられる)。〈柳宗元・捕蛇者説〉❻〔「ひとり…や」の形で〕まさか…だろうか。どうして…だろうか。反語をあらわす。例 相如雖レ駑、独畏二廉将軍一哉(ショウジョドなりといえども、ひとりレンショウグンをおそれんや)(=私相如は不才であるが、まさか廉将軍をおそれるだろうか)。〈史記・廉頗藺相如伝〉

日本語での用法 《ドク》「独語(ドクゴ)・独文学(ドクブンガク)・日独(ニチドク)」▼「独逸(ドイツ)」の略。

古訓 中古 とかけ・ひとり・むかふ 中世 ひとり 近世 たたかふ・ひとつ・ひとり

人名 かつ

【独演】(ドクエン) 日 落語・講談・浪曲などで、ほかの出演者なしにひとりで演じきる。例 ―会。

【独学】(ドクガク) 先生や友人なしでひとりで学ぶ。〔見識がせまい意にも用いる〕独習。独修。

【独眼】(ドクガン) 目が一つであること。隻眼(セキガン)。

【独眼竜】(ドクガンリュウ) ①独眼のすぐれた人物。隻眼の英雄。特に、五代十国時代の後唐の太祖、李克用(リコクヨウ)をいう。②日 戦国時代の武将、伊達政宗(だてまさむね)の呼び名。

【独吟】(ドクギン) ①詩歌を、ふしをつけてひとりでうたう。また、ひとりで詩を作る。②日 謡曲を、ふしをつけてひとりでうたう。③日 連歌(レンガ)や連句などを、ひとりで作っていく。例 ―千句。

【独言】(ドクゲン) ひとりごとを言う。独語。

【独語】(ドクゴ) ①ひとりごとを言うこと。つぶやく。独言。②日「独逸(ドイツ)語」の略。ドイツ語。

【独座】【独▼坐】(ドクザ) ひとりですわっている。例 独坐幽篁裏(ひとりザすユウコウのうち)(=深い竹林にただひとりすわっている)。〈王維・竹里館〉

【独裁】(ドクサイ) ①ひとりでものごとを決める。②日 ひとりまたは特定の人々が決定権をもって、国を支配する。例 ―者。

【独自】(ドクジ) ①自分ひとり。例 ―の道をあゆむ。②日 ほかには見られない特徴をもっていること。独特。例 ―の世界観。

【独酌】(ドクシャク) ひとりで酒を飲む。例 独酌無二相親一(ドクシャクあいしたしむなし)(=親しみ合う友もいないので、ひとりで酒を飲む)。〈李白・月下独酌〉

【独修】(ドクシュウ) ①自ら進んで身をおさめる。〈荀子・脩身〉②「独学(ドクガク)」に同じ。

【独習】(ドクシュウ)「独学(ドクガク)」に同じ。

【独唱】(ドクショウ) ①ひとりで先に言い出す。②ひとりで歌をうたう。ソロ。対 合唱。

【独身】(ドクシン) ①自分ひとり。単身。②日 配偶者がいないこと。また、その人。例 ―を守る。

【独占】(ドクセン) ①ひとりじめにする。②日 市場や生産を支配して、利益をひとりじめにする。例 ―禁止法。

【独▼擅】(ドクセン) ひとりで思いのままにする。

【独▼擅場】(ドクセンジョウ) その人ひとりだけが思いどおりにふるまえる場。ひとり舞台。〔誤って「ドクダンジョウ」と読み、現代では用字も「独壇場」が一般的〕

【独善】(ドクゼン) ①自分の節操を保ち続けること。例 窮則独善二其身一(キュウすればすなわちひとりそのみをよくす)(=困窮の際にはひとり自分の身を正しく立派にする)。〈孟子・尽心上〉②日 自分だけが正しいと考えること。例 ―的。

【独走】(ドクソウ) ①ひとりで逃げる。②日 競技で、他をひきはなして首位に立つ。例 ―態勢。③日 ひとりで、勝手にものごとをおこなうこと。

【独奏】(ドクソウ) ひとりで楽器を演奏する。対 合奏。

【独創】(ドクソウ) ①自分ひとりで作り出す。②日 まったく新しい考え方でものを作り出す。対 模倣。例 ―的な技術。

【独尊】(ドクソン) 自分ひとりだけが、他よりもすぐれているとすること。例 唯我(ユイガ)―。

【独断】ドクダン 自分だけの考えで決めること。ひとりぎめ。例—専行（=自分だけの決断で行動すること）。

【独壇場】ドクダンジョウ 日（「独擅場ドクセンジョウ」の誤読から生まれたことば）「独擅場」に同じ。

【独特】ドクトク ①身寄りがない。②ひとり際立つさま。独得。③日他には見られない、そのものだけがもっているさま。独自。独得。例—な話し方。

【独得】ドクトク ①自分ひとりで得意になる。②「独特ドクトク②」に同じ。③独自。独特。

【独白】ドクハク 日演劇で、登場人物が心の中で思っていることをひとりごとのような形で言う。また、そのせりふ。モノローグ。

【独夫】ドクフ ①悪政をおこない、臣下や民衆の信望をなくした君主。〈書経・泰誓下〉②年老いた独身の男。

【独文】ドクブン 日〔「独」は、「独逸ドイツ」の略〕①ドイツ語の文章。②「独文学」の略。ドイツ文学。③「独文学科」の略。

【独房】ドクボウ ①離れの部屋。②日刑務所などで、ひとりだけ入れておく部屋。

【独夜】ドクヤ ひとりさびしく過ごす夜。例危檣独夜舟キショウドクヤのふね（=高い帆柱を立てた舟には、私ひとりが目覚めている）。〈杜甫・旅夜書懐〉

【独楽】ドクラク ①ひとりで楽しむこと。例豈能独楽哉あにひとりたのしまんや（=どうしてよくひとりで楽しんでいられようか）。〈孟子・梁恵王上〉②こま 軸を中心にして回るおもちゃ。

【独立】ドクリツ ①ひとりだけ離れて立つ。例嘗独立かつてひとりたてり（=いつか〔父、孔子が〕ひとりで立っていた）。〈論語・季氏〉②他をたよらないで自立している。例独立不改ドクリツしてあらたまらず（=〔道というものは〕他の何物にも依存せず不変である）。〈老子・二五〉③他からの支配や束縛を受けない。例百里之国足二以独立一矣ヒャクリのくにもってドクリツするにたる（=百里四方の小さな国でも他国の支配を受けずに済む）。〈荀子・仲尼〉

【独立不レ▼慚レ影】ドクリツかげにはじず たったひとりでいるときでも、他人に見られて恥ずかしいことはしない。〈新論・慎独〉

【独立自尊】ドクリツジソン 日自分の力だけでものごとをおこない、自分自身の人間としての誇りをもつこと。

【独立独行】ドクリツドッコウ 他の力にたよらず、自分だけでおこなうこと。類独立独歩。

【独力】ドクリョク 自分ひとりだけの力。自力。例—で仕上げる。

【独和】ドクワ 日「独和辞典」の略。ドイツ語の単語や用法を日本語で説明してある辞典。

【独活】ドッカツ/うど ウコギ科の多年草。春、香りのある白い若い茎を食用とする。例—の大木うどのタイボク（=大きいだけで、役に立たない者のたとえ）。

【独居】ドッキョ ひとりで暮らしている。ひとりずまい。例—老人。

【独▼鈷】トッコ・ドッコ・トコ 〔仏〕密教で用いる仏具。銅・鉄製で両端のとがった短い棒。中央部をにぎって用いる。

【独行】ドッコウ ①連れがなく、ひとりだけで行く。②志が高く、世俗の動向に左右されない。③独力でおこなう。例独立—。

【独歩】ドッポ・ドクホ ①ひとりで歩く。②ほかの力にたよらずに、ものごとをおこなう。例独立—。③比べるものがないくらいにすぐれている。例古今—の大政治家。

●孤独コドク・単独タンドク・和独ワドク

狭
犭7（10） ⇩狭キョウ（858ペジー）

狺
犭7（10） 4 8036 72FA ギン漢 ゴン呉 文 yín

意味 イヌがほえる声。例狺狺ギンギン（=イヌがほえたり、かみあったりする声）。

狷
犭7（10） 2 6438 72F7 ケン漢 霰 juàn

意味 ❶気が短い。せっかち。例狷急ケンキュウ。❷かたくなで自分の意志を曲げない。例狷介ケンカイ。狂狷キョウケン。

【狷▼隘】ケンアイ 短気で心がせまい。

【狷介】ケンカイ 心がせまく、他と協調できないこと。例—孤高。

【狷急】ケンキュウ 心がせまくて気短である。獧急ケンキュウ。

【狷▼忿】ケンフン【狷憤】ケンフン 短気で怒りっぽい。

【狷戻】ケンレイ 心がせまく、道理に従わずねじけている。

狻
犭7（10） 3 8775 72FB サン漢 寒 suān

意味 ⇩【狻猊】

【狻下】サンカ 日〔仏〕高僧の名につける敬称。参考 狻雄ししお（=人名）。難読 狻猊からしし

【狻▼猊】サンゲイ【狻▼麑】サンゲイ 想像上の猛獣。唐獅子からジシ。

倏
犬7（11） 2 6439 500F シュク漢呉 屋 shū たちまち

［倐］火7（11） 4 0157 5010 俗字。

意味 すばやく。突然に。**たちまち**。にわかに。例倏忽シュクコツ。

【倏▼忽】シュクコツ たちまち。にわかに。

狽
犭7（10） 1 3966 72FD バイ慣 ハイ漢 泰 bèi

意味 伝説上の獣の名。オオカミの一種とされ、前足が短く、オオカミの背によりかかって歩くという。→【狼狽】ロウバイ（861ペジー）

狳
犭7（10） 4 8035 72F3 ヨ漢 魚 yú

意味 「犰狳キュウヨ」は、哺乳動物の一種。アルマジロ。

狸
犭7（10） 1 3512 72F8 リ漢呉 支 lí たぬき

［貍］豸7（14） 2 7630 8C8D 本字。

意味 ❶ネコ科の哺乳動物。ヤマネコ。また、広くネコ類、あるいはイタチの類。例狸狌リセイ（=ヤマネコとイタチ）。狸奴リド。❷イヌ科の哺乳動物。**タヌキ**。

参考 「タヌキ」は中国では「貉」と書くことが多い。

難読 狸穴まみあな・河狸ビーバー・海狸ビーバー

【狸奴】リド ネコの別称。

狼
犭7（10） 1 4721 72FC 人 ロウ（ラウ）漢呉 陽 láng おおかみ（おほかみ）

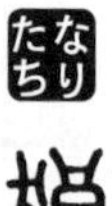

なりたち ［形声］「犭（=いぬ）」と、音「良リョウ→ロウ」とから成る。イヌに似て、頭部は鋭く、ほおが白く、からだの前部は高く、後部は大きい獣。

意味 ❶イヌ科の哺乳動物。**オオカミ**。例狼煙ロウエン。狼虎ロウコ。❷オオカミのように凶暴なこと。例狼心ロウシン。❸星の名。天狼星ともいい、大犬座のシリウスのこと。

古訓 中古あわつ・おほかみ・ほしいまま・みだりがはし 中世おほかみ・おほかめ・みだり・やまいぬ 近世おほかみ・みだる・むさぼる

難読 狼牙草こまつなぎ

【狼煙】ロウエン・のろし 遠くにいる人に合図をするたき火のけむり。〔オオカミの糞フンを燃やすと、風が吹いてもけむりがまっすぐに上がるという〕烽火ホウカ。類狼火ロウカ。

【狼虎】ロウコ オオカミとトラ。情け容赦なく人を害するもののたとえ。虎狼。

【狼顧】ロウコ 〔恐れて後ろを振り返るオオカミの性質から〕人を気にして後ろを振り向く。〈戦国策・斉一〉

【狼疾】ロウシツ ①心の乱れたさま。②〔オオカミのような振り返る性質をなくすことから〕病に冒され、反省できなくなるさま。

【狼子野心】ロウシヤシン 凶暴な人は教化しても制することはできない。〔オオカミの子は野性を失わず、飼いならすことが難しいことから〕〈左伝・宣四〉

【狼心】ロウシン オオカミのように欲張りで凶暴な心。

【狼▼藉】【狼籍】ロウゼキ 〔「藉・籍」は、敷く意〕①どうしようもないほど乱れ散らかっていること。〔オオカミは寝た痕跡コンセキを消すため、敷いていた草を一面に散らかすことからいう〕例 杯盤―（＝酒宴のあとの散らかった様子）。②無法なふるまい。乱暴。例 ―者もの。

【狼貪】ロウタン オオカミのように、むさぼりほしがる。

【狼▼狽】ロウバイ 驚きあわてて、取り乱すこと。〔「狽」は前足が短く後ろ足が長い伝説上の動物。オオカミの背によりかかって歩き、離れると倒れるという〕例 周章―。

猗

犭8 (11) ②6440 7317

━イ 漢 支 yī ━イ 漢 紙 yǐ ━ア 漢 哿 ě

意味 ━❶茂るさま。例 猗蔚イイ。❷感嘆の声。ああ。例 猗嗟サイ（＝ああ）。❸文末に置く助字で、語調を整える。訓読では読まない。例 河水清且漣猗カスイきよくしてかつレンたり（＝川の水は清らかでさざなみが立っている）。〈詩経・魏風・伐檀〉❹⇒【猗違】イイ ❺⇒【猗靡】ビイ ━よりかかる。たよる。通 倚イ。━「猗儺ダア」は、なよやかで美しいさま。

【猗違】イイ はっきり決めないさま。どっちつかず。

【猗▼蔚】イイ 草木の茂るさま。

【猗頓▼之富】イトンのとみ 巨万の富。〔「猗頓」は、春秋時代の魯ロの大富豪の名〕〈賈誼・過秦論〉

【猗▼靡】ビイ ①女性の美しいさま。②風になびくさま。③互いに思い合うさま。

【猗与】イよ ああ 感嘆して発することば。ああ。

猒

犬8 (12) ④8038 7312

エン（エム）漢 呉 艶 yàn

意味 満足する。みちたりる。通 厭エン。

[猗]

犭8 (11) ⇒狗ク（857ジペー）

猊

犭8 (11) ②6441 730A

ゲイ 漢 斉 ní しし

[貎]

豸8 (15) ②7631 8C8E 別体字。

意味 ❶「狻猊サンゲイ」は、想像上の猛獣。唐獅子からジシ。しし。❷仏の座席。また、高僧の座席。獅子座。転じて、高僧の敬称。例 猊下ゲイカ。

【猊下】ゲイカ 日〔仏〕〔猊座（＝高僧の座席）の下、の意〕①高僧に対して敬意をあらわすことば。②高僧にあてた手紙のわき付けに用いることば。

猇

犭8 (11) ④8037 7307

コウ（カウ）漢 肴 xiāo

意味 ❶トラのうなり声。❷「猇亭テイウ」は、今の湖北省枝城市の長江東岸。蜀ショクの劉備リュウビが呉の孫権に敗れた地。

猜

犭8 (11) ②6442 731C

サイ 漢 呉 灰 cāi うたが-う（うたが-ふ）・ねた-む・そね-む

意味 ❶うたがう。例 猜疑サイギ。❷うらやましくて、にくらしいと思う。ねたむ。そねむ。また、嫌う。例 猜忌サイキ。❸推測する。おしはかる。

【猜忌】サイキ 他人をねたんで、ひどく嫌う。

【猜疑】サイギ 他人をねたみ、うたがう。例 ―心。

【猜険】サイケン 疑い深くて陰険である。

【猜嫌】サイケン ねたみ、きらう。

【猜弐】サイジ 疑う。猜疑。

【猜▼謗】サイボウ ねたみ、そしる。類 猜毀サイキ。

猖

犭8 (11) ②6443 7316

ショウ（シャウ）漢 陽 chāng くる-う（くる-ふ）

意味 たけり狂う。勝手気ままに振るまう。例 猖狂ショウキョウ。

【猖狂】ショウキョウ ①常識にとらわれず、思うままにふるまう。②正常では考えられないおこないをする。

【猖▼獗】ショウケツ ①好ましくないものの勢いが激しくすさまじい。例 ペストが―をきわめた。②つまずく。失敗する。

猘

犭8 (11) ④8039 7318

セイ 漢 霽 zhì ケイ 漢 霽 jì

意味 ❶狂犬。例 猘犬セイケン（＝狂犬）。❷凶暴な。

【猘児】セイジ 狂暴な少年。三国時代の呉の孫策を指す。

猙

犭8 (11) ④8040 7319

ソウ（サウ）漢 庚 zhēng

意味 ❶伝説上の怪獣の名。一本の角と五本の尾があり、ヒョウに似る。❷「猙獰ドウ」は、荒々しいさま。

猝

犭8 (11) ②6444 731D

ソツ 漢 月 cù にわ-か（には-か）

意味 だしぬけに。突然。にわか。にわかに。例 猝然ソツゼン。

【猝▼嗟】ソッサ 突然大声でどなる。例 項王意烏猝嗟、千人皆廃コウオウイウソッサすれば、センニンみなハイす（＝項王が怒ってどなれば、千人がひれ伏す）。〈漢書・韓信伝〉

【猝然】ソツゼン にわかなさま。突然なさま。意外なさま。

猪

犭8 (11) ①3586 732A 人

チョ 漢 呉 魚 zhū い（ゐ）・いのしし（ゐのしし）・しし

[猪] 犭9 (12) ③8779 FA16 人 旧字体。 [豬] 豕9 (16) ②7623 8C6C 本字。

なりたち [形声]「豕（＝ぶた）」と、音「者シャ…チョ」とから成る。ブタ。

意味 ❶イノシシ科の哺乳動物。ブタ。例 猪八戒チョハッカイ（＝『西遊記サイユウキ』に登場するブタの名）。❷野生のブタ。イノシシ。例 猪突チョトツ。猪首いくび。

参考 「猪」は、中国ではおもにブタを、日本ではイノシシを指す。

古訓 中古 ゐ・ゐのしし 中世 ゐ・ゐのこ・ゐのしし 近世 しし・ゐのこ・ゐのしし

【猪首】いくび 日 イノシシのように首が太く短いこと。

【猪牙船】ちょきぶね 日 江戸時代に使われた和船の一種。船足ふなあしが速い。

【猪口】チョク・チョコ 日 酒を入れて飲む小さいうつわ。口が広く、底がすぼまっている。さかずき。

【猪口才】チョコザイ 日 生意気なさま。〔出しゃばったふるまいをする者を、ののしっていうことば〕例 ―な口をきくな。

【猪突】チョトツ イノシシのように、わき目もふらずつき進むこと。また、周囲の様子を考えずに事を進めること。

【猪突猛進】チョトツモウシン 日 まっすぐにひたすらつき進む。また、周囲の様子を考えずに事を進める。

【猪勇】チョユウ 日 向こう見ずの勇気。無鉄砲。

猋

犬8 (12) ― 730B

ヒョウ（ヘウ）漢 蕭 biāo はし-る

意味 （走るイヌのように）はやい。また、つむじかぜ。通 飆ヒョウ。

【猋風】ヒョウフウ つむじ風。飄風ヒョウフウ。

猫
［貓］

犭8 (11) 1 3913 732B 常用
豸8 (15) 4 8906 8C93 本字。

ビョウ(ベウ)漢 ミョウ(メウ)呉 蕭 māo
ねこ

筆順 ノ 犭 犭 犭 猫 猫 猫

なりたち 貓 [形声]「豸(=けもの)」と、音「苗(ビョウ)」とから成る。ネコ。

意味 ネコ科の哺乳動物。**ネコ**。例 猫鼠(ビョウソ)(=ネコとネズミ)。猫睛(ビョウセイ)(=ネコのひとみ)。

古訓 中古 からねこ・ねこ・ねこま 中世 ねこ 近世 なつのかり・ねこ

難読 猫魔(ねこまた)

【猫板】(ねこいた) 日 長火鉢のひきだしの上部にある板。暖かいので、ネコがよくうずくまることからいう。

【猫舌】(ねこじた) 日 ネコのように、熱い食べ物が苦手なこと。

【猫背】(ねこぜ) 日 首が前へ出て、せなかが丸く曲がっている姿勢。

【猫▼糞】(ねこばば) 日 〔「ばば」は、大便。ネコは糞(フン)をしたあと土をかけてかくすことから〕 拾ったものを自分のものにして、そしらぬふりをしていること。

【猫額】(ビョウガク) 日 〔ネコのひたいの意から〕 非常にせまいことのたとえ。例 一大(=ネコのひたいほどの広さ)の土地。

猛

犭8 (11) 1 4452 731B 常用

モウ(マウ)漢 ミョウ(ミャウ)呉 梗 měng
たけ-し・たけ-る
付表 猛者(もさ)

筆順 ノ 犭 犭 犭 猛 猛 猛

なりたち 猛 [形声]「犭(=いぬ)」と、音「孟(モウ)」とから成る。たけだけしいイヌ。

意味 ❶勇ましくて、荒々しい。激しい。たけだけしい。**たけし**。例 猛犬(モウケン)。猛烈(モウレツ)。獰猛(ドウモウ)。勇猛(ユウモウ)。 ❷突然。にわかに。例 猛然(モウゼン)。

古訓 中古 あながち・いさむ・こはし・たけし 中世 あらし・かざる・すくやか・たけし・ゆふし 近世 あらし・いさむ・すくやか・すこやか・たけし・やぶる

人名 いさむ・たかし・たけ・たけお・たけき・つよし

難読 猛猛(たけだけ)しい

【猛悪】(モウアク) 乱暴で残酷なことを平気ですること。

【猛威】(モウイ) すさまじい勢いで人をおびやかす力。例 インフルエンザが一をふるう。

【猛雨】(モウウ) まれにみる激しい雨。豪雨。例 一にみまわれる。

【猛火】(モウカ|ミョウカ) すさまじい勢いで燃える火。

【猛▼毅】(モウキ) 意志がしっかりしていて強い。

【猛▼禽】(モウキン) ワシやタカ・フクロウ・ミミズクなど、鋭いくちばしと爪(つめ)をもつ、肉食の鳥。類 猛鳥。

【猛犬】(モウケン) あらい性格で、ほえたりかみついたりするイヌ。

【猛虎】(モウコ) ひときわ力が強い、荒々しいトラ。

【猛攻】(モウコウ) ものすごい勢いで攻撃する。例 一を加える。

【猛士】(モウシ) 強く勇ましい武人。勇士。

【猛者】(モウシャ|もさ) 他をしのぐ勇気や力をもっている者。

【猛射】(モウシャ) 激しく射撃する。

【猛獣】(モウジュウ) トラ・ライオン・ヒョウなど、肉食で性格があらく、強い攻撃力をもつ獣。例 駆二猛獣一(モウジュウをかる)(=猛獣を追い出す)。〈孟子・滕文公下〉

【猛暑】(モウショ) 日 夏の激しいあつさ。酷暑。例 一が続く。

【猛将】(モウショウ) 勇ましく強い力をもつ、すぐれた武将。

【猛進】(モウシン) 激しい勢いでつき進む。例 猪突(チョトツ)一。

【猛政】(モウセイ) 人民に厳しくあたる、むごい政治。苛政(カセイ)。

【猛省】(モウセイ) ①ただちにさとる。②深く反省する。例 一をうながす。

【猛然】(モウゼン) ①突然。不意に。②日 力強く、勢いが激しいさま。例 一と襲いかかる。

【猛打】(モウダ) 激しく打つ。また、その打撃。

【猛毒】(モウドク) 激しく作用する毒。

【猛爆】(モウバク) 日 激しく爆撃する。

【猛勇】(モウユウ) 勢いが強くいさましいこと。勇猛。

【猛烈】(モウレツ) 勢いが激しい。例 一な寒さ。

猟
［獵］

犭8 (11) 1 4636 731F 常用
犭15 (18) 2 6458 7375 旧字体。

リョウ(レフ)漢呉 葉 liè
か-る・かり・あさ-る

筆順 ノ 犭 犭 犭 猟 猟 猟

なりたち 獵 [形声]「犭(=いぬ)」と、音「巤(リョウ)」とから成る。鳥や獣を追いかけてつかまえる。

意味 ❶野生の鳥や獣をつかまえる。**かる**。**かり**。例 猟師(リョウシ)。猟銃(リョウジュウ)。狩猟(シュリョウ)。❷手に入れようと、あちこちさがしまわる。**あさる**。例 猟官(リョウカン)。渉猟(ショウリョウ)。❸⇩【猟猟】(リョウリョウ)

古訓 中古 かさぬ・かり・かりす・かる 中世 かさぬ・かり・たばかる 近世 うごかす・かぜふく・かり

難読 猟虎(ラッコ)・猟子鳥(あとり)

【猟較】(リョウカク) ①(祖先を祭る供物とするために)狩りの獲物を奪いあう。〔悪習ではあったが、伝統的行事としておこなわれた〕 例 魯人猟較、孔子亦猟較(ロひとリョウカクすれば、コウシもまたリョウカクせり)(=魯の人が猟較をするので、孔子もやはり《その習慣に従って》猟較をした)。〈孟子・万章下〉 ②風俗・習慣に合わせる。

【猟官】(リョウカン) 日 官職につくために、盛んに活動する。例 一運動。

【猟奇】(リョウキ) 日 異常なものに興味をもち、さがしまわること。例 一趣味。

【猟期】(リョウキ) 日 ①ある鳥獣がよくとれる、狩猟に適した時期。②法律で狩猟が許可されている期間。狩猟期。

【猟犬】(リョウケン) 狩猟に使う、訓練されたイヌ。

【猟戸】(リョウコ) 猟師の家。また、猟師。

【猟師】(リョウシ) 鳥や獣をとる職業の人。狩人(かりゅうど)。猟人。類 猟者・猟夫。

【猟銃】(リョウジュウ) 日 狩猟用の銃。

【猟渉】(リョウショウ) ①あちらこちらさがし求める。②さまざまな文献を調べる。▽渉猟。

【猟場】(リョウジョウ|リョウば) ①狩猟をする場所。②日 よく獲物のとれる場所。

【猟人】(リョウジン) 狩りをする人。狩人(かりゅうど)。猟師。

【猟猟】(リョウリョウ) ①風が吹く音の形容。②旗などがひるがえっているさま。
●禁猟(キンリョウ)・狩猟(シュリョウ)・渉猟(ショウリョウ)・大猟(タイリョウ)・密猟(ミツリョウ)

猬
犭9 (12) ⇩蝟(イ)(1176ジペー)

猨
犭9 (12) ⇩猿(エン)(864ジペー)

猳
犭9 (12) 4 8045 7333

カ漢 麻 jiā

意味 ❶雄のブタ。通 豭(カ)。❷サル。

献
［獻］

犬9 (13) 1 2405 732E 常用
犬16 (20) 2 6459 737B 旧字体。

ケン漢 コン呉 願 xiàn
たてまつ-る・ささ-げる(ささ-ぐ)

【筆順】一 十 冇 冇 南 南 献 献 献

【なりたち】【形声】「犬(=いぬ)」と、音「鬳(ゲン→ケン)」とから成る。宗廟(ソウビョウ)にささげるいけにえのイヌ。派生して「ささげる」の意。

【意味】❶神仏や目上の人にものを差し上げる。**ささげる。たてまつる。** 例 献上(ケンジョウ)。献身(ケンシン)。貢献(コウケン)。❷申し上げる。進言する。例 献納(ケンノウ)。❸主人が客に酒をすすめる。また、酒をつぐ回数を数えることば。例 献酬(ケンシュウ)。一献(イッコン)差し上げたい。九献(クコン)。❹もの知り。例 文献(ブンケン)(=書物と、賢人のことば)。〈論語・八佾〉❺進む。入る。例 献歳(ケンサイ)。献春(ケンシュン)(=新春)。

【古訓】中古 あふ・すすむ・たてまつる 中世 かしこし・すすむ・たてまつる・まうす 近世 あぐる・かしこし・すすむる・すすめる・たてまつる・まうす

【人名】ささぐ・すすむ・たけ・ただす・のぶ

【献詠】(ケンエイ) 日 宮中・神社などに、自作の詩や歌を差し上げる。また、その詩や歌。

【献花】(ケンカ) ①敬愛する人に花をささげる。②日 霊前・神前などに花を供える。また、その花。

【献可替否】(ケンカタイヒ) 〔可を献じ否を替つ〕主君に対して、善をすすめ、悪をいさめる。主君を補佐する。〈後漢書・胡広伝〉類 献替(ケンタイ)。

【献享】【献▼饗】(ケンキョウ) ごちそうをして、もてなす。

【献▼芹】(ケンキン) 〔野草の芹(せり)のようなつまらないものを差し上げる意から〕人に意見を述べたり、贈り物をしたりすることを謙遜(ケンソン)していうことば。

【献金】(ケンキン) ある目的を助けるために、進んでお金を出す。寄付。例 政治—。教会に—する。

【献血】(ケンケツ) 日 輸血用に自分の血液を提供する。

【献言】(ケンゲン) 上の人に自分の意見を述べる。

【献歳】(ケンサイ) 一年の初め。正月元日のこと。

【献辞】(ケンジ) 書物の著者や発行者が、その本を人に贈るときにしるすことば。

【献寿】(ケンジュ) ①長寿を祝う。②祝いのことばや贈り物を差し上げる。

【献酬】(ケンシュウ) 〔「酬」は、返杯の意〕杯のやりとりをする。酒をくみかわす。

【献▼捷】(ケンショウ) 〔「捷」は、勝つ意〕戦いから帰って、先祖のみたまやに捕虜と戦利品をささげて、勝利を報告する。類 献俘(ケンプ)・献囚(ケンシュウ)。

【献上】(ケンジョウ) 身分の高い人に品物を差し上げる。類 献進。

【献身】(ケンシン) ①自分からその場に進み出る。②自分を犠牲にして、ほかの人々のために尽くす。例 —的活動。

【献体】(ケンタイ) ①服を脱いで肌をあらわす。②日 医学の研究に役立てるために、死後、自分のからだを提供する。また、その遺体。例 —を申し出る。

【献茶】(ケンチャ) 神仏や身分の高い人にお茶を差し上げる。

【献呈】(ケンテイ) 品物を差し上げる。進呈。

【献灯(燈)】(ケントウ) 神社や寺に灯籠(トウロウ)や灯明(トウミョウ)を差し上げる。

【献納】(ケンノウ) ①君主に意見を進言する。②国や社寺、身分の高い人に品物やお金を差し上げる。例 鳥居を—する。

【献杯】(ケンパイ) ①相手に酒をつぐことをへりくだっていうことば。②日 弔事の酒席で、「乾杯」に代えて用いることば。類 献爵(ケンシャク)・献觴(ケンショウ)。

【献本】(ケンポン) 日 本を差し上げる。また、その本。

【献立】(コンだて) 日 料理の種類やその組み合わせ。メニュー。
●一献(イッコン)・貢献(コウケン)・文献(ブンケン)

猴
犭9 (12) ②6445 7334 コウ漢 呉 尤 hóu さる

【意味】ヒト以外の霊長目の哺乳動物。**サル。**〔おもにオナガザルの類をいう〕例 猿猴(エンコウ)。狙猴(ソコウ)。沐猴(モッコウ)。

猩
犭9 (12) ②6447 7329 セイ漢 ショウ(シャウ)呉 庚 xīng

【意味】❶⇩【猩猩】(ショウジョウ)。❷あざやかな赤い色。例 猩紅(ショウコウ)。猩猩緋(ショウジョウヒ)。

【猩紅】(ショウコウ) 真紅の色。鮮紅色。類 猩血。

【猩紅熱】(ショウコウネツ) 日〔医〕感染症の一つ。子供に多く、高熱を発して全身に赤い発疹(ハッシン)ができる。

【猩猩】(ショウジョウ) ①想像上の動物。サルに似ているが赤面赤毛、ことばを理解し、酒を好むという。狌狌(ショウジョウ)。②カリマンタン・スマトラの森にすむ類人猿の一種。オランウータン。③日 大酒飲み。

𤟱
犭9 (12) ③8776 247F1 国字 たじひ(たぢひ)

【意味】マムシの古称。**たじひ。** 【参考】「獲(カ)」の俗字として用いられることがある。

[犬(犭)] 9画▼ 猴 猩 𤟱 猯 猹 猪 猱 猶 猶

4画

猯
犭9 (12) ②6446 732F タン漢 寒 tuān まみ・まみだぬき

【貒】豸9 (16) ④8907 8C92 別体字。

【意味】イタチ科の哺乳動物。アナグマ。ブタバナアナグマ。

猹
犭9 (12) ④8042 7339 チャー chá

【意味】アナグマやハリネズミに似た獣で、ウリを好むとされる。〔魯迅(ロジン)の造字で、小説『故郷』に見える〕

猪
犭9 (12) ⇩猪(チョ)(861ジペー)

猱
犭9 (12) ④8044 7331 ドウ(ダウ)漢 豪 náo さる

【意味】サルの一種。テナガザル。**サル。**

【猱▼玃】(ドウカク) 〔「玃」は、おおざるの意〕からだの大きなサル。おおざる。

猶
犭9 (12) ①4517 7336 常用 ユウ(イウ)漢 ユ呉 尤 有 yóu なお(なほ)

【猶】犭9 (12) 旧字体。
【犹】犭4 (7) ②6427 72B9 別体字。

【筆順】ノ 犭 犭 犭' 犷 犹 猶 猶 猶

【なりたち】【形声】「犭(=けもの)」と、音「酋(シュウ→ユウ)」とから成る。サルの一種。またイヌの子。

【意味】❶サルの一種。〔テナガザルという〕❷のんびりしたさま。例 猶然(ユウゼン)。❸依然として。それでもまだ。やはり。…さえ。**なお。** 例 今君雖レ終、言猶在レ耳(いまきみおわるといえども、げんなおみみにあり)(=今ではご主君は亡くなられたが、そのことばはまだ耳に残っている)。〈左伝・文七〉❹「**なお**…のごとし」と読む再読文字。ちょうど…のようなものだ、の意。例 過猶レ不レ及(すぎたるはなおおよばざるがごとし)(=やりすぎは足らないのと同じだ)。〈論語・先進〉❺…から。…より。通 由。例 文王猶二方百里一起(ブンノウはホウヒャクリよりおこる)(=文王は百里四方の領土から興った)。〈孟子・公孫丑上〉❻⇩【猶予】(ユウヨ)。

【古訓】中古 いふ・かくのごとく・ごとし・なほ・はかる・みち・よる 中世 いつはる・ごとし・さるのたぐひ・なほ・なほし 近世 おなじ・ごとし・さる・なほ・にる・はかる・べし

【人名】さね・のり・みち・より

難読 猶予（ためらう）・猶太（ユダヤ）

【猶子】ユウシ 〔「なお、子（こ）のごとし」の意〕 ①兄弟の子。おい。めい。②日 養子。

【猶父】ユウフ 〔なおちちのごとし〕 ①父と同じように仕える。例 回也視ㇾ予猶ㇾ父也（カイやわれをみることなおちちのごとくせり）（＝顔回は私を父親のように思っていた）。〈論語・先進〉 ②おじ。

【猶予（豫）】【猶与】【猶預】ユウヨ ①ためらう。例 一刻の一もならない。②日 決められた日時や期限を先へのばす。例 一週間の一をもらう。

猷

犬9（13） 1 4518 7337

ユウ（イウ）漢 尤 yóu
はかりごと・みち

［猷］

犬9（13）

—— 俗字。

意味 ❶あらかじめ考えた計画。**はかりごと**。例 鴻猷（コウユウ）（＝壮大な計画）。❷正しい方法。道理。**みち**。❸功績。手柄。❹なお。通 猶。

猧

犭9（12） 3 8777 7327

ワ 漢 歌 wō

意味 小犬の一種。参考 狗猧（えのこ）（＝犬の子）。

猥

犭9（12） 2 6448 7325

ワイ 漢 呉 賄 wěi
みだ-りに・みだ-ら

意味 ❶多い。例 所ㇾ恃者寡、所ㇾ取者猥（たのむところのものすくなく、とるところのものおおし）（＝頼れる相手は少ないが、《税を》取り立てる者は多い）。〈後漢書・仲長統伝〉 ❷ごたごたと入り乱れている。例 猥雑（ワイザツ）。❸下品で、いやしい。また、**みだら**。例 猥褻（ワイセツ）。猥談（ワイダン）。卑猥（ヒワイ）。❹むやみに。やたらに。**みだりに**。例 猥云二徳化一（みだりにトッカをいう）（＝むやみに道徳的教化を説いた）。〈史記・律書〉 ❺突然。急に。例 今猥被以二大罪一、恐二其遂畔一（いまみだりにこうむるにタイザイをもってすれば、ついにそむくをおそる）（＝今急に大罪をこうむると、彼らがそのまま反乱を起こすことを恐れます）。〈漢書・王莽伝中〉 ❻かたじけなくも。ありがたいことに。相手が恥と思わず自分にしてくれたことへの敬意を示す。例 猥自枉屈、三二顧臣於草廬之中一（みだりにみずからオウクツし、シンをソウロのうちにサンコす）（＝《先帝は》かたじけなくもその尊貴な身をまげられて、三度も私をいおりに訪ねて来てくださいました）。〈諸葛亮・出師表〉

【猥雑】ワイザツ ①ごたごたと入り乱れていること。②日 下品なさま。例 一な街並み。

【猥▼褻】ワイセツ 性に関することを、わざと興味をそそるように刺激的にあつかうこと。エロチック。例 一罪。

【猥談】ワイダン 日 エロチックな内容の話。

【猥本】ワイホン 日 エロチックな絵・写真・話題などを扱った本。

猿

犭10（13） 1 1778 733F 常用

エン（ヱン）漢 呉 元 yuán
さる・ましら

［蝯］

虫9（15）

—— 876F 本字。

［猨］

犭9（12） 3 8778 7328 別体字。

筆順 ノ 犭 犭 犭 狤 猿 猿 猿

なりたち 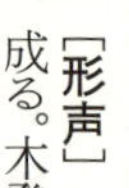 ［形声］「虫（＝むし）」と、音「爰（エ）」とから成る。木登りのうまいサル。

意味 **サル**。テナガザル。また、オランウータン・ゴリラ・チンパンジーなどの類人猿。**ましら**。例 猿声（エンセイ）。

古訓 中古 さる・まし・わかさる 中世 さる・まし 近世 さる・まし・ましら

難読 猿公（えてこう）・荒猿（あらまし）・有猿（あらまし）（＝概略。およそ）・浅猿（あさましい）

【猿▼猴】エンコウ 〔「猴」も、サルの意〕 サル。類 猿狙（エンソ）。

【猿▼猴取ㇾ月】エンコウつきをとる 〔サルが水に映った月を取ろうとし、ぶらさがった木の枝が折れておぼれ死んだという故事から〕 身のほどをわきまえずに事をおこなうと失敗する、というたとえ。〈僧祇律・七〉から〕 類 猿猴捉月（エンコウソクゲツ）。

【猿愁】エンシュウ サルの、かなしみ鳴く声。

【猿人】エンジン 日 アフリカ大陸に暮らしていた、最古の化石人類。直立して二本の足で歩き、簡単な石器を用いた。アウストラロピテクスなど。

【猿声】エンセイ サルの鳴き声。かなしみをさそうものとされる。例 両岸猿声啼不ㇾ住（リョウガンのエンセイないてやまず）（＝《長江の》両岸にいるサルの鳴き声がやまない）。〈李白・早発白帝城〉

【猿▼臂】エンピ 〔「臂」は、腕の意〕 サルのように長い腕。弓を引くのに有利。例 猿臂之勢（エンピのいきおい）（＝軍の勢いが遠方までおよぶことのたとえ）。〈旧唐・李光弼伝〉 —をのばす（＝腕を長くのばす）。

【猿芝居】さるしばい 日 ①訓練したサルに芝居のまねごとをさせる見せ物。②下手な演劇。また、すぐにばれるたくらみ。

【猿真似】さるまね 日 〔サルが人のまねをする意〕 内容や意味を考えずに、うわべだけ他人をまねることをあざけっていうことば。

● 意馬心猿（イバシンエン）・犬猿（ケンエン）・野猿（ヤエン）・類人猿（ルイジンエン）

猾

犭10（13） 2 6449 733E

カツ（クヮツ）漢 黠 huá
わるがしこ-い（わるがしこ-し）

意味 ❶ずるい。**わるがしこい**。例 狡猾（コウカツ）。❷混乱させる。かきみだす。例 蛮夷猾ㇾ夏（バンイカをみだす）（＝異民族が中国をかき乱している）。〈書経・舜典〉

【猾賊】カツゾク わるがしこい。人をそこなう。例 項羽為ㇾ人、慓悍猾賊（コウウはひととなり、ヒョウカンカツゾクなり）（＝項羽の人柄は、すばしこく荒っぽくて、人を傷つけがちだ）。〈史記・高祖紀〉

【猾吏】カツリ わるがしこい役人。

獅

犭10（13） 1 2766 7345 人

シ 漢 支 shī
しし

なりたち ［形声］「犭（＝けもの）」と、音「師（シ）」とから成る。ライオン。

意味 ネコ科の哺乳動物。ライオン。**しし**。例 獅子（シシ）。

古訓 中世 けだもの・けもの・たけきけだもの 近世 いぬのみつご・からシシ

【獅子】シシ ライオン。〔古くは「師子」と書いた〕

【獅子▼吼】シシク ①〔仏〕 釈迦（シャカ）の説法。〔獅子がほえるとほかの獣がおそれしたがうように、仏の法は悪魔などをしりぞける意〕〈維摩経〉 ②雄弁をふるうこと。

【獅子身中虫（蟲）】シシシンチュウのむし 〔獅子の体内で養われているが、かえって獅子を死なせてしまう虫の意から〕 ①〔仏〕 釈迦（シャカ）の弟子でありながら、その教えに害をなす者。〈梵網経〉 ②その組織にとって害となる活動をする者。

【獅子奮迅】シシフンジン 獅子が激しくふるい立つ。勇猛迅速な行動のたとえ。〈法華経〉 例 —の勢い。

【獅子舞】シシまい 獅子のぬいぐるみを着てする舞。日本では、獅子をかたどった頭（かしら）をかぶってする舞。

［獏］

犭10（13） ⇨獏（バク）（1252ページ）

猽

犭10（13） 4 8046 733D

メイ 漢 青 míng

意味 小さなブタ。参考 海猽（カイメイ）（＝モルモット）。

獒

犬11（15） 4 8047 7352

ゴウ（ガウ）漢 豪 áo

意味 大きな猛犬。大犬。例 獒狗（ゴウク）。旅獒（リョゴウ）（＝『書経』の篇名。旅（リョ）の国の大犬の意）。

獄 犭11 (14) [1]2586 7344 常用 ギョク㊥漢 **ゴク**㊥呉 沃 yù ひとや

筆順 ノ 犭 犭 犭 狺 狺 獄 獄 獄

なりたち [会意]「犾(=二匹のイヌが守る)」と「言(=いう)」とから成る。牢屋(ロウや)。また、互いに言い争う。

意味 ❶罪人を閉じこめておくところ。**ひとや**。例 獄死(ゴクシ)。監獄(カンゴク)。❷裁判(にうったえる)。うったえごと。例 疑獄(ギゴク)。

古訓 中古 うたへ・うつたふ・うつたへ・ひとや 中世 うつたふ・うつたへ・ひとや 近世 うったへ・ひとや

【獄死】(ゴクシ) 牢獄(ロウゴク)の中で死ぬ。

【獄辞】(ゴクジ) ①法廷で被告が自白したことば。また、その記録。②裁判の判決書。

【獄舎】(ゴクシャ) 囚人を入れておく建物。牢屋(ロウや)。牢獄。

【獄囚】(ゴクシュウ) 牢獄(ロウゴク)に入れられている罪人。囚人。

【獄訟】(ゴクショウ) 訴訟。裁判ざた。うったえ。

【獄成】(ゴクセイ/ゴクなる) 裁判で、犯罪の事実が確定する。

【獄窓】(ゴクソウ) ①牢獄(ロウゴク)の窓。鉄窓。②牢獄の中。獄中。

【獄卒】(ゴクソツ) ①牢獄(ロウゴク)で囚人の取りあつかいなどをした、下級の役人。類 獄丁(ゴクテイ)。②〔仏〕地獄にいて亡者を責め苦しめるという鬼。

【獄中】(ゴクチュウ) 牢獄(ロウゴク)の中。

【獄法】(ゴクホウ) 裁判のやり方。また、罪人をただす法律。

【獄房】(ゴクボウ) 牢獄(ロウゴク)の中の、罪人のいる部屋。

【獄門】(ゴクモン) ①獄舎の門。②日 昔の重罪人の刑罰で、切り落とした首を台にのせてさらすこと。さらし首。梟首(キョウシュ)。

【獄吏】(ゴクリ) 牢獄(ロウゴク)の役人。類 獄掾(ゴクエン)・獄胥(ゴクショ)。
●監獄(カンゴク)・疑獄(ギゴク)・地獄(ジゴク)・脱獄(ダツゴク)・投獄(トウゴク)

獐 犭11 (14) [3]8780 7350 ショウ(シャウ)㊥漢 陽 zhāng のろ

意味 シカ科の哺乳動物。シカより小形で角がなく、きばがある。**ノロ**。ノロジカ。

[奬] 犬11 (15) ⇩奨(ショウ)(336ページ)

獦 犭12 (15) [3]8781 7366 一 カツ㊥漢 曷 gé 二 カツ㊥漢 曷 xiē 三 リョウ(レフ)㊥漢 葉 liè

意味 一 ❶「獦狚(カツタン)」は、古代中国の伝説上の野獣。❷口さきの短いイヌ。二「獦獠(カツロウ)」は、古代中国の南方の少数民族。三 狩る。かり。通 猟。

㺔 犭12 (15) [4]8048 3E94 キ(クヰ)㊥漢 支 huī

意味 「獏㺔(バクキ)」は、人に似た怪獣。トラのような爪(つめ)をもち、人の脳を食べるという。

獗 犭12 (15) [2]6453 7357 ケツ㊥漢 月 jué

意味 「猖獗(ショウケツ)」は、❶好ましくないものの勢いが激しくすさまじい。❷つまずく。失敗する。

獣 犬12 (16) [1]2935 7363 常用 シュウ(シウ)㊥漢 **ジュウ**(ジウ)・シュ・ジュ㊥呉 宥 shòu **けもの**・けだもの・しし

[獸] 犬15 (19) [2]6457 7378 人 旧字体。

筆順 ヽ ゛ 当 当 兽 兽 兽 獣 獣

なりたち [形声]「犬(=いぬ)」と、音「嘼(キュウ→シュウ)」とから成る。家畜にならず、野山で生活する動物。一説に、四本足のけもの。

意味 ❶四本足の動物。**けだもの**。**けもの**。例 獣類(ジュウルイ)。猛獣(モウジュウ)。野獣(ヤジュウ)。❷干し肉。ほじし。

古訓 中古 いくさ・けもの 中世 けだもの・けもの 近世 けだもの・けもの

【獣医(醫)】(ジュウイ) 家畜やペットなどの病気を治療する医者。獣医師。

【獣畜】(ジュウチク) 一(動物をあつかうときのように)かわいがるだけで、敬う心がないこと。例 愛而不レ敬、獣二畜之一也(アイしてケイせざるは、これをジュウチクするなり)(=愛しているが敬うことをしないのは、その人を動物のように養うにすぎない)。〈孟子・尽心上〉 二(ジュウチク) 野獣と家畜。

【獣心】(ジュウシン) 人間としてのやさしさなどのない、けだもののような心。例 人面—。

【獣性】(ジュウセイ) ①けものの性質。②人間の心にひそむ、動物的で残忍な性質。

【獣待】(ジュウタイ) 日 相手を動物並みにあつかう。

【獣肉】(ジュウニク) けものの肉。

【獣欲】【獣▼慾】(ジュウヨク) 動物的本能による欲望。特に、肉欲。性欲。

【獣類】(ジュウルイ) けものの仲間。哺乳類。また、けもの。
●怪獣(カイジュウ)・猛獣(モウジュウ)・野獣(ヤジュウ)

獠 犭12 (15) — 7360 一 リョウ(レウ)㊥漢 蕭 liáo 二 ロウ(ラウ)㊥漢 晧 lǎo

[䝤] 豸12 (19) [4]8909 4764 別体字。

意味 一 夜の狩り。二 中国古代の西南地方の少数民族。

獪 犭13 (16) [2]6454 736A カイ(クヮイ)㊥漢 泰 kuài わるがしこい(わるがしこ-し)

意味 **わるがしこい**。例 老獪(ロウカイ)(=経験豊富で、悪がしこい)。

獬 犭13 (16) [4]8050 736C カイ㊥漢 蟹 xiè

意味 「獬豸(カイチ/カイタイ)」は、伝説上の神獣。議論の是非を見抜くという。解豸(カイチ)。

獲 犭13 (16) [1]1945 7372 常用 **カク**(クヮク)㊥漢 ワク㊥呉 陌 huò **える**(う)・と-る

筆順 ノ 犭 犭 犷 犷 猎 獲 獲

なりたち [形声]「犭(=いぬ)」と、音「蒦(カク)」とから成る。えものをとる。

意味 ❶猟をして、つかまえる。とらえる。手に入れる。**える**。例 獲得(カクトク)。捕獲(ホカク)。❷信頼される。信用をえる。例 居二下位一而不レ獲二於上一(しもにおりてかみにえられず)(=下の地位にいて君主から信頼されない)。〈孟子・離婁上〉 ❸できる。例 獲レ奉二宗廟一(ソウビョウをほうずるをう)(=宗廟を祭ることができる)。〈漢書・元帝紀〉 ❹下女。はしため。例 臧獲(ゾウカク)(=「臧」は下男、「獲」は下女)。

古訓 中古 う・えたり・えもの・とる 中世 うる・えたり・えもの 近世 うる・えもの・はづかしむ・をんなしもべ

【獲罪】(カクザイ/つみを-う) 罪を犯す。例 獲二罪於天一、無レ所レ禱也(つみをテンにえば、いのるところなきなり)(=天に対して犯した罪は、どんな神に祈ったところで無駄だ)。〈論語・八佾〉
【獲得】(カクトク) (物品や権利などを)手に入れる。
【獲物】(カクブツ/えもの) ①狩りや漁でとった鳥・獣・魚など。②戦いや勝負ごとなどで手に入れたもの。

【獲▼麟】①麒麟をつかまえる。②〔孔子の著『春秋』が「…西狩(=西方に狩りをして)獲麟」で終わっているところから〕筆を置くこと。擱筆。絶筆。また、ものごとの終わり。

⊖漁獲・収獲・捕獲・乱獲

獫 犭13(16) 4 8049 736B ケン(ケム)㊥ 琰 xiǎn

意味 ❶口さきの長いイヌ。❷「獫狁」は、古代、北方にいた民族。のちに匈奴と称された。玁狁。

𤢖 犭13(16) 4 8051 24896 ショウ(セウ)㊥ 蕭 sāo

意味 「山𤢖」は、山の中に住む怪物。すだま。

[獨] 犭13(16) ⇩独(859ジペー)

獯 犭14(17) 4 8053 736F クン㊥ 文 xūn

意味 古代、北方の少数民族。獯鬻。獯獫。

獮 犭14(17) 4 8052 736E セン㊥ 銑 xiǎn

意味 秋におこなう狩り。かり。→狩(859ジペー)

獰 犭14(17) 2 6456 7370 ドウ(ダウ)㊥ 庚 níng わる-い(わる-し)

意味 性質が荒っぽくて、わるい。凶暴。凶悪。例 獰猛。

【獰悪】性質が荒々しくわるいさま。例 —な殺人犯。

【獰猛】性質が荒々しくて乱暴なさま。

獱 犭14(17) 4 8054 7371 ヒン㊥ 真 bīn

意味 イタチ科の哺乳動物。ウソ。カワウソ。獱獺。

難読 胡獱

獷 犭15(18) 4 8055 7377 コウ(クヮウ)㊥ 梗 guǎng

意味 性質が荒々しい。例 獷悍。粗獷。

【獷▼悍】野蛮で荒々しい。

【獷獷】たけだけしくて、粗野なさま。

【獷戻】荒々しくて礼儀に欠けている。

[獸] 犬15(19) ⇩獣(865ジペー)

[獵] 犭15(18) ⇩猟(862ジペー)

[獻] 犬16(20) ⇩献(862ジペー)

獺 犭16(19) 2 6460 737A ダツ㊨ タツ㊥ 曷 tǎ うそ・かわうそ(かはうそ)

意味 イタチ科の哺乳動物。**ウソ**。**カワウソ**。

【獺祭】①カワウソが、捕った魚を並べてから食べるのを、魚を供えて祭りをしていると見立てた表現。〈礼記・月令〉②詩や文章を作るとき、多くの参考書物を広げ並べること。③晩唐の詩人、李商隠の別称。▽獺祭魚。

獼 犭17(20) 3 8782 737C ビ㊥ ミ㊦ 支 mí

意味 「獼猴」は、サルの一種。アカゲザルなど。

玁 犭20(23) 4 8056 7381 ケン(ケム)㊥ 琰 xiǎn

意味 「玁狁」は、古代、北方にいた民族。獫狁。

95 5画 玄 げん部

小さいものがおおわれてかくれる形をあらわす。「玄」と、「玄」の字形を目じるしにして引く「率」とを集めた。

0 866 玄 4 867 妙 6 867 率

この部首に所属しない漢字

畜→田 893 牽→牛 853 衒→行 1187

玄 玄0(5) 1 2428 7384 常用 ケン(クェン)㊥ **ゲン**(グェン)㊦ 先 xuán くろ・くろ-い(くろ-し)

付表 玄人

筆順

なりたち

[象形] 小さいものがおおわれてかくれる形。奥深い。また、赤みを帯びた黒。

意味 ❶赤みを帯びた黒色。くらい色。**くろ**。例 玄黄。❷奥深くて、わかりにくい。深遠な。遠い。例 玄妙。幽玄。❸天。そら。例 玄間。玄象。❹北方。また、冬。〔五行思想で玄(=黒)は北方・冬にあたることから〕例 玄冥。❺水。〔五行思想で玄(=黒)は水にあたることから〕例 玄酒。❻道家の学説。〔『老子』に、道とは「玄のまた玄なる(=奥深い上にさらに奥深い)」ものとあることから〕例 玄学。❼仏教の。仏教。例 玄関。

古訓 中古 あきらかに・くろし・とほし・はるかなり 中世 くろし・たへなり・ながつき・はるか 近世 くろし・しづか・たへなり・はるか・ふかし

人名 しず・しずか・つね・とお・はじめ・はる・はるか・ひろ・ひろし・ふか・ふかし

【玄人】日①専門家。例 —の域に達する。②芸妓など、水商売の女性。▽対素人。

【玄英】①冬の別名。②真っ黒。また、腹黒い性格のたとえ。

【玄奥】おく深いこと。例 —な教義。

【玄学】①道家の学問。また、それを教える学校。②〔仏〕仏教学。

【玄冠】黒色の冠。〔周代、吉事には黒(玄)、凶事には白(素)を用いた〕

【玄間】大空。天空。

【玄関】〔奥深いところにはいる門の意〕①〔仏〕仏道に入門する入り口。②家の正面の入り口。例 —番。

【玄鑑】①あらゆるものをよく映す鏡。②ものごとを見通す力。

【玄虚】①奥深く、うかがい知れないこと。道家が説く、万物の根源をいう。②大空。空中。

【玄月】日 陰暦九月の別名。二〔仏〕仏教の真理。真理を明月にたとえたもの。

【玄玄】深遠なさま。

【玄黄】①〔天の色である黒と、地の色である黄色の意〕天地。宇宙。②黒色と黄色。例 天地—(=『千字文』の冒頭の句)。

【玄旨】奥深い真理。また、道家の説く道理。

【玄珠】黒く光った玉。道家や仏教の精髄にたとえる。

【玄酒】水の別称。太古に酒がつくられていなかったとき、祭礼に用いた水。

【玄象】日・月・星など、天にあるもの。天象。

【玄▼裳▼縞衣】〔黒の裳と白の上着の意〕ツルの別名。〈蘇軾・後赤壁賦〉

【玄聖】①無位無官ではあるが、徳のあるすぐれた聖人。

②老子。また、孔子。③仙人。

【玄静】ゲンセイ　安らかで静かである。また、道家でいう無為自然の境地。

【玄孫】ゲンソン　孫の孫。ひまごの子。やしゃご。

【玄端】ゲンタン　周代、天子から士まで着用した黒の衣服。

【玄鳥】ゲンチョウ　①ツバメの別名。②ツルの別名。

【玄冬】ゲントウ　冬。〔四季について、青春・朱夏・白秋と並ぶことば〕

【玄同】ゲンドウ　万物を一つに混ぜ合わせる。すべてのものの区別をなくし、同一視する。

【玄徳】ゲントク　①普通の者にははかり知れない深い徳。②人知をこえた天地間の道理。③三国時代、蜀漢(ショクカン)の劉備(リュウビ)の字(あざな)。

【玄翁】【玄能】ゲンノウ　日 石をくだくのに使う、鉄製の大きなかなづち。〔南北朝時代の僧玄翁が、那須野(なすの)の殺生石(セッショウセキ)をくだくのに用いたということから〕

【玄▼牝】ゲンピン　①万物を生み出す根源。〈老子・六〉②人の鼻と口。

【玄武】ゲンブ　漢代のころ、東西南北の四方に配した神の一つ。カメにヘビが巻きついたような形で、北方を守る。〔青竜(セイリュウ)(=東)・白虎(ビャッコ)(=西)・朱雀(スザク)(=南)と並べていう〕

【玄謀】ゲンボウ　深いはかりごと。

【玄米】ゲンマイ　〔「くろごめ」の意〕もみがらを取っただけで精白していない米。㊉白米。

【玄妙】ゲンミョウ　ものごとの味わいが深く、たやすくは理解できないこと。例 ―な境地。

【玄冥】ゲンメイ　①冬の神。北方の神。②雨や水をつかさどる神。③暗い。かすかである。

【玄黙】【玄▼嘿】ゲンモク　奥ゆかしくて何も言わない。

【玄覧】ゲンラン　①奥深くまで見通して観察する。②日 天皇がご覧になること。天覧。

【玄理】ゲンリ　①普通にはすぐわからない、奥深い道理。②老荘(=老子と荘子)の説いた道理。

〔妙〕玄4(9)　⇩妙(ミョウ)(341ページ)

率

玄6(11)　1 4608　7387　教5

一 スイ漢 寘 シュツ漢
ソチ・ソツ呉 質 shuài
二 リツ漢 質 lǜ
ひきいる(ひき-ゐる)

筆順

なりたち

［象形］長い柄(え)がついた網の形。鳥をつかまえる網。借りて「ひきいる」の意。

意味 一 ❶網で鳥をつかまえる。とる。とらえる。集める。例 悉率二百禽一(ことごとくヒャッキンをとらう)(=ことごとくあらゆる鳥をつかまえる)。〈張衡・東京賦〉❷みちびく。ひきいる。通 帥(ソツ)。例 率先(ソッセン)。引率(インソツ)。統率(トウソツ)。❸したがう。つきしたがう。例 率由(ソツユウ)。❹模範。手本。例 表率(ヒョウソツ)。❺ひきいる人。主将。通 帥(スイ)。例 将率(ショウスイ)。❻にわかに。軽はずみに。通 卒。例 率爾(ソツジ)。軽率(ケイソツ)。❼ありのまま。あっさりした。例 率直(ソッチョク)。真率(シンソツ)。❽ありのまま述べる。例 敢率二愚見一(あえてグケンをのぶ)(=あえて私の愚かな考えを述べさせていただきます)。〈封氏聞見記・定謚〉❾おおむね。すべて。例 率土(ソツド)。

二 ❶きまり。規則。例 以レ義犯レ率(ギをもってリツをおかす)(=義のために法をやぶる)。〈後漢書・朱暉伝〉❷割合。歩合。例 確率(カクリツ)。比率(ヒリツ)。❸計算する。はかる。かぞえる。例 以二其口数一率(そのコウスウをもってかぞう)(=その人口によって計算する)。〈漢書・高帝紀下〉❹たぐい。例 夢与レ神遇、猶二此率一也(ゆめにかみとあうは、なおこのたぐいのごときなり)(=夢で神に出会ったというのは、このたぐいのようなものだ)。〈論衡・奇怪〉

古訓 中古 いざなふ・おこなふ・おほむね・かぞふ・こぞりて・したがふ・つひに・にはかに・ひきゐる・ひく・みちびく・もとほる・ゐる 中世 あてがふ・おほむね・したがふ・つひに・にはか・ひきゐる 近世 おこなふ・おほむね・したがふ・つのる・とりあみ・もちゐる

人名 のり・より

【率易】ソツイ　あっさりしていて手軽なさま。

【率意】ソツイ　①意をつくす。②意のままにする。

【率▼爾】ソツジ　①にわかなこと。突然。例 ―ながら、おたずねいたします。②軽々しいさま。無遠慮。例 子路率爾而対(シロソツジとしてこたう)(=子路が無遠慮にいきなり答えた)。〈論語・先進〉▽率然。

【率性】ソッセイ　生まれつきの本性に従って行動する。例 率レ性之謂レ道(セイにしたがう これをみちという)(=天性に従うことを道という)。〈中庸〉

【率先】ソッセン　人の先頭に立っておこなう。例 ―垂範(=人にさきだっておこない、模範を示す)。

【率然】ソツゼン　①にわかなさま。②軽はずみなさま。

【率直】ソッチョク　ありのままで飾りけがないこと。

【率土】ソツド　天下中。国中。

【率土▼之浜(濱)】ソツドのヒン　〔「浜」は、陸の果ての意〕国の果て。〈詩経・小雅・北山〉

【率服】ソップク　服従する。

【率由】ソツユウ　①旧習など、よりどころとなるものに従う。②服従する。③由来する。

●引率(インソツ)・確率(カクリツ)・軽率(ケイソツ)・効率(コウリツ)・統率(トウソツ)・能率(ノウリツ)・倍率(バイリツ)・百分率(ヒャクブンリツ)・比率(ヒリツ)・利率(リリツ)

〔玄〕4―6画▼妙 率　〔玉(王)〕0画▼玉

96 5画 玉 たま(王 たまへん)部

たまを連ねた形をあらわす。「玉」が偏(=漢字の左側の要素)になるときは「王・𤣩(たまへん)(四画)」となる。「玉」をもとにしてできている漢字と、「王」の字形を目じるしにして引く漢字とを集めた。

玉

玉0(5)　1 2244　7389　教1

ギョク漢 ゴク呉 沃 yù
たま

5画

筆順 一 丅 干 王 玉

なりたち ［象形］三つのたまをつらぬき連ねた形。石の美しいもの。

意味 ❶美しい石。宝石。おもに翡翠を指す。**たま**。例 玉石混交。宝玉。❷（宝石のように）美しい。立派な。例 金科玉条。❸天子に関するものごとにそえることば。例 玉音。玉座。❹相手をたっとんで、そえることば。例 玉韻。玉章。❺大切にする。かわいがる。たまにす。例 王欲レ玉レ女（＝王はお前を寵愛しようとしている）。〈詩経・大雅・民労〉

日本語での用法 一《ギョク》①「玉代・半玉」▼芸者。②「玉将」▼将棋で、下手が持つ王将。③「玉つきの盛りそば」▼たまご。二《たま》①「玉子・飴玉・薬玉」▼丸い形のもの。②「善玉・悪玉・いい玉だ」▼人をものになぞらえていう。

古訓 中古 しらたま・たま 中世 たま 近世 たま

人名 きよ

【玉案】（ギョクアン）①玉で飾った立派な食卓。②立派な机。「机」の美称。類 玉几。

【玉案下】（ギョクアンカ）〔あなたの立派なお机のそばの意〕手紙のわき付けに使うことば。

【玉▼扆】（ギョクイ）①天子が用いる、玉で飾ったついたて・屏風。②天子の席。玉座。③朝廷。

【玉音】（ギョクイン・ギョクオン）①天子の声やことば。例 ―放送。②美しい声や音。③他人のことばや手紙を敬っていうことば。

【玉韻】（ギョクイン）①すぐれた詩。②他人の詩の敬称。

【玉宇】（ギョクウ）〔「宇」は、軒の下の意〕①美しく立派な御殿。②天子のいる所。③天空。大空。

【玉英】（ギョクエイ）①すぐれた宝玉。②美しい花。

【玉液】（ギョクエキ）①道家で、長寿を保つという飲み薬。②うまい味の液。また、美酒のこと。

【玉▼珂】（ギョクカ・ギョッカ）官位のある人がウマのくつわの部分に下げる玉の飾り。ウマが進むと音をたてる。

【玉階】（ギョクカイ・ギョッカイ）①玉をちりばめた階段。宮殿の美しい階段。②朝廷。

【玉▼函】（ギョクカン・ギョッカン）玉をちりばめて作った箱。玉匣。

【玉管】【玉▼琯】（ギョクカン・ギョッカン）玉で作った笛。

【玉関】（ギョクカン・ギョッカン）①「玉門関」の略。②宮廷の門。

【玉環】（ギョクカン・ギョッカン）①腰にさげる玉飾りの輪。②月。③楊貴妃の幼名。

【玉顔】（ギョクガン）①美しい顔。②日 天子のお顔。天顔。

【玉肌】（ギョクキ・ギョッキ）①白く美しい肌。たまの肌。②美女。▽類 玉膚。

【玉器】（ギョクキ・ギョッキ）玉で作った器物。

【玉▼扃】（ギョクケイ・ギョッケイ）玉で飾られた扉。例 金闕西廂叩二玉扃一（＝（方士は）黄金の御殿の西の部屋の美しい扉をたたいて案内を請う）。〈白居易・長恨歌〉

【玉▼玦】（ギョクケツ・ギョッケツ）腰にさげる佩玉で、輪の一部の欠けたもの。例 范増数目二項王一、挙二所レ佩玉玦一（＝范増はたびたび項王に目くばせをして、腰につけていた玉玦を持ち上げて決断をうながした）。〈史記・項羽紀〉→玦（871ジペー）

【玉▼闕】（ギョクケツ・ギョッケツ）〔玉をちりばめた美しい門の意〕①天帝や仙人の宮殿の門。また、その宮殿。②宮城の門。また、宮城。

【玉▼壺】（ギョクコ・ギョッコ）①玉で作ったつぼ。②高潔な心のたとえ。例 一片氷心在二玉壺一（＝清らかな氷が一つ、白玉のつぼの中にあるような澄みきった心で生きている）。〈王昌齢・芙蓉楼送辛漸〉③酒器の美称。④「玉漏」に同じ。

【玉▼匣】（ギョクコウ・ギョッコウ）①「玉函」に同じ。②鏡箱。

【玉衡】（ギョクコウ・ギョッコウ）①玉で飾った天文観測器。②北斗七星の第五星から第七星。→【璇璣】（879ジペー）

【玉骨】（ギョクコツ・ギョッコツ）①白骨の別称。特に、美女のなきがらをいう。②高潔な人柄のたとえ。③ウメの木の異称。

【玉座】（ギョクザ）〔玉で飾った座席の意〕天子や国王のすわる席。また、天子の位。

【玉砕】（ギョクサイ）〔美しい玉がくだける意〕①美しいものが不遇になるたとえ。②名誉を重んじて、いさぎよく死ぬ。〔特に第二次世界大戦中に、日本の陸海軍が自軍の全滅を美化して用いた〕対 瓦全。

【玉▼釵】（ギョクサイ）玉で作ったかんざし。類 玉簪。

【玉札】（ギョクサツ）①他人の手紙の敬称。②植物のワレモコウの別称。③「玉屑①」の別名。

【玉山】（ギョクザン）①玉を産する山。②美しい山。転じて、容姿が美しいこと。また、その人。例 若二玉山之将一レ崩（＝玉山が今にも崩れそうなようすだ《美しい人が酔いつぶれる姿をたとえたもの》）。〈世説・容止〉

【玉▼趾】（ギョクシ）人の足の敬称。おみあし。

【玉璽】（ギョクジ）天子の印。御璽。

【玉質】（ギョクシツ）①玉のようにすぐれた材質。②生来の美しい肌や姿。

【玉▼卮無レ当】（ギョクシトウなし）〔玉製の杯に底がない意〕貴重に見えても役に立たないことのたとえ。〈左思・三都賦序〉

【玉手】（ギョクシュ）玉のように美しい手。美女の手をいう。

【玉樹】（ギョクジュ）①美しい樹木。②高潔ですぐれた人のたとえ。③槐の木の別名。

【玉▼筍】（ギョクジュン）①たけのこの美称。②有能な人が、たけのこのように次々と世に出るたとえ。③美女の細い足のたとえ。

【玉潤】（ギョクジュン）①玉のように美しく、うるおいがある。②高潔な人格のたとえ。③娘婿の美称。

【玉女】（ギョクジョ）①他人の娘の敬称。②美女。③天女。④ネナシカズラの別名。

【玉将】（ギョクショウ）日 将棋の駒の一つ。下位の者が王将と同等のものとして使う。

【玉章】（ギョクショウ・たまずさ）〔美しくすぐれた詩文の意〕他人の手紙を敬っていうことば。類 玉簡。

【玉条】（ギョクジョウ）①美しい枝。②尊ぶべき最も大切な規則。例 金科―。

【玉▼燭】（ギョクショク）〔四季の気候が調和して、万物が玉のように輝く意〕太平の世のたとえ。

【玉津】（ギョクシン）①仙薬の名。②銀河。天の川。③唾液。つばき。

【玉人】（ギョクジン）①玉をみがき、細工をする職人。類 玉工。②玉で作った人形。③美女。

【玉成】（ギョクセイ）宝玉をみがくように、すぐれた人物に仕上げる。

【玉石】（ギョクセキ）①美しい宝玉と、ただの石。②すぐれたものと、おとったもの。

【玉石混交】（ギョクセキコンコウ）すぐれたものと、おとったものとがまじっていること。〈抱朴・尚博〉類 玉石雑糅。表記 旧 玉石混▼淆

【玉石▼倶▼焚】（ギョクセキともにやく）玉も石もともに焼けてなくなる。善悪・賢愚の別なく害を受けること。〈書経・胤征〉

【玉▼屑】（ギョクセツ）①玉の粉末。不老不死の仙薬とされた。玉札。②詩文などのすぐれた語句。③雪の別名。

【玉雪】（ギョクセツ）①雪の美称。②潔白であることのたとえ。

【玉▼蟾】ギョクセン 〔「蟾」は、ヒキガエル。月にすむヒキガエルの伝説から〕月の別名。
【玉体】ギョクタイ ①天子や貴人のからだ。②美人のからだ。
【玉代】ギョクダイ 日芸者などを呼ぶための料金。揚げ代。玉ギョク。
【玉台(臺)】ギョクダイ ①玉ギョクで飾った楼台。たまのうてな。②天子の居住する所。宮殿。
【玉▼墀】ギョクチ 美しくこしらえた石段。転じて、宮殿。
【玉▼筯】【玉箸】ギョクチョ ①玉ギョクで作った箸はし。例 金盤玉筯無二消息一キンバンギョクチョショウソクなし(=かつては私も宮中の行事で使った)黄金の皿と玉の箸の消息もたえはてたままである)。〈杜甫・野人送朱桜〉②美女の涙。③書体の小篆ショウテン。
【玉帳】ギョクチョウ ①玉ギョクで飾ったとばり。②陣営で、将軍のいるとばり。
【玉▼牒】ギョクチョウ ①天を祭るときの祭文を記す、玉ギョクで飾られたふだ。②皇室の系図。
【玉笛】ギョクテキ 美しい笛。例 誰家玉笛暗飛レ声たがいえのギョクテキかアンにこえをとばす(=だれの吹く笛であろうか、暗い夜にどこからともなく聞こえてくる)。〈李白・春夜洛城聞笛〉
【玉▼兎】ギョクト 〔月にウサギがすむという伝説から〕月のこと。
【玉堂】ギョクドウ ①立派な建物。美しい宮殿。②漢代の役所。玉堂署。宋ソウ代以降、翰林カンリン院の別称となる。③側室の部屋。また、寵愛チョウアイしている妃。④仙人のいる所。
【玉▼佩】【玉▼珮】ギョクハイ 装身具の一つ。腰の帯に下げる宝玉。おびだま。
【玉杯】ギョクハイ 宝玉で作ったさかずき。また、さかずきの美称。
【玉▼帛】ギョクハク 玉ギョクと絹。諸侯が天子や貴人に会うときの贈り物。
【玉▼璞】ギョクハク 掘り出したままで磨いていない、玉ギョクの原石。
【玉版】ギョクハン ①玉ギョクで作った板。また、それに文字を刻んだもの。貴重な古典籍。玉板。②上質な画仙紙。玉版紙。
【玉盤】ギョクバン ①玉ギョクで作った盛り皿。②月の別名。
【玉筆】ギョクヒツ ①筆の美称。②日他人の筆跡や詩文を敬っていうことば。
【玉歩】ギョクホ 〔腰帯に玉佩ギョクハイをつけ、そのひびきに調子を合わせて歩いたことから〕天子・貴人・美人のあゆみ。
【玉房】ギョクボウ ①玉ギョクで飾った部屋。②美しい花の房。
【玉貌】ギョクボウ ①他人の、特に女性の容姿の敬称。②美女。▽玉容。
【玉面】ギョクメン ①他人の顔の敬称。②玉ギョクのように美しい顔。玉顔。
【玉門】ギョクモン ①美しい門。②陰門。
【玉門関】ギョクモンカン 甘粛省敦煌トンコウの西にあった関所。西域と中国の内地とを結ぶ要所。玉関。
【玉容】ギョクヨウ ①美しい姿や顔だち。例 玉容寂寞涙闌干ギョクヨウセキバクとしてなみだランカン(=美しい顔はとてもさびしげで、涙がほおを伝っている)。〈白居易・長恨歌〉②美女。
【玉葉】ギョクヨウ ①天子の一族。皇族。例 金枝—。②日他人からもらった手紙の美称。
【玉▼鸞】【玉▼鑾】ギョクラン ①天子の車につけた玉ギョクの鈴。②天子の車。
【玉▼輦】ギョクレン 玉ギョクで飾った天子の車。
【玉▼簾】一ギョクレン 玉ギョクで飾ったすだれ。二たますだれ 日ヒガンバナ科の多年草。葉は細長く、夏、白い花をつける。
【玉露】ギョクロ ①(葉の上においた)美しい露。②日最高級の煎茶センチャ。
【玉郎】ギョクロウ ①男子の美称。また、妻が夫を、女性が恋人を指していう。②仙人の世界での官職名。仙官。
【玉楼】ギョクロウ 立派な御殿。類 玉殿。例 金殿—。
【玉漏】ギョクロウ 宮中にある、玉ギョクで飾った水時計。玉壺ギョクコ。
【玉稿】ギョクコウ 日相手の原稿を敬っていうことば。
【玉串】たまぐし 日①サカキの枝に木綿ゆうまたは紙をつけ、神前にささげるもの。例 —奉奠ホウテン。②サカキの別名。
【玉不レ▼琢不レ成レ器】たまみがかざればうつわをなさず 〔立派であるはずの宝玉でも、みがかなければすぐれたうつわに仕上げることはできないという意〕生まれつきすぐれた才能をもっていても、学問・修養を積まなければ、立派な人にはなれない。〈礼記・学記〉類 玉不レ磨無レ光たまみがかざればひかりなし。
【玉▼響】たまゆら 日しばらくの間。しばし。〔一説に、かすか〕例 —の恋。
●悪玉あくだま・親玉おやだま・珠玉シュギョク・善玉ゼンだま・繭玉まゆだま・水玉みずたま

王

王0 (4) 1 1806 738B 教1

一 オウ(ワウ) 漢 呉 陽 wáng
二 オウ(ワウ) 漢 呉 漾 wàng

筆順 一 丅 干 王

なりたち [指事]「三(=天・地・人)」を真ん中でつらぬくようにまとめて治める。天下がなびき従うもの。

意味 一 ❶国を治める者。天子。君主。きみ。例 王位オウイ。王国オウコク。帝王テイオウ。❷ある方面で最も実力をもつ者。かしら。おさ。例 百谷王ヒャッコクのオウ(=あらゆる谷の中で最も大きいもの)。〈老子・六六〉❸徳によって統治すること。また、その人。例 王者オウジャ。対 覇。例 王道オウドウ。王覇オウハ。❹祖父母を尊んでいうことば。例 王父オウフ。王母オウボ。❺姓の一つ。例 王安石オウアンセキ(=北宋ホクソウの政治家・文人)。王維オウイ(=唐の詩人・画家)。二 ❶王となって統治する。君臨する。例 文王行二仁義一而王二天下一ブンオウはジンギをおこないてテンカにオウたり(=文王は仁義をおこなって天下の王となった)。〈韓非・五蠹〉❷王に立てる。王とする。例 欲下王二同姓一以鎮中天下上ドウセイをオウとしてもってテンカをしずめんとほっす(=一族の者を王に立てて天下を安定させようとした)。〈史記・荊燕世家〉

日本語での用法 《オウ》①「東久邇宮稔彦王ひがしくにのみやなるひこオウ」▼皇族の男性で、親王でない人。②「王手おうて」▼将棋の駒の王将の略。

古訓 中古 おほいなり・おほきなり・きみ・さかゆ・つかさどる・ぬし・ゆく 中世 おほきみ・きみ・さかんなり・すべらぎ・つかさどる 近世 おほきみ・きみ・さかんなり・すべらぎ・つかさ・ゆく

人名 きみ・たか・つかさ

難読 王仁ワニ・親王こみ

【王位】オウイ 王のくらい。例 —継承権。—につく。
【王化】オウカ 君主の徳により人民を感化し、善良にすること。
【王学】オウガク 明ミンの王陽明の学説。陽明学。
【王冠】オウカン ①王位を示すかんむり。②栄誉のしるしのかんむり。例 —を得る。③日びんの口金くちがね。
【王気】オウキ 天子や王者となる人のいる地から立ちのぼる気。
【王姫】オウキ ①天子の娘。王女。②〔「姫」は、周王朝の姓〕周王室の娘。
【王畿】オウキ ①周代、王城から千里四方の地域。畿内。②帝都。
【王宮】オウキュウ・―グウ 帝王の住む宮殿。
【王業】オウギョウ 〔帝王の事業の意〕天子が国を統治すること。
【王家】オウケ・―カ ①王の血筋。王族。②王の家。
【王権】オウケン 帝王のもつ権力。
【王公】オウコウ 帝王と大臣。
【王后】オウコウ ①君主。②帝王の正室。皇后。
【王侯】オウコウ 帝王と諸侯。
【王侯将相寧有レ種▼乎】オウコウショウショウいずくんぞシュあらんや 帝王・諸侯・将軍・大臣などになるのは、どうして家柄や血筋のためで

あろうか。実力や運によってだれでもなることができるという意。〈史記・陳渉世家〉

【王国】オウコク ①王を主権者とする国。②日ある特定のものがきわだって栄えている社会のたとえ。例自動車—。

【王座】オウザ 日①帝王の座席。王位。例—につく。②競技・勝負ごとの第一位のたとえ。例—決定戦。

【王様】オウさま 日王を敬っていうことば。

【王師】オウシ ①帝王の軍隊。②日帝王の先生。▽類王者師(オウジャのシ)。

【王子】オウジ ①帝王の息子。②日日本の明治以後の旧制度で、皇族で親王宣下(センゲ)のない男子。王。▽対王女。

【王事】オウジ ①帝王としておこなうべき仕事。諸侯との外交・接見など。②帝王の命によりおこなう仕事。

【王事▼靡▼盬】オウジやむことなし 王の命による戦役はやむことがない。〈詩経・唐風・鴇羽〉

【王室】オウシツ ①「王朝(オウチョウ)①」に同じ。②帝王の一家。一族。例イギリス—。

【王者】オウシャ|オウジャ ①帝王。君主。②徳によって天下を治める君主。対覇者。③ある分野において最高位のもの。例陸の—(オウジャ)。

【王女】オウジョ ①帝王の娘。②日日本の明治以後の旧制度で、皇族で内親王宣下(センゲ)のない女子。女王。▽対王子。

【王将】オウショウ 日将棋の駒(こま)の一つ。取られると負けになる。王。玉将(ギョクショウ)。

【王城】オウジョウ ①帝王の住む城。王宮。②帝王の住む都。

【王制】オウセイ ①帝王の定めた制度。②日王が主権をもつ政治体制。君主制。王政。

【王政】オウセイ ①帝王がおこなう政治。②日国の主権が王にある政治体制。君主政体。王制。

【王政復古】オウセイフッコ 日武家政治・共和制などをやめて、君主政治にもどること。特に、明治維新を指す。

【王族】オウゾク 帝王の一族。

【王孫】オウソン ①帝王の子孫。②貴族の子弟。貴公子。

【王沢】オウタク 君主の恵み。天子の恩沢。

【王朝】オウチョウ ①帝王が政治をおこなう朝廷。②同じ王家に属する王の政権の継続期間。例ロマノフ—。ブルボン—。③日平安時代。例—の女流文学。

【王手】オウて 日①将棋で、直接に王将を攻める手。例—飛車取り。②あと一歩で勝利する最後の段階。例優勝へ—をかける。

【王都】オウト 帝王の住むみやこ。帝都。

【王土】オウド 帝王の領地。

【王統】オウトウ 帝王の血筋。

【王道】オウドウ ①帝王のおこなうべき道。②仁徳にもとづいて人民を治める政道。孟子(モウシ)が提唱した。対覇道。例—政治。③日〔英 royal road の訳語〕王のための特別の通路。例学問に—はない。

【王覇】オウハ【王伯】オウハク 王者と覇者。王道と覇道。

【王八】オウハチ|ワン パ ①人をののしることば。忘八(ボウハチ|ワン パ)。〔五代、前蜀(ゼンショク)の国を作った王建は八番めの子で、若いころならず者だったので、賊王八と呼ばれたことによる〕②スッポンの別称。

【王妃】オウヒ 帝王の妻。きさき。

【王父】オウフ ①祖父の尊称。対王母。②日帝王の父。

【王母】オウボ ①祖母の尊称。対王父。②「西王母(セイオウボ)」の略。③日帝王の母。

【王法】一オウホウ ①帝王の定めた決まり。②王者が国を治める方法。二オウボウ 〔仏教からみた〕帝王の法令。また、政治。

【王命】オウメイ 帝王の命令。

【王立】オウリツ 日王または王族の設立によるもの。例—研究所。

【王略】オウリャク ①天子の政治。②天子の定めた法律。

●勤王(キンノウ)・四天王(シテンノウ)・女王(ジョオウ)・親王(シンノウ)・帝王(テイオウ)・仁王(ニオウ)・法王(ホウオウ)・魔王(マオウ)

玊

玉0(5) [4]8058 738A

キュウ(キウ)漢 有 シュク漢 屋 sù

意味 ❶きずのある玉(ギョク)。❷玉の細工師。玉をみがく人。

【玊人】キュウジン 玉(ギョク)を細工する人。玉みがき。

玕

王3(7) [3]8783 7395

カン漢 寒 gān

意味 「琅玕(ロウカン)」は、❶真珠に似た美しい石。❷美しい青竹の形容。❸美しい文章のたとえ。

玘

王3(7) [4]8060 7398

キ漢 紙 qǐ

意味 帯につける宝玉。

玖

王3(7) [1]2274 7396 人

キュウ(キウ)漢 有 jiǔ

なりたち [形声]「王(=たま)」と、音「久(キュウ)」とから成る。玉(ギョク)に似た黒い石。

意味 ❶黒色の美しい石。❷「九」の大字(ダイジ)。商売や契約の文書で、数字を書きかえられないように使う。

古訓 中古 ここのつ 中世 くろきたま・たま 近世 くろきたま・たまにたるくろきいし

人名 き・たま・ひさ・ひさし

玔

王3(7) [4]8059 7394

セン漢 霰 chuàn

意味 玉(ギョク)の腕輪。くしろ。通釧(セン)。

難読 玔(ひじたま)(=ひじに巻いた装飾品)

玠

王4(8) [3]8785 73A0

カイ漢 卦 jiè

意味 大きな圭(ケイ)(=細長い玉器(ギョッキ))。

玨

王4(8) [4]8064 73A8

カク漢 覚 jué

[珏]

王5(9) [3]8790 73CF

別体字。

意味 一対の玉(ギョク)。

玩

王4(8) [1]2065 73A9 常用

ガン(グヮン)漢 呉 翰 wán

もてあそ-ぶ

筆順 一 T 干 王 王 玗 玗 玩

なりたち [形声]「王(=たま)」と、音「元ゲン→ガン」とから成る。もてあそぶ。

意味 ❶おもちゃにする。なぐさみものにする。**もてあそぶ**。例玩弄(ガンロウ)。❷大切にして楽しむ。めでる。例愛玩(アイガン)。賞玩(ショウガン)。❸大切にして楽しむもの。例古玩(コガン)。❹じっくり味わう。例玩味(ガンミ)。

古訓 中古 あなづる・なる・めづらし・めでたし・もてあそぶ 中世 なる・もてあそぶ 近世 たはぶる・たはむる・もてあそぶ

人名 よし

【玩▼繹】ガンエキ 文章の意味をよく味わう。

【玩具】ガング|おもちゃ 日遊び道具。例—店。

【玩索】ガンサク 文章の意味をよく考える。

【玩世】ガンセイ 世(よ)をもてあそぶ 世間の事柄を軽蔑(ケイベツ)する。

【玩読】ガンドク 文章を味読する。

【玩物】ガンブツ ①ものをもてあそぶこと。②もてあそぶもの。おもちゃ。玩具。
【玩物喪志】手段であるはずのものに気をとられて、本質を見失うこと。〈書経・旅獒〉
【玩味】①食べ物をよくかんであじわう。②内容を理解しあじわう。例熟読―。▽含味。翫味。
【玩弄】①もてあそぶ。例―物(=おもちゃ)。②なぶりものにする。愚弄。▽翫弄。

玦 王4(8) 3 8787 73A6 ケツ漢 屑 jué

意味 ❶平たいドーナツ状の宝玉で、輪の一部を欠いた形のもの。装飾品として腰にさげて用いた。〔「ケツ」の音が「決・訣」に通じることから、決断・訣別の意をあらわすものとされる〕→【玉玦】(868ページ) ❷弓を射るときに右手の親指にはめるもの。ここに弦をかけて弓をひく。ゆがけ。

[玦❶]

玥 王4(8) 4 8063 73A5 ゲツ(グェツ)漢 月 yuè

意味 伝説上の、神秘的な珠玉。

玜 王4(8) 4 8061 739C コウ漢 東 hóng

意味 玉の名。

玟 王4(8) 3 8784 739F ビン漢 ミン呉 真 mín

意味 美しい石。通 珉。

玞 王4(8) 4 8062 739E フ漢 虞 fū

意味「珷玞」は、玉のように美しい石。

玢 王4(8) 3 8786 73A2 ヒン漢 真 bīn フン漢 文 fēn

意味 ❶玉の名。❷「玢豳」は、玉に模様のあるさま。❸「玢岩」は、火成岩の一つ。

玫 王4(8) 3 8788 73AB バイ漢 マイ呉 灰 méi

意味 ❶美しい玉。例 玫瑰。❷玉のように美しい。うつくしい。
【玫▼瑰】(=美しいきざはし)。①赤色の美しい玉。火斉珠。②美しい詩文などのたとえ。③バラ科の落葉低木。美しい赤色あるいは白色の花が咲き、香りもよい。ハマナスの変種。④日バラ科の落葉低木。ハマナス。ハマナシ。

珂 王5(9) 1 1849 73C2 人 カ漢呉 歌 kē

なりたち 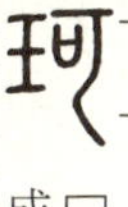 [形声]「王(=たま)」と、音「可」とから成る。玉の一種。

意味 ❶宝石の一種。しろめのう。❷貝の名。白色で、ウマのくつわを飾るのに用いる。バカガイ。くつわ貝。❸「❷」で作った、ウマのくつわの飾り。

古訓 中古 みみかね・みみくさり 中世 しろきたま・たま 近世 くつわがひ・しろきかひのたま

珈 王5(9) 2 6461 73C8 人 カ漢 麻 jiā

なりたち  [形声]「王(=たま)」と、音「加」とから成る。女性の髪飾り。

意味 女性の髪飾り。玉を垂れ下げた、かんざし。

日本語での用法 《カ》「珈琲」▼「コーヒー(coffee)」の音訳に当てた字。中国語では「咖啡」。

古訓 中世 くびのかざり・たまのかんざし 近世 かざり・かんざしのかざり・たまのかんざし

[珏] 王5(9) ⇩玨(870ページ)

玵 王5(9) 4 8065 73B5 カン慣 ガン(ガム)漢 覃 ān

意味 美しい玉。

玹 王5(9) 4 8067 73B9 ケン(クェン)漢 ゲン(グェン)呉 先 xuán

意味 ❶玉の色。❷玉に次いで美しい石。

珊 王5(9) 1 2725 73CA 人 サン漢呉 寒 shān

なりたち  [形声]「王(=たま)」と、音「冊」とから成る。サンゴ。

意味「珊瑚」は、腔腸動物の一種であるサンゴ虫の骨格が積もってできる、枝のような石灰質のかたまり。白・赤・桃色があり装飾品に使う。

古訓 中古 そよぐ・そよめく 中世 あかきたま・たま 近世 あかきたま・ほりちりばむ

人名 さぶ

【珊▼瑚樹】①木の枝の形に見える、サンゴ。②スイカズラ科の常緑小高木。夏、白色の花が咲き、秋に赤い実がなる。庭木・生け垣にする。

【珊▼瑚礁】日サンゴ虫の遺骸でできた石灰質の岩礁。珊瑚洲。

玿 王5(9) 4 8069 73BF ショウ(セウ)漢 蕭 sháo

意味 美しい玉。

珅 王5(9) 4 8070 73C5 シン漢 真 shēn

意味 玉の名。

玳 王5(9) 2 6462 73B3 タイ漢 隊 dài

[瑇] 王9(13) 3 8816 7447 別体字。

意味「玳瑁」は、南の海にすむウミガメの一種。甲羅は黄色と黒のまだらがあり、べっこう細工の材料にする。

珍 王5(9) 1 3633 73CD 常用 チン漢呉 真 zhēn めずらしい(めづら-し)

[珎] 王5(9) 2 6463 73CE 俗字。

筆順 

なりたち 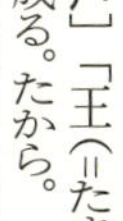 [形声]「王(=たま)」と、音「㐱」とから成る。たから。

意味 ❶たからもの。❷めったにない。貴重である。**めずらしい**。例 珍蔵。珍重。❸大切にする。例 珍異。珍味。袖珍。

参考「珎」は「寶(=宝)」の俗字とする説がある。例 和同開珎。

日本語での用法 《チン》「珍芸・珍妙」▼普通と違って

[玉(王)] 4—5画▼玦玥玜玟玞玢玫珂珈珏玵玹珊玿珅玳珍珎

5画

いて笑いをさそう。

古訓 中古 うるはし・きらきらし・たから・たふとむ・めづらし・よし 中世 おもし・たから・めづらし・めづらしし・よし 近世 うつくし・おもし・たから・めづらし・よし

人名 うず・くに・くる・たか・はる・よし

【珍愛】(チンアイ) めずらしいものとして愛する。大切に守る。

【珍異】(チンイ) ①めずらしい。貴重である。また、そのもの。②季節はじめにとれた、貴重な食べ物。はしり。

【珍怪】(チンカイ) ①めずらしいさま。また、そのもの。②宝物など、めったに見られない貴重なもの。③まれにしかない不思議なこと。

【珍客】(チンキャク｜チンカク) 日めずらしい客。めったに来ない客。例—到来。

【珍▼卉】(チンキ) めずらしい草花。

【珍奇】(チンキ) ①貴重でめずらしいさま。また、そのもの。②変わっているさま。例—な事件。—な人物。

【珍事】(チンジ) ①めずらしいできごと。②思いがけないできごと・事件。椿事(チンジ)。例—に巻きこまれる。

【珍羞】(チンシュウ) めずらしく、また、美味なごちそう。珍味。類珍饌(チンセン)・珍膳(チンゼン)。

【珍▼什】(チンジュウ) めずらしく、すぐれた道具。類珍器。

【珍書】(チンショ) めずらしい書物。珍本(チンポン)。例—の保存。

【珍説】(チンセツ) ①めずらしい話。珍談。②日ばかげた意見や説。

【珍蔵】(チンゾウ) めずらしいものとして、大切にしまっておく。

【珍談】(チンダン) 日めずらしくておもしろい話。珍説。例奇談—。

【珍重】(チンチョウ) ①めずらしいものとして大切にする。②手紙文で、相手にからだを大切にすることをすすめることば。自重。自愛。③めでたいこと。けっこうであること。例まずは—至極(シゴク)。

【珍答】(チントウ) 日こっけいな答え。対珍問。

【珍品】(チンピン) めずらしい品物。類珍物。

【珍宝】(チンポウ) 宝物。

【珍本】(チンポン) 日(数少ないため、また内容が変わっていて)めずらしい本。珍書。例—を求める。

【珍味】(チンミ) めずらしいあじ。また、めったにあじわえない食べ物。例山海の—。

【珍妙】(チンミョウ) 日変わっていて、こっけいなこと。例—な服装。

【珍無類】(チンムルイ) 日他に類がないほどめずらしいこと。

【珍問】(チンモン) 日風変わりな質問。こっけいな質問。対珍答。

●七珍(シッチン)・別珍(ベッチン)

玷

王5(9) 4 8066 73B7 テン(テム)漢 琰 diàn

意味 ❶玉(ギョク)のよごれ。きず。例瑕玷(カテン)(=玉のきず)。❷きずつける。よごす。例玷辱(テンジョク)。

【玷欠(缺)】(テンケツ) 欠点。類玷漏。

【玷辱】(テンジョク) きずつけ、はずかしめる。

玻

王5(9) 2 6464 73BB ハ漢呉 歌 bō

意味 ⇩【玻璃】(ハリ)

難読 玻璃(ガラス｜グラス｜ギヤマン｜ビードロ)・玻璃器(ギヤマン)

【玻璃】(ハリ) 〔梵語(ボンゴ) sphaṭika の音訳〕①七宝(シッポウ)の一つ。水晶。②ガラス。

珀

王5(9) 2 6465 73C0 人 ハク漢呉 陌 pò

なりたち [形声]「王(=たま)」と、音「白(ハ)」とから成る。「琥珀(コハク)」の「珀」。

意味 「琥珀(コハク)」は、宝石の一つ。

古訓 中世 たま 近世 ちりすひたま

珌

王5(9) ― 73CC ヒツ漢 質 bì

意味 佩刀(ハイトウ)の鞘(さや)の先の飾り。〔口もとの飾りは「琫(ホウ)」〕

珉

王5(9) 3 8789 73C9 ビン漢 ミン呉 真 mín

意味 玉(ギョク)のように美しい石。通玟(ビン)。

珋

王5(9) 4 8071 73CB リュウ(リウ)漢 有 liǔ

意味 光る石。

玲

王5(9) 1 4672 73B2 人 レイ漢 リョウ(リャウ)呉 青 líng

なりたち [形声]「王(=たま)」と、音「令(レイ)」とから成る。玉(ギョク)の鳴る音。

意味 ❶⇩【玲玎】(レイテイ) ❷⇩【玲玲】(レイレイ) ❸⇩【玲瓏】(レイロウ)

古訓 中世 すきとほる・なる 近世 ちりばむ・なる・ひびく

人名 あき・あきら・たま

【玲▼玎】(レイテイ) 玉(ギョク)がふれあって清らかに鳴る音の形容。

【玲玲】(レイレイ) 金属どうし、また、玉(ギョク)どうしがふれあって鳴る音の形容。

【玲▼瓏】(レイロウ) ①美しく光り輝くさま。例楼閣玲瓏五雲起(ロウカクはレイロウとしてゴウンおこる)(=楼閣は美しく輝き、五色の雲がわきおこる)。〈白居易・長恨歌〉—たる富士の山容。②玉(ギョク)などがふれあって、美しく鳴る音の形容。玲琅(レイロウ)。例—とした声。▽瓏玲(ロウレイ)。

珙

王6(10) 3 8792 73D9 キョウ漢 腫 gǒng

意味 大きな璧(ヘキ)。

珡

王6(10) ⇩琴(キン)(876ジペー)

珪

王6(10) 1 2330 73EA ケイ漢 斉 guī たま

意味 ❶諸侯が身分のあかしとして天子から与えられた玉(ギョク)。**たま**。通圭(ケイ)。例珪璧(ケイヘキ)(=たま)。❷非金属元素の一つ。珪素(ケイソ)。通硅(ケイ)。

珖

王6(10) 3 8791 73D6 コウ(クヮウ)漢 陽 guāng

意味 ❶玉(ギョク)で作った笛。例珖琯(コウカン)(=玉製の笛)。❷玉(ギョク)の名。

珩

王6(10) 3 8794 73E9 コウ(カウ)漢 庚 héng

意味 佩玉(ハイギョク)(=おびだま)の上部に飾る横長の玉(ギョク)。

玼

王6(10) 4 8068 73BC 一 シ漢 紙 cǐ 二 シ漢呉 支 cī

意味 一 色が鮮やかなさま。あざやか。二 玉(ギョク)のきず。欠陥。通疵(シ)。

珥

王6(10) 2 6466 73E5 ジ漢 寘 ěr かんざし・さしはさ-む・みみだま

意味 ❶宝玉を用いた耳飾り。**みみだま**。例珥璫(ジトウ)。❷剣のつば。❸太陽や月の周囲にできる光の輪。暈(かさ)。そのさまが耳飾りのように見えることから。❹**さしはさむ**。例珥筆(ジヒツ)。

【珥▼璫】(ジトウ) 〔「璫」も、耳だまの意〕耳だま。耳から垂らす飾り玉。

【珥筆】(ジヒツ)(ふでをさしはさむ) 古代の役人が記録に便利なように常に筆を冠の側面にはさむこと。

珠

王6 (10) 1 2878 73E0 常用

ジュ慣 シュ漢呉 虞 zhū
たま 付表 数珠

筆順

なりたち [形声]「王(=たま)」と、音「朱」とから成る。貝の中にできるたま。火災を防ぐ力があると伝えられる。

意味 ❶貝の中にできる丸い小さなたま。たま。例 真珠。❷真珠のように小さくて丸いつぶ。たま。例 珠数。数珠。❸美しいものや、立派なもののたとえ。例 珠玉。

古訓 中古 しらたま・たま 中世 しらたま・たま 近世 かひのたま・たま

人名 あけ・み

【珠▼纓】真珠の首飾り。

【珠▼璣】〔「璣」は、角ばった玉〕真珠や宝玉。

【珠玉】①真珠と宝石。例 —をちりばめる。②美しいもの、尊いもの、すぐれたもののたとえ。例 —の短編集。③他人の詩文をほめていうことば。

【珠算】そろばんを使ってする計算。

【珠樹】①仙界にあるという伝説上の樹木。②木の美称。③雪の積もった木。

【珠数】⇩【数珠】(599ジペー)

【珠唾】〔真珠のような、つばの意〕美しい語句や文章のたとえ。

【珠履】真珠で飾ったくつ。

【珠▼簾】玉で飾ったすだれ。玉すだれ。類 珠箔。

【珠楼】美しい宮殿。類 珠閣・珠殿。
●擬宝珠・真珠・連珠

珣

王6 (10) 3 8793 73E3

ジュン慣 シュン漢 真 xún

意味 玉の名。参考 王珣(=晋代の書家)。

珮

王6 (10) 2 6467 73EE

ハイ漢 隊 pèi
おびもの・お-びる(お-ぶ)

意味 ❶身分の高い人が帯につけて腰にさげる飾り玉。おびだま。おびもの。通 佩。例 珮玉。❷身につける。おびる。通 佩。

【珮玉】古代、貴人が帯にかけて腰に垂らした飾り玉。おびだま。佩玉。

班

王6 (10) 1 4041 73ED 教6

ハン漢呉 删 bān
わ-ける(わ-く)

筆順

なりたち [会意]「玨(=二つの宝玉)」と「刂(=刀で切り分ける)」とから成る。宝玉を分ける。

意味 ❶分け与える。分配する。頒布する。わける。わかつ。例 班田(=公民に分け与える田地)。❷順番・序列をつける。また、その順序。席次。例 班次。❸分けられた一つのグループ。例 班長。❹ひとしい。同列に位置する。例 伯夷伊尹於孔子、若是班乎(=伯夷や伊尹と孔子とは、そのように同列でありますか)。〈孟子・公孫丑上〉❺しく。例 班荊相与食(=草を敷いて、ともに食事をとった)。〈左伝・襄三六〉❻かえる。かえす。例 班師。❼まだら。通 斑。例 班白。❽姓の一つ。例 班固(=後漢の歴史家)。❾⇩【班班】

古訓 中古 あかつ・かへる・しく・ついづ・ほどこす・まじはる・まだらかなり・わかつ・わかる・わく 中世 しく・ついで・つらなる・まじはる・まだら・わかつ 近世 あたへる・あまねし・しく・ついづる・わかつ

人名 つら・なか・ひとし

【班位】①位。階級。②同列に並ぶ。

【班師】軍隊を帰還させる。

【班次】位の順序。席次。類 班序・班列。

【班爵】諸侯や大夫の爵位・序列。また、それを授ける。

【班長】一つの班の長。班のリーダー。

【班田収授】日 国家が公民に一定の規則によって田畑を分け与え、死後これを返させた制度。〔中国唐代の制度を、日本の律令制に取り入れた〕例 —の法。

【班馬】①群れから離れて行くウマ。②別れゆくウマ。旅立つウマ。例 蕭蕭班馬鳴(=別れに際して、ひひんとウマがいななく)。〈李白・送友人〉③班固と司馬遷。

【班白】①しらがまじりの頭。ごましお頭の老人。②老人。▽頒白。斑白。

【班班】①はっきりしているさま。②車の音の形容。③まだらなさま。
●首班・朝班

珧

王6 (10) 4 8073 73E7

ヨウ(エウ)漢 蕭 yáo

意味 ❶二枚貝の一種。タイラギ。貝柱は食用。❷弓や刀の装飾に用いる貝殻。❸弓の名。難読 玉珧

珱

王6 (10) ⇩瓔(881ジペー)

珞

王6 (10) 2 6468 73DE

ラク漢呉 薬 luò

意味「瓔珞」は、宝石を多くつらねた飾り。→瓔(881ジペー)

琓

王7 (11) 4 8075 7413

カン(クヮン)漢 寒 kuán

意味 人名に用いる字。

球

王7 (11) 1 2169 7403 教3

キュウ(キウ)漢 グ呉 尤 qiú
たま

筆順

なりたち [形声]「王(=たま)」と、音「求」とから成る。玉。

意味 ❶美しい玉。たま。❷玉磬(=打楽器の一種)。❸まるいたま。立体でまるい形をしたもの。例 球形。気球。地球。❹まり。ボール。また、ボールを使う競技。例 球技。卓球。野球。

日本語での用法《キュウ》「球界・球団」▼「野球」の略語。ベースボール。

古訓 中世 たま 近世 うるはしきたま・たま

人名 まり

【球技】日 ボールを使ってする競技。野球・テニス・サッカー・バスケットボール・バレーボールなど。例 —大会。
【球形】たまのようにまるいかたち。球状。
【球茎】日 地下茎が養分をたくわえて球形になったもの。サトイモ・クワイ・コンニャクなど。
【球根】日 球状または塊状の茎および根。チューリップ・ダリア・クロッカスなど。
【球状】たまのようなまるい形。球形。例 —星団。
【球面】①球形のものの表面。②〔数〕立体的な空間で、定点から等距離にある点の軌跡。
●眼球・気球・打球・卓球・地球・直

球キュウ・庭球テイキュウ・電球デンキュウ・投球トウキュウ・野球ヤキュウ

珺

王7(11) 4 8076 73FA クン 漢 問 jùn

意味 美しい玉ギョク。

現

王7(11) 1 2429 73FE 教5 ケン 漢 ゲン 呉 霰 xiàn あらわれる(あらは-る)・あらわす(あらは-す)・うつつ

筆順 丁 王 玑 玥 珇 珼 現

なりたち [形声]「王(=たま)」と、音「見ケ」とから成る。あらわになる。かくれていたものがあらわれる。

参考 古くは「見」を、「見る」「あらわれる」の意味で使っていたが、のちに、「王」を加えて「現」の字ができ、「あらわれる」の意味で使うようになった。

意味 ❶かくれていたものが表面に出てくる。**あらわれる。あらわす。** 例 現象ゲンショウ。出現シュツゲン。表現ヒョウゲン。❷実際に見ることができる。いまの。目の前の。例 現金ゲンキン。現在ゲンザイ。現代ゲンダイ。

日本語での用法《うつつ》「夢ゆめか現うつつか・現うつつをぬかす・現うつつになる」▼めざめていること。正気ショウキ。本心。また、夢と現実の区別のないこと。

古訓 中古 あらはす・あらはる・あり・うつつ・み・みる 中世 あらはす・あらはる・あらはるる・うつつ・げに・げにげに 近世 あらはす・あらはる・うつつ

人名 あき・あきら・あり・み

難読 夢現ゆめうつつ・現うつし世よ・現あきつ神かみ

【現役】ゲンエキ 日 ①旧軍隊で、常備兵役の一つ。所属部隊に編入されて軍務に服すること。また、その人。対退役・予備役。②現在、ある地位や職務についていること。また、その人。例 ―の選手。③卒業以前に、上級の学校、または就職のための試験を受ける状態にあること。対浪人。

【現下】ゲンカ 日 いま。現在。目下モッカ。例 ―の懸案事項。

【現況】ゲンキョウ 日 現在のありさま。現状。例 気象―。

【現業】ゲンギョウ 日 管理や事務などではなく、工場などの現場でおこなう業務。例 ―員。

【現金】ゲンキン 日 ①手もとにあるお金。貨幣や紙幣。キャッシュ。②利害によってすぐに態度を変えるさま。例 ―な若者。

【現形】ゲンケイ ①姿をあらわす。②日 現在のかたち。例 ―のまま残す。

【現行】ゲンコウ ①現在、社会でおこなわれていること。例 ―の法規。②日 現在おこなうこと。例 ―犯。

【現今】ゲンコン いま。現在。現下。例 ―の社会情勢。

【現在】ゲンザイ ①現に存在する。現存。例 ―する最古の仏像。②(仏) 三世サンゼ(=過去・現在・未来)の一つ。現うつし世よ。いま。現世ゲンセ。この世。③過去と未来とを結ぶ時間の一点。いま。対過去・未来。④日 [「…現在」の形で] 変動している状態を、ある時点で示すとき、その時点を示す語にそえることば。例 二〇一〇年十二月―の人口。

【現時】ゲンジ 現在の時点。現今。いま。例 ―の学校制度。

【現実】ゲンジツ 日 実際に存在すること。いま目の前にあること。対理想。

【現収】ゲンシュウ 日 現在の収入や収穫。

【現住】ゲンジュウ 日 ①現在の住職。②現在そこに住んでいること。また、その場所。例 ―地。

【現出】ゲンシュツ あらわれ出る。あらわし出す。出現。

【現象】ゲンショウ ①姿をあらわす。②目で見たり、手でふれたりすることのできる姿や形。特に、現実に存在する事実やできごと。

【現状】ゲンジョウ 日 現在の状態・ありさま。現況。例 ―維持。

【現場】ゲンジョウ/ゲンば 日 一 ゲンジョウ/ゲンば ものごとが現在おこなわれている、または実際におこなわれた場所。例 ―ゲンジョウ不在証明。犯行―。二 ゲンば 工事などの作業をしている所。例 ―監督。

【現職】ゲンショク 日 現在ついている職。また、現在その職にあること。例 ―を離れる。―の警官。

【現身】ゲンシン/うつしみ/うつせみ ①仏がさまざまな姿となってあらわれる。②日 この世に生きている、この身。なまみ。例 ―うつしみの人の命。

【現世】ゲンセ ①ゲンセイ 今の世の中。②ゲンゼ (仏) 三世サンゼの一つ。現在の世。この世。対前世ゼンセ・来世ライセ・後世ゴセ。例 ―利益リヤク。

【現前】ゲンゼン 目の前にあらわれる。目の前にある。例 理想郷が―する。

【現像】ゲンゾウ ①形をあらわす。また、あらわれた形。②日 写真で、撮影した乾板・フィルム・印画紙などを、薬液にひたして映像をあらわすこと。例 ―液。

【現存】ゲンソン/ゲンゾン 現実に存在する。実際にある。また、現在生きている。例 ―する資料。―の記念物。

【現代】ゲンダイ 日 ①今の時代。当世。②歴史の時代区分の一つ。日本史では、第二次世界大戦が終わったあとの時代。

【現地】ゲンチ 日 ①現在いる土地。地元。②現在、あることがらがおこなわれている土地。現場。例 ―調査。

【現品】ゲンピン 日 現在ある品物。現物。例 ―限り。

【現物】ゲンブツ 日 ①現在ある物品。現品。対見本。②(金銭に対して)品物。例 ―支給。③(経) 取引で、株式・債券や米などの現品。対先物さきもの。例 ―取引。

【現有】ゲンユウ 現在もっている。例 ―勢力。

●具現グゲン・再現サイゲン・実現ジツゲン・出現シュツゲン・体現タイゲン・表現ヒョウゲン

珸

王7(11) 2 6473 73F8 ゴ 漢 虞 wú

意味「琨珸コンゴ」は、山の名。また、そこからとれる美しい石の名。玉ギョクに次ぐ美しい石。

参考 珸瑶瑁ゴヨウマイ(=北海道の地名)。

琇

王7(11) 3 8801 7407 シュウ(シウ) 漢 宥 xiù

意味 玉ギョクのように美しい石。例 琇瑩シュウエイ(=美しい宝石)。

珹

王7(11) 4 8074 73F9 セイ 漢 ジョウ(ジャウ) 呉 庚 chéng

意味 玉ギョクの名。

琁

王7(11) 4 8077 7401 一 セン 漢 先 xuán 二 ケイ 漢 庚 qióng

意味 一 美しい玉ギョク。通璿セ・璇セ。二 美しい玉。また、赤い玉。通瓊ケイ。

琢

王7(11) 1 3486 7422 人 タク 漢 覚 zhuó みが-く

[琢] 王8(12) 3 8805 FA4A 人 旧字体。

なりたち [形声]「王(=たま)」と、音「豖タ」とから成る。玉ギョクを加工する。

意味 玉ギョクをみがいて美しくする。転じて、学問や技を向上させる。**みがく。** 例 切磋琢磨セッサタクマ。彫琢チョウタク。腕うでを琢みがく。

古訓 中古 みがく 中世 たまみがく・みがく 近世 みがく

人名 あや・たか・たくま

【琢磨】タクマ ①玉ギョクや石をとぎみがく。②道徳・学問・芸術などを身につけ、人格の向上に努める。例 切磋セッサ―。

【琢句】タック 句クをかざる。文章を練ってみがきあげる。

瑯

王7 (11)　③8802 740A　ヤ漢 麻 yá

意味 「琅瑯ロウヤ」は、山の名。また、地名。琅邪ロウヤ。

理

王7 (11)　①4593 7406　教2　リ漢呉 紙 lǐ　ことわり・おさ-める(をさ-む)

筆順

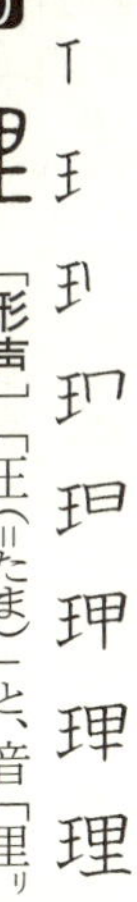

なりたち 理 [形声]「王(=たま)」と、音「里リ」とから成る。玉のすじ模様にそって加工する。派生して「おさめる」の意。

意味 ❶玉ギョクを加工する。みがく。**おさめる**。例 理ニ其璞ソノハクヲ(=その原石を加工する)。〈韓非・和氏〉 ❷すじ。すじめ。あや。ものの表面の模様。例 肌理キリ。木理モクリ。❸ものごとをつらぬくすじみち。**ことわり**。例 道理ドウリ。論理ロンリ。❹宇宙をつらぬく法則。宋ソウ代以降の儒学、特に朱子学がさかんにとなえた哲学概念。例 理学リガク。理気リキ。❺物理学。また、自然科学。〔明ミン代に宣教師が伝えたヨーロッパの自然科学を、朱子学の「理学」の語を用いて訳したことから〕例 理科リカ。物理ブツリ。❻ただす。ととのえる。対 乱ラン。例 整理セイリ。料理リョウリ。❼紛争・犯罪を裁く。また、裁判官。例 理官リカン。❽わかる。さとる。例 理解リカイ。

古訓 中古 あや・ことわり・ことわる・しは・すぢ・すぶ・ただ・ただし・ただす・つくろふ・ととのふ・のり・まさ・みち・めのまま・よし・をさむ 中世 ことわり・ことわる・ただし・みち・をさむ 近世 あや・すぢ・ただし・みがく・みち・をさむ・をさむる

人名 あや・おさ・おさみ・おさむ・さだむ・さと・さとし・さとる・すけ・たか・ただ・ただし・ただす・とし・のり・まさ・まさし・まさる・まろ・みがく・みち・みつ・よし

難読 料理しつらえる・木理めくめ・肌理めき

【理運】リウン 天の運行。運勢。

【理化】リカ ①ものごとの道理の変化。②人民を教化し、よく治める。

【理科】リカ 日 小学校・中学校の教科の一つ。自然のありさまや法則を学ぶ学科。〔高校では化学・生物・地学・物理の分野を指し、大学では文科系以外の部門〕

【理会】リカイ 〔「理解会得リカイエトク」から〕さとる。ものごとの道理がよくわかること。理解。了解。

【理解】リカイ ものごとを論理によって判断し、意味・内容を知る。

【理外】リガイ 普通の道理では説明できないこと。例 ―の理(=常識では説明できない不思議な道理)。

【理学】リガク ①宋ソウ代、宇宙を成り立たせている理と気を説いた学問。性理学。②自然を対象とする学問。理科。また特に、物理学。例 大学の―部。

【理官】リカン ①裁判官。②事件などを処理する官吏。

【理気】リキ ①キをおさむ 呼吸をととのえること。②宋ソウ代の儒学者の説。理は宇宙の本体、気はその現象を指し、万物は理が気を作用させることによって生じるという。

【理屈】リクツ ①論理が成り立たない。すじが通らない。②日 すじみちの通った考え。道理。理窟リクツ。例 ―に合った説明。③日 もっともらしくこじつけた説明。理窟。例 ―をこねる。

【理窟】リクツ ①〔理のあつまるところの意〕才能・学識に富むこと。②日「理屈リクツ②③」に同じ。

【理財】リザイ ザイをおさむ 利益が上がるように資産を用いること。

【理事】リジ ①ことをおさむ ものごとを処理する。②日〔法〕法人や団体を代表して、その事務などを監督し、責任を負う機関や職名。例 ―会。―国。専務―。

【理趣】リシュ 道理。すじみち。

【理数】リスウ ①ものごとの道理。②日 理科と数学。

【理性】リセイ 一 ①品性を磨く。②本性。③日 ものごとをすじみちだてて考え、正しく判断する精神のはたらき。対 感情。例 ―を失う。④日〔哲〕概念的に考える能力。二〔仏〕世界を貫く真実。

【理勢】リセイ 自然のなりゆき。

【理想】リソウ 日〔英 ideal の訳語〕ものごとについて、望ましいと願い求める最高の状態。対 現実。例 ―が高い。

【理想郷】リソウキョウ 日 理想が実現された想像上の社会。ユートピア。

【理想的】リソウテキ 日 理想にかなうさま。対 現実的。

【理知】【理▼智】リチ 日 ものごとを論理的に考え、正しく判断する能力。理性と知恵。例 ―的な顔だち。

【理念】リネン 日 ①ものごとについて、どうあるべきかという根本的な考え。例 教育の―。②〔哲〕〔独 Idee の訳語〕経験をこえて、理性によって得られる最高の概念。世界・神・自由など。イデー。

【理髪】リハツ ①髪をくしで整える。②日 髪の毛をかり、形を整える。理容。散髪。調髪。例 ―師。―店。

【理非】リヒ 道理に合うことと、合わないこと。是非。

【理非曲直】リヒキョクチョク 日 道理にかなっていることと、はずれていること。道徳的に正しいことと、誤っていること。

【理不尽】リフジン 道理に合わないこと。無理なこと。

【理法】リホウ ものごとの道理。また、道理にかなった決まりや法則。例 天の―。

【理由】リユウ ものごとがそうなったわけや、すじみち。事由。

【理容】リヨウ 日 髪の毛をかり、ひげなどをそって美しく整えること。理髪。例 ―師。

【理乱】リラン ①治まることと、乱れること。太平と乱世。②乱を平定する。混乱をしずめる。

【理路】リロ 話や議論などのすじみち。例 ―整然と述べる。

【理論】リロン 個々の事柄や経験に法則性・統一性を見いだし、すじみちだててまとめた考え。対 実践。例 ―を確立する。―的。

●管理カンリ・経理ケイリ・原理ゲンリ・修理シュウリ・処理ショリ・真理シンリ・審理シンリ・推理スイリ・整理セイリ・代理ダイリ・定理テイリ・道理ドウリ・倫理リンリ・論理ロンリ

琉

王7 (11)　①4616 7409　人　リュウ(リウ)漢 ル呉 尤 liú

なりたち [形声]「王(=たま)」と、音「㐬リュウ」とから成る。

意味 ❶「琉璃ルリ」は宝石の一つ。瑠璃ルリ。❷⇩【琉球リュウキュウ】

古訓 近世 たま

【琉歌】リュウカ 日 沖縄の歌謡。短歌に似ていて、八・八・八・六の音律をもつ。

【琉球】【琉求】リュウキュウ 日 沖縄の別名。中国から呼んだ古い名。流求リュウキュウ。例 ―絣がすり。―王朝。

【琉金】リュウキン 日 キンギョの一品種。色は赤、または白とのまだらが多く、からだは短く、尾やひれはよく発達している。江戸時代、琉球から渡来した。

琅

王7 (11)　②6470 7405　ロウ(ラウ)漢 陽 láng

[瑯]

王10 (14)　②6471 746F　別体字。

意味 ❶真珠に似た美しい石。また、清らかなもののたとえ。例 琅玕ロウカン。❷玉ギョクの鳴る音の形容。例 琅琅ロウロウ。玲琅レイロウ。

【琅▼玕】(ロウカン) ①真珠に似た美しい石。 ②美しい青竹の形容。 ③美しい文章のたとえ。
【琅▼璫】【琅当】(ロウトウ) ①罪人をしばる鎖。 ②鎖でしばる。 ③佩玉(ハイギョク)が触れあって鳴る音の形容。
【琅邪】【琅▼琊】(ロウヤ) ①山東省にある山の名。秦(シン)の始皇帝がここに台を築き、石碑を建てた。 ②秦・漢代の郡名。今の山東省膠南(コウナン)県の南にあった。
【琅琅】(ロウロウ) 玉石や金属のふれあって鳴る音の形容。また、清らかな美しい音の形容。 例 ―たる金玉(キンギョク)の音。

瑛 王8(12) 1 1745 745B 人 エイ漢 庚 yīng

なりたち 瑛 [形声]「王(=たま)」と、音「英(エイ)」とから成る。玉(ギョク)のひかり。
意味 ❶玉(ギョク)の美しいひかり。 ❷すきとおった宝玉。水晶。 例 玉瑛(ギョクエイ)(=水晶)。
古訓 中世 たま 近世 たま・たまのひかり
人名 あき・あきお・あきら・てる

琬 王8(12) 3 8810 742C エン(ヱン)漢 阮 wǎn

意味 ❶美しい玉(ギョク)。 ❷上端が円い圭(ケイ)(=細長い玉の器)。天子が諸侯を賞するときに使者が用いた。 例 琬圭(エンケイ)(=上端が円い儀式用玉器)。

琰 王8(12) 3 8813 7430 エン(エム)漢 琰 yǎn

意味 ❶美しい玉(ギョク)。 ❷上端の鋭い圭(ケイ)(=細長い玉の器)。天子が諸侯を征伐するときに使者が用いた。 例 琰圭(エンケイ)(=上端が鋭い儀式用玉器)。

琯 王8(12) 3 8812 742F カン(クヮン)漢 旱 guǎn

意味 玉(ギョク)で作った管楽器。

琦 王8(12) 3 8806 7426 キ漢 支 qí

意味 ❶美しい玉(ギョク)。 ❷なみはずれてすぐれている。 例 瑰琦(カイキ)。琦魁(キカイ)。琦行(キコウ)(=すぐれた立派なおこない)。 ❸めずらしい。 通 奇。 例 琦辞(キジ)。琦珍(キチン)。 参考 隆琦(リュウキ)(=黄檗(オウバク)宗の祖。隠元(インゲン)の諱(いみな))。

琪 王8(12) 3 8808 742A キ漢 支 qí

意味 ❶美しい玉(ギョク)。 例 琪瑰(キカイ)。 ❷めずらしい。 例 琪花(キカ)(=仙界の草花)。琪樹(キジュ)(=仙界の樹木。玉樹)。

琚 王8(12) 3 8803 741A キョ漢 魚 jū

意味 佩玉(ハイギョク)。おびだま。 例 瓊琚(ケイキョ)(=美しい佩玉)。

琴 王8(12) 1 2255 7434 常用 キン(キム)漢 ゴン(ゴム)呉 侵 qín こと

[琹] 王6(10) 4 8072 73E1 本字。 [琹] 王8(12) 4 8080 7439 俗字。

筆順 一 丁 干 王 王王 琴 琴 琴

なりたち 琴 [象形] 弦を張った楽器の形。

意味 ❶弦楽器の一つ。きんのこと。**こと**。五弦か七弦で、琴柱(ことじ)がない。 例 琴瑟(キンシツ)。 ❷ことを弾く。 ❸弦楽器をあらわす。 例 胡琴(コキン)。提琴(テイキン)(=胡弓の一種)。風琴(フウキン)(=琴の一種)。洋琴(ヨウキン)(=西域伝来の弦楽器)。

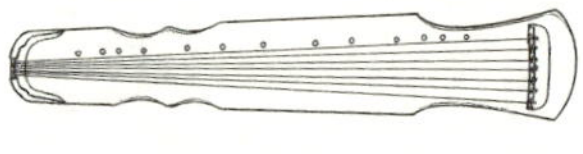
[琴❶]

日本語での用法 一《こと》 ▼琴柱(ことじ)のある十三弦の楽器。箏(ソウ)。 二《キン》「提琴(テイキン)(=バイオリン)・風琴(フウキン)(=オルガン)・手風琴(てフウキン)(=アコーディオン)・洋琴(ヨウキン)(=ピアノ)」 ▼西洋の弦楽器・鍵盤(ケンバン)楽器の訳語に用いる。

古訓 中古 キンのこと・こと 中世 こと 近世 こと・つかさ

【琴韻】(キンイン) 琴の音。 類 琴音(キンオン)。
【琴鶴】(キンカク) 琴とツル。ともに隠者が好んだ。
【琴棋書画】(キンキショガ) 琴を弾き、碁を打ち、字を書き、絵を描く。風雅なものとして隠者や教養人がたしなんだ。〈何延之・蘭亭始末記〉 類 琴奕書画(キンエキショガ)。
【琴曲】(キンキョク) 琴で演奏する曲。箏曲(ソウキョク)。
【琴▼瑟】(キンシツ) 五弦または七弦の琴と、十五弦または二十五弦などの大型の琴。
【琴▼瑟相和】(キンシツあいワす) 〔琴と瑟の音色がよく合う意〕夫婦や兄弟の仲がよいことのたとえ。〔「妻子好合、如レ鼓ニ瑟琴一(サイシコウゴウし、シツキンをコするがごとし)。」〈詩経・小雅・常棣〉から〕
【琴線】(キンセン) 日 ①琴(こと)に張った糸。 例 ―をふるわす。 ②ものごとに感動したり共鳴したりする心のはたらき。 例 心の―にふれる。
【琴柱】(キンチュウ) 一 琴の、弦を結ぶ部分。 二(ことじ) 日 琴(こと)の胴の上に立てて弦を支え、また、音の高低を調節する道具。こま。 例 ―(ことじ)に膠(にかわ)す(=融通がきかないことのたとえ)。
【琴堂】(キンドウ) 州や府、県などの役所。〔孔子の門人の宓子賤(フクシセン)が単父(ゼンポ)の地の長官となったとき、役所で琴を弾いているだけでよく治まったという故事〈呂覧・察賢〉による〕

琥 王8(12) 2 6472 7425 人 コ漢 ク呉 麌 hǔ

なりたち 琥 [形声]「王(=たま)」と、音「虎(コ)」とから成る。軍隊を発する際の割り符の玉(ギョク)。
意味 ❶トラの形をした玉器。西方の神を祭るのに用いた。 ❷トラの形をした玉(ギョク)の割り符。左右に分け、一致したときに兵を動かした。 ❸⇩【琥珀】(コハク)
古訓 中世 たま 近世 ちりすひたま
【琥▼珀】(コハク) 宝石の一つ。地質時代の植物の樹脂が地中で石化したもの。透明または半透明のつやのある黄色で、飾りに用いる。 例 玉椀盛来琥珀光(ギョクワンもりきたるコハクのひかり)(=美しい杯になみなみと注がれた酒のつややかな光)。〈李白・客中行〉

琨 王8(12) 3 8807 7428 コン漢呉 元 kūn

意味 玉(ギョク)のように美しい石。 例 琨瑶(コンヨウ)。

琮 王8(12) 3 8811 742E ソウ漢 冬 cóng

意味 古代の玉器。八角柱の筒状で、円柱形の穴が通っている。

琤 王8(12) 4 8078 7424 ソウ(サウ)漢 庚 chēng

意味 玉(ギョク)がふれあう音の形容。また、さわやかな音の形容。 例 淙琤(ソウソウ)。琤琤(ソウソウ)。
【琤▼瑽】(ソウショウ) 〔「瑽」も、佩玉(ハイギョク)の鳴る音の形容〕 ①佩玉などの玉(ギョク)や金属がふれあって鳴る音の形容。 ②谷川の流れる音の形容。 ▽類 琤琤(ソウソウ)。

[琢] 王8(12) ⇩琢(タク)(874ページ)

琱 王8(12) 4 8079 7431 チョウ(テウ)漢 蕭 diāo

意味 ❶玉(ギョク)を加工する。彫刻する。きざむ。彫(え)る。 通 彫・

雕。例 琱玉。琱刻(=彫刻)。❷装飾する。修飾する。かざる。例 琱飾。琱琢。

琛
王8 (12) 3 8804 741B チン(チム)・シン(シム)漢 侵 chēn

意味 珍しい宝。たから。例 琛宝(=珍宝)。

琶
王8 (12) 1 3942 7436 人 ハ漢 呉 麻 pá

なりたち [形声]「玨(=こと)」と、音「巴」とから成る。琵琶。

意味 「琵琶」は、楽器の一つ。

古訓 近世 ガクのうつはもの・ビハ

琲
王8 (12) 2 6474 7432 ヒ慣 ハイ漢 賄 bèi

意味 真珠にひもを通した飾り。例 珠琲(=数珠のようにつらねてひもを通した真珠)。

日本語での用法 《ヒ》「珈琲」▼「コーヒー(coffee)」の音訳に当てた字。中国語では「咖啡」。

琵
王8 (12) 1 4092 7435 人 ヒ漢 ビ呉 支 pí

なりたち [形声]「玨(=こと)」と、音「比」とから成る。琵琶。

意味 ⇨【琵琶】ワビ

古訓 近世 ビハ

【琵▼琶】ワビ 西域から伝えられた弦楽器の一種。枇杷の実を半分に割った形の胴に四本または五本の弦を張り、ばち、または指で鳴らす。日本には奈良時代に渡来。枇杷。批把。例 欲レ飲琵琶馬上催(=酒を飲もうとすると、《それをせきたてるかのように》馬上から琵琶の曲が聞こえてきた)。〈王翰・涼州詞〉

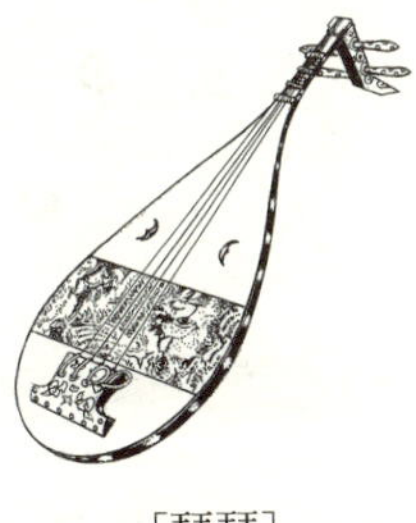

[琵琶]

琺
王8 (12) 2 6475 743A ホウ(ハフ)漢 洽 fà

意味 ⇨【琺瑯】ロウ

【琺▼瑯】ロウ 金属器や陶磁器の表面のさび止め・装飾のために焼きつける、ガラス質のうわぐすり。例 ―引き。

【琺▼瑯質】シツ 日 歯の表面をおおう、かたい物質。エナメル質。

琫
王8 (12) 3 8809 742B ホウ漢 董 běng

意味 佩刀の鞘の口もとの飾り。〔鞘の先の飾りは「珌」〕例 璗琫(=鞘の口もとを黄金で飾ったもの)。

琳
王8 (12) 1 4654 7433 人 リン(リム)漢 侵 lín

なりたち [形声]「王(=たま)」と、音「林」とから成る。美しい玉。

意味 美しい玉。例 琳琅。

古訓 中世 たま・たまのな 近世 うつくしきたま・たま

人名 たま

【琳宇】リンウ ①美しい玉で飾った家。②道教の寺院。

【琳▼璆】リンキュウ ①玉のふれあう音の形容。②清らかな水の音の形容。

【琳▼琅】リンロウ ①美しい玉。②美しい詩文のたとえ。③玉などがふれあって鳴る音の形容。

瑋
王9 (13) 3 8817 744B イ(ヰ)漢 呉 尾 wěi

意味 ❶玉の名。❷美しい。例 瑋麗。❸珍しい。例 瑰瑋(=珍しい。また、すぐれている)。

瑀
王9 (13) 4 8082 7440 ウ漢 麌 yǔ

意味 玉のように美しい石。

瑗
王9 (13) 3 8818 7457 エン(ヱン)漢 霰 yuàn

意味 平たいドーナツ状の宝玉で、穴の直径が全体の直径の三分の一のもの。主君が階段をのぼるとき、臣下がこれを使って主君の手をひいた。また、主君が臣下を呼びよせて謁見するときの礼物として用いられた。例 召レ人以レ瑗(=人を召し出すときには瑗を使う)。〈荀子・大略〉

[瑗]

瑕
王9 (13) 2 6476 7455 カ漢 ケ呉 麻 xiá きず

意味 玉の表面にある、くもりやひび。**きず**。転じて、あやまち。欠点。例 白璧微瑕(=玉にきず)。〈昭明太子・陶淵明集序〉瑕疵。

【瑕▼瑾】カキン 日 あやまち。欠点。〔「瑾」は美しい玉の意で、欠点・きずの意に用いるのは「釁(=きず)」の誤用という〕

【瑕▼釁】カキン 〔「釁」は、きず・すき間の意〕①きず。過失。あやまち。②すき間。油断。

【瑕▼疵】カシ ①玉のきず。欠点・短所のたとえ。②日 法律上、何らかの欠点があること。例 行政上の―を指摘する。

【瑕▼謫】【瑕▼讁】【瑕適】カテキ 玉のきず。欠点のたとえ。

【瑕▼瑜不二相▼揜一】カユあいおおわず 欠点も美点もはっきりしていて、ともに隠しだてはしない。〈礼記・聘義〉から

瑍
王9 (13) 4 8084 744D カン(クヮン)漢 翰 huàn

意味 玉のあや模様。

琿
王9 (13) 2 6477 743F ■コン漢 元 hún ■キ・グン・ホイ huī

意味 ■美しい玉の名。■地名に用いる字。例 瑷琿(=黒竜江省の地名。現在は、愛輝)。

瑚
王9 (13) 1 2474 745A 人 コ漢 ゴ呉 虞 hú

なりたち [形声]「王(=たま)」と、音「胡」とから成る。サンゴ。

意味 ❶祖先を祭るときに、供え物を盛ったうつわ。例 瑚璉(=キビ・アワなどを供える祭器)。❷「珊瑚」は、サンゴ虫の骨格が積もってできる枝のような石灰質のかたまり。装飾品として用いる。

古訓 中世 たま 近世 たま・たまかざるうつはもの

瑝
王9 (13) 4 8086 745D コウ(クヮウ)漢 庚 huáng

意味 玉の鳴る大きな音。

瑟
王9 (13) 2 6478 745F

シツ㊈漢 シチ・シツ㊈呉 質 sè
おおごと(おほごと)

意味 ❶弦楽器の一つ。琴の大きなもの。二十五弦が普通だが、二十七弦や五十弦など種々ある。**おおごと**。例 琴瑟(キンシツ)。鼓瑟(コシツ)。❷多いさま。例 瑟彼柞棫(シッたるかのサクヨク)(=多く茂っているあのナラの木)。〈詩経・大雅・旱麓〉 ❸清らかで明るいさま。例 瑟然(シツゼン)。❹おごそかなさま。例 瑟兮僩兮(シッたりカンたり)(=おごそかでゆったりしている)。〈詩経・衛風・淇奥〉 ❺⇩【瑟瑟】(シツシツ) ❻⇩【瑟縮】(シツシュク)

【瑟瑟】(シツシツ) ①風が吹く音の形容。②ものさびしいさま。③深いみどり色。

【瑟縮】(シツシュク) ①ちぢこまる。すくむ。収縮。②松に吹く風の音の形容。

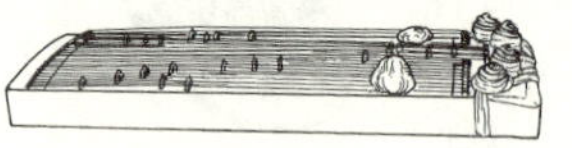

[瑟❶]

瑞
王9 (13) 1 3180 745E 人

スイ㊈漢 ズイ㊈呉 寘 ruì
しるし・みず(みづ)

なりたち [形声]「王(=たま)」と、音「耑(タン→イス)」とから成る。しるしの玉(ギョク)。

意味 ❶天子が諸侯や将軍に授ける美しい宝玉。身分を示すあかしとして用いる。例 瑞玉(ズイギョク)。❷(天が示す)**しるし**。めでたいきざし。例 瑞雲(ズイウン)。瑞兆(ズイチョウ)。祥瑞(ショウズイ)。

日本語での用法 《**みず**》「瑞枝(みずえ)・瑞穂(みずほ)の国(くに)・瑞瑞(みずみず)しい」▼若く生き生きとしているさま。

古訓 中古 あらはす・あらはる・いかき・しめす・しるし・しるす・のぶ・よし 中世 しめす・しるし・たま・のぶ 近世 さいはひ・しるしのたま

人名 たま・みずほ・みち・みつる・よし

難読 瑞典(スウェーデン)・瑞西(スイス)

【瑞雲】(ズイウン) ①異変の起こる前ぶれとされる雲。②めでたいことが起こるきざしの雲。慶雲。祥雲。例 ―がたなびく。

【瑞応】(ズイオウ) めでたいしるし。

【瑞気】(ズイキ) めでたいことの起こるきざし。

【瑞光】(ズイコウ) めでたいひかり。

【瑞枝】㊀(ズイシ) めでたい枝。㊁(みずえ) 日 みずみずしく若い枝。

【瑞獣】(ズイジュウ) めでたいきざしとされる獣。

【瑞祥】(ズイショウ) めでたいきざし。瑞兆。吉兆。

【瑞相】(ズイソウ) ①めでたいことのある前兆。瑞兆。吉兆。②福々しい人相。例 ―をしている。③日 何か異変のある前ぶれ。例 世の乱るる瑞相。〔方丈記〕

【瑞兆】【瑞徴】(ズイチョウ) めでたいことのある前ぶれ。瑞祥。吉兆。

【瑞鳥】(ズイチョウ) めでたい前ぶれとされる鳥。鳳凰(ホウオウ)など。類 瑞禽(ズイキン)。類 瑞験(ズイケン)。

【瑞典】(ズイテン) ①吉兆についての典籍。②めでたい儀式。

【瑞夢】(ズイム) めでたいゆめ。よいゆめ。吉夢(キチム)。

【瑞垣】【瑞▼籬】(みずがき) 日 神社などのまわりの垣根。玉垣(たまがき)。斎垣(いがき)。神垣(かみがき)。

【瑞穂】(みずほ) 日 みずみずしいイネの穂。例 ―の国(=日本国をほめていうことば)。

瑆
王9 (13) 3 8815 7446

セイ㊈漢 青 xīng

意味 玉(ギョク)の光。

瑄
王9 (13) 3 8814 7444

セン㊈漢 先 xuān

意味 天を祭るときに用いる、直径六寸の璧(キ)へ。瑄玉(センギョク)。

[璹]
王9 (13) ⇩玳(タイ)(871ページ)

瑃
王9 (13) 4 8083 7443

チュン㊈漢 真 chūn

意味 玉(ギョク)の名。

瑒
王9 (13) 4 8085 7452

㊀チョウ(チャウ)㊈漢 漾 chàng ㊁トウ(タウ)㊈漢 養 dàng ㊂ヨウ(ヤウ)㊈漢 陽 yáng

意味 ㊀圭(ケイ)(=細長い儀式用の玉器)の一種。㊁黄金。㊂通 璗(トウ)。例 瑒琫(トウホウ)(=鞘(さや)の口もとを黄金で飾ったもの)。参考 応瑒(オウトウ)(=建安七子の一人)。

瑙
王9 (13) 2 6479 7459

ドウ(ダウ)㊈漢 ノウ(ナウ)㊈呉 皓 nǎo

[碯]
石9 (14) 2 6685 78AF

別体字。

意味 「瑪瑙(メノウ)」は、宝石の一つ。

瑁
王9 (13) 2 6480 7441

㊀ボウ㊈漢 号 mào ㊁バイ㊈漢 マイ㊈呉 隊 mào

意味 ㊀天子が諸侯に会うときに持つ玉(ギョク)。㊁「玳瑁(タイマイ)」は、南の海にすむウミガメの一種。

瑜
王9 (13) 2 6481 745C

ユ㊈漢 ㊈呉 虞 yú

意味 ❶美しい玉(ギョク)。また、玉の輝き。例 瑾瑜(キンユ)(=美しい玉)。❷⇩【瑜伽】(ユガ)

【瑜▼伽】(ユガ)〔仏〕〔梵語(ボンゴ) yoga の音訳〕主観・客観が一つになった、ある絶対的な境地。また、その境地に達するため心身をきたえ、瞑想(メイソウ)するなどの修行法。ヨガ。ヨーガ。

瑤
王9 (13) 2 6486 7476 人

ヨウ(エウ)㊈漢 蕭 yáo
たま

[瑶]
王10 (14) 2 8404 7464

旧字体。

なりたち [形声]「王(=たま)」と、音「䍃(ヨウ)」とから成る。美しい玉(ギョク)。

意味 ❶美しい玉(ギョク)。**たま**。❷玉のように美しいさま。例 瑤顔(ヨウガン)(=美しい顔)。❸少数民族の名。おもに広西壮(チワン)族自治区に居住。傜(ヨウ)。徭(ヨウ)。ヤオ族。

古訓 中古 たま 中世 たま・よきたま 近世 たま

【瑤▼函】【瑤▼緘】【瑤簡】(ヨウカン) 美しい箱に入れた手紙。人から来た手紙の敬称。

【瑤台(臺)】(ヨウダイ) 宝玉で飾った美しい御殿。立派な高殿。玉楼。

【瑤池】(ヨウチ) 伝説上の崑崙山(コンロンザン)にある池。西王母(セイオウボ)が住むといわれる。

【瑤林▼瓊樹】(ヨウリンケイジュ)〔「瓊」も、美しい玉(ギョク)の意〕①玉のように美しい林や木。②気高い人格や、きわだってすぐれていることのたとえ。〈晋書・王戎伝〉

瑓
王9 (13) 4 8081 7453

レン㊈漢 霰 liàn

意味 玉(ギョク)の名。

瑩
玉10 (15) 2 6482 7469

エイ㊈漢 ヨウ(ヤウ)㊈呉 庚 yíng
あき-らか・みが-く

意味 ❶玉(ギョク)の光る色。また、美しい玉。❷あざやか。**あきらか**。❸**みがく**。

【瑩徹】(エイテツ) 明らかで透きとおっているさま。

瑰
王10 (14)　2 6483 7470
カイ(クヮイ)㊥漢 灰 guī
たま

意味 ❶玉(ギョク)に次ぐ美しい石。例 瓊瑰(ケイカイ)(=美しい石)。玫瑰(バイカイ・マイカイ)。❷すぐれた。珍しい。例 瑰才(カイサイ)(=珍しい才能)。瑰宝(カイホウ)(=珍しい宝)。

難読 玫瑰(はまなす)

【瑰▼瑋】(カイイ) ①珍しい。貴重だ。②すぐれている。立派だ。
【瑰意▼琦行】(カイイキコウ) すぐれた心とおこない。例 聖人瑰意琦行、超然独処(セイジンのカイイキコウは、チョウゼンとしてひとりショす)(=聖人のすぐれた心とおこないは、はるかに抜きんでている)。〈宋玉・対楚王問〉
【瑰岸】(カイガン) 体格が大きく、堂々としている。魁岸(カイガン)。
【瑰奇】【瑰▼琦】(カイキ) ①珍しい。貴重だ。②すぐれている。立派だ。③珍しくて貴重なもの。
【瑰▼詭】(カイキ) 〔「詭」は、普通と違っている意〕珍しい。また、珍しいもの。

瑳
王10 (14)　1 2628 7473　人
サ㊥漢 歌 cuō
みが-く

なりたち  [形声]「王(=たま)」と、音「差(サ)」とから成る。玉(ギョク)の色が白くあざやか。

意味 ❶玉(ギョク)の色が白くあざやかなさま。❷白い歯をちらっと見せて、愛らしく笑うさま。例 瑳瑳(ササ)(=白くあざやかなさま)。巧笑之瑳(コウショウのサ)(=白い歯がこぼれる美しい笑顔)。〈詩経・衛風・竹竿〉❸みがく。通 磋(サ)。例 切瑳(セッサ)(=玉(ギョク)や石などを切ってみがく。切磋)。

古訓 中古 あざやかに・うるはし 中世 しろきたま・ひかる 近世 あざやか・うるはし・みがけるたま

瑣
王10 (14)　2 6484 7463
サ㊥漢 哿 suǒ
ちい-さい(ちひ-さし)

意味 ❶玉(ギョク)の鳴る小さな音の形容。❷こまごまと小さい。ちいさい。例 瑣瑣(ササ)。瑣事(サジ)。❸くさり。通 鎖。

【瑣瑣】(ササ) ①小さくて卑しいさま。②こまごまとしてわずらわしいさま。例 ―たる問題。③小さな音の形容。
【瑣砕】(サイ) ①小さい。こまかい。②こまかくてわずらわしい。くだくだしい。
【瑣細】(ササイ) 小さくこまかいさま。とるにたりないさま。些細(ササイ)。類 瑣少。例 ―なことにも口をはさむ。
【瑣事】(サジ) こまかいこと。とるにたりないつまらないこと。些事(サジ)。小事。例 ―にこだわる。
【瑣末】(サマツ) 小さな、あまり重要でないさま。些末(サマツ)。例 ―な問題を持ち出す。―な事件。

瑱
王10 (14)　4 8087 7471
一 テン㊥漢 霰 tiàn
二 チン㊥漢 震 zhèn

意味 一 ❶冠から垂らして両耳をふさぐのに用いた玉(ギョク)。みみだま。❷美しい玉(ギョク)。❸耳飾り。二 おさえつける。また、おもし。通 鎮。

瑫
王10 (14)　3 8820 746B
トウ(タウ)㊥漢 豪 tāo

意味 美しい玉(ギョク)。

瑭
王10 (14)　3 8821 746D
トウ(タウ)㊥漢 陽 táng

意味 玉(ギョク)の名。

瑪
王10 (14)　2 6485 746A
バ㊥漢 メ㊥呉 馬 mǎ

意味「瑪瑙(メノウ)」は、宝石の一つ。赤・緑・白などの美しい色のしま模様がある。

瑢
王10 (14)　3 8819 7462
ヨウ㊥漢 冬 róng

意味「瑽瑢(ショウヨウ)」は、佩玉(ハイギョク)がふれあう音の形容。

[瑤]
王10 (14)　⇩瑶(ヨウ)(878ページ)

瑠
王10 (14)　1 4660 7460　常用
リュウ(リウ)㊥漢 ル㊥呉 尤 liú

[璢]
王12 (16)　2 6469 74A2
別体字。

筆順 

なりたち  [形声] 本字は「珋」で、「王(=たま)」と、音「丣(リュウ)」とから成る。西域産の光る石。琉璃(ルリ)。

意味「瑠璃(ルリ)」は、❶紫がかった紺色の宝玉。琉璃(ルリ)。❷ガラスの古い言い方。琉璃(ルリ)。

古訓 近世 たま

[瑯]
王10 (14)　⇩琅(ロウ)(875ページ)

璆
王11 (15)　3 8822 7486
キュウ(キウ)㊥漢 尤 qiú

意味 ❶美しい玉(ギョク)。例 璆琳(キュウリン)(=美しい宝玉)。❷佩玉(ハイギョク)がふれあう音の形容。例 璆然(キュウゼン)。璆鏘(キュウソウ)(=玉などがふれあって鳴る音の形容)。

瑾
王11 (15)　2 6487 747E
キン㊥漢 震 jìn

意味 美しい玉(ギョク)。例 瑾瑜(キンユ)(=美しい玉)。

璈
王11 (15)　4 8090 7488
ゴウ(ガウ)㊥漢 豪 áo

意味 古代の楽器の名。例 雲璈(ウンゴウ)(=打楽器の一種)。

璋
王11 (15)　2 6488 748B
ショウ(シャウ)㊥漢 陽 zhāng
たま

意味 圭(ケイ)を縦に半分に割った形の玉器。儀式に用いた。たま。例 弄璋(ロウショウ)(=成長して身分が高くなることを願い、生まれた男子に「璋」をにぎらせることから、男子の誕生をたとえていう)。

璇
王11 (15)　3 8823 7487
セン㊥漢 先 xuán

意味 ❶美しい玉(ギョク)。通 琁(セン)・璿(セン)。例 璇玉(センギョク)。白璇(ハクセン)。❷星の名。北斗七星の第二星。例 璇璣玉衡(センキギョクコウ)(=玉(ギョク)で飾った天文観測器。また、北斗七星)。

【璇▼璣】(センキ) ①玉(ギョク)で飾った天文観測器。美しい渾天儀(コンテンギ)。琁璣(センキ)。璿璣(センキ)。②北斗七星の第一星から第四星。→【玉衡】(ギョクコウ)(868ページ)

璁
王11 (15)　4 8088 7481
ソウ㊥漢 東 cōng

意味 玉(ギョク)のように美しい石。参考 勾璁(まがたま)。

璅
王11 (15)　4 8089 7485
一 ソウ(サウ)㊥漢 皓 zǎo
二 サ㊥漢 哿 suǒ

意味 一 玉(ギョク)のような石。二 ❶くさり。通 鎖。❷ちいさい。通 瑣(サ)。

璃
王11 (15)　1 4594 7483　常用
リ㊥漢㊥呉 支 lí

[瓈]
王15 (19)　3 8835 74C8
別体字。

筆順 丁 王 玗 玟 瑀 璃 璃 璃

なりたち [形声]「王(=たま)」と、音「离(リ)」とから成る。

意味 ❶「瑠璃(ルリ)」は、紫がかった紺色の宝玉。❷「玻璃(ハリ)」は、水晶。また、ガラス。

古訓 中古 すく 中世 たま 近世 ひのたま

人名 あき

璉 王11(15) 3 8824 7489 レン 漢 銑 liǎn

意味 宗廟(ソウビョウ)で先祖の霊を祭るときにキビを盛るうつわ。〔夏(カ)では「瑚(コ)」、商では「璉(レン)」、周では「簠簋(ホキ)」という〕例 瑚璉(コレン)。

璣 王12(16) 3 8828 74A3 キ 漢 微 jī

意味 ❶角ばった玉(ギョク)。例 珠璣(シュキ)。❷古代の天文観測器。例 璇璣(センキ)。璿璣(センキ)。

【璣衡】(キコウ)「璇璣玉衡(センキギョクコウ)(=玉(ギョク)で飾った天文観測器)」の略。また、北斗七星。

璟 王12(16) 3 8827 749F ケイ・エイ 漢 梗 jǐng

意味 玉(ギョク)の美しい輝き。

璥 王12(16) 4 8103 74A5 ケイ 漢 梗 jǐng

意味 玉(ギョク)の名。

璜 王12(16) 3 8826 749C コウ(クヮウ) 漢 陽 huáng

意味 璧(ヘキ)を半分にした形の玉(ギョク)。半璧(ハンペキ)。例 璜珮(コウハイ)(=腰の帯に下げる、半分の形の璧)。

璡 王12(16) 4 8102 74A1 シン 漢 真 震 jìn

意味 玉(ギョク)のように美しい石。

𤩍 王12(16) 4 8091 24A4D 国字 つまごと

意味 箏(ソウ)の琴(こと)。**つまごと**。〔歌舞伎(かぶき)の外題(ゲダイ)などに用いる〕

璒 王12(16) 4 8092 7492 トウ 漢 蒸 dēng

意味 玉(ギョク)のように美しい石。

璗 王12(17) 4 8093 7497 トウ(タウ) 漢 養 dàng

意味 黄金。通 瑒(トウ)。例 璗琫(トウホウ)(=鞘(さや)の口もとを黄金で飾ったもの)。

璞 王12(16) 2 6489 749E ハク 漢 呉 覚 pú あらたま

意味 ❶まだ磨かれていない玉(ギョク)。**あらたま**。例 璞玉(ハクギョク)。❷飾りけのないさま。素朴。

【璞玉】(ハクギョク) 掘り出したままの、磨いていない玉(ギョク)。あらたま。

璠 王12(16) 4 8101 74A0 ハン 漢 元 fán

意味 美しい玉(ギョク)。例 璠璵(ハンヨ)(=春秋時代の魯(ロ)国の宝玉。璵璠(ヨハン))。

璙 王12(16) 4 8094 7499 リョウ(レウ) 漢 蕭 liáo

意味 玉(ギョク)の名。

璘 王12(16) 3 8825 7498 リン 漢 真 lín

意味 玉(ギョク)の美しい輝き。例 璘彬(リンピン)(=玉が光り輝くさま)。

[璢] 王12(16) ⇩瑠(ル)(879ジペー)

璦 王13(17) 3 8830 74A6 アイ 漢 隊 ài

意味 ❶美しい玉(ギョク)。❷地名に用いた字。例 璦琿(アイグン)(=黒竜江省の地名。現在は、愛輝(アイホイ)。ロシアと清(シン)国が国境画定条約を結んだ地)。

環 王13(17) 1 2036 74B0 常用 カン(クヮン) 漢 刪 huán たまき・わ・めぐる

[環] 王13(17) ——旧字体。

筆順 王 玎 珊 瑁 環 環 環 環

なりたち [形声]「王(=たま)」と、音「睘(ケイ→カン)」とから成る。平たいドーナツ状の宝玉で、輪の部分の幅と穴の直径とが等しいもの。

意味 ❶輪の形をした玉(ギョク)。**たまき**。例 玉環(ギョッカン)。❷輪の形をしたもの。**わ**。例 環礁(カンショウ)。金環(キンカン)。❸ぐるりと取り囲む。めぐらす。**めぐる**。例 環境(カンキョウ)。循環(ジュンカン)。

古訓 中古 くさる・たまき・めぐる・ゆびまき 中世 たまき・めぐる・ゆびがね・ゆびまき 近世 たまき・まとふ・めぐる・わ

人名 たま

難読 指環(ゆびわ・ぬきゆび)・首環(くびわ・くびたま)・緒環(おだまき)

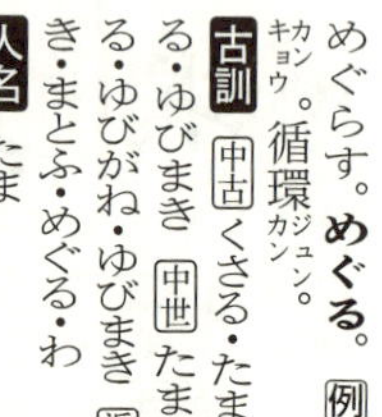

[環 ❶]

【環境】(カンキョウ) ①周辺の地域。②日(人間や生物の)まわりを取りまく自然・社会の状態・条件。例 —破壊。—整備。家庭—。

【環▼坐】(カンザ) 円形になって座る。車座。

【環視】(カンシ) まわりを取りまいて見る。例 衆人—のもと。

【環礁】(カンショウ) 日 太平洋・インド洋の熱帯海域に発達した、輪の形をした珊瑚(サンゴ)礁。例 ビキニ—。

【環状】(カンジョウ) 輪のような形。例 —線。—の道路。

【環▼繞】(カンジョウ) 取りまく。めぐらす。

【環▼翠】(カンスイ) 周囲を竹や木で囲む。また、その緑。

【環節】(カンセツ) 日〔生〕昆虫やミミズなどのからだを成している、輪の形をした一つ一つの部分。体節。例 —動物。

【環▼堵】(カント)〔「堵」は、一丈あるいは四十尺をいう〕垣根が一堵四方の、狭い家。

【環▼堵▼蕭然】(カントショウゼン) 家が狭くて粗末であるさま。〈陶淵明・五柳先生伝〉

【環▼佩】【環▼珮】(カンパイ) ①腰に飾る玉(ギョク)。おびだま。②美女のこと。

【環列】(カンレツ) 輪になって並ぶ。

●一環(イッカン)・金環(キンカン)・循環(ジュンカン)

璩 王13(17) 3 8832 74A9 キョ 漢 魚 qú

意味 ❶玉(ギョク)の耳飾り。❷玉(ギョク)の名。参考 閻若璩(エンジャクキョ)(=清(シン)代の学者)。

璨 王13(17) 3 8831 74A8 サン 漢 翰 càn

意味 ❶美しい玉(ギョク)。❷あざやかに輝く。あきらか。通 粲(サン)・燦(サン)。例 璨璨(サンサン)・璨然(サンゼン)・璨爛(サンラン)(=光り輝くさま)。

璪 王13(17) 4 8104 74AA ソウ(サウ) 漢 皓 zǎo

意味 帝王の冠に垂らす飾り。

5画

瑲 王13(17) 4 8105 74AB トウ(タウ)漢 陽 dāng

意味 ❶耳飾りの玉(ギョク)。みみだま。例 耳瑲(ジトウ)。❷冠の飾り。❸〔「❷」は宦官(カンガン)が用いたことから〕宦官。例 瑲豎(トウジュ)(=宦官に対する蔑称(ベッショウ))。

璧 王13(18) 2 6490 74A7 常用 ヘキ漢 ヒャク呉 陌 bì たま

筆順 コ 尸 吕 𫝹 辟 辟 壁 璧

なりたち 形声「玉(=たま)」と、音「辟(ヘキ)」とから成る。割り符とする円形の玉(ギョク)。

意味 平たい円形で、中央にまるい穴のあいた玉(ギョク)で、輪の幅が穴の直径より大きいもの。古代、祭りや儀式のときに用いたり、装身具として帯につり下げたりした。また、玉のように美しいもの。例 璧帛(ヘキハク)。完璧(カンペキ)。双璧(ソウヘキ)。

［璧］

古訓 中古 たま 中世 たま 近世 たま

【懐レ璧▼其罪】(たまをいだきてそれつみあり) 分(ブン)に過ぎた宝玉を持っているために災いに遭うこととなる。のち、すぐれた才能をもったため、かえってねたまれることのたとえとなる。〈左伝・桓一〇〉

【璧▼帛】(ヘキハク) 玉(ギョク)と絹。贈り物に用いた。

【璧▼雍】【璧▼廱】(ヘキヨウ) 周代、天子が設けた学校。〔周囲に池を璧のように配したことから〕

璵 王13(17) 3 8833 74B5 ヨ漢 魚 yú

意味 「璵璠(ヨハン)・璠璵(ハンヨ)」は、春秋時代の魯(ロ)国の宝玉。

璐 王13(17) 3 8829 7490 ロ漢 遇 lù

意味 美しい玉(ギョク)。例 宝璐(ホウロ)(=宝玉)。連璐(レンロ)(=数珠(ジュズ)つなぎにした玉)。

瓊 王14(18) 2 6491 74CA ケイ漢 庚 qióng たま

意味 美しい玉(ギョク)。一説に、赤い玉。**たま**。また、玉のように美しい。例 瓊筵(ケイエン)。

難読 瓊瓊杵尊(ににぎのみこと)

【瓊▼筵】(ケイエン) ①玉(ギョク)をちりばめたような美しいむしろ。美しい宴席のたとえ。天子の宴席などにいう。②美しくさかんな宴席。例 開二瓊筵一以坐レ花(ケイエンをひらきてもってはなにざす)(=美しいむしろを敷いた立派な宴席を花のもとに設けて座る)。〈李白・春夜宴桃李園序〉

【瓊▼玖】(ケイキュウ) 〔「玖」は、黒色の美しい石〕①美しい佩玉(ハイギョク)。②すばらしい人物。

【瓊宮▼瑶台(臺)】(ケイキュウヨウダイ) 玉(ギョク)で飾った宮殿。

【瓊姿】(ケイシ) 玉(ギョク)のように美しいすがた。

【瓊枝玉葉】(ケイシギョクヨウ) 〔玉(ギョク)の実のなる枝と、玉のように美しい葉の意〕皇室の子孫のたとえ。金枝玉葉。

【瓊樹】(ケイジュ) ①玉(ギョク)が実るという美しい木。②すぐれた人格者のたとえ。

璽 王14(19) 1 2805 74BD 常用 ジ慣 シ漢 紙 xǐ

筆順 一 𠆢 𢇁 爾 爾 爾 璽 璽

なりたち 形声 本字は「壐」で、「土(=領土)」と、音「爾(ジ→シ)」とから成る。王者の印章。

意味 玉(ギョク)に刻んだ印章。秦(シン)代以降、特に天子の印章のみを指す。例 印璽(インジ)。玉璽(ギョクジ)。御璽(ギョジ)。

古訓 中古 おして・しるし 中世 しるし 近世 おして・しるし

【璽▼綬】(ジジュ) 〔「綬」は、印章につける組みひも〕天子の印章。官印。

【璽書】(ジショ) ①諸侯や大夫(タイフ)の印章で封印した文書。②秦(シン)・漢代以降、詔書をいう。

【璽符】(ジフ) 天子の印章と割り符。

璹 王14(18) 4 8106 74B9 シュク漢 屋 shú

意味 ❶玉(ギョク)製の器物。❷玉(ギョク)の名。

璻 王14(18) 4 8107 74BB スイ漢 紙 zuǐ

意味 玉(ギョク)の色。

璿 王14(18) 3 8834 74BF セン漢 先 xuán

意味 美しい玉(ギョク)。通 琁(セン)・璇(セン)。例 璿玉(センギョク)。

【璿▼璣玉衡】(センキギョクコウ) 玉(ギョク)で飾った天文観測器。渾天儀(コンテンギ)。また、北斗七星。璇璣玉衡(センキギョクコウ)。

璺 王14(19) 4 8108 74BA ブン漢 モン呉 問 wèn

意味 器物にできるさけめ。ひび。例 璺拆(ブンタク)(=ひび)。

【瓉】王15(19) ⇨瓚(サン)(881ページ)

【瓈】王15(19) ⇨璃(リ)(879ページ)

瓏 王16(20) 2 6492 74CF ロウ漢 東 lóng

意味 ❶竜の模様が刻まれた玉(ギョク)。雨ごいに用いられた。❷「瓏玲(ロウレイ)」「玲瓏(レイロウ)」は、玉(ギョク)が美しく輝くさま。また、玉や金属がふれあって鳴る澄んだ音の形容。例 和氏玲瓏(カシレイロウたり)(=和氏の璧(ヘキ)はきらきらと輝いている)。〈楊雄・甘泉賦〉

【瓏▼玲】(ロウレイ) ⇨【玲瓏】(レイロウ)(872ページ)

瓘 王17(21) 4 8110 74D8 カン(クヮン)漢 翰 guàn

意味 玉器の名。

瓖 王17(21) 4 8109 74D6 ショウ(シャウ)漢 陽 xiāng

意味 ウマの帯にはめこむ玉(ギョク)の飾り。

瓔 王17(21) 2 6493 74D4 エイ漢 ヨウ(ヤウ)呉 庚 yīng

【珱】王6(10) 2 6494 73F1 俗字。

意味 ❶玉(ギョク)に似た美しい石。❷玉をつないだ飾り。例 瓔珞(ヨウラク)。

【瓔▼珞】(ヨウラク) ①玉(ギョク)をつないで作った首飾り。もと、インドで貴族が身につけた。②〔仏〕貴金属・宝石などを連ねて、仏像の胸や宝冠、天蓋(テンガイ)に垂らした飾り。例 —の珠(たま)。玉の—。

瓚 王19(23) 3 8837 74DA サン漢 旱 zàn

【瓉】王15(19) 3 8836 74C9 俗字。

意味 ❶石のまじった、純度の低い玉(ギョク)。❷祭祀(サイシ)で、酒を酌むのに用いた玉製の器物。

97 5画 瓜 うり部 ↓6画（1205ページ）

「瓜」は、もと五画であるが、字形に合わせて六画に数えて六画に移動した。

98 5画 瓦 かわら部

粘土をこねて曲げた形で、焼いた土器の意をあらわす。「瓦」をもとにしてできている漢字を集めた。

瓦

瓦0（5） [1]2004 74E6 常用

ガ（グヮ）漢呉 馬 wǎ
かわら（かはら）・グラム

筆順 一 丆 亙 瓦 瓦

なりたち  [象形] 土器を焼いたうつわの形。

意味 ❶粘土で形をつくって焼いたもの。素焼きの焼き物。かわらけ。例 煉瓦(レンガ)。❷素焼きの糸巻き。例 弄瓦(ロウガ)。❸粘土を平たくかためて焼いた、屋根をふくもの。**かわら**。例 瓦屋(ガオク)。❹価値のないもの、とるにたりないもののたとえ。例 瓦全(ガゼン)。瓦礫(ガレキ)。❺宋(ソウ)・元代、都市の中で商売や娯楽の施設が集まった場所。例 瓦市(ガシ)(=歓楽街)。

日本語での用法 《グラム》「一〇瓦(グラム)」 ▼メートル法の重さの単位。キログラムの千分の一。

参考 重さの単位をあらわす国字としては、次のような字がある。長さについては「米」を、容量については「立」を参照。

瓧(デカグラム) 「瓦(グラム)」と「十(=十倍)」=10g
瓸(ヘクトグラム) 「瓦(グラム)」と「百(=百倍)」=100g
瓩(キログラム) 「瓦(グラム)」と「千(=千倍)」=1000g
瓲(トン) 「瓦(グラム)」と音をあらわす「屯(トン)」=1000kg
瓰(デシグラム) 「瓦(グラム)」と「分(=十分の一)」=0.1g
甅(センチグラム) 「瓦(グラム)」と「厘(=百分の一)」=0.01g
瓱(ミリグラム) 「瓦(グラム)」と「毛(=千分の一)」=0.001g

古訓 中古 かはら 中世 かはら 近世 かはら・かはらや

難読 瓦灯(トウガ)・瓦落多(がらくた)

【瓦屋】ガオク かわらぶきの家。

【瓦解】ガカイ かわらがくだけるようにばらばらになる。例 内閣が—する。

【瓦解土崩】ガカイドホウ ⇩【土崩瓦解】ドホウガカイ（280ページ）

【瓦合】ガゴウ ①凡人や俗人などとるにたりない人たちに調子を合わせる。〈礼記・儒行〉 ②まとまりがなく役に立たない集団。瓦合の卒。瓦合鳥集(ガゴウウシュウ)。鳥合(ウゴウ)の衆。〈史記・儒林伝・序〉

【瓦合▼鳥集】ガゴウウシュウ 日 まとまりのない人々の集まり。統制のとれない軍隊のたとえ。鳥合の衆。

【瓦▼斯】ガス 日〔オランダ gas の音訳〕 ①気体。例 炭酸—。②石炭ガス・プロパンガス・天然ガスなど燃料用の気体。例 —こんろ。都市—。③毒性のガス。例 —マスク。④山や海で発生する濃い霧。もや。

【瓦全】ガゼン 〔かわらのような、ありふれたつまらないものとなって身を保つ意〕何もしないでいたずらに生きのびる。甎全(センゼン)。対玉砕。例 大丈夫寧可二玉砕一、不レ能二瓦全一(ダイジョウフはむしろギョクサイすべきも、ガゼンするあたわず)(=立派な男は玉のごとく砕けるべきで、かわらのごとく生きのびることはできない)。〈北斉・元景安伝〉

【瓦釜雷鳴】ガフライメイ 〔素焼きの釜(かま)が雷のように鳴る意〕賢者が発言をひかえ、愚者がのさばっているさま。〈楚辞・卜居〉

【瓦▼卜】ガボク かわらの割れ目で吉凶を占う。

【瓦▼礫】ガレキ ①砕けたかわらと小石。例 —の山と化す。②価値のないもの、役に立たないもののたとえ。▽類瓦石(ガセキ)。

【瓦裂】ガレツ かわらが割れるようにこまかにこわれる。

【瓦版】かわらバン 日〔粘土板に文字や絵などを彫って、かわらのように焼いた原版を用いたことから〕江戸時代、事件の速報を一枚刷りにしたもの。

瓧

瓦2（7） [2]6503 74E7 国字

デカグラム

意味 重さの単位。グラムの十倍。**デカグラム**。

瓩

瓦3（8） [2]6504 74E9 国字

キログラム

意味 重さの単位。グラムの千倍。**キログラム**。

瓮

瓦4（9） [2]6505 74EE

オウ（ヲウ）漢 送 wèng
もたい（もたひ）

意味 水や酒などを入れる大きな陶器。かめ。ほとぎ。**もたい**。

通甕(オウ)。

[瓯]

瓦4（9） ⇩甌(オウ)（883ページ）

瓰

瓦4（9） [2]6507 74F0 国字

デシグラム

意味 重さの単位。グラムの十分の一。**デシグラム**。

瓲

瓦4（9） [2]6506 74F2 国字

トン

意味 重さの単位。千キログラム。**トン**。通屯・噸(トン)。

瓫

瓦4（9） [4]8113 74EB

ホン漢 ボン呉 元 pén

意味 口が大きく開いたうつわ。通盆。

瓱

瓦4（9） [2]6508 74F1 国字

ミリグラム

意味 重さの単位。千分の一グラム。**ミリグラム**。

瓴

瓦5（10） — 74F4

レイ漢 青 líng

意味 ❶耳のような取っ手のついた、水を入れるかめ。❷かわら。敷きがわら。例 瓴甓(レイヘキ)。

【建二瓴水一】レイスイをくつがえす ⇩【建瓴】ケンレイ（456ページ）

【瓴▼甓】レイヘキ 敷きがわら。

瓷

瓦6（11） [2]6510 74F7

シ漢 ジ呉 支 cí
かめ

意味 ❶きめのこまかい、かたい陶器。通磁。例 瓷器(ジキ)(=磁器)。青瓷(セイジ)。白瓷(ハクジ)。❷**かめ**。また、とくり。

瓶

瓦6（11） [1]4151 74F6 常用

ヘイ漢 ビョウ（ビャウ）呉 青 píng
ビン唐
かめ

[甁]

瓦8（13） [3]8839 7501

旧字体。

[缾]

缶8（14） [4]8468 7F3E

本字。

筆順 丷 䒑 并 并 ⽡ 瓩 瓶 瓶

なりたち  [形声]「缶(＝つぼ)」と、音「幷(ヘイ)」とから成る。水をくむつぼ。

意味 ❶水をくむのに用いるうつわ。例 釣瓶(つるべ)。❷胴が太くて口が小さいつぼ形の容器。**かめ**。例 瓶子(ヘイシ)。花瓶(カビン)。水瓶(スイビョウ)。

日本語での用法 《ビン》「鉄瓶(テツビン)・土瓶(ドビン)」▼火にかけて使う、やかん形のうつわ。

古訓 中古 かめ・つるべ 中世 かめ・つるべ 近世 かめ・つるべ・もたひ

難読 釣瓶(つるべ)

【瓶子】(ヘイシ) ①口が小さく下部がふくらんだ、かめ。②(ヘイジ) 日 酒を入れるうつわ。とっくり。

【瓶▼筲】(ヘイソウ)〔小さなかめと小箱の意〕度量のせまい人物のたとえ。

瓸
瓦6(11) 2 6509 74F8 国字 ヘクトグラム

意味 重さの単位。グラムの百倍。**ヘクトグラム**。

瓺
瓦7(12) 4 8115 74FA チョウ(チャウ)漢 陽 cháng

[𤭖]
瓦7(12) 4 8114 24B56 別体字。

意味 口が小さく腹部が大きな陶器。かめ。

[瓶]
瓦8(13) ⇨瓶(ビン)(882ページ)

瓿
瓦8(13) 3 8838 74FF ホウ漢 有 pǒu フ漢 麌 bù

意味 腹部がまるくふくれた小さな陶器。かめ。ほとぎ。例 覆瓿(フウホウ／フクホウ)。

甄
瓦9(14) 2 6511 7504 ケン漢呉 先 シン漢呉 真 zhēn あき-らか・あらわ-す(あらは-す)・すえもの(すゑもの)

参考 甄の音はもとケンであったが、三国時代の呉で孫堅(ソンケン)の諱(いみな)を避けてシンと読むようになったという。〈鶏肋編・中〉

意味 ❶陶器を作る。❷陶器を作る回転台。ろくろ。❸作る。成す。例 甄レ殷陶レ周(シインをケンしシュウをトウす)(＝殷王朝や周王朝を作り上げる)。〈後漢書・班固伝〉❹よしあしを見分ける。分ける。例 甄抜(ケンバツ)。甄別(ケンベツ)。❺明らかにする。**あらわす**。例 甄明(ケンメイ)(＝明らかにする)。❻陣形の名前。左右の両翼を指す。

【甄陶】(ケントウ) ①陶器を作る。②教え育てて人格を完成させる。③万物を造ること。また、天地。

【甄抜】(ケンバツ) 選び出す。人材を選び登用する。

【甄別】(ケンベツ) ①吟味して区別する。②官吏の行状を評価して選別する。

甃
瓦9(14) 2 6512 7503 シュウ(シウ)漢 宥 zhòu しきがわら(しきがはら)・いしだたみ

意味 ❶井戸の内側に張るかわら。井戸がわら。また、井戸。❷地面に敷きつめる平たいかわら。**しきがわら**。❸平たい石を敷きつめた所。**いしだたみ**。❹かわらを敷く。

甅
瓦9(14) 2 6513 7505 国字 センチグラム

意味 重さの単位。百分の一グラム。**センチグラム**。

𤭯
瓦9(14) 4 8116 24B6F 国字 はそう(はさふ)・はんぞう(はんざふ)

意味 湯水を注ぐためのうつわ。**はそう**。**はんぞう**。楾(はんぞう)。

甍
瓦10(15) 2 6516 750D ボウ(バウ)漢 庚 méng いらか

意味 屋根の棟。**いらか**。例 甍宇(ボウウ)。

【甍宇】(ボウウ) かわらでふいた屋根。

甌
瓦11(16) 2 6514 750C オウ漢 ウ呉 尤 ōu かめ・ほとぎ・もたい(もたひ)

[瓯]
瓦4(9) 4 8112 74EF 俗字。

意味 ❶陶製の小さな鉢。**かめ**。**ほとぎ**。**もたい**。例 金甌(キンオウ)。❷飲むためのうつわ。湯のみ。さかずき。例 茶甌(チャオウ)。❸陶製の打楽器。

【甌脱】(オウダツ) 匈奴(キョウド)など、中国北方の民族が、国境地帯に設けた監視用のあなぐら。

【甌▼臾】(オウユ)〔「甌」も「臾」も、中のくぼんだ陶器〕くぼ地。地面のくぼんだ所。例 流丸止二於甌臾一、流言止二於知者一(リュウガンはオウユにとどまり、リュウゲンはチシャにとどまる)(＝転がる玉はくぼ地で止まり、根拠のないうわさは知者のところで止まる)。〈荀子・大略〉

【甌▼窶】(オウロウ) 山地の狭い耕地。

甎
瓦11(16) 2 6515 750E セン漢呉 先 zhuān かわら(かはら)

[磚]
石11(16) 2 6702 78DA 別体字。

意味 ❶敷きがわら。**かわら**。❷価値のないもののたとえ。例 甎全(センゼン)。

【甎全】(センゼン) 日 むなしく生涯をおくる。瓦全(ガゼン)。

甑
瓦12(17) 1 2589 7511 ショウ漢 ソウ呉 径 zèng こしき

[甑]
瓦12(17) ―― 俗字。

意味 釜(かま)の上にのせて湯気で穀物を蒸すための、深い鉢形の器具。蒸籠(セイロ)。**こしき**。例 坐レ甑(ソウにざす)(＝こしきの中に座る。暑さの厳しいことのたとえ)。

甕
瓦13(18) 2 6517 7515 オウ(ヲウ)漢 送 wèng かめ

意味 酒や水などを入れる底の深い容器。**かめ**。もたい。

【甕天】(オウテン) かめの中の世界。見聞の狭いさま。

【甕▼牖】(オウユウ)〔「牖」は、窓の意〕割れたかめの口を壁にはめてつくった窓。貧しい家。

甓
瓦13(18) 2 6518 7513 ヘキ漢 錫 pì かわら(かはら)

意味 地面に敷きつめる、平たいかわら。敷きがわら。**かわら**。例 甓甃(ヘキシュウ)(＝井戸や穴の内側に張るかわらの壁)。

甗
瓦16(21) 3 8840 7517 ゲン漢 銑 yǎn

意味 穀物を蒸すための器具。こしき。

99 5画 甘 あまい部

口で味わってうまい意をあらわす。「甘」をもとにしてできている漢字を集めた。

甘

甘0 (5)
1 2037
7518
常用

カン(カム)漢 呉 覃 gān
あまい(あま-し)・あまえる(あま-ゆ)・あまやかす・あまんじる(あま-んず)・うま-い(うま-し)

筆順 一 十 廿 甘 甘

なりたち [指事]「口(=くち)」に「一」を加え、美味なものを味わう意をあらわす。うまい。

意味 ❶味がよい。おいしい。うまい。例 甘美カンビ。❷あまい。五味(辛(=からい)・酸(=すっぱい)・鹹カン(=しおからい)・苦(=にがい)・甘(=あまい))の一つ。例 甘苦カンク。甘味カンミ。❸おいしいと思う。好む。あましとす。例 禹飲而甘レ之(ウのみてこれをあましとす)(=禹は飲んでおいしいと思った)。〈淮南・泰族〉 ❹快く思う。満足する。あまんじる。例 甘受カンジュ。❺しっかりしていない。ゆるい。例 斲レ輪、徐則甘而不レ固(わをけずるに、ジョなればすなわちあまくしてかたからず)(=車輪をけずるときに、ゆっくりけずるとはめこみがゆるくなってしっかり締まらない)。〈荘子・天道〉

日本語での用法 一《あまい》「判断ハンダンが甘あまい・躾しつけが甘あまい・覚悟カクゴが甘あまい」▼厳しさがない。不足している。にぶく、不徹底である。二《あまんじる》「現状ゲンジョウに甘あまんじる」▼我慢する。

古訓 中古 あまし・あまなふ・あまなふ・あまむず・くつろぐ・ねがふ・むまし 中世 あまし・あまなふ・くつろぐ・むまし・よし 近世 あまし・あまんず・うまし・たのしむ・むまし

人名 あま・かい・よし

【甘党(黨)】あまトウ 日 酒よりもあまいもののほうが好きな人。対 辛党からトウ。

【甘雨】カンウ 草木をうるおす、適度な雨。慈雨。

【甘苦】カンク ①あまいことと、にがいこと。②(人生の)楽しみと苦しみ。苦楽。例 将必与レ卒同ニ甘苦一(ショウはかならずソツとカンクをおなじくす)(=大将は必ず兵士と楽しみも苦しみも共に味わう)。〈淮南・兵略〉

【甘言】カンゲン 人の気に入りそうな、口先だけのうまいことば。巧言。対 苦言。例 ―にのせられる。

【甘酸】カンサン ①あまいことと、すっぱいこと。②(人生の)楽しみと苦しみ。甘苦。苦楽。

【甘旨】カンシ おいしい味。また、その食べ物。

【甘酒】カンシュ ①あまざけ 米のかゆにこうじを加え発酵させてつくった、あまい飲み物。醴酒レイシュ。②うまい酒。③酒を好む。

【甘受】カンジュ ①満足して、進んで受け入れる。②日 自分に都合の悪いことも、我慢して受け入れる。例 運命を―する。

【甘▼蔗】カンショ/カンシャ サトウキビ。茎の汁から砂糖をつくる。

【甘▼藷】【甘▼薯】カンショ サツマイモ。

【甘食】カンショク ①ショクをうまいとする 食べ物をうまいと思う。例 飢者甘レ食(うえたるものはショクをあましとす)(=腹がすいた者にはどんな食べ物でもうまい)。〈孟子・尽心上〉 ②おいしい食べ物。

【甘心】カンシン 満足する。それでよいと思う。

【甘井】カンセイ 水質のよい井戸。

【甘井先▼竭】カンセイまずつく [水質のよい井戸は利用者が多いために真っ先に涸かれてしまう意] 才能や知能のすぐれた者は人に利用されることが多く、かえって身を滅ぼす、というたとえ。〈荘子・山木〉

【甘▼脆】【甘▼毳】カンゼイ おいしくて柔らかい食べ物。例 旦夕得ニ甘毳一以養レ親(タンセキにカンゼイをえておやをやしなわん)(=朝と晩とに柔らかくておいしい食事を用意して親を大切にする)。〈史記・刺客伝・聶政〉

【甘美】カンビ ①あまくておいしいこと。例 ―な果物。②日 うっとりするような、心地のよいこと。例 ―なメロディー。

【甘味】カンミ 一 ①おいしいあじ。例 味ニ甘味一(カンミをあじわう)(=おいしい食べ物を味わう)。〈管子・幼官〉 ②あまいあじ。あまいあじの食べ物。例 ―料。―喫茶。二 あまみ 日 あまさの程度。

【甘眠】カンミン/カンメン 安らかにねむる。熟睡。

【甘藍】カンラン キャベツ。

【甘露】カンロ ①天下太平のしるしとして天が降らすという、あまいつゆ。②日 あまくて、おいしいこと。例 ああ―、―。

甚

甘4 (9)
1 3151
751A
常用

一 シン(シム)漢 ジン(ジム)呉 沁 寝 shèn
二 ソ唐 侵 shēn
はなはだ・はなはだしい(はなはだ-し)・いた-く

筆順 一 十 卄 甘 甘 其 其 甚

なりたち [会意]「甘(=うまい)」と「匹(=つれあい)」とから成る。夫婦のあまい楽しみ。楽しみが度をこして、はなはだしい。

意味 一 非常に。度をこえている。ひどい。はなはだしい。はなはだ。例 幸甚コウジン。深甚シンジン。二 なに。どんな。疑問の意をあらわす。例 甚麽モソ(いかん)。

古訓 中古 いからし・なほし・はなはだ・はなはだし・をしふ 中世 たのし・なんぞ・はなはだ 近世 あな・けやけし・たのしむ・なんぞ・はなはだし・ふかし

人名 おもし・しげ・たね・とう・ふか・ふかし・やす

【甚句】ジンク 日 七・七・七・五の四句からなる俗謡。例 相撲―。秋田―。

【甚雨】ジンウ 激しい雨。大雨。

【甚深】ジンジン 非常にふかいこと。深甚。例 ―の謝意を表す。

【甚大】ジンダイ ものごとの程度がひどくおおきいこと。多大。例 地震の被害が―であった。

【甚六】ジンロク 日 人がよくて、おっとりしている長男をからかっていうことば。例 総領の―。

【甚▼麼】モソ(いかん) 俗語で、なに。どんな。什麼ソモ。

甜

甘6 (11)
1 3728
751C

テン(テム)漢 塩 tián
うま-い(うま-し)・あま-い(あま-し)

意味 ❶おいしい。うまい。あまい。例 甜菜テンサイ。甜茶チャン(=甘い中国茶)。❷聞いて快い。人の心をとろかす。例 甜言テンゲン。

【甜言蜜語】テンゲンミツゴ 人の気に入る甘いことば。快いことば。〈醒世恒言・三六〉

【甜菜】テンサイ ①クコの新芽。②サトウダイコン。根の汁は砂糖の原料になる。ビート。例 ―糖。

[甞]

甘8 (13)
⇩嘗ショウ(263ページ)

100 5画 生 うまれる部

草木が芽ばえ出る形をあらわす。「生」をもとにしてできている漢字を集めた。

生

生0 (5)
1 3224
751F
教1

セイ漢 ショウ(シャウ)呉 庚 shēng
いきる(い-く)・いかす・いける(い-く)・うまれる(うま-る)・うむ・おう(お-ふ)・き・なま・はえる(は-ゆ)・はやす・な-る

付表 芝生しばふ・弥生やよい

筆順 ノ 𠂉 牛 牛 生

なりたち 【象形】草木が芽ばえて土の上に出る形。

意味 ❶草木が芽を出し、のびる。**はえる**。**おう**。例 自生。野生。❷**うまれる**。**うむ**。例 生産。出生。誕生。❸育つ。育てる。養う。例 生育。生長。❹新たにあらわれてくる。出現する。例 生起。生成。❺**いきる**。暮らす。㊥死。例 生活。生存。❻いのち。いきもの。例 生物。生命。❼うまれつき。うまれながら。例 生得。❽いきたまま。いきながら。例 生別。❾いきいきとしている。新鮮な。例 生鮮。❿未成熟な。加工を施していない。なまの。例 生魚。⓫慣れていない。よくわからない。例 生硬。⓬読書人・知識人の通称。先生の略称。漢代以降、「賈生(=賈誼)」「董生(=董仲舒)」のように、学者のことを「生」と呼んだ。⓭人から教えを受け学んでいる者。例 生徒。学生。⓮自分のことをへりくだっていうことば。例 愚生。小生。⓯戯曲の男役。例 武生(=武人役)。老生(=老人役)。⓰非常に。はなはだ。例 生憎。

日本語での用法 《き》①「生一本・生醤油・生成り・生娘・生粋・ウイスキーを生で飲む」▼まじりけのない。うぶ。②「生糸・生紙・生絹」▼人の手が加えられていない。精製していない。

古訓 中古 あり・いく・いけり・いづ・うまる・うむ・おふ・すずし・すすむ・たか・なす・なまし・なり・なる・ひおこす・ふ・むまる 中世 いくる・いける・うまる・うまるる・うむ・おゆる・すすむ・なま・なまぐさし・なまし・なましし 近世 いきる・うまるる・うむ・すすむ・はえる・はゆる・やしなふ

人名 あり・い・いかし・いき・いく・う・うまる・お・おき・すすむ・たか・なり・のう・のり・ふ・ふゆ・み・よ

難読 生姜・生飯・生憎・生業・生土・草生す・皆生(=鳥取県の地名)

【生甲▼斐】日 生きていることに意味や喜びを感じる心の張り合い。例 仕事を一にする。

【生一本】日 ①純粋でまじりけがないこと。また、そのもの。特に、酒についていう。生酒。例 灘の一。②性格がまっすぐで、ひとつのことに打ちこむさま。例 一な人。

【生粋】日 まじりけのないこと。純粋。例 一の江戸っ子。

【生害】日 ①殺す。②自殺。自害。

【生者】〔仏〕生きている人。命あるもの。

【生者必滅】〔仏〕生きているものはかならず死ぬ、ということ。この世のはかなさをいう。例 一会者定離。

【生身】□一 〔仏〕①この世に生まれた人間の肉体。②仏・菩薩が人間の姿をとってこの世にあらわれたもの。□二 日 現に生きている人間のからだ。いきみ。例 一の人間。

【生滅】〔仏〕生まれることと死ぬこと。

【生老病死】〔仏〕人の避けることができない四つの苦しみ。生まれること、年をとること、病気をすること、死ぬこと。四苦。

【生意】①生き生きとしたさま。生気。②万物が育っていく力。また、その意義。③自分勝手な気持ちをおこす。④生活のための職業。商売。

【生育】養育する。また、万物がそだって大きくなる。参考 日本では普通、植物には「生育」、人や動物には「成育」を用いる。

【生員】唐・宋代、学校の学生。明・清代、地方の官立学校の学生。科挙(=官吏登用試験)の受験資格があった。

【生花】①花が開く。②自然の、生きた花。㊥造花。③日 草・木の枝・葉・花を整えて、花器にさすこと。活花。いけばな。例 一展。

【生家】日 ①生まれた家。②実の親兄弟が住む家。里。実家。

【生▼孩】生まれて間もない子供。みどりご。

【生涯】〔人の生命に限りがあることの意〕①この世に生きている間。一生。終生。例 八十年の一を終わる。②日 一生のうち、あることにたずさわった期間。例 公一(=公人としての期間)。

【生活】①生物が生きる。例 民非二水火一不二生活一(=民は水と火がなければ生きることはできない)。〈孟子・尽心上〉 チョウの一記録。②人が生存のために活動する。暮らす。また、暮らし向き。生計。

【生還】①(危険を切りぬけて)生きて帰る。②日 野球で、走者が本塁にかえって得点する。ホームイン。

【生気】生き生きした元気な感じ。活気。元気。例 一があふれる。

【生起】事件や問題となることがおこる。発生。

【生魚】①生きているさかな。活魚。②なまざかな 煮たり焼いたりしていない、なまのさかな。鮮魚。

【生業】生活していくための職業。なりわい。

【生▼禽】【生▼擒】いけどる。㊥生獲。

【生計】①生活していくための方法や手段。暮らし向き。生活。例 一を立てる。②はかりごとをめぐらす。

【生絹】生糸で織った張りのある絹の布。

【生後】生まれてからのち。例 一七か月。

【生口】①捕虜。②牛馬などの家畜。

【生硬】(作品・表現などが)練れていないで、不自然なさま。未熟でぎこちないさま。例 一な文章。

【生国】日 生まれた国。出生地。

【生彩】日 生き生きとして元気なこと。精彩。例 一を欠く。ひときわ一を放つ。

【生殺】□一 生かすことと殺すこと。活殺。□二 日 ①ほとんど死ぬような状態にして、殺さないでおくこと。半殺し。例 蛇の一。②はっきり決着をつけないで中途半端にしておくこと。

【生殺与奪】相手を生かすも殺すも、自分の思うままにできること。例 蓋生殺与奪、天子之権(=思うに生殺与奪は天子の権限だ)。〈元史・張珪伝〉 一の権をにぎる。

【生産】①生計を立てること。②日 自然物に手を加えて、生活に必要な品物を作り出す行為。㊥消費。例 一者。大量一。

【生死】□一 生きていることと死ぬこと。また、生きるか死ぬか。死活。例 一の境をさまよう。□二 〔仏〕人間の生と死。また、人間が生と死を繰り返して永久に苦しむ迷いの世界。

【生糸(絲)】カイコのまゆからとったままの、練っていない糸。

【生▼祠】手柄のあった人を生存中に祭る社。

【生紙】□一 すいたままの紙。□二 日 コウゾ・ミツマタ・ガンピなどの繊維を、ほかのものをまぜないですいた和紙。生漉き紙。

【生歯】①歯が生え始めた子供。赤子。②人々。人民。

【生事】①死者を埋葬する前におこなう喪礼。㊥鬼事。②存命中の父母に仕えること。③生活。暮らし。

④事を引き起こす。
【生▼聚】(セイシュウ) ①人民を増やし財力をたくわえて、国力を充実する。②民衆。

【生小】(セイショウ) 幼少期。

【生色】(セイショク) 生き生きとした顔色や元気な様子。例—を失う。—を取りもどす。

【生食】(セイショク) なまのまま食べる。なましょく。対火食。例野菜を—する。

【生殖】(セイショク) ①生みふやす。②日生物が、自分と同種の個体をつくって種族の保存をはかる。例—器。—器官。

【生心】(セイシン) ①心の内に生じる。②謀反の心をいだく。③日生まれたままの心。

【生人】(セイジン) ①人民。②生きている人。③初めて会う人。

【生生】一(セイセイ) ①生き生きとしているさま。例—たる青葉。②万物が絶えず生まれ育ち、変化する。例—流転(テン)。二(ショウジョウ)〔仏〕生まれ変わり死に変わる。例—世世(ゼゼ)。

【生成】(セイセイ) 自然に起こって、ある形を作る。例火山の—。

【生鮮】(セイセン) 野菜や魚・肉などの食品が新しくて、生きがいいこと。新鮮。例—食料品。

【生前】(セイゼン) 生きている間。生きていた時。対死後・没後。

【生憎】一(セイゾウ) はなはだにくい。ひどくいまいましい。二(あいにく) 日①都合の悪いさま。ものごとの進行をさまたげるさま。例—の天気。②折あしく。例—手持ちがない。

【生息】(セイソク) ①生きている。生存。②日(動物が)すんでいる。例—地。森林に—する小動物。表記②は旧▼棲息・▼栖息
【生存】(セイゾン) 生物が生きながらえる。生きている。例—競争。

【生体】(セイタイ) 日生きているもの。生きている生物のからだ。対死体。例—反応。—実験。

【生態】(セイタイ) ①生き生きとしたありさま。②日生物が自然界に生活しているありさま。例サルの—。③日活動しているもののありのままの姿。例日本語の—。

【生誕】(セイタン) (人が)生まれる。誕生。例—百年祭。

【生地】一(セイチ) ①生きのびることのできる地。対死地。②不案内な土地。③日出生地。二(きジ) 日①生まれつきの性質。地(ジ)。例—が出る。②織物の布地。例花柄の—。③陶磁器で、うわぐすりをかける前のもの。▽素地(きジ)。

【生知安行】(セイチアンコウ) 人の道を生まれながらに知っていて、安らかにそれをおこなう。聖人の境地。〔〈中庸〉から〕

【生長】(セイチョウ) 万物がうまれ育つ。生育。参考日本では普通、植物には「生長」、人や動物には「成長」を用いる。

【生徒】(セイト) ①学生。弟子。例教二生徒一(セイトをおしう)(=学生を教える)。〈後漢書・寇恂伝〉②日学校、特に、中学校・高等学校で学ぶ人。

【生動】(セイドウ) (詩文・絵画などが)生き生きして動き出しそうな感じである。例気韻—。

【生得】一(セイトク) ①いけどりにする。②生まれつきもっているもの。生来。天性。例—の才能。二(ショウトク)〔仏〕生まれながらにして身につけている仏徳。

【生▼呑活剥】(セイドンカッパク) 〔なまのまま飲み、生きたまま奪い取るの意〕他人の詩文などをそっくり盗用する。〔〈大唐新語・諧謔〉から〕

【生年】(セイネン|ショウネン) ①生まれた年。対没年。例—月日。②生涯。寿命。例生年不レ満レ百(セイネンヒャクにみたず)(=人の一生は百年にもならない)。〈古詩十九首〉③生まれてからの年月。年齢。例—十七歳。

【生▼蕃】(セイバン) ①おい茂る。②文明に浴していない野蛮人。

【生物】一(セイブツ) ①生きて活動し、繁殖するもの。動物と植物。対無生物。例—学。②(ものをショウず) 万物を生ずる。例留動而生レ物(リュウドウしてものをショウず)(=(一は)流動して万物を生む)。〈荘子・天地〉二(いきもの) 日生きているもの。おもに動物。三(なまもの) 日煮たり焼いたり、干したりしていない食品。なまの魚類や野菜・果物・生菓子など。

【生平】(セイヘイ) ①平素。平生。②一生。生涯。

【生兵】(セイヘイ) ①訓練不足の兵士。新兵。②教化されていない異民族の兵。

【生別】(セイベツ) 互いに生きながら離れ離れになる。生き別れ。対死別。例生別常惻惻(セイベツはつねにソクソクたり)(=生き別れているのはいつまでたっても悲しいものだ)。〈杜甫・夢李白〉

【生母】(セイボ) 生みの母。実母。対継母・義母。

【生木】(セイボク|なまき) ①地面にはえている木。②日切りたてで、まだかわいていない木。

【生没】【生▼歿】(セイボツ) 生まれることと死ぬこと。生年と没年。例—年不詳。

【生民】(セイミン) ①人民。②民を教化し養う。

【生命】(セイメイ) ①生物の存在と活動を支える力。いのち。例—力。②命にたとえられる最も大切なもの。例政治—。

【生命線】(セイメイセン) 日①生死にかかわる重要な交通路や補給路。また、それを含む地域。例—を確保する。②(手相で)寿命に関係があるといわれる、手のひらのすじ。

【生面】(セイメン) ①生き生きとした顔。②ものごとの新しい境地や方向性。新生面。例—一を開く。③初めて会うこと。初対面。

【生薬】一(セイヤク) 飲み慣れない薬。二(ショウヤク|きぐすり) 草の根・木の皮・熊(くま)の胆(い)など、動植物の一部を、そのまま、または少し手を加えただけの薬品。鉱物を用いることもある。

【生友】(セイユウ) 生きている間だけの友人。対死友。

【生来】(セイライ) ①生まれつき。もともと。生得。天性。例—のあわて者。②生まれてからずっと。例—金(かね)には縁がない。

【生理】(セイリ) ①生物の生命活動にともなう生物体のはたらきや原理。例—学。②生計。③商売。売買。④日月経。メンス。例—休暇。

【生離】(セイリ) 生きながら離別する。生き別れ。

【生類】(セイルイ|ショウルイ) 生き物。動物。例—(ショウルイ)憐(あわ)れみの令。

【生霊】一(セイレイ) 人間。人民。また、生命。二(ショウリョウ|いきリョウ) 日生きている人の恨みや、にくしみが、霊となって人に災いをもたらすもの。対死霊(シリョウ)。

【生路】(セイロ) ①命が助かる道。活路。血路。②生活の立つ道。生計の方策。③初めて通る道。対熟路。

【▼偸レ生】(セイをぬすむ) ⇩【偸生】(セイトウ)(105ジペー)

【生意気】(なまイキ) 日身分・年齢・実力にふさわしくない、出すぎた言動をするさま。また、それをする人。

【生傷】(なまきず) 日できたばかりの新しいきず。例—が絶えない。

【生臭】(なまぐさ) 日なまの魚や血のにおいのすること。また、世間的な俗っぽさのあること。例—坊主。—もの(=魚や肉)。

【生唾】(なまつば) 日好きな食べ物や、すっぱいものを見たときなどに、自然に口の中にわき出るつば。例—を飲みこむ。

【生半可】(なまハンカ) 日中途半端なこと。不十分なこと。例—な知識。

【生兵法】(なまビョウホウ) 日〔習いたてで使いものにならない剣術の意から〕いいかげんな知識や技術のたとえ。例—は大けがのもと。

【生返事】(なまヘンジ) 日気のない、いいかげんな返事。
●一生(イッショウ)・衛生(エイセイ)・往生(オウジョウ)・学生(ガクセイ)・寄生(キセイ)・群生(グンセイ)・更生(コウセイ)・再生(サイセイ)・自生(ジセイ)・写生(シャセイ)・終生(シュウセイ)・出生(シュッショウ|シュッセイ)・小生(ショウセイ)・書生(ショセイ)・先生(センセイ)・誕生(タンジョウ)・派生(ハセイ)・発生(ハッセイ)・平生(ヘイゼイ)・密生(ミッセイ)・養生(ヨウジョウ)・余生(ヨセイ)

晎

生4(9) 4 8117 7520 セイ漢 庚 qíng

意味 はれる。はれ。通 晴。

産

生6(11) 1 2726 7523 教4 サン漢 セン呉 潸 chǎn

うむ・うまれる(うま-る)・うぶ・むす 付表 土産(みやげ)

[產] 生6(11) 7522 旧字体。

筆順 亠 亡 立 产 产 产 产 産

なりたち  [形声]「生(=うむ)」と、音「彥(ゲン→サン)」の省略体とから成る。生む。

意味 ❶赤ん坊や卵をうむ。うむ。うまれる。また、うまれ。例 産婦(サンプ)。出産(シュッサン)。❷ものをつくりだす。つくりだされたもの。例 産出(サンシュツ)。生産(セイサン)。❸もとで。資財。例 財産(ザイサン)。資産(シサン)。❹なりわい。生業。仕事。例 安レ業楽レ産(ギョウにやすんじサンをたのしむ)(=安らかに仕事に従事し、仕事を楽しむ)。〈後漢書・魯恭伝〉

日本語での用法 《うぶ》「産衣(うぶぎ)・産毛(うぶげ)・産声(うぶごえ)・産土(うぶすな)・産湯(うぶゆ)」▼「生まれたときの」「生まれたばかりの」の意。名詞の上につく。

古訓 中古 うまる・うむ・こうむ・なりはひ・なる・むまる 中世 うまる・うむ・こうむ 近世 うまる・うむ・すぎはひ・はごくむ・ふえ

人名 ただ・むすび

難読 産霊神(むすびのかみ)・家土産(いえづと)

【産着】(うぶぎ)【産衣】(うぶぎ) 日 赤ん坊に着せる着物。うぶぎぬ。

【産毛】(うぶげ) 日 ①赤ん坊に生えている、細くやわらかい毛。②人のほおや、襟首などに生えている、細くやわらかい毛。

【産声】(うぶごえ) 日 生まれた時、赤ん坊がはじめて出す泣き声。

【産土】(うぶすな) 日 ①その人が生まれた土地。例 ―の神。②「産土神(うぶすながみ)」の略。生まれた土地を守っている神。氏神(うじがみ)。例 ―さま。―参り。

【産湯】(うぶゆ) 日 生まれた赤ん坊を、はじめて湯に入れること。また、その湯。例 ―を使わせる。

【産院】(サンイン) 日 妊産婦や新生児をとりあつかう医院。

【産科】(サンカ) 妊娠・出産・新生児などに関する医学・医術。

【産額】(サンガク) 日 生産・産出される量。また、それを金額であらわしたもの。例 綿織物の―。

【産気】 一(サンキ) 万物を生じる気。例 産気始萌(サンキはじめてきざす)(=万物を生じる気がはじめて発生する)。〈史記・天官書〉 二(サンケ) 日 赤ん坊が生まれそうなこと。例 ―づく。

【産業】(サンギョウ) ①なりわい。生業。②人間の生活に必要な品物を生産する事業。例 ―革命。―廃棄物。

【産児】(サンジ) 子を生むこと。また、生まれる子供。例 ―制限。

【産室】(サンシツ) 日 出産をする部屋。産婦のいる部屋。うぶや。

【産出】(サンシュツ) ものを生みだす。つくりだす。産物がとれる。

【産▼褥】【産▼蓐】(サンジョク) 出産のために産婦が使う寝床。例 ―につく。

【産地】(サンチ) 日 ①品物が生産される土地。生産地。例 ―直送の野菜。②その動物の生まれた土地。

【産婆】(サンバ) 出産を助け、産婦・新生児の世話をする職業の女性。〔「助産婦」「助産師」の古称〕

【産婦】(サンプ) 出産前後の女性。例 妊―。

【産物】(サンブツ) ①その土地で産出するもの。②日 あることの結果として得られたもの。例 努力の―。

【産卵】(サンラン) たまごをうむ。例 ―期。

●安産(アンザン)・遺産(イサン)・財産(ザイサン)・資産(シサン)・出産(シュッサン)・生産(セイサン)・倒産(トウサン)・特産(トクサン)・破産(ハサン)・物産(ブッサン)・量産(リョウサン)

甤

生7(12) 4 8118 7524 ズイ漢 支 ruí

意味 花が垂れ下がるさま。

甥

生7(12) 1 1789 7525 人 セイ漢 庚 shēng おい(をひ)

なりたち 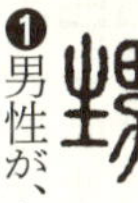 [形声]「男(=おとこ)」と、音「生(セイ)」とから成る。姉や妹の子ども。

意味 ❶男性が、自分の姉妹のむすこやむすめを指していう。おい。めい。対 舅(キュウ)。❷姉や妹の子。❸娘の子。そとまご。❹娘の夫。むこ。❺おじ・おばの子、妻の兄や弟、姉や妹の夫など、自分と同じ世代の親族。

日本語での用法 《おい》▼自分の兄弟や姉妹の息子。対 姪(めい)。

古訓 中古 めひ・をひ 中世 むこ・をひ 近世 むこ・をひ

【甥▼姪】(セイテツ)(おいめい) 兄弟や姉妹に生まれた、男の子と女の子。おいと、めい。〔中国では、古く、男から見て自分の姉妹の子を甥(セイ)、女から見て自分の兄弟の子を姪(テツ)と呼んだ〕

甦

生7(12) 2 6520 7526 ソ漢 虞 sū よみがえる(よみがへ-る)

意味 一度死んだようになったものが生き返る。よみがえる。通 蘇(ソ)。例 甦生(ソセイ)(=蘇生(ソセイ))。

参考 甦生(ソセイ)を「コウセイ」と読むのはわが国の慣用。

101 5画 用 もちいる部

実際におこなう意をあらわす。「用」をもとにしてできている漢字と、「用」の字形を目じるしにして引く漢字とを集めた。

用

用0(5) 1 4549 7528 教2 ヨウ漢 ユウ呉 宋 yòng もちいる(もち-ゐる)

筆順 丿 冂 月 月 用

なりたち  [会意]「卜(=うらない)」と「中(=あたる)」とから成る。うらないの結果が吉(キチ)と出たので実際におこなう。

意味 ❶使って、役立てる。おこなう。もちいる。例 採用(サイヨウ)。使用(シヨウ)。利用(リヨウ)。❷治める。例 用レ国者、義立而王(くにをもちいるものは、ギたちてオウたり)(=国を治める者は、道義が確立してこそ王でいられる)。〈荀子・王覇〉 ❸はたらき。能力。例 功用(コウヨウ)。作用(サヨウ)。❹はたらき・仕事のために必要なもの。道具。例 用具(ヨウグ)。器用(キヨウ)。❺財貨。資財。例 費用(ヒヨウ)。財用(ザイヨウ)。❻…によって。もって。例 何用知レ非ニ僕邪一(なにをもってボクにあらざるをしるや)(=どうして私ではないとわかったのか)。〈後漢書・鄧晨伝〉

日本語での用法 《ヨウ》「用(ヨウ)を足(た)す・用(ヨウ)を頼(たの)む・用(ヨウ)をなす」▼さしあたって、しなければならないこと。仕事。

古訓 中古 こころもちゐる・たくはふ・ちか・つかふ・もち・もちふ・もちゐる・もつ・もて 中世 もちふる・もちゆ・もちゆる・もちゐる・もつて・もて 近世 すき・たから・つかふ・もちゆる・もつて・をさむる

人名 ちか・もち

【用意】(ヨウイ) ①心をつかう。②ものごとに気を配る。心づかい。③日 準備する。したく。例 歓迎の―ができる。―周到。

【用益】(ヨウエキ) 日 使用と収益。例 ―権。

【用間】(ヨウカン)(カンをもちいる) 間者(=スパイ)に敵の様子を探らせる。

【用具】(ヨウグ) 日 ものごとをするときに必要な器具や道具。例筆記—。
【用件】ヨウケン 日用事の内容。しなければならない仕事。ほかの人に伝えるべき事柄。用向き。例—を伝える。
【用言】ヨウゲン 日文法で、自立語のうち活用があって、単独で述語になることのできる語。動詞・形容詞・形容動詞の総称。対体言。
【用語】ヨウゴ 日使用することば。ことばの使い方。例専門—。
【用行舎蔵】ヨウコウシャゾウ「用舎行蔵ヨウシャコウゾウ」に同じ。
【用材】ヨウザイ ①ザイをもちう 人材をもちいること。また、その人。②日建築・家具などに使う材木。用木。③日ある目的のために材料として使うもの。例学習—。
【用紙】ヨウシ 日何かに使用する紙。例画—。答案—。
【用字】ヨウジ ①文字を使用する。文字づかい。例夏目漱石なつめソウセキの—。②使う文字。
【用事】ヨウジ ①ことをもちう 政治・祭祀サイシ・軍事などをおこなう。②しなくてはならない事柄。用。用件。例急な—。
【用舎】ヨウシャ【用捨】ヨウシャ ①もちいることと、すてること。採用することと、しないこと。取捨。例—を決定する。②日手かげんする。許す。容赦。
【用舎行蔵】ヨウシャコウゾウ 出処進退の時機を誤らずにふるまうこと。用行舎蔵。〔「用レ之則行、舎レ之則蔵これをもちうればすなわちおこない、これをすつればすなわちかくる(=世にもちいられれば役人となって自己の道をおこない、すてられれば去って身をかくす)。〈論語・述而〉」から〕
【用人】ヨウジン 一 ①ひとをもちう 人材を用いる。例用レ人之道ひとをもちうるのみち(=人材を登用するときの方法)。〈淮南・説林〉②やとわれた人。使用人。傭人ヨウニン。二 ヨウニン 日①江戸時代、大名・旗本などの会計や雑事をあつかった人。例側そば—。②役に立つ人。有能な人。
【用心】ヨウジン ①心づかいをする。気をつかう。②日前もって気をつける。警戒。例火の—。—深い性格。
【用心棒】ヨウジンボウ 日①戸じまりに使う棒。しんばり棒。②万一のときに備えて身近にやとっておく護衛の者。
【用水】ヨウスイ ①水を使う。また、使うための水。例工業—。②日灌漑カンガイ・消火・飲料などに使うため、引いたり、ためたりしておく水。また、そのための施設。例—池。—路。
【用船】ヨウセン ①船を使う。また、あることのために使う船。例—の準備。②船をやとうこと。また、チャーター船。傭船ヨウセン。例—契約。
【用箋】ヨウセン 日文章や手紙などを書くための紙。便箋ビンセン。例書簡—。
【用達】ヨウたし 日〔「御用達ゴヨウたし」の形で〕商人が役所などに出入りして品物を納めること。また、その商人。用足し。ようたつ。例宮内庁御—。
【用談】ヨウダン 日用事について話し合う。用向きの話。
【用地】ヨウチ 土地を使う。また、あることに使うための土地。例住宅—。
【用度】ヨウド|ヨウト ①必要な費用。かかり。例用度不レ足ヨウトたらず(=費用が足りない)。〈漢書・溝洫志〉②日官庁・会社などで、事務用品の供給。例—係。
【用途】ヨウト 日①ヨウド 費用。②物やお金の使いみち。使途。例—が広い。
【用筆】ヨウヒツ ①ふでづかい。ふでつき。運筆。②使うふで。
【用品】ヨウヒン 日使う品物。必要な品物。例事務—。
【用兵】ヨウヘイ|ヘイをもちう ①武器を使う。②兵士や軍隊を使うこと。例—ヨウヘイに長じる。③戦争する。
【用便】ヨウベン 日大小便をする。
【用法】ヨウホウ ①ホウをもちう 法をおこなう。②日使い方。使用法。
【用務】ヨウム 日つとめ。用事。また、いろいろの雑用。例—員。
【用命】ヨウメイ ①命令に従う。②日用事を言いつけること。また、注文や命令。例多少にかかわらずご—に応じます。
【用量】ヨウリョウ （おもに医薬品について）使用・服用する一定の分量。使用量。
【用例】ヨウレイ 使われている例。使い方を示す実例。
●愛用アイヨウ・引用インヨウ・運用ウンヨウ・応用オウヨウ・活用カツヨウ・急用キュウヨウ・兼用ケンヨウ・公用コウヨウ・効用コウヨウ・採用サイヨウ・実用ジツヨウ・借用シャクヨウ・使用シヨウ・常用ジョウヨウ・所用ショヨウ・専用センヨウ・代用ダイヨウ・通用ツウヨウ・適用テキヨウ・登用トウヨウ・費用ヒヨウ・服用フクヨウ・併用ヘイヨウ・無用ムヨウ・薬用ヤクヨウ・流用リュウヨウ・利用リヨウ

甪
用1 (6)
4 8119 752A
ロク 漢 屋 lù

意味 地名・人名に用いる字。例甪里ロクリ(=古代の地名。また、姓の一つ)。

甫
用2 (7)
1 4267 752B 人
ホ 慣 フ 漢 麌 fǔ
はじ-め

なりたち  [会意]「用(=もちいる)」と「父フ(=ちち)」とから成る。父となりうる立派な男。

意味 ❶年長の男性を敬って、その名にそえる語。孔子(=仲尼チュウジ)を「尼甫ジホ」と呼ぶ類。通父。❷はじめたばかり。はじめ。はじめて。例衆甫シュウホ(=万物のはじめ)。❸大きい。ひろい。例甫田デンホ(=大きな田)。

古訓 中古 おほきなり・おほし・にはかなり・はじむ・はじめ・われ 中世 おほきなり・はじめ・われ 近世 おほいなり・おほし・しばらく・はじめ・われ

人名 かみ・すけ・とし・なみ・のり・はじむ・まさ・もと・よし

甬
用2 (7)
2 6521 752C
ヨウ 漢 腫 yǒng

意味 ❶花のつぼみがふくらんださま。❷鐘の柄え。❸まわりを囲った通路。例甬道ヨウドウ(=両側を塀で囲った輸送用の道路。また、高架式の渡り廊下)。❹容量をはかるうつわ。例斗甬トヨウ。

[甯] 用7 (12) ⇩寧イネ（384ジペー）

102 5画 田 たたへん部

はたけの形をあらわす。「田」をもとにしてできている漢字と、「田」の字形を目じるしにして引く漢字とを集めた。

0 888 田 甲 申 由 2 890 𤰞 㽕 男 町 甹 甸 3 891 画 甽 甾 畀 畄 4 892 畏 畆 畒 界 畍 畎 畊 畋 畑 畈 畉 畐 5 893 畝 畡 畛 畜 畕 畔 畔 畚 留 6 894 異 畦 畩 畤 畢 略 畧 7 896 畫 畬 畯 畳 畴 番 畲 畭 畱 8 898 畹 畵 畸 畺 畷 當 9 898 畽 10 898 畿 畾 11 898 疂 疁 14 898 疆 疇 17 898 疊 疉

この部首に所属しない漢字

里→里1345 累→糸1034 鳴→鳥1494 果→木664 罣→土296 毘→比738 暢→日637 胃→月1089 奮→大336

田
田0 (5)
1 3736 7530
教1
テン 漢 デン 呉 先 tián
た
付表 田舎いなか

筆順 丨 冂 冊 用 田

なりたち 田 [象形] 縦横のあぜ道のある畑の形。穀物を植える場所。

意味 ❶耕作地。たんぼや畑。た。例 田園。❷田畑のように、ある産物をうみ出す場所。例 塩田・炭田・油田。❸たがやす。たつくる。通 佃・畋。例 無レ田二甫田一(=大きな田を耕してはいけない)。〈詩経・斉風・甫田〉❹狩りをする。かりする。通 佃・畋。例 斉景公田(=斉の景公が狩りをした)。〈孟子・万章下〉田猟。❺⇩【田田】

参考 中国では、はたけとたんぼの両方を指すが、日本では、おもにたんぼを指し、はたけは「畑」「畠」などの国字を用いる。

古訓 中古 かり・かる・た・ところ 中世 かり・かりす・さかひ・た・ところ 近世 かり・た・つち・つらぬ・みつる

人名 ただ・みち・みつる

難読 田鼠(もぐらもち)

【田園】デンエン ①田と畑。②いなか。郊外。また、いなか風。郊外風。例 ―風景。

【田家】デンカ ①いなかの家。農家。②農夫。

【田客】デンカク|デンキャク 小作人。佃戸。

【田楽】デンガク 日①日本の中世芸能の一つ。もと、田植えの慰労のため、また、豊作を祈っておこなわれた音曲。のち、能楽に取り入れられた。②「田楽豆腐」「田楽焼き」の略。豆腐や魚・野菜などをくしに刺し、味噌を塗って焼いた食べ物。例 木の芽―。いも―。

【田舎】デンシャ 一①田地と家屋。②いなか。都会から離れた、田畑の多い地域。二いなか 日生まれ故郷。ふるさと。

【田舎漢】デンシャカン いなか者。

【田租】デンソ 田地にかける税。

【田▼鼠】デンソ ①モグラの別名。②ネズミの一種。タネズミ。

【田宅】デンタク 田地と宅地。

【田地】デンチ|デンジ ①田と畑。②日田として使う土地。たんぼ。

【田▼疇】デンチュウ 田畑。耕作地。また、あぜ。

【田田】デンデン ①ハスなどの大きな葉が一面に広がっているさま。②太鼓などを打つ音の鳴り響くさま。

【田畑】【田▼畠】デンパタ|たはた 日田と畑。例 田地―。

【田夫】デンプ ①農夫。②いなか者。

【田夫野人】デンプヤジン 教養のない粗野な人間。〈唐鑑・一〇〉

【田夫野老】デンプヤロウ いなか者。粗野で愚かないなか者。〈北斉・王琳伝〉

【田父】デンプ|デンポ 農夫。年老いた農夫。

【田賦】デンプ 国が田地に課す税。

【田▼圃】デンポ 一〔「圃」は、菜園の意〕田と畑。たはた。田畝。二たんぼ 日田。水田。

【田畝】デンポ ①田畑。田圃。②日田のあぜ。③日田の面積。

【田野】デンヤ ①田と畑。野良。②田と野原。③いなか。

【田里】デンリ ①田地と居宅。②村里。故郷。

【田猟】デンリョウ 狩猟。

【田▼廬】デンロ ①いなか家。田家。②故郷。

●水田・炭田・美田・油田

甲

田0 (5) 1 2535 7532 常用

カン 慣 コウ(カフ) 漢 呉 洽 jiǎ

よろい(よろひ)・かぶと・きのえ

筆順 丨 冂 日 日 甲

なりたち [象形] 芽ばえた草木が種の殻をかぶっている形。借りて、十干の第一に用いる。

意味 ❶十干の一番目。**きのえ**。方位では東、五行では木にあてる。例 甲乙丙丁。❷ものごとの第一番目。また、最もすぐれたもの。例 甲第。❸カメやカニなどのからだをおおっているかたい、から。こうら。例 甲殻。亀甲。❹兵士のからだをおおうかたい武具。**よろい**。また、兵士。例 甲冑。甲兵。❺つめ。例 爪甲。❻攻撃を防ぐためのおおい。例 甲板。装甲。❼軍隊や自治組織の単位。宋代、王安石が新法の一つとして実施した保甲法に始まり、明・清代に至るまでさまざまな形で制度化された。❽具体名の代わりに用いる記号。例 某甲(=ある人)。

日本語での用法 一《コウ》①「手の甲」▼手や足の外がわの面。②「甲州・甲信越」▼旧国名「甲斐(=今の山梨県)」の略。二《カン》「甲高い声」▼声や音の調子が高い。三《かぶと》「甲虫・甲をぬぐ」▼頭にかぶる武具。

参考 本来、「甲」は「よろい」であり、「かぶと」の意に用いるのは、誤解にもとづく慣用。

古訓 中古 きのえ・コフ・すぐれたり・つめ・なれたり・よろひ 中世 かぶと・かる・きのえ・つめ・よろひ 近世 きのえ・なるる・まさる・よろひ

人名 か・かつ・き・はじむ・はじめ・まさ・まさる

【甲▼斐】かい 日①旧国名の一つ。今の山梨県にあたる。甲州。②〔「生きがい」「働きがい」などの場合の「かい」にあてた字〕ききめ。効果。例 やり―。努力の―がある。

【甲子】カッシ|コウシ ①干支のこと。十干十二支のこと。②十干の甲と、十二支の子の組み合わせにあたる年や月や日。きのえね。参考 兵庫県にある甲子園球場は甲子の年にあたる一九二四(大正十三)年の完成。

【甲▼冑】カッチュウ よろいと、かぶと。武具。例 ―に身を固める。

【甲板】カンパン|コウハン 日船の上部の、板または鉄板をしいた広く平らな床。デッキ。例 ―員。

【甲乙】コウオツ ①(十干の)第一と第二。②優劣。差別。例 ―つけがたい。

【甲科】コウカ ①漢代、三部門あった官吏任用試験のうちの第一。②科挙(=官吏登用試験)の各科にあった等級区分の一つで、上級のもの。また、その合格者。甲第。③明・清代、進士の通称。

【甲殻】コウカク エビ・カニのように、皮膚が多量の石灰質を含んで、かたいからとなったもの。甲。甲羅。例 ―類。

【甲館】【甲観】コウカン ①皇太子の宮殿。②六朝時代、図書をつかさどる官。また、宮中の図書館。

【甲骨文】コウコツブン 「甲骨文字」に同じ。

【甲骨文字】コウコツモジ 殷代に、カメの甲や獣骨を焼いてできるさけ目によって占った結果を、記録するために刻んだ文字。現在最古の中国の文字。殷墟文字。甲骨文。

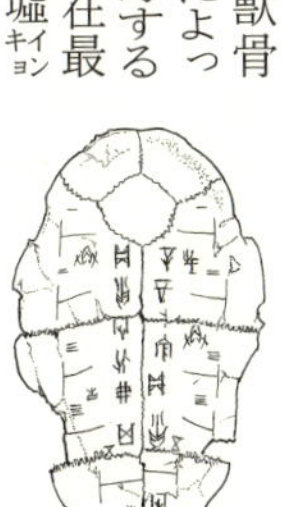

[甲骨文字]

【甲士】コウシ よろいをつけた兵士。類 甲卒。

【甲首】コウシュ ①敵方武装兵の、切り取った首。②武装兵士の長。部隊長。

【甲状腺】コウジョウセン 日のどの下にある内分泌器官。からだの発育や新陳代謝に関係するホルモンを分泌する。

【甲族】コウゾク 格式のある家柄。有力者の一族。

【甲第】コウダイ|コウテイ ①立派な邸宅。②「甲科②」に同じ。

【甲虫(蟲)】コウチュウ 一 カブトムシ・コガネムシなど、かたい前羽と外皮をもつ昆虫の総称。二かぶとむし 日コガネムシ科の昆虫。雄の頭部に先がふたまたに分かれた角(つの)がある。

【甲兵】コウヘイ ①よろいと武器。例 雖レ有二甲兵一、無レ所レ陳レ之(コウヘイありといえども、これをつらぬるところなし)(=よろいや武器があっても、並べることがない)。〈老子・八〇〉 ②武装兵士。また、軍隊。③戦争。

【甲夜】コウヤ 昔の時刻の呼び名で、五夜の一つ。およそ午後八時、およびその前後の二時間。初更。

【甲羅】コウラ 日 ①カメやカニなどのからだをおおっている、かたいから。甲。②年功のたとえ。例 ―を経る。

【甲論乙▼駁】コウロンオツバク 日 甲が論じると乙が反対するというように、意見がまちまちで議論がまとまらないこと。

申

田0 (5) 1 3129 7533 教3

シン 漢 呉 真 shēn もうす(まうーす)・さる・かさーねる(かさーぬ)

筆順 丨 冂 日 日 申

なりたち [象形]「臼(=両手)」で「丨」をひきのばす形。ひきのばす。また、もうしのべる。

意味 ❶まっすぐにする。のばす。のびる。通伸。例 屈申(クッシン)。❷説明する。意見を言う。**もうす**。例 申告(シンコク)。具申(グシン)。上申(ジョウシン)。❸繰り返す。さらにおこなう。**かさねる**。例 申レ之以二父母之命一(これをかさぬるにフボのメイをもってす)(=父母の言いつけを繰り返す)。〈儀礼・士昏礼〉 ❹明らかな。例 申証(シンショウ)(=明らかな証拠)。❺しばる。束縛する。例 申束(シンソク)(=束縛する)。❻いたる。例 独申レ旦而不レ寐兮(ひとりあしたにいたりてねられず)(=ひとり夜明けまで眠ることができない)。〈楚辞・九弁〉 ❼十二支の九番目。方位では西南西、時刻では午後四時、およびその前後の二時間。月では陰暦の七月。動物ではサルにあてる。**さる**。例 庚申塚(コウシンづか)。壬申(ジンシン)の乱(ラン)。

古訓 中古 かさぬ・さる・のびす・のぶ・まうす・もち 中世 かさぬる・さる・のぶる・まうす 近世 あきらか・かさなる・さる・のぶる・ひく・み

人名 あきら・しげる・のぶ・もち

【申▼誥】シンコウ 丁寧に訓戒する。

【申告】シンコク ①告発する。②日(上位の人に向かって)もうし出る。例 着任を―する。③日[法]公の機関に対して、一定の事項を明らかにし、届け出る。例 ―納税。

【申請】シンセイ 許可・認可などを、役所に願い出ること。

【申達】シンタツ ①栄達する。②日 通達する。上級官庁から下位の官庁へ文書で指令する。

【申命】シンメイ 重ねて命令する。類 申令。

【申理】シンリ 無実の罪について釈明する。

●具申(グシン)・上申(ジョウシン)・答申(トウシン)・内申(ナイシン)

由

田0 (5) 1 4519 7531 教3

ユイ 慣 ユウ(イウ) 漢 ユ 呉 尤 yóu よし・よーる

筆順 丨 冂 巾 由 由

なりたち [象形]「田(=はたけ)」にはいることができる道がある形。よりしたがう。

意味 ❶もとづく。したがう。そこを通る。**よる**。例 由来(ユライ)。経由(ケイユ)。自由(ジユウ)。理由(リユウ)。❷ものごとの起こるもと。原因。わけ。**よし**。例 由二堯舜一至二於湯一、五百有余歳(ギョウシュンよりトウにいたるまでゴヒャクユウヨサイ)(=堯・舜から湯王の時代まで五百年あまり)。〈孟子・尽心下〉 ❸…から。より。❹任用する。もちいる。❺まだ。なお。通猶。例 我由未レ免レ為二郷人一也(われなおいまだキョウジンたるをまぬかれざるなり)(=私はまだ凡人たるを免れない)。〈孟子・離婁下〉 ❻「なお…のごとし」と読む再読文字。ちょうど…のようなものだ。通猶。例 民帰レ之、由二水之就レ下(たみのこれにキするこそ、なおみずのひくきにつくがごとし)(=民がこの者に帰順するのは、ちょうど水が低いところへ流れるようなものです)。〈孟子・梁恵王上〉

日本語での用法 《よし》「お元気(ゲンキ)の由(よし)」▼話の内容。

古訓 中古 ごとし・したがふ・なほ・みち・もちゐる・ゆき・ゆく・よし・より・よる 中世 ごとし・なほ・もし・もちゆ・よし・よる 近世 おこなふ・ごとし・したがふ・なほ・ひこばえ・ふる・よる

人名 ただ・ただし・なお・ゆき・より

【由緒】ユイショ ①ものごとの起こり。縁起。いわれ。例 寺の―をたずねる。②日 立派な歴史や来歴。例 ―ある家柄。

【由縁】ユエン(ユウエン) ①ものごとの起こり。いわれ。②ゆかり。

【由来】ユライ ①ものごとの起源から経てきた道筋。来歴。いわれ。例 地名に―する姓。②もともと。元来。例 ―、景勝地として名高い。

●経由(ケイユ)・自由(ジユウ)・理由(リユウ)

[畃]

田2 (7) ⇨畝(うね)(893ジペー)

[畂]

田2 (7) ⇨畝(うね)(893ジペー)

男

田2 (7) 1 3543 7537 教1

ダン(ダム) 漢 ナン(ナム) 呉 覃 nán おとこ(をとこ)・おのこ(をのこ)・お(を)

筆順 丨 冂 冂 冃 田 男 男

なりたち [会意]「田(=はたけ)」と「力(=ちから)」とから成る。田で働く、おとこ。

意味 ❶**おとこ**。対女。例 男子(ダンシ)。男性(ダンセイ)。善男善女(ゼンナンゼンニョ)。❷むすこ。対女。例 嫡男(チャクナン)。長男(チョウナン)。❸五等爵(ゴトウシャク)(=公(コウ)・侯(コウ)・伯(ハク)・子(シ)・男(ダン))の第五位。例 男爵(ダンシャク)。

古訓 中古 を・をとこ・をのこ・をのご 中世 まするを・をとこ・をのこ 近世 をとこ・をのこ

人名 いさお・いさむ・おと

難読 男信(なましな)(=書名)・片男波(かたおなみ)

【男滝】おだき 日 二本並んだ滝の、大きい方の滝。雄滝(おだき)。対 女滝(めだき)。

【男坂】おとこざか 日(神社や寺などの参道に)坂が二つある場合、勾配(コウバイ)の急な方の坂。対 女坂(おんなざか)。

【男▼伊達】おとこだて 日 強きをくじき、弱きを助ける、義理人情に厚い人のこと。侠客(キョウカク)。

【男手】おとこで 日 ①働き手としての男性。男の力。例 ―が足りない。②男性の書いた文字。男の筆跡。例 ―の手紙。③漢字。類 男文字。▽対 女手。

【男前】おとこまえ 日 男ぶりのよいこと。

【男冥利】おとこミョウリ 日 男に生まれた幸せ。類 男冥加(おとこミョウガ)。例 ―につきる。

【男系】ダンケイ 日 父方の系統。父系。対 女系。

【男根】ダンコン 男性の生殖器。陰茎。

【男子】ダンシ ①男の子。②男。男性。③成人の男。例 ―一生の仕事。▽対 女子。

【多二男子一則多レ▼懼】(ダンシおおければすなわちおそれおおし) 男の子を多くもつと、心配事が多い。〈荘子・天地〉

【男児】ダンジ ①幼い男の子。また、息子。対 女児。例 ―服。②一人前の男。成年男子。例 日本―。

【男爵】ダンシャク 貴族の階級の一つ。五等爵(=公(コウ)・侯(コウ)・伯(ハク)・子(シ)・男(ダン))の第五位。また、その位をもつ人。

【男女】ダンジョ(ナンニョ) 男と女。例 ―共学(ダンジョキョウガク)。老若―(ロウニャクナンニョ)。

【男色】ダンショク(ナンショク) 男性の同性愛。ホモセクシャル。

【男声】ダンセイ ①男の声。②日 声楽で、男性の声の受け持つ音域。テノール・バリトン・バスなど。例 ―合唱。▽対 女声。

【男性】ダンセイ 日 男。男子。対 女性。例 ―的。

【男装】ダンソウ 女性が男性のよそおいをすること。対 女装。

【男尊女卑】ダンソンジョヒ 男性をすぐれているとして、上位において重んじ、女性を、能力が劣り下位にあるものとして、大事にしない考え方。また、それによっておこなわれる風習。〈列子・天瑞〉

【男優】ダンユウ 男の俳優。㊟女優。例 主演―。

●下男ゲナン・次男ジナン・善男ゼンナン・嫡男チャクナン・長男チョウナン・年男としおとこ・美男ビナン

町

田2(7) 1 3614 753A 教1

一 テイ 漢 チョウ(チャウ) 呉 迥 tǐng
二 テン 漢 銑 tiǎn

まち

[甼] 田2(7) 2 6522 753C 別体字。

筆順 一 口 冂 田 田 田一 町

なりたち [形声]「田(=はたけ)」と、音「丁テイ」とから成る。人が畑仕事をするところ。

意味 一 田や畑。また、田や畑をくぎる細い道。あぜ。二「町疃テン」は、シカの足あと。〔一説に、家のそばの空き地〕

日本語での用法 一《チョウ》①「町議会チョウギカイ・町立チョウリツ・市町村シチョウソン」▼地方公共団体の一つ。まち。②「三十六町サンジュウロクチョウは一里イチリ」▼尺貫法の長さの単位。一町は六十間ケン(=約一〇九メートル)。③「町歩チョウブ」▼尺貫法の面積の単位。一町は十反タン。三千坪(=約九九・二アール)。二《まち》「町奉行まちブギョウ・城下町ジョウカまち・基地キチの町まち」▼市街地。

古訓 中古 なはて・まち 中世 つぼ・まち 近世 まち・まちまちにす

【町家】チョウカ/まちや 日 ①まちなかの家。②江戸時代に、町人の家。特に、商人・職人の家。

【町会】チョウカイ 日 ①「町議会」のもとの言い方。②町内の行事などを相談し、とりおこなう集まり。類 町内会。例 ―費。

【町▼畦】チョウケイ/チョウテイ ①田のあぜ。②境界。

【町制】チョウセイ 日 地方公共団体としての町の構成や権限などに関する制度。例 ―をしく。

【町政】チョウセイ 日 地方公共団体としての町の政治・行政。

【町村】チョウソン 日 町と村。地方公共団体としての町と村。

【町長】チョウチョウ 日 地方公共団体である町の行政の首長。また、その役にある人。例 ―を選ぶ。

【町内】チョウナイ 日 ①市街の中の小区画である、一つの町の中。例 ―会。②地方公共団体としての町の中。

【町人】チョウニン 日 江戸時代、都市に住んで、商工業に従事した人。例 江戸の―文化。

【町民】チョウミン 日 まちの住民。例 ―税。

【町医(醫)者】まちイシャ 日 個人で医院などを経営している医者。開業医。

●城下町ジョウカまち・港町みなとまち・横町よこチョウ

甸

田2(7) 2 5020 7538

テン 漢 デン 呉 霰 diàn

意味 ❶都城(=天子の住む都)から一定の距離内の区域。例 甸服デンプク。甸畿デンキ。❷郊外。❸田野。また、田野でとれる産物。❹おさめる。

難読 緬甸メンデン(=今のミャンマー)・羅甸ラテン

【甸畿】デンキ 天子の都城からの距離が、千五百里から二千里の間の区域。

【甸服】デンプク 〔「服」は、天子に服従する意〕①天子の都城から五百里までの区域。あるいは、その外周五百里幅の地の、さらに外周五百里幅の地。②都城付近の地。

画

田3(8) 1 1872 753B 教2

一 カク(クワク) 漢 陌 huà
二 カイ(クワイ) 漢 ガ(グワ)・エ(ヱ) 呉 卦 huà

かぎ-る・はか-る・えが-く(ゑが-く)

[畫] 田7(12) 2 6533 756B 旧字体。

[畵] 田8(13) 7575 本字。

筆順 一 丆 冂 币 帀 亜 画 画

なりたち [会意]「聿(=筆でかく)」と「田(=はたけ)」の四方をくぎった形。くぎる。

意味 一 ❶さかいをつける。くぎる。かぎる。通 劃カク。例 画然カクゼン。区画クカク。❷とどまる。自ら限界を設ける。例 今女画いまなんじはかぎれり(=今おまえは自らを見限った)。〈論語・雍也〉❸はかる。はかりごと。通 劃カク。例 画策カクサク。計画ケイカク。❹漢字の点や線、また、それを数えることば。通 劃カク。例 画数カクスウ。字画ジカク。❺琵琶ビワの全弦を横一文字に弾く。二 ❶絵をかく。えがく。例 画家ガカ。画竜点睛ガリョウテンセイ。❷絵。例 画商ガショウ。絵画カイガ。

古訓 中古 かく・はかりこと・はかる・ヱ・ヱかく 中世 はかる・やむ・ヱ・ヱがく 近世 かぎり・かぎる・はかりごと・わかつ・ヱ・ヱがく

【画架】ガカ 日 画板やカンバスを立てかける台。イーゼル。

【画家】ガカ 絵をかくことを職業とする人。絵かき。絵師。

【画角】ガカク 絵や色のついた角笛つのぶえ。帝王の巡幸や軍事に用いた。

【画学】ガガク ①画家を養成する学校。②絵をかくための技術や考え方。ドローイング。③絵画を研究する学問。

【画境】ガキョウ その絵に表現されている、画家の意図や心境。

【画業】ガギョウ ①絵をかく仕事。②画家としての業績。

【画一】カクイツ ①整って一律である。②日 それぞれの性質や事情を考えず、すべてを同じようにあつかうこと。例 ―的。▽劃一カクイツ。

【画策】カクサク/カクサクす はかりごとをめぐらすこと。たくらむこと。例 陰で―する。

【画数】カクスウ 漢字をかたちづくっている点や線の数。字画数。〔一画イッカク、二画ニカク、…と数える〕

【画然】カクゼン (刃物で線を引いたように)区別や違いが、はっきりしているさま。劃然カクゼン。例 ―と区別する。

【画定】カクテイ 境界をはっきり区切りさだめる。劃定カクテイ。

【画面】一 カクメン 顔に入れ墨をする。二 ガメン 日 ①絵がかいてある面。また、絵の表面。②テレビや映画の画像。また、パソコンなどの、文字や画像の出る面。

【画工】ガコウ 絵をかくことを職業とする人。絵かき。画家。類 画手・画匠。

【画才】ガサイ 絵をかく才能。

【画材】ガザイ ①絵画の題材。絵になる事物。②絵をかくのに必要な材料。例 ―屋。

【画賛】【画▼讃】ガサン 東洋画で、絵の余白に説明として書きつける、由来や趣旨などの文章や詩句。

【画室】ガシツ ①壁画の描いてある部屋。②部屋に絵をかく。③日 絵をかくための部屋。アトリエ。

【画趣】ガシュ 絵にしたいような、よい景色や事物の様子。

【画集】ガシュウ 日 絵をあつめた本。例 花の―。

【画商】ガショウ 画家のかいた絵を売買する職業。また、その人。

【画▼帖】ガジョウ/ガチョウ 絵を集めてとじた本。絵の手本。

【画脂▼鏤氷】ガシロウヒョウ/あぶらにえがきこおりにちりばむ 苦労のかいのないたとえ。〔あぶらに絵をかき、氷に彫刻する意〕〈塩鉄・殊路〉

【画仙紙】【画▼牋紙】ガセンシ 日 書や絵に用いる、もと中国産の大判の紙。雅仙紙。雅宣紙。宣紙。

【画像】ガゾウ ①絵としてかかれた肖像。②日 写真・映画・テレビなどにあらわされた形。例 —を処理する。

【画題】(ガダイ) ①文書に署名して、承認する。②日絵の題名。③日絵の主題や内容。例 東洋画の—。

【画壇】(ガダン) 日画家たちの社会。

【画帳】(ガチョウ) 日①絵をかくための帳面。②絵を集め、とじて一冊としたもの。▽画帖(ガジョウ)。

【画期的】(カッキテキ) 日新発見や、すぐれたものの出現によって、新しい時代が来たと思わせるようなさま。エポックメーキング。劃期的(カッキテキ)。例 —な発明。

【画伯】(ガハク) 日〔「伯」は、一芸にひいでた人の意〕絵の大家。また、画家を敬っていうことば。例 藤田嗣治(ふじたつぐはる)—。

【画板】(ガバン) 日①絵をかくときに台とするいた。②絵をかくのにカンバスの代わりに用いるボード。

【画眉】(ガビ) ①まゆずみでまゆをかく。また、そのまゆ。美人をいう。②夫婦仲のよいたとえ。〔漢の張敞(チョウショウ)が妻にまゆをかいてやった故事から〕〈漢書・張敞伝〉③ホオジロの別名。

【画筆】(ガヒツ) 絵をかくのに用いるふで。えふで。

【画▼鋲】(ガビョウ) 日紙などを掲示板や壁にとめるための鋲。

【画布】(ガフ) ①模様のある布。②日油絵のためのカンバス。

【画譜】(ガフ) 絵を集めて、一定の順序に並べた本。

【画風】(ガフウ) 絵のかき方の特色。

【画幅】(ガフク) 絵を掛け軸にしたもの。

【画餅】(ガベイ—ガヘイ) (絵にかいた餅(もち)が食べられないように)実際の役には立たないもの。〈魏志・盧毓伝〉から〕例 —に帰(キ)す(=計画や努力が無駄になる)。

【画▼舫】(ガホウ—ガボウ) 美しくいろどった船。

【画報】(ガホウ) 日写真や絵を中心とした雑誌。例 風俗—。

【画用紙】(ガヨウシ) 日絵をかくのに用いる紙。

【画竜点▼睛】(ガリョウテンセイ) 最後に大切なところに手を加えて、完成させること。わずかな手入れによって全体が引き立つことのたとえ。例 —を欠く(=最後の仕上げをしていないために、全体に迫力や生命感がない)。〔同様の伝説は烈裔(レツエイ)の故事として〈拾遺記・四〉にも見える〕◆梁(リョウ)の時代に、張僧繇(チョウソウヨウ)という絵の名人がいた。金陵(キンリョウ)(=今の南京(ナンキン))にある安楽寺の壁の四面に四匹の竜の絵をかいたが、睛(ひとみ)だけはかき入れず、「睛を入れたら、竜はすぐに飛んでいってしまう」と言っていた。人々はでたらめだと思い、ぜひ睛をかき入れるようにとたのんだ。そこで、張僧繇がそのうちの二匹に睛をかき入れると、天にのぼってしまったという。……〈歴代名画記・七〉

【画廊】(ガロウ) ①絵で彩った廊下。②日絵画などの美術品を展示するところ。ギャラリー。③日画商の店。

【画楼】(ガロウ) 美しく彩った高殿。

◎映画(エイガ)・絵画(カイガ)・企画(キカク)・計画(ケイカク)・字画(ジカク)・書画(ショガ)・図画(ズガ)・版画(ハンガ)・壁画(ヘキガ)・名画(メイガ)・洋画(ヨウガ)・録画(ロクガ)

［畘］
田3(8) ⇩畎(ケン)(893ページ)

甾
田3(8) 4 8123 753E

一シ漢 支 zī 二サイ漢 灰 zāi

意味 一❶川の名。通淄(シ)。❷キジの一種。二災害。災い。通災。例 甾害(サイガイ)。

畀
田3(8) 4 8124 7540

ヒ漢 寘 bì

意味 あたえる。たまう。

［甾］
田3(8) ⇩留(リュウ)(894ページ)

畏
田4(9) 1 1658 754F 常用

イ(ヰ)漢呉 未 wèi

おそれる(おそ-る)・かしこ-まる・かしこ

筆順 

なりたち  [会意]「田(=鬼の頭)」と「虎(=とら)」の省略体とから成る。鬼の頭でトラのつめをもつ恐ろしいもの。おそれる。

意味 ❶恐ろしいものを見て、こわがる。おそれおののく。例 畏怖(イフ)。❷自分の能力のおよばないものに対して、敬う気持ちをいだく。おそれうやまう。例 畏敬(イケイ)。畏友(イユウ)。❸危険な体験をする。例 子畏二於匡一(シキョウにイす)(=孔子は匡の地で危難にあった)。〈論語・子罕〉❹災難に遭って死ぬ。

日本語での用法 《かしこまる》①「畏(かしこ)まって話(はなし)を聞(き)く」▼きちんとした態度をとる。②「そんなに畏(かしこ)まらず、どうぞお楽(ラク)に」▼緊張して、正座する。③「畏(かしこ)まりました」▼つつしんで承知する。

古訓 中古 おそる・おづ・かしこまる・つつしむ・はら 中世 おそる・おどろく・かしこまる・にくむ 近世 いむ・おそる・おどろく・にくむ・はばむ

【畏悪】(イオ) おそれ憎む。

【畏▼懼】(イク) 〔「懼」も、おそれる意〕おそれる。はばかりおそれる。恐懼(キョウク)。類 畏恐。

【畏敬】(イケイ) おそれうやまう。心からうやまう。敬服。例 —の念をいだく。

【畏日】(イジツ) ①光の強い、夏の太陽。②とりおこなうことを避けるべき日。

【畏縮】(イシュク) おそれかしこまって、自由にふるまえなくなる。

【畏▼憚】(イタン) おそれはばかる。

【畏途】(イト)【畏塗】(イト) 険しくおそろしい道。

【畏怖】(イフ) おそれおののく。例 敬愛する一方で—する。

【畏服】(イフク) つつしみ服従する。類 畏附。

【畏友】(イユウ) 尊敬している友人。例 —田中氏に謝する。

［畆］
田4(9) ⇩畝(ねう)(893ページ)

［畂］
田4(9) ⇩畝(ねう)(893ページ)

界
田4(9) 1 1906 754C 教3

カイ漢呉 卦 jiè

さかい(さかひ)

［畍］
田4(9) 2 6524 754D 本字。

筆順 

なりたち 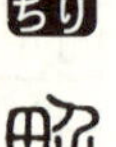 [形声]「田(=はたけ)」と、音「介(カイ)(=くぎる)」とから成る。くぎり。

意味 ❶くぎられた、さかいめ。しきり。さかい。例 境界(キョウカイ)。限界(ゲンカイ)。❷限り。果て。例 天界(テンカイ)(=天の果て)。❸しきりのなか。範囲。例 学界(ガッカイ)。財界(ザイカイ)。世界(セカイ)。❹境界を接する。例 三国之与二秦壌一界而患急(サンゴクのシンジョウとさかいしてうれいキュウなり)(=《魏(ギ)・趙(チョウ)・楚(ソ)の》三国は秦の国土と接しており、そのうれいは差し迫っております)。〈戦国策・斉三〉❺境界をもうける。わける。へだてる。例 瀑布飛流以界レ道(バクフとびながれてもってみちをさかいす)(=瀑布は激しい勢いで流れ落ち、道の境界となっている)。〈孫綽・游天台山賦〉

古訓 中古 かぎる・さかひ・さかふ 中世 かぎり・さかひ 近世 かぎり・かぎる・さかひ・さかふ

【界域】(カイイキ) ①境界。②あたり。範囲。

【界限】(カイゲン) 区切り。境界。

【界面】(カイメン) 日二つの物質の接触している、さかいの面。例 —活性剤。

【界▼隈】(カイワイ) 日そのあたり。付近。周辺。近辺。例 銀座—。

◎外界(ガイカイ)・学界(ガッカイ)・境界(キョウカイ)・業界(ギョウカイ)・限界(ゲンカイ)・財界(ザイカイ)・視界(シカイ)・政界(セイカイ)・世界(セカイ)

畎 田4(9) 4 8126 754E ケン(クェン)漢 銑 quǎn

意味 耕作地を流れる水路。みぞ。例 畎畝(ケンボ)。

[甽] 田3(8) 4 8122 753D 古字。

【畎畝】ケンボ|ケンボウ ①田畑。例 舜発二於畎畝之中一(シュンはケンボのうちよりおこる)(=舜は田畑を耕していたところを(堯(ギョウ)に)見いだされ用いられるようになった)。〈孟子・告子下〉 ②田畑の溝やうね。耕作地の境。③庶民。民間。

[畊] 田4(9) ⇨耕(コウ)(1078ジ)

畋 田4(9) 2 5834 754B テン漢 デン呉 先 tián かーり・かりーする(かりーす)・たつくーる

意味 ❶田畑をたがやす。たつくる。通田・佃(デン)。❷狩りをする。かりする。通田・佃(デン)。例 畋猟(デンリョウ)。

【畋猟】デンリョウ 狩り。狩猟。

畑 田4(9) 1 4010 7551 教3 国字 はた・はたけ

筆順 … 畑

なりたち 国字。[会意]「田(=はたけ)」と「火(=ひ)」とから成る。草木を焼いてひらいた、はたけ。

意味 ❶水を入れずに野菜や穀物を作る耕地。**はたけ**。**はた**。例 畑作(はたサク)。畑地(はたチ)。田畑(デンばた)。❷専門の分野。例 畑違い(はたけちがい)(=専門外)。技術畑(ギジュツばたけ)。

古訓 中世 はた 近世 はた・はたけ

【畑作】はたサク 日 はたけに作物をつくること。

【畑地】はたチ 日 はたけとして耕作する土地。

●茶畑(チャばたけ)・田畑(デンばた|たはた)・花畑(はなばたけ)・麦畑(むぎばたけ)

畈 田4(9) 4 8125 7548 タン慣 ハン漢 願 fàn

意味 耕作地。田畑。参考 西畈畝(にしタンボ)(=愛知県の地名)。

畉 田4(9) 2 6526 7549 フ漢 虞 fū たがやーす

意味 田畑を耕作する。**たがやす**。

畐 田4(9) 4 8127 7550 フク漢 屋 fú

意味 ❶いっぱいになる。みちる。❷足のない鬲(レキ)。

畝 田5(10) 1 3206 755D 常用 ホ慣 ボ漢 有 mǔ うね・せ

[㽗] 田2(7) 4 8120 3F57 俗字。

[畆] 田4(9) 2 6528 7546 俗字。

[畞] 田5(10) 755E 別体字。

[𤰖] 田2(7) 4 8121 24C16 俗字。

[畒] 田4(9) 4 8128 7552 俗字。

筆順 … 畝

なりたち 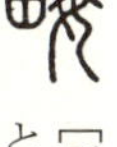 [形声] 本字は「畮」で、「田(=はたけ)」と、音「每(バイ→ボ)」とから成る。百歩(ホ)の地。

意味 ❶土地の面積の単位。周代、六尺を一歩(ポ)として一〇〇平方歩。秦(シン)以降、五尺を一歩(イッポ)として二四〇平方歩。❷土を盛って作物を植える部分。**うね**。例 畦畝(ケイホ)(=うね)。田畝(デンポ)。❸田畑。

日本語での用法《せ》▼田畑などの面積の単位。一反(タン)の十分の一。一畝は三十歩(ブ)(=約一アール)。

古訓 中古 うね 中世 うね 近世 うね・せ

難読 畝傍(うねび)(=地名)

畛 田5(10) 2 6527 755B シン漢 軫 zhěn あぜ・うね・ちまた・なわて(なはて)

意味 ❶耕作地のあいだの通路。**あぜ**。❷境界。くぎり。**うね**。例 畛域(シンイキ)(=区切り。範囲)。❸告げる。例 畛二於鬼神一(キシンにつぐ)(=鬼神に告げる)。〈礼記・曲礼下〉

畜 田5(10) 1 3560 755C 常用 一 チク慣 キク漢呉 屋 xù 二 チク漢呉 キュウ(キウ)漢呉 宥 chù たくわーえる(たくはーふ)

筆順 … 畜

なりたち  [会意]「茲(=ふえる)」の省略体である「玄」と「田(=はたけ)」とから成る。農耕につとめて、ふやし、たくわえる。

意味 一 ❶(お金や作物を)**たくわえる**。また、たくわえた財物。通蓄。❷動物を飼う。飼育する。人を養育する。やしなう。例 畜養(チクヨウ)。牧畜(ボクチク)。❸受け入れる。ゆるす。例 獲二罪於両君一、天下誰畜レ之(つみをリョウクンにえば、テンカたれかこれをいれん)(=二人の君主に対して罪を犯したならば、天下のだれがこの者を受け入れるだろうか)。〈左伝・襄二六〉 ❹よろこぶ。好む。二 食用や仕事のために飼う動物。また、獣。例 畜類(チクルイ)。家畜(カチク)。人畜(ジンチク)。

古訓 中古 いる・かふ・けだもの・たくはふ・やしなふ 中世 かふ・けだもの・たくはふ 近世 いるる・かふ・けもの・たくはふ・とどむ・やしなふ

人名 ます

【畜殺】チクサツ 日「屠殺(トサツ)」の新しい言い方。例 ―場。

【畜産】チクサン|キュウサン ①家畜。②人をののしることば。畜生。③家畜を育てて人間生活に利用すること。また、その産業。

【畜積】一 チクシ 貯蔵。たくわえ。二 チクセキ たくわえる。

【畜生】チクショウ 〔もとの読みは「キュウセイ」〕 ①獣。動物。②人の道をはずれた、けだもののような人。③ののしりや、のろいのことば。ちきしょう。④〔仏〕生前の悪行がたたり、死後生まれ変わったけだものの姿。

【畜牧】チクボク|キクボク 牧場などで家畜を飼育する。

【畜養】チクヨウ 家畜を飼い養うこと。

【畜類】チクルイ ①家畜。②けだもの。

●役畜(エキチク)・家畜(カチク)・人畜(ジンチク)・牧畜(ボクチク)

畠 田5(10) 1 4011 7560 人 国字 ハク・バク はた・はたけ

参考 音「ハク」は、「畠」の「白」を読んだ日本の字音。

なりたち 国字。[会意]「白(=しろい)」と「田(=た)」とから成る。かわいた耕作地。

意味 白くかわいた耕作地。田畠(デンバク|デンばた)。段段畠(ダンダンばたけ)。**はたけ**。例 畠打ち(はたうち)(=はたけを耕すこと)。

古訓 中古 はたけ 中世 はたけ 近世 はたけ

畔 田5(10) 1 4042 7554 常用 ハン漢 バン呉 翰 pàn あぜ・くろ・ほとり

[畔] 田5(10) ―― 旧字体。

筆順 … 畔

5画

[田] 4―5画▼ 畎畊畋畑畈畉畐畝畞畛畜畠畔畔

なりたち  [形声]「田(=はたけ)」と、音「半(ハン)」とから成る。はたけのさかい。

意味 ❶田と田を分ける境界。あぜみち。あぜ。くろ。❷水と岸とを分ける境界。みぎわ。ほとり。例 湖畔(コハン)。❸境界。例 畔界(ハンカイ)。❹敵対する。そむく。通 叛(ハン)。例 畔逆(ハンギャク)。

古訓 中古 あぜ・かぎる・かたはら・くろ・そむく・なはて・ほとり 中世 あぜ・くろ・そむく・なはて・ほとり 近世 あぜ・くろ・そむく・ほとり

【畔岸】ハンガン〔田のあぜと川の岸の意〕①果て。限り。②人をへだてる。③勝手気ままなさま。

【畔逆】ハンギャク 反逆する。そむく。

畚
田5(10) 2 6529 755A ホン漢 阮 běn もっこ・ふご

意味 アサやタケなどで作った、かご状の土を運ぶ道具。もっこ。ふご。

留
田5(10) 1 4617 7559 教5 リュウ(リウ)漢 ル呉 尤 liú とめる(と-む)・とまる・とど-まる・とど-める(とど-む)

[畱] 田7(12) 4 8131 7571 本字。 [畄] 田3(8) 2 6523 7544 俗字。

筆順 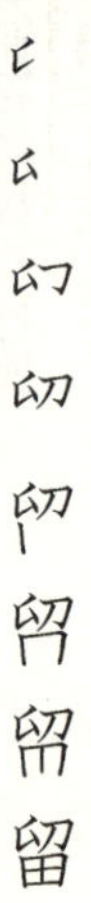

なりたち  [形声]「田(=止まるところ)」と、音「丣(ユウ→リュウ)」とから成る。とどまる。

意味 ❶動かずに同じところにいる。とどまる。とまる。例 留学(リュウガク)。駐留(チュウリュウ)。逗留(トウリュウ)。❷同じところにとめておく。とどめる。とめる。例 留意(リュウイ)。慰留(イリュウ)。保留(ホリュウ)。❸⇩【留落】リュウラク ❹⇩【留連】リュウレン

古訓 中古 うかがふ・とどまる・とどむ・ひさし 中世 とどまる・とどむ・ひさし 近世 とどまる・とどむ・とまる・とめる・ひさし

人名 と・とどむ・とめ・ひさ・ひさし

【留意】リュウイ|イを とどむ 心にとめて忘れないようにする。気をつける。注意。留心。例 健康に—する。

【留学】リュウガク 外国や国内のよその大学や研究機関などに属して、教育を受けたり研究活動をしたりする。

【留止】リュウシ とどまる。その場に残る。

【留▼錫】リュウシャク|シャクを とどむ〔「錫」は、錫杖(シャクジョウ)の意〕行脚(アンギャ)の僧が、行くさきざきの寺にしばらく滞在する。

【留守】㊀リュウシュ ①天子が行幸している間、とどまって都をまもること。また、その役目の重臣。②ある場所にとどまって、そこを管理する。留守番。㊁ルス 日 ①家人のいない間、その家をまもること。留守番。例 —をあずかる。②不在。例 —宅。③注意がそれること。例 仕事が—になる。

【留取】リュウシュ とどめる。あとに残しておく。

【留心】リュウシン【留神】リュウシン 注意する。留意。

【留滞】リュウタイ ①とどまる。②蓄える。③とどこおる。停滞。

【留置】リュウチ ①とどめおく。②日 人や物を一定の機関の支配下におく。例 押収した物を—する。③日 警察などで、被疑者を一時とどめておく。例 —場。

【留鳥】リュウチョウ 日 一年中、すむ土地を変えない鳥。スズメ・カラスなど。対 候鳥。

【留任】リュウニン 任期が終わって、さらに同じ職や役目に任じられ、そのまま続ける。

【留年】リュウネン 日 学生が、卒業や進級をしないで、原級にとどまる。落第。

【留別】リュウベツ 旅立つ人が詩文を残して、見送りの人に別れを告げること。

【留保】リュウホ 日 その場で決定しないで、そのままの状態にとどめておく。決定をもちこす。保留。例 回答を一時—する。

【留落】リュウラク ①事故などで進軍できなかったり、功名をあげられなかったりすること。流落。②流浪する。

【留連】リュウレン ①去りがたく、ぐずぐずしているさま。いつづける。流連。②流浪するさま。

●慰留(イリュウ)・寄留(キリュウ)・在留(ザイリュウ)・残留(ザンリュウ)・滞留(タイリュウ)・駐留(チュウリュウ)・保留(ホリュウ)

異
田6(11) 1 1659 7570 教6 イ漢呉 寘 yì こと・ことなる

筆順 

なりたち 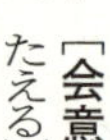 [会意]「廾(=両手をあげる)」と「畀(=あたえる)」とから成る。分ける。

意味 ❶分ける。別々にする。区別する。ことにす。例 異二是非一(ゼヒをことにす)(=是非を区別する)。〈新語・道基〉❷同じではない。別の。ほかの。ことなる。対 同。例 異国(イコク)。異性(イセイ)。❸普通でない。奇怪な。あやしい。例 異状(イジョウ)。異変(イヘン)。怪異(カイイ)。❹非凡な。きわだってすぐれた。例 異才(イサイ)。異彩(イサイ)。異色(イショク)。❺いぶかしく思う。奇妙に思う。例 漁人甚異レ之(ギョジンはなはだこれをイとす)(=漁師はとても奇妙に感じた)。〈陶淵明・桃花源記〉❻すぐれていると考える。特別にする。例 寵異(チョウイ)(=寵愛する)。❼不思議なできごと。わざわい。例 災異(サイイ)。

古訓 中古 あやし・あやしむ・ことなり・ことに・めづらし 中世 あやし・ことなり・めづらし 近世 あやしむ・けやけし・ことなり・たがふ・まれ・めづらし・わかつ

人名 より

難読 異情(あだしこころ)

【異意】イイ ①意見を異(こと)にする。②謀反の心。異心。

【異域】イイキ よその土地。異国。外国。例 別離方異域(ベツリまさにイイキ)(=別れてしまうと、別世界へ行ってしまうのだ)。〈王維・送秘書晁監還日本国〉

【異域▼之鬼】イイキの キ 外国で死んだ人。〈李陵・答蘇武書〉

【異化】イカ 日 ①(生) 生物が体内に取り入れた複雑な成分を簡単な物質に分解すること。異化作用。対 同化。②心理学で、違いをきわだたせること。

【異客】イカク ①他郷から来た人。②旅人。例 独在二異郷一為二異客一(ひとりイキョウにありてイカクとなる)(=わたしはただひとり他国の空に旅暮らしの身である)。〈王維・九月九日憶山東兄弟〉

【異学】イガク ①異端の学問。正統でない学問。②日 江戸時代に正学(セイガク)とされた朱子学の側から、それ以外の儒学を指したことば。陽明学など。例 —の禁。

【異観】イカン 珍しい景色・眺め。例 —を呈する。

【異義】イギ ①違った意味。別の意味。例 同音—語。②別の意見。

【異議】イギ ①他人と違う意見。反対意見。異論。異存。例 —なし。—を唱える。②〔法〕ある事項についての反対・不服の意思。例 —申し立て。

【異教】イキョウ ①自分が信仰する宗教と違った宗教。例 —徒。②キリスト教から他の宗教を指す言い方。

【異郷】イキョウ 自分の郷里でない、よその土地。他郷。外国。対 故郷。例 —に新天地をひらく。

【異境】イキョウ 外国。よその土地。例 —をさまよう。

【異形】イギョウ|イケイ 普通とは違ったかたち。異様なかたち。例 —の化け物。—の者。

【異曲同工】イキョクドウコウ ⇩【同工異曲】ドウコウイキョク(231ページ)

【異口同音】イクドウオン おおぜいが口をそろえて同じことを言うこと。〈雑阿含経・三〉例 —に答える。

【異見】イケン ほかの人と違った考え。例―を述べる。
【異国】イコク よその国。外国。異邦。例―の人。
【異国情緒】イコクジョウチョ｜イコクジョウショ 日外国で味わう独特の気分や感じ。エキゾチシズム。類異国情調。例―あふれる街。
【異才】イサイ すぐれた才能。また、才能のすぐれた人。偉才。類異材。例画壇の―。
【異彩】【異采】イサイ ①特別な光や色合い。ひときわ美しい色彩。②人やものがきわだってすぐれていること。すぐれた特色。例―を放つ。
【異志】イシ 謀反する心。ふたごころ。異心。
【異事】イジ ①異常な事柄。事件。②珍しい事柄。③別々の職務。
【異時】イジ ①別のとき。②以前。先日。③以後。他日。▽類異日。
【異質】イシツ ①すぐれた資質。②成分や性質が違うこと。対等質・同質。例―の文化。
【異字同訓】イジドウクン 日いくつかの漢字が、似た意味をもち、同じ訓であるもの。たとえば、「はかる」とよむ「計る」「量る」「測る」「図る」「謀る」など。
【異種】イシュ 違う種類。別種。例―交配。
【異臭】イシュウ 普通とは違ったにおい。いやなにおい。例―がたちこめる。
【異称】イショウ 「異名(イミョウ)」に同じ。
【異状】イジョウ ①他と違った形状。②普通と違った状態。変わった様子。別状。例―なし。神経に―がある。
【異常】イジョウ 平常どおりでないこと。また、普通ではないこと。アブノーマル。対正常。例―気象。―を示す。
【異色】イショク ①他と違う色。例―を配する。②普通と違ってすぐれた特性。例―の作品。
【異心】イシン 謀反の心。人を裏切ろうとする気持ち。ふたごころ。異志。例―をいだく。
【異人】イジン ①違う人。別人。例同名―。②優れた人。③風変わりな人。変人。奇人。④日外国の人。異邦人。〔明治以後、多く西洋人を指した〕例―館。―屋敷。
【異数】イスウ ①等級が異なる。格差をつける。②普通でない、特別の礼遇。異例。
【異姓】イセイ 名字(ミョウジ)が違うこと。他姓。別姓。対同姓。
【異性】イセイ ①性質が別であること。②日自分の性と違う性。〔男性から女性を、女性から男性を指す〕例―との交際。▽対同性。
【異説】イセツ ①普通とは違った学説や考え。②ある説とは別の説。異論。例―を唱える。対通説・定説。
【異相】イソウ 普通とは違う人相や姿。異形(イギョウ)。
【異俗】イゾク ①風俗が違う。②悪い風習。
【異存】イゾン 日①人と違った意見。②反対の意見。異議。例―はない。
【異体】イタイ ①(テイ) 普通と変わった姿。異形(イギョウ)。異相。②別々のからだ。別の個体。対同体。例雌雄―。③日漢字やかなの、標準的な字体でない字体。異体字。通用字・俗字・略字などの形。例、「卆」は「卒」の、「丼」は「井」の、「ゝ」は「い」の異体。対正体(セイタイ)。
【異態】イタイ ①状態をことにする。②普通と違ったありさま。また、景色などが珍しいさま。
【異端】イタン ①儒家以外の学説。例攻二乎異端一(イタンをおさむ)(＝聖人の教えでない学説を学ぶ)。〈論語・為政〉②ある時代やある社会で、正しいとされている学説や思想・宗教からはずれていること。例―者。③自分の信仰と違う教え。
【異端邪説】イタンジャセツ 正統でない学説。〈蘇軾・擬進士対御試策〉
【異朝】イチョウ ①外国の朝廷。②日外国。異国。〔明治以前には、特に中国を指した〕対本朝。
【異図】イト 謀反の心。異心。
【異土】イド 外国。異国。異郷。例―に客死(カクシ)する(＝旅の途中、外国で死ぬ)。
【異等】イトウ 〔「等」は、等級の意〕才能などが常人と違い、すぐれている。
【異同】イドウ ①違っている点と、同じ点。②違っている点。違い。相違。例両者の―。
【異動】イドウ 日住所・所属・地位・職務・任地などが変わる。また、変える。例人事―。
【異能】イノウ 普通の人にはない、特別のすぐれた才能。
【異父】イフ 母親が同じで父親が違うこと。例―兄弟。
【異腹】イフク 父親が同じで母親が違うこと。腹違い。異母。対同腹。例―の兄。
【異物】イブツ ①(あるはずのない)違ったもの。別のもの。例米に―が混入する。②〔医〕体内にはいったり、発生したりしたもので、からだの組織になじまないもの。飲みこんだ針、結石など。
【異聞】イブン 珍しい話。変わった話。珍聞。奇聞。
【異分子】イブンシ 日一つの集団の中で、他の者と性質・思想・種類などが違う者。例党内の―を排除する。
【異変】イヘン ①変わったできごと。天災や動乱など、非常の事態。変事。例暖冬―。身に―が起きる。②目に見えて変わること。変化。変異。例子供の―に気づく。
【異母】イボ 父親が同じで母親が違うこと。異腹。腹違い。
【異邦】イホウ よその国。外国。異国。例―人。
【異本】イホン ①珍しい本。②同一の内容の書物と見えるが、流布や書写を経て、標準になるものとは、文字や内容に多少違いのある本。一本。別本(ベッポン)。
【異味】イミ｜イビ きわだって、うまい味。美味。
【異名】イミョウ｜イメイ ①本名以外の名。別名。別称。一名。例師走(しわす)は十二月の―だ。②特徴をよくあらわす呼び名。あだな。③動植物の名で、学名・漢名などと違う通り名。例ライラックは、ムラサキハシドイの―だ。▽異称。
【異様】イヨウ｜イこと 普通と違うこと。変わった様子であること。例―(イヨウ)な雰囲気。
【異類】イルイ ①人種や風俗の違う人々。②人間以外のもの。鳥獣や鬼神。③互いに種類が違っている。④〔仏〕畜生・餓鬼などをいう。
【異例】イレイ ①いつもと違うこと。前例のない特別なこと。例―の昇進。②日からだの調子が普通でないこと。
【異路同帰】イロドウキ〔道は違っても到着点は同じである意〕方法は違っても結果は同じであることのたとえ。〈淮南・本経〉
【異論】イロン 人と違う議論や意見。反対の意見。異議。異見。例―をさしはさむ余地がない。
●怪異(カイイ)・奇異(キイ)・驚異(キョウイ)・差異(サイ)・小異(ショウイ)・特異(トクイ)・変異(ヘンイ)

畦

田6 (11)
1 2345 7566

ケイ漢 斉 qí
うね・あぜ・くろ

意味 ❶土地の面積の単位。五十畝(ポ)。❷田畑の中の小さく区切られた部分。小高く土を盛り上げて作物を植えるところ。**うね**。例畦畝(ケイホ)(＝うね)。❸(田畑の)区切り。**あぜ**。例畦畛(ケイシン)。❹畑。

【畦道】あぜみち 日通路として用いる、田を区切っている細長い土盛り。

【畦径】(ケイケイ) ①田のあぜ道。②学問や芸術で、一定の法則。常規。

【畦▼畛】(ケイシン) ①田畑の境界。②(学問・芸術などの)一定の範囲。

【畦丁】(ケイテイ) 農夫。

畩
田6 (11) 2 6530 7569 国字

けさ

意味 人名・地名に用いる字。例 畩ケ山(けさがやま)(=鹿児島県の地名)。

畤
田6 (11) 2 6531 7564

シ・チ 漢 ジ(ヂ) 呉 紙 zhì

うね

意味 天地や五帝を祭る場所。例 霊畤(レイジ)(=祭場)。

畢
田6 (11) 1 4113 7562 人

ヒツ 漢 ヒチ 呉 質 bì

お-わる(を-はる)・ことごと-く

なりたち 〔会意〕「田(=狩り)」と「華(=柄えのついた箕み)」とから成る。狩りに使うあみ。

意味 ❶狩りに使う長い柄えのついたあみ。例 畢弋(ヒツヨク)(=獣をとらえる網と、いぐるみ)。❷完了する。おえる。おわる。例 畢竟(ヒッキョウ)。❸使いきる。つくす。例 吾与レ汝畢レ力平レ険(われなんじとちからをつくしてケンをたいらかにせん)(=私はお前たちと力を尽くして、けわしい土地を平らにしよう)。〈列子・湯問〉❹完全に。すべて。ことごとく。例 群賢畢至(グンケンことごとくいたる)(=賢者たちがみなやって来た)。〈王羲之・蘭亭序〉❺二十八宿の一つ。あめふりぼし。例 畢宿(ヒッシュク)。

古訓 中古 ことごとく・つく・つくす・つひに・をはる 中世 ことごとく・つくす・をはり・をはる 近世 うさぎとるあみ・とる・ほし・ほしのな・をはる

【畢▼竟】(ヒッキョウ) つまるところ。つまり。結局。例 —、徒労に終わった。

【畢業】(ヒツギョウ) 〔業を終える意〕卒業する。

【畢生】(ヒッセイ)【畢世】(ヒッセイ) 死ぬまで。一生。終生。例 —の大業。

【畢命】(ヒツメイ) ①死ぬ。特に、非業(ヒゴウ)の死をいう。②命のかぎり忠誠を尽くす。

略
田6 (11) 1 4612 7565 教5

リャク 漢 呉 薬 lüè

はか-る・はかりごと・ほぼ・はぶ-く

[畧] 田6 (11) 2 6532 7567 別体字。

筆順 丨 冂 冊 田 田' 田ク 田夂 畋 略

なりたち 〔形声〕「田(=土地)」と、音「各カク→リャク」とから成る。土地をくぎり、治める。

意味 ❶土地の境界を定めて治める。いとなむ。おさめる。また、その境界。例 経略(ケイリャク)。❷巡視する。巡行する。例 王北略二中山之地一(オウきたのかたチュウザンのチをリャクす)(=《武霊》王は北の中山国の地を巡行した)。〈史記・趙世家〉❸うばい取る。かすめ取る。おかす。通 掠(リャク)。例 略取(リャクシュ)。略奪(リャクダツ)。❹計画。はかりごと。例 計略(ケイリャク)。策略(サクリャク)。❺規則。のり。みち。❻あらまし。だいたい。ほぼ。例 略述(リャクジュツ)。概略(ガイリャク)。大略(タイリャク)。❼必要なものをとり、不要なものを除く。簡単にする。はぶく。例 略式(リャクシキ)。簡略(カンリャク)。省略(ショウリャク)。

古訓 中古 あらあら・おほむね・さかひ・とし・はかりこと・はかる・はぶく・ほどこす・ほぼ・みちびく・もとむ 中世 おびやかす・さかひ・すくなし・とし・のり・はかりこと・ほぼ・もとむ 近世 うつ・おびやかす・かすめとる・さかひ・さへぎる・たちまち・とし・はかりごと・はぶく・ほぼ・もとむ

人名 とる・のり・もと

【略画】(リャクガ) 日 簡略にかいた絵。

【略儀】(リャクギ) 日 正式な手続きを省略した、簡単なやり方。略式。例 右、—ながら書面にてお願い申し上げます。

【略言】(リャクゲン) ①内容を簡単に述べる。また、そのことば。例 事件を—する。②日 語が複合するとき、中間の音が省略される、音韻の変化。「うちそと(=内外)」が「うちと」、「かわうち(=河内)」が「かわち」になるなど。略音。

【略語】(リャクゴ) 語形の一部分を省いて簡略にしたことば。「追試験」を「追試」、「テレビジョン」を「テレビ」とする類。

【略字】(リャクジ) 日 複雑な字形の一部を省いて簡略にした漢字。「應」を「応」、「戀」を「恋」などとしたもの。対 正字・本字。

【略式】(リャクシキ) 日 手順・方法などの一部を省いて簡単にしたやり方。略儀。対 正式・本式。例 —裁判。—命令。

【略取】(リャクシュ) 奪いとる。かすめとる。略奪。掠取(リャクシュ)。例 —誘拐。

【略述】(リャクジュツ) だいたいのところを、のべる。類 略叙。対 詳述。

【略称】(リャクショウ) 正式の名称を簡略にし、略語の形式にした呼び名。「民間放送」を「民放」、「コンパクトディスク(compact disk)」を「CD」とする類。

【略図】(リャクズ) 簡略に書いた図。例 駅までの—を書く。

【略説】(リャクセツ) (要点を)簡略に説明する。また、その説明。対 詳説。

【略装】(リャクソウ) 日 略式の服装。類 略服。対 正装。

【略体】(リャクタイ) ①正式の体裁を簡略にした形。②漢字の字画を略した字体。略字。例 —のかな(=たとえば、片かなの「イ」は「伊」の略体)。▽対 正体(セイタイ)。

【略奪】(リャクダツ) 力ずくでうばい取る。かすめ取る。略取。強奪(ゴウダツ)。掠奪(リャクダツ)。例 —結婚。

【略地】(リャクチ) ①敵地を占領する。掠地(リャクチ)。②国境の地を見まわる。

【略定】(リャクテイ) ①攻略し平定する。例 行略二定秦地一(ゆくゆくシンのチをリャクテイす)(=《項羽の軍は》進軍しながら秦の領地を平定した)。〈史記・項羽紀〉②およそのところを定める。

【略伝】(リャクデン) 日 簡略な伝記。小伝。対 詳伝。例 作者—。

【略有】(リャクユウ) ①境界を定めて、その中を領地として治める。②土地を攻め取る。

【略歴】(リャクレキ) 日 だいたいの経歴。また、それを書いたもの。

【略解】(リャクカイ・リャッカイ・リャクゲ) ①あらましを理解する。②日 簡単に、あらましを解釈・解説する。また、その解釈や解説。対 詳解・精解。例 万葉集—。

【略記】(リャッキ) 要点を簡単に書きしるす。また、そのもの。

●概略(ガイリャク)・簡略(カンリャク)・計略(ケイリャク)・攻略(コウリャク)・策略(サクリャク)・省略(ショウリャク)・侵略(シンリャク)・戦略(センリャク)・謀略(ボウリャク)

[畫] 田7 (12) ⇩画(ガ)(891ページ)

畬
田7 (12) 4 8130 7572

シャ 漢 麻 shē

意味 少数民族の名。福建省・浙江(セッコウ)省に居住。畬族(シャゾク)。

参考 「畲」とも表記する。「畬ヨ|シャ」は別の字。

畯
田7 (12) 3 8842 756F

シュン 漢 震 jùn

意味 ❶農事を管理する役人。例 田畯(デンシュン)。❷才知がすぐれている。通 俊。例 畯民(シュンミン)。畯良(シュンリョウ)。

畳
田7 (12) 1 3086 7573 常用

チョウ(テフ) 漢 ジョウ(デフ) 呉 葉 dié

たたみ・たた-む

【疊】田17(22) ②6540 758A 人 旧字体。

【疉】田17(22) ②6541 7589 別体字。

【疂】田11(16) ②6542 7582 別体字。

筆順

なりたち [会意]「晶(=日をかさねる)」と「宜(=よい)」とから成る。かさねる。参考 後に「晶」は「畾」に改められた。

意味 ❶積みかさねる。かさなる。たたむ。例 畳重(ジョウチョウ)。重畳(チョウジョウ)。❷折りたたむ。たたむ。例 畳二衣裳一(イショウをたたむ)〈遊仙窟〉。❸繰り返す。また、歌などを繰り返す回数を数えることば。例 畳用(ジョウヨウ)。三畳(サンジョウ)(=三回繰り返し歌う)。

日本語での用法 一《ジョウ》「三畳(サンジョウ)・四畳半(ヨジョウハン)」▼和風の部屋のたたみの数を数えることば。二《たたみ》「畳(たたみ)を替(か)える・畳(たたみ)を上(あ)げる」▼和室の床の上にしく、イグサで作った厚い敷物。三《たたむ》「店(みせ)を畳(たた)む」▼店を閉じて、商いをやめる。

古訓 中古 かさなる・かさぬ・たたみ・たたむ 中世 あきらか・おそる・かさなる・かさぬる・たたみ・たたむ・つもる 近世 あきらか・あつし・おそるる・かさなる・かさぬ・たたみ・たたむ・つむ

人名 あき

難読 畳(たとう)・畳紙(たとう)

【畳韻】(ジョウイン) 漢字の熟語で、上下二つの漢字の韻(=語頭の子音を除いた、母音を含む部分)を重ねたもの。たとえば、「逍遥(ショウヨウ)」「滅裂(メツレツ)」「艱難(カンナン)」など。→【双声】(ソウセイ)(212ページ)

【畳語】(ジョウゴ) 同じ単語を重ねてできた複合語。漢語では「年年」「歳歳」「堂堂」「峨峨(ガガ)」など。日本語では「われわれ」「ときどき」「ひとびと」など。

【畳字】(ジョウジ) ①同じ字を重ねて書く熟語。畳語。「歴歴」「重重」など。②日 同じ漢字やかなを重ねるとき、その字の代わりに使う符号。おどり字。「々」「〻」「ゝ」「ゞ」など。

【畳重】(ジョウチョウ) かさねる。かさなる。重畳(チョウジョウ)。

【畳峰】(ジョウホウ) 重なり合って連なっている山。類 畳嶂(ジョウショウ)・畳嶺(ジョウレイ)。

【畳用】(ジョウヨウ) 繰り返しもちいる。交替してもちいる。

【畳紙】(たとうがみ) 日 ①たたんでふところに入れ、日常用いる紙。懐紙。②渋や漆などを塗った厚紙。和服などを包む。

【畤】田7(12) ⇩疇(チュウ)(898ページ)

【番】田7(12) ①4054 756A 教2

一バン 慣 ハン 漢 元 fān
二ハ 漢 歌 bō
三ハ 漢 歌 pó
つが-い(つがひ)・つが-う(つがふ)・つが-える(つがふ)

筆順

なりたち [象形]「釆(=獣の、つめ)」と「田(=足のうら)」とから成る、獣の足の形。借りて「かわるがわる」の意。

意味 一 ❶かわるがわる。交代でする。例 順番(ジュンバン)。当番(トウバン)。❷順序や回数につけることば。例 一番(イチバン)。連番(レンバン)。❸中国の西方に住む異民族。外国人。通 蕃(バン)。例 番語(バンゴ)。

二 ⇩【番番】二(ハ)① 三 ⇩【番番】二(ハ)②

日本語での用法 一《バン》①「番人(バンニン)・門番(モンバン)・夜番(よバン)」▼見張り。②「番組(バンぐみ)・番地(バンチ)・番付(バンづけ)」▼順序や組み合わせ。また、それを数えることば。③「番傘(バンがさ)・番茶(バンチャ)」▼日常の。粗末な。二《つがい》「番(つが)いの文鳥(ブンチョウ)・一番(ひとつがい)・蝶番(チョウつがい)」▼雌と雄のひと組み。また、二つでひと組みのもの。三《つがう》「犬(いぬ)が番(つが)う」▼交尾する。

古訓 中古 しげし・つがひ・つがふ・ふさ 中世 かず・かへつて・つがひ・つがふ 近世 けもののあし・たがひ・つがひ・つぎ

人名 つぎ・つぐ・つら・ふさ

難読 三番叟(サンバソウ)・十八番(おはこ)

【番番】 一(ハハ) ①勇ましく武術にすぐれているさま。②頭髪の白いさま。二(バンバン) 次々と。

【番外】(バンガイ) 日 ①決められた番数・番組・番号・順番・メンバーのほかであること。例 ―地。―編。②特別のものごと。特別な人。例 彼は―だ。

【番傘】(バンがさ) 日 厚い油紙を張った丈夫なからかさ。

【番組】(バンぐみ) 日 ①興行や演奏の、演目・順序・出演者などを記した一覧表。②ラジオ・テレビなどの放送予定を、一日分ごとに、時間を割って示した表。また、その各々の放送

【番犬】(バンケン) 日 外部からの侵入者に対する用心のために飼うイヌ。〔権威者の忠実な護衛役のたとえにもいう〕

【番語】(バンゴ) 他民族のことば。外国語。蕃語(バンゴ)。

【番号】(バンゴウ) 日 順番をあらわす数字、または、数字を含む符号。例 出席―。電話―。―順に並ぶ。

【番所】(バンショ) 日 ①番人のつめるところ。②江戸時代に置かれた町奉行所。

【番船】(バンセン) ①外国の船。蕃船(バンセン)。②日 見張りをする船。

【番線】(バンセン) 日 ①鉄道やバスの駅・停留所で、整理番号をつけて区別した乗降場や線路。例 三―。②針金の太さの単位。

【番僧】(バンソウ) チベットの仏教僧。また、異民族の僧。蕃僧(バンソウ)。

【番卒】(バンソツ) ①兵役に服している兵卒。②外国の兵卒。③日 見張りの兵卒。番兵。

【番代】(バンダイ) ①かわるがわる。順に交代する。②日 代わって番をする。

【番台(臺)】(バンダイ) 日 銭湯などの入り口で、見張りの番人が座る台。また、その番人。

【番地】(バンチ) 日 町や村をさらに区分して、区別するための番号。地番。例 所(ところ)―。

【番茶】(バンチャ) 日 摘み残りのかたい葉を使った、品質の劣るお茶。例 ―も出花(でばな)。

【番長】(バンチョウ) 日 ①律令制で、衛府(エフ)(=宮中の警備をつかさどった役所)の交替勤務をする舎人(とねり)の長。②非行少年少女のグループの長。

【番付】(バンづけ) 日 演芸や相撲などで、順番や順位などを書いたもの。また、力量などの順位をあらわした一覧表や、それにならって作る順位表。例 長者―。

【番手】(バンて) 日 ①〔「…番手」の形で〕陣立てで、隊列の順序をいうのに用いることば。転じて、順番をあらわすことば。例 春場所の―。二―。②糸の太さをあらわす単位。

【番頭】(バントウ) ①当番兵の長。また、兵士の組頭。②日 商店や旅館などで、使用人の長。

【番人】(バンニン) ①外国人。②日 見張りをする人。番をする人。

【番兵】(バンペイ) ①兵役に服している兵士。②外国の兵士。③日 見張りの兵士。衛兵。哨兵(ショウヘイ)。

【番屋】(バンや) 日 番人のいる小屋。

● 一番(イチバン)・欠番(ケツバン)・順番(ジュンバン)・当番(トウバン)・非番(ヒバン)・本番(ホンバン)・店番(みせバン)・門番(モンバン)

【畬】田7(12) ④8129 756C

一ヨ 漢 魚 yú
二シャ 漢 麻 shē

【畭】田7(12) ②6534 756D 別体字。

意味 一 開墾して二年あるいは三年めの、はたけ。あらた。二 ❶草木を焼きはらって、田畑を作る。また、その田畑。やきはた。❷少数民族の名。福建省・浙江コウ省に居住。畬族シャゾク。
参考「二❷」は「畲」とも表記する。「畬ヤシ」は別の字。

畱 田7(12) ⇩留リュウ(894ページ)

畹 田8(13) 3 8843 7579 エン(ヱン)漢 阮 wǎn
意味 土地の面積の単位。三十畝ボ。

畵 田8(13) ⇩画ガ(891ページ)

畸 田8(13) 2 6535 7578 一キ漢 支 jī 二キ漢 支 qí
意味 一❶井田セイデン法で区切れない、はんぱな耕作地。❷余り。端数。通奇。二普通とは違った。風変わりな。通奇。例 畸形ケイ。畸人ジン。
表記 現代表記では「奇」に書きかえることがある。熟語は「奇」も参照。
【畸形】ケイ ①普通とは違う形。②生物の発育異常の形態。表記 ▽現奇形
【畸人】ジン 行動や性格などが普通と違う人。表記 現奇人

畺 田8(13) ⇩疆キョウ(898ページ)

畷 田8(13) 1 3877 7577 テツ漢 屑 テイ漢 霽 zhuì なわて(なはて)
意味 耕地の間の道。あぜみち。**なわて**。

當 田8(13) ⇩当トウ(397ページ)

畽 田9(14) 4 8133 757D タン漢 旱 tuǎn
意味 ❶動物が踏み歩いた所。例 町畽タテン(=シカの足あと)。❷村落。むら。

畿 田10(15) 1 2106 757F 常用 キ漢 微 jī みやこ
筆順 く 幺 幺幺 幺幺 畿 畿 畿 畿

なりたち  【形声】「田(=場所)」と、音「幾キ」の省略体とから成る。天子に属する千里四方の地。
意味 ❶都から四方へ五百里以内の天子の直轄地。日本では、京都を中心とした地域。**みやこ**。例 畿内ナイ。近畿キン。❷境界。例 邦畿千里ホウキセンリ(=国土の広さは千里)。〈詩経・商頌・玄鳥〉❸門の内。例 門畿モン。❹田野。はたけ。例 郊畿コウ(=田野)。
古訓 中古 かぎる・きは・ちかし 中世 かぎる・かどのうち 近世 かぎり・かどぎは・しきみ
人名 ちか
【畿内】ナイ|ダイ ①都を中心とした五百里四方の、天子の直轄地。②日 京都周辺の、山城やましろ(=京都府南部)・大和(=奈良県)・河内かわち(=大阪府東部)・和泉いずみ(=大阪府南部)・摂津せっつ(=大阪府西部および兵庫県南東部)の五つの国。五畿。五畿内。

畾 田10(15) 4 8134 757E ライ漢 灰 léi
意味 ❶かみなり。通雷。❷土を盛って運ぶ道具。もっこ。ふご。❸おおらかなさま。通磊ライ。例 畾落ラク(=心が広いさま)。

疂 田11(16) ⇩畳ジョウ(896ページ)

疁 田11(16) 4 8135 7581 リュウ(リウ)漢 尤 liú
意味 ❶草木を焼いてから種をまく。焼き畑をする。❷灌漑カンガイする。例 疁田デンリュウ(=灌漑)。

疆 田14(19) 2 6537 7586 キョウ(キャウ)漢 コウ(カウ)呉 陽 jiāng さかい(さかひ)
[畺] 田8(13) 4 8132 757A 本字。 [壃] 土13(16) 4 0519 58C3 別体字。
参考「畺」は、二つの「田(=た)」と「三(=三本の境界線)」とから成る会意文字。
意味 ❶土地の境界。**さかい**。例 疆域キョウイキ(=さかい。国境)。❷限界。かぎり。例 万寿無レ疆バンジュかぎりなからん(=いつまでもかぎりなく長生きされますように)。〈詩経・豳風・七月〉❸境界を設ける。かぎる。
【疆宇】キョウウ 国土。領土。境宇。
【疆▼埸】キョウエキ ①田のあぜ。②国境。疆易キョウエキ。
【疆土】キョウド 国の領土。また、国境。

疇 田14(19) 2 6538 7587 チュウ(チウ)漢 尤 chóu うね・たぐい(たぐひ)
[畴] 田7(12) 2 6539 7574 俗字。
意味 ❶たがやされた田畑。良い畑。特に、麻畑。❷田畑のうね。**うね**。田畑のくぎり。あぜ。❸仲間。**たぐい**。一緒に。ともに。通儔チュウ。例 範疇ハンチュウ。❹ひとしくする。例 疇二其爵邑一そのシャクユウをひとしくす(=その爵位と領地を〈代々〉変わることがないようにする)。〈漢書・宣帝紀〉❺きのう。昔。さきに。例 疇昔チュウセキ(=きのう。さきごろ)。❻だれ。例 疇敢不三祗二若王之休命一たれかあえておうのキュウメイにつつしみしたがわざらん(=だれが王のすばらしい命令につつしんで従おうとしないだろうか)。〈書経・説命上〉❼専門的な職業を世襲する。特に、天文暦算の業にいう。例 疇人チュウジン。疇官カン(=暦算官)。
【疇日】ジツ ①先日。②昔日セキジツ。
【疇人】ジン ①天文暦算に通じている人。また、その術を受け継ぐ人。②仲間。同業者。
【疇生】セイ|ともにショウず 同種のものが一か所に集まって生える。例 草木疇生ソウモクともにショウず(=草や木は集まって生える)。〈荀子・勧学〉
【疇輩】ハイ 仲間。同輩。同類。

疊 田17(22) ⇩畳ジョウ(896ページ)

疉 田17(22) ⇩畳ジョウ(896ページ)

103 5画 疋 ひき(⺪ ひきへん)部

ふくらはぎから下の足の形をあらわす。「疋」をもとにしてできている漢字と、「⺪」の字形を目じるしにして引く漢字とを集めた。

疋 疋0(5) 1 4105 758B 人 一ショ漢 ソ呉 魚 shū 二ヒキ慣 ヒツ漢 質 pǐ あし

なりたち  【象形】ふくらはぎから下の足の形。

意味 一 足。**あし**。四丈。㊣匹。例 疋帛（ヒッパク）（＝一疋の絹の織物）。 二 ❶動物を数えることば。㊣匹。❷布地の長さの単位。

日本語での用法 《ヒキ》「絹五十疋（ぬきごじっぴき）」▼①一疋（イッピキ）は、反物二反（タンもの）。匹（ヒキ）。②一疋は、銭（ぜに）十文（モン）、のちに二十五文。匹（ヒキ）。

古訓 中古 かたぶく・こぼす・しるす・まつ・むら 中世 あし・しるす・まさし・まつりごと 近世 あし・しるす

人名 ただ

𤴔

𤴔0（5） 4 8136 24D14

⇩部首解説

疌

疋3（8） 4 8137 758C

ショウ（セフ）㊥ 葉 jié

意味 すばやい。㊣捷（ショウ）。 参考 疌（しと）（＝人名）。

疎

𤴔7（12） 1 3334 758E 常用

一 ソ㊥ ショ㊦ 魚 shū
二 ソ㊥ ショ㊦ 御 shù
うとい（うと-し）・うとむ・まばら・おろそ-か・おろ-か

［疏］𤴔7（12） 1 3333 758F 人 本字。

［踈］𤴔7（14） 2 7683 8E08 別体字。

［䟽］𤴔7（14） 4 8931 47FD 別体字。

筆順 ㇇ 𠃌 𠂎 𠃊 𤴔 𤴔 踈 疎 疎

なりたち  ［会意］「㐬（＝子が逆になった形）」と「𤴔（シ…▼ソ）（＝あし）」とから成る。通じさせる。

意味 一 ❶切り開いて、通じさせる。とおす。例 疎通（ソツウ）。❷切り開かれて、ばらばらに離れる。**まばら**。㊤密。例 疎密（ソミツ）。空疎（クウソ）。❸あらい。おおざっぱである。**おろそか**。粗雑にする。おろそかにする。例 疎忽（ソコツ）。疎略（ソリャク）。❹分ける。わかつ。例 疏レ隊而撃レ之（タイをわかちてこれをうつ）（＝隊を分けてこれを攻撃した）。〈淮南・道応〉❺離れて遠ざかる。親しくない。よく知らない。**うとい**。例 去者日以疎（さるものはひびにもってうとし）（＝去りゆく者は日に日に忘れられていく）。〈古詩十九首〉疎遠（ソエン）。❻遠ざける。嫌う。**うとむ**。うとんずる。例 疎外（ソガイ）。疎隔（ソカク）。❼とりのぞく。洗い去る。例 疏二其穢一（そのけがれをソす）（＝そのけがれをとりのぞく）。〈国語・楚上〉 二 分けて説明する。箇条書きにする。また、その解説や上奏文。例 疎通（ソツウ）②。上疏（ジョウソ）。注疏（チュウソ）。

参考 「二」および古典では「疏」や「䟽」を使うことが多い。

日本語での用法 《サカン》「弾正台（ダンジョウダイ）の疏（サカン）」▼律令制の四等（シトウ）官で、「弾正台」の第四位。主典（サカン）。

古訓 中古 あらし・うとし・うとむず・おろそかなり・かよふ・けづる・しる・しるす・とほし・とほる・のぞく・ひらく・ほる・まど・わかつ・ゑる・をさむ 中世 うとし・うとむ・うとんず・おろそか・しるす・ひらく・ほる 近世 あなどる・うとし・うとむ・おろそか・サクワン・とほし・とほす・まれなり・わかつ・をさむ

【疎遠】ソエン 文通や行き来がなく、親しみがうすいこと。例 仲が―になる。

【疎開】ソカイ ①通じる。疎通。②分けて説明する。疎通。③日 間をあけてまばらにする。④日 空襲や災害に備えて都市の住民を地方に分散させる。例 強制―。学童―。

【疎外】ソガイ よそよそしくして、のけものにする。㊫疎斥。例 ―感。

【疎客】ソカク ①珍しい客。②親密でない客。疎遠な客。

【疎隔】ソカク よそよそしくなる。例 感情の―が生じる。

【疎▼豁】ソカツ 土地が開けて広々としている。

【疎▼闊】ソカツ ①久しく会っていない。②まわりくどい。迂闊（ウカツ）。迂遠。③おおまかである。

【疎▼忽】ソコツ そそっかしい。また、やり方が不十分である。粗忽（ソコツ）。

【疎食】【疏食】ソシ ①粗末な食事。粗食。例 飯二疏食一飲レ水曲レ肱而枕レ之、楽亦在二其中一矣（ソシをくらいみずをのみひじをまげてこれをまくらとするも、たのしみまたそのうちにあり）（＝粗末な食事をとり水を飲み、腕を曲げて枕とするような貧しさでも、楽しみはその中にあるものだ）。〈論語・述而〉②野菜と穀物。蔬食（ソシ）。

【疎陣】【疏陣】 一 ソジン まばらな布陣。疎陣。 二 ソチン 意見書を天子に差し出して述べる。

【疎水】【疏水】ソスイ ①土地を切り開いて水を通す。②水路。

【疎通】【疏通】ソツウ ①通じる。貫通する。例 意思の―をはかる。②分けて説明する。

【疎放】ソホウ 大ざっぱなこと。粗放。例 ―農業。

【疎密】ソミツ ①粗いことと細かいこと。粗密。例 ―のある織物。②親しくないことと親しいこと。

【疎明】【疏明】ソメイ ①すじみちが通り、明らかなこと。例 物徹疏明（ブッテツソメイ）（＝道理に明るい）。〈荘子・応帝王〉②いいわけ。弁明。③日〔法〕裁判官に確からしいという推測をいだかせるために、当事者のおこなう努力。

【疎野】ソヤ 無作法で下品である。粗野。

【疎略】ソリャク ぞんざいにすること。あつかいがおろそかなこと。粗略。例 客を―にあつかう。

【疎林】ソリン 木がまばらに生えたはやし。例 赤松の―。

【疎漏】ソロウ やり方がぞんざいで手落ちのあること。手ぬかり。粗漏。例 準備に―はない。

疑

疋9（14） 1 2131 7591 教6

ギ㊥㊦ 支 yí
うたがう（うたが-ふ）・うたがい（うたがひ）・うたがわしい（うたがは-し）・うたぐ-る

筆順 ㇒ 匕 𠤎 𠤏 𠤏 矣 𥏻 𥏻 疑

なりたち 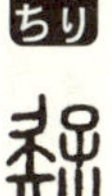 ［形声］「子（＝ふえる）」と「㲋（＝決まらない）」の省略体と、音「止（シ）」とから成る。決めかねてまどう。

意味 ❶ためらう。まよう。とまどう。例 狐疑（コギ）。遅疑（チギ）。❷似ていて区別しにくい。**うたがわしい**。例 牀前看二月光一、疑是地上霜（ショウゼンゲッコウをみる、うたがうらくはこれチジョウのしもかと）（＝寝台の先を照らす月の光は、地上に降りた霜かと見まがうばかりだ）。〈李白・静夜思〉疑似（ギジ）。❸あやしむ。信じない。**うたがう**。**うたがい**。例 疑問（ギモン）。疑惑（ギワク）。懐疑（カイギ）。

古訓 中古 うたがひ・うたがふ・しづかに・たたく・にたり・まどふ 中世 うたがふ・おそるる・にたり 近世 うたがふ・おそる・にたり・まどふ

【疑思レ問】うたがいにはモンをおもう うたがわしいことがあれば、師や友に質問するのがよい。〈論語・季氏〉

【疑忌】ギキ うたがってねたむ。

【疑義】ギギ ①意味や内容がはっきりしないこと。例 ―をただす。②うたがわしい事柄。疑問。

【疑▼懼】ギク うたがいおそれる。

【疑▼狐】ギコ ①うたがい深いキツネ。②うたがい。

【疑獄】ギゴク ①罪状がはっきりせず、判決が出しにくい刑事事件。②日 政府高官が関係した、大がかりな贈収賄事件。

【疑二】【疑弐】ギジ うたがって、そむき離れる。

【疑似】ギジ 本物と似ていてまぎらわしいこと。擬似。

【疑城】ギジョウ 敵をあざむくために作った、外見だけの城。

【疑心】ギシン うたがう心。疑念。㊫疑懐。例 ―が起こる。

【疑心暗鬼】ギシンアンキ 日「疑心生二暗鬼一（ギシンアンキをショウず）」の略。例 ―になる。

5画

【疑心生二暗鬼一】ギシンアンキをショウず　うたがいの心をもっていると、ありもしない化け物の姿が見えるように、何もかも不安に思われ、信じられなくなる。疑心暗鬼。〈列子鬳斎口義・説符〉→【窃鈇之疑】セップのうたがい（984ページ）
【疑戦】ギセン　予告なしに不意をついて攻める。だまし打ち。
【疑阻】ギソ　うたがいから、ためらう。表記 ⑪疑▼沮
【疑団】ギダン　〔うたがいのかたまりの意〕うたがいがなかなか解けないこと。
【疑点】ギテン　⽇うたがわしいところ。疑問点。例 ―を残す。
【疑念】ギネン　うたがう気持ち。疑心。㊇疑志・疑懐。
【疑兵】ギヘイ　敵をだますため、多数の旗やかがり火をたいたりして大軍に見せかける兵。
【疑問】ギモン　①うたがわしい点を問いただすこと。例 ―をさしはさむ。②うたがわしい事柄。例 ―が生じる。
【疑惑】ギワク　あやしむこと。うたがい。例 ―を晴らす。
●懐疑カイギ・嫌疑ケンギ・質疑シツギ・半信半疑ハンシンハンギ・容疑ヨウギ

104 5画 疒 やまいだれ部

人が、やまいで寝台に寝ている形をあらわす。「疒」をもとにしてできている漢字を集めた。

0 900 疒 2 900 㽲 疔 3 900 疚 疝 ⿸疒土 4 900 疫 疥 㽷 疢 疣 5 900 痂 疳 痀 痃 疾 疰 症 疹 疽 痆 疸 疷 疼 疼 疲 疿 病 疱 6 903 痍 痏 痎 痕 疵 痓 痔 痊 痒 7 903 痙 痧 痤 痠 痣 痟 痩 痛 痘 痞 痝 痢 8 904 痾 瘂 痿 痬 瘀 痼 瘁 痰 痴 ⿸疒辰 瘃 痺 痹 痱 痲 痳 9 905 瘖 瘕 ⿸疒曷 瘓 瘧 瘈 ⿸疒皇 瘇 瘏 瘋 瘉 瘍 瘘 10 906 瘞 瘟 ⿸疒扇 瘛 瘥 瘠 瘡 瘙 瘦 瘜 瘨 瘼 瘢 瘤 11 906 ⿸疒區 瘵 瘴 瘳 瘭 瘰 瘻 12 907 癋 癇 癌 ⿸疒彭 ⿸疒賁 癉 癈 癁 癃 療 癘 癆 13 907 癜 癖 癒 癔 癕 14 908 癡 15 908 癤 癥 癢 16 908 癨 癪 癩 癩 癧 17 908 癮 癭 癬 18 908 癯 癰 19 908 癱 癲

疒　疒0（5）　3 8844　7592
ダク㊥ 陌 nè
やまいだれ（やまひだれ）

㽲　疒2（7）　3 8845　3F72
㊀コウ（カウ）㊥ 巧 jiǎo　㊁キュウ㊥ 有 xiǔ
意味 ❶病床につく。❷病気。やまい。
意味 ㊀腹が急に痛む。例 㽲痛コウツウ。㊁病む。やまい。

疔　疒2（7）　2 6543　7594
テイ㊥ チョウ（チャウ）㊥ 青 dīng
かさ
意味 できものの一種。顔面に生じることが多く、うみが出にくい悪性のはれもの。**かさ**。例 面疔メンチョウ。

疚　疒3（8）　2 6544　759A
キュウ（キウ）㊥ 宥 jiù
や-む・やま-しい（やま-し）
意味 ❶長びく病気。**やむ**。❷気がとがめる。**やましい**。例 内省不レ疚うちにかえりみてやましからず（=心に反省して、やましいところがない）。〈論語・顔淵〉❸なやむ。苦しむ。**やむ**。例 疚心キュウシン（=心をなやます）。

疝　疒3（8）　2 6545　759D
サン㊥ セン㊥ 諫 shàn
意味 腹や下腹部が痛む病気。例 疝気センキ（=漢方で、下腹の痛み）。

［⿸疒土］　疒3（8）
⇩荘ソウ（1134ページ）

疫　疒4（9）　1 1754　75AB　常用
エキ㊥ ヤク㊥ 陌 yì
えやみ

筆順 亠 广 疒 疒 疖 疠 疫

なりたち 〔形声〕「疒（=やまい）」と、音「役エキ」の省略体とから成る。はやりやまい。

意味 流行病。感染症。**えやみ**。例 疫痢エキリ。悪疫アクエキ。

古訓 中古 え・えやみ・ときのけ　中世 えやみ・としのけ・やまひ　近世 えやみ・はやりやまひ

【疫病】エキビョウ｜ヤクビョウ　悪性の感染症。疫癘エキレイ。
【疫病神】ヤクビョウがみ　⽇①疫病エキビョウをはやらせるという神。②だれからも忌いみ嫌われる人のたとえ。
【疫痢】エキリ　⽇感染症の一つ。赤痢菌などにより、幼児が高熱・下痢・嘔吐オウトなどの症状を起こす。
【疫▼癘】エキレイ　〔「癘」も、流行病の意〕「疫病エキビョウ」に同じ。
●悪疫アクエキ・検疫ケンエキ・防疫ボウエキ・免疫メンエキ

疥　疒4（9）　2 6546　75A5
カイ㊥ ケ㊥ 卦 jiè
はたけ
意味 皮膚に炎症を起こし、ひどいかゆみをともなう病気。皮癬ヒゼン。**はたけ**。例 疥癬カイセン。
【疥▼癬】カイセン　①ヒゼンダニの寄生によって起こる皮膚病。ひどいかゆみをともなう。皮癬ヒゼン。②小さな災いや心配事。
【疥▼癘】カイレイ　かゆいふきでものが出る皮膚病。

㽷　疒4（9）　4 8140　3F77
スイ㊥ 寘 shuì
意味 水ぶくれができる病気。

疢　疒4（9）　4 8139　75A2
チン㊥ 震 chèn
意味 熱病。例 疢疾チンシツ。
【疢疾】チンシツ　①熱病。②災い。苦難。また、欠点。例 人之有二徳慧術知一者、恒存二乎疢疾一ひとのトッケイジュッチあるものは、つねにチンシツにソンす（=すぐれた道徳心や知恵、技術がある者は、たいてい逆境の中でその力を磨かれたものである）。〈孟子・尽心上〉

疣　疒4（9）　2 6547　75A3
ユウ（イウ）㊥ ウ㊥ 尤 yóu
いぼ
意味 皮膚の一部が変質して小さく盛り上がったもの。**いぼ**。例 疣贅ユウゼイ。懸疣ふすべ（=垂れ下がった、こぶ・いぼの類）。
【疣▼贅】ユウゼイ　いぼと、こぶ。よけいなもの。

［肬］　月4（8）　2 7079　80AC
本字。

痂　疒5（10）　2 6548　75C2
カ㊥ 麻 jiā
かさ・かさぶた
意味 できものや傷が治りかけたときに、その表面を覆ってできる皮。**かさぶた**。**かさ**。

疳　疒5（10）　2 6549　75B3
カン（カム）㊥ 覃 gān
意味 子供の胃腸病の一種。栄養失調が原因で、顔が黄色くなって、からだがやせ、腹がふくれる。例 疳積カンシャク。
日本語での用法 《カン》①「疳カンの虫むし」▼㋐神経質な幼児におこる病。消化不良やひきつけをおこしたりする。㋑刺激に

反応して興奮しやすい、たち。癇(カン)。②「下疳(ゲカン)」▼性病の一種。陰部に発する伝染性の潰瘍(カイヨウ)。

【疳積】【疳▼癪】(カンシャク) 栄養不良などによっておこる幼児の内臓疾患の一つ。

痀

疒5 (10) 4 8144 75C0

ク漢 虞 jū

意味 背骨が曲がる病気。例 痀瘻(クル)。

【痀▼瘻】(クル) 骨の発育不良で背骨や足の骨が曲がる病気。また、その病気の人。佝僂(クル)。

痃

疒5 (10) 2 6550 75C3

ケン漢 ゲン呉 先 xuán

めまい(めまひ)

意味 ❶下腹部にしこりのできる病気。例 横痃(オウゲン)(＝よこね)。❷めまい。通 眩(ゲン)。例 痃暈(ゲンウン)(＝めまい)。痃癖(ケンペキ)。

疾

疒5 (10) 1 2832 75BE 常用

シツ漢 シチ呉 質 jí

やまい(やまひ)・や-む・にく-む・はや-い(はや-し)・と-し・やま-しい(やま-し)

筆順 亠 广 广 疒 疒 疾 疾 疾

なりたち [会意]「疒(＝やまい)」と「矢(＝人をきずつける、や)」とから成る。やまい。やむ。

意味 ❶病気。やまい。例 疾病(シッペイ)。悪疾(アクシツ)。❷欠点。悪いくせ。害毒。❸わずらう。くるしむ。なやむ。やむ。❹うらむ。にくむ。例 疾悪(シツオ)(＝にくむ)。疾視(シッシ)。❺嫉妬(シット)する。ねたむ。通 嫉(シツ)。例 疾妬(シット)。❻非難する。そしる。❼スピードがはやい。すばやい。はやい。とし。例 疾駆(シック)。疾走(シッソウ)。❽努力する。つとめる。例 疾諷誦(つとめてフウショウす)(＝努力して暗誦する)。〈呂覧・尊師〉

古訓 中古 いたむ・うれふ・すみやかに・とし・にくむ・はやむ・やまひ・やむ 中世 うれふ・すみやか・とく・とし・にくむ・はやし・やまひ 近世 うれふ・すみやか・とく・とし・にくむ・はやし・やまひ

人名 はやし

難読 疾(と)うから・疾(と)うに・疾(と)うの昔(むかし)・疾(と)っくに

【疾雨】(シツウ) 激しい雨。また、にわか雨。

【疾疫】(シツエキ) 悪性の流行病。類 疾癘(シツレイ)。

【疾患】(シッカン) 病気。やまい。例 胸部―。慢性―。

【疾苦】(シック) ①心を痛める。悩み苦しむ。②悪政による人民の苦しみ。

【疾駆】(シック) ウマや車などで勢いよく走る。疾走。

【疾言】(シツゲン) ①早口で話す。例 車中不二内顧一、不二疾言一(シャチュウにてはナイコせず、シツゲンせず)(＝車の中では、後ろを振り向いたり、早口でものを言ったりしない)。〈論語・郷党〉②早まって調子にのってしゃべった話。

【疾言▼遽色】(シツゲンキョショク) あわただしくしゃべり、おどおどした顔つきをする。落ち着きのないさま。〈後漢書・劉寛伝〉

【疾呼】(シッコ) あわただしく呼びたてる。かん高い声で叫ぶ。例 大声(タイセイ)―。

【疾視】(シッシ) 憎しみをもって、にらみつける。

【疾首】(シッシュ) 〔頭痛の意〕心を悩ませる。たいそう心配する。

【疾徐】(シツジョ) 速いことと遅いこと。緩急。

【疾状】(シツジョウ) 病気の様子。病状。

【疾走】(シッソウ) 非常に速く走る。疾駆。例 全力―。―する車。

【疾妬】(シット) 自分と比べて人をねたむ。嫉妬(シット)。

【疾風】 一(シップウ) 強く激しく吹く風。例 ―怒濤(ドトウ)(＝はやてと大波)。二(はやて) 日「て」は、風の意〕急激に吹く強い風。突風。

【疾風迅雷】(シップウジンライ) ①激しい風・雷。〈礼記・玉藻〉②すばやく激しいこと。事態の急変や、行動のすばやさについていう。例 ―の進撃。

【疾風知二▼勁草一】(シップウにケイソウをしる) 〔強い風に弱い草が倒れて、はじめて強い草が見分けられるの意〕困難にあって、はじめてその人の意志の強さがわかることのたとえ。〈後漢書・王覇伝〉

【疾病】(シッペイ) ①病気。やまい。疾患。②(やまいヘイなり) 病状がとても重くなる。例 子疾病(シやまいヘイなり)(＝孔子の病状が重くなった)。〈論語・述而〉

●眼疾(ガンシツ)・肺疾(ハイシツ)・廃疾(ハイシツ)

痓

疒5 (10) 4 8141 75B0

シュ漢 遇 zhù

意味「痓夏(カシュ)」は、❶伝染性の慢性病の名。❷夏まけ。夏やせ。

症

疒5 (10) 1 3041 75C7 常用

セイ漢 ショウ(シャウ)呉 敬 zhèng

筆順 亠 广 广 疒 疒 疔 疔 症

なりたち [形声]「疒(＝やまい)」と、音「正(セイ)」とから成る。やまいのしるし。

意味 病気の性質や様子。例 症状(ショウジョウ)。

【症状】(ショウジョウ) 病気にかかったときに、からだにあらわれる異常。例 自覚―。日 風邪の―が出ている。

●炎症(エンショウ)・軽症(ケイショウ)・後遺症(コウイショウ)・重症(ジュウショウ)

疹

疒5 (10) 1 3130 75B9

一 シン漢呉 軫 zhěn 二 チン漢 震 chèn

はしか

［瘮］ 疒12 (17) 4 8173 24E8B 別体字。

意味 一 皮膚にふきでものが出る病気。特に、はしか。例 湿疹(シッシン)。発疹(ハッシン)。麻疹(マシン)。二 熱病。熱病にかかる。やむ。また、やまい。通 疢(チン)。

疽

疒5 (10) 2 6552 75BD

ショ漢 ソ呉 魚 jū

かさ

意味 悪性のはれもの。うみをもって根が深くなり、治りにくい。かさ。例 疽腫(ソショウ)(＝悪性のはれもの)。壊疽(エソ)。脱疽(ダッソ)。

痆

疒5 (10) 4 8145 75C6

ダツ漢 黠 niè

意味 きずあと。例 瘢痆(ハンダツ)。

疸

疒5 (10) 2 6553 75B8

タン漢 旱 dǎn

意味 肝臓・胆嚢(タンノウ)の故障のために、胆汁が血液中にまじってからだが黄色になる病気。黄疸(オウダン)。

疷

疒5 (10) 4 8142 75B7

チ漢 支 zhī

意味 手足の皮膚が、おされたりこすれたりして、厚くかたくなったもの。まめ。たこ。通 胝(チ)。

疼

疒5 (10) 2 6554 75BC

トウ漢 冬 téng

うず-く(うづ-く)・いた-む

［疼］ 疒5 (10) ―― 俗字。

意味 ずきずきする、いたみ。いたむ。うずく。例 疼痛(トウツウ)。

【疼腫】(トウシュ) 痛んではれる。

【疼痛】(トウツウ) ずきずきいたむこと。いたみ。うずき。

疲

疒5 (10)　[1]4072 75B2　常用

ヒ㊥㊬ 〔支〕pí　**つかれる**(つか-る)・つか-らす

筆順　亠 广 疒 疒 疒 疒 疲 疲

なりたち　[形声]「疒(=やまい)」と、音「皮(ヒ)」とから成る。つかれる。

意味　体力が衰え気力がなくなってぐったりする。くたびれる。**つかれる。つからす**。また、つかれ。例 疲弊(ヒヘイ)。疲労(ヒロウ)。

古訓　中古 つかる・やす　中世 くたびるる・つかる・ともし・やまひ　近世 うむ・つかるる・とぼし・やまひ・やむ・やめる

【疲▼倦】(ヒケン) くたびれて、いやになる。

【疲困】(ヒコン) つかれ苦しむ。つかれて、へこたれる。㊟疲▼憊(ヒハイ)。

【疲弊】【疲▼敝】(ヒヘイ) ①(肉体的・精神的に)つかれきる。例 今天下三分、益州疲弊(いまテンカサンブンし、エキシュウヒヘイす)(=今、天下は三つに分かれ、わが益州は勢力が衰えきっています)。〈諸葛亮・出師表〉 ②経済的に行きづまり、生活状態が悪くなる。例 国民経済が―する。

【疲乏】(ヒボウ) つかれはてる。

【疲民】(ヒミン) ①生活につかれきっている民衆。②(たみをつからす) 為政者が民衆を苦しめる。

【疲▼癃】(ヒリュウ) 年老いて腰が曲がり、背が丸くなるやまい。老病。

【疲労】(ヒロウ) くたびれる。つかれ。例 ―感。―困▼憊(コンパイ)。

疿

疒5 (10)　[4]8143 75BF

ヒ㊥ 〔未〕fèi

意味　あせも。㊜痱(ヒ)。例 疿子(ヒシ)(=あせも)。

難読　風疿(かざほろし)(=熱による発疹(ハッシン))

病

疒5 (10)　[1]4134 75C5　教3

ヘイ㊥　**ビョウ**(ビャウ)㊬ 〔敬〕bìng　**やむ・やまい**(やまひ)

筆順　亠 广 疒 疒 疔 疔 病 病 病

なりたち　[形声]「疒(=やまい)」と、音「丙(ヘイ)」とから成る。やまいが重くなる。

意味　❶不健康になる。**やむ。やまい**。例 病臥(ビョウガ)。病気(ビョウキ)。大病(タイビョウ)。❷きず。欠点。例 病弊(ビョウヘイ)。病癖(ビョウヘキ)。❸なやむ。心配する。苦しむ。**やむ**。例 病レ不レ得ニ其衆一(そのシュウをえざるをやむ)(=民衆の心を得られないことを心配する)。〈礼記・楽記〉❹やまいが重くなる。例 子疾病(シやまいヘイなり)(=孔子の病状が重くなった)。〈論語・述而〉

古訓　中古 かしく・やまひ・やむ　中世 やまひ・やむ　近世 うれひ・うれふ・くるしむ・やまひ・やむ

難読　病葉(わくらば)

【病▼痾】(ビョウア) 長患い。持病。宿痾(シュクア)。

【病因】(ビョウイン) 病気の原因。病原。

【病院】(ビョウイン) 病気にかかった人、けがをした人のぐあいをみて、場合によっては収容して治療する施設。例 救急―。

【病▼臥】(ビョウガ) 病気で床につく。

【病害】(ビョウガイ) 日 農作物や家畜などの、病気による被害。例 ―虫。

【病患】(ビョウカン) 病気。やまい。

【病間】(ビョウカン) ①病気が少しよくなる。②日 病気にかかっているあいだ。病中。

【病気】(ビョウキ) ①やまいにかかった顔つき。②日 身体や精神のはたらきに異常が起こり、苦痛や不快を感じること。やまい。疾患。例 ―になる。③日 悪い癖のたとえ。

【病苦】(ビョウク) 病気による苦しみ。例 ―とたたかう。

【病▼軀】(ビョウク) 病気にかかっているからだ。病身。㊟病骨・病体。例 ―をおして出席する。

【病欠(缺)】(ビョウケツ) 日 病気のために欠席や欠勤をする。

【病原】【病源】(ビョウゲン) 病気の起こる原因となるもの。病因。例 ―菌。―体。

【病後】(ビョウゴ) 病気が治ったばかりで、まだからだが弱っているとき。やみあがり。予後。

【病根】(ビョウコン) ①病気のもとになっているもの。病因。病原。②悪習や弊害などの根本原因。例 ―を絶つ。

【病死】(ビョウシ) 病気で死ぬ。病没。

【病室】(ビョウシツ) 病人を寝かせておく部屋。

【病者】(ビョウシャ) 病気をわずらっている人。病人。

【病弱】(ビョウジャク) からだがよわくて病気がちなさま。

【病床】【病▼牀】(ビョウショウ) 病人の寝床。やまいのとこ。病褥(ビョウジョク)。例 ―に臥(ふ)す。

【病状】(ビョウジョウ) 病気の様子や進みぐあい。容体(ヨウダイ)。

【病▼褥】【病▼蓐】(ビョウジョク) 病人の寝床。病床。例 ―を見舞う。

【病心】(ビョウシン) ①(シンをやむ) 心臓病にかかる。胸をわずらう。②病中の心境。例 上報ニ疾状一次叙ニ病心一(かみにシツジョウをホウじつぎにビョウシンを)ヨす)(=《手紙には》最初に病状を知らせ、次に病心を述べている)。〈白居易・与微之書〉

【病身】(ビョウシン) ①病気にかかっているからだ。病軀(ビョウク)。例 ―をおして働く。②弱くて病気がちなからだ。また、その人。

【病勢】(ビョウセイ) 病気の進みぐあい。例 ―が進む。

【病巣】(ビョウソウ) 日 病気におかされているところ。

【病中】(ビョウチュウ) 病気にかかっている間。

【病的】(ビョウテキ) 日 からだの状態や言行が普通でないさま。不健康なさま。例 ―なほどきれい好き。―な美しさ。

【病棟】(ビョウトウ) 日 病院で、病室の並んでいる建物。病舎。例 外科―。

【病毒】(ビョウドク) 病気を引き起こす毒。病気のもと。

【病人】(ビョウニン) 病気にかかっている人。患者。

【病弊】(ビョウヘイ) ものごとの内部にたまった弊害。例 ―を除く。

【病癖】(ビョウヘキ) 病的なほどやっかいなくせ。例 ―を改める。

【病没】【病▼歿】(ビョウボツ) 病気で死ぬ。病死。例 若くして―する。

【病魔】(ビョウマ) 人を病気にかからせるもの、または、病気そのものを、魔物にたとえていうことば。例 ―におかされる。

【病名】(ビョウメイ) 病気の名前。

【病理】(ビョウリ) 病気の原因や経過についての学問的理論。例 ―学。

【病歴】(ビョウレキ) 日 今までにどのような病気にかかったかということ。

【病入ニ▼膏▼肓一】(やまいコウコウにいる) 〔病気が肓の上、膏の下(=心臓と横隔膜の間)に入る意〕病気が重くなって、治療の手立てがないこと。深刻な事態に陥って救い難いさま。〔「膏肓」を「コウモウ」と読むのは誤り〕 ◆春秋時代、晋(シン)の景公が重病にかかり、秦(シン)から医者を呼ぶことになった。すると景公の夢の中で、病気が二人の子供の姿になってあらわれ、肓(コウ)の上、膏(コウ)の下にかくれた。やがて医者が来て診察すると言った。「この病気はもうどうすることもできません。肓の上、膏の下にあって手のほどこしようがありません」……〈左伝・成一〇〉

【謝レ病】(やまいとシャす／やまいをシャす) 病気を理由に君命をことわる。

【病従レ口入、禍従レ口出】(やまいはくちよりいり、わざわいはくちよりいず) 病気は食べ物によって起こり、災いはことばがひき起こす。口は慎まなければならないことのたとえ。〈傅子〉

●看病(カンビョウ)・仮病(ケビョウ)・疾病(シッペイ)・持病(ジビョウ)・闘病(トウビョウ)・難

病(ナンビョウ)・熱病(ネツビョウ)・発病(ハツビョウ)・万病(マンビョウ)

疱
疒5 (10) 2 6555 75B1

ホウ(ハウ)漢 効 pào
もがさ

意味 皮膚にできものができる病気。**もがさ**。通 皰(ホウ)。例 疱瘡(ホウソウ)。水疱(スイホウ)。

【疱▼瘡】(ホウソウ) 天然痘。

痍
疒6 (11) 2 6556 75CD

イ漢 支 yí
きず

意味 **きず**。きずつく。きずつける。例 傷痍(ショウイ)(=けが。きず)。満身創痍(マンシンソウイ)。

痏
疒6 (11) 4 8146 75CF

イ(ヰ)漢 紙 wěi

意味 ❶なぐられた傷。きずあと。例 瘡痏(ソウイ)(=きずあと)。❷鍼(はり)の刺しあと。つぼ。

痎
疒6 (11) 3 8846 75CE

ガイ慣 カイ漢 佳 jiē

意味 ほぼ一日おきに高い熱を出す病気。おこり。例 痎瘧(カイギャク)(=マラリア)。痨痎(ロウガイ)(=肺結核)。

痕
疒6 (11) 1 2615 75D5 常用

コン漢 元 hén
あと

筆順 ⼇广疒疔疗痕痕痕

なりたち [形声]「疒(=やまい)」と、音「艮(コン)」とから成る。きずあと。

意味 ❶きずあと。**あと**。例 傷痕(ショウコン)。瘢痕(ハンコン)。❷何かがあったことを示すしるし。あとかた。**あと**。例 痕跡(コンセキ)。血痕(ケッコン)。

古訓 中古 あざ・あと・かさどころ・かさのあと・きず・きは 中世 あと・きず 近世 あと・きず

【痕跡】(コンセキ) 過去に何かがあったことを示すあと。あとかた。形跡。例 ―をとどめない。

疵
疒6 (11) 2 6551 75B5

シ漢呉 支 cī
きず

意味 ❶小さなけが。❷過失や欠点。**きず**。例 疵瑕(シカ)。瑕疵(カシ)。❸過失や欠点を責める。そしる。例 疵毀(シキ)(=そしる)。

難読 疵(ざあ)

【疵▼瑕】(シカ) 〔「瑕」は、宝玉についている、きずの意〕きず。欠点。過失。瑕疵(カシ)。

痓
疒6 (11) 4 8147 75D3

シ漢 寘 chì

意味 筋肉がひきつる。

痔
疒6 (11) 1 2806 75D4

チ漢 ジ(ヂ)呉 紙 zhì

意味 肛門(コウモン)にできる、痛みや出血をともなう病気。例 痔疾(ジシツ)(=痔のやまい)。

痊
疒6 (11) 2 6557 75CA

セン漢呉 先 quán
い-える(い-ゆ)

意味 病気が治る。**いえる**。例 痊愈(センユ)(=病気が治る)。

痒
疒6 (11) 2 6558 75D2

一 ヨウ(ヤウ)漢 陽 yáng
二 ヨウ(ヤウ)漢 養 yǎng
かゆ-い(かゆ-し)・かさ

意味 一 ❶病気になる。やむ。例 癙憂以痒(ソユウもってやむ)(=ひどく憂えて病気になる)。〈詩経・小雅・正月〉 ❷できもの。**かさ**。通 瘍(ヨウ)。例 痒疥(ヨウカイ)(=疥癬(カイセン))。二 ❶**かゆい**。かゆみ。通 癢(ヨウ)。例 痛痒(ツウヨウ)。隔靴掻痒(カッカソウヨウ)。❷何かをしたくてむずむずする。通 癢(ヨウ)。

痙
疒7 (12) 2 6559 75D9

ケイ漢 梗 jìng
ひきつ-る

意味 筋肉が不自然にちぢむ。**ひきつる**。例 痙攣(ケイレン)。書痙(ショケイ)(=文字を書こうとすると、手がふるえたり、麻痺(マヒ)が起きたりする病気)。

【痙▼攣】(ケイレン) 日 筋肉が急にひきつる。

痧
疒7 (12) 4 8151 75E7

サ漢 麻 shā

意味 ❶コレラなどの病気。❷「痧子(サシ)」は、麻疹(マシン)(=はしか)。

痤
疒7 (12) 3 8847 75E4

サ漢 ザ呉 歌 cuó

意味 にきび。例 痤瘡(ザソウ)(=にきび)。

痠
疒7 (12) 4 8150 75E0

サン漢 寒 suān

意味 疲れて、だるい。例 痠痛(サンツウ)(=痛みによるだるさ)。

痣
疒7 (12) 2 6560 75E3

シ漢 寘 zhì
あざ・ほくろ

意味 ❶皮膚の一部が赤や紫に変色したもの。**あざ**。❷皮膚にできる黒い斑点(ハンテン)。**ほくろ**。

痟
疒7 (12) 4 8149 75DF

ショウ(セウ)漢 蕭 xiāo

意味 ❶頭痛。例 痟首(ショウシュ)(=頭痛)。❷糖尿病。例 痟瘍(ショウカツ)。

【痟▼瘍】【痟渇】(ショウカツ) 糖尿病。かちのやまい。痟疾(ショウシツ)。消渇(ショウカツ)。

痩
疒7 (12) 1 3373 75E9 常用

ソウ慣 シュウ(シウ)漢 シュ呉 宥 shòu
やせる(や-す)・こ-ける(こ-く)

[瘦] 疒10 (15) 3 9493 7626 人 旧字体。

[膄] 月10 (14) 4 8545 8184 別体字。

筆順 ⼇广疒疒疔疖痩痩

なりたち [形声]「疒(=やまい)」と、音「叟(ソウ→シュウ)」とから成る。やせる。

意味 ❶からだが細くなる。**やせる**。例 痩軀(ソウク)。痩身(ソウシン)。❷土地の生産力が落ちる。**やせる**。❸細い。例 痩硬(ソウコウ)。

古訓 中古 つかる・やす・やせたり 中世 つかる・やす・やする 近世 へる・やせる

【痩▼軀】(ソウク) やせ細ったからだ。痩身。例 長身―。

【痩▼懼】【痩▼癯】(ソウク) 心配のあまり、やせ細る。

【痩硬】(ソウコウ) 書体が細くて力強い。

【痩削】(ソウサク) やせ細る。

【痩身】(ソウシン) やせたからだ。痩軀(ソウク)。

【痩容】(ソウヨウ) やせた姿。

【痩▼羸】(ソウルイ) やせ疲れる。やつれる。

痛
疒7 (12) 1 3643 75DB 教6

トウ漢 ツ・ツウ呉 送 tòng
いたい(いた-し)・いたむ・いためる(いた-む)

筆順 ⼇广疒疒疔疗痟痛痛

なりたち [形声]「疒(=やまい)」と、音「甬(ヨウ→トウ)」とから成る。ひどく、やむ。

意味 ❶傷などがいたむ。**いたむ**。いたみ。例 苦痛(クツウ)。頭痛ツウ。❷心をいためる。[例] 心痛(シンツウ)。沈痛(チンツウ)。悲痛(ヒツウ)。❸冷酷な。厳しい。いたましい。[例] 痛法(ツウホウ)(=厳しい刑法)。❹心にいたみを感じるほど、はなはだしく。思いきり。徹底的に。いたく。[例] 痛快(ツウカイ)。痛切(ツウセツ)。

日本語での用法《いたい》《いたむ》①「痛(いた)い失策(シッサク)・痛手(いたで)」▼損害が大きい。影響が大きい。②「懐(ふところ)が痛(いた)む」▼出費が負担になる。

古訓 [中古] いたし・いたむ・なやむ・はなはだ・やむ [中世] いたみ・いたむ・やむ [近世] いたむ・きずつく

【痛手】いたで [日] ①(刀や矢などで受けた)重い傷。深手(ふかで)。②大きなショックや損害。[例] —をこうむる。

【痛飲】ツウイン 大いに酒を飲む。[例] —して気炎を吐く。

【痛快】ツウカイ 非常に愉快なこと。胸がすっとするように気持ちがよいこと。

【痛感】ツウカン 身にしみて、いたいほどに感じる。[例] 責任の重さを—する。

【痛苦】ツウク いたみ苦しむこと。また、ひどい苦しみ。苦痛。

【痛撃】ツウゲキ 激しく攻撃する。また、それによるひどい打撃。[例] 敵に—を加える。

【痛言】ツウゲン 手厳しく言う。また、そのことば。

【痛▼哭】ツウコク 激しく泣く。ひどく嘆き悲しむ。

【痛恨】ツウコン 非常に残念に思う。[例] 嘆息痛恨(タンソクツウコンす)(=ため息をついてはなはだ残念に思う)。〈諸葛亮・出師表〉—事。—のきわみ。

【痛心】ツウシン 心をいためる。心配する。心痛。[例] —にたえない。

【痛惜】ツウセキ 非常におしいと思う。[例] —の念。

【痛切】ツウセツ 喜び・悲しみ・哀れさを、身にしみて深く心に感じるさま。切実。[例] 人の情けを—に感じる。

【痛▼楚】ツウソ 〔「楚」も、いたむ意〕非常に苦しみ、いたむ。

【痛打】ツウダ ①強く打つ。また、その打撃。[例] 顔面を—する。②[日] 野球で、相手の守りに痛手となる強烈な打球。[例] —を浴びせる。

【痛嘆】ツウタン【痛▼歎】ツウタン ひどく悲しみなげく。

【痛点】ツウテン [日] 皮膚・粘膜上にある、いたみを感じる感覚点。

【痛罵】ツウバ ひどく、ののしる。[例] 面と向かって—される。

【痛風】ツウフウ 〔医〕関節やその周囲に尿酸がたまって炎症を起こし、激しくいたむ病気。

【痛憤】ツウフン ひどく怒る。憤慨する。

【痛棒】ツウボウ ①〔仏〕座禅のときに、落ち着かない者を打つための棒。②ひどくしかりつけること。[例] —を食らわす。

【痛▼痒】【痛▼癢】ツウヨウ ①いたみとかゆみ。②自分の身に受ける影響や利害。さしさわり。[例] なんら—を感じない。

【痛烈】ツウレツ [日] 非常に勢いが激しいこと。手厳しいこと。[例] —な批判。

●苦痛(クツウ)・劇痛(ゲキツウ)・激痛(ゲキツウ)・心痛(シンツウ)・頭痛(ズツウ|トウツウ)・鎮痛(チンツウ)・鈍痛(ドンツウ)・悲痛(ヒツウ)・腹痛(フクツウ)・腰痛(ヨウツウ)

痘

疒7 (12) [1]3787 75D8 常用

トウ(漢) [宥] dòu

もがさ

筆順 亠 广 疒 疒 疔 痘 痘 痘

なりたち [形声]「疒(=やまい)」と、音「豆(トウ)」とから成る。もがさ。

意味 高い熱を出し、皮膚に豆つぶ状のできものができて、あとを残す感染症。疱瘡(ホウソウ)。**もがさ**。[例] 種痘(シュトウ)。天然痘(テンネントウ)。

古訓 [近世] いも・もがさ

【痘痕】トウコン 天然痘のあと。あばた。[類] 痘瘢(トウハン)。

【痘▼瘡】トウソウ 感染症の一つ。天然痘。疱瘡(ホウソウ)。

痞

疒7 (12) [2]6561 75DE

ヒ(漢) [紙] pǐ

つか-え(つかへ)・つか-える(つか-ふ)

意味 胸がつかえて痛む病気。また、胸・心がふさがって憂鬱(ユウウツ)になること。**つかえ**。[例] 痞結(ヒケツ)。

【痞結】ヒケツ 食物などが胸につかえる病気。

痝

疒7 (12) [4]8148 75DD

ボウ(バウ)(漢) [江] máng

意味 ❶むくんで、ふくれる。[例] 痝然(ボウゼン)。❷いりまじる。[通] 尨(ボウ)。[例] 痝雑(ボウザツ)(=まじる)。

痢

疒7 (12) [1]4601 75E2 常用

リ(漢) [寘] lì

筆順 亠 广 疒 疒 疔 疟 痢 痢

なりたち [形声]「疒(=やまい)」と、音「利(リ)」とから成る。はらくだり。

意味 はらくだり。また、ひどいはらくだりをともなう細菌性の感染症。[例] 疫痢(エキリ)。下痢(ゲリ)。赤痢(セキリ)。

古訓 [中古] くそひりのやまひ・くそひる [中世] くそひる・ひる・やまひ [近世] くそひりやまひ・くだりはら・しぶりはら

痾

疒8 (13) [2]6562 75FE

ア(漢) [歌] ē

やまい(やまひ)

意味 こじれた病気。**やまい**。[例] 宿痾(シュクア)(=持病)。

瘂

疒8 (13) [3]8849 7602

ア(漢)(呉) [馬] yǎ

おし

意味 ことばを発することが困難な病気。また、その人。**おし**。[通] 啞(ア)。[例] 瘖瘂(インア)。

痿

疒8 (13) [2]6563 75FF

イ(ヰ)(漢) [支] ワイ(漢) [賄] wěi

な-える(な-ゆ)

意味 ❶身体の一部がなえたり、機能を失う病気。[例] 痿痺(イヒ)。陰痿(インイ)(=男性の性的不能)。❷**なえる**。衰える。[例] 痿弱(イジャク)(=虚弱)。

【痿▼蹶】イケツ ①手足や下半身がしびれ、動作に障害が起きる病気。②なえる。

【痿▼痺】イヒ ①手足がしびれる病気。②ものごとに対して無感覚、無関心であること。

瘍

疒8 (13) [4]8152 75EC

エキ(漢) ヤク(呉) [陌] yì

意味 精神の病気。

瘀

疒8 (13) [3]8848 7600

ヨ(漢) オ(呉) [御] yū

意味 血行が悪いために起こる病気。[例] 瘀血(オケツ)。

【瘀血】オケツ ①からだのある部分の血のめぐりが悪くなること。また、その血。②黒みを帯びて質の悪くなった血。病毒のまじった血。悪血(オケツ)。

痼

疒8 (13) [2]6564 75FC

コ(漢) [遇] gù

しこり・しこ-る

意味 長い間治らない病気。ながわずらい。[例] 痼疾(コシツ)。

【痼疾】コシツ ①長引いて治らない病気。持病。[例] —に苦しむ。②直りにくい、頑固な癖。

瘁

疒8 (13) [2]6565 7601

スイ(漢) [寘] cuì

うれ-える(うれ-ふ)・つか-れる(つか-る)・やつ-れる(やつ-る)・やぶ-れる(やぶ-る)

意味 ❶力を出しきってへとへとになる。**つかれる**。例 尽瘁(ジンスイ)(＝力を出し尽くす)。❷**やぶれる**。こわれる。例 隤瘁(タイスイ)(＝くずれる)。❸**うれえる**。通 悴(スイ)。❹病気で、やせおとろえる。**やつれる**。通 悴(スイ)。

痰
疒8(13) ②6566 75F0
タン(タム)漢 ダン(ダム)呉 覃 tán

意味 せきとともに気管から出る、ねばりけのある液体。**たん**。例 喀痰(カクタン)(＝たんを吐く)。血痰(ケッタン)。

痴 [癡]
痴 疒8(13) ①3552 75F4 常用
癡 疒14(19) ②6587 7661 旧字体。
チ 漢 呉 支 chī
おろ-か・し-れる(し-る)・おこ(をこ)

筆順 丶 广 疒 疒 疒 疾 痴 痴

なりたち [形声]「疒(＝やまい)」と、音「疑(ギ→チ)」とから成る。かしこくない。

意味 ❶知恵がはたらかない。にぶい。**おろか**。例 痴漢(チカン)。痴呆(チホウ)。白痴(ハクチ)。❷あることに熱中して、ほかに目が向かない。例 情痴(ジョウチ)。書痴(ショチ)。❸三毒(＝貪(トン)(＝むさぼり)・瞋(シン)(＝怒り)・痴(チ)(＝迷い))の一つ。心が迷い、ものごとの真理を理解できないこと。例 愚痴(グチ)。

日本語での用法 《チ》「痴漢(チカン)・痴話喧嘩(チワゲンカ)」▼男女関係において、理性を失った。常識的な判断のない。

古訓 中古 おろかなり・かたくなし・すたる・にぶし・をさなし 中世 おろか・かたくなし 近世 おろか・つたなし・ほれる

【痴漢】(チカン)〔「漢」は、男の意〕①ばかげたことをする男。おろかな男。ばかもの。②日 女性に性的ないたずらをする男。

【痴愚】(チグ) おろかなこと。ばか。

【痴情】(チジョウ) 男女間の愛欲におぼれる感情。

【痴人】(チジン) おろかもの。ばかもの。たわけ。

【痴態】(チタイ) 日 ばかげたふるまい。おろかな態度。例 人前で―を演じる。

【痴鈍】(チドン) おろかで、頭のはたらきがにぶいこと。

【痴▼呆】(チホウ) ①おろかなこと。また、おろかな人。②日〔医〕後天的な大脳の障害のため知能が低下する状態。痴呆症。〔今は「認知症」という〕

【痴話】(チワ) ①ばかげた話。②日 愛し合う男女のたわむれのことば。むつごと。例 ―喧嘩(ゲンカ)。

◐ 音痴(オンチ)・愚痴(グチ)・情痴(ジョウチ)・書痴(ショチ)・白痴(ハクチ)

痮
疒8(13) ④8153 75EE
チョウ(チャウ)漢 漾 zhàng

意味 ❶腹がはってふくれる。通 脹(チョウ)。❷手足がこわばって屈伸できなくなる病気。

瘃
疒8(13) ④8156 7603
チョク 漢 沃 zhú

意味 凍傷。しもやけ。例 瘃堕(チョクダ)(＝凍傷で指などがくさり、落ちること)。

痺 [痹]
痺 疒8(13) ②6567 75FA
痹 疒8(13) ④8155 75F9 本字。
ヒ 漢 寘 bì
しび-れる(しび-る)・しび-れ

意味 ❶からだの感覚がなくなる。**しびれる**。**しびれ**。例 麻痺(マヒ)。❷風・湿気・寒さからくる手足の痛みやしびれ。リューマチ。

痱
疒8(13) ④8154 75F1
一 ヒ 漢 微 féi
二 ハイ 漢 賄 ヒ 漢 未 fèi

意味 一 脳卒中。二 あせも。通 疿(ヒ)。

難読 痱(ひ)る(＝小便などを少しもらす。ちびる)

痲
疒8(13) ②6568 75F2
バ 漢 マ 呉 麻 má
しび-れる(しび-る)

意味 ❶神経がおかされてからだの感覚がなくなる。**しびれる**。しびれ。通 麻。例 痲酔(マスイ)(＝麻酔)。❷⇩【痲疹】(マシン)

【痲▼疹】(マシン) 子供に多い発熱と発疹(ハッシン)をともなう急性の感染症。はしか。麻疹。

【痲▼痺】(マヒ) ⇩【麻痺】(マヒ)(1505ページ)

【痲薬】(マヤク) ⇩【麻薬】(マヤク)(1505ページ)

痳
疒8(13) ②6569 75F3
リン(リム)漢 侵 lín
しぶ-る

意味 ❶腹や腰がひきつって痛む病気。疝気(センキ)。❷性病の一種。通 淋(リン)。例 痳病(リンビョウ)。

瘖
疒9(14) ③8852 7616
イン(イム)漢 オン(オム)呉 侵 yīn
おし

意味 ことばを発することが困難な病気。また、その人。**おし**。例 瘖唖(インア)。

【瘖▼唖】(インア)【瘖▼瘂】(インア) ことばを発することが困難な病気。また、その病気の人。

【瘖▼聾】(インロウ) ことばを発することが困難なことと、耳が聞こえないこと。また、その人。聾唖(ロウア)。

瘕
疒9(14) ③8851 7615
カ 漢 ケ 呉 麻 馬 禡 jiǎ

意味 腹の病気。例 瘕疝(カセン)(＝腹にしこりができる病気)。

𤸎
疒9(14) ④8161 24E0E
カツ 漢 カチ 呉 曷 kě

意味 ❶熱射病。❷「痟𤸎(ショウカツ/ショウカチ)」は、糖尿病。痟渇(ショウカツ/ショウカチ)。消渇(ショウカツ/ショウカチ)。

瘓
疒9(14) ④8162 7613
カン(クヮン)・タン 漢 旱 huàn

意味 「瘓癱(カンタン)」「癱瘓(タンカン)」は、からだの麻痺(マヒ)。中風。

瘧
疒9(14) ②6574 7627
ギャク 漢 薬 nüè
おこり

意味 一定の時間をおいて高い熱を出す病気。マラリア。**おこり**。例 瘧疾(ギャクシツ)。

【瘧疾】(ギャクシツ) 一定の間隔をおいて高熱が出る病気。おこり。

瘈
疒9(14) ③8850 7608
一 セイ 漢 霽 zhì
二 ケイ 漢 霽 chì

意味 一 気が狂う。くるう。例 狂瘈(キョウセイ)。瘈狗(セイク)(＝狂犬)。二 ひきつけ。通 瘛(ケイ)。例 瘈瘲(ケイショウ)(＝痙攣(ケイレン))。

㾮
疒9(14) ④8160 3FAE
コウ(クヮウ)漢 陽 huáng

意味 悪性のはれものができる病気。

瘇
疒9(14) ④8158 7607
ショウ 漢 腫 zhǒng

意味 できもの。はれもの。通 腫(ショウ)・尰(ショウ)。例 瘇蠱(ショウコ)(＝できものや毒虫。災いのたとえ)。

瘏
疒9(14) ④8159 760F
ト 漢 虞 tú

意味 くたびれる。疲れる。例 瘏悴(トスイ)。

【瘏▼悴】(トスイ) 病にやつれ、疲れはてる。

瘋
疒9(14) ②6570 760B
フウ 漢 東 fēng

意味 精神に異常をきたしている。例 瘋癲フウテン。

【瘋▼癲】フウテン ①精神状態が異常であること。②日 決まった仕事をもたず、気ままにぶらぶらしている人。

［瘉］ 疒9（14） ⇩癒ユ（908ジペー）

瘍

疒9（14） 2 6571 760D 常用 ヨウ（ヤウ）漢 陽 yáng かさ

筆順 亠 广 疒 疒 疸 疸 瘍 瘍

なりたち 瘍 ［形声］「疒（=やまい）」と、音「昜ヨ」とから成る。頭部のはれもの。

意味 ❶はれもの。できもの。**かさ**。例 潰瘍カイヨウ。腫瘍シュヨウ。❷からだのきず。例 瘍痍ヨウイ（=きず）。

古訓 中古 かしらがさ 中世 かしらがさ 近世 あたまのかさ・きずつく・くだる

［瘘］ 疒9（14） ⇩瘻ロウ（907ジペー）

瘞

疒10（15） 3 8854 761E エイ漢 霽 yì うず-める（うづ-む）

意味 ❶埋葬する。**うずめる**。例 瘞葬エイソウ（=埋葬する）。瘞蔵エイゾウ（=埋蔵する。また、殉葬品）。瘞埋エイマイ（=うずめる）。❷墳墓。はか。例 発瘞ハツエイ（=墓をあばく）。

瘟

疒10（15） 2 6573 761F オン（ヲン）漢 元 ウン漢呉 文 wēn えやみ

意味 高熱を発する急性感染症。**えやみ**。瘟疫オンエキ。

【瘟▼㾮】ウンコウ 日「瘟㾮日ウンコウニチ」の略。陰陽道オンミョウドウでいう、吉日の一つ。

𤸷

疒10（15） 4 8165 24E37 クン漢 支 qūn

意味 麻痺マヒする。しびれる。例 𤸷痺クンヒ（=麻痺）。

瘛

疒10（15） 4 8163 761B ケイ・セイ漢 霽 chì

意味 痙攣ケイレンする。ひきつる。ひきつけ。通 瘈ケイ。例 瘛瘲ケイショウ（=ひきつけ）。

瘥

疒10（15） 4 8166 7625 一 サイ漢 卦 chài 二 サ漢 歌 cuó

意味 一 病気が治る。いえる。二 ❶疫病。やまい。例 瘥札サツ・瘥癘サイレイ（=疫病）。❷災い。

瘠

疒10（15） 2 6575 7620 セキ漢 陌 jí や-せる（や-す）

意味 ❶からだが細くなる。やせ衰える。**やせる**。例 瘠軀セキク（=やせたからだ）。❷土地に生産力のない、やせ地。例 瘠地セキチ。瘠土セキド。

【瘠▼瘦】セキソウ やせ細る。

【瘠地】セキチ 土質が悪く、作物が育ちにくい土地。やせ地。類 瘠土。

瘡

疒10（15） 2 6576 7621 ソウ（サウ）漢 ショウ（シャウ）呉 陽 chuāng かさ・くさ・きず

意味 ❶切りきず。**きず**。通 創。例 刀瘡トウソウ。❷皮膚にできる、できもの。はれもの。**かさ**。例 瘡瘍ソウヨウ（=できもの）。疱瘡ホウソウ（=天然痘）。

【瘡蓋】かさぶた 日 できものや傷口が治りかけたとき、その上にできるかわいた皮。

【瘡▼痍】ソウイ ①刀などによる切りきず。②戦乱などによる苦難。▽創痍ソウイ。

【瘡痕】ソウコン きずあと。創痕。類 瘡瘢ソウハン。

瘙

疒10（15） 3 8853 7619 ソウ（サウ）漢 号 sào

意味 ひどいかゆみをともなう皮膚病。例 瘙痒ソウヨウ・瘙癢ソウヨウ（=かゆみ）。

［瘦］ 疒10（15） ⇩痩ソウ（903ジペー）

瘜

疒10（15） 4 8164 761C ショク漢 ソク呉 職 xī

意味 粘膜にできる肉質の突起。ポリープ。例 瘜肉ソクニク（=ポリープ）。

瘨

疒10（15） 4 8167 7628 テン漢 先 diān

意味 ❶精神に異常をきたす病気。通 癲テン。❷卒倒する。❸苦しめる。なやます。

瘼

疒10（15） 4 8168 763C バク漢 薬 mò

意味 ❶病気になる。やむ。❷弊害。苦しみ。

難読 瘼おゆ（=衰弱する）

瘢

疒10（15） 2 6577 7622 ハン漢 寒 bān きずあと

意味 ❶きず。**きずあと**。例 瘢痕ハンコン。❷皮膚にできる斑点ハンテン。そばかす。しみ。例 雀瘢ジャクハン。❸過失。しくじり。

【瘢痕】ハンコン 傷やできもののあと。類 瘢跡。

瘤

疒10（15） 2 6578 7624 リュウ（リウ）漢 尤 liú こぶ

意味 ❶皮膚の肉が盛り上がってかたまりになったもの。**こぶ**。しこり。❷木など、ものの表面が盛り上がってかたまりになったもの。例 根瘤コンリュウ（=マメ科の植物の根に細菌が入ってできるこぶ）。木瘤モクリュウ。

日本語での用法 《こぶ》「目めの上うえの瘤こぶ・瘤こぶ付つっき」▼不要のもの、じゃまもののたとえ。

𤹪

疒11（16） 4 8170 24E6A ウ漢 麌 yǔ

意味 背骨の曲がる病気。通 傴ウ。

瘵

疒11（16） 3 8856 7635 サイ漢 卦 zhài

意味 病気になる。やむ。やまい。また、結核。例 瘵疾サイシツ（=疫病。結核）。労瘵ロウサイ（=癆痎ロウガイ。結核）。

瘴

疒11（16） 2 6579 7634 ショウ（シャウ）漢 漾 zhàng

意味 熱帯・亜熱帯の山川にたちこめる毒気。温度と湿度が高く、熱病をひきおこすとされる。また、それにあたったことによる熱病。マラリアの類。

【瘴疫】ショウエキ マラリアの類。瘴癘ショウレイ。

【瘴気】ショウキ 熱病をおこすという山川の毒気。

【瘴江】ショウコウ 毒気が立ちのぼるとされる南方の川。例 好収二吾骨一瘴江辺よしわがほねをショウコウのほとりにおさめよ（=どうか私の骨を瘴江の川辺に拾っておくれ）。〈韓愈・左遷至藍関示姪孫湘〉

【瘴▼癘】ショウレイ 湿熱の毒気にあたることによる熱病。マラリアの類。瘴疫ショウエキ。

瘳

疒11（16） 4 8169 7633 チュウ（チウ）漢 尤 chōu い-える（い-ゆ）

意味 ❶病気が治る。**いえる**。例 瘳愈チュウユ（=病気がいえる）。❷へらす。へる。

瘭 疒11 (16) 3 8855 762D ヒョウ(ヘウ)漢 [蕭] biāo

意味 膿(うみ)ができる悪性のはれもの。例 瘭疽(ヒョウソ)。

【瘭▼疽】ヒョウソ 手足の指先の化膿(カノウ)する炎症。

瘰 疒11 (16) 2 6580 7630 ルイ慣 ラ漢 [哿] luǒ

意味 「瘰癧(ルイレキ)」は、首のリンパ節がはれてしこりとなる、結核性の病気。

瘻 疒11 (16) 2 6581 763B 一ロウ漢 [宥] lòu 二ル漢呉 [虞] lǘ せむし

[瘘] 疒9 (14) 4 8157 7618 俗字。

意味 一 ❶首にできる、はれもの。例 瘻癧(ロウレキ)。❷治りにくいできもの。例 痔瘻(ジロウ)。二 背骨が曲がって、前かがみになる病気。**せむし**。例 痀瘻(クル)。

【瘻▼癘】ロウライ|ロウレイ 首がはれあがる病気。例 已二大風・攣踠・瘻癘一(タイフウ・レンエン・ロウライをいやす)(=ハンセン病・手足が曲がる病気・首がはれる病気を治す)。〈柳宗元・捕蛇者説〉

癋 疒12 (17) 3 8858 764B カク漢 [薬] hè

意味 心臓病。難読 癋見(べしみ)(=能面の一つ)

癇 疒12 (17) 2 6582 7647 カン漢 ケン呉 [刪] xián

意味 ❶子供に多い、発作的に全身の筋肉がひきつる病気。**かん**。ひきつけ。❷「癲癇(テンカン)」は、けいれんや意識障害などの発作をおこす病気。

日本語での用法 《カン》「癇(カン)にさわる・癇(カン)の強(つよ)い子(こ)」▼刺激に反応して、興奮したりいらいらしたりする、たち。

【癇▼癪】カンシャク 日 すぐにかっとなって怒りをぶつけること。おこりっぽい性質。癇癖(カンペキ)。例 ―を起こす。―持ち。

【癇性】カンショウ 日 ①神経質でおこりっぽい性質。例 ―な子。②異常なほど潔癖であること。▽疳性(カンショウ)。

【癇癖】カンペキ 日 おこりっぽい性質。癇癪(カンシャク)。例 ―が強い。

癌 疒12 (17) 1 2066 764C ガン ái (旧 yán)

意味 内臓や筋肉・皮膚にできる、悪性のはれもの。例 胃癌(イガン)・乳癌(ニュウガン)・肺癌(ハイガン)。

参考 日本の近世には、病名「乳癌」の「ガン」に「岩・嵒・嵓」などを用いた例がある。

日本語での用法 《ガン》「政界(セイカイ)の癌(ガン)」▼組織全体にとってさまたげとなっているもののたとえ。

瘮 疒12 (17) ⇒疹(シ)(901ジ)

㿉 疒12 (17) 4 8171 3FC9 タイ漢 [灰] tuí

意味 陰部の病気。疝気(センキ)。通 癩(タイ)。例 㿉疾(タイシツ)・㿉疝(タイセン)(=脱腸・ヘルニア)。

癉 疒12 (17) 4 8174 7649 一タン漢 [翰] dàn 二タン漢 [寒] dān

意味 一 ❶疲れて病気になる。やみ疲れる。やむ。❷激しく嫌う。にくむ。例 癉悪(タンアク)(=悪事を憎む)。二 熱病。例 癉疾(タンシツ)(=熱病)。

癈 疒12 (17) 2 6583 7648 ハイ漢 [隊] fèi

意味 身体の機能に障害があって自由に動けないこと。通 廃。例 癈疾(ハイシツ)・癈人(ハイジン)。

【癈疾】ハイシツ ①治すことのできない病気。②病気などのため身体が不自由になること。▽廃疾。

【癈人】ハイジン 病気・けがなどのため精神的・肉体的に障害が起き、通常の社会生活ができなくなった人。廃人。

【癈兵】ハイヘイ 戦争で負傷し、不自由なからだになった兵。

癁 疒12 (17) 4 8172 7641 フク漢 [屋] fù

意味 病気が再発する。難読 癁(かえ)る(=病気がぶりかえす)

癃 疒12 (17) 3 8857 7643 リュウ(リウ)漢 [東] lóng

意味 ❶老衰する。おいぼれる。例 癃疾(リュウシツ)。癃病(リュウヘイ)。❷排尿が困難になる病気。例 癃閉(リュウヘイ)(=尿が出ない病気)。

療 疒12 (17) 1 4637 7642 常用 リョウ(レウ)漢呉 [嘯] liáo いや-す

筆順 亠 广 疒 疒 疒 疒 療

なりたち  [形声]「疒(=やまい)」と、音「尞(リョウ)」とから成る。やまいをなおす。

意味 ❶病気を治す。**いやす**。例 療法(リョウホウ)。治療(チリョウ)。❷苦痛を取り除く。例 療渇(リョウカツ)(=のどのかわきをいやす)。

古訓 中古 いやす・いゆ 中世 いやす・つくろふ 近世 いやす・つくらふ・やまひ

【療治】リョウジ|リョウチ 病気やけがをなおす。治療。例 荒(あら)―。

【療法】リョウホウ 病気やけがの治し方。治療法。例 民間―。食餌(ショクジ)―。対症―。

【療養】リョウヨウ 病気やけがを治すため、からだを休めて手当てを受ける。例 ―所。転地―。

●医療(イリョウ)・加療(カリョウ)・診療(シンリョウ)・施療(セリョウ)・治療(チリョウ)

癘 疒12 (17) 2 6586 7658 レイ漢 [霽] lì ライ漢呉 [泰] えやみ

意味 ❶ハンセン病。通 癩(ライ)。❷流行病。**えやみ**。例 癘疾(レイシツ)(=疫病)。❸殺す。例 不レ癘二雛觳一(スウコウをレイせず)(=ひな鳥を殺さない)。〈管子・五行〉

癆 疒12 (17) 2 6584 7646 ロウ(ラウ)漢 [豪] láo

意味 胸のやまい。肺結核。例 癆痎(ロウガイ)。

【癆▼痎】【癆▼咳】ロウガイ 「肺結核」の古い呼び名。労咳(ロウガイ)。例 ―を病む。

癜 疒13 (18) 2 6585 765C デン慣 テン漢 [霰] diàn なまず(なまづ)・なまずはだ(なまづはだ)

意味 細菌が寄生して褐色や白のまだらができる皮膚病。**なまず**。例 癜風(デンプウ)(=なまずのできる病)。

癖 疒13 (18) 1 4242 7656 常用 ヘキ漢 ヒャク呉 [陌] pì くせ

筆順 亠 广 疒 疒 疒 疒 癖

なりたち [形声]「疒(=やまい)」と、音「辟(ヘキ)」とから成る。腹の病気。

意味 ❶消化不良。また、腹部にしこりのできる病気。❷人それぞれがもつ(かたよった)好みや性質・習性。**くせ**。例 悪癖アク。潔癖（ケッペキ）。
古訓 中古 くせ 中世 あしなへ・くせ 近世 くせ・つかへる
【癖▼痼】（ヘキコ） 慢性の長びく病気。痼疾（コシツ）。
〇悪癖（アクヘキ）・潔癖（ケッペキ）・習癖（シュウヘキ）・性癖（セイヘキ）・盗癖（トウヘキ）・難癖（ナンくせ）

癒 疒13（18） 1 4494 7652 常用
ユ 漢 呉 麌 yù
いえる（い-ゆ）・**いやす**

［癒］疒13（18） —— 旧字体。 ［瘉］疒9（14） 2 6572 7609 本字。

筆順 亠 广 疒 疒 瘉 瘉 癒 癒

なりたち [形声]「疒（=やまい）」と、音「兪（ユ）」とから成る。やまいがなおる。

意味 病気が治る。**いえる**。**いやす**。例 快癒（カイユ）。治癒（チユ）。

古訓 中古 いゆ・やむ 中世 やまひ 近世 いゆる・まさる・やまひいゆる

【癒合】（ユゴウ） 〔医〕傷が治って、傷口がふさがる。
【癒着】（ユチャク） 日 ①〔医〕膜・皮膚が、手術や炎症などのためにくっついてしまう。②利益を求めて、不正に深く結びつく。例 政財界の—。

［癕］疒13（18） ⇩ 癰（ヨウ）（908ジペー）

［癡］疒14（19） ⇩ 痴（チ）（905ジペー）

癤 疒15（20） 3 8859 7664
セツ 漢 屑 jiē
意味 小さなできもの。ねぶと。かたね。例 瘡癤（ソウセツ）（=できもの）。

癥 疒15（20） 3 8860 7665
チョウ 漢 蒸 zhēng
意味 腹部にしこりのできる病気。例 癥結（チョウケツ）（=腹中にできるしこり）。

癢 疒15（20） 2 6588 7662
ヨウ（ヤウ）漢 養 yǎng
かゆ-い（かゆ-し）
意味 ❶皮膚がむずむずする。**かゆい**。通 痒（ヨウ）。例 痛癢（ツウヨウ）。❷むずむずする。したくてたまらない。通 痒（ヨウ）。例 伎癢（ギヨウ）（=腕前を示したくてむずむずする）。

癨 疒16（21） 2 6589 7668
カク（クヮク）漢 薬 huò
意味「癨乱（カクラン）」は、暑さにあたって吐いたりくだしたりする病気。コレラ・疫痢（エキリ）など。霍乱（カクラン）。

癪 疒16（21） 2 6591 766A 国字
シャク
意味 ❶胸や腹などが急に痛んでけいれんをおこす病気。さしこみ。しゃく。❷激しい怒りの感情。腹立ち。しゃく。例 癇癪（カンシャク）。癪（シャク）の種（たね）。

癩 疒16（21） 4 8176 3FD7
タイ 漢 灰 tuí
意味 陰部の病気。疝気（センキ）。通 蘈（タイ）。例 癩疝（タイセン）（=陰嚢（インノウ）などがはれる病気。また、ヘルニア）。

癩 疒16（21） 2 6590 7669
ライ 漢 呉 泰 lài
意味 ハンセン病。通 癘（ライ）。例 癩病（ライビョウ）（=ハンセン病）。

癧 疒16（21） 2 6592 7667
レキ 漢 錫 lì
意味「瘰癧（ルイレキ）」は、首のリンパ節にできる結核性のはれもの。

癮 疒17（22） 4 8177 766E
イン 漢 オン 呉 吻 yǐn
意味 ❶中毒症。例 煙癮（エンイン）（=アヘンやタバコの中毒）。酒癮（シュイン）（=アルコール中毒）。❷「癮疹（インシン）」は、アレルギー性の蕁麻疹（ジンマシン）。

癭 疒17（22） 3 8861 766D
エイ 漢 梗 yǐng
意味 ❶首の周囲にできるはれもの。甲状腺（コウジョウセン）の肥大などによる、こぶ。例 癭瘤（エイリュウ）（=こぶ）。❷木にできるこぶ。例 癭木（エイボク）（=クスノキの樹根）。

癬 疒17（22） 2 6593 766C
セン 漢 呉 銑 xuǎn
たむし
意味 ひどいかゆみをともなう感染性の皮膚病。**たむし**。例 疥癬（カイセン）。皮癬（ヒゼン）。

癯 疒18（23） 3 8862 766F
ク 漢 虞 qú
意味 からだが細くなる。やせる。例 癯瘁（クスイ）。
【癯▼瘁】（クスイ） やせ衰える。

癰 疒18（23） 2 6594 7670
ヨウ 漢 オウ・ヨウ 呉 冬 yōng
はれもの

［癕］疒13（18） 4 8175 7655 別体字。

意味 中にうみを含んだ悪性のはれもの。例 癰疽（ヨウソ）（=悪性のできもの）。

癱 疒19（24） 3 8863 7671
タン 漢 寒 tān
意味 運動機能障害をおこす病気。例 癱瘓（タンカン）（=半身不随。中風）。面癱（メンタン）（=顔面麻痺（マヒ））。

癲 疒19（24） 2 6601 7672
テン 漢 先 diān
意味 ❶精神に異常をきたす病気。例 瘋癲（フウテン）（=精神状態が異常であること）。❷「癲癇（テンカン）」は、けいれんや意識障害をおこす病気。
【癲狂】（テンキョウ） 精神異常。例 —院（=精神病院の古称）。

105 5画 癶 はつがしら部

左右の足を、ちぐはぐに開いた形をあらわす。「癶」をもとにしてできている漢字と、「癶」の字形を目じるしにして引く漢字とを集めた。

癶 癶0（5） 2 6602 7676
ハツ 漢 曷 bō
意味（足をちぐはぐに出して）歩いて行く。

癸 癶4（9） 2 6603 7678
キ 漢 呉 紙 guǐ
みずのと（みづのと）
意味 十干の十番目。**みずのと**。方位では北、五行（ゴギョウ）では水にあてる。例 癸亥（キガイ）（=干支（えと）の六十番目）。

発 癶4（9） 1 4015 767A 教3
一 ハツ 漢 ホチ・**ホツ** 呉 月 fā
二 ハツ 漢 曷 bō
た-つ・あば-く

【發】癶7 (12) 2 6604 767C 旧字体。

筆順 フ ヲ ヺ 癶 癶 癶 癸 発

なりたち 〔形声〕「弓(=ゆみ)」と、音「癹ハ」とから成る。矢を射る。

意味 一 ❶矢をはなつ。鉄砲などをうつ。はなつ。例 発射。百発百中。連発。❷外に出る。外へ出す。例 発芽。発光。発声。❸配る。送る。つかわす。例 発レ書(=手紙を送る)。発送。発布。発兵(=出兵)。❹出かける。動き出す。たつ。例 発車。始発。出発。❺新しくはじまる。はじめる。生じる。おこす。おこる。例 発生。発起。発端。❻のびる。さかんになる。成長する。例 発育。発達。発展。❼ひらく。あける。例 発二其倉府一(=倉を開く)。〈説苑・政理〉 ❽花が咲く。ひらく。例 花発多二風雨一(=花が咲くころには雨風の激しい日が多いものだ)。〈于武陵・勧酒〉 ❾明らかにする。啓発する。導く。例 不レ悱不レ発(=言いたいことがうまく言えず口ごもるようでなければ、教え導かない)。〈論語・述而〉 ❿あばく。かくれているものを外に出す。あらわす。あらわれる。例 発掘。告発。⓫弾丸などをかぞえることば。例 一発。⓬⇩【発発】①

二⇩【発発】②

古訓 中古 あきらかに・あぐ・あばく・あらはす・あらはる・いだす・おくる・おこす・おこなふ・おこる・はなさく・はなつ・ひらく・やはなつ・ゆく 中世 あきらか・あばく・おこす・おこる・すすむ・はなつ・ひらく 近世 あがる・あきらか・あぐる・いだす・うつ・おこす・おこる・のぶる・はなつ・ひらく・やる

人名 あき・あきら・おき・すすむ・ちか・なり・のぶ・のり・はじめ・ひらく

難読 発条ねば・ぜんまい

【発哀】ハツアイ/ハッアイ 貴人の死を公表する。喪を発する。

【発案】ハツアン 日①新しく考え出す。また、その考え。案出。例 —者。②議案を提出すること。提案。例 —権。

【発育】ハツイク 成長して大きくなる。例 —がいい。

【発引】ハツイン 〔「引」は、霊柩車の引き綱の意〕葬儀で、ひつぎ車が墓地へ向かう。

【発駅】ハツエキ 日列車が出発した駅。始発駅。対 着駅。

【発煙】ハツエン けむりを出す。例 —筒。

【発音】ハツオン 音声を出す。また、その出し方やひびき。

【発火】ハッカ 火を出す。燃えだす。例 —装置。

【発芽】ハツガ 種が芽を出す。めばえ。出芽。

【発会】ハッカイ 日①会ができて初めて会合を開く。また、その会。例 —式。②〔経〕取引所で、月の始めの立ち会い日。対 納会。例 大—(=新年最初の立ち会い)。

【発覚】ハッカク かくしていたことや悪いことが明るみに出る。例 不正が—する。

【発刊】ハッカン ①書物を出版する。②新聞・雑誌などの定期刊行物を新しく出版する。

【発汗】ハッカン あせをかく。あせが出る。

【発揮】ハッキ (能力や素質などを)十分にあらわす。例 実力を—する。本領—。

【発議】ハツギ/ホツギ ①意見を出す。また、その意見。②日会議に議案を出す。発案。例 —権。

【発給】ハッキュウ ①支出する。②日証明書などを出して与える。例 認定証を—する。

【発狂】ハッキョウ 精神に異常をきたす。

【発禁】ハッキン 日「発売禁止」の略。書籍・雑誌・CDなどの発行や発売を禁止すること。例 —処分。—本。

【発句】一ハック 漢詩の律詩(=八句からなる詩型)の第一・二句。首聯。二ホック 日①一巻きの連歌・連句の、はじめの五・七・五の句。対 挙句。②「①」が独立してよまれるようになったもの。俳句。

【発掘】ハックツ ①地中にうもれているものをほり出す。例 遺跡の—調査。②世間に知られていない(すぐれた)ものを見つけ出す。例 優秀な人材を—する。

【発券】ハッケン 日銀行券(=紙幣)・乗車券などを発行する。

【発遣】ハッケン ①使者などを送り出す。行かせる。②清代、遠地へ追放する流刑。

【発見】一ハッケン あらわれでる。発現。二ハッケン 日知られていなかったものを、はじめて見つけ出す。例 新彗星を—する。

【発言】ハツゲン ことばを出す。意見を述べる。また、その意見。例 —権。—を求める。

【発現】ハツゲン 外にあらわれ出る。出現。また、あらわし出す。例 神の—。

【発源】ハツゲン ①水がわき出る。また、水源。②ものごとの起こり始め。

【発語】ハツゴ/ホツゴ ①ものを言いはじめること。②話や文章のはじめに置くことば。「夫(それ)」「さて」「そもそも」「では」など。③日歌語などで、語のはじめにそえる接頭語。「さ霧」「さ牡鹿」「さ苗」などの「さ」の類。

【発光】ハッコウ 光を出す。例 —体。

【発行】ハッコウ ①出発する。②日印刷した書籍・雑誌・新聞などを世に出す。発刊。例 —所。③日特定の機関が紙幣・証明書・入場券などを作って通用させる。例 再—。

【発効】ハッコウ 日ききめがあらわれる。特に、法律や条約などが実際に効力をもつようになる。対 失効。

【発酵】ハッコウ 酵母菌などの微生物のはたらきによって有機化合物が分解し、アルコール類・有機酸類・二酸化炭素などを生じること。味噌・しょうゆ・酒・パン・チーズなどは、このはたらきを応用してつくる。表記 旧▼醱酵

【発興】一ハッコウ 兵を徴発し軍需品などを徴集して、軍隊を出動させる。二ハッキョウ 興がわき、おもしろがる。

【発策】ハッサク ①〔「策」は、試験問題の意〕天子が出題して試問する。②はかりごとをめぐらす。

【発散】ハッサン (内にこもっていた光・熱・におい・力などが)外に飛びちる。また、外へ勢いよく出す。例 ストレス—。

【発車】ハッシャ 馬車・汽車・電車・バスなどを走り出させる。例 —時刻。

【発射】ハッシャ 矢・弾丸・ロケットなどをうち出す。

【発症】ハッショウ 病気の症状があらわれる。

【発祥】ハッショウ ①天命によって、天子となるめでたいきざしがあらわれる。②ものごとがはじまる。起源。例 文明—の地。

【発条】ハツジョウ/ばね ばね。ぜんまい。スプリング。例 —仕掛け。

【発情】ハツジョウ ①人情に基づいて起こること。②日情欲が起こる。③日動物が本能的に交尾の可能な状態になる。

【発色】ハッショク 日染め物やカラー写真で、色が出ること。また、その色の出ぐあい。例 —剤。—の美しいパステル。

【発信】ハッシン 日電信や電波、郵便などを出す。例 —人。

【発▼疹】ハッシン/ホッシン 〔医〕皮膚に小さなふきでものができる。また、そのふきでもの。例 —チフス。突発性—。

【発進】ハッシン 日飛行機や自動車などが動き出す。例 急—。

【発生】ハッセイ ①(春になって、生物が)生まれ出る。例 毛虫の異常—。②ものごとが起こる。例 好雨知二時節一、当レ春乃発生(=ありがたい雨は降るべき時をこころえていて、春になると降りはじめる)。〈杜甫・春夜喜雨〉

【発声】ハッセイ ①こえを出す。例 —練習。②日おおぜいで一つのことばを言うとき、最初にこえを出して音頭をとること。例

会長の―で万歳を三唱する。

【発赤】ハッセキ・ホッセキ 〔医〕皮膚や粘膜が熱をおびて赤くなること。

【発跡】ハッセキ・あとをハッす 身を起こす。功名を立てる。出世する。

【発走】ハッソウ 日（競走・競馬・競輪で）走り出す。

【発送】ハッソウ ①使者を派遣する。②（荷物・郵便物などを）おくり出す。

【発想】ハッソウ ①感情や思想を文章・詩歌などに言いあらわす。②思いつく。思いつき。アイデア。例自由な―。③日音楽で、楽曲のもつ気分を、緩急・強弱などに変化をつけて表現する。例―記号。

【発足】ハッソク・ホッソク ①旅に出発する。門出かどで。②日団体・会社などの組織がつくられて活動を始める。

【発▼兌】ハツダ 書籍などを発行する。

【発達】ハッタツ ①（生物などが）成長して、より完全なものになる。例心身の―。②日ものごとが大きくなったり、進歩したりして高度なものになっていく。例科学の―。―した台風。

【発端】一ハッタン・タンをハッす 糸口ができる。始まる。二ホッタン ものごとや文章の始まり。いとぐち。例事件の―。

【発着】ハッチャク 日（列車やバス・航空機・船など乗り物の）出発と到着。例電車の―時刻。

【発注】【発▼註】ハッチュウ 日注文を出す。対受注。例品物を―する。

【発程】ハッテイ 旅立つ。出発する。

【発展】ハッテン 日①勢いがさかんになり、大きく広がって、より高度な段階に進む。例―途上国。②広い範囲で活躍する。例ご―を祈ります。

【発伝】ハツデン・デンをハッす ①（「伝」は、伝車（＝駅つぎの馬車）の意）宿場間を往来する駅馬車を出す。②（「伝」は、通行許可証の意）旅行券の所持者を出発させる。

【発電】ハツデン 日電気を起こす。例水力―所。

【発途】ハット 出発する。かどで。

【発動】ハツドウ ①行動を起こす。また、行動を起こさせる。②日動力を起こす。例―機。③日〔法〕ある法的な権力を行使する。例指揮権を―する。

【発難】ハツナン・ナンをおこす ①戦いや反乱を起こす。②難問を発して相手を問いつめる。

【発熱】ハツネツ ①病気のために、体温が普通よりも高くなる。②日熱を放出する。例―量。

【発売】ハツバイ 売り出す。例―禁止。近日―。

【発発】ハツハツ ①急に強風が吹くさま。また、その音の形容。②魚が生き生きと跳ねるさま。

【発凡】ハツハン・ハンをハッす 書物で、内容の大意や記述上の要領を例示したもの。→【凡例】ハンレイ（146ページ）。

【発病】ハツビョウ・やまいをハッす 病気になる。病気の症状が出る。

【発表】ハッピョウ ①天子に上奏する。②日ある事実や考え、作品や技能を世の中に広く知らせ明らかにする。例合格―。

【発布】ハップ 法律などを世間に広く告げ知らせる。公布。例憲法―。

【発憤】ハップン・いきどおりをハッす ①気持ちをふるいたたせる。発奮。②激しく怒る。

【発レ憤忘レ食】いきどおりをハッしてショクをわする 理解できないところがあれば、なんとかして理解しようと心を奮い起こし、食事をするのも忘れてしまう。学問に熱心なことのたとえ。〈論語・述而〉

【発奮】ハップン 気持ちをふるい起こす。発憤。

【発泡】ハッポウ あわが出る。例―スチロール。―酒。

【発砲】ハッポウ 銃や大砲を撃つ。

【発明】ハツメイ ①よくわからないことを明らかにする。②日新しいことを考え出したり、今までなかったものをつくり出したりする。例―家。③日かしこいさま。利発。聡明ソウメイ。例―な子。

【発▼蒙】ハツモウ・モウをハッす・モウをひらく ①道理に暗い人を教え導く。啓蒙。発矇モウ。②（おおいを取り去る意）非常に容易なことのたとえ。

【発問】ハツモン 問いを発する。質問する。

【発揚】ハツヨウ ①（人々の心を）奮い立たせる。例士気を―する。②高くかかげ、明らかにする。例国威を―する。

【発令】ハツレイ 法令・辞令・警報などを出す。

【発▼輦】ハツレン （「輦」は、天子の車）天子がおでましになる。

【発露】ハツロ （気持ちや感情が）表面にあらわれ出る。例愛情の―。

【発話】ハツワ 実際にことばを発する行為。また、そこで話されたことば。

【発意】ホツイ ①ハツイ （意見や計画などを）思いつく。考え出す。発案。②〔仏〕「発心ホッシン②」に同じ。

【発願】ホツガン ①神仏に願をかける。②何かを始めようとねがいをもつ。

【発起】ホッキ ①ものごとが新しく起こる。また、新しくものごとを始める。例―人。②〔仏〕仏門に入る。信仰心を起こす。発心ホッシン。例一念―して修行につとめる。

【発作】ホッサ ①ハッサク 起こる。②病気の激しい痛みや症状が急に起こること。例心臓―。

【発心】ホッシン ①思い立つ。決意する。例―して研究に打ちこむ。②〔仏〕仏を信じる心を起こす。出家する。発意ホツイ。

【発頭人】ホットウニン 最初に事をくわだてた人。張本人。

【発▼菩提心】ホツボダイシン・ボダイシンをハッす 〔仏〕悟りを開き、衆生シュジョウの救済を決心する。〈華厳経〉

●開発カイハツ・活発カッパツ・啓発ケイハツ・告発コクハツ・再発サイハツ・出発シュッパツ・続発ゾクハツ・摘発テキハツ・突発トッパツ・爆発バクハツ・不発フハツ・奮発フンパツ・暴発ボウハツ・乱発ランパツ・利発リハツ・連発レンパツ

登

癶7（12） 1 3748 767B 教3 ト慣 トウ漢呉 蒸 dēng のぼる

筆順

なりたち 豋 〔会意〕「癶（＝両足を開く）」と「豆（＝足の高いうつわ）」とから成る。車に乗る。派生して「のぼる」の意。

意味 ❶乗り物に乗る。例未二嘗登レ車射御一（いまだかつてくるまにのぼりてシャギョせず）（＝まだ車に乗って弓を射たりウマを御したりしていない）。〈左伝・襄三〉 ❷高いところへ行く。のぼる。例登高トウコウ。登頂トウチョウ。登山トザン。 ❸参上する。高貴な人のところ、公的な場所に行く。例登校トウコウ。登城トジョウ。 ❹旅路につく。出発する。例天明登二前途一（テンメイゼントにのぼる）（＝明け方旅路につく）。〈杜甫・石壕吏〉登程トウテイ。 ❺高い地位や合格にいたる。人をより高い地位に引き上げる。例登科トウカ。登用トウヨウ。 ❻公式の記録にのせる。例登記トウキ。登録トウロク。 ❼献上する。のぼす。例農乃登レ麦（ノウすなわちむぎをのぼす）（＝農官はムギを献上する）。〈礼記・月令〉 ❽成熟する。みのる。例五穀不レ登（ゴコクみのらず）（＝五穀がみのらない）。〈孟子・滕文公上〉 ❾成る。なしとげる。例男女無レ別則乱登（ダンジョベツなければすなわちランなる）（＝男女の別がなければ乱が生ずる）。〈史記・楽書〉 ❿たちどころに。すぐに。例登時トウジ（＝すぐに）。 ⓫⇩【登登】トウトウ

古訓 中古 あぐ・すすむ・すなはち・とも・なり・なる・のぼる・のり・のる 中世 すすむ・のぼる・ひとなる・みのる 近世 あがる・おほし・すすむ・なる・のぼる・ふむ・みのる

人名 さだむ・すすむ・たか・たかし・ちか・とみ・なり・なる・のり・のる・みのる

【登仮】㊀トウカ 〔「仮」は、遠方の意〕「登遐トウカ①」に同じ。㊁トウカク 〔「仮」は、至る意〕のぼり至る。ある域に達する。
【登科】トウカ 科挙(=官吏登用試験)に合格する。類登第トウダイ。
【登▼遐】【登▼霞】トウカ 〔「遐・霞」は、遠方の意〕①人が死ぬ。昇天する。また、特に帝王が死ぬ。崩御する。登仮トウカ。②仙人になる。
【登記】トウキ ①帳簿に書きつける。②日〔法〕法律上の権利や事実を明らかにするために、一定の事柄を役所の公式の帳簿に書いておくこと。また、その手続き。例土地の―。
【登極】トウキョク ①屋根の棟木にのぼる。②〔最高の地位につく意〕天子が即位する。類登祚トウソ。
【登校】トウコウ 日(生徒・児童が授業を受けるために)学校に行く。対下校ゲコウ。例集団―。
【登降】トウコウ ①のぼったり、くだったりする。昇降。②数の増減。③地位の上下。身分の貴賤キセン。
【登高】トウコウ ①高いところにのぼる。②陰暦九月九日の重陽チョウヨウの節句に、丘や山などにのぼり、菊酒キクシュを飲んで長寿を祝い、災厄をはらう行事。
【登載】トウサイ ①歴史書などに記載する。②日新聞や雑誌などに記事をのせる。掲載。
【登城】㊀トウジョウ 町を囲む城壁の上にのぼる。㊁トジョウ 日武士が、勤めのため、主君のいる城に参上する。対下城ゲジョウ。
【登場】トウジョウ ①収穫した穀物を農作業場に運ぶ。収穫が終わる。②試験場に臨む。③舞台・小説・映画などの、ある場面に人物や役者があらわれる。対退場。例―人物。④世の中にあらわれる。例新製品が―する。
【登仙】トウセン ①仙人になって天にのぼる。例羽化―。②貴人の死を指すことば。
【登壇】トウダン ①同盟・祭祀サイシ・即位などのために壇上にのぼる。②日演説や講演などをするために、壇上にのぼる。対降壇。
【登庁】トウチョウ 役所に出勤する。出庁。対退庁。例初―。
【登頂】トウチョウ|トチョウ 日高山の頂上にのぼりつく。
【登▼陟】トウチョク 〔「陟」も、のぼる意〕のぼる。のぼらせる。
【登程】トウテイ 旅に出発する。門出かどで。
【登登】トウトウ ①力仕事をするときのかけ声の形容。②物をとんとんとたたく音の形容。また、足音の形容。③どこまでものぼり行くさま。
【登▼攀】トウハン|トハン 山など、険しく高いところをよじのぼる。
【登用】【登庸】トウヨウ|トヨウ その人の能力を認めて、ある地位に取り立てる。起用。例人材を―する。
【登竜門】トウリュウモン|リュウモンをのぼる ①難関を突破する。また、有力者の引き立てにより出世する。〔「竜門」は黄河上流の急流で、大魚でもなかなかのぼることができず、この難所をこえることのできた魚は竜になる、といわれる〕〈世説・徳行〉〈後漢書・李膺伝〉②日立身出世するための関門。
【登臨】トウリン ①山水に遊ぶ。遊覧。②日〔高所から下方を見渡す意〕帝位につく。
【登楼】トウロウ ①高い建物にのぼる。②妓楼ギロウ(=遊女のいる店)にあがって遊ぶ。
【登録】トウロク 日公式の帳簿に書きしるす。例住民―。
【登山】トザン 山にのぼる。対下山ゲザン。例―家。―電車。

發 癶7(12) ⇩発ハツ(908ジペー)

106 5画 白 しろ しろへん 部

しろい色の意をあらわす。「白」をもとにしてできている漢字と、「白」の字形を目じるしにして引く漢字とを集めた。

0 911 白 1 914 百 2 915 皀 皁 皂 皃 3 916 的 的 4 916 皆 皈 皇 5 917 皋 6 917 皐 皎 7 917 皖 皓 皓 皕 8 917 晳 10 917 皛 皝 皞 皜 11 917 918 皞 皠 13 918 皧 皦 皨 15 918 皚 皪

この部首に所属しない漢字

帛→巾430 畠→田893 魄→鬼1480

白

白0(5) 1 3982 767D 教1

ハク漢 ビャク呉 陌 bái
しろ・しら・しろい(しろ-し)・しらむ・もう-す(まう-す)
付表 白髪しらが

筆順 ノ 亻 白 白 白

なりたち 会意「入(=はいる)」と「二(=陰の数)」とから成る。西方の色。しろ。

[癶]7画▼發 [白]0画▼白

参考 されこうべ・木の実・光る月など、白いものの象形文字とする説がある。

意味 ❶しろい色。しろい物。しろい。しろ。例白衣ハクイ。紅白コウハク。㋐五行説では金に、方角では西に、季節では秋に相当する。例白秋ハクシュウ。㋑喪の色。❷しろくする。しろくなる。しらげる。しらむ。例精白セイハク。漂白ヒョウハク。❸けがれがない。きよい。例潔白ケッパク。❹はっきりしている。あきらか。例明白メイハク。❺あかるい。例白日ハクジツ。白昼ハクチュウ。❻飾りや手を加えていない。何もないそのまま。むなしい。例白紙ハクシ。空白クウハク。❼代価なしで用いる。ただ。例白望ハクボウ。❽つつみかくさず言う。もうす。例白状ハクジョウ。告白コクハク。自白ジハク。❾(罰杯の)さかずき。また、酒。❿芝居のせりふ。対科。例科白カハク(=しぐさとせりふ)。⓫口語。例白話ハクワ。文白ブンパク(=文語と口語)。⓬姓の一つ。例白居易ハクキョイ(=中唐の詩人)。

日本語での用法 ㊀《しろ》「容疑者ヨウギシャは白しろだった」▼無罪。㊁《しらける》「座ザが白しらけた」▼盛り上がっていた雰囲気がこわれ、気まずくなる。

古訓 中古 いちしろし・かたち・かたる・かなふ・きよし・さかづき・しろし・すさまし・すなほに・まうす 中世 あきらか・あらはす・いちじるし・しろし・すさまじ・まうす 近世 あきらか・あくる・いさぎよし・さけ・しろし・まうす

人名 あき・あきら・きよ・きよし・しろし

難読 科白せりふ・白雨ゆうだち・白面しらふ・白楊どろやなぎ・白地あからさま・白耳義ベルギー

【白拍子】しらビョウシ 日平安末期に、起こった歌舞。また、その舞を舞った遊女。
【白帆】しらほ 日①船に張った白い帆。②白い帆を張った船。帆掛け船。
【白装束】しろショウゾク 日白ずくめの服装。神事や弔いに関係するときに用いる。
【白妙】【白▼栲】しろたえ 日①カジノキの皮の繊維を織って作った白い布。②白い色。白いもの。
【白星】しろぼし 日①相撲で、取組表につける勝ちをあらわす、白い丸じるし。勝ち星。②成功。手柄。例営業面で―を重ねる。▽対黒星。
【白無▼垢】しろムク 日婚礼や葬儀に用いる、上着・下着・小物などすべて白色を用いた和服。例―の花嫁衣装。
【白▼堊】【白亜】ハクア ①白い壁。しらかべ。②石灰岩の一種。白色でやわらかい。白墨に用いる。例―の殿堂。

【白衣】㊀ハクイ ①白い服。②無位無冠の人の服。③役所の小役人。④[日]医師・看護師・化学者などが着る白い服。[例]—の天使(=女性の看護師をほめていうことば)。㊁ビャクエ〔仏〕俗人。〔僧が黒衣(コクエ)を着るのに対していう〕

【白羽】ハクウ ①白い羽。②白い羽で作った将軍の旗印。③しらは [日]白い矢羽根。[例]—(しらは)の矢が立つ(=多くの人の中から特に選ばれる。また、犠牲者として選び出される)。

【白雨】ハクウ 急に降ってくる雨。夕立。

【白雲】ハクウン 白いくも。しらくも。[例]—がわき立つ。

【白雲郷】ハクウンのキョウ 天帝のいる所。仙郷。〔乗二彼白雲一至二于帝郷一(かのハクウンにジョウじ、テイキョウにいたる)(=あの白雲に乗って、天帝の住む楽園に行く)。〈荘子・天下〉から〕

【白煙】ハクエン 白いけむり。

【白屋】ハクオク ①かやぶきの家。粗末な家。②身分の低い人。また、庶民。

【白間】ハクカン ①窓。②石弓の一種。

【白眼】ハクガン ①眼球の白い部分。白目(しろめ)。②人を冷たくにらむ目つき。❷三国時代の魏(ギ)の阮籍(ゲンセキ)は白眼(ハクガン)(=しろめ)と青眼(セイガン)(=くろめ)とを使い分けることができ、礼儀作法にこだわる人には白眼で応対した。〈晋書・阮籍伝〉

【白眼視】ハクガンシ 人を冷たい目で見る。冷淡な態度をとること。

【白魚】㊀ハクギョ ①白いさかな。②シミ(=衣類や紙を食う害虫)の別名。㊁しらうお [日]シラウオ科の近海魚。体長約一〇センチメートル。女性の白く細い指にたとえられる。[例]—のような美しい指。㊂しろうお [日]ハゼ科の、さかな。体長約五センチメートル。素魚(しろうお)。

【白魚入レ舟】ハクギョふねにいる 革命を成功させる前兆をいう。〔周の武王が殷(イン)の紂(チュウ)王を討つため川を渡ったとき、船の中に白魚が飛びこんだ。白は五行説による殷の色なので、周にとって喜ばしいきざしであったという故事〈史記・周紀〉による〕

【白玉楼】ハクギョクロウ 詩人や小説家など、文人が死後に行くというところ。〔唐の詩人の李賀(ガリ)が死の直前に、天帝から白玉楼という宮殿ができたので、その記事を書くように依頼された夢を見たという故事〈唐詩紀事・李賀〉による〕[例]—中(ハクギョクロウチュウ)の人となる(=詩人や小説家など、文人が死ぬことのたとえ)。

【白銀】ハクギン ①銀。しろがね。②[日](白く輝くさまから)積もっている雪。

【白虎】ハクコ・ビャッコ ①白い毛色のトラ。②漢代のころ、東西南北の四方に配した神の一つ。西方を守る。〔青竜(=東)・朱雀(ザク)(=南)・玄武(=北)と並べていう〕

【白▼狐】ハクコ・ビャッコ 年老いて毛色の白くなったキツネ。神通力(ジンズウリキ)をもつといわれる。

【白▼毫】㊀ハクゴウ 白い毛。㊁ビャクゴウ〔仏〕仏の眉間(ミケン)にあって、光を放つという白い巻き毛。仏像では、ひたいに宝石をはめて、これをあらわす。

【白黒】ハクコク・しろくろ ①白と黒。②ものごとの善悪。また、無罪と有罪。黒白(コクビャク)。[例]—(しろくろ)をつける。③[日]写真・映画などで色彩のついていないもの。モノクローム。[例]—(しろくろ)写真。

【白黒分明】ハクコクブンメイ 善悪の区別がはっきりしている。〈漢書・薛宣伝〉

【白菜】ハクサイ アブラナ科の一、二年草。中国北部の原産。日本には明治初期に渡来。漬物や、なべ料理などに用いる。

【白▼衫】ハクサン 白のひとえの服。唐・宋(ソウ)代には平常服であったが、のちに喪服となった。[例]翩翩両騎来是誰、黄衣使者白衫児(ヘンペンたるリョウキきたるはこれたれぞ、コウイのシシャハクサンのジ)(=衣をひるがえしてやって来たのはだれかと思えば、黄色い衣服の使者と、白服の若者だ)。〈白居易・売炭翁〉

【白▼粲】ハクサン ①秦(シン)・漢代、女性の犯罪者に科した刑罰。祭祀(サイシ)に供える、欠けたところのない米を、三年間、より分けさせた。②白米。また、米の別名。

【白紙】ハクシ ①白い紙。②[日]文字や絵など何も書いてない紙。また、書くべきものが書かれていない紙。しらかみ。[例]—の答案。③[日]先入観をもっていないこと。[例]—で会議に臨む。④[日]何もなかった、もとの状態。[例]—にもどして考え直す。

【白磁】ハクジ 白い色の磁器。[例]—の皿。

【白日】ハクジツ ①照り輝く太陽。[例]白日依レ山尽(ハクジツやまによりてつく)(=太陽が山の向こうへと沈んでいく)。〈王之渙・登鸛鵲楼〉—の下(もと)にさらす(=かくしごとを明るみに出す)。②真昼。ひるま。白昼。③[日]無罪や潔白が証明されたことのたとえ。[例]青天—の身となる。

【白日夢】ハクジツム 真昼に見るゆめ。また、ゆめのような、非現実的な空想。白昼夢。

【白砂青松】ハクシャセイショウ・ハクサセイショウ [日]白い砂浜に青々とした松の木の並ぶ、海岸の美しい景色。

【白首】㊀ハクシュ 白髪の頭。老人。㊁しろくび・しらくび [日]襟に白粉(おしろい)を塗りたてた女性。私娼(シショウ)。

【白酒】㊀ハクシュ にごり酒。㊁しろざけ [日]ひな祭りに、供えたり飲んだりする、甘くて香りの強い、白くどろどろとした酒。

【白寿】ハクジュ [日]〔「百」の字から一をとると「白」になることから〕九十九歳。また、その祝い。

【白州】㊀ハクシュウ 川の中の、白い砂が盛り上がって出ている部分。㊁しらす [日]①玄関や庭などで、白い砂や小石のしきつめてある所。②江戸時代、奉行所で罪人を調べた場所。

【白秋】ハクシュウ 秋。〔四季について、青春・朱夏・玄冬と並べていう〕[例]お—。[表記]▽⑪白▼洲

【白書】ハクショ ①木を削って白くした部分に書いた文字。②[日]〔英 white paper の訳語。イギリス政府が報告書の表紙に白い紙を使ったことから〕政府などの公的機関が発表する、実情報告書。[例]経済—。防衛—。

【白商】ハクショウ 秋。〔五行の「白」と、五声の「商」がともに秋にあたることから〕

【白状】ハクジョウ 自分の罪や隠していることを申し述べる。自白。

【白身】㊀ハクシン まだ科挙(=官吏登用試験)に合格していない者。平民。㊁しろみ [日]①卵の中の白い部分。卵白。(対)黄身(きみ)。②鶏肉の白い部分。また、肉の白い魚。[例]—の魚。

【白人】ハクジン ①肌の白い女性。②[日]人種を皮膚の色で大きく三つに分けたときの一つ。皮膚の色の白いヨーロッパ人など。白色人種。

【白刃】ハクジン・しらは 輝くやいば。抜き身。[例]白刃可レ踏也(ハクジンふむべきなり)(=輝くやいばも踏むことができる)。〈中庸〉—をふりかざす。

【白水真人】ハクスイシンジン 漢代、貨幣の別名。〔王莽(オウモウ)が前漢の帝位を奪ったころ、貨幣には「金刀」と書いてあり、漢朝の劉(リュウ)氏の「劉」に似ることをきらって「貨泉」と改めた。ところが、「泉」「貨」は、分けると白と水、眞(真)と人になり、光武帝が白水郷(=今の河南省蔡陽(サイヨウ)県の近く)から世に出て後漢をおこす予兆となったとされる〕〈後漢書・光武紀下・賛〉

【白水郎】ハクスイロウ 漁師。あま。

【白▼晳】ハクセキ 肌の色が白いこと。[例]—の青年。

【白雪】ハクセツ・しらゆき 真っ白な雪。

【白扇】(ハクセン) 白地のおうぎ。

【白戦】(ハクセン) ①武器を持たず素手でたたかうこと。②漢詩で、出された題に縁のある語を使わずに詩を作って文才をきそうこと。〈蘇軾・聚星堂雪〉

【白線】(ハクセン) 白い線。[例] —を引く。

【白▼癬】(ハクセン) 白癬菌(=カビの一種)によって起こる皮膚病。しらくも・たむし・水虫など。

【白▼髯】(ハクゼン) 白いほおひげ。白いひげ。

【白▼叟】(ハクソウ) 白髪の老人。

【白蔵】(ハクゾウ) 〔「白」は五行で秋にあたり、「蔵」は穀物を収蔵する意〕秋。

【白俗元軽】(ハクゾクゲンケイ) 白居易の詩は通俗的で、元稹(ゲンシン)の詩は軽薄であるという批評。→【元軽白俗】(ゲンケイハクゾク)(118ページ)

【白濁】(ハクダク) 白くにごる。

【白炭】[一](ハクタン/しろずみ) かたく焼いた炭で、表面に灰がついて白く見えるもの。かたずみ。[二](しろずみ) [日]茶の湯で用いる炭。石灰や胡粉(ゴフン)で表面を白くしたもの。

【白地】[一](ハクチ) ①白い生地(きじ)。②未開拓の地。[二](しらジ) [日]①紙・布・器物などで、字・模様・絵などをかいたり染めたりしていないもの。②陶磁器で、まだ焼いていないもの。[三](しろジ) [日]紙や布などの地色が白いこと。また、そのもの。

【白痴】(ハクチ) もと、精神遅滞のうち、障害が最も重い状態をいったことば。

【白地図】(ハクチズ/しろチズ) [日]地名や記号などを書き入れず、陸地・島・川・国などの輪郭だけをあらわした地図。

【白昼】(ハクチュウ) 真昼。ひる。白日。

【白昼夢】(ハクチュウム) 「白日夢(ハクジツム)」に同じ。

【白著】[一](ハクチョ) いちじるしいさま。[二](ハクチャク) 定められている以外の税。

【白鳥】(ハクチョウ) ①(しらとり/しろとり) 羽の白い鳥。②[日]ガンカモ科の大形の水鳥であるオオハクチョウ・コハクチョウ・コブハクチョウなどの総称。全身白色で、首が長い。冬鳥としてシベリアなどから渡来する。スワン。

【白丁】[一](ハクテイ) ①無位無官の者。平民。白民。②成人して兵籍にない者。[二](ハクチョウ) [日]①白色の狩衣(かりぎぬ)。白張。また、それを着た下級役人。②「①」を着て、神事や貴人の雑役に従った者。

【白帝城】(ハクテイジョウ) 四川省奉節県の東にある古城。三国時代、蜀(ショク)の劉備(リュウビ)が病死した地。李白(リハク)の「早発白帝城(つとにハクテイジョウをはっす)」の詩でも有名。

【白▼狄】(ハクテキ) 春秋時代の異民族。白い服を着て、今の山西・陝西(センセイ)省に居住した。

【白▼兎】(ハクト) ①白いウサギ。太平の吉兆とされた。〈後漢書・光武紀下〉②〔ウサギがいるとされたことから〕月の別名。

【白徒】(ハクト) ①訓練のできていない兵士。②〔仏〕俗人。[対]黒衣。

【白湯】(ハクトウ) ①(パイタン) 湯通しした豚肉を煮たスープ。②(さゆ) 水をわかしただけで何もまぜていない湯。

【白頭】(ハクトウ) 白髪あたま。[例]白頭搔更短(ハクトウかけばさらにみじかし)(=白髪あたまをかけば、老いの髪はいよいよ短い)。〈杜甫・春望〉

【白頭如レ新】(ハクトウあらたなるがごとし/ハクトウシンのごとし) 白髪あたまになるまで長くつきあっても、初めて知り合ったかのように心が通じ合わないことがある。〈史記・鄒陽伝〉

【白頭翁】(ハクトウオウ) ①白髪の老人。②ムクドリの異名。③オキナグサ。また、その根を乾燥させた生薬。

【白銅】(ハクドウ) ①銅の一種。②[日]銅とニッケルの合金。③[日]「白銅貨」の略。「②」でつくった貨幣。

【白内障】(ハクナイショウ/しろそこひ) [日]眼球の水晶体が白くにごり、視力が弱くなる病気。

【白熱】(ハクネツ) [日]①〔物〕物体が熱せられて、白い光を放つほどの高温になる。[例] —電球。②議論や試合などが、極度に激しくなる。

【白波】(ハクハ/しらなみ) ①白く立つ波。②砦(とりで)の名。後漢時代に、黄巾(コウキン)の賊の残党がたてこもって盗みをはたらいていた。白波谷(ハクハコク)。〈後漢書・董卓伝〉③盗賊。白浪(しらなみ)。

【白馬】(ハクバ/しろうま) 白い毛色のウマ。[例] —(ハク)の騎士。

【白馬寺】(ハクバジ) 河南省洛陽(ラクヨウ)県にある寺。後漢の明帝のとき、二人の僧が経典を白馬に積んで西域から来たのに始まる、中国で最古の寺。

【白馬非馬論】(ハクバヒバロン) 戦国時代末期の思想家公孫竜の学説。「白馬」とは、色と形の二概念であり、「馬」は一概念であるから、「白馬」は馬と同じではないと説く。中国で最初の形式論理学とされ、詭弁(キベン)の意にも用いる。〈公孫竜・白馬論〉

【白白】[一](ハクハク) ①真っ白い状態。②明らかで疑いようのないさま。[例]明明—。③むなしく。いたずらに。[二](しらしら/しらじら) [日]夜がだんだん明けていくさま。[例] —明け(=夜が明けていくころ)。

【白髪】(ハクハツ/しらが) 白くなった髪の毛。

【白髪三千丈】(ハクハツサンゼンジョウ) ①長年の心配によって白髪が非常に長くのびていること。②[日]大げさな表現のたとえ。〔「白髪三千丈、縁レ愁似レ個長(ハクハツサンゼンジョウ、うれいによりてかくのごとくながし)(=三千丈もあろうかという私の白髪、愁いによってこんなに長くなってしまったのだ)。〈李白・秋浦歌〉」から〕

【白飯】(ハクハン) 白米を炊いためし。

【白眉】(ハクビ) ①白いまゆ毛。②同類の中で最もすぐれている人やもの。◆三国時代、蜀(ショク)の馬氏の五人の息子は、みな秀才だったが、中でも眉(まゆ)に白い毛がまじっている馬良がいちばんすぐれていた。……………〈蜀志・馬良伝〉

【白票】(ハクヒョウ) [日]①国会の記名投票で、賛成をあらわす白木のふだ。[対]青票。②白紙のままで投票された投票用紙。

【白描】(ハクビョウ) 東洋画で、墨の線だけでかいた絵や、あわい色をつけただけの絵。素がき。[例] —画。

【白布】(ハクフ) 白いぬの。

【白粉】(ハクフン/おしろい) 白いこな。特に、化粧用の白いこな。

【白文】(ハクブン) ①碑文や印鑑などで、くぼませて彫った文字。②注釈がついていない文章。本文。③[日]句読点・返り点・送りがなをつけていない漢文。

【白兵】(ハクヘイ) [日]〔「兵」は、武器の意〕刀剣など、輝く刃のついた武器。また、それを持った兵士。

【白兵戦】(ハクヘイセン) [日]敵・味方が入り乱れて、刀や銃剣などで戦うこと。[対]火兵戦。

【白壁】[一](ハクヘキ/しらかべ/しろかべ) しっくいなどで塗った白いかべ。[二](しらかべ) [日]豆腐の別名。

【白璧】(ハクヘキ) 白い色の宝玉。

【白璧微▼瑕】(ハクヘキのビカ) 白い宝玉にある、わずかなきず。立派なものに少しだけ欠点があることのたとえ。〈昭明太子・陶淵明集序〉

【白▼茅】(ハクボウ) チガヤ。ツバナ。潔白なものにたとえられる。

【白▼旄】(ハクボウ) 白い旄牛(ボウギュウ)(=カラウシ)の尾を先端につけた、指揮官の軍旗。

【白望】(ハクボウ) ①実体のない名声。むなしい声望。虚名。②〔「白」は、ただ、「望」は、ながめわたす意〕唐代、市場をながめわたし、物品を代価なしで徴収した役人を、庶民が軽蔑(ケイベツ)して呼んだ語。

【白木】(ハクボク/しらき/しろき) 削ったままで、何も塗っていない木材。

【白墨】(ハクボク) ①白い墨。擦ると黒色の液になる。②[日]石膏(セッコウ)

また白い土を棒状に固めた、黒板用の筆記用具。チョーク。〔赤・黄・緑などの顔料を加えたものを含めていう〕

【白麻】ハクマ　アサの繊維で作った白い紙。唐代、天子が立太子・恩賞・軍の要職の任免などの詔書に用いた。白麻紙。→【黄麻】コウマ（1506ジペー）

【白米】ハクマイ　玄米をついてぬかを除き、白くした米。精白米。

【白民】ハクミン　①「白丁㊀①」に同じ。②南方の異民族（南夷）の一つ。

【白面】ハクメン　①色の白い顔。②若くて経験不足なこと。③日素顔。

【白面書生】ハクメンのショセイ　なま白い顔の若者。経験の足りない書生（＝読書人）。白面書郎。青二才。〈南史・沈慶之伝〉

【白面郎】ハクメンロウ　色白の若い男。年少で経験の乏しい者。唐代、貴族の子弟をいう。例 馬上誰家白面郎（＝ウマに乗っているのはどこの家の若者だろうか）。〈杜甫・少年行〉

【白目】㊀ハクモク　白い目。㊁しろめ　日①眼球の白い部分。例 —が充血する。②冷たい目つき。白い目。白眼。例 —で見る。

【白夜】ハクヤ｜ビャクヤ　①月光が昼のように明るい夜。②日北極・南極に近い地方で、夏に、一晩中、太陽が沈まないか、沈んでもその光の反映でうす明るい状態になること。

【白▼楊】ハクヨウ　ヤナギ科の落葉高木。ハコヤナギ。

【白露】ハクロ　①しらつゆ　草木などにつき、白く光って見えるつゆの玉。②二十四節気の一つ。太陽暦で九月八日ごろ。

【白▼狼】ハクロウ　白いオオカミ。名君の世にあらわれるとされた、想像上のめでたい獣。〈国語・周上〉

【白▼蠟】ハクロウ｜ビャクロウ　真っ白な、ろう。

【白▼鷺▼洲】ハクロシュウ　かつて江蘇省南京市を流れる長江にあった中州。例 一水中分白鷺洲（＝ひとすじの水の流れは川の中の白鷺洲によって二つに分かれている）。〈李白・登金陵鳳凰台〉

【白話】ハクワ　中国語の口語。中国語の中の日常語。また、口語文。

【白旗】ハッキ｜しらはた｜しろはた　①白い旗。②降伏のしるしに用いる白い旗。例 —をかかげる。③日源氏の旗。

【白球】ハッキュウ　日野球やゴルフなどの白いボール。例 —を追う球児たち。

【白金】ハッキン　①しろがね。銀。②日〔化〕金属元素の一つ。化学的にきわめて安定しており、理化学実験用具や装飾品に用いられる。プラチナ。記号 Pt

【白駒】ハック　①白い毛のウマ。②月日。光陰。

【若二白駒▼之過一レ隙】ハックのゲキをすぐるがごとし　もののすきまから、白いウマが走って通るのを見るようなものだ。時のたつのが早いことのたとえ。駒隙。〈荘子・知北遊〉

【白▼圭】【白▼珪】ハッケイ　白く清らかな玉。→【圭復】フクケイ（281ジペー）

【白血球】ハッケッキュウ　日血液の成分の一つ。骨髄・脾臓・リンパ節で作られる。細菌や異物を取りこんで殺すものと、免疫に関与するものとがある。対赤血球。

【白光】ハッコウ　①白く輝く光。②日皆既日食のとき、太陽の周囲に見える白い光。コロナ。

【白虹貫レ日】ハッコウひをつらぬく　〔白い虹が太陽をつらぬく光景から、「白虹」を兵、「日」を君主と解釈して〕国家に兵乱が起こるきざしをいう。〈戦国策・魏四〉

【白骨】ハッコツ　風雨にさらされて白くなったほね。野ざらし。例 古来白骨無二人収一（＝もう長い間、白骨が片づけられずに放ってある）。〈杜甫・兵車行〉

【白▼檀】ビャクダン　ビャクダン科の常緑高木。材には強い香気があり、香料・薬・数珠などに用いられる。せんだん。

【白▼蓮教】ビャクレンキョウ　明末・清初の宗教的秘密結社。元代、仏教による祈禱や治療などで信者を集め、清代にはしばしば反乱を起こした。のちの義和団は、この一派。

●裏白・関白・空白・潔白・紅白・告白・黒白・自白・淡白・独白・明白・余白

百

白1（6）

1 4120　767E

教1

㊀ハク漢　ヒャク呉　陌 bǎi
㊁バク漢　陌 mò
もも

付表 八百長・八百屋

筆順　一　丆　丆　百　百　百

なりたち 
［会意］「一（＝数のはじめ）」と「白（＝いう）」とから成る。大きな数のはじめとして口にする数。十を十倍した数。

意味 ㊀❶数の名。十の十倍。ひゃく。もも。例 百歳。百回。百分率。❷数が多いこと。たくさん。いろいろ。あらゆる。すべての。もも。例 百姓。百鬼夜行。諸子百家。㊁努力する。はげむ。

古訓 中古 はげむ・もも　中世 はげむ・もも　近世 はげます・はげむ・もも

人名 はげむ・も

難読 百千鳥・百足・百合・百済・百百（＝姓）・百目鬼（＝姓。また、地名）・百日紅・百舌

【百越】【百▼粤】ヒャクエツ　中国南部からインドシナにかけて居住していた諸部族の総称。また、その地域。

【百害】ヒャクガイ　多くの害。例 —あって一利なし。

【百合】ヒャクゴウ｜ゆり　ユリ科の多年草。地下茎はゆり根と呼ばれて食用にする。夏に、白・黄・赤などのらっぱ形の花をつける。

【百済】ヒャクサイ｜くだら　新羅・高句麗とともに古代朝鮮の三国の一つ。四世紀初めごろ、朝鮮半島の南西部に建国。六六〇年、唐と新羅の連合軍に滅ぼされた。

【百歳▼之後】ヒャクサイののち　百年後。人の死を婉曲に表現した語。例 百歳之後、帰二于其居一（＝死後には、同じ墳墓に入るであろう）。〈詩経・唐風・葛生〉

【百日紅】ヒャクジツコウ｜さるすべり　ミソハギ科の落葉高木。木の皮はなめらかでつやがあり、夏、長期間紅色または白色の花をつける。

【百舎重▼趼】ヒャクシャチョウケン　〔「百舎」は百泊。「趼」は、足のたこ〕長旅のため、足にたこがたくさんできること。例 百舎重趼而不二敢息一（＝長旅で足にたこができても休息することはなかった）。〈荘子・天道〉

【百獣】ヒャクジュウ　あらゆる種類のけもの。例 —の王。

【百出】ヒャクシュツ　次々に多く出る。例 議論—。

【百乗▼之家】ヒャクジョウのいえ　戦車を百台まで保有できる家。卿大夫をいう。〈論語・公冶長〉

【百姓】㊀ヒャクセイ｜ハクセイ　①いろいろの名字。②人民。国民。庶民。㊁ヒャクショウ　日農業を仕事とする人。農民。

【百世▼之師】ヒャクセイのシ　後世まで長く人々の模範となる人。聖人。〈孟子・尽心下〉

【百尺▼竿頭】ヒャクセキカントウ｜ヒャクシャクカントウ　百尺あるさおの先。最後にたどりつくべき点。例 百尺竿頭進二一歩一（＝すでにたどりつくべき点に達しているけれども、さらに一歩を進める）。〔〈無門関〉から〕

【百折】ヒャクセツ　いくども折れる。また、何回も挫折すること。

【百折不▼撓】ヒャクセツフトウ　何度失敗してもくじけない。〈蔡邕・太尉橋公碑〉

【百舌】ヒャクゼツ　①鳥の名。モズ。例 人有二多言者一、猶二百舌之声一（＝人には口数の多い者がいる

が、それはモズの鳴き声のようである)。〈淮南・説山〉②口数多くしゃべる。あれこれと説く。例 —を尽くす。

【百千】ヒャクセン 数の多いこと。例 —苦難をしのぐ。

【百戦】ヒャクセン 数多くの戦い。例 —百勝。

【百戦錬磨】【百戦練磨】ヒャクセンレンマ 日 多くの戦いを経験して、きたえあげられていること。例 —のつわもの。

【百選】ヒャクセン 日 すぐれたものを百えらび出すこと。例 名水—。名所—。

【百川学レ海▼而至二▼于海一】ヒャクセンうみをまなびてうみにいたる あらゆる川は止まることなく海を目指して流れ、ついには海に到達する。同様に、人も絶えず努力すれば、目標に到達できることをいう。〈法言・学行〉

【百足】ヒャクソク ①ヤスデ。②ムカデ。

【百態】ヒャクタイ いろいろな姿や様子。例 富岳—。

【百代】ヒャクダイ|ハクタイ きわめて長い年代。類 百世。例 光陰者百代之過客(=流れゆく歳月は永遠の旅人である)。〈李白・春夜宴桃李園序〉

【百度】ヒャクド ①いろいろな規則・制度。②水時計が示す時刻の目盛り。③日「百度参り」の略。例 お—をふむ。

【百人一首】ヒャクニンイッシュ 日 百人の歌人の和歌をひとり一首ずつ選んだもの。藤原定家ふじわらのテイカが選んだという「小倉おぐら百人一首」が特に有名。また、その歌ガルタ。百人首ヒャクニンシュ。

【百年】ヒャクネン ①一年の百倍。百年間。また、多くの年。例 —の計(=長い将来にわたっての計画)。②人の一生。

【百年▼俟二河清一】ヒャクネンカセイをまつ 〔常に濁っている黄河の水が澄むのを百年間も待つ意〕あてのない望みをいつまでもいだくことのたとえ。〔「俟二河之清一、人寿幾何カのすむをまつも、ジンジュいくばくぞ(=濁った黄河の澄むのを待っても、人の命は短い。無駄なことだ)。〈左伝・襄八〉」から〕

【百▼衲衣】ヒャクノウエ 〔仏〕〔「衲」は、つづり合わせる意〕布切れをつづり合わせて作る僧侶ソウリョの衣。僧衣。

【百▼衲本】ヒャクノウボン 残欠した伝本を、互いに補うようにつぎ合わせて構成した本。

【百八煩悩】ヒャクハチボンノウ 〔仏〕人間のもっている数々の悩みや欲望。〔六根にそれぞれ六つ、計三十六の煩悩があり、これがさらに過去・現在・未来の三つにわたるので百八となる〕〈大智度論〉

【百▼媚】ヒャクビ あふれるような美しさ。例 回レ眸一笑百媚生ひとみをめぐらしイッショウすればヒャクビショウず(=振り返ってほほえむとあふれるような美しさが生じる)。〈白居易・長恨歌〉

【百聞不レ如二一見一】ヒャクブンはイッケンにしかず 人から何度も聞くよりも、一度実際に自分の目で見たほうが確かである。〈漢書・趙充国伝〉

【百分率】ヒャクブンリツ 日 全体を百としたとき、どれくらいにあたるかをあらわしたもの。百分比。単位はパーセント。記号%

【百▼辟】ヒャクヘキ 〔「辟」は、君主の意〕多くの君主・諸侯。

【百万】ヒャクマン ①一万の百倍。②非常に数の多いこと。例 —長者。—言ゲンを費やしても説明しきれない。

【百薬】ヒャクヤク 多くのくすり。例 百薬之長ヒャクヤクのチョウ(=最良のくすりの意で、酒をほめていうことば)。〈漢書・食貨志下〉

【百葉】ヒャクヨウ ①平たいものが重なっているさま。②ウシやヒツジなどの胃。③代々。百代。類 百世。

【百雷】ヒャクライ 数多くのかみなり。例 —が一時に落ちたよう(=激しい音のたとえ)。

【百里才】ヒャクリのサイ (およそ百里四方の)一県を治めることのできる能力。県の長官で終わる才能。〈蜀志・龐統伝〉

【百里▼之命】ヒャクリのメイ (百里四方とされた諸侯の国)一国の政治。例 可三以寄二百里之命一もってヒャクリのメイをよすべし(=一国の政治をゆだねることができる)。〈論語・泰伯〉

【行二百里一者半二九十一】ヒャクリをゆくものはキュウジュウをなかばとす 〔百里の道を行こうとする者は、九十里に達したとき、やっと半分まで来たと考えるべきだの意〕何かに取り組むとき、最後まで気をぬいてはならないことのたとえ。〈戦国策・秦五〉

【百錬】ヒャクレン ①金属を何回も精錬する。②何度も苦難を経る。③名刀の名。

【百▼禄】ヒャクロク 多くの幸福。例 受二天百禄一テンのヒャクロクをうく(=天から与えられる多くの幸福を受ける)。〈詩経・小雅・天保〉

【百花】ヒャッカ いろいろな種類の花。多くの花。例 —の王(=ボタンの花)。

【百花斉放】ヒャッカセイホウ 〔いろいろな花が一斉に咲く意〕芸術や学問などの文化活動が活発におこなわれること。〈康熙帝・夏日山荘百花斉放〉

【百花▼撩乱】【百花▼繚乱】ヒャッカリョウラン ①いろいろな花が美しく咲き乱れるさま。〈熊孺登・祇役遇風謝湘中春色〉②すぐれたものや美しいものが数多く集まることのたとえ。

【百家】ヒャッカ 多くの学者や作者。例 諸子—。

【百家争鳴】ヒャッカソウメイ 学者などがいろいろな立場から自由に意見を出し合い論争すること。〈礼部集・書墨記〉

【百官】ヒャッカン 数多くの役人。例 文武—。

【百▼卉】ヒャッキ いろいろな草花。

【百▼揆】ヒャッキ ①政務を統轄する官。周代の宰相。②いろいろな政務。例 百揆允当ヒャッキイントウなり(=諸々の政務が適切である)。〈後漢書・張衡伝〉③多くの官吏。百官。

【百鬼夜行】ヒャッキヤコウ|ヒャッキヤギョウ 日 ①いろいろな化け物が夜中に連なって歩きまわること。②多くの悪人がのさばりはびこること。例 —の世の中。

【百計】ヒャッケイ いろいろなはかりごと。例 —をめぐらす。

【百口】ヒャッコウ ①一家中の人々。②百人。③さまざまに言うこと。

【百工】ヒャッコウ ①各種の職人。②多くの官吏。

【百行】ヒャッコウ すべてのおこない。例 孝は—の本もと。

【百谷王】ヒャッコクのオウ あらゆる川の水が流れこむ所。海のこと。〈老子・六六〉

【百発百中】ヒャッパツヒャクチュウ ①矢や弾丸などが、百度発射してすべて当たる。〔楚ソの養由基ヨウユウキは、弓の名手で、百歩離れた所からヤナギの葉を射て、百本すべて命中した〕〈史記・周紀〉②予想や計画が、すべて当たる。

【百般】ヒャッパン いろいろな方面や分野。例 武芸—。

皀

白2 (7) 2 6605 7680

一 キュウ(キフ)漢 緝 jí

キョウ(キャウ)漢 陽 xiāng

二 ヒョク漢 職 bī

意味 一 穀物のよい香り。例 穀皀コクキュウ。二 つぶ。ひとつぶ。

例 豆皀トウヒョク。

難読 皀莢さいかち・皀角子さいかち

皁

白2 (7) 3 8864 7681

ソウ(サウ)漢 皓 zào

くろ・さいかち

[皂]

白2 (7) — 7682

俗字。

意味 ❶ナラ・クヌギなどの実。どんぐり。黒い染料になる。通 梍ソウ。例 皁斗ソウト(=どんぐり)。❷マメ科の落葉高木。**さいかち**。実を薬用、また、石鹼セッケンの代用に使う。通 梍ソウ。例 皁角子ソウカクシ|さいかち。皁莢ソウキョウ|さいかち。肥皁ヒソウ(=石鹼)。❸黒色。**くろ**。例 皁衣ソウイ。皁巾ソウキン(=黒いずきん)。❹召し使い。しもべ。例 皁隷ソウレイ(=召し使い。のち、身分の低い役人)。❺馬小屋。例 皁桟ソウサン|ソウセン(=馬小屋)。皁櫪ソウレキ(=うまや)。

【皁衣】ソウイ 漢代、下級官吏が着用した黒い衣服。

【皁白】(ソウハク) ①黒と白。②ものごとの善悪・是非。

［皃］ 白2(7) ⇩貌(ボウ)(1252ページ)

的

白3(8) 1 3710 7684 教4

一テキ漢 チャク呉 錫dì
二テキ漢 チャク呉 錫dí
まと

［的］ 白3(8) ―旧字体。

筆順 ノ 亻 白 白 白 白' 的 的

なりたち ［形声］本字は「旳」で、「日(=ひ)」と、音「勺(シャク…→テキ)」とから成る。あきらか。

意味 一❶はっきりとした。あきらかな。あざやかな。例的然(テキゼン)。❷白い。例的顙(テキソウ)(=白色のひたい)。❸目あて。まと。例的中(テキチュウ)。射的(シャテキ)。目的(モクテキ)。二❶確かに。まさしく。例的確(テキカク)。❷結局のところ。いったい。まさに。例城中太守的何人(ジョウチュウのタイシュまさになんぴとぞ)(=城中の太守はいったいどんな人なのか)。〈蘇軾・光禄庵〉

日本語での用法 《テキ》「科学的(カガクテキ)・劇的(ゲキテキ)な出会(であ)い・知的(チテキ)な人(ひと)」▼〔「…的」の形で〕…のような、…に関する、などの意をあらわす。

古訓 中古 あきらかなり・あたる・さだむ・たしかに・はたたかなり・まさし・まさに・まと・みる 中世 あきらか・こまなこ・たしかに・ただし・まさに・まと 近世 あきらか・ただし・はすのみ・まこと・まと・めあて

人名 あきら・ただし・まこと・まさ

【的確】(テキカク|テッカク) まとをはずれずたしかなさま。適確。例―な判断を下す。

【的然】(テキゼン) 明白なさま。あきらか。たしか。

【的中】(テキチュウ) ①予想や判断などが、結果とぴったり合う。適中。例予想が―した。②日まとに当たる。命中。

【的的】(テキテキ) ①明白なさま。②たしかに。③物をとんとんとたたく音の形容。

【的当】(テキトウ) ①確実である。たしか。②適切である。

【的屋】(テキや) 日縁日・盛り場などで露店を出し、ものを売る人。香具師(ヤシ)。

【的▼皪】【的歴】(テキレキ) 光などを受けて、白くあざやかに見えるさま。

●規則的(キソクテキ)・客観的(キャッカンテキ)・具体的(グタイテキ)・形式的(ケイシキテキ)・劇的(ゲキテキ)・公的(コウテキ)・後天的(コウテンテキ)・国際的(コクサイテキ)・私的(シテキ)・詩的(シテキ)・主観的(シュカンテキ)・知的(チテキ)・抽象的(チュウショウテキ)・病的(ビョウテキ)・目的(モクテキ)・楽天的(ラクテンテキ)・理性的(リセイテキ)

皆

白4(9) 1 1907 7686 常用

カイ漢呉 佳jiē
みな

筆順 一 ヒ ヒ' 比 比 比' 皆 皆

なりたち ［会意］「比(=ならぶ)」と「白(=いう)」とから成る。ともに。

意味 ❶いくつかのものが一緒に。ともに。通偕(カイ)。❷みんなそろって。すべて。のこらず。みな。例皆既食(カイキショク)。皆無(カイム)。

日本語での用法 《みな》「皆(みな)さん」▼おおぜいの人や、かかわりのある人すべてを指していうことば。みんな。

古訓 中古 あばねし・あまねし・ひとし・みな 中世 みな 近世 ともに・みな

人名 とも・み

【皆既食】【皆既▼蝕】(カイキショク) 〔「既」は、尽きる意〕皆既日食・皆既月食のこと。

【皆勤】(カイキン) 日ある期間、一日も(または一回も)休まずに出席・出勤する。無欠席。例―賞。

【皆済】(カイサイ) 日借金の返済や金品の納入などを残らずすます。完済。

【皆伝】(カイデン) 日芸事・武術などで、師から奥義を残らずつたえられること。例免許―を得る。

【皆兵】(カイヘイ) 日すべての人が兵役に服するものとすること。例国民―。

【皆無】(カイム) 日まったくない。絶無。例そんな例は―と言ってよい。

【皆目】(カイモク) 日〔多く、下に打ち消しのことばをともなって〕まったく。全然。少しも。例―見当がつかない。

●悉皆(シッカイ)

［皈］ 白4(9) ⇩帰(キ)(431ページ)

皇

白4(9) 1 2536 7687 教6

コウ(クヮウ)漢 オウ(ワゥ)呉 陽huáng
かみ・きみ・すめらぎ・すめら

筆順 ノ 亻 白 白 白 皁 皇

なりたち ［会意］「白(=始め)」と「王(=おう)」とから成る。始めの偉大な王。

意味 ❶大きな。偉大な。おおいなる。例皇天(コウテン)。❷君主。天子。きみ。例皇帝(コウテイ)。皇室(コウシツ)。❸亡くなった祖先・父母を敬っていうことば。例皇考(コウコウ)。皇妣(コウヒ)。❹かがやく。美しい。通煌(コウ)。例皇皇(コウコウ)。

日本語での用法 《コウ》《オウ》「皇紀(コウキ)・皇国(コウコク)・勤皇(キンノウ)」▼「天皇の」「日本国の」の意。

古訓 中古 おほきなり・きみ・すべらき・ただし・ただす・ぬし 中世 おほいなり・おほきみ・きみ・すべらぎ 近世 いとまあき・うつくし・うるはし・おほいなり・きみ・すべらぎ・ただす

人名 すべ・ただ・ただし・ひろ・ひろし

難読 皇尊(すめらみこと)・皇神(すめかみ|すめがみ)

【皇子】(オウジ|コウシ) 天子の息子。親王。みこ。対皇女。

【皇女】(オウジョ|コウジョ) 天子の娘。内親王。対皇子。

【皇位】(コウイ) 天子のくらい。例―継承。

【皇維】(コウイ) 天子が天下を治めるおきて。朝廷が国家を治める法。類皇綱(コウコウ)。

【皇▼胤】(コウイン) 天子の子孫。

【皇運】(コウウン) ①天子となる運命。②日皇室の運命。

【皇恩】(コウオン) 天子の恩恵。類皇沢(コウタク)。

【皇化】(コウカ) 天子の徳行によって人々を教え導く。

【皇学】(コウガク) 日〔皇国の学の意〕日本固有の言語・文学・歴史・制度・文化などを研究すること。国学。

【皇漢】(コウカン) ①〔「皇」は、大きい意〕漢王朝のこと。②日〔皇国と漢土の意〕日本と中国。例―医学(=漢方)。

【皇紀】(コウキ) 日日本の紀元。『日本書紀』にもとづき、神武(ジンム)天皇即位の年を元年とする。皇紀元年は西暦紀元より六六〇年古い。〔今は使われない〕

【皇宮】(コウキュウ|コウグウ) 皇居。宮城。例―警察(コウグウケイサツ)。

【皇居】(コウキョ) 天子の住まい。宮城。皇宮。

【皇極】(コウキョク) 〔「皇」は大きい、「極」は中正の意〕①政治の要諦(ヨウテイ)である、広大中正の道のこと。②帝位。

【皇軍】(コウグン) 日〔天皇の軍隊の意〕もと、日本の陸軍・海軍。〔軍自身や報道機関などが用いたことば〕

【皇考】(コウコウ) ①死んだ父を祭るときの敬った言い方。対皇妣(コウヒ)。②日亡くなった先代の天皇。

【皇皇】(コウコウ) ①美しくさかんなさま。きらびやかなさま。②四方に開けて広々としたさま。③せわしなく落ち着かないさま。

【皇后】コウゴウ 天子の正妃。皇帝の正妻。きさき。㊫皇妃。
【皇国】コウコク 日天皇の治める国。すめらみくに。
【皇嗣】コウシ 天子の世つぎ。皇太子。皇儲コウチョ。㊫皇継。
【皇室】コウシツ 天子を中心とする、その一族。㊫皇家コウカ。
【皇祖】コウソ ①天子の祖父。②天子の始祖。
【皇▼祚】コウソ 天子の位。皇位。
【皇宗】コウソウ ①天子の一族。②天子の先祖。例皇祖—。
【皇族】コウゾク ①天子の一族。②日天皇を除いた、天皇家の一族。
【皇孫】コウソン ①天子のまご。②日天皇の子孫。
【皇太后】コウタイゴウ 先代の天子のきさき。天皇の母。
【皇太子】コウタイシ 次の帝王となる皇子。東宮トウグウ。春宮トウグウ。
【皇▼儲】コウチョ 天子の世つぎ。皇嗣コウシ。㊫皇継。
【皇朝】コウチョウ ①当代の朝廷。本朝。国朝。②日皇国の朝廷。日本の朝廷。また、日本。
【皇帝】コウテイ 帝政の国の君主。みかど。
【皇天】コウテン ①〔大いなる天の意〕天の敬称。②日天皇。皇室。例—を頂く。
【皇図】コウト ①天子が領有する地域。②天子の位。③⇩【河図】トカ（758ジペー）
【皇統】コウトウ 天子の血筋・血統。
【皇道】コウドウ ①三皇五帝がおこなった政治の道。②大きな道。③日天皇がおこなう政道。
【皇▼妣】コウヒ ①死んだ母を祭るときの敬った言い方。㊟皇考。②日亡くなった先代の皇后。
【皇明】コウメイ 一天子の立派な徳。二ミンコウ 明王朝。
●教皇キョウコウ・勤皇キンノウ・三皇サンコウ・上皇ジョウコウ・尊皇ソンノウ・天皇テンノウ・法皇ホウオウ

［皋］白5（10） ⇩皐コウ（917ジペー）

皐

白6（11） 1 2709 7690 人

一 コウ（カウ）㊥㊦ 豪 gāo
二 コウ（カウ）㊥㊦ 豪 háo
さつき

［皋］白5（10） 2 6608 768B 本字。

なりたち  〔会意〕「白（＝しろ）」と「夲（＝進む）」とから成る。白い気が立ちのぼって進む。

意味 一 ❶水辺の土地。さわ。例皐沢タクコウ（＝沼地）。❷呼びかけの声。ああ。例皐某復あああボウよかえれ（＝ああ某よ、帰ってこい）。〈儀礼・士喪礼〉❸陰暦の五月。**さつき**。例皐月コウゲツ。❹高い。通高。例皐門コウモン。❺皐陶コウヨウ（＝伝説上の名裁判官）のこと。例伊皐イコウ（＝伊尹イインと皐陶。ともに古代の名臣）。❻⇩【皐皐】コウコウ ❼⇩【皐比】コウヒ 二告げる。つぐ。

古訓 中古 さは・まとひぬ 中世 さつき・さは 近世 かぎる・きし・さけぶ・さは・すすむ・たかし・つぐ・つぐる

人名 すすむ・たか・たかし

【皐月】一コウゲツ もと、陰暦で五月のこと。太陽暦でもいう。二さつき 日ツツジ科の常緑低木。初夏に紅・白などの花をつける。
【皐皐】コウコウ かたくなで道理をわきまえないさま。
【皐比】コウヒ ①トラの皮。虎皮コヒ。②講義をする人の席。〔トラの皮を敷いた〕③武将の座席。
【皐門】コウモン 周代、宮城正面の広大な門。王宮の最も外側にあった。

皎

白6（11） 2 6609 768E

コウ（カウ）慣 キョウ（ケウ）㊥㊦ 篠 jiǎo
しろ-い（しろ-し）・きよ-い（きよ-し）

［皎］日6（10） 3 8524 6648 別体字。

意味 ❶白く明るい。**しろい**。例皎月コウゲツ。❷白く清らか。**きよい**。例皎潔コウケツ。

【皎鏡】コウキョウ｜キョウキョウ よく映るかがみ。清らかな月のたとえ。
【皎潔】コウケツ｜キョウケツ 白く清らかなさま。潔白でけがれのないさま。
【皎月】コウゲツ｜キョウゲツ 白く光って、さえわたっている月。皓月コウゲツ。
【皎皎】コウコウ｜キョウキョウ 白く光り輝くさま。例皎皎河漢女コウコウたるカカンのジョ（＝白く輝く織女星）。〈古詩十九首〉—たる月光。
【皎如】コウジョ｜キョウジョ 白く明らかなさま。㊫皎然コウゼン｜キョウゼン。

皖

白7（12） 2 6610 7696

カン（クヮン）㊥ 寒 wǎn
あかぼし・あき-らか

［晥］日7（11） 3 8530 6665 別体字。

意味 安徽アンキ省の別称。〔春秋時代の国名による〕

皓

白7（12） 2 6611 7693 人

コウ（カウ）㊥ ゴウ（ガウ）㊦ 皓 hào
ひか-る・しろ-い（しろ-し）

［皓］白7（12） —— 旧字体。

［晧］日7（11） 2 5878 6667 本字。

なりたち  〔形声〕「日（＝ひ）」と、音「告コウ」とから成る。日が出て輝く。

意味 白く輝く。明るい。**しろい**。**ひかる**。例皓歯コウシ。

古訓 中古 あきらか・かかやく・しろし 中世 あきらか・しろし 近世 あきらか・いさぎよし・しろし・ひかり

人名 あき・あきら・きよ・きよし・しろし・つく・てる・ひろ・ひろし

【皓月】コウゲツ 明るく照る月。明月。皎月コウゲツ。例皓月千里センリ（＝明月が遠くまで輝きわたる）。〈范仲淹・岳陽楼記〉
【皓皓】コウコウ 白く光り輝くさま。例以二皓皓之白一而蒙二世俗之塵埃一コウコウのしろきをもって、セゾクのジンアイをこうむる（＝潔白な身に俗世のけがれをこうむる）。〈楚辞・漁父〉月が—と照る。
【皓歯】コウシ 白く美しい歯。美人をいう。例明眸皓歯メイボウコウシ（＝明るいひとみと白い歯。美貌ビボウの形容）。〈杜甫・哀江頭〉
【皓首】コウシュ 白髪の頭。老人をいう。
【皓然】コウゼン ①白く清らかなさま。②広大なさま。浩然コウゼン。③老人の頭髪の白いさま。

皕

白7（12） 4 8178 7695

ヒョク㊥ 職 bì

意味 二百。

皙

白8（13） 2 6612 7699

セキ㊥ 錫 xī
しろ-い（しろ-し）

意味 人の皮膚の色が白い。**しろい**。例白皙ハクセキ。

参考 「晳セツ」は別の字。

皚

白10（15） 2 6613 769A

ガイ㊥ 灰 ái
しろ-い（しろ-し）

意味 雪のように白い。**しろい**。例皚皚ガイガイ。

【皚皚】ガイガイ 霜や雪の白いさま。例白ハク—。積雪—たり。

皛

白10（15） 3 8865 769B

キョウ（ケウ）㊥ 篠 xiǎo

意味 明らか。また、純白。例皛皛キョウキョウ（＝白く明るいさま）。

皝

白10（15） 3 8866 769D

コウ（クヮウ）㊥ 養 huàng

意味 人名に用いる字。例慕容皝ボヨウコウ（＝前燕ゼンエンの太祖）。

皞

白10（15） 3 8867 769E

コウ（カウ）㊥ 皓 hào

［暭］日11（15） 4 1415 66AD 別体字。

［皡］白11（16） 4 8180 76A1 別体字。

意味 ❶清く明るいさま。❷明るく広大なさま。通昊(コ)。例 皥皥(コウコウ)。皥天(コウテン)(=大空)。

皜 白10(15) 4 8179 769C コウ(カウ)漢 皓 hào
意味 白くてけがれのないさま。通皓(コ)・皥(コ)。例 皜皜(コウコウ)。皜然(コウゼン)。
【皜然】(コウゼン) 白いさま。

[皞] 白11(16) ⇩皥(コ)(917ページ)

皠 白11(16) 4 8181 76A0 サイ漢 賄 cuǐ
意味 白く清らか。例 皠皠(サイサイ)。

皧 白13(18) 4 8182 76A7 アイ漢 隊 ài
意味 白く明るい。例 皧皧(アイアイ)。

皦 白13(18) 3 8868 76A6 キョウ(ケウ)漢 篠 jiǎo
意味 ❶玉石のように白い。白く輝く。しろい。例 皦日(キョウジツ)。❷はっきりと明るい。あきらか。例 皦如(キョウジョ)。
【皦日】(キョウジツ) 光り輝く太陽。
【有レ如二皦日一】(キョウジツのごときあり)〔光り輝く太陽のようである意〕やましいところがまったくないことのたとえ。一説に「キョウジツのごとくあらん」と読み、誓いのことば。天もご覧あれ。天にそむけば、天が罰を下すだろうという意。〈詩経・王風・大車〉
【皦如】(キョウジョ) 音色のはっきりしているさま。

[皨] 白13(18) ⇩星(セイ)(627ページ)

皪 白15(20) 3 8869 76AA レキ漢 リャク呉 錫 lì
意味 くっきりと白い。しろい。例 皪皪(レキレキ)・的皪(テキレキ)(=白くあざやかなさま)。

107 5画 皮 けがわ ひのかわ 部

はぎとった毛がわの意をあらわす。「皮」をもとにしてできている漢字を集めた。

[白] 10—15画 ▼ 皜皞皠皧皦皨皪
[皮] 0—10画 ▼ 皮皯皰皴皸皹皻皼皺
5画

皮

皮0(5) 1 4073 76AE 教3 ヒ漢呉 支 pí かわ(かは)

筆順 ノ 厂 广 皮 皮

なりたち  [形声]「又(=手ではぎとる)」と、音「爲(イ→ヒ)」の省略体とから成る。はぎとった、獣のかわ。参考 一説に、動物のかわを手ではぎとる形の象形文字という。

意味 ❶動物のからだの表面をおおっている毛がわ。かわ。例 皮革(ヒカク)。牛皮(ギュウヒ)。羊皮(ヨウヒ)。❷人や植物などのからだの表面をおおっているもの。例 皮膚(ヒフ)。樹皮(ジュヒ)。脱皮(ダッピ)。❸ものごとの表面。うわべ。例 皮相(ヒソウ)。

日本語での用法 《かわ》「大皮(おおかわ)」▼つづみ。

古訓 中古 あらかは・かは 中世 かは・はだへ 近世 かは・はだへ

【皮算用】(かわザンヨウ) 日 手に入る前から、あてにしてあれこれ計算すること。例 取らぬ狸(たぬき)の—。
【皮下】(ヒカ) 皮膚の下。例 —注射。—脂肪。
【皮革】(ヒカク) ①毛皮と、なめしがわ。②日 動物の皮を加工したもの。例 —製品。合成—。
【皮▼裘】(ヒキュウ) 毛皮でつくった衣服。かわごろも。
【皮脂】(ヒシ) 日 皮脂腺(セン)(=哺乳類の皮膚にある分泌器官)から出るあぶら状の物質。
【皮質】(ヒシツ) 日 ①副腎(ジン)・腎臓などの器官の表層部。例 副腎—ホルモン。②脳の表層部。例 大脳—。
【皮相】(ヒソウ) ①うわべ。うわっつら。②判断が表面的で、本質をとらえていないさま。例 —な見解。
【皮肉】(ヒニク) ①皮と肉。転じて、からだ。例 —が破れる。②日 遠回しに意地悪く非難すること。嫌味。あてこすり。例 —を言う。③日 あいにくなさま。例 —な雨。運命の—。
【皮▼傅】(ヒフ) 〔「傅」は、こじつける意〕実質を見ず、ことばだけでこじつける。付会。
【皮膚】(ヒフ) 動物のからだの表面をおおっている皮。はだ。
【皮幣】(ヒヘイ) ①皮と絹。贈答品に用いた。②漢代、白いシカの皮で作った貨幣。
【皮弁】(ヒベン) 白いシカの皮で作った冠。朝廷の出仕時に常用された。
【皮膜】(ヒマク) ①皮のようにうすい膜。例 —でおおう。②日 皮膚と粘膜。③日 区別しにくい微妙な違い。例 芸術は虚実—の間(カン)にあり。
●渋皮(しぶかわ)・樹皮(ジュヒ)・脱皮(ダッピ)・表皮(ヒョウヒ)・面皮(メンピ)

皯 皮3(8) 4 8184 76AF カン漢 旱 gǎn
意味 顔色が黒い。例 皯黴(カンバイ)(=肌が黒い)。

皰 皮5(10) 2 6614 76B0 ホウ(ハウ)漢 効 pào にきび
意味 皮膚にできる、水泡状のふきでもの。にきび。通疱(ホ)。例 面皰(メンポウ)。
難読 皰瘡(もがさ)

皴 皮7(12) 2 6615 76B4 シュン漢 真 cūn しわ
意味 ❶ひび。あかぎれ。例 皴裂(シュンレツ)(=ひび。あかぎれ)。❷ひだ。しわ。例 石皴(セキシュン)(=石のひだ)。❸山や樹木や岩のひだを描く東洋画の技法の一つ。皴法(シュンポウ)。

皸 皮9(14) 2 6616 76B8 クン漢 文 jūn ひび・あかぎれ
[皹] 皮9(14) 2 6617 76B9 別体字。
意味 寒さのために手足の皮膚があれてできる細かいさけめ。ひび。あかぎれ。例 皸裂(クンレツ)(=ひびわれ)。

[皷] 皮9(14) ⇩鼓(コ)(1511ページ)

皻 皮9(14) 3 8870 76B6 サ漢 麻 zhā
意味 小鼻などにできるはれもの。例 酒皻(シュサ)(=赤鼻)。

皺 皮10(15) 2 6618 76BA シュウ(シウ)漢 シュ呉 宥 zhòu しわ・しわ-む
意味 ❶皮膚や布などがたるみ縮んで、細かいすじとなったもの。しわ。通摺(シュウ)。例 皺曲(シュウキョク)。❷しわを寄せる。例 皺眉(シュウビ)(=眉(まゆ)をひそめる)。
【皺曲】(シュウキョク) ⇩【褶曲】(シュウキョク)(1200ページ)
【皺月】(シュウゲツ) 波に揺れて映る月影。

【皺腹】(しわばら) 日 しわの寄った腹。老人の腹のこと。例 —かき切っておわびする。

108 5画 皿 さら部

物を入れるうつわの形をあらわす。「皿」をもとにしてできている漢字を集めた。

この部首に所属しない漢字
血→血 1183　孟→子 359　蠱→虫 1183　鹽→鹵 297

皿

皿0 (5)　1 2714 76BF　教3

ベイ漢　ミョウ(ミャウ)呉　梗 mǐn　**さら**

筆順 丨 冂 冂 冂 皿

なりたち [象形] 下方に足のついた入れ物の形。食べ物を入れるうつわ。

意味 食物を盛る容器の総称。**さら。** 例 器皿(キベイ)(=食器)。火皿(ひざら)。

古訓 中古 うつはもの 中世 さら 近世 さら

盂

皿3 (8)　2 6619 76C2

ウ漢　虞 yú　はち

意味 ❶飲食物を盛る、丸くて底の深いうつわ。**はち。** 例 飯盂(ハンウ)。❷梵語(ボンゴ)の音訳。例 盂蘭盆(ウラボン)。

【盂▼蘭盆】(ウラボン)〔仏〕〔梵語(ボンゴ) ullambana の音訳〕七月十五日を中心に祖先の霊を供養する行事。霊祭(たままつ)り。盆。精霊会(ショウリョウエ)。〔陰暦でおこなうところも多い〕例 —会(エ)(=「盂蘭盆」におこなう法会)。

盈

皿4 (9)　1 1746 76C8

エイ漢　ヨウ(ヤウ)呉　庚 yíng　み-ちる(み-つ)

意味 いっぱいになる。みちあふれる。満月になる。**みちる。**みたす。例 盈満(エイマン)。虧盈(キエイ)。

【盈▼溢】(エイイツ)(水などが)あふれるほどいっぱいになる。充満。類 盈羨(エイセン)。

【盈盈】(エイエイ) ①水の満ちあふれているさま。②清らかに輝くさま。例 盈盈一水間(エイエイたるイッスイのかん)(=二人は)きらめく天の川に隔てられている)。〈古詩十九首〉③容姿が美しいさま。

【盈▼厭】(エイエン) 満ち足りる。満足。

【盈科】(エイカ)〔「科」は、穴の意〕水はくぼみを満たしてから先へ進む。学問が順を追って進むことのたとえ。例 盈レ科而後進、放二乎四海一(あなにみちてしかるのちにすすみ、シカイにいたる)(=水源から流れ出た水は)途中にくぼ地があればそれを満たして、さらに流れて四海に達する)。〈孟子・離婁下〉

【盈貫】(エイカン) ①〔「貫」は、銭を通すひもの意〕銭さしのひもいっぱいに銭を通す。満貫(マンガン)。②罪を重ねることのたとえ。③〔「貫」は、矢じりの意〕弓をいっぱいに引きしぼる。

【盈▼虧】(エイキ) 月が満ち欠けする。盈虚(エイキョ)。

【盈虚】(エイキョ) ①月が満ち欠けする。盈虧(エイキ)。例 盈虚者如レ彼(エイキョするものはかのごとし)(=満ち欠けする月はあのように変わり続ける)。〈蘇軾・赤壁賦〉②栄えることと落ちぶれること。栄枯。

【盈月】(エイゲツ) 満月。十五夜の月。

【盈満】(エイマン) いっぱいになること。満ち足りること。

【盈満▼之▼咎】(エイマンのとが) 満ち足りているときは、かえって災いをまねきやすい、ということ。〈後漢書・方術伝・折像〉

盅

皿4 (9)　3 8871 76C5

一 チュウ(チウ)漢　東 chōng　二 チュウ・チュン zhōng

意味 一 容器になにもない。むなしい。通 沖。二 柄(え)のない杯。例 酒盅(シュチュウ)。

[盃] 皿4 (9) ⇩ 杯(ハイ)(668ジペー)

[盇] 皿4 (9) ⇩ 鉢(ハチ)(1359ジペー)

盆

皿4 (9)　1 4363 76C6　常用

ホン漢　**ボン**呉　元 pén　はち

筆順 ノ 八 分 分 分 分 盆 盆 盆

なりたち [形声]「皿(=うつわ)」と、音「分(フン→ホン)」とから成る。はち。

意味 水や酒などを入れるうつわ。大皿のように平らなものや、鉢のように深いものなどがある。**はち。** 例 覆水盆(フクスイボン)に返(かえ)らず(=一度こぼれた水は二度と鉢にはもどせない)。

日本語での用法 《**ボン**》①「茶盆(チャボン)・塗(ぬ)り盆(ボン)」▼食器・茶器などをのせて運ぶ平らな道具。②「盆踊(ボンおどり)・新盆(にいボン)」▼「盂蘭盆(ウラボン)」の略。

古訓 中古 ひらか・ほとき 中世 ほとぎ 近世 ひらか・ほとぎ

難読 覆盆子(いちご)

【盆景】(ボンケイ) 盆の上あるいは盆栽に石などを配して、山水の景色を模した置物。

【盆栽】(ボンサイ) 鉢に小さい木を植えて、観賞用に育てたもの。

【盆石】(ボンセキ) 平たい盆に自然の景をしつらえた鉢植え。また、それに用いる趣のある石や砂。

【盆地】(ボンチ) 日 四方を台地または山地に囲まれた平地。

【盆池】(ボンチ) 庭に作る、盆のように小さい池。

【戴レ盆望レ天】(ボンをいただいてテンをのぞむ) 頭上に盆をのせれば天を望めず、天を望もうとすれば頭上に盆はのせられない。目的と手段とが相反すること。また、二つのことを同時におこなえないこと。〔〈司馬遷・報任少卿書〉から〕

【鼓レ盆▼而歌】(ボンをコしてうたう) ⇩【鼓盆】(コボン)(1512ジペー)

●旧盆(キュウボン)・茶盆(チャボン)・新盆(にいボン)・和三盆(ワサンボン)

益

皿5 (10)　1 1755 76CA　教5

エキ漢　**ヤク**呉　陌 yì　ま-す・ますます

[益] 皿5 (10)　FA17　旧字体。

筆順 丷 䒑 半 兴 兴 谷 益 益

なりたち [会意]「水(=みず)」と「皿(=うつわ)」とから成る。うつわからあふれる。

意味 ❶いっぱいにする。ふえる。ふやす。**ます。** 例 増益(ゾウエキ)。❷役に立つ。ためになる。例 益友(エキユウ)。有益(ユウエキ)。社会(シャカイ)に益(エキ)する。❸もうけ。得。利点。例 益金。収益(シュウエキ)。損益(ソンエキ)。利益(リエキ)。❹**ますます。**いよいよ。例 国人益懼(コクジンますますおそる)(=国人はますます恐れた)。〈左伝・昭七〉❺地名。漢の武帝のときに設置された州の一つで、今の四川省にあたる地域。❻易(エキ)の六十四卦(カ)の一つ。☳☴ 震下巽上(シンカソンショウ)。風と雷の象。

古訓 中古 おほし・たすく・まさる・ます・ますます 中世 くはふ・ます・ますます 近世 おほし・すすむ・ます・ますます

人名 あり・すすむ・まさ・まさる・まし・みつ・みつる・やす・ゆたか

難読 益子焼(ましこやき)

【益金】(エキキン) 日 もうけたお金。利益金。対 損金。

5画

[皿] 0—5画▼ 皿 盂 盈 盅 盃 盇 盆 益 益

【益者三楽】エキシャサンラク―エキシャサンゴウ 人にとって有益な三つの楽しみ。礼楽をきちんとおこなうこと、人の美点を称賛すること、賢友の多いこと。対損者三楽ソンシャサンラク―ソンシャサンゴウ。〈論語・季氏〉

【益寿】エキジュ 年齢を増してゆく。寿命をのばす。

【益虫(蟲)】エキチュウ 日人間の役に立つ虫。絹を作るカイコ、害虫を食うテントウムシ、花粉を運ぶミツバチなど。対害虫。

【益鳥】エキチョウ 日人間の役に立つ鳥。農作物や森林、人や家畜などに有害な虫を食う鳥。ツバメ・ヒバリなど。対害鳥。

【益友】エキユウ 交際して自分のためになる友達。対損友。↓【三友】サンユウ(14ページ)

【益荒男】ますらお 日強く勇ましい男。ますらたけお。丈夫ますらお。対手弱女たおやめ。例―ぶり。

【益母草】ヤクモソウ メハジキの別名。

●権益ケンエキ・公益コウエキ・差益サエキ・私益シエキ・収益シュウエキ・純益ジュンエキ・損益ソンエキ・無益ムエキ―ムヤク・有益ユウエキ・利益リエキ―リヤク

盎

皿5(10) 3 8873 76CE オウ(アウ)漢 呉 漾 àng

意味 ❶水や酒などを入れるうつわ。はち。例瓦盎ガオウ(=素焼きのかめ)。❷あふれ出す。あふれる。例盎溢オウイツ(=あふれる)。盎盎オウオウ。

【盎盎】オウオウ あり余ってあふれ出るさま。

[𥁕] 皿5(10) ⇩温オン(792ページ)

盉

皿5(10) 4 8186 76C9 カ(クヮ)漢 歌 hé

意味 ❶味をととのえる。❷青銅製で三脚または四脚の酒器。酒の濃度をととのえるためのもの。

盇

皿5(10) 2 6620 76CD コウ(カフ)漢 合 hé

意味 ❶「なんぞ…ざる」と再読し、どうして…しない、の意。反語をあらわす。発音が似た「何不カフ」二字の代用とされる。例盇レ反ニ其本一矣なんぞそのもとにかえらざる(=どうして根本に立ちかえらないのか)。〈孟子・梁恵王上〉 ❷どうして。なんぞ。多く「不」とともに用いる。例盇不レ為レ行なんぞおこなはざる(=どうして自らの生活をきちんとしないのですか)。〈荘子・盗跖〉 ❸合う。集まる。例盇簪コウシン。

【盇▼簪】コウシン―あいあつまる (「簪」も集まる意)集まる。〈易・予〉

[盋] 皿5(10) ⇩鉢ハチ(1359ページ)

盌

皿5(10) 3 8872 76CC ワン 漢 旱 wǎn

意味 まるい食器。盂ウの小さなもの。通椀ワン・碗ワン。例銀盌ギンワン。難読 盌もい(=水を入れるうつわ。おわん)

盔

皿6(11) 3 8874 76D4 カイ(クヮイ)漢 灰 kuī

意味 ❶水や酒などを入れる深いうつわ。はち。例瓦盔ガカイ(=素焼きの鉢)。❷頭にかぶる武具。かぶと。例盔甲カイコウ(=かぶとと、よろい)。鉄盔テッカイ。難読 突盔トッパイ(=かぶとの鉢のてっぺんがとがったもの)

[盖] 皿6(11) ⇩蓋ガイ(1147ページ)

盒

皿6(11) 2 6622 76D2 コウ(カフ)漢 ゴウ(ガフ)呉 合 hé ふたもの

意味 ふたつきの容器。ふたもの。例香盒コウゴウ。飯盒ハンゴウ。

盛

皿6(11) 1 3225 76DB 教6 一セイ漢 ジョウ(ジャウ)呉 庚 chéng 二セイ漢 ジョウ(ジャウ)呉 敬 shèng もる・もり・さかる・さかん

[盛] 皿7(12) FAA7 旧字体。

筆順 ノ 厂 万 成 成 成 成 盛 盛

なりたち [形声]「皿(=うつわ)」と、音「成セイ(=みたす)」とから成る。祖先をまつるために、うつわを穀物でみたす。

意味 一❶うつわにものを入れる。もる。例壺者所二以盛一也つぼはもるゆえんなり(=壺はものを入れるものです)。〈漢書・東方朔伝〉 ❷祭祀サイシのときに供えられる、うつわに盛られた穀物。例粢盛シセイ(=お供え物としてうつわに盛られた穀物)。❸ものを盛るうつわ。例食ニ粥於盛一、不レ盥かゆをセイにくらうときは、てあらわず(=うつわに入っているかゆを食べるときは手を洗わない)。〈礼記・喪大記〉 二❶力や勢いがある。繁栄する。さかえる。さかん。さかる。さかんにする。さかり。例盛大セイダイ。隆盛リュウセイ。❷草木が茂る。例盛茂セイモ(=さかんにしげる)。❸豊富にある。多い。例盛多セイタ(=きわめて多い)。❹美しい。すばらしい。例盛美セイビ(=きわめて美しい)。

日本語での用法 一《さかり》《さかる》「盛さかりのついたネコ・鳥とりが盛さかる」▼動物の発情。二《もり》《もる》①「毒ドクを盛もる」▼薬を調合する。②「目盛めもり」▼はかりの目を刻む。③「盛もり一枚マイ」▼「もりそば」の略。

古訓 中古 いる・さかり・さかりなり・さかんなり・もり・もりもの・もる 中世 いる・おほし・さかり・さかんなり・もる 近世 いるる・いれる・おほいなり・おほし・さかんなり・もる

人名 さかい・さかえ・さかり・しげ・しげる・たか・たかし・たけ・たけし・まさ・まさる・ます・まもる・みち・みつ・みつる

【盛者必衰】ジョウシャヒッスイ―ショウジャヒッスイ 仏 勢いのさかんな者も、いつかはきっとおとろえる、ということ。〈仁王経〉例盛者必衰の理ことわりをあらわす。〈平家物語一〉

【盛位】セイイ 高いくらい。

【盛運】セイウン 栄える運命。対衰運。例―に向かう。

【盛鋭】セイエイ 元気があふれていて、するどい気性である。

【盛夏】セイカ 夏のいちばん暑い時期。真夏。

【盛会】セイカイ 多くの人々が出席した盛大な会合。

【盛観】セイカン 立派ですばらしいながめ。

【盛顔】セイガン 青年のときの元気な顔つき。

【盛気】セイキ ①気力がふるい立つ。さかんである。②ひどい見幕で怒る。

【盛儀】セイギ 盛大な儀式。立派な式典。盛典。

【盛挙】セイキョ 立派な事業。大いなるくわだて。

【盛況】セイキョウ 日にぎやかでさかんなこと。活況。例連日―の大売り出し。

【盛業】セイギョウ ①盛大な事業。②日事業・商売などが繁盛しているさま。

【盛京】セイケイ 清シの太祖が都とした地。今の遼寧リョウネイ省瀋陽シンヨウ市。

【盛行】セイコウ さかんにおこなわれる。

【盛事】セイジ 盛大な行事。例不朽の―。

【盛時】セイジ ①若くて元気のよいとき。血気さかんなとき。壮時。例生涯のうちの―。②国運などのさかんなとき。

【盛色】セイショク ①美しい顔色。また、美女。②立派な美しい装い。盛装。

【盛衰】セイスイ さかんになることと、おとろえること。例栄枯―の激しい世の中。

【盛▼饌】セイセン すばらしいごちそう。例有二盛饌一、必変レ色而作（かならずいろをヘンじてたつ）（＝立派なごちそうが出ると、顔つきを改めて立ち上がって厚意を謝した）。〈論語・郷党〉

【盛装】セイソウ 美しくはなやかに着飾る。また、その服装。類盛服。例—をこらす。

【盛大】セイダイ さかんなさま。また、催し物などが大規模におこなわれるさま。例—な開会式。

【盛代】セイダイ 国の勢いがさかんで平和な時代。類盛世。

【盛典】セイテン 盛大な儀式。盛儀。例—をもよおす。

【盛唐】セイトウ 唐代の詩の流れを四期（＝初唐・盛唐・中唐・晩唐）に分けた第二期。七一三（開元元）年からの約五十年間。唐詩の最盛期で、孟浩然・李白・杜甫・王維らの詩人が出た。

【盛徳】セイトク 立派な徳。すぐれた徳。例—の士。

【盛年】セイネン 若くて元気いっぱいの年ごろ。壮年。

【盛年不二重来一】セイネンかさねてはきたらず 若くて元気なときは、二度とはやってこない。〈陶淵明・雑詩〉

【盛満】セイマン ①勢いがさかんで、欠けるところがない。きわめて満ち足りたさま。②おごり高ぶっているさま。

【盛名】セイメイ 立派だという評判。類盛誉。例—をはせる。

【盛烈】セイレツ 偉大な功績。

●全盛ゼンセイ・繁盛ハンジョウ・隆盛リュウセイ

盗

皿6(11) 1 3780 76D7 常用 トウ(タウ)漢呉 号dào ぬすむ・ぬすみ

[盜] 皿7(12) 2 6125 76DC 人 旧字体。

筆順 冫 次 次 咨 咨 咨 盗

なりたち [会意]「次（＝ほしがる）」と「皿（＝うつわ）」とから成る。皿をほしがってぬすむ。

意味 ❶人のものを取る。ぬすむ。例盗難トウナン。盗品トウヒン。❷どろぼう。ぬすびと。例盗賊トウゾク。怪盗カイトウ。❸つまらぬ人。小人物。また、反逆者。❹こっそり。ひそかに。例盗聴トウチョウ。

日本語での用法《ぬすむ》①「人目ひとめを盗ぬすむ」▼見られないようにする。②「暇ひまを盗ぬすむ」▼（時間を）やりくりする。

古訓 中古ぬすみ・ぬすむ・ひそかに 中世ぬすびと・ぬすむ 近世ぬすびと・ぬすむ

【盗汗】トウカン・ねあせ 病気や悪夢にうなされたときなど、眠っているあいだに出るあせ。

【盗掘】トウクツ 無断で鉱物や埋蔵物などをほり出して、自分のものにする。

【盗作】トウサク 日他人の論文や芸術作品などの、全部または一部を自分のものとして発表すること。また、そのもの。盗用。剽窃ヒョウセツ。

【盗人】トウジン・ぬすびと・ぬすっと どろぼう。盗賊。

【盗窃】トウセツ （「窃」は、ひそかに奪う意）ぬすむ。ぬすみ。窃盗。

【盗泉】トウセン 山東省泗水シスイ県にあるいずみの名。不義・不正のたとえとして用いられる。→【渇不レ飲二盗泉水一】かっすれどもトウセンのみずをのまず（782ジペー）

【盗賊】トウゾク どろぼう。盗人。

【盗聴】トウチョウ 他人の話をぬすみ聞きする。例—器。

【盗難】トウナン 日金品をぬすまれる災難。例—届。—に遭う。

【▼齎二盗糧一】トウにリョウをもたらす 敵に利益を与えることのたとえ。例借二賊兵一齎二盗糧一（ゾクにヘイをかしトウにリョウをもたらす）（＝敵に武器を貸し与え、盗人に食糧を与える）。〈史記・范雎伝〉

【盗伐】トウバツ 他人の所有する樹木を無断で切り、自分のものにする。

【盗品】トウヒン 日ぬすんだしなもの。

【盗癖】トウヘキ 日ぬすみをするくせ。ぬすみぐせ。

【盗用】トウヨウ 他人のものを無断で使う。

【盗略】【盗▼掠】トウリャク ぬすむ。かすめ取る。類盗鈔トウショウ。

●怪盗カイトウ・強盗ゴウトウ・窃盗セットウ・夜盗ヤトウ

[盛] 皿7(12) ⇩盛セイ（920ジペー）

[盜] 皿7(12) ⇩盗トウ（921ジペー）

盞

皿8(13) 2 6623 76DE サン漢 セン呉 潸zhǎn さかずき（さかづき）

意味 浅く小さなさかずき。例酒盞シュサン。

盟

皿8(13) 1 4433 76DF 教6 一メイ漢 庚méng 二モウ(マウ)漢 敬mèng ちか-う（ちか-ふ）・ちか-い（ちかひ）

筆順 丨 冂 日 明 明 明 明 盟

なりたち [会意]「明（＝あきらかにする）」と「皿（＝血を入れるうつわ）」とから成る。諸侯が集まってウシの耳を切り取り、その血をすすって、あかしをたてる。

意味 一 いけにえの血をすすりあい、神にちかいをたてる。かたい約束をかわす。ちかう。ちかい。例血盟ケツメイ。同盟ドウメイ。二 地名。通孟モウ。例盟津モウシン。

古訓 中古ちかひ・ちかふ・むすぶ 中世ちかふ・ちぎり・ちぎる 近世ちかひ・ちかふ

【盟神探湯】くかだち・くがたち 日日本の古代の占いの一つ。もののごとの正邪を決めるため、神前で熱湯に手を入れさせて、やけどの有無で判決を下した方法。

【盟主】メイシュ 同盟の中心となる人や国。

【盟誓】メイセイ 同盟してちかいを結ぶ。また、ちかい。盟約。

【盟邦】メイホウ 同盟を結んでいる国。例—とあおぐ。

【盟約】メイヤク ちかい合う。かたく約束する。また、その、ちかいや約束。例—を結ぶ。

【盟友】メイユウ かたくちかい合った友人。同志。

【尋レ盟】メイをあたたむ かつて結んだ盟約を確認して、さらに強固なものにする。〈左伝・哀三〉→尋ジン 意味❷（392ジペー）

【盟津】モウシン 今の河南省孟津モウシン県にあった、古代の黄河の渡し場。孟津。

●加盟カメイ・同盟ドウメイ・連盟レンメイ

[盡] 皿9(14) ⇩尽ジン（402ジペー）

監

皿10(15) 1 2038 76E3 常用 一カン(カム)漢 咸jiān 二カン(カム)漢 陥jiàn み-る

筆順 一 𠂉 𦣝 臣 臣 臣 監 監 監

なりたち [形声]「臥（＝ふせる）」と、音「𥁕カン」の省略体とから成る。見おろす。

意味 一❶上から下をみる。見張る。みる。例監察カンサツ。監視カンシ。❷つかさどる。管理する。例監督カントク。❸牢屋ロウヤにとじこめる。また、牢屋。例監禁カンキン。監獄カンゴク。二❶官名。多く、監察を職とする官職。例学監ガッカン。総監ソウカン。❷役所の名。例国子監コクシカン（＝隋ズイ代以降、国家の学校を統括する機関）。❸宦官カンガン。例太監タイカン。❹かがみ。通鑑。❺よく見る。手本とする。戒めとする。かんがみる。通鑑。

日本語での用法 一《ケン》「内記ナイキの監物ケンモツ」▼律令制で、ものの出納を監理した官職。二《ゲン》「大宰ダザイの監ゲン」▼大宰府ダザイフの四等トウ官で、大宰府の第三位。判官ジョウ。

古訓 中古かがみる・かへりみる・つかさどる・つばひらかに・みる・

をさむ [中世]あきらむ・かがみる・つかさどる・みる・もろし [近世]かんがみる・すぶる・つかさ・みる

人名 あき・あきら・てる・み

【監禁】カンキン 人を一定の場所に閉じこめて、行動の自由をうばう。

【監軍】カングン ①軍隊を監督する。また、その官。②唐代後期、外地などに派遣されて軍事にたずさわった宦官(カンガン)。③明(ミン)代、陣営で賞罰を審査した官。

【監護】カンゴ 監督と保護。取り締まり守る。

【監国】カンコク ①諸侯の国を監督する。②天子が外征で不在のときは太子が、また、天子が幼少であれば重臣が代理に政務をとること。

【監獄】カンゴク 囚人を入れておく施設。〔「刑務所」「拘置所」の古称〕

【監査】カンサ 監督し調べる。また、その人。[例] —役。会計—。

【監察】カンサツ 調べて、取り締まる。[例] —官。

【監察御史】カンサツギョシ 隋(ズイ)・唐代、役人の行為を取り締まり、農事や賦税を監督し、地方の行政などを視察した官。

【監司】カンシ ①監察し取り締まる。②州や郡の行政状態などを視察した官。

【監視】カンシ 注意して見張る。

【監試】カンシ ①試験の監督をする。また、その人。②科挙(＝官吏登用試験)の試験官。

【監守】カンシュ ものごとを取り締まる。また、その人。

【監修】カンシュウ 書物の編集を監督する。また、その人。[例] 辞書を—する。

【監生】カンセイ 国子監の学生。

【監督】カントク ①上に立って、責任をもって取り締まったり全体をまとめたりする。また、その役目や人・機関。[例] 仕事を—する。現場—。②[日]映画やスポーツで、全体を取り締まり指導すること。また、その人。

【監房】カンボウ 刑務所で囚人を入れておく部屋。

【監本】カンポン 国子監で校定して出版した本。

【監門】カンモン ①門番。②隋(ズイ)代、宮門を護衛した役人。

【監臨】カンリン 直接現場や現地に赴いて監督する。また、その権限を有する官。

【監物】ケンモツ [日]平安時代、出納や種々の倉庫を管理した役人。おろしもののつかさ。

●舎監(シャカン)・収監(シュウカン)・総監(ソウカン)

盤

皿10 (15) [1]4055 76E4 [常用]

ハン[漢] **バン**[呉] [寒] pán おおざら(おほざら)

【筆順】 ⺆ 凢 舟 舟 舡 般 般 盤 盤

【なりたち】  [形声]「皿(＝うつわ)」と、音「般(ハ)ン」とから成る。手を洗うとき、かけた水を下で受けるうつわ。

意味 ❶手や顔を洗ったり、沐浴(モクヨク)に使ったりするうつわ。たらい。[通]槃(バン)。[例] 水盤(スイバン)。❷大きくて浅い、食物を盛る容器。**おおざら**。はち。[例] 杯盤狼藉(ハイバンロウゼキ)。❸平らな台や器具。[例] 円盤(エンバン)。碁盤(ゴバン)。旋盤(センバン)。❹大きな岩。[通]磐(バン)。[例] 盤石(バンジャク)。岩盤(ガンバン)。❺たのしむ。[例] 文王不㆔敢盤㆓于遊田㆒(ブンオウあえてユウデンをたのしまず)(＝文王は遊戯や狩猟を楽しもうとはしなかった)。〈書経・無逸〉❻曲がりくねる。入り組んでいる。渦をまいている。[例] 盤渦(バンカ)。盤牙(バンガ)。❼とぐろをまく。わだかまる。[通]蟠(バン)。[例] 盤踞(バンキョ)。❽計算する。調べる。[例] 盤量(ハンリョウ)(＝計算する)。盤問(ハンモン)(＝とり調べる)。❾囲碁などの勝負のなりゆき。局面。[例] 序盤(ジョバン)。中盤(チュウバン)。❿⇩【盤陀】[日]バンダ

古訓 [中古]さら・たのし・たのしぶ・たのしむ・めぐる・よそのほる・わがぬ・わだかまる・わだまる [中世]いはね・さら・たのしむ・わだかまる [近世]たのしむ・たらひ・たる・やすし

人名 いわお・まる・やす

難読 常盤(ときわ)

【盤▼盂】バンウ 食物を盛る、方形や円形のうつわ。大きな皿や鉢の類。

【盤▼紆】バンウ 水などがぐるぐると曲がりくねる。屈曲する。

【盤渦】バンカ／バンワ ぐるぐるとうずを巻く。また、うずまき。

【盤牙】バンガ 〔イヌの牙(きば)が入り組むのに似ることから〕互いに入り組む。[類]盤互(バンゴ)。

【盤回】【盤▼廻】バンカイ ぐるぐるまわる。まわりめぐる。

【盤拠】バンキョ 地盤を築いて根拠地とする。

【盤▼踞】バンキョ ①しっかりと根を張る。わだかまる。うずくまる。[例] 心中に—する疑念。②広い土地を支配して勢力をふるう。▽蟠踞(バンキョ)。

【盤曲】バンキョク まがりくねる。[類]盤折・盤屈。

【盤古】バンコ 中国で、天地がひらけたとき、初めて世に出たという伝説上の天子の名。

【盤根錯節】バンコンサクセツ 曲がりくねった根と入り組んだ木のふし。複雑に入り組んだ、解決の困難な事柄のたとえ。盤錯。〈後漢書・虞詡伝〉

【盤▼坐】バンザ あぐらをかく。

【盤錯】バンサク「盤根錯節(バンコンサクセツ)」に同じ。

【盤▼峙】バンジ 山などが、盆を伏せたような形でそびえている。

【盤石】バンジャク／バンセキ ①大きくて重い岩。[例] —の重み。②堅固でしっかりしてゆるがない。[例] —の備え。▽磐石(バンジャク／バンセキ)。

【盤上】バンジョウ ①盤の上。②[日]古く、囲碁・将棋など、盤を使う遊びを指した。

【盤旋】バンセン ①ぐるぐる回る。また、遠回りする。②こまめに、きちんとふるまう。

【盤▼飧】バンソン 大皿に盛った食べ物。

【盤▼陀】[一]バンダ 石がごつごつしていて平らでないさま。[二]ハンダ [日]金属をつなぎ合わせるのに用いる、すずと鉛の合金。半田(ハンダ)。[例] —づけ。

【盤台(臺)】バンダイ／ハンダイ [日]魚屋が魚を運ぶのに使う、浅くて広い長円形のたらい。

【盤盤】バンバン 曲がりくねっているさま。

【盤面】バンメン ①碁盤・将棋盤・レコード盤など、盤と呼ばれるものの表面。②[日]囲碁・将棋の勝負の形勢。局面。

●円盤(エンバン)・岩盤(ガンバン)・基盤(キバン)・鍵盤(ケンバン)・骨盤(コツバン)・碁盤(ゴバン)・地盤(ジバン)・終盤(シュウバン)・序盤(ジョバン)・旋盤(センバン)・算盤(そろばん)・落盤(ラクバン)・羅針盤(ラシンバン)

盦

皿11 (16) [3]8875 76E6

アン(アム)[漢] [覃] ān

意味 ❶ふたでおおう。[例] 盦蓋(アンガイ)(＝ふたをする)。❷食物を盛るふたつきのうつわ。❸小さな家。いおり。[通]庵(アン)。[参考] 悲盦(ヒアン)(＝趙之謙(チョウシケン)の号)。

盥

皿11 (16) [2]6625 76E5

カン(クヮン)[漢][呉] [翰] guàn そそ-ぐ・たらい(たらひ)

意味 ❶手に水をかけて洗う。あらう。**そそぐ**。[例] 盥洗(カンセン)。❷手を洗うのに使う容器。**たらい**。

【盥洗】カンセン 手や杯を洗い清める。

【盥▼漱】カンソウ 手を洗い、口をすすぐ。

【盥濯】カンタク すすぎ洗う。[例] 盥濯息㆓簷下㆒(カンタクしてひさしのもとにいこう)(＝手足を洗い、ひさしのもとに休む)。〈陶淵明・庚戌歳九月中於西田穫早稲〉

【盥▼沐】カンモク からだを洗う。湯あみ。

盧

皿11(16) ②6626 76E7 ロ漢 ル呉 虞 lú

意味 ❶タケやヤナギを編んだ、飯を入れる容器。めしびつ。❷酒を売る場所。例 酒盧(シュロ)。❸黒い色。黒色。例 盧犬(ロケン)(=黒い犬)。❹猟犬。例 盧令令(ロレイレイたり)(=猟犬は首輪をリンリン鳴らす)。〈詩経・斉風・盧令〉❺ひとみ。例 清盧(セイロ)(=清らかなひとみ)。❻頭の骨。頭蓋骨(ズガイコツ)。通 顱(ロ)。例 頭盧(トウロ)。❼梵語(ボンゴ)の音訳。例 盧遮那仏(ルシャナブツ)。賓頭盧(ビンズル)。❽ ⇩【盧胡】(ロコ)

【盧遮那仏】(ルシャナブツ) ⇩【毘盧遮那仏】(ビルシャナブツ)(739ページ)

【盧▼胡】(ロコ) しのび笑いするさま。

【盧生▼之夢】(ロセイのゆめ) 盧生という青年が道士の呂翁(リョオウ)に出会って夢を見た故事。人生の栄枯盛衰のはかないことのたとえ。→【黄粱一炊夢】(コウリョウイッスイのゆめ)(1507ページ)

盨

皿12(17) ④8188 76E8 シュ漢 ス呉 虞 ショ漢 語 xǔ

意味 食物を盛る青銅器の一種。

盪

皿12(17) ②6627 76EA トウ(タウ)漢 養 dàng

あら-う(あら-ふ)・うご-かす・すす-ぐ・とら-かす・とろ-かす・とろ-ける(とろ-く)

意味 ❶あらう。すすぐ。通 蕩(トウ)。例 盪滌(トウデキ)。❷ゆり動かす。おす。うごかす。通 蕩(トウ)。例 盪舟(トウシュウ)。❸ほしいままにする。通 蕩(トウ)。例 放盪(ホウトウ)。❹討伐する。一掃する。たいらげる。通 蕩(トウ)。例 盪滅(トウメツ)。掃盪(ソウトウ)。❺ ⇩【盪盪】(トウトウ)

【盪▼夷】(トウイ) 賊をうち平らげる。

【盪舟】(トウシュウ) ①陸上で舟を押して動かす。例 奡盪レ舟(ゴウはふねをうごかす)(=奡は陸上で舟を押し動かすほどの力持ちだった)。〈論語・憲問〉②舟をこぐ。

【盪尽】(トウジン) すっかりなくなる。

【盪▼滌】(トウデキ) 〔「滌」は、洗ってよごれを落とす意〕①洗いおとす。②弊害を除去する。

【盪盪】(トウトウ) ①広く大きいさま。②とりとめのないさま。むなしくとらえどころのないさま。③制度がくずれたさま。

盬

皿14(19) ④8189 76EC コ漢 麌 gǔ

意味 ❶塩のとれる池。❷天然の塩。あらじお。例 盬塩(コエン)(=塩)。❸粗悪な。もろい。例 盬悪(コアク)(=粗悪)。

---

109 5画 目 めめへん(罒 よこめ)部

めの形をあらわす。「目」をもとにしてできている漢字と、「目」を目じるしにして引く漢字とを集めた。

[0] 923 目 [3] 924 盱 直 盲 盲 [4] 926 看 盻 県 盾 省 相 眛 眈 盼 眉 眇 眄 冒 眊 [5] 930 眗 眩 眤 真 眞 眚 眙 眛 眜 眠 [6] 931 眼 眭 眶 眷 眥 眦 眵 眾 眴 眺 眸 [7] 932 睆 睎 睨 睍 睞 睇 [8] 933 睪 睚 睢 睘 睨 睠 睒 睫 睡 睟 睛 睜 𥈞 督 睥 睦 [9] 934 睿 睽 睾 睺 睲 睼 睹 瞎 瞀 瞞 [10] 934 瞎 瞋 瞢 瞑 瞘 [11] 935 瞔 瞚 瞠 瞟 瞞 [12] 935 瞰 瞶 瞬 瞯 瞩 瞪 瞳 瞥 瞥 瞭 [13] 936 瞹 瞿 瞼 瞽 瞬 瞻 矇 [14] 936 矉 [15] 936 矍 [19] 936 矗 [21] 936 矚

この部首に所属しない漢字

罒→罒 1061　自→自 1105　見→見 1206　貝→貝 1253　具→八 133　着→羊 1067　鼎→鼎 1511

目

目0(5) ①4460 76EE 教1 ボク漢 モク呉 屋 mù め・ま 付表 真面目(まじめ)

筆順 丨 冂 月 月 目

なりたち [象形] 人のめの形。

意味 ❶動物の、物を見る器官。まなこ。め。例 目前(モクゼン)。耳目(ジモク)。❷めくばせする。まなざし。めつき。例 范増数目二項王一(ハンゾウしばしばコウオウにモクす)(=范増は何度も項王に目で合図をした)。〈史記・項羽紀〉目礼(モクレイ)。❸見て品定めする。注視する。みなす。もくす。例 目算(モクサン)。目測(モクソク)。❹要点。かなめ。例 請問二其目一(こうそのモクをとわん)(=どうかその要点を教えてください)。〈論語・顔淵〉眼目(ガンモク)。要目(ヨウモク)。❺箇条(カジョウ)。小わけ。例 科目(カモク)。項目(コウモク)。細目(サイモク)。❻標題。なまえ。例 目録(モクロク)。題目(ダイモク)。❼交差する線や糸などで区切られた、すきま。例 網目(モウモク)。❽人の上に立つ者。かしら。例 頭目(トウモク)。

日本語での用法 一《モク》①「五目半(ゴモクハン)」▼囲碁で、碁盤の目や石の数を数えることば。②「霊長目(レイチョウモク)・脈翅目(ミャクシモク)」▼生物分類学上の単位。「綱」より小さく「科」より大きい。二《め》①「一番目(イチバンめ)・折(お)り目(め)・憂(う)き目(め)・境目(さかいめ)」▼段階・状態・性質・区切りなどをあらわす。②「目(め)が高(たか)い・目(め)が肥(こ)えている」▼眼力(ガンリキ)。見きわめる力。三《サカン》「諸国(ショコク)の目(サカン)」▼律令制の四等(シトウ)官で、国司の第四位。

古訓 中古 あきらか・サウクワン・しるす・なづく・まなこ・みる・め・めくはす・めくはせ 中世 あきらか・サクワン・サツクワン・なづく・みる・め 近世 サクワン・まなこ・みる・め

人名 み・より

難読 目差(まなざ)し

【目深】(まぶか) 日 頭巾(ズキン)や帽子などを目が隠れるほど深くかぶるさま。例 帽子を―にかぶる。

【目上】(めうえ) 日 自分より地位・身分・年齢などが高いこと。また、そのような人。対 目下。例 ―の人。

【目頭】(めがしら) 日 目の、鼻に近い方の部分。めもと。対 目尻(めじり)。例 ―を熱くする。

【目方】(めかた) 日 (はかりではかったときの)物の重さ。重量。例 ―をはかる。―が足りない。

【目先】(めさき) 日 ①目のまえ。眼前。②さしあたり。当座。例 ―のことしか考えない。③近い将来の見通し。例 ―がきく。④見た目の形や様子。外見。例 ―を変える。

【目地】(めジ) 日 石やれんがを積むとき、またタイルを張るときの、つぎ目。

【目尻】(めじり) 日 目の、耳に近い方のはし。対 目頭(めがしら)。

【目線】(めセン) 日 ①物を見る目の方向。視線。〔もと、演劇での目のくばりをいう〕例 ―を外す。②ものの見方やとらえ方。例 客の―で品ぞろえする。

【目処】(めど) 日 目ざすところ。めあて。目標。例 資金の―がつく。完成の―がたつ。

【目端】(めはし) 日 場面や時期を見はからう機転。例 ―がきく。

【目分量】(めブンリョウ) 日 目で見てはかった大体の分量。目づもり。例 調味料を―で入れる。

【目星】(めぼし) 日 ①見当。見こみ。ねらい。例 犯人の―がつく。②目の玉にできる白い点。

【目逆】(モクゲキ) 〔目で迎える意〕来る人をずっと見つめながら迎える。類 目迎。対 目送。

【目撃】(モクゲキ) ①じっくり見る。②その場に居合わせてはっきりと見る。例 —者。事故を—する。

【目語】モクゴ 口で言わずに目つきで気持ちを伝える。目指。

【目算】モクサン 日 ①大まかに見当をつける。見積もり。例 —違い。②もくろみ。計画。例 —が外れる。

【目指】モクシ【目使】モクシ 目くばせをして指示する。目語。

【目視】モクシ 目で見ること。目で点検すること。

【目▼眥】モクシ｜モクセイ まなじり。めじり。例 頭髪上指、目眥尽裂(トウハツジョウシし、モクシことごとくさく)(＝《樊噲(ハンカイ)の》髪は逆立ち、まなじりはつり上がって裂けんばかりである)。〈史記・項羽紀〉

【目次】モクジ ①項目などの順序。例 —を決める。②書物の内容を示す章・題目・小見出しなどを、書かれている順に並べたもの。目録。

【目笑】モクショウ 目を見合わせて他人をあざけり笑う。

【目▼睫】モクショウ〔目とまつげの意から〕きわめて近い場所・時間。まぢか。眼前。目前。例 —の間(カン)にせまる。

【目前】モクゼン ①位置や時間が、きわめて近いこと。目のまえ。目のあたり。眼前。例 —で起きた事故。②現在。目下(モッカ)。

【目送】モクソウ｜めおくる 去る人を目で追いながら送る。対 目逆(モクゲキ)。

【目測】モクソク 長さ・高さ・広さなどを、目分量ではかる。対 実測。例 —を誤る。

【目断】モクダン〔視力が届かなくなる意〕ずっとながめやって、見えなくなる。

【目挑心招】モクチョウシンショウ〔目でさそい、心で招き寄せる意〕遊女など女が客を誘惑するさま。〈史記・貨殖伝〉

【目的】モクテキ 日 実現しようとして目ざすところ。例 —地。

【目的語】モクテキゴ 日 文法で、動詞の動作の対象をあらわす語。「魚をとる」「水を飲む」の「魚」「水」など。客語。

【目途】モクト 日 目標。めど。例 今年度中の達成を—とする。

【目▼睹】モクト 目でじかに見る。実際に見る。

【目標】モクヒョウ 日 ①めじるし。例 高い塔を—に進む。②実現や到達を目ざすところ。めあて。目的。例 —を定める。

【目礼】モクレイ 目で軽く挨拶(アイサツ)をする。

【目録】モクロク ①文書や書物の題目や内容などをまとめたもの。目次。②所蔵品や展示品をひとまとめに書き並べたもの。例 蔵書—。③日 贈り物の品書き。例 結納(ゆいのう)の—。④日 武道や芸道で、技術がある水準に達したことを示すために、師が弟子に与える文書。

【目論】モクロン 一 目は細い毛でも見えるが、自分のまつ毛は見えない、という議論。人のことは分かっても自分のことは分からないことをいう。〈史記・越王句践世家〉 二 もくろむ｜もくろみ 日 考えをめぐらす。たくらむ。くわだてる。また、たくらみ。くわだて。目論見(もくろみ)。目論(もくろ)む。

【目下】 一 モッカ ①目の前。②ただいま。いまのところ。現在。目今(モッコン)。例 —建設中。▽目前(モクゼン)。 二 めした 日 自分より地位・身分・年齢などが低いこと。また、そのような人。対 目上。例 —の者。

【目耕】モッコウ〔目で紙の田をたがやす意〕読書。また、学問。

【目今】モッコン さしあたり。いま。目下(モッカ)。例 —の政治情勢。

● 一目(イチモク)・皆目(カイモク)・種目(シュモク)・着目(チャクモク)・注目(チュウモク)・反目(ハンモク)・品目(ヒンモク)・名目(メイモク)・面目(メンボク)

盱

目3 (8)

3 8876 76F1

ク 漢 [虞] xū

意味 ❶目を見張る。例 盱盱(クク)。盱視(クシ)(＝目をみはる)。❷憂い悲しむ。うれえる。通 吁(ク)。

【盱盱】クク ①目をみはるさま。②元気なさま。のさばるさま。

【盱衡】クコウ 目を見開いてにらみつける。

直

目3 (8)

1 3630 76F4

教2

一 チョク 漢 ジキ(ヂキ) 呉 [職] zhí

二 チ 漢 [寘] zhì

ただちに・なおす(なほ-す)・なおる(なほ-る)・す-ぐ・ね・あたい(あたひ)・ひた

筆順 一 十 亣 冇 冇 盲 直

なりたち  [会意]「十(＝とお)」と「目(＝め)」と「乚(＝かくれる)」とから成る。にげかくれする者を十の目で見て、正す。

意味 一 ❶正しい。公平無私の。例 是謂レ是、非謂レ非曰レ直(ぜをぜなりといい、ひをひなりというをチョクという)(＝正しいことを正しいと言い、まちがったことをまちがっていると言う性質を直という)。〈荀子・脩身〉 実直(ジッチョク)。正直(ショウジキ)。❷まっすぐ。曲がっていない。対 曲。例 直線(チョクセン)。直立(チョクリツ)。❸曲がっているものをまっすぐにする。よこしまなものを正しくする。例 枸木必将待二檃括烝矯一然後直(コウボクはかならずインカツジョウキョウをまちてしかるのちにチョクなり)(＝曲がった木はため木をあてたり蒸したりして矯正し、はじめてまっすぐになる)。〈荀子・性悪〉 ❹人や物を介さずに。じかに。例 直訴(ジキソ)。直接(チョクセツ)。❺ありのままに。思うままに。例 直言(チョクゲン)。直情(チョクジョウ)。❻すぐに。ただちに。じきに。例 直夜潰レ囲、南出馳走(ただちによるかこみをやぶり、みなみにいでてチソウす)(＝すぐに《漢軍の》包囲を破って、南の方角に出て馬を走らせた)。〈史記・項羽紀〉 直後(チョクゴ)。直感(チョッカン)。❼番にあたる。当番で勤務につく。とのい。例 宿直(シュクチョク)。当直(トウチョク)。❽「ただ…(のみ)」と読み、ただ…(だけ)の意。限定・強調をあらわす。例 直不二百歩一耳(ただヒャッポならざるのみ)(＝ただ百歩でないというだけのことだ)。〈孟子・梁恵王上〉 二 ❶値打ち。ね。あたい。値段。通 値。例 春宵一刻直千金(シュンショウイッコクあたいセンキン)(＝春の夜のひとときは、まさに千金の値打ちがある)。〈蘇軾・春夜〉 ❷賃金。

日本語での用法 《なおる》《なおす》 ①「居直(いなお)る・故障(コショウ)を直(なお)す」▼もとの状態にもどる。もどす。②「妹(いもうと)が姉(あね)の跡(あと)に直(なお)る」▼そのあとを継ぐ。その地位を占める。

古訓 中古 あたひ・あたる・ただ・ただし・ただちに・たむ・とのゐ・とのゐす・なほ・なほし・なほる・まさし 中世 あたひ・あたる・すぐなり・ただ・ただし・ただちに・なほし・なほる 近世 あたる・あふ・すぐ・すなほ・ただし・なほし・のびる

人名 すぐ・すなお・ただ・ただし・ただす・ちか・なお・なおき・なおし・なが・のぶる・ま・まさ

難読 直(ジカ)に

【直談判】ジカダンパン 日 他人を仲立ちとしないで、直接相手とかけあう。直談(ジキダン)。

【直火】ジカび 日 直接に火に当てること。また、その火。

【直参】ジキサン 日 江戸時代、将軍家に直接仕えた武士。旗本や御家人(ゴケニン)をいう。

【直訴】ジキソ 日 決められた手続きをとらずに、将軍や主君・上役などに直接うったえる。例 社長に—する。

【直談】ジキダン 日「直談判(ジカダンパン)」に同じ。

【直弟子】ジキデシ 日 師から直接に教えを受けた弟子。直門(ジキモン)。

【直伝】ジキデン 日 師から、その道の奥義(オウギ)や秘伝などを、直接に授かること。例 老師—の書法。

【直披】ジキヒ｜チョクヒ 日〔あて名の人自身が直接に開封してください、という意〕封書のわき付けの一つ。親展。

【直門】ジキモン 日 師の教えを直接に受けること。また、受けた人。直弟子(ジキデシ)。

【直営】チョクエイ 日 工場や会社などが、他の業者に任せたりせず、直接に経営する。例 農場の—店。

【直往】チョクオウ まっすぐに進んで行く。例 —邁進(マイシン)。

【直音】チョクオン ①ある字の音を同音のほかの字によってあらわす方法。「脩(シュウ)」を「修」、「遵(ジュン)」を「順」、「叛(ハン)」を「反」であらわすなど。②日 日本語の発音で、拗音(ヨウオン)・促音・撥音(ハツオン)以外の、かな一字であらわされる音。「あ」「か」など。

【直撃】チョクゲキ ①直接たたく。じかに打つ。②日 爆弾などが、じかに当たる。〔台風などの天災が、ある土地をまともに襲うことにも用いられる〕 例 台風が九州を—する。
【直言】チョクゲン 思うことを遠慮なくありのままに言う。また、そのことば。類直詞・直辞。例 首相に—する。
【直裁】チョクサイ 日 ①間(ま)をおかないですぐに決める。②本人が直接に決める。
【直士】チョクシ おこないの正しい人物。
【直視】チョクシ ①まっすぐに見つめる。②日 状況を正確に認識する。例 現実を—せよ。
【直日】チョクジツ 当直の日。また、当直をする人。
【直写】チョクシャ 日 じかにうつす。ありのままをうつす。例 その時代を—する記録文学。
【直射】チョクシャ ①まっすぐに射る。例 的を—する。②(太陽などが)じかに照りつける。例 —日光。
【直書】 一 チョクショ ありのままを書く。二 ジキショ 日 本人が直接に書く。また、その書いたもの。自筆。直筆(ジキヒツ)。
【直叙】チョクジョ ありのままに、飾ることなく述べる。
【直上】チョクジョウ ①まっすぐにのぼる。ひとすじに上がる。例 哭声直上干二雲霄一(コクセイチョクジョウしてウンショウをおかす)(=慟哭(ドウコク)する悲痛な声は、まっすぐ上昇して大空へ突きささる)。〈杜甫・兵車行〉②あるものや場所の、まうえ。すぐうえ。▽対直下(チョッカ)。
【直情】ジョウ いつわりのない感情。感じたままの気持ち。
【直情径行】チョクジョウケイコウ 他人や周囲の事情などを考慮せず思いどおりに、言ったり行動したりするさま。〈礼記・檀弓下〉
【直心】 一 チョクシン 直レ心(こころをなおくす) 心を正しくする。すなおな心。二 ジキシン 〔仏〕仏道にまっすぐ精進(ショウジン)する心。
【直臣】チョクシン ためらわず、思うままいさめる臣下。
【直進】チョクシン ①まっすぐにすすむ。②ためらわずにすすむ。
【直接】チョクセツ 日 間に他のものが入らずに、じかに接する。対間接。例 —税。—に手わたす。
【直▼截】チョクセツ/チョクサイ ①迷わず、すぐに決めるさま。②まわりくどくなく、はっきりと言うさま。
【直線】チョクセン ①まっすぐな線。例 —的。②〔数〕二点間を結ぶ最も短い線。例 —距離。
【直送】チョクソウ 相手へ直接おくる。例 産地—。
【直属】チョクゾク 日 直接に属している。また、直接に指揮や監督を受ける。例 —の上司。
【直腸】チョクチョウ ①正直な心。②大腸の終わりの部分で、肛門(コウモン)に続くところ。
【直直】 一 チョクチョク まっすぐなさま。すなおなさま。二 ジキジキ 日 直接。じかに。例 大臣が—に説明をする。
【直通】チョクツウ 日 乗り換えや中継なしに、目的地や相手に通じる。例 —列車。—電話。
【直答】チョクトウ ①その場ですぐにこたえる。即答。例 —を避ける。②ジキトウ 人づてではなく、本人が直接こたえる。
【直道】 一 チョクドウ ①人がふむべき正しい道。②まっすぐに続いている道。③正道をおこなう。二 ジキドウ 〔仏〕悟りを開くための最も近い道。
【直読】チョクドク 日 漢文を、返り点によらないで、書かれているままの順に音読する。例 漢詩を—する。
【直入】チョクニュウ まっすぐにはいる。→【単刀直入】タントウチョクニュウ(197ページ)
【直配】チョクハイ 日 生産者から消費者に直接配達する。例 全国の消費者に—する。
【直売】チョクバイ 日 生産者が消費者に直接売る。直販。例 農家が野菜を—する。
【直販】チョクハン 日「直売(チョクバイ)」に同じ。
【直筆】 一 チョクヒツ ①ふでをまっすぐにおろして、字を書く。例 懸腕—。②事実をありのままに書く。対曲筆。例 思うところを—する。二 ジキヒツ 日 自分で書くこと。また、その書いたもの。自筆。直書(ジキショ)。例 夏目漱石(なつめソウセキ)の—原稿。
【直方】チョクホウ 正直と方正。心の正しいさま。
【直方体】チョクホウタイ 日 六つの面がすべて長方形の六面体。
【直面】 日 一 チョクメン ものごとにじかに接する。面と向かう。例 困難な事態に—する。二 ひたメン/ひたおもて 能楽で、演者が面をつけないで演じること。
【直訳】チョクヤク 日 原文にそって、一語一語をそのまま忠実に翻訳する。また、その訳。逐語訳。対意訳。
【直喩】チョクユ 日「まるで…」「…のようだ」「…のごとく」などのことばを使って、たとえる方法。たとえば、「まるで砂漠だ」「山のような波」「砂をかむごとくあじけない」など。対暗喩・隠喩。
【直立】チョクリツ 人や物がまっすぐに立つ。例 —不動。
【直流】チョクリュウ ①(川などが)まっすぐにながれる。また、そのながれ。対曲流。②日 常に一定の方向にながれる電流。対交流。
【直隷】チョクレイ ①天子や中央政府に直属している。②今の河北省の地。明(ミン)代、首都北京(ペキン)のある行政区画。旧都南京(ナンキン)を中心とする南直隷に対し、北直隷と称した。
【直列】チョクレツ ①まっすぐ一列に並ぶこと。また、その列。例 —縦隊。②日〔物〕いくつかの電池や抵抗器などを一列につなぐこと。対並列。例 —接続。—連結。
【以レ直報レ怨】チョクをもってうらみにむくゆ 恨みのある者には正しさでむくいる。〈論語・憲問〉
【直下】チョッカ ①ある物や場所の、ました。例 赤道—の熱帯地方。②まっすぐにくだる。まっすぐに落ちる。例 飛流直下三千尺(ヒリュウチョッカサンゼンジャク)(=しぶきをあげてまっすぐに下まで三千尺も落ちていく)。〈李白・望廬山瀑布〉▽対直上(チョクジョウ)。
【直角】チョッカク 〔数〕二つの直線が垂直に交わってできる角。九〇度。例 —三角形。
【直覚】チョッカク 日 推理や経験によらず、ちょっと見たり聞いたりしただけで、ものごとの本質をとらえる。
【直轄】チョッカツ 日 直接に管理する。直接に支配する。例 —領。—の部隊。
【直感】チョッカン 日 理屈ぬきで、感覚的にものごとの真相を感じとること。例 —的。—に頼る。
【直▼諫】チョッカン 相手の身分や地位などをはばからず、率直にいさめる。例 主君に—する。
【直観】チョッカン 日〔独 Anschauung の訳語〕経験や推理などによらず、ものごとの本質を直接につかむこと。例 真理を—する。
【直▼躬】チョッキュウ 正直者。また、正直者の躬(キュウ)という名の人。〈論語・子路〉
【直系】チョッケイ 日 ①祖先から子孫へと、血筋が親子の関係によって続く系統。例 —の子孫。②その系統を直接に受けつぐこと。また、その人。例 —の弟子。▽対傍系。
【直径】チョッケイ 〔数〕円または球の中心を通って、円周または、球面上に両はしをもつ直線。さしわたし。
【直結】チョッケツ 日 間に物や人を入れないで、直接につながる。また、つなげる。例 生産者と消費者を—する。
【直交】チョッコウ 〔数〕二つの直線または平面が直角に交わること。例 —座標。
【直行】チョッコウ ①潔白な正しいおこない。例 —の士。②ものごとを自分の思ったとおりにおこなう。例 直言直行。〈大戴・曽子制言中〉③日 途中でどこにも立ち寄らないで行く。例 出張帰りに会社へ—する。

【直航】(チョッコウ) 回 船や飛行機が、どこにも立ち寄らず、まっすぐ目的地に行く。例 ニューヨークへの―便(ビン)。

【直会】(なおらい) 回 祭りの儀式のあと（神に供えた食べ物や酒を）参列者が飲食する宴会。

【直衣】(のうし) 回 平安時代以後の貴族のふだん着。烏帽子(エボシ)をかぶり、指貫(さしぬき)をはく。

【直垂】(ひたたれ) 回 もとは庶民の服で、鎌倉時代以後には武士の礼服となった。

●安直(アンチョク)・実直(ジッチョク)・宿直(シュクチョク)・正直(ショウジキ)・垂直(スイチョク)・素直(すなお)・率直(ソッチョク)・当直(トウチョク)・日直(ニッチョク)

盲

目3 (8) 1 4453 76F2 常用

モウ(マウ) 漢 呉 庚 máng

めくら・めしい(めしひ)

[盲] 目3 (8) 旧字体。

筆順 丶 亠 亡 亡 肓 肓 盲 盲

なりたち [形声]「目(=め)」と、音「亡(ボウ)」とから成る。目にひとみがない。

意味 ❶目が見えない。目に見えない。**めくら。めしい。** 例 盲人(モウジン)。盲点(モウテン)。盲目(モウモク)。❷道理がわからない。知識がない。例 盲昧(モウマイ)。文盲(モンモウ)。❸光がない。くらい。例 晦盲(カイモウ)(=暗やみ)。❹はやい。はげしい。例 盲雨(モウウ)。盲風(モウフウ)。❺むやみに。やたらに。例 盲従(モウジュウ)。盲滅法(めくらメッポウ)。

日本語での用法 《モウ》「盲腸(モウチョウ)・盲管銃創(モウカンジュウソウ)」▼管の一方のはしがふさがっている。

古訓 中古 しふ・めしひ 中世 くらし・めくら・めしひ・めしゆ 近世 めくら・めしひ

【盲▼縞】(めくらじま) 回 紺色(コンいろ)の無地の綿織物。職人の腹がけや足袋などに用いる。〔縞模様の一種ではない〕

【盲判】(めくらバン) 回 書類の内容をよく見ないで、承認の判をおすこと。

【盲滅法】(めくらメッポウ) 回 見当もつけず、むやみにすること。むやみやたら。やみくも。例 ―に突き進む。

【盲▼唖】(モウア) 目の見えないことと、口のきけないこと。

【盲愛】(モウアイ) むやみにかわいがる。盲目的な愛情。溺愛(デキアイ)。

【盲雨】(モウウ) 激しい雨。大雨。

【盲管銃創】(モウカンジュウソウ) 回 撃たれた銃弾が突きぬけずに、体内にとどまっている傷。対 貫通銃創。

【盲亀浮木】(モウキのフボク) 〔仏〕仏の教えに出あうことが容易でないこと。また、それがごくまれなことのたとえ。類 盲亀浮木に値(あ)う。◆目の見えないカメが百年に一度海上に頭を出し、たまたまそこに漂っている流木の穴に頭を入れたという話。……〈雑阿含経・一五〉

【盲従】(モウジュウ) 回 自分でよしあしを判断せず、言われるとおりにする。例 命令に―する。

【盲信】(モウシン) 回 理屈ぬきで信じこむ。盲目的に信じる。妄信。例 教祖を―する信徒。

【盲進】(モウシン) 早く進む。急いで行く。

【盲人】(モウジン) 目の見えない人。盲者。

【盲人▼摸▼象】(モウジンゾウをモす) ⇒【群盲撫▼象】(グンモウゾウをなず)(1069ページ)

【盲腸】(モウチョウ) 回 ①小腸から大腸へ続く部分。虫垂という細い突起がある。②盲腸炎(=虫垂炎)のこと。虫垂に起こる急性の炎症。

【盲点】(モウテン) 回 ①眼球の網膜の一部。この部分は光の刺激を感じない。②うっかり見落としている事柄。注意のとどかないところ。例 警備の―をつかれる。

【盲風】(モウフウ) 激しい風。大風。はやて。

【盲昧】(モウマイ) 道理に暗い。愚かである。無知。

【盲目】(モウモク) 目が見えないこと。例 ―的(=理性を失って分別がなくなるさま)。

看

目4 (9) 1 2039 770B 教6

一 カン 漢 呉 翰 kàn
二 カン 漢 呉 寒 kān

みーる

筆順 一 二 三 手 手 看 看 看

なりたち [会意]「目(=め)」と「手(=て)」とから成る。目の上に手をかざして遠くを見る。

意味 一 ❶手をかざして眺める。目の前にあるものをしっかりと見る。**みる。** 例 遥看瀑布挂前川(はるかにみるバクフのゼンセンにかかるを)(=滝が前の川に落ちるのをはるか遠くから眺める)。〈李白・望廬山瀑布〉看花(カンカ)(=花を見る)。看取(カンシュ)。看破(カンパ)。❷みるみるうちに。みすみす。例 今春看又過(コンシュンみすみすまたすぐ)(=今年の春もみるみるうちにまた過ぎ去っていく)。〈杜甫・絶句〉❸書物を読む。例 看経(カンキン)。二 みまもる。みはる。例 看護(カンゴ)。看守(カンシュ)。看病(カンビョウ)。

古訓 中古 かへりみる・まかげさす・みる 中世 かへりみる・まかげさす・みる 近世 かへりみる・みる

人名 あきら・み・みつ

【看過】(カンカ) 見すごす。見たままほうっておく。例 ―できないあやまち。不正を―する。

【看客】(カンカク・カンキャク) 見物人。観客。

【看看】(カンカン) ①目をこらして見る。②だんだんと。

【看経】(カンキン) 〔仏〕〔「キン」は唐音〕①経文(キョウモン)を黙読する。対 読経(ドキョウ)。②経文を音読する。

【看護】(カンゴ) 回 病人やけが人の手当てや世話をする。看病。例 ―師。献身的な―。

【看守】(カンシュ) ①見張りをする。②回 刑務所などで、囚人の監視や警備などに携わる職員。刑務官。

【看取】(カンシュ) ①〔「取」は、語調をととのえる助字〕みる。②事情を見ぬく。例 相手の真意を―した。

【看破】(カンパ) 本質を見やぶる。真相を知る。例 悪だくみを―する。

【看板】(カンバン) 回 ①品物や店名・屋号などを、人目につくように書き出した板。また、そのかわりになるような人。例 立て―。―娘。②他人の注目を引くようなことばや外見。例 努力家を―とする。③〔看板をしまう意から〕飲食店などの閉店時刻。④外見。見せかけ。みえ。例 ―倒れ。

【看病】(カンビョウ) 病人の世話をすること。看護。

盻

目4 (9) 2 6629 76FB

ケイ 漢 霽 xì

にらーむ

意味 うらんで、にらみつける。**にらむ。**

県

目4 (9) 1 2409 770C 教3

一 ケン 漢 霰 xiàn
二 ケン(クェン) 漢 先 xuán

あがた

[縣] 糸10 (16) 2 6949 7E23 人 旧字体。

筆順 丨 冂 月 目 目 旦 県 県 県

なりたち [会意]「県(=さかさの首)」と「系(=かける)」とから成る。首をさかさにかける。

意味 一 ❶ぶらさげる。かかる。かける。通 懸。例 誅紂断其首、県之赤旆(チュウをチュウしてそのくびをたち、これをあかきはたにかけたり)(=紂を殺してその首を断ち、それを赤い旗の先にぶらさげ(て見せしめにし)た)。〈荀子・正論〉❷遠く離れている。へだたる。通 懸。例 県隔(ケンカク)(=かけ離れている)。二 ❶中央政府と郷村(ゴウソン)との中間に位置する行政区画。昔の中国では、郡または道・府の下にあり、現在の中国では、省または市の下にある。例 県令ケンレイ。郡県制度グンケンセイド。❷朝廷。また、天子。例 県官ケンカン。

日本語での用法 ㊀《ケン》「県庁ケンチョウ・県立ケンリツ」▼都・道・府と並ぶ、地方公共団体の一つ。㊁《あがた》①「六むつの県あがた」▼古代、皇室の御料地ゴリョウチ。②「県主あがたぬし」▼中世、地方官の任国。また、いなか。

古訓 中古 あがた・こほり・はるかなり 中世 あがた 近世 あがた・かける・はるか

人名 さと・とう・むら

【県営】ケンエイ 日 県が経営し、管理すること。例 ―住宅。

【県下】ケンカ ①つりさげる。②日 県の行政区域内。県内。例 ―随一の名所。

【県官】ケンカン ①朝廷。また、天子。②県の役人。

【県人】ケンジン その県に住んでいる人。また、その県の出身者。例 ―会。

【県勢】ケンセイ 日 県の人口・産業・財政・文化などの情勢。例 ―要覧。

【県庁】ケンチョウ 県の行政事務をあつかう役所。例 ―所在地。

【県道】ケンドウ ①〔「道」は、辺地の県〕県と道。②県を通る道。③日 県の費用で建設し、維持と管理をする道路。

【県立】ケンリツ 日 県の費用で設立し、維持と管理をすること。また、そのもの。例 ―高校。

【県令】ケンレイ ①中国の、県の長官。②日 今の県知事。〔廃藩置県以後、一八八六(明治十九)年までの言い方〕

盾

目4 (9)

1 2966 76FE 常用

シュン漢 ジュン呉 軫 shǔn
トン漢 阮 dùn
たて

筆順 一 厂 厂 𠂆 斤 盾 盾 盾 盾

なりたち 〔会意〕「目(=め)」と「𠂆(=たての形)」とから成る。目の前にかざした、たて。

意味 目の前にかざして身を守るための武具。たて。通 楯ジュン。例 帯レ剣擁レ盾入二軍門一(ケンをおびたてをヨウしてグンモンにいる)(=剣を腰にさげ、盾をかかえて、軍営の門を入ろうとした)。〈史記・項羽紀〉 矛盾ムジュン。盾たてに取とる(=あることを口実

［盾］

にする)。

古訓 中古 たて 中世 たて 近世 たて

省

目4 (9)

1 3042 7701 教4

㊀セイ漢 ショウ(シャウ)呉 梗 xǐng
㊁セイ漢 ショウ(シャウ)呉 梗 shěng
かえりみる(かへり-みる)・はぶく

筆順 丿 小 小 少 省 省 省 省 省

なりたち 〔会意〕「眉(=まゆ)」の省略体と「小(=こまかい)」とから成る。こまかく見る。

意味 ㊀❶注意して見る。詳しく調べる。例 礼不レ可レ不レ省也(レイはあきらかにせざるべからざるなり)(=礼はよく観察しなければならない)。〈礼記・礼器〉 省察ショウサツ。❷自分自身のことをよく考える。かえりみる。例 吾日三二省吾身一(われひにわがみをサンセイす)(=私は毎日何度も自分を反省する)。〈論語・学而〉 内省ナイセイ。反省ハンセイ。❸安否を問う。みまう。例 帰省キセイ(=故郷に帰って父母の安否を問う)。㊁❶へらす。はぶく。例 省略ショウリャク。省力ショウリョク。冠省カンショウ。❷役所。官庁。例 尚書省ショウショショウ(=唐代の中央行政府)。文部科学省モンブカガクショウ。❸地方行政区画の名。元ゲン代に始まる。例 河北省カホクショウ。

古訓 中古 おぼゆ・かへりみる・はくくむ・はぶく・み・よくす 中世 かへりみる・たすく・はぶく・みる・よくす 近世 かへりみる・すくなし・つかさ・つまびらかにす・はぶく・みる・よみす

人名 あき・あきら・かみ・さとし・さとる・み・みる・よし

【省画】ショウカク 漢字の字画を省略する。例 ―文字。

【省試】ショウシ ①宋ソウ代、科挙(=官吏登用試験)の一つ。地方試験の合格者が受験した。明ミン・清シン代、会試と称した。②日 奈良・平安時代、文官登用試験。

【省略】ショウリャク｜セイリャク 重要でない部分をはぶく。一部を減らして簡単にする。

【省力】ショウリョク 労力をはぶく。

【省令】ショウレイ 日 内閣の各省の大臣が、その担当する事務について出す行政上の命令。例 文部科学―。

【省改】セイカイ 反省して改める。

【省悟】セイゴ｜ショウゴ 反省して自分の欠点をさとる。目覚める。

【省察】セイサツ｜ショウサツ ①自分の行動や生活などをふり返って考える。②詳しく調べる。

【省思】セイシ 自分のおこないをかえりみて考える。

【省視】セイシ ①よく調べる。②見舞う。

【省審】セイシン 詳しく調べる。十分に調べる。

【省風】セイフウ 民間の風俗・習慣を視察する。

【省文】セイブン ①点画を一部はぶいた漢字。略字。「捨」を「舎」、「鏡」を「竟」、「避」を「辟」と書くなど。②文中の字句を一部はぶいて、簡略にした文章。▽省筆セイヒツ｜ショウヒツ。

【省墓】セイボ 墓参。

【省問】セイモン ①訪問する。見舞う。②帰省して親の安否を気づかう。③審問する。

【省約】セイヤク 簡略にする。簡約。

●冠省カンショウ・帰省キセイ・人事不省ジンジフセイ・内省ナイセイ・反省ハンセイ

相

目4 (9)

1 3374 76F8 教3

［眛］ 目4 (9) 4 8190 25122 別体字。

㊀ショウ(シャウ)漢 ソウ(サウ)呉 漾 xiàng
㊁ショウ(シャウ)漢 ソウ(サウ)呉 陽 xiāng
あい(あひ) 付表 相撲すもう

筆順 一 十 才 木 朩 相 相 相 相

なりたち 〔会意〕「目(=め)」と「木(=き)」とから成る。目で木をよくみる。

意味 ㊀❶よく見る。よく見てうらなう。例 相術ソウジュツ(=人相を見る技術)。❷顔かたち。すがた。ありさま。例 真相シンソウ。人相ニンソウ。❸たすける。また、補佐。介添え。例 相者㊀ショウシャ。❹君主を助ける役。大臣。例 相二成王一為二左右一(セイオウをたすけてサユウとなる)(=成王をたすけて補佐役となった)。〈書経・君奭序〉 相国ショウコク。宰相サイショウ。首相シュショウ。㊁❶動作・心情が双方向におよぶことをあらわす。たがいに。かわるがわる。ともに。あい。例 卒相与驩、為二刎頸之交一(ついにあいともによろこびて、フンケイのまじわりをなす)(=最後にはお互いうちとけて、刎頸の交わりを結んだ)。〈史記・廉頗藺相如伝〉 相関ソウカン。相互ソウゴ。❷動作・心情に相手のあることをあらわす。〔動作・心情は一方向のみに向かい、特に訳出しない〕 例 明月来相照(メイゲツきたりてあいてらす)(=明月が空に出て私を照らす)。〈王維・竹里館〉 ❸次々に。代々。例 相承ソウショウ。相伝ソウデン。

日本語での用法 ㊀《あい》①「相あいすみません・相あいつとめる・相あいかわらず」▼ことばの前につけて、「たがいに、ともに」の意をそえたり、重々しさをあらわすのに使う。②「相手あいて・相部屋あいべや・相棒あいぼう」▼一緒の仲間。㊁《ソウ》「相州ソウシュウ」▼旧

▬国名「相模(さがみ)(＝今の神奈川県)」の略。

古訓 中古 あひ・あふ・かたち・きく・きみ・こもごも・すけ・たがひに・たすく・にる・はげむ・まこと・まさ・まさりかほ・み・みちびく・みる 中世 あふ・かたち・きねうた・たすく・ふづき・まさりかほ・みる 近世 あひ・あふ・かたち・かへりみる・すがた・たすく・ともに・みちびく・みる

人名 あう・あきら・おさむ・すけ・たすく・とも・はる・まさ・み・みる

難読 相良(さがら)(＝地名・姓)・相楽(さがら)

【相客】あいキャク 日 ①宿屋で、同室に泊まり合わせる客。②同席の客。相席の客。

【相性】あいショウ 日 (男女や友人などの)互いの性質や趣味などの合いぐあい。合い性。例 ―がいい。

【相席】あいセキ 日 (飲食店などで)他の客と同じテーブルになること。例 ―でお願いします。

【相▼槌】【相▼鎚】あいづち 日 (鍛冶(かじ)で、向き合って交互に打つ、つちの意) 相手の話に調子を合わせてうなずいたり、ことばを発したりすること。例 ―を打つ。

【相手】あいて 日 ①一緒にものごとをする人。仲間。例 遊び―。②ものごとをするときの対象となる人。例 結婚―。③争いなどで、相(あい)対する人。例 ―にとって不足はない。

【相棒】あいボウ 日 〔一緒に駕籠(かご)をかつぐ相手の意〕一緒にものごとをする仲間。パートナー。相方(あいかた)。

【相模】さがみ 日 旧国名の一つ。今の神奈川県の大部分にあたる。相州(ソウシュウ)。

【相印】ショウイン 宰相の印。

【相器】ショウキ 宰相になれる才能のある人。類 相才(ショウサイ)。

【相君】ショウクン 宰相の敬称。

【相公】ショウコウ ①宰相の敬称。②紳士の敬称。③年少の士人。貴公子。④男の俳優。

【相国】ショウコク ①宰相。②日 太政大臣(ダイジョウダイジン)・左大臣・右大臣の中国風の呼び方。例 入道―平清盛(たいらのきよもり)。

【相事】ショウジ 一 ①宰相の仕事。例 孔子摂二相事一(コウシショウジをセッす)(＝孔子は宰相の職を代行した)。〈史記・孔子世家〉②仕事を助ける。従事する。二 ソウジ 互いに相手に仕える。

【相者】ショウシャ 一 会合などのとき、主人につき従う介添え役。二 ソウシャ 人相見。占い師。

【相伴】ショウバン ①連れ歩く。また、連れられて歩く。②日 客の相手をして、一緒にもてなしを受ける。また、他人のおかげで、利益を受ける。例 お―にあずかる。

【相府】ショウフ ①宰相が執務している役所。また、宰相。②日 大臣の、中国風の呼称。

【相門】ショウモン 宰相となる家柄。類 相家(ショウカ)。

【相愛】ソウアイ 互いに愛し合う。例 相思―。

【相違】ソウイ 互いにちがっている。ちがい。例 ―点。見解の―。

【相応】ソウオウ つりあう。ふさわしい。例 身分―のことをする。

【相▼姦】ソウカン 許されない肉体的関係をもつ。例 近親―。

【相関】ソウカン 互いに関係し合う。例 ―関係(＝一方が変化すると、他方もそれにつれて変化するという関係)。

【相互】ソウゴ ①おたがい。例 ―の利益。②かわるがわる。例 ―におこなう。

【相好】ソウコウ 一 あいよし 仲がよい。なじみ。例 及二穆公一相好(ボクコウとあいよし)(＝穆公と仲がよい)。〈左伝・成一三〉 二 ソウゴウ ①〔仏〕仏の身体にそなわっている三十二の大きな特徴(相)と、八十の小さな特徴(好)。②顔つき。表情。例 ―をくずす(＝にこにこする)。

【相克】【相▼剋】ソウコク ①相手にうち勝つ。また、せめぎ合う。類 相勝。②五行説で、木は土に、土は水に、水は火に、火は金に、金は木にうち勝つこと。対 相生(ソウセイ・ソウショウ)。

【相殺】一 ソウサツ 互いに殺し合う。二 ソウサイ 互いに差し引いて、損得なしにする。帳消しにする。

【相思】ソウシ ①相手を思う。②互いに恋しく思い合うこと。例 ―相愛の仲。

【相似】ソウジ ①形や性質などが、よく似かよっている。相方(ソウホウ)。②〔生〕生物の器官で、発生上は無関係でも、機能が似ているもの。鳥のつばさと昆虫の羽など。③〔数〕二つの図形で、一方を拡大または縮小したとき、他方に完全に重なること。例 ―形。

【相識】ソウシキ 互いに知り合いであること。また、その人。

【相承】ソウショウ・ソウジョウ 次から次へと受けつぐ。例 師資―。父子―の技。

【相称】ソウショウ ①つりあいがとれていること。②日 対称。シンメトリー。例 左右―。

【相乗】ソウジョウ 日 一 二つ以上の数をかけ合わせる。また、二つ以上の事柄が、互いに効果を強め合う。例 ―平均。―効果を期待する。二 あいのり ①二人で一台の車に乗ること。②共同でおこなうこと。例 ―番組。

【相人】ソウジン ①人相を見る。②人相見。占い師。③土や木で作った人形。

【相生】一 ソウセイ・ソウショウ ①互いに生み出す。②五行説で、木は火を、火は土を、土は金を、金は水を、水は木を生ずる関係。対 相克・相剋(ソウコク)。二 あいおい 日 一つの根から木が二本生えること。例 ―の松。

【相即】ソウソク 一つにとけ合っていて区別のできないこと。例 ―不離の関係にある。

【相続】ソウゾク ①次々に受けつぐ。例 名跡(ミョウセキ)を―する。②日 先代に代わって、あとを受けつぐ。③日 〔法〕人の死後、財産上の権利や義務を受けつぐ。例 ―税。遺産の―。

【相対】一 ソウタイ ①向き合っている。相(あい)対している。対 絶対。例 ―評価(＝他と比べてつけた成績評価)。②日 互いに関係し合って成立し、存在する。二 あいタイ 日 ①他人を交えず、当事者だけで事をおこなうこと。例 ―で交渉する。②どちらも納得すること。合意。例 ―ずく。③対等で事をおこなうこと。例 ―の関係。

【相談】ソウダン 話し合う。語りあう。

【相知】ソウチ ①知り合い。知人。友人。②宰相の知恵。

【相伝】ソウデン 代々受け伝える。例 一子―。

【相当】ソウトウ ①同じ力でつり合う。匹敵する。例 不レ能二相当一(ソウトウすることあたわず)(＝つり合うことができない)。〈史記・平準書〉②ふさわしい。③日 ちょうどあてはまる。相応。例 千円―の品。④日 かなり。だいぶ。例 ―寒い。

【相場】ソウば 日 ①品物などの時価。市価。例 野菜の―。―が上がる。②世間一般での評価。例 冬は寒いと―が決まっている。③〔経〕現物をやりとりせず、価格の変動を予想して売買する投機的取引。例 ―を張る。

【相聞】一 ソウブン 互いに安否をたずねる。二 あいきこゆ 聞こえる。距離が近いさま。例 鶏犬相聞(ケイケンあいきこゆ)(＝ニワトリやイヌの鳴き声が聞こえてくる)。〈陶淵明・桃花源記〉 三 ソウモン 日 〔もと、『万葉集』の部立ての一つ〕親愛の情を述べ合った歌。

【相方】一 ソウホウ ①方角の吉凶を見る。②「相似(ソウジ)①」に同じ。二 あいかた 日 相手。相棒。また、客の相手をする遊女。例 漫才の―。

【相貌】ソウボウ 顔かたち。顔だち。容貌。

【相撲】一 ソウボク レスリングと似た格闘技。二 すもう 日 土俵の中で、二人の力士が取り組んで勝負を争う競技。角力(すもう)。例 ―をとる。

●形相(ギョウソウ)・宰相(サイショウ)・世相(セソウ)・粗相(ソソウ)・貧相(ヒンソウ)・滅相

・様相

眈

目4（9） 2 6630 7708

一 タン（タム）漢 感 dān
二 タン（タム）漢 覃 dān
にら-む・ふか-い（ふか-し）

意味 【眈眈】一⇩【眈眈】①　二⇩【眈眈】②
【眈眈】①見つめているさま。ねらいながら見ているさま。例 虎視眈眈（＝トラが獲物をねらって見つめている）。〈易・頤〉 ②屋内が奥深いさま。

盼

目4（9） 3 8877 76FC

ハン漢 ヘン呉 諫 pàn

意味 ❶白目と黒目とがはっきりして美しいさま。例 美目盼兮（＝すずやかな目に漆黒のひとみ）。〈詩経・衛風・碩人〉 ❷かえりみる。みる。例 盼顧（＝かえりみる）。流盼（＝流し目を送る）。❸願う。のぞむ。例 盼望。
参考「盻」とは別の字だが、混用されることがある。「眄」

眉

目4（9） 1 4093 7709 常用

ビ漢 ミ呉 支 méi
まゆ

筆順 ﹁ ⺈ ⺕ 尸 屄 屌 眉 眉 眉

なりたち［象形］目の上の毛とひたいのすじの形。

意味 ❶まゆげ。**まゆ**。例 低眉信手続続弾（＝伏し目がちになり、手の動くままに次々と〈琵琶を〉かき鳴らす）。〈白居易・琵琶行〉 眉目。白眉。❷物の上のはし。ふち。例 書眉（＝書物の上のはし）。❸長生きしてまゆげが長くのびた人。老人。例 眉寿。❹美女。例 眉斧。

古訓 中古 まゆ 中世 まゆ 近世 いのちながし・こびる・まゆ・まゆげ

【眉宇】まゆ。まゆのあたり。また、表情。〔「宇」は、家の軒の。顔を家に見たてて、眉をその軒にたとえた〕〈枚乗・七発〉 例 ―に決意をみなぎらせる。
【眉間】まゆとまゆとのあいだ。ひたいの真ん中。例 ―にしわを寄せる。
【眉月】①まゆのように細い月。三日月。新月。
【眉山】①美女のまゆ。また、美しい顔かたち。〔まゆの形が山にたとえられた卓文君の故事から〕〈西京雑記・二〉 ②北宋の文人、蘇軾のこと。〔郷里が眉山県（＝今の四川省眉山市）にあったことから〕
【眉寿】長寿の人。〔老人のまゆ毛は長く伸びていることから〕〈詩経・豳風・七月〉
【眉▼睫】①まゆと、まつげ。また、目つき。②接近していること、また、さし迫っていることのたとえ。例 眉睫之禍（＝さし迫った災難）。〈韓非・用人〉
【眉雪】雪のように白いまゆ。老人。
【眉▼黛】①まゆずみ。また、それで書いた引きまゆ。②美女のたとえ。
【眉▼斧】美女の魅力。〔美女が人の身をあやうくすることを、命を絶つ斧にたとえたこと〈枚乗・七発〉から〕
【眉目】①まゆと目。②顔かたち。みめ。例 ―のすずしげな好青年。③日ほまれ。面目。名誉。
【眉目秀麗】（男性の）顔かたちがととのっていて、特に美しいさま。
【眉墨】まゆを書くための墨。黛。例 ―を引く。
【眉唾】日〔まゆにつばをつければキツネにだまされないという俗信から〕だまされないように用心をすること。例 ―物（＝疑わしいもの）。

眇

目4（9） 2 6631 7707

ビョウ（ベウ）漢
ミョウ（メウ）呉 篠 miǎo
すがめ・すが-める（すが-む）

意味 ❶目が小さい。❷片目が見えない。また、その人。**すがめ**。例 眇目。❸目を細めて見る。また、片目を細くする。**すがめる**。例 眇視。❹注意深く見る。凝視する。❺こまかい。小さい。例 眇小。❻はるか遠い。通 渺。例 杳眇。

【眇▼軀】小さいからだ。類 眇身。

【眇小】①小さい。背が低い。②自分の謙称。▽類 眇末。

【眇然】①小さいさま。こまかいさま。②はるか遠いさま。

【眇眇】①小さいさま。かすかなさま。②はるか遠いさま。また、目を細めて遠いかなたを見るさま。③風が吹くさま。

【眇目】①独眼。すがめ。②目を細くして見る。

眄

目4（9） 2 6632 7704

ベン漢 メン呉 霰 miàn
かえり-みる（かへり-みる）・にら-む・み-る・よこめ

意味 ななめに見る。やぶにらみをする。また、流し目にちらりと見る。**みる**。例 眄庭柯以怡顔（＝庭木の枝ぶりを横目でちらと見て顔をほころばせる）。〈陶淵明・帰去来辞〉 眄視。右顧左眄（＝左右を見まわして人の様子をうかがい見ること）。
【眄視】横目で見る。流し目で見る。

冒

目4（9） 1 4333 5192 常用

［冐］冂7（9） 旧字体。

［冃］月4（8） 2 7078 5190 俗字。

一 ボウ漢 モウ呉 号 mào
二 ボク漢 職 mò
おかす（をか-す）

筆順 丨 冂 冃 冃 冃 冐 冒 冒 冒

なりたち［会意］「冃ボウ（＝かぶりもの。おおう）」と「目（＝め）」とから成る。目をおおわれて見えなくても前進する。おしきって、あえて進む。

意味 一 ❶危険なことや困難なことを無理にする。**おかす**。例 冒険。冒進。❷法律などをおかす。例 冒禁。❸他人の姓名を詐称する。いつわりなのる。**おかす**。例 冒称。冒名。❹上にかぶせる。上から物を覆う。例 冒頭。幎冒（＝布で顔を覆う）。❺包括する。網羅する。おおう。例 夫易、開物成務、冒天下之道（＝それエキは、ものをひらきつとめをなし、テンカのみちをおおう）（＝そもそも易とはものごとを開き、務めを成就し、天下の道理を網羅するものである）。〈易・繋辞上〉 ❻むさぼる。例 冒色（＝女色をむさぼる）。貪冒（＝むさぼる）。❼嫉妬する。例 冒疾。❽ぼうし。頭巾。通 帽。例 冒絮。黄冒（＝黄色い帽子）。二 匈奴の名に用いる字。例 冒頓単于（＝匈奴の王の名）。

古訓 中古 おほふ・かぶる・をかす 中世 おほふ・をかす 近世 おほふ・むさぼる・をかす

【冒寒】①寒さをしのぐ。寒さをものともしない。②風邪をひく。

【冒禁】禁令をおかす。

【冒険】危険や失敗をおそれずにおこなう。

【冒死】命をかけておこなう。

【冒疾】【冒嫉】そねみ、ねたむ。嫉妬する。媢嫉。

【冒▼絮】綿で作った頭巾。おもに老人が着用する。

【冒称】①「冒名」に同じ。②官位などを許称する。

【冒進】がむしゃらにつき進む。冒突。

【冒頭】①文章や話の初めの部分。書き出し。話し始め。②ものごとの初めの部分。

【冒▼瀆】【冒▼黷】神聖なものや権威あるものをけがす。

【冒突】ボウトツ 「冒進ボウシン」に同じ。
【冒昧】ボウマイ すじみちをわきまえず強引に事を運ぶ。軽はずみなさま。
【冒名】ボウメイ 姓名をいつわる。冒称。類冒姓。

眊
目4(9) 3 8878 770A ボウ漢 号 mào
意味 ❶(老いて)目がよく見えない。くらい。例 眊眩ボウゲン。❷道理に暗く、とり乱す。例 憒眊カイボウ(=心が乱れる)。❸としより。通耄ボウ。例 眊悼ボウトウ。
【眊▼眩】ボウゲン 目がくらむ。
【眊悼】ボウトウ (「悼」は、七歳の子供の意) 老人と幼児。

眗
目5(10) 4 8191 7717 ク漢 虞 jū
意味 左右を見る。みまわす。

眩
目5(10) 2 6633 7729 ケン漢 ゲン呉 霰 xuàn
くら-む・まど-う(まど-ふ)・まばゆ-い(まばゆ-し)・まぶ-しい(まぶ-し)
意味 ❶まぶしくて目がくらむ。くらむ。まぶしい。まばゆい。例 眩耀ゲンヨウ。❷目がまわる。めまいがする。めまい。例 眩暈ゲンウン。❸どうしたものかと迷う。まどう。例 眩惑ゲンワク。
難読 目眩めくるめく・目めが眩まう
【眩▼暈】ゲンウン|めまい 目がまわる。めまいがする。類眩転・眩瞀
【眩人】ゲンジン 魔術師。
【眩▼耀】【眩▼燿】ゲンヨウ ①まぶしいほどに光り輝く。例 —目を奪う。②目をくらます。
【眩惑】ゲンワク 目がくらんで、まどう。また、まどわすこと。幻惑。例 あやしい魅力に—される。

眤
目5(10) 2 6634 7724 ジツ漢 質 nì
意味 なれしたしむ。ちかづく。通昵ジツ。

真
目5(10) 1 3131 771F 教3 シン漢呉 真 zhēn
ま・まこと・まこと-に 付表 真面目まじめ・真っ赤まっか・真っ青まっさお

[眞] 目5(10) 2 6635 771E 人 旧字体。

筆順 一 十 𠂇 冇 冇 直 直 真

[目(罒)] 4—5画▼ 眊 眗 眩 眤 真 眞

なりたち  [会意]「匕(=変わる)」と「目(=め)」と「乚(=かくす)」と「八(=のりもの)」とから成る。仙人がその姿かたちを変えて天にのぼる。派生して「まこと」の意。

意味 ❶うそいつわりのない。まこと。また、そのさま。まことの。まことに。例 真価シンカ。真実シンジツ。❷自然のまま。生まれたままの。例 真性シンセイ。天真テンシン(=飾りけのない)。❸肖像。すがた。例 写真シャシン。❹書体の一つ。楷書カイショ。例 真字シンジ。

古訓 中古 さね・ま・まこと・まことに 中世 げにも・さね・まこと 近世 くはし・ただし・まこと

人名 さだ・さな・さね・ただ・ただし・ちか・なお・まき・まさ・まさし・ます・また・まな・み

難読 真鶴まなづる・真田さなだ

【真意】シンイ ①本当の意味。本当の気持ち。本心。例 —を示す。—をはかりかねる。②自然の趣。
【真因】シンイン 本当の原因。例 事件の—を究明する。
【真打】シンうち 日①落語・講談・浪曲などの寄席よせで、最後に演じる、最も芸のすぐれた人。また、落語家の最高の階級。②とっておきの最後の出演者。例 —登場。
【真影】シンエイ ①本当の姿。②日実物どおりの肖像。特に、写真。例 両陛下の御ゴ—。
【真価】シンカ 日本当の値打ち。真の価値。例 —が問われる。
【真▼贋】シンガン 本物と、にせもの。真偽。例 —を見ぬく。
【真偽】シンギ 本当と、うそ。正しいか誤りか。例 —のほどを確かめる。
【真義】シンギ 本当の意義。本義。例 民主主義の—。
【真行草】シンギョウソウ ①漢字の三つの書体、真書(=楷書カイショ)・行書・草書のこと。②絵画・生け花・礼法などの形式。真は正格、草はくずした風雅の形、行はその中間。
【真紅】シンク|シンコウ こい紅色べにいろ。真っ赤。深紅シンク|シンコウ。例 —の優勝旗。
【真空】シンクウ ①[仏]すべての物は変化し続けて実体がない。有(=存在)の本体としての空をいう。②[物]日空気などの物質がまったく存在しない空間。例 —パック。③日作用や影響などが、まったくおよんでいない状態・空間。例 軍事的—地帯。
【真君】シンクン ①万物を主宰する人。造物者。〈荘子・斉物論〉②道教で、仙人の尊称。
【真▼訣】シンケツ ①まことの悟り。②秘密の、すぐれた方法。奥の手。
【真剣】シンケン ①本物の刀。例 —で勝負する。②日まじめで熱心なさま。本気。例 —に取り組む。
【真箇】【真個】シンコ (「箇・個」は、副詞などの接尾語) 本当に。まことに。
【真骨頂】シンコッチョウ 日本来もっている、ありのままの姿。まことの姿。例 彼の—を示す作品。
【真▼吾】シンゴ 飾りけのない、そのままの自分。
【真言】シンゴン [仏] ①仏や菩薩ボサツの誓いや教えを示した秘密のことば。呪文ジュモン。②「真言宗」の略。平安時代、唐から帰った空海(=弘法コウボウ大師)が、京都の東寺トウジ、高野山の金剛峰寺コンゴウブジを開いて広めた仏教。
【真宰】シンサイ 宇宙や万物の主宰者。例 若レ有二真宰一シンサイあるがごとし(=造物主がいるようだ)。〈荘子・斉物論〉
【真作】シンサク 本物の作品。対贋作ガンサク。例 —と見まがうような、巧みなにせもの。
【真摯】シンシ まじめでひたむきなさま。真剣にものごとに取り組むさま。例 —な態度。
【真字】シンジ ①楷書カイショ。真書シンショ。②まな 日「真名まな」に同じ。
【真似】シンジ 一 シンジ 本当に似る。二 まね 日①他のものに似せること。模倣。例 見よう見—。物もの—。②行動。おこない。例 ばかな—をするな。
【真実】シンジツ ①[仏]絶対の真理。②本当のこと。うそやいつわりがないこと。対虚偽。例 —一路。—を話す。③日本当に。心から。例 —申し訳ないと思っています。
【真珠】シンジュ 貝類、特にアコヤガイの中に、自然にまたは人工的にできる美しい玉。装身具用。パール。
【真書】シンショ 楷書カイショ。真字シンジ。
【真情】シンジョウ ①本当の心。まごころ。例 —を吐露する。②本当のありさま。実情。例 事件の—を描く。
【真心】シンシン|まごころ まことの心。いつわりのない、ありのままの心。
【真人】シンジン 一 シンジン 道教で、道の奥義オウギに到達した人。〈荘子・大宗師〉二 シンニン [仏]真理を究めて仏道を悟った人。仏や羅漢など。三 まひと|まうと|もうと 日八色やくさの姓かばねの一つ。皇族に与えられた。
【真髄】シンズイ (精神と骨髄の意) ものごとの本質。その道の奥義オウギ。根本。神髄。例 —にふれる。
【真正】シンセイ 正しいこと。まこと。また、本物。例 —のダイヤ。
【真性】シンセイ ①ありのままの性質。天性。②[医]疑う余地の

ない、本物の病気。例 —コレラ。

【真跡】【真▼蹟】（シンセキ）その人が本当に書いた筆跡。真筆（シンピツ）。例 王羲之（オウギシ）の—。

【真説】（シンセツ）正しい学説。本当の説。

【真宗】㊀（シンソウ）真実の教え。㊁（シンシュウ）日〔仏〕「浄土真宗（ジョウドシンシュウ）」の略。鎌倉時代に親鸞（シンラン）が開いた仏教の宗派。阿弥陀仏（アミダブツ）を信じて祈れば成仏（ジョウブツ）できるという、他力本願（タリキホンガン）を宗旨とする。一向宗（イッコウシュウ）。門徒宗。

【真相】㊀（シンソウ）〔仏〕本当の姿・ありさま。実相。㊁（シンショウ）実際に宰相の位につく。

【真草】（シンソウ）真書（シンショ）（＝楷書（カイショ））と草書。

【真率】（シンソツ）まじめで飾りけのないこと。ひたむき。実直。例 —な態度。

【真諦】（シンタイ）①〔仏〕仏教の絶対の真理。対 俗諦（ゾクタイ）。②ものごとの根本にある真理。まことの道。

【真▼鍮】（シンチュウ）日 銅と亜鉛の合金。黄金色（こがねいろ）で、さびにくく細工がしやすい。黄銅（オウドウ）。

【真如】（シンニョ）〔仏〕宇宙万物（バンブツ）の本体で、絶対不変の真理。真諦（シンタイ）。例 —の月（＝真理が人の迷いを取り去ることを、月が闇（やみ）を照らすのにたとえたことば）。

【真筆】（シンピツ）その人が本当に書いた筆跡。真跡。直筆（ジキヒツ）。対 偽筆。例 芭蕉（バショウ）の—という短冊（タンザク）。

【真味】（シンミ）①真実の意味。②本当の味わい。

【真面目】㊀（シンメンボク｜シンメンモク）本来の姿。ありのままの姿。真相。例 —を発揮する。㊁（まじめ）日 ①真剣なさま。本気であるさま。例 —に勉強する。—な顔。②まごころがあるさま。誠実なさま。例 —な人。

【真理】（シンリ）①筋の通った道理。まことの道理。例 一面の—。②日 どんな場合にもあてはまる永遠不変の知識・価値。例 —の探究。

【真顔】（まがお）日 まじめな顔つき。例 —で冗談を言う。

【真砂】（まさご｜まなご）日〔「ま」は、美称の接頭語〕こまかい、きれいな砂。例 浜の—。

【真名】（まな）日 漢字。真字（シンジ｜まな）。対 仮名（かな）。例『古今集（コキンシュウ）』の—序。

【真帆】（まほ）日 船の帆を全開して風を受けること。また、その帆。

【真綿】（まわた）日 くず繭（まゆ）を引きのばして作った綿。やわらかで軽く、あたたかい。例 —で首を絞める（＝じわじわといためつけることのたとえ）。

●写真（シャシン）・純真（ジュンシン）・正真（ショウシン）・天真（テンシン）・迫真（ハクシン）

眚

目5（10） 4 8192 771A

セイ 漢 梗 shěng

意味 ❶目にかげができる病気。❷わざわい。例 眚災（セイサイ）。❸過失。あやまち。

【眚災】（セイサイ）過失と災害。また、過失による災い。

眙

目5（10） 3 8879 7719

㊀チ 漢 寘 chì ㊁イ 漢 支 yí

意味 ㊀直視する。見すえる。例 盱眙（クイ）（＝江蘇（コウソ）省の県名）。㊁地名に用いる字。

眜

目5（10） —— 771C

㊀バツ 漢 曷 mò ㊁ベツ 漢 屑 miè

意味 ㊀危険をおかす。㊁春秋時代の地名。

眛

目5（10） 2 6638 771B

バイ 漢 マイ 呉 隊 泰 mèi

くら-い（くら-し）・くら-ます

意味 はっきりと見えない。くらい。通 昧（マイ）。

眠

目5（10） 1 4418 7720 常用

ベン 漢 ミン・メン 呉 先 mián

ねむる・ねむり・ねむい（ねむ-し）

筆順 丨 冂 月 日 盷 盷 眀 眂 眠

なりたち ［形声］「目（＝め）」と、音「民ビン→ベン」とから成る。ねむる。

参考 一説に、「瞑（メイ）」の俗字。

意味 ❶目を閉じてねむる。ねる。**ねむる**。また、**ねむり**。例 安眠（アンミン）。睡眠（スイミン）。❷動物がある期間、食事や活動をしないで、やすむこと。例 冬眠（トウミン）。❸横たえる。平らに置く。例 眠琴（ミンキン）（＝琴を演奏せずに横たえておく）。

古訓 中古 いぬ・くらし・ねぶる 中世 くらし・ねむる 近世 いこふ・いねる・ねむる・ねる

【眠気】（ねむケ）日 ねむりたい気分。睡気（ねむケ）。例 —覚まし。

【眠雲】（ミンウン）〔雲にねむる意〕山中に住むこと。

【眠食】（ミンショク）ねむることと食べること。日々の起居。日常の生活。寝食。

●永眠（エイミン）・仮眠（カミン）・春眠（シュンミン）・惰眠（ダミン）・不眠（フミン）

眼

目6（11） 1 2067 773C 教5

ガン 漢 ゲン 呉 濟 yǎn

まなこ・め 付表 眼鏡（めがね）

筆順 丨 冂 月 日 目 盯 盯 眀 眼 眼

なりたち ［形声］「目（＝め）」と、音「艮コン→ガン」とから成る。め。

意味 ❶めだま。**まなこ**。**め**。また、まなざし。めつき。例 眼下（ガンカ）。眼前（ガンゼン）。開眼（カイガン）。❷ものごとの本質を見通す力。例 眼識（ガンシキ）。眼力（ガンリキ）。心眼（シンガン）。❸あな。例 銃眼（ジュウガン）。❹ものごとの大事な点。かなめ。ポイント。例 眼目（ガンモク）。主眼（シュガン）。

古訓 中古 まなこ・め 中世 まなこ 近世 まなこ・め

人名 まくわし

【眼下】（ガンカ）（高所から見おろす）目の下のあたり。目の前。例 —に広がる海。

【眼花】（ガンカ｜めくらむ）目がくらむ。もうろうとする。例 眼花落レ井水底眠（めくらみセイにおちてスイテイにねむる）（＝〈深酔いした賀知章は〉目がちらついて、もし井戸に落ちても水の底で眠り続けるだろう）。〈杜甫・飲中八仙歌〉

【眼科】（ガンカ）目の病気を取りあつかう医学の一分野。

【眼▼窩】（ガンカ）日 眼球の入っている顔の骨のくぼみ。

【眼界】（ガンカイ）①目に見える範囲。視界。例 —がひらける。②考えのおよぶ範囲。例 —が狭い。

【眼球】（ガンキュウ）日 脊椎（セキツイ）動物の視覚器の主要部分である、球形の器官。目の玉。目玉。例 —が飛び出す。

【眼鏡】（ガンキョウ｜めがね）目を保護したり、視力を調節するためのレンズを入れた器具。例 色—（いろめがね）。—（めがね）をかける。

【眼▼瞼】（ガンケン）まぶた。

【眼語】（ガンゴ）めくばせする。目語（モクゴ）。類 眼眶（ガンキョウ）。

【眼孔】（ガンコウ）①目。②眼球の入っている穴。眼窩（ガンカ）。③ものごとを見分ける力。見識。例 —が狭い。

【眼光】（ガンコウ）①目のひかり。目のかがやき。例 —炯炯（ケイケイ）。②ものごとの真相を見ぬく力。洞察力。例 鋭い—。

【眼光紙背（ガンコウシハイ）に徹（テッ）す】日 書物の表面には述べられていない真意を読み取る。読解力がすぐれていることのたとえ。眼透二紙背一（まなこシハイにとおる）。

【眼識】㊀（ガンシキ）ものごとのよしあしを見分ける力。眼力（ガンリキ）。識見。㊁（ゲンシキ）〔仏〕現象界の事物を目で識別する。

【眼疾】（ガンシツ）目の病気。眼病。

【眼▼睛】（ガンセイ）〔「睛」は、ひとみの意〕①ひとみ。黒目。目玉。②眼力。

【眼精】（ガンセイ）①眼球。目玉。②目ざとい。③日 目の力。視力。例—疲労。

【眼前】ガンゼン 目のまえ。目まのあたり。目前。例—の光景。

【眼帯】ガンタイ 眼病などのとき、目の部分をおおうもの。

【眼中】ガンチュウ ①目のなか。②自分の関心や意識のおよぶ範囲。例—にない(=まったく問題にしない)。

【眼中▼釘】ガンチュウのテイ 〔目の中のくぎの意〕自分にとっての邪魔者。〔〈雲仙雑記・抜釘銭〉から〕類眼中刺ガンチュウのシ。

【眼中人】ガンチュウのひと いつも心にかけている人。〈陸雲・答張士然〉

【眼底】ガンテイ ①目の中。②日眼球内部の後面、網膜などのある部分。目の奥。例—出血。—に焼きつける(=しっかりと見て記憶する)。

【眼病】ガンビョウ 目の病気。眼疾。

【眼福】ガンプク 美しいもの、貴重なものを見ることのできる幸福。目の保養。例—にあずかる。

【眼目】ガンモク ①目。まなこ。②要点。例…に—を置く。

【眼力】ガンリキ|ガンリョク ①視力。②ものごとのよしあしや真相を見ぬく力。眼識。例鋭い—。—のある鑑定家。

【眼透二紙背一】まなこシハイにとおる 日文字の背後の真の意味を読み取る。眼光ガンコウ紙背シハイに徹テッす。例読レ書眼透二紙背一ショをよみまなこシハイにとおる。〔塩谷宕陰・送安井仲平東遊序〕

●近眼キンガン・検眼ケンガン・千里眼センリガン・単眼タンガン・着眼チャクガン・肉眼ニクガン・複眼フクガン・両眼リョウガン・老眼ロウガン

眭

目6(11) 4 8193 772D

一キ(クヰ)漢 支 huī 二スイ漢 支 suī

意味 一視線の鋭いさま。例眭然キゼン。二姓の一つ。

眶

目6(11) 3 8881 7736

キョウ漢 陽 kuàng

意味 目のふち。まぶち。まぶた。例眼眶ガンキョウ(=まぶた)。

眷

目6(11) 2 6639 7737

ケン(クェン)漢呉 霰 juàn

かえり-みる(かへり-みる)

意味 ❶ふり返って見る。**かえりみる**。通睠ケン。例眷顧ケンコ。❷目をかける。いつくしむ。例眷遇ケングウ。❸心がひかれる。恋い慕う。例眷恋ケンレン。❹身うち。親族。例眷属ケンゾク。

【眷遇】ケングウ 特別に手厚くもてなす。目をかけて接待する。類眷接。

【眷▼焉】ケンエン 心がひかれて、ふり返るさま。類眷然ケンゼン。

【眷眷】ケンケン ①いつも心にとめているさま。②思い慕うさま。類例—として去ることあたわず。

【眷顧】ケンコ ①ふり返ってみる。②心がひかれる。また、目をかける。ひいきにする。眷眄ケンベン。

【眷想】ケンソウ 回想する。

【眷属】【眷族】ケンゾク ①身うち。一族。親族。親類。例一家イッカ—を集める。②日家来。従者。配下。

【眷▼眄】ケンベン「眷顧ケンコ②」に同じ。

【眷命】ケンメイ 天子が民をいつくしんで命じる。

【眷恋】ケンレン 恋いこがれる。思い慕う。

眥

目6(11) 2 6636 7725

サイ漢 卦 シ漢 寘 zì

まなじり・めじり

[眦]

目6(11) 2 6637 7726

別体字。

意味 ❶**めじり。まなじり**。例決レ眥まなじりをけっす(=目を大きく見開く。怒りの表情。また、決心した顔つきをする)。目眥モクシ(=まなじり)。❷「眥睚サイガイ|シガイ」は、目を怒らせて、じろりとにらむ意。睚眥ガイサイ|ガイシ。

【眥裂】シレツ まなじりが裂ける。激怒するさま。

眵

目6(11) 4 8194 7735

シ漢 支 chī

意味 目やに。目くそ。例眵眼シガン(=目やにの多い目)。

[眾]

罒6(11) ⇩衆シュウ(1184ページ)

眴

目6(11) 3 8880 7734

一シュン漢呉 震 shùn 二ケン(クェン)漢 霰 xuàn

意味 一まばたきをする。また、めくばせをする。またたく。まじろぐ。通瞬。例眴目シュンモク。二目がまわる。めまいがする。くらむ。通眩ケン。

眺

目6(11) 1 3615 773A 常用

チョウ(テウ)漢 嘯 tiào

ながめる(なが-む)・ながめ

筆順 丨 冂 目 目 目 眇 眺 眺 眺

なりたち  〔形声〕「目(=め)」と、音「兆チョウ」とから成る。まじろぐ。借りて「ながめる」の意。

意味 遠くを見わたす。**ながめる**。また、見晴らし。**ながめ**。通覜チョウ。例眺望チョウボウ。遠眺エンチョウ。

古訓 中古 すかかめ・すがめ・にらむ・ひかかめ・ひがめ・みる・やむ・よこめ 中世 にらむ・のぞみみる・のぞむ・まなじり・みる 近世 とほみする・ながむる・のぞむ・みる

【眺望】チョウボウ 景色を見わたす。また、ながめ。見晴らし。展望。例—がきく。すばらしい—。

眸

目6(11) 2 6640 7738 人

ボウ漢 ム呉 尤 móu

ひとみ

なりたち 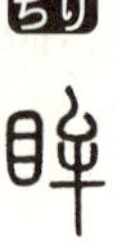 〔形声〕「目(=め)」と、音「牟ボウ」とから成る。ひとみ。

意味 ❶めだまの黒い部分。**ひとみ**。また、目。例眸子ボウシ。双眸ソウボウ。明眸皓歯メイボウコウシ。❷ひとみをこらす。

古訓 中古 ひとみ・まなこ・まなじり 中世 ひとみ・まなこ・まなじり 近世 ひとみ

【眸子】ボウシ ひとみ。瞳子ドウシ。例胸中正、則眸子瞭焉(ただしければすなわちボウシあきらかなり)(=胸の内が正しかったならば、ひとみは明るく澄んでいる)。〈孟子・離婁上〉

睆

目7(12) 3 8882 7746

カン(クヮン)漢 潸 huǎn

意味 ❶まるまるとした大きな目。また、目が出たさま。例睆目カンモク(=出目)。❷果実がまるいさま。❸星がまるく明るいさま。

睎

目7(12) 3 8884 774E

キ漢 微 xī

意味 ❶遠くを見る。ながめる。例睎望キボウ(=眺望)。❷こいねがう。のぞむ。通希。

[睨]

目7(12) ⇩睨ゲイ(933ページ)

睍

目7(12) 3 8883 774D

ケン漢 銑 xiàn

意味 ❶目が出たさま。❷「睍睍ケンケン」は、(恐れて正視できず)ちらちらと見るさま。俔俔ケンケン。❸「睍睆ケンカン」は、鳥の鳴き声が美しいさま。

䀹

目7(12) 4 8202 4039

一ショウ(セフ)漢 葉 jié 二コウ(カフ)漢 洽 jiá

意味 一まつげ。通睫ショウ。二片目をつぶる。

睇

目7(12) 2 6641 7747

一テイ漢 霽 dì 二テイ漢 斉 tí

み-る

意味 一ちらりと横目で見る。流し目する。例睇視テイシ。睇眄ベテイ(=ぬすみ見る)。 二 ❶ながめる。❷はっきりと見る。**みる。**

難読 流睇(ながしめ)・睇視(そらめつかい)

【睇視(テイシ)】横目で見る。ぬすみ見る。

罫

罒8 (13) 4 8207 776A エキ 漢 陌 yì

意味 うかがい見る。

睚

目8 (13) 2 6642 775A ガイ 漢 佳 yá まなじり

意味 ❶目のふち。めじり。**まなじり。** ❷⇩【睚眥(ガイサイ)】

【睚▼眥(ガイサイ・ガイシ)】じろりとにらむこと。睚眥(ガイサイ)。

【睚▼眥▼之怨(ガイサイのうらみ)】ちょっとにらまれた程度のうらみ。例 睚眥之怨必報(ガイサイのうらみもかならずむくゆ)(=ちょっとにらみつけられた程度のうらみにも必ず報復する)。〈史記・范雎伝〉

睢

目8 (13) 3 8887 7762 一 キ(クヰ) 漢 支 huī 二 スイ 漢 支 suī

意味 一 ❶仰ぎ見る。みあげる。例 睢睢(キキ)。❷下からにらむ。
二 河南省にあった川の名。今の河南省商丘市南部。例 睢陽(スイヨウ)(=睢水の北にある町の名)。

【睢睢▼盱▼盱(キキクク)】①暴れ回り、思うままにふるまうさま。②仰ぎ見たり、目をみはったりするさま。知を求め見聞を広めるさまをたとえたもの。〈荘子・寓言〉 ③純朴で飾りけのないさま。

【睢▼盱(キク)】①(小人(ショウジン)が)喜びへつらうさま。②質素で飾りけのないさま。③見上げたり目をみはったりするさま。④のさばり歩くさま。

罠

罒8 (13) 4 8205 7758 ケイ 漢 庚 qióng

意味 ❶驚いて目をまるくする。❷「罠罠(ケイケイ)」は、驚き恐れるさま。また、孤独なさま。

睨

目8 (13) 2 6643 7768 ゲイ 漢 霽 nì にら-む・ね-める(ね-む)

[睨] 目7 (12) 4 8201 251A9 俗字。

意味 ❶横目で見る。また、様子をうかがい見る。**にらむ。** 例 睥睨(ヘイゲイ)(=にらみつけて威力を示す)。❷かえりみる。

睠

目8 (13) 4 8206 7760 ケン(クヱン) 漢 呉 霰 juàn

意味 ❶ふり返って見る。かえりみる。通 眷(ケン)。❷心がひかれる。こいしい。通 眷(ケン)。

[睆] 目8 (13) ⇩ 瞼(ケン)(936ジペー)

睫

目8 (13) 2 6644 776B ショウ(セフ) 漢 呉 葉 jié まつげ

意味 ❶まぶたのまわりの毛。**まつげ。** 例 目睫(モクショウ)。❷目をぱちぱちさせる。まばたく。またたく。例 矢来注二眸子一、而睫不レ瞬(やきたりてボウシにつくも、まぶたまばたかず)(=矢が飛んできてひとみに刺さっても、まばたきしない)。〈列子・仲尼〉

睡

目8 (13) 1 3171 7761 常用 スイ 漢 呉 寘 shuì ねむ-る・ねむ-り・ねむ-い(ねむ-し)

筆順 I 目 𥃭 𥄉 睡 睡 睡 睡

なりたち  [会意]「目(=め)」と「垂(スイ)(=たれる)」とから成る。まぶたがたれてねむる。

意味 いねむりをする。ねる。**ねむる。** また、**ねむり。** 例 読レ書欲レ睡、引レ錐自刺二其股一(ショをよみてねむらんとほっすれば、きりをひきてみずからそのももをさす)(=読書中に眠くなると、錐(きり)を取り出して自分で太ももを刺す)。〈戦国策・秦一〉 睡眠(スイミン)。仮睡(カスイ)。

古訓 中古 いぬ・かすかに・ねぶる・まどろむ・ゐねぶり 中世 かすかに・ねぶる・ねむる・ゐねぶり・ゐねぶる 近世 うたたね・かすか・ねむる・ゐねむる

【睡覚(スイカク)】①目覚める。例 雲鬢半偏新睡覚(ウンビンなかばかたよりてあらたにスイカクす)(=ふさふさした髪もなかば傾き、ねむりより覚めたばかりである)。〈白居易・長恨歌〉 ②ねむる。ねむり。

【睡郷(スイキョウ)】夢の世界。

【睡▼瞼(スイケン)】①ねむって閉じたまぶた。②寝顔。

【睡魔(スイマ)】ねむけ。ねむけをもよおさせるもの。〔ねむけを魔物にたとえたことば〕例 —におそわれる。

【睡眠(スイミン・スイメン)】①ねむること。ねむり。②日 活動を一時やめていること。休眠。例 —状態の演劇部。

【睡余(餘)(スイヨ)】ねむりから覚めたあと。ねざめ。

【睡▼蓮(スイレン・ひつじぐさ)】ヒツジグサ科の多年草。

● 一睡(イッスイ)・午睡(ゴスイ)・熟睡(ジュクスイ)・半睡(ハンスイ)

睟

目8 (13) 3 8886 775F スイ 漢 寘 suì

意味 ❶見る。❷表情が清らかで、うるおいのあるさま。うるわしい。例 睟然(スイゼン)。

【睟然(スイゼン)】つややかなさま。

睛

目8 (13) 2 6645 775B セイ 漢 庚 jīng ひとみ

意味 ❶眼球。目。例 眼睛(ガンセイ)(=目玉)。❷目の中心の黒い部分。黒目。**ひとみ。** 例 画竜点睛(ガリョウテンセイ)。

睜

目8 (13) 3 8885 775C セイ 漢 梗 zhēng

意味 目をみはる。みはる。みひらく。

晫

目8 (13) 4 8204 251CD タク 漢 覚 zhuó

意味 目がはっきり見える。

督

目8 (13) 1 3836 7763 常用 トク 漢 沃 dū うなが-す・ひき-いる(ひき-ゐる)

筆順 丨 ト 卡 未 叔 督 督

なりたち  [形声]「目(=め)」と、音「叔(シュク→トク)」とから成る。しらべるようによくみる。

意味 ❶よくみる。よくみて正す。とりしまる。例 督察(トクサツ)。監督(カントク)。❷とがめる。せめる。例 夫妻相督(フサイあいトクす)(=夫婦がとがめ合う)。〈論衡・寒温〉 督過(トッカ)。❸催促する。**うながす。** 例 督促(トクソク)。❹すすめる。例 督酒(トクシュ)(=さけをすすむ)。❺**ひきいる。** 例 督軍(トクグン)。

日本語での用法 《かみ》「右衛門督(ウエモンのかみ)・右兵衛督(ウヒョウエのかみ)」▼律令制の四等(シトウ)官で、衛府(エフ)・衛門府(エモンフ)の最上位。長官(かみ)。

古訓 中古 かみ・したがふ・ただす 中世 かみ・ただす 近世 あきらかにす・かみ・せむる・ただす・ひきゆる

人名 おさむ・すけ・すすむ・ただ・ただし・ただす・まさ・よし

難読 基督(キリスト)・小督(こごう)

【督学(トクガク)】明(ミン)・清(シン)代、学校や教育を監督した官職。

【督軍(トクグン)】軍隊を統率する官職。

【督察(トクサツ)】調べ、取り締まる。監視。類 督視。

【督責(トクセキ)】職責を果たすよう、うながす。

【督戦(トクセン)】(前線の)軍を監督し、部下を励まして戦わせる。例 —隊。

【督促】【督趣】トクソク 約束どおり実行するようにうながす。せきたてる。催促。
【督率】トクソツ 取り締まり、指導する。
【督郵】トクユウ 漢代、郡の長官を補佐し、県や郷キョウを巡察して行政を監督した役人。
【督励】【督▼厲】トクレイ 監督し、激励する。例 部下を―する。
【督過】トッカ 〔「過」も、責める意〕取り調べて処罰する。例 聞二大王有レ意三督二過之一（ダイオウこれをトッカするにイありときく）（＝大王のお考えでは《わが沛公ハイコウを》取り調べて処罰されるとのことです）。〈史記・項羽紀〉
●家督カトク・監督カントク・総督ソウトク・提督テイトク

睥 目8(13) 2 6646 7765 ヘイ漢 霽 pì
意味 横目で見る。にらむ。例 睥睨ヘイゲイ。
【睥▼睨】ヘイゲイ ①横目でにらむ。②辺りをにらみつけて勢いを示す。例 天下を―する。

睦 目8(13) 1 4351 7766 常用 ボク漢 モク呉 屋 mù むつ-まじい(むつ-まじ)・むつ-ぶ・むつ-む
筆順 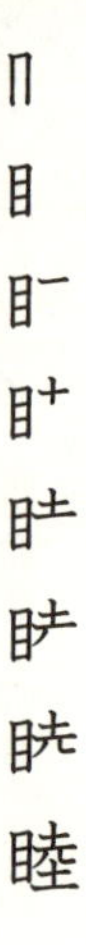
なりたち  [形声]「目(＝め)」と、音「坴リク→ボク」とから成る。相手を敬って仲よくする。
意味 親しい。仲がよい。**むつまじい**。また、親しくする。仲よくする。**むつぶ**。例 九族既睦、平二章百姓一（キュウゾクすでにむつみ、ヒャクセイをベンショウす）（＝親族たちが仲よくなってから、百官の職分を明らかにした）。〈書経・尭典〉睦言むつごと。親睦シンボク。和睦ワボク（＝仲直り）。
古訓 中古 こひたり・こひる・こぶ・したがふ・むつぶ・むつまし・やはらぐ・やぶる 中世 したがふ・むつぶ・むつぶる・むつまし・やはらぐ 近世 したがふ・したしむ・つつしむ・むつまじ・やはらぐ
人名 あつし・ちか・ちかし・のぶ・まこと・むつ・むつみ・むつむ・むつる・よし
【睦親】ボクシン ①仲よくすること。親睦。②親しい身うち。
【睦月】むつき 旧 陰暦で一月のこと。太陽暦でもいう。

[睿] 目9(14) ⇩叡エイ(217ジペー)

睽 目9(14) 4 8211 777D 一 ケイ漢 斉 kuí 二 キ漢 寘 jì
意味 一 ❶目をそらす。そむき離れる。そむく。例 睽別ケイベツ。❷易エキの六十四卦カの一つ。☲☱ 兌下離上ダカリショウ。上に火、下に湿地がある象。❸「睽睽ケイケイ」は、目をみはるさま。二「睽睽キキ」は、目をみはるさま。
【睽孤】ケイコ 人と離れてひとりぼっちになる。
【睽合】ケイゴウ 離れることと合うこと。離合。
【睽別】ケイベツ 人にそむいて離別する。類 睽離。

睾 罒9(14) 2 6648 777E コウ(カウ)漢呉 豪 gāo
意味 きんたま。例 睾丸コウガン。
【睾丸】コウガン 哺乳動物の精巣。精子をつくり、雄性ホルモンを分泌する。きんたま。

睺 目9(14) 3 8888 777A コウ漢 ゴ・ゴウ呉 尤 hóu
意味 片目が見えない。難読 羅睺羅ラゴラ（＝釈尊の子。ラーフラ）

睲 目9(14) 4 8209 7772 セイ漢 梗 xǐng
意味 見る。

睼 目9(14) 4 8210 777C テイ漢 霽 tì テン漢呉 霰 tiàn
意味 目を向けて見る。迎え見る。

睹 目9(14) 2 6649 7779 ト漢呉 麌 dǔ み-る
[覩] 見9(16) 2 7515 89A9 古字。
意味 じっと見る。よく見る。**みる**。例 睹二其万民一、飢則食レ之（そのバンミンをみるに、ううればすなわちこれにくらわしむ）（＝実際に民衆を目まのあたりにしたとき、飢えていれば食べ物を与える）。〈墨子・兼愛下〉目睹モクト。

𥉌 目9(14) 4 8212 2524C トウ(タフ)漢 合 dá
意味 目じりを下げる。難読 連𥉌しばたたく

瞀 目9(14) 3 8889 7780 ボウ漢 宥 mào
意味 ❶目を伏せて、うやうやしく見る。例 瞀瞀ボウボウ。❷目がかすんでよく見えない。くらい。例 瞀病ボウヘイ。❸訳がわからないさま。例 瞀乱ボウラン。
【瞀病】ボウヘイ 目がくらむ病気。
【瞀瞀】ボウボウ ①はっきり見えないさま。②目を伏せて、ひかえめに見る。
【瞀乱】ボウラン 心が乱れる。心の中をかき乱されるさま。

[瞞] 目9(14) ⇩瞞マン(935ジペー)

瞎 目10(15) 2 6650 778E カツ漢 黠 xiā かため-しいる(かため-しふ)
意味 ❶片目あるいは両目の視力がない。例 瞎漢カッカン（＝わからず屋）。❷ものを見る目がない。道理にくらい。❸やみくもに。でたらめな。例 瞎説カッセツ（＝でたらめを言う）。

瞋 目10(15) 2 6651 778B シン漢呉 真 chēn いか-らす・いか-る
意味 目を見ひらく。**いからす**。目をむいておこる。**いかる**。例 瞋レ目視二項王一（めをいからしてコウオウをみる）（＝目をかっと見開いて項王を見つめた）。〈史記・項羽紀〉瞋恚シンイ｜シンニ。
【瞋▼恚】シンイ｜シンニ ①怒ること。類 瞋怒シンド。例 ―の炎ほむら（＝激しい怒り）を燃やす。②〔仏〕三毒の一つ。自分の気に合わないものを怒り恨む。
【瞋目】シンモク｜めをいからす ①目を見開く。目をみはる。②目をかっとむいて怒る。例 士皆瞋レ目、髪尽上指レ冠（シみなめをいからし、かみことごとくあがりてかんむりをさす）（＝見送る者たちはみな、目をかっと見開き、頭髪はことごとく逆立って冠を突き上げんばかりの勢いであった）。〈史記・刺客伝・荊軻〉

瞢 目10(15) 4 8216 77A2 ボウ漢 ム呉 東 méng
意味 ❶目がはっきりと見えない。❷明るくない。くらい。例 瞢瞢ボウボウ（＝暗いさま）。
【瞢騰】ボウトウ ぼんやりする。頭がぼうっとする。

瞑 目10(15) 2 6652 7791 一 メイ漢 ミョウ(ミャウ)呉 青 míng 二 ベン漢 ミン・メン呉 先 mián 三 ベン漢 メン呉 霰 miàn くら-い(くら-し)・つぶ-る・つむ-る
意味 一 ❶目をとじる。目をつぶる。永眠する。例 瞑想メイソウ。瞑目メイモク。❷はっきり見えない。**くらい**。例 瞑矇メイモウ（＝暗いさま）。二 ねむる。通 眠。三 目がくらむさま。例 瞑眩メンゲン。

【瞑座】【瞑▼坐】メイザ 目をとじてすわる。例 静かに―する。
【瞑想】メイソウ 日 目をとじて静かに考える。黙想。冥想メイソウ。例 ―にふける。
【瞑瞑】メイメイ (暗くて)はっきりと見えないさま。
【瞑目】メイモク ①目をとじる。例 ―して考える。②安らかに死ぬ。例 安んじて―したであろう。
【瞑▼眩】メンゲン 目がくらむ。例 若薬不二瞑眩一、厥疾不レ瘳(もしくすりメンゲンせざれば そのやまいいえず)(=目がくらむほどの薬でなければ、その病気は治らない)。〈孟子・滕文公上〉

䁘 目10(15) 4 8213 4058 ヨウ(エウ)漢 蕭 篠 yǎo
意味 「眇䁘ビョウヨウ」は、はるか遠くから視線を投げかけるさま。

瞔 目11(16) 3 8890 7794 サク漢 陌 zé
意味 目をみはる。

[瞚] 目11(16) ⇩瞬シュン(936ジ)

瞠 目11(16) 2 6653 77A0 ドウ(ダウ)慣 トウ(タウ)漢 庚 chēng みは-る
意味 目を大きくひらいて見る。驚いて見る。みはる。例 瞠若ドウジャク。瞠目ドウモク。
【瞠若】ドウジャク 「「若」は、語のあとにそえる助字で、状態をあらわす」おどろいて目をみはるさま。類 瞠乎ドウコ・瞠然。例 多くの人を―たらしめる。
【瞠瞠】トウトウ・ドウドウ 目をみはり、直視するさま。
【瞠目】ドウモク 驚いたり感心したりして、目をみはる。例 ―すべき成果。―に値あたいする。

瞟 目11(16) 4 8215 779F ヒョウ(ヘウ)漢 篠 piǎo
意味 ななめに見る。横目で見る。

瞞 目11(16) 2 6654 779E 一バン漢 マン呉 寒 mán 二ボン漢 モン呉 元 mén あざむ-く

[𥈞] 目9(14) 4 8208 2521E 俗字。

意味 一人の目をごまかして、実情をかくす。いつわり、だます。ごまかす。あざむく。例 瞞着マンチャク。欺瞞ギマン。二恥じいるさま。例 瞞然モンゼン。
【瞞着】マンチャク あざむく。だます。例 世間を―する。

瞰 目12(17) 2 6655 77B0 カン(カム)漢 勘 kàn み-る
意味 高い所から見下ろす。みる。例 鳥瞰チョウカン。俯瞰フカン。
【瞰視】カンシ 上から見下ろす。
【瞰臨】カンリン 高い所から見下ろす。

瞶 目12(17) 2 6656 77B6 キ漢 未 guì めしい(めしひ)
意味 目が見えない。めしい。例 瞶瞶キキ(=目が見えないさま)。また、道理にくらい。

[瞬] 目12(17) ⇩瞬シュン(936ジ)

瞤 目12(17) 4 8217 77A4 ジュン漢 真 shùn
意味 まぶたがぴくぴくと動く。

[瞩] 目12(17) ⇩矚ショク(936ジ)

瞪 目12(17) 3 8891 77AA トウ(タウ)漢 庚 dèng
意味 目をみはる。

瞳 目12(17) 1 3823 77B3 常用 トウ漢 ドウ呉 東 tóng ひとみ
筆順 瞳
なりたち [形声]「目(=め)」と、音「童トウ」とから成る。ひとみ。
意味 ❶目の中央にある黒目の部分。ひとみ。例 瞳孔ドウコウ。瞳子ドウシ。❷無心に見るさま。また、ものごとを知らないさま。例 汝瞳焉如二新生之犢一(なんじはドウエンとしてシンセイのトクのごとし)(=あなたは生まれたばかりの子牛のようにものごとを理解していない)。〈荘子・知北遊〉瞳矇ドウモウ。
古訓 中古 ひとみ・まなこ・まなぶた 中世 ひとみ・まなこ 近世 ひとみ・めだま
人名 あきら
【瞳孔】ドウコウ 日 眼球の虹彩コウサイの中心にある円形の部分。ひとみ。目にはいる光線の量を調節する。眸子ボウシ。瞳子ドウシ。
【瞳子】ドウシ ひとみ。
【瞳人】ドウジン ひとみ。瞳子ドウシ。〔他人のひとみを見ると、その中に自分の姿が見えることから〕
【瞳▼矇】ドウモウ 道理に暗い。また、その人。童矇ドウモウ。

瞥 目12(17) 1 4245 77A5 人 ベツ慣 ヘツ漢 屑 piē

[瞥] 目12(17) 俗字。

なりたち [形声]「目(=め)」と、音「敝ヘイ」とから成る。ちらっと見る。
意味 ❶ちらっと見る。見る。例 瞥見ベッケン。一瞥イチベツ。❷ちらっと見える。ちらっと現れる。例 瞥然ベツゼン。
古訓 中古 ひとめ・みる 中世 ひとめ・みる 近世 ちらとみる・まぶし・みる
【瞥見】ベッケン ちらっと見る。
【瞥然】ベツゼン ぱっと現れるさま。突然。例 瞥然塵念此際暫生(ベツゼンたるジンネン このサイしばらくショウず)(=ちらりと心をかすめる俗念が、このようなときしばしば心にふと浮かぶ)。〈白居易・与微之書〉
【瞥瞥】ベツベツ ①ちらちらと見えるさま。②炎などが細くちらちらしているさま。

瞭 目12(17) 1 4638 77AD 常用 リョウ(レウ)漢 篠 liǎo あき-らか
筆順 瞭
なりたち [形声]「目(=め)」と、音「尞リョウ」とから成る。ひとみが明るい。
意味 ❶目のかがやくさま。あきらか。例 胸中正、則眸子瞭焉(キョウチュウただしければ、すなわちボウシあきらかなり)(=胸の内が正しければ、ひとみは明るく澄んでいる)。〈孟子・離婁上〉❷ものごとのはっきりしているさま。あきらか。例 瞭然リョウゼン。明瞭メイリョウ。❸はるか遠い。通 遼リョウ。❹(liào)はるか遠くを眺める。
古訓 中古 めかり・めかりうつ 中世 めあかし 近世 あきらか・めあきらか
人名 あきら
【瞭然】リョウゼン はっきりしていて、明らかなさま。歴然。類 瞭瞭。例 一目イチモク―。―たるところである。
【瞭▼眊】リョウボウ 〔目が輝いていることと濁っていることの意〕

明らかなことと暗いこと。

曖
目13(18) 2 6657 77B9 アイ漢 泰 ài かく-れる(かく-る)

意味 かくれていて、はっきり見えない。かくれる。例 曖曖アイアイ。

瞿
目13(18) 2 6658 77BF 一 ク漢呉 遇 jù 二 ク漢 グ呉 虞 qú おそ-れる(おそ-る)

意味 一 ❶タカやハヤブサが、するどい目つきで見る。❷驚いて見る。驚きおそれる。おそれる。例 瞿然クゼン。二 三つまたの矛ほこ。

難読 瞿麦なでしこ・なでせきちく

【瞿瞿】クク ①驚いて見る。あわてふためくさま。②あたりをせわしく見回すさま。③つつましやかなさま。

【瞿然】クゼン ①驚き、あやしむさま。②喜ぶさま。

【瞿曇】クドン 〔仏〕①〔梵語ボン Gautama（ゴータマ）の音訳〕釈迦シャカ。②仏教。仏。

瞼
目13(18) 2 6659 77BC ケン(ケム)漢 琰 jiǎn まぶた

[𥇥] 目8(13) 4 8203 251E5 俗字。

意味 目の上をおおう皮膚。まぶた。例 眼瞼ガンケン（＝まぶた）。

瞽
目13(18) 2 6660 77BD コ漢呉 麌 gǔ めしい(めしひ)

意味 ❶目が見えない人。めしい。例 瞽者無二以与一乎文章之観一（コシャはもってブンショウのカンにあずかることなし）（＝目の見えない人は模様の美しさを見ることができない）。〈荘子・逍遥遊〉❷是非善悪の区別がつけられない。分別がない。でたらめな。例 瞽言コゲン。❸〔古代では、盲人が音楽師であったことから〕音楽を仕事とする人。楽人。例 瞽史コシ（＝楽人と史官）。瞽師コシ。

【瞽言】コゲン 道理に合わない、でたらめなことば。類 瞽説。

【瞽師】コシ 盲目の音楽師。

【瞽女】ゴゼ 日①〔「盲御前めくらごぜ」の略〕盲目の女性。②三味線をひき、歌をうたいながら門付かどづけをする盲目の女性の旅芸人。

瞬
目13(18) 1 2954 77AC 常用 シュン漢呉 震 shùn またたく・またたき・まじろ-ぐ・まばた-く・まばた-き

【瞬】目12(17) 旧字体。 【瞚】目11(16) 4 8214 779A 本字。

筆順

なりたち
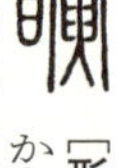
【形声】「目（＝め）」と、音「寅イン→シュン」とから成る。まばたく。

意味 ❶まばたきをする。目をぱちぱちさせる。またたく。まばたく。まじろぐ。まばたき。またたき。例 爾先学レ不レ瞬、而後可レ言レ射矣（なんじまずまばたかざるをまなべ、しかるのちにシャをいうべし）（＝お前はまずまばたきしないことを習得せよ、そうしてはじめて弓の話ができるようになる）。〈列子・湯問〉瞬目シュンモク（＝まばたきをする）。❷まばたきするほどの短い時間。例 一瞬イッシュン。

古訓 中古 まじろく・まだたく・めまじろく 中世 まじろく・まだたき 近世 まじろく・またたき

【瞬間】シュンカン 日 またたくま。きわめて短い時間。一瞬。瞬時。類 瞬刻。例 ―風速。決定的―をとらえる。

【瞬時】シュンジ 日 またたくまほどのきわめて短い時間。瞬間。

【瞬息】シュンソク 〔一度まばたきをし、一度息をする間の意から〕わずかの間。ごく短い時間。瞬間。

● 一瞬イッシュン・転瞬テンシュン

瞻
目13(18) 2 6661 77BB セン(セム)漢呉 塩 zhān み-る

意味 ❶見上げる。見やる。あおぎ見る。みる。例 乃瞻二衡宇一（すなわちコウウをみる）（＝やっとのことでわが家の門や屋根を見やる）。〈陶淵明・帰去来辞〉瞻仰センギョウ。❷尊敬してあおぎ見る。たっとぶ。例 瞻依センイ。

【瞻依】センイ 尊敬しているので親しく近づき、頼りとする。

【瞻仰】【瞻▼卬】センギョウ ①見上げる。②たっとぶ。

【瞻視】センシ 見る。また、その目つき。例 尊二其瞻視一（そのセンシをたっとくす）（＝〔君子は〕ものを見るときは気をくばり、重々しくする）。〈論語・尭日〉

【瞻望】センボウ ①遠くをのぞみ見る。②仰ぎたっとび、慕う。

矇
目13(18) 2 6662 77C7 モウ漢 東 méng くら-い(くら-し)

意味 ❶目が見えない人。ひとみがあっても視力がない人をいう。対 瞍ソウ（＝ひとみがない盲人）。❷目がおおわれて、よく見えない。くらい。例 矇矇モウモウ。❸道理がよくわからない。例 矇昧モウマイ。愚矇グモウ。

【矇▼瞍】モウソウ 〔「瞍」も、盲人の意〕①目の見えない人。盲人。②音楽師。▽類 矇瞽モウコ。

【矇▼瞀】モウボウ 目がかすむさま。

【矇昧】モウマイ 〔目が見えない意から〕知識がなく、道理に暗い。愚昧。蒙昧モウマイ。例 無知―。

【矇矇】モウモウ ①暗くてはっきり見えないさま。②明らかでないさま。▽類 矇然。

矉
目14(19) 77C9 ヒン漢呉 真 pín

意味 ❶恨んでにらむ。うらむ。❷眉まゆのあたりにしわをよせる。しかめる。ひそめる。ひそみ。通 顰ヒン。例 効矉コウヒン（＝ひそみにならう）。

矍
目15(20) 2 6663 77CD キャク漢 カク(クヮク)呉 薬 jué

意味 ❶驚いてきょろきょろ見まわす。驚きあわてるさま。例 矍然カクゼン（＝驚き恐れるさま）。❷⇒【矍鑠】カクシャク

【矍矍】カクカク ①目をきょろきょろさせて、落ち着かないさま。②すばやいさま。休まないさま。

【矍▼鑠】カクシャク 年をとってもなお元気で健康なさま。達者。例 ―たる老人。百歳でなお―とした人。

矗
目19(24) 2 6664 77D7 チク漢 屋 chù いよ-やか・なお-い(なほ-し)

意味 ❶まっすぐに高くそびえているさま。そびえる。いよやか。❷まっすぐな。正直な。なおい。

例 矗矗チクチク。矗立チクリツ。

参考 白瀬矗しらせのぶ（＝一九一二（明治四十五）年南極大陸に上陸した陸軍軍人）。

【矗矗】チクチク まっすぐにそびえ立っているさま。

【矗立】チクリツ まっすぐにそびえ立つ。

矚
目21(26) 2 6665 77DA ショク漢 沃 zhǔ み-る

[瞩] 目12(17) 4 8218 77A9 俗字。

意味 注目する。目をつける。みる。例 矚望ショクボウ。矚目ショクモク。

【矚望】ショクボウ 前途に望みをかけて期待する。嘱望。属望ショクボウ。例 前途を―されている。

【矚目】ショクモク ①気をつけて見る。目をつける。注目。例 将来

を―される。②日（俳諧ハイカイで）自然に目にふれたもの、また、見たままをうたうこと。例―の一句。▽嘱目。属目ショクモク。

110 5画 矛 ほこ ほこへん 部

長いほこの形をあらわす。「矛」をもとにしてできている漢字を集めた。

0 937 矛 4 937 矜 7 937 矞 矟 8 937 矠

この部首に所属しない漢字
柔→木673 務→力179

矛

矛0（5） 1 4423 77DB 常用 ボウ漢 ム呉 尤 máo ほこ

筆順 ㇇ マ ヱ 予 矛

なりたち［象形］まっすぐな柄えに刃と飾りがついたほこの形。

意味 先のとがったもろ刃のきっさきを、長い柄につけた武器。ほこ。例矛盾

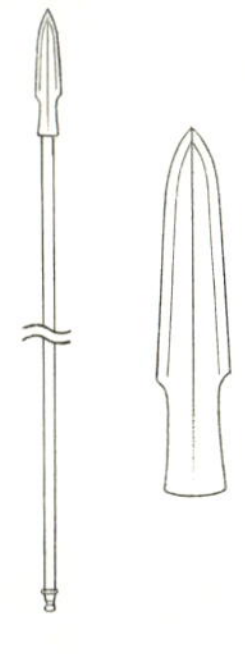
［矛］

古訓 中古 てぼこ・ほこ 中世 ほこ 近世 ほこ

人名 たけ

【矛▼戈】ボウカ（「戈」は、柄えと直角に刃のついたほこ）ほこ。
【矛▼戟】ボウゲキ（「戟」は、枝刃えだばがあるほこ）ほこ。兵器。
【矛▼叉】ボウサ 先端が二つに分かれている、ほこ。さすまた。
【矛▼槊】ボウサク 柄の長いほこ。
【矛先】ほこさき 日①ほこの先端。②攻撃の方向。例―を向ける。―をかわす。▽鋒先さき。
【矛盾】【矛▼楯】ムジュン ①ほこと、たて。②武器をとって戦うこと。例―に及ぶ（=戦いを始める）。③話のつじつまが合わないこと。例―だらけの論理。◆矛ほこと盾たてとを売る人がいた。盾を自慢して、「どんなものでも突き通すことはできない」と言い、矛を自慢して、「突き通せないものはない」と言った。これを聞いた人が、「あなたの矛で、あなたの盾を突いたら、どうなるのかね」と言うと、その人は答えることができなかった。……〈韓非・難一、難勢〉

矜

矛4（9） 2 6666 77DC

一キン漢 ギン呉 真 qín
二キン慣 キョウ漢 コウ呉 蒸 jīn
三カン（クヮン）漢 刪 guān
あわ-れむ（あは-れむ）・つつし-む・ほこ-る

意味 一ほこの柄え。例棘矜キョクキン（=戟ほこの柄）。二❶気の毒に思う。かわいそうで、いたいたしく感じる。あわれむ。例矜不能フノウをあわれむ（=できない人を気の毒に思う）。〈論語・子張〉矜恤キョウジュツ。❷うやまう。つつしむ。例君子矜而不争クンシはキョウにしてあらそわず（=君子はつつしみ深く、他人と争わない）。〈論語・衛霊公〉矜持キョウジ。❸おごりたかぶる。うぬぼれる。ほこる。例矜持キョウジ。❹大切にする。重視する。たっとぶ。例人矜節行ひとはセッコウをたっとぶ（=人は節操あるおこないをたっとぶ）。〈漢書・賈誼伝〉三年をとって妻のない男。通鰥カン。例老而無妻者、謂之矜おいてつまなきは、これをカンという（=年をとって妻のない者を矜という）。〈礼記・王制〉矜寡カンカ。

【矜寡】カンカ 老いて妻のない男と、老いて夫のない女。やもおと、やもめ。
【矜哀】キョウアイ あわれむ。憐憫レンビン。類矜憫キョウビン・矜憐キョウレン。
【矜育】キョウイク｜キンイク（老人や子供を）あわれみ育てる。
【矜貴】キョウキ 誇って、えらそうにふるまう。
【矜▼驕】キョウキョウ 誇って高ぶる。得意げで、いばるさま。矜邁キョウマイ。
【矜厳】キョウゲン 行儀正しくおごそかである。つつしみ深いさま。類矜荘キョウソウ。
【矜▼夸】【矜誇】キョウコ 手柄をたてるなど才能のあることを自慢していばる。
【矜功】キョウコウ｜コウをほこる 功績を誇る。
【矜▼恃】キョウジ｜キンジ ①自分の才能を信じて、おごりたかぶる。②自負する。矜持。
【矜持】キョウジ ①自己をおさえ、つつしむ。②自らを飾る。③気位きぐらい。プライド。例―を守る。高い―。④自負。矜恃キョウジ。
【矜▼恤】【矜▼卹】キョウジュツ（「恤」は、めぐむ意）あわれみ、めぐむ。憐恤レンジュツ。
【矜式】キョウショク うやまって見習う。つつしんで手本とする。例使諸大夫国人、皆有所矜式ショタイフコクジンをして、みなキョウショクするところあらしむ（=朝廷の諸大夫や一般国民に皆孟子モウシをうやまわせ手本とさせる）。〈孟子・公孫丑下〉
【矜人】キョウジン｜キンジン 貧しく病弱で、かわいそうな人。
【矜大】キョウダイ えらそうにいばっている。尊大なさま。
【矜▼邁】キョウマイ 誇らしげに自慢する。矜驕キョウキョウ。
【矜▼厲】キョウレイ つつしみ深く威厳がある。

矞

矛7（12） 4 8219 77DE イツ（キツ）漢 質 yù

意味 ❶錐きりで穴をあける。うがつ。❷「矞雲イツウン」は、三色のめでたい雲。

矟

矛7（12） 4 8220 77DF サク漢呉 覚 shuò

意味 騎馬用の柄えの長い矛ほこ。ほこ。通槊サク。例矟騎サクキ（=矛を持った騎兵）。

矠

矛8（13） 3 8892 77E0 サク漢 陌 zé

意味 ❶矛ほこの一種。❷矛で突き刺して取る。

日本語での用法《やす》▼魚介類を刺して捕る漁具。籍やす。

111 5画 矢 や やへん 部

やの形をあらわす。「矢」をもとにしてできている漢字を集めた。

0 937 矢 2 938 矣 3 938 矤 知 4 939 矦 矧 5 939 矩 矩 6 939 矪 7 939 短 矬 短 8 940 矮 12 940 矯 矰

矢

矢0（5） 1 4480 77E2 教2 シ漢呉 紙 shǐ や

筆順 ノ ㇒ 느 午 矢

なりたち［象形］やの形。

意味 ❶弓につがえて飛ばす武器。や。例嚆矢コウシ（=ものごとのはじめ）。流矢ながれや。❷まっすぐ。正しい。正しくする。〔比喩ヒユの形で用いることが多い〕例其直如矢そのなおきことやのごとし（=矢のようにまっすぐである）。〈詩経・小雅・大東〉❸ちかう。例夫子

矢レ之曰（＝孔子は誓って言った）。〈論語・雍也〉 矢言シゲン。❹ほどこす。㊟施。例 矢二其文徳一（＝《天子は》その文教の徳をほどこす）。〈詩経・大雅・江漢〉 ❺ならべる。つらねる。㊟施。例 公矢二魚于棠一（＝《隠公は》とった魚を棠の地に並べた）。〈左伝・隠五・経〉 ❻くそ。ふん。㊟屎シ。例 遺矢シイ（＝大便をする）。

古訓 中古 いる・くそ・ちかふ・つつしむ・つらなる・つらぬ・のぶ・ほどこす・や 中世 くそ・ちかふ・つらぬ・や 近世 ただし・ちかふ・つらぬ・はなつ・ほどこす・や

人名 ただ・ただし・ちかう・なお

難読 矢作はぎ

【矢言】シゲン ①誓いのことば。誓い。②正しいことば。

【矢口】シコウ｜くちにシす ①誓いのことばを言う。②よく考えずにものを言う。

【矢人】シジン 矢を作る職人。矢師。やはぎ。例 矢人惟恐レ不レ傷レ人（＝矢を作る人は、自分が作った矢が弱くて人を傷つけるに足りないことをただ恐れる）。〈孟子・公孫丑上〉

【矢石】シセキ ①矢と弩ド（＝ばねじかけの弓）の石。②戦い。

【矢▼鏃】シゾク 矢の先のとがった部分。やじり。

【矢服】【矢▼箙】シフク 皮革や竹などで作った、矢を入れる道具。えびら。

【矢尻】やじり 日 矢の先端。また、その部分につける鉄などのとがったもの。矢の根。鏃やじり。

【矢立】やたて 日 ①矢を入れる容器。やなぐいなど。②携帯用の筆記具。墨壺すみつぼと筆を入れる筒とが一体になっている。

【矢種】やだね 日「矢立やたて①」に盛った矢。射るために手もとに用意した矢。例 ―が尽きる。

【矢▼筈】やはず 日 ①矢の端の、弦つるにかける部分。はず。②細い棒の先が二つに分かれた、掛け軸をかけるのに使う道具。

【矢来】やらい 日 竹や木を粗く組んだ囲い。例 竹―。

●弓矢キュウシ｜ゆみや・嚆矢コウシ・破魔矢はまや

矣

矢2（7） 2 6667 77E3 イ 漢 呉 紙 yǐ

意味 文末に置く助字で、断定の気持ちや動作の完了などをあらわす。訓読では読まない。例 可レ謂レ孝矣コウというべし（＝孝行といえる）。〈論語・学而〉 時已徙矣ときすでにうつれり（＝時代は変わってしまった）。〈呂覧・察今〉

弢

矢3（8） ⇨矧シン（939ページ）

知

矢3（8） 1 3546 77E5 教2

一 チ 漢 呉 支 zhī
二 チ 漢 呉 寘 zhì
しる

筆順 ノ 𠂉 𠂉 チ 矢 矢 知 知

なりたち  [会意]「口（＝くち）」と「矢（＝や）」とから成る。矢のようにはやく口から出すことば。派生して「しる」の意。

意味 一 ❶みとめる。感じとる。理解する。見分ける。さとる。しる。例 其真不レ知レ馬也それまことにうまをしらざるか（＝それとも本当にウマを理解していないのか）。〈韓愈・雑説〉 知覚チカク。感知カンチ。無知ムチ。❷おぼえる。例 父母之年不レ可レ不レ知也フボのとしはしらざるべからざるなり（＝父母の年齢は覚えていなくてはいけない）。〈論語・里仁〉 ❸しらせる。しらせ。例 告知コクチ。通知ツウチ。報知ホウチ。❹知りあう。また、しりあい。例 知音チイン。知己チキ。知遇チグウ。❺おさめる。つかさどる。例 知県チケン。知事チジ。知行チギョウ。二 ものごとの本質を見ぬく力。ちえ。㊟智チ。例 知恵チエ。英知エイチ。才知サイチ。

古訓 中古 いゆ・しる・とし・とも・ともがら・ともに・のり 中世 さとる・しる・とも・ともがら・ならふ 近世 さとす・さとる・しる・たぐひ・つかさ・ねがふ

人名 あき・あきら・おき・かず・さと・さとし・さとり・さとる・ちか・つかさ・つぐ・とし・とも・のり・はる

難読 不知さい・不知哉川いさやがわ

【知客】シカ 禅寺で、客の接待にあたる僧。

【知者不レ言】しるものはいわず 深く理解している人は、軽々しく言ったりはしない。例 知者不レ言、言者不レ知しるものはいわず、いうものはしらず（＝深く理解する者は沈黙しており、よくしゃべる者は実は無知なのだ）。〈老子・五六〉

【知育】チイク 日 知識を広め知能を高めるための教育。智育チイク。㊟体育・徳育。例 ―偏重の教育。

【知音】チイン ①音楽に精通する。また、その人。②心の底までわかりあった友。親友。知己。③深く理解し、正しく評価できる人。〈離竜・知音〉 ◆春秋時代、琴キンの名人の伯牙ハクガの弾く音を友人の鍾子期ショウシキがよく理解し、その音色からその心を読みとった。鍾子期が死ぬと伯牙は琴の弦を切り、深くその死を嘆いたという。……〈列子・湯問〉

【知恵】【知▼慧】チエ｜チケイ ①ものごとの道理をよく知り、是非を考え、判断する頭のはたらき。例 ―をしぼる。②〔仏〕仏教の真理を悟り、正しくものごとを認識して煩悩ボンノウを消滅させることができる力。▽智恵チエ｜チケイ。智慧チエ｜チケイ。

【知覚】チカク ①知る。②感覚器官を通して、外界の事物を知り、見分ける。例 ―神経。

【知己】チキ ①自分の心や真価をよく知ってくれている人。親友。②知人。知り合い。▽知友。例 十年の―。

【知幾】チキ｜キをしる ものごとの変化のかすかなきざしを察知する。例 知レ幾其神乎キをしるはそれシンか（＝事のきざしを見るということは、それこそ神わざであろう）。〈易・繫辞下〉

【知旧】チキュウ 昔からの知りあい。旧友。旧知。

【知暁】チギョウ ものごとの道理をよく知る。

【知遇】チグウ 才能や人柄などを認められて手厚くもてなされること。知待。例 ―を得る。

【知見】チケン ①実際に見て知ること。また、見聞して得た知識。見識。例 ―を広める。②〔仏〕知恵によって得た悟り。▽智見チケン。

【知県】チケン 宋ソウ代から清シン代、県の行政長官の官名。宋代、「知〇〇県事」と称したのを略して知県事、また知県といい、明ミン代に正式の官名となった。

【知言】チゲン 一 道理にかなったことば。ものごとの本質をつかんだことば。二 ゲンをしる 人のことばを聞いて、その真意を理解する。例 不レ知レ言、無二以知一レ人也ゲンをしらずんば、もってひとをしるなきなり（＝ことばからその真意を理解するのでなければ、その人間を理解することはできない）。〈論語・尭曰〉

【知行】チコウ 一 知ることと、おこなうこと。知識と行為。二 チギョウ 日 武士に与えられた土地。封土ホウド。また、給料として与えられた米。扶持フチ。俸禄ホウロク。例 一万石ゴクの―。

【知行合一】チコウゴウイツ 明ミン代の王陽明が唱えた説。真に知ることは必ず実行をともなうことで、知識と行為は表裏一体であると説く。〈伝習・中〉

【知事】チジ ①ものごとに通じる。②地方長官の名称。③〔仏〕禅宗の寺で、いろいろな仕事をする役僧ヤクソウ。④日 都道府県の長。例 東京都―。

【知識】チシキ ①知人。知り合い。②つき合う。交遊する。③ある事物についてよく知ること。また、知っている事柄。例 ―欲。―をひけらかす。④〔仏〕知と識を備えた僧。悟りをひらいた、立派な僧。善知識。例 名僧―。▽智識チシキ。

【知▼悉】チシツ　知りつくす。詳しく知る。熟知。例 事情を―している。

【知者】チシャ　①知恵のすぐれた人。賢い人。②ものの道理をよくわきまえた人。学識のある人。③知識の高い僧。善知識。▽智者チシャ。

【知者シャの一失シイッ愚者グシャの一得トイッ】知者でも時には誤りをする、おろか者でも一つぐらいのよい考えをする。〈史記・淮陰侯伝〉から〕

【知者不レ惑】チシャはまどわず　ものの道理に明るい人は、事にあたり、迷ったり判断に苦しむことはない。〔「仁者不レ憂、勇者不レ懼ジンシャはうれえず、ユウシャはおそれず」の句があとに続く〕〈論語・子罕〉

【知者楽レ水】チシャはみずをたのしむ　知者は、水が一か所にとどまることなく流れるように、事をとどこおりなく処理し、さながら水に親しみ楽しむごとく、才知を治世に用いる。〔「仁者楽レ山ジンシャはやまをたのしむ」の句があとに続く〕〈論語・雍也〉

【知将】チショウ　知恵があり、はかりごとの上手な大将。知略にたけた大将。智将チショウ。

【知情意】チジョウイ　日 知性と感情と意志。人間の精神のはたらきを三つに分けたもの。

【知人】チジン　①知恵のある人。智人チジン。②人の賢愚・善悪を識別する。③日 知り合い。友人。知友。例 ―を訪ねる。

【知性】チセイ　ものごとを知って、考えたり判断したりする能力。例 ―と教養。

【知制▼誥】チセイコウ　唐代から明ミン代の官名。詔書の起草をつかさどった。唐代には中書舎人以外の者が詔書起草をつかさどる場合に称したが、宋ソウ代には官職化した。

【知足】チソク　足るを知る　足ることを知る。身のほどをわきまえて欲ばらないこと。例 知レ足者富たるをしるものはとむ（＝分ブンを知って満足する者は富裕である）。〈老子・三〉―安分チソクアンブン。

【知待】チタイ　人の才能や人格を認め、優遇すること。多く、受け身で用いる。知遇。

【知的】チテキ　日 ①知性に富み、知識が豊かであるさま。例 ―な会話。②知識に関係があるさま。例 ―好奇心。

【知日】チニチ　日 外国人で、日本についての理解が深いこと。例 ―家カ。―派。

【知能】チノウ　ものごとを判断したり理解したり記憶したりする能力。頭のはたらき。知恵と才能。智能チノウ。例 道術知能ドウジュツチノウ（＝道術や知能）。〈管子・制分〉

【知▼嚢】チノウ　知恵のつまっているふくろ。知恵に富んだ人。智嚢チノウ。

【知府】チフ　①官名。宋ソウ代、地方に置かれた府に中央の高等官が行政長官として赴任した場合、「権知○○府事」、また略して「知府」と称したが、明ミン代には正式名称となった。②知識をたくさん収めてある蔵。知識が豊富であることをいう。

【知方】チホウ　ホウをしる　人としておこなうべき道や礼法をわきまえていること。例 可レ使ニ有レ勇且知ヒ方也ユウありてかつホウをしらしむべきなり（＝人々に勇気を回復させ、かつ義務をわきまえさせ、正しい道をおこなわせる）。〈論語・先進〉

【知謀】チボウ　知恵をはたらかせた、たくみなはかりごと。うまい計略。知略。智謀チボウ。例 ―をめぐらす。

【知名】チメイ　①名前が世間に知られていること。有名。著名。例 ―度。―の士。②なをしる　ものごとの名称を正確に知る。

【知命】チメイ　①メイをしる　天から与えられた使命や定められた運命をさとる。②五十歳の別名。〔「五十而知ニ天命一ゴジュウにしてテンメイをしる（＝五十になって、天が自分に命じ与えたものが何であるかをさとった）。〈論語・為政〉」から〕

【知友】チユウ　互いによく知っている友達。知己チキ。

【知勇】チユウ　知恵と勇気。智勇チユウ。例 ―ともにすぐれた人物。

【知略】チリャク　知恵をしぼったはかりごと。知謀。智略チリャク。例 ―をめぐらす。

【知慮】チリョ　ものごとの先まで見通す能力。賢い考え。思慮。智慮チリョ。例 ―に富む。―が浅い。

【知了】チリョウ　すべてを知りつくす。知悉チシツ。

【知力】チリョク　頭のはたらき。知恵のはたらき。智力チリョク。例 ―と体力。

【知類】チルイ　ルイをしる　ものごとの区別や関係を理解すること。

●機知キチ・旧知キュウチ・察知サッチ・衆知シュウチ・熟知ジュクチ・承知ショウチ・探知タンチ・未知ミチ

[矦] 矢4（9）　⇩侯コウ（88ジペー）

矧 矢4（9）　1 3974 77E7　シン 漢　軫 shěn　いわ-んや（いは-んや）・はぎ・は-ぐ

[弞] 矢3（8）　4 8221 77E4　本字。

意味「いわんや…（をや）」と読み、まして…（は、なおさらだ）の意をあらわす。況いわんや。例 死且不レ憚、矧伊刑罰シすらかつはばからず、いわんやケイバツをや（＝死でさえも避けないのだから、ましてこの刑罰などなおさらだ）。〈南史・顧憲之伝〉

日本語での用法《はぎ》《はぐ》「矢やを矧はぐ・矢矧川やはぎがわ」▼タケに羽根をつけて矢を作る。

矩 矢5（10）　1 2275 77E9　人　ク 漢 呉　麌 jǔ　さしがね・かねざし・かね・のり

[矩] 矢5（10）　旧字体。

[榘] 木10（14）　4 1522 6998　本字。

なりたち  [会意]「巨（＝ものさしを持つ）」と、「木（＝き）」と「矢（＝ただしい）」とから成る。正しいものさし。

意味 ❶直角や四角形を描く定規。さしがね。かねざし。例 規矩キク。❷四角形。例 矩形クケイ。❸手本。行動の規範。きまり。のり。例 不レ踰レ矩のりをこえず（＝《思いのままに行動しながら》人の道からはずれない）。〈論語・為政〉

日本語での用法《のり》「内矩うちのり・外矩そとのり」▼寸法。

古訓 中古 すみ・のとる・のり　中世 つづむる・のり・はかる　近世 つね・のり・まがりがね

人名 かど・かね・ただし・ただす・つね・のり・まがりがね

【矩形】クケイ　すべての角が直角の四辺形。長方形。

【矩度】クド　法則。規則。おきて。類 矩則・矩法。

【矩歩】クホ　規則正しい歩き方。きちんとそろって行進する。

【矩墨】クボク　①さしがねと、すみなわ。②ものごとの基準になるもの。法則。▽類 矩縄。

【矩▼矱】【矩▼彠】クワク　〔「矱・彠」も、定規の意〕法則。規則。また、規則どおりにする。手本とする。

矪 矢6（11）　4 8223 77EA　チュウ（チウ）漢　尤 zhōu

意味 水鳥を射るのに用いた矢。くるり。

[規] 矢7（12）　⇩規キ（1207ジペー）

矬 矢7（12）　4 8224 77EC　サ 漢　ザ 呉　歌 cuó

意味 背たけが低い。みじかい。

短 矢7（12）　1 3527 77ED　教3　タン 漢 呉　旱 duǎn　みじか-い（みじか-し）

筆順 丿 𠂉 午 矢 矢 矢 知 短 短 短

なりたち [会意]「矢(=まっすぐな、や)」と「豆(トウ→タン)(=柄えがまっすぐな、たかつき)」とから成る。長くない。

意味 ❶長さや時間などがわずかである。**みじかい**。対長。例短刀(タントウ)。短命(タンメイ)。❷足りない。とぼしい。おとっている。例短見(タンケン)。❸欠点。あやまち。例短所(タンショ)。❹欠点を指摘する。悪く言う。そしる。例使₃上官大夫短₂屈原於頃襄王₁(=上官大夫に、頃襄王に向かって屈原の悪口を言わせた)。〈史記・屈原伝〉

古訓 中古 そしる・たきみじかし・つたなし・とが・みじかし 中世 そしる・たけひきし・とが・みじかし 近世 あやまち・たけひくし・つづまる・みじかし

【短音】(タンオン) 長音に対して、短くひびく音。「アー」に対する「ア」など。対長音。

【短音階】(タンオンカイ) 日 西洋音楽で、ラを主音としてラシドレミファソラであらわされる音階。重々しくさびしい感じがする。対長音階。

【短靴】(タンカ) 足首までの浅いくつ。対長靴。

【短歌】(タンカ) ①短い詩。短いうた。②日 和歌の形式の一つ。五・七・五・七・七の三十一音からなる歌。みそひともじ。〔普通、和歌といえば短歌を指す〕対長歌。

【短褐】(タンカツ) 丈の短い粗末な衣服。また、それを着用した身分の低い者をいう。例短褐穿結(=粗末な服はつぎはぎだらけだ)。〈陶淵明・五柳先生伝〉

【短気】(タンキ) ①気力を失う。気落ちする。②日 気が短いこと。気みじか。せっかち。おこりっぽい。例—を起こす。

【短規】(タンキ) つたないはかりごと。短計。

【短▼晷】(タンキ) 日中の時間が短いこと。短日。

【短期】(タンキ) 短い期間。対長期。例—決戦。

【短▼軀】(タンク) 背丈が低いこと。短身。対長軀・長身。

【短径】(タンケイ) 楕円形の、短い方の径。類短軸。対長径。

【短計】(タンケイ) あさはかな、まずい計略。拙策。

【短見】(タンケン) あさはかな考え。目先だけの意見。浅見。

【短剣】(タンケン) 短いつるぎ。短刀。対長剣。

【短才】(タンサイ) ①才能のとぼしいこと。また、その人。非才。鈍才。②自分の才能の謙称。例浅学—。

【短▼窄】(タンサク) (衣類などの)丈が短く幅が狭くて、窮屈なさま。

【短冊】【短尺】(タンザク/タンジャク) 日 ①和歌や俳句などを書くための細長い厚紙。②字を書いたり、ものに結びつけたりするための細長い紙。例五色の—。③細長い形。短冊形。例—に切る。

【短札】(タンサツ) 〔短い手紙の意〕自分の手紙の謙称。

【短時日】(タンジジツ) 日 わずかの日数。短い期間。例—で完成させる。

【短日】(タンジツ) ①昼の時間の短い、冬の日。②余命が短い。③日 わずかな日数。短時日。▽対長日。

【短日月】(タンジツゲツ) わずかな月日。短い期間。

【短醜】(タンシュウ) 背が低く、見ばえのしないさま。

【短銃】(タンジュウ) 日 ピストル。拳銃。

【短縮】(タンシュク) 短く縮める。対延長。例—授業。

【短所】(タンショ) 日 おとっているところ。欠点。対長所。

【短書】(タンショ) ①小説・随筆の類。〔経書などに比べて短いタケの札に書かれたことから〕②手紙。

【短小】(タンショウ) ①短くて小さいこと。②背丈が低く、小さいこと。例—だが精悍な男性。▽対長大。

【短▼牆】(タンショウ) 丈の低い垣根。類短籬。

【短身】(タンシン) 背丈が低いこと。短軀。対長身。

【短針】(タンシン) 時計で、短い方の針。時針。対長針。

【短世】(タンセイ) 若死に。短命。また、短い人生。

【短浅】(タンセン) 思慮の浅いさま。あさはか。

【短長】(タンチョウ) ①短いことと長いこと。長短。②短所と長所。③短命と長命。

【短調】(タンチョウ) ①五言詩の別名。対長調(=七言詩)。②日 短音階で作られた曲の調子。対長調。例イ—。

【短刀】(タントウ) 短い刀。あいくち。短剣。懐剣。対長刀。

【短筆】(タンピツ) 下手な筆跡。拙筆。

【短評】(タンピョウ) 日 短い批評。寸評。例—を寄せる。

【短文】(タンブン) 短い文。また、短い文章。対長文。

【短兵】(タンペイ) 〔「兵」は、武器の意。弓や短砲に対して、近くの相手に用いることから〕刀剣などの類。例持₂短兵₁接戦(=刀剣などを手にして《漢の追跡軍と》接近戦をした)。〈史記・項羽紀〉

【短兵急】(タンペイキュウ) 日 〔短兵をふるって、いきなり敵に迫ることから〕急なさま。だしぬけ。にわかに事をおこなうさま。例—に攻めたてる。

【短兵接】(タンペイセッす) 敵の刀剣が迫る。敵・味方が接近して戦う。〈楚辞・九歌・国殤〉

【短編】(タンペン) 随筆・評論・詩歌・小説・映画などで短いもの。対中編・長編。例珠玉の—集。表記 旧短▼篇

【短命】(タンメイ) ①寿命が短いこと。若いうちに死ぬこと。若死に。例不幸短命死矣(=不幸にも若くして死んでしまった)。〈論語・雍也〉②日 組織や人気などが、長続きしないこと。例—内閣。▽対長命。

【短夜】(タンヤ/みじかよ) (夏の)短い夜。対長夜。

【短絡】(タンラク) 日 ①電気回線などの、ショート。例回路が—する。②すじみちをよく考えず、ものごとを簡単に関連づける。例途中の大事なところで—した論。

【短慮】(タンリョ) ①考えのあさはかなさま。浅慮。例—な計画。②日 気が短いこと。短気。例—一徹。

【舎ㇾ短取ㇾ長】(タンをすててチョウをとる) 欠点をやめて美点を取りあげる。〈漢書・芸文志〉

【断ㇾ長続ㇾ短】(チョウをたちタンをつぐ) ①余分なものを取り去り、足りないものを補って、ほどよいものにすること。〈荀子・礼論〉②天性を無視し無用なことをなす。〔〈荘子・駢拇〉から〕

● 一長一短(イッチョウイッタン)・最短(サイタン)・長短(チョウタン)

矮　矢8(13)　[2]6668 77EE

ワイ慣 アイ漢 蟹 ǎi
ひく-い(ひく-し)

意味 背丈が低い。高くない。**ひくい**。例矮軀(ワイク)。矮子(ワイシ)(=背の低い人)。矮小(ワイショウ)。

【矮屋】(ワイオク) 屋根の低い小さな家。

【矮▼軀】(ワイク) 背の低いからだ。短身。短軀。

【矮子看戯】(ワイシカンギ) 〔「戯」は、芝居の意〕一寸法師の芝居見物。背の低い人が前の人にさえぎられて舞台がよく見えないのに前の人が笑えば共に笑う。見識がなく付和雷同すること。〈語類・二六〉類矮人観場(ワイジンカンジョウ)。

【矮小】(ワイショウ) 背丈が低くて、小さいこと。

【矮性】(ワイセイ) 日 植物などが、大きく育たない性質。例—のチューリップの球根。

【矮▼陋】(ワイロウ) ①背が低くて見ばえがしない。②家が小さくて狭苦しい。

矯　矢12(17)　[1]2226 77EF 常用

キョウ(ケウ)漢呉 篠 jiǎo
ためる(た-む)・いつわ-る(いつは-る)

筆順

なりたち ［形声］「矢(=や)」と、音「喬キョウ」とから成る。矢をまっすぐにする。

意味 ❶曲がったものをまっすぐにする。悪いものをただす。ためる。例 枸木必将待二檃括烝矯一然後直(コウボクはかならずインカツジョウキョウをまちてしかるのちになおし)(=曲がった木は、ため木をあてたり蒸したりして矯正し、はじめてまっすぐになる)。〈荀子・性悪〉 矯正キョウセイ。矯風キョウフウ。❷うわべをかざる。いつわる。例 弥子矯駕二君車一以出(ビシいつわりてきみのくるまにガしてもっていず)(=弥子は君命だと偽って君主の車に乗って出かけた)。〈韓非・説難〉 ❸上に向ける。あげる。例 矯首キョウシュ(こうべをあぐ)。❹つよい。いさましい。はげしい。例 矯激キョウゲキ。

古訓 中古 あがる・あぐ・あざむく・いつはり・かたまし・たかし・ただす・たむ・つく・はぐ 中世 あぐる・いさむ・いつはり・ただす・たむる・つよし 近世 あがる・いさむ・いつはる・たけし・ただす・たむる・つよし・みだり

人名 いさみ・いさむ・たかし・たけし・ただ・ただし・つよし

【矯▼枉】キョウオウ(オウをたむ) 曲がったものをまっすぐにする。

【矯▼枉過正】キョウオウカセイ(オウをためてセイをすぐ) 欠点を直そうとして度が過ぎ、かえって悪くする。〈後漢書・仲長統伝〉

【矯革】キョウカク 悪い点を直す。

【矯矯】キョウキョウ ①強く勇ましいさま。また、意志などの堅いさま。②高くあがるさま。③ものごとにこだわらず、超然としているさま。

【矯激】キョウゲキ ①思想や言動が、並外れてはげしいこと。例 ―に走る。②激励する。

【矯▼亢】【矯抗】キョウコウ 〔いつわり高ぶる意〕人と異なっているふりをして、自分をよく見せようとする。

【矯詐】キョウサ 事実を曲げて、いつわる。類 矯誣キョウフ。

【矯殺】キョウサツ (君命などと)いつわりを言って、だまして殺す。類 矯虔キョウケン。例 項羽矯二殺卿子冠軍一(コウウケイシカングンをキョウサツす)(=項羽はいつわって卿子冠軍《の宋義ソウギ》を殺した)。〈史記・高祖紀〉

【矯首】キョウシュ(こうべをあぐ) 頭を上げる。こうべをもたげる。例 時矯レ首而遐観(ときにこうべをあげてカカンす)(=《散歩の途中ひと休みし》時々頭を上げては四方を遠望する)。〈陶淵明・帰去来辞〉

【矯▼揉】【矯▼輮】キョウジュウ 〔「揉・輮」は、まっすぐなものを曲げたり、曲がったものをまっすぐにしたりする意〕正しく改め直す。

【矯詔】キョウショウ(みことのりをいつわる) 天子の命令にかこつけて、自分の思うとおりに事を進める。類 矯制。

【矯情】キョウジョウ(ジョウをいつわる) ①〔本心をいつわる意〕故意に人情に逆らったそぶりをする。②常識に逆らう。

【矯飾】キョウショク ①「矯正キョウセイ」に同じ。②いつわってうわべだけを飾り、よく見せる。

【矯世】キョウセイ(よをたむ) 世間の悪習を正す。

【矯正】キョウセイ (悪習や欠点を)改め正す。是正。矯飾。例 ―視力。歯列を―する。

【矯俗】キョウゾク(ゾクをたむ) ①「矯風キョウフウ」に同じ。②ことさらに世間の風俗と異なったことをする。

【矯託】キョウタク いつわり、かこつける。

【矯風】キョウフウ 日 悪い風俗を改め直す。矯俗。

【矯励】【矯▼厲】キョウレイ 自分の欠点を直し、つとめはげむ。例 質性自然、非二矯厲所一レ得(シッセイシゼン、キョウレイしてうるところにあらず)(=生まれつき性格が自然のままで、欠点を直そうと努力しても、うまくいかない)。〈陶淵明・帰去来辞序〉

●奇矯キキョウ・烝矯ジョウキョウ

矰

矢12 (17) 4 8226 77F0 ソウ 漢 蒸 zēng

意味 鳥をからめ捕るための、糸をつないだ矢。いぐるみ。例 矰繳ソウシャク。矰弋ソウヨク。

【矰▼繳】ソウシャク 糸付きの短い矢。いぐるみ。類 矰弋ソウヨク。

【矰▼繳▼之説】ソウシャクのセツ (いぐるみで鳥を捕らえるように)まぐれあたりを期待して、人に説くこと。〈韓非・五蠹〉

112 5画 石 いし いしへん 部

がけ下のいしの形をあらわす。「石」をもとにしてできている漢字を集めた。

石

石0 (5) 1 3248 77F3 教1

コク・シャク 慣 セキ 漢 ジャク 呉 陌 shí いし

筆順

なりたち ［象形］「厂(=がけ)」の下にある「口(=いし)」の形。

意味 ❶岩の小さなかけら。いしころ。いし。例 石仏セキブツ。石塊セッカイ。石器セッキ。❷文字を刻んだ、いし。いしぶみ。例 金石キンセキ。❸八音の一つ。石製の打楽器。石磬セッケイ。例 金石之無レ声、或レ撃レ之鳴(キンセキのこえなき、これをうつことあればなる)(=金属製や石製の打楽器は何もしなければ音はしないが、たたくと鳴り響く)。〈韓愈・送孟東野序〉 鐘石ショウセキ。❹治療に使ういしばり。例 薬石ヤクセキ(=薬や治療)。❺鉱物。また、それを加工したもの。例 鉱石コウセキ。宝石ホウセキ。❻人体の特定の部位にできる結石ケッセキ。いし。例 胆石タンセキ。❼価値のないもののたとえ。例 瓦石ガセキ。玉石混交ギョクセキコンコウ。❽かたいもののたとえ。例 石交セッコウ。石頭いしあたま。❾大きい。通 碩セキ。❿容量の単位。十斗。⓫官の俸給の単位。千石センセキは穀物九十斛コク。

日本語での用法 一《コク》①「米こめ一石イッコク」▼尺貫法の容量の単位。十斗(=約一八〇リットル)。②「加賀かが百万石ヒャクマンゴク・禄高ロクだか百石ヒャッコク」▼大名の知行高チギョウだかや、武士の俸禄高ホウロクだかをいう単位。③「千石船センゴクぶね」▼和船の積載量の単位。十立方尺(=約〇・二七八立方メートル)。二《セキ》①「石州セキシュウ」▼旧国名「石見いわみ(=今の島根県西部)」の略。②「定石ジョウセキ・布石フセキ」▼囲碁に用いる、いし。ごいし。三《いし》「石いしを出だす」▼じゃんけんで、手の五指を全部曲げて、握った形のもの。ぐう。

古訓 中古 あつし・いし 中世 あつし・いし・いは 近世 あつし・いし・いは・やまいし

人名 あつ・あつし・いそ・いわ・かた・かたし・し

難読 石清水いわしみず・石蘭つわぶき・石竹なでしこ・石決明あわび・石首魚ぐち・いしもち・石斑魚あいなめ・石南花シャクナゲ・石楠花シャクナゲ・石花海せのうみ

【石頭】いしあたま 日①石のようにかたい頭。②融通がきかず、ものわかりの悪いこと。また、その人。

【▼漱レ石枕レ流】いしにくちすすぎながれにまくらす ⇩【漱石枕流】ソウセキチンリュウ（808ジペー）

【石いに立たつ矢ゃ】何ごとも必死の気持ちでおこなえば、なしとげることができる。〔「中レ石没レ矢いしにあたりてやじりをボッす（＝《前漢の李広(コウリ)将軍が狩りをしたとき、草の中の石をトラと思い弓で射たところ》矢じりが深々と石に突き刺さった）。〈史記・李将軍伝〉」から〕

【石見】いわみ 日旧国名の一つ。今の島根県西部。石州(セキシュウ)。

【石高】コクだか 日①穀物の生産量。②江戸時代、武士が給料としてもらった米の量。

【石印】セキイン ①石の表面にあらわれた文字のような模様。②石に彫った印。③石版で印刷する。また、石版印刷された本など。

【石画】セキカク 〔「石」は大きい、「画」は策略の意〕大きなはかりごと・計画。例石画之臣(セキカクのシン)（＝危機からのがれるための、巧妙な策を練る家来）。〈漢書・匈奴伝下〉

【石材】セキザイ 建築や土木、また、彫刻などの材料とする石。

【石室】セキシツ ①石で造った部屋。いしむろ。いわや。②古墳の内部にある、棺や副葬品などを収めた石の部屋。石槨(セッカク)。

【石▼甃】セキシュウ 板状にした石を重ねて、井戸の壁や道路などに用いるもの。

【石獣】セキジュウ 貴人の墓前に置く石製の動物。獅子(シシ)・ゾウ・ウマ・ヒツジなどがある。

【石▼皴】セキシュン 山水画などに見られる、石のしわ。

【石▼筍】セキジュン｜セキシュン 鍾乳洞(ショウニュウドウ)の中などにできる、たけのこのような形の石灰石。石牀(セキショウ)。

【石女】セキジョ｜うまずめ 子ができない体質の女性。石婦。

【石▼牀】セキショウ ①石製のベッド。②「石筍(セキジュン)」に同じ。

【石心】セキシン ①石の中心。②石のように堅い意志。鉄心。石腸。

【石人】セキジン ①墓道などに並べられた、人形(ひとがた)の石像。②永久に生きながらえる人。死ぬことのない人。〈史記・魏其武安侯伝〉③人の姿をしているだけで、無知な者。

【石泉】セキセン 岩の間からわく泉。

【石▼鼠】セキソ ①昆虫のケラ。②大ネズミ。碩鼠(セキソ)。

【石礎】セキソ 柱の土台となる石。

【石▼鏃】セキゾク 石で作った矢じり。

【石▼黛】セキタイ まゆずみ。また、美女。

【石炭】セキタン 地質時代の植物が、炭化してできた、可燃性の岩石。燃料や化学工業の原料とする。

【石壇】セキダン 多く祭礼に用いる、石の台。

【石柱】セキチュウ 石で造った柱。

【石腸】セキチョウ 「石心(セキシン)②」に同じ。

【石田】セキデン ①石が多くて耕作に向かない土地。②役に立たないことのたとえ。

【石塔】セキトウ ①石で造った塔。②墓石。

【石▼磴】セキトウ 石段。また、石の多い坂道。

【石頭城】セキトウジョウ ①江蘇(コウソ)省西寧県の東、石頭山にある城。三国呉の孫権が築き、のち、南朝の政治的中心地となった。②南京(ナンキン)の別称。

【石馬】セキバ ウマの石像。貴人の墓前などに置かれる。

【石版】【石板】セキバン 「石版印刷」の略。平版(ヘイハン)印刷の一種で、板状の石灰石の表面に文字や絵などをかいて印刷するもの。また、その板状の石。例—画（＝リトグラフ）。

【石盤】セキバン ①石の大皿。②大きく、平たい石。③昔の学用品の一つ。黒色の粘板岩をうすい板にして、石筆で絵や文字をかき、布で消して、何度でも使えた。④スレート。

【石碑】セキヒ ①記念のことばなどを刻んで建てた石。いしぶみ。②墓石。石塔。

【石筆】セキヒツ 蠟石(ロウセキ)などを棒状にしたもの。石盤に文字を書くのに使う。

【石▼斧】セキフ おのの形をした石器。武器・工具・農具などに用いられた。

【石婦】セキフ ①出征した夫を待ちわびて、悲しんでいる間に石になってしまった女性。望夫石(ボウフセキ)。〔〈幽明録〉に見える話から〕②「石女(セキジョ)」に同じ。

【石▼趺】セキフ 彫刻や石碑をのせた石の台。

【石仏】セキブツ｜いしぼとけ 一①石で造った仏像。②岩壁などに彫りつけた仏像。磨崖仏(マガイブツ)。二いしぼとけ 日感情をおもてに出さない人。また、いつも黙っている人。

【石▼砭】セキヘン 治療用の石の針。

【石墨】セキボク ①石炭の別称。②炭素を成分とした鉱物。鉛筆のしんなどに用いる。黒鉛。

【石本】セキホン 石版(セキバン)印刷の本。

【石油】セキユ ①地下から採掘する炭化水素の混合物。黒くどろどろしたあぶらで、燃料や石油化学工業の原料とする。原油。②「①」を精製して得られる重油・軽油・灯油・ガソリンなどをまとめていうことば。③灯油。例—ストーブ。

【石友】セキユウ ①石のように堅い友情。②硯(すずり)。

【石▼尤風】セキユウフウ 行く手をはばむ風。大風。向かい風。〈宋孝武帝・丁督護歌〉◆石氏の娘は尤郎(ユウロウ)の妻となったが、夫が遠く行商に出て帰らないのを嘆き、そのため病の床につき、「同じような境遇の妻たちのためにも、自分は大風になって旅する夫の行く手をさまたげてやるのだ」と言って死んだという。……………………〈江湖紀聞〉

【石瀬】セキライ 浅瀬。

【石▼闌】【石欄】セキラン 石の手すり。石欄干。

【石留】【石▼溜】セキリュウ 石が多くて役に立たない土地。

【石▼榴】セキリュウ ザクロ。

【石▼梁】セキリョウ ①石の橋。②川の飛び石。

【石火】セッカ ①火打ち石を打つときに出る火。②一瞬の間のごく短い時間や、すばやい動作のたとえ。例電光—。

【石灰】セッカイ 生石灰(セイセッカイ)（＝酸化カルシウム）や消石灰（＝水酸化カルシウム）をまとめていうことば。例—水。—石。

【石階】セッカイ 石の階段。石段。石磴(セキトウ)。類石級(セッキュウ)。

【石塊】セッカイ 石のかたまり。いしころ。

【石▼槨】セッカク 「石室(セキシツ)②」に同じ。

【石棺】セッカン 石で造った棺桶(カンおけ)。日本では古墳時代に用いられた。例舟形(ふながた)—。

【石▼澗】セッカン 石の多い谷川。

【石器】セッキ 先史時代に作られた道具。石鏃(セキゾク)・石斧(セキフ)など。例—時代。打製—。

【石窟】セックツ 岩山を掘ってつくったほらあな。いわあな。いわや。例—寺院。

【石径】セッケイ 岩の間の細道。石ころの多い小道。例遠上二寒山一石径斜とおくカンザンにのぼればセッケイななめなり（＝寒々とした晩秋の山を、だんだんと遠く登って行くと、険しく傾斜した石の多い山道になっていた）。〈杜牧・山行〉

【石経】セッケイ 石に刻んだ経典。前漢の平帝の時に始まり、後漢の「熹平(キヘイ)石経」、魏(ギ)の「正始(セイシ)石経（三体石経）」、唐の「開成(カイセイ)石経」などが知られる。仏教では房山(ボウザン)の石経が有名。

【石▼磬】セッケイ 「へ」の字形の石をつりさげて打ち鳴らす楽器。→磬イケ（952ジペー）

【石▼碣】セッケツ 上部が丸みを帯びた石碑。

【石工】（セッコウ｜セック）いし 石を切り出したり、細工や加工をしたりする人。㊎石匠（セキショウ）。

【石交】（セッコウ）石のように堅く結ばれた交友。〈史記・蘇秦伝〉

【石▼矼】（セッコウ）【石▼杠】（セッコウ）川の飛び石。また、石の橋とも。

【石▼膏】（セッコウ）天然に産する硫酸カルシウムの結晶。セメントに混入したり建築材料としたりするほか、熱して焼き石膏として塑像などにも用いる。

【石刻】（セッコク）①石に文字や絵などを彫刻すること。また、その彫刻。②石版などによる印刷。

●化石（カセキ）・岩石（ガンセキ）・玉石（ギョクセキ）・碁石（ゴいし）・試金石（シキンセキ）・磁石（ジシャク）・歯石（シセキ）・投石（トウセキ）・墓石（ボセキ）・木石（ボクセキ）・落石（ラクセキ）

[矴] 石2（7） ⇩碇（イテ）（948ページ）

矼

石3（8） 2 6669 77FC

一 コウ（カウ）㊅ 江 gāng
二 コウ（カウ）㊅ 江 qiāng
いしばし

意味 一 川の瀬を渡るために、水面上に出して歩けるように置かれた踏み石。とびいし。また、石造りの橋。**いしばし**。例 石矼（セッコウ）（＝川に置かれた踏み石。また、いしばし）。二 誠実なさま。気まじめなさま。例 徳厚信矼（トクあつくシンかたし）（＝徳は厚く、誠実である）。〈荘子・人間世〉

矻

石3（8） 4 8228 77FB

コツ ㊅ 月 kū

意味 「矻矻（コツコツ）」は、勤勉に努力するさま。

砍

石4（9） 4 8233 780D

カン（カム）㊅ 感 kǎn

意味 おので切る。ばっさりと切る。きる。例 砍伐（カンバツ）（＝切る）。

砉

石4（9） 4 8232 7809

ケキ ㊅ 錫 xū
カク（クヮク）㊅ 陌 huā

意味 皮と骨とが切り離される音。例 砉然（ケキゼン｜カクゼン）。

【砉然】（ケキゼン｜カクゼン）牛を解体するときの音の形容。ばりばり。〈荘子・養生主〉

研

石4（9） 1 2406 7814 教3

一 ケン ㊀ ゲン ㊅ 先 yán
二 ケン ㊀ ゲン ㊅ 霰 yàn
とぐ・みが-く

[硏] 石6（11） 3 8903 784F 旧字体。

筆順 一 丆 不 石 石 石一 矸 研

なりたち 研 [形声]「石（＝いし）」と、音「幵（ケン→ゲ）」とから成る。石でものをとぐ。

意味 一 ❶石でこする。**とぐ**。**みがく**。例 研磨（ケンマ）。❷深く調べる。きわめる。やっと決定する）。例 研レ慮方定（リョをみがいてはじめてさだまる）（＝考えをきわめて、やっと決定する）。〈雕竜・神思〉 研究（ケンキュウ）。研鑽（ケンサン）。二 すずり。㊟硯（ケン）。例 研北（ケンボク）。

古訓 中古 あきらかに・うつ・うるはし・きしる・くだく・けづる・する・とぐ・みがく 中世 くだく・する・とぐ・みがく 近世 すずり・する・とぐ・みがく

人名 あき・あきら・きし・きよ・みがき・よし

【研核】（ケンカク）【研▼覈】（ケンカク）よく調べて考察する。研究。

【研学】（ケンガク）学問をますます深める。

【研詰】（ケンキツ）あらゆる点をきつく問いつめる。

【研求】（ケンキュウ）道理を追求して明らかにする。

【研究】（ケンキュウ）深く考え調べて、真理を明らかにする。㊎研尋。

【研窮】（ケンキュウ）①詳しく問いただし、事実を明らかにする。研窮。②「研究（ケンキュウ）」に同じ。

【研校】（ケンコウ）〔「校」は、比較する意〕細かく比べて相違点などを調べ、明らかにする。

【研削】（ケンサク）砥石（といし）などで工作物の表面をけずってなめらかにする。例 ―盤。―仕上げ。

【研▼鑽】（ケンサン）学問などを深く研究し、ものごとの道理を調べきわめる。例 ―を積む。

【研修】（ケンシュウ）学問や芸術・技術などで、必要な技能や知識を身につけるために、特別な学習や訓練をする。例 ―期間。海外―。

【研審】（ケンシン）①十分に調べて確かめる。②詳しく問いただす。

【研精】（ケンセイ）詳しく調べ、研究する。

【研席】（ケンセキ）〔硯（すずり）と座席の意〕学習。

【研北】（ケンボク）⇩【硯北】（ケンボク）（947ページ）

【研磨】（ケンマ）【研摩】（ケンマ）①金属などをとぎみがく。例 ―機。宝石を―する。②学問や技術をみがいて、深める。

砂

石4（9） 1 2629 7802 教6

サ ㊅ シャ ㊁ 麻 shā
すな・いさご

付表 砂利（ジャリ）

筆順 一 丆 不 石 石 石丨 砂 砂

なりたち [形声]「石（＝いし）」と、音「沙（サ）」の省略体とから成る。ごく細かいつぶ状の石の集まり。

意味 ❶石の細かいつぶ。**すな**。**いさご**。㊟沙（サ）。例 砂漠（サバク）。土砂（ドシャ）。❷すなのように細かいもの。例 砂金（サキン）。砂糖（サトウ）。

古訓 中古 いさご・すなこ・まさこ・まなこ 中世 いさご・さざれいし・すな・すなご・まさご 近世 いさご・すな・すなご

難読 真砂（まさご）・高砂（たかさご）

【砂岩】（サガン｜シャガン）石英や長石などの粒が、水中に沈んで固まってできた岩石。建築用材などに用いる。

【砂丘】（サキュウ）風に吹きよせられた砂が作った小山。海岸や河口、砂漠などに生じる。例 鳥取―。

【砂金】（サキン｜シャキン）河床（カショウ）や海岸の砂や小石の中にまじって産出する、細かい金のつぶ。

【砂▼嘴】（サシ｜シャシ）潮流や風に運ばれた土砂が入り江や湾口に堆積（タイセキ）して、鳥のくちばしのように海に細長く突き出た所。三保（みほ）の松原や天橋立（あまのはしだて）など。

【砂州】（サシュウ｜シャシュウ｜すサ）砂嘴（サシ）がのびて入り江の対岸に達し、内側に潟をつくるもの。表記 ⑪砂▼洲

【砂上の楼閣】（サジョウのロウカク）日〔砂の上に建てられた高い建物の意〕基礎が不安定で、崩れやすいことや、もののたとえ。例 所詮―にすぎない。

【砂▼塵】（サジン）砂ぼこり。砂けむり。例 ―をまき上げる。

【砂石】（サセキ｜シャセキ）①すなと、いし。砂や小石。②すな。まさご。

【砂鉄】（サテツ）河床（カショウ）や海底などにたまった、砂状になって産する磁鉄鉱のつぶ。

【砂糖】（サトウ）サトウキビやサトウダイコンなどからとる炭水化物の結晶。甘味（カンミ）調味料として使う。

【砂▼嚢】（サノウ）日①砂をつめたふくろ。防弾や防水などに用いる。②鳥類の胃の一部。飲みこんだ砂などがはいっていて、食べたものをすり砕くはたらきをする。すなぎも。すなぶくろ。

【砂漠】（サバク）雨量が少なくて植物のほとんど育たない、砂や岩ばかりの広大な土地。沙漠（サバク）。例 ゴビ―。

【砂防】（サボウ）日 山や海岸・河岸などの土砂が、崩れたり移動したり流出したりするのを、ふせぐこと。例 ―工事。―ダム。

【砂▼礫】（サレキ｜シャレキ）〔「礫」は、小石・つぶての意〕すなと小石。

【砂利】（ジャリ）日①岩石の細かく砕けたもの。小石。②子供。〔劇場などで、子供の見物客を指す隠語から〕

【砂子】（すなご）日 金や銀の粉を、蒔絵（まきエ）や色紙（シキシ）・ふすま紙などに吹きつけたもの。また、その粉。例 金（キン）―。

【砂時計】（すなドケイ）日 中央部のくびれたガラスの器の中に一定量の砂を入れて、細い部分から少しずつ下部に落とし、その

[石] 2―4画▼ 矴 矼 矻 砍 砉 研 砂

5画

分量によって時間をはかる装置。
【砂場】すなば 日砂を入れた、子供の遊び場。沙場すなば。
【砂山】すなやま 日砂でできた小高い山。砂丘。
◐金剛砂コンゴウシャ・土砂ドシャ

砕
石4(9) 1 2653 7815 常用 サイ漢呉 隊 suì くだく・くだける(くだ-く)
[碎] 石8(13) 2 6676 788E 人 旧字体。

筆順 一 ア 石 石' 石𠂉 砕 砕

なりたち [形声]「石(=いし)」と、音「卒ツ→イサ」とから成る。こなごなにくだく。

意味 ❶こなごなにする。くだく。こなごなになる。くだける。例 臣頭、今与レ璧倶砕二於柱一矣シンのこうべは、いまたまとともにはしらにくだけん(=私の頭は、すぐにも宝玉と一緒に柱に打ちつけてこなごなになるでしょう)。〈史記・廉頗藺相如伝〉砕氷サイヒョウ。玉砕ギョクサイ。粉砕フンサイ。❷敵をうちやぶる。くじく。例 難二用レ兵砕一ヘイをもちいてくじきがたし(=軍隊では打ち破りにくい)。〈漢書・趙充国伝〉❸こまごまとして、わずらわしい。例 煩砕ハンサイ。

古訓 中古 くだく・ちる・やぶる 中世 くだく・けづる・ちる・やぶる 近世 あらく・くだく・とぐ・わる

【砕金】サイキン〈細かくくだいた金の意〉字句の美しい詩文。秀作のたとえ。〈世説・文学〉
【砕錦】サイキン〈散り広がったにしきの意〉美しいもののたとえ。
【砕劇】サイゲキ〈「劇」も、繁雑の意〉こまごまとして繁雑である。また、そのようなせわしい職務。
【砕鉱】サイコウ 日鉱石をくだいて、必要な鉱物の多いつぶを分離する。例 —機。
【砕▼瑣】サイサ こまごまとしてわずらわしい。
【砕辞】サイジ 細かくてややこしく、まとまりのないことば。
【砕身】サイシン〈身をくだく〉(身をくだいて粉にするほど)一心に働く。力の限り努力する。例 粉骨—サイシンする。
【砕石】サイセキ 岩石をくだく。また、くだいた岩石。
【砕破】サイハ ①くだき、やぶる。破砕。②こわれる。▽摧破サイハ。
【砕氷】サイヒョウ 氷をくだく。例 —船。
【砕片】サイヘン くだけたかけら。破片。
【砕務】サイム 繁雑な事務。
◐玉砕ギョクサイ・破砕ハサイ・粉砕フンサイ

𥐮
石4(9) 4 8229 2542E 国字 ジャク
意味 地名に用いる字。例 𥐮打ジャクうち(=福島県の地名)。

砌
石4(9) 2 6670 780C セイ漢 サイ呉 霽 qì みぎり
意味 石などを敷きつめた階段。石段。石だたみ。みぎり。例 苔砌タイセイ(=こけむした石段)。
日本語での用法《みぎり》①「宮殿キュウデンの砌みぎり」▼雨だれを受ける庭石や敷石。②「暑あつさの砌みぎり・幼少ヨウショウの砌みぎり」▼…の折。…のころ。

砒
石4(9) 2 6671 7812 ヒ漢 支 ヘイ漢 斉 pī
意味 元素の一つ。砒素ヒソ。また、それを含む鉱物。有毒。

砆
石4(9) 4 8231 7806 フ漢 虞 fū
意味 玉ギョクのように美しい石。通 玞フ。例 砆石フセキ・砆碔フブ(=玉に似た石)。

砭
石4(9) 3 8893 782D ヘン(ヘム)漢 塩 biān
意味 ❶石ばりで治療する。❷治療に用いる石ばり。いしばり。例 砭灸ヘンキュウ。砭石ヘンセキ(=いしばり)。
【砭▼灸】ヘンキュウ はりと、やいと(=灸)を使ってする治療法。鍼灸シンキュウ。
【砭▼鍼】【砭針】ヘンシン ①石ばり。②いましめ。
【砭愚】ヘング〈愚か者に石ばりをする意〉愚者をいましめることのたとえ。〈近思・為学〉

砅
石4(9) 4 8230 7805 レイ漢 霽 lì
意味 石づたいに歩いて浅瀬を渡る。通 厲レイ。

砙
石5(10) 4 8234 7819 ガ wǎ
意味 大きな敷きがわら。

砡
石5(10) 4 8235 7821 ギク漢 屋 ギョク漢 沃 yù
意味 重なった岩石の頭がそろっているさま。

砿
石5(10) ⇨鉱コウ(1357ジベー)

砥
石5(10) 1 3754 7825 人 シ漢 紙 zhǐ テイ漢 斉 dǐ と・といし・と-ぐ
[厎] 厂5(7) 538E 本字。

なりたち [形声]「厂(=がけ)」と、音「氏テイ→シ」とから成る。柔らかな石。

意味 ❶刃物をとぐ、なめらかな石。と。といし。例 砥石シセキ。砥礪シレイ。❷みがく。また、みがき、きたえる。とぐ。❸平らにする。たいら。例 砥平シヘイ。

古訓 中古 たひらかに・と・とぐ・まと 中世 と・といし 近世 あはせど・たひらか・といし・ひとし

【砥矢】シシ〈といしと矢の意〉平らでまっすぐなもの。公平・正直のたとえ。〈詩経・小雅・大東〉から。
【砥石】シセキ・といし 刃物や石材などの面をとぐ石。
【砥柱】シチュウ 河南省三門峡の黄河の中にある山。三門山。〈柱のように立って激流にも動じないことから、乱世にあっても不屈の信念の持ち主にたとえる〉
【砥平】シヘイ といしのように平らである。
【砥磨】シマ といしでみがく。
【砥▼礪】【砥▼厲】シレイ〈「礪」は、きめの粗いといしの意〉①といし。②とぎ、みがく。③努め励む。学問を高め修養を積む。例 審二節奏一、砥二礪百姓一セッソウをつまびらかにし、ハクセイをシレイす(=節度を守り、民衆を励まし訓練する)。〈荀子・王制〉
◐青砥あおと・荒砥あらと

砠
石5(10) 2 6673 7820 ショ漢 魚 jū いしやま
意味 土におおわれた石山。いしやま。また、岩をいただく土山。通 岨ショ。

砧
石5(10) 1 2146 7827 人 チン(チム)漢 侵 zhēn きぬた
[碪] 石9(14) 2 6684 78AA 別体字。

なりたち [形声]「石(=いし)」と、音「占テン→チン」とから成る。きぬた。

意味 ❶木づちで布を打って、つやを出したり、やわらかくしたりするのに使う石の台。きぬた。例 秋至拭二清砧一あきいたりてセイチンをぬぐう

(=秋になって、きぬたのほこりを払う)。〈杜甫・擣衣〉砧声チンセイ(=きぬたを打つ音)。❷きぬたの上で布を打つ音。例 急ニ暮砧ボチンキュウなり(=夕暮れ時のきぬたの音が、せわしげに聞こえる)。〈杜甫・秋興〉❸わらや鉄などをのせて打つ台。例 鉄砧テッチン。❹ものを切るときの台。例 砧斧チンプ。

古訓 中古 かなしき・きぬいた・きぬた 中世 かなしき・かなしきいし・きぬた 近世 きぬた

人名 おと・きぬ

【砧▼鑕】チンシツ 「鑕」は、腰斬ヨウザンの刑に使う台) 罪人の首や胴を切るための台。

【砧▼杵】チンショ きぬたを打つ杵きね。また、きぬたを打つ音。

【砧▼斧】チンプ 罪人の胴を切るときの台と斧おの。

破

石5 (10) 1 3943 7834 教5

ハ 漢 呉 箇 pò

やぶる・やぶれる(やぶ-る)・わ-れる(わ-る)・わ-る・や-れ

筆順 一 厂 石 石 矿 矿 砂 破

なりたち 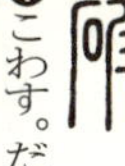 [形声]「石(=いし)」と、音「皮ヒ→ハ」とから成る。石がくだける。

意味 ❶こわす。だめにする。やぶる。こわれる。だめになる。やぶれる。例 国破山河在くにやぶれてサンガあり(=国都は崩壊したが山や河は変わらず存在している)〈杜甫・春望〉破壊ハカイ。破産ハサン。❷裂ける。開く。例 丹白自分斉破レ蕾タンパクおのずからわかれてひとしくつぼみをやぶる(=赤と白の花は自然に分かれて咲き、つぼみは一斉にほころびる)。〈王安石・次韻春日感事〉❸敵を負かす。うちやぶる。例 打破ダハ。撃破ゲキハ。❹荒れ果てた。こわれた。例 破駅ハエキ。破屋ハオク。❺わくをこえる。はみ出す。例 破格ハカク。破廉恥ハレンチ。❻なしとげる。し尽くす。例 踏破トウハ。読破ドクハ。❼…し始める。…の初め。例 破暁ハギョウ。破瞑ハメイ(=日が暮れる)。❽舞楽や能楽などで、楽曲の調子や演出の構成要素の一つ。変化の多い展開部。例 序破急ジョハキュウ。❾仮借カシャの字を、本字に読み替えて解釈する。例 破字ハジ。

古訓 中古 くだく・こぼつ・やぶる・わる 中世 くだく・こぼつ・やぶる・わる 近世 くづるる・さく・やぶるる・われる

難読 破子わりご・破籠わりご

【破駅】ハエキ 荒れてすたれている宿駅。廃駅。

【破屋】ハオク 荒れ果てた家。こわれた家。あばらや。廃屋。例 江上の破屋。〔芭蕉・おくのほそ道〕

【破▼瓜】ハカ ①〔「瓜」の字を縦に(二つに)分けると八が二つになるところから〕①(八の二倍で)女子の十六歳。例 —期(=女子の思春期)。②(八の八倍で)男子の六十四歳。③処女膜のやぶれること。

【破戒】ハカイ(=カイをやぶる) 〔仏〕宗教上の戒律をやぶる。対 持戒。

【破壊】ハカイ こわす。こわれる。対 建設。例 建物を—する。

【破格】ハカク ①普通の格式や決まりにはずれること。特別。格別。例 —の待遇を受ける。②詩や文章で、普通の決まりにはずれること。例 —の表現。

【破顔】ハガン ①緊張をゆるめ、顔の表情をやわらげて笑う。例 —一笑。②果実が熟し、花が開くたとえ。

【破棄】ハキ ①やぶりすてる。②日「破毀ハキ②」に同じ。

【破毀】ハキ ①たたきつぶす。②日 取り消す。例 原判決を—する。婚約を—する。

【破却】ハキャク ①敵を打ちやぶる。②やぶりすてる。

【破鏡】ハキョウ ①こわれた鏡。夫婦別れのたとえ。〈神異経〉例 —の嘆。—再び照らさず。②欠けて円くない月。片割れ月。

【破鏡重円】ハキョウジュウエン 別れた夫婦が元にもどる。破鏡再び合う。破鏡重合。◆陳の徐徳言が動乱に際して妻と別れるとき、鏡を二つに割って半分ずつ持ち、のちに再会して鏡も再び合したことから。……〈本事詩・情感〉

【破暁】ハギョウ 夜が明ける。しののめ。

【破局】ハキョク 日 行きづまって悪い結果になる。悲劇的な結末。終局の悲劇。例 —をむかえる。

【破獄】ハゴク ①〔仏〕地獄を開き、亡霊を救う。②囚人が牢獄ロウゴクから脱走する。牢やぶり。脱獄。破牢。

【破婚】ハコン ①婚約を破棄する。②結婚生活に失敗する。離婚。例 —の憂き目を見る。

【破砕】ハサイ やぶれ、くだける。やぶり、くだく。砕破。例 鉱石を—する。表記 旧 破▼摧

【破産】ハサン ①財産をすべて失う。②日〔法〕債務者が負債を支払えなくなったとき、財産を債権者に対して公平に弁済させるようにする、裁判上の手続き。例 —宣告。

【破算】ハサン 日〔「ご破算」の形で使い、「ゴワサン」とも〕①そろばんで、たまをはらってゼロにもどし、新しい計算の姿勢をとること。例 ご—で願いましては。②予定の計画を白紙にもどすこと。例 ご—にする。

【破字】ハジ ①仮借カシャの字を本字に読み替える。例えば、古い文献を読むときに、「易エキ」の字を「亦エキ」の仮借カシャとみて「また」と解釈すること。②文字占いで、筆画や偏旁ヘンボウ冠脚などから吉凶を判断する。

【破邪顕正】ハジャケンショウ 〔仏〕邪道や邪説を打ちやぶって、正道を広めること。〈三論玄義〉

【破水】ハスイ 出産のとき、またはその前に、羊膜がやぶれて羊水が出ること。また、その羊水。

【破船】ハセン 暴風雨などのために船がこわれる。また、こわれた船。難破船。

【破線】ハセン 日 等しい間隔に切れ目を入れた線。粗い点線。対 実線。

【破損】ハソン ものがこわれる。また、ものをこわす。例 窓ガラスを—する。

【破体】ハタイ 行書の変体。東晋トウシンの王献之オウケンシの発案による。父の王羲之オウギシの行書を少し変えた書体。

【破胆】ハタン 〔胆きもをつぶす意〕ひどく驚き恐れる。

【破綻】ハタン ①(着物が)やぶれほころびる。②事がうまく運ばなくなる。失敗する。例 —をきたす。

【破談】ハダン 日 決まっていた相談や縁談を取り消す。例 縁組みが—になる。

【破竹▼之勢】ハチクのいきおい 〔タケは最初の節を割ると、あとは簡単に割れることから〕勢いの激しいこと。〈北史・周・高祖紀〉例 —で進撃する。

【破調】ハチョウ 日 ①調子が乱れること。②音楽や詩で、リズムや音数の決まりを、途中でやぶること。

【破天荒】ハテンコウ 今までにだれもできなかったことを成しとげること。例 —の大事業。◆唐代、荊州ケイシュウからは進士の合格者が出ないため「天荒(=文明未開の荒地)」といわれていたが、劉蛻リュウゼイが初めて合格し、天荒を破ったといわれた。……〈唐摭言・二〉〈北夢瑣言・四〉

【破▼廟】ハビョウ 荒れ果ててこわれた寺やしろ。

【破風】ハフ 日 日本建築で、切り妻屋根の両側につけた山形の飾り板。搏風ハクフ。

【破片】ハヘン こわれたもののかけら。例 ガラスの—。

【破帽】ハボウ やぶれた帽子。例 弊衣—(=旧制高校の学生を象徴する粗野な服装)。

【破魔】ハマ ①〔仏〕悪魔や煩悩ボンノウを打ちやぶる。②日 わら縄を輪に組んだ、破魔弓の的。

【破魔矢】ハマや 日 破魔弓の矢。

【破魔弓】ハマゆみ 日 ①悪魔を射る弓。正月に男の子に贈られる。②棟上げ式のとき屋根に飾って、魔よけとする弓。

【破滅】ハメツ やぶれ、ほろびる。例 身の―。
【破門】ハモン ①こわれた門。また、門をこわす。②信者を宗門から除名する。③門人としての取りあつかいをやめる。一門から除名する。
【破約】ハヤク 約束をやぶる。契約を取り消す。
【破落戸】ハラクコ ①没落した旧家の子弟。②ごろつき 盛り場などをうろついて悪事をする、ならず者。世の中のあぶれ者。無頼漢ブライカン。〈水滸伝・三〉
【破倫】ハリン 日人としての道をふみはずす。
【破裂】ハレツ ①やぶれさける。②日相談がまとまらない。決裂。例 談判が―する。
【破廉恥】ハレンチ 日はじをはじとも思わないさま。はじ知らず。厚顔無恥。例 ―罪。―な言動。
【破▼牢】ハロウ 日牢をやぶって逃げる。牢やぶり。脱獄。破獄。
●看破カンパ・走破ソウハ・突破トッパ・難破ナンパ・爆破バクハ・発破ハッパ

砲
石5(10) 1 4304 7832 常用 ホウ(ハウ) 漢 効 pào つつ・おおづつ(おほづつ)

[砲] 石5(10) 旧字体。 [礮] 石16(21) 3 8916 792E 別体字。

筆順 一 丆 石 石 矽 矽 砲 砲

なりたち [形声]「石(=いし)」と、音「包ホウ」とから成る。石を発射する武器。

意味 ❶石をはじき飛ばす古代の武器。いしゆみ。❷火薬を用いて弾丸を遠くに飛ばす兵器。つつ。**おおづつ**。例 砲火カホウ・大砲タイホウ・鉄砲テッポウ。

古訓 近世 あやつりいし・いし・なる・はじきいし・ひびく

【砲煙】ホウエン 火砲を発射する時に出るけむり。例 ―をあげる。
【砲煙弾雨】ホウエンダンウ 日火砲のけむりがあたり一面にたちこめ、弾丸が雨のように降ること。激しい戦場の様子。
【砲火】ホウカ 大砲を撃つときに出る火。例 ―を交える(=交戦する)。
【砲架】ホウカ 大砲の砲身をのせた台。
【砲艦】ホウカン 主として海岸や河川を警備する、小型の軍艦。
【砲丸】ホウガン ①大砲のたま。砲弾。②日陸上競技の砲丸投げに使う、金属のたま。
【砲撃】ホウゲキ 大砲を撃って敵を攻める。
【砲口】ホウコウ 「砲門ホウモン」に同じ。
【砲座】ホウザ 大砲を据えつける台。また、その場所。
【砲車】ホウシャ 大砲をのせた車両。
【砲術】ホウジュツ 大砲を使う技術。
【砲身】ホウシン 大砲の、弾丸をつめて発射する、つつ状の部分。
【砲声】ホウセイ 大砲を撃つ音。例 ―が鳴りやまない。
【砲台(臺)】ホウダイ 大砲や兵士を敵の攻撃から守り、また敵に向かっては大砲を撃ちやすいように築いた陣地。
【砲弾】ホウダン 大砲の弾丸。砲丸。
【砲塔】ホウトウ 日要塞ヨウサイや軍艦などで、大砲や砲手を守るために、そのまわりを厚い鋼鉄で囲んだ設備。
【砲兵】ホウヘイ 大砲を使用して戦闘する兵隊。
【砲門】ホウモン ①大砲のつつ先。例 ―を開く(=砲撃を始める)。②軍艦や要塞ヨウサイの障壁などに設けた射撃用の穴。類 砲眼。▽砲口。
【砲列】ホウレツ 大砲を撃つ態勢をとるために、横一線に並べた隊形。放列。例 ―を敷く。
●火砲カホウ・号砲ゴウホウ・銃砲ジュウホウ・祝砲シュクホウ・弔砲チョウホウ・発砲ハッポウ・礼砲レイホウ

砰
石5(10) 7830 ホウ(ハウ) 漢 庚 pēng

意味 ❶強くぶつかりあう音のさま。通 硑ホウ。例 砰然ホウゼン。❷大声を出す。❸打ち破る。

【砰▼磕】ホウカイ 雷鳴。また、その音の形容。類 砰訇ホウコウ。
【砰然】ホウゼン 物音がとどろき響くさま。
【砰▼湃】ホウハイ 波や水流が激しく鳴り響くさま。
【砰砰】ホウホウ 鼓の音のさま。
【砰▼磅】ホウホウ 水流が激しく音を響かせるさま。

砬
石5(10) 4 8236 782C リュウ(リフ) 漢 緝 lì

意味 薬の材料となる石。

砺
石5(10) ⇩礪レイ(953ジペー)

硅
石6(11) 2 6675 7845 一カク(クヮク) 漢 陌 hè 二ケイ guī

意味 一やぶる。二非金属元素の一つ。硅素ケイソ。

硎
石6(11) 3 8902 784E ケイ 漢 青 xíng

研
石6(11) ⇩研ケン(943ジペー)

意味 刃物をとぐための石。といし。

砦
石6(11) 1 2654 7826 人 サイ 漢 卦 zhài とりで

なりたち [形声]「石(=いし)」と、音「柴サイ」の省略体とから成る。石のとりで。

意味 敵の侵入を防ぐために、石で囲んで作った囲み。**とりで**。例 城砦ジョウサイ。要砦ヨウサイ。

古訓 近世 しがらみ・そこ・とりで・まがき

硄
石6(11) ⇩碊サン(948ジペー)

硃
石6(11) 3 8901 7843 シュ 漢 虞 zhū

意味 鉱物の一種。朱砂シュサ。辰砂シンシャ。水銀と硫黄との化合物で、朱色の顔料に用いられる。例 硃批シュヒ。

【硃批】シュヒ 上奏文に天子が朱筆を入れて、自らの考えを示すこと。

硇
石6(11) 4 8237 7847 ドウ(ダウ) 漢 肴 náo

意味 「硇砂ドウサ(ドウシャ)」は、塩化アンモニウム。磠砂ロシャ。

硑
石6(11) 3 8904 7851 ホウ(ハウ) 漢 庚 pēng

意味 ❶爆裂する。例 硑烈ホウレツ。❷強くぶつかりあう音のさま。通 砰ホウ。参考 長硑ながえ(=大分県の地名)。

硪
石7(12) 4 8239 786A ガ 漢 歌 é

意味 がけ。例 硪碌ガロク(=切り立ったがけ)。

硴
石7(12) 2 6677 7874 国字 かき

参考 海産の二枚貝「カキ」にあてた熟字「石花」を、一字に合わせた字。

意味 人名・地名に用いる字。**かき**。例 硴江かきのえ(=熊本県の地名)。

确
石7(12) 3 8906 786E カク 漢 覚 què

意味 ❶かたい。通 確。❷たしか。通 確。❸石が多く土地がやせたさま。㊌埆カク。例 磽确コウカク(=石がごろごろとして土地がやせたさま)。❹角逐する。せりあう。㊌角。❺たたく。㊌推カク。

硯
石7(12) 1 2407 786F 人
ケン慣 ゲン漢 霰 yàn
すずり

なりたち [形声]「石(=いし)」と、音「見ケン→ゲン」とから成る。石がなめらかなさま。

意味 墨をする道具。すずり。また、学問のたとえ。例 硯北ケンポク。硯友ケンユウ。筆硯ヒッケン。

古訓 中古 すずり・すみすり 中世 すずり 近世 すずり

【硯材】ケンザイ すずりを作る材料となる石。

【同二硯席一】ケンセキをおなじうす 同じ師について学ぶ。〈北史・元暉伝〉

【硯池】ケンチ すずりの、水をためておくくぼみ。すずりの海。墨池ボクチ。類硯海。

【硯滴】ケンテキ すずりに水を差す小さなうつわ。水差し。水滴。

【硯田】ケンデン [すずりを田地にたとえたことから] 小説・随筆・評論を書くなど、文筆で生活すること。

【硯北】ケンポク [書斎で机を南向きに置き、すずりをのせると、あるじはその北側に座ることから] 手紙のあて名のわき付けとし、相手に敬意をあらわすことば。研北。

硬
石7(12) 1 2537 786C 常用
コウ(カウ)慣 ゴウ(ガウ)漢 敬 yìng
かたい(かた-し)

筆順

なりたち [形声]「石(=いし)」と、音「更コウ→ゴウ」とから成る。かたい。

意味 ❶かたい。例 硬度コウド。硬軟コウナン。❷(意志が)つよい。例 硬骨コウコツ。強硬キョウコウ。❸(文章などが)かたくるしくて練れていない。例 生硬セイコウ(=未熟で、かたいこと)。

古訓 中古 あらし・かたし・こはし 中世 あらし・かたし・くだく・こはし・ひさぐ 近世 かたし・さはり・つよし

人名 かた・かたし

【硬化】コウカ 日 ①ものがかたくなる。例 動脈—。②意見や態度がかたくなになる。例 相手の態度がますます—する。▽対軟化。

【硬貨】コウカ 日 ①金属で鋳造した貨幣。金貨・銀貨など。対紙幣。②金キンと直接に交換できる通貨。また、各国の通貨と交換できる通貨。ハードカレンシー。米ドルなど。

【硬球】コウキュウ 日 野球・テニス・卓球で使う、重くてかたいボール。対軟球。

【硬骨】コウコツ ①かたいほね。対軟骨。②意志が強く、自分の主義主張を曲げない気質。気骨キコツがあること。例—漢。

表記 ②は旧▼鯁骨

【硬式】コウシキ 日 野球・テニス・卓球などで、重くてかたいボールを使う方式。対軟式。

【硬質】コウシツ 日 質のかたいこと。かたい性質。対軟質。例—陶器。—ガラス。

【硬渋】コウジュウ 文章が未熟でやわらかみに欠け、もたついている。

【硬水】コウスイ 日 カルシウム塩やマグネシウム塩などを多く含む水。対軟水。

【硬性】コウセイ ①かたい性質。②日 がんこな。厳格な。例—憲法(=改正に、普通の法改正の場合より厳重な手続きを必要とする憲法)。▽対軟性。

【硬直】コウチョク からだなどが、こわばって自由に曲がらない。強直。例 緊張のあまり手足が—する。

【硬度】コウド 日 ①物質のかたさの度合い。特に、金属や鉱物についていう。②水の中にカルシウム塩とマグネシウム塩を含む度合いをあらわした値。

【硬軟】コウナン ①かたいことと、やわらかいこと。強硬と軟弱。例—自在。②硬派と軟派。

【硬派】コウハ 日 ①強硬な意見や思想をもつ党派。強硬派。②青少年で、異性との交遊に特に関心をもたない者の仲間。また、格闘技などに興味をもち、実践する者の仲間。例—を気取る。③新聞の政治・経済・社会制度関係の記事を担当する記者。▽対軟派。

【硬筆】コウヒツ ①力強い筆法。②日 鉛筆・ペン・ボールペンなど、先のかたい筆記具。対毛筆。例—習字。

【硬変】コウヘン 日 かたく変化する。例 肝—。

●強硬キョウコウ・生硬セイコウ

硤
石7(12) 4 8238 7864
キョウ慣 コウ(カフ)漢 洽 xiá

意味 ❶谷あい。はざま。通峡コウ。例 硤路コウロ(=せまい道)。❷せまい。通狭コウ。

硨
石7(12) 3 8905 7868
シャ漢呉 麻 chē

意味「硨磲シャコ」は、シャコガイ。

硝
石7(12) 1 3043 785D 常用
ショウ(セウ)漢 蕭 xiāo

[硝] 石7(12) —— 旧字体。

筆順

なりたち [形声]「石(=いし)」と、音「肖ショウ→ショウ」とから成る。火薬に用いられる鉱石。

意味 鉱石の名。火薬・肥料・ガラスの原料となる、無色でガラス状の結晶。例 硝煙ショウエン。硝石ショウセキ。

古訓 中古 ささらいし 中世 さざれいし 近世 かたし

【硝煙】ショウエン 日 火薬の爆発や銃砲の発射によって出るけむり。例—弾雨(=火薬のけむりが立ちこめ、弾丸が雨のように飛ぶこと)。

【硝酸】ショウサン 日 窒素化合物で、無色でにおいの激しい液体。湿度の高い空気中で煙を出す。爆薬・肥料などの原料。

【硝子】 一 ショウシ 水晶。二 ガラス 珪砂ケイシャ・炭酸ソーダ・石灰石などを混ぜ、高温でとかし、冷やしたもの。

【硝石】ショウセキ 硝酸カリウムのこと。無色または白色の結晶。火薬や肥料などの原料になる。

【硝薬】ショウヤク 火薬。

硲
石7(12) 1 4003 7872
ヨク漢 沃 yù
はざま

意味 石のごろごろしている谷間。たにあい。はざま。通峪ヨク。

硫
石7(12) 1 4618 786B 常用
リュウ(リウ)漢 ル呉 尤 liú
付表 硫黄いおう

筆順

なりたち [形声]「石(=いし)」と、音「流リュウ」の省略体とから成る。いおう。

意味 火山地帯に産する黄色の鉱物。火薬やマッチなどの原料となる。いおう。例 硫黄いおう。硫酸リュウサン。

古訓 中古 ゆわう 近世 いわう・たかのめ

【硫黄】いおう・ゆおう 黄色い結晶の元素。青白い炎を出して燃える。火薬・マッチ・医薬品の原料など、用途が広い。流黄リュウコウ。元素記号S

【硫安】(アリュウン) 日「硫酸アンモニウム」の略。水にとけやすい、無色透明の結晶。肥料に用いる。

【硫化】(リュウカ) 日硫黄(いおう)と化合する。例 ―水素。

【硫酸】(リュウサン) 日無色無臭で、ねばりけのある、強い酸性の液体。酸化力が大きく、化学工業で広く用いられる。

𥓙
石8(13) 4 8240 254D9 国字 うす

意味 地名に用いる字。例 茶𥓙山(ちゃうすやま)(=京都府の山名)。

硤
石8(13) 4 8243 78A4 エイ漢 庚 yīng

意味 ❶川原の石。❷模様のある石。

碍
石8(13) 1 1923 788D ガイ漢 ゲ呉 隊 ài さまた-げる(さまた-ぐ)

[礙] 石14(19) 2 6708 7919 本字。

意味 さえぎる。**さまたげる**。例 碍子(ガイシ)。障碍(ショウガイ)(=障害)。融通無碍(ユウズウムゲ)(=何ものにもとらわれず、自由である)。

参考 「碍」と「礙」とは、ほとんど同じように用いられるが、慣用で「碍子」は「礙子」とは書かない。

【碍子】(ガイシ) 日電線を架設するときに使う、絶縁用の陶磁器やプラスチックなどの器具。

碕
石8(13) 1 2676 7895 キ漢 支 qí さき

[𥔎] 石9(14) 3 8909 2550E 俗字。

意味 岸の突き出た所。湾曲した岸。**さき**。例 碕岸(ガキン)(=湾曲した川岸)。

碁
石8(13) 1 2475 7881 常用 キ漢 ゴ呉 支 qí

筆順 一 廿 甘 甘 其 其 其 碁

なりたち [形声]「石(=いし)」と、音「其(キ)」とから成る。ごいし。

参考 本字は「棊」。「棋」は別体字。

意味 白と黒の石を交互に置いて相手の石や陣地を取る遊び。**ご**。例 碁石(ゴいし)。碁盤(ゴバン)。囲碁(イゴ)。

古訓 中世 ゴ 近世 ゴ・キゴ

【碁石】(ゴいし) 碁を打つときに使う、平たい円形の小石。白一八〇個、黒一八一個でひと組み。

【碁▼笥】(ゴけ) 日白と黒の碁石を別々に入れておく、二つひと組みのいれもの。円形で、ふたがある。碁器。

【碁敵】(ゴがたき) 碁を打って遊ぶ相手。

【碁盤】(ゴバン) 碁を打つのに使う方形の盤。縦横それぞれ一九本の線が引いてある。例 ―縞(じま)。―の目。

碎
石8(13) ⇨砕(サイ)(944ジペー)

碊
石8(13) 4 8241 788A サン漢 潸 zhàn

[𥒎] 石6(11) 3 8894 2548E 俗字。

意味 かけはし。通桟。

碓
石8(13) 1 1716 7893 人 タイ漢呉 隊 duì うす・からうす

なりたち [形声]「石(=いし)」と、音「隹(スイ→タイ)」とから成る。うす。

意味 石臼(いしうす)。**からうす**。**うす**。地面を掘って石臼を据え、足や水力で杵(きね)を動かし、穀物を搗(つ)く仕掛けの農具。例 碓声(タイセイ)(=からうすの音)。

古訓 中古 うす・からうす 中世 うす・からうす 近世 いしうす・からうす

難読 碓氷峠(うすいとうげ)

【碓▼舂】(タイショウ) 石うすでつく。類 碓擣(タイトウ)。

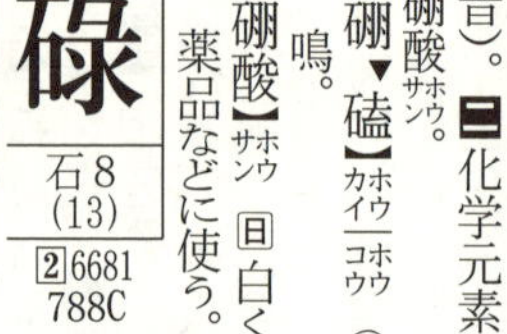

[碓]

碇
石8(13) 1 3686 7887 テイ漢 径 dìng いかり

[矴] 石2(7) 4 8227 77F4 別体字。

意味 船が流されないように水底に落とす鉄のおもり。もとは石を用いた。**いかり**。また、いかりをおろす。例 碇宿(テイシュク)(=いかりをおろして船がとまる)。碇泊(テイハク)。

【碇泊】(テイハク) いかりをおろして船がとまる。碇宿。表記 現停泊

碆
石8(13) 2 6678 7886 ハ漢 歌 bō やさき

意味 いぐるみ(=糸つきの矢)に、石のやじりをつける。また、そのやじり。**やさき**。

難読 臼碆崎(うすばえざき)(=高知県の地名)

碚
石8(13) 2 6680 789A ハイ漢 賄 bèi

意味 ❶「碚磊(ハイライ)」は、積み重なった岩。❷「碚礧(ハイライ)」は、花のつぼみ。蓓蕾(ハイライ)。

碑
石8(13) ⇨碑(ヒ)(949ジペー)

碔
石8(13) 4 8242 7894 ブ漢 ム呉 麌 wǔ

意味 ❶軽石。❷「碔砆(ブフ)」は、玉(ギョク)のように美しい石。武夫(ブフ)。珷玞(ブフ)。

硼
石8(13) 2 6679 787C 一 ホウ(ハウ)漢 庚 pēng 二 ホウ péng

意味 一 ❶ぶつかる。❷音の形容。例 硼隠(ホウイン)(=大きな音)。二 化学元素の名。硼素(ホウソ)。また、その化合物の名。例 硼酸(ホウサン)。

【硼▼磕】(ホウカイ/ホウコウ) ①さまざまな音の混じり合うさま。②雷鳴。

【硼酸】(ホウサン) 日白くてつやのある、うろこのような形の結晶。医薬品などに使う。例 ―軟膏(ナンコウ)。

碌
石8(13) 2 6681 788C 一 ロク漢 屋 lù 二 リョク漢 ロク呉 沃 lù

意味 一 ❶いそがしい。せわしい。例 忙碌(ボウロク)。❷⇨【碌碌】 二 「碌青(ロクショウ)」は、鉱物の一種、孔雀石(クジャクセキ)。

【碌碌】(ロクロク) ①小石のごろごろしているさま。②平凡で無能なさま。例 ―として老いてしまう。③日[下に打ち消しのことばをともなって]満足に。よく。十分に。ろくに。例 ―眠っていない。

碗
石8(13) 1 4750 7897 人 ワン漢 旱 wǎn

なりたち［形声］「石(=いし)」と、音「宛(ｴﾝ)」とから成る。まるい陶製の容器。
意味 飲食物を盛る、まるい入れもの。こばち。**わん**。通椀(ﾜﾝ)。例 茶碗(ﾁｬﾜﾝ)。
古訓 中古 まり・もひ 中世 もひ 近世 まり・もひ

碞
石9(14) 4 8245 789E ガン(ガム)漢 咸 yán
意味 岩が高くけわしいさま。通巌(ｶﾞﾝ)。

［碕］
石9(14) ⇩碕(ｷ)(948ページ)

碣
石9(14) 2 6682 78A3 ケツ漢 屑 jié いしぶみ・かみ・たていし
意味 ❶頭頂部が円い形の石碑。**いしぶみ**。例 碣石(ｹｯｾｷ)。碑碣(ﾋｹﾂ)(=石碑)。❷高くそびえ立つさま。
【碣石】(ｹｯｾｷ) ①禹(ｳ)王の時代、黄河の北で、海の近くにあったとされる山の名。〔一説に、現在の河北省昌黎(ｼｮｳﾚｲ)県にあったとする〕〈書経・禹貢〉②石碑。

磁
石9(14) 1 2807 78C1 教6 シ漢 ジ呉 支 cí
［磁］石9(14) —— 旧字体。

筆順 一 ア 石 矿 矿 砬 磁 磁
なりたち［形声］「石(=いし)」と、音「茲(ｼ)」とから成る。鉄を引きつける鉱石。

意味 ❶鉄を引きつけ、南北を指し示す性質をもつ鉱物。例 磁気(ｼﾞｷ)。磁石(ｼﾞｼｬｸ)。❷せともの。焼き物。通瓷(ｼﾞ)。例 磁器(ｼﾞｷ)。青磁(ｾｲｼﾞ)。白磁(ﾊｸｼﾞ)。

古訓 近世 はりすひいし
【磁界】(ｼﾞｶｲ) 日 磁力が作用している範囲。磁場(ｼﾞﾊﾞ・ｼﾞｼﾞｮｳ)。

【磁気】(ｼﾞｷ) 日 南北を指したり、鉄などを引きつけたりする磁石の性質。また、磁石どうしや、磁石と電流との間の作用。例 —嵐(ｱﾗｼ)。—を帯びる。

【磁器】(ｼﾞｷ) 高温で焼き上げた、質がかたく吸水性のない、半透明の焼き物。陶器。

【磁極】(ｼﾞｷｮｸ) 日 ①磁石の両はしで、鉄を引きつける力の最も強いところ。N極(=正極)とS極(=負極)がある。②地球上で磁力の最も強い場所。例 北(ﾎｸ)—。

【磁石】(ｼﾞｼｬｸ・ｼﾞｾｷ) ①鉄を引きつける性質をもつ物質。マグネット。②日 南北の方角を知るための器具。磁石盤。コンパス。

【磁針】【磁▼鍼】(ｼﾞｼﾝ) 中央部を支えて、水平に回転できるようにした小形の磁石。両はしが南北を示す。磁石盤のはり。

【磁性】(ｼﾞｾｲ) 磁気を帯びた物体が示す性質。

【磁場】(ｼﾞﾊﾞ・ｼﾞｼﾞｮｳ) 日「磁界(ｼﾞｶｲ)」に同じ。

【磁力】(ｼﾞﾘｮｸ) 日 磁気のはたらく力。磁気力。
●青磁(ｾｲｼﾞ)・電磁(ﾃﾞﾝｼﾞ)・白磁(ﾊｸｼﾞ)

碩
石9(14) 1 3257 78A9 人 セキ漢 陌 shuò おお-きい(おほ-いなり)

［碩］石9(14) 2 6683 78B5 俗字。

なりたち［形声］「頁(=あたま)」と、音「石(ｾｷ)」とから成る。頭が大きい。

意味 ❶(頭が)大きい。**おおきい**。例 碩鼠(ｾｷｿ)。❷人柄もよく学問にすぐれた。立派な。例 碩学(ｾｷｶﾞｸ)。碩士(ｾｷｼ)。碩人(ｾｷｼﾞﾝ)。❸石のようにかたい。例 碩交(ｾｷｺｳ)(=かたい友情)。

古訓 中古 おほいなり・おほきなり・ねがふ・よし 中世 おほいなり・さだむ・ひろし 近世 おほいなり・おほがしら・みつる
人名 おお・ひろ・ひろし・みち・みつ・みつる・ゆたか
【碩学】(ｾｷｶﾞｸ) 学問が広く深いこと。また、学問を広く深く修めた人。大学者。例 一代の—。

【碩言】(ｾｷｹﾞﾝ) 口から出まかせのことば。大言(ﾀｲｹﾞﾝ)。

【碩士】(ｾｷｼ) えらい人。立派な人格の人。碩人。

【碩師】(ｾｷｼ) 大学者。

【碩儒】(ｾｷｼﾞｭ) 大学者。碩学。

【碩人】(ｾｷｼﾞﾝ) ①立派な人。すぐれた徳のある人。偉人。碩士。例 碩人其頎(ｾｷｼﾞﾝｿﾚｷﾅﾘ)(=立派なあの人はすらりと背が高い)。〈詩経・衛風・碩人〉②美人。

【碩▼鼠】(ｾｷｿ) ①大きなネズミ。②詩経・魏風(ｷﾞﾌｳ)の篇名(ﾍﾝﾒｲ)。

【碩大】(ｾｷﾀﾞｲ) ①容姿が立派で、徳がそなわっている。②からだが大きくて、太っている。

【碩徳】(ｾｷﾄｸ) 徳の高い人。特に、徳の高い僧。

【碩望】(ｾｷﾎﾞｳ) すぐれた徳によって人望を集めている。また、その人。

【碩茂】(ｾｷﾓ) ①草木が生い茂る。転じて、子孫が繁栄する。②学問・徳行にすぐれている。また、その人物。

【碩量】(ｾｷﾘｮｳ) 度量が広い。また、器量の大きい人物。

【碩老】(ｾｷﾛｳ) 徳の高い、博学な老人。

碝
石9(14) 4 8244 789D ゼン漢 銑 ruǎn
意味 玉(ｷﾞｮｸ)のように美しい石。例 碝石(ｾﾞﾝｾｷ)。

碟
石9(14) 4 8246 789F チョウ(テフ)漢 葉 dié
意味 浅くて小さなうつわ。さら。例 菜碟(ｻｲﾁｮｳ)。

［碪］
石9(14) ⇩砧(ﾁﾝ)(944ページ)

碭
石9(14) 3 8910 78AD トウ(タウ)漢 漾 dàng
意味 ❶模様のある石。例 碭基(ﾄｳｷ)(=美しい石の垣根)。❷あふれる。通蕩(ﾄｳ)。❸安徽(ｱﾝｷ)省にある山の名。

［碯］
石9(14) ⇩瑙(ﾉｳ)(878ページ)

碑
石9(14) 1 4074 7891 常用 ヒ漢 支 bēi いしぶみ
［碑］石8(13) 3 8907 FA4B 人 旧字体。

筆順 一 ア 石 矿 砷 砷 碑 碑
なりたち［形声］「石(=いし)」と、音「卑(ﾋ)」とから成る。立てた石。石柱。

意味 ❶棺を墓穴に下ろすために立てた石柱。❷太陽の影を測るために立てた木柱や石柱。❸文章を彫りこんで記念として立てた石。また、その文章。**いしぶみ**。例 碑文(ﾋﾌﾞﾝ)。歌碑(ｶﾋ)。墓碑(ﾎﾞﾋ)。

古訓 中古 しるす・ふむだ 中世 いしぶみ・しるし・しるす 近世 いしぶみ・うしつなぎ・たていし
【碑陰】(ﾋｲﾝ) 石碑の裏面。また、そこに刻んだ文章。

【碑▼碣】(ﾋｹﾂ) 石碑。

【碑刻】(ﾋｺｸ) ①「碑文(ﾋﾌﾞﾝ)①」に同じ。②「碑帖(ﾋｼﾞｮｳ)」に同じ。

【碑▼帖】(ﾋｼﾞｮｳ) 石碑から刷り取った拓本を編集した法帖(ﾎｳｼﾞｮｳ)。習字の手本。碑刻。

【碑文】(ﾋﾌﾞﾝ) ①石碑に彫りこまれた文章。碑刻。類 碑誌。②文体の一つ。死者の業績をたたえたもの。

【碑銘】ヒメイ 石碑に彫りこまれたことば。特に、韻文をいう。●歌碑カヒ・句碑クヒ・墓碑ボヒ

碧 石9(14) 1 4243 78A7 人

ヘキ漢 陌 bì
みどり・あお（あを）・あお-い（あを-し）

なりたち 碧 [形声]「王（＝たま）」と「石（＝いし）」と、音「白ハク→ヘキ（＝青白色）」とから成る。

意味 ❶青みがかった美しい石。例 碧玉ヘキギョク。❷緑がかった青色。こい青色。**あお。みどり。** 例 江碧鳥逾白かわはみどりにしてとりはいよいよしろし（＝川の水はみどりに澄んで、鳥はいっそう白くきわだっている）。〈杜甫・絶句〉 碧眼ヘキガン。紺碧コンペキ。

古訓 中古 あをし・あをやかに・たま・みどり 中世 あをし・たま・みどり 近世 みどり・みどりのいし

人名 きよし・たま

【碧宇】ヘキウ 青空。
【碧雲】ヘキウン ①青みがかった雲。蒼雲ソウウン。②天の果て。遠方。
【碧円】ヘキエン ハスの葉。〈孟郊・城南連句〉
【碧瓦】ヘキガ 青色のかわら。
【碧海】ヘキカイ 青い海。青海原あおうなばら。
【碧▼澗】ヘキカン 青く澄んだ水流の谷川。
【碧眼】ヘキガン ①青色の目。②西洋人。例 紅毛—。
【碧虚】ヘキキョ ①（「虚」は、虚空コクウの意）天空。例 寒江動二碧虚一カンコウヘキキョをうごかす（＝寒々とした川が青空のもとにうごめいている）。〈杜甫・秋野〉②水。
【碧玉】ヘキギョク ①青緑色の玉。②空や水が青く澄んでいるさま。③石英の一種。質が細かく不透明で、黄・赤・茶・暗緑・暗青色などがあり、装飾用に使われる。
【碧空】ヘキクウ 青く晴れわたった空。あおぞら。類 碧天・碧霄。例 孤帆遠影碧空尽コハンのエンエイヘキクウにつく（＝たった一つの舟の遠い帆かげは青空のかなたに消えた）。〈李白・黄鶴楼送孟浩然之広陵〉
【碧血】ヘッケツ 忠義・忠誠のたとえ。〔春秋時代、周の萇弘チョウコウは君主をいさめたが聞き入れられず、蜀ショクに流され自殺した。三年の後、地中でその血は碧玉になったという故事〈荘子・外物〉から〕
【碧▼梧】ヘキゴ アオギリの木。梧桐ゴトウ。例 碧梧棲老鳳凰枝ヘキゴにすみおゆホウオウのえだ（＝鳳凰がアオギリの枝にすみつき老いている）。〈杜甫・秋興〉
【碧▼紗】ヘキサ 青緑色のうすぎぬ。
【碧山】ヘキザン 樹木の青々としげった山。例 問レ余何意棲二碧山一ヨニとうなんのイありてかヘキザンにすむ（＝人は尋ねる、どういうつもりで緑深い奥山に住むのかと）。〈李白・山中問答〉
【碧樹】ヘキジュ ①緑色に茂った木。②碧玉でできているという木。宝樹。〈淮南・墬形〉
【碧城】ヘキジョウ 仙人が住むという城。
【碧水】ヘキスイ こい青色に澄んだ水。深く青い水をたたえた川。類 碧流。
【碧▼蘚】ヘキセン 青緑色のコケ。類 碧苔ヘキタイ。
【碧窓】ヘキソウ 碧紗ヘキサをかけた窓。
【碧▼潭】ヘキタン 青々とした水をたたえた淵ふち。
【碧波】ヘキハ 青々とした波。類 碧浪。
【碧羅】ヘキラ 青色のうすぎぬ。
【碧落】ヘキラク あおぞら。碧空。例 上窮二碧落一下黄泉うえはヘキラクをきわめしたはコウセン（＝（道士は）はるか天上までのぼりつめ、下界は地中深くまで（楊貴妃ヨウキヒの姿を）さがし求めた）。〈白居易・長恨歌〉
【碧緑】ヘキリョク 深いみどり色。
【碧瑠璃】ヘキルリ ①青色の宝石。②青々と澄んだ水や青空のたとえ。例 山深い湖の—の水面。

碰 石9(14) 3 8908 78B0

ポン・ホウ pèng

意味 ❶ぶつかる。通 掽ホウ。❷麻雀ジャンの用語。ポン。参考 平碰ひらばえ（＝姓）。

磤 石10(15) 3 8911 78E4

イン漢 オン呉 吻 yǐn

意味 雷鳴。例 磤磤インイン（＝雷鳴のさま）。難読 磤馭慮島おのごろじま

磈 石10(15) 4 8248 78C8

カイ（クヮイ）漢 賄 kuǐ

意味 ⇩【磈磊】カイライ

【磈▼磊】カイライ ①でこぼこした石が積み重なったさま。②心に不平をいだくさま。③木に節が多いさま。

磑 石10(15) 2 6686 78D1

一 ガイ（グヮイ）漢 隊 wèi
二 ガイ漢 灰 ái

意味 一 ❶石製の臼うす。**いしうす。** ❷いしうすでひく。例 磑磨ガイマ。あらと・いしうす・すりうす 二 ⇩【磑磑】ガイガイ

【磑磑】ガイガイ ①高いさま。②積み重なったさま。③堅固ケンゴなさま。④白くひかるさま。例 白刃磑磑ハクジンガイガイたり（＝白刃がきらきらとひかる）。〈枚乗・七発〉
【磑磨】ガイマ いしうすでひく。迷信で、死後の世界での刑罰の一つ。

確 石10(15) 1 1946 78BA 教5

カク漢 覚 què
たしか・たしかめる（たし-かむ）・しか-と・しっか-り

筆順 丆 石 石 石冖 矿 砕 碎 確

なりたち [形声] 本字は「确」で、「石（＝いし）」と、音「角カク」とから成る。かたい。

意味 ❶かたい。しっかりしている。かたまって動かない。例 確固カッコ。確然カクゼン。❷はっきりして間違いがない。本当の。**たしか。** 例 確認カクニン。正確セイカク。

日本語での用法 《たしかめる》「事実ジジツを確たしかめる・相手あいての意思イシを確たしかめる」▼間違いがないかどうか、はっきりさせる。

古訓 中古 かたし・まこと 中世 かたし・まこと 近世 かたし

人名 あき・あきら・かた・かたし

【確言】カクゲン 日 はっきりと言いきる。また、そのことば。例 将来について—する。
【確志】カクシ しっかりとして、ものに動じることのない志。
【確執】カクシツ ①はっきりと認める。②日 自分の説をかたくなに主張してゆずらない。固執。例 あくまで自説を—する。③日 争い。不和。例 二人のあいだに—が生じる。
【確実】カクジツ たしかで間違いない。例 —な情報。—に実行する。当選—。
【確守】カクシュ しっかりとかたく守る。例 命令を—する。
【確商】カクショウ （「商」は、相談する意）きっちりと話し合う。よく協議する。
【確証（證）】カクショウ たしかな証拠。はっきりした証拠。例 —がない。
【確信】カクシン かたく信じて疑わない。例 成功を—する。
【確然】カクゼン たしかで、しっかりと定まっているさま。例 —たる態度。
【確定】カクテイ はっきりと決まる。たしかに決める。例 —申告。順位が—する。
【確度】カクド 日 たしかさの度合い。例 —の高い情報。
【確答】カクトウ 日 はっきりした返事。例 —を避ける。

【確認】日たしかにそうだと、みとめる。例身元の―。安全を―する。

【確聞】しっかりと聞き取る。また、信用できる話。

【確保】日しっかり手に持っている。また、確実に自分のものにする。例食糧を―する。

【確報】たしかな知らせ。例―がはいる。

【確約】日はっきりと約束する。たしかな約束。例―を取る。実行を―する。

【確立】日しっかりと打ち立てる。確固として動かないものにする。例自分の文体を―する。

【確率】日ある現象の起こりうる度合い。公算。たしからしさ。例実験が成功する―は五分五分だ。

【確論】たしかな議論。詳しくて間違いのない評論。

【確固】【確▼乎】しっかりして動かないさま。たしかなさま。例―不動。―たる信念。
●正確・精確・的確・明確

碻
石10（15）④8247 78BB　カク漢 覚 què
意味 しっかりしている。かたい。通確。

磆
石10（15）②6687 78C6　カツ漢 黠 huá
意味 鉱物の名。滑石。やわらかく、滑材や薬品などに利用される。なめらかなるいし。

磎
石10（15）④8250 78CE　ケイ漢 斉 xī
意味 谷間を流れる川。たに。通渓。例磎壑（=深い谷）。

磕
石10（15）④8251 78D5　カイ漢 泰 コウ（カフ）漢 合 kē
意味 ぶつかる。ぶつける。また、その音。例磕碰（=つきあたる）。磕頭（=頭を地に打ちつけてお辞儀する。叩頭）。

磋
石10（15）②6688 78CB　サ漢呉 歌 cuō　みが-く
意味 象牙や角などをみがいて、細工をする。また、はげむ。努力する。みがく。例如切如磋如琢如磨（=クするがごとく、マするがごとし）（=象牙を切りみがき、玉石をのみで彫りみがくように、学問修養して自分をみがく）。〈詩経・衛風・淇奥〉切磋琢磨。

磔
石10（15）②6689 78D4　タク漢 陌 zhé　はりつけ
意味 ❶罪人のからだを引き裂いて殺す、古代の刑罰。車裂きの刑。例磔刑。車磔。❷永字八法の一つ。右はらい。捺。例波磔（=右はらい）。

日本語での用法《はりつけ》「磔柱」▼罪人を柱にしばりつけて槍で突き殺す、昔の刑罰。

【磔刑】①からだを引き裂く刑罰。②日はりつけの刑。例―に処す。

【磔▼禳】【磔▼攘】ヒツジなどのいけにえの動物を裂いて供え、災いを除くようにする。

碾
石10（15）②6690 78BE　テン慣 デン漢 銑 niǎn　うす・ひ-く
意味 穀物や茶をひいて、細かくする道具。ひきうす。石うす。うす。また、石うすでひいて細かくする。ひく。例碾茶。碾臼。碾き割り麦。
【碾茶】石うすでひいた茶の葉。また、それでたてた茶。

磌
石10（15）④8249 78CC　テン漢 先 シン漢 真 tián
意味 ❶石が落ちる音。例磌然。❷柱の下におく礎石。いしずえ。

磐
石10（15）①4056 78D0 人　ハン漢 バン呉 寒 pán　いわ（いは）
なりたち［形声］「石（=いし）」と、音「般」とから成る。どっしりとした岩。
意味 ❶大きくてどっしりとした岩。いわお。いわ。例磐石。❷わだかまる。とどこおって動かない。❸⇒【磐牙】
日本語での用法《バン》《いわ》「磐越・磐州・常磐・磐代」▼旧国名「磐城」の略。
古訓 中古いは・おほいし・ちびきのいし 近世いは・いはほ 中世いは・おほいし・ちびきのいし
人名 いわお
【磐城】日旧国名の一つ。今の福島県東部と宮城県南部にあたる。磐州。
【磐牙】互いに結びつく。結託する。類磐互。
【磐石】①大きないし。いわお。②非常にかたく、しかも安定していて、動かないこと。例―の備え。―の体制。
▽盤石。

磅
石10（15）②6692 78C5　一ホウ（ハウ）漢 陽 pāng　二ホウ（ハウ）漢 陽 páng　三ポンド bàng
意味 一 石や水の落ちる音などの形容。❷⇒【磅唐】二❶⇒【磅礴】三〔英 pound の音訳〕❶ヤードポンド法の重さの単位。ポンド。パウンド。〔日本では「封」の字をあてる〕一六オンス（=約〇・四五キログラム）。❷イギリスの貨幣の単位。一ポンドは一〇〇ペンス。

【磅唐】広がりはびこるさま。特に、いろいろな音があたりに響きわたるさま。

【磅▼磕】雷の音の形容。

【磅▼礴】①広大で限りないさま。②充満しているさま。はびこって、ふさがっているさま。▽旁薄。旁魄。

碼
石10（15）②6691 78BC　マ慣 バ漢 メ呉 馬 mǎ　ヤード
意味 ❶「碼瑙・碼碯」は、緑・くれない・白などの、しま模様のある宝石。瑪瑙。馬瑙。❷ヤード。ヤール。ヤードポンド法の長さの単位。三フィート（=約九一センチメートル）。❸「号碼」は、数であらわした記号。例四角号碼（=漢字の検索法の一つ。漢字の四隅の形を四つの数字に置き換えて引く）。

磊
石10（15）②6693 78CA　ライ漢 賄 lěi
意味 ❶たくさんの石が重なりあっているさま。例磊磊。❷広く大きいさま。例磊落。

【磊塊】①石のかたまり。②多くの石が重なりあっているさま。また、そのように不平不満が多いさま。磊嵬。磊磈。

【磊▼嵬】【磊▼磈】「磊塊②」に同じ。

【磊▼砢】①多くの石が積み重なっているさま。②壮大なさま。③特別な才能。異才。奇才。

【磊磊】①多くの石が積み重なっているさま。②心が広く、こせこせしないさま。

【磊落】①心が広く、細かいことにこだわらないさま。例豪放―。②数が多いさま。③人や山などが立派なさま。

磡 石11(16) 4 8253 78E1 カン(カム)漢 勘 kàn

意味 がけの下。がけ。

磬 石11(16) 2 6694 78EC ケイ漢 キョウ(キャウ)呉 径 qìng

意味 ❶石や玉ギョクで作られた「へ」の字形の打楽器。つりさげて、ばちで打ち鳴らす。一つだけのものと、大小いくつかをつらねたものとがある。例 石磬セッケイ。❷寺院で僧を呼び集めるときに鳴らす銅製の鉢型の楽器。❸「❶」の形に首つりにして殺す刑罰。

【磬鐘】ケイショウ 磬とつりがね。奏楽の基本の楽器。

【磬折】ケイセツ 「磬❶」の形のように身を「へ」の字に折り曲げてする礼。

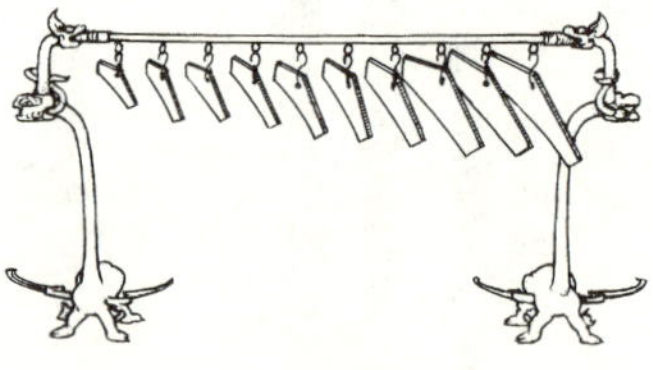

[磬❶]

磧 石11(16) 2 6701 78E7 セキ漢 シャク呉 陌 qì かわら(かはら)

意味 ❶川の中の小石や砂の重なっている所。中州。**かわら**。例 磧礫セキレキ。❷急流。早瀬。❸すなはら。砂漠。例 磧中セキチュウ。

【磧沙】セキサ 〔河原の砂の意〕水中の砂の積もった場所。

【磧中】セキチュウ 砂漠のなか。

【磧▼礫】【磧歴】セキレキ ①河原の小石。②水が浅くて、砂や小石が見えること。

磚 石11(16) ⇨甎セン(883ジペー)

磦 石11(16) 4 8254 78E6 ヒョウ(ヘウ)漢 蕭 biāo

意味 ❶山の峰が突き出ているさま。❷赤色の顔料。

磨 石11(16) 1 4365 78E8 常用 一 バ漢 マ呉 箇 mò 二 バ漢 マ呉 歌 mó **みがく**・うす・と-ぐ・す-る

[磨] 石11(16) —— 旧字体。

筆順 亠 广 庁 床 麻 麽 磨 磨

なりたち [形声] 本字は「礳」で、「石(=いし)」と、音「靡ビ→バ」とから成る。いしうす。

意味 一❶**うす**。いしうす。例 石磨うす。茶磨チャうす。❷うすをひく。二❶**する**。すりへる。また、すりへらす。例 磨滅メツ。磨耗モウ。❷こすりみがく。(刃物を)**みがく**。**とぐ**。例 研磨ケンマ。❸努めはげむ。きたえる。例 磨琢タク。錬磨レンマ。切磋琢磨セッサタクマ。❹消滅する。ほろびる。❺困難や障害に遭う。また、困難。災難。例 磨折セツ。好事多レ磨コウジマおおし。❻外国語の「マ」の音にあてる字。例 達磨ダルマ。羯磨カツマ(=作法)。

日本語での用法 《ま》「球磨川くまがわ・須磨すま(=地名)」▼「ま」の音にあてる万葉がな。

古訓 中古 くだく・する・とぐ・みがく 中世 うす・する・とぐ・みがく 近世 いしうす・する・とぐ・みがく

人名 おさむ・きよ

【磨崖】マガイ 岩壁に彫りこむ。例 —仏。

【磨▼磑】マガイ ひきうす。類 磨子マシ。

【磨勘】マカン ①唐・宋ソウ代、役人の成績や昇進を考査したこと。②科挙(=官吏登用試験)で、郷試キョウシ(=地方試験)や会試(=中央試験)の答案を再審査すること。③改めて調べ、学問を究める。

【磨研】マケン みがき、とぐ。転じて、表面をすりへらす。

【磨▼淬】マサイ ①刀剣などをといだり、焼いて水につけたりする。②人格や学問をみがきあげる。

【磨石】マセキ ①いしうす。②といし。

【磨折】マセツ 災難や困難なことに出遭い、悩む。また、災難。困難。類 磨難。

【磨損】マソン 機械などが摩擦によってすりへる。磨滅。摩損。

【磨▼琢】マタク みがく。人格や学問を高めるために努力する。琢磨。

【磨滅】マメツ すりへる。すりへらす。摩滅。例 —した活字。

【磨耗】マモウ 〔「モウ」は慣用読み。本来は「コウ」〕すりへる。摩耗。例 部品が—する。

【磨励】【磨▼厲】【磨▼礪】マレイ ①とぎ、みがく。②学問や技芸などに努めはげむ。

●研磨ケンマ・達磨ダルマ・練磨レンマ・錬磨レンマ

磠 石11(16) 4 8252 78E0 ロ漢 麌 lǔ

意味 「磠砂ロシャ」は、塩化アンモニウム。硇砂ドウサ。

磵 石12(17) 3 8913 7900 カン漢 諫 jiàn

意味 山にはさまれた水流。たに。たにがわ。通 澗カン。例 磵壑カンガク(=谷川)。

磯 石12(17) 1 1675 78EF 人 キ漢 微 jī いそ

なりたち [形声]「石(=いし)」と、音「幾キ」とから成る。大きな岩に水がぶつかる。また、そのように感情が高ぶる。

意味 ❶水の流れが岩に激しくぶつかる。❷水上に突き出た大きな岩。❸石の多い水辺。

日本語での用法 《いそ》「磯千鳥ちどり・磯釣いそづり・磯辺いそべ」▼海の岩石の多い波うちぎわ。

古訓 中世 いそ・なづ 近世 いそ・す・なでる

人名 し

難読 磯馴松そなれまつ

磲 石12(17) 3 8912 78F2 キョ漢 コ呉 魚 qú

意味 「硨磲シャコ」は、シャコガイ。

磽 石12(17) 2 6703 78FD コウ(カウ)漢 肴 qiāo かた-い(かた-し)・こわ-い(こは-し)

意味 ❶かたい石。**かたい**。❷土地がかたくて、やせている。かたくて、耕せない。**こわい**。通 墝コウ。例 磽确コウカク。

【磽▼确】コウカク ①土地がかたく、やせている。また、やせ地。墝埆コウカク。類 磽瘠コウセキ。②石が多く、ごつごつしたかたい道。③かたい石。▽類 磽薄ハク。

【磽肥】コウヒ やせた土地と肥えた土地。

磺 石12(17) ⇨鉱コウ(1357ジペー)

礁 石12(17) 1 3044 7901 常用 ショウ(セウ)漢 蕭 jiāo

筆順 一 ア 石 石' 矿 矿 碓 礁

なりたち [形声]「石(=いし)」と、音「焦ショウ」とから成る。水中にかくれたり、水面にあらわれ出たりする岩。

意味 水中にあって、水面に見えかくれする岩。かくれいわ。例暗礁（アンショウ）—いかくれ（いわ）。

古訓 近世 いは

●暗礁（アンショウ）・環礁（カンショウ）・岩礁（ガンショウ）・魚礁（ギョショウ）・座礁（ザショウ）・珊瑚礁（サンゴショウ）

磾

石12（17） 4 8258 78FE

テイ 漢　タイ 呉　斉 dī

意味 ❶染色に用いた黒い石。❷人名に用いる字。例 金日磾（キンジッテイ）（＝前漢の政治家）。

磹

石12（17） 4 8255 78F9

テン（テム） 漢　艶 diàn

意味 石のくさび。例 磹楔（テンセツ）（＝石のくさび）。

磴

石12（17） 2 6704 78F4

トウ 漢　径 dèng

いしばし

意味 ❶山道の石段。例 磴道（トウドウ）。❷石の橋。**いしばし**。例 懸磴（ケントウ）（いしばし）。

【磴桟】（トウサン）山の岩の上に板をかけてつくった道。

【磴道】（トウドウ）山の斜面に石を敷いてつくった道。石段。石坂。

磻

石12（17） 4 8257 78FB

一 ハン 漢　バン 呉　寒 pán　二 ハ 漢　歌 bō

意味 一「磻渓（ハンケイ）」は、今の陝西（センセイ）省宝鶏市の東南を流れる川。太公望呂尚（リョショウ）が釣りをしたといわれる。二 いぐるみ（＝糸つきの矢）につける石のやじり。やさき。通 碆（ハ）。

磷

石12（17） 3 8914 78F7

一 リン 漢　真 lín　二 リン 漢　震 lìn

意味 一 ❶非金属元素の一つ。燐（リン）。❷おにび。通 燐（リン）。例 磷火（リンカ）。❸⇩【磷磷】（リンリン）② 二 ❶薄くなる。うすらぐ。うすい。例 磨而不磷（マすれどもうすらがず）（＝こすってもすりへらない）。〈論語・陽貨〉 磷緇（リンシ）。❷⇩【磷磷】（リンリン）①

【磷▼緇】（リンシ）〔すりへらされて薄くなり、染められて黒くなる意〕まわりの情勢に動かされる。

【磷磷】（リンリン）①玉石の色が鮮やかで、つやのあるさま。②水中の石が見えるほど水が澄んでいるさま。

礇

石13（18） 2 6705 7907

イク 漢　屋 yù

意味 玉（ギョク）に似た美しい石。

礐

石13（18） 4 8260 7910

カク 漢　覚 què

意味 流水が石に激しくぶつかる音。

礒

石13（18） 2 6706 7912

ギ 漢　紙 yǐ

いそ・かど

意味 「碕礒（キギ）」は、石がごつごつして平らでないさま。

日本語での用法 《いそ》▼「磯（いそ）」に同じ。

礎

石13（18） 1 3335 790E 常用

ショ 漢　ソ 呉　語 chǔ

いしずえ（いしずゑ）

筆順 石 石 矿 矿 矿林 矿林 矿林 礎

なりたち [形声]「石（＝いし）」と、音「楚（ショ）」とから成る。柱の下にすえおく石。

意味 ❶建物の柱の下に据える石。**いしずえ**。例 礎石（ソセキ）。定礎（テイソ）。❷ものごとのもとになる部分。基本。例 基礎（キソ）。

古訓 中古 いしずゑ・つみいし・つめいし　中世 いしずゑ　近世 いしずゑ

人名 き・もと・もとい

【礎業】（ソギョウ）日 基礎となる事業。

【礎材】（ソザイ）土台の材料。

【礎石】（ソセキ）【礎▼舃】（ソセキ）①建物の柱の下に据える石。土台石。いしずえ。②ものごとの基礎。例 近代化の—。

【礎柱】（ソチュウ）①柱の土台となる石。②ものごとの基礎。

●基礎（キソ）・定礎（テイソ）

礑

石13（18） 2 6707 7911

トウ（タウ） 漢　漾 dàng

はた‐と

意味 もののいちばん下の部分。そこ。

日本語での用法 《はたと》《はったと》「石（いし）を握（にぎ）って額（ひたい）を礑（はた）と打（う）つ・礑（はた）とひざを打（う）つ」▼擬声・擬態語のハタ・バタ・バタン・ハッタ・パッタなどをあらわす。

𥖧

石13（18） 4 8259 255A7 国字

はし

意味 人名に用いる字。例 鷹𥖧（たかのはし）（＝姓）。

礜

石13（18） 3 8915 791C

ヨ 漢　御 yù

意味 砒素（ヒソ）を含む鉱石。毒砂（ドクシャ）。例 礜石（ヨセキ）。

[礙]

石14（19） ⇩碍（ガイ）（948ページ）

礪

石14（19） 2 6674 792A

レイ 漢　霽 lì

と・あらと・と‐ぐ・みが‐く

[砺]

石5（10） 1 3755 783A 俗字。

意味 ❶きめのあらい、といし。**と**。**あらと**。例 礪砥（レイシ）。❷刃物をみがく。**とぐ**。また、学問や技術をみがく。努めはげむ。**みがく**。例 礪行（レイコウ）。

参考 日本の地名では、特に「砺」を用いることがある。例 砺波市（となみシ）。砺波平野（となみヘイヤ）。

【礪▼戈】（レイカ）—ほこをとぐ 戦いの準備をする。

【礪行】（レイコウ）規律や約束を守り、おこないをよくする。励行。

【礪▼砥】（レイシ）〔「砥」は、きめの細かい、といしの意〕①といし。②とぎみがくこと。砥礪（シレイ）。

【礪石】（レイセキ）刃物を初めにざっととぐ時の、といし。あらと。

礛

石15（20） 4 8261 791B

カン（カム） 漢　咸 jiān

意味 ❶玉（ギョク）を磨くための石。といし。例 礛諸（カンショ）（＝といし）。❷とがって、するどい。例 礛礵（カンハ）（＝鋭い矢じり）。

[礦]

石15（20） ⇩鉱（コウ）（1357ページ）

礬

石15（20） 2 6709 792C

バン 慣　ハン 漢　元 fán

意味 硫酸アルミニウムを含んだ鉱物の一種。色の染めあげや医薬品など、多くの用途がある。例 礬土（バンド）（＝アルミナ）。明礬（ミョウバン）。

難読 礬水（ドウサ）・礬沙（ドウサ）・緑礬（ロウハ）

礫

石15（20） 2 6710 792B

レキ 漢　リャク 呉　錫 lì

つぶて・こいし

意味 石ころ。**こいし**。**つぶて**。例 瓦礫（ガレキ）。砂礫（サレキ）。

参考 「礫川（レキセン）」は、小石川（＝東京都の地名）のこと。

【礫石】（レキセキ）小石。

礥

石16（21） 4 8263 7925

ケン 漢　先 xián

意味 困難な。危険な。例 礥礥（ケンケン）（＝難儀である）。

礴

石16（21） 3 8918 7934

ハク 漢　バク 呉　薬 bó

意味 ❶「磅礴（ホウハク）・旁礴（ホウハク）」は、まじりあって一つになる。また、広がり満ちあふれるさま。❷激しくぶつかる。❸「般礴（ハンパク）」は、両足を前に投げ出して座る。

［礉］ 石16（21）　⇩砲（ホウ）（946ページ）

礰 石16（21）　④8262 7930　レキ 漢　錫 lì

意味 「礔礰（ヘキレキ）」は、激しい雷鳴。霹靂（ヘキレキ）。

礱 石16（21）　③8917 7931　ロウ 漢　東 lóng

意味 ❶みがく。とぐ。また、といし。例 礱磨（ロウマ）。❷もみがらを取り除く、うす。すりうす。例 石礱（セキロウ）。

【礱▼斲】（ロウタク）〔みがくことと切ることの意〕修養に努めはげむ。

【礱磨】（ロウマ）①すりみがく。②ひきうす。

【礱密】（ロウミツ）細かい。細密。

【礱▼厲】【礱▼礪】（ロウレイ）とぎみがく。また、といし。

113 5画

示 しめす（ネ しめすへん）部

天の神意をしめし、神や祭礼に関する意をあらわす。「示・ネ」をもとにしてできている漢字と、「示」の字形を目じるしにして引く漢字とを集めた。

0 954 示 ネ 1 954 礼 3 955 祁 祁 祀 社 社 4 956 祈 祈 祇 祇 祆 祉 祉 祊 祆 5 956 祛 祜 祢 祠 祗 祝 祝 神 神 祟 祖 祖 祚 祢 祕 祓 祐 祐 6 960 巻 祫 祭 祥 祥 祧 票 7 961 祲 祷 8 961 祺 禁 禂 禀 禄 禄 9 962 禕 禍 禍 禊 禔 禅 禎 禎 禘 禖 福 福 10 964 禝 禛 禡 11 964 禩 12 964 禧 禦 禪 13 964 禮 14 964 禱 禰 禰 17 965 禳 禴

この部首に所属しない漢字

奈→大 332　視→見 1207　頴→頁 978　齋→齊 1514

示 示0（5）　①2808 793A　教5

一 シ 漢　ジ 呉　寘 shì
二 キ 漢　ギ 呉　支 qí
しめす

筆順 一 二 亍 亓 示

なりたち 〔会意〕「二（＝上）」と「小（＝日・月・星）」とから成る。天の神が、日・月・星の変化によって、人に吉凶をしめす。

意味 一 人に見せる。知らせる。おしえる。また、指図する。しめす。例 示威（ジイ）。示唆（シサ）。展示（テンジ）。 二 地の神。通 祇（ギ）。例 地示（チギ）。

古訓 中古 あらはる・かたらふ・しめす・みる　中世 かたらふ・しめす　近世 くにつかみ・しめす・つぐる

人名 しめ・つぐ・とき・み

【示威】（シイ・ジイ）威力や勢力をしめす。例 ―行動。

【示教】（シキョウ・ジキョウ）具体的に教えしめす。教示（キョウジ）。

【示現】（ジゲン）①〔仏〕仏や菩薩（ボサツ）が人々を救うために、姿を変えてこの世にあらわれる。②神仏が不思議な力をしめす。

【示唆】（シサ・ジサ）日 ①それとなく教える。暗示。例 ―に富んだ話。②そそのかす。

【示寂】（ジジャク）〔仏〕仏や菩薩（ボサツ）、高僧が死ぬ。入寂。

【示談】（ジダン）日 争いごとを裁判にかけずに、お互いの話し合いで解決すること。例 ―が成立する。

●暗示（アンジ）・訓示（クンジ）・掲示（ケイジ）・公示（コウジ）・告示（コクジ）・指示（シジ）・図示（ズシ）・呈示（テイジ）・提示（テイジ）・表示（ヒョウジ）・例示（レイジ）

ネ ネ0（4）　④8264 793B　⇩部首解説

礼 ネ1（5）　①4673 793C　教3　レイ 漢　ライ 呉　薺 lǐ

［禮］ 示13（18）　②6725 79AE　人　旧字体。

筆順 、 ラ ネ ネ 礼

なりたち 〔会意〕「示（＝かみ）」と「豊（レイ）（＝かみをまつるためのうつわ）」とから成る。神につかえて福をもたらすための儀式。

意味 ❶神仏を敬い、功徳（クドク）をたたえたり、福を招いたりすること。また、その儀式。例 礼拝（レイハイ）。❷敬意をあらわす。もてなす。例 嬰迺礼レ文（エイすなわちブンをレイす）（＝田嬰はやっと田文を大切にあつかった）。〈史記・孟嘗君伝〉❸人が守るべき行儀作法や行動規範。また、それにかなった動作。例 凡人之所三以貴二於禽獣一者、以レ有レ礼也（およそひとのキンジュウよりとうときゆえんは、レイあるをもってなり）（＝いったい人が鳥や獣より貴いわけは、礼があるからです）。〈晏子・諫上〉礼楽（レイガク）。虚礼（キョレイ）。❹感謝の気持ちをあらわすこと。また、そのおくりもの。例 謝礼（シャレイ）。返礼（ヘンレイ）。❺礼について記した経書。例 三礼（サンライ）（＝『儀礼（ギライ）』『周礼（シュライ）』『礼記（ライキ）』）。

日本語での用法 《レイ》「起立（キリツ）、礼（レイ）」▼おじぎ。

古訓 中古 いのる・うや・うやまふ・ゐや・をがむ　中世 うやまふ・ことわる・をがむ・をさむ　近世 かたどる・ゐや

人名 あき・あきら・あや・うや・なり・のり・ひろ・ひろし・まさ・まさし・みち・ゆき・よし

【礼賛】【礼▼讃】（ライサン）①心からほめたたえる。例 偉業を―する。②〔仏〕仏の功徳（クドク）をあがめ、たたえる。

【礼紙】（ライシ）日 昔、書状や目録などの上に巻いた白い紙。〔現在は、手紙が便箋（ビンセン）一枚で終わる場合に、別にそえる一枚の白紙の意にも用いる〕

【礼意】（レイイ）①敬いの気持ち。敬意。②礼の精神。

【礼楽】（レイガク）礼儀と音楽。〔古代中国では、礼は社会の秩序を保ち、楽は人の心をやわらげるものとして重視された〕

【礼器】（レイキ）祭礼または来客用の器物。

【礼義】（レイギ）礼と義。人の守るべき正しい道。

【礼儀】（レイギ）敬いの気持ちを正しくあらわす、その行動の作法。人として守るべき礼節と、そのしかた。例 ―作法。

【礼教】（レイキョウ）①礼についての教え。②儒教による道徳。

【礼▼饗】（レイキョウ）礼儀にもとづいて来客をもてなす。

【礼金】（レイキン）①お礼として払うお金。②日 家や部屋を借りるときに、家主に払う一時金。

【礼遇】（レイグウ）礼儀を尽くして、心からもてなす。特別の待遇。厚遇。優遇。

【礼経】（レイケイ）①礼について常に根本とされる決まり。礼法。②礼に関して聖人が定めたことを記した書物。『儀礼（ギライ）』『周礼（シュライ）』など。③十三経（ジュウサンギョウ）の一つである『儀礼』。

【礼交】（レイコウ）礼儀に従って交際する。

【礼式】（レイシキ）礼儀をあらわす法式。礼法。

【礼状】（レイジョウ）日 お礼の手紙。例 ―を出す。

【礼譲】（レイジョウ）礼儀を尽くして、へりくだった態度をとること。

【礼数】（レイスウ）①身分に応じて決められている礼儀や待遇。②官位。

【礼接】（レイセツ）敬意をこめて応対する。うやうやしくもてなす。

【礼節】（レイセツ）礼儀と節度。きちんとした礼儀作法。例 倉廩

実則知二礼節一(=米倉がいっぱいになってこそ、人は礼儀や節度をわきまえる)。〈管子・牧民〉

【礼奏】(レイソウ) 日 演奏会で、アンコールにこたえておこなう演奏。

【礼装】(レイソウ) 日 儀式などのために、正式な服を着ること。また、その服装。対 略装。

【礼俗】(レイゾク) 礼儀作法や風俗習慣。

【礼典】(レイテン) ①礼儀に関する決まり。礼制。②礼法を記した書物。③礼法にもとづいた儀式。

【礼拝】(レイハイ|ライハイ) ①敬意をもって人に挨拶(アイサツ)する。②神仏をおがむ。〔普通、仏教では「ライハイ」、キリスト教では「レイハイ」と読む〕

【礼尚二往来一】(レイはオウライをたっとぶ) 人から訪問や進物などを受けたら、こちらからもお訪ねしたりお返しをしたりすることが、礼として大切なことである。〈礼記・曲礼上〉

【礼服】(レイフク) 儀式に着る衣服。対 平服。

【礼物】 一 (レイブツ) 礼式のために用いるもの。二 (レイモツ) お礼の品物。

【礼文】(レイブン) ①その国の文化を生み出した芸術・学術・制度など。②〔礼について記した文の意〕『礼記(ライキ)』『儀礼(ギライ)』『周礼(シュライ)』などの書物の文章。③日 謝礼の手紙。

【礼▼聘】(レイヘイ) ①礼を尽くして人を招く。②礼式に従って妻をめとる。

【礼法】(レイホウ) 儀式における作法の決まり。

【礼砲】(レイホウ) 日 軍隊などが、儀礼として撃つ空砲。

【礼貌】(レイボウ) 人に対して礼儀正しく応接する。また、その礼儀正しい態度。

【礼容】(レイヨウ) 礼儀正しい姿。うやうやしい態度・姿。

●一礼(イチレイ)・虚礼(キョレイ)・儀礼(ギレイ)・失礼(シツレイ)・巡礼(ジュンレイ)・洗礼(センレイ)・朝礼(チョウレイ)・答礼(トウレイ)・無礼(ブレイ)・黙礼(モクレイ)

祁

示3 (8) [祁] ネ3 (7) 1 2323 7941 人 キ 漢 ギ 呉 支 qí

[祁] ── 俗字。

なりたち 祁 〔形声〕「阝(=まち)」と、音「示(シ→キ)」とから成る。太原の県の名。

意味 ❶地名に用いる字。例 祁山(キザン)。❷さかん。大きい。

参考 祁答院(ケドウイン)(=鹿児島県の地名)。

古訓 中古 おこす・おほいなり・おほきなり・さかり 中世 おほいなり・おほし 近世 おほいなり・おほし・さかんなり

【祁寒】(キカン) 厳しい寒さ。酷寒(コッカン)。

【祁山】(キザン) 三国時代、蜀(ショク)の諸葛亮(ショカツリョウ)が魏(ギ)と戦った所。甘粛省礼県にある。

祀

示3 (8) 2 6711 7940 シ 漢 ジ 呉 紙 sì まつ-る・まつ-り・とし

[禩] 示11 (16) 4 8276 79A9 別体字。

意味 ❶霊魂や祖先を(神として)**まつる**。また、その儀式。**まつり**。例 合祀(ゴウシ)。祭祀(サイシ)。❷**とし**。〔殷(イン)の時代に「年」を「祀(シ)」といった〕例 載祀(サイシ)(=「載」も、としの意)。

【祀天】(シテン) 天を祭る朝廷の大典(タイテン)。冬至に都の南の郊外でおこなう。郊祭。

【祀典】(シテン) 祭りの儀式。

社

ネ3 (7) 1 2850 793E 教2 シャ 漢 ジャ 呉 馬 shè やしろ

[社] 示3 (8) 3 8919 FA4C 人 旧字体。

筆順 、 ラ ネ ネ ネ一 ネ十 社

なりたち 社 〔会意〕「示(=かみ)」と「土(=つち)」とから成る。土地の神。

意味 ❶土地の神。くにつかみ。例 社稷(シャショク)。❷土地の神を祭る。また、その祭り。例 社二于新邑一(シンユウにまつる)(=新しい都で土地の神をまつる)。〈書経・召誥〉❸土地の神を祭る場所。**やしろ**。例 社殿(シャデン)。神社(ジンジャ)。❹ある目的で集まった人々の団体。例 社会(シャカイ)。結社(ケッシャ)。

日本語での用法 《シャ》「社長(シャチョウ)・入社(ニュウシャ)・本社(ホンシャ)・社(ヤシ)に寄(よ)ってから帰(かえ)る」▼会社。また、会社の社屋。

古訓 中古 いのる・さいはひ・もり・やしろ 中世 こそ・やしろ 近世 くにつやしろ・やしろ

人名 こそ・たか・たかし

難読 社(こそ)・村社(むらこそ)

【社員】(シャイン) 日 ①会社に勤めている人。②社団法人の構成員。例 日本赤十字社の―。

【社運】(シャウン) 日 会社の運命。例 ―をかける。

【社▼燕】(シャエン) 〔春の社日に来て秋の社日に帰ることから〕ツバメ。

【社屋】(シャオク) 日 会社の建物。例 ―を移転する。

【社会】(シャカイ) ①社日におこなう村人の会合。②同じ職業など、同類の人々の仲間。例 上流―。③日 共同体を構成する人々の集まり。家族や国家など、大小さまざまな社会がある。例 地域―。④日 世の中。世間。例 ―に出る。

【社会科学】(シャカイカガク) 日 人間の社会的営みを研究の対象とする学問。経済学・法学など。対 人文科学・自然科学。

【社会主義】(シャカイシュギ) 日 生産と配分を社会全体のものとし、貧富の差のない平等な世の中を作ろうとする考え。対 共産主義・資本主義。

【社格】(シャカク) 日 神社の格式。

【社業】(シャギョウ) 日 会社の事業。例 ―が順調にのびる。

【社公】(シャコウ) ①土地の神。②生まれつき、まゆ毛・髪の毛や皮膚の白い男子。

【社交】(シャコウ) 日 社会生活を営むうえで必要な、人とのつきあい。世間とのつきあい。例 ―上のたしなみ。

【社告】(シャコク) 日 会社が世の中に公表する知らせ。

【社▼祠】(シャシ) ①土地の神。②やしろ。ほこら。

【社寺】(シャジ) 日 神社とお寺。寺社。

【社日】(シャジツ|シャニチ) 春分または秋分後、五番目の戊(つちのえ)の日。〔春は「春社(シュンシャ)」、秋は「秋社(シュウシャ)」と呼び、土の神を祭り、豊作を祈り、収穫を感謝する〕

【社主】(シャシュ) 日 会社や結社の持ち主。

【社▼稷】(シャショク) ①土地の神(社)と五穀の神(稷)。古代国家で最も重要な守り神。②国家。例 社稷臣(シャショクのシン)(=国家の重臣)。〈史記・袁盎伝〉

【社人】 一 (シャジン) 村人。二 (シャニン) 日 神主(かんぬし)。

【社説】(シャセツ) 日 新聞社などが、発行する紙面にその社の主張として発表する論説。

【社▼鼠】(シャソ) 〔社(やしろ)に巣くうネズミ。いぶし出そうとすると、社を焼いてしまうおそれがあることから〕君主に仕える悪臣のたとえ。〈晏子・問上〉例 城狐(ジョウコ)―。

【社倉】(シャソウ) 飢饉(キキン)のときなどに、困っている人を救うため穀類をたくわえておく倉庫。

【社葬】(シャソウ) 日 会社が施主(セシュ)となっておこなう葬儀。

【社則】(シャソク) 日 会社の規則。

【社団】(シャダン) 日 共通の目的をもった人々の集合体。例 ―法人(=法人として認められた社団)。

【社壇】(シャダン) 土地の神や五穀の神を祭る、土を盛って作った台。社稷壇(シャショクダン)。

【社中】(シャチュウ) ①結社の仲間。同人。例―を結成する。②日(邦楽(ホウガク)などの)同門の仲間。例―をあげて出演する。③日会社の内部。類社内。例―に掲示する。

【社長】(シャチョウ) ①団体や事業組合の長。②日会社の長。その会社の、経営の最高責任者。

【社殿】(シャデン) 日神社の、神体を祭っておく建物。

【社費】(シャヒ) 日会社や神社などの費用。

【社風】(シャフウ) 日その会社の特色とする気風。

【社務】(シャム) 日①神社の事務。例―所。②会社の事務。

【社名】(シャメイ) 日神社や会社、また結社の名前。

【社命】(シャメイ) 日会社の命令。

【社友】(シャユウ) ①同じ組合や結社の仲間。②日社員以外で、その会社と関係が深く、特定の待遇を受けている人。例退職後―になる。

【社用】(シャヨウ) 日会社の用務や用事。

【社歴】(シャレキ) 日①会社に入社してからの経歴。例―三十年になる。②会社の歴史。
●会社(カイシャ)・結社(ケッシャ)・支社(シシャ)・出社(シュッシャ)・小社(ショウシャ)・商社(ショウシャ)・神社(ジンジャ)・退社(タイシャ)・本社(ホンシャ)・末社(マッシャ)・来社(ライシャ)

祈
ネ4(8) 1 2107 7948 常用 キ漢呉 微 qí いのる・いのり
[祈] 示4(9) 3 8923 FA4E 人 旧字体。

筆順 、ラネネネ祈祈祈
なりたち [形声]「示(=かみ)」と、音「斤キン→キ」とから成る。神に福を求める。

意味 天や神仏に幸いをねがいもとめる。いのる。いのり。例祈願(キガン)。祈禱(キトウ)。祈念(キネン)。

古訓 中古 いのる・こふ・ねがはくは・まつる・むくゆ・もとむ 中世 いのる・こふ・もとむ 近世 いのる・さけぶ・つぐる・むくゆ・もとむ
人名 もとむ
難読 祈年祭(としごいのまつり)

【祈雨】(キウ) 雨の降ることを願う。雨ごい。

【祈願】(キガン) あることの成功を願って、神や仏にいのる。例合格―。病気の全快を―する。

【祈求】(キキュウ) 願いごとがかなうように一心にいのる。

【祈▼嚮】(キキョウ) 心をこめていのる。ある方向に向かうよう、ひたすら願う。

【祈穀】(キコク) 穀物の豊作をいのる。

【祈▼賽】(キサイ) 願いごとがかない、金銭を奉じて神に感謝する祭り。

【祈誓】(キセイ) 日神や仏にいのって、心にちかいを立てる。願立て。

【祈請】(キセイ/キショウ) 神や仏にいのって、加護を願う。祈願。例―文(モン)。

【祈▼禱】(キトウ) 神や仏にいのって、加護やめぐみを求める。例―師。病魔退散を―する。

【祈年】(キネン) 豊作を神にいのる。

【祈念】(キネン) 神や仏にいのって、目的がとげられるように願う。心をこめていのる。例勝利を―する。

【祈報】(キホウ) 春に豊年となることをいのり、秋に豊作を感謝する祭り。

祇
示4(9) 1 2132 7947 人 一 キ漢 ギ呉 支 qí 二 シ漢呉 支 zhī くにつかみ・ただ・まさ-に
[祇] ネ4(8) 俗字。
なりたち [形声]「示(=神事)」と、音「氏シ→キ」とから成る。土地の神。
意味 一 ❶地の神。くにつかみ。[天の神は「神」] 例神祇(ジンギ)(=天の神と地の神)。地祇(チギ)。❷大きい。例祇悔(ギカイ)(=甚だしい後悔)。二「ただ…(のみ)」と読み、「ただ…だけ」の意。限定・強調をあらわす。ただ。まさに。例雖レ殺レ之無レ益、祇益レ禍耳(これをころすといえどもエキなく、ただわざわいをますのみ)(=太公を殺しても利益はない、ただ、わざわいが増すだけだ)。〈史記・項羽紀〉
古訓 中古 うやまふ・おほいなり・おほきなり・かみ・さいはひ・ただ・つつしむ・まこと・まさに・やすし 中世 おほいなり・かみ・くにつかみ・ただ・まさに 近世 おほいなり・くにつかみ・ただ・まさに・やすし
人名 けさ・つみ・のり・まさ・もと・やす・やすし
難読 天神地祇(あまつかみくにつかみ)
【祇園】(ギオン) ①「祇園精舎(ギオンショウジャ)」の略。②日京都市東山区の祇園社(=八坂(やさか)神社)。また、そのあたりの地名。
【祇園精舎】(ギオンショウジャ) [仏] 古代インドの寺院。須達(スダツ)長者が釈迦(シャカ)とその弟子に寄進した。

祆
示4(9) 3 8922 7946 ケン漢 先 xiān
意味 ゾロアスター教(拝火教)の神。例祆教(ケンキョウ)(=ゾロアスター教)。参考「祅ヨウ」は、別の字。

祉
ネ4(8) 1 2767 7949 常用 シ・チ漢 紙 zhǐ さいわ-い(さいはひ)
[祉] 示4(9) 3 8920 FA4D 人 旧字体。
筆順 、ラネネ礻祉祉祉
なりたち [形声]「示(=かみ)」と、音「止シ」とから成る。神からの福。
意味 神からさずかる幸福。めぐみ。さいわい。例福祉(フクシ)。
古訓 中古 さいはひ 中世 さいはひ 近世 さいはひ・よろこぶ
人名 とみ・よし
【祉福】(シフク) 幸せ。類祉禄(シロク)。

祊
示4(9) 4 8265 794A ホウ(ハウ)漢 庚 bēng
意味 宗廟(ソウビョウ)の門内の、祭りをする場所。また、そこでおこなわれる祭り。

祅
示4(9) 3 8921 7945 ヨウ(エウ)漢 蕭 yāo
意味 異常な現象。わざわい。地の異変。[天の異変を「災」という] 通妖(ヨウ)。例祅怪(ヨウカイ)。祅変(ヨウヘン)。参考「祆ケン」は、別の字。
【祅怪】(ヨウカイ) ①天変地異など正体不明のできごと。②ばけもの。もののけ。妖怪(ヨウカイ)。
【祅変】(ヨウヘン) 異常なわざわい。異変。類祅孽(ヨウゲツ)。

祛
示5(10) 4 8267 795B キョ漢 魚 qū
意味 ❶祈禱(キトウ)によって、わざわいを除去する。はらう。❷取り除く。例祛疑(キョギ)(=疑いを取り除く)。

祜
示5(10) 3 8926 795C コ漢 麌 hù
意味 幸福。さいわい。例福祜(フクコ)(=さいわい)。

祘
示5(10) 4 8266 7958 サン漢呉 翰 suàn

意味 よく見て数える。通算。

祠

示5 (10) ②6712 7960

シ漢 支 cí
ほこら・まつ-る

意味 ❶神をまつる。また、春のまつり。願いがかなえられたお礼のまつり。**まつる**。〔秋のまつりは「嘗(ショウ)」〕 例 祠祀(シシ)。❷神や祖先の霊をまつってあるところ。やしろ。みたまや。**ほこら**。例 祠宇(シウ)。祠堂(シドウ)。

【祠宇】シウ 神社。やしろ。ほこら。類 祠屋。
【祠官】シカン 神を祭る職。神官。神職。
【祠▼祀】シシ やしろを建て、神を祭る。
【祠壇】シダン 祭礼をおこなう所。祭場。祭壇。
【祠堂】シドウ ①祖先の霊を祭ってある所。みたまや。例 丞相祠堂何処尋(ジョウショウのシドウいずれのところにかたずねん)(=蜀(ショク)の丞相(=諸葛亮(ショカツリョウ))のみたまやはどこかと尋ねて行く)。〈杜甫・蜀相〉②神仏を祭った小さなお堂。ほこら。

祇

示5 (10) ②6713 7957

シ漢 支 zhī
つつし-む

意味 ❶うやまう。**つつしむ**。例 上帝是祇(ジョウテイこれつつしむ)(=《湯王も》上帝をつつしみ尊敬した)。〈詩経・商頌・長発〉 祇懼(シク)(=つつしみ敬う)。祇候(シコウ)。❷(zhǐ) ただ…(だけ)。ひたすら。まさに。〔字形が似ているため「祇(ギ)」としばしば混用されてきた〕 例 亦祇以レ異(またただイをもってす)(=ひたすら《私以外の》違う人のことばかり《求めている》)。〈詩経・小雅・我行其野〉

【祇畏】シイ 敬意をこめて、うやうやしくする。つつしみ、おそれる。
【祇役】シエキ つつしんで君主の命に従い、任務につく。
【祇敬】シケイ つつしんで敬意をあらわす。類 祇粛。
【祇候】シコウ ①身分の高い人のそば近くに、つつしんで仕える。②日 ご機嫌伺いに上がる。例 社長の邸(やしき)に—する。▽伺候(シコウ)。
【祇服】シフク 主君や上位者の命令につつしんで服従する。

祝

ネ5 (9) ①2943 795D 教4

一 シク漢 シュク呉 屋 zhù
二 シュウ(シウ)漢 シュ呉 宥 zhòu
いわう(いは-ふ)・いわい(いはひ)

付表 祝詞(のりと)

［祝］示5 (10) ③8927 FA51 人 旧字体。

筆順 丶 ラ ネ ネ ネ 初 祝

なりたち ［会意］「示(=かみ)」と「儿(=ひと)」と「口(=くち)」とから成る。神のことばをつげる人。

意味 一 ❶神に仕える人。また、祭祀(サイシ)をとりしきる人。神官。かんなぎ。例 巫祝(フシュク)(=神事をつかさどる人)。❷神に幸いを祈る。また、その祈りのことば。例 祝詞(シュクシ・のりと)。❸よろこぶ。ことほぐ。**いわい。いわう**。例 請祝二聖人一(こうセイジンをシュクせん)(=どうか聖人を祝福させてください)。〈荘子・天地〉 祝賀(シュクガ)。慶祝(ケイシュク)(=よろこび、いわう)。❹たち切る。たつ。例 祝髪(シュクハツ)。
二 悪意をもって不幸を願う。のろう。通 呪(ジュ)。例 詛祝(ソシュウ)(=恨む人に災いが下るように神に祈る)。

古訓 中古 いのる・いはふ・ねぐ・のつと・のと・はふり・まつる 中世 いはひ・いはふ・ことぶき・のつと・はふり 近世 いはふ・おる・たつ・のつと・はふり

人名 とき・のり・はじめ・ほう・ほぎ・よし

難読 言祝(ことほ)ぎ・言祝(ことほ)ぐ・酒祝(さかほが)い・祝部(はふりべ)・祝子(はふりこ)

【祝儀】シュウギ 日 ①おいわいの儀式。特に、結婚式。②おいわいの気持ちをこめた贈り物やお金。例 —袋。③謝礼。心づけ。チップ。例 —をはずむ。
【祝言】シュウゲン 日 ①いわいのことば。祝辞。②結婚式。例 —をあげる。
【祝着】【祝著】シュウチャク 日 〔「着・著」は、結果や継続をあらわす接尾語。祝い喜ぶ意〕めでたい。慶賀。
【祝意】シュクイ 日 喜びいわう気持ち。例 —をあらわす。
【祝宴】シュクエン 日 いわいの宴会。例 —を開く。
【祝歌】シュクカ 日 いわいのうた。
【祝▼嘏】シュクカ 〔「嘏」も、ことほぐ意〕①祭礼で祝詞をあげる人。②長寿などを祝う。
【祝賀】シュクガ 日 いわい喜ぶ。類 祝慶。例 還暦—会。
【祝規】シュクキ 祝いよろこび、いましめる。また、祝辞に含めたいましめ。
【祝祭】シュクサイ ①あることをいわうためのまつり。②いわいと、まつり。例 —日(ジツ)(=祝日と祭日)。
【祝史】シュクシ 神主(かんぬし)。神官。
【祝詞】一 シュクシ ①神に祈ることば。②いわいのことば。祝辞。二 のりと 日 神道(シントウ)で、神主(かんぬし)が神前で唱えることば。例 —を上げる。—を奏上する。
【祝辞】シュクジ ①神に祈ることば。②いわいのことば。祝詞(シュクシ)。例 —を述べる。
【祝日】シュクジツ 日 いわいの日。特に、国の定めた憲法記念日(=五月三日)や文化の日(=十一月三日)などの「国民の祝日」を指す。また、地方公共団体の定めた都民の日、市民の日など。
【祝勝】【祝▼捷】シュクショウ 日 いくさや試合の勝利をいわう。例 —会。
【祝典】シュクテン 日 いわいの儀式。いわいの式典。例 —をあげる。
【祝電】シュクデン 日 いわいの電報。例 —を打つ。
【祝杯】【祝▼盃】シュクハイ 日 いわいのさかずき。いわいの酒。
【祝髪】シュクハツ ①髪をたち切る。断髪。②髪をそって僧になる。剃髪(テイハツ)。
【祝福】シュクフク ①(他人の)幸福を祈り、いわう。例 結婚を—する。前途を—する。②キリスト教で、神からさずけられる幸福。例 —を与えられる。
【祝砲】シュクホウ 日 国家的行事などのとき、軍隊が祝意をあらわして撃つ空砲。例 —が鳴りひびく。
【祝融】シュクユウ 中国古代の火の神。転じて、火災。火事。また、南方の神。例 —の災いに遭う(=火事に遭う)。

神

ネ5 (9) ①3132 795E 教3

シン漢 ジン呉 真 shén
かみ・かん(かむ)・こう(かう)

付表 お神酒(みき)・神楽(かぐら)

［神］示5 (10) ③8928 FA19 人 旧字体。

筆順 丶 ラ ネ ネ 初 祀 神

なりたち ［形声］「示(=かみ)」と、音「申(シ)」とから成る。天の神。

意味 ❶天の神。天地万物をつくり、支配する者。**かみ**。例 神霊(シンレイ)。海神(カイジン)。天神地祇(テンシンチギ)(=天の神、地の神)。❷人知ではかり知れない不思議な力。目に見えない力のはたらき。例 陰陽不レ測、之謂レ神(インヨウはかられざる、これをシンという)(=陰陽のはかり知れない変化を神という)。〈易・繋辞上〉 神秘(シンピ)。神妙(シンミョウ)。❸たましい。こころ。例 神髄(シンズイ)。精神(セイシン)。鬼神(キシン)(=聖人の精神)。❹きわめてすぐれているさま。例 神童(シンドウ)。神品(シンピン)。❺死者の霊魂。例 神道(シンドウ)。❻顔つき。表情。例 神色(シンショク)。

古訓 中古 あやし・おに・かみ・くすし・たふとし・たましひ 中世 あ

やし・かみ・たつとし・たましひ 近世 あまつかみ・あやし・かみ・たましひ・つつしむ

人名 か・かむ・きよ・しの・たる・みわ

参考 神奈川(=県名)。

難読 神神しい・神子・大神神社・御神籤

【神業】かみわざ 日①普通の人間の力ではできないような、すばらしいわざ。神事。例 —のような身のこなし。②神のしわざ。神のする仕事。

【神無月】かんなづき・かみなづき 日陰暦の十月。太陽暦でもいう。〔出雲に神々が集まり、よそは神が不在になるからという〕

【神▼嘗祭】かんなめサイ・シンジョウサイ 日毎年十月十七日、天皇が、その年にとれた新米を伊勢神宮に奉納するまつり。

【神意】シンイ 神の意思。神の心。神慮。

【神域】シンイキ ①神のいる場所。②日神社の境内。

【神韻】シンイン ①人の心の、すぐれて立派であること。②詩文や書画などが、趣深く美しいこと。例 —を帯びる。

【神▼苑】シンエン 日神社の境内。また、そこにある庭園。

【神化】シンカ ①不思議な変化。②神になる。また、神としてあつかう。例 菅原道真の—した天神さま。③神の徳で人を導く。

【神火】シンカ ①不思議な火。②日神域などでたく清浄な火。③日神体としての火山の噴火。御神火。

【神解】シンカイ 人並みはずれた理解力。

【神格】シンカク 日①神としての資格。例 —化。②神の格式。神の階級。

【神学】シンガク ある宗教の教えや信仰を研究する学問。特に、キリスト教についていう。

【神楽】一シンガク ①霊妙な音楽。②神を祭る音楽。二かぐら 日神前でおこなわれる舞楽。例 —を奉納する。

【神官】シンカン 日神社などで、神に仕える人。神主。神職。

【神気】シンキ ①天に漂う不思議な雲気。②万物を生成する神秘的な力。③精神。気魄。④芸術作品などのすぐれた趣。

【神奇】シンキ 〔神妙で奇特の意〕不思議であって感心させられるほどすぐれている。

【神器】一シンキ ①神聖なもの。例 天下神器(=天下の神聖なもの)。〈老子・元〉②皇位継承のしるしとなる宝物。③神を祭るときに用いる器具。二ジンギ 日歴代天皇が継承する神聖な宝器。例 三種の—。

【神機】シンキ ①霊妙なはたらき。人間わざとは思えないほどすぐれた機略。②こころ。

【神技】シンギ 神でなければできないような、すばらしいわざ。

【神▼祇】シンギ・ジンギ 天神と地祇。天の神と地の神。

【神宮】一シンキュウ 神を祭るみや。やしろ。二ジングウ 日格式の特に高い神社。例 明治—。鹿島—。

【神橋】シンキョウ 日神社の境内や神殿などにかけてある橋。

【神君】シンクン ①道家の神。②賢明な地方長官を、ほめていうことば。③日徳川家康を、敬った言い方。

【神経】シンケイ 日①脳からの指令をからだの各部に伝え、各部からの刺激を脳に伝える器官。②ものごとを感じ取ったり、反応したりする心のはたらき。例 —が太い(=何ごとにも動じない)。—をつかう仕事。

【神経質】シンケイシツ 日ものごとに敏感に反応し、感情が不安定で気分が変わりやすい性質。また、わずかなことにもこだわる性質。

【神剣】シンケン ①不思議な力をもつ剣。また、神から授かった剣。②日日本で、天皇の位の象徴である三種の神器の一つ。草薙の剣。一名、天叢雲剣。

【神権】シンケン 日①神の権威。②神から授かった権力。例 帝王—説。

【神▼譴】シンケン 神から受けるとがめ。天罰。

【神悟】シンゴ すぐれて賢い。

【神工】シンコウ ①技芸における、すぐれて巧みな能力。かみわざ。②名工。名匠。

【神功】シンコウ 人間の力では考えられないほどの立派な業績。

【神交】シンコウ ①お互いの心と心がぴったり合って親しくなるつきあい。心の交際。②奇妙なきっかけから始まった交わり。

【神効】シンコウ 非常に不思議に見えるききめ。

【神国】シンコク 日神がつくり、守護するという国。神州。〔日本の美称としても用いた〕

【神▼坐】【神座】シンザ 神霊の宿るもの。神位。位牌・形代など。

【神采】【神彩】シンサイ 〔精神と風采の意〕けだかい姿、顔立ち。上品な人柄。また、風景や芸術品の趣についてもいう。

【神算】シンサン 人知のおよばない、すぐれた計略。例 —鬼謀。

【神事】シンジ ①神を祭る行事。②人間ばなれしたわざ。

【神式】シンシキ 日神道の決まりによっておこなわれる儀式。例 結婚式を—でおこなう。

【神社】シンシャ・ジンジャ 神を祭ってある所。また、その建物。お宮。やしろ。例 —に詣でる。—仏閣。

【神主】一シンシュ ①かたしろ。宗廟に安置する死者の位牌。②神々の中の主となる神。③人民。④祭主。二かんぬし 日神に仕える人。神官。神職。

【神酒】シンシュ・みき 神に供える酒。お神酒。御酒。

【神授】シンジュ 神からの授かりもの。天の与え。類 神伝。

【神州】シンシュウ ①中国。〔戦国時代、鄒衍が中国を指して「赤県神州」と呼んだことによる〕②帝都。③日神の国、日本。

【神術】シンジュツ 不思議な技。かみわざ。

【神出鬼没】シンシュツキボツ 鬼神ではないかと思われるほどに、自由自在にあらわれたり、かくれたりする。また、そのような行動をする軍隊の戦法。類 神出鬼行。〔〈淮南・兵略〉から〕

【神助】シンジョ 神のたすけ。祐助。例 天佑—。

【神将】シンショウ ①神のようにすぐれた将軍。②天・地・陰・陽・日・月・四時・兵の、それぞれの主である八神。③ジンショウ〔仏〕仏教の行者を守護する神。例 十二—。

【神色】シンショク 顔つき。態度。類 神情。

【神色自若】シンショクジジャク ものごとに動じない落ち着いた顔つきでいる。〈世説・言語〉

【神職】シンショク 神に仕える人。神官。

【神人】シンジン ①神と人。②神のようにすぐれた人。③日キリスト教で、イエス=キリスト。④日神官。

【神髄】シンズイ 〔精神と骨髄の意〕ものごとの本質。そのものの中心となる、最も大切なこと。真髄。例 —をきわめる。

【神通力】ジンズウリキ・ジンツウリキ 〔仏〕何ごとも思いのままにできる、超人的な、不思議な能力。例 —を発揮する。

【神性】シンセイ ①心。精神。②日神としての性質。

【神聖】シンセイ 清らかでけがれがなく、おかしがたいさま。例 —な場所。

【神仙】【神▼僊】シンセン 神通力をもった仙人。例 —譚。—思想。

【神泉】シンセン ①霊験な力をもつといわれるいずみ。神が住むというずみ。②日神社の境内にあるいずみ。

【神▼饌】シンセン 日神に供える酒や食物。

【神速】シンソク きわめてすばやいさま。

【神体】シンタイ ①こころと、からだ。②日神社などで、神の霊が宿るものとして祭るもの。ご神体。みたましろ。御正体ミショウタイ。

【神代】ジンダイ/かみよ 日日本で、神々が国を治めていたという、神武ジンム天皇即位までの神話の時代。例―かみよの昔。

【神託】シンタク 日神のお告げ。ご託宣。類神勅。例―をうける。

【神知】【神▼智】シンチ きわめて利発ですぐれた知恵。

【神典】シンテン ①神のことを書いた書物。②日神道シントウの聖典。

【神殿】シンデン 神を祭ってある建物。

【神灯(燈)】シントウ ①神に供える明かり。お灯明トウミョウ。②神が照らす明かり。

【神童】シンドウ 並みはずれてすぐれた才能をもった子供。

【神道】一シンドウ ①墓場への道。②人知でははかり知れない不思議な道理。二シントウ 日日本固有の民族信仰。天照大神あまてらすおおみかみをはじめとする神々を祭り、祖先を尊ぶことを重んじる。

【神女】シンニョ ①女の神。めがみ。天女。②カササギの別名。

【神農】シンノウ 古代の伝説上の帝王。三皇のひとり。火の徳があったので炎帝ともいい、はじめて人民に農業を教え、薬を作ったといわれる。

【神拝】シンパイ 日神をおがむ。神社に参拝する。

【神罰】シンバツ 神から受ける罰。天罰。例―がくだる。

【神秘】シンピ 人知でははかり知ることができないような、不思議なこと。例自然の―。

【神品】シンピン 人間のつくったものとは思えないほどの、芸術作品などの品位。また、その作品。

【神武】一シンブ 神のようにすぐれた武力。二ジンム 日第一代の天皇の諡おくりな。

【神父】シンプ ①尊敬すべき人。神や父のような人。②カトリック教会で、司祭。

【神符】シンプ ①神の守り札。お守り。②神の霊感を受けた人が述べる、神のお告げ。神の預言。

【神風】一シンプウ 動きが速く、強い軍隊。二かみかぜ 日神の力によって吹くという風。

【神仏】シンブツ ①神とほとけ。例―に祈念する。②日神道シントウと仏教。

【神仏混交】シンブツコンコウ 日日本古来の神道シントウと外来の仏教とを結びつけた信仰。仏や菩薩ボサツが衆生シュジョウを救うために、日本では神道の神々に姿を変えていると説く。神仏習合。表記旧神仏混▼淆

【神物】シンブツ ①神秘的なもの。占いに使うカメの甲や筮竹ゼイチクなど。②不思議でめでたい前兆。瑞祥ズイショウ。③神仙。仙人。

【神変】シンペン 神霊による、人知をこえた不思議な変化。

【神謀】シンボウ 神のようなすぐれたはかりごと。類神謨シンボ・神略。

【神木】シンボク ①不思議な木。②日神社の境内ケイダイにあって、神霊が宿るとされる(古い大きな)樹木。

【神米】シンマイ 日神に供える、洗い清めた米。

【神妙】シンミョウ ①人知をこえた不思議なはたらき。②日殊勝なさま。けなげなさま。例―な顔つき。③日従順なさま。例―にしろ。

【神馬】シンメ/ジンメ/シンバ 日神の乗用のためのものとして神社に奉納されているウマ。

【神明】シンメイ ①神。神の全能のはたらき。例天地―に誓う。②人の精神。心。

【神▼佑】【神▼祐】シンユウ 神の助け。天佑。

【神遊】シンユウ ①肉体から精神が抜け出して楽しむ。遊ぶ。②心と心とが響き合う交わり。精神の交わり。③人の死を遠回しにいうことば。

【神▼輿】シンヨ ①神霊を安置した輿こし。②天子が乗る輿こし。③みこし 日祭礼のときに神体を安置して、大勢でかつぎまわる輿こし。御輿みこし。例―みこしを上げる(=立ち上がる。事にとりかかる)。

【神来】シンライ 神の霊感を受ける。

【神▼籟】シンライ 〔神の声の意〕すぐれた音楽や詩歌。

【神▼慮】シンリョ ①神のおぼしめし。神意。転じて、天子のおぼしめし。②精神。心情。③考え。意志。判断。心意。

【神力】シンリキ/シンリョク ①不思議な力。②神の偉大な力。

【神霊】シンレイ ①神。神のみたま。例―の加護。②たましい。霊魂。例―が感応カンノウしあう。③霊妙な徳。

【神話】シンワ 日①その民族の神を中心とした、天地の創造、民族の起源と歴史などを伝える伝説や物語。例出雲いずも―。ギリシャ―。②(実際には何の根拠もないのに)一般に絶対的なものと信じられている考え方や事柄。

●氏神うじがみ・七福神シチフクジン・精神セイシン・天神テンジン

祟

示5(10) 2 6714 795F

スイ漢 寘 suì

たた-る・たた-り

意味 鬼神キシン(=天地万物の霊魂)が人にわざわいをくだす。たたる。また、そのわざわい。たたり。例禍祟カスイ(=わざわい)。

祖

ネ5(9) 1 3336 7956 教5

ソ漢呉 麌 zǔ

おや

[祖] 示5(10) 3 8925 FA50 人 旧字体。

筆順 丶 ラ ネ ネ 礻 初 祖 祖 祖

なりたち 祖 [形声]「示(=かみ)」と、音「且ショ→ソ」とから成る。始祖の霊をまつる廟ビョウ。

意味 ❶祖先をまつるみたまや。例祖廟ソビョウ。❷父親の父母。例祖父ソフ。祖母ソボ。❸一族や国をひらいた人。また、家系を受けついだ人々。例祖先ソセン。高祖コウソ(=遠い先祖)。❹事業や学説・流派・宗教の一派などをはじめた人。また、ものごとのはじめ。例元祖ガンソ。教祖キョウソ。❺もとにする。手本として受けつぐ。ならう。例祖述ソジュツ。❻旅の道中の安全を祈る神。例道祖神ドウソジン。❼旅の安全を祈る。送別の宴を開く。はなむけをする。例至二易水之上一、既祖取レ道(エキスイのほとりにいたりて、すでにソしてみちをとらんとす)(=易水のほとりに到着し、別れの宴が終わって出発しようとした)。〈史記・刺客伝・荊軻〉

古訓 中古 あらはす・あらはる・おほぢ・おや・つむ・とどむ・はじむ・はじめ・ほのか 中世 おほぢ・とどむ・はじめ・もと 近世 おほぢ・かみ・さいのかみ・ならふ・はじめ・みちのまつり・もとづく

人名 おや・さき・のり・はじめ・ひろ・もと

難読 道祖神さえのかみ

【祖宴】【祖▼筵】ソエン 旅人を送る惜別の宴。送別の宴。類祖席・祖帳。

【祖業】ソギョウ 祖先が始めてから、代々受けついでいる事業や仕事。例―をうけて、さらに発展させた。

【祖語】ソゴ 日〔言〕同じ系統の二つ以上の言語の、もととなる言語。母語。たとえば、ラテン語はフランス語・イタリア語・スペイン語などの祖語である。

【祖考】ソコウ ①〔「考」は、亡父の意〕死んだ祖父。また、死んだ父。対祖妣ソヒ。②遠い祖先。

【祖国】ソコク (先祖から代々住んできた)自分の生まれた国。母国。

【祖師】ソシ ①一派の学問を始めた師。②〔仏〕一宗一派をひらいた僧。開祖。

【祖述】（ソジュツ） 師や先人の学説を受けつぎ、発展させながら学説をのべる。例 仲尼祖二述堯舜一（＝孔子は堯・舜の教えを受けついだ）。〈中庸〉

【祖神】（ソシン） ①旅路の安全を守る神。道祖神。②日 祖先である神。神として祭った祖先。

【祖生▼鞭】（ソセイのむち） ⇒【先鞭】（センベン）（122ジペー）

【祖先】（ソセン） ①一族や一家の初代にあたる人。始祖。②初代から先代までの人々。先祖。対子孫。③日 生物が進化してきた、そのもとのもの。例 人類の―。

【祖▼餞】（ソセン） 旅立つ人に、はなむけをする。道祖神を祭り、道中の安全を祈る。祖送。類祖道。

【祖宗】（ソソウ） ①建国の祖と中興の祖。②初代から先代までの、代々の君主。

【祖送】（ソソウ） 道祖神を祭って、旅立つ人を見送る。例 丹祖二送於易水上一（タンエキスイのほとりにソソウす）（＝〈燕エンの太子〉丹は易水のほとりで道祖神を祭り、〈荊軻ケイカの一行を〉見送った）。〈文選・荊軻歌序〉

【祖▼妣】（ソヒ） ①（「妣」は、亡母の意）死んだ祖母。また、死んだ母。対祖考。②先祖と、その妻。

【祖▼廟】（ソビョウ） 祖先を祭るみたまや。

【祖父】（ソフ） 父母の父。おじいさん。

【祖武】（ソブ） （「武」は、足跡の意）祖先の事跡。

【祖父母】（ソフボ） 父母の父と母。おじいさんとおばあさん。

【祖母】（ソボ） 父母の母。おばあさん。
●開祖（カイソ）・元祖（ガンソ）・教祖（キョウソ）・始祖（シソ）・先祖（センゾ）・父祖（フソ）

祚
示5（10） ②6715 795A
ソ 漢 呉 遇 zuò さいわ-い（さいはひ）
意味 ❶天から授かったしあわせ。さいわい。例 天祚（テンソ）。❷天子の位。通阼（ソ）。例 践祚（センソ）（＝皇位をつぐ）。重祚（チョウソ）（＝再び即位する）。
【祚▼胤】（ソイン） ①子孫まで末長く幸福を授かる。②子孫。跡継ぎ。

［祢］ ネ5（9） ⇩禰（ネ）（964ジペー）

［祕］ 示5（10） ⇩秘（ヒ）（972ジペー）

祓
示5（10） ②6717 7953
フツ 漢 物 fú はら-う（はら-ふ）・はらい（はらひ）・はらえ（はらへ）
意味 ❶神仏に祈って、災いや心身のけがれをのぞく。はらう。はらい。はらえ。例 夏越（なごし）の祓（はらえ）（＝六月末におこなう、はらえ。六月祓（みなづきばらえ））。❷のぞきさる。あらいきよめる。例 以二清水一祓レ之、以レ卵祓レ之（セイスイをもってこれをあらい、ランをもってこれをはらう）（＝清水で〈亀甲（キッコウ）を〉洗い、鶏卵で摩擦してけがれをのぞきさる）。〈史記・亀策伝〉
【祓▼禊】（フッケイ） 身のけがれを清め、災いをはらう。漢代、三月初めの巳（み）の日（上巳（ジョウシ））に、のちには三月三日に水辺でおこなった。みそぎ。
【祓除】（フツジョ） けがれや災いをはらい除く。また、そのための儀式。
【祓飾】（フッショク） 古くなったものを除き、新しく飾る。

祐
ネ5（9） ①4520 7950 人
ユウ（イウ） 漢 宥 yòu たす-け・たす-ける（たす-く）

［祐］ 示5（10） ③8924 FA4F 人 旧字体。

なりたち ［形声］「示（＝かみ）」と、音「右ウ」とから成る。たすける。
意味 ❶天や神仏が助ける。たすけ。たすける。通佑（ユウ）。例 祐助（ユウジョ）。天祐（テンユウ）。❷さいわい。福。例 祐福（ユウフク）（＝天の与える幸福）。
日本語での用法 《ジョウ》「神祇（ジンギ）の祐（ジョウ）」▼律令制の四等官（シトウカン）で、神祇官の第三位。判官（ジョウ）。
古訓 中古 さいはひ・すけ・ジョウ・たすく 中世 さいはひ・すけ・たすく 近世 たすく
人名 さち・じょう・すけ・たすく・ひろ・ひろし・まさ・ます・むら・よし
【祐助】（ユウジョ） 天のたすけ。天佑（テンユウ）。神助。
【祐筆】（ユウヒツ） 日 ①貴人のそばに仕えた書記。記録係。②武家で、文書や記録をつかさどる役。▽右筆（ユウヒツ）。

䄅
示6（11） ④8268 4105
ケン（クェン） 漢 霰 juàn
意味 祭り。参考 「秦（シ）」とは別の字。

祫
示6（11） ― 796B
コウ（カフ） 漢 洽 xiá
意味 祖先を合わせてまつる。また、その儀式。例 禘祫（テイコウ）（＝天子が祖先を合わせ祭る大祭）。

祭
示6（11） ①2655 796D 教3
一 セイ 漢 サイ 呉 霽 jì
二 サイ 漢 卦 zhài
まつ-る・まつ-り

筆順 ノ ク タ … 祭

なりたち ［会意］「示（＝かみ）」と、「又（＝手）」と「月（＝にく）」とから成る。手に肉を持って神に供える。まつる。

意味 一 ❶神や祖先の霊をまつる。また、その儀式。まつる。まつり。例 祭祀（サイシ）。祭礼（サイレイ）。冠婚葬祭（カンコンソウサイ）。❷供物（モツ）をそなえるように（獲物を）ならべる。例 獺祭レ魚（ダツうおをまつる）（＝カワウソが捕らえた魚を、神に供えるかのように並べる）。〈礼記・月令〉

二 周代の国の名。

日本語での用法 《サイ》《まつり》「前夜祭（ゼンヤサイ）・文化祭（ブンカサイ）・時代祭（ジダイまつり）」▼毎年定例の、また記念の日などにおこなう、にぎやかな催し。

古訓 中古 ほかふ・まつり・まつる 中世 まつり・まつる 近世 いたる・すすむ・まつり
【祭器】（サイキ） 宗教上のまつりに用いる器具。類祭具。

【祭儀】（サイギ） まつりの儀式。祭礼。

【祭司】（サイシ） 宗教上の行事をつかさどる人。

【祭▼祀】（サイシ） 神や祖先などをまつること。祭典。

【祭▼粢】（サイシ） 祭礼で、神に供える穀物。

【祭事】（サイジ） まつり。神事。例 宵祭（よいまつ）りの―。

【祭日】（サイジツ） ①（ひをまつる）春分に太陽をまつる。②日 神社で、まつりをおこなう日。③日 戦前、皇室や国が公の祭事をおこなった日。④日 一九四八（昭和二十三）年制定の「国民の祝日」のこと。

【祭主】（サイシュ） ①主になってまつりを進めおこなう人。②日 伊勢（いせ）神宮の神官の長。例 ―の宮（みや）。

【祭酒】（サイシュ） ①祭礼や宴席で、年長者が地の神に酒を注いでまつったこと。転じて、徳のある年長者をいう。②学制をつかさどる長官。学長。

【祭場】（サイジョウ） 日 神や祖先などをまつる儀式をおこなう所。祭祀場（サイシジョウ）。

【祭神】（サイジン｜サイシン） ①（かみをまつる）神をまつる。②まつってある神。例 春日（かすが）大社の―。

【祭政一致】（サイセイイッチ） 日 祭（＝神をまつること）と政（＝政治）とは同一のものであるとする、古代社会の考え方。

【祭壇】（サイダン） 宗教の儀式をおこなうために設ける、小高い場所。また、その設備。

【祭典】（サイテン） ①まつり。また、その儀式。②日 まつりになぞらえてがなう、はなやかな催し。例 民族の―。

【祭▼奠】サイテン 霊前や墓前でおこなう祭礼の供物モツ。また、供え物をとしてまつる。

【祭殿】サイデン まつりをおこなうための建物。

【祭服】サイフク まつりのときに着る衣服。

【祭文】サイブン 一 ①まつりのときに神前で読み上げる文。②死者をとむらい、まつる文。二 サイモン 日 ①ブンサイ 神に告げる漢文風の文。②俗謡の一つ。三味線の伴奏で歌う。歌祭文うたザイモン。

【祭礼】サイレイ まつり。宗教上の儀式。祭儀。

●司祭シサイ・祝祭シュクサイ・葬祭ソウサイ・大祭タイサイ・例祭レイサイ

祥

ネ6(10) 1 3045 7965 常用

ショウ(シャウ)漢 陽 xiáng

さいわ-い(さいはひ)

[祥] 示6(11) 3 8929 FA1A 人 旧字体。

筆順 丶 ラ ネ ネ' ネ'' ネ̈ 祥

なりたち 祥 [形声]「示(=かみ)」と、音「羊ヨウ→ショウ」とから成る。さいわい。

意味 ❶めでたいこと。よいこと。さいわい。例 祥気ショウキ。❷(吉凶の)前ぶれ。きざし。例 是何祥也これなんのショウぞ(=これは何のめでたいしるし)。〈左伝・僖一六〉 嘉祥カショウ(=めでたい前ぶれ)。瑞祥ズイショウ(=めでたい前ぶれ)。❸喪が明けたときのまつり。例 小祥ショウショウ(=一年祭)。大祥タイショウ(=三年祭)。祥月命日ショウつきメイニチ。祥月ショウつき。

古訓 中古 さいはひ・さかゆ・つばひらかに・まさる・よし 中世 さいはひ・よし 近世 さいはひ・よし・わざはひ

人名 あき・あきら・きざし・さか・さき・さち・さむ・ただ・なか・なが・ひろ・ひろし・やす・やすし・よし・よしみ

【祥雲】ショウウン めでたいことが起こるきざしの雲。瑞雲ズイウン。

【祥気】ショウキ めでたいことが起こりそうな気配。類 祥雰ショウフン・祥気ショウキ。

【祥▼瑞】ショウズイ めでたいことの起こる前ぶれ。瑞祥。吉兆。類 祥応。

【祥月】ショウつき 日〔仏〕一周忌後の、その人の亡くなった月にあたる月。

【祥月命日】ショウつきメイニチ 日〔仏〕人の死後毎年めぐってくる、その人の亡くなった月日と同じ月日。

●吉祥キッショウ・清祥セイショウ・発祥ハッショウ・不祥フショウ

祧

示6(11) 4 8269 7967

チョウ(テウ)漢 蕭 tiāo

意味 ❶遠い先祖(始祖)の廟ビョウ。みたまや。❷父祖の位牌ハイを始祖の廟へ移す。

票

示6(11) 1 4128 7968 教4

一 ヒョウ(ヘウ)漢 蕭 piāo

二 ヒョウ(ヘウ)漢 嘯 piào

ふだ

筆順 一 一 襾 覀 覀 票 票 票

なりたち 㶾 [会意] 本字は「㶾」で、「火(=ひ)」と「䙴(=高くのぼる)」の省略体とから成る。火が飛ぶ。

意味 一 ❶火の粉が飛び散るさま。また、軽く舞い上がるさま。通 飄ヒョウ。例 票然ヒョウゼン。❷ゆり動かす。ゆれ動く。例 票崑崙ヒョウコンロン(=崑崙コンロン山をゆり動かす)。〈漢書・楊雄伝下〉 二 切手。てがた。ふだ。例 証票ショウヒョウ。伝票デンピョウ。

日本語での用法 《ヒョウ》「一票イッピョウ・投票トウヒョウ」▼選挙や採決に用いる用紙。また、それを数える語。

古訓 近世 あがる・うごく・かろくあがる・すみやか・ひはしる

【票軽】ヒョウケイ ①動きの速いさま。すばやいさま。②軽く舞い上がるさま。ひらめくさま。

【票決】ヒョウケツ 日 投票で決める。例 ―を求める。

【票然】ヒョウゼン 軽く上がるさま。

【票田】ヒョウデン 日 選挙で、その候補者や政党などにとって得票の多い地盤。

●開票カイヒョウ・伝票デンピョウ・投票トウヒョウ・得票トクヒョウ・満票マンピョウ

祲

示7(12) 4 8270 7972

シン(シム)漢 沁 jìn

意味 精気が感応してあらわれる不吉な気。

[祷] ネ7(11) ⇩ 禱トウ(964ページ)

祺

示8(13) 2 6718 797A

キ漢 支 qí

さいわ-い(さいはひ)・よ-し

意味 ❶めでたい。縁起のよい。よろこぶべきこと。さいわい。例 祺祥キショウ(=さいわい。めでたいこと)。❷安泰である。心やすらかである。よし。例 祺然キゼン。

【祺然】キゼン 心やすらかで、憂いがないさま。

禁

示8(13) 1 2256 7981 教5

一 ゴン慣 キン(キム)漢 呉 沁 jìn

二 ゴン慣 キン(キム)漢 呉 侵 jīn

とど-める(とど-む)

筆順 一 十 オ 木 林 埜 埜 禁

なりたち 禁 [形声]「示(=かみ)」と、音「林リン→キン」とから成る。いみさける。

意味 一 ❶不吉なことをさける。いむ。例 禁忌キンキ。❷してはいけないこととして、させない。やめさせる。取り締まる。とどめる。例 以鼎与楚、以地与魏、王不能禁かなえをもってソにあたえ、チをもってギにあたうるとも、オウキンずることあたわざらん(=《周は》鼎かなを楚に与え、《韓カンが》土地を魏に与えるようになっても、《わが秦シンの》王さまには《周や韓の行為を》やめさせることはできますまい)。〈戦国策・秦一〉 禁止キンシ。解禁カイキン。❸とじこめる。例 禁固キンコ。監禁カンキン。❹一般の人が入れない神聖な所。天子のすまい。また、天子にかかわるさま。例 禁中キンチュウ。❺呪術ジュジュツ。のろい。例 禁呪キンジュ。❻秘密の。ひそかな。例 禁方キンポウ。二 もちこたえる。耐える。(試練・経験を)受ける。例 蜀酒禁愁得ショクシュうれいにたえう(=蜀の酒を飲めば心配ごとにおしつぶされずにいられる)。〈杜甫・草堂即事〉

古訓 中古 いなぶ・いましむ・いむ・こらす・さまたぐ・すまふ・つみ・とが・とどむ・まじなふ・みやこ・やむ 中世 いましむ・とどむ・まじなふ・みやこ 近世 いましむ・つつしむ・はからふ・ふさぐ・やむる

【禁圧】キンアツ 日 力でおさえつけ、やめさせる。例 自由な行動を―する。

【禁▼遏】キンアツ おさえつけて、やめさせる。禁止。

【禁▼闈】キンイ 〔「闈」は、宮中内の小門の意〕宮中。宮廷。

【禁衛】キンエイ 宮中の警備。また、その兵士。近衛コノエ兵。禁軍。類 禁掖キンエキ・禁闥キンタツ。類 禁兵キンペイ。

【禁園】【禁▼苑】キンエン 宮中の庭園。

【禁煙】キンエン ①火を用いることをやめて、冷たい食事をとる。→【禁火】キンカ② ②禁中のけむり。宮中から立ちのぼるけむり。禁火キンカ③。③アヘンを吸うことを禁じる。④日 タバコを吸うことを禁止する。また、タバコを吸う習慣をやめる。例 ―して養生する。

【禁火】キンカ ①火をたくことを禁じる。②寒食節のこと。冬至から百五日目の前後の三日間、火をたくことをさしとめた行事。禁煙①。③宮中のかまどのけむり。禁煙②。

【禁戒】キンカイ ①さしとめ、いましめること。おきて。②〔仏〕仏の戒律。

【禁忌】キンキ ①忌(い)みはばかって、禁止されていること。タブー。例—をおかす。②差しさわりがあるとして、特定の薬や治療をさけること。

【禁句】キンク 日①言ってはならないことば。また、使うことをさけることば。②和歌や俳句などで使ってはならないとされる語句。止め句。

【禁軍】キングン 宮中を護衛する兵。近衛(コノエ)兵。禁衛。親軍。類禁兵(キンペイ)。

【禁▼闕】キンケツ ①宮城の門。②宮中・宮廷。

【禁錮】【禁固】キンコ ①仕官の道をふさぎとめる。②一室に閉じこめて外に出さない。③日〔法〕刑務所に入れておくだけで、強制労働をさせない刑罰。対懲役。例—刑。

【禁溝】キンコウ 宮城の堀。

【禁獄】キンゴク 牢獄(ロウゴク)に閉じこめておく。

【禁▼坐】キンザ 天子の御座所。

【禁札】キンサツ 日禁止することを記した立てふだ。たとえば、「花の枝を折るな」「立ち入り禁止」など。

【禁止】キンシ 差しとめる。命令や規則などによって発言や行為などを許さない。対許可。例遊泳—。入室を—する。

【禁酒】キンシュ ①飲酒や酒造をやめさせる。②日飲酒の習慣をやめる。

【禁呪】【禁祝】キンジュ・キンシュウ （方士(=神仙の術をおこなう者)の)まじない。類禁術。例呉越有ニ禁呪之法一(ゴエツにキンシュウのホウあり)(=呉や越の国々には、まじないの方法が伝わっている)。〈抱朴・至理〉

【禁書】キンショ 法律や命令で、特定の書物の出版や販売、あるいは閲覧をさしとめる。また、その書物。

【禁城】キンジョウ 宮城。御所。禁中。類禁庭・禁廷。

【禁制】キンセイ｜キンゼイ とり決めや規則によってある行為をさしとめる。例女人(ニョニン)—。

【禁足】キンソク 外出をさしとめる。足止め。

【禁卒】キンソツ ①宮中の護衛をする兵士。②牢屋(ロウや)の番人。看守。獄卒。

【禁内】キンダイ 宮城の中。宮中。禁中。禁裏。

【禁断】キンダン してはいけないとさしとめる。禁止。禁制。例殺生(セッショウ)—の地。

【禁治産】キンチサン｜キンジサン 日〔法〕心神に欠陥がある者を保護するために、後見人をつけて財産の管理をさせること。

【禁中】キンチュウ 天子の住居。宮中。禁裏。禁内(キンダイ)。

【禁鳥】キンチョウ 法律によって、捕獲することが禁じられている鳥。保護鳥。

【禁転載】キンテンサイ 日出版物の文章や写真などを、ほかのものに掲載することをさしとめること。

【禁▼屠】キント｜トをキンず （世の太平を願って）生き物を殺すことをさしとめる。

【禁物】キンブツ 一日してはいけないこと。さけるべきこと。例油断—。二キンモツ 製造などがさしとめられた物品。

【禁方】キンポウ 秘伝にしている薬剤の処方。

【禁▼罔】【禁網】キンモウ 〔網を張ったように犯罪を取り締まることから〕法律。おきて。

【禁門】キンモン ①宮城の門。宮門。②日部外者の出入りを厳重にさしとめた門。

【禁野】キンヤ 日〔民間人の立ち入りをさしとめた野の意〕天皇の御料地。標野(しめの)。

【禁輸】キンユ 日輸出入をさしとめる。例武器—をゆるめる。

【禁欲】【禁▼慾】キンヨク いろいろな欲望、特に性欲をおさえる。例—生活。

【禁裏】【禁▼裡】キンリ 天子の住居。宮中。禁中。禁内(キンダイ)。例—区。—期。

【禁猟】キンリョウ 鳥や獣などの捕獲を法律でさしとめる。

【禁漁】キンリョウ｜キンギョ 魚介類や海藻などの水産物をとることを、法律でさしとめる。例—水域。

【禁林】キンリン ①宮中の庭園内の林。②翰林(カンリン)院の別称。

【禁令】キンレイ ある行為を禁止する法律や命令。禁制。法度(ハット)。例—を破る。—に背く。

●解禁(カイキン)・監禁(カンキン)・厳禁(ゲンキン)・国禁(コッキン)・失禁(シッキン)・呪禁(ジュゴン)・軟禁(ナンキン)・発禁(ハッキン)

禂 示8 (13) 3 8930 7979 トウ(タウ)漢 豪 táo

意味 さいわい。しあわせ。

［禀］ 示8 (13) ⇩稟(ヒン)(975ページ)

禄 ネ8 (12) 1 4729 7984 人 ロク漢呉 沃 lù ふち・さいわ-い(さいはひ)

［祿］ 示8 (13) 2 6719 797F 人 旧字体。

なりたち  ［形声］「示(=かみ)」と、音「录ク」とから成る。さいわい。

意味 ❶天から与えられた幸(さち)。**さいわい**。例美禄(ビロク)(=酒のこと)。福禄(フクロク)(=さいわい)。❷役人の俸給。君主から与えられる、土地あるいは穀物または金銭。**ふち**。例居レ魯得レ禄幾何(ロにおるときロクをうることいくばくぞ)(=魯にいたとき、どのくらい俸給をもらっていましたか)。〈史記・孔子世家〉禄米(ロクマイ)。俸禄(ホウロク)。

古訓 中古さいはひ・たまふ 中世さいはひ・たまふ・たまもの 近世さいはひ・たまもの・よし

人名 さち・とし・とみ・よし

【禄位】ロクイ 俸給と官位。官職につくこと。

【禄仕】ロクシ 俸給を受け、仕官する。

【禄賜】ロクシ 俸給と褒美(ホウビ)。

【禄爵】ロクシャク 〔「爵」は、公(コウ)・侯(コウ)・伯(ハク)・子(シ)・男(ダン)の身分をあらわす位の意〕俸給と爵位。

【禄食】ロクショク ①役人の俸給。②俸給で生活する。

【禄高】ロクだか 日俸給としてもらう扶持米(フチマイ)の量。

【禄秩】ロクチツ ①役人の身分によって俸給に順序があること。②俸給と地位。禄位。③俸給。

【禄米】ロクベイ｜ロクマイ 俸給としてもらう米。扶持米(フチマイ)。

【禄命】ロクメイ 貧富や貴賤(キセン)にめぐり合うこととなる、人それぞれの運命。

【禄利】ロクリ 官職を得て利益を受ける。

禕 示9 (14) 4 8272 7995 イ(ヰ)漢 支 yī

意味 美しい。よい。

禍 ネ9 (13) 1 1850 798D 常用 カ(クヮ)漢 ワ呉 哿 huò わざわ-い(わざはひ)

［禍］ 示9 (14) 3 8931 FA52 人 旧字体。

筆順 ネ ネ 礻 礻 礻 礻 禍 禍 禍

なりたち 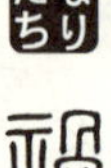 ［形声］「示(=かみ)」と、音「咼カ」とから成る。神のくだすわざわい。

意味 ❶神のとがめ。悪いできごと。**わざわい**。対福。例君子禍至不レ懼(クンシはわざわいいたれどもおそれず)(=君子はわざわいが起こってもおそれない)。〈史記・孔子世家〉禍福(カフク)。惨禍(サンカ)。❷不幸な目に遭わせる。災難を与える。わざわいす。例循レ道而不レ弐、則天不レ能レ禍（みちにしたがいてたがわざれば、すなわちテンわざわいするあたわず）（＝人の道に従って背くことがなければ、天もその人に災難を与えたりはしない）。〈荀子・天論〉 ❸とが。つみ。例 罪禍（ザイカ）。

古訓 中古 つみ・とが・わざはひ 中世 とが・わざはひ 近世 そこなふ・わざはひ

人名 まが

難読 禍事（まがごと）・禍（まが）つ日（ひ）・禍禍（まがまが）しい・大禍時（おおまがとき）

【禍▼殃】（カオウ） 災害。災難。禍害。類 禍患・禍災。

【禍害】（カガイ） わざわい。災難。類 禍患・禍災。

【禍機】（カキ） わざわいのきざし。類 禍端。

【禍▼咎】（カキュウ） わざわいと、とがめ。

【禍根】（カコン） わざわいのもと。類 禍階・禍源・禍泉・禍胎・禍梯（カテイ）。例 —を残す。今こそ—を断たねばならない。

【禍▼簒】（カサン） わざわいと簒奪（サンダツ）（＝臣下が君主の位を奪い取ること）。また、簒奪のわざわい。

【禍心】（カシン） わざわいを起こそうとする心。悪事をおこなうはかりごと。

【禍福】（カフク） わざわいとしあわせ。災難と幸福。

【禍福如二糾▼纆一】（カフクはキュウボクのごとし） 禍福はより合わせた縄のようにからみ合って、かわるがわるやってくるものだ。禍福はあざなえる縄のごとし。〔〈史記・賈生伝〉から〕 →【塞翁馬】（サイオウがうま）（298ページ）

【禍福無レ門】（カフクはモンなし） 災難や幸福が通ってくる入り口はきまった所にあるわけではない。禍福は自らが招くものであって、その人の心がけ次第であるということ。〈左伝・襄二三〉

【禍乱】（カラン） 災難や戦乱。類 禍変。

【禍従レ口生】（わざわいはくちよりショウず） 災難は不用意なことばを発することから生じる。口には注意せよといういましめ。→【病従レ口入、禍従レ口出】（やまいはくちよりいり、わざわいはくちよりいず）（902ページ）

【転レ禍為レ福】（わざわいをテンじてフクとなす） わざわいをうまく処理して、逆に成功や幸福のきっかけとする。〈史記・蘇秦伝〉

●災禍（サイカ）・惨禍（サンカ）・舌禍（ゼッカ）・戦禍（センカ）・筆禍（ヒッカ）・輪禍（リンカ）

禊

示9（14） 2 6720 798A ケイ 漢 霽 xì みそぎ・はら-う（はら-ふ）

意味 川で水浴びをして身のけがれや罪をはらいきよめる祭り。**みそぎ**。〔春は陰暦三月三日（上巳（ジョウシ））に、秋は陰暦七月十四日におこなう〕また、みそぎをする。きよめる。**はらう**。例 禊宴（ケイエン）（＝三月上巳の宴会）。禊事（ケイジ）（＝三月上巳のみそぎ）。

【禊飲】（ケイイン） 陰暦三月三日のみそぎの日に開く酒盛り。類 禊宴。〔もと、三月上巳（ジョウシ）（＝初めての巳（み）の日）におこなわれた〕

禔

示9（14） 4 8271 7994 シ 漢 支 zhī

意味 ❶安らかにする。やすらか。例 禔身（シシン）（＝身を修めて安らかにする）。❷安らかで、しあわせ。例 禔福（シフク）（＝幸福）。

禅

ネ9（13） 1 3321 7985 常用 ■セン 漢 ゼン 呉 霰 shàn ■セン 漢 ゼン 呉 先 chán ゆず-る（ゆづ-る）

［禪］ 示12（17） 2 6724 79AA 人 旧字体。

筆順 ネ ネ ネ ネ 祁 褝 禅 禅

なりたち 禪 ［形声］「示（＝かみ）」と、音「單（タン→セン）」とから成る。天地をまつる儀式。

意味 ■❶天子がおこなう地をまつる儀式。例 封禅（ホウゼン）。❷天子の位を有徳者にゆずる。**ゆずる**。例 禅譲（ゼンジョウ）。❸次々交代する。かわる。■❶梵語（ボンゴ） dhyāna の音訳「禅那（ゼンナ）」の略。心を静かにして真理をさとるための修行。例 座禅（ザゼン）・参禅（サンゼン）。❷「禅宗（ゼンシュウ）」の略。例 禅僧（ゼンソウ）・禅門（ゼンモン）。

古訓 中古 しづかなり・しづかに・まつり・ゆづる 中世 しづか・しづかなり・ゆづる 近世 かはる・しづか・まつる・ゆづる

人名 さと・さとる・しず・しずか・よし

【禅位】（ゼンイ） 天子が位をゆずる。譲位。

【禅院】（ゼンイン）〔仏〕禅宗の寺。禅寺。類 禅閣。

【禅家】（ゼンケ・ゼンカ）〔仏〕禅宗。また、禅宗の寺。

【禅語】（ゼンゴ）〔仏〕禅宗で用いることば。

【禅刹】（ゼンサツ）〔仏〕禅宗の寺。

【禅寺】（ゼンでら・ゼンジ）〔仏〕禅宗の寺。禅林。

【禅師】（ゼンシ・ゼンジ）〔仏〕①禅の道をきわめた、徳の高い僧。例 白隠（ハクイン）—。②朝廷から高徳の僧に贈られた尊号。③僧。法師。

【禅室】（ゼンシツ）〔仏〕①座禅をする部屋。②禅僧が起居する部屋。③禅宗で、住職や寺のあるじ。

【禅宗】（ゼンシュウ）〔仏〕座禅によって悟りを開こうとする仏教の一宗派。文字によらず、理論を語らず、以心伝心を重んじる。日本には臨済（リンザイ）宗・曹洞（ソウトウ）宗・黄檗（オウバク）宗の三派がある。

【禅▼牀】（ゼンショウ） 座禅を組むときの腰かけ。類 禅榻（ゼントウ）。

【禅▼杖】（ゼンジョウ）〔仏〕①座禅のとき、眠る者をいましめるために打つ、つえ。警策。②禅僧が持つ、つえ。

【禅定】（ゼンジョウ）〔仏〕座禅で、精神を統一して無我の境地に入ること。無念無想の状態になること。例 —に入（い）る。

【禅譲】（ゼンジョウ） ①天子の在世中に、天子となるにふさわしい人を得て、その位をゆずりわたす。理想的な政権交代とされた。対 放伐。②日 天皇が位をゆずる。

【禅制】（ゼンセイ）「禅位制書」の略。譲位を示す詔（みことのり）。

【禅僧】（ゼンソウ）〔仏〕①禅宗の僧。②座禅をおこなう僧。

【禅堂】（ゼンドウ）〔仏〕①禅宗の寺の建物。②禅を修める堂。禅宗で僧堂のこと。

【禅尼】（ゼンニ）〔仏〕仏門に入った女性。また、禅を修行する女性。対 禅門。

【禅房】（ゼンボウ）〔仏〕①禅寺。②「禅室（ゼンシツ）①」に同じ。

【禅味】（ゼンミ） ①座禅のときの静かで澄んだ趣。例 —を解する。②俗気を離れた、さっぱりとした趣。例 老境に入って—を加える。

【禅門】（ゼンモン）〔仏〕①仏の悟りの道。②日 禅宗。③日 仏門に入った男性。また、禅を修行する男性。対 禅尼。

【禅問答】（ゼンモンドウ） ①〔仏〕禅宗の僧が道を求め悟りを開くためにおこなう問答。②論理をこえていて、わかりにくいことばのやりとり。

【禅林】（ゼンリン）〔仏〕禅宗の寺。禅寺。

【禅話】（ゼンワ） 禅宗の講話。

●座禅（ザゼン）・参禅（サンゼン）・友禅（ユウゼン）

禎

ネ9（13） 1 3687 798E 人 テイ 漢 庚 zhēn（旧 zhēng） さいわ-い（さいはひ）

［禎］ 示9（14） 3 8932 FA53 人 旧字体。

なりたち 禎 ［形声］「示（＝かみ）」と、音「貞（テイ）」とから成る。さいわい。

意味 めでたいしるし。めでたい。**さいわい**。例 禎祥（テイショウ）（＝めでたいしるし）。禎瑞（テイズイ）。

古訓 中古 さいはひ 中世 さいはひ・とびくだる・よし 近世 さいはひ・よし

人名 さだ・さだむ・さち・ただ・ただし・ただす・つぐ・とも・よし

【禎▼瑞】（テイズイ） めでたいしるし。類 禎符・禎祥。

禘
示9(14) 3 8934 7998 テイ漢 霽 dì

意味 ❶天子がおこなう大祭。例 禘郊テイコウ(=天子が始祖と天をまつる大祭)。❷古代の夏の祭礼。〔春は「礿ヤク」、秋は「嘗ショウ」、冬は「烝ジョウ」〕

【禘▼祫】テイコウ 天子が祖先を合わせ祭る大祭。

【禘▼嘗】テイショウ 天子・諸侯が春や秋などに宗廟ソウビョウを祭る。特に、天子が宗廟に新穀をささげ祭る祭典をいう。

禖
示9(14) 4 8273 7996 バイ漢 灰 méi

意味 天子が子供を授かることを祈る祭り。また、子を授ける神。

福
ネ9(13) 1 4201 798F 教3 フク漢呉 屋 fú さいわ-い(さいはひ)

［福］示9(14) 3 8933 FA1B 人 旧字体。

筆順 ラ ネ ネ 䄊 䄊 福 福 福

なりたち  ［形声］「示(=かみ)」と、音「畐フク」とから成る。すべてがうまくいく。

意味 ❶しあわせ。さいわい。天のたすけ。めぐみ。対禍。例 全寿富貴ゼンジュフウキ、之謂レ福これをフクという(=からだが健康で長生きし、裕福で身分が高いことを福という)。〈韓非・解老〉幸福コウフク。至福シフク。❷さいわいを与える。例 鬼神害レ盈而福レ謙キシンはエイをガイしてケンにさいわいす(=精霊はおごり高ぶる者にわざわいを与え、謙虚な者に幸福を与える)。〈易・謙・象〉祝福シュクフク。❸祭祀サイシにそなえた酒や肉。

古訓 中古 さいはひ・さいはひす・とみ・ね・よし 中世 さいはひ・やすし・ゆたか・よし 近世 さいはひ・めぐむ・よし・をさむ

人名 おさ・おさむ・さき・さち・たる・とし・とみ・とむ・ね・むら・めぐみ・めぐむ・やす・やすし・ゆたか・よし

【福音】フクイン ①神がキリストによって伝えた、人類救済の教え。例 —書。②喜ばしい知らせ。例 —を待つ。病人にとっての—。

【福運】フクウン 幸福になる運命。幸福と幸運。例 —に恵まれる。

【福祉】フクシ ①さいわい。幸福。福祥。類福祚フクソ。②日 老人・児童・病人・障害者などの、日常生活の安定と向上をはかること。例 —国家。—事業。

【福寿】フクジュ 幸福で長生きすること。例 —の相。

【福助】フクジョ 一 神の助け。二 フクすけ 日 ちょんまげを結い、かみしもを着て、正座している人形。頭が大きく顔がふっくらとしていて、福を招くという。

【福祥】フクショウ さいわい。幸福。福祉。類福祚フクソ。

【福神】フクジン 福の神。幸福を授ける神。例 七—。

【福相】フクソウ 幸運に恵まれる人相。ふくぶくしい顔の様相。対貧相。

【福沢】フクタク 幸せと恵み。福利恩沢。

【福地】フクチ ①幸運をもたらす土地。また、肥沃ヒヨクな土地。②極楽ゴクラク。また、神仙の住む所。

【福茶】フクチャ 日 黒豆や昆布コンブ、梅干しなどを混ぜた、煎茶センチャ。正月に長寿を祝って飲む。

【福田】フクデン 〔仏〕三宝(=仏・法・僧)を敬い、父母の恩に報い、貧者をあわれむ。〔この善行が福徳をもたらすことを、田が作物を生ずることにたとえたことば〕

【福徳】フクトク ①幸福と利益。②〔仏〕よいおこないをして、幸運や財産に恵まれていること。例 —を授かる。

【福引】フクびき 日 くじ引きで景品をあてること。また、そのくじ。

【福袋】フクぶくろ 日 いろいろな品物を入れて封をし、各人に選び取らせる、安く売り出す袋。正月の商店などで見られる。

【福豆】フクまめ 日 節分にまく、いったマメ。

【福耳】フクみみ 日 耳たぶの大きい耳。幸運の相といわれる。

【福利】フクリ 幸福と利益。例 —厚生。

【福▼禄】フクロク 幸福と俸給。

【福▼禄寿】フクロクジュ ①幸福と俸給と長寿。②日 七福神の一人。背が低くて頭が長く、長いひげをたくわえ、経巻キョウカンを結びつけたつえを持ち、多くはツルを従えている。福禄人。福禄神。

●禍福カフク・幸福コウフク・祝福シュクフク・裕福ユウフク

［禝］
示10(15) ⇨稷ショク(978ジペ)

禛
示10(15) 4 8274 799B シン漢 真 zhēn

意味 真心によって、幸福を得る。

禡
示10(15) 4 8275 79A1 バ漢 禡 mà

意味 軍神を祭る。

［禩］
示11(16) ⇨祀シ(955ジペ)

禧
示12(17) 2 6722 79A7 キ漢 支 xī(旧 xǐ) さいわ-い(さいはひ)

意味 よろこばしく、めでたい。さいわい。例 新禧シンキ(=新年のよろこび)。

禦
示12(17) 1 2190 79A6 ギョ漢 ゴ呉 語 yù ふせ-ぐ

意味 くいとめる。ふせぐ。通御。例 以齧レ人無二禦レ之者一もってひとをかめばこれをふせぐものなし(=(そのヘビが)人をかんだなら(強い毒のため)死をくいとめる方法はない)。〈柳宗元・捕蛇者説〉制禦セイギョ。

［禪］
示12(17) ⇨禅ゼン(963ジペ)

［禮］
示13(18) ⇨礼レイ(954ジペ)

禱
示14(19) 3 8935 79B1 人 トウ(タウ)漢呉 晧 dǎo いの-る・いの-り

［祷］ネ7(11) 1 3788 7977 人 俗字。

なりたち  ［形声］「示(=神事)」と、音「壽シュ→トウ」とから成る。神に事を告げ福を求める。

意味 神に告げて幸福や庇護ヒゴをもとめる。いのる。いのり。例 獲二罪於天一、無レ所レ禱也つみをテンにえれば、いのるところなきなり(=天に顔向けできないような罪を犯したら、どこに祈っても無駄だ)。〈論語・八佾〉祈禱キトウ。黙禱モクトウ。

古訓 中古 いのる・ことぶき・こふ・ほかふ 中世 いのる・こふ 近世 いのる・こふ・まつる

【禱▼祀】トウシ【禱▼祠】トウシ いのり祭る。

禰
示14(19) 1 3909 79B0 人 デイ漢 ネ・ネイ呉 薺 nǐ/mí

［祢］ネ5(9) 1 3910 7962 人 俗字。

［禰］ネ14(18) —— 俗字。

なりたち  ［形声］「示(=神事)」と、音「爾ジ→デイ」とから成る。父の霊をまつる所。父親のみたまや。

意味 父の霊をまつる所。父の廟ビョウ。例 禰祖デイソ。

日本語での用法 《ね》「禰宜ねぎ・美禰子みねこ(=人名)」▼「ね」の音をあらわす万葉がな。

古訓 中古あまねし 中世あまねし・おや 近世おやのたまや
【禰祖】ソディ 父や祖先を祭る、みたまや。
【禰宜】ぎね 日神社に奉職する神職の階級で、宮司グウジまたは神主ぬしんに次ぐもの。

禳

示17(22) 2 6726 79B3 ジョウ(ジャウ)漢 陽 ráng はら-う(はら-ふ)・まつり

意味 神を祭り、祈って、災いをのぞき去る。**まつり。はらう。** 例 禳災ジョウサイ(=災いをはらう)。

【禳▼禱】ジョウトウ 神を祭って災いをはらい、幸いを祈る。

禴

示17(22) 4 8277 79B4 ヤク 漢 薬 yuè

意味 古代の祭りの名。夏あるいは春の祭り。通 礿ヤク。例 禴祠烝嘗ヤクシジョウショウ(=春夏秋冬の祭り)。〈詩経・小雅・天保〉

114 5画 内 じゅうのあし ぐうのあし 部

けものの足あとの形をあらわす。「内」をもとにしてできている漢字と、「内」の字形を目じるしにして引く漢字とを集めた。

0 965 内 4 965 禹 禺 6 965 离 8 965 禽

この部首に所属しない漢字
離→隹1412 黐→黍1507

内

内0(5) 3 8936 79B8 ジュウ(ジウ)漢 有 róu

意味 獣の足跡。

禹

内4(9) 2 6727 79B9 ウ 漢 麌 yǔ

意味 古代中国の伝説上の聖王。夏カ王朝の開祖とされる。例 夏禹カウ。

【禹域】イキ 「中国」の別名。〈中国古代の夏カの禹王が洪水を治め、中国の国境を正したという伝説にもとづく〉
【禹行▼舜▼趨】ウコウシュンスウ 〈禹の歩き方と舜の走り方の意〉聖人の表面的な動作を見習うだけで内容がともなわないこと。〈荀子・非十二子〉
【禹跡】セキ 〈禹の足跡の意〉中国の別称。禹域。
【禹▼甸】デン 〈禹が治めた地域の意〉中国の別称。禹域。
【禹湯黄老】ウトウコウロウ 夏カの禹王、殷イの湯王、黄帝、老子。聖人として道家が尊んだ人物。〈後漢書・光武紀下〉から
【禹湯文武】ウトウブンブ 夏カの禹王、殷イの湯王、周の文王・武王をいう。聖人として儒家が尊んだ人物。〈管子・枢言〉
【禹▼廟】ビョウ 禹を祭ったみたまや。今の重慶市あたりにあった。

禺

内4(9) 2 6728 79BA 一グウ 慣 グ 漢 遇 yù 二グウ 慣 グ 漢 虞 yú さる

意味 一獣の名。オナガザル。**サル。** 二❶区域。❷浙江セッコウ省にある山の名。

离

内6(11) 4 8278 79BB 一チ 漢 支 chī 二リ 漢 支 lí

意味 一山の神。通 螭チ・魑チ。二はなれる。通 離。

禽

内8(13) 1 2257 79BD 人 キン(キム)漢 ゴン(ゴム)呉 侵 qín とり

なりたち [形声]「内(=足跡)」と「凶(=あたま)」と、音「今キ」とから成る。走る獣の総称。

意味 ❶鳥類。**とり。**〈古くは、鳥や獣をまとめていった。「五禽ゴキン」は、トラ・シカ・クマ・サル・鳥〉例 禽獣キンジュウ。家禽カキン(=食用などのため家で飼う鳥)。猛禽モウキン。❷とりこ。とりこにする。捕らえる。通 擒キ。例 終為二之所一レ禽矣ついにこれがとりことするところとならん(=最後には捕虜とされてしまうでしょう)。〈史記・淮陰侯伝〉禽獲キンカク(=とりこにする)。

古訓 中古けだもの・けもの・とらふ・とり・とりこ 中世とり・とりこ 近世けもの・とり・とりこ

【禽語】キンゴ 鳥の鳴き声。鳥語。鳥声。類 禽言キンゲン。
【禽荒】キンコウ 狩猟にふけり、政治をおろそかにする。
【禽獣】キンジュウ 鳥やけもの。例 —に等しい行為。
【禽▼翦】キンセン 捕らえて切り殺す。
【禽鳥】キンチョウ とり。鳥類。
【禽▼犢】キントク 〈鳥や子牛の意〉手土産や贈り物。例 小人之学也、以為二禽犢一しょうじんのがくは、もってきんとくとなすのみ(=小人の学問は、人に取り入るための手段となるだけだ)。〈荀子・勧学〉
【禽困覆レ車】キンもくるしめばくるまをくつがえす 〈鳥も苦しくなれば車をひっくり返す意〉弱者も追いつめられれば予想外の大きな力を出すことのたとえ。〈戦国策・韓一〉

115 5画 禾 のぎ のぎへん 部

穂先のたれた穀物の形をあらわす。「禾」をもとにしてできている漢字と、「禾」の字形を目じるしにして引く漢字とを集めた。

0 965 禾 2 966 私 秀 秂 秃 3 968 秇 秈 秊 秉 4 968 科 秔 秭 秄 秖 秋 秌 种 秕 秒 5 970 秧 秬 秫 称 秤 秤 秦 租 秩 秡 秘 秣 秞 6 973 移 [illegible] [illegible] 7 973 稈 稀 稆 稍 税 稅 程 程 稊 稇 稃 稂 8 974 稞 稘 稇 稕 稚 稠 稙 稔 稗 稟 稑 稜 9 976 稭 稰 穀 種 稱 稲 稗 10 977 稼 稽 稿 稾 穀 稷 稹 穂 穉 稸 稻 穃 11 978 穎 穏 稽 穅 穆 穐 積 穌 穆 12 980 穖 穝 穗 穉 穜 穙 13 980 穫 穣 穠 穡 穟 穢 14 980 穩 穪 穧 15 980 穭 16 980 龝 17 980 穰

この部首に所属しない漢字
利→刂160 和→口243 委→女342 季→子359
香→香1460 嵇→山418 黍→黍1507 黎→黍1507
黐→黍1507

禾

禾0(5) 1 1851 79BE 人 カ(クワ)漢 呉 歌 hé いね・のぎ

なりたち [会意]「木(=き)」と「垂(=たれる)」の省略体とから成る。よい穀物。

意味 ❶アワ。また、イネを指す。**いね。** 例 禾穂カスイ(=イネの穂)。禾本科カホンカ。❷穀物の総称。例 禾稼カカ。

日本語での用法 《のぎ》▼イネやムギなどの穂の先にある、細い針のような毛。

古訓 中古あは 中世あは・いね・のぎ 近世あは・いね・のぎ

人名 いな・つとむ・ひいず・ひで

【禾▼穎】カエイ イネの穂。類 禾穂カスイ。
【禾役】カエキ 植えたイネの列。
【禾稼】カカ 穀物。穀類。
【禾穀】カコク ①イネ。②穀類の総称。

【禾▼菽】シュク イネとマメ。
【禾▼黍】カショ イネとキビ。
【禾苗】カビョウ イネのなえ。
【禾本科】カホンカ 日植物の分類上の名。「イネ科」のもとの言い方。イネ・ムギ・トウモロコシ・ススキ・タケ・ササなど。

私

禾2（7） 1 2768 79C1 教6

シ漢 呉 支 sī
わたくし・わたし・ひそ-か

筆順 ノ 二 千 禾 私 私

なりたち  ［形声］「禾（＝いね）」と、音「ム（シ）」とから成る。イネ。借りて「わたくし」の意。

意味 ❶（公（おおやけ）に対して）個人的な。自分の。**わたくし。わたし。** 対公。例 私財（シザイ）。公私（コウシ）。❷自分勝手な。利己的な。かたよった。例 私心（シシン）。私利私欲（シリシヨク）。❸自分のものにする。わたくしする。❹利己的に行動する。密通する。不倫をする。例 項王乃疑二范増与レ漢有レ私（コウオウすなわちハンゾウのカンとわたくしあるをうたがう）（＝項王は范増が漢と密通しているのではないかと疑った）。〈史記・項羽紀〉❺えこひいきする。例 私阿（シア）。❻こっそりと。秘密の。個人的に。**ひそか。** 例 私語（シゴ）。私淑（シシュク）。私通（シツウ）。❼生殖器。陰部。例 私病（シビョウ）（＝性病）。

日本語での用法 《**わたくし**》《**わたし**》「私（わたくし）の希望（キボウ）を申（もう）します・私（わたし）の家族（カゾク）」▼自分を指すことば。

古訓 中古 あひむこ・かくる・ころも・ちひさし・ひそかに・むこ・むつまし・わたくし 中世 あひむこ・かたらふ・ひそかに・わたくし 近世 あひむこ・いね・ひそか・わたくし

人名 とみ

難読 私語（ささめごと）・私語（ささめ）・私市（きさいち）（＝地名・姓）

【私▼阿】シア えこひいき。
【私愛】シアイ ①えこひいき。不公平な愛。偏愛。②ひそかにかわいがっている女。
【私案】シアン 日自分の個人的な考えや提案。例 改革のための―。
【私意】シイ 自分の個人的な考えや意見。自分勝手な心。例 ―をさしはさむ。
【私営】シエイ 日個人の経営。対公営・官営・国営。
【私益】シエキ 日個人の利益。私利。対公益。
【私謁】シエツ 個人的な依頼のために、ひそかに有力者に面会する。類私請。
【私怨】シエン 個人的なうらみ。類私恨。
【私恩】シオン えこひいきによる情け。例 明二法制一、去二私恩一（ホウセイをあきらかにして、シオンをさる）（＝法令・禁制を明確にし、えこひいきによる行為を抑える）。〈韓非・飾邪〉
【私家】シカ ①自分（所有）の家。私宅。②個人。例 ―集。
【私回】シカイ よこしま。公平でない。類私曲。
【私学】シガク ①国の定めた学問（官学）ではなく、個人的に学んだ学問。②国の設立した学校（官学）ではなく、個人の設立した学校。▽対官学。
【私忌】シキ ①個人的な恨み。②個人の家の忌日。
【私記】シキ 個人的な記録。例 方丈記―。
【私▼諱】シキ 父祖の生前の名（諱（いみな））。また、それをさけて使わない。
【私議】シギ ①自分ひとりの意見。②かげで批判する。ひそかにそしる。
【私刑】シケイ 法律によらないで、または、公に認められる手続きをとらないで、個人や群衆が勝手におこなう制裁。リンチ。
【私計】シケイ ①個人的な考え。②個人の生計。
【私恵】シケイ ①個人的な贈り物。②私的な恵み。臣下が、君命によらない公的な恵みを勝手に人民に与える。
【私見】シケン ①個人の資格で面会する。②日自分の個人的な意見。例 ―を発表する。
【私権】シケン 日①私的な権力。②私法上認められる権利。財産権・身分権・人格権など。対公権。
【私言】シゲン 個人が勝手な使い方をすることば。一般に通用しないことば。
【私語】シゴ ひそかに話す。また、その話。ひそひそ話。私話。例 夜半無レ人私語時（ヤハンひとなくシゴせしとき）（＝夜も更け人もいなくなってこっそりと話したとき）。〈白居易・長恨歌〉 ―を禁止する。
【私交】シコウ 個人の利害のためにする交際。
【私行】シコウ ①自分勝手な行為。②私用で出かける。③日一個人としての、私生活上の行為。
【私財】シザイ 個人の財産。類私産・私資。例 ―を投じる。
【私史】シシ 国家公認の歴史書（正史）ではなく、私的に書かれた歴史書。野史。対正史。
【私▼諡】シシ 朝廷からではなく、家族や門人などが私的に贈る諡（おくりな）。
【私事】シジ ①個人的な事柄。わたくしごと。対公事。例 ―にわたって詳しく述べる。②私生活上の秘密。例 他人の―をあばく。
【私室】シシツ 自分の部屋。個人の使用する部屋。
【私▼昵】【私▼暱】シジツ ①個人的に、特別に面倒を見ている者。②ひそかにねんごろになる。個人的に親しくつきあう。
【私▼讐】シシュウ 個人的な恨み。私怨（シエン）。また、それに起因するかたき。
【私従】シジュウ 従者。召し使い。類私徒。
【私淑】シシュク 直接に教えを受けないが、ひそかにその人を尊敬し、手本として学ぶ。例 予私二淑諸人一也（ヨこれをひとにシシュクするなり）（＝自分は孔子の道を伝えている人を手本としてひそかに学ぶのである）。〈孟子・離婁下〉
【私塾】シジュク 個人で経営する小さな学校。家塾。
【私書】シショ 個人的な手紙。私信。
【私傷】シショウ 日公務中でないときに受けたきず。対公傷。
【私乗】シジョウ ①「乗」は、兵車と、その兵士）個人が所有する軍隊。②民間の一個人が書いた歴史書。私史。野史。野乗。
【私情】シジョウ ①自分の個人的な感情。例 ―を述べる。②自分の利益を考える心。例 ―をさしはさむ。
【私小説】シショウセツ 日①作者自身の生活を題材とし、その心境を告白していく小説。わたくし小説。②一人称で書かれた小説。イッヒロマン。
【私書箱】シショばこ 日「郵便私書箱」の略。郵便局内に備えてある、受取人専用の郵便受け取り箱。
【私心】シシン ①自分の個人的な考え。②自分の利益や都合だけをはかる心。例 人臣有二私心一（ジンシンにはシシンあり）（＝家来には自分だけの利益を考える心がある）。〈韓非・飾邪〉 ―をもたない人。
【私信】シシン 個人的な手紙。
【私人】シジン ①召し使い。家臣。②親類や友人。③愛人。④公的な地位や立場をはなれた個人。対公人。
【私製】シセイ 個人や民間で作ること。また、作ったもの。対官製。例 ―はがき。
【私生活】シセイカツ 日公の立場を別にした、日常における個人としての生活。
【私生児】シセイジ 日〔もと、法律では「私生子（シ）」といった〕「嫡出でない子」の、もとの一般的な言い方。法律上夫婦でない男女の間に生まれた子供。
【私設】シセツ 日個人・民間で設立する。また、そのもの。対公設・官設。[例] —の研究所。
【私▼褻】シセツ なれなれしい態度。
【私▼撰】シセン 勅命や官命によらず個人が作品を選んで編集する。また、そうしてできた本・作品集。(対)勅撰・官撰。[例] —の歌集。
【私選】シセン 個人がえらぶ。(対)国選・公選・官選。[例] —弁護人。
【私蔵】シゾウ 個人が所蔵し、しまっておく。また、そのもの。
【私属】シゾク ①従者。召し使い。家の子。②奴婢(ドヒ)。〔新の王莽(オウモウ)のとき用いたことば〕
【私知】【私▼智】シチ 自分ひとりがいいと思いこんでいる狭い知恵。[例] 奮二其私智一(そのシチをふるう)(=自分の狭い知恵をふりまわす)。〈史記・項羽紀〉
【私鋳】シチュウ ①漢代、法で禁じられているのに鉄器を私製する。②貨幣をひそかに鋳造する。
【私通】シツウ 夫婦でない男女が、ひそかに夫婦同様の親しい関係を結ぶ。密通。
【私邸】シテイ【私第】シテイ 個人の家屋敷。私宅。(対)官邸・公邸。
【私的】シテキ [日]公の立場ではなく、個人として関係するさま。個人的。プライベート。(対)公的。[例] —な話。
【私▼覿】シテキ 〔「覿」は、面会する意〕役人が個人的に上役や同僚に面会する。
【私溺】シデキ 特定の人だけを甚だしく愛する。
【私田】シデン ①井田(セイデン)法で、九つに区切ったうちの中央の公田以外の農地。②個人が所有する農地。
【私党(黨)】シトウ 〔私人の党派の意〕個人的な利害のために集まった仲間。
【私闘】シトウ 個人的な理由で争う。
【私道】シドウ ①個人の利益をはかるやり方。②[日]私有地内に造った道路。(対)公道。
【私徳】シトク ①公平でない恩恵。えこひいき。②節約・勉学など自分一身にかかわる徳。(対)公徳。
【私▼慝】シトク 人に知られない悪事。
【私版】シハン [日]①民間で出版する。また、その出版物。(対)官版。②自費で出版する。また、その出版物。私家版。
【私販】シハン 政府専売の製品や禁止されている物品をこっそり販売する。
【私費】シヒ 個人で支出する費用。(対)公費・官費。[例] —留学。—を投じる。
【私服】シフク ①(出勤しない時の)ふだん着。平服。(対)官服。②[日]制服ではない、個人の服。(対)制服。③[日]仕事の必要上、「②」を着て任務につく刑事や巡査。
【私腹】シフク [日]自分個人の利益や財産。自分のふところ。[例] —を肥やす。
【私物】シブツ [日]個人の所有物。[例] —化する。—を持ちこむ。
【私憤】【私▼忿】シフン 個人的な怒り。(対)公憤。
【私文書】シブンショ ①個人の立場で作った文書。②公文書でない文書。[例] —を偽造する。▽(対)公文書。
【私兵】シヘイ 個人が養成し、維持している兵・軍隊。
【私法】シホウ ①個人で定めた規律。②[日]〔法〕個人の権利や義務を規定した法律。民法・商法など。
【私門】シモン ①自分の家。個人の家。②朝廷に対して臣下の家。特に、権力者の家。権門。
【私有】シユウ 個人のものとして持っている。(対)公有・国有。[例] —地。
【私▼邑】シユウ 私有の領地。
【私与】シヨ 自分の考えだけで人に物を与える。また、えこひいきをしている者に、こっそりと与える。
【私用】シヨウ ①公の用ではなく、自分だけのために使う。私事。[例] 官費で買ったものを—する。②[日]個人的な用事。▽(対)公用。
【私欲】【私▼慾】シヨク 自分だけの利益をのぞむ気持ち。[例] 私利—。
【私利】シリ 自分だけの利益。[例] —私欲。
【私立】シリツ ①自分勝手に設立する。②[日]国や地方公共団体ではなく、個人または法人が設立し運営すること。また、そのもの。〔「市立(シリツ)」と区別するために「わたくしリツ」とも言う〕(対)公立・国立・官立。[例] —学校。
【私論】シロン 自分だけの個人的な意見。[例] —を述べる。
【私和】シワ 殺人や傷害などの刑事事件で、被害者またはその家族が、官に訴え出ないで犯人とひそかに話し合い和解すること。示談(ジダン)。
【私話】シワ ひそひそ話。ないしょ話。私語。

秀

禾2(7)
[1]2908 79C0
常用
シュウ(シウ)漢 [宥] xiù
ひいでる(ひい-づ)

[筆順] ノ 二 千 禾 禾 秀ノ 秀

[なりたち]  [会意]「禾(=いね)」と「乃(=もみの中の実)」とから成る。イネがのびて実がなる。

[意味] ❶イネの穂が高くのびる。また、穂が出て花が咲く。**ひいでる。**[例] 秀而不レ実者有矣夫(ひいでてみのらざるものあるかな)(=穂を出しただけで実らない場合もあるなあ)。〈論語・子罕〉 ❷草木がよく茂る。繁茂する。[例] 秀発(シュウハツ)。秀茂(シュウモ)。 ❸すぐれている。**ひいでる。**[例] 秀才(シュウサイ)。俊秀(シュンシュウ)。優秀(ユウシュウ)。

[古訓] [中古]ことに・さかゆ・ながし・ひいづ・ひづ・ひで・よし [中世]かうばし・さかゆる・ひいづ・ひいづる・ひいでる・ひで [近世]うるはし・かうばし・さかえる・しげる・ひいづる

[人名] さかえ・しげ・しげる・すえ・すぐる・すぐれ・ひいず・ひで・ひでし・ほ・ほず・みつ・みのる・よし

[難読] 秀倉(ほくら)

【秀異】シュウイ 〔すぐれていて他と異なる意〕人よりはるかに優秀な才能。
【秀偉】シュウイ すぐれていて、偉大である。
【秀逸】シュウイツ とびぬけてすぐれている。また、そのもの。[例] 文章も理念も—である。
【秀英】シュウエイ 非常にすぐれている。また、その人。
【秀▼穎】シュウエイ 〔勢いよく高く伸びている穀物の穂の意〕才能が抜きん出ているさま。また、その人。
【秀歌】シュウカ [日]すぐれた和歌。[例]『古今集(コキンシュウ)』中の—を集める。
【秀外▼而恵中】シュウガイにしてケイチュウ(そとにひいでてなかにケイあり) 〔「恵」は、賢い意〕外形は秀麗であり、内面には人に勝る聡明(ソウメイ)さを秘めている。うるわしい容姿と高い知性を併せもっている。〈韓愈・送李愿帰盤谷序〉
【秀気】シュウキ ①清らかでひいでた気質。②すぐれた趣の景色であるさま。
【秀吟】シュウギン [日]すぐれた詩歌。[例] 一般から—を募る。
【秀句】シュウク ①すぐれた詩歌。②[日]すぐれた俳句。秀吟。③[日]たくみな言いかけの表現。上手なしゃれ。
【秀才】シュウサイ ①漢代、州の長官から官吏として推薦された人。②科挙(=官吏登用試験)の試験科目の名。また、科挙の合格者。③[日]すぐれた才能があって、学問のよくできる人。英才。[例] —のほまれ高い好青年。
【秀作】シュウサク すぐれた作品。(対)凡作・愚作・駄作。
【秀士】シュウシ 徳行・学芸にすぐれた男子。
【秀粋】シュウスイ 非常に美しくて清純なさま。

【秀絶】(シュウゼツ) この上なくすぐれている。

【秀発】(シュウハツ) ①盛んに茂って美しい花を開かせている。②容姿が実にうるわしい。③詩文や筆法がすぐれていて、すばらしい。④人並み以上の才能を発揮する。

【秀抜】(シュウバツ) 他より抜きん出て、すぐれている。類秀出。例成績の―な学生。

【秀眉】(シュウビ) ①〔ひいでたまゆの意〕立派な顔立ち。②〔まゆの中でひときわ長いまゆ毛の意〕長命のたとえ。

【秀峰】(シュウホウ) 高くそびえ立っているみね。例―津軽富士(つがるふじ)。

【秀茂】(シュウモ) ①草木などが盛んに茂る。②人格や詩文の才能がすぐれている。

【秀麗】(シュウレイ) すぐれて美しいさま。例眉目(ビモク)―な青年。

秂 禾2(7)

4 8279 79C2 ジン漢 真 rén

意味 実りはじめたイネ。

秃 禾2(7)

1 3837 79BF トク漢 屋 tū はげ・は-げる(は-ぐ)・かぶろ・かむろ・ち-びる(ち-ぶ)

意味 ❶頭の毛が抜けてなくなる。はげる。はげ。例禿翁(トクオウ)。禿頭(トクトウ)。❷山に草木のないこと。また、鳥や獣に毛がないこと。例禿山(トクザン)。❸(筆の)先の部分がすりきれること。例禿筆(トクヒツ)。❹くつ・帽子・頭巾(ズキン)などを身につけないこと。

日本語での用法 《かぶろ》《かむろ》「髪(かみ)を禿(かぶろ)に切る・禿(かむろ)や下女(ゲジョ)」▼頭髪をおかっぱに切ること。また、その姿の女の子。

難読 禿筆(ちびふで)

【禿翁】(トクオウ) 頭のはげた老人。老齢により無官となった人のたとえ。類禿老(トクロウ)。

【禿山】(トクザン) 草木のない山。はげ山。

【禿頭】(トクトウ) 髪の毛が抜けてなくなったあたま。また、その人。はげあたま。光頭。例―病。

【禿髪】(トクハツ) 頭がはげること。また、はげ頭。禿頭。

【禿筆】(トクヒツ) ①先がすり切れたふで。ちびふで。②自分の書や文章の謙称。例―を呵(カ)して拙書(セッショ)をたてまつる(=ちびた筆に息を吹きかけつつ書いた下手な手紙をさしあげます、の意)。▽類禿毫(トクゴウ)。

秇 禾3(8)

4 8280 79C7 一ゲイ漢呉 霽 yì 二シュウ(シフ)漢呉 緝 zhí

意味 一❶草木を植えて育てる。通芸。❷技能。わざ。通芸。二とらえる。通執。

秈 禾3(8)

3 8937 79C8 セン漢 先 xiān

意味 ねばりけの少ない米。うるち。例秈米(センマイ)(=うるち)。

秊 禾3(8)

⇩年(ネン)(440ページ)

秉 禾3(8)

2 6729 79C9 ヘイ漢 ヒョウ(ヒャウ)呉 梗 bǐng ヒン唐 と-る

意味 ❶手ににぎって持つ。手に持って使う。とる。例秉燭(ヘイショク)。秉払(ヒンポツ)(=払子(ホッス)を手にとる)。❷しっかりと守る。つかさどる。例秉公(ヘイコウ)。秉心(ヘイシン)。❸権力。通柄。例国秉(コクヘイ)(=国の権柄(ケンペイ))。❹一握りのイネ。❺容量の単位。十六斛(コク)。

【秉▼彝】【秉▼夷】(ヘイイ) 人としての正しい道をいつも守る。例民之秉彝、好二是懿徳一(たみのヘイイ、このイトクをこのむ)(=民は正しい道を常に守り、美徳を好む)。〈詩経・大雅・烝民〉

【秉公】(ヘイコウ) 公平を保つ。

【秉▼燭】(ヘイショク) ①ともしびをかざす。例何不三秉レ燭遊一(なんぞショクをとりてあそばざる)(=どうしてともしびを照らして夜遊ばないのか)。〈古詩十九首〉②火をともす時刻。火ともしごろ。夕刻。

【秉心】(ヘイシン) 正しい心を保つ。

科 禾4(9)

1 1842 79D1 教2 カ(クヮ)漢呉 歌 kē とが・しな

筆順 丿 二 千 千 禾 禾 禾 科 科

なりたち 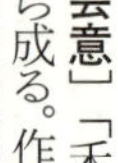 [会意]「禾(=いね)」と「斗(=はかる)」とから成る。作物の品定めをする。

意味 ❶ものごとを程度や種類によって分けたもの。等級。しな。例科目(カモク)。学科(ガッカ)。❷人材を選抜するための試験。例科挙(カキョ)。登科(トウカ)(=科挙に合格する)。❸法律の条文。法令。例科条(カジョウ)。❹法によって罪や税を定める。また、罪。とが。例作レ姦犯レ科(カンをなしとがをおかす)(=悪事をなし、法律を犯す)。〈諸葛亮・出師表〉科料(カリョウ)。罪科(ザイカ)。❺あな。くぼみ。通窠(カ)。例盈科(エイカ)。❻役者の動作。しぐさ。例科白(カハク)。科(しな)を作(つく)る。❼(かぶりものを)ぬぐ。例科頭(カトウ)。❽⇩【科斗】(カト)

古訓 中古 しな・つみ・つみす・とが・のり・はかる・わきまふ 中世 しな・とが・のり・ほど・やはらぐ 近世 あな・うつろ・かぎり・しな・ほど・もと

【科役】(カエキ|カヤク) 夫役(ブヤク)(=義務で公共の工事に労力を提供すること)を割りあてる。課役。

【科学】(カガク) 日①一定の目的・方法・原理によって、事物や現象について研究し、その結果を体系的に整理し、まとめあげる学問。自然科学・社会科学・人文科学など。②特に、自然科学。例―博物館。▽サイエンス。

【科挙】(カキョ) 〔科目によって人材を挙用する意〕中国で、隋(ズイ)代から清(シン)代までおこなわれていた、官吏の登用試験。科第。

【科甲】(カコウ) ①科挙(=官吏登用試験)の別称。〔科挙の合格者に甲乙丙などの等級をつけたことから〕②科挙に優秀な成績で合格した者。例―出身。

【科条】(カジョウ) ①法律や規則の条文。②法律や規則。

【科場】(カジョウ) ①科挙(=官吏登用試験)をおこなう試験場。②科挙の試験。

【科第】(カダイ) ①試験によって優劣の順序を決める。②「科挙」に同じ。

【科斗】(カト) おたまじゃくし。蝌蚪(カト)。

【科斗文字】(カトモジ) 中国古代の文字。その文字の形がおたまじゃくしに似ている。蝌蚪文字(カトモジ)。

【科頭】(カトウ) 冠や頭巾(ズキン)をかぶらず、頭を露出している。例跣跔科頭(カトウ)(=はだしで頭をむき出しにしている)。〈戦国策・韓一〉

【科白】一(カハク) 役者のしぐさと、せりふ。二(せりふ) 日①役者が劇中人物として言うことば。台詞(せりふ)。例絶妙の―まわし。②ものの言い方。言いぐさ。例それが年長者に向かって言う―か。③きまり文句。例よく聞く―だ。

【科名】(カメイ) ①科挙(=官吏登用試験)の種類の名称。進士科・明経科など。②科挙合格という名誉。

【科目】(カモク) ①いくつかに区分したときの一つ一つの項目。②科挙(=官吏登用試験)の種目。③日学校の授業内容の区分。学科。

【科料】(カリョウ) 日刑罰の一つ。財産刑で、軽い犯罪に対してはらわせる少額(=千円以上一万円未満)のお金。〔普通、「過料(カリョウ)」と区別して「とがリョウ」と言う〕

●学科(ガッカ)・教科(キョウカ)・罪科(ザイカ)・前科(ゼンカ)・内科(ナイカ)・百科(ヒャッカ)・分科(ブンカ)・法科(ホウカ)

【杭】禾4(9) ⇩粳コウ(1016ページ)

秭 禾4(9) 3 8943 79ED シ漢 紙 zǐ

【秄】禾4(9) 3 8939 25771 俗字。

意味 ❶数の単位。垓ガイの一万倍。〔古くは、億の一億倍をいうなど、諸説あった〕❷「秭帰シキ」は、鳥の名。ホトトギス。また、地名で、屈原の故郷。

秖 禾4(9) 4 8283 79D6 シ漢 支 zhī

意味 ただ…だけ。ただ。まさに。通祇シ。

秋

禾4(9) 1 2909 79CB 教2 シュウ(シウ)漢 シュ呉 尤 qiū あき・とき

【烁】禾4(9) 4 8281 79CC 本字。 【穐】禾11(16) 1 1612 7A50 別体字。

【龝】禾16(21) 2 6752 9F9D 古字。

筆順 ノ ニ 千 千 禾 禾' 秋 秋 秋

なりたち  【形声】「禾(=いね)」と、音「龝シュウ…→シュウ」の省略体とから成る。イネが実る。

意味 ❶四季の第三。立秋から立冬までの間。ほぼ九月・十月・十一月。陰暦では七月・八月・九月。**あき**。対春。例秋分シュウブン。仲秋チュウシュウ。❷作物が実るころ。また、実った作物。収穫。みのり。例若二農服レ田力レ穡、乃亦有レ秋ノウのデンをおさめショクをつとめて、すなわちまたみのりあるがごとくせよ(=農夫が畑仕事に力を尽くし、植えつけに努め、そうしてはじめて収穫があるようにせよ)。〈書経・盤庚上〉麦秋バクシュウ。❸年月。歳月。例春秋シュンジュウ(=年月。年齢)。一日千秋イチジツセンシュウ(=一日が千年にも長く思われる)。❹大切な時期。**とき**。例危急存亡之秋キキュウソンボウのとき(=国家が存続するか滅亡するかの瀬戸際)。〈諸葛亮・出師表〉❺⇩【秋千】シュウセン

古訓 中古 あき・とき 中世 あき・とき 近世 あき・うむ・とき・をさまる

人名 あきら・おさむ・とし・みのり・みのる

難読 秋刀魚さんま

【秋高馬肥】あきたかくうまこゆ 〈秋天は澄みわたりウマは肥える意〉もと、匈奴キョウドの攻めて来る時期をいったが、のち、好天の秋を形容するようになった。〔〈杜審言・贈蘇味道〉から〕類天高く馬肥ゆる秋。

【秋意】シュウイ 秋らしい趣。秋の気配。

【秋陰】シュウイン ①秋曇り。秋の曇り空。例江陵卑湿足二秋陰一コウリョウはヒシツにしてシュウインたる(=江陵は土地は低く湿気も多く、秋には曇りの日が多い)。〈白居易・八月十五日夜禁中独直対月憶元九〉②秋の日の木陰こかげ。

【秋雨】シュウウ あきさめ 秋に降る冷たい雨。秋の雨。例—にけむる山稜サンリョウ。

【秋稼】シュウカ 秋に収穫する作物。

【秋河】シュウガ 秋の夜の天の川。銀河。

【秋懐】シュウカイ 秋のものさびしい思い。秋思。

【秋穫】シュウカク 秋の作物の取り入れ。類秋収。

【秋官】シュウカン 周代、六官リッカンの一つ。刑罰をつかさどる官。

【秋気】シュウキ 秋の気配。例爽涼ソウリョウの—。

【秋季】シュウキ ①秋の末。②秋の季節。例—運動会。

【秋期】シュウキ ①男女が会う約束をした期日。〔〈詩経・衛風・氓〉から〕②七夕。③日秋の期間。例—の景気の動き。

【秋興】シュウキョウ ①秋の風情フゼイに触発された感興。秋の思い。②秋の趣。

【秋月】シュウゲツ ①秋の夜の月。例—天に高し。②秋の季節。

【秋光】シュウコウ ①秋の景色。秋色。②秋の日の光。

【秋郊】シュウコウ 秋の野。

【秋▼毫】シュウゴウ ①秋になって生え変わったばかりの、獣の細い毛。例明足三以察二秋毫之末一メイはもってシュウゴウのすえをサッするにたる(=視力は秋の獣の毛の末端までも見分けることができる)。〈孟子・梁恵王上〉②わずか。少し。細いもの。例析二秋毫一シュウゴウをわかつ(=きわめて細かいところまで計算をする)。〈史記・平準書〉

【秋蚕(蠶)】シュウサン 秋に育てるカイコ。あきご。

【秋思】シュウシ 秋のころのものおもい。秋の悲しみ。秋懐。例—の歌。

【秋事】シュウジ 秋の農事。取り入れをする仕事。類秋作。

【秋日】シュウジツ 秋の日。

【秋▼嘗】シュウショウ 秋の宗廟ソウビョウの祭り。天子や諸侯が新穀を供えておこなう。

【秋娘】シュウジョウ【秋嬢】シュウジョウ ①唐代、美人の聞こえが高かった杜秋娘トシュウジョウ。転じて、美女をいう。②唐代、歌妓カギの俗称。例妝成毎被二秋娘妬一よそおいなりてはつねにシュウジョウにねたまる(=化粧あがりの私の美しさは杜秋娘ほどの美人にねたまれたものでした)。〈白居易・琵琶行〉③年老いて容色の衰えた女性。

【秋色】シュウショク 秋の景色。秋の気配。例—蕭蕭ショウショウ。

【秋水】シュウスイ ①秋の澄みわたった水。②清らかなもののたとえ。③鏡や刀剣など、とぎすましたもののたとえ。例三尺の—(=とぎすました刀のたとえ)。

【秋成】シュウセイ 秋の実り。農作物などが秋に実ること。類秋熟・秋孰シュウジュク。

【秋声】シュウセイ 秋のこえ。秋風のものさびしい音や木の葉の散る音など。→【少年易レ老学難レ成】ショウネンおいやすくガクなりがたし(397ページ)

【秋節】シュウセツ ①秋の季節。②中秋の節。陰暦八月十五日。③重陽チョウヨウの節。陰暦九月九日。菊節。

【秋千】シュウセン ぶらんこ。鞦韆シュウセン。

【秋扇】シュウセン ①秋になって使わなくなったおうぎ。②男の愛情を失い、かえりみられない女性のたとえ。〔前漢の成帝に愛された班婕妤ハンショウヨが成帝の愛が趙飛燕に移った後、自らを秋扇にたとえた故事〈班婕妤・怨歌行〉から〕

【秋▼蟬】シュウセン 秋に鳴くセミ。ヒグラシ。類秋蜩シュウチョウ。

【秋霜】シュウソウ ①秋のしも。②〔秋のしもが草木を枯らすことから〕激しい威力や強固な意志、厳しい刑罰のたとえ。③白髪。④とぎすました刀剣。

【秋霜烈日】シュウソウレツジツ 〔秋の冷たいしもと、夏の激しい日差しの意〕刑罰や権威の厳しさのたとえ。例非を憎むこと—のごとし。

【秋天】シュウテン ①秋の空。秋旻シュウビン。例—一碧イッペキ。②秋の季節。

【秋波】シュウハ ①秋の澄みきった水の波。②美人の涼しい目もと。③異性の気を引くためにする色っぽい目つき。流し目。色目。例—を送る。

【秋髪】シュウハツ 白髪。老人の髪の毛。

【秋▼旻】シュウビン 秋の空。秋天。

【秋風】シュウフウ 一 シュウフウ あきかぜ 秋の風。例—が立つ。二 あきかぜ 日〔「秋」を「飽き」にかけて〕男女間の愛情がさめること。

【秋分】シュウブン 二十四節気の一つ。九月二十三日ごろ。秋の彼岸の中日にあたる。対春分。例—の日。

【秋芳】シュウホウ 秋の花。特に、キク。

【秋▼蓬】シュウホウ 秋風に吹かれて飛んでいく蓬(=ムカシヨモギの類)。根ごと抜けてあちこち転がっていくさまを、さすらう人にたとえる。

【秋望】秋の眺め。

【秋夜】秋の夜。例 一歳のごとし（＝秋の長い一夜は、まるで一年ほどにも感じられる）。

【秋陽】秋の太陽。また、秋の強い日差し。例 秋陽以暴レ之（＝激しい秋の日差しで《布を》さらし乾かす）。〈孟子・滕文公上〉

【秋▼霖】秋の長雨。

【秋冷】秋のひややかな空気・気配。㊉春暖。

【秋▼斂】①秋に作物を取り入れる。②秋に税としての穀物を取り立てる。

【秋▼潦】秋の大雨。
●初秋・千秋・中秋・仲秋・麦秋・晩秋・立秋

种
禾4（9） 4 8282 79CD
チュウ（チウ）漢 東 chóng

意味 ❶おさない。わかい。❷姓の一つ。**参考** 「種」の簡体字として用いられる。

秕
禾4（9） 2 6730 79D5
ヒ 漢 紙 bǐ
しいな（しひな）

意味 ❶皮だけで実のない、もみ。**しいな**。例 秕糠（＝しいなと、ぬか。役に立たないもの）。❷けがす。わるくする。また、けがれた。わるい。例 秕政（＝悪い政治）。

秒
禾4（9） 1 4135 79D2 教3
ビョウ（ベウ）漢 篠 miǎo

筆順 ノ 二 千 禾 利 秒 秒 秒

なりたち ［形声］「禾（＝いね）」と、音「少（ショウ→ビョウ）」とから成る。イネのほさき。

意味 ❶イネやムギなどの穂の先にある細い針のような毛。のぎ。❷かすかな。わずかな。すこしの。❸時間・角度・経緯度の単位。一分の六十分の一。例 秒針。秒速。❹長さの単位。一寸の一万分の一。❺容量の単位。一升の一万分の一。

古訓 中古 ひこえ 中世 のぎさき 近世 かすか・すこし・のぎさき

【秒▼忽】きわめて微小なもののたとえ。
【秒針】日 時計の、秒を示すはり。㊉分針・時針。
【秒速】日 一秒間にどれだけ進むかであらわした速さ。㊉分速・時速。

秧
禾5（10） 2 6731 79E7
ヨウ（ヤウ）漢 オウ（アウ）呉 陽 yāng
うーえる（うーう）・なえ（なへ）

意味 ❶イネの苗。**なえ**。例 挿秧（＝田植え）。❷植物の苗。例 瓜秧（＝ウリの苗）。❸養殖用の幼魚や幼い動物。例 魚秧。❹栽培する。**うえる**。例 秧稲。

【秧歌】①田植え歌。②中国の農村の民俗芸能の一つ。歌に踊りや劇を合わせたもの。〔「ヤンコ」は、現代中国音〕
【秧田】イネの苗を育てる田。苗代。
【秧稲】イネのなえを植える。

秬
禾5（10） 2 6732 79EC
キョ 漢 語 jù
きび・くろきび

意味 黒いキビ。**キビ**。**クロキビ**。例 秬酒（＝クロキビで造った酒）。

【秬▼鬯】クロビキと鬯（＝鬱金草という香草）から造られた香り酒。祭祀の供え物や功績のあった諸侯に与える褒美として用いられた。〈書経・洛誥〉

秫
禾5（10） 3 8942 79EB
シュツ 漢 ジュツ 呉 質 shú

意味 ねばりけの多いアワ。もちあわ。もちきび。例 秫穀（＝ねばりけのある穀物）。秫酒（＝ねばりけの多いアワで造った酒）。

称
禾5（10） 1 3046 79F0 常用
［稱］禾9（14） 2 6742 7A31 旧字体。
［穪］禾14（19） 4 8310 7A6A 別体字。

一 ショウ 漢 呉 径 chèng
二 ショウ 漢 呉 蒸 chēng
三 ショウ 漢 呉 径 chèn
となーえる（となーふ）・たたーえる（たたーふ）・ほーめる（ほーむ）

筆順 二 千 禾 禾 私 秒 秒 称

なりたち ［形声］「禾（＝いね）」と、音「爯（ショウ）」とから成る。重さをはかる。

参考 「稱」の俗字として、「秤」と「称」とがある。いま、「はかり」の意味には「秤」を用い、「ほめる」の意味としてはもっぱら「称」を用いる。

意味 一 ものの重さをはかる道具。はかり。二 ❶ものの重さをはかる。例 称量（＝はかりや升で、はかる）。❷**となえる**。公言する。はっきりと言う。例 手把二文書一口称レ勅（＝手に書きつけを握り、口で天子の命令だと言う）。〈白居易・売炭翁〉❸呼ぶ。呼び名。例 愛称。名称。❹ほめたたえる。**たたえる**。**ほめる**。例 不下以二千里一称上也（＝一日に千里も走れるといってほめたたえられることはない）。〈韓愈・雑説〉称賛。称揚。❺かなう。かりる。例 称貸。三 つり合う。ちょうどよい。バランスがとれている。適合する。かなう。例 貧富軽重、皆有レ称者也（＝貧富、地位の軽重は、みなつり合いがとれている）。〈荀子・礼論〉対称。称心（＝心にかなう）。↓秤（971ジページ）

古訓 中古 あぐ・いはく・いふ・かなふ・となふ・なづく・はかり・はかりこと・ほむ 中世 あぐる・いふ・かなふ・はかり・ほむる 近世 あぐる・いふ・かなふ・なづく・はかり・はかる・ほむる・よし

人名 あぐ・かみ・な・のり・みつ・よし

【称意】〔心にかなう意〕望んでいたとおりになる。気に入る。㊰称心。

【称▼謂】①人や物のきまった呼び方。呼び名。名称。②意見を述べる。陳述する。

【称引】〔引き合いに出して褒める意〕自分の説を納得させるため、すぐれた人物を褒めたり、立派な行為を例として挙げたりする。

【称挙】①人を推挙して採用する。②並べて説明する。

【称▼愜】〔「愜」も、心にかなうの意〕心にぴったりかなっている。

【称呼】となえる。となえ。呼び名。呼称。

【称号】呼び名。特に、皇帝や王などの呼び名。

【称賛】【称▼讃】褒めたたえる。賞賛。

【称疾】病気であると言う。仮病をつかう。例 称レ疾不レ往（＝病気だと言って出かけない）。〈史記・項羽紀〉

【称首】最初に名が挙げられる者。グループの中で傑出した人物。

【称述】褒めたたえて述べる。

【称▼誦】【称▼頌】褒めたたえる。

【称職】才能が役職にぴったり合っている。

【称制】①〔「制」は、詔の意〕即位して政治をおこなう。②太后などが天子に代わって政治を執る。

【称貸】〔「貸」にも、「貸す」と「借りる」の意がある〕①金を貸して利子を取る。②金を借りて利子を払う。

【称嘆】【称▼歎】感服して褒めたたえる。

【称道】〔「道」は、言うの意〕褒めたたえる。

【称美】①すぐれている点を挙げる。②褒めたたえる。

【称慕】偉大な人を仰ぎしたう。

【称名】一 名を呼ぶ。二〔仏〕仏の名をとなえる。唱名。例―念仏。

【称誉】褒めたたえる。また、誉れ。名誉。

【称揚】褒める。褒めあげる。称賛。賞揚。

●敬称・公称・自称・総称・通称・略称

秤

禾5(10) 1 3973 79E4 人 一ヒョウ・ビン 慣 ショウ 漢 呉 〔径〕chèng 二ショウ 漢 呉 〔蒸〕chēng はかり

[秤] 禾5(10) ― 俗字。

なりたち 「稱」の俗字。

意味 一重さをはかる道具。**はかり**。例天秤。二はかりではかる。計量する。はかる。例秤量。

古訓 中古 おもし・かなふ・はかり・はかる 中世 おもし・はかり 近世 はかり・はかる

【秤量】〔「ヒョウリョウ」は、慣用的な読み方〕はかりにかけて重さをはかる。称量。

秦

禾5(10) 1 3133 79E6 人 シン 漢 呉 〔真〕qín はた

[秦] 禾6(11) 4 8284 4148 俗字。

なりたち [会意]「禾(=いね)」と「舂(=うすでつく)」の省略体とから成る。国の名。

意味 ❶周代、今の陝西省を中心とした地域に建てられた国。咸陽に都を置いて勢力をたくわえ、戦国七雄の一つとなった。戦国時代末期、秦王政が他の国々を征服して、前二二一年、中国全土を統一し王朝を開き、始皇帝と号した。しかし、統一王朝としては三代十五年で滅びた。(?—前二〇七) ❷「中国」の古い呼び名。**しん**。しな。❸陝西省の別名。

日本語での用法《**はた**》「秦氏はた」▼応神天皇のとき、機織りを伝えた漢人の子孫に与えられた姓。

古訓 中古 はだ 中世 はだ 近世 あは・はだ

人名 ゆたか

【秦火】秦の始皇帝が民間の書籍を集めて焼却したこと。知識人の議論をふさぐためにおこなった。

【秦山】①秦(=今の陝西省)地方の山。②「秦嶺」に同じ。

【秦声】①秦(=今の陝西省)の地で歌われた民謡。②秦国の音楽・音調。

【秦▼楚】戦国時代の強国、秦と楚の併称。

【秦▼楚▼之路】非常に遠い道のりのたとえ。秦国は今の陝西省を、楚国は今の湖南省・湖北省を中心としており、当時は互いに辺境の地であった。〔なお一説では、孟子のいた今の山東省からの、秦や楚への長い道のりとも〕〈孟子・告子上〉

【秦中】もと秦の領域内の、今の陝西省中部。関中。

【秦庭▼之▼哭】〔「庭」は、朝廷の意〕切実に救援を求めること。◆春秋時代、楚の申包胥は秦に援軍を頼みに行き、朝廷で七日間泣き続けてようやく願いをかなえたという。〈左伝・定四〉

【秦▼篆】⇨【小篆】(396ページ)

【秦陵】始皇帝の陵墓。陝西省の驪山のふもとにある。

【秦隷】秦の程邈が作ったという書体。古隷。

【秦▼嶺】陝西省南部を東西に走る山脈。西は甘粛省南部、東は河南省北部に連なる。主峰は陝西省西安市の南にあり、古くは終南山(一名、秦山・南山)と呼んだ。この山も秦嶺という。例雲横二秦嶺一家何在(くもはシンレイによこたわりていえいずくにかある)(=雲が秦嶺にたれこめて、(長安にある)わが家はどのあたりかわからない)。〈韓愈・左遷至藍関示姪孫湘〉

【秦▼淮】南京市内を流れて長江に注ぐ運河。秦淮河。南京の両岸は歓楽の地として栄えた。例夜泊二秦淮一近二酒家一(よるシンワイにハクしてシュカにちかし)(=今宵秦淮河に船どまりしたが、そこは酒楼に近い華やかな所であった)。〈杜牧・泊秦淮〉

租

禾5(10) 1 3337 79DF 常用 ソ 漢 〔虞〕zū みつぎ

筆順 ニ 千 禾 和 和 租

なりたち [形声]「禾(=いね)」と、音「且ショ→ソ」とから成る。田にわりあてられた年貢。

意味 ❶税として取り立てられる田畑の収穫の一部。年貢。**みつぎ**。例租税。田租。❷たくわえる。つむ。例蓄租(=たくわえる)。❸契約して借りる。例租界。租借。

古訓 中古 おほちから・つむ 中世 いね・かしづく 近世 つつむ・つむ・みつぎ

人名 つみ・みつぐ・もと

【租課】租税。年貢。

【租界】清の末期から第二次世界大戦終結時まで中国にあった、外国人居留地。外国の租借地。

【租借】①かりる。②ある国が条約によって他国の領土の一部をかりて、一定期間、行政権をもつこと。例イギリスは―地として百年以上も香港を支配した。

【租税】国が必要な経費をまかなうために、国民から法律に従って取り立てるお金。税金。

【租入】①租税による収入。②租税の納入。

【租賦】租税。年貢。

【租▼傜】〔租と傜役の意〕年貢と力仕事。

【租庸調】唐代の税法。租(=土地の税として穀物を取り立てる)・庸(=人民を一定期間の労役につかせる)・調(=家内生産の布などを納めさせる)の三種。日本でも大化の改新(六四五年)以後、この税制を導入した。

秩

禾5(10) 1 3565 79E9 常用 チツ 漢 〔質〕zhì

筆順 ニ 千 禾 禾 秩 秩 秩

なりたち [形声]「禾(=いね)」と、音「失シツ→チツ」とから成る。イネを順序よく積みあげる。派生して「順序」の意。

意味 ❶順序。次第。ついで。また、順序を定める。順序よく積みあげる。例秩序。❷官職の等級。くらい。また、官職を授ける。例 貶二秩一等一(ヘンすチツイットウを)（=官位を一等級下げる）。〈漢書・趙広漢伝〉官秩(カンチツ)（=官位）。❸位の順序に従って主君から受ける俸給。ふち。例 秩禄(チツロク)（=官職に応じた、官吏の俸給）。❹十年を一秩という。例 七秩(シチチツ)（=七十歳）。

古訓 中古 しな・つむ・のり・ついづ 中世 しな・つむ・のり 近世 しなしな・ついづる・つかさ・つむ・ととのへる

人名 きよ・きよし・さとし・ちち・つね

【秩次】チツジ ①「秩序(チツジョ)」に同じ。②俸給の多い少ないの序列。俸給の等級。

【秩序】チツジョ ものごとの正しい順序と決まり。秩次。秩叙。例 社会—。—を乱す。

【秩叙】チツジョ ①禄位(ロクイ)の順序を決める。また、禄位の順序を乱さない。②「秩序(チツジョ)」に同じ。

【秩然】チツゼン きちんと順序立っているさま。

【秩宗】チツソウ 天地の神々や祖先の祭礼をつかさどる役人。

【秩秩】チツチツ ①秩序が整っているさま。②川の水の流れるさま。③うやうやしくつつしむさま。④知恵のあるさま。⑤清らかなさま。⑥美しいさま。

秡

禾5 (10) 2 6733 79E1 ハツ漢 曷 bó

意味 イネがいたむ。

参考 「祓(フツ)」の俗字として用いられることがある。

秘

禾5 (10) 1 4075 79D8 教6 ヒ漢呉 寘 mì(旧 bì) ひめる(ひ-む)

[祕] 示5 (10) 2 6716 7955 人 旧字体。

筆順 ニ 千 禾 禾 利 秘 秘 秘

なりたち 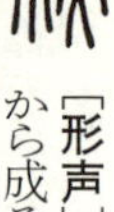 [形声]「示(=かみ)」と、音「必ッ→ヒ」とから成る。神。

意味 ❶人間の知恵では、はかり知ることができない。奥深い。例 神秘(シンピ)。❷人にかくして知らせない。ひめる。例 秘伝(ヒデン)。秘密(ヒミツ)。秘中(ヒチュウ)の秘(ヒ)。❸人にあまり知られていない。珍しい。例 秘境(ヒキョウ)。秘舞(ヒブ)（=珍しい舞）。❹天子にかかわるさま。例 秘閣(ヒカク)。秘籍(ヒセキ)。❺通じがわるい。とじる。例 秘結(ヒケツ)。便秘(ベンピ)。

古訓 中古 かくす・かくる・きびし・なびやか・なみ・ひそかに 中世 かくす・きびし・ひそか 近世 いたはる・かくす・かみ・ひそか・みる

人名 なし・なみ・み・やす

【秘▼蘊】ヒウン 学芸・武芸などの奥深いところにあって簡単には会得(エトク)できない、最も大切な事柄。奥義(オウギ)。秘訣(ヒケツ)。

【秘奥】ヒオウ ①奥深いこと。奥義(オウギ)。例 人生の—に貫徹する力。②秘密。例 結社の—をさぐる。

【秘閣】ヒカク ①天子の蔵書を収めた文庫。宮中の書庫。秘府。類 秘館。②尚書省の別称。③字を書くときにひじを置く台。臂擱(ヒカク)。

【秘器】ヒキ 葬儀に用いる器具。ひつぎ。

【秘境】ヒキョウ 外部から人々が入ったことがなく、よく知られていない地域。例 アマゾン上流の—。

【秘曲】ヒキョク 日 秘密にしていて特別な人にしか伝えない音楽。秘伝の曲。類 秘楽(ヒガク)。

【秘計】ヒケイ ①秘密の計画。②不思議なはかりごと。例 —をめぐらす。

【秘経】一 ヒケイ ①漢代、経書(ケイショ)にまねて書かれてはいるが、占いや予言、怪奇な内容の多い書物。緯書。②めったに人に見せることをしない、秘蔵の書籍。秘書①。二 ヒキョウ 〔仏〕密教の経典(キョウテン)。

【秘▼訣】ヒケツ あることをうまくやるための、人に知られていないよい方法。例 成功の—。

【秘結】ヒケツ 便秘(ベンピ)。

【秘校】ヒコウ 進士に合格し、初めて任官した人。秘書省校書郎(=宮中の図書館の校正員)になった人が多かった。

【秘策】ヒサク 秘密のはかりごと。類 秘謀。例 —を練る。

【秘史】ヒシ 人の知らない歴史。かくされた歴史。例 元朝(ゲンチョウ)—(=モンゴルの史書の名)。

【秘事】ヒジ 秘密の事柄。ひめごと。例 —は睫(まつげ)(=秘事というものは案外身近にある、ということわざ)。

【秘術】ヒジュツ 人に知らせない、わざ。奥の手。秘法。

【秘書】ヒショ ①「秘経一(ヒケイ)」に同じ。②天子の秘蔵書。宮中の蔵書。例 —省(ショウ)。③日 要職にある人に直属して、日常の用務を補助し、事務をとる人。例 社長—。

【秘書省】ヒショショウ 宮中の文書・記録をつかさどる役所。

【秘色】ヒショク・ヒソク ①青磁の色彩の一つ。また、その色の青磁。唐・宋(ソウ)・五代に作られ、宮中以外の使用は禁じられた。②日 瑠璃(ルリ)色。

【秘籍】ヒセキ ①宮中の書籍。②珍しい書物。

【秘蔵】ヒゾウ 大切にしまっておく。また、そのもの。例 —の名刀を展示する。

【秘▼帖】ヒチョウ 秘密の事柄を書き記したノート。

【秘伝】ヒデン 特に秘密にしておいて、特別な人以外にはつたえない技術・方法など。例 —の巻き物。—の味つけ。

【秘図】一 ヒト 神秘的な予言書。図讖(トシン)。二 ズヒ 日 ①人に知られていない特別な絵や図。②公開することができない絵や図。

【秘匿】ヒトク 秘密にしてかくす。例 —された物資。

【秘府】ヒフ 「秘閣(ヒカク)①」に同じ。

【秘仏】ヒブツ 日 大切にしていて、公開しない仏像。

【秘方】ヒホウ ①秘密にしている妙技。②人には教えない薬の処方。禁方(キンポウ)。

【秘宝】ヒホウ 人に見せずに、大切にしまっておくたからもの。

【秘法】ヒホウ ①秘密の方法。②〔仏〕真言宗(シンゴンシュウ)でおこなう、秘密の祈り。

【秘本】ヒホン 人に見せずに、大切にしまっておく本。例 —玉(たま)くしげ(=本居宣長(もとおりのりなが)が紀州侯にたてまつった、門外不出の書の名)。

【秘密】ヒミツ ①人にかくして知らせないこと。例 —がもれる。②〔仏〕密教の教理。ことに真言宗(シンゴンシュウ)の教え。

【秘薬】ヒヤク ①作り方を人に知らせない秘密のくすり。②すばらしくよく効くくすり。

【秘▼鑰】ヒヤク 秘密の蔵をあける、かぎ。秘密を明らかにする手段。例 暗号解読の—となる覚え書き。

【秘録】ヒロク 一般に公開されない記録。例 日米外交の—。

【秘話】ヒワ 日 世間に知られていない話。

●極秘(ゴクヒ)・守秘(シュヒ)・神秘(シンピ)・便秘(ベンピ)・黙秘(モクヒ)

秣

禾5 (10) 2 6734 79E3 バツ漢 マツ呉 曷 mò まぐさ

意味 ❶ウシやウマの飼料。かいば。まぐさ。例 糧秣(リョウマツ)。❷ウマにえさを与えて養う。

【秣▼粟】マツゾク 牛馬の飼料とする穀物。また、穀物をえさとして与える。

秞

禾5 (10) 3 8941 79DE ユウ(イウ)漢 尤 yóu

意味 作物が盛んに育つさま。例 秞秞(ユウユウ)。

移

禾6(11) 1 1660 79FB 教5 イ(漢)(呉) 支 yí うつる・うつす

筆順 ニ千千禾禾秒移移

なりたち [形声]「禾(=いね)」と、音「多タ→イ」とから成る。イネが風になびき、ゆれる。

意味 ❶位置や時間を動かす。うつす。例 貧賤不レ能レ移(ヒンセンもうつすことあたわず)(=貧賤も(その操みさおを)動かすことはできない)。〈孟子・滕文公下〉移転イテン。推移スイイ。❷自然に動いていく。かわる。うつる。例 於是精移神駭(ここにおいてセイうつりシンおどろく)(=すると心が動き、頭の中がさわやかになった)。〈曹植・洛神賦〉❸与える。例 移徳イトク(=徳をほどこす)。❹文書を次々に回す。まわしぶみ。例 移文イブン。

古訓 中古 うつす・うつる・おほきなり・かはる・なびく・ねがふ・のこる・のぶ・めぐる 中世 うつす・うつる・のこる・のぶ・わたる 近世 うつす・うつる・かたはら・かへる・ひく

人名 のぶ・ゆき・より・わたる

【移景】【移影】イエイ(かげをうつす) 日かげ、あるいは月かげがうつる。また、時間が過ぎる。

【移易】イエキ うつしかえる。うつりかわる。

【移禍】イカ(わざわいをうつす) 祈りなどによって、わが身が受けるべき災いを他人に振りかえる。

【移管】イカン 日 管理を他にうつす。例 寺の宝物として伝えられた文化財を国に―する。

【移▼檄】イゲキ(ゲキをうつす) 君主・上位者の命令、また、自分の意見などを記した触れ文・檄文を回す。飛檄ヒゲキ(ゲキをとばす)。

【移行】イコウ 他の場所、または別の状態に、うつる。例 新しい制度に―する。

【移時】イジ(ときをうつす) 時を過ごす。また、時間が過ぎる。

【移住】イジュウ 他の土地や場所に、うつりすむ。

【移出】イシュツ ①他へうつし出す。②一国内で、ある地方から他の地方へ物資を送る。▽対移入。

【移書】イショ ①(ショをうつす) 文書を回す。手紙を出す。②役所の公文書。

【移情】イジョウ(ジョウをうつす) 感情や人情を他にうつす。

【移譲】イジョウ 日 ゆずりわたす。

【移植】イショク ①草木をうえかえる。②日 からだの組織や臓器を他人にうつしかえて、機能させる。例 皮膚の―手術。

【移籍】イセキ ①戸籍を他にうつす。例 養子縁組みをして―する。②日 所属をかえる。例 他の球団へ―する。

【移送】イソウ ①うつし送る。②日〔法〕ある事件の取りあつかいを、ある機関から他の機関にうつしかえる。例 別の裁判所に―する。

【移奪】イダツ 無理にかえる。

【移▼牒】イチョウ ①文書を他の役所へ回す。②役所の照会の文書。

【移転】イテン 場所がかわる。また、うつしかえる。例 新社屋に―する。

【移動】イドウ 他の場所へうつるため、うごく。位置がかわる。例 集結地へ―する。

【移入】イニュウ ①他からうつし入れる。②一国内で、ある地方から他の地方へ物資をうつし入れる。▽対移出。

【移付】イフ 日 官公庁で、権限や物件を他の官公庁の管轄下にうつす。

【移風易俗】イフウエキゾク(フウをうつしゾクをかう) 風俗をかえて世の中をよくする。〈礼記・楽記〉

【移文】イブン ①(ブンをうつす) 文書を回す。②回状。まわしぶみ。

【移病】イヘイ(やまいをうつす) 役人が病気を理由として辞表を出す。類移疾イシツ(やまいをうつす)。例 父子倶移レ病(フシともにやまいをうつす)(=父と子は一緒に病気を理由に職を辞した)。〈漢書・疏広伝〉

【移封】イホウ 諸侯の領地をうつしかえる。くにがえ。

【移民】イミン ①他の土地にうつり住む。また、その人。②日 働くために外国にうつり住む。また、その人。

【移用】イヨウ 国の予算などの経費を他の部局や他の費用にうつして、互いに融通しあう。予算の流用。

[桊]

禾6(11) ⇩秦シン(971ページ)

𥞩

禾6(11) 4 8285 257A9 ホウ(ハウ)(漢) 庚 bēng

意味 義未詳。参考 𥞩井いび(=姓)。

稈

禾7(12) 2 6735 7A08 カン(漢) 旱 gǎn わら

意味 イネやムギなどの茎。わら。例 麦稈バッカン(=むぎわら)。

稀

禾7(12) 1 2109 7A00 人 キ(漢) ケ(呉) 微 xī まれ・まばーら

なりたち [形声]「禾(=いね)」と、音「希キ」とから成る。まばら。

意味 ❶まばらで少ない。また、めったにない。まれ。まばら。通希。例 人生七十古来稀(ジンセイシチジュウコライまれなり)(=七十歳まで生きる人は昔からめったにいない)。〈杜甫・曲江〉稀少キショウ。稀有ケウ。❷うすい。うすめる。通希。例 稀釈キシャク(=成分をうすめる)。稀薄キハク。稀硫酸キリュウサン。

表記 現代表記では「希」に書きかえることがある。熟語は「希」も参照。

古訓 中古 うすし・えらぶ・おろそかなり・すくなし・ねがふ・まれなり・まれらに・めづらし 中世 えらぶ・おろそか・すくなし・ねがふ・まれなり・めづらし 近世 おろそか・まれなり

【稀▼覯】キコウ まれに見ること。さがしても、なかなか見られないこと。希覯。例 ―本ボン。―の書に属する。

【稀少】キショウ 少ないこと。めったにないこと。希少。

【稀少価値】キショウカチ 日 きわめて少ないことから生じる、特別な価値。希少価値。

【稀星】キセイ まばらな星。

【稀代】キタイ|キダイ めったになくて珍しいこと。希代。例 ―の名作。―キタイな話。

【稀薄】キハク きわめてうすいさま。希薄。例 空気が―になる。

【稀有】ケウ まれにしかないさま。珍しいさま。希有。

●依稀イキ・古稀コキ

𥞴

禾7(12) 4 8286 257B4 コク(漢) 沃 kù

意味 穀物が熟する。

稍

禾7(12) 2 6736 7A0D ソウ(サウ)(漢) ショウ(セウ)(呉) 効 shāo ようやーく(やうやーく)・やや

意味 ❶少しばかり。短い時間。しばし。やや。❷少しずつ。だんだんと。ようやく。例 項王乃疑三范増与二漢有一レ私、稍奪二之権一(コウオウすなわちハンゾウのカンとわたくしあるをうたがい、ようやくこれがケンをうばう)(=項羽は范増が漢と密通しているのではないかと疑って、少しずつ范増の権限を奪った)。〈史記・項羽紀〉稍稍ショウショウ。❸小さい。ささいな。わずかな。例 稍事ショウジ(=ささいなこと)。❹国家が与える俸給。例 稟稍リンショウ(=役所から与えられる扶持米フチマイ)。

【稍稍】ショウショウ だんだん。少しずつ。

【稍食】ショウショク 〔一回でなく時をおいて少しずつ与えることから〕官吏の月ごとの俸給。稟食リンショク。

税 禾7(12) [1]3239 7A0E 教5

[税] 禾7(12) 7A05 旧字体。

一 ゼイ慣 セイ漢 霽 shuì
二 タツ漢 ダツ呉 曷 tuō

筆順 ノ 二 千 禾 禾' 禾'' 税 税

なりたち [形声]「禾(=いね)」と、音「兌(タイ→セイ)」とから成る。年貢(ネング)としておさめる、イネ。

意味 一 ❶国家や政府が、そこに住む人からとりたてる産物やお金。年貢。みつぎ。例 税金(ゼイキン)。租税(ソゼイ)。納税(ノウゼイ)。❷年貢をとりたてる。徴集する。課税する。また、年貢をおさめる。❸人に金銭や品物を贈る。例 辟陽侯乃奉二百金一往税(ヘキヨウコウすなわちヒャッキンをホウじてゆきおくる)(=辟陽侯はそこで百金をささげ持って出かけ、《平原君に》贈った)。〈史記・朱建伝〉❹とりはずす。解き放つ。例 税駕(ゼイガ)。❺賃借する。借りる。例 願税以居(ねがわくはかりてもってキョせん)(=賃借りして住みたい)。〈李娃伝〉 二 ぬぐ。通脱。例 不レ税レ冕而行(ベンをぬがずしてさる)(=冠を脱がないで立ち去った)。〈孟子・告子下〉

古訓 中古 おほぢから・おろす・くらおろす・すつ・たてまつる・ちから・とどむ・はたる・ゆるす・をさむ 中世 おろす・たてまつる・をさむ 近世 おくる・ぬぐ・みつぎ・をさむる

人名 おさむ・ちか・ちから・みつ・みつぎ・みつぐ

難読 主税(ちから)

【税▼駕】ゼイガ ガをとく 〔車からウマを解き放つ意〕旅行者が馬車を止めて休息する。類 税車(ゼイシャ)(くるまをとく)。

【税▼権】ゼイカク 税を取り立てて利益を独占する。

【税額】ゼイガク 税金の額。

【税関】ゼイカン 日 国に出入りする航空機・貨物などを取り締まったり、輸出品や輸入品の関税などを徴収したりする役所。財務省に属する。

【税金】ゼイキン 義務として国などに納めるお金。

【税収】ゼイシュウ 税金として入る収入。例 —を予測する。

【税制】ゼイセイ 税金のかけ方や取り方などについての制度。例 —改革。

【税法】ゼイホウ 税金の割り当てや徴収に関する法律。

【税務】ゼイム 税金の割り当てや徴収に関する行政事務。例 —署。

【税吏】ゼイリ 税務をおこなう役人。収税官吏。

【税率】ゼイリツ 収入や課税対象に対して税金をかける割合。例 —を引き上げる。

【税▼斂】ゼイレン 租税を取り立てる。収税。徴税。例 省二刑罰一、薄二税斂一(ケイバツをはぶき、ゼイレンをうすくす)(=刑罰をなるべく簡単に軽くし、税の取り立てをひどくしない)。〈孟子・梁恵王上〉

【税▼冕】ダツベン ベンをぬぐ 礼装用の冠を脱ぐ。転じて、官職をやめる。

●印税(インゼイ)・課税(カゼイ)・減税(ゲンゼイ)・重税(ジュウゼイ)・増税(ゾウゼイ)・脱税(ダツゼイ)・免税(メンゼイ)

程 禾7(12) [1]3688 7A0B 教5

[程] 禾7(12) 旧字体。

テイ漢 庚 chéng
ほど

筆順 ノ 二 千 禾 禾 和 秤 程

なりたち [形声]「禾(=いね)」と、音「呈(テイ)」とから成る。ものをはかる基準。

意味 ❶一定の分量。標準。めど。例 課程(カテイ)。日程(ニッテイ)。❷一定の長さ。みちのり。例 行程(コウテイ)。射程(シャテイ)。❸一定のきまり。さだめ。のり。例 規程(キテイ)。❹ものごとの度合い。ほど。例 程度(テイド)。❺度合いを調べる。程度をはかる。はかる。例 引二重鼎一不レ程二其力一(チョウテイをひきてそのちからをはからず)(=重い鼎(かなえ)を見るといきなり引き、引くだけの力があるかどうか事前に調べない)。〈礼記・儒行〉❻比べる。なぞらえる。❼見習う。のっとる。❽現す。しめす。

日本語での用法 《ほど》①「冗談(ジョウダン)にも程(ほど)がある」▼限度。②「程(ほど)とおい・のち程(ほど)」▼およその数量や範囲。ひと区切りの時間。③「真偽(シンギ)の程(ほど)・年(とし)の程(ほど)」▼様子。

古訓 中古 はかる・ほど 中世 のぼる・のり・ほど 近世 しな・かぎり・のり・はかる・ほど

人名 しな・たけ・のり・みな

【程式】テイシキ ①きまり。規程。②やり方。方式。程則。

【程則】テイソク やり方。方式。程式。

【程度】テイド ①大小・強弱・優劣・善悪など、ものごとの度合い。②日 ものの状態。例 —の悪い被服。③日 適当だと思われる度合い。例 ものには—というものがある。

【程頓】テイトン 道のり。道程。

【▼倦レ程】テイにうむ 歩きくたびれる。

【程文】テイブン 科挙(=官吏登用試験)で書く、一定の書式の文章。

●音程(オンテイ)・過程(カテイ)・規程(キテイ)・道程(ドウテイ)・旅程(リョテイ)

稊 禾7(12) [4]8288 7A0A

テイ漢 斉 tí

意味 ❶イネよりも背が低くつぶの小さい穀物。イヌビエ。例 稊稗(テイハイ)。❷切り株から出る芽。ひこばえ。例 枯楊生レ稊(コヨウひこばえをショウず)(=枯れた楊が芽を生じる)。〈易・大過〉

【稊▼稗】テイハイ〔イヌビエとヒエの意〕家畜の飼料ともなる穀物。つまらないことのたとえ。〈荘子・知北遊〉

【稊▼秕】テイヒ〔イヌビエと秕(しいな)の意〕取るに足りないもの、つまらないもののたとえ。

稝 禾7(12) [4]8287 414F

ビ漢 未 尾 wěi

意味 粥(かゆ)。

稃 禾7(12) [3]8944 7A03

フ漢 虞 fū

意味 穀物の種子をおおう外皮。から。

稂 禾7(12) 7A02

ロウ(ラウ)漢 陽 láng

意味 イネの生育を害する雑草。イヌアワ。イナクサ。

【稂▼莠】ロウユウ イヌアワとエノコログサ。ともに雑草で穀物に害を与えることから、害毒を流す人のたとえ。自分の論文集に謙遜(ケンソン)して名づけることもある。〈国語・魯上〉

稞 禾8(13) [4]8292 7A1E

カ(クヮ)漢 歌 kē

意味 オオムギの一種。ハダカムギ。

稘 禾8(13) [2]6737 7A18

キ漢 支 jī

意味 ひとめぐりの時間。通期。例 稘月(キゲツ)(=ひと月)。稘歳(キサイ)(=一周年)。

稇 禾8(13) [4]8291 7A1B

コン漢 阮 kǔn

意味 そろえてしばる。たばねる。通梱(コン)。

稕 禾8(13) [4]8290 7A15

シュン漢 震 zhùn

意味 束ねたわら。

稚
禾8 (13) 1 3553 7A1A 常用
チ 漢呉 寘 zhì
おさな-い(をさな-し)・いとけな-い(いとけな-し) 付表 稚児(ちご)

[稺] 禾10 (15) ― 7A3A 本字。 [穉] 禾12 (17) 2 6748 7A49 別体字。

筆順 ニ 千 禾 利 秆 秆 稚 稚

なりたち  [形声]「禾(=いね)」と、音「屖(イセ→チ)」とから成る。成長していないイネ。派生して「おさない」の意。

意味 ❶年齢が低い。子供っぽい。いとけない。おさない。わかい。例 稚気(チキ)。稚拙(チセツ)。幼稚(ヨウチ)。❷おそい時期に植える穀物。対 稙(チョク)。

古訓 中古 いときなし・いとけなし・いなくき・いなもと・ちひさし・ゆふべ・わかし・をさなし 中世 いとけなし・ちひさし・わかし・をさなし 近世 いとけなし・わかいね・わかし・をさなし

人名 ただ・ただし・のり・わか

【稚気】(チキ) 子供っぽい態度や気持ち。例 愛すべき―の持ち主。いつまでも―の抜けない人。

【稚魚】(チギョ) たまごからかえって間もないさかな。対 成魚。

【稚蚕(蠶)】(チサン) たまごからかえったカイコで、第三齢までのもの。〔第四・第五齢のカイコは「壮蚕(ソウサン)」という〕

【稚子】(チシ) ①幼児。例 稚子候レ門(チシもんにまつ)(=幼い子供が門で待っている)。〈陶淵明・帰去来辞〉 ②天子から卿大夫(ケイタイフ)までの嫡子。③たけのこの別名。〈杜甫・絶句漫興〉

【稚歯】(チシ) 幼い年齢。また、その人。類 稚年・稚齢。

【稚児】 一(チジ) ややこ。あかご。子供。 二(ちご) 日 ①武家や寺院などで、給仕に使った少年。②祭りや法会(ホウエ)などの行列に、美しく着飾って出る子供。

【稚弱】(チジャク) いとけない。若い。幼弱。類 稚小・稚幼。

【稚拙】(チセツ) 幼稚で、下手なさま。例 ―きわまりない文章。

稠
禾8 (13) 2 6739 7A20
一 チュウ(チウ) 漢呉 尤 chóu
二 チョウ(テウ) 漢 嘯 tiào
しげ-る

意味 一 ❶イネがすきまなく生えしげる。しげる。❷まんべんなくびっしりつまっている。多い。例 稠人(チュウジン)。稠密(チュウミツ)。 二「稠嶅(チョウゴウ)」は、ゆれ動くさま。

【稠畳】(チュウジョウ) ぎっしり重なり合っている。重畳(チョウジョウ)。
【稠人】(チュウジン) 多くの人。すきまなく集まっている人。衆人。
【稠人広▼坐】(チュウジンコウザ) 多くの人が集まっている席。〈蜀志・関羽伝〉
【稠人広衆】(チュウジンコウシュウ) 多くの人の集まり。〈史記・魏其武安侯伝〉
【稠直】(チュウチョク) (髪の毛などが)密でまっすぐである。
【稠密】(チュウミツ) 一か所に多く集まるさま。こみあうさま。例 ―な人口。

稙
禾8 (13) 2 6738 7A19
チョク・ショク 漢 職 zhī
う-える(う-う)・わせ・わせのたね

意味 早い時期に植える穀物。わせ。対 稚。例 稙禾(チョッカ)(=早まきのイネ)。

稔
禾8 (13) 1 4413 7A14 人
ネン 慣 ジン(ジム) 漢 寝 rěn
みの-り・みの-る

なりたち  [形声]「禾(=いね)」と、音「念(デン→ジン)」とから成る。みのる。

意味 ❶穀物が熟す。実がなる。みのる。みのり。また、豊作であるさま。例 稔歳(ジンサイ)。❷穀物が一回成熟する期間。一年。とし。❸時間をかけてものごとが成熟する。少しずつ形作られる。例 桀紂之悪適稔(ケッチュウのアクたまたまみのる)(=桀と紂の暴虐がたまたま熟しきった)。〈論衡・偶会〉 ❹詳しく知る。十分に知る。例 稔聞(ジンブン)。稔知(ジンチ)(=詳しく知る)。

古訓 中古 とし・にぎはし・にぎはふ・みのる・ゆたかなり 中世 うむ・とし・にぎはふ・みのる・ゆたか 近世 うむ・とし・みのる

人名 とし・なり・なる・ゆたか

【稔歳】(ジンサイ) 豊年。

【稔熟】(ジンジュク) ①穀物が十分に実る。②ものごとの計画などが次第に進んできて絶好調となる。

【稔聞】(ジンブン) 十分に聞き慣れている。熟聞(ジュクブン)。

稗
禾8 (13) 1 4103 7A17
ハイ 漢呉 卦 bài
ひえ

[稗] 禾9 (14) ― ― 俗字。

意味 ❶イネよりも背が低くつぶの小さい穀物。イヌビエ。ヒエ。❷ヒエのように小さいもの。こまかい。小さい。また、取るに足りない。例 稗官(ハイカン)。稗史(ハイシ)。

【稗官】(ハイカン) 古代の官名。民間の物語や評判などを集めることを任務とした。

【稗官小説】(ハイカンショウセツ) ①稗官が集めた民間の話や物語。②小説。

【稗史】(ハイシ) 民間のこまごまとした話を記録した小説風の歴史。野史。対 正史。

稟
禾8 (13) 2 6740 7A1F 人
一 ヒン(ヒム) 漢 寝 bǐng
ホン(ホム) 呉
二 リン(リム) 漢 寝 lǐn
う-ける(う-く)

[禀] 示8 (13) 2 6741 7980 俗字。

なりたち  [会意]「亩(=米ぐら)」と「禾(=いね)」とから成る。穀物を賜う。

意味 一 ❶俸給としてもらう穀物。❷上から下に与える。授ける。❸(上から与えられたものを)受ける。うける。例 稟受(ヒンジュ)。稟承(ヒンショウ)。❹生まれつきの。うける。例 稟性(ヒンセイ)。天稟(テンピン)(=天分)。❺(目上に)申し上げる。例 稟議(ヒンギ)。 二 ❶米ぐら。通 廩(リン)。例 倉稟(ソウリン)(=穀物をたくわえておく倉)。❷食糧。例 稟貸(リンタイ)(=食糧を施す)。

古訓 中古 うく 中世 うく・うくる・たまふ 近世 うくる・たす・たまはる・たまふ

人名 うくる

【稟議】 一(ヒンギ) 天子や上司に申し上げる。 二(リンギ・ヒンギ) 日 官庁や会社などで、会議を開かないで係が案を作って関係者に回して承認を求める。例 ―書。

【稟給】(ヒンキュウ) 役所が食料や扶持米(フチマイ)を与える。給料。

【稟質】(ヒンシツ) 生まれつきの性質。天性。稟質。例 ―が他にすぐれる。

【稟受】(ヒンジュ) ①受ける。②生まれつきの性質。天性。

【稟承】(ヒンショウ) 上役の命令を受ける。うけたまわる。

【稟食】(ヒンショク・ショクをうく) 役所から扶持米(フチマイ)を受ける。

【稟申】(ヒンシン) (上役に)申し上げる。類 稟告・稟上・稟白(ヒンパク)。

【稟性】(ヒンセイ) 生まれつきの性質。天性。稟質。例 ―に美質を認める。

【稟奏】(ヒンソウ) 天子の命を受けて奏上する。

【稟賦】(ヒンプ) 生まれつきの性質。また、生まれつきの体質。

【稟命】(ヒンメイ) ①生まれつきの性質。天性。また、運命。天命。②(メイをうく) 命令を受ける。類 稟令。

【稟請】(ヒンセイ・リンセイ) 〔「リンセイ」は慣用読み〕上役に申し出て

請求する。申請。

稑
禾8(13) 4 8289 7A11 リク㊦ ロク㊣ 屋 lù

意味 早く熟する穀物。わせ。㊣穜(トウ)。例 穜稑(トウリク)(＝おくてと、わせ)。

稜
禾8(13) 1 4639 7A1C 人 一 リョウ㊗ ロウ㊦ 蒸 léng 二 リョウ㊗ ロウ㊦ 径 lèng かど・そば

[棱] 木8(12) 3 8578 68F1 本字。

なりたち [形声]「木(＝き)」と、音「夌(リョウ→ロウ)」とから成る。かどのある木。

意味 一 ❶とがったかど。すみ。**かど**。例 稜線(リョウセン)。稜角(リョウカク)。❷かどばって、いかめしい。威光のある。例 稜威(リョウイ)。❸⇩【稜層】(ソウ)❹⇩【稜磳】(ソウ)二 ❶耕地。田畑のうね。あぜ。❷田畑の大きさなどを概算する単位。

古訓 中古 いなつか・かど・そば 中世 いなつか・かど・そば 近世 かど・たる

人名 いつ・すみ・たか・たる

【稜威】リョウイ 天子の威光。参考 日本では、天皇の威光を「おおみいつ」といい、「大御稜威」の熟字をあてた。

【稜角】リョウカク 物の、とがっているかど。

【稜岸】リョウガン 態度や外見が立派で、たくましい。

【稜線】リョウセン 日 峰から峰へ続く山の背。尾根。

【稜層】リョウソウ ①山の高くそびえているさま。②人の姿かたちがすらっとしたさま。

【稜▼磳】リョウソウ 〔「磳」は、岩がそびえるさま〕高くそびえ、険しいさま。

【稜稜】リョウリョウ ①寒さが厳しいさま。②風貌(フウボウ)などがかどばっているさま。

稭
禾9(14) 4 8294 7A2D カイ㊦ 佳 jiē しべ

意味 農作物の茎。わらしべ。**しべ**。

稈
禾9(14) 4 8293 4163 コウ(クヮウ)㊦ 陽 huáng

意味 穀物の名。キビの一種。

穀
禾9(14) 1 2582 7A40 教6 コク㊦㊣ 屋 gǔ こめ

[穀] 禾10(15) 3 8945 FA54 人 旧字体。[穀] 米10(16) 7CD3 別体字。

筆順

なりたち [形声]「禾(＝いね)」と、音「㱿(カク→コク)(＝もみがら)」とから成る。穀類をいう。

意味 ❶人間が主食とする、コメ・ムギ・キビ・アワ・ヒエなどの作物。例 穀物(コクモツ)。穀類(コクルイ)。❷俸禄(ホウロク)。また、俸禄を受ける。例 邦無レ道、穀恥也(くににみちなきに、コクするははじなり)(＝国に道理がおこなわれていないのに、俸禄を受けるのは恥である)。〈論語・憲問〉❸養育する。食物を与えて養う。やしなう。例 以穀二我士女一(もってわがシジョをやしなう)(＝そして私の人民を養う)。〈詩経・小雅・甫田〉❹生きる。例 穀則異レ室、死則同レ穴(いきてはすなわちシツをことにするも、シしてはすなわちあなをおなじうせん)(＝生きているときは家を別にしても、死んだら同じ墓に入りたい)。〈詩経・王風・大車〉❺よい。めでたい。例 穀日(コクジツ)。❻⇩【穀穀】(コクコク)

古訓 中古 いく・おふ・こめ・たなつもの・もみ・やしなふ・よし・より 中世 こめ・もみ・よし 近世 いきる・こめ・たなつもの・よし

人名 たけ・たけし・よし・より

【穀雨】コクウ 〔穀物を育てる雨の意〕二十四節気の一つ。太陽暦で、四月二十日ごろ。

【穀穀】コクコク 鳥の鳴く声。

【穀日】コクジツ めでたい日。吉日。

【穀倉】コクソウ ①穀物を入れておく、くら。こめぐら。②日 穀物が多くとれる地方。例 —地帯。

【穀旦】コクタン ①〔よい朝の意〕天気のよい朝。②吉日。めでたい日。

【穀▼帛】コクハク 〔穀物と絹の意〕食料と絹織物。士人の生活必需品。

【穀風】コクフウ 穀物を生長させる風。春風。東風。谷風(コクフウ)。

【穀物】コクモツ コメ・ムギ・マメなど、主食とする作物。穀類。

【穀類】コクルイ 穀物の類。

種
禾9(14) 1 2879 7A2E 教4 一 ショウ㊦ シュ・シュウ㊣ 宋 zhòng 二 ショウ㊦ シュ・シュウ㊣ 腫 zhǒng たね・くさ

筆順

なりたち [形声]「禾(＝いね)」と、音「重(チョウ→ショウ)」とから成る。早く植えてもおくれて成熟するイネ。派生して「うえる」の意。

意味 一 ❶たねをまく。また、草木をうえる。例 播種(ハシュ)。❷広める。広く散布する。しきのべる。しく。例 皐陶邁種レ徳(コウヨウつとめてトクをしく)(＝皐陶は努力して恩恵を民に広めた)。〈書経・大禹謨〉種徳(シュトク)(＝徳を広めおこなう)。二 ❶植物の芽のもと。**たね**。例 種子(シュシ)。種苗(シュビョウ)。❷動物の血すじを伝えるもの。こだね。例 種牛(シュギュウ—たねうし)。種馬(シュバ—たねうま)。❸同じもとから生まれた仲間。また、同じ仲間の集まり。血統。たぐい。例 王侯将相、寧有レ種乎(オウコウショウショウ、いずくんぞシュあらんや)(＝王侯や将軍・宰相に、どうして血統などありましょうか)。〈史記・陳渉世家〉種族(シュゾク)。種類(シュルイ)。品種(ヒンシュ)。❹⇩【種種】(シュシュ)

日本語での用法 一《たね》①「話(はなし)の種(たね)・すしの種(たね)・命(いのち)あっての物種(ものだね)」▼材料。もとになるもの。②「種(たね)あかし」▼手品などのしかけ。二《くさ》「言種(ことぐさ—ことくさ)・思(おも)い種(ぐさ)」▼事柄。材料。たね。

古訓 中古 うう・うゆ・おくて・くさ・しく・しげし・たね・わせ 中世 うう・ううる・うゆる・くさ・たぐひ・たね・わせ 近世 うゆる・おくて・くさ・くさぐさ・たね

人名 かず・くさ・しげ・ふさ・み・みのる

難読 種種(くさぐさ)・千種(ちぐさ)

【種作】シュサク 穀物や果樹の種をまき、苗を植えて耕作する。例 其中往来種作(そのうちにオウライしシュサクす)(＝〔人々は〕村の中を行き来し農作業に精を出している)。〈陶淵明・桃花源記〉

【種子】シュシ 一 シュ (植物の)たね。二 シュウジ 〔仏〕物事のもと。原因。三 シュジ 〔仏〕仏などをあらわす梵字(ボンジ)。㊫種字。

【種子植物】シュシショクブツ 日「顕花(ケンカ)植物」の新しい呼び方。花を開き、実をつけ、たねを生じる植物。

【種種】シュシュ—ジュジュ いろいろ。さまざま。例 —雑多。

【種樹】シュジュ ①草木を植える。例 駝所二種樹或移徙一(ダのシュジュしあるいはイシするところ)(＝郭橐駝(カクタクダ)が植樹したり移植したりした樹木)。〈柳宗元・種樹郭橐駝伝〉②農業や園芸。また、それを職業とする人。植木屋。例 駝業二種樹一(ダはシュジュをギョウとす)(＝郭橐駝は植木屋を職業としている)。〈柳宗元・種樹郭橐駝伝〉

【種姓】一 シュセイ 氏(うじ)。血筋。素性(スジョウ)。二 シュショウ 〔仏〕家系。カースト。

【種族】シュゾク ①同じ祖先から出て、言語や文化などを共通にする人々の集団。民族。②同じ種類のもの。たぐい。③

〔「族」は、殺す意〕一族を皆殺しにする。

【種畜】(シュチク) 品種改良のためや、繁殖させるための家畜。種牛・種馬など。

【種痘】(シュトウ) 天然痘の予防のために、ウシの疱瘡(ホウソウ)から作ったワクチンを、人体に接種して免疫を得る方法。

【種皮】(シュヒ) 植物のたねの周囲をおおっている膜。

【種苗】(シュビョウ) ①草や木の、たねとなえ。②日 養殖漁業で、魚のたまごや、かえったばかりの小さな魚や貝。

【種物】(シュブツ) 一 植物や、あるいはものごとの、あらゆるもののもと。原因。たね。二(たねもの) 日 ①草木の種子。②汁にてんぷらや肉などが入っている、そばやうどん。③甘くゆでたアズキ入りのかき氷。

【種別】(シュベツ) いくつかの種類に区別する。また、その種類。

【種目】(シュモク) 種類によって分類した項目。例 競泳の―。

【種落】(シュラク) 同じ民族が集まっている場所。集落。

【種類】(シュルイ) 共通の性質をもつものを、他のものと区別して一つ一つまとめたもの。

【種本】(たねホン) 日 著作や講義・講演などの、もとになっている本。

●一種(イッシュ)・機種(キシュ)・業種(ギョウシュ)・雑種(ザッシュ)・新種(シンシュ)・人種(ジンシュ)・接種(セッシュ)・別種(ベッシュ)・変種(ヘンシュ)

[稱] 禾9(14) ⇩称(ショウ)(970ジペー)

稲 禾9(14)

1 1680 7A32 常用

トウ(タウ)漢 ドウ(ダウ)呉 皓 dào

いね・いな

[稻] 禾10(15)

2 6743 7A3B 人

旧字体。

筆順 ニ 千 禾 禾' 秤 秤 稲 稲

なりたち [形声]「禾(=いね)」と、音「舀(ヨウ→トウ)」とから成る。もみがらのついたままのイネ。

意味 五穀の一つ。**イネ**。例 水稲(スイトウ)。陸稲(リクトウ|おかぼ)。稲穂(トウスイ|いなほ)。

古訓 中古 いね 中世 いね 近世 いね

人名 ね・み・みのる

難読 稲熱病(いもちビョウ)・稲架(はさ)・早稲(わせ)・晩稲(おくて)・中稲(なかて)

【稲荷】(いなり) 日 ①五穀をつかさどる神を祭った神社。〔キツネは、その神の使いという〕例 正一位(ショウイチイ)―大明神。②〔キツネの好物とされることから〕あぶらあげ。③「稲荷鮨(いなりずし)」の略。甘く煮たあぶらあげの中にすし飯をつめたもの。しのだずし。きつねずし。

【稲雲】(トウウン) 田一面に雲のように広がっているイネ。

【稲▼畦】(トウケイ) 〔「畦」は、あぜの意〕イネを植えつけた田。いなだ。稲田。

【稲田】(トウデン|いなだ) イネを栽培する田。イネの実った田。

【稲苗】(トウビョウ) イネのなえ。

【稲▼粱】(トウリョウ) 〔イネとオオアワの意〕穀類。

●水稲(スイトウ)・晩稲(バントウ|おくて)・陸稲(リクトウ|おかぼ)

[稗] 禾9(14) ⇩稗(ハイ)(975ジペー)

稼 禾10(15)

1 1852 7A3C 常用

カ漢 ケ呉 禡 jià

かせぐ・かせぎ

筆順 千 禾 禾' 秒 秤 稼 稼 稼

なりたち [形声]「禾(=いね)」と、音「家(カ)」とから成る。よく実ったイネ。派生して「イネを実らせる」の意。

意味 ❶穀物の種をまき、苗を植える。例 稼穡(カショク)。❷イネの穂と実。よく実ったイネ。例 禾稼(カカ)(=実った穀物)。

日本語での用法 一《カ》「稼業(カギョウ)・稼働(カドウ)」▼かせぐ。働く。二《**かせぎ**》《**かせぐ**》①「荒稼(あらかせ)ぎ・出稼(でかせ)ぎ・金(かね)を稼(かせ)ぐ」▼働いて収入を得る。②「点数(テンスウ)を稼(かせ)ぐ」▼自分の得になるようなことをする。③「時(とき)を稼(かせ)ぐ」▼時間をひきのばしてチャンスをうかがう。

古訓 中古 たなおろし・たね・たねおろし・なりはひ・にぎはし・にぎはひ 中世 いね・たなおろし・たね・なりはひ・にぎはひ・にぎめく 近世 いね・うるる・うゆる・かせぐ・たなつもの

人名 たか・たね

【稼業】(カギョウ) 日 生活を支える仕事。職業。

【稼▼穡】(カショク) 作物の植えつけと取り入れ。農業。

【稼働】【稼動】(カドウ) 日 ①かせぐために、はたらく。②機械などが動いている。例 ―時間。

●参稼(サンカ)・秋稼(シュウカ)

稽 禾10(15)

1 2346 7A3D 常用

一 ケイ漢 ケ呉 斉 jī

二 ケイ漢 ケ呉 薺 qǐ

とど-める(とど-む)・かんが-える(かんが-ふ)

[稽] 禾11(16)

25874 俗字。

筆順 千 禾 禾' 秆 秒 秫 稽 稽

なりたち [形声]「禾(=頭部の曲がった木)」と、音「旨(シ→ケイ)」とから成る。とどめる。

意味 一 ❶よく考える。あれこれ比べて考え合わせる。**かんがえる**。例 稽(かんがう)古帝尭(いにしえのテイギョウを)(=古代の帝王尭のことを考察する)。〈書経・尭典〉❷論争する。くらべる。❸一定の所まで届いてとまる。**とどめる**。例 稽止(ケイシ)(=とどまる)。稽留(ケイリュウ)。❹至る。やってくる。例 大浸稽レ天而不レ溺(タイシンテンにいたれども、おぼれず)(=大洪水が天に届いても、おぼれない)。〈荘子・逍遥遊〉❺一致する。合う。❻法則。例 稽式(ケイシキ)。二 ❶頭を地につけて礼をする。ぬかずく。例 稽首(ケイシュ)。❷儀式用の木のほこ。通 棨(ケイ)。

古訓 中古 いただく・いたる・おこたる・かむがふ・とどこほる・とどまる・とどむ 中世 いたす・かんがふ・かんがふる・とどまる・をさむ 近世 いたる・かんがふ・とどまる・をさまる

人名 とき・のり・よし

【稽古】(ケイコ) ①(いにしえをかんがう) 昔の事柄を調べて考える。→意味 一❶ ②日 芸ごとや武術などを練習する。例 寒―(カンゲイコ)。

【稽査】(ケイサ) 考え、調査する。

【稽式】(ケイシキ) ①法則。法式。②〔「式」は、習う意〕考えを重ねて、手本とする。

【稽失】(ケイシツ) ぐずぐずと遅らせて失敗する。

【稽首】(ケイシュ) ①頭を地面につけて敬礼する。ぬかずく。最高の敬礼の一つ。②日 手紙の末尾に用い、相手に敬意をあらわす語。

【稽▼顙】(ケイソウ) 〔「顙」は、ひたいの意〕座ってひたいを地面につけて敬礼する。また、その礼。

【稽留】(ケイリュウ) 長くとどまる。とどこおる。類 稽遅・稽停。例 ―熱(=一日の体温の変動が一度以内で長く続く高熱状態。腸チフスなどに見られる)。

稿 禾10(15)

1 2538 7A3F 常用

コウ(カウ)漢 皓 gǎo

わら

[稾] 禾10(15)

2 6744 7A3E

本字。

筆順 二 千 禾 秆 秆 稍 稿 稿 稿

なりたち [形声]「禾(=いね)」と、音「高コウ」とから成る。イネの茎。

意味 ❶イネやムギなどの茎。わら。❷詩や文章の下書き。例 稿本コウホン。稿料コウリョウ。原稿ゲンコウ。

古訓 中古 わら 中世 わら 近世 いなぐき・したがき・わら

人名 たか・たかし

【稿人】コウジン ①周代、弓や矢を調えた官。②わらや草で作った人形。

【稿▼砧】【稿▼椹】コウチン ①わらを打つとき、鈇フ(=おの)を受ける石の台。②古代、罪人を切断したときの刑具。鈇。③〔「夫」が「鈇」と同音であることから〕夫を指す隠語。

【稿本】コウホン 書物の下書き。草稿。例 —で伝わり版本は存在しない。

【稿料】コウリョウ 日 原稿料。例 少ない—をもらう。

●寄稿キコウ・原稿ゲンコウ・草稿ソウコウ・脱稿ダッコウ・投稿トウコウ

【穀】禾10(15) ⇩穀コク(976ジペー)

稷 禾10(15) 2 6745 7A37 一ショク漢 職 jì 二ソク漢 職 zè きび

[禝] 示10(15) 2 6721 799D 俗字。

意味 一❶ウルチキビ。キビ。例 稷黍ショクショ。❷穀物をつかさどる神。また、それを祭る社やしろ。例 社稷シャショク。❸農業をつかさどる役人。たおさ。❹速やかなさま。はやい。例 既斉既稷すでにととのいすでにすみやかなり(=《神の祭り方が》すでに整っていて、迅速である)。〈詩経・小雅・楚茨〉 二日がかたむく。通 昃ショク。

【稷▼黍】ショクショ〔ウルチキビとモチキビの意〕五穀。穀類。

【稷正】ショクセイ 穀物の神。元来は農業をつかさどる伝説上の官であったという。

【稷雪】ショクセツ〔アワの粒に似たところから〕霰あられの別名。

【稷下】ショクカ 戦国時代、斉の都臨淄リンシ(=今の山東省淄博市)の稷門の近くにあった地。斉の宣王が学者を優遇したので、各地から多くの学者が集まり、「稷下の学」として栄えた。孟子モウシや荀子ジュンシらも招かれていた。

【稷▼狐】ショクコ 穀物の神を祭った社やしろにすむキツネ。悪事をはたらく君主の側近のたとえ。〈説苑・善説〉

稹 禾10(15) 3 8946 7A39 シン漢 軫 zhěn

意味 ❶草木が密生する。むらがりしげる。❷すきまなくつまる。通 縝シ。

穂 禾10(15) 1 4270 7A42 常用 スイ漢呉 寘 suì ほ

[穗] 禾12(17) 2 6747 7A57 人 旧字体。

筆順 千 禾 秆 秆 秱 秱 穂 穂 穂

なりたち [形声]「禾(=いね)」と、音「恵ケイ→スイ」とから成る。イネのほ。

意味 ❶イネやムギ、ススキなどの茎の先。ほ。❷筆の先やろうそくのともしびなど、穂のような形をしたもの。例 一穂青灯万古心イッスイのセイトウバンコのこころ(=ひとすじの灯火の青い光が古人の心を照らしだす)。〔菅茶山・冬夜読書〕 穂先ほさき。

古訓 中古 ひづ・ほ 中世 のぎ・ほ 近世 ひいづる・ほ

人名 お・ひで・ひな・みず・みずほ・みのる

難読 十寸穂ますほの薄すすき・空穂うつほ

【稺】禾10(15) ⇩稚チ(975ジペー)

稸 禾10(15) 4 8301 7A38 チク・キク漢呉 屋 xù

意味 たくわえる。通 蓄。例 稸積チクセキ(=蓄積)。

【稲】禾10(15) ⇩稲トウ(977ジペー)

穃 禾10(15) 2 6746 7A43 国字 ヨウ

意味 地名に用いる字。例 穃原ヨウばる(=沖縄県の地名。本来の用字は「榕原」とされる)。

穎 禾11(16) 1 1747 7A4E エイ漢 梗 yǐng ほさき

[頴] 頁7(16) 1 1748 9834 俗字。

意味 ❶イネやムギなどの穂の先。ほさき。例 禾穎カエイ(=イネの穂。穀類の穂)。❷ものの先のするどくとがったところ。筆や錐きりなどの先。例 穎脱エイダツ。❸知恵が人よりすぐれている。さとい。例 秀穎シュウエイ(=才能のすぐれた人)。

難読 穎せる・穎縫ぬいせい・穎割わかいれ

【穎異】エイイ 賢くて秀でている。才知が人よりすぐれている。

【穎悟】エイゴ 才知がすぐれて賢い。英悟。英敏。類 穎敏。例 幼にして—の性。

【穎才】エイサイ すぐれた才能。また、その人。例 —雲のごとく輩出する。表記 現 英才

【穎脱】エイダツ 袋の中の錐きりの先が外に突き出る。才知がおのずから外にあらわれることのたとえ。例 嚢中ノウチュウより—する。→【若二錐之処一嚢中一】きりのノウチュウにおるがごとし(1367ジペー)

【穎哲】エイテツ すぐれて賢い。また、その人。

穏 禾11(16) 1 1826 7A4F 常用 オン(ヲン)漢呉 阮 wěn おだやか

[穩] 禾14(19) 2 6751 7A69 旧字体。

筆順 二 千 禾 秆 秤 稈 穏 穏 穏

なりたち [会意]「禾(=いね)」と「隠(=おおいかくす)」の省略体とから成る。やすらか。

意味 ❶しっかり安定して、落ち着いている。おだやか。例 穏健オンケン。穏当オントウ。安穏アンノン。❷ぴったり合う。適切である。例 穏称オンショウ。

古訓 中古 おだひかなり・やす・やすし・やすらかなり 中世 おだし・おだやか・おだやかなり・やすし 近世 あつむる・おだやか・やすし

人名 しず・とし・やす・やすき・やすし

【穏穏】オンオン 安らかなさま。かどだたないさま。

【穏健】オンケン ①落ち着いていて力強い。対 過激。②日 思想や性質などがおだやかで、しっかりしている。

【穏称】オンショウ 無理なく当てはまっている。他とうまく調和している。しっくりしている。例 穏二称身一みにオンショウす(=《腰に重たげにくっついた真珠が》しっくりとからだに合っている)。〈杜甫・麗人行〉

【穏当】オントウ おだやかで道理にかなっているさま。

【穏便】オンビン 一ベン 無理がなく、すらすらいくさま。二ビン 日 対応や処理などが、おだやかなさま。事をあらだてない。例 事を—に済ませる。

●安穏アンノン・静穏セイオン・不穏フオン・平穏ヘイオン

【稽】 禾11(16) ⇩稽（977ページ）

【穅】 禾11(16) ⇩糠（1019ページ）

【穇】 禾11(16) 4 8302 7A47 サン（サム）漢 覃 cǎn

意味 イネ科の一年生穀物。シコクビエ。ひえ。例 穇稗（=シコクビエやイヌビエのような粗悪な穀物）。

【穐】 禾11(16) ⇩秋（969ページ）

【積】 禾11(16) 1 3249 7A4D 教4

一 セキ 漢 シャク 呉 陌 jī
二 シ 漢 呉 寘 zì
つむ・つもる

筆順 二 禾 秆 秸 積 積 積

なりたち 【形声】「禾（=いね）」と、音「責（サク→セキ）」とから成る。あつめる。

意味 一 ❶あつめる。つみ重ねる。つむ。つもる。例 積善。集積。❷大事にためておく。たくわえる。みたす）。蓄積。❸とどこおる。例 委積（=たくわえる。例 天道運而無レ所レ積（=天の道は四季の巡りをくり返していて、一か所に滞留することはない）。〈荘子・天道〉 ❹長年の。久しい。例 積志。積習。❺二つ以上の数をかけあわせて得られる数。対商。例 相乗積。❻平面の広さや立体の大きさ。例 体積。面積。容積。二 蓄積。穀物のたくわえ。例 居則具二一日之積一（=宿泊のときは一日分の食料を準備する）。〈左伝・僖三〉

日本語での用法 《つもり》「心積もり・見積もり・必ずする積もり」▼心がまえ・予定・将来についての考え。

古訓 中古 あつまる・あつむ・いなたばり・いなづか・いなつみ・おく・たくはふ・つむ・つもる・ひさし・まもる・もとも・もり 中世 あつまる・あつむ・つむ・つもる 近世 あつめる・かさねる・たくはふ・つむ・つもる

人名 あつ・あつむ・かず・かつ・さね・つみ・もち・もり

難読 安積・積雨

【積▼痾】 長い間治らない病気。ながわずらい。宿痾。類 積病。

【積悪】 一 積み重ねてきた悪事。対 積善。例 ―のむくい。二 長年の憎しみ。

【積悪（の家には必ず余（餘）▼殃あり）】 悪事を積み重ねてきた家には、必ず子孫にまで災いがおよぶものだ。積悪の余殃。〔「積不善之家必有二余殃一」〈易・坤・文言〉」から〕 対 積善之家必有二余慶一。

【積陰】 〔積もり積もった陰気の意〕①寒気。冬。②長い間続いた曇天。

【積雨】 長く降り続く雨。ながあめ。積淋。積霖。

【積鬱】 ①心配ごとや不満がだんだんとたまる。積もり積もった不安や不平。鬱積。②気が晴れず憂鬱な状態が長く続く。

【積羽沈レ舟】 羽のような軽いものでも多く積めば舟が沈む。小事も度重なれば大事になることのたとえ。ちりも積もれば山となる。〈史記・張儀伝〉

【積怨】 長い間にたまったうらみ。例 ―の果ての復讐。

【積載】 ①多年。②日 車や船などに荷物を積む。例 ―重量。

【積財】 財産をたくわえる。また、その財産。蓄財。

【積▼尸】【積▼屍】 しかばねを積み重ねる。また、折り重なったしかばね。

【積志】 長年のこころざし。

【積習】 ①長年の間につくられてきた（よからぬ）慣習。②練習を重ねる。

【積愁】 積もる憂い。類 積憂。

【積▼聚】 一 積みたくわえる。二 兵糧や馬糧、また財貨など、積みたくわえたもの。

【積襲】 積み重なる。累積。類 積畳。

【積重】 蓄積する。積み重ねる。

【積薪】 ①たきぎを積み重ねる。また、積み重ねたたきぎ。②古くからいるのに、いつまでも下積みに置かれていることのたとえ。

【積薪▼之▼嘆】【積薪▼之▼歎】 たきぎを積むとき、あとのたきぎが前のたきぎの上に積まれるように、新参者が先輩である自分より上位者になることへの嘆きやいきどおり。〔〈史記・汲黯伝〉から〕

【積水】 一 ①集まりたまった水。②海。二 水を大量に集める。

【積▼翠】 〔積み重なった緑の意〕①生い茂った草木。②青山や春の形容。

【積雪】 降りつもった雪。例 ―量。

【積善】 善行を積むこと。積み重ねた善行。対 積悪。

【積善▼之家必有二余（餘）慶一】 善行を積み重ねた家では、必ずそのおかげを得て福が子孫にまでおよぶ。積善の余慶。〈易・坤・文言〉 対 積不善之家必有二余殃一。

【積漸】 順序を追って次第に進む。だんだんと順調に積み重ねる。

【積素】 ①〔「素」は、白いものの意〕積もった雪。②古くから。もとから。類 積故。

【積著】【積貯】 必要となるときのために積みたくわえる。類 積蓄。

【積年】 多くの年月。長い年月。例 ―の努力がみのる。

【積▼忿】【積憤】 長い間に積もった怒りや恨み。類 積怒。

【積分】 〔数〕与えられた関数を、微分して得られる関数から求めること。対 微分。

【積弊】【積▼敝】 ①多年にわたる悪弊。長い間の悪い習慣。②弊害や悪習を積み重ねる。

【積▼淋】【積▼霖】 「積雨」に同じ。

【積累】 積み重ねる。累積。

【積▼潦】 大水。洪水。

【積居】 〔「居」は、たくわえる意〕積みたくわえる。

【積極】 日 自分から進んでものごとをおこなう。例 ―論。―的。

【積慶】 ①さらに加わったよろこびごと。②長年にわたり積み上げてきた慶事。

【積欠】 〔「欠」は、不足の意〕積もりたまった未納の租税。

●山積・実積・集積・体積・蓄積・面積・容積・累積

【穌】 禾11(16) 4 8303 7A4C ソ 漢 虞 sū

意味 ❶穀物をかきあつめる。❷息をふきかえす。よみがえる。通 蘇。例 穌活（=よみがえる）。

【穆】 禾11(16) 1 4352 7A46 ボク 漢 モク 呉 屋 mù やわ-らぐ（やは-らぐ）

意味 ❶静かで温和なさま。おだやか。やわらぐ。例 穆如二清風一（=そよそよ吹く清風のようにおだやかである）。

〈詩経・大雅・烝民〉 穆然(ボクゼン)。❷うやうやしい。つつしむ。例 穆穆(ボクボク)。❸むつまじくする。むつむ。通睦(ボク)。❹おごそかなさま。壮美なさま。うるわしい。例 於穆清廟(ああボクたるセイビョウ)(=ああ、おごそかな清廟)。〈詩経・周頌・清廟〉 ❺祖先を祭るみたまやや位牌(イハイ)の順序を示す語。対昭。〔始祖を中央に置いて二世以下をその左右に交互に配し、その左側を「昭」、右側を「穆」という〕

【穆清】(ボクセイ) ①天。②おだやかで清らかなさま。

【穆然】(ボクゼン) ①静かなさま。②やわらぎつつしむさま。

【穆穆】(ボクボク) ①うるわしく立派なさま。②つつましいさま。うやうやしいさま。③やわらぎ静かなさま。④威厳のあるさま。

穖

禾12(17) 4 8304 7A56 キ 漢 尾 jǐ

意味 穀物の種子が連なった穂。

穝

禾12(17) 3 8947 7A5D 国字 サイ

意味 地名や人名に用いる字。例 穝所(サイショ)(=姓)。

[穗]

禾12(17) ⇩穂(イス)(978ジペー)

[穉]

禾12(17) ⇩稚(チ)(975ジペー)

穜

禾12(17) 4 8306 7A5C トウ 漢 東 tóng

意味 成熟するのが遅い穀物。おくて。対稑(リク)。例 穜稑(トウリク)(=おくてと、わせ)。参考「種(シュ)」と通じて用いられることがある。

穙

禾12(17) 4 8305 7A59 ホク 漢 屋 pú

意味 農作物を積む。また、積み上げた農作物。

穫

禾13(18) 1 1947 7A6B 常用 カク(クヮク) 漢 薬 huò かーる・とーる

筆順 千 禾 禾' 秆 秆 秆 穫 穫

なりたち  [形声]「禾(=いね)」と、音「蒦(ヤク→カク)」とから成る。穀物を刈りとる。

意味 穀物を刈りとる。とりいれる。**かる**。**とる**。また、その穀物。例 八月其穫(ハチガツそれカクす)(=八月には早稲(わせ)を刈りとる)。〈詩経・豳風・七月〉 収穫(シュウカク)。

古訓 中古 かる・たかる・とる 中世 かる 近世 いねかる

人名 え・おさむ・みのる

【穫稲】(カクトウ) イネを刈る。

穣

禾13(18) 1 3087 7A63 人 一 ジョウ(ジャウ) 漢 陽 ráng 二 ジョウ(ジャウ) 漢 養 rǎng ゆたーか・わら

[穰]

禾17(22) 2 6753 7A70 人 旧字体。

なりたち  [形声]「禾(=いね)」と、音「襄(ショウ→ジョウ)」とから成る。穀物のくきの表皮をとったもの。借りて「ゆたかに実る」の意。

意味 一 ❶穀物がゆたかに実る。**ゆたか**。例 豊穣(ホウジョウ)。❷キビの茎の皮をとったもの。きびがら。**わら**。❸人が多いさま。例 浩穣(コウジョウ)(=人民、また、書物が多いこと)。二 盛んなさま。旺盛(オウセイ)なさま。

古訓 中古 あはから・とむ・にぎはし・にぎはふ・ゆたかなり 中世 おほし・きび・ゆたかなり 近世 おほし・きびがら・さかんなり・わらしべ

人名 おさむ・しげ・しげる・みのり・みのる

【穣歳】(ジョウサイ) 実りのよい年。豊年。

【穣穣】(ジョウジョウ) ①穀物が豊かに実るさま。②多いさま。例 降福穣穣(フクをくだすことジョウジョウたり)(=《王の祖霊が》多くの幸福をもたらしてくれる)。〈詩経・周頌・執競〉

穠

禾13(18) 4 8308 7A60 ジョウ(ヂョウ) 漢 冬 nóng

意味 ❶花や木が茂っているさま。通襛(ジョウ)。例 穠華(ジョウカ)(=盛んに咲いた花)。穠繁(ジョウハン)(=盛んに茂る)。❷華やかなさま。

穡

禾13(18) 2 6749 7A61 ショク 漢 職 sè

意味 農作物をとりいれる。例 穡事(ショクジ)(=農事)。穡夫(ショクフ)(=農夫)。

穟

禾13(18) 4 8307 7A5F スイ 漢 寘 suì

意味 穀物が実り、穂が垂れ下がったさま。例 穟穟(スイスイ)(=立派なイネ)。

穢

禾13(18) 2 6750 7A62 アイ 慣 ワイ 漢 エ(ヱ) 呉 隊 huì けがーれる(けがーる)・けがーれ・けがーす・けがーらわしい(けがーらはし)・きたなーい(きたなーし)

意味 ❶田畑に雑草がはびこって、あれる。例 民貧則田瘠以穢(たみまずしければすなわちたやせてもってけがる)(=民衆が貧しくなれば、畑もやせて荒れてしまう)。〈荀子・富国〉 ❷よごれる。**きたない**。よごれ。**けがれ**。**けがれる**。**けがらわしい**。また、よごす。例 穢土(エド)。汚穢(オアイ|オワイ)。❸淫乱(インラン)な。みだら。例 穢語(ワイゴ)(=みだらなことば)。淫穢(インワイ)(=みだらなさま)。

【穢行】(アイコウ|ワイコウ) けがれたおこない。みにくいおこない。

【穢草】(アイソウ|ワイソウ) 田などに、はびこる雑草。また、悪草。

【穢濁】(アイダク|ワイダク) けがれ、にごること。例 ―の世。

【穢徳】(アイトク|ワイトク) けがれたおこない。みだらなおこない。悪い人格。また、自らのおこないをけがす。

【穢土】(エド) 〔仏〕けがれた世界。この世。現世。濁世(ジョクセ)。対浄土。例 厭離(エンリ)―(=けがれたこの世)。

[穩]

禾14(19) ⇩穏(オン)(978ジペー)

[穪]

禾14(19) ⇩称(ショウ)(970ジペー)

穧

禾14(19) 4 8309 7A67 セイ 漢 霽 jì

意味 刈ったままで収納していない農作物。

穭

禾15(20) 3 8948 7A6D リョ 漢 ロ 呉 語 lǚ ひつじ(ひつぢ)・ひつち

意味 ❶野生の穀物。例 穭穀(リョコク)(=野生の穀物)。❷植物が自生する。例 穭生(リョセイ)(=植物が自然に生える)。

日本語での用法 《ひつじ》《ひつち》「穭生(ひつじばえ|ひっちばえ)・穭田(ひつじだ|ひっちだ)」▼刈り取ったあとのイネの切り株から再び生え出るイネ。

[穐]

禾16(21) ⇩秋(シュウ)(969ジペー)

[穰]

禾17(22) ⇩穣(ジョウ)(980ジペー)

116 5画

穴 あな あなかんむり部

あなの意をあらわす。「穴」をもとにしてできている漢字を集めた。

この部首に所属しない漢字

帘→巾 430

穴

穴0 (5)　1 2374　7A74　教6

ケツ（クェツ）漢　ケチ（クェチ）呉　屑 xué
あな

筆順 丶 丷 宀 穴 穴

なりたち ［形声］「宀（＝上をおおう）」と、音「八ハツ→ケツ」とから成る。あなぐら式の住まい。

意味 ❶くぼんだ所。**あな**。例 穴居ケッキョ。虎穴コケツ。洞穴ドウケツ。❷鍼はりや灸キュウで治療するときの、からだのつぼ。例 経穴ケイケツ（＝鍼を打ち、灸をすえるべき、つぼ）。❸あなを掘る。あなほる。うがつ。例 穴而処あなほりておる（＝穴を掘って住む）。〈墨子・辞過〉

日本語での用法 《あな》①「家計カケイの穴あなをうめる」▼金銭上の損失。②「舞台ブタイに穴あなをあける」▼必要な人員が欠けたための空白。③「大穴おおあなが出でる」▼番くるわせ。④「穴場あなば」▼あまり知られていない場所や事柄。

古訓 中古 あた・あな・あなにすむ・あなほる・うがつ・ちる・つちむろ・にぐ　中世 あな・つか・つちむろ　近世 あな・つか・つかあな・むろ

人名 これ・な

難読 穴賢あなかしこ（＝ああ、ありがたい）

【穴居】ケッキョ ほらあなに住む。類 穴処。例 ―生活。
【穴隙】ケツゲキ〔あなの意〕戸や塀にあけたあな。
【穴見】ケッケン〔あなからのぞく意〕狭い見方。狭い見識。管見。
【穴蔵】一 ケツゾウ あなの中にかくれる。二 あなぐら 日 ものをたくわえたり、かくれ住んだりするために、地面に掘ったあな。
●風穴かざあな・毛穴けあな・洞穴ドウケツ・ほらあな・節穴ふしあな・墓穴ボケツ

穵

穴1 (6)　4 8311　7A75

アツ・ワツ 漢　黠 wā

意味 穴を掘る。ほる。

究

穴2 (7)　1 2170　7A76　教3

キュウ（キウ）漢　ク呉　宥 jiū（旧 jiù）
きわめる（きはーむ）

筆順 丶 丷 宀 穴 穵 究 究

なりたち ［形声］「穴（＝あな）」と、音「九キュウ」とから成る。きわめる。

意味 ❶ものごとを深くさぐる。本質をつきつめて明らかにする。**きわめる**。例 究二天人之際一テンジンのサイをきわむ（＝天と人とのかかわりの本質を明らかにする）。〈司馬遷・報任少卿書〉究明キュウメイ。研究ケンキュウ。❷行き着くところまで行く。尽き果てる。きわまる。きわみ。例 究極キュウキョク。究竟キュウキョウ。❸行きわたる。行きとどく。例 光耀加二於百姓一、究二於四海一コウヨウヒャクセイにくわわり、シカイにきわむ（＝恩沢は万民に施され、世の中すべてに行きわたる）。〈呂覧・孝行〉❹とどのつまり。結局。ついに。例 其究安宅それついにアンタクせん（＝しまいには安らかに家で暮らせる）。〈詩経・小雅・鴻鴈〉❺⇩【究究】キュウキュウ

古訓 中古 きはまる・きはむ・ことごとく・つく・つくす・つくる・とぐ・ぬすむ・はかる・ふかし・むくゆ・わづらはし　中世 きはまる・きはむ・つくす　近世 きはまり・きはまる・つくる・ふかし

人名 きわみ・きわむ・きわめ・さだ・み

【究▼覈】キュウカク〔「覈」は、調べる意〕確かな根拠に基づいて深く考察する。窮覈キュウカク。
【究詰】キュウキツ 徹底的に問いただす。
【究究】キュウキュウ ①憎み合うさま。②止まらないさま。
【究▼竟】一 キュウキョウ ①つまるところ。結局。究極。例 ―の目的。②きわめ尽くす。二 クッキョウ 日 ①きわめて強い。最もすぐれている。屈強。例 ―の弓の名手。②たいへん都合がよいさま。あつらえむき。例 ―な獲物があった。
【究極】キュウキョク ものごとをつきつめていって、最後に行き着くところ。極限。窮極。例 ―の目的。
【究察】キュウサツ 十分に調べる。類 究審。
【究▼悉】キュウシツ 調べ尽くして明らかにする。
【究明】キュウメイ 日 道理や原因などをきわめ、あきらかにする。例 異常気象の原因を―する。
【究問】キュウモン 疑いのある者を問いただす。問いつめる。例 失敗の理由を厳しく―する。
【究理】キュウリ ものごとの道理や法則をつきつめて知ること。窮理。例 ―学（＝物理学）。
●学究ガッキュウ・研究ケンキュウ・考究コウキュウ・探究タンキュウ・追究ツイキュウ・討究トウキュウ・論究ロンキュウ

穹

穴3 (8)　2 6754　7A79　人

キュウ（キウ）漢　東 qióng
そら

なりたち ［形声］「穴（＝あな）」と、音「弓キュウ」とから成る。きわまる。

意味 ❶きわまる。通 窮。❷おくふかい。❸おおぞら。天。**そら**。例 蒼穹ソウキュウ（＝あおぞら）。❹天井が弓形に盛り上がった形。ドーム状。例 穹窿キュウリュウ。

古訓 中古 おほぞら・きはまる・きはむ・そら・たかし・ふかし　中世 きはむ・そら・たかし　近世 おほいなり・おほぞら・きはまる・たかし

難読 穹あおぞら

【穹谷】キュウコク ①深い谷。②大きな谷。空谷。
【穹▼蒼】キュウソウ〔「蒼」は、青い意〕おおぞら。天空。あおぞら。蒼天。蒼穹。類 穹円・穹蓋キュウガイ・穹玄。
【穹天】キュウテン おおぞら。
【穹▼窿】【穹隆】キュウリュウ ①弓形。アーチ形。②空。天空。おおぞら。③高く弓なりに盛り上がる。
【穹▼廬】キュウロ 弓なりに張った天幕の住居。中国の、北方遊牧民の住居。例 天似二穹廬一テンはキュウロににる（＝空は弓なりの天幕のようだ）。〈勅勒歌〉

空

穴3 (8)　1 2285　7A7A　教1

一 **コウ** 漢 **クウ**・ク 呉　董 kǒng
二 コウ 漢 **クウ**・ク 呉　東 kōng
三 コウ 漢 **クウ**・ク 呉　送 kòng
そら・**あく**・**あける**（あーく）・**あき**・**から**・むなーしい（むなーし）・うつーろ・すーく

筆順 丶 丷 宀 穴 穵 空 空

なりたち ［形声］「穴（＝あな）」と、音「工コウ（＝工具）」とから成る。（工具であける）あな。

意味 一 あな。例 穿空センクウ（＝あながあく）。二 ❶中身がない。からっぽである。**むなしい**。**から**。**あき**。**うつろ**。例 空虚クウキョ。空白クウハク。空腹クウフク。❷からっぽにする。なくす。**むなしい**。**あく**。**あける**。例 山光悦二鳥性一、潭影空二人心一サンコウチョウセイをよろこばし、タンエイジンシンをむなしくす（＝山に照る陽光は鳥をよろこばせ、深い淵ふちの水面の光は人の心をからっぽにする）。〈常建・破山寺後禅院〉❸むだな。役に立たない。**むなしい**。例 空転クウテン。空費クウヒ。❹根拠がない。事実でない。そらごと。例 空言クウゲン。空想クウソウ。❺人けがない。例 空谷クウコク。空山クウザン。❻地上はるか上方にひろがったところ。**そら**。例 上空ジョウクウ。天空テンクウ。碧空ヘキクウ（＝あおぞら）。❼仏教で、万物はすべて因縁インネンによって生ずる仮の姿で、実体はないという考え。例 色即是空シキソクゼクウ。三 ❶すきま。例 空隙クウゲキ。❷欠く。❸尽きる。貧しいさま。例 回也其庶乎、屢空カイやそれちかきか、しばしばむなし（＝顔回は理想の姿に近いね。《道を楽しむだけだから》いつも貧乏している）。〈論語・先進〉

5画

［穴］0—3画▼穴 穵 究 穹 空

日本語での用法 《そら》①「上(うわ)の空(そら)・旅(たび)の空(そら)・生(い)きた空(そら)もなかった」▼気持ち。状態。境遇。②「空恐(そらおそ)ろしい・空頼(そらだの)み・他人(タニン)の空似(そらに)」▼何という理由も挙げがたいような。何となしの。関係のない。

古訓 中古 あな・うつけたり・うつほ・おほきなり・おほぞら・きほむ・そら・むなし 中世 あだなり・うつけたり・うつほ・そら・つく・つくす・むなし 近世 あな・きはまる・そら・つくす・つくる・むなし

人名 たか・ひろ・ひろし

難読 空車(むなぐるま)・空家(あきや)

【空位】クウイ ①その地位にだれもついていないこと。例 会長は―のまま。②実権のない地位。

【空域】クウイキ 日 航空機の安全飛行のために設定される、空の一定の範囲。例 国防―。

【空王】クウオウ 〔仏〕〔「一切皆空(イッサイカイクウ)(＝この世のものはすべて実体のない空である)」と説いたことから〕仏の尊称。

【空▼闊】【空▼豁】クウカツ 広々とひらけている。

【空間】クウカン ①ものがなくて、あいているところ。空白。例 生活―。②日 上下・左右・前後すべての方向への、無限の広がり。対 時間。

【空気】クウキ ①地球をとりまく無色透明で、無味無臭の気体。おもに酸素と窒素から成る。②日 その場の様子。雰囲気。例 沈滞した―。

【空居】一 クウキョ ①なすこともなく暮らす。(仕事も、書物などもなく)むなしく日を過ごす。②空き家。二 クウゴ 〔仏〕寺。

【空虚】クウキョ ①からっぽ。中に何もないこと。うつろ。②形だけで、内容や価値がないさま。むなしいさま。例 ―なことばを並べたてる。▽対 充実。

【空▼竅】クウキョウ 〔穴の意〕耳・目・鼻・口をいう。

【空曲】クウキョク 人けのない山。〔一説に、大空の一隅〕

【空空】クウクウ ①誠実なさま。また、正直すぎるさま。②むなしいさま。③〔仏〕世のすべてのものは空であることの強調表現。

【空軍】クウグン 日 航空機による空の攻防を受け持つ軍隊。

【空花】【空華】クウゲ 〔仏〕〔かすんだ目で見る、空中にあるかのような幻想の花の意から〕実体のないものを想像すること。煩悩(ボンノウ)から生ずるさまざまな迷いをいう。

【空▼閨】クウケイ ひとり寝の、さびしい寝室。空房。例 ひとり―を守る。

【空隙】クウゲキ すきま。間隙。

【空▼弮】クウケン 〔「弮」は、弩(ド)(＝いしゆみ)の意〕矢が尽き果てた弓。空拳(クウケン)。

【空拳】クウケン ①(戦うのに)何も持たない、こぶしだけの手。素手。例 徒手―。②「空弮(クウケン)」に同じ。

【空言】クウゲン・そらごと ①根拠のないうわさ。うそ。②実行のともなわない口先だけのことば。例 ―を吐く。

【空港】クウコウ 日 航空機が出発したり到着したりする所。旅行客の乗り降り、貨物の積みおろし、機体の整備、管制などをおこなう設備をもつ。飛行場。エアポート。

【空▼曠】クウコウ がらんとして人や物がない。むなしい。空虚。

【空▼劫】クウゴウ 〔仏〕四劫の一つ。世界の終末期。世界が壊滅してすべてが空となり、次の世界が生まれるまでの長い暗黒の期間をいう。

【空谷】クウコク 人けのないさびしい谷。

【空谷▼跫音】クウコクのキョウオン 人けのない谷に聞こえる人の足音。さびしく暮らしているときに、思いがけなく人が訪ねてきたり、うれしい便りをもらったりすることのたとえ。空谷足音(クウコクのソクオン)。〔〈荘子・徐無鬼〉から〕

【空際】クウサイ 空のはるかかなた。天と地が接する辺り。天際。

【空撮】クウサツ 日 空中からの撮影。例 ヘリコプターによる―。

【空山】クウザン だれもいない山。人けのない山。例 空山不レ見レ人(クウザンひとをみず)(＝人けのない深山には人影ひとつ見えない)〈王維・鹿柴〉

【空車】クウシャ ①からの車。②日 客や貨物をのせていない営業用の車。タクシーについていうことが多い。対 実車。③日 駐車場にあきがあること。対 満車。

【空寂】クウジャク ①ひっそりとしてさびしい。②〔仏〕何もないこと。類 空無。

【空手】一 クウシュ 手に何も持っていないこと。徒手。てぶら。二 から て 日 武道の一つ。沖縄で発達した武術。突き・けり・受けを基本に、素手や素足でたたかう。唐手(からて)。

【空襲】クウシュウ 日 航空機によって空から攻撃を加える。例 ―警報発令。

【空所】クウショ 何もなくて、あいている場所。

【空▼翠】クウスイ 空にそびえる木立の緑。また、したたるような緑。

【空青】クウセイ ①青空。おおぞら。②銅鉱から産出する銅青石の類。薬材とする。

【空席】クウセキ ①人がいない席。例 ―が目立つ。②あいている地位。例 ―の役員を選任する。

【空説】クウセツ 根拠のないうわさや説。

【空前絶後】クウゼンゼツゴ 今までにも例がなく、これからもないだろうと思われるほどのこと。非常にまれで珍しいこと。〈小山画譜・下〉

【空疎】【空▼疏】クウソ 内容がなくからっぽなこと。例 ―な議論が延々と続く。

【空想】クウソウ 現実からかけ離れたことを想像する。例 ―にふける。とりとめもない―。

【空即是色】クウソクゼシキ 〔仏〕万物の真の姿(空)は、この世の現象の姿(色)そのものである。〈般若心経〉対 色即是空(シキソクゼクウ)。

【空談】クウダン 現実からかけ離れた話。無用の談議。例 ―に時を過ごす。

【空中】クウチュウ 大空のなか。例 ―から攻撃する。

【空中楼閣】クウチュウロウカク ①〔空中に築いた高い建物の意〕蜃気楼(シンキロウ)。〔〈宋之問・遊法華寺〉から〕②根拠のないこと、ありえないことのたとえ。例 今回の事件はまったくの―だ。

【空調】クウチョウ 日「空気調整」の略。室内の温度や湿度を空気で調整すること。例 ―設備。

【空▼挺】クウテイ 日「空中挺進」の略。航空機で軍隊を敵地に送りこむこと。例 ―部隊。

【空転】クウテン 日 からまわりする。何の成果もないまま、先へ進まない。例 国会の審議が―する。

【空洞】クウドウ ①あながあいて、中がからっぽなこと。実質がないこと。うつろ。②〔医〕病気のために体内に生じた、あな。例 片方の肺に―がある。

【空白】クウハク ①紙面などで、何も書いてない部分。余白。②内容がないこと。からっぽ。

【空漠】クウバク ①果てしなく広く大きいさま。例 ―たる平原。②つかみどころのないさま。例 ―たる議論。

【空爆】クウバク 日「空中爆撃」の略。航空機による爆撃。

【空発】クウハツ ①理由なく起こる。②日 ねらいを定めないうちに発射される。目的もなく発射する。③日 目標としたものを爆破できない、無駄な爆発。

【空費】クウヒ 無駄に消費する。無駄づかい。浪費。例 時間を―する。

【空腹】一 クウフク おなかがすくこと。すきばら。対 満腹。例 ―を満たす。二 そらばら 日 ①腹痛を装う。②切腹のまねをする。

【空文】クウブン ①現実とかけ離れた役に立たない文章。②日 実行されない法律や規則。例—化した法律。

【空母】(クウボ) 日「航空母艦」の略。戦闘用の航空機を甲板(カンパン)から発着させる軍艦。

【空包】(クウホウ) 日（儀礼または演習用に）実弾の代わりに使用する、発射音だけがする弾薬。対実弾。

【空砲】(クウホウ) 日空包を用いて発射する銃や大砲。例歓迎の—を撃つ。

【空乏】(クウボウ) 何もない。乏しい。特に、財産がないこと、生活が苦しいことにいう。窮乏。類空匱(クウキ)・空耗(クウコウ)。

【空房】(クウボウ) ①人けのない部屋。②「空閨(クウケイ)」に同じ。

【空木】一(クウボク) ①内部がうつろな木。②棺桶(カンおけ)。ひつぎ。二(うつぎ) 日ユキノシタ科の落葉低木。初夏に白い花が咲く。うのはな。

【空名】(クウメイ) 実質以上の高い評判・名声。虚名。例—におどらされる。

【空明】(クウメイ) ①月あかりに映える清らかな水。澄みわたった水。例撃二空明一兮泝二流光一(クウメイにうちてリュウコウをさかのぼる)（=月光きらめく水面に棹(さお)さしさかのぼって行く）。〈蘇軾・赤壁賦〉②澄みきって広がるさま。

【空門】(クウモン) 仏（万物はすべて実体のない空であると説くところから）仏教。仏門。

【空輸】(クウユ) 日「空中輸送」の略。航空機で人や貨物を運ぶこと。例援助物資を緊急に—する。

【空欄】(クウラン) 日（書きこむことになっているが）何も書き入れていない欄。例細枠の欄は—のまま提出せよ。

【空理】(クウリ) 実際の役に立たない理論。例—空論。

【空林】(クウリン) ①落葉した林。②人里離れたさびしい林。

【空冷】(クウレイ) 日空気による冷却。対水冷。例—式エンジン。

【空路】(クウロ) 日①飛行機の飛ぶコース。②飛行機を交通手段として使うこと。例—札幌(さっぽろ)に入る。

【空論】(クウロン) 現実離れしていて、内容のない議論や理論。例机上の—。空理—。

【空似】(そらに) 日血のつながりがないのに、顔かたちが非常に似ていること。例他人の—。

【空寝】(そらね) 日寝たふりをする。たぬき寝入り。
●青空(あおぞら)・架空(カクウ)・航空(コウクウ)・真空(シンクウ)・低空(テイクウ)・防空(ボウクウ)・領空(リョウクウ)

穸
穴3（8） 4 8312 7A78 セキ漢 陌 xī

意味 ❶墓の穴。はかあな。例窀穸(チュンセキ)。❷埋葬する。ほうむる。

突
穴3（8） 1 3845 7A81 常用 トツ漢 月 tū つく・つき
［突］ 穴4（9） 3 8949 FA55 人 旧字体。

筆順 

なりたち 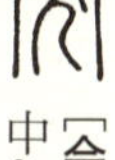 [会意]「犬（=いぬ）」が「穴（=あな）」の中からにわかに出る。

意味 ❶つきだす。つきでる。例突起(トッキ)・突進(トッシン)。❷いきおいよくぶつかる。つきあたる。**つく**。例突撃(トツゲキ)・突破(トッパ)。激突(ゲキトツ)。❸だしぬけに。思いがけず急に。例突然(トツゼン)・突発(トッパツ)。❹穴をあける。また、穴。例煙突(エントツ)。❺⇩【突兀】(トッコツ)。❻⇩【突梯】(トッテイ)

日本語での用法《つき》「胴(ドウ)と突(つ)っきとで相討(あいう)ちとなる・速(はや)い突(つ)っきの一手(イッて)」▼刀や槍(やり)でつくこと。剣道の技。相撲の技。

古訓 中古あざむく・うがつ・おこる・けぶりだし・つく・ほる・もとる 中世うがつ・くろつき・けぶりだし・つく・ほる 近世あざむく・つきいづる・つく・なめらか

難読 突(つ)っ支(か)い・突慳貪(つっケンドン)・温突(オンドル)・剣突(ケンつく)

【突角】(トッカク) つき出たかど。

【突貫】(トッカン) 日休まないで一気に完成させる。例—工事。

【突起】(トッキ)（表面から）ある部分がつき出る。また、その部分。例—する岩角(いわかど)。

【突騎】(トッキ) 突撃する精鋭な騎兵。

【突隙】(トツゲキ) ①煙突のすきま。②すきを突く。

【突撃】(トツゲキ)（敵に向かって）まっしぐらに進んで攻めていく。例敵陣に—する。

【突▼厥】(トッケツ／トックツ) 六—八世紀ごろ、トルコ系の遊牧民が建てた国。モンゴル・中央アジアを支配し、突厥文字を使用した。

【突▼兀】【突▼杌】(トッコツ) 山や岩などが、険しくそびえ立っているさま。例—たる岩壁が前をふさぐ。

【突出】一(トッシュツ) ①つきでる。例—した部分。②特に目立っている。③急に飛び出る。急にふきだす。例鉄騎突出刀槍鳴(テッキトッシュツしてトウソウなる)（=鉄の甲冑(カッチュウ)をつけた騎兵がいきなりあらわれ、刀や槍(やり)が鳴るように〈琵琶(ビワ)の調子は〉勇壮になる）。〈白居易・琵琶行〉二(つきだし) 日①つきだすこと。特に、相撲の技の一つ。②酒のさかなの一品料理。

【突如】(トツジョ) 急に何かが起こるさま。不意に。突然。類突忽(トッコツ)。

【突進】(トッシン) 日目標に向かって一気につき進む。

【突然】(トツゼン) 思いがけないことが急に起こるさま。だしぬけに。

【突端】日一(トッタン) ①長くつき出たものの、先の方。例岬の—。二(とっぱな) ものごとの最初。冒頭。

【突▼梯】(トッテイ) 角を立てず、世俗に逆らわないさま。

【突堤】(トッテイ)【突▼隄】(トッテイ) 日波や砂を防ぐために、岸から海や川につき出した堤防。例港の—。

【突怒▼偃▼蹇】(トツドエンケン)〈岩石などがごつごつしているさまから〉人が怒ったり、高慢であったりするさま。〈柳宗元・鈷鉧潭西小邱記〉

【突入】(トツニュウ) 勢いよくつき進んで入りこむ。例敵陣に—する。

【突破】(トッパ) ①障害や困難をつきやぶって進む。例—口(コウ)。難関を—する。②ある一定の数量をこえる。

【突発】(トッパツ) 急に起こる。例—事故。

【突飛】(トッピ) 日普通では考えられないほど、ひどく変わっているさま。例—な行動をする。

【突拍子】(トッピョウシ) 日〔「突拍子もない」の形で〕①調子はずれの。例—もない声をあげる。②常識では考えられない。とんでもない。例—もない計画。

【突風】(トップウ) 急に吹き起こる強い風。例—にあおられる。
●煙突(エントツ)・激突(ゲキトツ)・衝突(ショウトツ)・追突(ツイトツ)・唐突(トウトツ)

穽
穴4（9） 2 6755 7A7D セイ漢 梗 jǐng おとしあな

意味 獣を生けどりにするための穴。わな。また、人をおとしいれるたくらみ。**おとしあな**。例陥穽(カンセイ)。

窃
穴4（9） 1 3264 7A83 常用 セツ漢 セチ呉 屑 qiè ぬす-む・ひそ-かに
［竊］ 穴18（23） 2 6770 7ACA 旧字体。

筆順 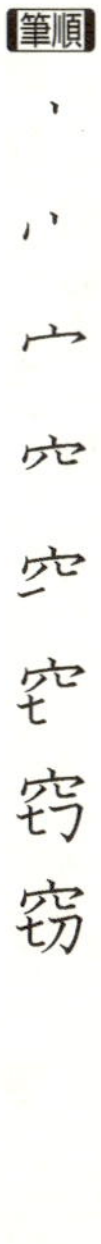

［穴］3—4画▼ 穸 突 穽 窃
5画

なりたち ［形声］本字は「竊」で、「穴(=あな)」と「米(=こめ)」と、音「禼セツ」と「廿ジ」とから成る。穴の中にしまった米をぬすみ出す。

意味 ❶気づかれないようにこっそり取る。ぬすむ人。例 窃盗セットウ。剽窃ヒョウセツ(=ぬすみ取る)。**ぬすむ**。また、こっそりぬすむ人。❷人に知られないように、こっそりおこなうさま。人知れず。**ひそかに**。例 窃視セッシ。❸自分の考えを述べるときに、へりくだっていう語。**ひそかに**。例 窃為二大王一不レ取也ひそかにダイオウのためにとらざるなり(=私が思いますに、大王さまのためにも、その作戦はやめるべきです)。〈史記・項羽紀〉❹⇩【窃窃セツセツ】

古訓 中古 かすむ・つつむ・ぬすみ・ぬすむ・ひそかに 中世 あさし・ぬすむ・ひそかに 近世 あさし・ぬすむ・ひそか

【窃位】セツイ ①才能がないのに高い官位につく。例 窃位素餐サン(=才能がないのに高位にいて職責を果たせず、しかも俸給は受けている)。〈後漢書・梁竦伝〉②帝位を奪う。

【窃視】セッシ そっとのぞき見る。

【窃取】セッシュ こっそりぬすみ取る。例 他人の財物を―する。

【窃笑】セッショウ (人に隠れて)こっそり笑う。

【窃窃】セツセツ ①はっきりとしたさま。〔一説に、知ったかぶりをするさま〕例 窃窃然知レ之セツセツゼンとしてこれをしる(=こと細かに、はっきりと理解する)。〈荘子・斉物論〉②声のかすかなさま。③こそこそと話すさま。私語をするさま。④はかりくらべるさま。

【窃盗】セットウ 他人の物を、こっそりぬすむ。また、その人。どろぼう。例 ―罪。

【窃▼鈇▼之疑】セップのうたがい 〔「鈇」は、斧おのの意〕人を疑いの心で見ると、すべて疑わしく見えることのたとえ。疑心生二暗鬼一ギシンアンキをショウず。

◆ある人が斧おのをなくし、隣の家の子が盗んだのではないかと疑った。その子の動作・態度すべてが、斧を盗んだ者のように思えた。ところがしばらくしてくぼ地を掘り返すと斧が出てきた。改めて隣の子を見ると、斧を盗んだ者の動作・態度とは思えなかった。〈列子・説符〉

【窃名】セツメイ なをぬすむ 実質的な面がないのに評判が高い。

【窃命】セツメイ メイをぬすむ 〔天命をぬすむ意〕天子の権力を奪う。例 姦臣窃レ命カンシンメイをぬすむ(=よこしまな臣下が天下を奪う)。〈陸機・弁亡論〉

穿

穴4(9)
1 3292
7A7F
人

一 セン 漢 呉 先 chuān
二 セン 漢 呉 霰 chuàn

うが-つ・は-く・ほじ-る・あな

［穿］穴5(10) ―俗字。

なりたち ［会意］「牙(=きば)」と「穴(=あな)」とから成る。牙が穴に在る。通じる。

意味 一 ❶穴をあける。ほる。**うがつ**。例 穿孔センコウ。❷こまかい点まできわめつくす。例 穿鑿センサク。❸衣服を着る。身につける。**はく**。例 靴くつを穿うがつ。❹はめこみを入れる穴。**あな**。例 方穿ホウセン(=四角いあな)。 二 貫通する。全体に行きわたる。例 貫穿カンセン(=《経書や注の全般に》よく通じている)。

古訓 中古 あな・あなとほる・あなほる・うがつ・うく・かよふ・つらぬ・つらぬく・ほる 中世 あな・うがつ・つらぬく・ほる 近世 あな・うがつ・きる・つらぬく・ほる

【穿結】センケツ 衣服の穴のあいた所と、穴をつくろった所。例 短褐穿結タンカツセンケツす(=丈の短い粗末な衣服はほころびやつくろいがある)。〈陶淵明・五柳先生伝〉

【穿孔】センコウ 穴をあける。穴があく。また、その穴。例 カード―機。胃―。

【穿▼鑿】センサク 〔「鑿」も、穴をあける意〕①あれこれ調べて、細かいことまで知ろうとする。例 原因を―する。②小さなことまで、とやかく言いたてる。

【穿耳】センジ みみをうがつ 耳たぶに穴をあけて玉ギョクや耳輪みみわで飾る。

【穿鼻】センビ はなをうがつ ①鼻に穴をあけて装飾品をつける。②ウシなどの家畜の鼻に穴をあける。輪やひもを通して引くためで、そうされた家畜も指す。③人に操られることのたとえ。

【穿弊】【穿▼敝】センペイ 衣服などが、穴があいて破れる。

【穿▼楊】センヨウ やなぎをうがつ 弓術に巧みなこと。〔戦国時代、弓の名手養由基ヨウユウキがヤナギの枝葉を射抜く腕前だったこと〈戦国策・西周〉から〕

窀

穴4(9)
―
7A80

チュン 漢 真 zhūn

意味 手厚く埋葬する。例 窀穸チュンセキ(=埋葬する。また、墓穴)。

［突］穴4(9) ⇩突トツ(983ページ)

［窂］穴4(9) ⇩牢ロウ(851ページ)

窄

穴5(10)
1 2685
7A84
人

サク 漢 陌 zhǎi

すぼ-む・すぼ-める(すぼ-む)・せま-い(せま-し)・つぼ-む

なりたち ［形声］「穴(=あな)」と、音「乍サク」とから成る。せまい。

意味 ❶窮屈な。**せまい**。対 寛。例 狭窄キョウサク(=せまい)。❷さしせまる。困窮する。例 前途漸就レ窄ゼントようやくサクにつく(=老い先も次第に迫ってきた)。〈陶淵明・雑詩〉

日本語での用法 《**すぼむ**》《**すぼめる**》「先さきの窄すぼんだ袖そで・傘かさを窄すぼめる」▼広がっているものが狭くなる。開いているものを小さくする。

古訓 中古 さし・すばる・すぼし・せばし 中世 すばり・すばる・すぼし・すぼる・せばし 近世 くぼむ・すぼし・せばし

難読 身窄みすぼらしい・見窄みすぼらしい

【窄▼衫】サクサン 〔「衫」は、ひとえの着物の意〕たもとのない筒形のそで。つつそで。類 窄袖サクシュウ。

［穿］穴5(10) ⇩穿セン(984ページ)

窈

穴5(10)
2 6756
7A88

ヨウ(エウ) 漢 呉 篠 yǎo

意味 ❶奥深くて、うすぐらい。かすかにしか見えないさま。例 窈冥ヨウメイ。❷⇩【窈糾ヨウキョウ】❸⇩【窈窕ヨウチョウ】❹⇩【窈眇ヨウビョウ】

難読 窈窕なまめかしい

【窈糾】ヨウキョウ ①女子の姿ののびのびとして、しなやかで美しいさま。②深い憂い。

【窈然】ヨウゼン ①奥深く、うす暗いさま。②静かであるさま。

【窈▼窕】ヨウチョウ ①上品で美しいさま。しとやかでおくゆかしいさま。例 窈窕淑女、君子好逑ヨウチョウたるシュクジョは、クンシのコウキュウ(=しとやかな乙女は、立派な男性に似合いの相手だ)。〈詩経・周南・関雎〉②山水などの奥深いさま。奥深く進んで行くさま。例 窈窕以尋レ壑ヨウチョウとしてもってたにをたずぬ(=奥深い所まで谷を分け入る)。〈陶淵明・帰去来辞〉

【窈▼眇】ヨウビョウ｜ヨウミョウ なまめいて、うるわしいさま。

【窈冥】ヨウメイ ①奥深くて、はかり知ることのできないさま。②うす暗いさま。

【窈窈】ヨウヨウ ①奥深くかすかで、はかり知ることのできないさま。②うす暗いさま。

窅

穴5(10)
3 8950
7A85

ヨウ(エウ) 漢 篠 yǎo

意味 ❶目がくぼんださま。❷奥深いさま。例 窅然ヨウゼン。

【窅然】ヨウゼン ①奥深く暗いさま。遠くてかすんで見えるさま。窈然ヨウゼン。②失望して嘆くさま。がっかりするさま。

窐 穴6(11) ④8315 7A90 ㊀ケイ㊇ 斉 guī ㊁ワイ㊇ 佳 wā

意味 ㊀❶こしき(=蒸し器)の下のあな。例 甑窐(ソウケイ)(=こしきの底のあな。また、こしき)。❷門のわきのあな。例 窐孔(ケイコウ)。㊁へこむ。くぼむ。

窓 穴6(11) ①3375 7A93 教6 ソウ(サウ)㊇㊈ 江 chuāng まど

[窗] 穴7(12) ②6757 7A97 本字。

[牕] 片11(15) ③8768 7255 別体字。

[窻] 穴11(16) ③8954 7ABB 別体字。

筆順 

なりたち  [形声]「穴(=あな)」と、音「囱(ソウ)」とから成る。部屋のまど。

意味 ❶光をとりいれたり、風を通したりするための穴。まど。例 窓外(ソウガイ)。車窓(シャソウ)。船窓(センソウ)。❷まどのある部屋。例 学窓(ガクソウ)。深窓(シンソウ)。同窓(ドウソウ)。

古訓 中古まど 中世まど 近世あかりまど・あきらか・まど

【窓前草不レ除】(ソウゼンのくさのぞかず) まどの前の草を取り除いたりせず、天地の自然に従う。〔北宋(ホクソウ)の周敦頤(シュウトンイ)は、まどの前に生えた草も天地の気を受けたもので、人間の存在と変わらないとしたことによる〕〈宋名臣言行録・外一〉

【窓▼牖】(ソウユウ)〔「牖」も、まどの意〕壁にうがった窓。

【窓▼櫺】(ソウレイ) まどの格子(コウシ)。れんじ。

【窓際】(まどぎわ) 日 まどのそば。例 —の席。

【窓口】(まどぐち) 日 ①役所・銀行・駅・病院などで、書類の受け付けやお金の出し入れなどをするところ。また、その係。例 支払い—。②直接、連絡をつけたり交渉をしたりするところ。また、その役。例 会社側の—に申し入れる。

●学窓(ガクソウ)・車窓(シャソウ)・深窓(シンソウ)・同窓(ドウソウ)

窒 穴6(11) ①3566 7A92 常用 ㊀チツ㊇ 質 zhì ㊁テツ㊇ 屑 dié ふさ-がる・ふさ-ぐ

筆順 

なりたち  [形声]「穴(=あな)」と、音「至(シ→チツ)」とから成る。ふさぐ。

意味 ㊀あいている部分がつまる。すきまがなくなる。ふさがる。ふさぐ。例 窒息(チッソク)。窒塞(チッソク)(=ふさがる)。鼽窒(キュウチツ)(=鼻づまりの病)。㊁⇩【窒皇】(テッコウ)

日本語での用法《チツ》「窒化物(チッカブツ)」▼「窒素(チッソ)」の略。元素の一つ。

古訓 中古さむし・ふかし・ふさがる・ふさぐ・ふせく 中世ふさぐ 近世ふさがる・ふさぐ

難読 窒扶斯(チフス)

【窒▼碍】(チツガイ)〔「碍」は、さまたげる意〕障害となる。また、そのもの。

【窒素】(チッソ) 日 色・味・においのない気体元素。空気の七八パーセントをしめる。肥料や火薬などの原料となる。元素記号N 例 —化合物。

【窒息】(チッソク) 日 ①息がつまったり、酸素が足りなくなったりして、呼吸ができなくなる。②ものごとが行きづまる。

【窒皇】(テッコウ) 宗廟(ソウビョウ)の門。〔一説に、棺を安置している場所に通じる道〕

窕 穴6(11) ②6758 7A95 ㊀チョウ(テウ)㊇ 篠 tiǎo ㊁チョウ(テウ)㊇㊈ 蕭 tiāo ㊂ヨウ(エウ)㊇ 蕭 yáo うつく-しい(うつく-し)

意味 ㊀❶すきまがあるさま。また、実がないさま。例 窕言(チョウゲン)。❷ひまがあるさま。例 閑窕(カンチョウ)。❸いきすぎたさま。おおげさなさま。❹「窕窕(チョウチョウ)」は、奥深く底知れないさま。❺「窈窕(ヨウチョウ)」は、美しくしとやかなさま。㊁かるがるしいさま。通 佻(チョウ)。例 軽窕(ケイチョウ)。㊂「窕冶(ヨウヤ)」は、妖艶(ヨウエン)なさま。うわついているさま。

難読 窕(くつろ)ぐ

[窑] 穴6(11) ⇩窯(ヨウ)(987ジペー)

窊 穴6(11) ④8314 7A8A ワ㊇ 麻 wā

意味 低くなる。へこむ。くぼむ。通 窪(ワ)。例 窊下(ワカ)(=くぼみ)。窊隆(ワリュウ)(=くぼんだ所や高くなった所。凹凸)。

窘 穴7(12) ②6759 7A98 キン㊇ 軫 jiǒng くる-しむ・たしな-める(たしな-む)

意味 ❶行きづまる。追いつめられる。せっぱつまる。くるしむ。また、くるしめる。例 数(しばしば)窘二漢王一(カンオウをくるしむ)(=しばしば漢王を苦しめた)。〈史記・季布伝〉 窘困(キンコン)。❷あわただしい。例 窘歩(キンポ)(=急いで歩く)。

日本語での用法《たしなめる》「友人(ユウジン)の言動(ゲンドウ)を窘(たしな)める」▼悪い点について注意を与える。

【窘急】(キンキュウ) 行きづまる。困窮する。類 窘迫(キンパク)。

【窘困】(キンコン) ①行きづまって苦しむ。苦難する。類 窘厄(キンヤク)。②災難。

【窘▼蹙】【窘縮】(キンシュク) 苦しみちぢこまる。すくむ。

【窘乏】(キンボウ) 貧乏に苦しむ。貧窮する。

窖 穴7(12) ②6760 7A96 コウ(カウ)㊇ 効 jiào あなぐら

意味 ❶穀物をしまっておく穴。特に、方形の穴。あなぐら。例 窖廩(コウリン)(=あなぐらと倉庫)。❷あなぐらに貯蔵する。

難読 窖(つちむろ)

[窗] 穴7(12) ⇩窓(ソウ)(985ジペー)

窠 穴8(13) ③8951 7AA0 カ(クヮ)㊇㊈ 歌 kē

意味 ❶鳥などのすむ穴。すあな。例 窠窟(カクツ)・窠穴(カケツ)(=鳥などのすむ穴)。❷くぼんだ部分。あな。例 窠臼(カキュウ)。眼窠(ガンカ)(=眼窩(ガンカ))。

【窠臼】(カキュウ) ①鳥の巣。②型。きまりきった型。常套(ジョウトウ)。

窟 穴8(13) ①2302 7A9F 常用 コツ㊇ クツ㊈ 月 kū いわや(いはや)

筆順 

なりたち [形声]「穴(=あな)」と、音「屈(クツ)」とから成る。鳥や獣がひそむ穴。

意味 ❶ほらあな。天然の岩にできたあなぐら。いわや。例 岩窟(ガンクツ)。石窟(セックツ)。洞窟(ドウクツ)。❷穴をほる。穴をほって住む。❸同類のものの集まり住む所。仲間のすみか。例 阿片窟(アヘンクツ)。巣窟(ソウクツ)。魔窟(マクツ)。❹⇩【窟窟】(クツクツ)

古訓 中古あな・あなほる・いはむろ・いはや・すみか・ほら・ほる・むろ 中世あな・あなほる・いはや・すみか・ほる・むろ 近世あな・いはや・うさぎあな

【窟居】(クッキョ) 岩屋住まい。ほらあな住まい。

【窟窟】(クツクツ) 努め励んで怠らないさま。例 伊窟窟成就(はかれ)

ジョウジュす(=彼はこつこつ努力してなしとげる人物だ)。〈世説・品藻〉

【窟穴】クッケツ ①ほらあな。あな。②隠者の住まい。③根拠地。ねじろ。巣窟。また、隠れ家。

【窟室】クッシツ 地下室。むろ。堀室クッシツ。

窣
穴8(13) 4 8316 7AA3 ソツ漢 月 sū

意味 ❶穴から突然に出る。にわかに。❷「窣窣ソツソツ」は、ものさびしげな音のさま。

窩
穴9(14) 2 6761 7AA9 カ(クヮ)慣 ワ漢 歌 wō あな

意味 ❶鳥・獣・昆虫などがすむ穴。**あな**。例 蜂窩ホウカ(=ハチの巣)。❷人が身をかくす所。すみか。例 賊窩ゾクカ。❸くぼんだ所。例 眼窩ガンカ(=眼球がおさまっている顔の骨のくぼみ)。酒窩シュカ(=えくぼ)。❹かくす。かくまう。例 窩蔵カゾウ。

【窩蔵】カゾウ かくまう。かくす。

竄
穴9(14) ⇩竄ウソ(988ジペー)

窬
穴9(14) 4 8317 7AAC ユ漢 虞 yú トウ漢 尤 宥 dōu

意味 ❶門のわきにあけたくぐり戸。例 圭窬ケイユ。❷穴をあける。くりぬく。うがつ。例 窬木ボクユ(=丸木舟。くりふね)。❸のりこえる。こえる。通 踰ユ。例 猶穿窬之盗也与なおセンユのトウのごときか(=壁をうがち垣を越えるこそどろのようなものだ)。〈論語・陽貨〉

窪
穴9(14) 1 2306 7AAA 人 ワ漢 呉 佳 wā くぼ・くぼ-む

[漥] 氵11(14) 4 7915 6F25 本字。

なりたち [形声]「氵(=みず)」と、音「窐ワ」とから成る。澄んだ水。一説に、くぼみ。

意味 まわりにくらべて低くへこんだ所。穴状に低くなっている所。くぼみ。**くぼ**。**くぼむ**。例 窪則盈くぼなればすなわちみつ(=くぼんでいれば水がたまる)。〈老子・三〉窪地くぼチ。

古訓 中古 いしま・くぼ・くぼむ 中世 あな・くぼし・くぼたまり・くぼむ・ふかし 近世 くぼみ・くぼむ・しみづ・みぞ

【窪目】くぼめ 日 深く落ちくぼんだ目。奥目おくめ。

【窪地】くぼチ ワチ 地面の一部が落ちこんで、周囲より低くなっている土地。

窮
穴10(15) 1 2171 7AAE 常用 キュウ(キウ)漢 グ・グウ呉 東 qióng きわめる(きは-む)・きわまる(きは-まる)

[竆] 穴14(19) 7AC6 本字。

筆順 宀 穴 穵 穷 窮 窮 窮

なりたち [形声]「穴(=あな)」と、音「躳キュウ」とから成る。きわまる。

意味 ❶最後のところまで行きつく。おわる。**きわまる**。例 図窮而匕首見ずきわまりてヒシュあらわる(=地図が開ききって、あいくちが現れた)。〈史記・刺客伝・荊軻〉❷つきつめて探る。**きわめる**。例 復前行、欲レ窮二其林一またゼンコウし、そのはやしをきわめんとほっす(=さらに前進し、その林の尽きる所まで行こうとした)。〈陶淵明・桃花源記〉窮極キュウキョク。無窮ムキュウ。❸行きづまって苦しむ。こまりはてる。例 君子亦有レ窮乎クンシもまたキュウすることあるか(=立派な人物でも行きづまることがあるのでしょうか)。〈論語・衛霊公〉困窮コンキュウ。貧窮ヒンキュウ。❹(学問や芸術などで)深いところまで調べる。**きわめる**。例 窮理キュウリ。

古訓 中古 うかがふ・きはまる・きはむ・せまる・つかる 中世 きはまる・きはむ 近世 きはまる・ふさぐ

人名 きわみ・み

難読 窮鬼いきすだま

【窮案】キュウアン 罪状を徹底的に調べる。類 窮治キュウチ。

【窮陰】キュウイン ①〔陰気のきわまる時期の意〕冬の末。季冬。窮冬。②どんよりとして暗い天気。

【窮▼裔】キュウエイ 〔「裔」は、衣服のすその意〕非常に遠い所。辺鄙ピヘンな地。

【窮海】キュウカイ ①海の果て。また、さいはての未開の地。②はるか遠い地へ行く。③うみをきわむ 辺鄙ピヘンな地で困窮する。

【窮期】キュウキ 尽きる時。終わる時。際限。例 不レ悲者無二窮期一矣かなしまざることキュウキなからん(=《死んで意識がなくなれば》悲しむことのない時間が永遠に続くことになろう)。〈韓愈・祭十二郎文〉

【窮居】キュウキョ 貧乏暮らし。わびずまい。類 窮処。

【窮▼竟】キュウキョウ ①(調査・研究などを)きわめ尽くす。終える。②結局。要するに。つまり。畢竟ヒッキョウ。

【窮境】キュウキョウ 困り果てた立場。非常に苦しい境遇。

【窮極】キュウキョク ①つきつめて最後に行き着くところ。例 —の目的。②日 貧乏のどん底。

【窮▼窘】キュウキン ①行きづまって苦しむ。②困窮。難儀。▽類 窮苦。

【窮屈】キュウクツ ①つきはてる。きわまる。②屈服する。③日 自由に動けないほど、せまく小さいさま。例 この服は—だ。④日 考え方や雰囲気などが、かたくるしくて気づまりなさま。例 —な家庭に育つ。⑤日 お金などが不十分で、やりくりが苦しいさま。例 —な予算。

【窮▼蹇】キュウケン 貧乏して苦しみ悩む。

【窮孤】キュウコ 貧しく、しかも身寄りがいない。また、その人。

【窮▼涸】キュウコ|キュウカク 水がなくて苦しむ。また、枯れ果てる。

【窮▼巷】キュウコウ むさ苦しい町なか。

【窮荒】キュウコウ ①凶作で苦しむ。②荒れている地。はるか遠方の地。

【窮▼寇▼勿レ迫】キュウコウはせまるなかれ 逃げ場を失った敵兵は、死に物狂いで向かってくるから、追いつめてはならない。〈孫子・軍争〉

【窮困】キュウコン こまり苦しむ。また、貧乏で苦しむ。困窮。

【窮策】キュウサク 日 苦しまぎれに考え出した方法。窮余の一策。

【窮死】キュウシ 貧乏や病気などで、苦しみぬいて死ぬ。

【窮愁】キュウシュウ 行きづまり苦しむ。また、困窮の悲しみ。耐えがたい憂い。

【窮状】キュウジョウ 日 ひどく困って苦しんでいるさま。例 —をうったえる。

【窮人】キュウジン ①生活の苦しい人。②志を得ることができず、身分の低い人。

【窮尽】キュウジン きわめ尽くす。きわまり尽きる。

【窮尋】キュウジン つきつめて尋ねる。

【窮すれば通ず】キュウすればツウず 困ってどうにもならなくなると、かえって進むべき道がひらけてくる。〔「困窮而通コンはキュウしてツウず」〈易・繋辞下〉」から〕

【窮泉】キュウセン ①深い泉。②墓の中。③泉を深く掘る。

【窮▼鼠】キュウソ 追いつめられて、逃げ場をなくしたネズミ。

【窮▼鼠▼齧レ▼狸】キュウソリをかむ 追いつめられたネズミが野猫をかむ。追いつめられて必死になると、弱い者でも強い者を負かすことがあるということ。窮鼠猫を嚙かむ。〈塩鉄・詔聖〉

【窮措大】(キュウソダイ) 〔「措大」は、学者や学生の意〕貧しい学者や学生。貧乏書生。例 一介の―にすぎない。

【窮達】(キュウタツ) 〔困窮と栄達の意〕貧しく生活に困ることと、金持ちで身分も高いこと。落ちぶれることと、出世すること。窮通。例 ―にかかわりなく、自適の生活を送る。

【窮地】(キュウチ) ①さいはて。辺鄙な土地。②日 追いつめられて、どうすることもできない苦しい立場。例 ―に立たされる。

【窮致】(キュウチ) 探究する。きわめる。

【窮鳥】(キュウチョウ) 追いつめられて逃げ場を失った鳥。

【窮鳥入レ懐】(キュウチョウふところにいる) 逃げ場を失った鳥が人間のふところに飛びこむ。追いつめられて救いを求めることのたとえ。〔「仁人所レ憫(ジンジンのあわれむところ)(=あわれみ深い人は助けるであろう)」と続く〕〈家訓・省事〉

【窮追】(キュウツイ) 逃げ場がなくなるまで追いつめる。また、問いつめる。例 敵兵を―する。

【窮通】(キュウツウ) ①困窮することと、栄達すること。窮達。②水の枯れることと、流れること。

【窮途】(キュウト) ①行きづまった道。特に、仕官の道が途絶えること。②寿命が尽きる。

【窮冬】(キュウトウ) 「窮陰(キュウイン)①」に同じ。

【窮年】(キュウネン) ①一年。②としをきわむ 長寿をまっとうする。窮老。

【窮迫】(キュウハク) お金や物が不足するなどして、追いつめられ、どうにもならない。例 生活が―する。

【窮髪】(キュウハツ) 草木の生えない北の果て。不毛の地。例 窮髪之北、有二冥海者一(キュウハツのきたに、メイカイなるものあり)(=不毛の北の地に冥海という海がある)。〈荘子・逍遥遊〉

【窮弊】【窮▼敝】(キュウヘイ) 貧しくて生活に疲弊する。また、その人。

【窮乏】(キュウボウ) お金や物が足りなくて、ひどく困る。生活に苦しむ。貧乏。類 窮匱(キュウキ)。例 ―生活に耐える。

【窮北】(キュウホク) 北の果て。極北。

【窮民】(キュウミン) 生活に困っている人々。貧民。

【窮目】(キュウモク)(めをきわむ) 視力の利く限り。極目。

【窮厄】【窮▼阨】(キュウヤク) 貧しくて生活に困る。不遇で困窮する。

【窮余(餘)】(キュウヨ) 日 どうしようもなくなって困ったあげく。苦しまぎれ。例 ―の一策(=苦しまぎれの思いつき)。

【窮理】(キュウリ) ものごとの道理や法則を深く追究する。究理。

【窮▼閭】(キュウリョ) 貧しい村里。辺鄙な村里。

【窮▼廬】(キュウロ) ①天幕で作ったすみか。穹廬(キュウロ)。②貧しい住まい。

【窮老】(キュウロウ) ①困窮して年老いる。また、その人。②ロウをきわむ 天寿をまっとうする。窮年。

【窮▼臘】(キュウロウ) 年末。陰暦十二月。

●困窮(コンキュウ)・貧窮(ヒンキュウ)・無窮(ムキュウ)

𥧔

穴10 (15) 4 8318 259D4

ヒ 漢 寘 pì

意味 おなら。へ。通 屁(ヒ)。

窯

穴10 (15) 1 4550 7AAF 常用

ヨウ(エウ) 漢 蕭 yáo

かま

[窑] 穴6 (11) ― 7A91 俗字。

[窰] 穴10 (15) 2 6763 7AB0 別体字。

筆順

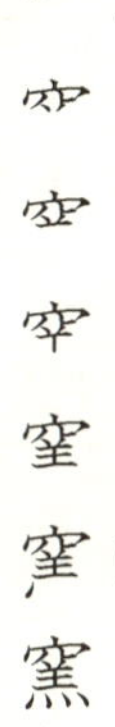

なりたち

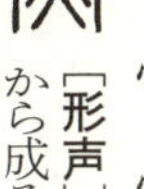

[形声]「穴(=あな)」と、音「羔コウ→ヨウ」とから成る。かわらを焼くかまど。

意味 ❶かわらや陶器を入れて焼く装置。かまど。**かま**。例 窯業(ヨウギョウ)。窯変(ヨウヘン)。❷「❶」で焼いたもの。陶器。例 窯器(ヨウキ)。例 窯❸「❶」や産地の名の下につけて、そこで焼いた陶器であることを示す語。例 景徳鎮窯(ケイトクチンヨウ)。民窯(ミンヨウ)。❹住居用の洞穴。土室。例 窯洞(ヨウドウ)(=黄土高原地域に見られる横穴式の住居)。

古訓 中古 かはらかま・かはらや・すゑかま 中世 かはらや・かはらをやくかまど・すみかま 近世 かはらのかまど・かはらやくかまど・さびし

【窯業】(ヨウギョウ) 日 窯(かま)を用いて、れんが・ガラス・陶磁器などを製造する工業。

【窯変】(ヨウヘン) 陶磁器を窯(かま)で焼いたとき、炎や釉薬(ユウヤク)によって偶然にできる、色や文様の変化。

窺

穴11 (16) 1 1714 7ABA 人

一 キ 漢 キ(クヰ) 呉 支 kuī
二 キ 漢 キ(クヰ) 呉 紙 kuǐ

うかがう(うかがふ)

[闚] 門11 (19) 3 9357 95DA 別体字。

なりたち

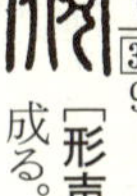

[形声]「穴(=あな)」と、音「規キ」とから成る。ちょっと見る。

意味 一 すきまからこっそりと様子を見る。機会をねらう。**うかがう**。例 不レ窺レ牖見二天道一(まどよりうかがわずしてテンドウをみる)(=窓からのぞき見なくても天体の動きがわかる)。〈老子・四七〉 窺見(キケン)(=うかがい見る)。管窺(カンキ)(=くだの穴から見る。見識のせまいこと)。二 片足をふみ出す。通 跬(キ)。例 未レ有下能窺二左足一而先応者上也(いまだよくサソクをキしてまずオウずるものあらざるなり)(=左足をふみ出して、真っ先に応じてくれるような臣下はまだいない)。〈漢書・息夫躬伝〉

古訓 中古 うかがふ・のぞく・ひそか・みる 中世 うかがふ・みる 近世 あしくはだつ・うかがふ

【窺管】(キカン)(くだをのぞく) 〔管(くだ)を通して見る意〕管の中から天をのぞく。視野・見識のせまいことのたとえ。管窺。

【窺▼覬】(キキ) 〔「覬」は、望む意〕うかがい望む。ひそかに身分不相応のことを願う。類 窺欲・窺窬(キユ)・窺覦(キユ)。

【窺伺】(キシ) そっとのぞいて、様子をうかがう。

【窺測】(キソク) 〔うかがいはかる意〕推測する。

【窺知】(キチ) そっと様子を知る。うかがいさぐる。例 敵の行動を―する。

窶

穴11 (16) 2 6764 7AB6

ク 漢 遇 jù

いや-しい(いや-し)・まず-しい(まづ-し)・やつ-す・やつ-れる(やつ-る)

意味 礼にかなった支度ができないほど財力がない。**まずしい**。**いやしい**。例 窶困(クコン)(=貧しく苦しい)。窶乏(クボウ)・窶貧(クヒン)(=貧乏)。

日本語での用法 一《**やつす**》「憂(う)き身(み)を窶(やつ)す・外出時(ガイシュツジ)の化粧(ケショウ)に二時間(ニジカン)もかけて窶(やつ)す」▼身のやせるほどに悩む。やつれるほどものごとに熱中する。二《**やつれる**》「窶(やつ)れても上品(ジョウヒン)な趣(おもむき)がある・窶(やつ)れた身(み)を恥(は)じる」▼貧しい姿をしている。やせおとろえる。

窹

穴11 (16) 4 8320 7AB9

ゴ 漢 遇 wù

意味 ❶かまど。❷目覚める。さめる。通 寤(ゴ)。例 窹寐(ゴビ)(=寝ても覚めても)。

窼

穴11 (16) 4 8321 7ABC

一 ソウ(サウ) 漢 肴 zhāo
二 カ(クヮ) 漢 歌 kē

意味 一 鳥の巣。す。通 巣。二 すあな。通 窠(カ)。

[窻] 穴11 (16) ⇩窓(ソウ)(985ページ)

[竃] 穴11 (16) ⇩竈(ソウ)(988ページ)

窾

穴12 (17) 4 8322 7ABE

カン(クヮン) 漢 旱 kuǎn

意味 ❶からっぽであるさま。むなしい。例 窾言(カンゲン)。窾木(カンボク)(=

中空の木)。❷くりぬく。
【窾言】カンゲン あてにならないことば。でたらめ。空言。例 窾言不レ聴(=でたらめなことばには耳を傾けない)。〈史記・太史公自序〉

[竃] 穴12(17) ⇩竈(988ジペー)

窳
穴12(17) 3 8953 7AB3
ユ 漢 麌 yǔ

意味 ❶くぼむ。ゆがむ。❷粗悪なさま。例 窳楛。❸なまけるさま。おこたる。例 窳惰。
【窳▼楛】ユコ〔「楛」も、粗悪の意〕器物が粗悪なさま。苦窳。
【窳惰】【窳堕】ユダ なまける。怠る。怠惰。

窿
穴12(17) 2 6767 7ABF
リュウ(リウ) 漢 東 lóng
たか-い(たか-し)

意味 ❶中央が高く盛り上がったさま。たかい。例 穹窿。(=弓なりになっている空。また、アーチ形)。❷鉱山の坑道。

竅
穴13(18) 2 6765 7AC5
キョウ(ケウ) 漢 呉 嘯 qiào
あな・ひま

意味 ❶くぼんだ所。あな。❷人体にある穴。あな。目・耳・鼻・口など。例 人皆有二七竅一、以視聴食息(=人にはみな七つの穴があって、それで見たり、聞いたり、食べたり、息をしたりしている)。〈荘子・応帝王〉 九竅(=七竅と、大小便の出る二つの穴)。❸穴をあける。

竄
穴13(18) 2 6766 7AC4
ザン 慣 サン 漢 呉 翰 cuàn
かく-す・かく-れる(かく-る)

意味 ❶穴の中にもぐりこむ。逃げかくれる。かくれる。❷もぐりこませる。かくす。例 竄入。❸文字や文章を書き改める。例 竄易。改竄(=都合のいいように書き直す)。❹追放する。はなつ。例 竄斥。竄流。❺香りや薬がしみ込む。いぶす。例 香竄(=香りが、穴やすきまにしみ込む)。
【竄改】ザンカイ 文字や文章をあとから書きかえる。改竄。類 竄易。
【竄斥】ザンセキ 追い払う。しりぞける。
【竄窃】ザンセツ 他人の詩文やその一部分を盗み取って自分の作とする。剽窃。
【竄▼謫】ザンタク 罪人を遠隔地に追放する。放逐。類 竄逐。
【竄定】ザンテイ 詩文などで、悪いところに手を加えて改める。
【竄逃】ザントウ 逃げ隠れる。類 竄奔・竄匿・竄伏。
【竄入】ザンニュウ ①逃げこむ。②原文の中に、のちの人が書いた語句や文、注などが誤ってまぎれこむ。
【竄流】ザンリュウ ザンル 島流しにする。流竄。

[竆] 穴14(19) ⇩窮(986ジペー)

[竈] 穴14(19) ⇩竈(386ジペー)

竇
穴15(20) 2 6769 7AC7
トウ 漢 宥 dòu
あな・さぐ-る・むな-しい(むな-し)

意味 ❶物をたくわえておく穴。穴ぐら。特に、楕円形の穴。あな。例 竇窖。❷水路。みぞ。例 有二大雨一、自二其竇一入(=大雨が降り、《兵は》水門から城に入った)。〈左伝・襄二六〉❸堤を切る。決壊させる。きる。例 竇沢(=沢の土手を切って水を流す)。❹姓の一つ。
【竇▼窖】トウコウ〔「竇」は楕円形の穴、「窖」は方形の穴の意〕物を貯蔵する穴。穴ぐら。

竈
穴16(21) 2 6762 7AC8
ソウ(サウ) 漢 号 zào
かまど・かま・へっつい(へっつひ)

[灶] 火3(7) 4 7958 7076 俗字。
[竃] 穴9(14) 3 8952 259C4 俗字。
[竃] 穴11(16) 4 8319 41B4 俗字。
[竈] 穴12(17) 1 1986 7AC3 俗字。

意味 ❶土・石・れんがなどで築き、鍋や釜をかけ、下から火をたいて煮たきをする設備。かまど。へっつい。例 竈煙(=煮炊きする煙)。❷かまどの神。例 竈君。

日本語での用法 《かまど》《かま》「竈を起こす(=一家の主人となる)・竈を破る(=破産する)」▼生計。生活の基本。

【▼媚二▼於竈一】かまどにこぶ〔かまどの神にこびへつらう意〕権力者におもねること。〈論語・八佾〉
【竈君】ソウクン かまどの神。類 竈王・竈神。
【竈戸】ソウコ 宋代以降、官営の製塩場の支配下にあって、塩の製造・販売をした家。
【竈突未レ▼黔】ソウトツいまだくろまず〔かまどの煙突がまだ黒くすすけていない意〕新居に移ったばかりであることのたとえ。〈謝応芳・四月二日林自瑶城帰写遷屋詩四首因以述懐幷紀時事〉

[竊] 穴18(23) ⇩窃(983ジペー)

117 5画 立 たつ たつへん 部

地上にたつ人の形をあらわす。「立」をもとにしてできている漢字と、「立」の字形を目じるしにして引く漢字とを集めた。

0 988 立 2 989 竌 竍 3 989 竏 竎 4 989 竒 竑
竕 竓 5 990 站 竚 竝 6 990 竟 章 竡 7 990 竢
竣 竦 竧 童 8 991 竫 竨 9 991 竭 竪 竰 端 12
992 竴 15 992 競 17 993 竸

この部首に所属しない漢字

辛→辛 1293　妾→女 344　音→音 1433　竜→竜 1516
意→心 513　靖→青 1425　颯→風 1449　龍→龍 1516

立
立0(5) 1 4609 7ACB 教1
リツ 慣 リュウ(リフ) 漢 呉 緝 lì
たつ・たてる(た-つ)・リットル
付表 立ち退く

筆順

なりたち

[会意]「大(=ひと)」が「一(=地)」の上にいる。たつ。

意味 ❶両足を地につけてたつ。たつ。例 立像。起立。直立。❷さだまる。例 三十而立(=三十歳で自立した)。〈論語・為政〉 確立。成立。❸安定させてたてる。つくる。おこす。たてる。例 立案。建立。設立。❹位につかせる。位につく。例 立太子。擁立。❺季節の気配がたちおこる。例 立夏。立春。❻停止させる。とめる。例 立車。❼すぐ。ただちに。たちどころに。例 沛公至レ軍、立誅二殺曹無傷一(=沛公は軍に戻ると、すぐに曹無傷の罪を責めて殺した)。〈史記・項羽紀〉

日本語での用法 《リットル》「一立あたり」▼〔フランス語 litre の音訳「立突」の略〕メートル法の容量の単位。一リットルは一〇〇〇立方センチメートル。

参考 容量の単位をあらわす国字としては次のような字があ

る。重さについては「瓦」を、長さについては「米」を参照。

竍デカリットル 「立リットル」と「十(=十倍)」＝10L
竡ヘクトリットル 「立リットル」と「百(=百倍)」＝100L
竏キロリットル 「立リットル」と「千(=千倍)」＝1000L
竕デシリットル 「立リットル」と「分(=十分の一)」＝0.1L
竰センチリットル 「立リットル」と「厘(=百分の一)」＝0.01L
竓ミリリットル 「立リットル」と「毛(=千分の一)」＝0.001L

古訓 中古 さだむ・たちどころに・たつ 中世 たちどころ・たつ・たつる・とどまる 近世 おく・かたし・たつ・たつる・なる

人名 たか・たかし・たつる・たて・はる

【立場】たちば 日①立っている場所。②その人の置かれている地位や境遇。例 苦しい―。③考え方のよりどころ。観点。例 科学者の―。

【立案】リツアン ①計画をたてる。例 記念行事の―にあたる。②文章の下書きを作る。例 ―者。

【立花】【立華】リッカ／たてばな 日①花や木を花瓶にさして飾ること。②生け花の形式の一つ。中心になる枝をまっすぐに立てた型を基本とする。

【立夏】リッカ 二十四節気の一つ。暦の上で夏が始まる日。太陽暦で、五月六日ごろ。

【立願】リツガン／リュウガン 〔仏〕願いごとがかなうように神仏に祈る。願かけ。例 病気回復を―する。

【立脚】リッキャク 考えなどの立場を決め、それをよりどころとする。例 現実に―した考え。

【立教】リッキョウ／おしえをたつ 教え(の方針)を世に示す。

【立極】リッキョク／キョクをたつ ①道徳の規準(=公正の道)を示す。②天子の位につく。

【立件】リッケン 日刑事事件で、裁判を起こす条件や証拠がととのう。例 詐欺事件として―する。

【立憲】リッケン 日憲法を定める。例 ―君主制。

【立元】リツゲン 年号を定める。

【立言】リツゲン あるものごとについて、自分の考えをはっきり述べる。例 外交問題について―する。

【立后】リッコウ 皇后を正式に定める。皇后冊立サクリツ。

【立号】リツゴウ ①〔「号」は、天子の称号〕天子の位につく。②号令をかける。③立ちながら泣く。

【立候補】リッコウホ 日候補者や候補地などとして立つ。例 知事選に―する。

【立刻】リッコク たちどころに。

【立国】リッコク ①新しく国をつくる。建国。例 ―の精神。②日産業などによって国を繁栄させる。例 工業―。

【立志】リッシ 目標を定め、それをなんとしてもやりとげようと決心する。例 ―伝(=志を実現させた人の伝記)。

【立車】リッシャ ①立ったまま乗る車。対安車。②車をとめる。

【立秋】リッシュウ 二十四節気の一つ。暦の上で秋が始まる日。太陽暦で、八月八日ごろ。

【立春】リッシュン 二十四節気の一つ。暦の上で春が始まる日。太陽暦で、二月四日ごろ。節分の翌日。

【立証】(立證)リッショウ 日証拠をあげて、ある事柄をはっきりさせる。例 無実を―する。

【立食】リッショク 日立ったままで食べる。特に、洋式の宴会などで、飲食物を客が自由に取って食べるようにした形式をいう。例 ―パーティー。

【立身】リッシン ①修養して人格を完成させる。②高い地位について世間に認められる。出世。

【立身出世】リッシンシュッセ 日社会的に高い地位について有名になる。例 ―を夢見る。

【立▼錐】リッスイ 錐きりを立てる。例 ―の余地も無い。

【無二立▼錐▼之地一】リッスイのチなし 錐きりの先を立てるほどの空間もない。ほんのせまい場所もない。〔「使レ無二立錐之地一なからしむ(=強国秦シは諸侯の領地を侵略し、祖先神を祭るための)ほんの少しの余地さえないようにした)。〈史記・留侯世家〉」から〕

【立像】リツゾウ／リュウゾウ 立っている姿の像。対座像・胸像。例 観音菩薩カンノンボサツの―。

【立体】リッタイ ①三次元の広がりのあるもの。長さ・幅・厚さのあるもの。例 ―図形。②厚みや深みなどが感じられること。例 ―放送。

【立太子】リッタイシ 公式に皇太子と定めること。例 ―の礼。

【立地】リッチ ①国土を平定する。②たちどころに。③立つ。④日工業や商業などを営むとき、地形・交通・人口などを考えて土地を決める。例 駅前の―を計画する。―条件。

【立▼儲】リッチョ／チョをたつ 〔「儲」は、跡継ぎの君〕皇太子を定める。立太子リッタイシ。立坊リツボウ／リュウボウ。

【立冬】リットウ 二十四節気の一つ。暦の上で冬が始まる日。太陽暦で、十一月八日ごろ。

【立党】(黨)リットウ 日政党や党派を新しくつくる。建党。例 ―の精神。

【立徳】リットク／トクをたつ 君主が立派な政治をおこなう。

【立年】リツネン 〔「而立ジリツ」の年の意から〕三十歳。

【立派】リッパ 日申し分のないほど完全なさま。すぐれているさま。堂々としてみごとだ。完全だ。例 ―な成績。

【立腹】リップク 日腹をたてる。おこる。例 いたずらをされて―する。部下の無能に―する。

【立坊】リツボウ／リュウボウ 〔「坊」は、皇太子の御殿。春坊〕皇太子を定める。立太子タイシ。立儲リッチョ／チョをたつ。

【立方】リッポウ ①同じ数を三回かけあわせること。三乗。②体積の単位をつくる語。例 ―メートル。③立方体の大きさをあらわす語。

【立方体】リッポウタイ 六つの正方形の面で囲まれた立体。正六面体。

【立法】リッポウ 法律を定める。対司法・行政。例 ―機関。

【立命】一リツメイ 天命をまっとうする。二リュウメイ 運を天に任せ、心静かにしている。例 安心アンシン／アンジン―。

【立礼】一リツレイ ①礼法を定める。②日立ち上がって礼をする。対座礼。二リュウレイ 日茶道で、道具を台の上に置き、いすに腰かけて茶をたてる方法。

【立論】リツロン すじみちを立てて議論を組み立てる。また、その議論。例 ―の根拠を示す。

●公立コウリツ・孤立コリツ・出立シュッたつ・樹立ジュリツ・自立ジリツ・中立チュウリツ・倒立トウリツ・独立ドクリツ・夕立ゆうだち・両立リョウリツ・林立リンリツ

竌 立2(7) 4 8324 7ACC
ショ 漢 御 chù

意味 正しい。

竍 立2(7) 2 6771 7ACD 国字
デカリットル

意味 容量の単位。リットルの十倍。**デカリットル**。

竏 立3(8) 2 6772 7ACF 国字
キロリットル

意味 容量の単位。リットルの千倍。**キロリットル**。

竎 立3(8) 3 8955 7ACE
フウ 漢 宥 fù

意味 登る。

[竒] 立4(9)
⇨奇キ(331ジペー)

竑 立4(9) 4 8325 7AD1 コウ(クヮウ)漢 庚 hóng
意味 ❶測量する。はかる。❷ひろい。通宏。

竕 立4(9) 2 6773 7AD5 国字 デシリットル
意味 容量の単位。リットルの十分の一。**デシリットル**。

竓 立4(9) 2 6774 7AD3 国字 ミリリットル
意味 容量の単位。リットルの千分の一。**ミリリットル**。

站 立5(10) 2 6775 7AD9 タン(タム)漢 陥 zhàn
意味 ❶立つ。立ちどまる。❷交通の要地で、宿泊設備やウマなどを用意した所。宿駅。例 駅站(=宿場)。❸ある業務をおこなうために作られた機構。例 兵站(=戦場の後方で、補給や連絡をおこなう機関)。

[竚] 立5(10) ⇩佇(77ジペー)

[竝] 立5(10) ⇩並(25ジペー)

竟 立6(11) 2 8079 7ADF
一 ケイ漢 キョウ(キャウ)呉 敬 jìng
二 ケイ漢 キョウ(キャウ)呉 梗 jìng
つい-に(つひ-に)・お-わる(を-はる)
意味 一 ❶おしまいまで行きつく。つきる。**おわる**。おえる。例 不二肯竟一学(=終わりまで学ぼうとはしなかった)。〈史記・項羽紀〉終竟。❷追究する。きわめる。❸おわりまで。…じゅう。例 竟日(=一日中)。竟夕。❹つまるところ。結局。**ついに**。例 竟為二秦所一レ滅(=最後には秦に滅ぼされた)。〈史記・屈原伝〉畢竟(=つまり)。二 境界。さかい。通境。例 竟場。
【竟▼場】 境界。また、国境。
【竟宴】 日宮中で、祭事や書物編集などが終わってから開く宴会。
【竟夕】 ①ひと晩中。夜もすがら。②その夜のうち。

章 立6(11) 1 3047 7AE0 教3 ショウ(シャウ)漢呉 陽 zhāng
あや・あき-らか

筆順

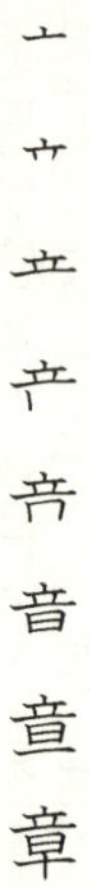

[立] 4—7画▼ 竑 竕 竓 站 竚 竝 竟 章 竡 竢 竣 竦

5画

なりたち  [会意]「音(=おと)」と「十(=数の終わり)」とから成る。楽曲のひとまとまり。

意味 ❶音楽や詩文のひと区切り。一段落。例 章句。楽章。序章。❷規則。法律などの条項。例 法三章。憲章。❸ひとまとまりの文や詩。文書。ふみ。例 文章。❹文体の名。上奏文の一種。例 章奏。章表。❺模様。しるし。**あや**。例 記章。紋章。❻はんこ。例 印章。❼あきらかにする。**あきらか**。通彰。例 表章(=表彰)。

古訓 中古 あき・あきら・あきらかなり・あきらかに・あらはす・あらはる・あわつ・ただす・とし・のり 中世 あきらか・あらはす・あわてる・のり・ふむだ 近世 あきらか・あやなす・あらはす・のり

人名 あき・あきら・き・たか・たかし・とし・のり・ふさ・ふみ・ゆき

難読 周章てる・周章く・玉章

【章魚】 海にすむ軟体動物。足が八本で吸盤がある。蛸。鮹。
【章句】 文章の大きな区切り(章)と小さな区切り(句)。また、その中のことば。文句。
【章句学】 文章の句読や解釈を追究する学問。漢代に盛行した。いわゆる訓詁の学とも称されたが、細部にのみとらわれて、全体の内容や筆者の精神の把握がおろそかになるという欠点があった。
【章▼幟】【章識】 旗じるし。
【章章】 ①はっきりしているさま。明らかで美しいさま。例 不レ若二玉之章章一(=とても玉の明らかな美しさにはおよばない)。〈荀子・法行〉②よりどころを失ったさま。
【章節】 論文や長い文章の、章や節のひと区切り。例 —ごとに訳す。
【章奏】 臣下が君主にたてまつる文書。上奏文。章表。草奏。草疏。類章疏。
【章草】 ①草書の一種。筆画に隷書の波磔をとどめ、一字一字独立して書かれる。前漢の史游の『急就章』、あるいは後漢の章帝に由来するという。②上奏文を起草する。
【章程】 術数や度量衡などの標準を定める法式。また、それを記録した文書。のちに、きまり・規則などを書き写した文書をいう。例 租税の—。
【章▼牘】 文書。書類。
【章表】 ①「章奏」に同じ。②はっきりさせるためのしるし。記号。③明らかにする。広く世に知らせる。表章。表彰。
【章服】 ①模様のある、儀式用の衣服。②罪人に着せる特別の衣服。
【章▼甫】 殷代の冠の一つ。緇布の冠(=黒地の冠)。孔子が用いたことから儒者がかぶるようになった。
● 印章・楽章・勲章・校章・文章・喪章・腕章

竡 立6(11) 2 6778 7AE1 国字 ヘクトリットル
意味 容量の単位。リットルの百倍。**ヘクトリットル**。

竢 立7(12) 2 6779 7AE2 シ漢 紙 sì
ま-つ
意味 じっと立って待ちうける。**まつ**。通俟。

竣 立7(12) 1 2955 7AE3 人 シュン漢 真 jùn
お-わる(を-はる)
なりたち  [形声]「立(=たつ)」と、音「夋シュ」とから成る。うずくまる。派生して「おわる」意。
意味 ❶しりぞく。さがる。しりぞいてうずくまる。例 有司已二於事一而竣(=役人は仕事を終えて、退いた)。〈国語・斉〉❷建物がたつ。工事が終わる。**おわる**。例 竣工。竣成。
古訓 中世 しりぞく・とどまる 近世 しりぞく・とどまる・ふす・やむる
【竣工】【竣功】 工事が終わる。建物などができあがる。竣成。落成。対起工・着工。例 新校舎の—を祝う。
【竣成】 工事が終わり、建物などが完成する。竣工。

竦 立7(12) 2 6780 7AE6 ショウ漢 腫 sǒng
すく-む・すく-める(すく-む)
意味 ❶恐怖や緊張のため棒立ちになって動けなくなる。ぞっとする。**すくむ**。例 竦然(=ぞっとするさま)。❷身をひきしめてかしこまる。つつしむ。例 夫無レ礼、則恐懼而自竦也(=夫が礼にかなっていなければ、《妻は》おそれはばかって身をつつしむ)。〈荀子・君道〉竦心(=つつ

しみ深くする)。❸つま先立ちして待つ。つまだつ。例 竦企

【竦企】キ ❹高くそびえる。つま立ちし、伸び上がって待ち望む。通 聳ショウ。例 竦竦ショウ。

【竦▼懼】ショウク おそれおののく。

【竦竦】ショウショウ 高くそびえるさま。聳聳ショウショウ。

竧

立7 (12) ④8326 7AE7

〓シン 漢 吻 zhěn 〓セイ 漢 敬 jìng

意味 〓からだをまっすぐにする。ただしい。〓人名に用いる字。参考 竧一イチ(=人名)。

童

立7 (12) ①3824 7AE5 教3

トウ 漢 ドウ 呉 東 tóng

わらべ・わらわ(わらは)

筆順 亠 亡 立 产 咅 音 章 童 童

なりたち  [形声]「辛(=法をおかす)」と、音「重チョウ→トウ」の省略体とから成る。罪をおかした男。

意味 ❶男の奴隷・召し使い。しもべ。例 童僕ドウボク。❷幼い子供。わらわ。わらべ。例 童顔ドウガン。学童ガクドウ。児童ジドウ。❸成年に達していない。また、結婚していない。例 童女ドウジョ。❹無知であるさま。愚か。例 童昏ドウコン。❺ウシやヒツジで、まだ角つのが生えていないさま。例 童牛ドウギュウ(=角のない子牛)。❻はげているさま。頭髪のないさま。また、山や地に草木がないさま。例 山林不レ童而百姓有二余材一サンリンドウならずしてヒャクセイにヨザイあり(=山林ははげ山にならず、民衆も材木に余裕がある)。〈荀子・王制〉 ❼⇩【童▼丱ドウカン】

古訓 中古 かぶろ・かぶろなり・わらは 中世 かぶろ・わらは・わらはべ・わらべ・わらんべ 近世 かぶろ・ちご・わらは

人名 わか

難読 童ぱわっ

【童牙】ドウガ 幼い。また、幼児。

【童画】ドウガ 日①(童話のさし絵など)子供向きにかいた絵。例 ―展。②子供がかいた絵。児童画。

【童▼孩】ドウガイ 〔「孩」は、笑えるようになったばかりの赤子〕(あやすと笑うような)幼い子供。

【童▼騃】ドウガイ 〔「騃」は、愚かなさま〕幼稚で愚かなさま。また、幼くて無知な子供。

【童▼丱】ドウカン 〔「丱」は、子供の髪型で、あげまき〕子供。幼子おさなご。

【童顔】ドウガン ①子供の顔。②あどけない子供のような顔つき。例 ―の青年。

【童形】ドウギョウ 子供の姿。特に、まだ元服していない少年の姿。また、その少年。

【童▼昏】ドウコン ①愚かで道理に暗いさま。②幼くて無知な者。▽僮昏ドウコン。

【童子】ドウジ・ドウシ ①幼い子。子供。例 三歳の―。②日死んだ男の子の戒名につける語。

【童▼豎】【童▼竪】【童▼孺】ドウジュ ①子供。②子供の召し使い。

【童女】ドウジョ・ドウニョ ①幼い女の子。幼女。また、未婚の女子。例 ―のようなあどけない笑顔。②日死んだ女の子の戒名につける語。

【童心】ドウシン ①子供の心。例 ―を傷つける。②子供のような無邪気な心。例 ―に返る。

【童体】ドウタイ 子供の姿。童形ドウギョウ。

【童稚】ドウチ 子供。幼子おさなご。

【童貞】ドウテイ ①異性と性的な関係をもっていないこと。また、その者。特に男子についていう。→【処女】ショジョ(147ページ)。②カトリック教会の修道女。シスター。例 ―の聖徳太子像。

【童土】ドウド 草木の生えない荒れ地。例 舜挙二乎童土之地一シュンドウドのチにあげらる(=舜は〈尭ギョウに〉荒れ地の政治をまかせられた)。〈荘子・徐無鬼〉

【童童】ドウドウ ①樹木の枝葉がこんもりとしているさま。②樹木に枝のないさま。

【童僕】ドウボク 〔「僕」も、しもべの意〕召し使い。僮僕ドウボク。

【童▼蒙】ドウモウ 幼くて、ものごとの道理をよく知らないこと。また、子供。僮蒙ドウモウ。例 ―を教えさとす。

【童幼】ドウヨウ 幼い子供。幼児。

【童謡】ドウヨウ ①子供たちの間で自然発生的に歌われる歌。天の声の代弁とされる。②日子供のために作られた歌。「夕焼け小焼け」「ハトポッポ」など。例 ―歌手。

【童話】ドウワ 日子供のために作られた物語。例 ―作家。

●悪童アクドウ・怪童カイドウ・学童ガクドウ・奇童キドウ・児童ジドウ・神童シンドウ・牧童ボクドウ

[竫]

立8 (13) ⇩静セイ(1426ページ)

竨

立8 (13) ④8327 7AE8

チョウ(テウ) 漢 嘯 diào

竭

立9 (14) ②6781 7AED

ケツ 漢 カツ 呉 月 ケツ 漢 ケチ 呉 屑 jié

つ-きる(つ-く)・つ-くす・お-う(を-ふ)

意味 ❶あるものをすべて出す。つくす。つきる。例 事二父母一、能竭二其力一フボにつかえては、よくそのちからをつくす(=両親に仕えて、よく力を尽くす)。〈論語・学而〉 ❷かついで運ぶ。背負う。おう。例 五行之動、迭相竭也ゴギョウのドウは、たがいにあいいただくなり(=五行の循環は、《前気が後気を》かわるがわる背負って来る)。〈礼記・礼運〉 ❸水がかれる。かれる。通 渇ケ。例 竭涸ケッコ(=かれて水が無くなる)。❹すっかり。ことごとく。例 諸侯之師竭至ショコウのシことごとくいたる(=諸侯の軍隊がすべてやって来た)。〈管子・大匡〉 ❺⇩【竭▼蹶】ケッケツ

【竭歓】ケッカン 十分に喜ぶ。喜びの心を尽くす。

【竭▼蹶】ケッケツ ①つまずいて倒れる。こけつまろびつ急いで行く。②力不足ではあるが精いっぱい尽力する。

【竭尽】ケツジン 尽き果てる。また、ありったけ使い切る。

【竭誠】ケッセイ 誠心誠意おこなう。まごころを尽くす。

竪

立9 (14) ①3508 7AEA 人

シュ(シウ) 漢 ジュ 呉 麌 shù

たて・た-つ

なりたち 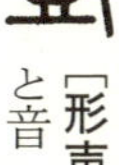 [形声] 本字は「豎」で、「臤(=かたい)」と音「豆トウ→シュ」とから成る。しっかりと立つ。

意味 ❶しっかりと立つ。たてる。たつ。例 竪立ジュリツ(=まっすぐに立つ)。❷まっすぐに立ったもの。また、縦たてになったもの。たて。例 竪穴住居たてあなジュウキョ。

古訓 中古 いよたつ・おこす・たたさま・ただし・たつ・わらは 中世 いよだつ・たたさま・たつ・たて・たてさま・わらは 近世 ただし・たつ・なほし・よだつ・わらはしもべ・わらはべ・わらんべ

竰

立9 (14) ②6782 7AF0 国字

センチリットル

意味 容量の単位。リットルの百分の一。センチリットル。

端

立9 (14) ①3528 7AEF 常用

タン 漢 呉 寒 duān

はし・は・はた・はな・つま

筆順 亠 亡 立 立' 立山 竎 竮 端

なりたち [形声]「立(=たつ)」と、音「耑タ」とから成る。まっすぐである。

意味 ❶きちんと整っているさま。まっすぐなさま。例 端正。端然。端麗。❷ただしいさま。正直なさま。例 端人。端直。❸ものごとのはじめ。きっかけ。いとぐち。はな。例 惻隠之心、仁之端也(=他人を哀れむ心は、仁のいとぐちである)。〈孟子・公孫丑上〉 端緒。発端。❹理由。わけ。例 無レ端。❺ものの中央から最も遠い部分。また、ものごとの一部。はし。はた。は。例 極端。先端。末端。❻宮城や宮殿の南の正門。例 端門。❼たしかに。きっと。まさに。❽布地の長さの単位。二丈。

日本語での用法 一《タン》「羽二重一端」▼布地の長さの単位。約一〇・六メートル。反。二《は》①「端切れ・端数・端物」▼はんぱ。はした。②「山の端」▼へり。ふち。三《はた》《ばた》「池の端・道端・井戸端」▼周辺部。わき。

古訓 中古 うつくし・うるはし・おもふ・ただし・ただす・なほし・はし・へり・ほとり・まさし 中世 ただしし・ただす・はし・はた・まさに 近世 いとぐち・きざし・すなほ・ただし・は・はし・はじめ・はた・はな

人名 さき・ただ・ただし・ただす・なお・はじめ・まさ・もと

難読 端折(はしょ)る・端金(はしたがね)

【端一】タンイツ ①(性質が)まっすぐで一筋である。②陰暦五月一日の別称。

【端▼愨】タンカク 心が正しくて誠意がある。類 端誠。

【端▼揆】タンキ 〔国政を正しくはかる意〕宰相の別称。

【端居】一 タンキョ ふだん。いつも通り。二 はしい 日 縁側など、家のはしに近い所にいる。例 庭先近く—する。

【端▼拱】タンキョウ 〔正しい姿勢で両手を胸の前で組む意〕①天子が徳によって天下を治める。②臣下が礼儀正しく朝廷に仕える。③のんびりと、おおらかに生活する。

【端渓】タンケイ 広東省にある、有名な硯石の産地。また、そこで産出する硯。

【端▼倪】タンゲイ ①〔「倪」は、きわ、終わりの意〕ものごとの始めと終わり。②おしはかる。推測する。例 —すべからざる人物(=ちょっと想像できないほど奥行きのある人物)。

【端月】タンゲツ 正月の別名。

【端言】タンゲン 正しいことをはっきり言う。直言する。

【端厳】タンゲン 乱れたところがなく、おごそかなさま。威厳のあるさま。例 —な姿。

【端午】タンゴ ①〔「端」は、初め。「午」は、五。五月の初めの五日の意〕五節句の一つ。陰暦五月五日。類 端陽。②日 五月五日の節句。特に、男の子の成長を祈る。

【端行】タンコウ ①きちんとまっすぐに歩く。②正しいおこない。対 邪行。

【端厚】タンコウ おこないが正しく、人柄がおだやかである。端正温厚。

【端座】【端▼坐】タンザ 姿勢を正してきちんとすわる。正座。例 仏前に—する。

【端子】タンシ 日 電気器具などの、電流の出入り口につけてある金具。ターミナル。

【端粛】タンシュク ①行儀正しく、かしこまったさま。②目上の人への手紙で、相手に敬意をあらわすことば。差し出すときは「端粛奉書」と、返事には「端粛奉復」と記す。

【端緒】タンショ・タンチョ ものごとの始め。いとぐち。手がかり。例 —をにぎる。事件解決の—が開かれる。

【端詳】タンショウ ①容姿や態度が整っていて落ち着きがある。②詳しく調べる。

【端人】タンジン 心やおこないの正しい人。正義の人。類 端士。

【端正】【端整】タンセイ 姿やおこないなどが、きちんとしている。乱れたところがなく整っている。類 端方。例 —な顔だち。—なふるまい。

【端然】タンゼン 姿勢などが正しく、きちんとしているさま。

【端荘】タンソウ きちんと整っていて、堂々としている。類 端重。

【端直】タンチョク 心やおこないが、正しくまっすぐなさま。正直。

【端艇】タンテイ 日 ボート。こぶね。短艇。

【端的】タンテキ ①はたして。たしかに。②日 はっきりしているさま。例 この事実が—に物語る。③日 表現などがてっとりばやいさま。例 —に言えば。

【無レ端】はしなくも ①〔はしがない意〕糸口がつかめない。②はからずも。たまたま。例 無レ端更渡桑乾水(=はしなくもさらにわたるソウカンのみず)(=思いがけず、さらに遠くの桑乾河を渡ることになった)。〈賈島・渡桑乾〉

【端末】タンマツ ①はし。すえ。②日「端末装置」の略。コンピューターとデータのやりとりをする装置。例 —につなぐ。

【端門】タンモン ①宮城の正門。②魯の城門の名。

【端憂】タンユウ きちんと座って憂いにふける。

【端麗】タンレイ 姿や形が整っていて美しいさま。例 容姿—。

【端唄】はうた 日 三味線に合わせて歌う、短い俗謡。

【端境期】はざかいキ 日 新しい収穫物の出まわる直前の時期。特に、古米と新米の入れかわる直前の時期。

【端近】はしちか 日 縁側や出入り口など、家や部屋のはしに近いこと。また、その場所。例 —に席をとる。

【端数】はスウ 日 はんぱな数。切りのいい単位で切ったときの、残りの数。例 —を切り捨てる。

【端本】はホン 日 全集などで、一部分が欠けていて全部そろっていない本。零本。

【端役】はヤク 日 演劇などで、重要ではない、ちょっとした役。ちょい役。対 主役。例 —で顔を出す。

● 異端・一端・極端・舌端・途端・突端・軒端・万端・半端・筆端・両端

竴

立12(17) 4 8328 7AF4 シュン 漢 真 cūn

意味 よろこぶさま。

競

立15(20) 1 2205 7AF6 教4 ケイ 漢 キョウ(キャウ) 呉 敬 jìng きそう(きそ-ふ)・せる・くら-べる(くら-ぶ)

[競] 立17(22) 2 4931 7AF8 別体字。

筆順 亠 立 产 咅 音 竞 競

なりたち [会意]「誩(=言いあらそう)」と「兄兄(=二人)」とから成る。二人が言いあらそう。

意味 ❶勝つために、あらそう。きそう。せる。くらべる。例 競技。競争。競馬。❷力強い。つよい。例 南風不レ競(=南方の曲は力強くない)。〈左伝・襄一八〉 競爽。

古訓 中古 あらそふ・いそぐ・いそふ・いどむ・きほふ・くらぶ・こはし・つとむ・つよし 中世 あらそふ・いそぐ・きそふ・きほふ・こはし 近世 あらそふ・おふ・きそふ・たかし・つよし

人名 きそお・つよし

難読 競馬(くらべうま)・—(きそいうま)・競い肌(きおいはだ)

【競泳】キョウエイ 日 水泳で、一定の距離を泳いで、その速さをきそいあう。また、その競技。例 —種目。

【競演】キョウエン 日 同じ役を別の俳優が演じたり、同種の作品を別の劇団が公演したりして、優劣や人気をあらそう。

【競技】キョウギ 日 ①わざの優劣をきそったり、勝ち負けをあらそったりする。②運動競技。スポーツ。例 ―場。

【競合】キョウゴウ ①互いに激しくきそいあう。せりあい。例 ―商品。②いろいろな要素がからみあう。例 いくつかの原因が―した事故。

【競作】キョウサク 作品などを、何人かがきそいあってつくる。

【競争】キョウソウ 勝ち負けや優劣などをあらそう。例 生存―。

【競走】キョウソウ 一定の距離を走って、その速さをあらそう。かけっこ。レース。例 ―馬(バ)。障害物―。

【競爽】キョウソウ ①〔「競」は、強いの意〕勢力が強くさかんである。②勢力や名声をきそいあう。

【競▼漕】キョウソウ 日 ボートなどで、一定の距離をこいで速さをきそう。また、その競技。ボートレース。レガッタ。

【競逐】キョウチク 〔「逐」も、きそう意〕きそいあう。

【競艇】キョウテイ 日 モーターボートで速さをきそう競技。ボートレース。また、その勝負を予想するかけごと。例 ―場。

【競売】キョウバイ／ケイバイ 多くの買い手に競争で値段をつけさせて、いちばん高くつけた人に売る。せり。オークション。〔法律では「ケイバイ」という〕例 美術品を―にかける。

【競歩】キョウホ 日 陸上競技の種目の一つ。左右どちらかのかかとが常に地面から離れないようにして、歩く速さをきそう。

【競奔】キョウホン 先をきそって走る。我勝ちに走る。

【競落】キョウラク／ケイラク 日 競売でいちばん高い値をつけて手に入れる。せりおとす。〔法律では「ケイラク」という〕

【競馬】ケイバ 日 ①ウマを走らせて勝負をあらそう。また、その競技。②騎手がウマに乗って一定の距離を一斉に走り、その速さをあらそう競技。また、その勝負を予想するかけごと。例 草(さく)―。

【競輪】ケイリン 日 自転車に乗って一定の距離を一斉に走り、その速さをあらそう競技。また、その勝負を予想するかけごと。

[競] 立17(22) ⇩競(キョウ)(992ページ)

118 6画

竹 たけ たけかんむり部

タケが並び生えている形をあらわす。「竹」をもとにしてできている漢字と、「竹」の字形を目じるしとして引く漢字とを集めた。

この部首に所属しない漢字

纂→糸 1059

竹

竹0(6)

1 3561 7AF9

教1

チク漢呉 シツ唐 屋 zhú

たけ

付表 竹刀(しない)

筆順 ノ 𠂉 ケ 竹 竹 竹

なりたち

[象形] タケが並んで生えている形。

意味 ❶イネ科の多年生植物。タケ。例 竹馬(バチク)。竹林(チクリン)(=タケの林)。破竹(ハチク)の勢(いきお)い。❷八音の一つ。竹製の管楽器。ふえ。例 糸竹(シチク)(=管弦。音楽)。❸紙のない時代に文字を書いたタケのふだ。また、書物。例 竹帛(チクハク)。竹簡(チクカン)。

古訓 中古 たけ 中世 たけ 近世 たけ

人名 たか

難読 竹篦(しっぺい)・弱竹(なよたけ)

【竹園】チクエン ①タケを植えた庭園。竹やぶ。②皇帝の一族。皇族。竹の園(その)。竹の園生(そのう)。〔前漢代、梁(リョウ)の孝王が庭園に多くのタケを植えた故事〈史記・梁孝王世家〉から〕

【竹▼竿】チクカン／チッカン ①竹竿(たけざお) 釣りざおや物干しざおなど、タケで作ったさお。②生えているタケの幹。

【竹管】チクカン／チッカン ①タケ。また、タケの管(くだ)。②タケで作った笛。③筆の軸。また、筆。

【竹簡】チクカン／チッカン 紙が発明される以前、文字を書き記すのに用いた細長いタケのふだ。なめし革のひもなどでつないで書物にした。木簡(モッカン)。類 竹冊(チクサク)。

【竹径】チクケイ／チッケイ 竹林の中の小道。

【竹紙】チクシ ①タケの繊維でつくった紙。書画などに用いる。唐紙(トウシ)。②日 薄い鳥(とり)の子(こ)紙(がみ)。③日 タケの幹の内側のうすい皮。

【竹書】チクショ 竹簡に記した文字や文章。また、竹簡を編んだ書物。

【竹素】チクソ 〔「素」は、白絹。竹簡と同様、文字を書き記した〕書物。書籍。竹帛(チクハク)。

【竹刀】チクトウ 一 竹製の刀。竹光(たけみつ)。二 しない 日 剣道で使う、タケの刀。四つ割りにしたタケを合わせて作る。

【竹馬】バチク ①一本の竹ざおの上部をウマの首に見立てて、それにまたがって走りまわる子供の遊び道具。例 竹馬之好(チクバのよしみ)(=ともに竹馬で遊んだころの交わり)。〈世説・方正〉②たけうま 日 二本の竹ざおの適当な高さのところにそれぞれ足をのせる台をつけ、それに乗って歩くようにした子供の遊び道具。

【竹馬▼之友】チクバのとも 〔子供のころ竹馬にまたがって遊んだ友の意〕おさな友達。おさななじみ。〈晋書・殷浩伝〉から〕

【竹▼牌】チクハイ ①タケを束ねて作った盾。②麻雀(マージャン)。

【竹▼帛】チクハク 〔昔、文字を竹簡や帛(=絹)に書いたことから〕書物。記録。特に、歴史書。転じて、歴史。例 名を―に垂る(=歴史に名を残す)。

【竹▼柏】チクハク タケとコノテガシワ。転じて、常緑樹。〔厳しい冬の風雪にも耐えることから、節操の堅いことをあらわす〕

【竹▼篦】一 チクヒ 宮中で刑罰に用いたタケのむち。二 チクヘイ 〔仏〕禅僧が用いるタケのむち。三 たけべら 日 タケで作った薄いへら。

【竹夫人】チクフジン 夏、寝るときに涼しくするために、抱いたり足を乗せたりする細長い竹製のかご。だきかご。類 竹几(チッキ)。

【竹葉】チクヨウ ①タケの葉。②古代の酒の名。また、広く美酒を指す。竹葉青。〔現在は、汾酒(フンシュ)に漢方薬を配した酒や、着色前の紹興酒をいう〕

【竹林七賢】チクリンのシチケン 魏(ギ)・晋(シン)代、俗世間を逃れて竹林に

6画

[立]17画▼競 [竹]0画▼竹

こもり、清談を楽しんだという七人の知識人。阮籍(ゲンセキ)・嵆康(ケイコウ)・山濤(サントウ)・向秀(ショウシュウ)・阮咸(ゲンカン)・劉伶(リュウレイ)・王戎(オウジュウ)。〈晋書・嵆康伝〉→【清談】(セイダン)(788ジペー)

●爆竹(バクチク)・破竹(ハチク)

竺

竹2(8) 1 2819 7AFA 人

一 トク漢 沃 dǔ 二 チク漢 ジク(ヂク)呉 屋 zhú

なりたち [形声]「二(=厚みを加える)」と、音「竹(チク)」とから成る。厚い。

意味 一 ❶ゆきとどいている。あつい。通篤。❷憎む。通毒。例 稷維元子、帝何竺之(ショクはこれゲンシなるに、テイなんぞこれをトクせる)(=稷は長男なのに、帝はどうしてこれを憎んだのか)。〈楚辞・天問〉 二 ❶(太い)タケ。❷「天竺(テンジク)」は、インドの古い言い方。❸仏教の。仏教にかかわる。例 竺学(ジクガク)。

古訓 中古 あつし 中世 あつし 近世 あつし・たけ

人名 あつし・たけ

【竺学】(ジクガク) 仏教学。

【竺国】(ジクコク|ジッコク) インドの古称。天竺。類 竺土(ジクド)・竺域・竺乾(ジクケン)。

竽

竹3(9) 3 8957 7AFD

ウ漢 虞 yú

意味 長短三十六本のタケの管(くだ)を並べたと伝えられる、ふえ。笙(ショウ)の大型のもの。→【濫吹】(ランスイ)(818ジペー)

[竽]

笂

竹3(9) 2 6783 7B02 国字

うつぼ

意味 地名に用いる字。例 笂井(うつぼい)(=群馬県の地名)。

竿

竹3(9) 1 2040 7AFF 人

カン漢呉 寒 gān

さお(さを)

なりたち [形声]「竹(=タケ)」と、音「干(カン)」とから成る。タケのつえ。

意味 ❶まっすぐなタケの幹。たけざお。**さお**。例 竿竹(カンチク)。竿頭(カントウ)。❷竹簡。文字を記すタケのふだ。例 竿牘(カントク)。

古訓 中古 さを・たかさを 中世 さを・たかさを・つりざを 近世 さを・たけ

【竿竹】(カンチク|さおだけ) 枝や葉をはらって一本のさおにしたタケ。たけざお。

【竿頭】(カントウ) さおの先。例 百尺―一歩を進む(=長いさおの先のようなところに達した上に、さらに一歩進める)。

【竿▼牘】(カントク) 〔「牘」は、文字を記す木のふだ〕文書。手紙。簡牘。

[笈]

竹3(9) ⇩笈(キュウ)(994ジペー)

笉

竹3(9) 4 8329 25AE4 国字

や

意味 人名に用いる字。例 鳥笉尾(とやお)(=姓)。

[笁]

竹3(9) ⇩篔(ヨ)(1010ジペー)

笈

竹4(10) 1 2172 7B08 人

キュウ(キフ)漢 ギュウ(ギフ)呉 緝 jí

おい(おひ)

[笈]

竹3(9) ―― 俗字。

なりたち [形声]「竹(=タケ)」と、音「及(キュウ)」とから成る。書物を入れて負う文箱。

意味 書物などを入れて背負う、タケで編んだ箱。おいばこ。**おい**。例 負笈(キュウをおう)。

古訓 中古 おふ・はこ・ふみばこ 中世 おひ・ふばこ・ふんばこ 近世 おひ・ふばこ・ふみばこ

【負笈】(キュウをおう) ⇩【負笈】(フキュウ)(1254ジペー)

笒

竹4(10) 3 8958 7B12

一 キン(キム)漢 沁 jìn 二 シン(シム)漢 侵 cén

意味 一 竹製のくじ。 二 タケの名。

[笄]

竹4(10) ⇩笄(ケイ)(997ジペー)

笏

竹4(10) 2 6784 7B0F

コツ漢 月 hù

しゃく

意味 官位のある者が正装したとき、帯の間にはさんで君主の命令などを書きつけた、細長い板状のもの。タケや象牙(ゾウゲ)などで作られた。**しゃく**。〔日本では、「骨(コツ)」と同音になるのをきらい、「笏」の長さがほぼ一尺であることから、「尺」の音を借りて「シャク」といった〕

[笏]

笇

竹4(10) 4 8331 7B07

サン漢 翰 suàn

意味 ❶計算に用いられるタケの棒。通筭(サン)。例 笇量(サンリョウ)(=計り、くらべる)。❷計算する。かぞえる。通算。❸計画。はかりごと。❹竹製のうつわ。

[笋]

竹4(10) ⇩筍(ジュン)(998ジペー)

笑

竹4(10) 1 3048 7B11 教4

ショウ(セウ)漢呉 嘯 xiào

わらう(わら-ふ)・わらい(わらひ)・えむ(ゑ-む)

付表 笑顔(えがお)

筆順 ⺮ ⺮ 竺 笠 笑 笑

なりたち [会意] 本字は「笑」で、「竹(=タケ)」と「犬(=いぬ)」とから成る。わらう。

参考 唐代までは「笑」と書かれることが多く、宋(ソウ)代ごろから「笑」と書かれるようになった。なお、「竹」と「犬」(あるいは「夭」)とで、なぜ「わらう」意になるのか、確かな説がない。

意味 ❶**わらう**。**わらい**。通咲(ショウ)。㋐喜んでわらう。例 笑声(ショウセイ)。大笑(タイショウ)。微笑(ビショウ)。㋑ばかにしてわらう。あざわらう。例 以五十歩笑百歩(ゴジッポをもってヒャッポをわらう)(=五十歩しか逃げていないという理由で、百歩逃げた者をあざけり笑う)。〈孟子・梁恵王上〉 嘲笑(チョウショウ)。❷花が咲く。通咲。例 笑花(ショウカ)(=咲き乱れた花)。❸相手に受け取ってもらったり、読んでほしかったりするとき、へりくだっていう挨拶(アイサツ)のことば。例 笑納(ショウノウ)。笑覧(ショウラン)。

日本語での用法 《えむ》「クリの実(み)が笑(え)み割(わ)れてきた」▼果実などが熟して、自然にさけ目が入る。

古訓 中古 たはぶる・たはぶれ・ほがらか・めぐむ・めごむ・わらふ・ゑむ 中世 よろこぶ・わらふ・ゑむ 近世 よろこぶ・わらふ・ゑみ・ゑむ

人名 え・えみ・ふ

難読 笑窪(えくぼ)・笑壺(えつぼ)に入(い)る・可笑(おか)しい・微笑(ほほえ)む・嘲笑(あざわら)う

【笑顔】(ショウガン|わらいがお|えがお) にっこりと笑った顔。

【笑▼謔】(ショウギャク) 笑いたわむれる。

【笑劇】(ショウゲキ) ①大いに笑う。②日 喜劇の一種。〔冗談やしゃれ、また、卑俗なことなどを言って、観客を笑わせる劇。ファース。ファルス。

【笑語】ショウゴ ①笑いながら話す。また、その話や声。談笑。例なごやかに―する。②笑いばなし。笑話。▽類笑言。

【笑▼敖】【笑傲】ショウゴウ 人を見下げて笑う。横柄な態度で笑う。

【笑殺】ショウサツ ①「殺」は、強調の助字」大いに笑う。②日笑って問題にしない。例反対意見を―する。

【笑止】ショウシ 日①笑いをこらえきれないほど、くだらないこと。ばかばかしいこと。例―の至り。―千万(センバン)な話。②気の毒なこと。いたましいさま。

【笑資】ショウシ 笑いのたね。笑いぐさ。類笑柄(ショウヘイ)。

【笑声】ショウセイ 笑いごえ。

【笑談】ショウダン ①笑いながら話す。談笑。②笑いばなし。

【笑中刀】ショウチュウのトウ 表面は温和にしているが、内心には悪意をもっている人のたとえ。〈新唐・李義府伝〉

【笑納】ショウノウ〔笑っておさめください、の意〕他人に物を贈るときの謙遜(ケンソン)の語。例ご―ください。

【笑貌】ショウボウ 笑い顔。笑顔。

【笑▼靨】ショウヨウ ①笑顔。②えくぼ。

【笑覧】ショウラン 日〔笑ってごらんください、の意〕他人に文章や絵画などを見てもらうときの謙遜(ケンソン)の語。例拙著を進呈します、どうぞご―ください。

【笑話】ショウワ おもしろくておかしい話。笑いばなし。笑語。

●一笑(イッショウ)・失笑(シッショウ)・談笑(ダンショウ)・嘲笑(チョウショウ)・爆笑(バクショウ)・微笑(ビショウ)・冷笑(レイショウ)

笊
竹4(10) 2 6785 7B0A

ソウ(サウ)漢 効 zhào
ざる

意味 ❶細く割ったタケで編んだかご。ざる。例笊蕎麦(ざるそば)。❷鳥のすむ穴。

日本語での用法 《ざる》「笊碁(ざるご)・何(なに)をやっても笊(ざる)だ」▼下手なこと。また、仕事が粗雑なこと。

𥫱
竹4(10) 4 8332 25AF1

トン漢 阮 dùn

意味 穀物を保存するための竹製のうつわ。

笆
竹4(10) 2 6786 7B06

ハ漢 麻 bā
まがき・ませ

意味 ❶とげのあるタケ。刺竹(シチク)。❷竹ひごやヤナギの枝を編んで作った容器。また、タケや柴(しば)などで作ったかきね。**まがき**。**ませ**。例笆籬(ハリ)。

【笆▼籬】ハリ 竹を編んで作ったかきね。まがき。

䇦
竹5(11) 4 8339 41E6

オウ(アウ)漢 養 ǎng

意味 タケの名。

笳
竹5(11) 2 6787 7B33

カ漢 麻 jiā
あしぶえ・ふえ

意味 中国古代の北方民族の管楽器。アシの葉を笛にして吹くもの。**あしぶえ**。**ふえ**。例胡笳(コカ)(=あしぶえ)。

[笻]
竹5(11) ⇨筇(キョウ)(997ページ)

⇨筇(キョウ)(997ページ)

笱
竹5(11) 4 8338 7B31

コウ漢 有 gǒu

意味 タケを曲げて作った、魚を捕らえる道具。うえ。やな。例笱梁(コウリョウ)(=やな)。

笧
竹5(11) 4 8334 7B27

サク漢 陌 cè
しがらみ

意味 ❶文字を記した竹のふだ。通冊。❷はかりごと。通策。

日本語での用法 《しがらみ》▼水流を調整するために、タケや柴(しば)を組んで川の中に打ちこむ杭(くい)。

笮
竹5(11) 4 8336 7B2E

一 サク漢 陌 zé
二 サク漢 薬 zuó

意味 一 ❶瓦(かわら)の下、垂木(たるき)の上に敷く、タケを編んだ板。野地(ジ)の板。❷矢を入れる竹製のかご。えびら。❸逼迫(ヒッパク)する。せまる。❹しぼる。二 タケを編んだ綱。通筰(サク)。例竹笮(チクサク)(=舟を引く、タケを編んだ綱)。

笹
竹5(11) 1 2691 7B39 人 国字

ささ

なりたち 国字。[会意]「竹(=タケ)」と「葉(=は)」の省略体とから成る。ササ。

意味 タケのうちで、背の低い小形のものをいう。葉は食品を包むのに利用する。**ササ**。例笹鮨(ささずし)。笹団子(ささダンゴ)。笹笛(ささぶえ)。笹舟(ささぶね)。

古訓 近世 ささ

笥
竹5(11) 1 3158 7B25

シ漢 ス唐 寘 sì
はこ・け

意味 タケで編んだ四角いはこ。飯あるいは衣類を入れておく。**け**。**はこ**。例簞笥(タンス)。

難読 飯笥(いいけ)・麻笥(おけ)・麻小笥(おごけ)・碁笥(ゴけ)・玉櫛笥(たまくしげ)・文笥(ふばこ)

笶
竹5(11) 2 6793 7B36

シ漢 紙 shǐ
たけ・や

意味 タケの矢。**タケ**。**や**。通矢。

笙
竹5(11) 2 6789 7B19 人

セイ漢 ショウ(シャウ)呉 庚 shēng
ふえ

なりたち  [会意]「竹(=タケ)」と「生セイ(=万物が生まれる正月の音)」とから成る。ふえ。

意味 ❶長短十九本または十三本のタケの管(くだ)を立て並べた、ふえ。しょうのふえ。例笙鼓(ショウコ)。❷タケで編んだむしろ。

古訓 中古 シヤウのふえ 中世 シヤウのふえ・ふえ 近世 たかむしろ・ふえ・ふきもの

【笙歌】ショウカ 笙の笛と歌。また、笙の笛に合わせて歌うこと。

【笙鼓】ショウコ 笙の笛と、つづみ。

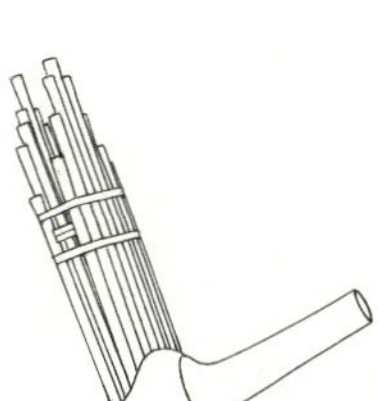

[笙❶]

笘
竹5(11) 2 6788 7B18

セン(セム)漢 塩 shān
とま

意味 ❶タケを折って作った、むち。❷子供の習字に用いたタケのふだ。

日本語での用法 《とま》「笘屋(とまや)・笘舟(とまぶね)」▼カヤ・スゲなどを編み、上におおいとしてかけてある、の意。「苫(セン)」の字と同じに用いた。

笽
竹5(11) 4 8333 7B3D 国字

そう・そうけ

意味 竹製の皿。ざる。**そうけ**。参考「そう」は「笊(ソウ)(=ざる)」、「け」は「笥(け)(=食べ物を盛るうつわ)」の意。地名・人名などに用いる字。例笽島(そうじま|そうけじま)(=姓)。

第
竹5(11) 1 3472 7B2C 教3

テイ漢 ダイ呉 霽 dì
ついで・やしき

【筆順】第

【なりたち】 [会意]「竹（=タケ）」と「弟（=順序）」とから成る。タケのふだの順序。

【意味】❶ものごとの順序。地位などの序列。**ついで**。例 次第（シダイ）。❷順序を決める。品定めをする。ついず。❸数字の上にそえて順番をあらわす語。例 第三者（ダイサンシャ）。第六感（ダイロッカン）。❹やかた。**やしき**。通 邸。例 甲第（コウテイ）（=貴族の邸宅）。門第（モンテイ）（=やしき）。❺（官吏登用）試験。また、広く、試験に合格すること。例 及第（キュウダイ）。落第（ラクダイ）。❻「ただ（…のみ）」と読み、限定や強調をあらわす。ひたすら。ただ…だけ。例 第挙兵（ただキョヘイせよ）（=ともかく挙兵しなさい）。〈史記・淮陰侯伝〉

【古訓】中古 いへ・さいはひ・しばらく・ただ・ついづ 中世 いへ・しな・ただ・ついで 近世 いへ・しな・ただ・ついづる・ついで

【人名】くに・つぎ

【第一】（ダイイチ）①いちばんはじめ。最初。例 ―走者。―段階。②最もすぐれていること。③最も大切なこと。例 健康を―に考える。④日 何よりも、まず。

【第一義】（ダイイチギ）〔仏〕最も大切な事柄。根本的な意義。対 第二義。

【第一人者】（ダイイチニンシャ）ある分野や社会の中で、最もすぐれた人。例 地震研究の―。

【第一線】（ダイイッセン）日 ①戦場で、敵と向かい合っているいちばん前の場所。最前線。例 ―に兵士を送る。②ある社会で、最も働きがいのある、華やかな立場。例 ―で活躍する。

【第三国】（ダイサンゴク）日 問題となっている事柄に関係していない国。対 当事国。例 ―の調停を必要とする。

【第三者】（ダイサンシャ）日 そのことに関係のない人。対 当事者。例 ―を入れて監査にあずからせる。

【第次】（ダイジ）順序。順位。次第。

【第六感】（ダイロッカン）日 目・耳・鼻・口・皮膚で感じる五感以外にあると思われる感覚。ものごとをすばやく感じとる心のはたらき。直感。勘（カン）。例 ―がはたらく。

【第宅】（テイタク）やしき。邸宅。類 第館（テイカン）・第室（テイシツ）・第舎（テイシャ）。

【就レ第】（テイにつく）〔屋敷に帰る意〕退官する。

●及第（キュウダイ）・次第（シダイ）・落第（ラクダイ）

笪

竹5（11） 4 8335 7B2A

タツ 漢 曷 dá

【意味】❶タケのむち。❷タケを編んだむしろ。❸舟を引く、タケを編んだ綱。

笞

竹5（11） 2 6790 7B1E

チ 漢 支 chī

むち・しもと・むちう-つ

【意味】❶罪人などを打つ、タケで作った細長い棒。**むち**。❷五刑（=笞（チ）・杖（ジョウ）・徒（ズ）・流（ル）・死）の一つ。むち打ちの刑。むちで打つ。**むちうつ**。

【笞刑】（チケイ）罪人をむちで打つ刑。

【笞撃】（チゲキ）むちで打つ。類 笞捶（チスイ）・笞撻（チタツ）。

【笞▼杖】（チジョウ）むちで打つ刑と、つえで打つ刑。

【笞辱】（チジョク）むちで打ってはずかしめる。

【笞▼掠】（チリョウ/チリャク）むちで打ってこらしめる。むちで打って取り調べる。

笛

竹5（11） 1 3711 7B1B 教3

テキ 漢 ジャク（ヂャク）呉 錫 dí

ふえ

【筆順】笛

【なりたち】 [形声]「竹（=タケ）」と、音「由（ユウ→テキ）」とから成る。七つの穴のある竹ぶえ。

【意味】タケの管（くだ）に穴をあけて吹き鳴らす管楽器。**ふえ**。例 横笛（オウテキ）。汽笛（キテキ）。警笛（ケイテキ）。

【古訓】中古 ふえ 中世 ふえ 近世 ふえ

【難読】横笛（ヨウジョウ）（=音の「オウテキ」が「王敵」に通じるのをきらって変えた読みという）

【笛▼伶】（テキレイ）（音楽家として）ふえを吹く人。

●汽笛（キテキ）・警笛（ケイテキ）・鼓笛（コテキ）・角笛（つのぶえ）・霧笛（ムテキ）

笯

竹5（11） 4 8337 7B2F

ド 漢 虞 nú

【意味】鳥を入れる、竹製のうつわ。とりかご。

[笵]

竹5（11） ⇩範（ハン）（1005ページ）

符

竹5（11） 1 4168 7B26 常用

フ 漢 虞 fú

わりふ

【筆順】符

【なりたち】 [形声]「竹（=タケ）」と、音「付（フ）」とから成る。タケのわりふ。

【意味】❶タケや木のふだに、文字を書き記し、二つに割って両者が片方ずつを所有し、他日、二つ合わせて証拠とした、しるし。**わりふ**。例 符契（フケイ）。符節（フセツ）。❷約束ごとを記した、ふだ。例 切符（きっプ）。免罪符（メンザイフ）。❸神仏の守りふだ。例 護符（ゴフ）。神符（シンプ）。❹未来のことを予言して書いたもの。きざし。例 符命（フメイ）。❺記号。しるし。例 符号（フゴウ）。音符（オンプ）。❻合う。ぴったりと合う。例 符合（フゴウ）。

【古訓】中古 かなふ・しるし・しるす 中世 かなふ・しるし・ふだ・わりフ 近世 あはす・しるし・わりフ

【符運】（フウン）天がくだす予言。天命。天運。運命。

【符応】（フオウ）天がくだすしるしが、人事と応ずる。感応。

【符契】（フケイ）①割り符。②よく的中する。符合。

【符験】（フケン/フゲン）割り符。転じて、証拠。また、ぴったり合う。

【符号】（フゴウ）ある事柄をあらわす、しるし。例 モールス―。

【符合】（フゴウ）割り符を合わせたようにぴったり合う。例 両者の話が―する。

【符璽】（フジ）①はんこ。②天子の印。

【符▼讖】（フシン）未来のことを予言した文書。予言書。未来記。類 符録・符籙（フロク）。

【符水】（フスイ）お守りの札を焼いて、その灰を入れた水。災難除（よ）けなどに用いた。

【符▼瑞】（フズイ）めでたいしるし。吉兆。類 符祥。

【符節】（フセツ）木の札などに文字を書き、中央に印をおして二つに割ったもの。後で合わせてみて、正しいものであることの証拠とする。割り符。

【若レ合二符節一】（フセツをガッするがごとし）割り符を合わせるように、ぴったり一致する。〔孟子（モウシ）が、舜（シュン）と周の文王について、生地も時代も違う二人が立派な政治をおこなった点を述べたもの〕〈孟子・離婁下〉

【符丁】（フチョウ）①証明の書きつけ。②日 商品の値段や等級などを示すのに用いる、ことばやしるし。③日 仲間にだけ通じる、ことばや記号。表記 ▽旧 符▼牒

【符伝】（フデン）関所の通行手形。道中手形。旅行券。

【符命】（フメイ）①天が天子となるべき人に与える、めでたいしるし。②文体の一つ。天子の徳をたたえる文。

●音符（オンプ）・感嘆符（カンタンフ）・終止符（シュウシフ）・免罪符（メンザイフ）

笨

竹5（11） 2 6792 7B28

ホン 漢 阮 bèn

たけのうら

意味 ❶タケの内側の白いうす皮。**たけのうら**。❷粗末な。粗雑な。例 笨車（＝気がきかない）。❸おろかな。例 笨人（＝愚か者）。粗笨ソホン。
【笨車】ホンシャ 粗末なくるま。
【笨拙】ホンセツ ①粗いさま。つたないさま。②おろかなさま。

笠
竹5（11） 1 1962 7B20 人 リュウ（リフ）漢 緝 lì かさ

なりたち  ［形声］「竹（＝タケ）」と、音「立リュウ」とから成る。柄えのない傘。

意味 頭にかぶって、雨や日光を避ける、かさ。かぶりがさ。**かさ**。
例 孤舟蓑笠翁コシュウサリュウのオウ（＝たった一艘ソウの小舟には、みのとかさを身につけた老人がいる）。〈柳宗元・江雪〉

古訓 中古 かさ 中世 かさ 近世 かさ・たけのこがさ
【笠木】かさぎ 日 鳥居・門・板塀などの上部に横にわたした木。
【笠▼檐】【笠▼簷】リュウエン 笠かさのひさし。笠のふち。

笭
竹5（11） 3 8959 7B2D レイ漢 リョウ（リャウ）呉 青 líng

意味 ❶車のちりよけ。例 車笭シャレイ（＝車のちりよけ）。❷舟の底に敷く床ゆか。ふなどこ。❸魚を入れるかご。びく。例 笭箵レイセイ（＝びく）。

筈
竹6（12） 1 4006 7B48 人 カツ（クヮツ）漢 曷 kuò はず・やはず

なりたち ［形声］「竹（＝タケ）」と、音「舌カツ」とから成る。弓の弦つるにかける矢の末端。

意味 弦つるにあてるための、矢の末端にある切れこみの部分。**やはず。はず**。

日本語での用法 《はず》①「弓筈ゆはず」▼弓の両端の、弦つるをかけるところ。②「わかる筈はずがない・そんな筈はずではなかった」▼期待や予想に合う、わけ。

古訓 中古 やさき・やはず 中世 はず・やはず 近世 はず・やはず

筐
竹6（12） 2 6794 7B50 キョウ漢 陽 kuāng かご・はこ

［筺］竹7（13） 2 6801 7B7A 俗字。

意味 食料・衣服・書物などを入れておく、竹製の四角いかご。**かご。はこ**。

難読 筐かたみ（＝目の細かいかご）・花筐はながたみ
【筐底】キョウテイ はこの底。はこの中。篋底キョウテイ。例 ―深く秘しておいた記録。

筇
竹6（12） 3 8961 7B47 キョウ漢 冬 qióng

［笻］竹5（11） 3 8960 7B3B 俗字。

意味 ❶タケの一種。例 筇竹キョウチク。❷タケで作ったつえ。**つえ**。例 筇杖キョウジョウ（＝タケのつえ）。

筁
竹6（12） 4 8342 7B41 キョク漢 沃 qū

意味 カイコを飼う道具。まぶし。

筋
竹6（12） 1 2258 7B4B 教6 キン漢 コン呉 文 jīn すじ（すぢ）

［荕］艹6（9） 3 9084 8355 別体字。

筆順 ノ ト ⺮ 𥫗 竻 笞 筋 筋

なりたち  ［会意］「月（＝にく）」と「力（＝ちから）」と「竹（＝タケのすじ）」とから成る。力のもとになる肉の中のすじ。

意味 ❶肉の中を通っている、すじ。**すじ**。例 筋肉キンニク。筋力キンリョク。❷線状の骨組み。例 鉄筋テッキン。❸⇒【筋斗】キント

日本語での用法 《すじ》①「筋目すじめ・学者ガクシャの筋すじ・筋すじがいい」▼血統。素質。②「筋書すじがき・筋立すじだて」▼一貫して全体をつらぬくもの。③「関係筋カンケイすじ・消息筋ショウソクすじ・その筋すじの話はなしでは」▼情報の流れ出た方面。④「一筋ひとすじの涙なみだ」▼細長く続くものを数えることば。⑤「御来社ゴライシャの筋すじは何なんですか」▼要点。要件。

古訓 中古 すぢ 中世 すぢ 近世 すぢ

難読 筋斗とんぼ―がえり・もんどり・転筋こぶらがえり・取次筋斗しどろもどろ
【筋骨】一 キンコツ 〔筋肉と骨ほねの意〕からだの肉づきと骨格。からだつき。例 ―隆隆。―たくましい男性。二 すじぼね 日 弾力性のある、やわらかい骨。軟骨。
【筋書】一 キンショ 字体の一種。細く骨ばった書体。二 すじがき 日 ①事実の大体のすじみちを書いたもの。例 ―を書いて検討する。②演劇や小説などの、大体の内容を書いたもの。例 ―を読む。③あらかじめ立てた計画。もくろみ。例 ―どおりに進む。
【筋斗】キント とんぼがえり。宙がえり。
【筋肉】キンニク 動物がのびちぢみなどの運動をおこなうための、肉質の器官。例 ―質（＝筋肉が発達し、ひきしまって見える体質）。―労働（＝肉体労働）。
【筋力】キンリョク 筋肉の力。また、体力。類 筋膂キンリョ。
【筋金】すじがね 日 ①弱い部分を補強するためにはめこんだ、細長い金属。②その人の考えなどをしっかりと支えているもの。例 ―入り。
【筋道】すじみち 日 ①ものごとの道理。例 ―の通らない意見。②順序。例 ―を立てて話す。
● 川筋かわすじ・背筋せすじ・鉄筋テッキン・腹筋フッキン・本筋ホンすじ

笄
竹6（12） ― 7B53 ケイ漢 斉 jī こうがい（かうがい）・かんざし

［笄］竹4（10） 2 6802 7B04 俗字。

意味 ❶束ねた髪の毛を留めるためにさすもの。男女とも用いた。**かんざし。こうがい**。❷男子が、冠を安定させるためにさすもの。❸髪にかんざしをさす。❹女子がかんざしを挿す成人年齢（十五歳）に達すること。また、その成人の儀式。例 笄年ケイネン。
【笄年】ケイネン 女子が成年に達したこと。結婚してよい年齢。例 吾女笄年、知レ書未レ適レ人わがむすめはケイネン、ショをしりいまだひとにゆかず（＝私の娘は成人して書物も読めるが、まだ嫁いでいない）。〈本事詩・情感〉

笐
竹6（12） 4 8344 7B55 コウ（カウ）漢 陽 háng

意味 「笐簹・笐篖コウトウ」は、タケを編んだむしろ。アンペラ。

策
竹6（12） 1 2686 7B56 教6 サク漢 シャク呉 陌 cè むち・はかりごと

［萗］艹8（11） 4 8637 8417 俗字。

筆順 ノ ト ⺮ 竺 笞 笫 第 策

なりたち  ［形声］「竹（＝タケ）」と、音「朿シ→サク」とから成る。ウマをたたくむち。

意味 ❶ウマを打つタケのむち。**むち**。❷むちうつ。むちでかりたてる。例 策レ之不レ以二其道一これをむちうつにそのみちをもってせず（＝ウマをむちでか

6画

［竹］5―6画▼笠 笭 筈 筐 筇 筁 筋 笄 笐 策

りたてる際、しかるべき方法をとらない）。〈韓愈・雑説〉策馭（サクギョ）（＝むちを使ってウマを御する）。❸むちのような形のつえ。つえ。❹つえをつく。つえつく。例 策二扶老一（フロウをつえつく）（＝つえをつく）。〈陶淵明・帰去来辞〉散策（サンサク）。❺昔、紙のなかったころ、文字を書き記した竹簡をつづり合わせたもの。ふだ。また、帳簿や文書。通 冊。例 策命（サクメイ）。書策（ショサク）（＝本）。❻竹簡に勲功や辞令などを書く。また、辞令書。詔書。例 策書（サクショ）。策勲（サックン）。❼天子が試問する。また、その答案。例 策問（サクモン）（＝天子の試問）。対策（タイサク）。❽事をおこなうための手段や方法を考え出すこと。計略。たくらみ。**はかりごと**。例 策略（サクリャク）。方策（ホウサク）。❾永字八法の一つ。左下から右上に短く引く書き方。❿⇩

【策策】（サクサク）

古訓 中古 しるし・しるす・つく・つとむ・つゑ・つゑつく・はかりこと・はげます・ぶちうつ・むち・むちうつ 中世 しるし・たつる・はかりこと・はげます・はげむ・ふだ・むち・むちうつ 近世 はかりごと・はかる・ふだ・むち・めどき

人名 かず・つか・はかる・もり

【策応】（サクオウ）ひそかに連絡をとり合い、共同で行動する。しめし合わせる。例 ―して敵をはさみうちにする。

【策策】（サクサク）木やタケの葉が風に揺れたり、地に落ちたりする音。秋風の音をいう。

【策士】（サクシ）①はかりごとがうまい人。②かけひきに長じた人。例 ―策におぼれる。

【策試】（サクシ）科挙（＝官吏登用試験）で、天子の出題によって試問する。類 策問。

【策書】（サクショ）①竹簡に（国家の大事などを）記録した文書。②（竹簡に書いた）官吏の辞令書。策命。

【策定】（サクテイ）計画や政策などを、あれこれ考えて決める。例 新年度の基本方針を―する。

【策動】（サクドウ）①計画を立てて活動する。②日 悪事をおこなうためにひそかに動きまわる。例 陰で―する。

【策謀】（サクボウ）ひそかに悪事をたくらむ。また、そのたくらみ。策略。例 会社の乗っ取りを―する。

【策命】（サクメイ）爵位や封土（ホウド）を授けた詔書。策書。

【策免】（サクメン）君主の辞令で職をやめさせる。

【策略】（サクリャク）はかりごと。計略。例 ―をめぐらす。

【策励】（サクレイ）〔むちを打ってはげます意〕大いにはげます。

【策勲】（サックン）〔クンをサクす〕勲功を竹簡に書きつける。論功行賞をする。

［竹］6画▼筍 筎 筳 筬 筌 筅 箋 筝 筑 答

6画

筍

竹6（12） 2 6803 7B4D

一 ジュン 慣 シュン 漢 軫 sǔn
二 ジュン 慣 シュン 漢 震 xùn
三 ジュン 慣 イン（ヰン）漢 真 yún

たけのこ

［笋］

竹4（10） 2 6804 7B0B

別体字。

意味 一 ❶タケの地下茎から出る若芽。**たけのこ**。例 筍羹（シュンカン）（＝たけのこの煮物）。❷中国古代の打楽器の鐘（ショウ）や磬（ケイ）などをつるす横木。二 竹製の輿（こし）。例 筍輿（ジュンヨ）。三 柔らかいタケの皮。通 筠（イン）。例 筍席（インセキ）。

【筍席】（インセキ・ジュンセキ）タケの皮で編んだむしろ。

【筍▼輿】（ジュンヨ）竹製の輿（こし）（＝かついで運ぶ乗り物）。

筎

竹6（12） 3 8962 7B4E

ジョ 漢 魚 rú

意味 タケを繊維状にして、舟の漏水を防ぐ、わたのような物。

筳

竹6（12） 4 8343 41EE

ジン（ジム）漢 寝 rèn

意味 床に敷く竹製のむしろ。しとね。

［筬］

竹6（12） ⇩筬（イセ）（1001ジペー）

筌

竹6（12） 2 6805 7B4C

セン 漢 呉 先 quán

うえ（うへ）・うけ

意味 細いタケを筒状に編んで作り、水中にしずめて魚をとらえる道具。ふせご。**うえ**。**うけ**。例 得レ魚而忘レ筌（うおをえてうえをわする）（＝魚をとってしまえば、用のなくなった魚とりの道具を忘れてしまう。目的が達せられると、手段は忘れられることのたとえ）。〈荘子・外物〉筌蹄（センテイ）。

【筌▼蹄】（センテイ）①魚を捕る「うえ」と、ウサギをとらえる「わな」。②目的達成のための手段。方便。③手引き。案内。▽荃蹄（センテイ）。蹄筌（テイセン）。参考『訳文筌蹄（ヤクブンセンテイ）』は、荻生徂徠（おぎゅうソライ）の著作。漢文に用いる字の同訓異義・異訓同義についての手引き書。

筅

竹6（12） 2 6806 7B45

セン 漢 銑 xiǎn

ささら

意味 先端を細かく割ったタケを束ねたもの。鍋（なべ）や釜（かま）を洗うときに用いる。**ささら**。例 茶筅（チャセン）（＝抹茶をあわだてる道具）。

［箋］

竹6（12） ⇩箋（セン）（1004ジペー）

［筝］

竹6（12） ⇩筝（ソウ）（1004ジペー）

筑

竹6（12） 1 3562 7B51 人

チク 漢 屋 zhú

なりたち ［形声］「巩（＝持つ）」と、音「竹（チク）」とから成る。五弦の楽器。

意味 琴（キン）に似た弦楽器。タケのばちで打ち鳴らす。五弦・十三弦・二十一弦の三種がある。例 高漸離撃レ筑（コウゼンリチクをうつ）（＝高漸離は筑を打ち鳴らした）。〈史記・刺客伝・荊軻〉

日本語での用法 《チク》《つく》「筑豊（チクホウ）（＝筑前（チクゼン）と豊前（ブゼン））・筑摩（チクマ）（＝長野県西部の旧郡名。また、旧県名）・筑紫（つくし）・筑波（つくば）」▼古く、地名の「チク」「つく」にあてた字。

古訓 中世 つく・ひろふ 近世 つく・ひろふ

難読 筑波嶺（つくばね）・都筑（つづき・つづく）（＝地名・姓）

【筑後】（チクゴ）日 旧国名の一つ。今の福岡県南部。

【筑前】（チクゼン）日 旧国名の一つ。今の福岡県北部・西部。

【筑紫】（つくし）日 九州の古い呼び名。九州の北半分、または九州全土を指した。

【筑波】（つくば）日 大化の改新（六四五年）以前の国名で、今の茨城県筑波地方を指す。

答

竹6（12） 1 3790 7B54 教2

トウ（タフ）漢 呉 合 dá

こたえる（こた-ふ）・**こたえ**（こたへ）・いら-え（いらへ）

筆順

なりたち ［形声］「竹（＝タケ）」と、音「合（コウ→トウ）（＝あう・こたえる）」とから成る。こたえる。

意味 ❶返事をする。むくいる。**こたえる**。例 礼レ人不レ答、反二其敬一（ひとをレイしてこたえずんば、そのケイにかえれ）（＝人を礼遇しても報いられなければ、自分の敬意について反省せよ）。〈孟子・離婁上〉答礼（トウレイ）。返答（ヘントウ）。❷質問に対する返事。**こたえ**。例 答案（トウアン）。解答（カイトウ）。

古訓 中古 こたふ・たむかふ・ふせく 中世 あたる・こたふ・こたふる 近世 あたる・こたふ・こたふる・こたへる・しかり・むくふ

人名 さと・とし・とみ・とも・のり

難読 加答児（カタル）

【答案】（トウアン）日 試験問題などの答え。例 模範―。

【答応】（トウオウ）①答える。答え。また、承知する。引き受ける。応答。②願をかけた神仏が願いを聞き入れたしるし。応報。
【答▼賽】トウサイ 〔「賽」は、神を祭る意〕祈願がかない、神仏にお礼参りをする。
【答辞】トウジ 日式などで、送ることばやお祝いのことばなどに対して、答えることば。㊀送辞。例 卒業式で―を読む。
【答申】トウシン 日官庁や上役からの諮問に対して、考えや意見を述べる。例 委員会の結論を文部科学大臣に―する。
【答弁(辯)】トウベン 質問に答えて説明する。例 大臣が―する。
【答問】トウモン ①相手の問いに答える。②問答の形式で書かれた書物。
【答礼】トウレイ 相手の礼に対し、こちらから礼を返す。また、その礼。返礼。例 ―の使節を送る。
●回答・誤答・正答・贈答・名答

等

竹6 (12)　1 3789 7B49　教3

トウ 漢 呉　迴 dĕng
ひとしい(ひと-し)・など・ら

筆順 

なりたち  [会意]「竹(=タケ)」と「寺(=ひとしい)」とから成る。文字を書いた竹簡をひとしくそろえる。

意味 ❶同じようにそろっている。差がない。**ひとしい**。例 欲下与二常馬一等上(=普通のウマと同じようであろうとする)。〈韓愈・雑説〉等分。対等。❷段階や順序。ランク。くらい。しな。例 等級。優等。劣等。❸ほかにも同じものがあることをあらわすことば。…**ら**。…**など**。例 等等(=など。「等」を重ねて強調する言い方)。我等。❹同じ集合の仲間。ともがら。たぐい。例 等輩(=上位でも下位でもない、同じくらいの仲間)。郎等。❺待つ。例 等待(=待ち望む)。❻はかる。比べる。例 等二百世之王一(=百代の君王を比較する)。〈孟子・公孫丑上〉

古訓 中古 しな・たぐひ・たち・ととのふ・とも・ともがら・ひとし・ら 中世 しな・たぐひ・ともがら・ひとし・ら 近世 しな・たぐひ・ともがら・ひとし

人名 しな・たか・とし・とも・ひとし

難読 等閑・等等力(=地名・姓)

【等圧線】トウアツセン 日天気図で、気圧の等しい所を結んだ線。
【等▼夷】トウイ 同じ身分の仲間。同輩。㊀等儕・等輩・等倫・等類。
【等位】トウイ ①順位などをあらわすくらい。等級。例 五―に分ける。②日等しいくらい。同位。例 AとBとは―にある。
【等温】トウオン 日等しい温度。例 ―線(=天気図などで、温度の等しい所を結んだ線)。
【等価】トウカ 価値や価格が等しいこと。例 ―で交換する。
【等外】トウガイ 日決まった等級や順位に入らないこと。例 ―に落ちる。
【等閑】【等間】トウカン 軽く考えて、いいかげんにしておくこと。なおざり。例 ―に付する(=ほうっておく)。―視。
【等級】トウキュウ 順位や品質などの上下をあらわす区分。くらい。段階。例 生産物に―をつける。
【等号】トウゴウ 〔数〕二つの数や式などの間にはさんで、両方が等しいことを示す記号。イコール。「=」㊀不等号。
【等高線】トウコウセン 日地図で、標準海面から同じ高さの地点を結んだ線。
【等差】トウサ ①等級の違い。格差。②〔数〕差が等しいこと。例 ―数列。
【等式】トウシキ 〔数〕二つの式や数を等号で結びつけて、両方が等しいことをあらわす式。㊀不等式。
【等質】トウシツ 日①成分や性質が同じであること。同質。㊀異質。例 同形―の物体。②成分や性質にむらのないこと。均質。例 ―の溶液。
【等身】トウシン 人の身長と同じ高さ。例 ―大。―像。
【等親】トウシン 日親族間のつながりの遠い近いをあらわす慣用的な言い方。親等。例 親子は一―(=一親等)。
【等比】トウヒ ①同輩。仲間。②いっしょに。ともに。③〔数〕二つ以上の比が等しいこと。例 ―数列。
【等分】トウブン ①等級。身分。②等しく分ける。例 ―に分ける。③同じ分量・程度。例 みんなの顔を―に見わたす。
【等辺】トウヘン 〔数〕多角形で、辺の長さが等しいこと。例 二―三角形。―の八角形。
【等量】トウリョウ 日等しい分量。同量。例 砂糖と―の塩。
【等列】トウレツ ①同じ地位にいる。②等級。身分などの上下の区別。また、等級に分ける。
●下等・均等・高等・上等・初等・親等・対等・同等・平等・優等・劣等

筒

竹6 (12)　1 3791 7B52　常用

トウ 漢　ドウ 呉　東 tŏng
つつ

筆順 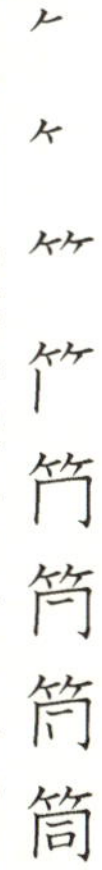

なりたち  [形声]「竹(=タケ)」と、音「同ウト」とから成る。タケのふしをくりぬいた、ふえ。

意味 ❶タケの管だく。**つつ**。例 円筒。煙筒。水筒。❷円柱状で、中がからになっているもの。

日本語での用法 《つつ》「大筒・捧げ筒つつ」▼銃身や砲身。また、小銃や大砲。

古訓 中古 うつほ・つつ 中世 たけのつつ・つつ 近世 つつ・ふえ・やづつ

人名 まる

難読 喞筒ポンプ・小作筒ささえ・筆筒ふでたて

●円筒・気筒・水筒・封筒

筏

竹6 (12)　1 4021 7B4F

バツ 慣　ハツ 漢　月 fá
いかだ

意味 タケや木を並べて組み、水上に浮かべるもの。**いかだ**。例 筏師いかだシ。筏乗いかだのり。

筆

竹6 (12)　1 4114 7B46　教3

ヒツ 漢　ヒチ・ヒツ 呉　質 bĭ
ふで

筆順 

なりたち  [会意]「聿(=書きつける道具)」と「竹(=タケ)」とから成る。ふで。

意味 ❶文字や絵をかく道具。**ふで**。例 鉛筆。毛筆。❷文字や絵をかく。かきしるす。書き足す。例 筆則筆(=加筆すべきものは加筆する)。〈史記・孔子世家〉筆記。筆削。❸ふででかいた文字や絵。例 筆禍。名筆。❹散文。韻文に対して、韻を踏まないものをいう。

古訓 中古 かく・ふで・ふみて・ふむで 中世 ふで・ふむで 近世 ふで・ふんで

難読 筆頭菜つくし・土筆つくし・禿筆ちびふで

【筆意】ヒツイ ①書画や詩文などからにじみ出る作者の気持ち。おもむき。心組み。例 ―を汲み取る。②文字を書くときのふでの運び具合。ふでづかい。例 ―に注意する。
【筆架】ヒッカ ふでを横にして置く台。ふでかけ。
【筆禍】ヒッカ 日発表した文章のために、訴えられたり非難を受けたりして、災難に遭うこと。また、その災難。例 ―をこうむる。―事件。

【筆画】ヒッカク 文字の画数。字画。例―の多い漢字。

【筆管】ヒッカン ふでの軸。また、ふで。

【筆▼翰】ヒッカン ①ふで。②文章を書くこと。著述。また、書画。

【筆記】ヒッキ ①書き記す。特に話や文章などを書きとめる。また、そのもの。例―試験。講演を―する。②六朝リクチョウ時代以降の短編小説。例―小説。

【筆▼硯】【筆研】ヒッケン ①ふでと、すずり。②文字や文章を書くこと。例―の業。

【筆耕】ヒッコウ お金をもらって、文章や文字を書き写すこと。また、その人。例―料。

【筆削】ヒッサク ①文章を書き加えたり削ったりする。添削。〔〈史記・孔子世家〉から〕例 師の―を受ける。②歴史書。〔孔子が『春秋』を筆削したとされることから〕

【筆札】ヒッサツ ①ふでと木簡。転じて、筆記用具。②筆記する。書く。③文章。手紙。また、筆跡。

【筆算】ヒッサン ①文章と算術。②暗算などに対して、紙などに書いて計算する。また、その計算。例―で答えを確かめる。

【筆紙】ヒッシ ①ふでと、かみ。②文章を書くこと。例―に尽くしがたい(=文章ではあらわすことができない)悲しみ。

【筆写】ヒッシャ 書きうつす。書写。

【筆者】ヒッシャ 文章・書画をかいた人。例―不明の大作。

【筆順】ヒツジュン 文字を書くときの、ふでの運びの順序。書き順。

【筆陣】ヒツジン 〔「戦陣」にたとえた語〕①詩文の構成。②運筆法。例―図。③日 文章で議論を戦わせる構え。例―を張る。④日 筆者の顔ぶれ。執筆者陣。例 豪華な―。

【筆勢】ヒッセイ ①書画にあらわれた、ふでづかいの勢い。例―のたくましさ。②文章の勢い。例 さかんな―。▽筆力。

【筆跡】【筆▼蹟】ヒッセキ 書き残された文字。また、その書きぶり。例―鑑定。

【筆舌】ヒツゼツ 〔ふでと舌したの意〕文章に書くことと、ことばで話すこと。例―に尽くしがたい(=とても表現できない)。

【筆洗】ヒッセン 使ったふでの穂を洗うための、うつわ。ふであらい。

【筆端】ヒッタン ①ふでの先。②書画や文章の書きよう。ふではこび。例―がにぶる。

【筆談】ヒツダン 口で話すかわりに、文字を書いて意思を伝え合う。例 病人と―する。

【筆致】ヒッチ 書画や文章のふでづかい。書きぶり。タッチ。類 筆趣。例 軽妙な―。

【筆▼誅】ヒッチュウ 他人の過ちを書きたてて、厳しく責める。例―を加える。

【筆答】ヒットウ 文字で書いて答える。対 口答。例―試験。

【筆頭】ヒットウ ①ふでの先。転じて、文章。②日 名前などを書き並べたときの第一番目。また、その人。例 前頭まえがしら―。

【筆法】ヒッポウ ①書画をかくときのふでの動かし方。運筆ウンピツ。②文章のあらわし方。言い回し。例 春秋(=歴史書『春秋』)の―。③日 ものごとのやり方。例 またいつもの―だ。

【筆▼鋒】ヒッポウ ①ふでの先。②ふでの勢い。書画の勢い。③文章や書画の勢い。例 鋭い―をもって論じる。

【筆墨】ヒツボク ふでと、すみ。また、それで書いたもの。例―に親しむ。

【筆名】ヒツメイ 日 文章を発表するときに使う、本名とは別の名前。ペンネーム。

【筆力】ヒツリョク ①書や文章から感じとれる力強さ。筆勢。例 おとろえない―。②文章を書く能力。例 すぐれた―。

【筆録】ヒツロク 書きとどめる。また、そのもの。筆記。

【▼擱レ筆】【閣レ筆】ふでをおく ⇨【擱筆】カクヒツ(585ジペー) ⇨【閣筆】

【▼呵レ筆】ふでをかす ⇨【呵筆】カヒツ(240ジペー)

【投レ筆】ふでをとうず ⇨【投筆】トウヒツ(548ジペー)

【曲レ筆】ふでをまぐ ⇨【曲筆】キョクヒツ(642ジペー)

●悪筆アクヒツ・運筆ウンピツ・絵筆えふで・執筆シッピツ・自筆ジヒツ・随筆ズイヒツ・絶筆ゼッピツ・代筆ダイヒツ・達筆タッピツ・特筆トクヒツ・肉筆ニクヒツ・文筆ブンピツ・乱筆ランピツ

筠

竹7 (13) 3 8963 7B60 イン(ヰン)漢 真 yún

意味 タケの青い皮。また、タケ。通 筍イ。例 筠篁コウイン。筠心

【筠▼篁】インコウ 竹やぶ。

【筠心】インシン タケのようにまっすぐな心。正直な心。例 我筠心而松性(=私はタケのようにまっすぐな心をもち、マツのように変わらぬ節操がある)。〈江淹・知己賦〉

【筠▼箭】インセン ①つやのあるタケ。また、それで作った矢。②まっすぐで堅い心のたとえ。

【筠▼籠】インロウ タケで作ったかご。類 筠籃インラン。

筵

竹7 (13) 2 6807 7B75 エン漢 呉 先 yán むしろ

意味 タケで編んだ敷物。また、敷物をまとめていう。むしろ。ござ。座席。例 筵席エンセキ。講筵エン(=講義をする席)。

【筵席】エンセキ 〔「席」は、筵むしろの上に敷く、敷物〕①敷物。座席。②宴会の席。宴席。例―に列する。

筦

竹7 (13) 4 8347 7B66 カン(クヮン)漢 旱 guǎn

意味 ❶機織りの糸を巻く、くだ。❷竹製のふえ。通 管。例 筦絃ゲン(=管楽器と弦楽器)。筦籥ヤク(=ふえ)。❸管理する。つかさどる。通 斡カン。例 筦権カク(=専売によって利益を独占する)。

筥

竹7 (13) 2 6808 7B65 キョ漢 語 jǔ はこ

意味 ❶米などを入れておく、タケで編んだ筒状のはこ。はこ。例 筥筐キョウ(=筒状のはこと、四角いはこ)。❷稲束を量る単位。一筥は、四秉ヘイ(=片手で四にぎり)。

難読 柳筥やないばこ

【筥迫】【筥狭子】はこせこ 日 女性が着物の懐に入れて持った箱形の紙入れ。現在では、婚礼や七五三などで装飾品として使われる。

［筐］

竹7 (13) ⇨ 筺キョウ(997ジペー)

筧

竹7 (13) 2 6810 7B67 ケン漢 銑 jiǎn かけひ・かけい(かけひ)

意味 タケの筒を地上にかけわたして、水を通し導くもの。樋とい。かけひ。かけい。

筴

竹7 (13) 2 6809 7B74 一 コウ(カフ)漢 キョウ(ケフ)呉 洽 jiā 二 サク漢 シャク呉 陌 cè めどぎ

意味 一 ものをはさむ。また、箸はし。二 ❶うらないに使う竹製の細い棒。めどぎ。❷文字を記すタケのふだ。竹簡。通 策。❸はかりごと。計略。通 策。例 籌筴チュウサク(=はかりごと)。

筰

竹7 (13) 2 6811 7B70 サク漢 ザク呉 薬 zuó

意味 ❶細いひも状のタケの皮で作った、なわ。川を渡るときに用いる。通 笮サク。❷古代中国、西南地方にいた異民族。

筭 竹7 (13) 3 8964 7B6D サン漢呉 翰 suàn

意味 ❶数えるときに使うタケの小片。かずとり。 ❷かぞえる。 通算。 ❸計画。はかりごと。

筲 竹7 (13) 3 8966 7B72 ソウ(サウ)漢 ショウ(セウ)呉 肴 shāo

意味 ❶食物を盛る竹製のうつわ。例 斗筲之人(=器量の小さい人)。〈論語・子路〉 ❷水を入れる桶。例 筲桶。

［筱］竹7 (13) ⇩篠(1007ジペー)

［筬］竹7 (13) ⇩篠(1007ジペー)

筬 竹7 (13) —— セイ漢 庚 chéng おさ(をさ)

［筬］竹6 (12) 2 6813 7B6C 俗字。

意味 ❶タケの名。 ❷機織りの道具。たて糸を支えるために、よこ糸を通して織り目を整えるもの。**おさ**。

難読 筬虫

筮 竹7 (13) 2 6814 7B6E セイ漢 ゼイ呉 霽 shì うらな-う(うらな-ふ)・めどぎ

意味 メドハギの茎で作った、占いに使う棒。**めどぎ**。また、それを用いて占う。予言する。**うらなう**。例 筮竹。卜筮。

【筮仕】ゼイシ 仕官することの吉凶を占い、仕える。転じて、初めて仕官する。

【筮竹】ゼイチク 易の占いに使う、五十本の細長いタケの棒。めどぎ。例 —をもむ。

【筮▼卜】ゼイボク ①筮竹で占うことと、カメの甲を焼いて占うこと。占い。卜筮。 ②筮竹を使って占うこと。

節 竹7 (13) 1 3265 7BC0 教4 セツ漢 セチ呉 屑 jié ふし・よ・ノット

［節］竹9 (15) 3 8968 FA56 人 旧字体。

筆順 ノ ⺈ ⺮ 竺 笪 節 節 節

なりたち  ［形声］「竹(=タケ)」と、音「即ショク……▼セツ」とから成る。タケのふし。

意味 ❶タケなどの茎のつぎ目。ふくらんだ部分。また、動物の骨と骨との結合部分。**ふし**。**よ**。例 関節。枝葉末節。 ❷音楽のふしまわし。例 音節。曲節。 ❸詩歌や文章のひとくぎり。例 章節。文節。 ❹けじめをつける。ひかえめにする。例 節用。節食。節電。節度。 ❺志を守って変えない。みさお。例 死節之臣(=命にかえても志を守る臣下)。〈諸葛亮・出師表〉 節操。礼節。 ❻きまり。のり。例 節度。 ❼等級。ランク。しな。例 上節(=上等)。 ❽季節の変わり目。区切りとなる祝日。とき。おり。例 佳節(=めでたい節句)。節句。節分。 ❾大事な祝祭日。例 国慶節。天長節。 ❿二つに割ったタケのふだを両者が持ち、他日合わせて証拠とするもの。てがた。わりふ。例 符節(=割り符)。 ⓫外国に使いする者が、君主から授けられる、その資格を示す旗など。例 使節。 ⓬易の六十四卦の一つ。☵☱ 兌下坎上。湿地の上に水がある象。

日本語での用法 《ノット》「時速ジソク三五節ノットの船ふね」▼〔英語 knot の原義を直訳した字。昔、航行する船から縄に結び目をつくって流し、速度を知る手がかりとした〕船の速度の単位。一時間に一海里(=一八五二メートル)進む速さ。浬。

古訓 中古 かぎる・とき・ふし 中世 つがひ・とき・とし・ふし・まこと 近世 かぎり・かんがふ・たけのふし・ふし・ほどよし・みさを・わりフ

人名 さだ・さだむ・たか・たかし・たけ・ただ・ただし・ただす・とき・とも・のり・ほど・まこと・みさ・みさお・よし

難読 節季候・曲節・一節切(=ふしが一つの尺八)

【節▼鉞】セツエツ 軍隊の出陣にあたり、朝廷が与える割り符と鉞。

【節煙】セツエン 日タバコを吸う量をひかえめにする。

【節介】セッカイ ①自分の考えや立場をかたく守って、世間に流されないようにすること。 ②日〔「お節介」の形で〕よけいな世話をやくこと。例 いらぬお—をやくな。

【節会】一 セッカイ ①音楽の区切れやテンポ。 ②朝廷の儀式の際におこなわれる宴会。 二 セチエ 日 昔、朝廷で公式の行事のときにおこなわれた宴会。例 白馬の—。

【節解】セッカイ ①霜のために草木の枝葉が落ちる。 ②音楽で、音節をはっきりと区切る。 ③骨の関節を外す刑罰。

【節概】セツガイ 節操を正しくし、気概をもつ。

【節気】セッキ 陰暦で、季節の区分。また、その変わり目を示す日。立春・春分など二十四に分ける。朔気。→【二十四節気】ニジュウシセッキ(42ジペー)

【節季】セッキ ①季節の終わり。 ②日 年の暮れ。年末。例 —大売り出し。 ③日 もと、商店などの決算の時期。多く、盆と暮れ。例 —じまい。

【節義】【節▼誼】セツギ 節操と道義。志を変えず、人としての正しい道をおこなうこと。みさお。例 —をつらぬく。

【節▼侠】セッキョウ 節操ある侠気を大切に思う心。義侠。また、そのような気質の人。例 夫為レ行而使二人疑一レ之非二節侠一也(=そもそも行動を人に疑われるようでは義侠の士とはいえない)。〈史記・刺客伝・荊軻〉

【節句】【節供】セック 季節の変わり目におこなわれる祝いの日。一月七日(=人日)・三月三日(=上巳)・五月五日(=端午)・七月七日(=七夕)・九月九日(=重陽)の五節句。

【節倹】セッケン 無駄づかいをやめて、出費をつつしむ。節約と倹約。例 —につとめる。

【節減】セツゲン 切りつめて、無駄を減らす。節略。類 節省。例 経費を—する。

【節士】セッシ 節義を守る人。おこないの正しい人。義士。類 節夫。

【節使】セッシ ①朝廷から割り符を授けられた使者。 ②「節度使」の略。

【節日】セツジツ｜セチニチ ①君主の誕生日。 ②季節の変わり目にある祝日。元日・三月三日など。

【節酒】セッシュ 飲む酒の量をひかえめにする。

【節序】【節叙】セツジョ 時節の移り変わる順序。類 節次。

【節食】セッショク 食べる量をほどよく減らす。

【節水】セッスイ 水の無駄づかいをやめて、使用量を減らす。

【節制】セッセイ 度をこさないように、ひかえめにする。欲をおさえて、つつしむ。例 —に努める。

【節税】セツゼイ 日 適法内で納める税金の額を工夫して減らす。例 —対策。

【節奏】セッソウ ①音楽のリズム・調子が整っている。 ②礼の制度。礼法のきまり。

【節葬】セッソウ 葬儀を簡素にして経費を節約する。また、その葬儀。

【節操】セッソウ 自分の考えや意見などをかたく守って変えないこと。みさお。例 —がない(=意見がころころ変わる)。

【節電】セツデン 回 使う電気の量を減らす。

【節度】セツド ①ちょうどよい程度。いきすぎのない程度。適度。例 ―をわきまえた態度。②きまり。法則。例 ―を守る。

【節度使】セツドシ ①唐代に置かれた、軍政をつかさどる長官。節使。②回 奈良時代に置かれた地方長官。軍事を担当し、外敵に備えた。

【節婦】セップ みさおをかたく守る女性。道徳的に手本となるような女性。貞節な婦人。

【節物】セツブツ 四季折々の風物。風景・食物・品物など。

【節分】セツブン／セチブン ①季節の移り変わる分かれ目。立春・立夏・立秋・立冬の前日。②特に、立春の前日。二月三日ごろ。豆まきをして悪鬼をはらう習慣がある。

【節文】セツブン 〔「文」は、飾る意〕過不足なく、ほどよく飾る。

【節▼旄】セツボウ 朝廷が将軍や使者に任命のしるしとして与えた旗。さおの先に旄牛ボウギュウ(=カラウシ)の尾の毛をつけた。旄節ボウセツ。類節麾セッキ。

【節目】一 セツモク ①木の節ふしと木目モク。②規則などの、小さく区分された項目。細目。③重要な点。かなめ。二 ふしめ 回 ①タケや木材などの、節のあるところ。②ものごとのさかいめ。変わり目。区切り。例 人生の―にあたる年。

【節約】セツヤク 無駄づかいをやめる。切りつめる。

【節用】セツヨウ ①費用を節約する。無駄を省く。②回『節用集』の略。日常使われることばを集め、その漢字を示した辞書。室町むろまち時代に成立し、江戸時代に広く使われた。

【節欲】セツヨク 私欲をひかえる。欲望をおさえる。制欲。

【節理】セツリ ①ものごとの道理。すじみち。②表面にあらわれた模様。きめ。③岩石にできる規則正しい割れ目。柱状チュウジョウ節理・板状バンジョウ節理など。

【節略】セツリャク ①「節減セツゲン」に同じ。②書物の内容などのあらましを記す。概要。

【節録】セツロク 重要でない箇所は省略して記録する。また、その記録。略記。抄録。

【節穴】ふしあな 回 ①木の板などの節ふしがとれてできた、あな。②ものごとを見ぬくことができない目をののしっていうことば。例 おまえの目は―か。

●音節オンセツ・関節カンセツ・季節キセツ・時節ジセツ・小節ショウセツ・忠節チュウセツ・調節チョウセツ・晩節バンセツ・末節マッセツ

【筹】竹7(13) ⇩籌チュウ(1011ページ)

筯 竹7(13) 3 8965 7B6F チョ 漢 御 zhù

意味 ものをはさんで取る細長い二本の棒。はし。通箸チョ。

筳 竹7(13) 4 8349 7B73 テイ 漢 チョウ(チャウ) 呉 青 tíng

意味 ❶機織はたおりの糸を巻くくだ。❷タケの棒。また、草木の枝。

筩 竹7(13) 4 8348 7B69 一 トウ 漢 東 tōng 二 ヨウ 漢 腫 yǒng

意味 一 切り取ったタケ。また、筒状の物。つつ。通筒。二 矢を入れる筒。やづつ。

筤 竹7(13) 4 8346 7B64 一 ロウ(ラウ) 漢 陽 láng 二 ロウ(ラウ) 漢 漾 làng

意味 一 ❶かご。また、車の覆いの、かご状の骨組み。❷若いタケ。二 皇帝の車にかざす、おおい。はながさ。

𥮲 竹8(14) 4 8350 25BB2 国字 おさ

意味 地名に用いる字。例 𥮲作おさが(=福島県の地名)。

箇 竹8(14) 1 1853 7B87 常用 カ 漢 コ 唐 箇 gè

筆順 ⺮ 竹 竹 竻 笛 笛 箇 箇

なりたち [形声]「竹(=タケ)」と、音「固コ→カ」とから成る。タケを数えることば。

意味 ❶物を数える語。か。こ。通個。例 一箇月イッカゲツ。箇条カジョウ。❷ものや場所を示す語。それ。これ。その。この。通個。例 白髪三千丈、縁レ愁似レ箇長ハクハツサンゼンジョウ、うれいによりてかくのごとくながし(=白髪は三千丈もあろうか、愁いのためにこのように長くなった)〈李白・秋浦歌〉。箇小児コショウジ(=その子)。

古訓 中古 かず・ここに・これ 中世 かず・この 近世 およそ・かず・たけのかず

人名 かず・とも

【箇所】カショ その場所。ある区切られたところ。また、場所や部分を数える語。例 付箋フセンのついている―に注意。

【箇条】カジョウ いくつかに分けて書き並べた、一つ一つの事柄。また、それを数える語。例 ―書きにする。

【箇箇】ココ 一つずつ。ひとりひとり。

【箇中人】コチュウのひと 〔この中の人の意〕①ある事柄について道理をよく知っている人。また、風景などを実際に知っている人。②〔仏〕禅で、究極の境地にある人。③妓女ギジョ。

管 竹8(14) 1 2041 7BA1 教4 カン(クヮン) 漢 呉 旱 guǎn くだ・ふえ

筆順 ⺮ 竹 竺 竿 竿 管 管

なりたち [形声]「竹(=タケ)」と、音「官カン」とから成る。六つの穴のある竹ぶえ。

意味 ❶竹製のふえ。特に、六穴のふえ。また、ふえの類。ふえ。例 管楽器カンガッキ。金管キンカン。木管モッカン。❷筆の軸。また、筆。例 筆管ヒッカン。❸細長い筒状のもの。くだ。例 管見カンケン。気管キカン。血管ケッカン。❹かぎ。例 管鍵カンケン(=かぎ)。❺中心にある大切なもの。かなめ。例 聖人也者道之管也セイジンなるものはみちのかんなり(=聖人というものは道をしめくくるかなめである)〈荀子・儒効〉。❻一定の範囲内の事柄をとりしまる。支配する。つかさどる。例 管理カンリ。移管イカン。保管ホカン。

古訓 中古 すぶ・すべて・つか・つかさどる・つつ 中世 くだ 近世 くだ・つかさどる・ふえ・ふでのくだ・ふでのヂク

人名 うち・すげ

難読 管子くだ・火管ひふき・只管ひたすら・煙管キセル

【管下】カンカ ①人民をとりしまり、支配する。②回 管轄している地域や範囲。管内。支配下。例 ―に発生した事件。

【管楽】カンガク ①管楽器で演奏する音楽。吹奏楽。②管仲カンチュウと楽毅ガッキ。ともにすぐれた政治家。

【管轄】カンカツ ①かぎと車輪の軸の留め金。転じて、重要な地位。②役所などが、その権限によってとりしまる。また、その力のおよぶ範囲。例 ―区域。

【管楽器】カンガッキ 管に息を吹きこんで音を出す楽器。横笛・フルートなどの木管楽器と、トランペット・ホルンなどの金管楽器がある。対弦楽器・打楽器。

【管▼窺】カンキ くだの穴からのぞくような、せまい見識。管見。

【管見】カンケン 〔くだの穴から見る意〕ものの見方がせまいこと。せまい見識。自分の意見などを、謙遜ケンソンしていう語。管窺カンキ。例 ―によれば。

【管弦】【管▼絃】カンゲン ①横笛などの管楽器と、琴ことや琵琶ビワなどの弦楽器。例 詩歌―。②音楽を演奏すること。特に、雅楽の演奏をいう。例 ―の遊び。

【管弦楽】【管▼絃楽】カンゲンガク 管楽器・弦楽器・打楽器

を組み合わせた洋楽の大規模な合奏。また、その楽曲。オーケストラ。

【管財】カンザイ 財産の管理や財務の仕事をすること。例―課。

【管掌】カンショウ 仕事としてとりあつかう。例―事務。

【管制】カンセイ ①非常時などに、国家が活動や使用を禁止したり制限したりする。例報道―を敷く。②日空港で、航空機の離着陸などをコントロールする。例―官。―塔。

【管説】カンセツ 見識の狭い言説。

【管足】カンソク 日ウニやヒトデなど棘皮キョクヒ動物の、体表からつき出ている細いくだ。呼吸や運動などのはたらきをする。

【管中▼窺レ▼豹】カンチュウよりヒョウをうかがう 〔くだの穴からヒョウをうかがい見る意。ヒョウの一部分しか見ないことから〕見識の狭いことのたとえ。〈世説・方正〉 類管中窺レ天カンチュウよりテンをうかがう・以レ管窺レ天くだをもってテンをうかがう。

【管長】カンチョウ 日神道シントウや仏教で、一つの宗派をとりしきる長。

【管▼鮑交】カンポウのまじわり 友人どうしの、一生のあいだ変わることのない友情。〔春秋時代、斉セイの管仲カンチュウと鮑叔牙ホウシュクガとの厚い友情についての故事〈列子・力命〉から〕

【管▼籥】カンヤク ①〔「籥」は、三穴のふえ〕六穴または三穴の笛をいう。笛。②かぎ。管鑰カンヤク。

【管理】カンリ そのもののはたらきが十分保てるように、気を配る。責任をもってとりしきる。例品質―。マンションの―人。

【管領】カンリョウ 一 おさめとりしまる。支配する。例四海を―する。二カンレイ 日室町むろまち時代、将軍を助ける要職。また、その人。例関東―。

【管▼蠡】カンレイ 〔「管窺蠡測カンキレイソク」の略。「蠡」は、ホラガイ。管で天をのぞき、ホラガイの殻で海水を測ることから〕きわめて見識の狭いことのたとえ。〈東方朔・答客難〉から〕

【以レ管▼窺レ天】くだをもってテンをうかがう 「管中窺レ豹カンチュウよりヒョウをうかがう」に同じ。〈史記・扁鵲伝〉

●血管ケッカン・所管ショカン・専管センカン・手管てくだ・土管ドカン・配管ハイカン

箝

竹8(14) 2 6815 7B9D カン慣 ケン(ケム)漢 塩 qián はさ-む・くびかせ・す-げる(す-ぐ)

意味 ❶はめて動きをおさえる、わく。**くびかせ**。通鉗カン。❷はさみこんで動かなくする。はめる。**はさむ**。通鉗カン。例蚌合而箝ニ其喙一ボウゴウしてそのくちばしをはさむ(=カラスガイが殻を閉じて、シギのくちばしをはさみこんだ)。〈戦国策・燕二〉❸口をとざす。つぐむ。通鉗カン・拑カン。

【箝口】カンコウ／ケンコウ ①口をつぐむ。②自由にものを言わせない。口どめ。▽類箝語カンゴ。

【箝口令】カンコウレイ 日他に発表することを禁じる命令。口どめ命令。緘口令カンコウレイ。例―が敷かれる。

【箝制】カンセイ／ケンセイ 行動を制限して、自由にさせない。

箕

竹8(14) 1 4407 7B95 人 キ漢 支 jī み

なりたち [会意]「竹(=タケ)」と「甘(=み)」の形と「丌(=台座)」とから成る。穀物をふるい分ける農具。

意味 ❶穀物の殻やちりをふるい分ける、タケで編んだ道具。**み**。❷二十八宿の一つ。みぼし。風をつかさどる。例箕宿キシュク(=箕キという星座)。❸両足を投げ出して座る。例箕倨キキョ。

[箕❶]

古訓 中古 ひる・み 中世 はき・み 近世 ちりとり・み

人名 みる

難読 箕面みのお(=地名)・箕輪みのわ・箕ちりとり｜ごみとり

【箕▼裘】キキュウ 先祖の仕事を受け継ぐこと。〔弓作りの子は、まず、やわらかいヤナギの枝を曲げて箕みを作ることを学び、かじ屋の子は修繕のしかたを学ぶために動物の皮をつぎ合わせて裘(=皮で作った着物)を作ることを学ぶ〈礼記・学記〉から〕

【箕▼倨】【箕▼踞】キキョ 両足を前に出した、無作法な座り方。類箕坐キザ。

【箕山▼之節】キザンのセツ 俗世間から身を隠して節操を守ろうとすること。自己の信念をつらぬくことのたとえ。〔帝尭テイギョウのとき、許由キョユウと巣父ソウホの二人が世俗の名誉を嫌って箕山(所在地未詳)に隠れた故事〈呂覧・求人〉から〕類箕山之志キザンのこころざし。〈漢書・鮑宣伝〉

【箕▼帚】キソウ ①ちりとりと、ほうき。②掃除をする。また、家事をする。③妻や妾ショウ(=正妻以外の妻)。

【箕▼帚▼妾】キソウのショウ 〔ちりとりとほうきを持って掃除をする女の意〕妻となることをへりくだっていう語。また、自分の妻の謙称。〈史記・高祖紀〉

【箕伯】キハク ①風の神。風伯。②舜シュンの子孫。陳氏の祖。

【箕賦】キフ 〔箕みですくい取るように〕税を厳しく取り立てる。類箕斂キレン。〈淮南・氾論〉

【箕風】キフウ 大風。〈鮑照・舞鶴賦〉

箘

竹8(14) 2 6816 7B98 キン漢 軫 jùn の・のだけ

[箟] 竹8(14) 2 6817 7B9F 別体字。

意味 ❶タケの名。細長くて節が少なく、矢がらにする。しのだけ。**のだけ**。箘簬キンロ。❷たけのこ。

箜

竹8(14) 2 6819 7B9C コウ漢 ク呉 東 kōng

意味 「箜篌ゴ」は、古代、中国・朝鮮・日本などで使われた弦楽器。ハープに似たものや、琴ことに似たものがある。日本には百済くだら(ヒャクサイ)から伝来したことから、「くだらごと」とも。

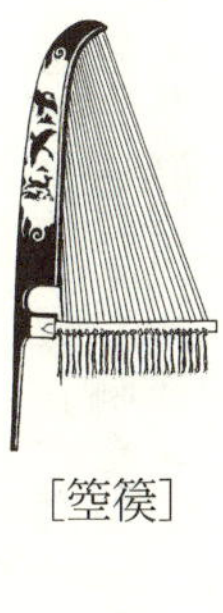
[箜篌]

箞

竹8(14) 3 8967 7B9E ケン漢 先 quān

意味 タケをたわめる。

箍

竹8(14) 2 6818 7B8D コ漢 虞 gū たが

意味 おけやたるなどをしめつける、タケで編んだ輪。**たが**。また、たがをかける。例緊箍呪キンコジュ(=孫悟空ソンゴクウの頭の輪をちぢめる呪文ジュモン)。箍がゆるむ。箍屋たがや(=おけ屋)。

[箚]

竹8(14) ⇩劄サツ(170ページ)

算

竹8(14) 1 2727 7B97 教2 サン漢呉 旱 suàn かぞ-える(かぞ-ふ)

筆順 ⺮ ⺮ 𥫗 竹 笪 笪 笪 算

なりたち [会意]「竹(=タケ)」と「昇(=数える)」とから成る。タケの棒をつかって数える。

意味 ❶数を数える。**かぞえる**。例算出サンシュツ。算数サンスウ。計算サンケイ。❷数を数えるときに使う、細いタケや木の棒。さんぎ。また、そろばん。例 算サンを置おく(=さんぎで計算する。また、占う)。算サンを乱みだす(=さんぎを乱したように散らばる)。珠算シュザン。❸損得をはかり考える。見つもる。例 算段サンダン。成算セイサン。❹数の中にいれる。とりあげる。例 斗筲之人、何足レ算也トショウのひと、なんぞかぞうるにたらん(=器量の小さい者たちで、とるに足りない)。〈論語・子路〉❺計画する。計略をたてる。例 多レ算勝サンおおきはかつ(=計略を十分に練ると戦に勝つ)。〈孫子・計〉❻寿命。例 算寿サンジュ・歯算シサン(=寿命)。

古訓 中古 かず・かぞふ・はかりこと・よむ 中世 えらぶ・かず・かぞふ・かぞふる・はかる 近世 えらぶ・かず・かぞふる・サンぎ・はかる

人名 かず・とも・はかる

【算画】サンカク 計画。はかりごと。類 算略。

【算木】サンぎ 日 ①易エキで、占いに使う六本の小さな角棒。②和算に用いる角棒。

【算式】サンシキ 加減乗除などの符号で、計算をあらわす式。計算式。

【算出】サンシュツ 日 計算して値を出す。例 利益を―する。

【算術】サンジュツ ①計算のしかた。計算すること。②日 かつて初等教育で教えた、やさしい数学。今の算数。

【算数】サンスウ ①計算すること。②日 小学校の教科の一つで、初歩の数学。算術。

【算段】サンダン 日 あれこれ方法を考えて工夫する。特に、金銭の都合をつけること。くめん。例 借金の―がつく。

【算▼籌】サンチュウ 数を数えるときに使う、木や紙で作った道具。かずとり。

【算定】サンテイ 計算して決める。例 給与の額を―する。

【無レ算】サンなし ①数えるまでもないほど少ない。②数えきれないほど多い。③数がいくつと定められていない。定数がない。

【算入】サンニュウ 日 全体の計算の中に入れる。

【算盤】サンバン|そろバン ①中国や日本などで使われている、計算の道具。長方形のわくの中に、軸に通した珠たまが並ぶ。例 ―をはじく。②損得の計算。例 ―が合わない(=もうからない)。▽十露盤そろバン。

【算法】サンポウ ①計算の方法。算術。②数学の呼び名。

【算命】サンメイ ①運命を占う。②計画したことを命ずる。

【算用】サンヨウ 日 数や量を計算する。見つもる。勘定。例 ―合って銭ぜにに足らず(=帳簿の上の計算は収支が合うけれども、金が足りずどうにもならない、の意)。

●暗算アンザン・概算ガイサン・加算カサン・換算カンサン・逆算ギャクサン・公算コウサン・誤算ゴサン・採算サイサン・勝算ショウサン・精算セイサン・打算ダサン・通算ツウサン

箠

竹8(14) ― 7BA0 スイ漢 紙 chuí むち

意味 ❶むちで打つ。むちうつ。通 棰イス。❷乗馬用のむち。むち。通 棰イス。例 箠策スイサク。

【箠策】スイサク ウマを打つむち。

【箠▼楚】スイソ 罪人を打つむち。また、むち打ちの刑。

箐

竹8(14) 4 8352 7B90 一 セイ漢 庚 jīng 二 セン漢 霰 qiàn/qìng 三 ショウ(シャウ)漢 陽 qiāng

意味 一 小さな竹かご。例 笭箐レイセイ(=魚を入れるかご。びく)。二 大きな竹林。例 箐谷セイコク(=竹林のある山谷)。三 タケの名。

箋

竹8(14) 2 6821 7B8B 常用 セン漢 先 jiān ふだ

[䇳] 竹6(12) 4 8340 41F3 俗字。

[牋] 片8(12) 2 6416 724B 別体字。

[㮍] 木9(13) 4 1512 3B8D 別体字。

筆順

なりたち

[形声]「竹(=タケ)」と、音「戔セン」とから成る。識別を表す書きつけ。

意味 ❶気づいたことや注意すべきことを書きつける紙きれ。例 処方箋ショホウセン。付箋フセン。❷古典の注釈。また、古典に注釈をつけること。例 箋注センチュウ。❸手紙や詩を書く美しい用紙。また、手紙。例 詩箋シセン。便箋ビンセン。用箋ヨウセン。❹文体の一つ。上奏文の類。例 箋奏センソウ。

古訓 中古 かみ・ふだ 中世 かみ・しるす・ふだ 近世 あむ・あらはす・しるす・ふだ・ふみ

人名 ふみ

【箋▼檄】センゲキ 回状。まわしぶみ。

【箋奏】センソウ 天子にたてまつる文書。上奏文。

【箋注】【箋▼註】センチュウ 難しい語句に説明を加え、本文をわかりやすくする。注釈。類 箋釈・箋疏センソ。

箏

竹8(14) 2 6823 7B8F ソウ(サウ)漢 庚 zhēng こと

[筝] 竹6(12) 2 6824 7B5D 俗字。

意味 竹製(のちに木製)の、長い胴に弦を張った弦楽器。**こと**。古くは五弦や十二弦で、隋ズイ・唐代は十三弦が主流。のち、二十一弦などの大型になる。しょうのこと。そうのこと。〔「琴」を「きんのこと」という〕例 琴箏キンソウ。

【箏曲】ソウキョク 箏ことで演奏する音楽。

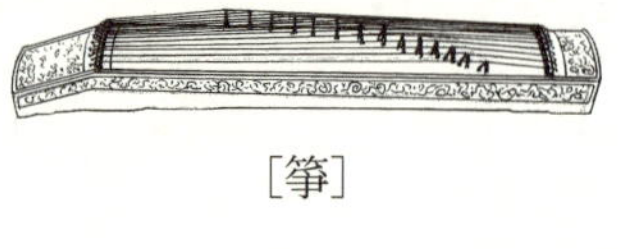
[箏]

箑

竹8(14) 4 8353 7B91 ソウ(サフ)漢 ショウ(セフ)呉 洽 shà

意味 竹製のうちわ。

[箒] 竹8(14) ⇩帚ソウ(429ジペー)

[箪] 竹8(14) ⇩罩トウ(1063ジペー)

箔

竹8(14) 1 3983 7B94 人 ハク漢 薬 bó

なりたち [形声]「竹(=タケ)」と、音「泊ハク」とから成る。すだれ。

意味 ❶日よけや部屋の仕切りとして使う、竹製の道具。すだれ。例 珠箔シュハク。❷金属を薄くたたきのばしたもの。例 金箔キンパク。銀箔ギンパク。❸カイコにまゆをつくらせる際に用いる、薄いすのこ。まぶし。

古訓 中古 すだれ 中世 すだれ 近世 すだれ

[箸] 竹8(14) ⇩箸はし(1005ジペー)

箙

竹8(14) 2 6825 7B99 フク漢 屋 fú えびら

意味 矢を入れて背負う武具。やなぐい。**えびら**。

[箆] 竹8(14) ⇩篦へイ(1007ジペー)

箼

竹9(15) 4 8358 7BBC オク(ヲク)漢 屋 wū

意味 タケが密生する。

[篏] 竹9(15) ⇩嵌カン(418ジペー)

篋 竹9(15) 2 6826 7BCB　キョウ(ケフ)漢呉 葉 qiè　はこ

意味 書物や衣類をしまう竹製のはこ。**はこ**。例 篋笥。

難読 玉篋(たまくしげ)

【篋▼笥】書物や手紙、衣服などを入れる、タケで編んだはこ。

【篋底】はこの底。はこの中。筐底。

箛 竹9(15) 4 8354 7B9B　コ漢 虞 gū

意味 ❶楽器の名。笳(=あしぶえ)と同類。❷タケの名。

篌 竹9(15) 2 6828 7BCC　コウ漢 ゴ呉 尤 hóu

意味 ❶「箜篌」は、ハープに似た弦楽器の名。❷タケの名。篌竹。

篁 竹9(15) 2 6827 7BC1　コウ(クヮウ)漢 陽 huáng　たかむら

意味 ❶竹やぶ。**たかむら**。例 幽篁(=静かな竹やぶ)。❷タケ。❸ふえ。管楽器。

篊 竹9(15) 4 8360 7BCA　コウ漢 グ呉 東 hóng　ひび

意味 竹製の漁具。やな。**ひび**。

日本語での用法 《ひび》▼養殖の海苔・カキなどを付着させるために海中に立てておく粗朶など。

箴 竹9(15) 2 6830 7BB4　シン(シム)漢 侵 zhēn　はり・いまし-める(いまし-む)

意味 ❶裁縫や漢方の治療に用いる、石ばり。**はり**。通 針・鍼。例 箴石(=石ばりの材料。また、石ばり)。❷人の過ちを正し、教えさとす。**いましめる**。例 箴言。❸文体の一つ。いましめを述べたもの。例 箴銘。

【箴▼誨】忠告して教え導く。

【箴▼誡】いましめ。いましめる。箴諫。類 箴訓。

【箴▼諫】いさめる。いさめ。また、いましめ。

【箴規】いましめただす。いましめ。

【箴言】いましめのことば。特に、人生の教訓となるような短いことば。格言。例 ―集。

【箴▼砭】①「砭」も、石で作ったはり)石ばりを使って治療する。また、石ばり。②いましめ。過ちをいましめて、ただす。

【箴銘】文体の一つ。うつわや墓に韻文で記す、いましめの文章。

箵 竹9(15) 4 8357 7BB5　セイ漢 迥 xǐng

意味 捕れた魚を入れる竹製のうつわ。びく。例 笭箵(=びく)。

[節] 竹9(15) ⇒節(1001ページ)

箭 竹9(15) 1 3293 7BAD　セン漢呉 霰 jiàn　や

[箭] 竹9(15) ―― 俗字。

意味 ❶矢の材料になる、かたくまっすぐなタケ。シノダケ。ヤダケ。❷弓で射る武器。**や**。例 弓箭(=弓と矢。武器)。毒箭(=毒矢)。

【箭眼】矢を射るための城壁の小窓。矢狭間。

【箭書】矢に結びつけて送る手紙。矢ぶみ。

【箭▼鏃】矢の先につける石や金属。矢じり。

篅 竹9(15) 4 8359 7BC5　セン漢 ゼン呉 先 chuán

意味 穀物を貯蔵するための竹製のうつわ。例 篅笹(=「笹」も、竹製のうつわ)。

[簞] 竹9(15) ⇒簞(1009ページ)

篆 竹9(15) 2 6831 7BC6　テン漢 銑 zhuàn

意味 ❶漢字の書体の一つ。周の太史、籀が作ったとされる大篆と、秦の李斯が作ったとされる小篆とがある。現在、碑文の題字や印章などに用いられる。篆書。篆文。❷〔おもに篆書を用いたことから〕印章。例 篆刻。

【篆額】石碑の上部に篆書でほった題字。

【篆刻】①〔篆書体が多く用いられたことから〕印材などに文字をほりつける。②一字一句、苦心して文章を作る。

【篆字】「篆書」に同じ。

【篆書】漢字の古書体の一つ。大篆と小篆とがある。

【篆文】「篆書」に同じ。

【篆隷】篆書と隷書。例 篆隷万象名義(=平安時代の字書)。

箱 竹9(15) 1 4002 7BB1 教3　ショウ(シャウ)漢 ソウ(サウ)呉 陽 xiāng　はこ

筆順 ノ ⺈ ⺮ 笁 笧 箱

なりたち 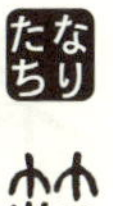 [形声]「竹(=タケ)」と、音「相」とから成る。荷をのせるために車につけるはこ。

意味 ❶車の、人や物をのせるところ。例 車箱。❷物を入れる四角いうつわ。**はこ**。例 箱筥(=はこ)。重箱。本箱。❸ひさし。母屋の両わきにある部屋。通 廂。

古訓 中古 とこ・はこ 中世 はこ 近世 はこ・ひさし

【箱庭】日 浅い箱の中に山や川、庭の様子をかたちづくったもの。樹木や石、家や橋などの模型を置いたりする。

【箱枕】日 箱形の木の台の上にくくりつけた、まくら。

●私書箱・巣箱・玉手箱・百葉箱・筆箱

箸 竹9(15) 1 4004 7BB8 常用　一 チョ漢 御 zhù　二 チョ漢呉 御 zhù　はし

[箸] 竹8(14) ―― 俗字。

筆順 ⺈ ⺮ 笁 笋 箸 箸

なりたち  [形声]「竹(=タケ)」と、音「者ヤ→チ」とから成る。飯用のはし。

意味 一 ❶タケや木でできた、ものをはさんで取る細長い二本の棒。**はし**。例 象箸(=象牙で作った、はし。ぜいたくのたとえ)。匕箸(=さじと、はし)。菜箸。火箸。❷あきらかにする。はっきり書きあらわす。のべる。通 著。二 ❶衣服を身につける。通 着・著。❷つく。まとわりつく。通 着・著。

古訓 中古 はし 中世 はし 近世 あきらか・いちじるし・はし

人名 あき・あきら・つく

範 竹9(15) 1 4047 7BC4 常用　ハン(ハム)漢 ボン(ボム)呉 豏 fàn　のり

[笵] 竹5(11) 2 6791 7B35 本字。

筆順 … 範

なりたち 形声 「竹(=竹簡に書かれた刑法の書)」と、音「氾ハ」とから成る。竹簡に書かれた法律。のり。

意味 ❶手本とすべき型。決まり。**のり**。例 範例ハンレイ。規範キハン。❷いがた。枠。また、ある枠の中。例 範囲ハンイ。範疇ハンチュウ。

古訓 中古 かたち・つね・のとる・のり 中世 つね・のつとる・のり 近世 つね・のつとる・のり

人名 かた・すすむ・つね・のる・ひろ・ひろし

【範囲】ハンイ ある広がりの中の限られた広さ。例 試験に出題する—。勢力—。

【範式】ハンシキ 手本。規範。

【範▼疇】ハンチュウ ①区分。部門。分類。②日〔独 Kategorie の訳語〕ものごとをいくつかに分けたとき、同じ性質のものが属する区分。カテゴリー。例 別の—に属する。

【範例】ハンレイ 見ならうべき例。手本。

●規範キハン・広範コウハン・師範シハン・垂範スイハン・模範モハン

篇

竹9(15) 1 4251 7BC7 人 ヘン漢 先 piān

[篇] 竹9(15) —— 俗字。

なりたち 形声 「竹(=タケ)」と、音「扁ヘ」とから成る。書物。

意味 ❶文字を書いたタケや木のふだ。竹簡。木簡。また、それらを意味上のまとまりごとにひもでつづりあわせたもの。❷一つにまとまった詩歌や文章。書物。例 短篇タンペン。長篇チョウヘン。❸書物の全体をいくつかに分けた部分。例 後篇コウヘン。前篇ゼンペン。❹詩歌や文章を数える語。例 詩三百篇サンビャッペン。

表記 現代表記では「編」に書きかえることがある。熟語は「編」も参照。

古訓 中古 あむ・ふだ 中世 ふだ・ふむだ 近世 あつむ・あまねし・あむ・むち

人名 あむ・かく

【篇▼翰】【篇簡】ヘンカン 書物。また、詩文。編翰ヘンカン。編簡。編冊ヘンサク。類 篇冊ヘンサク。

【篇首】ヘンシュ 詩や文章のはじめ。冒頭。表記 現 編首

【篇▼什】ヘンジュウ 〔『詩経』の雅や頌ショで、十編を一什としてまとめたことから〕詩歌集。また、詩歌。

【篇章】ヘンショウ 文章の篇や章。また、書物。

【篇籍】ヘンセキ 書物。文書。類 篇典。

【篇▼帙】ヘンチツ ①書物をくるむもの。ふみづつみ。②書籍。

箯

竹9(15) 4 8356 7BAF ヘン漢 ベン呉 先 biān

意味 タケを編んで作った粗末な輿コ。たけごし。あんだ。例 箯輿ベンヨ(=たけごし)。

䈎

竹9(15) 4 8355 420E ヨウ(エフ)漢 葉 yè

意味 書物のページや紙など、うすいものを数えることば。通 葉・頁ヨ。参考 䈎本ささもと(=姓)。

篔

竹10(16) 4 8363 7BD4 ウン漢 文 yún

意味 タケの名。例 篔簹ウントウ(=表皮が薄く、節ふしと節との間が長い、大きなタケ)。

篝

竹10(16) 2 6832 7BDD コウ漢 尤 gōu かがり

[篝] 竹10(16) —— 俗字。

意味 ❶火の上にかぶせ、衣服をかわかしたり、中に香炉を置いて香をたきしめたりする、かご。ふせご。例 衣篝イコウ(=衣服に香をたきしめるためのかご)。❷物を入れて背負うかご。❸照明のために火を燃やす、鉄製のかご。かがりび。**かがり**。例 篝火コウカ

【篝火】コウカ かがりび 照明や警備などのためにたく火。

篙

竹10(16) 3 8970 7BD9 コウ(カウ)漢 豪 gāo

[㰏] 木16(20) 3 8626 3C0F 別体字。

意味 舟を進めるための竹ざお。さお。例 篙竿コウカン。篙師コウシ(=船頭)。

【篙人】コウジン さおさす人。船頭。船人ふなびと。類 篙工・篙師・篙手。

簑

竹10(16) ⇩蓑サ(1148ジペー)

簒

竹10(16) —— 7BE1 サン漢 セン呉 諫 cuàn うば-う(うば-ふ)

[簒] 竹11(17) 2 5053 7C12 俗字。

意味 よこどりする。うばいとる。**うばう**。特に、臣下が君主の位をうばいとる。例 簒奪サンダツ。

【簒位】サンイ くらいをうばう 臣下が君主の位をうばいとる。

【簒逆】サンギャク 臣下がそむいて君主の位をうばいとる。

【簒▼弑】サンシ 〔「弑」は、身分の下の者が上の者を殺すこと〕臣下が君主を殺して、その地位をうばいとる。類 簒殺。

【簒奪】サンダツ 臣下が君主の地位をうばいとる。例 王位を—する。

【簒立】サンリツ 臣下が君主の地位をうばって、君主になる。

篩

竹10(16) 2 6833 7BE9 シ漢呉 支 サイ漢 佳 shāi ふるい(ふるひ)・ふる-う(ふる-ふ)

意味 ❶網目を通して、細かいつぶと粗いつぶとをより分ける道具。**ふるい**。❷ふるいでふるう。ふるいにかける。**ふるう**。

𥱤

竹10(16) 4 8362 25C64 シュウ(シウ)漢 xiū

意味 長いさま。参考 𥱤いざ・𥱤いざさ(=姓)。

篪

竹10(16) 4 8366 7BEA チ漢 支 chí

意味 管楽器。横笛の一種。八つの穴がある。例 壎篪ケンチ(=土ぶえと竹ぶえ)。

築

竹10(16) 1 3559 7BC9 教5 チク漢 屋 zhù きず-く(きづ-く)・つ-く 付表 築山つきやま

筆順 … 築

なりたち 形声 「木(=き)」と、音「筑チク」とから成る。土をつきかためる、きね。

意味 ❶土をつく道具。きね。❷土をついてかためる。土台をつくる。**つく**。例 築地チクチ。版築ハンチク。❸建物・城・庭園などをつくる。**きずく**。例 昭王為レ隗築レ宮ショウオウカイのためにキュウをきずく(=昭王は郭隗のために屋敷をつくった)。〈戦国策・燕一〉改築カイチク。建築ケンチク。

古訓 中古つく 中世きづく・つく 近世きづく・つく
難読 杵築（=地名）・都築（=姓）
【築山】㊀ザンチク 土を積み上げ、山をつくる。㊁つきやま 日 庭園などで、土や石を盛って山をかたどったもの。
【築城】ジョウチク 城や陣地をつくる。
【築造】ゾウチク 城・石垣・堤防・ダムなどをつくる。
【築地】㊀チク 地面をつき固める。㊁ついじ 日 柱を立て、板を芯にして泥で固め、かわら屋根をつけた塀。㊂つきじ 日 海や沼などを埋めてきずいた土地。
【築庭】テイチク 庭園をつくる。造園。
【築堤】テイチク 堤防をきずく。また、その堤防。例 —工事。
【築港】コウチッ 港をつくる。また、その港。
●改築カイチク・建築ケンチク・構築コウチク・新築シンチク・増築ゾウチク

篖
竹10（16） 4 8364 7BD6 トウ（タウ）漢 陽 táng
意味 「符篖トウ」は、タケを編んだむしろ。アンペラ。符篖トウ。

篤
竹10（16） 1 3838 7BE4 常用 トク漢 沃 dǔ あつ-い（あつ-し）

［篤］⺾10（13） 4 8652 450D 別体字。

筆順 ⺮ ⺮ ⺮ 竺 竺 竺 筐 篤 篤

なりたち  ［形声］「馬（=ウマ）」と、音「竹チク→トク」とから成る。ウマがゆっくりおだやかに歩く。派生して「あつい」の意。

意味 ❶人情があつい。真心がこもっている。**あつい**。例 君子篤二於親一、則民興二於仁一（クンシシンにあつければ、すなわちたみジンにおこる）（=為政者が近親を手厚くすると、人民も仁がさかんになる）。〈論語・泰伯〉篤実ジツトク。懇篤コントク（=親切、丁寧）。❷ものごとに熱心である。ひたすら余念がない。いちずに。例 篤学ガクトク。篤信シントク。❸病気が重い。例 危篤キトク。❹非常に。はなはだ。例 篤老ロウトク。❺的確な。適切な。例 篤論ロントク。

古訓 中古あつし・かたし 中世あつし・おそきむま 近世あつし・おそし・かたし・もっぱら

人名 あつ・あつし・あつみ・あつむ・しげ・すみ・たか・たかし

【篤学】ガクトク 学問に熱心なこと。例 —の士。
【篤孝】コウトク・コウトッ まごころをこめて親に孝行する。
【篤志】シトク ①一生懸命にこころざす。②日 社会のために熱心に協力しようとする気持ち。例 —家カの寄付。
【篤疾】シットク 重い病気。篤痾アトク。篤病ヘイトク。
【篤実】ジツトク 人に対して思いやりがあって、誠実なこと。例 温厚—な人物。
【篤信】シントク・シンずあつく ①かたく信じる。例 篤信好レ学（あつくシンじてガクをこのむ）（=いちずに信じて学問を好む）。〈論語・泰伯〉②神仏を深く信仰する。例 —家カ。—の人。
【篤農】ノウトク 農業に熱心で、研究心に富んでいること。例 —家カ。
【篤老】ロウトク 非常に年をとっている。高齢。老衰。
【篤論】ロントク 当を得た論調。適切な論議。
【篤恭】キョウトッ 誠実で、つつしみ深い。篤敬ケイトッ。
【篤敬】ケイトッ 「篤恭キョウトッ」に同じ。
【篤行】コウトッ 誠実で真心のこもったおこない。
【篤厚】コウトッ 思いやりがあって正直なこと。例 —の士。

篚
竹10（16） 4 8365 7BDA ヒ漢 尾 fěi
意味 ❶車のちりよけ。❷扉つきの竹製の箱。例 篚筐キョウヒ（=竹製の小箱）。

篦
竹10（16） 2 6836 7BE6 ヘイ漢 斉 ヒ漢 寘 bì へら

［箆］竹8（14） 1 4247 7B86 俗字。

意味 髪をすく歯の細かい、くし。すきぐし。
日本語での用法 《へら》「靴篦くつべら・竹篦たけべら」▼タケなどを細長く平たくけずって作った、小刀形の道具。

［篻］
竹10（16） ⇩篻なや（1008ジペー）

篥
竹10（16） 2 6837 7BE5 リキ慣 リツ漢 リチ呉 質 lì
意味 「觱篥リキヒチ（ヒツリツ）」は、西域から伝わった竹製の管楽器。かん高い強い音を出す。

［篭］
竹10（16） ⇩籠ウロ（1011ジペー）

［篗］
竹10（16） ⇩籰クワ（1012ジペー）

簃
竹11（17） 4 8368 7C03 イ漢 支 yí
意味 楼閣に連なる小さな建物。

篶
竹11（17） 2 6846 7BF6 エン漢 先 yān すず
意味 黒いタケ。スズタケ。**スズ**。篶竹チクエン。

簋
竹11（17） 4 8369 7C0B キ（クヰ）漢 紙 guǐ
意味 祭祀サイの穀物を盛る、円形の食器。通 毁キ。例 簠簋ホキ。

［簑］
竹11（17） ⇩蓑サ（1148ジペー）

簀
竹11（17） 2 6839 7C00 サク漢 陌 zé す・すのこ
意味 タケやアシを編んだ、寝台の敷物。**す**。**すのこ**。例 易簀サクをかう（エキサク）。

【易レ簀】サクをかう ⇩【易簀】エキサク（621ジペー）

簎
竹11（17） 4 8370 7C0E サク漢 シャク呉 陌 cè やす
意味 魚を刺して捕る漁具。**やす**。

簓
竹11（17） 2 6841 7C13 国字 ささら
意味 タケの先を細かく割って束ねたもの。田楽ガクデンの伴奏楽器。また、鍋なべなどを洗う道具とする。**ささら**。例 簓踊ささらおどり。簓子ささらこ（=ささらをこするために、のこぎりの歯に似た刻み目を入れた細長いタケ）。

［簒］
竹11（17） ⇩簒サン（1006ジペー）

簁
竹11（17） 3 8971 7C01 シ漢呉 支 サイ漢 佳 shāi とおし（とほし）
意味 ❶網目を通して、つぶをより分ける道具。目の粗あらい、ふるい。**とおし**。通 篩シ。❷ふるい分ける。ふるう。通 篩シ。

篠
竹11（17） 1 2836 7BE0 人 ショウ（セウ）漢 篠 xiǎo しの

［筱］竹7（13） 2 6812 7B71 本字。
［篜］竹7（13） 4 8341 7B7F 俗字。

なりたち  ［形声］「竹（=タケ）」と、音「攸ウユ→ウショ」とから成る。小さいタケ。

意味 山野に群生する細いタケで、矢を作るのに用いられる。シノダケ。**しの**。

古訓 中古 あじか・ささ・しの 中世 あじか・ささ・しの・すず 近世 しの・のだけ

難読 篠竹(ささ/だけ/しの/たけ/すず)・篠蟹(ささがに)(＝クモ)・篠山(ささやま)(＝地名)

【篠笛】しのぶえ 日 しのだけで作った、穴が七つある横笛。民俗芸能などに用いる。

【篠懸】すずかけ 日 ①街路樹などにする落葉高木。葉は手のひら形で大きい。秋、鈴のような実がなる。プラタナス。②山伏が衣服の上にまとう麻のころも。

簇
竹11(17) 2 6840 7C07
ゾク慣 ソク漢 屋 cù ソウ漢 有 còu
むら-がる・しんし

意味 タケがむらがって生える。**むらがる**。例 簇生ソウセイ。簇簇ソウソウ(＝むらがり集まるさま)。

【簇生】ソウセイ/ゾクセイ 草木などがむらがってたくさんはえる。叢生ソウセイ。表記 現族生ゾクセイ

日本語での用法 《**しんし**》「簇張しんしばり」▼布の洗い張りや染色のときに、布をのばして張っておくタケのくし。伸子シンシ。

篳
竹11(17) 2 6842 7BF3
ヒツ漢 ヒチ呉 質 bì

意味 ❶タケで作った(粗末な)かきね。まがき。例 篳門ヒツモン(＝タケで作った粗末な門)。❷⇒【篳篥】ヒチリキ/ヒツリツ

【篳▼篥】ヒチリキ/ヒツリツ 西域から伝わった竹製の管楽器。表側に七つ、裏側に二つの穴があり、かん高く強い音が出る。觱篥ヒチリキ/ヒツリツ。

【篳門▼閨▼竇】ヒツモンケイトウ 〔タケなどで作った粗末な門と、土塀をくりぬいたくぐり戸の意〕貧相な家。〈左伝・襄10〉

篷
竹11(17) 2 6843 7BF7
ホウ漢 東 péng
とま・ふなやかた

意味 ❶小屋や舟の上におおいとしてタケや布を張って、日光や風雨をさえぎるようにしたもの。**とま**。例 篷窓ホウソウ。❷とまで屋根をふいた小船。**ふなやかた**。例 篷底ホウテイ(＝ふなぐら)。

【篷舟】ホウシュウ とまで屋根をふいた舟。篷船ホウセン。

【篷窓】ホウソウ とまをかけた船のまど。

篰
竹11(17) 4 8367 7BF0
ホウ漢 ブ呉 有 bù

意味 ❶竹簡。タケのふだ。❷タケの皮を編んだかご。

参考 「蔀ホウ/しとみ」とは別の字だが、通用される。

簗
竹11(17) 2 6844 7C17 国字
やな

[𥱋] 竹10(16) 4 8361 25C4B 俗字。

意味 川の流れにしかけをして魚の通り道をせばめ、そこに簀すを張って、魚を捕らえるしかけ。**やな**。例 簗簀やなす。崩くずれ簗やな。簗やなを打うつ(＝やなをしかける)。

簍
竹11(17) 2 6845 7C0D
ロウ漢 ル呉 有 lǒu

意味 タケで編んだかご。目の粗いかご。例 魚簍ギョロウ(＝捕った魚を入れる竹かご)。

難読 藤簍冊子つづらぶみ(＝上田秋成うえだあきなりの歌文集)

簏
竹11(17) 4 8371 7C0F
ロク漢 屋 lù

意味 竹製の箱。はこ。例 書簏ショロク(＝書物を収めるはこ)。

簡
竹12(18) 1 2042 7C21 教6
カン漢 ケン呉 潸 jiǎn
ふだ・えら-ぶ

[𥳑] 竹12(18) — 25CD1 旧字体。

筆順

なりたち

[形声]「竹(＝タケ)」と、音「閒カン」とから成る。文字を書きつけるタケのふだ。

意味 ❶紙の発明以前、文字を記したタケのふだ。**ふだ**。例 簡策カンサク。簡牘カントク。❷手紙や書物。例 書簡ショカン。竹簡チッカン。❸寛大。おおまか。手軽な。例 居レ敬而行レ簡ケイにいてカンをおこなう(＝つつしみ深くして、鷹揚ヨウにおこなう)。〈論語・雍也〉 簡素カンソ。簡便カンベン。❹えり分ける。**えらぶ**。例 簡閲カンエツ。簡抜カンバツ。❺おろそかにする。おこたる。また、あなどる。おごる。例 簡傲カンゴウ。簡慢カンマン。❻減らす。省く。例 簡省カンセイ。簡約カンヤク。❼検査する。調べる。けみす。例 簡二車馬一シャバをけみす(＝車馬を検閲する)。〈左伝・桓6〉 ❽⇒【簡簡】カンカン

古訓 中古 えらぶ・おろかなり・おろそかに・ふだ・ふむだ 中世 えらぶ・おろそか・つづまやか・つまびらか・ふだ 近世 あなどる・えらむ・おほいなり・おろそか・つづまやか・はぶく・ふだ・ふみ・わかつ

人名 あきら・ひろ・ふみ・やすし

【簡易】カンイ 手軽なさま。たやすい。おおまかな。例 悪二恭倹一而好二簡易一キョウケンをにくみてカンイをこのむ(＝つつましいことを好まず、おおまかなことを好んだ)。〈墨子・非命中〉 ―な方法。

【簡閲】カンエツ 数をかぞえ、状態を調べる。選び調べる。

【簡化字】カンカジ 「簡体字カンタイジ」に同じ。

【簡簡】カンカン ①声がやわらいで大きいさま。②ゆとりがあって大きいさま。③のどかでのんびりしているさま。

【簡▼勁】カンケイ 簡潔で力強いさま。例 筆勢が―である。

【簡潔】カンケツ 簡単で要点をついているさま。対冗漫。例 ―な表現。

【簡古】カンコ (詩文や絵画で)すっきりして古風なさま。

【簡傲】カンゴウ 人をあなどって、おごり高ぶるさま。

【簡策】カンサク・【簡冊】カンサツ ①竹簡。簡牘カントク。②書物。▽類簡札・簡牒カンチョウ。

【簡出】カンシュツ ①選びだす。選出。②時期を選んで出る。

【簡書】カンショ ①命令を記した文書。②手紙。書簡。

【簡▼捷】カンショウ 手軽で、すばやいさま。例 事務の―化。

【簡省】カンセイ 無駄なことをはぶく。簡略にする。

【簡静】カンセイ・【簡▼靖】カンセイ ①(計画や対策が)おおまかで、おだやかなさま。②(性質が)あっさりしていて、静かなさま。

【簡素】カンソ 無駄をはぶき、よけいな飾りのないさま。対煩雑。例 ―な挙式。―な手続き。

【簡率】カンソツ 礼儀や作法にこだわらず、おおまかである。ありのままであるさま。

【簡体字】カンタイジ 中国で制定され使用されている、字体を簡略化した漢字。「開」を「开」、「長」を「长」とするなど。簡化字。対繁体字。

【簡択】カンタク 選出する。選びぬく。類簡選。

【簡単】カンタン 日 ①こみいってなくて、やさしいさま。対複雑。例 ―明瞭メイリョウ。―な問題。②手軽なさま。手間のかからないこと。例 ―な食事。

【簡▼牘】カントク ①〔竹簡と木牘の意〕紙の発明以前に文字を書くのに用いた、タケや木の札。②文書。手紙。書物。

【簡抜】カンバツ (人などを)選んで用いる。選抜。抜擢バッテキ。類簡擢カンテキ。例 適材を―する。

【簡兵】カンペイ/ヘイをえらぶ 兵士をえりすぐって訓練をおこなう。

【簡便】カンベン 楽にできて便利なこと。軽便。例 ―な方法。

【簡編】ヘンカン ひもでとじた竹簡。転じて、書物。
【簡朴】【簡▼樸】カンボク 質素である。飾りけがない。
【簡慢】【簡▼嫚】カンマン ①人をあなどり、おろそかに対応する。②怠慢。〔接待がゆきとどかないことを謙遜ケンソンしたり、わびたりするときのことば〕
【簡明】カンメイ てみじかでわかりやすいさま。簡単明瞭メイリョウ。例 ―直截チョクセツ。―な説明。
【簡黙】カンモク おおまかで、口数が少ないこと。寡黙。
【簡約】カンヤク 余計なものを省く。要点をつかんで、短くまとめる。要約。例 ―の英和辞典。
【簡要】カンヨウ 簡単で要領を得ているさま。
【簡略】カンリャク 簡単で手軽なこと。てみじか。例 ―な挨拶アイサツ。
【簡練】カンレン ①人をえりすぐって訓練する。②経験豊かで才知にたけている。老練である。
◐書簡ショカン・繁簡ハンカン・料簡リョウケン

簣

竹12 (18) ②6847 7C23 キ(クヰ)漢 寘 kuì もっこ

意味 土を運ぶのに用いるタケのかご。あじか。もっこ。例 為レ山九仞、功虧二一簣一（やまをつくるキュウジン、コウイッキにかく）（=九仞の高い山を築くのに、最後のひともっこを運ばない。積み重ねた努力も、最後の気のゆるみで完成しないことのたとえ）。〈書経・旅獒〉

[籏]

竹12 (18) ⇨旗キ（1010ページ）

簧

竹12 (18) ②6848 7C27 コウ(クヮウ)漢 陽 huáng した

意味 ❶笛にとりつけて、息を吹きこむときに振動させて音を出す、タケや金属の薄片。リード。した（舌）。❷笙ショウの笛。
【簧鼓】コウコ 笛の舌をゆり動かして音をひびかせる。転じて、いいかげんなことを言って、民衆を惑わすこと。〈荘子・駢拇〉

簪

竹12 (18) ②6849 7C2A シン(シム)漢 侵 サン(サム)漢 覃 zān かんざし

意味 ❶冠を留めるために髪にさすもの。のちに、女性の髪飾り。こうがい。かんざし。例 不レ勝レ簪（シンにたえず）（=頭髪がうすくてかんざしがさせない）。〈杜甫・春望〉❷かんざしをさす。かざす。例 簪レ玉出二北房一（ギョクをかざしホクボウをいず）（=玉のかんざしをさして北の部屋を出る）。〈謝恵連・擣衣〉❸集まる。例 盍簪シンコウ（あいあつまる）。
【簪▼纓】シンエイ ①冠を留めるかんざしと冠のひも。②高官の衣服。身分の高い人のたとえ。類 簪裾シンキョ。
【簪▼笏】シンコツ ①冠を留めるかんざしと手に持つ笏シャク。②官吏の礼装。官吏のたとえ。例 舎二簪笏於百齢一（シンコツをヒャクレイにすつ）（=今後生涯仕官しない）。〈王勃・滕王閣序〉
【簪筆】シンピツ ふでをかざす ふでを冠や頭髪にさす。官吏になること。
【簪▼紱】シンフツ ①冠を留めるかんざしと印章のひも。②高官の礼装。身分の高い人のたとえ。

簞

竹12 (18) ③8973 7C1E 人 タン漢 寒 dān

[箪]

竹9 (15) ①3529 7BAA 俗字。

なりたち 簞 [形声]「竹（=タケ）」と、音「單タン」とから成る。竹製の丸い容器。

意味 タケで編んだ丸いうつわ。わりご。飯や穀物を入れるのに用いる。例 簞食タンシ。簞瓢タンピョウ。

古訓 中古 いひもるけ・かたみ・け・たかけ・つつ 中世 あしのうつはもの・かたみ 近世 かご・かたみ・はこ
【簞食】タンシ わりご（=タケのうつわ）に入れた飯。弁当。
【簞食▼壺▼漿】タンシコショウ 飯をわりご（=タケのうつわ）に盛り、飲み物をつぼに入れる。人民が自分たちを救ってくれる軍隊を歓迎し、もてなすことの形容。〈孟子・梁恵王下〉
【簞食▼瓢飲】タンシヒョウイン わりご（=タケのうつわ）に入れた飯と、ヒョウタンに入れた飲み物。質素な生活のたとえ。「一簞イッタンの食シ、一瓢イッピョウの飲イン」とも。〔孔子の弟子の顔回が貧しい生活の中で学問に励んだ故事〈論語・雍也〉による〕
【簞▼笥】㊀タンシ 飯を入れる、タケでできた箱。わりご。〔丸いのが簞、四角いのが笥〕㊁タンス 〔日「ス」は、唐音〕衣服などを入れる家具。例 和―ワダンス。用―ヨウダンス。
【簞▼瓢】タンピョウ 飯を盛るうつわと、飲み物を入れるうつわ。

簟

竹12 (18) ②6850 7C1F テン(テム)漢 琰 diàn あじろ・たかむしろ

意味 ❶座ったり寝たりするための、タケで編んだ敷物。たかむしろ。あじろ。例 簟席テンセキ。❷タケの一種。例 簟竹テンチク。
【簟席】テンセキ タケで編んだ敷物。たかむしろ。

簦

竹12 (18) ④8372 7C26 トウ漢 蒸 dēng

意味 長い柄のついた傘かさ。例 簦笠トウリュウ（=雨具）。

簠

竹12 (18) ③8974 7C20 ホ漢 麌 fǔ

意味 祭祀サイシの穀物を盛る、方形の食器。例 簠簋ホキ。
【簠▼簋】ホキ 穀物を入れる容器。「簠」は外側が方形、内側が円形のもの。「簋」は外側が円形、内側が方形のもの。

簷

竹13 (19) ②6851 7C37 エン(エム)漢 塩 yán のき

意味 ❶屋根のはしの、壁より外側に張り出した部分。のき。ひさし。通 檐エン。例 楡柳蔭二後簷一（ユリュウコウエンをおおう）（=ニレやヤナギの木が家の裏の軒におおいかぶさっている）。〈陶淵明・帰園田居〉簷宇エンウ（=軒。ひさし）。飛簷ヒエン（=高い軒。また、反りをうってそびえる垂木）。❷ひさしのようにつき出た部分。ひさし。通 檐エン。例 帽簷ボウエン（=帽子のつば）。

簳

竹13 (19) ③8975 7C33 カン漢 旱 gǎn やがら

意味 ❶細いタケ。❷矢の幹の部分。やがら。例 箭簳センカン（=やがら）。

簫

竹13 (19) ②6852 7C2B ㊀ショウ(セウ)漢呉 蕭 xiāo ㊁ショウ(セウ)漢呉 篠 xiǎo ふえ

意味 ㊀❶ふえ。㋐長さの異なる細い竹管を並べて作ったふえ。しょうのふえ。舜シュン帝が鳳ホウの翼を広げた形にかたどって作ったものという。㋑単管で尺八に似た底のないふえ。洞簫ドウショウ。例 客有下吹二洞簫一者上（キャクにドウショウをふくものあり）（=客に洞簫を吹く者がいた）。〈蘇軾・赤壁賦〉簫鼓ショウコ。㊁シノダケ。通 篠ショウ。❷弓の両端の、弦をかけるところ。ゆはず。通 弰ショウ。
【簫鼓】ショウコ ふえと太鼓。また、その音。

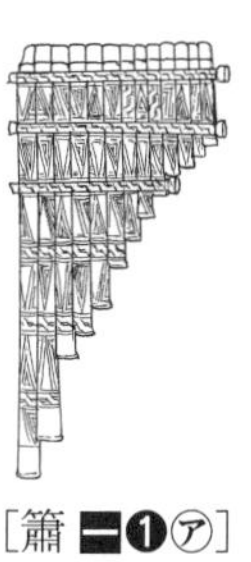
[簫 ㊀❶㋐]

簽

竹13 (19) ②6853 7C3D セン(セム)漢 塩 qiān

意味 ❶文書に署名する。表題を書く。例 簽書センショ。❷簡単な文で意見を示す。例 簽注センチュウ（=注釈を書き入れる。また、注釈）。❸表題や書名などを書く紙片やふだ。例 題簽ダイセン（=書名などを書いて書物の表紙にはる小紙片）。

【簽押】センオウ 署名して印を押す。
【簽書】センショ ①署名する。②宋ソウ代の官名。枢密使の文書係。

【籔】竹13(19) ⇩籔ソウ(1011ページ)

【籀】竹13(19) 2 6858 7C40 チュウ(チウ) 漢 宥 zhòu
【籒】竹15(21) ― 7C52 本字。
意味 ❶よむ。❷漢字の書体の一つ。籀文チュウブン。周の太史タイシ、籀チュウが作ったとされ、大篆ダイテンともいう。

【簸】竹13(19) 1 4086 7C38 一 ハ 漢 呉 哿 bǒ 二 ハ 漢 呉 箇 bò ひ-る
意味 一 ❶箕みをふるって、穀物に混じっているぬかやちりを取り除く。あおる。ひる。例 簸揚ハヨウ(＝あおってもみがらを取り除く)。❷人をあおりたてる。おだてる。二 穀物に混じっているぬかやちりを取り除くための農具。箕み。
難読 簸屑ひくず
【簸▼蕩】ハトウ 箕みであおったように揺れ動く。
【簸弄】ハロウ ①もてあそぶ。おもちゃにする。②いいかげんなことを言って、まどわせる。しむける。

【簿】竹13(19) 1 4277 7C3F 常用 一 ホ 漢 ボ 呉 麌 bù 二 ハク 漢 薬 bó
【簿】竹13(19) ― 旧字体。
筆順 ⺮ 笁 箔 箔 箔 簿 簿 簿
なりたち 【形声】本字は「簿」で、「竹(＝タケ)」と、音「部ホ…→ホ」とから成る。事柄を記載するためのタケのふだ。
意味 一 ❶書き物をするために紙をとじたもの。帳面。例 簿記ボキ。帳簿チョウボ。名簿メイボ。❷笏しゃく。二 カイコが繭まゆをつくるときに入れてやる、わらたばで作った巣のようなもの。まぶし。
古訓 中古 えびら・せまる・ふだ 中世 えびら・せまる 近世 えびら・すだれ・ふだ
【簿記】ボキ ①帳簿に書きつける。②企業などで、金銭の出し入れや財産の増減などを一定の形式で整理し、帳簿に記入する方法。例 複式―。
【簿書】ボショ ①役所で金銭や穀物の出し入れを記すための帳簿。②役所の報告書や公文書。
【簿正】ボセイ 帳簿によって数量のまちがいを調べ、正しくする。例 孔子先簿₌正祭器₋(＝孔子はまず帳簿に照らして、祭器の数を正した)。〈孟子・万章下〉
【簿責】ボセキ 帳簿に記されている事柄を証拠として、責任を問いつめる。
【簿領】ボリョウ ①帳簿に書き記す。②帳簿。文書。類 簿録。
【簿▼斂】ボレン 反逆者の私財を没収して、役所の帳簿に記入する。
●原簿ゲンボ・帳簿チョウボ・名簿メイボ

【籅】竹13(19) 4 8373 7C45 ヨ 漢 魚 yú
【𥫣】竹3(9) 4 8330 25AE3 俗字。
意味 ウシにえさをやるための竹かご。

【簾】竹13(19) 1 4692 7C3E 人 レン(レム) 漢 塩 lián すだれ・す
【簾】竹13(19) ― 俗字。
なりたち 【形声】「竹(＝タケ)」と、音「廉レン」とから成る。室内にかける、すだれ。
意味 タケやアシを編んで作った、日よけや部屋の仕切りにつるすもの。すだれ。す。例 簾中レンチュウ。簾帷レンイ。暖簾ノレン。
古訓 中古 すだれ 中世 すだれ 近世 すだれ
人名 みす
難読 翠簾みす・珠簾たますだれ・御簾みす
【簾▼帷】レンイ ①すだれや、とばり。②皇太后。
【簾額】レンガク すだれ。類 簾箔レンパク。
【簾中】レンチュウ ①すだれで仕切った内側。②后妃の部屋。③ 日 〔いつもすだれを垂らした部屋の中にいるので〕貴婦人。転じて、公卿クギョウや大名などの正妻の敬称。

【簶】竹13(19) 3 8976 7C36 ロク 漢 呉 屋 lù
意味 矢を入れる箱。やなぐい。例 胡簶コロク(＝矢を入れて携行する道具。やなぐい)。

【籏】竹14(20) 2 6857 7C4F 国字 キ はた
【簱】竹12(18) 3 8972 7C31 俗字。
意味 ❶旗。はた。例 籏雲はたぐも(＝はたのようにたなびいた雲)。❷人名・地名に用いる字。例 降籏ふるはた(＝姓)。籏居はたい(＝埼玉県の地名)。
難読 酒籏さかばやし

【籍】竹14(20) 1 3250 7C4D 常用 一 セキ 漢 ジャク 呉 陌 jí 二 シャ 漢 禡 jiè ふみ
【籍】竹14(20) ― 旧字体。
筆順 ⺮ 笁 笋 筙 筙 箝 箝 籍
なりたち 【形声】「竹(＝タケ)」と、音「耤セキ」とから成る。タケのふだに文字を書きつけたもの。
意味 一 ❶文書。書物。ふみ。例 漢籍カンセキ。書籍ショセキ。❷台帳としてつくる帳簿。家族の名や人数、住所、割り当てられる税などを記す。また、ある集団や組織に属していることを示す。例 移籍イセキ。戸籍コセキ。在籍ザイセキ。❸書きつける。登記する。しるす。例 籍₌吏民₋、封₌府庫₋(＝官民を登記し、倉庫を封鎖した)。〈史記・項羽紀〉❹税を取り立てる。また、税。例 籍斂セキレン。❺⇩【籍甚】セキジン ❻⇩【籍籍】セキセキ ❼⇩【籍田】セキデン 二 ❶下に敷く。敷物にする。通 藉シャ。例 枕₌籍詩書₋(＝『詩経』や『書経』をまくらにしたり、下に敷いたりする。経典ケイテンになじむ意)。〈塩鉄・殊路〉❷借りる。手がかりにする。よりどころにする。通 藉シャ。例 籍以₌蜀父老₋為₌辞(＝蜀の父老たちの名目を借りて弁論をなす)。〈史記・司馬相如伝〉
古訓 中古 しきるにす・しきゐる・ふだ・ふみ・やなす・よる 中世 ふだ・ふみ・よる 近世 ふだ・ふみ
人名 より
【籍甚】セキジン 評判が高い。嘖嘖サクサク。
【籍籍】セキセキ ①口やかましく言うさま。②乱れ散らばるさま。
【籍田】セキデン 天子が祭祀サイシに供える穀物を収穫するため、自ら耕作する田地。
【籍没】セキボツ 犯罪者の私財を帳簿に記録して、没収する。

【籍▼斂】(セキレン) ①年貢を取り立てる。②籍田の穀物を取り入れる。
●移籍(イセキ)・学籍(ガクセキ)・鬼籍(キセキ)・国籍(コクセキ)・除籍(ジョセキ)・入籍(ニュウセキ)・本籍(ホンセキ)

籌 竹14(20) 2 6854 7C4C チュウ(チウ)漢 尤 chóu かずとり・はかりごと
[筹] 竹7(13) 4 8345 7B79 俗字。
意味 ❶数をかぞえるためのタケの棒。**かずとり**。転じて、**はかりごと**。例 籌策(チュウサク)。籌算(チュウサン)。❷計算する。はかりごとをめぐらす。
【籌画】(チュウカク) 計画。はかりごと。類 籌度(チュウタク)。
【籌議】(チュウギ) 集まってはかりごとの相談をする。
【籌策】【籌▼筴】(チュウサク) はかりごとをめぐらす。また、はかりごと。例 運㆓籌策帷帳之中㆒(チュウサクをイチョウのうちにめぐらす)(=軍略をとばりの中でめぐらす)。〈史記・高祖紀〉
【籌算】(チュウサン) ①かずとり。算木(サンぎ)。算籌(サンチュウ)。②はかりごと。

籊 竹14(20) 4 8374 7C4A テキ漢 錫 tì
意味 ❶タケの名。細長く、笛に用いられる。❷「籊籊(テキテキ)」は、細長い竿(さお)。

籑 竹15(21) 4 8375 7C51 セン漢 霰 zhuàn
意味 ❶ごちそう。通 饌(セン)。❷詩や文章を作る。あらわす。通 撰(セン)。

[籖] 竹15(21) ⇩籤(セン)(1012ジペー)

籔 竹15(21) 2 6856 7C54 一 ソウ漢 有 sǒu ざる 二 ス漢 麌 shǔ
[籔] 竹13(19) 3 8977 4264 俗字。
意味 一 米などを洗うための竹製のざる。**ざる**。二 容量の単位。一六斗(ト)。
日本語での用法《やぶ》「竹籔(たけやぶ)」▼「藪(やぶ)」と混同したもので、誤用。

𥶡 竹15(21) 3 8978 25DA1 国字 たが
意味 人名に用いる字。例 𥶡(たが・たけ)(=姓)。

[籀] 竹15(21) ⇩籒(チュウ)(1010ジペー)

籐 竹15(21) 2 6859 7C50 トウ漢 蒸 téng
[籘] 竹16(22) 2 6860 7C58 別体字。
意味 ヤシ科のつる性の植物。**トウ**。茎は弾力があり、いすやかごなどを作る。例 籐椅子(トウイス)。籐細工(トウザイク)。
【籐椅子】(トウイス) 日 トウの茎で作った、いす。

籃 竹15(21) 2 6855 7C43 ラン(ラム)漢呉 覃 lán かご
意味 ❶手にさげて持つタケのかご。**かご**。例 魚籃(ギョラン)。❷タケで編んだ大きなかご。例 籃輿(ランヨ)(=タケで編んだ乗り物)。揺籃(ヨウラン)(=ゆりかご)。

籡 竹16(22) 4 8378 7C61 国字 しんし
意味 布の洗い張りや染色のときに、布をのばして張っておくタケのくし。**しんし**。伸子(シンシ)。

籗 竹16(22) 4 8376 7C57 タク漢 覚 zhuó ひし
意味 魚を捕らえるための竹かご。
日本語での用法《ひし》▼魚を突き刺して捕らえる道具。魚杈(ひし)。

[籘] 竹16(22) ⇩籐(トウ)(1011ジペー)

籟 竹16(22) 2 6861 7C5F ライ漢 泰 lài ふえ
意味 ❶三つの穴のある笛。**ふえ**。また、簫(ショウ)の別名。❷穴から発する音。また、風が吹いて鳴る自然界の音や、ひびき。例 松籟(ショウライ)(=松風の音)。天籟(テンライ)・風籟(フウライ)(=風の音)。

籠 竹16(22) 2 6838 7C60 常用 一 ロウ漢 冬 lóng/lǒng 二 ロウ漢 董 lǒng かご・こもる・こ-める(こ-む)
[篭] 竹10(16) 1 4722 7BED 俗字。

筆順 … 籠 籠
なりたち  [形声]「竹(=タケ)」と、音「龍(リョウ→ロウ)」とから成る。土を運ぶ用具。
意味 一 ❶土を盛って運ぶ道具。もっこ。❷タケで作った、ものを入れたり、鳥や動物をとじこめたりするもの。**かご**。例 以㆓天下㆒為㆓之籠㆒(テンカをもってこれをかごとなす)(=天下をとりかごとする《なら、スズメは逃げるすべはない》)。〈荘子・庚桑楚〉 籠鶯(ロウオウ)(=かごの中のウグイス。かごのとり)。薬籠(ヤクロウ)(=薬箱)。❸つつみこむ。とりこむ。くまなく覆い尽くす。**こめる**。例 煙籠㆓寒水㆒月籠㆑沙(けむりはカンスイをこめつきはすなをこむ)(=夜霧は寒々とした水面にたちこめ、月光は川辺の砂地を照らしている)。〈杜牧・泊秦淮〉 ❹すべて自分のものにする。包括する。支配する。例 尽籠㆓天下之貨物㆒(ことごとくテンカのカブツをロウす)(=全国の財貨を独占的に支配する)。〈史記・平準書〉 籠絡(ロウラク)。二 衣類などを入れる、タケやトウでできたかごや箱。
日本語での用法《ロウ》《こもる》「籠城(ロウジョウ)・参籠(サンロウ)・山荘(サンソウ)に籠(こ)もる・お籠(こ)もり」▼とじこもる。外へ出ない。また、こもって神仏に祈願する。
古訓 中古 こ・こむ・こもる・をぐらし 中世 かご・こ・こむる・こもる 近世 かご・こむる・こもる・つちかご・とりかご・はこ・めかご
難読 蒸籠(セイロ)・駕籠(かご)・切籠(きりこ)・破籠(わりご)・葛籠(つづら)・旅籠(はたご)・魚籠(びく)・籠手(こて)・弓籠手(ゆごて)
【籠手】(こて) 日 ①よろいの付属品の一つ。肩先から腕をおおう布製の防具で、鎖や金具などがつけてある。②剣道の防具で、ひじから手首までをおおうもの。また、そこを打つ技。③弓を射るとき、左の手首からひじのあたりにつける革製のおおい。ゆごて。
【籠蓋】(ロウガイ) すっぽりとおおう。例 天似㆓穹廬㆒、籠㆓蓋四野㆒(テンはキュウロににて、シヤをロウガイす)(=天は丸く張ったテントのように、四方の平原の上にすっぽりとおおいかぶさっている)。〈勅勒歌〉
【籠球】(ロウキュウ) 日 バスケットボール。例 —部。
【籠居】(ロウキョ) 日 家の中にとじこもる。
【籠城】(ロウジョウ) ①匈奴(キョウド)の地名。②日 城に立てこもり、敵を防ぐ。例 —作戦。③日 引きこもって外出しない。
【籠鳥】(ロウチョウ) ①かごの中の鳥。②自由を奪われた身。捕らわれの身。▽類 籠禽(ロウキン)。
【籠▼絆】(ロウハン) しばりつけたり閉じこめたりして自由にさせない。
【籠絡】(ロウラク) 人をうまくまるめこんで、自分の思いどおりにあやつる。例 甘いことばで―する。

籙
竹16(22) 3 8979 7C59 リョク漢 ロク呉 沃 lù

意味 ❶天が下す予言書。例 符籙フロク（＝預言者）。秉籙ヘイロク（＝天子になる）。❷帳簿。例 鬼籙キロク（＝鬼籍）。❸道教の秘儀を記した文書。

籞
竹17(23) 4 8377 7C5E ギョ漢 ゴ呉 語 yù

意味 宮中の庭園。御苑ギョエン。例 籞囿ギョユウ（＝宮中の庭園）。

籤
竹17(23) 2 6862 7C64 セン(セム)漢 塩 qiān くじ・ひご

[籖] 竹15(21) 2 6863 7C56 俗字。

意味 ❶文字などを記したタケや紙のふだ。しるし。❷吉凶を占うタケのふだ。おみくじ。また、くじ引きのくじ。**くじ**。例 竹籤チクセン。抽籤チュウセン。当籤トウセン。❸書名を記したふだ。また、書物の標題。通 簽セン。例 籤題センダイ（＝書物の表紙に記す題）。

日本語での用法《ひご》「竹籤ひご」▼タケを細く割ってけずったもの。提灯チョウチンや、かごなどを作るのに用いる。

籥
竹17(23) 2 6864 7C65 ヤク漢呉 薬 yuè ふえ・かぎ

意味 ❶習字に用いたタケのふだ。❷尺八に似た、穴が三つ、あるいは六つの短い竹笛。**ふえ**。❸錠前ジョウまえ。**かぎ**。通 鑰ヤク。

[籢]
竹17(23) ⇩匳レン（189ページ）

籭
竹19(25) 3 8980 7C6D シ漢呉 支 サイ漢 佳 shāi

意味 ❶ふるい。通 簁シ・篩サイ｜シ。❷「籭簁シシ」は、羽毛が生えはじめるさま。

籩
竹19(25) 4 8379 7C69 ヘン漢 先 biān

意味 祭祀サイシや宴会のときに食物を盛る竹製のうつわ。たかつき。例 籩豆ヘントウ。

【籩豆】【籩▼梪】ヘントウ 祭礼や宴席で食物を盛るうつわ。

籮
竹19(25) 4 8380 7C6E ラ漢 歌 luó

意味 タケを編んだ、底が四角く口が円いうつわ。したみ。例 籮筐ラキョウ（＝タケかご）。

籬
竹19(25) 2 6865 7C6C リ漢 支 lí まがき・かき・ませ

意味 タケや柴しばを粗く編んで設けた、かきね。**まがき**。**かき**。例 採レ菊東籬下キクをとるトウリのもと（＝東側のかきねの辺りに咲いているキクの花をとる）。〈陶淵明・飲酒〉籬垣エリ。

難読 生籬いけがき

【籬垣】リエン かきね。類 籬柵リサク・籬藩。

【籬下】リカ かきねの、そば。籬辺。類 籬畔リハン。

【籬辺】リヘン 生け垣のほとり。類 籬畔リハン。

【籬落】リラク〔「落」は、囲いの意〕生け垣。まがき。

籯
竹20(26) 4 8381 7C6F エイ漢 庚 yíng

意味 竹製のかご。例 籯笥エイシ（＝タケかご。財産のたとえ）。

籰
竹20(26) 4 8382 7C70 ワク漢 薬 yuè

[篗] 竹10(16) 3 8969 7BD7 別体字。

意味 糸を巻きつける道具。

119 6画 米 こめ こめへん 部

四方に散らばった「こめ」や「きび」の実の形で、穀物の意をあらわす。「米」をもとにしてできている漢字を集めた。

この部首に所属しない漢字
料→斗605 鬻→鬲1478

米
米0(6) 1 4238 7C73 教2 ベイ漢 マイ呉 斉 mǐ こめ・よね・メートル

筆順 丶 丷 䒑 半 米 米

なりたち  [象形] 四方に散らばったイネやキビの実の形。

意味 ❶穀物の皮を取り除いたもの。特に、イネの実。**こめ**。**よね**。例 米穀ベイコク。白米ハクマイ。❷〔フランス語 mètre の音訳「米突メートル」の略〕メートル法の長さの単位。**メートル**。

日本語での用法《ベイ》「米国ベイコク・渡米トベイ・日米ニチベイ」▼〔英語 America の音訳「亜米利加アメリカ」の略〕アメリカ合衆国。

参考 長さの単位をあらわす国字としては次のような字がある。重さについては「瓦」を、容量については「立」を参照。

籵デカメートル「米メートル」と「十（＝十倍）」＝10m
粨ヘクトメートル「米メートル」と「百（＝百倍）」＝100m
粁キロメートル「米メートル」と「千（＝千倍）」＝1000m
粉デシメートル「米メートル」と「分（＝十分の一）」＝0.1m
糎センチメートル「米メートル」と「厘（＝百分の一）」＝0.01m
粍ミリメートル「米メートル」と「毛（＝千分の一）」＝0.001m

古訓 中古 こめ・よね 中世 こめ・め・よね 近世 こめ・よね

人名 みつ

【米塩】ベイエン ①米と、しお。生活していく上で欠くことのできないもの。転じて、食料。例 ―の資（＝生活費）。②細かくわずらわしいことのたとえ。

【米塩博弁（辯）】ベイエンハクベン 米や塩などの細かいことまで詳しく話す。〈韓非・説難〉

【米▼櫃】一ベイキ 二こめびつ 一 米を入れておく箱。二 日 生活費の出どころ。また、生活費をかせぐ人。

【米▼糠】ベイコウ｜こめぬか 玄米を精白するときに取れる皮や胚ハイの粉末。たんぱく質やビタミンB_1に富む。こぬか。ぬか。

【米国】ベイコク ①隋ズイ・唐代、中国西方の国の名。②日 アメリカ合衆国。「米」は、「亜米利加アメリカ」の略。

【米穀】ベイコク こめ。また、穀物。例 ―年度（＝十一月から翌年十月末まで）。

【米作】ベイサク 日 ①イネを植え育て、米を収穫すること。米づくり。稲作イナサク。例 ―農家。―地帯。②米のとれぐあい。

【米寿】ベイジュ 日 八十八歳。また、八十八歳の祝い。よねの祝

い。〔「米」の字を分解すると八十八になるので〕

【米食】ベイショク 米を食う。米を主食とする。

【米人】ベイジン 日アメリカ合衆国の国籍をもつ人。アメリカ人。

【米▼粟】ベイゾク もみを取り去った穀物と、もみのある穀物。穀物の総称。

【米飯】ベイハン 米のめし。ごはん。

【米粉】 一ベイフン 米のこな。しんこ。 二ビーフン〔中国語音〕うるち米のこなを原料とする麺メン。

【米粒】ベイリュウ こめつぶ ①米のひとつぶ。ひとつぶ。また、穀物の総称。②非常に小さいもののたとえ。例 ―のような細字サイジ。

●欧米オウベイ・玄米ゲンマイ・古米コマイ・新米シンマイ・精米セイマイ・日米ニチベイ

籵
米2(8) 2 6866 7C75 国字 デカメートル

意味 長さの単位。一メートルの十倍。**デカメートル**。

粁
米3(9) 1 2246 7C81 国字 キロメートル

意味 長さの単位。一メートルの千倍。**キロメートル**。

粂
米3(9) 1 2309 7C82 国字 くめ

意味 万葉仮名一字一音の、「久ク」と「米メ」とを合わせて「くめ」と読み、地名や人名などに用いる字。

𥸮
米3(9) 4 8383 25E2E 国字 くわ

意味 人名に用いる字。例 𥸮原くわはら・𥸮田くわだ(=姓)。

参考 「桑くわ」あるいは「幸コウ」の俗字。

籹
米3(9) 3 8981 7C79 ジョ(ヂョ)漢 ニョ呉 語 nǚ

意味 「粔籹キョジョ」は、米の粉と蜜ミツを混ぜ、ひも状にしたものを巻いて油で揚げた食品。 難読 粔籹おこし

籾
米3(9) 1 4466 7C7E 人 国字 もみ

[籾] 米3(9) ―― 別体字。

なりたち 国字。[会意]「米(=こめ)」と「刄(=やいば)」とから成る。とがった殻のついた米。もみ。

意味 殻のついたままの米。また、穀物の実のかたい皮。**もみ**。例 籾殻もみがら。籾摺もみすり。籾糠もみぬか。

古訓 中世 もみ 近世 もみ

【籾殻】もみがら 日米の外皮。また、もみ米をついて米をとったあとのから。

粋
米4(10) 1 3172 7C8B 常用 一スイ漢 寘 cuì 二サイ漢 隊 suì いき

[粹] 米8(14) 2 6879 7CB9 人 旧字体。

筆順 丶 丷 半 米 米 粋 粋 粋

なりたち [形声]「米(=こめ)」と、音「卒ソツ→スイ」とから成る。混じりけがない米。派生して「混じりけがない」の意。

意味 一 ❶混じりけのないこと。例 粋而能容レ雑スイにしてよくザツをいる(=純粋でありながら雑多なものを受け入れることができる)。〈荀子・非相〉粋白スイハク。粋美スイビ。❷最もすぐれているところ。質のよいところ。例 国粋コクスイ。精粋セイスイ。抜粋バッスイ。 二くだく。通砕。

日本語での用法 《スイ》《いき》「粋人スイジン・無粋ブスイ・粋筋いきすじ・粋いきなゆかた」▼あかぬけしていて、野暮なところがない。花柳カリュウ界に通じている。

古訓 中古 まだらなり・もはら 中世 くはし・ふかし・もつぱら 近世 くだく・くはし・ただし・もつぱら

人名 きよ・きよし・ただ・ただし

【粋狂】スイキョウ 日①ものずき。風変わりなことをするさま。例 ―な人。だてや―でやってるわけじゃない。②酒に酔ってうかれること。▽酔狂。酔興スイキョウ。

【粋人】スイジン 日①風流な人。いきな人。②世間や人情に通じて、ものわかりのいい人。さばけた人。通人。③花柳カリュウ界や芸能界に詳しい人。通人。

【粋然】スイゼン 混じりけがないさま。純然。

【粋白】スイハク ①真っ白。純白。②混じりけのないさま。純粋。

【粋美】スイビ 混じりけがなく美しい。

●生粋きっスイ・国粋コクスイ・純粋ジュンスイ・抜粋バッスイ・無粋ブスイ

粏
米4(10) 3 8982 7C8F 国字 ダ

参考 「糂」の米偏にそろえて「太」に米偏をそえた字。

意味 「糂粏ジンダ」は、ぬかみその一種。糂太ジンダ。糂汰ジンダ。

粐
米4(10) 2 6868 7C90 国字 ぬか

意味 地名に用いる字。例 粐蒔沢ぬかまきざわ(=秋田県の地名)。

粃
米4(10) 2 6867 7C83 ヒ漢 紙 bǐ しいな(しひな)・ぬか

意味 ❶皮ばかりで実の入っていない、穀物などのもみ。**しいな**。通秕ヒ。例 粃糠ヒコウ。❷名ばかりで内容がない。わるい。通秕ヒ。例 粃政ヒセイ(=悪い政治)。

【粃▼糠】ヒコウ しいなと、ぬか。役に立たないもののたとえ。秕糠。〈荘子・逍遥遊〉

粉
米4(10) 1 4220 7C89 教4 フン漢呉 吻 fěn こ・こな

筆順 丶 丷 半 米 米 米 粉 粉 粉

なりたち [形声]「米(=こめ)」と、音「分フン」とから成る。米をくだいたこな。おしろい。

意味 ❶穀物などを細かくくだいたもの。また、その状態のもの。おしろい・花粉など。パウダー。**こ**。**こな**。例 粉末フンマツ。花粉カフン。受粉ジュフン。❷細かくくだく。こなごなにする。また、くだける。例 粉骨砕身フンコツサイシン。粉砕フンサイ。身みを粉こにする。❸白色の。例 粉壁フンペキ(=白かべ)。

日本語での用法 《デシメートル》▼長さの単位。一メートルの十分の一。

古訓 中古 くだく・こ・こめのさき・しらぐ・しろいもの・しろきもの・つく 中世 おしろい・くだく・こ 近世 おしろい・かざる・こ・つける

難読 白粉おしろい

【粉雪】こなゆき こゆき 日こなのように細かく、しめりけの少ない、さらさらの雪。

【粉絵】【粉▼繢】フンカイ〔「繢」は、「絵」に同じ〕色彩画。

【粉骨砕身】フンコツサイシン ほねを粉こにし、身をくだくようにして、力の限り努力する。身を粉にする。〈霍小玉伝〉例 国のために―する。

【粉砕】フンサイ ①細かくくだく。こなごなにする。例 ―機。②相

手を完全に打ち負かす。例 敵を―する。
【粉剤】フンザイ こなにした薬剤。こなぐすり。こぐすり。
【粉状】フンジョウ こなのような状態。
【粉食】フンショク 穀物をこなにして、食用とすること。対 粒食リュウショク。
【粉飾】フンショク ①紅やおしろいで化粧する。②うわべをかざりつくろう。例―決算(=利益がないのに、あるようにごまかした決算)。扮飾フンショク。
【粉▼塵】フンジン こなのように細かい、ちり。岩やコンクリートなどをくだいたときに出る、細かいごみ。例―公害。
【粉▼黛】フンタイ 〔おしろいと、まゆずみの意〕化粧。また、化粧をした美人。粉墨フンボク。例 六宮粉黛無二顔色一リクキュウのフンタイガンショクなし(=後宮の美女たちすべてが色あせて見えた)。〈白居易・長恨歌〉
【粉炭】フンタン 日 こなや粒のようにくだいた石炭。こなずみ。
【粉乳】フンニュウ 日 牛乳を乾燥して、こなにしたもの。こなミルク。ドライミルク。例 脱脂―。
【粉白】フンパク ①おしろい。②色白の美女。
【粉墨】フンボク ①〔おしろいと、まゆずみの意〕化粧。また、美女。粉黛フンタイ。②〔胡粉ゴフン(=貝殻のこな)と墨の意〕絵の具。③白と黒。また、はっきり区別する。
【粉本】フンポン ①東洋画で、絵の下書き。〔昔、胡粉ゴフン(=貝殻のこな)で下書きをしたことから〕②日 絵や文章の手本。
【粉末】フンマツ ①こな。②日 食品や薬品などを、こな状にしたもの。例―ジュース。微―。
●金粉キンプン・銀粉ギンプン・骨粉コップン・受粉ジュフン・汁粉しるこ

粍
米4(10) 1 4416 7C8D 国字 ミリメートル

意味 長さの単位。千分の一メートル。**ミリメートル**。

粔
米5(11) 3 8983 7C94 キョ漢 語 jù

意味 「粔籹キョジョ」は、米の粉と蜜ミツを混ぜ、ひも状にしたものを巻いて油で揚げた食品。難読 粔籹おこし

粗
米5(11) 1 3338 7C97 常用 ソ漢 虞 cū あら-い(あら-し)・ほぼ

筆順 丷 丷 半 米 米 粈 粗 粗

なりたち [形声]「米(=こめ)」と、音「且ショ→ソ」とから成る。精白していない米。

意味 ❶精白されていない、あらづきの米。例 吾食也、執レ粗而不レ臧われがショクや、ソをとりてよくせず(=私の食物は、粗米であって精白はしない)。〈荘子・人間世〉 粗米ソマイ(=精米しない米)。❷細かくない。雑な。質がわるい。**あらい**。対 精。例 愚者之言、芴然而粗グシャのゲンは、コツゼンとしてあらし(=愚者のことばは浮ついていて、いいかげんである)。〈荀子・正名〉 粗悪アク。粗雑ザツ。粗製セイ。❸あらあらしい。例 粗暴ボウ。粗野ヤ。❹人にすすめるときに、謙遜ケンソンの気持ちをあらわす。例 粗酒シュ。❺おおよそ。だいたい。あらまし。**ほぼ**。例 粗描ビョウ。粗方あらかた。

古訓 中古 あらあら・あらあらし・あらかじめ・おほいなり・おほきなり・ほぼ 中世 あらあら・あらあらし・あらかじめ・あらし・あららか・ほぼ 近世 あらし・うとし・ほぼ

【粗悪】ソアク 質がわるく、そまつなこと。例―品。
【粗衣】ソイ そまつな衣服。
【粗衣▼蔬食】【粗衣粗食】ソイソショク 粗衣と粗食。質素な生活。〈魏書・沈文秀伝〉
【粗菓】ソカ 日 ①そまつな菓子。②人に菓子をすすめるときの謙遜ケンソンのことば。
【粗▼肴】ソコウ 日 ①そまつな酒のさかな。②客に料理をすすめるときの謙遜ケンソンのことば。例 粗酒―。
【粗▼忽】ソコツ ①そそっかしい。軽はずみ。不注意。軽率ケイソツ。粗疎ソソ。例―者もの。―をわびる。②礼儀にそむいて、ぶしつけなさま。粗相。例―な言動。
【粗雑】ソザツ おおざっぱで、いいかげんなさま。ぞんざい。例―な作品。
【粗▼餐】ソサン ①そまつな食事。②人に食事をすすめるときの謙遜ケンソンのことば。粗飯。例―を差し上げます。
【粗酒】ソシュ ①そまつな酒。②人に酒をすすめるときの謙遜ケンソンのことば。例―粗肴コウ。
【粗食】ソショク そまつな食事をする。また、その食事。粗飯。対 美食。例 粗衣―。
【粗製】ソセイ 材料がそまつで、作り方が精巧でないこと。対 精製。例―濫造。
【粗▼疏】ソソ そそっかしい。おおざっぱ。粗忽ソコツ。
【粗相】ソソウ 日 ①不注意による過ち。失敗。しくじり。例―のないようにもてなす。②大小便をもらす。
【粗率】ソソツ おおざっぱで、人によく見せようとする気もない。
【粗▼朶】ソダ 日 〔「朶」は、枝の意〕たきぎなどにする、切り取った木の枝。しば。
【粗大】ダイ ①あらっぽくて大きいこと。例―ごみ。②おおまかなさま。例 ふるまいが―で気がきかない。
【粗茶】ソチャ ①そまつな茶。②人に茶をすすめるときの謙遜ケンソンのことば。例―ですが一服どうぞ。
【粗糖】ソトウ 日 精製していない砂糖。対 精糖。
【粗飯】ソハン ①そまつな食事。②人に食事をすすめるときの謙遜ケンソンのことば。粗餐ソサン。
【粗描】ソビョウ 日 情景や物の配置、色合いなどをおおまかにえがく。あらがき。
【粗品】ソヒン 日 ①粗悪な品物。②ソしな 人に物を贈るときの謙遜ケンソンのことば。例―進呈。
【粗放】ソホウ おおざっぱで、しまりがないさま。おおまか。対 集約。
【粗暴】ソボウ 性質や態度があらあらしく、乱暴なさま。例―な性格。―にふるまう。
【粗朴】【粗▼樸】ソボク そまつで飾りけのないさま。
【粗▼笨】ソホン 〔「笨」も、粗の意〕粗雑である。
【粗末】ソマツ 日 ①品質がおとっているさま。上等でないさま。例―な食事。②大切にしないで、あつかいが乱雑なさま。ぞんざい。例 食べ物を―にする。
【粗密】ソミツ まばらなことと、ぎっしりつまっていること。疎密。
【粗野】ソヤ ことばや動作などがあらあらしく、品がないさま。がさつ。対 優雅。例―なふるまいが多い。―な人物。
【粗略】ソリャク ものごとや人のあつかいが、ぞんざいで、いいかげんなさま。粗雑。疎略。例 客を―にあつかう。
【粗▼糲】ソレイ ①精白していない玄米。②そまつな食物。
【粗漏】ソロウ ものごとのあつかいが、いいかげんで、手落ちのあること。手ぬかり。疎漏。例―のないように点検する。
●精粗セイソ

粘
米5(11) 1 3920 7C98 常用 デン(デム)漢 ネン(ネム)呉 塩 nián ねばる

［黏］黍5(17) 2 8354 9ECF 本字。

筆順 丷 丷 半 米 米 粘 粘 粘

なりたち [形声]「黍(=きび)」と、音「占セン→デン」とから成る。ねばりつく。

意味 ねばりけがある。ねばる。例 粘液(ネンエキ)。粘着(ネンチャク)。

古訓 中古 つく・ねえたり・ねえつく・ねやす・ねゆ 中世 ソクひ・つく・ねやす 近世 ソクいひ・ねばる・のり

難読 粘土(へな・へなつち)

【粘葉装】(デッチョウソウ・コチョウソウ) 書物のとじ方の一種で、二つ折りにした紙の外側に糊(のり)をつけて、貼(は)り合わせたもの。蝴蝶装。

【粘液】(ネンエキ) ねばりけのある液体。

【粘菌】(ネンキン) 日 菌類と原虫類の性質をもつ下等菌類。ムラサキホコリカビやカワホコリカビなど。変形菌。

【粘性】(ネンセイ) 日 物質の、ねばる性質。ねばりけ。例 ―を強くする。

【粘着】(ネンチャク) ねばりつく。例 ―性。―力。―テープ。

【粘▼稠】(ネンチュウ) ねばりけがあって濃いさま。例 ―剤。

【粘土】(ネンド) 岩石や鉱物が風化し、ごく細かくなった土。壁や瓦(かわら)、陶磁器などの原料。例 ―細工(ザイク)。

【粘度】(ネンド) 日 ねばりけの強さの度合い。

【粘膜】(ネンマク) 日 鼻や口、内臓などの内側をおおっている、やわらかい組織。

𥹖
米5(11) 4 8384 25E56 ハ 漢 哿 pǒ

意味 義未詳。参考 𥹖塚(すくも)(=鳥取県の地名)。

粕
米5(11) 1 3984 7C95 ハク 漢 薬 pò かす

意味 酒をしぼって、こしたあとに残るもの。しぼりかす。かす。また、残り物。例 油粕(あぶらかす)。酒粕(さけかす)。糟粕(ソウハク)(=酒かす。また、よいところをとり去ったあとに残る、かす)。

粒
米5(11) 1 4619 7C92 常用 リュウ(リフ) 漢 緝 lì つぶ

筆順 丷 半 米 米 籵 粒 粒

なりたち [形声]「米(=こめ)」と、音「立(リュウ)」とから成る。こめつぶ。

意味 ❶穀物のつぶ。例 粒食(リュウショク)。粒粒辛苦(リュウリュウシンク)。穀粒(コクリュウ)。❷米つぶのように丸くて小さなもの。例 粒子(リュウシ)。顆粒(カリュウ)。微粒子(ビリュウシ)。❸つぶ状のものを数える語。例 一粒(イチリュウ)。❹米を食料とする。また、食物を食べる。例 三日不レ粒、父子不レ能二相存一(みっかリュウせざれば、フシあいソンするあたわず)(=三日食事をしなかったら、父と子は生存することができない)。〈家訓・渉務〉

古訓 中古 あらもと・いなつび・つび 中世 いなつび・いなつぶ・こめつぶ・つぶ 近世 こめつぶ・つぶ

【粒子】(リュウシ) ①つぶ。②日 物質を形づくる細かいつぶ。砂つぶのようなものから、原子や分子などのごく小さなものまである。例 微(ビ)―。③日 写真などの画面のきめの細かさ。例 ―があらい。

【粒状】(リュウジョウ・つぶジョウ) つぶのような状態。

【粒食】(リュウショク) 穀物を粉末にしないで、つぶのまま食べる。多く、米を食べることをいう。対 粉食。

【粒粒辛苦】(リュウリュウシンク)〔米のひとつぶひとつぶが、作った人の苦労の結晶であることから〕長い間苦労してこつこつと努力をすること。例 誰知盤中飧、粒粒皆辛苦(たれかしらんバンチュウのソン、リュウリュウみなシンクなるを)(=だれが知ってくれようか、食器に盛られた飯つぶはつらい労働から生み出されたということを)。〈李紳・憫農〉

●大粒(おおつぶ)・小粒(こつぶ)

粫
米6(12) 2 6872 7CAB 国字 うるち

意味 地名に用いる字。例 粫田(うるちだ)(=福島県にあった地名。「糯田(もちだ)」であるともいう)。

粤
米6(12) 2 6869 7CA4 エツ(ヱツ) 漢 月 yuè ここ-に

意味 ❶「ここに」と読み、慎重に語りはじめる語気をあらわす。❷〔古代に百粤(ヒャクエツ)といったことから〕広東(カントン)省の別名。例 両粤(リョウエツ)(=広東・広西)。❸南方の異民族の名。通 越。

【粤犬▼吠レ雪】(エッケンゆきにほゆ) 見識のせまい者が非凡な言行を疑いあやしむことのたとえ。類 蜀犬吠レ日(ショッケンひにほゆ)。◆南方に位置する粤の国は暖かく、たまたま雪が降るとイヌがあやしんでほえたてるという。〈柳宗元・答韋中立論師道書〉

粠
米6(12) 3 8984 7CA0 コウ 漢 東 hóng

意味 古くなり赤くなった米。

粢
米6(12) 2 6871 7CA2 シ 漢 支 zī しとぎ

意味 ❶穀物の名。キビ。「粱(リョウ)」に対して、質の劣った食物。例 六粢(リクシ)(=黍(ショ)・稷(ショク)・稲(トウ)・粱(リョウ)・麦(バク)・苽(コ))。❷穀物をまとめていうときの呼称。❸祭祀(サイシ)に用いる穀物。しとぎ。例 粢盛(シセイ)。

【粢盛】(シセイ) 祭祀(サイシ)のときの供物(クモツ)となる、うつわに盛られた穀物。

【粢▼糲】(シレイ) キビや精白していない穀物の飯。また、粗末な食物。糲粢(レイシ)。

粥
米6(12) 1 2001 7CA5 人 一 シュク 漢 呉 屋 zhōu 二 イク 漢 屋 yù かゆ・ひさ-ぐ

なりたち [形声] 本字は「鬻」で、「米(=こめ)」と、音「鬻(ウキ)」とから成る。水を多くして炊いた米。

意味 一 ❶水を多くして米をやわらかく炊いたもの。かゆ。例 豆粥(トウシュク)(=まめがゆ)。白粥(しらかゆ)。❷⇒【粥粥】一(シュクシュク) 二 ❶売る。ひさぐ。〔現在では、もっぱら「鬻(イク)」を用いる〕 ❷そだつ。成長する。通 育。❸⇒【粥粥】二(イクイク)

古訓 中古 かゆ・しるかゆ・ひさく 中世 うる・かゆ・しるかゆ 近世 うる・えびす・かゆ・よわし

難読 稀粥(おもゆ)

【粥技】(イクギ) 金を受け取って技術を授ける。(ギをひさぐ)

【粥売】(イクバイ) 売る。商売する。

【粥文】(イクブン) 人に頼まれ金を取って文章を作る。(ブンをひさぐ)

【粥腹】(かゆばら) 日 おかゆで満たした腹。力のはいらない、おなか。例 ―も一時(イットキ)。

【粥粥】一(シュクシュク) ①弱々しいさま。無能なさま。②ニワトリの鳴き交わす音。二(イクイク) つつしむさま。

粧
米6(12) 1 3049 7CA7 常用 ショウ(シャウ) 漢 ソウ(サウ) 呉 陽 zhuāng よそお-う(よそほ-ふ)・よそお-い(よそほひ)

[妝] 女4(7) 2 5303 599D 本字。 [𡝂] 女7(10) 4 0554 21742 別体字。

筆順 丷 半 米 米 粁 粧 粧

なりたち [形声]「女(=おんな)」と、音「爿(ショウ)」とから成る。かざる。

意味 おしろいをつけて顔を美しくする。また、美しく着飾る。よそおう。よそおい。例 化粧シケョウ。
古訓 中古 かざる・よそふ・よそほひ 中世 かざる・よそほひ・よそほふ 近世 かざる・よそほふ
難読 仮粧わけ|わい|はい

【粧鏡】シキョョウウ 化粧に使う鏡。
【粧▼匣】シコョウウ ①化粧道具を入れる箱。②嫁入り支度。
【粧点】シテョンウ 「「点」は、紅にべやまゆずみを差す意」化粧して美しく飾る。▽類粧奩シレョンウ。
【粧閣】ソカウク 化粧をする部屋。転じて、女性の部屋。妝楼ソロウウ。
【粧▼靚】ソセウイ 〔「靚」は、飾る意〕美しく装う。
【粧▼梳】ソソウウ 化粧する。髪にもくしを入れて装いを整える。

粭
米6(12) 2 6870 7CAD 国字
すくも
意味 地名に用いる字。例 粭島すくもじま(=山口県の地名)。

粟
米6(12) 1 1632 7C9F 人
ショク漢 ソク・ゾク呉 沃 sù
あわ(あは)・もみ

なりたち  [会意]「覀(=実が垂れるさま)」と「米(=穀物の実)」とから成る。よい穀物の実。

意味 ❶穀物(特に米)の、外皮のついた実。もみ。❷米・キビ・アワなどの穀物をまとめていうことば。❸穀物の一つ。アワ。〔大つぶの実は小つぶで黄色。❹アワのような小さいつぶ。こあわ。〔大つぶのを「粱リョウ」という〕例 粟粒リュウ。❺主君から与えられる食糧。俸禄ホウロク。例 不レ食二周粟一シュウのゾクをはまず(=周からの俸禄は受けない)。〈史記・伯夷伝〉
古訓 中古 あは・まくさ 中世 あは 近世 あは・もみごめ
【粟散】ゾサクン|ソサクン 〔仏〕アワつぶをまいたように、細かく散らばること。例 わが朝は粟散辺地ヘンジの境。〔平家物語・二〕
【粟▼帛】ゾハククク 穀物と絹織物。税として納めるもの。
【粟膚】ゾフク 寒さや恐怖のために、皮膚にアワの粒のようなものを生ずること。とりはだ。
【粟粒】ゾリクュウ|つあぶわ アワの実のつぶ。また、そのように非常に小さいもの。

粡
米6(12) 2 6873 7CA1
トウ漢 東 tóng
あらごめ
意味 ❶ちまき。❷精製していない米。あらごめ。

[⿰米当]
米6(12) ⇩糖トウ(1019ページ)

[⿱米耳]
米6(12) ⇩聞ブン(1082ページ)

粨
米6(12) 2 6874 7CA8 国字
ヘクトメートル
意味 長さの単位。一メートルの百倍。ヘクトメートル。

粦
米6(12) 4 8386 7CA6
リン漢 真 lín
意味 鬼火おにび。通燐リン。

粳
米7(13) 2 6875 7CB3
コウ(カウ)漢呉 庚 jīng
うるしね・うるち

[秔]
禾4(9) 3 8940 79D4
別体字。

意味 ねばりけの少ない普通の米。うるち。うるしね。対糯ダ。
例 粳米うるちマイ|うるごめ(=もち米に対していう、普通の米)。
参考 訓「うるしね」は、「うるち」の古語。
【粳稲】コトウウ うるち米のイネ。

糀
米7(13) 2 6881 7CC0 国字
こうじ(かうぢ)
意味 米・ムギ・ダイズなどを蒸して、コウジカビを繁殖させたもの。酒・しょうゆ・みそなどの醸造に用いる。こうじ。麹こうじ。

粲
米7(13) 2 6876 7CB2
サン漢 翰 càn
かがや-く
意味 ❶丁寧についで白くした上等の米。❷明るく清らか。きらきらかがやく。あきらか。かがやく。通燦サン。例 粲粲サンサン。粲然サンゼン。❸白い歯を見せて笑う。
【粲粲】サンサン 色美しく、あざやかなさま。
【粲然】サンゼン ①あざやかなさま。輝くさま。くっきりとしたさま。②白い歯を見せて笑うさま。にこやかなさま。例 粲然啓二玉歯一サンゼンとしてギョクシをひらく(=きらきらと玉のような美しい歯をのぞかせる)。〈郭景純・遊仙詩〉
【粲▼爛】サンラン ①色あざやかに輝くさま。類粲麗。②詩文などが華やかで美しいさま。

粱
米7(13) 2 6877 7CB1
リョウ(リャウ)漢呉 陽 liáng
あわ(あは)・おおあわ(おほあは)
意味 ❶良質の穀物。つぶの大きな良質のアワ。あわ。おおあわ。〔「粟ゾク」は、こあわ〕例 粱米リョウマイ(=うまい米)。❷良質な飯。例 粱肉リョウニク。
難読 高粱コーリャン
【粱肉】リョウニク 良質の穀物と肉。上等な食物をいう。

[粮]
米7(13) ⇩糧リョウ(1020ページ)

粿
米8(14) 4 8390 7CBF
カ(クヮ)漢 哿 guǒ
意味 ❶清米。白米。❷米の粉。また、米の粉を調理した食品。
難読 粿米よかね(=神仏に供えるために洗い清めた米)

粷
米8(14) 4 8389 7CB7
キク漢 屋 jū
意味 米こうじ。通麹キク。

[粹]
米8(14) ⇩粋スイ(1013ページ)

精
米8(14) 1 3226 7CBE 教5
セイ漢 ショウ(シャウ)呉 庚 jīng
しら-げる(しら-ぐ)・くわ-しい(くは-し)

[精]
米8(14) FA1D
旧字体。

筆順 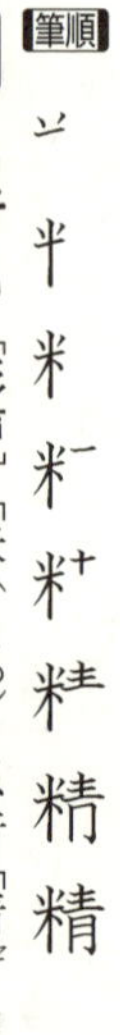

なりたち  [形声]「米(=こめ)」と、音「青セイ」とから成る。選びぬいた米。

意味 ❶米をついて白くする。しらげる。また、白くした米。しらげた米。例 精白セイハク。精米セイマイ。❷よごれや混じりけのないもの。えりすぐったもの。例 精鋭セイエイ。精華セイカ。精兵セイヘイ。❸細かく行きとどいている。くわしい。対粗。例 博捜精掇、編而次レ之ひろくさがしくわしくひろい、あみてこれをジす(=広範に探し詳細に集めて編集した)。〈白居易・与元九書〉 精通セイツウ。精密セイミツ。❹一心にうちこむ。まごころをこめておこなうさま。例 精進ショウジン。精勤セイキン。精励セイレイ。❺生命の根源。生命力。例 精気セイキ。精力セイリョク。❻人間のこころ。たましい。例 精魂セイコン。精神セイシン。❼自然界にすむ、あやしく不思議なもの。神霊シンレイ。もののけ。例 精霊セイレイ。妖精ヨウセイ。❽輝きのあるもの。日月の光。星。ひとみ。例 三精サンセイ(=日・月・星)。❾すぐれているさま。熟練しているさま。例 吾射不二亦精一乎わがシャはまたセイならずや(=私の弓の腕前は、なんて立派なんだろう)。〈欧陽脩・帰田録・一〉

古訓 中古 えらぶ・くはし・こまかなり・さび・しらぐ・すぐる・たましひ・つとむ・はげし・ほそし・まこと・まなこ・よし・よねしらぐ 中世 えらぶ・くはし・くはしし・さび・しらげ・たましひ 近世 あきらか・くはし・しらげ・ただし・もつぱら

人名 あき・あきら・きよ・きよし・くわし・しげ・すぐる・ただ・ただし・つとむ・ひとし・ひとみ・まこと・まさ・まさし・もり・やす・やすし・よし

【精進】ショウジン ①セイシン 努力する。②〔仏〕ひたすら仏道修行に励む。例 勇猛ユウミョウ—。—の心。③身を清め、おこないをつつしむ。斎戒サイカイ。例 —潔斎ケッサイ。④日 肉食せず、菜食する。例 —揚げ(=野菜の揚げもの)。—料理。

【精霊】一ショウリョウ〔仏〕死者の魂。みたま。例 —会エ。—棚ダナ。—流し。二セイレイ ①原始宗教において、動植物など自然界のすべてのものに宿るという魂。例 木の—。②宇宙のすべてのものの根源を成すという不思議な気。精気。

【精霊会】ショウリョウエ〔仏〕盂蘭盆会ウラボンエ。(陰暦)七月十五日に祖先の霊を祭る行事。お盆。

【精一】セイイツ 心が一つに集中している。専一。ひとすじ。

【精英】セイエイ ひいでている人。すぐれた物。

【精鋭】セイエイ ①勢いがよく、するどいさま。また、その人。特に、えりぬきの兵士。例 —部隊。②日 組織などで、実際に活動するすぐれた人をいう。例 少数—主義。

【精衛】セイエイ 伝説上の鳥。炎帝の娘が東海でおぼれて、この鳥に化したという。

【精液】セイエキ ①純粋な汁。②男性・雄の生殖器から分泌し精子を含む液。

【精華】セイカ ①真価を示しているところ。なかでも最もすぐれたもの。例 王朝文化の—。②心に満ちる気。気力。

【精解】セイカイ くわしく解釈する。また、その解釈。詳解ショウカイ。対 略解。

【精核】【精▼覈】セイカク ①精密で正確である。②くわしく調べる。

【精確】セイカク ①くわしくて、たしかなさま。例 —な資料。②強固でゆるぐことがない。

【精▼悍】セイカン 動作や顔つきが気力にあふれ、たくましく、するどいさま。例 —な顔つき。

【精簡】セイカン 丁寧にえりすぐる。精選。

【精気】セイキ ①天地万物のもととなる気。例 天地の—。②精神と気力。精力。活動のもとになる力。例 —がみなぎる。③すがすがしい空気。霊気。例 深山の—。④純粋の気。エキス。

【精騎】セイキ 精鋭の騎兵。

【精義】セイギ ①くわしくきわめた道理。②日 くわしい意味。くわしい説明や解釈。

【精究】セイキュウ 丹念に調べあげて明らかにする。

【精強】セイキョウ すぐれて強いこと。また、その人。例 —をもって聞こえる部隊。

【精暁】セイギョウ (一定の部門に)くわしく通じている。精通。

【精勤】セイキン 休まずに勤務や学業に出て、励む。

【精▼勁】セイケイ ①(軍隊などが)すぐれて強い。②書画などに筆勢のあるさま。

【精巧】セイコウ 細かいところまで、よくできているさま。精緻セイチ。精密。例 —な機械。—をきわめる。

【精甲】セイコウ ①こわれにくい頑丈なよろい。②すぐれた兵隊。精鋭の軍隊。精兵。

【精好】一セイコウ すぐれて精密なさま。二セイゴウ 日「精好織セイゴウおり」の略。絹織物の一つで、袴地はかまジに用いる。

【精鋼】セイコウ 鋼鉄を精錬すること。また、精錬した鋼鉄。

【精根】セイコン 日 精力と根気。ものごとをやりとおす心身の力。気根。例 —が尽きる。

【精魂】セイコン ①精神。たましい。②ものごとにうちこむ気持ち。類 精魄セイハク。例 —こめる。

【精査】セイサ 細かく検査する。

【精彩】セイサイ ①美しく鮮やかな、いろどり。例 —をほどこす。②目立ってすぐれていること。例 ひときわ—を放つ。

【精細】セイサイ くわしくこまかいこと。精密。詳細。例 —をきわめる。—な調査。

【精察】セイサツ くわしく視察や観察をする。例 —を加える。

【精算】セイサン くわしく計算する。金銭などを細かく計算して結果を出す。対 概算。例 運賃—所。

【精子】セイシ 日 男性・雄の生殖細胞。卵子と結合して個体を形成する。類 精虫。対 卵子。

【精思】セイシ 十分に考える。

【精舎】一セイシャ ①学校。②こころ。二ショウジャ〔仏〕寺。寺院。例 祇園ギオン—。竹林チクリン—。

【精熟】【精▼孰】セイジュク 学問に深く精通している。

【精▼誦】セイショウ 念入りに読む。熟読。精読。

【精神】セイシン ①考えたり感じたりする、人間の心。魂。対 肉体・物質。例 —力。—労働。②ものごとの根本となる意義や目的。神髄。例 憲法の—。③根気。気力。精魂。例 —を集中する。④心がけ。考え方。意識。例 変革の—に燃える。

【精神一到何事不ㇾ成】セイシンイットウなにごとかならざらん 精神を集中して事にあたれば、どんな難しいことでもなしとげられないことはない。〈語類・八〉

【精粋】セイスイ 混じりけのない、いちばんよいところ。えりぬき。例 近代思想の—。

【精髄】セイズイ ものごとの最もすぐれていて、大切なところ。神髄。本質。例 フランス文学の—。

【精誠】セイセイ 誠心誠意。まごころ。例 真者精誠之至也 シンとはセイセイのいたりなり(=真性とは誠心誠意の極致のことである)。〈荘子・漁父〉

【精精】一セイセイ 非常に詳細なこと。二ゼイゼイ 日 ①力のおよぶかぎり。できるだけ。精一杯。一生懸命。例 —勉強する。②多く見積もっても。たかだか。多くても。最大限。例 —二百円のもうけ。

【精製】セイセイ ①心をこめて、丁寧に作る。念入りに作る。対 粗製。②日 混ざりものを除いて純粋な品質のものを作る。例 石油の—。

【精選】セイセン 特にすぐれたものだけをえらぶ。えりぬき。よりぬき。例 作品を—して出展する。

【精粗】【精疎】【精▼麤】セイソ ①細かいことと、あらいこと。例 粉末の—を選別する。②くわしいことと大まかなこと。例 —の差が目立つ。

【精巣】セイソウ 日 男性・雄の生殖腺セン。精子をつくり、男性ホルモンを分泌するもの。睾丸コウガン。対 卵巣。

【精爽】セイソウ ①清らかでさわやかなさま。②こころ。③霊魂。

【精卒】セイソツ よりすぐりの兵士。精兵。

【精緻】セイチ 大変細かく綿密なこと。精密。緻密。精巧。例 —な技巧。—な研究。

【精忠】セイチュウ まごころを尽くす。まごころのこもった忠義。

【精通】セイツウ ①まごころが通じる。感応する。②くわしく知っている。通暁ツウギョウ。精暁。例 中国の絵画に—している。

【精度】セイド 日 正確さや精密さの度合い。例 —を高める。—が落ちる。

【精到】セイトウ 細かい点まで気を配る。いたれり尽くせり。周到。

【精討】セイトウ 精密に検討する。こと細かに尋ねる。

【精糖】(セイトウ) [日] 粗糖を精製する。また、精製した白砂糖。[対] 粗糖。[例] ―工場。

【精読】(セイドク) 細かいところまでよく読む。熟読。

【精肉】(セイニク) よく選んだ上等な食肉。[例] ―店。

【精白】(セイハク) ①心にけがれがないさま。②[日] 米やムギをついて薄皮を取り、白くする。[例] ―米。玄米を―する。

【精博】(セイハク) 多方面にわたり精通している。

【精麦】(セイバク) [日] ムギを精白する。また、精白したムギ。

【精美】(セイビ) 精巧で美しいさま。混じりけがなく美しいさま。[例] ―な芸術作品。

【精微】(セイビ) 細かいところまでくわしいさま。[例] ―な設計図。

【精敏】(セイビン) よくものごとに通じていて賢い。知能がすぐれていてさとい。

【精分】(セイブン) [日] ①精神や気力のもと。スタミナ。また、滋養分。[例] ―を補う。②混じりけのない成分。エッセンス。[例] ―を抽出する。

【精兵】(セイヘイ) 一(セイヘイ) 多くの中からよりすぐった兵士。強兵。精卒。[例] ―をすぐる。[対] 小兵(こヒョウ)。二(セイビョウ) [日] 弓を引く力の強いこと。また、その人。

【精米】(セイマイ) 玄米をついてぬかを取り去り、白米にする。また、その米。精白米。白米。[例] ―機。―所。

【精密】(セイミツ) ①細かい点までゆきとどいて、くわしいこと。緻密(チミツ)。精細。[例] ―検査。②誤差の非常に少ないこと。精巧。精緻(セイチ)。[例] ―な計器。

【精妙】(セイミョウ) 細かいところまで、よくできていること。[例] ―な工芸品。

【精明】(セイメイ) ①光明。輝き。②誠実。まごころ。③くわしく明らかなこと。

【精油】(セイユ) ①植物の花や葉などから精製した、芳香油や揮発油。②[日] 石油を精製する。また、精製した上等の石油。[対] 原油。[例] ―所。

【精良】(セイリョウ) すぐれてよいさま。[例] ―な磁器。

【精力】(セイリョク) ものごとをなしとげる心身の力。心身の原動力。根気。[例] ―絶倫。―的に活躍する。

【精励】(セイレイ) 職務や学業などに努めはげむ。力を尽くして努める。[例] ―恪勤(カッキン)。学業に―する。

【精練】(セイレン) ①十分にきたえあげる。よくねりあげる。精錬。[例] ―十分に―した文体。②[日] 動植物の繊維から混じりものを取り除く。

【精錬】(セイレン) ①十分にねりあげる。よく訓練する。精練。②[日] 鉱石などから取り出した金属を精製して、純度の高いものにする。[例] 金銀を―する。
●酒精(シュセイ)・受精(ジュセイ)・丹精(タンセイ)・不精(ブショウ)・無精(ブショウ)・妖精(ヨウセイ)

粽 米8(14) [2]6880 7CBD ソウ[漢] [送] zòng ちまき

[意味] もち米をササの葉やアシの葉などに包んで蒸したもの。**ちまき**。五月五日の端午の節句につくる。〔悲憤のうちに汨羅江(ベキラコウ)に入水(ジュスイ)した、楚(ソ)の大臣で詩人の屈原(クツゲン)の霊をなぐさめるために、五月五日、人々が水中に投げたことに始まるという。日本で、茅(ち)の葉で巻いたので「ちまき」という〕

粼 米8(14) [3]8985 7CBC リン[漢] [真] lín

[粼] 米9(15) [4]8391 25ED8 別体字。

[意味] 「粼粼(リンリン)」は、水が清くて、川底の石がかがやくさま。

粶 米8(14) [4]8388 7CB6 ロク[漢] [屋] lù

[意味] もち米を炒(い)って爆(は)ぜさせたもの。はぜ。

糊 米9(15) [1]2450 7CCA [人] コ[漢] ゴ[呉] [虞] hú のり

[なりたち] [形声] 「米(=こめ)」と、音「胡(コ)」とから成る。米などをやわらかく炊いたもの。

[意味] ❶米の粉や小麦粉を煮てつくった、接着剤。**のり**。また、のりではる。❷濃いかゆ。かゆ。[通] 餬(コ)。❸かゆをすする。また、かろうじて暮らしを立てる。[例] 鬻二於是一、以糊二余口一(ここにシュクし、もってわがくちをコせん)(=うすがゆを煮てすすろう)。〈左伝・昭七〉 糊口(ココウ)。❹「糊塗(コト)」「模糊(モコ)」は、あいまいなさま。また、ぼんやりしたさま。

[古訓] [中古] ねやす・ねゆ・のり [中世] ねやす・のり [近世] かゆ・のり・みだり

【糊口】(ココウ) 〔かゆをすする意〕 何とか生活すること。やっとのことで暮らしを立てること。くちすぎ。餬口(ココウ)。[例] ―をしのぐ(=何とか生活する)。―の道を絶たれる。

【糊塗】(コト) ①ぼんやりする。②あいまいにする。うわべだけをとりつくろってごまかす。一時しのぎ。[例] 失敗を―する。表面を―する。

【糊代】(のりしろ) [日] 紙をはり合わせるときの、のりをつける部分。[例] 一センチ幅の―をとる。

糍 米9(15) [4]8401 7CCD シ cí

[餈] 食9(18) [4]9261 29750 別体字。

[意味] 蒸したもち米をついて加工した食品。「糍糕(ツーカオ)」「糍粑(ツーパー)」など。

糅 米9(15) [2]6882 7CC5 ジュウ(ジウ)[漢] [尤] róu か-てる(か-つ)・まじ-わる(まじ-はる)

[意味] 種類の異なる物を混ぜ合わせる。まじる。まじえる。**まじわる**。**かてる**。[例] 同糅二玉石一兮(ともにギョクセキをまじう)(=玉と石とを一緒に混ぜ合わせる)。〈楚辞・九章・懐沙〉 雑糅(ザツジュウ)(=入りまじる)。糅飯(かてめし)(=分量をふやすために、米に雑穀やダイコンやイモなどを混ぜて炊いた、めし)。

糈 米9(15) [4]8394 7CC8 ショ[漢] [語] xǔ

[意味] ❶食用の穀物。かて。❷祭祀(サイシ)のために精製した米。しらげよね。

糂 米9(15) [2]6883 7CC2 ジン[慣] サン(サム)[漢] [感] sǎn こなかき

[意味] ❶米の粉を混ぜて煮立てた、スープのような食べ物。こなかけ。**こなかき**。❷米のつぶ。めしつぶ。[例] 糂粒(ジンリュウ)(=米つぶ)。

[日本語での用法] 《ジン》「糂太(ジンダ)・糂汰(ジンダ)・糂粏(ジンダ)」▼ぬかみそ。

粴 米9(15) [1]3324 7CCE [国字] センチメートル

[意味] 長さの単位。百分の一メートル。**センチメートル**。

糄 米9(15) [4]8392 7CC4 ヘン[漢] [銑] biǎn

[意味] イネをもみごと炒(い)って、殻を取り除いた米。やきごめ。

[難読] 糄糎(ひめ)(=水気のある飯。姫飯)

糇 米9(15) [4]8393 25EC2 ラン[漢] [翰] làn

[意味] 飯がねばつく。

[難読] 糇塚(すくもづか)(=鳥取県の地名)

【粼】米9(15) ⇨粼リン(1018ジペー)

糗
米10(16) 4 8403 7CD7 キュウ(キウ)漢 有 qiǔ はったい

意味 ❶米やムギを炒いった食品。いりごめ。**はったい**。❷保存・携帯用に干した食糧。ほしいい。例 糗糒キュウビ・糗糧キュウリョウ(=ほしいい)。

糕
米10(16) 3 8986 7CD5 コウ(カウ)漢 豪 gāo

【餻】食10(19) 4 9266 993B 別体字。

意味 米やコムギの粉を練って蒸した食品。むしもち。

【糓】米10(16) ⇨穀コク(976ジペー)

𥻨
米10(16) 4 8402 25EE8 サク漢 陌 sè

意味 水を多くして米を煮る。難読 糄𥻨めひ(=水気のある飯)

糘
米10(16) 2 6884 7CD8 国字 すくも

意味 地名に用いる字。例 糘地すくもじ(=広島県の地名)。

糖
米10(16) 1 3792 7CD6 教6 トウ(タウ)漢 陽 táng さとう(さたう)・あめ

【糖】米10(16) FA03 旧字体。　【𥹥】米6(12) 4 8385 25E65 俗字。

筆順 丷 米 粁 粁 粐 粓 糖

なりたち [形声]「米(=こめ)」と、音「唐ト」とから成る。あめ。

意味 米・ムギ・サトウキビなどから製する、甘味料。**さとう**。また、甘い食品。**あめ**。例 糖分トウブン。果糖カトウ。砂糖サトウ。

古訓 中古 あめ 中世 あめ 近世 あめ・サタウ

人名 あら

難読 浮石糖カルメラ

【糖衣】トウイ 日 飲みやすくするために、薬などの外側を包んだ砂糖のころも。例 —錠ジョウ。

【糖化】トウカ 日 炭水化物が、酵素や酸などのはたらきで、ぶどう糖や果糖などに変化すること。

【糖質】トウシツ 日 糖分を含む物質。「でんぷん質」の改称。

【糖霜】トウソウ 白砂糖。

【糖度】トウド 日 (果物や食品に含まれる)甘さの度合い。

【糖分】トウブン 日 あるものに含まれている糖類の成分。甘み。

【糖類】トウルイ 日 ①甘みのある炭水化物。ぶどう糖・果糖・乳糖など。②炭水化物の総称。

●果糖カトウ・血糖ケットウ・砂糖サトウ・蔗糖ショトウ・麦芽糖バクガトウ

糒
米10(16) 2 6885 7CD2 ヒ漢 ビ呉 寘 bèi ほしいい(ほしひ)

意味 飯を干した保存食。旅行や行軍の際に携帯した。かれい。かれいい。**ほしいい**。

【糒▼醪】ビロウ 干し飯いいと、にごり酒。

糢
米10(16) 2 6887 7CE2 ボ漢 モ呉 虞 mó

意味 ❶「糢糊モコ」は、はっきりしないさま。模糊モコ。❷重さの単位。ごくわずかな重さをあらわす。

糠
米11(17) 1 2539 7CE0 コウ(カウ)漢呉 陽 kāng ぬか

【穅】禾11(16) 7A45 別体字。

意味 米やムギなどを精白するときに出る外皮の粉。**ぬか**。例 糠粃コウヒ(=ぬかと、しいな。つまらぬもの)。小糠こぬか。糟糠ソウコウ(=粗末な食べ物)。

難読 海糠魚あみ

【糠雨】ぬかあめ 日 ごく細かい雨。霧雨きりさめ。こぬかあめ。

【糠味▼噌】ぬかミソ 日 ぬかに塩などを混ぜたもの。野菜を漬けるのに使う。また、それで漬けたもの。例 —くさい(=生活の雑事に追われている)。

糝
米11(17) 3 8988 7CDD シン・ジン慣 サン(サム)漢 感 sǎn こなかき・と-く

参考 糂ジンの古字。

意味 ❶米の粉を入れた羹あつもの。**こなかき**。❷米のつぶ。めしつぶ。通 糂サン。例 糝粒サンリュウ(=米つぶ)。❸「糝粉シンコ」は、白米を干して石臼いしうすなどでひいて粉にしたもの。例 糝粉餅シンコもち。上糝粉ジョウシンコ(=精白米をひいた細かい粉)。

糟
米11(17) 1 3376 7CDF ソウ(サウ)漢呉 豪 zāo かす

意味 ❶酒をこしたあとに残るもの。酒かす。**かす**。例 糟糠コウ。糟粕ハク。❷こしていない、にごり酒。もろみ。❸酒や酒かすにつけた食品。例 糟漬かすづけ。

【糟丘】【糟▼邱】ソウキュウ 酒かすを積みあげた丘。転じて、飲酒にふけることのたとえ。〔夏カの桀ケツ王の故事による〕〈韓詩外伝・四〉

【糟▼糠】ソウコウ ①酒のかすと米のぬか。②粗末な食事。また、貧しい暮らし。例 —の妻つま(=貧苦をともにしてきた妻)。

【糟▼糠不レ▼厭】ソウコウにもあかず 〔糟糠すら食べられない意〕極貧の生活をいう。例 回也屢空、糟糠不レ厭、而卒蚤夭カイやしばしばむなしく、ソウコウにもあかず、しかしてついにソウヨウせり(=顔回はいつも貧しく、糟糠すら満足に食べられず、とうとう若死にした)。〈史記・伯夷伝〉

【糟▼糠▼之妻不レ下レ堂】ソウコウのつまはドウよりおろさず 貧苦をともにしてきた妻は、出世した後も堂(=座敷)において大切にする。〈後漢書・宋弘伝〉

【糟▼粕】【糟▼魄】ソウハク ①酒のかす。②よいところを取った残りかす。例 古人の—をなめる(=昔の人のつくったものを、その精神は学ばず、形だけまねる)。〈荘子・天道〉

糙
米11(17) 3 8987 7CD9 ゾウ慣 ソウ(サウ)漢 号 cāo

意味 脱穀しただけで精白していない米。玄米。

糜
米11(17) 2 6886 7CDC ビ漢 ミ呉 支 mí かゆ・ただ-れる(ただ-る)

意味 ❶濃いかゆ。**かゆ**。❷くずれる。あれはてる。**ただれる**。例 糜爛ビラン。❸消費する。浪費する。ついやす。

【糜▼粥】ビシュク かゆ。うすがゆ。

【糜沸】ビフツ 〔かゆが煮えたつ意〕世に乱れが起こる。

【糜▼爛】ビラン 血みどろにする。ただれる。ただれ。例 糜二爛其民一而戦之、大敗そのたみをビランしてこれをたたかわしめ、おおいにやぶれたり(=民衆を血みどろにして戦わせ、大敗した)。〈孟子・尽心下〉

糞
米11(17) 1 4221 7CDE フン漢呉 問 fèn くそ・ばば

意味 ❶大便。**くそ**。例 糞尿フンニョウ。馬糞バフン。❷よごれたさま。

きたない。例 糞土ドフン。❸汚物をはらい除く。掃除する。はらう。例 糞除フンジョ。❹肥料。こやし。肥料を与える。つちかう。例 糞壌フンジョウ。

【糞除】フンジョ ①きたないものをはらい除く。②身を修めて清くする。

【糞壌】フンジョウ ①腐った土。けがれた土。②わらや草などを腐らせて作った肥料。堆肥タイヒ。

【糞石】フンセキ ①腸内に形成された結石。腸石。②地質時代の動物のふんが化石となったもの。石糞セキフン。

【糞土】ドフン ①腐ってきたない土。②きたなくけがらわしいもののたとえ。③牢獄のたとえ。〈司馬遷・報任少卿書〉

【糞土▼之▼牆不レ可レ▼杇▼也】フンドのショウはぬるべからず 腐ってぼろぼろになった土塀には上塗うわぬりができない。腐りきったなまけ者は、教え導くことができないことをいう。〈論語・公冶長〉

【糞尿】フンニョウ 大便と小便。

【糞便】フンベン くそ。大便。

【糦】米12(18) ⇩饎シ(1458ジペー)

【𥼣】米12(18) 4 8404 25F23 国字 しいな(しひな)
意味 地名などに用いる字。例 𥼣塚つかしいな(=宮城県の地名)。

【糧】米12(18) 1 4640 7CE7 常用 リョウ(リャウ)漢 ロウ(ラウ)呉 陽 liáng かて

［粮］米7(13) 2 6878 7CAE 別体字。

筆順

なりたち  [形声]「米(=こめ)」と、音「量ウリョ」とから成る。食用の穀物。

意味 ❶食用の穀類。特に、旅行や行軍のときに持っていく食べ物。かて。例 在レ陳絶レ糧チンにありてリョウをたつ(=陳の国で食糧がなくなった)。〈論語・衛霊公〉 糧食リョウショク。兵糧ヒョウロウ。❷租税として取りたてる穀物。年貢。

古訓 中古 かて・くひもの 中世 かて 近世 かて

【糧運】リョウウン 食糧を運搬する。

【糧▼餉】リョウショウ 軍隊の食糧。兵糧ヒョウロウ。類 糧粟リョウゾク。

【糧▼仗】リョウジョウ 食糧と武器。兵糧ヒョウロウと兵器。

【糧食】リョウショク 食物。食糧。特に、ある目的のために貯蔵したり持参したりする食糧。例 非常用の―。

【糧道】リョウドウ (軍隊の)食糧を補給する通路。例 ―を断つ。

【糧米】リョウマイ 食糧としての米。例 ―を配る。

【糧▼秣】リョウマツ 兵士の食糧と軍馬のえさ(=まぐさ)。

●食糧ショクリョウ・馬糧バリョウ・兵糧ヒョウロウ

【糫】米13(19) 4 8406 7CEB カン(クヮン)漢 刪 huán

意味 米の粉に蜜ミツを混ぜ、ひも状にしたものを巻いて環わの形にして油で揚げた食品。粔籹キョジョ。

【糯】米14(20) 2 6889 7CEF ダ漢 ナ呉 箇 nuò もち・もちごめ

意味 餅もちや赤飯を作る、ねばりけの多い米。もちごめ。対 粳コウ。例 糯米ダベイ。

【糯米】ダベイ・もちごめ 餅もちを作るのに適している、ねばりけの多い米。餅米もちごめ。

【糲】米14(20) 2 6890 7CF2 レイ漢 霽 lì あら-い(あら-し)・くろごめ

意味 もみがらを取り去っただけで精白していない米。玄米。あらごめ。くろごめ。あらい。例 糲粢レイシ。

【糲▼粢】レイシ 精白していない穀物やキビの飯。また、粗末な食物。粢糲シレイ。例 糲粢之食、藜藿之羹レイシのショク、レイカクのあつもの(=粗末な飯、粗末な汁)。〈韓非・五蠹〉

【𥽜】米15(21) 4 8407 25F5C 国字 はぜ

意味 人名などに用いる字。例 𥽜はぜ(=姓)。

【糵】米16(22) 4 8408 7CF5 ゲツ漢 屑 niè もやし

［糱］米16(22) 7CF1 本字。

意味 ❶米やムギから出る芽。もやし。❷米・ムギ・ダイズなどを蒸して、こうじ菌を繁殖させたもの。こうじ。

【糴】米16(22) 2 6891 7CF4 テキ漢 錫 dí かいよね(かひよね)

意味 穀物、特に米を買い入れる。また、その穀物。いりよね。かいよね。対 糶チョウ。例 糴穀テキコク(=穀物を買い入れる)。

【糶】米19(25) 2 6892 7CF6 チョウ(テウ)漢 嘯 tiào うりよね・せり・せ-る

意味 穀物、特に米を売りに出す。また、その穀物。うりよね。対 糴テキ。例 糶米チョウベイ(=米を売る)。

日本語での用法 《せり》《せる》 ①「糶せり売うり・糶せり勝かつ・糶せりに出だす・糶せりにかける・オークションでピカソの絵エを糶せる」▼競売。競争する。きそう。②「糶商人せりショウニン」▼荷を持って売り歩くこと。

難読 糶取せどり

120 6画 糸 いと いとへん 部

きぬいとをより合わせた形をあらわす。「糸」をもとにしてできている漢字を集めた。

繻 繽 辮 ⑮ 1059 纈 1060 纐 纊 纘 纖 續 纏 1060 纆 纇 ⑲ 繿
纍 ⑯ 1060 纆 纑 ⑰ 1060 纓 纔 纖 纜 ⑱ 1060 纛 ⑲
1060 纘 纚 ㉒ 1060 纜

糸

糸0 (6) 1 2769 7CF8 教1

[絲] 糸6 (12) 2 6915 7D72 旧字体。

A ベキ㊥ 錫 mì　B シ㊥ 支 sī　いと

筆順 く 幺 幺 糸 糸 糸

なりたち A [糸] 〔象形〕きいと数本をより合わせた形。 B [絲] 〔会意〕二つの「糸(=いと)」から成る。カイコがはきだす、きいと。

参考 本来、「絲」は「シ」と読み「きいと」の意、「糸」は「ベキ」と読んで「きぬいと」と区別なく、「絲」の字がもっぱら使われた。今の「糸」は「絲」を半分省略した形。

意味 A [糸] ❶細いいと。いとすじ。きぬいと。ねりいと。❷「絲」の略字。
B [絲] ❶カイコのまゆから取った、いと。きいと。きぬいと。いと。例 絹糸ケンシ。製糸セイシ。❷絹織物。例 衣レ絲きるシを(=絹織物の衣服を着る)。〈史記・平準書〉 ❸いとのように細くて長いもの。例 菌糸キンシ。柳糸リュウシ(=ヤナギの枝)。❹八音の一つ。いとを張った楽器。弦楽器。例 糸竹シチク。糸管シカン(=弦楽器と管楽器。いとたけ)。❺割合をあらわす。一の一万分の一。また、ごくわずかの数量。

古訓 A [糸] 中古 つく・つらぬ 中世 いと・つぐ・つらぬ 近世 いと・すくなし・すこし・つらなる・ほそきいと B [絲] 中古 いと・くみ・くむ・よる・を 中世 いと 近世 いと

人名 たえ・つら・より

難読 糸瓜へちま・ 糸瓜とうり

【糸(絲)口】いとぐち 日 ①糸のはし。例 毛糸の―をさがす。②ものごとのはじまり。発端ホッタン。例 事件の―。―がほどける。③手がかり。例 話の―。出世の―になる。

【糸(絲)車】いとぐるま 日 まゆや綿花から糸を引き出して、つむぐための車。いとくり車。

【糸(絲)尻】いとじり 日「糸底いとぞこ」に同じ。

【糸(絲)底】いとぞこ 日 陶磁器の底の部分。器物を、ろくろから糸で切りはなすところからいう。糸切り。糸尻いとじり。

【糸(絲)目】いとめ 日 ①細い糸。いとすじ。②(器物などに文様モンヨウとしてつけた)線。例 ―を引くような雨。③凧たこの表面につけて、つりあいをとるための数本の糸。例 ―の切れた凧。金かねに―を付けない(=おしみなく金を使う)。

【糸(絲)遊】シユウ 日 一 いとユウ 晩秋あるいは早春に、空中に浮かんでいるクモの糸。あるかないかの、かすかなものにたとえる。二 春や夏の日差しの強い日に、空気が地面からたちのぼり、ゆらゆらと動いて見える現象。遊糸ユウシ。野馬ヤバ。陽炎かげろう。かげろう。

【糸(絲)雨】シウ 糸のように細い雨。小雨。

【糸(絲)▼毫】シゴウ わずかなこと。きわめて少ないこと。秋毫。

【糸(絲)竹】シチク｜いとたけ 〔「糸」は弦楽器、「竹」は管楽器の意〕①管弦。また、音楽をまとめていうことば。㊀糸管。② 日 邦楽。例 ―の道を志す。

【糸(絲)▼桐】シトウ 〔胴体がキリの木で作られていることから〕琴キンの異称。

【糸(絲)▼帛】シハク 絹の糸と、絹の布。

【糸(絲)髪】シハツ 〔糸と髪の毛の意〕非常に細かいもののたとえ。

【糸(絲)▼綸】シリン 〔「綸」は、印のひもの意。天子のことばは糸ほどに小さくとも、臣下にとっては印のひものように重要なものであることから〕天子の詔をいう。㊀糸言シゲン。〈礼記・緇衣〉から〕

【糸(絲)路】ロシ 根本は一つだが末は大きな違いが出てくることのたとえ。→【哭レ岐泣レ練】キにコクしレンになく(412ジペー)

●絹糸ケンシ｜いときぬ・製糸セイシ・抜糸バッシ・綿糸メンシ

糺

[糺] 糸1 (7) ⇩糾キュウ(1022ジペー)

系

糸1 (7) 1 2347 7CFB 教6

ケイ㊥ 霽 xì

か-ける(か-く)・すじ(すぢ)・つ-ぐ・つな-ぐ

筆順 一 ㇀ 幺 幺 玄 系 系

なりたち 〔形声〕「糸(=いと)」と、音「ノイエ→イケ(=引く)」とから成る。かける。

意味 ❶ひもでつなぎとめる。かける。つなぐ。つぐ。㊀係。❷つながり。すじ。例 系統ケイトウ。直系チョッケイ。文科系ブンカケイ。

古訓 中古 つぐ・つなぐ 中世 いと・つぐ 近世 いとぐち・かかる・かける・つぐ・つづく・つなぐ

人名 いと・つぎ・とし

【系図】ケイズ 日 ①先祖代々の家系を記したもの。系譜。例 徳川家の―。②あることが過去から現在まで経てきた道筋。由来。来歴。例 国学者たちの―をたどる。

【系統】ケイトウ ①一族の血統。血筋。例 平家の―。② 日 順序正しくつながっている、ものごとの道筋。すじみち。例 ―だてて説明する。③ 日 一定の原理や主義などに属しているもの。例 学問の―。

【系譜】ケイフ ①系図。②血縁や師弟関係などの、つながり。系統。例 密教の―。③学問や芸術、また宗教などの系統関係を順序よく書き記したもの。例 和歌文学の―。

【系列】ケイレツ 日 つながりのあるものごとの順序や配列。例 ―会社。

●家系カケイ・山系サンケイ・水系スイケイ・大系タイケイ・体系タイケイ・同系ドウケイ・日系ニッケイ・父系フケイ・傍系ボウケイ・母系ボケイ

糾

[糾] 糸2 (8) ⇩糾キュウ(1022ジペー)

紆

糸3 (9) 2 6894 7D06

ウ㊥ 虞 yū

ま-がる・めぐ-る

意味 ❶ゆるやかにまがる。また、まがりくねる。まがる。例 紆回ウカイ。紆曲ウキョク。紆余曲折ウヨキョクセツ。❷めぐる。めぐらす。❸まとわりつく。まとう。❹わだかまる。気がふさぐ。例 紆鬱ウウツ。

【紆鬱】ウウツ ①気がふさいで晴れ晴れしないさま。②まがりくねっているさま。山などの奥深いさま。

【紆▼縈】ウエイ 周囲をぐるりと取り巻く。まといめぐる。㊀紆繞ウジョウ。

【紆回】【紆▼廻】ウカイ まわり道をする。迂回ウカイ。例 ―路。

【紆曲】ウキョク うねりまがる。迂曲ウキョク。㊀紆折。

【紆徐】ウジョ ①ゆっくり行動するさま。②垂れ下がるさま。

【紆▼軫】ウシン 〔「軫」は、悲しむ、また、曲がる意〕①気がふさがって悲痛なさま。②地形などのまがりくねっているさま。紆盤。盤曲。③車をめぐらす。人の来訪をうやまっていうことば。枉駕オウガ。

【紆盤】ウバン 「紆軫ウシン②」に同じ。

【紆余(餘)】ウヨ ①川筋や山道が、折れまがって長く続く。②才能が十分あって、ゆったりしている。③露骨にあらわさない

6画

[糸] 0―3画▼糸 糺 系 糾 紆

で、遠まわしにうまく表現する。
【紆余(餘)曲折】キョクセツ ①(川や道が)まがりくねっているさま。②事情がこみいっていて、いろいろと変わるさま。〈語類・一三九〉

紈

糸3(9) 3 8990 7D08 カン(クヮン)漢 ガン(グヮン)呉 寒 wán

意味 白くて光沢のある絹。しらぎぬ。例 紈素ガンソ。

【紈▼綺】ガンキ ①(白い練り絹と、あや絹の意)贅ゼイを尽くした華やかな衣服。②貴族・富豪の子弟。
【紈▼袴】ガンコ ①貴族の子弟が着用した、白い練り絹のはかま。②富貴な家の子弟。
【紈扇】ガンセン 白い練り絹のうちわ。例 紈扇如二円月一ガンセンはエンゲツのごとし(=練り絹のうちわは丸い月のようだ)。〈江淹・詠扇〉
【紈素】ガンソ 白い練り絹。素紈ソガン。

紀

糸3(9) 1 2110 7D00 教4 キ漢呉 紙 jì おさ-める(をさ-む)・き・のり・しる-す

筆順 く 幺 幺 糸 糸 糸 紀 紀 紀

なりたち [形声]「糸(=いと)」と、音「己キ」とから成る。多数の糸の端を一本ずつわけて、からまないようにする。派生して「すじだてでととのえる」の意。

意味 ❶端緒。基本。いとぐち。例 道者万物之始、是非之紀也みちはバンブツのシにして、ゼヒのキなり(=道は万物の根元であり、是非の基本である)。〈韓非・主道〉 ❷ものごとを順序よく整理する。おさめる。例 礼以紀レ政レイもってまつりごとをおさむ(=礼で政治を正す)。〈国語・晋四〉 ❸ものごとのすじみち。きまり。のり。例 紀綱キコウ。紀律キリツ。風紀フウキ。❹順を追って書きあらわす。しるす。例 紀行キコウ。紀要キヨウ。❺帝王の事績の年代記。例 紀伝体キデンタイ。本紀ホンキ(=帝王の伝記)。❻年代。とし。例 紀元キゲン。世紀セイキ。芳紀ホウキ(=妙齢)。

日本語での用法《キ》①「記紀キキ(=古事記と日本書紀)・記紀歌謡キキカヨウ・記紀神話キキシンワ」▼『日本書紀ニホンショキ』の略。②「紀州キシュウ・南紀ナンキ・紀淡海峡キタンカイキョウ」▼紀国きのくに(=木の国の意。紀伊きいの古い呼び名)および旧国名「紀伊きい」の略。

古訓 中古 きはむ・しるす・すみ・とし・のり・みる・もとゐ・をさむ 中世 こづな・しるす・のり・よりいと 近世 いとぐち・しるす・のり・をさむる

人名 あき・あきら・いと・おさ・おさむ・かず・かなめ・こと・しるし・すみ・ただ・ただし・つぐ・つな・とし・はじめ・みち・もと・もとい・もとえ・よし

【紀▼伊】きい 日 旧国名の一つ。今の和歌山県と三重県の一部にあたる。紀州。〔「紀国きのくに」は、「紀伊きい」の古称〕
【紀元】キゲン ①元年を記し定める。②国家ができた最初の年。建国の年。③キリスト生誕の年を元年とする年の数え方。西暦。例 ―前。④日 神武ジンム天皇即位の年を元年とする年の数え方。皇紀。〔西暦に六六〇年を加えた年で、旧制度でおこなわれた〕⑤日(新しい)時代。エポック。例 新―を画カクする。
【紀行】キコウ 旅の見聞や感想を書き記したもの。旅行記。道中記。例 ―文。ヨーロッパ―。
【紀綱】キコウ 〔「綱」は、人の守るべき決まりの意〕①国家を治める制度や決まり。綱紀。②治める。管理する。
【紀事本末】キジホンマツ 歴史を記述する方法の一つ。各事件ごとに、その発生から結末までを順を追って記す形式。紀事本末体。対 紀伝体・編年体。
【紀序】キジョ ものごとの正しい順序やすじみち。秩序。のり。
【紀伝体】キデンタイ 歴史を記述する方法の一つ。『史記』などのように、天子に関する「本紀ホンギ」と、その他の人に関する「列伝レツデン」などとに分けて記す。対 編年体・紀事本末。
【紀伝道】キデンドウ 日『史記』『漢書』『文選モンゼン』などを教授した、大学寮の科目。のち、文章ジョウ道と改称。教官は紀伝博士ハカセ。
【紀年】キネン ①紀元から数えた年数。例 西暦―。②年齢。年紀。③年を記す。
【紀念】キネン 日 心に残して忘れないこと。人物やできごとの思い出。記念。
【紀要】キヨウ ①事柄の要点を記したもの。②日 大学や研究所などで発行する、研究論文などを載せた定期刊行物。
【紀律】キリツ ①行動のよりどころとなる決まり。おきて。例 ―を守る。②決められたすじみちどおりに、きちんとおこなわれること。順序。秩序。例 ―正しい生活態度。▽規律。

●記紀キキ・皇紀コウキ・綱紀コウキ・世紀セイキ・西紀セイキ・風紀フウキ・芳紀ホウキ

級

糸3(9) 1 2173 7D1A 教3 キュウ(キフ)漢呉 緝 jí しな・しるし

［級］糸4(10) 旧字体。

筆順 く 幺 幺 糸 糸 糸 級 級 級

なりたち [形声]「糸(=いと)」と、音「及キュウ」とから成る。次々とくり出される糸の順序。

意味 ❶順序。段階。ランク。しな。例 階級カイキュウ。高級コウキュウ。等級トウキュウ。❷階段。きざはし。また、階段の段数を数える語。❸戦場で討ち取った敵の首。しるし。〔秦シで、敵の首を一つ取るごとに爵シャク一級を加えたことから〕例 首級シュキュウ。

日本語での用法《キュウ》「級友キュウユウ・学級ガッキュウ・同級生ドウキュウセイ」▼学校で、進度の同じものの集まり。組。クラス。

古訓 中古 かさなる・こし・しな・ついで 中世 しな 近世 しな・ついで

【級数】キュウスウ ①階級。②(数)数列の項を和の記号で結んだもの。古くは数列も指した。例 等比―。③日 印刷で、写真植字用の文字の大きさをあらわす単位。級。例 ―を上げて見やすくする。

●下級カキュウ・学級ガッキュウ・上級ジョウキュウ・進級シンキュウ・中級チュウキュウ・低級テイキュウ・同級ドウキュウ

糾

糸3(9) 1 2174 7CFE 常用 キュウ(キウ)漢呉 有 jiū あざな-う(あざな-ふ)・ただ-す

［糾］糸2(8) 旧字体。 ［糺］糸1(7) 2 6893 7CFA 俗字。

筆順 く 幺 幺 糸 糸 糸 糸 糾 糾

なりたち [会意]「糸(=なわ)」と「丩キュウ(=くりあわせる)」とから成る。よりあわせたなわ。

意味 ❶糸をよりあわせる。あざなう。例 糾纏キュウテン(=よりあわせたなわ)。糾纆キュウボク。❷よせあつめる。あわせる。例 糾合キュウゴウ。❸からみあう。もつれみだれる。例 糾糾キュウキュウ。紛糾フンキュウ。❹(悪事を)とり調べて正しくする。ただす。例 糾弾キュウダン。糾明キュウメイ。

日本語での用法《ただす》「糺ただの神かみ・糺ただの森もり」▼人名や地名では、特に「糺」を用いることがある。

古訓 中古 あざはる・あざはれり・あざふ・あらはす・きびし・ただ・ただし・ただす・をさむ 中世 あざなはる・あらはす・いそぐ・うやまふ・すみやか・ただし・ただす・をさむ 近世 あざなふ・いと・すみや

か・ただし・ただす・まとふ・みつぐりのなは・もどる・をさむ

人名 ただ・ただし

【糾案】【糾▼按】キュウアン 不正を問いただして調べる。

【糾糾】キュウキュウ ①もつれあうさま。②ばらばらに乱れるさま。

【糾合】キュウゴウ 寄せ集めて一つにまとめる。鳩合ゴウ。例 同志をーする。

【糾錯】キュウサク 入り乱れる。もつれあう。

【糾察】キュウサツ 細かいところまで犯行を取り調べる。

【糾正】キュウセイ 罪を取り調べ、明らかにする。

【糾弾】キュウダン 罪や責任などを問いただして、検挙する。弾劾。類糾挙。例 役所の責任をーする。

【糾▼黜】キュウチュツ 罪をただして退ける。

【糾▼謬】キュウビュウ 過ちをただす。

【糾紛】キュウフン ①入り乱れる。もつれあう。②山などが重なりあっているさま。

【糾▼纆】【糾墨】キュウボク よりあわせた縄。

【糾明】キュウメイ 罪や悪事などを追及して、はっきりさせる。糾問。例 罪状をーする。

【糾問】キュウモン 罪や悪事などを問いただす。糾明。例 犯人をーする。

紅

糸3 (9) 1 2540 7D05 教6

一 ク慣 コウ漢 グ呉 東 hóng

二 コウ漢 ク呉 東 gōng

べに・くれない(くれなゐ)・あかい(あか-し)・もみ 付表 紅葉もみじ

筆順 く 幺 幺 糸 糸 糸 紅 紅

なりたち  [形声]「糸(=きぬ)」と、音「工コウ」とから成る。白みのある赤色の絹。

意味 一 ❶うすい赤色。また、鮮やかな赤色。**くれない。あかい。** 例 紅潮コウチョウ。紅白コウハク。❷ベニバナからとった赤い顔料。**べに。** 例 紅脂コウシ(=女性の化粧)。紅粉コウフン。❸女性。例 紅一点コウイッテン。紅涙コウルイ。二 ❶紡績・裁縫・刺繡シシュウなど、女性の仕事。通工・功。例 女紅ジョコウ(=女性の手仕事)。❷喪に服する期間。通功。例 大紅タイコウ(=九か月間の喪)。

古訓 中古 くれなゐ 中世 くれなゐ・はなやか 近世 あかし・くれなゐ・べに

人名 あか・あかし・いろ・くれ・もみ

難読 紅絹もみ・紅裏もみうら・紅殻ベンガラ/べにがら・紅型びんがた

【紅一点】コウイッテン ①異彩を放つもののたとえ。〔「万緑叢中紅一点バンリョクソウチュウコウイッテン(=一面の緑の葉の中に赤い花がただ一輪咲いている)」〈記纂淵海・六三〉に、王安石オウアンセキが石榴セキリュウを見て作った、という記述があることによる〕②多くの男性の中に居合わす、ただ一人の女性。

【紅雨】コウウ ①春、花に降りそそぐ雨。②赤い花が乱れ散ることのたとえ。

【紅雲】コウウン 赤い雲。仙人のすむ所とされる。

【紅炎】コウエン ①真っ赤なほのお。②日 太陽の表面に立つ赤いほのお。プロミネンス。表記 ▽旧紅▼焰

【紅▼於】コウオ カエデの別称。〔「霜葉紅二於二月花一ソウヨウはニガツのはなよりくれないなり(=霜に色づいたカエデの葉は春の花よりも鮮やかに赤い)」〈杜牧・山行〉から〕

【紅▼霞】コウカ ①夕焼け。②紅色のかすみ。③紅色の花の咲き乱れている景色。

【紅顔】コウガン 若々しく血色のよい顔。〔美人についてもいう〕例 紅顔美少年コウガンのビショウネン。〈劉希夷・代悲白頭翁〉 ー翠黛スイタイ(=美しい顔に緑のまゆずみ)。

【紅玉】コウギョク ①美人の顔や肌のたとえ。②赤い色の宝石。ルビー。紅玉石コウギョクセキ。

【紅▼裙】コウクン ①赤い裳裾もすそ。唐代に女性の間で流行した。②美女。また、妓女ギジョ。▽類紅裾コウキョ。

【紅▼閨】コウケイ 赤く塗り飾った、女性の部屋。美人の部屋。

【紅紫】コウシ ①紅と紫の色。五色(=青・赤・黄・白・黒)以外の、正色でない色(間色)とされた。②いろいろな花の色。

【紅女】コウジョ 機はたを織る女。工女。

【紅粧】【紅▼妝】コウショウ 美しい化粧。また、化粧をした美女。

【紅▼綃】コウショウ ①赤い絹。例 一曲紅綃不レ知レ数イッキョクにコウショウかずをしらず(=琵琶ビワの一曲が終わるごとに(若者らの贈り物の)紅い絹は数えきれぬほどであった)〈白居易・琵琶行〉②唐代、詩をよくした妓女ギジョの名。

【紅唇】コウシン べにをつけた、くちびる。美しいくちびる。美人のたとえ。例 ーを愛する。

【紅▼塵】コウジン ①日に当たって赤く見える土ぼこり。特に、にぎやかな町のほこり。繁華街の雑踏の形容。例 ーの巷ちまたに身をしずめる。②この世のわずらわしい事柄。俗塵。例 ーに交わる。ーの外に遊ぶ。

【紅雪】コウセツ モモの花やレイシ(荔枝)の別称。

【紅▼髯】コウゼン ①赤いひげ。②西洋人のひげ。また、西洋人。

【紅茶】コウチャ 茶の若葉を発酵させて干したもの。また、それに湯をさした、香りのよい紅色の飲み物。ティー。対緑茶。

【紅潮】コウチョウ ①顔に赤みがさす。例 ーした頰ほお。②落花を浮かべた流れ。③月経。

【紅灯(燈)】コウトウ ①赤いともしび。例 ーの巷ちまた(=花柳カリュウ界)。②ほおずきぢょうちん。赤いちょうちん。

【紅梅】コウバイ ①べに色または濃い桃色の花の咲くウメ。対白梅。②紫がかった赤色。例 ー色いろ。

【紅斑】コウハン ①赤色のまだら模様。②皮膚の血管の充血によってできた赤い斑紋ハンモン。

【紅粉】コウフン ①べにと、おしろい。②美女。

【紅毛】コウモウ ①赤い髪の毛。②オランダ。また、オランダ人。紅毛番コウモウバン。③西洋人。

【紅毛▼碧眼】コウモウヘキガン 〔赤い髪の毛と青い目の意〕①オランダ人。②西洋人。

【紅葉】一コウヨウ 秋になって、木の葉が赤く色づく。また、その木の葉。例 山の木々がーする。二もみじ 日 赤くなったカエデの葉。例 ー狩り。ーのような手。

【紅涙】コウルイ ①悲しいときや、いきどおったときに出るなみだのたとえ。血涙。②美女のなみだ。女性のなみだのたとえ。例 ーをしぼる。

【紅▼蓮】一コウレン くれないのハスの花。類紅荷コウカ。二グレン ①激しく燃え上がる炎の色の形容。猛火のたとえ。例 ーの炎。②仏「紅蓮地獄グレンジゴク」の略。八寒地獄の一つ。ここに落ちた罪人はひどい寒さで皮膚が破れ、血で真っ赤になるという。

【紅楼】コウロウ ①朱塗りの立派な家。②金持ちの女性の家。

● 深紅シンク・真紅シンク・百日紅ヒャクジツコウ/さるすべり

紇

糸3 (9) 3 8989 7D07 コツ漢 月 hé

意味 ❶質のおとる糸。❷人名に用いる字。例 叔梁紇シュクリョウコツ(=孔子の父)。❸「回紇カイコツ」は、ウイグル。

紃

糸3 (9) 4 8409 7D03 シュン漢 ジュン呉 真 xún

意味 ❶組みひも。❷規範。法則。❸したがう。通循。

紉

糸3 (9) 4 8410 7D09 ジン(ヂン)漢 真 rèn

意味 ❶一重の細い縄。なわ。❷縄などをより合わせる。なう。❸針に糸を通す。また、糸で縫う。

紂
糸3（9） 2 6901 7D02

チュウ（チウ）漢 有 zhòu

意味 ❶ウマやウシのしりにかけて、くらを引きしめるひも。しりがい。❷殷ｲﾝ王朝最後の王。夏ｶの桀ｹﾂ王とともに暴君の代表とされる。例 桀紂ケッチュウ（＝桀王と紂王の併称）。

約
糸3（9） 1 4483 7D04 教4

ヤク漢呉 ヨウ（エウ）漢 嘯 yuē
つづ-める（つづ-む）・つづ-まる・つづま-やか

［約］糸3（9）——旧字体。

筆順 く 幺 幺 糸 糸 糸 約 約 約

なりたち  ［形声］「糸（＝いと）」と、音「勺ｼｬｸ…→ﾔｸ」とから成る。まとめてたばねる。

意味 ❶たばねる。しばる。例 為ᵣ書約ᵢ之矢ᵢ（ショをつくりこれをやにヤクす）（＝手紙を書いて矢にくくりつける）。〈史記・魯仲連伝〉約束ソク。条約ジョウ。誓約セイ。❷とりきめる。ちかう。また、とりきめ。ちかい。例 約束ソクヤク。❸制限する。ひきしめる。例 約ᵣ之以ᵣ礼（これをヤクするにレイをもってす）（＝礼節によって行動をひきしめる）。〈論語・雍也〉約礼レイ。❹小さく短くまとめる。しめくくる。ちぢめる。つづめる。つづまる。つづまやか。例 約言ゲン。要約ヨウ。節約セツ。❺きりつめる。ひかえめにする。つづまやか。例 倹約ケン。❻窮乏。くるしみ。例 不仁者不ᵣ可ᵢ以久処ᵣ約（フジンシャはもってひさしくヤクにおるべからず）（＝仁徳のない者は長い貧困生活にたえられない）。〈論語・里仁〉窮約キュウ（＝困窮）。❼制止する。とどめる。例 蘇代約ᵢ燕王ᵢ（ソダイエンノウをヤクす）（＝蘇代は燕王が出かけるのを止めた）。〈戦国策・燕三〉❽ほぼ。だいたい。例 大約タイ。❾簡潔で、無駄のないさま。例 其文約、其辞微（そのブンはヤク、そのジはビ）（＝その文は簡明で、ことばは深遠である）。〈史記・屈原伝〉

古訓 中古 かぎる・きはまる・きはむ・すくなし・せばし・せはせはし・せばせばし・ちぎる・つかぬ・つづまやかなり・つづまやかに・つづまる・つづむ・なは・まつはる・まとふ・めぐる・もとほる・ゆはふ・ゆひつく 中世 せはせはし・ちぎる・つづまやか 近世 うすし・おろそか・かぎる・すこし・ちかふ・つかぬる・つづまやか・はかる・まとふ

人名 なり

【約音】ヤクオン 文法で、連続する二つ以上の音節が、母音の脱落などで一音節になること。「之於ｼｵ」が「諸ｼｮ」、「而已ｼﾞｲ」が「耳ｼﾞ」になるなど。日本語では、「にあり」が「なり」、「とあり」が「たり」になるなど。約。約言。

【約契】ヤクケイ 約束する。契約。

【約言】ヤクゲン ①要点だけをまとめて言う。また、そのことば。要約。②約束のことば。③「約音ヤクオン」に同じ。

【約定】ヤクジョウ 約束して取り決める。また、その取り決め。契約。例 ―書。―済み。

【約身】ヤクシン つつましやかに身を立てる。倹約して世を過ごす。

【約信】ヤクシン かたく口約束をする。互いに誓い合う。

【約数】ヤクスウ 〔数〕ある整数または整式を、割り切ることのできる整数または整式。対 倍数。例 五は十の―。

【約省】ヤクセイ／ヤクショウ 節約する。また、簡略にする。

【約束】ヤクソク 〔「束」も、しばる意〕①綱や縄でしばる。たばねる。②互いに（将来のことなどを）取り決め、それを守るように誓う。また、その内容。例 ―を破る。会の―ごと。③日 前から決まっている運命。因縁ネン。宿命。例 前世からの―。

【約▼飭】【約勅】ヤクチョク 身をつつしみ、いましめる。

【約分】ヤクブン 〔数〕分数の分母と分子とを同じ公約数で割って簡単にすること。通約。たとえば、$\frac{6}{8}$を$\frac{3}{4}$にすること。

【約法】ヤクホウ ①法律を簡単にする。②約束をした上で決定する。法によって制限する。

【約略】ヤクリャク ①おおざっぱな内容。あらまし。大略。②おおよそ。おおむね。

【約礼】ヤクレイ 礼によって自己のおこないをひきしめること。↓意味❸

【約款】ヤッカン 日 法令や条約、また契約などの取り決めを箇条書きにしたもの。例 ―を守る。

●違約ヤク・解約カイ・確約カク・契約ケイ・公約コウ・婚約コン・集約シュウ・制約セイ・特約トク・盟約メイ

紜
糸4（10） 2 6902 7D1C

ウン漢呉 文 yún
まが-う（まが-ふ）・まど-う（まど-ふ）・みだ-れる（みだ-る）

意味 ❶物の数が多く、入り乱れるさま。みだれる。❷「紜紜ウンウン」「紛紜フンウン」は、多くのものが入り混じって、区別できないさま。

［級］
糸4（10） ⇨級キュウ 1022ジベー

紒
糸4（10） 4 8412 7D12

ケイ漢 霽 jì

意味 髪を結ぶ。ゆう。

紘
糸4（10） 1 2541 7D18 人

コウ（クヮウ）漢 庚 hóng
おおづな（おほづな）・つな

［紭］糸7（13） 3 9007 7D8B 別体字。

なりたち  ［形声］「糸（＝ひも）」と、音「厷ｺｳ」とから成る。冠のひも。

意味 ❶ひも。❷大きな綱。つな。おおづな。❸つなぐ。つつむ。❹世界の果て。境界。例 八紘ハッコウ（＝八方の果て。全世界）。❺大きい。広い。通 宏ｺｳ。

古訓 中古 かぶりのかざり・つな・ひぼさす・ひもさす・ひもゆふ・を 中世 つな 近世 あみのおほつな・えび・かんむりのを

人名 つぐ・つなぐ・ひろ・ひろし・ひろみ・ひろむ

紗
糸4（10） 1 2851 7D17 人

サ漢 シャ呉 麻 shā
うすぎぬ

なりたち ［会意］「糸（＝きぬ）」と「少（＝こまかい）」とから成る。うすいきぬ。

意味 うすい地の絹織物。うすぎぬ。例 金紗キンシャ。

古訓 中古 うすもの・かとり 中世 うすもの・きぬ 近世 うすぎぬ・うすもの

人名 すず・たえ

【紗障】シャショウ うすぎぬを張ったふすま。

【紗窓】サソウ／シャソウ うすぎぬを張った窓。

【紗帽】サボウ／シャボウ ①うすぎぬで作った帽子。非公式の場で高官が着用した。②夏の帽子。

【紗籠】サロウ うすぎぬを張った室内用の照明器具（行灯アンドン）。類 紗灯サトウ。

［綷］
糸4（10） ⇨綷イサ 1043ジベー

索
糸4（10） 1 2687 7D22 常用

サク漢 シャク呉 陌
サク漢呉 薬 suǒ
なわ（なは）・もと-める（もと-む）

筆順 一 十 㐄 㐄 索 索 索 索 索

なりたち  ［会意］「𡴀（＝草木がさかんに茂る）」と「糸（＝なわ）」とから成る。草木の茎や葉をよりあわせた、なわ。

意味 ❶つな。**なわ**。例 羂索(ケンサク)(＝狩りに用いる、わなと、なわ)。❷なわをよる。なわをなう。❸なわをたぐり寄せるように求める。要求する。**もとめる**。さがす。例 県官急索ㇾ租(ケンカンキュウにソをもとむ)(＝県の役人が厳しく租税を取り立てる)。〈杜甫・兵車行〉 索引(サクイン)。捜索(ソウサク)。❹他から離れる。孤立する。例 索居(サッキョ)。❺尽きる。例 消索(ショウサク)(＝消えてなくなる)。❻⇩【索索(サクサク)】❼⇩【索漠(サクバク)】

古訓 中古 あづかる・あなぐる・こふ・つく・つくす・とる・なは・なふ・もとむ 中世 つくす・つくる・なは・のり・もとむ・もとむる 近世 つくる・とる・なは・のり・まとふ

人名 もと・もとむ

難読 索麺(ソウメン)・索子(しさ)(＝穴あき銭に通すひも)

【索引】(サクイン) ①さがして引き出す。②日 書物の中の語句や事項を一定の順序に並べ、そのページを示した表。インデックス。引得。例 総—。音訓—。用語—。

【索隠】(サクイン) かくれた事実や真理をさがし求める。

【索居】(サクキョ|サッキョ) ひとりでいる。友と離れてひとりさびしく暮らす。

【索索】(サクサク) ①心が安らかでなく、わびしいさま。②木の葉が風にゆれる音の形容。さらさら。かさかさ。③ものさびしいさま。例 楓葉荻花秋索索(フウヨウテキカあきサクサク)(＝楓(フウ)の葉やオギの花には秋風がさびしげに吹き寄せていた)。〈白居易・琵琶行〉

【索条】(サクジョウ) 日 何本かの針金をより合わせたもの数本を、さらにはがねなどのロープに巻きつけて作った、つな。ワイヤロープ。鋼索。例 —鉄道(＝ケーブルカー)。

【索然】(サクゼン) ①涙がはらはらとこぼれるさま。②散らばるさま。散らばってなくなるさま。③興味が尽きて、おもしろくなくなるさま。興ざめ。例 興味—たる小説。

【索敵】(サクテキ) 敵軍のいる所をさがし、敵の行動範囲や兵力と配置をさぐる。例 —機。

【索道】(サクドウ) 日 空中に鋼鉄のロープを張り、人や物をのせる箱をつるして運ぶ装置。架空索道。ロープウエー。

【索漠】【索▼莫】【索▼寞】(サクバク) ①あれはてて、ものさびしいさま。例 —たる風景。②心が満たされず気がめいっているさま。例 —とした気持ち。

●検索(ケンサク)・思索(シサク)・捜索(ソウサク)・探索(タンサク)・模索(モサク)

紙

糸4 (10) 1 2770 7D19 教2

シ漢 紙 zhǐ

かみ

［帋］ 巾4 (7) 2 5467 5E0B 俗字。

筆順 く 幺 幺 糸 糸 糸 紅 紅 紅 紙

なりたち  [形声]「糸(＝まわた)」と、音「氏(シ)」とから成る。古いまわたなどをすいて、平らにのばしたもの。かみ。

意味 植物の繊維をすいて、平らにのばしたもの。もとは、生糸(きいと)の繊維を原料にした。**かみ**。例 紙筆(シヒツ)。紙幣(シヘイ)。紙面(シメン)。用紙(ヨウシ)。

日本語での用法 《シ》「紙上(シジョウ)・紙面(シメン)・日刊紙(ニッカンシ)・機関紙(キカンシ)」▼「新聞紙」の略。

古訓 中古 かみ 中世 かみ 近世 かみ

難読 紙鳶(いかのぼり|いか|たこ)・紙縒(こより)

【紙子】【紙衣】(かみこ) 日 紙で仕立てた防寒用の衣服。

【紙吹雪】(かみふぶき) 日 祝賀や歓迎などの気持ちをあらわすために、色紙を細かく切って、まき散らすもの。

【紙▼鳶】(シエン) 細いタケの骨をいろいろな形に組んで紙を張ったおもちゃ。糸をつけて空中に飛ばして遊ぶ。たこ。類 紙鳶(シエン)・紙鴟(シシ)・紙鷂(シヨウ)。

【紙魚】(シギョ|しみ) 本や衣類を食いあらす害虫。細長くて魚に似ている。衣魚(しみ)。

【紙型】(シケイ) 日 印刷用の鉛版をつくるために、活字を組んだ版に特別に加工した紙を押しつけて取った型。

【紙質】(シシツ|かみシツ) 日 紙の性質や品質。

【紙上】(シジョウ) ①紙の上。また、そこに書いたもの。例 心情が—にあふれる。②日 新聞や雑誌で、記事が書かれてある面。紙面。例 —をにぎわす。

【紙銭】(シセン) 死者があの世で使うとされる、紙で作った銭。六道銭。

【紙▼燭】(シソク|シショク) こよりや布に油をしみこませ、火をつけて用いた小型の照明具。脂燭(シソク|シショク)。

【紙帳】(シチョウ) 虫よけのために作った、紙製のとばりやカーテン。

【墾二紙田一】(シデンをたがやす) 生活費を得るために文字を書く。文筆によって生計を立てること。筆耕。〈楊万里・和仲良春晩即事〉

【紙背】(シハイ) ①紙の裏。対 紙面。②文章の裏に含まれる言外の意味。例 眼光—に徹す(＝読解力がするどい)。

【紙筆】(シヒツ) 紙と、ふで。文章のこと。

【紙幅】(シフク) 日 ①紙のはば。②本や記事にするのに定められた原稿の分量。例 —が尽きる。

【紙幣】(シヘイ) 紙で作られたお金。さつ。対 硬貨。

【紙片】(シヘン) かみきれ。例 —にメモする。

【紙面】(シメン) ①紙の表面。対 紙背。②日 新聞や雑誌で、記事の書いてある部分。紙上。例 多くの—を割く。—を飾る。③日 手紙。書面。例 ご—拝見しました。

●印紙(インシ)・型紙(かたがみ)・原紙(ゲンシ)・製紙(セイシ)・白紙(ハクシ)・半紙(ハンシ)・表紙(ヒョウシ)・方眼紙(ホウガンシ)・巻紙(まきがみ)・和紙(ワシ)

純

糸4 (10) 1 2967 7D14 教6

一 シュン漢 ジュン呉 真 chún

二 シュン漢 軫 zhǔn

三 トン漢呉 元 tún

四 セン漢 先 quán

もっぱ-ら

筆順 く 幺 幺 糸 糸 糸 紅 紅 純 純

なりたち  [形声]「糸(＝いと)」と、音「屯(チュン→シュン)」とから成る。カイコが吐きだした、きいと。

意味 一 ❶生糸(きいと)。また、一色の糸で織った織物。❷混じりけや飾りけがない。いつわりや、けがれがない。例 純粋(ジュンスイ)。純朴(ジュンボク)。単純(タンジュン)。❸専一であるさま。**もっぱら**。❹正直で、心のこもったさま。例 純厚(ジュンコウ)。❺立派な。よい。❻大きい。例 純嘏(ジュンカ)。二 ❶衣服・靴・帽子のへり。ふち。❷織物の幅。はば。三 ❶梱包(コンポウ)する。つつむ。❷布地の長さの単位。一丈五尺。四 そろいの一対。通 全。

古訓 中古 あつく・いと・うるはし・おほきなり・おほきに・すりきぬ・つつむ・めぐる・もはら・よし 中世 あつし・おほいなり・すみ・もつぱら・もとほし 近世 あつし・いと・うるはし・おほいなり・くはし・もつぱら・もとほし

人名 あつ・あつし・あや・いたる・いと・きよし・すなお・すみ・ただ・ただし・ただす・つな・とう・まこと・やす・やすし・よし

【純愛】(ジュンアイ) 清らかでひたむきな愛情。

【純一】(ジュンイツ) ①混じりけのないさま。また、一つのことに打ちこむさま。例 —無雑(ムザツ)。②飾りけやうそのないさま。例 —な心。

【純益】(ジュンエキ) 日 総利益からかかった費用を差し引いた、正味の利益。純利。例 —金。—を上げる。

【純化】(ジュンカ) ①徳によって教化すること。淳化(ジュンカ)。②混じりものを取り除く。▽醇化(ジュンカ)。③日 複雑なものを単純にする。単純化。
【純▼嘏】ジュンカ 〔「嘏」は、しあわせの意〕大きな幸福。
【純金】ジュンキン 混じりけのない金。金むく。二十四金。
【純銀】ジュンギン 混じりけのない銀。銀むく。
【純血】ジュンケツ 別の種類の動物の血が混じらない、純粋な血統。㊒混血。例―種。
【純潔】ジュンケツ ①心身にけがれがなく、清らかなさま。いつわりがないさま。例―な精神。②日 異性との肉体的交わりをもたないこと。例―を保つ。
【純▼乎】ジュンコ 純然（ジュンゼン）。醇乎（ジュンコ）。
【純厚】ジュンコウ 素直で、非常に親切なさま。心をこめて手厚くするさま。懇切丁寧なさま。淳厚（ジュンコウ）。醇厚（ジュンコウ）。㊮純渥（ジュンアク）。
【純如】ジュンジョ （さまざまな楽器の音が）よく調和する。
【純情】ジュンジョウ 日 心が清らかでいつわりがなく、すなおなこと。また、その心。うぶ。例―可憐（カレン）。
【純臣】ジュンシン 忠義一筋の臣下。
【純真】ジュンシン 気持ちが清らかで、けがれやいつわりのないさま。自然のままであるさま。純朴。㊒不純。例―無垢（ムク）。
【純粋】ジュンスイ ①混じりけがないさま。例―培養。②邪心や打算がなく、いちずでひたむきなさま。例―な青年。▽淳粋（ジュンスイ）。醇粋（ジュンスイ）。
【純正】ジュンセイ ①混じりけがなく正しいさま。醇正（ジュンセイ）。例―部品。②日 学問で、理論を中心とし、応用面や実用面にはふれないこと。純粋。例―経済学。
【純然】ジュンゼン ①混じりけのないさま。純粋。例―たる日本人。②まさにそれ以外の何ものでもないさま。例―たるまちがい。▽純乎（ジュンコ）。
【純素】ジュンソ 心にまじりけがなく、本来のままであること。純朴。
【純度】ジュンド 日 品質の純粋さの度合い。例―の高い金（キン）。
【純篤】ジュントク 純朴で誠実なさま。淳篤（ジュントク）。醇篤（ジュントク）。
【純白】ジュンパク ①混じりけやよごれのない、まっしろ。②けがれがなく清らかなさま。
【純美】ジュンビ 純真で美しく、申し分のないさま。淳美（ジュンビ）。醇美（ジュンビ）。
【純朴】【純▼樸】ジュンボク すなおで飾りけがないさま。素朴でいつわりがないさま。淳朴（ジュンボク）。醇朴（ジュンボク）。例―な青年。
【純明】ジュンメイ 純真で賢い。まじめで賢明である。
【純綿】ジュンメン 日 他の種類の繊維が混じっていない木綿糸。また、それで織った織物。例―の肌着。
【純毛】ジュンモウ 日 他の種類の繊維が混じっていない毛糸。また、それで織った織物。例―のセーター。
【純利】ジュンリ 日「純益（ジュンエキ）」に同じ。
【純良】ジュンリョウ ①混じりけがなく、品質がよいこと。例―の牛乳。②性質が、いつわりがなく善良なさま。例―な人柄。▽淳良（ジュンリョウ）。醇良（ジュンリョウ）。
【純量】ジュンリョウ 風袋（フウタイ）などを除いた正味の目方。
●至純（シジュン）・清純（セイジュン）・単純（タンジュン）・不純（フジュン）・芳純（ホウジュン）

紓

糸4（10）　3 8991　7D13

ショ ㊥漢 魚 shū

意味 ❶ゆるい。❷ゆるくする。ゆるめる。

紝

糸4（10）　3 8992　7D1D

ジン（ジム）㊥漢 侵 沁 rén

意味 ❶機織（はたお）りの糸。❷機を織る。例 紝織（ジンショク）（＝機を織る）。

素

糸4（10）　1 3339　7D20　教5

ソ ㊥漢　ス ㊥呉　遇 sù

もと・しろ　付表 素人（しろうと）

筆順 

なりたち 
［会意］「糸（＝きぬ）」と「𡈼（＝光沢があり なめらか）」とから成る。白くてきめ細かいきぬ。

意味 ❶染める前の白いきぬ。例 素絹（ソケン）。❷白いさま。例 素手（ソシュ）。❸ものごとのもととなるもの。**もと**。例 素材（ソザイ）。要素（ヨウソ）。元素（ゲンソ）。❹ありのままで、飾りけがない。例 素朴（ソボク）。質素（シッソ）。❺ふだんの。前々からの。もとより。例 素善二留侯張良一（もとよりリュウコウチョウリョウによし）（＝前々から留侯の張良と仲がよかった）。〈史記・項羽紀〉 素懐（ソカイ）。素養（ソヨウ）。平素（ヘイソ）。❻手紙。〔長さ約一尺の絹布を用いたことから〕例 尺素（セキソ）。❼誠意。まごころ。例 素交（ソコウ）。❽実質はあるが、名目がともなわない。例 素王（ソオウ）。素封（ソホウ）。❾名目はあるが、実質がともなわない。例 素官（ソカン）。素餐（ソサン）。❿無駄に。むなしく。例 素食（ソショク）。

日本語での用法 一《しろ》《しら》「素人（しろうと）・素面（しらふ）」▼白。きじのまま。二《さ》《す》「素湯（さゆ）・素（す）うどん・素泊（すどま）り」▼混じりけがない。

参考 常用漢字表では「ス」「ソ」を字音とするので、そのあつかいとするが、日本語の接頭語「す」にこの字をあてることがあって、音・訓は区別しにくい。

古訓 中古 あらかしめ・きおつ・しろし・すなほ・すなほに・むなし・もと・もとより 中世 しろし・すなほ・もと・もとより 近世 かとり・しろし・すな・すなお・はじめ・ひろ・ひろし・もとい・もとし

人名 しろし・すな・すなお・はじめ・ひろ・ひろし・もとい・もとし

難読 素木（しらき）・素面（しらふ）・素見（ひやかし）

【素人】しろうと・しろと ①ものごとについて、経験や知識の浅い人。例―くさい。日 ②専門家でない人。職業でなく趣味としている人。アマチュア。例―のど自慢。③（水商売にたずさわる女性でなく）普通の女の人。▽㊒玄人（くろうと）。
【素▼襖】【素▼袍】スオウ 日 直垂（ひたたれ）の一種で、麻（あさ）の布地に家紋をつけたもの。室町（むろまち）時代に始まった武士の平服で、江戸時代には礼服となった。
【素見】スケン・ソケン 日「素見物（スケンブツ）」の略。店などをただ見て通るだけで、買わないこと。ひやかし。
【素敵】すてき 日〔あて字〕すばらしくて心ひかれるさま。例―な出会い。―に好（よ）い話。
【素直】すなお 日 ①ひねくれたところがなく、また、人の言うことに逆らわず、受け入れるさま。例―な子供。―に忠告を聞く。②くせのないさま。のびのびしたさま。例―な字。
【素浪人】スロウニン 日 ただの浪人。浪人をいやしめていう語。
【素案】ソアン もとになる案。会議などに前もって提出される大まかな案。原案。
【素衣】ソイ 模様のない、白い着物。白衣。
【素意】ソイ 以前からもっていた考え。
【素因】ソイン ①もともとの原因。ものごとの起こるもと。②〔医〕ある病気にかかりやすい素質。
【素影】ソエイ （月光や雪などの）白い影。
【素謁】ソエツ 清貧で有徳の人々の会合。また、その人々の談話。〈孔稚珪・北山移文〉
【素王】ソオウ 帝王の資質がありながら、王でない人。〔儒家では孔子を指す〕
【素▼娥】ソガ ①⇩【姮娥】コウガ（346ジペー）②月。
【素懐】ソカイ ふだんから心にいだいている願い。素志。
【素官】【素▼宦】ソカン 名目だけで実権のない官職。また、位の低い官吏や閑職。
【素顔】一 ソガン ①白い顔。②スがお 化粧をしていない顔。地顔（ジがお）。二 スがお 日 ありのままの姿や状態。本当の姿。例―

の日本。

【素願】ソガン　ふだんからもっているねがい。素望。

【素肌】［一］ソキ　白いはだ。特に、野菜や果物などの白い肉質をいう。［二］スはだ　［日］①化粧をしていない、はだ。②衣服や下着、また、よろいをつけていない、はだ。▽素膚はだス。

【素襟】ソキン　①白いえり。②平素からのありのままの心。本心。素心。

【素琴】ソキン　飾りつけのない琴。

【素月】ソゲツ　①白い月。明るい月。②陰暦八月の異称。

【素絹】ソケン　①白いきぬ。②練らないきぬ。生絹きぎぬ。③「②」で作った白い僧衣。

【素交】ソコウ　年来の、まごころからのつきあい。損得を抜きにした高尚な交際。

【素光】ソコウ　（月・雪・水などの）白く映る光。

【素行】ソコウ　①道徳的な見地から見た、ふだんのおこない。操行。［例］―調査。―が悪い。②現在の身分に応じた、正しいおこない。③品格高雅なおこない。

【素材】ソザイ　［日］①（手を加える前の）もとになる材料。原料。［例］―のよさを生かす。②芸術作品の題材となるもの。［例］史実を―にする。③製材する前の丸太まるタなどの木材。

【素▼餐】ソサン　功績や才能がないのに高い地位にあり、むなしく禄クロを受けること。徒食。㊫素飧ソソン。［例］尸位イシ―（＝徳も才もないのに地位を得て俸給をもらうこと）。

【素士】ソシ　官職についていない人。また、下級官吏。

【素糸（絲）】ソシ　①染めていない糸。②〔どんな色にも染まることから〕善にも悪にもなる人の素質。

【素志】ソシ　もともと、また、ふだんからもっている願いやこころざし。素懐。［例］―をつらぬく。―をひるがえす。

【素地】ソジ　①もとからあって、何かをするときのもとになるもの。下地したジ。素質。素養。［例］音楽の―がある。②手を加えない、自然のままの状態。生地きジ。［例］―のよさを残す。③本質。実質。

【素質】ソシツ　①白色の生地きジ。②（あるものごとに適した）生まれつきの性質。素地。［例］絵の―がある。

【素車白馬】ソシャハクバ　白木の車と、それを引く白馬。喪や降参のときに用いる。〈史記・高祖紀〉

【素手】［一］ソシュ　①白い手。特に、白く美しい女性の手。②手に何も持たず、何もつけていないこと。空手。徒手。［例］―で戦う。［二］スで　［日］お金や物を持たないこと。手ぶら。

【素秋】ソシュウ　〔五行説で「素（白）」は、秋に配されることから〕秋の別称。素節。㊫素商ソショウ。

【素習】ソシュウ　平素から習熟しているさま。

【素書】ソショ　①〔白い絹布を用いたことから〕手紙。②兵書の一つ。

【素尚】ソショウ　①つつましやかで気品がある。②以前からの願い。素願。

【素食】［一］ソショク　①仕事など、何もしないで食う。ただ食いをする。②肉をとらず野菜を常食とする。蔬食ソショク。［二］ソシ　平素の食べ物。

【素心】ソシン　①飾りけのない心。潔白な心。②ふだんの心。平素からの思い。本心。素懐。素志。素願。素望。

【素▼稔】ソジン　〔「稔」は、詳しく知る意〕平素から習熟している。素習。

【素性】【素姓】［一］ソセイ　生まれつきの性質。すじ。種姓シュセイ。［二］スジョウ　［日］①血筋や家柄。また、生まれや育ちと現在までの経歴。［例］―を明かす。②ものごとが伝えられてきたいわれ。由緒ユイショ。［例］―正しい名器。

【素節】ソセツ　①「素秋ソシュウ」に同じ。②けがれのない心。潔いおこない。

【素像】ソゾウ　白木の像。彩色をしない像。

【素足】［一］ソソク　白い足。［二］スあし　［日］①はきものをはいていない足。はだし。②たびや靴下をはいていない足。

【素族】ソゾク　身分の低い家柄。素門。

【素▼湍】ソタン　〔「湍」は、急流の意〕白波の立つ激流。

【素読】［日］［一］ソドク｜ソよみ　意味内容はわからないまま、文章を声に出して読み、習い覚える。［例］『論語』の―。［二］スよみ　原稿と照合しないで、校正刷りを読みながら校正すること。

【素描】ソビョウ　［日］木炭や鉛筆などの単色で、下絵をかく。また、その絵。デッサン。［例］石膏コウセツ像の―。

【素服】ソフク　白地の衣服。葬儀などに用いる。

【素封】ソホウ　〔「封」は、領地の意〕官位や領地はないが、多くの財産はもっていること。資産家。［例］―家。

【素望】ソボウ　ふだんからもっている望み。素願。

【素朴】【素▼樸】ソボク　①飾りけがなく、ありのままなこと。手が加わっていないこと。質朴。［例］―な青年。②考え方などが単純なこと。［例］―な疑問。

【素本】ソホン｜スホン　［日］訓点や注釈、あるいは書きこみのない本。

【素面】［一］ソメン　①化粧をしていない顔。素顔スがお。②白い顔。［二］スメン　［日］①能楽や剣道で、面をつけないこと。②しらふ　酒に酔っていないときの顔。

【素門】ソモン　身分の低い家柄。

【素友】ソユウ　まごころで交わってきた友人。また、もとから親しくしてきた友人。旧友。

【素養】ソヨウ　①ふだんから修養する。②ふだんから身につけた教養や学問、また、技術の基礎。たしなみ。［例］茶道の―。

【素履】ソリ　〔「履」は、実行する意〕栄華を願わず、質素に生活する。

【素練】ソレン　①白いねりぎぬ。②平素の訓練。

●簡素カンソ・酸素サンソ・色素シキソ・水素スイソ・炭素タンソ・毒素ドクソ・平素ヘイソ

紞

糸4（10）　④8413　7D1E

タン（タム）㊥漢　感 dǎn

意味　❶瑱テン（＝冠の両わきに垂れて耳をふさぐ玉）をつけるひも。❷掛けぶとんの頭側と足側とを区別する縁飾り。❸太鼓を打つ音の形容。

紐

糸4（10）　①4119　7D10　人

チュウ（チウ）㊥慣　ジュウ（ヂウ）㊥漢　ニュウ㊥呉　有 niǔ

ひも

なりたち　［形声］「糸（＝ひも）」と、音「丑チュウ→ジュウ」とから成る。つなぐ。

意味　❶ひもや帯を結ぶ。また、結び目。［例］解紐カイチュウ（＝結んだひもをとく）。❷糸で編んだひも。［例］紐帯チュウタイ。❸基づく。もと。❹音韻学で、語頭子音のこと。［例］声紐セイチュウ（＝声母）。

古訓　中古 ひも・むすぶ　中世 ひぼ・ひも　近世 つかぬる・ひぼ・ひも・むすぶ

人名　くみ

難読　紐育ニューヨーク

【紐帯】チュウタイ｜ジュウタイ　①ひもと、おび。②［日］結びつける大切なもの。つなぎ。［例］地域社会の―。

【紐革】ひもかわ　［日］①かわで作ったひも。②「ひもかわうどん」の略。かわひものように平たく作ったうどん。きしめん。

納

糸4（10）　①3928　7D0D　教6

ナ・ナン・ナッ・トウ㊥慣　ドウ（ダフ）㊥漢　ノウ（ナフ）㊥呉　合 nà

おさめる（をさ-む）・おさまる（をさ-まる）

［納］　糸4（10）　旧字体。

筆順 く 幺 幺 糸 糸 糹 納 納

なりたち [形声]「糸(=いと)」と、音「内(ダイ→ドウ)」とから成る。糸がしめっているさま。借りて「いれる」の意。

意味 ❶中に入れる。しまう。いれる。**おさめる**。**おさまる**。例 瓜田不レ納レ履(カデンにくつをいれず)(=ウリ畑でくつが脱げても、かがんでくつに足を入れ直さない)。〈君子行〉納経(ノウキョウ)。収納(シュウノウ)。出納(スイトウ)。❷とりいれる。うけいれる。例 納新(ノウシン)(シンをいる)(=新しい気を吸い込む)。納得(ナットク)。❸役所などに差し出す。さしあげる。**おさめる**。例 納税(ノウゼイ)。奉納(ホウノウ)。

日本語での用法 《ノウ》「納会(ノウカイ)」▼終わりにする。おさめる。

古訓 中古 いる・うく・くけぬひ・たてまつる・つづる・のり・をさむ 中世 いるる・たてまつる・つづる・をさむ 近世 いるる・うくる・つづる・をさむ

人名 おさむ・おさめ・のり

難読 納言(ナゴン)・納戸(ナンド)・出納(スイトウ)

【納所】(ナッショ) 日 ①古代から中世、年貢を保管するための事務所。②〔仏〕禅宗の寺で、金銭や食糧などを取り扱う事務所。③〔仏〕「納所坊主(ナッショボウズ)」の略。寺の会計や雑務をとりおこなう下級の僧。

【納豆】(ナットウ) 日 ①ダイズを蒸して発酵させた食品。ねばって糸を引く。②ダイズを蒸して塩水などにつけて発酵させ、干した食品。浜(はま)納豆や塩辛納豆など。

【納得】(ナットク) 日 他人の言行をなるほどとよく理解し、認める。得心。例 —がいかない。

【納屋】(なや) 日 ①物置小屋。特に農家で農具や作物をしまっておく建物。②海産物をしまうために港に設けた倉庫。

【納戸】(ナンド) 日 衣類や道具などをしまっておく部屋。例 —色(=ねずみ色がかった藍(あい)色)。

【納会】(ノウカイ) 日 ①一年の最後またはある行事の終わりに、しめくくりとして催す会。おさめ会。例 俳句の—。②取引所で、各月の最後の株の取引をおこなう日。対 発会(ハッカイ)。

【納棺】(ノウカン) 遺体をひつぎに入れる。

【納期】(ノウキ) お金や品物をおさめる期限。例 税金の—。

【納吉】(ノウキツ) 周代、結婚に関する礼の一つ。男子の家で嫁に迎えようとする人のよしあしを占い、吉兆を得て相手の家に申し入れること。

【納経】(ノウキョウ) 〔仏〕現世(ゲンゼ)の利益(リヤク)や来世の幸福を願って、または死者の冥福(メイフク)を祈願する意味で、経文(キョウモン)を書き写して神社や寺院におさめること。また、その経文。〔実際には、米や銭を奉納供養(クヨウ)にかえることをもいう〕例 厳島(いつくしま)神社の平家—。

【納金】(ノウキン) 金銭をおさめる。また、そのお金。

【納言】一(ノウゲン) 天子のことばを下の者に伝え、下の者のことばを天子に奏する官。二(ナゴン) 日 太政官(ダイジョウカン)の官職で、大納言・中納言・少納言をいう。ものもうすつかさ。

【納貢】(ノウコウ) ①諸侯などが、天子にみつぎ物を献上する。②明(ミン)代、国子監(=官吏養成校)に在学するための金銭などをおさめること。

【納骨】(ノウコツ) 火葬にした遺骨を骨壺(コツつぼ)におさめる。また、それを墓などにおさめる。例 —式。—堂。

【納采】(ノウサイ) 婚約した男子が、女子の家にお礼の品物を贈ること。結納(ゆいのう)。例 —の儀。

【納札】(ノウサツ) 日 神社や寺にお参りして、祈願のためにおふだをおさめる。また、そのおふだ。おさめふだ。

【納職】(ノウショク) 〔「職」は、みつぎ物の意〕異民族が入朝して特産物を献上する。例 四夷納職(シイノウショクす)(=辺りの異民族は特産品を献上した)。〈淮南・原道〉

【納税】(ノウゼイ) 税金をおさめる。対 徴税。例 —の義務。

【納徴】(ノウチョウ) 周代、結婚に関する礼の一つ。婚約が成立し、男性側が女性の家に絹織物(幣帛(ヘイハク))を贈る。類 納幣。

【納入】(ノウニュウ) 日 物品や金銭をおさめる。納付。例 注文の品を—する。

【納品】(ノウヒン) 日 品物を注文主に届ける。また、その品物。例 —書。

【納付】(ノウフ) 日 (役所などに)物品や金銭をおさめる。納入。例 —金。税金の—。

【納本】(ノウホン) 日 できあがった出版物を注文先におさめる。

【納履】(ノウリ) くつに足をいれる。くつをはく。→【瓜田不レ納レ履】(カデンにくつをいれず)(1206ジペー)

【納涼】(ノウリョウ) 暑い季節に、木陰や風通しのよい所で、すずしさを味わうこと。例 —船。—花火大会。

●帰納(キノウ)・笑納(ショウノウ)・滞納(タイノウ)・返納(ヘンノウ)・結納(ゆいのう)

紕

糸4 (10) 2 6903 7D15

一 ヒ 漢 支 pí 二 ヒ 漢 支 pī

あやま-る・くみ-する(くみ-す)・く-む

意味 一 ふちかざり。へりかざり。二 ❶織物などがほつれる。❷もつれて、乱れる。**あやまる**。あやまり。例 紕繆(ヒビュウ)(=あやまり。錯誤)。

紊

糸4 (10) 2 6904 7D0A

ビン 慣 ブン 漢 問 wěn (旧 wèn)

みだ-れる(みだ-る)・みだ-す

意味 糸がもつれるように、入り組んでみだれる。**みだれる**。**みだす**。例 紊乱(ビンラン)。

【紊乱】(ビンラン・ブンラン) (世の中の道徳や規則などが)みだれる。例 風紀—。

紛

糸4 (10) 1 4222 7D1B 常用

フン 漢 呉 文 fēn

まぎ-れる(まぎ-る)・まぎ-らす・まぎ-らわす(まぎ-らはす)・まぎ-らわしい(まぎ-らはし)・まが-う(まが-ふ)

筆順 く 幺 幺 糸 糸 糸 糸' 紒 紛 紛

なりたち [形声]「糸(=ぬの)」と、音「分(フン)」とから成る。ウマの尾を束ねて包む、ぬのぶくろ。派生して「みだれる」の意。

意味 ❶ものごとがまとまらず、入り乱れる。ごたごたともめる。例 紛糾(フンキュウ)。紛紛(フンプン)。❷もめごと。争い。例 内紛(ナイフン)。❸入りまじって区別がつかなくなる。**まぎれる**。**まがう**。**まぎらわしい**。例 紛失(フンシツ)。紛然(フンゼン)。❹多いさま。また、さかんで華やかなさま。例 紛華(フンカ)。❺帯状のひも。ひも。また、旗の吹き流し。❻⇩【紛紜】(フンウン)

古訓 中古 いきどほり・いきどほる・おほし・さかりなり・ちる・まがふ・まじはる・みだる・をぶくろ 中世 まがふ・まぎるる・みだる 近世 おほし・まがふ・まじはる・みだるる・ゆるやか・をぶくろ

人名 お・もろ

【紛▼紜】【紛▼云】(フンウン) ①さかんなさま。②乱れるさま。ごたごたと入りまじるさま。③多いさま。④わき起こるさま。

【紛▼衍】(フンエン) 草木が、乱れ茂るさま。

【紛華】(フンカ) ①はなやかで美しいさま。②にぎわっているさま。

【紛起】(フンキ) あちらこちらにさかんに起こる。

【紛議】(フンギ) 議論がもつれて、まとまらないこと。また、そのまとまらない議論。

【紛糾】(フンキュウ) ものごとがもつれて、すんなりと運ばない。例 解二雑乱紛糾一(ザツランフンキュウをとく)(=乱れてこんがらがっているものをときほぐす)。〈史記・孫臏伝〉会議は―した。
【紛更】フンコウ むやみに変更する。
【紛▼訌】フンコウ もめごと。
【紛▼囂】フンゴウ 乱れて、さわがしい。
【紛錯】フンサク 乱雑に入りまじるさま。㊫紛雑・紛淆フンコウ。
【紛失】フンシツ 日ものがどこかにまぎれて、なくなる。また、なくす。例―届。
【紛▼奢】フンシャ 華やかで、ぜいたくなさま。
【紛▼糅】フンジュウ ごたごたと入り乱れて、もつれているさま。
【紛如】フンジョ ①入り乱れるさま。②あや模様ではなやいでいるさま。
【紛▼擾】フンジョウ 乱れ、もめる。ごたごたする。紛争。
【紛▼塵】フンジン ①乱れ散るほこり。②わずらわしい俗世間の事柄。例―をよそに自ら楽しむ。
【紛然】フンゼン ①ものごとが入りまじって、ごたごたしているさま。②日数多く存在して、まぎらわしいさま。
【紛争】【紛▼諍】フンソウ ものごとがもつれて、あらそいになる。もめごと。㊫紛競。例国際―。
【紛▼沓】フントウ ごたごたと混雑するさま。
【紛▼呶】フンドウ やかましい。さわぎたてる。
【紛▼鬧】フンドウ ごたごたといそがしい。
【紛如レ雪】フンとしてゆきのごとし 雪が降るように、入り乱れて飛び散る。例鴻門玉斗紛如レ雪コウモンのギョクトフンとしてゆきのごとし(=鴻門の会で《沛公ハイコウから贈られた》玉製の酒のひしゃくを《范増ハンゾウは》雪のように粉々にくだいてしまった)。〈曽鞏・虞美人草〉
【紛▼葩】フンパ ①多くさかんなさま。数の多いさま。入りまじっているさま。②発言の多いさま。声が入り乱れているさま。
【紛披】フンピ ①花が入り乱れて咲くさま。また、それが乱れ散るさま。②落ち着いていて、おだやかなさま。
【紛紛】フンプン ①ものごとが入りまじって、まとまりのないさま。例諸説―。②乱れて散るさま。例落花―。③数の多いさま。例清明時節雨紛紛セイメイのジセツあめフンプン(=清明節のころは雨が降りしきる)。〈杜牧・清明〉
【紛乱】フンラン ものごとがひどくみだれる。混乱。紛糾。
【紛▼綸】フンリン ①入り乱れているさま。また、いそがしいさま。②広く大きいさま。

紡

糸4(10) 1 4334 7D21 常用

ボウ(バウ)慣 ホウ(ハウ)漢 養 fǎng
つむぐ

筆順 く 幺 幺 糸 糸 紅 紡 紡

なりたち  [形声]「糸(=いと)」と、音「方ホウ」とから成る。細い糸をよりあわせる。

意味 ❶生糸いき・麻あさ・綿などの繊維をよりあわせて糸にする。つむぐ。例紡織ボウショク。紡績ボウセキ。混紡コンボウ。❷つむいだ糸。例紡毛ボウモウ。綿紡メンボウ。❸絹織物の一種。薄手で粗く、軽い布。❹(bǎng)しばる。くくる。しばりつける。例執而紡二於庭之槐一とらえてにわのカイにしばる(=捕らえて庭のエンジュの木にしばりつけた)。〈国語・晋九〉

古訓 中古 いと・うむ・くる・つむぐ・をうむ 中世 いとくる・つむぐ・をうむ 近世 あみいと・つむぐ

人名 つむ

【紡車】ボウシャ 手で車を回して、糸をつむぐ機械。いとぐるま。つむぎぐるま。
【紡織】ボウショク 糸をつむぐことと、布を織ること。紡績。
【紡▼錘】ボウスイ 原料から糸を引き出して、つむぎながら巻き取る道具。中央が太く先が細くなった棒。つむ。例―形イケイ(=レモン形)。
【紡績】ボウセキ ①糸をつむぐこと。例―糸シ。②織物を作ること。例―産業。
【紡毛】ボウモウ 動物の短い毛をつむいで糸にすること。また、そのようにして作った毛羽けばのある糸。例―糸シ。

紋

糸4(10) 1 4470 7D0B 常用

ブン漢 モン呉 文 wén
あや

筆順 く 幺 幺 糸 糸 紅 紋 紋

なりたち [会意]「糸(=きぬ)」と「文ブン(=もよう)」とから成る。絹織物のあやもよう。

意味 ❶織物の模様。図柄。あや。例紋様モンヨウ。❷しわの模様。しわ。すじ。例指紋シモン。波紋ハモン。

日本語での用法 《モン》「紋章モンショウ・紋付モンつき・紋所モンどころ・定紋ジョウモン」▼家・団体のしるしとして定まっている図柄。

古訓 中古 あや・てのあや 中世 あや 近世 あや

人名 あき

【紋章】モンショウ 日家または団体に属することをあらわす図柄やしるし。例菊の御ゴ―。ウィンザー家の―。
【紋付】モンつき 日背やそでに家紋のついた礼装用の和服。紋服モンプク。例―の羽織。―に袴はかま。
【紋所】モンどころ 日家によって決まっている紋章。家系をあらわすしるし。定紋ジョウモン。例葵あおいの―。
【紋服】モンプク 日家紋のついた礼装用の和服。紋付。
【紋様】モンヨウ 日①紋の模様。②(一定の形の模様が連続的に描かれた)飾り模様。あや。文様モンヨウ。例唐草からくさ―。
【紋理】モンリ 物の表面にあらわれた、筋状の模様。
●家紋カモン・地紋ジモン・声紋セイモン・波紋ハモン・風紋フウモン

[⿰糸戸]

糸4(10) ⇨纑ロ(1060ジペー)

綛

糸5(11) 4 8414 25FE0 国字

かたびら

意味 帷子かたびら。歌舞伎カブキの外題ゲダイに用いる字。

絇

糸5(11) 4 8419 7D47

ク漢 虞 qú

意味 ❶くつの先の飾りひも。例絇屨クク・絇履クリ(=つま先に飾りのあるくつ)。❷網。

経

糸5(11) 1 2348 7D4C 教5

[經] 糸7(13) 2 6920 7D93 旧字体。

ケイ漢 キョウ(キャウ)呉 キン唐 青 jīng
へる(ふ)・たつ・たていと・たて

筆順 幺 糸 糸 紀 経 経 経 経

なりたち  [形声]「糸(=いと)」と、音「巠ケイ」とから成る。織物を織るときの縦糸。

意味 ❶織物の縦糸。たていと。㊟緯。例経緯ケイイ。❷地球の両極を通って赤道と直角に交わる南北の線。㊟緯。例経度ケイド。東経トウケイ。❸いつもの。常に変わらない。例経常ケイジョウ。経費ケイヒ。月経ゲッケイ。❹常に変わらないものごとの道理。正しい法則。また、儒教・仏教などでそれを説いた書物。例経書ケイショ。経典ケイテン。写経シャキョウ。❺道理に従っておさめる。ととのえる。例経営ケイエイ。経世ケイセイ。経理ケイリ。❻測量する。はかる。例経始ケイシ。❼区切る。また、境界。例経界ケイカイ。❽とおりすぎる。時間がたつ。へる。たつ。例経過ケイカ。経由ケイユ。経歴ケイレキ。❾人体のすじ。脈。例経絡ケイラク。神経シンケイ。❿首をくくる。くびれる。例経死ケイシ。自経ジケイ。

古訓 中古 いとなむ・くびる・さかひ・さかふ・たて・つくる・つねに・とこしなへ・のとる・のり・はかる・ふ・ふる・へて・へる・むかし・わた

る・をさむ 中世 たて・つね・のり・ふる・へて・へる 近世 たて・つね・のり・はかる・ふる・へる・よぎる・をさむ

人名 おさむ・つね・のぶ・のり・はかる・ふ・ふる・みち・よし

難読 経緯(よこたて|ぬきたて|いき) 経机(きょうづくえ)

【経机】キョウキ 経(キョウ)を読むとき、経の本や巻き物をのせる横長の低い机。類経卓。

【経木】キョウぎ 日スギやヒノキなどの木材を、紙のようにうすくけずったもの。食べ物などを包むのに使う。へぎ。〔もと、経文(キョウモン)を書くのに用いたうすい板〕

【経蔵】キョウゾウ ①釈迦(シャカ)の教えを集めたもの。律蔵(リツゾウ)・論蔵(ロンゾウ)とともに仏典の三蔵の一つ。②寺で、経文(キョウモン)をしまっておく蔵(くら)。

【経堂】キョウドウ 経文(キョウモン)をおさめておく堂。

【経論】キョウロン 仏典の三蔵のうちの、経蔵(キョウゾウ)と論蔵。

【経緯】ケイイ ①布の縦糸と横糸。たてと、よこ。②経線と緯線。南北と東西。③事のなりゆき。ものごとの詳しい事情。例事の―を説明する。

【経営】ケイエイ ①土地を測って建物を建てる。②方針を決め、計画を立ててものごとをおこなう。例学級―。③組織を整え、基本的な目的を定めて事業をいとなむ。また、その組織。例―者。多角―。

【経▼筵】ケイエン 天子が経書(ケイショ)を学ぶ席。

【経過】ケイカ ①通りすぎる。通過する。例五分―。②行き来する。つきあう。③日(時が)すぎていく。例―は良好だ。途中―。④日ものごとのなりゆき。移り変わる状態。

【経界】ケイカイ (土地などの)境界。また、ものごとの限界。

【経学】ケイガク 経書(ケイショ)について研究する学問。儒学。経術。

【経巻】一ケイカン 「経書(ケイショ)」に同じ。二キョウカン 〔仏〕経文(キョウモン)を記した巻き物。また、仏教の書物。

【経紀】ケイキ ①紀律。すじみち。②事業や生計など、物事をきりもりする。例将三経二紀其家一(まさにそのいえをケイキせんとす)(=その家の面倒を見ようとする)。〈韓愈・柳子厚墓誌銘〉③通過する。

【経義】ケイギ ①経書(ケイショ)に書かれている教義。また、その読解。②科挙(=官吏登用試験)で、経書に関する科目。

【経業】ケイギョウ ①職業。定職。②経学の修養につとめること。

【経穴】ケイケツ 鍼(はり)を打ったり、灸(キュウ)をすえたりするときに、効果のあるからだの場所。つぼ。

【経験】ケイケン ①しるし。ききめ。②自分で実際に見たり聞いたりやってみたりする。また、そこで得た知識や技術。例―を生かす。

【経口】ケイコウ 日薬を口から飲むこと。また、細菌などが口から体内に入ること。例―薬。―感染。

【経国】ケイコク 国家を治め、経営すること。例蓋文章経国之大業(けだしブンショウはケイコクのタイギョウ)(=思うに文学とは、国を治める上での大事業である)。〈曹丕・典論〉

【経済】ケイザイ 〔「経世済民(ケイセイサイミン)」から〕①天下を治め、人民を救う。②日〔英 economy の訳語〕人間の生活に必要な物資の、生産から消費にいたる活動。例―学。国民―。③日費用や手間がかからないさま。節約。例―的。

【経史】ケイシ 経書(ケイショ)と歴史書。また、経学(ケイガク)と史学。

【経死】ケイシ 首をくくって死ぬ。

【経始】ケイシ ①家屋・建造物・土木工事などに着手する。②始める。開始。

【経師】一ケイシ 経書(ケイショ)を教える先生。二キョウジ ①〔仏〕経文(キョウモン)をよく読み、深く通じている僧。②日経文や書画を巻き物や掛け軸に仕立てたり、ふすまや屏風(ビョウブ)などをはる職人。表具師。例―屋。

【経史子集】ケイシシシュウ 中国の書物の分類のしかた。経書(ケイショ)(=『詩経(シキョウ)』や『論語』など)・歴史書(=『史記』や『漢書(カンジョ)』など)・諸子(=『荀子(ジュンシ)』や『荘子(ソウジ)』など)・詩文集(=『文選(モンゼン)』や『白氏文集(ハクシモンジュウ)』など)の四部に分ける。

【経術】ケイジュツ ①「経学(ケイガク)」に同じ。②経学にのっとった政治のしかた。

【経書】ケイショ 中国で、聖人や賢人の言行や教えを書き記した、儒学の基本的な書物。四書(シショ)・五経(ゴキョウ)など。経典(ケイテン)。経巻(ケイカン)。

【経商】ケイショウ 商売をする。また、商人。

【経渉】ケイショウ 通り過ぎる。通過。

【経常】ケイジョウ いつもの、決まったやり方。ふだん。つね日ごろ。対臨時。例―費(=毎年決まって支出する費用)。

【経世】ケイセイ 世の中を治める。政治。例―家(カ)(=世の中のために、具体的な政策を示す政治家)。

【経世済民】ケイセイサイミン よい政治をおこない、人々を生活の苦しみから救う。儒学の理想とされた。〈唐史論断・中〉↓【経済】ケイザイ

【経制】ケイセイ ①国家をよくする政治制度。②うまく治まるよう工夫する。

【経籍】ケイセキ 聖人や賢人の教えを書いた書籍。経書(ケイショ)。

【経説】一ケイセツ 経書(ケイショ)の示している学説。また、その内容を説明した書物。二キョウセツ 〔仏〕経典(キョウテン)にあることば。

【経線】ケイセン 地球の表面の、北極と南極を結ぶ仮想の線。地球上の位置を示すのに使う。子午線。対緯線。

【経典】一ケイテン ①聖人や賢人の言行や教えを書き記した、儒教の基本的な書物。経書(ケイショ)。②宗教や学問の根本になる書物。二キョウテン ①仏教の教えを説いた書物。経文(キョウモン)。お経。②一宗教上の教えや決まりを示した書物。聖典。例イスラム教の―。

【経伝】ケイデン ①経書(ケイショ)と、その解釈書。②聖人の著(=経(ケイ))と賢人の著(=伝(デン))。

【経度】ケイド 経線によって地球上の位置を示す座標。ある地点の経線とイギリスのグリニッジ天文台を通る子午線とが地球の中心に対してなす角度であらわす。東西それぞれ一八〇度まで区分する。対緯度。

【経徳】ケイトク ①人が常に守るべき道徳。②徳を守り通す。

【経年】ケイネン ①年数がたつ。例―劣化。②ずっと何年も前から。年来。

【経費】ケイヒ ①いつも決まってかかる費用。②日あることをおこなうのに必要な費用。例必要―。―を削減する。

【経部】ケイブ 四部(=経・史・子・集)の一つ。

【経文】一ケイブン 四書(シショ)・五経(ゴキョウ)など、儒学の教えを説いた書物の文章。経書(ケイショ)の文章。二キョウモン 〔仏〕経典(キョウテン)の文章。仏の教えを説いた文章。経典(キョウテン)。お経。例―を唱える。

【経文緯武】ケイブンイブ 〔「文」をたて糸、「武」をよこ糸に見立て、その両者で織りなす意〕文(=学問)と武(=武芸)のどちらもかねそなえること。文武両道。〈晋書・良吏伝〉

【経由】ケイユ|ケイユウ ①通過する。ある地点を通って目的地へ行く。例大阪―(ケイユ)で広島へ行く。②あることをおこなうのに、中間の機関を通す。例―(ケイユ)手続き。

【経絡】ケイラク ①ものごとのすじみち。脈絡。②漢方で、人体の血管のこと。動脈(=経(ケイ))と静脈(=絡(ラク))。〔十二経脈・十五絡脈があるという〕

【経理】ケイリ ①すじみちだてて治め整える。②経書に記された道理。③会社などの支配人。④日会社や団体で、会計や給与に関する事務の管理や処理。例―課。―に明るい。

【経略】ケイリャク ①四方の敵を平定して、天下を治める。②計

画する。
【経▼綸】ケイリン 〔「綸」も、おさめる意〕国家を治め、整えること。また、そのための手だて。
【経歴】ケイレキ ①年月が過ぎる。②これまでに経験した学業・職業・賞罰などの事柄。履歴。例 華麗な―。
【経路】ケイロ ①通過する道。②日 すじみち。事の次第。例 入手―。感染―。
●四書五経シショゴキョウ・写経シャキョウ・神経シンケイ・西経セイケイ・読経ドキョウ

絅
糸5 (11) 2 6905 7D45 ケイ漢 迥 jiǒng ひとえ（ひとへ）
[絅] 糸7 (13) 4 8433 7D97 俗字。

意味 ひとえの着物。**ひとえ**。例 尚絅ショウケイ（=にしきを着たとき、その上にひとえの着物をはおり、華やかさがあらわれないようにする）。〈中庸〉

絃
糸5 (11) 1 2430 7D43 人 ケン漢 ゲン呉 先 xián いと・つる

なりたち [形声]「糸(=いと)」と、音「玄ゲン→ケン」とから成る。弦楽器の糸。

意味 弦楽器に張る糸。**つる**。**いと**。また、弦楽器（をひく）。例 絃歌ゲンカ。管絃カンゲン。

表記 現代表記では「弦」に書きかえることがある。熟語は「弦」も参照。

古訓 中古 ことのを・ことを・さかりなり・ゆみづる・を 中世 いと・ことのを・つる・ゆみづる・を 近世 いと・ことのいと・ことのを・つる・つるいと

人名 お

【絃歌】ゲンカ 弦楽器（琴や三味線など）を弾きながらうたう歌。弦歌。

絋
糸5 (11) 2 6906 7D4B 国字 コウ

意味 人名に用いる字。例 絋一コウイチ。

参考 「紘コウ・纊コウ」の俗字とも考えられる。

紺
糸5 (11) 1 2616 7D3A 常用 カン（カム）漢 コン（コム）呉 勘 gàn

筆順 幺 糸 糸 紅 紆 紺 紺 紺

なりたち  [形声]「糸(=きぬ)」と、音「甘カン」とから成る。赤みがかった青色のきぬ。

意味 赤みがかった深い青色。また、濃い青色。例 紺青コンジョウ。紺碧コンペキ。濃紺ノウコン。

古訓 中古 ふたへ・みどり 中世 あをやかなり・くみ・くろし・コウ 近世 コンいろ

難読 紺掻こうかき

【紺珠】カンジュ|コンジュ ①手でなでると記憶がよみがえるという紺色の玉。②記憶力のすぐれた人、また、博識のたとえ。
【紺屋】コウや|コンや 日 染め物屋。例 ―の白袴しろばかま|しらばかま（=他人のことでいそがしくて、自分のことをするひまのないことのたとえ）。―の明後日あさって（=約束の期限があてにならないことのたとえ）。
【紺地】コンジ 紺色の織り地。紺色の染め地。例 ―の着物。
【紺青】コンジョウ あざやかな藍あい色。例 紺青五十匹コンジョウゴジッピキ（=藍色の絹五十匹）。〈魏志・東夷伝〉―の空と海。
【紺▼碧】コンペキ|カンペキ 黒みがかった濃い青色。例 ―の空の色。
●紫紺シコン・濃紺ノウコン

細
糸5 (11) 1 2657 7D30 教2 セイ漢 サイ呉 霽 xì ほそい（ほそ-し）・ほそる・こまか・こまかい（こま-かし）・ささ-やか

筆順 く 幺 糸 糸 紉 細 細

なりたち  [形声]「糸(=いと)」と、音「田シ→セイ」とから成る。かぼそい。

意味 ❶幅や太さがない。また、力がなくよわよわしい。**ほそい**。例 細声サイセイ（=小さなこえ）。細流サイリュウ。❷小さい。**こまかい**。例 細雨サイウ。細目サイモク。微細ビサイ。❸行きとどいている。くわしい。例 細心サイシン。詳細ショウサイ。明細メイサイ。❹ごくわずか。とるに足りない。例 細説サイセツ。些細ササイ。零細レイサイ。❺こまごまとしてわずらわしい。例 煩細ハンサイ。繁細ハンサイ。

古訓 中古 くはし・こまかなり・こまやかに・すくなし・すこしき・つらつら・ほそし 中世 くはし・こまか・すこし・ほそし 近世 きびし・こまか・すこし・ほそし

人名 くわし・ほそ

難読 細石さざれいし

【細雨】サイウ こまかい雨。霧雨きりさめ。ぬかあめ。例 ―まじりの風。
【細▼瑕】サイカ ①小さいきず。②わずかな欠点。
【細管】サイカン ①細いくだ。②細い笛。また、笛の小さい音。
【細▼綺】サイキ 目のこまかいあやぎぬ。
【細菌】サイキン 日 肉眼では見えない非常に小さい単細胞の生物。発酵や腐敗を起こすもの、病気の原因になるものなどがある。バクテリア。
【細▼瑾】サイキン 日〔「瑾」は、美しい玉ギョクの意。「細謹サイキン」の誤記・誤解からできたことば〕①こまかいきず。②少しの欠点や過失。
【細謹】サイキン こまかいところまで気をくばること。例 大行不レ顧二細謹一タイコウはサイキンをかえりみず（=大事業をなすには、こまかな点の気づかいにこだわらず断行すべきだ）。〈史記・項羽紀〉
【細工】サイク 日 ①手先を使ってこまかいものを作る。また、そうして作ったもの。例 寄せ木―ザイク。②こまかいところに工夫する。特に、人をあざむくようなたくらみ。策略。例 小―こザイク。下手な―をするな。
【細君】サイクン ①自分の妻を、へりくだっていうことば。〔もと前漢の東方朔トウボウサクの妻の名〕②他人の妻をいうことば。
【細見】サイケン 日 ①くわしく見る。くわしく示す。②くわしく作った地図や案内書。例 東海道―。
【細故】サイコ こまかい事柄。些細ササイな事情。
【細行】サイコウ ①些細ササイな行為。②こまかい礼儀作法。
【細▼瑣】ササイ こまかく、わずかである。たいしたことではない。瑣細サイ。
【細砕】サイサイ ①こまかくくだく。②こまごまして、わずらわしい。
【細細】サイサイ ①こまごま こまかいさま。くわしいさま。②ほそぼそ わずかなさま。
【細作】サイサク 間者。スパイ。例 ―として敵国に潜入する。
【細字】サイジ（=ほそジ） こまかい文字。また、ほそい字。例 ―用の筆。
【細事】サイジ こまかいこと。つまらないこと。例 ―にこだわる。
【細▼膩】サイジ ①きめこまかく、なめらかなさま。例 肌理細膩キリはサイジにして骨肉匀コツニクはひとし（=肌のきめはこまやかになめらかで、骨と肉のつりあいもよくとれている）。〈杜甫・麗人行〉②細密なさま。詳細。
【細書】サイショ ①字をこまかく書く。また、その字。②くわしく書く。また、その文。
【細心】サイシン ①こまやかな心づかいをすること。対 放胆。例 ―の注意をはらう。②気が小さいこと。小心。
【細人】サイジン ①心の狭い人。小人。例 細人之愛レ人也以二姑息(サイジンのひとをアイするやコソクをもってす)(=小人は一時の感情だけで人を愛する)。〈礼記・檀弓上〉②低い官位の人。③美しい娘。また、芸妓ゲイギ。

【細雪】サイセツ|ささめゆき こまかに降る雪。また、まばらに降る雪。
【細説】サイセツ ①くわしく説明する。また、その説明。詳説。②とるに足りないつまらない説。
【細則】サイソク 日総則や通則などにもとづき、具体的なこまかい点について決めた規則。対総則。
【細大】サイダイ 小さいことと大きいこと。小さいことも大きいこともすべて。一部始終。例—もらさず報告する。
【細緻】サイチ こまかく念入りなさま。細密。緻密。例—な描写。—な研究。
【細注】【細▼註】サイチュウ ①こまかに説いた注釈。②こまかい字で書いた注釈。
【細読】サイドク くわしく読む。精読。熟読。
【細微】サイビ ①ごくこまかいこと。微細。例指摘は—にわたった。②身分が低いこと。
【細筆】サイヒツ ①穂の細い筆。ほそふで。②字をこまかく書く。細書。③こまごまと書く。くわしく書く。
【細分】サイブン こまかく分ける。例学問の—化。
【細別】サイベツ こまかく区別する。対大別タイベツ。
【細胞】サイボウ|サイホウ 日①生物体を構成する最小単位。核を含む原形質のかたまり。例—分裂。②共産党などで、組織を構成する基礎的な単位。
【細末】サイマツ ①こまかいものごと。わずかなさま。②こまかい粉。粉末。類細粉。
【細密】サイミツ ごくこまかく、くわしいさま。細緻チサイ。綿密。精密。例—画。—な描写。
【細民】サイミン 社会の下層の人々。貧しい人民。貧民。
【細目】日一サイモク こまかい点に関して述べてある項目。例—をあげて見る。二ほそめ ①少しだけあけた目。②細く編んだ目。③どちらかというと細いさま。いくぶん細い感じ。対太目ふとめ。例—に切る。
【細要】【細腰】サイヨウ ①(女性の)ほっそりとしてしなやかな、こし。やなぎごし。②こしのほっそりとした美人。
【細柳】サイリュウ ①ヤナギの細い枝。また、細長い葉。②太陽が沈むという、伝説上の西方の野。③地名。今の陝西セイン省咸陽カンヨウ市の南西にあった。→【柳営】リュウエイ(676ジペー)
【細流】サイリュウ|セイリュウ 細い川の流れ。小川。→【河海不レ択二細流一】カカイはサイリュウをえらばず(757ジペー)
【細論】サイロン こまかにくわしく論じる。詳論。
【細腕】ほそうで 日①やせて細いうで。②かよわい力。力のとぼしいことのたとえ。例女の—で財をなす。
【細面】ほそおもて 日ほっそりとした顔だち。例—の美人。
【細身】ほそみ 日①幅のせまいこと。例—のズボン。②幅のせまい刀。例—の造り。
●委細イサイ・子細シサイ・詳細ショウサイ・繊細センサイ・肉細ニクぼそ・微細ビサイ・明細メイサイ・零細レイサイ

紮

糸5 (11) 2 6907 7D2E

サツ漢 黠 zā
から-げる(から-ぐ)

意味 ❶しばって、ひとまとめにする。**からげる**。例結紮ケッサツ(=血管などをしばる)。❷(zhā)駐留する。とどまる。例駐紮チュウサツ(=官吏が任地に滞在する)。

絁

糸5 (11) 3 9001 7D41

シ漢 支 shī

意味 太い糸で粗く織った絹織物。つむぎ。あしぎぬ。例絁紬シチュウ(=粗く織った絹織物)。絁布フシ(=麻の粗い布に似た絹)。

紬

糸5 (11) 4 8415 25FD4

シ zhī
ひきづな

意味 「紬シ(=舟を挽ひくための縄)」の俗字。歌舞伎カブキの外題ゲダイに用いられ、総画数11画として規定された字形。

終

糸5 (11) 1 2910 7D42 教3

シュウ(シウ)漢 シュ呉 東 zhōng
おわる(を-はる)・おえる(を-ふ)・おわり(を-はり)・しま-う(しま-ふ)・つい-に(つひ-に)

[終]

糸5 (11) ——旧字体。

筆順 ㇰ 幺 糸 糸 紗 紗 終 終

なりたち

[形声]「糸(=いと)」と、音「冬トウ→シュウ(=四季のおわり)」とから成る。おわる。

意味 ❶ものごとがしあがる。**おわる**。**おわり**。例終結シュウケツ。終了シュウリョウ。有終ユウシュウ。❷命が尽きる。死ぬ。死。例終焉シュウエン。臨終リンジュウ。❸はじめからおわりまでずっと。例終日シュウジツ。終身シュウシン。❹いつまでも。ひさしい。例終古シュウコ。❺**ついに**。とうとう。例為二蛇足一者、終亡二其酒一(ダソクをなすもの、ついにそのさけをうしなう)(=ヘビの足を描いた人は、結局その酒を飲めなかった)。〈戦国策・斉二〉❻「すでに」と読み、…である上に、の意をあらわす。例終温且恵(すでにオンにしてかつケイなり)(=温和な性格である上に、恵み深い人柄だ)。〈詩経・邶風・燕燕〉

古訓 中古 きはまる・しぬ・つく・つくす・つひに・はて・をはる・をへる 中世 きはまる・つひに・はて・をはり・をはる 近世 きはまる・しぬる・つひに・をはり・をはる

人名 おさむ・すえ・つき・つぎ・のち

難読 終日ひもすがら|ひすがら|ひねもす・終夜よもすがら|よすがら・終の栖ついのすみか

【終▼焉】シュウエン ①晩年を送ること。老後の生活を送ること。例—の地。②困窮する。③日息を引き取るまぎわ。死にぎわ。また、すべての終わり。例冷戦の—を迎えた。
【終演】シュウエン 日芝居や演奏会などの、その日の上演が終わる。対開演。例—時間。
【終期】シュウキ ものごとの終わりの時期。末期。対始期。
【終▼竟】シュウキョウ ①終わる。終わり。②結局。▽類終畢シュウヒツ。
【終業】シュウギョウ ①事業を終わる。②日一日の仕事や業務を終える。例—時刻。③日学校で、学年または学期が終わる。例—式。▽対始業。
【終局】シュウキョク ①囲碁や将棋の打ち終わり。②事件の終わり。ものごとの終末。結末。例—をむかえる。
【終極】シュウキョク 最後に行きつくところ。果て。終わり。例—の目的。
【終結】シュウケツ ものごとが終わる。また、終わらせる。終了。例戦争が—する。抗争を—する。
【終古】シュウコ ①いつまでも。永久に。例余焉能忍二与レ此終古一(ヨいずくんぞよくこれとシュウコするにしのびんと)(=私はどうして最後まで、この俗人どもと一緒にいることに耐えられようか)。〈楚辞・離騒〉②昔。古昔。③常に。平常。
【終歳】シュウサイ ①一年中。②一年を過ごす。③一生涯。
【終止】シュウシ 終わる。しまいになる。終わり。終了。
【終止符】シュウシフ 日①欧文などで、文の終わりにつけるしるし。ピリオド。②ものごとの結末。しまい。終わり。例浪人生活に—を打つ。
【終始】シュウシ ①始めと終わり。②始めから終わりまで。いつも。ずっと。例—笑顔で接する。
【終始一貫】シュウシイッカン 始めから終わりまで態度や方法を変えない。〔「包二其終始一、一以貫レ之(そのシュウシをかね、イツもってこれをカンす)。〈漢書・王莽伝上〉」から〕
【終日】シュウジツ|ひねもす 朝から晩まで。一日中。例吾嘗終日不レ

食、終夜不レ寝、以思、無レ益(われかつてシュウジツくらわず、シュウヤいねず、もっておもう、エキなし)(＝わたしは以前一日中食事をせず、一晩中寝ないで考えたが、無駄であった)。〈論語・衛霊公〉

【終章】シュウショウ 小説や論文などの、最後の章。エピローグ。対序章。

【終車】シュウシャ 日その日の最後の電車やバスなど。

【終食▼之間】シュウショクのカン 食事をすませるほどのわずかな時間。短時間。食頃ショッケイ。例 君子無二終食之間違一レ仁(クンシはシュウショクのカンもジンにたがうことなし)(＝君子は短い間でも仁から離れることはない)。〈論語・里仁〉

【終身】シュウシン 一生涯。命の終わるまで。終生。例 有下一言而可二以終身行一之者上乎(イチゴンにしてもってシュウシンこれをおこなうべきものありや)(＝ひとことで生涯それをおこなうべきことがあるか)。〈論語・衛霊公〉—刑。

【終審】シュウシン 日①最後の取り調べ。②〔法〕最終の裁判所(＝最高裁判所)の審理。

【終生】シュウセイ【終世】シュウセイ 生きているあいだ。死ぬまで。一生。終身。例 —忘れられないできごと。

【終戦】シュウセン 戦争が終わること。特に、日本では太平洋戦争の敗戦をいう。対開戦。例 —記念日。

【終息】シュウソク【終▼熄】シュウソク 終わりになる。やむ。終わり。例 混乱が—する。

【終着】シュウチャク 日①最後に到着すること。例 —列車。②交通路の終点であること。例 —駅。

【終朝】シュウチョウ 夜明けから朝食までの間。早朝。

【終天】シュウテン 〔天地が終わる意〕永久に。永遠に。

【終点】シュウテン 日①いちばん終わりのところ。②電車やバスなどの最終到着地。例 —で車庫に入る。▽対起点。

【終電】シュウデン 日「終電車」の略。その日の最後に運行する電車。終車。

【終南山】シュウナンザン 陝西セン省長安県にある山の名。史跡や名勝が多い。南山。秦嶺シンレイ。秦山。

【終発】シュウハツ 日その日の最後に発車すること。また、その列車・電車・バスなど。対始発。例 間もなく—が出てしまう。

【終盤】シュウバン 日①囲碁や将棋で、勝負が終わりに近づいたところ。例 —戦。②ものごとの終わりに近い時期。例 選挙戦の—。▽対序盤。

【終風】シュウフウ ①終日吹く風。②大風。

【終幕】シュウマク 日①芝居などの最後の一幕または場面。対序幕。②芝居が終わること。対開幕。③事件の最後。おおづめ。例 意外な—をむかえる。

【終末】シュウマツ 日ものごとの終わり。しまい。結末。

【終夜】シュウヤ 夜どおし。ひと晩中。類終夕シュウセキ・終宵。例 —運転。—営業。

【終養】シュウヨウ 父母に最後まで孝養を尽くす。親をみとる意を含む。また、そのために官吏が休職すること。→【烏鳥私情】ウチョウのシジョウ(828ジペー)

【終了】シュウリョウ 日ものごとが終わる。また、終える。終止。終結。対開始。例 試合—。無事—する。

●最終サイシュウ・始終シジュウ・臨終リンジュウ

紹

糸5(11) 1 3050 7D39 常用 ショウ(セウ)漢 篠 shào つ-ぐ

筆順 ㄑ 幺 糸 糸 紹 紹 紹 紹

なりたち [形声]「糸(＝いと)」と、音「召ショ」とから成る。つなぐ。

意味 ❶受けつぐ。引きつぐ。例 紹述ショウジュツ。❷あいだに立ってひきあわせる。例 紹介ショウカイ。

古訓 中古 あざむく・あまねし・おこたる・つぐ 中世 つぐ 近世 つぐ・なはなふ・まつはる

人名 あき・あきら・たすく・つぎ

【紹介】ショウカイ ①知らない人どうしのあいだに立って引き合わせる。なかだち。例 —状。自己—。②日 知られていないものについて、広く世間に知らせる。例 新刊—。

【紹▼恢】ショウカイ 〔「恢」は、ひろめる意〕前の事業を継承し、さらに発展させる。紹興。紹復。

【紹興】ショウコウ ①「紹恢ショウカイ」に同じ。②浙江セッコウ省の都市。紹興酒と茶の名産地。

【紹述】ショウジュツ (事業や制度などを)受けついでおこなう。

【紹復】ショウフク 前の事業を継承し、再興する。例 紹二復先王之大業一(センオウのタイギョウをショウフクす)(＝先王の大事業を引きつぐ)。〈書経・盤庚上〉

紳

糸5(11) 1 3134 7D33 常用 シン漢 真 shēn

筆順 ㄑ 幺 糸 糸 紀 紀 紳 紳

なりたち [形声]「糸(＝きぬ)」と、音「申シ」とから成る。絹糸で織った大帯。

意味 高位の人が礼装に用いた、幅の広い帯。おおおび。転じて、地位や教養のある立派な人。例 紳士シンシ。紳商シンショウ。搢紳シンシン(＝笏シャクを大帯にはさんだ高位の人)。

古訓 中古 おび・のぶ・ものぬふ 中世 おび・おほおび 近世 おほおび・つかぬる

人名 おな・おび

【紳▼衿】シンキン 〔「衿」は、衣服のえり〕土地の有力者や上流階級の人。

【紳士】シンシ ①地方にいる官吏。また、退官して郷里にいる人。②日〔英 gentleman の訳語〕教養があり、上品で礼儀正しい男性。また、上流社会の男性。ジェントルマン。対淑女。③日 男性をほめていうことば。例 —服。

【紳士録】シンシロク 日 社会で重要な地位にある人々の、住所・氏名・職業・経歴・家系・家族などをしるした名簿。

【紳商】シンショウ 教養や品格があって、信義を守る立派な商人。

紲

糸5(11) 2 6908 7D32 セツ漢 屑 xiè きずな(きづな)

[絏] 糸6(12) 2 6918 7D4F 別体字。

[緤] 糸9(15) 2 6942 7DE4 別体字。

意味 動物や罪人をつなぐ、なわ。きずな。また、つなぐ。例 紲食セッ(＝動物などを捕らえてつなぎ、養う)。縲紲ルイセツ(＝罪人をしばる、なわ)。

組

糸5(11) 1 3340 7D44 教2 ソ漢 麌 zǔ くむ・くみ

筆順 ㄑ 幺 糸 糸 糸 組 組 組

なりたち [形声]「糸(＝いと)」と、音「且ショ→ソ」とから成る。糸をよって作ったくみひも。

意味 ❶冠や印章につけるひも。くみひも。❷一つのまとまった形にする。くみたてる。くむ。例 組織ソシキ。組成ソセイ。❸きらびやか。華麗。例 乱世之徴、其服組(ランセイのチョウ、そのフクはソなり)(＝乱れた世のしるしは、服装が華美であることである)。〈荀子・楽論〉

日本語での用法 《くみ》《くむ》①「手てを組くんで仕事シごとをする・プロジェクトチームを組くむ・組合くみあい・仲なかよし三人組サンニンぐみ」▼仲間となる。②「腕うでを組くむ・肩かたを組くむ」▼相手のからだにからませる。③「為替かわせを組くむ」▼現金を手形・小切手などに替える。

古訓 中古くみ・くむ・ほころび・ほころぶ 中世くみ・くむ 近世いとすぢ・おる・くみ・くむ

【組合】くみあい 日①利害や目的を同じくする人々が集まって、出資し助け合う社会的な団体。信用組合や生活協同組合など。例青果物商の―。②労働組合のこと。

【組頭】くみがしら 日①組の長。②江戸時代、名主なぬしを助けて村の事務をあつかった役。また、その人。

【組曲】くみキョク 日いくつかの曲を組み合わせて一曲にまとめた、多楽章の器楽曲。例ピアノ―「展覧会の絵」。

【組子】くみこ 日昔の鉄砲組や徒組かちぐみなどの組頭くみがしらの配下の者。類組下くみした・組衆くみシュウ。

【組長】くみチョウ 日集団の長。組の代表者。組頭くみがしら。例工場の―。

【組▼纓】ソエイ 冠の組みひも。

【組閣】ソカク 日総理大臣が中心になって、内閣を組織する。例多数党だけで―する。

【組甲】ソコウ ①くみひもで金属をつづったよろい。②兵士。軍隊。

【組織】ソシキ|ソショク ①糸をより合わせ機はたをおる。②組み立てる。構成。例実行委員会を―する。③日ある目的のために人やものが集まって、それぞれが役割をにない、統一したはたらきをするしくみ。また、その団体やもの。例―票。―を運営する。―の一員となる。④日〔生〕同じ形やはたらきをもつ細胞の集まり。例神経―。

【組成】ソセイ 日いくつかの成分や要素を合わせて組み立てる。また、その組み立て。構成。例排気ガスの―を調べる。

【組練】ソレン 〔組甲と被練(=絹ひもで金属をつづったよろい)の意〕兵士。軍隊。

紽

糸5(11) 4 8416 7D3D タ漢 ダ呉 歌 tuó

意味 糸を数える単位。一紽は、糸五本。〔ただし、異説もある〕例素糸五紽ゴダ(=白い絹の飾り糸が二十五本)。〈詩経・召南・羔羊〉

紿

糸5(11) 2 6909 7D3F タイ漢呉 賄 dài あざむ-く・うたが-う(うたが-ふ)

意味 ❶使い古しの糸。❷あざむく。いつわる。通詒イタ。例田父紿曰、左デンプあざむきていわく、ひだりせよと(=農夫はいつわって左に行けと言った)。〈史記・項羽紀〉

紬

糸5(11) 1 3661 7D2C 人 チュウ(チウ)漢 尤 chōu つむぎ・つむ-ぐ

なりたち [形声]「糸(=いと)」と、音「由ユウ→チュウ」とから成る。つむぎおり。

意味 ❶カイコのまゆや真綿から繊維を引き出して糸にする。つむぐ。❷ものごとの糸口をたぐりだす。引き出す。通抽チュウ。例紬繹チュウエキ。❸つなぎあわせる。つづる。例紬二史記石室金匱之書一シキセキシツキンキのショをつづる(=史官の記録、石の部屋や金属の箱に収められた書物をつなぎあわせた)。〈史記・太史公自序〉❹(chóu)太めの糸で粗く織った絹織物。つむぎ。通綢チュウ。例絹紬ケンチュウ。

古訓 中古つむぎ・つむぐ・ぬきいづ 中世つむぎ 近世いとぐち・つむぎ

【紬▼繹】チュウエキ 糸口を引き出して、事柄の実体を明確にする。

【紬▼緝】チュウシュウ (繭まゆなどから)糸を引き出す。つむぐ。類紬績。

絀

糸5(11) 4 8418 7D40 チュツ漢 質 chù

意味 ❶糸でぬいあわせる。ぬう。❷官位を下げる。しりぞける。通黜チュツ。例絀陟チュッチョク(=官位を下げる)。

紵

糸5(11) 2 6910 7D35 チョ漢 語 zhù あさぬの

意味 ❶アサに似た植物のカラムシを織った布。あさぬの。例紵衣チョイ(=アサの衣ぬの)。❷カラムシ。マオ。通苧チョ。例紵麻チョマ(=カラムシ)。

紾

糸5(11) 4 8417 7D3E 一テン漢 銑 zhěn 二シン漢 軫 zhěn 三テン漢 銑 tiǎn

意味 一❶変転する。めぐる。❷ねじまがる。ねじる。例千変万紾バンセンペンテン(=千変万化)。〈淮南・精神〉二ひとえの着物。また、それを着る。通袗シン。三きめが粗い。あらい。

絈

糸5(11) 3 9002 7D48 バク漢 陌 mò

意味 頭に巻く布。頭巾ズキン。

絆

糸5(11) 2 6911 7D46 人 バン漢 ハン呉 翰 bàn きずな(きづな)・ほだし・ほだ-す

なりたち [形声]「糸(=つな)」と、音「半ハン」とから成る。ウマ用のつな。

意味 ❶ウマの足をつなぐ縄。ほだし。きずな。❷つなぎとめる。しばる。また、人の行動を束縛する。ほだす。例絆拘ハンコウ(=つなぎとめる)。羈絆キハン(=つなぎとめる)。

日本語での用法《きずな》「愛アイの絆きずな」▼親子・夫婦などにおける離れがたいつながり。

古訓 中古つなぐ・ほだし・ほだす・むすぶ 中世きづな・つなぐ・ほだし 近世つなぐ・ほだす・ゆはへる

【絆創▼膏】バンソウコウ 日傷口を保護したり包帯を固定したりするのに用いる、粘着剤を塗った紙や布。

紱

糸5(11) 3 8994 7D31 フツ漢 物 fú

意味 ❶官印につけるひも。また、官印。通紼フツ。例紱冕フツベン。❷祭礼服のひざかけ。通韍フツ。例朱紱シュフツ(=赤いひざかけ)。

【紱▼冕】フツベン ①官印のひもと冠。②高位高官の人。

累

糸5(11) 1 4663 7D2F 常用 一ルイ漢呉 紙 lěi 二ルイ漢呉 寘 lèi 三ルイ漢呉 支 léi かさ-ねる(かさ-ぬ)・しき-りに・わずら-わせる(わづら-はす)

[絫] 糸6(12) 7D6B 本字。

筆順 冂 罒 田 甲 罒 罢 罣 累

なりたち [会意]「厽ルイ(=土を積み重ねる)」と「糸(=いと)」とから成る。糸を重ねて織物にする。

意味 一❶かさねて、ふやす。かさねる。例累加ルイカ。累積ルイセキ。❷しばしば。しきりに。例累戦ルイセン(=連戦)。累次ルイジ。二❶面倒をかける。わずらわせる。例煩累ハンルイ(=わずらわしいこと)。❷かかわりあい。巻き添え。迷惑。例累ルイを及およぼす。❸さまたげる。害する。わずらわす。例累徳ルイトク①。❹(足手まといとなる)家族。例家累カルイ(=家族)。係累ケイルイ(=妻子や一族)。三❶次々とつながる。つながる。つなぐ。通縲ルイ。例係累ケイルイ(=つなぎとめる)。❷しばる縄。つな。通縲ルイ。例累紲ルイセツ(=罪人をしばる縄。転じて、牢獄。
古訓 中古 かく・かさなる・かさぬ・しきり・つな・つむ・まつはる・まつふ・まとふ・わづらはし・わづらふ 中世 かくる・かさぬ・かさぬる・くる・つらなる 近世 いと・およぶ・かかる・かさなる・まず・つなぐ・なは・ひく・まとはる
人名 たか
【累加】ルイカ 次々に重ねくわえる。また、重なりくわわる。
【累計】ルイケイ 部分ごとに出した小計を、加え合わせる。また、そうして出た数。総合計。類 累算。例 ─赤字。
【累月】ルイゲツ 月を重ねること。何か月も。
【累座】【累▼坐】ルイザ 他人の犯罪にかかわって罰せられる。まきぞえ。連座。例 不正事件に─して失脚する。
【累歳】【累載】ルイサイ 年を重ねる。毎年。累年。
【累次】ルイジ たび重なること。たびたび。しばしば。例 ─の災害。
【累時】ルイジ─ときをかさぬ しばしば。
【累日】ルイジツ─ひをかさぬ 日を重ねること。いくにちも。連日。例 ─の会議。
【累乗】ルイジョウ 〔数〕同じ数を何回も掛け合わせる。二乗・三乗など。
【累進】ルイシン ①次々に上位にのぼる。類 累遷。例 局長に─する。②日 数や量がふえるにしたがって、それに対する比率がふえる。例 ─税。
【累世】ルイセイ 「累代ルイダイ」に同じ。例 ─の家臣。
【累積】ルイセキ だんだんつみ重ねる。次々につもり重なる。例 ─する赤字。─債務。
【累増】ルイゾウ 次第にふえる。次第にふやす。対 累減。例 人口が─する。
【累代】ルイダイ 何代も続くこと。代々。歴代。累世。例 先祖─の墓。
【累重】ルイチョウ ①積みかさなって重いさま。②（妻子や財産など）重荷となるもの。足手まとい。
【累朝】ルイチョウ 歴代の朝廷。代々の天子。歴朝。
【累土】ルイド 土を積み重ねる。また、その土。転じて、わずかな土。例 九層之台、起二於累土一（＝九階建ての台であっても、わずかな土を積み重ねてできたものである）。〈老子・六四〉
【累徳】ルイトク ①トクをわずらわす 人徳を損なう。②トクをかさぬ 徳を積み重ねる。積徳。
【累年】ルイネン 年を重ねる。年々。毎年。累歳。例 ─の実績。
【累犯】ルイハン ①犯罪を重ねる。②日〔法〕懲役に処せられた者が、刑期を終えてから五年以内にまた罪をおかすこと。例 ─加重。
【累卵】ルイラン 〔たまごを積み重ねる意から〕非常に不安定で危険なことのたとえ。例 危二於累卵一（＝積み重ねた卵よりも不安定で危険な状態だ）。〈史記・范雎伝〉
【累累】ルイルイ ①ものがたくさん重なり合うさま。例 ─たる死体。②次々とつながっているさま。
【▼挈レ累】ルイをたずさう 足手まといになる妻子などを連れている。

䋖 糸6(12) 4 8422 42D6
イツ 漢 質 yù
意味 ❶長い。例 䋖索サク（＝長い縄）。❷きずな。

絪 糸6(12) 4 8425 7D6A
イン 漢 真 yīn
意味 ❶敷物。しとね。通 茵。❷「絪縕ウン」は、天地の気がみなぎるさま。氤氳ウン。

[綏] 糸6(12) ⇩ 纓エイ（1060ページ）

絵 糸6(12) 1 1908 7D75 教2
[繪] 糸13(19) 2 6973 7E6A 旧字体。
カイ（クヮイ）漢 エ（ヱ）呉 泰 huì
筆順 く 幺 糸 糸 糸 紒 絵 絵 絵
なりたち  [形声]「糸（＝いと）」と、音「會カイ（＝あわせる）」とから成る。五色の糸をあわせた刺繡シュウ。
意味 ❶いろどりの美しい刺繡シュウ。例 錦絵カイ（＝彩色刺繡をほどこした絹織物）。❷ものの形やありさまを、いろどりえがいたもの。え。また、えがく。例 絵画ガイ。図絵ズ。
古訓 中古 ほそいぬの・ヱ 中世 ヱ・ヱがく 近世 ヱ・ヱがく
【絵柄】エがら 日 工芸品などの絵の模様や構図。がら。例 ─の美しい着物。
【絵心】エごころ 日 ①絵をかいたり鑑賞したりする才能。例 ─がある。②絵をかきたい気持ち。例 ─を動かす。
【絵師】エシ 日 ①絵かき。画工。例 町─。②昔、朝廷や幕府に絵かきとして仕えた人。また、絵画のことをつかさどった職。例 狩野派の─。▽画師シ。
【絵姿】エすがた 日 絵にかいた、人の姿。肖像。
【絵草紙】【絵双紙】エゾウシ 日 ①江戸時代の通俗的な読み物。さし絵入りの草双紙ゾウシであることからこう呼ぶ。②江戸時代、珍しい事件などを絵入りで印刷した、一、二枚の読み物。かわらばん。
【絵空事】エそらごと 日 ①画家が想像にまかせてかいた、現実ばなれしたこと。②現実には、ありもしないこと。実現の難しいこと。例 ─を並べたてる。すべての話は─だった。
【絵羽】エば 日「絵羽模様」の略。和服で、全体が一つの模様となってつながっている絵柄。
【絵葉書】エはがき 日 絵や写真が刷ってある郵便はがき。
【絵筆】エふで 日 絵をかくのに使う筆。画筆。例 ─をとる。
【絵本】エホン 日 ①子供向けの、絵を主にした本。②江戸時代の、絵入りの通俗的読み物。絵草紙。
【絵馬】エま 日 願いごとをするときや、その願いがかなえられたとき、神社や寺に奉納する額。ウマを奉納する代わりに、ウマの絵をかいたからという。例 合格祈願の─。─を奉納する。
【絵巻】エまき 日「絵巻物まきもの」の略。物語を絵であらわして、そのいくつかの絵に説明をそえた巻き物。例 源氏物語─。
【絵画】カイガ 色彩や線で、ものの形やイメージをえがき出したもの。絵。例 ─的表現。─展。
【絵図】カイズ・ズエ ①絵。絵画。②日 建物・庭園・土地などの平面図。絵図面。例 城の─。
【絵像】カイゾウ・ゾウエ ①絵にかいた姿。画像。例 聖母子の─。②絵にかいた仏像。例 吉祥天女の─。
●油絵あぶら・影絵かげ・口絵くち・下絵した・墨絵すみ・水絵みず

絓 糸6(12) 3 9003 7D53
一 カイ（クヮイ）漢 佳 kuā
二 カイ（クヮイ）漢 卦 guà
しけ
意味 一 繭まゆの粗悪な部分から採った糸。しけ糸。**しけ**。例 絓糸シカイ─しけいと。二 ひっかかる。かかる。例 絓法ホウ。
【絓法】カイホウ─ホウにかかる 法に触れる。

𥿻 糸6(12) 4 8421 25FFB 国字
きぬ
意味 人名に用いる字。例 𥿻田たきぬ（＝姓）。

給 糸6(12) 1 2175 7D66 教4
キュウ（キフ）漢 呉 緝 jǐ/gěi
たま-う（たま-ふ）・たま-わる（たま-はる）

筆順 ㄑ 幺 糸 糸 紒 紒 給 給 給

なりたち 給 [形声]「糸(=いと)」と、音「合(コウ→キュウ)(=あわせる)」とから成る。足りないところに足す。

意味 ❶足りないものを足して十分にする。必要に応じて満たす。例供給(キョウキュウ)。補給(ホキュウ)。❷十分にある。そなわる。たりる。❸上の者から下の者へ与える。たまう。例給付(キュウフ)。支給(シキュウ)。❹(動作や頭の回転などが)すばやい。また、口が達者である。口がよくまわる。例口給(コウキュウ)。

日本語での用法《たまわる》《たまう》「おほめのことばを給(たま)わる・もうやめ給(たま)え」▼自分や他人の動作にそえて、尊敬や謙遜(ケンソン)の意をあらわすことば。

古訓 中古 さかりなり・そなふ・たまふ・たる・つく・やしなふ・わかつ 中世 そなふ・たまはる・たまふ 近世 そなはる・そなふ・たす・たまふ

人名 たり・はる

【給仮】キュウカ 〔「仮」は、やすみの意〕休暇を与える。

【給金】キュウキン ①(キンを たまう)金を与える。②日 給料としてもらうお金。例一直し(=力士が勝ちこして、給金が上がること)。

【給▼犒】キュウコウ 〔「犒」は、兵士をねぎらう意〕(兵士などに)物品を与えて苦労をいたわる。

【給仕】キュウジ 日①食事のとき、そばにいて世話をする。また、その人。例一人(ニン)。②昔、会社・役所・学校などで雑用係として働いた人。

【給事中】キュウジチュウ 秦(シン)・漢代、皇帝の側近をつとめた役人。晋(シン)以降、官職名となる。

【給食】キュウショク ①食物を供給する。②生計を立てる。③日 学校などで、生徒に支給する食事。例一当番。学校一。

【給水】キュウスイ 水を供給する。また、その水。対排水。例一制限。一塔。

【給足】キュウソク 十分に足りるさま。

【給湯】キュウトウ 日(その建物の中で)お湯を供給する。例一設備。全部の部屋に一する。

【給費】キュウヒ (官公庁・会社・個人などが)費用や学費を与える。例一生。

【給付】キュウフ お金や品物などを支給したり、交付したりする。例保険金の一を受ける。

【給油】キュウユ 日①自動車や飛行機などに燃料を補給する。例一する地点。②機械類にあぶらをさすこと。

【給与】【給予(豫)】キュウヨ ①食料・衣服・こづかい銭・日用品などをあてがい、与える。②日 勤め人の給料・俸給・手当などをまとめた言い方。例一の明細を知らせる。

【給養】キュウヨウ ①金品をあてがい、やしなう。②兵士の食糧・衣類や軍馬の飼料など。

【給料】キュウリョウ 労働に対して、雇う側が支払う一定額の金銭。俸給。給与。サラリー。例一日。

●恩給(オンキュウ)・月給(ゲッキュウ)・自給(ジキュウ)・需給(ジュキュウ)・日給(ニッキュウ)・配給(ハイキュウ)・俸給(ホウキュウ)・無給(ムキュウ)・有給(ユウキュウ)

結

糸6 (12) 1 2375 7D50 教4

一ケツ漢 ケチ呉 屑 jié 二ケイ漢 霽 jì

むすぶ・むすび・ゆう(ゆーふ)・ゆわえる(ゆーはふ)

筆順 幺 糸 糸 紅 紅 紅 結 結

なりたち 結 [形声]「糸(=いと)」と、音「吉(キツ→ケツ)」とから成る。糸をつなぎあわせる。

意味 一❶糸やひもをつなぐ。また、一つにまとめる。むすぶ。ゆう。例結束(ケッソク)。結髪(ケッパツ)。直結(チョッケツ)。❷ばらばらのものが一つにまとまる。まとめる。例結社(ケッシャ)。結集(ケッシュウ)。凝結(ギョウケツ)。❸建造する。構える。例結草(ケッソウ)。結廬(ケツロ)。❹しめくくる。おわる。例結着(ケッチャク)。結末(ケツマツ)。終結(シュウケツ)。❺植物が実をつける。実がなる。例結実(ケツジツ)。結果(ケッカ)。❻めぐらす。めぐる。例結軫(ケッシン)(=車を巡らす)。二まげ。通髻(ケイ)。例椎結(ツイケイ)(=さいづちまげ)。

古訓 中古 かたし・かならず・かまふ・つなぐ・つらぬ・とづ・まじはる・むすぶ・むすぼほる・めぐる・ゆふ 中世 むすぶ・ゆふ 近世 かがまる・つなぐ・むすぶ・もとどり・ゆふ

人名 かた・ひとし・ゆい

難読 結城(ゆうき)・結果(なかく)

【結願】ケチガン〔仏〕法会(ホウエ)を営む日数や、願をかけた日数が終わる。満願。例一の日。

【結怨】【結▼冤】ケツエン ①うらみをもつ。また、うらまれる。②いつまでも消えないうらみ。

【結縁】一ケツエン 縁をむすぶ。二ケチエン〔仏〕仏道に縁をむすぶこと。未来に成仏する縁を得るために、写経したり法会(ホウエ)を営んだりすること。

【結果】ケッカ ①ある行為や原因から生じた結末の状態。対原因。例試験の一。②植物が実をむすぶ。結実。例さくらんぼが一する。③〔仏〕ものごとの最後。とどのつまり。

【結界】ケッカイ〔仏〕①仏道修行の際、僧の衣食住について、戒律を破ったことにはならないとする一定の範囲。②仏道修行のさまたげとなるものがはいるのを許さないこと。また、その場所。例女人(ニョ)一。③寺の中で、内陣と外陣(ゲジン)を区切って、僧と俗を区別するのに設けた柵(サク)。

【結▼跏▼趺▼坐】ケッカフザ〔仏〕〔「跏」はあぐらをかく、「趺」は足の甲〕仏の座り方の一種。左右の足先をそれぞれ反対側のももの上にのせ、足の裏を上に向けて座る形。座禅を組むときの座り方。結跏。〈涅槃経〉

【結歓】【結▼驩】ケッカン〔よしみをむすぶ意〕仲良くする。

【結球】ケッキュウ 日ハクサイやキャベツなどのように、葉が重なりあって球状に生長する。

【結局】ケッキョク ①囲碁や将棋などの勝負が終わること。②とどのつまり。とうとう。ついに。例一もの別れになる。③最後に落ち着くところ。結末。例一を見る。

【結句】ケック ①漢詩の絶句で、第四句目。一首の結びとなる最後の句。→【起承転結】(テンケツ)(1270ジペー) ②日 つまるところ。結局。

【結語】ケツゴ 文章の最後に書く、むすびのことば。

【結口】ケッコウ ①〔口をとざす意〕だまる。②どもる。▽類 結舌(ケツゼツ)(=したをむすぶ)。

【結構】ケッコウ ①ものの構造や組み立て。②日 非常によいさま。例一なお茶。③日 同意するときのことば。例それで一です。④日 丁寧にことわるときのことば。例いえ、一です。⑤日 かなり。相当。例一喜んでいた。

【結婚】ケッコン 男女が夫婦になる。婚姻。対離婚。例恋愛一。見合い一。

【結▼紮】ケッサツ〔「紮」は、縛る意〕〔医〕止血や避妊などの目的で、血管や卵管などをしばる。

【結実】ケツジツ ①植物が実をむすぶ。例一期の天候の具合。②よい結果が出る。例努力が一する。

【結社】ケッシャ 共通の目的のために何人かの人が集まって結成する団体。例政治一。一の自由。

【結集】一ケッシュウ 一つに集める。また、まとまり集まる。集結。例総力を一する。二ケツジュウ〔仏〕釈迦(シャカ)の死後、弟子たちが集まり、仏説や遺訓を整理したこと。

【結晶】ケッショウ 日①規則正しい平面に囲まれ、その内部の原子配列が一定な物質。また、そのような状態になること。例雪の—。②努力・苦心・愛情などが積みあげられて、できあがったもの。また、それができること。成果。例愛の—。

【結縄】ケツジョウ 文字のない社会で、なわのむすび方によって数をあらわしたり、意思を通じたりすること。

【結審】ケッシン 日裁判で、事件の取り調べが終わる。

【結成】ケッセイ ①同盟をむすぶ。②作り上げる。③日会や党などの組織をつくりあげる。例新党を—する。

【結節】ケッセツ ①ひもをむすんだときにできる節(ふし)(のようなもの)。②皮膚や内臓にできる、豆つぶほどの大きさのかたまり。

【結草】ケッソウ|くさをむすぶ ①草庵(ソウアン)を構える。②死後、人の恩に報いること。◐春秋時代、晋(シン)の魏顆(ギカ)は、戦場で秦(シン)の勇将杜回(トカイ)を生け捕りにした。杜回は、ある老人が結んだ草につまずいて転んだのだった。その夜、魏顆の夢にひとりの老人があらわれて、自分は、以前あなたが救ってくれた娘の父親で、今日はその恩に報いるために、杜回が転ぶように草を結んだのですと語ったという。……〈左伝・宣一五〉

【結束】ケッソク ①たばねる。例たきぎを—する。②拘束する。③旅行や出陣の身じたくをする。④日目的に向かって心を同じくする人々が、力を合わせる。団結。例—を固くする。

【結滞】ケッタイ 〔医〕脈が乱れたり、少しの間打たなかったりする。例脈が—する。

【結託】ケッタク ①互いに心を合わせて助け合う。結納(ケツノウ)。②(悪事をたくらんで)力を合わせる。ぐるになる。例業者と—して不正をはたらく。

【結団】ケツダン ある目的をもって団体をつくる。㊀解団。例選手団の—式。

【結着】ケッチャク ①むすびつける。②日いろいろなことがあったあとで、ものごとにきまりがつく。決着。例—がつく。

【結党(黨)】ケットウ ①仲間をつくる。徒党を組む。例同志と共に—する。②日政党や党派を組織する。㊀解党。

【結納】ケツノウ ①「結託(ケッタク)①」に同じ。②ゆいノウ 婚約成立のしるしとして、両家が金銭や品物をとりかわすこと。また、その金品。例—金。—(ゆいノウ)の日どり。

【結髪】ケッパツ ①髪をゆう。②元服。③かみをむすぶ 夫婦になる。〔昔、結婚の夜、男女が互いの髪をむすび合わせたことから〕

【結氷】ケッピョウ こおりが張る。また、そのこおり。例湖面が—した。

【結末】ケツマツ 最終的な結果。終わり。しめくくり。㊀類結尾。例話の—。意外な—。

【結盟】ケツメイ 同盟をむすぶ。誓いをむすぶ。例三国—。

【結▼廬】ケツロ|いおりをむすぶ 草庵(ソウアン)を構える。例結レ廬在二人境一(いおりをむすんでジンキョウにあり)(=庵(いおり)を人里に構えた)。〈陶淵明・飲酒〉

【結露】ケツロ 空気中の水蒸気が冷たいものの表面にふれて、水滴ができる。また、その水滴。

【結論】ケツロン 日①議論した結果、得られた判断や意見。また、それを述べる。②三段論法で、二つの前提からみちびかれる判断。たとえば、「サクラは植物である」「植物は生物である」「ゆえにサクラは生物である」の最後の部分。

◐完結(カンケツ)・起承転結(キショウテンケツ)・集結(シュウケツ)・妥結(ダケツ)・団結(ダンケツ)・締結(テイケツ)・凍結(トウケツ)・連結(レンケツ)

絜

糸6(12) [3]9004 7D5C

一ケツ㊀漢 屑 jié
二ケツ㊀漢 屑 xié

意味 一❶一束の麻糸。❷けがれがなく、きよい。いさぎよい。㊀通潔。例絜浄(ケツジョウ)(=いさぎよい)。二はかりくらべる。はかる。例絜矩(ケック)。

【絜▼矩】ケック 〔さしがねで測る意〕法則。規範。例絜矩之道(ケックのみち)(=他人の気持ちを推し量る心)。〈大学〉

絢

糸6(12) [1]1628 7D62 人

ケン㊀漢 ケン(クェン)㊀呉 霰 xuàn
あや

なりたち  〔形声〕「糸(=いと)」と、音「旬(シュン→ケン)」とから成る。織物の美しいさま。

意味 ❶織物の美しい模様。あや。例素以為レ絢兮(ソもってあやをなす)(=白さで美しい模様を完成する)。〈論語・八佾〉絢爛(ケンラン)。❷輝かせる。かがやく。例絢煥(ケンカン)(=光り輝く)。

古訓 中古あや・まだらかなり・まだらかに 中世あや・まだら・むすぶ 近世あや・とほし・はるか

人名 しゅん・じゅん

【絢▼爛】ケンラン 美しくきらびやかなさま。例豪華—。

絞

糸6(12) [1]2542 7D5E 常用

筆順 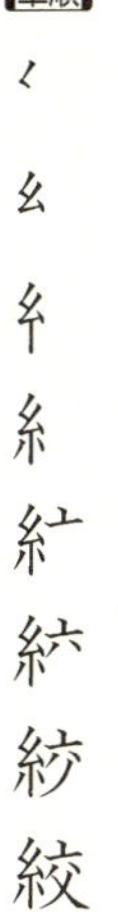

一コウ(カウ)㊀漢 キョウ(ケウ)㊀呉 巧 jiǎo
二コウ(カウ)㊀漢 肴 xiáo

しぼる・しぼり・しめる(し-む)・しまる・くび-る

なりたち  〔会意〕「交(コウ)(=まじえる)」と「糸(=ひも)」とから成る。ひもをからませてしぼる。

意味 一❶ひもなどでしめつける。特に、首をしめる。くびる。例絞殺(コウサツ)。絞首(コウシュ)。❷なわなどをなう。よる。❸せっかちである。急激である。例直而無レ礼則絞(チョクにしてレイなければすなわちコウたり)(=まっすぐでも礼がなければゆとりがない)。〈論語・泰伯〉 二もえぎ色。例絞衣(コウイ)(=もえぎ色のひとえの服)。

日本語での用法 《しぼり》《しぼる》 ①「水(みず)を絞(しぼ)る・てぬぐいを絞(しぼ)る」▼水分を除く。②「呼(よ)び出(だ)して油(あぶら)を絞(しぼ)る」▼責める。③「候補者(コウホシャ)を二人(ふたり)に絞(しぼ)る・的(まと)を絞(しぼ)る」▼範囲をせばめる。④「絞(しぼ)り染(ぞ)め・豆絞(まめしぼ)り」▼布地の一部分を糸でくくって模様を染め出す。⑤「レンズを絞(しぼ)る・ボリュームを絞(しぼ)る」▼光や音などの量を小さく調節する。

古訓 中古かざる・くびる・くる・しぼる・まつはる・まとふ・もとほる 中世くびる・しぼる・めぐる 近世くびる・ころす・しばる・なはなふ・まとふ・めぐらす

【絞殺】コウサツ 首をしめて殺す。しめ殺す。㊀類絞縊(コウイ)・絞戮(コウリク)。例—死体。

【絞首】コウシュ 日(死刑の執行で)首をしめて死に至らしめる。例—刑。

絳

糸6(12) [2]6912 7D73

コウ(カウ)㊀漢 絳 jiàng
あか-い(あか-し)

意味 濃い赤色の。あかい。例絳唇(コウシン)。

難読 絳緺(あかとんぼう)・絳紅(もみ)・絳霄(おおぞら)

【絳河】コウガ 天の川。銀河。天漢。〔天の川は北極星の南にあるので、五行思想で南の色である赤をあらわす「絳」を用いた〕

【絳▼裙】コウクン ①赤いもすそ。②女性。

【絳▼闕】コウケツ ①朱色に塗られた城門。特に、宮城の門。転じて、朝廷のこと。②寺院や道観(ドウカン)(=道教の寺院)の朱塗りの門。

【絳▼幘】コウサク 赤い頭巾(ズキン)。漢代、宮中に宿衛する者がかぶり、ニワトリの鳴き声を聞いて朝を知らせたという。赤いのは、ニワトリのとさかをまねたものともいわれる。

【絳唇】コウシン 赤く美しいくちびる。転じて、美人のこと。

【絳帳】コウチョウ ①赤い垂れ幕。②先生の講席。〔後漢の著名な学者馬融(バユウ)が、講義の際、常に高堂に座って赤い垂れ幕を張ったという故事〈後漢書・馬融伝〉から〕

絖
糸6 (12) 2 6913 7D56　コウ(クヮウ)漢呉　漾 kuàng　わた・ぬめ

意味 くず繭から作った、きめのこまかいわた。きぬわた。まわた。通纊。

日本語での用法 《コウ》《ぬめ》「絖本（＝ぬめのある絵絹）」。また、それにかいた絵）・絖紗綾・絖地・絖張り・絖綸子」▼やわらかで光沢のある絹織物。絵絹や造花に用いる。

絎
糸6 (12) 2 6914 7D4E　コウ(カウ)漢　敬 háng　く-ける(く-く)

意味 刺し縫いをする。ぬう。

日本語での用法 《くける》「袖口を絎ける・絎台・絎針」▼縫い目が、おもてに出ないように縫う。布の端を始末するときの縫い方。

絙
糸6 (12) 4 8423 7D59　一 カン(クヮン)漢　寒 huán　二 コウ漢　蒸 gēng

意味 一 くみひも。二 太い綱。おおなわ。通緪。例 絙橋（＝つり橋）。

緪
糸6 (12) 4 8424 7D5A　コウ漢　蒸 gēng

意味 太い綱。おおなわ。

紫
糸6 (12) 1 2771 7D2B 常用　シ漢呉　紙 zǐ　むらさき

筆順 丨 ト 卜 止 止 此 紫 紫

なりたち 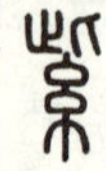 [形声]「糸（＝きぬ）」と、音「此シ」とから成る。青と赤をまぜた色の絹。

意味 ❶青と赤をまぜあわせた色。むらさき。例 紫煙。紫外線。紫紺。❷王宮や天子に関する事物に使われる高貴な色。例 紫衣。紫禁城。紫宸殿。

日本語での用法 《むらさき》①「紫の一本」▼ムラサキ科の多年草。②▼「しょうゆ」の別の言い方。

古訓 中古 むらさき　中世 むらさき　近世 むらさき・をさなし

人名 むら

難読 紫陽花・紫雲英・紫苑

【紫衣】一 ①むらさき色の服。君主や貴人の服。②道士の服。二 僧の着るむらさき色のころも。天皇の許しによって高徳の僧が身につけた。

【紫雲】むらさき色のめでたい雲。仏がこの雲に乗ってあらわれるという。例 ―がたなびく。

【紫煙】①むらさき色のけむり・もや。②日 タバコのけむり。例 ―をくゆらす。

【紫▼霞】①仙宮（＝仙人の住む宮殿）にたなびくむらさき色のかすみ。②仙宮。

【紫宮】①伝説上、天帝の居所とされる星座。紫微。②天子の居所。皇居。③道教の寺院。道観。

【紫虚】大空。類 紫霄。

【紫極】①天子の居所。類 紫宸。②帝位。

【紫禁】皇居。

【紫禁城】明・清代の天子の住まい。明の永楽帝が造営。北京にあり、現在は故宮博物院となっている。

【紫▼闕】①天子の宮城。皇居。②仙人の宮殿。

【紫紺】むらさき色をおびた紺色。例 ―の優勝旗。

【紫▼宸殿】①唐代の天子の御殿。②日 平安京の内裏の正殿。政務や儀式がおこなわれた。

【紫▼翠】①宝石の名。紫翠玉。②むらさきや、緑。美しい山の色合い。

【紫石】①紫水晶。紫石英。②硯の別称。紫石硯。

【紫▼蘇】シソ科の一年草。葉は緑色とむらさき色の二種があり、葉と実を香味料などとして用いる。

【紫▼檀】熱帯産の常緑高木。材は黒みがかったむらさき色で質はかたく、美しい木目があり、高級家具などを作る。

【紫竹】①中国・台湾原産のタケの一種。幹は次第に黒色に変わる。細工物用。②ハチクの一品種。幹がやや細く、黒い。観賞用や器具用として使う。クロチク。

【紫泥】①詔書に用いる、むらさき色の封泥。②詔書。類 紫誥。

【紫電】①むらさき色のいなずま。②めでたい光。瑞光。③鋭い眼光の形容。④三国時代、呉の孫権が持っていた宝剣の名。⑤刀剣が放つ、きらりとした光の形容。

【紫▼陌】〔「陌」は、みちの意〕①帝都の道路。②都。

【紫斑】内出血などのために皮膚にあらわれる、むらさき色の斑点。例 ―病。

【紫▼瘢】〔「瘢」は、きずの意〕むらさき色になって皮膚に残った傷のあと。

【紫微】①「紫宮①」に同じ。②唐代、中書省の別称。

【紫房】①むらさき色で飾った部屋。太后の部屋をいう。②むらさき色の果実。

【紫奪レ朱】〔間色のむらさきが正色の朱よりも好まれる意〕口達者の小人が君主に重んじられて勢力を持つこと。〈論語・陽貨〉

[絲]
糸6 (12) ⇩糸シ（1021ページ）

絨
糸6 (12) 2 6916 7D68　ジュウ(ジウ)漢　東 róng

意味 ❶厚地のやわらかい毛織物。例 絨緞。❷刺繡用の絹糸。例 香絨（＝美しい刺繡糸）。

難読 天鵞絨

【絨▼緞】【絨▼毯】床の敷物として使われる、毛や絹の厚地の織物。カーペット。

【絨毛】〔生〕小腸や十二指腸などにある、細かい毛のような粘膜の突起。養分を吸収する。

絮
糸6 (12) 2 6917 7D6E　ショ漢　ジョ呉　御 xù　わた

意味 ❶まゆから作った、粗いわた。また、生糸から作った、ふるわた。❷ヤナギの種子についている白いわた毛。例 柳絮。❸とぎれずに続く。くどい。例 絮説（＝くどくどと説く）。

【絮語】くどくどと話す。類 絮説。

【絮煩】くどい。わずらわしい。

[絏]
糸6 (12) ⇩紲セツ（1033ページ）

絶
糸6 (12) 1 3268 7D76 教5　セツ漢　ゼチ・ゼツ呉　屑 jué　たえる（た-ゆ）・たやす・たつ

[絕]
糸6 (12) ― 7D55　旧字体。

筆順 幺 糸 糸 紟 絇 絢 絶 絶

なりたち  [形声]「刀（＝かたな）」と「糸（＝いと）」と、音「巴セ」とから成る。刃物で糸をたち

きる。

意味 ❶たちきる。**たつ**。例 絶縁(ゼツエン)。絶交(ゼッコウ)。断絶(ダンゼツ)。❷とぎれる。なくなる。また、なくす。例 絶望(ゼツボウ)。絶滅(ゼツメツ)。気絶(キゼツ)。❸こばむ。ことわる。例 拒絶(キョゼツ)。謝絶(シャゼツ)。❹わたる。横ぎる。例 絶二江河一(コウガをわたる)(=大河を渡る)。〈荀子・勧学〉❺遠く離れている。へだたる。例 絶海(ゼッカイ)。隔絶(カクゼツ)。❻かけはなれてすぐれている。例 絶景(ゼッケイ)。絶世(ゼッセイ)。絶品(ゼッピン)。❼この上なく。まったく。はなはだ。例 絶賛(ゼッサン)。絶大(ゼツダイ)。

古訓 中古 すぐれたり・たえぬ・たつ・たゆ・もとも・わたる 中世 すぐる・たつ・たゆる・ほろぶ・をはる 近世 あやし・すぐるる・たかし・たつ・とほし・ほろぶ・やむ・やめる・わたる

人名 たえ・とう

【絶域】(ゼツイキ) 中央から遠く離れた土地。

【絶遠】(ゼツエン) ①非常に遠い。また、その土地。例 —の地。②ずば抜けている。

【絶縁】(ゼツエン) ①(親子・兄弟・夫婦・友人などの)縁を切る。縁切り。例 —状。②日〔物〕電流や熱が伝わらないようにする。例 —体。

【絶佳】(ゼッカ) 景色や味などがきわめてよいこと。美しいこと。すばらしいこと。類 絶美。例 風景—。風味—。

【絶海】(ゼッカイ) 陸地から遠く離れた海。例 —の孤島。

【絶学】(ゼツガク) ①(ガクをたつ) 学問をやめる。例 絶レ学無レ憂(ガクをたてばうれいなし)(=世俗の学問をやめてしまえば人生に憂いはなくなる)。〈老子・二〇〉②途絶えた学問。③非常にすぐれた学問。

【絶▼壑】(ゼツガク) 深くて険しい谷。

【絶叫】(ゼッキョウ) 出せるかぎりの大声でさけぶ。そのさけび声。

【絶境】(ゼッキョウ) ①世間から隔絶した土地。例 率二妻子邑人一来二此絶境一(サイシユウジンをひきいてこのゼッキョウにきたり)(=妻子や村の仲間を引き連れて遠いこの地にやって来た)。〈陶淵明・桃花源記〉②景勝の地。

【絶響】(ゼッキョウ) 芸術の伝承がたえること。〔晋(シン)初、嵆康(ケイコウ)が死刑になるときに琴を弾き、「広陵散」の名曲もこれで絶えるだろうと嘆いた故事〈晋書・嵆康伝〉から〕

【絶句】(ゼック) ①漢詩の形式の一つ。起・承・転・結の四句から成り、各句の字数により、五言絶句と七言絶句がある。例 杜甫(トホ)の—。②日 話の途中でことばにつまり、続けて言えなくなる。例 相手の意外なことばに思わず—した。

【絶家】(ゼッケ|ゼッカ) あとをつぐ人がいないために、家系がたえてしまう。また、その家。

【絶景】(ゼッケイ) 非常に美しい景色。例 日本三大—の一つ。

【絶弦】(ゼツゲン)【絶▼絃】(ゼツゲン) 親友の死をいたむこと。→【伯牙絶弦】(ハクガゼツゲン)(79ページ)

【絶後】(ゼツゴ) ①大変なできごとで、将来二度と起こらないと思われること。例 空前—。②後継ぎがいない。③息がたえたあと。死後。

【絶交】(ゼッコウ) つきあいをまったくやめる。絶縁。

【絶好】(ゼッコウ) この上なくよいこと。例 —の機会。

【絶国】(ゼッコク) ①遠く離れた国。②(くにをたつ) 後継者のいない国を廃絶する。

【絶才】(ゼッサイ) 比類ない才能。また、その人。

【絶塞】(ゼッサイ) ①遠く離れた辺境のとりで。例 絶塞愁レ時早閉レ門(ゼッサイときをうれえてはやくモンをとざす)(=《私は》隔絶したとりでの町で不安な時世を心配して早ばやと門を閉じてしまう)。〈杜甫・返照〉②とりでを越える。

【絶賛】(ゼッサン)【絶▼讃】(ゼッサン) 日 これ以上のほめ方はないほど、ほめあげる。例 —を博する。

【絶唱】(ゼッショウ) ①すべての人が感動するような、すぐれた詩歌。例 古今の—。②感情をこめて、歌う。また、その歌。

【絶勝】(ゼッショウ) ①この上なく景色のよい地。絶景。②(要衝として地形などが)非常にすぐれているさま。

【絶色】(ゼッショク) この上なくすぐれた美人。絶世の美女。

【絶食】(ゼッショク) ①食糧が尽きる。②食事をしない。食をたつ。断食。例 —療法。

【絶▼塵】(ゼツジン) ①俗世間と交際しないこと。②ちりをたてないこと。非常に速く走ることのたとえ。

【絶世】(ゼッセイ) この世にくらべるものがないほど、すぐれていること。絶代。例 —の美女。

【絶跡】(ゼッセキ) ①姿も形もとどめない。あとかたもない。②外部の人との交際をしない。③とびぬけてすぐれた事跡。

【絶息】(ゼッソク) 息がたえる。死ぬ。絶命。

【絶俗】(ゼツゾク) ①世間との関係をたつ。俗事を捨てる。②世間一般よりはるかにすぐれている。

【絶対】(ゼッタイ) 日 ①他からかけ離れて、くらべるものや対立するものがないこと。対 相対。例 —の真理。②他によって制限されないこと。無条件。対 相対。例 —君主制。③けっして。まったく。〔下に打ち消しのことばをともなう〕例 そんなことは—にない。④必ず。まちがいなく。例 —来る。

【絶大】(ゼツダイ) この上なく大きい。例 —な援助を得る。

【絶代】(ゼツダイ) ①「絶世(ゼッセイ)」に同じ。②はるか遠い昔の世。

【絶体絶命】(ゼッタイゼツメイ) 日 追いつめられてどうにもならない状態。進退きわまった状態。例 —の窮地に立たされる。

【絶頂】(ゼッチョウ) ①山の頂上。いただき。例 —を極める。②調子や勢いの最もさかんなとき。ピーク。最盛期。例 今、彼は人気の—にある。

【絶倒】(ゼットウ) ①感情がたかぶって、たおれる。②笑いくずれる。例 捧(抱)腹(ホウフク)—する。

【絶幕】(ゼツバク)【絶漠】(ゼツバク) ①砂漠を横断する。②遠く離れた砂漠の地。

【絶版】(ゼッパン) 日 出版した書物の発行をやめる。

【絶筆】(ゼッピツ) ①(ふでをたつ) 書くことをやめる。②生前の最後に書いた筆跡や作品。例 『明暗』は漱石(ソウセキ)の—である。③きわめて優れた作品。

【絶品】(ゼッピン) めったに見られないほどよい品物や作品。逸品。例 天下の—。

【絶壁】(ゼッペキ) 険しいがけ。切り立ったがけ。例 断崖(ダンガイ)—。

【絶望】(ゼツボウ) のぞみがまったくなくなる。例 —感。—的。人生に—する。

【絶妙】(ゼツミョウ) 非常にすぐれていること。また、ほかにとって代わるものがないほど、ぴったりしていること。例 —の演技。—のタイミング。

【絶無】(ゼツム) 似たような事柄やものが、まったくない。皆無。

【絶命】(ゼツメイ) いのちがたえる。死ぬ。また、命をたつ。

【絶滅】(ゼツメツ) たえ、ほろびる。また、ほろぼし、たやす。

【絶粒】(ゼツリュウ) 〔「粒」は、穀物の意〕①「絶糧(ゼツリョウ)」に同じ。②食事をとらない。絶食。

【絶糧】(ゼツリョウ) 食糧が尽きる。絶粒。

【絶倫】(ゼツリン) 〔「倫」は、同類の意〕同類がないほど、とびぬけてすぐれていること。抜群。例 精力—。勇気—の快男児。

● 気絶(キゼツ)・拒絶(キョゼツ)・根絶(コンゼツ)・謝絶(シャゼツ)・壮絶(ソウゼツ)・卓絶(タクゼツ)・断絶(ダンゼツ)・中絶(チュウゼツ)・途絶(トゼツ)・廃絶(ハイゼツ)

経

糸6 (12) 4 8426 7D70

テツ 漢 屑 dié

意味 喪服をつけるとき、頭や腰に巻く麻の帯。例 首経(シュテツ)。腰経(ヨウテツ)。

統

糸6 (12) 1 3793 7D71 教5

トウ 漢 ツウ 呉 宋 tǒng

すべる(すーぶ)

筆順 ㄑ 幺 糸 紅 紘 紡 統

なりたち ［形声］「糸（＝いと）」と、音「充(シュ→トウ)」とから成る。糸のはし。いとぐち。

意味 ❶はじめ。もと。いとぐち。例 統紀(トウキ)（＝いとぐち。はじめ）。❷ひと続きのつながり。すじ。例 系統(ケイトウ)。血統(ケットウ)。伝統(デントウ)。❸一つにまとめる。おさめる。**すべる**。例 統一(トウイツ)。統合(トウゴウ)。統治(トウチ)。❹きまり。のり。例 紀統(キトウ)（＝綱紀。準則）。

古訓 中古 すぶ・つかさどる・ふさなる・ふさぬ・むね 中世 すぶ・むね・をさむ 近世 いとぐち・すぶる・すべをさむる・つぐ・つづき・もと

人名 おさ・おさむ・かね・すえ・すみ・すめる・つぎ・つぐ・つづき・つな・のり・はじめ・まとむ・むね・もと

【統一】【統▼壱】(トウイツ) ある規準をもった、まとまりのあるものにしあげる。㊉分裂。例 天下—。規格を—する。

【統括】(トウカツ) いくつかに分かれているものを、一つにまとめる。例 全体を—する部門。

【統轄】(トウカツ) 多くの人や組織を、中心の一か所でとりしまる。例 支店全体を—する。

【統監】(トウカン) 政治や軍事などの全体をとりまとめて監督する。また、その人。例 軍事演習を—する。

【統御】【統▼馭】(トウギョ) 組織などの全体をまとめ動かす。例 部下を—する能力や識見。

【統計】(トウケイ) ①まとめて計算する。合計する。②日 多くのものや人のうちから、同じ性質や状態のものを集め分類して、その数や割合を数字やグラフであらわす。また、あらわしたもの。例 —表。—をとる。

【統合】(トウゴウ) 日 二つ以上のものを一つにまとめ合わせる。例 市内の二つの学校を—する。

【統帥】(トウスイ) 軍隊を指揮し、まとめる。また、その人。例 —権（＝軍隊の最高指揮権）。

【統制】(トウセイ) ①ばらばらな動きや行動などを、まとめて取り締まる。例 —がとれる。②日 権力によって、思想・言論・経済活動などを指導し、制限する。例 言論—。

【統率】(トウソツ) 一つの集団全体を、まとめひきいる。例 —力。部下を—する。

【統治】(トウチ|トウジ) 国土や人民をおさめる。例 国を—する。

【統領】(トウリョウ) ひきいる。また、その人。

● 一統(イットウ)・系統(ケイトウ)・血統(ケットウ)・皇統(コウトウ)・正統(セイトウ)・総統(ソウトウ)・伝統(デントウ)

緉 糸6（12） 4 8420 2600C 国字 のみ

意味 船の水漏れを防ぐためのつめもの。**のみ**。

絣 糸6（12） 2 6919 7D63 ホウ（ハウ）漢 庚 bēng かすり

［絣］ 糸8（14） —— 2F96C 本字。

意味 色の異なる糸を並べて織った布。

日本語での用法 《かすり》「久留米絣(くるめがすり)・紺絣(コンがすり)・白絣(しろがすり)」▼かすったような模様のある織物。

絡 糸6（12） 1 4577 7D61 常用 ラク 漢 呉 薬 luò **からむ・からまる・からめる**（から-む）・から-げる（から-ぐ）

筆順 ㄑ 幺 糸 紗 終 絡 絡

なりたち ［形声］「糸（＝いと）」と、音「各(カク→ラク)」とから成る。糸がからまりあったわた。

意味 ❶まとわりつく。**からむ**。**からまる**。例 纏絡(テンラク)（＝まつわりからむ）。❷あみのようにとりまく。おおう。**からめる**。また、あみ。例 籠絡(ロウラク)（＝人をうまくまるめこむ）。❸つながる。つづく。例 連絡(レンラク)。❹すじみち。すじ。脈絡。❺ウマのおもがい。例 絡頭(ラクトウ)（＝ウマのおもがい）。❻⇩【絡繹】(ラクエキ)

古訓 中古 くさり・くさる・くる・しばる・まつふ・まとふ・めぐる・もとほる・ゆふ 中世 からぐる・からむ・しばる・まつふ・まとふ・むすぶ 近世 いと・くくる・すずし・ちすぢ・つづく・つらなる・まはる・まとふ・めぐる・わた

人名 つら・なり

難読 絡繰(からくり)

【絡▼繹】(ラクエキ) 人馬が行き来して、往来が絶えないさま。

● 短絡(タンラク)・脈絡(ミャクラク)・連絡(レンラク)

［絫］ 糸6（12） ⇩累(ルイ)（1034ページ）

綛 糸7（13） —— 国字 かせ

［綛］ 糸7（13） 2 6925 7D9B 俗字。

意味 ❶つむいだ糸を巻き取るH字形の道具。**かせ**。また、その巻き取った糸束。かせ糸。❷かせ糸を数えることば。

絿 糸7（13） 4 8428 7D7F キュウ（キウ）漢 グ 呉 尤 qiú

意味 せかせかする。せわしない。

継 糸7（13） 1 2349 7D99 常用 ケイ 漢 呉 霽 jì つぐ・まま

［繼］ 糸14（20） 2 6975 7E7C 旧字体。

筆順 ㄑ 幺 糸 紗 絆 継 継

なりたち ［会意］本字は「繼」で、「糸（＝いと）」と「㡭（＝断絶した糸）」とから成る。切れた糸をつなぐ。

意味 ❶とぎれずにつづく。あとをうけつぐ。**つぐ**。例 継承(ケイショウ)。継続(ケイゾク)。継父(ケイフ)。後継者(コウケイシャ)。❷あとをつぐ人。あとつぎ。例 後継(コウケイ)。❸ついで。つづいて。例 継而有二師命一(ついでシメイあり)（＝続いて戦争があった）。〈孟子・公孫丑下〉❹増やす。ます。例 君子周レ急不レ継レ富(クンシはキュウをすくいてとめるにつがず)（＝君子は困っている人を助けるが、金持ちの富を増やさない）。〈論語・雍也〉

日本語での用法 《つぎ》「継(つ)ぎをあてる」▼補修。また、そのためのきれ。

古訓 中古 ついづ・つぎ・つぐ 中世 つぐ 近世 つぐ

人名 つぎ・つぐる・つづく・つね・ひで

【継起】(ケイキ) 続いておこる。例 似たような事件が—する。

【継妻】(ケイサイ) 日 二度目のつま。のちぞい。後妻。継室。

【継子】(ケイシ|ままこ) 親子ではあるが、血のつながっていない子。㊉実子。

【継嗣】(ケイシ) あととり。あとつぎ。例 —を得たよろこび。

【継室】(ケイシツ) ①正妻の死後、そのあとを第二夫人につがせること。②「継妻(ケイサイ)」に同じ。

【継承】(ケイショウ) 先代や前任者の地位・身分・財産・仕事・技能などをうけつぐ。㊇継受・継襲。例 王位の—。伝統を—する。

【継続】(ケイゾク) 前からの状態や活動が、ひきつづきおこなわれる。例 —審議。

【継走】(ケイソウ) 日 リレー競走。

【継体】(ケイタイ) 先祖のあとをつぐ。特に、天子の位をつぐ。また、その人。

【継父】ケイフ・ちちまま 血のつながりのない父。㊟実父。
【継父母】ケイフボ 継父と継母。血のつながりのない父と母。
【継母】ケイボ・ははまま 血のつながりのない母。㊟実母・生母。
●後継コウケイ・中継チュウケイ

【經】糸7(13) ⇩経ケイ(1029ページ)

【絅】糸7(13) ⇩絅ケイ(1031ページ)

綌
糸7(13) ④8432 7D8C ゲキ㊜ ケキ㊤ 陌 xì
意味 葛(くず)の繊維を織った目の粗い布。㊟絺チ。例 綌衰ゲキサイ(=目の粗い葛布(くずふ)の喪服)。絺綌チゲキ。

絹
糸7(13) ①2408 7D79 教6 ケン(クェン)㊤ 霰 juàn きぬ
筆順 ㇛ 幺 糸 糸 糹 絈 絹 絹
なりたち  [形声]「糸(=きぬ)」と、音「肙エン→ケン」とから成る。ムギの茎のような色のきれ。きぎぬ。
意味 カイコのまゆからとった糸。また、その糸で織った布。きぬ。例 絹糸ケンシ。絹布ケンプ。絹本ケンポン。
古訓 中古 かく・かとり・きぬ 中世 きぬ 近世 あみ・きぬ・すずし・まとふ
人名 まさ
難読 生絹(きぎぬ・すずし)
【絹糸(絲)】ケンシ・きぬいと カイコのまゆからとった糸。
【絹素】ケンソ 書画をかくのに用いる白いきぬ。
【絹紬】ケンチュウ きぬ織物の一つ。つむぎ。
【絹▼帛】ケンパク きぬ織物。例 引き出物に―を贈る。
【絹布】ケンプ きぬ糸で織ったぬの。きぬ織物。
【絹本】ケンポン 書画をかくのに使うきぬ地。また、それにかいた書画。例 ―の掛け軸。
●正絹ショウケン・人絹ジンケン・素絹ソケン

綆
糸7(13) ④8430 7D86 コウ(カウ)㊤ 梗 gěng
意味 井戸水をくむつるべにつける縄。つるべなわ。

【絋】糸7(13) ⇩紘コウ(1024ページ)

【綉】糸7(13) ⇩繡シュウ(1058ページ)

綃
糸7(13) ③9006 7D83 ショウ(セウ)㊤ 蕭 xiāo
意味 ❶生糸(きいと)。❷うすい絹。例 綃紈ショウガン・綃素ショウソ(=うすい白絹)。

條
糸7(13) ②6922 7D5B ジョウ(デウ)㊜ トウ(タウ)㊤ 豪 tāo さなだ
【縧】糸11(17) ④8453 7E27 別体字。
意味 平たく編んだ組みひも。さなだ。例 條虫ジョウチュウ(=サナダムシ)。馬條バトウ(=ウマの腹帯(はらおび))。

【⿰糸赤】糸7(13) ⇩織ショク(1057ページ)

綏
糸7(13) ②6923 7D8F スイ㊤ 支 suí やす-い(やす-し)
意味 ❶車に乗るとき、つかまるひも。たれひも。❷ゆったりして、落ち着いている。やすらか。また、やすんじる。例 綏靖㊀スイセイ。綏撫スイブ。❸退却する。しりぞく。例 交綏コウスイ(=両軍が互いに退く)。❹⇩【綏綏】スイスイ
【綏安】スイアン やすんじ、しずめる。㊞綏寧。
【綏遠】スイエン 辺境を安定させる。
【綏懐】スイカイ 手なずける。従わせる。
【綏綏】スイスイ ①安らかなさま。②連れだって行くさま。〔一説に、連れ添う相手を求めて、ひとり行くさま〕③雨や雪が降るさま。
【綏▼靖】㊀スイセイ やすんじる。綏静。例 綏▼靖宗廟社稷ソウビョウシャショクを(=祖先や土地と五穀の神をやすんじる)。〈漢書・王莽伝上〉㊁スイゼイ 日 記紀の伝える日本の第二代天皇の諡(おくりな)。
【綏定】スイテイ 国を治めて安定させる。
【綏▼撫】スイブ やすんじ、なだめる。

続
糸7(13) ①3419 7D9A 教4 ショク㊤ ゾク㊜ 沃 xù つづく・つづき・つづける(つづ-く)
【續】糸15(21) ②6984 7E8C 旧字体。
筆順 幺 糸 糸 紀 紆 続 続 続
なりたち  [形声]「糸(=いと)」と、音「賣イク→ショク」とから成る。つらなる。
意味 ❶とぎれないようにつながる。つづく。例 続出ゾクシュツ。接続セツゾク。連続レンゾク。❷あとをつぐ。うけつぐ。つづける。例 継続ケイゾク。相続ソウゾク。❸あとをつぐもの。後継者。つづき。例 亡秦之続ボウシンのゾク(=滅んだ秦の二の舞)。〈史記・項羽紀〉嗣続シゾク(=世継ぎ)。後続コウゾク(=あとつぎ)。
古訓 中古 うむ・つぎ・つぐ・つくのふ・つむぐ・つらぬ 中世 つぐ・つづく 近世 つぐ・つづく
人名 つぎ・つぐ・ひで
【続映】ゾクエイ 日 映画の上映を予定期間より延長する。例 好評―中。
【続演】ゾクエン 日 演劇などを予定期間より延長して上演する。
【続弦】【続▼絃】ゾクゲン 〔琴瑟キンシツの弦が切れたのをつなぐ意〕再婚のたとえ。
【続出】ゾクシュツ 日 次々とあらわれる。また、起こる。例 病人が―する。
【続続】ゾクゾク 途絶えることなくつづくさま。例 低▽眉信▽手続続弾(まゆをたれてをてにまかせてゾクゾクとしてダンず)(=伏し目がちに手の動くままに絶え間なく琵琶(ビワ)をかき鳴らす)。〈白居易・琵琶行〉
【続▼貂】ゾクチョウ 〔高官の冠が貂(=テン)の尾で飾られていたことから、高官のあとにつづく意〕立派なもののあとに粗悪なものがつづくこと。→【狗尾続貂】クビゾクチョウ(857ページ)
【続投】ゾクトウ 日 ①野球で、投手がつづけて投げる。②俗に、仕事をつづける。例 次期も―する。
【続騰】ゾクトウ 日 物価や相場が、ひきつづいて値上がりする。㊞続伸。㊟続落。例 株価の―。
【続発】ゾクハツ 日 事件や事故などが、つづいて起こる。㊟散発。例 凶悪事件が―する。
【続編】ゾクヘン 論文・書物・映画などで、前の編につづくもの。㊟本編。例『金色夜叉コンジキヤシャ』の―。表記 ⑪続▼篇
【続報】ゾクホウ 日 つづいて知らせる。また、その知らせ。例 事件の―がはいる。
【続落】ゾクラク 日 物価や相場が、ひきつづいて下落する。㊟続騰・続伸。例 株価が―する。
【続刊】ゾッカン ひきつづいて刊行する。また、その刊行物。
【続行】ゾッコウ 途中でやめず、つづけておこなう。例 雨の中、試合を―する。
【続稿】ゾッコウ 以前に書いたもののつづきや、内容上の補いなどのために、原稿をつづけて書くこと。また、その原稿。
【続柄】つづきがら・ゾクがら 日 親子・夫婦など、親族の関係。例 世帯主との―。

●永続エイゾク・後続コウゾク・持続ジゾク・相続ソウゾク・存続ソンゾク・断続ダンゾク・陸続リクゾク・連続レンゾク

絺
糸7（13） 3 9005 7D7A
チ漢呉 支 chī

意味 葛くずの繊維を織った、目の細かい布。対 綌ゲキ。例 絺綌チゲキ（＝葛の繊維を織ったかたびら）。

綈
糸7（13） 4 8431 7D88
テイ漢 斉 tí

意味 厚い絹織物。例 綈袍テイホウ（＝厚い絹で作ったどてら）。

【綈▼袍恋恋】テイホウレンレン〔「恋恋」は、なつかしがる意〕昔受けた恩をなつかしく思い起こすこと。友情の厚いことのたとえ。綈袍の誼よしみ。●戦国時代、秦シンの宰相范雎ハンショは、とらえた須賈シュカに対し、以前、破れごろもをまとった自分に絹の綿入れをくれたことを思い起こして、死罪としなかった。〔「以二綈袍恋恋一、有二故人之意一テイホウレンレン、コジンのイあるをもってなり（＝お前が絹の綿入れをくれてあわれみ、昔なじみを見捨てない心があったからだ）」から〕〈史記・范雎伝〉

［綟］
糸7（13） ⇩綟イレ（1047ページ）

絽
糸7（13） 2 6924 7D7D
リョ漢 ロ呉 語 lǚ

意味 しま模様の織物。しまおり。

日本語での用法《ロ》「絽織ロおり・絽縮緬ロちりメン・絽ロの羽織はおり」▼糸目をすかして織った、夏用のうすい絹織物。

𦁠
糸8（14） 4 8434 26060 国字
あけ

意味 人名に用いる字。𦁠田あけだ（＝姓）。

維
糸8（14） 1 1661 7DAD 常用
イ（ヰ）漢 ユイ呉 支 wéi
つな・つな-ぐ・こ-れ

筆順 幺 糸 糸 糾 紣 絣 維 維

なりたち ［形声］「糸（＝ひも）」と、音「隹イスイ→イ」とから成る。車のかさをつなぎとめるひも。

意味 ❶四すみをおさえるつな。また、大地をつりさげていると考えられた四本のおおづな。**つな**。例 地維チイ。❷道徳のもとになるもの。国家・社会を支えるもとになるもの。すじみち。のり。四維シイ（＝礼・義・廉レン・恥チ）。❸ささえる。むすびつける。**つなぐ**。例 維持イジ。❹考える。おもう。通 惟イ。例 維二万世之安一バンセイのやすきをおもう（＝万代までの安泰を考えた）。〈史記・秦楚之際月表〉❺「**これ**」と読み、意味を強め、また、ことばの調子をととのえる。通 惟イ。例 維新これあらたなり。

古訓 中古 かかる・かたし・かたすみ・かたむ・これ・しばる・すみ・つな・つなぐ・ふさ・ゆふ 中世 これ・すみ・つなぐ・へだつ 近世 あに・おほづな・これ・すみ・たもつ・つなぐ

人名 しげ・すけ・すみ・ただ・ただし・たもつ・ふさ・まさ・ゆき

【維管束】イカンソク〔生〕シダ類と種子植物の根・茎・葉の中を通っている組織。養分の通る師部と水分の通る木部とから成る。

【維綱】イコウ おおづな。法律や法度ハットのたとえ。

【維持】イジ ある状態のままで、もちこたえる。例 現状—。

【維新】イシン ①これあらたなり すべてが新しくなること。〔「周雖二旧邦一、其命維新シュウはキュウホウなりといえども、そのメイこれあらたなり（＝周は古い邦くにながら、今や新たに天命が下されたのだ）」〈詩経・大雅・文王〉から〕②政治体制を一新すること。③日 明治維新のこと。御一新ゴイッシン。

綶
糸8（14） 4 8438 7DB6
カ（クヮ）漢 哿 guǒ

意味 たばねる。まとう。

綺
糸8（14） 2 6926 7DBA 人
キ漢呉 紙 qǐ
あや

なりたち ［形声］「糸（＝きぬ）」と、音「奇キ」とから成る。あや織りの絹。

意味 ❶美しい模様を織り出した絹。あやぎぬ。また、**あや**。例 綺羅キラ。❷美しい。華やかな。たくみな。例 綺語キゴ・綺麗キレイ。

古訓 中古 いろふ・おりもの・かむはた 中世 いろふ・いろどる・うすもの・かんばた 近世 あや・いろどる・うすもの・おりもの・かんはた

【綺雲】キウン あやぎぬのように美しい雲。

【綺▼紈】キガン〔あやぎぬと、ねりぎぬ〕美しい織物・衣服。転じて、富貴な家の若者。

【綺語】キゴ・キギョ ①詩文などで用いる美しいことば。②〔仏〕十悪の一つ。いつわり飾ったことば。例 狂言—（＝人を引きつけるように、わざと飾ったことば）。

【綺▼縞】キコウ あやぎぬと細いきぬ。一説に、あやぎぬと、しろぎぬ。

【綺▼穀】キコク ①あやのあるうすぎぬ。②絹製品の総称。

【綺談】キダン ①美しくあでやかなことば。②日 工夫をこらして作った、おもしろい話。類 綺譚キタン。表記 ②は 現 奇談

【綺▼靡】キビ【綺美】キビ 華やかで美しい。はでやか。華麗。

【綺羅】キラ ①あや織りの絹とうすい絹。②美しい衣服。例 —を尽くす。—を競う。③ぜいたくで華やかなこと。例 —、星ほしのごとく並ぶ。

【綺麗】キレイ ①美しいさま。例 —な花。②日 形がととのっているさま。例 —な走り方。③日 清潔なさま。例 手を—に洗う。④日 いさぎよいさま。例 —な試合。⑤日 あとかたもなく。さっぱり。例 —に忘れる。▽奇麗。

綦
糸8（14） 3 9009 7DA6
キ漢 支 qí

意味 ❶もえぎ色の絹。例 綦巾キキン（＝未婚女性の着る服）。❷きわめる。きわまる。

綮
糸8（14） —
一 ケイ漢 径 qìng
二 ケイ漢 薺 qǐ

意味 一 筋肉と骨とがつながるところ。例 肯綮コウケイ（＝ウシなどの筋肉が骨についている部分。そこに刃をあてると、肉が切りほどけやすい。ものごとの急所のたとえ）。二 戟ゲキ（＝ほこ）のさや。

［綮］
糸8（14） 2 6927 7DAE
俗字。

綣
糸8（14） 2 6928 7DA3
ケン漢 阮 quǎn
ちぢ-む・はばき・へそ

意味 ❶まといついて離れない。心が離れられないさま。例 綣繾ケンケン。❷権力や勢力に負けて、相手に従うこと。屈服する。例 兵横二行天下一而無レ所レ綣ヘイテンカにオウコウしてケンするところなし（＝〔晋シンの厲レイ公の〕軍は天下に横行して屈服することがなかった）。〈淮南・人間〉

日本語での用法《へそ》▼「綜麻へそ（＝引きのばして、織り糸の状態にした麻糸）」の意で、織機にかけるために、糸を巻いたもの。

【綣▼繾】ケンケン 心が通じ合って、離れがたいさま。

綱
糸8（14） 1 2543 7DB1 常用
コウ（カウ）漢呉 陽 gāng
つな

筆順 幺 糸 糸 紅 網 網 網 綱

なりたち  [形声]「糸(=つな)」と、音「岡ｺｳ」とから成る。網につけられた、つな。

意味 ❶(網の目をしめくくる)太くて丈夫な、つな。あみづな。おおづな。例 綱維ｺｳｲ。❷ものごとのかなめとなる大切なもの。おおもと。例 大綱ﾀｲｺｳ。要綱ﾖｳｺｳ。❸人の守るべき決まり。道義。例 綱紀ｺｳｷ。綱維ｺｳｲ。綱常ｺｳｼﾞｮｳ。❹治める。管理する。すべる。例 紀綱ｷｺｳ(=治める)。❺分類上の大きな区分。例 綱目ｺｳﾓｸ。

古訓 中古 つな 中世 おほづな・つな 近世 おほづな・すぶる

人名 つね・つよし

【綱維】ｺｳｲ ①大づな。もとづな。転じて、のり・おきて。②道徳。君臣・父子・夫婦の秩序(三綱)と礼・義・廉・恥の道(四維)。③大切に守る。④〔仏〕寺で事務をとる者。

【綱紀】ｺｳｷ 国を治める根本の法律や秩序。例 —をただす。

【綱紀粛正】ｺｳｷｼｭｸｾｲ 国の規律を厳正におこなうように、政治家や役人の態度をただすこと。

【綱常】ｺｳｼﾞｮｳ 道徳。君臣・父子・夫婦の秩序(三綱)と仁・義・礼・智ﾁ・信の道(五常)。

【綱目】ｺｳﾓｸ ものごとの大きな区分けと小さな区分け。大綱と細目。

【綱要】ｺｳﾖｳ ものごとの要点。基本的で大切な部分。

【綱領】ｺｳﾘｮｳ ①要点を簡潔にまとめたもの。例 論理学—。②日 団体の根本方針・主義・立場などをまとめたもの。例 政党の—。

●大綱ﾀｲｺｳ・手綱ﾀづな・横綱よこづな

綵

糸8 (14) 2 6929 7DB5

サイ 漢 呉 賄 cǎi

いろど-る

意味 ❶美しいいろどりのある絹織物。あやぎぬ。例 綵衣ｻｲｲ。❷彩色の美しい。通 彩・采ｻｲ。例 綵雲ｻｲｳﾝ。綵籠ｻｲﾛｳ(=美しくいろどったかご)。

【綵衣】ｻｲｲ いろどりの美しい衣服。

【綵雲】ｻｲｳﾝ いろどりの美しい雲。五色の雲。彩雲。

【綵勝】ｻｲｼｮｳ 彩色した絹布ｹﾝﾌﾟで作られた女性の髪飾り。立春に、新春を祝うものとして用いられた。

【綵組】ｻｲｿ いろどりの美しい組ひも。采組ｻｲｿ。

【綵帳】ｻｲﾁｮｳ いろどりの美しい絹のとばり。

【綵房】ｻｲﾎﾞｳ いろどり美しく飾られた部屋。

綷

糸8 (14) 4 8439 7DB7

サイ 漢 隊 cuì

意味 ❶五色のいろどりを合わせた絹。えぎぬ。❷まぜあわせる。まじる。

[綷]

糸4 (10) 3 8993 7D23

俗字。

緇

糸8 (14) 2 6930 7DC7

シ 漢 支 zī

くろ

意味 ❶黒色の絹。また、黒色の衣服。**くろ**。例 緇衣ｼｲ。緇素ｼｿ。緇布ｼﾌ。❷僧が着る墨染めのころも。転じて、僧侶ｿｳﾘｮ。例 緇衣ｼｴ。❸黒く染める。くろむ。例 涅而不ﾚ緇ﾃﾞｯすれども くろまず(=黒く染めても黒くならない)。〈論語・陽貨〉

参考 「緇ｼ」の色は「玄ｹﾞﾝ」よりも黒い、とされる。

【緇衣】一 ｼｲ 黒い衣服。二 ｼｴ・ｼｲ 〔仏〕僧の着る黒衣。転じて、僧。

【緇黄】ｼｺｳ 〔僧は緇衣ｼｴ(=黒衣)を、道士は黄の冠を着用することから〕仏教の僧侶ｿｳﾘｮと道教の道士。

【緇▼塵】ｼｼﾞﾝ 〔黒いちりの意〕世俗のけがれ。

【緇素】ｼｿ ①黒衣と白衣。②僧侶ｿｳﾘｮと俗人。

【緇徒】ｼﾄ 僧侶ｿｳﾘｮ。類 緇流・緇侶ｼﾘｮ。

[緕]

糸8 (14)

⇩纃ｼ(1059ﾍﾟｰｼﾞ)

綽

糸8 (14) 2 6931 7DBD

シャク 漢 呉 薬 chuò

ゆる-やか・しな-やか

意味 ❶ゆったりとしているさま。**ゆるやか**。例 綽綽ｼｬｸｼｬｸ。❷姿や様子が、やわらかく美しい。たおやか。**しなやか**。例 綽約ｼｬｸﾔｸ(=しなやかなさま)。❸⇩【綽名】ｼｬｸﾒｲ

【綽号】ｼｬｸｺﾞｳ 「綽名ｼｬｸﾒｲ」に同じ。

【綽綽】ｼｬｸｼｬｸ あせらず、ゆっくりと落ち着いているさま。例 余裕—。

【綽態】ｼｬｸﾀｲ ゆったりとした、しとやかな態度。

【綽名】ｼｬｸﾒｲ/あだな その人の特徴をとってつけた呼び名。渾名あだな。諢名あだな。綽号。

綬

糸8 (14) 1 2890 7DAC

シュウ(シウ) 漢 ジュ 呉 有 shòu

くみいと・ひも

意味 ❶佩玉ﾊｲｷﾞｮｸや役所の印鑑を帯びたり、垂れ幕や天幕をゆわえたりするときに用いた組みひも。**ひも**。例 印綬ｲﾝｼﾞｭ。解ﾚ綬ｼﾞｭをとく。❷昔、礼服に結び垂らした帯。また、勲章や褒章などを身に帯びるときに用いる、ひも。例 紫綬褒章ｼｼﾞｭﾎｳｼｮｳ(=むらさき色のひものついた記章)。

【解ﾚ綬】ｼﾞｭをとく【釈ﾚ綬】ｼﾞｭをとく 〔印綬を解く意〕官職を去る。辞職する。対 結ﾚ綬ｼﾞｭをむすぶ。

【結ﾚ綬】ｼﾞｭをむすぶ 〔印綬を身につける意〕官職につく。類 佩ﾚ綬ｼﾞｭをおぶ。対 解ﾚ綬ｼﾞｭをとく。

綧

糸8 (14) 4 8436 7DA7

ジュン 慣 シュン 漢 軫 zhǔn

意味 標準。基準。通 準。例 綧制ｼﾞｭﾝｾｲ(=標準となる度量)。

緒

糸8 (14) 1 2979 7DD2 常用

チョ 慣 ショ 漢 語 xù

お(を)・いとぐち

[緖]

糸9 (15) 3 9012 7DD6 人

旧字体。

筆順 糸 糸 糸 紅 紆 緒 緒 緒

なりたち  [形声]「糸(=いと)」と、音「者ﾔｼ→ｼｮ」とから成る。糸の先端。

意味 ❶糸のはし。転じて、ものごとのはじまり。**いとぐち**。例 緒戦ｼｮｾﾝ。端緒ﾀﾝｼｮ。❷糸のように長くつながるもの。また、心の思い。例 情緒ｼﾞｮｳｼｮ。由緒ﾕｲｼｮ。❸のこり。あまり。例 緒余ｼｮﾖ。緒風ｼｮﾌｳ(=名残の風)。❹たどる。たずねる。例 緒正ｼｮｾｲ(=もとを尋ねて補正する)。

日本語での用法 《お》「鼻緒はなお・玉たまの緒お」▼細いひも。また、長く続くもの。

古訓 中古 しわざ・すゑ・つぐ・もとより・を 中世 みだれいと・むね・を 近世 いとぐち・ことわざ・を

人名 つぐ・はじめ

【緒業】ｼｮｷﾞｮｳ 祖先の残した事業。遺業。

【緒言】ｼｮｹﾞﾝ/ﾁｮｹﾞﾝ 〔「チョゲン」は慣用読み〕①言い出して、言い尽くしていないことば。②書物の前書き。序文。

【緒戦】ｼｮｾﾝ/ﾁｮｾﾝ 〔「チョセン」は慣用読み〕たたかいや試合の初め。序盤戦。また、最初のたたかい。例 —を飾る。

【就ﾚ緒】ｼｮにつく/ﾁｮにつく ①本業につく。事業が始まる。〈詩経・大雅・常武〉②成就できる糸口をつかむ。

【緒余(餘)】ショ ヨ ①残り。あまり。②次代。子孫。
【緒論】ショロン チョロン 〔「チョロン」は慣用読み〕本論の前置き。序論。
◉一緒(イッショ)・情緒(ジョウチョ・ジョウショ)・端緒(タンショ・タンチョ)・内緒(ナイショ)・鼻緒(はなお)・由緒(ユイショ)

緌 糸8(14) 3 9011 7DCC ズイ 漢 支 ruí おいかけ
意味 ❶冠のひもの結び目から下に垂れた部分。❷セミの管状の口。
日本語での用法《おいかけ》▼武官が冠の左右につけた扇形の飾り。老懸(おいかけ)。

緀 糸8(14) 4 8440 7DC0 セイ 漢 斉 qī
意味 絹織物の模様の美しいさま。通 萋(セイ)。

綪 糸8(14) 4 8437 7DAA 一セン 漢 霰 qiàn 二ソウ(サウ) 漢 庚 zhēng
意味 一❶あかね色の絹。❷あかね色。通 茜(セン)。二まげる。巻き収める。例 綪繳(ソウシャク)(=いぐるみの縄を巻き収める)。

綫 糸8(14) ⇩線(セン)(1050ページ)

総 糸8(14) 1 3377 7DCF 教5 一ソウ 漢 呉 董 zǒng 二ソウ 漢 呉 東 zōng ふさ・す-べる(す-ぶ)・すべ-て
[總] 糸11(17) 2 6933 7E3D 旧字体。
[揔] 扌9(12) 4 1329 63D4 俗字。
[摠] 扌11(14) 3 8490 6460 別体字。

筆順 く 幺 糸 糸 糸 糸ハ 総 総 総

なりたち  [形声]「糸(=いと)」と、音「悤ソウ(=ちらばる)」とから成る。ちらばったものを糸でしばってたばねる。

意味 一❶あわせて一つにまとめる。**すべる**。例 総括(ソウカツ)。総合(ソウゴウ)。総論(ソウロン)。❷髪を束ねる。ゆう。例 総髪(ソウハツ)。❸まとめてひきいる。すべおさめる。例 総裁(ソウサイ)。総督(ソウトク)。総理(ソウリ)。❹つなぐ。むすぶ。例 総轡(ソウヒ)(=くつわをむすぶ)。❺全部。**すべて**。例 総会(ソウカイ)。総額(ソウガク)。総勢(ソウゼイ)。❻糸を束ねて垂らしたもの。**ふさ**。古代は、車馬の飾りとした。例 朱総(シュソウ)(=赤いふさ飾り)。二糸を数える単位。一総は、糸八十本。

日本語での用法《ソウ》「総州(ソウシュウ)・南総(ナンソウ)・房総半島(ボウソウハントウ)・総武(ソウブ)」▼旧国名の「上総(かずさ)(=房総半島中央部)」と「下総(しもうさ)(=茨城県南部と千葉県北部)」との両国の地の略。〔奈良時代以前は、上総・下総・安房(あわ)(=千葉県南部)を含む地域を「総国(ふさのくに)」といった〕

古訓 中古 あつまる・あつむ・あふ・すばる・すぶ・すべて・すぼし・ぬひめ・はなだ・ふさ・ふさつく・みな・ゆふ 中世 すぶる・すべて・ふさ・むすぶ・もとむ 近世 あつむる・あはす・おほし・くくる・すぶる・つかぬる・つむぎ・ぬふ・みな・むすぶ・もえぎ

人名 あつむ・おさ・おさむ・さと・さとし・さとる・すぶ・すぶる・のぶ・みち

【総意】ソウイ 日 全員の意志。例 会員の―を尋ねる。
【総員】ソウイン 日 ある集団のメンバーすべて。全員。例 ―集合。―百名。
【総会】ソウカイ ①すべての人が集まり会う。②日 ある団体に所属する会員の、全員が集まって開かれる会合。例 株主―。
【総角】ソウカク・あげまき ①頭の両側に二本の角(つの)のように束ねて結んだ子供の髪型。②小児。▽類 総丱(ソウカン)。
【総画】ソウカク 日 その漢字を書くとき、その字を構成するすべての点や線の画数の合計。例 ―索引。
【総額】ソウガク 全体の額。合計額。全額。例 予算の―。
【総括】ソウカツ ①全体を一つにまとめる。まとめてとりあつかう。例 各部の予算を―する。②個々ではなく全体に関係すること。例 ―質問。③日 組合運動の活動が終わったあと、その成果や方針などについて、まとめて評価し、反省する。例 今期営業活動の―。
【総轄】ソウカツ 全体をまとめて、とりしまる。例 全国の支店を―する部門。
【総柄】ソウがら 日 布地などの全体が一つの絵柄で染めあげられていること。また、そのもの。総模様。例 ―の着物。
【総監】ソウカン 大きな組織の全体を監督する。また、その職。例 警視―。
【総記】ソウキ 日 ①その書物の内容全体を、まとめて述べた部分。②図書の十進分類項目の一つ。百科事典・新聞・雑誌など、全分野にまたがる内容の図書や、どの分野にも属さない図書を集める。分類記号は「0」。
【総▼桐】ソウぎり 日 全体が桐材でつくられていること。また、そのもの。例 ―のたんす。
【総軍】ソウグン ①軍隊を統率する。②日 近代陸軍編制上の最上級単位。
【総計】ソウケイ すべての数や量を合わせて計算する。また、その数量。対 小計。例 費用の―。
【総見】ソウケン 日 芝居・相撲などを、後援会などの団体の会員が全員で見る。例 初日の舞台を―する。
【総合】ソウゴウ 別々のものを一つにまとめあげる。対 分析。例 ―得点。情報を―する。表記 旧 ▼綜合
【総裁】ソウサイ ある組織や団体の全体をとりまとめ、つかさどる人。例 自民党―。日銀の―。
【総菜】ソウザイ 日 おかず。惣菜(ソウザイ)。
【総持】ソウジ 〔仏〕〔梵語(ボンゴ) dhāraṇī(陀羅尼(ダラニ))の訳語〕すべての善と悪とを保持し、悪だけを起こさせないようにすること。
【総称】ソウショウ 日 別個のものを一つの類として、まとめていう言い方。たとえば「イワシ」は、マイワシ・ウルメイワシ・カタクチイワシなどの総称。
【総身】ソウシン・ソウみ 日 からだじゅう。全身。例 ―(ソウシン)の力をふりしぼる。大男(おおおとこ)―(ソウみ)に知恵がまわりかね。
【総帥】ソウスイ 全軍をひきいる。また、その人。総大将。例 三軍の―。
【総数】ソウスウ 全部のかず。全数。
【総勢】ソウゼイ 日 軍勢や一団の全部の人数。例 ―十人で出発する。
【総説】ソウセツ 論文などで、全体の要旨を述べる。また、その部分。例 著述内容の―。
【総則】ソウソク 日 全体に共通している基本的な規則。対 細則。例 民法―。
【総体】ソウタイ 日 ①ひとまとめにして考えた全体。全部。すべて。②おしなべて。もともと。全体。例 ―無理な話だ。
【総代】ソウダイ 日 仲間や関係者全員を代表する人。例 卒業生―。氏子(うじこ)―。
【総高】ソウだか 日 すべてを合計した金額。総額。例 売上の―。
【総長】ソウチョウ ①全体の長さ。②日 仕事全体をまとめて管理する役の人。例 検事―。事務―。③日 一部の総合大学の長をいう。学長。
【総出】ソウで 日 全員そろって、とりかかること。例 一家―。
【総統】ソウトウ ①全体を一つにまとめて治める人。また、その役。②中華民国の国家元首。③ナチス-ドイツの最高指導者。ヒトラーが用いた称号。

【総督】ソウトク ①全体を統べ治める。②清シン代、数省を統括した地方長官。③日植民地の政治や軍事などをつかさどる役。また、その人。例 ―府。

【総髪】ソウハツ ①髪を束ねる。束ねた髪。あげまき。また、少年をいう。②ソウがみ・ソウごう 日江戸時代の、男の髪の結い方の一つ。全体をのばし、後ろで束ねて垂らす。医師や山伏やまぶしなどがゆった。

【総花】ソウばな 日①料理屋や花柳リュウカ界などで、客が使用人全員にくばる祝儀シュウギ。②関係者の全員に、まんべんなく利益が行きわたるようなやり方。〔広く浅いだけで、重点的ではないという意味で使われることもある〕例 ―式の予算。

【総評】ソウヒョウ 日全体についての批評。例 ―は選者の代表がおこなう。

【総譜】ソウフ 日指揮者用の楽譜。合奏するすべての楽器の楽譜が、同時に見られるように書かれている。スコア。

【総別】ソウベツ 日〔「総」は、一般的なこと。「別」は、個別的なこと〕一般的なことと個別的なこと。すなわち、あらゆること。総じて。おおよそ。みな。

【総▼辦】ソウベン ①すべての事務を統括する。また、その官職。②支配人。マネージャー。

【総務】ソウム ①全体の事務をとりあつかう。②日会社などで、組織の運営や人事などにかかわる仕事を分担するところ。

【総目】ソウモク 書物全体の目録。総目録。

【総門】ソウモン ①屋敷のいちばん外側にある大門。②禅宗の寺の表門。

【総覧】ソウラン ①全体を見る。例 関係法令の―。②ある事柄に関係のあるものを、見やすく一つにまとめた本や表。例 企業―。▽綜覧ソウラン。

【総▼攬】ソウラン ①政権などを一手に掌握する。②有能な人材を集めて人々を心服させる。

【総理】ソウリ ①まとめおさめる。また、その人。綜理ソウリ。②日「内閣総理大臣」の略。

【総理大臣】ソウリダイジン 日「内閣総理大臣」の略。内閣を組織し、その長として閣議を主宰し、行政部門を統轄する国務大臣。国会の議決で国会議員の中から指名され、天皇が任命する。首相。宰相。

【総量】ソウリョウ 重量や質量などの全体の量。例 排気ガスの―規制。

【総領】ソウリョウ ①まとめおさめる。②日家のあとをつぐ者。あととり。例 ―息子。③日長男または長女。例 ―の甚六ジンロク(=長男や長女はその弟妹テイマイにくらべて、おっとりしているということ)。▽惣領ソウリョウ。

【総領事】ソウリョウジ 日駐在する国との商取引、自国民の保護、他の領事の監督などを仕事とする、最も階級が上の領事。

【総力】ソウリョク 日(ある組織や団体などが)もっている力のすべて。例 ―戦(=国家のすべての分野の力を出し尽くしておこなう戦争)。

【総論】ソウロン 全体にわたる議論や説。大筋。対各論。

【総和】ソウワ すべてを加えた数。総計。例 全員の力の―。

綜

糸8(14) 1 3378 7D9C 人

一ソウ漢 宋 zèng 二ソウ漢 宋 zōng すーべる(すーぶ)

なりたち 綜 [形声]「糸(=いと)」と、音「宗ソウ」とから成る。機織りの道具。

意味 一 機織りで、縦糸を上下させて、横糸の杼ひの通る道をつくる道具。へ。二 集めて一つにまとめる。また、まとめおさめる。ととのえる。**すべる**。すぶ。通総。例 綜合ソウゴウ。綜覧ソウラン。

古訓 中古 いとあはす・すぶ・すべて・つむぐ・ならぶ・ふさぬ・へ・をさむ 中世 つむぐ・ならぶ・へ・ほそし・をさむ 近世 いとすぢ・いとよる・すぶる・つむぐ・ほそし・をさむ

人名 おさ・おさむ

【綜核】【綜▼覈】ソウカク 総合的に詳しく考察する。

【綜合】ソウゴウ 別々のものを一つにまとめる。表記 現総合

【綜覧】ソウラン ⇒【総覧】ソウラン(1045ジペー)

●錯綜サクソウ

綻

糸8(14) 1 3530 7DBB 常用

タン漢 諫 zhàn ほころびる(ほころーぶ)・ほころーぶ

筆順 幺 糸 糸 綻 綻 綻 綻 綻

なりたち [形声]「糸(=いと)」と、音「定テイ→タン」とから成る。ほころびる。

意味 ❶縫い目がほどける。**ほころびる**。**ほころぶ**。例 綻裂タンレツ(=ほころび裂ける)。破綻ハタン。❷花のつぼみがひらく。**ほころぶ**。例 綻花タンカ(=咲いた花)。

古訓 中古 ほころぶ 中世 ほころぶ 近世 ほころびる・ほころぶ・ほころぶ

緂

糸8(14) 3 9010 7DC2

タン(タム)漢 覃 tān

意味 ❶衣服の色の鮮やかなさま。❷麻糸を紡ぐ。つむぐ。❸織物の名。

日本語での用法 《タン》《ダン》「青緂あおタン・紫緂むらさきダン」▼だんだらの配色。

綢

糸8(14) 2 6934 7DA2

チュウ(チウ)漢 尤 chóu まとーう(まとーふ)

意味 ❶細かくまきつける。**まとう**。例 綢繆チュウビュウ。❷細かくこみいっている。通稠チュウ。例 綢密チュウミツ。

【綢直】チュウチョク 心が細やかで、おこないが正しい。

【綢▼繆】チュウビュウ ①糸などがすき間なくまつわりつくさま。ぐるぐるとしばるさま。②おくふかいさま。③「綢密チュウミツ」に同じ。

【綢密】チュウミツ 人や人家などが多く集まって、こみあっているさま。綢繆チュウビュウ。稠密チュウミツ。例 人口―。

綴

糸8(14) 1 3654 7DB4 人

一テイ漢 霽 zhuì 二テツ漢 屑 chuò つづーり・つづーる・つづーれ・とーじる(とーづ)・とーじ(とぢ)

なりたち 綴 [会意]「叕(=つづり合わせる)」と「糸(=いと)」とから成る。合わせて着ける。

意味 一 ❶ぬいあわせる。つくろう。**とじる**。例 補綴ホテイ。❷つづりあわせる。つらねる。例 綴集テイシュウ。❸ことばをつらねて文章などを書く。**つづる**。**つづり**。例 綴字テイジ。綴つづり方かた。二 ❶拘束する。例 綴足テツソク(=喪礼で死者の足が変形しないように拘束する)。❷とめる。やめる。通輟テツ。例 綴淫テツイン(=みだらな行為をとどめる)。

古訓 中古 つつむ・つづる・つらぬ・ひろふ・やむ 中世 つづる・ゆひつくる・をどす 近世 あつめる・あらはす・つづる・つらぬる

難読 直綴ジキトツ(=僧のころも)・綴喜つづき(=地名・姓)

【綴学】テツガク 学問上の成果を集める。また、それを後世に伝える。

【綴字】テイジ・テツジ 日〔「テツジ」は慣用読み〕表音文字を使って、ことばを書きあらわすこと。例 ―法。

【綴集】【綴▼緝】テイシュウ 一つに集めて、つづる。つづりあわせる。表記 旧綴▼輯

【綴文】テイブン・ブンをつづる 文章をつづる。

●点綴テンテイ・補綴ホテイ

綯
糸8(14) 2 6935 7DAF トウ(タウ) 漢 豪 táo な-う(な-ふ)

意味 糸をよる。なわをなう。また、なわ。例 縄なわを綯なう。

緋
糸8(14) 1 4076 7DCB 人 ヒ 漢 微 fēi あか・あけ

なりたち [形声]「糸(=きぬ)」と、音「非ヒ」とから成る。赤い色のきぬぎれ。

意味 あか色のきぬ。また、火のようにあざやかな、あか。あけ。例 緋色ヒいろ(=深紅色)。緋鯉ヒごい。

古訓 中古 あかし・あけ 中世 あかし・あけ 近世 あかきねりぎぬ・あかし

人名 あけ

【緋▼縅】ヒおどし 日 赤い色でつづり合わせた、鎧よろいのおどし。

【緋▼鯉】ヒごい 日 普通の黒っぽい真鯉まごいに対して、赤を基調とする体色のコイ。観賞用。

[絣]
糸8(14) ⇩絣ホウ(1040ジペー)

綿
糸8(14) 1 4442 7DBF 教5 ベン 漢 メン 呉 先 mián わた 付表 木綿もめん

[緜] 糸9(15) 2 6936 7DDC 本字。

筆順 幺 糸 糸 糹 約 絈 綿 綿

なりたち [会意]「系(=つらねる)」と「帛(=きぬ)」とから成る。かぼそいものをつらねる。また、細い糸をつらねた、きぬわた。

参考 本来、「綿」は「きぬわた・まわた」、「棉メン」は「きわた・もめん」で、中国では使い分けるが、日本では区別せず、「もめん」にも「綿」の字を使う。

意味 ❶まゆから作った絹わた。まわた。例 綿絮メンジョ(=まわた。「綿」は新しいもの、「絮」は古いものを指す)。❷絶えることなく長くつらねる。つらなる。例 綿綿メンメン。連綿レンメン。❸時間や距離が遠く隔たったさま。例 綿邈メンバク。❹かぼそく小さい。こまかい。例 綿密メンミツ。❺きめのこまかい繊維のかたまり。わた。通 棉。例 綿花メンカ。木綿モメン。❻⇩【綿蠻】メンバン。❼⇩【綿惙】メンテツ。

古訓 中古 つら・つらなれり・つらぬ・とほし・はるかなり・わた 中世 つらなる・とほし・はるか・わた 近世 つぐ・つづく・つらなる・とほし・まとふ・わた

人名 つら・まさ・ます・やす

難読 木綿ゆう・木綿わた・木綿付鳥ゆうつけどり

【綿延】メンエン 長く連なる。永続する。綿連。

【綿花】メンカ ワタの種を包んでいる白い繊維。綿糸の原料。棉花メンカ。

【綿▼亘】メンコウ 一面に続いている。

【綿糸(綿絲)】メンシ もめんいと。綿花の繊維からつくった糸。

【綿実油】メンジツユ ワタの種からしぼったあぶら。

【綿弱】メンジャク 柔弱なさま。かよわい。華奢キャシャ。

【綿▼惙】メンテツ (重病で)息も絶え絶えなさま。類 綿篤。

【綿▼邈】メンバク (「邈」も、遠くはるかの意) ①はるかに遠いさま。②長い時間が過ぎたさま。▽緬邈メンバク。

【綿蠻】メンバン ①小鳥がのどかに鳴く声。②美しい模様のあるさま。

【綿布】メンプ 綿糸で織ったぬの。綿織物。

【綿棒】メンボウ 日 先にわたをまきつけた細い棒。耳や鼻などに薬を塗ったりするために用いる。

【綿密】メンミツ 細かいところまで行きとどいてくわしい。やり方が細かく手ぬかりのない。緻密チミツ。例 —な調査。

【綿綿】メンメン (家系・伝統・気持ちなどが)絶えることなくいつまでも続くさま。連綿。例 此恨綿綿無二絶期一このうらみはメンメンとしてたゆるときなからん(=この満ち足りない思いはいつまでも続き、消えるときはないでしょう)。〈白居易・長恨歌〉 —と恨みを述べた手紙。

【綿羊】メンヨウ ウシ科の家畜。からだをおおう灰色のやわらかいちぢれ毛は、毛糸や毛織物の原料となる。ヒツジ。緬羊メンヨウ。

【綿連】メンレン【綿▼聯】メンレン ①「綿延メンエン」に同じ。②軒のきの別称。

【綿毛】わたげ 日 ワタのようなやわらかい毛。うぶげ。例 タンポポの—。

【綿津見】わたつみ・わだつみ 日 ①海の神。②海。大海原おおうなばら。例 —の沖つ白波。▽海神わたつみ・わだつみ。

【綿雪】わたゆき 日 ワタをちぎったような大きな雪。

●海綿カイメン・浜木綿はまゆう・木綿モメン・連綿レンメン

網
糸8(14) 1 4454 7DB2 常用 ボウ(バウ) 漢 モウ(マウ) 呉 養 wǎng あみ 付表 投網とあみ

[網] 糸8(14) 旧字体。

筆順 幺 糸 糸 糹 紖 網 網 網

なりたち [形声]「糸(=なわ)」と、音「罔ボウ」とから成る。なわを結んでつくった、魚などをとらえるあみ。

参考 「网・罔」は「網」の別体字。「綱コウ」は別の字。

意味 ❶魚・鳥・獣をとらえる、あみ。例 網羅モウラ。漁網ギョモウ。❷あみのように張りめぐらされたもの。例 網膜モウマク。交通網コウツウモウ。❸法のあみ。法律。例 網墨モウボク(=法律と刑罰)。文網ブンモウ(=法律)。❹あみを張って残らず集める。とらえる。あみする。例 網絡モウラク。

古訓 中古 あみ・い・くもい・す 中世 あみ 近世 あみ・かき

難読 網引あびき・網代あじろ

【網棚】あみだな 日 電車やバスなどで、手荷物を置くために座席の上方に(網を張って)作った棚。

【網版】あみハン 日 写真の製版法の一つ。画面が網の目のような細かい点からできており、点の粗密や大小で原画の濃淡をあらわす。

【網元】あみもと 日 漁船や漁網を持ち、多くの漁師をやとって漁業を営む人。漁師の親方。類 網主。

【網▼罟】モウコ (「罟」も、あみの意) あみ。特に、法のあみ。

【網膜】モウマク 日 [生] 眼球の最も奥にあって、視神経がつながっている膜。外からの光がここで像を結び、脳に伝わる。

【網目】モウモク ①あみめ 網の糸と糸との間のすきま。例 —模様。②法のあみ。法令。

【網羅】モウラ (「網」は魚を、「羅」は鳥をとるあみ) そのことに関係する方面のものを残らず集める。例 各界の代表者を—する委員会。

【網絡】モウラク ①軒に垂らして鳥が入ってくるのを防ぐもの。あみがかり。②あみ。転じて、法令。③(あみで取るように)くるめる。まとめる。

●漁網ギョモウ・鉄条網テツジョウモウ・法網ホウモウ

綾
糸8(14) 1 1629 7DBE 人 リョウ 漢 リン 唐 蒸 líng あや

なりたち [形声]「糸(=きぬ)」と、音「夌リョウ」とから成る。目の細かい絹織物。

意味 美しい模様がうき出るように織られた、うすい絹織物。あや。例 綾羅リョウラ。

日本語での用法 《あや》「事件の綾あや・文章の綾あや・綾取あやとり」▼いきさつ。入り組んだ仕組み。

古訓 中古 あや 中世 あや 近世 あや・あやぎぬ・うすもの

難読 綾子リンズ

【綾▼紈】リョウガン あやぎぬと白いねりぎぬ。また、その衣服。

【綾錦】リョウキン あやとにしき 綾と錦。着物や紅葉もみじなどが、色とりどりで美しい様子にもいう。例 山のすそ野は―あやにしき。

【綾羅】リョウラ ①あやぎぬと、うすぎぬ。②美しいぜいたくな着物。例 ―錦繡キンシュウのよそおい。―を身にまとう。

緑

糸8(14) 1 4648 7DD1 教3

リョク漢 ロク呉 沃 lǜ

みどり

[綠]

糸8(14) 3 9008 7DA0 人 旧字体。

筆順 幺 糸 糸 紀 紀 紓 綠 緑

なりたち [形声]「糸(=きぬ)」と、音「彔ロク→リョク」とから成る。青みがかった黄色のきぬ。

意味 ❶若葉や草のような色。青と黄の中間色。**みどり**。例 緑茶リョクチャ。❷青々と葉の茂った草や木。例 緑映レ紅みどりくれないにエイず(=木々の緑と花の紅とが照り映えている)。〈杜牧・江南春〉緑地リョクチ。新緑シンリョク。

古訓 中古 みどり 中世 みどり 近世 うしくさ・みどり・もえぎいろ

人名 つか・つな・のり

難読 緑豆ブンドウ・やえなり・緑毛亀みのがめ・緑礬ロウハ

【緑衣】リョクイ ①みどり色の衣服。②オウムの羽毛のたとえ。「緑」は間色で、身分の低い者が着た。

【緑衣使者】リョクイシシャ オウムの別称。〈開元天宝遺事〉

【緑陰】【緑▼蔭】リョクイン 青葉の茂った涼しい木のかげ。こかげ。例 ―で憩う。―の昼寝。

【緑雨】リョクウ 新緑のころに降る雨。

【緑雲】リョクウン〔みどり色の雲の意〕①女性の豊かな黒髪のたとえ。〈杜牧・阿房宮賦〉②木々の青葉のたとえ。

【緑煙】【緑▼烟】リョクエン ①夕方のもや。②春先の、若葉にかかる霧。

【緑▼鬟】リョクカン リョッカン 黒髪のまげ。

【緑眼】リョクガン みどり色のまなこ。中国の西方に住む異民族を指していう。例 紫髯緑眼胡人吹シゼンリョクガンのコジンふく(=むらさき色のひげ、みどり色の目の異民族が(あし笛を)吹く)。〈岑参・胡笳歌送顔真卿使赴河隴〉

【緑玉】リョクギョク ①みどり色の宝玉。②エメラルド。③タケの別名。〈白居易・履道新居二十韻〉

【緑字】リョクジ ①黒々と書かれた文字。石碑に刻まれた文字をいう。②みどり色の文字。神のお告げの文字をいう。

【緑耳】リョクジ 周の穆ボク王の車を引いた、八頭の名馬の一頭の名。

【緑酒】リョクシュ みどり色に澄んだ酒。上等な酒。例 ―の杯。

【緑樹】リョクジュ 青葉が茂った木。例 ―の多い市街。

【緑▼縟】リョクジョク〔みどりのしとねの意〕一面に緑草が茂っている様子。

【緑水】リョクスイ 深い淵ふち。また、樹影のある水。

【緑青】一 リョクセイ 孔雀石クジャクセキ。みどり色の絵の具の原料。二 ロクショウ ①銅や銅合金の表面にできる、青みどり色のさび。有毒。例 ―がふく。②酢酸と銅との化合物。みどり色の顔料に利用する。

【緑草】リョクソウ みどり色の草。青草あおくさ。

【緑窓】リョクソウ ①みどり色の紗シャを張った窓。女性の部屋の窓をいう。②貧しい女性の家の窓。対 紅楼。例 緑窓貧家女リョクソウヒンカのジョ(=貧しい家の娘がいる)。〈白居易・秦中吟〉

【緑藻】リョクソウ 緑色の藻。

【緑▼苔】リョクタイ みどり色のこけ。あおごけ。青苔セイタイ。類 緑蘚リョクセン。

【緑▼潭】リョクタン みどり色の水をたたえた深い淵ふち。

【緑地】リョクチ 草木の茂っている土地。例 ―帯(=グリーンベルト)。

【緑茶】リョクチャ 茶の若葉を蒸し、もみながら火を通してつくった、みどり色のお茶。玉露ギョクロ・煎茶センチャなど。対 紅茶。

【緑土】リョクド ①緑色の土。②日 草木の茂った土地・国土。例 豊かな―。

【緑内障】リョクナイショウ 日 眼球内の圧力が高くなり、視力が衰える病気。あおそこひ。〔ひとみが青く見えることから〕

【緑髪】リョクハツ つやのある黒髪。みどりの黒髪。

【緑肥】リョクヒ 日 レンゲやウマゴヤシなどの青い草を、そのまま土中にすきこんで腐らせた肥料。草ごえ。

【緑風】リョクフウ 青葉を吹きわたる、さわやかな初夏の風。例 ―かおる候。

【緑葉】リョクヨウ みどり色の葉。あおば。例 ―の深い陰に憩う。

【緑林】リョクリン ①みどり色の林。②盗賊。〔前漢末、湖南省の緑林山を隠れ家とした盗賊がいたことによる〕〈漢書・王莽伝下〉

【緑化】リョクカ リョッカ 日 草木を植えて、みどりの多い土地にする。例 ―運動。

● 深緑シンリョク・新緑シンリョク・濃緑ノウリョク・万緑バンリョク

綸

糸8(14) 2 6937 7DB8 人

一 リン漢 真 lún 二 カン(クヮン)漢 刪 guān

いと

なりたち [形声]「糸(=ひも)」と、音「侖リ」とから成る。青糸をよりあわせたひも。

意味 一 ❶昔、中国の下級役人が印に結びつけた青色のひも。例 青綸セイリン。❷釣り糸や弦楽器の糸。例 游者可二以為一レ綸およぐものにはもっていとをつくるべし(=泳ぐ魚には釣り糸を用意すればよい)。〈史記・老子伝〉❸天子の命令。例 綸言リンゲン。綸旨リンジ。❹つかさどる。おさめる。例 経綸ケイリン。二 ⇩【綸巾】カンキン

古訓 中古 いと・つりのを・みだる・を・をさむ 中世 いと・いとすぢ・つりのいと・つりのを・ひも・ひろし・ゆるし・よりいと・を 近世 いと すぢ・くみ・ゆるやか

人名 お

【綸巾】カンキン 青糸で作った、頭巾ズキン。諸葛亮ショカツリョウが用いたことから「諸葛巾」ともいう。

【綸言】リンゲン 天子のことば。みことのり。綸旨リンジ。〔〈礼記・緇衣〉から〕

【綸言如レ汗】リンゲンあせのごとし 天子が一度発したことばは、一度出た汗が元へもどらないように、取り消すことができない。〔「号令如レ汗ゴウレイあせのごとし」。〈漢書・劉向伝〉」から〕

【綸旨】リンジ リンシ 天子のことば。みことのり。綸言。

【綸子】リンズ 日 繻子シュス織りの地に、地紋を織り出した絹織物。織り上げたのち、精練する。

綝

糸8(14) 4 8435 7D9D

一 チン(チム)漢 侵 chēn 二 シン(シム)・リン(リム)漢 侵 shēn/lín

意味 一 ❶つなぎとめる。❷よい。二「綝纚シンリ リンリ」は、衣装や飾りの羽毛が垂れさがるさま。

綟

糸8(14)

一 レイ漢 霽 lì 二 レツ漢 屑 liè

もじ(もぢ)

【綟】糸7(13) 2 6938 7D9F 俗字。

意味 一❶黄色がかった緑色。もえぎ色。❷目の粗い麻の織物。もじ。例綟網もじあみ。二ねじる。ひねる。通捩レツ。

日本語での用法《もじり》《もじる》「百人一首ヒャクニンイッシュの名歌をメイカを綟もじった川柳センリュウ」▼有名な句や歌をよりどころとして言いかえること。「捩レツ」と通用する。

練

糸8(14) 1 4693 7DF4 教3 レン 漢 呉 ねる 簡 liàn

［練］糸9(15) 3 9014 FA57 人 旧字体。

筆順 幺 糸 糸 紅 絅 絅 縛 練

なりたち  [形声]「糸(=きぬ)」と、音「柬カ…→レン」とから成る。ねってやわらかくしたきぬ。また、ねる。

意味 ❶生糸を煮て白くやわらかくする。ねる。また、ねりぎぬ。例練嚢レンノウ。❷白い。しろ。例練糸レンシ。練実レンジツ。❸繰り返しおこなって、よくできるようにする。きたえる。また、手をかけてよいものにする。ねる。例練習レンシュウ。訓練クンレン。精練セイレン。❹経験を積んでなれている。例熟練ジュクレン。老練ロウレン。❺よく知る。熟知する。例練悉レンシツ。❻父母が死んで一周忌の祭り。また、その時に着る白いねりぎぬの喪服。例練祥レンショウ(=「練」は一周忌、「祥」は三周忌の祭り)。

古訓 中古 あふち・えらぶ・ねりいと・ねりきぬ・ねる 中世 ねりぬき・ねる 近世 あふち・えらむ・きたふ・センダン・ねる

人名 いさ・いさむ・ねり・よし

【練糸(絲)】レンシ 染めていない白い絹糸。

【見二練糸(絲)一▼而泣レ▼之】レンシをみてこれになく 戦国時代の墨翟ボクテキ(墨子)は、練糸がどんな色にも染められるのを見て、人間も環境により善人にも悪人にもなりうることに思いをめぐらして、ひどく悲しい気持ちになったという。〈淮南・説林〉

【練▼悉】レンシツ ものごとに慣れ親しみ、知りつくしている。熟知。

【練実】レンジツ [白いことから]タケの実。まれに結実する。

【練習】レンシュウ 学問・技芸・運動などが上達するよう、繰り返しおこなう。例―問題。スポーツの―。

【練熟】レンジュク 練習や経験を積んで、十分に上達する。熟練。

【練達】レンタツ 練習や経験を積んだ結果、その技術が大変高いレベルに達していること。熟達。例―の士。

【練炭】レンタン 日 木炭や石炭の粉をねり固めた燃料。円柱形で、たてに多くの丸い穴を通してある。煉炭レンタン。例―火鉢。

【練乳】レンニュウ 日 牛乳の水分を蒸発させて、濃くしたもの。砂糖を加えたコンデンスミルクと、砂糖を加えないエバミルクとがある。煉乳レンニュウ。

【練▼嚢】レンノウ ねりぎぬで作った袋。例練嚢盛二数十蛍火一レンノウにスウジュウのケイカをもる(=(夏には)ねりぎぬの袋に数十匹のホタルを入れた)。〈晋書・車胤伝〉

【練兵】レンペイ 兵士を訓練すること。例―場。

【練磨】レンマ ⇩【錬磨】レンマ(1368ジペー)

●訓練クンレン・修練シュウレン・熟練ジュクレン・手練シュレン・試練シレン・水練スイレン・精練セイレン・洗練センレン・鍛練タンレン・未練ミレン・老練ロウレン

綰

糸8(14) 2 6939 7DB0 ワン 漢 清 wǎn わが-ねる(わが-ぬ)・たが-ねる(たが-ぬ)

意味 ❶つなぐ。むすぶ。例綰二皇帝璽一コウテイのジをつなぐ(=皇帝の印をぶらさげる)。〈漢書・周勃伝〉❷髪の毛をむすんで、また、輪にしてゆいあげる。わがねる。例綰髪ワンパツ(=髪をゆう)。❸一つにまとめておさめる。すべる。たがねる。例綰摂ワンセツ(=支配する)。

［緯］糸9(15) ⇩緯イ(1051ジペー)

縁

糸9(15) 1 1779 7E01 常用 一エン 漢 呉 簡 yuàn 二エン 漢 呉 先 yuán ふち・へり・えにし・ゆかり・よすが

［縁］糸9(15) 3 9013 7DE3 人 旧字体。

筆順 糸 糸 紀 紀 緑 緑 縁 縁

なりたち  [形声]「糸(=ころも)」と、音「彖タン…→エン」とから成る。ころものふちかざり。

意味 一衣服のへり。ふち飾り。二❶もののまわりの部分。ふち。へり。例縁辺エンペン。外縁ガイエン。❷たよりにする。手がかりにする。よる。よすが。例縁由エンユ。由縁ユエン。❸沿う。したがう。よる。例縁渓行たにによりてゆく(=谷川に沿って進む)。〈陶淵明・桃花源記〉❹すがる。よじのぼる。よる。例猶二縁木而求一レ魚也なおきによりてうおをもとむるがごときなり(=ちょうど木に登って魚を捕まえるようなものである。〈やり方がまちがっている〉)。〈孟子・梁恵王上〉❺かかわりあいがあるもの。関係。ゆかり。例縁故エンコ。血縁ケツエン。離縁リエン。❻仏教で、ある原因からある結果を生じさせるはたらき。めぐり合わせ。例縁起エンギ。因縁インネン。

日本語での用法《エン》「縁側えんがわ・縁先えんさき・縁エンの下した・濡ぬれ縁エン」▼(庭に面した)座敷の外側についている板じきの部分。「椽」とも書く。

古訓 中古 あまり・したがふ・たぐる・つらなる・のぼる・はし・はた・ふち・へり・ほとり・まつはる・まとふ・めぐる・もとほし・ゆゑなり・よし・より・よる 中世 はた・ふち・へり・よる 近世 したがふ・つらなる・ふち・へり・もとほし・よる

人名 まさ・むね・やす・ゆか・よし・より

【縁家】エンカ 結婚などの縁組みによって親類になっている家。

【縁側】えんがわ 日 日本の建築で、部屋の外側にあって庭などに面した板じきの部分。縁。椽側えんがわ。

【縁起】エンギ ①[仏]すべてのものは、さまざまな因(=直接原因)と縁(=間接原因)とによって生じるという考え。②日 これから、何かいいことが、または悪いことが起こることを予測させるような、ちょっとしたできごと。前ぶれ。前兆。例―がよい。―をかつぐ。③日 ものごとの起こり。特に、神社や寺の起源や歴史、宝物の由来など。また、それを記した文書。例信貴山シギサン―。

【縁故】エンコ ①わけ。理由。②日 人と人との(特別な)つながり。つて。ゆかり。よしみ。例―採用。―をたどって上京する。③日 血のつながりや婚姻でできた関係。縁続き。

【縁語】エンゴ 日 和歌などで、意味・発音の上からつながりのあることばを詠みこんで、表現の効果を上げる技法。また、そのことば。たとえば、「あおやぎの糸よりかくる春しもぞみだれて花のほころびにける」で、「より(=縒り)」「かくる(=掛くる)」「みだれ(=乱れ)」「ほころび(=綻び)」が、ともに「糸」の縁語となる。

【縁座】【縁▼坐】エンザ 無実の者が他人の犯罪で罰せられる。まきぞえをくう。連座。

【縁先】えんさき 日 縁側のはし。椽先えんさき。例―の立ち話。

【縁者】エンジャ 日 自分と血のつながりのある人や結婚した相手の親族などをまとめていう。親類。親戚シンセキ。例親類―が集まって祝う。

【縁飾】エンショク ①外面を飾る。とりつくろって、外見をよくする。

②衣服などのふちに飾りをつける。また、その飾り。ふち飾り。

【縁戚】(エンセキ) 結婚や養子縁組みなどによって生じる親類。身内のもの。縁家。親戚。親類。例 ―にあたる。

【縁台(臺)】(エンダイ) 日 板やタケなどで作った細長い腰かけ。屋外で夕涼みのときなどに使う。例 ―将棋。―で夕涼み。

【縁談】(エンダン) 日 結婚(や養子縁組み)をすすめる話。

【縁日】(エンニチ) ①〔仏〕仏に縁を結ぶ日。僧となった因縁の日。②日 神社や寺で、ある特定の神や仏の供養や祭りをおこなう日。参詣人(サンケイニン)目あての露店や屋台店(やたいみせ)などが出てにぎわう。例 ―の金魚売り。

【縁辺】(エンペン) ①まわり。周辺。例 ―諸国。②日 縁つづき。親類。縁類。例 ―を結ぶ(=結婚する)。

【縁由】(エンユウ|エンユ) ①つながりや関係があること。②ものごとがそうなった理由。わけ。由来。

【縁類】(エンルイ) ①類別する。②日「縁辺(エンペン)②」に同じ。

●因縁(インネン)・額縁(ガクぶち)・機縁(キエン)・金縁(キンぶち)・絶縁(ゼツエン)・地縁(チエン)・内縁(ナイエン)・復縁(フクエン)・無縁(ムエン)・良縁(リョウエン)

䌂
糸9(15) 4 8446 4302

オウ 漢 有 ǒu

意味 死者の両手にかぶせる布。䌂手(オウシュ)。通 握(オ)。参考 䌂見(みゆる)(=姓)。

縅
糸9(15) 2 6947 7E05 国字

おどし(をどし)・おど-す(をど-す)

意味 鎧(よろい)の札(さね)(=鉄や革の細長い板)を糸や革ひもでつづり合わせる。**おどす**。〔「おどす」は「緒(お)を通す」の意〕また、それによってできる色合い。**おどし**。例 黒糸縅(くろいとおどし)。緋縅(ヒおどし)。

緙
糸9(15) 4 8442 7DD9

カク 漢 陌 kè

意味 絹織物の一種。

緩
糸9(15) 1 2043 7DE9 常用

カン(クヮン)漢 呉 旱 huǎn

ゆるい(ゆる-し)・**ゆるやか**・**ゆるむ**・**ゆるめる**(ゆる-む)

［緩］糸9(15) ―― 旧字体。

筆順 糸 … 緩

なりたち  〔形声〕「糸(=いと)」と、音「爰(エン→カン)」とから成る。ゆるやか。

意味 ❶きつくしめつけずに、ゆとりがある。**ゆるい**。**ゆるやか**。**ゆるむ**。例 衣帯日已緩(イタイひびにすでにゆるし)(=やせ細って帯が日毎にゆるくなる)。〈古詩十九首〉弛緩(シカン)(=ゆるむ)。❷やわらげる。**ゆるめる**。例 緩衝(カンショウ)。緩和(カンワ)。❸ゆっくりしている。のろい。例 緩慢(カンマン)。❹おくらせる。ひきのばす。

古訓 中古 おこたる・おそし・たゆむ・ぬるし・のぶ・ゆるく・ゆるし・ゆるなり・ゆるふ 中世 いるかせ・おこたる・たゆみ・ゆるかせ・ゆるし 近世 おそし・ゆるかせ・ゆるし・ゆるす・ゆるやか

人名 のぶ・ひろ・ふさ・やす

難読 手緩(てぬる)い

【緩解】(カンカイ) 〔医〕病気の症状が一時的あるいは、かなり長期にわたり軽くなる。

【緩急】(カンキュウ) ①ゆるやかなことと、きついこと。例 ―よろしきを得る。②おそいことと、速いこと。例 ―自在に調節する。③〔「緩」の意味がなくなって〕危急のとき。さしせまっているとき。例 一旦(イッタン)―あれば。

【緩頰】(カンキョウ) 顔色をやわらげる。おだやかな顔つきで話す。

【緩下剤】(カンゲザイ) 日 急激でなく、ゆるやかに効く下剤。

【緩行】(カンコウ) ①ゆっくり進む。②日 電車が各駅に止まりながら進む。例 ―電車。

【緩衝】(カンショウ) 日 二つの対立するものの間に起こる、衝突や衝撃をやわらげる。また、そのもの。例 ―地帯。―器(=バンパー)。

【緩怠】(カンタイ) 気がゆるみ、おこたるさま。緩慢。

【緩帯】(カンタイ|おびをゆるむ) 〔帯の結び目をゆるめる、帯をほどく意〕くつろぐ。休息する。

【緩慢】(カンマン) ①ゆっくりしていること。例 ―な動作。②手ぬるい。いいかげんにする。緩怠。例 ―な処置。

【緩和】(カンワ) 日 厳しさ・激しさをやわらげる。また、やわらぐ。例 規制―。痛みを―する。

緘
糸9(15) 2 6940 7DD8

カン(カム)漢 咸 jiān

と-じる(と-づ)

意味 ❶箱にかけてしばる、ひも。とじなわ。❷封をする。**とじる**。また、手紙などの封。例 封緘(フウカン)。❸口をつぐんで何も言わない。**とじる**。例 緘口(カンコウ)。緘黙(カンモク)。

【緘口】(カンコウ) 口を閉じてものを言わない。

【緘札】(カンサツ) 封をした手紙。封書。類 緘書。

【緘制】(カンセイ) 敵の城を封じこめ、支配下に置く。

【緘秘】(カンピ) 封をして外にもれないようにする。隠す。密封する。

【緘黙】(カンモク) 口を閉じてものを言わない。おしだまる。

緊
糸9(15) 1 2259 7DCA 常用

キン 漢 呉 軫 jǐn

きび-しい(きび-し)・し-める(し-む)

筆順 丨 𠂆 … 臣 臤 緊 緊

なりたち  〔会意〕「臤(=かたい)」と「糸(=いと)」とから成る。糸をきつく巻きつける。

意味 ❶きつくひきしめる。**しめる**。ゆるみがない。例 緊縮(キンシュク)。緊張(キンチョウ)。❷さしせまる。ゆとりがない。例 緊急(キンキュウ)。緊迫(キンパク)。緊縛(キンバク)。❸かたい。しっかりした。例 筋骨緊(キンコツかたし)(=筋骨がしっかりしている)。〈杜牧・冬至日寄小姪阿宜詩〉

古訓 中古 かたし・すみやかに・たちまち・めぐる 中世 きびし・ただす・まとふ・めぐらす 近世 きびし・すみやか・まとふ

人名 かたし・しまる

難読 緊(ひし)と

【緊急】(キンキュウ) 事が重大で、至急その対策をたてなければならないこと。例 ―事態。―な用件。

【緊▼褌】(キンコン) 日 ふんどしをしっかりしめること。例 ―一番(=決意を新たに気持ちをひきしめて事にあたること)。

【緊縮】(キンシュク) ①ひきしめる。例 ―政策。②日 支出をきりつめる。節約する。例 ―財政。

【緊切】(キンセツ) ①さし迫っているさま。②非常に大切であるさま。③きわめてよく当てはまるさま。ぴったり。

【緊張】(キンチョウ) 日 ①不安や期待などで気持ちをはりつめ、身をかたくする。対 弛緩(シカン)。例 ―感。②両者の関係が悪くなり、ちょっとしたきっかけで争いが起こりそうな状態になる。例 両国間の―が高まる。

【緊縛】(キンバク) (ゆるまないように)かたくしばる。

【緊迫】(キンパク) ひどくさしせまっている。例 ―感がただよう。

【緊密】(キンミツ) ①重要な機密。②お互いの関係が密接なこと。結びつきがしっかりしていること。密接。例 ―な関係。

【緊要】(キンヨウ) さし迫って重要なこと。肝要。例 ―な課題。

緱
糸9(15) 4 8444 7DF1

コウ 漢 尤 gōu

意味 ❶刀の柄(つか)に巻く糸。また、刀の柄あるいは刀そのもの。❷河南省にある山の名。仙人になるための修行をする山。緱山(コウザン)。

緦 糸9(15) 4 8443 7DE6 シ 漢 支 sī

意味 ❶目の粗い麻布。喪服に用いる。❷五服(=五種類の喪服)の最も軽いもの。例 緦麻シマ。❸やや疎遠な親族。例 緦親シシン。

緝 糸9(15) 2 6941 7DDD シュウ(シフ) 漢 緝 jī あつ-める(あつ-む)・う-む・つむ-ぐ

意味 ❶麻をよりあわせて糸にする。**つむぐ**。**うむ**。❷つかまえる。とらえる。例 緝捕シュウホ。❸光りかがやく。例 緝熙シュウキ。❹やわらぐ。やわらげる。例 諧緝カイシュウ(=やわらぎ親しむ。協調する)。❺よせあつめて、まとめる。通 輯シュウ。例 緝合シュウゴウ(=あつめあわせる。つづりあわせる)。

【緝▼熙】シュウキ 光。光明。また、徳が光りかがやくこと。例 穆穆文王、於緝熙敬止ボクボクたるブンノウ、ああシュウキにしてつつしめり(=美しい文王は光りかがやいてつつしみ深い)。〈詩経・大雅・文王〉

【緝▼綴】シュウテイ ①散乱したものを集めてつづる。②文章をつづる。文章を作る。

【緝捕】シュウホ 罪人をさがし出してとらえること。また、その任にあたる役人。

【緝▼穆】シュウボク 仲よくする。むつまじくする。また、仲よくさせる。類 緝和シュウワ。

緒 糸9(15) ⇩緒ショ(1043ジペー)

緗 糸9(15) 4 8441 7DD7 ショウ(シャウ) 漢 陽 xiāng

意味 あさぎ色の織物。写本や書物の覆いに用いた。また、あさぎ色。例 緗素ショウソ。緗縹ショウヒョウ。

【緗素】ショウソ ①あさぎ色の絹布。文字を書くのに用いた。②書物。

【緗▼縹】ショウヒョウ ①あさぎ色とうす青色の絹布。また、それで作った絹織物や衣服、書物のおおい。②書物。

縄 糸9(15) 1 3876 7E04 常用 ショウ 漢 ジョウ 呉 蒸 shéng なわ(なは)

繩 糸13(19) 2 6974 7E69 旧字体。

筆順

なりたち [形声]「糸(=ひも)」と、音「蠅ヨウ→ショウ」の省略体とから成る。なわ。

意味 ❶わらや麻などをより合わせてつくった、太いひも。**なわ**。例 縄文ジョウブン|ジョウモン。結縄ケツジョウ。❷直線を引くのに用いる道具。すみなわ。転じて、規準。のり。例 縄墨ジョウボク。❸標準。法度ハット。のり。例 準縄ジュンジョウ。❹改め正す。ただす。例 縄正ジョウセイ。縄糾ジョウキュウ。❺測定する。はかる。例 縄二徳厚一トクのあつさをはかる(=徳の厚薄をはかる)。〈礼記・楽記〉❻ほめたたえる。ほめる。例 縄二文王之徳一ブンノウのトクをほむ(=文王の徳をほめたたえた)。〈呂覧・古楽〉❼受け継ぐ。つぐ。例 縄武ジョウブ(=先祖の遺業を受けつぐ)。

古訓 中古 あらく・いましむ・からげなは・ただ・ただす・つな・つね・なは・のり・ほむ・まさ 中世 ただす・つな・なは 近世 ただす・なは・なほし・のり・はかる・ほむる

人名 ただ・つぐ・つな・つね・なお・のり・まさ

【縄▼矩】ジョウク 〔すみなわと、さしがね〕規則。ものごとの基準・手本。類 縄尺ジョウシャク|ジョウセキ。

【縄索】ジョウサク なわ。つな。

【縄▼牀】【縄床】ジョウショウ なわを張って作った腰かけ。

【縄枢】ジョウスウ なわをしばったり解いたりして開閉する戸。貧しい家のたとえ。

【縄正】ジョウセイ 〔すみなわで、まっすぐにすることから〕法によってただす。

【縄文】一ジョウブン 文字のない時代、なわを結んで約束のしるしとしたもの。二ジョウモン 日 日本古代の土器の表面につけられた、なわの編み目のような模様。例 ―式土器。―時代。

【縄墨】ジョウボク ①墨つぼにつけた糸。すみなわ。大工や石工などが直線を引くのに使う。②規則。また、ものごとの標準。

【縄目】なわめ 日 ①なわの結び目。②罪人としてなわをかけられること。例 ―の恥を受ける。

●荒縄あらなわ・結縄ケツジョウ・火縄ひなわ・七五三縄しめなわ・注連縄しめなわ・準縄ジュンジョウ・泥縄どろなわ

緤 糸9(15) ⇩紲セツ(1033ジペー)

線 糸9(15) 1 3294 7DDA 教2 セン 漢 霰 xiàn すじ(すぢ)

綫 糸8(14) 2 6932 7DAB 本字。

筆順

なりたち [形声]「糸(=いと)」と、音「戔セン」とから成る。長いいと。

意味 ❶糸のように細長いもの。**すじ**。例 線香センコウ。電線デンセン。❷細い道。みちすじ。例 線路センロ。幹線カンセン。国際線コクサイセン。❸さかいめ。境界。例 水平線スイヘイセン。生命線セイメイセン。戦線センセン。❹連続的に動く点のえがく図形。例 曲線キョクセン。垂線スイセン。直線チョクセン。

古訓 中古 いと・いとすぢ・いとよる 中世 いとすぢ・よりいと 近世 いとすぢ

【線区】センク 日 鉄道の全線を区間によって分けたもの。

【線形】センケイ 日 ①線のように細長いかたち。線状。②植物の葉のかたちの一つ。幅がせまく、両側のへりの線が平行しているかたち。リュウノヒゲ・シュンランの葉など。

【線香】センコウ 沈香ジンコウや丁字チョウジなどの香料に、松やに・のりなどをまぜて細長く練り固めたもの。例 ―立て。―をあげる。

【線上】センジョウ ①線の上。例 白い―に並ぶ。②日 境目の状態にあること。例 当落―にある候補者。

【線条】センジョウ すじ。線。例 表面にこまかい―が見える。

【線番】センバン 日 針金・電線などの太さをあらわす番号。番号が大きいほど細くなる。

【線描】センビョウ ものの形を線だけでえがくこと。また、その絵。線がき。例 ―画。

【線▼縷】センル 〔「縷」も、(細い)糸の意〕糸。糸すじ。

【線路】センロ ①細長い道。②日 電車などが通る道。軌道。レール。例 ―工事。

●沿線エンセン・幹線カンセン・曲線キョクセン・琴線キンセン・光線コウセン・混線コンセン・支線シセン・視線シセン・斜線シャセン・前線ゼンセン・対角線タイカクセン・脱線ダッセン・単線タンセン・地平線チヘイセン・点線テンセン・導火線ドウカセン・配線ハイセン・複線フクセン・本線ホンセン・無線ムセン・有線ユウセン・路線ロセン

緞 糸9(15) 2 6943 7DDE タン 漢 ダン 呉 ドン 唐 旱 duàn

意味 厚地でつやのある上等の絹織物。例 緞子ドンス。緞帳ドンチョウ。絨緞ジュウタン。

【緞子】ドンス 繻子地シュスジで厚く、つやのある絹織物。例 金襴キンラン―。

【緞帳】ドンチョウ 日 ①劇場の舞台正面で、上下に開閉する、刺繍シュウや織り模様のはいった厚地の幕。②下級の芝居で用いる、粗末な垂れ幕。例―芝居。―役者。

締

糸9(15) 1 3689 7DE0 常用 テイ漢 霽 dì

しまる・しめる(し-む)

筆順

なりたち  [形声]「糸(=いと)」と、音「帝テイ」とから成る。ほどけないように結ぶ。

意味 ❶かたく結んでとけない。約束を結ぶ。例締結テイケツ。締盟テイメイ。❷気が晴れない。むすぼれる。例気繚転而自締キリョウテンしておのずからむすぼる(=気がからみついて結ぼれている)。〈楚辞・九章・悲回風〉

日本語での用法 《しまる》《しめる》《しめ》①「一斉取締イッセイとりしまり・取締役とりしまりヤク」▼監督する。②「締しめ高だか・帳簿チョウボを締しめる」▼合計する。③「戸とを締しめる」▼とざす。④「締切しめきり」▼おしまいにする。⑤「気持きもちを引ひき締しめる・引ひき締しまった顔かおつき」▼たるんでいない。⑥「家計カケイを締しめる・締しまり屋や」▼倹約する。

古訓 中古 むすぶ・わなゆふ 中世 むすぶ・わな 近世 むすぶ・むすぼほる

【締結】テイケツ ①むすぶ。②条約・協定・契約などをむすぶ。例条約を―する。

【締交】テイコウ〔交わりを結ぶ意〕交際する。

【締盟】テイメイ 同盟や条約をむすぶ。例―国。

【締約】テイヤク 条約をむすぶ。例攻守同盟を―する。

緹

糸9(15) 4 8445 7DF9 テイ漢 斉 tí

意味 赤黄色の絹。また、赤黄色。あか。例緹衣テイイ(=赤黄色の兵服)。緹緗テイショウ(=赤黄色やあさぎ色の絹織物)。

緲

糸9(15) 2 6945 7DF2 ビョウ(ベウ)漢 ミョウ呉 篠 miǎo

意味 かすかでよく見えない。例縹緲ヒョウビョウ(=遠くかすんで、ぼんやりとしたさま)。

緡

糸9(15) 2 6946 7DE1 ビン漢 ミン呉 真 mín

つりいと・ぜにさし・さし

意味 ❶つりいと。例緡綸ビンリン(=魚釣り用の糸)。❷穴あき銭の穴にさし通して、たくさんの銭を束ねる、なわ。**ぜにさし。さし。**また、ぜにさしで通した銭の束。一千枚を一緡ビンとした。例緡銭ビンセン(=穴に差し通して束ねた銭)。

編

糸9(15) 1 4252 7DE8 教5 ヘン漢 先 biān

あむ

[編] 糸9(15) ―旧字体。

筆順

なりたち  [形声]「糸(=いと)」と、音「扁ヘン」とから成る。竹のふだを並べて糸でとじる。

意味 ❶ばらばらのものを、順序だててまとめる。**あむ。**例編次ヘンジ。編年体ヘンネンタイ。編纂ヘンサン。編集ヘンシュウ。❷文章や詩歌などを集めて書物にする。**あむ。**例編纂 ❸書物をとじる糸。例韋編イヘン(=なめし革のほそひも。竹簡などをつなげて書物にした)。❹書物。また、書物の、あるひとまとまりになった部分。通篇ヘン。例前編ゼンペン。短編タンペン。長編チョウヘン。❺書物・詩・文章を数えることば。通篇ヘン。例一編イッペンの書ショ。三百編サンビャッペンの詩シ。

古訓 中古 あまねし・あみを・あむ・くみ・くむ・しとむ・つらぬ・なふ 中世 あまねし・あむ・おる・つらぬ・つりのを 近世 あむ・おる・しるす・つらぬる・ぬふ

人名 あみ・つら・よし

難読 編木びんざさら―ささら

【編曲】ヘンキョク ある楽曲を、他の演奏形態に合うように作りかえる。アレンジ。

【編簡】ヘンカン 書物。表記 旧▼篇簡

【編戸】ヘンコ 戸籍に記入された世帯。平民・庶民をいう。納税の対象とされた。

【編▼纂】ヘンサン 多くの材料を集め、一定の方針によって手を加え、書物にまとめる。編集。例史料の―。

【編次】ヘンジ ①集めて順序をととのえ(並べ)ること。②書物の中の、各部分の順序。表記 ▽旧▼篇次

【編者】ヘンシャ|ヘンジャ 書物を編集する人。

【編首】ヘンシュ 一編の詩や文章の初めの部分。表記 旧▼篇首

【編修】ヘンシュウ ①官名。宋ソウから清シン代、史書などの編纂ヘンサンにあたった。②日資料を集め、精選し、検討を加えて書物を作りあげる。辞典や歴史の本などについていうことが多い。編集。編纂ヘンサン。例国史を―する企画。

【編集】【編▼輯】ヘンシュウ「編纂ヘンサン」に同じ。表記 旧編▼輯

【編述】ヘンジュツ 材料を集めてそれに手を加え、書物を著す。例創立百年史を―する。

【編成】ヘンセイ 日それぞれのものを集めて一つの組織にまとめあげる。例予算―。八両―の列車。番組を―する。

【編制】ヘンセイ 日団体や軍隊などの、個々の集団を組織する。例師団の―。

【編隊】ヘンタイ 日数機の飛行機が隊形をととのえて飛ぶこと。例―飛行。―を組む。

【編著】ヘンチョ 編集し、かつ著述すること。また、編集し著述した書物。例―者。

【編入】ヘンニュウ すでにある組織の中に、あとから組み入れる。例―試験。

【編年史】ヘンネンシ 年代順に事件や事柄を記した歴史。編年体の歴史。

【編年体】ヘンネンタイ 歴史書を記述する際、事件や事柄の起きた順に年月を追って記す方法。中国の場合、『春秋』『資治通鑑シジツガン』などがこれにあたる。対紀伝体・紀事本末。

【編訳】ヘンヤク 翻訳し、編集する。例イプセンの戯曲を―する。

●改編カイヘン・詩編シヘン・短編タンペン・断編ダンペン・長編チョウヘン

[緥] 糸9(15) ⇩褓ホウ(1200ジペー)

緬

糸9(15) 1 4443 7DEC ベン漢 メン呉 銑 miǎn

意味 ❶細い糸。❷はるか遠い。また、はるかに思う。はるか。例緬思メンシ。緬然メンゼン。❸「緬甸デメン」の略。「緬甸」は、ビルマ(=現在のミャンマー)の音訳。例泰緬鉄道タイメンテツドウ。

【緬思】メンシ はるか遠くを思いやる。類緬想。

【緬然】メンゼン ①はるかに遠いさま。また、遠く心をはせるさま。②もの思いにふけるさま。

【緬▼邈】メンバク ①はるかに遠いさま。②長い時間が過ぎたさま。▽綿邈メンバク。

[緜] 糸9(15) ⇩綿メン(1046ジペー)

【緜羊】メンヨウ ⇩【綿羊】メンヨウ(1046ジペー)

[練] 糸9(15) ⇩練レン(1048ジペー)

緯

糸10(16) 1 1662 7DEF 常用 イ(ヰ)漢 未 尾 wěi

よこいと・ぬき

[緯] 糸9(15) 旧字体。

筆順 糹 糹 糹' 紵 緯 緯 緯 緯

なりたち 緯 [形声]「糸(=いと)」と、音「韋ィ」とから成る。機織はたりのよこいと。

意味 ❶織物のよこ糸。ぬき。対経。例 経緯ケイ(=たて糸とよこ糸)。❷地球の赤道に平行して地球を一周し、赤道から南北への距離の度合いを示す線。対経。例 緯線セン。緯度ド。南緯ナン。❸未来のことを予言した書物。未来記。例 緯書ショ。❹織る。編む。例 緯蕭ショウ(=よもぎを織ってすだれを作る。貧窮に安んずるたとえ)〈荘子・列禦寇〉。❺統治する。治める。例 緯世セイ(=世の中を治める)。緯武経文ケイブン。❻惑星。例 五緯ゴイ(=水・火・金・木・塡チ(=土)の五星)。

古訓 中古 ぬき・めぐる 中世 ぬき 近世 つかぬる・ぬき

人名 つかね

難読 経緯ぬきたて・たてよこ・いきさつ

【緯書】ショ 漢代に、経書ケイショに対して作られた書物。占いや予言を記したもので、現在は、他書に引用された部分だけが残っている。

【緯線】セン 地球上のある地点の位置を示すため、地表の上にかりにもうけた横の線。赤道と平行で、経線と直角にまじわる。対経線。

【緯度】ド 地球上のある地点の位置を示すための座標の一つ。緯線により、赤道から北または南へどの程度離れているかを示す。赤道より北を「北緯」、南を「南緯」という。対経度。

【緯武経文】ケイブン ブをイとし ブンをケイとす 〔武を横糸、文を縦糸とする意〕文武両道によって政治をおこなう。経文緯武。〈晋書・文六王伝・賛〉

●経緯ケイ・いきさつ・南緯ナン・北緯ホク

縊 糸10(16) 2 6948 7E0A イ・エイ 漢 アイ 呉 霽 yì くびーる・くびーれる(くびーる)

意味 ❶ひもなどで首をしめて殺す。くびる。例 縊殺サツ。❷自分で首をつって死ぬ。くびれる。例 縊死シ。

縕 糸10(16) 3 9018 7E15 ウン 漢 問 yùn

意味 ❶もつれた麻糸。❷綿入れなどに用いる綿。例 縕袍ウンポウ。❸乱れる。例 斉桓之時縕セイカンのときみだる(=斉の桓公の時は乱れていた)〈法言・孝至〉。❹おくぶかい。通蘊ウン。例 縕奥ウンオウ。

【縕奥】ウンオウ|ウンノウ 教養や学問、技芸などのおくぶかいところ。奥義。極意。蘊奥ウンノウ。例 ―を極める。

【縕▼袍】ウンポウ|オンポウ|どてら 防寒用の、綿入れの衣服。古綿の粗末な服。例 衣二敝縕袍一やぶれたるウンポウをきる(=破れた綿入れを着る)。〈論語・子罕〉

縈 糸10(16) 3 9016 7E08 エイ 漢 ヨウ(ヤウ) 呉 庚 yíng

意味 ❶まといつく。まとう。例 縈纏テン(=まといつく)。❷周囲をとりまく。めぐる。例 縈回カイ。

【縈▼紆】ウ ①めぐり行く。②まつわる。からみつく。③うねうねと曲がる。例 雲桟縈紆登二剣閣一ウンサンエイウしてケンカクにのぼる(=雲にもとどくばかり高くかけられたかけ橋を、うねうねとめぐって剣閣山に登って行く)。〈白居易・長恨歌〉

【縈回】【縈▼廻】カイ ぐるぐるめぐる。うねり曲がる。

【縈帯】タイ ①身に巻いた帯。②めぐりとりまく。

縑 糸10(16) 3 9017 7E11 ケン(ケム) 漢 塩 jiān かとり

意味 合わせた糸で織り目を細かく固く織った絹布。かとり。例 縑素ケンソ(=白いかとりぎぬ。書画をかく材料)。尺縑セッケン(=一尺の絹布。ごく少ないことのたとえ)。

縣 糸10(16) ⇩県ケン(926ページ)

縞 糸10(16) 1 2842 7E1E 人 コウ(カウ) 漢 皓 gǎo しま

なりたち 縞 [形声]「糸(=いと)」と、音「高コウ」とから成る。うすい白絹。

意味 ❶白い絹。染めたり練ったりする前の絹。しろぎぬ。きぎぬ。例 縞衣コウイ。❷白色。しろい。しろ。例 縞羽コウウ(=白い羽)。

日本語での用法 《しま》「縞馬しまうま・縞織しまおり・縞柄しまがら・縦縞たてじま」▼二色以上の糸を縦や横に織り出した模様。また、そのような柄の模様。

古訓 中古 かとり・しろし・ねる 中世 きぬ・しろし 近世 しま・しろし・ねり・ねりぎぬ

【縞衣】コウイ しろぎぬの衣服。

【縞衣▼綦巾】コウイキキン 柄のない白い衣服と、腰に巻きつけるだけの萌黄もえぎ色の布(帯)。周代、身分の低い女の衣装。転じて、自分の妻の謙称。〈詩経・鄭風・出其東門〉

【縞素】コウソ ①白。また、白色の喪服。②書画をかくための白い絹。転じて、書画。

【縞▼紵】コウチョ ①白絹と麻布。②厚い友情のたとえ。〔春秋時代、呉の季札キサツが鄭テイの子産シサンに縞帯(=白絹の帯)を贈り、子産が紵衣(=麻の衣服)を返礼とした故事〈左伝・襄元〉から〕

【縞織物】しまおりもの 日しま模様を織り出した織物。しまおり。

【縞柄】しまがら 日しま模様。例 ―のふだん着。

【縞物】しまもの 日しま模様の織物。

縠 糸10(16) 4 8452 7E20 コク 漢 屋 hú

意味 ちぢれ模様のある絹織物。ちりめん。例 縠縐コクソウ(=ちりめん)。

縡 糸10(16) 2 6950 7E21 サイ 漢 呉 隊 zài こと

意味 こと。ことがら。例 上天之縡ジョウテンのサイ(=天上の事柄)。〈漢書・楊雄伝上〉

日本語での用法 《こと》「縡切ことぎれる(=事が切れる。命が終わる。息たえる)」▼名詞「こと」の転じた意味に用いる。

縗 糸10(16) 4 8450 7E17 サイ 漢 灰 cuī

意味 胸部に掛ける喪服。通衰サイ。例 斬縗ザンサイ(=三年の喪に服するときの喪服)。

縒 糸10(16) 2 6951 7E12 一シ 漢 支 cī 二サク 漢 薬 cuò よーる・よーり

意味 一「参縒シンシ」は、糸が長短ふぞろいなさま。また、乱れるさま。二「縒綜サクソウ」は、「錯綜サクソウ(=入り乱れる)」に同じ。

日本語での用法 《よる》《より》「縒より糸いと・紙縒こより・縒よりをかける・糸いとを縒よる・こよりを縒よる」▼糸やひもなどを、ねじりあわせる。

𦃭 糸10(16) 4 8447 260ED 国字 しま

意味 「島しま」と「縞しま」との両方の意味をあらわした字、という。

縦
糸10(16) 1 2936 7E26 教6

一 ショウ漢 ジュ・ジュウ呉 宋 zòng
二 ショウ漢 ジュ・ジュウ呉 冬 zōng(旧 zòng)
三 ショウ漢 腫 zǒng
たて・ほしいまま・たと-い(たと-ひ)・よ-し

[縱] 糸11(17) 2 6952 7E31 人 旧字体。

筆順 糸 糸 紒 紒 紒 紒 縦 縦

なりたち [形声]「糸(=いと)」と、音「從ショウ」とから成る。ゆるめる。

意味 一 ❶ゆるめる。解きはなつ。❷釈放する。ゆるす。例 縦囚シュウ。❸気の向くまま。わがままにする。ほしいまま。例 縦覧ジュウラン。縦逸ショウイツ。放縦ホウジュウ(=わがまま)。❹見逃す。ゆるす。例 縦容ショウヨウ。❺「たとい(…とも)」と読み、かりに…としても、の意。仮定をあらわす。例 縦王レ我たとひわれをオウとすとも(=かりに私を王にしたとしても)。二 ❶南北の方向。また、垂直の方向。たて。例 縦横ジュウオウ。縦走ジュウソウ。縦断ジュウダン。❷あしあと。あと。通 蹤ショウ。例 縦跡ショウセキ。三 ⇒[縦臾ショウヨウ]

古訓 中古 かむつつみす・たたさま・たとひ・はなつ・ほしいまま・みだる・ゆるし・ゆるす 中世 たて・たてさま・たとひ・はなつ・ほしいまま・ゆるす 近世 おく・すつる・たて・たてざま・たとひ・はなつ・ほしいまま・ゆるやか

人名 なお

【縦横】ジュウオウ|ショウオウ ①たてと、よこ。また、東西と南北。②たてよこ十文字に。③思うまま。自由自在。
【縦横無尽】ジュウオウムジン 日 はたらきなどが自由自在であること。思う存分。例 —の活躍。
【縦横家】ショウオウカ|ジュウオウカ ①諸子百家の一つ。戦国時代、合従策ガッショウサクを主張した蘇秦ソシンや、連衡策レンコウサクを主張した張儀チョウギなど、外交政策を説いてまわった人々。→【合従連衡】ガッショウレンコウ(229ページ) ②はかりごとをめぐらす人。
【縦貫】ジュウカン たてにつらぬく。南北につらぬく。対 横断。例 —道路。南北を—する鉄道。
【縦線】ジュウセン たてに引いた線。たてせん。対 横線。
【縦走】ジュウソウ 日 ①たてに地形をつらぬくように、山脈などが連なっている。②尾根づたいに多くの山のいただきを通って行く。例 南アルプスを—する。
【縦隊】ジュウタイ 日 たてに並んでいる隊形。対 横隊。例 二列—で進む。
【縦断】ジュウダン ①たての方向に切る。例 —面。②日 たて、または南北の方向に通り抜ける。例 日本列島を—する。▽対 横断。
【縦目】一 ジュウモク 二 ショウモク 一 たてについている目。〈楚辞・大招〉 二 めをほしいままにす 遠くを眺める。思うまま眺める。
【縦覧】ジュウラン|ショウラン (文書などを、見たい人が)自由に見る。例 —を許可する。選挙人名簿の—期間。
【縦逸】【縦佚】【縦溢】ショウイツ 勝手気ままにする。道に外れたことをする。類 縦脱ショウダツ。
【縦観】ショウカン|ジュウカン 自由に見る。例 縦観観二秦皇帝一シンのコウテイをみる(=(たまたま)秦の始皇帝の行列を自由に見物した)。〈史記・高祖紀〉
【縦恣】【縦肆】ショウシ 勝手気ままなさま。
【縦酒】ショウシュ さけをほしいままにす 酒を存分に飲む。
【縦囚】ショウシュウ (徳政を示すため)囚人を一時的に釈放する。また、その罪人。
【縦跡】ショウセキ ①足あと。②行方ゆくえ。▽蹤跡ショウセキ。
【縦誕】ショウタン 勝手気ままで、気持ちがひきしまらない。
【縦放】ショウホウ ①思いどおりに、勝手にふるまうこと。また、勝手にさせること。放縦ホウジュウ|ホウショウ。②自由自在。
【縦臾】ショウヨウ|ショウユ 勧誘する。すすめる。慫慂ショウヨウ。
【縦容】ショウヨウ ①あせらず、ゆうゆうとしているさま。従容ショウヨウ。②すておく。ゆるす。
【縦欲】ショウヨク よくをほしいままにす 欲望のおもむくままに行動する。
【縦糸(縦絲)】たていと 日 織物で、たての方向に長く通っている糸。経糸たていと。対 横糸。
【縦軸】たてジク 日 〔数〕グラフの原点で直角に交わる直線(=座標軸)のうち、たてにのびている方。対 横軸。
【縦笛】たてぶえ 日 たてにして吹く笛。篳篥ヒチリキ・尺八・クラリネット・リコーダーなど。竪笛たてぶえ。対 横笛。
【縦令】【縦使】たとい・たとえ よしんば。かりに…しても。仮令たとい。例 —負けても、くじけない。
●操縦ソウジュウ・放縦ホウジュウ|ホウショウ

縟
糸10(16) 2 6953 7E1F ジョク漢 沃 rù わずら-わしい(わづら-はし)

意味 ❶手のこんだ、華やかないろどりの飾り。例 縟麗ジョクレイ(=飾りたてて美しい)。繊縟センジョク(=繊細で華美である)。❷数が多く、こみいってめんどうなさま。わずらわしい。例 縟礼ジョクレイ。❸しとね。通 褥ジョク。
【縟礼】ジョクレイ わずらわしい礼儀作法。例 繁文ハンブン—。

縉
糸10(16) 2 6954 7E09 シン漢 震 jìn おび・さしはさ-む・ぬいめ(ぬひめ)

[縉] 糸10(16) 4 8448 FA58 俗字。

意味 ❶赤い絹織物。❷帯にさしこむ。さしはさむ。通 搢シ。例 縉紳シン。
【縉紳】シンシン (「紳」は、上級官吏が礼装のときにつける大帯)上級官吏が礼装で笏シャクを大帯にさしはさむこと。転じて、身分の高い人。上流階級の人。士大夫シタイフ。

縝
糸10(16) 4 8451 7E1D シン漢 軫 zhěn

意味 ❶こまかくつまっているさま。通 稹シ。例 縝緻シンチ・縝密シンミツ(=こまかい)。❷くろかみ。通 鬒シ。

縐
糸10(16) 4 8449 7E10 スウ慣 シュウ(シウ)漢 宥 zhòu

意味 こまかなしわのある織物。ちぢみ。ちりめん。例 縐絺スウチ(=ちぢみ)。

緻
糸10(16) 2 6944 7DFB 常用 チ漢呉 寘 zhì こま-かい(こま-かし)

筆順 糸 糸 紅 紅 紅 緻 緻 緻

なりたち [形声]「糸(=いと)」と、音「致チ」とから成る。密である。

意味 ❶こまかいところまで行きとどく。きめこまかい。くわしい。例 緻密チミツ。精緻セイチ。❷細い絹の織物。例 細緻サイチ(=織り目のこまかい絹)。

古訓 中古 きびし・つづる・ぬふ 中世 きびし・きびしうす 近世 きびし・くはし・つづる

【緻密】チミツ ①細工がこまかく、たくみなさま。例 —な彫刻。②こまかいところまで行きとどいているさま。例 —な計画。—な分析。
●巧緻コウチ・細緻サイチ・精緻セイチ

縋
糸10 (16) 2 6955 7E0B ツイ 漢 眞 zhuì すが-る

意味 ❶上から垂らした縄。❷ぶらさがっている縄によって下りたり、上がったりする。また、下ろしたり、ひき上げたりする。例 縋城(ツイジョウ)（=垂らした縄によって城壁を下りる）。

日本語での用法《すがる》「藁(わら)にも縋(すが)りたい思(おも)い・袂(たもと)に縋(すが)って止(と)めようとする・人(ひと)の情(なさけ)に縋(すが)る」▼たよりにして、取りつく、の意。

縢
糸10 (16) 2 6956 7E22 トウ 漢 蒸 téng から-げる(から-ぐ)・かが-る・なわ(なは)・まと-う(まと-ふ)

意味 ❶ひもなどでしばって、束にする。しばる。からげる。例 金縢(キントウ)（=金のひもでしばった箱。『書経(ショキョウ)』の篇名(ヘンメイ)）。❷ひも。なわ。例 縢履(トウリ)（=なわで編んだくつ）。❸足首からひざの下に巻く布。例 行縢(コウトウ/むかばき)（=旅行や狩りなどのときに腰から下、または足をおおった布や革）。

縛
糸10 (16) 1 3991 7E1B 常用 ハク 漢 バク 呉 薬 fù しばる・いまし-める(いまし-む)

[縛] 糸10 (16) ─── 旧字体。

筆順 纟 糸 紆 絧 緬 緬 縛 縛

なりたち [形声]「糸(=ひも)」と、音「尃フ→ハク」とから成る。ひもで束ねる。

意味 ❶縄やひもで束ねる。しばる。例 縛擒(バクキン)。束縛(ソクバク)。❷しばる縄。例 就縛(シュウバク)（=縄目にかかる）。

古訓 中古 かかる・かく・しばる・つなぐ・まつふ・むすぶ・ゆはふ・ゆふ 中世 しばる・つなぐ・むすぶ・ゆふ 近世 くくる・しばる・つなぐ

【縛▼紲】【縛▼絏】(バクセツ) しばっている縄。

【縛▼擒】(バクキン) しばりあげて捕らえる。捕縛(ホバク)。類 縛執(バクシュウ)。

繁
糸10 (16) 1 4043 7E41 常用 一ハン 漢 元 fán 二ハン 漢 寒 pán しげ-る

[繁] 糸11 (17) 3 9019 FA59 人 旧字体。

筆順 𠂉 𠂉 每 每 每 敏 繁 繁

なりたち [会意] 本字は「緐」で、「糸(=ひも)」と「每(=草がさかんにふえる)」とから成る。ウマのたてがみにつける、ふさふさした飾り。派生して「ふえて多くなる」の意。

意味 一❶草木がさかんに育ち、ふえる。しげる。例 繁殖(ハンショク)。繁茂(ハンモ)。❷さかんになる。さかえる。例 繁栄(ハンエイ)。繁華(ハンカ)。❸繰り返しが多い。わずらわしい。ごたごたしている。いそがしい。例 繁雑(ハンザツ)。頻繁(ヒンパン)。二ウマの腹帯。例 繁纓(ハンエイ)（=古代の天子や諸侯が用いた、ウマにつける飾り。「纓」は、ウマのむながい）。

古訓 中古 おちかかる・おほきなり・おほし・さかゆ・さかりなり・しげ・しげし・わづらはし 中世 おほし・さかんなり・しげし・しげる 近世 さかん・しげし・しげる・はるび・まじはる

人名 えだ・さかえ・しげし・しげみ・しげり・とし

難読 繁繁(しげしげ)・繁栲(しきたえ)（=寝床(ねどこ)にしく布）・足繁(あししげく)

【繁陰】【繁▼蔭】(ハンイン) 茂った木のかげ。例 佳木秀而繁陰(カボクひいでてハンインあり)（=（夏には）みごとな木々がそそり立ってこんもりとした木かげをつくる）。〈欧陽脩・酔翁亭記〉

【繁栄】(ハンエイ) さかえ発展する。対 衰退。例 一族の—。

【繁▼衍】(ハンエン) 茂り伸びる。はびこるさま。

【繁苛】(ハンカ) 法律や規則が、厳しくてわずらわしい。

【繁華】(ハンカ) ①草木が花をつける。②若々しく美しい。③人が多く集まって、にぎやかなこと。例 —街。

【繁閑】(ハンカン) 日 繁忙と閑暇。いそがしいことと、ひまなこと。例 季節によって—の差がある。

【繁簡】(ハンカン) 繁雑と簡略。こみいっていることと、あっさりしていること。例 —よろしきを得る。

【繁劇】(ハンゲキ) きわめていそがしいさま。繁忙。多忙。

【繁細】【繁砕】(ハンサイ) こみいっていて、めんどうである。こまかで、わずらわしい。

【繁雑】(ハンザツ) ものごとが多くて、ごたごたしているさま。煩雑。対 簡素・簡略。例 —な規約。—をきらう。

【繁▼昌】(ハンジョウ) ①草木がさかんに茂る。②国や家が富み栄える。③日 町や商店が、人の出入りが多くて、にぎわい栄える。繁盛(ハンジョウ)。例 商売—。

【繁殖】(ハンショク) 動物や植物が、新しく生まれ出て、ふえていくこと。蕃殖(ハンショク)。例 生物の—する力。

【繁▼縟】(ハンジョク) 「繁文縟礼(ハンブンジョクレイ)」に同じ。

【繁説】(ハンセツ) くだくだしく述べる。

【繁霜】(ハンソウ) ①たくさん降りた霜。②霜を置いたように白くなった髪。例 艱難苦恨繁霜鬢(カンナンはなはだうらむハンソウのビン)（=さまざまな苦難に遭い、鬢の毛はまっ白になった）。〈杜甫・登高〉

【繁多】(ハンタ) ①事が多くてわずらわしい。②日 用事が多くて、いそがしいこと。例 職務—。

【繁文】(ハンブン) ①こまごまと飾りたてたさま。②わずらわしい規則。また、不必要な礼儀。虚礼。

【繁文▼縟礼】(ハンブンジョクレイ) 〔「文」は、飾り、「縟」は、わずらわしい意〕規則や礼儀作法などが細かすぎて、わずらわしいこと。繁縟(ハンジョク)。〈元稹・王永可守太常博士制〉

【繁忙】(ハンボウ) 仕事が多くて、いそがしいこと。多忙。煩忙。例 —期と閑散期。

【繁茂】(ハンモ) 草木がおいしげる。例 つる草が—する。

【繁用】(ハンヨウ) ①しきりに用いる。②日 用事が多くて、いそがしいこと。多忙。繁忙。例 ご—でございましょう。諸事—。

【繁乱】(ハンラン) ごたごたと入りまじったさま。乱雑なさま。

【繁礼】(ハンレイ) わずらわしさの多い礼式。

【繁露】(ハンロ) ①たくさん降りた露。②礼装用の冠の前後に垂らす、玉をつづった飾り。③書名『春秋繁露』のこと。

●農繁(ノウハン)・頻繁(ヒンパン)

縫
糸10 (16) 1 4305 7E2B 常用 一ホウ 漢 ブ 呉 冬 féng 二ホウ 漢 ブ 呉 宋 fèng ぬう(ぬ-ふ)

[縫] 糸11 (17) ─── 旧字体。

筆順 纟 糸 糸 糸 紁 紁 縫 縫

なりたち [形声]「糸(=いと)」と、音「逢ホウ」とから成る。糸をつけた針で、ころもをぬう。

意味 一❶糸でぬいあわせる。ぬう。例 縫製(ホウセイ)。裁縫(サイホウ)。❷さけ目をぬいあわせる。つくろう。例 弥縫(ビホウ)（=とりつくろう）。二❶ぬい合わせた跡。ぬいめ。例 縫際(ホウサイ)（=ぬいめ）。❷すきま。さけめ。例 縫罅(ホウカ)。

古訓 中古 つづる・ぬひめ・ぬひもの・ぬふ 中世 ぬひめ・ぬひもの・ぬふ 近世 ぬひめ・ぬひもの・ぬふ

人名 ぬい

【縫▼腋】【縫▼掖】(ホウエキ) ①その下から両わきをぬい合わせた衣服。〔儒者が着用することから、儒者も指す〕②日「縫腋の袍(ホウ)」の略。天皇・文官および四位以上の武官が着用した儀式用の上着。㊀闕腋(ケッテキ)。
【縫▼罅】(ホウカ) ①ぬい目。合わせ目。②すきま。さけ目。
【縫合】(ホウゴウ) 傷口や手術の切り口を、ぬいあわせる。例 ―糸。患部を―する。
【縫製】(ホウセイ) ミシンなどでぬって、作ること。また、その作り方。
●裁縫(サイホウ)・天衣無縫(テンイムホウ)

縨 糸10(16) 3 9015 7E28 国字 ほろ
意味 ❶戦場で鎧(よろい)の上にかけて矢を防ぎ、また標識とした幅の広い布。母衣(ほろ)。幌(ほろ)。❷乗り物のおおい。

繈 糸11(17) ― 7E48 キョウ(キャウ)漢 養 qiǎng ぜにさし・むつき
［繦］糸12(18) 2 6958 7E66 別体字。
意味 ❶ふしのある糸。ふしいと。❷銭の穴を通して束ねるひも。**ぜにさし**。また、なわ。つな。例 繈属(キョウゾク)(=なわのように続く)。❸赤ん坊を背負う帯。通 襁(キョウ)。例 繈褓(キョウホウ)。
【繈▼褓】【繈▼褓】(キョウホウ) 〔「褓」は「褓」に同じ〕①幼児を背負う帯と、うぶぎ。転じて、幼児のこと。例 ―の中につつまれる(=幼児として暮らす)。②(きむつ) 日 おしめ。おむつ。▽襁褓(キョウホウ/むつき)。

［繋］糸11(17) ⇩繫(ケイ)(1058ページ)

［繍］糸11(17) ⇩繡(シュウ)(1058ページ)

［縦］糸11(17) ⇩縱(ジュウ)(1053ページ)

縮 糸11(17) 1 2944 7E2E 教6 シク漢 シュク呉 屋 suō ちぢまる・ちぢめる(ちぢ-む)・ちぢむ・ちぢみ・ちぢれる(ちぢ-る)・ちぢらす
筆順 幺 糸 糸 紵 紵 紵 縮 縮
なりたち ［形声］「糸(=いと)」と、音「宿(シュク)」とから成る。ちぢむ。
意味 ❶小さくなる。短くなる。ひきしまる。**ちぢまる**。例 縮小(シュクショウ)。縮図(シュクズ)。収縮(シュウシュク)。❷おそれかしこまる。ちぢこまる。例 萎縮(イシュク)。恐縮(キョウシュク)。❸後退する。しりぞく。例 退縮(タイシュク)。❹節約する。へらす。例 縮衣節食(シュクイセッショク)(=衣食を節約する)。〈陸游・秋穫歌〉❺おさめる。しまう。例 縮甲(シュクコウ)(=よろいを収める。停戦する)。❻酒を漉(こ)す。したむ。例 縮酒(シュクシュ)。❼まっすぐである。正しい。なおし。例 自反而縮、雖二千万人一、吾往矣(みずからかえりみてなおくんば、センマンニンといえどもわれゆかん)(=自ら反省して正しければ、たとえ相手が千人万人であろうと、私は立ち向かう)。〈孟子・公孫丑上〉
日本語での用法 ▼《ちぢみ》「縮織(ちぢみおり)・麻縮(あさちぢみ)・綿縮(メンちぢみ)」▼布全体にこまかいしわを出した織物。
古訓 中古 しじまる・しじむ・したむ・つづまる・つづむ・みじかし・みだる・ゆひつく・をさむ 中世 しじまる・しじむる・ちぢむ・ちぢむる・つづまる・つづむ・つづむる・みじかし 近世 しじまる・しりぞく・ちぢまる・ちぢむ・とどまる・ふむ・みだる・みぢかし
人名 おさむ・なお
難読 縮羅(しじら)・縮緬(ちりメン)
【縮▼頞】(シュクアツ) 〔「頞」は、鼻すじの意〕(不愉快で)鼻すじにしわを寄せる。
【縮減】(シュクゲン) 規模を小さくしたり、へらしたりする。例 計画を―する。
【縮刷】(シュクサツ) 日 書物などの、もとの大きさを縮小して印刷する。また、その印刷物や書物。例 新聞の―版。
【縮尺】(シュクシャク) 地図や設計図などを、実物よりちぢめて書くこと。また、その比率。例 五万分の一の―地図。
【縮手】(シュクシュ) ①手をひっこめる。②仕事をやめる。
【縮小】(シュクショウ) ちぢめて小さくする。小規模のものにする。㊀拡大・拡張。例 軍備を―する。
【縮図】(シュクズ) ①もとの大きさをちぢめて書いた図。例 五分の一の―。②日 現実の複雑な事柄が、小さなところにまとまってあらわれたもの。例 人生の―。
【縮▼栗】(シュクリツ) 〔「栗」は、恐れおののく意〕①ちぢみ恐れる。気おくれする。縮慄(シュクリツ)。②草木の葉が枯れてちぢまる。
【縮▼緬】(ちりメン) 日 表面に細かいしわを出した絹織物。例 ―皺(じわ)。―の着物。
●圧縮(アッシュク)・恐縮(キョウシュク)・凝縮(ギョウシュク)・緊縮(キンシュク)・軍縮(グンシュク)・収縮(シュウシュク)・伸縮(シンシュク)・短縮(タンシュク)・濃縮(ノウシュク)

縬 糸11(17) 4 8454 7E2C シュク漢 屋 cù しじら
意味 ❶ちぢまる。ちぢむ。❷表面に皺(しぼ)を出した織物。**しじら**。

［縧］糸11(17) ⇩絛(ジョウ)(1041ページ)

績 糸11(17) 1 3251 7E3E 教5 セキ漢 錫 jì う-む・つ-ぐ
筆順 糸 糸 紆 紆 紆 結 績 績 績
なりたち ［形声］「糸(=いと)」と、音「責(サク→セキ)」とから成る。糸をつむぐ。
意味 ❶まゆ・ワタ・アサの繊維を引き出し、よりあわせて糸を作る。**つむぐ。うむ**。例 紡績(ボウセキ)。❷仕事。わざ。また、仕事をつみかさねた、立派な結果。手柄。いさお。例 績功(セキコウ)。業績(ギョウセキ)。功績(コウセキ)。❸受け継ぐ。つぐ。例 績二禹功一(=禹(ウ)の功(コウ)を績(つ)ぐ)(=禹の功績を受け継ぐ)。〈左伝・昭元〉
古訓 中古 うむ・つとむ・つとめ・をうむ 中世 うむ 近世 いさをし・うむ・つぐ・なる・わざ
人名 いさ・いさお・いさむ・つぐ・なり・のり
【績効】【績功】(セキコウ) 手柄。功績。類 績用。
【績女】(セキジョ) 糸をつむぐ女。
●業績(ギョウセキ)・功績(コウセキ)・事績(ジセキ)・実績(ジッセキ)・成績(セイセキ)・戦績(センセキ)・紡績(ボウセキ)・名績(メイセキ)

繊 糸11(17) 1 3301 7E4A 常用 セン(セム)漢呉 塩 xiān かよわ-い(かよわ-し)・こま-かい(こま-かし)・しな-やか
［纖］糸17(23) 2 6989 7E96 人 旧字体。
［纎］糸15(21) 2 6990 7E8E 俗字。
筆順 糸 糸 紂 紂 紂 紂 繊 繊
なりたち ［形声］「糸(=いと)」と、音「韱(セン)」とから成る。ほそい。
意味 ❶(糸や毛が)ほそい。また、小さい。**こまかい**。わずか。例 繊維(センイ)。繊細(センサイ)。❷こまかい模様の織物。また、うすぎぬ。例 繊羅(センラ)。❸女性の上着の飾りの一種。❹(女性が)ほっそりして美しい。**しなやか**。例 繊手(センシュ)。繊腰(センヨウ)。❺もの惜しみをする。けち。例 繊嗇(センショク)。
古訓 中古 すくかなり・そひやかなり・ほそし 中世 すくなし・ちひさし・ひそかに・ほそし 近世 いとすぢ・ほそし
難読 繊蘿蔔(センロフ)(=千切り、いわゆる千六本(センロッポン)。「蘿蔔」は、ダイコンの意)
【繊維】(センイ) 日 ①動物や植物のからだをかたちづくっている、細い糸のような物質。②紙や織物の材料とする「①」。人

6画

工的に合成もする。例 ―製品。天然―。合成―。

【繊▼翳】(センエイ) わずかなくもり・かげ。

【繊▼婉】(センエン)【繊艶】(センエン) ほっそりして、あでやかなさま。

【繊介】(センカイ)【繊▼芥】(センカイ) こまかい。小さい。わずか。

【繊▼妍】(センケン) ほっそりして美しい。

【繊巧】(センコウ) ①こまかな部分にいたるまで技術が上手である。②心づかいがこまやかである。

【繊▼毫】(センゴウ) 〔「毫」は、少ない意〕非常にわずかなさま。

【繊細】(センサイ) ①かぼそく優美なこと。ほっそりして品のよいこと。例 楚腰繊細掌中軽(ソヨウセンサイショウチュウにかろし)(＝楚国の女性は、ほっそりした腰つきで、手のひらの上で舞うがごとく軽やかだ)。〈杜牧・遣懐〉 ②日 (感情が)こまやかで、感じやすいこと。デリケート。例 ―な神経。

【繊弱】(センジャク) よわよわしい。かぼそくて華奢(キャシャ)なさま。例 ―な体質。

【繊手】(センシュ) 女性の、かぼそくしなやかな手。例 蠟(ロウ)のように白い―。

【繊柔】(センジュウ) ①細くてやわらかい。②しなやか。

【繊▼嗇】(センショク) けちである。吝嗇(リンショク)。

【繊人】(センジン) ①神経が細く気の弱い人。②とるに足らぬつまらない人。小人。

【繊繊】(センセン) ①こまかいさま。こまごまとして、わずらわしいさま。②かよわいさま。ほっそりとして、しなやかなさま。例 繊繊擢二素手一、札札弄二機杼一(センセンとしてソシュをあげ、サツサツとしてキチョをロウす)(＝《織女は》たおやかに白い腕をあげて、サッサッと機(はた)を織り続ける)。〈古詩十九首〉

【繊微】(センビ) ①こまごまとしたさま。また、そのもの。②わずかなさま。また、そのもの。

【繊毛】(センモウ) 日 ①非常に細く短い毛。②〔生〕細胞の表面につき出している、細い毛のような突起。

【繊腰】(センヨウ) ほっそりとした腰。美女の腰をいう。

【繊羅】(センラ) うすぎぬ。薄い衣服。

【繊麗】(センレイ) しなやかで、うるわしい。(体つきなどが)ほっそりとして、あでやかである。

●化繊(カセン)・巻繊(ケンチン)・合繊(ゴウセン)

繰

糸11 (17) 4 8455 7E45

ソウ(サウ) 漢 豪 sāo

意味 まゆから糸を引き出す。くる。通 繅(ソウ)。例 繰糸(ソウシ)(＝まゆから糸をくる)。繰車(ソウシャ)(＝つむいだ糸をまきとる車)。

［總］糸11 (17) ⇩総(ソウ)(1044ジペー)

［繁］糸11 (17) ⇩繁(ハン)(1054ジペー)

縻

糸11 (17) 2 6959 7E3B

ビ 漢 ミ 呉 支 mí

つな-ぐ・はづな・まと-う(まと-ふ)

意味 ❶ウシのたづな。きずな。❷(たづなを引きしめるように)束縛する。つなぐ。例 羈縻(キビ)(＝つなぎとめる。「羈」は、ウマのおもがい)。

繆

糸11 (17) 2 6957 7E46

一 ビュウ(ビウ) 漢 宥 miù
二 ボク 漢 屋 mù
三 リョウ(レウ) 漢 蕭 liáo

まと-う(まと-ふ)・あやま-る

意味 一 道理に反する。あやまる。もとる。いつわる。通 謬(ビュウ)。例 繆言(ビュウゲン)(＝事実と違う内容のことば)。誤繆(ゴビュウ)(＝誤謬(ゴビュウ))。二 ❶つつしむ。やわらぐ。通 穆(ボク)。例 繆繆一(ボクボク)。❷先祖を祭る宗廟(ソウビョウ)や、位牌(ハイ)の順序。始祖の右側に並べる奇数代のもの。通 穆(ボク)。対 昭。例 昭繆(ショウボク)。❸(miào)姓の一つ。三 まつわる。まとう。通 繚(リョウ)。例 山川相繆(サンセンあいまとう)(＝山と川とが入りくむ)。〈蘇軾・赤壁賦〉 繆繆三(リョウリョウ)。

【繆繆】一(ボクボク) やわらぎ美しいさま。二(リョウリョウ) 糸などがもつれたさま。

縹

糸11 (17) 2 6961 7E39

ヒョウ(ヘウ) 漢 呉 篠 piǎo

はなだ

意味 ❶うすい藍(あい)色(の絹)。そらいろ。はなだいろ。例 縹絹(ヒョウケン)(＝はなだ色の絹)。❷(piāo) 軽くひるがえるさま。通 飄(ヒョウ)。❸(piǎo)⇩【縹渺】(ヒョウビョウ)

【縹▼帙】(ヒョウチツ) ①うすい藍(あい)色の帙(チツ)(＝本を包んで保存するための覆い)。②書物。

【縹縹】(ヒョウヒョウ) ①軽く風にひるがえるさま。②軽く舞い上がるさま。

【縹▼渺】【縹▼緲】【縹▼眇】(ヒョウビョウ) ①かすかで、はっきりしないさま。例 神韻―(＝詩文などがすぐれていて、趣深いさま)。②広く果てしないさま。例 ―たる原野。

繃

糸11 (17) 2 6962 7E43

ホウ(ハウ) 漢 ヒョウ 呉 庚 bēng

つか-ねる(つか-ぬ)・ま-く

意味 ❶たばねる。つかねる。また、巻いてつつむ。まく。例 繃帯(ホウタイ)。❷赤ん坊をくるんで背負う帯。例 懐繃(カイホウ)(＝ふところと背負い帯。転じて、小児を介抱すること。また、幼少のころ)。

【繃帯】(ホウタイ) 日 傷口や、はれものなどを保護するために巻く、ガーゼや綿布などの細長い布。表記 現 包帯

［縫］糸11 (17) ⇩縫(ホウ)(1054ジペー)

縵

糸11 (17) 2 6960 7E35

バン 漢 マン 呉 翰 màn

いとくず(いとくづ)・ぬめ

意味 ❶模様のない絹織物。例 縵帛(マンパク)(＝無地の絹地)。❷模様や飾りのない。例 縵胡(バンコ)(＝粗くて模様のない冠のひも。武官用)。❸ゆったりとしたさま。ゆるやかな。通 慢。例 縵立(マンリツ)(＝ゆったりと立つ。長い間たたずむ)。❹⇩【縵縵】(マンマン)

難読 縵面(なめ)(＝銭の裏側。文字のないなめらかな部分)

【縵縵】(マンマン) ①雲などがたなびくさま。②教化が広くゆきとどくさま。③生死を超越しているさま。一説に、元気のないさま。④長いさま。

繇

糸11 (17) 3 9020 7E47

一 ユウ(イウ) 漢 尤 yóu
二 ヨウ(エウ) 漢 蕭 yáo
三 チュウ(チウ) 漢 宥 zhòu

意味 一 ❶したがう。よる。通 由。❷はかりごと。みち。通 猷(ユウ)。例 大繇(タイユウ)。二 ❶草木が茂るさま。❷労役(ロウエキ)。通 徭(ヨウ)。例 繇役(ヨウエキ)。❸歌謡。うた。通 謡。例 繇俗(ヨウゾク)。三 占いのことば。うらかた。例 繇辞(チュウジ)(＝占いのことば)。参考 鍾繇(ショウヨウ)(＝魏(ギ)の書家)。張僧繇(チョウソウヨウ)(＝梁(リョウ)の画家)。

【繇役】(ヨウエキ) 土木工事の労役。

【繇俗】(ヨウゾク) 民間の歌。俗謡。

縷

糸11 (17) 2 6963 7E37

ル 漢 呉 麌 lǚ

いと

意味 ❶いとすじ。いと。また、糸のように細長いもののたとえ。例 血濡レ縷(ちぬらすいとすじを)(＝糸筋ほどの血が出る)。〈史記・刺客伝・荊軻〉 一縷(イチル)(＝ひとすじの。かすかな)。❷くわしい。こまかい。例 縷説(ルセツ)。縷縷(ルル)。❸ぼろ。やぶれごろも。通 褸(ル)。例 襤縷(ランル)(＝ぼろの衣服)。

【縷言】(ルゲン) こまかい点までくわしく述べる。詳述。縷述。縷陳。縷説。例 事情を―する。

【縷述】(ルジュツ) 「縷言(ルゲン)」に同じ。

【縷切】(ルセツ) こまかく切る。きざむ。

【縷説】(ルセツ) 「縷言(ルゲン)」に同じ。例 事のなりゆきを―する。

【縷陳】チルン「縷言ゲン」に同じ。
【縷縷】ルル ①こまごまと話すさま。例 —事情を説明する。②糸のように細く長くつづくさま。例 —として立ちのぼる煙。

縲
糸11(17) 2 6964 7E32 ルイ漢 支 léi
［纍］糸15(21) 3 9024 7E8D 本字。
参考「累ルイ」は別の字だが、通じて用いる。
意味 罪人をしばる黒色の縄。例 縲紲セツ。
難読 縲紲なわめの恥はじ（＝罪人として縄をうたれるはずかしめ）
【縲▼紲】【▼縲▼絏】ルイセツ 罪人をしばる縄。また、牢ロウに入れられること。例 —のはずかしめを受ける。

縺
糸11(17) 2 6965 7E3A レン漢 先 lián もつ-れる（もつ-る）・もつ-れ
意味 糸がからまって、ほどけなくなる。もつれる。
日本語での用法《もつれる》「足しあが縺もつれる・縺もつれた関係カンケイ」▼からまった状態になる。混乱する。もめる。

繧
糸12(18) 2 6966 7E67 国字 ウン
意味 色調を段階的に変える。例 繧繝ゲン。
【繧▼繝】ウンゲン 日 同系統の色を次第に濃く、あるいはあわく、段階的に帯状に彩色すること。暈繝ゲン。

［繦］
糸12(18) ⇩ 繈キョウ（1055ページ）

繭
糸12(18) 1 4390 7E6D 常用 ケン漢 銑 jiǎn まゆ
筆順 一 艹 芇 芇 萠 萠 繭 繭
なりたち [会意]「糸（＝いと）」と「虫（＝かいこ）」と「芇（＝からだをおおう）」とから成る。カイコが糸でからだをおおってつくる、まゆ。
意味 ❶カイコがさなぎになるとき、その中にこもるために、白い糸を吐いてつくる、たわら形の殻。生糸の原料となる。まゆ。例 繭糸シ。❷皮膚が硬くなったもの。たこ。まめ。例 重繭チョウ（＝厚くなった手足のまめ）。
古訓 中古 まゆ 中世 まゆ 近世 あかがり・まゆ
【繭糸（絲）】ケンシ ①まゆからとった糸。②〔まゆから糸が引き出され続けることから〕税金を取りたて続けること。〈国語・晋九〉
【繭▼栗】ケンリツ ①〔角つのが繭まゆや栗くりのように小さいことから〕角が生えたての子牛。②花のつぼみや、地面から頭を出しかけたたけのこのたとえ。③徳や節操の堅いこと。
【繭玉】まゆだま 日 もち米の粉で作っただんごをまゆの形に丸めて、ヤナギやタケなどの枝にたくさんつけたもの。新年の飾りものとする。まゆだんご。餅花もちばな。
●生繭セイケン・なままゆ

繝
糸12(18) 2 6967 7E5D カン漢 ケン呉 諫 jiàn あや・にしき・ひだ
意味 にしきの模様。あや。にしき。例 繧繝ゲン。

繖
糸12(18) 2 6968 7E56 サン漢 旱 sǎn きぬがさ
意味 日光や雨などを防ぐ用具。かさ。きぬがさ。通傘。例 繖蓋ガイ（＝かさ）。

繞
糸12(18) 2 6969 7E5E 一 ジョウ（ゼウ）漢 ニョウ（ネウ）呉 嘯 rào 二 ジョウ（ゼウ）漢 ニョウ（ネウ）呉 篠 rǎo まと-う（まと-ふ）・めぐ-る
意味 一❶まわりつく。まとう。通遶ジョウ。❷ぐるりとまわる。とりかこむ。めぐる。通遶ジョウ。例 繞繞ジョウ。囲繞ニョウ。❸回り道をする。迂回カイする。例 繞道ジョウドウ（＝迂回する）。繞襲ジョウシュウ（＝迂回して襲撃する）。二 曲がっている。湾曲している。例 繞繚ジョウリョウ（＝湾曲しているさま）。
【繞繞】ジョウジョウ ①まとわりつく。②回りめぐるさま。
【繞▼梁】ジョウリョウ 歌声が絶妙で、いつまでも余韻が続くこと。〔歌姫の韓娥ガの歌声は、余韻が三日間も梁うつばりにまつわりついていたという故事から〕〈列子・湯問〉

織
糸12(18) 1 3105 7E54 教5 一 ショク漢 シキ呉 職 zhí 二 シ漢 寘 zhì おる・おり
［絍］糸7(13) 4 8429 26017 別体字。
筆順 糸 紅 紣 結 結 絨 織 織
なりたち [形声]「糸（＝いと）」と、音「戠ショク」とから成る。布をつくる。
意味 一❶機はたで布をおる。はたおり。例 織布ショクフ。紡織ボウショク。❷くみたてる。例 組織ソシキ。二❶染色した糸でおった絹織物。あやぎぬ。例 士不レ衣レ織シはシを（＝士の身分の者は、あやぎぬを着ない）。〈礼記・玉藻〉❷旗じるし。しるし。通幟シ。例 織文シブン。
古訓 中古 うつ・おる・くむ・さかりなり 中世 おる 近世 おりもの・おる
人名 り
【織女】ショクジョ ①機はたをおる女性。②星の名。織女星のこと。
【織女星】ショクジョセイ 琴座の一等星ベガのこと。七月七日の七夕たなばたの晩に、天の川で牽牛星ケンギュウセイ（＝ひこ星）と会うという伝説がある。たなばたつめ。おりひめ。
【織成】ショクセイ ①おりあげる。また、織物。②色糸や金糸・銀糸でおった布。天子など高貴な人の衣服に用いた。
【織布】ショクフ おって作ったぬの。
【織文】一ショクブン 模様のある織物。錦にしきなど。二シブン 旗じるし。旗の模様。
【織縫】ショクホウ 機織はたおりと裁縫。
【織機】ショッキ 布をおる機械。機織はたおり機。はた。
【織工】ショッコウ 日 織物を製造する工員。
●組織ソシキ・羽織はおり・紡織ボウショク

繕
糸12(18) 1 3322 7E55 常用 セン漢 ゼン呉 霰 shàn つくろう（つくろ-ふ）
筆順 糸 糸' 紒 絆 絆 繕 繕 繕
なりたち [形声]「糸（＝いと）」と、音「善ゼ（＝よくする）」とから成る。よくなるようにおぎなう。
意味 ❶こわれたもの、やぶれたものをなおす。また、おぎなう。ととのえる。つくろう。例 繕完ゼンカン。修繕シュウゼン。❷書き写す。清書する。例 繕写ゼンシャ。
古訓 中古 うつす・かく・しるす・つくる・つくろふ・つつる・ととのふ・むしる・よし・をさむ 中世 つくろふ・むしる・よし 近世 あむ・おぎなふ・おぎぬふ・たもつ・つくらふ・つくろふ
人名 おさむ・つよし・よし

【繕完】カンゼン 〔「完」は「院」に通じ、垣根の意〕塀をなおす。
【繕修】ゼンシュウ 補修する。つくろいなおす。修繕。
●営繕エイゼン・修繕シュウゼン

繒
糸12(18) 3 9021 7E52 ソウ漢 ジョウ呉 蒸 zēng

意味 絹織物。きぬ。例 繒帛ソウハク(=絹地)。
【繒▼纊】ソウコウ 〔絹と綿の意〕絹や綿入れの服。類 繒絮ソウジョ。

繙
糸12(18) 2 6970 7E59 ハン漢 ホン呉 元 fān ひもと-く

意味 ❶糸が乱れる。❷書物をひらいて読む。ひもとく。例 繙読ハンドク(=書物をひもとく)。❸ほかの国のことばになおす。訳す。通 翻。例 繙訳ホンヤク(=翻訳)。
【繙閲】ハンエツ 書物を読んで調べる。

繚
糸12(18) 2 6971 7E5A リョウ(レウ)漢呉 蕭 liáo めぐ-る・まと-う(まと-ふ)

意味 ❶まつわりつく。もつれる。からみついて自由をうばう。まとう。例 繚乱リョウラン。❷ぐるりとまわりをとりかこむ。めぐる。例 繚繞リョウジョウ。
【繚▼繞】リョウジョウ ①まがりくねっているさま。繞繚ジョウリョウ。②ぐるりとまわりを囲む。
【繚乱】リョウラン ①いりみだれるさま。②花が咲きみだれるさま。例 百花―。▽撩乱リョウラン。

繹
糸13(19) 2 6972 7E79 エキ漢 陌 yì ぬ-く・たず-ねる(たづ-ぬ)

意味 ❶(まゆの糸口から)糸を引き出す。ぬく。❷ものごとの糸口を引き出し、もとをたどり、明らかにする。たずねる。例 演繹エンエキ。尋繹ジンエキ。❸絶えずにつづく。つらなる。例 繹繹エキエキ。絡繹ラクエキ(=人馬の往来が絶えない)。
【繹繹】エキエキ ①続いて絶えないさま。きわまりないさま。②(ウマなどが)走り続けるさま。③光がさかんに輝くさま。
【繹如】エキジョ 音声や楽器の音などが、続いて絶えないさま。
【繹騒】エキソウ 絶えずさわぐ。また、騒動を起こす。

［繪］
糸13(19) ⇩絵カイ(1035ページ)

繳
糸13(19) 4 8456 7E73 ━シャク漢 薬 zhuó ━キョウ(ケウ)漢 篠 jiǎo

意味 ━いぐるみ(=鳥を捕らえるための糸付きの矢)の糸。例 繳矰シャクソウ(=いぐるみ)。━❶まとわりつく。まとう。例 繳繞キョウジョウ(=まとわりつく)。❷納付する。おさめる。例 繳納キョウノウ(=納税する)。
【繳進】キョウシン ①書類などを役所に差し出す。また、高位者に人をあしざまに伝える。②他人を非難した文章を奏上する。

繰
糸13(19) 1 2311 7E70 常用 ━ソウ(サウ)漢 皓 zǎo ━ソウ(サウ)漢 豪 sāo くる・くり

筆順 幺 糸 糸 糸 紀 絽 繰 繰

なりたち

〔形声〕「糸(=いと)」と、音「喿ソウ」とから成る。濃紺の絹。借りて、「たぐる」。

意味 ━❶紺色の絹布。❷冠の垂れひも。五色の糸をより合わせてつくる。通 璪ソウ。━まゆから糸を引き出す。くる。通 繅ソウ。例 繰糸ソウシ(=まゆから糸をくる)。繰車ソウシャ(=糸くり車)。

日本語での用法《くる》「ページを繰くる・雨戸あまどを繰くる」▼長く続くものを順に動かす。

古訓 中世 くる 近世 あついた・あやなす・あらふ・いとくる・きぬ・くりいだす

【繰越】くりこし 日 順に次の年度に組み入れること。例 前年度の―。

繫
糸13(19) 3 9494 7E6B 人 ケイ漢 ケ呉 霽 xì つな-ぐ・つな-がる・か-かる・か-ける(か-く)

［繋］糸11(17) 1 2350 7E4B 俗字。

なりたち
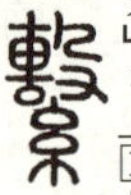
〔形声〕「糸(=ひも)」と、音「毄ケキ→ケイ」とから成る。つなぐ。

意味 ❶むすびつける。つなぎとめる。つなぐ。つながる。例 繫囚ケイシュウ。繫縛ケイバク。繫累ケイルイ。❷心にかける。気にとめる。例 繫心ケイシン。❸つながり。系統。例 帝繫テイケイ(=天子の血筋)。

古訓 中古 かかる・かく・しばる・つなぐ・とる・ゆふ 中世 かく・つなぐ 近世 つづく・つなぐ・つらなる・むすぶ

難読 有繫さすが・繫爪かけづめ

【繫辞】ケイジ ①易の根本原理を解説したもの。繫辞伝。孔子の作と伝えられる。②言語学で、主語と述語とを結合させる動詞のこと。
【繫囚】ケイシュウ とらえられて牢ロウに入れられた罪人。
【繫船】ケイセン 船をつなぎとめること。係船。
【繫争】ケイソウ 日 当事者間で争うこと。係争。
【繫属】ケイゾク ①つなぎつける。②日〔法〕訴訟が起こされ、判決の手続きがおこなわれていること。例 ―中の事件。▽係属。
【繫縛】ケイバク 〔古く「ケバク」とも〕つないだりしばったりして自由を束縛する。類 繫束。例 俗事に―される。
【繫▼纜】ケイラン 船のともづなをつなぐこと。船を岸につなぐこと。
【繫留】ケイリュウ ①(罪人などを)拘留コウリュウする。②つななどで(船を)つなぎとめる。例 小舟を―しておく。▽係留。
【繫累】ケイルイ 老いた両親や幼い兄弟など、自分が面倒をみなければならない家族。また、親戚シンセキ。係累。例 ―が多い。

繡
糸13(19) 3 9022 7E61 人 シュウ(シウ)漢 宥 xiù ぬいとり(ぬひとり)

［繍］糸11(17) 1 2911 7E4D 俗字。
［綉］糸7(13) 2 6921 7D89 別体字。

なりたち

〔形声〕「糸(=いと)」と、音「肅シュク→シュウ」とから成る。五色のいろどりがそろったもの。

意味 ❶布の上に色糸で模様をぬいあらわしたもの。ぬいとり。また、ぬいとりをする。例 繡衣シュウイ。刺繡シシュウ。❷華麗な。美しい。例 繡閣シュウカク。

古訓 中古 いろふ・ぬひもの・ぬふ 中世 ぬひもの 近世 ぬひもの・ヱがく

【繡衣】シュウイ ぬいとり模様のある美しい着物。
【繡閣】シュウカク 華麗な装飾の女性部屋。
【繡戸】シュウコ 美しく飾った(女性の)部屋。類 繡房。
【繡仏】シュウブツ 刺繡した仏像画。例 蘇晋長斎繡仏前ソシンはチョウサイすシュウブツのまえ(=蘇晋は刺繡した仏画の前で長期間、物忌みをした)。〈杜甫・飲中八仙歌〉
【衣レ繡夜行】シュウをきてよるゆく ぬいとり模様のある美しい衣服を着て夜歩く。人々に知られないことのたとえ。〔項羽が、富や名声を得ながら故郷に帰らないことをたとえて言ったことば〕〈史記・項羽紀〉類 衣錦夜行にしきをきてよるゆく。

［繩］
糸13(19) ⇩縄ジョウ(1050ページ)

繵
糸13(19) 4 8457 7E75 ━タン漢 寒 tán ━テン漢 先 chán

意味 ━なわ。━まとわりつく。まとう。通 纏テン。例 繵繞テンジョウ。

（＝まとわりつく）。

［繼］ 糸14(20) ⇩継(ケイ)（1040ページ）

繾 糸14(20) 4 8458 7E7E ケン 漢 銑 qiǎn

意味 「繾綣(ケンケン)」は、心が通じ合って、離れがたいさま。

纂 糸14(20) 1 2728 7E82 人 サン 漢 旱 zuǎn あつ-める（あつ-む）

なりたち ［形声］「糸(＝ひも)」と、音「算(サン)」とから成る。組みひもに似て赤い色のもの。

意味 ❶赤い組みひも。例 纂組(サンソ)。❷文書や詩文をあつめて整理し、書物にまとめる。例 編纂(ヘンサン)。❸受け継ぐ。つぐ。通 纘(サン)。例 纂業(サンギョウ)（＝遺業を受け継ぐ）。

古訓 中古 あつむ・かく・つぐ・つくる・ねがふ 中世 あつむる・つぐ・ねがふ 近世 あつむる・くみもの・さかんなり・つぐ

人名 あつ・あつむ

【纂次】(サンジ) 〔集めて順序をつける意〕編集する。

【纂修】(サンシュウ) ①資料を集めて書物を編集する。纂集(サンシュウ)。②受け継いでおさめる。

【纂集】(サンシュウ) 資料を集めて書物を編集する。纂修(サンシュウ)。

表記 旧 纂▼輯

【纂述】(サンジュツ) 文章や書物をあらわす。

【纂承】(サンショウ) 事業などを受け継ぐ。

【纂組】(サンソ) 印や玉(ギョク)などをとめる赤い色の組みひも。

【纂録】(サンロク) 資料を集め、整理して記す。集録。

纃 糸14(20) 2 6977 7E83 シ 漢 支 zī かすり

［緕］ 糸8(14) 2 6978 7DD5 俗字。

意味 衣服のすそ。もすそ。通 斉(シ)。例 纃縗(シサイ)（＝喪服の一つ。斉衰(シサイ)）。

日本語での用法 《かすり》▼かすったような模様のある織物。また、染め物。飛白(かすり)。

繻 糸14(20) 2 6976 7E7B シュ・ジュ 漢 虞 xū

意味 ❶目が細かく、やわらかな絹織物。うすぎぬ。例 繻子(シュス)。繻珍(シュチン)。❷絹布製の割り符。例 符繻(フジュ)。

【繻子】(シュス) 日 布の表面に、たて糸かよこ糸が浮き出るように織った織物。つややかな絹のほか、毛・綿がある。サテン。

【繻珍】(シュチン・シッチン) 日 繻子(シュス)の地に色糸で模様を織り出した布。帯地などに用いる。朱珍(シュチン)。

繽 糸14(20) 2 6979 7E7D ヒン 漢 呉 真 bīn

意味 多くさかんなさま。また、乱れるさま。例 繽紛(ヒンプン)。

【繽紛】(ヒンプン) 雪や花びらなどが風に舞い、乱れ散るさま。例 落英繽紛(ラクエイヒンプンたり)（＝花びらが乱れ散っている）。〈陶淵明・桃花源記〉落花—。

辮 糸14(20) 2 6980 8FAE ヘン 漢 ベン 呉 銑 biàn あ-む

意味 ❶糸などをたがい違いに組む。あむ。通 編。例 辮線(ベンセン)（＝組み糸）。❷髪をあむ。あんで垂らした髪。例 辮髪(ベンパツ)。

【辮髪】(ベンパツ) ①髪を編む。②頭髪を後ろ中央部を残してまるくそり、残った部分の髪を編んで長く垂らした髪型。弁髪。〔もと、中国北方民族の風習が、清朝(シンチョウ)のころ、漢人にも強制されて中国全土に広くおこなわれた〕

纈 糸15(21) 2 6982 7E88 ケツ 漢 ケチ 呉 屑 xié しぼり

意味 ❶しぼりぞめ(にする)。しぼり。例 纐纈(コウケツ・コウケチ)。❷酒に酔って眼がかすむ。例 纈眼(ケツガン)（＝酔眼）。

難読 纈帯(いわたおび・ゆはだおび)

纐 糸15(21) 2 6986 7E90 国字 コウ

参考 「夾纈(キョウケチ)」の「夾」を「交」とし、それを下の字に調和するようにしたもの。

意味 しぼりぞめ。くくりぞめ。例 纐纈(コウケチ・コウケツ)（＝しぼりぞめ）。

纊 糸15(21) 3 9023 7E8A コウ（クヮウ）漢 呉 漾 kuàng わた

意味 まわた。わた。例 纊衣(コウイ)（＝わた入れの衣服）。

［纉］ 糸15(21) ⇩纘(サン)（1060ページ）

［纖］ 糸15(21) ⇩纖(セン)（1055ページ）

［續］ 糸15(21) ⇩続(ゾク)（1041ページ）

纏 糸15(21) 1 3727 7E8F 人 テン 漢 デン 呉 先 chán まと-う（まと-ふ）・まとい（まとひ）・まつわ-る（まつは-る）・まと-める（まと-む）

［纒］ 糸16(22) 2 6985 7E92 俗字。

なりたち ［形声］「糸(＝いと)」と、音「廛(テン)」とから成る。まつわる。

意味 ❶まとう。めぐらす。まつわる。また、たばねる。くくる。例 纏足(テンソク)。纏綿(テンメン)。❷つきまとってわずらわす。じゃまをする。例 纏繞(テンジョウ)（＝まとわりつく）。

日本語での用法 一《まとい》「纏奉行(まといブギョウ)・纏持(まといもち)・め組の纏(まとい)」▼町火消しのしるし。もと、大将の陣屋(ジンや)に立てたしるし。二《まとめる》《まとまる》①「荷物(ニモツ)を纏(まと)める」▼ばらばらのものを一つにする。②「論文(ロンブン)を纏(まと)める・意見(イケン)を纏(まと)める」▼整える。統一のあるものにする。

古訓 中古 しばる・まく・まつはる・まつふ・まとふ・むすぶ・めぐる・やどる・わたる 中世 まつふ・まとはる・まとふ 近世 いぐるみ・つかぬる・まとふ・めぐらす・めぐる

人名 まき・まとむ

難読 纏(まっ)わ(ま)つわり付(つ)く

【纏足】(テンソク) 昔の中国で、女の子の第一指を除く足指を布でかたくしばり、大きくしないようにした風習。唐末・五代から始まり、清(シン)代に禁止されたが民国初期までおこなわれた。

【纏頭】(テントウ・はな) 芸人に与える祝儀。チップ。もと、芸人の歌舞をほめて贈った錦(にしき)で、芸人はそれを頭に巻いた。例 五陵年少争纏頭(ゴリョウのネンショウあらそいてテントウす)（＝名家の若者は争って祝儀を贈る）。〈白居易・琵琶行〉—代(ダイ・はな)。

【纏綿】(テンメン) ①まつわりつく。②いつまでも心にまつわりついて離れないさま。③情愛がこまやかなさま。例 情緒—。

纆 糸15(21) 4 8459 7E86 ボク 漢 職 mò

意味 より合わせた太いひも。なわ。例 徽纆(キボク)（＝罪人を縛る縄）。纆索(ボクサク)（＝縄）。

纇 糸15(21) 4 8460 7E87 ライ 漢 隊 lèi

意味 ❶よじれた糸の節くれ。こぶ。❷欠点。きず。例 瑕纇ライ（＝きず。欠点）。

【繿】糸15（21） ⇩襤ラン（1202ジペ）

【纍】糸15（21） ⇩累ルイ（1057ジペ）

【纒】糸16（22） ⇩纏テン（1059ジペ）

【纑】糸16（22） 4 8462 7E91 ロ 漢 虞 lú

意味 ❶布にする麻糸。❷麻糸を練る。例 辟纑ヘキロ（＝麻糸を練る）。❸アサの一種のカラムシの類。

【䋆】糸4（10） 4 8411 42C6 俗字。

【纓】糸17（23） 2 6987 7E93 エイ 漢 ヨウ（ヤウ） 呉 庚 yīng くみ・ふさ

【䋝】糸6（12） 4 8427 42DD 俗字。

意味 ❶冠のひも。例 冠纓カンエイ。❷冠のひもを結ぶ。例 纓冠エイカン。❸ウマの胸の前につける飾り。むながい。例 馬纓バエイ。

日本語での用法 《エイ》「巻纓ケンエイ・垂纓スイエイ・立纓リュウエイ」▼冠の後頭部から、後ろに垂れる飾りひも。

【纓冠】エイカン ①冠のひもを結ぶ。冠を着ける。②乱れたままの髪に冠をつける。事態が差し迫っているさま。例 被髪纓冠而救レ之ヒハツエイカンしてこれをすくう（＝髪を結ぶ暇がなくてざんばら髪のまま冠を載せ、そのひもを結び飛び出して行って仲裁する）。〈孟子・離婁下〉③仕官する。

【纓紳】エイシン（冠と大帯の意）貴族や高官。

【纓絡】ヨウラク｜エイラク 宝石や貴金属などをつないで作った装身具。寺院内の天蓋などの装飾に用いる。瓔珞ヨウラク｜エイラク。

【纔】糸17（23） 2 6988 7E94 サイ 漢 呉 灰 cái わずか（わづか）

意味 やっと。ようやく…したばかり。わずかに。例 纔通レ人わずかにひとをツウずるのみ（＝やっと人が通れるほどだ）。〈陶淵明・桃花源記〉

【纖】糸17（23） ⇩繊セン（1055ジペ）

【纜】糸17（23） ⇩纜ラン（1060ジペ）

【纛】糸18（24） 2 6991 7E9B トウ（タウ） 漢 号 dào おおがしら（おほがしら）・おにがしら・はた・はたほこ

意味 ❶羽毛で作った、きぬがさのような舞の道具。❷ヤクの尾やキジの羽などで飾った旗。例 左纛サトウ（＝天子の車の左側に立てられた旗）。❸軍隊で用いた大きな旗。例 大纛ダイトウ。

【纘】糸19（25） 4 8463 7E98 サン 漢 旱 zuǎn つーぐ

【纉】糸15（21） 2 6983 7E89 俗字。

意味 ❶うけつぐ。つぐ。例 纘継サンケイ。纘業サンギョウ。纘述サンジュツ（＝受け継ぎ述べる）。❷あつめる。通纂サン。

【纘業】サンギョウ 前人の事業を受け継ぐ。類纘緒サンショ｜ショをつぐ。

【纘継】サンケイ 受け継ぐ。継承。類纘続。

【纚】糸19（25） 4 8464 7E9A 一 シ 漢 紙 xǐ 二 リ 漢 支 lí

意味 一 ❶束ねた髪を包む絹布。例 纚笄シケイ（＝髪を束ねてかんざしをつける）。緇纚シシ（＝髪を包む黒い絹布）。❷つづく。つらねる。例 纚属シゾク（＝つらなりつづく）。二 つなぐ。例 纚舟シシュウ（＝舟をつなぐ。また、舟になわをつけて引く）。

【纜】糸22（28） 2 6992 7E9C ラン（ラム） 漢 呉 勘 lǎn ともづな

【䌫】糸17（23） 4 8461 432B 俗字。

意味 船をつなぎとめておくつな。ともづな。例 解纜カイラン（＝ともづなを解いて船出する）。収纜シュウラン（＝ともづなを解いて収める）。電纜デンラン（＝ケーブル）。

121 6画 缶 ほとぎ ほとぎへん 部

水などを入れる、腹部のふくれた土器の形をあらわす。「缶」をもとにしてできている漢字を集めた。

0 1060 缶 3 1060 缸 4 1060 缺 缼 䍃 5 1060 缻 8 1061 缾 10 1061 罃 11 1061 罅 罄 12 1061 罇 14 1061 罌 15 1061 罍 16 1061 罎 罏 17 1061 罐

【缶】缶0（6） 1 2044 7F36 常用 A フウ 漢 フ 呉 有 fǒu B カン（クヮン） 漢 呉 翰 guàn ほとぎ・かま

【罐】缶17（23） 2 7005 7F50 旧字体。

筆順 ノ 𠂉 𠂉 午 缶 缶

なりたち A【缶】［象形］腹部のふくれた土器の形。 B【罐】［形声］「缶（＝かめ）」と、音「雚カン」とから成る。水などをくむ、うつわ。

参考「缶フ」と「罐カン」とは本来別字であるが、日本では「罐」の略字として「缶」を用いる。

意味 A【缶】❶酒や酢を入れる土器。ほとぎ。❷容量の単位。十六斗。一説に三十二斗。

日本語での用法《カン》「缶カンジュース・空あき缶カン・ドラム缶カン」▼アルミニウム・スチール・ブリキなどでつくった容器。

意味 B【罐】陶製または金属製の、水をくんだり煮たきに用いたりする、円形の容器。

日本語での用法《カン》《かま》「罐焚かまたき・汽罐キカン・薬罐ヤカン」▼汽船のかまやふろがまなどの、湯をわかす装置や道具。

古訓 A【缶】中古 ほとき・もたひ 中世 つぼ・ほとぎ・もたひ 近世 ほとぎ B【罐】中古 つるべ・ほとき 中世 かめ・つるべ・もたひ 近世 こがめ・つるべ

【缶（罐）詰】カンづめ 日 ①加工した食品を缶につめて加熱殺菌し、密封したもの。②俗に、ある場所に詰めて仕事をしてもらうこと。

◐汽缶キカン・汽罐キカン

【缸】缶3（9） 2 6993 7F38 コウ（カウ） 漢 江 gāng かめ

意味 ❶首の長い大きなかめ。例 酒缸シュコウ。❷あかり。ともしび。通釭コウ。

【缺】缶4（10） ⇩欠ケツ（717ジペ）

【缼】缶4（10） ⇩欠ケツ（717ジペ）

【䍃】缶4（10） 4 8465 4343 ユウ（イウ） 漢 尤 yóu

意味 土器。ほとぎ。

【缻】缶5（11） 4 8467 7F3B フウ 漢 フ 呉 有 fǒu ほとぎ

意味 腹部のふくれた土器。ほとぎ。通缶フ。例 秦王為レ趙王一撃レ缻フをうつ(=秦王は趙王のために酒器をたたいた)。〈史記・廉頗藺相如伝〉 盆缻ボンフ。

缾 缶8(14) ⇩瓶ビン(882ページ)

罃 缶10(16) 4 8469 7F43 オウ(アウ)漢 ヨウ(ヤウ)呉 庚 yīng
意味 首の長い瓶かめ。もたい。

罅 缶11(17) 2 7001 7F45 カ漢 禡 xià ひび・すき
意味 ❶土器にさけめがはいる。われる。また、ひび。❷すきま。欠けたところ。例 罅隙ゲキ(=すきま)。

罄 缶11(17) 4 8470 7F44 ケイ漢 径 qìng
意味 ❶容器の中に何もない。むなしい。例 罄瓶ヘイ(=空のかめ)。❷用い尽くす。つきる。例 罄尽ジン。類 罄竭ケツ。
【罄尽】ジン すべてなくなる。使い尽くす。

罇 缶12(18) ⇩樽ソン(711ページ)

罌 缶14(20) 2 7002 7F4C オウ(アウ)漢 庚 yīng もたい(もたひ)
意味 ❶腹部がふくらみ、口のつぼんだ、かめ。もたい。例 罌缶オウフ(=かめ)。❷⇩【罌粟】ソク
【罌▼粟】ソク|ゾク ケシ科の二年草。五月ごろ、赤・紫・白などの花をつける。種はパンや和菓子などの飾りに利用される。参考「ケシ」は「芥子」とも書くが、本来「芥子」はナタネ・カラシナの種の意。

罍 缶15(21) 2 7003 7F4D ライ漢 灰 léi さかずき(さかづき)・たる・もたい(もたひ)
意味 ❶雲雷紋ウンライモンのある青銅製あるいは陶製の、酒を盛る容器。さかだる。通 櫑ライ。例 罍尊ライソン。❷手を洗うための水を入れる、うつわ。
【罍尊】ライソン【罍▼樽】ライソン 雲雷紋ウンライモンの文様があり、黄金で装飾された酒だる。のち、広く、酒だるのこと。

[罍❶]

【罍恥】ライチ 飲酒のとき、用意した酒だるの酒が足りなくなること。職責を果たせないことの恥をいう。〔小さな酒器の酒がなくなっても、酒だるから新たに補給できないことは、酒だるの恥であることから〕〈詩経・小雅・蓼莪〉

罎 缶16(22) ⇩壜タン(305ページ)

罏 缶16(22) 4 8471 7F4F ロ漢 虞 lú
意味 ❶酒を入れる、口の小さいうつわ。例 瓶罏ヘイロ。❷香炉コウロ。通 炉。❸酒店で、酒つぼを置く台。通 壚ロ。例 酒罏シュロ。

罐 缶17(23) ⇩缶カン(1060ページ)

122 6画 网(罒・𦉰・㓁) あみがしら あみめ 部

鳥獣や魚をとらえるためのあみの形をあらわす。楷書カイショでは「网(六画)」「罒(五画)」「𦉰(五画)」「㓁(四画)」などと書く。「网(罒・𦉰・㓁)」の字形を目じるしにして引く漢字とを集めた。

0 1061 网 㓁 𦉰 罒 3 1061 罕 罔 4 1061 罡 罘 5 1062 罟 罜 罠 6 1062 罣 7 1062 罦 8 1062 罨 罫 罪 署 罧 置 罩 罭 9 1063 署 罰 10 1063 罵 罸 罷 11 1064 罹 12 1064 罽 罾 13 1064 羂 羃 14 1064 羆 羅 17 1064 羇 19 1065 羈

この部首に所属しない漢字
詈→言1223 買→貝1259 蜀→虫1174 睾→罒934

网 网0(6) 2 7006 7F51 ボウ(バウ)漢 モウ(マウ)呉 養 wǎng あみ
意味 魚や鳥をとる網。あみ。通 網。

㓁 㓁0(4) 4 8472 34C1 ⇩部首解説

𦉰 𦉰0(5) 4 8473 26270 ⇩部首解説

罒 罒0(5) 4 8474 7F52 ⇩部首解説

罕 㓁3(7) 2 7007 7F55 カン漢呉 旱 hǎn あみ・はた・まれ
意味 ❶柄のついた網。あみ。例 罕罔カンモウ。❷ほとんどない。まれ。例 子罕言二利与レ命与一レ仁シまれにリとメイとジンとをいう(=孔子は利益や運命や仁について語ることはまれであった)。〈論語・子罕〉
【罕▼儔】カンチュウ 〔「儔」は、たぐい・仲間の意〕たぐいまれなこと。珍しいこと。
【罕▼罔】カンモウ 鳥などをとる網。

罔 𦉰3(8) 2 7008 7F54 ム慣 ボウ(バウ)漢 モウ(マウ)呉 養 wǎng あみ・なーい(なーし)
意味 ❶鳥や獣をとる網。あみ。通 網。例 法罔ホウモウ。❷罪人をとらえる法の網。あみ。通 網。❸ない。例 罔極モウキョク(=限りがないこと)。❹道理にくらい。例 学而不レ思則罔まなびておもわざればすなわちくらし(=学ぶばかりで自分で考えてみないと、はっきり理解したとはいえない)。〈論語・為政〉❺だます。あざむく。しいる。例 欺レ天罔レ君者也テンをあざむききみをしいるものなり(=天をあざむき君主をだます者である)。〈魏志・武帝紀〉❻ない。しない。なかれ。…ず。否定や禁止をあらわす。例 罔レ淫二于楽一ラクにインすることなかれ(=安楽なことにふけってはならない)。〈書経・大禹謨〉❼⇩【罔象】モウショウ ❽⇩【罔両】モウリョウ
【罔両】モウリョウ ⇩
【罔▼罟】モウコ 鳥獣や魚類をとる網。
【罔象】モウショウ ①水にただよう。②何もないさま。虚無。③水中にいる妖怪ヨウカイ。
【罔羅】モウラ ①鳥獣をとる網。②残らず取り収める。すべてひっくるめる。▽網羅。
【罔両】モウリョウ ①影のそばにできるうすいかげ。例 罔両問レ景モウリョウかげにとう(=薄いかげが影に問いかけた)。〈荘子・斉物論〉②頼りないさま。③山や川の妖怪ヨウカイ。すだま。▽蝄蜽モウリョウ・魍魎モウリョウ。

罡 罒4(9) 4 8475 26286 コウ(カウ)漢 陽 gāng
意味 平地よりも少し盛り上がった土地。おか。通 岡。

罘 罒4(9) 2 7009 7F58 フ漢 虞 fú フウ漢 尤 fú あみ・うさぎあみ

意味 ❶ウサギをとる網。うさぎあみ。また、狩りに用いる網。あみ。例 罘網フモウ。❷「芝罘シフ/チーフー」は、山東省煙台エンタイの別名。

【罘網】フモウ 鳥や獣をとるため車の上に張ったあみ。

罟
罒5 (10) 2 7010 7F5F コ漢 麌 gǔ あみ・さであみ

意味 ❶網の総称。あみ。例 罟網コモウ（=魚をとる網）。❷法の網。例 罪罟ザイコ（=法の網）。❸網で漁をする。例 罟師コシ。

【罟師】コシ 網で漁をする人。漁師。漁夫ギョフ。

罡
罒5 (10) 4 8476 7F61 コウ（カウ）漢 ゴウ（ガウ）呉 陽 gāng

意味 ❶星の名。例 天罡星テンコウセイ（=北斗星）。❷つよい。通 剛。例 罡気ゴウキ（=剛気）。❸おか。通 岡コウ。例 高罡コウコウ。

罠
罒5 (10) 2 7011 7F60 ビン漢 真 mín わな

意味 ❶釣り糸。❷獣をとらえるための網。わな。

日本語での用法《わな》「罠わなにはまる」▼人をだます、はかりごと。

罣
罒6 (11) 4 8477 7F63 ケイ漢 霽 カイ（クワイ）漢 ケ（クエ）呉 卦 guà

意味 ❶ひっかけてつり下げる。かける。通 掛カイ。❷網にかかる。とらわれる。例 罣礙カイガイ/ケゲ（=気がかり。さまたげ）。

罤
罒7 (12) 4 8478 7F64 テイ漢 ダイ呉 斉 tí

意味 ウサギなどをとる網。あみ。通 蹄テイ。例 筌罤センテイ（=魚を捕らえるやなとウサギを捕らえる網。目的達成の手段）。

罨
罒8 (13) 2 7012 7F68 アン慣 エン（エム）漢 琰 yǎn あみ

意味 ❶おおいかぶせて、魚や鳥をとらえる網。❷おおう。かぶせる。例 罨法アンポウ。

【罨法】アンポウ 炎症や充血をやわらげるため、水・湯・薬液などにひたした布で患部をおおい、冷やしたり、あたためたりする治療法。例 冷—。温—。

罫
罒8 (13) 1 2351 7F6B ケイ慣 カイ漢 蟹 guǎi

意味 ❶碁盤の四角います目。方眼。例 方罫ホウケイ。❷ます目状の網目。

日本語での用法《ケイ》「罫線ケイセン・罫ケイを引ひく・表罫おもてケイ」▼文字をまっすぐ書くための線。また、紙面上に活字とともに組み込む線。

【罫紙】ケイシ 日 罫線の引いてある紙。

【罫線】ケイセン 日 紙に縦または横に、一定の間隔で引いた線。罫。

罪
罒8 (13) 1 2665 7F6A 教5 サイ漢 ザイ呉 賄 zuì つみ

筆順 冂 冂 罒 罒 罒 罪 罪 罪

なりたち  ［形声］「罒（=あみ）」と、音「非ヒ→イサ」とから成る。魚をとらえる網。秦シン以後に「つみする」の意となる。

意味 ❶魚をとる網。❷法律や道徳に反したおこない。とが。つみ。例 罪悪ザイアク。犯罪ハンザイ。❸つみにあてる。つみする。刑罰。例 罪二典冠一テンカンをつみす（=冠を扱う役人を罰する）。〈韓非・二柄〉死罪シザイ。断罪ダンザイ。❹不都合なこと。あやまち。例 功罪コウザイ。謝罪シャザイ。❺災い。例 罪福ザイフク。

古訓 中古 あやまち・こらす・つみ・とが 中世 つみ・とが・わざはひ・をかす 近世 つみ・つみせらる

【罪悪】ザイアク 道徳や宗教の教えなどにそむくおこない。つみ。とが。例 —感がうすい。

【罪科】ザイカ ①犯罪に対する罰。しおき。刑罰の項目。②法律や道徳などにそむいたおこない。つみ。とが。

【罪過】ザイカ つみ。あやまち。類 罪戻ザイレイ。

【罪業】ザイゴウ〔仏〕悪いおこない。また、その報い。例 —をつぐなう。

【罪死】ザイシ ①死刑。②つみシなり 罪は死刑に値する。

【罪証（證）】ザイショウ 犯罪を犯したという証拠。

【罪障】ザイショウ〔仏〕悟りをひらいたり、極楽往生したりするのにさまたげとなる、つみ深いおこない。

【罪状】ザイジョウ 犯罪の内容や実情。例 —認否（=起訴状にある公訴事実を被告が認めるかどうかについての答弁）。

【罪人】ザイニン/ザイジン つみを犯した人。つみびと。例 —を罰する。

【罪名】ザイメイ 犯罪の種類をあらわす名称。偽証罪・窃盗罪・殺人罪など。

【罪隷】ザイレイ 罪により奴隷となって、役所で雑役をする者。

【罪不レ容二於死一】つみはシにいれず 罪は重く、死刑にされてもなお許されるものではない。〈漢書・王莽伝上〉類 罪不レ容レ誅チュウにいれず。

●功罪コウザイ・死罪シザイ・謝罪シャザイ・重罪ジュウザイ・同罪ドウザイ・犯罪ハンザイ・無罪ムザイ・有罪ユウザイ

署
罒8 (13) 1 2980 7F72 教6 ショ漢 御 shǔ しるす

［署］罒9 (14) 3 9026 FA5A 人 旧字体。

筆順 冂 冂 罒 罒 罒 罒 署 署

なりたち  ［形声］「罒（=あみ）」と、音「者シャ→ショ（=事柄を分けることば）」とから成る。仕事を割り当てて配置する。

意味 ❶人に役を割り当てる。例 部署ブショ（=役目をきめて配置する）。❷臨時に職務を代行する。例 署理ショリ。❸役人が決められた仕事をするところ。役所。例 官署カンショ。税務署ゼイムショ。❹書きしるす。しるす。例 署名ショメイ。

古訓 中古 あたかなり・おく・かきしるす・しるす・つかさ・つかさどる・なしるす 中世 おく・かく・しるす・つかさ 近世 しるす・つかさ・ふだ・ふみ

人名 つかさ

【署置】ショチ 役割を決める。また、官職に任じる。

【署長】ショチョウ 官署の最高責任者。

【署名】ショメイ 書類や文書などに自分の姓名を書く。サイン。例 —運動。合意文書に—する。

【署理】ショリ ある官職に欠員が生じたとき、他の官吏が臨時にその職務を代行する。

●自署ジショ・部署ブショ

罧
罒8 (13) 2 7014 7F67 シン（シム）漢 沁 shèn あと・ふしづけ

意味 水中に枝を積んでおき、そこに入りこむ魚をとるしかけ。ふしづけ。

置
罒8 (13) 1 3554 7F6E 教4 チ漢呉 寘 zhì おく

筆順

なりたち ［会意］「罒(＝つみするためのあみ)」と「直(＝正しく見る)」とから成る。ゆるす。罰せずそのままにしておく。

意味 ❶罪をゆるす。放免する。例 無レ有レ所レ置(＝一人も罪をゆるさなかった)。〈史記・呉王濞伝〉 ❷すえる。おく。例 安置。位置。❸もうける。そなえつける。例 設置。装置。❹とりはからう。始末する。例 処置。措置。❺すてる。やめる。例 放置。

古訓 中古 おく 中世 おく・すつ・たつる 近世 おく・すつ・たつる・やすんず・ゆるす

人名 おき・き・やす

【置換】 日 ①あるものをほかのものにおきかえる。例 遺伝子の—。②〔化〕化合物のある原子または原子団を、別の原子または原子団にかえる。

【置酒】 酒宴をひらく。酒盛り。また、その用意をする。例 —高会(＝盛大な酒宴)。

【置▼錐▼之地】 錐を立てるほどのわずかな地。ほんの少しの余地。立錐之地。例 尭舜有二天下一、子孫無二置錐之地一(＝尭や舜は天下を保有したが、その子孫は少しの土地もなかった)。〈荘子・盗跖〉

【置亭】 宿場。宿駅。

●安置・位置・拘置・処置・設置・装置・措置・対置・倒置・配置・放置

罩

罒8(13) 2 7013 7F69

トウ(タウ)漢 効 zhào

あみ・こ-める(こ-む)

［箪］

竹8(14) 4 8351 4207

別体字。

意味 ❶魚をとるための竹かご。例 罩籠(＝魚をとる竹かご)。❷かごで魚をとる。❸かごをかぶせるように、おおう。例 籠罩(＝つつみこむ)。❹おおいかぶせるもの。うわっぱり。例 罩衣(＝マント)。

日本語での用法 《こめる》「香のにおいが立ち罩める」▼いっぱいに広がって、おおう。

罭

罒8(13) 4 8479 7F6D

ヨク漢 イキ(ヰキ)呉 職 yù

意味 小さな魚をとる、目の細かい網。あみ。例 九罭(＝小魚をとるための目の細かい網)。

［署］

罒9(14) ⇩署(1062ジペ)

罰

罒9(14) 1 4019 7F70 常用

ハツ漢 バツ・バチ呉 月 fá

［罸］

罒10(15) 2 7015 7F78

俗字。

筆順

なりたち ［会意］「刂(＝かたな)」と「詈(＝しかる)」とから成る。刀を持ってしかるだけの小さな罪。

意味 ❶罪に対するこらしめ。とがめ。しおき。しおきする。例 罰依二金谷酒数一(＝しおきは金谷園での罰杯の数に従おう)。〈李白・春夜宴桃李園序〉 刑罰。処罰。❷金を出して罪をあがなう。例 金罰。〈周礼・秋官・職金〉

日本語での用法 《バチ》「罰当たり」▼神仏のこらしめ。悪事のむくい。

古訓 中古 うつ・つみ 中世 うつ・つみ・つみす・つみする・はたけ 近世 つみ・つみする

【罰金】 罰として出させる金銭。

【罰則】 日 法律や規則を破った者を罰する規定。例 —を規定する。—を設ける。

【罰点】 日 否定やまちがいであることを示す「×」のしるし。ばつ。例 —をつける。

【罰杯】 詩会で詩ができない人、また、勝負ごとで負けた人、会合に遅刻した人などに、罰として無理に酒を飲ませること。また、その酒。類 罰酒・罰爵。〔西晋の石崇が金谷園に宴して、詩ができない客に罰杯を飲ませた故事が有名〕

●刑罰・厳罰・賞罰・処罰・信賞必罰・体罰・懲罰・天罰

罵

罒10(15) 1 3945 7F75 常用

バ漢 メ呉 禡 mà

ののしる

筆順

なりたち ［形声］「罒(＝あみ)」と、音「馬」とから成る。ののしる。

意味 悪口を言う。ののしる。また、ののしり。例 罵声。罵倒。痛罵(＝ひどくののしる)。

古訓 中古 うながす・さいなむ・のる・はづかし 中世 うながす・さいなむ・のる 近世 ののしる・のる

【罵言】 ののしること。また、そのことば。悪言。例 —を発する。

【罵▼坐】 同席している人をののしる。

【罵辱】 ののしりはずかしめる。

【罵声】 (相手を)ののしる声。例 —を浴びせる。

【罵倒】 口ぎたなくののしる。例 人前で—する。

【罵▼詈】 ののしる。ひどい悪口。ののしり。

【罵▼詈雑言】 日 ひどい、ののしりのことば。悪口雑言。

［罸］

罒10(15) ⇩罰(1063ジペ)

罷

罒10(15) 1 4077 7F77 常用

一 ヒ慣 ハイ漢 蟹 ハ漢 馬 bà

二 ヒ漢 支 pí

や-める(や-む)・や-む・まか-る

筆順

なりたち ［会意］「罒(＝つみするためのあみ)」と「能(＝すぐれた能力)」とから成る。すぐれた能力のある者は、特別にその罪をゆるす。罰することをやめる。

意味 一 ❶罪をゆるす。放免する。例 罷二魏勃一(＝魏勃の罪をゆるした)。〈史記・斉悼恵王世家〉 ❷仕事を中止する。やめる。例 罷業。❸役目をやめさせる。しりぞける。例 罷免。二 ❶体力や気力がなくなってだらりとする。つかれる。通 疲。例 罷弊。❷⇩【罷癃】

日本語での用法 《まかる》①「人前に罷り出る」▼参上する。②「御前から罷る・身罷る」▼退出する・去るの謙譲語。③「罷り通る・罷り間違うと・罷り成らぬ」▼他のことばの上にそえて、語調を強める。

古訓 中古 しりぞく・つかる・まかる・まかんぬ・やむ 中世 きはまる・しりぞく・つかる・とどむ・まかる・やむ 近世 しりぞく・すたる・ちち・つかる・やむ

【罷業】 ①仕事をしないこと。②日「同盟罷業」の略。ストライキ。▽類 罷工。

6画

［网(罒・円・冗)］8—10画▼罩 罭 署 罰 罵 罸 罷

【罷市】シヒ|ハイ ①市(シを)やむ 市場を開くことを休止する。②商人のストライキ。

【罷▼黜】ヒチュツ|ハイチュツ ①やめさせて退ける。排除する。②官職を罷免する。

【罷弊】ヒヘイ ①からだが疲れ、弱る。②国力や経済状態などが弱って活動がにぶる。▽疲弊。

【罷免】ヒメン|ハイメン 役職を解くこと。免職。㊀対任命。例 大臣を—する。

【罷▼癃】ヒリュウ 背骨が盛り上がる病気。

罹
罒11 (16) 2 5677 7F79 リ(漢) 支 lí かか-る

意味 ❶うれい。なやみ。例 逢二此百罹一(このヒャクリにあう)(=こんなに多くの苦難にあった)。〈詩経・王風・兎爰〉 ❷病気になったり、災難にあう。かかる。例 罹患リカン。罹災リサイ。

【罹禍】リカ 災難にあう。類罹難。

【罹患】リカン 病気にかかる。罹病。例 —率。

【罹災】リサイ 地震・火災・水害などの災害にあう。被災。例 —者。—地。

【罹病】リビョウ|リヘイ 病気にかかる。罹患。例 結核に—する。—期間。

罽
罒12 (17) 4 8480 7F7D ケイ(漢) 霽 jì

意味 ❶漁網。❷毛織物。例 罽衣ケイイ。❸「罽賓ケイヒン」は、西域にあった国の名。

罾
罒12 (17) 4 8481 7F7E ソウ(漢) 蒸 zēng

意味 四つ手網。あみ。よつで。例 罾笱ソウコウ(=四つ手網と、やな。漁具)。

罥
罒13 (18) 2 7016 7F82 ケン(クェン)(漢) 霰 juàn あみ・か-ける(か-く)・わな

意味 鳥や獣をおびきよせて生けどりにする網。あみ。わな。例 罥索ケンサク|ケンジャク。

【罥索】ケンサク|ケンジャク ①〔仏〕不動明王が持つ仏具で、鳥獣をとる、わな。かけなわ。仏や菩薩ボサツが衆生シュジョウをとらえて救うことを象徴する。②ぶらんこ。また、ぶらんこの網。

[羃] 罒13 (18) ⇒冪ベキ(142ジペー)

羆
罒14 (19) 2 7017 7F86 ヒ(漢) 支 pí ひぐま

意味 クマの一種。アカグマ。ヒグマ。性質のあらい、大形のクマ。例 羆虎ヒコ(=勇猛な者のたとえ)。

羅
罒14 (19) 1 4569 7F85 常用 ラ(漢)(呉) 歌 luó うすもの・あみ・つら-ねる(つら-ぬ)・うすぎぬ

筆順

なりたち [会意]「罒(=あみ)」と「維(=つなぐ)」とから成る。あみで鳥をとらえる。

意味 ❶網をかけてとらえる。例 網羅モウラ。❷鳥をとる網。例 雀羅ジャクラ。❸網の目のようにぎっしりと並ぶ。つらねる。例 羅列ラレツ。❹うすい絹織物。うすもの。例 羅衣ライ(=うすい絹で仕立てた着物)。綺羅キラ(=あやぎぬと、うすぎぬ)。❺外国語の「ラ」「ロ」の音訳字。例 羅甸ラテン。羅馬ローマ。阿修羅アシュラ。曼陀羅マンダラ。

古訓 中古 あふ・あみ・うすもの・うれふ・かかる・かく・かぶる・くるめく・つらなる・つらぬ・とりあみ 中世 あみ・うすもの・かかる・つらなる・つらぬ・とりあみ 近世 あみ・うすもの・つらなる・とりあみ

人名 つら

【羅▼帷】【羅▼幃】ライ うすぎぬのカーテン。うすぎぬの幕。

【羅宇】ラウ|ラオ 日 キセルの雁首ガンくびと吸い口をつなぐ竹の管。〔ラオス産の節の長い竹を使ったところからこの名があるという〕

【羅漢】ラカン 〔仏〕〔「阿羅漢アラカン」の略〕完全に悟りをひらき、功徳クドクのそなわった修行者。例 五百—。

【羅▼綺】ラキ うすぎぬと、あやぎぬ。上品で、きれいな着物。また、それを着た人。

【羅▼裙】ラクン うすぎぬの衣の裾すそ。また、うすぎぬのスカート。類羅裳ラショウ。例 血色羅裙翻レ酒汚(ケッショクのラクンさけをくつがえしてけがる)(=琵琶ビワの曲を懸命に弾くのに努め)真っ赤なうすぎぬのスカートに酒をこぼしてしみをつけた)。〈白居易・琵琶行〉

【羅▼罟】ラコ ①網。②法の網。法律。

【羅▼紗】ラシャ 〔ポルトガル語 raxa の音訳〕織り上げたあと収縮させて地を厚く密にし、表面をけばだてた毛織物。

【羅▼襦】ラジュ ①うすぎぬの肌着。②小鳥をとるための、目の細かい網。

【羅城】ラジョウ 城都の外郭にめぐらされた大きな城壁。

【羅生門】ラショウモン 日 平城京・平安京の外郭の正門。朱雀スザク大路の南端にあった。羅城門。

【羅織】ラショク ①うすぎぬの織物。②無実の者を罪におとしいれる。ぬれぎぬを着せる。

【羅針盤】ラシンバン 日 磁石が南北をさす性質を利用して、船や航空機の位置・方向を知る器機。コンパス。類羅針儀。

【羅生】ラセイ 連なって生ずる。例 紅榴白蓮羅二生池砌一(コウリュウビャクレンチセイにラセイす)(=赤いザクロの花や白いハスの花が、石を積んで作った池の堤に並んで生えている)。〈白居易・与微之書〉

【羅刹】ラセツ 〔仏〕〔梵語ボン rākṣasa の音訳〕足が速く怪力で、空中を飛行し、人を食い、地獄で罪人を責め苦しめるという悪鬼。例 悪鬼—。

【羅致】ラチ ①網で鳥をとらえる。②珍しいものを集めたり、人材を招致したりすることのたとえ。

【羅▼甸語】ラテンゴ 〔「羅甸」は、Latin の音訳〕古代ローマで使われた言語。フランス語・スペイン語・イタリア語などの源。現在は学術用語として使われる。拉丁語ラテンゴ。

【羅拝】ラハイ ずらりと並んで拝礼する。

【羅布】ラフ ①うすぎぬ。②つらねて並べる。羅敷ラフ。

【羅網】【羅▼罔】ラモウ ①鳥獣・魚類をとらえる網。②法の網。法律。また、罪に服していること。例 君今在二羅網一(きみいまラモウにあり)(=君は今罪人となって法網にとらわれている)。〈杜甫・夢李白〉

【羅文】ラモン ①うすぎぬのあや模様。羅紋ラモン。②日 戸・蔀しとみなどの上部の木を菱形ひしがたに組んだもの。

【羅絡】ララク ①網でとらえる。②くるめる。からめる。

【羅列】ラレツ 次から次へ並べて、あげること。列挙。類羅陳。例 単なる文字の—にすぎない(=内容のない文章である)。

【羅馬】ローマ 〔Roma の音訳〕①イタリア半島中部に建設された都市国家。古代ローマ帝国。②現在のイタリア共和国の首都。市内にカトリック教会の中心バチカン市国がある。例 —は一日にして成らず。すべての道は—に通ず。

●一張羅イッチョウラ・甲羅コウラ・修羅シュラ・網羅モウラ

羈
罒17 (22) 2 7020 7F87 キ(漢) 支 jī たび・よ-せる(よ-す)

[覊] 覀17 (23) 4 8838 8989 別体字。

意味 故郷を離れてよその地に身を寄せる。たびをする。たび。

㊟羈キ。例 羇旅キリョ。

【羇留】(キリュウ) 旅さきで泊まる。また、遠いところにとどまる。羈留キリュウ。

【羇旅】(キリョ) ①たび。旅行。②たびびと。他国に身を寄せている人。③日 和歌・俳句の部立ての一つ。たびの気持ちをよんだ作品をまとめている。▽羈旅キリョ。

羈

罒19 (24) 2 7019 7F88

キ㊥ 支 jī

おもがい・きずな(きづな)・たづな・つな-ぐ・たび

[覊]

襾19 (25) 2 7511 898A 別体字。

意味 ❶ウマをつなぎとめるために、頭部にかけた組みひも。**おもがい**。また、**たづな**。❷束縛する。つなぎとめる。例 羈絆キハン。不羈フキ。❸故郷を離れてよその地に身を寄せる。たびをする。**たび**。㊟羇キ。例 羈旅キリョ。❹古代の女の子供のまげ。例 羈角カクキ(=幼年。「角」は、男の子供のまげ)。

【羈恨】(キコン) 旅のうれい。旅愁。

【羈▼紲】【羈▼絏】(キセツ) ①ウマのおもがいと手綱たづな。②つなぎとめる。

【羈束】(キソク) つなぎとめる。束縛して自由にさせない。㊟羈縛。

【羈鳥恋二旧林一】(キチョウキュウリンをこう) かごの中の鳥は生まれ育った林を恋しがるものだ。官吏をやめて田園に帰りたいという思いのたとえ。〈陶淵明・帰園田居〉

【羈▼絆】(キハン) ①つなぐ。つなぎとめる。自由な行動をさまたげる。束縛。②ほだし。きずな。

【羈▼縻】(キビ) ①ウマのおもがいと、ウシの鼻綱。②つなぐ。つなぎとめる。

【羈留】(キリュウ) ①つなぎとめる。②旅先で泊まる。羇留キリュウ。

【羈旅】(キリョ) ⇩【羇旅】(キリョ)(1065ページ)

【羈▼勒】(キロク) ①ウマのおもがい。②つなぐ。束縛。

123 6画 羊(⺷)ひつじ ひつじへん 部

角のあるヒツジの形をあらわす。「羊」をもとにしてできている漢字と、「⺷」の字形を目じるしにして引く漢字とを集めた。

羊

羊0 (6) 1 4551 7F8A 教3

ヨウ(ヤウ)漢呉 陽 yáng

ひつじ

筆順 丶 丷 䒑 𦍌 兰 羊

なりたち [象形] 角と四本の足と尾のあるヒツジの形。

意味 ❶家畜の一つ。**ヒツジ**。毛を織物に、肉を食用にする。例 羊毛ヨウモウ。綿羊メンヨウ。❷めでたい。よい。〔「祥ショウ」に通じて用いられる〕

古訓 中古 ひつじ 中世 ひつじ 近世 ひつじ

人名 よし

難読 羊蹄花ぎしぎし・羊麻草だどく・羊歯だし

【羊角】(ヨウカク) ①ヒツジのつの。②ヒツジのつののように曲がって吹く風。つむじ風。③植物のナツメ。㊟羊棗ヨウソウ・羊矢棗ヨウシソウ。

【羊▼羹】 一(ヨウコウ) ヒツジの肉のスープ。二(ヨウカン) 日あんに砂糖・寒天を加え、練ったり蒸したりして固めた和菓子。

【羊質虎皮】(ヨウシツコヒ) 〔中身はヒツジで外皮はトラの意〕外見は立派だが、内実は貧弱なさま。〈法言・吾子〉から〕

【羊車】(ヨウシャ) ①宮中で用いた、飾りのある小車。②宮中でヒツジに引かせる車。

【羊酒】(ヨウシュ) ヒツジの肉と酒。供え物や贈り物に用いた。

【羊腸】(ヨウチョウ) ①ヒツジの腸。ガット。②山道などがヒツジの腸のように曲がりくねっていること。例 ―たる小径。

【羊頭▼狗肉】(ヨウトウクニク) 看板にはヒツジの頭を出しておきながら、実際にはイヌの肉を売ってごまかすこと。見せかけだけで、実質のともなわないことのたとえ。〔「懸二羊頭一売二狗肉一ヨウトウをかけてクニクをうる」〈無門関〉」から。古くは「懸二牛首于門一而売二馬肉于内一ギュウシュをモンにかけてバニクをうちにうる」〈晏子・雑下〉〕

【羊皮紙】(ヨウヒシ) ヒツジやヤギの皮をなめして、文字などを書きつけるのに用いたもの。西洋で紙が広く使われるようになる中世の末ごろまで使われた。パーチメント。

【羊毛】(ヨウモウ) 綿羊の毛。ウール。

❶亡羊ボウヨウ・綿羊メンヨウ

𦍌

⺷0 (6) 4 8482 2634C

ジン rèn

意味 ヒツジ。

羌

⺷2 (8) 2 7021 7F8C

キョウ(キャウ)漢 陽 qiāng

えびす

[羗]

⺷4 (10) 3 9028 7F97 俗字。

意味 ❶(中国の西方に住んでいた)異民族。**えびす**。例 羌笛キョウテキ(=西方の異民族の吹く笛)。❷少数民族の名。例 羌族キョウゾク。❸「ああ」と読み、文頭に置いて、リズムを整えるはたらきをする字。例 羌中道而改レ路ああチュウドウにしてみちをあらたむ(=ああ、中途で道を変えてしまった)。〈楚辞・離騒〉

参考 「羗キョウ」の字で、シカ科の哺乳動物、ヨツメジカを指すことがある。

美

⺷3 (9) 1 4094 7F8E 教3

ビ漢 ミ呉 紙 měi

うつくしい(うつく-し)

筆順 丶 丷 䒑 ⺷ 兰 美 美

なりたち [会意] 「羊(=ヒツジ)」と「大(=おおきい)」とから成る。あまい。うまい。よい。

意味 ❶おいしい。味がよい。うまい。例 美酒ビシュ。甘美カンビ。❷姿かたちなどがよい。**うつくしい**。また、うつくしさ。例 美二其服一そのフクをビとす(=その土地の服装を美しいと思う)。〈老子・八〇〉美醜ビシュウ。美貌ビボウ。優美ユウビ(=上品で美しい)。❸すぐれている。立派な。また、長所。例 美徳ビトク。美風ビフウ。成美セイビ(=ビをなす)。❹ほめる。たたえる。例 賛美サンビ。褒美ホウビ。

日本語での用法 《び》《み》「美穂ほみ・恵美須えびす・渥美あつみ・宇佐美うさみ」▼「び」「み」の音にあてる万葉仮名。

古訓 中古 あざやかなり・あまし・うるはし・かほよし・ほむ・むまし・よし 中世 あまし・うまし・うるはし・かほよし・ほむる・むまし・よし 近世 うつくし・うるはし・むまし・よし・よみす

人名 うま・うまし・きよし・とみ・はし・はる・ふみ・みち・みつ・よし

【美悪】(ビアク) ①うつくしいことと、みにくいこと。美醜。②よいことと、わるいこと。善悪。

【美化】(ビカ) ①うるわしい教化。②日 清潔できれいにする。③

日実際よりもすばらしいものだとたたえる。例 死を―する。

【美学】(ビガク) 日①美の本質や原理を研究する学問。②あるものを美とする基準。また、その基準にもとづいた行為。〔趣味・好みの意を気取っていうことが多い〕例 男の―。

【美官】(ビカン) 位の高い、立派な官職。

【美感】(ビカン) 日うつくしいと感じる気持ち。美に対する感覚。例 ―を養う。

【美観】(ビカン) 風景や眺めのうつくしさ。例 ―を損なう。

【美顔】(ビガン) ①うつくしい顔。②日顔をうつくしくする。

【美姫】(ビキ) うつくしい女性。美人。

【美▼妓】(ビギ) うつくしい芸者・舞妓(まいこ)。

【美技】(ビギ) 日みごとなわざ。妙技。ファインプレー。例 ―に酔う。

【美挙】(ビキョ) 立派なおこない。

【美形】(ビケイ) ①うつくしいかたち。特に容貌(ヨウボウ)のうつくしいこと。②うつくしい人。美人。

【美言】(ビゲン) ①ためになる、よいことば。②飾ったことば。例 美言不レ信(ビゲンはシンならず)(=美言には誠がない)。〈老子・八一〉

【美好】(ビコウ) 器量がよい。美人である。例 美好之人多二邪悪一(ビコウのひとはジャアクおおし)(=見た目がいい人にはよこしまな人が多い)。〈論衡・言毒〉

【美刺】(ビシ) ほめることと、そしること。称賛と非難。毀誉褒貶(キヨホウヘン)。

【美辞】(ビジ) 立派なことば。うつくしく飾ったことば。例 ―麗句。―を弄(ロウ)する。

【美質】(ビシツ) よい素質。

【美酒】(ビシュ) うまい酒。うまざけ。例 勝利の―に酔う。

【美醜】(ビシュウ) うつくしいことと、みにくいこと。美悪。

【美術】(ビジュツ) 日絵画・写真・彫刻・建築など、色や形で美を表現する芸術。例 ―館。

【美女】(ビジョ) 顔かたちや姿のよい女性。美人。対醜女。

【美称】(ビショウ) ①上品で優美な意味あいをもたせたことば。②よい評判。

【美粧】(ビショウ) うつくしい化粧。また、うつくしくよそおうこと。美容。例 ―院。

【美少年】(ビショウネン) 顔かたちや姿のよい少年。例 伊昔紅顔美少年(これむかしコウガンのビショウネン)(=むかしは血色のよい美少年だった)。〈劉希夷・代悲白頭翁〉

【美色】(ビショク) ①うつくしい色。②うつくい容姿。

【美食】(ビショク) うまいもの、また、ぜいたくなものばかり食べること。対粗食。例 ―家(カ)。

【美神】(ビシン) 日美をつかさどる神。たとえば、ローマ神話のビーナス。

【美人】(ビジン) ①容姿のうつくしい女性。美女。例 有美人、名虞(ビジンあり、なはグ)(=美女がいて、名は虞という)。〈史記・項羽紀〉②君主。③賢人。④美男子。

【美人局】(ビジンキョク|つつもたせ) 夫や情夫と共謀して、女がほかの男と通じ、それを種にしてその男をゆすること。〈武林旧事・六〉

【美声】(ビセイ) ①耳にこころよくひびく、よい声。対悪声。②よい評判。

【美▼髯】(ビゼン) 立派なほおひげ。例 ―をたくわえる。

【美装】(ビソウ) 日うつくしくよそおうこと。例 ―本。

【美俗】(ビゾク) 好ましい風俗・風習。美風。例 淳風(ジュンプウ)―。

【美談】(ビダン) 聞く人を感動させる話。うつくしく立派な話。類美譚(ビタン)。例 ―の持ち主。

【美男子】(ビダンシ|ビナンシ) 「美男(ビナン)①」に同じ。

【美点】(ビテン) 日すぐれている点。よいところ。長所。対欠点。

【美田】(ビデン) 作物のよく育つ肥えた田地。例 不下為二児孫一買中美田上(ジソンのためにビデンをかわず)(=子孫に土地や財産を残さない)。〔西郷隆盛・偶成〕

【美徳】(ビトク) ①人の道にかなったすばらしい品性。②うつくしいおこない。対悪徳。例 謙譲の―。

【美男】(ビナン) ①顔かたちがよく、姿の立派な男性。美男子(ビダンシ)。例 ―美女。②君主の寵愛(チョウアイ)する臣下。

【美風】(ビフウ) ①和らいで吹く風。②よい風習。よい習わし。美俗。対悪風。例 この土地の―。

【美文】(ビブン) ①うつくしく飾った調子のいい文章。②日明治二十年から三十年に流行した擬古文体。例 ―調。

【美貌】(ビボウ) うつくしい顔かたち。

【美味】(ビミ) うまい食べ物や飲み物。例 ―を味わう。

【美名】(ビメイ) ①よい評判。名声。美誉。例 ―を残す。②日体裁のいい名目。

【美誉】(ビヨ) 「美名(ビメイ)①」に同じ。

【美容】(ビヨウ) ①うつくしい顔かたち。②日顔・髪型、また、身体の各部をうつくしくすること。また、その技術。例 ―師。

【美麗】(ビレイ) (容姿などが)ととのっていて、優雅で気品があること。例 ―な装飾。

【美▼禄】(ビロク) ①よいたまわりもの。酒をいう。例 酒者天之美禄(さけはテンのビロクなり)(=酒は天からのよき賜り物だ)。〈漢書・食貨志下〉②高い俸禄。高位の官職。

【美濃】(みの) 日旧国名の一つ。今の岐阜県の中部・南部にあたる。濃州(ジョウシュウ)。

【美作】(みまさか) 日旧国名の一つ。今の岡山県の北東部にあたる。作州(サクシュウ)。

●華美(カビ)・甘美(カンビ)・賛美(サンビ)・賞美(ショウビ)・褒美(ホウビ)・優美(ユウビ)

羑

羊3 (9) 3 9027 7F91 ユウ(イウ) 漢 有 yǒu

［羐］ 羊3 (10) 4 8483 7F90 別体字。

意味 ❶善導する。❷「羑里(ユウリ)」は地名。周の文王が捕らわれた所。今の河南省湯陰県の北にあった。

［羗］

羊4 (10) ⇩羌(キョウ)(1065ジペー)

羖

羊4 (10) 4 8486 7F96 コ 漢 麌 gǔ

意味 黒ヒツジのおす。参考 黒ヒツジのめすは「羭(ユ)」。

羔

羊4 (10) 2 7022 7F94 コウ(カウ) 漢 豪 gāo こひつじ

意味 ❶ヒツジの子。例 羔裘(コウキュウ)(=子羊の皮でこしらえた衣服)。❷まだ小さい動植物。例 鹿羔(ロクコウ)。松羔(ショウコウ)。

【羔羊】(コウヨウ) ①『詩経』の篇名(ヘンメイ)。文王の徳化によって、位につく人がみな有徳者であることを、羔(=子羊)と羊(=大きな羊)にたとえて歌った歌。②高位者が有徳で、行動にも節度があること。

［羕］

羊4 (10) ⇩羕(ヨウ)(1067ジペー)

［养］

羊4 (10) ⇩養(ヨウ)(1455ジペー)

羞

羊5 (11) 2 7023 7F9E 常用 シュウ(シウ) 漢 尤 xiū は-じる(は-づ)・は-じらう(は-ぢらふ)

筆順

なりたち

［会意］「羊(=ひつじ)」と「丑(=手で進める)」とから成る。進めて献上する。

意味 ❶ごちそうをそなえる。すすめる。ごちそう。例 羞膳(シュウゼン)(=ごちそう)。珍羞(チンシュウ)。❷はずかしく思う。**はじらう**。また、はずかしめる。はじ。例 包レ羞忍レ恥是男児(はじをつつみはじをしのぶはこれダンジ)(=

恥をこらえしのぶが男子である)。〈杜牧・題烏江亭〉 羞悪(シュウオ)。羞恥(シュウチ)。含羞(ガンシュウ)。

古訓 中古 さかな・すすむ・はぢ・はづ・ほしし・ほしじし 中世 すすむ・はぢ・はぢる 近世 くひもの・くらふ・すすむ・すすむる・はぢ・はぢる・はづかしむ・はづる

【羞悪】(シュウオ) 自分の不善をはじ、他人の不善をにくむこと。例 羞悪之心、義之端也(シュウオのこころはギのタンなり)(=自分の不善をはじ、人の不善をにくむ心は、義の始まりである)。〈孟子・公孫丑上〉

【羞花閉月】(シュウカヘイゲツ) 花をはじらわせ、月を隠れさせる。美人の形容。閉月羞花。〈牡丹亭還魂記〉 類 沈魚落雁(チンギョラクガン)。

【羞渋】(シュウジュウ) はずかしがって、ためらう。

【羞▼赧】(シュウタン) はじいって顔を赤らめる。

【羞恥】(シュウチ) はずかしく思うこと。はじらい。類 羞慙(シュウザン)・羞愧(シュウキ)・羞辱。例 ―心が強い。―の念。

羜

羊5 (11) 4 8487 7F9C チョ 漢 語 zhù

意味 (生後五か月の)子羊。

羝

羊5 (11) 2 7024 7F9D テイ 漢 斉 dī おひつじ(をひつじ)

意味 おすのヒツジ。例 羝羊(テイヨウ)(=おひつじ)。

【羝乳】(テイニュウ) 〔おすのヒツジが子を産む意〕ありえないことをいう。例 羝乳乃得レ帰(テイニュウせばすなわちかえるをえん)(=おすのヒツジが子を産めば帰してやる《絶対に帰さない》)。〈漢書・蘇武伝〉

【羝羊触レ藩】(テイヨウまがきにふる) 〔おすのヒツジが垣根に触れて角(つの)がひっかかり、動けなくなる意〕進退のきわまることのたとえ。〈易・大壮〉

羕

⺶5 (11) 7F95 ヨウ(ヤウ) 漢 漾 yàng

[羕]

⺶4 (10) 4 8485 23D0E 俗字。

意味 水流の長いさま。参考 一説に、「羕」は「承」の俗字。

羚

羊5 (11) 2 7025 7F9A 人 レイ 漢 青 líng かもしか

なりたち 

[形声] 本字は「鹿(=しか)」と、音「霝(レイ)」とから成る。大きな羊で、細い角(つの)をもつ。

意味 ヒツジの一種。**カモシカ**。おす・めすともに角(つの)があり、高山や深山にすむ。例 羚羊(レイヨウ)(=カモシカ。また、ウシ科のシカに似た動物、アンテロープ)。

古訓 中世 ひつじのこ 近世 ひつじのこ

着

⺶6 (12) 1 3569 7740 教3

チャク 漢 ジャク(ヂャク) 呉 薬 zhuó

きる・きせる・つく・つける(つ-く)

筆順 ⺌ ⺍ 䒑 兰 羊 羊 着 着 着

なりたち 「著」の「艹」を「⺶」と書くことからできた字。

意味 ❶ぴったりついてはなれない。**つく**。例 執着(シュウチャク)。土着(ドチャク)。密着(ミッチャク)。❷身につける。**きる**。例 着衣(チャクイ)。着用(チャクヨウ)。❸くっつける。**つける**。例 着眼(チャクガン)。着手(チャクシュ)。❹(あるところに)いたる。例 着任(チャクニン)。先着(センチャク)。❺(zhāo) ものごとがおさまる。落ち着く。例 決着(ケッチャク)。落着(ラクチャク)。

日本語での用法 一《**チャク**》「洋服(ヨウフク)三着(サンチャク)」▼衣服を数えることば。 二《**きる**》「恩(オン)に着(き)る・罪(つみ)を着(き)せる」▼身に受ける。身に負わせる。 三《**つく**》「話(はなし)が着っく・足(あし)が地(チ)に着っく」▼きまりがつく。触れる。

古訓 中古 あきらかなり・あらはす・おく・きる・しるし・しるす・つく・つまつく・はく・わたいる 中世 あらはす・あらはる・おく・きる・つく 近世 きせる・きる・つく

【着尺】(きジャク) 日 大人用の着物一枚に必要なだけの反物。対 羽尺(はジャク)。例 ―地(ジ)。

【着物】(きもの) 日 ①からだに着るもの。衣服。例 ―を着る。②洋服に対して、和服。例 ―姿。

【着類】(きルイ) 日 身にまとうもの。着物。衣服。

【着衣】(チャクイ) ①衣服を着ていること。対 脱衣。例 ―のままで泳ぐ。②着ている衣服。例 ―に乱れはない。

【着意】(チャクイ) ①気をつける。留意。②思いつくこと。着想。

【着駅】(チャクエキ) 日 到着駅。対 発駅。

【着岸】(チャクガン) 岸や岸壁につく。

【着眼】(チャクガン) (研究・創作などで)目をつける。目のつけ方。着目。例 ―点。―がいい。

【着座】(チャクザ) 座席につく。席にすわる。着席。

【着実】(チャクジツ) 落ち着いて確実にものごとをおこなうこと。あぶなげがないこと。手がたいこと。例 ―に点を取る。

【着手】(チャクシュ) (仕事などに)とりかかる。手をつける。開始。

【着床】(チャクショウ) ①とこにつく。ベッドに横たわる。②日〔生〕受精卵が子宮壁に定着する。

【着色】(チャクショク) 色をつける。色づけ。例 絵の具で―する。

【着信】(チャクシン) 日 通信が到着する。また、到着した通信。例 ―音。対 発信。

【着水】(チャクスイ) 日 鳥や航空機などが、降りて水面につく。対 離水。例 不時―。飛行艇が―する。

【着生】(チャクセイ) 日 他のものに付着して生育する。例 ―植物。

【着席】(チャクセキ) 座席にすわる。着座。例 ご―ください。

【着船】(チャクセン) 日 船が港につく。また、その船。

【着装】(チャクソウ) ①身につける。装着。②日 (器具・部品などを)取りつける。装着。例 シートベルトの―。

【着想】(チャクソウ) ①考えを起こす。②日 思いつく。思いつき。アイデア。例 奇抜な―。

【着脱】(チャクダツ) 日 着ることと、ぬぐこと。また、ものをつけたりはずしたりする。例 ―自在。―式。

【着弾】(チャクダン) 日 発射された弾丸が目的物に達する。また、その弾丸。例 ―地。正確に―する。

【着地】(チャクチ) ①地面につく。②日 スキーのジャンプや体操などの競技で、雪面や床面におり立つこと。③日 到着する場所。例 代金―払い。

【着着】(チャクチャク) 日 ものごとが順序よくはかどるさま。例 ―と準備を進める。

【着任】(チャクニン) 日 新しい任地・任務につく。対 離任。

【着発】(チャクハツ) 日 ①到着と出発。発着。例 ―便。②弾丸などがものに当たった瞬間に爆発すること。例 ―信管。

【着服】(チャクフク) ①着物を着る。②日 金品を不正な手段で自分のものにする。横領。例 公金を―する。

【着帽】(チャクボウ) 帽子をかぶる。対 脱帽。

【着目】(チャクモク) 日 注意して見る。着眼。注目。

【着用】(チャクヨウ) 衣類やその付属品、装身具などを身につける。

【着落】(チャクラク) ①落ち着く。おさまる。著落(チャクラク)。②帰りつくところ。帰着。

【着陸】(チャクリク) 日 (航空機が)空から地上に降りる。対 離陸。例 ―地点。

【着工】(チャッコウ) 日 工事にとりかかる。起工。対 竣工(シュンコウ)。

●横着(オウチャク)・決着(ケッチャク)・先着(センチャク)・沈着(チンチャク)・定着(テイチャク)・到着(トウチャク)・必着(ヒッチャク)・漂着(ヒョウチャク)・密着(ミッチャク)・癒着(ユチャク)

義

⺷7 (13)
1 2133 7FA9
教5

ギ 漢 呉 寘 yì
よ-い(よ-し)

筆順 丷 ⺷ ⺷ 羊 羊 義 義 義

なりたち [会意]「我(=自分)」と「羊(=よい)」とから成る。自分からする、よいおこない。

意味 ❶人としておこなうべき正しい道。社会道徳にかなった正しさ。例 義人路也(=義は人が通るべき道である)。〈孟子・告子上〉 義務。正義。仁義礼智信。❷意味。わけ。例 意義。疑義。❸血のつながりのない者が恩や縁組みによって結ぶ親族関係。例 義兄弟。義父。義母。❹かりの。実物の代わりの。例 義歯。義足。

古訓 中古 ことわる・のり・よし・よろし 中世 ことわる・のり・よし・よろし 近世 のり・よし・よそほひ・よろし

人名 あき・いさ・しげ・ただ・ただし・ちか・つとむ・とも・のり・みち・よし・より

【義▼捐】【義援】 日〔「捐」は、手放す意〕世のために役立ち、意義があるとして金品を差し出すこと。例 ―金。

【義解】 文字やことば、また文章などの意味をときあかすこと。〔書名に用いられた〕例 憲法義解(=伊藤博文の著作)。令義解(=平安時代の書名)。

【義眼】 日 病気や事故などで目を失った人が、代わりに入れる、形だけそっくりの目。入れ目。例 ―を入れる。

【義気】 義理を重んずる心。義侠心。

【義旗】 正義の戦いの旗揚げ。正義の軍をいう。

【義挙】 道理を立て、すじを通すために、あえて起こす行動。また、そのくわだて。〔他から批評し、ほめていうことば〕

【義▼侠】 不当に弱い者いじめをする者を、こらしめる勇気を示すこと。おとこぎ。おとこだて。例 ―心。

【義兄弟】 ①互いに兄弟としてつきあい、助け合おうとちかった仲間。例 ―の契りを結ぶ。②妻の兄や弟、または、姉や妹の夫。

【義兄】 ①義理の兄。妻または夫の兄、あるいは姉の夫。対 実兄。②互いを兄弟であると誓い合ったどうしの、兄のほう。対 義弟。

【義士】 ①正しいと信ずる道理を立てて、行動によってその精神を示す人。義人。義民。②日「赤穂義士」の略。一七〇二年(元禄十五年)十二月十四日、主君の仇を討った、もと赤穂藩の浪士。例 ―の討ち入り。

【義子】 直接の血のつながりのない子。義理の子。養子または継子、あるいは息子や娘の妻または夫など。類 義児。

【義姉】 義理の姉。妻または夫の姉、あるいは兄の妻。対 実姉。

【義肢】 日〔「肢」は、手や足の意〕義手や義足。

【義歯】 日 入れ歯。例 ―を入れる。

【義手】 日 失った手の代わりにつける人工の手。

【義人】 正しいと信ずる道理を立てて、行動によってその精神を示す人。義士。義民。例 ―大塩平八郎。

【義絶】 日 親子や兄弟などの間で、親族としての関係を断つ。また、師弟、君臣、友人としての交わりを断つ。

【義戦】 正しい道理を守るため、また正義を通すためにおこなうたたかい。

【義▼疏】 経典の文章・語句の注釈。例『論語義疏』(=南朝梁の皇侃の著作)。

【義荘】 一族の貧者を救うため共同で運営した田地。類 義田。

【義倉】 凶作時の救済用に用意した、その地方公有の倉庫。人民の収穫物を供出させて、ここにたくわえた。

【義足】 日 失った足の代わりにつける人工の足。

【義賊】 日 自分なりの正義にもとづき、金持ちや権力者から盗んだ金品を、貧しい者に分け与える泥棒。

【義太夫】 日「義太夫節」の略。江戸時代の中期に、竹本義太夫が始めた浄瑠璃の一派。

【義胆】 正義の道を重んずる心。類 義心。

【義弟】 ①義理の弟。妻または夫の弟。対 実弟。②互いを兄弟であると誓い合ったどうしの、弟のほう。対 義兄。

【義帝】 仮の天子。一説に、人々が特に尊ぶ天子。〔項羽が秦に進軍する際、楚の懐王を擁立して「義帝」と呼んだ〕〈史記・項羽紀〉

【義父】 義理の父。妻または夫の父や、継父や養父など。対 実父。

【義憤】 道理を立て筋をとおす気持ちから起こる、悪や不正を憎む怒り。例 ―を感じる。

【義兵】 正しい道理を立てるために行動する軍隊。また、戦い。類 義師・義軍。例 ―を挙げる。

【義母】 義理の母。妻または夫の母や、継母や養母など。対 実母・生母。

【義方】 人として守るべき正しい道。例 愛レ子教レ之以二義方一(=子供をかわいがるなら、正しい道を教えてやる)。〈左伝・隠三〉

【義僕】 主人に忠実なしもべ。忠僕。

【義妹】 義理の妹。妻または夫の妹。対 実妹。

【義民】 世のため人のために行動する人。たとえば、村全体の苦しみを救うために命をかけた農民など。義人。義士。例 佐倉―伝。

【義務】 ①当然のつとめとしてしなければならないこと。例 ―を果たす。②日 特に、憲法その他の法律・条例・規定で定められたつとめ。対 権利。例 ―教育。国民の―。

【義勇】 正しい道理を立てるため、自分の意志で進んで戦いに加わる勇気。例 ―兵。―軍。

【義理】 ①ものごとのすじみち。ものの道理。例 ―を明らかにする。②日 人とつきあっていく上で、いやでもしなければならないこと。例 ―がたい。―を欠く。③日 夫婦になることで生じる、血縁関係に準じる間柄。例 ―の親子。

【義理▼之学】 宋学の別称。経書の字句の解釈のみにこだわらず、世界や人の正しい在り方をとらえようとした。性理学。

【義烈】 正しい道理を守り、強い意志で行動すること。例 ―の士。武勇―。

【義和団】 ⇩【拳匪】(559ページ)

【見レ義不レ為無レ勇▼也】 当然すべきことと知りながらしないのは、勇気がないのである。〈論語・為政〉

●意義・奥義・恩義・講義・主義・信義・仁義・正義・忠義・定義・律義

群

羊7 (13)
1 2318 7FA4
教5

[羣] 羊7 (13)
2 7026 7FA3
本字。

クン 漢 グン 呉 文 qún
むれる(む-る)・むれ・むら・むらがる

筆順 フ ヨ ヨ 尹 君 君 群 群

なりたち [形声]「羊(=ひつじ)」と、音「君ン」とから成る。ヒツジのむれ。

意味 ❶集まった仲間。あつまり。むれ。例 群衆。大群。抜群。❷多くのものが集まる。むれる。むらがる。例 群居。群集。❸たくさんの。もろもろの。例 群生。

臣グンシン。群雄グンユウ。❹たぐい。種類。例 物以レ群分（＝万物は種類ごとに分かれる）。〈易・繫辞上〉

古訓 中古 あつまる・たむろ・ともがら・むらがる・もろもろ 中世 あつまる・おほし・ともがら・むらがる 近世 あつまる・おほし・ともがら・むらがる

人名 あつむ・とも・もと

難読 群雀むらすずめ・群鳥むらがらす・平群へぐり（＝地名）

【群飲】グンイン 集まって酒を飲み合う。

【群雲】グンウン｜むらくも 集まりむらがっている雲。一群グンイチの雲。例 月に—むらくも、花に風。

【群英】グンエイ 多くの賢人。例 四座列二群英一（シザ グンエイをつらぬ）（＝英傑たちが座席につらなり並ぶ）。〈陶淵明・詠荊軻〉

【群下】グンカ 多くの部下や弟子。

【群季】グンキ 多くの弟。諸弟。例 群季俊秀、皆為二恵連一（グンキのシュンシュウは、みなケイレンたり）（＝年下の従弟いとこたちは、みな謝恵連のように詩がうまい）。〈李白・春夜宴桃李園序〉

【群議】グンギ 多くの人々が集まって相談する。衆議。

【群居】グンキョ むれをなして集まり住む。

【群凶】【群▼兇】グンキョウ 多くの悪人。

【群経】グンケイ たくさんの儒教の経典。六経リクケイをいう。

【群衆】グンシュウ （一定の秩序や組織がなく）一か所に集まったおおぜいの人々。

【群集】グンシュウ おおぜいの人が一か所に集まる。また、その人々。例 —心理。

【群▼聚】グンシュウ むらがり集まる。また、その人々。

【群書】グンショ さまざまな多くの書籍。類 群籍。例 —一覧。

【群小】グンショウ 多くの、小さくて力の弱いもの。例 —国家。

【群▼翔】グンショウ むらがり飛ぶ。類 群飛グンピ。

【群青】グンジョウ 藍あいに近いあざやかな青色。群青色。

【群情】グンジョウ 民衆の気持ち。人心。類 群心。

【群臣】グンシン 多くの臣下。例 群臣咸諫二于王一（グンシンみなオウをいさむ）（＝多くの臣下たちは王をいさめた）。〈書経・説命上〉

【群生】グンセイ 一 ①同じ種類の植物などが、一か所にむらがってはえる。例 サクラソウの—地。②民衆。二 グンジョウ〔仏〕生きているすべてのもの。

【群▼棲】グンセイ 同じ種類の動物が、むれをつくってすむ。

【群体】グンタイ 日〔生〕出芽・分裂などで生じた多くの同種の個体が、組織的につらなり合って生活する生物の集まり。たとえば、植物では珪藻ケイソウ、動物ではサンゴなど。

【群島】グントウ 一定の海域にある島々。例 南沙ナンサ—。

【群盗】グントウ 多くの盗人ぬすびと。盗賊の集団。

【群舞】グンブ おおぜいの踊り手がむらがって踊る。また、その踊り。例 無数のチョウが—している野原。

【群芳】グンポウ ①多くの花々。②おおぜいの美人や賢人。

【群牧】グンボク 多くの地方官。おおぜいの諸侯。

【群民】グンミン 多くの人々。万民。類 群黎グンレイ。

【群盲】グンモウ ①多くの盲人。②多くの愚かな人々。

【群盲▼撫レ象】グンモウゾウをなず 凡人は大事業や大人物の全体を理解することはできないことのたとえ。群盲摸レ象グンモウゾウをモす。群盲評レ象グンモウゾウをヒョウす。（「群盲」は「盲人」とも）◆盲人たちがゾウをなでて、自分のさわったゾウのからだの一部分から、ゾウとは、このようなものだと言い合ったという仏典の説話で、仏の教えを正しく理解することは難しいことをいったもの。……………〈涅槃経〉から

【群有】一 グンユウ 実在するすべてのもの。万物。二 グンウ〔仏〕生命のあるすべてのもの。衆生シュジョウ。群生グンジョウ。

【群雄】グンユウ 多くの英雄。類 群豪。

【群雄割拠】グンユウカッキョ 多くの英雄たちが、各地を地盤にして勢力を競い合うこと。〈文献通考・二七二〉

【群落】グンラク ①多くの村落。②〔生〕一つの地域内に、かたまって生育する植物のむれ。群生グンセイ。例 カタクリの—。

【群僚】【群寮】グンリョウ 多くの役人。百官。類 群吏。

●魚群ギョグン・大群タイグン・抜群バツグン

羨

⺷7 (13)
1 3302
7FA8
常用

一 セン 漢 霰 xiàn
二 セン 慣 エン 漢 霰 yán
うらやむ・うらやましい（うらやーまし）

筆順 丷 䒑 䒑 兰 兰 羊 羊 羡 羨

なりたち 
［会意］「次（＝よだれ）」と「羑（＝文王が捕らわれた地である羑里）」の省略体とから成る。むさぼり欲する。

意味 一 ❶うらやましく思う。**うらやむ**。ほしがる。したう。例 羨望センボウ。❷あふれる。あまる。例 羨余センヨ。❸すぎる。超える。例 功羨二於五帝一（コウゴテイにすぐ）（＝功績は五帝を上回る）。〈司馬相如・上林賦〉 二 ❶招く。ひく。通 延。例 羨二公侯卿士一（コウコウケイシをひく）（＝公・侯・卿・士を招く）。〈張衡・東京賦〉 通 埏エン。例 羨道エンドウ。❷ひつぎのある墓室に通じる地下道。墓道。

古訓 中古 あたふ・あまり・あまる・こひねがふ・こふ・ねがふ・ほむ・ほむち 中世 あたふ・あまる・うらやまし・うらやむ・すすむ・ねがふ・ほむ・みひく・むさぼる・ゆたか・わたり 近世 あふる・あまり・あまる・うらやむ・おもふ・ながさ・ねがふ・

【羨慕】センボ うらやましく思う。

【羨望】センボウ うらやましいこと。例 —の的。

【羨余（餘）】センヨ ①残り。余り。②唐以後、租税の余りという名目で、地方の役人が朝廷に献上した財物。

羯

羊9 (15)
2 7027
7FAF

カツ 慣 ケツ 漢 月 jié

意味 ❶去勢したヒツジ。例 羯羊カツヨウ。❷西方の異民族、匈奴キョウドの一種族。例 羯鼓カッコ。

【羯鼓】カッコ つづみの一種。二本のばちで両面を打って使う。〔羯の人々が用いたことから〕

［羮］

⺷9 (15)
⇩羹ウコ（1069ジペー）

羭

羊9 (15)
4 8488
7FAD

ユ 漢 呉 虞 yú

意味 黒ヒツジのめす。参考 黒ヒツジのおすは「羖コ」。

羲

⺷10 (16)
2 7028
7FB2

ギ 慣 キ 漢 支 xī

意味 姓名に用いる字。例 伏羲フッキ（＝古代の伝説上の帝王）。王羲之オウギシ（＝東晋トウシンの書家）。

【羲和】ギカ ①古代伝説上の氏族。尭ギョウの時、天文暦法をつかさどった羲氏と和氏。②神話で、太陽の車の御者。転じて、太陽。〈楚辞・離騒〉③神話で、太陽の母。

羹

⺷13 (19)
2 7029
7FB9

コウ（カウ）漢 カン 唐 庚 gēng
あつもの

［羮］

⺷9 (15)
2 7030
7FAE

俗字。

意味 肉と野菜をあわせて煮たスープ。**あつもの**。例 羹湯コウトウ（＝あつもの）。

【懲レ羹吹レ▼膾】あつものにこりてなますをふく 〔「膾」は、細かく切った、生肉。原文は「韲」で、あえもの・なます〕熱いスープをすすってやけどしたのにこりて、冷たいなますに息を吹きかけて冷まそうとする。一度の失敗にこりて、用心しすぎるこ

とのたとえ。➡厲神シレイ(=悪神)が屈原に言った。「お前は主君にも疎んぜられ、孤立している。他人の悪口のおそろしさをよく考えよ。『羹あつものに懲りて韲なますを吹く』ということばもある。そのように用心しなければならないのに、なぜいつまでも気持ちを変えようとしないのだ」と。〈楚辞・九章・惜誦〉

【羹▼臛】コウカク 野菜のスープと肉のスープ。

羶
羊13（19） ②7031 7FB6
セン 漢 先 shān
なまぐさ-い（なまぐさ-し）

意味 ヒツジの肉のにおい。**なまぐさい**。例 羶血セン。

【羶血】センケツ 日 なまぐさい血。転じて、肉食をする欧米人。

【羶▼腥】センセイ なまぐさい。

羸
羊13（19） ②7032 7FB8
ルイ 漢 呉 支 léi
つか-れる（つか-る）・や-せる（や-す）・や-む・よわ-い（よわ-し）・よわ-る

意味 ❶**つかれる**。例 羸弱ルイジャク。❷やせて、よわよわしい。**よわい**。例 羸師ルイシ。

【羸師】ルイシ ①軍隊を弱く見せかけて、敵を油断させる。②よわい軍隊。疲弊した軍隊。

【羸弱】ルイジャク ①つかれ、よわる。やせおとろえる。②よわい人。転じて、人民。庶民。

【羸▼瘠】ルイセキ つかれ、やせる。羸痩ルイソウ。例 庶人則凍二餒羸一瘠於下一（ショジンはすなわちしもにトウダイルイセキす）(=庶民は下で凍え飢え、疲れ果ててやせ衰えてしまう)。〈荀子・正論〉

【羸痩】ルイソウ 「羸瘠ルイセキ」に同じ。

【羸卒】ルイソツ つかれてよわった兵士。類 羸兵ルイヘイ。

【羸▼餒】ルイダイ 飢えてやせおとろえる。

【羸弊】ルイヘイ【羸▼敝】ルイヘイ ①ぼろぼろになる。②つかれよわる。疲弊する。

124 6画 羽（羽） はね部

鳥の両翼の形をあらわす。新字体では「羽」となる。「羽」をもとにしてできている漢字を集めた。

羽
羽0（6） ①1709 7FBD 教2
ウ 漢 呉 麌 yǔ
は・はね

［羽］ 羽0（6） FA1E 旧字体。

筆順
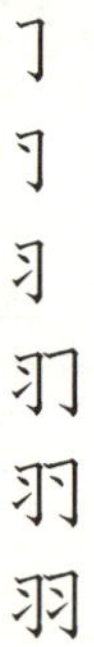

なりたち

［象形］二つ並んだ鳥のつばさの形。

意味 ❶鳥や虫の**はね**。**つばさ**。例 羽化ウカ。羽毛ウモウ。❷鳥類のこと。例 羽鱗ウリン。❸補佐する。たすけ。例 羽翼ウヨク。❹東洋音楽の五音イン(=宮キュウ・商ショウ・角カク・徴チ・羽ウ)の一つ。最も高い音で、洋楽のラにあたる。

日本語での用法 ㊀《わ》《ば》《ぱ》「ウサギ一羽イチわ・カラス三羽サンば・小鳥六羽ロッぱ」▼鳥などを数えることば。㊁《ウ》「羽前ゼン・羽後ゴ・羽州シュウ・奥羽オウ・陸羽リク」▼旧国名「出羽で(=今の山形県と秋田県)」の略。

古訓 中古 あつまる・つばさ・とぶ・のぶ・は・はぐ・はね・ゆるぶ 中世 あつまる・たすく・つばさ・のぶ・は・はぐ・はね・よし 近世 あつまる・かざし・つばさ・のぶる・はね

難読 羽衣はごろも

【羽衣】ウイ・はごろも 鳥のはねで作った衣服。天人や仙女が空を飛ぶときに着るという。類 羽服。

【羽化】ウカ ①昆虫の幼虫またはさなぎが変態して成虫となる。例 セミの―。②⇒【羽化登仙】ウカトウセン

【羽化登仙】ウカトウセン ①中国の神仙術で、からだにはねが生えて天にのぼり、仙人になること。〈蘇軾・赤壁賦〉②道士の死。

【羽客】ウカク ①仙人。羽化登仙の人。類 羽人ウジン。②道士。③鳥や昆虫など、はねのある動物。

【羽儀】ウギ ①〔オオトリの羽ぶりが立派で、それを儀表(=手本)とすることから〕模範。師表。〈易・漸〉から ②威儀を正して朝廷に出る。③天子の行列などの儀式に使う、はね飾りのある旗指物。

【羽▼檄】ウゲキ 非常時に軍隊を招集する文書。緊急性を示すため鳥のはねをつけて届けた。類 羽書。

【羽▼觴】ウショウ スズメがはねを広げた形に似せて作った杯。類 羽爵・羽杯。例 飛二羽觴一而酔レ月（ウショウをとばしてつきによう）(=スズメがはねを広げた形の杯を飛ばすようにやりとりしては、月を眺めて酒に酔う)。〈李白・春夜宴桃李園序〉

【羽声】ウセイ 五音インの一つ。五音の中で最も高い音階。→意味❹

【羽扇】ウセン 鳥のはねで作ったうちわ。

【羽族】ウゾク【羽属】ウゾク 鳥類。

【羽▼旄】ウボウ ①キジのはねとカラウシの尾で作った飾り。舞に用いた。②「①」の飾りをつけた旗。王者に従う軍隊が用いた。

【羽毛】ウモウ ①鳥のはねと、獣の毛。②「①」の飾りをつけた旗。③人の名誉のたとえ。〔羽毛は外面を飾ることから〕例 妄生二羽毛一（みだりにウモウをショウず）(=自分の名誉をでっちあげる)。〈後漢書・王符伝〉④鳥のふわふわしたやわらかいはね。

【羽翼】ウヨク ①鳥のはねと、つばさ。また、鳥のつばさ。②鳥のはねのように左右から助けること。補佐する。また補佐する人。

【羽林】ウリン ①星の名。天の軍をつかさどる。②天子の護衛兵。羽林騎。漢の武帝に始まる。

【羽▼鱗】ウリン 鳥や魚の類。

【羽織】はおり 日 和服で、着物の上に着る、丈が短く、襟の折れた衣服。

【羽尺】はジャク 日 大人の羽織一枚分の反物。約八・四メートルから九・四メートル。対 着尺きジャク。

【羽根】はね 日 ①黒い小さな玉に鳥のはねをつけたもの。羽子板でついて遊ぶ。例 ―つき。②器具や機械にとりつける、鳥のはねのような形のうすい板。例 換気扇の―。

【羽二重】はぶたえ 日 上質の絹糸で織った純白の絹織物。やわらかくて上品な光沢がある。

●尾羽おは・合羽カッパ・切羽せっぱ

羿
羽3（9） ③9029 7FBF
ゲイ 漢 霽 yì

意味 ❶神話伝説上の弓の名手。堯ギョウ帝の時代、十個の太陽が同時に天に現れ、人々が暑さで苦しんだとき、九個を射落としたという。❷夏カ王朝末期の有窮国の君主。后羿コウゲイ。

翁

羽4(10) 1 1807 7FC1 常用

オウ 漢 東 wēng

おきな

[翁] 羽4(10) ── 旧字体。

筆順 八 公 公 爷 爷 翁 翁 翁

なりたち 翁 [形声]「羽(=つばさ)」と、音「公コウ→ウオ」とから成る。鳥のくびの毛。借りて「おじいさん」の意。

意味 ❶男性の年配者の敬称。㋐男性の老人。**おきな**。対 媼ウ。例 翁媼オウウ。塞翁サイオウが馬うま。㋑男性の姓や名につける。例 芭蕉翁バショウオウ(=松尾芭蕉まつおバショウ)。奈翁ナオウ(=ナポレオン)。沙翁シャオウ(=シェークスピア)。白翁ハクオウ(=白居易ハクキョイ)。❷父親。

古訓 中古 おきな 中世 おきな 近世 おきな・とぶ・とりのくびげ

人名 おい・おき・とし・ひと

【翁▼媼】オウオウ おきなと、おうな。年老いた男と年老いた女。類 翁嫗オウウ。

●玄翁ゲンノウ・老翁ロウオウ

翃

羽4(10) 4 8490 7FC3

コウ(クヮウ) 漢 庚 hóng

意味 虫が飛ぶ。とぶ。

翅

羽4(10) 2 7034 7FC5

シ 漢 寘 chì

つばさ・はね

意味 ❶鳥や虫のはね。**つばさ**。例 翅羽ウシ(=はね。つばさ)。展翅テンシ(=標本にするために虫のはねを広げること)。❷魚のひれ。例 魚翅ギョシ。❸「ただ(…のみ)」と読み、限定や強調をあらわす。通 啻シ。例 奚翅色重なんぞただいろのおもきのみならん(=どうして単に女が重要だというだけにとどまろうか)。〈孟子・告子下〉

[翆]

羽4(10) ⇩翠イス(1072ジペー)

𦐂

羽4(10) 4 8489 26402

ヨク 漢 職 yì

意味 つばさ。通 翼。

習

羽5(11) 1 2912 7FD2 教3

シュウ(シフ) 漢 ジュウ(ジフ) 呉 緝 xí

ならう(なら-ふ)・**ならい**(ならひ)・**ならわし**(ならはし)

[習] 羽5(11) ── 旧字体。

筆順 丁 ㇇ ㇇ 羽 羽 羽 習 習 習

なりたち 習 [形声]「羽(=つばさ)」と、音「白シ→シュウ」とから成る。繰り返しまねて、身につける。繰り返して、はばたく。

意味 ❶繰り返しまねて、身につける。まなぶ。**ならう**。例 習得シュウトク。学習ガクシュウ。❷熟達する。通暁する。なれる。例 習兵シュウヘイ(=軍事に精通する)。❸繰り返されたやり方。しきたり。**ならわし**。例 習慣シュウカン。因習インシュウ。風習フウシュウ。宿習シュクシュウ(=前世での善悪の影響)。❹なれ親しむ者。例 近習キンジュウ|キンシュウ|ジキンジュウ|ジキシュウ(=常に君主のそばに仕える臣下)。❺⇩【習習】シュウシュウ

古訓 中古 ならふ・まなぶ 中世 つらぬく・とぶ・ならふ 近世 かさなる・とぶ・ならふ・まなぶ

人名 しげ・まなぶ

【習慣】【習貫】シュウカン ①古くからのならわしや、やり方。しきたり。②毎日の生活のなかで繰り返している、その人のやり方。

【習気】シュウキ 身についた癖。習慣。

【習作】シュウサク 練習として作った詩や絵などの作品。

【習示】シュウシ 習慣として見せる。繰り返し示す。

【習字】シュウジ 文字を正しく美しく書くための学習。手習い。書き方。書写。書道。例 ペン―。―の手本。

【習習】シュウシュウ ①そよそよとやわらかい風の吹くさま。例 習習谷風コクフウシュウシュウたる(=そよそよと吹く東の風)。〈詩経・邶風・谷風〉②飛び動くさま。

【習熟】シュウジュク あるものごとを、十分に経験または練習してうまくなる。熟練。熟達。

【習性】シュウセイ ①習慣と性質。②繰り返して身についた性質や癖。③日 動物それぞれの生まれつきの性質や行動の型。

【習静】シュウセイ ①(座禅などで)心を静かにすることを習練する。②静かに暮らす。

【習染】シュウセン 身にしみつく。癖になる。

【習俗】シュウゾク 昔からのならわしとなった世の中の生活様式。習慣や風俗。風習。

【習得】シュウトク 学問や技術など、ならったことをよくおぼえて身につける。例 英会話を―する。

【習風】シュウフウ ならわし。風習。習俗。

【習癖】シュウヘキ 日 習慣となっている(悪い)くせ。習性。性癖。

【習練】シュウレン 繰り返しよくならう。練習。

【習相遠】ならいあいとおし 後天的に得られる習慣や教養は差が出るものだ。〈論語・陽貨〉

【習与レ性成】ならいセイとなる 習慣が身にしみつくと、天性と同じになる。〈書経・太甲上〉

●因習インシュウ・演習エンシュウ・学習ガクシュウ・慣習カンシュウ・講習コウシュウ・実習ジッシュウ・常習ジョウシュウ・風習フウシュウ・補習ホシュウ・練習レンシュウ

翌

羽5(11) 1 4566 7FCC 教6

ヨク 漢 職 yì

[翌] 羽5(11) ── 旧字体。

筆順 丁 ㇇ ㇇ 羽 羽 羽 翌 翌 翌

なりたち [形声]「羽(=つばさ)」と、音「立リュウ→ヨク」とから成る。飛ぶようす。借りて「明ける」の意。

意味 ❶(夜やある期間が)明けたのち。次の。通 翊ヨク。例 翌日ジツヨク(=あくる日)。翌年ネンヨク(=次の年)。❷たすける。通 翊ヨク・翼。例 翌亮リョウヨク。

古訓 中古 より・よる 中世 あくる・たすく・つぎ・つぐ 近世 あきらか・あくる・あくるひ

人名 あきら

【翌週】ヨクシュウ 日 次の週。

【翌▼亮】ヨクリョウ (「亮」も、たすける意)たすける。補佐する。

翊

羽5(11) 2 7036 7FCA

ヨク 漢 職 yì

たす-ける(たす-く)・と-ぶ

意味 ❶鳥が飛ぶさま。例 翊翊ヨクヨク。❷明くる。通 翌。例 翊日ジツヨク(=あくる日)。❸補佐する。**たすける**。通 翼。例 翊佐ヨクサ(=補佐)。翊賛サンヨク(=たすける)。

翏

羽5(11) 4 8491 7FCF

一 リュウ(リウ) 漢 宥 liù リョウ(レウ) 漢 蕭 liáo

二 リク 漢 屋 lù

意味 一 高く飛ぶ。とぶ。二「翏翏リクリク」は、大地から起こる風の音。

翎

羽5(11) 3 9030 7FCE

レイ 漢 庚 líng

意味 ❶鳥の翼や尾の羽。例 翎羽ウレイ(=鳥の羽)。❷昆虫の羽。❸清シン代、功績に応じて役人に与えられた帽子の羽飾り。

翕

羽6（12） 2 7037 7FD5

キュウ（キフ）漢 緝 xì

意味 ❶鳥が一斉に飛び立つ。速やかに始まる。❷一つに集まる。例 翕合。❸縮める。閉じる。おさめる。おさまる。例 翕翼。❹盛んなさま。例 翕赫。❺⇩【翕忽】

【翕▼赫】①〔「赫」も、さかんな意〕勢いが盛んなさま。②閉じたり開いたりするさま。

【翕合】集めてまとめる。また、集まる。糾合。鳩合。

【翕▼忽】あらわれたり消えたり、変化の速いさま。

【翕如】多くの楽器がそろって音色をかなでるさま。例 始作翕如也（＝演奏の始めにはそろって音をかなでる）。〈論語・八佾〉

【翕然】①多くのものや人が一つに集まるさま。②落ち着くさま。③急に。

【翕翼】つばさを閉じる。志を曲げることのたとえ。

翔

羽6（12） 2 7038 7FD4 人

ショウ（シャウ）漢 ジョウ（ジャウ）呉 陽 xiáng

かけ-る・と-ぶ

［翔］羽6（12）―― 旧字体。

なりたち ［形声］「羽（＝つばさ）」と、音「羊ヨウ→ショウ」とから成る。まわるように飛ぶ。

意味 ❶鳥がつばさを広げて羽ばたきせずに、飛びめぐる。かける。例 翔集（＝飛んで来て集まる）。飛翔。❷人が両ひじを張って歩く。かける。例 室中不レ翔（＝室内では両ひじを張って歩かない）。〈礼記・曲礼上〉❸物価が上昇する。例 翔貴。❹くわしい。つまびらか。通詳。例 翔実。❺めでたい。通祥。例 翔風。❻⇩【翔翔】❼⇩【翔羊】

古訓 中古 あふぐ・かける・とぶ・ふるまひ・ふるまふ 中世 かける・とぶ・はねのす・ふるまひ・ふるまふ 近世 おごそか・かける・かへりみる・はをのす・ふるまふ

難読 翔（ふるまい）

【翔貴】物価が上がったままで下がらないさま。例 穀賈翔貴（＝穀物の価格は上がったままである）。〈漢書・食貨志上〉

【翔▼翺】あちらへこちらへと飛びまわる。翺翔。

【翔実】詳細で確実である。

【翔翔】①うやうやしく、つつしみ深いさま。②ゆったりとしているさま。③心配事がないさま。

【翔羊】【翔▼佯】【翔▼徉】気の向くままに歩きまわるさま。徘徊する。逍遥。

翛

羽7（13） 3 9031 7FDB

━ショウ（セウ）漢 蕭 xiāo ━シュク漢 屋 shū

意味 ━自由自在なようす。例 翛然。━たちまち。にわかに。通倏。例 翛忽（＝突然）。翛然。

翜

羽8（14） 4 8492 7FE3

ソウ（サフ）漢 洽 ショウ（セフ）漢 葉 shà

意味 ❶ひつぎの両わきに置く飾り。❷儀式に用いた大きな扇。例 扇翜。❸うちわ。おうぎ。

翠

羽8（14） 1 3173 7FE0 人

スイ漢呉 寘 cuì

かわせみ（かはせみ）・みどり

［翠］羽8（14）―― 旧字体。　［翆］羽4（10） 2 7035 7FC6 俗字。

なりたち ［形声］「羽（＝つばさ）」と、音「卒ソツ→スイ」とから成る。青い羽の鳥。

意味 ❶青い羽の小鳥。❷水辺にすむ鳥の名。めすのカワセミ。〔おすは「翡ヒ」という〕例 翠華。翡翠（＝カワセミ。また、宝石）。❸あおみどり色。みどり。例 翠玉。翠嵐。❹鳥の尾に近い部分の脂肪の多い肉。ひたれ。あぶらじり。例 舒雁翠（＝ガチョウのひたれ）。〈礼記・内則〉

古訓 中古 あをし・みどり 中世 あをきはね・あをし・みどり 近世 あきらか・あざやか・かはせみ・たま・みどり

人名 あきら

【翠▼帷】【翠▼幃】みどり色のとばり。類 翠帳・翠幄。

【翠陰】【翠▼蔭】青葉のかげ。

【翠羽】カワセミの羽。装飾用として珍重された。

【翠雨】①青葉に降りかかる雨。緑雨。②つややかな黒髪にかかる水滴。

【翠雲】①みどりの雲。青い雲。②黒髪のたとえ。

【翠華】【翠花】カワセミの羽で飾った天子の旗。例 翠華揺揺行復止（＝天子の御旗は、ゆらゆらとゆらぎつつ、進んだかと思うとすぐに止まってしまう）。〈白居易・長恨歌〉

【翠▼蛾】青黒い三日月形のまゆ。美人のまゆをいう。

【翠▼鬟】①輪の形に巻いた黒髪のまげ。美人の黒髪をいう。②青々とした山のさま。

【翠▼翹】カワセミの羽。また、それで作った女性の髪飾り。例 翠翹金雀玉搔頭（＝カワセミの羽の髪飾りも、黄金のスズメの髪飾りも、玉で作ったこうがいも〔うち捨てられたまま〕）。〈白居易・長恨歌〉

【翠玉】みどり色の宝石で、エメラルド、または、翡翠。

【翠▼嶂】屏風のように切り立った、青々とした峰。

【翠色】みどりいろ。緑色。蒼色。碧色。

【翠▼苔】みどり色の苔。

【翠▼黛】①みどり色のまゆずみ。美人のまゆ。また、美人。例 ―紅顔の色。②みどり色で、遠くにかすんで見える山の形容。例 ―の山。

【翠▼箔】青いすだれ。類 翠簾。

【翠髪】つやつやとした女性の黒髪。

【翠微】①薄い藍色の山気がただよう山腹。八合目あたりをいう。②もやのたちこめた青々とした山。③薄い藍色。また、その色をした、もや。

【翠▼屏】①みどり色の屏風。②青々とした連山の形容。また、草木が茂っていたり、苔むしたりしている崖。

【翠峰】青々とした峰。みどり色の連山。類 翠巒。

【翠嵐】①青々とした山の気配。②青々とした木々のさま。

【翠柳】みどりのヤナギ。青々と茂ったヤナギ。青柳。類 翠楊。例 両箇黄鸝鳴二翠柳一（＝二羽のコウライウグイスがみどりのヤナギの葉陰で鳴いている）。〈杜甫・絶句〉

【翠緑】みどりいろ。例 ―玉（＝エメラルド）。

【翠楼】①青い漆で塗った高殿。青楼。②女性の部屋。③遊女屋。

翟

羽8（14） 3 9032 7FDF

━テキ漢 錫 dí ━タク漢 陌 zhái

意味 ━❶尾の長いキジ。❷キジの尾羽。❸北方の異民族。通狄。例 戎翟。❹諸子百家の一人。墨子の名。━姓の一つ。

翡

羽8（14） 2 7039 7FE1

ヒ漢呉 未 fèi

かわせみ（かはせみ）

意味 ❶赤い羽の小鳥。❷水辺にすむ鳥の名。おすのカワセミ。〔めすは「翠（スイ）」という〕例 翡翠（ヒスイ）。

【翡▼翠】ヒスイ ①カワセミの別名。水辺にすむ青い羽の鳥。②宝石の名。③青い羽。

翫
羽9（15） 1 2069 7FEB ガン（グヮン）漢呉 翰 wán もてあそ-ぶ

[翫] 羽9（15） ── 俗字。

意味 ❶おもちゃにする。**もてあそぶ**。あなどる。通玩ガン。例 翫弄ガンロウ。❷深く味わい楽しむ。めでる。通玩ガン。例 賞翫ショウガン。❸繰り返し習う。修練する。ならう。例 長而翫レ之チョウじてこれをならう（＝成長してからこれ〈琴〉を稽古ケイコした）。〈嵆康・琴賦〉

【翫味】ガンミ ①食物をよくかんであじわう。②意味・内容を深く考え、よく理解してあじわう。詩や文章についていう。例 熟読―。▽玩味ガンミ。

【翫弄】ガンロウ もてあそぶ。おもちゃにする。玩弄ガンロウ。

翬
羽9（15） 3 9033 7FEC キ（クヰ）漢 微 huī

意味 ❶大いに飛ぶ。❷五色の羽の美しいキジ。

翥
羽9（15） 4 8493 7FE5 ショ 漢 御 zhù

意味 鳥が飛び立つ。はばたく。**難読** 翥はふる（＝鳥が飛び上がる。羽振はぶる）

翦
羽9（15） 2 7040 7FE6 セン 漢 銑 jiǎn き-る

意味 ❶羽が生える。❷きりそろえる。通剪セン。例 翦定センテイ。❸ほろぼす。通剪セン。例 翦伐センバツ。

【翦定】センテイ ①討伐し平定する。②樹木の枝を刈りこむ。▽剪定センテイ。

翩
羽9（15） 2 7041 7FE9 ヘン 漢 先 piān ひるがえ-る（ひるがへ-る）

意味 羽をひるがえして、速く飛ぶ。また、ひらひらする。例 翩翻ヘンポン（＝ひらひらひるがえる）。

【翩然】ヘンゼン ①ひらひらとひるがえるさま。②かろやかなさま。

【翩翩】ヘンペン ①鳥などが身軽に飛ぶさま。②旗や衣服などがひるがえるさま。ひらひらとゆれ動くさま。例 翩翩両騎来是誰ヘンペンたるリョウキ、きたるはこれたれぞ（＝そでをひるがえして駆けて来る二人の騎馬の男はだれだろう）。〈白居易・売炭翁〉③軽妙なさま。

翮
羽10（16） 3 9034 7FEE カク 漢 陌 hé

意味 ❶鳥の羽の茎。羽軸ウジク。はね。❷つばさ。例 羽翮ウカク（＝つばさ。また、鳥）。

翰
羽10（16） 1 2045 7FF0 カン 漢 翰 hàn はね・ふで・ふみ

[翰] 羽10（16） ── 俗字。

意味 ❶鳥の羽。特に長くてかたいものをいう。❷高く飛ぶ。例 翰音カンオン。翰飛カンピ（＝高く飛ぶ）。❸**ふで**。〔古くは鳥の羽で筆を作った〕例 翰墨カンボク。❹てがみ。**ふみ**。例 貴翰キカン（＝相手の手紙を敬っていうことば）。書翰ショカン。❺文章や学問に関する事柄。また、文書をつかさどる官。例 翰林カンリン。

【翰▼苑】カンエン 学者や文人の集まり。翰林。

【翰音】カンオン ①鳥が高く飛ぶ羽音。空高くにひびく音。②〔大きいばかりであるところから〕実力のともなわない名声のたとえ。〈易・中孚〉③ニワトリの別名。

【翰札】カンサツ 手紙。書信。

【翰藻】カンソウ 〔「藻」は、ことばの美しさの意〕詩歌。文章。

【翰池】カンチ 〔筆をひたす池の意〕すみつぼ。硯すずり。

【翰墨】カンボク ①ふでとすみ。②書画や詩文をかくこと。また、そのもの。筆跡。③文筆に関すること。文学。例 ―全書。

【翰林】カンリン ①学者や文人の集まり。文壇。②「翰林院」の略。③「翰林学士」の略。㋐翰林院に所属して詔勅の起草などをした官。例 ―博士ハカセ。㋑日本の文章博士モンジョウハカセの中国風の呼び名。例 ―主人。④〔英 Academy の訳語〕「学士院」の雅名。

【翰林院】カンリンイン 唐代から清シン代まで置かれた役所。学者を集めて詔勅の文章や官撰カンセン史書などをつくった。翰林。

翯
羽10（16） 4 8494 7FEF コク 漢 沃 hè

意味 鳥が白く、肥えて色つやのよいさま。白くつやつやかなさま。例 翯翯コクコク（＝白くつややかである）。

翳
羽11（17） 2 7042 7FF3 エイ 漢呉 霽 yì きぬがさ・かざ-す・かげ-る・かす-む・かげ・くもり

意味 ❶頭上に差すかさの形のおおい。絹でつくり、羽で飾る。**きぬがさ**。❷さえぎりおおう。**かざす**。例 掩翳エンエイ（＝おおいかくす）。❸くらい。また、**くもり**。**かげ**。例 陰翳インエイ。

難読 翳さし（＝貴人にさしかざす、長い柄のついたうちわ状のもの）

【翳翳】エイエイ ①日差しがかげり、暗くなるさま。例 景翳翳以将レ入かげはエイエイとしてもってまさにいらんとす（＝光はほの暗くなり、日は沈みつつある）。〈陶淵明・帰去来辞〉②深遠な道理で、容易には理解しにくいさま。③茂った草木におおわれているさま。

【翳▼薈】エイワイ 草木がおおい茂って、そのかげとなっているさま。

翲
羽11（17） 4 8501 7FF2 ヒョウ（ヘウ）漢 蕭 piāo

意味 ❶鳥が高く飛ぶ。軽々としたさま。かける。とぶ。例 翲然ヒョウゼン。❷「翲忽ヒョウコツ」は、ごくわずか。ほんの少し。

翼
羽11（17） 1 4567 7FFC 常用 ヨク 漢 職 yì つばさ・たす-ける

[翼] 羽11（17） ── 旧字体。

筆順

なりたち

[形声]「羽（＝つばさ）」と、音「異イ…→ヨク」とから成る。つばさ。

意味 ❶鳥や虫のはね。**つばさ**。例 翼状ヨクジョウ。比翼ヒヨク。❷つばさに似て左右に広がったもの。魚のひれ。飛行機のはね。例 銀翼ギンヨク。尾翼ビヨク。❸補佐する。**たすける**。また、たすけ。例 翼佐ヨクサ。翼賛ヨクサン。❹つばさでおおうように隠す。例 翼蔽ヨクヘイ。❺二十八宿の一つ。たすきぼし。例 翼宿ヨクシュウ｜ヨクシュク。❻⇩【翼翼】ヨクヨク

古訓 中古 うやまふ・すけ・たすく・つつしむ・つばさ・なる・はね 中世 うやまふ・たすく・つばさ・はね 近世 うやうやし・しげる・しづか・たすくる・つつしむ・つばさ

人名 しげ・しげし・しげる・すけ・すすむ・たすく・よし

【翼賛】ヨクサン【翼▼讃】ヨクサン 補佐する。特に天子の政治に力をそえる。類 翼輔ヨクホ・翼亮ヨクリョウ。例 大政を―する。

【翼如】ヨクジョ 鳥が両翼を広げたように、組んでいた両ひじを張るさま。折り目正しい態度をいう。例 趨進、翼如也はしりすすむに、ヨクジョたり（＝〔孔子が〕小きざみに走り進むときは、両そでがつばさのように広がる）。〈論語・郷党〉

【翼状】ヨクジョウ 回 鳥がつばさを広げた形。また、その形をしたもの。例 ―に布陣する。

【翼然】ヨクゼン 鳥が両翼を張ったように、左右に広がっているさま。

【翼戴】ヨクタイ 君主をおしいただいて助ける。

【翼蔽】ヨクヘイ かばってたすける。例 常以レ身翼二蔽沛公一（親鳥がつばさでひなをおおう意）かばってたすける。〔=項伯は〕絶えず自分のからだで沛公をかばった）。〈史記・項羽紀〉

【翼翼】ヨクヨク ①つつしみぶかいさま。用心ぶかいさま。例 小心―。②行列や礼儀などが、整って立派に見えるさま。

【翼卵】ヨクラン つばさで卵をおおって温め、ひなをかえす。子供をいたわり育てることのたとえ。

● 一翼イチ・右翼ウ・左翼サ・主翼シュ・比翼ヒ・尾翼ビ・両翼リョウ

翹

羽12 (18) ②7043 7FF9

キョウ（ケウ）漢　ギョウ（ゲウ）呉　蕭 qiáo

あ-がる・あ-げる（あ-ぐ）・くわだ-てる（くはだ-つ）・つまだ-てる（つまだ-つ）

意味 ❶鳥の尾の長い羽毛。鳥の尾。例 翠翹スイギョウ（=カワセミの羽。また、それをかたどった髪飾り）。❷もち上げる。あげる。例 翹首ギョウシュ。❸つまさき立つ。つまだてる。例 翹企ギョウキ。❹ずばぬけてすぐれる。例 翹材ギョウザイ（=優秀な人材）。❺心にかける。例 翹思ギョウシ（=心にかけて思う）。❻盛んに茂っているさま。例 春翹シュンギョウ（=春に繁茂する花や木）。

【翹企】ギョウキ つまさき立つ。転じて、待ち望む。熱望する。

【翹翹】ギョウギョウ ①群を抜いているさま。抜きん出ているさま。②危ういさま。また、おそれるさま。③高く上がっているさま。④多いさま。⑤待ち望むさま。

【翹首】ギョウシュ 首をのばして遠くを見る。また、待ち望む。翹望。

【翹然】ギョウゼン ①群を抜いているさま。抜きん出ているさま。②待ち望むさま。③まっすぐなさま。

【翹▼楚】ギョウソ 群を抜いてすぐれている人。〔「楚」は、ひときわ高くのびた木。「翹翹錯薪、言刈二其楚一（ギョウギョウたるサクシン、ここにそのソをからん）（=高々と茂る木々、その中の特にすぐれた楚を刈ろう）。〈詩経・周南・漢広〉」から〕

【翹足】ギョウソク ①つまさき立つ。②待ち望む。

【翹足▼而待】ギョウソクしてまつ つまさき立つほどの短い時間内に起こる。例 大臣内叛、諸侯外反、亡可二翹レ足而待一也（ダイジンうちにそむき、ショコウそとにそむかば、ほろびんことあしをあげてまつべきなり）（=大臣が内で、諸侯が外で反乱を起こせば、滅亡はすぐにやって来る）。〈史記・高祖紀〉

【翹望】ギョウボウ 首をのばして待ち望む。

翺

羽12 (18) ③9035 7FFA

コウ（カウ）慣　ゴウ（ガウ）漢　豪 áo

意味 飛翔ヒショウする。かける。とぶ。例 翺翔コウショウ。参考 李翺コウ（=晩唐の文人の名）。

【翺▼翔】コウショウ ①（鳥が）空高くかけめぐる。②思う存分遊びまわる。

翻

羽12 (18) ①4361 7FFB 常用

ハン漢　ホン呉　元 fān

ひるがえる（ひるがへ-る）・ひるがえす（ひるがへ-す）

[翻] 羽12 (18) ―― 旧字体。

[飜] 飛12 (21) ②7044 98DC 人 別体字。

筆順 ⺍ 平 釆 番 番 翻 翻 翻

なりたち [形声]「羽（=つばさ）」と、音「番ハ」とから成る。鳥が飛ぶ。

意味 ❶羽をひるがえして飛ぶ。ひるがえる。ひらひらする。例 翩翻ヘンポン。❷ひっくり返す。裏返しにする。ひねる。くつがえる。例 翻意ホンイ。翻弄ホンロウ。❸別の言語になおす。内容を変えず、書きあらためる。やわらげる。例 翻案ホンアン。翻字ホンジ。翻訳ホンヤク。❹かえって。逆に。例 有レ菊翻無レ酒（キクあれどもかえってさけなし）（=菊の花は有るがかえって酒は無い）。〈庾信・臥疾窮愁〉

古訓 中古 かける・かへす・かへる・こぼす・とぶ・ひるがへす・ひるがへる 中世 こぼす・とぶ・ひるがへす・ひるがへる 近世 かへす・とぶ・ひるがへす・ひるがへる

難読 翻車魚まんぼう・翻筋斗もんどり・水翻こぼし

【翻案】ホンアン ①〔「案」は、裁判の意〕裁判の決定をくつがえす。②原作の筋や内容を借り、細部を作りかえること。

【翻意】ホンイ 回 考えを改める。例 ―をうながす。

【翻筋斗】もんどり 宙がえり。

【翻刻】ホンコク ①すでにある写本や刊本の内容を、そのまま刊行する。②外国の刊本を再製する。▽類 翻印。

【翻字】ホンジ 回 ある文字で書かれた文章を、他の種類の文字によって書き改める。

【翻車】ホンシャ ①水車。②車のながえに鳥をとる網を取りつけた車。無双網。

【翻心】ホンシン 決心をひるがえす。

【翻身】ホンシン 身をひるがえす。

【翻然】ホンゼン・ハンゼン ①風にひるがえるさま。例 ―とはためく旗。②急に（よい方向に）心を改めるさま。例 ―と改心する。

【翻倒】ホントウ 逆さまになる。引っくり返る。

【翻覆】ホンプク・ハンプク 引っくり返る。転じて、変化の激しいさま。

【翻訳】ホンヤク ある言語で書かれた文章を、他の言語に言いかえる、または書きかえる。例 ―家。

【翻流】ホンリュウ 勢いの激しい川のながれ。奔流。

【翻弄】ホンロウ 思うままにもてあそぶ。だまにとる。例 人の心を―する。

耀

羽14 (20) ①4552 8000 人

ヨウ（エウ）漢呉　嘯 yào

かがや-く

[耀] 羽14 (20) ―― 旧字体。

なりたち [形声]「光（=ひかり）」と、音「翟テキ…→ヨウ」とから成る。かがやく。参考 本字は「燿ヨウ」。

意味 ❶光りかがやく。ひかり。例 栄耀エイヨウ。光耀コウヨウ。❷かがやかせる。あきらかにする。例 耀徳ヨウトク（=徳をかがやかす）。

古訓 中古 あきら・かかやかす・かかやく・てらす・てる 中世 かかやく・ひかり 近世 かかやく・ひかり

人名 あき・あきら・てる

125 6画 老(耂) おいかんむり おいがしら 部

長い白髪をのばした年寄りの意をあらわす。「耂（四画）」は省略した形。「老」をもとにしてできている漢字と、「耂」の字形を目じるしにして引く漢字とを集めた。

⓪ 1074 老 耂 ② 1076 考 ④ 1077 者 者 耄 ⑤ 1077 耇 耆 者 ⑥ 1077 耋 耊

この部首に所属しない漢字

孝→子 357　煮→灬 830

老

老0 (6) ①4723 8001 教4

ロウ（ラウ）漢呉　皓 lǎo

おいる（お-ゆ）・おい・ふける

付表 老舗にせ

筆順 一 十 土 耂 耂 老

なりたち  [会意]「耂(＝長くのびた毛)」と「匕(＝かわる)」とから成る。ひげや髪が白く変わった、年寄り。七十歳をいう。

意味 ❶年をとる。**おいる**。また、(七十歳の)年寄り。例 老夫婦(ロウフウフ)。敬老(ケイロウ)。❷年をとったり古くなったりして、衰えること。**おい**。例 不レ知二老之将一レ至云爾(おいのまさにいたらんとするをしらざるのみ)(＝老境にさしかかっていることにも気づかない)。〈論語・述而〉 老化(ロウカ)。老朽(ロウキュウ)。❸経験豊かな(人)。例 老練(ロウレン)。長老(チョウロウ)。❹古くからある。年月が長い。例 老舗(ロウホ)。老友(ロウユウ)(＝長年の友人)。❺年をとって退職する。例 告老(コクロウ)(＝高齢を理由に辞職を願い出る)。請老(セイロウ)。❻年寄りを敬う。年長者としていたわる。例 老二吾老一(わがロウをロウとす)(＝自分の家の老人を敬う)。〈孟子・梁恵王上〉 ❼年長者を敬っていうことば。例 山田老(やまだロウ)。❽「老子(ロウシ)」の略。戦国時代の思想家。例 老荘(ロウソウ)。

古訓 中古 おいたり・おゆ・かじく・つかる 中世 おい・おいたり・つかる 近世 いのちながし・おい・としより

人名 おみ・おゆ・とし

難読 老海鼠(ほや)・海老(えび)・野老(ところ)

【老▼媼】ロウオウ 〔「ロウオウ」は慣用読み〕年とった女性。おうな。老女。老婆。類 老嫗(ロウウ)。

【老翁】ロウオウ 年とった男性。おきな。老爺(ロウヤ)。

【老▼鶯】ロウオウ ①春が過ぎても鳴いているウグイス。残鶯。晩鶯。②鳴き方のうまいウグイス。

【老化】ロウカ 日 年をとって肉体のはたらきが衰える。

【老▼獪】ロウカイ 経験を積んでものごとに動じることがなく、ずるがしこいこと。類 老狡(ロウコウ)。例 ―に立ちまわる。

【老学】ロウガク 年とってから学ぶこと。また、年おいた学者。

【老▼猾】【老▼黠】ロウカツ 世事にたけて悪賢い。また、その者。

【老漢】ロウカン ①年をとった男。②老人の自称。

【老眼】ロウガン ①老いて視力の衰えた目。②豊かな経験によって備えた眼識。例 皇天無二老眼一(コウテンロウガンなし)(＝天下に老練な眼識のある人がいない)。〈杜甫・送恵二帰故居〉

【老▼妓】ロウギ 年をとった芸妓。

【老朽】ロウキュウ 人が年をとったりものが古くなったりして、役に立たなくなること。また、その人やもの。例 ―化した建物。

【老牛▼舐レ▼犢】ロウギュウトクをなむ 〔年老いたウシが子ウシをなめる〕親が子をたいそう愛するたとえ。〈後漢書・楊彪伝〉

【老境】ロウキョウ ①老年の時期。②老人の境地・心境。

【老▼驥伏レ▼櫪志在二千里一】ロウキレキにふするもこころざしセンリにあり 〔年老いた名馬は馬小屋に寝かされても、千里をかける気力は捨てない〕英雄は年老いてもなお志を持ち続けることのたとえ。〈曹操・歩出夏門行〉

【老▼軀】ロウク 年をとって衰えたからだ。老身。老体。

【老君】ロウクン ①老子の尊称。②老人の尊称。③日 隠居した主君を臣下が呼ぶときの尊称。

【老兄】ロウケイ ①兄の尊称。②友人に対する敬称。③弟に対する兄の自称。

【老健】ロウケン ①年をとってもからだが丈夫なこと。②文章に熟達していること。

【老後】ロウゴ 年をとってからの日々。年をとったあとのこと。

【老公】ロウコウ 年おいた貴人の敬称。

【老巧】ロウコウ 長年の経験や試練によって、ものごとに熟練しているさま。老熟。老練。例 ―な名人。

【老骨】ロウコツ 年をとって衰えたからだ。老体。老軀(ロウク)。例 ―にむち打つ。

【老妻】ロウサイ 年をとった(自分の)つま。

【老残】ロウザン 年おいてなお生きながらえていること。例 ―の身。

【老死】ロウシ 年をとって自然に死ぬ。

【老師】ロウシ 年をとった僧。年をとった師匠・先生。老先生。老僧。〔敬意をもって呼ぶことば〕

【老実】ロウジツ ものごとによく慣れて、誠実である。実直。

【老者】ロウシャ 老人。例 老者安レ之(ロウシャはこれをやすんず)(＝老人に対しては心が安んぜられるようにする)。〈論語・公冶長〉

【老弱】ロウジャク|ロウニャク ①老人と子供。老幼。老若(ロウニャク)。例 老弱転二乎溝壑一(ロウジャクはコウガクにテンず)(＝(飢饉(キキン)の年には)老人子供は飢えてみぞや谷に転がって死ぬ)。〈孟子・梁恵王下〉 ②年をとって、からだがよわること。例 ―な身をいたわる。

【老手】ロウシュ 経験豊かで、ものごとに慣れた人。

【老酒】ロウシュ ①しこんでから長い年月のたった酒。古酒。②中国産の醸造酒をまとめていうことば。〔「ラオチュー」と読むのは、現代中国語にもとづく日本なまり〕

【老儒】ロウジュ ①年をとった学者。老成した儒者。②儒者が自分をいう謙称。

【老樹】ロウジュ 年数のたった木。老木。古木。

【老熟】ロウジュク 経験を積んで、ものごとに慣れて上手なこと。老巧。老練。老成。例 ―した筆づかい。

【老女】ロウジョ ①年をとった女性。老婆。②日 武家の家で、侍女の長。

【老小】ロウショウ ①老人と子供。また、家族・民衆のこと。②晋(シン)代の戸籍制度で、十二歳以下を小、六十六歳以上を老といった。時代により変遷がある。

【老少】ロウショウ 老人と若者。老若(ロウニャク)。例 ―不定(フジョウ)(＝年をとっていようと若かろうと、死は年齢にかかわりなく来る)。

【老松】ロウショウ マツの老木。古松(コショウ)。おいまつ。

【老将】ロウショウ 年をとった大将。また、老練な大将。

【老娘】ロウジョウ ①産婆。②女性の自称。

【老身】ロウシン 年おいたからだ。老体。老軀(ロウク)。

【老臣】ロウシン ①年をとった家来。②身分の高い家来。重臣。

【老親】ロウシン 年おいたおや。

【老人】ロウジン 年をとった人。年寄り。老叟(ロウソウ)。

【老衰】ロウスイ 年をとって体力や気力が衰えたさま。類 老憊(ロウハイ)。例 ―した身。

【老生】ロウセイ ①年寄り。老人。②若い人に対して、年をとった男性が自分を指していう謙称。

【老成】ロウセイ ①立派な徳をそなえたさま。②ことば・しぐさ・性格などが年齢のわりにおとなびている。③長い経験によってものごとに慣れている。老熟。老練。

【老先生】ロウセンセイ ①経験豊かですぐれた、年をとった先生。老師。②親子、おじ・おいなど二代の先生がある場合、年長のほうの先生の敬称。

【老壮】ロウソウ 老人と若者。

【老荘】ロウソウ 老子と荘子。例 ―思想。

【老▼叟】ロウソウ 年寄り。老人。

【老僧】ロウソウ ①年をとった僧。老師。②年をとった僧の自称。

【老措大】ロウソダイ 〔「措大」は、書生の意〕年をとった書生。

【老体】ロウタイ ①年をとって衰えたからだ。老軀(ロウク)。②老人の敬称。

【老大】ロウダイ ①老人となる。また、その人。対 少小。例 老大意転拙(ロウダイにつれイはうたたセツなり)(＝老いぼれるにつれて考えることはいよいよ世間ばなれしてしまった)。〈杜甫・自京赴奉先県詠懐五百字〉 ②たいそう。きわめて。

【老台(臺)】ロウダイ 手紙などで用いる年長者の敬称。尊台。

【老大家】ロウタイカ 日 深く経験を積み、その道にすぐれ、尊敬される人で、今は年をとった人。

【老▼杜】ロウトウ 杜甫のこと。大杜。〔杜牧を「小杜」という〕
【老尼】ロウニ 年をとった尼僧。
【老若】ロウニャク/ロウジャク 日 老人と若者。老弱ロウジャク。
【老弱】㊀ロウニャク/ロウジャク 老人と若者。老少。例―男女ナンニョ。㊁ロウジャク 年をとってからだの弱ったさま。
【老年】ロウネン 年をとって、心身の衰えてくる年ごろ。老齢。
【老▼衲】ロウノウ 〔「衲」は、僧衣の意〕①年をとった僧。老僧。②老僧の自称。
【老農】ロウノウ ①年をとった農夫。②経験を積んだ農夫。例 吾不レ如二老農一(われロウノウにしかず)(=《穀物を作ることでは》私は手なれた農夫に及ばない)。〈論語・子路〉
【老婆】ロウバ 年をとった女性。おうな。老女。老嫗ロウウ。
【老婆心】ロウバシン ①老女が世話をやくように、必要以上にする親切心。老婆心切。類老心。〔もともとは禅語で、師の指導態度をいった〕②日 自分の意見や忠告の謙譲語。
【老▼悖】ロウハイ 年をとってぼける。老いぼれたさま。類老耄ロウボウ。
【老廃】ロウハイ 年をとったり古くなったりして、役に立たない。
【老梅】ロウバイ ウメの老木。
【老馬▼之▼智】ロウバのチ 経験者ならではの知恵。老馬識レ途(みちをしる)。◆春秋時代、斉の管仲が戦いの帰途道に迷い、年老いた馬を放してあとについて行き、道を見つけたという。……〈韓非・説林上〉
【老▼婢】ロウヒ 年をとった女の召し使い。
【老病】ロウビョウ/ロウヘイ ①年老いて病気がちであること。例 官応二老病休一(カンはまさにロウビョウもてやむべし)(=官職も、老いて病んだ身では、まさしくやめるべきだった)。〈杜甫・旅夜書懐〉②持病。
【老夫】ロウフ ①年をとった男性。また、老人が自分をいう謙称。②年をとった(自分の)夫。
【老父】ロウフ 年おいた父。対老母。
【老婦】ロウフ 年をとった女性。
【老物】ロウブツ ①古代の祭祀、蜡で祭られる神々。→蜡(1176ジ)②老いぼれ。〔老人をののしることば〕③年寄りが用いる謙称。
【老兵】ロウヘイ ①年をとった兵士。②経験の長い老練な兵士。
【老▼圃】ロウホ 熟練の農夫。例 吾不レ如二老圃一(われロウホにしかず)(=私は《農耕については》老練な農夫に及ばない)。〈論語・子路〉
【老舗】【老▼鋪】ロウホ/しにせ 古くからある店。昔から何代も続いている店。
【老母】ロウボ 年おいた母。対老父。
【老▼耄】【老▼眊】【老▼旄】ロウボウ 年をとって体力・気力が衰えた老人。老いぼれ。
【老木】ロウボク 年数のたった木。古木。老樹。
【老僕】ロウボク 年をとった男の召し使い。例 忠実な―。
【老▼爺】ロウヤ ①官位の高い人に対する敬称。②年をとった男性。おきな。老翁。
【老幼】ロウヨウ 老人と年少者。老弱。
【老来】ロウライ 〔「来」は、語調をととのえる助字〕年をとる。老人になる。
【老▼嬾】【老▼懶】ロウラン 年をとって何をするのもおっくうであること。ものうく気の晴れないさま。
【老▼羸】ロウルイ 年をとってからだが弱るさま。また、老人や病人。例 老羸転二於溝壑一(ロウルイコウガクにテンず)(=老人や病人は飢えて、みぞや谷間にころがっている)。〈孟子・公孫丑下〉
【老齢】ロウレイ 年をとっていること。高齢。老年。例―年金。
【老練】ロウレン 長い年月にわたって経験を積み、ものごとに慣れて上手なこと。老巧。老熟。例―なパイロット。
●海老カイロウ・えび・家老カロウ・敬老ケイロウ・元老ゲンロウ・古老コロウ・故老コロウ・初老ショロウ・早老ソウロウ・大老タイロウ・長老チョウロウ

耂 耂0(4) 4 8502 8002 ⇩部首解説

考

耂2(6) 1 2545 8003 教2
コウ(カウ) 漢 皓 kǎo
かんがえる(かんが-ふ)・かんがえ(かんがへ)

筆順 一 + 土 耂 耂 考

なりたち 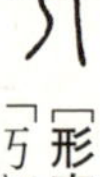 [形声]「老(=としより)」の省略体と、音「丂コウ」とから成る。老いた人。借りて「かんがえる」の意。

意味 ❶長生きする。老いる。例 寿考ジュコウ(=長寿)。❷亡くなった父。対妣ヒ。例 考妣コウヒ。先考センコウ(=亡父)。❸思いめぐらす。**かんがえる**。例 考慮コウリョ。思考シコウ。熟考ジュッコウ。❹調べ明らかにする。例 考査コウサ。考察コウサツ。❺試験をする。優劣をくらべる。例 考試コウシ。科考カコウ(=科挙)。❻完成する。落成させる。なす。例 考二仲子之宮一(チュウシのビョウをなす)(=仲子の廟を完成させた)。〈左伝・隠五〉

古訓 中古 いのち・かむがふ・たか・ちち・なる・のり 中世 かんがふ・かんがゆる・ちち・なる 近世 いのちながし・かかる・かむがふる・ちち・なす・なる・をはる

人名 たか・たかし・ただ・ちか・とし・なか・なり・なる・のり・はかる・やす・よし

難読 定考ジョウコウ(=平安時代の儀式の一つ。「上皇ジョウコウ」の読みと同じになるのを避けて、読みくせで字の順の逆に読む)

【考案】コウアン ①能力・成績などを調べる。②日 工夫して作りだす。工夫。案出。例 新しい機種を―する。
【考異】コウイ 同じ書物で本文がいくつもあるとき、その諸本のあいだで文字や語句の異同を調べ、解釈などを考えること。また、その結果。例 法華経ホケキョウ―。
【考課】コウカ 官吏の仕事ぶりや学生の成績を調べて優劣をつけること。類考績。例 人事―。
【考究】コウキュウ 深く考え研究する。攻究。
【考拠】【考据】コウキョ ①考えのよりどころ。②「考証コウショウ」に同じ。
【考検】【考験】コウケン よく調べ検討する。
【考古】コウコ 古い時代の事物を解明する。例―学。
【考功】コウコウ ①亡き父の偉業。父業。②官吏の勤務成績を調べる。また、その官。
【考校】コウコウ ①比較して考える。どちらがよいか検討する。②官吏の能力や成績を調べる。③文字などの異同や誤りを調べる。④試験。
【考査】コウサ ①考え調べる。考課。例 人物―。②テストをして生徒の学力を調べる。例 期末―。
【考察】コウサツ 考えたり調べたりして、ものごとを明らかにしたり見きわめたりする。
【考試】コウシ ①志願者の学力・資格を調べる試験。②役人を採用するための試験。例―に応じる。
【考証(證)】コウショウ 昔のことについて、当時の文書から証拠をさがして説明する。考拠。考据。例 時代―。
【考証(證)学】コウショウガク 古い書物・制度・事物などからよりどころを得て経書ケイショを研究する学問。考拠学コウキョガク。
【考正】コウセイ 書物の異同や誤りを調べて正しくする。類考訂。
【考▼槃】【考盤】【考▼磐】コウハン 自分が思うとおりの楽しい生活をする。隠居すること。〈詩経・衛風・考槃〉
【考▼妣】コウヒ 亡き父と、亡き母。
【考問】コウモン 尋問する。拷問にかけて罪を調べる。類考治コウチ。

【考慮】(コウリョ) 日 あることについて、よく心にとめて深く考える。

【考量】(コウリョウ) ものごとをいろいろ考えあわせて判断する。

◐ 一考(イッコウ)・愚考(グコウ)・再考(サイコウ)・参考(サンコウ)・思考(シコウ)・熟考(ジュッコウ)・先考(センコウ)・選考(センコウ)・長考(チョウコウ)・備考(ビコウ)・黙考(モッコウ)

耆
老4(10) 2 7045 8006
一キ漢 ギ呉 支 qí
二シ漢 寘 shì
おいる(お-ゆ)

意味 一 (六十歳の)年寄り。また、経験豊かで徳の高い老人。おいる。例 耆宿(キシュク)。耆老(キロウ)。二 このむ。ほしがる。好み。通 嗜(シ)。例 耆欲(シヨク)。

【耆▼艾】(キガイ) ①年老いた人。老人。②徳の高い人。先生。

【耆旧】(キキュウ) 以前から人々に尊敬されている老人。

【耆宿】(キシュク) 経験豊かで学識があり、人々に尊敬されている老人。宿老。類 耆儒。例 学界の―。

【耆▼耋】(キテツ) 老人。類 耆耄(キボウ)。

【耆徳】(キトク) 年老いて学徳が高く、人望のある人。

【耆老】(キロウ) 徳の高い老人。

【耆欲】(シヨク) 好み。欲望。嗜欲(シヨク)。

者
耂4(8) 1 2852 8005 教3
シャ漢呉 馬 zhě
もの
付表 猛者(もさ)

[者] 耂5(9) 3 9036 FA5B 人 旧字体。

筆順 一 + 土 耂 耂 者 者 者

なりたち [形声]「白(=いう)」と、音「耂(シャ)」とから成る。事柄を分けることば。

意味 ❶人やものごとを指すことば。例 学者(ガクシャ)。前者(ゼンシャ)。二者(ニシャ)。❷「は」「もの」「こと」と読み、主語・主題をはっきり示すはたらきをする。例 仁者人也(ジンはひとなり)(=仁とは人のことである)。〈中庸〉 蓋一歳之犯レ死者二焉(けだしイッサイのシをおかすことふたたびなり)(=一年のうちで命がけの危い目にあうことは二度だけです)。〈柳宗元・捕蛇者説〉 ❸否定語のあとにそえる助字で、場合や条件をあらわす。例 不者(しからずんば)(=そうでなければ)。❹時をあらわす語のあとにそえる助字。例 今者(いま)。昔者(むかし)。

古訓 中古 てへり・は・ひと・もの 中世 ていれば・てへり・は・ひと・もの 近世 この・ていれば・は・もの

人名 ひさ・ひと

難読 諜者(しのびのもの)

◐ 医者(イシャ)・縁者(エンジャ)・王者(オウジャ)・学者(ガクシャ)・患者(カンジャ)・記者(キシャ)・御者(ギョシャ)・後者(コウシャ)・作者(サクシャ)・識者(シキシャ)・死者(シシャ)・使者(シシャ)・従者(ジュウシャ)・勝者(ショウシャ)・信者(シンジャ)・聖者(セイジャ)・拙者(セッシャ)・選者(センジャ)・前者(ゼンシャ)・走者(ソウシャ)・打者(ダシャ)・達者(タッシャ)・長者(チョウジャ)・著者(チョシャ)・読者(ドクシャ)・忍者(ニンジャ)・敗者(ハイシャ)・筆者(ヒッシャ)・編者(ヘンシャ)・武者(ムシャ)・猛者(モサ)・勇者(ユウシャ)・両者(リョウシャ)・悪者(わるもの)

耄
老4(10) 2 7046 8004
ボウ漢 モウ呉 号 mào
おいぼ-れる(おいぼ-る)・おいぼれ・ほ-れる(ほ-る)・ほう-ける(ほう-く)

意味 (八、九十歳の)年寄り。年をとって体力や気力が衰える。おいぼれ。例 耄碌(モウロク)。衰耄(スイモウ)(=年老いて、衰えること)。

【耄期】(ボウキ) 〔「期」は、百歳の意〕年寄り。老年。類 耄耋(ボウテツ)・耄老。

【耄▼碌】(モウロク) 日 年をとって心身のはたらきが衰えること。また、その人。例 ―して人の名前を忘れる。

耇
耂5(9) 8007
コウ漢 有 gǒu
[耉] 老5(11) 4 8504 8008 別体字。

意味 顔にしみの出た老人。例 耇徳(コウトク)(=徳の高い老人)。耇老(コウロウ)(=老賢人)。

者
耂5(9) ⇨者(シャ)(1077ページ)

耋
老6(12) 2 7047 800B
テツ漢 屑 dié
[耊] 耂6(10) 4 8503 800A 俗字。

意味 八十歳の老人。年寄り。〔七十歳あるいは六十歳とする説もある〕例 耋老(テツロウ)(=老いる。また、老人)。
【耋▼艾】(テツガイ) 高齢の人。年寄り。〔「耋」は、鉄のように皮膚が黒ずんだ、「艾」は、ヨモギの葉のように頭髪が白い、の意〕

126 6画 而 しこうして部

あごひげの形をあらわす。「而」をもとにしてできている漢字と、「而」の字形を目じるしにして引く漢字とを集めた。

而
而0(6) 1 2809 800C 人
ジ漢 ニ呉 支 ér
しか-して・しこう-して(しかう-して)・しか-も

なりたち [象形] ほおの毛の形。借りて「なんじ」の意。

意味 ❶相手を指すことば。なんじ。例 知二而無一レ罪(なんじのつみなきをしる)(=おまえに罪のないことがわかった)。〈左伝・昭二〇〉 ❷「しかして」「しこうして」「…(して)て」と読み、そうして・それで、の意。順接をあらわす。例 学而時習レ之(まなびてときにこれをならう)(=学んで、適当な時機におさらいをする)。〈論語・学而〉 ❸「しかも」「しかるに」「しかれども」と読み、けれども、の意。逆接をあらわす。例 而今安在哉(しかるにいまいずくにありや)(=けれども今はいったいどこにいるのか)。〈蘇軾・赤壁賦〉

古訓 中古 ごとし・しかく・しかも・しかり・しかるを・して・なむだち・なんぢ 中世 しかうして・しかく・しかも・して・すなはち・なんぢ・よし 近世 ごとし・しかうして・しかく・しかも・しかるに・なんぢ・ほほひげ

人名 しか・なお・ゆき

難読 而已(のみ)・別而(べつして)・斯而(かくて)

【而後】(ジゴ)(しかるのち) これからのち。その後。以後。而来。類 而還。
【而今而後】(ジコンジゴ) 今より以後。〈論語・泰伯〉
【而来】(ジライ) 「而後(ジゴ)」に同じ。
【而立】(ジリツ)(ジリュウ) 三十歳の別名。〔「三十而立(サンジュウにしてたつ)」(=三十になって、学問上ひとり立ちすることができた)。〈論語・為政〉から〕

耎
而3(9) 4 8505 800E
ゼン漢 ネン呉 銑 ruǎn

意味 ❶柔軟な。やわらかい。通 軟(ゼン)。例 耎脆(ゼンゼイ)(=やわらかい)。❷弱い。例 耎弱(ゼンジャク)。

耐
而3(9) 1 3449 8010 常用
一タイ漢 ダイ呉 隊 nài
二ドウ漢 ノウ呉 蒸 néng
たえる(た-ふ)

筆順 一 ア ア 万 而 而 而 耐 耐

なりたち [会意]「寸(=法律)」と「而ジ(=ひげ)」とから成る。ひげをそりおとす刑。借りて「たえる」の意。

意味 一 ❶もちこたえる。我慢する。こらえる。**たえる**。例 耐久。耐熱。忍耐。 ❷適している。かなう。例 耐レ挿レ秧（＝苗を植えるのに適している）。〈高適・広陵別鄭処士〉 ❸希望する。願う。〈李白・送殷淑〉 二 できる。よく。あたう。通能。例 耐レ取レ酔（＝酔いたいものだ）。人不レ耐レ無レ楽（＝人は楽しみをもたないではいられない）。〈礼記・楽記〉

古訓 中古 おさふ・しのぶ・ただし・ただす・たふ・つつむ 中世 たへたり・たへる 近世 こらへる・しのぶ・まかす・よく

人名 しのぶ・たゆる・つよし・とう・とおる

【耐火】日 高温の火や熱にたえること。例 ―建築。

【耐寒】寒さにたえること。例 ―訓練。

【耐久】長い間の使用にたえる。長もちする。例 ―消費財（＝家具・家庭用電気製品など）。

【耐震】日 強度の地震にも、簡単にはくずれたり、こわれたりしないこと。例 ―建築。

【耐水】水にぬれても、水分がしみとおったり、変質したりしないこと。例 ―性。

【耐性】①我慢強い性格。②日 病原菌などの生物が、薬などに抵抗して生きのびる性質。例 ―が生じる。―をもった菌。

【耐熱】日 高熱に対しても変質しないこと。例 ―ガラス。

【耐乏】日 物質のとぼしさをたえしのぶ。例 ―生活。

【耐用】日 使用にたえる。例 ―年数（＝施設や機器などの資産が、使用にたえうる期間）。

耑

而3（9） 4 8506 8011

一 タン 漢 寒 duān
二 セン 漢 呉 先 zhuān

意味 一 ものごとのはじめ。通端。例 耑緒（＝いとぐち。端緒）。 二 もっぱらにする。もっぱら。通専。例 耑誠（＝専心誠意）。耑門（＝専門）。

参考 耑子（＝人名）。

127 6画 耒（耒） らいすき すきへん 部

田畑をたがやす「すき」の意をあらわす。「耒」をもとにしてできている漢字を集めた。

耒

耒0（6） 2 7048 8012

ライ 漢 隊 紙 lěi
すき

意味 土を掘り起こして、田畑を耕す道具。**すき**。また、すきの柄え。例 耒耜。

【耒▼耜】〔「耜」は、すきの刃〕すき。また、農具。耒耜。

【耒▼臿】【耒▼鍤】すきと、くわ。また、農具。

【耒▼耨】〔「耨」は、農具のくわ〕①すきと、くわ。また、農具。②すきやくわで耕す。

耔

耒3（9） 3 9037 8014

シ 漢 紙 zǐ

意味 土を根にかぶせて草木を育てる。つちかう。例 耘耔。

耘

耒4（10） 2 7049 8018

ウン 漢 文 yún
くさぎ-る

意味 田畑の雑草を取り除く。また、悪いものを取り去る。例 耘艾。耕耘。

【耘耘】さかんに耕すさま。

【耘▼艾】雑草を取り除く。

【耘芸（藝）】雑草を刈り取り、穀物を植える。農作業。

【耘▼耔】雑草を取り除き、苗の根もとに土をかける。農作業をする。例 或植レ杖而耘耔（＝またあるときは突いているつえを立てて野良の仕事をする）。〈陶淵明・帰去来辞〉

【耘▼鉏】①すきで田畑を掘り起こし、雑草を取り除く。②国土を平定する。

耕

耒4（10） 1 2544 8015 教5

コウ（カウ）漢 庚 gēng
たがやす

[耕] 耒4（10） 旧字体。 [畊] 田4（9） 2 6525 754A 別体字。

筆順 一 三 丰 耒 耒 耕 耕

なりたち 耕 [会意]「耒（＝すき）」と、「井（セイ→コウ）」とから成る。すきで田畑をたがやす。

意味 ❶土を掘り起こして田畑をととのえる。農業をおこなう。**たがやす**。例 耕作。農耕。 ❷働いて食を求める。ある仕事で生計を立てる。例 舌耕。筆耕。

古訓 中古 かへす・くれかへす・すく・たかへす 中世 たがへす・たがやす 近世 たがへす・たがやす

人名 おさむ・すく・たか・たかし・つとむ・ひろ・ひろし・やす

【耕▼耘】【耕芸】田畑をたがやしたり雑草を取ったりする。耕耨。例 ―機。

【耕稼】田畑をたがやして穀物を植えつける。類 耕種。

【耕具】田畑をたがやす道具。

【耕作】土地をたがやして作物をつくる。

【耕蚕（蠶）】耕作し、カイコを飼育する。農業と養蚕。類 耕桑。

【耕▼穡】作物の植えつけと取り入れ。農事。

【耕織】田畑をたがやし、機はたを織る。農業と機織り。

【耕人】農夫。

【耕地】地をたがやす。また、たがやされた土地。

【耕田】田をたがやす。また、たがやされた田。

【耕土】①土地をたがやす。②日 田畑の表層の土。作物の根がのびひろがる部分。

【耕▼耨】田畑をたがやし草を取る。→【民時】（741ページ）

● 休耕・農耕・筆耕

耖

耒4（10） 4 8507 8016

ソウ（サウ）漢 ショウ（セウ）呉 効 chào

意味 ❶耕したのち、土のかたまりを砕き、さらに細かくすきかえす農具。❷重ねて耕して、土のかたまりをさらに細かく、農地を平らにならす。例 耖耙。

耙

耒4（10） 2 7050 8019

一 ハ 漢 禡 bà
二 ハ pá
こまざらい（こまざらひ）・まぐわ（まぐは）

意味 一 ❶牛に引かせて土のかたまりを砕いたり土地を平らにならしたりする農具。**まぐわ**。❷まぐわで土のかたまりを砕く。例 耖耙。 二 ❶穀物をかき集めたり土を平らにならしたりする農具。**こまざらい**。❷こまざらいでかき集めたり平らにならしたりする。例 耙耬。

【耙▼耬】こまざらいでかき集める。

[耙 一❶]

耗

耒4（10） 1 4455 8017 常用

一 **モウ**慣 **コウ**（カウ）漢 ゴウ（ガウ）呉 号 hào　二 ボウ漢 **モウ**呉 号 mào

へ-る

[耗]

耒4（10） ―― 旧字体。

筆順 一 三 丰 耒 耒 耒 耓 耗

なりたち 𦓤（篆文） ［形声］本字は「秏」で、「禾（＝いね）」と、音「毛（ボウ→コウ）」とから成る。イネの仲間。借りて「減ってなくなる」の意。

意味 一 ❶使いはたす。すりへらす。また、なくなる。つきる。**へる**。例 消耗（ショウコウ・ショウモウ）。磨耗（マモウ）。❷たより。音信。例 音耗（オンコウ）（＝音信。消息）。二 くらい。乱れてはっきりしない。通 眊（ボウ）。例 耗乱（ボウラン）。

古訓 中古 おとろふ・きゆ・つく・つひえ・つひやす・つひゆ・へがる・へぐ・へす・へる・むなし 中世 そぐ・つからかす・つひえ・へぐ・むなし 近世 ちる・へらす・へる・むなし・やぶるる

【耗減】（コウゲン｜モウゲン）「耗損（コウソン｜モウソン）」に同じ。

【耗損】（コウソン｜モウソン） 使って減らす。使いつぶす。消耗（ショウコウ｜ショウモウ）。損耗（ソンコウ｜ソンモウ）。耗減（コウゲン｜モウゲン）。

【耗乱】（ボウラン｜モウラン） ①頭がぼうっとする。②乱れて明らかでない。

◐ 消耗（ショウモウ）・損耗（ソンモウ）・磨耗（マモウ）

耜

耒5（11） 2 7051 801C

シ漢 紙 sì

すき

意味 土を掘り起こす農具。**すき**。

耡

耒7（13） 2 7052 8021

ジョ慣 ショ漢 魚 chú

すき・す-く

意味 ❶殷（イン）の時代におこなわれたとされる税法。❷田畑を耕す農具。**すき**。また、たがやす。**すく**。通 鋤（ジョ）。

耤

耒8（14） 4 8508 8024

一 セキ漢 陌 jí　二 シャ漢 禡 jiè

意味 一 天子が民衆を集めて耕す田。通 藉（セキ）。例 耤田（セキデン）。二 たよる。かりる。通 藉（シャ）・借。

耦

耒9（15） 3 9038 8026

ゴウ漢 グ・グウ呉 有 ǒu

なら-ぶ

意味 ❶ふたり並んで耕す。通 偶。例 耦耕（グウコウ）（＝並んで耕作する）。❷ふたりが一緒に…する。例 耦語（グウゴ）。匹耦（ヒツグウ）（＝つれあい。友達）。

【耦語】（グウゴ） ふたりが向かいあって、ひそかに語りあう。偶語。

耨

耒10（16） 2 7053 8028

一 ドウ漢 宥 nòu　二 ドク漢 ノク呉 沃 nù

くさぎ-る・すき・す-く

意味 一 ❶雑草をすきとる農具。くわ。**すき**。❷くわで除草する。**くさぎる**。例 耕耨（コウドウ）。二 梵語（ボンゴ）の音訳。例 阿耨多羅（アノクタラ）（＝無上の）。〈般若心経〉

耬

耒11（17） 4 8509 802C

ロウ漢 尤 lóu

意味 牛に引かせて種をまく農具。からすき。例 耬車（ロウシャ）・耬犂（ロウレイ）（＝牛に引かせて種をまく農具）。

難読 耬斗菜（おだまき）（＝植物名）

耰

耒15（21） 4 8510 8030

ユウ（イウ）漢 尤 yōu

意味 ❶土のかたまりを砕いて地ならしをする農具。すき。例 耰鋤（ユウジョ）（＝すき）。❷種をまいた上に土をかぶせる。例 耰而不レ輟（ユウしてやまず）（＝種の土かけを続けた）。〈論語・微子〉

128 6画 耳 みみ みみへん部

みみの形をあらわす。「耳」をもとにしてできている漢字を集めた。

⓪ 1079 耳 ② 1080 耵 ③ 1080 耷 耶 ④ 1080 耿 耽 耼 耻 ⑤ 1080 聃 聊 聆 ⑥ 1080 聒 ⑦ 1081 聖 聖 聘 ⑧ 1082 聢 聚 聟 聡 聞 ⑨ 1083 聦 聨 ⑪ 1083 聱 聳 聲 聰 聴 聯 ⑫ 1084 聵 聶 職 ⑭ 1084 聻 聹 ⑯ 1084 聽 聾

この部首に所属しない漢字

取→又 215　叢→又 217　恥→心 503　⿱龹耳→米 1082　爺→父 846

耳

耳0（6） 1 2810 8033 教1

一 **ジ**漢 ニ呉 紙 ěr　二 ジョウ漢 蒸 réng

みみ・のみ

筆順 一 丅 F 戶 E 耳

なりたち 𦔮（篆文） ［象形］みみの形。

意味 一 ❶音声を聞きとり、からだの平衡をたもつ器官。**みみ**。例 耳朶（ジダ）。耳目（ジモク）。牛耳（ギュウジ）。❷器物の側面についている耳のような形をした、つまみ。例 耳杯（ジハイ）（＝二つのつまみのあるさかずき）。❸聞く。みみにする。例 耳而目レ之（これをみみにしてめにす）（＝耳で聞き目で確かめる）。〈呂覧・知度〉 ❹「**のみ**」と読み、…だけ、の意。限定・強調をあらわす。例 法三章耳（ホウはサンショウのみ）（＝法令は三条だけとする）。〈史記・高祖紀〉 ❺⇩【耳耳（ジジ）】 二 遠い子孫。通 仍（ジョウ）。

日本語での用法 《みみ》①「地獄耳（ジゴクみみ）」▼聞きとり方。②「パンの耳（みみ）・耳（みみ）をそろえて返（かえ）す」▼食パンやお札（サツ）など平たいものの、はしの部分。

古訓 中古 きく・ならくのみ・のみ・はた・まくのみ・みみ 中世 きく・のみ・まくのみ・みみ 近世 したがふ・のみ・みみ

人名 み

難読 耳語（ささやく）

【耳殻】（ジカク） 日 外耳の一部で貝殻の形をした部分。集音器の役割をする。類 耳介。

【耳学】（ジガク） 聞きかじりの学問。耳学問（みみガクモン）。

【耳下腺】（ジカセン） 日 耳の下にある唾液腺（ダエキセン）。例 ―炎。

【耳環】（ジカン） 耳飾り。耳輪（みみわ）。イヤリング。

【耳語】（ジゴ） 耳もとでひそひそと話す。耳うち。

【耳耳】（ジジ） ①さかんなさま。②かくかく。しかじか。爾爾（ジジ）。③抜きん出るさま。

【耳珠】（ジシュ） 耳につける飾り玉。類 耳璫（ジトウ）。

【耳順】（ジジュン） 六十歳の別名。〔「六十而耳順（ロクジュウにしてみみしたがう）（＝六十になって、人のことばをすなおに聞くことができるようになった）。〈論語・為政〉」から〕

【耳食】（ジショク） 他人の話を聞いて、そのまま信じてしまう。

【耳垂】（ジスイ） みみたぶ。

【耳▼朶】（ジダ） ①みみ。例 ―にふれる（＝耳にはいる。聞こえる）。―を打つ（＝よく耳にきこえる）。②日 みみたぶ。

【耳提面命】（ジテイメンメイ） 人の耳をひき寄せ、直接言い聞かせる。丁寧に教えることをいう。〔〈詩経・大雅・抑〉から〕

【耳鼻】（ジビ） みみと、はな。例 ―咽喉（インコウ）科。

【耳目】（ジモク） ①みみと、め。例 ―に触れる。②聞くことと、見

6画

［耒（耒）］4—15画▼耗 耗 耜 耡 耤 耦 耨 耬 耰 ［耳］0画▼耳

ること。例 ―の欲(=聞きたい、見たいという欲望)。③人々の注意や関心。例 ―をおどろかす。―を引く。④見聞きしたことを知らせる者。手下。例 ―となって働く。

【耳目▼之官】ジモクのカン ①視覚や聴覚をつかさどる器官。耳や目。〈孟子・告子上〉②天子の耳や目となって国家の治安を守る官。御史大夫(ギョシタイフ)。

【耳孫】ジソン|ジソン 先祖のことを人から聞かされて知るだけの、遠い末の子孫。自分から数えて八代目の子孫。仍孫(ジョウソン)。

【耳漏】ジロウ 日 みみだれ。

【逆レ耳】みみにさからう ⇩【逆耳】ギャクジ(1302ページ)

【▼掩レ耳盗レ鐘】みみをおおいてかねをぬすむ 愚か者が自らをあざむく行為のたとえ。➡ある者が鐘を手に入れたが、重くて背負うことができない。壊そうと思い、槌(つち)でたたいたら大きな音がした。だれかが聞きつけて鐘が奪われるのではないかと恐れ、あわてて自分の耳をふさいだという。〈呂覧・自知〉

●外耳(ガイジ)・牛耳(ギュウジ)・地獄耳(ジゴクみみ)・中耳(チュウジ)・内耳(ナイジ)

町

耳2(8) 3 9039 8035 テイ漢 チョウ(チャウ)呉 迥 dīng

意味 「町聹(テイネイ)」は、耳あか。

耷

耳3(9) 3 9040 8037 トウ(タフ)漢 合 dā

意味 大きな耳。参考 朱耷(シュトウ)(=明(ミン)の遺民画家「八大山人(ハチダイサンジン)」の俗名)。

耶

耳3(9) 1 4477 8036 人 ヤ漢呉 麻 yé や・か

なりたち 「邪」の「牙」が「耳」のように変形してできた字。

意味 ❶「**や**」「**か**」と読み、疑問・反語・詠嘆をあらわす。例 雲耶山耶呉耶越(くもかやまか ごかエツか)(=雲だろうか、山だろうか、呉の地だろうか、越の地だろうか)。〔頼山陽・泊天草洋〕❷父親のこと。通 爺(ヤ)。例 耶嬢(ヤジョウ)。❸梵語(ボンゴ)などの音訳に用いる字。例 耶蘇(ヤソ)。摩耶夫人(マヤブニン)。

古訓 中古 あやし・いやし・ちち・や 中世 ななめに・よこさま 近世 か・ちち・や・よこしま

難読 耶蘇(ヤソ|デウス)

【耶嬢】ヤジョウ 父母。爺嬢(ヤジョウ)。爺娘(ヤジョウ)。例 耶嬢妻子走相送(ヤジョウサイシはしりあいおくる)(=父母も妻子も追いかけながら見送る)。〈杜甫・兵車行〉

【耶▼蘇】ヤソ 〔ラテン語 Jesus の音訳〕①イエス=キリスト。②キリスト教。例 ―教。③キリスト教信者。

【耶馬台(臺)】ヤマタイ|ヤバタイ 二、三世紀ごろ日本にあった国の一つ。女王卑弥呼(ヒミコ)が支配していたという。その場所については諸説ある。邪馬台(ヤマタイ|ヤバタイ)。例 ―国。

耿

耳4(10) 2 7054 803F コウ(カウ)漢 梗 gěng あき-らか

意味 ❶あかるい。ひかりかがやく。例 耿光(コウコウ)。耿耿(コウコウ)。❷志がしっかりしている。おこないが正しい。例 耿介(コウカイ)。

【耿介】コウカイ ①おこないが立派で光り輝いて見えるさま。②節操をかたく守り、世間におもねらない。

【耿光】コウコウ ①明るい光。輝き。②徳のあるさま。すぐれた徳。▽光耿(コウコウ)。耿暉(コウキ)。

【耿耿】コウコウ ①明るく光り輝くさま。例 耿耿星河欲レ曙天(コウコウたるセイガあけんとほっするのテン)(=天の川が光り輝いて、夜が明けようとしている)。〈白居易・長恨歌〉②心に思うことがあってうれえるさま。心が安らかでないさま。例 耿耿不レ寐(コウコウとしてねられず)(=うれえて眠れない)。〈詩経・邶風・柏舟〉③真心のあるさま。

耽

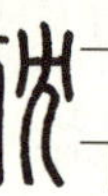

耳4(10) 1 3531 803D 人 タン(タム)漢呉 覃 dān ふけ-る

なりたち [形声]「耳(=みみ)」と、音「冘イ→タン」とから成る。耳が大きく垂れ下がっている。

意味 ❶耳が大きく垂れ下がる。❷度をこえて楽しむ。熱中する。**ふける**。例 耽溺(タンデキ)。耽美(タンビ)。❸時間を引き延ばす。ひまどる。遅れる。例 耽誤(タンゴ)(=遅れる)。❹⇩【耽耽】タンタン

古訓 中古 たる・ふける 中世 したふ・たのむ・ふくる・ふける 近世 たのしむ・たれみみ・ふける

【耽玩】タンガン 大いに好む。ひとつのことに熱中する。

【耽思】タンシ 深く考える。熱心に研究する。また、思いにふける。類 耽懐(タンカイ)。

【耽耽】タンタン ①奥深いさま。②樹木がさかんに茂るさま。③おごそかに見つめるさま。

【耽溺】タンデキ 不健全なことに夢中になり、ぬけ出せなくなる。耽湎(タンベン|タンメン)。例 酒色に―する。

【耽読】タンドク 夢中で本を読む。読みふける。例 小説を―する。

【耽美】タンビ 日 美を、最高の価値あるものとして追い求め、のめりこむこと。例 ―派。―主義。

【耽▼湎】タンベン|タンメン 「耽溺(タンデキ)」に同じ。

【耽味】タンミ 深くあじわう。

【耽楽】タンラク|たのしみにふける 酒色などの楽しみにふける。

【耽惑】タンワク 熱中して心をうばわれる。酒色にふけり、心まどう。

耼

耳4(10) 3 9041 803C タン(タム)漢 覃 dān

[聃] 耳5(11) 4 8511 8043 別体字。

意味 ❶耳が長く大きい。❷老子の字(あざな)。老子は耳たぶが大きく、垂れ下がっていたという。老耼(ロウタン)。

[耻] 耳4(10) ⇩恥チ(503ページ)

[聃] 耳5(11) ⇩耼タ(1080ページ)

聊

耳5(11) 2 7056 804A リョウ(レウ)漢 蕭 liáo いささ-か

意味 ❶耳鳴りがする。例 聊啾(リョウシュウ)。❷たよりにする。例 聊頼(リョウライ)。❸楽しむ。心をなぐさめる。例 無聊(ブリョウ)。❹かりそめの。わずかの。**いささか**。ちょっと。ひとまず。例 聊乗レ化以帰レ尽(いささかカにジョウじてもってつくるにキせん)(=ひとまず自然のなりゆきにまかせて命が尽きるのを待とう)。〈陶淵明・帰去来辞〉聊爾(リョウジ)。❺⇩【聊浪】リョウロウ

【聊▼爾】リョウジ ①よく考えずにすること。かりそめ。②礼儀知らずなこと。ぶしつけ。失礼。例 ―ながら。

【聊▼啾】リョウシュウ 耳鳴り。

【聊頼】リョウライ 安心してたのみにする。

【聊浪】リョウロウ ①気ままにぶらつく。放浪する。②思うままにする。

聆

耳5(11) 2 7057 8046 レイ漢 青 líng き-く

意味 ❶耳をかたむけて聞く。例 側聆(ソクレイ)(=耳をそばだてて聞く)。❷明らかになる。理解する。例 聆聆(レイレイ)(=はっきり了解するさま)。

聒

耳6(12) 2 7058 8052 カツ漢 曷 guō かまびす-しい(かまびす-し)

意味 鳥や虫やウマなどの声がやかましい。**かまびすしい**。例 聒

耳(カツジ)(=耳ざわりである)。

【聒聒】(カツカツ) ①無知なさま。②声高(こわだか)にしゃべりたてるさま。③鳥が騒がしく鳴く形容。

聖

耳7(13) 1 3227 8056 教6

セイ漢 ショウ(シャウ)呉 敬 shèng

ひじり

[聖] 耳7(13) 旧字体。

筆順 一 丅 耳 耳 耳 耵 耶 聖 聖

なりたち [形声]「耳(=みみ)」と、音「呈(テイ→セイ)」とから成る。ものごとに精通する。

意味 ❶最高の知性・徳性をそなえた人。**ひじり**。例 聖人(セイジン)。❷学問や技芸の道をきわめた人。例 楽聖(ガクセイ)。詩聖(シセイ)。❸世俗・自然・日常・一般を超えた事象や状態。対俗。❹天子に関することの上にそえることば。例 聖代(セイダイ)。聖聴(セイチョウ)。❺英語 saint の音訳語。キリスト教で、聖者(セイジャ)・聖人(セイジン)。セント。例 聖路嘉(セイルカ)。聖伯鐸羅(セイペドロ)。❻キリスト教にかかわる事柄につけることば。けがれなく清らかな。例 聖歌(セイカ)。聖書(セイショ)。聖母(セイボ)。

古訓 中古 かしこし・きよ・ひじり 中世 ひじり 近世 さとし・とほる・ひじり・ものしる

人名 あき・あきら・きみ・きよ・きよし・さと・さとし・さとる・たか・たかし・たから・ただ・ただし・とし・ひと・ひとし・ひろ・ひろし・まさ・まさし・まさる

【聖者】 一(ショウジャ)〔仏〕一定の悟りをひらいた人。二(セイジャ) ①最もすぐれた知性・徳性をそなえた人。聖人(セイジン)。②その宗教で修行を積んだ、立派な信者。聖人(ショウニン)。キリスト教では、偉大な信者や殉教者を敬っていう。

【聖像】 一(ショウゾウ) 仏像。二(セイゾウ) 天子の肖像。また、聖人の肖像。孔子・キリストなど、その学派や宗教でたっとばれる人の像。

【聖意】(セイイ) ①聖人の考え。②天子の考え。聖慮。▽聖心。

【聖域】(セイイキ) ①聖人の地位・境地。②日 神聖な地域。例 —をけがす。

【聖王】(セイオウ) 知恵や人格のすぐれた王。また、天子の敬称。聖帝。類聖主。

【聖恩】(セイオン) 天子によるめぐみ。聖沢。

【聖化】(セイカ) 天子や聖人が教え導く。天子・聖人の徳化。

【聖火】(セイカ) ①病気を治す力があるとされた火。②日 神にささげる神聖な火。③日 オリンピック大会の開催中、燃やし続ける神聖な火。例 —リレー。—台。

【聖歌】(セイカ) ①神聖な歌。神をたたえる歌。②キリスト教で、典礼に用いられる歌。賛美歌。例 —隊。

【聖▼駕】(セイガ) 天子の乗り物。また、天子の尊称。

【聖学】(セイガク) ①聖人が教えた学問。②聖人の道を修める学問。儒教を指す。

【聖顔】(セイガン) 天子の顔。例 日繞竜鱗識聖顔(ひはリュウリンをめぐりてセイガンをしる)(=日の光はめぐって、竜のうろこの描かれた御衣を召された天子のお顔を拝するのであった)。〈杜甫・秋興〉

【聖教】 一(セイキョウ) 聖人の教え。特に、儒教での教え。聖訓。二(ショウギョウ)〔仏〕仏の教え。仏教。

【聖業】(セイギョウ) 〔天子の事業の意〕天下を治めること。類聖緒(セイショ)。

【聖君】(セイクン) ①すぐれた天子。②徳の高い人の尊称。〔西晋の曹攄(ソウチョ)が、正月なので約束の期限をもうけて死刑囚(シケイシュウ)を家に帰してやったところ、後日、囚人たちはみな約束を守ってもどって来たので、世人が攄をたたえて呼んだことによる〕〈晋書・曹攄伝〉

【聖訓】(セイクン) ①天子の教え。勅諭。類聖諭。②「聖教一(セイキョウ)」に同じ。

【聖経】(セイケイ) ①聖人の著した書。儒教の経典(ケイテン)。経書。②キリスト教の聖書。

【聖賢】(セイケン) 聖人と賢人。例 —の教え。

【聖言】(セイゲン) 天子や聖人のことば。類聖語。

【聖祭】(セイサイ) カトリックの典礼。ミサ。

【聖作】(セイサク) 天子の作。御製(ギョセイ)。類聖製。

【聖算】(セイサン) ①天子の年齢。宝算。聖寿。②天子の考え・はかりごと。

【聖▼餐】(セイサン) キリストの最後の晩餐に基づく儀式。聖体拝領。例 —式。

【聖旨】(セイシ) ①天子の意志。天子の命令。②聖人・孔子・仏などの教え。

【聖嗣】(セイシ) 天子の世継ぎ。皇太子。

【聖日】(セイジツ) ①〔神聖な太陽の意〕天子。②キリスト教で、日曜日。安息日。

【聖寿】(セイジュ) 天子の年齢。また、寿命。

【聖獣】(セイジュウ) 麒麟(キリン)のこと。聖人が世に出る前ぶれとされた想像上の動物。

【聖書】(セイショ) ①聖人の書いた書物。聖典。②キリスト教で聖典とする本。バイブル。例 旧約—。新約—。

【聖女】(セイジョ) ①知恵や人格のすぐれた理想的な女性。②宗教的事業に生涯をささげた神聖な女性。

【聖上】(セイジョウ) 天子の敬称。主上。例 —陛下。

【聖職】(セイショク) 日 ①神聖な職業や役目。とうとい仕事。例 教職は—といわれる。②神や仏に仕える仕事。例 —者。

【聖心】(セイシン) ①純粋でとうとい心。聖人の心。②天子の心。▽聖意。

【聖神】(セイシン) 天子。聖天子。また、聖人。

【聖人】 一(セイジン) 知識や人格がすぐれた理想的な人。例 —君子。二(ショウニン) ①すぐれた僧の敬称。上人(ショウニン)。例 親鸞(シンラン)—。日蓮(ニチレン)—。②知恵と人徳があり慈悲ぶかい人。

【聖世】(セイセイ) 「聖代(セイダイ)」に同じ。

【聖▼瑞】(セイズイ) ①聖天子となる、めでたい兆し。②聖天子の治世にあらわれる、めでたいしるし。

【聖跡】【聖▼蹟】(セイセキ) ①天子に関係のある遺跡や史跡。②神聖な遺跡や史跡。

【聖戦】(セイセン) 神聖な目的のための戦争。

【聖善】(セイゼン) 賢くてすぐれていること。母の人柄についていう。〈詩経・邶風・凱風〉

【聖俗】(セイゾク) ①聖人と俗人。②宗教的なことと世俗的なこと。

【聖体】(セイタイ) ①天子のからだ。玉体。②カトリックで、パンとぶどう酒であらわしたキリストのからだと血のこと。例 —拝領。

【聖代】(セイダイ) すぐれた天子が治めた平和な世の中。また、その治世。聖世。例 —の慶事。

【聖沢】(セイタク) 「聖恩(セイオン)」に同じ。

【聖誕】【聖旦】(セイタン) ①天子の誕生日。類聖節。②キリストの誕生日。

【聖断】(セイダン) 天子による裁断・決定。類聖裁。例 —を仰ぐ。

【聖壇】(セイダン) 〔「壇」は、土を高く盛り固めた、祭りの場所〕神をまつるための壇。例 —に供物(クモツ)をささげる。

【聖地】(セイチ) 宗教に結びついて神聖化された土地。神聖な土地。例 —巡礼。イスラムの—メッカ。

【聖朝】(セイチョウ) 当代の朝廷の尊称。

【聖聴】(セイチョウ) 天子の耳に入ることや、天子が聞くことの敬称。例 開張聖聴(セイチョウをカイチョウす)(=《陛下は》お耳を澄まさ

れる)。〈諸葛亮・出師表〉

【聖勅】セイチョク 天子のみことのり。詔勅。

【聖帝】セイテイ 人格の立派な天子。また、天子をとうとんだことば。聖王。聖天子。

【聖哲】セイテツ 聖人と哲人。また、知恵・人格ともにすぐれ、道理をわきまえた立派な人。

【聖典】セイテン ①聖人の書いた本。また、聖人の言行録。②日 その宗教のもとになる書物。キリスト教の聖書、イスラム教のコーランなど。

【聖天子】セイテンシ 徳の高い天子。聖王。聖帝。

【聖徒】セイト ①聖人、特に孔子の門徒。②キリスト教で、教会に所属する信者。また、キリスト教の殉教者。

【聖統】セイトウ ①天子が天下を統治する事業。②天子の血筋。

【聖堂】セイドウ ①孔子をまつった建物。聖廟セイビョウ。例 湯島の—。②キリスト教の教会堂。カテドラル。

【聖徳】セイトク ①非常にすぐれた人徳。高徳。②天子の徳。

【聖範】セイハン ①天子や聖人の定めた法則。聖法。②天子。

【聖▼廟】セイビョウ 聖人、特に孔子をまつった廟。聖堂。

【聖武】セイブ ①知恵や徳行にすぐれていて、武勇がある。〔天子をたたえていう〕②漢の武帝。

【聖母】セイボ ①聖人の生母。②天子の生母。③イエスの母。例 —マリア。

【聖法】セイホウ 時の天子が定めた法則。聖範。

【聖明】セイメイ ①きわめてすぐれた知恵や徳行。また、それを備えた天子や聖人。②よく治まっている御代みよ。

【聖▼猷】セイユウ 天子のはかりごと。

【聖慮】セイリョ 天子の考え。

【聖林】セイリン ①孔子の墓所の林。山東省曲阜キョクフ市にある。孔林。②日 米国カリフォルニア州の映画都市、ハリウッド(Hollywood)にあてた字。〔holly(=ヒイラギ)を誤ってholy(=聖)と解したもの〕

【聖霊】一 セイレイ ①亡くなった聖人のみたま。②天子の威光。③キリスト教で、父なる神、子なるキリストとともに三位サンミ一体をなし、人に宿って心の活動をおこさせるもの。例 父と子と—の御名みなにおいて。 二 ショウリョウ 死者のたましい。精霊ショウリョウ。例 —会エ。

●楽聖ガクセイ・歌聖カセイ・高野聖こうやひじり・詩聖シセイ・酒聖シュセイ・神聖シンセイ・俳聖ハイセイ

聘

耳7(13) 2 7059 8058

ヘイ漢 敬 pìn

と-う(と-ふ)・め-す

意味 ❶贈り物を持って訪問する。おとずれる。とう。例 聘物ヘイモツ(=訪問するときに持って行く贈り物)。朝聘チョウヘイ(=諸侯やその使者が天子を訪問する)。❷礼を尽くしてすぐれた人物をまねく。召す。例 聘用ヘイヨウ。招聘ショウヘイ。❸結納の金品をおさめ、妻としてむかえる。例 聘金ヘイキン(=結納金)。

【聘賢】ヘイケン 礼を尽くして賢者を招きむかえる。類 聘迎。

【聘召】【聘招】ヘイショウ (君主が賢者を)礼を尽くして招く。類 聘徴・聘命。

【聘問】ヘイモン ①諸侯が大夫を使者として他国を訪問させる。②日 礼物レイモツを持って人を訪ねる。

【聘用】ヘイヨウ 礼を尽くして人をとりたてる。

【聘礼】ヘイレイ ①諸侯が臣下を使者として遣わす儀式。②結納のしるしに贈る礼物レイモツ。

睼

耳8(14) 2 7062 8062 国字

しか-と・しっか-り

意味 まちがいなく。しっかりと。例 睼かしと心得こころえた。睼かしとさようか。

聚

耳8(14) 2 7060 805A

シュウ(シウ)漢 ジュ呉 遇 jù

あつ-まる・あつ-める(あつ-む)

意味 ❶人や物をあつめる。たくわえる。また、あつまった人やもの。例 聚散シュウサン。聚楽ジュラク。類聚ルイジュ。❷人のあつまったところ。村里。例 聚落シュウラク。

【聚散】シュウサン 集まったり、散ったりすること。また、集めることと、散らすこと。集散。

【聚訟】シュウショウ おおぜいが集まって、お互いに是非を争い、なかなか決まらない。

【聚珍版】シュウチンバン 清シン代、活字版の別称。〔乾隆ケンリュウ帝が四庫全書の善本の活字版にこの名をつけた〕

【聚落】シュウラク 人家が集まっているところ。村落。表記 現 集落

【聚▼斂】シュウレン ①集め収める。②重い税をきびしく取り立てる。例 与三其有二聚斂之臣一、寧有二盗臣一(そのシュウレンのシンあらんより、むしろトウシンあれ)(=人民から重税を取り立てる家来より、主家の財を盗む家来の方がましである)。〈大学〉

【聚楽】ジュラク 日 〔楽しみを聚あつめる意〕「聚楽第ジュラクダイ」の略。豊臣秀吉とよとみひでよしが造った豪華な邸宅の名。

[聟] 耳8(14) ⇩婿イセ(350ジペー)

聡

耳8(14) 1 3379 8061 人

ソウ漢呉 東 cōng

さと-い(さと-し)

[聰] 耳11(17) 2 7066 8070 旧字体。

[聦] 耳9(15) 4 8512 8066 別体字。

なりたち 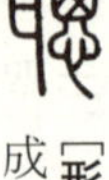 [形声]「耳(=みみ)」と、音「悤ソウ」とから成る。耳ざとい。

意味 耳がよく聞こえる。ものごとをよく理解する。かしこい。例 聡敏ソウビン。聡明ソウメイ。

古訓 中古 あきらかなり・きく・さとし・とし・みみとし 中世 あきらか・きく・さとし・みみとし 近世 あきらか・みみとし

人名 あき・あきら・さと・さとし・さとる・ただし・とき・とし・とみ

【聡▼叡】【聡▼睿】ソウエイ 理解力・判断力にすぐれている。かしこい。

【聡▼穎】ソウエイ 抜きんでて、かしこい。

【聡恵】【聡▼慧】ソウケイ 才知にすぐれている。

【聡警】ソウケイ かしこくて素早い。機敏である。

【聡察】ソウサツ かしこくて、ものごとを見通す力がある。

【聡敏】ソウビン 頭がよくてさとりが早い。類 聡悟。

【聡明】ソウメイ 〔耳がよく聞こえ、目がよく見える意〕①ものごとがよく理解でき、正しい判断ができる。賢明。②生まれながらに才知にすぐれている。例 —な君主。

【聡朗】ソウロウ ものごとの道理によく通じて、はきはきしている。

聞

耳8(14) 1 4225 805E 教2

一 ブン漢 モン呉 文 wén

二 ブン漢 モン呉 問 wén/wèn

きく・きこえる(きこ-ゆ)・きこえ

[耷] 米6(12) 4 8387 25E62 俗字。

筆順 

なりたち  [形声]「耳(=みみ)」と、音「門ボン→ブン」とから成る。耳にはいった音をききわける。

意味 一 ❶音声を耳でとらえる。きく。例 聞レ一以知レ十イチをきいてもってジュウをしる(=一つのことを聞いただけで、十ほど多くのことを察知する)。〈論語・公冶長〉 見聞ケンブン。聴聞チョウモン。❷天子に奏

上する。申し上げる。例 蛮夷書有ニ無礼者一、勿ニ復以聞一（バンイのショにブレイなるものあり、またもってブンするなかれ）（＝野蛮な国からの手紙は礼儀をわきまえておらぬ。二度と奏上することのないように）。〈隋書・東夷伝〉
❸においをかぎわける。例 聞香（ブンコウ｜モンコウ）。❹きいて知った事柄。知識。評判。例 博聞（ハクブン）。風聞（フウブン）。二 名声。名誉。ほまれ。例 聞望（ブンボウ）。聞名（ブンメイ）（＝名声）。令聞（レイブン）。

古訓 中古 かぐ・きく・きこしめす・きこゆ・ほがらかなり・まうす 中世 かぐ・きく・きこふ 近世 かぐ・きく・きこふ

人名 か・ひろ

難読 聞食（きこしめす）

【聞説】【聞道】（きくならく） 聞くところによれば。人の話によると。例 聞道漢家天子使（きくならくカンカテンシのつかいなりと）（＝聞くところによれば漢の皇帝の使者とのこと）。〈白居易・長恨歌〉

【聞喜宴】（ブンキエン） 科挙（＝官吏登用試験）に合格し進士となった者が、天子から賜った宴会。

【聞香】（ブンコウ｜モンコウ｜コウをきく） 香をかいでその種類を当てること。また、香をたいて楽しむこと。例 ―道。

【聞識】（ブンシキ） 聞き知ること。見聞と知識。例 多ニ聞識一乎（ブンシキおおきか）（＝博聞多識でしょうか）。〈孟子・告子下〉

【聞人】（ブンジン） 名声が世間に聞こえた人。名士。

【聞奏】（ブンソウ） 天子に上奏する。

【聞達】（ブンタツ） 世間に名が知れ、官位が上がること。名望。例 不レ求ニ聞達於諸侯一（ブンタツをショコウにもとめず）（＝諸侯の間に名声が広まることを求めなかった）。〈蜀志・諸葛亮伝〉

【聞望】（ブンボウ） 〔「望」は、人望の意〕名誉と声望。

●外聞（ガイブン）・見聞（ケンブン）・新聞（シンブン）・前代未聞（ゼンダイミモン）・相聞（ソウモン）・側聞（ソクブン）・他聞（タブン）・伝聞（デンブン）・風聞（フウブン）・令聞（レイブン）

【聦】耳9(15) ⇩聡（ソウ）（1082ジペー）

【聫】耳9(15) ⇩聯（レン）（1083ジペー）

聱
耳11(17) 4 8513 8071 ゴウ（ガウ）漢 肴 áo

意味 人の意見に耳をかさない。聞き入れない。例 聱牙（ゴウガ）。聱叟（ゴウソウ）（＝人の意見を聞かない頑固な老人）。

【聱牙】（ゴウガ） ①文章が晦渋（カイジュウ）でわかりにくい。→【佶屈聱牙（キックツゴウガ）】（83ジペー） ②人の意見を聞き入れない。

聳
耳11(17) 2 7064 8073 ショウ漢 腫 sǒng そび-える（そび-ゆ）・そばだ-つ

意味 ❶高くそびえる。そそり立つ。通竦（ショウ）。例 聳然（ショウゼン）。聳立（ショウリツ）。❷おそれおののく。通悚（ショウ）。例 聳動（ショウドウ）。❸はげましすすめる。通慫（ショウ）。例 聳善（ショウゼン）（＝善をすすめる）。❹つつしむ。かしこまる。

【聳▼峙】（ショウジ） 「聳立（ショウリツ）」に同じ。

【聳秀】（ショウシュウ） ひときわ高くそびえる。

【聳然】（ショウゼン） ①高くそびえるさま。例 ―たるアルプスの威容。②おそれつつしむさま。例 ―として訓示を聞く。

【聳動】（ショウドウ） ①おそれふるえる。②おどろいて動く。また、おどろかして動揺させる。例 世の中を―させる重大ニュース。

【聳立】（ショウリツ） そびえ立つ。聳峙（ショウジ）。例 ―する富士山。

【聲】耳11(17) ⇩声（セイ）（307ジペー）

【聰】耳11(17) ⇩聡（ソウ）（1082ジペー）

聴
耳11(17) 1 3616 8074 常用 一 テイ漢 チョウ（チャウ）呉 青 tīng 二 テイ漢 チョウ（チャウ）呉 径 tìng（旧tīng） きく・ゆる-す

【聽】耳16(22) 2 7069 807D 人 旧字体。

筆順
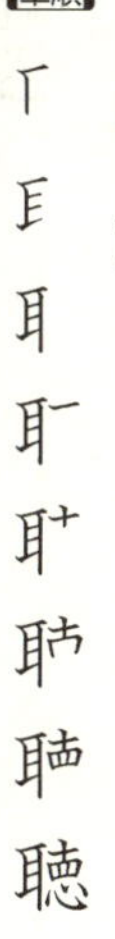

なりたち

【形声】「耳（＝みみ）」と「悳（＝得る）」と、音「𡈼（テイ）」とから成る。耳できとる。

意味 一 ❶注意してきく。耳をすませる。きく。例 聴講（チョウコウ）。傾聴（ケイチョウ）。❷ききいれる。きしたがう。例 聴許（チョウキョ）。❸きいて正しくさばく。例 聴獄（チョウゴク）（＝裁判をする）。聴診（チョウシン）。❹統治する。おさめる。例 聴政（チョウセイ）（＝政務をとる）。二 まかせる。ゆるす。例 君薨聴ニ於冢宰一（きみコウずればチョウサイにまかす）（＝君主が亡くなると政務を宰相に任せる）。〈孟子・滕文公上〉

古訓 中古 うけたまはる・きく・ゆるす 中世 きく・ゆるす 近世 きく・したがふ・まつ・ゆるす

人名 あき・あきら・さとし・さとる・とし・より

【聴音】（チョウオン） 音を聞き分けること。例 ―機。

【聴覚】（チョウカク） 日 耳で音を感じ取る感覚。例 ―器。―が麻痺（マヒ）する。

【聴許】（チョウキョ） 聞きとどけて許す。聞き入れる。例 請願を―する。

【聴言】（チョウゲン） 世間のうわさ。また、それを聞く。

【聴講】（チョウコウ） 講義を聞く。例 ―生。

【聴罪】（チョウザイ） ①罪に服する。②カトリック教会で、司祭が信者の罪の告白を聞き、指導や助言をする。

【聴察】（チョウサツ） 人の訴えを聞き分ける。良否を判断する。

【聴視】（チョウシ） 聞くことと、見ること。聞いたり、見たりすること。視聴。例 ―者。―率。

【聴事】（チョウジ） ①事を聞いて是非を判断する。②長上の命を聞き、それに従う。③郡の役所で政務をおこなう所。

【聴治】（チョウジ） ①まつりごとを聞く。②事を聞いて裁く。

【聴取】（チョウシュ） 知りたいことを聞き取る。例 事情を―する。

【聴衆】一（チョウシュウ） 演説・講演・演奏などを聞く人々。二（チョウジュ｜チョウシュ） 〔仏〕説法・講説などを聞く人々。

【聴従】（チョウジュウ） 他人の言うことを聞き入れて従う。

【聴訟】（チョウショウ） 訴えを取り上げて裁く。裁判をする。類 聴訴・聴獄。

【聴診】（チョウシン） 日 体内で生じる音（呼吸音・心音など）を聞き取って診察する。例 ―器。

【聴断】（チョウダン） 訴えを聞いて裁く。裁判。類 聴決。

【聴任】（チョウニン） 聞き入れて任せる。

【聴納】（チョウノウ） 人の言うことを聞き入れる。

【聴聞】一（チョウブン） 聞く。二（チョウモン） ①〔仏〕説教や演説などを聞く。例 ―者。②日 行政機関が、国民の権利や利益にかかわる行為をおこなうとき、利害にかかわる人々の意見を聞くこと。聴問（チョウモン）。例 ―会。

【聴命】（チョウメイ｜メイをきく） 命令を聞き、それに従う。

【聴用】（チョウヨウ） 人の言うことを聞き入れて採用したり登用したりする。

【聴覧】（チョウラン） 天子が人の言に耳をかたむけ、文書に目を通す。

【聴力】（チョウリョク） 日 音を聞き取る能力。例 ―障害。―を失う。

●謹聴（キンチョウ）・傾聴（ケイチョウ）・幻聴（ゲンチョウ）・視聴（シチョウ）・清聴（セイチョウ）・静聴（セイチョウ）・難聴（ナンチョウ）・拝聴（ハイチョウ）・吹聴（フイチョウ）・傍聴（ボウチョウ）

聯
耳11(17) 1 4694 806F レン漢 先 lián つら-ねる（つら-ぬ）・つら-なる

【聫】耳9(15) 2 7063 8068 俗字。

意味 ❶つながる。つづく。ならぶ。通連。例 聯珠（レンジュ）（＝珠（たま）をならべる。五目ならべ）。❷律詩の、対になる二句。また、左右に一句ずつ掛けるための対句。例 首聯（シュレン）（＝律詩の第一、二句)。柱聯(レンチュウ)(=柱に一句ずつ掛けた対句)。 表記 現代表記では「連」に書きかえることがある。熟語は「連」も参照。

【聯句】(レンク) 漢詩で、何人かの人が、一句または数句ずつ作ってまとめた一編の詩。 表記 現連句

【聯璧】(レンペキ) ①一対の玉(ギョク)。二つともに美しいもののたとえ。②平和であること。③親しい間柄の、すぐれたふたりの人物。

【聯▼翩】(レンペン) ①ものごとが続いて途絶えないさま。②鳥が連なって飛ぶさま。 表記 ▽現連▼翩

【聯綿】(レンメン) 長くつながって絶えないさま。 表記 現連綿

【聯聯】(レンレン) 連続していて絶え間のないさま。 表記 現連連

聵

耳12 (18) 4 8514 8075

カイ(クヮイ)慣 ガイ(グヮイ)漢 卦 kuì

意味 生まれつき耳が聞こえない。みみしい。 例 聵聵(カイカイ)。聵眊(カイボウ)。 参考 蕢聵(カイカイ)・蒯聵(カイガイ)(=霊公の太子。後の荘公)。

【聵聵】(カイカイ) 無知なさま。

【聵▼眊】(カイボウ・ガイボウ) 耳も聞こえず目もよく見えない。自分の老衰を謙遜(ケンソン)していうことば。

聶

耳12 (18) 2 7067 8076

ショウ(セフ)慣 ジョウ(デフ)漢 葉 niè

かた-る・ささや-く

意味 ❶耳もとでささやく。 通 囁(ジョウ)。 ❷姓の一つ。 例 聶政(ジョウセイ)(=戦国時代の韓(カン)の刺客)。

職

耳12 (18) 1 3106 8077 教5

一 ソク慣 ショク漢

二 シキ呉 職 zhí

トク漢 職 tè

つと-め

［軄］ 身12 (19) 8EC4 別体字。

筆順 丅 E 耳 耳立 聕 職 職 職

なりたち  [形声]「耳(=みみ)」と、音「戠(ショク)」とから成る。耳で聞いて、おぼえている役目。

意味 一 ❶ある仕事の全体に責任をもつ。つかさどる。また、仕事上の役目。つかさ。 例 越二其職一(そのショクをこゆ)(=その職分をこえる)。〈韓非・二柄〉 職掌(ショクショウ)。官職(カンショク)。 ❷生活するための仕事。つとめ。 例 職業(ショクギョウ)。就職(シュウショク)。 ❸主として。もっぱら。もとと す。 例 言語漏洩、則職女之由(ゲンゴのロウセツするは、すなわちなんじによれり)(=ことばが《敵国に》漏れるのは、主としてお前のせいである)。〈左伝・襄二四〉 二 家畜をつなぐ杭(くい)。 通 樴(トク)。 例 職人(ジントク)。

日本語での用法 《シキ》①「中宮職(チュウグウシキ)・東宮職(トウグウシキ)」▼律令制で省に属する役所。②「領家職(リョウケシキ)・守護職(シュゴシキ)」▼荘園(ショウエン)制で荘官の仕事にともなう権益。

古訓 中古 つかさ・つかさどる・もと 中世 つかさどる・もと 近世 しるす・つかさ・つかさどる・つね・もっぱら・わざ

人名 つね・もと・よし・より

【職域】(ショクイキ) 日 ①仕事の役割の範囲。 例 他の—をおかす。②仕事の場所の範囲。職場。

【職印】(ショクイン) 仕事の上で使う、職名をしるした印。

【職員】(ショクイン) 学校・官公庁・会社などに勤めている人。 例 —室。—会議。—録。

【職官】(ショクカン・ショッカン) ①役目。官職。②職務をもつ官吏。文官・武官の総称。

【職業】(ショクギョウ) 生活のためにする仕事。

【職司】(ショクシ) ①つかさどる。②役所での役目。また、その職務をつかさどる役人。

【職次】(ショクジ) 職務上の地位。役所での身分による役目。職守。

【職事】(ショクジ) 一 ①官に仕える。②官職上の職務。③職業。 二(シキジ) 日 ①蔵人頭(くろうどのトウ)および五、六位の蔵人。②宮中の公事(クジ)に従事する人。

【職守】(ショクシュ) 職分。職責。職次。

【職種】(ショクシュ) 日 職業の種類。

【職掌】(ショクショウ) 自分が受け持っている仕事の役目。職務。

【職制】(ショクセイ) ①仕事の分担や職場での地位についてのとりきめ。 例 —を変更する。②日 職場での管理職。

【職責】(ショクセキ) 日 担当している仕事に関する責任。 例 —を果たす。—を尽くす。

【職秩】(ショクチツ) ①(職務上の)きまり。おきて。②官職上の序列。官位と俸給。

【職能】(ショクノウ) 日 ①仕事をする能力。 例 —給。②それぞれがもつ独自のはたらき。 例 —別組合。

【職分】(ショクブン) その職についている者としてしなければならないつとめ。 例 —をまっとうする。

【職方】(ショクホウ) 国土の地図や統計を管理し、貢ぎ物を取り扱った官。

【職俸】(ショクホウ) ①職務に応じた俸給。②役目と俸給。

【職務】(ショクム) 仕事上、受け持っている役目。 例 —にはげむ。

【職名】(ショクメイ) 職務や職業の名前。

【職歴】(ショクレキ) 日 今までにしてきた職業の経歴。

【職階】(ショッカイ) 職務の種類と、責任の重さによって決められる階級。官庁・会社の部長・課長・係長など。また、大学教職の教授・准教授・講師・助手など。 例 —制。

【職権】(ショッケン) 官吏がもつ職務上の権限。命令や処分ができる権限。 例 —乱用。

【職貢】(ショッコウ) 従属国からの、みつぎもの。貢賦。貢職。

【職人】一(ジントク) 牛飼い。 二(ショクニン) 日 手先の技術で生活に必要ないろいろのものを作る仕事の人。大工・左官・経師(キョウジ)・指物師(さしものシ)・建具師(たてグシ)など。 例 —気質(かたぎ)。

●汚職(オショク)・官職(カンショク)・閑職(カンショク)・休職(キュウショク)・現職(ゲンショク)・公職(コウショク)・在職(ザイショク)・辞職(ジショク)・失職(シッショク)・就職(シュウショク)・住職(ジュウショク)・殉職(ジュンショク)・退職(タイショク)・定職(テイショク)・天職(テンショク)・転職(テンショク)・内職(ナイショク)・奉職(ホウショク)・本職(ホンショク)・無職(ムショク)・免職(メンショク)・有職(ユウソク)

聻

耳14 (20) 4 8515 807B

一 ジ(ヂ)漢 ニ呉 紙 nǐ

二 セン漢 霰 jiàn

意味 一 (禅問答で)詰問や反問の気分を示す語。 二 死んだ鬼(キ)(=亡霊)。〔人が死ぬと鬼(キ)、鬼が死ぬと聻(セン)になり、人が鬼をおそれるように鬼は聻をおそれるという〕

聹

耳14 (20) 2 7068 8079

ネイ漢 青 níng

みみくそ・みみのあか

意味 「耵聹(テイネイ)」は、耳あか。耳くそ。

［聽］ 耳16 (22) ⇩ 聴(チョウ) (1083ページ)

聾

耳16 (22) 1 4724 807E

ロウ漢 リュウ(リウ)呉 東 lóng

つんぼ

意味 ❶耳が聞こえない。また、そういう人。 例 聾唖(ロウア)。聾者(ロウシャ)。 ❷ものごとにくらい。愚かな。 例 聾昧(ロウマイ)(=無知)。

【聾▼唖】(ロウア) 耳の聞こえないことと、口のきけないこと。また、その人。 例 —者。

【聾▼喑】【聾▼瘖】(ロウイン) ①耳が聞こえないことと、口がきけないこと。また、その人。②上の者と下の者との気持ちが通じ合わないことのたとえ。

【聾▼聵】(ロウカイ|ロウガイ) ①先天的に耳が聞こえない。また、その人。②無知のたとえ。▽類聾昏(ロウコン)。

【聾者】(ロウシャ) 耳の聞こえない人。

【聾俗】(ロウゾク) 道理が聞き分けられない人。

【聾盲】(ロウモウ) 耳が聞こえないことと、目が見えないこと。また、その人。

129 6画 聿 ふでづくり部

ふでを手に持つ形をあらわす。「聿」をもとにしてできている漢字と、「聿」の字形を目じるしにして引く漢字とを集めた。

0 1085 聿 7 1085 肄 肆 肅 8 1085 肇 肇 肈

この部首に所属しない漢字

書→曰642　粛→ヨ468　晝→日628　畫→田891

聿
聿0 (6)　2 7070 807F

イツ漢 イチ(ヰチ)呉 質 yù
かざ-る・こ-れ・ここ-に・したが-う(したが-ふ)・つい-に(つひ-に)・ふで・よ-り

意味 ❶筆(ふで)。例 舌聿(ゼツイツ)(=したと、ふで。ことばと、文字)。❷「これ」「ここに」と読み、文のリズムをととのえる。例 歳聿其莫(としここにそれくれんとす)(=年も暮れようとしている)。〈詩経・唐風・蟋蟀〉

【聿修】【聿▼脩】(イッシュウ) 先祖や先人の徳をたたえ、自ら継承し実践する。〈詩経・大雅・文王〉

肄
聿7 (13)　2 7071 8084

イ漢 寘 yì
なら-う(なら-ふ)

意味 ❶学習する。訓練する。**ならう**。例 肄業(ギョウ)(=ならう)。肄習(イシュウ)。❷苦労。骨折り。例 莫ㇾ知二我肄一(わがつかれをしるなし)(=私の労苦を知る者はいない)。〈左伝・昭三〉 ❸切り株から生える枝。ひこばえ。例 伐二其条肄一(そのジョウイをきる)(=枝やひこばえを切る)。〈詩経・周南・汝墳〉

【肄習】(イシュウ) ならう。練習する。

肆
聿7 (13)　2 7072 8086

シ漢呉 寘 sì
いちぐら・つら-ねる(つら-ぬ)・みせ・ほしいまま

意味 ❶列をなすようにならべる。**つらねる**。例 肆列(シレツ)(=ならぶ。ならべる)。❷品物をならべて見せる。**みせ**。例 書肆(ショシ)。❸思うとおりにふるまう。気ままな。**ほしいまま**。通恣(シ)。例 肆二其怒一与二黜罰一(そのいかりをほしいままにしてチュツバツとを)(=思いどおりに怒り解雇する)。〈柳宗元・送薛存義序〉 肆意(シイ)。放肆(ホウシ)。❹大目に見る。ゆるす。例 肆赦(シシャ)。❺力を尽くす。つくす。例 肆力(シリョク)。❻広げる。のべる。例 欲ㇾ肆二其西封一(そのセイホウをほしいままにせんとほっす)(=西側の国土を広げたいと思う)。〈左伝・僖三〇〉 ❼きわめて。はなはだ。例 肆好(シコウ)(=とてもよい)。❽「四」の大字(ダイジ)。商売や契約の文書で、数字を書きかえられないように使う。

【肆意】(シイ) 自分の気持ちのままに行動すること。わがまま。自分勝手。恣意(シイ)。類肆志。

【肆▼筵】(シエン) むしろを敷き並べて宴席を設ける。

【肆虐】(シギャク) 自分勝手で、人をしいたげる。暴虐。

【肆行】(シコウ) わがままにふるまう。勝手なおこない。恣行(シコウ)。

【肆赦】(シシャ) 罪を減免する。罪人を許す。

【肆縦】(シショウ) 勝手気まま。わがまま。肆放。

【肆体】(シタイ|からだをほしいままにす) からだをゆったりとさせる。からだをのばして、くつろぐ。例 天子従容肆ㇾ体(テンシはショウヨウとしてからだをほしいままにす)(=天子は落ち着いて、からだをゆったりとさせている)。〈漢書・霍光伝〉

【肆店】【肆▼廛】(シテン) みせ。店舗。

【肆放】(シホウ) やりっぱなし。恣放(シホウ)。肆縦(シショウ)。

【肆目】(シモク) ①目の力を限界まで使う。②自在に眺める。

【肆力】(シリョク|ちからをつとむ) できる限りの努力をする。力の限りを尽くすさま。尽力。

[肅]
聿7 (13)　⇩粛(シュク)(468ページ)

肇
聿8 (14)　1 4005 8087　人

チョウ(テウ)漢 ジョウ(デウ)呉 篠 zhào
はじ-め・はじ-める(はじ-む)

[肇] 聿8 (14) 旧字体。
[肈] 聿8 (14) 8088 俗字。

なりたち [会意]「戸(=と)」と「聿(=はじめ)」とから成る。戸をはじめてひらく。

意味 はじめてひらく。**はじめる**。**はじめ**。例 肇国(チョウコク)。

古訓 中古 とし・はじむ・はじめ 中世 ただす・ながし・はじめ 近世 ただし・ながし・はじめ

人名 こと・ただ・ただし・ただす・とし・なが・はじむ・はつ

【肇基】(チョウキ) 基礎を定めてはじめる。土台をすえる。

【肇国】(チョウコク) はじめて国を建てる。新しく国をおこす。建国。

【肇秋】(チョウシュウ) 秋のはじめ。孟秋(モウシュウ)(=陰暦七月)。

【肇造】(チョウゾウ) はじめてつくる。創造。

130 6画 肉 にく(月 にくづき)部

すじのあるひと切れのにくの形をあらわす。「肉」が偏(=漢字の左側の要素)になったり、下につくときは「月(にくづき)(四画)」となる(「月(つきへん)・月(ふなづき)」とは本来別であるが、常用漢字ではすべて「月」の字形となった)。「肉」をもとにしてできている漢字を集めた。

0 1085 肉 2 1086 冐 肌 肋 3 1087 肙 肝 肛 肓 肖 肎 肚 肘 彤 4 1087 育 肸 肩 肩 股 肯 肴 肱 肢 肭 肺 肧 肥 肤 肪 冐 肬 5 1089 胃 胤 胦 胠 朐 胫 胘 胡 胛 胥 胗 胙 胎 胆 胝 胄 胅 背 胇 胚 胖 胕 胞 胞 脉 6 1093 脍 胳 胸 脅 胯 胱 胻 脂 胵 脆 脊 胴 能 胼 脈 脈 脇 脇 脎 7 1096 脘 脚 脛 脞 脩 脟 脤 脣 脧 脱 脫 脳 脯 脬 脖 脵 8 1098 腋 腔 𦛗 脽 脐 腊 脹 腆 脾 腓 腐 腑 腁 腕 9 1099 腭 腳 腱 腮 腫 腎 腥 腺 腨 腠 腟 腯 腸 腩 腦 腹 腴 腧 腰 10 1101 膃 膈 膁 膏 膌 䐜 膄 腿 膅 膊 膀 膜 膂 11 1102 膕 膠 膵 膣 膓 膝 膘 膚 膤 12 1103 膩 膲 膳 膰 膨 𦢊 臈 13 1103 臆 膾 膸 臊 膻 膽 臂 膿 臂 膺 臃 臉 臁 14 1104 臗 臍 臑 臏 15 1105 臀 臓 臘 16 1105 臙 臛 臚 18 1105 臟 19 1105 臠

この部首に所属しない漢字

明→日623　青→青1423　冑→冂140　前→刂163　骨→骨1471　豚→豕1250　勝→力180　滕→氺803　朧→亀1518　謄→言1242　鵬→鳥1497　騰→馬1468

肉
肉0 (6)　1 3889 8089　教2

ジク漢 ニク呉 屋 ròu
しし

「聿」0—8画▼聿 肄 肆 肅 肇 肈 肇
「肉(月)」0画▼肉
6画

筆順 丨冂内内肉肉

なりたち［象形］すじのある切り肉。鳥獣の肉。

意味 ❶鳥や獣の（食用の）にく。しし。例 肉食（ニクショク）。獣肉（ジュウニク）。❷人間のからだ。生身のからだ。例 肉体（ニクタイ）。肉欲（ニクヨク）。筋肉（キンニク）。❸（機械や道具を使わず）人間に備わっているままの。なまの。例 肉眼（ニクガン）。肉声（ニクセイ）。❹果物や野菜の食べられる部分。例 果肉（カニク）。❺血のつながりがある。例 肉親（ニクシン）。骨肉（コツニク）。

日本語での用法《ニク》①「肉筆（ニクヒツ）」▼じかの。そのままの。②「朱肉（シュニク）・肉池（ニクチ）（＝朱肉を入れる容器）・肉づけをする」▼にくに似たやわらかいもの。また、ものの厚み。

古訓 中古 しし・ししつく・はだか 中世 しし・ししむら 近世 きれる・しし・しし・ししむら

難読 肉（ししむら）・肉醤（ひしお）・肉刺（まめ）・肉豆蔲（ニクズク）

【肉芽】（ニクガ）日①ユリ・ヤマノイモなどの葉の付け根にできる丸い芽。地面に落ち、発芽する。②〔医〕傷が治るときに盛り上がってくる新しい肉。肉芽組織。

【肉感】（ニッカン・ニクカン）日肉体によって起こる性的な感覚。例 ―的。

【肉塊】（ニクカイ・ニッカイ）肉のかたまり。例 一片の―。

【肉眼】（ニクガン）①〔仏〕人間に備わっている目。人の目。②眼鏡などを使わない視力。また、目そのもの。裸眼。例 ―で見えない微生物。③（ニクゲン）ものごとの表面だけしか見えない眼識。凡人の目。

【肉牛】（ニクギュウ）日食肉用に飼育しているウシ。対 乳牛・役牛（エキギュウ）。

【肉刑】（ニクケイ・ニッケイ）からだを傷つける刑罰。入れ墨・鼻切り・足切り・去勢など。

【肉交】（ニクコウ・ニッコウ）日肉体のまじわり。性交。

【肉▼叉】（ニクサ）日フォークのこと。肉刺し。

【肉山▼脯林】（ニクザン ホリン）ぜいたくな宴会のたとえ。酒池肉林。◆夏（カ）の桀（ケツ）王は愛妃妹喜（バッキ）と宮女たちを侍らせて、日夜宴会を開いていた。生肉を山のように積み上げ、干し肉を林のように並べたて、酒を流し込んで池をつくった。〈帝王世紀〉

【肉質】（ニクシツ）①肉でできている組織。②肉の品質。例 食用に適する―。③日肉の多い性質。例 マグロは―の魚だ。

【肉腫】（ニクシュ）〔医〕上皮以外の組織にできる悪性の腫瘍（シュヨウ）。例 骨（コツ）―。

【肉汁】（ニクジュウ・ジュウ）①肉を煮出してとる、しる。また、焼いたときに出る、しる。スープ。②なまの牛肉などからしぼり取った、しる。また、料理の間に出る、しる。類 肉漿（ニクショウ）。

【肉食】（ニクショク）①（ジキ）人間が、鳥・獣・魚の肉を食べる。対 菜食。②動物が、他の動物をえさとする。例 ―動物。

【肉身】（ニクシン）〔仏〕肉体。

【肉親】（ニクシン）親子・兄弟など、血のつながりの近い者の間柄。また、その人。例 たったひとりの―。

【肉声】（ニクセイ）①楽器の伴奏のない歌。②日機械を通さない、なまの人のこえ。

【肉体】（ニクタイ）なま身の人間のからだ。対 精神。例 ―労働。

【肉▼袒】（ニクタン）〔「袒」は、むち打ちの刑を受けるために着物を脱いで肩をあらわす意〕罰を受ける気持ちを相手に示す。服従・降服の意思の表示。

【肉▼袒負▼荊】（ニクタン ケイをおう）肌脱ぎして、いばらの杖（つえ）を背負う。〈史記・廉頗藺相如伝〉→【刎頸之交】（フンケイのまじわり）（156ジベー）

【肉弾】（ニクダン）日弾丸の代わりに人間のからだごと敵にぶつかっていくこと。捨て身の攻撃。例 ―戦。

【肉池】（ニクチ）日印肉を入れるうつわ。

【肉薄】【肉迫】（ニクハク）〔「薄」は、せまる意〕①すぐそばまで近づき攻める。例 敵陣に―する。②日相手に激しく迫ること。

【肉筆】（ニクヒツ）日版画・活字などの印刷や写真によるものではなく、人が直接かいた書画。直筆（ジキヒツ）。例 ―の浮世絵。

【肉太】（ニクぶと）日書いた文字の、線や点が太いもの。対 肉細。

【肉細】（ニクぼそ）日書いた文字の、線や点が細いもの。対 肉太。

【肉欲】【肉▼慾】（ニクヨク）肉体上の欲望。性欲。

【肉▼桂】（ニッケイ・ニクケイ）クスノキ科の常緑高木。皮や根を薬や香料にする。

●印肉（インニク）・果肉（カニク）・牛肉（ギュウニク）・魚肉（ギョニク）・筋肉（キンニク）・骨肉（コツニク）・桜肉（さくらニク）・朱肉（シュニク）・食肉（ショクニク）・精肉（セイニク）・皮肉（ヒニク）

［肎］月2（6）⇩肯（コウ）（1088ジベー）

肌
月2（6）　1 4009　808C　常用

キ 漢　支 jī

はだ・はだえ（はだへ）

筆順 丿刀月月肌肌

なりたち［形声］「月（＝にく）」と、音「几（キ）」とから成る。人の肉。

意味 人の肉。また、人のからだの表面。皮膚。はだ。例 肌膚（キフ）。玉肌（ギョッキ）（＝美しいはだ）。

日本語での用法《はだ》①「山肌（やまはだ）・木肌（きはだ）」▼ものの表面。②「学者肌（ガクシャはだ）・職人肌（ショクニンはだ）」▼気質。

古訓 中古 かはべ・はだへ 中世 かはべ・はだ・はだへ 近世 しし・はだ・はだへ

【肌膚】（キフ）①はだ。皮膚。②近親者のたとえ。骨肉。例 肌膚之愛（キフのアイ）（＝近親者としての情愛）。〈漢書・叙伝上〉

【肌理】（キリ・きめ）①皮膚やものの表面にあらわれる網の目のような細かい線。また、その手ざわり。例 肌理細膩骨肉匀（キリサイジ コツニクととのう）（＝肌のきめは細やかで、からだは均整がとれている）。〈杜甫・麗人行〉―（め）の粗い布。②日心づかい。例 ―（め）の細かな配慮。

【肌脱】（はだぬぎ）日衣服の袖から腕を抜き、上半身をあらわす。

【肌身】（はだみ）日はだ。からだ。例 大切に―離さず持っている。

●素肌（すはだ）・山肌（やまはだ）

肋
月2（6）　1 4730　808B　人

ロク 漢　職 lèi

あばら・ばら

なりたち［形声］「月（＝にく）」と、音「力（リョク→ロク）」とから成る。わきの骨。

意味 内臓をまもるように胸を囲んでいる左右十二対の骨。あばら。例 肋膜（ロクマク）。肋骨（ロッコツ）。鶏肋（ケイロク）（＝ニワトリのあばら。たいして価値はないが、捨てるには惜しいことのたとえ）。

古訓 中古 かたはらほね・たすけのほね 中世 かたはらほね・わきのほね 近世 あばら・あばらぼね・かたはらぼね・すぢ・わきぼね

難読 肋肉（ばら）

【肋木】（ロクボク）日体操用具の一つ。何本かの柱の間に多くの横木をわたしたもの。

【肋膜】（ロクマク）①肋骨（ロッコツ）の内側にあって肺をおおう膜。胸膜。②「肋膜炎」の略。肋膜の炎症。

【肋間】（ロッカン）肋骨（ロッコツ）と肋骨のあいだ。

【肋骨】（ロッコツ）①胸をおおうように背ぼねから出た左右十二対のほね。あばらぼね。②日船の外側を支えるための、あばらぼねのようなほね組み。

肙

月3（7）　4 8516　8099

エン（ヱン）漢 先 yuān

意味 蚊の幼虫。ぼうふら。通蜎（エン）。

肝

月3（7）　1 2046　809D　常用

カン 漢 寒 gān
きも

筆順 丿 刀 月 月 肝 肝 肝

なりたち  ［形声］「月（＝からだ）」と、音「干（カ）ン」とから成る。内臓の一つ。

意味 ❶内臓の一つ。肝臓。**きも**。例 肝炎（カンエン）。❷心の中。まごころ。例 肝胆（カンタン）。心肝（シンカン）。

日本語での用法 《**カン**》「肝心（カンジン）・肝要（カンヨウ）」▼ものごとの中心となる大切なところ。

古訓 中古 きも・やむ 中世 きも 近世 きも

【肝炎】（カンエン） ウイルスや薬物によって起こる、肝臓の炎症性疾患。例 B型—。

【肝▼膈】（カンカク） ①肝臓と横隔膜。②心のうち。

【肝心】（カンシン） 一 肝臓と心臓。心をいう。二（カンジン） 日 大切で欠くことのできないもの。肝要。肝腎（カンジン）。例 毎日続けることが—だ。

【肝腎】（カンジン） ①肝臓と腎臓。考え・思いをいう。②日「肝心（カンジン）二」に同じ。

【肝臓】（カンゾウ） 内臓の一つ。脂肪分の消化をたすける胆汁をつくるとともに、栄養分の貯蔵や解毒作用などの重要なはたらきをする。きも。

【肝胆】（カンタン） ①肝臓と胆嚢（タンノウ）。②心の中。心の底。

【肝胆相照】（カンタンあいてらす） 互いに心の底まで深く理解しあって親しく交わる。〈文天祥・与陳察院文竜書〉

【肝胆塗レ地】（カンタンチにまみる） 「肝脳塗レ地（カンノウチにまみる）」に同じ。〈史記・淮陰侯伝〉

【披二肝胆一】（カンタンをひらく） 胸中を包み隠さず打ち明ける。〈漢書・路温舒伝〉

【肝脳塗レ地】（カンノウチにまみる） 〔肝臓や脳が地面で泥まみれになる意〕戦場などで、むごたらしく殺される。〈史記・劉敬伝〉 類 肝胆塗レ地（カンタンチにまみる）。

【肝肺】（カンパイ） ①肝臓と肺臓。②心のうち。まごころ。

【肝銘】（カンメイ） 日 しっかりと心に刻んで覚えておく。感銘。

【肝油】（カンユ） 日 タラなどの魚の肝臓からとった脂肪油。ビタミンA・Dを多く含む。

【肝要】（カンヨウ） 日 非常に大切であること。

●荒肝（あらぎも）・心肝（シンカン）・肺肝（ハイカン）

肛

月3（7）　2 7074　809B

コウ 漢 東 江 gāng

意味 直腸の末端。しりの穴。例 肛門（コウモン）。

【肛門】（コウモン） 動物の消化器官の最末端で、大便を体外に出す部分。しりの穴。

肓

月3（7）　2 7075　8093

コウ（クヮウ）漢 陽 huāng

意味 むなもと。横隔膜の上の奥深い部分で、治療しにくいとされたところ。例 膏肓（コウコウ）（＝心臓と横隔膜の間）。→【病入二膏肓一】（やまいコウコウにいる）（902ジペー）

消

月3（7）　1 3051　8096　常用

一 ショウ（セウ）漢 嘯 xiào
二 ショウ（セウ）漢 蕭 xiāo
に-る・かたど-る・あやか-る

［肖］月3（7）　旧字体。

筆順 丨 丷 ⺌ 肖 肖 肖

なりたち  ［形声］「月（＝からだ）」と、音「小（ショウ）」とから成る。からだつきが似る。

意味 一 形や性質が同じようである。**かたどる**。**にる**。**あやかる**。例 肖像（ショウゾウ）。不肖（フショウ）。師に肖（あや）る。肖（あや）かり者（もの）（＝幸せ者。果報者）。二 ❶微細な。小さい。例 肖翹（ショウギョウ）（＝小さな飛ぶ虫）。❷衰微する。おとろえる。例 中呂肖矣（チュウリョショウたり）（＝中と呂の二国が衰えた）。〈史記・太史公自序〉

古訓 中古 あえたり・にたり・のり 中世 にたり 近世 すこし・たぐひ・にる

人名 あえ・あゆ・あれ・すえ・たか・のり・ゆき

【肖似】（ショウジ） よく似ている。

【肖像】（ショウゾウ）【肖象】（ショウゾウ） ①似る。②人の顔や姿をうつしとった絵や彫刻や写真。例 —画。

肚

月3（7）　2 7076　809A

ト 漢 麌 dù
はら

意味 ❶おなか。**はら**。転じて、心。例 肚裏（トリ）。❷（dǔ） いぶくろ。胃。

【肚裏】【肚▼裡】（トリ） はらのうち。心の中。

肘

月3（7）　1 4110　8098　常用

チュウ（チウ）漢 有 zhǒu
ひじ（ひぢ）

筆順 丿 刀 月 月 肘 肘 肘

なりたち  ［会意］「月（＝にく）」と「寸（＝手の脈うつところ）」から成る。腕の関節。

意味 ❶腕の関節の部分。**ひじ**。❷ひじでつついて合図する。例 掣肘（セイチュウ）（＝相手のひじをひっぱる。じゃまをすること）。例 魏宣子肘二韓康子一（ギセンシはカンコウシをひじす）（＝魏宣子は韓康子をひじでつついた）。〈韓非・難三〉

古訓 中古 かひな・たふさ・ひぢ・ひぢのふし 中世 かひな・ひぢ 近世 うでぶし・かひな・ひぢ

【肘▼腋】（チュウエキ） ①わきの下。②ごく近い場所。

【肘鉄】（ひじテツ） 日「肘鉄砲（ひじデッポウ）」の略。①ひじで強くつきのけること。②誘いや要求などを、強い調子でことわること。例 —をくらわせる。

肜

月3（7）　4 8517　809C

ユウ 漢 東 róng

意味 ❶殷（イン）の祭りの儀式の名。肜祭（ユウサイ）。❷「肜肜（ユウユウ）」は、なごやかに楽しむさま。

育

月4（8）　1 1673　80B2　教3

イク 漢 呉 屋 yù
そだ-つ・そだ-てる（そだ-つ）・はぐくむ

［毓］母9（14）　2 6158　6BD3　別体字。

筆順 丶 亠 𠫓 𠫓 育 育 育

なりたち  ［形声］「𠫓（＝さかさの子）」と、音「月（ジク→イク）」とから成る。よい子にそだてる。

意味 ❶子供を養いそだてる。教えみちびく。**そだてる**。例 育成（イクセイ）。教育（キョウイク）。❷大きくなる。成長する。**そだつ**。例 生育（セイイク）。成育（セイイク）。発育（ハツイク）。

古訓 中古 いときなし・いとけなし・かくす・かくる・かふ・ちかし・なづ・はくくむ・ひととなる・むまる・やしなふ 中世 いとけなし・そだつる・はごくむ・ひととなる・やしなふ 近世 そだつる・そだてる・はごくむ・ひととなる・むまる・やしなふ

人名 すけ・なり・なる・はぐみ・はぐむ・やす・やすし・ゆき・ゆく

【育育】イクイク ①ぴちぴちとしているさま。活発なさま。②生長するさま。

【育英】エイク 才能のある青少年を教育すること。例—資金。

【育児】ジイク 子をそだてる。

【育▼雛】スウイク ひなをそだてて成鳥とする。

【育成】セイク そだてあげる。例青少年の—。

●教育キョウイク・飼育シイク・生育セイイク・体育タイイク・知育チイク・徳育トクイク・発育ハツイク・保育ホイク・養育ヨウイク

肸

月4(8) 4 8520 80B8 キツ漢 質 xī

意味 ❶音が響きわたる。例肸蠁キッキョウ（＝四方に響く）。❷「肸肸キツキツ」は、笑い声。

肩

月4(8) 1 2410 80A9 常用 ケン漢呉 先 jiān かた

[肩] 月4(8) 旧字体。

筆順 一 ＝ ヨ 戸 戸 肩 肩 肩

なりたち [象形] かたの形。

意味 ❶腕の付け根。かた。例肩甲骨ケンコウコツ。双肩ソウケン。❷（かたで）荷をかつぐ。になう。例息肩ソクケン（＝荷を下ろして休む）。

古訓 中古 かた 中世 かた 近世 かた・かつ・なす・まかす

難読 肩衝かたつき（＝茶入れの形で、かたの角張ったもの）

【肩幅】かたはば 日①人の左右の肩のはしからはしまで。例—が広い体格。②和服の背すじから肩のそで付けまでのはば。

【肩身】かたみ 日①肩と身。からだ。②世間に対しての面目。例—が狭い（＝面目がない）。

【肩甲骨】ケンコウコツ【肩▼胛骨】ケンコウコツ 脊椎セキツイ動物で、両肩の後ろにあって、腕と胴体とをつなぐ三角形のほね。かいがねぼね。

【肩章】ケンショウ 日階級や身分を示すために、制服の肩につけるしるし。例軍服の—。

【肩随】ケンズイ ①目上の人と歩くとき、やや後ろからついて行く。②つき従って行く。一緒に歩く。

【肩摩】ケンマ 肩と肩がすれあう。混雑しているさま。摩肩。

【肩摩▼轂撃】ケンマコクゲキ 〔肩と肩とがすれ合い、車の轂こしがぶつかり合う意〕往来のこみ合っているさま。〔〈戦国策・斉一〉から〕

【肩▼輿】ケンヨ ふたりで肩にかつぐかご。

●強肩キョウケン・双肩ソウケン・比肩ヒケン・路肩ロかた

股

月4(8) 1 2452 80A1 常用 コ漢 麌 gǔ また・もも

筆順 丿 刀 月 月 肌 肸 股 股

なりたち [形声]「月（＝からだ）」と、音「殳シュ…→コ」とから成る。もも。

意味 ❶足のひざから上の部分。もも。また。例股間コカン。股肱ココウ。❷かんざしのあし。例釵股サイコ（＝かんざしのあし）。❸直角三角形の直角をはさむ辺のうち長いほう。対勾コウ。例勾股コウコ（＝直角三角形の直角をはさむ二辺）。

日本語での用法 《また》「道みちが二股ふたまたに分わかれる・木きの股また」▼一つのもとから二つ以上に分かれているところ。

古訓 中古 うちあはせ・うちもも・もも 中世 うちもも・また・もも 近世 また・もも

【股間】コカン またぐら。またのあいだ。

【股関節】コカンセツ 日またの付け根のところにある関節。骨盤と大腿骨ダイタイコツをつなぐ。例—脱臼ダッキュウ。

【股▼肱】ココウ ①ももと、うで。②信頼できる家来。例臣作二朕股肱耳目一シンはわがココウジモクとなる（＝臣下は、わしの手足や耳目となって働いてくれる者たちだ）。〈書経・益稷〉—の臣。

【股戦】コセン 〔「戦」は、おののく意〕恐ろしさのあまりももがふるえる。類股栗コリツ・股慄コリツ。

【股下】またした 日ズボンなどの、またの分かれ目からすそまでの長さ。対股上またがみ。例—が長い。

【股旅】またたび 日江戸時代、ばくち打ちなどが所を定めず足の向くままに旅をして歩くこと。例—物。

肯

月4(8) 1 2546 80AF 常用 コウ漢呉 迥 kěn うべな-う（うべな-ふ）・うけが-う（うけが-ふ）・がえん-じる（がへん-ず）・あえ-て（あへ-て）

[肎] 月2(6) 808E 本字。

筆順 丨 卜 止 止 𣥂 肯 肯 肯

なりたち [会意]「月（＝にく）」と「冖（＝肉をそぎおとされた骨）」とから成る。骨の間に密着しているさま。派生して「聞き入れる」の意。

意味 ❶骨にくっついた肉。例肯綮コウケイ。❷うなずき、聞き入れて、よしとする。**うべなう。がえんじる。** 例不レ肯レ撃レ缻フをうつことをがえんぜず（＝酒器をうつことを承知しない）。〈史記・廉頗藺相如伝〉肯定コウテイ。❸「**あえて**」または「がえんず」と読み、…しようとする、の意をあらわす。〔「不二肯…一」の形をとることが多く、「あえて…ず」「…をがえんぜず」と読む〕例不二肯立一あえてたたずたつをがえんぜず（＝位につこうとしない）。〈史記・伯夷伝〉

古訓 中古 あふ・あへて・うけがへ・がへんず・きく・べし 中世 あへて・うけがふ・がへんず 近世 うけがふ・がへんずる・きく・しし

人名 さき・むね

【肯▼綮】コウケイ 〔「綮」は、筋肉と骨との接するところ〕ものごとの急所。大切なところ。

【中二肯▼綮一】コウケイにあたる 急所をつく。重要な点をおさえる。〈元史・王都中伝〉

【肯定】コウテイ 日そのとおりであると認める。対否定。

肴

月4(8) 1 2672 80B4 人 コウ（カウ）漢 ゴウ（ガウ）呉 肴 yáo さかな

[餚] 食8(17) 4 9258 991A 別体字。

なりたち [形声]「月（＝にく）」と、音「爻コウ」とから成る。食べるもの。

意味 ❶火にかけて調理した魚や肉。おかず。ごちそう。例肴核コウカク。酒肴シュコウ。❷かき乱す。乱れる。通殽コウ。例肴乱コウラン。

古訓 中古 くだもの・さかな・フクしもの 中世 くだもの・さかな 近世 さかな

【肴核】コウカク 〔「核」は、果物のたねの意〕魚や肉と果物。酒のさかな。→【杯盤狼藉】ハイバンロウゼキ（668ジペー）

【肴▼覈】コウカク 〔「覈」は、「核」に同じ〕魚や肉と果物。また、ごちそうを味わう。

【肴乱】コウラン 入り乱れる。

肱

月4(8) 1 2547 80B1 コウ漢 蒸 gōng ひじ（ひぢ）

[厷] ム2(4) 4 0358 53B7 本字。

意味 肩からひじまでの部分。二の腕。また、うで全体をいう。例 股肱ココウ（＝ももと、うで。また、家来）。枕肱チンコウ（＝うでまくら）。

日本語での用法《ひじ》「肱鉄砲ひじデッポウ」▼腕の関節の部分。

肢
月4（8） 1 2772 80A2 常用 シ 漢 支 zhī

筆順 ノ 刀 月 月 肚 肢 肢

なりたち [形声]「月（＝からだ）」と、音「支シ」とから成る。からだにある四本の手足。

意味 ❶人間や動物の手足。通枝。例 肢体シタイ。四肢シシ。選択肢センタクシ。❷分かれ出た部分。えだ。

古訓 中古 えだ・にこげ 中世 えだ・もも 近世 えだ・はぎ

【肢解】シカイ 手足をそれぞれ切り取る酷刑。支解。

【肢骨】シコツ 両手両足をかたちづくっているほね。

【肢体】シタイ 手足。また、手足と胴体。

●下肢カシ・後肢コウシ・上肢ジョウシ・前肢ゼンシ

肭
月4（8） 2 7077 80AD トツ 慣 ドツ 漢 月 nà

意味 ❶「膃肭オットツ」は、ふとってやわらかい。❷「膃肭臍オットセイ」は、北の海にすむ哺乳動物。

[胏] 月4（8） ⇨肺ハイ（1092ジペー）

[肧] 月4（8） ⇨胚ハイ（1092ジペー）

肥
月4（8） 1 4078 80A5 教5 ヒ 漢 微 féi こえる（こ-ゆ）・こえ・こやす・こやし・ふと-る

筆順 ノ 刀 月 月 月フ 月卩 肥

なりたち [会意]「月（＝にく）」と「巴（＝節度のある）」とから成る。肉がほどよく多い。

意味 ❶からだに肉がつく。こえる。例 肥大ヒダイ。肥満ヒマン。❷土地に栄養がある。また、土地を豊かにする。こえる。こやす。例 肥沃ヒヨク。❸こえ。こやし。例 肥料ヒリョウ。堆肥タイヒ。

日本語での用法《ヒ》《ひ》「薩長土肥サッチョウドヒ・肥州ヒシュウ」▼旧国名「肥前ひぜん（＝今の佐賀県と壱岐いき・対馬つしまをのぞく長崎県）・肥後ひご（＝今の熊本県）」の略。

古訓 中古 こえ・こえたり・こやす・こゆ・たのしぶ・たのしむ 中世 こえたり・こえる・こまやかなり・こやす 近世 うすし・こえたり・こえる・ゆたか

人名 うま・とし・とみ・とも・ふとる・みつ・ゆたか

難読 飫肥おび（＝地名）・土肥といどい（＝姓・地名）

【肥育】ヒイク 日 食用にする動物に、えさを多く与えてふとるように育てる。例 肉牛の―にとりくむ。

【肥▼桶】こえおけ・こえたご 日 こやしにする糞尿フンニョウを運ぶおけ。

【肥甘】ヒカン 〔こえていて、うまいもの〕ごちそう。

【肥後】ひご 日 旧国名の一つ。今の熊本県にあたる。

【肥厚】ヒコウ ①食物に脂身が多くこってりしている。②日 皮膚や粘膜などがはれて厚くなる。例 ―性鼻炎。

【肥▼墝】【肥▼磽】ヒコウ 土地がこえていることと、やせていること。

【肥▼饒】ヒジョウ 「肥沃ヒヨク」に同じ。

【肥水】ヒスイ ①肥料を含んだ水。②安徽アンキ省合肥市の西北に源を発する川。淝水ヒスイ。

【肥▼碩】ヒセキ 「肥大ヒダイ①」に同じ。

【肥▼瘠】ヒセキ （からだや耕作地が）こえていることと、やせていること。

【肥前】ひぜん 日 旧国名の一つ。今の佐賀県と、壱岐いき・対馬つしまをのぞく長崎県とにあたる。

【肥痩】ヒソウ ふとっていることと、やせていること。

【肥大】ヒダイ ①ふとって大きくなる。肥碩ヒセキ。②日 会社などの組織が異常に大きくなる。例 心臓が―する。

【肥土】ヒド 地味チミがこえていること。肥沃ヒヨクな土地。類 肥壌。

【肥▼遯】【肥▼遁】ヒトン 心に余裕をもって隠棲インセイする。

【肥肉】ヒニク よくこえたブタなどの肉。例 肥肉厚酒ヒニクコウシュ（＝こえてうまい肉とよい酒）。〈呂覧・本生〉

【肥培】ヒバイ 日 肥料をやって作物を育てる。

【随二肥馬▼塵一】ヒバのちりにしたがう 〔こえたウマのあとにつき従う意〕富貴な人の恩恵にあずかろうと、こびへつらうこと。〈杜甫・奉贈韋左丞丈二十二韻〉

【肥美】ヒビ ①肥土。②こえていて美味である。

【肥満】ヒマン まるまるとふとる。例 ―児。―体。―体質。

【肥沃】ヒヨク 土地がこえていて作物がよくできるさま。肥饒ヒジョウ。対 不毛。例 ―な土地。

【肥料】ヒリョウ 日 植物がよく育つように土に加える栄養分。

●寒肥カンごえ・施肥セヒ・追肥ツイヒ・緑肥リョクヒ

[肤] 月4（8） ⇨膚フ（1103ジペー）

肪
月4（8） 1 4335 80AA 常用 ホウ（ハウ）漢 ボウ（バウ）呉 陽 fáng あぶら

筆順 ノ 刀 月 月 肚 肪 肪

なりたち [形声]「月（＝にく）」と、音「方ホウ」とから成る。肉のあぶら。

意味 動物の体内の固まったあぶら。例 脂肪シボウ。

古訓 中古 あぶら・あぶらつく 中世 あぶら 近世 あぶら

【肪▼膩】ボウジ 肌に脂がのって、なめらかである。

【肪▼脆】ボウゼイ 脂がのっていて、やわらかい。

[冐] 月4（8） ⇨冒ボウ（929ジペー）

[肬] 月4（8） ⇨疣ユウ（900ジペー）

胃
月5（9） 1 1663 80C3 教4 イ（ヰ）漢 呉 未 wèi

筆順 丨 冂 田 田 田 冑 胃

なりたち [象形]「月（＝からだ）」と「田（＝穀物のつまった内臓のかたち）」とから成る。穀物のつまった内臓。

意味 ❶内臓の一つ。いぶくろ。例 胃液イエキ。胃腸イチョウ。❷二十八宿の一つ。えきえぼし。例 胃宿イシュウ／イシュク。

古訓 中古 くそふくろ・ものはみ 中世 くそぶくろ 近世 くそぶくろ・くそわたぶくろ

【胃液】イエキ 胃から出る酸性の消化液。たんぱく質などを分解する。

【胃炎】イエン 日 胃の粘膜に起きる炎症。胃カタル。

【胃▼癌】イガン 日 胃にできる癌。

【胃酸】イサン 日 胃液の中に含まれる酸。例 ―過多。

【胃腸】イチョウ 胃と腸。例 ―薬。

【胃袋】いぶくろ 日 胃のこと。類 胃腑イフ。

【胃壁】イヘキ 日 胃をかたちづくるかべ。

胤
月5（9） 1 1693 80E4 人 イン 漢 震 yìn たね・つ-ぐ

なりたち [会意]「月（＝からだ）」と、「八（＝分かれる）」と「幺（＝かさなる）」とから成る。あとつぎとなる子孫。

意味 子孫が父祖の血統を受け継ぐ。また、血統を受け継いだ子孫。**たね。** 例 後胤(コウイン)(=子孫)。落胤(ラクイン)。
古訓 中古 たね・ついづ・つぎ・つぐ 中世 たね・つぐ 近世 つぐ・つづき
人名 かず・つぎ・つづき・み
【胤▼裔(インエイ)】血統をつぐ者たち。子孫。後胤。

胦
月5(9) 4 8525 80E6
ヨウ(ヤウ)漢 オウ(アウ)呉 陽 yāng
意味 「脖胦(ボツオウ)」は、人体のつぼの名。臍(へそ)の下一寸五分のところ。気海穴(キカイケツ)ともいう。

胠
月5(9) 3 9044 80E0
キョ漢 魚 qū
意味 ❶わきの下。❷わきから手を入れて、こじ開ける。ひらく。例 胠篋(キョキョウ)(=箱をあける)。

朐
月5(9) 3 9042 80CA
一 ク漢 虞 qú
二 シュン漢 軫 chǔn
意味 一 干し肉。二 「朐忍(ジュンジン)」は、❶ミミズ。❷古代の県名。今の四川省にあった。

[脛]
月5(9) ⇩脛(イケ)(1096ジペー)

胘
月5(9) 4 8524 80D8
ケン漢 ゲン呉 先 xián
意味 ウシの胃。**難読** 双胘粥(すじがゆ)

胡
月5(9) 1 2453 80E1 人
コ漢 ゴ呉 ウ唐 虞 hú
えびす・なん-ぞ

なりたち  [形声]「月(=にく)」と、音「古コ」とから成る。ウシのあごの下の肉。派生して「えびす」の意。

意味 ❶古代、北方や西方に住む異民族。**えびす。** 例 胡人(コジン)。五胡(ゴコ)(=匈奴(キョウド)など五つの異民族)。❷胡人の土地の産物であることをあらわすことば。例 胡琴(コキン)。胡椒(コショウ)。❸勝手気ままに。いいかげんに。例 胡乱(ウロン)。❹「**なんぞ**」と読み、どうして、の意。疑問・反語をあらわす。例 胡不レ帰(なんぞかえらざる)(=どうして帰らないのか)。〈陶淵明・帰去来辞〉❺あごひげ。通 鬍コ。例 胡髯(コゼン)。❻はるかな。また、長寿。例 胡考(ココウ)。❼通 瑚コ。祭祀(サイシ)に用いる礼器。例 胡簋(コキ)。❽⇩【胡蝶(コチョウ)】❾⇩【胡盧(ココロ)】❿⇩【胡簶(コロク)】

古訓 中古 いかでか・いづくぞ・いのち・したくび・たれか・なぞ・なんぞ 中世 えびす・したくび・なんぞ 近世 いのちながし・えびす・したくび・なんぞ・のどくび

人名 ひさ

難読 胡坐(あぐら)・胡床(あぐら)・胡頽子(ぐみ)・胡簶(やなぐい)・胡蘿蔔(ニンジン)

【胡散】(ウサン) 日 疑わしいさま。怪しいさま。不審なさま。例 ―くさい人物。

【胡乱】(ウロン) ①意のままに。道理を通さず。②いいかげんに。間に合わせに。③日 怪しげな。不審な。例 ―な人物。

【胡為】一(コイ) 無茶なことをする。二(なんすれぞ) どうして…か。何為(なんすれぞ)。〔疑問・反語をあらわす〕

【胡越】(コエツ)〔「越」は、南方の異民族〕①異民族の胡や越。②遠くへだたっていることのたとえ。

【胡越一家】(コエツイッカ)〔胡や越の異民族と同じ家族になる意〕中国全土が統一されること。〈通鑑・唐・貞観七〉

【胡▼瓜】(コカ|きゅうり) ウリ科の一年生つる性植物。また、その実。なま、または、漬物などとして食用にする。

【胡▼笳】(コカ) 胡人がアシの葉を巻いて作った笛。あしぶえ。〔ひちりきに似た悲しい音色だという〕

【胡角】(コカク) 胡人が吹く角笛(つのぶえ)。

【胡楽】(コガク) 異民族の音楽。

【胡▼雁】(コガン) ガン。かり。〔北方にすむところからいう〕

【胡姫】(コキ) 西域出身の女性。例 笑入胡姫酒肆中(わらいてコキシュシのなかにいる)(=笑いながら胡姫のいる酒場に入る)。〈李白・少年行〉

【胡▼簋】(コキ) 祖廟(ソビョウ)の祭りに用いる礼器。食物を盛った。

【胡騎】(コキ) 北方や西北の異民族が編制した騎兵。例 黄昏胡騎塵満レ城(コウコンコキちりはしろにみつ)(=たそがれ時に異民族の騎兵がたてる土ぼこりが長安にたちこめている)。〈杜甫・哀江頭〉

【胡弓】(コキュウ) 日 東洋の弦楽器の一つ。三味線に似た形で、弓でこすってひく。弦は三本または四本。鼓弓(コキュウ)。

【胡琴】(コキン) 東洋の弦楽器の一つ。琵琶(ビワ)に似た形で、二本の弦を弓でこすってひく。

【胡考】(ココウ)【胡▼耇】(ココウ) 長寿。また、老人。寿考。類 胡寿。

【胡▼坐】(コザ|あぐら) 腰をおろし、両ひざを腰のすぐ前に組み合わせるようにしてすわる。例 ―(あぐら)をかく。

【胡▼椒】(コショウ) コショウ科の常緑つる性低木。また、その実からとれた香辛料。ペッパー。

【胡人】(コジン) 北方や西域の異民族。また、広く異民族をいう。

【胡▼塵】(コジン) ①異民族の兵馬があげる砂ぼこり。②異民族が起こす騒動。

【胡▼髯】(コゼン) あごひげ。

【胡▼蝶】(コチョウ) チョウのこと。蝴蝶(コチョウ)。

【胡▼蝶▼之夢】(コチョウのゆめ) 夢か現実かはっきりしないこと、また、自他が一体となった境地のたとえ。蝴蝶夢(コチョウのゆめ)。荘周夢(ソウシュウのゆめ)。蝶夢(チョウム)。◆荘子はチョウとなって遊ぶ夢を見た。夢から覚めた荘子は、自分がチョウになった夢を見たのか、それともチョウが自分になった夢を見ているのかを疑った。……〈荘子・斉物論〉

【胡▼狄】(コテキ)〔「狄」は、北方の異民族〕辺境の異民族。

【胡桃】(コトウ|くるみ) クルミ科の落葉高木。種の内部を食用にする。また、油脂をとる。

【胡馬】(コバ) 北方のえびすの国のウマ。北方産のウマ。

【胡馬依二北風一】(コバはホクフウによる) 北方生まれのウマは、北風が吹くと故郷を恋しがってその風に身をよせる。故郷をなつかしむ気持ちの強いことのたとえ。〈古詩十九首〉

【胡服】(コフク) 北方の異民族の衣服。

【胡粉】一(コフン)〔「胡」は、餬コ(=かゆ)の意〕おしろい。脂肪と粉を混ぜ、かゆ状にして顔に塗る。二(ゴフン) 貝殻を焼いてつくった白い粉末。絵の具・塗料に用いる。

【胡麻】(ゴマ) ゴマ科の一年草。また、その種。種は食用とし、また、油をとる。

【胡虜】(コリョ) 北方の異民族をののしっていうことば。例 何日平二胡虜一、良人罷二遠征一(いずれのひかコリョをたいらげ、リョウジンエンセイをやめん)(=ああ、いつになったら匈奴(キョウド)たちを平らげて、わが夫は遠征から帰ってくることやら)。〈李白・子夜呉歌〉

【胡▼盧】(ココロ) ①しのび笑い。〔一説に、大声で笑う〕②ヒョウタン。また、ユウガオ。胡蘆(ココロ)。

【胡▼簶】【胡録】【胡▼禄】【胡鹿】(コロク) 矢を入れて背に負う武具。やなぐい。

胛
月5(9) 2 7080 80DB
コウ(カフ)漢 洽 jiǎ
かいがね・かいがらぼね(かひがらぼね)
意味 両肩の後ろのあたり。例 肩胛骨(ケンコウコツ)(=肩の背面にある左右各一個の逆三角形の平らな骨)。
参考 訓「かいがらぼね」は「かいがねぼね」のなまり。

胥
月5(9) 2 7081 80E5
一 ショ漢 魚 xū
二 ショ漢 語 xǔ

意味 一 ❶カニのしおから。例 蟹胥。❷観察する。みる。例 胥時(=時勢を観察する)。例 坐而胥レ亡(=じっとして滅びるのを待つ)。❸待つ。❹すべて。みな。例 胥役(=みな労役に服する)。〈戦国策・魏四〉❺盗賊を捕らえる。例 胥徒。胥吏。通 偦。二 ❶才知のある人。❷下級の役人。例 胥靡。

【胥徒】小役人や小使い。

【胥▼靡】①〔「靡」は、鎖につなぐ意〕互いに鎖でつながれた囚人。また、宮刑を受けた囚人。②貧窮をきわめ、どうにもならないさま。

胗

月5(9) 3 9043 80D7

一 シン 漢 呉 軫 zhěn
二 シュン 漢 真 zhūn

意味 一 ❶唇にできる潰瘍。❷皮膚にできるふきでもの。通 疹。❸病気のぐあいをしらべる。通 診。例 胗視。二 鳥の胃。

胙

月5(9) 2 7082 80D9

ソ 漢 遇 zuò
ひもろぎ

意味 ❶神に供える肉。**ひもろぎ**。例 胙肉(=ひもろぎ)。❷福を授ける。めぐみを与える。例 胙レ之以レ土(=これに胙するに土をもってす)(=領土を与える)。〈魏志・武帝紀〉

参考 訓「ひもろぎ」は、もと、「神をまつる場所、また、そこにととのえる臨時の祭壇」の意。さらに、そこに供える肉を指すようになった。

【胙▼俎】祭祀のとき、供える肉を載せる台。

【胙余(餘)】祭祀に供えた肉の残り。

胎

月5(9) 1 3459 80CE 常用

タイ 漢 呉 灰 tāi

筆順 丿 几 月 月' 肸 胎 胎 胎

なりたち  [形声]「月(=からだ)」と、音「台イ→タイ」とから成る。婦人がみごもって三か月のこと。

意味 ❶子を体内にやどす。みごもる。また、腹の中の子。例 胎内。胎児。懐胎。❷子のやどるところ。子宮。例 母胎。

古訓 中古 はじむ・はじめ・はらごもり・はらむ・ふところ・やしなふ 中世 はら・はらごもり・はらむ 近世 はじまり・はらごもり・はらむ

人名 はら・み・もと

【胎衣】胎児を包んでいる膜や胎盤。胞衣。

【胎教】胎児によい影響を与えるように、妊婦が精神の修養につとめること。

【胎児】母体内で育っている子。

【胎生】子が母体内で、ある程度大きくなってから生まれること。対 卵生。

【胎仙】ツルの別称。〔親鳥の胎内に千六百年もいるとされることから〕

【胎蔵界】〔仏〕大日如来の慈悲に包まれた理の世界。対 金剛界。

【胎息】腹の中で深く呼吸して、心を落ち着かせる法。腹式呼吸の一つで、道家の長生術。

【胎中】腹のなか。胎内。

【胎動】①母胎内で胎児が動く。例 ―を感じる。②日 内部の動きが少しずつ外にあらわれてくること。きざし。めばえ。例 新時代の―。

【胎内】母親の腹の中。

【胎盤】日 母体と胎児とをつなぐ部分。栄養の供給や呼吸などをおこなう。

【胎▼孕】妊娠する。はらむ。

● 懐胎・換骨奪胎・受胎・堕胎・母胎

胆

月5(9) 1 3532 80C6 常用

タン(タム) 漢 呉 感 dǎn
きも・い

[膽] 月13(17) 2 7128 81BD 旧字体。

筆順 丿 几 月 月丨 肌 肝 胆 胆

なりたち 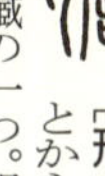 [形声]「月(=からだ)」と、音「詹セン→タン」とから成る。肝に連なる内臓。

意味 ❶内臓の一つ。胆嚢。**きも**。**い**。例 肝胆。❷気力。度胸や決断力。きもだま。きもったま。例 胆力。大胆。❸本心。心の底。例 肝胆。魂胆。

参考 「胆」は本来「こえる(=肥)」「つばき(=唾)」の意であるが、古くから「膽」に通じて用いられている。

古訓 [胆] 近世 こえる・つばき [膽] 中古 い・きも 中世 きも 近世 い・きも

難読 熊胆・竜胆

【胆気】ものに動じたり恐れたりしない気力。きもったまが太いこと。勇胆。

【胆汁】肝臓から出る消化液。脂肪の消化を助ける。

【胆石】日 胆汁の成分が胆囊の中などでかたまり、石のようになったもの。

【胆大心小】大胆であるとともに、細心の注意をはらうこと。〔〈旧唐・遜思邈伝〉から〕

【胆如レ斗】〔「斗」は、一斗を量るいれものの意〕きもったまが太いこと。〈蜀志・姜維伝注・世語〉

【胆▼囊】日 肝臓の下にあって、胆汁を一時たくわえておくふくろ状の器官。

【胆勇】大胆で勇気があること。例 ―の士。

【胆略】大胆で知略があること。

【胆力】ものごとに驚かない気力。度胸。例 ―に欠ける。―を養う。

● 剛胆・豪胆・魂胆・心胆・大胆・落胆

胝

月5(9) 2 7083 80DD

チ 漢 支 zhī
たこ

意味 手足の皮膚が、押されたりこすれたりして厚く、固くなったもの。まめ。**たこ**。例 胼胝(=たこ)。

冑

月5(9) 2 7084 80C4

チュウ(チウ) 漢
ジュウ(ヂウ) 呉 宥 zhòu
よつぎ・ちすじ(ちすぢ)

[伷] 亻5(7) 4 0134 4F37 別体字。

参考 「冑(=かぶと)」は別の字。

意味 ❶あとつぎ。あととり。**よつぎ**。例 冑子(=よつぎ)。❷子孫。**ちすじ**。例 冑裔(=子孫)。

胅

月5(9) 4 8522 80C5

テツ 漢 屑 dié

意味 ❶こぶ。❷突き出る。

背

月5(9) 1 3956 80CC 教6

ハイ 漢 呉 隊 bèi
せ・せい・そむく・そむける(そむ-く)・せな

筆順 丨 丬 丬 北 北 背 背 背

なりたち 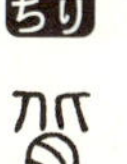 [形声]「月(=からだ)」と、音「北ホク→ハイ」とから成る。せなか。

意味 ❶せなか。**せ**。例 背筋。❷うしろ。うら。例 背景ハイ。紙背(シハイ)。❸せなかを向ける。うらぎる。**そむく**。例 背二義帝之約一(ギテイのヤクにそむく)(＝《楚ソの》義帝との盟約にそむく)。〈史記・淮陰侯伝〉 背信(ハイシン)。違背(イハイ)。❹世を去る。死ぬ。**そむく**。例 慈父見レ背(ジフにそむかる)(＝父親が亡くなった)。〈李密・陳情表〉 ❺暗唱する。そらよみ。例 背誦(ハイショウ)。❻(bēi) せおう。負う。例 背嚢(ハイノウ)。

日本語での用法 《せ》《せい》 ①「背丈(せたけ)・背(せい)くらべ」▼立っているものの、高さ。身長。②「背(せ)の君(きみ)・妹背(いもせ)」▼古語で、女性が兄や夫、また、恋人をいうことば。

古訓 中古 うしろ・しりへ・せ・せなか・そむく・たがふ 中世 うしろ・せな・せなか・そむく 近世 うしろ・せ・せなか・そむく・たがふ

人名 しろ・のり

【背革】(せがわ)【背皮】(せがわ) 日 洋装本の表紙の背に用いるかわ。

【背丈】(せたけ) 日 身長。せい。例 ―が伸びる。

【背戸】(せど) 日 ①家の裏門・裏口。②家の後ろのほう。

【背広】(せびろ) 日 〔あて字〕男性が着る通常の洋服。正式には上着・チョッキ・ズボンから成る。

【背違】(ハイイ) 規則や命令などにそむく。違背。

【背泳】(ハイエイ) 日 あおむけになって進む泳ぎ方。せおよぎ。バック(ストローク)。

【背汗】(ハイカン) せに流れる汗。せに汗をかく。恥じ入るばかりであるさま。

【背逆】(ハイギャク) そむく。そむきさからう。

【背教】(ハイキョウ) 日 (おもにキリスト教で)信者が宗教のおしえにそむくこと。

【背筋】 一 (ハイキン) せなかの筋肉。例 ―力。―をきたえる。 二 (せすじ) 日 ①せなかの中心線。例 ―が寒くなる。―をのばす。②衣服のせなかの中央にある縫い目。

【背景】(ハイケイ) 日 ①絵画や写真などで、中心となるものの後ろの光景。②舞台の後ろに描かれた景色。書割(かきわり)。③事件やものごとの背後にある事情。例 事件の―をさぐる。

【背後】(ハイゴ) ①うしろ。例 ―から近づく。②目に見えないかくれた部分。例 ―関係を調査中。

【背向】(ハイコウ)【背郷】(ハイキョウ) ①そむくことと、従うこと。向背。例 離合―は世の常。②前後。

【背指】(ハイシ) ①振り返って見る。②うしろ指をさす。かげで悪口を言う。

【背▼誦】(ハイショウ) 〔書物にせを向ける意〕本を見ないで読む。暗唱する。

【背信】(ハイシン) 信頼・信用・信義にそむく。例 ―行為。

【背進】(ハイシン) しりぞく。後退する。

【背水陣】(ハイスイのジン) 川など、水を後ろにして退くことのできない状態に身を置き、決死の覚悟で戦いにのぞむこと。例 ―をしく。◆漢の韓信(カンシン)が趙(チョウ)の国を攻撃したとき、川を背にして陣をしいた。そんな戦法があるものかと趙の軍では大笑いし、陣地を出て韓信軍を攻撃すると、韓信は負けたふりをして逃げ出し、趙の全軍をおびきよせた。そして退路のない韓信軍が川を背に必死の防戦をしている間に、漢の伏兵が趙の陣地を占領し、漢の赤旗をかかげた。趙軍はこれを見て大混乱におちいり、戦いは韓信の大勝利に終わった。……………〈史記・淮陰侯伝〉

【背走】(ハイソウ) 日 (野球などで)前を向いたまま後ろへ走る。

【背▼馳】(ハイチ) ①せなかを向けて走り去る。②そむく。反対になる。例 方針に―する。

【背徳】(ハイトク) 道徳にそむくこと。例 ―行為。表記 ⑪▼悖徳

【背任】(ハイニン) 日 任務にそむく。例 ―行為。―罪。

【背▼嚢】(ハイノウ) ①せなかにせおった袋。②日 兵士がせおう、革やズック製の四角いかばん。

【背反】(ハイハン)【背畔】(ハイハン) ①規則などにそむく。違反。例 命令に―する。②互いに相いれない。例 二律―。表記 ▽⑪背▼叛

【背負】(ハイフ) ①せなかに負う。せおう。②そむく。裏切る。例 誓二生死不二相背負一(セイシあいハイフせざるをちかう)(＝生きているうちはもちろん、死んでも互いに裏切らないことを誓う)。〈韓愈・柳子厚墓誌銘〉

【背面】(ハイメン) ①後ろ。後ろのほう。例 ―攻撃。②後ろ向き。例 ―跳び。

【背約】(ハイヤク) 約束にそむく。違約。例 匈奴背レ約(キョウドヤクにそむく)(＝匈奴は約束にそむいた)。〈史記・孝文紀〉

【背理】(ハイリ) 道理にそむく。理屈にあわない。

【背離】(ハイリ) そむきはなれる。例 感情が―する。

【背戻】(ハイレイ) 道理にそむく。

●妹背(いもせ)・光背(コウハイ)・猫背(ねこぜ)・腹背(フクハイ)

肺

月5 (9) 1 3957 80BA 教6

ハイ 漢 隊 fèi

〔肺〕 月4 (8) ―― 旧字体。

筆順 

なりたち 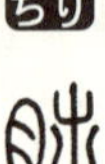 [形声]「月(＝からだ)」と、音「巿ハツ…▼ハイ」とから成る。五臓の一つ。

意味 ❶内臓の一つで、左右一対の呼吸器。外界から酸素を取り入れ、二酸化炭素を排出する。肺臓(ハイゾウ)。**はい**。❷心の底。まごころ。例 肺懐(ハイカイ)。

古訓 中古 ふくふくし 中世 くそぶくろ 近世 ふくふくし

難読 肺(ふくふくし)(＝古語の「肺(ハイ)」)

【肺炎】(ハイエン) 日 細菌などによって起こる肺の炎症。高い熱やせきが出る。

【肺懐】(ハイカイ) 心のうち。まごころ。肺肝。

【肺肝】(ハイカン) ①肺臓と肝臓。②こころ。心の中。肺懐。例 ―をくだく(＝非常に苦心する)。

【肺患】(ハイカン) 日 肺の病気。肺病。肺疾。例 ―を病む。

【肺▼癌】(ハイガン) 日 肺にできる癌。

【肺疾】(ハイシツ) 肺の病気。肺病。特に、肺結核。

【肺▼尖】(ハイセン) 日 肺の上部のとがった部分。例 ―カタル。

【肺病】(ハイビョウ) 肺の病気。特に、肺結核。肺疾。

【肺▼腑】(ハイフ) ①肺臓。②心の奥底。例 ―をえぐられるような苦しみ。―をつく。

【肺胞】(ハイホウ) 日 肺の内側にあって、血液と空気とのあいだでガスの交換をおこなう、小さな袋状の器官。

【肺門】(ハイモン) 肺の内側で、気管支などがはいりこんでいる部分。例 ―リンパ節。

【肺葉】(ハイヨウ) 肺を形づくっている部分の呼び名。

胚

月5 (9) 2 7085 80DA

ハイ 漢 灰 pēi はら-む

〔肧〕 月4 (8) 4 8519 80A7 本字。

意味 ❶体内に子をやどす。みごもる。**はらむ**。例 胚胎(ハイタイ)。胚孕(ハイヨウ)(＝はらむ)。❷ものごとのはじめ。きざし。例 胚胎(ハイタイ)。

日本語での用法 《ハイ》「胚嚢(ハイノウ)」▼受精後の卵細胞の発生初期の個体。

【胚芽】(ハイガ) 日 植物の種子の中にあって、芽(め)となって生長する部分。胚。例 ―米。

【胚子】(ハイシ) 日 生物で、孵化(フカ)・出産以前の段階のもの。胚。

【胚珠】(ハイシュ) 日 植物の花の中にあり、受精後に発達して種子

となるもの。

【胚胎】ハイタイ ①みごもる。はらむ。②ものごとの起こる原因が生じる。ものごとのはじまり。

【胚▼嚢】ハイノウ 日 胚珠の中にあって、受精後に胚となるもの。

【胚葉】ハイヨウ 日 動物の個体が発生する初期の段階にあらわれる細胞の層。のちに種々の器官となるもの。

胖

月5(9) 2 7086 80D6 一ハン 漢 翰 pàn 二ハン 漢 寒 pán ゆた-か

意味 一半分に切った、いけにえの肉。二(肉体が)のびやかで大きい。ゆたか。例 心広体胖(こころひろくタイゆたかなり)。〈大学〉

胕

月5(9) 4 8523 80D5 一フ 漢 遇 fù 二フ 漢 虞 fū 三フ 漢 虞 fú

意味 一❶はらわた。通 腑(フ)。❷くさる。通 腐。二❶体の表皮。通 膚。❷足の甲。通 跗(フ)。三むくみ。浮腫(フシュ)。例 胕腫(フシュ)。

胞

月5(9) 1 4306 80DE 常用 一ホウ(ハウ) 漢 肴 bāo 二ホウ(ハウ) 漢 肴 páo えな

[胞] 月5(9) ── 旧字体。

筆順 ノ 刀 月 月' 肑 肑 胞 胞

なりたち [会意]「月(=からだ)」と、「包ホウ(=みごもる)」とから成る。母親の腹の中で胎児をつつむ、ころものようなもの。

意味 一❶胎児をつつんでいる膜。えな。例 胞衣(ホウイ)。❷母の胎内。はら。例 胞胎(ホウタイ)。❸同じ父母から生まれた兄弟姉妹。また、国家・民族を同じくするもの。例 同胞(ドウホウ)。二台所。くりや。また、料理人。通 庖(ホウ)。例 胞人(ホウジン)(=料理人)。

日本語での用法《ホウ》「細胞(サイボウ)」▼生物体をつくりあげている基本の単位。原形質。

古訓 中古 えな・くそふくろ・はら・はらごもり・はらむ・ふくろ・ゆばりふくろ 中世 えな・くそぶくろ・はらのしし・はらむ・ほぞのを・ゆばりぶくろ 近世 えな・ほぞのを・ゆばりぶくろ

難読 同胞(はらから)

【胞衣】ホウイ・えな 胎児を包む膜や胎盤。胎衣。

【胞子】ホウシ 日 コケ・シダ・きのこなどの、下等植物が繁殖するための粉のような細胞。

[脉] 月5(9) ⇩脈(ミャク)(1095ページ)

[脍] 月6(10) ⇩膾(カイ)(1104ページ)

胳

月6(10) 3 9045 80F3 カク 漢 薬 gē

意味 わきの下。

胸

月6(10) 1 2227 80F8 教6 キョウ 漢 ク・クウ 呉 冬 xiōng むね・むな

筆順 ノ 刀 月 肑 肑 胸 胸 胸

なりたち [形声] 本字は「匈」で、「勹(=つつむ)」と、音「凶キョウ」とから成る。むね。

参考 のちに「月(=からだ)」を加えて「胸」あるいは「胷」となった。

意味 ❶首の下、腹の上の部分。例 胸囲(キョウイ)。❷こころ。むねのうち。例 胸襟(キョウキン)。度胸(ドキョウ)。

古訓 中古 こころ・まへ・むね 中世 こころ・むね 近世 むね

【胸囲】キョウイ むねまわり。バスト。

【胸宇】キョウウ 心のうち。胸中。

【胸奥】キョウオウ 日 むねのおく。心のうち。例 ―に秘めた思い。

【胸臆】キョウオク 〔「臆」も、心の意〕心の中。心の中の思い。むねのうち。例 ―を吐露する。

【胸懐】キョウカイ むねのうち。心のうち。心にいだく思い。

【胸郭】キョウカク 日 むねを形づくる骨組み。表記 旧 胸▼廓

【胸▼膈】キョウカク 〔むねとむねとの間の意〕むねのうち。心中。

【胸襟】キョウキン 〔「襟」も、むね・心の意〕むねのうち。心のうち。思い。例 ―を開いてすべてを語る。

【胸骨】キョウコツ むねの前側中央にあって肋骨(ロッコツ)をつなぎあわせているほね。

【胸次】キョウジ むねのうち。胸中。

【胸像】キョウゾウ 日 ある人物のむねから上の部分をかたどった像。例 創業者の―。

【胸中】キョウチュウ むねのうち。心のうち。例 ―を察する。―を吐露する。

【胸中有二成竹一】キョウチュウにセイチクあり 〔描くべきタケの構図がすでに胸中にできている意〕事をおこなう前に成功する見こみのあること。〈蘇軾・文与可画篔簹谷偃竹記〉から

【胸椎】キョウツイ 脊椎(セキツイ)の一部で、頸椎(ケイツイ)と腰椎(ヨウツイ)の間にある部分。

【胸痛】キョウツウ 病気やけがによる、むねの部分のいたみ。

【胸底】キョウテイ むねの奥そこ。心のそこ。例 ―に秘して語らず。

【胸部】キョウブ むねの部分。むねのあたり。また、呼吸器をいう。例 ―大動脈。―疾患。

【胸腹】キョウフク 〔むねと腹の意〕①心。②ものごとの重要な部分のたとえ。

【胸壁】キョウヘキ 日 ①むねの外側の肋骨(ロッコツ)・肋膜(ロクマク)・皮膚などでできている部分。②むねの高さに土石などを積み、敵の射撃から身を守るもの。

【胸膜】キョウマク 壁の内面と肺の表面をおおっている膜。

【胸裏】【胸▼裡】キョウリ むねのうち。心のうち。

【胸板】むないた 日 ①むねの平たい部分。例 ―の厚い男。②よろいのむねの部分。例 ―を射ぬく。

【胸▼糞】むなくそ 日 〔「糞」は、不快感を強くあらわす〕気持ち。例 ―が悪い(=不快で気持ちがすっきりしない)。

【胸倉】【胸座】むなぐら 日 むねの前の、着物の襟が合わさるあたり。例 ―をつかむ。

【胸算用】むなザンヨウ・むねザンヨウ 日 見積もりをたてる。心づもり。

脅

月6(10) 1 2228 8105 常用 キョウ(ケフ) 漢 呉 葉 xié おびやかす・おどす・おどかす・おび-える(おび-ゆ)

筆順 フ カ カ 劦 劦 脅 脅 脅

なりたち [形声]「月(=からだ)」と、音「劦キョウ」とから成る。両わきばら。

意味 ❶わきばら。わき。あばら。通 脇(キョウ)。❷力ずくでおどす。こわがらせる。例 脅威(キョウイ)。脅迫(キョウハク)。

古訓 中古 おびやかす・おびゆ・かたはらほね・わき 中世 おびやかす・かたはらほね・むなもと・をかす 近世 おびやかす・わき・わきのした

【脅威】キョウイ 日 相手をおびえさせるような力。また、おびえさせること。例 ―を与える。―を感じる。

【脅喝】キョウカツ 日 どなりつけておどす。恐喝(キョウカツ)。類 脅嚇(キョウカク)。

【脅肩】キョウケン 肩をすぼめる。こびるさま。また、恐れるさま。

【脅肩▼諂笑】キョウケンテンショウ 肩をすぼめて、へつらい笑いをする。卑屈な態度。〈孟子・滕文公下〉

【脅従】キョウジュウ おびやかされて従う。

【脅制】キョウセイ おびやかし、押さえつける。脅迫する。

【脅息】(キョウソク) ①息をひそめて、おののくさま。②胸や腹を動かして息をする。体力が衰え、苦しそうに呼吸する。

【脅迫】(キョウハク) 相手に何かをさせる目的でおどす。㊫脅逼(キョウヒョク)。例 —電話。

胯

月6(10) [2]7088 80EF

コ㊥ 遇 カ(クヮ)㊥ 禡 kuà
また

意味 両もものあいだ。うちもも。**また**。またぐら。例 胯下(コカ)(=またの下)。胯間(コカン)。

参考 「股(コ)」は、太ももの意。

【胯間】(コカン) またのあいだ。またぐら。股間(コカン)。

胱

月6(10) [2]7089 80F1

コウ(クヮウ)㊥ 陽 guāng

意味 「膀胱(ボウコウ)」は、尿をためる袋状の臓器。ゆばりぶくろ。

胻

月6(10) [4]8529 80FB

コウ(カウ)㊥
ギョウ(ギャウ)㊦ 庚 héng

意味 ひざの下のあたり。向こうずね。すね。はぎ。

脂

月6(10) [1]2773 8102 常用

シ㊥ 支 zhī
あぶら・やに

筆順 脂

なりたち 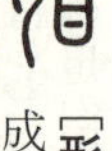 [形声]「月(=にく)」と、音「旨(シ)」とから成る。角(つの)をもつ動物のあぶら。

意味 ❶肉のあぶら。動植物性のあぶら。**あぶら**。例 脂肪(シボウ)。油脂(ユシ)。❷樹木から出るねばねばした液。**やに**。例 樹脂(ジュシ)。❸あぶらを含んだ化粧品。例 脂粉(シフン)。

古訓 中古 あぶら・あぶらさす・まつやに・やに 中世 あぶら・あぶらさす・まつやに・やに 近世 あぶら・やに

難読 雲脂(ふけ)

【脂▼膏】(シコウ) ①動物の脂肪。②ものが豊かであること。

【脂▼膩】(シジ) ①「脂沢(シタク)①」に同じ。②からだからにじみ出たあぶら。

【脂質】(シシツ) 日 脂肪分の新しい呼び名。たんぱく質・炭水化物とともに、生物のからだを構成する重要な物質。

【脂▼燭】(シショク|シソク) 昔の照明具の一つ。松の木を細くけずり、先に油を塗って火をつけたもの。紙燭(シショク)。

【脂沢】(シタク) ①あぶらけのある化粧品。脂膩(シジ)。②つや。光沢。③からだのあぶらや化粧品などによるよごれ。例 —の香(か)。③女性。

【脂粉】(シフン) ①紅とおしろい。②化粧。

【脂肪】(シボウ) 動植物の中に含まれるあぶら。常温では固体。
◐樹脂(ジュシ)・脱脂(ダッシ)・油脂(ユシ)

胵

月6(10) [4]8528 80F5

シ㊥ 支 chī

意味 鳥の胃。

脆

月6(10) [1]3240 8106

セイ㊥ ゼイ㊦ 霽 cuì
もろ-い(もろ-し)

意味 ❶よわよわしい。よわい。**もろい**。例 脆弱(ゼイジャク)。❷やわらかい。例 脆味(ゼイミ)。甘脆(カンゼイ)(=うまくてやわらかい食べ物)。❸音が澄んでいる。清らか。例 清脆(セイゼイ)。❹軽々しい。軽薄な。例 脆薄(ゼイハク)。

【脆▼怯】(ゼイキョウ) 弱くて役に立たない。臆病(オクビョウ)である。

【脆弱】(ゼイジャク) もろくてよわいさま。例 体質が—だ。

【脆薄】(ゼイハク) ①もろくて、うすい。氷などがうすくて、割れやすい。②気風が軽薄である。例 風俗脆薄(フウゾクゼイハク)。〈後漢書・循吏伝・許荊〉

【脆美】(ゼイビ) 「脆味(ゼイミ)」に同じ。

【脆味】(ゼイミ) やわらかで、あじのよい食べ物。脆美。

脊

月6(10) [1]3252 810A 常用

セキ㊥ 陌 jǐ
せ

筆順 脊

なりたち  [会意]「𠦬(=背骨)」と「月(=からだ)」とから成る。背骨。

意味 ❶背骨。**せ**。例 脊椎(セキツイ)。脊梁(セキリョウ)。❷中央の高い部分。例 屋脊(オクセキ)(=屋根の棟)。山脊(サンセキ)(=背骨のように隆起した山の高い部分)。❸⇩【脊令】(セキレイ)

参考 「脊」は「背」の一部をいう。

古訓 中古 せ・せなか・せぼね・そむく・むね・をさむ 中世 せなか・そむく 近世 ことはり・せ・せなか・にはたたき・みね

【脊髄】(セキズイ) 〔生〕背骨の中を通る、長い円柱のような器官。上は延髄に続き、下は腰椎(ヨウツイ)にいたる。脳とともに中枢神経系を形づくる。

【脊椎】(セキツイ) ①背骨。㊫脊柱。②背骨を形づくっている多くの骨。椎骨。

【脊▼梁】(セキリョウ) 背骨。せすじ。例 —山脈。

【脊令】(セキレイ) 水辺にすむ小鳥。鶺鴒(セキレイ)。

胴

月6(10) [1]3825 80F4 常用

トウ㊥ ドウ㊦ 送 dòng

筆順 胴

なりたち [形声]「月(=からだ)」と、音「同(トウ)」とから成る。人体の筒形の部分。

意味 筒状の内臓。大腸。

日本語での用法 《ドウ》①「胴体(ドウタイ)・胴長(ドウなが)・救命胴衣(キュウメイドウイ)」▼からだの頭と手足を除いた部分。②「胴(ドウ)の間(ま)(=和船の中央にあって、人が座る部屋)・飛行機(ヒコウキ)の胴(ドウ)」▼本体・中央の部分。③「三味線(シャミセン)や太鼓(タイコ)の胴(ドウ)」▼中がからっぽで、共鳴する部分。④「胴(ドウ)をつける」▼剣道で胴体をおおう防具。また、そこを打つ技。

古訓 中古 はらふとし 中世 おほはらわた・はらふとし 近世 おほきなるはら・からだ・はら

【胴衣】(ドウイ|ドウぎ) 日「胴着(ドウぎ)」に同じ。

【胴裏】(ドウうら) 日 袷(あわせ)・綿入れなどの裏地で、胴の部分に用いる布。

【胴着】(ドウぎ) 日 ①寒さを防ぐために上着の下に着るそでなしの下着。②身を守るために着るそでなしの衣服。例 救命—(=ライフジャケット)。▽胴衣。

【胴体】(ドウタイ) 日 からだや物体の胴の部分。例 —着陸。

【胴巻】(ドウまき) 日 貴重品などを入れ、腹に巻きつける細長い(布製の)袋。

【胴元】(ドウもと) 日 ①ばくちを開いて、そこで動いた金額に応じてもうけを得る人。㊫胴親(ドウおや)。②元締め。▽筒元(ドウもと)。

【胴欲】【胴▼慾】(ドウヨク) 日 欲が深くて、わがまま勝手なこと。例 —な男。

【胴乱】(ドウラン) 日 ①植物採集に用いる、トタン製の円筒状の入れもの。②腰にさげる、革製の袋。タバコ・薬・印形(インギョウ)などを入れて持ち歩く。

能

月6(10) [1]3929 80FD 教5

㊀ドウ㊥ ノウ㊦ 蒸 néng
㊁ダイ㊥ タイ・ナイ㊦ 隊 nài
㊂タイ㊥ 灰 tái
あた-う(あた-ふ)・よ-く

筆順 ム ム 台 育 育 能 能 能

なりたち [形声]「㠯(=足)」と「月(=からだ)」と、音「ム イ→ドウ」とから成る。クマの一種。派生して「よくできる」の意。

意味 一 ❶うまくできる。よくする。任にたえる。例 能書。能吏。可能。❷ものごとをなしとげる力。腕前。はたらき。例 能力。才能。❸およぶ。いたる。例 不レ能二期年一、千里之馬至者三(=一年たたないうちに、一日に千里を走る名馬が三頭やってきた)。〈戦国策・燕一〉❹「よく」と読み、…できる、の意。可能をあらわす。例 惟仁者能好人(=仁者だけが人を好むことができる)。〈論語・里仁〉❺「不レ能」は「あたわず」と読み、不可能の意をあらわす。例 不レ能レ知也(=知ることができなかった)。二 たえる。がまんする。通 耐。例 能寒(=寒さにたえる)。三「三能」は、星の名。また、三公。通 台。→【三台】(13ジペー)

日本語での用法 一《ノウ》①「能動」▼はたらきかける。②「能舞台・薪能」▼日本の舞台芸術の一つ。能楽のこと。③「加能越・能州」▼旧国名「能登」(=石川県の北部、半島の部分)」の略。二《の》「能勢・能登」▼「の」の音をあらわす万葉仮名。

古訓 中古 あたふ・かめ・たふ・たへたり・よく・よくす・よし 中世 あたふ・かめ・よく・よし・わざ 近世 たくみ・たへる・みつあしのかめ・よし・わざ

人名 たか・ちから・とう・のり・ひさ・むね・やす・よき・よし

【能化】一 ノウカ よく感化する。教化する。二 ノウケ 〔仏〕①衆生を教化する者。仏や菩薩。②師の僧。

【能楽】ノウガク 日 日本の古典芸能の一つ。囃子に合わせ、謡をうたい、面をつけて舞う。能。

【能幹】ノウカン ものごとを処理する才能がある。

【能言】ノウゲン ①ことばをしゃべることができる。②日 しゃべることが上手である。能弁。

【能士】ノウシ 才能のある人。役に立つ人。

【能事】ノウジ ①成すべきこと。②特にすぐれた技能。

【能事▼畢▼矣】ノウジおわれり やるべきことはすべてやった。〈易・繫辞上〉

【能書】一 ノウショ ノウジョ 字を書くのが上手なこと。また、そのような人。能筆。例 —家。二 ノウがき 日 ①薬の効きめを書きしるしたもの。効能書き。②宣伝の文句。例 —を言う。

【能臣】ノウシン 才能のある臣下。事を手ぎわよく取りはからう臣下。

【能動】ノウドウ 日 自分から他にはたらきかけること。対 受動。

【能動態】ノウドウタイ 日 文法で、動作の主体の動きが、他におよぶことを示す動詞の様相。対 受動態。

【能否】ノウヒ ①できるか、できないか。②才能があるか、ないか。

【能筆】ノウヒツ 日 能書。例 —で世に聞こえた人。

【能文】ノウブン 文章が上手なこと。例 —家。

【能弁(辯)】ノウベン 日 話すのが上手なこと。雄弁。対 訥弁。例 —家。

【能面】ノウメン 日 能楽に用いる面。例 —を打つ(=能面を作る)。—のよう(=無表情のさま)。

【能吏】ノウリ 事務を手ぎわよく処理する役人。

【能率】ノウリツ 日 一定の時間にできる仕事量。例 —を上げる。

【能力】ノウリョク ものごとを成しとげられる力。例 —をのばす。

【能登】のと 日 旧国名の一つ。今の石川県の北部、半島の部分にあたる。能州。

●可能・堪能・機能・技能・芸能・功能・効能・才能・性能・知能・万能・不能・放射能・本能・無能・有能

[胼] 月6(10) ⇩胼(1099ジペー)

脈

月6(10) 1 4414 8108 教4 バク漢 ミャク呉 陌 mài すじ(すぢ)

[脈] 月6(10) 旧字体。 [脉] 月5(9) 2 7087 8109 俗字。

筆順 丿 月 月 月 肵 脈 脈 脈

なりたち [会意]「𠂢(=わかれて流れる)」と「月(=からだ)」とから成る。からだをめぐる血管。

意味 ❶血管。血の筋。例 血脈。動脈。❷血管で感じられる心臓の鼓動。例 脈拍。脈を取る。❸長い筋となって続くもの。例 山脈。水脈。❹すじみち。つながりぐあい。例 脈絡。文脈。乱脈。❺(mò)⇩【脈脈】ミャクミャク①

日本語での用法《ミャク》「まだ脈がある」▼ものごとについての、みこみ。

古訓 中古 すぢ・ちのみち 中世 ちすぢ・ちのすぢ 近世 すぢ・ちすぢ

難読 水脈(みお)

【脈動】ミャクドウ 日 ①脈を打つ。②地震以外の原因で自然に地殻が周期的にかすかに動く。

【脈所】ミャクどころ 日 ①手首など、おさえて、脈拍を知ることのできるところ。②ものごとの急所。例 —をおさえる。

【脈拍】【脈▼搏】ミャクハク 心臓から血液がおし出されるたびに動脈がふくれること。また、その回数。例 —をはかる。

【脈脈】ミャクミャク ①互いに見つめ合うさま。②絶えることなく続くさま。例 —と受けつがれてきた伝統。

【脈絡】ミャクラク ①血管。②つながっているすじみち。一貫した筋。例 前後の—がない説明。

【脈理】ミャクリ ①すじみち。続き具合。②脈拍の具合。

●鉱脈・山脈・静脈・人脈・水脈・動脈・文脈・命脈・葉脈・乱脈

脇

月6(10) 1 4738 8107 常用 キョウ(ケフ)漢 葉 xié わき

[𦚰] 月6(10) 4 8526 266B0 俗字。 [䏮] 月6(10) 4 8530 43EE 俗字。

筆順 丿 月 月 肕 肋 脇 脇 脇

なりたち [形声]「月(=からだ)」と、音「劦キョ→ウ」とから成る。両わきばら。

参考「脇」は「脅」の別体字で、もとの意味に違いはなく、中国では「脇」と「脅」とを区別しない。しかし、日本では「脇」はもっぱら「わき」の意味に使われ、「脅」は多く「おどす」の意味に使われている。

意味 ❶左右の腕の付け根から胸の両側にかけての部分。わき。❷かたわら。そば。もののへり。わき。

日本語での用法《わき》「脇座・脇師」▼能や狂言で、シテ(=主役)の相手役。普通、「ワキ」と書く。

古訓 中古 かたはら・かたはらほね・なづき・わき 中世 わき 近世 わき・わきのした

【脇侍】【脇士】キョウジ・わきジ 本尊の左右に立つ像。たとえば、釈迦如来のわきに立つ文殊菩薩と普賢菩薩、阿弥陀如来のわきに立つ観世音菩薩と勢至菩薩など。脇立。夾侍。挟侍。

【脇息】キョウソク 日 座ったとき、ひじをかけて、からだをもたせかけるもの。ひじかけ。例 ―に身をよせる。

【脇句】(わきク) 日 連歌(レンガ)・俳諧(ハイカイ)の付句(つけく)の一種で、特に、発句(ホック)の次に続ける七・七の句。発句の季と同じ季をよむ。わき。

【脇毛】(わきげ) 日 わきの下に生える毛。腋毛(わきげ)。

【脇腹】(わきばら) 日 ①腹の横の部分。よこばら。②本妻以外の女の人から生まれること。妾腹(ショウフク)。

【脇見】(わきみ) 日 前を見ないでわきを見る。よそみ。例 ―運転。

【脇目】(わきめ) 日 ①わきみ。よそみ。例 ―もふらずに(=一心不乱に)。②はたから見ること。よそめ。はため。

【脇役】(わきヤク) 日 主役を助ける役。傍役(わきヤク)。対 主役。例 ―にあまんじる。

脘

月7(11) 3 9046 8118 カン(クヮン)漢 旱 wǎn

意味 胃の内部空間。

脚

月7(11) 1 2151 811A 常用 キャク漢 カク呉 キャ唐 薬 jiǎo あし

[腳] 月9(13) 8173 本字。

筆順 刀 月 月' 肚 胠 胠 脚

なりたち [形声]「月(=からだ)」と、音「卻(キャク)」とから成る。すね。

意味 ❶ひざの下、くるぶしの上の部分。はぎ。すね。例 脚絆(キャハン)。❷あし全体。例 脚力(キャクリョク)。行脚(アンギャ)。❸ものの下にあって支えるもの。例 橋脚(キョウキャク)。三脚(サンキャク)。❹ものの下部。例 脚注(キャクチュウ)。山脚(サンキャク)。❺動きをあしにたとえたもの。あゆみ。例 雲脚(ウンキャク)(=雲の動き)。❻身の置きどころ。立場。足場。例 失脚(シッキャク)。立脚(リッキャク)。❼(jué) 演劇での役まわり。役どころ。例 脚色(キャクショク)。

日本語での用法 《キャク》「机(つくえ)一脚(イッキャク)・いす五脚(ゴキャク)」▼あしのついた器物を数えることば。

古訓 中古 あし・あしとてひく・たすく・はぎ・ふもと 中世 あし・はぎ 近世 あし・はぎ

難読 脚気(あしのけ)・鴨脚(イチョウ)

【脚気】(カッケ) ビタミンB_1の不足で起こる病気。足がしびれたり、むくんだり、心臓の肥大を起こしたりする。脚疾(キャクシツ)。

【脚韻】(キャクイン) 詩や文で、行や語句の終わりに、同じ、または似たひびきをもつ韻を置いて形式を整えること。対 頭韻。

【脚疾】(キャクシツ)「脚気(カッケ)」に同じ。

【脚色】(キャクショク) ①科挙(=官吏登用試験)の際に提出する履歴書。②芝居の役割。登場人物。③日 物語や事件、小説などを映画や演劇に作り直す。④日 事実を伝えるだけでなく、誇張や強調のための虚構をまじえる。

【脚注】【脚▼註】(キャクチュウ) 書物で、本文のある部分に応じて、その下の欄に示してある注釈。対 頭注。

【脚夫】(キャクフ) 手紙や荷物を運ぶ人夫。飛脚。

【脚本】(キャクホン) ①原稿の底本。原本。②映画や演劇などで、せりふやしぐさ、舞台装置などを書いた本。シナリオ。台本。例 小説を―に書き直す。

【脚力】(キャクリョク) ①歩いたり走ったりする足の力。②「脚夫(キャクフ)」に同じ。

【脚立】【脚▼榻】(キャタツ) 日 踏み台の一種。はしごを左右から合わせて上に台をのせ、倒れないようにしたもの。

【脚下】(キャッカ) ①足もと。足のした。②現在。目下。

【脚光】(キャッコウ) 日 舞台前方の床にとりつけ、役者を足もとから照らし出す照明。フットライト。例 ―を浴びる(=世間の注目を集める)。

【脚▼絆】【脚半】(キャハン) 日 歩きやすく、また、作業のとき足を保護するために、すねに当てる布。例 巻き―(=ゲートル)。

●行脚(アンギャ)・雲脚(ウンキャク・くもあし)・健脚(ケンキャク)・三脚(サンキャク)・失脚(シッキャク)・船脚(センキャク・ふなあし)・馬脚(バキャク)・飛脚(ヒキャク)・立脚(リッキャク)

脛

月7(11) 2 7090 811B ケイ漢 径 jìng すね・はぎ

[胫] 月5(9) 4 8521 2667E 俗字。

意味 ❶人の足の、ひざから下、くるぶしより上の部分。**すね。はぎ。** ❷⇩【脛脛】(ケイケイ)

難読 脛楯(はいだて)

【脛脛】(ケイケイ) まっすぐなさま。まっ正直で融通のきかないさま。

【脛骨】(ケイコツ) すねの内側の細長いほね。

【脛巾】(はばき) 日「脚絆(キャハン)」の古い言い方。

脞

月7(11) 4 8533 811E ザ慣 サ漢呉 哿 cuǒ

意味 こまごまとしている。例 叢脞(ソウザ)(=こせこせして、まとまりがない)。

脩

月7(11) 2 7091 8129 人 シュウ(シウ)漢 シュ呉 尤 xiū おさ-める(をさ-む)・ほじし

なりたち [形声]「月(=にく)」と、音「攸(ユウ→シュウ)」とから成る。ほし肉。

意味 ❶ほした肉。**ほじし。** 例 束脩(ソクシュウ)。❷身をおさめる。通 修。例 脩身(シュウシン)。❸ながい。例 脩竹(シュウチク)(=長い竹)。

参考 熟語は「修」も参照。

古訓 中古 さかな・ながし・なほ・ほじし・ほじじし・をさむ 中世 しわざ・ながし・ほしし・をさむ 近世 ながし・ふかし・ほじし・をさむ

人名 おさ・おさみ・おさむ・さね・すけ・なお・なが・ながし・のぶ・はる・ひさ・ひさし・もろ・よし

難読 脩竹(ながたけ)

䏰

月7(11) 4 8534 43F0 ジュン漢 ニン呉 震 rùn

意味「胊䏰(クジュン)」は、❶ミミズ。❷中国古代の県名。

脤

月7(11) 4 8535 8124 シン漢 軫 shèn

意味 土地の神の祭りに供える生肉。ひもろぎ。例 脤膰(シンハン)(=祭礼に用いる生肉と焼いた肉)。

[脣] 月7(11) ⇩唇(シ)(250ページ)

脧

月7(11) 4 8536 8127 一 サイ漢 灰 zuī 二 セン漢 先 juān

意味 一 男児の陰部。二 ちぢむ。ちぢませる。けずる。例 脧削(センサク)(=切りつめる)。脧剝(センハク)(=しぼり取る。略奪する)。

脱

月7(11) 1 3506 8131 常用 一 タツ漢 ダチ・ダツ呉 曷 tuō 二 タイ漢 泰 tuì ぬ-ぐ・ぬ-げる(ぬ-ぐ)・ぬ-ける(ぬ-く)

[脫] 月7(11) 812B 旧字体。

筆順 刀 月 月' 肸 肸 脫 脱

なりたち [形声]「月(=にく)」と、音「兌(タ→ツ)」とから成る。肉がおちてやせる。派生して「ぬぐ」「ぬげる」の意。

意味 一 ❶身につけているものをとりさる。**ぬぐ。** 例 脱衣(ダツイ)。

脱帽(ダツボウ)。離脱(リダツ)。❷しばられた状態からのがれる。**ぬける**。例 脱出(ダッシュツ)。脱穀(ダッコク)。脱臭(ダッシュウ)。❸ぬけおちる。例 脱字(ダツジ)。脱線(ダッセン)。逸脱(イツダツ)。❹とりさる。例 脱略(ダツリャク)。洒脱(シャダツ)。❺はずれる。❻規則にこだわらない。粗略な。おおまか。例 脱然(ダツゼン)。超脱(チョウダツ)。脱体(タイ)(=ゆったりとしたさま)。㊁ゆったりとしてのびやかなさま。例 脱然(タイゼン)。

古訓 中古 あやまつ・おつ・とく・ぬぐ・のがる・はぐ・はなる・まぬかる・むく・もし・もぬく・もぬけ・ゆるす 中世 あやまつ・ぬく・ぬぐ・のがる・まぬかる・むく・もぐ・もし 近世 あなどる・とく・ぬける・はぐ・ほねぬく・まぬかる・もし・もぬけ

難読 脱殻(ぬけがら)

【脱衣】(ダツイ) 衣服をぬぐ。対 着衣。例 ―場。

【脱易】(ダツイ) (ことばや態度が)軽率なさま。いいかげんなさま。

【脱▼穎】(ダツエイ) 才気が十分に発揮されたさま。〔〈史記・平原君伝〉から〕

【脱化】(ダッカ) ①昆虫などが殻をぬいで形を変える。②古い状態から新しい状態に変わる。例 旧式からの―。

【脱会】(ダッカイ) 日 会をぬける。退会。対 入会。

【脱却】(ダッキャク) ①ぬぎ捨てる。②のがれる。ぬけ出す。例 窮地を―する。

【脱臼】(ダッキュウ) 関節の骨がはずれる。例 腕を―する。

【脱▼肛】(ダッコウ) 〔医〕直腸の粘膜が肛門の外に出ること。

【脱稿】(ダッコウ) 原稿を書き上げる。対 起稿。

【脱穀】(ダッコク) ①穀物の実った粒を穂から取りはずす。例 ―機。②穀物の粒の外皮を取り去る。もみがらを取る。

【脱獄】(ダツゴク) 監獄から逃げ出す。例 ―囚。

【脱脂】(ダッシ) 日 脂肪分を取り去る。例 ―乳。

【脱▼屣】(ダッシ) ①〔くつを脱ぎ捨てる意〕容易にできるさま。また、ものごとを軽視するさま。②天子が退位する。類 脱履。

【脱字】(ダツジ) 原稿・印刷面などの文章の中で、ぬけ落ちている字。誤ってぬけ落ちた文字。例 誤字―。

【脱臭】(ダッシュウ) 日 においを取り除く。例 ―剤。

【脱出】(ダッシュツ) 逃げだす。ぬけでる。例 国外に―する。危険から―する。

【脱色】(ダッショク) 日 染めた色や、ついている色をぬく。例 ―剤。

【脱身】(ダッシン/みをダッす) 危険な状況から逃れる。―して染め直す。

【脱水】(ダッスイ) 日 ①水分を取り除く。例 ―機。②体内の水分が非常に少なくなる。例 ―症。

【脱税】(ダツゼイ) 日 納めなければならない税を納めないですます。

【脱線】(ダッセン) 日 ①列車や電車などの車輪が線路からはずれる。例 ―事故。②話が横道にそれる。また、行動が普通の状態からはずれたりする。例 話が―する。

【脱然】(ダツゼン) ㊀①病気が治るなどして、さっぱりしたさま。②世俗を超越したさま。㊁(タイゼン) のんびりしているさま。

【脱▼疽】(ダッソ) からだの組織が腐って死滅すること。壊疽(エソ)。

【脱走】(ダッソウ) 軍隊・刑務所・収容所・合宿所などの、決められた地域・組織の中から逃げ出す。例 ―兵。

【脱俗】(ダツゾク) 世俗の名誉・権力・利益などを求めようとする気持ちをもたない。超俗。

【脱胎】(ダッタイ) ①ある事物が他の中ではぐくまれ、変化する。生まれ変わる。②ある作品などを、形式を変えて作り直す。換骨奪胎。

【脱退】(ダッタイ) 日 団体や組織からぬけ出る。対 加入・加盟。例 連盟を―する。

【脱腸】(ダッチョウ) 腸その他の内臓の一部が、腹壁のさけたすきまからぬけ出て、外にはみ出すこと。ヘルニア。

【脱▼兎】(ダット) 逃げ走るウサギ。行動のすばやいことのたとえ。例 ―のごとく。―の勢い。

【脱皮】(ダッピ) ①昆虫やヘビなどが、成長の途中で古い表皮をぬぐ。②日 古い考えや習慣からぬけ出る。

【脱▼繆】【脱▼謬】(ダツビュウ) 〔脱落と誤謬の意〕文章中の文字や語句に脱落や誤りがあること。類 脱誤。

【脱帽】(ダツボウ) ①帽子をぬぐ。対 着帽。②相手の立派さに敬意を表する。③罪や敗北を認める。

【脱法】(ダッポウ) 法律の不備な点をうまくすりぬけて、禁を犯す。

【脱毛】(ダツモウ) ①毛がぬけ落ちる。②毛をぬく。例 ―処理。

【脱落】(ダツラク) ①落下する。②なければならないものがぬけおちる。例 一行分―している。③日 仲間と一緒に行動をすることができなくなること。落伍(ラクゴ)。

【脱略】(ダツリャク) ①軽んじて、いいかげんにする。②省く。捨てる。

【脱力】(ダツリョク) 日 からだの力がぬける。例 ―感。

【脱漏】(ダツロウ) あるべき文字や語句がぬけ落ちている。不十分でぬけ落ちがある。

●逸脱(イツダツ)・虚脱(キョダツ)・解脱(ゲダツ)・着脱(チャクダツ)・離脱(リダツ)

脳

月7 (11)

1 3930 8133

教6

ドウ(ダウ)漢 ノウ(ナウ)呉 皓 nǎo

[腦] 月9 (13) 2 7110 8166 旧字体。

筆順 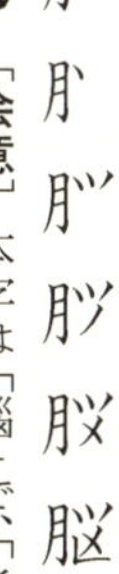

なりたち  [会意] 本字は「䐉」で、「匕(=ぴったりとならぶ)」と「巛(=かみの毛)」と「囟(=あたま)」とから成る。頭蓋骨(ズガイコツ)の中にぴったりとつまった、のうみそ。

参考 のちに「匕」が「月(=にく)」となった。

意味 ❶頭蓋骨(ズガイコツ)の中にあって、身体各部に至る神経の中枢をなす部分。のうみそ。のう。例 脳髄(ノウズイ)。大脳(ダイノウ)。❷ものごとを考えたり感じたりするはたらき。例 脳裏(ノウリ)。頭脳(ズノウ)。❸中心となる大切なもの。例 首脳(シュノウ)。

古訓 中古 なづき 中世 なづき 近世 なづき

【脳▼溢血】(ノウイッケツ) 日 脳の血管が破れて出血すること。脳出血。

【脳炎】(ノウエン) 日 脳の炎症。

【脳梗塞】(ノウコウソク) 日 脳の血管がつまり血液が流れなくなる疾患。

【脳子】(ノウシ) ①トリカブトから得た猛毒。毒薬に用いる。②脳。脳髄。

【脳死】(ノウシ) 日 脳のすべての機能が停止して、再生不能となった状態。

【脳▼漿】(ノウショウ) ①脳みそ。脳。②脳のはたらき。知恵。

【脳震▼盪】【脳振▼盪】(ノウシントウ) 日 頭を強く打って、一時的に気を失う状態。

【脳髄】(ノウズイ) 脳。脳子。

【脳卒中】(ノウソッチュウ) 日 脳の血管が破れたり、つまったりして意識がなくなったり、からだの自由がきかなくなったりする病気。脳出血と脳梗塞(ノウコウソク)をまとめた言い方。

【脳天】(ノウテン) 日 頭のてっぺん。例 ―を打つ。―にひびく。

【脳波】(ノウハ) 日 脳の活動にともなって脳から出る電位の変動。また、それを記録した図にあらわれる波の形。

【脳膜】(ノウマク) 脳をおおっている膜。例 ―炎。

【脳味▼噌】(ノウミソ) 日 脳。また、頭脳のはたらき。例 ―が足りない(=頭のはたらきがにぶい)。

【脳裏】【脳▼裡】(ノウリ) 頭の中。心の中。例 ―に刻む。

●間脳(カンノウ)・首脳(シュノウ)・小脳(ショウノウ)・樟脳(ショウノウ)・頭脳(ズノウ)・洗脳(センノウ)・大脳(ダイノウ)

脯
月7(11) 2 7093 812F ホ慣 フ漢呉 麌 fǔ ほじし

意味 ❶うすくさいて干した肉。ほじし。例 脯林(ホリン)。❷干した果物。例 棗脯(ソウホ)。

【脯▼醢】(ホカイ) ①干し肉と肉のしおから。酒のさかなにする。②人を殺し、切り刻んで塩漬けにする刑。

【脯資】(ホシ) ①干し肉と食糧。②旅費。

【脯▼脩】(ホシュウ) 干し肉。ほじし。

【脯林】(ホリン) 干し肉がたくさん、林のようにつるされている。宴席の豪華なさま。→【肉山脯林】(ニクザンホリン)(1086ジペー)

脬
月7(11) 4 8537 812C ホウ(ハウ)漢 肴 pāo

意味 膀胱(ボウコウ)。ゆばりぶくろ。

脖
月7(11) 4 8532 8116 ホツ漢 ボツ呉 月 bó

意味 ❶首。うなじ。❷「脖胦(ボツオウ)」は、人体のつぼの名。臍(へそ)の下一寸五分のところ。気海穴(キカイケツ)。

脵
月7(11) 4 8531 8135 国字 また

意味 人名や地名に用いる字。例 三脵(みつまた)(=姓)。

参考「俣(また)」や「股(また)」の変形による字。

腋
月8(12) 2 7094 814B エキ漢 陌 yè わき

意味 ❶わきのした。わき。例 腋下(エキカ)。腋汗(エキカン)(=わきの下から出る、ひやあせ)。❷動物のわきの下の毛皮。例 千羊之皮不レ如二一狐之腋一(センヨウのかわはイッコのエキにしかず)(=千頭のヒツジの毛皮も一匹のキツネのわきの下の《白くて柔らかい》毛皮におよばない)。〈史記・趙世家〉

日本語での用法《わき》「腋詰(わきづめ)・腋開(わきあけ)」▼衣服のそでから下の側面の部分。

難読 欠腋(ケッテキ)の袍(ホウ)・闕腋(ケッテキ)の袍(ホウ)

【腋下】(エキカ) わきのした。

【腋▼窩】(エキカ) わきの下のくぼんだところ。

【腋臭】(エキシュウ)(わきが) わきの下から出る汗から発する(いやな)におい。狐臭(コシュウ)。

【腋毛】(わきげ) わきの下に生える毛。脇毛(わきげ)。

◐縫腋(ホウエキ)・葉腋(ヨウエキ)

腔
月8(12) 1 2548 8154 人 クウ慣 コウ(カウ)漢呉 江 qiāng

なりたち [形声]「月(=にく)」と、音「空(コ)」とから成る。体内の空虚な部分。

意味 ❶体内で、中がからっぽになっているところ。例 口腔(コウコウ)。鼻腔(ビコウ)。満腔(マンコウ)(=胸いっぱい)。❷歌のふしまわし。曲調。例 腔調(コウチョウ)(=音楽の調子)。

古訓 近世 あばらぼね・かこむ

【腔腸動物】(コウチョウドウブツ) 日 クラゲ・イソギンチャクなど、口に続く食物を消化する部分が大きな空所になっている下等動物。

䐈
月8(12) 4 8540 4408 ショク漢 職 zhí

意味 ねばつく。べとつく。

脽
月8(12) 4 8539 813D スイ漢 支 shuí

意味 ❶臀部(デンブ)。しりの盛り上がったあたり。しり。❷地面の盛り上がった所。おか。

[脐]
月8(12) ⇩臍(イセ)(1104ジペー)

腊
月8(12) 3 9047 814A セキ漢 陌 xī

意味 ❶干し肉。❷干し肉にする。例 得而腊レ之、以為レ餌(えてこれをセキにし、もってジとなす)(=この蛇を捕まえて干し肉にし、薬とする)。〈柳宗元・捕蛇者説〉

日本語での用法《サク》「腊葉(サクヨウ)(=押し葉標本。「サクヨウ」は「セキヨウ」の慣用読み)」▼押し広げて乾燥させる。

脹
月8(12) 1 3617 8139 人 チョウ(チャウ)漢呉 漾 zhàng ふく-れる(ふく-る)・ふく-らむ

なりたち [形声]「月(=からだ)」と、音「長(チョ)」とから成る。腹がふくれて、はる。

意味 ❶腹がはる。ふくれる。例 脹満(チョウマン)。膨脹(ボウチョウ)。❷ものがふくれて大きくなる。❸はれる。例 腫脹(シュチョウ)。

古訓 中古 はらふくる・ふくる 中世 はらふくる・はるる・ふくるる 近世 くさし・はらはる・はれる・ふくれる

人名 はる

難読 脹雀(ふくらすずめ)

【脹満】(チョウマン) ガスや液体がたまって腹がふくれる病気。

【脹▼脛】(ふくらはぎ) 日 すねの後ろの、ふくれた肉の部分。こむら。

腆
月8(12) 2 7102 8146 テン漢 銑 tiǎn あつ-い(あつ-し)・おお-い(おほ-し)

意味 ❶(料理などが)たっぷりとある。手厚い。あつい。例 腆厚(テンコウ)。不腆(フテン)(=人に対して、手厚いもてなしをしないこと。自分の贈り物を謙遜(ケンソン)していう)。❷厚くする。あつかましい。例 腆顔(テンガン)(=あつかましい。恥じないさま)。

脾
月8(12) 2 7103 813E 一 ヒ漢 支 pí 二 ヒ漢 薺 bì

意味 一 内臓の一つ。脾臓(ヒゾウ)。二 もも。通 髀(ヒ)。例 脾肉(ヒニク)(=ももの肉)。

【脾臓】(ヒゾウ) 内臓の一つ。胃の左下にあって白血球をつくり、古くなった赤血球をこわすなどのはたらきをする。

【脾肉▼之▼嘆】(ヒニクのタン) ⇩【髀肉之嘆】(ヒニクのタン)(1472ジペー)

腓
月8(12) 2 7104 8153 ヒ漢 微 féi こむら・こぶら

意味 ❶足のすねの後ろの、筋肉がふくらんだ部分。ふくらはぎ。こむら。例 腓骨(ヒコツ)。腓返(こむらがえり)。❷膝(ひざ)の皿形の骨をはぎ取る刑罰。また、足首を切り落とす刑罰。

【腓骨】(ヒコツ) すねの外側の細長い骨。

【腓返】(こむらがえり) 日 ふくらはぎの筋肉の一時的けいれん。

腐
肉8(14) 1 4169 8150 常用 フ漢呉 麌 fǔ くさ-る・くさ-れる(くさ-る)・くさ-らす・くさ-す

筆順 亠 广 府 府 腐 腐 腐

なりたち [形声]「肉(=にく)」と、音「府(フ)」とから成る。肉がただれてくさる。

意味 ❶肉がくずれ、ただれる。いたむ。例 腐敗(フハイ)。腐乱(フラン)。❷古くさくて役に立たない。例 腐儒(フジュ)。陳腐(チンプ)。❸男子を去勢する刑罰。宮刑(キュウケイ)。例 腐刑(フケイ)。❹やわらかい肉のような加工食品。例 豆腐(トウフ)。

日本語での用法《フ》「腐心(フシン)」▼苦心する。

古訓 中古 くさし・くさる・くたす・くつ・たたる・やぶる 中世 くさし・くさる・くつ・くつる・ただる 近世 かくしどころきる・くつる・ただるる・やぶるる

難読 卵ぅの花腐し(はなくたし)

【腐朽】フキュウ 木や金属などが古くなって、形がくずれ、役に立たなくなる。

【腐刑】フケイ 去勢する刑。宮刑。

【腐▼渣】フサ ①くさった、かす。②日 豆腐のしぼりかす。おから。卵ぅの花。

【腐史】フシ 『史記』のこと。〔司馬遷(シバセン)が腐刑に処せられたことから〕

【腐儒】フジュ 役に立たない学者。軽蔑(ケイベツ)または、自らを謙遜(ケンソン)することばとして用いる。

【腐臭】フシュウ くさったもののにおい。例 魚の—がただよう。

【腐熟】フジュク 発酵し、十分に分解して有用になる。例 —堆肥(タイヒ)。

【腐食】【腐▼蝕】フショク くさって形がくずれる。例 鉄骨が—する。

【腐植】フショク 日 動植物が土の中でくさってできた有機物。例 —土。

【腐心】フシン ①胸をたたいて悲しむ。恨み憤る。例 日夜切歯腐心(セッシフシンす)(=一日中歯をかみしめて憤る)。〈史記・刺客伝・荊軻〉②いろいろ考え、心を痛める。苦心。例 問題解決に—する。

【腐生】フセイ 何の役にも立たない学者。腐儒(フジュ)。

【腐▼鼠】フソ 〔くさったネズミの意から〕とるにたりない、つまらないもののたとえ。〈荘子・秋水〉

【腐腸▼之薬】フチョウのヤク くさったはらわたを治す薬。酒やうまいものをいう。〈枚乗・七発〉

【腐肉】フニク くさった肉。

【腐敗】フハイ ①食品や有機物がくさる。②堕落する。例 —した政治家。

【腐葉土】フヨウド 日 落ち葉がくさってできた土。養分に富み、園芸に適する。

【腐乱】フラン 生き物のからだがくさり、形がくずれる。例 —死体。表記 旧 腐▼爛

●陳腐(チンプ)・豆腐(トウフ)・防腐(ボウフ)

腑

月8(12) 2 7105 8151 フ 漢 麌 fǔ はらわた

意味 ❶胃・胆嚢(タンノウ)・膀胱(ボウコウ)・腸などの臓器をまとめていうことば。はらわた。例 腑分わけ(=解剖)。臓腑(ゾウフ)。五臓六腑(ゴゾウロップ)。❷心の中。こころ。例 心腑(シンプ)。肺腑(ハイフ)。

胼

月8(12) — 8141 ヘン 漢 ベン 呉 先 pián たこ・あかぎれ

[胼] 月6(10) 2 7106 80FC 俗字。

意味 手足の皮が厚くかたくなったもの。まめ。たこ。また、ひびやあかぎれ。例 胼胝(ヘンチ)。

【胼▼胝】ヘンチ・ベンチ 絶えず刺激したり、おさえつけたりしたために、皮膚の表面が厚くかたくなったもの。例 ペン—(だこ)。

腕

月8(12) 1 4751 8155 常用 ワン 漢 呉 翰 wàn うで・かいな(かひな)

筆順 月 腕

なりたち [形声]「月(=からだ)」と、音「宛(エン→ワン)」とから成る。手首。

意味 ❶手首。例 腕法(ワンポウ)。腕時計(うでドケイ)。❷技量。手なみ。例 手腕(シュワン)。敏腕(ビンワン)。辣腕(ラツワン)。

日本語での用法 《ワン》《うで》「腕力(ワンリョク)・腕立(うでた)て伏(ふ)せ」▼肩から手首までの部分。

古訓 中古 うで・ただむき 中世 うで・かひな・ただむき・たぶさ・たまき 近世 うで・ただむき

【腕木】うでぎ 日 ものを支えるために、柱などから水平、または水平に近い方向につき出すような形に取り付けた木。

【腕相撲】うでずもう 日 向かい合った二人がひじを支点にして相手のうでを倒す力くらべ。アームレスリング。

【腕前】うでまえ 日 ものごとをたくみにこなす能力や技術。手並み。

【腕章】ワンショウ 日 うでに巻きつける目じるし。例 当番の—。

【腕白】ワンパク 日〔あて字〕元気で活発な子供がいたずらをすること。また、そういう子。例 —坊主。—な子供。

【腕法】ワンポウ 書法で、筆を持った手の手首を構える方法。着腕(チャクワン)(=手首を机に着ける)・枕腕(チンワン)(=手首を筆を持たない手の上にのせる)・提腕(テイワン)(=肘を机につけて手首を浮かせる)・懸腕(ケンワン)(=手首を空中に懸けるようにする)の四法がある。

【腕力】ワンリョク ①手首の力。②日 うでの力。例 —が強い。③日 力ずく。暴力。例 —に訴える。—沙汰(ザタ)。

●才腕(サイワン)・左腕(サワン)・手腕(シュワン)・敏腕(ビンワン)

[腭]

月9(13) ⇩ 齶(ガク)(1516ページ)

[脚]

月9(13) ⇩ 脚(キャク)(1096ページ)

腱

月9(13) 2 7107 8171 ケン 漢 願 jiàn

意味 筋肉を骨に結合するはたらきをする繊維性の組織の束。例 アキレス腱(ケン)。

【腱▼鞘】ケンショウ 日 腱の外がわを包む組織を入れるさや。例 —炎。

[腮]

月9(13) ⇩ 顋(サイ)(1443ページ)

腫

月9(13) 1 2880 816B 常用 ショウ 漢 シュ 呉 腫 zhǒng はれる(は-る)・はらす・は-れ

筆順 月 腫

なりたち  [形声]「月(=からだ)」と、音「重(チョウ→ショウ)」とから成る。はれもの。

意味 ❶はれもの。できもの。例 腫瘍(シュヨウ)。❷皮膚やからだのある部分がふくれる。むくむ。例 腫脹(シュチョウ)。水腫(スイシュ)。

古訓 中古 かさ・はる 中世 はるる・はれもの 近世 はるる・はれもの・はれる

【腫▼脹】シュチョウ からだの一部がはれてふくれる。

【腫物】シュモツ・もの できもの。おでき。

【腫瘍】シュヨウ 体内で細胞が異常に増えたもの。例 悪性—。

腎

月9(13) 1 3153 814E 常用 シン 漢 ジン 呉 軫 shèn

筆順 臣 腎

なりたち  [形声]「月(=にく)」と、音「臤(ジ)」とから成る。(五行において)水にあたる臓器。

意味 ❶内臓の一つ。腎臓(ジンゾウ)。❷大切なところ。かなめ。例 肝腎(カンジン)。

古訓 中古 むらど 中世 むらと・ゆばりぶくろ 近世 かたし・ひく・むらど

【腎虚】ジンキョ 気力・精力がなくなる病気。

【腎臓】ジンゾウ 内臓の一つ。左右一対あり、血液をきれいにし、体内の老廃物を尿として体外に排泄(ハイセツ)する。腎。

【腎腸】ジンチョウ ①腎臓と腸。②まごころ。衷心。

腥

月9(13) 2 7109 8165 セイ漢 ショウ(シャウ)呉 青 xīng なまぐさ-い(なまぐさ-し)

意味 ❶なまの肉や魚。また、血のにおいがする。**なまぐさい**。例 腥血ケツ。❷みにくい。きたない。けがらわしい。例 腥聞ブン。

【腥血】セイケツ なまぐさい血。いきち。

【腥▼膻】【腥▼羶】セイセン ①なまぐさい。また、そのような獣など。②〔なまぐさい獣肉を食することから〕外国人をののしっていうことば。

【腥▼臊】セイソウ ①なまぐさくて、いやなにおい。②けがらわしい。

【腥聞】セイブン 品行が悪いという風聞。

腺

月9(13) 1 3303 817A 常用 国字 セン xiàn

筆順 丿 月 月′ 肑 胉 腺 腺 腺

なりたち [形声]「月(=からだ)」と、音「泉セン」とから成る。体液を分泌する器官。

参考 国字であるが、中国でも使う。

意味 生物体で、汗や涙、ホルモンなどを分泌する器官。例 汗腺カン。乳腺ニュウ。

【腺腫】センシュ 日 胃腸・子宮の粘膜などの腺組織の上皮に発生する腫瘍シュ。

【腺病質】センビョウシツ 日 弱々しいからだつきで、病気にかかりやすい子供の体質。また、虚弱な体質。

●汗腺カン・甲状腺コウジョウ・乳腺ニュウ・涙腺ルイ

腨

月9(13) 3 9050 8168 セン漢 ゼン呉 銑 shuàn

意味 ふくらはぎ。こむら。

腠

月9(13) 3 9048 8160 ソウ漢 宥 còu

意味 肌のきめ。肌。例 腠理リ(=肌のきめ)。

[腟]

月9(13) ⇩膣ツチ(1102ジペー)

䐗

月9(13) 4 8542 4417 ❶チョ漢呉 魚 zhū ❷ト漢 麌 dǔ

意味 ❶ブタ。通猪チ。例 肥䐗チ。❷食用にする動物の胃。通肚ト。例 牛䐗ギュウ。

腸

月9(13) 1 3618 8178 教4 チョウ(チャウ)漢 陽 cháng はらわた・わた

[膓] 月11(15) 2 7122 8193 俗字。

筆順 丿 月 肌 肝 胆 胆 腸 腸

なりたち  [形声]「月(=からだ)」と、音「昜ウ→チョウ」とから成る。大腸と小腸。

意味 ❶内臓の一つ。胃から肛門コウモンにつながる細長い消化器官(=はらわた)。例 小腸ショウ。大腸ダイ。❷こころ。思い。もの思い。例 心腸シン。

古訓 中古 おもひ・おもふ・くそふくろ・こころ・はら・はらわた・わた 中世 おもふ・はら・はらわた・わた 近世 はらわた・ものおもひ

【腸液】チョウエキ 日 腸に分泌される消化液。

【腸炎】チョウエン 日 腸の粘膜の炎症。食べすぎ・食中毒・急性の感染症などで起こり、腹痛・下痢ゲなどをともなう。

【腸管】チョウカン 日 ①食べ物を吸収・消化する器官の総称。動物の口から肛門モンまで。消化管。②腸。

【腸断】チョウダン 〔はらわたがちぎれる意〕非常に強い悲しみのたとえ。断腸。例 夜雨聞レ鈴腸断声ヤウにすずをきけばチョウダンのこえ(=雨の夜に鈴の音を悲痛な思いで聞く)。〈白居易・長恨歌〉

【腸▼肚】チョウト ①腹。②胸のうち。

●胃腸チョウ・十二指腸ジュウニシ・大腸ダイ・脱腸ダッ・断腸ダン・直腸チョク・盲腸モウ・羊腸ヨウ

腩

月9(13) 4 8541 8169 ダン(ダム)漢 ナン(ナム)呉 感 nǎn

意味 ❶焼き肉にする肉をたれに漬ける。例 腩炙シャ。❷ウシの胸腹部のやわらかい肉。

[腦]

月9(13) ⇩脳ノウ(1097ジペー)

腹

月9(13) 1 4202 8179 教6 フク漢呉 屋 fù はら

筆順 丿 月 肝 胙 脜 脜 腹 腹

なりたち  [形声]「月(=からだ)」と、音「复フク」とから成る。からだの中央で、厚く張り出したところ。

意味 ❶おなか。**はら**。例 腹痛ツウ。空腹クウ。❷心の中の思い。考え。例 腹案アン。腹心シン。❸ものの中央部。例 山腹サン。中腹チュウ。❹ものの前面。例 腹背ハイ。

古訓 中古 あつくす・あつし・はら・ふところにす 中世 おもふ・はら・ふところ 近世 あつし・いだく・はら

【腹芸(藝)】はらゲイ 日 ①俳優が、せりふや、目立った動作を使わずに気持ちを表現する演技。②度胸や経験などでものごとを解決すること。例 —で政治決着する。

【腹子】【腹▼仔】はらこ 日 魚類の腹中にあるたまご。また、それを塩漬けなどにした食品。はららご。

【腹鼓】はらつづみ|はらづつみ 日 はらを太鼓に見立てたことば。例 —を打つ(=たくさん食べて満足したさま)。

【腹時計】はらドケイ 日 空腹の程度を時計に見立てたことば。

【腹案】フクアン 日 あらかじめ考えておいて心の中にしまってある思いつきや文章、計画など。例 —を示す。—を練る。

【腹▼腔】フクコウ 日 脊椎ツイ動物で横隔膜より下の内臓がはいっているところ。

【腹▼笥】フクシ 〔心の中の本箱の意〕心の中にたくわえているたくさんの知識。博識なこと。〈後漢書・辺韶伝〉から

【腹心】フクシン ①はらと、むね。②心の奥底。例 —をひらく。③心から信頼できる人。〔普通、目下の人をいう〕例 —の部下。

【腹心疾】フクシンのやまい 〔はらや胸の病気の意〕治療のむずかしい病。転じて、非常に心配なこと。また、避けがたい強敵。〈史記・伍子胥伝〉

【披二腹心一】フクシンをひらく 心の底に思っていることを打ち明ける。誠意を示す。〈史記・淮陰侯伝〉

【腹尺】フクセキ 腹囲。大食漢についていう。

【腹蔵】フクゾウ 心の中にしまっておいて外に出さないこと。例 —のない意見。

【腹中】フクチュウ ①はらのなか。②心のなか。例 —をさぐる。

【腹痛】フクツウ|はらいた はらがいたむこと。

【腹背】フクハイ ①はらと、せなか。②前と後ろ。例 —に敵をうける。③心の中で逆らうこと。例 面従—。

【腹非】【腹▼誹】フクヒ 心中では非難していても、口には出さない。

【腹壁】フクヘキ 日 腹腔コウの内側のかべ。特に前方。

【腹膜】フクマク ①はらの内側にあって内臓を包んでいるうすい膜。②腹膜炎のこと。腹膜が炎症を起こす病気。

【腹筋】フッキン 腹壁をつくっている筋肉。腹部の筋肉。

【腹稿】フッコウ・フクコウ 前もって心の中で文章を考えておくこと。また、その文案。腹案。

●空腹クウフク・業腹ゴウはら・私腹シフク・船腹センプク・中腹チュウフク・満腹マンプク・水腹みずばら・立腹リップク

腴

月9(13) 2 7111 8174

ユ漢 虞 yú こ-える(こ-ゆ)

意味 ❶腹がふとる。こえる。例 膏腴コウユ。❷土地が豊かに肥えている。例 充腴ジュウユ。

腧

月9(13) 3 9049 8167

一 ユ慣 シュ漢 遇 shù 二 ユ漢 虞 yú

意味 一 人体のつぼ。例 腧穴ユケツ(=人体のつぼの総称)。二 ふとる。

腰

月9(13) 1 2588 8170 常用

ヨウ(エウ)漢呉 蕭 yāo こし

筆順 刀 月 肝 肟 肟 腰 腰 腰

なりたち [会意]「月(=からだ)」と「要ヨウ(=こし)」とから成る。

意味 ❶背骨と骨盤とをつなぐ部分。こし。例 腰痛ヨウツウ。❷ものの中央から下の、こしにあたる部分。例 山腰サンヨウ(=ふもと)。❸重要な部分のたとえ。かなめ。例 腰膂ヨウリョ。❹こしに帯びる。例 腰刀ヨウトウ。

日本語での用法《こし》「腰折こしおれ・腰こしを折おる・腰こし砕くだけ・腰こしが低ひくい・腰こしが強つよい」▼全体の中ほど。(乗りかけた)勢い。調子。人に接する態度。

古訓 中古 こし 中世 こし 近世 おびしぼり・こし

【腰板】こしいた 日 ①壁・障子・垣根の下の部分に張った板。②はかまのこしに当てる板。おもにマツの板を布で包んで使う。

【腰巾着】こしギンチャク 日 ①こしにさげる巾着キンチャク。②勢力のある人のそばにいつもいて、その人に従う者。軽蔑ケイベツの気持ちをこめていう。例 社長の―。

【腰巻】こしまき ①室町時代以後、武家の女房の夏の礼装。下級女官の夏の正装。うちかけをこしに巻きつけたもの。②女性の和服で、こしから足にかけてまとう、肌着。

【腰弱】よわごし 日 ①こしの力の弱いこと。また、その人。②我慢する力、おしとおす力の弱いさま。また、その人。弱腰よわごし。例 ―な交渉。

【腰間】ヨウカン こしのあたり。こし。例 ―の秋水シュウスイ(=「秋水」はとぎすました刀で、こしに帯びた刀)。

【腰骨】一 ヨウコツ こしのほね。二 こしぼね 日 我慢強くものごとをやりとおす力。例 ―が強い。

【腰斬】ヨウザン こしの辺りでからだを切断する極刑。

【腰縄】一 ヨウジョウ|こしなわ 罪人のこしになわをかけること。また、そのなわ。例 ―こしなわを打つ。二 こしなわ 日 必要なときにすぐ使えるように、こしにさげているなわ。

【腰椎】ヨウツイ こしの部分を支える椎骨。五個の骨から成る。

【腰痛】ヨウツウ こしのいたみ。

【腰▼纏】ヨウテン こしにまとう。また、こしにまとった金品など。

【腰部】ヨウブ ①人体のこしの部分。②ものの中央から下の部分。例 連山の―。

【腰▼膂】ヨウリョ ①こしと背骨。②ものごとの要点。

【腰領】ヨウリョウ ①こしと首。②大切な部分。③腰切り・首切りの極刑。

●中腰チュウごし・強腰つよごし・本腰ホンごし・物腰ものごし・柳腰やなぎごし|リュウヨウ・弱腰よわごし

腽

月10(14) 2 7112 8183

オツ(ヲツ)漢 月 黠 wà

意味 ❶ふとってやわらかい。例 腽肭オツドツ(=肥えてやわらか)。❷「腽肭臍オットセイ」は、北の海にすむ哺乳動物。

膈

月10(14) 2 7113 8188

カク漢 陌 gé むね

意味 哺乳動物の胸と腹のあいだにある膜状の筋肉。横膈膜。例 膈膜カクマク。

【膈膜】カクマク 哺乳類の胸腔キョウコウと腹腔フクコウの間を仕切る膜。横隔膜オウカクマク。隔膜カクマク。

膁

月10(14) 4 8543 8181

ケン(ケム)漢 琰 qiǎn

意味 獣の肋骨ロッコツから股までの部分や人の腰部。

膏

月10(14) 1 2549 818F 人

一 コウ(カウ)漢 豪 gāo 二 コウ(カウ)漢 号 gào あぶら

なりたち [形声]「月(=にく)」と、音「高コウ」とから成る。肥える。

意味 一 ❶あぶら肉。あぶら。例 膏味コウミ(=味のよいこと。また、美味のもの)。❷ともしびや化粧品・薬などになるあぶら。例 膏薬コウヤク。硬膏コウコウ(=常温では固形の塗り薬)。軟膏ナンコウ(=やわらかい、塗り薬)。❸肥えて、うるおいがある。例 膏沢コウタク。❹むなもと。心臓の下の部分。例 膏肓コウコウ。二 湿りけを与える。うるおす。例 膏潤コウジュン(=適度なうるおい)。

古訓 中古 あぶら・あぶらづく・うるふ・こえたり 中世 あぶら・あぶらづく 近世 あぶら・うるほす・こえる

【膏雨】コウウ 草木をうるおす雨。慈雨。

【膏火】コウカ ①あぶらの火。灯火。②[夜間の読書に灯火が必要なことから]学費。

【膏火自煎】コウカジセン [あぶらはやがて燃え尽きることから]自分の才能におぼれて災いを招くこと。〈荘子・人間世〉

【膏血】コウケツ ①人のあぶらと血。②努力したり苦労したりして手に入れた利益や財産。例 民の―をしぼる。

【膏▼肓】コウコウ [「膏」は心臓の下、「肓」は横隔膜の上]薬もはりも届かない奥深いところ。そこの病気は治しにくいといわれる。→【病入二膏肓一】やまいコウコウにいる(902ページ)

【膏壌】コウジョウ よく肥えた土地。

【膏沢】コウタク ①恵みの雨。慈雨。②恩沢。恩恵。例 諫行言聴、膏沢下二於民一いさめおこなわれゲンきかれ、コウタクたみにくだる(=臣下の諫言カンゲンは主君に取り上げられ、進言したことはよく用いられ、その恩沢は人々のもとにすみずみまでゆきわたる)。〈孟子・離婁下〉③民衆が苦労して得た財産。

【膏田】コウデン よく肥えた田地。肥田。美田。

【膏▼沐】コウモク ①髪あぶらや、洗髪用の米のとぎ汁。身だしなみ。例 豈無二膏沐一、誰適為レ容あにコウモクなからんや、たれをあるじとしてヨウをなさん(=髪あぶらや髪を洗うとぎ汁がないわけではない。いったいだれのために化粧をしましょう)。〈詩経・衛風・伯兮〉②善政をおこなって人々にうるおいを与える。〈楚辞・九思・疾世〉

【膏▼霂】コウモク [「霂」は、しとしと降る雨]①作物をうるおす、しっとりとした雨。②恩恵。恩沢。

【膏薬】コウヤク からだの外部に使用する、あぶらで練り合わせたくすり。あぶらぐすり。

【膏▼腴】コウユ 地味チミが肥えている。また、その土地。膏沃コウヨク。

【膏沃】コウヨク ①あぶらっけが強い。②肥沃ヒヨク。

【膏▼粱】コウリョウ ①あぶらののった肉と、味のよい飯。うまい食べ物。例 所三以不レ願二人之膏粱之味一也ひとのコウリョウのあじをねがわざるゆえんなり(=他人のうまい食べ物を欲しがることもないわけである)。〈孟子・告子上〉②富豪。資産家。

䐢
月10(14) 4 8547 4422

■一 シュ㊥漢 ス㊥呉 遇 zhù ■二 スウ㊥漢 シュ㊥呉 宥 zhòu

意味 ■一 筋肉が収縮する。■二 縮んだ干し肉。

䐜
月10(14) 4 8544 441C

シン㊥漢 真 chēn

意味 筋肉がふくれる。はれる。例 䐜脹(シンチョウ)(=はれ。むくみ)。

[膄]
月10(14) ⇩瘦(ソウ)(903ジペー)

腿
月10(14) 1 3460 817F

タイ㊥漢 賄 tuǐ もも

意味 ももとすね。もものつけねから、くるぶしまで。例 下腿(カタイ)(=ひざから足首まで)。大腿(ダイタイ)(=ふともも。上腿)。

膅
月10(14) 4 8546 8185

トウ(タウ)㊥漢 陽 táng

意味 肥える。ふとる。

膊
月10(14) 2 7114 818A

■一 ハク㊥漢 薬 pò ■二 ハク㊥漢 薬 bó かいな(かひな)・かたぼね・ひじ(ひぢ)・こむら

意味 ■一 ❶たたきのばして干した肉。ほしじし。ほじし。例 膊魚(ハクギョ)(=魚の干物)。❷肢体を裂いてさらしものにする。❸肉の切り身。■二 肩から手首までの部分。腕。**かいな**。例 下膊(カハク)(=ひじから手首まで)。上膊(ジョウハク)(=ひじから肩まで)。

膀
月10(14) 2 7115 8180

ホウ(ハウ)㊥漢 ボウ(バウ)㊥呉 陽 páng

意味 ❶わきばら。❷「膀胱(ボウコウ)」は、尿をたくわえておく袋状の器官。

膜
月10(14) 1 4376 819C 常用

■一 バク㊥漢 マク㊥呉 薬 mó ■二 ボ㊥漢 モ㊥呉 虞 mó

筆順

なりたち

[形声]「月(=にく)」と、音「莫(バク)」とから成る。肉のあいだにある、まく。

意味 ■一 ❶生物の体内の臓器をおおっているうすい皮。**まく**。例 被膜(ヒマク)。粘膜(ネンマク)。❷ものの表面をおおっている膜状のもの。例 横隔膜(オウカクマク)・角膜(カクマク)・骨膜(コツマク)・鼓膜(コマク)・粘膜(ネンマク)・皮膜(ヒマク)・弁膜(ベンマク)・網膜(モウマク)

■二 ⇩【膜拝】(ボハイ)

古訓 中古 かしこまる・たなしし・まけ 中世 たなしし・まけ 近世 おがむ・ししあひ・たなしし・まけ

【膜拝】(ボハイ・モハイ) ひざまずいて額のところで合掌する拝礼。また、神仏に対する拝礼。

膂
月10(14) 2 7116 8182

リョ㊥漢 ロ㊥呉 語 lǚ

意味 ❶せぼね。通 呂(リョ)。例 心膂(シンリョ)(=心臓と背骨。頼みとするもののたとえ)。❷ちから。例 膂力(リョリョク)。

【膂力】(リョリョク) ものを持ったりかついだり、受けとめたりする肉体の力。例 —にすぐれる。

膕
月11(15) 2 7118 8195

カク(クヮク)㊥漢 陌 guó ひかがみ・よほろ

意味 ひざの後ろのくぼみ。**ひかがみ**。**よほろ**。よほろくぼ。

膠
月11(15) 2 7117 81A0

■一 コウ(カウ)㊥漢 肴 jiāo ■二 コウ(カウ)㊥漢 巧 jiǎo にかわ(にかは)

意味 ■一 ❶動物の皮や骨からつくった接着剤。**にかわ**。例 膠漆(コウシツ)。❷ねばりつく。固くついて動かない。例 膠着(コウチャク)。❸⇩【膠葛】(コウカツ) ■二 ⇩【膠膠】(コウコウ)

【膠葛】(コウカツ) ①入り乱れているさま。②走り回るさま。馬車のかけるさま。③はるか遠いさま。広大なさま。

【膠原病】(コウゲンビョウ) 日 皮膚と筋肉、細胞と血管などをつなぐ結合組織に炎症と変性を起こす病気。

【膠固】(コウコ) ①にかわでつけたように、かたい。堅固。②こりかたまって融通がきかない。固執。

【膠膠】(コウコウ) ①ニワトリの鳴く声。②乱れ騒ぐさま。例 膠膠擾擾(コウコウジョウジョウ)(=心が騒ぐさま。こだわるさま)。〈荘子・天道〉

【膠漆】(コウシツ) ①にかわと、うるし。②非常に親交が深くて離れにくいこと。例 —の交わり。

【膠質】(コウシツ) ある物質が微細な粒子として液体中に分散している状態。コロイド。にかわ・寒天・卵白など。

【膠状】(コウジョウ) にかわのようにねばる状態。

【膠着】(コウチャク) ①ぴったりくっつき固まって離れなくなる。②ある状態が続いて少しも変わらない。例 —状態におちいる。

膵
月11(15) 2 7125 81B5 国字

スイ cuì

参考 国字であるが、中国でも用いる。

意味 内臓の一つ。膵臓(スイゾウ)。

【膵臓】(スイゾウ) 日 内臓の一つ。胃の下にあり、消化のための膵液とインシュリンを出す。

膣
月11(15) 2 7120 81A3

チツ㊥漢 質 zhì

[腟]
月9(13) 2 7121 815F 俗字。

意味 肉がつく。肥える。

日本語での用法 《チツ》「膣炎(チツエン)」▼子宮から体外へ通じる管状の器官。交接や産道の機能をもつ。〔中国でも用いられた〕

[膓]
月11(15) ⇩腸(チョウ)(1100ジペー)

膝
月11(15) 1 4108 819D 常用

シツ㊥漢 シチ㊥呉 質 xī ひざ

筆順

なりたち

[形声] 本字は「厀」で、「卩(=ふし)」と、音「桼(シツ)」とから成る。ひざ。

意味 ももとすねをつなぐ関節の部分。ひざがしら。**ひざ**。例 膝下(シッカ)。膝行(シッコウ)。

古訓 中古 ひざ 中世 ひざ 近世 ひざ・ひざのほね

【膝下】(シッカ・ひざもと) 身近。特に、父母のそば。〔父母などへ出す手紙のわき付けにも使う〕例 父母の—を離れる。

【膝行】(シッコウ) 神前や貴人の前で、ひざをついたまま進んだり、退いたりする。〔おそれつつしむ気持ちをあらわす〕類 膝歩。

【膝頭】(ひざがしら) 日 ひざの関節の前側の部分。ひざこぞう。

【膝枕】(ひざまくら) 日 他人のひざをまくらにして寝ること。

【膝元】【膝下】(ひざもと) 日 ①ひざのそば。②影響力が及ぶ範囲。身近。例 親の—。将軍様のお—(=幕府のある江戸)。

膘
月11(15) 4 8548 8198

■一 ヒョウ(ヘウ)㊥漢 篠 piǎo ■二 ヒョウ(ヘウ)㊥漢 蕭 biāo

意味 ■一 家畜の下腹部の肉。■二 ❶動物や人が肥え太っている。❷魚のうきぶくろ。ほばら。通 鰾ヒョウ。

膚
月11 (15) 1 4170 819A 常用 フ漢 呉 虞 fū はだ・はだえ(はだへ)

[肤] 月4 (8) 4 8518 80A4 別体字。

筆順

なりたち [形声]「月(=からだ)」と、音「盧ロ…▼フ」の省略体とから成る。からだの表皮。

意味 ❶からだの表皮。はだえ。例 膚浅フセン。❷うわべだけの。浅はかな。❸大きい。例 膚公フコウ(=大きな功績)。❹立派な。美しい。例 碩膚セキフ(=大きくて美しい)。❺長さの単位。四寸。通 扶フ。例 膚合フゴウ。膚寸フスン。

古訓 中古 あさし・かはべ・はだへ・よし 中世 かはべ・はだ・はだへ 近世 あさし・おほいなり・かは・かはべ・はだ・はだへ

【膚引】フイン 他人の説のうわべだけを引用して、自分の説に役立てる。

【膚学】フガク 浅い、うわべだけの学問。浅学。

【膚見】フケン うわべだけの見解。浅はかな見識。浅学。

【膚合】フゴウ (小さな雲などが)集まり合う。

【膚受】フジュ ①皮膚を切りつけられるように身にこたえること。②うわべだけの理解。

【膚受▼之▼愬】フジュのうったえ 〔「愬」は、訴えの意〕肌身を切りつけられるような痛切な訴え。一説に、じわじわと人を傷つけるそしり。〈論語・顔淵〉

【膚寸】フスン 〔「寸」は、一本の指の幅の長さの意〕わずかな長さ。扶寸。

【膚浅】フセン あさはか。浅薄センパク。

【膚▼撓】フトウ 皮膚を刺されてしりごみする。例 不二膚撓一、不二目逃一(フトウせず、モクトウせず)(=皮膚を刺されてもひるまず、目を突かれてもまなこを動かさない)。〈孟子・公孫丑上〉

【膚敏】フビン 美徳があり、行動が素早い。

【膚理】フリ 皮膚のきめ。肌理キリ。

●完膚カンプ・肌膚キフ・雪膚セップ・髪膚ハップ・皮膚ヒフ・山膚やまはだ

脣
月11 (15) 2 7119 81A4 国字 ゆき

意味 地名に用いる字。例 脣割ゆきわり(=熊本県の地名)。

膩
月12 (16) 2 7123 81A9 ジ(ヂ)漢 ニ呉 寘 nì あぶら・あか・こ-える(こ-ゆ)

[𧸐] 貝12 (19) 4 8918 27E10 俗字。

意味 ❶あぶらがのってよく肥えている。こえる。例 肥膩ヒジ。❷つやつやとなめらか。例 膩理ジリ。❸(あぶらぎって)きたならしい。また、よごれ。あか。例 垢膩コウジ(=あか)。❹(あぶらこくて)あきあきする。うんざりする。

【膩滑】ジカツ つやつやとしてなめらか。

【膩粉】ジフン あぶらけのあるおしろい。化粧品。脂粉。

【膩理】ジリ すべすべして、きめの細かい肌。

膲
月12 (16) 4 8549 81B2 ショウ(セウ)漢 蕭 jiāo

意味 ❶肉が少ない。やせる。❷漢方医学で、内臓の名。六腑ロップの一つ。みのわた。通 焦。例 三膲サンショウ(=三焦)。

膳
月12 (16) 1 3323 81B3 常用 セン漢 ゼン呉 霰 shàn

[饍] 食12 (21) 4 9271 994D 別体字。

筆順

なりたち [形声]「月(=にく)」と、音「善ゼン…▼セ」とから成る。食物をそなえる。

意味 ❶食べ物をそなえ並べる。また、食べ物をすすめる。❷料理。特に立派なごちそう。例 膳部ゼンブ。供膳キョウゼン。❸いけにえの肉。例 膳羞ゼンシュウ。

日本語での用法 《ゼン》①「食膳ショクゼン・配膳ハイゼン・懐石膳カイセキゼン」▼(一人前の)食器や食べ物をのせる台。②「一膳飯イチゼンめし」▼食器に盛った飯を数えることば。③「箸はし一膳イチゼン」▼箸一対を数えることば。

古訓 中古 いひもの・おもの・かしはで・そなふ・そなへ 中世 いろふ・くひもの・そなふ・つくろふ・ととのふ 近世 いけにへのしし・そなへる・むまきくひもの

人名 かしわで・よし

難読 膳所ぜぜ(=地名)・膳部かしわで・膳殿かしわどの・膳屋かしわや

【膳羞】ゼンシュウ 〔「羞」は、ごちそうの意〕①いけにえの肉とおいしい食物。②ごちそう。食事。

【膳部】ゼンブ ①宮廷で料理をつかさどった官名。かしわでべ。②日 おぜんに載せて出す料理。

●陰膳かげゼン・客膳キャクゼン・食膳ショクゼン・配膳ハイゼン

膰
月12 (16) 2 7124 81B0 ハン漢 元 fán ひもろぎ

意味 祭祀サイシのために焼いた肉。ひもろぎ。例 膰俎ハンソ。膰肉ハンニク(=祭りに供えた肉)。

【膰▼俎】ハンソ 祭祀サイシに供える加熱した肉(膰肉ハンニク)を載せる台。また、その肉。大夫に分配する。例 不レ致二膰俎於大夫一(ハンソをタイフにいたさず)(=台に載せた膰肉を大夫に出さなかった)。〈史記・孔子世家〉

膨
月12 (16) 1 4336 81A8 常用 ホウ(ハウ)漢 ボウ(バウ)呉 庚 péng ふくらむ・ふくれる(ふく-る)

筆順

なりたち [形声]「月(=からだ)」と、音「彭ホウ」とから成る。ふくらむ。

意味 外側に大きく張りだす。ふくらむ。ふくれる。例 膨張ボウチョウ。

古訓 中世 はる・ふくるる 近世 はらはる・ふくれる

【膨大】ボウダイ ①ふくれ上がり大きくなる。②量や規模が非常に大きいさま。例 ―な資料。表記 ▽旧▼厖大

【膨張】【膨▼脹】ボウチョウ ①ふくれる。例 気体の―。②大きくなる。量が増える。例 都市の―。③〔物〕物体が、熱などによって体積や長さを増すこと。例 熱―率。▽対 収縮。

臈
月12 (16) 3 9126 FA1F ロウ(ラフ)漢 合 là

意味 年齢。年功。また、年功による身分や地位をあらわす。例 臈長たけた(=上品で洗練された)美女ビジョ。上臈ジョウロウ。中臈チュウロウ。下臈ゲロウ。

参考 もと「臘」と同じ字だが、慣用で使い分けることがある。

[臈] 月12 (16) ⇩臘ロウ(1105ページ)

臆
月13 (17) 1 1818 81C6 常用 ヨク漢 オク(ヲク)呉 職 yì むね

【筆順】 月 月 肟 肟 脖 脖 臆 臆

なりたち [古代文字]【形声】「月(=にく)」と、音「意イ→ヨク」とから成る。胸部の骨。

意味 ❶むね。こころ。また、こころの思い。考え。例 胸臆キョウオク。❷おしはかる。通 憶。例 臆説オクセツ。臆測オクソク。

日本語での用法《オク》「気キが臆オクして声こえも出でない・多おおくの人ひとの前まえで臆オクした様子ようすが全まったくない」▼気おくれする。おどおどする。

古訓 中古 むね 中世 ひるむ・むね 近世 みつる・むね

難読 臆臆おめおめ

【臆出】シュツ 根拠もなしに、自分勝手に決めつけて説を立てる。

【臆説】セツ 根拠をもたぬ想像だけで考え出した意見。例 単なる―にすぎない。

【臆測】ソク しっかりした根拠がなく、自分の考えでこうではないかと思う。当て推量。臆断。臆度オクタク。

【臆度】タク 「臆測オクソク」に同じ。

【臆断】ダン 根拠もなく、きっとこういうことなのだろうと自分で決めつける。

【臆病】ビョウ 日 こわがらなくてもいいことをこわがる。また、そのような性質。小心。例 ―者もの。―風かぜに吹かれる。

【臆面】メン 日 気おくれした顔つきや様子。例 ―もなく。

【臆決】ケツ 当て推量で決断する。

【臆見】ケン 自分ひとりの意見。また、当て推量による考え。

膾

月13(17) ②7126 81BE カイ(クヮイ)漢 エ(ヱ)呉 泰 kuài なます

[脍] 月6(10) ④8527 810D 俗字。

意味 細かく切ったなま肉。なます。通 鱠カ。→【懲レ羹吹レ膾】あつものにこりてなますをふく(1069ページ)

日本語での用法《なます》「膾なます・膾なまあえ」▼細かく切った野菜や魚肉などを酢であえた日本料理。

【膾▼炙】カイシャ 〔「膾なます」と「炙(=あぶり肉)」とは、美味で人々に好んで食べられることから〕広く世間の評判になる。→【膾二炙人口一】ジンコウにカイシャす(53ページ)

[膸] 月13(17) ⇩ 髄ズイ(1472ページ)

臊

月13(17) ③9053 81CA ソウ(サウ)漢 豪 sāo

意味 ❶ブタの脂のにおい。なまぐさい。例 臊腥ソウセイ。❷醜悪な。例 臊声ソウセイ。

【臊▼羯▼狗】ソウカック 〔「羯」は、北方の異民族、匈奴キョウドのこと〕①なまぐさい匈奴の犬。人をののしっていう。②唐の安禄山アンロクザンをののしったことば。〈通鑑・唐・至徳元〉

【臊声】セイ 悪い評判。腥聞セイブン。

【臊▼腥】セイ なまぐさい。動物の発するにおいをいう。腥臊。

膻

月13(17) ③9052 81BB 一タン漢 ダン呉 旱 dǎn 二セン漢 先 shān

意味 一❶はだぬぐ。通 袒タ・襢タ。❷「膻中タンチュウ」は、漢方医学で左右の乳頭間の中心あたり。二なまぐさい。通 羶セ。例 膻腥センセイ(=なまぐさい食物)。

[膽] 月13(17) ⇩ 胆タ(1091ページ)

臀

月13(17) ②7129 81C0 デン慣 トン漢 元 tún しり

意味 ❶しり。例 臀部デンブ(=しり。しりのあたり)。❷ものの底の部分。例 器臀キデン(=うつわの底)。

膿

月13(17) ①3931 81BF ドウ漢 ノウ呉 冬 nóng うみ・う-む

意味 ❶はれものや傷口から出る黄色い液。うみ。例 膿汁ノウジュウ。❷うみがたまる。うむ。例 化膿カノウ。

【膿血】ノウケツ 血のまじった膿汁。うみち。

【膿腫】ノウシュ うみをもったはれもの。

【膿汁】ノウジュウ うみしる。うみ。

【膿瘍】ノウヨウ 日 からだの組織の内部に、うみがたまった状態。

臂

月13(17) ②7130 81C2 ヒ漢 ヒ呉 寘 bì/bei ひじ(ひぢ)

意味 ❶肩から手首までの、腕全体。例 三面六臂サンメンロッピ。猿臂エンピ。❷動物の前足。

日本語での用法《ひじ》「臂ひじを曲まげる」▼腕の関節の部分。肘ひじ。肱ひじ。

【臂環】ヒカン 腕輪。ブレスレット。

【臂使】ヒシ【臂指】ヒシ 腕が指を動かすように、人を自由に操る。思うとおりに人を使う。

膺

月13(17) ②7131 81BA ヨウ漢 蒸 yīng う-ける(う-く)・う-つ・むね

意味 ❶胸。胸のうち。むね。例 服膺フクヨウ(=心にとどめて忘れない)。❷受けつぐ。受ける。例 膺受ヨウジュ(=受ける。引き受ける)。❸該当する。あたる。例 膺選ヨウセン(=選抜される)。❹攻撃する。うつ。例 膺懲ヨウチョウ。

【膺懲】ヨウチョウ 討伐し、こらしめる。〔「戎狄是膺、荊舒是懲ジュウテキこれうち、ケイジョこれこらす(=西方北方の異民族を討伐し、南方の異民族をこらしめる)」〈詩経・魯頌・閟宮〉から〕

臃

月13(17) ④8551 81C3 ヨウ漢 冬 yōng

意味 ❶はれもの。通 癰ヨ。❷「臃腫ヨウシュ」は、ふくれあがったさま。だぶだぶの衣服や肥大した組織。

臉

月13(17) ②7132 81C9 一レン(レム)漢 豏 liǎn 二ケン(ケム)漢 琰 jiǎn ほお(ほほ)・まぶた

意味 一ほお。かお。例 臉面レンメン(=顔。また、名誉・体面)。紅臉コウレン。二まぶた。通 瞼ケ。例 睡臉スイケン(=眠そうなまぶた)。

臁

月13(17) ④8550 81C1 レン(レム)漢 塩 lián

意味 すねの両わき。

臗

月14(18) ③9055 81D7 一コン漢 元 kūn 二カン(クヮン)漢 寒 kuān

意味 一身体。からだ。二骨盤の骨。寛骨カンコツ。こしぼね。通 髖カン。例 臗骨カンコツ(=こしぼね)。

臍

月14(18) ②7133 81CD セイ漢 サイ呉 斉 qí ほぞ・へそ

[脐] 月8(12) ④8538 2671D 俗字。

意味 腹部の中央にある、へその緒のとれたあと。胎児と母親の胎盤とつながって栄養をとっていたところ。また、ものの中央にあるへそのようなもの。へそ。ほぞ。例 噬臍ゼイセイ(=ほぞをかむ。後悔する)。

【臍帯】セイタイ・サイタイ 胎児と母親の胎盤とをつなぐ器官。

【臍下】セイカ へその下。

【臍下丹田】セイカタンデン へその下五センチほどのあたり。東洋医学で、心身の活力の源となり、気の集まるところとされる。

臑

月14（18） 2 7134 81D1

一 ドウ（ダウ）漢 号 nào
二 ジュ 漢 虞 rú
三 ジ 漢 支 ér
すね

意味 一 ブタやヒツジの前足。また、人では、肩からひじまでの部分。二の腕。例 臑骨（=腕の骨）。二 ❶やわらかいさま。❷わずかに動く。通 蠕。三 肉をやわらかく煮る。例 臑羔（=やわらかく煮た子ひつじの肉）。

日本語での用法《すね》「臑に傷もつ身・親の臑をかじる・向こう臑」▼ひざから足首までのあいだ。

臏

月14（18） 3 9054 81CF

ヒン 漢 軫 bìn

［髕］

骨14（24） 4 9316 9AD5

別体字。

意味 ❶膝蓋骨。ひざぼね。通 髕。❷膝蓋骨を切り取る。例 臏脚（=膝蓋骨を切り取る刑。臏刑）。孫臏（=戦国時代の兵法家。讒言により臏刑に処せられた）。

髀

月15（19） 4 8552 81D6

キョウ 漢 径 xìng

意味 からだの一部がふくれて、はれあがる。

臓

月15（19） 1 3401 81D3 教6

ソウ（サウ）漢 ゾウ（ザウ）呉 漾 zàng
はらわた

［臟］

月18（22） 2 7139 81DF 人

旧字体。

筆順 月 肝 肝 肝 臓 臓 臓

なりたち ［形声］「月（=からだ）」と、音「藏ゾウ（=しまう）」とから成る。からだの中にしまってある器官。

意味 体内にあるいろいろな器官。はらわた。例 臓器。

古訓 近世 いばりぶくろ・ふくろ・をさむる

【臓器】内臓の器官。胃・腸・肝臓・腎臓・心臓など。例 一移植。

【臓▼腑】五臓六腑。はらわた。心・肝・肺・腎・脾の五臓と、胃・胆・大腸・小腸・膀胱・三焦（=漢方で、呼吸・消化・排泄をつかさどる三つの器官）の六腑。

【臓物】はらわた。特に、食用にする魚・鳥・ウシ・ブタなどの内臓。もつ。

●肝臓・心臓・内臓

臘

月15（19） 2 7136 81D8

ロウ（ラフ）漢 合 là

［臈］

月12（16） 2 7137 81C8

俗字。

意味 ❶冬至のあと、第三の戌の日におこなう、先祖や、神々をまつる祭り。例 臘祭。❷年末。年の暮れ。陰暦十二月の別名。例 臘月。旧臘。❸僧が受戒してから修行を積んだ年数。年功。年齢。

【臘虎】日［アイヌ語に、あてた字］北の海にすむイタチ科の哺乳動物。猟虎。海獺。

【臘月】陰暦十二月。太陽暦でもいう。

【臘祭】陰暦十二月におこなう、神をまつる祭り。

【臘日】①冬至から三度目の戌の日。陰暦十二月八日。臘祭をおこなう日。②日 大晦日。

【臘酒】陰暦十二月に醸造される酒。

【臘梅】ロウバイ科の落葉低木。冬から早春のあいだに、葉にさきがけて黄色の花が咲く。蠟梅。

【臘八】［仏］臘月八日。陰暦の十二月八日のこと。釈迦が悟りをひらいた日とされ、法会が営まれる。

臙

月16（20） 2 7135 81D9

エン 漢 呉 先 yān

意味 ❶紅色の顔料。べに。例 臙脂。❷のど。通 咽。

【臙脂】①紅色の顔料。化粧に用いた。べに。②「臙脂色」の略。黒みをおびた赤色。▽燕脂。

臛

月16（20） 4 8553 81DB

カク 漢 薬 コク 漢 沃 huò

意味 肉のスープ。あつもの。

臚

月16（20） 2 7138 81DA

リョ 漢 ロ 呉 魚 lú

意味 ❶皮膚。はだ。かわ。❷つらねる。ならべる。例 臚列。❸伝える。告げる。のべる。例 臚言。

【臚言】世間に言い伝えられていることば。

【臚句】間に入ってことばを伝える官。

【臚伝】①上位者のことばを下に伝える。②宰相が天子の前で科挙（=官吏登用試験）の合格者の名を読み上げ、役人が次々にその名を階の下まで伝えつぐこと。

【臚列】ならべる。ならぶ。

［臟］

月18（22） ⇨臓（1105ページ）

臠

肉19（25） 2 7140 81E0

レン 漢 銑 luán
きりしし・ししなます

意味 ❶小さく切った肉。きりみ。例 臠肉（=ひと切れの肉）。❷切りきざむ。例 臠殺（=体を切りきざんで殺す）。

131 6画 臣 しん部 →7画（1348ページ）

「臣」は、もと六画であるが、教育漢字では七画に数えるので七画に移動した。

132 6画 自 みずから部

鼻の形をあらわす。「自」をもとにしてできている漢字を集めた。

0 1105 自 3 1108 臭 4 1109 臬 臭

この部首に所属しない漢字

首→首 1459 息→心 503 鼻→鼻 1513

自

自0（6） 1 2811 81EA 教2

シ 漢 ジ 呉 寘 zì
みずから（みづか-ら）・おのずから（おのづか-ら）・よ-り

筆順 ノ ｲ 冂 冃 自 自

なりたち  ［象形］鼻の形。鼻。派生して「おのれ」「おのずから」の意。

意味 ❶じぶん。おのれ。本人。例 自己。自身。❷じぶんから。じぶんで。みずから。例 自給自足。自信。❸しぜんに。ひとりでに。おのずから。例 自然。自動。自明。❹「より」と読み、…から、の意。起点をあらわす。例 有レ朋自二遠方一来（=友人が遠い所から訪ねて来てくれる）。〈論語・学而〉

古訓 中古 いたる・おのづから・おのれ・これ・したがふ・みづから・もちゐる・より・よる・われ 中世 おのづから・みづから・より 近世 おのづから・したがふ・はな・ひきゆる・みづから・もちゆる・より・よる

人名 おの・これ・さだ

【自愛】ジアイ ①自分の健康を考え、からだを大切にする。自重。自珍。手紙文などで、相手の健康を気づかって、「どうぞご自愛ください」と使う。②自分の利益だけを考える。利己。例 人は皆、―の心がある。

【自慰】ジイ ①自分で自分をなぐさめる。②日 自分で自分の性器を刺激して性的快感を得る。オナニー。自瀆(ジトク)。

【自意識】ジイシキ 日 自分自身について、自分でもつ意識。例 ―過剰。

【自営】ジエイ ①自分の利益を図る。②独立して自分で生産や事業に従事する。例 ―業。

【自衛】ジエイ 自分で自分を守る。例 ―の方策を立てる。

【自火】ジカ 日 自分の家から出した火事。

【自家】ジカ｜ジケ ①自分の家。対 他家(タケ)。例 ―製。―用車。②自分自身。また、自分のところ。例 花の―受精。―発電。

【自家▼撞着】ジカドウチャク 日 同じ人の言動が前と後でくいちがって、つじつまが合わない。類 自己矛盾。例 ―におちいる。

【自家薬籠中物】ジカヤクロウチュウのもの ⇩【薬籠中物】ヤクロウチュウのもの（1160ジペー）

【自我】ジガ ①われ。自分。自己。②日〔哲〕他のすべてのものとはっきり区別した自分。エゴ。例 ―に目覚める。

【自戒】ジカイ 自分のことばやおこないが、規則をはずれ道徳を踏みはずさないように、自分で自分をいましめる。

【自解】ジカイ ①みずから弁解する。また、自分で説明や解説をする。②みずから束縛や苦悩から逃れる。解脱(ゲダツ)する。

【自劾】ジガイ 自分で自分の罪を告発する。

【自害】ジガイ 〔自分で自分を傷つけることから〕自殺する。自裁(ジサイ)。自決。自刃(ジジン)。

【自覚】ジカク ①自分で自分の状態・立場・能力・責任などをよく承知している。例 ―症状。②〔仏〕自分で迷いを断って悟りをひらく。

【自画自賛】【自画自▼讃】ジガジサン 日 ①自分のかいた絵に自分で賛(=その絵についての詩文)を書きそえる。②自分で自分のしたことをほめる。

【自画像】ジガゾウ 自分で、自分の顔や姿をかいた絵。

【自活】ジカツ ①自らの生存を求める。②日 他人の力を借りないで自分の生活をしていく。自立。

【自帰】ジキ ①自分から罪を申し出る。自首する。②自分から降服する。

【自記】ジキ ①自分で書きしるす。また、そのもの。手記。②日 機械などが自動的に書きしるす。例 ―温度計。

【自棄】ジキ ①みずから すつ｜や けやみずから自分で自分を見捨てる。すてばち。↓②おのずから すつ そのままに打ちすてる。例 天生麗質難二自棄一(テンセイのレイシツ おのずからすてがたし)(=生まれながらの美しさがそのまま打ちすてられるはずもない)。〈白居易・長恨歌〉

【自暴自棄】ジボウジキ

【自虐】ジギャク 自分で自分を苦しめたり厳しくあつかう。例 ―的な性格。

【自給】ジキュウ 自分に必要なものを自分自身でまかなう。自供(ジキョウ)。例 食糧の―率を高める。

【自給自足】ジキュウジソク 必要なものを自分の力でつくり出して生活に間に合わせる。例 ―の生活。

【自許】ジキョ ①自分の才能をほこる。自負する。②自分をよしとする。例 無レ徳而有レ知不二自許一(トクなけれどもチあり みずからゆるさず)(=徳はないが知慮があり、自己に甘くはない)。〈荘子・則陽〉

【自供】ジキョウ ①「自給(ジキュウ)」に同じ。②取り調べなどに対して、自分のしたことを自分で述べる。自白。例 容疑者が―する。

【自▼矜】ジキョウ｜みずから ほこる 自分の手柄や長所をほこる。自伐。

【自強】【自▼彊】ジキョウ みずから努め、はげむ。努力する。

【自▼慊】ジキョウ 〔「慊」は、満足する意〕みずから満足する。自分の良心に恥じない。

【自軍】ジグン 日 味方の軍勢・チーム。

【自経】ジケイ 自分で首をくくって死ぬ。類 自縊(ジイ)。例 自二経於溝瀆一(みずからコウトクにケイす)(=溝の中で自分で首をしめて死ぬ)。〈論語・憲問〉

【自警】ジケイ ①自分をいましめる。自戒。例 ―のことば。②日 警察などをたよらず自分たちの力で身のまわりを守る。例 ―団を組織する。

【自決】ジケツ ①自分のことを自分で決め、他からの指示や支配を受けない。例 民族―。②自殺する。自裁。自害。

【自遣】ジケン｜みずから やる 自分で自分の心をなぐさめる。うさを晴らす。例 沈飲聊自遣(チンインいささかみずからやる)(=いたしかたなく酒にひたっていささか自分の心をなぐさめる)。〈杜甫・自京赴奉先県詠懐五百字〉

【自▼歎】ジケン 〔「歎」は、満足しない意〕自分にひけめを感じて、不満をいだく。

【自▼衒】ジゲン｜みずから てらう 自分の才能をみせびらかす。

【自己】ジコ おのれ。自分自身。自我。対 他者。例 ―紹介。

【自後】ジゴ そののち。こののち。以後。爾後(ジゴ)。

【自好】ジコウ｜みずから このむ ①みずから名誉を好む。一説に、わが身を愛する。例 郷党自好者不レ為(キョウトウのみずからこのむものもなさず)(=村里の自分から名誉を好む者でさえもそうしようとはしない)。〈孟子・万章上〉②自分の好みに従う。

【自業自得】ジゴウジトク 〔仏〕自分のしたことによって自分自身がそれに相当する報いを受ける。〔仏教で、自分の行為の報いは自分が受けなければならないという意〕〈正法念処経〉

【自刻】ジコク ①みずからを苦しめて、自分をはげます。②自分の手で彫刻する。

【自国】ジコク 日 自分の国。対 他国。

【自今】ジコン いまよりのち。今後。以後。爾今(ジコン)。例 ―お見知りおきください。

【自裁】【自財】ジサイ みずから命を絶つ。自殺。自決。自害。

【自在】ジザイ ①思いどおりにすること。また、思いのまま。例 自由―。―に英語を話す。②日「自在鉤(かぎ)」の略。

【自在画】ジザイガ 日 定規やコンパスなどを使わずに描く絵。

【自在▼鉤】ジザイかぎ 日 囲炉裏の上につるして、なべ・鉄びんなどをかけ、上下に動かすことができるようにしたかぎ。自在。

【自作】ジサク ①自分でつくる。また、つくったもの。②日「自作農」の略。自分の土地を耕作する人。対 小作(コサク)。

【自殺】ジサツ 自分で自分の命を絶つ。自決。自害。自裁(ジサイ)。自尽。対 他殺。例 ―行為。

【自賛】【自▼讃】ジサン ①自分で自分をほめる。②日 自分のかいた絵にそえて自分でそれに関連する詩文を書く。

【自失】ジシツ 思いがけないできごとに出あって、ショックを受け我を忘れる。例 茫然(ボウゼン)―した。

【自室】ジシツ 日 自分の部屋。

【自社】ジシャ 日 自分(たち)の会社。対 他社。

【自若】ジジャク 〔「若」は、状態をあらわす〕落ち着いていてあわてないさま。自如。例 泰然―。

【自主】ジシュ 他から保護・干渉・指示などを受けないで、自分で決めたり行動したりすること。例 ―独立。―性。

【自首】ジシュ 〔「首」は、申す意〕犯人が、警察につかまる前に、自分から名乗り出る。自訟。類 自訴。

【自修】ジシュウ ①自然におさまる。②自分の身を正しおさめる。修養する。③自学自習する。
【自▼售】ジシュウ｜みずからうる 〔自分を売りこむ意〕官職を得るためみずから運動する。
【自習】ジシュウ ①自分で練習する。自分で学習する。自修。例自学―。②回先生が教室に出ないで、生徒が自分たちだけで学習する。
【自粛】ジシュク 自分からすすんで行動や態度をひかえめにおさえる。例販売を―する。―ムード。
【自書】ジショ 自分で書く。また、書いたもの。自筆。
【自署】ジショ 自分で署名する。また、その署名。対代署。
【自如】ジジョ 「自若ジジャク」に同じ。
【自助】ジジョ ①自分をたすける。②自分で自分の進歩・向上に努める。例―努力。
【自序】ジジョ 書物の著者が自分で書いた、その書物の序文。
【自称】ジショウ ①自分で、そのように名乗る。例―芸術家。②自分をほめる。③回文法で、「ぼく」「わたし」など、話し手自身を指すことば。第一人称。対他称・対称。
【自訟】ジショウ ①〔「訟」は、責める意〕自分の過ちをみずからとがめる。②「自首ジシュ」に同じ。
【自照】ジショウ ①みずからてらす 光を発して自分自身を照らす。例暗飛蛍自照くらきをとぶほたるはみずからてらす（＝やみの中を飛ぶホタルが光っている）。〈杜甫・倦夜〉②自分自身の内面をかえりみて考える。例―文学（＝日記・随筆など、自分の反省・批判を主題にする文学）。
【自乗】ジジョウ 〔数〕一つの数または式に、それと同じものをかけ合わせる。平方。二乗ジジョウ｜ニジョウ。
【自浄】ジジョウ みずから不純物を取り除き、きれいにすること。また、そのはたらき。例自然界の―能力には限度がある。
【自縄自縛】ジジョウジバク 回自分の信念や言動のために、その後の自由な思考・行動ができなくなること。例―におちいる。
【自叙伝】ジジョデン 自分で書いた自分の伝記。自伝。
【自身】ジシン ①自分。②そのものみずから。自体。〔意味を強めることば〕例当人―。自分―。
【自信】ジシン 自分の価値・能力・正しさなどを信じる。また、自分自身の信念。例―満々。―がつく。―を失う。
【自刃】ジジン 刀で自殺する。自害。
【自尽】ジジン 自殺。自決。
【自陣】ジジン 回自分の陣地。味方の陣地。

【自炊】ジスイ 自分で食事を作る。例―生活。
【自生】ジセイ 植物が自然にはえる。例カタクリの―地。
【自制】ジセイ ①自分で決める。思いどおりにする。②自分で自分の感情や欲望をおさえる。例―心。怒りを―する。
【自省】ジセイ｜みずからかえりみる 自分の言動や心がけなどをみずからふりかえって考える。例見二不賢一而内自省也フケンをみては、うちにみずからかえりみる（＝つまらぬ人を見たら自分がそうであってはならないと反省する）。〈論語・里仁〉
【自製】ジセイ ものを自分で作る。また、そのもの。手づくり。手製。類自家製。例―の洋菓子。
【自責】ジセキ 自分のあやまちや失敗をみずから責める。例―の念にかられる。
【自説】ジセツ ①自分から意見を述べる。②回自分の考え・主張・意見。例―を曲げない。
【自然】シゼン｜ジネン ①人の手が加わらない、そのものが本来もっている性質や状態。また、ありのままの様子。天然。対人為・人工。例―なふるまい。②〔古くは「ジネン」とも〕ひとりでに。例―に細る声。③〔古くは「ジネン」とも〕人間や人工的につくられたもの以外のすべてのものごと。天然。例―の猛威。④宇宙に存在するすべてのものごと。例―科学。
【自然科学】シゼンカガク 回自然界の現象を研究する学問。天文学・物理学・化学・地学・生物学など。対人文ジンブン科学・社会科学。
【自然主義】シゼンシュギ 回①自然のままに生活することを最も重くみる考え方。②現実をありのままに描こうとする文芸上の主義。
【自然人】シゼンジン 回①〔法〕生まれてから死ぬまで、その権利・能力を認められた人間。法人に対する個人。②生まれついての本能で生活し、社会や文化の影響をまだ受けていない人間。類自然児。
【自然数】シゼンスウ 回〔数〕一から順に一つずつ加えて得られる、それぞれの数。正の整数。一・二・三・四・五……。
【自然▼淘汰】シゼントウタ 回①〔生〕ダーウィンの説で、生活環境に適応する生物は生き残り、適応しない生物は滅びるという考え。自然選択。②周囲の状況や社会の変化に適さない人やものがひとりでにふるい落とされること。
【自専】ジセン｜もっぱらにす 自分勝手にする。気ままにふるまう。
【自▼撰】ジセン ①自分自身で書き著す。自選。例―歌集。②回自分の作品の中から自分でえらび出す。自選。

【自選】ジセン ①自分の作品の中から自分でえらび出す。②回選挙などで自分で自分に投票すること。
【自薦】ジセン 自分で自分を推薦する。対他薦。例応募は―他薦を問わない。
【自▼疏】ジソ ①〔「疏」は、疎んじる意〕みずから自分を軽んじ、人から遠ざかる。②みずから弁解する。自解。
【自足】ジソク ①必要なものを自分で間に合わせる。例自給―。②自分の状態に自分で満足する。例―感。
【自存】ジソン ①自分がそこに存在していること。②他の力にたよらず自力で生きる。例独立―の精神。
【自尊】ジソン ①自分の人格・名誉・品位を大切にすること。例独立―。②自分を立派だと思い、うぬぼれること。
【自尊心】ジソンシン 回自分に誇りをもち、品位を保ちつづけようとする気持ち。プライド。例―を傷つけられる。
【自他】ジタ ①自分と他人。例―ともに許す（＝自分も他人も、同じように存在・価値・効用などを認める）。②〔仏〕自力ジリキと他力。③回自動詞と他動詞。
【自体】ジタイ ①それそのもの。自身。例計画―はよい。②自分のからだ。③回もともと。そもそも。元来。例―いいかげんな構想である。
【自大】ジダイ 自分をえらいと思って、おごりたかぶること。尊大。→【夜郎自大】ヤロウジダイ（316ジペー）
【自宅】ジタク 回自分の家。
【自堕落】ジダラク 〔仏〕生活に規律がないさま。例―な毎日を送る。
【自治】ジチ ①自分のことを自分で決めておこなうこと。例―会。②回都道府県・市町村などの団体が、その地域内の政治を自主的におこなうこと。例地方―。
【自注】【自▼註】ジチュウ 自分の小説・詩歌・俳句などの作品または論文・著書に、自分で注釈を加えること。また、その注釈。
【自重】一ジチョウ ①軽率な言動をひかえたり、無理なことをしないよう自分で気をつける。自戒。②自分を大切にする。自愛。例好漢、―せよ。二ジュウ 回それ自身の重さ。例―一トンの自動車。
【自嘲】ジチョウ 自分で自分をあざけり軽蔑ケイベツする。
【自沈】ジチン 回乗組員みずからの手で艦船をしずめる。
【自珍】ジチン 自分のからだを大切にする。自愛。
【自邸】ジテイ 回自分の屋敷。私邸。官邸。

【自適】(ジテキ) ①思いのままにのびのびと楽しく暮らす。例 —の毎日を送る。②自分で行く。

【自転】(ジテン) ①自分で回転する。②地球などの天体が、その天体の中心をつらぬく直線を軸として回転すること。対 公転。

【自伝】(ジデン) 自分で書いた自分の伝記。自叙伝。

【自動】(ジドウ) 機械などで、人間が操作しなくてもひとりで動くこと。対 手動。例 —操縦。—ドア。

【自得】(ジトク) ①方法・技術・理論や、その成果を自分で手に入れる。自分でさとる。②自分だけで得意になる。例 —の色をみせる。③自分自身に報いを受ける。例 自業(ジゴウ)—。

【自▼瀆】(ジトク) 日「自慰(ジイ)②」に同じ。

【自任】(ジニン) ①自分の仕事・役割として引き受ける。②ある仕事・役割を自分にふさわしいと考える。例 天才をもって—する。

【自認】(ジニン) たしかにそうだと自分でみとめる。〔良否・善悪など、どちらにもいう〕例 失敗をいさぎよく—する。

【自然▼薯】(ジネンジョ) 日 山野に自然に生えているヤマノイモ。自然生(ジネンジョウ)。

【自白】(ジハク) ①自分から白状する。②〔法〕自分の罪や責任を認める供述。自供。

【自縛】(ジバク) ①自分で自分をしばる。②自分の主張したことにしばられる。例 自縄—。

【自発】(ジハツ) ①自分からすすんでおこなうこと。例 子供の—性を育てる。②意志に関係なく、自然にその状態になること。例 —の助動詞（=たとえば、「昔がしのばれる」の「れる」、「行く先の案じられる子」の「られる」など）。

【自伐】(ジバツ) ①自分で自分を討つ。②「自矜(ジキョウ)」に同じ。

【自腹】(ジばら) 日〔自分の腹の意〕自分のお金、自分の財布。例 —を切る（=自分でお金を支払う）。

【自反】(ジハン) ①自(みずか)ら反(かえり)みる 自分の行為や考えを反省する。例 自反而縮、雖二千万人一吾往矣(みずからかえりみてなおくんば、せんまんにんといえどもわれゆかん)（=みずから反省して正しければ、たとえ相手が千人万人であろうと、私は立ち向かう）。〈孟子・公孫丑上〉②もとの状態にもどる。

【自費】(ジヒ) 日 自分で費用を出すこと。また、その費用。例 —出版。—で負担する。

【自筆】(ジヒツ) 自分で書くこと。また、本人が書いたもの。自書。対 代筆。

【自負】(ジフ) 自分の才能や仕事などに自信をもち、誇りに思う。例 —心。

【自▼刎】(ジフン) 自分で首を切って死ぬ。類 自頸(ジケイ)。例 吾為レ若徳、乃自刎而死(われなんじのためにトクせしめんとすなわちジフンしてシす)（=私《項羽》はおまえに《恩賞の》恵みを受けさせてやろう。《そう言うと》自ら首を切って死んだ）。〈史記・項羽紀〉

【自噴】(ジフン) 地下から、水などが自然にふき出る。例 —井(セイ)。

【自分】(ジブン) ①自己の本性。〈荘子・斉物論・郭象注〉②日 その人自身。自己。③日 わたくし。

【自閉】(ジヘイ) 日 自分の世界にとじこもること。例 —症。

【自弁（辨）】(ジベン) 日 自分で費用を出す。自己負担。自費。例 交通費は—のこと。

【自奉】(ジホウ) 自分で自分の身を養う。自分の衣食を十分用意しておく。

【自暴】(ジボウ) 自分で自分をそこなう。自暴自棄。

【自暴自棄】(ジボウジキ)（みずからそこなう） 思いどおりにならなくて、投げやりになること。すてばち。やけ。やぶれかぶれ。〔〈孟子・離婁上〉から〕例 失恋して—になる。

【自前】(ジまえ) 日 ①費用や必要な分を自分の負担とすること。②独立の営業。例 —で店をもつ。

【自慢】(ジマン) 日 自分で自分に関することを人に誇って得意になる。例 のど—。腕—。

【自明】(ジメイ) わざわざ説明しなくてもわかりきっていること。例 —の理。

【自滅】(ジメツ) ①特に何もしないでおいて、自然にほろびる。②自分のしていることがもとで、自分がほろびる。

【自問】(ジモン) 心の中で自分に問いかける。例 —自答。

【自由】(ジユウ) ①自分の思いどおりであること。好きなだけ。例 —放任。ご—にお取りください。②他からの支配や束縛などを受けないで、自分の責任ですること。例 言論の—。

【自由自在】(ジユウジザイ) ①〔仏〕煩悩の束縛から離れた解脱の境地。②思うとおりにする。また、そのようにできるさま。例 —に操る。〈中阿含経〉

【自由主義】(ジユウシュギ) 日 他に迷惑をかけないかぎり、個人の意思や行動の自由を尊重しようという近代社会の基本の考え方。リベラリズム。

【自余（餘）】(ジヨ) そのほか。それ以外。爾余(ジヨ)。

【自用】(ジヨウ)（みずからもちう） 〔自分のために使う意〕自分の才知を頼りにして、すべて自分ひとりで断行する。例 好レ問則裕、自用則小(といをこのめばすなわちゆたかに、みずからもちうればすなわちショウなり)（=好んで人に尋ねれば豊かな人物になり余裕ができ、自分で勝手におこなえば小さいものに終わる）。〈書経・仲虺之誥〉

【自来】(ジライ) ①ものごとの由来。②自然にやってくる。勝手にやってくる。③それ以来。それからのち。爾来(ジライ)。

【自立】(ジリツ) ①自力で君主となる。②自分の力だけでものごとをやっていく。自活(ジカツ)。例 親からの—。

【自律】(ジリツ) ①道理や法に従い、自分の行動をおさえる。②日〔哲〕理性に従って行動する。③日 自分で規律をつくり、それに従って行動する。対 他律。例 —神経。

【自流】(ジリュウ) 日 ①自分の属する流派・流儀。②自分勝手な流儀。自己流。我流。

【自力】一(ジリョク) ①自分の力を出しつくす。また、自分の力にたよる。②自分の力。独力。例 —で得た勝利。③自然に生じる力。例 自智自力(ジチジリョク)（=自然に知能と力量が生まれる）。〈列子・天瑞〉 二(ジリキ)〔仏〕自分の力で修行し、悟りをひらこうとすること。例 —本願。▽対 他力。

【自▼憐】(ジレン)（みずからあわれむ） わが身をいじらしいと思う。自分の身の上をあわれみ、いとおしむ。

●各自(カクジ)・出自(シュツジ)・刀自(トジ)・独自(ドクジ)

臭

自3（9）
1 2913
81ED
常用

一 キュウ（キウ）漢 宥 xiù
二 シュウ（シウ）漢
シュ 呉 宥 chòu

くさい（くさ-し）・**におう**（にほ-ふ）・におい（にほひ）・か-ぐ

［臭］
自4（10）
3 9056
FA5C
人 旧字体。

筆順 ノ 亻 白 自 自 自 臭 臭

なりたち  ［会意］「犬（=いぬ）」と「自（=鼻）」とから成る。犬が鼻を使って獣のあとを追う。

意味 一 においをかぐ。**かぐ**。通 嗅(キュウ)。二 ❶いやなにおい。**くさい**。**におい**。例 臭気(シュウキ)。悪臭(アクシュウ)。体臭(タイシュウ)。❷よいにおい。かおり。例 臭如レ蘭(シュウランのごとし)。❸みにくい。悪いうわさ。例 臭名(シュウメイ)。

古訓 中古 かぐ・くさし・くさる 中世 かぐ・くさし 近世 か・かうばし・くさし・にほひ・にほふ

人名 か

難読 臭橘(からたち)・臭橙(だいだい)・臭水(くそうず)（=石油を指す古語）

【臭気】(シュウキ) くさいにおい。くさみ。悪臭。例 ―がただよう。
【臭素】(シュウソ) 日〔化〕液体元素の一つ。常温で赤茶色の重い液体。強いにおいがあり、揮発しやすく有毒。写真の感光材料・医薬品・染料などに使う。元素記号 Br
【臭腐】(シュウフ) くさって、悪臭を出す。また、そのもの。
【臭味】(シュウミ) ①いやなにおい。②ある種の人・ものに共通する感じ。くさみ。〔よくない、不快な、または、いかにもそれらしいいやみを意味することが多い〕
【臭名】(シュウメイ) よくない評判。醜名。汚名。
【臭如▼蘭】(シュウランのごとし)〔芳香がランの花のようだ〕多くの人が心を通わせて話し合ったことばは、たいへん快いものである。心を同じくする者のことばには、力強いものがあることのたとえ。〈易・繫辞上〉
●悪臭(アクシュウ)・口臭(コウシュウ)・俗臭(ゾクシュウ)・銅臭(ドウシュウ)・無臭(ムシュウ)

臬
自4 (10) 4 8557 81EC
ゲツ 漢 屑 niè
意味 ❶弓矢の的。まと。❷日影の長さを測る基準とする柱。❸標準。法度。のり。

[臭] 自4 (10) ⇩臭(シュウ)(1108ページ)

133 6画 至 いたる いたるへん 部

鳥が高いところから地面に飛び下りる形をあらわす。「至」をもとにしてできている漢字を集めた。

この部首に所属しない漢字
到→刂163 屋→尸405 鵄→鳥1494

至
至0 (6) 1 2774 81F3 教6
シ 漢 呉 寘 zhì
いたる・いたり

筆順 一 ㇀ 𠫔 𠫔 㐅 至

なりたち  [象形] 鳥が高いところから下へ向かって飛び、地面にとどく形。

意味 ❶あるところまで行きつく。とどく。**いたる**。例 至老死(ロウシにいたる)(=年老いて死ぬ)。〈老子・八〇〉必至(ヒッシ)。❷果てまで行きつく。これ以上ない。いたって。きわめて。例 至急(シキュウ)。至言(シゲン)。至高(シコウ)。❸太陽が南北それぞれの極点にまで達する。例 夏至(ゲシ)。冬至(トウジ)。

古訓 中古 いたる・のり・みち・むね・ゆき・よし 中世 いたる・よし 近世 いたる・おほいなり・およぶ・きはまり・きはまる・とほる・よし

人名 たか・たかし・ちか・のり・まこと・みち・むね・ゆき・よし

【至▼矣尽▼矣】(いたれりつくせり) 心配りが行きとどいていて、手抜かりがない。〈荘子・斉物論〉

【至意】(シイ) ①この上なくすぐれた思想。②まごころ。至情。③奥深い意味。

【至楽】一(シガク) 最高の音楽。二(シラク) 最高のたのしみ。例 人生の―。

【至歓】【至▼驩】(シカン) この上ない喜び。

【至願】(シガン) この上ない願い。切実な願い。

【至急】(シキュウ) ①最も切実な事柄。②おおいそぎ。特別にいそぐこと。火急。緊急。例 大―。―の用事。

【至▼竟】(シキョウ) 結局。つまるところ。畢竟(ヒッキョウ)。

【至極】一(シキョク) ①行きつく。きわまる。②最上。きわまり。二(シゴク) 日①きわめて。非常に。例 ―もっともな意見だ。②〔「…至極」の形で〕この上なく…である、まったく…だ、などの意をあらわす。例 迷惑―だ。残念―なことです。

【至近】(シキン) 非常に近いこと。例 ―距離。

【至芸(藝)】(シゲイ) 最高にすぐれた学問や技芸。例 ―をきわめる。

【至賢】(シケン) 非常にかしこい。また、その人。

【至言】(シゲン) ものの道理や事情を、最も適切に言いあらわしたことば。名言。例 孔子は多くの―を残した。

【至公】(シコウ) ①きわめて公平なこと。例 ―至平。②科挙(=官吏登用試験)の主任試験官の敬称。

【至公至平】(シコウシヘイ) この上なく公平であること。〈阮籍・為鄭沖勧晋王牋〉

【至交】(シコウ) ①たいへん親しく交際する。②親しい友情。

【至行】(シコウ) ①さかんにおこなわれる。②この上なく立派なおこない。例 ―の実践。③人としておこなうべきこと。

【至幸】(シコウ) この上ないしあわせ。例 ―の生活を送る。

【至高】(シコウ) この上なく高いこと。最高。例 ―至善。

【至剛】(シゴウ) この上なく強い。何ものにもくじけないほど強い。

【至才】(シサイ) きわめてすぐれた才能。また、その持ち主。類 至材。

【至日】(シジツ) 夏至(ゲシ)と冬至(トウジ)。

【至純】【至▼醇】(シジュン) この上なく純粋なこと。まったくまじりけがないこと。例 ―の心から出た子供の詩。

【至上】(シジョウ) いちばん上であること。また、この上なくすぐれていること。最上。例 ―の愛。

【至上命令】(シジョウメイレイ) 日どうしても従うべき絶対の命令。

【至情】(シジョウ) ①まごころ。至意。至心。例 ―を述べて説得する。②ごく自然な人情。例 人間の―に従う。

【至心】(シシン) きわめて誠実な心。まごころ。至情。

【至親】(シシン) 親・兄弟など、きわめて身近な親族。近親。

【至人】(シジン) 最高の道をきわめた人。聖人。

【至仁】(シジン) 非常に情け深いさま。また、そのような仁徳のある人。例 ―の天子。

【至正】(シセイ) この上なく正しいこと。

【至性】(シセイ) きわめて善良な天性。

【至聖】(シセイ) この上なく徳のすぐれていること。また、その人。

【至誠】(シセイ) この上もないまごころ。類 至誠(シカイ)。例 至誠而不動者、未之有也(シセイにしてうごかざるものは、いまだこれあらざるなり)(=まごころを尽くして人が感動しないということは、今までになかったことである)。〈孟子・離婁上〉―天に通ず。

【至善】(シゼン) 道徳上の最高の理想である、この上ない善。例 至高―の徳。

【止於至善】(シゼンにとどまる) 最善の境地にとどまっている。〈大学〉

【至尊】(シソン) ①この上なくとうといこと。②天子を敬っていうことば。

【至大】(シダイ) 限りなく大きいこと。例 ―至剛の気(=非常に大きく、また、強い気性)。

【至当】(シトウ) ①ごく当たり前なさま。例 ―な言い分。②最も適切であるさま。例 ―な扱い。

【至道】(シドウ) この上ない善のみち。まことのみち。

【至徳】(シトク) この上なく立派な徳。また、その持ち主。

【至難】(シナン) きわめてむずかしい。類 至艱(シカン)。例 ―のわざ。

【至福】(シフク) この上ない幸せ。例 しばし―の時を味わう。

【至宝】(シホウ) この上なく大切なもの、または人。例 斯界(シカイ)の―である。

【至要】(シヨウ) この上なく大切なこと。きわめて重要なこと。

6画

【至理】リシ ①最も根本的な、正しい徳や道理。 ②きわめてよく治まっている。
【至論】シロン 非常にすぐれた考え。
●夏至(ゲシ)・冬至(トウジ)・必至(ヒッシ)

[致] 至3(9) ⇩致(チ)(1110ページ)

致

至4(10) 1 3555 81F4 常用 チ漢呉 いたす 寘 zhì

[致] 至3(9) ― 26936 旧字体。

筆順 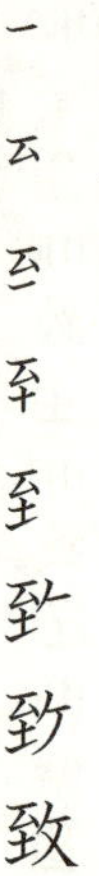

なりたち  [会意]「夊(=歩いて送る)」と「至(=とどく)」とから成る。人を送りとどける。

意味 ❶送りとどける。いたす。例 致意(チイ)。送致(ソウチ)。❷招き寄せる。来させる。いたす。例 致二魂魄一(コンパクをいたす)(=たましいを招き寄せる)。〈白居易・長恨歌〉 招致(ショウチ)。誘致(ユウチ)。❸あるところまで行き着かせる。また、きわめつくす。いたす。いたる。いたり。例 致死(チシ)。致知(チチ)(=知識を極限まで広げる)。極致(キョクチ)。❹ゆだねる。与える。ささげる。いたす。例 致命(チメイ)。致身(チシン)。❺もとにかえす。いたす。例 致仕(チシ)。致禄(チロク)(=俸禄を君主に返す。辞職する)。❻趣。様子。味わい。例 雅致(ガチ)。筆致(ヒッチ)。風致(フウチ)。

日本語での用法《いたす》「感謝(カンシャ)致(いた)します・ご案内(アンナイ)致(いた)します」▼「する」の改まった言い方。

古訓 中古 いたす・いたる・むね・ゆき・よし 中世 いたす・いたる 近世 いたす・いたる・おくる・おもむき・きはまる

人名 いたる・おき・かず・きわむ・とも・のり・むね・ゆき・よし

【致意】チイ(イをいたす) 自分の意志を述べて相手によく伝える。
【致遠】チエン(とおきをいたす) ①遠方まで行き着く。 ②遠大な計画を成しとげる。 ③遠くの民を招き寄せる。
【致斉】【致斎】チサイ 祭祀(サイシ)の前に、飲食やおこないをつつしみ、心身を清めて、三日間物忌(ものい)みをする。
【致士】チシ(シをいたす) すぐれた人物を招き寄せる。
【致仕】チシ(シをいたす) ①官職をやめる。退官。 ②日 七十歳のこと。〔昔、役人が七十歳で退官したことから〕 ▽類 致事。
【致死】チシ 死にいたらせること。例 過失―。傷害―。―量。
【致▼贄】チシ 土産物を差し出して臣下となる。
【致身】チシン(みをいたす) 君主に身命をささげる。
【致政】チセイ(まつりごとをいたす) ①摂政(セッショウ)などが政権を君主に返す。 ②退官する。
【致知格物】チチカクブツ ⇩【格物致知】カクブツチチ(678ページ)
【致命】チメイ ①(メイをいたす) いのちを投げ出して努力すること。例 ―的(=命とりになるさま)。→【見レ危致レ命】あやうきをみてメイをいたす(202ページ) ②の時の至るを知る。いのちにかかわること。
【致命傷】チメイショウ ①いのちを落とす原因となったけが。 ②日 取り返しのつかない重大な失敗や損害など。例 不動産投資が会社の―となった。
【致用】チヨウ ①必要なものをもれなく集めておき、役立たせる。 ②才能を有効に活用する。
●一致(イッチ)・合致(ガッチ)・極致(キョクチ)・招致(ショウチ)・筆致(ヒッチ)・風致(フウチ)・誘致(ユウチ)

[臺] 至7(13) ⇩台(ダイ)(225ページ)

[臺] 至8(14) ⇩台(ダイ)(225ページ)

臻

至10(16) 2 7143 81FB シン漢 真 zhēn いた-る

意味 到達する。やって来る。いたる。およぶ。例 飢寒並臻(キカンならびいたる)(=飢えと寒さが一度に来た)。〈後漢書・馮衍伝〉

134 6画 臼うす(𦥑きょく)部

木や石などをえぐった「うす」の形をあらわす。「臼」をもとにしてできている漢字と、「臼」と字形のよく似た「𦥑(キョク)(=向きあわせた両手)(七画)」をもとにしてできている漢字とを集めた。

⓪ 1110 臼 𦥑 ② 1110 臽 臾 ③ 1110 臿 舁 ⑤ 1110 舂 ⑥ 1111 舄 舃 與 與 ⑦ 1111 舅 ⑨ 1111 舉 興 ⑪ 1111 舊

この部首に所属しない漢字
兒→儿 123 鼠→鼠 1512 輿→車 1292

臼

臼0(6) 1 1717 81FC 常用 キュウ(キウ)漢 有 jiù うす

筆順 

なりたち  [象形] 中に米粒のある、うすの形。

意味 ❶木や石でできた、米などをつく道具。うす。また、うすでつく。うすづく。例 臼杵(キュウショ)。茶臼(チャうす)。❷うすの形をしたもの。例 臼歯(キュウシ)。

古訓 中古 うす 中世 うす・つく 近世 うす・つきうす

【臼歯】キュウシ 口の奥にある、食べ物をすりつぶすはたらきをする歯。うすば。奥歯(おくば)。
【臼▼杵】キュウショ うすと、きね。
【臼砲】キュウホウ 砲身の短い大砲。弾道が湾曲して、近距離で遮蔽物(シャヘイブツ)のかげにあるものを攻撃する。
【臼磨】キュウマ うす。

𦥑

臼0(7) 4 8558 26951 キョク漢 沃 jú

意味 両手の指を向かい合わせる。とる。

臽

臼2(8) 4 8559 81FD カン(カム)漢 陥 xiàn

意味 小さな落とし穴。あな。

臾

臼2(9) 2 7144 81FE ユ漢呉 虞 yú しばら-く

意味「須臾(シュユ)」は、しばし、しばらくの意。

臿

臼3(9) 4 8560 81FF ソウ(サフ)漢 洽 chā

意味 ❶臼(うす)でついて穀物の皮を取り去る。うすづく。❷さしこむ。通 挿。❸土にさしこみ掘り起こす道具。通 鍤(ソウ)。

舁

臼3(10) 2 7145 8201 ヨ漢呉 魚 yú か-く・かつ-ぐ

意味 二人が両手でかつぎあげる。かつぐ。かく。また、かご。例 舁夫(ヨフ)(=駕籠(かご)舁(か)き)。

難読 舁夫(かごかき)

舂

臼5(11) 2 7146 8202 ショウ漢 冬 chōng うすづ-く・つ-く

[舂] 日6(10) 4 1392 3AEA 俗字。

[舂] 日7(11) 4 1393 231C3 俗字。

意味 ❶うすで穀物をつく。うすづく。つく。例 舂炊ショウスイ。❷⇩【舂容】ショウヨウ。

【舂炊】ショウスイ 穀物をうすでつき、煮たきする。食事の用意をする。

【舂▼簸】ショウハ 穀物をうすでつき、ぬかを箕みでふるいのける。

【舂容】ショウヨウ ①鐘をつく。②ゆったりして、せかせかしないさま。従容ショウヨウ。③音が響きわたる。

舄
臼6(12) ——8203 一ジャク慣 シャク漢呉 薬 què 二セキ漢 シャク呉 陌 xì

[舃] 臼6(12) 4 8562 8204 別体字。

意味 一カラス科の鳥。カササギ。通鵲ジャク。二❶底の部分に木を装着して二重底にしたくつ。くつ。例 舄履セキリ。❷塩分の多い土地。海辺の土地。通潟セキ。例 舄鹵セキロ(=干潟。しおはま)。

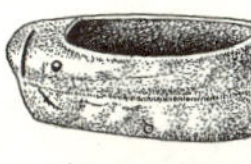
[舄 二❶]

[與] 臼6(13) ⇩与ヨ(18ジペー)

𦦙
臼6(13) 4 8561 2696F (漢字の字体記述要素)

舅
臼7(13) 2 7147 8205 キュウ(キウ)漢 有 jiù しゅうと(しうと)

意味 ❶夫の父。しゅうと。〔今は妻の父にも用いる〕対姑コ。例 舅姑キュウコ。❷母の兄弟。おじ。❸妻の兄弟。

難読 外舅しゅうと(=妻の父)

【舅▼姑】キュウコ しゅうとと、しゅうとめ。夫または妻の、父と母。

【舅子】キュウシ ①母の兄弟(おじ)の子。②妻の兄弟。

【舅氏】キュウシ 母の兄弟。おじ。類舅父。

【舅母】キュウボ 母の兄弟の妻。おば。

[舉] 臼9(16) ⇩挙キョ(557ジペー)

興
臼9(16) 1 2229 8208 教5 一キョウ漢 コウ呉 蒸 xīng 二キョウ漢 コウ呉 径 xìng おこる・おこす

筆順

なりたち [会意]「舁(=両手であげる)」と「同(=力をあわせる)」とから成る。おこす。

意味 一❶新しくはじめる。盛んにする。おこす。例 興業コウギョウ。興亡コウボウ。興隆コウリュウ。振興シンコウ。❷勢いが盛んになる。おこる。二❶おもしろいと感じる。楽しむ。楽しみ。例 興味キョウミ。余興ヨキョウ。❷『詩経シキョウ』の六義リクギの一つ。自然界の事物にたとえて、自分の感興を述べる。

古訓 中古 うごく・おき・おく・おこす・おこる・き・さかゆ・さかり・さかりなり・たかし・たつ・たとふ・はじむ 中世 おこす・おこる・さかり・たつ・はじむ 近世 いだす・おこす・おこる・かたどる・さかんなり・たつとぶ・よろこぶ

人名 おき・おこし・おさ・おさむ・き・さかえ・さかる・さかん・さき・たか・たかし・とも・はじむ・はじめ・ひろ・ひろし・ふか・ふさ・よし

【興会】キョウカイ 興味の集まり。おもしろみ。

【興趣】キョウシュ おもしろみ。味わい。また、おもしろく感じること。感興。興致。例 —がわく。

【興致】キョウチ 「興趣キョウシュ」に同じ。

【興味】キョウミ ①おもしろみ。興趣。例 —が多い。—を感じる。②あるものごとに対して特別に注意をはらったり、おもしろくて心ひかれること。関心。例 —津津シンシン。

【興壊】コウカイ 「興廃コウハイ」に同じ。

【興感】一コウカン 感動してふるい立つ。二キョウカン おもしろく感じる。感興をさそう。

【興起】一コウキ ①感動してふるい立つ。②盛んにおこる。二キョウキ 興味がわく。

【興業】コウギョウ ①学業を盛んにする。②事業をたてなおす。③日事業を始める。産業を盛んにする。例 殖産—。

【興行】一コウコウ ①感動して、よいおこないをする。②盛んにおこなう。二コウギョウ 日①入場料を取って、見せ物・映画・スポーツなどを見せる。例 —師(=興行を主催する職業)。②儀式や会合をもよおす。

【興国】コウコク 国の勢いを盛んにすること。

【興作】コウサク ①つくり出す。②盛んにおこる。ふるい立つ。③興奮するさま。気が立っているさま。

【興造】コウゾウ ①つくりあげる。(事業などを)おこす。②建築する。

【興替】コウタイ 「興廃コウハイ」に同じ。

【興敗】コウハイ 〔おこることと、やぶれること〕興亡。

【興廃】コウハイ ①盛んになることと、滅びること。盛衰。興敗。興替。興壊。興亡。②すたれたものを盛んにする。

【興発】一コウハツ 穀倉を開いて民に与える。二キョウハツ 興趣がわきおこる。

【興復】コウフク 衰えたものをふたたび盛んにする。例 討賊興復トウゾクコウフク(=賊を征伐し《漢室を》復興する)。〈諸葛亮・出師表〉

【興奮】コウフン ①ふるい立つ。②日気持ち・感情・神経が高ぶり、元気づいたり精神が不安定になったりする。例 —状態。表記 ②は旧▼昂奮・▼亢奮

【興亡】コウボウ 勢いが盛んになることと、滅びること。興廃。興敗。例 治乱チラン—。国の—をかけた戦い。

【興隆】コウリュウ あるものごとがおこり栄える。また、盛んにおこる。例 独自の文化が—した。

● 一興イッキョウ・再興サイコウ・座興ザキョウ・振興シンコウ・新興シンコウ・即興ソッキョウ・中興チュウコウ・不興フキョウ・復興フッコウ・余興ヨキョウ

[舊] 臼11(17) ⇩旧キュウ(617ジペー)

135 6画 舌 した したへん部

「した」の意をあらわす。「舌」をもとにしてできている漢字と、「舌」および「舌」の字形を目じるしにして引く漢字とを集めた。

この部首に所属しない漢字

乱→乚37 甜→甘884 辞→辛1294

舌
舌0(6) 1 3269 820C 教5 セツ漢 ゼチ・ゼツ呉 屑 shé した

[舌] 舌0(6) —— 本字。

筆順 ノ 二 千 千 舌 舌

なりたち [会意]「干カン→セツ(=おかす・つく)」と「口(=くち)」とから成る。口をついて出ることばをあやつり、口にはいる食べ物を味わう器官。

意味 ❶口の中にあって味覚を感じたり、動かしたりして消化や発声をたすけたりする器官。**した**。例 舌根(ゼッコン)。舌頭(ゼットウ)。❷ことば。ものを言うこと。例 舌禍(ゼッカ)。饒舌(ジョウゼツ)。❸ことなどの内部に垂れている、したのような形をしたもの。

古訓 中古 した 中世 した 近世 した

【舌禍】(ゼッカ) 日 ①自分が言ったことで自分が受ける災い。対 筆禍。例 ―を招く。②他人の悪口や中傷によって、迷惑を受けること。

【舌耕】(ゼッコウ) 講義・講演・演説・講談など、弁舌によって生計を立てること。例 ―をもって世間をわたる。

【舌根】(ゼッコン) ①したのつけね。したのね。②〔仏〕六根(ロッコン)(=感覚・認識・迷いのもとになる六つのもの)の一つ。舌(ゼツ)。

【舌人】(ゼツジン) 通訳をする人。

【舌▼尖】(ゼッセン) ①したの先。②話しぶり。弁舌。例 ―鋭く論破する。▽舌端。

【舌戦】(ゼッセン) ことばに出して議論すること。論戦。例 ―をたたかわせる。

【舌▼苔】(ゼッタイ) 日 したの表面にできるコケのようなもの。消化器系の病気や熱病のときにできる。

【舌代】(ゼツダイ) 日 口頭による挨拶(アイサツ)のかわりに書いた、簡単な文章。口上書き。例 名産の説明をした―。

【舌端】(ゼッタン) ①したの先。②話しぶり。弁舌。例 ―火を吐く(=鋭く論じたてる)。▽舌尖(ゼッセン)。

【舌頭】(ゼットウ) ①した。②語り方。話しぶり。

【舌▼鋒】(ゼッポウ) (ほこさきのように)鋭い言い方。例 ―鋭く問いつめる。

◎冗舌(ジョウゼツ)・長広舌(チョウコウゼツ)・毒舌(ドクゼツ)・猫舌(ねこじた)・筆舌(ヒツゼツ)・弁舌(ベンゼツ)・百舌(もず)

[舍] 舌2(8) ⇩舎(シャ)(85ジペー)

舐

舌4(10) 2 7151 8210 シ 漢 紙 shì な-める(な-む)・ねぶ-る

[䑛] 舌5(11) 3 9058 445B 俗字。

意味 舌でなめる。なめまわす。**ねぶる**。**なめる**。例 舐痔(ジシ)(=他人の痔をなめてやる)。舐犢(シトク)。舐筆(シヒツ)(=筆の先をなめる)。

【舐▼犢▼之愛】(シトクのアイ) 親牛が子牛をなめてかわいがるように、親がその子供をかわいがること。盲愛。〈後漢書・楊彪伝〉

[䑛] 舌5(11) ⇩舐(シ)(1112ジペー)

舒

舌6(12) 2 4816 8212 ショ 漢 ジョ 呉 魚 shū の-べる(の-ぶ)

意味 ❶のばす。広げる。例 展舒(テンジョ)(=のべ広げる)。舒翼(ジョヨク)(=つばさを広げる)。❷述べあらわす。**のべる**。例 舒懐(ジョカイ)(=心の思いを述べる)。舒情(ジョジョウ)。❸おだやか。ゆるやか。例 安舒(アンジョ)。寛舒(カンジョ)(=心が広い)。

【舒緩】(ジョカン) ①のびやかなさま。②(政治などが)怠慢になる。

【舒▼雁】(ジョガン) ガチョウの別名。

【舒巻】(ジョケン|ジョカン) ①のべ広げることと、巻きおさめること。②才能や意思をあらわすことと、隠すこと。③状況に応じて身を処す。出処進退。④書物を開く。▽巻舒(ケンジョ)。

【舒舒】(ジョジョ) ゆるやか。おだやかで心地よいさま。

【舒▼嘯】(ジョショウ) ゆったりした調子で詩などを口ずさむ。例 登二東皐一以舒嘯(トウコウにのぼりてもってジョショウす)(=東の丘に登り、ゆったりと詩を口ずさむ)。〈陶淵明・帰去来辞〉

【舒情】(ジョジョウ) 自分の気持ちを述べあらわすこと。叙情。

【舒遅】(ジョチ) 態度などがおだやかで落ち着いたさま。

【舒▼暢】(ジョチョウ) 気持ちをのびのびとさせる。

䑛

舌7(13) 4 8563 269DD テン 漢 先 tiān

意味 「䑛䑙(テンタン)」は、ことばが正しくないさま。

[舗] 舌9(15) ⇩舗(ホ)(114ジペー)

[舘] 舌10(16) ⇩館(カン)(1457ジペー)

舙

舌12(18) 4 8564 8219 カ(クワ)漢 禡 カイ(クヮイ)漢 ワ 呉 卦 huà

意味 はなす。はなし。通 話。

136 6画

舛(舛) ます まいあし 部

左右反対に向いた足の形をあらわす。「舛」をもとにしてできている漢字を集めた。常用漢字・人名用漢字では「舛(七画)」となる。「ます」は日本での読みで、漢字本来の意味ではない。

舛

舛0(6) 1 3304 821B セン 漢 銑 chuǎn そむ-く・たが-える(たが-ふ)

意味 ❶くい違う。**そむく**。**たがえる**。例 舛互(ゴセン)。❷入り混じる。混じり乱れる。例 舛錯(センサク)(=入り混じる)。

参考 日本では「升・枡(=ます)」と同じに用いて「ます」と読む。例 舛添(ますぞえ)(=姓)。

【舛互】(センゴ) ①くい違う。そむく。類 舛午(センゴ)・舛忤(センゴ)。②たがいに入り混じる。

【舛誤】(センゴ) 誤る。誤り。錯誤。類 舛謬(センビュウ)。

【舛▼駁】(センバク) 入り混じって統一がない。

舜

舛6(13) 1 2956 821C 人 シュン 漢 震 shùn むくげ

[舜] 舛6(12) 旧字体。

なりたち  [会意]「𦱳(=花をつけたつる草)」と「舛(セン)(=そむく)」とから成る。借りて「俊(シュン)(=すぐれる)」の意から、伝説上の五帝のひとり。

意味 ❶中国古代の伝説上の聖天子。姓は有虞(ユウグ)氏。徳があるとして尭(ギョウ)から帝位を譲られた。❷アオイ科の落葉低木。夏から秋に紫や白の花をひらき、一日でしぼむ。**ムクゲ**。

古訓 中古 しづかに 中世 さかし 近世 あさがほ

人名 きよ・きよし・とし・ひとし・みつ・よし

【舜▼禹】(シュンウ) 中国古代の伝説上の聖天子である、舜帝と禹帝。手本とすべき立派な皇帝とされる。

【舜華】(シュンカ) ムクゲの花。美女のたとえ。類 舜英。

舞

舛8(15) 1 4181 821E 常用 ブ 漢 ム 呉 麌 wǔ まう(ま-ふ)・まい(まひ)

[舞] 舛8(14) 旧字体。

[儛] 亻14(16) 4 0304 511B 別体字。

筆順 

なりたち  [形声]「舛(=そむきあう足)」と、音「無(ブ)」とから成る。音楽にあわせて踊る。

意味 ❶音楽などにあわせて手足を動かす。踊る。**まう**。例 抜レ剣起舞(ケンをぬきてたちてまう)(=剣をぬいて立ち上がってまう)。〈史記・項羽紀〉 舞台(ブタイ)。歌舞(カブ)。❷ふるいたたせる。はげます。例 鼓舞(ブコ)。❸勝手気ままにつかう。もてあそぶ。例 舞文(ブブン)。

古訓 中古 まひ・まふ 中世 まひ・まふ 近世 まふ・もてあそぶ

【舞▼雩】(ブウ) 雨ごいの祭り。また、その祭壇。例 浴二乎沂一、風二乎舞雩一(キにヨクし、ブウにフウす)(＝沂水(キスイ)で沐浴(モクヨク)し雨ごいの祭壇で風に吹かれる)。〈論語・先進〉

【舞▼筵】(ブエン) まいをするときに敷く敷物。また、まいをする所。

【舞閣】(ブカク) まいをする高殿。

【舞楽】(ブガク) ①まいをともなう音楽。②日 奈良時代に外国から習い伝えた、まいをともなう音楽。唐楽・高麗楽(コマガク)と、それにならって日本で制作したもの、の三種。

【舞▼妓】(ブギ|まいこ) まいをまって酒席の客をもてなす職業。また、その少女。舞姫。

【舞姫】(ブキ|まいひめ) まいをまう女性。舞妓(ブギ)。

【舞曲】(ブキョク) ①まいと音楽。②まいに使われる音楽。また、そのリズムや形式をもつ曲。

【舞▼榭】(ブシャ) まいをまうための台。舞台。

【舞台(臺)】(ブタイ) ①まいや芝居などをするところ。また、演技する場所。例 立派に—をつとめる。—に上がる。②演技そのもの。例 あすの—の練習をする。③日 活躍の場。例 晴れの—。

【舞台(臺)裏】(ブタイうら) 日 ①舞台の裏側の、役者などが準備したり道具を用意したりする場所。②あるものごとに必ず存在し、しかも人々の目には見えない実情。例 政治の—。

【舞踏】(ブトウ) ①手を振り足を踏み鳴らす。よろこびの表現。②踊り。特にダンス・バレエなど。例 —会。表記 ▽旧 舞▼蹈

【舞筆】(ブヒツ|ふでをまわす) 事実を曲げて書く。曲筆。

【舞文】(ブブン|ブンをまわす) ①(役人などが)法律を勝手に解釈して乱用する。舞弄(ブロウ)。例 舞文弄法(ブブンロウホウ|ブンをまわしホウをもてあそぶ)。〈史記・貨殖伝〉②ことばをもてあそんで、勝手な文章を書く。舞筆(ブヒツ)。例 —曲筆をもてあそぶ。

【舞▼抃】(ブベン) 喜んで、まいながら手を打つ。

【舞踊】(ブヨウ) からだの動作で感情などを表現する芸術。踊り。ダンス。例 —劇。日本—。民族—。

【舞弄】(ブロウ) ①「舞文(ブブン)①」に同じ。②人をあなどり、もてあそぶ。愚弄。嘲弄(チョウロウ)。

【舞扇】(まいおうぎ) 日 日本舞踊に用いるおうぎ。〔普通の扇子よりやや大形のもの〕

➡円舞(エンブ)・歌舞(カブ)・群舞(グンブ)・剣舞(ケンブ)・鼓舞(コブ)・仕舞(しまい)・乱舞(ランブ)・輪舞(リンブ)

137 6画 舟 ふね ふねへん 部

木をくりぬいたふねの形をあらわす。「舟」をもとにしてできている漢字を集めた。

⓪ 1113 舟 ③ 1113 舡 舢 ④ 1113 𦨞 航 舩 般 舫 舮 ⑤ 1114 舸 舷 舴 舳 船 舵 舶 舲 ⑥ 1115 舼 ⑦ 1115 艇 艉 艀 艅 艆 ⑧ 1115 𦪙 艋 ⑨ 1115 艏 艘 𦪷 ⑩ 1115 艗 艙 艘 ⑪ 1116 艚 艝 艜 艢 ⑫ 1116 艠 艟 ⑬ 1116 艤 艢 艨 艣 ⑮ 1116 艦 艪 艪 ⑯ 1116 艫

舟

舟0 (6) ①2914 821F 常用

シュウ(シウ)漢 シュ呉 尤 zhōu

ふね・ふな

筆順 ノ 丿 月 月 舟 舟

なりたち  [象形] 木をくりぬいてつくったふねの形。

意味 ❶水上を行き来して人や荷物を運ぶ乗り物。**ふね**。こぶね。例 舟行(シュウコウ)。孤舟(コシュウ)。❷酒器などをのせる盤。うけだらい。

日本語での用法 《**ふね**》「湯舟(ゆぶね)」▼水・湯などをたたえておく容器。

古訓 中古 おびしむ・はかしむ・ふね 中世 こぶね・すすむ・ふね 近世 おびる・のする・ふね

人名 のり

【舟行】(シュウコウ) ①ふねで水上を進むこと。②ふねで旅すること。また、ふなあそび。

【舟子】(シュウシ|ふなこ) ふねに乗るのを仕事とする人。船方(ふなかた)。船頭(センドウ)。舟人(シュウジン)。

【舟師】(シュウシ) ①ふねで戦う軍隊。水軍。海軍。類 舟軍。②船乗り。船頭(センドウ)。

【舟▼楫】(シュウシュウ) ①ふねと楫(かい)。また、ふねの楫。②ふね。船舶。③天子を補佐する臣下。

【舟人】(シュウジン) 「舟子(シュウシ|ふなこ)」に同じ。

【舟艇】(シュウテイ) 小型のふね。ボートなど。例 上陸用—。

【舟▼筏】(シュウバツ) ①ふねと筏(いかだ)。②ふね。

【舟▼梁】(シュウリョウ) ①ふねを並べて作った橋。②ふねと橋。

【刻レ舟求レ剣】(ふねにきざみてケンをもとむ) 時勢の移り変わりがわからず、古いしきたりを頑固に守ることのたとえ。刻舟(コクシュウ)。➡昔、楚(ソ)の国の人が、長江を舟で渡っているとき、動いている舟からうっかり川に剣を落としてしまった。あわててふなべりにしるしをつけて、舟が止まったときにそのしるしの所から川に入って剣をさがした。…………〈呂覧・察今〉

➡呉越同舟(ゴエツドウシュウ)・孤舟(コシュウ)・方舟(ホウシュウ|はこぶね)

舡

舟3 (9) ④8565 8221

コウ(カウ)漢 江 xiāng

意味 船。参考「船」の俗字として用いられたことがある。

舢

舟3 (9) ④8566 8222

サン shān

意味 「舢板(サンパン)」は、中国および東南アジアの沿岸や河川で用いられる小さな舟。三板(サンパン)。杉板(サンパン)。

𦨞

舟4 (10) ④8567 26A1E 国字

かわら(かはら)

意味 和船の船底の中央に通した材木。竜骨。**かわら**。

航

舟4 (10) ①2550 822A 教4

コウ(カウ)漢 陽 háng

わた-る

筆順 ノ 丿 月 月 舟 舟 舟' 舟亠 航

なりたち  [形声]「方(＝二そう並べたふね)」と、音「亢(コウ)」とから成る。二そうのふねを並べてわたる。

意味 ❶ふね。例 軽航(ケイコウ)。❷船で水上をわたる。また、飛行機で空中をとぶ。例 航海(コウカイ)。航空(コウクウ)。渡航(トコウ)。❸ふねを並べて作った橋。ふなばし。例 浮航(フコウ)。

参考 のちに「方」が「舟」となった。

古訓 中古 ふなはし・ふね 中世 ふね 近世 ふなわたし・ふね

人名 かず・つら

【航海】(コウカイ) ふねで海上を渡る。航行。渡航。渡海。

【航空】(コウクウ) 日 航空機で飛行する。例 —写真。—母艦。

【航行】(コウコウ) 日 ふねで水上を渡る。また、航空機で空を行く。

【航跡】(コウセキ) 日 ふねが通ったあとに水面に残る波の筋。

【航程】(コウテイ) 日 ふねや航空機の行く距離。また、その所要時間。

【航路】(コウロ) 日 ふねや航空機の通る道筋。例 —標識。

➡運航(ウンコウ)・寄航(キコウ)・欠航(ケッコウ)・周航(シュウコウ)・就航(シュウコウ)・出航(シュッコウ)・渡航(トコウ)・難航(ナンコウ)・密航(ミッコウ)

［舩］舟4(10) ⇩船(セン)(1114ページ)

般
舟4(10) 1 4044 822C 常用

一 ハン漢 寒 pán　二 ハン漢 寒 bān　三 ハン慣 ハツ漢 ハチ呉 曷 bō

筆順 丿 ⺆ 月 舟 舟 舡 般 般

なりたち 𣪠 ［会意］「舟(=ふね)」と「殳(=ふねをめぐらせる)」とから成る。ふねがめぐる。

意味 一 ❶まわる。めぐる。めぐらす。例 般旋(ハンセン)(=古代、礼の動作の一種)。❷たのしむ。あそぶ。例 般楽(ハンラク)。❸ ⇩【般礴(ハンパク)】 二 ❶かえす。例 般師(ハンシ)(=軍隊を引き返す)。❷うつす。はこぶ。通 搬。例 般載(ハンサイ)。❸ものごとの種類。ひとまとまりの事柄。例 一般(イッパン)。先般(センパン)。全般(ゼンパン)。❹ ⇩【般般(ハンハン)】 三 梵語(ボンゴ)の音訳に用いる。例 般若(ハンニャ)。

古訓 中古 おほふね・さかりなり・たのしぶ・たのしむ・たび・つらなる 中世 おほふね・たのしむ・たび・ねがふ・はこぶ・ふね 近世 うつる・おほし・おほぶね・たのしむ・はこぶ・めぐる

人名 かず・つら

【般若】(ハンニャ)〔梵語(ボンゴ) paññā の音訳〕①〔仏〕すべての迷いを去って悟りをひらく知恵。②日 怒りや悲しみなどをあらわした、鬼女の能面。

【般若湯】(ハンニャトウ) 僧の隠語で、酒。

【般▼礴】(ハンパク) 両足を前に投げ出して座る。

【般般】(ハンハン) ①いろどりの美しいさま。②まだらなさま。いろいろ。さまざま。▽斑斑(ハンパン)。

【般楽】(ハンラク) 大いに遊び楽しむ。類 般逸。

●一般(イッパン)・諸般(ショハン)・先般(センパン)・全般(ゼンパン)

舫
舟4(10) 2 7154 822B

ホウ(ハウ)漢呉 漾 fǎng　もやーう(もやーふ)

意味 二艘(ニソウ)並べて、つなぎあわせた船。もやい船。また、つなぎあわせる。**もやう**。例 舫舟(ホウシュウ)(=二艘並べてつないだ船)。

［艣］舟4(10) ⇩艫(ロ)(1116ページ)

舸
舟5(11) 2 7155 8238

カ漢 哿 gě　おおふね(おほふね)・はやふね・ふね

意味 大きな船。**ふね**。例 舸艦(カカン)。船舸(センカ)。走舸(ソウカ)(=速い軍船)。

【舸艦】(カカン) 大きな軍艦。

舷
舟5(11) 1 2431 8237 常用

ケン漢 ゲン呉 先 xián　ふなばた・ふなべり

筆順 丿 ⺆ 月 舟 舟 舡 舡 舷 舷

なりたち ［形声］「舟(=ふね)」と、音「玄(ゲン)」とから成る。舟の両側。

意味 ふねの両わきの面。**ふなばた**。**ふなべり**。例 舷側(ゲンソク)。舷灯(ゲントウ)。右舷(ウゲン)。扣舷(コウゲン)(=ふなばたをたたく)。

古訓 中古 ふなたな・ふなばた 中世 ふなばた 近世 ふなばた

【舷舷相摩す】(ゲンゲンあいマす) 日〔ふなべりとふなべりとが、互いにすれ合う意〕海戦で、敵と味方とが互いに接近して激しく戦う。

【舷窓】(ゲンソウ) 日 ふねの側面にある小さなまど。類 船窓。

【舷側】(ゲンソク) ふねの側面。ふなばた。ふなべり。類 船側。

【舷▼梯】(ゲンテイ) 日 ふなばたに設けた乗り降り用のはしご。ふなばしご。タラップ。

【舷灯(燈)】(ゲントウ) 日 夜間に航行中のふねの、両舷の外側にかかげる灯火。右舷は緑色、左舷は赤色を用いる。

舴
舟5(11) 4 8569 8234

サク漢 陌 zé

意味 「舴艋(サクモウ)」は、小さなふね。こぶね。

舳
舟5(11) 2 7156 8233

チク漢 ジク(ヂク)呉 屋 zhú　とも・へ・へさき・みよし

意味 ❶ふねの後ろの方。**とも**。例 舳艫(ジクロ)。❷ふねの前の方。**へさき**。

【舳▼艫】(ジクロ) ふねのへさきと、とも。船首と船尾。

【舳▼艫相▼銜】(ジクロあいふくむ)〔前を行く船のともと、後ろの船のへさきがかみ合う意〕多くの船が前後して連なって進むさま。〈漢書・武帝紀・注〉

【舳▼艫千里、▼旌旗蔽レ空】(ジクロセンリ、セイキそらをおおう)（魏(ギ)の水軍は）船首と船尾が連なって千里も続き、旗指物(はたさしもの)は空を覆いかくさんばかりだった。〈蘇軾・赤壁賦〉

船
舟5(11) 1 3305 8239 教2

セン漢呉 先 chuán　ふね・ふな

［舩］舟4(10) 2 7153 8229 俗字。

筆順 丿 ⺆ 月 舟 舟 舟 舡 船 船

なりたち 船 ［形声］「舟(=ふね)」と、音「㕣(エン→セン)」とから成る。ふね。

意味 水上を行き来して人や荷物を運ぶ乗り物。**ふね**。例 船長(センチョウ)。船舶(センパク)。汽船(キセン)。

古訓 中古 ふね 中世 ふね 近世 えり・ふね

【船医(醫)】(センイ) 日 ふねに乗り組み、航海中の医務をおこなう医師。

【船員】(センイン) 日 ふねの乗組員。ふなのり。海員。例 ―手帳。

【船▼暈】(センウン) ふな酔い。

【船艦】(センカン) ①いくさぶね。軍艦。②民間のふねと軍艦。

【船客】(センキャク) ふねに乗っている旅客。

【船脚】 一(センキャク) ①船体の水につかっている部分。喫水。②船頭。③ふな賃。 二(ふなあし) 日 ふねの速さ。船足(ふなあし)。例 ―が速い。

【船▼渠】(センキョ) 日 ふねを造ったり修理したりする所。ドック。

【船橋】(センキョウ) ①多くのふねを並べて上に板をわたして作ったはし。ふなはし。②日 ふねの上甲板にあって、船長が指揮をとる所。ブリッジ。

【船室】(センシツ) ふねの、旅客が使う部屋。キャビン。ケビン。

【船主】(センシュ) ①ふねの持ちぬし。ふなぬし。②船長。ふなおさ。

【船首】(センシュ) ふねのいちばん前の部分。へさき。対 船尾。

【船▼檣】(センショウ) ふねの帆柱。マスト。

【船籍】(センセキ) 船舶の所属地を示した籍。

【船倉】【船▼艙】(センソウ) ふねの甲板の下の、貨物を積み入れてある場所。ふなぐら。

【船側】(センソク) ①ふねのへり。ふなばた。舷側(ゲンソク)。②ふねのすぐそば。例 ―に寄る。

【船体】(センタイ) 日 ふねの積み荷や付属物を除いた、ふね本体。

【船隊】(センタイ) 日 同じ目的のために、数隻のふねでつくるグループ。類 船団。例 輸送―。

【船長】(センチョウ) ①ふねの乗組員の長で、航行の指揮、船員の監督、積み荷などの責任をとる人。②ふねの長さ。

【船底】(センテイ/ふなぞこ) ①ふねのそこの部分。②(ふなぞこ) 日 ふねのそこのようにそり返ったもの。例 ―天井。

【船頭】 一(セントウ) ふねのへさき。 二(センドウ) 日 ①船長。例 ―多くして船(ふね)山に上る(＝指図する人が多いと、とんでもない方向に進む)。②ふねをこぐ人。ふなかた。例 渡し船の―。
【船舶】センパク 〔「舶」は、大きなふねの意〕ふね。人や貨物を載せて航行するふね。例 ―信号。
【船尾】センビ ふねのいちばん後ろの部分。とも。㊀船首。
【船幅】センプク 日 ふねの胴体で、最大の部分のはば。
【船腹】センプク ①ふねの胴の部分。②ふねの内部の、貨物を積みこむ空間。また、その積載量。
【船▼篷】センボウ ①ふねのとま。竹やカヤで編んだふねの覆い。②とまで覆われたふね。とまぶね。
【船路】センロ｜ふなじ ①ふねの通るコース。航路。海路。②日 ふねを利用した旅。ふなたび。
【船大工】ふなダイク 日 木造船をつくる大工。類 船工。
【船霊】【船玉】【船魂】ふなだま 日 船内に祭ってある、ふねの守り神。たとえば、金毘羅(コンピラ)・住吉(すみよし)・水天宮(スイテングウ)など。
【船荷】ふなに 日 ふねに積む荷物。例 ―証券(＝ふねに荷物を積んだことを証明する書類)。
【船便】ふなビン｜センビン 日 ①ふねによる交通の連絡。ふねの便。②ふねでものを送ること。
【船宿】ふなやど 日 ふな遊びや魚釣りなどのふねを貸し出したり、世話をしたりすることを職業とする家。舟宿(ふなやど)。
【▼檥レ船】ふねをギす ⇩【檥船】ギセン(713ページ)
●汽船(キセン)・客船(キャクセン)・漁船(ギョセン)・下船(ゲセン)・商船(ショウセン)・乗船(ジョウセン)・造船(ゾウセン)・宝船(たからぶね)・停船(テイセン)・伝馬船(テンマセン)・難船(ナンセン)・帆船(ハンセン)・風船(フウセン)・母船(ボセン)

舵
舟5(11) 1 3441 8235 人
タ漢 ダ呉 哿 duò
かじ(かぢ)

[柁]
木5(9) 1 3440 67C1
別体字。

なりたち [形声]「舟(＝ふね)」と、音「它タ」とから成る。舟の方向を左右するもの。
意味 ふねの後ろに取り付けて、その進む方向を定める装置。**かじ**。例 舵手(ダシュ)。操舵(ソウダ)。
古訓 中古 かぢ・たいし・ふなたな 中世 かぢ 近世 かぢ
【舵手】ダシュ ふねのかじをとる人。かじとり。

舶
舟5(11) 1 3985 8236 常用
ハク漢 陌 bó
おおぶね(おほぶね)・ふね

筆順 丿 ⺆ 凢 舟 舟 舟 舟' 舟白 舶

なりたち [形声]「舟(＝ふね)」と、音「白ハク」とから成る。大きなふね。
意味 海をわたる大きなふね。**おおぶね**。例 舶載(ハクサイ)。船舶(センパク)。
古訓 中古 おほぶね・つくのぶね・ふね 中世 おほぶね・つりふね 近世 うみふね・えびすふね・おほぶね・つくのぶね
【舶▼賈】ハクコ 外国から海を渡ってきた商人。
【舶載】ハクサイ ①ふねにのせて運ぶ。②外国からふねで運んでくる。また、そのもの。舶来。例 奈良時代に―した仏典。
【舶来】ハクライ 外国からふねで運んでくる。また、そのもの。舶載。例 ―品(＝輸入品)。

舲
舟5(11) 4 8568 8232
レイ漢 青 líng

意味 ❶窓のある小さなふね。例 舲船(レイセン)(＝窓のある、こぶね)。❷ふねの窓。

舼
舟6(12) 4 8570 823C
キョウ漢 冬 qióng

意味 小さなふね。例 舼舟(キョウシュウ)(＝こぶね)。

艇
舟7(13) 1 3690 8247 常用
テイ漢 迥 tǐng
ふね

筆順 丿 ⺆ 凢 舟 舟 舟 舟' 舟 舟壬 艇 艇

なりたち [形声]「舟(＝ふね)」と、音「廷テイ」とから成る。こぶね。
意味 細長いこぶね。ボート。例 艇身(テイシン)。舟艇(シュウテイ)。
古訓 中古 つりふね・をぶね 中世 こぶね・ふね・をぶね 近世 こぶね
【艇庫】テイコ 日 ボートをしまう倉庫。
【艇身】テイシン 日 ①ボートの船体。②(特にボート競技で)ボート一艇分の長さ。例 半―リード。
●艦艇(カンテイ)・競艇(キョウテイ)・舟艇(シュウテイ)

艉
舟7(13) 4 8572 8249
ビ wěi
とも

意味 船体の尾部。**とも**。

艀
舟7(13) 2 7157 8240
フウ漢 フ呉 尤 fú
はしけ

意味 短くて底の深いふね。こぶね。

日本語での用法 《**はしけ**》「艀船(はしけぶね)・艀渡(はしけわたし)」▼沖の本船と岸の間を行き来して人や荷物を運ぶ、こぶね。

艅
舟7(13) 4 8573 8245
ヨ漢 魚 yú

意味 「艅艎(ヨコウ)」は、古代の大きなふねの名。

艆
舟7(13) 4 8571 8246
ロウ(ラウ)漢 陽 láng

意味 海を行く大きなふね。

䑶
舟8(14) 4 8576 4476
セン漢 霰 qiàn

意味 軽快なふね。

𦩘
舟8(14) 4 8574 26A58
テイ dìng

意味 船。例 小𦩘(ショウテイ)。

艋
舟8(14) 4 8575 824B
モウ(マウ)漢 梗 měng

意味 「舴艋(サクモウ)」は、小さなふね。こぶね。

艏
舟9(15) 4 8577 824F
シュウ(シウ)漢 シュ呉 有 shǒu

意味 ❶ふねの前部。へさき。例 艗艏(ゲキシュ)。❷ふね。

[艘]
舟9(15)
⇩艘ソウ(1115ページ)

䑺
舟9(15) 4 8578 447A
ハン(ハム)漢 咸 fān

意味 ふねの帆。通 帆・颿ハン。

艗
舟10(16) 4 8579 8257
ゲキ漢 錫 yì

意味 ❶「艗首・艗艏(ゲキシュ)」は、へさき。通 鷁ゲキ。❷「艗舟(ゲキシュウ)」は、船首に鷁(ゲキ)を描いたふね。鷁舟(ゲキシュウ)。

艙
舟10(16) 2 7158 8259
ソウ(サウ)漢 陽 cāng
ふなぐら

意味 ふねなどの内部をしきった部屋。また、貨物を積むところ。**ふなぐら**。例 艙底(ソウテイ)(＝船倉)。

艘
舟10(16) 2 7159 8258
ソウ(サウ)漢 豪 ショウ(セウ)漢 蕭 sōu
ふね

[艘]
舟9(15)
――俗字。

意味 ❶ふねの総称。❷ふねを数えることば。例 一艘(イッソウ)。

艚
舟11(17) 2 7161 825A ソウ(サウ)漢 豪 cáo うまふね・ふね

意味 運送用のふね。ふね。

艝
舟11(17) 2 7160 825D 国字 そり

意味 雪の上を進む乗り物。そり。

艜
舟11(17) 4 8581 825C タイ漢 泰 dài

意味 細長く浅いこぶね。ひらたぶね。

𦪌
舟11(17) 4 8580 26A8C 国字 のりあい(のりあひ)

意味 歌舞伎(かぶき)の外題(ゲダイ)に用いる字。

艠
舟12(18) 3 9059 8260 国字 いかだ

意味 歌舞伎(かぶき)の外題(ゲダイ)に用いる字。いかだ。おおふね。よふね。

艟
舟12(18) 2 7162 825F ドウ慣 ショウ漢 冬 chōng いくさぶね

意味 「艨艟(モウドウ)」は、敵のふねにぶつかって相手をつきやぶる細長い軍船。いくさぶね。また、軍艦。艦隊。

艤
舟13(19) 2 7163 8264 ギ漢呉 紙 yǐ ふなよそおい(ふなよそほひ)

意味 出航の準備をととのえてふねを岸につけること。通 檥(ギ)。例 艤装(ギソウ)。

【艤装】ギソウ 日 進水したふねの本体に必要な設備や装置を取りつけること。貨物船にクレーンを、軍艦に大砲をすえるなど。

【艢】
舟13(19) ⇩檣(ショウ)(713ページ)

艨
舟13(19) 2 7165 8268 モウ漢 東 méng いくさぶね

意味 「艨衝(モウショウ)」「艨艟(モウドウ)」は、相手をつきやぶる細長い軍船。いくさぶね。また、軍艦・艦隊の意味に用いる。

艣
舟13(19) 4 8582 8263 ロ漢 麌 lǔ

意味 ふねをこいで進める道具。通 艪(ロ)・櫓(ロ)。参考 「艫(ロ)」とは別の字。

艦
舟15(21) 1 2047 8266 常用 カン(カム)漢 豏 jiàn いくさぶね

筆順 丿 ⺆ 舟 舟 舟 舡 艦 艦 艦

なりたち [形声]「舟(=ふね)」と、音「監(カン)」とから成る。大型のいくさぶね。

意味 戦争に使う大型のふね。いくさぶね。例 艦隊(カンタイ)。軍艦(グンカン)。戦艦(センカン)。

古訓 中古 やかた 中世 ふなやかた・やかた 近世 いくさぶね・やかたぶね

【艦橋】カンキョウ 日 軍艦で、全体の指揮をとるところ。ブリッジ。

【艦載】カンサイ 軍艦にのせる。例 ―機。

【艦首】カンシュ 軍艦の前の部分。艦のへさき。対 艦尾。

【艦上】カンジョウ 軍艦の上。例 ―機。

【艦隊】カンタイ 日 二隻以上の軍艦から成る部隊。例 航空―。

【艦艇】カンテイ 日 大型・小型の、各種の軍用艦船。

【艦尾】カンビ 軍艦の後ろの部分。艦の、とも。対 艦首。

【艦砲】カンポウ 日 軍艦に備えつけた火砲。例 ―射撃。

●旗艦(キカン)・軍艦(グンカン)・戦艦(センカン)

𦪷
舟15(21) 4 8583 26AB7 ボク漢 職 mù

意味 ❶小さなふね。こぶね。❷釣りぶね。

艪
舟15(21) 2 7166 826A ロ漢 麌 lǔ

意味 ふねをこいで、進めるのに使う道具。通 櫓(ロ)。

艫
舟16(22) 2 7167 826B ロ漢 虞 lú とも

【舮】舟4(10) 2 7168 822E 俗字。

意味 ❶ふねの前の方。船首。へさき。みよし。例 舳艫(ジクロ)(=ともと、へさき)。❷ふねの後ろの方。船尾。とも。例 艫綱(ともづな)(=船尾から出して、ふねをつなぐためのつな)。

138 6画 艮 うしとら こんづくり 部

「目をいからせてにらみあう。さからう」意をあらわす。「艮」をもとにしてできている漢字と、「艮」の字形を目じるしにして引く漢字とを集めた。

艮
艮0(6) 1 2617 826E ゴン慣 コン漢呉 願 gèn うしとら

意味 ❶そむく。さからう。❷易(エキ)の卦(カ)。(ア)八卦(ハッカ)の一つ。☶ 自然では山、方位では北東をあらわす。(イ)六十四卦(カ)の一つ。䷳ 艮下艮上(ゴンカゴンショウ)。山が重なりあう象。❸時刻の名。午前二時から午前四時のあいだ。うしとら。

良
艮1(7) 1 4641 826F 教4 リョウ(リャウ)漢呉 陽 liáng よい(よ-し) 付表 野良(のら)

筆順 丶 ㇇ ヨ ヨ 自 良 良

なりたち [形声]「白(=満ちる)」と、音「亡(ボウ)→(リョウ)」とから成る。よい。

意味 ❶質がよい。すぐれている。よい。例 良好(リョウコウ)。善良(ゼンリョウ)。優良(ユウリョウ)。❷おっと。夫。例 良人(リョウジン)。❸かなり長い間。やや。例 良久(リョウキュウ)(=ややひさし)(=しばらくたって)。❹本当に。まことに。たしかに。例 良有以也(まことにゆえあるなり)(=まことに理由のあることだ)。〈李白・春夜宴桃李園序〉

古訓 中古 かた・さね・すけ・なが・ながし・はなはだ・ふかし・まこと・やや・よし 中世 はなはだ・やや・よし 近世 かしこし・かしら・はなはだし・やや・よし

人名 あき・あきら・お・かず・かた・さだむ・さね・すけ・すなお・たか・たかし・ただ・ただし・つか・つかさ・つぎ・なおし・なか・ながし・はじめ・はる・ひさ・ひさし・ふかし・ふみ・まこと・まさ・まさる・み・よし・ら・ろ・ろう

参考 奈良(なら)(=県名)。

難読 良人(あいと|おっと)・良弁(ロウベン)・福良雀(ふくらすずめ)・姶良(あいら)

【良案】リョウアン 日 よい思いつき・考え。名案。

【良医(醫)】リョウイ すぐれた医者。名医。例 ―にめぐりあう。

【良▼醞】リョウウン　うまい酒。美酒。
【良縁】リョウエン　①よい因縁。②よい縁談。似合いの縁組み。
【良貨】リョウカ　①よい品物。よい宝物。②日質のよい貨幣。実際の値打ちと、表示された値打ちがつりあっているもの。対悪貨。例悪貨は―を駆逐する。
【良貴】リョウキ　生まれつき備わっているとうといもの。天賦の徳。良心。
【良器】リョウキ　①よいうつわ。礼器・楽器・道具などのよいもの。②よい器量。すぐれた才能。
【良弓】リョウキュウ　①よい弓。例高鳥尽、良弓蔵（コウチョウつきて、リョウキュウかくさる）（＝空高く飛ぶ鳥がいなくなると、よい弓は奥深くしまわれる）。〈史記・淮陰侯伝〉②弓づくりの名人。たくみな弓師。
【良▼禽択レ木】リョウキンはきをえらぶ　〔よい鳥は止まりやすい木を選ぶ意〕すぐれた人物は立派な君主を選んで仕える。〈張憲・行路難〉
【良金美玉】リョウキンビギョク　〔よい金と美しい玉〕人徳のあること、すぐれた文章などのたとえ。〈旧唐・楊炯伝〉
【良▼狗】リョウク　〔よい飼い犬の意〕はかりごとがうまく、主人に忠実な家臣のたとえ。例狡兎死良狗亨（コウトシしてリョウクにらる）（＝すばしこいウサギが死ぬとよい猟犬も不要となり、煮て食われてしまう）。〈史記・淮陰侯伝〉→【狡兎死走狗亨】ソウクにらる（859ページ）
【良家】リョウカ｜リョウケ　①生活程度や社会的地位の低くない、教養のある家庭。例―の子女。②（商売上手な）富豪の家。
【良計】リョウケイ　「良策サク」に同じ。
【良月】リョウゲツ　①よい月。満月。②陰暦十月の別名。〔十は満ちてよい数であるということから〕
【良工】リョウコウ　技術のすぐれた職人。良匠。例―は材を選ばず（＝腕のいい職人は材料のよしあしを問題にしない）。
【良好】リョウコウ　日すぐれてよいこと。例感度―。視界は―。
【良港】リョウコウ　日船が停泊しやすい、よいみなと。例天然の―。
【良▼賈深蔵若レ虚】リョウコはふかくゾウしてむなしきがごとし　よい商人は商品を奥にしまっておき、店頭を飾ることをしない。賢者は、自分の能力をかくして表に出さないことのたとえ。〈史記・老子伝〉
【良才】リョウサイ　すぐれた才能。また、それをもつ人。良材。
【良妻】リョウサイ　夫にとって、よいつま。賢妻。対悪妻。
【良妻賢母】リョウサイケンボ　日夫に対してよいつまであると同時に、子供に対してかしこい母であること。

【良材】リョウザイ　①よい材木。質のよい材料。②すぐれた才能。また、それをもつ人。良才。
【良剤】リョウザイ　よく効く薬。良薬。
【良策】リョウサク　よい計画やはかりごと。また、よい方法。良計。上策。例―を講じる。
【良士】リョウシ　①善良な男子。②すぐれた人物。賢士。
【良死】リョウシ　〔よい死に方の意〕寿命をまっとうして死ぬ。
【良識】リョウシキ　日自分自身の意見をもち、ものごとのよしあしを公正に判断する力。例―にうったえる。
【良質】リョウシツ　品質や材質がよいこと。上質。対悪質。
【良日】リョウジツ　①よい日柄。吉日キチジツ。良辰リョウシン。②陰暦七月七日の別名。
【良実】リョウジツ　①よく実った穀物。②人柄が実直なさま。
【良主】リョウシュ　よい主人。よい君主。
【良守】リョウシュ　〔「守」は、地方長官の意〕立派な太守。よい役人。
【良書】リョウショ　内容のすぐれた本。有益な本。対悪書。
【良匠】リョウショウ　腕のいい大工。名工。
【良相】リョウショウ　すぐれた大臣。賢相。類良宰。
【良宵】リョウショウ　晴れた夜。眺めのよい夜。良夜。
【良将】リョウショウ　立派な大将。すぐれた将軍。
【良心】リョウシン　自分の行為について善悪を判断する心のはたらき。また、人が本来有する善の心。例―の呵責カシャクに堪えない（＝良心をせめ苦しめられることに堪えきれない）。
【良▼辰】リョウシン　〔「辰」は、日の意〕めでたい日。吉日キチジツ。
【良臣】リョウシン　忠義な臣下。よい臣下。
【良▼箴】リョウシン　よいいましめ。明箴。
【良人】リョウジン　①君子。②夫。例良人者、所$_{二}$仰望而終$_{一}$身也（リョウジンなるものは、あおぎのぞみてみをおうるところなり）（＝夫という者は、一生仰ぎ望んで尊敬の的であるべき者なのである）。〈孟子・離婁下〉③賢く美しい妻。
【良性】リョウセイ　日ものごとの性質や傾向がよいこと。特に、病気が手術・投薬などによって治る性質であること。対悪性。
【良▼賤】リョウセン　一般の人民（良民）と奴婢ヌヒなど。
【良俗】リョウゾク　よい風俗。よい習わし。例公序―。
【良知】リョウチ　人間が生まれつきもっている知恵。〈孟子・尽心上〉例―を守る。―良能。
【良田】リョウデン　米がよくとれる田地。美田。
【良二千石】リョウニセンセキ　〔「二千石」は、漢代の郡の太守（＝長官）の年俸〕すぐれた善良な地方長官。〈漢書・韓延寿伝〉
【良能】リョウノウ　①人間が生まれつきもっている能力。〈孟子・尽心上〉②能力のある人。
【良馬】リョウバ　すぐれた馬。駿馬シュンメ。
【良媒】リョウバイ　〔「媒」は、媒酌人〕よい仲人。
【良否】リョウヒ　よいかよくないか。よしあし。
【良匹】リョウヒツ　よいつれあい。佳耦カグウ。好匹。
【良品】リョウヒン　質のよい品物。
【良風】リョウフウ　よい風習。対悪風。例―美俗。
【良兵】リョウヘイ　①すぐれた兵器。②すぐれた兵士。精兵。
【良▼輔】リョウホ　よく補佐する臣下。類良弼リョウヒツ・良佐。
【良▼庖】リョウホウ　腕のいい料理人。
【良▼朋】リョウホウ　よい友。よい仲間。類良儔リョウチュウ。
【良木】リョウボク　姿や実のつき方などがよい木。また、質のよい材木や、よく燃えるたきぎ。
【良民】リョウミン　①善良な人々。②一般の人々。
【良冶】リョウヤ　たくみな技をもつ鍛冶かじ屋。
【良夜】リョウヤ　①（月の）美しい夜。②よふけ。深夜。
【良薬】リョウヤク　よく効くくすり。良剤。
【良薬苦$_{二}$▼於口$_{一}$】リョウヤクはくちににがし　よく効くくすりは苦い。ためになる忠告は聞き入れにくいことのたとえ。例良薬苦$_{二}$於口$_{一}$、利$_{二}$於病$_{一}$（リョウヤクはくちににがけれども、やまいにリあり）（＝よい薬は飲むときには苦いけれど、病気にはよく効く）。〈説苑・正諫〉
【良吏】リョウリ　すぐれた官吏。善良な役人。
●純良ジュンリョウ・選良センリョウ・善良ゼンリョウ・不良フリョウ・優良ユウリョウ

艱
艮11（17）　②7169　8271
カン漢　ケン呉　jiān
なや-む・かた-い（かた-し）

意味　❶困難なことにあって、なやみ苦しむ。**なやむ**。なやみ。例艱苦カンク。艱難カンナン。❷むずかしい。**かたい**。また、けわしい。❸父母の死後の喪も。例丁艱カンテイ（＝父や母の喪にあう。丁憂テイユウ）。

【艱易】カンイ　むずかしいことと、やさしいこと。難易。
【艱患】カンカン　うれい。悩み。災い。
【艱苦】カンク　つらく苦しいこと。類艱窘カンクン・艱困。
【艱険】カンケン　困難で危険なさま。
【艱渋】カンジュウ　①詩文が難解である。②難儀である。難渋する。③苦い。しぶい。
【艱阻】カンソ｜カンショ　〔悩みと苦しみ〕山道の険しいこと、また、厳しい人生を歩むことのたとえ。

【艱貞】テイ 苦しみにたえ、正しい道を堅く守ること。難儀。

【艱難】カンナン むずかしいことに出あって、悩んだり苦しんだりすること。難儀。

【艱難辛苦】カンナンシンク 困難に直面して苦労すること。〈朱熹・行宮便殿奏劄二〉

【艱難汝を玉にす】カンナンなんじをたまにす 日 多くの悩みや苦しみを経験してこそ立派な人物になれる、という教え。

139 6画 色 いろ いろづくり部

かおいろの意をあらわす。「色」をもとにしてできている漢字を集めた。

色

色0(6) 1 3107 8272 教2

ショク漢 シキ呉 職 sè

いろ

付表 景色(ケシキ)

筆順 ノ ク 々 名 名 色

なりたち [会意]「人(=ひと)」と「巴(=わりふ)」とから成る。感情がわりふを合わせたように顔に出たもの。

意味 ❶顔の表情や顔かたち。かおいろ。特に、美しい顔。例 顔色ガンショク。喜色キショク。容色ヨウショク。才色兼備サイショクケンビ。❷怒ったり、驚いたりしてかおいろを変える。例 色然ショクゼン。❸外側にあらわれたさま。おもむき。例 景色ケシキ。古色コショク。秋色シュウショク。❹いろあい。いろどり。いろ。例 色彩シキサイ。染色センショク。❺いろをつけて飾る。いろどる。例 潤色ジュンショク。❻男女間の情欲。例 色欲シキヨク。好色コウショク。❼種類。たぐい。例 色目シキモク。❽仏教で、感覚でとらえられる形のあるものすべて。例 色界シキカイ。色即是空シキソクゼクウ。

日本語での用法 《いろ》「色いよい返事・すこし色いをつける・色男いろおとこ・色事師いろごとシ・色物いろもの」▼おもしろみ・趣・活気・あでやかさ・なまめかしさ・美しさなどについていう。

古訓 中古 いろ 中世 いろ 近世 いろ・いろどる・いろへる

人名 くさ・しこ・しな

難読 八色やくさの姓かばね

【色香】いろか 日 ①色とかおり。例 花の―。②女性のあでやかな美しさ。例 ―に迷う。

【色難】いろかたし (孝行について)常におだやかな表情で親に仕えるのはむずかしい。〔一説に、親の顔色を見てその意に添うようにするのはむずかしい〕〈論語・為政〉→【色養】ショクヨウ

【色気】いろケ 日 ①色の具合。色合い。例 赤みがかった―。②性的な魅力。また、性的な関心。例 ―づく。③異性の存在がかもし出す雰囲気。④おもしろみ。あいそ。例 ―のない返事。―をそえる。⑤興味。関心。積極性。例 商売に―を示す。

【色恋】いろこい 日 男女間の恋愛や情事。例 ―抜きのつきあい。

【色事】いろごと 日 ①恋愛に関すること。情事。②芝居で、男女間のなまめかしいしぐさ。ぬれごと。例 ―師。

【色模様】いろモヨウ 日 ①布などを色で染めた模様。また、美しい模様。②芝居で、情事の場面。ラブシーン。

【色界】シキカイ 〔仏〕三界サンガイ(=欲界・色界・無色界)の一つで、色シキ(=いろや形のあるもの)にとらわれた世界。

【色覚】シキカク 日 色を識別する感覚。

【色感】シキカン 日 ①色(のよしあし)を判断する、感覚的能力。②色から受ける感じ。例 暖かい―。

【色彩】シキサイ ①いろどり。いろあい。例 ―感覚がいい。②それらしい特色・様子。類 傾向。例 政治的―を帯びる。

【色紙】日 一 シキシ 和歌や俳句、またサインなどを書く四角い厚紙。二 いろがみ 折り紙や紙細工に使う、さまざまな色の紙。

【色情】シキジョウ 男女間の性的な欲情。色欲。例 ―狂。

【色素】シキソ 日 ものの色のもとになっている成分。

【色相】シキソウ ①〔仏〕肉眼で見える、ものの姿や形。②日 色の三要素(=色相・彩度・明度)の一つで、赤や青など一つ一つの色のこと。③日 色合い。色調。

【色荘】ソウシキ 顔つきはおごそかだが、うわべだけで誠意がない。例 君子者乎、色荘者乎クンシシャなるものか、シキソウなるものか(=君子といえる者だろうか、それともうわべだけを飾る見せかけだけの者だろうか〔区別がつかないこともある〕)〈論語・先進〉

【色即是空】シキソクゼクウ 〔仏〕この世のあらゆるもの(=色)は、実体として存在するのではない(=空)ということ。〈般若心経〉例 ―、空即是色クウソクゼシキ。

【色代】シキダイ・シキタイ 日 ①あいさつ。また、おせじ。②ほかの品物で代用すること。

【色沢】シキタク・ショクタク ①いろつや。光沢。②人の徳をたとえていうことば。

【色調】ショクチョウ 日 色の濃淡や明暗などの調子。色合い。

【色魔】シキマ 日 多くの女性をだまして、もてあそぶ男。女たらし。

【色目】一 シキモク ①ショクモク 種類ごとの名目。種目。②元代、西方系の諸民族の人々のこと。目の色の違いからいう。色目人。二 いろめ 日 ①衣服などのいろあい。②色っぽい目つき。例 ―を使う。

【色欲】【色▼慾】シキヨク ①異性に対する性的な欲情。色情。②性的欲情と利欲。

【色然】ショクゼン 驚いて顔色を変えるさま。

【色養】ショクヨウ 親の顔色を見て、それにかなうように仕える。〔一説に、いつも顔色をやわらげて親に孝養する〕〈世説・徳行〉→【色難】いろかたし

【色荒】ショクコウ 〔「荒」は、すさむ意〕女色に迷い、身をもちくずす。〈書経・五子之歌〉

●異色イショク・音色オンショク|ねいろ・褐色カッショク・顔色ガンショク|かおいろ・喜色キショク・気色キショク|ケシキ・脚色キャクショク・景色ケイショク|ケシキ・血色ケッショク・原色ゲンショク・金色コンジキ|キンショク・彩色サイシキ|サイショク・出色シュッショク・声色セイショク|こわいろ・染色センショク・着色チャクショク・特色トクショク・難色ナンショク・配色ハイショク・敗色ハイショク・物色ブッショク・変色ヘンショク・無色ムショク

艴

色5(11) 3 9060 8274

フツ漢 物 fú

意味 怒って顔色を変えたさま。通 怫フツ。例 艴然フツゼン。

【艴然】フツゼン 顔色を変えておこるさま。

艶

色13(19) 1 1780 8276 常用

エン(エム)漢 艶 yàn

つや・なまめ-かしい(なまめ-かし)・なまめ-く・あで-やか

[艷] 色18(24) 2 7170 8277 旧字体。

[豔] 豆21(28) 4 8894 8C54 本字。

筆順 口 曲 曲 豊 豊 艶 艶

なりたち [形声]「豊(=ゆたかに大きい)」と、音「盇コウ→エン」とから成る。立派で美しい。

意味 ❶あでやかで美しい。なまめかしい。例 艶姿エンシ。妖艶ヨウエン。❷はなやかさ。光彩。いろ。つや。例 艶陽エンヨウ。艶蕾エンライ(=美しいつぼみ)。❸好む。したう。例 慕艶ボエン。

日本語での用法 《エン》《つや》「艶書エンショ・艶福エンプク・艶聞エンブン・艶事つやごと・艶話つやばなし・艶物つやものの芝居」▼男女の情事に関する意味をあらわす。

古訓 中古 いろふ・いろふかし・うるはし・きらきらし・なまめいたり・なよよかなり・やさし 中世 うるはし・みやびやか・やさし・やさし 近世 うるはし・つや・みめよし・みやびやか
人名 よし

【艶歌】エンカ ①なまめかしい歌。②日 明治・大正時代の流行歌。③日 歌謡曲の一つで、もの悲しい調子の歌。愛や恋の情感を主題とする、はやりうた。演歌。例 ―調。
【艶言】エンゲン なまめかしいことば。類 艶語。
【艶姿】エンシ なまめかしく美しいすがた。あですがた。艶容。
【艶書】エンショ 日 恋慕の気持ちをつづった手紙。恋文。
【艶笑】エンショウ ①あでやかにわらう。②日 色けとおかしみのある文学や演芸。例 ―文学。
【艶粧】【艶▼妝】エンショウ・エンソウ あでやかで美しいよそおい。美装。
【艶色】エンショク つややかで美しい顔色。
【艶美】エンビ なまめかしく美しいこと。艶麗。例 ―な女性。
【艶福】エンプク 男性が多くの女性にもてること。例 ―家(カ)。
【艶聞】エンブン 恋愛関係についてのうわさ。
【艶冶】エンヤ 〔「冶」も、なまめかしい意〕なまめかしく美しいさま。妖冶(ヨウヤ)。例 年たけてもなお―な姿。
【艶容】エンヨウ なまめかしく美しい容姿。艶姿。
【艶陽】エンヨウ ①花の咲くはなやかな晩春の時節。②春の別称。また、正月。③若く美しい。
【艶麗】エンレイ あでやかに美しいこと。艶美。例 ―なしぐさ。

［艶］ 色18(24) ⇩艶(エン)(1118ページ)

140 6画 艸 くさ（艹 くさかんむり そうこう）部

草が横に並んで生えている形をあらわす。「艸」が文字の一部になるときは「艹(四画)」「艹(三画)」「䒑」、また「艹」となるが、常用漢字では「艹(三画)」とするので、この辞典ではすべて「艹(三画)」に統一した。なお、「艹」は「あげまき」とも称し、「夢」「蔑」「歡」などの本来の字形「夢」「蔑」「歡」の一部分でもある。「艸」をもとにしてできている漢字と、「艹」の字形を目じるしに引く漢字とを集めた。

[0] 1119 艸 艹 艹 艹 䒑 [2] 1119 艾 𦫿 艽 艿 [3] 1120
芋 芎 芓 芝 芍 芊 芃 芒 [4] 1121 芙 花 苍 芽 芥
苅 芨 芹 芩 芸 芡 芫 芤 芴 芟 芷 芧 芿 芯 芻
苆 芮 芭 芺 芣 芾 芬 芳 芼 芦 [5] 1125 苡 苢 英
苑 苛 茄 芽 苷 苣 苦 茎 苟 茁 茌 若 苴 苫 苒
苔 苧 苕 苊 苳 苺 茇 范 苾 苗 苻 茀 苹 苞 茅
茆 茉 茂 苜 苙 苓 [6] 1130 苌 茨 茵 茡 茴 荄 茖
荕 荊 茋 荒 荒 茭 荇 茛 茈 茝 茲 茱 荛 茷 荀
茹 茸 茬 茜 荐 荎 草 荘 茱 茶 茰 荅 茼 茯 茫
茗 莽 莄 荔 茘 荆 [7] 1135 莚 荷 華 莪 莞 莟 莧
莍 莒 莢 莖 莫 莕 莩 莎 莝 莇 莘 荽 荿 莊 荼
莛 荻 莵 荳 荵 莓 莫 荸 莆 莽 莤 莠 莱 莉 莅
莨 [8] 1138 菴 萎 菀 菓 菏 華 葛 菅 菡 萑 萁 萓
菊 菌 菫 菇 菎 菜 棻 萗 菿 菑 菡 菽 菖 萃 菘
萋 菁 萕 菥 菹 菷 萏 著 萇 菟 萄 菪 菠 菝 菲
萆 萞 萍 菩 萌 萠 莾 萢 萊 菱 菉 菻 [9] 1142 葊
葳 葦 葭 萪 葢 萼 葛 葜 蒄 葵 葷 萱 菰 葫 葟
葒 葹 葇 葸 萩 葺 蒁 葰 葚 蒅 蓱 葥 葬 葱 葙
葼 蔕 葮 著 葶 菟 董 葛 葩 葡 萹 葆 葑 菐 萬
葯 萸 葉 落 葎 萵 [10] 1147 葦 蓊 蒯 蓋 蒦 蒹 蒿
蕢 蒟 蓑 蓙 蒴 蒜 蓍 蒔 蒺 蒻 蒐 蓚 蒋 蒸 蓐
蓁 蒭 蓎 蒼 蓀 蓄 蓆 蔦 蓜 蓓 蓖 蒲 蒡 蓂 蓫
蒙 蓉 蓫 蓮 蒗 [11] 1151 蔭 蔯 蔚 蔫 蔋 蓺 蔲 蔛
蔡 蓰 蓨 蓿 蓴 蔗 蔣 蓯 蕭 蔘 蔥 蔌 蔟 蔕 蔦
蓧 蔯 蓪 蓽 蔔 蓱 蔑 蔑 蓬 蔀 蔴 蔓 蔤 蓼 蔆
蓮 蔓 [12] 1154 蔭 蕓 蕚 蔄 蕢 蕎 蕀 蕙 蕨 蕞 蕣
蕉 蕘 蕈 蕁 蕊 蕋 蕤 蔬 蔵 蕏 蕩 蕃 蕪 蕡 蔽
蔽 蕕 蓏 蕯 蘂 [13] 1157 蔆 薁 蕰 薗 薤 薢 舊 薑
薌 薫 薊 薟 蕿 薨 蕻 蕺 藇 薯 蕭 薔 薪 薓 薛
薦 薝 薮 薙 蕽 薄 薄 薇 薇 蕛 薜 薬 蕷 薏 蕾
蕗 薐 薈 [14] 1161 薫 藁 薩 薩 藉 薷 薯 藎 藘 薺
藂 薹 藼 藋 獲 藭 藐 藊 [15] 1162 藙 藭 藕 藝 藷
藪 藏 藡 藤 藤 藩 藦 藥 藍 藘 藟 藜 [16] 1163 藹
蘊 藿 蘄 蘐 蘅 蘒 藷 蘃 蘇 蘓 藻 蘀 蘋 蘑 藾
蘭 藺 藶 蘆 蘢 [17] 1165 蘡 蘬 蘰 蘧 蘖 蘘 蘚 蘊
蘯 蘗 蘩 蘭 蘞 [18] 1166 蘜 [19] 1166 蘹 蘸 蘵 虀 蘼
蘿 [21] 1166 虌

この部首に所属しない漢字

栄→木 671
墓→土 299
慕→⺗ 521
膜→月 1103
莫→大 335
夢→夕 316
暮→日 637
蟇→虫 1178
募→力 181
幕→巾 436
甍→瓦 883
繭→糸 1057
惹→心 509
慈→心 517
瞢→目 934
驀→馬 1469

艸 艸0(6) 2 7171 8278
ソウ(サウ) 漢 呉 皓 cǎo
くさ
参考 「草(さく)」の本字。
意味 並んで生えている、くさ。草の総称。

艹 艹0(4) 4 8584 FA5D ⇩部首解説

艹 艹0(4) 4 8585 FA5E ⇩部首解説

艹 艹0(3) 4 8586 8279 ⇩部首解説

䒑 䒑0(3) 4 8587 4491 ⇩部首解説

艾 艹2(5) 2 7172 827E
一 ガイ 漢 泰 ài
二 ガイ 漢 ゲ 呉 隊 yì
よもぎ・もぐさ・か-る・おさ-める(をさ-む)

［𦫿］ 艹2(5) 3 9061 26AFF
俗字。

意味 一 ❶キク科の多年草。ヨモギ。若葉は草もち・草だんごに、葉の裏のわた毛は「もぐさ」として灸(キュウ)に用いる。例 艾草(ガイソウ)(=ヨモギ)。艾葉(ガイヨウ)(=ヨモギの葉)。❷(ヨモギのわた毛のように髪が白い)年寄り。特に、五十歳(の人)。例 艾年(ガイネン)。❸美しい。みめよい。例 少艾(ショウガイ)(=若くて美しい乙女)。❹やむ。絶える。例 未艾(ミガイ)(=まだ終わらない)。❺やしなう。そだてる。例 保艾(ホガイ)。二 ❶かりとる。かる。通 刈(ガイ)。❷悪い部分をかりとり、全体を整える。**おさめる**。例 艾安ガイアン。

【艾安】ガイアン 世の中が治まっていて、やすらかである。艾康。

【艾▼耆】ガイキ 〔「艾」は五十歳、「耆」は六十歳〕五、六十歳の老人。

【艾康】ガイコウ 「艾安ガイアン」に同じ。

【艾▼蒿】ガイコウ ヨモギ。蓬蒿ホウコウ。

【艾人】ガイジン ヨモギで作った人形。端午の節句に門戸の上にかけて邪気をはらった。

【艾年】ガイネン 〔頭髪がヨモギの葉のように白くなることから〕五十歳。

【艾老】ガイロウ 五十歳を過ぎた老人。

艽
艹2(5) 4 8588 827D ━キュウ(キウ)漢 尤 qiú ━コウ(カウ)漢 肴 jiāo

意味 ━遠く離れた土地。例 艽野キュウヤ。 ━「秦艽シンコウ」は、多年草でリンドウの一種。干した根を生薬として用いる。シンキュウ。ジンギョウ。

【艽野】キュウヤ 地の果ての荒野。

芀
艹2(5) 4 8589 827F ━ジョウ漢 蒸 réng ━ジョウ漢 径 rèng

意味 ━枯れた草の根から再び芽生えた草。 ━刈り取った草の根から生える草。ひこばえ。通 仍ジョウ。

芋
艹3(6) 1 1682 828B 常用 ウ漢呉 遇 yù いも

筆順 一 十 艹 艹 芏 芋

なりたち [形声]「艹(=くさ)」と、音「于ゥ(=大きい)」とから成る。根が実をつけたように大きくふくれる植物。

意味 イモ類の総称。特に、サトイモ。**いも**。例 芋菽シュク。子芋こいも。里芋さといも。

古訓 中古 いへついも・いへのいも・いも・おほいなり・おほきなり・けいも 中世 いへのいも・いも 近世 いも・おほいなり・さかんなり・しげる

人名 しげる

【芋▼蔓式】いもづるシキ 日 一つのことがきっかけになって、それにかかわる人や事柄が次々と明らかになること。例 ―に共犯者がつかまる。

【芋名月】いもメイゲツ 日 中秋の名月(=陰暦八月十五日の月)の別名。新しくとれたサトイモを供えるところからいう。→【栗名月】くりメイゲツ(684ジペー)→【豆名月】まめメイゲツ(1248ジペー)

【芋▼魁】ウカイ サトイモの大きな塊茎。親芋。おやがしら。いもがしら。

【芋茎】ウケイ|いもがら|ずいき サトイモの葉柄ヨウヘイ。食用にする。干したものを「いもがら」「ずいき」という。

【芋▼菽】ウシュク イモとマメ。

【芋▼粥】ウシュク|いもがゆ サツマイモ・ヤマノイモなどをたきこんだかゆ。

芎
艹3(6) 3 9062 828E キュウ(キウ)漢 東 xiōng

意味 「芎藭キュウキュウ」は、セリ科の多年草。干した根茎を生薬とする。川芎センキュウ。

芓
艹3(6) 4 8592 8293 ━シ漢 寘 zì ━シ漢 紙 zǐ

意味 ━アサの雌株。アサ。 ━根もとに土をかけて作物を育てる。つちかう。通 耔シ・秄シ。

芝
艹3(6) 1 2839 829D 常用 シ漢 支 zhī しば 付表 芝生しばふ

筆順 一 十 艹 艹 芝 芝

なりたち [形声]「艹(=くさ)」と、音「之シ」とから成る。めでたいしるしとされる植物。

意味 ❶きのこの一種。マンネンタケ。古くから、めでたいしるしとされる。例 霊芝レイシ。❷香草の名。ヨロイグサ。例 芝蘭シラン。

日本語での用法 《しば》「芝草くさしば・芝生しばふ」▼イネ科の多年草。庭やグラウンドなどに植える。

古訓 中古 かうばし・さく・さはうど・さはそらし・しば・ふさ 中世 しば 近世 しば・ひじりたけ

人名 しく・しげ・しげる・ふさ

難読 地芝かもうり

【芝生】━シセイ 霊芝レイシが生える。 ━しばふ 日 シバが一面に生えている所。また、一面に植えてある所。

【芝草】━シソウ きのこの名。マンネンタケの漢名。霊芝レイシ。 ━くさしば 日 イネ科の多年草。シバのこと。

【芝居】しばい 日 〔昔、猿楽の興行で、庶民の見物席には芝生が設けられていたことから〕①演劇。特に歌舞伎かぶきのこと。例 ―がかかる。②演劇の中での演技。例 ―がかったせりふをはく。③他人をだますためにする動作や行動。例 ―を打つ。

【芝眉】シビ 〔「芝」は唐の元徳秀の字あざな「紫芝」の略。房琯ボウカンが彼の眉宇ビウ(=まゆ)をほめたことから〕人の顔の敬称。尊顔。〈新唐・元徳秀伝〉類 芝宇シウ。

【芝▼蘭】シラン ①ヨロイグサとラン。香りのよい草。②人格者や徳の高い人。

【芝▼蘭▼之化】シランのカ すぐれた人による感化。〔〈家語・六本〉から〕

【芝▼蘭▼之室】シランのシツ 香り高い草のある部屋。すぐれた人のたとえ。例 与二善人一居、如レ入二芝蘭之室一(ゼンニンとおるは、シランのシツにいるがごとし)(=すぐれた人と交わることは、香り高い草のある部屋に入るようなもので、自然と感化される)。〈家語・六本〉→【鮑魚之肆】ホウギョのシ(1483ジペー)

芍
艹3(6) 2 7173 828D シャク漢 薬 sháo

意味 「芍薬シャクヤク」は、キンポウゲ科の多年草。初夏、赤や白のボタンに似た花が咲く。根は薬用にする。勺薬シャクヤク。

難読 芍薬かおよぐさ

芊
艹3(6) 4 8591 828A セン漢 先 qiān

意味 草木が盛んに茂る。例 芊芊センセン。

【芊芊】センセン 草が盛んに茂り、青々としたさま。

【芊眠】センベン|センメン|センミン ①草木の盛んに茂っているさま。仟眠センベン。芊緜センメン。②うるわしいさま。輝かしいさま。千眠センベン。

【芊▼緜】センメン 草木が茂るさま。芊眠センメン。

芃
艹3(6) 4 8590 8283 ホウ漢 東 péng

意味 「芃芃ホウホウ」は、草が茂るさま。参考 芃しげる(=人名)。

芒
艹3(6) 2 7174 8292 ━ボウ(バウ)漢 モウ(マウ)呉 陽 máng ━コウ(クワウ)漢 養 huǎng のぎ・すすき

意味 ━❶カヤの一種。葉は細長くてかたく、草履の材料となる。❷イネやムギなどの穂先にある、かたいとげのような毛。**のぎ**。のげ。例 芒種ボウシュ。麦芒バクボウ。❸「のぎ」のように先のとがったもの。きっさき。例 光芒コウボウ(=かがやき)。❹広々として果てしないさま。また、ぼんやりして、はっきりしないさま。通 茫ボウ。例芒然ボウゼン。 ㊁「芒芴コウコツ」は、ぼんやりして、とらえどころがない。

日本語での用法《すすき》▼イネ科の大形多年草。秋に、うす茶色の大きな穂を出す。秋の七草の一つ。おばな。

【芒種】ボウシュ ①イネ・ムギなど、穂先にとげのあるもの。②〔イネを植える時期の意〕二十四節気の一つ。太陽暦で六月五日ごろ。田植えどき。

【芒▼鞋】ボウアイ【芒▼鞵】ボウカイ わらぐつ。㊝芒履ボウリ。

【芒然】ボウゼン ①無心なさま。ものごとにとらわれないさま。②ぼんやりして我を忘れるさま。茫然ボウゼン。 例 芒然自失ボウゼンジシツ(=我を忘れる)。〈荘子・説剣〉 ③ぼやけてはっきりしないさま。

【芒芒】ボウボウ ①ぼんやりするさま。②疲れ切ったさま。③広々として果てしないさま。▽茫茫ボウボウ。

【芒昧】ボウマイ ぼんやりして明らかでないさま。

【芒洋】ボウヨウ ①果てしなく広がっているさま。例 ―たる海原うなばら。②とりとめがないさま。つかみどころがないさま。例 ―とした風貌フウボウ。▽茫洋ボウヨウ。

芙

艹4(7) 4 8603 82BA

オウ(アウ)㊥ 皓 ヨウ(エウ)㊥ 篠 ǎo

意味 草の名。アザミの一種。

花

艹4(7) 1 1854 82B1 教1

カ(クヮ)㊥ ケ(クェ)㊤ 麻 huā

はな

[苍]

艹4(7) 4 8601 82B2

別体字。

筆順 一 十 艹 艹 花 花 花

なりたち [形声]「艹(=くさ)」と、音「化カ」とから成る。草木のはな。

意味 ❶植物の茎や枝の先にあって、鮮やかな色や、よい香りをもつ部分。はな。例 花弁カベン。開花カイカ。❷中国では特にボタンの花。はな。〔日本では奈良時代はウメの花、平安時代以後はサクラの花を指した〕例 花見はなみ。探花タンカ(=花の名所をたずねる)。❸花がひらく。咲く。例 花信カシン。未レ花いまだはなさかず(=まだ花が咲かない)。❹花のような形の。花のように美しい。例 花押カオウ。火花ひばな。❺美女。または、歌舞をする妓女ギジョ。例 花容カヨウ。花娘カジョウ(=芸妓ゲイギ・娼妓ショウギ)。❻目がもうろうとする。はっきり見えない。めくらむ。例 眼花ガンカ。

日本語での用法《はな》①「お花はなの師匠シショウ」▼花道カドウ。生け花。②「職場ショクバの花はな・花形役者はながたヤクシャ」▼特に目立って人気のあるもの。③「知しらないうちが花はなだ」▼幸福な状態・時期。④「花はなを引ひく」▼花札。⑤「花代はなダイ」▼祝儀。揚げ代。

古訓 中古 かかやく・はな・はなさく 中世 はな 近世 あだばな・はな・はなさく

人名 はる・みち・もと

難読 花押かきハン・花車シャだし・花籠けこ・花鶏あとり・花櫚カリン・紫陽花あじさい・女郎花おみなえし・山茶花サザンカ・沈丁花ジンチョウゲ・浪花なにわ

【花英】カエイ 花。はなぶさ。華英。

【花園】カエン|はなぞの 花のたくさん咲いている庭園。また、花の咲き乱れている場所。

【花▼筵】カエン|はなむしろ〔「筵」は、敷物の意〕色とりどりの模様を織り出したむしろ。花蓆はなむしろ。花ござ。

【花王】カオウ ボタンの花。

【花押】カオウ 署名の代わりに、または署名の下にしるす、その人特有の記号として用いる図案。書き判。㊝花字・花書。

【花▼魁】㊀カカイ ①〔「魁」は、第一番目、さきがけの意〕ほかの花より先に咲くので)ウメの花。②ランの花。③ハスの花。④美女。㊁おいらん 日 最も位の高い遊女。太夫タユウ。また、遊女。

【花街柳▼巷】カガイリュウコウ 遊女屋などが集まっている地域。花柳街。遊里。色里。〈呂巌・敲爻歌〉→【花柳】カリュウ

【花客】カカク ①宋ソウの張敏叔チョウビンシュクが選んだボタン・ウメ・キクなどの十二種の花。②日 花を見物する人。花見客。③日 商売での、おとくいさま。顧客。華客。

【花冠】カカン ①美しいかんむり。例 花冠不レ整下レ堂来カカンととのわずしてドウをくだりきたる(=美しい飾りのある冠もゆがんだまま座敷から出てきた)。〈白居易・長恨歌〉②日 一つの花の花びらの全体。〔花びらの一つ一つは花弁という〕

【花顔】カガン 花のように美しい顔。華顔。㊝花貌カボウ。例 雲鬢花顔金歩揺ウンビンカガンキンポヨウ(=ふさふさとした髪、あでやかな顔、歩けば揺れる、金や珠玉で飾られたかんざし)。〈白居易・長恨歌〉

【花▼卉】カキ〔「卉」は、草の意〕花の咲く草。また、草花。

【花期】カキ 花の咲く時期。また、その花の見ごろ。㊝花時カジ。

【花器】カキ 日 花を生けるうつわ。陶磁器・ガラス器や竹のかごなど。花入れ。花生け。花瓶。

【花▼筐】カキョウ|はながたみ 花や若菜などをつんで、入れておくかご。はなかご。

【花茎】カケイ 日 スイセンやタンポポなどのように根から直接のびて葉をつけず、花だけ咲かせる茎。

【花月】カゲツ ①花と月。また、月に照らされた花。②花や月を楽しむ風流。③陰暦二月の別名。

【花言】カゲン うわべだけの、実のないことば。例 ―巧語。

【花戸】カコ ①花屋。花売り。また、植木屋。②戸籍に記載された世帯。〔さまざまな世帯が混じりあっていることから〕

【花甲】カコウ ⇩【華甲】カコウ(1136ジペー)

【花梗】カコウ 日 枝から分かれ出て、その先に花をつける柄え。㊝花柄カヘイ。

【花子】カシ ①女性の顔に描いたり、貼はったりする飾り。②花のたね。③乞食こじき。化子。

【花事】カジ 花をめでる。また、春に花見をする。

【花軸】カジク 日 イネ・ススキなど、穂の形の花をつける植物で、その中心になる太い茎。

【花実】㊀カジツ ①花と実み。②日 見かけと内容。㊁はなみ 日〔花と実の意から〕栄達や安楽のたとえ。例 死んで―が咲くものか(=死んでしまっては何にもならない)。

【花序】カジョ 日 茎についている、花の形や構造。

【花心】【花芯】カシン 一つの花の、おしべとめしべ。例 有限―。

【花信】カシン (季節ごとの)花が咲いたという知らせ。花便り。㊝花音カイン。

【花信風】カシンフウ 花を咲かせる春の風。花便りをもたらす風。〈荊楚歳時記佚文〉

【花唇】カシン ①花びら。②女性の口もとや(美女の)くちびるのたとえ。③うわべだけの、実ジツのないことば。

【花箋】【花▼牋】カセン ①美しい模様のある紙。詩などを書くのに用いる。②人の手紙の尊称。

【花▼朶】カダ 咲いている花。

【花旦】カタン ①遊女。②なまめかしい女を演じる女形おやま。

【花壇】カダン いろいろな草花で飾る植え込み。

【花中君子】カチュウのクンシ ハスの花の別称。泥にも染まらず清らかな姿を君子にたとえたもの。〔〈周敦頤・愛蓮説〉から〕

【花朝】カチョウ ①花の咲いている朝。㊝花晨カシン。②花の咲く時期。陰暦二月十五日、また、二月の中ごろ。

【花朝月夕】カチョウゲッセキ 花開く春の朝と月の出る秋の夕べ。陰暦二月十五日と八月十五日。一年で最も風情のあるひとときをいう。〈旧唐・羅威伝〉

【花鳥▼諷詠】カチョウフウエイ 日 詩歌の中に、四季の移り変わりに

よる自然のさまざまな姿をよみこむこと。

【花鳥風月】カチョウフウゲツ 日花・鳥・風・月などに代表される、日本古来の自然の美。また、そのような自然美を楽しむ風流。

【花天】テンカ 空いっぱいの花。にぎやかなさま。

【花▼鈿】デンカ 唐代、女性が額につけた飾り。直接彩色したり、花形の装飾品を貼はったりした。例花鈿委レ地無二人収一(=花のかんざしは地面に落ちたまま、拾い上げる者もいない)。〈白居易・長恨歌〉

【花道】ドウカ 日一 ⇩【華道】ドウカ ②(1136ジペー) 二 はなみち ①劇場で、正面の舞台へ通じる細長い通路。客席の中を通し、登場人物の出入りの演技に使う。②相撲で、力士が控え室を出て、土俵まで行く通路。③はなばなしく、多くの人に見られる場面。

【花瓶】ビンカ|ヘイカ|はながめ 花を生ける陶磁器やガラス製のうつわなど。花器。

【花譜】フカ 多くの花について、図を用いながら分類や解説をした書物。花の図鑑。

【花粉】フンカ 種子植物のおしべの中にある、こな。

【花弁(瓣)】ベンカ|はなびら 花びらの一つ一つ。

【花木】ボクカ ①花と木。②観賞用の美しい花の咲く木。

【花容】ヨウカ 花のように美しい姿かたち。顔ばかりでなく全身についていう。華容。類花態。

【花▼洛】ラクカ 日〔「洛」は、中国の古い都「洛陽」の略〕①はなの都。首都。②京都のこと。

【花柳】リュウカ ①花と柳。②芸者や遊女。また、遊郭。例―界。→【花街柳巷】カガイリュウコウ

【花梨】リンカ 日バラ科の落葉高木。春に紅色の花が咲く。実は果実酒やせき止めの薬などにする。

【花林糖】カリントウ 日粉に砂糖水を加えてまぜ、適当な大きさの棒の形にして油であげ、黒砂糖などをつけた菓子。

【花籠】はなかご 日花をつんだり、飾ったりするときに用いる、かご。

【花形】はながた 日①花のかたち。特に、サクラの花のかたち。②人気があってもてはやされること。また、その人やもの。

【花加留多】【花骨▼牌】はなガルタ 日「花札はなふだ」に同じ。

【花暦】はなごよみ 日花の名を、咲く季節あるいは月の順にあげ、その名の由来や、咲く場所などをしるした案内書。

【花束】はなたば 日いろいろな花を一つにたばねたもの。

【花火】はなび 日火薬にいろいろの工夫をして紙や筒に包み、火をつけると美しい火花が出るようにしたもの。例―大会。

【花房】はなぶさ 日①花がふさ状に咲いているもの。②花の萼ガク。

【花札】はなふだ 日マツ・ウメ・サクラなど十二か月をあらわす植物を描いた四十八枚のふだ。また、それを使ってする遊び。はな。花合わせ。花ガルタ。

【花吹雪】はなふぶき 日花びらが吹雪のように散ること。特に、サクラについていう。

【花婿】はなむこ 日結婚式で婿となる男性。新郎。対花嫁。

【花▼蓆】はなむしろ 日「花筵カエン」に同じ。

【花文字】はなモジ 日①大文字のローマ字などで、線や点に飾りをつけて書いた文字。飾り文字。②花の色や形などで工夫して、文字をあらわした図形。例―で表紙を飾る。

【花嫁】はなよめ 日結婚式で嫁となる女性。新婦プシン。対花婿。

●桜花オウカ・尾花おばな・雄花おばな・開花カイカ・生花セイカ・草花ソウカ|くさばな・造花ゾウカ・彼岸花ヒガンばな・火花ひばな・百花ヒャッカ・風媒花フウバイカ・雌花めばな・綿花メンカ・六花リッカ

6画

[艸(艹)] 4画▼ 芽 芥 苅 芨 芹 芩 芸

[芽] 艹4 (7) ⇩芽ガ(1126ジペー)

芥

艹4 (7) 1 1909 82A5 人

カイ漢 ケ呉 卦 jiè

からし・あくた・ごみ・ごもく

なりたち  [形声]「艹(=くさ)」と、音「介カイ」とから成る。野菜の名。カラシナ。

意味 ❶アブラナ科の二年草。カラシナ。茎や葉を漬物とし、実を粉にして香辛料とする。例芥子シカイ。❷ごく小さなもの。例繊芥センカイ(=細かい)。❸小さなごみ。とるにたりないもの。ちり。**あくた**。例塵芥ジンカイ。土芥ドカイ(=土と、ごみ)。

古訓 中古あくた・からし・ちり 中世あくた・からし・ちり 近世あくた・からし・ちり・ほそし

人名 しな

難読 芥川あくたがわ

【芥子】シカイ 一 カラシナの種。薬用・香辛料などにする。二 シケ 日①ケシ科の二年草。ヨーロッパ原産。初夏、白・赤・紫色などの四弁の花をつける。種は小さく多数あり、未熟の果実から阿片アヘンがとれる。罌粟シケ。②〔名詞の上につけて〕きわめて小さいの意をあらわす。例―粒。―人形。三 からし 日カラシナの種からつくった香辛料。辛子からし。例―あえ。

【芥子粒】ケシつぶ 日ケシの種。非常に小さいもののたとえ。

【芥視】カイシ 人を、ちりやあくたのように見下す。

【芥舟】カイシュウ ①水に浮かぶ草の葉などのごみ。②こぶね。

【芥▼蔕】カイタイ 〔「蔕」は、とげの意〕①ごく小さいもの。②胸につかえる。気がかりになる。不快感をもつ。

[苅] 艹4 (7) ⇩刈かる(152ジペー)

芨

艹4 (7) 4 8594 82A8

キュウ(キフ)漢 緝 jí

意味 「白芨ビャッキュウ|ハクキュウ」は、ラン科の多年草。シラン。根を薬用とする。白及ビャッキュウ。

芹

艹4 (7) 1 2260 82B9 人

キン漢 文 qín

せり

なりたち 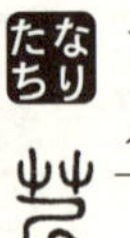 [形声]「艹(=くさ)」と、音「斤キン」とから成る。セリ。

意味 ❶湿地や水辺に生えるセリ科の多年草。**セリ**。香りがよく、食用になる。春の七草の一つ。❷人への贈り物の謙称。例芹意イキン(=自分の気持ちの謙称。微意)。献芹ケンキン。

古訓 中古せり 中世せり 近世せり

【芹献】ケンキン お口よごし。ものを贈るときに、へりくだって言うことば。〔〈列子・楊朱〉から〕類芹意。

【芹藻】ソウキン 科挙(=官吏登用試験)で、進士の志願者。また、学問の修得をいう。〔泮宮キュウハンと呼ぶ学校の池で、セリ(芹)や藻もを採ることを歌った詩〈詩経・魯頌・泮水〉から〕

芩

艹4 (7) 3 9066 82A9

キン(キム)漢 コン(コム)呉 侵 qín

意味 ❶イネ科の雑草。オヒシバ。家畜の飼料とする。❷「黄芩コウキン」は、シソ科の多年草。コガネヤナギ。

芸

艹4 (7) 1 2361 82B8 教4

A ゲイ漢呉 霽 yì

B 一 ウン漢 文 yún 二 ウン漢 問 yùn

くさぎ-る

[藝] 艹15 (18) 2 7326 85DD 人 旧字体。

[蓺] 艹11 (14) 4 8667 84FA 別体字。

筆順 一 十 卄 廾 芸 芸 芸

なりたち A[藝]  [会意] 本字は「埶」で、「丸(=持つ)」と「坴(=土くれ)」とから成る。手で持って植える。

B[芸] 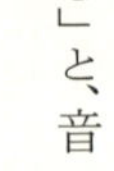 [形声]「艹(=くさ)」と、音「云ウン」とから成る。草の名。

参考 「藝」は、古くは「埶」のように書き、のちに「艹」や「云」が書き加えられて「藝」となった。常用漢字の「芸」は「藝」の「埶」の部分を省略したもの。

意味 A ❶種をまいたり草木を植えて育てる。例 園芸。農芸。❷学んで身につけた知識や技術。わざ。例 芸術。芸能。文芸。❸文章。書物。例 芸文。芸林。

B 一 ❶ミカン科の多年草。ヘンルーダ。書物の虫よけなどに使う。〔書籍や書斎に関する語にも用いる〕例 芸香。芸亭。❷草をかりとる。くさぎる。通 耘。例 芸二人之田一(=他人の畑の草をかりとる)。〈孟子・尽心下〉 二 植物が黄ばむさま。例 芸黄。

古訓 中古 うう・うく・うゆ・おきて・かまふ・しづかなり・つねに・なりはひ・のり・まと・よし・わざ 中世 おきて・しづかなり・よし・わざ 近世 うゆる・しわざ・つね・のり・わざ

人名 き・すけ・たくみ・のり・まさ・よし

【芸閣】①書物を入れておく倉庫。秘書省(=朝廷に所属する図書館)の別称。②書斎。書庫。▽類 芸台。

【芸香】香りのよい草、特にヘンルーダ。また、その香り。

【芸黄】(草木が枯れて)黄ばむ。

【芸▼帙】書物。〔虫よけに芸香(=香草)を用いたことから〕

【芸亭】日 奈良時代に石上宅嗣が自宅にひらいた日本最古の図書館。

【芸(藝)▼苑】【芸(藝)園】「芸林②」に同じ。

【芸(藝)界】日 芸能人の社会。芸能界。

【芸(藝)▼妓】日 宴席などで歌舞を仕事とする女性。妓女。芸者。

【芸(藝)事】一 ①技能。わざ。②文学や芸術。二 日 音楽・踊りなど、芸能や趣味に関する事柄。例 ―を習う。

【芸(藝)者】日 宴席で芸を見せて客をもてなすことを職業とする女性。芸妓。例 ―をあげる。―をよぶ。

【芸(藝)術】①学問と技能。②文学・音楽・絵画・演劇など、それぞれの様式で美を表現する活動。

【芸(藝)植】草木や作物を植えつける。種芸。

【芸(藝)人】一 学芸にすぐれた人。例 大道―。二 ①芸を演じて見せることを職業としている人。②多芸な人。芸の上手な人。

【芸(藝)祖】①学芸にすぐれていた祖先。文祖。〔先祖を尊んでいう〕②太祖。天子や諸侯の初代の別称。

【芸(藝)談】日 芸術・芸道についての体験談。

【芸(藝)当】日 ①演芸で、特別の技術習得が必要な芸。②離れわざ。危険な仕事。

【芸(藝)道】日 技芸や芸能のみち。例 ―ひと筋五十年。

【芸(藝)能】①技芸の才能。②日 演劇・音楽・舞踊など、人々を楽しませる演芸や技芸。例 ―人。伝統―。

【芸(藝)風】日 その人に独特な芸のやり方、持ち味。

【芸(藝)文】①さまざまな書物の総称。②日 詩や文章。文学。③日 芸術と文学。

【芸(藝)名】日 (本名ではなく)芸能人が仕事上で使う名前。

【芸(藝)林】①多くの書物が集まっている所。②芸術家の仲間・社会。芸苑。

● 園芸・演芸・学芸・曲芸・工芸・手芸・腹芸・武芸・文芸・民芸

茨 艹4 (7) 3 9063 82A1 ケン 漢 琰 qiàn

意味 スイレン科の一年生水草。オニバス。ミズブキ。

芫 艹4 (7) 2 7175 82AB ゲン(グェン) 漢 元 yuán

意味 ジンチョウゲ科の落葉低木。フジモドキ。サツマフジ。有毒で、つぼみを芫華といい、薬用にする。

芤 艹4 (7) 3 9065 82A4 コウ 漢 尤 kōu

意味 ❶ネギの別名。❷漢方医学で、脈象の名。血管がネギの管のようにからっぽで、浮いた感じの脈拍。例 芤脈。

芴 艹4 (7) 4 8602 82B4 一 ブツ 漢 物 wù 二 コツ 漢 月 hū

意味 一 野菜の名。ダイコンの類。二 かすんで、はっきりしないさま。通 忽・惚。例 芴然(=ぼんやりして、とらえどころがない)。芒芴。

芟 艹4 (7) 2 7176 829F サン(サム) 漢 咸 shān か-る・き-る・くさか-る

意味 ❶草を根元から切りとる。かる。例 芟除。❷取り除く。例 芟正。❸草刈りがま。草を刈る大きな鎌。

【芟▼夷】①雑草を刈り取る。②取り除く。③平らげる。平定する。④殺戮する。

【芟除】①草木を刈り取る。②賊をうち滅ぼす。

【芟正】悪い点を除き、正しくする。刪正。

芷 艹4 (7) 3 9068 82B7 シ 漢 紙 zhǐ

意味 セリ科の香草。ヨロイグサ。根は薬用。白芷。例 芷若(=白芷と杜若)。

苧 艹4 (7) 4 8593 82A7 一 チョ 漢 語 zhù 二 ショ 漢 ジョ 呉 語 xù

意味 一 ミクリ科の多年草。ミクリ。三稜草。二 トチの実。どんぐり。通 杼。例 与二若苧一、朝三而暮四足乎(=おまえたちにどんぐりをやろうと思うが、朝三つ夕方四つで足りるだろうか)。〈列子・黄帝〉

芿 艹4 (7) 3 9070 82BF ジョウ 漢 径 rèng

意味 ❶刈り取った草の根から生える草。ひこばえ。通 艿。❷のびほうだいの雑草。

参考 俊芿(=鎌倉時代前期の律宗の僧)。

芯 艹4 (7) 1 3136 82AF 常用 シン(シム) 漢 侵 xīn

筆順 一 ＋ 艹 艹 芯 芯 芯

なりたち [形声]「艹(=くさ)」と、音「心シ」とから成る。イグサの一種。

意味 ❶ともしびのしんに使う草。灯心草。❷ものの中央にある部分。中心。例 鉛筆の芯。

古訓 近世 くさのな

芻 艸4 (10) 2 7177 82BB [蒭] 艹10 (13) 2 7258 84AD 別体字。 スウ 慣 ス 漢 虞 chú かりくさ・くさかり・まぐさ・わら

意味 ❶草を刈る。また、草を刈る人。例 芻蕘。芻議。❷家畜のえさとする草。まぐさ。例 芻秣。反芻。❸草食性の家畜。ウシやヒツジなど。例 芻豢。

【芻議】①草刈り人の議論。浅はかな意見。②自分の

意見の謙称。

【芻▼狗】スウ｜コウ 祭祀シィに用いる、草を束ねて作ったイヌの人形。祭祀が終わると捨てられることから、うち捨てておかれるもののたとえ。また、無用のものや無用の議論のたとえ。例天地不仁、以二万物一為二芻狗一（テンチはフジンなり、バンブツをもってスウクとなす）（＝天地には仁愛の情がない。万物を、草で作ったイヌの人形のようにうち捨てておく）。〈老子・五〉

【芻▼豢】スウ｜カン ウシ・ヒツジなど草を食う家畜と、イヌ・ブタなど穀物を食う家畜。祭祀サイ用の動物のこと。転じて、ごちそう。〈孟子・告子上〉

【芻▼蕘】スウ｜ジョウ ①草を刈る人と、きこり。身分の低い者。〈孟子・梁恵王下〉②未熟な考え。自分の意見の謙称。

【芻米】スウ｜ベイ まぐさと米。牛馬の飼料と人の食糧。

【芻▼秣】スウ｜マツ まぐさ。かいば。牛馬の飼料。

【芻霊】スウ｜レイ 草を束ねて作った、人やウマの形。葬儀の際、副葬品にした。

苆

艹4（7） 3 9071 82C6 国字 すさ

意味 壁土に混ぜる、あらく刻んだ藁わらなど。すさ。寸莎さす。例苆藁すさわら。

芮

艹4（7） 3 9067 82AE ゼイ漢呉 霽 ruì

意味 ❶「芮芮ゼイ」は、草が芽生えるさま。❷周代の諸侯国の名。今の陝西セン省東部にあった。

芭

艹4（7） 1 3946 82AD 人 ハ漢 バ呉 麻 bā

なりたち ［形声］「艹（＝くさ）」と、音「巴ハ」とから成る。はなびら。はな。

意味 ⇩【芭蕉】バショウ

古訓 中世 からばし・くさつと 近世 にほひぐさ・バセウ

【芭▼蕉】バショウ バショウ科の多年草。中国南方の原産。高さ四、五メートルで、一メートルほどの長円形の葉をつける。茎の繊維を布や紙に利用する。例―布フ。

芙

艹4（7） 1 4171 8299 人 フ漢 虞 fú はす

なりたち  ［形声］「艹（＝くさ）」と、音「夫フ」とから成る。ハス。

意味 「芙蓉ヨウ」は、ハスの花。→蓮レ（1151ジペ）

古訓 中古 はちす 中世 はちす 近世 くさばちす・はちす

【芙▼蓉】フヨウ ①アオイ科の落葉低木。夏から秋にかけ、うす紅色の大きな五弁の花をひらく。花は一日でしぼむ。モクフヨウ。②ハスの花の別名。例―の顔ばせ（＝ハスの花のように美しい顔）。

【芙▼蓉峰】フヨウホウ ①湖南省にある衡山コウザンの峰の名。②日富士山をたたえていうことば。

芣

艹4（7） 3 9064 82A3 フ慣 フウ漢 尤 fú

意味 ❶花が盛りであるさま。❷「芣苡フイ」は、オオバコ科の多年草。オオバコ。

芾

艹4（7） 3 9069 82BE 一フツ漢 物 fú 二ヒ漢 未 ハイ漢 泰 fèi

意味 一❶草木が盛んに茂るさま。例芾芾フツ。❷祭礼に用いる膝ひざかけ。通韍フツ。二「蔽芾ヘイ｜ハイ」は、草木が茂るさま。また、小さいさま。参考 米芾ベイフツ（＝北宋の書家・画家）。

芬

艹4（7） 2 7178 82AC フン漢呉 文 fēn かお-る（かを-る）・かお-り（かをり）

意味 ❶草が生え出て、かおりを発する。かおる。また、そのかおり。例芬芬フン。❷よい評判。名声。例揚芬ヨウ（＝名を揚げる）。❸（数などが）多い。通紛。❹隆起しているさま。通墳。例芬然ゼン（＝高く盛り上がっているさま）。

【芬▼郁】フンイク かぐわしいさま。

【芬香】フンコウ ①よいかおり。②美徳。

【芬芬】フンプン ①かぐわしいさま。②盛んで美しいさま。③乱れるさま。紛紛プン。

芳

艹4（7） 1 4307 82B3 常用 ホウ（ハウ）漢呉 陽 fāng かんばしい（かんば-し）・かぐわしい（かぐは-し）・かお-り（かをり）

筆順 一 十 艹 艹 芏 芀 芳

なりたち  ［形声］「艹（＝くさ）」と、音「方ホウ」とから成る。よいかおりのする草。

意味 ❶花や草のよいかおり。かんばしい。また、かおりのよい草花。例芳香コウ。芳草ソウ。❷徳があり、名声のすぐれたさま。例芳声セイ。❸才徳のある人。賢者。例衆芳シュウ（＝多くの賢者）。❹（女性の）美しいさま。また、美人。例芳紀キ。❺わかい。青春。例芳年ネン。❻他人に関する事柄に添えて敬意をあらわすことば。例芳意イ。芳翰カン。芳名メイ。

古訓 中古 か・かうばし・にほひ・にほふ 中世 かうばし・にほふ 近世 かうばし・よろひぐさ

人名 か・かおる・かんばし・はな・ふさ・みち・もと・よし

難読 芳宜はぎの花はな・芳野よしの

【芳意】ホウイ 「芳情ジョウ」に同じ。

【芳園】【芳▼苑】ホウエン よいかおりの花々の咲く庭園。美しい庭園。例会二桃李之芳園一（トウリのホウエンにカイす）（＝モモやスモモの花の咲きにおう庭園に集まる）。〈李白・春夜宴桃李園序〉

【芳艶】ホウエン あでやかである。美しい。

【芳▼翰】【芳簡】ホウカン 相手の手紙の敬称。芳書。

【芳紀】ホウキ 日年若い女性の年齢。妙齢。例―まさに十八歳。

【芳景】ホウケイ 花の咲きにおう春の景色。

【芳▼馨】ホウケイ よいかおり。芳香。

【芳香】ホウコウ よいにおい。よいかおり。芳馨ケイ。

【芳魂】ホウコン ①花の精。②君子や美人のたましい。

【芳歳】ホウサイ ①正月。②若い年齢。妙齢。③春の美称。

【芳志】ホウシ 日相手の温かい心づかいや親切の敬称。おこころざし。芳情。芳意。芳心。例ご―かたじけない。

【芳樹】ホウジュ かぐわしい花の咲く樹木。

【芳春】ホウシュン さまざまな花が咲きにおっている春。春の美称。

【芳▼醇】【芳純】ホウジュン 酒が、かおり高く美味なさま。類芳醸。例―な酒。

【芳書】ホウショ 日相手の手紙の敬称。貴簡。芳翰カン。芳信。例ご―を拝見いたしました。

【芳情】ホウジョウ ①春のおもむき。②相手の心づかいの敬称。

【芳心】ホウシン ①美しいこころ。また、美人のこころ。②日「芳志シ」に同じ。

【芳信】ホウシン ①花が咲いたことを知らせる便り。花便り。花信。②「芳翰カン」に同じ。

【芳声】ホウセイ よい評判。名声。

【芳草】ホウソウ ①よいかおりのする草花。類芳卉キ。例芳草鮮美センビ（＝よいかおりの草花があざやかで美しい）。〈陶淵明・桃花源記〉②君子の美徳。

【芳▼叢】ホウソウ かぐわしい花の咲いているくさむら。

【芳▼樽】【芳尊】ホウソン ①よい酒を入れた、たる。②うまい酒。

【芳年】ホウネン ①若い女性の年ごろ。②春の時節。

【芳▼菲】ホウヒ 咲きにおう草花。また、かぐわしい草花が咲いているさま。
【芳▼馥】ホウフク よいにおい。かんばしくにおう。
【芳▼芬】ホウフン ①かんばしいかおり。花の香気。②名声。名誉。芳名。
【芳墨】ホウボク 日①相手の手紙や筆跡の敬称。例 ―を拝読いたしました。②かおりのよい墨。
【芳名】ホウメイ ①ほまれ。名誉。②人の名前の敬称。例 ―録。
【芳命】ホウメイ 日人の命令の敬称。仰せ。尊命。
【芳▼茗】ホウメイ かおりのよいお茶。
【芳▼醴】ホウレイ 甘くかおりのよい酒。あまざけ。
【芳烈】ホウレツ ①すぐれた功績。②かおりが、強くただようこと。
【芳▼醪】ホウロウ かおりのよい、どぶろく。うまいにごり酒。

芼
艹4 (7) 4 8604 82BC ボウ漢 モウ呉 号 mào えら-ぶ

意味 ❶草が地をおおい、はびこる。❷抜き取る。えらぶ。例 参差荇菜、左右芼レ之(シンシたるコウサイは、サユウにこれをえらぶ)。(=ふぞろいに茂るアサザを右に左に選びとる)。〈詩経・周南・関雎〉

芦
艹4 (7) ⇩蘆ロ(1165ジペー)

苡
艹5 (8) 2 7179 82E1 イ漢 紙 yǐ

[苢]
艹5 (8) 4 8605 82E2 本字。

意味 ❶「芣苡イフ」は、オオバコ科の多年草。オオバコ。葉と種は利尿やせき止めの薬となる。車前草シャゼンソウ。❷「薏苡ヨクイ」は、イネ科の一年草。ハトムギ。じゅずだまのような種は薬用に、葉は茶に用いる。例 薏苡仁ヨクイニン(=ハトムギの種)。

英
艹5 (8) 1 1749 82F1 教4 エイ漢 ヨウ(ヤウ)呉 庚 yīng ひい-でる(ひい-づ)・はなぶさ・はな

[偀]
亻8 (10) 3 1433 5040 別体字。

筆順 一 十 艹 艹 芇 苎 英 英

なりたち  [形声]「艹(=くさ)」と、音「央ウオ→イエ」とから成る。花が咲いても実のならないくさ。

意味 ❶草木の花。はな。㋐実のならない花。㋑はなびら。㋒はなぶさ。❷美しく、すぐれている。ひいでる。例 落英ラクエイ(=散る花。落花)。また、傑出した人物。例 英才エイサイ。英雄エイユウ。育英イクエイ。❸「英吉利イギリス」の略。例 英国エイコク。渡英トエイ。

古訓 中古 あだばな・すぐる・すぐれたり・はな・はなぶさ・ひづ・ひで・よし 中世 あだばな・すぐる・はなぶさ・ひで 近世 すぐるる・はな・はなし・はなしべ・はなぶさ

人名 あき・あきら・あや・しげ・しげる・すぐる・すぐれ・たか・たかし・たけ・たけし・つね・てる・とし・ひいず・ひで・ひでる・ひら・ひろ・ひろし・ふさ・まさ・まさる

難読 英吉里イギリス・英一蝶はなぶさイッチョウ(=近世の画家の名)

【英偉】エイイ すぐれている。抜きん出ている。また、その人。秀偉。
【英果】エイカ 果断である。英断。
【英華】エイカ ①ものごとのすぐれた美しさ。②すぐれた詩や文章。③美しい花。④名誉。
【英学】エイガク 日①英語によって学ぶ学芸・技術。②イギリスに関する学問。
【英気】エイキ ①すぐれた気性。才気。例 ―に満ちた人物。②ものごとに積極的に立ち向かっていく気力。やる気。元気。例 ―を養う。
【英傑】エイケツ 大事業をなしとげる才知と行動力をもった人物。英雄豪傑。英豪。例 維新の―。
【英賢】エイケン きわめてかしこい。また、その人。類 英乂エイガイ。
【英悟】【英▼晤】エイゴ すぐれていて悟りが早い。賢くて、わかりがよい。
【英語】エイゴ イギリスやアメリカなどで話されている言語。現在は両国が支配した地域をはじめ、広く世界で用いられている。イングリッシュ。
【英豪】エイゴウ 「英傑エイケツ」に同じ。
【英国】エイコク イギリス。
【英才】エイサイ 非常にすぐれた才能。また、その持ち主。俊才。秀才。例 得二天下英才一而教二育之一(テンカのエイサイをえて、これをキョウイクす)。〈孟子・尽心上〉 ―教育。表記 旧▼穎才
【英士】エイシ 才知にすぐれた男子。英賢。英俊。類 英乂エイガイ。
【英姿】エイシ 雄々しく立派な姿。
【英詩】エイシ 日英語で書かれた詩。
【英資】エイシ すぐれた生まれつき。立派な資質。
【英字】エイジ 日①英語を書きあらわすための文字。ローマ字。②英語。例 ―新聞。
【英主】エイシュ すぐれた君主。
【英俊】【英▼雋】エイシュン 才知が抜群にすぐれている。秀逸な人物。類 英哲。
【英書】エイショ 日英語で書かれた書物。
【英達】エイタツ 「英明エイメイ」に同じ。
【英断】エイダン ①思いきりよくものごとを決めること。②すぐれた決断。例 大―をたたえる。
【英知】【英▼智】エイチ すぐれた知恵。叡知エイチ。例 人々の―を集めた新技術。表記 旧▼叡▼智
【英図】エイト 大がかりな計画。すぐれたはかりごと。類 英算・英謨エイボ・英謀・英猷エイユウ・英略。
【英発】エイハツ 〔「発」は、発揮する意〕才知がわき出て外にあらわれる。すぐれて賢い。また、その人。
【英抜】エイバツ 才能が人より抜きん出て、すぐれている。また、その人。類 英挺エイテイ・英特。
【英風】エイフウ ①すぐれた風姿。英雄の風采フウサイ。②すぐれた徳の感化力。③よい風評。
【英文】エイブン 英語で書かれた文章。例 ―和訳。―タイプ。
【英▼髦】【英▼旄】エイボウ 〔「髦・旄」も、すぐれる意〕すぐれた才能のある立派な人物。英俊。
【英▼邁】エイマイ 〔「邁」も、すぐれる意〕才知が非常にすぐれている。英明。例 ―な君主。
【英名】エイメイ 非常にすぐれた評判。名声。類 英称・英声。例 天下に―をとどろかせる。
【英明】エイメイ 知恵が非常にすぐれていて、ものごとによく通じている。英達。例 ―果断。―な君主。
【英訳】エイヤク 日英語に訳す。また、その訳。例 和文―。
【英雄】エイユウ 知恵や行動力にすぐれた大人物。普通の人にはできない大事業をなしとげた人。ヒーロー。例 ―豪傑。
【英雄欺レ人】エイユウひとをあざむく 英雄は思いもよらないはかりごとをめぐらし、世間をだますことがある。〈李攀竜・唐詩選序〉
【英誉】エイヨ 栄はえあるかがやかしいほまれ。名誉。栄誉。例 ―をたたえる。
【英霊】エイレイ ①すぐれた資質をもった人物。②すぐれた人物の霊魂。③日戦死した人の霊魂の敬称。例 ―を祀まつる。
【英和】エイワ 日①英語と日本語。②イギリスと日本。日英。③「英和辞典」の略。英語の意味や用法を日本語で説明した辞典。
●育英イクエイ・俊英シュンエイ・和英ワエイ

苑

艹5 (8) 1 1781 82D1 人

一エン(ヱン)漢 オン(ヲン)呉 願 yuàn
二ウツ慣 ウン漢 吻 yùn

その

なりたち [形声]「艹(=くさ)」と、音「夗エ」とから成る。禽獣ジュウを飼うところ。

意味 一❶囲いをつくって家畜を放し飼いにするところ。まきば。例 鹿苑ロクエン(=シカを飼う園)。❷草木や花を植えるところ。にわ。その。例 苑池エンチ。御苑ギョエン。❸学者や文学者などの集まるところ。例 学苑ガクエン。文苑ブンエン。二積み重なる。気がふさぐ。通 蘊ウン。例 苑結ウッケツ。

古訓 中古 その 中世 その 近世 あや・かがまる・しげし・その

人名 しげる

【苑結】ウッケツ|ウンケツ 気がふさぐ。晴れ晴れとしない。鬱結ウッケツ。

【苑池】エンチ 庭園とそこにある、いけ。

【苑▼囿】エンユウ 鳥獣を放し飼いにする庭園。

苛

艹5 (8) 1 1855 82DB 常用

一カ漢 歌 kē
二カ漢 歌 hē

さいな-む・むご-い(むご-し)・いら-だつ・いじ-める(いぢ-める)

筆順 一 十 艹 艹 芇 苛 苛

なりたち [形声]「艹(=くさ)」と、音「可カ」とから成る。小さな草。

意味 一❶細かく、厳しくとがめたてるさま。わずらわしい。むごい。例 苛酷カコク。苛政カセイ。❷皮膚などの組織をただれさせる。ひりひりする。かゆい。例 苛性カセイ。苛癢カヨウ(=かゆみ)。二とがめる。責める。通 呵カ。例 苛難カナン(=厳しく問い詰める)。

日本語での用法 一《いじめる》「弱よわい者ものを苛いじめる・苛いじめっ子こ・苛いじめつける」▼故意に苦しめる。二《いらだつ》「神経シンケイが苛いらだつ」▼いらいらする。

古訓 中古 いかる・いら・いらいらし・いららく・からし 中世 いら・からし 近世 あしし・あらし・いかる・いら・いらいらし・からし・しへたぐる・わづらはし

【苛虐】カギャク むごく厳しくする。民を苦しめる。

【苛求】カキュウ 厳しく要求する。また、厳しく取り立てる。

【苛禁】カキン 民を苦しめる厳しい禁令。

【苛酷】【苛刻】カコク 無慈悲でむごいさま。例 —な労働を強いられる。

【苛細】【苛砕】カサイ 厳しくわずらわしい。苛煩。

【苛察】カサツ 人の過失などを厳しく細かに取り調べる。例 君子不レ為ニ苛察一クンシはカサツをなさず(=君子はことこまかにせんさくすべきでない)。〈荘子・天下〉

【苛責】カシャク|カセキ 厳しくせめたてる。

【苛性】カセイ 日 皮膚に激しく作用して、ただれさせる作用。例 —ソーダ。

【苛政】カセイ 税や刑罰などが煩雑で厳しい政治。

【苛政猛ニ▼於虎一】カセイはとらよりもたけし 煩雑で厳しい政治は、トラよりも激しく害が大きい。〈礼記・檀弓下〉

【苛税】カゼイ 厳しい税。重税。類 苛征。

【苛煩】カハン 政治が厳しく、わずらわしい。苛細。

【苛法】カホウ 煩雑で厳しい法律。例 父老苦ニ秦苛法一久矣フロウシンのカホウにくるしむことひさし(=長老たちが秦の厳しい法律に苦しんだのは、本当に久しい間であった)。〈史記・高祖紀〉

【苛礼】カレイ 煩雑な礼式。

【苛烈】カレツ 日 厳しく激しいさま。例 —な戦い。—な気候。

【苛▼斂】カレン 年貢や税金の厳しい取り立て。例 —誅求チュウキュウ(=年貢や税金を厳しく取り立てること)。

茄

艹5 (8) 1 1856 8304 人

一カ漢 麻 jiā
二カ漢 歌 qié

なす

なりたち [形声]「艹(=くさ)」と、音「加カ」とから成る。ハスの茎。

意味 一ハスの茎。→蓮レン(1151ページ) 二ナス科の一年草。ナス。なすび。例 茄子カシ。

古訓 中古 しく・なすび・はちす・はちすのくき 中世 なすび・はちす・はちすのくき 近世 なすび・はすのくき

【茄子】カシ|なす|なすび ナス科の一年草。食用に栽培。たまご形や球形をした暗紫色の実をつける。茄な。

芽

艹5 (8) 1 1874 82BD 教4

ガ漢 ゲ呉 麻 yá

め・きざ-す

[芽] 艹4 (7) 2F995 旧字体。

筆順 一 十 艹 艹 芒 芽 芽

なりたち [形声]「艹(=くさ)」と、音「牙ガ」とから成る。草木のめ。

意味 ❶草木が生え出るはじめの状態。め。例 新芽シンめ。発芽ハツガ。❷ものごとがはじまるきざし。めばえ。例 萌芽ホウガ。

古訓 中古 うまつなぎ・きざす 中世 きざす・ひこばえ 近世 きざす・くき・ぬきんづる・のぎ

人名 めい・めぐむ

●出芽シュツガ・新芽シンめ・麦芽バクガ・発芽ハツガ

苷

艹5 (8) 4 8607 82F7

カン(カム)漢 覃 gān

意味 ❶薬草の名。甘草カンゾウ。❷有機化合物の一種。グリコシド。

苣

艹5 (8) 2 7180 82E3

キョ漢 語 jù

意味 ❶草や木を束ねて火をつけたもの。たいまつ。通 炬キョ。例 束苣ソクキョ(=たいまつ)。❷「萵苣ワキョ」は、レタスの一種。チシャ。チサ。

苦

艹5 (8) 1 2276 82E6 教3

一コ漢 ク呉 麌 kǔ
二コ漢 ク呉 麌 gǔ

くる-しい(くる-し)・くるし-む・くるし-める(くる-しむ)・にが-い(にが-し)・にが-る

筆順 一 十 艹 艹 芏 苦 苦

なりたち [形声]「艹(=くさ)」と、音「古コ」とから成る。にがい草の名。

意味 一❶にがい。また、こころよくないさま。にがにがしい。例 良薬苦ニ於口一リョウヤクはくちににがし(=よい薬は口に苦い)。〈説苑・正諫〉苦言クゲン。苦汁クジュウ。❷つらい。くるしい。くるしむ。例 春宵苦レ短日高起シュンショウみじかきをくるしみひたかくしておく(=春の夜はその短さに苦しんで日が高く上がってから起きだす)。〈白居易・長恨歌〉苦痛クツウ。苦難クナン。困苦コンク。❸ものごとをなしとげるため骨を折ってはげむ。例 苦学クガク。苦心クシン。刻苦コック。❹きらう。にくむ。いとう。例 亭長妻苦レ之テイチョウのつまこれをいとう(=亭長の妻は《韓信シンの》ずうずうしさを嫌悪した)。〈漢書・韓信伝〉❺きわめて。ひどく。はなはだ。例 苦饑クキ(=たいそう腹をすかせる)。二粗悪な。できが悪い。通 盬コ。例 苦窳クユ。

古訓 中古 あし・いと・からし・くるし・くるしぶ・さやかなり・すむ・なやむ・にがし・ねむごろ・はなはだ・ゆがむ 中世 くるし・くるしむ・にがし・ねんごろ・はなはだ・ゆがむ 近世 くるしむ・こころよし・すみやか・つとむる・にがし・にがな・ねんごろ

難読 苦汁(にがり)・苦竹(かわたけ・まだけ)・苦参(くらら)・苦塩(にがり)・苦酒(シクュ・からさけ)・苦ねんごろ

【苦雨】(クウ) 〔人が苦しむことから〕長雨。例 秋無二苦雨一(あきにクウなし)(=秋に長雨が降らない)。〈左伝・昭四〉

【苦力】(クーリー) 〔中国語音〕肉体労働に従事した、下層階級の労働者。

【苦役】(クエキ) ①苦しい肉体労働。例 ―にかり出される。②刑罰として科される労役。

【苦海】(クカイ) 〔仏〕苦しみや悩みがつきないこの世を、深く果てしない海にたとえたことば。苦界(クガイ)。

【苦懐】(クカイ) 苦しい思い。

【苦界】(クガイ) ①〔仏〕苦しみや悩みが多く、救いのない世界。人間世界。苦海。②日 遊女のつらい境遇。例 ―に身をしずめる。

【苦学】(クガク) ①苦労して学ぶ。②日 働いて学費をかせぎながら学校に通って学ぶ。例 ―生。―力行(リッコウ)。

【苦渇】(クカツ) ①ひどくのどがかわいて苦しむ。②難儀に思う。

【苦髪楽爪】(クがみラクづめ) ⇩【苦爪楽髪】(クづめラクがみ)

【苦寒】(クカン) ①ひどい寒さ。また、寒さに苦しむこと。②貧困に苦しむこと。

【苦▼諫】(クカン) 苦言を呈して主君をいさめる。

【苦▼艱】(クカン) 苦しみと悩み。苦難。難儀。

【苦境】(クキョウ) 日 苦しくつらい境遇。不幸な立場。例 ―に立たされる。―を乗りこえる。

【苦行】(クギョウ) ①〔仏〕悟りをひらくために、つらく苦しい修行をする。また、その修行。例 難行―を重ねる。②つらく苦しい仕事。

【苦吟】(クギン) 苦心して詩歌を作る。また、その詩歌。

【苦言】(クゲン) 厳しいいさめのことば。ためにはなるが耳に痛い忠告。類 苦語・苦口。対 甘言。例 ―を呈する。

【苦患】(クゲン・クカン) 〔仏〕苦しみ。悩み。苦悩。例 ―を受ける。

【苦汁】(クジュウ) 一 ①にがいしる。②日 苦しみ。例 ―をなめる(=つらい経験をする)。二(にがり) 日 海水から塩を作るときに残る、にがみのあるしる。豆腐を固めるのに使う。にがしお。

【苦渋】(クジュウ) ものごとが順調にはかどらず、苦しくつらい思いをする。例 顔に―の色がうかぶ。

【苦笑】(クショウ) 日 にがわらい。例 ―を禁じ得ない。

【苦情】(クジョウ) 日 こうむった害や自分にとって不都合なことに対する、不平や不満。例 ―を処理する。

【苦心】(クシン) あることをなしとげるために考えたり工夫したりして心をつかう。骨折り。例 ―惨憺(サンタン)。

【苦辛】(クシン) 苦しい思いをする。辛苦。

【苦節】(クセツ) 苦しみや困難に負けず自分の考えや態度を守りとおすこと。例 ―十年初志をつらぬく。

【苦戦】(クセン) (相手が強かったり不利な状況にあったりして)苦しみながらたたかう。また、そのたたかい。苦闘。

【苦竹】(クチク) タケの一種。マダケ。クレタケ。

【苦衷】(クチュウ) 苦しい胸のうち。例 ―を訴える。

【苦痛】(クツウ) からだのいたみや心の悩み。例 ―がやわらぐ。

【苦爪楽髪】(クづめラクがみ) 日 苦労しているときはつめののびが早く、楽をしているときはかみの毛ののびが早い、という言いならわし。苦髪楽爪(クがみラクづめ)。

【苦闘】(クトウ) 困難な状況で必死にたたかう。たいへんな努力をすること。苦戦。例 悪戦―する。

【苦難】(クナン) 苦しみや難儀。例 ―の連続。

【苦肉】(クニク) 敵をだますために自分の身を苦しめること。例 ―の策。

【苦熱】(クネツ) ①厳しい暑さ。酷熱。②暑さに苦しむ。

【苦悩】(クノウ) なやみ苦しむ。例 ―の色が濃い。

【苦杯】(クハイ) 日 〔にがい汁を入れたさかずきの意〕にがい経験。つらく苦しい経験。例 ―を喫する。―をなめる。

【苦▼悶】(クモン) 痛みや悩みのために苦しみもだえる。苦悩。

【苦▼窳】(クユ・クコ) 〔「窳」は、陶器の焼け損じ〕粗悪でゆがんでいる。例 東夷之陶者器苦窳(トウイのトウシャのキクユなり)(=東の蛮族の土器造りたちの製品は粗悪であった)。〈韓非・難一〉

【苦楽】(クラク) 苦しみと楽しみ。例 ―をともにする。

【苦慮】(クリョ) 苦心してあれこれ考え悩む。

【苦労】(クロウ) 心やからだを苦しめ、疲れさせる。骨折り。例 取りこし―。―をかける。

●刻苦(コック)・困苦(コンク)・四苦八苦(シクハック)・辛苦(シンク)・忍苦(ニンク)・病苦(ビョウク)・貧苦(ヒンク)・労苦(ロウク)

茎

艹5 (8) 1 2352 830E 常用

ケイ 慣 コウ(カウ) 漢 ギョウ(ギャウ) 呉 庚 jìng

くき

[莖] 艹7 (10) 2 7219 8396 旧字体。

筆順 一 十 艹 艹 艾 苎 茎 茎

なりたち [形声]「艹(=くさ)」と、音「巠(ケイ→コウ)」とから成る。草木の幹。

意味 ❶草の、地上にのびて水分や養分の通路となる部分。くき。例 地下茎(チカケイ)。❷ものの柄(え)や取っ手の形をしていて、太さがあって少し長いもの。例 陰茎(インケイ)。玉茎(ギョクケイ)(=陰茎)。❸はしら。さお。例 金茎(キンケイ)(=銅柱)。❹細長いものを数えることば。例 数茎(スウケイ)の白髪(ハクハツ)。

古訓 中古 くき 中世 くき 近世 えだ・くき

●球茎(キュウケイ)・根茎(コンケイ)・地下茎(チカケイ)

苟

艹5 (8) 2 7181 82DF

コウ 漢 ク 呉 有 gǒu

いやし-くも

意味 ❶一時的に。かりそめに。例 苟免二於咎一(かりそめにとがをまぬかる)(=とりあえず災いをのがれる)。〈荘子・天下〉 ❷かりそめにする。いやしくもする。例 無レ所レ苟而已矣(いやしくもするところなきのみ)(=君子は自分のことばを)いいかげんにはしないものだ)。〈論語・子路〉 苟且(コウショ)。❸「いやしくも」「まことに」と読み、もし本当に・かりにも、の意。仮定をあらわす。例 苟有レ過、人必知レ之(いやしくもあやまちあらば、ひとかならずこれをしる)(=もし過失があったならば、人が必ず気づいてくれる)。〈論語・述而〉

難読 苟且(なおざり・かりそめ・あからさま)

【苟安】(コウアン) 一時しのぎの安楽をむさぼる。

【苟活】(コウカツ・かりそめにいく) いいかげんに、あるいは、なんとなく生きている。苟生。

【苟簡】(コウカン) ①一時の間に合わせ。かりそめ。②ものごとをいいかげんにする。一時しのぎに簡略にする。

【苟言】(コウゲン) その場しのぎの、いいかげんなことば。

【苟合】(コウゴウ) ①人に迎合する。へつらう。②ひそかに通じ合う。

【苟且】(コウショ) 一時の間に合わせ。かりそめ。

【苟生】(コウセイ・かりそめにいく) その時のなりゆきにまかせて、いいかげんな態度で生きる。いたずらに生きる。苟活。

【苟▼偸】【苟▼媮】(コウトウ) 一時的な平安に身を任せる。目の前にある安楽をむさぼる。

【苟得】(コウトク) 得てはならないものを、ごまかして手に入れる。

【苟免】(コウメン) 罰則や困難を一時的にまぬかれる。

【苟容】(コウヨウ) いいかげんな気持ちで相手の調子に合わせ、気に入られるようにする。むやみに人に取り入る。

茁

艹5 (8) 3 9076 8301

サツ 漢 黠 セツ 漢 屑 zhuó

意味 草が地上に芽を出しはじめるさま。例 茁壮(=盛んに生長するさま)。

茌

艹5 (8) 4 8610 830C

シ 漢 支 chí

意味 「茌平」は、山東省の地名。

若

艹5 (8) 1 2867 82E5 教6

一 ジャク 漢 ニャク 呉 薬 ruò
二 ジャ 漢 ニャ 呉 馬 rě

わかい(わか-し)・もしくは・も-し・ごと-し・し-く

付表 若人

筆順 一 十 廾 艹 艹 若 若 若

なりたち [会意]「艹(=くさ)」と「右(=みぎて)」とから成る。くさをえらびとる。借りて「しく」「もし」「ごとし」「なんじ」の意。

意味 一 ❶…におよぶ。おいつく。しく。例 徐公不レ若二君之美一也(=徐公はあなたほど美男子ではありません)。〈戦国策・斉一〉 ❷つつしんで従う。したがう。例 不レ若二於道一者、天絶レ之也(=道にさからう者は、天が断絶させてしまう)。〈穀梁・荘元〉 ❸二人称の代名詞。なんじ。例 若勝レ我(=おまえがわたしに勝つ)。〈荘子・斉物論〉 ❹そうしてこそ。そこで初めて。すなわち。例 必有レ忍也、若能有レ済也(=かならず耐え忍んでこそ、成功しうるのである)。〈国語・周中〉 ❺「もし」と読み、かりに…だとすれば、もし…したら、の意。仮定をあらわす。例 若反二晋国一(=もし晋の国に帰ったならば)。〈左伝・僖三〉 ❻「ごとし」「しく」と読み、このようである、の意をあらわす。例 浮生若レ夢(=人生は夢のようである)。〈李白・春夜宴桃李園序〉 ❼「何若」は「いかん」と読み、どのようか、どうであるか、の意。疑問をあらわし、状態や程度を問う。例 賢何若(=えらさはどのくらいか)。❽「若何」は「いかん(せん)」と読み、どうするか、どうしたらよいか、の意。疑問・反語をあらわし、処置や方法を問う。❾語のあとにそえる助字で、状態をあらわす。例 自若。二 ⇩【般若】(1114ページ)

日本語での用法 《ジャク》《わかい》《わか》「若年・若年寄・常若・若い衆」▼年がすくない。おさない。できてから時がたっていない。中国でも「弱」と同音なので「わかい」の意に用いたことがあるという。

古訓 中古 いかでか・いづくぞ・かくのごとし・ごとし・しく・したがふ・なんぢ・もし・もしくは・よし・わかし 中世 ごとし・もし・わかし 近世 ここに・ごとく・しく・なんぢ・もし・わかし

人名 なお・まさ・よし・より・わか・わかし・わく

難読 若干

【若▼箇】一 いくつか。いくらか。いったいどれくらい。二 どれ。どこ。

【若何】一 どうして。二 どのように。いかにして。どうして。例 ―ともしがたい事態。

【若▼榴】ザクロ。果樹の一つ。石榴。

【若為】どのようにして。どれほど。方法や程度などを問う語。

【若▼而】これこれの。なにがしの。人やものの名を明示せずあいまいにいうことば。

【若年】日 年が若いこと。また、その人。弱年。若齢。

【若木】一 中国から、日本を指していうことば。〔中国の伝説で、太陽の出るところにあったという木。一説に、崑崙山の西、太陽の沈むところにあったという木〕 二 日 生えて、まもない木。

【若齢】日 年の若いこと。弱齢。若年。

【若干】(数をはっきり言えないが)少量。わずか。少し。いくらか。例 ―名募集する。―気になる。

【若属】おまえたち。若輩。類 若曹

【若輩】一 おまえたち。例 若属皆且レ為レ所レ虜(=おまえたちはみな捕虜にされるだろう)。〈史記・項羽紀〉 二 日 年が若く未熟な者。青二才。弱輩。〔自分についていうときはへりくだった言い方〕

【若狭】日 旧国名の一つ。今の福井県西部にあたる。若州。

【若布】日 コンブ科の海藻。近海の海底に生え、汁の実やあえものにして食べる。和布。

●自若・般若・老若

苴

艹5 (8) 2 7183 82F4

一 ショ 漢 魚 jū
二 サ 漢 麻 chá

あさ・あらまき・くさづと・つと

意味 一 ❶くつの中敷きにする。また、くつ底に敷く。しく。例 冠雖レ敝、不二以苴一レ履(=冠はたとえ破れたとしても、くつ底には敷かない)。〈漢書・賈誼伝〉 ❷実のなるアサの雌株。アサの実。アサ。例 苴布(=アサで織った粗末な布)。❸わらなどで魚などの食品を包んだもの。つと。また、包む。例 苞苴(=おくりもの)。❹おぎなう。つくろう。例 補苴。❺粗末な。例 苴服(=粗末な衣服)。二 枯れた草。

【苴▼杖】父親の喪中に用いる竹製の粗末なつえ。

【苴▼絰】父親の喪中に頭と腰に巻くアサの縄。

苫

艹5 (8) 1 3849 82EB

一 セン(セム) 漢 呉 塩 shān
二 セン(セム) 漢 呉 艶 shàn

とま

意味 一 ❶編んで屋根をおおう、カヤ。とま。例 苫屋。❷喪中に敷いて寝るむしろ。例 寝苫。二 草などで屋根をふく。おおう。

【苫屋】一 屋根をおおう。葺く。二 日 とまで屋根をふいた、粗末な家。

苒

艹5 (8) 2 7182 82D2

ゼン(ゼム) 漢 琰 rǎn

しげ-る・すす-む・めぐ-る・やわ-らか(やは-らか)

意味 ❶「苒苒」は、草が盛んに茂るさま。のびのびになるさま。❷「荏苒」は、時がいたずらに過ぎるさま。

苔

艹5 (8) 1 3461 82D4 人

タイ 漢 灰 tái

こけ

なりたち [形声] 本字は「菭」で、「艹(=くさ)」と、音「治チ→イタ」とから成る。水性のコケ。

意味 ❶湿地や古い木、また岩の表面をおおうように生える植物。コケ。例 蘚苔(=コケ)。❷(tāi) 舌の表面にできるコケのようなもの。例 舌苔。

日本語での用法 《のり》「青苔」▼海藻ののりなどを加工して作った食品。

古訓 中古 こけ・のり 中世 こけ・のり 近世 こけ・のり

難読 海苔・布苔・青苔

【苔衣】一 植物の、コケ。二 日 僧などの着る粗末な衣服。こけのころも。

【苔径】苔むした小道。

【苔▼砌】苔むした石だたみ。

【苔銭】コケが銭の形のように丸くて、あたりに点々と生えていること。

【苔▼蘚】コケ。

【苔点】点々と生えているコケ。

【苔桃】ツツジ科の常緑小低木。フレップ。高山に生え、小さな赤い実をつける。実は果実酒などにする。

【苔▼磴】タイトウ　苔けむした石の階段。類苔階。
【苔髪】タイハツ　長くのびたコケを、髪にたとえたもの。

苧
⺾5 (8) 1 3587 82E7　チョ漢 語 zhù　からむし・お(を)

意味　イラクサ科の多年草。**カラムシ**。アサの一種で、織物やロープの材料になる。例 苧麻チョマ(=カラムシ)。

日本語での用法　《**お**》「苧環おだまき」▼つむいだ麻糸。また、キンポウゲ科の多年草。イトクリソウ。

【苧環】おだまき　日 ①つむいだ麻糸を巻きとって、中空の玉にしたもの。②植物のオダマキ。

苕
⺾5 (8) 3 9072 82D5　チョウ(テウ)漢 蕭 tiáo

意味　❶ノウゼンカズラ科のつる性木本。ノウゼンカズラ。❷マメ科の一年草。カラスノエンドウ。❸アシやオギの穂。ほ。

苨
⺾5 (8) 4 8606 82E8　デイ漢 薺 nǐ

意味　❶「薺苨セイデイ」は、キキョウ科の多年草。ソバナ。❷「苨苨デイデイ」は、草が茂るさま。

苳
⺾5 (8) 2 7184 82F3　トウ漢 冬 dōng　ふき

意味　「苣苳キョトウ」は、冬に生える草の一種。

日本語での用法　《**ふき**》「苳ふきの煮物にもの」▼キク科の多年草。山野に生え、食用に栽培もされる。蕗ふき。

苺
⺾5 (8) 2 7185 82FA 人　バイ漢 マイ呉 灰 méi　いちご

[莓] ⺾7 (10) 2 7186 8393　別体字。

なりたち  [形声]「⺾(=くさ)」と、音「母ボ→バイ」とから成る。大イチゴ。

意味　❶バラ科の多年草。**イチゴ**。白い花をつけ、実は赤くて甘酸っぱい。❷コケ。例 苺台バイダイ(=コケ)。

古訓　中古 いちびこ・こけ　中世 いちご・こけ　近世 いちご・きいちご・くさいちご・こけ

茇
⺾5 (8) 4 8608 8307　ハツ漢 バツ呉 曷 bá

意味　❶草の根。ね。❷野宿する。やどる。例 茇舎バッシャ(=野営する)。❸山野を歩き回る。通跋バツ。例 茇渉バッショウ(=歩き回る。跋渉バッショウ)。

范
⺾5 (8) 2 7187 8303　ハン(ハム)漢 鎌 fàn

意味　❶虫の名。ハチ。❷鋳型いがた。また、法則。通範。❸姓の一つ。例 范蠡ハンレイ(=春秋時代の越エツの政治家)。

苾
⺾5 (8) 3 9074 82FE　ヒツ漢 質 bì

意味　よい香りがするさま。かんばしい。例 苾苾ヒツヒツ。

【苾苾】ヒツヒツ　よい香りがあふれる。かんばしいさま。類 苾芬ヒツフン・苾勃ヒツボツ。

苗
⺾5 (8) 1 4136 82D7 常用　ビョウ(ベウ)漢 ミョウ(メウ)呉 蕭 miáo　なえ(なへ)・なわ(なは)

筆順　一 十 廾 艹 芇 芇 苗 苗

なりたち  [会意]「⺾(=くさ)」と「田(=はたけ)」とから成る。田に生える草。

意味　❶芽を出したばかりの植物。**なえ**。例 苗木なえぎ。豆苗トウビョウ。❷生まれたての動物。例 魚苗ギョビョウ。❸外にあらわれた形。兆し。例 言者志之苗ゲンはこころざしのなり(=ことばは志が表現されたものである)。〈白居易・読張籍古楽府〉❹子孫。例 苗裔ビョウエイ。❺民衆。人民。例 黎苗レイビョウ。❻夏の狩り。例 夏苗カビョウ。❼中国華南地方やインドシナ北部山地に住む少数民族の名。苗族ミャオゾク。

古訓　中古 かり・なへ　中世 かたばみ・なへ　近世 おほし・なつのかり・なへ・もとむ

人名　え・たね・なり・みつ

【苗木】なえぎ　日 樹木の幼い株。木のなえ。
【苗床】なえどこ　日 草花・野菜・樹木などのなえを育てるところ。
【苗▼而不▲秀】なえにしてひいでず　〔なえのままで穂が出ない意〕若死にのたとえ。また、学問を志したが、成就しないことのたとえ。〈論語・子罕〉
【苗代】なわしろ　日 〔水田に植えるまでの間〕イネの種をまいて、ある程度の大きさになるまでなえを育てるところ。苗代田なわしろだ。
【苗▼胤】ビョウイン　遠い子孫。末胤。苗裔ビョウエイ。
【苗▼裔】ビョウエイ　遠い後の子孫。後代の子孫。苗胤ビョウイン。
【苗稼】ビョウカ　イネのなえ。
【苗族】一 ビョウゾク　遠い血縁の子孫。一族。二 ミャオゾク　⇩意味❼
【苗字】ミョウジ　日 その家の名。姓。名字ミョウジ。
●早苗さなえ・種苗シュビョウ・痘苗トウビョウ

苻
⺾5 (8) 2 7188 82FB　フ漢 虞 fú

意味　❶ナス科の多年草。ヒヨドリジョウゴ。山野に生え、実をヒヨドリが好むという。有毒で薬に利用する。❷アシの茎の中にある白いうすかわ。あまかわ。❸姓の一つ。例 苻健フケン(=五胡十六国の前秦ゼンシンの王)。

茀
⺾5 (8) 3 9075 8300　一 フツ漢 物 fú　二 ホツ漢 月 bó　三 ハイ漢 隊 bèi

意味　一 ❶雑草が道をおおう。❷生い茂る草を刈る。❸車の覆い。おおい。二 急におこるさま。通勃ボツ。例 茀然ホツゼン。三 ほうき星。通孛ハイ。例 茀星ハイセイ(=ほうき星)。

苹
⺾5 (8) 2 7189 82F9　ヒョウ(ヒャウ)慣 ヘイ漢 庚 píng　うきくさ

意味　❶水草の一種。**ウキクサ**。通萍ヘイ。❷シダ植物の一種。❸キク科の多年草。ヨモギ。❹「苹果ヘイカ」は、リンゴの実。

苞
⺾5 (8) 2 7190 82DE　ホウ(ハウ)漢 肴 bāo　つと

意味　❶草履にしたり、ものを包むために用いる草やわら。また、包んだもの。**つと**。例 苞苴ホウショ。❷草木が茂る。さかんに密生する。例 竹苞松茂チクホウショウモ(=タケやマツがさかんに茂る。転じて、長寿を祝うことばとして用いる)。

日本語での用法　《**ホウ**》「茗荷ミョウガの苞ホウを食たべる」▼草木の芽やつぼみをおおって保護する葉。

難読　苞あらまき・苞はかま(=ツクシの茎を包んでいる葉のようなもの。どんぐりの実のわん状の殻)

【苞▼苴】ホウショ　〔つつみ草と、しき草の意〕①贈り物。②賄賂ワイロ。まいない。
【苞桑】ホウソウ　①クワの木の根。②ものごとの根本がしっかりしているさま。

【苞羅】ホウラ たくさんのものを包んで、ひとまとめにする。包括。

茅

艹5 (8) 1 1993 8305 人 ボウ(バウ)漢呉 肴 máo かや・ち・ちがや

なりたち [形声]「艹(=くさ)」と、音「矛ボウ」とから成る。カヤ。チガヤ。

意味 ❶屋根をふいたり、縄を作ったりするのに用いる草の総称。**カヤ**。**チガヤ**。通茆(ボウ)。例 茅茨(ボウシ)。❷カヤでふいた屋根。かやぶき。例 茅屋(ボウオク)。茅舎(ボウシャ)。

古訓 中古 ち 中世 かや・ち・ちがや 近世 あし・ち・ちがや

難読 茅蕈(たけ)・茅蜩(ひぐらし)・茅台酒(マオタイシュ)・茅渟鯛(ちぬだい)

【茅屋】ボウオク かやぶきの家。あばら家。また、その屋根。茅舎。〔自分の家の謙称〕例 茅屋為二秋風所一レ破(ボウオクシュウフウのやぶるところとなる)(=かやぶきの屋根が秋風に吹き飛ばされた)。〈杜甫・茅屋為秋風所破歌〉

【茅軒】ボウケン かやぶきの軒(のき)。かやぶきの家。類 茅簷(ボウエン)。

【茅▼柴】ボウサイ うすくて酔いがすぐ覚める酒。〔チガヤやシバは火をつけてもすぐ燃え尽きてしまうことから〕

【茅茨】ボウシ チガヤと、いばら。また、それで屋根をふいた、粗末なあばら家。

【茅室】ボウシツ かやぶきの粗末な部屋。類 茅斎・茅堂。

【茅舎】ボウシャ 「茅屋(ボウオク)」に同じ。

【茅▼茹】ボウジョ 多くのカヤの根がからみ合っていること。同種のものの結束が固いことや、多くの賢人が朝廷に連なっていることのたとえ。〈易・泰〉

【茅塞】ボウソク カヤが生い茂って道をふさぐ。欲のために心がおおわれること。例 茅塞レ之矣(ボウこれをふさぐ)(=カヤが道をふさぐように、邪念が心をふさいでしまっているのだ)。〈孟子・尽心下〉

【茅店】ボウテン 〔かやぶきの店の意〕田舎の茶店。また、粗末な宿屋。

【茅土】ボウド 諸侯を封(ホウ)じる。また、その領地。〔漢代、諸侯を封じるとき、天子は領土の方角に相当する五行説の色(たとえば東方は青)の土をカヤに包んで諸侯に与えたことから〕

【茅門】ボウモン ①かやぶきの屋根の門。②自分の家の謙称。

【茅▼牖】ボウユウ 〔カヤで作った窓の意〕貧しい家。

茆

艹5 (8) 2 7191 8306 一 ボウ(バウ)漢 巧 mǎo 二 ボウ(バウ)漢 肴 máo かや・こうほね(かうほね)・さか-ん・しげ-る・ぬなわ(ぬなは)

意味 一 スイレン科の多年生水草。ジュンサイ。**ヌナワ**。ぬめりがあり、若い芽や葉は食用。二 **カヤ**。通茅(ボウ)。

茉

艹5 (8) 2 7193 8309 人 マツ慣 バツ漢 曷 mò

なりたち [形声]「艹(=くさ)」と、音「末バツ」とから成る。木の名。

意味 「茉莉(マツリ)」は木の名。常緑低木で、白い花は香りが高く、ジャスミン茶に用いる。

古訓 近世 なしのはな

人名 ま

茂

艹5 (8) 1 4448 8302 常用 ボ・ボウ漢 ム・モ呉 宥 mào しげる

筆順 一 十 廾 艹 芦 茂 茂 茂

なりたち [形声]「艹(=くさ)」と、音「戊ボ」とから成る。草木が盛んにしげる。

意味 ❶草木が盛んにのびる。**しげる**。例 繁茂(ハンモ)。❷盛んで豊かなさま。例 茂盛(モセイ)。❸美しい。すぐれている。例 茂材(モサイ)。❹つとめる。通懋(ボウ)。例 茂育(ボウイク)(=育成につとめる)。

古訓 中古 あり・さかゆ・さかり・さかりなり・しげ・しげし・つとむ・もし・もち・もつ・もゆ 中世 あり・しげ・しげし・しげる・つとむる・ほこる・もち 近世 さかんなり・しげる・つとむ・もし

人名 あり・しく・しげ・しげみ・たか・つとむ・とお・とも・とよ・もち・もと・ゆた・ゆたか

【茂異】モイ すぐれた才能で、ほかと異なっている。また、その人。

【茂行】モコウ 立派なおこない。

【茂才】モサイ 科挙(=官吏登用試験)の科目の名。〔もと「秀才」といったが、後漢の光武帝の諱(いみな)である秀を避けて「茂」を用いた〕

【茂材】モザイ すぐれた人材。

【茂秀】モシュウ 才能がすぐれ、ひいでている。また、その人。

【茂盛】モセイ ものごとがたいへんさかんなこと。

【茂跡】【茂▼迹】【茂績】モセキ 立派な業績。

苜

艹5 (8) 2 7192 82DC ボク漢 モク呉 屋 mù

意味 「苜蓿(モクシュク)」は、マメ科の二年草。ウマゴヤシ。茎は地をはうものが多く、葉は小さい。紫または黄色の小さな花をつけ、古くは食用にもされた。

苙

艹5 (8) 2 7194 82D9 リュウ(リフ)漢 緝 lì おり・よろいぐさ(よろひぐさ)

参考 日本では「笠(リュウ)」の俗字として用いる。

意味 ❶家畜を入れる囲い。**おり**。❷セリ科の多年草。**ヨロイグサ**。ハナウド。若葉は食べられる。根は薬用。

苓

艹5 (8) 1 4674 82D3 一 レイ漢 リョウ(リャウ)呉 緝 líng 二 レン漢 先 lián

意味 一 ❶薬草の名。苓耳(レイジ)。ミミナグサ。❷マメ科の多年草。カンゾウ。根が甘く、薬として用いる。❸香草の名。例 芳苓(ホウレイ)。❹おちる。おちぶれる。通零。例 苓落(レイラク)(=草木がしぼむ。また、おちぶれる)。二 ハス。通蓮(レン)。例 芳苓(ホウレン)(=ハス)。

䒾

艹6 (9) 4 8618 44BE イ漢 微 yī みの

意味 義未詳。例 䒾内(みのうち)(=姓)。

参考 日本では、「蓑(みの)」の俗字として人名に用いる。

茨

艹6 (9) 1 1681 8328 常用 シ漢 支 cí いばら・うばら

筆順 一 十 廾 艹 艹 艹 茨 茨

なりたち [形声]「艹(=くさ)」と、音「次シ」とから成る。カヤで屋根をおおう。

意味 ❶カヤで屋根をふくこと。かやぶき。例 茅茨(ボウシ)(=カヤで屋根をふくこと)。❷とげのある低木の総称。**いばら**。**うばら**。例 茨棘(シキョク)。

古訓 中古 はまひし・ふく・みづふき・むばら 中世 うばら・かや・ちがや・はまひし・みづふき 近世 かや・かやふく・つむ・はまびし・むばら

参考 茨城(いばらき)(=県名)。

【茨▼棘】シキョク ①いばら。②草深い田舎。

茵

艹6 (9) 2 7201 8335 イン漢呉 真 yīn しとね

意味 車中で、座ったり横になったりするときの敷物。また、**しとね**。例 茵席(インセキ)。

難読 茵蔯蒿(かわらよもぎ)【茵▼蓆】(インセキ) 座席に置く敷物。類茵蓐(インジョク)・茵褥(インジョク)。

芋

艹6(9) 3 9077 8362 国字 ウ お

意味 人名・地名に用いる。例 芋坪(おつぼ)(=姓)。東芋畑(ひがしうばたけ)(=宮崎県の地名)。

茴

艹6(9) 2 7202 8334 カイ(クヮイ)漢 ウイ唐 灰 huí
くれのおも

意味 「茴香(ウイキョウ)」は、セリ科の多年草。特有の芳香があり、食用・薬用とされる。クレノオモ。

難読 茴麻(ささやき)

荄

艹6(9) 4 8616 8344 カイ漢 灰 gāi

意味 草の根。ね。例 根荄(コンガイ)。

茖

艹6(9) 2 7203 8316 カク漢 陌 gé

意味 ユリ科の多年草。ギョウジャニンニク。深山に生え、若芽や根茎は食用になる。茖葱(カクソウ)。

[筋] 艹6(9) ⇩筋(キン)(997ジペー)

荊

艹6(9) 1 2353 834A ケイ漢 キョウ(キャウ)呉 庚 jīng
いばら

意味 ❶バラやカラタチなど、とげのある低木の総称。いばら。また、罪人を打つむちに使われた木。また、そのむち。例 負レ荊(ケイをおう)(=《謝罪の意思を示すため》いばらのむちを背負う)。〈史記・廉頗藺相如伝〉荊冠(ケイカン)。荊棘(ケイキョク)。❷春秋戦国時代の楚(ソ)の国の別称。❸自分の妻をへりくだっていうことば。例 荊妻(ケイサイ)・拙荊(セッケイ)・老荊(ロウケイ)。❹姓の一つ。例 荊軻(ケイカ)(=戦国時代末の刺客)。❺古代の九州の一つ。荊州(ケイシュウ)。今の湖北・湖南・広東(カントン)・広西(コウセイ)・貴州・四川(シセン)各省にわたる地域。

難読 荊棘(いばら・うばら)・荊梨(いわなし)

【荊冠】(ケイカン) 日〔キリストが十字架にかけられたときにかぶせられたかんむりから〕いばらのかんむり。受難をたとえていう。

【荊▼杞】(ケイキ) ①いばらとクコ(枸杞)。荒れ地に生える低木。②悪臣のたとえ。

【荊▼棘】(ケイキョク) ①とげのある木。いばら。②いばらなどの茂る荒れた土地。③障害となるもの。困難なこと。

【荊妻】(ケイサイ) 自分のつまをへりくだっていうことば。愚妻。荊室。〔後漢の梁鴻(リョウコウ)の妻が、粗末ないばらのかんざしをさした故事から〕類荊婦。

【荊室】(ケイシツ) 「荊妻(ケイサイ)」に同じ。

【荊扉】(ケイヒ) 〔いばらのとびらの意〕粗末な家。

【荊門】(ケイモン) ①いばらの門。②湖北省宜都県の近くにある山。ふもとの長江は急流の難所。

[苽] 艹6(9) ⇩菰(コ)(1144ジペー)

荒

艹6(9) 1 2551 8352 常用 コウ(クヮウ)漢呉 陽 huāng
あらい(あら-し)・あれる(あ-る)・あらす・すさ-む・すさ-ぶ

[荒] 艹6(9) 旧字体。

筆順 一 十 艹 苎 芒 芒 芒 荒

なりたち [形声]「艹(=くさ)」と、音「巟(コウ)」とから成る。雑草が一面に生えてあれはてる。

意味 ❶土地が草ぼうぼうでひらかれていないさま。あれる。例 三径就レ荒(サンケイコウにつく)(=庭の三本の小道は荒れはてている)。〈陶淵明・帰去来辞〉荒地(コウチ)(=あれ地)。荒野(コウヤ)。❷天災のため穀物が実らないさま。飢饉(キキン)。不作。例 荒歳(コウサイ)。凶荒(キョウコウ)(=飢饉)。❸ものごとが乱れ、だめになる。あれる。すさむ。例 荒廃(コウハイ)。荒涼(コウリョウ)。❹おぼれる。おこたる。例 荒淫(コウイン)。荒怠(コウタイ)。❺あらあらしい。乱暴な。あらい。例 荒天(コウテン)。荒療治(あらリョウジ)。❻でたらめで、とりとめのないさま。例 荒誕(コウタン)。荒唐(コウトウ)。❼地の果て。辺境。例 荒裔(コウエイ)。荒遠(コウエン)。八荒(ハッコウ)(=八方の地の果て)。❽拡大する。大きくする。例 大王荒レ之(ダイオウこれをおおいにす)(=大王が岐山(キザン)の地を拡大した)。〈詩経・周頌・天作〉❾領有する。たもつ。例 遂荒二大東一(ついにダイトウをたもつ)(=ついには極東までも領有した)。〈詩経・魯頌・閟宮〉❿おおいかぶさる。おおう。例 葛藟荒レ之(カツルイこれをおおう)(=クズやカズラがおおいかぶさる)。〈詩経・周南・樛木〉⓫⇩【荒忽】(コウコツ)

古訓 中古 あらし・ある・おほきなり・おほふ・すさび・すさぶ・すつ・たもつ・ひろし・まとふ・むなし 中世 あらし・あるる・すさむ・みだる 近世 あるる・おほいなり・すさむ・ひろし

人名 あら・ら

難読 荒猿(あらまし)(=概略・予定)・荒和布(あらめ)

【荒▼磯】(あらいそ・ありそ) 日 あら波が打ち寄せる、岩の多い海岸。

【荒馬】(あらうま) 日 気性のあらい馬。あばれ馬。悍馬(カンバ)。

【荒海】(あらうみ) 日 波のあらい海。困難や障害の多い環境にもたとえる。

【荒肝】(あらぎも) 日 ものごとに動じない強い心。度胸。きもったま。例 —をひしぐ(=ひどく驚かす)。

【荒行】(あらギョウ) 日 修行僧・修験者(シュゲンジャ)などが修行の一つとしておこなう激しく苦しい行。例 山伏(やまぶし)の—。

【荒事】(あらごと) 日 歌舞伎(かぶき)で、勇士・鬼神などを主役とする勇壮な演目。また、その所作(ショサ)。対 和事(わごと)。

【荒▼砥】(あらと) 日 きめのあらい、といし。刃物をざっととぐために使う。粗砥(あらと)。

【荒縄】(あらなわ) 日 太いなわ。例 —で縛る。

【荒物】(あらもの) 日 ほうき・ざる・おけなどの日用雑貨。例 —屋。

【荒療治】(あらリョウジ) 日 ①(外科手術などの)手あらい治療をする。②思い切った方法をとって変革する。

【荒淫】(コウイン) 酒色におぼれ、あれた生活をする。

【荒▼裔】(コウエイ) 遠い地の果て。類荒陬(コウスウ)。

【荒遠】(コウエン) 果てしなくとおい。また、とおい果ての地。

【荒外】(コウガイ) 国境を越えた遠い未開の地。

【荒径】(コウケイ)【荒▼蹊】(コウケイ) あれ果てて、人の行き来もない小道。

【荒▼忽】(コウコツ) ①うっとりとして、ぼんやりしているさま。慌惚(コウコツ)。恍惚(コウコツ)。②はるか遠くてはっきりしない、かすかなさま。

【荒歳】(コウサイ) 穀物のできが悪い年。不作の年。類荒年。

【荒失】(コウシツ) ものごとをなおざりにする。類荒棄。

【荒神】(コウジン) 日「三宝(サンボウ)荒神」の略。民俗信仰の神の一つ。かまどの神。例 台所に—さまを祭る。

【荒政】(コウセイ) ①凶作の年に人々を救うための政策。②君主が政治を怠ける。

【荒怠】(コウタイ) 仕事をなまけおこたる。

【荒台(臺)】(コウダイ) あれ果てた高台や高殿(たかどの)。例 旧苑荒台楊柳新(キュウエンコウダイヨウリュウあらたなり)(=古い庭園、あれ果てた高台、柳だけが緑あざやかである)。〈李白・蘇台覧古〉

【荒▼耽】(コウタン) 酒色にふけり、すさんだ生活をする。

【荒誕】(コウタン) でたらめで大げさなこと。荒唐。

【荒天】(コウテン) 日 風雨が強く、あれている天候。悪天候。例 —をついて出発する。

【荒土】(コウド) あれ果てた土地。㊝荒地。

【荒唐】(コウトウ) 話に内容がなく、でたらめなこと。例 謬悠之説、荒唐之言(ビュウユウのセツ、コウトウのゲン)(=とらえどころのない説、とりとめのないことば)。〈荘子・天下〉

【荒唐無稽】(コウトウムケイ) 根拠がなく、でたらめなさま。〈五雑組・一〉例 —な話。

【荒廃】(コウハイ) あれてすたれる。あれ果てる。例 —した国土。

【荒漠】(コウバク) あれ果ててさびしいさま。例 —たる原野。

【荒▼蕪】(コウブ) ①土地があれて雑草がおい茂る。荒穢(コウワイ)。例 —地。②学識が浅く劣っている。

【荒服】(コウフク) ①都から最も遠い地域。異民族の地。②あらく織った布。

【荒亡】(コウボウ) 遊びや酒におぼれて家庭や国をほろぼす。例 流連(リュウレン)—(=家も仕事も忘れて遊びにふけること)。

【荒民】(コウミン) 飢饉(キキン)で苦しんでいる人民。

【荒野】(コウヤ) あれ果てた野原。あれの。

【荒涼】【荒▼寥】(コウリョウ) あれ果てて、ものさびしいさま。例 —たる景色が広がる。

【荒▼穢】(コウワイ) 「荒蕪(コウブ)」に同じ。

【荒惑】(コウワク) 心が乱れ迷って、正しいものの見分けがつかなくなる。

●手荒(てあら)・破天荒(ハテンコウ)

茭

艹6 (9) 3 9079 832D

コウ(カウ)㊥ 肴 jiāo

意味 ❶干し草。まぐさ。❷マコモダケ。菰(まこも)の新芽に菌が寄生して茎が肥大化したもので、食用。茭白(コウハク)。

荇

艹6 (9) 3 9082 8347

コウ(カウ)㊥ 梗 xìng

あさざ

[莕]

艹7 (10) 4 8624 8395

本字。

意味 リンドウ科の多年生水草。**アサザ**。ハナジュンサイ。若葉は食用になる。例 参差荇菜、左右流レ之(シンシたるコウサイは、サユウにこれをもとむ)(=ふぞろいに茂るアサザを右に左に摘み取る)。〈詩経・周南・関雎〉

莨

艹6 (9) 4 8612 831B

コン㊥㊉ 願 gèn

意味 ❶マチン科のつる性常緑低木。毒薬として利用される。治葛(ヤカツ)。胡蔓藤(コマントウ)。❷「毛莨(モウコン)」は、キンポウゲ科の多年草。毒草。ウマノアシガタ。

茈

艹6 (9) 4 8609 8308

一 シ㊥ 紙 zǐ
二 サイ㊥ 佳 chái
三 シ㊥ 支 cí

意味 一 ムラサキ科の多年草。ムラサキソウ。二「茈胡(サイコ)」は、セリ科の多年草。干した根を生薬とする。柴胡(サイコ)。三「鳧茈(フシ)」は、カヤツリグサ科の多年草。クログワイ。

茝

艹6 (9) 4 8613 831D

一 シ㊥ 紙 zhǐ
二 サイ㊥ 賄 chǎi

意味 一 セリ科の香草。ヨロイグサ。白芷(ビャクシ)。二 香草の名。

茲

艹6 (9) 2 7204 8332

一 ジ㊣ シ㊥㊉ 支 zī
二 シ㊥ ジ㊉ 支 cí

ここ

意味 一 ❶草木が盛んに茂る。㊟滋。❷これ。**ここ**。㊟此(シ)。例 茲者(ジジャ)(=ここに)。❸とし。例 今茲(コンジ)(=ことし)。❹「かな」と読み、…だなあ、の意。詠嘆をあらわす。例 休茲(キュウたるかな)(=立派だなあ)。〈書経・立政〉 二「亀茲(キュウジ)」は、漢代西域にあった国名。今の新疆(シンキョウ)ウイグル自治区の西部にあった。

茱

艹6 (9) 2 7205 8331

シュ㊥ 虞 zhū

意味 「茱萸(シュユ)」は、ミカン科の落葉小高木。カワハジカミ。ゴシュユ。陰暦九月九日の重陽(チョウヨウ)の節句に、この実を身に帯び、菊花酒を飲んで邪気をはらう習慣があった。例 遍挿二茱萸一(あまねくシュユをさす)(=みなカワハジカミを身につける)。〈王維・九月九日憶山東兄弟〉

日本語での用法 《ぐみ》「茱萸(ぐみ)」▼グミ科の低木。山野に生え、赤い実をつける。実は食用になる。

茺

艹6 (9) 3 9080 833A

ジュウ㊣ シュウ(シウ)㊥ 東 chōng

意味 「茺蔚(ジュウイ)」は、シソ科の二年草。メハジキ。益母草(ヤクモソウ)。

茷

艹6 (9) 4 8617 8357

シュツ㊥ ジュツ㊉ 質 shù

意味 「莪茷(ガジュツ)」は、ショウガ科の多年草。ムラサキウコン。莪朮(ガジュツ)。

荀

艹6 (9) 2 7206 8340

ジュン㊣ シュン㊥ 真 xún

意味 ❶赤い実をつける草の名。例 荀草(ジュンソウ)(=草の名)。❷姓の一つ。例 荀況(ジュンキョウ)(=荀子(ジュンシ))。

茹

艹6 (9) 2 7207 8339

ジョ㊥ 魚 rú

ゆだ-る・ゆ-でる(ゆ-づ)・うだ-る・う-でる・く-う(く-ふ)

意味 ❶草や野菜を食べる。また、むさぼるように食う。**くう**。例 菜茹(サイジョ)。例 茹草(ジョソウ)(=草を食べる)。茹菜(ジョサイ)。❷野菜の総称。❸植物の根が連なりあうさま。例 抜レ茅茹(ちがやをぬくにジョたり)(=チガヤの根が連なって次々と抜ける。《同志たちが仲間を次々に推薦する意に用いる》)。〈易・泰〉❹推測する。はかる。例 不レ可二以茹一(もってはかるべからず)(=推測できない)。〈詩経・邶風・柏舟〉

日本語での用法 《ゆでる》「茹(ゆ)で小豆(あずき)・茹(ゆ)で蛸(だこ)・塩茹(しおゆ)で」▼熱湯で煮る。

【茹▼葷】(ジョクン) ニラ・ニンニクなど、においの強い野菜を食べる。

【茹菜】(ジョサイ) ①野菜。②(サイをくらう)野菜を食べる。㊝茹素。

【茹▼菽】(ジョシュク) ①野菜と豆。②(シュクをくらう)豆をたべる。貧しい生活をする。

茸

艹6 (9) 1 3491 8338 人

一 ジョウ㊥ 冬 róng
二 ジョウ㊥ 腫 rǒng

きのこ・たけ

なりたち  [形声]「艹(=くさ)」と、音「耳(ジ→ジョウ)」とから成る。草が生えはじめたさま。

意味 一 ❶生えはじめたばかりの草のように、細くてやわらかいさま。例 新茸(シンジョウ)。❷やわらかい獣の毛。にこげ。例 茸毛(ジョウモウ)。❸新しく生えたばかりのシカの角(つの)。例 鹿茸(ロクジョウ)。二 押し込む。おす。例 僕又茸以二蚕室一(ボクまたおさるるにサンシツをもってす)(=私はまた宮刑を受けた者が入る部屋に押し込まれた)。〈漢書・司馬遷伝〉

日本語での用法 《きのこ》《たけ》「椎茸(しいたけ)・松茸(まつたけ)・毒茸(ドクきのこ)」▼きのこ。多くはかさと柄(え)からなる。

古訓 中古 くさびら・しげし・はじめ・みだる・わかつの 中世 きのみ・くさびら・しげし・たけ・みだる 近世 いやし・くさむら・みだるる

荏

艹6 (9) 1 1733 834F

ジン(ジム)㊥ 寝 rěn

え

意味 ❶シソの一種で、香りがよく、実から油がとれる。荏胡麻(えゴマ)。例 荏油(ジンユ)(=エゴマの油)。❷「荏菽(ジンシュク)」は、ソラマメ、また、ダイズ。❸やわらかい。柔弱。例 色厲而内荏(いろレイにしてうちジンなり)

(＝見た目は威厳があるが内心は軟弱である)。〈論語・陽貨〉❹⇩【荏苒】(ジンゼン)

難読 荏柄(えがら)天神(テンジン)(＝鎌倉にある神社の名)・荏桐(あぶらぎり)

【荏▼苒】(ジンゼン) 年月がいたずらに過ぎていくさま。何もしないでいるさま。荏染(ジンゼン)。例 ―として今日に至った。

【荏染】(ジンゼン) ①やわらかなさま。②「荏苒(ジンゼン)」に同じ。

茜

艹6 (9) 1 1611 831C 人 セン漢 霰 qiàn あかね

なりたち  [形声]「艹(＝くさ)」と、音「西(セイ→セン)」とから成る。草の名。

意味 ❶アカネ科の多年生つる草。アカネ。茎にとげがあり、根は赤色の染料や薬用に用いる。例 茜草(センソウ)(＝あかねぐさ)。❷黒みがかった濃い赤色。あかね色。例 茜裙(センクン)。茜空(あかねぞら)。

古訓 中古 あかね 中世 あかね 近世 あかね

【茜▼裙】(センクン) あかね色のスカート。

荐

艹6 (9) 2 7208 8350 セン漢 霰 jiàn かさ-なる・しきり-に・しばしば・むしろ

意味 ❶草の敷物。むしろ。通 薦。❷牧草。くさ。通 薦。❸さらに。重ねて。たびたび。しきりに。例 荐食(センショク)。

【荐及】(センキュウ) (飢饉(キキン)や災害が)次々と起こる。

【荐居】(センキョ) 遊牧民が水や草を求めて移動する。

【荐▼仍】(センジョウ) 〔「仍」も、しきりに、重なるの意〕しきりに起こる。

【荐食】(センショク) ①しきりに食べる。②次々と他国を侵略してその領土を併合する。

荃

艹6 (9) 3 9081 8343 セン漢 先 quán うえ(うへ)

意味 ❶香草の一種。例 荃蕙(センケイ)(＝香りのよい草の名)。❷柴(しば)などを水中に沈めて、魚をとるしかけ。うえ。通 筌(セン)。例 荃蹄(センテイ)。

【荃▼蹄】(センテイ) ⇩【筌蹄】(センテイ)(998ページ)

草

艹6 (9) 1 3380 8349 教1 ソウ(サウ)漢 呉 皓 cǎo くさ 付表 草履(ぞうり)

筆順 

なりたち  [会意] 本字は「艸」で、「屮(＝めばえた、くさ)」が並ぶ。いろいろな、くさ。

意味 ❶茎のやわらかい植物の総称。くさ。例 草本(ソウホン)。雑草(ザッソウ)。❷草を刈る。かる。例 民弗二敢草一(たみあえてくさからず)(＝人民は勝手に草を刈らない)。〈礼記・祭統〉❸こまかいところにこだわらない。おおまか。例 草草(ソウソウ)。草率(ソウソツ)。❹おおまかな下書き(を作る)。例 草稿(ソウコウ)。起草(キソウ)。❺漢字の書体の一つ。隷書の筆画を簡略にして速く書けるようにしたもの。例 草書(ソウショ)。草体(ソウタイ)。❻はじまり。はじめ。例 草創(ソウソウ)。❼めす。雌。例 草馬(ソウバ)。草鶏(ソウケイ)。

古訓 中古 くさ・つくる・はじむ・はじめ・まれなり 中世 くさ 近世 いそがはし・うれふ・くさ・したがき

人名 かや・さ・しげ

【草枕】(くさまくら) 日 〔草を束ねてまくらとする意〕野宿。旅寝。旅まくら。

【草▼鞋】(ソウアイ／ソウカイ) 一 わらぐつ。草履(ソウク)。二(わらじ) 日 わらで編んだはきもの。草履に似るが、緒で足に結びつけてはく。例 ―をはく(＝旅に出る)。二足の―をはく(＝ひとりの人が二つの職業につく)。

【草案】(ソウアン) 日 文書・計画などの文案。下書き。草稿。対 成案。

【草▼庵】(ソウアン) 草ぶきの、粗末で小さな家。草屋。草堂。

【草衣】(ソウイ) ①草で編んで作った粗末な服。草服。②隠者の服。隠者。

【草屋】(ソウオク) ①草ぶきの粗末な家。草堂。類 草房・草舎。②自分の家をへりくだっていうことば。例 ―に客を迎える。

【草花】(ソウカ／くさばな) 花の咲く草。草に咲いている花。

【草▼芥】(ソウカイ) ①雑草とごみ。②つまらないもののたとえ。

【草間】(ソウカン) ①草むらの中。②草深い田舎。③民間。

【草▼棘】(ソウキョク) ①雑草といばら。②荒れ果てた草深い土地。未開の地。

【草▼屨】(ソウク) わらぐつ。草鞋(ソウアイ／ソウカイ)。

【草具】(ソウグ) ①粗末な食事。②早速に作りととのえる。

【草原】(ソウゲン／くさはら) 草の生えている広い平地。

【草稿】(ソウコウ) 下書きの原稿。草案。草藁(ソウコウ)。

【草▼藁】【草▼槀】(ソウコウ) ①「草稿(ソウコウ)」に同じ。②手紙。文書。

【草根木皮】(ソウコンモクヒ／ソウコンボクヒ) ①食物がなくて、仕方なく食べる草の根や木の皮。〈金史・食貨志三〉②日 漢方薬として用いる植物の根や皮。

【草紙】【草子】(ソウシ) 日 〔「冊子(サクシ)」の変化〕①とじた形式の本。②かな書きの物語・日記・随筆などの総称。③江戸時代の、さし絵を主体とした大衆的な読み物。絵草紙(ゾウシ)や草双紙(くさゾウシ)など。双紙(ソウシ)。

【草次】(ソウジ) ①忙しい。あわただしいさま。造次。②〔「次」は、宿る意〕野宿。

【草書】(ソウショ) 漢字の書体の一つ。隷書の筆画を簡略化したもの。

【草食】(ソウショク) 日 動物が草をおもな食物とする。対 肉食。

【草聖】(ソウセイ) 草書の巧みな人。漢代の張芝(チョウシ)、唐代の張旭(チョウキョク)などをいう。

【草窃】(ソウセツ) おいはぎ。野盗。類 草賊。

【草草】(ソウソウ) ①あわただしく粗雑なさま。②日 手紙文の末尾に書くことば。ぞんざいな走り書きで失礼いたしますという意味。不一(フイツ)。〔「前略」に対して用いることが多い〕

【草創】(ソウソウ) ①ものごとをはじめる。事業を起こす。草分け。②文書の下書きを作る。③寺や神社などをはじめて建てる。創建。

【草卒】【草率】(ソウソツ) あわただしくおおざっぱ。粗雑。早卒。倉卒。例 ―の間(カン)に事業を拡大する。

【草体】(ソウタイ) 草書の書体。草書体。

【草沢】(ソウタク) ①草原や沼地。②民間。在野。草莽(ソウモウ)。

【草▼薙】(ソウテイ) ①草を刈りはらう。②草を刈りたおすように、殺し尽くす。

【草堂】(ソウドウ) ①草ぶきの家。草屋。例 香炉峰下、新卜二山居一草堂初成(コウロホウカ、あらたにサンキョをボクしソウドウはじめてなる)(＝香炉峰のふもとに、新たに土地のよしあしを占って住居を定め、粗末な家がやっと完成した)。〈白居易・香炉峰下新卜山居草堂初成偶題東壁〉②自分の家の謙称。

【草馬】(ソウバ) ①雌のウマ。めうま。②調教をしていないウマ。

【草服】(ソウフク) ①「草衣(ソウイ)①」に同じ。②晩秋の黄色くなった草を編んで作った冠や衣服。農夫が祭りなどに用いた。転じて、農民。

【草▼茅】(ソウボウ) 〔くさとチガヤの意〕①雑草。②田舎。③公職につかず民間にいること。

【草本】(ソウホン) ①原稿。草稿。②草などの植物。茎はやわらかい。対 木本。例 一年生―。

【草味】(ソウマイ) ①天地が創造されたばかりで、暗くてはっきりしていない状態。②ものごとが始まった時期。③世が乱れて、安定していないころ。

【草▼莽】(ソウモウ)〔「莽」も、草の意〕①草むら。②公職につかず民間にいること。③民間。在野。

【草▼莽▼之臣】(ソウモウのシン) 仕官せず、民間にいる人。〈孟子・万章下〉

【草木】(ソウモク|くさき) 草と木。植物。例 山川(サンセン)—(ソウモク)。—(くさき)も眠る(=夜がふけてあたりが静まり返る)丑(うし)三つ時(どき)。

【草野】(ソウヤ) ①ひなびている。田舎じみている。②「草莱(ソウライ)①」に同じ。

【草葉】(ソウヨウ) ①草と葉。②(くさば) 草の葉。例 —(くさば)の陰(=墓の下、あの世)から見守る。

【草▼萊】(ソウライ) ①荒れ果てた草原(くさはら)。生い茂った草むら。草野(ソウヤ)。②田舎。また、民間。

【草履】 一(ソウリ) わらで編んだはきもの。例 わら—。 二(ゾウリ) 日 鼻緒のついた平底のはきもの。

【草隷】(ソウレイ) ①草書と隷書。②草書。

【草▼廬】(ソウロ) ①草ぶきの、粗末で小さな家。②自分の家をへりくだっていうことば。

【草▼廬三顧】(ソウロサンコ) ⇩【三顧礼】(サンコのレイ)(11ページ)

●煙草(エンソウ|タバコ)・海草(カイソウ)・起草(キソウ)・雑草(ザッソウ)・質草(シチぐさ)・除草(ジョソウ)・水草(スイソウ|みずくさ)・牧草(ボクソウ)・薬草(ヤクソウ)・野草(ヤソウ)

荘

艹6 (9) 1 3381 8358 常用

[莊] 艹7 (10) 2 7223 838A 人 旧字体。

[庄] 广3 (8) 4 8138 3F75 俗字。

ソウ(サウ)漢 ショウ(シャウ)呉 陽 zhuāng

おごそ-か

筆順 一 艹 艹 芀 芢 荘 荘

なりたち [形声]「艹(=くさ)」と、音「壯ソウ(=大きい)」とから成る。草がさかんに茂る。

意味 ❶草がさかんに茂るさま。❷重々しくいかめしいさま。おごそか。例 臨レ之以荘(これにのぞむにソウをもってす)(=おごそかな態度で《民に》のぞむ)。〈論語・為政〉荘厳(ソウゴン)。荘重(ソウチョウ)。❸村里。田舎。通庄(ショウ)。例 荘家(ショウカ)(=田舎家。農家)。❹下(しも)屋敷。別宅。例 山荘(サンソウ)。別荘(ベッソウ)。❺皇室や貴族、また寺社などの私有地。例 荘園(ショウエン)。❻店。例 衣荘(イソウ)。茶荘(サソウ)。旅荘(リョソウ)。❼「荘子(ソウシ|ソウジ)」の略。例 老荘思想(ロウソウシソウ)(=老子と荘子の思想)。

古訓 中古 かざる・ちまた・よそほひ 中世 いつくし・おごそか・かざる・よそほひ 近世 いつくし・うやうやし・おごそか・かざる・さかんなり・つつしむ・むら

人名 これ・さかえ・さかり・さかん・しげ・しげる・たか・たかし・たけ・たけし・ただし・まさ・むら

難読 半荘(ハンチャン)・連荘(レンチャン)

【荘園】 一(ソウエン) 別荘。 二(ショウエン) ①中国では唐代から、ヨーロッパでは八世紀ごろから始まる、王室や貴族・領主の所有地。②日 奈良時代におこり平安時代を最盛期として室町時代まで続いた、貴族や社寺の広大な私有地。荘(ショウ)。▽庄園(ショウエン)。

【荘敬】(ソウケイ) おごそかで、うやうやしい。

【荘語】(ソウゴ) ①まともで正しい議論。正論。②大きなことを言う。壮語。

【荘厳】 一(ソウゴン) おごそかで威厳のあること。例 —な音楽。 二(ショウゴン)〔仏〕仏堂や仏像を、美しくおごそかに飾る。

【荘周夢】(ソウシュウのゆめ) ⇩【胡蝶之夢】(コチョウのゆめ)(1090ページ)

【荘重】(ソウチョウ) おごそかで、おもおもしいこと。例 —な儀式。

●山荘(サンソウ)・別荘(ベッソウ)

[⿱艹朶] 艹6 (9) ⇩朶(ダ)(659ページ)

茶

艹6 (9) 1 3567 8336 教2

チャ慣 タ漢 ダ呉 サ唐 麻 chá

筆順 一 十 艹 艾 苓 茶 茶 茶

なりたち [形声] 本字は「荼」で、「艹(=くさ)」と、音「余ヨ→タ」とから成る。ニガナ。のちに「チャ」の意。

参考 「茶(チャ)」の字が普及するのは唐代以降。

意味 ❶ツバキ科の常緑低木。チャ。㋐新芽や若葉を摘んで加工したもの。㋑「㋐」に湯を注いでせんじた飲み物。例 喫茶(キッサ)。❷ちゃいろ。黒みをおびた赤黄色。例 茶色(チャいろ|ショク)。❸少女を親しんでいうことば。例 茶茶(チャチャ)。

日本語での用法 《サ》《チャ》①「茶道(サドウ|チャドウ)」▼客を招いて茶をたてて、もてなす作法。②「茶番(チャバン)・お茶(チャ)をにごす」▼おどけや、いいかげんなこと。

古訓 中古 おほとち 中世 チヤ 近世 チヤ・チヤのき

【茶菓】【茶果】(サカ|チャカ) ①茶と果物。②日 茶と菓子。

【茶会】(サカイ|チャカイ) 客を招きお茶をたててもてなす会。茶の湯の会。

【茶▼匙】(サジ|チャさじ) ①茶葉や薬をすくう小さいさじ。②紅茶・コーヒーなどを飲むときに使う小さいさじ。ティースプーン。

【茶人】 一(サジン) 茶を摘む人。 二(チャジン|サジン) 日 ①茶道に通じた人。茶道を趣味とする人。②風流な人。

【茶湯】 一(サトウ|チャトウ) 茶を煎(セン)じた湯。お茶。 二(チャのゆ) 日 客を招いて抹茶をたてて、もてなすこと。また、その会。

【茶道】(サドウ|チャドウ) ①茶をたてて飲むこと。②日 茶の湯の作法。また、その作法を習得する過程で、精神修養をはかることを目的とする、けいこごと。

【茶飯】(サハン|チャハン) 毎日の食事やお茶。ごくありふれていること。例 —事。日常—のこと。

【茶房】(サボウ|チャボウ) ①茶室。②飲み物を飲ませることを商売とする店。茶みせ。③日 喫茶店。

【茶▼茗】(サメイ|チャメイ) 茶。

【茶炉】【茶▼壚】(サロ) 茶の湯をわかすためのかまど。

【茶話】(サワ|チャワ) 茶を飲みながらする気楽な話。茶飲み話。例 —会。

【茶園】(チャエン) ①茶を栽培している農園。茶畑。茗園(メイエン)。類 茶圃(チャホ)。②製茶を売る店。類 茶舗。

【茶殻】(チャがら) 日 茶をいれたあとの茶の葉。

【茶器】(チャキ) ①薄茶を入れるうつわ。薄茶器。②茶道に用いる道具の総称。茶道具。

【茶臼】(チャキュウ|チャうす) 茶の葉をひいて抹茶にするための石うす。

【茶巾】(チャキン) 茶碗(チャワン)をふき清めるための布。例 —絞り。—ずし。

【茶事】(チャジ) 日 客を招いておこなう正式な茶会。

【茶室】(チャシツ) 日 茶道のための部屋・建物。数寄屋(すきや)。茶席。

【茶▼杓】(チャシャク) 日 ①茶道で、抹茶をすくう細長いさじ。ちゃさじ。②茶道で、湯を茶釜(チャがま)からくみ出す竹製の柄杓(ヒシャク)。茶柄杓(チャビシャク)。

【茶席】(チャセキ) 日 ①茶道をおこなう席。茶室。②茶会。

【茶▼筅】(チャセン) ①茶器を洗う竹製の道具。②日 抹茶をたてるときに使う、あわを立てたり練ったりするための竹製の道具。

【茶代】(チャダイ) 日 旅館や料理屋などで出す心づけ。チップ。

【茶▼托】(チャタク) 湯飲み茶碗(ヂャワン)をのせる台。

【茶店】 一(チャテン|テサン) 茶を売る店。 二(チャみせ) 日 客に茶や菓子を

出して休憩させる店。茶屋。

【茶羽織】ばおり 日〔茶人が着たのでいう〕腰までの丈の短い羽織。

【茶柱】ばしら 日番茶などを湯飲み茶碗(ぢゃわん)についだとき、縦向きに浮かんだ茶の茎。俗に、吉兆とされる。例―が立つ。

【茶腹】ばら 日茶をたくさん飲んで満たした腹。

【茶番】バン 日〔もと、茶の接待をする人の意。その茶番が楽屋で手近なものを用いてこっけいな寸劇などを演じたことから〕見えすいたばかばかしいふるまい。茶番劇。例とんだ―であきれた。

【茶釜】がま 茶をたてるための、湯をわかすかま。

【茶盆】ボン 日茶器をのせる盆。

【茶屋】や 日①製茶を売る店。②客に茶や菓子などを出し休憩させる店。掛け茶屋(ぢゃや)。茶店(みせ)。例峠(とうげ)の―。③客に酒や食べ物を出す店。例―遊び。

【茶寮】チャリョウ／サリョウ ①寺の中にある茶室。②日茶会をおこなう小座敷。数寄屋(すきや)。③日喫茶店。

【茶▼碗】【茶▼椀】【茶▼盌】ワン ①茶を飲むためのわん。②日飯を盛ったり茶をついだりする陶磁器。例―蒸し。

●喫茶(キッサ)・紅茶(コウチャ)・新茶(シンチャ)・番茶(バンチャ)・抹茶(マッチャ)・緑茶(リョクチャ)

荑
艹6(9) ③9083 8351 一テイ漢 斉 tí 二イ漢 支 yí

意味 一①ヒエの一種。イヌビエ。例荑稗(テイハイ)。②チガヤの若芽。つばな。白く柔らかな手のたとえ。例柔荑(ジュウテイ)。二雑草を刈る。

【荑▼稗】テイハイ イヌビエとヒエ。

荅
艹6(9) ②7209 8345 一トウ(タフ)漢 合 dá 二トウ(タフ)漢 合 tà あずき(あづき)・こた-える(こた-ふ)

意味 一①マメ科の一年草。アズキ。②こたえる。通答。二ぼうっとして忘れる。気落ちする。通嗒(トウ)。例荅焉(トウエン)。

茼
艹6(9) ④8615 833C トウ漢 東 tóng

意味 「茼蒿(トウコウ)」は、キク科の一年草。シュンギク。

茯
艹6(9) ②7210 832F フク漢 ブク呉 屋 fú まつほど

意味 「茯苓(ブクリョウ)」は、マツの根に寄生するサルノコシカケ科のきのこ、ブクリョウタケの菌糸のかたまり。薬用とする。**マツホド**。

茫
艹6(9) ②7211 832B ボウ(バウ)漢 陽 máng

意味 ①広々として果てしないさま。例茫茫(ボウボウ)。茫洋(ボウヨウ)。②ぼんやりして、はっきりしないさま。例茫然(ボウゼン)。

難読 茫然(ぼんやり)

【茫然】ボウゼン ①広々として果てしないさま。②気ぬけしたりあきれたりして、ものも言えず、ぼんやりしてしまう。呆然(ボウゼン)。

【茫然自失】ボウゼンジシツ〈列子・仲尼〉ぼんやりして、我を忘れる。呆然(ボウゼン)自失。例突然の訃報(フホウ)に―する。

【茫漠】ボウバク 広々として、とりとめのないさま。例―たる砂漠。

【茫▼邈】ボウバク 広大でとりとめのないさま。

【茫茫】ボウボウ ①広々として果てしない。例―たる原野。②ぼんやりとして、はっきりしない。例―として記憶のかなたにある過去。▽芒芒(ボウボウ)。③草や髪の毛が伸び放題になっている。例草―の庭。

【茫昧】ボウマイ ぼんやりして、はっきりしないさま。

【茫洋】ボウヨウ ①果てしなく広がっている。例―たる大海原。②つかみどころがない。例―とした風貌(フウボウ)。▽芒洋(ボウヨウ)。

茗
艹6(9) ②7212 8317 メイ漢 迥 míng

意味 ①茶の芽。また、おそく摘んだ茶。②茶の別名。例茗園(メイエン)。茗器(メイキ)。

【茗荷】みょうが 日〔あて字〕ショウガ科の多年草。独特の香りがあり、開花前の苞(ホウ)を薬味などにして食べる。蘘荷(ジョウカ)。

【茗宴】【茗▼讌】メイエン ①茶をたてて客をもてなす会。②日茶会。茶の湯の会。

【茗園】メイエン 茶畑。茶園。茗圃(メイホ)。

【茗器】メイキ 茶道具。茶器。類茗具。

【茗渓】メイケイ 日東京都「御茶の水」の雅称。

【茗▼肆】メイシ ①茶を売る店。②掛け茶屋。

【茗▼粥】メイシュク 茶がゆ。

【茗▼圃】メイホ 「茗園(メイエン)」に同じ。

［莽］
艹6(9) ⇩莽(モウ)(1138ページ)

［茰］
艹6(9) ⇩萸(ユ)(1146ページ)

荔
艹6(9) ②7213 8318 レイ漢 霽 lì

［茘］
艹6(9) ④8611 8354 本字。

意味 ①「荔挺(レイテイ)」は、アヤメ科の多年草。根は、はけの材料となる。ネジアヤメ。②「荔枝(レイシ)」は、ムクロジ科の常緑高木。中国南方に産し、果実は甘くて美味。ライチー。

【荔子】レイシ 荔枝(レイシ)の果実。

【荔丹】レイタン 熟して赤くなった荔枝(レイシ)の果実。

茢
艹6(9) ③9078 8322 レツ漢 屑 liè

意味 ①アシの穂。②アシの穂で作った、けがれをはらうほうき。

莚
艹7(10) ②7215 839A エン漢 先 yán むしろ

意味 「莚蔓(エンマン)」は、からまり、はびこる。

日本語での用法《むしろ》「莚織(むしろおり)・莚旗(むしろばた)」▼わらやイグサなどを編んで作った敷物。

荷
艹7(10) ①1857 8377 教3 一カ漢呉 歌 hé 二カ漢呉 歌 hè に・にな-う(にな-ふ)・はす・はちす

筆順 一 艹 芢 芢 苛 荷 荷 荷

なりたち  [形声]「艹(=くさ)」と、音「何カ」とから成る。大きな葉。ハスの葉。

意味 一スイレン科の多年草。**ハス**。特にハスの葉をいう。例荷風(カフウ)(=ハスの上をわたる風)。荷露(カロ)。→蓮レ(1151ページ) 二①肩にかつぐ。**になう**。例荷担(カタン)。負荷(フカ)。②恵みを受ける。いただく。例荷恩(カオン)。

日本語での用法《カ》《に》「集荷(シュウカ)・出荷(シュッカ)・入荷(ニュウカ)・肩(かた)の荷(に)がおりる」▼にもつ。

古訓 中古 おふ・たふ・に・になふ・はす・はちす・もち・もつ 中世 に・になふ・はす 近世 おふ・に・になふ・はす・はちす・はすのはな・はすのみ

人名 もち

【荷恩】カオン 人の恩や恵みを受ける。

【荷花】【荷華】カカ ハスの花。芙蓉(フヨウ)。類荷蕖(カキョ)。

【荷気】カキ ハスの花の香り。類荷香。

【荷重】カジュウ 日構造物が外部から受ける力。また、構造物がたえうる限界の重量。例制限―をこえる。

【荷担】【荷▼擔】カタン〔荷を肩にかつぐ意〕①荷物をかつぐ。②

回陰謀やたくらみに加わる。加担。例 悪に―する。

【荷電】(カデン) 回物体が電気を帯びる。帯電。また、物体が帯びている電気。

【荷葉】(カヨウ) ①ハスの葉。②南画の筆法の一つ。石のしわの描写に用いる技法。〔ハスの葉の裏面の葉脈の形状に似るところから〕

【荷露】(カロ) ハスの葉の上におく、つゆ。

【荷車】(にぐるま) 回人あるいはウシやウマが引く、荷物を運ぶ車。

【荷物】(にモツ) 回①持ち運んだり、送ったりするためにまとめた品物。例 ―を作る。―を出す。②じゃまになるもの。負担になるやっかいなもの。例 仲間のお―になる。

【荷役】(にヤク) 回船荷を積み降ろしする。また、その人。例 ―作業。

●重荷(おもに)・出荷(シュッカ)・電荷(デンカ)・入荷(ニュウカ)・初荷(はつに)・負荷(フカ)・船荷(ふなに)

華

艹7 (10)
1 1858
83EF
常用

一 カ(クヮ)漢 ケ呉 麻 huā
二 カ(クヮ)漢 ゲ呉 麻 huá
三 カ(クヮ)漢 ゲ呉 禡 huà
はな・はなやか

[華] 艹8 (11)
FAB4 旧字体。

筆順

なりたち

[会意]「艹(=くさ)」と「𠌶カ(=草木のはな)」とから成る。はな。

意味 一 草木のはな。通花。例 華道(カドウ)。散華(サンゲ)。二 ❶目立って、美しい。はなやか。例 華美(カビ)。華麗(カレイ)。豪華(ゴウカ)。❷さかえる。例 栄華(エイガ)。繁華(ハンカ)。❸ひかり。かがやき。例 光華(コウカ)。月華(ゲッカ)。❹最もすぐれた部分。エッセンス。例 英華(エイカ)。❺髪の毛の白いさま。例 華髪(カハツ)。❻中国が自国を呼ぶことば。〔はなやかな文化をもつ国の意〕例 華僑(カキョウ)。中華(チュウカ)。❼外国語の「ワ」の音訳。例 華盛頓(ワシントン)。華沙(ワルシャワ)。三 ❶⇩【華山】(カザン) ❷姓の一つ。

古訓 中古 あつまる・うるはし・さかゆ・しらけ・しろし・はな・はなさく・みやこ 中世 うるはし・たてばな・はな・はなさく・みやこ 近世 いろ・うるはし・さかんなり・はな・はなぶさ・みやこ

人名 てる・は・はる・みやこ

難読 華厳(ケゴン)・華足(ケソク)・華瓶(ケビョウ|カヒン)・華鬘(ケマン)・華表(いとり)・華客(トクイ)・華奢(キャシャ)・優曇華(ウドンゲ)・法華(ホッケ)

【華▼夷】(カイ) 中華と異民族。のち、中国と外国。

【華▼婉】【華艶】(カエン) はなやかで美しい。

【華夏】(カカ) 中国人が自国を誇っていう語。中華。

【華客】(カカク|カキャク) ①花見の人。②得意客。ひいき。

【華▼翰】(カカン) 他人の手紙の敬称。華箋(カセン)。類華墨。

【華▼僑】(カキョウ) 長い期間外国に定住している中国人。

【華京】(カケイ) はなやかで美しい都。花の都。類華洛(カラク)。

【華軒】(カケン) ①飾りつけが美しい宮殿の欄干。また、立派な宮殿。②美しく飾った車。

【華言】(カゲン) ①表面ばかりを飾った、誠意のないことば。②中原地区の言語。中国語。類華語。

【華甲】(カコウ) 数え年で六十一歳(=満六十歳)に、生まれた年の干支(カンシ)を再びむかえること。日本でいう還暦。花甲(カコウ)。〔「華」の旧字体「華」を分けると「十」が六つと「一」になることから。「甲」は干支を代表させたもの〕

【華彩】【華采】(カサイ) はなやかないろどり。

【華山】(カザン) 陝西(センセイ)省華陰県にある名山。西岳(セイガク)ともいう。五岳の一つ。

【華氏】(カシ) 温度計で、水の氷点を三二度、沸点を二一二度としたもの。華氏の三二度は摂氏の〇度にあたる。カ氏。記号F〔華氏の「華」は、発明者の Fahrenheit(ファーレンハイト)を音訳した「華蘭海特」による〕

【華辞】(カジ) ①美しいことば。②内容のうすいことば。

【華実】(カジツ) ①花と実。類華果。②形式と内容。外観と内実。③華麗さと質朴さ。

【華▼奢】(カシャ) 一 派手で、ぜいたく。二(キャシャ) 回美しく上品であるさま。また、構造などが細くて弱々しいさま。花車(キャシャ)。華車(キャシャ)。例 ―なからだつき。―風流の人。

【華首】(カシュ) ①しらが頭。類華顚(カテン)。②美女の美しい髪。

【華▼胥】(カショ) 夢の世界。理想的な平和な国。

【華▼胥▼之夢】(カショのゆめ) 昼寝。〔昔、黄帝(コウテイ)が昼寝の夢の中で、華胥という自由な理想境に遊んだことによる。〈列子・黄帝〉から〕

【華勝】(カショウ) 女性がつける、花をかたどった髪飾り。花勝。

【華▼燭】(カショク) ①美しいあかり。はなやかなともしび。②結婚。また、結婚式。例 ―の典をあげる。

【華▼簪】(カシン) ①豪華なかんざし。②高貴な身分のたとえ。

【華清宮】(カセイキュウ) 唐の玄宗(ゲンソウ)皇帝が建てた離宮。陝西(センセイ)省驪山(リザン)のふもとにあった。

【華清池】(カセイチ) 華清宮にあった温泉。楊貴妃(ヨウキヒ)が玄宗(ゲンソウ)皇帝から浴を賜ったことで知られる。例 春寒賜浴華清池(はるさむくしてヨクをたまうカセイのチ)(=まだ寒い春華清池での入浴を許された)。〈白居易・長恨歌〉

【華箋】(カセン) ①詩文を書くための美しい紙。②「華翰(カカン)」に同じ。

【華▼贍】(カセン) 〔「贍」は、豊かである意〕文章などがはなやかで、内容が充実している。

【華▼饌】(カセン) すばらしいごちそう。

【華族】(カゾク) ①貴族。②回明治維新に定めた家柄の格の一つ。公・侯・伯・子・男のいずれかの爵位をもつ。一九四七(昭和二十二)年に廃止された。

【華誕】(カタン) ①〔「誕」は、でたらめの意〕うわべばかりで実質がないこと。②人の誕生日の敬称。

【華池】(カチ) ①花の咲いている池。②崑崙(コンロン)山上にあるという、伝説上の池。③口、また、舌の下の部分。

【華▼冑】(カチュウ) 〔「冑」は、血筋の意〕①漢民族。②貴族の子孫。

【華道】(カドウ) ①うるわしい道。②回花を生ける技術や作法。生け花。花道(カドウ)。

【華年】(カネン) はなやかな若いころ。青年のころ。

【華髪】(カハツ) 白髪。しらが頭。老年。老人。

【華美】(カビ) はなやかで美しいさま。対質素。例 ―な服装。

【華▼靡】(カビ) ①美しく派手である。奢靡(シャビ)。②文章の表現がはなやかで美しい。

【華表】(カヒョウ) ①柱の上部に横木をつけ十字形として道に立てた標識。②帝尭(テイギョウ)の時、政治に対する意見や不満を人民に書かせた標柱。③墓・城・役所などの入り口に立てた、飾りのある石柱。④家の外部の飾りつけ。⑤回神社の鳥居。花表(カヒョウ)。

【華名】(カメイ) 立派な評判。美名。

【華誉】(カヨ) 実際以上の高い評判。虚名。

【華容】(カヨウ) 花のように美しい顔かたち。

【華麗】(カレイ) はなばなしく美しいさま。例 氷上の―な演技。

【華厳】(ケゴン) 〔仏〕修行を積み功徳(クドク)を得ること。

【華足】【華束】【華飾】(ケソク) ①机や台の脚で、飾りに花や雲をかたどったもの。②〔仏〕仏前の供え物を盛るうつわ。また、その供えるもの。

【華▼鬘】(ケマン) ①インドなどで、花をひもで貫いてつづり、首や胸にかける飾り。②〔仏〕仏像の頂や前面にかける装飾品。金や銅、革などに花鳥・天女などを透かし彫りにする。◆優曇華ウドンゲ・栄華エイガ・豪華ゴウカ・香華コウゲ・散華サンゲ・昇華ショウカ・精華セイカ・中華チュウカ・繁華ハンカ

莪 ⺾7（10） 2 7216 83AA ガ漢 歌 é よもぎ

意味 水辺に生えるヨモギの一種。若葉は食用とする。例 莪蒁ガジュツ（＝ショウガ科の多年草）。

莞 ⺾7（10） 1 2048 839E 人 一カン（クヮン）漢 寒 guān 二カン（クヮン）漢 潸 wǎn い（ゐ）・ふとい（ふとゐ）

なりたち [形声]「⺾（＝くさ）」と、音「完カン」とから成る。むしろにする草。

意味 一 水辺に生えるカヤツリグサ科の多年草。茎はむしろを編むのに用いる。イ。イグサ。例 莞席カンセキ（＝イグサで織ったむしろ）。二 にっこりほほえむさま。例 莞爾カンジ。

古訓 中古 おほゐる 中世 あふひ・おほゐる・ぬた 近世 おほゐる・がまむしろ・ゐむしろ

【莞▼爾】カンジ にっこりと笑うさま。莞然。例 夫子莞爾而笑フウシカンジとしてわらう（＝孔子は（わが意を得たりと）にっこり笑った）。〈論語・陽貨〉 ―としてほほえむ。

【莞然】カンゼン 「莞爾カンジ」に同じ。

萏 ⺾7（10） 2 7217 839F カン（カム）漢 勘 hàn つぼみ

意味 ハスの花。例 菡萏カンタン（＝ハスの花）。

日本語での用法 《つぼみ》「萏つぼみがふくらむ」▼花がこれから咲くという状態にあるもの。

莧 ⺾7（10） 3 9089 83A7 カン漢 ケン呉 諫 xiàn ひゆ

意味 ❶ヒユ科の一年草。莧菜カンサイ。ヒユ。❷「莧陸カンリク」は、ヤマゴボウ。参考「莞カン」に通じて用いられることがある。

莍 ⺾7（10） 4 8622 838D キュウ（キウ）漢 尤 qiú

意味 果実のいぼ状の突起のある外皮。いが。

莒 ⺾7（10） 3 9087 8392 キョ漢 語 jǔ

意味 ❶サトイモ。❷周代の国名。山東省莒キョ県にあった。

莢 ⺾7（10） 2 7218 83A2 キョウ（ケフ）漢 葉 jiá さや

意味 ❶マメ科の植物の実。また、マメを包んでいる皮。さや。例 莢豌豆さやエンドウ。豆莢トウキョウ。❷「莢蒾キョウメイ」は、スイカズラ科の落葉低木。ガマズミ。

[莖] ⺾7（10） ⇩茎ケイ（1127ジペー）

茣 ⺾7（10） 2 7220 8323 ゴ漢 虞 wú

意味 草の名。参考「茣蓙ゴザ（＝イグサの茎などで作った敷物）」は「御座ゴザ」のあて字かという。

[莕] ⺾7（10） ⇩荇コウ（1132ジペー）

䓔 ⺾7（10） 4 8620 44D4 国字 こま・こも

意味 人名に用いる字。例 䓔原こまはら・䓔田こもだ（＝姓）。

莎 ⺾7（10） 2 7221 838E 一サ漢呉 歌 suō 二サ漢 麻 shā かやつり・はたおり・はますげ

意味 一 カヤツリグサ科の多年草。ハマスゲ。二「莎鶏サケイ」は、クツワムシ。あるいは、キリギリス、スズムシ、クダマキなど諸説がある。

莝 ⺾7（10） 4 8626 839D ザ慣 サ漢 箇 cuò

意味 細かく切り刻んだわら。きりわら。例 莝豆ザトウ。

【莝豆】ザトウ 刻んだわらとマメとを混ぜた、ウマの飼料。

莇 ⺾7（10） 2 7222 8387 ショ漢 ジョ呉 御 zhù あざみ

意味 ❶殷イン代におこなわれたとされる税法。通助。❷ナス科の落葉低木。クコ。

日本語での用法 《あざみ》▼「薊ケイ」の別体字。なお、「莇」は「莇」のようにも書かれる。

莘 ⺾7（10） 3 9088 8398 一シン漢 真 xīn 二シン漢 真 shēn

意味 一 ウマノスズクサ科の多年草。ウスバサイシン。細辛サイシン。薬草として用いる。二 ❶長い。ながい。❷周代の国名。有莘ユウシン。

荽 ⺾7（10） 3 9085 837D スイ漢 支 suī

意味 「胡荽コスイ」は、セリ科の一年草。コリアンダー。

荿 ⺾7（10） 4 8619 837F セイ漢 庚 chéng

意味 ❶草の名。❷機織りの道具。おさ。通筬セイ。

[莊] ⺾7（10） ⇩荘ソウ（1134ジペー）

荼 ⺾7（10） 2 7224 837C 一ト漢呉 虞 tú 二タ漢 ダ呉 麻 chá 三ショ漢 魚 shū にがな

意味 一 ❶キク科の多年草。ニガナ。また、雑草。例 荼蓼トリョウ（＝ニガナとタデ。苦い草。また、苦しみ）。❷苦しみ。例 荼毒トドク。二 ❶ツバキ科の常緑低木。チャ。〔「茶」の本字〕❷梵語ボンゴの音訳。例 荼毘ダビ。曼荼羅マンダラ。三 玉器の名。諸侯が持つ笏しゃく（＝上部がまるく、下部が方形のもの）。例 諸侯御荼ショコウはトをぎょす（＝諸侯は荼の笏を持つ）。〈荀子・大略〉

【荼▼毘】【荼▼毗】ダビ 〔梵語ボン jhāpeta の音訳〕火葬。例 ―に付す（＝火葬にする）。

【荼毒】トドク 〔ニガナの毒〕非常な苦しみ。また、害をなすもの。

莛 ⺾7（10） 4 8625 839B テイ漢 ジョウ（ヂャウ）呉 青 tíng

意味 ❶草の茎。❷柱の上に渡して屋根を支える横木。うつばり。はり。

荻 ⺾7（10） 1 1814 837B 人 テキ漢 錫 dí おぎ（をぎ）

[𦿷] ⺾14（17） 4 8702 26FF7 別体字。 [藡] ⺾15（18） 4 8710 85E1 別体字。

なりたち [形声]「⺾（＝くさ）」と、音「狄テキ」とから成る。イネ科の多年草。

意味 イネ科の多年草。オギ。水辺や湿地に生える。葉は細くて長く、秋にススキに似た花穂カスイをつける。

古訓 中古 をぎ 中世 をぎ 近世 をぎ

【荻▼洲】テキシュウ オギの茂っている川の州す。

【莵】艹7(10) ⇩莵(ト)(1141ジペー)

荳
艹7(10) 2 7226 8373 トウ漢 有 dòu まめ

意味 ❶「荳蔻(トウコウ)」は、ショウガ科の多年草。薬用とする。❷まめ。通豆。

荵
艹7(10) 2 7227 8375 ジン漢 ニン呉 軫 rěn しのぶ

意味 スイカズラ科のつる性植物。スイカズラ。葉・茎・根は薬用とされる。荵冬草(ニンドウ)。

日本語での用法《しのぶ》「釣(つ)り荵(しのぶ)」▼シダ植物の一種。夏、軒下につるして緑の葉を楽しむ。しのぶぐさ。

【莓】艹7(10) ⇩莓(バイ)(1129ジペー)

莫
艹7(10) 1 3992 83AB 人 一ボ漢 遇 mù 二バク漢 マク呉 薬 mò くれ・な-し・なか-れ

参考「暮」のもとの字。「莫」が、「日ぐれ」から「なかれ」などの意味に使われるようになり、新たに「日」を書き加えて「暮」の字が作られた。

なりたち  [会意]「日(=ひ)」が「茻(=くさむら)」の中にある。日が暮れようとする。

意味 一日ぐれ。**くれ**。通暮。例莫夜(ボヤ)。二❶むなしい。ひっそりしてさびしい。例索莫(サクバク)。寂莫(セキバク)。❷果てしなく広い。大きい。通漠。例広莫(コウバク)。❸「**なし**」と読み、ない、の意。否定をあらわす。例莫二我知一也夫(われをしるなきかな)(=私の理解者がいないなあ)。〈論語・憲問〉❹「**なかれ**」と読み、…してはいけない、の意。禁止をあらわす。例君莫レ笑(きみわらうことなかれ)(=君よ、笑うな)。〈王翰・涼州詞〉

古訓 中古うすし・さだまる・なかれ・なし・まな 中世うすし・なかれ・なし 近世くれ・なかれ・なし・ひろし

人名 さだ・さだむ・つとむ・とう・とし・なか・ひろ・ひろし

難読 莫大小(メリヤス)

【莫逆】(バクギャク|バクゲキ) ①(さからうことなし) さからうことがない。〈荘子・大宗師〉②非常に親しい間柄。例—の友。

【莫大】(バクダイ)〔これより大きなものがない意〕数量や程度が非常に大きいさま。多大。例—な遺産。—な損失。

【莫邪】【莫▼耶】(バクヤ) 春秋時代、呉の刀工、干将の妻。また、名剣の名。→【干将莫邪】(カンショウバクヤ)(438ジペー)

【莫連】(バクレン) 日 世間ずれして、あつかましい女。あばずれ。すれっからし。例—女(おんな)。—者(もの)。

【莫春】(ボシュン) 晩春。暮春。例莫春者春服既成(ボシュンにははるなるすでになる)(=春の終わり、春の服も仕立てあがった)。〈論語・先進〉

【莫夜】(ボヤ) 夜。暮夜。

莩
艹7(10) 3 9090 83A9 一フ漢 虞 fú 二ヒョウ(ヘウ)漢 篠 piǎo

意味 一アシの茎の内側の白く薄い皮。うすかわ。例葭莩(カフ)(=薄いもの。疎遠な身内のたとえ)。二餓死する。餓死者。飢え死に。通殍(ヒョウ)。例餓莩(ガヒョウ)。

莆
艹7(10) 3 9086 8386 一フ漢 麌 fǔ 二ホ漢 虞 pú

意味 一「蓮莆(フショウ)」は、伝説上の草の名。二水辺に生えるガマ科の多年草。ガマ。通蒲(ホ)。

莽
艹7(10) ボウ(バウ)漢 モウ(マウ)呉 養 mǎng くさむら

[莽] 艹6(9) 2 7247 83BD 俗字。

[莾] 艹8(11) 別体字。

意味 ❶草深いところ。**くさむら**。また、在野。民間。例莽莽(ボウボウ)。草莽(ソウモウ)。❷そそっかしい。がさつ。例鹵莽(ロモウ)。❸広々としている。広大な。例莽眇(ボウビョウ)(=はるかで、果てしないさま)。

【莽莽】(ボウボウ|モウモウ) ①草深いさま。例草木(ソウモク)—たり。②野原が広大なさま。莽蕩(モウトウ)。

【莽▼蒼】(ボウソウ|モウソウ) ①青々とした草原。②ものさびしいさま。

【莽▼蕩】(ボウトウ|モウトウ)「莽莽(ボウボウ)②」に同じ。

莔
艹7(10) 4 8623 8394 一モウ(マウ)漢 庚 méng 二ケイ漢 迥 qǐng

意味 一ユリ科の多年草。アミガサユリ。貝母(バイモ)。二アオイ科の一年草。イチビ。莔麻(ケイマ)。

莠
艹7(10) 2 7228 83A0 ユウ(イウ)漢 有 yǒu あし-い(あ-し)・はぐさ

意味 ❶イネ科の一年草。エノコログサ。**はぐさ**。❷(エノコログサのように)害をなす。わるい。例莠言(ユウゲン)。稂莠(ロウユウ)(=イヌアワとエノコログサ。害毒を流す人のたとえ)。

【莠言】(ユウゲン) よくないことば。

【莠民】(ユウミン) 悪事をはたらく人。

[莱] 艹7(10) ⇩萊(ライ)(1142ジペー)

莉
艹7(10) 2 7229 8389 人 リ慣 レイ漢 斉 lì

なりたち [形声]「艹(=くさ)」と、音「利(リ→レイ)」とから成る。木の名。

意味「茉莉(マツリ)」は、常緑低木で、香りのよい白い花が咲き、ジャスミン茶に用いる。

古訓 近世くすりぐさ・さかやまひぐさ

難読 莉蘆(おもと)

莅
艹7(10) 2 7214 8385 リ漢 寘 lì のぞ-む

[涖] 艹10(13) 3 9113 849E 別体字。

意味 現場に行って、治める。**のぞむ**。例莅政(リセイ)(=政治をおこなう)。莅臨(リリン)(=臨席する)。

【莅国】(リコク) 国を治める。

【莅盟】(リメイ) 出かけて盟約を結ぶ。同盟する。

莨
艹7(10) 2 7230 83A8 ロウ(ラウ)漢 陽 láng たばこ

意味 ❶イネ科の多年草。湿地に生え牛馬の飼料となる。チカラグサ。❷(láng)「莨菪(ロウトウ)」は、多年草。根や茎などを薬用にする。ヒヨス。

日本語での用法《たばこ》▼「煙草(タバコ)」のあて字。

[菴] 艹8(11) ⇩庵(アン)(450ジペー)

萎
艹8(11) 1 1664 840E 常用 イ(ヰ)漢呉 支 wěi なえる(な-ゆ)・しお-れる(しを-る)・しぼ-む・しな-びる(しな-ぶ)

筆順 一 艹 艹 芋 苿 苿 萎 萎

なりたち 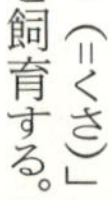 [形声]「艹(=くさ)」と、音「委(イ)」とから成る。牛を飼育する。借りて、「なえる」の意。

意味 ❶草木が枯れる。**なえる。しおれる。** 例 萎禾（イカ）（＝しおれた苗）。❷活力が衰える。疲れる。例 萎縮（イシュク）。萎靡（イビ）。

古訓 中古 おとろふ・しぼむ・なびく・なゆ 中世 かる・しぼむ 近世 うしかふ・かるる・しぼむ・なでしこ・やむ・ゑみぐさ

【萎縮】（イシュク） ①ちぢこまって小さくなる。例 気持ちが―する。②小さくしぼむ。例 腎臓（ジンゾウ）が―する。

【萎▼餒】（イダイ） 疲れはて、飢える。

【萎▼靡】（イビ） なえて、しおれる。気力や力がなくなる。例 勢力が―する。

菀
艹8（11） 3 9092 83C0

一エン（ヱン）漢 オン（ヲン）呉 阮 wǎn 二ウツ漢 物 yù 三ウン漢 吻 yùn

意味 一❶キク科の多年草。紫菀（シオン）。❷にわ。その。通苑。二茂るさま。三積みたくわえる。つむ。通蘊（ウン）。

菓
艹8（11） 1 1859 83D3 常用

カ（クヮ）漢呉 哿 guǒ

きのみ・くだもの・このみ

筆順 一 艹 … 菓

なりたち [形声]「艹（＝くさ）」と、音「果（カ）」とから成る。くだもの。

意味 **くだもの。** 木の実。通果。

日本語での用法 《カ》「茶菓（サカ）・銘菓（メイカ）・和菓子（ワガシ）」▼間食用の甘い食べもの。

古訓 中古 くだもの・このみ 中世 くだもの・このみ 近世 くだもの・このみ

難読 香菓（かくのこのみ）

【菓子】（カシ） ①くだもの。②日おやつとして、また、お茶にそえて客に出したりする食べもの。例 和―（ガシ）。洋―（ガシ）。

菏
艹8（11） 3 9094 83CF

カ漢 歌 hé

意味 今の山東省にあった川の名。

華
艹8（11） ⇩華（カ）（1136ジベー）

葛
艹8（11） ⇩葛（カツ）（1143ジベー）

菅
艹8（11） 1 3191 83C5 人

カン漢 刪 jiān

すげ・すが

なりたち [形声]「艹（＝くさ）」と、音「官（カン）」とから成る。イネ科の多年草。カヤ。

意味 イネ科の多年草。チガヤの類。縄やむしろなどの材料となる。例 菅茅（カンボウ）（＝凡才のたとえ）。

日本語での用法 《**すげ**》《**すが**》「菅笠（すげがさ）・菅畳（すがだたみ）（＝スゲで編んだ畳）」▼カヤツリグサ科の草。スゲ。スガ。笠（かさ）・蓑（みの）・縄などを作るのに用いる。

古訓 中古 すが・すげ 中世 すげ 近世 すげ・とま・ますげ

【菅▼笠】（すげがさ） 日スゲの葉で編んだかさ。

菡
艹8（11） 3 9102 83E1

カン（カム）漢 感 hàn

意味「菡萏（カンタン）」は、ハスの花。

萑
艹8（11） 4 8634 8411

一スイ漢 支 zhuī 二カン（クヮン）漢 寒 huán

意味 一❶草が多いさま。❷シソ科の一年草。メハジキ。二アシ類の植物。例 萑葦（カンイ）（＝アシ）。

萁
艹8（11） 3 9104 8401

キ漢 支 qí

意味 マメの茎。豆がら。例 萁在二釜下一燃、豆在二釜中一泣（まめがらはかまのしたにありてもえ、まめはかまのなかにありてなく）（＝豆がらは釜の下で燃やされ、豆は釜の中で泣いている。《もとは同じ根から生じたのに》）。〈曹植・七歩詩〉〔曹植（ソウショク）（ソウチ）が七歩の間に作ったという詩〕

萓
艹8（11） 2 7232 8413

ギ漢 支 yí

かや・わすれぐさ

意味 ❶ユリ科の多年草。**ワスレグサ。**〔「萱（ケン）」に同じ〕❷よろしい。〔俗語で用いられる〕通宜。

菊
艹8（11） 1 2138 83CA 常用

キク漢呉 屋 jú

筆順 一 艹 … 菊

なりたち [形声]「艹（＝くさ）」と、音「蘜（キク）」の省略体とから成る。日の精で、秋に咲く花。

参考「菊」は、もと「ナデシコ」で、のちに「キク」の意に用いられるようになった。

意味 キク科の多年草。**キク。** 中国原産で、種類が多い。秋に花をつける。古くから親しまれ、ウメ・タケ・ランとともに、四君子（シクンシ）の一つに数えられる。また、黄色や白色の花は薬用や食用にもなる。例 菊花之隠逸者也（きくははなのインイツなるものなり）（＝菊は花の隠者である）。〈周敦頤・愛蓮説〉 菊花（キッカ）。残菊（ザンギク）。野菊（のギク）。

古訓 中古 かはらよもぎ・キク 中世 かはらよもぎ・キク 近世 あきのはなしべ・かはらおはぎ・かはらよもぎ

人名 あき・ひ

【菊月】（キクづき） 日 陰暦九月の別名。

【菊判】（キクバン） 日 ①紙の寸法の一つ。縦九三九ミリメートル、横六三六ミリメートル。菊全判。②書物の判型の一つ。縦横とも菊全判の四分の一の大きさ。A5判よりやや大きい。

【菊花酒】（キッカシュ） キクの花をひたした酒。重陽（チョウヨウ）の節句（＝菊の節句）に飲む。菊酒（キクざけ）。

【菊花節】（キッカのセツ） 陰暦九月九日の重陽（チョウヨウ）の節句。類菊節。→【重陽】（チョウヨウ）（1346ジベー）

●観菊（カンギク）・春菊（シュンギク）

菌
艹8（11） 1 2261 83CC 常用

キン（クキン）漢 軫 jùn

きのこ・たけ

筆順 一 艹 … 菌

なりたち [形声]「艹（＝くさ）」と、音「囷（キン）」とから成る。きのこ。

意味 ❶湿地や日陰の、岩や木の上に生える、かさと柄（え）からなる植物。**きのこ。たけ。** 例 菌糸（キンシ）。菌類（キンルイ）。❷（jūn）下等植物の一種で、光合成をおこなわず、他の生物に寄生するもの。かび。バクテリア。例 細菌（サイキン）。

古訓 中古 あさがほ・くさびら・たけ 中世 きのこ・くさびら 近世 くさびら・たけ

【菌糸（絲）】（キンシ） 日 かびやきのこのからだを構成している糸状の細胞の列。

【菌▼蕈】（キンシン） きのこ類の総称。

【菌類】（キンルイ） 光合成をおこなわない下等植物の総称。かび・きのこ・酵母の類。細菌を含めることもある。

●細菌（サイキン）・殺菌（サッキン）・雑菌（ザッキン）・病原菌（ビョウゲンキン）

菫
艹8（11） 2 7233 83EB 人

一キン漢 吻 jǐn 二キン漢 震 jìn

すみれ

なりたち [形声] 本字は「堇」で、「艹（＝くさ）」と、音「堇（キン）」とから成る。草の名。

意味 一スミレ科の多年草。例 菫色（すみれいろ）。**スミレ。** 山野に生え、春、うす紫の花をつける。二キンポウゲ科の多年草。強い毒性がある。トリカブト。例 菫茶(トキン)(=トリカブトとニガナ)。

古訓 中古 すみれ・ねがふ 中世 すみれ 近世 ウズ・おうのはは・すみれ

菇
艹8 (11) 3 9093 83C7

コ 漢 虞 gū

意味 きのこの類。例 冬菇(ドンコ)(=冬に育ったシイタケ)。

菎
艹8 (11) 2 7234 83CE

コン 漢 元 kūn
かおりぐさ(かをりぐさ)

意味 ❶香草の名。例 菎蕗(コンロ)。菎麻(コンマ)。❷美しい玉(ギョク)。通 琨(コン)。

日本語での用法 《コン》「菎蒻(コンニャク)」▼「蒟蒻(コンニャク)(=食品、またその原料のサトイモ科の多年草)」の代用。

菜
艹8 (11) 1 2658 83DC 教4

サイ 漢 隊 cài
な

[菜] 艹8 (11) 旧字体。

筆順 一 十 廾 艹 苎 苙 苹 菜

なりたち  [形声]「艹(=くさ)」と、音「采(サイ)(=つみとる)」とから成る。草の食べられるもの。

意味 ❶葉・茎・根を食用にする植物の総称。あおもの。例 菜園(サイエン)。野菜(ヤサイ)。❷野菜や肉・魚で作ったおかず。例 総菜(ソウザイ)。一汁一菜(イチジュウイッサイ)。

日本語での用法 《な》「菜(な)の花(はな)・菜種(なたね)・青菜(あおな)・野沢菜(のざわな)・広島菜(ひろしまな)」▼アブラナ・カラシナ・カブラナなどの総称。また、地方特産の菜(な)につけることば。

古訓 中古 な 中世 くさ・な 近世 な

【菜園】(サイエン) 野菜畑。類 菜畦(サイケイ)・菜圃(サイホ)。

【菜▼羹】(サイコウ) 野菜のあつもの。野菜のスープ。

【菜根】(サイコン) ①野菜の根。②粗食。

【菜色】(サイショク) 青葉の色。飢えて青白い顔になること。例 民無二菜色一(たみにサイショクなし)(=人民が飢えることはない)。〈礼記・王制〉

【菜食】(サイショク) 副食物としておもに野菜類を食べる。対 肉食。

【菜▼菹】(サイソ) 野菜の漬物。

【菜箸】(サイばし) 日 おかずを取り分けるときや料理を作るときに使う長いはし。

【菜飯】(サイハン/なめし) 刻んだ青菜をたきこんだ飯。

【菜種】(なたね) 日 ①アブラナの種子。しぼって菜種油をとる。②アブラナの別名。菜の花。

● 一汁一菜(イチジュウイッサイ)・山菜(サンサイ)・前菜(ゼンサイ)・総菜(ソウザイ)・野菜(ヤサイ)

[菥] 艹8 (11) ⇩策(サク)(997ページ)

莿
艹8 (11) 3 9091 83BF

シ 漢 寘 cì

意味 植物のとげ。難読 莿木(いばらぎ)(=姓)・莿山(いばらやま)(=地名)

菑
艹8 (11) 3 9101 83D1

一 シ 漢 支 zī
二 シ 漢 寘 zì
三 サイ 漢 灰 zāi

意味 一 ❶開墾していない田畑。❷荒れ地を開墾する。ひらく。二 ❶立ち枯れした木。❷立てる。三 災害。わざわい。通 災。

[菑] 亠8 (11) ⇩滋(ジ)(794ページ)

菽
艹8 (11) 2 7235 83FD

シク 漢 シュク 呉 屋 shū
まめ

意味 ❶マメ類の総称。例 菽乳(シュクニュウ)(=豆腐)。菽粟(シュクゾク)。菽麦(シュクバク)。❷大豆(ダイズ)。

【菽水▼之歓】(シュクスイのカン) 豆を食べ水を飲むような貧乏生活をしながらも、孝行して親を喜ばせること。〈礼記・檀弓下から〉

【菽▼粟】(シュクゾク) マメ類と穀類。人の常食とするもの。

【菽麦】(シュクバク) 豆と麦。

【不レ能レ弁(辨)二菽麦一】(シュクバクをベンずるあたわず) 豆と麦との区別がつけられない。きわめて愚かなこと。〈左伝・成一八〉

菖
艹8 (11) 1 3052 83D6 人

ショウ(シャウ) 漢 陽 chāng
あやめ

なりたち [形声]「艹(=くさ)」と、音「昌(ショウ)」とから成る。草の名。

意味 「菖蒲(ショウブ)」は、サトイモ科の多年草で、水辺に生える香草。葉が細く剣のようにとがっている。例 菖蒲湯(ショウブゆ)。

日本語での用法 《あやめ》「菖蒲刀(あやめがたな)・菖蒲(あやめ)の鬘(かずら)」▼水辺に生え、初夏にハナショウブに似た白や青紫色の花をつける。

萃
艹8 (11) 2 7236 8403

スイ 漢 寘 cuì
あつ-まる・あつ-める(あつ-む)

古訓 中世 あやめ 近世 あやめ・いはあやめ・セキシヤウ

意味 ❶草がむらがって生えているさま。❷たくさん集まる。あつめる。例 萃聚(スイシュウ)(=集まる)。❸たくさん集まった人やもの。むれ。例 抜萃(バッスイ)(=群をぬいてすぐれている。抜粋)。❹到達する。いたる。例 悵懐萃(チョウカイいたる)(=失意の念にとらわれる)。〈張衡・西京賦〉❺衰えやつれる。枯れしぼむ。通 悴(スイ)。例 蕉萃(ショウスイ)(=憔悴(ショウスイ))。❻易(エキ)の六十四卦(カ)の一つ。☱☷ 坤下兌上(コンカダショウ)。湿地が地に上る象。❼⇩【萃蔡】(サイスイ)

【萃▼蔡】(サイスイ) 衣服がこすれる音のさま。

菘
艹8 (11) 2 7237 83D8

シュウ(シウ)・スウ 漢 東 sōng
すずな

意味 野菜の名。アブラナ科の二年草。ハクサイ。漬物にする。

日本語での用法 《すずな》▼春の七草の一つ。カブ。

萋
艹8 (11) 2 7238 840B

セイ 漢 斉 qī
さか-り・しげ-る

意味 ❶草が盛んに茂っているさま。例 萋萋(セイセイ)。❷模様などが美しく組み合わさっているさま。例 萋斐(セイヒ)。

【萋萋】(セイセイ) ①草が盛んに茂るさま。②雲がたちこめているさま。③華やかで美しいさま。

【萋▼斐】(セイヒ) 美しい模様のさま。

菁
艹8 (11) 2 7239 83C1

一 セイ 漢 庚 jīng
二 セイ 漢 青 jīng
な・かぶ

意味 一 ❶ニラの花。❷カブ。カブラ。例 蕪菁(ブセイ)(=カブ)。❸華やかなさま。例 菁華(セイカ)。二「菁菁(セイセイ)」は、草がさかんに茂るさま。

【菁華】(セイカ) ものごとの最もすぐれた点。精華。

【菁▼莪】(セイガ) 人材を育成すること。また、多くの人材。〈詩経・小雅・菁菁者莪〉から〉

[菥] 艹8 (11) ⇩薺(セイ)(1161ページ)

菥
艹8 (11) 4 8631 83E5

セキ 漢 錫 xī

意味 「菥蓂(セキベキ)」は、アブラナ科の二年草。

菹
艹8 (11) 4 8632 83F9
ソ㊅漢 ショ㊅呉 魚 zū

意味 ❶塩や酢に漬けた野菜。漬物。にらき。例 菜菹(ソサイ)。❷漬物にする。❸草の茂った沢。

【菹▼醢】(ソカイ) ①塩漬けにした野菜や肉。②殺して骨や肉を塩漬けにする刑罰。

[蔕]
艹8 (11) ⇩蒂(テイ)(429ページ)

萏
艹8 (11) 4 8633 840F
タン(タム)㊅漢 感 dàn

意味 「菡萏(カンタン)」は、ハスの花。

著
艹8 (11) 1 3588 8457 教6
一 チョ㊅漢㊅呉 御 zhù
二 チャク㊅漢 ジャク(ヂャク)㊅呉 薬 zhuó
あらわす(あらは-す)・いちじるしい(いちじる-し)・き-る・つ-く・つ-ける(つ-く)

[著]
艹9 (12) 3 9107 FA5F 人
旧字体。

筆順 一 艹 艹 艹 芏 芓 著 著

なりたち [形声]「艹(=くさ)」と、音「者(シャ→チョ)」とから成る。あらわす。つく。

意味 一 ❶書きしるす。**あらわす**。例 著作(チョサク)。著述(チョジュツ)。名著(メイチョ)。❷目立って世に知られる。あらわれる。例 信義著二於四海一(シンギシカイにあらわる)(=信義が天下に明らかにされた)。〈蜀志・諸葛亮伝〉著聞(チョブン)。著名(チョメイ)。❸あきらかである。**いちじるしい**。例 著明(チョメイ)。顕著(ケンチョ)。二 ❶身につける。くっつく。**きる**。㊅通 着。例 著衣(チャクイ)(=着るもの)。❷さだめる。落ち着く。おく。❸心から離れない。恋いしたう。例 執著(シュウチャク|シュウジャク)。例 無著(ムチャク)(=身をおく場所がない)。

古訓 中古 あき・あきら・あきらかなり・あらはす・あらはる・おく・きたる・きる・しるし・しるす・たつ・つく・つまづく・とどまる・はく・わたいる 中世 あらはす・しるす・つく 近世 あきらか・あらはす・あらはる・いちじるし・つく・なる

人名 あき・あきら・つぎ・つぐ

【著作】(チョサク) 書物などを書きあらわす。また、その書物。著書。著述。例 —権。—者。—物。

【著作郎】(チョサクロウ) ①魏(ギ)から南北朝時代、史書の編集をした官。②宋(ソウ)代、暦の編纂(ヘンサン)をした官。

【著者】(チョシャ) その書物を書きあらわした人。著作者。筆者。

【著述】(チョジュツ) 文章・書物などに書いて述べる。また、書きあらわした書物。著作。例 —業。

【著書】(チョショ) 書物を書く。また、書きあらわした書物。著作。

【著姓】(チョセイ) 有名な家柄。

【著績】(チョセキ) ①功績をあらわす。②いちじるしい功績。

【著大】(チョダイ) 人の目につくほど大きい。

【著聞】(チョブン|チョモン) 世間によく知られる。

【著名】(チョメイ) 世間によく知られているさま。有名。例 —な画家。—な場所。

【著明】(チョメイ) はっきりしていて明らかなさま。例 —な事実。

【著録】(チョロク) ①姓名や功績などを書きしるす。②書物を帳簿などに記載する。書物の目録としての役割をする。

●愛著(アイチャク|アイジャク)・共著(キョウチョ)・顕著(ケンチョ)・高著(コウチョ)・拙著(セッチョ)・編著(ヘンチョ)・名著(メイチョ)

萇
艹8 (11) 2 7241 8407
チョウ(チャウ)㊅漢 陽 cháng
いらくさ・いららぐさ・ずわえぐさ(ずはへぐさ)

意味 「萇楚(チョウソ)」は、マタタビ科の落葉つる性植物、サルナシの一種。シナサルナシ。

菟
艹8 (11) ——
一 ト㊅漢 遇 tù
二 ト㊅漢 虞 tú
うさぎ

[莬]
艹7 (10) 2 7225 83B5
俗字。

[菟]
艹9 (12) 1 3749 83DF
俗字。

意味 一 ❶「菟糸(トシ)」は、ヒルガオ科の一年草で、つる草の一種。ハマネナシカズラ。❷**ウサギ**。㊅通 兎(ト)。例 玉菟(ギョクト)(=月の別名)。木菟(ボクト)(=ミミズク)。二「於菟(オト)」は、トラの別名。

難読 菟葵(いそぎんちゃく)・菟玖波集(つくばシュウ)(=連歌撰集(レンガセンシュウ)の名。一三五六年ころの作)

萄
艹8 (11) 1 3826 8404 人
トウ(タウ)㊅漢 ドウ(ダウ)㊅呉 豪 táo

なりたち  [形声]「艹(=くさ)」と、音「匋(トウ)」とから成る。草の名。

意味 「葡萄(ブドウ)」は、つる性の果樹の名。

古訓 中世 かづら 近世 えび・えびかづら

難読 葡萄(えび)(=ブドウの古い名)・葡萄茶(えびチャ)

菪
艹8 (11) 3 9103 83EA
トウ(タウ)㊅漢 漾 dàng

意味 「莨菪(ロウトウ)」は、ナス科の一年草。ヒヨス。

菠
艹8 (11) 2 7242 83E0
ハ㊅漢 ホウ(ハウ)㊅唐 歌 bō
からな

意味 「菠菜(ハサイ)」「菠薐(ハロウ|ホウレン)」は、アカザ科の一、二年草。ホウレンソウ。菠薐草(ホウレンソウ)。

茇
艹8 (11) 4 8630 83DD
ハツ㊅漢 バツ㊅呉 黠 bá

意味 「茇葜(ハッカツ|バッカツ)」は、ユリ科のつる性落葉低木。サルトリイバラ。

菲
艹8 (11) 2 7243 83F2
一 ヒ㊅漢 尾 fěi
二 ヒ㊅漢 微 fēi
三 ヒ㊅漢 未 fèi
うす-い(うす-し)

意味 一 ❶野菜の名。カブやダイコンの類。粗末な食物のたとえ。例 菲食(ヒショク)。❷少ししかない。**うすい**。〔多く謙遜(ケンソン)した表現として用いられる〕例 菲才(ヒサイ)。菲徳(ヒトク)。二 ⇩【菲菲】(ヒヒ) 三 ぞうり。わらぐつ。例 菲履(ヒリ)。

【菲儀】(ヒギ) つまらない贈り物。わずかなお礼。贈り物やお礼をへりくだっていうことば。薄謝。

【菲才】(ヒサイ) ①才能のないこと。②取るに足りない才能。自分の才能の謙称。例 浅学—。▽非才。

【菲食】(ヒショク) ①粗末な食事。②食事を質素にすること。

【菲徳】(ヒトク) 徳がうすいこと。

【菲薄】(ヒハク) ①うすいこと。②ものが少ないこと。貧しいこと。

【菲菲】(ヒヒ) ①香り高いさま。例 芳菲菲兮満レ堂(ホウヒヒとしてドウにみつ)(=かぐわしい香りが堂いっぱいになる)。〈楚辞・九歌・東皇太一〉②花が美しいさま。③上下して定まらないさま。乱れ飛ぶさま。

萆
艹8 (11) 3 9105 8406
一 ヘキ㊅漢 陌 pì
二 ヘイ㊅漢 霽 bì
三 ヒ㊅漢 支 bēi

意味 一 雨衣。みの。二 かくす。おおう。㊅通 蔽(ヘイ)。三「萆薢(ヒカイ)」は、ヤマノイモ科の多年草。トコロ。オニドコロ。

菔
艹8 (11) 4 8629 83D4
フク㊅漢 屋 fú

意味 「蘆菔(ロフク)」は、ダイコン。蘿蔔(ラフク)。

萍
艹8(11) 2 7244 840D
ヘイ漢 青 píng
うきくさ

[蓱]
艹11(14) 4 8666 84F1
別体字。

意味 池や沼の水面に浮いて生える水草。**うきくさ**。例 浮萍(フヘイ)(=うきくさ)。

難読 萍蓬草(こうほね・かわほね)

【萍▼寓】(ヘイグウ) 「萍泊(ヘイハク)」に同じ。

【萍水相▼逢】(ヘイスイあいあう) 〔水に漂う浮き草がぶつかり合う意〕人と人とが偶然に出会うことのたとえ。〈王勃・滕王閣序〉

【萍跡】【萍▼迹】(ヘイセキ) 〔浮き草が漂い去ったあとの意〕あちらこちらとさまよい、定住しないたとえ。類 萍蹤(ヘイショウ)。

【萍泊】(ヘイハク) 浮き草のように、流れさすらう。漂泊。萍寓(ヘイグウ)。

菩
艹8(11) 1 4278 83E9 人
一 ハイ漢 バイ呉 賄 bèi
二 ホ漢 ボ呉 虞 pú

なりたち  [形声]「艹(=くさ)」と、音「咅(ウトハイ)」とから成る。草の名。

意味 一 草の名。むしろを作る。二 梵語(ボン ゴ)の音訳字。例 菩薩(ボサツ)。菩提(ボダイ)。

古訓 中世 おほいなり・たすく・つと・ほほづき 近世 くさ・ほとけぐさ

【菩▼薩】(ボサツ) 〔仏〕〔「菩提薩埵(ボダイサッタ)」の略。悟りを求める者の意〕①仏になろうと発心(ホッシン)して修行する修行者。例 観世音(カンゼオン)—。②徳の高い僧の尊称。例 行基(ギョウキ)—。③日 神仏習合により、仏になぞらえて、日本の神をたっとんだ称。例 八幡(ハチマン)大—。

【菩提】(ボダイ) 〔仏〕〔梵語(ボンゴ) bodhi の音訳〕①煩悩をたちきって修行して得られる悟り。②極楽往生すること。例 —を弔う(=死者の冥福(メイフク)を祈る)。

【菩提寺】(ボダイジ) 〔仏〕先祖代々の位牌(ハイ)や墓があり、葬式や法事をする寺。檀那寺(ダンナでら)。類 菩提所。

【菩提樹】(ボダイジュ) ①クワ科の常緑高木。インド原産。釈迦(シャカ)がこの木の下で悟りをひらいたといわれる。インドボダイジュ。②日 シナノキ科の落葉高木。中国原産。リンデンバウムはこの一種。

【菩提心】(ボダイシン) 仏道にはいり、悟りを求める心。例 —をおこす。

萌
艹8(11) 1 4308 840C 人
ホウ(ハウ)慣 ボウ(バウ)漢
モウ(マウ)呉 庚 méng
きざ-す・も-える(も-ゆ)・めぐ-む

[萠]
艹8(11) 2 7246 8420 人
別体字。

なりたち 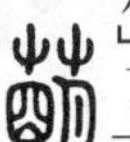 [形声]「艹(=くさ)」と、音「明(ベイ→ボウ)」とから成る。草木の芽。

意味 ❶植物の芽。また、植物が芽を出す。**もえる**。転じて、ものごとが起こる。**きざす**。きざし。例 萌芽(ホウガ)。❷民。農民。例 萌隷(ボウレイ)(=庶民)。

古訓 中古 きざす・もやし・もゆ 中世 きざす・もゆる 近世 きざす・のぎ・はじめ・もえいづる

人名 きざし・たみ・はじめ・め・めぐみ・めみ・もえ・もゆ

難読 萌黄(もえぎ・もよぎ)

【萌芽】【萌牙】(ホウガ・ボウガ) ①芽が出る。また、その芽。めばえ。②ものごとがきざす。きざし。例 文明の—。

【萌▼蘖】(ボウゲツ) ①草木の新芽と、切り株から出たひこばえ。②ものごとの発端のたとえ。

【萌生】(ボウセイ・ホウセイ) ①草木の芽が出る。転じて、ものごとのきざしが生ずる。②争って出る。群がり出る。

【萌兆】(ボウチョウ) ものごとのきざし。前兆。

【萌動】(ボウドウ) ①草木の芽が出始める。②きざしが見える。ものごとの起こり始め。

[莾]
艹8(11) ⇩莽(ウモ)(1138ジペー)

萢
艹8(11) 2 7245 8422 国字
やち

意味 ❶沼地。湿地帯。**やち**。〔谷地(チや)の意。低地・湿地を指す〕❷人名・地名に用いる字。例 前萢(まえやち)(=青森県の地名)。

萊
艹8(11) 3 9106 840A 人
ライ漢呉 灰 lái
あかざ

[莱]
艹7(10) 1 4573 83B1
俗字。

なりたち  [形声]「艹(=くさ)」と、音「來(ライ)」とから成る。アカザ。

意味 ❶アカザ科の一年草。**アカザ**。荒れ地などに自生し、葉は食用とする。❷雑草の生い茂る荒れ地。また、つまらないもののたとえ。例 萊孱(ライセン)。

古訓 中古 おどろ・くさ 中世 あかざ・えもぎ・おどろ・よもぎ 近世 あかざ・くさぎる・しば・よもぎ

【萊▼孱】(ライセン) 能力が劣る。いやしい。

【萊▼蕪】(ライブ) 雑草の茂った荒れ地。

菱
艹8(11) 1 4109 83F1 人
リョウ漢 蒸 líng
ひし

[蔆]
艹11(14) 2 7249 8506
本字。

なりたち  [形声]「艹(=くさ)」と、音「淩(リョウ)」とから成る。ヒシ。

意味 ヒシ科の一年草。**ヒシ**。池や沼に自生し、夏に白い小さな花をつけ四角い実を結ぶ。実は食用。例 菱形(リョウケイ)。菱餅(ひしもち)。武田菱(たけだびし)(=ヒシの実をかたどった紋所(モンどころ))。

古訓 中古 ひし 中世 ひし 近世 ひし

難読 菱花台(リンカのダイ)(=茶托(チャタク))

【菱餅】(ひしもち) 日 ヒシの粉で作ったもち。また、三月の節句に用いる、三色で菱形のもち。

【菱花】(リョウカ) ヒシの花。

【菱歌】(リョウカ) ヒシの実をとるときにうたう歌。類 菱唱。

【菱形】(リョウケイ・ひしがた) 〔ヒシの実の形の意〕四辺の長さが等しく、四つの角が直角でない四角形。正方形をつぶした形。斜方形。

菉
艹8(11) 4 8627 83C9
リョク漢 ロク呉 沃 lù

意味 ❶イネ科の一年草。コブナグサ。別名、カリヤス。❷書きしるす。通 録。

菻
艹8(11) 2 7250 83FB
リン(リム)漢 寝 lǐn

意味 キク科の二年草。キツネアザミ。

[葊]
艹9(12) ⇩庵(アン)(450ジペー)

葳
艹9(12) 3 9111 8473
イ(ヰ)漢 微 wēi

意味 「葳蕤(イズイ)」は、草木が茂るさま。

［葦］ 艹9 (12) ⇩葦（イ）（1147ページ）

葭
艹9 (12) ②7251 846D
カ㊥漢 麻 jiā
あし・はまおぎ（はまをぎ）・よし

意味 ❶（生えはじめたばかりの）アシ。ヨシ。例 葭葦（カイ）。葭牆（カショウ）（＝アシで作った垣根）。❷あしぶえ。通 笳（カ）。例 胡葭（コカ）（＝あしぶえ）。

難読 葭原雀（よしわらすずめ）

【葭▼葦】（カイ） アシ。水辺に自生する。

【葭▼莩】（カフ） ①アシの茎の内側にあるうすい膜。②うすいもの、特に、関係のうすい遠い親戚（シンセキ）にたとえる。例 葭莩之親（カフのシン）（＝疎遠な親戚（シンセキ））。〈漢書・劉勝伝〉

萪
艹9 (12) ②7252 842A
カ㊥漢 歌 kē

意味 ❶マメ科のつる性落葉木本。フジの一種。❷草の名というが未詳。

［葢］ 艹9 (12) ⇩蓋（イガ）（1147ページ）

萼
艹9 (12) ②7253 843C
ガク㊥漢 薬 è
うてな

［蕚］ 艹12 (15) ②7254 855A 俗字。

意味 花の外側にあって、つぼみを包んで守り、開いた花を支える部分。うてな。はなぶさ。例 萼片（ガクヘン）（＝萼を形づくる一枚一枚の小片）。

葛
艹9 (12) ①1975 845B 常用
カツ㊥漢 曷 gé
くず・かずら（かづら）・つづら

［葛］ 艹8 (11) 俗字。

筆順 一 艹 芇 苩 葛 葛 葛 葛

なりたち  ［形声］「艹（＝くさ）」と、音「曷（カツ）」とから成る。クズの布をつくる草。

意味 ❶マメ科のつる性多年草。クズ。茎の繊維で布を織る。根は薬用になるほか、くず粉がとれる。例 葛巾（カッキン）。葛根湯（カッコントウ）。葛藤（カットウ）。❷つる。かずら。ものごとがからみあい、もつれるさま。例 葛藤（カットウ）。

日本語での用法 《つづら》「葛籠（つづら）・葛笠（つづらがさ）」▼山野に生えるつる草の一種。ツヅラフジ。つるで籠（かご）などを編む。

古訓 中古 かづら・くず・くずかづら 中世 かづら・くず・くずかづら 近世 くず・くずかづら・くはのやどりぎ・つた

人名 かず・かつら・かど・さち・つた・ふじ

難読 葛城（かずらき）・葛飾（かつしか）・葛野（かどの）・葛西（カサイ）

【葛衣】（カツイ） クズの布で作った、夏ものの衣服。

【葛▼裘】（カッキュウ） ①夏に着る、クズの布で作ったかたびらと、冬に着る、皮ごろも。②夏と冬。また、一年間。

【葛巾】（カッキン） クズの布で作った頭巾（ズキン）。

【葛根湯】（カッコントウ） 漢方薬の一つ。クズの根の煎（セン）じ汁を主成分とする。発汗作用があるので、かぜ薬として用いる。

【葛藤】（カットウ） 〔クズやフジなどのつる草は、からまりあって解けにくいことから〕①もつれあって解決しにくい。入り組んだ対立や争い。紛争。②心の迷い。例 内面の―に苦しむ。③〔仏〕煩悩。また、禅宗で、言語・文字・句。

【葛布】（カップ｜くずフ） クズの茎の繊維を織って作った目のあらい、丈夫な布。

【葛粉】（カップン｜くずこ） クズの根からとったでんぷん。

【葛▼藟】（カツルイ） ①つる草の類。②身にふりかかる困難な事柄のたとえ。

【葛▼嶺】（カツレイ） 浙江（セッコウ）省杭州（コウシュウ）市の西湖の北にある山。東晋（トウシン）の葛洪（カッコウ）が仙丹を練った所という。

【葛籠】（つづら） 日 ツヅラフジのつるを編んで作った、衣服を入れるためのふたつきのかご。

葜
艹9 (12) ④8645 845C
カツ㊥漢 黠 qiā

意味 「菝葜（バッカツ｜ハツカツ）」は、ユリ科のつる性落葉低木。サルトリイバラ。

蒄
艹9 (12) ②7255 8484
カン（クヮン）㊥漢 寒 guān

意味 草の名というが未詳。

難読 高豆蒄（こうづく）（＝山形県の地名）

葵
艹9 (12) ①1610 8475 人
キ（クヰ）㊥漢 支 kuí
あおい（あふひ）

なりたち  ［形声］「艹（＝くさ）」と、音「癸（キ）」とから成る。野菜の名。

意味 ❶野菜の名。例 冬葵（トウキ）（＝フユアオイ）。❷タチアオイ・ハナアオイなど、アオイ科の草または低木。❸ヒマワリ。例 向日葵（コウジツキ）（＝ヒマワリ）。

日本語での用法 《あおい》①「葵鬘（あおいかずら）・葵祭（あおいまつり）」▼賀茂（かも）神社の紋。②「葵巴（あおいどもえ）・双葉葵（ふたばあおい）・丸（まる）に立葵（たちあおい）・三葉葵（みつばあおい）」▼紋所（モンどころ）の一つ。葵巴（あおいどもえ）は徳川家の家紋。

古訓 中古 あふひ 中世 あふひ 近世 あふひ

人名 はかる・まもる

【葵▼藿】（キカク） ①アオイとマメの葉。貧しい食物。②〔アオイの花が太陽に向かって傾くように〕君主や上位者を尊び、忠誠を尽くすことのたとえ。葵傾。

【葵丘】（キキュウ） 今の河南省蘭考（ランコウ）県の東にあった地。春秋時代、斉（セイ）の桓公（カンコウ）が諸侯と会盟し忠誠を誓わせた所。

【葵傾】（キケイ） 「葵藿（キカク）②」に同じ。

【葵心】（キシン） アオイの花が太陽に向かって傾くように、臣下が君主に忠誠を尽くす心。

葷
艹9 (12) ②7256 8477
クン㊥漢 文 hūn

意味 ネギ・ニンニク・タマネギなど、辛みと臭みのある野菜。また、なまぐさい食物。肉食。例 葷菜（クンサイ）。葷酒（クンシュ）。

【葷血】（クンケツ） ニンニクなどにおいの強い野菜と、なまぐさい魚や肉。仏教では忌むべきとされた。類 葷腥（クンセイ）・葷羶（クンセン）。

【葷菜】（クンサイ） ネギ・ニンニクなど、においの強い野菜。

【葷酒】（クンシュ） ニラやネギなどの、においの強い野菜と、酒。仏教では忌むべきものとされる。

【不レ許三葷酒入二山門一】（クンシュサンモンにいるをゆるさず） 修行のさまたげになる、においの強い野菜や酒は、寺門の内にはいることを許さない。禅寺の山門の脇（わき）の石に刻む文句。

【葷辛】（クンシン） ニンニクなどにおいの強い野菜と、からい野菜。

萱
艹9 (12) ①1994 8431 人
ケン㊥漢 カン（クヮン）㊥呉 元 xuān
かや・すげ・わすれぐさ

［蕿］ 艹13 (16) ④8688 857F 別体字。

［藼］ 艹16 (19) ③9140 8610 別体字。

なりたち 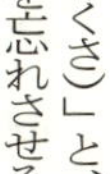 ［形声］「艹（＝くさ）」と、音「宣（セン→ケン）」とから成る。憂いを忘れさせる草。

意味 ユリ科の多年草。ヤブカンゾウ。葉は細長くとがり、夏にだいだい色の花をつける。花や若芽は食用になり、食べると心配ごとが忘れられるという。忘れ草(わすれぐさ)。例 萱草(ゾウカン/ケンゾウ/カンゾウ)(=ユリ科の多年草。ワスレグサ)。

日本語での用法 《かや》「萱野(かやの)・萱席(かやむしろ)・刈萱(かるかや)」▼屋根をふくのに用いるススキやスゲなど。

古訓 中古 かや・わすれぐさ 中世 かや・わすれぐさ 近世 わすれぐさ

【*蘐園学派】(ケンエンガクハ) 日 江戸中期の儒学者、荻生徂徠(おぎゅうソライ)の一門。蘐園(=かやのその)は徂徠の住んだ茅場(かやば)町という地名による。

【萱堂】(ケンドウ) 母親のこと。北堂。〔昔、母親は北の部屋におり、その庭に、食べると憂いを忘れるという萱草(ケンソウ)を植えたことによる。〈詩経・衛風・伯兮〉から〕

菰 艹9(12) 1 2454 83F0 コ漢 虞 gū こも・まこも

[苽] 艹6(9) 3 9073 82FD 本字。

意味 イネ科の多年草。**マコモ**。沼や沢に自生し、葉はアシに似て、秋に米に似た実を結ぶ。**こも**。例 菰米(コベイ)。

日本語での用法 《こも》「菰冠(こもかぶり)」▼マコモやわらを織って作ったむしろ。薦(こも)。

【菰米】(コベイ) マコモの実。もちを作るのに用いた。

【菰冠】(こもかぶり) こもで包んだ酒樽(さかだる)。薦被(こもかぶり)。

葫 艹9(12) 2 7257 846B コ漢 虞 hú おおひる(おほひる)・ひさご・ふくべ

意味 ❶ユリ科の多年草。ニンニク。❷「葫蘆(コロ)」は、ウリ科の一年草。ヒョウタン。**ひさご**。**ふくべ**。

葟 艹9(12) 3 9109 845F コウ(クヮウ)漢 陽 huáng

意味 花が美しいさま。

葒 艹9(12) 4 8642 8452 コウ漢 東 hóng

意味 タデ科の一年草。オオケタデ。

葹 艹9(12) 2 7265 8479 シ漢 支 shī おなもみ

意味 キク科の一年草。**オナモミ**。

葈 艹9(12) 3 9108 8448 シ漢 紙 xǐ

意味「葈耳(ジシ)」は、キク科の一年草。オナモミ。

葸 艹9(12) 4 8649 8478 シ漢 紙 xǐ

意味 こわがる。おそれる。

萩 艹9(12) 1 3975 8429 人 シュウ(シウ)漢 尤 qiū はぎ

[蘒] 艹16(19) 3 9136 8612 別体字。

[蘻] 艹21(24) 4 8724 FA20 別体字。

なりたち  [形声]「艹(=くさ)」と、音「秋(シュウ)」とから成る。ヨモギ。

意味 ❶キク科の多年草。河原に生えるヨモギの一種。❷トウダイグサ科の落葉高木。アカメガシワ。ヒサギ。

日本語での用法 《はぎ》「萩(はぎ)の錦(にしき)」▼マメ科の、山野に生える落葉低木。秋に赤紫や白の花をつける。秋の七草の一つ。

古訓 中古 はぎ 中世 はぎ 近世 はぎ

葺 艹9(12) 1 4188 847A 人 シュウ(シフ)漢 緝 qì ふ-く

なりたち  [形声]「艹(=くさ)」と、音「咠(シュウ)」とから成る。屋根をふく。

意味 ❶カヤなどの草を用いて屋根を作る。**ふく**。例 葺屋(シュウオク)。❷つくろう。ととのえる。例 葺繕(シュウゼン)。補葺(ホシュウ)。

古訓 中古 おほふ・かさなる・かさぬ・ふく・をさむ 中世 ふく 近世 おほふ・つくろふ・ふく

人名 ふき

【葺屋】(シュウオク) 草ぶきの家。葺茅(シュウボウ)。

【葺繕】(シュウゼン) つくろう。修繕。

【葺▼茅】(シュウボウ)「葺屋(シュウオク)」に同じ。

蒁 艹9(12) 4 8651 8481 シュツ漢 ジュツ呉 質 shù

意味 ショウガ科の多年草。根茎を健胃薬とする。例 莪蒁(ガジュツ)。

葰 艹9(12) 3 9110 8470 一 スイ漢 支 suī 二 シュン漢 震 jùn

意味 一 香草の名。ハジカミの一種。二 大きいさま。通 峻(シュン)。例 葰茂(シュンモ)(=大いに茂る)。

葚 艹9(12) 4 8644 845A シン(シム)漢 ジン(ジム)呉 寝 shèn

意味 クワの実。例 桑葚(ソウジン)(=クワの実)。難読 葚沢(しもざわ)(=青森県の地名)

蒅 艹9(12) 3 9112 8485 国字 すくも

意味 タデ科の一年草のアイの葉を発酵させた染料。**すくも**。これを練り固めて藍玉(あいだま)を作る。

葏 艹9(12) 4 8640 844F セイ漢 庚 jīng

意味 草が茂るさま。通 菁(セイ)。参考「葎(むぐら)」に通じて用いられることがある。

葥 艹9(12) 4 8647 8465 一 セン漢 霰 jiàn 二 セン漢 先 qián

意味 一 ❶バラ科の落葉小低木。キイチゴの類。❷アカザ科の一年草。ホウキギ。二「車葥(シャゼン)」は、オオバコ科の多年草。オオバコ。車前。難読 葥山(やまぶき)

葬 艹9(12) 1 3382 846C 常用 ソウ(サウ)漢 漾 zàng ほうむる(はうむ-る)

筆順 艹 艹 艹 苑 苑 苑 葬 葬

なりたち  [会意]「死(=死者)」と「一(=敷物(しきもの))」と「茻(ボウ→ソウ)(=くさむら)」とから成る。死んだ人を敷物にのせて、くさむらにかくす。

意味 儀式をおこなって、死体を墓などにおさめる。**ほうむる**。例 葬二於江魚腹中一(コウギョのフクチュウにほうむらる)(=川の魚に食われる)。〈楚辞・漁父〉 葬儀(ソウギ)。埋葬(マイソウ)。

古訓 中古 かくす・つか・はうぶる・はか 中世 うづむ・かくす・はうぶる・はうむる・ほろぶ 近世 うづむ・はうむる・をさむ

【葬儀】(ソウギ) 死者をほうむる儀式。葬式。葬礼。

【葬祭】(ソウサイ) 葬式と先祖のまつり。例 冠婚―。

【葬式】(ソウシキ) 日 死者をほうむる儀式。葬儀。葬礼。

【葬場】(ソウジョウ) 葬儀をおこなう式場。葬儀場。斎場。

【葬送】(ソウソウ) 死者が長い旅に出るのを見送る。野辺(のべ)の送り。送葬。例 ―の列。

【葬礼】(ソウレイ) 死者をほうむる儀式。葬儀。葬式。

【葬列】ソウレツ 日葬式・葬送の行列。例—が進む。
◐火葬カソウ・国葬コクソウ・土葬ドソウ・風葬フウソウ・埋葬マイソウ・密葬ミッソウ

葱 艹9(12) 1 3912 8471 ソウ漢 東 cōng ねぎ・き

[蔥] 艹11(14) 4 8672 8525 本字。

意味 ❶ユリ科の多年草。**ネギ**。太さや大きさにより種類が多く、においが強い。例 玉葱たまねぎ。分葱わけぎ。❷草木が青々と茂るさま。例 葱翠ソウスイ。

難読 胡葱あさつき・葱花ぎボウシュ(=擬宝珠ぎボウシュ)

【葱花▼輦】ソウカレン 日天皇が神事または行幸のときに乗る輿こし。屋根の頂にネギの花をかたどった金色の飾りがついている。なぎの花の御輿みこし。

【葱根】ソウコン［ネギの白い根］女性の白い指のたとえ。

【葱▼翠】ソウスイ 緑が青々としている。

【葱青】ソウセイ ❶草木の青い芽生え。新芽をいう。❷ネギの葉。

【葱葱】ソウソウ ❶草木の青々と茂っているさま。❷よい気配。

【葱白】ソウハク ❶藍あい色のきわめて薄いもの。❷ネギの茎。

【葱▼碧】ソウヘキ 青々とした色。また、青々としたもの。蒼碧ソウヘキ。

葙 艹9(12) 4 8643 8459 ショウ(シャウ)漢 ソウ(サウ)呉 陽 xiāng

意味「青葙セイソウ」は、ヒユ科の一年草。ノゲイトウ。

葼 艹9(12) 4 8650 847C ソウ漢 東 zōng しもと

意味 樹木の若い小枝。**しもと**。例 柳葼リュウソウ。葼棚しもとだな。葼机しもとづくえ。

【葼棚】しもとだな 日しもとを編んで作り、しもとの足をつけた、たな。祭祀サイシに用いる。類葼机しもとづくえ。

[蒂] 艹9(12) ⇩蔕タイ(1153ジペー)

葮 艹9(12) 2 7259 846E タン漢 ダン呉 翰 duàn

意味 アオイ科の落葉低木。ムクゲ。通椴ダン。

[著] 艹9(12) ⇩著チョ(1141ジペー)

葶 艹9(12) 4 8648 8476 テイ漢 ジョウ(ヂャウ)呉 青 tíng

6画

意味「葶藶テイレキ」は、アブラナ科の一年草。ナズナの一種。

[菟] 艹9(12) ⇩菟ト(1141ジペー)

董 艹9(12) 1 3801 8463 人 トウ漢 董 dǒng ただ-す

なりたち [形声]「艹(=くさ)」と、音「重トウ(=童トウ)」とから成る。正す。

意味 ❶全体をまとめおさめる。監督する。**ただす**。例 董正トウセイ(=ただす)。❷「骨董コットウ」は、珍蔵する古い道具類。

古訓 中古しげし・ただす 近世かたし・ただし・ただす・はすのね

人名 しげ・しげる・ただ・ただし・なお・のぶ・まこと・まさ・まさし・まさる・よし

【董▼狐筆】トウコのヒツ 権勢に屈せず、事実を記録すること。
◐春秋時代、晋シンの趙穿チョウセンが主君の霊公を殺したとき、重臣の趙盾チョウトンが趙穿を見逃したので、史官の董狐が「趙盾、その君を弑シイす」と主君殺しの責任が趙盾にあることを明記した。………〈左伝・宣二〉から

【董督】トウトク 軍部や民衆をきっちりと取り締まる。

【董理】トウリ (組織などを)きちんと監督する。

𦳝 艹9(12) 4 8646 26CDD ━トウ(タウ)漢 陽 tāng ━トウ(タウ)漢 養 dàng

意味 ━ヤマゴボウ科の多年草。ヤマゴボウ。商陸。━「儻𦳝トウトウ」は、行動にけじめがないさま。儻蕩トウトウ。

葩 艹9(12) 2 7261 8469 ハ漢 麻 pā はな・はなびら

意味 ❶草木の花。**はな**。例 葩卉ハキ(=くさばな)。❷**はなびら**。❸はなやかで美しいさま。はなやかな。例 葩華ハカ(=はなやかなさま)。葩藻ハソウ(=華美、華麗な)。

難読 葩餅はなびらもち・四葩よひら(=アジサイの別名)

【葩経】ハケイ『詩経』のこと。〔「詩正而葩シはセイにしてハなり(=『詩経』は正しく、はなやかである)」〈韓愈・進学解〉から〕

葡 艹9(12) 1 4182 8461 人 ホ漢 ブ呉 虞 pú

なりたち [形声]「艹(=くさ)」と、音「匍ホ」とから成る。「葡萄」は、ブドウ。

意味 ❶⇩【葡萄】ブドウ ❷「葡萄牙ポルトガル」の略。例 日葡辞書ニッポジショ。

古訓 近世えびかづら・ブダウ

難読 葡萄染えびぞめ・葡萄茶えびチャ

【葡▼萄】ブドウ ブドウ科のつる性果樹。西アジア原産。秋に黒・赤紫・黄緑色などの、ふさ状の実がなり、ワイン・ジュース・ジャムなどにする。例 葡萄美酒夜光杯ブドウのビシュヤコウのハイ(=ブドウ酒をたたえた白玉ギョクの杯)。〈王翰・涼州詞〉

萹 艹9(12) 4 8638 8439 ヘン漢 先 biān

意味「萹蓄ヘンチク」は、タデ科の一年草。ミチヤナギ。萹竹ヘンチク。

葆 艹9(12) 2 7262 8446 ホウ漢 ホ呉 皓 bǎo おお-い(おほ-し)・くさむら・しげ-る・つつ-む・むつき

意味 ❶草がしげるさま。例 蓬葆ホウホウ(=草がぼうぼうとしげる。転じて、髪の毛がざんばらに伸びているさま)。❷おおいかくす。**つつむ**。例 葆光ホウコウ。❸保護する。まもる。たもつ。通保。例 葆真ホウシン。❹貴重なもの。また、貴重なものとして大切にする。通宝。例 葆祠ホウシ。❺うぶぎ。**むつき**。通褓ホ。

【葆光】ホウコウ 光をおおいかくすこと。知恵や才能を外にあらわさないことのたとえ。〈荘子・斉物論〉

【葆▼祠】ホウシ 宝として祭る。

【葆守】ホウシュ たもちまもる。保守。

【葆真】ホウシン 純真な本性をたもつこと。

葑 艹9(12) 4 8641 8451 ━ホウ漢 冬 fēng ━ホウ漢 宋 fèng

意味 ━アブラナ科の一、二年草。カブ。━マコモの根。

菐 艹9(12) 4 8628 83D0 ホク漢 屋 pú

意味 わずらわしい。

[萬] 艹9(12) ⇩万マン(16ジペー)

葯 艹9(12) 2 7264 846F ヤク漢 薬 yào よろいぐさ(よろひぐさ)

意味 ❶セリ科の多年草。**ヨロイグサ**。根を白芷ビャクシといい、解熱剤や鎮痛剤とする。❷おしべの先端にあって、花粉を出す部分。**やく**。❸まとう。巻きつける。通約。例 首葯緑素こうべにリョクソをまとう(=(キジは)頭に緑や白の羽毛をまとう)。〈潘岳・射雉賦〉

萸 艹9 (12) 2 7248 8438 ユ 漢 虞 yú ぐみ

[萸] 艹6 (9) 4 8614 8330 俗字。

意味 「茱萸(シュユ)」は、ミカン科の植物。カワハジカミ。ゴシュユ。

難読 茱萸(ぐみ)・芋萸(いもがら・ずいき)

葉 艹9 (12) 1 4553 8449 教3

一 ヨウ(エフ) 漢 呉 葉 yè
二 ショウ(セフ) 漢 呉 葉 shè
は 付表 紅葉(もみじ)

筆順 艹 丗 … 葉

なりたち [形声]「艹(=くさ)」と、音「枼(ヨウ)」とから成る。草木の、は。

意味 一 ❶植物が呼吸したり、光を受けて栄養分をつくり出したりする部分。は。例 葉脈(ヨウミャク)。紅葉(コウヨウ)。落葉(ラクヨウ)。❷葉の形に似て、うすくて平たいもの。例 肺葉。前頭葉(=大脳の、前の方の部分)。❸書物のページや紙など、うすいものを数えることば。例 冊葉(サクヨウ)(=本の冊数とページ数)。数葉(スウヨウ)の写真。❹時代。世。例 五世紀(ゴセイキ)中葉(チュウヨウ)。万葉(マンヨウ)。❺分かれたもの。すえ。子孫。例 末葉(マツヨウ)。枝葉(シヨウ)。二 地名・人名に用いる字。例 迦葉(カショウ)(=釈迦(シャカ)の十大弟子の一人)。

日本語での用法 《は》「葉武者(はムシャ)・葉者(はもの)」▼とるに足りない。

古訓 中古 は・はなびら・よ 中世 は 近世 は・よ

人名 くに・すえ・のぶ・ば・ふさ・よ・わ

【葉書】(はがき) 日「郵便葉書」の略。定められた規格の通信用紙。端書(はがき)。例 絵―。往復―。

【葉月】(はづき) 日陰暦八月のこと。太陽暦でもいう。

【葉▼腋】(ヨウエキ) 日植物の葉が茎についている部分。

【葉菜】(ヨウサイ) 野菜のなかで、葉を食用とするもの。葉菜類。キャベツ・ハクサイなど。

【葉柄】(ヨウヘイ) 植物の葉の軸の部分。葉を支え、茎に付着する。

【葉脈】(ヨウミャク) 植物の葉の面に平行または網状に走っている、すじ。

【葉緑素】(ヨウリョクソ) 日植物の葉緑体に含まれる緑色の色素。クロロフィル。

【葉緑体】(ヨウリョクタイ) 日緑色植物の細胞にある緑色の色素。クロロフィル(=葉緑素)とカロチノイドを含めていう。光合成などをおこなう。

●一葉(イチヨウ)・枝葉(シヨウ・えだは)・紅葉(コウヨウ・もみじ)・言葉(ことば)・単葉(タンヨウ)・中葉(チュウヨウ)・複葉(フクヨウ)・落葉(ラクヨウ)

落 艹9 (12) 1 4578 843D 教3

ラク 漢 呉 薬 luò
おちる(お-つ)・おとす

筆順 一 艹 … 落

なりたち [形声]「艹(=くさ)」と、音「洛(ラク)」とから成る。木の葉がおちる。

意味 ❶木の葉が枯れておちる。おちる。例 落葉(ラクヨウ)。❷おちる。さがる。おとす。例 落下(ラッカ)。墜落(ツイラク)。❸ぬけおちる。例 脱落(ダツラク)。❹おくれる。例 落伍(ラクゴ)。❺おちぶれて、あれはてる。例 没落(ボツラク)。零落(レイラク)。❻死ぬ。命を落とす。例 落年(ラクネン)(=死んだ年齢)。殂落(ソラク)(=死ぬ)。❼できあがる。おちつく。例 落成(ラクセイ)。落着(ラクチャク)。落慶(ラッケイ)。❽思いがけなく得る。例 落手(ラクシュ)。落想(ラクソウ)(=思いつくこと)。❾筆で書く。題する。例 落筆(ラクヒツ)。❿人の集まり住むところ。むらざと。例 集落(シュウラク)。村落(ソンラク)。⓫⇩【落索】(ラクサク)。⓬⇩【落落】(ラクラク)二

日本語での用法 《ラク》《おち》《おとす》①「落城(ラクジョウ)・落命(ラクメイ)」▼失う。うばわれる。②「罪(つみ)に落(お)とす」▼おとしいれる。はめる。③「汚(よご)れを落(お)とす」▼ついていたものをとりのぞく。④「手落(てお)ち」▼手ぬかり。もれ。⑤「話(はなし)の落(お)ち」▼結末。

古訓 中古 おつ・おとろふ・こぼす・こぼる・しぬ・ちる・ともがら・はじむ・はじめ・まつり・まつる・みち 中世 おつ・おつる・おとす・はじめ 近世 おつる・ちぬる・はじめ・まつる・むら

人名 おち・むら

難読 落人(おちうど)・落葉松(からまつ)・落霜紅(うめもどき)・落籍(ひか)す・落魄(おち)れる

【落▼胤】(ラクイン) 日身分の高い男性が正妻以外の女性に、ひそかに生ませた子。落とし胤(だね)。例 将軍の―。

【落英】(ラクエイ) 散り落ちる花びら。落花。例 落英繽紛(ラクエイヒンプンたり)(=花がさかんに散り乱れている)。〈陶淵明・桃花源記〉

【落▼霞】(ラッカ) ①夕焼け。②飛んでいる蛾(ガ)。③琴の名。

【落▼雁】(ラクガン) ①空から舞いおりるガン。②日干菓子の名。麦こがし・きな粉などに砂糖や水あめを混ぜて固めたもの。

【落▼暉】(ラッキ) 「落日(ラクジツ)」に同じ。

【落月】(ラクゲツ) 沈みかかった月。

【落後】【落▼伍】(ラクゴ) 仲間についていけなくなる。他の者におくれる。

【落語】(ラクゴ) 日演芸の一つ。こっけいな話をたくみに語り、話の終わりに「おち」をつけて結ぶもの。落とし話。例 ―家(カ)。

【落差】(ラクサ) 日①水面の高さの差。②高低の差。例 実力の―が激しい。

【落索】(ラクサク) ものさびしいさま。類 落莫(ラクバク)。

【落札】(ラクサツ) 日競争入札で権利や目的の品物を手に入れる。例 ―価格。

【落日】(ラクジツ) 沈みかけている太陽。入り日。落陽。落暉(ラッキ)。

【落手】(ラクシュ) ①自分のものとして手に入る。②日手紙などを受け取る。落掌。例 貴簡―いたしました。③日囲碁や将棋で、見落とした手。悪い指し手。

【落首】(ラクシュ) 日昔、作者名をかくして、政治や社会のできごとを鋭く批判した狂歌や狂句。

【落書】(ラクショ) 日①政治や社会・人などを批判・風刺した匿名の文書。道に落としたり塀にはったりした。おとしぶみ。②いたずら書きをする。また、その絵や字。落書(らくが)き。

【落掌】(ラクショウ) ①自分の手の中におさまる。②日手紙などを受け取る。▽落手。

【落照】(ラクショウ) 夕日の光。夕日。晩照。類 落景(ラクエイ)・落影。

【落城】(ラクジョウ) 日①敵に城を攻め落とされる。②くどかれて承知する。

【落飾】(ラクショク) 貴人が髪をそり落として出家する。落髪。

【落職】(ラクショク) 職をやめさせられる。

【落水】(ラクスイ) ①船から水に落ちる。例 ―事故。②(滝などの)落ちてくる水。例 岩を打つ―。

【落成】(ラクセイ) 工事が完成する。竣工(シュンコウ)。例 ―式。

【落石】(ラクセキ) 山やがけの上から石が落ちる。また、その石。

【落籍】(ラクセキ) ①戸籍簿に記載もれがある。②名簿から取り除いて資格をなくする。③お金を払って、芸者・遊女などをやめさせる。ひかすこと。身請け。

【落雪】(ラクセツ) ①雪が降る。また、その雪。②日(屋根などに)積もった雪がすべり落ちる。また、その雪。

【落選】(ラクセン) 日①選挙に落ちる。対 当選。②選考や審査にもれて落ちる。対 入選。

【落草】(ラクソウ) ①おちぶれる。②山中に逃れて、盗賊となる。③誕生する。落地。

【落第】(ラクダイ) ①試験に合格しないこと。不合格。対 及第・合格。例 ―点。②日成績が悪くて進級できないこと。留年。

㊟及第。
【落拓】【落▼托】【落託】ラクタク ①おちぶれる。②ものさびしいさま。③自由気ままで、ものごとにこだわらないこと。
【落胆】ラクタン ①びっくりする。肝をつぶす。②日がっかりして気を落とす。気落ち。失望。
【落地】ラクチ|チにおつ 〔人がはじめて地に生まれ落ちる意〕人の誕生を植物の種子にたとえていう。落草。例落レ地為二兄弟一（＝この世に生まれ出て兄弟となる）。〈陶淵明・雑詩〉
【落着】【落著】ラクチャク ①ものごとの決まりがつく。決着。例一件━。②日納得する。理解する。
【落丁】ラクチョウ 日書物の紙が何枚かぬけ落ちて、ページが続かないこと。例━本。━や乱丁。
【落潮】ラクチョウ 引きしお。退潮。
【落馬】ラクバ 乗っているウマから落ちる。
【落剝】ラクハク 石碑の文字がはげ落ちる。剝落ハクラク。
【落▼魄】ラクハク|ラクタク おちぶれる。零落。例━の身となる。
【落髪】ラクハツ 髪をそり落として出家する。落飾。剃髪テイハツ。㊟復髪。
【落盤】【落▼磐】ラクバン 日坑内やトンネル内で、天井や側面の岩石がくずれ落ちる。例炭坑の━事故。
【落筆】ラクヒツ ①筆をとって書や絵をかきはじめる。②おどろいて筆を手から取り落とす。例落筆点レ蠅ラクヒツはえをテンず（＝かきかけの絵に落筆して汚点をつけたのを、上手にハエに変身させた曹不興ソウフコウの故事）。〈呉志・趙達伝注・呉録〉から〉
【落木】ラクボク 秋、落葉した木。冬枯れの木。また、落葉。例無辺落木蕭蕭下ムヘンのラクボクショウショウとしておつ（＝果てしもなく広がる木立ははらはらと葉を落としている）。〈杜甫・登高〉
【落命】ラクメイ 日（事故などによって）命を落とす。死ぬ。
【落葉】ラクヨウ|おちば 植物の葉が枝から落ちる。また、その葉。例━樹ラクヨウジュ。竹は春に━する。
【落陽】ラクヨウ 「落日ラクジツ」に同じ。
【落雷】ラクライ かみなりが落ちる。
【落落】ラクラク ━①気持ちが大きいさま。例━として小事にこだわらない。②ただ一つそびえ立つさま。孤高のさま。③まばらでものさびしいさま。④人とうまくつきあえないさま。━日おちおち 落ち着いてゆっくりと。〔結びに否定の語をともなう〕例━寝てもいられない。
【落涙】ラクルイ なみだを流す。泣く。また、そのなみだ。

【落下】ラッカ 上から、また、高いところから落ちる。例━物。━傘サン。━生セイ（＝南京豆ナンキンまめ。ピーナッツ）。
【落花】ラッカ 花が散る。また、散り落ちた花。例━繽紛ヒンプン。━流水。
【落花▼狼▼藉】ラッカロウゼキ 花が散り乱れている。また、ものが散乱している。〈欧陽脩・阮郎帰〉
【落款】ラッカン 書画が完成したとき、作者が署名したり印をおしたりする。また、その署名や印。例絵に━を入れる。
【落慶】ラッケイ 日神社や寺院の建物の完成を祝うこと。例━式。━法要。
●陥落カンラク・群落グンラク・下落ゲラク・村落ソンラク・脱落ダツラク・堕落ダラク・段落ダンラク・墜落ツイラク・転落テンラク・当落トウラク・暴落ボウラク

葎 艹9(12) 1 4610 844E リツ漢 質 lǜ むぐら
意味 クワ科の一年草。カナムグラ。茎と葉にとげがある、つる草。**むぐら**。例葎生むぐらふ（＝むぐらの茂ったところ）。

萵 艹9(12) 2 7266 8435 ワ漢 歌 wō ちさ・ちしゃ
意味 「萵苣ワキョ」は、キク科の一、二年草。**チシャ**。**チサ**。レタスやサラダ菜。

葦 艹10(13) 1 1617 8466 人 イ(ヰ)漢呉 尾 wěi あし・よし
[葦] 艹9(12) 旧字体。
なりたち 【形声】「艹（＝くさ）」と、音「韋ィ」とから成る。大きく生長したアシ。
意味 水辺に生えるイネ科の多年草。**アシ**。**ヨシ**（＝「アシ」が「悪ぁし」に通ずるのを嫌い、「善ょし」と名づけた）。茎はすだれなどを作るのに用いる。例葦原あしはら。
古訓 中古あし 中世あし・よし 近世あし・よし
難読 葦雀よしきり
【葦毛】あしげ 日ウマの毛色。全体が白い毛に黒や茶色の差し毛のあるもの。例連銭━。
【葦原】あしはら 日アシが生い茂っている原。例━の中なつ国くに（＝日本の、神話時代の古名）。
【葦▼苕】イチョウ アシの穂。一説に、アシの茎。
【葦▼籥】イヤク アシで作った笛。

蓊 艹10(13) 2 7267 84CA オウ(ヲウ)漢 董 wěng さか-える（さか-ゆ）・しげ-る
意味 草木が盛んに茂るさま。例蓊鬱オウウツ（＝草木が茂る）。
【蓊▼蔚】オウウツ ①草木が盛んに茂るさま。②かすみや霧などがたちこめるさま。▽類蓊鬱オウウツ・蓊蓊オウオウ・蓊薈オウワイ。
【蓊勃】オウボツ ①草木が盛んに茂るさま。②香りなどがたちこめるさま。

蒯 艹10(13) 3 9114 84AF カイ(クヮイ)漢 卦 kuǎi
意味 ❶カヤツリグサ科の多年草。アブラガヤ。❷姓の一つ。例蒯通カイトウ|カイツウ（＝秦シン末漢初の策士）。
【蒯▼緱】カイコウ 「緱」は、剣の柄つか。アブラガヤの縄で巻いた刀の柄。粗末な刀。

蓋 艹10(13) 1 1924 84CB 常用 ━カイ漢 ガイ呉 泰 gài ━コウ(カフ)漢 合 hé ふた・けだ-し・おお-う（おほ-ふ）
[葢] 艹9(12) 2 7268 8462 本字。
[盖] 皿6(11) 2 6621 76D6 俗字。
筆順 一 艹 艹 芏 芸 蒈 蓋 蓋
なりたち 【形声】「艹（＝くさ）」と、音「盍コウ→カイ」とから成る。カヤのおおい。
意味 ━❶おおい。かさ。うつわのふた。例車蓋シャガイ。壺蓋コガイ。頭蓋骨ズガイコツ。❷おおいかくす。かぶせる。例蓋世ガイセイ。❸地をおおう天。例蓋壌ガイジョウ。天蓋テンガイ。❹多分。およそ。思うに。**けだし**。例蓋然性ガイゼンセイ。━「なんぞ…ざる」と再読し、どうして…しない、の意。反語をあらわす。通盍コウ。例子蓋レ言二子之志於公一乎シなんぞシのこころざしをコウにいわざる（＝あなたはどうして自分の気持ちを主君に言わないのか）。〈礼記・檀弓上〉
古訓 中古おほふ・おほむね・きぬがさ・けだし・ふく・ふた 中世おほひ・おほふ・けだし・なんぞ・ふた 近世おほふ・きぬがさ・けだし・たつとぶ・とま・みな
【蓋壌】ガイジョウ 天と地。
【蓋世】ガイセイ|よをおおう 世をおおいつくすほど気力などがすぐれている。例抜山━バツザンガイセイの英雄。（ちからはやまをぬき きはよをおおう）（171ジペー）→【力抜山兮気蓋レ世】
【蓋然性】ガイゼンセイ 日〔英 probability の訳語〕ものごとの

起こりうる度合い。公算。プロバビリティー。例 事故の起こる―は大きい。

【蓋蔵】ガイゾウ ①貯蔵する。倉庫に穀物などをたくわえておく。また、そのたくわえたもの。②おおいかくす。

蒦
艹10(13) 4 8655 84A6 カク(クヮク)漢 ワク呉 陌 huò

意味 長さを計る。はかる。

蒹
艹10(13) 2 7269 84B9 ケン(ケム)漢 塩 jiān あし・おぎ(をぎ)・ほそあし

意味 たけの低いアシ。また、**オギ**。例 蒹葦ケンイ。蒹葭ケンカ。

蒿
艹10(13) 2 7270 84BF 一 コウ(カウ)漢 豪 hāo 二 コウ(カウ)漢 皓 gǎo みそはぎ・よもぎ

意味 一 ❶キク科ヨモギ属の多年草の総称。**ヨモギ**。また特に青蒿セイコウ(=カワラニンジン)を指す。例 蒿艾コウガイ。❷⇩【蒿里】コウリ 二 穀類の茎。

【蒿▼艾】コウガイ ヨモギ。艾蒿ガイコウ。

【蒿矢】コウシ わらを矢柄やがら(=矢の幹)にした矢。儀式に用い、邪気をはらうとされた。〔「嚆矢コウシ・かぶら や」とは別語〕

【蒿里】コウリ ①山東省の泰山タイザンの南にある山の名。死者を葬る場所とされていた。②墓地。③士大夫や庶人の葬儀のとき、ひつぎを引く者がうたう歌。挽歌バンカ。〔貴人のときには、「薤露カイロ」をうたう〕

【蒿▼廬】コウロ 草ぶきのいおり。自分の家の謙称。

䔈
艹10(13) 4 8657 4508 コウ漢 送 gòng

意味 草木の実がみのる。

蒟
艹10(13) 2 7271 849F コン慣 ク漢 麌 jǔ

意味 ❶「蒟醤コンシュウ」は、コショウ科のつる性常緑低木。キンマ。❷「蒟蒻コンニャク」は、サトイモ科の多年草。球茎をコンニャク玉という。

蓑
艹10(13) 1 4412 84D1 人 一 サ漢 歌 suō 二 サイ漢 灰 suī みの

[簑] 竹10(16) 2 6834 7C11 別体字。

[簔] 竹11(17) 2 6835 7C14 別体字。

[艸(艹)] 10画 ▼蒦 蒹 蒿 䔈 蒟 蓑 蓙 蒴 蒜 蓍 蒔 蒺 蒻 蒐

6画

なりたち [形声]「艹(=くさ)」と、音「衰サ」とから成る。みの。

意味 一 カヤやスゲなどで編んだ雨具。**みの**。例 蓑笠サリュウ。腰蓑こしみの。二 ⇩【蓑蓑】サイサイ

古訓 中古 みの 中世 みの 近世 おほふ・みの

【蓑蓑】サイサイ ①花が垂れ下がるさま。②草木の茂るさま。

【蓑▼笠】サリュウ みのとかさ。みのを着てかさをかぶったいでたち。例 孤舟蓑笠翁、独釣寒江雪コシュウサリュウのオウ、ひとりつるカンコウのゆき(=一そうの小舟に蓑笠みのかさをつけた老漁師が、ただひとり寒々とした雪の川の中に釣り糸を垂れている)。〈柳宗元・江雪〉

【蓑亀】みのがめ 日 甲羅に藻などがついて、みのをつけたように見えるカメ。めでたいものとされる。

【蓑虫(蟲)】みのむし 日 ミノガ科のガの幼虫。木の葉などで、袋状の巣を作って中にすむ。巣は枝からぶら下がる。

蓙
艹10(13) 2 7272 84D9 国字 ザ ござ

意味 畳表にへりをつけた敷物。**ござ**。例 茣蓙ゴザ(=イグサの茎などで作った敷物。「御座ゴザ」のあて字かという)。

蒴
艹10(13) 3 9115 84B4 サク漢 覚 shuò

意味 「蒴果サクカ」は、成熟すると縦に裂けて種子を散らす果実。裂果の一種。アサガオなど。

蒜
艹10(13) 1 4139 849C サン漢 翰 suàn ひる・のびる・にんにく

意味 ユリ科の多年草で、ネギ類特有のにおいをもつ。**ヒル**。**ノビル**。例 野蒜のびる。大蒜タイサン(=ニンニク)。

蓍
艹10(13) 2 7273 84CD シ漢 支 shī めどぎ

意味 ❶荒れ地などに低木状に生えるマメ科の多年草。メドハギ。❷メドハギの茎で作った、占いに用いる細い棒。のちにタケの棒を用いた。筮竹ゼイチク。**めどぎ**。

【蓍亀】シキ ①占いに用いるめどぎと、カメの甲。②占い。

【蓍草】シソウ 占いに用いる、めどぎ。

蒔
艹10(13) 1 2812 8494 人 一 シ漢 ジ呉 寘 shì 二 シ漢 ジ呉 支 shí まく

なりたち  [形声]「艹(=くさ)」と「時シ」とから成る。あらためて別に植える。

意味 一 苗を植える。植えかえる。例 蒔植ジショク(=植えかえる)。二 ⇩【蒔蘿】ジラ

日本語での用法 《まき》《まく》①「種たねを蒔まく」▼植物の種を土にうめる。また、地面に散らす。②「蒔絵まきエ」▼金銀の粉を散らし、いろいろの顔料を用いて装飾する。

古訓 中古 うう・うゆ・まく 中世 ううる・うゆる・まく 近世 うゆる・たねまく・まく

人名 まき

【蒔▼蘿】ジラ セリ科の一年草。香辛料また、薬用。ディル。イノンド。ヒメウイキョウ。時羅ジラ。

【蒔絵】まきエ 日 漆で模様を描き、その上に金粉・銀粉などをつけてみがいたもの。例 ―のすずり箱。

蒺
艹10(13) 3 9116 84BA シツ漢 質 jí

意味 「蒺藜シツリ・シツレイ」は、ハマビシ科の一年草。また、ハマビシの実のような形の武器。まきびし。

蒻
艹10(13) 2 7274 84BB ジャク漢 ニャク呉 薬 ruò おにいも・かま・こんにゃく

意味 ❶若くてやわらかなガマ(古くはカマ・カバ)。〔敷物とする〕例 蒻席ジャクセキ(=ガマで作った敷物)。❷「蒻頭ジャクトウ」は、蒟蒻コンニャクの別名。

蒐
艹10(13) 1 2915 8490 人 シュウ(シウ)漢 尤 sōu あかね・あつ-める(あつ-む)・かり

なりたち  [会意]「艹(=くさ)」と「鬼(=人の霊)」とから成る。人の血から生じた植物で、赤の染料となるもの。アカネ。

意味 ❶アカネ科の多年草。**アカネ**。赤色の染料がとれ、薬用にもなる。❷**あつめる**。例 蒐集シュウシュウ。蒐乗シュウジョウ(=兵車を検閲する)。❸検閲する。閲兵する。❹狩り。春の狩り。例 蒐狩シュウシュ。

古訓 中古 えらぶ・かくす・かくる・かり・かりこ・かる・けみす・さかり 中世 かり 近世 あかね・けみす・はるのかり

【蒐▼輯】【蒐集】シュウシュウ 研究や趣味のために、ものを集めること。コレクション。例 切手の―家。表記 現 収集

【蒐田】【蒐▼畋】シュウデン 狩り。狩りをする。

蓨
艹10 (13) 2 7275 84DA

一 チョウ(テウ)漢 蕭 tiáo 二 シュウ(シウ)漢 シュ呉 尤 xiū

［蓧］艹11 (14) 84E8 本字。

意味 一 タデ科の多年草。スイバ。ギシギシ。 二「蓨酸シュウサン」は、有機酸の一種。

［蒋］艹10 (13) ⇩蔣ショウ(1152ページ)

蒸
艹10 (13) 1 3088 84B8 教6

ジョウ慣 ショウ漢呉 蒸 zhēng

セイ唐

むす・むれる(む-る)・むらす・ふかす・ふ-ける(ふ-く)・もろもろ

筆順 一 艹 芋 芽 苿 荥 萩 蒸

なりたち ［形声］「艹(=くさ)」と、音「烝ショウ」とから成る。皮をはいだ麻あさの茎。おがら。

意味 一 ❶(立ちのぼる)熱気。例 蒸気。蒸発。❷湯気を通して食物を煮る。ふかす。むす。例 蒸籠。❸むし暑い。暑い。むす。例 蒸暑。❹人がおおぜいいるさま。もろもろ。通 烝。例 蒸民。❺親族内で、下の世代の者が上の世代の女性と密通する。通 烝。対 報。例 蒸報。❻冬の祭り。通 烝。❼⇩【蒸蒸】ジョウジョウ。

古訓 中古 おほし・きみ・つく・まつり・まつる・むしもの・むす・もろもろ 中世 おほし・きみ・むす・もろもろ 近世 おほし・きみ・すすむ・ちり・ふゆのまつり・むす

人名 すすむ・つぐ・つまき

【蒸鬱】ジョウウツ ①むす。②むし暑くて、気が晴れ晴れしない。

【蒸気】ジョウキ ①液体が蒸発してできる気体。また、固体が直接に気体となるときの、その気体。②(特に)水が蒸発してできる気体。水蒸気。湯気。スチーム。例 ―機関。―機関車。③日 小型の蒸気船。

【蒸庶】ジョウショ 「蒸民ジョウミン」に同じ。

【蒸暑】ジョウショ むし暑い。また、むしむしする暑さ。類 蒸溽ジョウジョク。

【蒸蒸】ジョウジョウ ①混じりけのないさま。誠実なさま。②孝養を尽くすさま。③進歩向上するさま。烝烝ジョウジョウ。④さかんに興るさま。烝烝ジョウジョウ。

【蒸発】ジョウハツ 日 ①液体、または固体がその表面から気化する。〔固体の場合、特に昇華ということが多い〕②人が何の手がかりも残さないで行くえをくらます。失踪シッソウ。

【蒸民】ジョウミン 多くの人民。庶民。蒸庶。類 蒸黎ジョウレイ。

【蒸留】ジョウリュウ 液体を熱して蒸発させ、発生した蒸気を冷やして液体にもどす。〔混じり合っているものを取り除くためなどにおこなう〕蒸餾ジョウリュウ。例 ―酒。―水。表記 旧 蒸▼溜

【蒸籠】セイロウ・セイロ・ジョウロウ 木製の枠の底に、すのこを敷いて上に食品を置き、釜かまの上にかけ、湯気を通してむす道具。

蓐
艹10 (13) 2 7276 84D0

ジョク漢 ニク呉 沃 rù

こも・しとね

意味 ❶敷物になる草。例 草蓐ソウジョク(=草で作った敷物)。❷座ったり寝たりするための敷物。しとね。通 褥ジョク。例 蓐食ジョクショク。蓐母ジョクボ。

【蓐月】ジョクゲツ 出産予定の月。産み月。臨月。

【蓐食】ジョクショク 早朝、寝床で食事をする。また、朝食の時刻が早い。〔一説に、十分に食事をとる〕例 晨炊蓐食あしたにかしぎジョクショクす(=早朝炊事をし寝床で食べる)。〈史記・淮陰侯伝〉

【蓐母】ジョクボ とりあげばば 産婆。助産師。

蓁
艹10 (13) 2 7277 84C1

シン漢 真 zhēn

しげ-る

意味 草木や葉がさかんに茂るさま。例 蓁蓁シンシン。

【蓁蓁】シンシン ①草木がさかんに茂るさま。例 桃之夭夭、其葉蓁蓁もものヨウヨウたる、そのはシンシンたり(=モモが若々しい、その葉はさかんに茂っている)。〈詩経・周南・桃夭〉②多く集まるさま。

［蒚］艹10 (13) ⇩蒚ウ(1123ページ)

蓆
艹10 (13) 2 7278 84C6

セキ漢 陌 xí

おお-い(おほ-し)・くさむしろ・むしろ

意味 ❶アシやタケなどを編んだ敷物。むしろ。例 蓆薦セキセン(=敷物)。❷広く大きい。広い。

蒼
艹10 (13) 1 3383 84BC 人

一 ソウ(サウ)漢 陽 cāng 二 ソウ(サウ)漢 養 cǎng

あお(あを)・あお-い(あを-し)

なりたち ［形声］「艹(=くさ)」と、音「倉ソウ」とから成る。草のあおい色。

意味 一 ❶草の色。黒みがかった深い青色。あお。あおい。例 蒼海ソウカイ。蒼天ソウテン。蒼茫ソウボウ。❷空。❸草木がさかんに茂るさま。例 蒼蒼ソウソウ。鬱蒼ウッソウ。❹白髪のまじっているさま。例 蒼華ソウカ。❺⇩【蒼惶】ソウコウ。❻⇩【蒼卒】ソウソツ。二 ⇩【蒼莽】ソウモウ。

古訓 中古 あをし・すすけたり 中世 あをし・なもみ・みどり 近世 あをし・さかんなり

人名 しげ・しげる・たみ

難読 蒼朮おけら

【蒼鬱】ソウウツ 樹木がこんもり茂っているさま。鬱蒼。

【蒼華】ソウカ ①頭髪の神の名。②白髪のまじった頭髪。白髪頭しらがあたま。

【蒼海】ソウカイ 青い海。あおうなばら。また、大海タイカイ。蒼溟ソウメイ。滄海ソウカイ。

【蒼顔】ソウガン 年老いて衰えた青黒い顔。対 紅顔コウガン。例 蒼顔白髪、頽ニ然乎其間一者、太守酔也ソウガンハクハツ、そのカンにタイゼンたるは、タイシュのよえるなり(=すすけた顔色の白髪頭で、そこにくずれ落ちるような格好をしているのは、太守が酔っぱらっているのだ)。〈欧陽脩・酔翁亭記〉

【蒼▼穹】ソウキュウ 〔「穹」は、空の弓なりの形の意〕青空。蒼天。例 ―を仰ぐ。

【蒼古】【蒼枯】ソウコ 年月を経ている。古びて趣があるさま。類 蒼老。例 ―たる杉林の参道。

【蒼▼梧】ソウゴ 今の湖南省寧遠県の南にある山。帝舜シュンが巡察中に崩じた地とされる。九嶷キュウギ山。

【蒼▼庚】ソウコウ ウグイス。黄鳥。倉庚。

【蒼▼昊】【蒼▼顥】ソウコウ 「蒼天ソウテン①」に同じ。

【蒼黄】ソウコウ ①青色と黄色。②ものごとの変化は定まらないことのたとえ。③あわてるさま。あわただしいさま。蒼卒。

【蒼▼惶】ソウコウ あわてるさま。うろたえるさま。また、あわただしいさま。倉皇。例 ―と出発の準備をする。

【蒼生】ソウセイ 多くの民。人民。蒼民。蒼氓ソウボウ。〔草が青々と茂るさまにたとえたことば〕

【蒼然】ソウゼン ①青いさま。例 ―として死者のような顔色。②日暮れどきのうす暗いさま。例 暮色―。③古びたさま。例 古色―とした建物。

【蒼蒼】ソウソウ ①青々としたさま。例 ―たる大空。②草木が青々と茂っているさま。③白髪のまじっているさま。例 両鬢蒼蒼十指黒リョウビンソウソウジッシくろし(=左右のびんの毛は白髪まじりで十本の指は汚れて黒い)。〈白居易・売炭翁〉

【蒼卒】ソウソツ あわてるさま。また、あわただしいさま。いそがしいさ

ま。倉卒。蒼黄。例 —の間(カン)。

【蒼天】(ソウテン) ①青空。大空。蒼昊(ソウコウ)。蒼穹(ソウキュウ)。②春の空。→【蒼旻】(ソウビン) ③天帝。

【蒼頭】(ソウトウ) ①青黒い頭巾(ズキン)をかぶった兵士。②召し使い。③白髪まじりの老人。

【蒼白】(ソウハク) 顔色が青白いこと。血のけがないこと。例 顔面—になる。

【蒼柏】(ソウハク) 青々と茂るコノテガシワ。

【蒼旻】(ソウビン) 天空。空。〔春の空は蒼天、秋の空は旻天という〕

【蒼▼蕪】(ソウブ) 青々と茂った雑草。また、その野原。

【蒼▼氓】(ソウボウ) 〔「氓」は、民(たみ)(特に他の国から移ってきた民)の意〕たみ。人民。蒼生。蒼民。

【蒼▼茫】(ソウボウ) 青々と、果てしなく広がっているさま。例 —たる大海。

【蒼民】(ソウミン) 「蒼生(ソウセイ)」に同じ。

【蒼▼溟】(ソウメイ) 「蒼海(ソウカイ)」に同じ。

【蒼▼莽】(ソウモウ|ソウボウ) ①青々と広がって果てしないこと。②草木が青々と茂っていること。草むら。

【蒼▼蠅】(ソウヨウ) ①青黒い大形のハエ。あおばえ。②主君のそばにいて、人をおとしいれようと告げ口をする者。例 —の声。

【蒼▼蠅附二▼驥尾一▼而致二千里一】(ソウヨウキビにフしてセンリをいたす) 〔アオバエがすぐれたウマの尾に乗って遠く千里まで行く〕凡人が賢人の後ろだてを得て功名を立てることのたとえ。〈史記・伯夷伝・注〉

【蒼▼鷹】(ソウヨウ) ①シラタカ。②荒々しいタカのように過酷な役人のたとえ。〈史記・酷吏伝・郅都〉

【蒼竜】(ソウリョウ|ソウリュウ) ①二十八宿のうちの東方七宿の総称。②木星。③四神の一つ。東方を守る神。青竜(セイリュウ)。④青黒い毛の大きなウマ、うねうねした山、曲がりくねった青黒いマツなどのたとえ。

【蒼浪】(ソウロウ) ①青いさま。青空の果てしなく広大なさま。②年老いてつやがなくなり、白髪まじりになった髪のさま。

蓀
艹10 (13) 3 9117 84C0
ソン 漢 元 sūn
意味 香草の名。

蓄
艹10 (13) 1 3563 84C4 常用
キク・チク 漢 呉 屋 xù
たくわえる(たくは-ふ)・たくわえ(たくはへ)

筆順 一 艹 苎 芸 蓄 蓄 蓄

なりたち  [形声]「艹(=くさ)」と、音「畜(チク)」とから成る。積む。

意味 ❶ためておく。**たくわえる**。**たくわえ**。そなえ。例 国無二九年之蓄一曰二不足一(くににクネンのチクなきをフソクという)(=国に九年分のたくわえが無いのを不足という)。(六年分のたくわえが無いのを危急といい、三年分のたくわえが無かったら、国にして国でないという)。〈礼記・王制〉 蓄積(チクセキ)。❷やしなう。育てる。例 蓄レ臣(シンをやしなう)(=家臣をやしなう)。蓄鋭(チクエイ)。

古訓 中古 たくはふ・たくはへ・つむ・やしなふ 中世 たくはふ 近世 あつむる・たくはふ・たくはゆる・やしなふ

人名 おき

【蓄鋭】(チクエイ|エイをたくわう) 鋭気(=気力)をやしなう。

【蓄怨】(チクエン) うらみをつのらせる。積もるうらみ。

【蓄音機】【蓄音器】(チクオンキ) 日 レコードプレーヤー。

【蓄財】(チクザイ) お金をためる。財産をたくわえる。また、その財産。例 —の才がある。

【蓄積】(チクセキ) ためて、次第に増やす。また、そのもの。たまって次第に増える。また、そのもの。例 疲労が—する。

【蓄電】(チクデン) 日 電気をためる。例 —器(=コンデンサー)。

【蓄念】(チクネン) 積もり積もった思い。思いが積もる。

【蓄髪】(チクハツ) そり落とした髪をふたたび伸ばす。僧が俗人にもどる。

●含蓄(ガンチク)・貯蓄(チョチク)・備蓄(ビチク)

蓎
艹10 (13) 4 8658 84CE
トウ(タウ) 漢 陽 táng
意味 「蓎蒙(トウモウ)」は、ヒルガオ科の一年草。ハマネナシカズラ。

[蔦]
艹10 (13)
⇩蔦(ト)(1007ジペー)

蒏
艹10 (13) 4 8653 84DC 国字
ハイ
意味 人名などに用いる字。例 蒏島(はいじま)(=姓)。

蓓
艹10 (13) 4 8660 84D3
ハイ 漢 賄 bèi
意味 花のつぼみ。例 蓓蕾(ハイライ)(=つぼみ)。

蓖
艹10 (13) 2 7279 84D6
ヒ 慣 ヘイ 漢 斉 bì
意味 「蓖麻(ヒマ)」は、トウゴマ。その種から蓖麻子油(ヒマシユ)をとり、下剤などの薬用にする。

蒲
艹10 (13) 1 1987 84B2 人
ホ 漢 ブ 呉 フ 唐 虞 pú
かま・がま・かば

なりたち  [形声]「艹(=くさ)」と、音「浦(ホ)」とから成る。敷物を作る草。ガマ。

意味 ❶水辺に生えるガマ科の多年草。**ガマ**。葉は細長く、むしろやうちわなどを編み、また、円柱形の花穂(カスイ)はふとん綿に用いた。古くは、**カマ**。例 蒲衣(ホイ)(=ガマで作った粗末な衣服)。蒲団(フトン)。❷ショウブ。また、アヤメ。例 蒲月(ホゲツ)。❸ヤナギの一種。カワヤナギ。例 蒲柳(ホリュウ)。❹⇩【蒲陶】(ブドウ) ❺⇩【蒲葵】(ホキ) ❻⇩【蒲公英】(ホコウエイ) ❼⇩【蒲伏】(ホフク)

古訓 中古 かま 中世 かま・がま・こも 近世 いはあやめ・がま

難読 蒲公英(たんぽぽ|つづみぐさ)・蒲焼(かばやき)・蒲萄染(えびぞめ)・蒲萄酒(ブドウシュ)

【蒲▼鉾】(かまぼこ) 日 白身の魚肉をすりつぶして蒸した食品。〔古く、植物のガマの穂のような形だったことから〕

【蒲陶】【蒲▼萄】(ブドウ) ブドウ。葡萄(ブドウ)。

【蒲団】(フトン) 〔「トン」は、唐音〕①座ぶとん。〔もと、植物のガマの穂を入れた座禅用の円座〕②日 綿や羽毛などを布でくるんで平らにした寝具。布団。

【蒲▼葵】(ホキ) 樹木の名。ビロウ。葉でうちわを作る。

【蒲月】(ホゲツ) 陰暦五月のこと。〔菖蒲(ショウブ)で邪気をはらうところから〕

【蒲公英】(ホコウエイ|たんぽぽ) キク科の多年草。春、黄色の花をひらく。種には白い毛があり、風に乗って飛ぶ。〔「ホコウエイ」はタンポポの漢名。また、タンポポの葉を乾燥させた漢方薬〕

【蒲車】(ホシャ) ガマの葉で車輪を包んだ車。振動が少ない。類 蒲輪。

【蒲節】(ホセツ) 陰暦五月五日の端午の節句。

【蒲伏】【蒲服】(ホフク) 腹ばいになる。はう。匍匐(ホフク)。

【蒲▼鞭】(ホベン) ガマの葉で作った、やわらかいむち。打っても痛くないことから、軽い刑罰をいう。

【蒲柳】(ホリュウ) ヤナギ科の落葉低木。カワヤナギ。春、葉を出す前に白い毛が細かくついた花穂(カスイ)をつける。

【蒲柳▼之質】(ホリュウのシツ) 〔蒲柳(=カワヤナギ)は秋になると、すぐに葉が散ることから〕からだが弱く病気がちの体質のたとえ。〈世説・言語・注〉 類 蒲柳之姿(ホリュウのシ)。対 松柏之質(ショウハクのシツ)。

【蒲▼蘆】ロホ ①〔ガマ(蒲)とアシ(蘆)。ともに生長が早いことから〕政治がおこなわれやすいことのたとえ。②ジガバチ。土蜂ドホウ。③腰の細くくびれたひさご。

蒡 艹10 (13) 2 7280 84A1 ボウ(バウ)慣 ホウ(ハウ)漢呉 養 bàng

意味 「牛蒡ゴボウ」は、キク科の二年草。根は長くまっすぐにのび、食用に、また、種子は解熱などの薬用になる。

蓂 艹10 (13) 3 9118 84C2 一 メイ漢 青 míng 二 ベキ漢 錫 mì

意味 一「蓂莢メイキョウ」は、伝説上のめでたい草の名。尭ギョウのときに生えたという。二「菥蓂セキベキ」は、アブラナ科の二年草。

蒾 艹10 (13) 4 8656 84BE ベイ漢 メイ呉 斉 mí

意味 「莢蒾キョウメイ」は、スイカズラ科の落葉低木。ガマズミ。

蒙 艹10 (13) 1 4456 8499 人 一 モウ漢 ム・ムウ呉 東 méng 二 モウ漢 董 měng こうむ-る(かうむ-る)・くら-い(くら-し)

なりたち [形声]「艹(=くさ)」と、音「冡モウ」とから成る。ヒカゲノカズラ。

意味 一 ❶ヒカゲノカズラ科のシダ。❷おおいかくす。かぶさる。おおう。例 蒙覆モウフウ(=おおう)。❸おおわれてくらい。道理がわからない。ものごとがわからない(子供)。例 蒙昧モウマイ。啓蒙ケイモウ。童蒙ドウモウ。❹受ける。**こうむる**。例 蒙二世俗之塵埃一 セゾクのジンアイをこうむる(=俗世間のちりをかぶる)。〈楚辞・漁父〉 蒙羞モウシュウ(=はずかしめを受ける)。❺物ともしない。おかす。例 蒙死モウシ。❻易エキの六十四卦カの一つ。☵☶ 坎下艮上カンカゴンショウ。山の上に泉がわく象。❼⇩【蒙鳩モウキュウ】❽⇩【蒙戎モウジュウ】❾⇩【蒙茸モウジョウ】 二「蒙古モウコ」の略。例 外蒙ガイモウ。内蒙ナイモウ。

古訓 中古 あざむく・おほふ・かうぶる・かたち・くもる・くらし・つつむ・をかす 中世 あざむく・かうぶる・かうむる・くらし 近世 あざむく・うけたまはる・おほふ・おろか・かうむる・くらし・ねなしかづら

【蒙▼翳】モウエイ 樹木などがおおいかぶさる。

【蒙▼鳩】モウキュウ ミソサザイ。鷦鷯ショウリョウ。

【蒙古】モウコ モンゴル高原を中心とした地域。モンゴル国と、中国の内ウモンゴル自治区がある。

【蒙士】モウシ 無知な人。また、身分の低い人。

【蒙死】モウシ〈シをおかす〉 死をおそれず事をおこなう。

【蒙師】モウシ 子供を教える先生。

【蒙▼戎】モウジュウ ものが乱れるさま。乱雑である。蒙茸モウジョウ。

【蒙衝】モウショウ 昔の軍用の船。ウシの皮で外側をおおい、矢を射るための窓を備えていた。

【蒙▼茸】モウジョウ ①草が乱れ生えるさま。②乱れ逃げるさま。

【蒙▼塵】モウジン 〔塵ちりをかぶる意〕天子が変事に際して、難をさけるために宮殿の外にのがれる。

【蒙稚】モウチ おさない子供。幼児。

【蒙被】モウヒ (恩や害などを)こうむる。

【蒙昧】モウマイ 〔「昧」は、道理がわからない意〕知識がなく、ものごとの道理がわからないこと。曚昧モウマイ。例 無知―。

【蒙蒙】モウモウ ①さかんなさま。②暗いさま。

【蒙幼】モウヨウ ものの道理のわからない者。幼稚な子供。

【蒙養】モウヨウ ①外見は愚かな態度をとって才知をかくしながら、正しい道の修養をする。〈易・蒙・彖〉から〕②子供を教育する。

【蒙絡】モウラク (つる草などが)一面におおいかぶさり、からみ合う。

蓉 艹10 (13) 1 4554 84C9 人 ヨウ漢 冬 róng はす

なりたち [形声]「艹(=くさ)」と、音「容ヨウ」とから成る。ハスの花。

意味 ❶「芙蓉フヨウ」は、ハスの花の別名。❷「木芙蓉モクフヨウ」は、アオイ科の落葉低木。夏から秋に、枝の上部に淡紅色の花をつける。

古訓 中世 はちす 近世 はす・はすのはな・はちす

[菈] 艹10 (13) ⇩ 莅リ (1138ジペー)

蓮 艹10 (13) 1 4701 84EE 人 レン漢呉 先 lián はす・はちす

[蓮] 艹11 (14) ― F999 旧字体。

なりたち [形声]「艹(=くさ)」と、音「連レン」とから成る。ハスの実。

意味 スイレン科の多年草。**ハス**。**ハチス**。池や沼などに生え、夏、紅色や白色の大きな花をひらく。根と種を食用にする。例 蓮花之君子者也はすははなのクンシなるものなり(=ハスは花の君子である)。〈周敦頤・愛蓮説〉 蓮華レンゲ。蓮根レンコン。白蓮ビャクレン。

参考 ハスの実は「蓮レン」。茎は「茄カ」、葉は「荷カ」、根は「藕グウ」、花は「芙蓉フヨウ」という。

古訓 中古 はす・はちす・はちすのみ 中世 はす・はちす 近世 はす・はすのみ・はちす

【蓮荷】レンカ 〔「荷」も、ハスの意〕ハス。ハチス。

【蓮経】レンキョウ 「妙法蓮華経レンゲキョウ」の略。「法華経ホケキョウ」の別称。

【蓮▼藕】レングウ ハスの地下茎。蓮根。

【蓮華】【蓮花】レンゲ ①レンカ ハスの花。②インド思想や仏教で、理想の境地を象徴する花。③日 ハスの花びらに似ているところから、中華料理で使う陶器のさじ。散り蓮華。④日 ゲンゲの別名。マメ科の二年草。春、赤紫色の花が咲く。レンゲソウ。

【蓮華座】レンゲザ 「蓮台レンダイ」に同じ。

【蓮根】レンコン 食用にするハスの地下茎。はすね。はすのね。はす。

【蓮座】レンザ 「蓮台レンダイ」に同じ。

【蓮子】レンシ ハスの実。

【蓮▼燭】レンショク ハスの花の形をした、ろうそく。

【蓮台(臺)】レンダイ 仏像をのせるハスの花の形の台座。蓮華座レンゲザ。蓮座。はすのうてな。

【蓮池】レンチ ハスの生えている池。はす池。

【蓮府】レンプ 大臣の役所。また、大臣。〔東晋トウシンの王倹の役所がはす池にたとえられたことから〕 類 蓮幕レンバク。

【蓮歩】レンポ 美人のしなやかな歩きぶり。→【金蓮歩】キンレンポ(1353ジペー)

【蓮房】レンボウ ハスの実をつつむ外皮。類 蓮嚢レンノウ。

【蓮葉】一 レンヨウ ハスの葉。二 はすっぱ 日 ことばや態度が浮ついたさま。また、そのような女性。

蒗 艹10 (13) 4 8654 8497 ロウ(ラウ)漢 漾 làng

意味 ❶「蒗若ロウトウ」は、ナス科の一年草。莨若ロウトウ。❷「寧蒗ネイロウ」は、雲南省の県名。❸「蒗蕩ロウトウ」は、古代の運河の名。

蔭 艹11 (14) 1 1694 852D 人 一 イン(イム)漢 オン(オム)呉 侵 yīn 二 イン(イム)漢 オン(オム)呉 沁 yìn かげ

[𦹥] 艹11 (14) 4 8661 26E65 俗字。

[䕃] 艹12 (15) 4 8678 4543 俗字。

6画

[艸(艹)] 10—11画 ▼ 蒡 蓂 蒾 蒙 蓉 菈 蓮 蒗 蔭 𦹥

[𨼲] 阝12 (15) 4 9173 28F32 俗字。

なりたち [形声]「艹(=くさ)」と、音「陰(イ)」とから成る。草のかげ。

意味 一 草木のかげ。こかげ。**かげ**。通 陰。例 樹蔭(ジュイン)。緑蔭(リョクイン)。二 ❶おおう。かくす。例 蔭蔽(インペイ)(=おおいかくす)。❷他から受けた助けや親切の結果。おかげ。例 庇蔭(ヒイン)(=助け守る。おかげ)。❸先代の功績によって子孫が官職を得る。例 蔭叙(インジョ)。蔭位(オンイ/インイ)。恩蔭(オンイン)。

古訓 中古 おほふ・かくす・かげ・くらし 中世 おほふ・かげ 近世 おほふ・かくす・かげ・こかげ

【蔭▼蔚】(インイ) 草木がおおいかくすように茂るさま。類 蔭藹(インアイ)・蔭鬱(インウツ)。

【蔭官】(インカン) 父祖の功績で得た官職。

【蔭子】(インシ/オンシ) 父祖の功績で官職を得た人。類 蔭生。

【蔭叙】(インジョ) 先祖の功労によって官職を授けられる。類 蔭補(インポ/オンポ)。

蔚

艹11 (14) 1 1722 851A

一 ウツ慣 イ(ヰ)漢 未 wèi
二 ウツ漢 物 yù
おとこよもぎ(をとこよもぎ)

意味 一 ❶キク科の多年草。**オトコヨモギ**。山野に生え、ヨモギに似ているが、やや大形。種子が非常に小さい。牡蒿(ボコウ)。❷草木がさかんに茂るさま。例 蔚然(ウツゼン)。❸いろどりが美しいさま。例 蔚炳(ウツヘイ)(=いろどりが美しい)。蔚藍(ウツラン)。二「蔚蔚(ウツウツ)」は、❶さかんに茂るさま。鬱鬱(ウツウツ)。❷心が晴れないさま。鬱鬱。

【蔚▼爾】(ウツジ) さかんなさま。蔚然(ウツゼン)。

【蔚然】(ウツゼン) ①草木がこんもりと茂っているさま。例 ―として茂った森林。②さかんなさま。蔚爾(ウツジ)。▽鬱然(ウツゼン)。

【蔚藍天】(ウツランテン) 濃い藍色(あいいろ)の空。蒼天(ソウテン)。

蔫

艹11 (14) 4 8673 852B

エン漢 先 niān

意味 ❶植物が枯れて、しおれる。❷気持ちがなえる。

𦹀

艹11 (14) 3 9119 26E40 国字

くご・くも

意味 人名・地名に用いる字。例 𦹀井(くごい/くもい)(=姓)。𦹀谷地(くごやち)(=青森県の地名)。

[蓺] 艹11 (14) ⇩芸(ゲイ)（1122ジペー）

蔲

艹11 (14) 3 9120 8532

コウ漢 ク呉 宥 kòu

意味「豆蔲(トウコウ)」は、ショウガ科の薬用植物。ズク。

蔛

艹11 (14) 4 8670 851B

コク漢 屋 hú

意味 ❶ミズアオイ科の水草。コナギ。蔛草(コクソウ)。❷「石蔛(セッコク)」は、ラン科の多年草。石斛(セッコク)。

蔡

艹11 (14) 2 7281 8521

一 サイ漢 泰 cài
二 サツ漢 曷 sà

意味 一 ❶野草。❷占いに用いる大きなカメ。例 大蔡(ダイサイ)。❸姓の一つ。例 蔡倫(サイリン)(=後漢中期の宦官(カンガン)。紙の発明者)。二 追放する。はなつ。例 蔡二蔡叔一(サイシュクをはなつ)(=蔡叔を追放した)。〈左伝・昭元〉

蓰

艹11 (14) 4 8665 84F0

シ漢 紙 xǐ

意味 五倍。例 倍蓰(バイシ)(=数倍ないし五倍)。

[蓨] 艹11 (14) ⇩蓚(シュウ)（1149ジペー）

蓿

艹11 (14) 2 7282 84FF

シュク漢 屋 sù/xù

意味「苜蓿(モクシュク)」は、ウマゴヤシ。ヨーロッパ原産のマメ科の二年草。ウシやウマの飼料にする。

蓴

艹11 (14) 2 7283 84F4

一 タン漢 寒 tuán
二 シュン漢 ジュン呉 真 chún
がまのほ・ぬなわ(ぬなは)

意味 一 ガマの草むら。また、ガマの穂。二 スイレン科の多年生水草。ジュンサイ(蓴菜)。**ヌナワ**。池や沼に自生する。若い茎や葉は粘り気があり、食用とする。例 蓴羹(ジュンコウ)(=ジュンサイの吸い物)。

難読 石蓴(わかめ)

【蓴▼羹▼鱸▼膾】(ジュンコウロカイ) ジュンサイの吸い物とスズキのなます。故郷を慕う気持ちをあらわす。〔晋(シン)の張翰(チョウカン)が秋風の立つのを見て、故郷の呉の料理を思い出し、官職を辞して帰郷した故事。〈晋書・張翰伝〉から〕

蔗

艹11 (14) 2 7284 8517

ショ慣 シャ漢呉 禡 zhè
さとうきび(さたうきび)

意味 イネ科の多年草。**サトウキビ**。茎に糖分を多く含み、砂糖の原料作物として世界各地で栽培される。例 蔗糖(ショトウ)。甘蔗(カンショ)。

難読 甘蔗(あまずら/あまかずら/さとうきび/カンシャ)

【蔗境】(シャキョウ)〔先から食べるサトウキビが、根元へいくほど甘さを増すことから〕人生や文章など、ものごとの状況・様子や味わいなどが、あとになるほどよくなること。〔〈世説・排調〉から〕類 蔗尾(シャビ)。

【蔗糖】(ショトウ/シャトウ) サトウキビからつくった砂糖。甘蔗糖(カンショトウ)。

蔣

艹11 (14) 3 9122 8523 人

一 ショウ(シャウ)漢 陽 jiāng
二 ショウ(シャウ)漢 養 jiǎng
こも

[蒋] 艹10 (13) 1 3053 848B 俗字。

なりたち [形声]「艹(=くさ)」と、音「將(ショウ)」とから成る。マコモ。

意味 一 水辺に生えるイネ科の多年草。**コモ**。マコモ。例 蔣席(ショウセキ)(=マコモで作ったむしろ)。二 姓の一つ。例 蔣介石(ショウカイセキ)。

古訓 中古 こも 中世 こも 近世 こも・まこも

難読 蔣草(まこも)

蓯

艹11 (14) 4 8664 84EF

一 ジュ・ジュウ慣 ショウ漢 冬 cōng
二 ソウ漢 董 zǒng

意味 一「蓯蓉(ショウヨウ/ジュヨウ)」は、薬草の名。ハマウツボ科の寄生植物。オニク。二「蘢蓯(ロウソウ)」は、ものがすきまなく集まるさま。

[蕭] 艹11 (14) ⇩蕭(ショウ)（1158ジペー）

蔘

艹11 (14) 2 7285 8518

シン(シム)漢 侵 shēn

[蓡] 艹13 (16) 4 8691 8593 本字。

意味 ウコギ科の多年草。チョウセンニンジン。朝鮮原産で、根を薬用にする。

[蔥] 艹11 (14) ⇩葱(ソウ)（1145ジペー）

蔌

艹11 (14) 4 8669 850C

ソク漢 屋 sù

意味 野菜の総称。蔬菜(ソサイ)。例 野蔌(ヤソク)(=野菜)。

蔟 艹11 (14) 2 7287 851F

■一 ゾク 慣 ソク 漢 屋 cù ■二 ソウ 漢 宥 còu
あつ-める(あつ-む)・あつ-まる・まぶし・えびら

意味 ■一 ❶糸を吐きはじめたカイコに繭を作らせる場所。**まぶし**。例 蚕蔟サンゾク(=まぶし)。上蔟ジョウゾク(=カイコを、まぶしに入れる)。❷鳥の巣。❸群れ集まる。**あつまる**。例 蔟蔟ゾクゾク。■二 十二律(=古楽の十二の音律)の第三。大蔟タイソウ。
参考 日本では、まぶしの意に「簇」の字を用いた例がある。

蔕 艹11 (14) 2 7288 8515

テイ 漢 タイ 呉 霽 dì
へた・ほぞ

[蒂] 艹9 (12) 2 7260 8482 別体字。

意味 果実と枝や茎とがつながる部分。**へた**。

蔦 艹11 (14) 1 3653 8526 人

チョウ(テウ) 漢 篠 niǎo
つた

なりたち  [形声]「艹(=くさ)」と、音「鳥チョウ」とから成る。寄生する草。

意味 ヤドリギ科の常緑低木。ヤドリギ。

日本語での用法 《つた》「蔦葛つたかずら」▼ブドウ科のつる性植物。巻きひげでからみつき、外壁などに着生する。紅葉が美しい。

古訓 中古 ほや・ほよ 中世 つた・ほや 近世 つた・ほや・やどりぎ

【蔦葛】つたかずら 日 つる草の総称。

篠 艹11 (14) 4 8662 84E7

チョウ(テウ) 漢 嘯 diào
あじか

意味 穀物や草などを入れる竹かご。**あじか**。例 遇二丈人以レ杖荷レ篠ジョウジンのつえをもってあじかをになうにあう(=杖に引っかけて竹かごを背負った老人に出会った)。〈論語・微子〉

蔯 艹11 (14) 3 9123 852F

チン 漢 真 chén

意味 「茵蔯インチン」は、キク科の多年草。カワラヨモギ。

蓪 艹11 (14) 4 8663 84EA

トウ 漢 ツウ 呉 東 tōng

意味 ウコギ科の常緑小高木。カミヤツデ。蓪草ツウソウ。通脱木ツウダツボク。髄からとれる薄片は蓪草紙ツウソウシといい、紙などの原料となる。

蓽 艹11 (14) 4 8668 84FD

ヒツ 漢 質 bì

意味 ❶「蓽撥ヒハツ」は、コショウ科のつる性植物。薬に用いる。❷まがき。通 篳ヒツ。

蔔 艹11 (14) 2 7289 8514

フク 漢 ブク 呉 職 pú/bo

意味 ❶アブラナ科の一年草または二年草。ダイコン。白い大きな根を食用にする。おおね。例 蘿蔔ラフク(=ダイコン)。❷「薝蔔センプク」は、芳香のある花。

[蓱] 艹11 (14) ⇩萍へイ(1142ページ)

蔑 艹11 (14) 1 4246 8511 常用

ベツ 漢 屑 miè
さげすむ・ないがし-ろ・なみ-する(なみ-す)

[蔑] 艹11 (14) 本字。

筆順 艹 苗 声 芦 芦 萈 蔑 蔑

なりたち  [会意]「苜(=目が正常でない)」と「戍(=辺境を守る)」とから成る。疲労して、視力がない。派生して「さげすむ」の意。

意味 ❶見くだして、軽んじる。ないがしろにする。**さげすむ**。例 蔑視ベッシ。軽蔑ケイベツ。侮蔑ブベツ。❷…しない。ない。例 蔑然ベツゼン。

古訓 中古 あなづる・いるかし・いるかせにす・ないがしろ 中世 あなづる・たけのかは・ないがしろ 近世 あきじり・あざむく・うはひ・けづる・すつる・ないがしろにす・なし・なみす

【蔑視】ベッシ さげすんだ目で見る。軽視。

【蔑▼爾】ベツジ ①軽んじて、なおざりにするさま。蔑如ベツジョ。②小さくて、こまかいさま。

【蔑如】ベツジョ ①「蔑爾ベツジ①」に同じ。②見劣りのするさま。

【蔑称】ベッショウ さげすんで呼ぶ。また、さげすんだ呼び方。

【蔑然】ベツゼン ①だまっているさま。②何もないさま。

蓬 艹11 (14) 1 4309 84EC 人

ホウ 漢 ブ 呉 東 péng
よもぎ・ほお-ける(ほほ-く)

なりたち  [形声]「艹(=くさ)」と、音「逢ホウ」とから成る。ヨモギ。

意味 ❶キク科の多年草。ムカシヨモギ。ヤナギヨモギ。葉はヤナギに似ていてぎざぎざがあり、小さな白い花が咲く。❷アカザ科の植物。秋に枯れると根ごと抜け、風に吹かれて転がって飛ぶ。アザミの類ともいう。例 孤蓬コホウ。転蓬テンポウ。❸ムカシヨモギで作った粗末な。例 蓬屋ホウオク(=自宅の謙称)。蓬戸ホウコ。❹ムカシヨモギのように乱れた。例 蓬頭ホウトウ。蓬髪ホウハツ。❺仙人が住むという「蓬萊ホウライ」のこと。例 蓬山ホウザン(=蓬萊の山)。❻ ⇩【蓬蓬】ホウホウ ❼ ⇩【蓬勃】ホウボツ

日本語での用法 《よもぎ》「蓬餅よもぎもち」▼キク科の多年草。若葉を草餅くさもちにする。もちぐさ。また、葉を乾燥して、灸キュウのもぐさとする。

古訓 中古 おほとる・かしらみだる・さかり・みだる・よもぎ 中世 えもぎ・よもぎ 近世 さかんなり・よもぎ

難読 蓬萊洲よもぎがしま(=蓬萊山ホウライサン。また、日本国)

【蓬▼庵】ホウアン ムカシヨモギで屋根をふいた、いおり。また、粗末な家。類 蓬室・蓬廬ホウロ。

【蓬▼瀛】ホウエイ 仙人が住むという蓬萊ホウライと瀛州エイシュウの二つの山。東方の海上にあり、方丈とともに三神山とされる。

【蓬▼艾】ホウガイ ①ムカシヨモギ。また、雑草の生えた草むら。②民間。

【蓬戸】ホウコ 〔ムカシヨモギを編んで作った戸の意〕①貧しい家。例 蓬戸甕牖ホウコオウユウ(=ムカシヨモギを編んで作った戸と、こわれた甕めかを壁にはめこんだ窓)。〈礼記・儒行〉②自分の家の謙称。

【蓬▼蒿】ホウコウ ①ムカシヨモギ。また、そのくさむら。②草深い田舎。③シュンギク。

【蓬心】ホウシン ムカシヨモギのようにねじけて、のびのびとしていない心。こせこせとしたせまい心。小心。〈荘子・逍遥遊〉

【蓬頭】ホウトウ ムカシヨモギのように乱れた髪。手入れのしていない頭髪。蓬髪。類 蓬首。

【蓬頭▼垢面】ホウトウコウメン 乱れた髪と、あかじみた顔。なりふりを気にしないこと。〈魏書・封軌伝〉

【蓬髪】ホウハツ ムカシヨモギのようにのびて乱れた髪の毛。蓬頭。

【蓬▼飄】ホウヒョウ ムカシヨモギが風に吹かれて転がるように、所を定めずあちこちと移る。流浪する。

【蓬蓬】ホウホウ ①草や木が勢いよく茂っているさま。②髪の毛やひげなどがのびて乱れているさま。③風の吹くさま。

【蓬勃】ホウボツ ①もくもくと雲のわき起こるさま。②風の吹き起こるさま。

【蓬門】ホウモン ムカシヨモギで編んだ門。貧者の住居をいう。蓬

戸。㊫蓬華(ホウヒツ)。

【蓬▼萊】(ホウライ) ①中国の伝説上の山。東方の渤海(ボッカイ)にあり、仙人が住んだという。蓬萊山(ホウライサン)。㊫蓬島。②ヨモギが生えて荒れ果てた草むら。③日宮中・院をいう。④日松竹梅や鶴亀(つるかめ)などで「①」をかたどった、祝い用の飾りもの。

【蓬累】(ホウルイ) 〔「累」は、転がり行くさま〕風に吹かれたムカショモギのように、さまよい歩く。

【蓬生二麻中一不レ扶▼而直】(よもぎマチュウにショウずればたすけずしてなおし) 曲がって生えやすいムカショモギも、まっすぐにのびるアサの中では自然にまっすぐに生える。善人と交わるとよい影響を受けて、自然に心のすなおな人間になることのたとえ。麻中之蓬(マチュウのよもぎ)。〈荀子・勧学〉

蔀
艹11 (14) 1 2835 8500 ホウ㊥ しとみ 有 pǒu
意味 日光や風雨をさえぎるための、すだれやむしろ。**しとみ**。例 蔀屋(ホウオク)(=しとみで囲った貧しい家)。

[蔴]
艹11 (14) ⇩麻(マ)(1505ジペー)

蔓
艹11 (14) 1 4402 8513 人 一マン㊥㊱ 願 màn/wàn 二マン㊥ 寒 mán つる・はびこ-る
なりたち  [形声]「艹(=くさ)」と、音「曼(マ)ン」とから成る。クズの類。
意味 一 ❶茎が細く、地をはったり他のものにからまったりして生長するつる草。**つる**。例 蔓草(ソウマン)。❷(よくないことが)つるのように伸び広がる。**はびこる**。例 蔓延(マンエン)。二「蔓菁(マンセイ)」は、カブラ。カブ。
古訓 中古 あをな・はびこる・はふ・ほびこる 中世 あをな・かづら・な・はびこる 近世 かづら・つる・はびこる・ふぢづる
【蔓延】【蔓▼衍】(マンエン) つるのようにほうぼうにつながり広がる。例 病気が―する。
【蔓生】(マンセイ) つるのように伸びて生長する。また、つる草。
【蔓説】(マンセツ) わき道にそれた余計な話。また、つまらないむだ話。
【蔓草】(マンソウ・つるくさ) 茎が細く伸びて、ものにからまる性質の草。ツタやアサガオなどの類。

蔤
艹11 (14) 4 8671 8524 ビツ㊥ ミツ㊱ 質 mì
意味 ハスの地下茎。蓮根(レンコン)。

蓼
艹11 (14) 2 7290 84FC 一リョウ(レウ)㊥㊱ 篠 liǎo 二リク㊥ 屋 lù たで
意味 一 タデ科の一年草。**タデ**。水辺や湿地に生え、独特の辛みがあり、さしみのつまや蓼酢(たでず)などにする。二 草が長く伸びたさま。例 蓼蓼(リクリク)。
難読 木天蓼(またたび)
【蓼酢】(たでず) 日タデの葉をすりつぶしてまぜた酢。アユの塩焼きにつける。
【蓼蓼】(リクリク) 長大なさま。
【蓼虫(蟲)不レ知レ辛】(リョウチュウはからきをしらず) 辛いタデの葉を好んで食う虫は、その辛さを感じない。たで食う虫も好き好(ず)き。〈王粲・七哀詩〉

[蔆]
艹11 (14) ⇩菱(リョウ)(1142ジペー)

[蓮]
艹11 (14) ⇩蓮(レン)(1151ジペー)

蔞
艹11 (14) 3 9121 851E ロウ㊥ 尤 lóu
意味 ヨモギの一種。ヤマヨモギ。例 蔞蒿(ロウコウ)。
難読 蘩蔞(はこべ)

[蔭]
艹12 (15) ⇩陰(イン)(1151ジペー)

蕓
艹12 (15) 4 8681 8553 ウン㊥ 文 yún
意味 「蕓薹(ウンダイ)」は、アブラナ科の一、二年草。アブラナ。

[蕁]
艹12 (15) ⇩蕁(ガク)(1143ジペー)

蕑
艹12 (15) 4 8680 8551 カン㊥ ケン㊱ 刪 jiān
意味 キク科の多年草。フジバカマ。

蕢
艹12 (15) 4 8684 8562 キ(クヰ)㊥ 寘 kuì あじか
意味 草を編んで作った、かご。もっこ。**あじか**。

蕎
艹12 (15) 1 2230 854E 人 キョウ(ケウ)㊥ 蕭 qiáo そば
なりたち [形声]「艹(=くさ)」と、音「喬(キョウ)」とから成る。ソバ。
意味 タデ科の一年草。**ソバ**。
古訓 中古 くろむぎ・そばむぎ 中世 くろむぎ・そば・むぎ 近世 そば・やまひとぐさ
【蕎麦】(キョウバク・そば) ①中央アジア原産のタデ科の一年草。ソバ。初秋に白色の花が咲く。種子をひいてそば粉とする。②日そば粉を水でこねて細長く切り、ゆでて食べるもの。例 盛り―(もりそば)。

蕀
艹12 (15) 2 7291 8540 キョク㊥ 職 jí
意味 ❶「蕀蒬(キョクエン)」は、ヒメハギ科の多年草。イトヒメハギ。根は薬用とする。❷「顚蕀(テンキョク)」は、ユリ科のつる性多年草。クサスギカズラ。

蕙
艹12 (15) 3 9124 8559 ケイ㊥ 霽 huì
意味 ❶ランの一種。香草。かおりぐさ。蕙草(ケイソウ)。❷優れて、美しい。うるわしい。

【蕙気】(ケイキ) 香草のかおり。

【蕙▼芷】【蕙▼茝】(ケイシ) 蕙草と、ヨロイグサ。ともに香草。

【蕙質】(ケイシツ) (女性の)うるわしい性質。美質。

【蕙心】(ケイシン) 女性のうるわしい心。

【蕙▼蘭】(ケイラン) ランの一種。

蕨
艹12 (15) 1 4747 8568 人 ケツ(クェツ)㊥ 月 jué わらび
なりたち  [形声]「艹(=くさ)」と、音「厥(ケツ)」とから成る。ワラビ。
意味 山地に自生するシダ植物の一種。**ワラビ**。人のこぶしのように巻いた新芽を食べ、根からでんぷんをとる。例 蕨手(ケッシュ)(=ワラビの若芽。さわらび)。
古訓 中古 わらび 中世 わらび 近世 わらび
【蕨拳】(ケッケン) ワラビの若芽。さわらび。蕨手(ケッシュ)。〔巻いている形が拳(こぶし)のようであることから〕

蕞
艹12 (15) 4 8682 855E サイ㊥ 泰 zuì
意味 小さいさま。例 蕞爾(サイジ)。
【蕞▼爾】(サイジ) (国やからだなどが)小さいさま。

蕣
艹12 (15) 2 7292 8563 シュン㊥ 震 shùn あさがお(あさがほ)・むくげ
意味 アオイ科の落葉低木。**ムクゲ**。夏から秋に、うす紅色または白色の美しい花をつける。花は朝ひらき夕方にはしぼむ。木槿キン。例 蕣英シュンエイ。蕣華シュンカ。

日本語での用法《あさがお》▼朝ひらく花の意から、古くはムクゲの別名とされた。

【蕣英】【蕣栄】シュンエイ ムクゲの花。舜英。類 蕣華。例 擬ニ艶姿於蕣栄一（エンシをシュンエイにギす）（＝あでやかな姿をムクゲの花にたとえる）。〈陳琳・神女賦〉

蕉

艹12（15） 1 3054 8549 人 ショウ（セウ）漢 呉 蕭 jiāo

なりたち [形声]「艹（＝くさ）」と、音「焦ショウ」とから成る。加工していないアサ。

意味 ❶「芭蕉バショウ」は、バショウ科の多年草。茎から繊維をとり、布や紙をつくるのに用いる。例 蕉布ショウフ。蕉葉ショウヨウ。❷バナナ。❸⇒【蕉萃】ショウスイ

日本語での用法《ショウ》「蕉風ショウフウ・蕉門ショウモンの十哲ジッテツ（＝芭蕉バショウ門下の十人の俳人）」▼江戸時代の俳人「松尾芭蕉まつおバショウ」の略。

古訓 中世 バセウば 近世 かじける・バセウ

【蕉萃】ショウスイ やつれたさま。みすぼらしいさま。憔悴ショウスイ。

【蕉布】ショウフ バショウの繊維で織った布。

【蕉風】ショウフウ 日 松尾芭蕉まつおバショウの俳風。幽玄や閑寂を重んじ、さび・しおり・細み・軽みをとうとぶ。正風ショウフウ。

【蕉葉】ショウヨウ ①バショウの葉。②底の浅い杯。

蕘

艹12（15） 2 7293 8558 ジョウ（ゼウ）漢 蕭 ráo きこ-る・くさかり・たきぎ

意味 ❶雑木の小枝や枯れ草。たきぎ。しば。❷しばを刈る。しば刈り。きこり。例 芻蕘スウジョウ（＝草刈りや、きこり。身分の低い者）。

【蕘▼豎】ジョウジュ しばを刈る子供。類 蕘童。

蕈

艹12（15） 2 7294 8548 シン（シム）漢 寝 xùn きのこ・くさびら・たけ

意味 きのこ。例 菌蕈キンシン（＝きのこ類の総称）。

蕁

艹12（15） 2 7301 8541 一 タン（タム）漢 覃 tán 二 シン（シム）漢 ジン（ジム）呉 侵 qián/xún

意味 一 ユリ科の多年草。ハナスゲ。薬用や観賞用に栽培される。二「蕁麻ジンマ」は、イラクサ。イラクサ科の多年草。茎にとげがあり、ふれると痛く、水疱ホウができる。

【蕁麻▼疹】ジンマシン 日 急にかゆくなって皮膚に発疹ハッシンが出る病気。

蕊

艹12（15） 1 2841 854A ズイ漢 紙 ruǐ しべ

[蕋] 艹12（15） 2 7303 854B 俗字。

[蘂] 艹16（19） 2 7302 8602 別体字。

[橤] 木12（16） 4 1556 6A64 別体字。

意味 花の中心部にあって実をつくる器官。しべ。例 雌蕊シズイ（＝めしべ）。雄蕊ユウズイ（＝おしべ）。

蕤

艹12（15） 3 9125 8564 ズイ漢 支 ruí

意味 ❶花が垂れ下がるさま。例 葳蕤イズイ。❷⇒【蕤賓】ズイヒン

【蕤賓】ズイヒン 十二律の一つ。五月に配当することから、陰暦五月の別称。

蔬

艹12（15） 2 7286 852C ソ漢 ショ呉 魚 shū くさびら

意味 食用とする草や野菜の総称。また、野菜。青物。例 蔬菜ソサイ。

【蔬果】ソカ 野菜とくだもの。

【蔬▼畦】ソケイ 野菜畑。類 蔬圃ソホ。

【蔬菜】ソサイ 野菜。青物。類 蔬蔌ソソク。例 鐔食ニ蔬菜一、与ニ士卒一共ニ労苦一（タンソサイをくい、シソツとロウクをともにす）（＝〈堅〉鐔は青菜を食べて、兵士と苦労を共にした）。〈後漢書・堅鐔伝〉

【蔬食】一 ソシ ①野菜だけの粗末な食物。粗食。疏食ソシ。②草や木の実。二 ソショク 野菜を食べる。菜食。

【蔬飯】ソハン おかずが野菜だけの粗末な飯。また、野菜と飯。

【蔬▼糲】ソレイ 野菜と玄米の粗末な食事。

蔵

艹12（15） 1 3402 8535 教6 一 ソウ（サウ）漢 ゾウ（ザウ）呉 陽 cáng 二 ソウ（サウ）漢 ゾウ（ザウ）呉 漾 zàng くら・おさ-める（をさ-む）・かく-す

[藏] 艹15（18） 2 7322 85CF 人 旧字体。

筆順 艹 ⺾丿 芦 芦 蔵 蔵 蔵

なりたち [形声]「艹（＝くさ）」と、音「臧ソウ（＝かくす）」とから成る。かくす。

意味 一 ❶見えないところにしまっておく。おさめる。かくす。例 所蔵ショゾウ。貯蔵チョゾウ。❷身をかくす。かくれる。例 舎レ之則蔵（これをすつればすなわちかくる）（＝任用されなくなったら身をかくす）。〈論語・述而〉 二 ❶しまっておくところ。くら。例 土蔵ドゾウ。宝蔵ホウゾウ。蔵匿ゾウトク。蔵出くらだし（＝倉庫から出したばかりの酒・ワイン・ウイスキーなど）。❷仏教や道教の経典。例 三蔵サンゾウ。大蔵ダイゾウ（＝仏教経典の全集）。道蔵ドウゾウ（＝道教経典の全集）。❸西蔵チベットの別名。

古訓 中古 かくす・かくる・くら・ただ・つつむ・まさ・やどる・よし・をさむ 中世 かくす・かくる・くら・をさむ 近世 かくす・かくる・くら・をさむ

人名 おさむ・ただ・とし・まさ・よし

【蔵元】くらもと 日 酒やしょうゆなどの醸造元。

【蔵人】くろうど／くらんど 日 蔵人所くろうどどころの役人。機密文書や訴訟をつかさどった。のちには、天皇のそば近くに仕え、衣食・起居、また、奏事の取り次ぎなどを扱った。

【蔵去】ゾウキョ 書画などをしまっておく。

【蔵経】ゾウキョウ 〔仏〕「大蔵経ダイゾウキョウ」の略。

【蔵書】ゾウショ ①書物を収める。②（個人や図書館などの）所蔵の書物。例 ―印。

【蔵匿】ゾウトク かくす。かくれる。臧匿ゾウトク。

【蔵▼魄▼之地】ゾウハクのチ 墓地。

【蔵板】【蔵版】ゾウハン 版木や紙型を所蔵していること。

●愛蔵アイゾウ・死蔵シゾウ・地蔵ジゾウ・所蔵ショゾウ・貯蔵チョゾウ・土蔵ドゾウ・秘蔵ヒゾウ・埋蔵マイゾウ・無尽蔵ムジンゾウ・冷蔵レイゾウ

蕏

艹12（15） 4 8675 854F チョ漢 魚 chú

意味「茎蕏チチョ」は、モクレン科のつる性落葉低木。サネカズラ。

蕩

艹12（15） 1 3802 8569 トウ（タウ）漢 養 dàng とろ-ける（とろ-く）・とろ-かす・たら-す

[蘯] 艹17（20） 2 6628 862F 別体字。

意味 ❶（水が）ゆれうごく。❷ひろびろと、ゆったりしているさ

ま。例 蕩蕩(トウトウ)。駘蕩(タイトウ)。❸締まりがなくなる。だらしないさま。とろける。とろかす。通 盪(トウ)。例 放蕩(ホウトウ)。遊蕩(ユウトウ)。❹洗い流す。すっかりなくしてしまう。通 盪(トウ)。例 蕩尽(トウジン)。❺とりのぞく。はらう。例 蕩定(トウテイ)。掃蕩(ソウトウ)。

【蕩▼佚】(トウイツ|トウテツ) 「「佚」は、気ままにする意」①締まりがなくて気ままなさま。放佚(ホウイツ)。②寛大なさま。おおまかなさま。▽佚宕(テットウ)。佚蕩(テットウ)。類 蕩逸。

【蕩子】(トウシ|トウジ) ①戦争や旅など、遠くへ出たまま帰らない者。②酒や女遊びにふけり、身持ちの悪い者。放蕩者(もの)。遊蕩子。▽類 蕩児(トウジ)。

【蕩尽】(トウジン) 使い果たす。すっかりなくす。例 全財産を―する。

【蕩析】(トウセキ) 「「析」は、分かれる意」離散する。ばらばらになる。

【蕩然】(トウゼン) ①勝手気ままなさま。②洗い流されて跡形のないさま。③こだわりがなくさっぱりしていて、心の広いさま。

【蕩定】(トウテイ) 世の乱れを平定する。類 蕩平。

【蕩▼滌】(トウデキ) けがれなどを洗い清める。災いなどを除き去る。

【蕩蕩】(トウトウ) ①広く大きいさま。例 天地―として馬走る。②心がゆったりしているさま。

【蕩揺】(トウヨウ) ゆり動かす。ゆれ動く。動揺する。

【蕩▼漾】(トウヨウ) ①水が揺れ動くさま。②ただようさま。

蕃

艹12 (15) 1 4057 8543 人

一 ハン漢 バン呉 元 fán
二 バン慣 ハン漢 元 fān
かき・しげ-る

なりたち [形声]「艹(=くさ)」と、音「番(ハン)」とから成る。草が生い茂る。

意味 一 草がさかんに生える。ふえひろがる。しげる。通 繁。例 蕃茂(ハンモ)。二 ❶竹・柴(しば)などをあらく編んで作った垣根。通 藩。例 蕃屏(ハンペイ)。❷異民族。外国。えびす。通 番。例 蕃語(バンゴ)。蕃人(バンジン)。

古訓 中古 かき・かくふ・かこふ・かさぬ・さかゆ・さかりなり・しげ・しげし 中世 かさぬ・しげし・たすく 近世 おほし・かき・しげし・しげる

人名 しく・しげ・しげし・しげみ・ふさ・みつ・もり

難読 蕃椒(とうがらし)

【蕃▼衍】(ハンエン) ①草木が広がり茂るさま。茂りふえるさま。繁衍(ハンエン)。②子孫がふえるさま。

【蕃語】(バンゴ) 未開の異民族のことば。蛮語。

【蕃国】(ハンコク|バンコク) 周辺の未開の国々。例 九州之外、謂(二)之蕃国(一)(=キュウシュウのそと、これをバンコクという)(=中国全土の外側は、未開の国と呼ぶ)。〈周礼・秋官・大行人〉

【蕃▼藷】【蕃▼薯】(バンショ) サツマイモ。甘藷。

【蕃▼昌】(ハンショウ|バンショウ) 草木が繁茂する。また、栄える。繁昌。類 蕃阜(ハンプ)。

【蕃▼椒】(バンショウ) トウガラシ。類 蕃莘(バンシン)。

【蕃殖】(ハンショク) 動植物が、生まれたり新しく生えたりしてふえる。繁殖。

【蕃人】(バンジン) 文化がまだ開けていない土地の住民。未開人。えびす。蛮人。類 蕃夷(バンイ)・蕃民・蕃戎(バンジュウ)。

【蕃息】(ハンソク) さかんにふえる。繁殖する。

【蕃俗】(バンゾク) 蕃人の風俗。未開の異民族の風俗。

【蕃族】(バンゾク) 未開の異民族。野蛮な部族。表記 現 蛮族

【蕃地】(バンチ) 文化がまだ開けていない地方。蕃人の住む土地。蛮地。

【蕃▼屏】(ハンペイ) ①垣根と塀。②中のものを守る。護衛する。また、主家を守るもの。例 蕃(二)屏周(一)(=シュウをハンペイす)(=周王室を護衛した)。〈左伝・僖二四〉

【蕃茂】(ハンモ) 草や木がさかんにしげる。繁茂。

蕪

艹12 (15) 1 4183 856A 人

ブ漢 ム呉 虞 wú
かぶら・かぶ

なりたち [形声]「艹(=くさ)」と、音「無(ブ)」とから成る。土地が荒れる。

意味 ❶雑草が茂って荒れる。例 田園将(レ)蕪(=デンエンまさにあれなんとす)(=田畑が荒れて雑草が茂りはじめた)。〈陶淵明・帰去来辞〉荒蕪(コウブ)。❷乱れているさま。すさむ。例 蕪雑(ブザツ)。蕪辞(ブジ)。

日本語での用法《かぶ》《かぶら》「蕪菜(かぶらな)・蕪蒸(かぶらむし)」▼アブラナ科の一年草。

古訓 中古 あらし・ある・あれたり・うばら・くさ・さす・しげし 中世 ある・かぶ・かぶら 近世 あるる・かぶら

【蕪荒】(ブコウ) 雑草がはびこり、荒れ果てる。また、その土地。荒蕪。蕪廃。

【蕪雑】(ブザツ) ①雑草が生い茂る。類 蕪没(ブボツ)。②ものごとが入り乱れて、整理されていない。例 ―な文章。

【蕪辞】(ブジ) ①乱雑で整っていないことば。よくわからないことば。②自分のことばを謙遜(ケンソン)していうことば。類 蕪言(ブゲン)。例 ―を連ねる。

【蕪▼菁】(ブセイ) アブラナ科の二年草。カブ。カブラ。根は球形で白色、または赤紫色。野菜として栽培される。

【蕪浅】(ブセン) 学識に乱雑さがあって、あさはかなさま。

【蕪廃】(ブハイ) 雑草が茂って土地が荒れ果てる。蕪荒。例 来径遂蕪廃(=ライケイついにブハイす)(=ここへ来るための道も荒れ果ててしまった)。〈陶淵明・桃花源記〉

【蕪▼穢】(ブワイ) ①土地が荒れて雑草が生い茂る。賢人がよこしまな者にさまたげられて、才能をふるうことができないたとえ。例 哀(二)衆芳之蕪穢(一)(=シュウホウのブワイをかなしむ)(=咲くべきさまざまな花が、草が茂り荒れ果てて咲かないのは哀れである)。〈楚辞・離騒〉②品性が卑しい。下品である。

蕡

艹12 (15) 4 8683 8561

フン漢 文 fén

意味 果実がふっくらと実るさま。

蔽

艹12 (15) 1 4235 853D 常用

ヘイ漢呉 霽 bì
おお-う(おほ-ふ)・おお-い(おほ-ひ)

［蔽］ 艹12 (15) 俗字。

筆順 一 十 廾 艹 芇 蔽 蔽 蔽

なりたち [形声]「艹(=くさ)」と、音「敝(ヘイ)」とから成る。「蔽蔽」は、小さな草。借りて「おおいかくす」の意。

意味 ❶上からかぶせて、かくす。おおう。おおい。例 隠蔽(インペイ)。遮蔽(シャヘイ)。❷(目をおおいかくされて見えず)ものごとに通じていない。ものの道理にくらい。例 蔽晦(ヘイカイ)(=道理にくらい)。

古訓 中古 おほふ・かくす・かくる・くらし・つひやす・つひゆ・ふさがる・ふさぐ 中世 おほふ・かくす・くらし・そそける・やぶる 近世 おほひ・おほふ・かくす・さへる・たつ

人名 さだむ

【蔽▼掩】(ヘイエン) おおいかくす。

【蔽▼扞】(ヘイカン) (外敵から味方を)守る。(主家を)護衛する。防備。

【蔽遮】(ヘイシャ) さえぎる。くい止める。

【蔽塞】(ヘイソク) おおうようにかくす。人目をさえぎる。類 蔽匿(ヘイトク)・蔽壅(ヘイヨウ)。

【蔽▼芾】(ヘイハイ|ヒハイ) ①草木がこんもりと茂り、おおいかぶさるさま。②小さいさま。

蕕 艹12(15) 2 7304 8555 ユウ(イウ)漢 尤 yóu くさ-い(くさ-し)・くさな

意味 水辺に生え、いやなにおいのする草。〔悪人のたとえとされる〕例 蕕薫ユウクン。薫蕕クンユウ。

【蕕薫】ユウクン ①悪臭がする草と、香りのよい草。②悪と善とのたとえ。

蓏 艹12(15) 4 8659 84CF ラ漢呉 哿 luǒ

意味 草の実。参考 木になる果実は「果カ」。

蕯 艹12(15) 4 8676 856F リュウ

意味 人名などに用いる字。参考「薩サ」の俗字としても用いられる。

[蕋] 艹12(15) ⇩蘂イレ(1163ジペー)

薆 艹13(16) 4 8690 8586 アイ漢 隊 ài

意味 ❶おおいかくす。例 薆然アイゼン(=かくれて見えないさま)。❷草木が茂るさま。❸かぐわしく、かおる。

薁 艹13(16) 4 8689 8581 イク(ヰク)漢 屋 yù

意味 ブドウ科のつる性落葉低木。房状に実がなり、食用とし、また酒をつくる。エビヅル。例 蘡薁エイイク(=えびづる)。

[薀] 艹13(16) ⇩蘊ウン(1163ジペー)

[薗] 艹13(16) ⇩園エン(278ジペー)

薤 艹13(16) 2 7306 85A4 カイ漢 卦 xiè おおにら(おほにら)・らっきょう

意味 ユリ科の多年草。**ラッキョウ**。ネギ類に属し、においが強い。地中に育つ卵形の鱗茎リンケイは漬けて食用にする。**おおにら**。例 薤露カイロ。

【薤露】カイロ 漢代におこなわれた、王公や貴人の葬式の歌。挽歌バンカ。人の命のはかないことは、ニラの上の露のようだと歌う。→【蒿里】コウリ③(1148ジペー)

薢 艹13(16) 3 9131 85A2 カイ漢 卦 xiè

意味 ❶「薢茩カイコウ」は、ヒシの別名。❷「萆薢ヒカイ」は、ヤマノイモ科の草。トコロの一種。難読 萆薢ところ(=姓)・薢屋ところや(=姓)

[舊] 艹13(16) ⇩旧キュウ(617ジペー)

薑 艹13(16) 2 7308 8591 キョウ(キャウ)漢 陽 jiāng はじかみ・しょうが(しゃうが)

意味 ショウガ科の多年草。**ハジカミ**。**ショウガ**。根はうす茶色のかたまりで、食用や薬用にする。ジンジャー。例 薑桂キョウケイ。生薑ショウガ。

【薑▼桂】キョウケイ〔ショウガと肉桂ニッケイ〕気性の強く、激しいことのたとえ。

【薑▼桂▼之性】キョウケイのセイ〔薑桂キョウケイは古くなるほど辛いことから〕年老いてからますます剛直な人のたとえ。例 況吾薑桂之性、到レ老愈辣いわんやわがキョウケイのセイ、おいにいたりていよいよからし(=まして私の気性の激しい性格は、老年になってますますひどくなった)。〈宋史・晏敦復伝〉

薌 艹13(16) 3 9129 858C キョウ(キャウ)漢 コウ(カウ)呉 陽 xiāng

意味 ❶穀類の香り。❷シソなどの香草。❸かおり。通香。

薫 艹13(16) 1 2316 85AB 常用 クン漢呉 文 xūn かおる(かを-る)・た-く

[薰] 艹14(17) 3 9132 85B0 人 旧字体。

筆順 一 艹 艹 苎 菅 萆 董 薫

なりたち [形声]「艹(=くさ)」と、音「熏クン」とから成る。香草。

意味 ❶かおりのよい草。例 薫風クンプウ。余薫ヨクン。薫蕕クンユウ。❷よいにおいがする。**かおる**。かおり。❸煙でいぶす。くすべる。通燻クン。例 薫灼クンシャク。❹かおりをしみこませるように、よい感化を与える。通勲クン。例 薫育クンイク。薫陶クントウ。

古訓 中古 かうばし・かをる・くさし・くさる・くすぶる・くゆる・たきもの・ただ・ただし・ただす・にほひ・にほふ・のぶ・ふすぶ・ふすぼる 中世 かうばし・かをる・たきもの・にほふ 近世 かをりぐさ・かをる

人名 かお・くる・しく・しげ・しげる・たき・ただ・ただし・ただす・つとむ・にお・のぶ・ひで・ふさ・まさ・ゆき

【薫育】クンイク 徳によって人を感化し、教育する。薫陶。

【薫煙】クンエン よいかおりの香コウのけむり。

【薫化】クンカ 徳によって人を感化し、よい方に導く。例 師に―される。

【薫香】クンコウ ①よいかおり。芳香。②火にくべて用いる香料。たきもの。例 ―をたしなむ。

【薫▼灼】クンシャク ①いぶして焼く。②あたりにかおりわたる。③権勢の強いさま。

【薫製】クンセイ 表記 旧▼燻製 肉や魚などを、煙でいぶして、乾燥させたもの。

【薫染】クンセン ①香気が移って、しみこむ。②次第に感化される。善に移り、そまる。

【薫然】クンゼン 性格が温和なさま。心がおだやかで、やさしいさま。例 薫然慈仁、謂二之君子一クンゼンとしてジジンなる、これをクンシという(=温和でいつくしみ深い人を、君子と呼ぶ)。〈荘子・天下〉

【薫陶】クントウ 徳によって人を感化し、教育する。薫育。〔香をたいて、ものにかおりを移し、また、土をこねて陶器を作る意から〕例 師の―よろしきを得る。

【薫風】クンプウ 初夏のおだやかな風。東南風。

【薫▼沐】クンモク 香気を着物にたきこみ、からだや髪などを洗い清める。

【薫▼蕕】クンユウ〔香草と、くさいにおいのする草〕善人と悪人、賢人と愚人、君子と小人などのたとえ。例 薫蕕不レ同レ器而蔵クンユウはうつわをおなじくしてゾウせず(=香草と悪臭を放つ草とを同じ容器にしまったりはしない)。〈家語・致思〉

【薫籠】クンロウ 香を衣服にたきしめるときに使う香炉。

薊 艹13(16) 2 7309 858A ケイ漢 霽 jì あざみ

意味 ❶キク科の多年草。**アザミ**。葉のふちや茎にとげがあり、春から秋にうす紅色・赤紫色の花をつける。❷北京ペキン郊外にある、戦国時代の燕エンの都。薊丘ケイキュウ。

薟 艹13(16) 4 8693 859F 一ケン(ケム)漢 塩 xiān 二レン(レム)漢 琰 liǎn

意味 一「豨薟キケン」は、キク科の一年草。メナモミ。二ブドウ科のつる性多年草。通蘞レン。

[蕿] 艹13(16) ⇩萱ケン(1143ジペー)

薨 艹13(16) 2 7310 85A8 コウ漢 蒸 hōng しーぬ・おわ-る(をは-る)

【意味】❶身分の高い人が死ぬ。〈周代では諸侯の死をいい、唐代では二品以上の官の死をいった〉 例 薨去(コウキョ)。❷⇩【薨薨】(コウコウ)

【薨去】(コウキョ) 日 日本で、皇族や三位(サンミ)以上の人が死ぬことの尊称。

【薨薨】(コウコウ) ①多いさま。〈虫などが〉群がり飛ぶ音。また、おおぜいの人の騒がしい声。②雷や鼓などがとどろく音。

蕻
艹13 (16) 4 8686 857B
コウ 漢 送 hòng

【意味】❶草木のさかんに茂るさま。❷蔬菜(ソサイ)の長くのびた茎。例 菜蕻(サイコウ)。

蕺
艹13 (16) 3 9128 857A
シュウ(シフ) 漢 緝 jí

【意味】ドクダミ科の多年草。ドクダミ。【難読】蕺(しぶき)(=ドクダミの古名)・蕺草(どくだみ)

【蕺山】(シュウザン) 浙江(セッコウ)省紹興(ショウコウ)市にある山。越王句践(コウセン)が身をかくした地。また、東晋(トウシン)の王羲之(オウギシ)が居宅をかまえた所。

蕷
艹13 (16) 4 8705 85C7
一 ショ 漢 語 xù
二 ヨ 漢 御 yù

【意味】一 酒がきれいに澄んでいるさま。 二「藷蕷(ショヨ)」は、ナガイモ。

[薯]
艹13 (16)
⇩薯(ショ)(1161ジペー)

蕭
艹13 (16) 2 7311 856D
ショウ(セウ) 漢 蕭 xiāo
よもぎ・さび-しい(さび-し)

[蕭]
艹11 (14) 4 8677 4525
俗字。

【意味】❶キク科の多年草。カワラヨモギ。海岸の砂地に生える。燃やすと芳香を発し、祭祀(サイシ)に用いられた。また、薬用にする。例 蕭艾(ショウガイ)。❷ひっそりとしてさびしいさま。例 蕭蕭(ショウショウ)。蕭条(ショウジョウ)。❸⇩【蕭牆】(ショウショウ)

【蕭▼艾】(ショウガイ) ①ヨモギ。②卑しい者や小人物、愚者などのたとえ。〈楚辞・離騒〉

【蕭▼灑】(ショウサイ|ショウシャ) ①世俗から遠ざかる。②心や態度がさっぱりとして清らかなさま。類 瀟洒(ショウシャ)。

【蕭索】(ショウサク) ①心が晴れ晴れしないさま。②ものさびしいさま。例 黄埃散漫風蕭索(コウアイサンマンかぜショウサク)(=黄色い砂塵(サジン)がたちこめ風はさびしげに吹く)。〈白居易・長恨歌〉

【蕭殺】(ショウサツ) 〈「殺」は、意味を強めるためにそえる字〉秋風が草木を枯らすように、ひどくさびしいさま。例 満目―たる広野。

【蕭▼颯】(ショウサツ) 風の音のさびしいさま。例 蕭颯灑二秋色一(ショウサツシュウショクにそそぐ)(=ものさびしい風の音が秋の景色を吹きぬけていく)。〈杜甫・柴門〉

【蕭散】(ショウサン) ①もの静かで暇である。②さっぱりしていて、わだかまりがない。

【蕭▼瑟】(ショウシツ) ①秋風がものさびしく吹くさま。②なんとなくさびしいさま。

【蕭蕭】(ショウショウ) 風雨や落ち葉などの音の、ものさびしいさま。例 風蕭蕭兮易水寒(かぜショウショウとしてエキスイさむし)(=風はものさびしげに吹き、易水は寒々としている)。〈史記・刺客伝・荊軻〉

【蕭▼牆】(ショウショウ) 〈「蕭」は、粛(=つつしむ)、「牆」は、かこいの意〉①つつしむべきかこいの内。君臣が公式に会見する場。②一家一門の内。また、国内。

【蕭▼牆▼之憂】(ショウショウのうれい) 身近な心配事。内乱や内輪もめ。〈論語・季氏〉から

【蕭条】(ショウジョウ) 風景などがひっそりとして、ものさびしいさま。蕭寥(ショウリョウ)。例 満目―たる枯れ野。

【蕭森】(ショウシン) ①樹木の多いさま。②ものさびしいさま。例 巫山巫峡気蕭森(フザンフキョウキショウシン)(=巫山・巫峡にはものさびしい〈秋の〉気がたちこめている)。〈杜甫・秋興〉

【蕭寂】(ショウセキ) ひっそりとして、さびしいさま。閑寂(カンジャク|カンセキ)。例 門庭蕭寂(モンテイショウセキ)(=家の前の庭は、ひっそりとしている)。〈世説・品藻〉

【蕭然】(ショウゼン) ①騒がしいさま。騒然。②ひっそりして、ものさびしいさま。例 ―たる四囲。

【蕭疎】(ショウソ) 落葉して、草木の葉がまばらでさびしいさま。

【蕭騒】(ショウソウ) ものさびしいさま。わびしげで、寒々としたさま。

【蕭▼寥】(ショウリョウ) 荒涼として、ものさびしいさま。蕭条。

薔
艹13 (16) 2 7312 8594
一 ショク 漢 職 sè
二 ソウ 慣 ショウ(シャウ) 漢 陽 qiáng
みずたで(みづたで)

【意味】一 水辺に生えるタデ科の一年草。**ミズタデ**。カワタデ。二「薔薇(ショウビ|ソウビ)」は、バラ。バラ科の低木で、幹や枝にとげがある。観賞用に栽培され、多くの園芸品種がある。

薪
艹13 (16) 1 3137 85AA 常用
シン 漢 呉 真 xīn
たきぎ・まき

【筆順】 

【なりたち】  [形声]「艹(=くさ)」と、音「新シ(=たきぎ)」とから成る。たきぎ。

【意味】燃料にする細い枝や割った木。**たきぎ**。**まき**。例 松柏摧為レ薪(ショウハクはくだかれてたきぎとなる)(=松やひのきは切られてまきとなる)。〈古詩十九首〉 薪水(シンスイ)。薪炭(シンタン)。

【古訓】 中古 たきぎ・みかまぎ 中世 たきぎ 近世 たきぎ

【薪採】(シンサイ) ①〈「採」は、小さいたきぎ〉たきぎや、しば。②たきぎをとる。

【薪水】(シンスイ) ①たきぎと、くみ水。②たきぎを拾い、水をくむこと。炊事をすること。

【薪水▼之労】(シンスイのロウ) 〈炊事のために、たきぎを拾い水をくむ意から〉人に仕えて骨身を惜しまず働く。例 助二汝薪水之労一(なんじがシンスイのロウをたすけしむ)(=あなたの炊事の苦労を助けさせる)。〈蕭統・陶淵明伝〉 ―をとる。

【薪炭】(シンタン) たきぎとすみ。燃料。例 ―商。

【薪▼燎】(シンリョウ) かがり火。また、そのたきぎ。

【薪能】(たきぎノウ) 日 夜間の野外で、かがり火をたいておこなう能。

[蕿]
艹13 (16)
⇩蓡(シン)(1152ジペー)

薛
艹13 (16) 2 7313 859B
セツ 漢 屑 xuē
よもぎ

【意味】❶キク科の多年草。ヨモギの一種。カワラヨモギ。❷周代の国。今の山東省滕州(トウシュウ)市にあった。

薦
艹13 (16) 1 3306 85A6 常用
一 セン 漢 呉 霰 jiàn
二 シン 漢 震 jìn
すすめる(すす-む)・こも

【筆順】 

【なりたち】  [会意]「廌(=一角の獣)」と「艹(=くさ)」とから成る。獣が食う草。派生して「すすめる」の意。

【意味】一 ❶獣が食べる草。例 薦居(センキョ)。❷マコモやわらで編んだむしろ。**こも**。例 薦席(センセキ)(=むしろ。敷物)。❸よいと思う

人やものが、選ばれるようにする。**すすめる。** ❹供物をそなえる。献上する。また、供物。例 自薦(ジセン)。推薦(スイセン)。他薦(タセン)。 ❺何度も。しきりに。 ㊁はさむ。㊂搢(シ)。例 薦羞(センシュウ)。

古訓 中古 かさぬ・こも・しきり・すすむ・たてまつる・のぶ・むしろ 中世 こも・すすむ 近世 くさむら・しきもの・しきりに・しく・すすむる・たてまつる・わら・わらむしろ

人名 しく・しげ・すすむ・のぶ

【薦紳】(センシン) 〔笏(しゃく)を紳(=大帯)にはさむ意〕 高貴な人。官位のある人。また、その人が着用する衣服。搢紳(シンシン)。縉紳(シンシン)。

【薦居】(センキョ) 草を敷物として居住する。また、草のある所を求めて移り住む。荐居(センキョ)。例 北胡随レ畜薦居(ホッコチクにしたがいてセンキョす)(=北方の異民族は家畜の移動に従って移り住む)。〈漢書・終軍伝〉

【薦挙】(センキョ) 人材を推薦する。

【薦羞】(センシュウ) 祭りの供物。また、ごちそう。饌羞(センシュウ)。

【薦抜】(センバツ) 人材を選びぬいて、取り立てる。㊊薦擢(センタク)・(センテキ)。

【薦聞】(センブン) ①聞き知ったことを、君主に申し上げる。②人材を選び、君主に申し上げる。

【薦誉】(センヨ) 有能な人を推薦したり、ほめたりする。例 更相薦誉(こもごもあいセンヨす)(=かわるがわるほめすすめる)。〈漢書・賈捐之伝〉

薝
艹13 (16) ④8692 859D

セン(セム)漢 呉 塩 zhān

意味 「薝蔔(センプク)」は、香りのよい花の名。

[薮]
艹13 (16) ⇩藪(ソウ) (1162ページ)

薙
艹13 (16) ①3869 8599 人

テイ漢 霽 チ漢 紙 tì
な-ぐ

なりたち [形声]「艹(=くさ)」と、音「雉(チ→テイ)」とから成る。草を除く。

意味 ❶草を刈る。刃物で横から勢いよく切りたおす。**なぐ。** ❷髪の毛をそる。㊂剃(テイ)。例 薙髪(テイハツ)。

例 薙刀(なぎなた)。

古訓 中古 かる・なぐ 中世 かる・なぐ 近世 かりなぐる・かる・くさかる・なぐ

【薙髪】(テイハツ) かみの毛をそる。剃髪(テイハツ)。

【薙刀】(なぎなた) 日 長い柄(え)に、幅が広くてそり返っている長い刀身をつけた武器。長刀(なぎなた)。

蕽
艹13 (16) ④8687 857D

ノウ漢 冬 nóng

意味 「蓬蕽(ホウノウ)」は、アシの花。

薄
艹13 (16) ①3986 8584 常用

ハク漢 薬 bó
うすい(うす-し)・うすめる(うす-む)・うすまる・うすらぐ・うすれる(うす-る)・すすき

[薄]
艹13 (16) ── 旧字体。

筆順 艹 艹 芦 芦 蒲 蒲 薄 薄

なりたち [形声]「艹(=くさ)」と、音「溥(ホ→ハク)」とから成る。草木がすきまなく生えていて、はいりこめないようなせまいところ。派生して「うすい」の意。

意味 ❶厚みが少ない。**うすい。** 例 薄様(うすヨウ)。薄氷(ハクヒョウ)。❷濃度が低い。あわい。**うすい。** 例 薄味(うすあじ)。淡薄(タンパク)。❸程度が少ない。とぼしい。例 薄情(ハクジョウ)。薄幸(ハッコウ)。❹情愛や考えがたりない。あさはか。例 軽薄(ケイハク)。浅薄(センパク)。❺軽視する。軽んじる。❻近づく。せまる。㊂迫。例 薄暮(ハクボ)。肉薄(ニクハク)。❼侵入する。おかす。❽⇩【薄櫨】(ハクロ) ❾(bò)⇩【薄荷】(ハッカ)

日本語での用法 《すすき》「薄(すすき)の穂(ほ)・枯(か)れ薄(すすき)・花薄(はなすすき)」 ▼イネ科の多年草。山野に群生する。秋の七草の一つ。おばな(尾花)。

古訓 中古 あつまる・あつむ・あなづる・あはし・いたる・いやしむ・うすし・くだる・ここに・すくなし・すすき・せまる・せむ・つく・とどまる・とどむ・はじめ・はなすすき・やす 中世 うすし・ここに・すすき・はなすすき 近世 うすし・えびら・くさむら・すすき・すだれ・せまる・をかす

人名 いたる・うす

【薄様】(うすヨウ) 日 ①うすくすいた、鳥の子紙(がみ)や雁皮紙(ガンピシ)など。薄葉紙(うすヨウシ)。②染め物で、上から下に次第にうすくぼかしていく染め方。

【薄▼宦】【薄官】(ハッカン)・(ハクカン) 地位の低い役人。小役人。冷官。〔自己の謙称にも用いる〕

【薄寒】(ハッカン)・(ハクカン) ①なんとなく寒い。うすら寒い。②寒さが迫る。身にしみる寒さ。

【薄技】【薄伎】(ハクギ) つまらないわざ。つたない技能。小技。

【薄遇】(ハクグウ) 冷たい待遇。粗末なもてなし。㊊薄待(ハクタイ)。

【薄行】(ハッコウ)・(ハクコウ) 軽はずみなおこない。また、誠実さのないさま。

【薄材】(ハクザイ) 劣った才能。非才(ヒサイ)。〔自己の謙称にも用いる〕㊊薄才。

【薄志】(ハクシ) ①薄弱な意志。意気地なし。②日 薄謝。

【薄志弱行】(ハクシジャッコウ) 日 意志がよわくて、ものごとを実行する気力がない。

【薄謝】(ハクシャ) 日 わずかな謝礼。寸志。謝礼の謙称。薄志。㊊薄儀。

【薄弱】(ハクジャク) ①生まれつき意志や体力などがよわよわしいこと。例 意志―。②日 しっかりしていないこと。例 根拠―。

【薄暑】(ハクショ) 初夏のころの、まだしのぎやすい暑さ。例 ―の候。

【薄情】(ハクジョウ) 人情や愛情がうすいこと。思いやりがなく、冷たいこと。例 ―者(もの)。―な男。

【薄俗】(ハクゾク) 軽薄な風俗。好ましくない風紀。例 民漸二薄俗一、去二礼義一、触二刑法一(たみハクゾクにすすめば、レイギをさり、ケイホウにふる)(=人民は軽薄な風俗に次第に慣れ親しむと、礼義を忘れ、ついには罪を犯し刑法に触れるようになる)。〈漢書・元帝紀〉

【薄田】(ハクデン) 地味(ミチ)がやせて、穀物がよく実らない田畑。

【薄徳】(ハクトク) 人徳がないさま。不徳。

【薄氷】(ハクヒョウ)・(うすごおり)・(うすらひ) うすく張ったこおり。

【如レ履二薄氷一】(ハクヒョウをふむがごとし) うすごおりを踏んで行くようなもので非常に危険だ。〈詩経・小雅・小旻〉

【薄夫】(ハクフ) 人情のうすい男。薄情者。例 鄙夫寛、薄夫敦(ヒフもひろく、ハクフもあつし)(=度量のせまい男も心が広くなり、薄情な男も人情が厚くなる)。〈孟子・万章下〉

【薄片】(ハクヘン) うすいかけらや切れはし。例 金属の―。

【薄暮】(ハクボ) 夕暮れ。日暮れ。

【薄俸】(ハクホウ) わずかな俸禄(ホウロク)。安い給料。薄給。㊊薄禄。

【薄命】(ハクメイ) ①運命に恵まれないこと。ふしあわせ。②短命なこと。例 美人―。

【薄明】(ハクメイ) 日 日の出前や日の入り後の、空のほの明るい現象。例 ―のおぼつかない光。

【薄夜】(ハクヤ) ①夜明け方。②夕暮れ。たそがれどき。薄暮。

【薄▼游】【薄遊】(ハクユウ) ①(他郷で)少ない給料で人に仕える。②質素な旅行。また、気ままな旅。

【薄利】(ハクリ) わずかの利益。例 ―多売。

【薄▼櫨】(ハクロ) 梁(はり)の上の短い柱。ますがた。

【薄荷】(ハッカ) ①シソ科の多年草。茎や葉から薄荷油をとり、薬用や食用にする。ミント。②「①」からとった、さわやかな香りの香料。ペパーミント。

【薄給】ハッキュウ 少ない給料。例 —に甘んじる。

【薄幸】【薄▼倖】ハッコウ ①人情がうすい。②しあわせに恵まれないこと。ふしあわせ。例 —な一生を終えた。

◐希薄キハク・軽薄ケイハク・酷薄コクハク・品薄しなうす・浅薄センパク・肉薄ニクハク

薇

艹13 (16) ——

ビ漢 微 wēi

ぜんまい・わらび

[薇]

艹13 (16) 2 7315 8587

別体字。

意味 ❶マメ科の二年草。スズメノエンドウ。山野に自生し、緑肥や牧草とする。一説に、カラスノエンドウ。例 采薇ビサイ—ビをとる。〈史記・伯夷伝〉 ❷「薔薇ショウビ|ソウビ」は、バラ。❸「紫薇シビ」は、サルスベリ。ミソハギ科の落葉高木。樹皮が非常になめらかなところからいう。百日紅ヒャクジツコウ。

日本語での用法 《ぜんまい》 ▼ゼンマイ科の多年生シダ植物。うずまき状の若葉を食用にする。

薭

艹13 (16) 3 9127 85AD 国字

ひ・ひえ

意味 地名や人名に用いる字。例 薭生うひ(=新潟県の地名)。薭田ひえだ(=姓)。

薜

艹13 (16) 2 7316 859C

一 ヘイ漢 霽 bì

二 ハク漢 陌 bò

こけ・まさきのかずら(まさきのかづら)

意味 一 ⇩【薜茘】ヘイレイ 二 セリ科の多年草。

【薜▼蘿】ヘイラ 薜茘ヘイレイと女蘿ジョラ(=ヒカゲノカズラ)。つる性の植物の総称。隠者の衣服、また、隠者の住む所にたとえる。〔「被二薜茘一兮帯二女蘿一ヘイレイをきジョラをおびとす(=薜茘の衣を着、女蘿の帯をつける)。〈楚辞・九歌・山鬼〉」から〕

【薜▼茘】ヘイレイ クワ科の常緑つる性植物。オオイタビ。薬用。

薬

艹13 (16) 1 4484 85AC 教3

ヤク漢 呉 薬 yào

くすり

[藥]

艹15 (18) 2 7327 85E5 人

旧字体。

筆順 一 艹 节 苷 苩 蕐 薬 薬

たちなり  [形声]「艹(=くさ)」と、音「樂ガク→ヤ」とから成る。病を治す草。

意味 ❶病気やけがを治したり、健康を保つのにききめのあるもの。くすり。例 薬草ヤクソウ。薬品ヤクヒン。医薬イヤク。❷化学作用をする物質。例 火薬カヤク。農薬ノウヤク。爆薬バクヤク。

古訓 中古 くすり・つちはり 中世 くすり 近世 くすり・くすりぐさ

人名 くす・くすし

難読 薬袋みない(=姓)

【薬▼罐】【薬▼鑵】ヤカン 日〔「ヤクカン」の変化〕①湯をわかすための、銅やアルミなどでできた容器。もと、くすりを煮つめるのに用いた。湯わかし。②「薬罐頭ヤカンあたま」の略。つるつるにはげたあたま。

【薬液】ヤクエキ くすりをとかした液体。液体のくすり。

【薬園】ヤクエン 薬草を栽培する畑。類 薬圃ヤクホ。

【薬害】ヤクガイ 日 医薬品や農薬が、本来の目的以外に起こす有害な作用。例 —訴訟。

【薬学】ヤクガク 日 医薬品の開発や製造、また、管理などのために必要な事柄を研究する学問。例 —部。

【薬玉】一 ヤクギョク 杯の一つ。二 くすだま 日 ①造花などで玉の形に作り、飾り糸を垂らしたもの。開店祝いなどに使う。例 —を割る。②香料を玉にして袋に入れ、糸や造花で美しく飾ったもの。端午の節句などに柱や壁にかけ、長寿を願ったり邪気をはらったりした。

【薬言】ヤクゲン 戒めになることば。類 薬石之言ヤクセキのゲン。

【薬剤】ヤクザイ 医薬として、症状に合わせて調合したくすり。例 —師。

【薬殺】ヤクサツ くすりを使って生き物を殺す。例 野犬を—する。

【薬師】一 ヤクシ 〔仏〕「薬師如来ヤクシニョライ」の略。人々の病気や災難を救うという仏。左手にくすりのつぼを持っている像が多い。二 くすし 日 医者。〔古いことば〕

【薬餌】ヤクジ くすりと食べ物。例 —療法。—に親しむ(=病気がちである)。

【薬酒】ヤクシュ 生薬ショウヤクなどを加え、健康増進に効果のある酒。

【薬種】ヤクシュ くすりの材料。特に、漢方薬の材料。例 —店。—問屋どんや。

【薬▼疹】ヤクシン 内服薬や注射、また、吸入などによって引き起こされる発疹ハッシン。

【薬石】ヤクセキ 〔「石」は、治療用の石針いしばりの意〕くすりと治療。病気の治療。

【薬石無レ効】ヤクセキコウなし 治療のききめがないこと。人の死を知らせるときに使われる。〔「薬石無レ功。〈懿宗即位冊文〉」とも〕

【薬草】ヤクソウ 薬用に使う植物。ゲンノショウコやセンブリなど。

【薬湯】ヤクトウ ①煎じぐすり。②日 くすりや薬草を入れた風呂ふろ。くすりゆ。

【薬毒】ヤクドク くすりに含まれている有害な成分。

【薬▼嚢】ヤクノウ くすりを入れるふくろ。くすりぶくろ。

【薬品】ヤクヒン ①くすり。医薬品。②日 化学変化を起こさせるための物質。例 化学—。

【薬物】ヤクブツ ①くすり。例 —療法。②日 からだに何らかの変化を起こす化学的な物質。例 —中毒。

【薬舗】【薬▼鋪】ヤクホ くすりを売る店。くすりや。薬局。類 薬店ヤクテン。

【薬方】ヤクホウ くすりの処方。くすりの調合。

【薬味】ヤクミ ①薬の味。②食べ物にそえて、風味を出すための食品や香辛料。ワサビやきざみネギなど。

【薬用】ヤクヨウ ①くすりの使い方・処方。②くすりとして使うこと。例 —植物。—石鹸セッケン。

【薬理】ヤクリ 薬品によって起こる生理的な変化。例 —作用。

【薬料】ヤクリョウ ①くすりの材料。②日 くすりの代金。

【薬礼】ヤクレイ 日 医師に払う謝礼。くすり代。

【薬籠】ヤクロウ ①くすり箱。くすり入れ。②ヤロウ 日 持ち運ぶための印籠インロウ型のくすり入れ。

【薬籠中物】ヤクロウチュウのもの 〔薬籠のなかのくすりのように〕自分にとって有用な人材。自家薬籠中物ジカヤクロウチュウのもの。〈新唐・元行沖伝〉

【薬研】ヤゲン 日 おもに漢方で、くすりの材料を砕くための、金属製で舟の形をした器具。

【薬▼莢】ヤッキョウ 日 銃砲で、弾丸を発射させるための火薬をつめた金属製の筒。

【薬局】ヤッキョク ①くすりを調合するところ。②日 薬剤師がいて調剤もおこなう、くすりや。薬舗ヤクホ。類 薬店ヤクテン。

◐医薬イヤク・火薬カヤク・劇薬ゲキヤク・生薬ショウヤク|きぐすり・弾薬ダンヤク・毒薬ドクヤク・農薬ノウヤク・売薬バイヤク・爆薬バクヤク・麻薬マヤク・妙薬ミョウヤク

蕷

艹13 (16) 2 7317 8577

ヨ漢 御 yù

いも

意味 「薯蕷ショヨ」は、ナガイモ。ヤマノイモ科のつる性多年草。食用として畑で栽培される。

薏
艹13(16) 3 9130 858F ヨク漢 職 イ漢 寘 yì

意味 ❶ハスの実。❷「薏苡ヨクイ」は、イネ科の一年草。ハトムギ。実は食用・薬用。

蕾
艹13(16) 2 7318 857E 人 ライ漢 賄 lěi つぼみ・つぼ-む

なりたち [形声]「艹(=くさ)」と、音「雷ライ」とから成る。つぼみ。

意味 花のひらく前の姿。つぼみ。例 花蕾カライ。蓓蕾ハイライ(=つぼみ)。

古訓 中世 つぼむ 近世 つぼみ・はなさく・はなのつぼみ・はなひらく

蕗
艹13(16) 1 4189 8557 人 ロ漢呉 遇 lù ふき

なりたち [形声]「艹(=くさ)」と、音「路ロ」とから成る。カンゾウ。

意味 ❶マメ科の多年草。カンゾウ。根を薬用にする。❷ツルムラサキ科のつる性一年草。ツルムラサキ。若芽や葉は食用や薬用とする。また、鉢植えなどにして観賞される。

日本語での用法 《ふき》「蕗ふきの薹とう」▼キク科の多年草。茎と葉は食用や薬用とする。

古訓 中古 ふふき 中世 ふき・ふふき 近世 あまき・つるむらさき・ふき

薐
艹13(16) 2 7319 8590 ロウ漢 レン唐 蒸 léng

意味 「菠薐ハロウ|ホウレン」は、ホウレンソウ。

薈
艹13(16) 2 7307 8588 ワイ漢 泰 huì あしのほ・しげ-る

意味 ❶草木がたくさん茂るさま。例 薈蔚ワイイ。❷たくさん集まる。あつめる。例 薈萃ワイスイ(=群れ集まる)。四庫全書薈要シコゼンショワイヨウ(=書名)。

【薈▼蔚】ワイイ|ワイウツ ①雲がわき上がるさま。また、雲や霧などがたちこめるさま。②草木がこんもりと茂るさま。

【薈▼蕞】ワイサイ つまらないものの寄せ集め。

[薫]
艹14(17) ⇩薫クン(1157ジペ一)

藁
艹14(17) 1 4746 85C1 人 コウ(カウ)漢 皓 gǎo わら

なりたち [形声]「艹(=くさ)」と、音「槀コウ」とから成る。草がかれる。

意味 ❶かれる。通 槁コ。例 枯藁ココウ。❷イネやムギなどの茎を干したもの。わら。例 藁人形わらニンギョウ。❸下書き。通 稿。例 草藁ソウコウ(=草稿)。

古訓 中古 わら 中世 わら 近世 かるる・かれき・わら

薩
艹14(17) 1 2707 85A9 人 サツ漢 サチ呉 曷 sà

[薩] 艹14(17) —— 俗字。

なりたち [形声] 梵語ボンの音訳字。

意味 ⇩【薩埵タッ】

日本語での用法 《サツ》「薩州サッシュウ・薩長サッチョウ」▼「薩摩さつま」(=今の鹿児島県西部)の略。

古訓 中世 おもだか・すくふ・たすく 近世 すくふ・ほとけのな

【薩▼埵】タッ 〔仏〕〔梵語ボン sattva の音訳〕①命のあるものすべて。衆生ジョウ。②「菩提ボダイ薩埵」の略。菩薩ボサツのこと。

【薩摩】まさつ 日 旧国名の一つ。鹿児島県の西部。薩州サッシュウ。

藉
艹14(17) 2 7320 85C9 一 シャ漢 禡 jiè 二 セキ漢 ジャク呉 陌 jí しく・か-りる(か-る)・か-す・ふむ

意味 一 ❶草を編んだ敷物。❷敷物にする。しく。例 死者相藉シシャあいしく(=死者が積み重なる)。〈柳宗元・捕蛇者説〉藉草シャソウ。枕藉チンシャ(=重なり合って眠る)。❸たよりとする。かりる。通 借シャ。例 藉口シャコウ。❹貸す。与える。❺なぐさめる。例 慰藉イシャ。❻かりに。もし。たとい。二 ふみにじる。ふむ。通 籍。例 狼藉ロウゼキ。

【藉口】シャコウ 言いわけの材料にする。口実にする。

【藉草】シャソウ 草を敷物とすること。

薷
艹14(17) 4 8703 85B7 ジュ漢 虞 rú

意味 シソ科の一年草。ナギナタコウジュ。香薷コウジュ。

薯
艹14(17) 1 2982 85AF ショ漢 ジョ呉 御 shǔ いも

[薯] 艹13(16) —— 俗字。

意味 イモ。また、広くイモ類をいう。例 甘薯カンショ(=サツマイモ)。自然薯ジネンジョ(=ヤマノイモ)。馬鈴薯バレイショ(=ジャガイモ)。

難読 薯蕷とろろ|ジョヨ(=ヤマノイモ)

藎
艹14(17) 3 9134 85CE シン漢 ジン呉 震 jìn

意味 ❶イネ科の多年草。カリヤス。藎草ジンソウ。❷まごころを尽くす。例 藎臣ジンシン。

【藎臣】ジンシン 進んで忠誠を尽くす臣。忠臣。例 王之藎臣オウのジンシン(=王の忠臣)。〈詩経・大雅・文王〉

蔯
艹14(17) 4 8704 85BC チン漢 ジン(ヂン)呉 真 chén

意味 「茵蔯インジン」は、キク科の多年草。カワラヨモギ。

薺
艹14(17) 2 7321 85BA 一 シ漢 支 cí 二 セイ漢 薺 jì なずな(なづな)

[荠] 艹8(11) 4 8635 8415 俗字。

意味 一 海岸の砂地に生える、つる草。ハマビシ。果実にヒシの実のようなとげがある。根と種子は薬用。二 アブラナ科の二年草。ナズナ。畑や道ばたに自生。若菜を食べる。果実の形が三味線のばちに似ているので、ペンペングサともいう。春の七草の一つ。

[藂]
艹14(17) ⇩叢ソウ(217ジペ一)

薹
艹14(17) 2 7323 85B9 タイ漢 ダイ呉 灰 tái とう(たう)

意味 ❶カヤツリグサ科の多年草。カサスゲ。かさや、みのなどを作るのに用いる。❷アブラナ科の二年草。ナタネナ。アブラナ。花は菜の花と呼ばれ、食用となり、種からは菜種油をとる。❸アブラナやフキなどの、花をつける茎がのびたもの。例 蕗ふきの薹とう。薹とうが立たつ(=さかりの時期を過ぎる)。

𦿸
艹14(17) 4 8694 26FF8 国字 タン

意味 人名などに用いる字。例 ⿱艹蜑父(ブタン)(=姓)。参考「蜑(タン)」の別体字。

藋
艹14 (17) 3 9133 85CB
チョウ(テウ)漢 ジョウ(デウ)呉 嘯 diào

意味 「藜藋(レイチョウ)」は、アカザの一種。

[⿱艹⿰犭⿱隹电] 艹14 (17) ⇨荻(キテ)(1137ジペー)

[⿱艹勥] 艹14 (17) ⇨勥(ぎな)(467ジペー)

藐
艹14 (17) 2 7324 85D0
一 バク漢 ミャク呉 覚 mò
二 ビョウ(ベウ)漢 ミョウ(メウ)呉 篠 miǎo
おろそ-か・すこ-し・とお-い(とほ-し)・はる-か

意味 一 ❶ムラサキ科の多年草。ムラサキ。根から、紫色の染料をとる。また、薬用とする。❷(miǎo) 遠いさま。通 邈(バク)。❸梵語(ボン)の音訳字。例 三藐(サンミャク)三菩提(サンボダイ)。二 ❶小さい。例 藐小(ビョウショウ)(=か弱く小さい)。❷軽んじる。例 藐視(ビョウシ)(=軽視する)。

【藐▼姑射▼之山】(バクコヤのやま・ハコヤのやま) ①不老不死の仙人が住むという想像上の山。〈荘子・逍遥遊〉 ②日 上皇の御所を敬っていうことば。仙洞(セントウ)。

【藐然】(ビョウゼン・バクゼン) ①幼いさま。②軽んじるさま。さげすむさま。③遠く離れたさま。遠くおよばないさま。④ぼんやりするさま。

【藐藐】(ビョウビョウ・バクバク) ①軽んじるさま。おろそかにするさま。〈詩経・大雅・抑〉②美しいさま。③大きいさま。高いさま。遠いさま。④幼いさま。

藊
艹14 (17) 4 8706 85CA
ヘン漢 銑 biǎn

意味 マメ科の一年草。フジマメ。アジマメ。藊豆(ヘントウ)。扁豆(ヘントウ)。

藙
艹15 (18) 4 8708 85D9
ギ漢 未 yì

意味 ミカン科の落葉高木。カラスノサンショウ。

藭
艹15 (18) 3 9135 85ED
キュウ(キウ)漢 東 qióng

意味 「芎藭(キュウキュウ)」は、セリ科の多年草。オンナカズラ。

藕
艹15 (18) 2 7325 85D5
グウ慣 ゴウ漢 有 ǒu
はすのね

意味 ハスの地下茎。ハスの根。蓮根(レンコン)。食用にする。→蓮(レン)(1151ジペー)

【藕花】(グウカ) ハスの花。蓮花(レンカ)。

【藕糸】(絲)(グウシ) ①ハスの葉や茎に含まれる繊維。ハスのいと。②ハスの花のような青みがかった白さ。

[藝] 艹15 (18) ⇨芸(ゲイ)(1122ジペー)

[藷] 艹15 (18) ⇨藷(ショ)(1163ジペー)

藪
艹15 (18) 2 7314 85EA
ソウ漢呉 有 sǒu
やぶ

[薮] 艹13 (16) 1 4489 85AE 俗字。

意味 ❶草木のむらがって、茂るところ。草木が茂って鳥や獣のすむ湿地。さわ。**やぶ**。例 藪沢(ソウタク)。❷ものごとの集まるところ。例 淵藪(エンソウ)。

日本語での用法《やぶ》①「藪医(やぶイ)・藪医者(やぶイシャ)・藪井竹庵(やぶいチクアン)」▼野巫(ヤブ)(=田舎医者)のもじり。②「藪入(やぶいり)」▼昔、奉公人が、暇をもらって盆や正月に実家に帰ること。

【藪沢】(ソウタク) ①草木がたくさん生い茂っている湿地。②人やものが集まっているところ。

【藪医(醫)者】(やぶイシャ) 日 診断や治療がへたな医者。藪医。やぶ。

【藪蛇】(やぶへび) 日「やぶをつついてヘビを出す」という諺(ことわざ)の略。よけいなことをして、思わぬわざわいを受けること。

[藏] 艹15 (18) ⇨蔵(ゾウ)(1155ジペー)

[藡] 艹15 (18) ⇨荻(キテ)(1137ジペー)

藤
艹15 (18) 1 3803 85E4 常用
トウ漢 ドウ呉 蒸 téng
ふじ(ふぢ)

[藤] 艹15 (18) 旧字体。

筆順 一 艹 … 藤

なりたち [形声]「艹(=くさ)」と、音「滕(トウ)」とから成る。つるくさ。

意味 ❶つる性植物の総称。つるくさ。かずら。例 藤蘿(トウラ)(=つる草の総称)。❷マメ科の落葉つる草。**フジ**。四月から六月ごろ、うす紫色の花がふさ状に垂れて咲く。例 藤花(トウカ)(=フジの花)。

日本語での用法《トウ》「源平藤橘(ゲンペイトウキツ)・藤氏(トウシ)の四家(シケ)」▼四姓の一つ「藤原氏(ふじわらシ)」の略。

【藤架】(トウカ) フジの棚。ふじだな。類 藤閣。

人名 かつら・つ・ひさ

古訓 中古 ふぢ 中世 ふぢ 近世 ふぢ・ふぢづる

藩
艹15 (18) 1 4045 85E9 常用
ハン漢 元 fān
まがき

筆順 一 艹 … 藩

なりたち [形声]「艹(=くさ)」と、音「潘(ハ)」とから成る。かきね。

意味 ❶まわりを取り囲んで守る、垣根。塀。**まがき**。❷垣根で取り囲む。垣根となって守る。❸覆う。例 藩飾(ハンショク)(=覆うように飾る)。❹地方を治めて、王室を守る諸侯の国。例 藩屛(ハンペイ)。

日本語での用法《ハン》「藩校(ハンコウ)・藩士(ハンシ)・廃藩置県(ハイハンチケン)」▼江戸時代の大名の領地・領民・組織など。

古訓 中古 かき・かくふ・かこふ・へだつ・まかき・ませ 中世 かくす・まがき 近世 かき・まがき・やまし

人名 かき・まもる

【藩学】(ハンガク) 日 江戸時代に藩が藩士の子弟の教育のためにつくった学校。薩摩(さつま)藩の造士館・水戸(みと)藩の弘道館(コウドウカン)など。藩校。

【藩▼翰】(ハンカン) ①垣根と柱。②天子や君主の守りとなる重臣や諸侯。例 宗子藩翰(ソウシハンカン)(=国の後継者と重臣)。〈蜀志・先主伝〉

【藩侯】(ハンコウ) ①節度使。②日「藩主(ハンシュ)」に同じ。

【藩校】【藩▼黌】(ハンコウ) 日「藩学(ハンガク)」に同じ。

【藩国】(ハンコク) (垣根のように)王室を守る諸侯の国。藩屛(ハンペイ)。例 為二漢藩国一(カンのハンコクとなす)(=漢王室の守りとなる諸侯となる)。〈史記・呉王濞伝〉

【藩▼溷】(ハンコン) まがきや便所。〔西晋(セイシン)の左思は、思いついたことを書き留めるために屋敷のあちこちや、まがきや便所にまで筆墨を置いたという〕〈晋書・文苑伝・左思〉

【藩士】(ハンシ) 日 江戸時代、それぞれの藩に仕えた武士。藩臣。

【藩主】(ハンシュ) 日 藩の領主。大名。藩侯。

【藩臣】(ハンシン) ①王室の垣根となって守る臣下。諸侯や属国をいう。例 称二北藩臣一(きたのハンシンととなう)(=北方の王室の守りと名乗る)。〈漢書・宣帝紀〉②日「藩士(ハンシ)」に同じ。

【藩属】(ハンゾク) (垣根のように)王室の守りとなる属国。

【藩鎮】ハンチン ①(垣根のように)王室を守る諸侯。また、地方長官。②地方を守るための軍隊を駐屯させた所。③唐代、要地や辺境の軍政をつかさどった都護府や節度使。
【藩邸】ハンテイ ①諸侯の屋敷。②日 江戸時代、江戸にあった各藩の藩主の屋敷。
【藩閥】ハンバツ 日 明治維新で中心的な役割をした藩の指導層が、その後も政府や軍部で出身藩ごとにつくった派閥。例 —政治。
【藩附】ハンプ 属国となる。また、その属国。
【藩▼屛】【藩蔽】ハンペイ 〔「屛ヘイ」は、ついたての意〕①垣根。②王室の守りとなる諸侯。藩国。〔「价人維藩、…大邦維屛カイジンはこれハン、…タイホウはこれヘイ」(=徳ある人や諸侯の強国は、王室の守り)。〈詩経・大雅・板〉から〕
【藩▼籬】ハンリ ①タケを編んで作った、家のまわりの垣根。転じて、守り。②境界。区切り。
●親藩シンパン・雄藩ユウハン・列藩レッパン

蘑
艹15(18) 4 8711 85E6 バ 漢 マ 呉 箇 mó
意味 「蘿蘑ラマ」は、ガガイモ科の多年草。ガガイモ。クサパンヤ。

[藥]
艹15(18) ⇩薬ヤク(1160ジペー)

藍
艹15(18) 1 4585 85CD 常用 ラン(ラム) 漢 呉 覃 lán あい(あゐ)
筆順 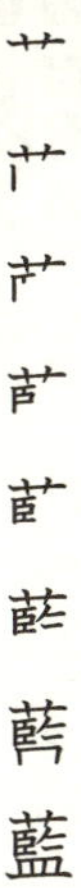
なりたち  [形声]「艹(=くさ)」と、音「監カン→ラン」とから成る。青く染める草。
意味 ❶タデ科の一年草。タデアイ。**アイ**。葉から青色の染料をとる。また、その染料の色。例 青二於藍一あいよりもあおし(=あい色よりも青い)。〈荀子・勧学〉藍碧ランペキ。出藍シュツラン。❷仏寺。例 伽藍ガラン。❸⇩【藍縷】ランル
古訓 中古 あゐ 中世 あゐ 近世 あゐ
【藍関】ランカン 陝西セン省藍田ランデン県にあった関所。例 雪擁二藍関一馬不レ前ゆきはランカンをヨウしてうままずすまず(=雪が藍関をふさいでウマは先に進めない)。〈韓愈・左遷至藍関示姪孫湘〉
【藍玉】ランギョク 一 藍田から産する美しい玉ギョク。二 あいだま 日 アイの葉を加工して固めた染料。
【藍田】ランデン 陝西セイ省南部の県名。東方の山から美しい玉ギョクを産出した。
【藍田生レ玉】ランデンギョクをショウず 〔藍田から美玉を産出する意〕名門の家系からすぐれた子弟が出ること。〈呉志・諸葛恪伝注・江表伝〉
【藍▼碧】ランペキ 青みがかった緑色。あおみどり。
【藍本】ランポン ①絵画や著作の下書き。②原典。原本。
【藍▼縷】【藍▼蔞】【藍▼褸】ランル ①破れた衣服。ぼろ。襤褸ランル。例 篳路藍縷ヒツロランル(=粗末な柴車しばぐるまに乗り、ぼろの着物を着る)。〈左伝・宣三〉②知識が浅く、誤りが多い。

藘
艹15(18) 4 8707 85D8 リョ 漢 ロ 呉 魚 lǘ
意味 「茹藘ジョロ」は、アカネ科の多年草。アカネ。

藟
艹15(18) 4 8709 85DF ルイ 漢 紙 lěi かずら(かづら)
意味 つる草の総称。**かずら**。例 葛藟カツルイ(=クズや、かずら。一説にギョウジャノミズ)。

藜
艹15(18) 2 7328 85DC レイ 漢 斉 lí あかざ

[蔾]
艹12(15) 4 8679 853E 別体字。
意味 アカザ科の一年草。**アカザ**。道ばたや畑地に生える。赤紫色の若葉は食用。例 藜藿レイカク(=アカザやマメの葉。粗食のたとえ)。藜杖レイジョウ。
【藜▼羹】レイコウ 〔アカザの葉のあつもの(=吸い物)〕粗末な食物。
【藜▼杖】レイジョウ アカザの茎で作った杖つえ。軽いので老人が用いた。
【藜▼藿】レイカク アカザ。

藹
艹16(19) 2 7329 85F9 アイ 漢 泰 ǎi
意味 ❶草木がこんもりと茂るさま。❷雲のたくさん集まるさま。❸おだやかなさま。例 藹藹アイアイ。藹然アイゼン。
【藹藹】アイアイ ①草木がさかんに茂っているさま。②おだやかなさま。靄靄アイアイ。例 和気—。③雲がたちこめるさま。
【藹▼蔚】アイウツ 草木が茂るさま。
【藹然】アイゼン ①気持ちが和らいで、おだやかなさま。②雲がたちこめるさま。③名声などがさかんなさま。

蘊
艹16(19) 2 7330 860A 一 ウン 漢 問 yùn 二 オン(ヲン) 漢 元 wēn つ-む

[薀]
艹13(16) 2 7305 8580 本字。
意味 一 ❶つみたくわえる。**つむ**。例 蘊蔵ウンゾウ(=たくわえて、しまっておく)。蘊蓄ウンチク。❷奥深い。例 蘊奥ウンオウ。二 水草の名。例 蘊藻ウンソウ。
【蘊結】ウンケツ 思いが心に積み重なって、気がふさがるさま。例 我心蘊結兮わがこころウンケツす(=私の心は思いがつかえてふさがっている)。〈詩経・檜風・素冠〉
【蘊▼藉】ウンシャ ①心が広くて、おだやか。人をとがめず寛大である。②深い味わいや含蓄がある。
【蘊蓄】ウンチク よく研究して学びたくわえた深い知識。例 —をかたむける。
【蘊奥】ウンノウ 〔「ウンオウ」の変化〕学問や芸術、技術などの最も奥深いところ。奥義オウギ。例 —をきわめる。

藿
艹16(19) 3 9137 85FF カク(クヮク) 漢 薬 huò
意味 マメの葉。例 藿羹カクコウ。藜藿レイカク(=アカザとマメの葉。粗食のたとえ)。淫羊藿インヨウカク(=イカリソウの生薬)。
【藿▼羹】カクコウ マメの葉の吸い物。粗末な食物をいう。
【藿食者】カクショクシャ 〔マメの葉を食べる人の意〕粗食をする者。民衆をいう。〈説苑・善説〉対 肉食者ニクショクシャ(=官吏)。

蘄
艹16(19) 3 9138 8604 キ 漢 支 qí
意味 ❶草の名。セリの一種。❷祈り求める。もとめる。通 祈。

[蕿]
艹16(19) ⇩萱ケン(1143ジペー)

蘅
艹16(19) 3 9139 8605 コウ(カウ) 漢 庚 héng
意味 ウマノスズクサ科の多年草。カンアオイ。

[蘒]
艹16(19) ⇩萩シュウ(1144ジペー)

藷
艹16(19) 1 2983 85F7 一 ショ 漢 魚 zhū 二 ショ 漢 ジョ 呉 御 shǔ いも

【藷】 ⺾15 (18) 俗字。
意味 一「藷蔗(ショショ)」は、サトウキビ。 二 イモ類。いも。 通 薯(ショ)。 例 甘藷(カンショ)(＝サツマイモ)。

【蘂】 ⺾16 (19) ⇨蕊(ズイ)(1155ページ)

蘇
⺾16 (19) 1 3341 8607 人
一 ソ 漢 ス 呉 虞 sū
二 ソ 漢 遇 sù
よみがえ-る(よみがへ-る)

【蘓】 ⺾16 (19) 2 7331 8613 別体字。

なりたち 【形声】「⺾(＝くさ)」と、音「穌(ソ)」とから成る。シソ。

意味 一 ❶「紫蘇(シソ)」は、シソ科の一年草。葉と実は香りがよく、食用にする。❷生き返る。失われていた活力をとりもどす。よみがえる。通 甦(ソ)。例 蘇生(ソセイ)。❸草を刈り取る。草刈り。例 樵蘇(ショウソ)(＝木を切り、草を刈る人)。❹ふさ飾り。例 流蘇(リュウソ)。❺江蘇省の別称。❻姓の一つ。例 蘇秦(ソシン)(＝戦国時代の政客)。二 立ち向かう。むかう。例 蘇レ刃者死(ジンにむかうものはしす)(＝刃向かうものは命を落とす)。〈荀子・議兵〉

古訓 中古 いく・いぬえ・くさかり・さとる・さむ・ぬかえ・のらえ・よみがへる・をさむ 中世 いぬえ・くさかり・よみがへる 近世 いきる・くさかる・のらえ・よみがへる

人名 いき・はる

【蘇芳】【蘇▼枋】【蘇方】(スオウ/スホウ) ①マメ科の落葉小高木。春、黄色の小さな花が咲く。心材やさやの実は赤色染料にする。②紫がかった赤色。③日 襲(かさね)の色目の名。表は薄い赤、裏は濃い赤。

【蘇生】(ソセイ) 日 生き返る。よみがえる。復活。回生。例 ―術。

【蘇息】(ソソク) 休息する。また、生き返る。

【蘇台(臺)】(ソダイ) 「姑蘇台(コソダイ)」の略。春秋時代、呉王闔閭(コウリョ)の築いた台。子の夫差が最後にたてこもった所。

【蘇鉄】(ソテツ) 日 ソテツ科の常緑低木。暖かい地方に多い。幹は太く、頂上から羽のような形の大きな葉が四方に生える。雌雄異株。

藻
⺾16 (19) 1 3384 85FB 常用
ソウ(サウ) 漢 皓 zǎo
も

筆順 艹 … 藻

なりたち 【形声】「⺾(＝くさ)」と、音「澡(ソウ)」とから成る。水草。

意味 ❶水中に生える草。も。例 藻類(ソウルイ)。海藻(カイソウ)。❷美しい模様。飾り。❸詩歌や文章の美しく飾った表現。例 詞藻(シソウ)。文藻(ブンソウ)。

古訓 中古 うるはし・まだらかに・も・もは 中世 うきくさ・も 近世 みづくさ・も

【藻雅】(ソウガ) 詩文をよくし、風流なさま。文雅。

【藻絵】【藻▼繢】(ソウカイ) 〔「絵・繢」は、彩色した絵の意〕美しい絵模様。

【藻▼翰】(ソウカン) ①美しい模様の羽。②はなやかで美しい詩文。

【藻鑑】(ソウカン) 人物や品物を見分ける。すぐれた鑑識眼をもつこと。

【藻▼荇】(ソウコウ) 藻(も)とアサザ。例 水中藻荇交横(スイチュウのソウコウこもごもよこたわる)(＝水中に水草が入り交じって横たわっている)。〈蘇軾・記承天夜遊〉

【藻思】(ソウシ) すぐれた詩文を作る才能。豊かな文才。

【藻飾】(ソウショク) ①(姿(すがた)かたちを)美しく飾って整える。例 不二自藻飾一(みずからソウショクせず)(＝自分から美しく飾り立てない)。〈晋書・嵆康伝〉②詩文の字句を飾る。美辞麗句を並べる。

【藻井】(ソウセイ) ①(水草が火を消すことから)藻(も)の模様を描いた天井。②井げた状に張った天井に、さまざまな模様を描いたもの。

【藻類】(ソウルイ) 海藻や淡水中の藻(も)の総称。

【藻▼屑】(もくず) 日 ①藻(も)の切れはし。②水中のごみ。例 海の―と消える。

蘀
⺾16 (19) 4 8713 8600
タク 漢 薬 tuò

意味 枯れ葉。落ち葉。例 隕蘀(インタク)(＝落ち葉)。

蘋
⺾16 (19) 2 7332 860B
ヒン 漢 真 pín
うきくさ

意味 ❶〔小さなうきくさ「萍(ヘイ)」に対して〕大きなうきくさ。うきくさ。例 蘋藻(ヒンソウ)(＝水草の総称)。❷池や沼に自生する四つ葉の水草。デンジソウ(田字草)。カタバミモ。❸(píng)「蘋果(ヒンカ)」は、リンゴ。苹果(ヘイカ)。

【蘋▼蘩】(ヒンパン) ①デンジソウ(田字草)とシロヨモギ。ともに祭祀(サイシ)の供え物として用いた。②祭祀の準備をすること。女性の仕事とされた。

蘑
⺾16 (19) 4 8714 8611
バ 漢 マ 呉 歌 mó

意味 「蘑菇・蘑菰(マコ)」は、きのこの一種。

藾
⺾16 (19) 2 7333 85FE
ライ 漢 泰 lài
かげ・よもぎ・よ-る

意味 ❶ヨモギの一種。例 藾蕭(ライショウ)。❷かげに入る。かくれる。

蘭
⺾16 (19) 1 4586 862D 人
ラン 漢 呉 寒 lán
ふじばかま(ふぢばかま)・あららぎ

【蘭】 ⺾17 (20) F91F 旧字体。

なりたち 【形声】「⺾(＝くさ)」と、音「闌(ラン)」とから成る。香草の名。

意味 ❶キク科の多年草。フジバカマ。秋、うす紫色の香りのよい花をつける。秋の七草の一つ。❷ラン科植物の総称。❸美しいもの、よいもののたとえ。例 蘭芷(ランシ)。❹「木蘭(モクラン)」は、モクレン科の落葉低木。モクレン。春に葉よりも先に、白または紫色の大きな花をつける。例 桂棹兮蘭槳(かつらのさおランのかい)(＝モクセイやモクレンの、かい)。〈蘇軾・赤壁賦〉

日本語での用法 一《ラン》「蘭医(ランイ)・蘭学(ランガク)」▼「和蘭(和蘭陀(オランダ))」の略。二《あららぎ》▼①植物のイチイの別名。②植物のノビルの古名。

古訓 中古 あららぎ・からばし・たく・ふぢばかま 中世 あららぎ・ふぢばかま 近世 あららぎ・ふぢばかま・モクレン

人名 か

難読 蘭貢(ラングーン)・盂蘭盆(ウラボン)

【蘭英】(ランエイ) ①ランの花。②美酒の名。

【蘭▼掖】(ランエキ) ①美しい奥御殿。②太子の宮殿。鳳掖(ホウエキ)。

【蘭学】(ランガク) 日 江戸時代中期以後、オランダ語を通じて伝わった西洋の学術・文化を研究する学問。例 蘭学階梯(ランガクカイテイ)(＝大槻玄沢(おおつきゲンタク)著。オランダ語の入門書)。

【蘭玉】(ランギョク) ①〔「芝蘭(シラン)玉樹」の略〕他人の子弟をほめていうことば。②女子のすぐれた節操。

【蘭薫】(ランクン) ランのよいかおり。また、ランのようにかおる。

【蘭▼閨】(ランケイ) ①皇后の寝室。②女性の美しい部屋。類 蘭房。

【蘭▼蕙】(ランケイ) 〔「蕙」も、ランの一種〕ランとケイ。ともに香草。君子や立派な人物のたとえ。

【蘭言】(ランゲン) 心の通い合ったことば。〔「同心之言、其臭如蘭(ドウシンのゲンは、そのにおいランのごとし)」(=心が通い合った者のことばは、ランのようにかぐわしい)。〈易・繫辞上〉から〕

【蘭交】(ランコウ) 親しい友との交わり。ランのかぐわしさにたとえていう。㊫蘭契。

【蘭▼摧玉折】(ランサイギョクセツ|ランくだけギョクおる) 賢人や美女が若死にすること。〈世説・言語〉

【蘭▼芷】(ランシ) ランとヨロイグサ。賢人と佳人のたとえ。

【蘭▼麝】(ランジャ) ランと麝香(ジャコウ)。すばらしい香料。また、名香。

【蘭省】(ランショウ) 秘書省の雅名。蘭台。

【蘭石】(ランセキ) ランと石。香りのよいものと、かたいもの。節操がかたく、清らかな人物のたとえ。例 生有二蘭石之姿一(うまれながらにしてランセキのシあり)(=生まれながらにして清らかさとかたい節操を持ちあわせた素質がある)。〈魏志・公孫淵伝注・魏書〉

【蘭台(臺)】(ランダイ) ①春秋時代、楚(ソ)の宮殿の名。②漢代、宮中の書庫。③御史台(ギョシダイ)の別称。④〔蘭台令史(=後漢時代に印章と文書をつかさどった官)の官職にあったことから〕『漢書』を著した後漢の班固のこと。⑤唐代、秘書省。蘭省。

【蘭亭】(ランテイ) 今の浙江(セッコウ)省紹興市の南西にあった亭。東晋(トウシン)の王羲之(オウギシ)ら名士四十一人がここに集まって曲水の宴を開いた。その時の詩文集の序は『蘭亭記』あるいは『蘭亭集序』『蘭亭帖(ジョウ)』などと呼ばれ、羲之が書いた法帖は行書の手本とされる。

【蘭殿】(ランデン) ランの香りがただよう宮殿。皇后の宮殿のこと。

【蘭灯(燈)】(ラントウ) 美しい灯火。例 秋夜蘭灯(シュウヤのラントウ)(=秋の夜の美しい灯火)。〈駱賓王・帝京篇〉

【蘭▼櫂】(ラントウ) モクレンで作った舟のかい。㊫蘭▼枻(ランエイ)。

【蘭若】(ランニャ|ランジャク) 一(ランニャ)〔仏〕〔梵語(ボンゴ) āraṇya の音訳「阿蘭若(アランニャ)」の略〕閑静で、修行に適した所。寺院。二(ランジャク) ランとカキツバタ(杜若(トジャク))。ともに香りのよい花。

【蘭芳】(ランポウ) ランのかおり。美徳のたとえ。㊫蘭芬(ランプン)。

【蘭陵王】(ランリョウオウ) 舞楽の一つ。北斉(ホクセイ)の蘭陵王長恭がやさしい顔であったため、仮面をつけて出撃し、北周の軍を破った故事に基づいたもの。日本に伝わり、雅楽の代表的な曲となっている。羅陵王。陵王。

藺 艹16(19) ②7334 85FA リン(リム)漢 震 lìn い(ゐ)

意味 ❶イグサ科の多年草。イグサ。**イ**。茎は一メートルにもなり、むしろや畳表の材料になる。灯心草(トウシンぐさ)。❷姓の一つ。例 藺相如(リンショウジョ)(=戦国時代の趙(チョウ)の政治家)。❸ふみにじる。通躪(リン)。

藶 艹16(19) ④8712 85F6 レキ漢 錫 lì

意味 「葶藶(テイレキ)」は、アブラナ科の一年草。ナズナの一種。

蘆 艹16(19) ②7335 8606 ロ漢 虞 lú あし・よし

[芦] 艹4(7) ①1618 82A6 人 俗字。

なりたち [形声]「艹(=くさ)」と、音「盧(ロ)」とから成る。ダイコン。

意味 ❶水辺に生えるイネ科の多年草。**アシ**。むしろを編んだり紙を作ったりするのに用いる。一説に「葦(イ)」のまだ穂を出さないもの。例 蘆花(ロカ)(=アシの花)。❷⇩【蘆菔】(ロフク)

古訓 中古 あし・あしはら・いきくさ 中世 あし 近世 あし・おほね・くろくさ・さほひめ・そそき・よし

【蘆芽】(ロガ)【蘆牙】(ロガ) アシの芽。㊫蘆錐(ロスイ)。

【蘆▼洲】(ロシュウ) アシの生えている、川の中州(なかす)。

【蘆▼絮】(ロジョ) アシの穂にある種子に生える綿毛。

【蘆雪】(ロセツ) 雪のように白いアシの穂。

【蘆▼荻】(ロテキ) アシとオギ。

【蘆笛】(ロテキ|あしぶえ) ①アシの葉を巻いた草笛。②アシの茎で作った縦笛。▽㊫蘆笳(ロカ)・蘆管(ロカン)。

【蘆▼菔】(ロフク) ダイコン。萊菔(ライフク)。

蘢 艹16(19) ②7336 8622 一ロウ漢 東 lóng 二ロウ漢 董 lǒng あつ-まる・いぬたで

意味 一❶「蘢古(ロウコ)」は、タデ科の一年草。オオケタデ。**イヌタデ**。❷草木が多く茂るさま。例 葱蘢(ソウロウ)(=草木が青く茂るさま)。二「蘢蓯(ロウソウ)」は、ものがすきまなく集まるさま。

蘡 艹17(20) ④8716 8621 エイ漢 庚 yīng

意味 「蘡薁(エイイク)」は、ブドウ科のつる性落葉低木。ノブドウ。エビヅル。

蘤 艹17(20) ④8717 8624 カ(クヮ)漢 ケ(クヱ)呉 麻 huā はな

意味 **はな**。通花。例 芭蘤(ハカ)(=花)。

蘰 艹17(20) ②7338 8630 国字 かずら(かづら)・かずら-く(かづら-く)

意味 ❶少女の髪飾り。はねかずら。はなかつら。**かずら**(鬘)。❷つる性植物の総称。**かずら**(蔓)。❸髪飾りをつける。髪を飾る。**かずらく**。

蘧 艹17(20) ④8718 8627 キョ漢 魚 qú

意味 ❶ナデシコ科の多年草。ナデシコ。蘧麦(キョバク)。瞿麦(クバク)。❷「蘧蘧(キョキョ)」は、はっとして悟るさま。

蘖 艹17(20) ②6117 8616 ゲツ漢 屑 niè ひこばえ

[櫱] 木16(20) ④1576 6AF1 本字。

意味 切り株から出る芽。**ひこばえ**。例 萌蘖(ホウゲツ)(=新芽と、ひこばえ)。

蘘 艹17(20) ③9142 8618 ジョウ(ジャウ)漢 陽 ráng

意味 「蘘荷(ジョウカ)」は、ショウガ科の多年草。ミョウガ。

蘚 艹17(20) ②7337 861A セン漢 銑 xiǎn こけ

意味 湿地などに生える緑色の植物。**コケ**。例 蘚苔(センタイ)。

【蘚書】(センショ) 岩の上に生えているコケが、文字のような模様をしているさま。

【蘚▼苔】(センタイ) コケ。例 ―類。

【蘚▼磴】(セントウ) 苔(こけ)むした石段。

蘨 艹17(20) ③9141 270F4 国字 つづら

意味 地名に用いる字。例 蘨川(つづらがわ)(=愛媛県の地名)。

[蘯] 艹17(20) ⇩蕩(トウ)(1155ジペー)

[蘗] 艹17(20) ⇩檗(ハク)(714ジペー)

蘩 艹17(20) ③9143 8629 ハン漢 元 fán

[蘭] 艹17(20) ⇩蘭(ラン)(1164ページ)

意味 キク科の一、二年草。シロヨモギ。難読 蘩蔞(はこべ)

蘞 艹17(20) 4 8715 861E ━レン(レム)漢 琰 liǎn ━ケン(ケム)漢 塩 xiān えぐ-い(ゑぐ-し)

意味 ━ブドウ科のつる性多年草。ヤブガラシ。別名、ビンボウカズラ。通薟(レン)。━いがらっぽい。**えぐい**。難読 蘞辛(いがらっぽい)

𧄍 艹18(21) 4 8719 2710D キョウ(ケウ)漢 ギョウ(ゲウ)呉 蕭 qiáo

意味 「連𧄍(レンギョウ)」は、モクセイ科の落葉低木。イタチグサ。連翹(レンギョウ)。

蘹 艹19(22) 4 8720 8639 カイ(クヮイ)漢 佳 huái

意味 「蘹香(カイコウ)」は、セリ科の多年草。クレノオモ。茴香(ウイキョウ)。

蘸 艹19(22) 3 9144 8638 サン(サム)漢 陥 zhàn

意味 液体につける。ひたす。例 蘸墨(サンボク)。

【蘸墨】(サンボク) 筆にすみを含ませる。

𧄹 艹19(22) 4 8722 27139 ショク漢 職 shí

意味 「苦𧄹(シクショク)」は、マメ科の多年草。クララ。

[虀] 艹19(22) ⇩齏(セイ)(1433ページ)

蘼 艹19(22) 4 8721 863C ビ漢 支 mí

意味 「蘼蕪(ビブ)」は、センキュウ(川芎)の苗。

蘿 艹19(22) 2 7339 863F ラ漢 歌 luó つた

意味 ❶つる性植物の総称。つたかずら。**つた**。例 蘿蔓(ラマン)(=つたかずら)。❷「蘿衣(ライ)」「女蘿(ジョラ)」は、深山の針葉樹の幹や枝に着生するコケ類の一種。サルオガセ。❸「蘿蔔(ラフク)」は、ダイコンの別名。

難読 蘿蔔(すずしろ・おおね)・蘿蔓(ひかげのかずら)・蘿葛(つたかずら)・蘿衣(こけごろも)

【蘿径】(ラケイ) つたの生い茂っている細道。

【蘿月】(ラゲツ) つたかずらの間から見える月。例 蘿月寡色(ラゲツは カショクなり)(=つたかずらの間から見える月は、色が薄い)。〈盧照鄰・悲昔遊〉

[蘒] 艹21(24) ⇩萩(シュウ)(1144ページ)

141 6画

虍 とらかんむり とらがしら 部

トラの皮の模様の形をあらわす。「虍」をもとにしてできている漢字を集めた。

この部首に所属しない漢字

彪→彡470　慮→心524　膚→月1103　盧→皿923

虍 虍0(6) 2 7340 864D コ漢呉 虞 hū

意味 トラの皮の模様。

虎 虍2(8) 1 2455 864E 常用 コ漢呉 麌 hǔ とら

[虝] 丿6(7) 2 7341 4E55 俗字。

筆順 

なりたち  [会意]「虍(=トラの皮の模様)」と「儿(=トラのあし)」とから成る。山野にすむけものの王であるトラ。

意味 ❶アジア産のネコ科の猛獣。**トラ**。〔強くて恐ろしいものや危険なものにもたとえる〕例 虎而冠(とらにしてカンす)。虎口(ココウ)。猛虎(モウコ)。❷⇩【虎落】(コラク)

日本語での用法 《とら》「虎(とら)になる」▼酔っぱらい。

古訓 中古 とら 中世 とら 近世 いばりをけ・とら

人名 たけ・たけし

難読 虎魚(おこぜ)・虎列刺(コレラ)・虎子(おまる・おかわ)・虎杖(いたどり)・虎落(もがり)・虎耳草(ゆきのした)・魚虎(しゃちほこ)・水虎(かっぱ・かわっぱ)・壁虎(いもり)・如虎(こね)

【虎威】(コイ) トラの威勢。また、勇将の強い勢い。例 ―をかる。→【仮二虎威一】(とらのイをかる)

【虎牙】(ガコ) ①トラのきば。②漢代、将軍の称号の一つ。③山のそびえ立つさま。

【虎▼踞】(コキョ) ①トラのようにうずくまる。②雄大な地形。

【虎渓】(コケイ) 江西(コウセイ)省の廬山(ロザン)にある谷川。晋(シン)の慧遠(エオン)は、近くの東林寺にこもって修行に集中するため、この谷を渡るまいと、誓いを立てていた。

【虎渓三笑】(コケイサンショウ) 何もかも忘れて話に熱中すること。▶晋(シン)の慧遠(エオン)は廬山(ロザン)に居を定めてから三十年余り、虎渓より外に出ることはなかった。ある日、訪問客の陶淵明(トウエンメイ)と陸修静(リクシュウセイ)の帰りを送る道すがら、ついつい話に夢中になり、トラの鳴き声を聞いてはじめて、虎渓を過ぎていたことを知り、三人で大笑いをしたという故事。古来、画題として好まれてきた。……〈廬山記・二〉

【虎穴】(コケツ) ①トラのすむ、ほらあな。②危険な場所。

【不レ入二虎穴一不レ得二虎子一】(コケツにいらずんばコシをえず) 危険をおかさなければ大きな成功は望めない、ということ。▶後漢の時、班超(ハンチョウ)は中国西方の鄯善(ゼンゼン)(楼蘭(ロウラン)ともいう)という国に外交使節としてつかわされた。鄯善王ははじめは班超らを手厚くもてなしていたが、中国北方の異民族、匈奴(キョウド)からも使者がやってくると、匈奴を恐れて、班超一行への待遇が急に悪くなった。そこで班超は部下を集めて「トラの穴に入らなければトラの子をつかまえることはできない」と言い、夜、匈奴の使者の陣営をおそって使者や兵士の首三十あまりを切った。鄯善はふるえあがって漢に服従するようになった。……〈後漢書・班超伝〉

【虎口】(ココウ) ①トラのくち。②非常に危険な場合や場所。危地。例 ―を脱す。③親指と人差し指との間。

【虎子】 ━(コシ・コジ) ①トラの子。②〔形が伏したトラに似ていることから。「子」は接尾語〕持ち運びのできる便器。おまる。━(とらのこ) 日 大切なもの。特に、お金。例 ―をはたく。

【虎視▼眈▼眈】(コシタンタン) 〔「眈眈」は、鋭い目つきでねらっているさま〕①トラが獲物をじっと見張っているさま。②よい機会を油断なくうかがっているさまをいう。〈易・頤〉

【虎▼嘯】(コショウ) ①トラがほえる。②英雄が時機を得て活躍する。例 未二虎嘯一(いまだコショウせず)(=《英雄が》まだ時機を得て活躍していない)。〈李白・経下邳圯橋懐張子房〉

【虎臣】(コシン) 武勇にすぐれた家来。また、王宮や君主を護衛する臣下。例 矯矯虎臣(キョウキョウたるコシン)(=勇ましい家来)。〈詩

経・魯頌・泮水〉
【虎竹】チク　虎符と竹使符。ともに軍事用の割り符。例将軍分二虎竹一(ショウグン コチクをわかつ)(=将軍は天子から徴兵の割り符をいただく)。〈李白・塞下曲〉
【虎▼擲竜▼拏】コテキリョウダ　トラと竜とが争う。両雄が互いに激しく争い合うこと。竜虎相搏(リュウコあいうつ)。〈李献能・滎陽古城登覧寄裕之〉
【虎頭】コトウ　①トラの頭。例料二虎頭一(コトウをなず)(=トラの頭をなでる。危険をおかすこと)。〈荘子・盗跖〉②頭がトラの頭の形に似た人。富貴となる相という。③トラの頭の形をした屋根飾り。
【虎拝】コハイ　〔召の穆公(ボクコウ)(名は「虎」)が、周の宣王に拝謁したことを歌った詩から〕臣下が主君に拝謁するときの礼。
【虎斑】コハン　①とらふ。トラの背のような、まだら模様。また、その毛色。②名馬。また、まれに見るすぐれた人物。
【虎皮】コヒ　①トラの皮。②講義をする人の席。〔トラの皮を用いた〕
【虎尾】コビ　トラの尾。
【虎尾春氷】コビシュンピョウ　トラの尾を踏み、春の氷の上を歩く。きわめて危険なことのたとえ。〔〈書経・君牙〉から〕
【履二虎尾一】(コビをふむ)　トラの尾を踏む。大きな危険をおかすことのたとえ。〈易・履〉
【虎▼豹】コヒョウ　①トラとヒョウ。②強いもの。また、強暴なもの。例虎豹不レ外二其爪一(コヒョウはそのつめをそとにせず)(=強者はその実力を見せびらかさずに敵を破る)。〈淮南・兵略〉
【虎符】コフ　トラの形をした銅の割り符。軍の指揮権を授ける証拠とし、一方を朝廷で保管した。
【虎変】コヘン　①トラの毛が秋に抜け替わって、縞(しま)模様が美しく変わる。②学問の修得が日に日に進む。③文化などが目に見えて進歩する。④文章が変化に富んで味わい深い。
【虎▼榜】コボウ　科挙(=官吏登用試験)で、進士に合格した者の姓名を掲示した板。及第者をトラにたとえたもの。
【虎▼賁】コホン　〔「賁」は、奔(はし)る意で、トラが獣に勇猛に襲いかかるさま〕①勇士。また、勇敢な軍隊。②周代、勇士が当てられた近衛兵(コノエヘイ)。
【虎落】【虎路】コラク/コロ もがり　割ったタケを連ねてつくった柵(サク)。竹矢来(たけやらい)。
【虎落笛】もがりぶえ　日冬の強い風が柵(サク)や垣根(かきね)に吹きつけて発する笛のような音。
【虎旅】コリョ　虎賁(コホン)と旅賁。勇士で編制された、天子を警護する武官。
【虎▼狼】コロウ　①トラやオオカミ。②残忍で欲張りなもの。例夫秦王有二虎狼之心一(それシンオウはコロウのこころあり)(=そもそも秦王には残忍な心がある)。〈史記・項羽紀〉
【虎負レ▼嵎】(とらグウをおう)　〔トラが小高い丘を背にしてこもる意〕英雄が各地方ごとに割拠する。〈孟子・尽心下〉
【虎▼而冠】(とらにしてカンす)　人並みに衣冠をつけていても心はトラのように暴悪である。例其爪牙吏、虎而冠(そのソウガのリは、とらにしてカンす)(=その無情な役人は、残忍でありながら普通の人間のようにとりつくろう)。〈史記・酷吏伝・王温舒〉
【仮二虎威一】(とらのイをかる)　〔「仮」は、借りる意〕強いものの権威をたのみにして、からいばりすることのたとえ。虎の威を借る狐(きつね)。狐仮二虎威一(きつねとらのイをかる)。◆トラがキツネをつかまえたとき、キツネはトラに「わたしは天帝から百獣の王に任命されたのです。わたしを食べたら天帝にそむくことになります。わたしの後について来てごらんなさい。わたしを見て逃げない獣はいません」と言った。トラがキツネの後についていくと、獣たちはみな逃げだした。トラは、獣たちが自分を見てこわがって逃げたのに気づかず、キツネをこわがったのだと思ってしまった。……〈戦国策・楚一〉
【虎巻】とらのまき　日〔兵法書『六韜(リクトウ)』の一編、虎韜(コトウ)の章によるとされる〕①奥儀・秘伝を記した文書。②教科書のために生徒が使う手軽な学習書。あんちょこ。とらかん。
【虎死留レ皮】(とらはしシてかわをとどむ)　日トラが死後に美しい毛皮を残すように、人は死後に名声や功績を残すべきである。→【豹死留レ皮人死留レ名】(ヒョウはしシてかわをとどめひとはしシてなをとどむ)(1252ジペー)
【画レ虎類レ▼狗】(とらをえがきていぬにルイす)　トラを絵にかいたのにイヌに似てしまう。実力のない者がすぐれた人のまねをして、かえってみじめな姿になってしまうこと。〔〈後漢書・馬援伝〉から〕
【養レ虎遺レ患】(とらをやしないうれいをのこす)　すぐにでも取り除くべきものをそのままにしておいて、あとになって被害を大きくしてしまうこと。〈史記・項羽紀〉
【放二虎▼於野一】(とらをやにはなつ)　日①すぐれた人物を、才能が自由に発揮できる状態におくこと。〔日本外史・源氏正記・源氏上〕②危険な者に自由を与え、わざわいをまねくこと。

虐
虍3(9) 1 2152 8650 常用
ギャク漢 薬 nüè
しいたげる(しひた-ぐ)

[虐] 虍3(9) 旧字体。

筆順 ⺊ ⺊ 广 卢 卢 虐 虐

なりたち  【会意】「虍(=トラ)」と「⾌(=つめ)」と「人(=ひと)」とから成る。トラがつめで人をきずつける。

意味 ❶むごいあつかいをする。いじめる。しいたげる。また、むごい。例虐待(ギャクタイ)。残虐(ザンギャク)。暴虐(ボウギャク)。❷災害。わざわい。例大虐(タイギャク)。

古訓 中古 あし・おごる・さかさま・しへたぐ・そこなふ・をかす 中世 しへたぐ・そこなふ 近世 からし・そこなふ・はなはだし

【虐殺】ギャクサツ　むごたらしい方法で殺す。残虐な殺し方をする。
【虐政】ギャクセイ　人民を苦しめる政治。厳しい法律を定め、重い税と夫役(ブエキ)を課す政治。例民之憔二悴於虐政一(たみのギャクセイにショウスイする)(=人民がむごい政治に疲れ果ててしまっている)。〈孟子・公孫丑上〉
【虐待】ギャクタイ　(弱いものに対して)ひどいあつかいをして苦しめる。いじめる。類虐遇。例動物―。
●残虐ザンギャク・自虐ジギャク・暴虐ボウギャク

虔
虍4(10) 2 7342 8654
ケン漢 先 qián
つつし-む・つま-しい(つま-し)

意味 ❶トラが歩くさま。❷うやうやしくかしこまる。つつしむ。例恭虔(キョウケン)。敬虔(ケイケン)。❸殺す。また、うばう。例虔劉(ケンリュウ)(=殺す)。

【虔粛】ケンシュク　身を引きしめて、つつしむさま。類虔恪(ケンカク)・虔虔(ケンケン)

虓
虍4(10) 4 8725 8653
コウ(カウ)漢 肴 xiāo
ほ-える(ほ-ゆ)

意味 トラが怒ってほえる。ほえる。例虓虎(コウコ)。虓怒(コウド)。

【虓▼闞】コウカン　激しく怒るさま。また、いかり叫ぶさま。
【虓将】コウショウ　勇猛な大将。
【虓怒】コウド　トラがいかりほえる。勇猛な勢いのたとえ。

虚
虍5(11) 1 2185 865A 常用
キョ漢 コ呉 魚 xū
むな-しい(むな-し)・うつ-ろ・うつ-け・うろ

[虛] 虍6(12) 3 9146 865B 人 旧字体。
[虗] 虍5(11) 3 9145 8657 別体字。

筆順 ＿ ト 广 虍 虍 虚 虚

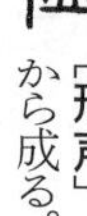

なりたち [形声]「丠(＝おか)」と、音「虍コ→キョ」とから成る。大きな丘。派生して「むなしい」の意。

意味 ❶何もない。からっぽ。うつろ。**むなしい**。例 虚無(キョム)。虚空(コクウ)。空虚(クウキョ)。❷うわべだけで実(ジツ)がない。うそ。例 虚栄(キョエイ)。虚偽(キョギ)。虚構(キョコウ)。❸欲がない。すなお。例 虚心(キョシン)。謙虚(ケンキョ)。❹備えがない。すき。弱点。例 乗レ虚(キョにジョウず)(＝弱みにつけこむ)。〈魏志・袁紹伝〉❺からだが弱い。例 虚弱(キョジャク)。虚脱(キョダツ)。虚労(キョロウ)。❻二十八宿の一つ。とみてぼし。例 虚宿(キョシュウ)。

古訓 中古 いつはり・うつけたり・おほぞら・そら・むなし 中世 うつくる・うつけたり・おほそら・かくる・そら・むなし 近世 おほをか・そら・つか・つぐる・ふるあと・むなし

難読 虚舟(うつおぶね)・空虚(うつけ)・虚満(みむく)・虚空(おおぞら)

【虚位】キョイ ①あいている地位。空位。②名前だけあって、実権のない地位。③抽象的な名称。空名。

【虚引】キョイン ①矢をつがえずに弓を引く。空弓(からゆみ)を引いて、音だけを立てる。からびき。②私心をなくして公平に人を受け入れる。

【虚栄】キョエイ ①実質以上に大きい栄誉。②無理に、実際よりよく見せようとすること。みえを張ること。例 ―心。

【虚喝】【虚▼猲】キョカツ 〔「喝・猲」は、人をおどす意〕内心では恐れているのに、からいばりをしておどす。からおどし。こけおどし。

【虚己】キョキ おのれをむなしくす 私心を去る。欲望をなくして心をからっぽにする。例 虚レ己以遊レ世(おのれをむなしくしてもってよにあそぶ)(＝私心を去って世渡りする)。〈荘子・山木〉

【虚器】キョキ ①無用の器物。身分にそぐわない衣服や道具類など。例 作二虚器一(キョキをつくる)(＝その身分にふさわしくない装飾物を作る)。〈左伝・文二〉②実質のない、名ばかりのもの。③からっぽの器物。

【虚偽】キョギ 真実でないことを、真実のように見せかけること。うそ。いつわり。対 真実。例 ―の申告。

【虚虚実実】キョキョジツジツ 〔「虚」は、備えのない弱い点。「実」は、備えのある強い点〕互いに相手のすきをねらい、強いところは避け、策略を用いて戦うこと。〈三国演義・四九〉例 ―の駆け引き。

【虚言】キョゲン・そらごと 〔古くは「キョゴン」とも〕真実でないことば。うそ。例 ―癖(ヘキ)。

【虚耗】キョコウ ①使い尽くす。からになる。②からだが衰え疲れる。

【虚構】キョコウ ①事実でないことを、事実であるようにつくりあげる。つくりごと。②芸術作品の技法の一つ。作者の想像力によって、事実らしく組み立ててつくること。フィクション。

【虚左】キョサ (上席である)左の席をあける。賢者を礼遇すること。

【虚字】キョジ 漢文で、文章中の漢字(単語)を実字・虚字に二分するとき、否定詞・接続詞・感動詞・前置詞・句末のことばなどにあたる文字。実質的な意味をあらわさない字。虚辞。対 実字。

【虚辞】キョジ ①真実でないことば。うそ。②「虚字(キョジ)」に同じ。

【虚室】キョシツ 人がいない部屋。何もない部屋。例 虚室有二余閑一(キョシツにヨカンあり)(＝何もないがらんとした部屋で、ゆったりとした気分が味わえる)。〈陶淵明・帰園田居〉

【虚室生レ白】キョシツハクをショウず 何もない部屋には日光が明るくさす。心が何ものにもとらわれなければ、自然と真実を悟ることができる。〈荘子・人間世〉

【虚実】キョジツ ①うそとまこと。あることとないこと。例 ―とりまぜた話。②備えのないことと備えのあること。③いろいろの策略やかけひき。例 ―を尽くして戦う。

【虚邪】キョジャ 一 ①いつわり。よこしま。②体質が丈夫でないこと。二 キョジョ 「虚徐(キョジョ)①」に同じ。

【虚弱】キョジャク ①たくましさがなく、肉体がよわいこと。ひよわなこと。対 強健・強壮。例 ―体質。②権力や勢力がよわいさま。例 勢力の―な新党。

【虚受】キョジュ ①私心を去り、心をからっぽにして人のことばを聞く。②自己の能力ではたえられない官職を受ける。

【虚舟】キョシュウ ①操る人のいない舟。からぶね。②虚心であることのたとえ。

【虚徐】キョジョ ①姿や態度などがゆったりとして、つつましく上品なさま。虚邪(キョジョ)。②疑い迷い、ためらうさま。

【虚飾】キョショク 実質のない、うわべだけのかざり。例 ―に満ちた生活。

【虚心】キョシン ①先入観や、かたよった考えをもたず、公平に受け入れる気持ち。類 虚懐。例 ―に耳を傾ける。②うしろめたく、びくびくするさま。

【虚心▼坦懐】キョシンタンカイ 日 こだわりがなく、さっぱりとしたすなおな心持ち。例 ―に言う。

【虚数】キョスウ ①事実と異なる数。②〔数〕二乗して負になる数。負数の平方根。対 実数。

【虚声】キョセイ ①実質的な内容をともなわない名声。虚名。例 処士純盗二虚声一(ショシはもっぱらキョセイをぬすむ)(＝まだ仕官していない者はもっぱら実質のともなわない名声をぬすみ取る)。〈後漢書・黄瓊伝〉②こけおどしの声。③こだま。やまびこ。

【虚勢】キョセイ 実力のともなわない、うわべだけの威勢。からいばり。から元気。例 ―を張る。

【虚静】キョセイ 雑念をもたず、心静かにしている。例 虚静恬淡(キョセイテンタン)(＝心に執着をもたずさっぱりしている)。〈荘子・天道〉

【虚説】キョセツ 根拠のないうわさ。作り話。類 虚談。対 実説。

【虚像】キョゾウ 日 ①〔物〕凹レンズや鏡によってできる像。実際にはないのにあるように見える像。②実際とはかけ離れた、見かけだけのつくられた姿。▽対 実像。

【虚脱】キョダツ ①急に心臓が弱り、からだが冷える症状。②日 体力や気力が衰えて意欲がなくなる。例 ―状態になる。

【虚中】キョチュウ ①心をからっぽにして、一つのことに集中する。専心。②精気が尽き、心がうつろになる。③空腹。④鍾乳石(ショウニュウセキ)の別名。つららいし。

【虚沖】キョチュウ 心がからっぽで、わだかまりのないさま。

【虚伝】キョデン 不確かなことを言い伝える。デマ。

【虚文】キョブン ①役に立たない、無用の文。空文。②うわべの飾り。虚飾。

【虚壁】キョヘキ 草も木もない絶壁。例 雲気生二虚壁一(ウンキキョヘキにショウず)(＝雲霧の気は絶壁に発生する)。〈杜甫・禹廟〉

【虚報】キョホウ うその知らせ。根も葉もないうその情報。

【虚無】キョム ①老子の思想の根本をなす道。目に見えず、ことばで説明できないもの。どんな相手とも調和していくために、自分を無にすること。②何もないこと。空虚。③価値のあるものが存在せず、むなしいと考えること。例 ―感。

【虚名】キョメイ 実力のともなわない、うわべだけの名声。虚声。

【虚妄】キョモウ 事実でないこと。うそ。いつわり。

【虚礼】キョレイ ①心をすなおにしてふるまう。②まごころのない形式だけの礼儀。例 ―を廃止する。

【虚霊不昧】キョレイフマイ 心の本体は霊妙で、明鏡のようにすべての事物の真の姿を写し出している。〈大学章句〉

【虚労】キョロウ からだが衰弱する。

【虚論】キョロン 内容のない議論。

【虚空】コクウ ①何もない空間。例 —をつかむ。②おおぞら。
【虚空蔵】コクウゾウ／コクゾウ 〔仏〕「虚空蔵菩薩コクウゾウボサツ」の略。人々を救うための知恵や功徳を無限にたくわえた菩薩。
【虚無僧】コムソウ 日 臨済宗の一派であった普化宗フケシュウの僧。深編み笠がさをかぶり、尺八を吹いて諸国を修行して回った。こもそう。ぼろんじ。

虖

虍5（11） 4 8726 8656 コ漢 虞 hū

意味 ❶トラがほえる。❷「か・や」と読み、疑問・反語をあらわす。通 乎コ。

［處］虍5（11） ⇩処ショ（147ページ）

［虜］虍6（12） ⇩虜リョ（1169ページ）

［虛］虍6（12） ⇩虚キョ（1167ページ）

虞

虍7（13） 1 2283 865E 常用 グ漢 虞 yú **おそれ**・うれ-える（うれ-ふ）・おもんぱか-る

［虞］虍7（13） 旧字体。

筆順 丨 ⺊ 广 虍 虐 虞 虞

なりたち ［形声］「虍（=トラの皮の模様）」と、音「呉ゴ→グ」とから成る。伝説上の動物。白いトラで黒い模様があり、尾はからだより長いという。借りて「おもんぱかる」の意。

意味 ❶先のことを考える。心配する。おそれる。**うれえる**。**おもんぱかる**。例 不虞フグ（=思いがけない）。憂虞ユウグ（=心配してこまごま考える）。❷だます。あざむく。❸誤解する。あやまる。❹楽しむ。通 娯。❺古代中国で、舜シュンが帝位にあった王朝。例 虞舜グシュン。有虞氏ユウグシ。

古訓 中古 おもはかる・かまびすし・そなふ・たすく・たのしぶ・たのしむ・はかりこと・はかる・もはら 中世 そなふ・たすく・はかりこと・はかる・もはら 近世 おもんぱかる・そなへる・たすくる・たのしむ・のぞむ・はかる・ふせぐ・もつぱら

人名 すけ・もち・やす

【虞▼淵】グエン 神話で、太陽が没するとされた西の果て。また、たそがれ。夕方。例 至二于虞淵一、是謂二黄昏一グエンにいたる、これをコウコンという（=《太陽が》虞淵に至るとき、これを夕暮れという）。〈淮南・天文〉
【虞犯少年】グハンショウネン 日 少年法の規定で、将来、犯罪をおかす虞おそれのある未成年（=二十歳未満）の男女。〔犯罪少年・触法少年とあわせて非行少年と呼ぶ〕
【虞美人】グビジン 楚ソの項羽コウウに愛された女性。
【虞美人草】グビジンソウ ヒナゲシの別名。虞美人の墓の上に生えたという。

［號］虍7（13） ⇩号ゴウ（223ページ）

虜

虍7（13） 1 4626 865C 常用 リョ慣 ロ漢 麌 lǔ とりこ

［虜］虍6（12） 3 9147 F936 人 旧字体。

筆順 丨 ⺊ 广 虍 虍 虜 虜

なりたち ［形声］「毌（=つらぬきとめる）」と「力（=ちから）」と、音「虍コ→ロ」とから成る。力まかせにとらえる。

意味 ❶生け捕りにする。また、生け捕りにした人。**とりこ**。例 虜囚リョシュウ。俘虜フリョ。捕虜ホリョ。❷召し使い。奴隷。例 僕虜ボクリョ（=召し使い）。❸敵や異民族をののしっていうことば。例 虜醜リョシュウ。胡虜コリョ。

古訓 中古 おろかなり・かすむ・つかふ 中世 いけどり・うばふ・とりこ 近世 いけどり・うる・えびす・とらへる・とりこ

【虜騎】リョキ 異民族の騎兵。胡騎コキ。
【虜囚】リョシュウ 敵に捕らえられた人。捕虜。とりこ。例 —の身となる。
【虜醜】リョシュウ 敵のやつら。〔ののしることば〕
【虜略】リョリャク【虜▼掠】リョリャク 敵をとりこにして、その財物をうばう。

虢

虍9（15） 3 9148 8662 カク漢 陌 guó

意味 周代の国名。例 西虢セイカク。東虢トウカク。

虧

虍11（17） 2 7344 8667 キ（クヰ）漢呉 支 kuī か-ける（か-く）

意味 ものの一部がうしなわれる。そこなわれる。**かける**。例 虧欠キケツ。盈虧エイキ（=みちかけ）。

【虧▼盈】キエイ ①月の欠けることと満ちること。みちかけ。また、三日月と満月。②事の十分なことと不足していること。③いっぱいにならないようにする。例 天道虧レ盈テンドウはエイをかく（=天道は満ちたものを欠いて《調和をはかる》）。〈易・謙・彖〉
【虧欠（缺）】キケツ 一部がかける。完全でなくなる。
【虧欠】キケン 不足。欠損。
【虧失】キシツ 欠けてしまって、なくなる。
【虧▼蝕】キショク ①日や月が欠ける。日食や月食。②商売で、損をする。
【虧損】キソン そこなう。欠ける。

142 6画 虫 むし むしへん 部

尾を曲げて横たわるマムシの形で、小動物をあらわす。「虫」をもとにしてできている漢字を集めた。

この部首に所属しない漢字
風→風 1446
触→角 1213

虫

虫0（6） 1 3578 866B 教1

A チュウ（チウ）漢呉 東 chóng
B 一 キ（クヰ）漢 尾 huǐ
二 チュウ（チウ）漢呉 東 chóng

むし

［蟲］ 虫12（18） 2 7421 87F2 旧字体。 ［虫］ 虫1（7） 3 9149 459D 俗字。

筆順 丶 冂 口 中 虫 虫

参考 本来、「蟲」は「チュウ」、「虫」は「キ」で別の字だが、漢代ころから「虫」は「蟲」の略字として用いられている。

なりたち A［蟲］ 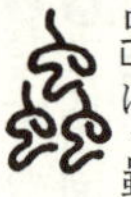 ［会意］「虫（＝むし）」が三匹。足のあるむしの総称。
B［虫］  ［象形］マムシが伏した形。

意味 A［蟲］ ❶昆虫類の総称。例 虫媒花（チュウバイカ）。益虫（エキチュウ）。❷動物の総称。例 羽虫（ウチュウ）（＝鳥）。毛虫（モウチュウ）（＝獣）。裸虫（ラチュウ）（＝人間）。鱗虫（リンチュウ）（＝魚）。
B［虫］ 一 毒蛇。マムシ。通 虺（キ）。 二 むし。〔「蟲」に同じ〕

日本語での用法 《むし》 ①「泣（な）き虫（むし）・弱虫（よわむし）・芸（ゲイ）の虫（むし）」▼その傾向をもった人をあざけって呼ぶときのことば。また、そのことに熱中する人。②「虫（むし）がいい・虫（むし）の知（し）らせ・腹（はら）の虫（むし）がおさまらない・疳（カン）の虫（むし）」▼人の体内にいて、さまざまな感情に影響すると考えられるもの。

古訓 A［蟲］ 中古 むし・むつかし・もごよふ 中世 むし 近世 あつし・むし・むしばむ
B［虫］ 中古 むし 中世 むし 近世 へび・むし

【虫（蟲）害】（チュウガイ） 農作物や山林、また建造物などが、虫のために受ける被害。
【虫（蟲）魚】（チュウギョ） ①虫と魚。小動物の総称。②ものごとのこまごまとしたことを考証する学問。虫魚之学（チュウギョのガク）。
【虫（蟲）書】（チュウショ） ①書体の八体の一つ。秦（シン）代の書体で、虫がはうような形をしている。虫篆（チュウテン）。②書物などの虫食いのあと。
【虫（蟲）垂】（チュウスイ） 日 盲腸の下部に出ている細い管状の突起。虫様突起。例 —炎。
【虫（蟲）▼豸】（チュウチ） ①足のある虫と、足のない虫。虫類の総称。②虫けら。人をいやしめていうことば。
【虫（蟲）▼篆】（チュウテン） ①「虫書（チュウショ）①」に同じ。②鐘や鼎（かなえ）に施された、虫の彫刻の飾り。③こまごまとして、取るに足りない技能。
【虫（蟲）媒花】（チュウバイカ） 日 昆虫によって花粉が運ばれて受粉する花。
【虫（蟲）▼臂▼鼠肝】（チュウヒソカン） 虫のあしや、ネズミのきも。小さく、つまらないもののたとえ。〔〈荘子・大宗師〉から〕

●益虫（エキチュウ）・回虫（カイチュウ）・害虫（ガイチュウ）・甲虫（コウチュウ）・昆虫（コンチュウ）・条虫（ジョウチュウ）・鈴虫（すずむし）・水虫（みずむし）・幼虫（ヨウチュウ）・弱虫（よわむし）

虬

［虬］ 虫1（7） ⇩ 虯（キュウ）（1170ジペー）

虯

虫2（8） 4 8727 866F

キュウ（キウ）漢 尤 qiú
みずち（みづち）

［虬］ 虫1（7） 3 9150 866C 俗字。

意味 ❶角（つの）のない竜。みずち。例 虯竜（キュウリョウ）。❷とぐろを巻くようにねじれたさま。例 虯鬚（キュウシュ）（＝ねじれたあごひげ）。虯髯（キュウゼン）（＝ねじれたほおひげ）。
【虯▼蟠】（キュウバン） みずちがとぐろを巻いたように、まつわるさま。
【虯竜】（キュウリョウ・キュウリュウ） ①みずち。②木が、くねくねと曲がっているさま。

［虫］ 虫1（7） ⇩ 虫（チュウ）（1170ジペー）

虱

虫2（8） 2 7345 8671

シツ漢 質 shī
しらみ

［蝨］ 虫9（15） 2 7392 8768 本字。

意味 人や動物に寄生して血を吸う小さな昆虫。半風子（ハンプウシ）。シラミ。例 虱官（シツカン）（＝シラミのように寄生して害をなすあくどい官吏）。

虷

虫3（9） 4 8728 8677

カン漢 ガン呉 寒 hán

意味 ぼうふら。

虺

虫3（9） 4 8729 867A

一 キ（クヰ）漢 尾 huǐ
二 カイ（クワイ）漢 灰 huī

意味 一 毒蛇の一種。マムシ。例 虺蜴（キエキ）（＝マムシやトカゲ）。
二「虺隤（カイタイ）」は、疲弊しているさま。

［虵］ 虫3（9） ⇩ 蛇（ジャ）（1172ジペー）

虹

虫3（9） 1 3890 8679 常用

コウ漢 ク・クウ呉 東 hóng
コウ（カウ）漢 絳 jiàng

にじ

筆順 口 中 虫 虫 虹 虹 虹

なりたち 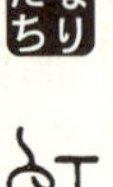 ［形声］「虫（＝ヘビ）」と、音「工（コウ）」とから成る。にじ。

意味 雨上がりなどに空にかかる、七色で、アーチ形の帯状のもの。にじ。特に、二本現れたにじのうち、色の濃い方を虹（コウ）（雄のにじ。主虹）、色の淡い方を蜺（ゲイ）・霓（ゲイ）（雌のにじ。副虹）とした。例 虹橋（コウキョウ）。虹蜺（コウゲイ）。

古訓 中古 にじ 中世 にじ 近世 にじ

【虹橋】（コウキョウ） ①にじ。彩橋。②にじのような長い橋。
【虹▼蜺】【虹▼霓】（コウゲイ） にじ。→意味
【虹彩】（コウサイ） 日〔生〕瞳孔（ドウコウ）のまわりにあって、光の量を調節するうすい膜。色素をもち、その色によって、目の色が決まる。

虻

虫3（9） 1 1626 867B

ボウ（バウ）漢 庚 méng
あぶ

［蝱］ 虫9（15） 3 9158 8771 本字。

意味 アブ科の昆虫。アブ。ハエに似ているがやや大きく、雌は人や牛馬の血を吸う。種類が多い。例 蚊虻（ブンボウ）。

蚓

虫4（10） 2 7346 8693

イン漢 軫 yǐn
みみず

意味 「蚯蚓（キュウイン）」は、ミミズ。赤く、細長い環形動物で、土中にすむ。

蚊

虫4（10） 1 1867 868A 常用

ブン漢 文 wén
か

付表 蚊帳（かや）

［蟁］ 虫11（17） 4 8779 87C1 本字。 ［蚉］ 虫4（10） 4 8731 8689 別体字。

筆順 口 中 虫 虫 虫 虫 蚊

なりたち  ［形声］「䖵（＝むし）」と、音「民（ビン→ブン）」とから成る。人をかむ、飛ぶ虫。

意味 カ科の昆虫。カ。幼虫は、ぼうふら。成虫の雌は、人や家畜の血を吸う。種類が多い。例 蚊睫（ブンショウ）。

古訓 中古 か・くちぶと 中世 か 近世 か

【蚊柱】（かばしら） 日 夏の夕方など、カの飛びから群れが柱のように見えるもの。例 —が立つ。

【蚊▼睫】(ブンショウ) カのまつ毛。微小なもののたとえ。

【蚊▼蚋】(ブンゼイ)【蚊▼蜹】(ブンゼイ) カのこと。例 至二蛇虺蚊蚋一、雖レ有甚稀(ダキブンゼイにいたるまで、ありといえどもはなはだまれなり)(=ヘビ・カの類はいるにはいるが、たいそう少ない)。〈白居易・与微之書〉

【蚊帳】(ブンチョウ/かや) カを防ぐため、寝床をおおう用具。粗い編み目の織物で作る。蚊屋(かや)。類 蚊幌(ブンコウ)・蚊幬(ブンチュウ)・蚊幮(ブンチュウ)。例 ―(かや)を吊る。

【蚊▼虻】(ブンボウ) カとアブ。小さなこと、つまらないもののたとえ。

【蚊雷】(ブンライ) 群がり飛ぶカの翅(はね)のうなり。

蚜

虫4(10) 4 8734 869C

カ 漢 麻 yá

意味 アブラムシ科の昆虫の総称。アブラムシ。アリマキ。

難読 蚜虫(あぶらむし)

蚘

虫4(10) 3 9152 8698

一 カイ(クヮイ) 漢 灰 huí 二 ユウ(イウ) 漢 尤 yóu

意味 一 カイチュウ科の線虫。回虫(カイチュウ)。通 蛔(カイ)。 二「蚩蚘(シユウ)」は、伝説上の諸侯の一人。蚩尤(シユウ)。

蚑

虫4(10) 4 8733 8691

キ 漢 支 qí

意味 動物がゆっくりと進む。はう。

【蚑行】(キコウ) 虫がはうさま。虫のようにはって進むさま。はって動くもの。虫や獣の総称。

蚕

虫4(10) 1 2729 8695 教6

A テン 漢 銑 tiǎn B サン(サム) 漢 覃 cán かいこ(かひこ)・こ

[蠶] 虫18(24) 2 7436 8836 旧字体。

筆順 

なりたち  [形声]「䖵(=むし)」と、音「朁(サン)」とから成る。生糸を作り出す虫。

参考 本来、「蚕(テン)」はミミズだが、唐代ころから「蠶(サン)」の俗字として「蚕」が用いられている。

意味 A [蚕]「蜸蚕(ケンテン)」は、ミミズ。 B [蠶] 繭から絹糸をとるカイコガの幼虫の名。**カイコ**。クワの葉を食べ、白い繭を作る。例 蚕蛾(サンガ)(=カイコの成虫)。天蚕(テンサン)(=ヤママユの別名)。養蚕(ヨウサン)。

古訓 A [蚕] 中古 くれのみみず 中世 かひこ 近世 かひこ・みみず B [蠶] 中古 かひこ・こがひす 中世 かひこ・こがひす 近世 かひこ

【蚕(蠶)衣】(サンイ) ①繭。②カイコを飼うときに着る衣服。③絹の衣服。絹布。

【蚕(蠶)業】(サンギョウ) 養蚕と、それにともなう製糸の産業。

【蚕(蠶)月】(サンゲツ) 春蚕(はるご)を育てる月。陰暦三月。一説に、四月。

【蚕(蠶)▼姑】(サンコ) 養蚕をする女性。類 蚕女・蚕婦。

【蚕(蠶)糸(絲)】(サンシ) ①カイコの繭からとった糸。生糸。絹糸。②日 養蚕と製糸。例 ―業。

【蚕(蠶)室】(サンシツ) ①カイコを飼う部屋。②宮刑に処せられた者をとじこめた、風のあたらない暖かい暗室。

【蚕(蠶)食】(サンショク) (カイコがクワの葉を食べるように)片はしから、領土などを侵略する。例 稍蚕二食諸侯一(ようやくショコウをサンショクす)(=次第に諸侯の領土を侵略していった)。〈史記・始皇紀・賛〉

【蚕(蠶)織】(サンショク) カイコを飼い、絹を織ること。

【蚕(蠶)桑】(サンソウ) クワの木を植え、カイコを飼う。

【蚕(蠶)▼繅】【蚕(蠶)繰】(サンソウ) カイコを飼い、繭から糸をつむぐ。例 夫人蚕繅以為二衣服一(フジンはサンソウしてもってイフクをつくる)(=夫人は自らカイコを飼い繭から糸を繰り出し、衣服を作る)。〈孟子・滕文公下〉

【蚕(蠶)▼叢】(サンソウ) ①伝説上の蜀(ショク)の王。養蚕を教えたという。②蜀の地の別称。〔絹の産地であったことから〕

【蚕(蠶)豆】(サントウ) ソラマメ。五月豆。

蚩

虫4(10) 2 7348 86A9

シ 漢 呉 支 chī あざむ-く・おろ-か・みにく-い(みにく-し)・わら-う(わら-ふ)

意味 ❶虫の名。❷空想上の海獣の名。水の精として火災を防ぐとされた。例 蚩尾(シビ)。❸**みにくい**。例 妍蚩(ケンシ)(=美醜)。❹**おろか**。例 蚩騃(シガイ)(=おろかなさま)。❺あざわらう。**わらう**。通 嗤(シ)。例 蚩笑(シショウ)。

【蚩▼眩】(シゲン) あなどりまどわせる。欺く。例 蚩二眩辺鄙一(ヘンピをシゲンす)(=田舎の人々を欺いている)。〈張衡・西京賦〉

【蚩蚩】(シシ) ①実直で情が厚いさま。〔一説に、無知なさま〕②乱れるさま。

【蚩笑】(シショウ) あざけりわらう。そしりわらう。

【蚩尾】(シビ) 建物の大棟の両端に取り付ける、魚の尾状をした装飾。くつがた。鴟尾(シビ)。

【蚩▼尤】(シユウ) ①伝説上の人物の名。神農氏の治世の豪族で、黄帝と戦って敗れ、殺されたという。②彗星(スイセイ)の一種。尾が旗のように曲がっているものをいう。蚩尤旗(シユウキ)。

蚝

虫4(10) 4 8735 869D

一 シ 漢 寘 cì 二 コウ(カウ) 漢 豪 háo

意味 一 毛虫。 二 二枚貝の名。カキ。通 蠔(コウ)。

蚣

虫4(10) 2 7347 86A3

一 ショウ 漢 冬 zhōng 二 コウ 漢 ク・クウ 呉 東 gōng むかで

意味 一「蚣蝑(ショウショ)」は、キリギリス科の昆虫。キリギリス。 二「蜈蚣(ゴコウ)」は、ムカデ。

蚋

虫4(10) 2 7350 868B

ゼイ 漢 ネイ 呉 霽 ruì か・だに・ぶよ・ぶゆ・ぶと

[蜹] 虫7(13) ― 8739 本字。

意味 ブユ科の昆虫。**ブユ**。**ブヨ**。**ブト**。黒くてハエに似て、人や家畜の血を吸う。

蚇

虫4(10) 4 8730 8687

セキ 漢 陌 chǐ

意味「蚇蠖(セキカク)」は、シャクトリムシ。尺蠖(セキカク)。

蚤

虫4(10) 1 3934 86A4

一 ソウ(サウ) 漢 皓 zǎo 二 ソウ(サウ) 漢 巧 zhǎo のみ・はや-い(はや-し)・つと-に

意味 一 ❶ノミ科の昆虫。**ノミ**。人や動物のからだについて血を吸い、病原菌などを運ぶこともある。❷**はやい**。朝はやい。**つとに**。通 早。例 蚤起(ソウキ)。蚤夜(ソウヤ)。蚤夭(ソウヨウ)。 二 つめ。通 爪(ソウ)。例 蚤甲(ソウコウ)。

【蚤起】(ソウキ/つとにおく) 朝早く起きる。早起き。例 蚤起施二従良人之所一(つとにおきリョウジンのゆくところにイジュウす)(=朝早く起き、夫の行く所へ見え隠れに跡をつけて行った)。〈孟子・離婁下〉

【蚤甲】(ソウコウ) つめ。つめの甲。また、小さいもののたとえ。爪甲(ソウコウ)。

【蚤歳】(ソウサイ) ①若い年ごろ。弱年。早歳。②年の初め。

【蚤知▼之士】(ソウチのシ) 先見の明がある人。〈戦国策・燕二〉

【蚤夜】(ソウヤ) 朝早くから夜遅くまで。また、早起きをし、夜は遅く寝る。

【蚤▼夭】(ソウヨウ) 早死に。若死に。類 蚤世(ソウセイ)・蚤没。

蚪

虫4(10) 2 7349 86AA

ト 慣 トウ 漢 有 dǒu

意味「蝌斗カト」は、おたまじゃくし。カエルの子。科斗カト。また、科斗文字カトモジ(＝中国古代の文字)のこと。

蚍
虫4(10) 4 8732 868D ヒ漢 支 pí

意味「蚍蜉ヒフ」は、アリ科の昆虫。オオアリ。

【蚍▼蜉▼撼二大樹一】ヒフタイジュをうごかす 〔オオアリが大樹をゆり動かす意〕見識のない者が自分の能力をわきまえず、すぐれた人物を批評する。〈韓愈・調張籍〉

蚨
虫4(10) 4 8736 86A8 フ漢 虞 fú

意味 ❶「青蚨セイフ」は、想像上のセミに似た虫の名。❷「蚨虷フウ」は、ゲジゲジの別称。

蚌
虫4(10) 2 7351 868C ホウ(ハウ)漢 ボウ(バウ)呉 講 bàng どぶがい(どぶがひ)

意味 湖沼の泥の中などにすむ二枚貝。ドブガイ。カラスガイ。→【鷸蚌之争】イツボウのあらそい(1500ページ)

【蚌珠】ボウシュ ドブガイからとれる真珠。

蚶
虫5(11) 2 7352 86B6 カン(カム)漢 覃 hān あかがい(あかがひ)・うむき・はまぐり

意味 フネガイ科の二枚貝。アカガイ・ハイガイ・サルボウガイなど。

参考 訓の「うむき」は、ハマグリの類をいう古語。

蚯
虫5(11) 2 7353 86AF キュウ(キウ)漢 尤 qiū みみず

意味「蚯蚓キュウイン」は、ミミズ。細長いからだをした環形動物。

蛍
虫5(11) 1 2354 86CD 常用 ケイ漢 青 yíng ほたる

[螢] 虫10(16) 2 7405 87A2 旧字体。

筆順 、 ⺍ ⺍ 𫝀 学 営 蛍 蛍

なりたち [形声]「虫(＝むし)」と、音「熒ケイ(＝あかり)」の省略体とから成る。腹に光をともして飛ぶ虫。

意味 ホタル科の昆虫。ホタル。清流や川辺の草むらにすみ、腹部から青白い光を放つ。例 蛍光ケイコウ。蛍狩ほたるがり。

古訓 中古 ほたる 中世 ほたる 近世 ほたる

【蛍火】一 ケイカ 二 ほたるび 一 ホタルの出す、わずかな光。二 日 消え残った小さな埋もれ火。

【蛍光】ケイコウ ①ホタルの光。②日〔物〕ある物質が、光や電磁波、また放射線などを受けて発光する現象。また、その光。例 ―塗料。

【蛍雪▼之功】ケイセツのコウ 苦労して勉学にはげむこと。また、その成果。類 蛍窓雪案・集蛍映雪。● 晋シンの車胤シャインは、家が貧しくて明かりにする油に不自由していた。夏になるとうすい絹で作った袋にホタルを数十匹入れて書物を照らし、勉強した。また、晋の孫康ソンコウも、家が貧しく、灯火の油が買えなかったので、冬はいつも雪明かりで書物を読んでいた。……〈晋書・車胤伝〉〈蒙求・孫康映雪〉

【蛍窓】ケイソウ ①書斎。②苦労して学問にはげむこと。→【蛍雪之功】ケイセツのコウ

蛄
虫5(11) 2 7354 86C4 コ漢 虞 gū けら

意味「螻蛄ロウコ」は、ケラ。ケラ科の昆虫。地中にすみ、前足で土をかく。オケラ。

蚱
虫5(11) 4 8738 86B1 サク漢 シャク呉 陌 zhà

意味 ❶「蚱蟬サクセン」は、セミの一種。❷「蚱蜢サクモウ」は、イナゴの一種。

蛇
虫5(11) 1 2856 86C7 常用 一 シャ漢 ジャ呉 麻 shé タ漢 ダ呉 歌 二 イ漢 支 yí へび・くちなわ(くちなは)

[虵] 虫3(9) 3 9151 8675 俗字。

筆順 口 中 虫 虫 虫 虫 蛇 蛇

なりたち  [形声]「虫(＝むし)」と、音「它タ(＝へビ)」とから成る。ヘビ。

意味 一 爬虫ハチュウ類の一種。ヘビ。くちなわ。手足がなくて、うろこでおおわれた細長いからだを、くねらせて動く。二「逶蛇イイ」は、うねうねと曲がりくねったさま。

古訓 中古 くちなは・へみ・をろち 中世 くちなは・はみ・へび・へみ・をろち 近世 うつぶす・おもむろ・くちなは・はみ・へび・をろち

【蛇身】ジャシン ヘビのからだ。ヘビの姿。

【蛇▼蝎】【蛇▼蠍】ダカツ ヘビとサソリ。人にひどく恐れられ、嫌われるもののたとえ。例 ―のごとく嫌う。

【蛇▼虺】ダキ ヘビとマムシ。人を害するもののたとえ。

【蛇行】ダコウ ①ヘビのように地をはって前進する。②ヘビのようにS字形に曲がりくねっていく。例 川の流れが―する。

【蛇▼豕】ダシ ヘビとブタ。欲が深く凶暴なもののたとえ。

【蛇▼蛻】ダゼイ ヘビのぬけがら。

【蛇足】ダソク よけいなつけ足し。● ヘビの絵を早くかきあげる競争をして、最初にかきあげた者がヘビに足をつけ加えて負けたという。……〈戦国策・斉二〉

【蛇腹】一 ダフク ヘビのはら。二 じゃばら 日 ①中空でヘビのはらのように伸び縮みするもの。アコーディオンの胴など。②衣服のふち飾りや帽子の装飾に用いる、波形のテープ。

●大蛇ダイジャ・長蛇チョウダ・毒蛇ドクジャ

蛆
虫5(11) 2 7355 86C6 一 ショ漢 魚 qū 二 ショ漢 魚 jū うじ

意味 一 ハエなどの幼虫。うじむし。うじ。例 蛆虫ショチュウ(＝うじむし)。二「蝍蛆ショクショ」は、ムカデ。

蚸
虫5(11) 3 9153 86B8 一 セキ漢 陌 chì 二 レキ漢 錫 lì

意味 一「蚸蠖セキカク」は、シャクトリムシ。尺蠖セキカク。二「螇蚸ケイレキ」は、イナゴの一種。バッタ。ハタハタ。

蛋
虫5(11) 1 3533 86CB タン漢 旱 dàn たまご

意味 ❶中国南部に住む水上生活者。通 蜑タン。❷鳥や両生類の卵。例 蛋白タンパク。皮蛋ピータン。

【蛋白】タンパク 日 ①卵の白身。②「蛋白質」の略。窒素を含む化合物で、生物体の主要な構成成分。

蚳
虫5(11) 4 8739 86B3 チ漢 支 chí

意味 アリの卵。

蛁
虫5(11) 4 8740 86C1 チョウ(テウ)漢 蕭 diāo

意味「蛁蟟チョウリョウ」は、ミンミンゼミ。

﨡
虫5(11) 4 8737 FA21 国字 に・にい

意味 人名に用いる字。例 蚌原(はにい・はらい)(=姓)。

蛃
虫5 (11) 4 8741 86C3 ヘイ漢 梗 bǐng

意味 シミ科の昆虫。シミ。衣服や書物を食う。蛃魚(ヘイギョ)。

[蚫]
虫5 (11) ⇩鮑(ウホ)(1483ジペー)

蚰
虫5 (11) 2 7356 86B0 ユウ(イウ)漢 ユ呉 尤 yóu

意味 「蚰蜒(ユウエン)」は、ゲジゲジ。ゲジゲジ科の節足動物で、ムカデに似ていて、左右に十五対の長い足がある。

蛉
虫5 (11) 2 7357 86C9 レイ漢 青 líng

意味 ❶「蜻蛉(セイレイ)」は、㋐トンボ。トンボ目の昆虫。㋑カゲロウ。カゲロウ目の昆虫。トンボに似ているが、小さくて弱々しい。❷「螟蛉(メイレイ)」は、チョウやガの幼虫。青虫。

[蛎]
虫5 (11) ⇩蠣(イレ)(1182ジペー)

蛙
虫6 (12) 1 1931 86D9 ア慣 ワ漢 麻 wā かえる(かへる)・かわず(かはづ)

[鼃]
黽6 (19) 4 9464 4D77 別体字。

[鼁]
黽6 (19) 4 9465 9F03 別体字。

意味 ❶両生類の一種。**カエル**。おたまじゃくしから成長して四本の足を生やすが、後足が発達してよくはねる。**かわず**。例 井蛙(セイア)。❷やかましい。みだらな。例 蛙声(アセイ)。

【蛙吹】(アスイ) カエルの鳴き声。

【蛙声】(アセイ) ①カエルの鳴き声。②みだらな音楽。

【蛙鳴▼蟬▼噪】(アメイセンソウ) 〔カエルやセミが鳴きさわぐ意〕うるさいしゃべり声。また、へたな文章やくだらない議論。〈古今源流至論前集・四〉

蛦
虫6 (12) 4 8746 86E6 イ漢 支 yí

意味 「蟪蛦(イトウ)」は、セミの一種。

蛯
虫6 (12) 2 7366 86EF 国字 えび

意味 ❶甲殻類の一種。**エビ**。海老。❷人名・地名に使われる。例 蛯原(えびはら)(=姓)。

蛔
虫6 (12) 2 7360 86D4 カイ(クヮイ)漢 灰 huí

[蛕]
虫6 (12) 4 8743 86D5 別体字。

意味 人や動物の消化器官にすむ寄生虫。腹の虫。蛔虫(カイチュウ)。回虫。

蛞
虫6 (12) 2 7361 86DE カツ(クヮツ)漢 曷 kuò なめくじ(なめくぢ)

意味 ❶カエルの幼生。おたまじゃくし。❷「蛞蝓(カツユ)」は、ナメクジ。ナメクジ科およびコウライナメクジ科の陸生巻き貝の名。

蛣
虫6 (12) 4 8745 86E3 ㊀キツ漢 質 jié ㊁ケツ漢 屑 qiè

意味 ㊀❶「蛣蝠(キックツ)」は、キクイムシ。また、ぼうふら。❷「蛣蟩(キッケツ)」は、ぼうふら。❸「蛣蜣(キッキョウ)」は、フンコロガシ。㊁イタヤガイ科の二枚貝。ツキヒガイ。

蛩
虫6 (12) 2 7362 86E9 ㊀キョウ漢 冬 qióng ㊁キョウ漢 腫 gǒng こおろぎ(こほろぎ)

意味 ㊀❶セミのぬけがら。❷バッタ科の昆虫。イナゴ。❸⇩【蛩蛩】(キョウキョウ) ㊁❶コオロギ科の昆虫。**コオロギ**。黒茶色で長い触角をもち、秋に美しい声で鳴く。通 蛬(キョウ)。例 蛩声(キョウセイ)(=コオロギの鳴く声)。秋蛩(シュウキョウ)(=コオロギ)。❷ムカデ。

難読 蛩(きりぎりす)(=コオロギの古名)

【蛩蛩】(キョウキョウ) ①想像上の獣の名。北海にすみ、ウマに似るという。②憂えるさま。びくびくするさま。

蛬
虫6 (12) 2 7363 86EC キョウ漢 腫 gǒng きりぎりす

意味 コオロギ科の昆虫。コオロギ。〔近世以前、日本ではキリギリスと呼んでいた〕通 蛩(キョウ)。

蛤
虫6 (12) 1 4026 86E4 コウ(カフ)漢 合 gé はまぐり

意味 ❶浅い海の砂の中にすむ二枚貝。**ハマグリ**。❷(há) カエルの一種。カジカ。清流にすみ、雄は美しい声で鳴く。

難読 蛤仔(あさり)・文蛤(いたやがい)・花蛤(いたやがい)

【蛤柱】(コウチュウ) ハマグリの貝柱。

【蛤▼蜊】(コウリ) 二枚貝。ハマグリ・アサリなど。

蛟
虫6 (12) 2 7364 86DF コウ(カウ)漢 肴 jiāo みずち(みづち)

意味 ❶竜に似た想像上の動物。大水を起こすという。**みずち**。例 蛟竜(コウリョウ)。❷サメ。通 鮫(コウ)。❸ワニ。

【蛟竜】(コウリョウ・コウリュウ) ①みずちと竜。②竜の一種。一説に、うろこのある竜。③まだ時を得ない英雄や豪傑のたとえ。

【蛟竜得二雲雨一】(コウリョウウンウをう・コウリュウウンウをう) 〔みずちや竜が雲や雨を得る意〕英雄が機会を得て大業を成すこと。〈呉志・周瑜伝〉

蛭
虫6 (12) 1 4140 86ED ㊀シツ漢 質 zhì ㊁テツ漢 屑 dié ひる

意味 ㊀ヒル類の環形動物。**ヒル**。池の中などにすんで人や家畜の血を吸う。例 蛭螾(シツイン)(=ヒルとミミズ。小人物のたとえ)。㊁ありづか。通 垤(テツ)。

蛛
虫6 (12) 2 7365 86DB チュ・シュ慣 チュウ(チウ)漢 虞 zhū くも

意味 節足動物の一種。**クモ**。四対の足があり、大きな腹の先から糸を出して、あみを張る。蜘蛛(チチュ)。例 蛛糸(チュシ)。

【蛛糸(絲)】(チュシ) クモの糸。また、クモの巣。

【蛛網】(チュモウ) クモの巣。

蛮
虫6 (12) 1 4058 86EE 常用 バン漢 刪 mán えびす

[蠻]
虫19 (25) 2 7439 883B 旧字体。

筆順 亠 亣 亦 峦 峦 峦 蛮 蛮

なりたち  [形声]「虫(=むし)」と、音「䜌(レン)⋯▼(バン)」とから成る。南方の人。

意味 ❶文明のひらけていない地に住む異民族。特に、南方の種族。また、外国人を見くだしていうことば。**えびす**。例 蛮夷(バンイ)。蛮語(バンゴ)。南蛮(ナンバン)。❷文明がひらけていない。荒々しい。乱暴な。例 蛮行(バンコウ)。蛮勇(バンユウ)。野蛮(ヤバン)。

古訓 中古 えびす 中世 えびす・おこる・やぶる 近世 あなどる・いた

む・えびす

【蛮▼夷】バンイ　未開の異民族。蕃夷バンイ。

【蛮境】バンキョウ　異民族の住む土地。

【蛮▼荊】バンケイ　南方にいた異民族。〔「荊」は荊州で、今の湖北・貴州・四川省の地をいう〕

【蛮語】バンゴ　①未開の異民族のことば。②日江戸時代、スペイン・ポルトガルなどの外国のことば。

【蛮行】バンコウ　日野蛮なおこない。非人道的な行動。

【蛮荒】バンコウ　〔「荒」は、都から遠く離れた地〕遠い南方の未開の地。

【蛮▼酋】バンシュウ　異民族の長。

【蛮人】バンジン　野蛮人。

【蛮▼陬】バンスウ　南方の異民族が住むへんぴな地。類蛮垂。

【蛮声】バンセイ　①未開の異民族の歌声。②日下品で大きなこえ。例—を張り上げる。

【蛮俗】バンゾク　未開人の風俗・習慣。蛮風。

【蛮族】バンゾク　未開の異民族。野蛮な部族。表記旧▼蕃族

【蛮奴】バンド　①召し使いで異国の者。②未開の国の者や外国人の蔑称ベッショウ。

【蛮▼貊】【蛮▼貉】バンパク　〔「貊・貉」は、中国東北部に住んでいた異民族〕野蛮な人々。えびす。例雖二蛮貊之邦一行矣バンパクのくにといえどもおこなわれん（＝〔真心と慎みがあれば〕未開の国へ行っても、自分の思うとおりにおこなうことができるだろう）。〈論語・衛霊公〉

【蛮風】バンプウ　粗野であらっぽい習慣。蛮俗。

【蛮方】バンポウ　未開の野蛮な地方。特に、南方未開の国。

【蛮民】バンミン　野蛮人。未開人。蕃民バンミン。

【蛮勇】バンユウ　前後のことを考えないでする行為。また、思いきった暴力的行動。荒療治。例—をふるう。

【蛮力】バンリョク　①無謀な腕力。②法や秩序を無視した、乱暴な行動。

蛗
虫6(12)　4 8744 86D7　フ漢　有 fù

[𧑉] 虫12(18)　4 8783 27449　別体字。

意味 「蛗螽フシュウ」は、バッタやイナゴ。

蛑
虫6(12)　4 8742 86D1　一ボウ漢　ム呉　尤 móu　二ボウ(バウ)漢　豪 máo

意味 一苗の根を食う害虫。ネキリムシ。通蟊ボウ。二「蛑蝤ボウシュウ」「蝤蛑シュウボウ」は、カニの一種。ガザミ。

蜒
虫7(13)　2 7367 8712　エン漢呉　先 yán　なめくじ(なめくぢ)

意味 ❶「蜒蚰エンユウ」は、ナメクジ。❷「蜒蚰螺エンユウラ」は、カタツムリ。❸うねうねと長いさま。例蜿蜒エンエン。

【蜒蜒】エンエン　長々とうねるさま。

蜎
虫7(13)　4 8750 870E　エン(ヱン)漢　先 yuān

意味 蚊の幼虫。ぼうふら。

蛾
虫7(13)　1 1875 86FE　一ガ漢　歌 é　二ギ漢　紙 yǐ

[䖸] 虫7(13)　4 8747 45B8　別体字。

意味 一❶毛虫・芋虫の成虫。チョウに似た、夜行性の昆虫。ガ。❷美人のまゆ毛。例蛾眉ガビ。二アリ科の小さい昆虫。アリ。土の中に巣をつくる。通蟻ギ。例蛾子時術之ギシときにこれをまなぶ（＝アリの子はいつも親を見習って土を口で運ぶ）。〈礼記・学記〉蛾術ギジュツ。

【蛾▼翠】ガスイ　美女の黒く美しいまゆ。

【蛾眉】ガビ　①ガの触角のように細長く美しいまゆ毛。美人のまゆのたとえ。娥眉ガビ。②美人。娥眉。例宛転蛾眉馬前死エンテンたるガビバゼンにシす（＝なだらかなまゆの美女は〔天子の〕馬前に死を賜った）。〈白居易・長恨歌〉③三日月。新月。

【蛾眉山】ガビサン　四川省成都の南西にある名山。娥眉山ガビサン。

【蛾術】ギジュツ　〔「術」は、学ぶ意〕アリの子が親を見習って土を運び、大きな蟻塚ありづかをつくるように、賢人にならってこつこつ学び大成すること。〔〈礼記・学記〉から〕

【蛾賊】ギゾク　〔アリのように多く群がる意〕おおぜいの農民の反乱。特に、後漢末の黄巾コウキンの乱をいう。

蛺
虫7(13)　3 9154 86FA　キョウ(ケフ)漢　葉 jiá

意味 「蛺蝶キョウチョウ」は、チョウ類の総称。また、アゲハチョウ。

難読 蛺蝶かわびら|たては

蜐
虫7(13)　4 8751 8710　キョウ(ケフ)漢　コウ(コフ)呉　葉 jié

意味 フジツボ目の甲殻類。カメノテ。難読 石蜐かめのて

蜆
虫7(13)　2 7368 8706　一ケン漢　銑 xiàn　二ケン漢　銑 xiǎn　しじみ

意味 一チョウ類の幼虫の一種。吐いた糸でぶら下がる姿が首くくりのように見える。縊女イジョ。オキクムシ。二シジミ科の小さな二枚貝。シジミ。川などにすむ。

難読 蜆びえ

蜈
虫7(13)　2 7369 8708　ゴ漢呉　虞 wú　むかで

意味 「蜈蚣ゴコウ」は、ムカデ。

蛼
虫7(13)　3 9155 86FC　シャ漢　麻 chē

意味 「蛼螯シャゴウ」は、ハマグリの一種。難読 蛼こおろぎ

蜍
虫7(13)　2 7375 870D　ショ漢　ジョ呉　魚 chú　ひきがえる(ひきがへる)

意味 「蟾蜍センジョ」は、❶ヒキガエル科の両生類の名。**ヒキガエル**。❷〔月にヒキガエルがすむという伝説から〕月。

蛸
虫7(13)　1 3493 86F8　一ショウ(セウ)漢　蕭 xiāo　二ソウ(サウ)漢　ショウ(セウ)呉　肴 shāo　たこ

[蛸] 虫7(13)　—　俗字。

意味 一「螵蛸ヒョウショウ」は、カマキリが木などに産み付けた、たまごのかたまり。二節足動物の一種。アシタカグモ。蟏蛸ショウショウ。

日本語での用法 《たこ》「蛸足あしだこ」▼海にすむ八本足の軟体動物。足にたくさんの吸盤がある。章魚たこ。

難読 蟏蛸あしたかぐも

蜀
虫7(13)　2 7370 8700　ショク漢　沃 shǔ　いもむし

意味 ❶ヤママユガ科のガ。ヤママユ。クヌギなどの葉を食べ、緑色の繭をつくる。また、毛のない、チョウやガの幼虫。あおむし。**いもむし**。通蠋ショク。❷四川省の別称。❸三国時代、四川省を中心に劉備リュウビが建てた国。蜀漢ショッカン。（二二一—二六三）

難読 蜀葵たちあおい|からあおい・蜀黍たまきび|もろこし・蜀漆くさぎ・蜀魂ほととぎす

【蜀▼黍】ショクショ|もろこし　①イネ科の一年草。夏から秋にかけて円

錐状の小花を穂のようにつける。種子は食用。たまきび。②トウモロコシ。▽唐黍。

【蜀相】三国時代、蜀の宰相であった諸葛亮（孔明）のこと。

【蜀道】蜀の地に通じる険しい道。蜀の桟道。

【蜀漢】①秦・漢代、蜀郡と漢中郡（＝陝西省南部）の並称。②⇩意味❸

【蜀犬▼吠レ日】見識のせまい者が、非凡な人物の言行を疑いあやしむことのたとえ。粤犬吠レ雪。

❥蜀の地方は四方の山が高く霧が多くて、太陽を見ることが少ない。たまに太陽が出るとイヌがあやしんでほえたてるという。……〈柳宗元・答韋中立論師道書〉

【蜀江錦】蜀を流れる川で糸をさらして織ったにしき。蜀錦。例—呉郡綾。

【蜀魂】ホトトギスの別名。蜀の国王の魂が、この鳥に化したという伝説による。類蜀魄・蜀鳥。

蜃
虫7（13）　②7371　8703　シン漢　震 shèn

意味 ❶大きな貝。おおはまぐり。❷竜に似た想像上の動物。みずち。息を吐くと蜃気楼を起こすと考えられた。

【蜃気楼】海上や砂漠で、遠くの風景などが空中に浮かんで見える現象。海市。例蜃気象二楼台一（＝みずちが吐き出す息は空中に高殿の形をうつしとる）。〈史記・天官書〉—が立つ。

蛻
虫7（13）　②7372　86FB　ゼイ慣　セイ漢　霽 shuì　タイ漢　泰 tuì　ぬ-ぐ・ぬけがら・もぬけ・もぬ-ける（もぬ-く）

意味 ❶ヘビやセミなどの脱皮したあとの殻。ぬけがら。例蟬蛻（＝セミのぬけがら）。❷古い皮をぬぐ。新しいものに変わる。もぬける。例蛻化（＝変化する。また、人の死）。

[蛃]
虫7（13）　⇩蛃（1171ジペ）

蜑
虫7（13）　②7373　8711　タン漢　旱 dàn　あま

意味 中国南部に住んだ少数民族。

日本語での用法 《あま》「蜑の釣舟・蜑人」▼漁師。また、女の漁師。

蜓
虫7（13）　④8752　8713　━テン漢　銑 diàn　━テイ漢　青 tíng

意味 ━「蝘蜓」は、ヤモリ科の爬虫類。ヤモリ。━「蜻蜓」は、トンボ。難読 蝘蜓・蜻蜓

蜇
虫7（13）　④8749　8707　━テツ漢　屑 zhē　━チェ・チョ zhé

意味 ━❶虫などが刺す。❷刺されて痛む。━クラゲ。

蜆
虫7（13）　③9156　86FD　ハイ漢　バイ呉　泰 bèi

意味 エゾバイ科の巻き貝。バイ。通貝。

蜉
虫7（13）　②7374　8709　フ漢　尤 fú

意味 ❶「蜉蝣」は、カゲロウ。トンボに似た昆虫。小さくて弱々しく、短命な虫。はかないものにたとえる。❷「蚍蜉」は、大きなアリ。

蜅
虫7（13）　④8748　8705　フ漢　麌 fǔ

意味 カニの一種。

蜂
虫7（13）　①4310　8702　常用　ホウ漢　冬 fēng　はち

筆順 

なりたち  [形声]本字は「蠭」で、「䖵（＝むし）」と、音「逢」とから成る。飛ぶ虫で人を刺すもの。

意味 ❶四枚の羽をもつ昆虫。ハチ。雌には、しりの先に針がある。例蜂腰。蜜蜂。❷ハチのように群がる。例蜂起。蜂出。

古訓 中古はち 中世はち 近世はち

【蜂▼窩】【蜂▼窠】ハチの巣。類蜂巣・蜂房。

【蜂起】巣をつつかれたハチが一斉に飛び立つように、おおぜいの人々が集まって、権力者を倒す行動を同時に起こす。例豪傑蜂起（＝豪傑たちが一斉に兵乱を起こした）。〈史記・項羽紀・賛〉武装—。農民が—する。

【蜂出】ハチが巣から出るように、一斉に群がって出る。

【蜂準】〔「準」は、鼻。一説に「頞（＝ほおぼね）」の意〕高い鼻筋。隆準。

【蜂目】（＝秦王の顔つきは、鼻が高くて目が長い）。〈史記・始皇紀〉例秦王為レ人蜂準長目

【蜂▼蠆】ハチとサソリ。有毒で害をなすもののたとえ。

【蜂蜜】ミツバチが花から集めて巣にたくわえたみつ。また、それを精製して食用や薬用とするもの。

【蜂腰】①ハチの細くくびれた腰。転じて、女性のしなやかな腰。柳腰。②梁の沈約が説いた、詩の八つの欠点（＝八病）の一つ。詩句の中で第二字めと五字めが同じ平仄となるもの。③〔ハチの腰は中ほどが細いことから〕三人兄弟の真ん中の者がおとっていることのたとえ。

❶蜜蜂・養蜂

蛹
虫7（13）　②7376　86F9　ヨウ漢　腫 yǒng　さなぎ

意味 昆虫の幼虫が成虫になるまでの発育段階の一つ。さなぎ。例蛹化（＝さなぎになる）。蛹虫（＝さなぎ）。

蜊
虫7（13）　②7377　870A　リ漢　支 lí　あさり

意味 浅い海の砂地にすむ二枚貝。アサリ。浅蜊。

[蜋]
虫7（13）　⇩螂（1179ジペ）

蛸
虫8（14）　④8754　871F　イク漢　屋 yù

意味 「蝮蛸」は、セミの幼虫。難読 復蛸（＝チョウやガのさなぎ）

蜴
虫8（14）　②7378　8734　エキ漢　陌 yì

意味 トカゲ科の細長く小さなからだの爬虫類。トカゲ。四本の足は短い。通易。例蜥蜴（＝トカゲ）。

蜿
虫8（14）　②7379　873F　━エン（ヱン）漢　元 wān　━エン（ヱン）漢　阮 wǎn　みみず・わだかま-る

意味 ━ヘビなどが身をくねらせる。曲がりくねったさま。例蜿蜒。蜿転（＝身をくねらせてころげまわる）。━「蜿蟺」は、❶ミミズ。蚯蚓。❷曲がりくねっているさま。

【蜿▼蜒】ヘビなどが曲がりくねって進むさま。また、曲がり

6画

[虫] 7—8画▼ 蜃 蛻 蛃 蜑 蜓 蜇 蜆 蜉 蜅 蜂 蛹 蜊 蜋 蛸 蜴 蜿

くねっているさま。

蜾 虫8(14) 4 8759 873E カ(クヮ)漢 哿 guǒ
意味 「蜾蠃カラ」は、ジガバチ科の昆虫。ジガバチ。スガル。

蜣 虫8(14) 4 8756 8723 キョウ(キャウ)漢 コウ(カウ)呉 陽 qiāng
意味 「蜣蜋キョウロウ」は、コガネムシ科の昆虫。スカラベ。フンコロガシ。

蜺 虫8(14) 4 8758 873A ゲイ漢呉 斉 ní にじ
意味 ❶セミの一種。ヒグラシ。❷**にじ**。虹コウ(=主虹シュコウ。雄のにじ)に対する副虹フクコウ(=雌のにじ)。通霓ゲイ。例 虹蜺コウゲイ(=にじ)。

蜷 虫8(14) 2 7380 8737 ケン(クェン)漢 先 quán にな
意味 虫がからだを屈曲させて動くさま。例 蜷局キケンョク(=からだが曲がって進まないさま)。
日本語での用法 《にな》「川蜷かわにな」▼淡水にすむタニシに似た巻き貝。古くは「みな」。

蜡 虫8(14) 4 8755 8721 一ショ漢 御 qù 二サ漢 禡 zhà
意味 一ハエの幼虫。うじ。通蛆シ。二中国古代の祭祀サイシの名。年の終わりに神々を合わせ祭るもの。〔殷インでは嘉平カヘイ、周では蜡サ、秦シンでは臘ロウといった〕

蜙 虫8(14) 4 8753 8719 ショウ漢 冬 sōng
意味 「蜙蝑ショウショ」は、キリギリス科の昆虫。キリギリス。螽斯シュウシ。蚣蝑ショウショ。

[蝕] 虫8(14) ⇩蝕ショク(1177ページ)

蜻 虫8(14) 2 7381 873B セイ漢 青 qīng
意味 ❶四枚の羽をもつ昆虫。トンボ。からだは細く、軽々と飛ぶ。例 蜻蜓セイテイ。蜻蛉セイレイ。❷⇩【蜻蛚セイレツ】
【蜻▼蛉▼洲】あきつしま・あきづしま 日 大和国やまとのくにおよび日本国の古名。秋津島。
【蜻▼蜓】セイテイ トンボ。例 蜻蜓立二釣糸一セイテイチョウシにたつ(=トンボが釣り糸に止まっている)。〈杜甫・重過何氏〉
【蜻▼蛉】セイレイ ①トンボ。からだは細長く、四枚の羽をもつ昆虫。目は複眼。あきつ。②かげろう 日 トンボに似た、小さな弱々しく短命な昆虫。カゲロウ。
【蜻▼蛚】セイレツ コオロギ科の昆虫。コオロギ。触角が長い。秋に雄は、きれいな声で鳴く。

蜥 虫8(14) 2 7382 8725 セキ漢 錫 xī とかげ
意味 「蜥蜴セキエキ」は、トカゲ科の爬虫ハチュウ類。**トカゲ**。

蜘 虫8(14) 1 3556 8718 チ漢 支 zhī くも
意味 「蜘蛛チチュ」は、クモ。四対の足で、腹の大きな節足動物。腹の先から糸を出して、あみを張る。

蜩 虫8(14) 2 7383 8729 チョウ(テウ)漢 蕭 tiáo ひぐらし・かなかな
意味 ❶セミ科の昆虫。セミ。雄は夏に木などに止まって大きな声で鳴く。蜩蟬チョウセン。例 蜩甲チョウコウ。❷セミの一種。**ヒグラシ**。明け方と夕方に、カナカナと澄んだ声で鳴く。かなかなぜみ。
難読 蜩蟬ひぐらし・かなかなぜみ
【蜩甲】チョウコウ セミのぬけがら。類 蜩蛻チョウゼイ。

蝃 虫8(14) 4 8761 8743 テイ漢 霽 dì
意味 「蝃蝀テイトウ」は、虹にじの別名。

蝀 虫8(14) 4 8760 8740 トウ漢 東 dōng
意味 虹にじ。例 蝃蝀テイトウ(=にじ)。

蜚 虫8(14) 2 7384 871A 一ヒ漢 尾 fěi 二ヒ漢 微 fēi と-ぶ
意味 一❶イネを食う害虫。イナムシ。❷「蜚蠊ヒレン」は、ゴキブリ科の昆虫。ゴキブリ。アブラムシ。からだは平たくて、黒茶色でつやがある。二**とぶ**。通飛。例 蜚語ヒゴ。蜚鳥ヒチョウ。
【蜚語】ヒゴ 根拠のないうわさ。デマ。飛語。例 流言―。
【蜚鳥】ヒチョウ 空を飛ぶ鳥。飛鳥。
【蜚鳥尽良弓蔵】ヒチョウつきてリョウキュウゾウせらる 〔飛ぶ鳥が射つくされると、良い弓もしまいこまれる意〕無用になると捨てられることのたとえ。〈史記・越王句践世家〉

蜱 虫8(14) 4 8757 8731 ヒ漢 支 pí だに
意味 ❶ダニ目の節足動物。**ダニ**。例 赤蜱だに・あかだに。❷「蜱蛸ヒショウ」は、カマキリの卵のかたまり。螵蛸ヒョウショウ。

蜜 虫8(14) 1 4410 871C 常用 ビツ漢 ミチ・ミツ呉 質 mì
筆順 宀 宀 宓 宓 宓 宻 蜜
なりたち  [形声]「䖵(=むし)」と、音「宓ビツ」とから成る。ハチの甘いみつ。
意味 ❶ハチが花から集めて巣にたくわえた甘い液。はちみつ。**みつ**。例 蜜蜂ミツばち。❷みつのように甘い。例 蜜柑カン。蜜語ゴ。❸梵語ボンゴの音訳字。例 六波羅蜜ロクハラミツ(=仏教で、菩薩ボサツがおさめる六つの行ギョウ)。
古訓 中古 ミチ・やすうす 中世 あまし・かくす・ミツ・むつまし 近世 あまし・あまづら・はちのあめ・はちミツ
【蜜▼柑】ミカン ミカン科の常緑小高木。初夏に香りのよい白い花が咲き、秋に黄色い果実をつける。果実は食用になる。ウンシュウミカン。
【蜜印】ミツイン 死者に官位を贈るとき用いた印章。蜜蠟ミツロウに刻んで作った。類 蜜章。
【蜜月】ミツゲツ 〔英 honeymoon の訳語〕①結婚後の一か月。また、結婚してまもない期間。ハネムーン。例 ―旅行。②日 ごく親しい関係の続く期間。例 労使の―時代。
【蜜語】ミツゴ 仲のよい男女の甘いことば。むつごと。
【蜜蜂】ミツホウ・ミツばち ミツバチ科のハチの一種。一匹の女王蜂、数百匹の雄蜂、多数の働き蜂で、社会生活を営む。
【蜜▼蠟】ミツロウ ミツバチの巣を加熱し、圧搾してとった、ろう。ろうそくや化粧品、また、つや出しなどに利用する。

[蝋] 虫8(14) ⇩蠟ロウ(1182ページ)

蝟 虫9(15) 2 7386 875F イ(ヰ)漢 未 wèi はりねずみ

[猬] 犭9(12) 4 8043 732C 別体字。

意味 ❶ハリネズミ科の、小さい獣。**ハリネズミ**。背中は針のような毛でおおわれている。例 蝟集(イシュウ)。蝟毛(イモウ)(=ハリネズミの毛のように群がり集まる。❷ハリネズミの毛のように、多い)。

【蝟起】(イキ) ハリネズミの毛が立つように、よくない事件などが同時に起こる。

【蝟集】(イシュウ) ハリネズミの毛のように、多数のものが群がりあつまる。

【蝟縮】(イシュク) ハリネズミが敵などに遭遇したときのように、恐れて身がちぢこまる。

蝘

虫9(15) 4 8763 8758

エン 漢 銑 yǎn

意味 「蝘蜓(エンテン)」は、ヤモリ科の爬虫(ハチュウ)類。ヤモリ。

難読 蝘蜓(とかげ)

[蝯]

虫9(15) ⇩猿(エン)(864ページ)

蝦

虫9(15) 1 1860 8766 人

一 カ 漢 ガ 呉 麻 há
二 カ 漢 麻 xiā
えび

なりたち  [形声]「虫(=むし)」と、音「叚(カ)」とから成る。ヒキガエル。

意味 一「蝦蟇(がま)」は、ヒキガエル。ヒキガエル科の大形のカエル。足は短く、跳ぶ力が弱くて動きがにぶい。二 甲殻類の一種。**エビ**。からだは殻に包まれ、十本の足と二対の長い触角がある。例 魚蝦(ギョカ)。

古訓 中古 えび 中世 えび・かへる 近世 えび・かひる

難読 蝦蛄(シャコ)・蝦錠(えびジョウ)

【蝦▼夷】(えぞ) 日 ①古代に、今の北関東や東北地方に住み、朝廷の支配に抵抗した人々。えみし。②北海道の古名。例 —地。—松。

【蝦錠】(えびジョウ) 日 門のかんぬきなどに差す、エビのように半円形に曲がった錠。海老錠(えびジョウ)。

【蝦▼蛄】(コカ)【蝦▼姑】(コカ) 節足動物のシャコ。

【蝦▼鬚】(カシュ) ①エビの触角。②みす・すだれの別称。

【蝦▼蟇口】(がまぐち) 日 大きくひらく口金のついた、袋形の小銭入れ。開けた形がガマの口に似ている。

蝸

虫9(15) 2 7387 8778

カ(クヮ) 漢 麻 wō
かたつむり

意味 陸にすむ巻き貝。**カタツムリ**。渦巻き状の殻を背負い、頭に二対の触角がある。マイマイ。デンデンムシ。例 蝸角(カカク)。蝸牛(カギュウ)。

【蝸角】(カカク) カタツムリのつの。ごく小さいもの、また、狭い場所をいう。

【蝸角▼之争】(カカクのあらそい) カタツムリの触角の上でおこなわれる戦い。とるに足らぬつまらない争いのたとえ。蝸牛角上之争(カギュウカクジョウのあらそい)。蛮触之争(バンショクのあらそい)。◆戦国魏(ギ)の恵王が斉(セイ)の国を攻撃しようとしたとき、戴晋人(タイシンジン)という賢者が次のように話しかけた。「カタツムリの左の角に触氏という者の国があり、右の角には蛮氏という者の国がありました。あるとき、両者は領土を争って戦い、死者数万、逃げる敵を追うこと十五日にして互いに引き返したということです。ところで王様、魏も斉も、宇宙の広大さにくらべれば、とるに足りないちっぽけな存在です。いま王様がしようとしていることも、ちょうどこのカタツムリの角の上での戦いのようにつまらない争いではないでしょうか」恵王は説得され、戴晋人を大人物であると述べた。……〈荘子・則陽〉

【蝸牛】(カギュウ|かたつむり) マイマイ科の軟体動物。貝類でも陸上にすむ。マイマイ。マイマイツブロ。デンデンムシ。

【蝸牛角上▼之争】(カギュウカクジョウのあらそい) 「蝸角之争(カカクのあらそい)」に同じ。〔「蝸牛角上争二何事一(カギュウカクジョウなにごとをかあらそう)」。〈白居易・対酒〉」から〕

【蝸舎】(カシャ) カタツムリの殻のように小さい家。自分の家の謙称。類 蝸廬(カロ)。

蝌

虫9(15) 2 7388 874C

カ(クヮ) 漢 歌 kē

意味 「蝌蚪(カト)」は、おたまじゃくし。卵からかえった、カエルの子。科斗(カト)。

蝎

虫9(15) 2 7389 874E

一 カツ 漢 カチ 呉 曷 hé
二 カツ 慣 ケツ 漢 月 xiē
さそり

意味 一 木を食いあらす昆虫。キクイムシ。二 サソリ目の節足動物。**サソリ**。尾の先に激しい毒の針がある。例 蛇蝎(ダカツ)(=ヘビとサソリ。忌み嫌われるもののたとえ)。

蝴

虫9(15) 2 7390 8774

コ 漢 虞 hú

意味 「蝴蝶(コチョウ)」は、昆虫の名。チョウ。花の蜜(ミツ)を吸う。胡蝶(コチョウ)。

【蝴▼蝶装】(コチョウソウ) 唐本(トウホン)・和本の綴(と)じ方の一つ。料紙を二つ折りにし、折り目の外側に糊(のり)をつけて重ね、貼(は)り合わせて表紙でおおう方法。開いたときに紙がチョウのように広がることからいう。宋(ソウ)代ごろからおこなわれた。粘葉装(デッチョウソウ)。胡蝶装(コチョウソウ)。

【蝴▼蝶夢】(コチョウのゆめ) ⇩【胡蝶之夢】(コチョウのゆめ)(1090ページ)

蝗

虫9(15) 2 7391 8757

コウ(クヮウ) 漢 陽 huáng
いなご

意味 群れをなしてイネを食う害虫。**イナゴ**。例 蝗災(コウサイ)(=イナゴの大発生による害)。蝗虫(コウチュウ)(=イナゴ)。

難読 飛蝗(ばった)

[蝨]

虫9(15) ⇩虱(シツ)(1170ページ)

蝤

虫9(15) 4 8764 8764

一 シュウ(シウ) 漢 尤 qiú
二 シュウ(シウ) 漢 尤 jiū
三 ユウ(イウ) 漢 尤 yóu

意味 一「蝤蠐(シュウセイ)」は、カミキリムシの幼虫。テッポウムシ。二「蝤蛑(シュウボウ)」は、カニの一種。ガザミ。三「蜉蝤(フユウ)」は、カゲロウ。蜉蝣(フユウ)。

蝑

虫9(15) 4 8762 8751

一 ショ 漢 魚 xū
二 シャ 漢 禡 xiè

意味 一「蚣蝑(ショウショ)」は、キリギリス科の昆虫。キリギリス。二 カニのしおから。蟹蝑(カイシャ)。

蝕

虫9(15) 1 3110 8755

ショク 漢 職 shí
むしば-む

[蝕]

虫8(14) —— 俗字。

意味 ❶虫がものを食って、いためる。**むしばむ**。❷害する。おかす。例 侵蝕(シンショク)。腐蝕(フショク)。❸太陽や月が欠ける。例 蝕既(ショクキ)(=日食や月食で、太陽や月がすっかり欠ける)。月蝕(ゲッショク)。日蝕(ニッショク)。

【蝕害】(ショクガイ) 日 害虫や鳥獣などが農作物や植物を食いあらす。また、その害。食害。

【蝕甚】(ショクジン) 日食または月食で、太陽または月の欠けが最大限になった状態。食尽。

[蝉] 虫9(15) ⇨蟬セン(1180ジペー)

蝶 虫9(15) 1 3619 8776 人 チョウ(テフ)漢 葉 dié

なりたち  [形声] 本字は「蜨」で、「虫(=むし)」と、音「疌ショウ…→チョウ」とから成る。チョウ。

意味 四枚のきれいな羽をもつ昆虫。**チョウ**。例 蝶舞ブチョウ。胡蝶コチョウ。

古訓 中古 かたまりふす・かはひらこ 中世 かげろふ・かたまりふせり 近世 かはびらこ・テフ

難読 鳳蝶あげは

【蝶番】つがい/チョウバン 日 ①開き戸やふたなどを開閉するために取り付ける金具。②関節。例 あごの—がはずれる。

【蝶舞】ブチョウ ①チョウが舞い飛ぶ。②雪が降るさま。③花柳界で遊ぶ。

【蝶夢】ムチョウ ⇨【胡蝶之夢】コチョウのゆめ(1090ジペー)

蝪 虫9(15) 2 7403 876A トウ(タウ)漢 陽 tāng つちぐも

意味 「蛈蝪テットウ」は、ジグモ科のクモ。ジグモ。ツチグモ。

蝠 虫9(15) 2 7385 8760 フク漢 屋 fú かわほり(かはほり)・こうもり(かうもり)

意味 「蝙蝠ヘンプク」は、コウモリ。からだがネズミに似ていて、鳥のように飛べる小さな獣。古名、かわほり。

蝮 虫9(15) 2 7393 876E フク漢呉 屋 fù まむし

意味 湿地にすみ、三角の頭をした毒ヘビ。**マムシ**。例 蝮虺フクキ(=マムシ)。蝮蠍フクケツ。

【蝮▼蠍】フクケツ/フッケツ マムシとサソリ。人に恐れられ、嫌われるもののたとえ。

【蝮蛇】フクダ マムシ。

蝙 虫9(15) 2 7394 8759 ヘン漢 先 biān かわほり(かはほり)・こうもり(かうもり)

意味 「蝙蝠ヘンプク」は、コウモリ。からだがネズミに似ていて、鳥のように飛べる小さな獣。古名、かわほり。

[蝱] 虫9(15) ⇨虻ボウ(1170ジペー)

蝥 虫9(15) 4 8765 8765 一 ビョウ(ベウ)漢 ミョウ(メウ)呉 肴 máo 二 ボウ漢 尤 máo

意味 一「盤蝥ハンミョウ」は、ハンミョウ科の甲虫。ハンミョウ。斑猫ハンミョウ。斑蝥ハンミョウ。二 イネの根を食う害虫。ネキリムシ。通 蟊ボウ。例 蝥賊ボウゾク(=害虫。害悪をなすもの)。

[蟒] 虫9(15) ⇨蟒モウ(1179ジペー)

蝓 虫9(15) 2 7401 8753 ユ漢呉 虞 yú かたつむり・なめくじ(なめくぢ)

意味 ❶**カタツムリ**。❷「蛞蝓カツユ」は、ナメクジ科およびコウライナメクジ科の陸生巻き貝の名。**ナメクジ**。

蝣 虫9(15) 2 7402 8763 ユウ(イウ)漢 尤 yóu

意味 「蜉蝣フユウ」は、カゲロウ。トンボに似た昆虫。小さくて弱々しく、短命な虫。

[蝿] 虫9(15) ⇨蠅ヨウ(1182ジペー)

蝲 虫9(15) 4 8766 8772 ラツ漢 曷 là

意味 「蝲蛄ラッコ」は、甲殻類の一種。ザリガニ。

難読 蝲蛄ざりがに

[蝼] 虫9(15) ⇨螻ロウ(1180ジペー)

螠 虫10(16) 4 8774 87A0 イ漢 寘 yì ゆむし

意味 ❶ミノガ科の昆虫の幼虫。縊女イジョ。ミノムシ。❷環形動物の一種。海岸の砂泥の中にすむ。タイやカレイなどの釣り餌えにする。**ユムシ**。

難読 螠虫おきくむし(=阿菊虫)

蝤 虫10(16) 4 8770 87A7 国字 えび・ひれ

意味 ❶甲殻類の一種。**エビ**。蛯えび。❷**ひれ**。鰭ひれ。

螉 虫10(16) 4 8771 8789 オウ(ヲウ)漢 東 wēng

意味 ❶「螉蝑オウショウ」は、アブ科の昆虫。ウシアブ。また、その幼虫。クイ。❷「蠮螉エツオウ」は、ジガバチ。

難読 螉蜓いく

[螘] 虫10(16) ⇨蟻ギ(1181ジペー)

螧 虫10(16) 4 8768 273DB 国字 きさ

意味 アカガイの古名。**きさ**。螧貝きさがい。

螇 虫10(16) 3 9159 8787 ケイ漢 斉 qī

意味 「螇蚸ケイレキ」は、イナゴの一種。バッタ。ハタハタ。

難読 螇蚸はたはた・ばった

[螢] 虫10(16) ⇨蛍ケイ(1172ジペー)

螈 虫10(16) 3 9160 8788 ゲン(グヱン)漢 元 yuán

意味 ❶「蠑螈エイゲン」は、イモリ科の両生類。イモリ。❷「螈蚕ゲンサン」は、夏になって二度目に孵化フカしたカイコ。なつご。

螜 虫10(16) 4 8769 273DA コク漢 屋 hú

意味 ケラ科の昆虫。ケラ。螻蛄ロウコ。

螚 虫10(16) 4 8775 273FE ジツ(ヂツ)漢 質 nì

意味 アブ科の昆虫。アブ。

螓 虫10(16) 4 8773 8793 シン漢 真 qín

意味 セミの一種。〔美人の額の形容に用いる〕例 螓首蛾眉シンシュガビ(=美人の美しい額とまゆ)。〈詩経・衛風・碩人〉

螋 虫10(16) 4 8772 878B ソウ慣 シュウ(シウ)漢 尤 sōu

意味 「蠷螋クソウ」は、ハサミムシ。鋏虫はさみむし。

難読 蠼螋はさみむし

螣 虫10(16) — 87A3 一 トウ漢 蒸 téng 二 トク漢 職 tè

意味 一 伝説上の竜に似たヘビ。神蛇。二 葉を食う害虫。ハクイムシ。例 螟螣メイトク。

蟇 虫10(16) 2 7417 87C7 一 バ漢 マ呉 麻 má 二 ハク漢 薬 mò ひき・ひきがえる(ひきがへる)

[蟆] 虫10(16) 2 7418 87C6 本字。

意味 一 ヒキガエル科の大形のカエル。**ヒキガエル**。**ヒキ**。からだにいぼをもつ。足は短く、跳ぶ力は弱い。蝦蟇(ガマ)。 二 ブユ科の昆虫。ブユ。ブヨ。

螟

虫10 (16) 2 7406 879F メイ 漢 青 míng ずいむし

意味 イネの茎を食う害虫。**ズイムシ**。螟虫(メイチュウ)。例 螟蝗(メイコウ)。

【螟▼蝗】メイコウ ズイムシと、イナゴ。ともにイネの害虫。

【螟▼螣】メイトク ズイムシと、ハクイムシ。ともに農作物の害虫。

【螟▼蛉】メイレイ ①アオムシ。②養子。〔ジガバチが卵を産みつけるために青虫を運ぶのを、わが子として育てるためと、古人が誤解したことから〕

蟒

虫10 (16) ── ボウ(バウ) 漢 モウ(マウ) 呉 養 mǎng うわばみ(うはばみ)・おろち(をろち)

[蠎] 虫9 (15) 2 7429 87D2 俗字。 [蟒] 虫11 (17) 2 7428 880E 別体字。

意味 大蛇。**おろち**。**うわばみ**。

融

虫10 (16) 1 4527 878D 常用 ユウ(イウ) 漢 東 róng とお-る(とほ-る)・と-ける(と-く)・と-かす・と-く

筆順 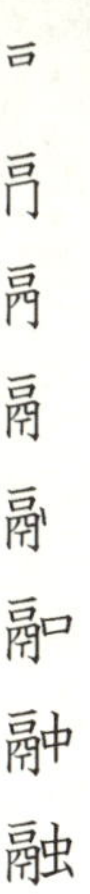

なりたち  [形声]「鬲(=かなえ)」と、音「蟲(チュウ)→(ユウ)」の省略体とから成る。かなえから蒸気がのぼり出る。派生して「とける」の意。

意味 ❶固体が液状になる。**とける**。**とかす**。例 融解(ユウカイ)。融合(ユウゴウ)。溶融(ヨウユウ)。❷通じる。流通する。**とおる**。例 融資(ユウシ)。金融(キンユウ)。❸調和する。やわらぐ。例 融然(ユウゼン)。融和(ユウワ)。

古訓 中古 とく・とほる・ながし 中世 とくる・とほる 近世 あきらか・とほる・ながし・のどか・やはらぐ

人名 あき・あきら・あきらか・とお・ながし・みち・よし

【融化】ユウカ とけて変化する。ほかのものととけ合う。

【融解】ユウカイ 日 ①とける。とかす。②〔物〕固体が熱や圧力によって液体になる現象。溶解。例 ──点(=固体がとける温度)。▽対 凝固。

【融合】ユウゴウ 一つにとけあう。対 分裂。例 核──。

【融資】ユウシ 日 金融機関が資金を融通して貸す。例 公庫の──を受ける。

【融釈】ユウシャク ①とける。②疑問がすっかり解消する。

【融通】ユウズウ〔古くは「ユズウ」とも〕①とどこおることなく通じる。②日 お金や品物などをやりくりして貸し借りする。例 資金を──する。③日 その場に応じてうまく処理する。例 ──をきかせる。──のきかない性格。

【融通無▼碍】【融通無▼礙】ユウズウムゲ〔仏〕〔「無碍・無礙」は、さまたげるものがない意〕①とどこおりなく通じる。②考え方や行動が自由で、のびのびしているさま。例 ──にふるまう。

【融雪】ユウセツ ①雪がとけること。また、その雪。雪どけ。例 ──期。②雪をとかすこと。例 ──設備。

【融然】ユウゼン 気分がのびやかで、やわらぐさま。

【融点】ユウテン 日 固体がとけ始める温度。融解点。対 凝固点。

【融風】ユウフウ 立春のころに吹く北東の風。うしとらの風。

【融融】ユウユウ ①やわらいで、楽しげであるさま。②のどかなさま。③勢いよく盛んなさま。

【融朗】ユウロウ 明るく澄みわたる。

【融和】ユウワ 気持ちが通じ合う。うちとけて仲よくなる。例 隣国との──をはかる。

螂

虫10 (16) 2 7407 8782 ロウ(ラウ) 漢呉 陽 láng いぼじり・かまきり

[蜋] 虫7 (13) 3 9157 870B 本字。

意味 「蟷螂(トウロウ)」は、カマキリ。→【蟷螂】トウロウ(1180ジペ)

螾

虫11 (17) 4 8777 87BE イン 漢 軫 yǐn

意味 ミミズ。通 蚓(イン)。

[蟁]

虫11 (17) ⇒蚊か(1170ジペ)

螯

虫11 (17) 2 7408 87AF ゴウ(ガウ) 漢 豪 áo はさみ

意味 カニ・エビ・サソリなどの、ものをはさむ大きな前足。**はさみ**。例 蟹螯(カイゴウ)(=カニのはさみ)。

蟋

虫11 (17) 2 7409 87CB シツ 漢 質 xī

意味 「蟋蟀(シッシュツ)」は、コオロギ科の昆虫。コオロギ。長い触角をもつ。秋に雄は美しい声で鳴く。

螽

虫11 (17) 2 7410 87BD シュウ(シウ) 漢 東 zhōng いなご

意味 ❶バッタ科の昆虫の総称。**イナゴ**。イネの害虫となる。❷「螽斯(シュウシ)」は、キリギリス科の昆虫。キリギリス。産卵数が多く、夫婦和合と子孫繁栄を象徴する。蚣蝑(ショウショ)。蜙蝑(ショウショ)。

蟀

虫11 (17) 2 7411 87C0 シュツ 漢 質 shuài

意味 「蟋蟀(シッシュツ)」は、コオロギ科の昆虫。コオロギ。長い触角をもつ。秋に雄は美しい声で鳴く。

䗪

虫11 (17) 3 9164 45EA ショ 慣 シャ 漢 禡 zhè

意味 ゴキブリ科の昆虫。シナゴキブリ。

䗥

虫11 (17) 4 8776 45E5 ショウ 漢 冬 ソウ 漢 東 zōng

意味 「螉䗥(シオウショウ)」は、アブ科の昆虫。ウシアブ。 難読 螉䗥(いく)

螫

虫11 (17) 2 7414 87AB セキ 漢 陌 shì さ-す

意味 毒虫が刺す。**さす**。例 螫刺(セキシ)(=毒で刺す)。螫毒(セキドク)(=毒虫の毒)。

𧐐

虫11 (17) 4 8778 27410 セキ 漢 陌 jì

意味 貝の一種。 難読 𧐐(かわげら)(=カワゲラ科の昆虫)

螬

虫11 (17) 3 9161 87AC ソウ(サウ) 漢 豪 cáo

意味 「蠐螬(セイソウ)」は、コガネムシの幼虫。スクモムシ。 難読 蠐螬(すくもむし)

螭

虫11 (17) 3 9162 87AD チ 漢 支 chī みずち(みづち)

意味 竜に似た想像上の動物。**みずち**。例 螭首(チシュ)。

【螭首】チシュ みずちの頭の形を彫刻したもの。石碑・柱・印章などの飾りとした。類 螭頭。

蟄

虫11 (17) 2 7415 87C4 チツ 慣 チュウ(チフ) 漢 緝 zhé かく-れる(かく-る)

意味 虫が冬眠のために土の中にかくれる。すごもる。とじこもる。例 蟄虫チッチュウ。啓蟄ケイチツ。

難読 蟄石いしかがみ

【蟄居】チッキョ ①虫が地中にこもっている。②家にとじこもって外出しない。③日 江戸時代、武士の罪科の一つ。一室にこもって外に出ることを禁じる。例 ―を申しつける。

【蟄虫(蟲)】チッチュウ 地中でじっと冬ごもりをしている虫。

【蟄伏】チップク ①虫が地中にこもっている。②人がとじこもる。

【蟄雷】チツライ 春雷。〔その音で虫が冬ごもりから覚めて動き出すことから〕

【蟄竜】チツリョウ 地中にかくれ、ひそんでいる竜。活躍の時機や場面を得られないでいる英雄のたとえ。

螳

虫11(17) 2 7416 87B3 トウ(タウ)漢 陽 táng いぼじり・かまきり

意味 ⇩【螳螂トウロウ】

【螳▼螂】トウロウ カマキリ。カマキリ科の昆虫。頭は三角形で、えものをとらえる前足は鎌かまのような形をしている。蟷螂トウロウ。古名、いぼじり。

【螳▼螂黄▼雀】トウロウコウジャク カマキリがセミを捕るのに心をうばわれ、スズメが自分をねらっているのに気がつかない。目先の利益に気をとられ、身に迫っている危険に気づかないこと。〔〈荘子・山木〉から〕

【螳▼螂之▼斧】トウロウのおの カマキリが前足をおののように振り上げて、自分よりはるかに大きな車に向かっていくように、自分の力を考えないで、自分よりはるかに力の強いものに立ち向かうこと。〔〈荘子・人間世〉から〕

螵

虫11(17) 3 9163 87B5 ヒョウ(ヘウ)漢 蕭 piāo

意味 「螵蛸ヒョウショウ」は、カマキリが木などに産み付けた、たまごのかたまり。オオジガフグリ。 難読 螵蛸おおじがふぐり

螨

虫11(17) 4 8780 87CE マン mǎn

意味 節足動物の一種。ダニ。

［蟒］

虫11(17) ⇩蟒モウ(1179ページ)

蟐

虫11(17) 2 7412 87D0 国字 もみ・もむ

意味 アカガエル。**もみ**。古語で、もむ。

螺

虫11(17) 1 4570 87BA 人 ラ漢呉 歌 luó にな・にし

なりたち ［形声］「虫(=むし)」と、音「累ルイ→ラ」とから成る。巻き貝。

意味 ❶渦巻き状の巻き貝。**ニナ**。**ニシ**。例 螺鈿ラデン。法螺貝ほらがい。❷巻き貝のような形をしたもの。例 螺旋ラセン。螺髪ラホツ。

古訓 中古 かひ・たつび・つび 中世 かひ・にしがひ・ホラがひ・やくがひ 近世 ホラがひ

難読 田螺たにし・海螺つぶ・栄螺さざえ

【螺▼髻】ラケイ ①巻き貝の形のように結んだ髪。子供のまげ。②青々とした遠くの山のさま。青螺セイラ。

【螺旋】ラセン 巻き貝の殻のように、渦巻き形になっているもの。例 ―状。―階段。

【螺▼鈿】【螺▼甸】ラデン 漆器などの表面に、真珠光を放つ貝殻の薄片をはめこんで、飾りとするもの。例 ―細工ザイク。

【螺髪】ラホツ・ラハツ 〔仏〕ちぢれて、巻き貝の殻のようになっている、仏像の頭髪。また、その形。如来ニョライ像に見られる。

［螺髪］

螻

虫11(17) 2 7419 87BB ロウ漢 尤 lóu けら

［蝼］

虫9(15) 4 8767 877C 俗字。

意味 「螻蛄ロウコ」は、ケラ。ケラ科の昆虫。地中にすみ、土を掘るために前足が大きい。オケラ。

【螻▼蟻】ロウギ ①ケラとアリ。とるに足りない、つまらない物や人のたとえ。例 在レ下為二螻蟻食一しもにあればロウギのショクとなる(=地下にあればケラやアリの餌食ジキえとなる)。〈荘子・列禦寇〉 ②自分に関する事柄を謙遜ケンソンしていう語。

蟣

虫12(18) 4 8784 87E3 キ漢 尾 jǐ

意味 ❶シラミの卵。例 蟣虱キシツ(=シラミとその卵。微小でつまらぬもの)。❷発酵した酒の表面に浮かぶ泡。例 浮蟣フキ。

蟯

虫12(18) 2 7420 87EF ギョウ(ゲウ)漢 蕭 náo

意味 人の腸に寄生する、白く小さい虫。蟯虫ギョウチュウ。

蟪

虫12(18) 4 8787 87EA ケイ漢 霽 huì

意味 「蟪蛄ケイコ」は、セミ科の昆虫。ニイニイゼミ。〔一説に、ヒグラシ〕

【蟪▼蛄不レ知二春秋一】ケイコシュンジュウをしらず 夏のセミは春と秋を知らない。短命のたとえ。また、世間を知らないことのたとえ。〈荘子・逍遥遊〉

蟥

虫12(18) 4 8785 87E5 コウ(クヮウ)漢 陽 huáng

意味 「馬蟥バコウ」は、ヒルの一種。ウマビル。

蟖

虫12(18) 3 9165 87D6 シ漢 支 sī

意味 「螽蟖シュウシ」は、キリギリス科の昆虫。キリギリス。螽斯シュウシ。 難読 螽蟖きりぎりす

蟭

虫12(18) 4 8789 87ED ショウ(セウ)漢 蕭 jiāo

意味 ❶「蟭螟ショウメイ」は、蚊かの眉まゆにすむという伝説上の小さな虫。焦螟ショウメイ。❷「蟭蟟ショウリョウ」は、セミの一種。

蟬

虫12(18) 3 9166 87EC 人 セン漢 ゼン呉 先 chán せみ

［蝉］

虫9(15) 1 3270 8749 俗字。

なりたち  ［形声］「虫(=むし)」と、音「單タン→セン」とから成る。羽で鳴くもの。

意味 ❶セミ科の昆虫。**セミ**。夏に木の幹などにとまって樹液を吸う。雄は鳴く。例 蟬脱センダツ。蟬翼センヨク。❷⇩【蟬蜎センケン】

古訓 中古 せび・せみ 中世 せみ 近世 せみ・まふ

【蟬羽】センウ 一 ①セミの羽。②きわめて薄いもの、軽いもののたとえ。蟬翼。二 せみのは 日 セミの羽のような軽く薄い衣服。

【蟬▼嫣】センエン セミが鳴くように、連続しているさま。

【蟬冠】センカン セミの羽を飾りにつけたかんむり。類 蟬冕センベン。

【蟬▼蜎】センケン ①美しくみやびやかで、上品なさま。②煙などの立ちのぼるさま。③はるか遠くをながめるさま。

【蟬▼噪】【蟬騒】センソウ セミが鳴くように、多くの人が口やかま

しくものを言うこと。例 蛙鳴メアイ一。

【蟬脱】センダツ ①セミが殻から出る。また、そのぬけがら。②旧習からぬけ出す。また、世俗を離れる。▽類蟬蛻センゼイ。

【蟬▼鬢】センビン 鬢(=頭の側面の髪)をセミの羽のように薄くすいた髪型。髪の美しい女性をいう。

【蟬翼】センヨク セミの羽。薄いもののたとえ。蟬羽センウ。

【蟬▼聯】センレン ①セミの声のように切れめなく続く。例 蟬ニ聯陵丘一リョウキュウにセンレンす(=丘陵に連なり続く)。〈左思・呉都賦〉②漢詩で、しりとりのような詩の作法。

蠆 虫12(18) 3 9167 8806 タイ漢 卦 chài

意味 ❶サソリ目の節足動物。サソリ。例 蠆尾ビタイ(=サソリの尾)。蜂蠆ホウタイ。❷「水蠆スイタイ」は、トンボの幼虫。ヤゴ。

蟫 虫12(18) 4 8788 87EB タン(タム)漢 覃 イン(イム)漢 侵 yín しみ

意味 シミ科の昆虫。シミ。衣魚ギョ|しみ。紙魚ギョ|しみ。蠹魚トギョ。

蟵 虫12(18) 4 8781 87F5 チュウ(チウ)漢 虞 chū

意味 「蜘蟵チチュウ」は、クモ。蜘蛛チチュ。

[蟲] 虫12(18) ⇩虫チュウ(1170ジペー)

蟠 虫12(18) 2 7422 87E0 ハン漢 バン呉 寒 pán わだかまる

意味 とぐろを巻いてうずくまる。**わだかまる**。例 蟠踞バンキョ。蟠竜ハンリョウ(=うずくまっていて、天にのぼらない竜)。

【蟠▼蜿】ハンエン|バンエン とぐろを巻くようにうねるさま。例 竜雀蟠蜿リュウジャクハンエンす(=竜雀〔=怪鳥の名〕がわだかまる)。〈張衡・東京賦〉

【蟠拠】バンキョ しっかりと根を張って、勢力をもつ。盤拠。

【蟠▼踞】バンキョ ①とぐろを巻いていて動かない。②ある地方に勢力をもって、立てこもる。例 軍閥が一する。▽盤踞バンキョ。

【蟠屈】バンクツ ①(竜やヘビなどが)とぐろを巻く。盤屈。②気がふさいで、晴れ晴れとしない。

【蟠結】バンケツ ①複雑に入り組んでいて、とけない。②気がふさがる。盤結。

【蟠桃】バントウ 仙境にあるというモモの木。三千里も曲がりくねって伸び、三千年に一度実を結ぶという。

蟦 虫12(18) 4 8786 87E6 ヒ漢 微 féi

意味 コガネムシの幼虫。スクモムシ。蟦蠐ヒセイ。蠐螬セイソウ。

[〓] 虫12(18) ⇩蛗フ(1174ジペー)

蟟 虫12(18) 4 8782 87DF リョウ(レウ)漢 蕭 liáo

意味 ❶「蛁蟟チョウリョウ」は、ミンミンゼミ。❷「蟭蟟ショウリョウ」は、セミの一種。

蟹 虫13(19) 1 1910 87F9 人 カイ漢 蟹 xiè かに

[蠏] 虫13(19) 2 7423 880F 本字。

なりたち  [形声]「虫(=むし)」と、音「解カイ」とから成る。二つのはさみと八本の足をもち、横歩きして、ヘビやウツボの穴に身を寄せるもの。

意味 甲殻類の一種。**カニ**。四対の足と一対のはさみがあり、横に歩く。海や川にすむものなど、種類が多い。例 蟹甲カイコウ。蟹行カイコウ。

古訓 中古 かに 中世 かに 近世 かに

【蟹眼】カイガン ①カニの目。②湯がわくときに立つ、カニの目のような小さい泡。〔大きい泡を「魚眼」という〕

【蟹甲】カイコウ カニの甲羅。

【蟹行】カイコウ ①カニのように横に歩く。②日 横文字。欧米の文字のこと。蟹行文字。

【蟹▼螯】カイゴウ カニのはさみ。

【蟹玉】かにたま 日 カニの身と野菜を玉子でとじた料理。

【蟹股】がにまた 日 両足のつま先が外側に開き、股がO字形に曲がっていること。

蠖 虫13(19) 2 7431 8816 カク(クヮク)慣 ワク漢 薬 huò しゃくとりむし・つえつきむし(つゑつきむし)

意味 「尺蠖セキカク」は、シャクガ科のガの幼虫。シャクトリムシ。

【蠖屈】カックツ シャクトリムシがからだをちぢめる。将来を期して雌伏すること。〈易・繋辞下〉から

蠍 虫13(19) 2 7424 880D カツ慣 ケツ漢 月 xiē さそり

意味 サソリ目の節足動物。**サソリ**。尾の先の針には、激しい毒がある。通蝎ケツ。例 蛇蠍ダカツ(=ヘビとサソリ。恐れ嫌われるもののたとえ)。

蟻 虫13(19) 1 2134 87FB ギ漢 紙 yǐ あり

[螘] 虫10(16) ― 8798 本字。

意味 アリ科の小さい昆虫。**アリ**。土の中などに巣を作る。例 蟻酸ギサン。蟻集ギシュウ。

【蟻潰】ギカイ アリの逃げるように敗走する。例 蟻潰鼠駭ギカイソガイす(=アリの群れのようにあとかたもなく敗走し、ネズミのように恐れ逃げる)。〈柳宗元・剣門銘序〉

【蟻穴】ギケツ ①アリの穴。②小さいが大事を引き起こすことのある事柄のたとえ。類蟻孔。

【蟻酸】ギサン 日 アリやハチの体内にある、刺激性の強い無色の酸。皮膚にふれると、痛みや、はれの原因となる。

【蟻集】【蟻▼聚】ギシュウ おおぜいの人がアリのように群がりあつまる。類蟻合。

【蟻塚】【蟻▼冢】ギチョウ|ありづか アリやシロアリが巣を作るために地上に運び出した土が、山形に盛り上がったもの。類蟻封ギホウ・蟻壌ギジョウ・蟻垤ギテツ。

【蟻動】ギドウ アリのようにおおぜいの人が集まって騒ぐさま。

【蟻附】【蟻▼傅】ギフ アリのようにおおぜいの人が集まって、城壁などにとりつき登る。

【蟻慕】ギボ ①アリがヒツジの肉を好み、それに群がる。例 羊肉不レ慕レ蟻、蟻慕二羊肉一ヨウニクありをしたわず、ありヨウニクをしたう(=羊の肉はアリをしたうことはないが、アリは羊の肉をしたって集まってくる)。〈荘子・徐無鬼〉②人を仰ぎしたう。書簡に使うことば。

蠁 虫13(19) 4 8790 8801 キョウ(キャウ)漢 養 xiǎng

意味 さなぎ。難読 蠁子さし(=キンバエの幼虫)

蠋 虫13(19) 4 8792 880B ショク漢 沃 zhú

意味 チョウやガの幼虫。芋虫。難読 芋蠋いもむし

蟾 虫13(19) 2 7425 87FE セン(セム)漢 塩 chán ひきがえる(ひきがへる)

意味 ❶ヒキガエル科の両生類の名。**ヒキガエル**。例 蟾蜍

蟾蜍(センジョ)。❷〔月にヒキガエルがすむという伝説から〕月。月光。例 蟾影(センエイ)(=つきかげ。月光)。

【蟾宮】センキュウ ①月にあるという宮殿。広寒宮(コウカンキュウ)。また、月のことをいう。②唐以後、科挙(=官吏登用試験)に合格することをたとえ、「蟾宮折桂(センキュウにケイをおる)」〈陶宗儀・赴京会試〉、「蟾宮須レ展レ志(センキュウにすべからくこころざしをのぶべし)」〈李中・送黄秀才〉などという。

【蟾▼桂】センケイ ①月にいるというヒキガエルと、モクセイの木。また、月。②科挙(=官吏登用試験)に合格すること。類 蟾宮折桂(センキュウにケイをおる)。

【蟾光】センコウ 月の光。月光。

【蟾▼蜍】センジョ ①ヒキガエル。②〔月にヒキガエルがいるという伝説から〕月の精。また、月。

【蟾▼兎】セント 月にいるというヒキガエルとウサギ。また、月。

【蟾▼魄】センパク 月。類 蟾盤(センバン)・蟾輪。

蟶
虫13(19) 2 7426 87F6 テイ 漢 庚 chēng まて

意味 マテガイ科の二枚貝。**マテ**。浅い海の砂に垂直にもぐってすむ。食用とする。蟶貝(まてがい)。

難読 真蟶(おうぎがい)・竹蟶(うみたけ)

蟷
虫13(19) 2 7427 87F7 トウ(タウ) 漢 陽 dāng いぼじり・かまきり

意味 「蟷螂(トウロウ)」は、カマキリ。螳螂(トウロウ)。

蠓
虫13(19) 4 8793 8813 ボウ・モウ 漢 ム 呉 董 měng

意味 ヌカカ科の昆虫。ヌカカ。カツオムシ。マクナギ。蠛蠓(ベツモウ)。

蠅
虫13(19) 2 7404 8805 ヨウ 漢 蒸 yíng はえ(はへ)

[蝿] 虫9(15) 1 3972 877F 俗字。

意味 小形の昆虫。**ハエ**。食べ物にたかって感染症を広める害虫。例 蠅頭(ヨウトウ)。蒼蠅(ソウヨウ)(=アオバエ。小人(ショウジン)のたとえ)。

【蠅営】ヨウエイ ハエがせわしく飛び回るように、わずかな利益でもあくせくと追い求める。

【蠅集】ヨウシュウ ハエのように群がりあつまる。

【蠅頭】ヨウトウ ①ハエの頭。②ひどく小さなもののたとえ。

【蠅頭微利】ヨウトウビリ (ハエの頭ほどの)きわめてわずかな利益。〈蘇軾・満庭芳〉類 蠅利。

【蠅払】ヨウフツ ハエを追いはらう道具。はえたたき。

蠃
虫13(19) 4 8791 8803 ラ 漢 哿 luǒ

意味 「蜾蠃(カラ)・果蠃」は、ジガバチ科の昆虫。ジガバチ。

難読 蜾蠃(すがる)

蠊
虫13(19) 3 9168 880A レン(レム) 漢 塩 lián

意味 「蜚蠊(ヒレン)」は、ゴキブリ。

蠑
虫14(20) 2 7430 8811 エイ(ヱイ) 漢 庚 róng いもり・とかげ

意味 「蠑螈(エイゲン)」は、イモリ科の両生類。**イモリ**。

蠔
虫14(20) 3 9170 8814 コウ(カウ) 漢 ゴウ(ガウ) 呉 豪 háo

意味 イタボガキ科の二枚貝。カキ。

蠐
虫14(20) 3 9169 8810 セイ 漢 斉 qí

意味 ❶「蠐螬(セイソウ)」は、コガネムシの幼虫。スクモムシ。❷「蝤蠐(シュウセイ)」は、カミキリムシの幼虫。テッポウムシ。

蠕
虫14(20) 2 7432 8815 ゼン 漢 ネン 呉 銑 ruǎn ジュ 漢 虞 rú うご-く・うごめ-く

意味 虫がうごめくように動くさま。**うごめく**。例 蠕動(ゼンドウ)。

【蠕蠕】ゼンゼン ①ジュジュ 虫などがはうさま。うごめくさま。②四世紀から六世紀にかけてモンゴル高原に勢力をもったモンゴル系の遊牧民族。また、その国家。柔然(ジュウゼン)。

【蠕動】ゼンドウ ①ジュドウ 虫がうごめく。②日 消化にともなって胃腸が運動する。

蠛
虫14(20) — 881B ベツ 漢 屑 miè

意味 「蠛蠓(ベツモウ)」は、ヌカカ科の昆虫。ヌカカ。カツオムシ。マクナギ。

蠣
虫14(20) 2 7358 8823 レイ 漢 霽 lì かき

[蛎] 虫5(11) 1 1934 86CE 俗字。

意味 浅い海の岩などにつく二枚貝。**カキ**。牡蠣(ボレイ)。例 蠣殻(レイカク)(=カキの貝殻)。

蠢
虫15(21) 2 7433 8822 シュン 漢 呉 軫 chǔn うごめ-く

意味 ❶虫がもぞもぞと動く。**うごめく**。例 蠢動(シュンドウ)。❷無知でにぶい。おろか。

【蠢蠢】シュンシュン ①虫のうごめくさま。②わけもわからず騒ぎたてるさま。例 今王室実蠢蠢焉(いまオウシツジツにシュンシュンエンたり)(=今や王室はまさに騒ぎ乱れている)。〈左伝・昭二四〉③礼儀をわきまえない、無作法なさま。

【蠢動】シュンドウ ①虫がうごめく。②本性のままに行動する。例 蠢動而相使(シュンドウしてあいつかう)(=本性のまま自然に生活する)。〈荘子・天地〉③かげでたくらみをたり、騒いだりする。④動物。例 蠢動含霊(シュンドウガンレイ)(=生きとし生けるもの)。

蠡
虫15(21) 2 7434 8821 ㊀レイ 漢 霽 lǐ ㊁リ 漢 支 レイ 漢 斉 lí はまぐり・ひさご

意味 ㊀虫が木をかじる。また、器物がすりへってこわれる。㊁ヒョウタン。**ひさご**。例 蠡測(レイソク)。

【蠡測】レイソク(リソク) ひさごで海水の量をはかること。浅薄な知識で大事をはかろうとすることのたとえ。例 以レ蠡測レ海(レイをもってうみをはかる)(=ひさごで大海の水量をはかる)。〈漢書・東方朔伝〉

蠟
虫15(21) 3 9171 881F 人 ロウ(ラフ) 漢 合 là

[蝋] 虫8(14) 1 4725 874B 俗字。

なりたち [形声]「虫(=むし)」と、音「巤(リョウ)」とから成る。ろう。

意味 動物や植物からとる、脂肪のかたまり。**ろう**。ワックス。例 蠟燭(ロウソク)。蜜蠟(ミツロウ)。

古訓 中古 きゆ 中世 かす 近世 はちミツ・ミツかす・ミツしる

【蠟花】ロウカ ろうそくの火を花にたとえたもの。

【蠟丸】ロウガン ろうを丸め、中に書類や書簡を入れたもの。秘密にしたり、湿気を避けたりするためにおこなう。類 蠟書。

【蠟▼炬】ロウキョ ろうそく。ろうそくの火。

【蠟紙】ロウシ ろうをしみこませた紙。

【蠟石】セキ 印材や石筆などに用いる、やわらかい鉱物。
【蠟▼燭】ソク 糸やこよりをしんにして、まわりをろうで包んだ灯火用品。キャンドル。
【蠟梅】バイ ロウバイ科の落葉低木。早春、香りのよい黄色い花が咲く。中国原産。からうめ。なんきんうめ。臘梅バイ。
【蠟涙】ルイ ろうそくがとけて、小さなかたまりとなって流れるもの。類蠟珠シュ。

蠨 虫16(22) 4 8794 8828 ショウ(セウ)漢 蕭 xiāo
意味 「蠨蛸ショウ」は、アシダカグモ。脚の長いクモ。喜びをもたらすクモとされる。

[蠧] 虫16(22) ⇒蠹ト(1183ページ)

蠮 虫17(23) 4 8801 882E エツ漢 屑 yē
意味 「蠮螉オウ」は、ジガバチ。

蠲 虫17(23) 4 8802 8832 ケン(クェン)漢呉 先 juān
意味 ❶節足動物の一種。ヤスデ。❷とりのぞく。例 蠲除ケンジョ。蠲免メン(=免除する)。❸明らかにする。あらわす。例 恵公蠲ニ其大徳一ケイコウそのダイトクをあらわす(=晋シの恵公は大きな徳義を示した)。〈左伝・襄一四〉
【蠲除】ジョ ①除去する。のぞく。例 蠲ニ除肉刑一ニクケイをケンジョす(=肉刑を免除する)。〈史記・太史公自序〉 ②租税や労役などを免除する。類蠲免。
【蠲▼滌】デキ よごれを洗い流して清める。

蠱 虫17(23) 2 7435 8831 コ漢 麌 gǔ
意味 ❶人をのろうためのまじないに用いる毒虫。また、人をのろうまじない。例 巫蠱コ(=まじないをして人をのろい殺す)。❷まどわす。みだす。例 蠱惑ワク。❸易キの六十四卦カの一つ。☶☴ 巽下艮上ゴンジョウ。山の下に風が吹く象。
【蠱疾】シツ 精神が錯乱する病気。
【蠱毒】ドク 毒薬や毒虫で人を殺す。
【蠱惑】ワク なまめかしい魅力で人を引きつけ、心をまどわす。たぶらかす。例 ―的。

[蠶] 虫18(24) ⇒蚕サン(1171ページ)

蠹 虫18(24) 2 7437 8839 ト漢 遇 dù しみ・むし・むし-ばむ
[蠧] 虫16(22) 2 7438 8827 俗字。
意味 ❶キクイムシ科の昆虫。キクイムシ。❷シミ科の昆虫。シミ。衣服や書物を食う虫。例 蠹魚ギョ。❸害悪をなす人や事柄。例 蠹賊ゾク(=人々を害すること)。❹損害をおよぼす。そこなう。むしばむ。例 蠹蝕ショク(=むしばむ)。蠹冊サツ(=虫食いのある書物)。❺書物を日にさらす。書物を虫干しする。例 蠹書ショ。
難読 蠹魚しみ
【蠹害】ガイ ①シミが衣服や書物を食う害。②国内の官吏などが国あるいは人民に害を与える。また、そのような者。▽類蠹毒。
【蠹簡】カン 虫食いになった書物。蠹書ショ。類蠹編。
【蠹魚】ギョ ①シミ。書物や衣服を食う虫。体長は一センチメートル前後。形が魚に似ることからいう。蟫タン。衣魚ギョ|しみ。紙魚ギョ|しみ。②本を読むばかりで、活用を知らない人をあざけることば。
【蠹書】ショ ①虫食いになった書物。蠹簡カン。類蠹冊サツ。②書物を虫干しする。

[蠻] 虫19(25) ⇒蛮バン(1173ページ)

蠼 虫20(26) 4 8803 883C 一キャク漢 薬 jué 二ク漢 虞 qú
意味 一サルの一種。二「蠼螋ソウ」は、ハサミムシ。

143 6画 血 ち部

「ち」を皿に入れた形をあらわす。「血」をもとにしてできている漢字と、「血」の字形を目じるしにして引く漢字とを集めた。

衊 0 1183 血 3 1184 衂 衄 4 1184 衃 6 1184 衆 14 1184

血 血0(6) 1 2376 8840 教3 ケツ(クェツ)漢 ケチ(クェチ)呉 屑 xuè/xiě ち

筆順 ノ ノ 白 白 血 血

なりたち [象形]「皿(=うつわ)」の中にはいった血の形。神にささげる、いけにえの血。
意味 ❶ちしお。ち。例 血液エキ。流血リュウ。❷ちのつながり。ちすじ。例 血縁エン。血統トウ。❸ちが出るほど激しいさま。いきいきしたさま。例 血気キ。熱血ネツ。
古訓 中古 ち 中世 ち 近世 ち
難読 瘀血オケツ|ちふる・泣血しのびね

【血圧】アツ 血液が流れるとき血管の壁を内側からおしている圧力。心臓が収縮したときが最高血圧、拡張したときが最低血圧。例 ―が上がる。―を下げる。
【血▼胤】イン 同じ血を引く間柄。血続きの子孫。血統。
【血液】エキ 日動物の体内をめぐっている液体。栄養分を運んだり、細菌を殺したりする。血。
【血縁】エン 日親子や兄弟など血筋のつながっている関係。また、その関係にある人。血族。血脈。
【血管】カン からだの中をめぐり、血液が流れているくだ。
【血気】キ 燃えさかるような活力。さかんな意気。例 ―にはやる。―盛んな年ごろ。
【血気▼之勇】ケッキのユウ 一時的な感情から生じた、分別のない勇気。〈孟子・公孫丑上・朱熹注〉
【血球】キュウ 日血液中の細胞成分。赤血球・白血球・血小板がある。
【血行】コウ 血液がからだの中をめぐること。血の循環。
【血痕】コン 血のついたあと。例 ―を残す。
【血祭】サイ|まつり 一ケッサイ 犠牲にえを殺し、その血で神を祭る。類血祀シ。二ちまつり 日出陣に際して気勢を上げるため、敵方のスパイや捕虜などを殺すこと。例 ―に上げる。
【血腫】シュ 体内の出血が、組織の中や、組織と組織の間にたまって、かたまりになったもの。
【血書】ショ ①血で書かれた文字。②日決意や誠意を示すため、自分の血で文字を書く。また、その書いたもの。
【血▼漿】ショウ 日血液成分から血球を除いた液体成分。
【血小板】ショウバン 日血球成分の一つ。血球中最も小さい。血液凝固作用をもつ。
【血色】ショク ①血の色。②健康状態を反映している顔のいろつや。例 ―がいい。
【血食】ショク ①犠牲にえを供えて、神を祭る。②子孫が続き、先祖の祭りをする。③子孫が代々続く。
【不二血食一】ケッショクせず 先祖の祭りが絶える。国が滅びる。例 社稷実不二血食一（シャショクジツにケッショクせじ）(=国が滅亡して、国の社稷宗廟（ソウビョウ）には供え物がなくなるだろう)。〈左伝・荘六〉

【血清】ケッセイ 日 血漿（ケッショウ）の中から血液を凝固する物質を除いた成分。黄色のすきとおった液体で、病気の診断や治療に利用される。

【血誠】ケッセイ まこと。まごころ。〔血の赤は至誠をあらわす〕

【血税】ケツゼイ 日 ①血の出るような思いで納める税金。過酷な税。②兵役の義務。〔身血を税とする意。一八七二(明治五)年の徴兵告諭中のことば〕

【血栓】ケッセン 日 血管中にできて血液の流れをさまたげる血のかたまり。血管内皮の損傷や血流の変化などによって生じる。

【血戦】ケッセン 血みどろになって激しく戦う。

【血相】ケッソウ 日 顔色。例 —を変える。

【血族】ケツゾク【血属】ケツゾク 血のつながりのある一族。親子や兄弟など。血縁。例 —結婚。

【血▼痰】ケッタン 痰の中に血がまじったもの。

【血沈】ケッチン 日「赤血球沈降速度」の略。赤血球が、決まった時間に細いガラス管を沈降する速度。種々の病気の判定に利用する。

【血統】ケットウ 日 代々続く血のつながり。血筋（ちすじ）。例 —が絶える。—書。

【血糖】ケットウ 日 血液に含まれるブドウ糖。例 —値。

【血肉】ケツニク ①血と肉。例 学業を自分の—化する。②親子や兄弟。肉親。骨肉。例 —の争い。

【血尿】ケツニョウ 血がまじった尿。

【血判】ケッパン 日 誓約や決意のかたさを示すため、自分の指先を切り、その血で、署名の下に判としておす。また、その判。

【血便】ケツベン 血がまじった大便。

【血脈】一 ケツミャク ①血管。②血のつながり。血縁。例 —をたどる。二 ケチミャク〔仏〕師から弟子へと仏法を相続していくこと。また、その相続のされ方を記した系図。

【血盟】ケツメイ ①血をすすって誓う。②日 血判をおして、同志の誓いをする。

【血涙】ケツルイ 深い悲しみやひどい苦しみのために流すなみだ。血のなみだ。例 —をしぼる。—をこらえる。

【血路】ケツロ ①敵の包囲を破って、血まみれになってつくった逃げ道。例 —をひらく。②困難を切りぬける方法。

【血煙】けむり 日 切られたときなどに飛び散る血を、けむりに見立てたことば。例 —をあげて倒れる。

【血流漂レ▼杵】ちながれてショをただよわす〔血が杵を浮かべる意〕多くの人が戦死したことのたとえ。「杵」は、大きな盾（たて）。流れる血が杵を浮かべるほどの、戦争の悲惨さをいう。漂杵（ヒョウショ）。流血漂レ櫓（リュウケツロをただよわす）。〈書経・武成〉

【以レ血洗レ血】ちをもってちをあらう〔血で血を洗う意〕①相手の残虐な仕打ちに対し、同じような手段で報復する。〈旧唐・源休伝〉②日 身内どうしが争う。

●献血ケンケツ・混血コンケツ・採血サイケツ・止血シケツ・充血ジュウケツ・出血シュッケツ・純血ジュンケツ・貧血ヒンケツ・輸血ユケツ・流血リュウケツ・冷血レイケツ

[衂] 血3(9) ⇩衄ジク（1184ページ）

[衃] 血3(9) ⇩恤ジュツ（502ページ）

衄 血4(10) 2 7440 8844

ジク（ヂク）漢 屋 nǜ

はなぢ

[衂] 血3(9) 2 7441 8842 俗字。

意味 ❶鼻から血が出る。**はなぢ**。例 衄血ジクケツ(=はなぢ)。❷挫折（ザセツ）する。くじける。くじく。例 衄挫ジクザ(=くじく)。敗衄ハイジク(=負けてしまう)。

衆 血6(12) 1 2916 8846 教6

シュウ（シウ）漢 シュ 呉 送 zhòng

[眾] 罒6(11) 773E 本字。

筆順 ‘ 宀 血 血 血 衆 衆 衆 衆

なりたち [会意]「乑(=多くのひと)」と、「目」とから成る。多い。

意味 人が多い。数が多い。多くの。また、普通の、世間一般の人々。例 衆人シュウジン。衆生シュジョウ。衆目シュウモク。群衆グンシュウ。

古訓 中古 おほきなり・おほし・もろ・もろもろ 中世 おほし・もろもろ 近世 おほし・もろもろ

人名 あつむ・とも・ひろ・もり・もろ

難読 一切衆生（さしもぐさ）・下衆（げす）

【衆寡】シュウカ 人数の多いことと少ないこと。多人数と少人数。多寡タカ。

【衆寡不レ敵】シュウカテキせず 多勢に無勢では勝負にならない。人数の少ないほうに勝ちめがない。〈魏志・張範伝〉

【衆議】シュウギ 多くの人が相談や論議をする。また、その相談や論議。例 —一決する。

【衆議院】シュウギイン 日 日本の国会の二院制度で、参議院とともに国会を構成する議院。予算案の先議権や決議権、条約の承認など、参議院に優先する権限をもち、解散の制度がある。衆院。対 参議院。

【衆愚】シュウグ 多くのおろか者。例 —政治。

【衆口】シュウコウ 集まった人々がくちぐちにものを言うこと。例 —調（ととの）えがたし(=多くの人々がくちぐちに言うことを一つにまとめるのはむずかしい)。

【衆口▼鑠レ金】シュウコウキンをとかす 多くの人のことばは、金属をもとかす。世論が、おそるべき力をもつこと。〈国語・周下〉類 衆鑠シュウシャク。

【衆庶】シュウショ（権力者から見た）一般の人々。庶民。大衆。類 衆民。

【衆辱】シュウジョク おおぜいではずかしめる。おおぜいの前ではずかしめる。また、おおぜいからはずかしめを受ける。

【衆人】シュウジン ①多くの人々。おおぜいの人。例 衆人熙熙シュウジンキキたり(=世の多くの人々は、やわらぎ楽しんでいる)。〈老子・二〇〉—環視の中。②普通の人。例 衆人固不レ識也シュウジンもとよりしらざるなり(=普通の人の容易にうかがい知るところではない)。〈孟子・告子下〉

【衆生】一 シュウセイ ①生きているすべての人。例 衆生必死シュウセイかならずシす(=生きている人々は、必ず死ぬ)。〈礼記・祭義〉②人以外の動物。二 シュジョウ〔仏〕すべての生存するもの。特に、人間。例 一切イッサイ—。

【衆生済度】シュジョウサイド〔仏〕仏や菩薩（ボサツ）が衆生を救って彼岸にわたすこと。人々を迷いから救い、悟りを得させること。

【衆多】シュウタ 多数であること。数の多いさま。

【衆知】シュウチ【衆▼智】シュウチ 多くの人々の知恵。例 —を集める。

【衆芳】シュウホウ ①多くのかんばしい花。②すぐれた人や美女。

【衆望】シュウボウ 多くの人々の期待。例 —をになう。

【衆目】シュウモク 多くの人々の見方。例 —の一致するところ。

●観衆カンシュウ・群衆グンシュウ・公衆コウシュウ・大衆タイシュウ・民衆ミンシュウ

衊 血14(20) 4 8805 884A

ベツ 漢 屑 miè

意味 ❶けがれた血。❷血でけがす。

144 6画

行 ぎょうがまえ ゆきがまえ 部

人が歩く意をあらわす。「行」をもとにしてできている漢字を集めた。

[0] 行 1185　[3] 衍 1186　[5] 衒 1187　術　[6] 街 1187　衖　[7] 衙 1187　[9] 衝 1188　[10] 衛 1188　衞　衡　衟　[18] 衢 1188

この部首に所属しない漢字

衜 → 鳥 1494

行

行0（6）　[1]2552　884C　[教2]

[一] コウ（カウ）漢　ギョウ（ギャウ）呉　アン唐　[庚] xíng

[二] コウ（カウ）漢　ギョウ（ギャウ）呉　[敬] xìng

[三] コウ（カウ）漢　ゴウ（ガウ）呉　[陽] háng

[四] コウ（カウ）漢　ゴウ（ガウ）呉　[漾] hàng

いく・ゆく・おこなう（おこな-ふ）・くだり

[付表] 行方（ゆくえ）

[筆順] ノ ク 彳 彳 行 行

[なりたち] [会意]「彳（＝小またで歩く）」と、「亍（＝歩みを止める）」とから成る。人が歩く。

[参考] 一説に、十字路の形。

[意味] [一] ❶ある方向に向かって進む。ゆく。いく。例 行進（コウシン）。行動（コウドウ）。❷うごかす。ゆかせる。やる。例 子行二三軍一、則誰与（シサングンをやらば、すなわちだれとともにせん）（＝先生が大軍を動かすとすれば、だれと一緒にしますか）。〈論語・述而〉 行軍（コウグン）。行舟（コウシュウ）。❸あることをする。おこなう。例 実行（ジッコウ）。遂行（スイコウ）。❹経過する。へる。めぐる。例 運行（ウンコウ）。❺旅行。旅。例 行客（コウカク）。紀行（キコウ）。❻道路の神。❼漢詩の形式の一つ。例 琵琶行（ビワコウ）。❽漢字の書体の一つ。例 行書（ギョウショ）。[二] ❶行為。おこない。特に、よいおこない。例 貧無レ行（ヒンにしてコウなし）（＝貧乏で品行が悪かった）。〈史記・淮陰侯伝〉 言行（ゲンコウ）。素行（ソコウ）。徳行（トッコウ）。品行（ヒンコウ）。❷巡視する。見回る。[三] ❶並んでいるもの。ならび。例 行列（ギョウレツ）。改行（カイギョウ）。❷商売をするところ。店。例 銀行（ギンコウ）。[四] 一族の中で、同世代の長幼の順序。排行（ハイコウ）。例 行第（コウダイ）。

[古訓] [中古] あきら・ありく・あるく・おきつ・おこなふ・くだる・さる・たび・つらぬ・てだて・なげく・にぐ・はなつ・ひら・また・めぐる・もちゐる・やる・ゆき・ゆく・わざ [中世] ありく・おこなふ・くだり・つら・てだて・みち・やる・ゆく [近世] ありく・ありさま・おこなひ・おこなふ・さる・つら・みち・めぐる・ゆく

[人名] あき・あきら・すすむ・たか・つら・ひら・みち・やす・ゆき

[難読] 行縢（むかばき）・行方（なめかた）（＝地名・姓）・行器（ほかい）

【行脚】（アンギャ）「「ギャ」も唐音」 ①〔仏〕僧が仏道修行のために諸国をめぐり歩く。例 —の僧。②歩いてあちこち旅をする。例 全国を—する。

【行宮】（アングウ｜コウキュウ） 天子が旅の途中で泊まるときの、仮の御所。行在所（アンザイショ）。

【行在所】（アンザイショ｜コウザイショ） 行幸先の天子の仮御所。行宮（アングウ）。仮宮（かりみや）。

【行灯（燈）】（アンドン）「「ドン」も唐音」 ①手で持っていけるようにした照明具。手燭（てショク）。②[日] 昔の照明具。木や竹などの枠に紙をはり、中に油皿を置いて火をともす道具。例 昼（ひる）—（＝ぼんやりとして気のきかない人）。

【行間】（ギョウカン） 文章の行と行とのあいだ。例 —を読む（＝筆者の真意や意図を感じとること）。

【行儀】（ギョウギ） [日] 立ち居ふるまいの作法。例 —よくふるまう。

【行啓】（ギョウケイ） [日] 皇太后や皇后、皇太子、皇太子妃などが外出する。

【行幸】（ギョウコウ｜みゆき） 〔行く先ざきに幸いをもたらす意〕 天子が外出すること。

【行司】（ギョウジ） [日] 相撲で、取組を進行させたり、勝負を判定したりする人。

【行住▼坐▼臥】（ギョウジュウザガ） ①〔仏〕〔ゆく、とどまる、すわる、横になるの四つの行動から〕 日常のふるまい。起居動作。②ふだん。日常。例 —教育問題に心をくだく。

【行書】（ギョウショ） 漢字の書体の一つ。楷書（カイショ）よりも少しくずれた書体であるが、楷書よりも先に発生したもの。

【行商】（ギョウショウ） 商品を持ち歩いて商売する。対 坐商（ザショウ）。例 —人（ニン）。

【行状】（ギョウジョウ） ①おこない。ふるまい。身持ち。例 —が悪い。②文体の一つ。人の一生の経歴や言動などを記した文章。行実（コウジツ）。

【行政】（ギョウセイ） ①政治をおこなう。（＝大臣たちが政治を執りおこなう）。例 大臣行レ政（ダイジンまつりごとをおこなう）。〈史記・晋世家〉 ②[日] 国を治める三権（＝行政・立法・司法）の一つ。法律や政令に従って国や地方公共団体の政治をおこなうこと。例 —官庁。

【行草】（ギョウソウ） 漢字の書体で、行書と草書。

【行年】（ギョウネン｜コウネン） この世に生きた年数。また、死んだときの年齢。享年（キョウネン）。例 行年七十（コウネンシチジュウ）（＝この世に生きて七十年）。〈荘子・天道〉

【行列】（ギョウレツ｜コウレツ） 順々に列をつくって並ぶ。また、その列。例 大名—。

【行衣】（コウイ） 旅に着る衣服。旅ごろも。

【行為】（コウイ） おこない。しわざ。

【行雲流水】（コウウンリュウスイ） ①空を行く雲や流れる水。自然な変化に富む詩文書画などをたとえていう。例 如二行雲流水一、初無二定質一（コウウンリュウスイのごとく、はじめよりテイシツなし）（＝空を行く雲や流れる水のようであり、一定の姿などいささかも無い）。〈蘇軾・与謝民師推官書〉 ②ものごとにこだわらない態度をいう。→【雲水】（ウンスイ）（1416ページ）

【行営】（コウエイ） ①行軍のときに設ける陣営。②軍隊を進める。進軍する。③さがし求める。

【行役】（コウエキ） ①徴用されて遠方の労役や辺境守備に従事する。②旅行する。

【行火】（コウカ｜アンカ） [一] 火を用いる。[二] [日] 炭火を入れて手足をあたためる小型の暖房具。

【行貨】（コウカ） ①行商。②わいろを使う。③粗悪品。安物。転じて、人をののしることば。野郎。

【行客】（コウカク） 旅をする。旅人。

【行楽】（コウラク｜コウガク） [一] ①遊び楽しむこと。例 細推二物理一須二行楽一（こまかにブツリをおすにすべからくコウラクすべし）（＝ものの道理を詳しく推し測ってみるに、人生は遊び楽しんで暮らすべきものだ）。〈杜甫・曲江〉 ②外出や旅行をして遊ぶこと。例 —地。

【行▼誼】（コウギ） 人の道にかなったおこない。品行。例 棄二行誼一而死二財利一（コウギをすててザイリにシす）（＝正しいおこないをやめて金銭の利益のために命を捨てる）。〈漢書・董仲舒伝〉

【行乞】（コウコツ｜ギョウコツ） [一] 道で人に食物を求める。[二] 〔仏〕僧が家々をめぐり歩いて食物をこう。托鉢（タクハツ）。

【行業】（コウギョウ） ①品行と学業。②〔仏〕（仏門にいる者としての）品行。③生産者としての仕事。また、職業。

【行吟】（コウギン｜ゆくゆくギンずる） ぶらぶら歩きながら詩などを詠む。類 行歌

コウ―ゆくゆく。カ―うたう

【行軍】コウグン ①軍隊を用いる。用兵。②軍隊が隊列を組んで行進したり、移動したりする。例 雪中―。

【行径】コウケイ ①細い道。小道。②行動。挙動。

【行検】コウケン 節度のある行為。品行。例 少時不レ脩二行検一(=若いときに品行を修めなかった)。〈魏志・曹仁伝〉

【行▼賈】コウコ 行商。また、行商人。類 行販。例 行賈遍二郡国一(=行商は全国いたるところにゆきわたった)。〈史記・貨殖伝〉

【行▼伍】コウゴ 軍隊。また、その隊列。

【行行】コウコウ ①とどまらずに歩く。例 行行重行行、与レ君生別離(=あなたはどんどん旅路を重ねて行ってしまい、あなたと私は生き別れとなった)。〈古詩十九首〉②剛強なさま。例 子路行行如也(=子路〈=孔子の弟子〉は勇ましいようすだ)。〈論語・先進〉

【行国】コウコク ①水や草を求めて移動し続ける、遊牧民族の国。例 行国随レ畜(=遊牧民の国は家畜に従って移動する)。〈史記・大宛伝〉②国内を巡る。

【行子】コウシ 旅行く人。旅客。例 行子腸断(=旅人は非常に悲しんだ)。〈江淹・別賦〉

【行止】コウシ ①行くことと止まること。また、おこなうことと、やめること。②出処進退。③活動。ふるまい。行状。

【行使】コウシ 権利や権力などを実際に使う。例 実力―。

【行事】 一コウジ ①行為。②使者にかかわる事柄。③事をおこなう。 二ギョウジ 日催しごと。特に、定期的におこなわれる催し。例 学校―。

【行▼尸走肉】コウシソウニク 〔「行尸」は歩く死体、「走肉」は走る肉〕生きていても何の価値もない人間をそしっていう。〈拾遺記・六〉

【行実】コウジツ ①おこなった事柄。事実。②「行状②」に同じ。

【行者】 一コウシャ ①道を行く人。行人。②出征する兵士。 二アンジャ 〔仏〕寺で雑役に従事する者。 三ギョウジャ 〔仏〕①諸国を行脚する修行僧。②日 修験道の修行者。山伏。

【行酒】コウシュ 杯を回す。順に酒をついでふるまう。類 行觴。

【行舟】コウシュウ ①舟を進める。②通っていく舟。

【行賞】コウショウ ほうびを与える。例 論功―(=手柄に応じて賞を与えること)。

【行色】コウショク ①旅に立とうとする様子。また、旅をした様子。例 車馬有二行色一(=この車馬の様子ではどこかへお出かけだったようだ)。〈荘子・盗跖〉②旅行。

【行食】コウショク ①職につかず遊んで暮らす。例 行食之徒(=遊んで暮らす人間)。〈管子・君臣下〉②食膳を運ぶ。

【行進】コウシン ①進み行く。例 入場―。②日 おおぜいの人が列をつくってきちんと進んでいく。例 街頭を―する。

【行人】 一コウジン ①旅人。道を行く人。②出征兵士。例 行人弓箭各在レ腰(=出征兵士はめいめい弓と矢を腰につけている)。〈杜甫・兵車行〉③使者。④漢代、外国の使者を接待した役人。 二ギョウニン 日〔仏〕仏道の修行者。行者。

【行陣】【行陳】コウジン ①軍営。例 必能使二行陣和睦一(=きっと軍営の人々をなごやかにすることができるでしょう)。〈諸葛亮・出師表〉②軍の隊列。

【行水】 一コウスイ 流れゆく水。流水。 二ギョウズイ ①神事などの前に、水を浴びて身を清める。②日 湯や水を入れたたらいにはいって、汗を流す。例 ―をつかう。カラスの―。

【行成】コウセイ ①たいらぎをおこなう 諸侯間で平和交渉をする。②しかるべきおこないが身につく。

【行跡】【行▼迹】 一コウセキ あしあと。 二ギョウセキ 日々のおこない。行状。

【行装】コウソウ ①旅のとき用意する衣服。旅支度。②軍隊の服装。

【行蔵】コウゾウ ⇩【用舎行蔵】ヨウシャコウゾウ(888ページ)

【行台(臺)】コウダイ ①東晋から唐代、地方に置かれた中央政府の臨時出張所。②元代、御史台の地方機関。③高官の駐在する所。

【行第】コウダイ 一族の同世代の年齢順位の順。

【行▼厨】コウチュウ 弁当。簞食。

【行程】コウテイ 進むみちのり。道程。また、旅の日程。例 ―表。

【行▼縢】コウトウ―むかばき 布で脚やすねを巻いて、動きやすくしたもの。きゃはん。すねあて。

【行動】コウドウ 意志をもって事をおこなう。ふるまい。

【行童】コウドウ 寺の召し使いの少年。

【行道】 一コウドウ ①道を行く。通り道。②道徳を実行する。 二ギョウドウ 〔仏〕①仏道をおこなう。②経を読みながら仏座を右まわりにめぐる儀式。

【行能】コウノウ 品行と才能。

【行▼囊】コウノウ ①旅行用のふくろ。②日 郵便物を入れて輸送したふくろ。「郵袋」のもとの言い方。

【行馬】コウバ ①宮門・役所などの前に設けた、人馬通行禁止の柵。②くぎを打ちつけた、軍事上の防御柵。

【行媒】コウバイ 結婚の仲立ちをする。仲人。媒酌人。

【行伴】コウハン 同伴者。道連れ。

【行文】コウブン ①戦争をやめて、文治政治をおこなう。②文章を作ること。また、その作り方。語句の使い方。言いまわし。例 たくみな―。

【行遊】【行▼游】コウユウ 故郷を離れる。旅をする。

【行▼李】 一コウリ ①使者。②旅行者。③旅行用の荷物。④日 衣類などを入れる、ヤナギやタケなどで編んだ箱形の入れもの。梱。

【行旅】 一コウリョ ①旅行する。たび。②旅行者。行人。 二アンリョ 〔仏〕日常のおこない。

【行旅病者】コウリョビョウシャ 日 道路上で倒れた身元不明の病人。ゆきだおれ。類 行路病者。

【行路】コウロ ①みち。通路。②道を行く人。例 ―病者。③旅路。世渡り。例 波風のたえない人生―。

【行路難】コウロナン ①道路が険しく困難なこと。②世渡りの苦しみ。また、別離の苦しみ。③楽府題の一つ。

【行▼潦】コウロウ 道にたまった水。例 河海之於行潦、類也(=黄河や大海と水たまりは同類である)。〈孟子・公孫丑上〉

【行方】ゆくえ―ゆきがた 日 ①進む方向。行った先の所在。例 ―不明。②これから先。将来。行く末。例 裁判の―を見守る。

【行不レ由レ径】ゆくにこみちによらず 小道を通らず、大道を堂々と歩く。おこないが公明正大であること。〈論語・雍也〉

●移行・横行・刊行・逆行・強行・挙行・決行・言行・現行・興行・航行・執行・実行・修行・徐行・進行・随行・善行・素行・続行・代行・直行・通行・発行・犯行・非行・尾行・平行・暴行・歩行・夜行・流行・旅行・連行

衍 行3 (9) 2 6207 884D エン 漢 銑 yǎn はびこ-る・し-く・あま-り

意味 ❶水があふれる。満ちひろがる。**はびこる**。例 衍曼(エンマン)。❷ことばの意味をおし広げて、明らかにする。ひろげる。**しく**。例 衍義(エンギ)。❸よけいなもの。**あまり**。例 衍字(エンジ)。

【衍▼溢】(エンイツ) 満ちあふれる。類 衍盈(エンエイ)。

【衍▼繹】(エンエキ) 一つのことから、ほかのことへとおし広げて説明する。演繹。

【衍義】(エンギ) 意味をおし広めて説くこと。また、そのようにして説いたもの。演義。例 大学—。

【衍字】(エンジ) 文章や語句の中に誤ってはいりこんだ、よけいな文字。対 脱字。

【衍聖公】(エンセイコウ) 宋(ソウ)代以降、孔子の子孫に与えられた爵号。

【衍文】(エンブン) 文章中に誤ってはいりこんだ、よけいな文句。対 脱文。

【衍▼曼】(エンマン)【衍漫】(エンマン) 絶え間なく広がってゆく。広くはびこる。蔓衍(マンエン)。蔓延。

【衍沃】(エンヨク) 広大でよく肥えた土地。沃地。

衒

行5 (11) 2 7442 8852

ケン(クェン)漢 ゲン(グェン)呉 霰 xuàn
てら-う(てら-ふ)

意味 ❶宣伝して売りあるく。うる。例 衒鬻(ゲンイク)。衒売(ゲンバイ)(=価値以上に売りこむ)。❷実際以上によく見せようとする。自分の才能や知識をひけらかす。**てらう**。例 衒学(ゲンガク)。衒気(ゲンキ)。❸まどわす。くらます。通 眩(ゲン)。例 衒惑(ゲンワク)(=目をくらまし、まどわす)。

【衒▼鬻】(ゲンイク) ①品物をほめそやして売ろうとする。類 衒売。②自分の才能を実力以上によく見せて、売りこむ。

【衒学】(ゲンガク) 日 学問や知識、また才能などを、それとなく見せびらかすこと。てらうこと。ペダントリー。例 —的態度。

【衒気】(ゲンキ) 日 自分をよく見せかけようとする気持ち。

【衒才】(ゲンサイ) 自分の才能を見せびらかすこと。

【衒士】(ゲンシ) 自分の才能を実力以上に見せかける男。

術

行5 (11) 1 2949 8853 教5

シュツ漢 **ジュツ**呉 質 shù
すべ・わざ

筆順 ノ 彳 彳 什 休 徘 徘 術

なりたち  [形声]「行(=いく)」と、音「朮(シュツ)」とから成る。村の中の道。派生して「わざ」の意。

意味 ❶長年かかって身につけた学問や技芸。**わざ**。例 学術(ガクジュツ)。技術(ギジュツ)。芸術(ゲイジュツ)。❷不思議なわざ。例 術(ジュツ)を使(つか)う。秘術(ヒジュツ)。妖術(ヨウジュツ)。❸方法。手だて。**すべ**。例 話術(ワジュツ)。処世術(ショセイジュツ)。❹はかりごと。たくらみ。例 術策(ジュッサク)。術数(ジュッスウ)。❺習う。学ぶ。→【蛾術】(ギジュツ)(1174ページ)

古訓 中古 おきて・たばかる・のり・ばく・みち・めぐむ・めごむ 中世 さと・ちまた・のり・みち 近世 あやつり・てだて・のぶる・のり・みち

人名 のり・みち・やす・やすし

難読 術(て)だて(=術立(だて)の)

【術業】(ジュツギョウ) 学術や技術。また、学業。例 聞レ道有二先後一、術業有二専攻一(みちをきくにセンゴあり、ジュツギョウにセンコウあり)(=道理を聞き知るのに先か後かがあり、学問や技術にそれぞれの専門がある)。〈韓愈・師説〉

【術芸(藝)】(ジュツゲイ) ①学問や文芸。②経書と学芸。③暦数や卜占(ボクセン)の方法。

【術後】(ジュツゴ) 日 手術したあとの状態。例 —の経過。

【術語】(ジュツゴ) 日 〔英 technical term の訳語〕学問や技術の分野で、専門的に使われる語。専門用語。テクニカルターム。

【術策】(ジュッサク) 日 はかりごと。たくらみ。類 術計。

【術士】(ジュツシ) ①儒学を学んでいる人。儒士。②方術(=天文学や占術・医術などの術)にすぐれた人。方士。③はかりごとの巧みな人。策士。

【術数】(ジュッスウ) 〔「数」は、手段や方法〕①はかりごと。策略。例 権謀—。②占いや天文で、吉凶を予測する術。

【術知】【術▼智】(ジュッチ) 巧みな技術と知恵。学問と才知。例 人之有二徳慧術知一者、恒存二乎疢疾一(ひとのトッケイジュッチあるものは、つねにチンシツにソンす)(=徳や知恵、技術をもつ人は、たいていわずらいがある境遇にいる)。〈孟子・尽心上〉

【術中】(ジュッチュウ) 計略のなか。特に、相手がしかけたわなのなか。例 敵の—にはまる。

●奇術(キジュツ)・技術(ギジュツ)・芸術(ゲイジュツ)・仁術(ジンジュツ)・戦術(センジュツ)・忍術(ニンジュツ)・馬術(バジュツ)・美術(ビジュツ)・武術(ブジュツ)・魔術(マジュツ)

街

行6 (12) 1 1925 8857 教4

ガイ慣 **カイ**漢 佳 jiē
まち

筆順 ノ 彳 彳 什 往 往 街 街

なりたち  [形声]「行(=いく)」と、音「圭(ケイ→カイ)」とから成る。四方に通じるみち。

意味 ❶まちの広い通り。大通り。例 街道(カイドウ)。街灯(ガイトウ)。❷まちなか。ちまた。**まち**。例 街頭(ガイトウ)。繁華街(ハンカガイ)。

古訓 中古 ちまた・みちはし 中世 ちまた 近世 かよひぢ・ちまた・つじ・まち

難読 街(ちまた)・八街(やちまた)(=千葉県の地名)

【街区】(ガイク) 日 住宅地の、道路で囲まれた区画。ブロック。

【街▼衢】(ガイク) 〔「衢」は、四つ辻(つじ)の意〕まち。まちなみ。大通り。

【街鼓】(ガイコ) まちの通りにあって、夜警に鳴らした太鼓。

【街▼巷】(ガイコウ) 〔「巷」は、曲がったせまい道〕まち。ちまた。小路。

【街衝】(ガイショウ) まち。ちまた。まちのにぎやかな所。

【街上】(ガイジョウ) 人々が行き来するまちの中。道ばた。街頭。

【街談】(ガイダン)▼巷語】(コウゴ) 世間のうわさ。まちかどや路地で語られるうわさ話。〈漢書・芸文志〉類 街談巷説・街談巷議。

【街道】(カイドウ) ①大通り。まちの広い通り。②日 昔から、まちとまちとをつないでいた大きな道路。奥州街道・甲州街道や日光街道など。

【街灯(燈)】(ガイトウ) 日 道路わきに設置した電灯。街路灯。

【街頭】(ガイトウ) 人や車が通るまちなか。道ばた。路上。例 —演説。—録音。

【街坊】(ガイボウ) ①ちまた。②隣近所の人。近所の家。

【街路】(ガイロ) 市街地の道路。まちなかの通り。例 —樹。

【街角】(まちかど) 日 ①まちの通りの曲がり角。②まちの中。街頭(ガイトウ)。▽町角。

衔

行6 (12) 4 8806 8858

一 カン(カム)漢 咸 xián
二 ギョ漢 御 yù

意味 一 ふくむ。通 銜(カン)。二 あやつる。通 御。

衙

行7 (13) 2 7443 8859

ガ漢 麻 yá

意味 ❶天子のいる宮殿。例 衙内(ガナイ)(=宮殿の囲いの中)。衙兵(ガヘイ)(=宮殿を守る兵)。❷役所。つかさ。例 官衙(カンガ)。国衙(コクガ)(=国司の役所)。

【衙参】(ガサン) 朝夕、官吏が役所に集まる。

【衙門】(ガモン) 役所の門。また、兵営の門。のち、官庁の意。牙門(ガモン)。

衝

行9(15) 1 3055 885D 常用 ショウ㊥ 冬 chōng つ-く

筆順

なりたち  [形声]本字は「衝」で、「行(=いく)」と、音「童(トウ→ショウ)」とから成る。通りみち。

意味 ❶大通り。また、交通上大切なところ。例 要衝(ヨウショウ)。❷勢いよくぶつかる。つきあたる。つく。例 怒髪上衝レ冠(ドハツのぼりてかんむりをつく)(=怒りのあまり髪の毛が逆立って冠をつきあげた)。〈史記・廉頗藺相如伝〉衝撃(ショウゲキ)。衝動(ショウドウ)。衝突(ショウトツ)。❸(chòng) 向く。向かう。例 首衝二南方一(かしらナンポウにむく)(=頭が南を向いている)。〈山海・海外北〉

古訓 中古 うるはし・ちまた・つく・とほす・とほる・まじはる・むかふ・よこたふ 中世 うごく・おこる・つく・むかふ 近世 うごく・つく・みち・むかふ

人名 つぎ・みち

難読 衝立(ついたて)・衝重(ついがさね)

【衝撃】ショウゲキ ①つき進んで攻撃する。②激しくつきあたる強い力。③日 物体や精神に急に加えられる激しい力。例 ―的な告白。▽ショック。

【衝天】ショウテン 天をつくほど勢いの盛んなこと。例 意気―(=元気が盛んで天をもつくほどである)。

【衝動】ショウドウ ①強く心をつき動かすこと。例 世に―を与えた事件。②日 突然何かをしたくなって理性ではどうにもおさえられない心の動き。例 ―買い。―に駆られる。

【衝突】ショウトツ ①動いているものがぶつかる。例 正面―をする。②日 立場や意見の異なる者が対立したり争ったりする。

【衝風】ショウフウ 激しく吹く風。暴風。

【衝要】ショウヨウ ①軍事上・交通上重要な地点。②重要な仕事や地位。

●緩衝(カンショウ)・折衝(セッショウ)

衛

行10(16) 1 1750 885B 教5 エイ(ヱイ)㊥ エ(ヱ)㊦ 霽 wèi まも-る・まも-り

[衞]

行10(16) 2 7444 885E 人 旧字体。

筆順

なりたち  [会意]「韋(イ→エイ)(=守る)」と「帀(=めぐりゆく)」と「行(=ならぶ)」とから成る。列を組んで巡回しながらまもる。

意味 ❶外をとりまいて内側をまもる。まもり。例 衛士(エイシ)。護衛(ゴエイ)。防衛(ボウエイ)。❷外側をまわる。例 衛星(エイセイ)。❸周代、武王の弟、康叔(コウシュク)が封(ホウ)ぜられた国。今の河北省南部・河南省北部一帯にあった。(?―前二〇九)

古訓 中古 かくむ・かこむ・まぼり・まぼる・まもり・まもる・もり 中世 まぼる・やどる 近世 いとなむ・ふせぐ・まもる

人名 ひろ・まさ・まさる・もり・よし

【衛尉】エイイ ①秦(シン)・漢代、宮門を守備し天子の護衛をする兵士を統率した官職。②唐代以降、武器などをつかさどった官。

【衛士】エイシ 一 護衛の兵士。二 ジエ 日 律令制で、諸国から上京して宮中を警護した兵士。

【衛視】エイシ 日 国会内で警護や監視にあたる職員。

【衛▼戍】エイジュ 軍隊が一定の広い区域にとどまって警備すること。例 ―病院。

【衛生】エイセイ ①長寿をまっとうする。例 願聞二衛生之経一而已矣(ねがわくはエイセイのケイをきかんのみ)(=どうか身を養生する常法についてお話をうかがいたい)。〈荘子・庚桑楚〉②日 健康に注意し、病気の予防をはかること。清潔で健康な生活を維持するように心がけること。例 ―学。

【衛星】エイセイ ①ある星を囲み守るように見える星。②日 惑星の周囲をまわる星。例 人工―。

【衛兵】エイヘイ 警備や監視のための兵士。番兵。

【衛府】エフ 日 近衛(コノエ)府・衛門府・兵衛府の三府。また、その武官。

●後衛(コウエイ)・護衛(ゴエイ)・自衛(ジエイ)・守衛(シュエイ)・前衛(ゼンエイ)・防衛(ボウエイ)

衡

行10(16) 1 2553 8861 常用 コウ(カウ)㊥ 庚 héng はかり・はか-る

筆順

なりたち  [形声]「角(=つの)」と「大(=おおきい)」と、音「行(コウ)」とから成る。ウシが角で人を傷つけないように、横にわたす大木。

意味 ❶ウシの角(つの)に結びつけた横木。❷車のながえの前方の横木。❸はかりのさお。また、はかり。例 権衡(ケンコウ)。度量衡(ドリョウコウ)。❹重さをはかる。はかる。例 均衡(キンコウ)。平衡(ヘイコウ)。❺釣り合いがとれていること。たいらか。❻よこ。通 横。例 連衡(レンコウ)。

古訓 中古 からはかり・さね・たひら・たひらかに・はかり・ひとし・ひら・ひらなり・よこさま・よこたふ 中世 くびき・はかり・ひら・ひらなり・ふく・よこさま 近世 きたみなみ・くびき・たひらか・はかり・はかりのさを・ひとし・まゆがしら・よこ・よこさま・よこたはる

人名 たいら・ちか・ひで・ひとし・ひら・ひろ・まもる

【衡宇】コウウ 「衡門①」と家の屋根。粗末な家をいう。例 乃瞻二衡宇一、載欣載奔(すなわちコウウをみ、すなわちよろこびすなわちはしる)(=やがて《帰りついて》我が家を見ると、すっかりうれしくなり思わず駆け出した)。〈陶淵明・帰去来辞〉

【衡鑑】コウカン はかりと、鏡。ものごとの是非を判別するもの。類 衡鏡。

【衡器】コウキ 重さをはかる器具。はかり。

【衡権】コウケン さおばかりの、さおとおもり。

【衡行】コウコウ 〔横ざまに行く意〕気ままに行く。好き勝手にふるまう。横行。例 一人衡二行於天下一、武王恥レ之(イチニンテンカにコウコウするは、ブオウこれをはず)(=一人でも天下を横行して乱暴をする者があれば、武王はこれを恥とした)。〈孟子・梁恵王下〉

【衡山】コウザン 五岳の一つ。湖南省衡陽県の北にある。南岳。衡岳。

【衡軸】コウジク ①北斗七星の中心にある第五星(衡星)と、車軸。周りの動くものの中心にあるもの。②要職にあること。

【衡人】コウジン 戦国時代、連衡の策を主張した遊説家。張儀一派の人々。

【衡石】コウセキ はかり。

【衡石量書】コウセキリョウショ 君主が堅実に政治につとめるさま。例 以二衡石一量レ書(コウセキをもってショをはかる)(=上奏された書類の目方をはかって、一日に一定量を裁決する)。〈史記・始皇紀〉

【衡度】コウド はかりと、ものさし。

【衡平】コウヘイ 釣り合うこと。平均すること。平衡。

【衡門】コウモン ①二本の柱に横木をわたしただけの門。冠木(かぶき)門。②隠者の粗末な住まい。③宮殿の門前に立ち、天子を警護する者。

[衜]

行10(16) ⇩道(ドウ)(1318ページ)

衢

行18(24) 2 7445 8862 ク㊥㊦ 虞 qú ちまた

意味 四方に通じる大通り。四つ辻(つじ)。例 衢巷(クコウ)(=ちまた)。街衢(ガイク)。八衢(やちまた)。

【衢道】クドウ 分かれ道。

145 6画

衣 ころも(衤 ころもへん)部

上半身をおおうころもの意をあらわす。「衣」が偏(=漢字の左側の要素)になるときは「衤(ころもへん)(五画)」となる。「衣」をもとにしてできている漢字を集めた。

衣

衣0(6) 1 1665 8863 教4

一 イ 漢 エ 呉 微 yī
二 イ 漢 エ 呉 未 yì
ころも・きぬ 付表 浴衣(ゆかた)

筆順 丶 亠 ナ 衣

なりたち 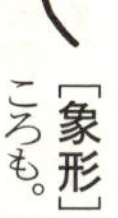 [象形] 二人をおおう形。上半身をおおうころも。参考 一説に、着物の襟もとの形。

意味 一 身にまとう着物。ころも。きぬ。特に、腰から上の着物。対 裳(ショウ)。例 衣莫レ如レ新、人莫レ如レ故(イはシンにしくなく、ひとはコにしくなし)(=衣服は新しいのがよく、友は旧友がよい)。〈晏子・雑上〉 衣装(イショウ)。衣服(イフク)。二 身につける。きる。きせる。例 衣二敝縕袍一(やぶれたるウンポウをきる)(=破れた綿入れを着る)。〈論語・子罕〉 衣繡夜行(イシュウヤコウ)。

古訓 中古 うはけ・きぬ・きぬきる・きもの・きる・こけ・ころも・ころもきす・そ・つく 中世 きぬ・きる・ころも 近世 かくす・きる・ころも・よる

人名 そ・みそ

難読 衣通姫(そとおりひめ)・母衣(ほろ)・産衣(うぶぎ)・単衣(ひとえ)・直衣(のうし)

【衣▼纓】イエイ ①衣服と冠のひも。官吏の正装。②高官の家柄。

【衣冠】イカン ①衣服とかんむり。正装。例 君子正二其衣冠一(クンシはそのイカンをただしくす)(=君子は衣冠を正しく身につける)。〈論語・尭曰〉 ②「①」を着用した人。官吏、また、貴人。③日 平安時代中期以後、朝廷で着用された略式の礼装。正式の束帯を簡略化したもの。

【衣▼裘】イキュウ 〔「裘」は、冬に着るかわごろも〕夏と冬の衣服のこと。

【衣裾】イキョ 衣服のえり。また、衣服のすそ。

【衣魚】イギョ|しみ シミ科の昆虫。シミ。体長一センチメートルほどの銀色の虫で、和紙や衣料を食いあらす。紙魚(ギョ|しみ)。

【衣▼衾】イキン ①衣服と夜具(うすい掛けぶとん)。②死者に着せるかたびらと、うすい掛けぶとん。

【衣錦▼之栄】イキンのエイ|にしきをきるのエイ 立身出世し、立派な衣を着て故郷ににしきを飾る栄誉。〈欧陽脩・相州昼錦堂記〉

【衣桁】イコウ 細い木を枠のように組んだ、着物をかけておく家具。衣紋(エモン)掛け。類 衣架(イカ)。例 ―にかけた着物。

【衣▼繡夜行】イシュウヤコウ ⇩【衣レ繡夜行】シュウをきてよるゆく(1058ページ)

【衣▼裳】イショウ 〔「裳」は、はかま・スカートの類〕①上衣と下衣(=下半身に着る衣服)。②日 外出時に着用する衣服。また、演劇などの舞台で出演者が身につける衣服。表記 ②は 現 衣装

【衣食】イショク ①衣類と食料。②生活。暮らし。

【衣食足則知二栄辱一】イショクたればすなわちエイジョクをしる 人は生活に必要なものが満ち足りてはじめて名誉や恥辱を知るようになる。衣食足りて礼節を知る。〈管子・牧民〉

【衣装】イショウ 一 衣服と荷物。二 イショウ ①衣服。②日 特に、晴れ着。例 ―持ち。花嫁―。表記 二は 旧 衣▼裳

【衣帯】イタイ ①おび。例 一―水(イチイタイスイ)。②衣服とおび。

【衣不レ得レ▼曳レ地】イ チにひくをえず 〔衣服を長くして地にひきずることを許さない意〕衣服を質素にするさま。〈史記・孝文紀〉

【衣着】【衣著】イチャク 衣服を着る。また、衣服。

【如レ不レ勝レ衣】イにたえざるがごとし 〔衣服の重さにたえられない意〕①からだの弱いさま。〈荀子・非相〉から〉 ②おそれ慎むさま。〈礼記・檀弓下〉

【衣鉢】イハツ|イハチ|エハツ|エハチ ①〔仏〕修行者の常にたずさえるべき三衣(サンエ)(=三種の袈裟(ケサ))と一鉢(イッパツ)(=食器)。②〔仏〕師の僧が仏法を伝えた弟子に与える袈裟と鉢(ハチ)。例 ―を継ぐ。③師が後継者に伝える奥義。

【衣被】イヒ 一 ①衣服。衣服と夜具。例 冬無二衣被一(ふゆにイヒなし)(=冬に着るものがない)。〈晋書・呉逵伝〉 ②かばう。恵みを与える。二 きぬかずき 日 昔、貴婦人が外出時にかぶった小袖(こそで)。三 きぬかつぎ 日 皮つきのままゆでたサトイモ。

【衣服】イフク 身にまとい、着るもの。着物。衣料。衣類。例 粲粲衣服(サンサンたるイフク)(=色あざやかなきもの)。〈詩経・小雅・大東〉

【衣紋】一 イモン 衣服のあや模様。また、衣服。二 エモン 日 ①着物のえりの合わさるあたり。また、襟首のあたり。襟もと。例 ―をつくろう。②衣服。例 ―掛け。③絵画や彫刻で、人物像の着衣の線。

【衣料】イリョウ ①着物をつくる材料。②日 着るもの。衣服。衣類。例 ―品。

【衣糧】イリョウ 衣服と食糧。例 被災地に―を送る。

【衣類】イルイ 着るものの総称。衣服。衣料。

●白衣(ハクイ)・法衣(ホウエ)・浴衣(ゆかた)

衤

衤0(5) 4 8808 8864

⇩部首解説

表

衣2(8) 1 4129 8868 教3

ヒョウ(ヘウ) 漢 呉 篠 biǎo
おもて・あらわす(あらは-す)・あらわれる(あらは-る)

筆順 一 十 キ 主 声 表 表 表

なりたち  [会意] 「衣(=ころも)」と「毛(ボウ→ヒョウ)(=け)」とから成る。皮ごろもの毛のある面。

意味 ❶ものごとの外側にあらわれた部分。おもて。対 裏。例 表紙(ヒョウシ)。地表(チヒョウ)。❷上着。また、上着を着る。例 必表而出レ之(かならずヒョウしてこれをいず)(=必ず上着を着て外出する)。〈論語・郷党〉 ❸明らかにする。はっきりさせる。あらわす。あらわれる。例 表現(ヒョウゲン)。公表(コウヒョウ)。❹あらわし示したもの。めじるし。例 表札(ヒョウサツ)。❺手本。のり。例 師表(シヒョウ)。❻事柄をわかりやすく

整理して書きあらわしたもの。例 図表（ズヒョウ）。❼主君や上の者へ申し上げる文章。上奏文。例 上表文（ジョウヒョウブン）。出師表（スイシのヒョウ）。❽日影を観測して時を計る柱。❾異姓のいとこ関係をいう。対堂。

日本語での用法《おもて》①「表街道（おもてカイドウ）・表座敷（おもてザしき）・表沙汰（おもてザタ）」▼おおやけ。公式の。正式の。②「畳表（たたみおもて）・備後表（ビンゴおもて）」▼たたみの外側。③「江戸表（えどおもて）・国表（くにおもて）」▼ある地点から見て、離れたところの、公の場所や地方。

古訓 中古 あらはす・うはおそひ・うへ・しめす・ただし・なつく・ほか 中世 あきらか・あらはす・おもて・ほか 近世 あきらか・あらはす・うはぎ・うはぎぬ・おもて・こずゑ・しるす・はたじるし・ほか

人名 あき・あきら・うわ・お・おも・きぬ・こずえ・すず・よし

【表沙汰】（おもてザタ） 日 ①事が表面に出て広く知れわたること。例 いつのまにか―になってしまう。②是非や善悪などを、公の場であつかう事件。例 ―にして黒白をつける。

【表異】（ヒョウイ） 他と明らかに異なっているところ。また、特異な才能を目立たせる。

【表意文字】（ヒョウイモジ） 日 一つ一つがそれぞれ単独で、一定の意味をあらわしている文字。たとえば、漢字やヒエログリフ（＝最古のエジプト文字）など。対表音文字。

【表音文字】（ヒョウオンモジ） 日 一つ一つが単独では、普通一定の音をあらわすだけの文字。ことばや意味をあらわすには、普通、二つもしくはそれ以上をつづり合わせて用いる。たとえば、ローマ字・かな文字・ハングルなど。対表意文字。

【表記】（ヒョウキ） ①記号。標識。②日 ことばを文字や記号で書きあらわす。例 ―法。③日 おもてに書く。例 ―の住所。

【表具】（ヒョウグ） 「表装（ヒョウソウ）」に同じ。例 ―師。―屋。

【表敬】（ヒョウケイ） 敬意をあらわす。例 ―訪問。

【表慶】（ヒョウケイ） 喜びの気持ちを伝える。

【表兄弟】（ヒョウケイテイ） 表兄と表弟。異姓のいとこ。

【表決】（ヒョウケツ） 日 議案に対する賛否の意思を明らかにして、決定する。

【表顕】（ヒョウケン） はっきりと世の中にあらわし示す。表彰。

【表現】（ヒョウゲン） 内面的・主観的な思想や感情を、表情・身ぶりやことば・音楽・絵画などの外面的・客観的な形のあるものとしてあらわす。また、そのあらわれた形。

【表号】（ヒョウゴウ） ①名をあらわす。②日 めじるし。標号。③日 はっきり言う。標号。

【表札】（ヒョウサツ） 日 住んでいる人の名前を書いて、門や入り口に掲げておくふだ。標札。

【表紙】（ヒョウシ） 本など、紙をとじたもののいちばん外側につけた紙や布や革などのおおい。

【表識】（ヒョウシ｜ヒョウシキ） ①めじるし。標識。②はっきりとあらわし示す。▽類表幟（ヒョウシ）。

【表示】（ヒョウジ） ①あらわし示す。例 文書で意思を―する。②日 表の形で示す。

【表叔】（ヒョウシュク） 母の弟。母方のおじ。

【表出】（ヒョウシュツ） 日 考えや気持ちを、ことばや表情・身ぶりなどで外にあらわす。例 折々の感情を―した歌。

【表象】（ヒョウショウ） ①形にあらわす。また、その形。②象徴。シンボル。③日〔哲〕知覚や想像、また記憶によって、意識の中にあらわれる像。感覚的で具体的なものであり、概念や観念とは違う。

【表彰】【表章】（ヒョウショウ） ①あらわし明らかにする。②よいおこないやすぐれたはたらき、立派な成績などをほめたたえる。

【表情】（ヒョウジョウ） ①感情をあらわす。②感情が顔つきや身ぶり・姿勢にあらわれたもの。特に顔つき。例 ―にとぼしい。③日 表面にあらわれる姿。例 春の都会の―。

【表装】（ヒョウソウ） 日 紙や布にかかれた書画を、保存と鑑賞のために、掛け軸・額・屏風（ビョウブ）・ふすまなどに仕立てる。表具。裱装（ヒョウソウ）。

【表層】（ヒョウソウ） 日 層がいくつにも重なっているとき、いちばん表面の層。対深層。例 ―雪崩。―の心理。

【表率】（ヒョウソツ｜ヒョウスイ） ①人々の模範となって教え導く。手本。例 為二郡表率一（グンのヒョウソツとなる）（＝郡において人々の模範となる）。〈漢書・韓延寿伝〉②管理・監督する。

【表題】（ヒョウダイ） ①表紙に書いてある書物の題。②日 講演や演劇・作品などの題。例 ―音楽。▽標題。

【表徴】（ヒョウチョウ） ①外にあらわす。②象徴。シンボル。

【表土】（ヒョウド） 日 層を成している土壌の表面の土。

【表白】一（ヒョウハク） 考えや感情をことばや文章にあらわして述べる。二（ヒョウビャク）〔仏〕法会（ホウエ）のときに、その法会の趣旨をしるした文を講師（コウジ）が読み上げて、仏前に申すこと。また、その文。

【表皮】（ヒョウヒ） 動植物のからだの表面をおおっているかわ。

【表明】（ヒョウメイ） 意見などを人にはっきりと示す。例 所信―。

【表面】（ヒョウメン） ①ものの、おもての面。例 月の―。②外から見える部分。外見。▽対裏面。

【表裏】（ヒョウリ） ①そとと、うち。表面と裏面。例 ―一体。②そととうちが逆になる。人に見せる面と実情がまったく違っている。例 言動に―のある人。

❶意表（イヒョウ）・辞表（ジヒョウ）・代表（ダイヒョウ）・発表（ハッピョウ）・別表（ベッピョウ）

社

衤3（8） 4 8809 27615 国字 かみ

意味 「社衻（かみしも）」は、江戸時代の一種の礼服。〔「裃（かみしも）」の、もとの表記〕

衩

衤3（8） 4 8811 8869 サ 漢 禡 サイ 漢 卦 chà

意味 衣服のすその両側に入れた切れ目。例 裙衩（クンサ）。

衫

衤3（8） 2 7446 886B サン（サム） 漢 咸 shān

意味 ❶（そで・すその短い）ひとえの着物。ころも。例 青衫（セイサン）（＝青い色のひとえの着物。転じて、若者。学生）。❷「汗衫（カンサン）」は、あせとり用の下着。ジバン。かざみ。

衻

衤3（8） 4 8810 27614 国字 しも

意味 ⇩社（1190ページ）

衷

衣3（9） 1 3579 8877 常用 一 チュウ（チウ） 漢 東 zhōng 二 チュウ（チウ） 漢 送 zhòng うち

[衷] 衣4（10） 本字。

筆順 

なりたち 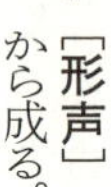 [形声]「衣（＝ころも）」と、音「中（チュウ）」とから成る。内側に着る肌着。派生して「なかほど」の意。

意味 一 ❶なか。なかほど。かたよらずにちょうどよい。通中。例 折衷（セッチュウ）。❷内側に着る。うちにする。例 衷甲（チュウコウ）。❸心のなか。まごころ。例 衷情（チュウジョウ）。衷心（チュウシン）。苦衷（クチュウ）。二 適合する。あたる。

古訓 中世 あたる・こころ・なか・まこと・よし 近世 あたる・うち・かなふ・けのころも・こころ・ただし・たひらか・なか・まこと・よし

人名 あつ・ただ・ただし・まこと・よし

【衷甲】（チュウコウ｜コウをうちにす） 衣服の下によろいを着る。

【衷情】（チュウジョウ） 心の奥底にもっている、いつわりのない思い。類衷誠。例 —を披瀝する。

【衷心】チュウシン 心の奥底。まごころ。類衷懐・衷腸。例 —よりお礼申し上げます。

●苦衷・折衷・微衷

袁

衣4(10) 2 7447 8881 エン(ヱン)漢 元 yuán

意味 ❶ころもが長いさま。❷姓の一つ。例 袁世凱(=清末の軍人・政治家)。

衿

衤4(9) 1 2262 887F 人 ━キン(キム)漢 侵 jīn ━キン(キム)漢 沁 jìn えり

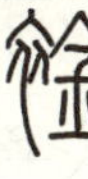

なりたち［形声］本字は「紟」で、「衤(=ころも)」と、音「金キン」とから成る。えり。

意味 ━(着物の)えり。通襟。例 衿喉キンコウ。開衿カイキン。青衿セイキン(=青いえり。転じて、若者。学生)。━ひもなどを結び、身にまとう。結ぶ。例 衿甲キンコウ。

古訓 中古くび・ころものくび 中世くび・ころものくび・つづる・ひとへきぬ 近世えり・おび・つづる・ひとへぎぬ

【衿芯】えりシン 日 衣服のえりの形を保つため、えりの中に入れるかたい布地。襟芯えりシン。

【衿契】キンケイ 心の奥をひらいての交際。襟契。

【衿甲】キンコウ よろいのひもを結んだまま解かない。よろいを着たままでいること。

【衿喉】キンコウ えりと、のどもと。要害の地のたとえ。

衾

衣4(10) 2 7448 887E キン(キム)漢 侵 qīn ふすま

意味 寝るときにからだにかける夜具。かけ布団。ふすま。例 同衾ドウキン。鴛鴦エンオウの衾ふすま(=仲むつまじい夫婦の寝所)。

【衾▼褥】キンジョク かけ布団と敷き布団。夜具。

［衮］

衣4(10) ⇨袞コン(1192ジペー)

衵

衤4(9) 2 7450 8875 ジツ(ヂツ)漢 質 nì あこめ

意味 したぎ。はだぎ。例 衵服ジップク(=婦人用の肌着)。

日本語での用法《あこめ》▼「「衵」は、俗字」①昔、男子が正装したとき、下着の上に重ねて着た衣服。②昔、女性や童女が用いた、肌着。

衽

衤4(9) 2 7451 887D ジン(ジム)漢 沁 rèn おくみ・えり

［袵］

衤6(11) 2 7452 88B5 別体字。

意味 ❶着物の前えりからすそまでにつける、幅のせまい布。おくみ。えり。例 左衽サジン。❷しきもの。ねどこ。例 衽席ジンセキ(=しきもの。また、ねどこ)。

衰

衣4(10) 1 3174 8870 常用 ━スイ漢呉 支 shuāi ━サイ漢 灰 シ漢呉 支 cuī おとろえる(おとろ-ふ)

筆順 亠 亡 方 百 亨 亨 衰 衰

なりたち［象形］草で作った雨具の形。派生して「おとろえる」の意。

意味 ━勢いや力が弱くなる。おとろえる。年をとる。例 何徳之衰也なんぞトクのおとろえたる(=何と徳のおとろえたことか)。〈論語・微子〉衰弱スイジャク。盛衰セイスイ。老衰ロウスイ。━喪服。例 斬衰ザンサイ(=裁ったままで、ふちを縫わない喪服)。

古訓 中古おとろふ・しぼむ・のぞく 中世おとろふ 近世あまぎぬ・おとろふ・すくなし・すこし・へる・みの・よわし

【衰▼絰】サイテツ 三年の喪に用いる喪服。

【衰運】スイウン おとろえゆくさだめ。くだり坂の運命。対盛運。例 —に向かう。

【衰顔】スイガン おとろえやつれた顔。類衰容。

【衰朽】スイキュウ 年老いて役に立たないさま。例 肯将二衰朽一惜二残年一あえてスイキュウをもってザンネンをおしまんや(=おとろえ果てた身なのに今さら残り少ない命を惜しもうとは思わない)。〈韓愈・左遷至藍関示姪孫湘〉

【衰耗】スイコウ|スイモウ ①おちぶれる。②「衰弱スイジャク」に同じ。

【衰困】スイコン おとろえ苦しむ。弱り疲れる。

【衰残】スイザン おちぶれてすっかり弱ってしまうこと。例 —の姿。

【衰▼弛】スイシ 日 気力がゆるむ。

【衰弱】スイジャク おとろえよわる。衰耗スイコウ。

【衰世】スイセイ おとろえた時代。対盛世セイセイ。

【衰勢】スイセイ おとろえていく自然のなりゆき。衰運。

【衰退】スイタイ おとろえて活気がなくなる。例 国力が—した。

表記 旧衰▼頽

【衰替】スイタイ おとろえすたれる。

【衰年】スイネン 老いて、体力や知力のおとろえた年齢。老年。

【衰廃】スイハイ すたれる。おとろえて、すたれる。衰替。

【衰微】スイビ 勢力がおとろえて弱くなる。例 王道衰微オウドウスイビせり(=王道が衰えていた)。〈史記・周紀〉王朝の—。

【衰▼鬢】スイビン 年老いて薄くなったびんの毛。

【衰弊】スイヘイ【衰▼敝】スイヘイ 世の中がおとろえ乱れる。

【衰亡】スイボウ おとろえてほろびる。例 幕府の—。

【衰滅】スイメツ おとろえてほろびる。衰亡。

【衰門】スイモン おとろえた家。寒門。

【衰乱】スイラン 世がおとろえ混乱したさま。

【衰齢】スイレイ 老年。老人。衰年。

【衰老】スイロウ 年をとって、からだが弱る。また、からだの弱った老人。老衰。類衰暮。例 養二衰老一スイロウをやしなう(=老人を扶養する)。〈礼記・月令〉

［衷］

衣4(10) ⇨衷チュウ(1190ジペー)

衲

衤4(9) 2 7453 8872 ドウ(ダフ)漢 ノウ(ナフ)呉 合 nà おぎな-う(おぎな-ふ)・ころも・つづ-る・つづ-れ

意味 ❶衣服をつぎあわせる。つづりあわせる。例 百衲ヒャクノウ(=さまざまなものを多くつづりあわせる)。❷僧衣。〔端切れをつぎあわせて作ったことから〕例 衲衣ノウエ。❸僧侶リョ。例 衲子ノウス|ノッス(=僧)。衲僧ノウソウ(=僧)。

【衲衣】ノウイ ①僧侶の着る衣服。僧衣。けさ。②僧。③つぎはぎした衣服。

【衲被】ノウヒ|ドウヒ ①つぎはぎした布団。②故事や典拠のあることばをつぎはぎして作った文章。

𧘱

衤4(9) 4 8812 27631 国字 ふき

意味 着物のすそやそでの、へり。ふき。

衯

衤4(9) 4 8813 886F フン漢 文 fēn

意味 「衯衯フンプン」は、衣服がゆったりと長いさま。

袂

衤4(9) 2 7454 8882 ベイ漢 霽 mèi たもと

意味 そで。たもと。例 風吹二仙袂一飄颻挙かぜはセンベイをふいてヒョウヨウとしてあがる(=風が吹いて仙女の着物のたもとがひらひらとひるがえった)。

〈白居易・長恨歌〉袂別ベツ(=たもとを分かつ。わかれる)。

袘 衤5(10) 3 9172 8898 イ漢 支 yí ふき
意味 裳もの下端のへり。**ふき**。

袪 衤5(10) 3 9173 88AA キョ漢 魚 qū
意味 ❶衣服のそでぐち。そで。❷とりのぞく。去る。例 袪除キョジョ(=除去)。

袈 衣5(11) 1 2322 8888 人 カ漢 ケ呉 麻 jiā
なりたち ［形声］「衣(=ころも)」と、音「加カ」とから成る。
意味 ⇩【袈裟】ケサ
古訓 中世 ころも 近世 ケサ
人名 けさ
【袈▼裟】ケサ 〔仏〕〔梵語ボン kaṣāya の音訳〕僧が衣の上に、左の肩から右のわきにかけてまとう長方形の布。

袞 衣5(11) 2 7449 889E コン漢 阮 gǔn もすそ
［衮］衣4(10) ― 886E 別体字。
意味 ❶天子が着る、竜の刺繡シシュウをほどこした礼服。例 袞衣コンイ。袞冕コンベン。❷⇩【袞袞】コンコン
【袞衣】コンイ 天子の礼服。類 袞服。
【袞袞】コンコン ①大河の流れるさま。滾滾コンコン。②絶え間のないさま。③丁寧なさま。懇切に話すさま。
【袞職】コンショク ①天子の職務。②三公の職務。
【袞▼冕】コンベン 天子の礼服と礼装用の冠。
【袞竜】コンリョウ ①竜のぬいとりのある天子の礼服。②天子。

袖 衤5(10) 1 3421 8896 常用 シュウ(シウ)漢 宥 xiù そで
筆順 ラ ネ ネ ネ 衤 衵 袖 袖
なりたち  ［形声］「衤(=ころも)」と、音「由ユウ→シュウ」とから成る。そで。
意味 ❶衣服の、肩から腕の部分。そで。例 縮二手袖間一てをシュウカンにちぢむ(=手をそでの中で縮めて手出ししない)。〈韓愈・祭柳子厚文〉鎧袖一触ガイシュウイッショク。❷そでの中にものを入れる。例 袖手シュウシュ。袖珍本シュウチンボン。
古訓 中古 そで 中世 そで・たもと 近世 そで・たもと
【袖手】シュウシュ 手をそでに入れて、何もしないでいる。ふところで。拱手キョウシュ。
【袖手▼傍観】シュウシュボウカン 何もしないで、そばで見ている。なりゆきにまかせる。拱手キョウシュ傍観。〔〈韓愈・祭柳子厚文〉から〕
【袖珍】シュウチン 「袖珍本」の略。そでやポケットにはいるほど小型の、便利な書物。
【袖垣】そでがき 日 門や建物の出入り口などの左右につくった、幅の狭いかき。

袗 衤5(10) 2 7455 8897 シン漢 軫 zhěn ひとえ(ひとへ)・みどり

［袮］衤5(10) 2 7457 88AE 別体字。
参考 「袮」は、一説に「祢ネ」の誤字。〔示偏しめすへん(礻)の「祢」とすべきところを、衣偏ころもへん(衤)にしたもの〕
意味 ❶ひとえの着物。❷ぬいとりをする。また、ぬいとりをした、はなやかな衣服。例 袗衣シンイ(=ぬいとりをして飾った衣服)。

袋 衣5(11) 1 3462 888B 常用 テイ慣 タイ漢 隊 dài ふくろ 付表 足袋たび
［帒］巾5(8) 4 0882 5E12 本字。
筆順 イ 仁 代 代 岱 岱 袋 袋
なりたち  ［形声］「巾(=ぬの)」と、音「代イタ」とから成る。ぬのぶくろ。
意味 布・皮・紙などでできた入れもの。**ふくろ**。例 郵袋ユウタイ(=郵便物を入れる布製のふくろ)。香袋コウタイ。
日本語での用法 《**ふくろ**》「袋小路ふくろこうじ」▼一方だけあいていて、出口のない状態。
古訓 中古 ふくろ 中世 ふくろ 近世 ふくろ
難読 布袋ホテイ・薬袋みない
【袋小路】ふくろこうじ 日 ①行き止まりになっている小路。②ものごとが行きづまること。例 ―に入って進退に苦しむ。
●堪忍袋カンニンぶくろ・天袋テンぶくろ・風袋フウタイ・布袋フタイ

袒 衤5(10) 2 7456 8892 一 タン漢 諫 zhàn 二 タン漢 ダン呉 旱 tǎn あらわ-す(あらは-す)・かたぬ-ぐ・はだぬ-ぐ
意味 一 ころもがほころびる。通 綻タン。二 ❶衣服をぬいで上半身裸になる。**はだぬぐ**。例 袒露タンロ。❷片方のそでをぬいで、内側のころもを見せたり、はだを露出したりする。**かたぬぐ**。**はだぬぐ**。例 右袒ウタン(=右の片はだをぬぐ)。左袒サタン(=左の片はだをぬぐ。同意すること)。
【袒▼裼】タンセキ ①はだぬぎになる。②上着をぬいで中着をあらわす。儀式の際におこなわれた。
【袒▼跣】タンセン はだぬぎになり、はだしになる。謝罪の態度や服装を気にしない態度などをあらわす。
【袒▼膊】タンパク 〔「膊」は、肩・腕の意〕はだぬぎになる。
【袒免】タンブン 左のそでをぬいで中着を見せ、冠をぬいで髪をくくる。中国の礼制で、喪に服する親族の範囲に入らない者は、この服装をして哀悼の意をあらわした。
【袒露】タンロ はだぬぎして肌をあらわにする。

袠 衣5(11) 4 8814 88A0 チツ漢 質 zhì
意味 ❶線装本(=糸で袋とじに装丁した書物)を包み保護するおおい。ふみづつみ。また、それを数えることば。通 帙チツ。例 巻袠カンチツ(=書物)。❷十年。通 秩。例 七袠シチチツ(=七十歳)。

袙 衤5(10) 2 7458 8899 ハ漢 禡 pà あこめ
意味 ❶室内をしきる垂れ布。とばり。❷鉢巻き。また、武人がつけた頭巾ズキン。
日本語での用法 《**あこめ**》▼「衵あこめ」の俗字として使う。

袢 衤5(10) 2 7459 88A2 ハン漢 元 fán
意味 夏に着る白い下着。肌着。汗取り。

被 衤5(10) 1 4079 88AB 常用 一 ヒ漢 ヒ呉 紙 bèi 二 ヒ漢 支 pī こうむる(かうむ-る)・おお-う(おほ-ふ)・かぶ-る・かぶ-せる(かぶ-す)・かず-ける(かづ-く)

筆順 ラ ネ ネ ネ 衤 衤 衩 被

なりたち 【形声】「衤(=ころも)」と、音「皮ヒ」とから成る。寝るときにからだにかけるころも。

意味 一 ❶寝巻き。また、かけ布団。❷おおいかぶせる。**おおう**。**かぶる**。❸受ける。**こうむる**。例 被災ヒサイ。被弾ヒダン。被爆バク。❹「る」「らる」と読み、…されるの意。受け身をあらわす。例 被レ駆から(=追い立てられる)。〈杜甫・兵車行〉 二 ❶身にはおる。例 被甲ヒコウ(=よろいを身につける)。❷髪をざんばらにする。例 被髪ヒハツ。

古訓 中古 おく・おふ・おほす・かうぶる・かづく・かぶる・きる・くらおく・つく・ふすま・らる・れり 中世 およぶ・かうむる・かづく・きる・ふすま・らる 近世 おほふ・およぶ・およぼす・かうむる・したすだれ・ふすま・らる

人名 かず・けさ・ます

【被害】ヒガイ ①自然災害によって害を受けること。例 台風による—。②他人から害を受けること。例 —者。

【被▼衾】ヒキン かけ布団や夜着。

【被告】ヒコク ①民事訴訟・行政事件訴訟などで、裁判所に訴えられた側。②「被告人」の略。刑事訴訟で裁判にかけられている人。▽対 原告。

【被災】ヒサイ 災害に遭う。地震・台風・火事・戦争などのため損害を受ける。例 地震の—者。

【被子植物】ヒシショクブツ 日 種子植物のうち、胚珠ハイシュが子房に包まれているもの。対 裸子植物。

【被写体】ヒシャタイ 日 写真にうつされる対象となるもの。

【被酒】ヒシュ(さけをこうむる) 酒に酔う。

【被弾】ヒダン 日 銃砲のたまを受ける。例 機体に—する。

【被治者】ヒチシャ 日 治められる者。人民。民衆。

【被▼曝】ヒバク 日 放射線や有害な化学物質にさらされる。

【被爆】ヒバク 日 爆撃を受ける。特に、原子爆弾の害を受ける。例 —者。広島で—した人々。

【被髪】ヒハツ(かみをこうむる) 髪を結わない。ざんばら髪でいる。野蛮な風俗をいう。

【被髪▼纓冠】ヒハツエイカン 髪を結う間もなく、ざんばら髪でかんむりのひもを結ぶ。きわめて急ぐさま。〈孟子・離婁下〉

【被髪左▼衽】ヒハツサジン ざんばら髪のまま、着物も左前に着る。野蛮な風俗。〈論語・憲問〉

【被髪文身】ヒハツブンシン ざんばら髪で、身に入れ墨をしている。野蛮な風俗。〈礼記・王制〉

【被風】一 ヒフウ 感化をうける。二 ヒフ 日 和風のコート。前身ごろの左右の打ち合わせが深く、襟もとを四角にあけ、ひもでとめる。もと茶人や僧などが用いた。被布ヒフ。

【被服】ヒフク ①衣類。衣服。例 宮室被服キュウシツヒフク(=宮殿や衣服)。〈史記・孝武紀〉 ②着る。身につける。例 被二服羅裳衣一うすもののショウイをヒフクす(=うす絹の衣裳を身にまとう)。〈古詩十九首〉

【被覆】ヒフク/ヒフウ おおいかぶせて、ものの表面が露出しないようにする。例 —線。

【被膜】ヒマク 日 表面をおおっている膜。

●光被コウヒ・法被ハッピ

袍

衤5 (10) 2 7460 888D ホウ(ハウ)漢 豪 páo わたいれ

意味 ❶中に綿のはいった、すその長い衣服。**わたいれ**。例 縕袍ウンポウ(=どてら)。❷古くは、下着。❸上着。例 袍衣ホウイ。竜袍リュウホウ(=天子の着る上着)。闕腋ケッテキの袍ホウ(=平安時代の男子が正装したときの、両わきを縫いつけてない上着)。

【袍衣】ホウイ 上着。

袤

衣5 (11) 2 7461 88A4 ボウ漢 宥 mào なが-い(なが-し)・ひろ-い(ひろ-し)

意味 南北の距離。長さ。対 広。例 袤広ボウコウ(=南北の長さと東西の長さ)。延袤エンボウ(=延長)。広袤コウボウ(=土地の広さ)。

袰

衣5 (11) 2 7462 88B0 国字 ほろ

意味 よろいの上にかけて矢を防いだ布製の大きな袋。

裀

衤6 (11) 4 8818 88C0 イン漢 真 yīn

意味 ❶衣服の胴体をおおう部分。みごろ。❷敷物。しとね。通 茵イン。

袼

衤6 (11) 4 8815 88BC カク漢 薬 gē

意味 衣服のわきのそでの縫い目。

裃

衤6 (11) 2 7465 88C3 国字 かみしも

意味 江戸時代の武士の礼服で、肩衣かたぎぬと袴はかまがひとそろいになったもの。

袿

衤6 (11) 2 7463 88BF ケイ漢 斉 guī うちかけ・うちぎ

意味 ❶女性が礼服の上から着た上着。例 袿衣ケイイ・袿裳ケイショウ(=うちかけ)。❷そで。例 袿襟ケイキン(=そでと、えり)。

日本語での用法 《うちぎ》「うちき」とも。「袿うちぎ」▼平安時代の男子の狩衣かりぎぬや直衣のうしの下に着た衣服。また、女性は唐衣からぎぬの下に着た。

袴

衤6 (11) 1 2451 88B4 人 コ漢 遇 kù はかま

なりたち 【形声】本字は「絝」で、「糸(=いと)」と、音「夸コ」とから成る。はかまの類。

意味 ❶ゆったりとしたズボン。❷また。通 股コ。例 出二我袴下一わがコカよりいでよ(=おれの股またをくぐってみろ)。〈史記・淮陰侯伝〉

日本語での用法 《はかま》①「羽織袴はおりはかま・袴はかまの正装ソウ」▼着物の上にはいて、下半身をおおう、ひだのあるゆるい和服。②「ツクシの袴はかま」▼植物の茎のつぎ目をおおう皮。③「徳利トックリの袴はかま・ビール瓶ビンの袴はかま」▼筒状のものの下半部を入れて安定させるうつわ。

古訓 中古 はかま 中世 はかま 近世 はかま

袷

衤6 (11) 1 1633 88B7 一 コウ(カフ)漢 呉 洽 jiá 二 キョウ(ケフ)漢 葉 jié あわせ(あはせ)

意味 一 ❶裏地のついた着物。**あわせ**。例 袷衣コウイ(=あわせ)。❷裏につける。重ねる。❸控えの。副の。例 袷輅コウロ(=帝王の控えの車)。二 着物の胸で合わせるえり。衣紋エモン。

裁

衣6 (12) 1 2659 88C1 教6 サイ漢 ザイ呉 灰 cái たつ・さばく

筆順 土 圭 圭 表 表 裁 裁 裁

なりたち 【形声】「衣(=ころも)」と、音「𢦏サイ」とから成る。布をたちきって衣を仕立てる。

意味 ❶衣服を作るために布を切る。**たつ**。例 裁衣サイイ(=布をたち衣服を作る)。裁断ダン。裁縫サイホウ。❷きりつめる。へらす。おさえる。例 裁抑サイヨク。裁減サイゲン。❸よしあしを決める。処置する。**さばく**。さばき。[例] 裁決(サイケツ)。裁判(サイバン)。制裁(セイサイ)。❹切りととのえたかたち。様子。[例] 体裁(テイサイ)。❺やっと。ちょうど。わずかに。㊣才。

古訓 [中古] きる・ことわる・ただす・たつ・つくる・わかつ・わづか・わづかに [中世] ことわり・ことわる・ただす・たつ・つくる・わづかに [近世] きる・さく・たつ・つくる・はかる・わづか

難読 裁尺(ものさし)

【裁可】(サイカ) 君主が臣下の提出する案を判断して許可する。

【裁許】(サイキョ) 君主が臣下の申し出の是非を判断して許す。

【裁決】(サイケツ) ①いいか悪いかを判断してきめる。[例] —流るるごとし。②[日] 行政機関が審査請求に対し判断をくだす。

【裁減】(サイゲン) きりつめる。削減。

【裁成】(サイセイ) 適度にきりもりしてなしとげる。

【裁制】(サイセイ) ①布をたち、衣服などを仕立てる。②ほどよく処理する。③おしとどめる。制止する。

【裁断】(サイダン) ①事柄の理非や善悪を決める。②[日] 型紙に合わせて布を切る。カッティング。

【裁定】(サイテイ) 当否を判断して決める。[例] 仲裁—。

【裁判】(サイバン) ①ものごとの是非や善悪などを判定する。②[日] 司法機関が、訴訟について法律にもとづき判断し、意思を示す。[例] —で争う。—沙汰(ザタ)にする。

【裁縫】(サイホウ) 布をたち、ぬい合わせて衣服などを仕立てる。

【裁抑】(サイヨク) ①おさえとどめる。②けずる。へらす。

【裁量】(サイリョウ) ものごとを判断し処理する。


◐決裁(ケッサイ)・制裁(セイサイ)・総裁(ソウサイ)・体裁(テイサイ)・断裁(ダンサイ)・仲裁(チュウサイ)・独裁(ドクサイ)・洋裁(ヨウサイ)・和裁(ワサイ)

袾
衤6 (11) [4]8817 88BE
シュ・チュウ(チウ)㊥ [虞] zhū
意味 ❶赤い色の服。❷美しい。㊣姝(シュ)。

袽
衤6 (11) [4]8816 88BD
ジョ(ヂョ)㊥ [魚] rú
のみ
意味 舟や樋(いと)の継ぎ目に詰めて水漏れを防ぐための布類。**のみ**。絮(のみ)。
難読 衣袽(のみ)

[衽]
衤6 (11)
⇩衽(ジン)(1191ページ)

装
衣6 (12) [1]3385 88C5 [教6]
ソウ(サウ)㊥ ショウ(シャウ)㊦ [陽] zhuāng
よそおう(よそほ-ふ)・よそ-う(よそ-ふ)

[装]
衣7 (13) [2]7470 88DD [人] 旧字体。

筆順 丨 丬 壮 壮 壮 装 装 装

なりたち  [形声]「衣(=ころも)」と、音「壮(ソウ)」とから成る。衣服でからだをつつむ。

意味 ❶身じたくをする。かざる。**よそおう**。よそおい。[例] 装束(ショウゾク)。衣装(イショウ)。服装(フクソウ)。❷とりつける。ととのえる。[例] 装置(ソウチ)。新装(シンソウ)。

古訓 [中古] うら・かざる・よそふ・よそほひ [中世] うら・たびよそほひ・よそほひ [近世] かざる・つかぬる・つつむ・よそほふ

【装束】(ショウゾク)〔古くは「ソウゾク」とも〕①衣服をととのえて着る。②[日] 儀式や、催し物のための特別の服装。[例] 白(しろ)—。能—。

【装画】(ソウガ) [日] 書物などの装丁用の絵。

【装具】(ソウグ) ①女性が身を飾る道具。㊟装身具。②[日] 装飾に用いる道具。[例] 室内—。③[日] 武装や作業のために身につける道具。[例] 登山の—。

【装甲】(ソウコウ) ①よろいを着て身をかためる。②[日] 防弾のため、車体や船体に鋼鉄板を張る。[例] —車が出動する。

【装▼潢】(ソウコウ)〔「潢」は、紙を染める意〕①書画を表装する。②書物を装丁する。また、製本する。

【装飾】(ソウショク) ①美しくかざる。[例] —品。②「装潢(ソウコウ)」に同じ。

【装弾】(ソウダン) [日] 銃砲に弾丸をこめる。

【装置】(ソウチ) [日] ある目的のための設備を取り付ける。また、その設備。[例] 安全—。舞台—。

【装着】(ソウチャク) ①着る。身につける。②[日] 付属品などを取り付ける。[例] タイヤにチェーンを—する。

【装丁】(ソウテイ) [日] ①本に表紙をつけ、製本する。②本の表紙やケースなどのデザイン。[表記] ▽㊀装▼釘・装▼幀
【装塡】(ソウテン) [日] ①銃砲に弾丸をこめる。②カートリッジやフィルムを器械に入れる。

【装備】(ソウビ) [日] ①兵器を取り付ける。また、兵器を身につけて持つ。②登山などで、必要な衣服や用具を身につける。[例] 重—で出かける。


◐衣装(イショウ)・改装(カイソウ)・仮装(カソウ)・軍装(グンソウ)・正装(セイソウ)・塗装(トソウ)・服装(フクソウ)・武装(ブソウ)・変装(ヘンソウ)・包装(ホウソウ)・舗装(ホソウ)・洋装(ヨウソウ)・礼装(レイソウ)・和装(ワソウ)

袱
衤6 (11) [2]7464 88B1
フク㊥ [屋] fú
ふくさ
意味 ❶ものを包んだりおおったりする布。**ふくさ**。[例] 袱紗(フクサ)。❷頭を包む布。[例] 袱子(フクシ)(=頭巾(ズキン))。

【袱▼紗】(フクサ) [日] ①小形の絹やちりめんのふろしき。[例] —で包む。②茶の湯で、道具をふいたり、茶器の下に敷いたりする絹の小さい布。[例] —さばき。▽帛紗(フクサ)。服紗(フクサ)。

裄
衤6 (11) [2]7466 88C4 [国字]
ゆき
意味 和服の背の中心の縫い目から袖口(そでぐち)までの長さ。[例] 裄丈(ゆきたけ)(=和服のゆきと、たけ。また、ゆきの長さ)。

裂
衣6 (12) [1]4686 88C2 [常用]
レツ㊥ レチ・レツ㊦ [屑] liè
さく・さける(さ-く)・きれ

筆順 一 ア 歹 列 列 刻 裂 裂 裂 裂

なりたち  [形声]「衣(=ころも)」と、音「列(レツ)」とから成る。絹織物の切れはし。

意味 ❶布の切れはし。余りぎれ。また、残り。❷布地を引きさく。**さく**。[例] 裂帛(レッパク)。❸やぶれる。ばらばらになる。**さける**。また、さけめ。[例] 裂傷(レッショウ)。亀裂(キレツ)。支離滅裂(シリメツレツ)。

古訓 [中古] さく・つらぬ・ひばる・ほころぶ・やぶる・わる [中世] さく・つんざく・ひつさく [近世] きれ・さく・たちあまり・たちはづれ

【裂果】(レッカ) [日] 熟すると果皮がはじけて種子を散らす果実。たとえば、ダイズ・エンドウ・アサガオなど。㊟裂開果。

【裂▼眥】(レッシ)|(レッセイ) まなじりがさけるほど目を見開く。激しく怒るさま。[例] 瞋レ目裂レ眥(めをいからしまなじりをさく)(=怒って目をむき、まなじりがさけるほど見開く)。〈淮南・泰族〉

【裂傷】(レッショウ) [日] 皮膚がさけてできる、きず。㊟裂創。

【裂▼帛】(レッパク) ①帛(ぬき)(=絹)をさく。②絹をさくような澄んだ鋭い音。鋭く高い叫び声や女性の悲鳴の形容。[例] 四絃一声如二裂帛一(シゲンのイッセイレッパクのごとし)(=ばちで四つの弦を同時にはらう、その一声は、絹を引きさくように鋭い音だ)。〈白居易・琵琶行〉—の気合。③絹をさいて書物を作る。

【裂膚】(レップ)|(はだえをさく) 皮膚をさき破る。寒さの厳しいことをいう。[例] 繒纊無レ温、堕レ指裂レ膚(ソウコウあたたかなるなく、ゆびをおとしはだえをさく)(=綿入れの軍衣をまとっていても温かでなく、指は凍傷にかかって落ち

皮膚もさける)。〈李華・弔古戦場文〉
●決裂(ケツレツ)・四分五裂(シブンゴレツ)・破裂(ハレツ)・分裂(ブンレツ)

裔
衣7 (13) ②7467 88D4
エイ㊥㊐ 霽 yì
すそ・すえ(すゑ)

意味 ❶衣服の下のへりの部分。**すそ。** ❷あとつぎ。子孫。**すえ。** 例 裔孫(エイソン)。後裔(コウエイ)。末裔(マツエイ)。 ❸中央から遠いところ。果て。辺境。 例 裔土(エイド)。四裔(シエイ)(=四方の果て)。 ❹⇩【裔裔】

【裔裔】(エイエイ) ①軽やかに歩くさま。 ②行列などがとぎれずに進むさま。

【裔孫】(エイソン) 遠い子孫。 類 裔冑(エイチュウ)。

【裔土】(エイド) 都から遠く離れた辺境の地。

⿰衤我
衤7 (12) ③9176 27684
ガ㊥ 歌 é

意味 衣がきらびやかなさま。 難読 ⿰衤我(モヨウ)

⿰衤希
衤7 (12) ④8820 27693 国字
かみこ

意味 紙製の衣。**かみこ。** 紙衣(かみこ)。

裘
衣7 (13) ②7468 88D8
キュウ(キウ)㊥ 尤 qiú
かわごろも(かはごろも)

意味 獣の毛皮で作った衣服。**かわごろも。** 例 裘葛(キュウカツ)。狐裘(コキュウ)(=キツネの毛皮で作った服。身分の高い人が用いた)。

【裘葛】(キュウカツ) ①冬に着る皮ごろもと、夏に着るかたびら。衣服。 ②寒暑の移り変わり。また、一年間。

【裘褐】(キュウカツ) ①獣の毛皮で作る服と、粗い毛織りの衣服。防寒用の衣服。 ②粗末な衣服。 例 以二裘褐一為レ衣(キュウカツをもってイとなす)(=粗末な衣服を着る)。〈荘子・天下〉

裙
衤7 (12) ②7469 88D9
クン㊥ 文 qún
すそ・つま・はかま・も・もすそ

意味 ❶下半身をおおう衣服。下裳(カショウ)。**もすそ。も。** 例 裙帯(クンタイ)。紅裙(コウクン)(=あかい色のもすそ。美女)。 ❷もすそ状にとり囲むもの。 例 裙帽(クンボウ)(=周囲にうす絹を垂らした帽子)。鼈裙(ベックン)(=スッポンの甲羅の周囲の肉)。

[裙❶]

【裙▼釵】(クンサイ) 女性の服装であるスカート状のはかまと、かんざし。また、女性のこと。

【裙帯】(クンタイ) ①女性用のはかまのおびひも。 ②女性用のはかまとおび。 ③妻など、身内の女性の縁故で便宜を受けることを風刺していう。

裓
衤7 (12) ④8822 88D3
コク㊥㊐ 職 gé

意味 ❶衣の前襟。 ❷僧衣。 ❸「衣裓(エコク)」は、仏に供える花を盛るうつわ。はなかご。

裟
衣7 (13) ①2632 88DF 人
サ㊥ シャ㊐ 麻 shā

なりたち [形声]「衣(=ころも)」と、音「沙(サ)」とから成る。

意味 梵語(ボンゴ)の音訳。「袈裟(ケサ)」は、僧侶(ソウリョ)が衣服の上にかける布。

古訓 中世 かはごろも 近世 ケサ

裊
衣7 (13) ③9174 88CA
ジョウ(デウ)㊥ 篠 niǎo

意味 ❶細長くしなやかなさま。たおやか。 通 嫋(ジョウ)。 ❷揺れ動く。ゆらぐ。 例 裊裊(ジョウジョウ)。 ❸微風が吹くさま。 例 裊娜(ジョウダ)。 ❹まとわりつく。

【裊裊】(ジョウジョウ) ①風が木を揺らすさま。 ②音声が細く長く聞こえるさま。嫋嫋(ジョウジョウ)。 ③しなやかで美しいさま。

【裊▼娜】(ジョウダ) しなやかなさま。木の枝や女性のからだつきなどの様子をいう。

[㐮]
衣7 (13) ⇩襄(ジョウ)(1200ページ)

裑
衤7 (12) ④8821 88D1
シン㊥ 真 shēn
みごろ

意味 衣服の胴体をおおう部分。**みごろ。**

[裝]
衣7 (13) ⇩装(ソウ)(1194ページ)

裎
衤7 (12) ③9175 88CE
テイ㊥ 庚 chéng

意味 衣をぬいで裸になる。 例 裸裎(ラテイ)。

補
衤7 (12) ①4268 88DC 教6
ブ㊐ ホ㊥ フ㊐ 麌 bǔ
おぎなう(おぎな-ふ)

筆順 ラ ネ ネ ネ 衤 衤 衤 補 補 補

なりたち [形声]「衤(=ころも)」と、音「甫(フ→ホ)」とから成る。衣服をつくろう。

意味 ❶足りない部分をうめる。つくろう。直す。**おぎなう。** 例 絶レ長補レ短(チョウをたちてタンをおぎなう)(=出た部分を切ってへこんだ部分をうめる)。〈孟子・滕文公上〉 補完(ホカン)。補欠(ホケツ)。補修(ホシュウ)。 ❷たすける。たすけ。**おぎなう。** 例 補二貧窮一(ヒンキュウをたすく)(=貧困者を援助する)。〈荀子・王制〉 補佐(ホサ)。補助(ホジョ)。 ❸官職をさずける。 例 補官(ホカン)(=カンに—ホす)。補任(ホニン)。

古訓 中古 おきぬふ・しるし・たすく 中世 おぎぬふ・おぎのふ・たすく 近世 おぎなふ・おぎぬふ・ます・みつる

人名 さだ・すけ・たすく

【補▼陀落】(フダラク) 〔仏〕〔梵語(ボンゴ) potalaka の音訳〕南インドの海岸にあって観世音菩薩(カンゼオンボサツ)の住むところと信じられた霊山。普陀落(フダラク)。〔中国では浙江(セッコウ)省舟山市の普陀山、日本では那智(なち)の山や日光の二荒山(ふたらサン)、また足摺岬(あしずりみさき)などと考えられた〕

【補遺】(ホイ) 書きもらした事柄を、あとからおぎなうこと。また、おぎなったもの。 例 辞典に—を付ける。

【補益】(ホエキ) おぎない助ける。役立てる。補助。

【補角】(ホカク) 〔数〕ある角に加えると一八〇度になる角。たとえば、四〇度の補角は一四〇度。

【補完】(ホカン) 不十分なところをおぎなって完全にする。

【補記】(ホキ) あとからおぎなって書く。また、その文章。

【補給】(ホキュウ) 消費して不足するものを供給する。

【補強】(ホキョウ) 日 弱い部分や足りない部分をおぎなって強化する。 例 堤防を—する。

【補欠(缺)】(ホケツ) ①官吏の欠員をおぎなう。 ②こわれたところを補修する。 ③日 欠員をおぎなうこと。また、欠員をおぎなうための控えとして選ばれた人。 例 —選挙。—入学。

【補▼闕】(ホケツ) ①天子の過失をおぎなう(ケツをおぎなう)。 ②唐代、天子の過ちをいさめる役の官。

【補語】(ホゴ) 日〔英 complement の訳語〕英文法などで、動詞の叙述をおぎなって、完全にするはたらきをすることば。

【補講】(ホコウ) 正規の時間以外に、おぎなってする講義。

【補佐】(ホサ) ある人の仕事の手助けをする。また、その役の人。 例 課長—。学長を—する。 表記 旧▼輔佐
【補作】(ホサク) 完成したものに、さらに別の手でおぎなって、よりよ

いものをつくる。例 台座の部分を━する。
【補修】ホシュウ こわれたところや不十分なところに、手入れして直す。例 ━工事。
【補習】ホシュウ 日学校で学習の不足をおぎなうため、正規の授業以外に特別に授業する。また、その授業。
【補▼葺】ホシュウ ①建物や城壁などの破損した部分を修繕する。②「補輯(ホシュウ)」に同じ。
【補▼輯】【補▼緝】ホシュウ 書物などの足りない部分をおぎない集める。補綴(ホテイ)。補葺(ホシュウ)。
【補充】ホジュウ 足りなくなった分をおぎなってみたす。
【補▼苴】ホショ 欠けた部分をおぎないつくろう。例 補二苴罅漏一(カロウをホショす)(=割れ目をつくろいふさぐ)。〈韓愈・進学解〉
【補助】ホジョ ①足りない分をおぎないたすける。例 ━金。━席。②人民の困窮を救い助ける。表記 ▽㊐▼輔助
【補償】ホショウ 与えた損害のうめあわせをする。例 損害を━する。━金。
【補色】ホショク 日二つの色をまぜたとき、光では白色光、絵の具では灰色となる関係にある色。また、その二色の関係。赤に対する青・緑など。
【補正】ホセイ 不足をおぎなって、不都合な部分は直す。例 ━予算。表記 ㊐▼輔正
【補整】ホセイ 日足りないところをおぎなって整備する。例 画面の傷を━する。
【補説】ホセツ 説明をつけ加える。また、その説明。
【補繕】ホゼン 足りない部分をおぎない、こわれた部分を直す。例 長い航海を終わって船体を━する。
【補足】ホソク 足りない部分をおぎなう。例 説明を━する。
【補則】ホソク 日法律や規則などで、つけ加えた条項など。
【補綻】ホタン ━(タンをおぎなう) 衣服のほころびをつくろう。
【補注】【補▼註】ホチュウ 説明不足のところや、簡略に述べたことをおぎなって、つける注釈。
【補訂】ホテイ 著作物を部分的におぎなったり、訂正したりする。例 師の遺著を━する。
【補▼綴】ホテイ ①衣服などの破れをつづり合わせる。②書物の欠けた部分を他から集めおぎなう。③古人が用いた句をつづり合わせて詩文を作る。
【補天】ホテン ━(テンをおぎなう) ①天の欠けた部分をおぎなう。〔女媧(ジョカ)が天の一角の欠けたところを、石を練って補修したという故事〈淮南・覧冥〉による〕②自然のわざの足りないところを人為でおぎなう。また、世の衰運を盛り返すことのたとえ。
【補塡】ホテン 不足分をおぎない、うめる。例 赤字を━する。
【補導】ホドウ ①道家の養生術の一つ。呼吸法などにより身体を活性化する。②正しい方向に向かうようにみちびく。表記 ②は㊐▼輔導
【補任】ホニン ━ブニン━フニン 官職を授けること。
【補▼弼】ホヒツ ①君主を補佐する。②日明治憲法で、天皇の権限行使について国務大臣が助ける。表記 ▽㊐▼輔▼弼
【補筆】ホヒツ 足りないところをおぎなって、あとから書き加える。
●候補(コウホ)・増補(ゾウホ)・追補(ツイホ)

裒
衣7 (13) 4 8819 88D2
ホウ 漢 尤 póu
意味 ❶あつめる。あつまる。例 裒集(ホウシュウ)。❷へらす。へる。例 裒レ多益レ寡(おおきをへらしすくなきをます)(=多いものを減らして少ないものを補う)。〈易・謙・象〉
【裒会】ホウカイ 租税を多く取りたてる。類 裒斂(ホウレン)。
【裒集】ホウシュウ 資料を集めて順序立てる。編集する。類 裒次。

裕
衤7 (12) 1 4521 88D5 常用
ユウ(イウ) 漢 遇 yù
ゆたか

筆順 ㇇ ネ ネ ネ 衤 衸 裕 裕 裕

なりたち
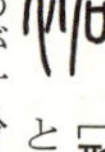
[形声]「衤(=ころも)」と、音「谷コク→ユウ」とから成る。衣服がゆたかにある。

意味 ❶ものが十分にある。ゆとりがある。ゆたか。例 裕二其衆庶一(そのシュウショをゆたかにす)(=その民衆を豊かにする)。〈国語・呉〉 裕福(ユウフク)。富裕(フユウ)。❷ゆったりとしている。心がひろい。例 寛裕(カンユウ)(=心がひろい)。
古訓 中古 ゆたかに 中世 あづかる・やすし・ゆたかなり 近世 みち・ゆたか・ゆるし
人名 すけ・たか・たかし・ひろ・ひろし・まさ・みち・やす・やすし
【裕寛】ユウカン ゆったりとしているさま。のびやかで、こせこせしない。
【裕福】ユウフク 日豊かで幸福なさま。例 ━に暮らす。
【裕裕】ユウユウ 心にゆとりのあるさま。
●富裕(フユウ)・余裕(ヨユウ)

裛
衣7 (13) 4 8823 88DB
ユウ(イフ) 漢 緝 yì
意味 ❶つつむ。まとう。❷うるおす。うるおう。通 浥(ユウ)。例 裛露(ユウロ)(=露にぬれる)。
難読 裛衣香(エイコウ)・裛被香(エビコウ)(=衣服にたきしめる香)

裏
衣7 (13) 1 4602 88CF 教6
リ 漢 呉 紙 lǐ
うら・うち

[裡]
衤7 (12) 1 4603 88E1 人
別体字。

筆順 亠 亠 亩 亩 亩 重 重 裏 裏 裏

なりたち

[形声]「衣(=ころも)」と、音「里リ」とから成る。ころもの内側。

意味 ❶外にあらわれない、かくれた方のがわ。うちがわ。うら。対 表。例 裏面(リメン)。表裏(ヒョウリ)。❷なか。心のうち。うち。例 独坐幽篁裏(ひとりザすユウコウのうち)(=ひとり奥深い竹やぶの中に座る)。〈王維・竹里館〉 胸裏(キョウリ)。脳裏(ノウリ)。❸ある状態のうちに。例 暗暗裏(アンアンリ)。秘密裏(ヒミツリ)。

日本語での用法 《うら》①「九回(キュウカイ)の裏(うら)の攻撃(コウゲキ)」▼一定の回数を決めて必ず攻守が交代する方式の試合で、あとの方。②「申(もう)し立(た)ての裏(うら)を取(と)る」▼うらづけ。③「裏表(うらおもて)になる」▼反対。さかさま。

古訓 中古 うち・うら・かは・しし・ししむら・なか 中世 うち・うら 近世 うち・うら
【裏方】うらかた 日①演劇で、舞台うらで働く人。道具方や衣装方など。②表面に出ない協力者。例 選挙戦の━を務める。③貴人の妻。特に、本願寺法主(ホッス)の夫人。
【裏金】うらがね 日商取引で、正規の支払い以外に、内密に受け渡しするお金。例 ━が動く。
【裏側】うらがわ 日うらの方。かくれている面。裏面(リメン)。
【裏声】うらごえ 日自然には出ない高音部を、特別な発声法で出す声。スイスのヨーデルなどの歌い方。ファルセット。
【裏作】うらサク 日主となる作物の収穫のあと、次の作付けまでその耕地につくる他の作物。例 ━に野菜をつくる。
【裏白】うらじろ 日①ウラジロ科のシダ植物。葉のうらが白く、正月の飾りに使う。②うらや底の白いこと。
【裏面】リメン ①外部にあらわれない、ものごとのかげの部分。例 ━工作。②日もののうらがわ。例 紙の━。▽対 表面。
●囲炉裏(いろり)・禁裏(キンリ)・庫裏(クリ)・内裏(ダイリ)・表裏(ヒョウリ)・舞台裏(ブタイうら)・屋根裏(やねうら)

裹

衣8 (14) 2 7471 88F9

カ(クヮ)漢 哿 guǒ

つつ-む

[裏]

衣8 (12) 4 8827 8901

俗字。

意味 ❶すっぽりおおってくるむ。**つつむ**。例 裹頭(カトウ)(=頭を布で包む)。❷着用する。着る。❸つつみ。ふくろ。例 薬裹(ヤクカ)(=薬袋)。❹草花の子房や果実。

難読 家裹(いえづと)

【裹革】(カカク) 戦死者の遺体をウマの革で包む。→【以二馬革一裹レ屍】(バカクをもってしかばねをつつむ)(1461ページ)

【裹▼屍】(カシ)〔しかばねをつつむ〕 戦死した人の遺体を包む。

【裹足】(カソク)〔あしをつつむ〕 ①ためらって、前に進まない。②足ごしらえをする。③纏足(テンソク)。

褂

衤8 (13) 2 7472 8902

カイ(クヮイ)漢 卦 guà

うちかけ

意味 衣服の上にはおる上着。清(シン)代の礼服の一つ。

褐

衤8 (13) 1 1976 8910 常用

カツ漢 カチ呉 曷 hè

ぬのこ

[褐]

衤9 (14) 3 9179 FA60

旧字体。

筆順 衤 衤 衤 衵 衵 衵 褐 褐 褐

なりたち  [形声]「衤(=ころも)」と、音「曷(カツ)」とから成る。アサを編んで作った、たび。また、目の粗い布で作った粗末な衣服。

意味 ❶粗い毛や、粗い繊維で織った粗末な衣服。**ぬのこ**。また、それを着るような身分の低い人。貧しい人。例 聖人被レ褐懐レ玉(セイジンはカツをこうむりてギョクをいだく)(=聖人は粗衣を着ながら内に玉を抱く)。〈老子・七〇〉 短褐(タンカツ)。❷黒ずんだ黄色。こげ茶色。例 褐色(カッショク)。

日本語での用法 《かち》「褐(かち)の直垂(ひたたれ)」▼濃い藍(あい)色。かちいろ。

古訓 中古 つづる・むまきぬ 中世 かはごろも・つづれ・むまぎぬ 近世 うへのきぬ・けおり・むまぎぬ

【褐衣】 一(カツイ) ①粗い毛織りの粗末な衣服。②身分の低い者。二(カチエ)〔かちぎぬ〕 日 昔、随身(ズイジン)など下級の武官が着た衣服。

【褐寛博】(カツカンパク)(「寛・博」は、ともに広い意) だぶついた、形のよくない粗末な衣服。また、それを着る身分の低い者。例 雖二褐寛博一、吾不レ惴焉(カツカンパクといえども、われおそれざらんや)(=粗末な衣服を着た、いやしい身分の者でも恐れずにはいられない)。〈孟子・公孫丑上〉

【褐色】 一(カッショク) やや黒みをおびた茶色。例 ―の肌。二(かちいろ) 日 濃い藍(あい)色。

【褐藻】(カッソウ) 日 褐色をおびた海藻。こんぶ・ワカメ・ヒジキなど。

【褐夫】(カップ) 粗い毛織りの粗末な衣服を着た、身分の低い者。

裳

衣8 (14) 1 3056 88F3 人

ショウ(シャウ)漢 陽 cháng

も・もすそ

なりたち  [形声]「衣(=ころも)」と、音「尚(ショウ)」とから成る。下にはく(スカートのような)ころも。

意味 ❶腰から下につける衣服。**も**。**もすそ**。対 衣。例 衣裳(イショウ)(=着物の腰から上が「衣」で、腰から下が「裳」)。❷「裳裳(ショウショウ)」は、立派で盛んなさま。美しいさま。

古訓 中古 も 中世 も・もすそ 近世 も・もすそ

難読 裳着(もぎ)・御裳濯川(みもすそがわ)・裳階(もこし)・裳層(もこし)

【裳裾】(ショウキョ)〔もすそ〕 裳(=下半身につける衣服)のすそ。また、着物のすそ。

裾

衤8 (13) 1 3194 88FE 常用

キョ漢 魚 jū

すそ

筆順 衤 衤 衤 衤 衵 衵 裾 裾 裾

なりたち  [形声]「衤(=ころも)」と、音「居(キョ)」とから成る。衣服の前襟。

意味 ❶衣服の前襟。また、後ろ襟。❷衣服の下の部分。**すそ**。例 裾模様(すそモヨウ)。❸「裾裾(キョキョ)」は、立派な服を着たさま。

日本語での用法 《すそ》「裾刈(すそがり)・裾野(すその)・山裾(やますそ)」▼ものの、下の方の部分。

古訓 中古 きぬのしり・きぬのすそ・ころものすそ・すそ 中世 きぬのしり・すそ・もすそ 近世 うちぎ・ふすま・もすそ

【裾濃】(すそご) 日 衣服の染め方で、上の方を淡くして、下にいくにつれて濃くしたもの。

【裾野】(すその) 日 大きな山のふもとの、ゆるやかに傾斜して遠くまでのびている野原。例 富士の―。

【裾綿】(すそわた) 日 和服のすその部分に綿を入れること。

製

衣8 (14) 1 3229 88FD 教5

セイ漢呉 霽 zhì

つく-る

筆順 ⺈ 㔾 制 制 制 制 製 製 製

なりたち  [形声]「衣(=ころも)」と、音「制(セイ)」とから成る。布を切って衣服を作る。

意味 ❶衣服をしたてる。たつ。例 製レ衣(いをたつ)(=衣服をしたてる)。❷ものを作る。こしらえる。例 製紙(セイシ)。製鉄(セイテツ)。製本(セイホン)。官製(カンセイ)。土製(ドセイ)。❸文章を書く。詩歌を作る。また、詩文。例 御製(ギョセイ)。

古訓 中古 かく・かぶる・さく・たつ・つくり・つくる・つつむ 中世 たつ・つくる 近世 あまぎぬ・たつ・つくる

人名 のり

【製裁】(セイサイ) 加工して新しいものを作る。また、その作り方。

【製材】(セイザイ) 原木を切って板や角材にする。例 ―所。

【製剤】(セイザイ) 薬剤を製造する。また、製造した薬品。類 製薬。

【製作】(セイサク) ①道具や機械を使って品物をつくる。例 ―所。②書物や劇などをつくる。制作。例 ―者。―にはげむ。

【製糸(絲)】(セイシ) ①糸を作る。②繭から生糸をとる。例 ―業。―工。

【製紙】(セイシ) 紙を作る。例 ―工場。

【製造】(セイゾウ) 物をつくる。特に、原料を加工して多くの品物をつくる。例 製二造衣裳一(イショウをセイゾウす)(=衣服を作る)。〈梁簡文帝・大法頌〉

【製鉄】(セイテツ) 鉄鉱石を溶かして、銑鉄(センテツ)を作る。例 ―所。

【製版】(セイハン) 活字を組んで版にする。印刷用の版を作る。

【製粉】(セイフン) 穀物をひいてこなにする。特に、小麦粉を作る。例 小麦を―する。

【製法】(セイホウ) 製造する方法。作り方。

【製本】(セイホン) 日 印刷物や紙などをとじて表紙をつけ、本の形にする。

【製錬】【製▼煉】(セイレン) 鉱石から金属を取り出して、まじりけのないものにする。例 ―所。

●官製(カンセイ)・既製(キセイ)・作製(サクセイ)・上製(ジョウセイ)・精製(セイセイ)・粗製(ソセイ)・調製(チョウセイ)・手製(てセイ)・特製(トクセイ)・複製(フクセイ)・縫製(ホウセイ)

裼
衤8 (13) 2 7473 88FC 一セキ 漢 錫 xī 二テイ 漢 霽 tì かたぬ-ぐ・むつき

意味 一 ❶衣服をぬいで上半身裸になる。**かたぬぐ**。例 袒裼タンセキ(＝はだぬぎになる)。❷片方の袖をぬいで内側のころもを露出する。二 赤ん坊に着せる着物。うぶぎ。**むつき**。

裬
衤8 (13) 4 8826 4641 セン 漢 先 jiān

意味 嬰児ジエイをくるむころも。

褄
衤8 (13) 2 7477 8904 国字 つま

意味 ［「端ツマ」の意］着物のすその左右のはしの部分。また、襟先から下の部分。例 褄先つまさき。辻褄つじつま。

裰
衤8 (13) 4 8824 88F0 テツ 慣 タツ 漢 トツ 唐 曷 duō

意味 ❶ころもをつづり合わせる。つくろう。❷「直裰ジキトツ」は、僧衣の一つ。直綴ジキトツ。❸「褊裰ヘンテツ|ヘントツ」は、偏衫ヘンサンと直裰ジキトツとを合わせたような衣。褊綴ヘンテツ|ヘントツ。

裴
衣8 (14) 2 7474 88F4 ハイ 漢 灰 péi

［裵］衣8 (14) 3 9177 88F5 本字。

意味 ❶ころものすそを長く引くさま。すそが長い衣服。❷ぶらぶらあてもなく歩き回る。通 徘ハイ。例 裴回カイ(＝うろつく)。❸姓の一つ。例 裴松之ハイショウシ(＝南北朝の学者)。裴迪ハイテキ(＝盛唐の詩人)。

裨
衤8 (13) 2 7475 88E8 一ヒ 漢 支 bì 二ヒ 漢 支 pí おぎな-う(おぎな-ふ)・たす-ける(たす-く)

意味 一 ❶つぎたす。ます。**おぎなう**。例 裨益ヒエキ。❷補佐する。**たすける**。例 裨助ヒジョ。裨補ヒホ。二 ❶副の。例 裨衣ヒイ。裨将ヒショウ。❷小さい。例 裨海ヒカイ。

【裨衣】ヒイ 周代の天子の衣服で、最上のもの以外のもの。そえの衣服。

【裨益】ヒエキ 役立って利益を与える。例 社会に―する。

【裨海】ヒカイ 小さい海。

【裨助】ヒジョ 助ける。補助する。

【裨将】ヒショウ 副将軍。副将。

【裨販】ヒハン 小規模に商売する者。小商人こあきんど。小売り商。稗販ハイハン。

【裨補】ヒホ 助けおぎなう。例 必能裨ニ補闕漏一かならずケツロウをヒホす(＝必ず欠け漏れた手落ちのところを助けおぎなう)。〈諸葛亮・出師表〉

裱
衤8 (13) 4 8825 88F1 ヒョウ(ヘウ) 漢 篠 biǎo

意味 ❶書画を表装する。例 裱褙ヒョウハイ。❷女性が首回りにかける飾りの布。領巾ひれ。

【裱▼褙】【裱背】ヒョウハイ ①書画を表装する。②表具師。

裸
衤8 (13) 1 4571 88F8 常用 ラ 漢 呉 哿 luǒ はだか

［躶］身8 (15) 4 8955 8EB6 別体字。

筆順 ネ ネ 衤 初 衵 袒 裨 裸

なりたち  ［形声］「衤(＝ころも)」と、音「果カ…▶ラ」とから成る。衣服を身につけていない。

意味 何も身につけていない、むきだしの状態。**はだか**。また、はだかになる。例 裸体ラタイ。赤裸セキラ。全裸ゼンラ。

古訓 中古 あかはだか・はだか 中世 あかはだか・はだか 近世 あかはだか・かたぬぐ・はだか

【裸一貫】はだかイッカン 日 自分のからだ以外には、商売のもとでになるものは何もないこと。

【裸足】はだし 日 ①はきものをはかない足。また、それで歩くこと。②［「…はだし」の形で。…がはだしで逃げ出す意から］…以上に上手だ。顔まけ。例 くろうと―。▽跣はだし。

【裸眼】ラガン 日 眼鏡をかけないで、ものを見ること。また、その目。肉眼。［視力についていうときのことば］

【裸▼躬】ラキュウ はだかになる。また、裸体。

【裸子植物】ラシショクブツ 日 種子植物の一種。胚珠ハイシュが子房で包まれずに、むき出しになっている植物。マツ・イチョウなど。対 被子植物。

【裸▼跣】ラセン はだかで、はだしであること。飢えと寒さに苦しむことのたとえ。

【裸像】ラゾウ 日 人体のはだかの彫像。

【裸体】ラタイ はだか。はだかのからだ。類 裸身・裸形ラギョウ|ラケイ。例 ―画。―の美人。

【裸虫】【裸▼蟲】ラチュウ 羽や毛、うろこや甲羅など、身をおおうもののない動物。人間のこと。

【裸▼裎】ラテイ ①肌をあらわす。はだかになる。②無礼な態度をとるさま。

●赤裸セキラ・赤裸裸セキララ・全裸ゼンラ・半裸ハンラ

裲
衤8 (13) 2 7476 88F2 リョウ(リャウ) 漢 養 liǎng うちかけ

意味 「裲襠リョウトウ」は、胸と背をおおう、そでのない上着や鎧よろい。そでなし。**うちかけ**。

褜
衣9 (15) 3 9178 891C 国字 えな

意味 胎児を包む膜や胎盤。**えな**。参考「胞衣ホウイ|えな」の合字。

［褐］
衤9 (14) ⇩褐カツ(1197ページ)

褘
衤9 (14) 3 9180 8918 一キ(クヰ) 漢 微 huī 二イ 漢 支 yī

意味 一 君主の后きさきの祭服。例 褘衣キイ。二 美しいさま。

褌
衤9 (14) 2 7478 890C コン 漢 元 kūn ふんどし・みつ

意味 ももひきの類。したばかま。例 褌袴コンコ(＝はかま)。犢鼻褌トクビコン(＝したばかま)。

日本語での用法《コン》《ふんどし》「緊褌一番キンコンイチバン・褌ふんどしを締しめる」▼男性用の下着の一種。

褎
衣9 (15) 890E 一シュウ(シウ) 漢 宥 xiù 二ユウ(イウ) 漢 宥 yòu

意味 一 そで。通 袖シュウ。二 ぬきん出るさま。例 褎然ユウゼン。

【褎然】ユウゼン ①ほかよりぬきん出ているさま。②着飾ったさま。盛装したさま。

［褝］
衤9 (14) ⇩襌タン(1201ページ)

褚
衤9 (14) 3 9182 891A 一チョ 漢 語 zhǔ 二チョ 漢 語 chǔ

意味 一 ❶衣服に綿をつめる。また、綿をつめた衣服。綿入れ。例 褚衣チョイ。❷ふくろ。例 褚橐チョタク。❸貯蔵する。たくわえる。通 貯・儲チョ。❹棺をおおう布。例 褚幕チョマク(＝ひつぎをおおう布)。[二] 姓の一つ。例 褚遂良チョスイリョウ(＝唐代の書家)。

【褚▼橐】チョタク 書物などを入れる袋。類 褚嚢チョノウ。

褙

衤9 (14) 3 9181 8919 ハイ漢 隊 bèi

意味 ❶袖の短い上着。❷裏打ちする。褙裱ハイヒョウ。

【褙▼裱】ハイヒョウ 書画を表装する。裱褙ヒョウハイ。

複

衤9 (14) 1 4203 8907 教5 フク漢 屋 fù ふたた-び

筆順 ネ ネ ネ 衤 衤 衤 複 複

なりたち  [形声]「衤(＝ころも)」と、音「复フク」とから成る。布を重ねた衣服。

意味 ❶裏地のついた衣服。あわせ。例 複衣イフク(＝あわせ。綿入れ)。❷かさねる。二重にする。また、かさなる。例 複数フクスウ。重複ジュウフク・チョウフク。❸こみいっているさま。例 複雑フクザツ。❹あなの住居。あな。例 複穴フクケツ。複室フクシツ(＝あなの居室)。

古訓 中古 うすわた・かさぬ・かへさふ・かへす・かへる・へだつ・また 中世 かさなるきぬ・ほそききぬ 近世 あつし・かさなる・かさねる・ゆるす・わたいれ

【複閣】フクカク 二階あるいは三階建ての高殿たかどの。

【複眼】フクガン 日①昆虫や甲殻類で、小さな目が多数集まっている目。対 単眼。②ものごとを単純な視点からでなく、多方面から観察すること。例 ―的な考察。

【複合】フクゴウ 日二つ以上のものが合わさって一つになる。例 ―汚染。―競技。

【複合語】フクゴウゴ 日二つ以上の単語が合わさって一つの単語となったことば。「坂」と「道」で「坂道」、「取る」と「扱う」で「取り扱う」など。

【複雑】フクザツ ものごとがこみいっているさま。対 単純。例 ―骨折。―な気持ち。

【複式】フクシキ 日二つ以上からなる形式。対 単式。例 ―火山。―学級。

【複写】フクシャ ①一度うつしたものを、さらにうつす。②日紙を二枚以上重ねて、一度に同じ文書のうつしを作る。③日機械を使って、書類や図面などを複製する。コピー。例 ―機。

【複数】フクスウ 日①二つ以上の数。例 ―の保証人を立てる。②〔英・独・仏フツ語などの文法で〕ものが二つ以上あることを示す語形。また、それに応じた文法形式。例 一人称―の代名詞。▽対 単数。

【複姓】フクセイ 二字以上の姓。たとえば、欧陽詢オウヨウジュンの「欧陽」、諸葛亮ショカツリョウの「諸葛」、司馬遷シバセンの「司馬」など。

【複製】フクセイ 日図書や美術品の原作と同じものを作る。また、その作られたもの。例 不許―。

【複線】フクセン 日上り専用と下り専用が並行して敷いてある鉄道線路。対 単線。

【複道】フクドウ 上下二段に造られた道路や廊下。例 殿屋複道デンオクフクドウ(＝宮殿やその宮殿をつなぐ二階建ての廊下)。〈史記・始皇紀〉

【複文】フクブン 日主語・述語の関係が成り立っている文で、さらにその構成部分にも主語・述語の関係が認められる文。対 単文・重文。

【複壁】フクヘキ 二重に囲んだかべ。中に、貴重品や人を隠すためのもの。

【複本】フクホン 日原本の写し。副本。

【複葉】フクヨウ 日①一枚の葉が外見上では、二枚以上の小さな葉の集まりのように見える葉。例 羽状―。②飛行機の主翼が上下二枚になっていること。例 ―機。▽対 単葉。

【複利】フクリ 日一定期間ごとに利息を元金に繰り入れ、その合計額を次の期間の元金として利息を計算する方法。対 単利。例 半年ごとの―の貯金。

【複刻】フッコク ①木活字本や整版本を原本どおりに別の版木に彫り直して作る。また、その本。かぶせぼり。〔正しくは「覆刻」〕例 ―本ボン。②書籍を原物どおりに作りなおして出版する。例 古典を―する。▽復刻。

褊

衤9 (14) 2 7479 890A ヘン漢 銑 biǎn せま-い(せま-し)・たちま-ち

意味 ❶衣服が小さい。例 褊急ヘンキュウ。❷土地がせまい。例 褊小ヘンショウ。褊隘ヘンアイ。❸心や見識などがせまい。**せまい**。例 褊急ヘンキュウ。褊陋ヘンロウ。褊狭。

【褊▼隘】ヘンアイ ①土地がせまい。②心や見識がせまい。▽類 褊狭。

【褊忌】ヘンキ 心がせまく、人をにくむ。

【褊急】ヘンキュウ ①心がせまく、気が短い。②衣服が小さくてきつい。

【褊▼躁】ヘンソウ 心がせまく、気が短い。

【褊▼陋】ヘンロウ ①見識がせまく、浅はか。②土地がせまい。

褒

衣9 (15) 1 4311 8912 常用 ホウ漢 豪 bāo ほ-める(ほ-む)

[襃] 衣11 (17) 2 7481 8943 旧字体。

筆順 亠 亠 亻 保 保 褒 褒 褒

なりたち  [形声]「衣(＝ころも)」と、音「保ホウ」とから成る。ふところの大きい衣服。派生して「ほめる」の意。

意味 ❶ふところやすそなどが広い。例 褒衣ホウイ。❷ゆったりとした。大きい。例 褒大ホウダイ(＝大きい)。❸立派なおこないをほめる。ほめたたえる。**ほめる**。例 褒美ホウビ。過褒カホウ。毀誉褒貶キヨホウヘン。

古訓 中古 そで・ほまれ・ほむ 中世 ほむ・ほむる 近世 ほむる・ほめる・もすそ

人名 あつむ・よし

難読 能褒野のぼの(＝地名)

【褒衣】ホウイ ①褒美として与えられた衣服。②すその大きく広がった衣服。儒者が着用した。

【褒慰】ホウイ 功績をほめ、労苦をなぐさめる。

【褒顕】ホウケン ほめて世に明らかにする。例 褒二顕儒術一ジュジュツをホウケンす(＝儒家の教義や思想をほめたたえる)。〈後漢書・章帝紀〉

【褒賜】ホウシ ほめて、ものを与える。類 褒錫ホウシャク・褒賚ホウライ。

【褒称】ホウショウ ほめたたえる。類 褒揚。

【褒章】ホウショウ 日社会や学問・文化・産業などで貢献した人に、政府が栄典として与える記章。紅綬コウジュ・緑綬リョクジュ・黄綬オウジュ・紫綬シジュ・藍綬ランジュ・紺綬コンジュの六種がある。

【褒奨】ホウショウ ほめて奨励する。

【褒賞】ホウショウ ほめたたえる。また、ほめて与える金品。例 ―を与える。―金。

【褒懲】ホウチョウ よい者をほめ、悪い者をこらしめる。賞罰。

【褒▼寵】ホウチョウ ほめ、かわいがる。

【褒美】ホウビ ①ほめる。②日よいおこないをほめて、与えるお金や品物。例 ご―。

【褒▼貶】ホウヘン ほめることと、けなすこと。例 以二一字一為二褒貶（イチジをもってホウヘンをなす）（＝一字の使い分けで、ほめもすればけなしもする）。〈杜預・左伝序〉毀誉（キヨ）—。
●過褒（カホウ）

褓
衤9（14） 2 7480 8913 ホ慣 ホウ漢 皓 bǎo むつき

［緥］糸9（15） 7DE5 本字。

意味 幼児に着せる衣服。うぶぎ。おくるみ。例 褓襁（ホウキョウ）。

【褓▼襁】【褓▼繈】（ホウキョウ／ホキョウ） ①うぶぎと、幼児を背負う帯。転じて、幼児のこと。②（きむつ）日おむつ。おしめ。▽襁褓（キョウホウ）。繈緥（キョウホウ）。

褞
衤10（15） 2 7482 891E ウン漢 吻 yǔn オン（ヲン）漢 元 wēn ぬのこ

意味 粗末な着物。綿入れ。**ぬのこ**。通 縕（ウン）。例 褞袍（ウンポウ）。褞褐（オンカツ）（＝ぬのこ。また、身分の低い者）。

【褞▼袍】（ウンポウ／オンポウ）（どてら） 防寒のため綿を入れた着物。丹前。

褧
衣10（16） 3 9183 8927 ケイ漢 迥 jiǒng

意味 薄いひとえの麻の着物。通 絅（ケイ）。例 衣レ錦褧衣（にしきをきてケイイす）（＝錦の晴れ着に薄いうちかけをはおる）。〈詩経・衛風・碩人〉

褰
衣10（16） 3 9184 8930 ケン漢 先 qiān

意味 ❶はかま。❷衣服のすそを持ち上げる。かかげる。例 褰裳（ケンショウ）（＝すそをからげる）。

褲
衤10（15） 3 9185 8932 コ漢 遇 kù

意味 ズボン。通 袴（コ）。

褥
衤10（15） 2 7483 8925 ジョク漢 沃 rù しとね

意味 敷物。敷き布団。**しとね**。例 褥席（ジョクセキ）（＝寝床）。産褥（サンジョク）（＝お産をする女性が使う寝床）。

褪
衤10（15） 2 7484 892A タイ慣 トン漢 願 tùn/tuì あ-せる（あ-す）・さ-める（さ-む）

意味 ❶（tùn）衣装を脱ぐ。ぬぐ。❷（tùn）花がしぼむ。ちる。例 褪英（トンエイ／タイエイ）（＝散った花びら）。❸（tuì）色がおちてうすくなる。**あせる**。例 褪紅色（タイコウショク）。褪色（タイショク）。

【褪紅色】（タイコウショク） 日とき色。うすべに色。

【褪色】（タイショク／トンショク） 色がさめる。退色。

［襷］
衤10（15） ⇩襷（たすき）（1202ジペー）

褫
衤10（15） 2 7485 892B チ漢 ジ（ヂ）呉 紙 chǐ うば-う（うば-ふ）・ぬ-ぐ・は-ぐ

意味 ❶衣服をうばいとる。衣服をぬぐ。❷力ずくでとりのぞく。**うばう**。例 褫奪（チダツ）。

【褫気】（チキ） おそれさせて気力をうばう。また、おそれて気力を失う。

【褫奪】（チダツ） ①うばいとる。②官職・名誉・権利・資格などを剝奪（ハクダツ）する。

【褫▼魄】（チハク） 魂をうばわれる。呆然（ボウゼン）とする。

襁
衤11（16） 2 7486 8941 キョウ（キャウ）漢 養 qiǎng むつき

意味 ❶幼児を背負う帯ひも。また、おぶったまま背にかけるもの。例 襁褓（キョウホウ）。❷幼児を背負う。例 襁抱（キョウホウ）。

【襁負】（キョウフ） 背負い帯で幼児を背負う。例 襁二負其子一而至矣（そのこをキョウフしていたらん）（＝自分の子供を背負ってやってくるだろう）。〈論語・子路〉

【襁▼褓】（キョウホウ／キョウホ） ①幼児を背負う帯ひもと、うぶぎ。転じて、幼児。また、幼少のころ。②（きむつ）日おむつ。おしめ。▽繈褓（キョウホウ／キョウホ）。

【襁抱】（キョウホウ） ①幼児を背負ったり、だいたりする。②幼少のころ。

褹
衤11（16） 3 9186 8939 一ゲイ漢 霽 yì 二ダイ漢 ネ呉 卦 niè

意味 一❶腰までの長さの裏地のついた上着。綿入れ。❷そで。二布製の肌着。

褷
衤11（16） 4 8829 8937 シ漢 支 shī

意味 「離褷（リシ）」は、羽毛が生え始めたさま。

褶
衤11（16） 2 7489 8936 一チョウ（テフ）漢 葉 dié 二シュウ（シフ）漢 緝 xí 三シュウ慣 ショウ（セフ）漢 葉 zhě ひだ

意味 一裏地のついた服。あわせ。例 褶衣（チョウイ）（＝あわせ）。二乗馬用のはかま。三衣服についた折り目。**ひだ**。通 摺（ショウ）。例 褶曲（シュウキョク）。褶襞（シュウヘキ）（＝衣服のひだ）。

【褶曲】（シュウキョク） 日水平に堆積（タイセキ）した地層が、地殻変動による外力を受けて、波状に曲げられる。また、曲げられた状態。皺曲（シュウキョク）。例 —山脈。

襄
衣11（17） 2 7487 8944 ジョウ（ジャウ）慣 ショウ（シャウ）漢 陽 xiāng のぼ-る・たす-ける（たす-く）

［衺］衣7（13） 4 0119 342E 俗字。

意味 ❶はらいのける。とりのぞく。通 攘（ジョウ）。❷高いところにあがる。**のぼる**。例 襄陵（ジョウリョウ）。❸もちあげる。あげる。例 襄レ首（くびをあぐ）（＝頭をあげる）。❹高い。❺なしとげる。なす。例 襄レ事（ことをなす）。❻補佐する。**たすける**。❼場所を変える。うつる。❽馬車の馬。通 驤（ジョウ）。❾⇩【襄羊】（ショウヨウ）

【襄羊】（ショウヨウ／ジョウヨウ） さまよい歩くさま。徜徉（ショウヨウ）。

【襄陽】（ジョウヨウ） 今の湖北省襄樊（ジョウハン）市にあった地。要害の地として知られる。

【襄陵】（ジョウリョウ） ①（おかをのぼる）大水で、水が丘の上まであがる。②登りこえる。③春秋時代の晋（シン）の襄公の陵のあった地。

襂
衤11（16） 4 8831 8942 一シン（シム）漢 侵 sēn 二サン（サム）漢 咸 shān

意味 一「襂纚・襂褷（シンシ）」は、衣服や羽毛などが垂れ下がるさま。二❶旗の飾り。❷ひとえの衣。かたびら。通 衫（サン）。

襀
衤11（16） 3 9187 8940 セキ漢 陌 jì

意味 積み重ねたひだ。例 襞積（ヘキセキ）（＝衣服のひだ）。

日本語での用法 《セキ》「襀翅類（セキシルイ）」▼静止するとき翅（はね）を重ね合わせる虫。カワゲラ目に属する昆虫の総称。

褻
衣11（17） 2 7488 893B セツ漢 屑 xiè け・な-れる（な-る）・けが-れる（けが-る）

意味 ❶肌着。ふだん着。ふだんの。日常の。**け**。例 褻衣（セツイ）（＝肌着。ふだん着）。褻（け）にも晴（はれ）にも（＝ふだんの日でも特別の日でも）。❷なれなれしい。**なれる**。通 媟（セツ）。例 褻狎（セッコウ）。褻臣（セッシン）。❸軽んじる。あなどる。例 褻瀆（セットク）。褻侮（セツブ）（＝あなどる）。❹きたない。きたなくなる。**けがれる**。けがらわしい。例 褻器（セッキ）（＝便器、または手洗いの用具）。猥褻（ワイセツ）。

【褻玩】【褻▼翫】ガンセツ もてあそぶ。また、その品物。
【褻▼狎】セッコウ なれなれしい。心やすい。
【褻臣】セッシン 天子のそば近く仕え、なれなれしくする臣下。狎臣コウシン。
【褻▼瀆】セットク なれて、軽んじあなどる。
【褻服】セップク ふだん着。平服。例 紅紫不三以為二褻服一（コウシはもってセップクとなさず）（＝紅や紫は間色だから平服にはしない）。〈論語・郷党〉

襅
衤11(16) 4 8832 8945 国字 ちはや
意味 ❶巫女みこが用いる、たすき状の布。千早ちはや。ちはや。❷女官が着る貫頭衣の形をした、ひとえの上着。千早ちはや。ちはや。

𧜣
衤11(16) 4 8830 27723 チョウ（テウ）漢 篠 diǎo
意味 短い衣。

襃
衣11(17) ⇩褒ウホ（1199ジペー）

褸
衤11(16) 2 7490 8938 ル 漢 麌 lǚ つづれ・ぼろ
意味 衣服が破れる。破れたころも。つづれ。ぼろ。例 襤褸ランル（＝ぼろ）。

襖
衤12(17) ⇩襖ウオ（1201ジペー）

襉
衤12(17) 4 8833 8949 カン 漢 諫 jiǎn
意味 衣服のひだ。

𧝒
衤12(17) 4 8834 27752 コウ（クヮウ）漢 庚 héng
意味 「𧝒褡コウトウ」は、小さな掛け布団。夜着。

襍
衤12(17) ⇩雑ザツ（1409ジペー）

襌
衤12(17) 2 7491 894C タン 漢 寒 dān ひとえ（ひとへ）・ひとえぎぬ（ひとへぎぬ）
[褝] 衤9(14) 2 7492 891D 俗字。
意味 裏地をつけない衣服。ひとえ。単衣。例 襌衣イタン（＝ひとえの衣服）。

襖
衤13(18) 1 1808 8956 人 オウ（アウ）漢 皓 ǎo ふすま
[襖] 衤12(17) 俗字。

なりたち [形声]「衤（＝ころも）」と、音「奥ウオ」とから成る。裏地のついた上衣。
意味 あわせの上着。また、綿入れ。例 襖衣イオウ（＝上着）。襖子シオウ。
古訓 中古 アヲ 中世 アヲ・ふすま 近世 アヲ・アヲジ・ふすま
【襖子】シオウ 綿入れの胴着。
日本語での用法 一《あお》「狩襖かりあお・素襖すおう」▼両わきのあいた衣服。〔「あお」とは、字音「アウ」（現代の字音は『オウ』）の転じたもの〕 二《ふすま》「襖障子ふすましょうじ」▼からかみ。

襟
衤13(18) 1 2263 895F 常用 キン（キム）漢 侵 jīn えり
筆順

なりたち [形声]「衤（＝ころも）」と、音「禁キン」とから成る。えり。
参考 本字は、「衿」。
意味 ❶衣服の首のまわりや、前面の合わせる部分。えり。通衿キン。例 衣襟イキン。開襟カイキン。❷胸。心のうち。もの思い。例 襟懐カイキン。胸襟キョウキン。
古訓 中古 きぬのくび・ころものくび・たもと・ものおもひ 中世 ころものくび・ものおもひ 近世 えり・まへえり・ものおもひ
人名 ひも
【襟首】えりくび 日 首の後ろの部分。うなじ。首すじ。
【襟章】えりショウ 日 制服のえりにつけて、階級や学科などを示す記章。
【正レ襟危▼坐】えりをただしてキザす 衣服のえりをきちんと整え、姿勢を正して座る。気持ちや態度を改めること。〈史記・日者伝〉
【襟韻】キンイン 胸中の風流な心。
【襟懐】キンカイ 心の中。胸のうち。例 —を開く。
【襟喉】キンコウ 〔えりと、のどの意〕要害の地。
【襟帯】キンタイ 〔えりと、おびの意〕①衣服。②〔えりと帯のように〕山や川にとり囲まれた、要害の地。
【襟度】キンド 広く受け入れる度量。心の広さ。例 —を示す。
【襟要】キンヨウ 〔えりと腰の意〕要害の地。

襢
衤13(18) 4 8836 8962 タン 漢 旱 tǎn
意味 上着を脱いで上半身はだかになる。はだぬぐ。通袒タン。例 襢裼タンセキ（＝肌脱ぎになる）。

襠
衤13(18) 2 7493 8960 トウ（タウ）漢 陽 dāng まち・うちかけ
意味 ❶下ばかまの、股またの部分。❷「裲襠リョウトウ」は、胸と背をおおう、そでのない上着や鎧よろい。そでなし。うちかけ。
日本語での用法 《まち》「袴はかまの襠まち・襠まちを入いれる・襠まちのある封筒フウトウ」▼衣服や袋物で、幅や厚みを出すために補った布や紙。

襞
衣13(19) 2 7494 895E ヘキ 漢 陌 bì ひだ
意味 ❶衣服や紙などを折りたたむ。❷折りたたんでつけた折り目。ひだ。例 襞褶ヘキシュウ（＝ひだ）。
【襞▼襀】【襞積】ヘキセキ 〔「襀・積」も、ひだの意〕衣服のひだ。

䙥
衤13(18) 4 8835 4665 レイ 漢 青 líng
意味 衣のつや。

襦
衤14(19) 2 7501 8966 ジュ 漢 虞 rú はだぎ
意味 ❶腰までの短いころも。上着。例 襦袴ジュコ。❷赤ん坊のよだれかけ。
日本語での用法 《ジ》《ジュ》「襦袢ジバン・ジュバン・長襦袢ながジバン・ながジュバン・肌襦袢はだジバン・はだジュバン」▼ポルトガル語「ジバン」にあてた字。
【襦▼袢】ジバン・ジュバン 日 〔ポルトガル gibão の音訳〕上半身に着る和服用の肌着。例 長—。肌—。
【襦▼袴】ジュコ 上着とズボン。広く、衣服のことをいう。

襪
衤14(19) 2 7504 896A ベツ 慣 バツ 漢 月 wà
意味 足を覆うもの。足袋たび。くつした。通韈ベツ。

6画
[衣（衤）] 11—14画▼ 襅 𧜣 襃 褸 襖 襉 𧝒 襍 襌 襖 襟 襢 襠 襞 䙥 襦 襪

【襪線】ベッセン 足袋たびの糸。ほどいても長い糸が一本もないことから、多芸ではあるがすべて中途半端であること、あるいは才能の乏しいことをいう。自己の能力の謙称としても用いる。

襭
衤15(20) 2 7503 896D
ケツ漢 屑 xié

意味 ころものすそを取って帯にはさみ、そこにものを入れる。

襤
衤15(20) 2 7502 8964
ラン(ラム)漢 覃 lán
ぼろ

意味 布のふちを縫いとめてないころも。転じて、破れたつぎはぎだらけのころも。つづれ。**ぼろ**。例 襤褸ランル。

【襤▼褸】ランル ぼろぼろの衣服。

[繿]
糸15(21) 2 6981 7E7F
別体字。

襲
衣16(22) 1 2917 8972 常用
シュウ(シフ)漢 ジュウ(ジフ)呉 緝 xí
おそう(おそ-ふ)・かさ-ねる(かさ-ぬ)・かさね・つ-ぐ

筆順
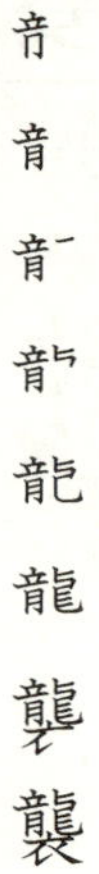

なりたち

[形声]「衣(=ころも)」と、音「龖トウ…→シュウ」の省略体とから成る。死者に着せる、襟を左前にかさねた衣服。派生して「かさねる」の意。

意味 ❶かさねて着る。かさねぎ。**かさねる**。例 襲衣シュウイ(=かさねぎ)。❷衣服のひとそろい。**かさね**。例 一襲イッシュウ。❸不意打ちをくわせる。おそいかかる。**おそう**。例 襲撃シュウゲキ。襲来シュウライ。奇襲キシュウ。❹前のとおりにする。うけつぐ。**おそう**。例 襲名シュウメイ。因襲インシュウ。踏襲トウシュウ。

日本語での用法《**かさね**》「菊襲キクがさね・桜襲さくらがさね」▼昔、重ねて着た着物の、色の組み合わせ。

古訓 中古 いる・うく・おそふ・およぶ・かさぬ・かさね・かへる・きる・つぐ・つつしむ・よる 中世 おそふ・およぶ・かさぬ・よる 近世 あふ・いる・うくる・おそふ・およぶ・かさね・かさねぎ・つぐ・つつむ・よる

人名 より

難読 熊襲くまそ

【襲撃】シュウゲキ 計画して敵を激しく攻撃する。例 襲二撃東胡一トウコをシュウゲキす(=中国東北部の異民族を攻撃する)。〈漢書・匈奴伝上〉

【襲雑】シュウザツ かさなって入り混じる。

【襲爵】シュウシャク 爵位を受けつぐ。

【襲封】シュウホウ ホウをつぐ 諸侯が領地を受けつぐ。

【襲名】シュウメイ 先代の名前や称号を受けつぐ。例 ―披露。十五代目を―する。

【襲用】シュウヨウ 前のまま受けついで用いる。踏襲。

【襲来】シュウライ 日 おそってくる。例 寒波が―する。

●逆襲ギャクシュウ・急襲キュウシュウ・強襲キョウシュウ・世襲セシュウ・夜襲ヤシュウ

襯
衤16(21) 2 7505 896F
シン漢 震 chèn
はだぎ

意味 ❶からだにじかにつける下着。**はだぎ**。例 襯衣シンイ。❷親しむ。つく。近づく。例 襯染シンセン。

【襯衣】シンイ 肌着。シャツ。

【襯染】シンセン そば近くにいて影響を受ける。

襷
衤17(22) 2 7507 8977 国字
たすき

[袢]
衤10(15) 4 8828 2770E
俗字。

意味 ❶和服のそでをからげるために、両肩から両わきに背中で斜め十文字にしてくくる、ひも。例 襷掛たすきがけ。❷神を祭るとき、そでが触れないよう、一方の肩から、斜めにかける細長い布。

襴
衤17(22) 2 7506 8974
ラン漢 寒 lán
かたびら・したがさね・すそ・はかま

意味 ころものすそにつけて裳ショの代用とした布。すそべり。また、それをつけた服。例 襴袍ランポウ(=官吏の制服)。

146 6画 襾(覀・西) おおいかんむり かなめのかしら部 にし

上からおおいかぶせる意をあらわす。新字体では「覀」となる。「西」をもとにしてできている漢字と、「覀」の字形を目じるしにして引く漢字とを集めた。

この部首に所属しない漢字

襾
襾0(6) 2 7508 897E
ア漢 禡 yà
おお-う(おほ-ふ)

意味 かぶさる。**おおう**。

西
西0(6) 1 3230 897F 教2
セイ漢 サイ呉 斉 xī
にし

筆順

なりたち

[象形] 鳥が巣の上にいる形。太陽が西にかたむくと鳥は巣で棲すむことから、方角の「にし」の意。

意味 ❶太陽の沈む方角。**にし**。例 西域セイイキ。西洋セイヨウ。東西トウザイ。❷にしに行く。にしにする。例 渡二江而西一コウをわたりてにしにす(=長江を渡って西に行った)。〈史記・項羽紀〉❸にしに向かって。にしのかた。例 西出二陽関一無二故人一にしのかたヨウカンをいずればコジンなからん(=西に向けて陽関を出たらもう旧友はいないだろう)。〈王維・送二元二使一安西一〉❹「西洋」の略。例 西紀セイキ。西暦セイレキ。❺外国語の「シ」「ス」などの音をあらわす字。例 西班牙イスパニア。墨西哥メキシコ。

古訓 中古 にし 中世 あき・いる・にし 近世 にし

人名 あき・し

難読 西班牙イスパニア・東風西風こちあち・東西かなたこなた

【西域】セイイキ・サイイキ 昔の中国で、甘粛省の玉門関ギョクモンカンや陽関から西の地域の呼び名。今の新疆シンキョウウイグル自治区にあたるが、さらに中央アジアや西アジアを含む場合もある。

【西下】セイカ 西の方へ行く。対 東上。

【西海道】サイカイドウ 日 五畿キ七道の一つ。今の九州地方。

【西方】セイホウ・サイホウ ①セイホウ 西のほう。対 東方。②〔仏〕「西方浄土サイホウジョウド」の略。阿弥陀仏アミダブツのいる極楽浄土。

【西遊】セイユウ・サイユウ 西方に旅する。例 ―記サイユウキ。

【西安】セイアン・シーアン 今の陝西センセイ省西安市。かつての長安。前漢・隋ズイ・唐代などの都。

【西▼夷】セイイ ①西方の異民族。西戎セイジュウ。②西洋人をさげすんで呼んだ語。

【西欧】セイオウ ①欧州の西部。ヨーロッパの西部。②西洋。欧州。例—文化。
【西▼瓜】セイカ|スイカ ウリ科のつる性一年草。実は大きな球形で水分が多く、甘い。
【西夏】セイカ 北宋(ホクソウ)の時、中国北西部にいたタングート族の李元昊(リゲンコウ)が興慶(=寧夏回族自治区銀川)を都として建てた国。独特の西夏文字を考案し用いた。チンギス-ハンに滅ぼされた。(一〇三八—一二二七)
【西海】㊀セイカイ ①広く、西方をいう。②青海(=青海省東部の湖)の別称。③今の地中海。㊁サイカイ 日「西海道(サイカイドウ)」の略。
【西岳】セイガク 五岳の一つ。陝西(センセイ)省にある華山(カザン)のこと。
【西漢】セイカン ①前漢のこと。〔都が西方の長安であったことから〕②天の川。天漢。
【西紀】セイキ ①西の果ての地。②日 西洋紀元。西暦。
【西▼魏】セイギ 北魏の末期、宇文泰が文帝を擁して建てた国。都は長安(=陝西(センセイ)省西安市)。北周に滅ぼされた。(五三五—五五六)
【西教】セイキョウ 〔西方・西洋の宗教の意〕仏教。また、キリスト教。
【西▼嚮】【西向】【西郷】セイキョウ 西を向く。→【東嚮】トウキョウ(667ページ)
【西京】㊀セイケイ ①西周の都、鎬京(コウケイ)。②前漢・唐の都、長安。③五代の晋(シン)・漢・周、北宋(ホクソウ)の都、洛陽(ラクヨウ)。④遼(リョウ)・金(キン)の大同。㊁サイキョウ 日 京都。特に、右京をいう。
【西経】セイケイ 西半球の経度。英国のグリニッジ天文台を通る子午線を〇度として西へ測った経度。一八〇度まである。㊟東経。
【西湖】セイコ 浙江(セッコウ)省杭州(コウシュウ)市にある湖。景勝の地。銭塘(セントウ)湖。西子湖。
【西郊】セイコウ|サイコウ ①西方の郊外。例 迎二秋於西郊一(あきをセイコウにむかう)(=西方の郊外で《上帝を祭り》秋を迎える)。〈礼記・月令〉②秋の野辺。〔西郊の野で秋を迎える祭りをおこなったことから〕
【西国】㊀セイコク ①西方の国。②西域(サイイキ|セイイキ)。③サイゴク 西洋。例—立志編。㊁サイゴク|サイコク ①〔仏〕極楽浄土。②日 日本国内の、関西より西の部分。特に、九州地方。③日「西国三十三所」の略。例—巡礼。
【西▼崑】セイコン 崑崙(コンロン)山。〔日の没する所にあることから〕
【西▼崑体】セイコンタイ 晩唐の李商隠(リショウイン)・温庭筠(オンテイイン)らの詩風にならって、故事を用い華麗な修辞を工夫した詩体。宋(ソウ)の楊億(ヨウオク)らが提唱した。
【西山】セイザン 山西省にある首陽山(シュヨウザン)の別名。周代の伯夷(ハクイ)・叔斉(シュクセイ)がかくれ住んだ。
【西施】【西子】セイシ 春秋時代の越(エツ)の美女。→【効顰】コウヒン(176ページ)
【西施▼捧心】【西子▼捧心】セイシホウシン|セイシシンをおさう 西施が病気の胸に手を当てる。美女の病は、さらに美しさを増すたとえ。ひそみにならう。〔〈荘子・天運〉から〕
【西狩】セイシュ ①にしにかりす 天子が西方の地に狩りに行く。例 春、西狩獲レ麟(はる、にしにかりしてリンをえたり)(=春、西方に狩りをして麟を捕らえた)。〈左伝・哀一四〉②天子が西方の地を巡行する。
【西周】セイシュウ 武王から幽王までの周王朝。鎬京(コウケイ)に都した。㊟東周。
【西▼戎】セイジュウ 西の蛮人。古代中国で、西方の異民族の卑称。西夷(セイイ)。〔東夷(トウイ)・南蛮(ナンバン)・北狄(ホクテキ)と並べていう〕
【西▼晋】セイシン 司馬炎(武帝)が三国魏(ギ)の元帝を追放し、禅譲の形をとって建てた王朝。都は洛陽(ラクヨウ)。異民族の侵入によって滅ぼされた。(二六五—三一七)
【西▼秦】セイシン 五胡(ゴコ)十六国の一つ。鮮卑族の乞伏国仁(キップクコクジン)が建てた国。都は金城(=今の甘粛省蘭州(ランシュウ)市)。(三八五—四三一)
【西進】セイシン 西方へ進む。㊟東進。
【西人】セイジン ①春秋時代、周の都の鎬京(コウケイ)の人。②宋(ソウ)代、西夏の人を呼んだことば。③西洋人。
【西垂】【西▼陲】セイスイ 〔「垂・陲」は、辺境の意〕①西方の辺境の地方。②日 九州地方。
【西席】セイセキ ①西側にあり、東に面する座席。師の席。②師。
【西漸】セイゼン 次第に西の方へ移っていく。㊟東漸。
【西蔵】セイゾウ|チベット 中国の南西部、パミール高原の西にある高原地帯。チベット族は古くは氐(テイ)・羌(キョウ)と呼ばれ、唐代には吐蕃(トバン)と称された統一王朝となる。現在は中華人民共和国の西蔵(チベット)自治区。
【西▼疇】セイチュウ 西の方にある田畑。例 将レ有レ事二于西疇一(まさにセイチュウにことあらんとす)(=西の田畑で耕作しようとする)。〈陶淵明・帰去来辞〉
【西天】セイテン|サイテン ①西の空。②西方のインド。③西方浄土(サイホウジョウド)。
【西都】セイト ①周の都、鎬京(コウケイ)。②前漢の都、長安。
【西土】セイド ①西方の地。②日 日本からみて、中国やインド、西洋諸国のこと。③サイド 西方浄土(サイホウジョウド)。
【西南】セイナン 西と南の中間の方角。南西。
【西部】セイブ ①ある地域の中の西の部分。②日 アメリカ合衆国の西寄りの地域。例—劇。
【西風】セイフウ ①にしかぜ 西から吹いてくる、かぜ。②秋風。
【西北】セイホク 西と北との中間の方角。北西。
【西▼溟】【西冥】セイメイ 西方の海。
【西洋】セイヨウ ①中国西南方の大海。②日本や中国から、ヨーロッパとアメリカを指していうことば。㊟東洋。
【西涼】セイリョウ 五胡(ゴコ)十六国の一つ。李暠(リコウ)の建国。都は酒泉。(四〇〇—四二一)
【西陵】セイリョウ ①黄帝の時にあったという伝説上の国。②長江上流の峡谷。西陵峡。③三国魏(ギ)の武帝の陵。
【西▼遼】セイリョウ 金(キン)に滅ぼされた遼の一族、耶律大石(ヤリツタイセキ)が中央アジアに建てた国。(一一三二—一二一一)
【西暦】セイレキ 日 イエス=キリストが誕生したとされる年(実際は生後四年目)を元年として数えるこよみ。西紀。

●関西(カンサイ)・泰西(タイセイ)・東西(トウザイ)

襾	襾0 (6)	4 8837 8980

⇩部首解説

要

襾3 (9)
1 4555 8981
教4

㊀ヨウ(エウ)㊥㊦ 蕭 yāo
㊁ヨウ(エウ)㊥㊦ 嘯 yào
かなめ・いる

筆順 一 一 冂 襾 襾 覀 要 要 要

なりたち  〔象形〕人が腰に両手をあてた形。人の腰。

意味 ㊀❶こし。㊟腰。例 要斬(ヨウザン)。❷もとめる。**いる**。例 要二誉於郷党朋友一(ほまれをキョウトウホウユウにもとむ)(=村人や友人からほめられたいと思う)。〈孟子・公孫丑上〉要求(ヨウキュウ)。❸招請する。まねく。例 要二項伯一(コウハクをヨウす)(=項伯を招く)。〈史記・項羽紀〉❹待ちうける。待ち伏せる。むかえる。㊟邀(ヨウ)。例 要撃(ヨウゲキ)。❺誓約する。ちかう。むすぶ。例 要結(ヨウケツ)。❻強迫する。しいる。例 要盟(ヨウメイ)。強要(キョウヨウ)。❼⇩【要眇】ヨウビョウ ㊁❶手に入れたいと願う。例 需要(ジュヨウ)。必要(ヒツヨウ)。❷ものごとをしめくくる大切な部分。**かなめ**。例 要点(ヨウテン)。肝要(カンヨウ)。重要(ジュウヨウ)。❸大切な点をかいつまんでまとめる。しめくくる。ようするに。例 要約(ヨウヤク)。❹きっと。かならず。例 要須(ヨウシュ)。

古訓 中古 おびたり・かならず・ちぎる・ねがふ・はく・もとむ・もはら 中世 かなめ・かならず・ちぎる・ないがしろ・もとむ 近世 おびやかす・かなめ・こし・さへぎる・しるす・ちかふ・なす・ねがふ・もとむる
人名 とし・もとむ・もとめ

【要因】ヨウイン 日 おもな原因。ものごとが成立するために重要な因子。例 何が失敗の―となったのか。
【要員】ヨウイン 日 ある仕事に必要な人員。例 保安―。
【要害】ヨウガイ ①地勢が険しく敵の攻撃を防ぐのに適したところ。例 天然―の地。②急所。
【要義】ヨウギ 大切な意味。要約した内容。また、それを記した書物。
【要求】ヨウキュウ ①約束する。結びつく。②必要なものを強くもとめる。例 賃上げを―する。
【要劇】ヨウゲキ 職務が重要でいそがしいさま。
【要撃】ヨウゲキ 敵を待ち伏せして攻撃する。邀撃ヨウゲキ。
【要▼訣】ヨウケツ 重要な奥義。また、それを記した書物。
【要結】ヨウケツ 約束して決める。とりきめ。
【要件】ヨウケン ①重要な用事や案件。②日 必要な条件。例 ―を満たす。
【要言】ヨウゲン ①要点をとらえたことば。至言。名言。②約束する。誓言。
【要港】ヨウコウ ①交通や産業のうえで重要な、みなと。②日 もと、海軍が軍港に次ぐ重要な基地として警備した、みなと。
【要項】ヨウコウ 日 大切な事柄。また、それを書きしるしたもの。例 募集―。
【要綱】ヨウコウ ものごとの根本となる大事な事柄。大綱。
【要塞】ヨウサイ ①要害の地に設けたとりで。要砦ヨウサイ。②国防上重要な地点に築いた、砲台を中心とする軍事施設。
【要斬】ヨウザン 腰の部分を切断する、重い刑罰。腰斬ヨウザン。
【要旨】【要指】ヨウシ ①重要な趣旨。例 乃論二六家之要指一（すなわちリッカのヨウシをロンず）（=そこで六つの学派の重要な趣旨を述べる）。〈史記・太史公自序〉②日 言いあらわそうとしている内容の中心的な事柄を短くまとめたもの。主要な趣旨。
【要須】ヨウシュ ①なくてはならない大切なもの。②必ず。確かに。▽必須ヒッス―ヒッシュ。
【要衝】ヨウショウ 重要な地位を占める地点。例 交通の―。
【要津】ヨウシン 〔「津」は、渡し場・手がかり〕①交通の要衝。重要な地点。②ものごとを把握するための大切な点。③重要な官職。例 賓従雑遝実二要津一（ヒンジュウはザットウしてヨウシンにみつ）（=とりまきたちは要職を占めいっぱいになっている）。〈杜甫・麗人行〉▽津要シンヨウ。
【要人】ヨウジン ①重要な地位にいる人。例 政府の―。②ひとにもとむ 無理やり人に求める。
【要図】ヨウズ 日 必要な事柄だけを書いた、図面や地図。
【要請】ヨウセイ ①招く。招待する。②日 希望を受け入れるようにたのむ。
【要説】ヨウセツ 日 重要な部分を取り出して説明する。書名などに用いる。例 心理学―。
【要素】ヨウソ 日 ものごとの成立に必要とされる基本的なもの。
【要談】ヨウダン 日 重要な話し合い。大切な相談。
【要地】ヨウチ ①要害の地。②重要な地位。
【要諦】ヨウテイ―ヨウタイ ①〔仏〕大事な悟り。②日 ものごとの肝心なところ。大事な点。例 社会的成功の―。
【要点】ヨウテン 日 ものごとの大切なところ。例 ―を述べる。
【要途】ヨウト ①大切な道筋。②重要な地位・官職。③道をさえぎる。出むかえる。▽要道。要路。
【要道】ヨウドウ ①重要な道路。②大切な教え・道理。③重要な地位・官職。④出むかえる。▽要途。要路。
【要▼眇】【要妙】ヨウビョウ―ヨウミョウ ①うるわしいさま。たおやかなさま。②微妙なさま。細かいところまでよく整っているさま。
【要服】ヨウフク 五服の一つ。王城から五百里（一説に千五百里）離れた土地。
【要望】ヨウボウ 日 何かをしてほしいと、のぞむ。例 ―にこたえる。
【要務】ヨウム 最も重要なつとめ。
【要盟】ヨウメイ 強制的に誓わせる。また、その誓い。
【要目】ヨウモク ①統計。また、その綱目。②重要な事項。
【要約】ヨウヤク ①約束を結ぶ。②簡略で洗練されている。③文章などの要点を短くまとめる。
【要用】ヨウヨウ 大事な用件。さしせまって必要な用事。例 まずは取り急ぎ―のみ（=手紙文のまとめとして書くことば）。
【要覧】ヨウラン 日 内容を要約して見やすい形にまとめた印刷物。例 会社―。
【要略】ヨウリャク 要点をまとめたもの。主旨。概要。
【要領】ヨウリョウ ①ものごとの大事なところ。要点。例 ―を得ない話。②日 ものごとの処理のしかた。例 ―が悪い。
【要路】ヨウロ ①重要な道路。例 交通の―。②職務上の重要な地位。例 政府の―にある人。③道をさえぎる。▽要途。要道。

●肝要カンヨウ・紀要キヨウ・強要キョウヨウ・主要シュヨウ・所要ショヨウ・枢要スウヨウ・大要タイヨウ・摘要テキヨウ・必要ヒツヨウ・不要フヨウ・法要ホウヨウ

覃

襾6（12） 2 7509 8983

一 タン（タム）漢 覃 tán
二 エン（エム）漢 琰 yǎn

およ-ぶ・なが-い（なが-し）・ふか-い（ふか-し）

参考 活字体では「覃」とされることが多いが、本来「襾（=おおう）」とは無関係。

意味 一 ❶奥深い。深く追究する。例 覃思シタン。❷長くのびる。広くおよぼす。**およぶ**。例 覃及キュウタン（=広くゆきわたる）。二 するどい。通 剡エン。

【覃思】シタン 深く考える。

覆

襾12（18） 1 4204 8986 常用

一 フク 漢 呉 屋 fù
二 フク 慣 フウ 漢 フ 呉 宥 fù

おお-う（おほ-ふ）・くつがえ-す（くつがへ-す）・くつがえ-る（くつがへ-る）

筆順 覆

なりたち ［形声］本字は「覆」で、「襾（=おおう）」と、音「復フク（=かえす）」とから成る。上下をひっくりかえす。また、おおう。

意味 一 ❶**くつがえる**。**くつがえす**。例 覆二一簣一（イッキをくつがえす）（=ひともっこの土をあける）。〈論語・子罕〉覆水フクスイ。❷ほろびる。ほろぼす。例 覆滅フクメツ。❸かえる。もとにもどる。くりかえす。ふたたび。通 復。例 反覆ハンプク。❹検査する。しらべる。例 覆訊フクジン（=とり調べる）。二 ❶かぶせる。かくす。**おおう**。おおい。例 覆面フクメン。被覆ヒフク。❷待ち伏せをする。また、その兵士。伏兵。

古訓 中古 うつふす・おほふ・かへさふ・くつがへす・くつがへる・こぼす・こぼつ・つばひらか・また 中世 おほふ・くつがへす・こぼす 近世 おほふ・かへつさふす・きはまる・くつがへす・たふす・つまびらか・やぶる

【覆育】フウイク―フイク 天地が万物をおおいはぐくむように、守り育てる。例 覆二育万物一（バンブツをフイクす）（=万物を守り育てる）。〈礼記・楽記〉
【覆蓋】フウガイ おおいかぶせる。また、つつみかくす。
【覆載】フウサイ―フサイ ①天が万物をおおい、地が万物をのせる。②天地。
【覆▼幬】フウトウ 〔「幬」も、おおう意〕天が万物をおおい育てる。
【覆被】ヒフウ おおう。おおいかぶせる。かくす。

【覆▼瓿】ホウ/フウ フク〔甕(かめ)のふたにする意〕著作が甕のふた程度にしか価値をもたないこと。自分の著作物の謙称。

【覆▼按】【覆案】フク アン 調べる。調査する。

【覆啓】フク ケイ〔御返事を申しあげるの意〕手紙の最初に使うことば。

【覆考】フク コウ ①調べる。調査する。②「覆試(フクシ)」に同じ。

【覆試】フク シ 試験をやり直す。再試験。覆考。

【覆車】フク シャ〔くるまをくつがえす〕ひっくりかえった車。また、車をくつがえす。

【覆車▼之戒】フクシャの いましめ 前の人の失敗を見て、あとに続く人が気をつけること。→【前車覆後車誡】ゼンシャのくつがえるはコウシャのいましめ(164ページ)

【覆手】フク シュ〔てをくつがえす〕手のひらをかえす。容易なこと。類覆掌。例翻レ手作レ雲覆レ手雨(てをひるがえせばくもとなり てをくつがえせばあめとなる)(=手のひらを上にすれば雲が出て、下にすれば雨が降り出す)。〈杜甫・貧交行〉

【覆水】㊀フク スイ 容器がひっくりかえってこぼれた水。すでに動かし難い局面のたとえ。㊁フク スイ 水面をおおいかくす。

【覆水難レ収】フクスイ おさめがたし こぼした水はもとにもどせない。取り返しがつかないことのたとえ。特に、離別した夫婦が復縁しがたいことをいう。覆水盆に返らず。◆かつて貧乏だったころ、あいそをつかして去った妻が、出世したのち復縁を求めてきたとき、鉢(ハチ)の水を地に流して、こぼした水は再びもとにもどせないことを示したという話が、周の呂尚(リョショウ)の故事〈野客叢書・二八〉や、漢の朱買臣(シュバイシン)の故事〈古今小話・二七〉として伝えられている。

【覆水(フクスイ)盆(ボン)に返(かえ)らず】日〔「盆」は、鉢(ハチ)の意〕一度こぼれた水は二度と鉢にはもどせない。一度してしまった失敗は取り返しがつかない。また、離婚した夫婦の仲はもとにはもどせない。覆水難レ収(フクスイおさめがたし)。

【覆巣無二完卵一】フクソウ カンランなし〔ひっくりかえった巣には完全な卵はない意〕根本がくずれれば枝葉も滅びるということ。〈世説・言語〉から〉類覆巣破卵。

【覆▼餗】フク ソク 鼎(かなえ)がひっくりかえって、中の盛り物(餗)が外にもれ出る。(宰相・大臣らが)能力不足で失敗すること。→【鼎餗】テイ ソク(1511ページ)

【覆溺】フク デキ 船が転覆して人がおぼれる。

【覆▼轍】フク テツ ひっくりかえった車輪のあと。例—を踏む(=前の人と同じ失敗をする)。

【覆没】フク ボツ ①船が転覆して沈没する。②戦いでひどく負ける。

【覆盆】㊀フク ボン 盆の中の水をくつがえす。大雨をたとえていう。㊁フウ ボン ①盆をふせる。②無実の罪を受けること。

【覆滅】フク メツ 完全にほろびる。滅亡する。

【覆面】フク メン/フウ メン ①(泣くときなどに)手で顔をおおう。②だれだかわからないように、目だけ出して顔を布などでおおいかくす。また、そのための布。例—頭巾(フクメンズキン)。③日本名や正体を明らかにしない。例—批評。

【覆輪】フク リン 日①馬具や陶磁器などのふちに金や銀などをかぶせた装飾。例金—(キンプクリン)の鞍(くら)。②女性の着物のそで口やすそをほかの布で細くふちどった飾り。

●転覆(テンプク)・反覆(ハンプク)・被覆(ヒフク)

覈

襾13 (19) ②7510 8988

カク 漢 陌 hé

あき-らか・かんが-える(かんが-ふ)・しら-べる(しら-ぶ)

意味 確かな証拠にもとづいて考察する。**しらべる**。例覈考(カクコウ)(=きびしく取り調べる)。覆覈(フクカク)(=調べる)。

【覈論】カク ロン ものごとの現実や本質にふれる深い議論。

覇

襾13 (19) ①3938 8987 常用

㊀ハク 漢 陌 pò ㊁ハ 漢 禡 bà

[霸] 雨13 (21) ②5917 9738 本字。

筆順 

なりたち  [形声]「月(=つき)」と、音「䨣(カク→ハ)」とから成る。陰暦で月初めに新月が白く光るさま。借りて「はたがしら」の意。

意味 ㊀新月が白く光るさま。㊁❶封建時代、諸国を武力で従えた者。はたがしら。転じて、競技などの優勝者。通伯(ハ)。例覇者(ハシャ)。制覇(セイハ)。❷諸国を武力で従える。覇者となる。例桓公以覇(カンコウもってはたり)(=桓公は覇者となった)。〈史記・管仲伝〉❸川の名。渭水(イスイ)の支流。覇水。通灞。例覇橋(ハキョウ)。覇上(ハジョウ)(=覇水のほとり。また、地名)。

古訓 中古 うつ・せむ・はやる・をさむ 中世 くだく・とる 近世 かたどる・くらし・とる

人名 はる

難読 覇王樹(サボテン)

【覇王】ハ オウ ①覇者と王者。覇道と王道。例雖二由レ此覇王一、不レ異矣(これによりてハオウたりといえどもあやしまず)(=これによって(斉王が)覇者や王者になったとしても、不思議ではない)。〈孟子・公孫丑上〉②諸侯を武力で従えて天下を治める者。覇者の尊称。例号称二覇王一(ハオウとゴウショウす)(=(越王句践(コウセン)を)覇王と呼んだ)。〈史記・越王句践世家〉

【覇気】ハ キ ①困難なことを打破して事を進めようとする意気。例—がない。—に乏しい。②他を制して支配的地位に立とうとする意気。野心。例—満満。

【覇橋】ハ キョウ 陝西(センセイ)省西安市の覇水(=灞水(ハスイ))にかけられた橋の名。漢・唐代、都から旅立つ人の送別がおこなわれた場所。灞橋(ハキョウ)。

【覇業】ハ ギョウ 武力で天下を統一する業績。例—を遂げる。

【覇権】ハ ケン ①覇者としての権力。支配権。例—をにぎる。②日競技などで優勝して得る栄誉。例—をかける。

【覇功】ハ コウ 覇者となった功績。

【覇者】ハ シャ ①武力で諸侯の上に立ち、天下を取った人。覇道をもって天下を治める者。対王者。例覇者富レ士(ハシャはシをとます)(=覇者は士を豊かにさせる)。〈荀子・王制〉②日競技などの優勝者。

【覇図】ハ ト 覇者になるための計略。

【覇道】ハ ドウ 武力や謀略などによって天下を支配するやり方。対王道。

【覇府】ハ フ 武力で政権を握った者が政治をとるところ。

【覇陵】ハ リョウ 漢の文帝の陵墓。陝西(センセイ)省西安市の東にある。灞陵(ハリョウ)。

●制覇(セイハ)・連覇(レンパ)

[覊] 襾17 (23) ⇩羈(キ)(1064ページ)

[覉] 襾19 (25) ⇩羈(キ)(1065ページ)

(97) 6画

瓜 うり部

つるにぶらさがるウリの実の形をあらわす。「瓜」をもとにしてできている漢字を集めた。画数は字形に合わせて六画とした。『康熙字典(コウキジテン)』が五画としたため、「瓜」のようにすることもある。なお、伝統的には「瓜」の字は「瓜」のように四画で書く。

この部首に所属しない漢字
孤→子 360 弧→弓 463 狐→犭 858 觚→角 1213

瓜

瓜0(6) 1 1727 74DC 人 カ(クヮ)漢 麻 guā うり

なりたち [象形] ウリの形。

意味 ウリ科のキュウリ・マクワウリ・ヒョウタン・カボチャなどの総称。特に、シロウリ・マクワウリなど。**ウリ**。例 瓜田カデン(=ウリ畑)。

古訓 中古 うり・ひさこ 中世 うり 近世 うり

難読 越瓜しろうり・匏瓜ひさご|ふくべ・胡瓜きゅうり・甜瓜まくわうり・王瓜からすうり・冬瓜とうがん|かも・糸瓜へちま・南瓜カボチャ・木瓜ぼけ・庵いおりに木瓜モッコウ(=家紋の一つ)

【瓜葛】カカツ [ウリとクズの意。ともにつる草でからまりあうことから] 血のつながりのある親類縁者。

【瓜時】カジ ①ウリの熟する時期で、陰暦七月をいう。②任期満了で役職を交代するころ。瓜代カダイ。[春秋時代、斉セイの襄公ジョウコウが臣下をウリの熟するころに任地に行かせ、ちょうど一年後に交代させた故事による]

【瓜代】カダイ 「瓜時カジ②」に同じ。

【瓜田不レ納レ履】カデンにくつをいれず ウリ畑では、ウリを盗むのかと疑われないように、くつがぬげてもはきなおさない。人から疑われるようなおこないをするな、という教え。[「李下不レ正レ冠リカにかんむりをただ(さ)ず」と対の句]〈君子行〉

【瓜剖豆分】カボウトウブン [ウリが割られ、マメがさやから分かれ出る意] 領土が分割されてしまうこと。豆剖瓜分トウホウカブン。〈鮑照・蕪城賦〉類 瓜分カブン。

【瓜▼李▼之嫌】カリのケン 人に疑われるようなことをすること。また、そのような立場にいること。類 瓜田李下カデンリカ。→【瓜田不レ納レ履】

瓞

瓜5(11) 4 8111 74DE テツ漢 屑 dié

意味 小さなウリ。例 瓜瓞カテツ。

瓠

瓜6(12) 2 6501 74E0 一 コ漢 遇 hù 二 カク(クヮク)漢 薬 huò ひさご・ふくべ

意味 一 ❶ウリ科の一年草。ユウガオ。白い花が夕方に開く。果実は大きな円柱形または球形で食用。容器としても利用される。瓠瓜カコ。❷ヒョウタン。**ひさご**。例 瓠瓢コヒョウ(=ひさご)。二「瓠落カクラク」は、がらんとして空虚なさま。

【瓠▼犀】コサイ ひさごの実の中の種子。美人のきれいに並んだ白い歯の形容。

【瓠尊】コソン ひさごの形をした酒つぼ。

瓢

瓜11(17) 1 4127 74E2 人 ヒョウ(ヘウ)漢 蕭 piáo ふくべ・ひさご

なりたち [形声]「瓠(=ヒョウタン)」の省略体と、音「票ヒョウ」とから成る。ヒョウタンの実をえぐり取ったもの。

意味 ヒョウタン。**ふくべ**。**ひさご**。また、ヒョウタンの実の中身をくりぬいて作った、いれもの。あるいは、二つに割って作ったひしゃく。例 瓢飲ヒョウイン。瓢簞ヒョウタン。

古訓 中古 うり・なりびさこ・ひさこ 中世 なりひさこ・ひさご 近世 ひさご・ふくべ

難読 瓢虫てんとうむし

【瓢飲】ヒョウイン ひさごに入れた飲み物。つましい生活のたとえ。例 一瓢飲イッピョウイン(=一椀ワンの汁)。〈論語・雍也〉

【瓢▼簞】ヒョウタン ①ヒョウタンの実の中をくりぬいて乾燥させた、酒や水のいれもの。ひさご。ふくべ。②日 ウリ科の一年生つる植物。夏、白い花が咲き、中央がくびれた形の実をつける。実を容器にする。

[瓣]

瓜14(20) ⇩弁ベン(457ジペー)

147 7画 見 みる部

人の目にみえる意をあらわす。「見」をもとにしてできている漢字を集めた。

この部首に所属しない漢字
靦→面 1428

見

見0(7) 1 2411 898B 教1 一 ケン漢呉 霰 jiàn 二 ケン漢 ゲン呉 霰 xiàn みる・みえる(み-ゆ)・みせる(み-す)・まみ-える(まみ-ゆ)

筆順 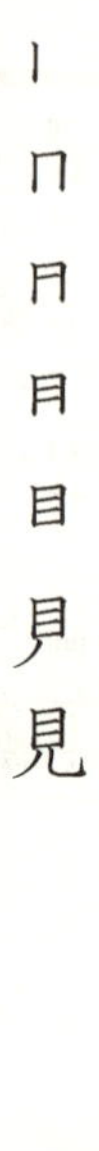

なりたち [会意]「目(=め)」と「儿(=ひと)」とから成る。人が目をはたらかせる。

意味 一 ❶目で見る。眺める。**みる**。目にはいる。**みえる**。例 悠然見二南山一ユウゼンとしてナンザンをみる(=ゆったりと南山を眺める)。〈陶淵明・飲酒〉見学ケンガク。見聞ケンブン。拝見ハイケン。❷ものの見方。考え。例 見解ケンカイ。見識ケンシキ。❸人に会う。**まみえる**。例 見二将軍於此一ショウグンにここにまみゆ(=将軍とここで会見する)。〈史記・項羽紀〉謁見エッケン。会見カイケン。見参ゲンザン。❹「る」「らる」と読み、…される、の意。受け身をあらわす。例 是以見レ放ここをもってはなたる(=こういうわけで追放された)。〈楚辞・漁父〉二 ❶あらわれる。通 現。例 才美不二外見一サイのビそとにあらわれず(=才能のすばらしさは外面にあらわれない)。〈韓愈・雑説〉隠見インケン。露見ロケン。❷明らかにする。あらわす。しめす。例 見二其能一そのノウをしめす(=その能力をあらわす)。〈荀子・儒効〉❸現有の。現存する。通 現。例 見糧ゲンリョウ。

古訓 中古 あらはす・あらはる・いちじるし・えらぶ・えらむ・さとる・しめす・ちか・まみゆ・み・みそなはす・みゆ・みる・らる 中世 あらはる・いちじるし・しめす・みる・らるる 近世 あらはる・あらはす・まみゆる・みる

人名 あき・あきら・ちか・まみゆ・み

【見解】ケンカイ あるものごとに対する見方や考え方。例 —の相違。政府の—をただす。

【見学】ケンガク 日 実際の状態を見て、学習したり知識を得たりする。例 工場—。

【見在】ゲンザイ ①目の前にある。現存。例 日本国—書目録。②いま。現在。

【見参】ゲンザン|ゲザン|ケンザン 日 目上の人にお目にかかる。例 初めて—に入いる。

【見識】ケンシキ ①ものごとの本質を見きわめる力やすぐれた判断力。例 —がある。—を疑う。②日 気位。見え。

【見所】日 一 ケンジョ|ケンショ 能狂言の舞台を見る観客席。二 みどころ ①見る価値のあるところ。例 競技会の—。②将来性。例 —のある若者。

【見証(證)】一 ケンショウ|ゲンショウ ①明らかなしるし。証拠。②証

人。また、証拠品。 二 蹴鞠・囲碁・すごろく・蹴鞠などに立ち合って勝負を判定する。
【見説】ケンセツ ①告げる。説明する。②みるならく 人の言うところによると。聞説。
【見台(臺)】ケンダイ 日 書物を立てかけてのせる読書用の台。書見台。
【見地】ケンチ 一 ものごとを観察したり、判断したりするときのよりどころ。観点。視点。例 人道的な―から見直す。 二 ゲンチ 現在、所有している土地。
【見知▼之法】ケンチのホウ 漢代、人の犯罪を見て知っていながらとりあげない役人を、それと同罪にする法律。〈史記・平準書〉
【見当】ケントウ 日 ①たぶんこうであろうと考えること。見こみ。予想。例 ―はずれ。②大体の方向。例 駅はこの―になる。③〔数をあらわすことばにつけて〕…ぐらい。…程度。例 千円―の品物。
【見物】ケンブツ 日 一 名所や催し物などを見て楽しむ。また、その人。例 芝居―。 二 みもの (よいにせよ悪いにせよ)見る価値のあるもの。例 この対決は―だ。
【見聞】ケンブン／ケンモン 見たり聞いたりする。また、それによって得た経験や知識。例 ―を広める。外国で―した風物。
【見幕】ケンマク 日 激しい怒りをあらわした顔つきや態度。剣幕。権幕。例 ものすごい―でまくしたてる。
【見糧】ゲンリョウ 現在の手持ちの兵糧ヒョウロウ。例 軍無二見糧一ゲンリョウなし(=軍には今、手持ちの兵糧がない)。〈史記・項羽紀〉
【見境】みさかい 日 もののよしあしを判断すること。見分け。例 前後の―がなくなる。
【見場】ばみ 日 外から見た様子。外見。外観。例 ―がよい。
【見本】ホン 日 ①どんなものであるかをわからせるためのサンプル。例 実物―。②よい手本。適当な例。例 生活態度の―となる。
●意見ケン・一見イッケン・会見カイケン・外見ガイケン・形見かたみ・識見シキケン・私見シケン・下見したみ・所見ショケン・政見セイケン・月見つきみ・発見ハッケン・雪見ゆきみ・了見リョウケン

[覎] 見4(11) ⇩覚カク(1208ジペー)

規
見4(11) 1 2112 898F 教5
キ漢呉 支 guī
のり・ただ-す・ぶんまわし(ぶんまわし)

[䂓] 矢7(12) 4 8225 4093 俗字。

筆順 ニ キ 夫 知 規 規 規 規

なりたち  [会意]「夫(=立派な男)」と「見(=見識)」とから成る。立派な男の見識には正しい基準のあることから、円をえがく基準となるコンパスの意。

意味 ❶円をえがく道具。コンパス。**ぶんまわし**。例 円者中レ規エンなるものはキにあたる(=丸い形はコンパスに一致する)。〈荘子・馬蹄〉規矩キク。定規ジョウギ。❷ものごとのもととなる決まり。**のり**。例 規則キソク。規律キリツ。法規ホウキ。❸正しく直す。いさめる。**ただす**。例 規戒キカイ。規正キセイ。❹計画する。はかる。例 欣然規レ往キンゼンとしてゆかんことをはかる(=喜んで行くことを計画する)。〈陶淵明・桃花源記〉規画キカク。❺区切る。かぎる。例 規二良田一リョウデンをかぎる(=よい畑を分割する)。〈漢書・陳湯伝〉

古訓 中古 ただし・ただす・ねがふ・のとる・のり・はかりこと・はかる 中世 ただす・ねがふ・のり・はかりこと・はかる・をしふ 近世 ただす・のり・はかる・ぶんまはし

人名 いさむ・さだむ・さだめ・ただ・ただし・ちか・なり・はかる・もと・み・よし

難読 半規かたわれ・子規ほととぎす・外規そとのり・内規うちのり

【規戒】【規▼誡】キカイ いさめ、いましめる。いましめ。
【規▼誨】キカイ いさめ、教え導く。
【規画】キカク ①計画する。計略をめぐらす。はかる。②計略。はかりごと。類 規略。▽類 規図キト。
【規格】キカク ①おきて。さだめ。標準。②日 工業製品などの品質や形、また、寸法などについて定める標準。例 ―品。
【規▼諫】キカン いましめのことば。
【規▼矩】キク ①コンパスとさしがね(=L字形のものさし)。②ものごとの規準となるもの。③言行の正しいさま。
【規▼矩準縄】キクジュンジョウ ①〔「準」は水平をはかる計器、「縄」は線を引く墨縄すみなわ〕ものを作り出すときの、規準となる計器。〈孟子・離婁上〉②人のおこないの標準。模範。例 ―に従う。
【規準】キジュン ①コンパスと水準器。②判断や行動のよりどころ。例 判断―。
【規▼箴】キシン いましめ。いましめる。
【規正】キセイ 決まりにそって正しく直す。例 政治資金―法。
【規制】キセイ ①決まり。おきて。例 ―を設ける。②日 規則によって制限する。例 交通―をする。
【規切】キセツ ただし、いましめる。類 規飭キチョク。
【規則】キソク 人のおこないや組織の運営に、一定の秩序が保たれるように定められた決まり。例 交通―を守る。
【規則的】キソクテキ 日 一定の決まりに従っているさま。一定の状態が乱れることなく続いているさま。例 ―な生活。
【規度】一 キタク 計画する。はかる。 二 キド 模範。手本。
【規定】キテイ ①ものごとを決まった形に定める。また、その定め。例 考え方を―する。②日 法令の条文として定めること。また、その条文。例 前項の―により処理する。
【規程】キテイ (役所などの)組織や事務、手続きなどに関する規則。例 服務―。図書貸し出し―。
【規範】キハン ①行為や判断の手本。規準。例 社会―。②模範。軌範。
【規模】キボ ①コンパスと鋳型。②仕組みや構造などの大きさや広がり。例 全国―。③手本。
【規律】キリツ (個人や団体の)生活や行動の正しいよりどころ。例 集団行動の―。
●軍規グンキ・定規ジョウギ・新規シンキ・正規セイキ・内規ナイキ・法規ホウキ

視
見4(11) 1 2775 8996 教6
シ漢 ジ呉 紙 shì
み-る

[視] 見5(12) 3 9189 FA61 人 旧字体。

筆順 ラ ネ ネ 礻 初 祖 視 視

なりたち  [形声]「見(=みる)」と、音「示シ」とから成る。目を向ける。

意味 ❶目を向ける。注意してよく見る。**みる**。例 視二項王一コウオウをみる(=項羽を直視する)。〈史記・項羽紀〉視察シサツ。注視チュウシ。直視チョクシ。❷政務をとる。つかさどる。例 視朝シチョウ。❸…としてあつかう。みなす。例 軽視ケイシ。重視ジュウシ。敵視テキシ。❹生きる。例 長生久視チョウセイキュウシ(=長生きする)。❺明示する。しめす。通 示。例 視二項羽無二東意一コウウにひがしするのイなきをしめす(=東に帰る気持ちが無いことを項羽に示す)。〈漢書・高帝紀上〉❻準じる。なぞらえる。

古訓 中古 いのる・しめす・なずらふ・なぞらふ・み・みそなはす・みゆ・みる 中世 しめす・なずらふ・なぞらふ・みそなはす・みる 近世 いるる・しめす・なぞらふ・ならふ・みる

[人名] あき・のぞむ・のり・み・よし

【視界】シカイ [日]①目に見える範囲。視野。[例]—良好。—が開ける。②考えのおよぶ範囲。[例]—のせまい人。

【視角】シカク ①見ている物体の両はしと目とを結ぶ、二つの直線がつくる角度。視点。観点。②[日]ものごとについて、見たり考えたりする角度。視点。観点。[例]—を変える。

【視覚】シカク [日]①五感の一つ。目でものを見るとき起こる感覚。色や形などの知覚。[例]—が衰える。②目で見たときの感じ。[例]—的にとらえる。

【視学】シガク ①周代、天子が春や秋に国の学校に行幸し、視察後は祭奠（サイテン）や養老の礼をおこなったこと。②[日]もと、道・府・県などに所属して学務の視察・指導にあたった地方官。[例]—官。

【視差】シサ ①同じものを異なる場所から見たときの、見え方の違い。②[日]カメラのファインダーで見る範囲と、実際にフィルムに写る範囲との違い。パララックス。

【視座】シザ [日]ものの見方のもとになる立場や姿勢。視点。観点。[例]—を定める。

【視察】シサツ ①目で見て、推察する。②その場所へ実際に行き、目で見て状況を調べる。[例]海外—。

【視線】シセン ①目と、見ている対象とを結ぶ線。②[日]目が見ている方向。[例]—をそらす。人の—を感じる。

【視▼瞻】シセン ものを見る。見る。

【視息】シソク 見ることと息をすること。なんとか生きているさま。

【視朝】シチョウ 天子が朝廷に出て政務をとる。

【視聴】シチョウ ①見ることと聞くこと。②見聞。経験。[例]広二視聴一（シチョウをひろむ）（＝見聞を広める）。〈漢紀・平帝紀〉③[日]テレビを見る。[例]—率。④[日]人々の注意。[例]世間の—を集める。

【視聴覚】シチョウカク [日]視覚と聴覚。オーディオ-ビジュアル。

【視点】シテン [日]ものごとを見る位置や立場。観点。視座。[例]—を変える。子供と同じ—で見る。

【視野】シヤ [日]①目に見える範囲。視界。[例]—が開ける。②カメラや望遠鏡、また顕微鏡などで見える範囲。[例]レーダーの—から機影が消えた。③考えや知識などのおよぶ範囲。[例]—の広い人。

【視力】シリョク [日]目の、ものを見る能力。[例]—が落ちる。

【視▼而不レ見】みれどもみえず 目を向けていても、心が向いていなければ、真に見ることはできない。〈大学〉

●遠視（エンシ）・監視（カンシ）・凝視（ギョウシ）・近視（キンシ）・巡視（ジュンシ）・正視（セイシ）・注視（チュウシ）・直視（チョクシ）・無視（ムシ）・黙視（モクシ）・乱視（ランシ）

覓

見4（11） [2]7512 8993

ベキ（漢） ミャク（呉） [錫] mì

もと-める（もと-む）

［覔］ 見4（11） [3]9188 8994 別体字。

[意味] さがし求める。**もとめる**。[例]遂教二方士殷勤覓一（ついにホウシをしてインギンにもとめしむ）（＝かくして道士に心をこめて〈楊貴妃（ヨウキヒ）の魂を〉さがし求めさせた）。〈白居易・長恨歌〉 覓索（ベキサク）（＝さがし求める）。

【覓句】ベキク（クをもとむ） 詩人が最適のことばを、さがし求める。苦吟すること。

覚

見5（12） [1]1948 899A 教4

一 カク（漢）（呉） [覚] jué

二 カク（慣） コウ（カウ）（漢） キョウ（ケウ）（呉） [効] jiào

おぼえる（おぼ-ゆ）・さます・さめる（さ-む）・さと-る

［覺］ 見13（20） [2]7520 89BA 旧字体。

［覐］ 見4（11） [4]8839 8990 別体字。

[筆順] 、 " ⺍ 𰀁 常 覚 覚 覚

[なりたち] [形声]「見（＝みえる）」と、音「學（カク）」の省略体とから成る。はっきり見える。さとる。

[意味] 一 ❶感じる。**おぼえる**。[例]感覚（カンカク）。錯覚（サッカク）。味覚（ミカク）。❷はっと気づいて理解する。わかる。**さとる**。また、さとった人。さとり。[例]平明漢軍乃覚レ之（ヘイメイカングンすなわちこれをさとる）（＝夜明けごろ漢軍はそれに気づいた）。〈史記・項羽紀〉 覚悟（カクゴ）。自覚（ジカク）。先覚（センカク）。❸あらわれる。あらわす。[例]覚露（カクロ）。発覚（ハッカク）。 二 ❶迷いがさめる。目をさます。**さます**。**さめる**。[例]俄然覚（ガゼンとしてさむ）（＝不意に目が覚める）。〈荘子・斉物論〉 覚醒（カクセイ）。❷差。へだたり。[通]較。[例]有二天壌之覚一（テンジョウのへだたりあり）（＝天と地ほどの差がある）。〈抱朴・論仙〉

[日本語での用法] 《おぼえ》《おぼえる》 ①「覚（おぼ）え書（が）き・覚（おぼ）え帳（チョウ）」▼記憶にとどめる。②「上役（うわヤク）の覚（おぼ）えがめでたい」▼信任。寵愛（チョウアイ）。

[古訓] [中古]あらはす・あらはる・おほきなり・おぼゆ・おもふ・さとる・さます・さむ・しる・ただし・なほし [中世]うつつ・おぼふ・おぼゆ・さとる・さむる [近世]あきらか・おほいなり・おぼえる・おぼゆる・さとす・さとる・さむる・なほし・ひらく

[人名] あき・あきら・さだ・さとし・さむ・さめ・ただ・ただし・ひろ・ひろし・よし

【覚王】カクオウ 仏の別称。仏陀（ブッダ）。

【覚海】カクカイ 仏教の別称。〔仏の教えの深く広いことを海にたとえたことから〕

【覚悟】カクゴ ①さとる。[例]不二覚悟一（カクゴせず）（＝さとらない）。〈荀子・成相〉②[日]あきらめる。観念。③[日]（現実を正しくとらえて）心を決める。困難でも必ず実行しようと決心する。[例]決死の—。

【覚者】カクシャ さとりを開き、人を導く人。

【覚醒】カクセイ ①目がさめる。目をさます。[例]—剤。②迷いからさめる。迷いをさます。[例]修行の末にようやく—する。

【覚道】カクドウ 〔仏〕正しい悟りの道。

●感覚（カンカク）・才覚（サイカク）・錯覚（サッカク）・視覚（シカク）・触覚（ショッカク）・先覚（センカク）・知覚（チカク）・聴覚（チョウカク）・発覚（ハッカク）・不覚（フカク）・味覚（ミカク）

覗

見5（12） [1]3933 8997

シ（漢）（呉） [寘] sì

うかが-う（うかが-ふ）・のぞ-く

[意味] すきまからのぞくようにして、うかがい見る。**うかがう**。**のぞく**。[通]伺。[例]覗（のぞ）き見（み）。

［視］ 見5（12） ⇩視（シ）（1207ジペー）

覘

見5（12） [2]7513 8998

テン（テム）（漢） [塩] chān

うかが-う（うかが-ふ）・うかがいみ-る（うかがひみ-る）・のぞ-く

[意味] すきまからのぞくようにして見る。偵察する。**うかがう**。**うかがいみる**。[例]覘察（テンサツ）。

【覘候】テンコウ 様子をうかがう。

【覘察】テンサツ ひそかにうかがい見る。

【覘望】テンボウ 遠くから様子を望むこと。伺望。

覡

見7（14） [2]7514 89A1

ゲキ（慣） ケキ（漢） [錫] xí

おのこかんなぎ（をのこかんなぎ）・かんなぎ・みこ

[意味] 神がかりになり、神にいのることを職業とする人。**かんなぎ**。〔女の巫（フ）に対して、男を覡（ゲキ）という〕[例]巫覡（フゲキ／ブゲキ）（＝男女のかんなぎ。めかんなぎと、おかんなぎ）。

覩

見7（14） [4]8840 899F

シ（漢） [寘] zhì

意味 くわしく見る。

親

見9(16) 1 3138 89AA 教2

一 シン 漢 呉 真 qīn
二 シン 漢 呉 震 qìng
おや・したしい(したーし)・したしむ・したしみ・ちかーしい(ちかーし)

筆順 亠 立 立 辛 亲 新 新 親 親

なりたち [形声]「見(=みえる)」と、音「亲シ」とから成る。まごころがとどく、みうち。

意味 一 ❶身近な身内。特に、父母。**おや**。例 親子(シンシ)。親戚(シンセキ)。両親(リョウシン)。❷身近な。ちかい。ちかづける。**したしい**。**したしむ**。例 親二賢臣一、遠二小人一(ケンシンにしたしみ、ショウジンをとおざく)(=賢明な臣下を近づけ、小人物を遠ざける)。〈諸葛亮・出師表〉 親交(シンコウ)。親疎(シンソ)。親友(シンユウ)。❸自分でじかに。みずから。したしく。例 親告(シンコク)。親書(シンショ)。 二 子の婚姻による身内。例 親家(シンカ)。

日本語での用法 《おや》「親芋(おやいも)・親指(おやゆび)・始(はじ)めに親(おや)を決(き)めてゲームをする」▼中心になるもの。もとになるもの。大きいもの。

古訓 中古 うつくしぶ・おや・したし・ちか・ちかし・ちかつく・まのあたり・み・みづから・むつまし 中世 おや・したし・したしむ・ちかし・まのあたり・みづから・むつまし 近世 おや・したしむ・ちかし・ちかづく・み・みづから・むつまし

人名 いたる・ちか・ちかし・なる・ひと・ひとし・み・みる・むつ・もと・よしみ・より

【親方】(おやかた) 日 ①職人や人夫のかしら。リーダー。②相撲の年寄。

【親御】(おやゴ) 日 人の親を敬っていうことば。〔やや古風な言い方〕例 ―さんはどんなに心配していることか。

【親孝行】(おやコウコウ) 日 親を大切にすること。また、その人。孝行。対 親不孝。

【親玉】(おやだま) 日 仲間を統率している人物。頭目。例 盗人(ぬすびと)の―。

【親不孝】(おやフコウ) 日 親を大切にしなかったり、心配させたりすること。また、その人。不孝。対 親孝行。

【親分】(おやブン) 日 俠客(キョウカク)や博徒(バクト)などのかしら。対 子分。

【親文字】(おやモジ) 日 ①ローマ字の大文字。頭(かしら)文字。②漢字字典の見出しになっている漢字。親字(おやジ)。

【親元】(おやもと) 日 親のいる所。例 ―を離れる。

【親愛】(シンアイ) 親しみ愛すること。好意をもつこと。例 ―の情。

【親衛】(シンエイ) ①官名。天子の身辺を守る兵。②日 近衛(エコノ)府の唐名。

【親家】(シンカ) ①父母の住む家。また、父母。②婚姻によってできた親類。

【親旧】(シンキュウ) ①親類と旧友。親故。②旧友と親しくする。

【親近】(シンキン) ①親しみ近づく。ごく親しくなる。例 ―感をもつ。②身近に仕える臣下。側近。③身寄り。近親。

【親迎】(シンゲイ) ①結婚の儀礼の一つ。新郎が自ら新婦の実家に迎えに行くこと。②自ら親しく出迎える。

【親見】(シンケン) ①自分で直接見る。②じかに面会する。

【親権】(シンケン) 日 〔法〕親が未成年の子に対してもつ、養育や監督などのための権利と義務。

【親故】(シンコ) 親類の人と、昔なじみの友。

【親交】(シンコウ) 親しく交際すること。例 ―を結ぶ。

【親好】(シンコウ) 親しい交情。仲のよい間柄。

【親▼狎】(シンコウ) なれなれしくするさま。

【親告】(シンコク) ①天子が親しく神に告げる。②〔法〕被害者本人が告訴する。例 ―罪(=被害者が訴えないと成立しない犯罪。名誉毀損(キソン)・強姦(ゴウカン)などの罪)。

【親裁】(シンサイ) 天子が自ら裁決する。

【親子】 一 (シンシ) ①自分の子。血のつながった子。②子をいつくしむ。 二 (おやこ) 日 親と子。法律上は、実親子(ジッシンシ)と養親子とがある。

【親識】(シンシキ) ①天子が自ら(臣下を)見覚える。臣下を信頼し評価すること。②親しい知り合い。

【親▼昵】【親▼暱】(シンジツ) むつまじくする。また、そのような親しい人。

【親▼炙】(シンシャ・シンセキ) 尊敬する人に親しく接して、その感化を受ける。例 老師に―して教えを請う。

【親書】(シンショ) ①自分で書いた手紙。②日 元首や首相が書いた、外交上の公式の手紙。

【親署】(シンショ) 天子など身分の高い人が自分で署名する。また、その署名。例 天皇の―をいただく。

【親信】(シンシン) ①仲むつまじくし、信任する。例 親二信窮僻之人一(キュウヘキのひとをシンシンす)(=困窮して不遇な人を親しみ近づける)。〈戦国策・韓二〉 ②近づいて信用されようとする。また、その者。〔悪い意味で用いる〕

【親身】 一 (シンシン) ①肌にじかにつける。例 ―衣(=肌着)。②自分で。みずから。 二 (シンみ) 日 ①きわめて近い親族。肉親。②肉親に対するような心づかいで接するさま。例 ―もおよばぬ看病。例 ―になって世話をする。

【親親】(シンシン・シンをしたしむ) 例 親レ親而仁レ民(シンをしたしみてたみをジンす)(=親族を親しんでのち、(その心を推して)民をいつくしむ)。〈孟子・尽心上〉 ①肉親を愛する。また、両親を敬愛する。②親類。親族。親戚(シンセキ)。

【親仁】 一 (シンジン・ジンにしたしむ) 仁者に近づき親しくする。例 汎愛レ衆而親レ仁(ひろくシュウをアイしてジンにしたしむ)(=おおぜいの人を分けへだてなく愛し、仁徳ある人に親しむ)。〈論語・学而〉 二 (おやじ) 日「親父(おやじ)」に同じ。

【親征】(シンセイ) 天子がみずから軍をひきいて敵を征伐する。

【親政】(シンセイ) 天子や君主がみずから政治をおこなう。また、その政治。

【親戚】(シンセキ) 〔「戚」は、身内の意〕親類。親族。身内。

【親切】(シンセツ) 〔「切」は、ねんごろの意〕①ぴったりとあてはまる。②思いやりをもち、心をこめて接すること。深切。例 ―心。③思いがいちずで深いこと。例 憂国の情が―であった。

【親善】(シンゼン) 互いに進んで仲よくすること。

【親疎】【親▼疏】(シンソ) 親密と疎遠。関係が近いことと遠いこと。例 ―の別なく歓迎する。

【親族】【親属】(シンゾク) 近親者。身内。親類。

【親知】(シンチ) 親類や親しい知人。

【親展】(シンテン) ①直接会って話をする。②〔「展」は、開く意〕封書のわき付けの一つ。あて名の人に、自身で開封することを求めることば。直披(ジキヒ)。類 親披(シンピ)。

【親等】(シントウ) 日〔法〕親族の血縁関係で、自分からみて近さや遠さを示す等級。父母と子は一親等、祖父母と孫、また、兄弟は二親等、など。

【親日】(シンニチ) 日 日本と親しいこと。また、日本と親しくつきあうこと。対 排日・反日・抗日。例 ―家。

【親任】(シンニン) ①親しんで任せる。②日 古い制度で、天皇が自ら署名して、直接、高官を任命する。例 ―官。

【親王】(シンノウ) ①天子の兄弟や子。②日 天皇の、男の子供と男の孫。対 内親王。

【親藩】(シンパン) ①清(シン)代、朝廷と親族で領地を与えられた者。②日 江戸時代、将軍家と親類の関係にあった大名。いわゆる御三家など。対 譜代(フダイ)・外様(とざま)。

【親筆】(シンピツ) (身分の高い人が)自分で書いた筆跡。

【親父】 一 (シンプ) 実の父親。 二 (おやじ) 日 ①自分の父親を、親しみをこめていうことば。㊀おふくろ。②〔「さん」をつけて〕他人の父親などをいうことば。③店の主人などを、親しみをこめていうことば。④中年以上の男性を、親しみ、あるいはからかいをこめていうことば。▽親仁おや。親爺おや。

【親兵】シンペイ 天子を護衛する兵。

【親母】シンボ ①生母。実母。②妻の母。

【親▼朋】シンボウ ①親類や友人。例親朋無二一字一シンボウイチジなし（=親類や友人からは一通の便りすら届かない）。〈杜甫・登岳陽楼〉②親友。

【親睦】シンボク 互いに親しみ、仲よくする。親和。例—を深める。—会。

【親密】シンミツ 人と人との関係が親しく密接なさま。㊀疎遠。

【親友】シンユウ ①親類や友人。②親しい友人。互いに心を許し合えるような友人。

【親類】シンルイ 血縁や婚姻により、つながりのある人。家族は含まない。親戚シンセキ。親族。例—縁者。—づきあい。

【親和】シンワ ①親しみ仲よくする。親睦シンボク。例社員の—会。②日物質が化合する。例—力。

●近親キンシン・懇親コンシン・里親さとおや・肉親ニクシン・両親リョウシン

[覦] 見9(16) ⇨睹ト(934ジペー)

覦 見9(16) ②7516 89A6

ユ漢 虞 yú

うかが-う(うかが-ふ)・おも-う(おも-ふ)・ねが-う(ねが-ふ)・ほっ-する(ほっ-す)

意味 なんとか手に入れたいと、分ブンに過ぎたことを望み願う。ほっする。例覬覦キユ（=分不相応のことを願う）。

覬 見10(17) ②7517 89AC

キ漢 寘 jì

のぞ-む

意味 分ブンに過ぎたことを、望み願う。のぞむ。例覬望キボウ（=望む。また、望み）。

【覬▼覦】キユ 分不相応のことを望む。

覯 見10(17) ②7518 89AF

コウ漢 宥 gòu

あ-う(あ-ふ)・み-る

意味 ❶思いがけなく出あう。でくわす。あう。例稀覯キコウ（=普通には見られないこと。まれに出あうの意）。奇覯キコウ（=思いがけない出あい。奇遇）。稀覯本キコウボン（=珍しい本）。❷見る。

覧 見10(17) ①4587 89A7 教6

ラン(ラム)漢呉 感 lǎn

み-る

[覽] 見15(22) ②7521 89BD 人 旧字体。

筆順

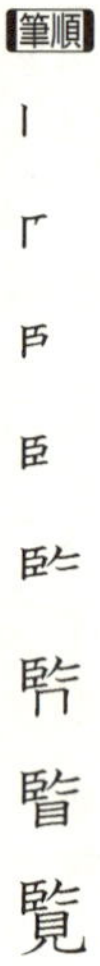

なりたち

[会意]「見(=みる)」と「監カン→ラン(=みおろす)」とから成る。みる。

意味 ❶みわたす。全体に目をとおす。みる。例覧物之情ものをみるのジョウ（=風景を見て生じる感情）。〈范仲淹・岳陽楼記〉閲覧エツラン。博覧ハクラン。❷全体に目をとおせるようにまとめたもの。例一覧イチラン。便覧ビンラン/ベンラン。要覧ヨウラン。

古訓 中古 かがみる・み・みる 中世 みる 近世 みる

人名 かた・ただ・み

【覧閲】ランエツ 書物を読む。

【覧▼揆】ランキ ①よく見て推おしはかり、考える。②誕生日。〔楚ソの屈原の父が、屈原の生まれた暦日レキジツをよく考えて名をつけたという故事から〕〈楚辞・離騒〉

【覧古】ランコ 旧跡を訪れて往時のおもかげをしのぶ。懐古。

【覧勝】ランショウ 景勝地をじっくり眺める。

【覧箱】ランばこ 日高貴の人に見てもらう書類を入れて差し出すはこ。

●一覧イチラン・閲覧エツラン・回覧カイラン・観覧カンラン・御覧ゴラン・便覧ビンラン/ベンラン・遊覧ユウラン

観 見11(18) ①2049 89B3 教4

一カン(クヮン)漢呉 寒 guān
二カン(クヮン)漢呉 翰 guàn

み-る

[觀] 見17(24) ②7523 89C0 旧字体。

筆順

なりたち

[形声]「見(=みえる)」と、音「雚カン」とから成る。くわしくみる。

意味 一❶注意して、よくみる。みきわめる。みる。例観察カンサツ。観照カンショウ。❷広い範囲をぐるりと眺める。見渡す。みる。例観光カンコウ。観覧カンラン。❸みせる。示す。例観兵カンペイ。展観テンカン（=ものを並べて、人に見せる）。❹眺め。景色。例奇観キカン。壮観ソウカン。❺ものの見方や考え方。例観点カンテン。楽観ラッカン。歴史観レキシカン。❻易エキの六十四卦カの一つ。☷☴ 坤下巽上ソンカコンジョウ。風が地上を吹く象。二❶見晴らし台のような高い建物。例楼観ロウカン。❷道教の寺院。例道観ドウカン（=道教の寺）。

古訓 中古 あふぐ・おほし・かたち・さとる・しめす・のぞむ・み・みもの・みる・わたる 中世 のぞむ・みもの・みる 近世 おほし・しめす・みせる・みもの・みる

人名 あき・あきら・しめす・すすむ・み

【観閲】カンエツ 調べ見る。特に、軍隊の士気や装備の状況などを、指揮官が検閲する。例—式。

【観桜】カンオウ 日サクラの花を見て楽しむこと。花見。例—会。

【観菊】カンギク キクの花を見て楽しむこと。例—会。

【観客】カンキャク 日見物する人。見物客。例—席。

【観劇】カンゲキ 演劇を見る。芝居見物。

【観光】カンコウ ①国の威光を見る。国の文化や風俗を観察する。〈易・観〉②旅に出て、風景や史跡、また風土、人情などを見聞する。例—客。—名所。

【観察】カンサツ ①注意して、くわしく見る。例時勢を—する。②ある目的に従って、ものごとや現象を客観的にくわしく見る。例野鳥の生態を—する。

【観察使】カンサツシ ①唐代、州や県の官僚を監督した官。②宋ソウ代、武官の官位の一つ。

【観止】カンシ 〔感激のあまり、もうこれ以外のものを見るのをやめる意〕この上なく美しくて、立派であるさま。

【観取】カンシュ 日見て、それと知る。察知。看取。

【観衆】カンシュウ 日見ている人々。見物人。例—三万。

【観象】カンショウ ①手本をよく見る。②天文・気象などを観測する。③易エキの占いの結果を見る。

【観照】カンショウ ①先入観を交えずに冷静に見つめ、その真の意味を知ろうとする。例人生を—する。②日美学で、作品の美を直観的に認識する。

【観賞】カンショウ ①ほめて励ます。②見て楽しむ。例熱帯魚を—する。

【観世音▼菩▼薩】カンゼオンボサツ 〔仏〕大きな慈悲の心をもって、人々を直ちに救済する菩薩。観音カンノン。観世音。観自在。

【観戦】カンセン ①戦争の状態を、実際に行ってよく見る。②日スポーツや碁・将棋、その他の試合を見物する。例—記。名人戦を—する。

【観相】カンソウ 人相や手相、骨相などを見て、その人の性格や運命などを判断すること。

【観測】（カンソク）①（天体や気象など）自然現象の推移を観察したり測定したりする。例 ─気球。②状況をよく見て、今後を予測する。例 希望的─。

【観点】（カンテン）日 ものごとを見たり判断したりするときの、その人の立場。見地。例 第三者の─から論評する。

【観入】（カンニュウ）心眼をもって対象を正しく把握する。例 実相─。

【観念】（カンネン）①〔仏〕対象に心を向け、その姿を想い描くこと。②日〔哲〕あるものごとについての意識を、頭の中でまとめた内容。表象。概念。例 美の─。③日 あきらめる。覚悟。例 もはやこれまでと─した。

【観音】（カンノン）〔仏〕「観世音菩薩（カンゼオンボサツ）」の略。

【観梅】（カンバイ）ウメの花を見て楽しむこと。

【観風】（カンプウ）①人情・風習を観察する。②時機のよしあしをみる。

【観兵】（カンペイ）①兵力を人々に見せる（しめす）。②日 元首が軍隊を観閲する。例 ─式。

【観望】（カンボウ）①眺め。外観。②景色を眺めわたす。③なりゆきなどを眺める。例 形勢を─する。

【観遊】【観▼游】（カンユウ）景色を眺めて歩いたり、その美しさを楽しんだりする。

【観覧】（カンラン）①くわしく見る。観察する。②風景などを見る。見物。例 ─席。─車。③本を読む。閲覧する。
●外観（ガイカン）・概観（ガイカン）・客観（キャッカン）・参観（サンカン）・主観（シュカン）・人生観（ジンセイカン）・静観（セイカン）・直観（チョッカン）・悲観（ヒカン）・傍観（ボウカン）・楽観（ラッカン）

覲
見11（18）　2 7519　89B2
キン漢 ゴン呉 震 jìn
あ-う（あ-ふ）・まみ-える（まみ-ゆ）・み-る

意味 ❶天子や君主にお目にかかる。まみえる。例 覲見（キンケン）。参観交代（サンキンコウタイ）。❷会見する。あう。例 私覲（シキン）（＝独断で会見する）。❸かろうじて、やっと。わずかに。通 僅（キン）。
【覲見】（キンケン）①天子にお目にかかる。②会見する。

覰
見11（18）　4 8841　89B0
ショ漢 御 qù

［覷］
見12（19）　4 8842　89B7
別体字。

意味 うかがい見る。うかがう。みる。例 覷見（ショケン）（＝うかがい見る）。覷破（ショハ）（＝見すかす）。

［覷］
見12（19）　⇩覷（ショ）（1211ページ）

［覺］
見13（20）　⇩覚（カク）（1208ページ）

覿
見15（22）　2 7522　89BF
テキ漢 錫 dí
あ-う（あ-ふ）

意味 面会する。まみえる。あう。例 覿見（テキケン）（＝まみえる）。覿面（テキメン）。
【覿面】（テキメン）〔まのあたりに見る、の意〕①面と向かう。会う。②日 効果や結果が直ちにあらわれること。例 天罰─。─に効く。

［覽］
見15（22）　⇩覧（ラン）（1210ページ）

［觀］
見17（24）　⇩観（カン）（1210ページ）

148 7画 角 つの つのへん 部

獣の「つの」の形をあらわす。「角」をもとにしてできている漢字を集めた。

角
角0（7）　1 1949　89D2　教2
一 カク漢呉 覚 jiǎo
二 カク漢呉 覚 jué
三 ロク漢 屋 lù
かど・つの・すみ

筆順 ノ ク 〆 角 角 角 角

なりたち ［象形］けもののつのの形。

意味 一 ❶動物の頭部からつき出た、つの。また、そのような形をしたもの。例 頭角（トウカク）。触角（ショッカク）。総角（ソウカク・あげまき）。❷とがったところ。ものの周辺の一部。かど。すみ。例 角材（カクザイ）。稜角（リョウカク）（＝とがった角）。❸二つの直線や面が交わってできる図形。例 角度（カクド）。直角（チョッカク）。❹二十八宿の一つ。すぼし。例 角宿（カクシュウ）。
二 ❶勝負をきそう。あらそう。くらべる。例 角逐（カクチク）。角力（カクリョク）。❷東洋音楽の五音（ゴイン）（＝宮（キュウ）・商（ショウ）・角（カク）・徴（チ）・羽（ウ））の一つ。低い方から三番目の音で、洋楽のミにあたる。例 角声（カクセイ）。❸古代の杯。
三「角里（ロクリ）」は、姓。通 用（ロク）。

日本語での用法《カク》①「角力（すもう）」の意。②「角行（カクギョウ）」の略。「角界（カクカイ・カッカイ）・好角家（コウカクカ）・飛車角（ヒシャカク）」▼将棋の駒（こま）の角行の略。

古訓 中古 あらそふ・いそふ・かど・くらぶ・すみ・つの・とさか・ななめなり 中世 あらそふ・かど・すみ・つく・つの・ななめ 近世 あげまき・あらそふ・かど・すみ・たくらぶ・つの・ふきもの・ふるる

人名 ふさ

難読 角髪（みずら）

【角帯】（カクおび）日 帯地を幅約八センチメートルに二つ折りして、芯（シン）を入れて仕立てた男性用の帯。

【角界】（カクカイ・カッカイ）日 相撲の社会。例 ─に名を残す。

【角材】（カクザイ）①才能をくらべる。②日 切り口の四角な材木。

【角質】（カクシツ）日 動物のつめ・ひづめ・つの・毛・羽毛・表皮などの主成分である硬たんぱく質の一種。ケラチン。

【角▼錐】（カクスイ）底面が多角形で、その各辺を底辺とした三角形が、みな共通の頂点をもつ立体。

【角声】（カクセイ）①五音（ゴイン）の一つ。洋楽のミに相当する音階。②軍中で用いる、角笛（つのぶえ）の音。

【角袖】（カクそで）日 ①和服のたもとの先が四角なそで。また、四角なそでの外套（ガイトウ）。②〔洋服に対して〕和服。③明治時代の私服刑事。〔職務上の理由から、私服である和服を着ていたことから〕

【角逐】（カクチク）互いに競争する。例 与レ秦角逐（シンとカクチクす）（＝秦と争い合った）。〈戦国策・趙三〉

【角柱】（カクチュウ）①切り口が正方形のはしら。②両はしの面が互いに平行で同一の多角形であるような、はしら状の立体。

【角抵】【角▼氐】【角▼觝】（カクテイ）武芸の技を競い合う。また、相撲などで、力や技をくらべ合う。例 程二角觝之妙戯一（カクテイのミョウギをテイす）（＝力くらべの妙技が目にはいる）。〈張衡・西京賦〉

【角度】（カクド）①線や面などが交わってできる角の大きさ。②日 ものごとを見る立場。視点。例 違う─から見る。

【角髪】（カクハツ）小児の髪の結い方。総角（あげまき）。

【角帽】（カクボウ）日 上部が四角い形をした帽子。大学生用の制帽など。

【角膜】（カクマク）日 眼球前面の、黒目をおおう透明な円形の膜。

【角立】（カクリツ）①ぬきん出てすぐれている。②並び立つさま。せり合っているさま。

【角力】㊀カク リョク ①力をくらべる。力くらべ。②勝負を決する。㊁すもう ㊐日本の国技とされる競技。土俵内でふたりが取り組み勝負を争う。相撲(すもう)。

【角楼】カク ロウ 城壁の四隅(すみ)にある、物見のやぐら。すみやぐら。

【角弓】キュウ カッ つの ゆみ 角細工(つのザイク)で装飾した弓。また、弓の両端(弓筈ゆはず)を動物の角で強くした弓。

【角巾】カッ キン 隠者がかぶった、角(かど)のある頭巾(ズキン)。

◐鋭角(エイカク)・外角(ガイカク)・互角(ゴカク)・三角(サンカク)・死角(シカク)・折角(セッカク)・多角(タカク)・頭角(トウカク)・鈍角(ドンカク)・内角(ナイカク)・方角(ホウガク)・街角(まちかど)

觔

角2 (9) ③9190 89D4 キン㊥ 文 jīn

意味 ❶すじ。通筋。❷「觔斗(キント)」は、とんぼがえり。筋斗(キント)。 難読 觔(すもう)(=「角力(すもう)」の合字)

觖

角4 (11) ④8843 89D6 ㊀ケツ(クェツ)㊥ 屑 jué ㊁キ(クヰ)㊥ 寘 kuì

意味 ㊀心が満たされない。うらむ。例 觖望(ケツボウ)。㊁希望する。のぞむ。例 觖望(キボウ)。

【觖如】ケツ ジョ 欠けたところがあって不満足なさま。例 自視猶觖如也(みずからみることなおケツジョたり)(=おのれに欠けるところはないかと反省した)。〈淮南・繆称〉

【觖望】㊀ケツ ボウ 望みどおりにならず、うらむ。㊁キ ボウ 心から求める。希望。

觘

角4 (11) ④8844 89D8 ソウ(サウ)㊥ ショウ(セウ)㊓ 効 chào

意味 角(つの)製のさじ。 難読 觘(ぬた)・觘目(ぬため)(=シカの角の表面の波紋)

觝

角5 (12) ②7526 89DD テイ㊥ 薺 dǐ ふ-れる(ふ-る)

意味 ❶角(つの)が当たる。さわる。**ふれる**。通抵。例 觝触(テイショク)。❷おしのける。排斥する。通抵。例 觝排(テイハイ)。

【觝触】テイ ショク ぶつかる。矛盾する。抵触(テイショク)。抵触(テイショク)。

【觝排】テイ ハイ おしのける。拒絶。排斥。

解

角6 (13) ①1882 89E3 教5

㊀ゲ㊝ カイ㊥ ケ㊓ 蟹 jiě ㊁カイ㊥ ケ㊓ 卦 jiè ㊂カイ㊥ ゲ㊓ 蟹 xiè

とく・とかす・とける・ほど-く・ほど-ける(ほど-く)・わか-る

[觧] 角6 (13) ②7527 89E7 俗字。

筆順 ク 𠂊 角 角 角 解 解 解

なりたち [会意]「刀(=かたな)」で「牛(=ウシ)」の「角(=つの)」を切り分ける。わける。

意味 ㊀❶**とく**。**とける**。㋐ばらばらになる。分ける。例 解散(カイサン)。分解(ブンカイ)。溶解(ヨウカイ)。㋑ゆるめる。ときはなす。**ほどく**。例 解禁(カイキン)。解除(カイジョ)。解放(カイホウ)。㋒ときほぐしてわかる。ときあかす。**わかる**。例 解レ惑(まどいをとく)(=疑問をとく)。〈韓愈・師説〉 解説(カイセツ)。解明(カイメイ)。理解(リカイ)。❷やめさせる。免じる。例 解雇(カイコ)。解任(カイニン)。❸とりのぞく。なおす。例 解二燕国之患一(エンコクのうれいをとく)(=燕国の心配事を取り除く)。〈史記・刺客伝・荊軻〉 解毒(ゲドク)。解熱(ゲネツ)。❹意見。考え。例 見解(ケンカイ)。❺仲よくする。例 和解(ワカイ)。㊁❶おくる。送りとどける。❷唐・宋(ソウ)代、官吏登用のための地方試験合格者を中央に送る。例 解元(カイゲン)。解試(カイシ)。㊂❶おこたる。通懈(カイ)。例 解怠(カイタイ)。❷カニ。通蟹(カイ)。❸易(エキ)の六十四卦(カ)の一つ。☳☵ 坎下震上(カンカシンショウ)。雷雨がおこる象。❹⇩【解垢】(カイコウ) ❺⇩【解豸】(カイタイ)

日本語での用法 《ゲ》「解状(ゲジョウ)・解文(ゲぶみ)」▼昔、下の者から上の者に差し出した文書。

古訓 中古 おつ・さとる・しる・とく・ぬぐ・まうす 中世 さとる・ちる・とく・とくる・まうす 近世 けづる・ちる・とく・はなつ・はらふ・ほどく・ほどける・まうす・わかつ

人名 さとる・とき・ひろ

【解顔】カイ ガン かおを とく 顔をほころばせる。にっこりと笑う。喜ぶ。例 解レ顔而笑(かおをときてわらう)(=顔をほころばせて笑う)。〈列子・黄帝〉

【解巾】カイ キン 〈頭巾(ズキン)を取り去る意〉庶民のかぶる頭巾をとって、官吏のかぶる冠をつける。仕官すること。

【解禁】カイ キン 法令で禁止していたことを解除する。

【解決】カイ ケツ もつれをときほぐす。事件や問題をうまく処理し、決着をつける。

【解元】カイ ゲン 〈「元」は、首席合格者の意〉①科挙(=官吏登用試験)の郷試(キョウシ)(=明(ミン)・清(シン)代の地方試験。唐・宋(ソウ)代の解試にあたる)に首席で合格した者。②読書人に対する尊称。→【読書人】(ドクショジン)(1230ジペー)▽類解頭(カイトウ)。

【解故】カイ コ ①「解詁(カイコ)」に同じ。②理由をつけて言いわけする。

【解▼詁】カイ コ 古字・古語の意味を解釈したもの。解故。

【解雇】カイ コ ㊐やとっていた人をやめさせる。雇用契約を解除する。解職。免職。㊖雇用。例 不当―。懲戒―。

【解▼垢】カイ コウ でまかせのことば。

【解語花】カイゴの はな 美人。特に、楊貴妃(ヨウキヒ)をいう。◐唐の玄宗(ゲンソウ)が、美しく咲く白蓮(ビャクレン)を見ていたとき、楊貴妃を指して「ここにいる、ことばのわかる花よりも美しい花はあるまい」と言ったという。「争如二我解語花一(いかでかわがカイゴのはなにしかん)(=どうして私の楊貴妃におよぶものがあろうか)」……〈開元天宝遺事〉

【解菜】カイ サイ 仏教の戒律に従った菜食をやめて、普通の食事をとる。精進おとし。

【解散】カイ サン ①人々が別々に去る。分散する。㊖集合。例 逃レ難解散(ナンをのがれてカイサンす)(=災難をさけてばらばらによそへ行く)。〈孔安国・尚書序〉②㊐会社や団体などが活動をやめ、組織をとく。例 合唱団を―する。③㊐議会で、議員の任期満了前に、全員の資格をなくすこと。

【解試】カイ シ 唐・宋(ソウ)代、官吏登用のための地方試験。

【解字】カイ ジ 漢字の字形を分析して、意味の成り立ちを説明すること。例 説文(セツモン)―(=後漢の許慎(キョシン)による、代表的な字書)。

【解釈】カイ シャク ①心のわだかまりをとく。例 解二釈春風無限恨一(シュンプウムゲンのうらみをカイシャクす)(=春風が吹くと感ぜずにはいられない限りなく恨めしい気持ちが、今はすっかりときほぐされる)。〈李白・清平調詞〉②文章やことばの意味・内容を理解し、説明する。また、その説明。例 英文―。③他人の言動の意図を判断し、理解する。例 善意に―する。

【解除】カイ ジョ ①それまでに出された禁止や制約をやめる。例 大雨注意報―。②神を祭って、災いを除くように祈る。③㊐[法]契約を一方が取りやめ、契約前の状態にもどす。

【解消】カイ ショウ ㊐①それまでの関係や状態がすっかりなくなる。また、なくす。例 契約―。不満が―する。②組織や団体を解散する。例 発展的―。

【解職】カイ ショク 職をやめさせる。解雇。免職。

【解析】カイ セキ ①ものごとを要素ごとに分け、理論的に研究する。②㊐[数]「解析学」の略。代数学や幾何学と並ぶ数学の一部門。

【解説】カイ セツ ①ものごとの内容やその影響などを、わかりやすく説明する。また、その説明。例 ニュース―。②いいわけ。

【解組】カイソ ①綬ジュ(=官印を帯びるひも)をとく。官吏をやめること。類解綬。②日組織・団体などを解散する。

【解装】カイソウ 〔「装」は、旅装の意〕旅の服装をといて、休息する。

【解像】カイゾウ 日レンズが、ものの形のこまかい部分まで、はっきりと写し出すこと。例—力。

【解体】カイタイ ①組み立ててあるものや組織を、こわしてばらばらにする。例ビルの—工事。財閥—。②人心が離れる。人がそむく。③世俗から身を自由にする。④ウシ・ブタなど、動物の肉を利用するために各部分に切り分けること。⑤日「解剖①」に同じ。例解体新書(=西洋医学の翻訳書)。

【解▼豸】カイチ|タイチ 神獣の名。シカに似た一角獣で、真偽を見分けることができ、うそをついている者に触れると伝えられる。一説に、ヒツジ・ヤギに似るともいう。漢代、法官のつける冠の図案として用いた。

【解怠】カイタイ 〔「解」は、おこたるの意〕なまけおこたる。懈怠カイタイ。類解惰カイダ。

【解題】カイダイ ①書物の筆者や内容、成立の由来などを解説する。また、その解説。例図書—。漢籍—。②詩文の表題を説明して、概要を示す。③日問題をとく。

【解脱】一カイダツ ①身を自由にする。釈放する。②脱獄する。二ゲダツ〔仏〕迷いや欲望から解放されて、悟りの境地にはいる。例—して法悦をおぼえる。

【解▼紐】カイチュウ しばったひもがほどけ、ゆるむ。政治の統制がゆるみ、社会が乱れること。

【解党(黨)】カイトウ 日政党や党派を解散する。対結党。

【解凍】カイトウ|トウをとく こおったものをとかす。対冷凍。例東風解レ凍トウフウこおりをとく(=正月になると)東風が吹きそめて氷をとかす)。〈礼記・月令〉

【解答】カイトウ 日問題をといてこたえを出す。また、そのこたえ。

【解毒】カイドク|ゲドク 体内にはいった毒物の毒性を消す。また、その薬。例—剤。—作用のある植物。

【解読】カイドク 日①解釈しながら読む。②暗号や、読めない文字・文章などを読みとく。例古代文字を—する。

【解任】カイニン 任務をとく。免職。

【解放】カイホウ ①ほどく。ゆるめる。また、溶かす。②外からの力で、からだや精神の束縛をなくして、自由にする。

【解剖】カイボウ ①内部のしくみや状態などを調べるため、生物のからだを切り開く。解体。例—学。司法—。②分析して研究する。例事故を—する。

【解明】カイメイ わからない点をはっきりさせる。例原因を—する。

【解▼悶】カイモン 心のもだえをはらす。心配をはらす。

【解約】カイヤク 日契約を取り消す。例定期預金を—する。

【解由】一カイユウ 宋ソウ代、官吏の赴任を証明した公文書。二ゲユ 日奈良・平安時代、官吏が任期を終えて交代する際の引き継ぎの文書。例—状。

【解▼纜】カイラン|ともづなをとく 船が出航する。例横浜港を—カイランして三日たつ。

【解熱】ゲネツ 病気で高くなった体温を下げる。例—剤。

●見解ケンカイ・誤解ゴカイ・図解ズカイ・正解セイカイ・読解ドッカイ・難解ナンカイ・不可解フカカイ・分解ブンカイ・弁解ベンカイ・溶解ヨウカイ・理解リカイ・例解レイカイ・和解ワカイ

觚

角6(13) 2 7524 89DA コ 漢 虞 gū さかずき(さかづき)

意味 ❶昔、儀式に用いた青銅製の大きなさかずき。四角・八角など、角かどがあったという。さかずき。❷とがったところ。角かど。❸文字をしるすのに用いた木の札ふだ。特に六角柱や八角柱のもの。ふだ。例觚牘コトク。操觚ソウコ(=文章をつくる)。❹剣のつか。

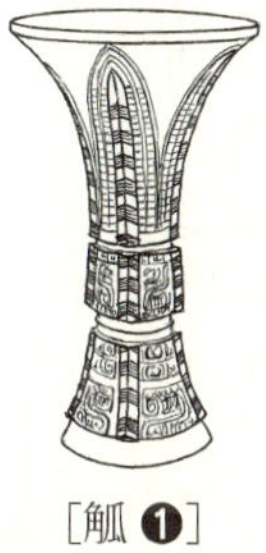

[觚❶]

【觚不レ觚】ココならず 名ばかりで実質がともなわないこと。❍酒杯の觚は角かどのある小さなさかずきであるのが本来なのに、近ごろは角かどがない大きなものを変わらずに觚と称している。何が觚なものか、と言って孔子が嘆いた。〈論語・雍也〉

【觚▼牘】コトク ①竹簡や木簡。②書籍。

觥

角6(13) 3 9191 89E5 コウ(クヮウ) 漢 庚 gōng

意味 兕牛ジギュウの角つの製の大きなさかずき。つのさかずき。例兕觥ジコウ。

觜

角6(13) 2 7525 89DC 一シ 漢 呉 支 zī 二シ 漢 呉 紙 zuǐ くちばし・はし

意味 一❶ミミズクの頭の上にある、つののような毛。けづの。❷二十八宿の一つ。とろきぼし。例觜宿シシュク。二くちばし。はし。類嘴シ。

【觜距】シキョ ①鳥類のくちばしと、つめ。②敵を倒す強力な武器・軍勢。

【觜▼瞼】シケン とがった顔。みにくい顔。〔人をののしる語〕類觜鼻。

触

角6(13) 1 3108 89E6 常用 ショク 漢 ソク 呉 沃 chù ふれる(ふ-る)・さわる(さは-る)

[觸] 角13(20) 2 7529 89F8 旧字体。

筆順 ⺈ 角 角 角 觗 触

なりたち 【形声】「角(=つの)」と、音「蜀ショク」とから成る。つのでふれる。

意味 ❶衝突する。ぶつかる。例兎走触レ株うさぎはしりてくいぜにふる(=ウサギが走ってきて切り株にぶつかる)。〈韓非・五蠹〉触激ショクゲキ。❷さわる。ふれる。例触発ショクハツ。触感ショッカン。接触セッショク。❸罪などをおかす。法律などにふれる。ふれる。例触犯ショクハン。触冒ショクボウ。❹(災害・不幸などに)遭遇する。出遭う。おかす。例触二風雨一フウウにふる(=風雨をおかす《風雨などものともしない》)。〈柳宗元・捕蛇者説〉

日本語での用法 《ふれ》「触ふれ状ジョウ・触ふれ文ぶみ・御触書おふれがき」▼役所からの達し。知らせ。通報。

古訓 中古 あきらかに・うごく・うつ・つく・ふる 中世 なつく・ふる・よる 近世 けがす・つく・ふるる・よる・をかす

人名 ふる

難読 言い触ふらす・気触かぶれる

【触忌】【触▼諱】ショクキ|ショッキ|キにふる 相手の気にさわることをして、機嫌をそこねる。

【触激】ショクゲキ 水などが激しく石にぶつかる。

【触手】ショクシュ ①〔イスラム教で〕汚物にふれる手。右手とされる。②下等動物のからだの先端や口の近くにある、ひものような器官。自在に伸縮する。例—をのばす(=下心があって、はたらきかける)。

【触媒】ショクバイ 日〔化〕化学反応が起こるとき、それ自身は変化をしないが、他の物質の化学変化の速度を速めたり、おくらせたりする物質。

【触発】ショクハツ ①あることがきっかけになって、他のことが起きる。②日ものがふれるとすぐ爆発する。例—水雷。

【触犯】ハンショク 禁を犯す。してはいけないことをする。
【触冒】ボウショク 罪などを犯す。
【触目】モクショク 目にふれる。人目を引く。また、そのもの。
【触類】ルイショク 同類のものにふれて、互いに影響を及ぼし合う。
【触角】カクショク 昆虫などの頭にある、一対または二対の細長いひげのような器官。触覚や嗅覚の役目をする。
【触覚】カクショック 日 五感の一つ。手足や皮膚がものにふれたときに起こる感覚。触感。
【触官】カンショッ 日 動物のからだで触覚をつかさどる器官。人間の皮膚や昆虫の触角など。触覚器官。
【触感】カンショッ ①ふれて反応する。②日 さわった感じ。手ざわりやはだざわりなど。触覚。
●感触カンショク・接触セッショク・抵触テイショク

觫
角7(14) 4 8845 89EB
ソク漢 屋 sù
意味 恐れおののくさま。例 觳觫コクソク。觫觫ソクソク(=おののく)。

觬
角9(16) 4 8846 46A1
サイ漢 灰 sāi
意味 ❶ウシなどの角つのの骨質の芯シン。❷指先の骨。

觱
角9(16) 4 8847 89F1
ヒツ漢 ヒチ呉 質 bì
意味 ⇩【觱篥】ヒチリキ
【觱▼篥】ヒチリキ―ヒツリツ 竹製の管楽器。→【篳篥】ヒチリキ(1008ジペー)

觳
角10(17) 4 8848 89F3
一 コク漢 屋 hú
二 カク漢 覚 què
三 カク漢 覚 jué
意味 一 ❶計量器。ます。通 斛コ。❷「觳觫コクソク」は、恐れおののくさま。二 つつましいさま。例 倹觳ケンカク。三 勝負をきそう。くらべる。通 角。例 觳力カクリョク(=力を比べる)。
【觳抵】カクテイ 力を比べる。相撲。角抵。

觴
角11(18) 2 7528 89F4
ショウ(シャウ)漢 陽 shāng
さかずき(さかづき)
意味 ❶酒が満たされたさかずき。対 觶シ。❷**さかずき**。例 濫觴ランショウ(=さかずきを浮かべるほどの細い流れの意から、ものごとのはじめ)。❸酒をつぐ。酒をすすめる。
【觴詠】ショウエイ 酒を飲み、詩歌をうたう。
【觴酒】ショウシュ さかずきの酒。杯酒。
【觴政】ショウセイ 宴会に興をそえるために定めた、飲酒についての規則。酒令。類 觴令。

觶
角12(19) 3 9192 89F6
シ漢 寘 zhì
意味 ❶儀式に用いられた酒器。さかずき。❷空のさかずき。
対 觴ショウ。

[觸]
角13(20)
⇩触ショク(1213ジペー)

觿
角18(25) 4 8850 89FF
ケイ(クヱイ)漢 斉 xī
意味 象牙ゾウゲなどを角つの状にとがらせた、ひもの結び目を解く道具。腰につけて装身具ともした。くじり。例 佩觿ハイケイ(=ケイをおぶ)。

[觽]
角16(23) 4 8849 89FD
別体字。

[觽]
角16(23)
⇩觿ケイ(1214ジペー)

149 7画
言 げん ごんべん 部
口でものをいう意をあらわす。「言」をもとにしてできている漢字を集めた。

言
言0(7) 1 2432 8A00 教2
一 ゲン漢 ゴン呉 元 yán
二 ギン漢 真 yín
いう(い-ふ)・こと

筆順 丶 亠 亠 亖 言 言 言

なりたち [形声]「口(=くち)」と、音「䇂ケン→ゲン」とから成る。口でものをいう。

意味 一 ❶(自分から)ことばに出していう。話す。告げる。述べる。例 言行ゲンコウ。言論ゲンロン。断言ダンゲン。❷ことば。一句。また、一語・一字。こと。例 言語ゲンゴ。格言カクゲン。金言キンゲン。七言絶句シチゴンゼック。❸意味は…である。言う心は。つまりは。例 詩云、既酔以レ酒、既飽以レ徳、言飽二乎仁義一也シにいう、すでによう にさけをもってし、すでにあくにトクをもってすとは、いうこころはジンギにあくなり(=『詩経』に「酒に酔い、徳に飽き足りる」とあるのは、仁義の徳に満ち足りているという意味である)。〈孟子・告子上〉❹すなわち。そしてすぐに。ここに。例 酔言舞よってここにまう(=酔うとすぐに舞う)。〈詩経・魯頌・有駜〉❺⇩【言言】一ゲンゲン 二 ⇩【言言】二ギンギン

古訓 中古 いはく・いふ・いふこころは・ここに・こころみる・こと・ことば・とき・とく・とふ・のぶ・のり・まうす・ものいふ・よし・われ 中世 いふ・ここに・ことば・まうす・ものいふ・われ 近世 いふ・いふこころは・うつたふ・おほぶえ・ことば・たかし・とふ・のたまはく・まうさく・ものいふ・われ

人名 あき・あや・とき・のぶ・のり・ゆう・ゆき

難読 言種ことくさ・言伝ことづて

【言下】ゲンカ―ゴンカ 相手がものを言い終わったすぐあと。一言のもと。例 ―に否定する。
【言外】ゲンガイ ことばでは直接に言いあらわしていない部分。例 不満を―ににおわす。
【言戯】ゲンギ ことばでたわむれること。からかう。
【言議】ゲンギ〔仏教では「ゴンギ」〕議論する。意見を述べる。また、そのことば。
【言及】ゲンキュウ 話が、そのことにまで触れる。言いおよぶ。
【言言】一ゲンゲン ①広大なさま。〔一説に、くずれようとしているさま〕②ひとこと、ひとこと。二ギンギン 和らぎ、つつしむさま。誾誾ギンギン。

【言語】ゲンゴ｜ゴンゴ 音声または文字によって、考えていることや感情などを伝える行為。また、それに用いる音声や文字。ことば。例 ―ゴン に絶する。

【言語道断】ゴンゴドウダン ①〔仏〕教えが、ことばも出ないほど奥深くすばらしいこと。②日（ことばも出ないほど）ひどいさま。とんでもない。例 規則を守らないとは―だ。

【言行】ゲンコウ 言うことと、おこなうこと。例 言行君子之枢機なものである（＝ことばとおこないは、君子にとって最も大切なものである）。〈易・繫辞上〉 ―一致。―録。

【言志】ゲンシ ①心に思うことを述べる。②漢詩。

【言次】ゲンジ ことばのついで。話のついで。

【言辞】ゲンジ ことば。ことばづかい。例 ―を弄する（＝誠意のない、勝手なことを言う）。

【言笑】【言咲】ゲンショウ しゃべったり笑ったりする。にこやかに話す。談笑。

【言上】ゲンジョウ｜ゴンジョウ 申し上げる。身分の高い人に申し述べる。例 かしこまって―ゴンジョウする。

【言責】ゲンセキ ①君主をいさめる職責。例 有二言責一者、不レ得二其言一則去（ゲンセキあるものは、そのゲンをえざればすなわちさる）（＝君主をいさめるべき職責をもった者は、そのことばが聞き入れられないときには、去るべきである）。〈孟子・公孫丑下〉 ②日 言ったことばについての責任。例 ―を負う。

【言説】ゲンセツ ことばで述べたてる意見。言論。例 ―に注意する。

【言▼筌】ゲンセン 〔「言」は、ことば。心情をあらわす手段。「筌」は、うけ・うえ。魚をとらえる道具〕①手段や道具。②手段や道具にとらわれて本質を見失うこと。

【言質】ゲンチ 日 あとで証拠となることば。ことばじち。例 ―をとる。―を与える。

【言調】ゲンチョウ ①ことばが事柄に対して、ととのっている。②〔「調」は、からかう意〕ことばで相手をなぶる。③日 話しぶり。ことばの調子。

【言動】ゲンドウ 言うことと、おこなうこと。ことばと行動。言行。

【言文】ゲンブン ①法律を論じる。②日 話しことばと書きことば。口頭語と文章語。例 明治初期の― 一致運動。

【言明】ゲンメイ 日 公式の発言として、はっきりと言う。明言。

【言容】ゲンヨウ ①ことばと、人の顔つきや姿の様子。類 言貌ゲンボウ・言面。②ことばつき。

【言路】ゲンロ 君主や朝廷に意見を述べるための手段・方法。

【言論】ゲンロン ①話す。例 可三与及二言論一矣（ともにゲンロンにおよぶべし）（＝共に語り合うことができるのだ）。〈淮南・人間〉 ②意見や思想をことばや文章で発表し、論議すること。また、その意見や思想。例 ―の自由。③大衆の意見。世論。

【言霊】ことだま 日 古代に、ことばがもっていると信じられていた不思議な力。例 大和やまとの国は…言霊の幸さきわう国（＝日本は…言霊によって幸せがもたらされている国）。〔万葉集〕

【言葉】ことば 日 ①人が、自分の考えや感情を伝えようとするときに発する音声や、書かれた文字。言語。②単語や語句。また、ひとまとまりの文章。例 ―を豊かにする。③実際に言われたこと。ことばづかい。口ぶり。例 ―をかける。

● 過言カゴン・甘言カンゲン・換言カンゲン・狂言キョウゲン・苦言クゲン・小言こごと・失言シツゲン・証言ショウゲン・助言ジョゲン・進言シンゲン・宣言センゲン・前言ゼンゲン・体言タイゲン・他言タゴン・伝言デンゴン・発言ハツゲン・方言ホウゲン・暴言ボウゲン・無言ムゴン・名言メイゲン・遺言ユイゴン・用言ヨウゲン・流言リュウゲン

計

言2 (9)

1 2355
8A08
教2

ケイ漢 ケ呉 霽 jì
はかる・はからう（はから-ふ）

付表 時計とけい

筆順 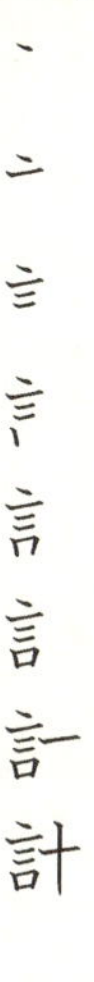

なりたち  〔会意〕「言（＝いう）」と「十（＝数）」とから成る。声に出して数をかぞえる。

意味 ❶数をかぞえる。はかる。例 計算ケイサン。合計ゴウケイ。❷数量をはかる器具。はかり。例 温度計オンドケイ。晴雨計セイウケイ。❸くわだてる。はかる。はかりごと。例 計画ケイカク。計略ケイリャク。早計ソウケイ。❹金銭の出入り。経営。例 家計カケイ。生計セイケイ。

日本語での用法 《ばかり》「五百円ゴヒャクエン計ばかり足たりない」▼ぐらい。ほど。程度をあらわす。

古訓 中古 かず・かぞふ・かむがふ・はからふ・はかりこと・はかる・わたらひ・わたらふ 中世 かぞふ・はかりこと・はかる 近世 あつむる・かぞふ・はかりごと

人名 かず・かずい・かずえ・かずお・かずし

難読 不入計いりやまず（＝地名）・主計かずえ｜かぞえの頭かみ

【計会】ケイカイ ①寄せ集めて数える。計算。集計。会計。②深く考える。思慮。③相談する。④ひき会わせる。

【計画】【計▼劃】ケイカク ものごとをおこなうやり方を、前もって考える。また、その考え。くわだて。プラン。類 計図ケイト・計慮。例 ―を立てる。

【計器】ケイキ 日 重量や速度、距離など、数量をはかるための器械。メーター。

【計議】ケイギ ①相談する。②はかりごと。

【計校】【計較】ケイコウ ①利害を比べ合う。②損得などを話し合う。相談する。③論争する。

【計算】ケイサン ①足し算・引き算・かけ算・割り算などによって、求める数を出す。②あらかじめ見積もっておく。予想。例 ―相手の出方を―に入れる。③損得を数える。例 猶用二計算之心一、以相待也（なおケイサンのこころをもちいて、もってあいまつなり）（＝《父母さえ子に対して》やはり打算の心を動かして、待遇しているのである）。〈韓非・六反〉④国家の会計。

【計上】ケイジョウ 日 必要な費用として、計算の中に入れておく。

【計数】ケイスウ ①はかりごと。例 聚斂計数之君也（シュウレンケイスウのきみなり）（＝人民から重税を取り立て、政治に種々のはかりごとを用いた君主である）。〈荀子・王制〉 ②（統計や経理などの）数字を計算すること。例 ―に明るい。③数をかぞえる。例 ―器。

【計測】ケイソク 日 ものさしや器械を使って、長さや速さ、また、分量などをはかる。計量。測量。測定。

【計簿】ケイボ 会計簿。類 計籍。

【計吏】ケイリ ①会計をつかさどる役人。会計吏。②地方官庁から朝廷へ会計報告に行く役人。上計吏。③官吏を調べる役人。

【計理】ケイリ 日 会計と経理。例 ―士（＝公認会計士の古い言い方）。

【計略】ケイリャク はかりごと。策略。類 計策・計謀。例 ―にかける。―を練る。

【計料】ケイリョウ ①見積もる。計算する。②予測する。

【計量】ケイリョウ 重量や分量をはかる。計測。例 ―カップ。

● 一計イッケイ・会計カイケイ・家計カケイ・合計ゴウケイ・推計スイケイ・生計セイケイ・設計セッケイ・早計ソウケイ・総計ソウケイ・統計トウケイ・余計ヨケイ・累計ルイケイ

訇

言2 (9)

8A07

コウ（クヮウ）漢 庚 hōng

意味 ❶愚者の発言。❷大きな音のさま。

【訇隠】コウイン 波や鐘の音の大きいさま。

【訇▼磕】コウカイ 水流などの音のとどろくさま。

訂

言2 (9)

1 3691
8A02
常用

テイ漢
チョウ（チャウ）呉 径 dìng
ただ-す

筆順 丶 亠 亖 言 言 言 訂
なりたち [篆書] [形声]「言(=ことば)」と、音「丁テイ」とから成る。評議する。
意味 ❶話し合ってきめる。はかる。また、約束する。例 訂盟テイメイ。❷文字や文章の誤りをあらためる。ただす。例 訂正テイセイ。改訂カイテイ。校訂コウテイ。
古訓 中古 しるす・はかる 中世 たひらか・はかる 近世 ただす・はかる・ひとし
人名 ただ・ただし・ひとし
【訂▼訛】テイカ 文字の誤りを正す。
【訂正】テイセイ 文字やことば、また、文章の誤りを正しく直す。
【訂盟】テイメイ 同盟や条約などを結ぶ。また、約束する。
●改訂カイテイ・校訂コウテイ

䚯
言2(9) 4 8851 46AF トウ(タウ)漢 皓 tǎo
意味 討伐する。うつ。通 討。

訃
言2(9) 2 7530 8A03 常用 フ漢呉 遇 fù つ-げる(つ-ぐ)
筆順 丶 亠 亖 言 言 言 言 訃
なりたち [形声]「言(=いう)」と、音「卜ホク→フ」とから成る。死を知らせる。
意味 人の死を知らせる。死亡の知らせ。つげる。例 訃音フイン。
古訓 中古 おもむく・かなふ・ゆるす 中世 いたる・おもむく・ゆるす 近世 いたる・つぐる
【訃音】フイン/フオン 死亡を知らせる手紙。訃報。
【訃報】フホウ 死亡を知らせる。また、その知らせ。訃音フイン。類 訃聞フブン。例 ―に接する。

記
言3(10) 1 2113 8A18 教2 キ漢呉 寘 jì しるす・しるし
筆順 丶 亠 亖 言 言 言 訁 記 記
なりたち [篆書] [形声]「言(=ことば)」と、音「己キ」とから成る。整理してしるす。
意味 ❶書きとめる。しるす。例 記述キジュツ。記録キロク。❷書きとめたもの。かきもの。文書。例 手記シュキ。伝記デンキ。日記ニッキ。❸しるし。例 記号キゴウ。記章キショウ。❹おぼえる。心にとどめる。例 記憶キオク。記念キネン。
古訓 中古 おぼゆ・おもひはかる・おもふ・おもみれば・おもんみる・しるし・しるす・のり 中世 しるす 近世 しる・しるす・ふみ
人名 なり・のり・ふさ・ふみ・よし
【記憶】キオク 経験したことや学んだことを、忘れないように覚えておく。例 ―力。
【記紀】キキ 日『古事記』と『日本書紀』。例 ―の歌謡。
【記号】キゴウ 一定の内容を伝えるものとして通用する、しるし。文字や符号などを含む。例 発音―。
【記載】キサイ 本や書類に書いてのせる。
【記識】キシキ ①しるす。書きつける。②覚える。記憶。
【記事】キジ できごとをありのままに書いた文章。例 新聞―。
【記室】キシツ 記録などをつかさどった属官。書記官。秘書官。
【記者】キシャ ①忘れがたい旧友。②文章を書く人。筆者。③日 新聞・雑誌などで、記事を書くことを職業とする人。
【記述】キジュツ 文章に書く。特に、ものごとを秩序だてて書く。
【記章】キショウ ①資格や身分・職業などを示した、衣服につけるしるし。バッジ。②日 記念のために関係者に授与する、しるし。メダル。例 大会参加の―。表記 ▽旧▼徽章
【記▼誦】キショウ 記憶したことを、そらでとなえる。暗誦。
【記帳】キチョウ ①帳簿や通帳に記入する。例 売上高を―する。②日 そこに来たしるしに、備えてある帳面に署名する。
【記伝】キデン 伝記を記述する。また、歴史を書いた書物。紀伝。
【記入】キニュウ 日 書き入れる。書きこむ。
【記念】キネン ①思い出になるように残しておく。また、残すもの。例 卒業―の植樹。②過去のできごとについての記憶を新たにする。例 創立―日。▽紀念。
【記名】キメイ 書類や用紙などに自分の氏名を書き入れる。対 無記名。例 ―投票。
【記問▼之学】キモンのガク 書物や他人の学説などをただ暗記しているだけの学問。また、そのやり方。〈礼記・学記〉
【記覧】キラン 多くのものごとを見聞して記憶する。
【記録】キロク ①事実を書きとめておく。また、そのもの。例 噴火の―。②日 競技などの成績・結果。特に、それまでいちばんよい成績。レコード。例 新―。
●暗記アンキ・手記シュキ・書記ショキ・速記ソッキ・追記ツイキ・転記テンキ・伝記デンキ・日記ニッキ・特記トッキ・筆記ヒッキ・表記ヒョウキ・風土記フドキ・併記ヘイキ・簿記ボキ・銘記メイキ・列記レッキ・連記レンキ

訖
言3(10) 2 7531 8A16 キツ漢 コチ・コツ呉 物 qì いた-る・お-わる(を-はる)・つい-に(つひ-に)
意味 ❶完結する。終了する。やめる。おわる。例 命訖之期メイおわるのキなり(=命いのちの尽きる時だ)。〈論衡・偶会〉❷結局。とうとう。ついに。通 迄キツ。❸行きつく。いたる。およぶ。通 迄キツ。例 訖今不改いまにいたるまであらためず(=現在まで改めなかった)。〈漢書・成帝紀〉末すえに訖いたる。

訔
言3(10) 4 8853 8A14 ギン漢 真 yín
意味 「訔訔ギンギン」は、論争するさま。

訓
言3(10) 1 2317 8A13 教4 クン漢呉 問 xùn おし-える(をし-ふ)・おし-え(をし-へ)・よ-む・よ-み
筆順 丶 亠 亖 言 言 言 訁 訓 訓 訓
なりたち [篆書] [形声]「言(=ことば)」と、音「川セン→クン」とから成る。ことばで教えさとす。
意味 ❶おしえさとす。みちびく。いましめる。おしえる。いましめ。おしえ。例 訓戒クンカイ。教訓キョウクン。庭訓テイキン。❷字句の意味を明らかにする。よむ。また、よみ方。例 訓詁クンコ。訓釈クンシャク。
日本語での用法《クン》「訓読クンドク・音訓オンクン・常用漢字ジョウヨウカンジの訓クン」▼漢字にあてた日本語の読み方。対 音オン。
古訓 中古 いましむ・したがふ・なる・みちびく・よむ・をしふ 中世 いちじるし・いましむ・したがふ・みちびく・をしふ・をしへ 近世 いましむ・とく・みちびく・をしゆる
人名 くに・さとし・さとす・さとる・しる・とき・のり・みち
【訓育】クンイク ①教え育てる。②日 児童や生徒の品性などを、よい方向へのばすように養い育てる。
【訓化】クンカ 教え導いて善に向かわせる。教化。
【訓戒】【訓▼誡】クンカイ 事の善悪について教えさとし、これからはあやまちをおかさないよう注意を与える。教訓。
【訓▼誨】クンカイ (目下の者に)教えさとす。また、その教え。
【訓義】クンギ ①字句の意味を解釈する。②日 漢字の読み方と意味。
【訓▼詁】【訓故】クンコ 字句の解釈。文字や語句の意味の説明。例 ―注釈。

【訓告】(クンコク) ①いましめさとす。②日 公務員に対する懲戒処分の一つ。落ち度をいましめる。例 ―の処分を受ける。

【訓示】(クンジ) 上の人が下の人に対して、仕事上の心得などを教え示す。また、そのことば。

【訓辞】(クンジ) 上の人が下の人に与える、教えさとすことば。訓話。例 校長の―。

【訓釈】(クンシャク) 漢文の字句の読み方と意味の解釈をする。訓詁(クンコ)。

【訓▼迪】(クンテキ) (民衆を)教え導く。また、その人。

【訓典】(クンテン) ①教え導くための常道。②教えのもととなる、古代のすぐれた帝王や聖賢の書物。

【訓点】(クンテン) 日 漢文を訓読するために漢字のまわりに書き加える、返り点やヲコト点の符号や送りがな。例 ―を付す。

【訓導】(クンドウ) ①教えみちびく。②明(ミン)・清(シン)代、府・州・県の学校におかれた教官。③日 小学校の教諭の古い言い方。

【訓読】(クンドク) 日 ①漢字を、その字の意味にあたる日本語で読む。「山」を「やま」、「川」を「かわ」と読むなど。対 音読。②漢文を日本語として読む。語の順序を直し、助詞や助動詞などをおぎなって読む。例 ―の漢文。

【訓▼蒙】(クンモウ) 〔古くは「キンモウ」とも〕子供や初学者に教える。また、そのための本。

【訓喩】(クンユ)【訓諭】(クンユ) 教えさとす。また、その教え。誨喩(カイユ)。

【訓誘】(クンユウ) 説き聞かせて、教え導く。

【訓令】(クンレイ) ①訓示し命令する。また、その命令。②日 内閣や各省が、下級の官庁に職務上の命令を出す。また、その命令。

【訓練】(クンレン) ①教えならす。②ものごとがうまくできるように、繰り返し練習する。例 避難―。

【訓話】(クンワ) 日 心構えや生き方などについて、教えさとす。また、その話。訓辞。例 社長の―。
●音訓(オンクン)・家訓(カクン)・字訓(ジクン)・特訓(トックン)・難訓(ナンクン)・和訓(ワクン)

訐
言3 (10) 2 7532 8A10
ケツ 漢 月 jié
あば-く・ひら-く

意味 相手のあやまちや欠点などを明らかにして責める。あばく。例 訐告(ケッコク)(=告発する)。

訌
言3 (10) 2 7533 8A0C
コウ 漢 東 送 hòng
つい-える(つひ-ゆ)・みだ-れる(みだ-る)・やぶ-る

意味 混乱して、あらそいになる。もめる。みだれる。例 内訌(ナイコウ)(=うちわもめ)。

訊
言3 (10) 1 3154 8A0A 人
シン 漢 ジン 呉 震 xùn
たず-ねる(たづ-ぬ)・き-く

なりたち 〔形声〕「言(=ことば)」と、音「卂(ジ)」とから成る。問う。

意味 ❶罪などを問いただす。取り調べる。たずねる。とう。例 訊問(ジンモン)。❷おとずれる。みまう。訪問する。例 問訊(モンジン)(=安否をたずねる)。❸たより。てがみ。例 音訊(オンジン)(=手紙)。

古訓 中古 つぐ・とふ・とぶらふ 中世 ことば・とふ・とぶらふ 近世 いさむる・いふ・せむる・つぐる・つげる・とふ

【訊▼鞫】【訊▼鞠】(ジンキク) 〔「鞫・鞠」も、取り調べる意〕(罪人を)厳しく問いただす。取り調べる。

【訊検】(ジンケン) たずね調べる。真実を追究する。

【訊問】(ジンモン) ①強い調子で質問し、調べる。例 不審―。②〔法〕裁判所などが、証人や鑑定人などに質問し、答えさせること。例 反対―。表記 ▽現 尋問

訒
言3 (10) 3 9193 8A12
ジン 漢 震 rèn

意味 発言が重々しいさま。例 其言也訒(そのゲンやジンなり)(=発言が慎重である)。〈論語・顔淵〉

訕
言3 (10) 3 9194 8A15
サン 漢 セン 呉 諫 shàn

意味 悪く言う。そしる。訕謗(センボウ)(=非難する)。例 訕上(センジョウ／かみをそしる)(=目上の過失を非難する)。

訑
言3 (10) 4 8852 8A11
一 タ 漢 歌 tuó
二 タン 漢 翰 dàn
三 イ 漢 支 yí

意味 一 あざむく。通 詑(タ)。例 訑謾(タマン)(=あざむく)。二 でたらめを言う。通 誕。例 慢訑(マンタン)。三「訑訑(イイ)」は、うぬぼれるさま。

託
言3 (10) 1 3487 8A17 常用
タク 漢 薬 tuō
かこ-つ・かこつ-ける(かこつ-く)

筆順 亠 亠 言 言 言 訁 託 託

なりたち 〔形声〕「言(=いう)」と、音「乇(タク)」とから成る。ことづけて、たよる。

意味 ❶たよる。身を寄せる。あずける。まかせる。例 託六尺之孤(リクセキのコをタクす)(=父を亡くした幼君をあずける)。〈論語・泰伯〉 託児(タクジ)。委託(イタク)。嘱託(ショクタク)。❷あることにたとえて言う。かこつける。ことよせる。例 託言(タクゲン)。仮託(カタク)。

日本語での用法 《かこつ》「身(み)の不遇(グウ)を託(かこ)つ」▼不平を言う。

古訓 中古 つく・ほこる・よる 中世 つく・はかりこと・ほこる・よる 近世 まかす・ゆだぬる・よする・よる

人名 よし・より

難読 託言(かごと)

【託意】(タクイ／イをタクす) 心を寄せる。気持ちをかたむける。

【託寄】(タクキ／キタク) ①人に任せる。また、人に頼む。②かこつける。

【託言】(タクゲン) ①ほかのものごとにかこつけて言う。口実。②ことづて。伝言。

【託孤】(タクコ／コをタクす) 孤児をまかせる。君主が重臣にわが子をあずけ、自分の死後、遺児が君主の位を継いで国政をとりおこなえるよう依頼する。託孤寄命(タクコキメイ／コをタクしメイをよす)。〈〈論語・泰伯〉から〉

【託児】(タクジ) 幼児を預け、保育を頼む。例 ―所。

【託生】(タクショウ) 他人に身を寄せ、頼って生きる。托生(タクショウ)。

【託食】(タクショク) 人に頼って生活する。寄食。

【託宣】(タクセン) 日 ①神が人にのりうつってお告げをする。また、そのお告げ。神託。②〔多く「ご託宣」の形で〕目上の人の意見や命令を、からかっていうことば。例 社長のご―がくだった。

【託送】(タクソウ) 日 人に頼んで、物を送る。

【託付】(タクフ) 人に頼む。人にゆだね任せる。

【託附】(タクフ) ①任せる。また、任せられる。②権力者などを頼りとする。

【託名】(タクメイ) ①名声に頼る。②人の力を頼りとして名をあげる。③かこつける。口実にする。こじつける。
●委託(イタク)・仮託(カタク)・寄託(キタク)・結託(ケッタク)・受託(ジュタク)・神託(シンタク)・付託(フタク)

討
言3 (10) 1 3804 8A0E 教6
トウ(タウ) 漢 呉 皓 tǎo
うつ

筆順 亠 亠 言 言 言 訁 討 討

なりたち ［会意］「言（＝ことば）」と「寸（＝きまり）」とから成る。ことばときまりとでただす。

意味 ❶ものごとをくわしく調べ、ただす。たずねもとめる。例 討究（トウキュウ）。討論（トウロン）。検討（ケントウ）。❷罪を言いとがめる。武力で攻める。うつ。例 討伐（トウバツ）。追討（ツイトウ）。征討（セイトウ）。❸管理する。おさめる。例 討二国人一（コクジンをおさむ）（＝国の人々をとりしまる）。〈左伝・宣ニ〉❹除去する。さる。

古訓 中古 うつ・さる・たづぬ・はなる・もとむ・をさむ 中世 うつ・たづぬ・はなる・もとむ・をさむ 近世 うつ・さぐる・たづぬる・もとむる・をさむる

【討議】（トウギ）ある問題について、意見を出し合って議論する。ディスカッション。例 対策を一する。

【討究】【討窮】（トウキュウ）①ものごとの真理や道理を奥深くまでつきつめて研究する。②すみずみまで議論し合って徹底的に研究する。

【討春】（トウシュン）春景色をたずね歩く。探春。

【討尋】（トウジン）深くたずね調べる。

【討幕】（トウバク）日 幕府をうつ。例 一運動。

【討伐】（トウバツ）軍隊を出して、反抗する者を攻めうつ。

【討論】（トウロン）①事の是非を論じる。例 世叔討二論之一（セイシュクこれをトウロンす）（＝世叔が検討した）。〈論語・憲問〉②意見をたたかわせて議論する。例 一会。

●検討（ケントウ）・掃討（ソウトウ）・追討（ツイトウ）

[⿰言区] 言4(11)
⇩謳（ウオ）（1242ジペー）

訛 言4(11) 2 7534 8A1B
[譌] 言12(19) 2 7587 8B4C 本字。

ガ（グヮ）漢 カ（クヮ）呉 歌 é
なま-り・なま-る・あやま-り・あやま-る

意味 ❶でたらめを言う。うそを言う。いつわる。いつわり。例 訛偽（カギ）（＝いつわり）。訛言（カゲン）。❷文字やことばを間違える。あやまる。あやまり。例 訛字（カジ）（＝間違った文字）。❸ことばがなまる。なまり。例 訛音（カオン）。訛語（カゴ）。❹感化する。

難読 訛（よこ）なまる・訛声（だみごえ）

【訛音】（カオン・カイン）なまった発音。なまり。

【訛言】（カゲン）①根拠のないうそ。流言。②日 なまったことば。

【訛語】（カゴ）「訛言（カゲン）」に同じ。

【訛誤】（カゴ）（文字やことばの）誤り。間違い。誤謬（ゴビュウ）。類 訛謬（カビュウ）。

【訛▼舛】（カセン）誤り、ちがえる。間違い。特に、文字の誤り。

【訛伝】（カデン）あやまって伝わる。間違った言い伝え。誤伝。

訝 言4(11) 2 7535 8A1D
[訮] 言5(12) ── 俗字。

ゲン 慣 ガ 漢 ゲ 呉 禡 yà
いぶか-る・いぶか-しい（いぶか-し）

意味 ❶出むかえる。むかえる。❷うたがいあやしむ。通 迓（ガ）。いぶかる。例 訝賓（ガヒン）（＝賓客を出むかえる）。例 怪訝（ケゲン）。

許 言4(11) 1 2186 8A31 教5

キョ 漢 コ 呉 語 xǔ
ゆるす・ばか-り・もと

筆順 ニ 三 言 言 言 許 許

なりたち ［形声］「言（＝いう）」と、音「午（ゴ→キョ）」とから成る。相手の言うことをききいれる。

意味 ❶ききいれる。みとめる。ゆるす。ゆるし。例 許可（キョカ）。許容（キョヨウ）。免許（メンキョ）。❷期待する。あてにする。ゆるす。例 夫子当二路於斉一、管仲・晏子之功可二復許一乎（フウシみちにセイにあたらば、カンチュウ・アンシのコウまたゆるすべきか）（＝先生が斉国で要職につかれたならば、管仲や晏子のような功業を再び期待できますか）。〈孟子・公孫丑上〉❸だいたいの数をあらわす。ぐらい。ほど。ばかり。例 許多（キョタ）。幾許（いくばく）。❹ところ。もと。例 何許（いずこ）。親許（おやもと）。❺姓の一つ。例 許慎（キョシン）（＝後漢の学者）。

古訓 中古 あたふ・あばく・あらはす・こづ・ことわる・すすむ・ところ・はかり・はかる・もと・ゆるす 中世 したがふ・ところ・もと・ゆるす 近世 うけがふ・きく・したがふ・すすむ・ところ・もと・ゆるす

人名 すすむ・ゆく

難読 幾許（いくばく）・若許（そこばく）・許斐（このみ）（＝姓）・如何許（いかばかり）

【許可】（キョカ）願いを聞き届ける。してもよいとゆるす。対 禁止。

【許嫁】（キョカ）①結婚を許可する。②（いいなずけ）日 婚約した相手の人。許婚（いいなずけ）。

【許婚】（キョコン）①結婚を許可する。②（いいなずけ）日 婚約した相手の人。婚約者。フィアンセ。許嫁（いいなずけ）。

【許多】（キョタ）数の多いこと。多数。あまた。巨多。例 一の富。

【許諾】（キョダク）許可し承諾する。頼みを聞き入れる。例 一を与える。一願い。

【許否】（キョヒ）許可と拒否。ゆるすことと、ゆるさないこと。

【許容】（キョヨウ）受け入れる。承知する。例 一範囲。

●特許（トッキョ）・身許（みもと）・免許（メンキョ）

訢 言4(11) 3 9201 8A22

キン 漢 文 xīn

意味 うれしく思う。よろこぶ。通 欣（キン）。例 訢訢（キンキン）・訢然（キンゼン）（＝喜ぶさま）。

[訡] 言4(11)
⇩吟（ギン）（235ジペー）

訣 言4(11) 1 2377 8A23 人

ケツ 漢 屑 jué
わか-れる（わか-る）・わか-れ

なりたち ［形声］「言（＝ことば）」と、音「夬（ケ）」とから成る。別れを告げる。

意味 ❶いとまごいをする。（死者に）わかれをつげる。わかれる。わかれ。例 訣別（ケツベツ）。永訣（エイケツ）。❷とっておきの方法。奥の手。例 秘訣（ヒケツ）。要訣（ヨウケツ）（＝必要な方法）。

日本語での用法 《わけ》「この語（ゴ）の訣（わけ）・失敗（シッパイ）した訣（わけ）」▼理由。いわれ。〔現代は「訳」の字を用いるが、もとは「訣」を使用した〕

古訓 中古 わかつ・わかる 中世 わかつ・わかる・わくる 近世 いかる・さだまる・さる・たつ・ながきわかれ・わかるる

人名 さとし・さとる

【訣別】（ケツベツ）わかれを告げる。きっぱりとわかれる。また、死別。例 一の辞。悪友たちと一する。表記 現 決別

【訣要】（ケツヨウ）奥義。秘訣。奥の手。

訟 言4(11) 1 3057 8A1F 常用

ショウ 漢 ジュ 呉 宋 sòng
あらそ-う（あらそ-ふ）・うった-える（うった-ふ）・うった-え（うったへ）

筆順 ニ 三 言 言 言 訟 訟

なりたち ［形声］「言（＝いう）」と、音「公（コウ→ショウ）」（＝おおやけにする）」とから成る。公式の場で言いあらそう。

意味 ❶裁判であらそう。うったえる。うったえ。例 訟者平（ショウはたいらかなり）（＝裁判は公正である）。〈柳宗元・送薛存義序〉訟訴（ショウソ）。訴訟（ソショウ）。❷欠点をとがめる。責める。例 内自訟（うちにみずからせむ）（＝心の中で自分を責める）。〈論語・公冶長〉❸ほめたたえる。ほめる。通 頌（ショウ）。❹公然と。おおやけに。あきらかに。

例 訟言ショウゲン。❺易エキの六十四卦カの一つ。☰☵ 坎下乾上カンカケンショウ。天の動きと水の動きが食い違う象。

古訓 中古 あらがふ・あらそふ・うつたふ・うつたへ・したがふ・せむ 中世 あらそふ・うたふ・うつたふ・ことわる 近世 あらそふ・うつたへ・せむる

【訟言】ショウゲン はっきり言う。公然と言う。明言。公言。

【訟獄】ショウゴク うったえる。訴訟。

【訟訴】ショウソ うったえる。訴訟。

【訟庭】ショウテイ うったえごとを聞く役所。法廷。裁判所。類 訟堂。

【訟理】ショウリ 〔「理」は、おさまる・おさめる意〕①裁判が公平におこなわれる。②うったえた争い事の結末を明らかにする。

設

言4(11) 1 3263 8A2D 教5

セツ漢 セチ呉 屑 shè
もうける(まう-く)・しつら-える(しつら-ふ)

筆順 ⺀ 亠 言 言 訁 訒 設 設

なりたち [会意]「言(=ことば)」と「殳(=人を使う)」とから成る。ことばで人を使って、ならべる。

意味 ❶こしらえる。立てる。並べる。**もうける**。**しつらえる**。例 設計セッケイ。設備セツビ。開設カイセツ。❷完備する。ゆきとどく。**もうける**。例 兵衛甚設ヘイエイはなはだもうく(=護衛が十分に備わっていた)。〈史記・刺客伝・聶政〉❸「もし」と読み、もし…したら、の意。仮定をあらわす。「設使もし」「仮設もし」などの形で用いることが多い。❹「たとい」と読み、たとえ…としても、の意。譲歩をあらわす。「設使たとい」「仮設たとい」などの形で用いることが多い。

古訓 中古 しく・たとひ・まうく・もし・をさむ 中世 たとひ・まうく・まうくる 近世 おく・かなふ・たつる・たとひ・つらぬ・つらぬる・まうくる

人名 おき・のぶ

難読 設楽したら・しだら(=地名・姓)・設如たとい

【設営】セツエイ 日①ある仕事のために、前もって施設を作る。例 テントを―する。②会合などの準備をする。例 祝賀会を―する。

【設▼筵】セツエン・エンをもうく 儀式や、宴会の席をもうける。

【設計】セッケイ ①はかりごと。②計画を立てる。また、その計画。例 生活―。③日 建築や土木工事、また、機械の製作などの形や構造を、くわしく図面などで示す。例 ―図。

【設色】セッショク 絵画に色を塗る。いろどる。また、いろどり。

【設題】セツダイ 問題を作る。また、その問題。

【設置】セッチ ①設備などをそなえつける。例 火災報知器を―する。②機関などを新たにもうける。

【設定】セッテイ 日ある目的のために、新たにもうけさだめる。例 大学―基準。

【設備】セツビ 目的に応じて必要なものを、そなえつける。また、そのそなえつけられたもの。例 ―投資。

【設問】セツモン 問題を作って出す。質問する。また、その問題。例 設二問国家之患一コッカのうれいをセツモンす(=国家にとっての心配ごとについて質問する)。〈管子・小匡〉

【設立】セツリツ 組織や施設などを新たに作る。

●開設カイセツ・仮設カセツ・架設カセツ・建設ケンセツ・施設シセツ・常設ジョウセツ・新設シンセツ・創設ソウセツ・増設ゾウセツ・特設トクセツ・敷設フセツ

訥

言4(11) 2 7536 8A25

トツ慣 ドツ漢 月 nè
ども-る

意味 ことばがなめらかに出ない。**どもる**。また、口が重い。口べた。通 吶トツ。例 君子欲三訥二於言一而敏二於行一くんしはゲンにトツにしておこないにビンならんことをほっす(=君子は口は重くひかえめであるが、実行はすばやくありたいと願う)。〈論語・里仁〉 訥訥トツトツ。訥弁トツベン。朴訥ボクトツ。

【訥言】トツゲン なめらかでないことば。吶言トツゲン。例 訥言敏行トツゲンビンコウ(=口べたであっても、実行はすばやい)。〔〈論語・里仁〉から〕

【訥口】トッコウ 話し方がなめらかでない。どもり。

【訥渋】トツジュウ 口が重く、話し方もたくみでない。

【訥舌】トツゼツ くちべた。

【訥訥】トツトツ つかえながら話すさま。口べたなさま。吶吶トツトツ。

【訥弁(▼辯)】トツベン 日 つかえがちで、口べたな話しぶり。対 能弁・雄弁。

訪

言4(11) 1 4312 8A2A 教6

ホウ(ハウ)漢呉 漾 fǎng
おとずれる(おとづ-る)・おとずれ(おとづれ)・たずねる(たづ-ぬ)・とう(と-ふ)・おとな-う(おとな-ふ)

筆順 ⺀ 亠 言 言 訁 訪 訪

なりたち [形声]「言(=ことば)」と、音「方ホウ」とから成る。いろいろとたずね問う。

意味 ❶意見をもとめる。たずね問う。聞く。**たずねる**。例 訪議ホウギ(=相談する)。❷人のところに行く。人をたずねる。**おとずれる**。**おとずれ**。例 訪問ホウモン。来訪ライホウ。歴訪レキホウ。❸さがし求める。**たずねる**。例 訪求ホウキュウ。探訪タンボウ。

古訓 中古 とぶらふ・はかる・まさし 中世 とぶらふ・はかる 近世 およぶ・とふ・とぶらふ・はかる・まみゆる

人名 こと

難読 諏訪すわ(=地名・姓)

【訪求】ホウキュウ たずね求める。探し求める。

【訪古】ホウコ 古くからの名所・史跡を探り求める。

【訪日】ホウニチ 日本をおとずれる。外国人が日本に来る。

【訪問】ホウモン ①質問する。例 昼以訪問ひるはもってホウモンす(=昼は(臣下を集めて政治の)意見を尋ねる)。〈左伝・昭元〉②人の家やよその国などをたずねていく。例 ―客。

●再訪サイホウ・探訪タンボウ・来訪ライホウ・歴訪レキホウ

訳

言4(11) 1 4485 8A33 教6

エキ漢 ヤク呉 陌 yì
わけ・と-く

[譯] 言13(20) 2 7603 8B6F 旧字体。

筆順 ⺀ 亠 言 言 訁 訂 訳 訳

なりたち [形声]「言(=ことば)」と、音「睪エキ」とから成る。異民族のことばを自分たちのことばに直して伝える。

意味 ❶ある(国の)ことばを、別の(国の)ことばにかえて意味を伝える。やくする。また、それをおこなう人。例 通訳ツウヤク。翻訳ホンヤク。英文和訳ワヤク。❷意味を解釈する。**とく**。

日本語での用法 《わけ》①「訳わけのわかった人ひと」▼ものごとの道理や常識。②「逃にげた訳わけをきく・訳わけもわからずに…」▼いわれ。理由。③「訳わけありの仲なか・そんなこと訳わけはない」▼めんどうなこと。こみ入った事情。〔現代は「訳」を用いるが、もとは「訣」の字を使用した〕

古訓 中古 さへづる・つたふ・ととのふ・をさ・をさむ・をしふ 中世 かさぬ・さへづる・つたふ・をさ・をさむ 近世 ことばつたへる・つぐる

人名 つぐ・のぶ

【訳官】ヤッカン・ヤクカン 通訳をする役人。通訳官。

【訳語】一ヤクゴ ある言語を、別の言語に翻訳したことば。例 辞書で―をさがす。二おさ 日 外国語を自国語に訳すこと。また、その人。通訳。通事。通弁。

【訳使】ヤクシ 通訳を兼務した使者。

【訳詞】(ヤクシ) 日 外国の歌を翻訳すること。また、その歌詞。

【訳詩】(ヤクシ) 日 外国の詩を翻訳すること。また、その詩。

【訳者】(ヤクシャ) 通訳する人。また、翻訳する人。翻訳者。

【訳出】(ヤクシュツ) ある言語を他の言語に訳す。

【訳述】(ヤクジュツ) 日 ①翻訳して、その内容を述べる。②翻訳して文章にする。

【訳書】(ヤクショ) 翻訳した文書または書物。訳本。㊉原書。

【訳注】(ヤクチュウ)【訳▼註】(ヤクチュウ) ①翻訳と注釈。②翻訳者がつけた注釈。㊉原注。

【訳読】(ヤクドク) 外国語を翻訳して読む。

【訳文】(ヤクブン) 翻訳した文章。

【訳本】(ヤクホン) 翻訳した本。訳書。

【訳名】(ヤクメイ) 翻訳してつけた名前。

◐意訳(イヤク)・英訳(エイヤク)・抄訳(ショウヤク)・直訳(チョクヤク)・点訳(テンヤク)

詠

言5 (12) 1 1751 8A60 常用

エイ(ヱイ)漢 ヨウ(ヤウ)呉 敬 yǒng

よむ・うた-う(うた-ふ)・なが-める(なが-む)・なが-め

[咏] 口5 (8) 2 5073 548F 別体字。

筆順 

なりたち  [形声]「言(=ことば)」と、音「永(エイ)」とから成る。ことばを長く引いて歌う。

意味 ❶声を長くのばして詩や歌をうたう。**ながめる**。例 吟詠(ギンエイ)。朗詠(ロウエイ)。❷詩や歌を作る。**よむ**。また、その詩歌。うた。例 詠歌(エイカ)。詠懐(エイカイ)。題詠(ダイエイ)。

古訓 中古 うた・うたふ・しのぶ・ながむ 中世 うたふ・ながむる 近世 うたふ・ながむる・なげく

人名 え・かぬ・かね

【詠歌】(エイカ) ①詩歌をうたう。詩歌をよむ。また、その歌。②日「御詠歌(ゴエイカ)」の略。修行のために寺をめぐる人が、仏をたたえてうたう歌。

【詠懐】(エイカイ) 心の中の思いを詩歌にうたう。また、その詩歌。

【詠帰】(エイキ) 郊外の風景を眺めながら詩を口ずさんで帰る。風流な心情をいう。〔「浴(ヨクスル)乎沂(キニ)風(フウスル)乎舞雩(ブウニ)詠而帰(エイジテかえらん)」(=《青少年と一緒に》沂水(キスイ)のほとりで沐浴(モクヨク)し、雨請いの祭りをする高台で風に吹かれて、詩を歌いながら帰ってくる)。〈論語・先進〉」から〕

【詠吟】(エイギン) 詩や和歌を、節をつけてうたう。吟詠。

【詠史】(エイシ) 歴史上の事件についてよんだ詩歌。㊉詠物。

【詠出】(エイシュツ) 日 詩や和歌を作りだす。

【詠唱】(エイショウ) 日 ①オペラなどで、感情をこめて独唱する部分。アリア。また、それを歌うこと。②おおぜいで節をつけて歌う。例 賛美歌を―する。

【詠▼誦】(エイショウ) 詩や和歌を、節をつけてうたう。吟じる。

【詠進】(エイシン) 日 和歌をよんで天皇や貴人、また、神仏にたてまつる。例 ―歌。

【詠草】(エイソウ) 日 和歌の下書き。歌稿。例 和歌―。

【詠嘆】(エイタン)【詠▼歎】(エイタン) ①吟じる。うたう。②感動して声やことばに出す。

【詠物】(エイブツ) (自然などの)事物に託して思いをよんだ詩歌。㊉詠史。

◐御詠(ギョエイ)・吟詠(ギンエイ)・偶詠(グウエイ)・雑詠(ザツエイ)・題詠(ダイエイ)・朗詠(ロウエイ)

詍

言5 (12) 4 8859 8A4D

エイ漢 霽 yì

意味 口数が多い。通泄(エイ)。例 詍詍(エイエイ)(=だらだらとしゃべる)。

訣

言5 (12) 3 9203 8A47

オウ(アウ)漢 漾 yàng

意味 早く知る。

訶

言5 (12) 2 7537 8A36

カ漢呉 歌 hē

しか-る

意味 ❶大声でとがめる。どなりつける。**しかる**。通呵(カ)。例 訶責(カセキ)(=しかりせめる)。❷梵語(ボンゴ)の音訳字。例 摩訶(マカ)(=大である。すぐれている)。訶梨帝母(カリテイモ)(=鬼子母神(キシモジン))。

【訶詰】(カキツ) しかりつけて罪を問いつめる。

【訶止】(カシ) しかって、おしとどめる。

[訝]

言5 (12) ⇩訝(ガ)(1218ジペー)

詎

言5 (12) 3 9204 8A4E

キョ漢 語 jù

意味 ❶どうして。なんぞ。いずくんぞ。例 詎知(いずくんぞしらん)(=どうして知りえよう)。❷もし。いやしくも。❸すでに。かつて。

詘

言5 (12) 4 8860 8A58

クツ漢 物 qū

意味 ❶ことばがすらすらと出ない。どもる。❷まげる。まがる。通屈。例 詘指(クッシ)。詘申(クッシン)。❸屈服する。

【詘指】(クッシ) ①信念をまげる。②指を折って数える。

【詘申】(クッシン)【詘伸】【詘信】(クッシン) のびちぢみする。かがむことと、のびること。屈伸。例 俯仰詘信(フギョウクッシン)(=うつむいたりあおむいたり、かがんだりのばしたりする)。〈荀子・楽論〉

詁

言5 (12) 2 7538 8A41

コ漢 麌 gǔ

よ-み

意味 古いことばを現代語でわかりやすく説明する。とく。よむ。よみ。例 訓詁(クンコ)。
【詁訓】(コクン) 古い時代のことばを現代のことばで解釈する。また、古い時代のことばの意味。訓詁。

詐

言5 (12) 1 2630 8A50 常用

サ漢呉 禡 zhà

いつわ-る(いつは-る)・いつわ-り(いつはり)

筆順 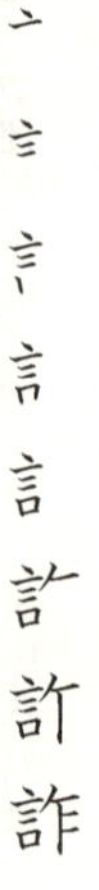

なりたち 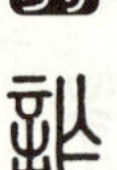 [形声]「言(=ことば)」と、音「乍(サ)」とから成る。あざむく。

意味 ❶うそを言う。あざむく。**いつわる**。**いつわり**。例 詐欺(サギ)。詐取(サシュ)。巧詐(コウサ)(=たくみにいつわる)。❷突然。にわかに。たちまち。通乍(サ)。例 詐戦(サセン)(=急な戦い。不意討ち)。

古訓 中古 あざける・あざむく・いつはる・そしる・へつらふ 中世 あざむく・いつはり・いつはる 近世 あざむく・いつはり・いつはる

【詐偽】(サギ) いつわりを言ってあざむく。また、うそ。いつわり。

【詐欺】(サギ) ①いつわりだます。例 智者不レ得二詐欺一(チシャもサギするをえず)(=才知のある者も《君主を》あざむくことができない)。〈韓非・八説〉②人をたくみにだまして、お金やものを取る行為。ペテン。例 ―師にひっかかる。

【詐取】(サシュ) 人のお金やものをだまし取る。

【詐術】(サジュツ) 人をだますやり方。例 たくみな―にひっかかる。

【詐称】(サショウ) 人をだますために、氏名・住所・職業・学歴などについて、うそを言う。例 弁護士を―する。

【詐誕】(サタン) うそや、でたらめ。また、いつわりを言ってあざむく。

【詐妄】(サボウ) いつわる。うそをつく。

【詐謀】(サボウ) 人をだますはかりごと。わるだくみ。㊝詐計・詐数。

【詐力】(サリョク) うそと暴力。詐欺と暴行。

詞

言5(12) 1 2776 8A5E 教6

シ漢 ジ呉 支 cí
ことば
付表 祝詞のりと

筆順

なりたち [会意]「司(=支配する)」と「言(=ことば)」とから成る。心を支配する気持ちが、ことばとなってあらわれる。

意味 ❶ことば。通辞。例 詞章。詞藻。歌詞。❷いくつかのことばのつながり。言語。文章。詩文。❸漢詩の形式の一つで、楽曲に合わせて作られた歌詞。例 涼州詞。❹宋代に盛んになった韻文の一様式。例 宋詞。

日本語での用法《シ》「品詞・動詞」▼文法上のことばの分類をあらわすことば。

古訓 中古 ことば 中世 ことば 近世 あや・うつたふ・ことば・つぐる

人名 こと・つぐ・なり・のり・ふみ

【詞書】ことばがき 日①和歌の前書きとしての(短い)説明文。②絵巻物の説明文。例 源氏物語絵巻の―。

【詞華】【詞花】シカ 美しく表現されたことば。すぐれた詩や文章。詞藻。例 ―集。

【詞客】シカク ①詩歌・文章の作家。詩人。②宋代に隆盛した韻文「詞」の、すぐれた作者。▽類詞人。

【詞曲】シキョク 詞と曲。「詞」は宋代に隆盛した韻文の一体、「曲」は元代に発展し、韻文を主体とした戯曲。↓【元曲】ゲンキョク(118ペ)

【詞彩】シサイ ことばのあや。詩文の美しさをいう。

【詞章】シショウ ①詩歌や文章。②日 謡曲や語り物、また、歌謡曲などの文句。

【詞場】シジョウ 詩文を作る所。詩人仲間。文壇。詩壇。

【詞藻】シソウ ①詩や文章の中の、美しく飾られたことば。また、すぐれた詩や文章。詞華。②詩文を作る才能。例 ―豊かな才女。

【詞致】シチ ことばの趣。詩文の味わい。

【詞伯】シハク 詩文の大家・逸材。類詞雄。

【詞表】シヒョウ ①ことばの表面。ことばづら。②言外の意味。

【詞賦】シフ 詞と賦。詩文の文体の一つ。『楚辞』の系統の韻文。辞賦。

【詞律】シリツ ことばや文章の調子・格調。

【詞林】シリン ①詩文を集めた書物。②詩人や文士の仲間。③「翰林」「翰林院」の別称。④日 辞書。

●歌詞カシ・形容詞ケイヨウシ・作詞サクシ・祝詞シュクシ/のりと・数詞スウシ・台詞ダイシ/せりふ・動詞ドウシ・品詞ヒンシ・副詞フクシ・名詞メイシ

証

言5(12) 1 3058 8A3C 教5

[證] 言12(19) 2 7590 8B49 旧字体。

A セイ漢 ショウ(シャウ)呉 敬 zhèng
B ショウ漢呉 径 zhèng
あか-す・あかし

筆順

参考 宋代ころまでは「証」と「證」とは音義とも異なり、使い分けられていたが、明代ころから「證」の略字として「証」が用いられるようになった。

なりたち [形声]「言(=ことば)」と、音「登トウ→ショウ」とから成る。告げる。

意味 A[証] いさめる。例 証ニ靖郭君一(=靖郭君をいさめた)。〈戦国策・斉一〉
B[證] ❶事実を告げて、明らかにする。うらづける。あかしをたてる。例 其父攘レ羊、而子証レ之(=父親が迷いこんだ羊をそのまま手もとに置いたとき、その子は事実を証言した)。〈論語・子路〉証言。証明。実証。❷裏づけとなるしるし。あかし。例 確証。保証。❸病状。通症。例 証候。

古訓 A[証] 中古 いさむ・いつはる 中世 いつはる・いのる・のぶ 近世 いさむる
B[證] 中古 あらはす・かなふ・しづかなり・しづかに・しるし・とく 中世 かなふ・しづかなり・しるし・しるす 近世 あきらか・あらはす・しるし

人名 あき・あきら・いさむ・さとり・さとる・ただし・つぐ・まさ・み

【証(證)引】ショウイン ①証拠として引き合いに出す。②証拠を示して人を引きずりこむ。

【証(證)印】ショウイン 日 証明のために押す印。また、それを押すこと。

【証(證)券】ショウケン 日 金額が表示されていて、財産として価値のある証書。株券・手形・小切手など。例 ―会社。

【証(證)験】ショウケン/ショウゲン 証拠だてる。また、証拠となるあかし。しるし。

【証(證)言】ショウゲン 日 ある事柄が事実であることを、ことばで証明する。また、そのことば。例 目撃者の―。

【証(證)拠】ショウコ 事実を裏づけて明らかにする根拠。証左。

【証(證)候】ショウコウ ①証拠となるきざし。あかし。しるし。②病態。病状。また、病気の徴候。③天候。気象。

【証(證)左】ショウサ ①証人。②証拠。あかし。

【証(證)紙】ショウシ 日 代金が支払われたことや、商品の質や量などを証明するためにはる、(切手のような)小さな紙。

【証(證)書】ショウショ 日 一定の形式によって事実を証明する文書。例 借用―。卒業―。

【証(證)人】ショウニン ①事実を証明する人。例 歴史の生き―。②日 裁判所や国会などから、事実を証言するよう、特別に命じられた人。例 ―尋問。

【証(證)票】ショウヒョウ 日 証明のためのふだ。

【証(證)▼憑】ショウヒョウ 日 事実を証明する根拠。証拠。

【証(證)明】ショウメイ ①ある事柄が事実であることや、論理的に正しいことを、根拠を示して明らかにする。例 身分を―する。②数 公理から結論を論理的に導き出す。例 ピタゴラスの定理の―。

【証(證)文】ショウモン 日 証拠となる文書。特に、金銭を借りた証拠の書きつけ。例 ―を取る。

●確証カクショウ・検証ケンショウ・査証サショウ・実証ジッショウ・心証シンショウ・認証ニンショウ・反証ハンショウ・保証ホショウ・立証リッショウ・論証ロンショウ

詔

言5(12) 1 3059 8A54 常用

ショウ(セウ)漢呉 嘯 zhào
みことのり

筆順

なりたち [会意]「言(=ことば)」と、音「召ショウ(=よぶ)」とから成る。呼んでつげる。

意味 ❶上位の者が下位の者に告げる。つげる。例 詔諭。❷天子の命令。天子のことば。みことのり。例 詔書。詔勅。大詔。❸教え導く。例 詔導(=教え導く)。

古訓 中古 あらはす・あらはる・おくる・たすく・つぐ・めす・をしふ 中世 つぐる・みことのり・をしふ 近世 つぐる・はげます・みことのり・みちびく

人名 あき・あきら・つぎ・つぐ・つぐる・つとむ・のぶ・のり・みこと・みち・よし

【詔獄】ショウゴク みことのりによって罪人を取り調べる。また、その罪人の獄舎。

【詔旨】みことのりの内容。勅旨。

【詔書】①天子のことばを書いた文書。勅書。㊨詔冊。②日 国会の召集や衆議院の解散などに際して、天皇が発する文書。

【詔勅】①天子のことばを書いた文書。例 戦争終結を告げる—。②詔書と勅語。

【詔諭】みことのりを下してさとす。また、みことのり。

【詔令】みことのり。勅令。

診

言5 (12) 1 3139 8A3A 常用

シン㊥ 軫 zhěn
みる

筆順

なりたち [形声]「言(=ことば)」と、音「㐱シ」とから成る。ことばでたずねて、みきわめる。

意味 病気のぐあいをしらべる。**みる**。例 診察シンサツ。診断シンダン。検診ケンシン。

古訓 中古 うらなふ・こころみる・たづぬ・とりみる・みる 中世 とりこころむ 近世 うかがふ・うらなふ・こころみる・みる

人名 み

【診候】(「候」は、脈をとる意) 病人の脈拍をみて病状や原因などを見分ける。診察。㊨診切。

【診察】医者が病気の状態を判断するために、からだを調べたり質問したりする。例 —室。

【診断】日 ①医師が患者を診察して、病状について判断する。例 健康—。②ものごとのよしあしや問題点などを調べて、対策を決める。例 企業—。

【診脈】病人の脈拍をみる。

【診療】患者を診察し、治療する。例 —所。

● 往診オウシン・回診カイシン・休診キュウシン・検診ケンシン・誤診ゴシン・受診ジュシン・初診ショシン・代診ダイシン・打診ダシン・聴診チョウシン・問診モンシン・来診ライシン

訷

言5 (12) 3 9202 8A37

シン㊥ 真 shēn

意味 申しのべる。㊂申。

訴

言5 (12) 1 3342 8A34 常用

ソ㊥㊦ 遇 sù
うったえる(うったーふ)・うったえ(うったへ)

筆順

なりたち [形声]「言(=いう)」と、音「斥キセ→ソ」とから成る。告げる。

意味 ❶上の者に申し出てさばきを求める。**うったえる**。**うったえ**。例 訴訟ソショウ。起訴キソ。告訴コクソ。❷不満や苦しみを言いたてる。例 哀訴アイソ。愁訴シュウソ。❸他人を悪く言う。告げ口をする。例 讒訴ザンソ。

日本語での用法《うったえる》①「腕力ワンリョクに訴うったえる・武力ブリョクに訴うったえる」▼効果的な手段で解決しようとする。②「大衆タイシュウに訴うったえる」▼同情を期待して働きかける。

古訓 中古 うたへ・うつたへ・さかのぼる・ねがふ 中世 うつたふ 近世 うつたふ・つぐる

【訴因】日 検察官が被告人を起訴する原因として、起訴状に記入する犯罪の事実。

【訴願】日 うったえ出てねがう。例 当局に—する。

【訴求】日 広告などによって、購買意欲をかきたてる。例 消費者に—するキャンペーン。

【訴訟】①うったえる。②裁判所にうったえて、法律にもとづく判断を求める。また、それに続く一連の審理や判決。例 民事—。—を起こす。

【訴状】裁判所にうったえを起こすとき提出する書類。

【訴追】日 ①検察官が裁判所に、被告人が有罪であるという判決を求めて、手続きをとる。起訴。②裁判官をやめさせるための、裁判を求める。

【訴人】①役所などにうったえ出た人。②人をうったえること。例 町奉行に—におよぶ。

● 哀訴アイソ・起訴キソ・公訴コウソ・控訴コウソ・告訴コクソ・直訴ジキソ・勝訴ショウソ・上訴ジョウソ・提訴テイソ・敗訴ハイソ

詛

言5 (12) 2 7539 8A5B

ソ㊥ ショ㊦ 語 zǔ
のろーう(のろーふ)

意味 ❶他人に災いがくだるようにと神にいのる。**のろう**。のろい。例 怨詛エンソ。呪詛ジュソ。❷ちかう。例 詛盟ソメイ(=ちかい)。

詑

言5 (12) 1 3434 8A51

㊀タ㊥ 歌 tuó
㊁イ㊥ 支 yí

意味 ㊀あざむく。㊁うぬぼれる。自己満足する。「詑詑イイ」は、自分だけで得意になっているさま。

詒

言5 (12) 2 7540 8A52

㊀タイ㊥ 賄 dài
㊁イ㊥ 支 yí
あざむーく・いつわーる(いつはーる)・おくーる・のこーす

意味 ㊀あざむく。**いつわる**。㊂紿タイ。例 欺詒ギタイ(=あざむく)。㊁❶のこして、つたえる。**のこす**。㊂貽イ。❷あたえる。**おくる**。㊂貽イ。

詗

言5 (12) 4 8856 8A35

チ㊥ 支 chī

意味 こっそりうかがう。ひそかに知る。

註

言5 (12) 1 3580 8A3B 人

チュウ(チウ)㊥㊦ 遇 zhù

なりたち [形声]「注」の「氵」を「言」に置き換えた字。

意味 字句の意味を明らかにする。本文のことばに説明を加える。㊂注。例 註解チュウカイ。註釈チュウシャク。脚註キャクチュウ。

表記 現代表記では「注」に書きかえることがある。熟語は「注」も参照。

古訓 中古 さとし・しるす・とく 中世 かこつ・さとる・しるす 近世 あきらかにす・あらはす・ささへる・しるす・とく・ひこづらふ

【註解】字句に注を加えてその意味を明らかにし、全文を解釈する。また、その文。注解。

【註釈】字句に注を加えて、本文を解釈する。また、その注や解釈。注釈。

【註▼疏】(「疏」は、註をさらにくわしく説明したもの) 註と疏。本文中の注意すべき字句についてのくわしい説明。注疏チュウソ。例 論語—。

詝

言5 (12) 3 9205 8A5D

チョ㊥ 語 zhǔ

意味 知恵。知識。

詆

言5 (12) 2 7541 8A46

テイ㊥ 薺 dǐ
そしーる

意味 人の悪口を言う。とがめる。**そしる**。例 詆訶テイカ。面詆メンテイ(=面と向かってそしる)。

【詆▼訶】【詆▼呵】そしり、とがめる。人をけなす。㊨詆毀テイキ。

【詆欺】事実をいつわり、あざむく。

【詆▼訾】シテイ そしる。あばきたてる。
【詆辱】テイジョク 人を悪く言い、はずかしめる。

詖

言5（12） 8A56 ヒ㊥漢 寘 bì

意味 かたよっている。正しくない。
【詖行】ヒコウ かたよったおこない。不正行為。
【詖辞】ヒジ かたよっていて、正しくないことば。一方に偏したことば。

評

言5（12） 1 4130 8A55 教5

ヒョウ（ヒャウ）慣 ヘイ漢 庚 píng あげつら-う（あげつら-ふ）

筆順 言 評

なりたち ［形声］「言（＝ことば）」と、音「平ヘイ」とから成る。公平に決める。

意味 ❶ものごとのよしあしを話し合って決める。しなさだめする。**あげつらう**。例 評価。評論。品評。 ❷しなさだめ。例 講評。書評。 ❸裁判をつかさどった官の一つ。例 評事。

古訓 中古 かぞふ・ことわる・つばひらかに・はかる 中世 はかる 近世 さだむ・ただす・はかる

人名 さだむ・ただ・はかる

【評価】ヒョウカ ①ものごとや人物の価値を決める。また、その価値。例 ―が高い。②ものの値段を決める。また、その値段。例 ―額。③日 価値を認めてほめる。また、その内容。例 努力を―する。
【評家】ヒョウカ 批評家。
【評議】ヒョウギ 意見を出し合って相談する。例 ―一決。
【評決】ヒョウケツ 集まって議論し、決定する。例 ―が下る。
【評語】ヒョウゴ 批評のことば。類 評言。
【評事】ヒョウジ 隋イズ代、刑獄の評決をつかさどった下級の裁判官。清シン末に廃止、中華民国のときに復活した。
【評者】ヒョウシャ 批評する人。批評家。
【評釈】ヒョウシャク 文章や詩歌を解釈し、批評を加える。また、その解釈・批評。例『古今集コキンシュウ』の―。
【評説】ヒョウセツ ①うわさ。評判。②批評を加えながら説明する。評論。
【評注】【評▼註】ヒョウチュウ 批評と注釈。詩文を注釈し批評を加える。また、その書物。
【評定】一 ヒョウテイ 一定の基準に従って成績や品質の価値などを決める。例 勤務―。二 ヒョウジョウ 多くの人が集まり、意見を出し合って決める。審議。例 小田原おだわら―（＝長引いてなかなか決まらない相談。小田原城が豊臣秀吉とよとみひでよしに攻められたとき、城内で和議か戦かの論議がなかなかまとまらなかったことから）。
【評点】ヒョウテン ①詩文についての批評のことばと、批評してつける記号。②日 成績を示す点数。例 高い―を与える。
【評伝】ヒョウデン 日 批評をまじえて書かれた伝記。
【評判】一 ヒョウハン 優劣を判定する。二 ヒョウバン 日 世間の人々が話題にする。世評。うわさ。特に、よい評価についていう。例 大―。―がいい。
【評論】ヒョウロン 学問や芸術、また社会現象などについて、批評して論じる。また、その文章。例 ―家。

●合評ガッピョウ・講評コウヒョウ・時評ジヒョウ・書評ショヒョウ・世評セヒョウ・定評テイヒョウ・批評ヒヒョウ・品評ヒンピョウ・不評フヒョウ・論評ロンピョウ

詈

言5（12） 2 7542 8A48 リ漢呉 寘 lì ののし-る

意味 悪態をつく。ののしる。例 罵詈雑言バリゾウゴン。

詅

言5（12） 4 8858 8A45 レイ漢 青 líng

意味 駄作を自慢して売りこむ。例 詅痴符レイチフ（＝愚かさを売りこむおふだ。駄文を書き散らす作家のたとえ）。

詼

言6（13） 2 7543 8A7C カイ（クヮイ）漢 灰 huī たわむ-れる（たはむ-る）

意味 ふざけたことを言う。おどける。例 詼諧カイギャク。
【詼諧】カイカイ 道化ドウケ。おどけ。諧謔カイギャク。詼謔カイギャク。
【詼▼謔】カイギャク ふざけておかしいことを言うこと。また、そのことば。冗談。諧謔カイギャク。詼諧カイカイ。
【詼笑】カイショウ ①あざけり笑う。②おどけて笑いながら冗談を言う。
【詼嘲】【詼▼啁】【詼調】カイチョウ からかう。皮肉を言う。冗談を言いながらあざける。

詿

言6（13） 8A7F カイ（クヮイ）漢 卦 guà

意味 誤った方向へ導く。誤る。例 詿誤カイゴ。
【詿誤】カイゴ 人をあざむき、まどわす。

該

言6（13） 1 1926 8A72 常用

カイ漢 ガイ呉 灰 gāi か-ねる（か-ぬ）・そ-の

筆順 言 該

なりたち  ［形声］「言（＝ことば）」と、音「亥イカ」とから成る。軍中でのきまり。派生して「かねる」の意。

意味 ❶広く全体にいきわたる。あまねく。**かねる**。例 該通ガイツウ。該博ガイハク。❷あたる。あてはまる。例 該当ガイトウ。当該トウガイ。❸前に述べた事物を指す。**その**。この。例 該案ガイアン。

古訓 中古 かぬ・かねたり・しかなり・そなふ・そなへ・ゆるす・をはり 中世 あきらか・かなふ・かねたり・みな・をはり 近世 あひヅ・かぬる・ことごとく・そなはる・のする・みな

人名 かぬ・かね

【該案】ガイアン 今、話題にしている案。この案。本件。
【該▼覈】ガイカク 余すところなく調べて、十分に認識する。
【該貫】ガイカン ものごとに広く通じている。
【該究】ガイキュウ すべてにわたって調べきわめる。
【該暁】ガイギョウ すべてにわたって悟る。
【該▼洽】ガイコウ ①広く行きわたる。すべて備えている。②（学問などに）あまねく通じている。
【該▼悉】ガイシツ 残すところなく知りつくす。あまねく言いつくす。
【該通】ガイツウ 広く通じている。
【該当】ガイトウ 条件にあてはまる。例 ―者。
【該博】ガイハク 学問や知識が広い範囲におよぶさま。例 古今東西にわたる―な知識。

詭

言6（13） 2 7544 8A6D キ（クヰ）漢 紙 guǐ いつわ-る（いつは-る）

意味 ❶だます。あざむく。**いつわる**。例 詭計キケイ。詭詐キサ。詭弁キベン。❷普通と変わっている。あやしい。例 詭譎キケツ。❸…するよう求める。責める。例 詭求キキュウ（＝責め求める）。
【詭異】キイ あやしく、不思議なさま。奇異。詭譎キケツ。
【詭遇】キグウ ①礼法に反したやり方で狩りをして獲物を捕る。②正しい方法によらず、富や立身出世などを求める。
【詭計】キケイ 人をあざむき、だます計略。例 ―にはまる。
【詭激】キゲキ 言行が正常でなく過激なさま。
【詭▼譎】キケツ 〔「譎」も、あやしい意〕不思議であやしい。あやしげなさま。詭異。㊫詭怪。

【詭詐】キサ　いつわる。いつわり。

【詭策】キサク　敵をあざむく策略。㊫詭謀。例—の名手。

【詭辞】キジ　①いつわりのことば。うそ。詭弁。例—をもって強弁する。②あやしく不思議なことば。奇異なことば。

【詭責】キセキ　責めしかる。

【詭説】㊀キセツ　いつわりのことば。うそ。㊁キゼイ　こじつけて話す。だます。

【詭誕】キタン　いいかげんで、でたらめなさま。また、実のないことば。そらごと。

【詭道】キドウ　①いつわりだます方法。人をだますやり方。悪だくみ。②近道。

【詭弁(辯)】キベン　こじつけの弁論。道理に合わないことを、理屈をつけて正しいように言いくるめること。詭辞。例—を弄ロウする。

【詭妄】キボウ　うそ。こじつけ。でたらめなさま。

詰

言6(13)　1 2145　8A70　常用

キツ漢　質 jié
つめる(つ-む)・つまる・つむ・なじ-る

筆順　亠 言 言 言 計 詁 詰 詰 詰

なりたち　[形声]「言(=いう)」と、音「吉ツキ」とから成る。問う。

意味　❶問いつめる。せめとがめる。なじる。例詰問キツモン。難詰ナンキツ。❷明け方の。また、翌日の。明くる。例詰朝キッチョウ。❸禁止する。取り締まる。例詰盗キットウ(=盗賊を取り締まる)。❹曲がる。かがまる。例詰曲キッキョク。詰屈キックツ。

日本語での用法　㊀《つまる》「導管ドウカンが詰っまる・手詰てづまり・気詰きづまり」▼いっぱいになる。㊁《つめる》「箱はこに詰っめる・着丈たけを詰っめる・費用ヨウを切きり詰っめる」▼少なくする。

古訓　中古 いさふ・いさむ・かこつ・せむ・とふ・なじる　中世 つむる・とふ・なじる・をさむ　近世 せむる・つつしむ・つめる・なじる・とふ・をさむる

【詰究】【詰窮】キッキュウ　①問うことをきわめる。詳細に研究し、よく吟味する。②細かく取り調べ、処分する。法の適用を厳格にする。

【詰曲】キッキョク　曲がりくねったさま。屈曲。

【詰屈】キックツ　①かがまっていて、のびない。②文章がごつごつした感じで、読みにくいさま。例—な文章をもてあそぶ。▽佶屈キックツ。

【詰屈▼聱牙】キックツゴウガ　語句や文章がかたく、わかりにくいこと。→【佶屈聱牙】キックツゴウガ(83ページ)

【詰責】キッセキ　厳しく問いつめて責める。

【詰朝】キッチョウ　早朝。また、翌朝。㊫詰晨キッシン・詰旦キッタン。

【詰問】キツモン　厳しく問いつめて、返答を要求する。

●難詰ナンキツ・面詰メンキツ・論詰ロンキツ

詡

言6(13)　3 9206　8A61

ク漢　麌 xǔ

意味　❶大げさに言う。ほこる。例詡詡クク。❷大きく広がる。あまねし。

【詡詡】クク　①自慢げにするさま。②相手に調子を合わせて、機嫌をとるさま。例詡詡強笑語ククとしてしいてショウゴす(=《酒食を共にし、招いたり招かれたりして》相手のご機嫌をとり、作り笑いをする)。〈韓愈・柳子厚墓誌銘〉③鳥の羽の音のさま。

詣

言6(13)　1 2356　8A63　常用

ケイ慣　ゲイ漢呉　霽 yì
もうでる(まう-づ)・まい-る(まゐ-る)

筆順　亠 言 言 言 計 詣 詣 詣

なりたち　[形声]「言(=ことば)」と、音「旨シ→イゲ」とから成る。挨拶アイサツするために至る。

意味　❶ゆく。おとずれる。いたる。例詣二太守一タイシュにいたる(=太守を訪問する)。〈陶淵明・桃花源記〉❷学問や芸術などが深いところに達する。いきつく。例造詣ゾウケイ。

日本語での用法　《ケイ》《もうでる》《まいる》「参詣サンケイ・初詣はつもうで・墓はかに詣まいる」▼神社・寺院などにおまいりする。

古訓　中古 いたる・おもぶく・まうづ・まゐる　中世 いたる・おもむく・まうづ・まうで・まゐる　近世 いたる・まうでる・ゆく

人名　いたる・ゆき

誇

言6(13)　1 2456　8A87　常用

コ慣　カ(クワ)漢　麻 kuā
ほこる

筆順　亠 言 言 言 計 誇 誇 誇

なりたち　[形声]「言(=いう)」と、音「夸カ」とから成る。大げさに言う。

意味　❶大げさなことを言う。自慢する。例誇大コダイ。誇張コチョウ。❷ほめる。ほこる。ほこり。例誇示コジ。誇称コショウ。

古訓　中古 おごる・ほこる・ほどこす　中世 ほこる・ほどこす　近世 うたふ・おごる・ほこる

人名　ほこり

【誇▼衒】【誇▼炫】コゲン　立派であるかのように見せびらかす。自慢する。

【誇示】コジ　ほこらしげに示す。例成果を—する。

【誇称】コショウ　①ほめる。称賛する。②大げさに言う。

【誇色】コショク　ほこった顔つき。自慢げなさま。

【誇大】コダイ　①実際よりも大げさであるさま。大げさに言う。例—広告。②自慢する。

【誇誕】コタン　大げさなでたらめを言う。

【誇張】コチョウ　実際より大げさに表現する。例誇二張於世一よにコチョウす(=世間に大げさに言う)。〈列子・天瑞〉

【誇▼耀】コヨウ　【「耀」は、かがやかす意】得意げに見せびらかす。夸耀コヨウ。

詬

言6(13)　2 7545　8A6C

コウ漢　宥 gòu
ののし-る・はじ(はぢ)・は-じる(は-づ)・はずかし-める(はづかし-む)

意味　❶はじをかかせる。はずかしめる。ののしる。例詬辱コウジョク。❷はじ。例詬恥コウチ(=はじ)。忍詬ニンコウ(=はじをしのぶ)。

【詬辱】コウジョク　①ののしって、はずかしめる。②恥辱。はじ。

【詬罵】コウバ　ののしって、はずかしめる。

【詬病】コウヘイ　(ののしったりあざけったりして)はずかしめる。㊫詬厲レイ。

詩

言6(13)　1 2777　8A69　教3

シ漢　支 shī
うた

筆順　亠 言 言 言 計 詩 詩 詩

なりたち　[形声]「言(=ことば)」と、音「寺シ」とから成る。心情がことばにあらわれたもの。

意味　❶文体の一つ。韻文の一様式。心の感動を一定のリズムにのせて、ことばであらわしたもの。うた。例詩歌シイカ。詩情ジョウ。詩草シソウ。散文詩サンブンシ。❷五経ゴキョウの一つ。『詩経キョウ』のこと。例詩三百サンビャク(=詩経の三百篇ペン)。〈論語・為政〉詩書シショ。

古訓　中古 うく・うた・うたふ・きはむ・こころざし・ながむ　中世 うたふ・こころざし・しるす　近世 うくる・からうた・こころざし・たもつ・ゆく

人名 たもつ・ゆき
難読 詩(うた)から

【詩歌】(シイカ・シカ) ①詩と歌。②日漢詩と和歌。例 —管弦。

【詩韻】(シイン) ①詩の中に使われている韻字。②詩のおもしろみ。味わい。

【詩翁】(シオウ) 詩を作る老人。〔詩人の美称〕

【詩家】(シカ) 詩、特に漢詩を作る人。詩人。

【詩客】(シカク) 詩をたくみに作る人。詩人。

【詩格】(シカク) ①詩を作るのに守らなければならない規則。②詩の風格・品格。

【詩学】(シガク) 詩の本質や表現法などについて研究する学問。

【詩眼】(シガン) ①詩人の眼力。詩のよさを見ぬく能力。②漢詩で、詩を生き生きとさせる効力のある一字。〔五言(ゴゴン)では第三字、七言(ゴシチ)では第五字という〕

【詩境】(シキョウ) ①詩を作るときの心境。②詩を作りたくなるような趣に富んだ環境。③詩の巧拙の段階。例 —とみに進む。

【詩興】(シキョウ) ①詩を作りたくなる気持ち。例 —がわく。②詩のおもしろみ。

【詩吟】(シギン) 日漢詩を訓読し、節をつけてうたうもの。

【詩句】(シク) 詩の中の文句。詩の一節。

【詩形】【詩型】(シケイ) 日〔長短・韻律・定型の有無などによる〕詩の形式。

【詩劇】(シゲキ) 日韻文で書かれた劇。たとえば、ギリシャ悲劇。

【詩語】(シゴ) 詩に用いる、趣のある語。

【詩豪】(シゴウ) すぐれた詩人。

【詩魂】(シコン) 詩を作ろうという熱情。

【詩才】(シサイ) 詩を作る才能。例 —のある人。

【詩債】(シサイ) 頼まれた詩を、まだ作っていないこと。また、贈られた詩に対する答礼の詩を、まだ作っていないこと。

【詩作】(シサク) ①詩の作品。②日詩をつくる。作詩。

【詩史】(シシ) ①事件や伝記などを詩でつづったもの。また、そのような著作。②先人のすぐれた詩。〔本来は杜甫(トホ)の作品を指した〕

【詩趣】(シシュ) ①詩にうたわれた趣。例 独自の—に達する。②詩として表現したい趣。例 —に富んだ風景。

【詩集】(シシュウ) 詩をあつめた書物。例 恋愛—。

【詩書】(シショ) ①『詩経(キョウ)』と『書経』の併称。②〔詩作と書道の意〕文学。③日詩集。詩論。

【詩抄】【詩▼鈔】(シショウ) 詩の抜き書き。

【詩情】(シジョウ) ①詩を作りたい気持ち。例 沸々と—がわく。②詩的な情趣や味わい。例 —あふれる映像。

【詩心】(シシン・シごころ) 詩作や詩への興味・関心。

【詩人】(シジン) ①詩を作る人。詩家。例 宮廷—。②日感受性がするどく、詩情豊かな発想をする人。

【詩聖】(シセイ) ①古今に類のない、すぐれた詩人。②特に、杜甫(トホ)のこと。→【詩仙】(シセン)

【詩仙】(シセン) ①世俗を超越した天才的な詩人。②特に、李白(ハク)のこと。→【詩聖】(シセイ)

【詩宗】(シソウ) ①『詩経(キョウ)』の研究にすぐれた学者。②大詩人。詩伯。

【詩草】(シソウ) 詩の草案・下書き。類 詩稿。

【詩想】(シソウ) 日①詩を生み出す着想。例 —がわく。②詩の中にあらわされた思想。例 —をくみとる。

【詩壇】(シダン) ①詩人が集まって詩を作り、優劣を判断する場所。②詩人仲間の社会。

【詩的】(シテキ) 日詩にうたわれているような趣があるさま。対 散文的。例 —に表現する。

【詩筒】(シトウ) ①詩をしるした紙を入れて贈答した、タケのつつ。②旺盛(オウセイ)にわく詩心。

【詩▼嚢】(シノウ) 〔「嚢」は、袋の意〕①詩の草稿を入れるふくろ。②詩作のもととなる思想や感情。例 —を肥やす。

【詩伯】(シハク) 詩の大家。詩宗(ソウ)。

【詩品】(シヒン) ①詩の品格・風格。詩格。②詩の評価。また、その著作。

【詩賦】(シフ) 詩と賦。

【詩文】(シブン) ①詩と散文。②文学作品。例 —の才がある。

【詩編】(シヘン) ①詩。②詩の一編。③詩を集めた書物。詩集。

表記 ▽旧詩▼篇
【詩余(餘)】(シヨ) 宋(ソウ)代に盛行した詞の別称。

【詩律】(シリツ) 詩の規則。また、詩の格調。

【詩話】(シワ) 詩についての話や評論。
●漢詩(カンシ)・劇詩(ゲキシ)・叙事詩(ジョジシ)・叙情詩(ジョジョウシ)・訳詩(ヤクシ)

試

言6 (13)
1 2778
8A66
教4

シ 漢 呉 寘 shì
こころみる・こころみ・ためす・ためし

筆順 亠 亖 言 言 訁 訂 試 試

なりたち  [形声]「言(=ことば)」と、音「式ショク→シ」とから成る。ためしに用いる。

意味 ❶ものごとのよしあしをしらべる。やってみてたしかめる。**こころみる。ためす。** 例 試行(シコウ)。試乗(シジョウ)。❷試験。**こころみ。** 例 考試(コウシ)。追試(ツイシ)。入試(ニュウシ)。❸任用する。もちいる。例 吾不レ試(われもちいられず)(=私は任用されなかった)。〈論語・子罕〉

古訓 中古 こころみる・こころむ・もちゐる 中世 こころむ・こころむる・もちゆる 近世 こころみる・さぐる・たくらぶ・はかる

人名 もち

【試合】(シあい) 日競技や武術などで、互いの技能や腕前を競うこと。仕合。例 —にのぞむ。

【試案】(シアン) 日提案したり検討するために、ためしに作ってみる考えや計画。対 成案。

【試飲】(シイン) 〔酒などの味のよしあしや違いを知るために〕ためしに飲んでみる。例 新酒を—する。

【試演】(シエン) 〔劇や音楽などの本格的な上演に先立って〕演技や演奏をためしにおこなってみる。

【試技】(シギ) 日投擲(トウテキ)競技や跳躍競技、重量挙げなどで、一定回数おこなえる予備の演技。

【試金石】(シキンセキ) ①貴金属をこすりつけて純度を調べるための、緻密(チミツ)な黒色石英。②能力や価値を判定する基準となるもの。

【試掘】(シクツ) 日地質の調査や鉱物をほり出すために、ためしにほってみる。例 温泉開発のため—を重ねる。

【試験】(シケン) ①ものの性質や能力などを調べるために、ためしてみる。例 リトマス—紙。②学力や能力を判定するため、問題を出して解答させる。考査。例 入社—。

【試行】(シコウ) ためしにおこなう。例 —期間。

【試行錯誤】(シコウサクゴ) 日ためしにおこなってみては失敗することを繰り返して、うまくいく方法をさがし出そうとする。例 —を重ねる。

【試作】(シサク) 本格的に作る前に、ためしに作ってみる。また、その作ったもの。

【試算】(シサン) ①見こみをつけるために、ためしに計算してみる。例 費用を—する。②日計算結果を確かめる。検算。

【試写】(シシャ) 日映画を一般に公開する前に、一部の人に上映して見せる。例 —会。小劇場で—する。

【試乗】(シジョウ) 日乗り物にためしに乗って、乗りごこちをみる。

【試食】(シショク) 日味をみるために、ためしに食べてみる。

【試走】シソウ 日①自動車などの性能を調べるため、ためしに走らせる。例—車。②実際の競走の前に、調子をみるため走る。例マラソンコースを—する。
【試着】シチャク 日服がからだに合うかどうかをみるために、ためしに着る。例—室。
【試聴】シチョウ 日①録音したものをためしにきく。例—室。②歌手などの登用試験。オーディション。
【試筆】シヒツ ①書きぞめ。始筆。類試毫(シゴウ)。例元旦(ガンタン)—。②筆をためしに使ってみる。
【試補】シホ ①試験を経て欠員をうめる。②日正式に任命される前の、見習い中の役人。例司法官—。
【試問】シモン 学力や人物などを調べるために質問する。例口頭—。
【試薬】シヤク 日化学分析で、ある物質を検出するためなどに使う薬品。
【試用】シヨウ 人やものを、ためしに使ってみる。例—期間。
【試料】シリョウ 日検査や分析などの材料とする物質。サンプル。
【試練】【試▼煉】シレン 決意や信仰の強さ、力の程度をためすこと。また、その苦難。例厳しい—にたえる。
【試論】シロン こころみに述べた論。

訾
言6 (13) 4 8857 8A3E

一シ漢呉 紙 zǐ 二シ漢呉 支 zī

意味 一 非難する。そしる。二 ❶計量する。はかる。通貲(シ)。❷資産。通貲(シ)・資。
【訾毀】シキ 他人の欠点をとりあげて、そしる。悪口を言う。類訾短。
【訾訾】シシ 人を悪く言うさま。また、職務をおこたるさま。

詢
言6 (13) 2 7546 8A62 人

ジュン慣 シュン漢 真 xún
と-う(と-ふ)・はか-る・まこと

なりたち  [形声]「言(=ことば)」と、音「旬(シュン)」とから成る。たずね、はかる。
意味 ❶意見をきく。相談する。とう。はかる。例諮詢(シジュン)(=相談する)。❷まことに。通洵(ジュン)。
古訓 中古 あなぐる・いさむ・つかまつる・つぶやく・とふ・とぶらふ・のる・はかる 中世 くどく・つかまつる・つぶやく・とふ・とぶらふ・はかる 近世 とふ・はかる
【詢察】ジュンサツ たずね調べる。類詢按(ジュンアン)。
【詢謀】ジュンボウ はかりごとを問う。また、相談する。
【詢訪】ジュンボウ 〔「訪」は、問う意〕たずね問う。相談する。

詳
言6 (13) 1 3060 8A73 常用

一ショウ(シャウ)漢呉 陽 xiáng
二ヨウ(ヤウ)漢呉 陽 yáng
くわ-しい(くは-し)・つまび-らか

筆順 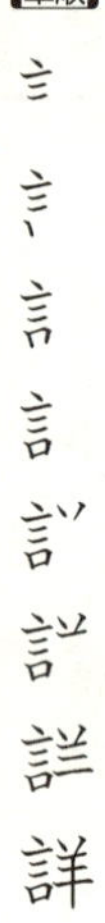

なりたち  [形声]「言(=ことば)」と、音「羊(ヨウ)……▼ショウ」とから成る。細かく論じあう。
意味 一 ❶細かいところまで明らかにする。つまびらか。くわしい。例詳細(ショウサイ)。詳述(ショウジュツ)。未詳(ミショウ)。❷公平である。例詳平(ショウヘイ)。二 いつわる。みせかける。通佯(ヨウ)。例詳死(ショウシ)(=死んだふりをする)。
古訓 中古 あきらかに・いつはる・つばひらかに 中世 あきらか・いつはり・ことごとく・つまびらか 近世 あらそふ・いつはり・つぶさなり・つまびらか
人名 あき・あきら・くわし・つま・みつ・よし
【詳解】ショウカイ くわしく解釈や解説をする。また、その解釈や解説。対略解。例『徒然草(つれづれぐさ)』の—。
【詳▼覈】ショウカク こと細かに、くわしく調べる。
【詳刑】ショウケイ 慎重によく調べてから刑罰をくだす。
【詳細】ショウサイ 小さなことまで省かず、くわしいこと。委細。
【詳察】ショウサツ くわしく観察する。くわしく調べる。
【詳▼悉】ショウシツ くわしく見きわめる。知りつくす。類詳尽。
【詳述】ショウジュツ くわしく書いたり話したりする。詳説。
【詳審】ショウシン ①細かによく調べる。②細やかでよく行きとどいているさま。
【詳正】ショウセイ ①よく調べて誤りを正す。調べ訂正する。②「詳平(ショウヘイ)」に同じ。
【詳説】ショウセツ くわしく説明する。また、その説明。詳述。対略説。
【詳伝】ショウデン ①細かく伝える。②日くわしい伝記。対略伝。
【詳平】ショウヘイ 裁きが公平であるさま。詳正。
【詳報】ショウホウ くわしい知らせ。例—を待つ。
【詳密】ショウミツ ①くわしくて細かなさま。②思慮が細やかで行きとどいているさま。慎重に対処する性格である。
【詳覧】ショウラン くわしく見る。すみずみまで余すところなく見る。
【詳録】ショウロク くわしく記録する。また、その記録。
【詳論】ショウロン くわしく論じる。また、その論説。詳説。細論。

詵
言6 (13) 3 9207 8A75

シン漢 真 shēn

意味「詵詵(シンシン)」は、数の多いさま。

誠
言6 (13) 1 3231 8AA0 教6

[誠] 言7 (14) ——— 旧字体。

セイ漢 ジョウ(ジャウ)呉 庚 chéng
まこと・まことに

筆順 

なりたち  [形声]「言(=ことば)」と、音「成(セイ)」とから成る。いつわりのないことば。
意味 ❶いつわりのない心。まごころ。真実。まこと。例誠意(セイイ)。誠実(セイジツ)。至誠(シセイ)。❷本当に。まことに。例誠惶誠恐(セイコウセイキョウ)。❸もしも。かりに。まことに。例誠聴二臣之計一、可下不レ攻而降上レ城(まことにシンのケイをきかば、せめずしてしろをくだすべし)(=もし私の計略をお聞きくだされば、攻撃せずに町を降伏させることができます)。〈史記・張耳陳余伝〉
古訓 中古 ことごとく・さね・つつしむ・とも・のぶ・まこと 中世 うやまふ・さね・まこと 近世 あきらか・つつしむ・まこと・もっぱら
人名 あき・あきら・さと・さとし・さとる・さね・しげ・すみ・たか・たかし・ただ・ただし・とも・なり・のぶ・のり・まさ・み・もと・よし
【誠意】セイイ ①うそや飾りけがなく、心の底から相手のために尽くそうとする気持ち。まごころ。例—を示す。—がない。②心を誠実にする。
【誠壱】セイイツ 純一な心のさま。まごころ一筋なさま。
【誠▼慤】セイカク 〔「慤」も、まことの意〕まこと一筋。誠実。
【誠款】セイカン 〔「款」も、まことの意〕誠実なさま。まごころ。
【誠▼惶誠恐】セイコウセイキョウ この上なくおそれかしこまる。〔臣下が天子に書を奉るときに用いる語〕〈後漢書・杜詩伝〉
【誠懇】【誠▼悃】セイコン まごころがあって、親切である。
【誠実】セイジツ ①まじめで、うそがないさま。心の底から相手のためを思って行動するさま。例—な人柄。②本当に。実に。
【誠情】セイジョウ まことの心。真情。
【誠心】セイシン ①うそも飾りけもない心。まごころ。例—誠意相手を尊重する。②誠実なさま。
【誠正】セイセイ 心正しく、いつわりのないさま。心がまっすぐなさま。類誠直。
【誠切】セイセツ まごころがあって親切なさま。

【誠烈】セイレツ まごころがあって節操がかたい。忠実で信念がかたい。
●赤誠セキセイ・丹誠タンセイ・忠誠チュウセイ

詮

言6(13) 1 3307 8A6E 常用 セン 漢 先 quán

筆順 亠 亖 言 訁 訃 詮 詮

なりたち [形声]「言(=ことば)」と、音「全セン」とから成る。そなわる。

意味 ❶ものごとの道理をくわしくときあかす。あきらかにする。例 詮議センギ。詮釈センシャク。❷選抜する。えらぶ。通 銓セン。例 詮衡センコウ。

日本語での用法 《せん》「詮せんない・詮方せんかたない」▼手段。方法。「為せん」の当て字」

古訓 中古 あきら・あきらかなり・あらはす・えらぶ・たひら・たひらかに・つぶさに・とし・とむ・はかる・またし・をしふ 中世 あきらか・あらはす・えらぶ・さだむ・そなふ・たひらか・つぶさに 近世 えらぶ・さとす・とく・はかる

人名 あき・あきら・さと・さとし・さとる・とし・とも・のり・はかる・はる

【詮議】センギ 日 ①ものごとをつきつめて、はっきりさせるために、集まって相談する。例 事件の原因を―する。②罪人を取り調べて裁く。例 奉行所ブギョウショでの―。

【詮衡】センコウ 検討して選ぶ。選考。〔「銓衡センコウ」の転用〕

【詮索】センサク 日 ①細かいことまでつきつめて、さぐる。②小さなことまでとやかく言う。例 ―好き。▽穿鑿センサク。

【詮釈】センシャク くわしく説明する。

詹

言6(13) 3 9208 8A79 セン(セム) 漢 塩 zhān

意味 口数が多い。例 詹詹センセン(=くどくどしゃべるさま)。

【詹事】センジ 秦シン・漢代、皇后や太子の家事をつかさどった官。のち、三国魏ギから元ゲン代までは太子の属官となり、明ミン・清シン代には経書や史書をつかさどった。

詫

言6(13) 1 4745 8A6B 人 タ 漢 禡 chà わ-び・わ-びる(わ-ぶ)

なりたち [形声]「言(=ことば)」と、音「宅タク→タ」とから成る。ほこる。

意味 ❶自慢する。ほこる。例 誇詫コタ(=ほこる)。❷おどろきあやしむ。いぶかる。例 詫異タイ(=あやしむ)。

日本語での用法 《わびる》《わび》「罪つみを詫わびる・詫わび言ごと」▼あやまる。謝罪する。

古訓 中古 かならず 中世 つぐ・つぐる・よる 近世 さかづき・たぶらかす・つぐる・ほこる

誅

言6(13) 2 7547 8A85 チュウ(チウ) 漢 虞 zhū せ-める(せ-む)・ころ-す・う-つ

意味 ❶きびしく責める。せめる。例 於予与何誅ヨにおいてかなんぞせめん(=宰予についてはどうして責めようか〈責めるに値しない〉)。〈論語・公冶長〉誅求チュウキュウ。筆誅ヒッチュウ。❷犯した罪を責めとがめて殺す。例 誅殺チュウサツ。❸うつ。うちほろぼす。例 誅伐チュウバツ。天誅テンチュウ。

【誅意】チュウイ 〔事件にはならなくとも〕悪事をおこなおうとした下心を責める。

【誅求】チュウキュウ 年貢や税金などを厳しく取り立てる。例 苛斂カレン―(=無慈悲な税金の取り立て)。

【誅▼殛】チュウキョク 罪を責めて死刑とする。

【誅殺】チュウサツ 罪をとがめたり、敵とみなしたりして殺す。類 誅戮チュウリク。

【誅▼鉏】【誅▼鋤】チュウジョ ①草木などをすき取って根絶やしにする。②犯罪者を根絶する。類 誅翦チュウセン。

【誅絶】チュウゼツ 罪を責めて一族を皆殺しにし跡継ぎをたやす。類 誅殄チュウテン。

【誅伐】チュウバツ 罪をとがめて攻めうつ。例 反逆者を―する。

【誅罰】チュウバツ ①罪を責めて罰する。②討伐する。

【誅滅】チュウメツ 罪のある者を攻めほろぼす。

誂

言6(13) 2 7548 8A82 チョウ(テウ) 漢 篠 tiǎo あつら-え(あつら-へ)・あつら-える(あつら-ふ)

意味 ❶さそいかける。いどむ。❷もてあそぶ。からかう。たわむれる。

日本語での用法 《あつらえる》《あつらえ》「誂あつらえ向むき・制服セイフクを誂あつらえる・ケーキを誂あつらえる・特別トクベツ誂あつらえ」▼特別に注文して作らせる。

誉

言6(13) 1 4532 8A89 常用 ヨ 漢 呉 御 yù ほまれ・ほ-める(ほ-む)

[譽] 言13(20) 2 7605 8B7D 旧字体。

筆順 丶 ⺍ 兴 兴 誉 誉 誉

なりたち [形声]「言(=ことば)」と、音「與ヨ」とから成る。ことばで、ほめたたえる。

意味 ❶ほめる。ほめたたえる。例 毀誉キヨ(=悪口とほめことば)。❷よい評判。ほまれ。例 栄誉エイヨ。名誉メイヨ。

古訓 中古 ほまれ・ほむ 中世 ほまれ・ほむる・ほめる 近世 たのしむ・な・ほまれ・ほめる

人名 しげ・しげる・たか・たかし・のり・もと・やす・よし

難読 誉田だほん(=地名・姓)

【誉聞】ヨブン よい評判。名声。

【誉望】ヨボウ 名誉と人望。ほまれ。

誄

言6(13) 2 7549 8A84 ルイ 漢 紙 lěi

意味 ❶故人の生前のおこないや功績をたたえて、その死をいたむ文。しのびごと。例 誄歌ルイカ(=死者をいたむ歌)。誄詞ルイシ(=弔辞)。❷神に祈ってさいわいを求めることば。のりと。

話

言6(13) 1 4735 8A71 教2 カイ(クヮイ) 漢 ワ 呉 卦 huà はなす・はなし

筆順 亠 言 言 言 訁 訐 話 話

なりたち [形声]「言(=ことば)」と、音「舌カツ→カイ」とから成る。よいことばをかわす。

意味 ❶いう。しゃべる。かたる。はなす。例 話術ワジュツ。話題ワダイ。談話ダンワ。❷ものがたり。ことば。はなし。例 神話シンワ。説話セツワ。童話ドウワ。

古訓 中古 かたらふ・かたる・ことば・ことわる・まこと・ものがたり 中世 かたる・ためらふ・ものがたり 近世 いふ・かたる・はなし・ものがたり

【話芸(藝)】ワゲイ 日 講談や落語、漫談など、話しぶりや話題で楽しませる芸。

【話言】ワゲン ①すぐれたことば。立派な話。②話す。語る。

【話次】ワジ 話のついで。言次。語次。談次。

【話術】ワジュツ 日 話のしかた。また、上手に話す技術。

【話題】ワダイ 話の題材。話のたねになる事柄。例 ―になる。

【話頭】ワトウ ①話のいとぐち。②話の内容。話題。例 ―を転じる。

【話柄】ワヘイ 話すことがら。話の材料。話題。例 ―に乏しい。

【話法】ワホウ 日①話し方。話す方法。②文法で、他人のことばを引用するときの表現法。表現そのままを引用する直接話法と、その趣旨を筆者や話者のことばに移して表現する間接話法とがある。

【話本】ワホン ①白話(=口語体)の書物。宋ソウ代、説話人(=講釈師)が話の底本とした。②日 説話などを書き記した書物。

●逸話イツワ・会話カイワ・訓話クンワ・講話コウワ・実話ジツワ・手話シュワ・神話シンワ・説話セツワ・世話セワ・挿話ソウワ・対話タイワ・童話ドウワ・民話ミンワ

誮
言7 (14) 4 8861 8AAE 国字
カ
やさ-しい(やさ-し)

意味 ❶上品で美しい。**やさしい**。❷やかましい。通譁カ・嘩カ。

誐
言7 (14) 4 8862 8A90
ガ漢 歌 é

意味 よいと認める。ほめる。

誨
言7 (14) 2 7550 8AA8
カイ(クヮイ)漢 ケ(クヱ)呉 隊 huì
おし-える(をし-ふ)

意味 人に言いきかせる。おしえさとす。**おしえる**。また、おしえ。例 誨レ人不レ倦ひとをおしえてうまず(=人を教えて飽きない)。〈論語・述而〉教誨キョウカイ。訓誨クンカイ(=おしえさとす)。

【誨示】カイジ ものごとを教え示す。教示。

【誨諭】カイユ ものごとを教えさとす。教誨。訓誨。

【誨誘】カイユウ 教えさとし、よい方向へ導く。

誡
言7 (14) 2 7551 8AA1
カイ漢呉 卦 jiè
いまし-める(いまし-む)・いまし-め

意味 ことばで注意して、さとらせる。**いましめる**。また、そのことば。**いましめ**。通戒。例 誡告カイコク。訓誡クンカイ(=事の善悪についておしえさとす)。モーセの十誡ジッカイ。

表記 現代表記では「戒」に書きかえることがある。熟語は「戒」も参照。

【誡告】カイコク 過失や非行などをいましめ、注意する。戒告。例 ―を与える。

誒
言7 (14) 8A92
キ漢 支 xī

意味 ❶嘆きいたむ声。❷無理に。しいて。例 誒笑キショウ。

【誒笑】キショウ 無理に笑う。また、笑い楽しむ。

誑
言7 (14) 2 7552 8A91
キョウ(キャウ)漢 漾 kuáng
たぶらか-す・たら-す

意味 でたらめなことを言って人をだます。あざむく。**たぶらかす**。例 誑誕キョウタン(=でたらめ)。人ひとを誑たらしこむ。女誑おんなたらし。

【誑惑】キョウワク だまして誘いこむ。

語
言7 (14) 1 2476 8A9E 教2
一ギョ漢 ゴ呉 語 yǔ
二ギョ漢 ゴ呉 御 yù
かたる・かたらう(かた-らふ)

筆順 言 言 言 訂 語 語 語 語 語

なりたち [形声]「言(=ことば)」と、音「吾ゴ→ギョ」とから成る。論じる。

意味 一❶(相手に向かって、相手のために)話す。話し合う。**かたる**。**かたらう**。例 語気ゴキ。豪語ゴウゴ。私語シゴ。❷かたられたことば。ことば。例 語録ゴロク。言語ゲンゴ。口語コウゴ。❸『論語』のこと。例 語孟ゴモウ(=『論語』と『孟子モウシ』)。二告げる。例 吾語レ汝われなんじにつげん。

古訓 中古 いふ・かたらふ・かたる・こと・ことば・ことわざ・さづく・ものいふ・ものがたり 中世 かたらふ・かたる・ものがたり 近世 かたる・つぐる・ものがたり

人名 かた・こと・つぐ

【語彙】ゴイ 日①個人やある分野などで使われる単語の範囲。ボキャブラリー。例 ―が豊富な人。②ことばを、種類によって分けたり、順に並べたりして集めたもの。語集。例 ―分類。③単語。〔誤用で使われている〕例 ―検索。

【語意】ゴイ ことばがあらわす意味。語義。

【語学】ゴガク 日①外国語の学習や習得。例 ―留学。―が達者な人。②ことばを研究する学問。言語学。

【語幹】ゴカン 日文法で、動詞・形容詞・形容動詞の活用において、語形に変化の起こらない部分。たとえば、「書く」の「か」、「美しい」の「うつくし」、「静かだ」の「しずか」など。対語尾。

【語感】ゴカン 日①個々のことばから受ける感じ。ことばのニュアンス。例 美しい―のことば。②ことばに対する感覚。例 ―がするどい。

【語気】ゴキ ことばを話すときの勢い。例 ―を強める。

【語義】ゴギ 語の意義。ことばの意味。語意。例 ―解説。

【語句】ゴク 語と句。単語と単語がつながってできていることばの表現。例 ―の入れ替え。

【語形】ゴケイ 日ことばの形。例 ―変化。

【語言】ゴゲン ①ことば。言語。②話す。

【語源】ゴゲン【語原】ゴゲン 日ある単語のもとになった形と意味。たとえば、「源みなもと」の語源は「水み な(=の)もと」、「顧かえりみる」の語源は「返り見る」など。例 民間―説。

【語根】ゴコン 日単語の意味をあらわしている、最も小さく短い部分。たとえば、「ほのか」「ほの暗い」「ほの白い」「ほのぼの」「ほの見える」「ほのめく」に共通する「ほの」。

【語次】ゴジ ①話の合間。言次ゲンジ。②話の順序。

【語釈】ゴシャク ことばの意味をわかりやすく説明する。また、その解釈や説明。例 ―と文法。

【語順】ゴジュン 日①文の中での単語の、並ぶ順序。例 中国語と英語の―は似ている。②辞典ごとに決まっている、見出し語の順序。例 ―が「いろは」引きの辞書。

【語助】ゴジョ 語調をととのえ語義をおぎなうために用いる文字。語助詞。語助字。助字。

【語数】ゴスウ 日ことばのかず。単語のかず。語彙イゴ数。文字数。例 ―調査。

【語調】ゴチョウ 日話をするときのことばの調子。語気。類語勢。例 ―を強める。―がしずんでいる。

【語頭】ゴトウ 日単語のいちばんはじめの文字や音オン。対語尾。

【語尾】ゴビ 日①単語の終わりの部分。語末。対語頭。例 ―がしり上がりになる方言。②文法で、動詞・形容詞・形容動詞の活用において、語形に変化のある部分。たとえば、「歩く」は、「歩か(ない)・歩き(ます)・歩く・歩け(ば)」のように変化するが、その「か・き・く・け」にあたる部分。活用語尾。対語幹。例 ―変化。

【語弊】ゴヘイ【語病】ゴヘイ 言い方が適切でないために、誤解される。また、それによって起きる弊害。例 ―がある。―を生じる。

【語法】ゴホウ ①文法。②日ことばの使い方や表現。例 俳句独特の―。

【語末】ゴマツ 単語のいちばん終わりの部分の文字や音オン。語尾。

【語例】ゴレイ ①単語が実際に文脈の中で用いられている例。

②日ことばの用例。例形容詞の―を挙げる。
【語呂】【語路】ゴロ 日ことばを発音したときの音オンの続きぐあい。例―合わせ。―がよい。
【語録】ゴロク ①学者・思想家・指導者などの説いたことばを収録した書物。②僧が俗語で述べた教えの筆録。
●英語エイゴ・外来語ガイライゴ・漢語カンゴ・季語キゴ・敬語ケイゴ・国語コクゴ・古語コゴ・私語シゴ・熟語ジュクゴ・術語ジュツゴ・単語タンゴ・標語ヒョウゴ・母国語ボコクゴ・物語ものがたり・用語ヨウゴ・落語ラクゴ

誤

言7(14) 1 2477 8AA4 教6 ゴ漢呉 週 wù あやまる・あやまり

[誤] 言7(14) ――旧字体。

筆順 言 言 言 訁 訂 誯 誤 誤

なりたち [形声]「言(=ことば)」と、音「呉ゴ」とから成る。(論理がもつれて)あやまる。

意味 ❶くいちがう。まちがえる。あやまる。あやまり。例誤解ゴカイ。誤認ゴニン。錯誤サクゴ。❷あやまりによって害する。そこなう。例誤レ国くにをあやまる(=国家の進路をあやまって損害を与える)。

古訓 中古 あやまつ・あやまり・あやまる 中世 あやまり・あやまる 近世 あやまり・まどふ

【誤解】ゴカイ 事実や発言などをまちがえ、別の意味に受け取る。例―を招く。―を解きたい。
【誤記】ゴキ 文字や事実などをまちがって書く。また、その語句。
【誤差】ゴサ ①ちがい。くいちがい。例―が生じる。②実際に測定した数値や計算上の近似値と、真の数値とのあいだとの差。例―の範囲と見てよい。
【誤算】ゴサン ①あやまった計算をする。②実際が、計算や予想どおりにならないこと。見こみちがい。例―続きの人生。
【誤字】ゴジ 字形や用法のまちがった字。例―脱字。
【誤写】ゴシャ 文字などをまちがえて書きうつす。うつしまちがい。
【誤射】ゴシャ 弓や銃で、まちがえてうつ。
【誤植】ゴショク 日文字原稿を活字に組むとき、まちがった字で組んだり、並べそこなったりする。また、それを印刷したもの。ミスプリント。例誤字―。
【誤診】ゴシン 日医師が診断をまちがえる。また、その診断。
【誤審】ゴシン まちがった判定をする。ミスジャッジ。
【誤脱】ゴダツ ①まちがって文字を書きもらす。②日文章中の誤字と脱字。
【誤伝】ゴデン ①まちがってつたわる。まちがってつたえる。②真実ではない話やうわさ。
【誤答】ゴトウ まちがった答えをする。また、その答え。対正答。
【誤読】ゴドク 文字をまちがって読む。
【誤認】ゴニン まちがえて、別のものをそれとみとめる。例事実を―する。民間機を軍用機と―する。
【誤爆】ゴバク 日①目標をまちがえて爆撃する。②取りあつかいをまちがえたため、爆発する。
【誤▼謬】ゴビュウ「謬」も、あやまりの意」まちがい。
【誤報】ゴホウ あやまった報道をする。まちがった内容を知らせる。また、その知らせ。例被害者の氏名を―する。
【誤訳】ゴヤク 単語の意味や文章の内容を、まちがって翻訳する。また、その翻訳。例―迷訳。
【誤用】ゴヨウ ①あやまって登用する。②本来の用法からはずれた使い方をする。まちがった使い方。例事故は機械の―による。
【誤惑】ゴワク ①まどう。②(後輩などを)まどわす。
●過誤カゴ・正誤セイゴ

誥

言7(14) 2 7553 8AA5 コウ(カウ)漢呉 号 gào つ-げる(つ-ぐ)

意味 ❶上位の者が下位の者に告げ知らせる。いましめる。例誥告コウコク(=つげる)。❷天子が下す布告文。例誥命コウメイ。

【誥命】コウメイ ①天子の詔みことのりと命令。また、それを記した文書。②明ミン・清シン代、朝廷が爵位を授けるときの文書。辞令。

誌

言7(14) 1 2779 8A8C 教6 シ漢 寘 zhì しる-す

筆順 言 言 言 計 計 計 誌 誌

なりたち [形声]「言(=ことば)」と、音「志シ」とから成る。しるす。

意味 ❶書きとめる。記録する。しるす。例誌心シシン(=記憶する)。❷事実を書きとめた文書。記録。例書誌ショシ。地誌チシ。墓誌ボシ。❸目じるしをつける。また、目じるし。例尋二向所一レ誌さきのしるすところをたずぬ(=以前目じるしをつけたところを捜す)。〈陶淵明・桃花源記〉

日本語での用法《シ》「誌上ジョウ・誌面メン・機関誌キカンシ・月刊誌ゲッカンシ」▼「雑誌」の略。

古訓 中古 さとる・しる・しるし・しるす・はくそ 中世 しるし・しるす 近世 しるす・ほくろ

人名 ふみ

【誌上】シジョウ 日雑誌の、記事をのせたところ。誌面。
【誌面】シメン 日「誌上ジョウ」に同じ。
●雑誌ザッシ・地誌チシ・日誌ニッシ・本誌ホンシ

誦

言7(14) 2 7554 8AA6 ショウ漢 ジュ・ズ呉 宋 sòng とな-える(とな-ふ)・よ-む・そら-んじる(そら-んず)

意味 ❶声に出してよむ。節をつけてよむ。となえる。例吟誦ギンショウ。朗誦ロウショウ。❷記憶によってよむ。そらんじる。例誦詩ショウシ(=詩を暗唱する)。暗誦アンショウ。❸公然と。おおやけに。通訟。例誦言ショウゲン。

【誦詠】ショウエイ 詩歌や文章などを、節をつけて吟じる。
【誦▼諫】ショウカン いましめとなる詩歌をうたって、人をいさめる。
【誦経】一 ショウケイ 儒教の経典ケイテンを声に出して読む。例其数則始二乎誦経一(そのスウはケイをショウするにはじまる)(=学問の段階は、人の道を述べたことばを朗誦することに始まる)。〈荀子・勧学〉 二 ズキョウ・ジュキョウ [仏]①お経を声に出して読む。読経ドキョウ。②供養のため、僧にお経を読んでもらう。例―料。
【誦言】ショウゲン ①口に出して言う。公言する。②師の教えであることばをとなえる。経典ケイテンのことばをとなえる。
【誦習】ショウシュウ 繰り返し読んで、暗誦しながら学ぶ。
【誦説】ショウセツ 読むことと、道理を説き明かすこと。また、読んで説明する。
【誦読】ショウドク 文章を大きな声に出して読む。また、暗唱する。
【誦味】ショウミ 読んで意味をじっくり考え味わう。

誚

言7(14) 2 7555 8A9A ショウ(セウ)漢 嘯 qiào せ-める(せ-む)・そし-る

意味 ❶あざける。例誚笑ショウショウ(=あざわらう)。❷非難する。しかる。せめる。そしる。例誚責ショウセキ(=とがめて責める)。

【誚譲】ショウジョウ「譲」も、責める意」責めとがめる。問責する。譴責ケンセキ。

誓

言7(14) 1 3232 8A93 常用 セイ漢 ゼイ呉 霽 shì ちか-う(ちか-ふ)・ちか-い(ちかひ)

筆順 扌 扌 扌 折 哲 誓 誓 誓

なりたち 誓 [形声]「言(=ことば)」と、音「折(セツ→セイ)」とから成る。かたく約束する。

意味 ❶きっぱりと約束する。**ちかう。ちかい。** 例 誓約(セイヤク)。宣誓(センセイ)。弘誓(グゼイ)(=衆生(シュジョウ)を救おうという菩薩(ボサツ)のちかい)。❷いましめる。いましめ。例 誓誥(セイコウ)。

古訓 中古 ちかひ・ちかふ 中世 ちかひ・ちかふ・つつしむ 近世 ちかひ・ちかふ・つつしむ

人名 ちか

難読 誓約(うけい)

【誓願】(セイガン) ①神仏にちかいを立てて願う。願かけ。祈願。②仏や菩薩(ボサツ)が人々を救済しようと立てた、ちかい。例 弥陀(ミダ)の―。

【誓▼誥】(セイコウ) ①天子・君主が臣下や軍隊をいましめたり、誓いや号令を告げたりする文書。②『尚書』の文体の一つ。誓命。

【誓言】(セイゴン・セイゲン) ちかいのことば。誓詞。

【誓紙】(セイシ) 日「誓文(セイモン)」に同じ。

【誓詞】(セイシ) ①ちかいのことば。②日 結婚式で、新郎新婦が神前や仏前で述べることば。誓言。例 ―を読む。

【誓命】(セイメイ) ①「誓誥(セイコウ)②」に同じ。②臣下へのいましめ。また、いましめる。

【誓文】(セイモン・セイブン) ちかったことばを記した書きつけ。起請文(キショウモン)。誓紙。例 ―を交わす。

【誓約】(セイヤク) ちかって約束する。必ず守るとかたく約束する。また、その約束。盟約。類 誓盟。例 ―書。

[誠] 言7(14) ⇩誠(セイ)(1226ジペー)

説

言7(14) 1 3266 8AAC 教4

一 エツ 漢 屑 yuè
二 セツ 漢 セチ 呉 屑 shuō
三 ゼイ 慣 セイ 漢 霽 shuì
とく

[說] 言7(14) 8AAA 旧字体。

筆順 言 言 言 訁 訁 説 説 説

なりたち 說 [会意]「言(=ことば)」と、「兌(タ→エツ)(=よろこぶ)」とから成る。うちとけて、よろこぶ。

意味 一 よろこぶ。たのしむ。通 悦。例 不二亦説一乎(またよろこばしからずや)(=なんとうれしいことではないか)。〈論語・学而〉説諭(セツユ)。二 ❶ことばで考えや意味をときあかす。**とく。** 例 説明(セツメイ)。解説(カイセツ)。❷考え。理論。意見。例 異説(イセツ)。学説(ガクセツ)。❸はなし。ものがたり。うわさ。例 説話(セツワ)。伝説(デンセツ)。三 人を説得して自分の考えに従わせる。例 遊説(ユウゼイ)。

古訓 中古 いふ・かず・こと・つぐ・とき・とく・ぬく・はづす・やどる・ゆるす・よろこぶ 中世 とく・よろこぶ 近世 とく・のぶる・ほどく・ものいふ・やどる・よろこぶ・をしゆる

人名 かぬ・かね・こと・つぐ・とき・ひさ

【説客】(ゼイカク・セッカク・ゼイキャク) 春秋戦国時代、たくみな弁説で自分の意見を諸侯に説得して回った人。遊説家。

【説▼卦】(セッカ) 『周易』の篇名(ヘンメイ)の一つ。八卦(ハッカ)を説く。

【説教】(セッキョウ) ①儒教や宗教の教えを、わかりやすく話して聞かせる。例 ―師。②日 目下の者に、かたくるしい注意や小言(こごと)を、くどくどと話して聞かせる。お説教。

【説経】一(セッケイ) 儒教の経典を解説する。二(セッキョウ)〔仏〕僧が経文の内容を、わかりやすく説明して聞かせる。説法。

【説書】(セッショ) ①宋(ソウ)代、天子に儒教の経典を講義した官。②『三国志』などの物語を、調子よく語り聞かせた演芸。宋代以降、民間の娯楽として盛行。説話。

【説得】(セットク) 日 自分の考えをよく説明して、相手にもっともだと納得させる。例 反対派を―する。

【説破】(セッパ) ①十分に語り尽くし、かくされていたことを説き明かす。②日 たくみに議論を展開して、相手の主張をおさえこむ。論破。

【説伏】(セップク) 日 相手を説きふせて、自分の意見に従わせる。説得。

【説法】(セッポウ) ①道家が教えを説く。②〔仏〕仏の教えを説いて聞かせる。例 辻(つじ)―(=道ばたに立って説法すること)。③日 意見する。

【説明】(セツメイ) ある事柄の内容や意義や理由などを、よくわかるように述べる。また、その述べたこと。解説。例 ―書。

【説諭】一(セツユ) 悪いおこないを悔い改めるように、言って聞かせる。二(エツユ) よろこぶ。

【説話】(セツワ) ①話す。また、はなし。②「説書(セッショ)②」に同じ。③日 昔話や伝説、また、神話など、民間に語り継がれてきた物語を、まとめていうことば。例 ―文学。

● 一説(イッセツ)・演説(エンゼツ)・解説(カイセツ)・学説(ガクセツ)・仮説(カセツ)・社説(シャセツ)・小説(ショウセツ)・新説(シンセツ)・俗説(ゾクセツ)・定説(テイセツ)・力説(リキセツ)

[誕] 言7(14) ⇩誕(タン)(1234ジペー)

読

言7(14) 1 3841 8AAD 教2

一 トク 漢 ドク 呉 屋 dú
二 トウ 漢 宥 dòu
よむ・よみ

付表 読経(ドキョウ)

[讀] 言15(22) 2 7606 8B80 旧字体。

筆順 言 言 言 訁 計 詰 詩 読

なりたち 讀 [形声]「言(=ことば)」と、音「賣(クイ→クト)」とから成る。本をよむ。

意味 一 文章の一語一句を目で追って理解する。また、声に出してよむ。**よむ。** 例 読書(ドクショ)。熟読(ジュクドク)。朗読(ロウドク)。二 文章の区切り。例 読点(トウテン)。句読(クトウ)。

日本語での用法 《よみ》「読(よ)みが深(ふか)い・読(よ)みを誤(あやま)る」▼人の考えを、おしはかること。先を見通すこと。

古訓 中古 かぞふ・たづぬ・ぬきいづ・ぬきづ・みる・よむ 中世 よむ 近世 よむ

人名 おと・よし

【読点】(トウテン) 日 文中の切れ目に打つ点。「、」対 句点。

【読経】一(ドクケイ) 儒教の経典を読む。二(ドキョウ・ドッキョウ)〔仏〕お経を声に出して読む。読誦(ドクジュ)。誦経(ズキョウ)。対 看経(カンキン)。

【読後】(ドクゴ) 本や文章を読んだあと。例 ―感。

【読者】(ドクシャ) 本や新聞・雑誌などを読む人。読み手。

【読書】一(ドクショ・トクショ) 本を読む。例 好二読書撃剣一(トクショゲキケンをこのむ)(=読書と剣術を好む)。〈史記・刺客伝・荊軻〉―感(ドクショカン)想文。二(よみかき) 日 読むことと書くこと。

【読書三到】(ドクショサントウ)(「到」は、そのことに集中する意)朱熹(シュキ)が説いた読書についての三つの心構え。心到(=心を集中する)、眼到(=よく見つめる)、口到(=音読する)をいう。〈朱熹・訓学斎規〉

【読書人】(ドクショジン) 学者や知識人。教養のある人。士大夫(シタイフ)。

【読書百▼編▼而義自見】(ドクショヒャッペンギおのずからあらわる) 一冊の書物を何べんも繰り返して読めば、自然に意味がわかってくる。〈魏志・王粛伝注・魏略〉

【読▼誦】一(ドクショウ) 声に出して読む。例 名詩を―する。二(ドクジュ)〔仏〕「読経(ドキョウ)二」に同じ。

【読破】冊数の多い本や難しい本を終わりまで読み通す。
【読譜】日 楽譜を見て、曲を歌ったり演奏したりできるように理解する。譜読み。
【読了】すっかり読み終える。
【読話】日 相手の口の動きや表情から、言っていることばを読み取り理解する。読唇術。
【読解】文章を読んで、その内容を理解する。
【読本】日 一 江戸時代後期の小説の一種。絵を中心にした本に対して、長編の読み物が多い。『南総里見八犬伝』など。二 ①小学校の国語科の教科書。〔古い言い方〕例 小学―。②語学の教科書。テキスト。例 中国語―。③一般の人を対象とした入門書。例 文章―。
●愛読・音読・解読・訓読・精読・多読・通読・必読・味読・黙読・乱読

認

言7 (14) 1 3907 8A8D 教6

ジン漢 ニン呉 震 rèn
みとめる（みと-む）・みとめ・したためる（したた-む）

［認］言7 (14) ― 旧字体。

筆順

なりたち ［形声］「言（＝ことば）」と、音「忍」とから成る。はっきり見わける。

意味 ❶見わける。見さだめる。**みとめる**。例 認識。認知。確認。❷よいとみとめる。承知する。ゆるす。例 認可。承認。黙認。

日本語での用法 一《**したためる**》①「手記を認める・遺書を認める」▼手紙などを書く。②「夕飯を認める」▼たべる。食事をする。二《**みとめ**》「認めを押す・認め印」▼日常の署名。また、署名の意味でおす印。

古訓 中古 おもふ・かこつ・さとる・したたむ・しる・しるす・たづぬ・つなぐ・とむ・もとむ・もろ・もろもろ 中世 かこつ・くどく・したたむ・したたむる・しるす・とむ・とむる 近世 したたむ・しのぶ・しるす・とむる・はばむ

人名 しのぶ・みとむ・もろ

【認可】日 国や地方公共団体が、民間からの申し出をみとめて許可する。類 認許。例 ―取り消し。

【認識】一 しるし。二 ものごとを見きわめ、判断する。また、その心のはたらき。例 ―不足。―を深める。

【認証（證）】日 ある行為や文書が正当なものであるとみとめて、公の機関が証明する。例 ―式。

【認真】間に合わせでなく、堅実にものごとをおこなう。

【認知】①ある事柄を、はっきりとみとめる。②日〔法〕正式の婚姻関係にない男女の間に生まれた子を自分の子であるとみとめること。

【認定】①承知して決定する。②日 公の機関が資格や事実について審査してみとめる。例 公害と―する。

【認得】①区別がわかる。認識する。②見知っている。覚えている。

【認否】みとめることと、みとめないこと。例 罪状―。

【認容】日 受け入れてみとめる。容認。類 認許。
●公認・誤認・自認・承認・是認・追認・否認・容認

誣

言7 (14) 2 7556 8AA3

フ慣 ブ漢 ム呉 虞 wū
し-いる（し-ふ）

意味 ❶ないことをいかにもあるように言って、人をだます。**しいる**。例 誣言。誣罔。❷無実の人を罪におとしいれる。**しいる**。例 誣陥。誣告。

【誣陥】無実の者を無理に罪におとしいれる。

【誣言】事実無根のことを、あることのように言う。類 誣説。

【誣構】無罪の者を無理に有罪のようにしたてる。

【誣告】人を罪におとしいれるために、いつわって申し立てる。例 ―罪。

【誣奏】無実なのに罪を負わせて天子にいつわり告げる。

【誣服】無実なのに（犯行を白状させられ）刑罰を受ける。

【誣妄】【誣▼罔】事実でないことを事実のように言っていつわる。だます。類 誣網。

誧

言7 (14) 3 9209 8AA7

ホ漢 虞 bū

意味 大げさに言う。

誘

言7 (14) 1 4522 8A98 常用

ユウ（イウ）漢 ユ呉 有 yòu
さそう（さそ-ふ）・いざな-う（いざな-ふ）

筆順

なりたち ［形声］「言（＝ことば）」と、音「秀」とから成る。よびよせる。

意味 ❶自分の側にひきよせようとすすめる。おしえみちびく。**さそう**。**いざなう**。例 誘致。誘導。勧誘。❷さそいこむ。おびきよせる。そそのかす。例 誘拐。誘蛾灯（＝害虫を光でおびきよせて取る灯火）。誘惑。

日本語での用法 《**ユウ**》《**さそう**》「誘因・誘爆・誘発・笑いを誘う」▼引き起こす。

古訓 中古 あざむく・いざなふ・おこつる・かどふ・こしらふ・さそふ・すすむ・つつしむ・みちびく・ゐる・をしふ 中世 あざむく・いざなふ・こしらふ・こしらへる・こしらゆる・さそふ・すすむ・みちびく 近世 いざなふ・さそふ・すすむる・そそのかす・みちびく

人名 すすむ

難読 誘き出す・誘き寄せる

【誘引】引きつける。さそいこむ。例 鶯声誘引来二花下一（＝ウグイスの声にさそわれて花の下にやってくる）。〈白居易・春江〉

【誘因】日 何かを引き起こす原因。例 事故の―。

【誘▼掖】人をわきから助け導く。

【誘拐】人をだましてさそい出し、連れ去る。

【誘騎】敵をおびき寄せるための騎兵。

【誘進】いざなって、人を登用する。

【誘致】①人をおびきよせる。②日 会社などを、その地に招き寄せる。例 工場―。

【誘導】①人やものを目的のところへ、さそいみちびく。例 客を非常口に―する。②日〔物〕電気や磁気が物体におよぼす作用。例 電磁―。

【誘爆】日 ある爆発が原因となって、他の爆発を引き起こす。例 ―を起こす。

【誘発】日 あることが原因となって、ほかの（よくない）ことを引き起こす。例 余病を―する。

【誘惑】①さそいこみ、迷わせる。②日 人をまどわして、よくないことにさそいこむ。例 ―に打ち勝つ。
●勧誘

謁

言8 (15) 1 1758 8B01 常用

エツ漢 月 yè
まみ-える（まみ-ゆ）

[謁] 言9(16) 3 9215 FA62 人 旧字体。

筆順 言 言 言 訁 訂 謁 謁 謁

なりたち [形声]「言(=いう)」と、音「曷ツカ…→ツエ」とから成る。会って申し上げる。

意味 ❶身分の高い人にお目にかかる。**まみえる**。例 謁見エッケン。拝謁ハイエツ。❷申し上げる。告げる。例 其父窃レ羊而謁ニ之吏一(=父親がヒツジを盗んだので、それを役人に告発した)。〈韓非・五蠹〉 ❸名刺。例 通レ謁(=名刺を渡して面会を請う)。

古訓 中古 あふ・いふ・うく・えらぶ・かたらふ・こふ・つぐ・とのふ・ねがふ・まうす・まみゆ・むかふ 中世 こふ・つくす・とのふ・まうす 近世 こふ・つぐる・とぶらふ・まうす・まみゆる

人名 つぐ・ゆく

【謁見】エッケン 許しを得て、身分の高い人にお目にかかる。例 謁ニ見王一(=王様に面会する)。〈列子・湯問〉

【謁刺】エッシ 面会するときに用いる名札。名刺。

【謁者】エッシャ ①宮中で賓客の取り次ぎをする役人。②四方に使者として出かける官。③謁見を願い出る者。

課

言8(15) 1 1861 8AB2 教4 カ(クヮ)漢 呉 箇 kè

筆順 言 言 言 訁 訂 評 課 課

なりたち [形声]「言(=ことば)」と、音「果カ」とから成る。ためす。

意味 ❶割り当てられた仕事の成果を調べる。試験する。こころみる。例 考課コウカ。❷仕事や税金を義務として割り当てる。また、割り当てられた仕事や学業。例 課税カゼイ。課題カダイ。学課ガッカ。

日本語での用法《カ》「各カ課カに通達ツウタツする・課長カチョウ・総務課ソウムカ」▼官庁や会社などの事務上の区分。

古訓 中古 あたる・いたす・おほす・こころみる・こころむ・つかふ・つくのふ・はからふ・はかりこと・はたす・わざ 中世 あつらふ・あらはす・おほす・おほする・かたらふ・こころむ・つかふ 近世 おほす・こころみる・はかる

人名 はかる

【課役】カエキ|カヤク ①律令制で、税金と労役エキのこと。②仕事や労働の割り当て。例 —を果たす。—に苦しむ。

【課外】カガイ 日 ①学校で、時間割りで決まっている学科や授業以外のもの。例 —活動。②課の外部。

【課業】カギョウ ①仕事をする。また、その仕事。②学問をする。また、その学問。

【課試】カシ 仕事を割りふって、その能力をためす。

【課税】カゼイ 税金を割り当てる。また、その税金。例 被—金額(=課税の対象となる金額)。

【課題】カダイ ①するように割り当てられた事柄や問題。例 —を与える。—曲。②日 解決を求められている問題や任務。例 当面の—。

【課長】カチョウ 日 官庁や会社などで、一つの課の責任者。

【課徴】カチョウ 割り当てて取り立てること。例 輸入—金(=輸入品に対して徴収される特別な関税)。

【課程】カテイ 日 学校などで、ある一定期間に割り当てられ、修得しなければならない学習や研究の内容。例 教職—。

【課目】カモク 日 学課の種類。修得するように課せられた項目。

●日課ニッカ・賦課フカ

[諫] 言8(15) ⇨ 諫カン(1237ジペー)

誼

言8(15) 1 2135 8ABC 人 ギ漢 寘 yì よ-い(よ-し)・よしみ

なりたち [会意]「言(=いう)」と「宜ギ(=ただしい)」とから成る。人が、よいと認める。

意味 ❶道理にかなっている。ほどよい。よしとする。**よい**。通 義。例 高誼コウギ。仁誼ジンギ(=仁義)。❷したしみ。**よしみ**。例 交誼コウギ。友誼ユウギ。

古訓 中古 あらがふ・はかる・よし・わする 中世 ことわる・よし 近世 ことわり・よろし

人名 こと・みち・よし

誾

言8(15) 4 8864 8ABE ギン漢 真 yín

意味「誾誾ギンギン」は、なごやかに説明するさま。

[諐] 言8(15) ⇨ 愆ケン(517ジペー)

諏

言8(15) 1 3159 8ACF 人 シュ漢 ス呉 虞 zōu はか-る

なりたち [形声]「言(=ことば)」と、音「取シュ」とから成る。集まって相談する。

意味 意見をきく。相談する。問う。**はかる**。例 諏謀シュボウ(=相談する)。

古訓 中古 あつむ・たばかる・はかる・はからふ・はかりこと・はかる 中世 はかりこと・はかる 近世 とふ・はかる

難読 諏訪すわ(=地名・姓)

【諏訪】シュホウ 問いはかる。話し合う。

諄

言8(15) 2 7557 8AC4 人 ジュン慣 シュン漢 真 zhūn くど-い(くど-し)・ねんご-ろ

なりたち [形声]「言(=いう)」と、音「享ジュ」とから成る。ねんごろに教えさとす。

意味 丁寧で心がこもっている。てあつい。あつい。**ねんごろ**。例 諄諄ジュンジュン。

日本語での用法《くどい》①「話はなしが諄くどい・まわり諄くどい」▼同じようなことを何度も繰り返し言うのでわずらわしい。②「諄くどい味あじ」▼しつこい。

古訓 中古 あつし・まこと 中世 あつし・まこと 近世 いかる・たすく・にくむ・をしゆる

人名 あつ・あつし・いたる・さね・しげ・たすく・とも・のぶ・まこと

【諄諄】ジュンジュン 相手が十分に納得するように、繰り返し、くわしく話すさま。例 誨レ爾諄諄ジュンジュンたり(=あなたに親切丁寧に教える)。〈詩経・大雅・抑〉—と説く。

諸

言8(15) 1 2984 8AF8 教6 ショ漢 呉 魚 zhū もろもろ・もろ

[諸] 言9(16) 3 9214 FA22 人 旧字体。

筆順 言 言 言 訁 計 計 詳 諸 諸

なりたち [形声]「言(=ことば)」と、音「者ヤシ…→ヨシ(=ことがらを分ける)」とから成る。ことがらを分けることから「もろもろ」の意。

意味 ❶いろいろな。多くの。**もろもろ**。例 諸子ショシ。諸事ショジ。諸方ショホウ。❷「之於」を一字で書きあらわしたもので「これを…に」などと読み、指示語と前置詞のはたらきをもつ。例 君子求ニ諸己一、小人求ニ諸人一(=君子はこれをおのれにもとめ、ショウジンはこれをひとにもとむ)(=君子は責任を自分に求めるが小人は責任を他人に求める)。〈論語・衛霊公〉❸「之乎」を一字で書きあらわしたもので「これ…か(や)」と読み、指示語と疑問・反語のはたらきをもつ。例聞斯行レ諸(きくがままにすなわちこれをおこなわんか)(=聞いてすぐに実行してよいか)。〈論語・先進〉

古訓 中古 あまた・あまたび・おほよそ・かたへ・これ・すすむ・みな・もろ・もろもろ・わきまふ 中世 かたへ・これ・ひたすら・もろもろ 近世 おく・およそ・ここに・この・これ・つけもの・もろもろ

人名 つら・もり

【諸夏】ショカ 中原(チュウゲン)の諸侯の国々。古代、夷狄(イテキ)に対して中国本土を指した。

【諸家】ショカ 多くの専門家。一家をなしている多くの人。

【諸葛▼亮】ショカツリョウ 三国時代の蜀(ショク)の軍師。字(あざな)は孔明(コウメイ)。→【三顧礼】(サンコのレイ)(11ページ)→【五丈原】(ゴジョウゲン)(45ページ)

【諸行無常】ショギョウムジョウ 〔仏〕この世のすべてのものは絶えず移り変わり、ひとときも同じ状態にとどまらない、ということ。例祇園精舎(ギオンショウジャ)の鐘の声、諸行無常の響きあり。〔平家物語・一〕

【諸君】ショクン (おもに男性が)同輩または目下の、多くの者に親しみをこめて呼びかけることば。みなさん。きみたち。例令四諸君知三天亡レ我、非二戦之罪一也(ショクンをしてテンのわれをほろぼすにしてたたかいのつみにあらざるをしらしめん)(=天が私を亡ぼすのであって、私の戦(いくさ)下手のせいではないことをきみたちにわからせよう)。〈史記・項羽紀〉

【諸兄】ショケイ 多くの男性に、敬意をこめていうことば。みなさん。対諸妹・諸姉。

【諸賢】ショケン 多くの賢明な人々。人々に敬意をこめていうことば。みなさま。例読者―。

【諸公】ショコウ 身分のある人たち。人々を敬っていうことば。例代議士―。

【諸侯】ショコウ ①古代中国で、天子から封土(ホウド)(=領土)を受け、そこを支配した君主。②日封建時代に領地をもち、領地内の人民を支配していた人。諸大名。

【諸国】ショコク あちこちの国々。例―漫遊。西欧―。

【諸子】ショシ ①春秋戦国時代に、一派の学説を立てた思想家たち。②同輩以下の人々に呼びかけるときにいうことば。みなの者。みなさん。例生徒―。卒業生―。

【諸子百家】ショシヒャッカ 春秋戦国時代にあらわれ、それぞれに一派の学説を立てた多くの思想家たちと、その著書。老子・荘子(ソウジ)・墨子・韓非子(カンピシ)など。〔孔子や孟子(モウシ)などの儒家を除いていう場合もある〕

【諸氏】ショシ 多くの人々を敬っていうことば。…のかたがた。諸公。諸賢。例先輩―のご尽力を謝する。

【諸姉】ショシ 多くの女性に、敬意をこめていうことば。みなさん。諸妹。対諸兄。

【諸事】ショジ 多くのことがら。例―万端。

【諸式】ショシキ ①いろいろの品物。例結納の―。②品物の値段。物価。例―が上がる。

【諸種】ショシュ いろいろの種類。種種(シュジュ)。例―の問題。

【諸将】ショショウ 多くの武将たち。例戦国時代の―。

【諸生】ショセイ ①多くの生きもの。②多くの学生。学生たち。

【諸説】ショセツ (あるものごとについての)いろいろの学説や意見、また、うわさ。例―紛紛(フンプン)。

【諸相】ショソウ (あるものごとにあらわれる)いろいろなありさまや現象。種種相(シュジュソウ)。例上方(かみがた)文化の―。

【諸天】ショテン ①〔仏〕もろもろの神々。仏教では二十八天とする。②高い天。

【諸点】ショテン 日いろいろな点。多くの事柄。例懸案の―。

【諸島】ショトウ ①多くの島。群島。例小笠原(おがさわら)―。②一定の区域内にかたまってある、多数の島々。

【諸派】ショハ ①いろいろな党派や流派。②日国会の、議席が少数の政党を、まとめて呼ぶことば。例―連合。

【諸般】ショハン 〔「般」は、ものごとの種類〕いろいろ。さまざま。各種。例―の事情。

【諸父】ショフ ①父の兄弟。おじ。対諸母。②天子が同姓の諸侯を、また諸侯が同姓の大夫(タイフ)を指す語。〔異姓の場合は「舅(キュウ)」と呼ぶ〕

【諸母】ショボ ①父の側女(そばめ)で、子供を生んだ女性。②父の姉妹。おば。対諸父。

【諸方】ショホウ いろいろな方向や場所。あちこち。方方(ホウボウ)。

【諸法】ショホウ 〔仏〕個体を構成している、もろもろの要素。ありとあらゆるもの。

【諸本】ショホン 書物で、本文の性質や内容が異なる、いろいろな系統の異本。例『平家物語』の―。

【諸流】ショリュウ ①多くの川。②いろいろな流派。多くの流派。

【諸手】もろて 日両手。双手(もろて)。例―をあげて賛成する。

【諸共】もろとも 日一緒に。例死なば―。

諚

言8(15) ②7560 8ADA 国字 ジョウ

意味 貴人の命令・ことばの意、「御定(ゴジョウ)」「勅定(チョクジョウ)」の「定(ジョウ)」に、言偏(ゴンベン)を増画した字。例御諚(ゴジョウ)(=ご命令)有(あ)らば。勅諚(チョクジョウ)(=天子のご意向)。優諚(ユウジョウ)(=天子の、めぐみぶかいおことば)。

諗

言8(15) ④8865 8AD7 シン(シム)漢 寝 shěn

意味 ❶いさめる。❷勧告する。つげる。❸おもう。

請

言8(15) ①3233 8ACB 常用 セイ漢 シン唐 ショウ(シャウ)呉 qǐng こう(こ-ふ)・うける(う-く)

［請］言8(15) ―― 旧字体。

筆順 請

なりたち [形声]「言(=いう)」と、音「青(セイ)」とから成る。お目にかかって申しあげる。

意味 ❶心からねがいもとめる。たのむ。こう。例請願(セイガン)。懇請(コンセイ)。❷会話文などにおいてはじめに「こう」と読み、どうか…させてください、どうか…してください、の意。相手への丁寧な要請をあらわす。例請辞去(こうジキョせん)(=どうかいとまごいをさせてください)。〈史記・廉頗藺相如伝〉❸教えてもらう。たずねる。例請期(セイキ)。❹来てくれるようにたのむ。まねく。しょうじる。例招請(ショウセイ)。請(ショウ)じ入(い)れる。

日本語での用法 《うける》「請(う)け合(あ)う・請(う)け負(お)う・建築(ケンチク)請負業(うけおいギョウ)」▼引き受ける。

古訓 中古 うく・うけたまはる・こふ・ねがふ 中世 うく・うくる・うけたまはる・こふ・もとむ 近世 うくる・こふ・たたく・とふ・もとむる

人名 うけ・もとむ

【請来】ショウライ 〔仏〕仏像や経典(キョウテン)などを、外国からもらい受ける。将来。例弘法大師(コウボウダイシ)の―した経典。

【請謁】セイエツ ①貴人に面会を願う。②権力者に私事を頼みこむ。

【請仮】【請暇】 一セイカ 官吏が休暇を願い出る。二シンカ 禅僧が休暇を願い出てよそへ行く。

【請願】セイガン ①たのむ。②国民が政府に願い出る。③日〔法〕議会や官庁に、希望が実現するよう文書で願い出る。例―書。

【請期】セイキ ①婚儀の一つ。婚約が成立し、新婦となる人の実家へ婚儀の日取りを聞きに行く。②期間を決める。

【請求】セイキュウ ①当然するべきものとして、相手に要求する。例 ―書。②日 提出を求める。
【請訓】セイクン ①清シ代、地方官として赴任するとき、天子に謁見して訓令(=上意)を承る制度。②日 外国駐在の大使・公使などが、本国政府の指示を求める。
【請罪】セイザイ ①自分に何の罪があるのかと相手に尋ね、問いつめる。②罪を認めて、自分の処罰を願い出る。③減刑・免罪を乞う。
【請室】セイシツ 処罰を待つ部屋。牢獄ロウゴクをいう。
【請託】セイタク 職権による特別なとりはからいを、内々に頼む。類請属・請寄。例 ―を受ける。
【請命】セイメイ ①官吏に任ぜられることを願う。②命が危うい他人に代わって救命を請願する。③命令をこい願う。指令をこう。
【請問】セイモン|こいとう うかがい問う。「おたずねします(が…)」と問いかけるときのことば。例 請二問其目一(そのモクをこいとわん)(=その細目についておうかがいします)。〈論語・顔淵〉
【請老】セイロウ 官吏が老齢のため自適の生活を望み、辞職を願い出る。
●懇請コンセイ・招請ショウセイ・申請シンセイ・普請フシン・要請ヨウセイ

諍
言8(15) 2 7558 8ACD

一 ソウ(サウ)漢 ショウ(シャウ)呉 敬 zhēng
二 ソウ(サウ) ショウ(シャウ)漢 庚 zhēng
あらそ-う(あらそ-ふ)・いさか-う(いさか-ふ)・いさ-める(いさ-む)

意味 一 過ちをことばでただす。いさめる。例 諍臣ソウシン。二 いいあらそう。いさかう。うったえる。通争。例 諍訟ソウショウ。諍論ソウロン。
【諍訟】ソウショウ うったえごと。争訟。
【諍臣】ソウシン 主君の過ちをいさめる臣下。
【諍論】ソウロン 言いあらそい。争論。

諾
言8(15) 1 3490 8AFE 常用

ダク漢 ニャク呉 薬 nuò
うべな-う(うべな-ふ)

筆順 言 言 訁 詳 詳 諾 諾

なりたち [形声]「言(=ことば)」と、音「若ジャク…→ダク」とから成る。ことばでこたえる。

意味 ❶「はい」「よろしい」というように、じっくり考えたうえでの返事のことば。「唯イ」は、すみやかな返事。例 唯唯諾諾イイダクダク。❷承知する。うべなう。例 諾否ダクヒ。快諾カイダク。承諾ショウダク。
古訓 中古 うく・こたふ・したがふ・むべなふ 中世 うけがふ・うなづく・こたふ 近世 いらへ・うけがふ・こたへ
人名 つぐ
難読 伊弉諾尊いざなぎのみこと
【諾唯】ダクイ 承知する。うけあう。
【諾諾】ダクダク はいはいと人の言いなりになるさま。→【唯唯諾諾】イイダクダク(255ページ)
【諾否】ダクヒ 承諾することとしないこと。承知するかしないか。類諾已ダクイ。例 ―を保留する。
●応諾オウダク・快諾カイダク・許諾キョダク・受諾ジュダク・承諾ショウダク・内諾ナイダク

誰
言8(15) 1 3515 8AB0 常用

スイ漢呉 支 shuí/shéi
だれ・たれ・た

筆順 言 言 訁 計 許 誰 誰

なりたち [形声]「言(=ことば)」と、音「隹イス」とから成る。だれか、と問う。

意味 ❶だれ。だれか。例 誰何スイカ。❷「たれ」「た」と読み、いったいだれが…か、の意。疑問や反語をあらわす。例 功名誰復論コウミョウたれかまたロンぜん(=名声などはいったいだれが問題にしようか)。〈魏徴・述懐〉❸リズムを整える接頭語。例 誰昔スイセキ。
古訓 中古 いかんぞ・いづれ・たれ・たれか 中世 たそ・たれ・たれか・なんぞ 近世 たそ・たそや・たれ
難読 誰彼時たそがれどき・彼誰時かわたれどき|かはたれどき
【誰何】スイカ 「だれか?」「だれだ?」と呼びかけて、名前を問いただす。例 ―すれども答えなし。
【誰昔】スイセキ むかし。先日。疇昔チュウセキ。

誕
言8(15) 1 3534 8A95 教6

タン漢 ダン呉 旱 dàn
いつわ-る(いつは-る)

[誕] 言7(14) ―旧字体。

筆順 言 言 訁 訂 証 誕 誕

なりたち [形声]「言(=ことば)」と、音「延エン…→タン」とから成る。大げさなことば。

意味 ❶でたらめを言う。むやみに大言をはく。いつわる。例 誕言タンゲン。妄誕モウタン(=いつわり)。❷広い。大きい。大いに。例 誕敷タンフ(=広く行きわたらせる)。❸気ままにする。ほしいままにする。例 誕放タンホウ。❹うまれる。うむ。例 誕生タンジョウ。降誕コウタン。生誕セイタン。
古訓 中古 いつはり・いつはる・うまる・うむ・おほいなり・さかる 中世 あざむく・いつはる・うまるる・おほいなり・みだり 近世 あざむく・うまるる・おほいなり・さかる・はなつ・まこと・みだり・やしなふ
人名 のぶ・ひろ・ひろし
【誕育】タンイク 子供を生みそだてる。養育。
【誕欺】タンギ うそをつく。いつわりを言い放つ。
【誕言】タンゲン 大げさな話。類誕辞。
【誕生】タンジョウ ①生まれる。生誕。例 ―日。②新しい制度や施設ができる。例 新政権の―。③日 生まれて満一年目の日。例 ―を過ぎる。
【誕▼辰】タンシン (「辰」は、日の意) 人が生まれた日。誕生日。
【誕放】タンホウ 勝手気まま。
【誕妄】タンボウ|タンモウ いつわり。でたらめ。類誕譎タンケツ。
【誕▼謾】タンマン ①だます。でたらめを言う。②おごりたかぶる。③のんびりして緊張感がない。

談
言8(15) 1 3544 8AC7 教3

タン(タム)漢 ダン(ダム)呉 覃 tán
かた-る

筆順 言 言 訁 訬 談 談 談

なりたち [形声]「言(=ことば)」と、音「炎エン…→タン」とから成る。おだやかにかたる。

意味 ❶相手に向かっておだやかに話す。かたる。通譚タン。例 談判ダンパン。談話ダンワ。相談ソウダン。❷ものがたり。はなし。通譚タン。例 怪談カイダン。美談ビダン。
古訓 中古 あとらふ・かたらふ・かたる・もどく・ものがたり 中世 かたらふ・かたる・ものがたり 近世 かたる・はなし・ものがたり
人名 かた・かたり・かね・かね
【談▼讌】ダンエン 集まって話し合い、くつろぐ。また、酒を飲んで語り合う。
【談▼諧】ダンカイ (「諧」は、和らぐ意) なごやかに話す。談笑する。
【談客】ダンカク ①諸国を遊説する人。②弁説の立つ人。話し上手。
【談義】ダンギ ①〔仏〕教義や道理をわかりやすく説明して聞か

せる。また、その話。説法。説教。例 下手への長談—。②日 話し合う。自由な議論をする。談議。例 教育—。

【談合】ダンゴウ 日①相談する。②入札者どうしが相談して、入札価格や落札者をあらかじめ決めておく違法行為。

【談助】ダンジョ 話の助けとなるもの。話の材料をいう。〔蔡邕は王充の『論衡』をひそかに手に入れ、そのすぐれた内容や豊富な話題を、自分の考えた事として人々に提供し、尊敬されたといわれる〕

【談笑】【談咲】ダンショウ 笑いをまじえながらうちとけて話し合う。

【談説】ダンセツ 大いに語り論じる。議論する。

【談宗】ダンソウ 談論にすぐれた人。座談の名手。

【談▼叢】【談▼藪】ダンソウ ①話題が豊富で、話が尽きない。②人が多く集まり話をする場。また、知識が寄り合う所。

【談判】ダンパン 日①争いや事件の始末をつけるために、お互いに話し合う。また、外交交渉。例 —を開く。②自分にとって不都合な点を改めるよう、強く要求する。例 直—。

【談柄】ダンペイ ①僧が説教などを話すとき持つ払子。②話のたね。話題。話柄。

【談余(餘)】ダンヨ ①話がひととおり終わったあと。②話のついで。類談次。

【談林】ダンリン ①〔仏〕僧徒の学校。寺の敬称。②日「談林派」の略。江戸時代、西山宗因を中心とした俳諧の流派。▽檀林。

【談論】ダンロン 話をしたり議論をし合ったりする。例 —風発(=話や議論がさかんにおこなわれること)。

【談話】ダンワ ①うちとけて話をする。また、その話。例 —室。—会。②日責任ある地位の人が、あることについて述べる意見。例 総理大臣の—。

●縁談・会談・歓談・講談・懇談・座談・雑談・示談・冗談・相談・対談・筆談・漫談・密談・面談・余談

調

言8 (15)

1 3620
8ABF

教3

一 チョウ(テウ)漢 ジョウ(デウ)呉 蕭 tiáo

二 チョウ(テウ)漢 ジョウ(デウ)呉 嘯 diào

三 チュウ(チウ)漢 尤 zhōu

しらべる(しら-ぶ)・しらべ・ととのう(ととの-ふ)・ととのえる(ととの-ふ)・みつぎ

［調］言8 (15) 旧字体。

筆順 訁 言 訂 訒 訒 訒 調 調 調

なりたち 〔形声〕「言(=ことば)」と、音「周」とから成る。ととのう。

意味 一 ❶ちょうどよくする。ととのえる。ととのう。例 調整・調節・調和。❷動物をならす。訓練する。しつける。例 調教・調馬。❸楽器を演奏する。しらべる。例 調琴。❹嘲笑する。あざける。例 調笑・調弄。❺⇩【調調】。二 ❶役職をかえる。うつす。うつる。例 調遣。❷徴発する。めしあげる。❸税。みつぎ。例 租庸調。❹ことばや音の調子。しらべ。例 古調・声調・正調。❺風格。おもむき。例 格調・情調。三 朝。あした。例 調飢。

日本語での用法 《しらべる》「意味を調べる」▼見くらべて確かめる。

古訓 中古 あした・えらぶ・したたむ・しらぶ・しらべ・つき・ととのふ・ととのほる 中世 えらぶ・こしらゆる・しらぶ・しらぶる・しらべ・ととのふ・みつぎもの・もとむ・わたる 近世 あした・えらぶ・こころむる・こしらへ・しらべ・ととのふ・はかる・やはらぐ

人名 しげ・つき・つぎ・つぐ・のり・みつぐ

難読 調所(=地名・姓)

【調飢】チョウキ 〔朝食の前の空腹の意〕強く思い求める心情のたとえ。

【調印】チョウイン 日①協議が成立したことを確認して文書に印をおす。②条約などの文書に、その内容を認めたしるしとして、両方の代表者が署名する。例 —式。

【調音】チョウオン ①楽器の音色や高さをととのえる。②日のど・口・舌・唇などの発音器官を調節して音声を出す。

【調戯】チョウギ たわむれる。悪ふざけをする。からかう。

【調教】チョウキョウ ①人をしつける。②日ウマやイヌ、猛獣などの動物を訓練して、人の言うことをきかせる。例 —師。

【調遣】チョウケン 人や軍隊を移動させたり派遣したりする。

【調弦】【調▼絃】チョウゲン 弦楽器の演奏者が、弦の調子をととのえる。また、その方法。

【調護】チョウゴ ①しつけて補佐する。守る。②ものごとをととのえ、治める。

【調合】チョウゴウ ①協調和合する。②日薬や調味料などをまぜあわせて、ちょうどよいものにする。

【調査】チョウサ 日ものごとの実態や実情について、くわしくしらべる。例 世論—。学術—団。

【調剤】チョウザイ ①ほどよくととのえる。②治療用の各種の薬をまぜあわせる。薬剤を調合する。

【調子】チョウシ 日①声や音の高低のぐあい。音調。例 高い—で話す。②話し方や表現のぐあい。口調。語調。例 強い—で反論する。③動きやはたらきのぐあいや状態。例 からだの—。④ものごとの進みぐあいや状態。例 —よくいく。⑤はずみや勢い。例 —が出る。

【調書】チョウショ 日①調査した内容を書いた書類。②犯罪の容疑者を取りしらべた内容を書いた書類。例 証言を—にとる。

【調笑】チョウショウ あざけり笑う。からかって笑いものにする。嘲笑。

【調進】チョウシン 日注文の品物を取りそろえたり、作ったりして納める。

【調製】チョウセイ 日注文に応じて作る。こしらえる。

【調整】チョウセイ ①調子の悪いものに手を加えて、正しい状態にする。②全体としてつりあいのとれた状態にして、うまくいくようにする。例 対立した意見を—する。

【調摂】チョウセツ からだの調子をととのえ、健康を保つ。

【調節】チョウセツ ちょうどよい状態になるように、条件を変えて操作し、ととのえる。例 温度を—する。

【調息】チョウソク ①姿勢を正して呼吸をととのえる。健康の保ち方の一つ。②ものごとの調節・調停をする。

【調達】チョウタツ／チョウダツ ①音曲・詩文などが、ほどよく調和する。②日必要なお金や品物を取りそろえる。例 資金を—する。

【調調】チョウチョウ 風で木の葉や枝が揺れるさま。

【調停】チョウテイ 争っている両者のあいだに立って、争いを解決するようにまとめる。例 労使間を—する。

【調度】チョウド ①租税を取り立てる。②法律・制度をととのえる。③日日常生活で使う家具や道具。例 —品。

【調馬】チョウバ ウマを乗りならす。例 —師。

【調髪】チョウハツ 日かみの毛を刈りととのえる。理髪。整髪。

【調布】チョウフ 古代、調(=税の一つ)として納めた手織りのぬの。

【調伏】チョウブク／ジョウブク ①〔仏〕仏法の力によって悪魔などを降

伏させる。例 馮いた狐を―する。②日 人をのろい殺す。

【調法】日①便利で役に立つ。例 高い枝を切るのに―なはさみ。②便利に使う。例 ―している。▽重宝。

【調味】食べ物に、よい味をつける。味つけ。例 ―料。

【調理】①ものごとをさばきおさめる。②治療する。養生する。③日 料理する。材料に手を加えて食べ物をつくる。

【調律】正しい音が出るように楽器を調整する。例 ―師。

【調練】①よくならす。②兵隊を訓練する。練兵。

【調弄】①からかう。なぶる。嘲弄。②楽器をかきならす。

【調和】二つ以上のものごとが、互いにつりあいがとれて、全体としてととのっている。例 進歩と―。

◐協調・口調・好調・語調・色調・順調・新調・単調・短調・長調・低調・同調・不調・変調・歩調

諂

言8 (15) ②7559 8AC2 テン(テム)漢呉 琰 chǎn へつら-う(へつら-ふ)・へつら-い(へつらひ)

意味 気に入られようと、おべっかを使う。こびる。**へつらう**。例 諂佞(=へつらって取り入る)。諂諛(=こびへつらう)。

【諂巧】たくみにこびへつらう。また、その者。

【諂笑】こびへつらって笑う。おせじ笑い。

誹

言8 (15) ①4080 8AB9 ヒ漢呉 尾 fěi そし-る・そし-り

意味 他人の言動のよしあしをとりあげ、非難する。**そしる**。通 非。例 誹毀(=悪口を言う。そしる)。誹謗。

日本語での用法 《ハイ》「誹諧(=誹諧連歌の略)」▼「誹諧」は、漢語として正しくは「ヒカイ」であるが、「俳」の音に従って用いたもの。現代では「俳諧」とする。

【誹議】そしって、あれやこれやを言う。非議。

【誹▼謗】他人を悪く言う。人をそしる。類 誹議・誹毀・誹▼訕。例 誹謗者族(=人をそしる者は一族皆殺しとする)。〈史記・高祖紀〉―中傷。

【誹▼謗▼之木】政治の誤りを人民に書かせるために立てた札。〔帝舜がこれを橋の上に立てて政治の過失を人民に書かせ、反省したという故事から〕〈呂覧・自知〉

【誹誉】悪口を言うことと、ほめること。そしりと、ほまれ。

誷

言8 (15) ④8863 8AB7 ボウ(バウ)漢 モウ(マウ)呉 養 wǎng

意味 ないことをいかにもあるように言う。しいる。通 罔。例 誣誷。

諒

言8 (15) ①4642 8AD2 人 リョウ(リャウ)漢 漾 liàng あきらか・まこと・まことに

なりたち [形声]「言(=ことば)」と、音「京ケイ→リョウ」とから成る。まこととする。信じる。

意味 ❶真実。**まこと**。また、誠実な人。例 友レ諒(=正直な人を友人にする)。〈論語・季氏〉❷本当のこととして信じる。❸強情である。かたくな。例 君子貞而不レ諒(=君子は節操が固いが、かたくなではない)。〈論語・衛霊公〉❹もっともだとして認める。許す。例 諒解。諒承。❺**まことに**。実に。❻⇩【諒闇】

表記 現代表記では「了」に書きかえることがある。熟語は「了」も参照。

古訓 中古 あきらかに・かすむ・たすく・まこと 中世 あきらか・かすむ・たすく・まこと 近世 あきらか・たすくる・たすけ・まこと

人名 あき・あきら・あさ・さとし・さとる・まさ

【諒闇】【諒陰】①天子が父母の死を悼んで、喪に服する期間。また、そのための部屋。②日 天皇(皇太后・太皇太后)の崩御に際して、皇室や国民が喪に服する期間。▽亮陰。梁闇。亮闇。

【諒解】日 事情を納得して認める。表記 現了解

【諒▼恕】日 相手の事情を思いやって許す。

【諒承】日 事情がよくわかって承知する。例 ―が得られる。表記 現了承

論

言8 (15) ①4732 8AD6 教6 一 ロン漢呉 願 lùn 二 ロン慣 リン漢呉 真 lún あげつら-う(あげつら-ふ)

筆順

なりたち [会意]「言(=いう)」と「侖リン→ロン(=すじが通る)」とから成る。筋道をたてて言う。

意味 一 ❶筋道を立てて述べる。**あげつらう**。例 論証。論告。議論。弁論。❷罪をさばく。判決を下す。❸評定する。例 論功行賞。❹意見。見解。学説。例 詩論。反論。二『論語』の略。例 論孟(=『論語』と『孟子』)。

古訓 中古 あげつらふ・あらそふ・いふ・えらぶ・おもふ・ことわる・さとる・とく・とも・はかりこと 中世 あげつらふ・あらそふ・いふ・ことわる・とく・とふ・はかりこと 近世 あらそふ・おもふ・ことわり・たづぬる・ついづる・とく・はかる

人名 さだむ・さとし・さとる・とき・のり・ゆう

【論外】日①さしあたっての議論の対象としないこと。例 理想論はこのさい―とする。②まともに論じる必要もないさま。問題外。例 約束を破るとは―だ。

【論客】日 議論をするのが好きで、うまい人。論士。

【論議】①めいめいが意見を述べあって、問題点を明らかにする。例 ―を尽くす。②〔仏〕経文の内容を問答によって説き明かす。

【論詰】議論して相手をなじる。

【論及】その事柄に論がおよぶ。

【論究】問題や理論についてどこまでも論じて、はっきりさせる。

【論拠】日 議論が成り立つ根拠。例 ―にとぼしい。

【論功】功績について論じ、その程度を定めること。

【論功行賞】功績の程度について論じ、それにもとづいて賞やほうびを与える。〈魏志・明帝紀〉

【論考】【論▼攷】意見を述べ、考察を加える。また、その文章や著作。

【論告】①自分の意見を述べる。②日〔法〕刑事裁判の最終段階で、検察官が被告人の犯罪の事実および法律の適用について意見を述べる。例 ―求刑。

【論策】時事問題などの方策を述べた文章。議論文。宋代以降、科挙(=官吏登用試験)の科目の一つ。

【論賛】①人の功績やよいおこないについて論じ、ほめる。②ある人物の伝記のあとに、その事績について著者が付け加えた論評や賛辞。

【論士】①議論を好む人。論客。②人を評価する。

【論旨】議論に述べられたおもな内容。例 ―明快。

【論者】①議論をする人。例 賛成―。②議論をしている本人。例 ―としては反対せざるをえない。

【論集】①編集する。②日 論文を集めた書物。論文集。

【論述】ロンジュツ 筋道を立ててのべる。例—式テスト。
【論証(證)】ロンショウ ある結論が正しいことを、だれもが納得するような根拠を示して、証明する。
【論陣】ロンジン 日(反論に必ず勝つように)自説を綿密に構成し、主張するための構え。例—を張る。
【論説】ロンセツ ある事柄について、筋道を立てて意見を述べる。また、その文章。例—文。
【論戦】ロンセン 日互いに主張し、意見をたたかわせる。例—をいどむ。
【論争】ロンソウ 互いに自説の正しさを主張して、あらそう。
【論▼叢】ロンソウ 論文を集めた書物。論文集。論集。
【論題】ロンダイ 日討論や論文などの題目。例—を決めて争う。
【論断】ロンダン 議論して判断を下す。例あざやかな—。
【論壇】ロンダン 日①評論家や批評家の社会。言論界。例—をにぎわす。②演説や講演をするための壇。演壇。
【論著】ロンチョ 考えを論じて、そのことについて著述する。また、その著述。
【論調】ロンチョウ 日議論や論説の、内容や進め方の調子または傾向。例政府批判の—が色濃い新聞記事。
【論敵】ロンテキ 日反対意見を発表し、議論のやり取りをする相手。論争の相手。
【論点】ロンテン 日ある論説や論争の中心になる問題点。
【論難】ロンナン 相手の不正や誤りについて、問題として取り上げて非難する。
【論破】ロンパ 議論して相手を言い負かす。
【論▼駁】【論▼駮】ロンバク 相手の議論の誤りを指摘して反論する。例実証をあげて—する。
【論判】ロンパン 論策(議論文)と判語(批評文)。科挙(=官吏登用試験)の科目の一つ。
【論評】ロンピョウ ものごとのよしあしを論じて、批評する。また、その内容。例—をさける。—を加える。
【論文】ロンブン ①ある問題についての意見や、研究の結果について、まとめた文章。例学位—。②ブンをロンず 文学について議論する。例重与細論レ文かさねてともにこまかにブンをロンぜん(=ふたたび一緒に詳しく文学を語り合えることだろう)。〈杜甫・春日憶李白〉
【論弁(辨)】ロンベン 〔「辨」は、区別を明らかにする意〕①ものごとの道理を論じて、はっきりさせる。②議論文の文体の一つ。
【論弁(辯)】ロンベン 〔「辯」は、述べる意〕自分の意見を論じ説く。
【論法】ロンポウ 日議論を進める方法。例三段—。
【論▼鋒】ロンポウ 日①議論を進める勢い。例—鋭く詰めよる。②議論のほこさき。議論の攻撃目標。
【論理】ロンリ ①道理を論じる。②議論や思考を正しく進めていく筋道。ことわり。例—に合う。—学。③ものごとの間の関係や法則。例自然の—。
●異論イロン・激論ゲキロン・結論ケツロン・言論ゲンロン・口論コウロン・持論ジロン・推論スイロン・正論セイロン・討論トウロン・評論ヒョウロン・理論リロン

諳
言9(16) ②7562 8AF3
アン(アム)漢 覃 ān そら-んじる(そら-んず)
意味 知りつくす。そらでおぼえる。そら読みする。**そらんじる**。通暗。例諳記アンキ・諳誦アンショウ。
【諳記】アンキ そらで覚える。暗記。例丸—。
【諳算】アンザン 頭の中で計算する。暗算。
【諳▼悉】アンシツ そらで言えるほどすべてを覚えきる。
【諳▼誦】アンショウ 文章をそらでとなえる。暗誦。暗唱。
【諳練】【諳▼錬】アンレン 十分に練習してなれている。習熟。熟達。熟練。

謂
言9(16) ①1666 8B02 人
イ(ヰ)漢呉 未 wèi い-う(い-ふ)・いい(いひ)・いわ-れ(いは-れ)
なりたち [形声]「言(=ことば)」と、音「胃イ」とから成る。報ずる。
意味 ❶人に向かって話しかける。つげる。**いう**。例子謂二子貢一曰シシコウにいいていわく(=先生が子貢に言われることには)。〈論語・公冶長〉❷ある人やものごとについて話す。批評する。例子謂二子産一シシサンをいう(=先生は子産について言われた)。〈論語・公冶長〉❸名づけていう。となえる。よぶ。例天命之謂レ性テンのメイずるこれをセイという(=天が人に命じ与えたものを性という)。〈中庸〉❹呼び名。**いい**。例称謂ショウイ(=呼び名。名称)。❺意味。**いわれ**。**いい**。例何謂也なんのいいぞや(=どういう意味ですか)。〈論語・為政〉❻判断する。思うに。おもうことには。おもえらく。例愚謂グおもえらく(=わたくしが思うには)。
古訓 中古 いはく・いふ・おもふ・おもへらく・おもみれば・おもんみる・かたらふ・かたる・ため・つとめ・のぶ・ものがたり 中世 いはく・いはれ・おもふ・おもへらく・かたらふ・ものがたり 近世 いはく・いふ・つぐる・つとむる・むくゆる

難読 以謂おもえらく

[謁] 言9(16) ⇨謁エツ(1231ジペー)

諧
言9(16) ②7563 8AE7 常用
カイ漢 佳 xié
筆順 … 諧 諧
なりたち [形声]「言(=ことば)」と、音「皆カイ」とから成る。調和する。
意味 ❶しっくりと調和する。うちとける。やわらぐ。かなう。例諧調カイチョウ・諧和カイワ。❷こっけい。たわむれ。ユーモア。例諧謔カイギャク・俳諧ハイカイ。
古訓 中古 かなふ・ととのふ・とぶらふ・やはらかなり・やはらぐ 中世 かなふ・とぶらふ・やはらぐ 近世 あざむく・あふ・かなふ・ととのふ・やはらぐ
人名 かのう
【諧▼謔】カイギャク おもしろい冗談。ユーモア。例—に富む。
【諧協】カイキョウ よく調和している。
【諧声】カイセイ ①ほかの声と調和する声。②⇨【形声】ケイセイ(469ジペー)
【諧調】カイチョウ ①おどけふざける。②音楽のリズムなどがよく調和している。また、その調子。
【諧比】カイヒ 〔「比」は、親しむ意〕へだてなく仲よくなる。うちとけて親しくなる。
【諧和】カイワ ①うちとけて仲よくなる。間柄がやわらぐ。②音楽で、調子がよくととのう。

諤
言9(16) ②7564 8AE4
ガク漢 薬 è
意味 正しいと思うことをはばからずに言う。直言する。例侃諤諤カンガクガク。
【諤諤】ガクガク 正しいと信じることを遠慮しないで述べたてるさま。例侃侃カンカン—。

諫
言9(16) ②7561 8AEB
カン漢呉 諫 jiàn いさ-める(いさ-む)・いさ-め

[諌] 言8(15) ①2050 8ACC 俗字。

意味 ❶目上の人の過ちをいさめるために直言する。**いさめる**。例 叩レ馬而諫（うまをひかえていさむ）（＝ウマのくつわを引きとどめていさめる）。〈史記・伯夷伝〉 諫官カンカン。諫言カンゲン。諫止カンシ。 ❷改める。ただす。

難読 諫早いさはや（＝長崎県の地名）

【諫院】カンイン 宋ソウ代、諫官が詰める役所。

【諫官】カンカン 天子の過失をいさめる役目の官。類 諫職・諫議大夫カンギタイフ。

【諫言】カンゲン 主君など、目上の人の悪い点を指して、直すように言う。また、そのことば。例 老臣の―を入れる。

【諫鼓】カンコ 人民が天子をいさめたり訴えようとするとき、これを打って知らせたという、朝廷の門外に設けられた太鼓。朝鼓、のちに登聞鼓トウブンコとも呼んだ。

【諫止】カンシ 目上の人に忠告して、思いとどまらせる。いさめてやめさせる。

【諫死】カンシ ①主君をいさめるために死ぬ。②死ぬ覚悟でいさめる。

【諫正】カンセイ 人をいさめ、過ちをただす。

【諫▼疏】カンソ 君主をいさめるために記した文書。類 諫書。

【諫争】【諫▼諍】カンソウ 君主の過失をきびしくいさめる。

●極諫キョッカン・直諫チョッカン・諷諫フウカン

諴
言9（16） ③9212 8AF4　カン（カム）漢 咸 xián

意味 なごやかに、うちとける。やわらぐ。

諱
言9（16） ②7565 8AF1　キ（クヰ）漢 未 huì　いみな・い-む

意味 ❶はばかって避ける。いみきらう。**いむ**。例 諱忌キキ。諱言キゲン。 ❷死者の生前の本名。**いみな**。〔死んでからは生前の名を避けて用いず、死後につけた諡おくりなで呼ぶ〕例 避諱キヒ（＝いみなを避ける）。

【不レ可レ諱】いむべからず 死ぬこと。〔死はだれも忌み避けることができないことから〕〈戦国策・魏〉

【諱忌】キキ いみきらう。忌諱。

【諱言】キゲン ①口に出すのをはばかることば。悪口。②他人のいさめの言をきらう。

諕
言9（16） ②7566 8B14　キャク漢 ギャク呉 薬 xuè　たわむ-れる（たはむ-る）

意味 おどけて冗談を言う。**たわむれる**。例 諕笑ギャクショウ（＝ふざけて笑う）。諧諕カイギャク。

【諕浪】ギャクロウ 〔「浪」は、気ままの意〕たわむれおどける。類 諕劇。

諠
言9（16） ②7567 8AE0　ケン漢 元 xuān　かまびす-しい（かまびす-し）

意味 ❶やかましい。**かまびすしい**。通 喧ケン。例 諠譁ケンカ。諠譟ケンソウ。 ❷明るい。明らか。例 諠赫ケンカク。 ❸わすれる。通 諼ケン。例 諠己ケンキ（＝おのれを忘れる）。

【諠▼譁】ケンカ ①やかましく騒ぐ。②日 互いに言い争ったり、なぐりあったりする。いさかい。例 ―を売る。▽喧嘩ケンカ。

【諠▼赫】ケンカク 〔明らかにかがやく意〕名声や権勢が盛んであること。烜赫ケンカク。

【諠▼譟】ケンソウ （町や人ごみが）騒がしいこと。喧噪ケンソウ。喧騒。

諼
言9（16） ④8866 8AFC　ケン（クヱン）漢 元 xuān

意味 ❶あざむく。いつわる。 ❷わすれる。通 諠ケン。 ❸「諼草ケンソウ」は、ワスレグサ。萱草ケンソウ。

諺
言9（16） ①2433 8AFA 人　ゲン漢 霰 yàn　ことわざ

［諺］言9（16） 俗字。

なりたち  [形声]「言（＝ことば）」と、音「彥ゲン」とから成る。言い伝え。

意味 昔から言い伝えられてきた、教訓を含む短いことば。**ことわざ**。例 諺語ゲンゴ。俚諺リゲン。

古訓 中古 あたこと・ことつたふ・ことわざ 中世 ことわざ 近世 ことわざ・たけし

人名 おう・こと・たけし

【諺文】オンモン／オンブン／ゲンブン 〔朝鮮語〕ハングル（＝朝鮮の文字）の古い呼び名。

【諺解】ゲンカイ ①漢文に諺文オンモンで解釈文をつける。②日 漢文を口語によって解釈したもの。国字解。

【諺語】ゲンゴ ①ことわざ。②俗語。

謊
言9（16） ④8868 8B0A　コウ（クヮウ）漢 陽 huǎng

意味 ❶でたらめ。うそ。 ❷あざむく。だます。

諢
言9（16） ②7568 8AE2　コン慣 ゴン漢 願 hùn

意味 ことばをあいまいにして、おもしろく言う。おどけて言う。冗談。例 諢名コンメイ。

【諢詞小説】コンシショウセツ 俗語で書かれた小説。白話小説。宋ソウ代に生まれたとされ、明ミン・清シン代に盛んに書かれた。

【諢名】コンメイ／あだな 親しみや軽蔑ケイベツの気持ちをこめてつけられる異名。綽号シャクゴウ。綽名。渾名コンメイ。

諮
言9（16） ①2780 8AEE 常用　シ漢呉 支 zī　はか-る・と-う（と-ふ）

筆順 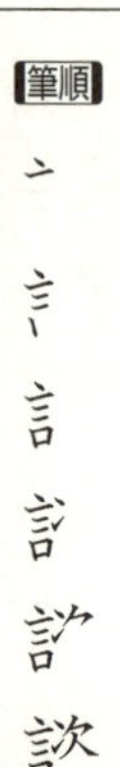

なりたち [形声]「言（＝ことば）」と、音「咨シ」とから成る。相談をもちかける。

意味 上位の者が下位の者に意見を求める。**はかる**。**とう**。通 咨シ。例 諮議シギ。諮問シモン。

古訓 中古 とふ・とぶらふ・はかる・まうす 中世 とふ・とぶらふ・まうす 近世 とふ・はかる

【諮議】シギ ①公の事柄について上の者が下の者に問いたずねる。②諮問に答える。

【諮▼稟】シヒン 人と相談して、その結果を上位者に申し述べる。また、そうするよう指図を受ける。

【諮問】シモン ①臣下に意見をたずねる。相談する。類 諮諏シシュ・諮詢シジュン。②日 政策を立てるときの参考として、専門家や経験の深い人の意見を求める。例 ―委員会の答申。

諡
言9（16） ②7575 8AE1　シ漢 寘 shì　おくりな

［謚］言10（17） ②7574 8B1A 本字。

意味 生前のおこないによってつける呼び名。追号。**おくりな**。例 諡号シゴウ。

【諡号】シゴウ 死者におくる名。多くは生前のおこないを反映させてつける。諡おくりな。

【諡法】シホウ 諡おくりなのつけ方。

諟
言9（16） ③9211 8ADF　シ漢 紙 shì

意味 是正する。ただす。

【諸】言9(16) ⇩諸ヨシ(1232ジペー)

諶
言9(16) 3 9213 8AF6 シン(シム)漢 侵 chén

意味 ❶まこと。通忱シン。❷信じる。

諐
言9(16) 4 8867 27A84 一シン漢 震 xùn 二キ漢呉 寘 jì

意味 一❶問う。通訊シン。❷まこと。通信。二しるす。通記。

諜
言9(16) 1 3621 8ADC チョウ(テフ)漢 葉 dié うかが-う(うかが-ふ)

意味 ❶敵の様子をさぐる(者)。うかがう。まわしもの。例 諜者チョウシャ。諜報チョウホウ。間諜カンチョウ。❷⇩【諜諜】チョウチョウ

難読 諜者しのびのもの・間諜しのびのもの

【諜者】チョウシャ ひそかに様子をさぐる人。スパイ。間諜。類 諜候・諜人。

【諜知】チョウチ 諜人(=スパイ)を使って、人の様子を知る。

【諜諜】チョウチョウ ことば数が多いさま。よくしゃべるさま。喋喋チョウチョウ。

【諜報】チョウホウ 相手の情勢をさぐって知らせる。スパイ活動をする。また、その知らせ。例 ―機関。

諦
言9(16) 1 3692 8AE6 常用 一テイ漢 タイ呉 霽 dì 二テイ漢 斉 tí あきらめる(あきら-む)

筆順 亠 言 言 訁 訁 諦 諦 諦

なりたち [形声]「言(=ことば)」と、音「帝テイ」とから成る。つまびらかにする。

意味 一❶明らかにする。つまびらかにする。あきらか。例 諦視テイシ。要諦ヨウテイ(=重要な事柄)。❷真理。さとり。まこと。例 諦観タイカン。四諦シタイ(=仏教で、四つの真理、また、根本的な教え)。真諦シンタイ(=大切な真理)。二さけぶ。なく。通啼テイ。例 諦号ゴウテイ(=大声で泣きさけぶ)。

日本語での用法《あきらめる》「出世シュッセを諦あきらめる・計画ケイカクを諦あきらめる」▼望みを捨ててしまう。

古訓 中古 あきらかに・つばひらかなり・まこと 中世 あきらか・つばひらか 近世 あきらか・つまびらか

人名 あき・あきら・さとる

【諦観】一テイカン ①くわしく見る。②日 あきらめる。二タイカン 〔仏〕本質を見通す。達観。例 ―に達する。

【諦思】テイシ あれこれと、よく考える。

【諦視】テイシ 詳細によく見る。見守る。

【諦聴】テイチョウ よく注意して聞く。

【諦念】テイネン ①一心に思う。②ものの道理を見通す、悟った心。③日 あきらめの気持ち。

【謎】言9(16) ⇩謎なぞ(1242ジペー)

諷
言9(16) 2 7569 8AF7 フウ漢 フ・フウ呉 送 fěng

意味 ❶そらで読む。また、声を上げて読む。そらんじる。例 諷詠フウエイ。諷誦フウショウ。❷遠まわしに言う。それとなく批評したり、いさめたりする。例 諷諫フウカン。諷刺フウシ。諷喩フウユ。

【諷意】フウイ ①それとなくほのめかして言う気持ち。例 政道批判の―をこめる。②あてこすりの意味。

【諷詠】フウエイ ①詩歌をそらで吟じる。②詩歌を作る。例 花鳥―。

【諷▼諫】フウカン 遠まわしにいさめる。

【諷刺】フウシ ①遠まわしに非難する。あてこすり。②社会や人物の欠陥や罪悪などを批判するために、わざとおもしろおかしく表現する。また、その作品。例 ―画。社会―。▽風刺。

【諷▼誦】フウショウ・フウジュ ①詩文などを暗唱する。②声に出して読む。③〔仏〕経文キョウモンなどを声をあげて読む。

【諷喩】フウユ【諷諭】フウユ ①遠まわしにそれとなくさとす。②日 修辞法の一つ。たとえを用いて、本義を推定させるもの。例 ―詩。▽風諭。

諞
言9(16) 2 7570 8ADE ヘン漢 銑 piǎn へつら-う(へつら-ふ)

意味 ❶口先だけでうまく言う。へつらう。例 諞言ヘンゲン(=たくみなことば)。❷ほらをふく。

謀
言9(16) 1 4337 8B00 常用 ボウ漢 ム呉 尤 móu はかる・はかりごと・たばか-る

筆順 亠 言 言 計 計 詳 謀 謀

なりたち [形声]「言(=ことば)」と、音「某ボ」とから成る。難しいことについてよく考える。

意味 ❶思いめぐらす。相談して計画をねる。はかる。例 為レ人謀而不レ忠乎ひとのためにはかりてチュウならざるか(=人のために考えて、真心を尽くさなかったのではないか)。〈論語・学而〉遠謀エンボウ。深謀シンボウ。無謀ムボウ。❷人をあざむくようなことを計画する。たくらむ。はかりごと。例 謀反ムホン。陰謀インボウ。策謀サクボウ。

古訓 中古 あざむく・いましむ・たばかる・はかりこと・はかる 中世 あざむく・たばかる・はかりこと 近世 はかりごと・はかる

人名 こと・のぶ

【謀画】ボウカク くわだてる。くわだて。はかりごと。類 謀図ボウト。

【謀議】ボウギ ①相談して計画する。②日 ひそかに集まって、犯罪の計画や手段などを相談する。例 共同―。

【謀策】ボウサク はかりごと。計略。策謀。謀略。

【謀殺】ボウサツ 計画的に人を殺す。

【謀主】ボウシュ はかりごとを立てる中心人物。首謀者。

【謀将】ボウショウ 策略に長じた武将。

【謀臣】ボウシン はかりごとのたくみな臣下。

【謀反】【謀▼叛】ボウハン・ムホン ①君主にそむいて兵をあげる相談をする。君主にそむいて兵をあげる。反乱を起こす。例 与二謀反一同レ罪ボウハンとつみをおなじくす(=国を転覆させる謀反罪と同罪にあつかう)。〈墨子・号令〉②秘密裏に事を起こす。

【謀略】ボウリャク はかりごと。策略。謀策。類 謀計。例 ―にかかって失脚する。

【謀慮】ボウリョ 計略をめぐらす。

●隠謀インボウ・共謀キョウボウ・参謀サンボウ・主謀シュボウ・首謀シュボウ・知謀チボウ

諭
言9(16) 1 4501 8AED 常用 ユ漢呉 遇 yù さとす・さとし

[諭] 言9(16) 2F9D0 旧字体。

筆順 亠 言 言 訡 訡 諭 諭 諭

なりたち [形声]「言(=いう)」と、音「兪ユ」とから成る。わかりやすく言う。

意味 ❶言いきかせる。教えさとす。さとす。例 諭旨ユシ。教諭キョウユ。説諭セツユ。❷理解する。さとる。例 未レ諭いまださとらず(=まだ理解していない)。❸たとえる。たとえ。通喩ユ。

古訓 中古 あきらむ・あざむく・いつはる・こしらふ・さとす・さと

る・しる・たとひ・たとふ・つぐ・をしふ 中世 いつはる・こしらふ・さとる・たとひ・つぐ・をしふ 近世 いさむる・さとす・たとへ・つぐる・みちびく
人名 あき・いさむ・さと・さとる・つぐ
【諭告】(ユコク) ①目下の者にさとして聞かせる。②もと、官庁から民間に告げる。また、その文書。
【諭示】(ユシ) 目下の者に口頭であるいは文書でさとす。
【諭旨】(ユシ) ①天子が、臣下や人民を教えさとすための文書。②日 そうする理由を説き聞かせる。例 ―免職。
【諭達】(ユタツ) 日 官庁が出す指示・通達。
●教諭(キョウユ)・告諭(コクユ)・説諭(セツユ)

諛
言9(16) 2 7571 8ADB
ユ 漢 呉 虞 yú へつら-う(へつら-ふ)・へつら-い(へつらひ)
意味 ことばたくみに、きげんをとる。こびる。**へつらう**。阿諛(アユ)(=おもねりへつらう)。面諛(メンユ)(=面と向かってへつらう)。
【諛悦】(ユエツ) へつらって人を喜ばせる。
【諛言】(ユゲン) へつらいのことば。おせじ。類 諛辞。
【諛▼媚】(ユビ) へつらい、こびる。阿諛(アユ)。
【諛墓】(ユボ) 墓誌銘を作って、死者にへつらうこと。

謡
言9(16) 1 4556 8B21 常用
ヨウ(エウ) 漢 蕭 yáo うたい(うたひ)・うた-う(うた-ふ)
[謠] 言10(17) 2 7579 8B20 人 旧字体。
筆順 言 言 訁 訡 謡 謡 謡
なりたち  [形声] 本字は「䍃」で、「言(=ことば)」と、音「月(ジク→ヨウ)」とから成る。伴奏なしで歌う。
意味 ❶楽器の伴奏なしで歌う。**うたう**。対 歌。例 謡詠(ヨウエイ)(=歌をうたう)。謡吟(ヨウギン)(=歌を口ずさむ。うたう)。❷はやりうた。例 歌謡(カヨウ)。俗謡(ゾクヨウ)。民謡(ミンヨウ)。❸うわさ。デマ。例 謡言(ヨウゲン)。謡伝(ヨウデン)。
日本語での用法 《うたい》「謡(うたい)のけいこ・素謡(すうたい)」▼謡曲。能で節をつけてうたうことば。
古訓 中古 うた・うたふ・はかりこと・わざうた 中世 いたづらうた・うたふ・ひとりうた 近世 うた・うたひ・うたふ
人名 うた
【謡曲】(ヨウキョク) 日 能楽の文句。また、それをうたうこと。うたい。
【謡言】(ヨウゲン) ①はやりうた。②世間のうわさ。流言。評判。
【謡俗】(ヨウゾク) ①世間の風俗。②風俗をうたった歌謡。
【謡伝】(ヨウデン) うわさ。流言。
●歌謡(カヨウ)・俗謡(ゾクヨウ)・童謡(ドウヨウ)・民謡(ミンヨウ)

謍
言10(17) 4 8870 8B0D
一 エイ 漢 庚 yíng
二 コウ(クヮウ) 漢 庚 hōng
意味 一 ❶小さな音。❷「謍謍(エイエイ)」は、ハエが飛び回る音。
二 大きな音。
難読 謍(ささめごと)

譁
言10(17) 2 7586 8B41
カ(クヮ) 漢 麻 huá
意味 やかましくさわぐ。かまびすしい。通 嘩(カ)。例 讙譁(カンカ)(=がやがやさわぐ)。

[謌]
言10(17) ⇩歌(カ)(720ジペー)

謹
言10(17) 1 2264 8B39 常用
キン 漢 コン 呉 吻 jǐn つつしむ
[謹] 言11(18) 3 9216 FA63 人 旧字体。
筆順 言 言 訁 詌 諧 謹 謹
なりたち  [形声] 「言(=ことば)」と、音「堇(キン)」とから成る。つつしむ。
意味 気をひきしめて、丁寧におこなう。かしこまる。**つつしむ**。例 謹而信(つつしみてシンあり)(=身をつつしんで誠実にする)。〈論語・学而〉謹言(キンゲン)。謹慎(キンシン)。謹聴(キンチョウ)。
古訓 中古 いましむ・つつしむ・つつむ 中世 うやまふ・つつしむ 近世 うやまふ・おもんず・つつしむ・もつぱら
人名 すすむ・ちか・つつむ・なり・のり・ひとし・もり
【謹賀】(キンガ) つつしんでお祝いすること。例 ―新年。
【謹▼恪】(キンカク) 〔「恪」も、つつしむ意〕つつしみ敬う。尊んで礼を尽くすさま。
【謹▼愨】(キンカク) つつしみ深く誠実である。類 謹原(キンゲン)。
【謹啓】(キンケイ) つつしんで申し上げる。手紙の始めに書く挨拶(アイサツ)のことば。
【謹言】(キンゲン) ①ことばをつつしむ。②つつしんで申し上げる。③日 手紙の終わりに書く挨拶(アイサツ)のことば。例 恐惶(キョウコウ)―。
▽謹白(キンパク)。
【謹厳】(キンゲン) ①言うことやおこないが、つつしみ深くて厳格であるさま。例 ―実直。②文章の字句を吟味する。

【謹厚】(キンコウ) つつしみ深くて人情に厚いさま。

【謹告】(キンコク) ①つつしんで申し上げる。②日 会社や商店などが、広く人々に知らせる文のはじめに使うことば。

【謹順】(キンジュン) つつしんで従う。つつしみ深くすなおである。

【謹書】(キンショ) つつしんで書く。

【謹慎】(キンシン) ①言行をつつしむ。用心深い。②日 江戸時代の刑罰。決められた期間、一定の場所に閉じこめ公務以外の外出を禁止するもの。③日 一定期間、登校などを禁じる罰。例 ―処分。

【謹製】(キンセイ) 日 お客のために、特に念を入れて品物を作る。また、その品物。

【謹諾】(キンダク) つつしんで承知する。

【謹聴】(キンチョウ) ①人の話を敬意をもってきく。②日 (演説会などで)聴衆が、静かにしていない人々に「よくきけ」と注意をうながすことば。

【謹直】(キンチョク) つつしみ深く正直なさま。

【謹勅】(キンチョク)【謹▼飭】(キンチョク) つつしみ深い。

【謹呈】(キンテイ) つつしんで差し上げる。人にものを贈るときのへりくだった言い方で、贈り物の包み紙などに書く。

【謹白】(キンパク) 「謹言(キンゲン)」に同じ。

【謹密】(キンミツ) つつしみ深く、細心で手抜かりがない。

謙
言10(17) 1 2412 8B19 常用
ケン(ケム) 漢 呉 塩 qiān へりくだ-る
[謙] 言10(17) ―― 旧字体。
筆順 言 言 訁 詳 諩 謙 謙
なりたち  [形声] 「言(=ことば)」と、音「兼(ケン)」とから成る。ことばをつつしんで相手をうやまう。
意味 ❶自分のほうを低くあつかう。ひかえめにする。ゆずる。**へりくだる**。例 謙虚(ケンキョ)。謙譲(ケンジョウ)。謙遜(ケンソン)。❷易(エキ)の六十四卦(カ)の一つ。☷☶ 艮下坤上(ゴンカコンショウ)。地中に山がある象。
古訓 中古 うたがふ・へす・へる・ゆづる 中世 あらまし・かるし・へりくだる・ゆづる 近世 うたがふ・こころよし・つつしむ・へりくだる・ゆづる

人名 あき・かた・かぬ・かね・しず・のり・ゆずる・よし

【謙虚】ケンキョ へりくだって我を張らないさま。ひかえめですなおなさま。㊖傲慢ゴウマン。例—に反省する。

【謙恭】ケンキョウ へりくだって、つつしみ深い。

【謙謙】ケンケン へりくだって相手を敬うさま。

【謙辞】ケンジ 謙遜ケンソンしていうことば。へりくだったことば。

【謙称】ケンショウ 自分に関係することを、相手にへりくだっていう言い方。たとえば、愚息・拙宅・弊社など。

【謙譲】ケンジョウ へりくだって相手にゆずる。例—の美徳。

【謙損】ケンソン へりくだって高ぶらない。

【謙遜】ケンソン へりくだってひかえめな態度をとる。㊫謙退。㊖不遜。

【謙黙】ケンモク ひかえめで口数も少ないさま。

【謙抑】ケンヨク へりくだり、自分をおさえて高ぶらない。

【謙和】ケンワ｜ケンカ ひかえめで、おだやかなさま。

謇

言10(17) 2 7573 8B07 ケン㊥ 銑 jiǎn ことども-る・ども-る

意味 ❶ことばがすらすらと出ない。ども-る。例謇訥ケントツ(=どもる)。❷ごまかさずに言う。正直な。例謇諤ガク。

【謇▼諤】【謇▼愕】ケンガク ありのままに言ってはばからない。

【謇謇】ケンケン ①ありのままをはっきり言う。また、そのようなことば。②たいへん困難であること。

源

言10(17) 4 8871 8B1C ゲン(グェン)㊥ 元 yuán

意味 「源源ゲンゲン」は、ゆっくりとよどみなく話すさま。

講

言10(17) 1 2554 8B1B 教5 コウ(カウ)㊥㊦ 講 jiǎng

[講] 言10(17) 旧字体。

筆順 言 言 言 計 計 講 講 講 講

なりたち [形声]「言(=ことば)」と、音「冓コ」とから成る。和解する。

意味 ❶仲直りする。㊐媾コウ。例講和コウワ。❷わかるようにときあかす。例講義ギコウ。講説セツコウ。❸学習する。訓練する。ならう。例講習シュウコウ。講武コウブ。

日本語での用法《コウ》①「大師講ダイシコウ・富士講ふじコウ」▼信仰する仲間として、神仏や霊峰などに詣もうでる団体。②「頼母子講たのもしコウ・無尽講ムジンコウ」▼金融などで助け合う団体。

古訓 中古 かなふ・かまふ・かむがふ・とく・ならふ 中世 あらそふ・とく・ならふ 近世 あらそふ・かたる・きはむる・つぐる・とく・ならふ・はかる

人名 つぐ・とく・のり・みち・みな

【講▼筵】コウエン 講義をする人の席。講席。

【講演】コウエン ①〔仏〕経典を解説し、仏法をときあかす。②日 聴衆を前に、ある題目について、話をすること。また、その話。

【講解】コウカイ ①仲直りする。和解。②書物の内容をわかりやすく説き明かす。解釈。

【講学】コウガク ①(門人らと一緒に)学問を研究し学ぶ。②学問の内容をわかりやすく説明する。

【講義】コウギ ①学説や研究方法、書物の内容などについて、専門家が学生に話して教える。また、その内容。②学問を解説した書物。

【講議】コウギ ①ものごとの意味を説明し討論する。②相談する。

【講求】コウキュウ 調べて研究する。

【講究】コウキュウ ①研究する。検討する。②議論する。

【講古】コウコ 古人や古事について説く。

【講座】コウザ ①経書ケイショや仏典を解説する人が座る席。②日 大学で、研究や教育の組織。学部や学科の下にあり、教授を中心に構成される。③日 何人かが分担して、一般の人向けにおこなわれる講義。例公開—。④日 ある分野の体系的知識を学ぶために企画された、出版物や放送番組。

【講師】㊀コウシ ①学問などを教え指導する人。②日 大学の職名の一つ。准教授の下に位する教員。常勤講師。③日 大学や高等学校などからたのまれて、講義を分担する人。非常勤講師。④日 講演をする人。㊁コウジ 日 歌会で歌を読み上げる役。

【講釈】コウシャク ①文章や字句の意味を説明して聞かせる。②日「講談ダンの②」に同じ。例—師。

【講授】コウジュ 意義を説き明かし教授する。

【講習】コウシュウ 一定の期間、指導を受けて勉強したり、技術を覚えたりすること。例—会。夏期—。

【講中】コウジュウ｜コウチュウ 日 講(=神社仏閣に参詣サンケイするための団体)にはいっている人々。

【講▼誦】コウショウ 書物・詩歌などを音読して教える。

【講席】コウセキ ①経書ケイショや仏典を講説する師の席。講筵コウエン。②講師や学者の尊称。

【講説】コウセツ 講義し説明すること。また、その講義。

【講談】コウダン ①講義や議論をする。②日 大衆演芸の一つ。軍記・武勇伝・政談などを、調子をつけて語る話芸。〔江戸時代は講釈といい、明治以後、講談となった〕

【講壇】コウダン 日 講義や講演をする壇。演壇。

【講堂】コウドウ ①学問を講義する広間。②仏教寺院で、講義や説経をおこなう建物。③日 学校などで、式典や講演などをする、大きな部屋または建物。

【講読】コウドク 書物を読み、意味内容がわかるように教える。

【講評】コウヒョウ 日 理由を説明しながら批評をする。

【講武】コウブ 武芸を講習する。武術を訓練する。

【講明】コウメイ ものごとの道理を説き明かす。

【講論】コウロン 道理を研究して論じる。

【講和】コウワ 戦争をやめ平和を回復する。例—条約。表記 ㊐▼媾和

【講話】コウワ ①語る。話す。②日 ある事柄について、聴衆にわかりやすく説明して聞かせる。また、その話。例校長の—。

●開講カイコウ・休講キュウコウ・聴講チョウコウ・補講ホコウ

[謐] 言10(17) ⇩謐シ(1238ページ)

謝

言10(17) 1 2853 8B1D 教5 シャ㊥ 禡 xiè あやまる

筆順 言 言 訂 訃 訃 謝 謝 謝 謝

なりたち [形声]「言(=ことば)」と、音「射シャ」とから成る。ことわる。

意味 ❶いいわけをして、ことわる。辞退する。例謝絶ゼツシャ。辞謝ジシャ。❷いとまごいをする。別れを告げる。例謝レ客就レ車キャクにシャしてくるまにつく(=友人に別れを告げて車に乗った)。〈史記・魏公子伝〉❸わびを入れる。あやまる。例自来謝二項王一みずからきたりてコウオウにシャす(=自分で来て項王にわびる)。〈史記・項羽紀〉謝罪ザイシャ。陳謝チンシャ。❹お礼をする。お礼。例謝礼シャレイ。感謝カンシャ。薄謝ハクシャ。❺おとろえる。しぼむ。また、新しいものに代わる。例代謝タイシャ。凋謝チョウシャ(=しぼむ)。

古訓 中古 あかふ・いぬ・かしこまる・こたふ・ことば・さる・つぐ・まうす・むくふ・むくゆ・ゆるす・をがむ 中世 こたふ・ことば・さる・つぐ・ま

うす・むくふ・ゆるす 近世 おつる・おとろふ・かへす・ことば・さる・しりぞく・たつ・つぐる・わびる

難読 与謝(よさ)・与謝野(よさの)(=姓・地名)

【謝意】シャイ 日 ①感謝の気持ち。例 ―を表する。②おわびの気持ち。

【謝恩】シャオン 受けた恩に感謝する。例 ―会。

【謝儀】シャギ 感謝の礼儀。謝礼。

【謝金】シャキン ①礼金を拒絶する。②日 謝礼として出すお金。礼金。

【謝遣】シャケン ①断って帰らせる。②礼を言って帰らせる。

【謝罪】シャザイ 過ちや迷惑をかけたことを、あやまってつぐなう。

【謝辞】シャジ ①感謝のことば。お礼のことば。例 ―を述べる。②辞退する。③辞去する。

【謝状】シャジョウ ①お礼の手紙。②おわびの手紙。

【謝絶】シャゼツ 人の申し出などを辞退する。例 謝二絶賓客一(ヒンキャクをシャゼツす)(=来客を断る)。〈史記・儒林伝・申公〉面会―。

【謝礼】シャレイ 感謝をこめて、お礼のことばや金品をおくる。また、そのもの。

●感謝カンシャ・月謝ゲッシャ・深謝シンシャ・代謝タイシャ・陳謝チンシャ・薄謝ハクシャ

謅

言10(17) 4 8869 8B05 一 シュウ(シウ)漢 尤 zhōu 二 ソウ(サウ)漢 巧 chǎo

意味 一 口から出まかせに言う。例 謅謊シュウコウ(=うそをつく)。二 言い争う。

謖

言10(17) 2 7576 8B16 ショク慣 シュク漢 屋 sù たーつ

意味 まっすぐに立つ。立ちあがる。**たつ**。例 謖謖ショクショク(=高くぬきんでているさま)。

謄

言10(17) 1 3805 8B04 常用 トウ漢 蒸 téng うつーす

筆順 月 月 月' 胖 腃 謄 謄 謄

なりたち [形声]「言(=ことば)」と、音「朕チン…▶トウ」とから成る。ことばや文字をかきうつす。

意味 原本をそのまま書きうつす。**うつす**。また、うつし。例 謄写トウシャ。謄本トウホン。

古訓 中世 つたふ 近世 うつす・かきうつし

【謄写】トウシャ 原文どおりにうつしとる。

【謄写版】トウシャバン 日 やすり板の上に、ろうを引いた原紙を載せて鉄筆で文字を書き、インクをしみ出させて印刷する方法。がり版。孔版。

【謄本】トウホン 原本の内容をそのまま書き写した文書。対 抄本。例 戸籍―。

【謄録】トウロク ①書き写す。②宋ソウ代、科挙(=官吏登用試験)の答案を書写して採点者に送る。〔受験者の筆跡を秘するためにおこなわれた〕

謟

言10(17) 4 8872 8B1F トウ(タウ)漢 豪 tāo

参考「諂テン」とは別の字。

意味 ❶うたがう。❷でたらめなさま。

謎

言10(17) 1 3870 8B0E 常用 ベイ漢 メイ呉 霽 斉 mí なぞ

[謎] 言9(16) 俗字。(許容字体)

筆順 言 言 訁 詸 詸 詸 謎 謎

参考「しんにょう」は、手書きでは普通三画で書く。

なりたち [形声]「言(=ことば)」と、音「迷メイ」とから成る。隠語。

意味 かくされた意味をもつことば。**なぞ**。例 謎語メイゴ(=人を迷わすことば。なぞ)。

日本語での用法《なぞ》「宇宙ウチュウの謎なぞ・謎なぞにつつまれる」▼正体不明なこと。

古訓 中古 かくすこと・せむ 中世 なぞ・なぞだて 近世 なぞ・なぞだて

謐

言10(17) 2 7577 8B10 ヒツ慣 ビツ漢 質 mì しずーか(しづーか)

意味 しずかで平穏なさま。**しずか**。例 謐寧ヒツネイ(=安らかなさま)。静謐セイヒツ。

【謐然】ヒツゼン 安らかで静かなさま。類 謐如ヒツジョ。

【謐謐】ヒツヒツ ひっそりとして静かなさま。

謨

言10(17) 2 7585 8B28 ボ漢 モ呉 虞 mó はかーる

意味 大規模な計画をたてる。**はかる**。また、大きなくわだて。例 謨訓ボクン(=手本となるような計画)。宏謨コウボ(=大計画)。

謗

言10(17) 2 7578 8B17 ホウ(ハウ)漢 ボウ(バウ)呉 漾 bàng そしーる

意味 事実にもとづいて悪事を責める。また、悪口を言う。**そしる**。例 忠而被レ謗チュウにしてそしらる(=忠実であっても悪口を言われる)。〈史記・屈原伝〉誹謗ヒボウ。讒謗ザンボウ。

【謗毀】ボウキ【謗▼譏】ボウキ そしる。また、そしり。類 謗訾ボウシ。

【謗議】ボウギ そしる。悪口を言う。また、そしり。謗毀ボウキ。

【謗▼鑠】ボウシャク 〔「鑠」は、金属を溶かす意。群衆がそしる激しさは、硬い金属さえも溶かす〕激しく非難する。そしる。

【謗書】ボウショ ①人を非難し、責めたてた手紙。②〔漢の武帝の政策をそしった書物の意〕『史記』のこと。

【謗嘲】ボウチョウ そしり、あざけること。

[謠]

言10(17) ⇩謡ヨウ(1240ページ)

謳

言11(18) 2 7580 8B33 オウ漢 ウ呉 尤 ōu うたーう(うたーふ)

[讴] 言4(11) 4 8854 27985 俗字。

意味 声をそろえてうたう。うたってほめたたえる。**うたう**。また、うた。例 謳歌オウカ。謳頌オウショウ(=徳をたたえるうた)。

難読 謳うたい

【謳詠】オウエイ 歌をうたう。謳誦オウショウ。類 謳唱。

【謳歌】オウカ ①声をそろえて歌う。②天子などの仁政を一斉にほめたたえる。謳吟。例 謳二歌舜一(シュンをオウカす)(=舜をほめたたえる)。〈孟子・万章上〉③日 よい思いを存分に味わい、それを喜ぶ。例 青春を―する。

【謳吟】オウギン ①歌をうたう。②「謳歌オウカ②」に同じ。

【謳▼誦】オウショウ ①はやりうた。②「謳詠オウエイ」に同じ。

[謹]

言11(18) ⇩謹キン(1240ページ)

謦

言11(18) 2 7582 8B26 ケイ漢 キョウ(キャウ)呉 迥 qǐng しわぶき(しはぶき)

意味 話すときの軽いせき。せきばらい。**しわぶき**。例 謦咳ケイガイ。

【謦▼咳】【謦▼欬】ケイガイ ①せきばらい。例 師の―に接する。②ものを言ったり笑ったりすること。▽声欬セイガイ。

【接(ニ)謦▼欬(ニ)】(ケイガイにセッす) かねて尊敬している人にお目にかかる。また、貴人に面会する。〈宋祁・上河間竜図書〉

謷
言11(18) ─ 8B37 一ゴウ(ガウ)漢 豪 áo 二ゴウ(ガウ)漢 号 ào

意味 一❶そしる。❷⇩【謷謷】(ゴウゴウ)① 二❶志などが高遠なさま。例 謷乎(ゴウコ)。❷おごる。通傲(ゴウ)。例 暴謷(ボウゴウ)(=傲慢(ゴウマン)であらあらしい)。❸⇩【謷謷】(ゴウゴウ)②

【謷▼乎】(ゴウコ) 遠大なさま。

【謷謷】(ゴウゴウ) ①多くの人がうれえるさま。嗷嗷(ゴウゴウ)。 ②みだりにしゃべるさま。

[謭]
言11(18) ⇩譾(セン)(1246ページ)

謫
言11(18) 2 7583 8B2B タク漢 チャク呉 陌 zhé せ-める(せ-む)

[讁] 言15(22) 4 8880 8B81 別体字。

意味 ❶罪をとがめる。せめる。例 謫咎(タッキュウ)(=とがめ)。❷官位を下げて遠方へ流す。例 謫居(タッキョ)。流謫(ルタク)。

【謫降】(タッコウ) ①罪により官職の地位を下げられ、遠方に流される。左遷。②仙人が天上で罪を犯し、下界(=人間界)に落とされる。

【謫▼徙】(タクシ) 罪により辺地へ移される。

【謫▼戍】(タクジュ) 罪を得て国境などの辺地の守備につかされる。また、その兵士。

【謫所】(タクショ) 罪によって流された土地。配所。

【謫仙】(タクセン) ①天上界から人間界へ追放された仙人。すぐれた人物のたとえ。②唐の詩人、李白(リハク)。▽謫仙人。

【謫居】(タッキョ) 罪によって追放された土地で暮らす。また、その住まい。例 謫居臥(レ)病潯陽城(タッキョしてやまいにふすジンヨウジョウ)(=潯陽の町に左遷されてのわび住まい、しかも病の床(とこ)に臥(ふ)している)。〈白居易・琵琶行〉

謬
言11(18) 1 4121 8B2C ビュウ(ビウ)漢 宥 miù あやま-る

[謬] 言11(18) ── 俗字。

意味 ❶事実とくいちがった、でたらめなこと。まちがい。あやまり。例 謬見(ビュウケン)。❷まちがえる。あやまる。例 謬伝(ビュウデン)。

【謬計】(ビュウケイ) まちがった計画・計略。誤算。類 謬算。

【謬見】(ビュウケン) ①まちがった考え。まちがった意見。 ②自分の意見を謙遜(ケンソン)していうことば。

【謬語】(ビュウゴ) ①でたらめなことば。②隠語。

【謬誤】(ビュウゴ) まちがい。誤り。誤謬。

【謬錯】(ビュウサク) 誤る。まちがっているさま。また、誤り。

【謬説】(ビュウセツ) まちがった説。

【謬▼舛】(ビュウセン) まちがう。まちがっているさま。

【謬伝】(ビュウデン) ①誤って伝える。②誤ったうわさ。

【謬悠】(ビュウユウ) でたらめ。また、とらえどころがない。例 謬悠之説荒唐之言(ビュウユウのセツコウトウのゲン)(=とらえどころのない説、とりとめのない言葉)。〈荘子・天下〉

【謬戻】(ビュウレイ) 道理にそむく。道理に合わないさま。

【謬論】(ビュウロン) まちがった議論。

謾
言11(18) 2 7584 8B3E 一バン漢 マン呉 寒 mán 二バン漢 マン呉 諫 màn あざむ-く・あなど-る

意味 一❶でたらめを言って、うそを本当と思わせる。あざむく。通瞞(マン)。例 謾誕(マンタン)。欺謾(ギマン)(=だます)。❷しらをきる。否認する。二❶ばかにする。あなどる。通慢。例 謾易(マンイ)・謾侮(マンブ)(=あなどる)。❷長くつづくさま。通漫。

【謾欺】(マンギ) あざむく。だます。慢欺。欺謾。

【謾語】(マンゴ) でたらめな話。つくり話。

【謾誕】(マンタン) でたらめを言う。大ぼら。誕謾。

[譌]
言12(19) ⇩訛(カ)(1218ページ)

譏
言12(19) 2 7588 8B4F キ漢呉 微 jī そし-る

意味 ❶遠まわしにするどいことばでとがめる。風刺する。そしる。例 譏笑(キショウ)(=そしり笑う)。譏諷(キフウ)(=遠まわしにそしる)。譏謗(キボウ)。❷いさめる。例 譏諫(キカン)(=いさめ)。❸取り調べる。例 譏呵(キカ)。譏察(キサツ)(=厳しく検査する)。

【譏▼呵】【譏▼訶】(キカ) 〔「呵・訶」は、しかる・責める意〕 ①強く非難する。②くわしく問いただす。

【譏議】(キギ) 非難する。そしる。また、そしり。

【譏▼揣】(キシ) 悪口を言って人をそしる。

【譏▼誚】(キショウ) 〔「誚」も、非難する意〕責めそしる。

【譏評】【譏平】(キヒョウ) 欠点をあげて批評する。いやがらせを言う。

【譏▼謗】(キボウ) 〔「謗」も、そしる意〕非難する。悪く言う。そしる。類 譏讒(キザン)・譏刺。

譆
言12(19) 3 9217 8B46 キ漢 支 xī

意味 悲痛や感嘆の声。ああ。例 譆譆(キキ)(=ああ)。

譑
言12(19) 4 8876 8B51 キョウ(ケウ)漢 篠 jiǎo

意味 まきあげて取りこむ。とる。通撟(キョウ)。

譃
言12(19) 4 8874 8B43 ク漢 虞 xū

意味 いつわり。うそ。

警
言12(19) 1 2357 8B66 教6 ケイ漢 キョウ(キャウ)呉 梗 jǐng いまし-める(いまし-む)・いまし-め

筆順

なりたち

[会意]「言(=ことば)」と「敬(ケイ)(=つつしむ)」とから成る。ことばでいましめる。

意味 ❶(ことばで)注意をよびおこす。いましめる。いましめ。例 警戒(ケイカイ)。警告(ケイコク)。警世(ケイセイ)。❷人をはっとさせる。感覚がするどい。さとい。例 警句(ケイク)。警抜(ケイバツ)。奇警(キケイ)。

古訓 中古 いましむ・おどろかす・おどろく・つつしむ 中世 いましむ・いましむる・いましめ 近世 いましむ・さとす・さむる・ただす

人名 さとし・ただし

【警衛】(ケイエイ) ①用心して守る。②護衛する人。

【警戒】(ケイカイ) (起こる可能性がある犯罪や災害に対して)用心して、注意をおこたらないようにする。例 ─警報。

【警官】(ケイカン) 日①「警察官」の略。例 ─隊。②巡査。

【警急】(ケイキュウ) ①急な事態に警戒する。②(危険などが)さし迫っているさま。

【警句】(ケイク) 人生の真理をたくみに表現した短い語句。アフォリズム。例 ─を吐く。

【警鼓】(ケイコ) 非常事態を知らせるために打つ太鼓。

【警固】(ケイゴ) 注意して守りをかためる。また、その役目の人や設備。例 ─の武士。城門を─する。

【警悟】(ケイゴ) ①理解が早い。すばやくさとる。さとい。 ②いましめ、さとらせる。

【警護】ケイゴ 注意して守る。また、その人。例 身辺━。

【警告】ケイコク 危難を避けるため、あらかじめ注意を与える。また、その注意。例 ━を発する。

【警策】ケイサク ①ウマを走らせるために打つむち。②文章の中で、印象をきわだたせる語句。文章中の要所。③キョウサク 座禅をしている人のねむけをはらったり、精神を集中させたりするために、肩を打つ細長い板。

【警察】ケイサツ ①いましめ取り調べる。②日 国民の生命や財産を守り、安心して生活できるよう、犯罪をとりしまるための組織。③日「警察署」「警察官」の略。例 ━に届ける。

【警▼捷】ケイショウ さとい。すばやい。すばしこい。類 警敏。

【警鐘】ケイショウ ①火事や出水のとき、危険を知らせるために鳴らすかね。②警告を発すること。例 ━を鳴らす。

【警世】ケイセイ 世の人に注意を与える。世間に対して警告する。

【警醒】ケイセイ ①いましめて目を覚まさせる。②迷いを解消させる。

【警▼飭】ケイチョク【警勅】ケイチョク （油断や不注意を）いましめる。

【警枕】ケイチン 軍中などで、眠りこむのを防ぐための、丸太で作ったまくら。

【警笛】ケイテキ 日 電車や自動車が人々に注意をうながすために鳴らす、ふえやラッパ、クラクション。また、その音。

【警抜】ケイバツ 抜きんでて賢い。着想がすぐれている。

【警備】ケイビ 非常の場合にそなえて、注意して守る。

【警▼蹕】ケイヒツ/ケイヒチ 〔「警」は、気をつけろ、「蹕」は、止まれの意〕天子の出御シュツギョや行幸、また、貴人の出入りにあたり、先払いが人々に声をかけて通路を警備すること。

【警報】ケイホウ 緊急事態に、警戒するように出す知らせ。例 暴風━。

【警棒】ケイボウ 日 警察官が勤務するときに持つ木の棒。

【警務】ケイム 日 ①警察の職務。②建物などの警備にあたる仕事。例 ━員。

【警夜】ケイヤ 夜回りをする。夜警。

【警▼邏】ケイラ 〔「邏」は、見回る意〕警戒のために見回る。パトロール。また、その人。

●奇警キケイ・婦警フケイ・夜警ヤケイ

譎

言12 (19) 2 7589 8B4E

ケツ漢 屑 jué

いつわり(いつはり)・いつわ-る(いつは-る)

意味 ❶あざむく。いつわる。例 譎詐ケッサ。譎略ケツリャク。❷めずらしい。あやしい。例 譎怪ケッカイ。❸遠回しに言う。例 譎諫ケッカン。

【譎怪】ケッカイ 珍奇であやしい。また、そのような事物。

【譎▼諫】ケッカン 遠回しにいさめる。

【譎▼詭】ケッキ ①奇怪である。②めまぐるしく変化する。

【譎欺】ケッギ いつわる。いつわり。譎詐ケッサ。

【譎詐】ケッサ いつわること。だますこと。譎欺ケッギ。

【譎謀】ケツボウ 人をあざむくこと。また、たくらみ。謀略。

【譎略】ケツリャク 人をあざむくはかりごと。

識

言12 (19) 1 2817 8B58 教5

一 シキ慣 シ漢呉 寘 zhì

二 ショク漢 シキ呉 職 shí

し-る・しる-す

筆順 言 言 諳 諳 諳 識 識 識

なりたち [形声]「言(=ことば)」と、音「戠ショク」とから成る。心に知る。また、しるす。

意味 一 ❶書きつける。**しるす**。例 識語シキゴ。❷目じるし。例 標識ヒョウシキ。❸銅器などに刻まれた文字。例 識文シブン(=銅器や印章に浮き彫りにした文字)。二 ❶区別して知る。見分ける。**しる**。例 其真不レ識二馬耶一(それまことにうまをしらざるか)(=本当にウマを見分けられないのか)。〈韓愈・雑説〉識別シキベツ。鑑識カンシキ。認識ニンシキ。❷知っている内容。見解。例 識見シキケン。知識チシキ。博識ハクシキ。❸知り合う。知り合い。例 旧識キュウシキ(=昔からの知り合い)。相識ソウシキ。面識メンシキ。

古訓 中古 あつまる・あつむ・おもふ・こころ・さと・さとる・しる・たましひ・ものしる・わきまふ 中世 さとる・しる・しるす 近世 しる・しるす・つまびらか

人名 さと・さとし・さとる・つね・のり

【識見】シキケン/シッケン ものごとに対する正しい知識と判断力。見識。例 高い━をもつ人。

【識語】シキゴ/シゴ 写本や刊本で、本文の前や後に、その本の由来や書写・刊行の年月日などを記したもの。

【識字】シキジ 文字の読み書きができること。例 ━率。

【識者】シキシャ 知識が豊富で、正しい判断力のある人。有識者。例 ━の意見をきく。

【識達】シキタツ 見識があって、ものごとの道理に精通している。

【識度】シキド 見識と度量。類 識量。

【識別】シキベツ 違いをはっきりと見分ける。

【識慮】シキリョ 見識と思慮。ものごとの認識力や思考力。

●意識イシキ・学識ガクシキ・見識ケンシキ・常識ジョウシキ・知識チシキ

譙

言12 (19) 3 9219 8B59

一 ショウ(セウ)漢 嘯 qiào

二 ショウ(セウ)漢 蕭 qiáo

意味 一 非難する。せめる。通 誚ショウ。例 譙譲ショウジョウ。二 ❶物見やぐら。例 譙門ショウモン。❷⇒【譙譙】ショウショウ

【譙譙】ショウショウ 鳥の羽の、破れ傷ついたさま。

【譙譲】ショウジョウ 〔「譲」も、責める意〕ことばで責める。責めたてる。しかりつける。

【譙門】ショウモン 城門の上に建てた物見やぐら。類 譙楼。

[證]

言12 (19) ⇩証ショウ (1221ページ)

譖

言12 (19) 2 7591 8B56

一 シン(シム)漢 沁 zèn

二 セン(セム)漢 艶 jiàn

そし-る

[譛]

言12 (19) 2 7592 8B5B 俗字。

意味 一 うそのうったえをして、中傷する。**そしる**。例 浸潤之譖シンジュンのそしり(=水がしみこむように心に入りこむ中傷)。〈論語・顔淵〉譖毀シンキ(=そしる)。譖言シンゲン(=罪をなすりつけて、うったえる)。二 まことでない。いつわる。通 僭セン。

【譖短】シンタン 〔「短」も、そしる意〕あしざまにそしる。

譔

言12 (19) 3 9218 8B54

セン漢 銑 zhuàn

意味 ことばを選んで記述する。のべる。通 撰セン。例 論譔ロンセン。

譚

言12 (19) 2 7593 8B5A

タン(タム)漢 ダン(ダム)呉 覃 tán

はなし

意味 ❶ものがたる。ものがたり。**はなし**。通 談。例 譚海タンカイ。譚論タンロン(=語り、論ずる)。奇譚キタン。❷大きい。❸ふかい。通 覃タン。例 譚思タンシ(=深く考える)。

【譚海】タンカイ いろいろの物語を集めたもの。

譜

言12 (19) 1 4172 8B5C 常用

ホ漢 フ呉 麌 pǔ

筆順 言 言 言 訁 訁 譜 譜 譜 譜

なりたち [形声]「言(=ことば)」と、音「普ホ」とから成る。系統的にならべて書いた記録。

意味 ❶系統だてて記録した文書や系図。例 系譜ケイフ。年譜ネンプ。❷音楽の曲節を符号で書きしるしたもの。例 音譜

プォン。楽譜(ガクフ)。

古訓 中古 しるし・そらにす・つく・ゆづる 中世 しるす 近世 しるす・つづき・つづく・ふだ

人名 つぐ

【譜紀】(フキ) 系図を示した記録。

【譜系】(フケイ) 一族の系統を記載したもの。系図。譜第。族譜。

【譜代】(フダイ) 日 ①代々その主家に仕えること。また、その家臣。例 伊達(だて)家—の家柄。②江戸時代、関ヶ原の合戦前から徳川家の家臣であった大名。対 親藩(シンパン)・外様(とざま)。

例 —大名。▽譜第(フダイ)。

【譜第】(フダイ) ①「譜系(フケイ)」に同じ。②親類。血族。③日「譜代(フダイ)」に同じ。

【譜▼牒】【譜▼諜】(フチョウ) ①事実を順序だてて述べた書きもの。記録。②系図。

【譜表】(フヒョウ) 日 音符などを記入する、五線のある用紙。

【譜面】(フメン) 日 ①楽譜。また、楽譜が書かれた大きめの紙面。例 —台。②囲碁や将棋で、勝負の進行を示した図。

●暗譜(アンプ)・音譜(オンプ)・楽譜(ガクフ)・棋譜(キフ)・系譜(ケイフ)・年譜(ネンプ)

繻

言12 (19) 4 8875 470C ラン 漢 寒 luán

意味 ❶まとまらず、乱れる。❷とりまとめる。治める。❸とぎれず続く。

譩

言13 (20) 3 9220 8B69 イ 漢 支 yī

意味 なげき悲しむあまり発する声。ああ。通 噫(イ)。例 譩譆(イキ)(=ああ)。

議

言13 (20) 1 2136 8B70 教4 ギ 漢 呉 寘 yì はか-る

筆順 言 言 詳 詳 詳 議 議 議

なりたち 【形声】「言(=ことば)」と、音「義(ギ)」とから成る。合意を得られるまで語りあう。

意味 ❶意見を出しあい、すじの通った相談をする。はかる。例 議論(ギロン)。会議(カイギ)。審議(シンギ)。❷意見。主張。例 建議(ケンギ)。動議(ドウギ)。❸批評する。批判的な意見を言う。例 抗議(コウギ)。

古訓 中古 かたらふ・かたる・そしる・たばかる・とく・はかりこと・はかる 中世 かたらふ・そしる・たばかる・たはぶる・ならふ・はかる 近世 あらそふ・かたる・さだむる・はかる

人名 かた・さだむ・のり

【議案】(ギアン) 日 討議のための原案。例 —を審議する。

【議員】(ギイン) 日 議会を構成し、議決権をもつ人。例 —立法。

【議院】(ギイン) 日 ①法律を制定し、国政を審議する機関。衆議院と参議院。例 —内閣制。②国会議事堂。

【議会】(ギカイ) 日 選挙で選ばれた議員で構成される、立法や議決の機関。国会や県議会など。例 —政治。

【議決】(ギケツ) 討議して決定する。また、その決定。例 —機関。

【議事】(ギジ) ①会議で討議する。また、その事柄。例 —録。②日 議会が議案を論議する。例 —堂。

【議定】(ギジョウ・ギテイ) 会議をして決める。例 —書(ギテイショ)。

【議場】(ギジョウ) 日 会議がおこなわれる場所。例 —を閉鎖する。

【議席】(ギセキ) 日 ①議場内の議員の座席。例 —に着く。②議員としての資格。例 —を失う。—を増やす。

【議題】(ギダイ) ①詩文などの題を議論して決める。②日 会議にかけて審議する事柄。

【議長】(ギチョウ) 日 会議で、議事の進行や採決などをおこなう人。

【議了】(ギリョウ) 審議し終える。

【議論】(ギロン) (ある問題について)互いに自分の説を述べ、他人の説に対して同意したり批判したりして、話しあう。また、その内容。例 先輩に—をふっかける。

●会議(カイギ)・閣議(カクギ)・決議(ケツギ)・抗議(コウギ)・衆議(シュウギ)・討議(トウギ)・動議(ドウギ)・評議(ヒョウギ)・不思議(フシギ)・物議(ブツギ)・論議(ロンギ)

譞

言13 (20) 4 8877 8B5E ケン(クェン) 漢 先 xuān

意味 ❶聡明(ソウメイ)なさま。かしこい。さとい。❷「譞譞(ケンケン)」は、しゃべり続けるさま。

護

言13 (20) 1 2478 8B77 教5 コ 漢 ゴ 呉 遇 hù まも-る

筆順 言 言 言 詳 詳 詳 諾 護

なりたち 【形声】「言(=ことば)」と、音「蒦(カク…▼コ)」とから成る。注意深くみまもる。

意味 ❶傷つけないように、かばいまもる。まもる。例 護衛(ゴエイ)。愛護(アイゴ)。看護(カンゴ)。❷ひきいる。すべる。

古訓 中古 たすく・ちはふ・まぼる・まもる・もり・もる 中世 たすく・まぼる・まもる 近世 すくふ・たすくる・まもる

人名 さね・まもり・もり

【護衛】(ゴエイ) 付きそって危険から守る。例 —兵。—艦。

【護岸】(ゴガン) 日 水害を防ぐため、川岸・海岸・堤防などを石やコンクリートで補強する。例 —工事。

【護憲】(ゴケン) 日 憲法を尊重し、その精神が実現されるように努めること。例 —運動。

【護国】(ゴコク) 国家を守る。国家の守護。例 —神社。

【護持】(ゴジ) ①大切にして守りとおす。例 仏法を—する。②日 神仏の加護。

【護身】(ゴシン) 危害からからだを守る。例 —術。

【護送】(ゴソウ) ①付きそって、危険から守りながらおくり届ける。例 —船団。②日 犯人などを逃がさないように、監視しながらおくり届ける。

【護短】(ゴタン) ①人の短所・欠点をとがめないで許す。②自分の短所をかばう。

【護符】(ゴフ・ゴフウ) 神仏の力によって、災難から身を守ってくれると信じられているおふだ。お守り。御符(ゴフ・ゴフウ)。

【護法】(ゴホウ) 〔仏〕①仏法を守護すること。例 —童子。②魔物や病気に打ち勝つ法力(ホウリキ)。

【護摩】(ゴマ) 〔仏〕〔梵語(ボンゴ) homa の音訳〕密教で、炉の中に護摩木を投げ入れ、不動明王や愛染明王(アイゼンミョウオウ)に、災いを除き幸福をもたらすことを祈る儀式。例 —をたく。

【護▼謨】(ゴム) 日〔オランダ gom の音訳〕ゴムの木の樹液から作った弾性のある物質。

●愛護(アイゴ)・援護(エンゴ)・加護(カゴ)・看護(カンゴ)・救護(キュウゴ)・警護(ケイゴ)・守護(シュゴ)・弁護(ベンゴ)・防護(ボウゴ)・保護(ホゴ)・養護(ヨウゴ)・擁護(ヨウゴ)

譲

言13 (20) 1 3089 8B72 常用 ジョウ(ジャウ) 漢 呉 漾 ràng ゆずる(ゆづ-る)

[讓] 言17 (24) 2 7610 8B93 人 旧字体。

筆順 言 言 言 訁 詳 譲 譲 譲

なりたち 【形声】「言(=ことば)」と、音「襄(ショウ…▼ジョウ)」とから成る。責める。借りて「ゆずる」の意。

意味 ❶理屈で相手を責める。責める。例 譲二子胥一(シショをせむ)(=《呉王は》伍子胥(ゴシショ)を責めた)。〈史記・越王句践世家〉 責譲

(=責める)。❷自分の所有しているものを人に与える。**ゆずる**。例 叔斉譲二伯夷一(=叔斉は伯夷に位を譲ろうとした)。〈史記・伯夷伝〉 譲渡。割譲。❸人を先にし自分をあとにする。へりくだる。例 謙譲。辞譲。礼譲。

古訓 中古 うやまふ・せむ・ゆづる 中世 せむる・ゆづる 近世 せむる・へりくだる・まつる・ゆづる

人名 うや・せむ・のり・まさ・ゆずり・よし

【譲位】(くらいをゆずる) 帝王がくらいをゆずる。

【譲渡】日 財産や権利をゆずりわたす。例 —所得。

【譲畔】(ハンをゆずる) 農夫が田の境界をゆずり合う。古代、聖王の善政があまねくおよんだことをいう。

【譲歩】日 ①人に道をゆずって先に行かせる。②交渉をまとめるために、自分の主張をゆずる。

【譲与】ものや権利を無償で他にゆずりあたえる。

●委譲・割譲・謙譲・禅譲・分譲

譫
言13(20) 2 7594 8B6B
セン(セム)漢 塩 zhān
たわごと(たはごと)

意味 とりとめのないおしゃべり。うわごと。**たわごと**。例 譫言(=うわごと)。

[譱]
言13(20) ⇩善(258ページ)

譟
言13(20) 2 7601 8B5F
ソウ(サウ)漢 号 zào
さわ-ぐ

意味 やかましくする。**さわぐ**。通 噪。例 譟音(=さわがしい音)。喧譟。

譬
言13(20) 2 7602 8B6C
ヒ漢呉 寘 pì
たと-える(たと-ふ)・たと-え(たとへ)

意味 例をあげて説明する。**たとえる**。**たとえ**。例 譬如レ為レ山(=たとえば山を作るようなものだ)。〈論語・子罕〉 譬喩。

【譬喩】【譬諭】わかりやすく説明するため、類似の身近なものを使って表現する。たとえ。比喩。類 譬類。例 弁説譬諭(=弁術やたとえ話)。〈荀子・非十二子〉

[譯]
言13(20) ⇩訳(1219ページ)

[譽]
言13(20) ⇩誉(1227ページ)

譴
言14(21) 2 7604 8B74
ケン漢呉 霰 qiǎn
せ-める(せ-む)

意味 ❶ことばでとがめる。**せめる**。例 譴譲(=せめる。とがめる)。譴責。❷つみ。とが。例 大譴(=大罪)。天譴(=天罰)。

【譴▼呵】【譴▼訶】罪をとがめ、しかる。

【譴告】(天が)罪をとがめ、いましめる。

【譴責】①せめ、とがめる。②日 公務員が仕事上、法にそむくようなことをしたとき、それをいましめる申し渡し。例 —処分。

【譴▼謫】罪を責めて左遷し、遠方へ送る。

【譴▼黜】罪を責め官位を下げる。

【譴怒】罪をとがめ、いかる。叱責。

【譴罰】罪を責めて罰を与える。

譶
言14(21) 4 8878 8B76
トウ(タフ)漢 合 tà

意味 早口でしゃべる。

譿
言15(22) 4 8879 8B7F
ケイ漢 霽 huì

意味 かしこい。さとい。通 慧。

讃
言15(22) 1 2730 8B83 人
サン漢呉 翰 zàn
ほ-める(ほ-む)・たた-える(たた-ふ)

[讚]
言19(26) 2 7613 8B9A 本字。

なりたち [形声]「言(=ことば)」と、音「贊ン」とから成る。ほめる。

意味 ❶ほめたたえる。**ほめる**。通 賛。例 讃美。賞讃。礼讃。❷補佐する。たすける。例 讃成(=助けて成就させる)。❸文体の一つ。人をほめたたえる文章。また、絵画に書きそえる詩文。通 賛。例 画讃。❹仏の徳をほめたたえる歌のことば。例 梵讃(=仏の徳をたたえる歌)。

日本語での用法 《サン》「讃州・土讃・予讃」▼旧国名「讃岐(=今の香川県)」の略。

表記 現代表記では「賛」に書きかえることがある。熟語は「賛」も参照。

古訓 中古 あきらかなり・あらはす・あらはる・かたらふ・さとる・たすく・はじむ・はじめ・ほむ・ものがたり・わづか 中世 さとる・はじめ・ほむ・ほむる 近世 あきらか・かなしむ・とく・ほむる・ほめる

人名 あき・ささ・たたえ

【讃岐】日 旧国名の一つ。今の香川県全域。讃州。

【讃歌】ほめたたえてうたう歌。賛歌。

【讃仰】ほめたたえて、たっとぶ。鑽仰。賛仰。

【讃辞】ほめたたえることば。賛辞。

【讃▼歎】一 深く感心してほめる。二〔仏〕仏の徳をたたえること。また、その歌謡。▽讃嘆。賛歎。賛嘆。

【讃美】ほめたたえる。賛美。

【讃美歌】キリスト教で、神やキリストをたたえ、神を信じる気持ちをうたう歌。聖歌。賛美歌。

譾
言15(22) — 8B7E
セン漢 銑 jiǎn

[謭]
言11(18) 4 8873 8B2D 別体字。

意味 浅薄な。あさい。

[讁]
言15(22) ⇩謫(1243ページ)

[讀]
言15(22) ⇩読(1230ページ)

讌
言16(23) 2 7607 8B8C
エン漢 霰 yàn
さかもり・の-む

[醼]
酉16(23) 3 9291 91BC 別体字。

意味 ❶集まって語らう。例 讌語(=くつろいで語る)。❷集まって酒を飲む。**さかもり**。宴会。通 宴。例 讌会(=さかもり)。

讐
言16(23) 1 2918 8B90
シュウ(シウ)漢 尤 chóu
むく-いる(むく-ゆ)・あだ

[讎]
言16(23) 2 7608 8B8E 本字。

意味 ❶うけこたえをする。また、しかえしをする。**むくいる**。通 酬。例 復讐。❷対等にうけこたえをする相手。また、しかえしをしたい相手。かたき。**あだ**。例 讐敵。仇讐(=かたき)。❸相対して書物を読みくらべる。例 讐校。❹売る。通 售。例 酒讐数倍(=酒の売り上げは数倍になった)。〈史記・高祖紀〉

【讐家】仲の悪い相手。かたき。讐敵。類 讐仇。

【讐校】シュウコウ 校正する。一人が原本(原稿)を読み、ほかの一人が文字の誤りを直す。〔二人の向き合った様子がかたきどうしのようであることから〕
【讐視】シュウシ 相手をかたきのように見なして憎む。
【讐定】シュウテイ｜シュウジョウ 書物を校正する。讐校。
【讐敵】シュウテキ かたき。讐家シュウカ。㊩讐仇シュウキュウ。

讋 言16(23) [4]8881 8B8B ショウ(セフ)㊥ 葉 zhé
意味 おびえて、びくびくする。おそれる。㊣慴ショウ・懾ショウ。例 讋怖ショウフ(=おそれる)。
【讋伏】ショウフク【讋服】ショウフク おそれ服従する。

變 言16(23) ⇨変へん(309ジペー)

讔 言17(24) [4]8882 8B94 イン㊥ 吻 yǐn
意味 意味を隠してわからないようにしたことば。隠語。例 讔語インゴ・讔謎インメイ(=なぞなぞ)。

讙 言17(24) [2]7612 8B99 カン(クヮン)㊥㊧ 寒 huān ケン㊥ 元 xuān かまびすーしい(かまびすーし)・よろこーぶ
意味 ❶やかましく言う。かまびすしい。例 讙譁カンカ。❷楽しむ。よろこぶ。㊣歓。例 讙謡カンヨウ。
【讙▼譁】カンカ｜ケンカ がやがやと騒ぐ。讙嘩カンカ。㊩讙敖カンゴウ。
【讙謡】カンヨウ 喜び歌う。歓謡。

讒 言17(24) [2]7609 8B92 サン(サム)㊥ ザン(ザム)㊧ 咸 chán そしーる
意味 人をおとしいれるために告げ口をする。密告して中傷する。そしる。また、中傷。そしり。例 以レ讒誅レ我ザンをもってわれをチュウす(=中傷を信じて私を殺そうとする)。〈史記・越王句践世家〉讒言ザンゲン。讒謗ザンボウ。
【讒間】ザンカン 悪口を言って人と人との仲をさく。
【讒言】ザンゲン (おとしいれるために)事実を曲げたり、ありもしないことを言う。中傷。告げ口。㊩讒説。
【讒口】ザンコウ 人をおとしいれようとして告げ口をする。また、その告げ口。㊩讒舌。
【讒巧】ザンコウ【讒構】ザンコウ 人をおとしいれようとたくらむ。中傷する。また、そのたくらみ。
【讒嫉】ザンシツ そしりねたむ。
【讒人】ザンジン ことばたくみに人をおとしいれようとする人。㊩讒夫ザンプ。
【讒訴】ザンソ (おとしいれるために)悪口やありもしない悪いうわさを流す。
【讒奏】ザンソウ ある人の悪口を天子に申し上げる。
【讒▼佞】ザンネイ 目上の人に告げ口をしたり、へつらったりする。また、その人。㊩讒諂ザンテン・讒諛ザンユ。例 ―の徒。
【讒▼誣】ザンブ 事実でないことを言い立てて、人をそしる。
【讒▼謗】ザンボウ 告げ口をしたり悪口を言ったりして人を傷つける。㊩讒毀ザンキ。例 罵詈バリ―してはずかしめる。

讓 言17(24) ⇨譲ジョウ(1245ジペー)

讖 言17(24) [2]7611 8B96 シン(シム)㊥ 沁 chèn
意味 未来の吉凶や禍福をあらかじめしらせることば。予言。また、未来記。例 讖語シンゴ。讖書シンショ。図讖トシン(=予言書)。
【讖緯】シンイ 図讖トシン(=未来記・予言集)と緯書(=《経書に対して》神秘的な事柄を記した書)。前漢末・後漢のころ学問として盛行したが、隋ズイの煬帝ヨウダイが禁圧した。
【讖語】シンゴ 予言。㊩讖言シンゲン。
【讖書】シンショ 未来を予言して記した文字や図録を掲載した書。㊩讖記。

讕 言17(24) [4]8883 8B95 ラン㊥ 寒 lán
意味 言い逃れる。いつわる。例 讕言ランゲン(=でたらめな発言)。

讚 言19(26) ⇨讃サン(1246ジペー)

讞 言20(27) [4]8885 8B9E ゲン㊥ 銑 yàn
意味 判決を下す。さばく。例 定讞テイゲン(=裁く)。

讝 言20(27) [3]9221 8B9D セン(セム)㊥ 塩 zhān
意味 うわごとを言う。例 讝語センゴ。
【讝語】センゴ うわごと。また、たわごと。

讜 言20(27) [4]8884 8B9C トウ(タウ)㊥ 養 dǎng
意味 言論が正しい。ただしい。例 讜言トウゲン。讜論トウロン。
【讜議】トウギ 公正な議論。正論。讜論。
【讜言】トウゲン 道理にかなったことば。すなおなことば。㊩讜辞。
【讜直】トウチョク 正しい。正直。
【讜論】トウロン 正しい意見や議論。正論。

150 7画 谷 たに たにへん部

穴から流れ出した泉が川にそそいでつくる「たに」の意をあらわす。「谷」をもとにしてできている漢字を集めた。

[0] 1247 谷 [4] 1248 谺 谹 [5] 1248 谽 [7] 1248 谾 [8] 1248 谿 [10] 1248 豁 谿 豅 [16] 1248 豅

この部首に所属しない漢字
欲→欠 719

谷 谷0(7) [1]3511 8C37 教2
一 コク㊥㊧ 屋 gǔ
二 ヨク㊥ 沃 yù
たに・や・やち・きわーまる(きはーまる)

筆順 ノ ハ ケ 仌 仌 谷 谷

なりたち  [会意]「口(=地面のあな)」から「水(=みず)」が流れ出ようとしている形。泉が流れ出て川にそそいでつくる「たに」の意。

意味 一 ❶山と山とのあいだの低いくぼみ。たに。例 峡谷キョウコク。渓谷ケイコク。幽谷ユウコク。❷農作物の総称。万物を育てるもの。また、穀物。㊣穀。例 五谷ゴコク(=五穀)。❸進むことも退くこともできなくなる。きわまる。例 進退維谷シンタイこれきわまる。〈詩経・大雅・桑柔〉❹やしなう。そだてる。例 谷風コクフウ。二「吐谷渾トヨクコン」は、四世紀初めころ鮮卑センピ族が建てた国の名。

古訓 中古 きはむる・きはむ・たに・やしなふ 中世 きはまる・たに・やしなふ・やつ 近世 きはまる・たに・やしなふ

人名 ひろ

【谷飲】コクイン 谷川の水をすくって飲む。隠者となって山谷に住むことをいう。
【谷間】一 コクカン 二 たにま 一 山と山にはさまれた、せまくて低い地帯。二 まわりにくらべて極端に低いところや、取り残されたところ。例 ビルの―。好景気の―。

【谷神】コクシン 山深い谷間の空虚な所。〔老子が、万物を生成する宇宙の本体としての道を表現した語〕
【谷風】㊀コクフウ ①万物を生育させる風。東風。春風。例 習習谷風シュウシュウたるコクフウ（＝さわさわとやわらかな春風が吹く）。〈詩経・邶風・谷風〉②谷に吹く風。㊁たにかぜ 日 昼間、谷の方から山の頂上に向かって吹き上げる風。対 山風やまかぜ。
【谷閣】コッカク 谷間にかけられた橋。
【谷川】たにがわ 日 谷の中を流れる川。

谺 谷4(11) 2 7614 8C3A カ 漢 麻 xiā こだま
意味 谷が広く深いさま。
日本語での用法 《こだま》「谺こだまがかえる」▼やまびこ。

谹 谷4(11) 4 8886 8C39 コウ（クヮウ）漢 庚 hóng
意味 広く奥深いさま。例 谹議コウギ（＝深遠な議論）。

𧮳 谷5(12) 4 8887 27BB3 カン（カム）漢 覃 hān
意味 「𧮳谺カンカ」は、谷が広いさま。谽谺カンカ。

谽 谷7(14) 4 8888 8C3D カン（カム）漢 覃 hān
意味 「谽谺カンカ」は、谷が広いさま。𧮳谺カンカ。 難読 谽谺やまびこ

[谿] 谷8(15) ⇩渓ケイ（783ジベー）

豁 谷10(17) 2 7615 8C41 カツ（クヮツ）漢 曷 huò ひら-ける（ひら-く）・ひろ-い（ひろ-し）
意味 ❶さまたげるものがなくなり、からっとひらけた状態となる。**ひらける**。例 豁然カツゼン。開豁カイカツ。❷心がひろい。度量が大きい。**ひろい**。例 豁達カッタツ。
難読 豁ほがらか
【豁如】カツジョ 広々としたさま。また、心が広く、度量の大きいさま。
【豁然】カツゼン ①目の前が急に広々と開けるさま。例 復行数十歩、豁然開朗またゆくことスウジッポ、カツゼンとしてカイロウなり（＝さらに数十歩ほど進むと、突然目の前がぱっと開けて明るく広がった）。〈陶淵明・桃花源記〉②迷いが去って、突然、悟りをひらくさま。例 ―と悟る。
【豁達】カッタツ ①景色が四方に開けているさま。②心が広く、ものにこだわらないさま。闊達カッタツ。例 ―大度ドタイ。―な性格。

[谿] 谷10(17) ⇩渓ケイ（783ジベー）

[𧯇] 谷10(17) ⇩豅ロウ（1248ジベー）

豅 谷16(23) 4 8891 8C45 ロウ 漢 東 lóng
[𧯇] 谷10(17) 4 8890 27BC7 別体字。
意味 長く深い谷。

151 7画 豆 まめ まめへん部

足の長いうつわ「たかつき」の形をあらわす。のち「マメ」の意をあらわすようになった。「豆」をもとにしてできている漢字と、「豆」の字形を目じるしにして引く漢字とを集めた。

豆 豆0(7) 1 3806 8C46 教3 トウ 漢 ズ（ヅ）呉 宥 dòu まめ 付表 小豆あずき
筆順 一 … 豆
なりたち [象形] 足の長いうつわの形。肉を盛るうつわ。借りて「マメ」の意。
意味 ❶昔、食物や神への供え物をのせたうつわ。土製・青銅製・陶製など。たかつき。例 俎豆ソトウ。❷穀物の一種。**まめ**。通 荳トウ。ア マメ科の植物の種子をまとめていうことば。例 大豆ダイズ。小豆あずき。イ 特に、ダイズ。例 豆腐トウフ。納豆ナットウ。❸単位をあらわす。ア 春秋戦国時代、斉セイの国の容量の単位。四升。イ 重さの単位。一両の一四四分の一。

[豆❶]

日本語での用法 ㊀《ず》「宇豆ずの幣帛みてぐら（＝尊い神にたてまつるささげ物）」▼「ず」の音をあらわす万葉仮名。㊁《ズ》《トウ》「駿豆ズン・豆州シュウ／ズシュウ」▼旧国名「伊豆いず（＝今の伊豆半島と伊豆七島）」の略。㊂《まめ》①「血豆ちまめ」▼こすれたりして手足にできる小さなふくらみ。②「豆電球デンキュウ・豆本まめホン」▼小型の。

古訓 中古 まめ 中世 まめ 近世 つきえ・つくえ・まないた・まめ
難読 小豆島しょうどしま・刀豆なたまめ・大角豆ささげ・蚕豆そらまめ
【豆芽】トウガ ダイズを水にひたして発芽させたもの。もやし。
【豆▼萁】トウキ マメの実を取り去ったあとの枝・茎・さやなど。豆がら。
【豆▼羹】トウコウ ①たかつきに盛ったあつもの（＝スープ）。分量の少ないことのたとえ。②マメのあつもの。
【豆▼豉】トウシ／トウチー みそ・納豆など、マメを原料とした食品。
【豆▼滓】トウシ ダイズの油をしぼった残りのかす。肥料や飼料とする。まめかす。
【豆実】トウジツ たかつきに盛った食物。神前に供える。
【豆▼粥】トウシュク 豆がゆ。
【豆人】トウジン 〔マメほどに小さく見えることから〕遠方の人物の姿。例 寸馬―（＝遠くから見た豆粒のような人馬）。
【豆乳】トウニュウ すりつぶしたダイズに水を加えて煮て、牛乳のようにしたもの。
【豆腐】トウフ ダイズをすりつぶして煮た液をこして、にがり（＝凝固剤）で固めた食品。
【豆▼籩】トウヘン たかつき。
【豆剖▼瓜分】トウボウカブン 〔マメがさやから落ち、ウリが割られる意〕国土が分裂すること。〈晋書・地理志上〉から〕
【豆板】まめいた 日 ①砂糖をとかしたものに、いったマメをまぜて板状にした菓子。②「豆板銀」の略。江戸時代のまめつぶ状の銀貨。
【豆殻】【豆幹】まめがら 日 マメの実を取り去ったあとの、茎や、さや。萁まめがら。
【豆本】まめホン 日 趣味的に作られる、ごく小型の本。
【豆名月】まめメイゲツ 日 陰暦九月十三夜の月。枝豆や栗くりを供える。栗名月。↓【芋名月】いもメイゲツ（1120ジベー）
●大豆ダイズ・納豆ナットウ・南京豆ナンキンまめ

豈 豆3(10) 2 7617 8C48 ㊀ガイ 慣 カイ 漢 賄 kǎi ㊁キ 漢 呉 尾 qǐ あに
意味 ㊀たのしむ。やわらぐ。例 豈弟ガイテイ（＝やわらぎ楽しむ）。㊁「あに…（や）」と読み、どうして…であろうか・なんと…ではな

いか、の意。反語や詠嘆をあらわす。例 豈能佩二六国相印一乎（あによくリッコクのショウインをおびんや）（＝どうして六国の宰相を兼務することができたであろうか）。〈史記・蘇秦伝〉

豇 豆3（10） 4 8892 8C47 コウ（カウ）漢 江 jiāng

意味 「豇豆（ささげ）」は、マメ科の一年草。

豉 豆4（11） 3 9222 8C49 シ 漢 寘 chǐ

意味 ❶ダイズを発酵させて作った乾納豆の一種。「豆豉（トウシ）」❷「豉虫（シチュウ）」は、ミズスマシ。

豊 豆6（13） 1 4313 8C4A 教5 ホウ 漢 フ・ブ・フウ 呉 東 fēng ゆたか・とよ

［豐］ 豆11（18） 2 7620 8C50 旧字体。

筆順 冂 巾 曲 曲 曲 曹 曹 豊 豊

なりたち ［象形］大きな「豆（＝たかつき）」が満たされている形。

意味 ❶たっぷりある。量が多い。ゆたか。例 豊潤（ホウジュン）。豊富（ホウフ）。豊漁（ホウリョウ）。❷大きい。例 豊功（ホウコウ）。豊碑（ホウヒ）。❸肉づきがよい。ふっくらしている。例 豊満（ホウマン）。❹穀物の実りがよい。対 凶。例 豊作（ホウサク）。豊年（ホウネン）。❺草木がよく茂っている。例 豊草（ホウソウ）。❻易（エキ）の六十四卦（カ）の一つ。☳☲ 離下震上（リカシンショウ）。雷と稲妻がともに来る象。

日本語での用法 《ブ》《ブン》《ホウ》「豊前（ブゼン）・豊後（ブンゴ）・豊予（ホウヨ）」▼「豊国（とよのくに）」（＝九州地方北東部、今の福岡県と大分県にあたる地域の古い呼び方）」の意。

古訓 中古 あつし・おほきにす・とみ・とむ・とよ・ゆたかなり・ゆたかに 中世 おほいなり・とよ・ゆたか・ゆたかなり 近世 おほいなり・おほし・さかんなり・のぼる・みのる・ゆたか

人名 あつ・あつし・かた・しげ・しげる・たか・たかし・て・と・のぼる・ひろ・ひろし・みつる・みのり・みのる・もり・ゆた・よし

【豊前】（ブゼン） 日 旧国名の一つ。今の福岡県東部と大分県北部。

【豊後】（ブンゴ） 日 旧国名の一つ。今の大分県中部と南部。

【豊偉】（ホウイ） 肉づきがよく、体格が立派である。

【豊▼溢】（ホウイツ） ゆたかで、あり余る。類 豊衍（ホウエン）・豊羨（ホウセン）。

【豊艶】（ホウエン） ふっくらとして、あでやかである。美女の形容。

【豊下】（ホウカ） しもぶくれの顔。貴人の相とされた。類 豊頤（ホウイ）。

【豊凶】（ホウキョウ） 豊年と凶年。豊作と凶作。類 豊荒。

【豊胸】（ホウキョウ） 日 女性のむねをゆたかにすること。また、ゆたかなむね。類 豊乳。例 ―術。

【豊頬】（ホウキョウ） 美しくふっくらとしたほお。おもぶくら。

【豊倹】（ホウケン） ゆたかさと、つましさ。豊約。豊殺（ホウサイ）。

【豊功】（ホウコウ） 大きな手柄。大功。偉功。

【豊厚】（ホウコウ） ①祭礼や葬礼などを手厚くおこなうさま。②からだつきが豊満なさま。また、文字の肉づきのよいさま。

【豊殺】（ホウサイ） あり余ることと、節約すること。豊倹。豊約。

【豊歳】（ホウサイ） 豊作の年。豊年。

【豊作】（ホウサク） 日 農作物がよくできること。特に、穀物がよく実ること。対 凶作・不作。

【豊熟】（ホウジュク） 穀物がゆたかに実る。豊穣（ホウジョウ）。

【豊潤】（ホウジュン） ①甘い液などがたっぷり含まれているさま。例 ―な果物。②ゆたかで、うるおいのあるさま。例 ―な地。

【豊壌】（ホウジョウ） よく肥えた土地。

【豊▼穣】（ホウジョウ） 穀物のゆたかな実り。収穫が多い。豊作。豊熟。例 五穀―。

【豊▼饒】（ホウジョウ） 土地が肥えて、農作物がよくできるさま。産物・食物などがゆたかで多いさま。また、内容が充実しているさま。例 ―な土地。

【豊上鋭下】（ホウジョウエイカ） 額（ひたい）は広く肉づきがあり、あごがとがっている。貴人の相。〈遼史・太祖紀上〉類 豊上削下（ホウジョウサッカ）・豊上殺下（ホウジョウサイカ）。

【豊▼稔】（ホウジン） 穀物の実りがよい。類 豊登（ホウトウ）。

【豊▼悴】（ホウスイ）【豊▼瘁】（ホウスイ） 盛んであることと衰えること。盛衰。

【豊▼贍】（ホウセン） （「贍」は、足りる意）財物がゆたかにある。十分に満ち足りている。

【豊草】（ホウソウ） よく生い茂った草。

【豊年】（ホウネン） 農作物の実りのよい年。豊作の年。豊歳。対 凶年。例 ―満作。

【豊▼沛】（ホウハイ） ①非常に多いさま。多くて盛んなさま。②今の江蘇（コウソ）省沛（ハイ）県、豊邑（ホウユウ）の地。漢の高祖、劉邦（リュウホウ）の出身地。③広く、帝王の故郷。

【豊碑】（ホウヒ） ①棺を墓穴に下ろすための綱を結ぶ、四本の木の柱。石碑のように立てる。②その人の功徳（コウトク）をたたえた文章を刻み、墓前に立てた大きな碑。

【豊富】（ホウフ） たっぷりあるさま。たくさんあって、ゆたかなさま。類 豊裕。例 ―な学識。家産―。

【豊満】（ホウマン） ①ゆたかで十分なさま。②（女性の）肉づきがたいへんよいさま。例 ―な肉体。▽類 豊盈（ホウエイ）。

【豊約】（ホウヤク） ①ゆたかさとつづまやかさ。豊倹。②盛衰・貧富・多寡・大小など。

【豊沃】（ホウヨク） 土地が肥え、作物がよくできるさま。肥沃（ヒヨク）。

【豊楽】（ホウラク） 物がゆたかで、民がたのしむ。

【豊隆】（ホウリュウ） 雲の神。また、雷神。なるかみ。

【豊猟】（ホウリョウ） 日 狩猟で、えものがたくさんとれること。

【豊漁】（ホウリョウ） 魚や貝などがたくさんとれること。大漁。

【豊麗】（ホウレイ） ゆたかで、うるわしいさま。

豌 豆8（15） 2 7618 8C4C エン（ヱン）慣 ワン 漢 寒 wān

意味 「豌豆（エンドウ）」は、マメ科の二年草。また、その実。エンドウマメ。

豎 豆9（16） 2 7619 8C4E シュ（シウ）漢 ジュ 呉 麌 shù たて・た-つ

意味 ❶しっかりと立つ。たてる。たつ。通 竪（ジュ）。例 豎立（ジュリツ）（＝まっすぐに立つ）。❷まっすぐに立ったもの。また、縦になったもの。たて。通 竪（ジュ）。例 横説豎説（オウセツジュセツ）（＝自由自在に弁舌をふるう）。❸小役人。こもの。例 豎臣（ジュシン）。❹子供。また、人をいやしめていうことば。小僧。例 豎子（ジュシ）。豎儒（ジュジュ）。二豎（ニジュ）（＝病気のたとえ）。

【豎▼宦】（ジュカン） 宮廷の小役人。宦官（カンガン）。

【豎義】（ジュギ） 義を立てる。義理を説いて明らかにする。竪義。

【豎子】（ジュシ） ①子供。②未熟な人間や年少者を、いやしめて呼ぶことば。青二才。小僧。例 豎子不レ足二与謀一（ジュシはともにはかるにたらず）（＝小僧、一緒にはかりごとをするには値しない）。〈史記・項羽紀〉▽類 豎児（ジュジ）。

【豎儒】（ジュジュ） ①くだらない学者。②儒者をののしっていう。③人をののしることば。愚か者。

【豎臣】（ジュシン） 身分の低い役人。類 豎吏。

豏 豆10（17） 4 8893 8C4F カン（カム）漢 陥 xiàn

意味 餅（ピン）や饅頭（マントウ）に入れる豆の餡（アン）。

［豐］ 豆11（18） ⇩豊（ホウ）（1249ジペー）

［豔］ 豆21（28） ⇩艶（エン）（1118ジペー）

152 7画

豕 いのこ いのこへん 部

ブタやイノシシの形をあらわす。「豕」をもとにしてできている漢字と、「豕」の字形を目じるしにして引く漢字とを集めた。

豕

豕0（7） 2 7621 8C55

シ漢 紙 shǐ いのこ（ゐのこ）・ぶた

意味 ブタやイノシシの類。**いのこ**。例 豕心（シシン）（＝ブタのように欲張りで、はじ知らずの心）。豕牢（シロウ）（＝便所）。

参考 古くは、「豕（シ）」「彘（テイ）」は大きなブタ、「猪（チョ）」「豚（トン）」は小さなブタをいったが、後に大小の区分はなくなった。

難読 山豕（やまあらし）・豕餅（いのこもち）

【豕▼喙】（シカイ） ブタのように細長い口先。貪欲（ドンヨク）の相。

【豕交獣畜】（シコウジュウチク） 人をブタや獣のようにあしらう。礼遇しないこと。〈孟子・尽心上〉から〕

【豕突】（シトツ） イノシシのように突進する。猪突（チョトツ）。豨突（キトツ）。

豖

豕3（10） 4 8901 8C57

カイ（クヮイ）漢 灰 huī

意味 ❶ぶつかる。例 豖撃（カイゲキ）・豖突（カイトツ）（＝ぶつかる）。❷「喧豖（ケンカイ）」は、ぶつかりあって騒がしいさま。

豚

豕4（11） 1 3858 8C5A 常用

トン漢 元 tún ぶた

筆順 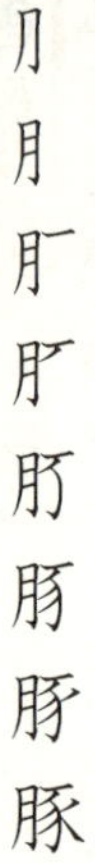

なりたち  ［会意］「月（＝にく）」と「豕（＝ブタ）」とから成る。こぶた。

意味 イノシシを改良した家畜。**ブタ**。特に、小ブタ。例 豚犬（トンケン）。豚児（トンジ）。養豚（ヨウトン）。

古訓 中古 ゐのこ 中世 ゐのこ 近世 あしひく・こゐのこ・ぶた・ぶたのこ・ゐのこ

難読 海豚（いるか）・河豚（ふぐ）

【豚犬】（トンケン） ①〔ブタとイヌの意〕愚か者。②自分の子の謙称。豚児。

【豚肩不▼揜▼豆】（トンケンとうをおおわず） 節約すること。◆春秋時代、斉（セイ）の名宰相晏嬰（アンエイ）は節倹につとめ、先祖の祭りに供えたブタの肩肉が小さく、豆（トウ）（＝たかつき）に満たないほどだったという。……〈礼記・礼器〉

【豚児】（トンジ） 自分の息子を謙遜（ケンソン）していうことば。愚息。

【豚舎】（トンシャ） 日 ブタを飼う小屋。ブタ小屋。

象

豕5（12） 1 3061 8C61 教4

ショウ（シャウ）漢 ゾウ（ザウ）呉 養 xiàng かたち・かたど-る

筆順 

なりたち  ［象形］長い鼻と大きな耳、四本の足と尾のあるゾウの形。

意味 ❶熱帯地方にすむ草食の哺乳動物。大きな耳と長い鼻をもつ。**ゾウ**。例 象牙（ゾウゲ）。象棋（ショウギ）。象牀（ショウショウ）。❷ゾウのきば。ぞうげ。例 象箸（ショウチョ）。❸**かたち**。ありさま。様子。例 印象（インショウ）。気象（キショウ）。抽象（チュウショウ）。象徴（ショウチョウ）。❹かたちを似せる。のっとる。**かたどる**。例 象形（ショウケイ）。❺法令。おきて。のり。例 象魏（ショウギ）。❻異民族の言語に通じた役人。通訳官。例 象胥（ショウショ）。❼易（エキ）の卦（カ）と爻（コウ）に対する解釈。例 象辞（ショウジ）。

古訓 中古 かた・かたち・かたどる・きさ・のとる・のり 中世 かたち・かたどる 近世 かたち・かたどる・きさ・にせる・にたり・ひかり

人名 かた・きさ・たか・のり

【象外】（ショウガイ） 心が現象を超越していること。目に映る現実の事物の奥にある、精神的なもの。

【象棋】（ショウギ） ①象牙（ゾウゲ）でできた遊戯用の駒（こま）。②「象戯（ショウギ）」に同じ。

【象戯】（ショウギ） ①双六（スゴロク）の類の遊戯。②今の中国将棋に似たもの。〔①②とも遊び方は日本の双六や将棋とはまったく異なる〕▽象棋（ショウギ）。

【象▼魏】（ショウギ） 宮城の門。〔「魏」は、高い城門。そこに法令を掲げたことから〕類 象闕（ショウケツ）。

【象刑】（ショウケイ） ①堯舜（ギョウシュン）の時代、犯罪者を処刑する代わりに、罪に相当する特定の衣服などを着用させて、見せしめとした制度。②（国の）法律。〔天の道にのっとり刑を施行したことから〕

【象形】（ショウケイ） ①ものの形をかたどる。ものの形に似せて形をつくる。②漢字の六書（リクショ）の一つ。ものの形をかたどって漢字をつくること。日・月・山・川・魚・象など。例 —文字。

【象賢】（ショウケン） ①子孫が先祖の賢人を見習う。転じて、他人の子の敬称。②賢人に似る。

【象事】（ショウジ） ⇩【指事】（シジ）（559ページ）

【象辞】（ショウジ） 易の卦（カ）と爻（コウ）の意味を説明したことば。

【象▼胥】（ショウショ） 周代、夷狄（イテキ）の言語を通訳した官。

【象人】（ショウジン） ①人形。②祭りなどで、仮面をつけて踊る人。

【象声】（ショウセイ） ⇩【形声】（ケイセイ）（469ページ）

【象徴】（ショウチョウ） 日 抽象的なことを、直観的に理解できるような具体的な形であらわす。また、そのあらわしたもの。シンボル。例 ハトは平和を—する。

【象眼】（ゾウガン） 金属や陶磁器、木材などの表面を刻んで金や銀などをはめこみ、文様などを浮きたたせる技法。例 金（キン）で—した刀のつば。表記 旧 象▼嵌

【象牙】（ゾウゲ） ゾウのきば。各種の細工物や印材として珍重されてきた。例 —細工（ザイク）。

【象▼牀】（ゾウショウ） 象牙（ゾウゲ）で飾ってつくった寝台。

●具象（グショウ）・形象（ケイショウ）・現象（ゲンショウ）・捨象（シャショウ）・心象（シンショウ）・対象（タイショウ）・表象（ヒョウショウ）

豢

豕6（13） 2 7622 8C62

カン（クヮン）漢 諫 huàn やしな-う（やしな-ふ）

意味 ❶家畜を飼う。**やしなう**。例 豢畜（カンチク）（＝家畜を飼う）。❷（穀物をえさとする）家畜。例 芻豢（スウカン）（＝ウシやヒツジなどの草を食う家畜と、イヌやブタなどの穀物を食う家畜）。

【豢▼圉】（カンギョ） ウシやウマなどの家畜を飼う所。

【豢▼擾】（カンジョウ） 飼いならす。

豨

豕7（14） 3 9223 8C68

キ漢 微 xī

意味 ❶イノシシ。いのこ。例 豨突（キトツ）。❷「豨薟（キケン）」は、キク科の一年草。メナモミ。

【豨突】（キトツ） イノシシのように突進する。猪突（チョトツ）。豕突（シトツ）。

【豨勇】（キユウ） イノシシのように勇ましい。また、そのような軍隊。

豪

豕7（14） 1 2575 8C6A 常用

コウ（カウ）漢 ゴウ（ガウ）呉 豪 háo えら-い（えら-し）

筆順 

なりたち 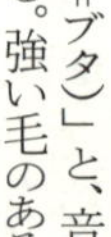 ［形声］「豕（＝ブタ）」と、音「高（コウ）」の省略体とから成る。強い毛のある、ヤマアラシ。

派生して「つよい」の意。

意味 ❶能力がすぐれている。ひいでる。つよい。例 豪傑(ゴウケツ)。文豪(ブンゴウ)。豪(ゴウ)の者(もの)。❷なみはずれている。ものすごい。例 豪雨(ゴウウ)。豪華(ゴウカ)。豪放(ゴウホウ)。❸財産や勢力がある。例 豪勢(ゴウセイ)。豪族(ゴウゾク)。富豪(フゴウ)。❹一本の毛。ごくわずか。通 毫(ゴウ)。例 豪末(ゴウマツ)。豪毛(ゴウモウ)。❺単位をあらわす。通 毫(ゴウ)。㋐長さでは一尺の一万分の一。㋑重さでは一両の一万分の一。

日本語での用法 《ゴウ》「豪州(ゴウシュウ)」▼「濠太刺利(オーストラリア)」の「濠」の字の現代表記。

古訓 中古 かしこし・さとる・たふとし・もはらなり 中世 ゐのししのけ 近世 うでこき・すぐるる・すこやか・つよし・ひきゆる

人名 おさ・かた・かつ・すぐる・たか・たかし・たけ・たけき・たけし・たける・つよ・つよし・とし・ひで

【豪快】ゴウカイ 見ていて気持ちがいいほど力があふれているさま。

【豪華】ゴウカ ぜいたくで、はなやかなさま。例 ―版。―絢爛(ケンラン)。

【豪雨】ゴウウ 激しく多量に降りそそぐ雨。大あめ。

【豪飲】ゴウイン 盛んに酒を飲む。大酒する。鯨飲。

【豪▼芥】ゴウカイ ごくわずかである。毫芥(ゴウカイ)。例 ―に笑う。

【豪客】ゴウカク ①豪快な人物。また、俠客(キョウカク)。②盗賊。③豪遊する人。また、富豪。

【豪▼猾】ゴウカツ 勢力の強いことをいいことにして法を守らない。横暴なさま。また、その人。

【豪気】㊀ゴウキ 大胆な気性。人に屈しない強い性質。剛気。㊁ゴウギ 日 程度がはなはだしいさま。また、派手でぜいたくなさま。強気(ゴウギ)。強儀(ゴウギ)。類 豪儀。例 世界一周の船旅とは―なものだ。

【豪▼毅】ゴウキ 気性が強くて、意志がかたいさま。剛毅(ゴウキ)。

【豪▼俠】ゴウキョウ 強くて威勢のいいこと。また、その人。おとこだて。

【豪強】【豪▼彊】ゴウキョウ 権力を盛んにちらつかせてふるまう人。

【豪傑】【豪▼桀】ゴウケツ ①才知がぬきんでてすぐれている人。類 豪俊。②力が強く武勇にすぐれて、肝(きも)のすわった人。例 英雄―。▽類 豪雄。③日 一風変わっていて、思いきったことをする人。

【豪語】ゴウゴ ①気宇壮大なことば。②日 えらそうなことを自信たっぷりに言う。大口をたたく。大言壮語(タイゲンソウゴ)。

【豪士】ゴウシ 才知にすぐれ、意気の盛んな人。また、武勇にすぐれた豪傑。

【豪恣】ゴウシ 勢いがあって身勝手にふるまう。

【豪▼奢】ゴウシャ 非常に派手で、ぜいたくである。類 豪侈(ゴウシ)・豪汰(ゴウタ)|ゴウタイ。例 ―な生活。

【豪商】ゴウショウ とびぬけて財力があり、手広く商売をしている商人。大商人。類 豪賈(ゴウコ)。

【豪勢】ゴウセイ ①権力があって横暴なさま。また、その人。②日 驚くほど、ぜいたくなさま。例 ―な料理。③日 程度がはなはだしいさま。例 雪が―に降った。

【豪雪】ゴウセツ 激しく大量に降り積もる雪。なみはずれた大雪。

【豪壮】ゴウソウ ①勇壮でたくましいさま。また、その人。②(建物などが)堂々として立派なさま。例 ―華麗。―な大邸宅。

【豪宗】ゴウソウ 勢力の強い家柄。豪族。

【豪爽】ゴウソウ 気性が強く、さっぱりしている。類 豪姓。

【豪族】ゴウゾク ある地方で大きな勢力をもっている一族。類 豪家(ゴウカ)・豪姓・豪門。例 古代の地方―。

【豪胆】ゴウタン なみはずれた度胸があるさま。肝っ玉が大きい。剛胆。

【豪邸】ゴウテイ 日 大きくて立派な家。豪壮な邸宅。

【豪農】ゴウノウ 広大な農地や山林をもち、ずばぬけて勢力のある農家。大百姓(おおビャクショウ)。

【豪富】ゴウフ 金も勢力もあるさま。大金持ち。

【豪放】ゴウホウ 気持ちが大きく、小さなことにこだわらないこと。類 豪宕(ゴウトウ)。例 ―磊落(ライラク)。

【豪▼邁】ゴウマイ 意気盛んで知勇が人にすぐれまさっているさま。

【豪末】ゴウマツ 細い毛先。転じて、きわめてわずかなもののたとえ。毫末(ゴウマツ)。

【豪毛】ゴウモウ ①獣の、秋に生える細い毛。②きわめてわずかなこと。例 ―も疑わない。

【豪右】ゴウユウ 勢力のある家柄。また、貴い家柄。豪族。

【豪勇】ゴウユウ 強くていさましいこと。剛勇。例 ―無双。

【豪遊】ゴウユウ (料亭などで)大金を使ってぜいたくに遊ぶ。

【豪吏】ゴウリ ①実力があり、勢力の強い役人。②権勢をたのみとして行動する役人。

【豪▼釐】ゴウリ ごくわずかなさま。毫釐(ゴウリ)。

【豪▼釐千里】ゴウリセンリ はじめはごくわずかな差であっても、終わりには大きな差となる。毫釐千里(ゴウリセンリ)。〔「失$_{二}$之豪釐$_{一}$、差以$_{二}$千里$_{一}$(これをゴウリにうしなえば、たがうにセンリをもってす)(=初めはごくわずかのまちがいでも、ついには大きな過ちになる)。〈史記・太史公自序〉」から〕

●剣豪(ケンゴウ)・古豪(コゴウ)・文豪(ブンゴウ)

豨

豕7(14) 4 8902 8C69 ヒン漢 真 bīn

意味 二頭のブタ。

豭

豕9(16) 4 8903 8C6D カ漢 麻 jiā

意味 雄のブタ。

[豬]

豕9(16) ⇩猪(チョ)(861ページ)

[豫]

豕9(16) ⇩予(ヨ)(39ページ)

豳

豕10(17) 4 8904 8C73 ヒン漢 真 bīn

意味 周代の諸侯国。今の陝西(センセイ)省彬(ヒン)県・旬邑(ジュンユウ)県のあたりにあった。参考 『詩経』に「豳風(ヒンプウ)」がある。

153 7画 豸 むじなへん部

獣がえものをねらって身がまえている形をあらわす。「豸」をもとにしてできている漢字を集めた。

豸

豸0(7) 2 7624 8C78 チ漢 紙 タイ漢 蟹 zhì あしなしむし

意味 ❶猛獣の一種。例 解豸(カイチ|カイタイ)(=神獣の名。獬豸(カイタイ))。❷足のない虫。ミミズなどの這(は)う虫。**あしなしむし**。

豺

豸3(10) 2 7625 8C7A サイ漢 佳 chái やまいぬ

[犲]

犭3(6) 2 6428 72B2 別体字。

意味 野生のイヌ。オオカミの類。**ヤマイヌ**。また、むごい人のたとえ。例 豺虎(サイコ)(=ヤマイヌやトラ。むごい人のたとえ)。豺狼(サイロウ)。

【豺▼狼】サイロウ ①ヤマイヌやオオカミ。②残酷で欲が深い人。例 豺狼当$_{レ}$路(サイロウみちにあたる)(=欲の深い悪人が政治の重要な

地位にいて、勢力をほしいままにする)。〈魏志・杜襲伝〉

豹 豸3(10) 1 4131 8C79 人 ホウ(ハウ)漢 ヒョウ(ヘウ)呉 効 bào

[豹] 豸3(10) ——俗字。

なりたち  [形声]「豸(=背骨の長い獣)」と、音「勺ホ」とから成る。トラに似て、まるい模様をもつ獣。

意味 トラに似るが、少し小さい猛獣。**ヒョウ**。例 豹変ヒョウヘン。

古訓 中古 なかつかみ・みだりがはし 中世 あざらし・とらにゝたり 近世 とらのたぐひ・なかつかみ

人名 はだら

【豹隠】ヒョウイン 世をのがれて隠れ住む。〔ヒョウは毛を大切にして、雨や霧のときは山中に隠れることから〕

【豹死留レ皮人死留レ名】ヒョウはシしてかわをとどめひとはシしてなをとどむ ヒョウは死んでも美しい毛皮を残すように、人も死後に美名を残すように心がけるべきである。虎とらは死して皮を留む。〈新五代・王彦章伝〉

【豹尾】ヒョウビ 天子が巡幸するとき、最後尾の車につけたヒョウの尾の飾り。

【豹文】ヒョウブン・ヒョウモン ヒョウの毛皮の模様。また、そのように美しい模様。

【豹変】ヒョウヘン ⇩【君子豹変】クンシはヒョウヘンす(236ジペー)

[豼] 豸4(11) ⇩貔ヒ(1252ジペー)

貂 豸5(12) 2 7626 8C82 チョウ(テウ)漢 蕭 diāo てん

意味 イタチに似た、すばしこい獣。毛皮は珍重され、尾は冠の飾りに用いられた。**テン**。例 貂裘チョウキュウ(=テンのかわごろも)。貂蟬チョウセン。

【貂寺】チョウジ 宦官カンガン。〔宦官は寺人ジジンとも呼ばれ、冠をテンの尾で飾ったことから〕貂璫チョウトウ。

【貂▼蟬】チョウセン 〔飾りのついた冠をつけたことから〕高官。

【貂▼璫】チョウトウ ①テンの尾と金や銀のたまの飾りをつけた冠。②「貂寺チョウジ」に同じ。

𧲸 豸5(12) 4 8905 27CB8 国字 てん

参考 「貂てん」の俗字であると考えられる。

意味 人名に用いる字。例 𧲸革てんかく|てんのかわ(=姓)。

貉 豸6(13) 2 7627 8C89 一 バク漢 陌 mò 二 カク漢 薬 hé えびす・むじな

[狢] 犭6(9) 2 6434 72E2 別体字。 [貊] 豸6(13) 2 7629 8C8A 別体字。

意味 一 昔、北方の異民族を呼んだ名。**えびす**。例 蛮貉バンバク(=南と北の異民族)。二 獣の名。タヌキの類。**ムジナ**。例 狐貉コカク(=キツネやムジナの皮で作った上等な衣服)。

貅 豸6(13) 2 7628 8C85 キュウ(キウ)漢 尤 xiū

意味 猛獣の一種。貔ヒの雌とされる。例 貔貅ヒキュウ(=猛獣の名)。

貌 豸7(14) 1 4338 8C8C 常用 一 ボウ(バウ)漢 ミョウ(メウ)呉 効 mào 二 バク漢 ミャク呉 覚 mò かたち・かたどる

[皃] 白2(7) 2 6606 7683 本字。 [㒵] 八5(7) 3 1451 34B5 俗字。

筆順 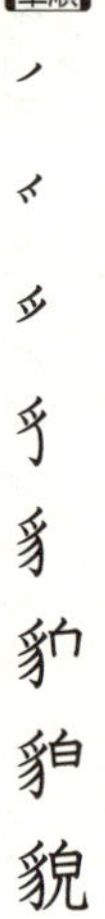

なりたち  [会意]「儿(=ひと)」と「白(=かお)」とから成る。かおの様子。籀文チュウは「貌」。

意味 一 ❶人のかお。すがた。外見。**かたち**。また、様子。ありさま。例 貌形ボウケイ。外貌ガイボウ。風貌フウボウ。容貌ヨウボウ。❷(心からではなく)表面上。うわべ。例 貌敬ボウケイ(=うわべの敬意)。貌言ボウゲン。二 外形を描写する。**かたどる**。

古訓 中古 かたち・かほ 中世 かたち・かほ 近世 かたち・かたどる・はるか

人名 かた・すがた・とお

難読 貌鳥かおどり

【貌形】ボウケイ すがた。かたち。ありさま。

【貌言】ボウゲン 表面だけを飾った、実のないことば。

【貌侵】【貌寝】ボウシン 背が低くて小さい。顔がみにくい。

●全貌ゼンボウ・美貌ビボウ・風貌フウボウ・容貌ヨウボウ

[貍] 豸7(14) ⇩狸リ(860ジペー)

[貎] 豸8(15) ⇩猊ゲイ(861ジペー)

[貓] 豸8(15) ⇩猫ビョウ(862ジペー)

[貒] 豸9(16) ⇩猯タン(863ジペー)

貘 豸10(17) 2 7634 8C98 バク漢 ミャク呉 陌 mò

[獏] 犭10(13) 2 6451 734F 別体字。

意味 ❶想像上の動物。歯が強く、銅や鉄、タケを食べ、また、鼻はゾウに、目はサイに、尾はウシに、足はトラに似ている。日本では人の悪夢を食うとされる。**バク**。例 貘枕バクチン(=宝船の絵に「貘」の字を書いて、枕まくの下に敷くこと)。❷マレーや南アメリカなどにすむバク科の草食動物。体形はカバに、鼻のつき出た形はサイに似て、泳ぎをよくする。**バク**。

貔 豸10(17) 2 7632 8C94 ヒ漢 支 pí

[豼] 豸4(11) 2 7633 8C7C 別体字。

意味 ❶トラに似た猛獣。例 貔貅ヒキュウ。❷勇猛な兵士。例 貔武ヒブ(=勇猛な軍隊)。

【貔▼貅】ヒキュウ ①猛獣。「貅」は、「貔」の雌という。②勇ましく強い軍隊のたとえ。

貙 豸11(18) 4 8908 8C99 チュウ(チウ)漢 虞 chū

意味 ネコ科の猛獣。トラの類。例 貙虎チュウコ(=猛獣。また、勇猛な兵士のたとえ)。

[⿰豸尞] 豸12(19) ⇩獠リョウ(865ジペー)

貛 豸17(24) 4 8910 8C9B カン(クヮン)漢 寒 huān まみ

意味 イタチ科の哺乳動物。アナグマ。ササグマ。**まみ**。

154 7画 貝 かい かいへん部

貨幣の役目を果たした「かい」の形で、貨幣をあらわす。「貝」をもとにしてできている漢字を集めた。

貨 貫 貭 責 貪 貮 販 貧 貶 5 1257 貽 賀 貴 貰
貸 貯 貼 貳 買 費 賁 貿 6 1259 賈 資 貲 賎 賍
賊 賃 賂 賄 7 1261 賕 賖 賑 賓 賔 8 1261 賣 賡
賛 賜 質 賙 賞 賤 賭 賠 賣 賓 賦 賚 9 1264 賱
賢 賰 賭 賵 賴 10 1265 購 購 賽 賾 賸 賺 賻 11
1266 贄 贅 贈 12 1266 贇 贋 贊 賦 贈 贉 贌 13 1266
贏 贍 14 1267 贐 贔 15 1267 贒 贖 贓 17 1267 贛

この部首に所属しない漢字

則→刂 165　頁→頁 1435　員→口 249　敗→攵 595
鵙→鳥 1495

貝

貝0（7）　1 1913　8C9D　教1

ハイ㊌　バイ㊍　泰 bèi
かい（かひ）

筆順　丨 冂 冃 月 目 貝 貝

なりたち  ［象形］貨幣の役目を果たした、海にすむ、かいの形。

意味 ❶水中にすみ、かたい殻をもつ軟体動物。アサリ・ハマグリ・サザエなど。**かい**。例 二枚貝（にまいがい）。巻き貝（まきがい）。❷かいがら。❸古代に使われたお金。たから。例 貝貨（バイカ）。❹「貝多羅（バイタラ）」の略称。仏典。例 貝編（バイヘン）。例 貝塚（かいづか）。

古訓 中古 かひ・かひつもの　中世 かひ　近世 かひ・たから

【貝殻】（かいがら）日 貝の外側をおおっている、かたいもの。

【貝塚】（かいづか）日 古代人が食べて捨てた貝がらなどが積み重なってできた遺跡。

【貝柱】（かいばしら）日 ①二枚貝の貝がらを閉じるはたらきをする、柱状の筋肉。②ホタテガイなどの貝柱を干した食品。

【貝貨】（バイカ）古代に用いた、貝で造った貨幣の類。

【貝錦】（バイキン）①貝殻の模様のように美しいにしき。②（にしきを織るように）たくみに飾って人を罪におとしいれること。

【貝▼闕】（バイケツ）紫の貝殻で飾った宮殿。河伯（＝水神）のいる所、また、竜宮城のような所ともいう。

【貝多羅】（バイタラ）〔梵語（ボンゴ） pattra の音訳〕多羅樹（タラジュ）の葉。古代インドで、経文を書いて書物とした。貝多羅葉（バイタラヨウ）。貝多（バイタ）。貝葉（バイヨウ）。

【貝編】（バイヘン）仏教の経典。また、仏書。

【貝母】（バイモ）ユリ科の多年草、アミガサユリの漢名。鱗茎（リンケイ）は咳（せき）どめになる。ははくり。

【貝▼勒】（バイロク）①貝殻で装飾したウマのくつわ。②清（シン）代の爵位の一つ。

［負］貝2（9）⇨員（イン）（249ジペー）

貞

貝2（9）　1 3671　8C9E　常用

テイ㊌　ジョウ（ヂャウ）㊍　庚 zhēn（旧 zhēng）
ただ-しい（ただ-し）

筆順　丨 ト ⺊ 占 貞 貞 貞 貞 貞

なりたち  ［会意］「卜（＝うらなう）」と「貝（＝そなえもの）」とから成る。ものを供えて問いただす。

意味 ❶神意を問う。うらなう。とう。例 貞人（テイジン）（＝カメの甲羅などを用いてうらないをした人）。❷節操がかたい。誠実で正しい。**ただしい**。例 貞潔（テイケツ）。貞節（テイセツ）。不貞（フテイ）。

古訓 中古 さだ・さだし・とぶらふ　中世 さだ・さだか・さだかに・さだむ・ただし・ただし・まこと・まさし　近世 さだ・さだむ・ただし

人名 さだ・さだむ・ただ・ただし・ただす・つら・まさ・みさお

【貞▼婉】（テイエン）節操がかたく、従順でしとやか。貞淑。

【貞▼晦】（テイカイ）かたく節義を守りとおし、栄達を求めず自らの才能を隠すこと。

【貞概】（テイガイ）かたく節義を守って意志を変えないこと。

【貞幹】（テイカン）①事物の基礎・根本。〔「貞者事之幹也（テイとはことのカンなり）（＝貞というのは仕事の基礎である）。〈易・乾・文言〉」から〕②国家の基礎となりうる優秀な人材。例 吾以二仲尼一為二貞幹一（われチュウジをもってテイカンとなす）（＝私は仲尼（＝孔子の字（あざな））を国家の柱石とする）。〈荘子・列禦寇〉③心が正しくて才能があること。

【貞潔】（テイケツ）（女性が）ひとりの男性を誠実に愛して、他の男性に対して潔癖であるさま。

【貞固】（テイコ）かたく節操を守って心変わりしないこと。類 貞確・貞堅。

【貞士】（テイシ）節義を守る、心のまっすぐな人物。

【貞淑】（テイシュク）（女性が）ひとりの男性を誠実に愛し、しとやかであるさま。例 ―な妻。

【貞女】（テイジョ）夫への誠実な愛をつらぬく女性。貞婦。

【貞正】（テイセイ）心のもち方や行動が正しいこと。

【貞静】（テイセイ）節操を守ってしとやかなこと。

【貞石】（テイセキ）〔「貞」は、かたい意〕硬い石。石碑の美称。

【貞節】（テイセツ）（女性が）ひとりの男性を誠実に愛し、礼儀正しくふるまうこと。対 不貞。例 ―をつらぬく。

【貞操】（テイソウ）①（女性が）ひとりの男性を誠実に愛し、みだりに他に心を移さないこと。みさお。例 ―を守る。②夫婦がお互いだけを愛して、浮気しないこと。例 ―義務。

【貞婦】（テイフ）「貞女（テイジョ）」に同じ。

【貞明】（テイメイ）①日月が規則正しく運行して、明るいこと。のち、日月や、その光を指す。例 日月之道、貞明者也（ジツゲツのみちは、テイメイなるものなり）（＝日月の道は、正しく明るいものである）。〈易・繋辞下〉②かたく節操を守って純潔なこと。③かたく節義を守り賢明なこと。

【貞▼亮】（テイリョウ）〔「亮」は「諒」で、まことの意〕節義を守り、誠実なさま。例 貞亮死レ節之臣（テイリョウにしてセツにシするのシン）（＝誠実で節義のために死ねる臣下）。〈諸葛亮・出師表〉

【貞烈】（テイレツ）（女性が）ひとりの男性に対して、ひたすらに誠実な愛をささげようとするさま。

【貞廉】（テイレン）心がまっすぐで清く正しいこと。

負

貝2（9）　1 4173　8CA0　教3

フ㊌　ブ㊍　有 fù
まける（ま-く）・まけ・まかす・おう（お-ふ）

筆順　ノ ⺈ ⺈ 㑒 負 負 負 負 負

なりたち  ［会意］「人（＝ひと）」が「貝（＝財力）」をたのみとする。たのむ。

意味 ❶たのみとする。たのむ。例 秦貪負二其彊一（シンはタンにしてそのつよきをたのむ）（＝秦は貪欲（ドンヨク）で強いことをたのみとする）。〈史記・廉頗藺相如伝〉負託（フタク）。自負（ジフ）。❷荷物や人を背にのせる。また、身にひきうける。せおう。**おう**。例 負二秦曲一（シンにキョクをおわしむ）（＝秦に罪をおわせる）。〈史記・廉頗藺相如伝〉負債（フサイ）。負傷（フショウ）。負担（フタン）。❸そむく。したがわない。うらぎる。例 負心（フシン）（＝心にそむく。また、不本意）。欺負（ギフ）（＝あざむく）。❹たたかいにやぶれる。**まける**。**まけ**。例 勝負（ショウブ）。❺マイナス。㋐数学で、ゼロより小さい数。対 正。例 負号（フゴウ）。負数（フスウ）。㋑物理学で、電位の低い方。対 正。❻恥じる。例 負負（フフ）。

日本語での用法《まける》①「千円（センエン）に負（ま）ける」▼値引きする。②「かみそり負（ま）け」▼肌がかぶれる。

古訓 中古 うれへ・おふ・おほす・そむく・たのし・とじ・になふ・はぢ・はづ・ひ・まく　中世 おふ・そむく・まくる　近世 うしなふ・おひめ・

おふ・せおふ・そむく・たのむ・とじ・になふ
【人名】え・おい・ひ・ます
【負荷】フカ ①せおう。になう。また、その荷物。②祖先の仕事を引きつぐ。③任務をおわされる。例 ―の大任。④日 機械などに負担させる仕事の量。また、そこから生じるエネルギーを消費するもの。荷重カジュウ。例 ―がかかる。
【負海】フカイ ①大海に接する。②「「海」は「晦カイ」で、未開の地の意」四方の異民族と背中合わせに接している遠い地。辺境の地。
【負郭】【負▼廓】フカク 城郭を背にした郊外の地。
【負郭田】フカクのデン 城下町に近い田地。城下を背にした良田。〈史記・蘇秦伝〉
【負▼笈】フキュウ|キュウをおう 〔「笈キュウ（＝おい）」は、生活用具や書物を入れて背負う箱〕遊学する。
【負極】フキョク ①電気で、陰極。マイナスの極。②磁石で、南を指す極。▽対正極。
【負▼嵎】【負隅】フグウ|グウをおう ①（トラが）山の入りくんだ場所を背にして構える。②英雄が要害に割拠して威勢を張る。
【負▼荊】フケイ|ケイをおう 〔「荊」は、罪人を打ついばらのむち〕荊を背負って自分から処罰を願い出る。転じて、罪をわびる。例 肉袒負レ荊ニクタンしてケイをおう（＝上半身裸になっていばらのむちを背負う）。〈史記・廉頗藺相如伝〉
【負剣】フケン ①（剣をかかえるように）小児を背負ったり、抱きかかえたりする。英才教育のたとえ。②ケンをおう （抜きやすいように）剣を背負う。例 左右乃曰、王負レ剣サユウすなわちいわく、オウケンをおえと（＝《殿中で刺客に追いつめられた秦王シンオウに》側近たちは「王様、剣を背にして！」とさけんだ）。〈史記・刺客伝・荊軻〉
【負▼暄】フケン|ケンをおう 日なたぼっこをする。日光浴をする。
【負号】フゴウ 負数をあらわす記号。マイナス。「－」。対正号。
【負債】フサイ【負責】フサイ ①責任を負う。②借り入れて、返さなければならない金銭や品物。借金。
【負子】フシ 〔人民にそむく意〕君主としての務めを果たせない。君主が病気になったことを謙遜ケンソンしていうことば。
【負▼恃】フジ 他人をたよりとする。あてにする。
【負手】フシュ|てをおう 手をうしろに組む。
【負傷】フショウ けがをする。例 ―者。
【負薪】フシン|シンをおう 〔たきぎを背負う意〕①力仕事をする。②貧困である。③身分が低い。
【負薪▼之憂】フシンのうれい 〔病気でたきぎを背負えない意〕自分の病気の謙称。采薪之憂サイシンのうれい。〈礼記・曲礼下〉類 負薪之疾フシンのシツ。
【負数】フスウ 〔数〕0より小さい数。マイナスの数。対正数。
【負租】フソ 未納の税。
【負戴】フタイ 荷物を背負ったり、頭にのせたりして運ぶ。重労働・苦役のたとえ。
【負託】フタク 任務や責任などを他人にたのんで、まかせる。例 国民の―にこたえる。
【負担】（【負擔】）フタン ①荷物を背負ったり、肩にかついだりして運ぶ。②仕事や責任などを引き受ける。また、その仕事や責任。例 費用を―する。③日 仕事や責任が重すぎること。例 ―に感じる。
【負版】フハン 版（＝戸籍や国の地図を示した板）を背負う。
【負販】フハン （品物を背負い）行商する。また、小商あきない。
【負負】フフ 非常に恥じ入るさま。
【負養】フヨウ 重い荷物を背負ったり、炊事に従事したりする人。召し使い。
●自負ジフ・勝負ショウブ・先負センブ・抱負ホウフ

貤
貝3（10） 4 8911 8CA4
一イ漢 二イ漢 寘 支 yí yì
意味 一❶順に重ねる。例 貤謬イビュウ（＝誤りを重ねる）。❷だんだんと延びる。二移しかえる。うつす。通移。

貢
貝3（10） 1 2555 8CA2 常用
コウ漢 ク呉 送 gòng
みつぐ・みつぎ
筆順 一 丅 工 … 貢 貢
なりたち
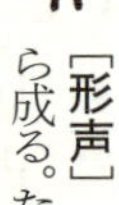
［形声］「貝（＝たから）」と、音「工コウ」とから成る。たからをさしあげる。
意味 ❶臣下や属国が朝廷に土地の産物をさしあげる。また、その産物。みつぐ。みつぎ。例 貢献コウケン。貢賦コウフ。朝貢チョウコウ。❷（地方から中央政府に）すぐれた人材を推薦する。すすめる。例 貢士コウシ。
古訓 中古 たてまつる・たまふ・つぐ・みつきもの 中世 たてまつる・たまふ・つぐ・とほる・みつぎもの 近世 たてまつる・たまふ・とほる・みつぎ
人名 すすむ・つぐ・みつ
【貢院】コウイン 明ミン・清シン代、科挙（＝官吏登用試験）の会場。
【貢挙】コウキョ 貢士を中央政府に推挙する。
【貢献】コウケン ①みつぎ物を献上する。②みつぎ物。③国家・社会のために尽くす。④日 何かのために力を尽くし、役に立つ。例 優勝に―する。
【貢士】コウシ|シをすすむ 昔の中国で、官吏にふさわしい人物として地方から推薦すること。また、その推薦された人。
【貢生】コウセイ 明ミン・清シン代、地方から推挙された学生。副貢・抜貢・優貢・歳貢・恩貢などと呼ばれた学生たちの総称。
【貢賦】コウフ みつぎ物と租税。
●朝貢チョウコウ・入貢ニュウコウ・年貢ネング

財
貝3（10） 1 2666 8CA1 教5
サイ漢 ザイ呉 灰 cái
たから
［戝］ 戈7（11） 2 7635 621D 俗字。
筆順 丨 冂 月 目 貝 貝 貝一 財 財
なりたち

［形声］「貝（＝たから）」と、音「才サイ」とから成る。人がたからとするもの。
参考 「戝」は「賊」の俗字としても用いられる。
意味 ❶金銀や珠玉など。また、金銭。たから。例 大亡二其財一おおいにそのザイをうしなう（＝その財貨をたくさん失った）。〈韓非・説難〉財貨ザイカ。財宝ザイホウ。財利ザイリ。❷値打ちのある物品。資産。例 財産ザイサン。文化財ブンカザイ。❸才知。才能。通才。❹裁決する。さばく。通裁。❺ようやく。わずかに。通才・纔サイ。
古訓 中古 たから・わづか・わづかに 中世 たから・わづかに 近世 こめ・たから・たつ・わづか
人名 かね
【財貨】ザイカ 金銭や価値のある品物。類 財幣・財賄ザイワイ。
【財界】ザイカイ 日 大会社の経営者の集まり。経済界。
【財源】ザイゲン あることに必要な金銭の出どころ。
【財産】ザイサン ①個人や団体の所有する、金銭・物品・土地・建物など。資産。身代。例 国有―。②日 その人にとって値打ちのあるもの。例 健康がわたしの―だ。
【財政】ザイセイ 日 ①国や地方公共団体が仕事をするためにおこなう、資金の調達・支出などの経済活動。②個人や家庭の経済状態。金回り。例 わが家の―は苦しい。
【財団】ザイダン 日「財団法人」の略。社会のために、まとまった財産をもとに設立され、運営される法人組織。
【財▼帑】ザイド 金銭や物品。

【財▼嚢】(ザイノウ) ①お金を入れる袋。財布。②持ち金。

【財閥】(ザイバツ) 日①一族で大資本をもち、多くの分野の産業を支配する勢力。コンツェルン。②俗に、金持ち。

【財布】(サイフ) 日革や布で作ったお金を入れるいれもの。金入れ。〔もともと布製の財宝入れの意。ひもを巻きつけてふところにしまった〕例 ―のひもがかたい（＝お金を使わない）。

【財物】(ザイブツ) ①(ザイモツ) お金と品物。②日財産権の目的となり、刑法上では窃盗・詐欺・横領などの対象となるもの。

【財宝】(ザイホウ) 財産とたからもの。例 金銀―。

【財務】(ザイム) 日お金の出し入れや運用に関する事務。例 ―管理。―省。

【財用】(ザイヨウ) ①金銭と物品。②〔「財」は、「材」の意〕材料と用具。③日資材の用途。

【財欲】(ザイヨク)【財▼慾】(ザイヨク) 財産を手に入れようとする欲望。

【財利】(ザイリ) 財物と利益。

【財力】(ザイリョク) ①財産があることから生じる力。金力。例 ―にものを言わせる。②費用を出せる能力。経済力。
●家財(カザイ)・散財(サンザイ)・私財(シザイ)・蓄財(チクザイ)・文化財(ブンカザイ)

貨
貝4 (11) 1 1863 8CA8 教4
カ(クヮ)漢 ケ(クヱ)呉 箇 huò
たから

筆順 亻 亻 化 化 华 貨 貨 貨

なりたち [形声]「貝（＝たから）」と、音「化カ（＝かわる）」とから成る。別のものにとりかえられるたから。

意味 ❶値打ちのある物品。**たから**。例 貨宝(カホウ)。奇貨(キカ)。財貨(ザイカ)。❷しなもの。商品。例 貨物(カモツ)。雑貨(ザッカ)。百貨店(ヒャッカテン)。❸金銭。おかね。例 貨幣(カヘイ)。金貨(キンカ)。通貨(ツウカ)。❹物品を売る。うる。❺買収する。まいなう。また、わいろ。

古訓 中古 あきなふ・うる・たから・ひさく・まひなひ 中世 あきなふ・たから・まひなひ 近世 うる・たから

人名 たか

【貨器】(カキ) 財貨や道具類。金めのもの。

【貨財】(カザイ) 貨幣と財物。財貨。たから。

【貨▼貲】(カシ) 財貨。商品。

【貨車】(カシャ) 日貨物を運ぶための鉄道車両。対 客車。

【貨殖】(カショク) ①財産を増やす。利殖。例 賜不レ受レ命而貨殖焉(シはメイをうけずしてカショクす)（＝子貢〈賜〉は天命に甘んぜず、自ら努力して財産をふやした）。〈論語・先進〉②商人。③商品。

【貨泉】(カセン) 新の王莽(オウモウ)が鋳造した銅貨。

【貨物】㊀(カブツ) 価値のある財貨。例 ―列車。㊁(カモツ) 日貨車やトラック、船などで運ぶ荷物。

【貨幣】(カヘイ) 硬貨や紙幣。お金。通貨。例 ―価値が下がる。

【貨宝】(カホウ) 財貨や宝物。貴重品。

【貨賂】(カロ) ①金銭と織物。②賄賂(ワイロ)。まいない。貨賄(カワイ)。

【貨賄】(カワイ) ①金品と織物。②金銭と物品の贈り物。貨賂(カロ)。
●悪貨(アッカ)・外貨(ガイカ)・金貨(キンカ)・銀貨(ギンカ)・硬貨(コウカ)・雑貨(ザッカ)・正貨(セイカ)・滞貨(タイカ)・通貨(ツウカ)・銅貨(ドウカ)・邦貨(ホウカ)・良貨(リョウカ)

貫
貝4 (11) 1 2051 8CAB 常用
㊀カン(クヮン)漢呉 翰 guàn
㊁カン(クヮン)漢呉 諫 guàn
㊂ワン漢 刪 wān
つらぬく・ぬ-く・ぬき

筆順 ㇄ ロ 毌 毌 毌 貫 貫 貫 貫

なりたち [会意]「毌（＝つらぬき通す）」と「貝（＝銭(ぜに)）」とから成る。銭の穴にひもを通して、ひとまとめにしたもの。

意味 ㊀❶穴のあいたお金をつなぐ、なわ。さし。ぜにさし。❷つきとおす。やりとおす。**つらぬく**。例 吾道一以貫レ之(わがみちはイツもってこれをつらぬく)（＝私の道は一つのことで貫かれている）。〈論語・里仁〉貫通(カンツウ)。貫徹(カンテツ)。貫流(カンリュウ)。❸ものごとの筋道や道理。例 条貫(ジョウカン)（＝すじみち）。❹本籍。戸籍。例 郷貫(キョウカン)（＝本籍）。本貫(ホンカン)（＝本籍）。㊁❶ならわし。例 旧慣(キュウカン)。❷なれる。通慣。㊂弓を引く。ひく。通彎(ワン)。

日本語での用法 《カン》①「体重(タイジュウ)十八貫(ジュウハッカン)」▼重さの単位。一貫は、三・七五キログラム。②「三万貫(サンマンガン)の荘園(ショウエン)」▼武家の知行高(チギョウだか)の単位。

古訓 中古 うがつ・くさる・こと・つかまつる・つかまつる・つらなる・つらぬ・つらぬく・とほる・ならふ・ぬく・ゆみひく 中世 あたる・うがつ・つらなる・つらぬく・とほす・ならふ・ぬく 近世 あたる・うがつ・おちおち・つかふ・つら・つらぬく・ならふ

人名 つら・つらね・とおる・ぬく・ひろ・みち・みつ・やす・よし

【貫▼盈】(カンエイ) （銭(ぜに)差しに銭がつらぬき満ちるように）充満する。また、悪行をきわめる。

【貫魚】(カンギョ) くし刺しにして並べた魚。転じて、女官の秩序を正す。〔「魚」は陰のものであるので、女官にたとえた〕

【貫行】(カンコウ) 一貫しておこなう。やり通す。

【貫日】(カンジツ)(ひをつらぬく) ①日を重ねる。日数がたつ。②太陽をつらぬくように伸びる。

【貫主】【貫首】㊀(カンシュ) 長となる人。統領。㊁(カンジュ・カンス) 〔仏〕①天台宗の最高の僧職。天台座主(ザス)。②各宗総本山や諸大寺の住職の呼び名。

【貫珠】(カンシュ) ①玉を緒(お)に通してつらねる。また、その玉。②数珠(ジュズ)。③音声の美妙さのたとえ。〔玉を一つ一つ通すように、だんだんと人の心をなごませることから〕④詩文やその音韻の美しい調べ。

【貫籍】(カンセキ) ①戸籍。本籍。②故郷。

【貫▼穿】(カンセン) ①つらぬき通す。②広く学問に通ずる。

【貫長】(カンチョウ)【貫頂】(カンチョウ) 〔仏〕各宗派の本山や諸大寺の管主の呼び名。貫主。

【貫通】(カンツウ) ①つきぬける。つらぬきとおる。②筋道が通る。③よく理解する。

【貫通銃創】(カンツウジュウソウ) 日銃弾がからだを完全につきぬけた傷。対 盲管銃創。

【貫徹】(カンテツ) ①志や要求などを、つらぬきとおす。例 要求を―する。初志を―する。②完全に理解する。

【貫▼瀆】(カントク) なれなれしくして、神聖なものをけがす。

【貫目】(カンめ) 日①目方。重さ。②貫の単位で量った目方。

【貫流】(カンリュウ) 日川が、ある地域をつきぬけて流れる。

【貫▼禄】(カンロク) 日身にそなわった人間としての重み。威厳。例 ―が出る。―を示す。
●一貫(イッカン)・縦貫(ジュウカン)・突貫(トッカン)・指貫(ぬきさし・ゆびぬき)

【貭】
貝4 (11) ⇨質(シツ)(1262ページ)

責
貝4 (11) 1 3253 8CAC 教5
㊀サク・セキ漢 シャク呉 陌 zé
㊁サイ漢 卦 zhài
せめる(せ-む)・せめ

筆順 一 十 圭 丰 青 青 責 責 責

なりたち [形声]「貝（＝たから）」と、音「朿(シ→サク)」とから成る。求める。

意味 ㊀❶果たすべきことを求める。罪をとがめる。**せめる**。例 呵責(カシャク)。自責(ジセキ)。叱責(シッセキ)。❷果たすべき仕事や役目。**せめ**。また、おいめ。例 責任(セキニン)。重責(ジュウセキ)。免責(メンセキ)。㊁負債。通債。例 責家(サイカ)（＝負債のある家）。

古訓 中古こふ・せむ・もとむ 中世せむる・もとむ 近世おひめ・せむる・せめ・そしる・とる・はたる・もとむる

【責譲】セキジョウ 〔「譲」も、責める意〕責めとがめる。類責誚セキショウ。

【責難】セキナン ①実行が困難なことを要求する。②責めなじる。詰問する。

【責善】セキゼン よいことをおこなうよう、すすめる。

【責任】セキニン ①引き受けて、しなければならないこと。責務。例―を果たす。②日自分のことばや、かかわった行為から生じた結果に対して負う責め・義務・つぐない。例―を取る。

【責罵】セキバ 責め、ののしる。罵倒。

【責備】セキビ おこないが完全無欠であることを求める。

【責望】セキボウ 要求する。また、要求が達せられないことを非難したり、恨んだりする。

【責務】セキム 日責任をもって成すべきつとめ。例―を果たす。

【責問】セキモン ①厳しく問いただす。詰問。②強くしかる。③日〔苦痛を与えて問いただす意〕江戸時代の拷問。

【責了】セキリョウ 日「責任校了」の略。校正による訂正箇所を、印刷所に責任をもたせて直させ、校了にすること。

【責過】セキカ ①〔「過」も、とがめる意〕責めとがめる。②過ちを責める。

●引責インセキ・自責ジセキ・重責ジュウセキ・職責ショクセキ・文責ブンセキ

貪

貝4 (11) 2 7637 8CAA 常用 タン(タム)漢 トン(トム)・ドン(ドム)呉 覃 tān むさぼる

筆順 人 𠆢 今 今 今 貪 貪 貪 貪

なりたち [形声]「貝(=たから)」と、音「今キン→タン」とから成る。物を欲しがる。

意味 ❶よくばって、ほしがる。むさぼる。例貪二於財貨一(ザイカをむさぼる)(=財宝をほしがる)。〈史記・項羽紀〉貪欲ドンヨク。貪婪ドンラン。❷執着する。例貪生タンセイ(=生きることに執着する)。❸探究する。さぐる。例貪情タンジョウ(=実情をさぐる)。

古訓 中古ねがふ・ふくつけし・むさぼる 中世むさぼる 近世ほしがる・むさぼる

【貪汚】タンオ・ドンオ 欲が深くて、心がきたないこと。欲張りで、けがらわしい。類貪悪タンアク。

【貪枉】タンオウ 欲が深く、心がよこしまである。また、その者。

【貪獪】タンカイ 欲が深く、悪がしこい。また、その者。

【貪虐】タンギャク 欲が深くて、むごい。また、その者。類貪酷・貪残。

【貪競】タンキョウ 欲張って、我先にと(昇進などを)争う。

【貪叨】タントウ ①〔「叨」も、むさぼる意〕欲が深い。貪欲ドンヨク。②〔「叨」は、そこなう意〕貪欲で残酷である。

【貪鄙】タンピ 欲が深く、心がいやしい。

【貪冒】タンボウ むさぼる。むさぼり取る。

【貪暴】タンボウ 欲深で横暴なさま。

【貪墨】タンボク (役人が)利をむさぼり、よくない考えをもつ。

【貪利】タンリ 利をむさぼる。あくことなく利益を求める。

【貪吝】タンリン【貪悋】タンリン 欲張りで、けちなさま。吝嗇リンショク。

【貪戻】タンレイ・ドンレイ 利益をむさぼり、道理をわきまえない。

【貪恋】タンレン ひどく心がひかれる。むさぼるように、ものごとをしたう。

【貪見】ドンケン 〔仏〕自分の執着心から起こる、さまざまなよくない考え。

【貪食】ドンショク・タンショク やたらにむさぼり食う。がつがつと食べる。例―の魚うお。

【貪欲】【貪慾】 一ドンヨク・タンヨク・トンヨク ほしいものに強くこだわり、欲が深いさま。貪叨タントウ。例―に知識を吸収する。二トンヨク〔仏〕三毒の一つ。むさぼりの煩悩ボンノウ。

【貪婪】ドンラン・タンラン・トンラン 〔「婪」も、むさぼる意〕非常に欲の深いさま。欲張り。例―な好奇心。

【貪吏】ドンリ・タンリ 欲が深く、利益をむさぼる役人。例貪吏乱二之官一(タンリこれがカンにみだる)(=欲張りな役人が官職で不正をおこなう)。〈荀子・彊国〉

貳

貝4 (11) ⇩弐ニ(460ページ)

販

貝4 (11) 1 4046 8CA9 常用 ハン漢 ホン呉 願 fàn ひさ-ぐ

筆順 丨 冂 目 目 貝 貝 𧴪 販 販

なりたち [形声]「貝(=たから)」と、音「反ハン(=行ってかえる)」とから成る。安く買って高く売る。

意味 ❶ものを仕入れて売る。あきなう。ひさぐ。例販売ハンバイ。販路ハンロ。市販シハン。❷仕入れる。買う。❸商人。

古訓 中古いらす・うる・かへす・ひさく 中世あきなふ・うる・ひさぐ 近世ひさぐ

人名 ひさ

【販売】ハンバイ 品物を売りさばく。例訪問―。

【販夫】ハンプ 行商人。あきんど。

【販路】ハンロ 日品物の売り先。売れ口ぐち。例―を広げる。

●再販サイハン・市販シハン・直販チョクハン

貧

貝4 (11) 1 4147 8CA7 教5 ヒン漢 ビン呉 真 pín まずしい(まづ-し)

筆順 八 分 分 分 贫 贫 貧 貧 貧

なりたち [会意]「貝(=たから)」と「分フン→ヒン(=わける)」とから成る。たからが分散して少なくなる。

意味 ❶お金や品物が少ない。生活が苦しい。まずしい。対富。例貧而楽レ道(まずしくしてみちをたのしむ)(=貧乏であっても道義を楽しむ)。〈論語・学而〉貧困ヒンコン。貧富ヒンプ。貧乏ビンボウ。❷たりない。とぼしい。例貧血ヒンケツ。貧弱ヒンジャク。❸自分のことをへりくだっていうことば。例貧僧ヒンソウ(=僧が自分をへりくだっていうことば)。

古訓 中古いやし・とぼし・ともし・まづし 中世とぼし・ともし・まづし・まどし・まどし 近世まづし

【貧家】ヒンカ まずしい家。びんぼうな家。対富家。

【貧寒】ヒンカン いかにもまずしいさま。例―とした山村。

【貧窮】ヒンキュウ まずしくて生活に困っていること。

【貧苦】ヒンク ①まずしくて苦しいこと。②びんぼうの苦しみ。

【貧窶】ヒンク まずしくて、やつれる。びんぼうでみすぼらしい。

【貧血】ヒンケツ 日①血液中の赤血球が正常よりも少なくなる。例―症。②ある臓器への血液の流れが少なくなった状態。

【貧交】ヒンコウ まずしいときの交際。また、びんぼうな友人。

【貧巷】ヒンコウ まずしい人々の住む街。

【貧困】ヒンコン ①びんぼうで生活にこまっていること。例―にあえぐ。②日必要なものが、不十分なこと。例政策の―。

【貧者】ヒンジャ まずしい人。対富者。

【貧者之一灯(燈)】ヒンジャのイットウ 〔仏〕金持ちが神仏に供える多くのともしびよりも、まずしい人がとぼしい中から供える一つのともしびの方が、とうといということ。〔釈迦シャカが祇園精舎ギオンショウジャにあったとき、王が供えた数万の灯火が朝になって消えていたのに、老婆がわずかばかりのお金で買い求めた一灯だけが輝いていた説話による〕類貧女ヒンニョの一灯・

長者の万灯より貧者の一灯。

【貧弱】①国がまずしく軍隊がよわい。②まずしくてよわよわしい。また、その人。③日まずしく、みすぼらしいさま。例—な設備。④日しっかりしたところがないさま。不十分。例—な思想。⑤日よわよわしくて見おとりがするさま。例—なからだ。

【貧生】びんぼうな書生。また、まずしい人。

【貧▼賤】まずしくて身分も低いこと。対富貴。例貧賤之交不可忘（＝貧しく地位もないときに交際してくれた友は、忘れてはいけない）。〈南斉・劉悛伝〉

【貧▼賤不能移】〔まことの大丈夫は「仁」の道に居おり〕どんなにまずしくいやしい境遇に身を置いても、その志操を変えさせることはできない。〈孟子・滕文公下〉

【貧相】みすぼらしいさま。びんぼうそうな顔つきや身なり。対福相。例見るからに—な顔だち。

【貧村】まずしいむら。寒村。

【貧打】日野球で、打撃がふるわないこと。例—戦。

【貧▼餒】まずしくて飢えている。また、その人。

【貧土】日土に養分が少なく、生産物がとぼしい土地。

【貧道】僧が自分を指していう謙称。

【貧農】まずしい農家や農民。対富農。例—の出身。

【貧富】まずしいことと、ゆたかなこと。例—の差。

【貧乏】収入も財産も少なくて、生活が苦しいこと。例—ひまなし。器用—。

【貧民】まずしくて、生活に困っている人々。例—街。

【貧▼邑】まずしい人の多くいる村。貧村。

【貧▼陋】まずしくむさくるしいさま。

●極貧・清貧・赤貧

貶

貝4（11） 2 7642 8CB6

ヘン（ヘム）漢 琰 biǎn

お-とす・おと-し-める（おとし-む）・けな-す・さげす-む

意味 ❶へらす。例貶損。❷官位を下げる。（値打ちを）おとす。例貶黜（＝官位を下げる）。貶斥。❸悪く言う。おとしめる。けなす。そしる。対褒。例貶称（＝そしる）。毀誉褒貶（＝ほまれや、そしり）。

【貶斥】官位を下げて排除する。

【貶損】①減らす。②けなす。そしる。

【貶退】官位を下げる。左遷する。また、免職とする。類貶斥・貶黜。

【貶▼謫】官位を下げて遠方へ流す。類貶竄・貶逐・貶流。

貽

貝5（12） 2 7638 8CBD

イ 漢 呉 支 yí

おく-る・のこ-す

意味 人にものを与える。おくる。のこす。例貽訓。

【貽訓】先祖から子孫への教訓。

【貽▼厥】①とどめる。伝える。②天子の位を伝える。③子孫。後嗣。〔「貽二厥子孫一（＝その子孫に伝えた）。〈書経・五子之歌〉」から。このように成語のはじめだけをあげて、続くことばの意味を示す語を歇後語という〕

賀

貝5（12） 1 1876 8CC0 教5

カ 漢 ガ 呉 箇 hè

よろこ-ぶ

［架］大5（8） 4 0533 3699 俗字。

筆順 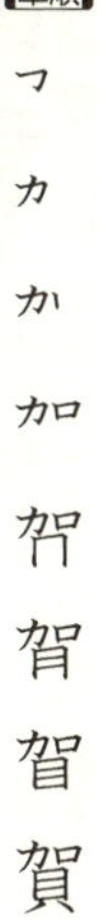

なりたち  ［形声］「貝（＝たから）」と、音「加カ」とから成る。おくりものをさしあげて祝う。

意味（ことばや金品をおくって）めでたいことであると祝う。よろこぶ。例賀状。慶賀。祝賀。

日本語での用法《ガ》「賀州」▼旧国名「伊賀（＝今の三重県西部）」の略。

古訓 中古 よし・よろこび・よろこぶ 中世 いはふ・よし・よろこぶ 近世 いはふ・くはへる・になふ・よろこぶ

人名 いわう・しげ・のり・まさ・ます・よし・より

難読 賀来（＝地名・姓）・賀名生（＝地名）

【賀意】お祝いの気持ち。祝意。例いささかの—を示す。

【賀宴】【賀▼筵】お祝いの酒盛り。祝宴。

【賀詞】お祝いのことば。特に、新年の祝賀のことば。例—交換会。

【賀辞】お祝いのことば。賀詞。例—を述べる。

【賀寿】長寿を祝う。寿賀。例—の催し。

【賀春】日新春を祝う。賀正。年賀状に用いることば。頌春。

【賀正】正月を祝う。年賀状に用いることば。

【賀▼頌】日祝って、ほめたたえることば。

【賀状】祝賀の書状。特に、年賀状。

【賀表】朝廷や国家にめでたいことがあるとき、臣下がたてまつる祝いの文。

●恭賀・謹賀・慶賀・祝賀・年賀

貴

貝5（12） 1 2114 8CB4 教6

キ（クヰ）漢 呉 未 guì

たっとい（たっと-し）・たっとぶ・とうとい（たふと-し）・とうとぶ（たふと-ぶ）・あて

筆順 

なりたち  ［形声］「貝（＝たから）」と、音「臾キ」とから成る。ねだんが、やすくない。

意味 ❶ねだんが高い。ねうちがある。対賤。例貴金属。貴重品。❷地位・身分が高い。たっとい。とうとい。あて。対賤。例不義而富且貴（＝不正をおこなって金持ちになり身分が高くなる）。〈論語・述而〉貴人。貴賤。高貴。❸うやまう。重んじる。たっとぶ。とうとぶ。対賤。例貴尚（＝たっとぶ）。❹相手に関することにつけて敬意をあらわすことば。例貴意。貴国。貴書。

古訓 中古 あてなり・あてやかなり・あふ・おそる・たか・たかし・たふとし・たふとぶ 中世 いみじく・たかし・たつとし 近世 たかし・たつとし

人名 あつ・たか・たかし・たけ・むち・もとむ・よし

難読 貴あてやか・貴女あなた

【貴意】①権力があり、身分が高い人の意思。②日相手の意志や意見を敬っていうことば。多く、手紙文で用いる。例—を得たい（＝どういうお考えか、うけたまわりたい）。

【貴下】日相手を敬っていうことば。男性がおもに手紙で用いる。あなた。貴殿。

【貴家】①高貴な家柄。②相手の家を敬っていうことば。おもに手紙で用いる。尊家。例—のご繁栄を祈ります。

【貴▼翰】【貴簡】日相手の手紙を敬っていうことば。

【貴近】身分が高く、天子の身辺に仕える人。

【貴金属】日さびたり、薬品におかされることが少なく、産出量も少ない金属。金・銀・プラチナなど。対卑金属。

【貴君】日男性が、同輩以下の男性を敬っていうことば。あなた。手紙などで用いる。例—のご活躍を期待します。

【貴兄】日男性が、親しい先輩や同輩の男性を敬っていうことば。手紙などで用いる。

【貴顕】キケン 身分が高く、名声のある人。身分も地位も高い人。例 ―紳士。
【貴公】キコウ ①身分の高い人。②男子間の第二人称。あなた。③日男性が目上の男性を敬っていうことば。④日男性が、同等または同等以下の相手を呼ぶことば。おまえ。貴様。〔武士などが用いた〕
【貴公子】キコウシ 貴族などの家の若い男子。例 銀幕(=映画界)の―。
【貴国】キコク 相手の国を敬っていうことば。
【貴様】キさま 日男性が同等または同等以下の、ごく親しい相手を呼ぶことば。また、相手をののしるときに呼ぶことば。貴公。〔もとは相手を敬っていう言い方〕例 ―とは同期だ。
【貴紙】キシ 日相手の新聞や手紙を敬っていうことば。
【貴種】キシュ ①高貴な家柄の生まれ。高貴な血筋。②身分の高い氏族。
【貴所】キショ 日①相手の住んでいる土地を敬っていうことば。②相手を敬っていうことば。おもに男性が、手紙で用いる。
【貴書】キショ 相手の手紙や著書を敬っていうことば。
【貴女】キジョ 日㊀身分の高い女性。貴婦人。㊁あなた 相手の女性を丁寧に呼ぶことば。
【貴紳】キシン 日身分の高い人。
【貴人】キジン|キニン 身分の高い人。とうとい家柄の人。例 貴人多レ忘キジンボウおおし(=お偉いさんはもの忘れが多い。《出世した者が旧友に薄情なことをいう》)。〈唐摭言・三〉
【貴盛】キセイ 身分が高く、強大な権勢をもっているさま。
【貴戚】キセキ ①君主の親族。②配偶者の親族。
【貴▼賤】キセン 身分のとうといことと、いやしいこと。また、身分のとうとい人と、いやしい人。例 職業に―はない。
【貴族】キゾク ①社会の上流にあって、代々受けつがれる特権をもつ家柄の人々。②日経済的にめぐまれた生活をしている人のたとえ。例 独身―。労働―。
【貴大】キダイ ①身分が高く、財産や勢力が強大なさま。②おごり高ぶるさま。自ら尊大にふるまうさま。
【貴台】キダイ 日男性が、相手を敬っていうことば。貴下。貴殿。改まった手紙文などで用いる。
【貴▼冑】キチュウ 貴族の子孫。
【貴重】キチョウ ①身分が高い。②相手を大切にする。③非常に大切なさま。きわめて価値のあるさま。例 ―品。
【貴▼寵】キチョウ 君主が恩寵として高位を与える。また、それを受けた人。類 貴幸。
【貴殿】キデン ①相手の家を敬っていうことば。②日相手の男性を敬っていうことば。貴下。男性が特に改まった手紙文などで用いる。
【貴妃】キヒ 南朝から唐代の、皇后に次ぐ地位の天子の夫人。楊貴妃ヨウキヒもそのひとり。貴嬪キヒン。
【貴賓】キヒン 身分の高い客。例 ―席。―室。
【貴▼嬪】キヒン ①三国魏ギが設けた、皇后に次ぐ高位者の称号。②「貴妃キヒ」に同じ。
【貴婦人】キフジン 身分の高い女の人。上流婦人。
【貴方】キホウ 日㊀|㊁あなた 相手のいる場所などを敬っていうことば。㊁あなた 相手を敬っていうことば。貴君。貴女。
【貴門】キモン ①身分の高い家柄。②相手の家を敬っていうことば。
【貴要】キヨウ 身分が高く、要職にある。また、その人。
●兄貴あにキ・高貴コウキ・騰貴トウキ・富貴フウキ

貰

貝5(12) 1 4467 8CB0 人

セイ漢 霽 shì もら-い(もらひ)・もら-う(もら-ふ)

なりたち  [形声]「貝(=財力)」と、音「世セイ」とから成る。かりる。

意味 ❶かけ買いする。つけで買う。かりる。例 貰酒シュセイ(=つけで酒を買う)。❷放免する。ゆるす。通 赦。例 貰赦シャセイ。

日本語での用法 《もらい》《もらう》①「金かねを貰もらってする仕事シごと・物貰ものもらい」▼人がくれるものを受け取る。②「貰もらい子ご・貰もらい泣なき・このけんかはおれが貰もらった・この試合シあいは貰もらった」▼自分の側のものとして引き受ける。手中におさめる。

古訓 中古 おきのる・ゆるす 中世 おぎのる・たから 近世 おぎのる・おもんばかる・かる・もらふ

【貰赦】セイシャ (罪を)許す。

貸

貝5(12) 1 3463 8CB8 教5

㊀タイ漢 隊 dài ㊁トク漢 職 tè かす・かし

筆順 

なりたち  [形声]「貝(=たから)」と、音「代イタ」とから成る。人にほどこす。

意味 ㊀❶金品を一時的にかす。かしたもの。**かす**。**かし**。対 借。例 貸借タイシャク。貸与タイヨ。❷借り入れる。かりる。❸ゆるやかにする。ゆるす。㊁誤る。たがう。通 忒トク。例 差貸サトク。

古訓 中古 いらす・おきのる・かす・かふ・かる 中世 かす・かる・ほどこす・もらふ 近世 あきなふ・かす・かる・ほどこす

【貸借】タイシャク ①かすことと、かりること。かしかり。例 ―関係。―対照表。②許す。
【貸▼宥】タイユウ 刑罰などを軽くする。追及をゆるめる。許す。
【貸与】タイヨ かす。かしあたえる。例 奨学金の―。

貯

貝5(12) 1 3589 8CAF 教4

チョ漢呉 語 zhù たくわ-える(たくは-ふ)・た-める(た-む)・た-まる

筆順 

なりたち  [形声]「貝(=たから)」と、音「宁ョチ(=つむ)」とから成る。たからを積む。

意味 しまっておく。**ためる**。**たくわえる**。また、たくわえ。例 貯金チョキン。貯蔵チョゾウ。貯蓄チョチク。

古訓 中古 いる・たくはふ・たくはへ・つむ・つもる・をさむ 中世 たくはふ・つむ・つもる・をさむ 近世 いるる・おく・たくはふ・つむ・もる・をさむ

人名 おさむ・もる

【貯金】チョキン ①お金をためる。また、ためたお金。例 ―箱。②日郵便局・協同組合などにお金を預ける。また、その預けたお金。例 ―通帳。
【貯水】チョスイ (飲料・農業用・工業用・発電用などのために)水をたくわえる。例 ―池。―量。
【貯積】チョセキ ㊀たくわえる。㊁チョシ たくわえ。
【貯蔵】チョゾウ お金や物資をたくわえてしまっておく。例 ―庫。
【貯▼粟】チョゾク 穀物をたくわえる。また、その穀物。
【貯蓄】チョチク ①物品をたくわえる。②日お金をたくわえる。お金をためる。また、そのお金。

貼

貝5(12) 1 3729 8CBC 常用

テン慣 チョウ(テフ)漢 葉 tiē はる

筆順 

なりたち  [形声]「貝(=たから)」と、音「占ョチウ」とから成る。質入れする。

意味 ❶借金のかたにおく。例 貼銭チョウセン(=借金のかた)。❷はりつける。**はる**。例 貼付チョウフ。貼用チョウヨウ(=はりつけて使う)。

❸膏薬などを数える単位。例 一貼薬（イッチョウヤク）。

【貼付】（チョウフ） 古訓 中世 おく・つく 近世 うる・つく・つける・はる

日「テンプ」は、慣用読み。はりつける。例 願書に写真を―する。

［貳］ 貝5（12） ⇨弐（460ジペー）

買

貝5（12） 1 3967 8CB7 教2

バイ 漢 マイ 呉 蟹 mǎi

かう（か-ふ）

筆順 丶 冖 罒 罒 罒 買 買 買

なりたち ［会意］「罒（＝あみでとる）」と「貝（＝たから）」とから成る。品物をかう。

意味 ❶代金をはらってものを求める。かう。例 買価（バイカ）。購買（コウバイ）。売買（バイバイ）。不買（フバイ）。❷さまざまな手段を使って求める。あさる。例 買名（バイメイ）。❸ひきおこす。まねく。例 買レ禍（わざわいをかう）（＝災いを招く）。

日本語での用法 《かう》①「腕（うで）を買（か）う」▼価値があるとする。②「一役（ひとヤク）買（か）う」▼引き受ける。

古訓 中古 うる・かふ 中世 かふ 近世 かふ

【買価】（バイカ） 品物を買うときの値段。買値（かいね）。対 売価。

【買官】（バイカン） お金で官位を買う。

【買収】（バイシュウ） ①（不動産などを）買い取る。例 用地―をする。②日 ひそかに人に金品を与えて、自分に都合のよいようなことをさせる。例 有権者を―する。

【買春】（バイシュン） ①「春」は、酒の別名」酒を買う。②酒をたずさえて春の野外に遊ぶ。③（かいシュン） 日 売春婦を買う。

【買笑】（バイショウ） ①遊女を買う。②バラの別称。

【買酔】（バイスイ） 酒を買って酔う。酒に酔う。

【買▼辦】（バイベン） ①品物の仕入れをする人。②もと、外国商社を相手に、仲介などで自身の利益をひそかに得ていた中国商人。

【買名】（バイメイ） 名誉を（お金で）求める。名声を得ようと努める。

●購買（コウバイ）・故買（コバイ）・売買（バイバイ）・不買（フバイ）

費

貝5（12） 1 4081 8CBB 教4

一 ヒ 漢 呉 未 fèi　二 フツ 漢 ホツ 呉 物 fú

ついやす（つひ-やす）・ついえる（つひ-ゆ）

筆順 一 ⼆ 弓 弗 弗 弗 費 費

なりたち ［形声］「貝（＝金銭）」と、音「弗（フツ→ヒ）」とから成る。金銭をばらまくように使う。

意味 一 ❶使って減らす。ついえる。ついやす。例 空費（クウヒ）。消費（ショウヒ）。浪費（ロウヒ）。❷使われる金銭。ものいり。ついえ。例 費用（ヒヨウ）。経費（ケイヒ）。旅費（リョヒ）。二 さからう。もとる。通 払。

古訓 中古 かかやく・せむ・そこなふ・つひえ・つひやす・つひゆ・もちゐる 中世 そこなふ・つひえ・つひやす・もちゐる 近世 そこなふ・つひやす・へらす・めぐむ・もちゐる

人名 もち

【費消】（ヒショウ） 日（お金や品物を）使いへらす。使ってしまう。例 資金を―する。

【費心】（ヒシン）【費神】（ヒシン） 思いわずらう。心配する。

【費途】（ヒト） 日 お金の使いみち。使途。例 ―を明示する。

【費目】（ヒモク） 日 支出する費用の、目的による分類の名。経費の名目。人件費や通信費など。

【費用】（ヒヨウ） ①ものを買ったり、何かをしたりするためにかかるお金。例 旅行の―。②消費する。

●会費（カイヒ）・学費（ガクヒ）・巨費（キョヒ）・空費（クウヒ）・経費（ケイヒ）・公費（コウヒ）・国費（コクヒ）・歳費（サイヒ）・雑費（ザッピ）・実費（ジッピ）・私費（シヒ）・自費（ジヒ）・出費（シュッピ）・消費（ショウヒ）・冗費（ジョウヒ）・食費（ショクヒ）・乱費（ランピ）・旅費（リョヒ）・浪費（ロウヒ）

賁

貝5（12） 2 7644 8CC1

一 ヒ 漢 寘 bì　二 フン 漢 文 fén　三 ホン 漢 元 bēn

意味 一 ❶模様がはなやかで美しい。あざやか。かざる。例 賁然（ヒゼン）。❷易（エキ）の六十四卦（カ）の一つ。☲☶ 離下艮上（リカゴンショウ）。山の下に火がある象。二 大きい。例 賁鼓（フンコ）（＝大きなつづみ）。三 いきおいよく走る。通 奔。例 虎賁（コホン）（＝トラが奔走してえものを追うことから転じて、勇士）。

【賁然】（ヒゼン） はなやかで美しいさま。

【賁来】（ヒライ） 人が自宅に訪問してくれることを敬っていうことば。類 賁臨。

貿

貝5（12） 1 4339 8CBF 教5

一 ボウ 漢 ム 呉 宥 mào　二 ボウ 漢 尤 móu

筆順 ノ 𠂉 𠂎 𠂎 卯 卯 貿 貿

なりたち ［形声］「貝（＝たから）」と、音「卯（ボウ）」とから成る。たからをとりかえる。

意味 一 金銭と品物、品物と品物をとりかえる。売り買いする。あきなう。例 貿易（ボウエキ）。貿財（ボウザイ）（＝金銭にかえる）。二 ❶奪い取る。通 牟（ボウ）・侔（ボウ）。例 貿首（ボウシュ）（＝相手の首を奪う）。❷⇨【貿貿】（ボウボウ）

古訓 中古 あかふ・あきなふ・かはる・かふ・つくのふ 中世 あきなふ・かふ 近世 あきなふ・うる

【貿易】（ボウエキ） ①物品を売買する。特に外国とのあいだで品物の売り買いをする。例 ―商。②入れ替わり変化する。

【貿首▼之▼讎】（ボウシュのあだ） 互いに首を取ろうとする、深い恨みのあるかたき。不倶戴天（フグタイテン）のかたき。

【貿貿】（ボウボウ） ①目がかすんでよく見えないさま。②道理にうとく愚鈍なさま。

賈

貝6（13） 2 7643 8CC8

一 コ 漢 麌 gǔ　二 カ 漢 禡 jià　三 カ 漢 馬 jiǎ

あきな-う（あきな-ふ）・あきな-い（あきなひ）・う-る・か-う（か-ふ）

意味 一 ❶売り買いする。店をかまえて商売をする。また、商人。あきなう。あきない。例 嘗与二鮑叔一賈（かつてホウシュクとコす）（＝以前鮑叔と商売をした）。〈史記・管仲伝〉 賈人（コジン）（＝商人）。商賈（ショウコ）（＝あきんど。「商」は行商人の意）。❷ひきおこす。まねく。例 賈害（コガイ）。二 ねだん。あたい。通 価。三 姓の一つ。例 賈誼（カギ）（＝前漢の政治家・文人）。

【賈害】（コガイ）（ガイをかう） 自ら災害を招く。類 賈禍。

【賈▼衒】（コゲン） 商人が物を売る。

【賈▼胡】（ココ） 西域から来た商人。

【賈市】（コシ） 市場。また、商売。あきない。

【賈▼豎】（コジュ） いやしい商人。商人をいやしめていう。

【賈船】（コセン） 商船。類 賈舶。

資

貝6（13） 1 2781 8CC7 教5

シ 漢 呉 支 zī

筆順 冫 冫 次 次 咨 咨 資 資

なりたち ［形声］「貝（＝たから）」と、音「次（シ）」とから成る。たくわえたたから。

意味 ❶事業や商売をするのに必要な、お金や原料・材料。も

［貝］5―6画▼ 貳 買 費 賁 貿 賈 資

とで。例 資本(シホン)。学資(ガクシ)。物資(ブッシ)。❷もとで・金品を与えて、たすける。例 産業(サンギョウ)の発展(ハッテン)に資(シ)する。❸生まれつき。天から与えられた性質。たち。例 資質(シシツ)。資性(シセイ)。天資(テンシ)。❹弟子。学生。例 師資(シシ)(=先生と弟子)。❺たよる。よりどころとする。とる。❻相談する。問う。はかる。通 咨(シ)・諮。

古訓 中古 あたふ・すけ・たから・たくはふ・たすく・ただ・とる・ほしいまま・もと・もとより・よし・よる 中世 すけ・たから・たすく・ほしいまま・もとより・よし 近世 たから・たすけ・たのむ・つく・とる・もちゆる・よる

人名 かね・すけ・たか・たかし・たから・たすく・たすけ・ただ・ただし・つぎ・つぐ・とし・はかる・もと・やす・よし・より

【資▼蔭】【資▼廕】(シイン) 父祖の功績にあやかり、子孫が官位を授けられる。

【資益】(シエキ) ①利益。②たすけて利益を与える。

【資格】(シカク) ①あることをする場合の、地位や立場。例 会社代表の―で出席する。②ある仕事をするために必要な条件。例 ―試験。教員の―。

【資給】(シキュウ) ①与えて助ける。めぐむ。②(軍隊に食糧や生活用品などを)供給する。

【資金】(シキン) 事業などをおこなうための、もとになるお金。もとで。例 運転―。結婚―。

【資源】(シゲン) 日 ①製品やエネルギーの原料となる、鉱物・水産物・水・山林などの天然の物資。例 地下―。②仕事や産業のために必要な人やもの。例 人的―。

【資材】(シザイ) ①財産。②生まれつきの才能。③日 ものをつくる材料。例 建築―。

【資財】(シザイ) 財産。資産。例 大きな―。

【資産】(シサン) ①資本となる財産。②日 個人または法人がもっている金銭・証券・土地・建物などの財産。例 固定―。

【資質】(シシツ) 生まれつきもっている性質や才能。天性。資性。類 資稟(シヒン)。例 音楽的―にめぐまれる。

【資性】(シセイ) 生まれつきもっている性質や才能。天性。資質。

【資▼儲】(シチョ) たくわえ。蓄積。

【資弁(辨・辯)】(シベン) 生まれつき弁舌がたくみである。

【資望】(シボウ) すぐれた資質と名声・人望。また、立派な家柄や世の評判のよいこと。

【資本】(シホン) 何かをするために必要な、もとになるお金。もとで。資金。例 ―金。

【資本主義】(シホンシュギ) 日 資本をもっている人が、利益を求めて労働者をやとって生産をおこなう経済体制。対 共産主義・社会主義。

【資用】(シヨウ) ①元手に用いる。よりどころとする。②ものごとに必要な費用。

【資料】(シリョウ) 日 調査や研究などの、基礎となる材料。データ。

【資糧】(シリョウ) 物資や食糧。

【資力】(シリョク) お金を出すことのできる能力。資金力。財力。

●外資(ガイシ)・学資(ガクシ)・出資(シュッシ)・増資(ゾウシ)・投資(トウシ)・物資(ブッシ)・融資(ユウシ)

貲

貝6(13) 2 7639 8CB2

シ 漢 支 zī

あがな-う(あがな-ふ)・たから

意味 ❶お金で罪のうめあわせをする。**あがなう**。❷財産。**たから**。通 資。例 貲財(シザイ)。貲産(シサン)。

【貲財】(シザイ) 財産。類 貲産。

【貲郎】(シロウ) ①金品を朝廷へ納めて郎官(=宮中警護の官)となる。②財力によって官職を買った者。

[賎]

貝6(13) ⇩ 賤(セン)(1263ジペー)

[賍]

貝6(13) ⇩ 贓(ゾウ)(1267ジペー)

賊

貝6(13) 1 3417 8CCA 常用

ソク 漢 ゾク 呉 職 zéi

そこ-なう(そこ-なふ)

筆順 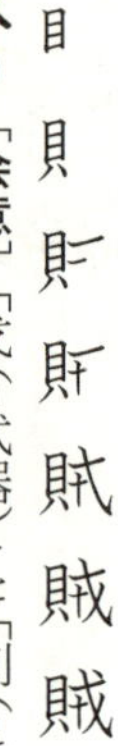

なりたち 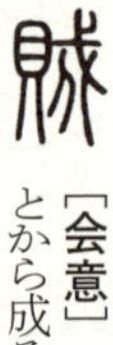 [会意]「戈(=武器)」と「則(=きまり)」とから成る。武器を使って、きまりをやぶる。

意味 ❶きずつける。害する。**そこなう**。例 自賊者也(みずからそこなうものなり)(=自分を損なう者である)。〈孟子・公孫丑上〉 賊害(ゾクガイ)。❷ぬすびと。どろぼう。例 海賊(カイゾク)。盗賊(トウゾク)。❸ころす。例 賊殺(ゾクサツ)。❹謀反(ムホン)する。乱を起こす。例 賊心(ゾクシン)。賊臣(ゾクシン)。逆賊(ギャクゾク)。

古訓 中古 あた・ぬすびと・ぬすみ・ぬすむ・やぶる 中世 かたき・ぬすびと・やぶる 近世 いなむし・そこなふ・ぬすびと・ぬすむ・やぶる

難読 烏賊(いか)・木賊(とくさ)

【賊害】(ゾクガイ) きずつける。害する。

【賊虐】(ゾクギャク) きずつけたり殺したりして、しいたげる。

【賊軍】(ゾクグン) 天子にはむかう軍勢。反乱軍。対 官軍。

【賊塞】【賊▼砦】(ゾクサイ) 賊のたてこもるとりで。類 賊塁。

【賊殺】(ゾクサツ) 殺す。殺害する。

【賊子】(ゾクシ) ①親を害するような不孝な子。例 孔子成春秋、而乱臣賊子懼(コウシシュンジュウをなして、ランシンゾクシおそる)(=孔子が『春秋』を作ったので、国を乱す臣下や親不孝な子はおそれて、悪事をしなくなった)。〈孟子・滕文公下〉 ②謀反人(ムホンニン)。

【賊首】(ゾクシュ) 悪党・盗賊のかしら。賊魁(ゾッカイ)。

【賊情】(ゾクジョウ) 賊軍の状況。悪党・盗賊の状況。

【賊心】(ゾクシン) ①謀反(ムホン)を起こそうと思う心。②人に害を与えようと思う心。

【賊臣】(ゾクシン) 主君にはむかう臣下。例 ―に討たれる。

【賊徒】(ゾクト) 反逆者の仲間。謀反人(ムホンニン)たち。例 ―の首領。

【賊盗】(ゾクトウ) 盗賊。ぬすびと。類 賊匪(ゾクヒ)。

【賊兵】(ゾクヘイ) 賊軍の兵士。

【賊▼魁】(ゾッカイ) 賊のかしら。賊首。

●海賊(カイゾク)・山賊(サンゾク)・盗賊(トウゾク)・馬賊(バゾク)

賃

貝6(13) 1 3634 8CC3 教6

チン 慣 ジン(ヂム) 漢 ニン(ニム) 呉 沁 lìn

やと-う(やと-ふ)

筆順 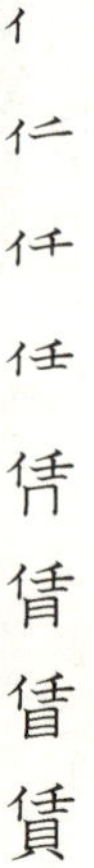

なりたち  [形声]「貝(=金銭)」と、音「任(ジン)」とから成る。金銭をはらって、人を使う。

意味 ❶お金とひきかえに働く。やとわれる。**やとう**。例 賃傭(チンヨウ)(=やとわれて働く)。❷働いた見返りに支払われるお金。例 賃金(チンギン)。運賃(ウンチン)。工賃(コウチン)。❸お金を出して借りる。また、お金を取って貸す。例 賃借(チンシャク)。賃貸(チンタイ)。

古訓 中古 つくのふ・やとふ 中世 つくのふ・やとふ 近世 かる・やとふ

人名 かぬ・とお

【賃金】【賃銀】(チンギン) ①賃借料。また、賃貸料。②日 働いたことに対して支払われる報酬。労賃。賃銭。例 労働―。最低―。

【賃作】(チンサク) やとわれて働く。類 賃傭(チンヨウ)。

【賃借】(チンシャク) お金を払って借りる。賃借り。対 賃貸。

【賃書】(チンショ) 賃金をもらって文字を書き写す。筆耕。

【賃▼舂】(チンショウ) やとわれて臼(うす)をつく。労賃で米つきをする。

【賃銭】(チンセン) 「賃金(チンギン)」に同じ。

【賃貸】(チンタイ) 日 お金を取って貸す。賃貸し。対 賃借。

●運賃(ウンチン)・工賃(コウチン)・駄賃(ダチン)・船賃(ふなチン)・無賃(ムチン)・家賃(やチン)・宿賃(やどチン)・労賃(ロウチン)

賂

貝6 (13)　1 4708　8CC2　常用

ロ 漢　遇 lù
まいない（まひなひ）

筆順　冂 目 貝 貝 貯 賂 賂

なりたち 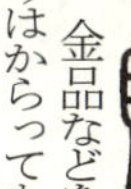 [形声]「貝（＝たから）」と、音「各（カク→ロ）」とから成る。贈り物。

意味 金品などをおくる。また、金品をおくって、都合のよいようにとりはからってもらう。わいろ。**まいない**。例 貨賂（カロ）（＝わいろ）。賄賂（ワイロ）。

古訓 中古 おくりもの・たから・まひなひ・まひなふ 中世 おくりもの・まひなひ 近世 おくる・まひなひ

【賂遺】（ロイ）わいろを贈る。また、わいろの金品。類 賂謝。

賄

貝6 (13)　1 4737　8CC4　常用

ワイ 慣　カイ（クヮイ）漢　賄 huì
まかなう（まかな-ふ）・まかない（まかな-ひ）・まいない（まひなひ）

筆順　冂 月 目 貝 貝 貯 賄 賄

なりたち  [形声]「貝（＝たから）」と、音「有（ユウ→イカ）」とから成る。たから。

意味 ❶たから。財貨。例 賄貨（ワイカ）（＝財貨。また、わいろ）。❷金品などをおくる。また、金品をおくって都合よくとりはからってもらう。わいろ。**まいない**。例 賄賂（ワイロ）。収賄（シュウワイ）。贈賄（ゾウワイ）。

日本語での用法 一《**まかなう**》「万事（バンジ）をひとりの手（て）で賄（まかな）う・月（つき）十二万円（ジュウニマンエン）で賄（まかな）う」▼限られた人数やお金などで、やりくりする。二《**まかない**》「病院（ビョウイン）の賄（まかな）い・賄（まかな）い付（つ）き」▼食事を用意して食べさせること。

古訓 中古 おくる・たから・まひなふ 中世 おくる・たから・なびく・まひなひ 近世 たから・まひなひ・まひなふ

【賄賂】（ワイロ）特別に利益をはからってもらうためにおくる、不正な金品。そでの下。例 公然白日受二賄賂一（コウゼンとしてハクジツにワイロをうく）（＝おおっぴらに白昼に不正な金品を受け取る）。〈韓愈・永貞行〉

賕

貝7 (14)　4 8913　8CD5

キュウ（キウ）漢　尤 qiú

意味 金品をおくって罪をのがれる。わいろ。まいない。例 賕賂（キュウロ）（＝わいろ）。

賒

貝7 (14)　4 8912　8CD6

シャ 漢 呉　麻 shē

意味 ❶掛けで買う。おきのる。例 賒貰（シャセイ）。❷遠い。例 賒遠（シャエン）（＝遠い）。

【賒▼貰】（シャセイ）掛け買い。また、掛け売り。類 賒貸（シャタイ）。

賑

貝7 (14)　1 3888　8CD1　人

シン 漢 呉　震 zhèn
にぎ-わい（にぎ-はひ）・にぎ-わう（にぎ-はふ）・にぎ-わす（にぎ-はす）・にぎ-やか

なりたち  [形声]「貝（＝たから）」と、音「辰（シ）（＝ふるう）」とから成る。富む。

意味 ❶人やものが多く豊かである。栄える。**にぎやか**。**にぎわう**。**にぎわい**。例 殷賑（インシン）。❷金品をほどこして救う。めぐむ。**にぎわす**。例 賑恤（シンジュツ）。

日本語での用法 《**にぎやか**》「賑（にぎ）やかな人（ひと）」▼さわがしい。陽気な。

古訓 中古 さかり・すくふ・たくはへ・たまふ・とみ・とむ・にぎはし・にぎはふ 中世 さかり・たすく・とむ・にぎはふ 近世 にぎはす・にぎはふ

人名 とみ・とも

【賑救】（シンキュウ）金品をほどこしてすくう。類 賑済（シンサイ）。

【賑給】（シンキュウ）金品をほどこし与える。人を救い、にぎわす。類 賑贍（シンセン）。

【賑▼恤】【賑▼卹】（シンジュツ）金品をめぐむ。災難や貧困で苦境にある人を救う。

[賓]

貝7 (14)　⇩賓（ヒン）（1263ページ）

[賔]

貝7 (14)　⇩賓（ヒン）（1263ページ）

賣

貝8 (15)　4 8915　27DA0

イク 漢　屋 yù

意味 売る。ひさぐ。通 鬻（イク）。

参考 「売」の旧字体「賣」とは別の字。

賡

貝8 (15)　3 9225　8CE1

コウ（カウ）漢　庚 gēng

意味 継続する。つぐ。例 賡続（コウゾク）（＝引きつぐ）。

賛

貝8 (15)　1 2731　8CDB　教5

サン 漢 呉　翰 zàn
たた-える（たた-ふ）

[贊]

貝12 (19)　2 7653　8D0A

旧字体。

筆順　ニ チ 夫 夫夫 替 替 替 賛

なりたち 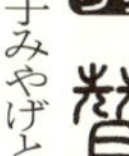 [会意]「貝（＝たから）」と「兟（＝進み出る）」とから成る。君主の前に進み出るときに、手みやげとするたから。派生して「たすける」の意。

意味 ❶わきから力をそえる。たすける。例 賛助（サンジョ）。賛成（サンセイ）。協賛（キョウサン）。❷**たたえる**。ほめる。通 讃（サン）。例 賛辞（サンジ）。賞賛（ショウサン）。礼賛（ライサン）。❸文体の一つ。人をほめたたえる文章。また、絵などに書きそえる詩文。通 讃（サン）。例 画賛（ガサン）。論賛（ロンサン）。❹式典において号令をかけ、進行をつかさどる。また、その人。例 賛拝（サンパイ）。

古訓 中古 すすむ・そなふ・たすく・ただす・ほむ・まうす 中世 たすく・ただす・ほむ・まうす 近世 あらはす・いだす・おこす・たすくる・たすけ・ほむる・まじへる

人名 あきら・すけ・すすむ・たすく・よし

【賛意】（サンイ）日 賛成の意志。賛成の気持ち。例 ―を表する。

【賛歌】（サンカ）日 神仏や人・ものごとをほめたたえる歌。讃歌（サンカ）。

【賛辞】（サンジ）ほめことば。讃辞（サンジ）。例 ―を呈する。

【賛述】（サンジュツ）ほめたたえて述べる。讃述（サンジュツ）。

【賛助】（サンジョ）力を貸して助ける。賛翼。例 ―出演。

【賛称】（サンショウ）ほめたたえる。讃称（サンショウ）。

【賛成】（サンセイ）①たすけて、ものごとを完成させる。②人の意見や提案などに同意する。賛同。対 反対。例 原案に―する。

【賛嘆】【賛▼歎】（サンタン）深く感心してほめる。讃歎（サンタン）。

【賛同】（サンドウ）日 賛成し同意する。賛成。例 ―を得る。

【賛拝】（サンパイ）臣下が君主に謁見するとき、君主の側近（典礼係）が拝礼の号令をかける。

【賛美】（サンビ）ほめたたえる。讃美（サンビ）。例 ―歌（＝キリスト教で、神やキリストの徳をたたえる歌）。自然を―する。

【賛否】（サンピ）日 賛成と不賛成（＝反対）と。賛成か不賛成か。例 ―両論がある。―を問う。

【賛揚】（サンヨウ）（名前を示して）ほめたたえる。讃揚（サンヨウ）。

【賛翼】（サンヨク）「賛助（サンジョ）」に同じ。

●協賛（キョウサン）・自画自賛（ジガジサン）・称賛（ショウサン）・絶賛（ゼッサン）・礼賛（ライサン）

賜

貝8 (15)　1 2782　8CDC　常用

シ 漢 呉　寘 cì
たまわる（たまは-る）・たま-う（たま-ふ）・たまもの

筆順　冂 目 貝 貝 貝口 貝日 貝日 賜 賜

なりたち  [形声]「貝（＝たから）」と、音「易（エキ→シ）」とから成る。与える。

意味 ❶目下の者にものを与える。また、目上の人からものを与えられる。**たまわる。たまう。** 例 賜二之卮酒一(これにシシュをたまえ)(=この者に大杯の酒を与えよ)。〈史記・項羽紀〉 賜与(シヨ)。賞賜(ショウシ)。❷いただいたもの。めぐみ。**たまもの。** 例 賜物(シブツ)。厚賜(コウシ)(=手厚い贈りもの)。

古訓 中古 たまひもの・たまふ・たまもの・つく・つくす・ほどこす・めぐむ・めごむ 中世 たまふ・たまもの・ほどこす・めぐむ 近世 たまふ・たまもの・ほどこす・めぐむ

人名 たま・ます・めぐむ

難読 置賜(おいたま)(=山形県の地名)

【賜仮】【賜暇】(シカ) 天子に願い出て休暇をもらう。また、休暇を与える。賜告。

【賜見】(シケン) 天子に拝謁することを許される。

【賜告】(シコク) 休暇を与える。漢代、高官が病気になって三か月におよぶと、治療のため休暇を与えた。

【賜▼諡】(シシ)(しをたまう) 天子が臣下に諡(おくりな)を与える。

【賜杯】(シハイ) 日 競技などの優勝者に、天皇や皇族が下賜(カシ)する意味で与える、優勝カップ。

【賜物】(シブツ)(たまもの) ①たまわったもの。いただいたもの。例 自然の―(たまもの)。②日 手に入れることができた、よい結果。例 努力の―(たまもの)。練習の―(たまもの)。

【賜予(豫)】【賜与】(シヨ) 目下の者に金品を与える。また、そのくだされ物。

【賜▼賚】(シライ) 物をたまわる。また、たまわり物。

質

貝8 (15) 1 2833 8CEA 教5

一 シチ 慣 チ 漢 呉 寘 zhì
二 シ 漢 呉 寘 zhì
三 シツ 漢 シチ 呉 質 zhí
ただ-す・たち

[貭] 貝4 (11) 2 7636 8CAD 俗字。

筆順 ノ ⺁ 斤 斦 斦 質 質 質

なりたち  [形声]「貝(=たから)」と、音「斦(ギン→シツ)」とから成る。物を抵当にする。

意味 一 借金や約束の保証として、相手にあずけるもの。抵当。人質。例 質子(シチシ)。言質(ゲンチ)(=あとで証拠となることば)。二 手みやげ。通 贄(シ)。三 ❶ものの本来の内容。もとになるもの。実体。例 実質(ジッシツ)。本質(ホンシツ)。❷生まれつき。**たち。** 例 気質(キシツ)。性質(セイシツ)。体質(タイシツ)。❸ありのまま。飾りけのない。対 文(ブン)。例 質実(シツジツ)。質素(シッソ)。質朴(シツボク)。❹問いただす。たずねる。例 質疑(シツギ)。質問(シツモン)。❺弓のまと。例 質的(シッテキ)。❻処刑台。例 斧質(フシツ)。

古訓 中古 かたち・かふ・こころみる・こころむ・さだむ・さやまき・しろ・すがた・すなほ・ただし・ただす・たひらかに・とふ・なす・なる・み・むくろ・もと 中世 かたち・こころみる・さだむ・さやまき・すがた・ただす・つかさどる・のぶ・むくろ 近世 あづち・かたち・こころね・したぢ・すなほ・ただし・たひらか・つかさどる・にへ・まこと・み・むくろ・むまれつき・もと

人名 かた・さだ・さだむ・すなお・ただ・ただし・まこと・み・もと

難読 質実(み)

【質種】【質草】(シチぐさ) 日 質屋からお金を借りるとき、担保として預ける品物。質物(シチモツ)。

【質物】(シチモツ) 日 質に入れる品物。しちぐさ。例 ―を流す。

【質屋】(シチや) 日 品物を質(=担保)として預かり、お金を貸す職業。また、その店。

【質▼愨】(シッカク) まことがあり、飾りけがない。誠実。

【質感】(シツカン) 日 材質から受ける感じ。例 やわらかい―の手袋。

【質義】(シツギ) 意味を問いただす。

【質疑】(シツギ) 疑問に思うことを問いただす。質問。例 ―に応じる。―応答。

【質言】一(シツゲン) 飾りけのないことば。誠実なことば。二(ゲンチ) 言質(ゲンチ)をとる。

【質剤】(シツザイ) 商取引で用いる、手形や証券。

【質実】(シツジツ) ①服装や行動に飾りけがなく、まじめなさま。例 ―剛健。②著述などで事実にこだわるさま。

【質性】(シツセイ) 生まれつきの性質。また、飾りけのない心。資性。

【質責】(シツセキ) 過ちを問いただし、責める。

【質素】(シッソ) ①飾りけがないさま。対 華美。例 ―な服装。②ぜいたくをしないさま。倹約。例 ―に暮らす。

【質直】(シッチョク) 「「直」は、まっすぐな性質の意」飾りけがなく正直であるさま。

【質的】(シッテキ) ①弓の的。②日 ものごとを内容や性質の面からみたさま。対 量的。例 ―な違い。

【質▼訥】(シツトツ) 飾りけがなく口数も少ない。まじめで無口なさま。

【質文】(シツブン) ①実質と形式。内容と外見。②文才にすぐれたさま。

【質朴】【質▼樸】【質木】(シツボク) 飾りけがなく、まじめなさま。質素で誠実なさま。例 ―な性格。

【質問】(シツモン) わからない点をたずね、問いただす。

【質野】(シツヤ) 飾りけがなく、生地(きじ)のままである。

【質量】(シツリョウ) ①人の資質や器量。②日〔物〕物体が固有にもっている、力学的な量。〔質量は重量と違って、場所によって変わらない〕③日 質と量。内容の性質と分量。例 ―ともに満足できる料理。

【質子】(シチシ) (王子や嫡男の)人質。

●悪質(アクシツ)・異質(イシツ)・気質(キシツ/かたぎ)・言質(ゲンチ)・材質(ザイシツ)・資質(シシツ)・上質(ジョウシツ)・素質(ソシツ)・同質(ドウシツ)・特質(トクシツ)・物質(ブッシツ)・変質(ヘンシツ)・本質(ホンシツ)・良質(リョウシツ)

賙

貝8 (15) 4 8914 8CD9 シュウ(シウ) 漢 尤 zhōu

意味 金品をほどこして救済する。すくう。例 賙恤(シュウジュツ)(=めぐむ)。賙贍(シュウセン)(=物資を出して救援する)。

賞

貝8 (15) 1 3062 8CDE 教4

ショウ(シャウ) 漢 呉 養 shǎng
ほ-める(ほ-む)・め-でる(め-づ)

筆順 丶 丷 ⺌ 𰀁 尚 常 賞 賞

なりたち  [形声]「貝(=たから)」と、音「尚(ショウ)」とから成る。功績に対してほうびを与える。

意味 ❶功労に対して与えられる金品。ほうび。例 賞金(ショウキン)。恩賞(オンショウ)。懸賞(ケンショウ)。❷功績や美点をほめたたえる。**ほめる。** 例 賞以二酒肉一(ショウするにシュニクをもってす)(=酒と肉を用意してたたえる)。〈柳宗元・送薛存義序〉 賞賛(ショウサン)。賞罰(ショウバツ)。激賞(ゲキショウ)。❸いつくしんでたのしむ。深く味わう。**めでる。** 例 賞味(ショウミ)。鑑賞(カンショウ)。

古訓 中古 たまふ・たまもの・つかさどる・もてあそぶ・よろこび・よろこぶ 中世 おもしろし・たまふ・たまもの・もてあそぶ・もてなす 近世 たつとぶ・たまふ・たまもの・もてあそぶ・よみす

人名 あき・あきら・すすむ・たか・たかし・ほむ・よし

【賞格】(ショウカク) ほうびを与える規定。

【賞鑑】(ショウカン) 人物・書画・骨董(コットウ)などを鑑定してめでる。鑑賞。

【賞▼翫】【賞玩】(ショウガン) ①もののめずらしさ、美しさ、よさをほめ、楽しみながら大事にする。例 花吹雪を―する。②食べ物の味のよさをほめて味わう。賞味。

【賞金】ショウキン ほうびとして与えるお金。〔懸賞や抽選についてもいう〕

【賞勲】ショウクン 功績をほめる。国や社会に対して勲功のあった人を賞する。賞功。例 —局。

【賞刑】ショウケイ 〔賞と刑の意〕善人をほめることと、悪人を罰すること。賞罰。

【賞功】ショウコウ 「賞勲ショウクン」に同じ。

【賞賛】【賞▼讃】ショウサン （人のすぐれた行動や業績などを）ほめたたえる。称賛。

【賞詞】ショウシ 功績などをほめることば。賞辞。

【賞賜】ショウシ よいおこないや功績などをほめて、ものや官位を与える。賞錫ショウセキ。

【賞辞】ショウジ 「賞詞ショウシ」に同じ。

【賞状】ショウジョウ 日すぐれた業績や行為をたたえることばを書いた文書。例 —授与式。

【賞心】ショウシン 〔心を楽しませる意〕ものをめでる風流な心。

【賞▼錫】ショウセキ 「賞賜ショウシ」に同じ。

【賞嘆】【賞▼歎】ショウタン 感心してほめる。嘆賞。称嘆。

【賞杯】ショウハイ 日優勝者などに賞として与えるさかずき。カップ。

【賞▼牌】ショウハイ 日優勝者などに賞として与える記章。メダル。

【賞罰】ショウバツ 賞と罰。ほめることと罰すること。賞刑。

【賞美】ショウビ ほめたたえる。称美。賞賛。

【賞品】ショウヒン 日賞として与える品物。

【賞味】ショウミ おいしく味わって食べる。例 —期限。

【賞与】ショウヨ ①（業績をあげた人などに）ほうびを与える。また、その金品。②日毎月の給与のほかに、六月や十二月などに勤務者に支給される金銭。ボーナス。一時金。

【賞誉】ショウヨ ほめる。

【賞揚】ショウヨウ 日ほめあげる。賞賛。称揚。例 功績を—する。

●受賞ジュショウ・授賞ジュショウ・入賞ニュウショウ・副賞フクショウ・褒賞ホウショウ

賤

貝8（15） 2 7645 8CE4 センㇹ漢 呉 霰 jiàn いや-しい（いや-し）・いや-しむ・いや-しめる（いや-しむ）・しず（しづ）

［賎］貝6（13） 1 3308 8CCE 俗字。

意味 ❶ねだんが安い。対貴。例 心憂二炭賤一（こころにすみのやすきをうれう）〈白居易・売炭翁〉 賤価センカ。❷地位・身分が低い。**いやしい。しず。** 対貴。例 貴賤キセン。下賤ゲセン。❸見さげる。さげすむ。**いやしむ。** 対貴。例 賤称センショウ（=さげすんだ言い方）。❹自分に関することを謙遜ケンソンしていうことば。例 賤室センシツ。賤臣センシン。

難読 賤男しずのお・賤女しずのめ・山賤やまがつ

【賤役】センエキ いやしい仕事・職業。また、それに従事する者。

【賤悪】センオ いやしみ、にくむ。

【賤価】センカ 安い値段。安値。

【賤技】【賤伎】センギ ①いやしい技芸。②自分の技芸を謙遜ケンソンしていうことば。

【賤業】センギョウ いやしい職業。いやしめられる職業。

【賤子】センシ ①いやしい男。②自分を謙遜ケンソンしていうことば。

【賤事】センジ ①いやしい仕事。つまらない事柄。②自分の仕事を謙遜ケンソンしていうことば。

【賤室】センシツ 自分の妻を謙遜ケンソンしていうことば。類賤内センナイ。

【賤質】センシツ ①いやしい生まれつき。②自分を謙遜ケンソンしていうことば。

【賤儒】センジュ 見識のない儒者。つまらない学者。

【賤▼妾】センショウ ①身分の低い、そばめ。いやしい侍女。②夫に対して妻が自らを謙遜ケンソンしていうことば。

【賤丈夫】センジョウフ 心のいやしい男。欲深く卑劣な男。〈孟子・公孫丑下〉

【賤臣】センシン ①身分の低い臣下。②臣下が主君に対して謙遜ケンソンしていうことば。

【賤微】センビ 地位や身分の低いさま。

【賤侮】センブ いやしみ、あなどる。類賤易センイ。

【賤▼俘】センプ ①降参した捕虜。②捕虜が自分を謙遜ケンソンしていうことば。

【賤民】センミン 昔の身分制社会において、不当に差別されて、最下層とされた人々。

【賤隷】センレイ いやしい召し使い。下男。

【賤劣】センレツ いやしくおとっているさま。例 —な手段をとる。

【賤▼陋】センロウ ①いやしい。下賤ゲセン。②才能や人格がおとっている。

［賭］貝8（15） ⇩賭ト（1265ページ）

賠

貝8（15） 1 3969 8CE0 常用 ハイ漢 バイ呉 灰 péi つぐな-う（つぐな-ふ）

筆順 冂 目 貝 貝亠 貝立 賠

なりたち ［形声］「貝（=たから）」と、音「咅ホウ→ハイ」とから成る。つぐなう。

意味 他人に与えた損害を金品でうめあわせる。**つぐなう。** 例 賠償バイショウ。

古訓 近世 おぎなふ

【賠償】バイショウ 相手に与えた損害を金銭などでつぐなう。例 損害—。国家—。

［賣］貝8（15） ⇩売バイ（123ページ）

賓

貝8（15） 1 4148 8CD3 常用 ヒン漢 呉 真 bīn まろうど（まらうど）

［賓］貝7（14） 3 9224 FA64 人 旧字体。

［賔］貝7（14） — 8CD4 俗字。

筆順 宀 宀 宊 宊 賓 賓 賓

なりたち 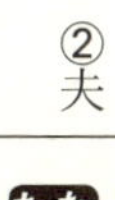 ［形声］「貝（=たいせつなもの）」と、音「丏ベン→ヒン」とから成る。敬うべき人。

意味 ❶手あつくもてなす大切な客。**まろうど。** 例 賓客ヒンキャク。貴賓キヒン。来賓ライヒン。❷服従する。したがう。例 賓服ヒンプク。❸梵語ボンゴの音訳字。例 賓頭盧ビンズル。

日本語での用法 《ヒン》「賓格ヒンカク・賓辞ヒンジ」▼主に対して従の位置にあるもの。

古訓 中古 うやまふ・したがふ・まらうと・みちびく・むかふ 中世 うやまふ・きたる・したがふ・まらうど・むかふ 近世 したがふ・つく・つつしむ・なつく・まらうど・みちびく・むかふ

人名 つぐ・つら

難読 賓客まろうど

【賓位】ヒンイ 客が着席する位置。客の座席。

【賓▼筵】ヒンエン 客をもてなす宴席。

【賓格】ヒンカク 日文法上の目的格。

【賓館】ヒンカン 客の宿泊する建物。

【賓客】ヒンカク｜ヒンキャク ①大切な客。客人。例 —をもてなす。—として招く。②他国からの使者。③食客ショッカク。

【賓貢】ヒンコウ ①「賓興ヒンコウ①」に同じ。②異民族が来朝してみつぎ物を献上する。

【賓興】ヒンコウ ①周代、才徳のある者を賓客としてもてなし朝廷に推薦すること。賓貢。②科挙で、郷試(=地方試験)の受験者を地方官が宴に招きもてなすこと。

【賓師】ヒンシ 諸侯から客分として遇される人。

【賓次】ヒンジ 客を接待する所。

【賓辞】ヒンジ 回①〔哲〕ある命題の主語について何ごとかを述べていることば。述語。②文法で、目的語。類賓語。

【賓実】ヒンジツ 名称と実質。名実。

【賓従】ヒンジュウ ①賓客の従者。また、賓客と従者。②帰順する。服従する。

【賓頭▼盧】ビンズル 〔仏〕釈迦の弟子で、十六羅漢の第一。

【賓接】ヒンセツ 上客として礼をもってもてなす。類賓待。

【賓服】ヒンプク 帰順する。服従する。諸侯が来朝し、天子に謁見する。

【賓▼萌】ヒンボウ 戦国時代、諸国を歴遊した学者。客民。

【賓礼】ヒンレイ ①五礼の一つ。接客の儀礼。②大切な客をもてなす。

●貴賓・国賓・主賓・来賓

賦

貝8(15) 1 4174 8CE6 常用

フ漢 遇 fù
みつぎ

筆順 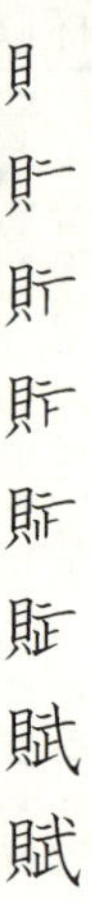

なりたち  [形声]「貝(=たから)」と、音「武ブ→フ」とから成る。たからをとりたてる。

意味 ❶人民に金品や労役を割り当てて納めさせる。また、その割り当て。租税。みつぎもの。**みつぎ**。例賦役。賦課。貢賦(=みつぎものと租税)。❷さずかる。天から与えられたもの。生まれつきの。また、さずける。例賦性。賦与。天賦。❸詩を作る。よむ。例賦詠。❹『詩経』の六義の一つ。心に感じたことをありのままにうたったもの。❺漢文の文体の一つ。押韻して対句を多用した修辞的な文章。例子虚賦。赤壁賦。→【辞賦】(1294ページ)

古訓 中古うたふ・くばる・しく・のぶ 中世うたふ・うつ・くばる・ながむ・のぶ 近世あたへる・うくる・くばる・しく・たす・とる・はかる・みつぎ・をさむ

人名 おさむ・たけ・たけし・ます・みつぐ

【賦詠】フエイ 詩歌を作る。また、朗詠する。

【賦役】フエキ ①租税と労役。賦徭。②回古代に起源し、中世以後、耕作・運搬・築城などのために、人民に課した強制労働。夫役。

【賦課】フカ 租税などの負担を割り当てて、納めさせる。

【賦詩】フシ 詩を作る。例横レ槊賦レ詩(=槊をかたわらに置いて詩作にふけった)。〈蘇軾・赤壁賦〉

【賦質】フシツ 「賦性」に同じ。

【賦性】フセイ 天賦の性質。うまれつき。天性。賦質。賦稟。例―のなせるわざ。

【賦税】フゼイ 年貢。租税。類賦租。

【賦入】フニュウ 年貢の収入。

【賦▼稟】フヒン 「賦性」に同じ。

【賦命】フメイ 生まれつき。天から与えられた性質。運命。類賦分。

【賦予(豫)】【賦与】フヨ ①くばり与える。②生まれつき与えられている。例天の―した才能。

【賦▼徭】フヨウ 「賦役①」に同じ。

【賦▼斂】フレン 税金を割り当てて取り立てる。例熟知下賦斂之毒有中甚二是蛇一者上乎(=いったいだれが、税を取り立てる害毒がこのヘビの毒よりもひどいと知っていようか)。〈柳宗元・捕蛇者説〉

賚

貝8(15) 2 7647 8CDA

ライ漢呉 隊 lài
あた-える(あた-ふ)・たま-う(たま-ふ)・たまもの

意味 ほうびとして与える。**あたえる**。**たまう**。**たまもの**。例賚賜。恩賚(=神や天子などから受ける、めぐみ。加護)。

【賚賜】ライシ たまう。また、たまわったもの。類賚錫。

賱

貝9(16) 4 8917 8CF1

ウン漢 吻 yǔn

意味「賱賰」は、富む。

賢

貝9(16) 1 2413 8CE2 常用

［贒］貝15(22) 3 9230 8D12 別体字。

ケン漢 ゲン呉 先 xián
かしこい(かしこ-し)・さか-しい(さか-し)・まさ-る

筆順 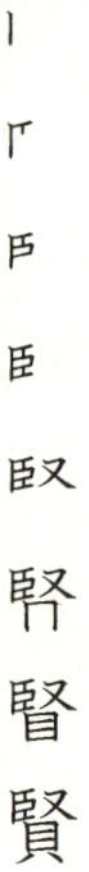

なりたち  [形声]「貝(=たから)」と、音「臤ケン」とから成る。たからが多い。派生して「かしこい」の意。

意味 ❶才知がすぐれている。りこうな。**かしこい**。また、そういう人。対愚。例賢哉回也(=かしこいなあ、顔回は)。❷すぐれた人として敬う。例賢レ賢(=賢者を賢者として敬う)。〈論語・学而〉❸苦労する。例賢労。❹相手に関することにつけて敬意をあらわすことば。例賢兄。賢台(=あなた。同輩より上の人を敬っていうことば)。賢慮。

古訓 中古かしこし・かた・かたし・さかし・たかし・ひじり・まさる・ます・よし・より 中世おほし・かしこし・かた・けけしし・さかし・ただ・まさ・まさる・ます・よし 近世おほし・かしこし・すぐる・すぐるる・まさる・ます・よし

人名 かた・かたし・かつ・さか・さかし・さと・さとし・さとる・すぐる・たか・たかし・ただ・ただし・とし・まさ・まさし・ます・やす・よし・より

難読 賢木さかき

【賢英】ケンエイ かしこく、すぐれた人物。

【賢媛】ケンエン かしこく、ゆかしい女性。

【賢愚】ケング かしこいことと、おろかなこと。賢者と愚者。賢不肖。

【賢君】ケンクン 賢明な君主。名君。明君。賢主。

【賢兄】ケンケイ ①かしこい、あに。あにに対する美称。②(手紙などで)相手のあに、また年長者や同輩の男性を敬っていうことば。

【賢佐】ケンサ 主君を補佐する有能な臣下。

【賢才】ケンサイ すぐれた才知や才能(をもった人)。賢材。

【賢妻】ケンサイ かしこくてしっかりした、つま。賢婦。対愚妻。

【賢材】ケンザイ 「賢才」に同じ。

【賢察】ケンサツ 相手の推察を敬っていうことば。お察し。高察。

【賢士】ケンシ かしこい人物。賢人。

【賢者】ケンジャ かしこい人。賢人。対愚者。例賢者識二其大者一(=すぐれた人物は大きな道〈=周の文王・武王の道〉を知っている)。〈論語・子張〉

【賢主】ケンシュ 「賢君」に同じ。

【賢俊】【賢▼儁】ケンシュン かしこくて、才徳が人よりまさっている。また、その人。

【賢相】ケンショウ 賢明な宰相。有能な臣下。賢輔。類賢宰。

【賢臣】ケンシン 主君をもりたて、よき臣下として仕える家来。

【賢人】ケンジン ①「賢者」に同じ。対愚人。②聖人に次ぐ徳のある人。③(清酒を聖人というのに対して)にごり酒。

【賢聖】ケンセイ ①かしこく、すぐれている。人徳のあるさま。②賢人と聖人。
【賢知】【賢▼智】ケンチ かしこくて知恵がある。また、その人。
【賢弟】ケンテイ ①かしこい、おとうと。例 愚兄—。②(手紙などで)他人のおとうとや年下の男性を敬っていうことば。
【賢哲】ケンテツ ①賢人と哲人。例 —のことば。②賢明で、ものの道理によく通じていること。また、その人。
【賢能】ケンノウ かしこくて才能のあるさま。また、その人。
【賢婦】ケンプ ①「賢妻ケンサイ」に同じ。②女性としての人格やおこないのすぐれた人。
【賢不肖】ケンフショウ 「賢愚ケング」に同じ。
【賢夫人】ケンプジン かしこくて、しっかりした夫人。
【賢母】ケンボ かしこい、はは。例 良妻—。
【賢▼輔】ケンポ 「賢相ケンショウ」に同じ。
【賢明】ケンメイ かしこくて道理に明るいさま。常識にかなっていて、正しい判断であるさま。対 愚昧グマイ・暗愚。
【賢慮】ケンリョ 日 ①かしこい考え。②他人の考えを敬っていうことば。お考え。例 ご—をわずらわす。
【賢良】ケンリョウ かしこくて善良なこと。また、その人。
【賢労】ケンロウ 人一倍苦労すること。また、他からすぐれた有能な人物とみなされて、かえって苦労の多いことともいう。
【賢郎】ケンロウ 他人の息子に対する敬称。令息。
●諸賢ショケン・先賢センケン・普賢フゲン

賰
貝9(16) 4 8916 8CF0 シュン漢 軫 shǔn/chǔn

意味 「賱賰ウンシュン」は、富む。

賭
貝9(16) 1 3750 8CED 常用 ト漢 麌 dǔ かける(か-く)・か-け

[賭] 貝8(15) 俗字。

筆順 冂 目 貝 貝+ 貝土 貝耂 賭 賭

なりたち [形声]「貝(=たから)」と、音「者シャ→ト」とから成る。かけごとをする。

意味 金品を出しあって勝負を競う。かける。かけ。例 賭場ばト。賭博トバク。

古訓 中古 うつ・すく・のりもの 中世 かけもの 近世 かけもの

【賭▼賽】トサイ 「賭博トバク」に同じ。
【賭場】トジョウ・ばト 賭博トバクをする場所。賭博場トバクジョウ。鉄火場テッカば。
【賭博】トバク お金や品物をかけて、勝負を争うこと。かけごと。ばくち。博奕バクエキ。賭賽トサイ。

賵
貝9(16) 8CF5 ボウ(バウ)慣 フウ漢 送 fèng

意味 ❶死者に物を贈る。❷喪主に贈る車馬などの葬送品。例 賵襚ボウスイ。

【賵▼襚】ボウスイ 〔「襚」も、死者に贈る衣服の意〕葬儀を援助するため、喪主に馬車や衣服などを贈る。また、その贈られた財貨。類 賵賻ボウフ。

賴
貝9(16) ⇩頼イラ(1441ジペー)

購
貝10(17) 1 2556 8CFC 常用 コウ漢 宥 gòu あがな-う(あがな-ふ)

[購] 貝10(17) 旧字体。

筆順 月 貝 貝一 貝廾 貝𠦝 購 購 購

なりたち [形声]「貝(=金銭)」と、音「冓コウ」とから成る。金銭でほしいものを手に入れる。

意味 代金をはらって買い求める。また、賞金をかけて求める。あがなう。例 購二我頭千金邑万戸一(わがこうべをセンキンユウバンコにあがなう)(=私の首に千金と戸数一万の土地をかけている)。〈史記・項羽紀〉 購求コウキュウ。購入コウニュウ。購買コウバイ。

古訓 中古 あかふ・かふ・つのる 中世 あがふ・かぎる・つのる・まひなひ 近世 あがなふ・つぐなふ・つのる

【購獲】コウカク 購入して手に入れる。
【購求】コウキュウ 買い求める。
【購賞】コウショウ 懸賞金を出して求める。
【購読】コウドク 日 新聞や雑誌などを買って読む。例 定期—。
【購入】コウニュウ お金をはらって物品を買い入れる。購買。
【購買】コウバイ 「購入コウニュウ」に同じ。例 —力。
【購捕】コウホ 懸賞をかけて人を捕らえる。
【購募】コウボ 賞を出して募集する。
【購問】コウモン 懸賞金を出して、ものをたずねる。

賽
貝10(17) 2 7648 8CFD サイ漢 隊 sài

意味 ❶神仏にお礼参りをする。感謝のお祭りをする。例 賽社サイシャ。賽銭サイセン。❷競争する。きそう。例 賭賽トサイ。

日本語での用法 《サイ》「賽サイの目め・賽サイの六ロクが出でる」▼さいころ(=すごろくやばくちに用いる道具)。

難読 賽子さいころ

【賽会】サイカイ ①多くの人が集まって、儀仗ギジョウや曲芸などをして、神を迎え祭る。②催し物。品評会など。
【賽社】サイシャ 秋の収穫を終えて、田の神に感謝する祭り。鎮守の祭り。
【賽神】サイシン 神に、農事などのお礼の祭りをする。
【賽銭】サイセン 日 社寺に参詣サンケイした人が、奉納する金銭。〔もと、願いがかなえられたお礼に奉納した金銭〕
【賽河原】サイのかわら 日 〔「賽」は、賽する(=神仏にお礼参りをする)意〕 ①〔仏〕死んだ子供が行くという三途サンズの川の河原。この河原の石を積んで父母の供養に塔を造ろうとするたび、鬼がそれをくずしてしまい、無限の修行を強いるという。②きりのない、無駄な努力。

賾
貝10(17) 3 9228 8CFE サク漢 陌 zé

意味 奥深い。深奥シンオウ。通 嘖サク。例 探レ賾索レ隠(サクをさぐりインをもとむ)(=深奥を探求し、かくれた事実をさがし求める)。〈易・繋辞上〉

賸
貝10(17) 3 9227 8CF8 ショウ・ヨウ漢 径 shèng

意味 物がふえて、余る。余分。あまり。通 剰ジョウ。例 賸余ショウヨ(=あまり。のこり)。

【賸語】ショウゴ・ヨウゴ むだなことば。余計なことば。
【賸▼馥】ショウフク・ヨウフク 残り香が。余香ヨコウ。

賺
貝10(17) 2 7649 8CFA タン(タム)漢 陥 zhuàn う-る・すか-す

意味 利益を手に入れる。売って、もうける。また、だましとる。例 賺銭タンセン(=金もうけをする)。

日本語での用法 《すかす》「子こをなだめ賺すかす・脅おどしたり賺すかしたりして勉強ベンキョウさせる」▼機嫌をとる、なだめるの意。

賻
貝10(17) 2 7650 8CFB フ漢 遇 fù おく-る・たす-ける(たす-く)

意味 金品を贈って葬儀を助ける。また、その金品。例 賻助フジョ。賻賵フボウ。

【賻儀】ギフ 死者を弔うために贈る金品。香典。類賻礼。
【賻助】フジョ 葬礼の助けとするために遺族へ金品を贈る。また、その金品。助賻。類賻贈フゾウ。
【賻▼賵】フボウ 〔「賵」は、喪主に贈る車馬の意〕死者を弔い、葬礼の助けとするために、遺族へ贈る金品や車馬。

贄
貝11(18) 2 7651 8D04 シ漢 寘 zhì にえ(にへ)

意味 君主や先生にはじめて会うときにたずさえるおくりもの。手みやげ。例 贄敬シケイ。

日本語での用法 《にえ》①「生いけ贄にえ」▼神に供える、ささげもの。②「贄殿にえどの・モズの速贄はやにえ」▼調理するための魚や鳥。また、保存用の食料。

難読 歳贄としだま

【贄敬】シケイ 手みやげ。また、入門料。
【贄幣】シヘイ 礼物レイモツ。進物。

贅
貝11(18) 2 7652 8D05 ゼイ慣 セイ漢 霽 zhuì むこ・むだ

意味 ❶質シチに入れる。例 贅子ゼイシ(=人質として預ける子)。❷いぼ。こぶ。例 贅疣ゼイユウ。❸よけいな。むだなもの。むだ。例 贅言ゼイゲン。贅語ゼイゴ。贅肉ゼイニク。❹むこ。入りむこ。例 贅婿ゼイセイ。

難読 贅肉ぼい

【贅言】ゼイゲン 言わなくてもよいことばを言う。また、そのことば。贅語。贅説。例 —を要しない。
【贅語】ゼイゴ 「贅言ゼイゲン」に同じ。
【贅辞】ゼイジ 余計なことば。無用の弁。贅言ゼイゲン。類贅弁。
【贅婿】ゼイセイ 家が貧しいので、妻の家に寄食する。転じて、入りむこ。養子。
【贅説】ゼイセツ 「贅言ゼイゲン」に同じ。
【贅沢】ゼイタク 日 必要の程度をこえて、金などを消費するさま。例 —品。—三昧ザンマイ。
【贅肉】ゼイニク ①「贅疣ゼイユウ①」に同じ。②日 無駄な肉。からだについた余分な脂肪。
【贅物】ゼイブツ ①余計なもの。無駄なもの。②ぜいたく品。
【贅▼疣】ゼイユウ ①いぼ。こぶ。贅肉。②無用のもの。

贈
貝11(18) 1 3403 8D08 常用 ソウ漢 ゾウ呉 径 zèng おくる

[贈] 貝12(19) 3 9229 FA65 人 旧字体。

筆順

なりたち
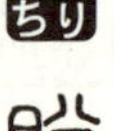
[形声]「貝(=たから)」と、音「曾ソ」とから成る。めずらしい品物を人におくる。

意味 ❶金品や詩文をおくり与える。おくる。例 贈詩ゾウシ(=詩をおくる)。贈与ゾウヨ。寄贈キゾウ。❷死後、官位・称号をおくる。例 贈位ゾウイ。追贈ツイゾウ。❸おくりもの。プレゼント。

古訓 中古 おくりもの・おくる・ます 中世 おくる・ます・むくふ 近世 おくりもの・おくる・ます

人名 たま・ます

【贈位】ゾウイ 生前の功績により、故人に位階をおくる。また、その位階。
【贈遺】ゾウイ 人に金品をおくる。また、その金品。
【贈言】ゾウゲン 役立つよいことばを人におくる。
【贈号】ゾウゴウ 死後に称号をおくる。また、その称号。おくりな。
【贈序】ゾウジョ 文体の一つ。別れに際しおくる文。
【贈呈】ゾウテイ 人にものをおくる。進呈。例 記念品を—する。
【贈答】ゾウトウ (和歌や手紙、おくりものなどを)人におくったりそのお返しをしたり、やりとりする。例 —品。
【贈▼賻】ゾウフ 葬式のときのおくりもの。喪主を援助するためのもの。
【贈別】ゾウベツ ①人を見送る。送別。②人の旅立ちに餞別センベツとして詩文や金品をおくる。
【贈与】ゾウヨ 人に金品をおくる。また、その金品。例 —税。
【贈賄】ゾウワイ ①おくりものをする。②日 賄賂ワイロをおくる。対収賄。例 —罪。

贇
貝12(19) 2 7654 8D07 イン(キン)漢 真 yūn うるわ-しい(うるは-し)・よ-い(よ-し)

意味 上品で美しい。

贋
貝12(19) 1 2070 8D0B ガン漢 諫 yàn にせ

意味 本物そっくりにつくること。また、そのもの。にせもの。にせ。例 贋作ガンサク。真贋シンガン。

【贋作】ガンサク (絵画や小説などの)にせものをつくる。また、そのにせもの。偽作。例 名画の—騒動。
【贋札】ガンサツ|にせサツ 日 本物に似せてつくった紙幣。
【贋造】ガンゾウ にせものをつくる。また、そのにせもの。贋作。偽造。
【贋▼鼎】ガンテイ にせものの鼎かなえ。また、広く、にせもの。〔春秋時代、魯ロの国を討った斉セイが、魯の国宝の鼎を求めたとき、魯はにせものを与えたという故事〈韓非・説林下〉から〕
【贋物】ガンブツ|にせもの まがいもの。
【贋本】ガンポン にせものの書画。

[贊] 貝12(19) ⇨賛サン(1261ジペー)

[貳] 貝12(19) ⇨貳ジ(1103ジペー)

[贈] 貝12(19) ⇨贈ゾウ(1266ジペー)

贉
貝12(19) 4 8919 8D09 タン(タム)漢 勘 dàn

意味 ❶前金を払って買う。あきさす。❷表装した書画軸の巻首の絹地の部分。例 贉巻タンカン(=書画軸)。

贎
貝12(19) 4 8920 8D0E バン漢 マン呉 願 wàn

意味 ねうちのある物品。たから。

贏
貝13(20) 2 7655 8D0F エイ漢 庚 yíng あま-す・あま-る・か-つ・さか-ん・ま-さる

意味 ❶利益を得る。もうける。例 賈而欲レ贏あきないてもうけんとほっす(=商売でもうけようとする)〈左伝・昭元〉。❷余分が出る。ありあまる。あまる。あます。例 贏財エイザイ。贏余エイヨ。❸受け入れる。応接する。うける。❹せおう。になう。例 贏三日之糧サンジツのリョウをになう(=三日分の食糧をせおう)〈荀子・議兵〉。❺勝負に勝つ。かつ。対輸ユ。例 輸贏ユエイ|シュエイ(=勝ち負け)。

【贏財】エイザイ ありあまる財産。余分な物資。
【贏縮】エイシュク ①進むことと退くこと。②伸びることと縮むこと。③余ることと足りないこと。類贏絀エイチュツ。
【贏得】エイトク|あましえたり ①利益として得る。②結局…を得ただけだ。…という結果に終わった。
【贏余(餘)】エイヨ ありあまること。あまり。
【贏利】エイリ 利益。もうけ。
【贏糧】エイリョウ ①食糧をかつぐ。旅の間の食糧を持って行くことをいう。②食糧が余っていること。また、その食糧。

贍
貝13(20) 2 7656 8D0D セン(セム)漢 ゼン(ゼム)呉 艶 shàn た-す・たす-ける(たす-く)・た-りる(た-る)・ゆた-か

意味 ❶供給する。また、金品を供給して救済する。すくう。**たす**。例 贍救(センキュウ)(=救済する)。贍恤(センジュツ)。❷十分にみたす。**たりる**。例 贍足(センソク)。贍富(センプ)。❸十分である。**ゆたか**。例 贍逸(センイツ)。

【贍逸】(センイツ) 詩文の才能が豊かで、感情があふれ出ていること。

【贍給】(センキュウ) 足りない分を補い援助する。

【贍▼恤】【贍▼卹】(センジュツ) 金品を与えて助ける。類 贍賑(センシン)・贍振。

【贍足】(センソク) 充足させる。十分にする。

【贍富】(センプ) 物が十分にあって豊かなこと。満ち足りる。

【贍麗】(センレイ) 文章などが豊かで美しい。

贐

貝14(21) 2 7657 8D10

シン漢 ジン呉 震 jìn

おく-る・はなむけ

意味 ❶旅立つ人へのおくりもの。**はなむけ**。また、はなむけを贈る。例 贐儀(ジンギ)。贐銭(ジンセン)(=はなむけの金銭)。❷みつぎもの。

【贐儀】(ジンギ) 旅に出る人に、はなむけとして贈る品。餞別(センベツ)。

【贐行】(ジンコウ) 旅に出る人に、はなむけとして金品を贈る。また、その金品。

贔

貝14(21) 2 7661 8D14

ヒ漢 寘 bì

意味 大きい。力づよい。例 贔屓(ヒキ)。贔然(ヒゼン)(=激しいさま)。

難読 贔屓(ちからおこし)

贔風(ヒフウ)(=激しい風)。

【贔▼屓】【贔▼屭】(ヒイキ/ヒキ) ①力を大いに出すさま。②伝説上のカメの一種。重い物を背負う力があるとされ、石碑の台座に彫られる。③日 気に入っている人に特別に目をかけて援助したり、後援したりすること。また、そうする人。

[賢]

貝15(22) ⇩ 賢(ケン)(1264ページ)

贖

貝15(22) 2 7662 8D16

ショク漢 沃 shú

あがな-う(あがな-ふ)

意味 ❶金品を出して、刑罰をまぬがれる。また、金品によって人や物をとりかえす。**あがなう**。例 贖罪(ショクザイ)。❷とりかえる。❸つづける。通 続。

【贖罪】(ショクザイ) ①金品を出すことで罪を許してもらい、刑罰をまぬがれる。②キリスト教で、キリストが、十字架にかかることによって人間の罪をあがない、神と人との和解を果たしたという教義。③日 よいおこないをすることで、罪のつぐないをする。罪ほろぼし。例 —のための寄付。

【贖刑】(ショッケイ) 金品をさし出して罪をまぬがれる。

贓

貝15(22) 2 7659 8D13

ゾウ(ザウ)慣 ソウ(サウ)漢 陽 zāng

[賍]

貝6(13) 2 7660 8CCD

別体字。

意味 不正な手段で手に入れた財貨。例 贓品(ゾウヒン)。贓物(ゾウブツ)。

【贓罪】(ゾウザイ) 不正な金品を受け取った罪。

【贓品】(ゾウヒン) 「贓物(ゾウブツ)」に同じ。

【贓物】(ゾウブツ/ゾウモツ) 盗んだり、だまし取ったりして得た物品。贓品。盗品。例 —故買(コバイ)の罪。

【贓吏】(ゾウリ) わいろを取る官吏。類 贓官。

贛

貝17(24) 3 9231 8D1B

一 コウ漢 送 gòng

二 カン(カム)漢 勘 gàn

三 トウ(タウ)漢 絳 zhuàng

意味 一 与える。たまう。二 ❶江西省を流れる川の名。贛江(カンコウ)。❷江西省の別称。三 おろか。例 贛愚(トウグ)(=おろか者)。

155 7画 赤 あか あかへん 部

あかい色の意をあらわす。「赤」をもとにしてできている漢字を集めた。

赤

赤0(7) 1 3254 8D64 教1

セキ漢 シャク呉 陌 chì

あか・あか-い(あか-し)・あか-らむ・あか-らめる(あか-らむ)

付表 真(ま)っ赤(か)

筆順 一 + 土 ナ 赤 赤 赤

なりたち  [会意]「大(=大いに明らか)」と「火(=ひ)」とから成る。あか。

意味 ❶**あか**。**あかい**。もともとは朱よりややうすい色を指した。また、あかくなる。**あからめる**。例 赤色(セキショク)。赤面(セキメン)。発赤(ハッセキ)。❷南。〔五行説で、赤は火・南・夏に対応するため〕例 赤方(セキホウ)。❸何もない。むきだしの。例 赤貧(セキヒン)。赤裸裸(セキララ)。❹まこと。まごころ。例 赤心(セキシン)。赤誠(セキセイ)。❺偵察。斥候。通 斥。❻長さの単位。通 尺。

日本語での用法 一《セキ》「赤軍(セキグン)・赤化(セッカ)」▼〔ロシア革命の革命政府の旗の色から〕共産主義。左翼。二《あか》①「彼(かれ)は赤(あか)だ」▼共産主義(者)の俗称。②「赤(あか)が出(で)た」▼「赤字」の略。③「赤(あか)の他人(タニン)」▼まったく。

古訓 中古 あかし・あかむ 中世 あかし 近世 あかし・はた・はらひのぞく

難読 赤魚(あこう)・赤目魚(めなだ)・赤棟蛇(やまかがし)・赤豆(あずき)・赤熊(シャぐま)

【赤恥】(あかはじ) 日 かくしようのない恥。ひどい恥。あかっぱじ。例 —をさらす。

【赤肌】【赤膚】(あかはだ) 日 ①表面をおおう羽や毛、うすい皮などがむけて、赤くなった皮膚。②肌がむきだしの、まるはだか。あかはだか。

【赤本】(あかホン) 日 ①草双紙(くさゾウシ)の一つ。江戸時代、昔話を題材にした、絵入りの赤い表紙の本。②俗悪で低級な本。

【赤味】(あかミ) 日 赤いこと。赤さが感じられる程度。例 —がさす。—をおびる。

【赤銅】(シャクドウ) ①銅。あかがね。②日 銅に微量の金や銀を加えた、日本古来の合金。美術工芸品に用いる。烏金(ウキン)。③日「赤銅色(シャクドウいろ)」の略。赤みをおびた褐色。日焼けした肌のたとえ。

【赤口】(シャック/シャッコウ) 「赤口日(シャッコウニチ)」の略。六曜の一つ。正午以外は何をするにも凶とされる日。

【赤▼鴉】(セキア) 太陽の別名。赤烏(セキウ)。〔太陽には三本足のカラスがいるという伝説による〕

【赤衣】(セキイ) 一〔赤い服の意〕①罪人が着る赤い衣服。転じて、犯人。赭衣(シャイ)。②高貴な人が着る衣服。五位以上の人が着た礼服。緋色(ヒいろ)の袍(ホウ)。二(あかぎぬ) 日

【赤▼烏】(セキウ) ①赤いカラス。赤鴉(セキア)。〔周の武王が殷(イン)の紂(チュウ)王を討つため河を渡ったとき、武王の屋舎に火が流れて赤いカラスと化したので、武王は火徳を受けた瑞兆(ズイチョウ)とした〕②行軍のとき前列に立てた、「①」を描いた旗。朱鳥。③太陽のこと。赤鴉(セキア)。

【赤外線】(セキガイセン) 日〔物〕目には見えない光の一種。ものをあたためる作用や大気を透過する力が強く、医療や写真の撮

影などに使われる。熱線。
【赤旗】一セキキ｜セッキ 二あかはた ①赤い旗。②日革命派の旗。労働者の旗。共産党の旗。二はた 日平安時代末期、平氏が自軍の目印とした旗。対白旗しらはた。
【赤脚】セキキャク｜セッキャク ①素足。はだし。②女性の召し使い。はしため。下女。
【赤軍】セキグン 日旧ソビエト社会主義共和国連邦の正規軍。
【赤県】セキケン「赤県神州セキケンシンシュウ」に同じ。
【赤県神州】セキケンシンシュウ 戦国時代の騶衍スウエンの説で、中国をいう。赤県。〈史記・騶衍伝〉
【赤子】セキシ ①あかご。赤ん坊。例大人者、不レ失二其赤子之心一者也タイジンは、そのセキシのこころをうしなわざるものなり（＝徳の高い人は、赤ん坊のころの純粋な心を持ち続けているものだ）。〈孟子・離婁下〉②天子を親に見立てて、その子である、国民。人民。臣民。
【赤▼幟】セキシ ①赤い旗。②太陽。太陽の炎。③漢の旗。〔五行説で漢は火徳を受けて建国したことから〕
【赤字】一セキジ 赤い色で書かれた文字。二あかジ 日①収入より支出が多いこと。欠損。対黒字。例—を出す。②印刷物などの訂正を示す赤い色の書きこみ。朱シュ。例—を入れる。
【赤日】セキジツ ①（赤々と輝く）太陽。②天子のたとえ。
【赤手】セキシュ 何も持っていない手。からて。すで。
【赤縄】セキジョウ ①あかい縄。②夫婦の縁。〔夫婦となるべき男女の足は、あかい縄で結ばれているという言い伝えから〕〈続幽怪録〉
【赤色】セキショク ①あかい色。②日革命や共産主義を象徴する色。例—革命。
【赤心】セキシン「赤誠セキセイ」に同じ。
【赤身】一セキシン まるはだか。あかはだか。また、からだひとつであるさま。二あかみ 日肉類や木材などの赤色の部分。例マグロの—。
【赤誠】セキセイ いつわりのない心。真心。赤心。丹誠。例—をあらわす。
【赤▼跣】セキセン 素足。はだし。
【赤地】セキチ 日照りや虫害などで草木がなくなった、まるはだかの土地。
【赤▼墀】セキチ 宮殿の階段。丹墀タンチ。〔赤く塗られていたことから〕
【赤帝子】セキテイシ 漢の高祖、劉邦リュウホウのこと。〔漢王朝は五行説では火徳を受け、赤色を貴んだことから〕〈史記・高祖紀〉
【赤土】一セキド 植物の育っていない土地。二あかつち 日鉄分が多く赤茶色で粘りけのある土。ローム。
【赤道】セキドウ ①天球上で、太陽が運行すると考えられた道筋。②地球の南北両極から等しい距離にある地点を結び、地球を東西に一周する線。緯度〇度の線。
【赤熱】セキネツ｜セキネッ 物体が真っ赤になるまで熱する。
【赤飯】セキハン 日アズキを煮た汁であかく染めたもち米を、アズキとともに蒸したごはん。祝い用にする。おこわ。
【赤眉】セキビ 前漢末、新を建てた王莽オウモウに対抗して起こった農民の反乱。〔莽の軍と区別するため眉まゆを赤くして戦ったことから〕
【赤貧】セキヒン ひどい貧乏。例—洗うがごとし（＝極端な貧乏で、すべてを洗い流してしまったように何もない）。
【赤奮若】セキフンジャク ①丑うしの年の別名。②天神の名。
【赤壁】セキヘキ ①三国時代、呉と蜀ショクの連合軍が魏ギの軍に大勝した所。今の湖北省嘉魚カギョ県の長江南岸。②宋ソウの蘇軾ソショクが舟で遊んだ名勝。今の湖北省黄岡コウコウ県の地。
【赤面】セキメン ①興奮したり、酒に酔ったりして顔をあかくする。②恥ずかしいこと。恥ずかしくて顔をあかくする。例—恐怖症。—の至り。
【赤裸】セキラ 何も身につけていないこと。まるはだか。あかはだか。赤裸裸セキララ。
【赤裸裸】セキララ ①「赤裸セキラ」に同じ。②日包みかくさず、いつわりのないさま。あからさま。例—な告白。
【赤痢】セキリ 赤痢菌で大腸がおかされる感染症。おもな症状は発熱と血便。
【赤血球】セッケッキュウ 日ヘモグロビンによって赤色をしている、血球の成分の一つ。おもに酸素を運ぶ。対白血球。
●発赤ハッセキ｜ホッセキ

赦
赤4（11） 1 2847 8D66 常用
シャ 漢 呉 禡 shè
ゆる-す

筆順 一 十 土 赤 赤 赦 赦

なりたち

［形声］「攵（＝打つ）」と、音「赤セキ→シャ」とから成る。置く。ほうっておく。

意味 罪やあやまちをとがめないでおく。ゆるす。ゆるし。例赦免シャメン。恩赦オンシャ。容赦ヨウシャ。
古訓 中古 おく・はなつ・まぬかる・ゆるす 中世 おく・なだむ・はなつ・ゆるす 近世 おく・とく・はなつ・ほどく・ゆるす
【赦罪】シャザイ 罪をゆるす。
【赦状】シャジョウ 日罪をゆるすことを告げる文書。類赦書。
【赦免】シャメン 罪やあやまちをゆるす。赦罪。例—状。
【赦令】シャレイ 恩赦の命令。犯罪者の刑罰を減免する命令。
●恩赦オンシャ・大赦タイシャ・特赦トクシャ・容赦ヨウシャ

赧
赤5（12） 2 7663 8D67
タン 慣 ダン 漢 潸 nǎn
あか-らめる（あか-らむ）

意味 ❶恥じて顔を赤くする。あからめる。例赧愧タンキ（＝顔を赤くして、恥じる）。❷不安に思う。おそれる。
【赧然】タンゼン 恥じて顔を赤くするさま。

赫
赤7（14） 1 1950 8D6B
カク 漢 呉 陌 hè
あか-い（あか-し）・かがや-く

意味 ❶火のようにあかく輝くさま。あかい。かがやく。❷勢いがさかんなさま。はっきりしたさま。あきらか。例赫奕カクエキ。赫赫カクカク。❸ばらばらに切りはなす。裂く。例赫二女軀一なんじのからだをさく（＝おまえのからだをひきさく）。〈続漢書・礼儀志中〉❹激しく怒るさま。通嚇カク。例赫怒カクド。
【赫奕】カクエキ｜カクヤク ①明るく輝くさま。②さかんであるさま。
【赫▼戯】【赫▼羲】【赫▼曦】カクギ ①光り輝くさま。②盛大なさま。
【赫▼灼】カクシャク ①光り輝くさま。②熱いさま。
【赫然】カクゼン ①かっと怒るさま。また、むっとするさま。②さかんに輝くさま。
【赫▼咤】カクタ かっと怒る。
【赫怒】カクド （顔を赤くして）激しくいかる。激怒。嚇怒カクド。
【赫赫】カクカク｜カッカク ①あかあかと輝いているさま。強い日照りや激しい熱気。②だれの目にも明らかで、いちじるしいさま。例—たる戦果をあげる。
【赫▼烜】【赫▼喧】【赫▼晅】カッケン 明らかなさま。光り輝き、きわだっているさま。

赭
赤9（16） 2 7664 8D6D
シャ 漢 馬 zhě
あかつち・あか

意味 ❶あかい色の土。**あかつち**。また、あかい。例 代赭(タイシャ)(=赤色の顔料)。❷(草木をとりさって)土をむきだしにする。あかはだかにする。例 赭二其山一(そのやまをあかはだかにす)(=湘山(ショウザン)をはげ山にした)。〈史記・始皇紀〉

【赭▼堊】(シャアク) 〔「堊」は、白土の意〕赤土と白土。また、それらで壁を塗ること。

【赭衣】(シャイ) 罪人が着る赤い衣服。犯人のたとえ。赤衣。

【赭汗】(シャカン) ①あせで衣服が赤黄色となる。②汗血馬などの名馬が流すあせ。

【赭顔】(シャガン) 赤みをおびた顔色。赤らがお。赭面。

【赭山】(シャザン) はだかの山。はげ山。

【赭土】(シャド) あかつち。

【赭▼鞭】(シャベン) 赤いむち。〔古代、神農氏が赤いむちで多くの草を打ち、薬草を調べたという〕例 ―家(=本草学者)。

【赭面】(シャメン) ①顔を赤く塗る。また、赤く塗った顔。②赤ら顔。赭顔。

赬
赤9(16) 4 8921 8D6C テイ 漢 庚 chēng

[頳] 頁7(16) 4 9227 9833 別体字。

意味 赤い色。あか。例 赬尾(テイビ)。

【赬尾】(テイビ) 魚の赤い尾。魚は疲れると尾を赤くするということから、君主が苦労することのたとえ。〔一説に、圧政に苦しむ人民のたとえ〕〈詩経・周南・汝墳〉

156 7画 走 はしる そうにょう 部

はしる意をあらわす。「走」をもとにしてできている漢字を集めた。

0 1269 走 赱 2 1269 赳 赴 3 1269 起 起 赸 1272 赸 5 1270 越 趄 超 趁 6 1271 趑 7 1271 趕 趙 8 1272 趣 9 1272 趦 10 1272 趨 12 1272 趫 14 1272 趯

走
走0(7) 1 3386 8D70 教2 ソウ 漢 呉 有 zǒu
はしる 付表 師走(しわす・しはす)

[赱] 走0(6) 2 7665 8D71 俗字。

筆順 一 十 土 キ キ 赤 走

なりたち  [会意]「夭(=まげる)」と「止(=あし)」とから成る。ひざをまげて、こばしりで行く。

意味 ❶はや足で行く。かける。**はしる**。例 走破(ソウハ)。競走(キョウソウ)。暴走(ボウソウ)。❷立ち去る。にげる。**はしる**。また、おいはらう。例 死諸葛走二生仲達一(しせるショカツいけるチュウタツをはしらす)。〈蜀志・諸葛亮伝注・漢晋春秋〉逃走(トウソウ)。敗走(ハイソウ)。❸向かう。行きつく。おもむく。例 北走二琅邪一(きたのかたロウヤにおもむく)(=北方の琅邪へと向かった)。〈史記・蒙恬伝〉❹走り使い。手先。転じて、自分をへりくだっていうことば。わたくし。例 走狗(ソウク)。

古訓 中古 いたる・おもむく・さる・はしる・はする・ゆく・わしる 中世 いたる・おもむく・さる・にぐ・はしる・はす・ゆく 近世 おもむく・さる・はしる・やつこ・わしる

【走▼舸】(ソウカ) 速度があり、小回りもきく軍船。

【走介】【走▼价】(ソウカイ) 使いに出す。また、走り使いなどをする下男。

【走▼狗】(ソウク) ①主人のために走り回る猟犬。→【狡兎死走狗烹】(コウトシしてソウクにらる)(859ジベー) ②人の手先になって使われる人を、さげすんでいうことば。例 資本家の―となる。

【走行】(ソウコウ) 日 (自動車などが)走って動く。例 ―距離。

【走査】(ソウサ) 日 (テレビやファクシミリで)画像を点に分解し、それぞれの点の明暗を電流の強弱に変え、順に電気信号に変える操作。スキャン。スキャニング。例 テレビの―線。

【走▼尸行肉】(ソウシコウニク) 〔走るしかばね、歩く肉の意〕何の役にも立たない者をそしっていうことば。行尸走肉(コウシソウニク)。走肉。類 走骨行尸・走肉行尸。

【走者】(ソウシャ) 日 ①陸上競技などで、走る人。ランナー。例 リレーの第一―。②野球で、塁に出ているランナー。

【走集】(ソウシュウ) 辺境のとりで。〔変事があれば兵が集まることから〕

【走卒】(ソウソツ) 走り使いの者。下男。

【走破】(ソウハ) 最後まで走りぬく。完走。

【走馬看花】(ソウバカンカ) 〔ウマを走らせ花を見る意〕ものごとの表面だけをいいかげんに見ることのたとえ。〔あくせく勉強して科挙(=官吏登用試験)に及第したので、今朝からは思いのままにウマを走らせ、一日中都の花を見て回るという詩〈孟郊・登科後〉から〕

【走筆】(ソウヒツ) 文字をすらすらと書く。文章をさっと作る。

【走法】(ソウホウ) 日 陸上競技などの走り方。例 ストライド―。

【走馬灯(燈)】(ソウマトウ) 外枠の紙や布に、回転する内枠に貼はった切り絵の影絵を映す見せ物。回り灯籠(ドウロウ)。例 思い出が―のようにめぐる。

【走力】(ソウリョク) 日 走る能力。例 抜群の―。

【走塁】(ソウルイ) 日 野球で、走者が次の塁へ走る。

【走路】(ソウロ) ①逃げ道。血路。②日 陸上競技で、競走用のコース。例 ―妨害。

●快走(カイソウ)・滑走(カッソウ)・疾走(シッソウ)・縦走(ジュウソウ)・独走(ドクソウ)・敗走(ハイソウ)・伴走(バンソウ)・力走(リキソウ)

[赳] 走2(9) ⇩ 赳(キュウ)(1270ジベー)

赴
走2(9) 1 4175 8D74 常用 フ 漢 呉 遇 fù
おもむく

筆順 一 十 土 キ キ 赤 走 赴

なりたち 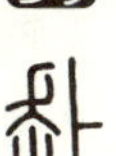 [形声]「走(=はしる)」と、音「卜(ホク→フ)」とから成る。こばしりで行く。

意味 ❶目的地に急いで行く。行きつく。**おもむく**。例 赴任(フニン)。❷(危険などに)とびこむ。**おもむく**。例 赴二湘流一(ショウリュウにおもむく)(=湘水の流れにとびこむ)。〈楚辞・漁父〉❸人の死を知らせる。つげる。通 訃(フ)。例 赴告(フコク)。

古訓 中古 おもむく・こゆ・つぐ・はしる・ゆく 中世 いたる・おもむき・おもむく・つぐ・つぐる・なぐる・はしる 近世 いたる・おもむく・つぐる・わしる

人名 たけ・たけし・はや・ゆき・ゆく

【赴援】(フエン) 出かけて行って助ける。類 赴救。

【赴告】(フコク) (人の死や災難などを)知らせる。訃告。

【赴難】(フナン) 国難などを救うために、急ぎかけつける。

【赴任】(フニン) 任地また勤務地へおもむく。例 単身―。

【赴報】(フホウ) 日 死去の知らせ。訃報(フホウ)。

起
走3(10) 1 2115 8D77 教3 キ 漢 呉 紙 qǐ
おきる(お-く)・おこる・おこす・た-つ

[起] 走3(10) ―― 旧字体。

筆順 一 十 土 キ キ 赤 走 起 起 起

なりたち  ［形声］「走(=はしる)」と、音「巳(シ→キ)」とから成る。立ち上がる。

意味 ❶たちあがる。上にのぼる。**たつ**。例 起立。隆起。❷動きだす。立ち去る。**たつ**。例 潜レ師夜起(=軍隊を闇にまぎれさせ夜中に出動した)。〈左伝・文七〉❸おきあがる。**おきる**。例 起床。❹たてる。たたせる。**おこす**。例 起ニ雲陵一(=雲陵《=陵墓の名》をつくった)。〈漢書・昭帝紀〉❺さかんにする。活発にする。**おこす**。例 喚起。奮起。❻ものごとを始める。うごかす。**おこす**。例 起工。提起。発起。❼ものごとが始まる。あらわれる。**おこる**。また、始まり。おこり。例 起源。縁起。生起。❽(官に)取り立てる。出世する。**おこす**。**おこる**。例 起用。起家。

古訓 中古 おく・おこす・おこる・さらに・たつ・ゆき・をかす 中世 おくる・おこす・おこる・たつ 近世 おこす・おこなふ・おこる・たつ

人名 おき・かず・ゆき

難読 起居(たち)

【起案】キアン 日 文書や計画などの原案をつくる。例 ―者。
【起因】キイン 日 ものごとが起こる(原因となる)。基因。
【起家】キカ｜いえをおこす ①民間人が推挙されて官に就く。②家を繁栄させる。
【起▼臥】キガ 日常生活。おきふし。起居。
【起義】キギ｜ギをおこす ①義にもとづいて兵を起こす。正義のための戦いをする。②論の立て方の規範を明らかにする。
【起居】キキョ ①立ったりすわったりする。たちい。挙動。②日常の生活。例 ―をともにする。
【起居注】キキョチュウ 天子の身辺に仕え、言行の記録をつかさどる官。また、その記録の文書。
【起業】キギョウ 日 事業を起こす。
【起句】キク 漢詩の絶句で、第一句目。最初の句。→【起承転結】キショウテンケツ
【起結】キケツ ①ものごとのはじめと終わり。②漢詩や漢文の起句と結句。
【起源】【起原】キゲン ものごとのおこり。例 生命の―をさぐる。
【起工】キコウ 日 工事を始める。着工。対 竣工。例 ―式。
【起稿】キコウ ①下書きを作る。起草。②日 原稿を書き始める。対 脱稿。
【起▼坐】キザ ①起き上がってすわる。②立ち居ふるまい。
【起死回生】キシカイセイ ①死にかかっている人を生き返らせる。〈太平広記・尭・太玄女〉②崩壊寸前の状態から立ち直らせる。例 ―の妙案。―の一打をはなつ。
【起首】キシュ ①頭をあげる。②ものごとのはじめ。起こり。
【起床】【起▼牀】キショウ 寝床から起き出る。対 就寝。
【起承転結】キショウテンケツ ①漢詩で、絶句の構成法。起句で一首の感興をうたい始め、承句でこれを受け、転句で別のことに転換し、結句で全体をまとめる。〈詩法家数・総論〉②文章やものごとの構成の順序。
【起請】キセイ｜キショウ 一 ①立ち上がって願い出る。②主君に対して願い出る。二 キショウ 日 約束を守ることを神仏にちかい、請願する。また、その文書。例 ―文。
【起訴】キソ 日〔法〕検察官が被告人の処罰を求めて裁判所に公訴(=審理の申し立て)をする。対 不起訴。例 ―猶予。
【起草】キソウ 文案や下書きをつくる。草案や草稿を書く。
【起程】キテイ 旅を始める。かどでする。
【起点】キテン 日 ものごとの始まるところ。出発点。対 終点。例 東海道の―。
【起動】キドウ ①行動をおこす。例 ―力。②日 エンジンや機械が運転を始める。始動。
【起爆】キバク 日 火薬が爆発をおこす。例 ―剤。―装置。
【起筆】キヒツ 文字・文章・著作などを書き始める。書きおこし。対 擱筆。
【起伏】キフク ①土地や音などが、高くなったり低くなったりする。高低。例 ―に富んだ地形。②盛んだったり衰えたりする。例 ―の多い人生。
【起復】キフク 服喪で休職中の官吏を、もとの職につかせる。〔古くは服喪中に、明・清代以降は喪があけてから復職した〕
【起毛】キモウ 日 織物や編み物の表面に、毛羽をかき立てる。例 ―素材。
【起用】キヨウ 取り立てる。引き上げて使う。例 若手を―する。
【起立】キリツ 席から立ち上がる。また、そのための号令。例 ―してむかえる。―、礼、着席。
【起▼聯】キレン 漢詩の律詩で、第一句と第二句。第一聯。首聯。
●縁起・再起・想起・提起・突起・躍起

赳

走3(10)
2 7666
8D73
人 キュウ(キウ) 漢 有 jiū

［赳］走2(9) 旧字体。

なりたち  ［形声］「走(=はしる)」と、音「丩(キュウ)」とから成る。すばしこく、力強い。

意味 すばしこくつよい。勇ましい。たけだけしい。例 赳赳(=つよく勇ましいさま)。

古訓 中古 たけし 中世 たけし 近世 いさむ・たけし・つよし

人名 いさ・いさむ・たけ・たけし・つよし

越

走5(12)
1 1759
8D8A
常用

一 エツ(ヱツ) 漢 オチ(ヲチ)・オツ(ヲツ) 呉 月 yuè
二 カツ(クヮツ) 漢 呉 曷 huó
こす・こえる(こ-ゆ)

筆順 

なりたち  ［形声］「走(=はしる)」と、音「戉(エツ)」とから成る。むこうがわへ行く。

意味 一 ❶(障害物を)のりこえる。また、一定の距離や時間をとおりすぎる。わたる。**こえる**。**こす**。例 越境。越年。二年越し。箱根越え。❷順序や範囲をこえでる。**こえる**。例 越俎。僭越。❸他に抜きん出る。すぐれる。**こえる**。例 卓越。超越。❹遠い。また、現実にうとい。例 越ニ在他境一(=遠く異国にいる)。〈左伝・襄一四〉❺伝える。広める。例 使レ越ニ于諸侯一(=諸侯へと伝え広めさせた)。〈国語・晋八〉❻ちりぢりになる。ちる。例 精神労則越(=精神は酷使するとちりぢりになってしまう)。〈淮南・主術〉❼落ちる。例 越ニ于車下一(=車の下に落ちた)。〈左伝・成二〉❽声の高ぶったさま。例 激越。❾春秋戦国時代、今の浙江省あたりにあり、長く呉と争った国。戦国時代中ごろ、楚に滅ぼされた。(?―前三三四) 例 呉越同舟。❿南部・東南部の異民族の名。⓫文の調子をととのえることば。ここに。⓬⇩【越越】エツエツ 二 ❶瑟(=楽器の名)の底の小さな穴。❷草の名。ガマの一種で、敷物の材料になる。例 越席。

日本語での用法 一《エツ》《エチ》「越州・越中・越後・越前・北越」▼「越の国」の略。二《こし》「越路・越の白雪・越の国・越の白嶺」▼北陸地方(=福井・石川・富山・新潟の四県)の古い呼び方。

古訓 中古 おく・ここに・こゆ・これ・これにおいて・とほし・わたる 中世 こえる・ここに・ここにおいて・こゆる・とほし・わたる 近世 あが

る・おつる・がまむしろ・こえる・ここに・こゆる・とほし・はしる・わたる

人名 お・こえ・こゆる・わたる

難読 越瓜(しろうり)・越天楽(エテンラク)

【越後】(ゴチ) 日旧国名の一つ。佐渡(さど)をのぞいた今の新潟県。

【越前】(ゼンチ) 日旧国名の一つ。今の福井県北東部。

【越越】(エツエツ) 軽んずるさま。

【越階】(エッカイ/オッカイ) 順序を飛びこえて上位にのぼる。

【越境】(エッキョウ) 国境や境界をこえて、他の国や境域にはいる。

【越権】(エッケン/オッケン) 日自分の権限以上に、立ち入って事をおこなう。例—行為。

【越在】(エツザイ) 定住している所から遠く離れた場所にいる。さすらって遠方にいる。

【越次】(エツジ) 順序を飛びこす。

【越女】(エツジョ) 越の国の美女。特に、西施(セイシ)を指す。

【越席】一(エッセキ/セキをこゆ) 席次をこえて進み出る。二(カッセキ) ガマで作ったむしろ。

【越▼俎】(エッソ/ソをこゆ) 自分の本分をこえて他人の権限をおかす。出過ぎたことをする。〈荘子・逍遥遊〉から〕

【越訴】(エッソ/オッソ) 順序をふまず、直接に上官や上司にうったえる。直訴(ジキソ)。例—におよぶ。

【越中】(エッチュウ) 日旧国名の一つ。今の富山県。

【越鳥】(エッチョウ) ①越の国の鳥。南方の鳥。②クジャクの別称。

【越鳥巣二南枝一】(エッチョウナンシにすくう) 越鳥は生まれ故郷をしたって南の方の枝に巣を作る。故郷をなつかしむことのたとえ。〈古詩十九首〉

【越度】一(エツド) ①度をこす。でしゃばる。②(山や川を)こえて行く。③関所を避けて、抜け道を行く。二(オチド) 日過失。落ち度。

【越冬】(エットウ) 日冬をこす。冬ごし。例—資金。

【越南】(エツナン) ベトナム。安南(アンナン)。

【越年】(エツネン/オツネン) 年をこし、新しい年をむかえる。としこし。

【越天楽】(エテンラク) 日雅楽の曲名。舞のない管弦(=器楽)の曲。

●激越(ゲキエツ)・信越(シンエツ)・僭越(センエツ)・卓越(タクエツ)・超越(チョウエツ)・優越(ユウエツ)

趄

走5(12) 4 8922 8D84 ショ漢 魚 jū

意味 「趑趄(シショ)」は、なかなか進まないさま。行きつ戻りつする。たちもとおる。

超

走5(12) 1 3622 8D85 常用

チョウ(テウ)漢呉 蕭 chāo

こえる(こ-ゆ)・こす

筆順 土 キ 走 起 起 超 超 超

なりたち  [形声]「走(=はしる)」と、音「召(ショウ→チョウ)」とから成る。とびこえる。

意味 ❶とびこえる。こえる。こす。例超遷(チョウセン)(=段階をとびこして昇進する)。❷とびあがる。おどる。例超乗(チョウジョウ)。❸ある限度をこえる。例超過(チョウカ)。出超(シュッチョウ)。❹抜きん出ている。はるかにすぐれる。例超絶(チョウゼツ)。超抜(チョウバツ)。❺遠い。例超遠(チョウエン)(=はるかにへだたる)。

古訓 中古 かろし・こゆ・すぐ・とほし・ほしいまま・をどる 中世 こえる・かろし・こゆる・とほし・ほしいまま・よぎる・よし 近世 こえる・とほし・はしる・わしる・をどりこえる・をどる

人名 おき・たつ・とおる・まさ・まさる

【超逸】【超▼軼】(チョウイツ) 抜きん出て、すぐれている。卓逸。

【超越】(チョウエツ) ①飛びこえる。②普通の程度や一定の限度をこえる。例人知を—する。③俗事から抜け出て、一段高い立場にたつ。例世俗を—する。

【超過】(チョウカ) ①数や量が標準や限度をこえる。例予算—。②比較して他をこえる。例輸入—。

【超群】(チョウグン) 並の人より抜きん出てすぐれている。類超倫・超凡・超邁(チョウマイ)。

【超悟】(チョウゴ) ①抜きん出て賢い。②世俗を超越して深くさとる。

【超▼忽】(チョウコツ) ①はるかに遠いさま。遠く離れたさま。②俗念をこえて気分は高みにあり、さわやかなさま。

【超自然】(チョウシゼン) 日自然の法則では説明できないような、神秘的なこと。例—現象。

【超乗】(チョウジョウ) ①車に飛び乗る。②勇猛で敏捷(ビンショウ)なさま。また、そのような人。

【超人】(チョウジン) 日①普通の人とはかけ離れた能力をもった人。スーパーマン。②〔哲〕〔独 Übermensch の訳語〕ニーチェの説く、あらゆる可能性をそなえた理想的人間像。

【超世】(チョウセイ) ①世に並びないほどすぐれている。②脱俗して世間からかけ離れている。

【超絶】(チョウゼツ) 他よりはるかに、すぐれている。超越。例—した技巧。

【超然】(チョウゼン) ①世俗的なことにこだわらないさま。例金銭に—としている。②かけ離れているさま。例雲上に—と立つ山頂。③失意のさま。

【超俗】(チョウゾク) 世俗のことにはかかわらず、悠々としていること。脱俗。

【超脱】(チョウダツ) 世俗から抜け出る。時世とかかわりのない境地にいる。

【超▼擢】(チョウタク) 順序を飛びこえて高い地位に昇進させる。

【超超】(チョウチョウ) ①世間のわずらわしさから離れる。②高く抜きん出て、すぐれている。卓越したさま。

【超度】(チョウド) ①飛びこえる。他よりすぐれる。②〔仏〕読経などで、死者を苦難から離脱させる。

【超▼弩級】(チョウドキュウ) 日①〔「弩」は、イギリスの大型戦艦ドレッドノート号の頭音の音訳〕ドレッドノート号を上回る大型戦艦。②けたちがいの大きさや勢力。

【超特急】(チョウトッキュウ) 日非常に速い。また、その状態のたとえ。例会議を—ですませる。

【超能力】(チョウノウリョク) 日人間の通常の能力をこえた不思議な力。透視やテレパシー、未来予知など。

【超抜】(チョウバツ) 傑出している。

●出超(シュッチョウ)・入超(ニュウチョウ)

趁

走5(12) 2 7667 8D81 チン漢 震 chèn お-う(お-ふ)

意味 ❶追いかける。追いもとめる。おう。❷機会を利用する。❸乗る。

趑

走6(13) — 8D91 シ漢 支 zī

[趦] 走9(16) 4 8924 8DA6 別体字。

[⿰𧾷咨] 𧾷9(16) 4 8941 4816 別体字。

意味 「趑趄(シショ)」は、なかなか進まないさま。行きつ戻りつする。たちもとおる。

趕

走7(14) 4 8923 8D95 カン漢 旱 gǎn

意味 追いかける。おう。

趙

走7(14) 2 7668 8D99 一チョウ(テウ)漢 篠 zhào 二チョウ(テウ)漢 篠 diào

意味 一 ❶とびこえる。速く行く。例趙行(チョウコウ)(=普通の程度よりはるかに速く進む)。❷春秋時代末期、晋シが分裂した三晋(=魏ギ・趙チョウ・韓カン)の一国。戦国七雄の一つにあげられたが、秦シンに滅ぼされた。(前四〇三―前二二二) ❸姓の一つ。例 趙雲チョウウン(=蜀ショクの武将)。[三]土にくわを入れる。除草する。

趣

走8(15) 1 2881 8DA3 常用

[一]シュ 漢 呉 虞 qù [二]シュ 漢 呉 遇 qù [三]シュク 漢 ソク 呉 沃 cù

おもむき・おもむ-く

筆順 土 丰 走 赴 赶 趄 趣

なりたち [形声]「走(=はしる)」と、音「取シュ」とから成る。すみやか。派生して「おもむく」の意。

意味 [一]急いで行く。**おもむく**。はしる。例 趣走ソウ(=速く走って行く)。[二]❶心の向かうところ。考え。わけ。意味。また、おこない。例 趣意イ。趣旨シ。❷味わい。おもしろみ。**おもむき**。例 趣味ミ。興趣キョウ。情趣ジョウ。❸採用する。とる。例 趣舎シャ。[三]❶うながす。通促。例 趣二趙兵一亟入レ関(=趙に出兵をうながして、すみやかに函谷関カンコクに入らせようとした)。〈史記・陳渉世家〉 ❷急いで。すみやかに。通促。例 趣為レ我語(=すぐに私に話してくれ)。〈史記・絳侯周勃世家〉

古訓 中古 うながす・おもぶく・おもむく・すみやかに・とし・むかふ・むね・もよほす・わしる・わづかに 中世 うながす・おもむき・おもむく・むかふ・もよほす・わしる・わづかに 近世 あわたたし・おもむき・にはか・むかふ・もよほす・わしる

人名 とし

【趣意】シュイ ①あることをする動機や目的。例 ―書。②文章や話で、あらわそうとしている意味や内容。

【趣向】シュコウ ①行く。おもむく。②心がなびく。好み。③おもむき。味わい。例 せっかくの―が台なしだ。④日 おもしろいものにするための、工夫や考え。例 ―をこらす。

【趣旨】シュシ ①あることをしようとする目的や理由。例 ―を了解する。②文章や話で、表現しようとしている事柄。例 ―を理解する。―が十分に通らない。

【趣舎】シュシャ【趣捨】シュシャ 取ることと捨てること。取捨。また、進退。趨捨スウシャ。

【趣尚】シュショウ 志向。好み。

【趣味】シュミ ①おもむきや味わい。風情フゼイ。②日 美しさやおもしろさがわかる力。好み。例 ―人。―がいい服装。③日 専門ではなく、楽しみとしておこなうものごと。例 ―と実益を兼ねる。多―。

【趣装】ソウ 急いで旅支度をする。すみやかに旅装をととのえる。促装。

●意趣シュ・雅趣ガシュ・興趣キョウシュ・情趣ジョウシュ・野趣ヤシュ

趦

走9(16) ⇨趑シ(1271ページ)

趨

走10(17) 1 3186 8DA8

[一]スウ 慣 シュ 漢 虞 qū [二]ショク 漢 ソク 呉 沃 cù

おもむ-く・はし-る

意味 [一]❶小走りに行く。足早に行く。貴人の前を通るときの礼。例 趨走スウソウ。❷ある方向にむかう。**おもむく**。通趣。例 督趨トクスウ。趨向スウコウ。趨勢スウセイ。帰趨キスウ。[二]❶うながす。通促。❷急いで。すみやかに。通促。❸⇨【趨数】ソクソク

【趨競】スウキョウ 急ぎ駆けつけて、我先に利を得ようと争う。

【趨向】スウコウ ①進み向かう。②進む方向。③迎合する。④もののごとのなりゆき。趨勢。

【趨舎】スウシャ【趨捨】スウシャ|シュシャ ①進退。②取捨。▽趣捨シュシャ。

【趨勢】スウセイ ①権力におもねる。②日 ものごとの進んでいく方向。動向。例 時代の―を見きわめる。

【趨走】スウソウ ①足早に走る。また、つつしみ深く小走りに進む。②仕事につこうとして奔走する。

【趨庭】スウテイ 子が父の教えを受けること。鯉庭リテイ。→【庭訓】テイキン(450ページ)

【趨風】スウフウ|かぜにはしる (敬意を示す意味で)貴人の前を風のように早く走り去る。

【趨歩】スウホ 足早に進む。

【趨利】スウリ 利益を求める。利に走る。

【趨数】ソクソク せわしくするさま。あわただしいさま。

趫

走12(19) ― 8DAB

キョウ(ケウ) 漢 ギョウ(ゲウ) 呉 蕭 qiáo

意味 ❶身軽ですばやい。すばやい。通蹻キョウ。例 軽趫ケイキョウ(=すばしこい)。❷勇ましい。あらあらしい。例 趫悍キョウカン(=すばやくて、あらあらしい)。

趯

走14(21) 3 9232 8DAF

テキ 漢 錫 tì

意味 ❶跳びはねる。例 趯趯テキテキ(=跳びはねるさま)。❷永字八法の一つ。はねの書き方。趯法テキホウ。

157 7画 足あし(⻊あしへん)部

あしの意をあらわす。「足」が偏(=漢字の左がわの要素)になるときは「⻊(あしへん)」となる。「足」をもとにしてできている漢字を集めた。

⓪ 1272 足 ⻊ ④ 1273 跂 趾 趺 ⑤ 1273 跏 距 距 跚
跙 跖 跎 跆 跌 跈 跛 跋 跗 跑 ⑥ 1274 跪 跬 跫
跨 跟 跡 践 跣 跳 路 ⑦ 1276 跽 跼 踈 䟽 踆 踌
跿 踊 踉 ⑧ 1276 踠 踝 踦 踞 踡 踧 踖 踐 踪 踔
踋 蹢 踢 踏 踣 ⑨ 1277 踽 踹 踳 蹂 踵 蹄 踶 蹈
踰 踴 ⑩ 1278 蹊 蹇 蹉 蹐 蹌 蹏 蹈 蹋 ⑪ 1278 蹔
蹩 蹤 蹠 蹟 蹢 蹕 蹣 ⑫ 1279 蹻 蹶 蹴 蹭 蹲 蹰
躇 蹬 蹯 蹩 蹼 ⑬ 1280 躁 躅 躄 躃 ⑭ 1280 躋 躊
躍 躍 ⑮ 1280 躓 躑 躔 躐 ⑯ 1280 躘 躙 ⑰ 1281 躞
⑱ 1281 躡 ⑲ 1281 躪 ⑳ 1281 躩

足

足0(7) 1 3413 8DB3 教1

[一]ショク 漢 ソク 呉 沃 zú [二]スウ 慣 シュ 漢 呉 遇 jù

あし・たりる(た-る)・たる・たす

付表 足袋たび

筆順 丶 口 口 𠯁 𧾷 𧾷 足

なりたち [会意]「口(=ひとのからだ)」と「止(=あし)」とから成る。人体の下部にある、あし。

意味 [一]❶人や動物のあし。特に、あしくびから先の部分。**あし**。例 足跡ソクセキ。蛇足ダソク。纏足テンソク。❷器物の下の支える部分。また、ものの土台。**あし**。例 鼎足テイソク。❸あしで歩く。ふむ。また、あゆみ。例 遠足エンソク。禁足キンソク。❹十分にある。**たりる**。**たる**。例 不足フソク。満足マンソク。❺…する価値がある。…できる。…に、たる。例 百発失二一不レ足レ謂二善射一(=百回矢を射ても一回まとをはずせば、すぐれた射手と呼ぶに値しない)。〈荀子・勧学〉 [二]❶くわえる。**たす**。❷度をこえて。例 足共キョウ。

日本語での用法 [一]《ソク》「靴三足サンソク・靴下二足ニソク」▼一対のはきものを数えることば。[二]《あし》「客足キャクあしがだ

える・足(あし)の便(べん)が悪(わる)い・お足(あし)がかかる」 ▼人やものの出入り、往来や交通。また、金銭。

古訓 中古 あく・あし・えたり・たす・たる・たんぬ・とどむ・なる・ふもと・みつ・ゆたかなり 中世 あし・たる・たれり・たんぬ・ふもと 近世 あし・うる・たる・みつる・やむ・よし

人名 たり・なり・みつ・ゆき

【足▼枷】(あしかせ) 日 ①罰として足にはめる刑具。例 手かせ—。②自由な動きをさまたげるもののたとえ。足手まとい。

【足軽】(あしがる) 日 最も身分の低い武士。雑兵(ゾウヒョウ)。

【足首】(あしくび) 日 足の、くるぶしより上の少し細くなっている部分。

【足蹴】(あしげ) 日 足でける。ひどいあつかいをすることのたとえ。例 —にする。

【足駄】(あしダ) 日 二枚歯の高いげた。高げた。

【足代】(あしダイ) 日 交通費。例 —がかかる。

【足場】(あしば) 日 ①足をかけるところ。足がかり。また、高いところでする仕事のために、組み立てた台。例 —を組む。②何かをするための土台となるもの。例 立候補の—を固める。③歩いていくときの足もと。例 ぬかるんで—が悪い。④交通の便。また、立地条件。例 —がよくない。

【重レ足側レ目】【重レ足▼仄レ目】(あしをかさねめをそばだつ) 〔左右の足を重ねて立ち、横目で見る〕非常にびくびくしているさま。〈史記・汲黯伝〉

【▼躡レ足附レ耳】(あしをふみみみにつく) ⇩【躡足附耳】(ジョウソクフジ)（1281ページ）

【足共】【足恭】(スウキョウ|シュキョウ) おもねる。へつらう。また、過度にうやうやしくするさま。

【足心】(ソクシン) ①足の裏の中心の部分。つちふまず。②満ち足りた心。満足した気持ち。

【足跡】【足▼迹】(ソクセキ|あしあと) ①歩いたあとに残る足の形。②日 業績。例 学界に偉大な—(ソクセキ)を残す。

【足熱】(ソクネツ) 日 からだの下のほうがあたたかいこと。また、足先をあたためること。例 頭寒(ズカン)—。

【足▼跗】(ソクフ) 足の甲。

【足本】(ソクホン) 欠けた部分や省略などのない完全な本。

【足労】(ソクロウ) 日 〔多く、「ご足労」の形で〕足を運ばせること。例 ご—をおかけして申しわけありません。

【足下】(ソッカ|あしもと) 一 ①足のしたの地面や床。例 千里之行、始二於足下一(センリのコウも、ソッカよりはじまる)(=長い旅路も、足もとの一歩目から始まる)。〈老子・六四〉 ②足の下部。例 —にも及ばない。—がふらつく。▽足元(あしもと)。足許(あしもと)。 二(ソッカ) ①目上か同輩に用いる敬称。おもと。貴殿。例 再拝献二大王足下一(サイハイしてダイオウのソッカにケンぜん)(=かさねておじぎをして大王さまに献上いたします)。〈史記・項羽紀〉 ②日 手紙で、わき付けの一つ。机下。様。

●遠足(エンソク)・客足(キャクあし)・自給自足(ジキュウジソク)・土足(ドソク)・補足(ホソク)

⻊

⻊0（7） 4 8925 27FB7

⇩部首解説

跂

⻊4（11） 2 7669 8DC2

一 キ 漢 支 qí
二 キ 漢 紙 qì
あし・つまだ-つ・むつゆび

意味 一 ❶足に余分に生えた指。**むつゆび**。❷分かれているさま。通 岐(キ)。❸(足で)はう。歩く。例 跂行(キコウ)。 二 かかとを上げて立つ。**つまだつ**。通 企。例 跂踵(キショウ)。跂望(キボウ)。

【跂行▼喙息】(キコウカイソク) 足で歩き、呼吸するもの。人を含めた動物一般を指す。〈史記・匈奴伝〉

【跂▼坐】(キザ) 足を地につけず、垂らしたままで腰をかける。

【跂▼訾】(キシ) 世俗を超越し、孤高を保つさま。

【跂▼踵】(キショウ) ①つまさき立って望み見る。待ち望んだり、敬慕したりするさまをいう。②足をあげるほどの間。少しの間。

【跂足】(キソク) ①つまさき立つ。②待ち望む。③足をあげるほどの間。少しの時間をいう。

【跂望】(キボウ) つまさき立って望む。待ち望む。類 跂想。

趾

⻊4（11） 2 7670 8DBE

シ 漢 紙 zhǐ
あと

意味 ❶くるぶしから下の部分。あし。❷あしの指。❸あしあと。また、経路。❹建物などの基礎。土台。通 址(シ)。

日本語での用法 《シ》《あと》「遺趾(イシ)・城趾(ジョウシ|しろあと)」▼建物などのあったあと。

難読 交趾(コーチ)(=漢代以来の地名。今のベトナム北部)

趺

⻊4（11） 2 7671 8DBA

フ 漢 呉 虞 fū
あし・あぐら

意味 ❶足の甲。**あし**。通 跗(フ)。❷両足を組み、足の甲を片方の足のももにのせてすわる。あぐらをかく。例 趺坐(フザ)。❸花の萼(ガク)。❹石碑の台座。

【趺▼坐】(フザ) 〔仏〕足を組んですわる。例 結跏(ケッカ)—(=あぐらをかき、足の甲を片方の足のももにのせる)。

跏

⻊5（12） 2 7672 8DCF

カ 漢 呉 麻 jiā

意味 両足を組み、足の甲を片方の足のももにのせてすわる。あぐらをかく。例 結跏(ケッカ)(=あぐらをかき、足の甲を片方の足のももにのせる)。半跏(ハンカ)(=腰を台座にかけ、左足を垂らし、右足を左足のもも上にのせる)。

距

⻊5（12） 1 2187 8DDD 常用

キョ 漢 語 jù
けづめ・へだ-てる(へだ-つ)・へだ-たる

[距]

⻊5（12） —— 旧字体。

筆順 口 𧾷 𧾷 𧾷 𧿹 距 距 距

なりたち [形声]「足(=あし)」と、音「巨(キョ)」とから成る。ニワトリのけづめ。

意味 ❶ニワトリなどの足の後ろのつめ。**けづめ**。❷釣(つ)り針や武器のかえし。❸行きつく。いたる。例 不レ至二四五日一而距二国都一矣(シゴニチにいたらずしてコクトにいたる)(=四、五日もたたないうちに都についた)。〈史記・蘇秦伝〉 ❹間をおく。**へだてる**。**へだたる**。例 距離(キョリ)。❺とびあがる。とびこえる。おどる。例 距躍(キョヤク)(=とびあがる)。❻ふせぐ。また、こばむ。通 拒。例 距絶(キョゼツ)(=拒絶)。❼大きい。通 巨。❽反語をあらわす。なんぞ。通 詎(キョ)。

古訓 中古 あこえ・いたる・こゆ・とぶらふ・ふせく 中世 あごい・あごえ・いたる・とぶらふ・ふせぐ 近世 あごえ・いたる・たがふ・ふせぐ

【距塞】(キョソク) ①道をふさぐ。防ぎ止める。②拒否する。

【距離】(キョリ) 日 二つの地点間の長さ。へだたり。

跚

⻊5（12） 2 7673 8DDA

サン 漢 寒 shān

意味 「蹣跚(マンサン)」は、ふらふら、よろよろと歩くさま。

跙

⻊5（12） 4 8928 8DD9

ショ 漢 語 jù

意味 なかなか進まない。例 跙跙(ショショ)(=歩行に苦しむさま)。

跖

⻊5（12） 2 7674 8DD6

セキ 漢 陌 zhí
あしうら

意味 ❶足のうら。**あしうら**。通 蹠(セキ)。❷ふむ。❸春秋時代の魯(ロ)の大盗賊の名。〔「蹠」とも書く〕例 盗跖(トウセキ)。

難読 鴨跖草（からあい・あおばな・つゆくさ）

【跖▼之▼狗▼吠▼堯】（セキのいぬギョウにほゆ）〔大盗賊の盗跖（トウセキ）のイヌは、大聖人の堯にほえつく〕主人に忠義を尽くすこと。また、悪を助け賢をこばむこと。〈戦国策・斉六〉

跎
𧾷5（12） 3 9233 8DCE タ漢 ダ呉 歌 tuó

意味 「蹉跎（サタ）」は、つまずく。

跆
𧾷5（12） 4 8926 8DC6 タイ漢 灰 tái

意味 足で踏みつける。 **難読** 跆拳道（テコンドー）（＝朝鮮の伝統的な格闘技）

跌
𧾷5（12） 2 7675 8DCC テツ漢 テチ呉 屑 diē つまず-く（つまづ-く）・あやま-つ

意味 ❶足をふみはずす。くじける。**つまずく**。また、**あやまつ**。例 跌倒（テットウ）。蹉跌（サテツ）（＝つまずく）。❷足のうら。❸⇩【跌宕】（テットウ）

【跌▼宕】【跌▼蕩】（テットウ）①勝手気ままで、しまりがない。②ものごとに夢中になり過ぎる。

【跌倒】（テットウ）つまずき、たおれる。ころぶ。

跈
𧾷5（12） 4 8927 8DC8 デン漢 銑 niǎn

意味 ❶踏みつける。ふむ。❷乱れる。もとる。

跛
𧾷5（12） 2 7676 8DDB 一 ハ漢呉 哿 bǒ 二 ヒ漢 寘 bì あしなえ（あしなへ）・びっこ・ちんば

意味 一 片足が不自由なこと。**あしなえ**。例 跛行（ハコウ）。二 片足で立つ。また、かたよる。例 跛倚（ヒイ）。

【跛▼蹇】（ハケン）足が不自由なこと。

【跛行】（ハコウ）①片足が不自由で、ぎくしゃくした歩き方をする。②つりあいがとれない進み方をする。不均衡。

【跛▼鼈千里】（ハベツセンリ）〔「鼈」はカメ。足ののろいカメが千里も行く意〕能力が劣っていても、たゆみなく努力すれば成功する。〈荀子・脩身〉

【跛▼倚】（ヒイ）①片足で立って、ものに寄りかかる。②一方にかたよっている。

跋
𧾷5（12） 2 7677 8DCB ハツ漢 バチ・バツ呉 曷 bá ふ-む

意味 ❶ふみつける。**ふむ**。❷山野を歩きまわる。例 跋渉（バッショウ）。❸書物の終わりに書く文。あとがき。例 跋文（バツブン）。序跋（ジョバツ）。❹⇩【跋扈】（バッコ）❺⇩【跋剌】（ハツラツ）

【跋▼胡】（バッコ｜コをふむ）進退きわまることのたとえ。

【跋▼扈】（バッコ）のさばり、はびこる。わがまま勝手にふるまう。例 跋扈将軍（バッコショウグン）（＝後漢の梁冀（リョウキ）のこと。また、暴風の意）。盗賊が―する。

【跋渉】（バッショウ）〔山を越え川を渡る意〕山野を歩きまわる。また、諸所をめぐり行く。

【跋尾】（バツビ）①文章の終わり。文章の末尾に記す署名。②跋文。

【跋文】（バツブン）書物の終わりに書きしるす文。あとがき。跋尾。類 跋語。対 序文。

【跋▼剌】（ハツラツ）魚がぴちぴちはねるさま。潑剌（ハツラツ）。

【跋履】（バツリ）山野をふみ歩く。跋渉。

跗
𧾷5（12） 3 9235 8DD7 フ漢呉 虞 fū

意味 ❶足の甲。通 趺（フ）。例 跗骨（フコツ）（＝足根骨（ソッコンコツ））。❷花の萼（ガク）。うてな。例 跗萼（フガク）（＝うてな）。

跑
𧾷5（12） 3 9234 8DD1 ホウ（ハウ）漢 肴 páo/pǎo だく

意味 ❶足の裏で地面をける。❷走る。例 跑足（だくあし）（＝馬術で、ウマがやや早足に走ること）。

跪
𧾷6（13） 2 7678 8DEA キ（クヰ）漢呉 紙 guì ひざまず-く（ひざまづ-く）

意味 ❶両ひざを地につける。**ひざまずく**。例 跪行（キコウ）（＝両ひざを地につけて進む）。跪坐（キザ）。❷両ひざを地につけてする礼法。例 跪祝（キシュク）（＝ひざまずいて祈る）。長跪（チョウキ）（＝両ひざを地につけ、腰とももとをまっすぐに伸ばしてすわる礼法）。❸足。例 刖跪（ゲッキ）（＝足切りの刑を受ける）。

【跪居】（キキョ）日 両ひざをついてつま先を立て、尻（しり）をかかとの上に置く姿勢をする。例 主人の前に―する。

【跪▼坐】（キザ）両ひざを地につけてすわる。

【跪謝】（キシャ）①ひざまずいてお礼を述べる。厚く感謝するさま。②ひざまずいてあやまる。深くわびるさま。

【跪拝】（キハイ）ひざまずいて、おがむ。

【跪伏】（キフク）ひざまずいて、地にふす。

跬
𧾷6（13） 4 8929 8DEC キ漢 紙 kuǐ

意味 片足を踏み出す。また、その歩幅。ひとあし。〔本来、「歩」は左右両足を踏み出した長さ〕例 跬歩（キホ）（＝ひとあし。足を踏み出す。また、近い距離）。

跫
足6（13） 2 7679 8DEB キョウ漢 冬 qióng あしおと

意味 **あしおと**。例 跫音（キョウオン）。跫然（キョウゼン）。

【跫音】（キョウオン）あしおと。→【空谷跫音】（クウコクのキョウオン）（982ジペー）

【跫然】（キョウゼン）人の足音がするさま。

跨
𧾷6（13） 1 2457 8DE8 人 一 コ慣 カ（クヮ）漢 禡 kuà 二 コ漢 遇 kù また-ぐ・また-がる

なりたち  〔形声〕「足（＝あし）」と、音「夸（コ）（＝大きい）」とから成る。またいで渡る。

意味 一 ❶乗る。**またがる**。例 跨鶴（コカク）。❷渡る。こえる。**またぐ**。例 跨年（コネン）。跨線橋（コセンキョウ）。❸占拠する。占有する。二 股（また）。またぐら。通 胯（コ）。例 跨下（コカ）。

古訓 中古 あふぐ・あふどこぶ・あふどこむ・かろし・こゆ・はたかる・ふむ・またがる 中世 あふどこぶ・ふむ・また・またがる 近世 こえる・しりぞく・またがる・またぐら

【跨越】（コエツ）場所や時間の境目をこえる。またぎこえる。

【跨下】（コカ）股（また）の下。胯下（コカ）。

【跨下辱】（コカのはじ）大志をいだく者は、一時の恥をしのぶこと。〔漢の韓信（カンシン）が人の股（また）の下をくぐった故事〈史記・淮陰侯伝〉から〕

【跨鶴】（コカク）①ツルに乗って飛ぶ。仙人になる。②死去する。

【跨拠】（コキョ）占拠する。跨有。

【跨線橋】（コセンキョウ）日 線路をまたいで、かかっている橋。渡線橋。

【跨年】（コネン）年をこえる。次の年にまたがる。

【跨有】（コユウ）〔「有」は、私有の意〕自分のものとする。跨拠。

跟
𧾷6（13） 2 7680 8DDF コン漢 元 gēn きびす・くびす

意味 かかと。**きびす**。**くびす**。例 脚跟（キャッコン）（＝かかと）。

【跟従】（コンジュウ）人のうしろにつきしたがう。あとにしたがう。また、その人。類 跟随。

跡
𧾷6（13） 1 3255 8DE1 常用 セキ漢 シャク呉 陌 jì あと

【迹】⻌6(10) 2 7781 8FF9 本字。【蹟】⻊11(18) 1 3256 8E5F 人 別体字。

筆順 ロ 𠮷 ⻊ 跁 跡 跡 跡

なりたち [形声]「⻌(=ゆく)」と、音「亦(エキ→セキ)」とから成る。歩いたあと。

意味 ❶歩いたあと。あしあと。**あと**。例 人跡。足跡。❷ものごとや、おこないのあと。あとかた。例 史跡。筆跡。❸あとをたどって調べる。たずねる。例 臣窃跡二前事一(=私はひそかに過去を調べてみた)。〈漢書・賈誼伝〉

参考「跡・迹・蹟」は古くから通じて用いられているが、「迹門」「本地垂迹」などの仏教語では「迹」を使うことが多い。

日本語での用法 一《あと》「跡式・跡継ぎ・跡取り・跡目」▼家督や財産。また、それを相続する人。二《と》「八間跡」▼「と」の音をあらわす万葉仮名。

古訓 中古 あと・あとつく・したがふ・たづぬ・つく・ぬきあし 中世 あと・ぬきあし・をさむ 近世 あと・したがふ・をさむる

人名 ただ・と・みち

【跡形】日 前にそこに何かがあったというしるし。痕跡。

【不ㇾ践ㇾ迹】*迹 先賢のとおりにおこなわない。例 不ㇾ践ㇾ迹、亦不ㇾ入二於室一(=《子張が孔子に善人の道を問うと》先人のあとをふんで行くのでなければ、奥義には入れない)。〈論語・先進〉

●遺跡・奇跡・軌跡・旧跡・形跡・航跡・史跡・失跡・定跡・城跡・足跡・追跡・筆跡

践

【践】⻊6(13) 1 3309 8DF5 常用 セン 漢 呉 銑 jiàn ふ-む

【踐】⻊8(15) 2 7688 8E10 旧字体。

筆順 ロ 𠮷 ⻊ 跆 践 践 践

なりたち [形声]「⻊(=あし)」と、音「戔(セン)」とから成る。くつで地をふむ。

意味 ❶足でものの上にのる。ふんづける。ふみ歩く。**ふむ**。例 践氷。❷実行する。ふみおこなう。例 実践。❸位につく。例 践祚。❹ほろぼす。❺きちんと並んださま。

古訓 中古 あさし・したがふ・すあし・はだし・ふむ・ゆづる 中世 したがふ・ふむ 近世 すあし・ふむ

人名 ふみ

【践位】位につく。即位。

【践極】〔「極」は、天子の位の意〕天子の位にのぼる。践祚。

【践形】生まれつき身にそなわった、善なる本性を実現する。〈孟子・尽心上〉

【践言】言ったことを実行する。言行一致を守る。

【践修】【践▼脩】実行する。

【践▼蹂】ふみつける。ふみにじる。

【践▼祚】【践▼阼】〔「祚・阼」は、東側の階段。天子はこの階段を上って祖先をまつることから〕天子の位を受けつぐ。践極。

【践年】年を経る。また、経過した年月。

【践氷】氷をふんでわたる。危険をおかすこと。

【践履】①ふみつける。②歩く。③出向く。④実践する。経験する。

【践歴】〔めぐり歩く意〕①官職など、任じられたことを経験する。②経験。経歴。

跣

【跣】⻊6(13) 2 7681 8DE3 セン 漢 呉 銑 xiǎn はだし

意味 足に何もはかないこと。すあし。**はだし**。例 跣足。

難読 徒跣

【跣行】はだしで行く。

【跣足】はだし。すあし。

跳

【跳】⻊6(13) 1 3623 8DF3 常用 一チョウ(テウ) 漢 ジョウ(デウ) 呉 蕭 tiào 二トウ(タウ) 漢 ジョウ(デウ) 呉 豪 táo はねる(は-ぬ)・はね・とぶ・おど-る(をど-る)

筆順 ロ 𠮷 ⻊ 跀 跗 跳 跳

なりたち [形声]「⻊(=あし)」と、音「兆(チョウ)」とから成る。はねあがる。おどりあがる。

意味 一❶とびはねる。**はねる**。**とぶ**。**おどる**。例 跳躍。跳舞(=おどり、舞う)。❷速く走る。例 跳駆(=速くウマを走らせる)。❸はねるように動く。すばやく上下する。勝手にふるまう。横行する。例 跳梁。二にげる。通 逃。

日本語での用法《はねる》①「泥が跳ねる」▼とびちる。②「芝居が跳ねる」▼その日の興行が終わる。

古訓 中古 あしうら・たたく・ふむ・ほとはしる・をづく・をどる 中世 ふむ・ほとばしる・をどる 近世 ける・にぐる・のがるる・はねる・ふむ・まふ・ゆく・をどる

【跳丸】①数個のたまを上にはね飛ばして遊ぶゲーム。おてだま。また、その曲芸。②時間や月日のたつのが早いこと。

【跳然】とびあがるさま。

【跳馬】日 体操競技の種目の一つ。ウマの胴体に似た用具を、男子は縦に、女子は横に置いて、手をついてとびこえる。また、その用具。

【跳躍】①地面をけって、とびはねる。例 ―運動。②日 陸上競技で、高とびや幅とびなど。例 ―競技。

【跳▼梁】①とびあがる。はね回る。跳踉。②わがもの顔にふるまう。わがまま勝手に動きまわる。また、悪人がのさばる。例 ―跋扈。

【跳▼踉】とびあがる。跳梁。

路

【路】⻊6(13) 1 4709 8DEF 教3 ロ 漢 呉 遇 lù じ(ぢ)・みち

筆順 ロ 𠮷 ⻊ 趵 路 路 路

なりたち [形声]「⻊(=あし)」と、音「各(カク→ロ)」とから成る。みち。

意味 ❶人や車が行き来するところ。通り道。**みち**。**じ**。例 路上。道路。旅路。❷道を行く。旅行。例 路次。路費(=旅行の費用)。❸すじみち。やり方。**みち**。例 路線。理路。❹重要な地位。**みち**。例 当路。要路。❺大きい。例 路弓(=大弓)。❻車。通 輅。❼おとろえる。つかれる。やぶれる。通 露。❽宋・元代の行政区画の名。宋代の路はほぼ現在の省に相当するが、元代の路はそれよりせまい。

古訓 中古 あたる・おほいなり・おほきなり・おほち・つまづく・みち 中世 おほぢ・みち 近世 おほいなり・くづるる・くるま・つかるる・みち

人名 のり・ゆき・ゆく

【路肩】日 道路のへりの部分。例 ―注意。

【路銀】日「旅費」の古い言い方。路用。

【路地】ジロ 日①家と家との間のせまい道。②茶室に通じる道など、敷地内の通路。露地。
【路次】ロジ 〔古くは「ロシ」〕道中。みちすがら。例—の費用。
【路室】ロシツ 宿屋。客舎。
【路車】ロシャ ①天子の乗る車の総称。②諸侯の車。
【路上】ロジョウ 道の上。また、道ばた。例—の放置自転車。
【路寝】ロシン 天子や諸侯が政務をとる正殿。
【路人】ロジン ①道を行く人。行人。②路傍の人。自分と無関係の人。赤の他人。
【路線】ロセン 日①電車やバスが運行する二地点間の道筋。例—バス。②組織や団体などの基本方針。例平和—。
【路程】ロテイ 道のり。行程。道程。例まる一日の—。
【路頭】ロトウ 道ばた。道のほとり。例—に迷う(=困窮する)。
【路馬】ロバ 天子の乗る馬車のウマ。
【路傍】ロボウ【路▼旁】ロボウ 道ばた。類路辺。例—の人(=行きずりの他人)。
【路面】ロメン 道路の表面。例—電車。
【路用】ロヨウ 旅費。路銀。例—の金子(キンス)。
●家路(いえじ)・一路(イチロ)・遠路(エンロ)・回路(カイロ)・街路(ガイロ)・帰路(キロ)・空路(クウロ)・小路(こうじ|ショウロ)・航路(コウロ)・順路(ジュンロ)・進路(シンロ)・水路(スイロ)・線路(センロ)・通路(ツウロ)・末路(マツロ)・迷路(メイロ)・陸路(リクロ)

跽 ⻊7(14) ④8932 8DFD キ漢 紙 jì
意味 上半身は起こしたまま、両ひざを地に着ける。ひざ立ちになる。ひざまずく。

跼 ⻊7(14) ②7682 8DFC キョク漢 沃 jú せぐくま-る
意味 ❶足や背を曲げて、かがむ。からだをちぢめる。**せぐくまる**。例跼天蹐地(キョクテンセキチ)。❷「跼躅(キョクチョク)」は、前に進まないさま。
【跼▼蹐】キョクセキ 「跼天蹐地(キョクテンセキチ)」に同じ。
【跼足】キョクソク 足をかがめる。しゃがむ。
【跼天▼蹐地】キョクテンセキチ 〔天にせぐくまり地にぬきあしす〕天は高いのに頭をぶつけないかと身をかがめ、固い大地の上でも踏みやぶって落ちはしないかと、ぬき足で歩く。おそれて、びくびくすること。肩身のせまい思いで過ごすこと。跼蹐。〈詩経・小雅・正月〉から
【跼歩】キョクホ 背中をかがめて歩く。

[踈] ⻊7(14) ⇩疎ソ(899ページ)

[踈] ⻊7(14) ⇩疎ソ(899ページ)

踆 ⻊7(14) ④8933 8E06 一シュン漢 真 qūn 二ソン漢 元 cún
意味 一ためらう。しりぞく。通逡(シュン)。二うずくまる。通蹲(ソン)。
【踆▼鴟】ソンシ 親芋(おやいも)のこと。蹲鴟(ソンシ)。〔形が、うずくまったフクロウ(鴟)に似ていることから〕

[踌] ⻊7(14) ⇩躊チュ(1280ページ)

跿 ⻊7(14) ②7685 8DFF ト漢 虞 tú すあし
意味 はだし。**すあし**。例跿跔(トク)(=はだし。また、跳び上がる)。

踊 ⻊7(14) ①4557 8E0A 常用 ヨウ漢 ユ・ユウ呉 腫 yǒng おど-る(をど-る)・おどり(をどり)
[踴] ⻊9(16) ②7693 8E34 別体字。

筆順 ロ ロ 𧾷 ⻊ 踊 踊 踊

なりたち [形声]「足(=あし)」と、音「甬ヨウ」とから成る。足でとびはねる。
意味 ❶とびあがる。はねあがる。**おどる**。例踊躍(ヨウヤク)。❷喪礼の一つ。死者を哀悼して、おどるようにするしぐさ。例哭踊(コクヨウ)(=死者をいたみ、もだえおどって深い悲しみをあらわす礼)。❸のぼる。例踊二于棓一而窺レ客(ホウにのぼりてカクをうかがう)(=ふみ板に登って客の様子をのぞいた)。〈公羊・成二〉❹ものの値段があがる。例騰踊(トウヨウ)。❺足切りの刑を受けた人がはくはきもの。
日本語での用法《おどる》《おどり》「踊(おど)り子(こ)・踊(おど)り念仏(ネンブツ)」▼音楽などに合わせて舞う。
古訓 中古 あがる・はす・ほどはしる・をづく・をどる 中世 ほとばしる・をどる 近世 くつ・たつ・のぼる・をどる
【踊貴】ヨウキ ①物価があがる。②罪人のはきもの(踊)の値があがる。犯罪が多発していることをそしっていう。
【踊躍】ヨウヤク|ユヤク ①とびあがる。②喜びのあまり、おどりあがる。③弔いのために、おどりながら泣く。
●舞踊(ブヨウ)

踉 ⻊7(14) ②7684 8E09 一ロウ慣 リョウ(リャウ)漢 漾 liàng 二リョウ(リャウ)漢 陽 liáng ためら-う(ためら-ふ)
意味 一「踉蹌(ロウソウ|リョウソウ)」「蹡踉(ショウリョウ)」は、よろめくさま。また、歩みのおそいさま。二「跳踉(チョウリョウ)」は、とびあがる。跳梁(チョウリョウ)。

踠 ⻊8(15) ③9236 8E20 エン(ヱン)漢 阮 wǎn もが-く
意味 足が曲がったままになる。まがる。例已二大風・攣踠・瘻癘一(タイフウ・レンエン・ロウレイをいやす)(=ハンセン病・手足が曲がって伸びない病気・首がはれあがる病気をなおす)。〈柳宗元・捕蛇者説〉
日本語での用法《もがく》「踠(もが)き苦(くる)しむ」▼手足を動かしてもだえ苦しむ。

踝 ⻊8(15) ②7686 8E1D カ(クヮ)漢 馬 huái くるぶし
意味 ❶足首の関節の両側につき出た部分。**くるぶし**。❷かかと。

踦 ⻊8(15) 8E26 一キ漢 支 qī 二イ漢 寘 yǐ
意味 一歩行が不自由である。あしなえ。例踦跂(キキ)。二よりかかる。よる。通倚(イ)。
【踦▼跂】キキ 片足が不自由で、しっかりと歩けない。

踞 ⻊8(15) ②7687 8E1E キョ漢 コ呉 御 jù うずくま-る
意味 ❶ひざを立てて座る。しゃがむ。**うずくまる**。例蹲踞(ソンキョ)。❷よりかかる。また、腰かける。よる。例漢王下レ馬、踞レ鞍而問(カンオウうまをおり、くらによりてとう)(=漢王はウマからおり、鞍によりかかってたずねた)。〈史記・留侯世家〉❸尊大にかまえる。おごる。通倨(キョ)。例踞傲(キョゴウ)。
【踞見】キョケン 立てひざで座ったまま人に会う。傲慢(ゴウマン)なさま。
【踞傲】キョゴウ【踞▼敖】キョゴウ おごりたかぶる。

踡 ⻊8(15) ④8937 8E21 ケン(クェン)漢 先 quán
意味 足やからだが曲がったままになる。かがむ。せぐくまる。例踡跼(ケンキョク)(=身がちぢこまったさま)。

踧 ⻊8(15) ④8939 8E27 一テキ漢 錫 dí 二シク漢 シュク呉 屋 cù
意味 一「踧踧(テキテキ)」は、平坦(ヘイタン)なさま。二❶恐れおののくさま。❷さしせまったさま。通蹙(シュク)。
【踧▼踖】シュクセキ ①敬いつつしむさま。例窮踧(キュウシュク)。②ちぢこまって、前に進めないさま。

踖
⻊8(15) 4 8936 8E16 セキ 漢 陌 jí

意味 ❶踏みこえる。ふむ。❷⇩【踧踖(シュクセキ)】(1276ジペー)

[踐]
⻊8(15) ⇩践(セン)(1275ジペー)

踪
⻊8(15) 2 7709 8E2A 常用 ソウ 慣 ショウ 漢 冬 zōng
あと

筆順 踪

なりたち 【会意】本字は「⿰車從」で、「車(=くるま)」と「從(=したがう)」の省略体とから成る。車の跡。

意味 ❶足あと。あとかた。また、ゆくえ。例 踪跡(ソウセキ)。失踪(シッソウ)。❷前にならう。したがう。例 継踪(ケイソウ)。

参考 本来「蹤(ショウ)」の別体字だが、日本語では「ソウ」と読み、使い分けている。

古訓 中古 あと・にぐ・はだし・ほしいまま 中世 あと 近世 あと

【踪跡】(ソウセキ) 足あと。また、あとかた。ゆくえ。

踔
⻊8(15) 4 8935 8E14 一 トウ(タウ) 漢 効 chuō 二 タク 漢 覚 zhuō

意味 一 ❶踏む。❷超越する。こえる。二 高遠なさま。はるか。例 踔遠(タクエン)。踔絶(タクゼツ)。

【踔遠】(タクエン) はるかに遠いさま。
【踔絶】(タクゼツ) とびぬけてすぐれているさま。卓絶。
【踔▼厲風発】(タクレイフウハツ) 言説が抜きん出ており、風のように速くことばが出る。雄弁であるさま。例 踔厲風発、率常屈₌其座人₋(タクレイフウハツ、おおむねつねにそのザジンをクッす)(=議論が激しくするどく、ほとんどいつもその場に居合わせた人々を屈服させた)。〈韓愈・柳子厚墓誌銘〉

踟
⻊8(15) 2 7689 8E1F チ 漢 支 chí

意味 「踟蹰(チチュウ)」「踟躇(チチョ)」は、行きつもどりつして、ためらうさま。また、あいつらなるさま。

難読 踟蹰(たたずむ|たちどまる|たちもとおる|たちやすらう)

𨂊
⻊8(15) 4 8934 2808A チョウ・シュウ zhōu

意味 けり倒す。

難読 𨂊池(はすいけ)

踢
⻊8(15) 4 8938 8E22 テキ 漢 錫 tī

意味 足をつき出す。ける。

踏
⻊8(15) 1 3807 8E0F 常用 トウ(タフ) 漢 呉 合 tà
ふむ・ふまえる(ふ-まふ)

[蹋]
⻊10(17) 4 8944 8E4B 本字。

筆順 踏

なりたち 【形声】「足(=あし)」と、音「㬎(トウ)」とから成る。ふむ。

意味 ❶足ぶみする。足をふみならす。ふむ。例 踏歌(トウカ)。❷ふみすすむ。ふみあるく。例 踏青(トウセイ)。踏破(トウハ)。❸ふみおこなう。うけつぐ。例 踏襲(トウシュウ)。❹現地に足を運んで調査する。例 踏査(トウサ)。

日本語での用法 《ふみ》《ふむ》 ①「値踏(ねぶ)みをする」▼価値や値段について、おおよその見当をつける。②「手順(てジュン)を踏(ふ)む」▼一定のやり方をたどる。

古訓 中古 ふむ 中世 ふむ 近世 かくれふす・ける・ふみつける・ふむ

難読 雪踏(セッタ)・踏雪(じょうじろ)(=ウマの四本の足先の白いもの)

【踏歌】(トウカ) ①足で地をふみ鳴らして、歌をうたい舞う。例 忽聞岸上踏歌声(たちまちきく ガンジョウトウカのこえ)(=思いがけず岸の方から足を踏み鳴らしながら歌う声が聞こえてきた)。〈李白・贈汪倫〉②日 平安時代、正月に宮中でおこなわれた、祝い歌をうたい舞う行事。
【踏▼鞠】(トウキク) けまり。
【踏月】(トウゲツ) 月かげをふむ。月下に歩く。
【踏査】(トウサ) 日 実際にその土地へ行って調査する。例 実地―。史跡を―する。
【踏襲】(トウシュウ) 日 これまでのやり方をそっくりそのまま受けつぐ。例 前例を―する。表記 旧▼蹈襲
【踏青】(トウセイ) 青い草をふむ。春に郊外に出かける行事。
【踏破】(トウハ) ①歩き回る。②日 歩きぬく。険しく長い道のりを歩きとおす。
【踏舞】(ブトウ) 足をふみ鳴らして、機嫌よく舞う。
●高踏(コウトウ)・雑踏(ザットウ)・舞踏(ブトウ)・未踏(ミトウ)

踣
⻊8(15) 3 9237 8E23 ホク 漢 ボク 呉 職 bó

意味 うつぶせに倒れる。たおれる。通 殕(ホク)。例 頓踣(トンボク)。

難読 前踣(のまえめり)

踽
⻊9(16) 3 9238 8E3D ク 漢 麌 jǔ

意味 「踽踽(クク)」は、ひとりでさびしげに行くさま。孤独なさま。

踹
⻊9(16) 4 8943 8E39 一 ケン(クヱン) 漢 銑 chuǎn 二 タン 漢 翰 duàn 三 セン 漢 銑 shuàn

意味 一 ふくらはぎ。二 強く踏みつける。三 かかと。

[踿]
⻊9(16) ⇩趑(シ)(1271ジペー)

蹂
⻊9(16) 2 7690 8E42 ジュウ(ジウ) 漢 尤 róu
ふ-む・ふみにじ-る

意味 ❶ふみにじる。ふみあらす。ふむ。例 蹂躙(ジュウリン)。❷もみさする。もむ。通 揉(ジュウ)。

【蹂践】(ジュウセン) 「蹂躙(ジュウリン)」に同じ。
【蹂▼躙】【蹂▼躪】(ジュウリン) ふみにじる。また、暴力や権力によって他をふみつけにする。蹂践。例 人権を―する。

踵
⻊9(16) 2 7691 8E35 ショウ 漢 腫 zhǒng
きびす・くびす・かかと

意味 ❶あとを追う。あとをつぐ。つぐ。例 歩兵踵₌軍後₋数十万人(ホヘイグンゴにつぐもの スウジュウマンニン)(=歩兵数十万人が軍隊のあとに続いた)。〈漢書・武帝紀〉❷いたる。例 踵門(ショウモン)(=人の家を訪ねる)。❸足のかかと。きびす。くびす。かかと。例 接踵(セッショウ)。

【接レ踵】(きびすを セッす|くびすを セッす) ⇩【接踵】(セッショウ)(569ジペー)
【踵武】(ショウブ) 〔「武」は、足跡の意〕前人の足跡をふんで歩み行く。前人のおこなったことを継承すること。

蹄
⻊9(16) 1 3693 8E44 人 一 テイ 漢 斉 tí 二 テイ 漢 霽 dì
ひづめ

[蹏]
⻊10(17) ― 8E4F 本字。

なりたち 【形声】「足(=あし)」と、音「虒(テイ)」とから成る。足。

意味 一 ❶ウマやウシなどのつめ。ひづめ。例 蹄鉄(テイテツ)。馬蹄(バテイ)。❷ウサギをとらえるわな。うさぎわな。例 筌蹄(センテイ)。二 (獣が)足でける。

古訓 中古 あし・あしする・あと・たちつまづく・はしる・ひづめ・ほだす・わな 中世 あし・ひづめ 近世 あし・ひづめ

【蹄形】テイケイ ウマのひづめの形。馬蹄形。

【蹄▼涔】テイシン 〔「涔」は、たまり水の意〕ウシやウマの足跡にたまった水。わずかな量のたとえ。

【蹄▼筌】テイセン ⇩【筌蹄】センテイ(998ページ)

【蹄鉄】テイテツ 日 ウマのひづめが減るのを防ぐために、ひづめに打ちつけるU字形の鉄。

踶

⻊9 (16) 4 8942 8E36

テイ 漢 霽 dì

意味 足でける。例 奔踶テイホン(=勢いよく走る)。

［蹈］

⻊9 (16)

⇩ 蹈トウ(1278ページ)

踰

⻊9 (16) 2 7692 8E30

ユ 漢呉 虞 yú

こ-える(こ-ゆ)・こ-す

意味 ものや境界をのりこえる。時間や期限をこえる。**こす。こえる。** 例 七十而従二心所一レ欲、不レ踰レ矩シチジュウにしてこころのほっするところにしたがいて、のりをこえず(=七十歳になり、思いのままに行動しながら、人の道をふみはずすことがなくなった)。〈論語・為政〉踰越エツユ。踰月ゲツユ。

【踰越】ユエツ ①のりこえる。②分をこえる。身のほどをわきまえない。

【踰閑】ユカン 〔「閑」は、法の意〕礼法・法規を守らない。のりをこゆ

【踰月】ユゲツ その月をこして、翌月となる。

【踰言】ユゲン 相手と遠く離れて話をする。

【踰▼侈】ユシ 度が過ぎるぜいたく。分をこえたおごり。

【踰▼僭】ユセン 身分不相応なことをする。

【踰▼邁】ユマイ 月日が過ぎてゆく。逾邁ユマイ。

［踴］

⻊9 (16)

⇩ 踊ヨウ(1276ページ)

蹊

⻊10 (17) 2 7694 8E4A

ケイ 漢 斉 xī

みち

意味 ❶細いみち。こみち。**みち。** 例 成蹊セイケイ。❷ふんづけて通る。すぎる。例 牽レ牛以蹊二人之田一うしをひきてもって ひとのデンをすぐ(=ウシを引いて他人の畑を通る)。〈左伝・宣二〉

蹇

足10 (17) 2 7701 8E47

一 ケン 漢 阮 jiǎn

二 ケン 漢 先 qiān

あしなえ(あしなへ)

意味 一 ❶足が悪くて、歩くのに不自由なこと。**あしなえ。** 例 蹇渋ケンジュウ。❷すらすらと進まず、おそい。難儀する。例 蹇跛ケンパ。❸易エキの六十四卦カの一つ。☵☶ 艮下坎上ゴンカカンショウ。山の上に水がある象。二 ❶持ち上げる。かかげる。通 褰ケン。❷ぬきとる。通 搴ケン。

【蹇蹇】ケンケン ①なやみ苦しむさま。難儀するさま。②家臣が主君に対して忠誠を尽くすさま。参考 「蹇蹇録ケンケンロク」は、陸奥宗光むつむねみつの外交録。〈易・蹇〉

【蹇▼匪▼躬】ケンケンヒキュウ 〔「匪躬」は、自分の利害を考えない意〕臣下が心身ともに苦労して主君のために尽くす。

【蹇渋】ケンジュウ (不運で)思うままにならない。また、ことばがすらすら出てこないさま。類 蹇滞。

【蹇歩】ケンポ 片足が不自由であること。足をひきずって歩く。

【蹇劣】ケンレツ にぶくて、おとっている。才能のとぼしいこと。

【蹇連】ケンレン ゆきなやむ。なやみ苦しむ。

蹉

⻊10 (17) 2 7702 8E49

サ 漢 シャ 呉 歌 cuō

つまず-く(つまづ-く)

意味 ❶足をふみはずす。**つまずく。** つまずき。また、まちがえる。たがう。例 蹉跌サテツ。❷通りすぎる。すぎる。例 賓客不レ得レ蹉ヒンカクすぐるをえず(=賓客は《関所を》通ることができない)。〈張華・軽薄篇〉

難読 蹉跎岬みさき サダ|あしずり(=足摺岬あしずりみさき)

【蹉▼跎】サタ ①つまずき、ころぶ。失敗する。②チャンスを失う。また、いたずらに時を過ごす。③不運で、暮らしが思うようにならない。

【蹉▼跌】サテツ つまずく。ものごとが思いどおりにいかず失敗する。例 計画が―する。

蹐

⻊10 (17) 2 7704 8E50

セキ 漢 陌 jí

ぬきあし-する(ぬきあし-す)

意味 小またでこそこそと歩く。ぬきあし、さしあし。例 跼蹐キョクセキ。跼天蹐地キョクテンセキチ。

蹌

⻊10 (17) 2 7703 8E4C

ショウ(シャウ)漢 ソウ(サウ)呉 陽 qiāng

よろめ-く

意味 ❶リズミカルに歩くさま。また、舞いおどるさま。例 蹌蹌ソウソウ。❷ ⇩【蹌踉】ソウロウ

【蹌蹌】ソウソウ ①舞いおどるさま。②威儀を正して進むさま。

【蹌▼踉】ソウロウ よろめくさま。

［蹏］

⻊10 (17)

⇩ 蹄テイ(1277ページ)

蹈

⻊10 (17) 2 7705 8E48

トウ(タウ)漢 ドウ(ダウ)呉 号 dǎo

ふ-む

［蹈］

⻊9 (16) 4 8940 280BB

俗字。

意味 ❶足ぶみする。足をふみならす。**ふむ。** 通 踏。例 蹈歌トウカ。❷ふみすすむ。ふみあるく。**ふむ。** 通 踏。例 蹈査トウサ。❸ふみおこなう。うけつぐ。**ふむ。** 通 踏。例 蹈襲トウシュウ。

表記 現代表記では「踏」に書きかえることがある。熟語は「踏」も参照。

難読 蹈鞴たたら・蹈皮たび

【蹈海】トウカイ|うみをふむ ①海に身を投げて死ぬ。高潔な節操をいう。〔戦国時代、斉の魯仲連チュウレンが「もしも秦シンが帝となるなら、自分はそれを不服とし東海に身を投ずる」と言った故事〈史記・魯仲連伝〉から〕②海を渡る。危険を冒すこと。

［蹋］

⻊10 (17)

⇩ 踏トウ(1277ページ)

蹔

足11 (18) 4 8945 8E54

サン(サム)漢 ザン(ザム)呉 勘 zàn

意味 ❶わずかの時間。しばらく。通 暫ザン。例 蹔時ザンジ(=しばらく)。❷突然に。

蹙

足11 (18) 2 7706 8E59

セキ 慣 シク 漢 シュク 呉 屋 cù

せま-る・しか-める(しか-む)

意味 ❶さしせまる。ちぢまる。**せまる。** 例 蹙然シュクゼン。❷しわをよせる。**しかめる。** 例 顰蹙ヒンシュク。❸ふむ。ける。通 蹴シュウ。

【蹙▼頞】シュクアツ|シュクアン 〔「頞」は、鼻すじの意〕鼻すじにしわを寄せる。憂うさま。

【蹙蹙】シュクシュク|セキセキ ①ちぢこまって、のびないさま。②追いつめられるさま。恐ろしさにちぢこまるさま。

【蹙▼竦】シュクショウ おそれて安心できないさま。身がすくむさま。

【蹙然】シュクゼン 心配するさま。落ち着かないさま。

【蹙▼沓】シュクトウ 一か所に寄り集まり、こみ合っているさま。

【蹙迫】シュクハク 圧迫されて、ちぢこまる。また、先へ進めなくなる。

【蹙眉】シュクビ ①まゆ毛とまゆ毛との間がせまいこと。②まゆと

まゆとを寄せ、顔をしかめること。

蹤
⻊11 (18) ②7707 8E64
ショウ㊥ 冬 zōng
あと

意味 ❶あしあと。**あと**。また、ゆくえ。例 蹤跡（ショウセキ）。先蹤（センショウ）（＝先人の通った道。前例）。❷人のあとについて行く。したがう。例 追蹤（ツイショウ）。

【蹤跡】【蹤▼迹】（ショウセキ） ①足あと。足跡（ソクセキ）。②何ごとかあったあと。あとかた。③人のあとをつけて行く。

蹠
⻊11 (18) ②7708 8E60
ショ慣 セキ漢 陌 zhí
あしうら

意味 ❶足のうら。**あしうら**。通 跖（セキ）。例 蹠骨（ショコツ）（＝足の裏の、土ふまずの骨）。対蹠的（タイセキテキ｜タイショテキ）。❷春秋時代の魯（ロ）の大盗賊の名。〔「跖」とも書く〕例 盗蹠（トウセキ）。

参考 「蹠（セキ）」は、「とびはねる」が原義とされるが、古くから「跖（セキ）」と同じ意味に使われる。

［蹟］
⻊11 (18) ⇩跡（セキ）（1274ジペー）

蹢
⻊11 (18) ④8946 8E62
一テキ漢 陌 zhí
二テキ漢 錫 dí

意味 一❶⇩【蹢躅】（テキチョク）❷投げすてる。投げる。通 擿（テキ）。二ウマやウシなどのつめ。ひづめ。

【蹢▼躅】【蹢▼躑】（テキチョク） ①行きつ戻りつするさま。②ツツジ科の樹木。ツツジ。▽躑躅（テキチョク）。

蹕
⻊11 (18) ②7711 8E55
ヒツ漢 質 bì
さきばらい（さきばらひ）・はら-う（はら-ふ）

意味 ❶天子が外出するとき、他の通行を禁じて道路を清めること。先払いする。**さきばらい**。**はらう**。❷天子が外出するときの乗り物。また、その行列。例 警蹕（ケイヒツ）（＝貴人の先払い）。❸片足で立つ。

【蹕路】（ヒツロ） ①天子の行幸の際、行列の先払いをする。②天子の乗り物の通る道。

蹣
⻊11 (18) ②7710 8E63
マン慣 ハン漢 バン呉 寒 pán

意味 「蹣跚（マンサン）」は、ふらふら、よろよろと歩くさま。よろめく。

難読 蹣跚（めくろ｜よろよろ｜けるよろ｜よろけ）

蹻
⻊12 (19) ③9240 8E7B
一キョウ（ケウ）漢 蕭 qiāo
二キョウ（ケウ）漢 篠 jiǎo
三キャク漢 薬 jué

意味 一足を高くあげる。二❶おごり高ぶる。例 蹻蹻（キョウキョウ）。❷強く勇ましい。例 蹻勇（キョウユウ）。三わらじ。くつ。通 屩（キャク）。

【蹻蹻】（キョウキョウ） ①強くて勇ましいさま。②元気で勢いがいいさま。③おごり高ぶるさま。

【蹻▼捷】（キョウショウ） 壮健で動作が速い。また、たくましくて足が速い。趫捷（キョウショウ）。

【蹻勇】（キョウユウ） 力が強く勇ましいさま。

蹶
⻊12 (19) ②7712 8E76
一ケツ漢 月 jué
二ケイ漢 霽 guì
つまず-く（つまづ-く）・たお-れる（たふ-る）

意味 一❶足が石などにひっかかってよろめく。**たおれる**。**つまずく**。例 蹶躓（ケッチ）。❷勢いよくふむ。ける。例 蹶起（ケッキ）。蹶然（ケツゼン）。❸つきはてる。つきる。❹⇩【蹶蹶】一（ケツケツ） 二❶ゆり動かす。動かす。例 蹶レ石伐レ木（いしをうごかしきをきる）（＝石をゆすり木を切りたおす）。〈宋玉・風賦〉❷⇩【蹶蹶】二（ケイケイ）

【蹶起】（ケッキ） ①勢いよく立ち上がる。②決断して行動をおこす。表記 ▽現 決起

【蹶蹶】 一（ケツケツ） 行動が素早いさま。二（ケイケイ） ①驚いて動揺するさま。②勤勉なさま。

【蹶然】（ケツゼン） 勢いよく立ち上がるさま。

【蹶▼躓】（ケッチ） つまずき、ころぶ。つまずく。

【蹶張】（ケッチョウ） 弩（ド）（＝ばねじかけの弓）を、足をふんばって張る。

蹴
⻊12 (19) ①2919 8E74 常用
シュウ（シウ）慣
シュク漢呉 屋 cù
ける

筆順 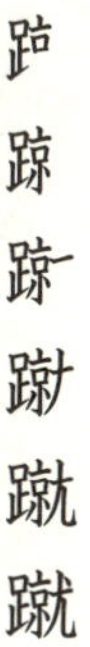

なりたち 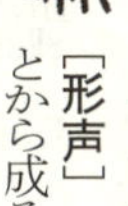 ［形声］「足（＝あし）」と、音「就（シュウ→シュク）」とから成る。ふむ。

意味 ❶足で踏む。ふむ。例 蹴鞠（シュウキク）。蹴球（シュウキュウ）。一蹴（イッシュウ）。❷足でけとばす。**ける**。❸不安で身がちぢまる。つつしむ。例 蹴然（シュクゼン）。

日本語での用法 《ける》「要求（ヨウキュウ）を蹴（け）る」▼相手の申し入れや提案などを拒絶する。

古訓 中古 あしとてひく・くゑる・こゆ・ふむ 中世 ける・ふむ 近世 おふ・ける・つつしむ・ふむ

人名 け

【蹴▼鞠】（シュウキク｜シュクキク） 数人が輪になって、シカの皮でできたまりを地面に落とさないようにして、けり合う遊戯。けまり。日本にも伝わり、王朝貴族の間でおこなわれた。

【蹴球】（シュウキュウ） 日 足でボールをけって、相手のゴールに入れて得点をきそう競技。特に、サッカーをいう。フットボール。

【蹴▼爾】（シュクジ） 足でけとばすさま。足蹴（あしげ）にするさま。

【蹴然】（シュクゼン） おそれ、つつしむさま。

蹭
⻊12 (19) ④8948 8E6D
ソウ漢 径 cèng

意味 「蹭蹬（ソウトウ）」は、道を失って進めなくなるさま。

蹲
⻊12 (19) ②7713 8E72
一ソン漢呉 元 cún/dūn
二シュン漢 真 cún
三シュン漢 軫 qūn
つくば-う（つくば-ふ）・うずくま-る

意味 一❶しゃがむ。**うずくまる**。**つくばう**。例 蹲踞（ソンキョ）。❷かさねあわせる。あつめる。あつまる。二⇩【蹲蹲】（シュンシュン） 三⇩【蹲循】（シュンジュン）

日本語での用法 《つくばい》「蹲（つくばい）・蹲踞（つくばい）」▼低く平らな姿に置いた庭石で、手水鉢（ちょうずバチ）を兼ねるもの。

難読 蹲踞（つくばう｜つくばい）

【蹲蹲】（シュンシュン） ①舞うさま。②行儀よく歩くさま。

【蹲循】（シュンジュン） ためらう。しりごみするさま。逡巡（シュンジュン）。

【蹲▼夷】（ソンイ） 「蹲踞（ソンキョ）①」に同じ。

【蹲▼踞】【蹲▼倨】（ソンキョ） ①うずくまる。蹲夷（ソンイ）。〔野蛮な座り方〕②日 相撲や剣道で、つま先立ちで、腰をおろし、ひざを開いて上体をまっすぐにした姿勢。つくばい。

【蹲▼鴟】（ソンシ） 親芋（おやいも）のこと。踆鴟（シュンシ）。〔形がうずくまったフクロウ（鴟）に似ていることから〕

躊
⻊12 (19) ③9239 8E70
チュウ（チウ）漢 虞 chū

意味 「踟躕（チチュウ）」は、行くことをためらうさま。

難読 踟躕（ずむ｜どまる｜もとおる｜やすらう）

躇
⻊12 (19) ②7716 8E87
一チョ漢 魚 chú
二チャク漢 薬 chuò

意味 一❶二、三歩行ってはとまる。ものごとを決めかねる。ためらう。例 躊躇（チュウチョ）（＝迷ってぐずぐずする）。❷あるく。ふむ。

例 躇歩(=ふみ歩く)。 二 (順序を)とびこえる。こえる。 例 躇階(=途中の段をとびこえながら階を上る)。

蹬
⻊12(19) 4 8947 8E6C
一 トウ 漢 呉 蒸 dēng
二 トウ 漢 径 dèng
意味 一 のぼる。 通 登。 二 「蹭蹬」は、道を失って進めなくなるさま。

蹯
⻊12(19) 4 8949 8E6F
ハン 漢 元 fán
意味 獣の足の裏。また、足の裏の肉。たなごころ。 例 熊蹯(=クマのてのひら)。

蹩
足12(19) — 8E69
ヘツ 漢 ベツ 呉 屑 bié
意味 歩行が不自由なこと。あしなえ。

蹼
⻊12(19) 2 7714 8E7C
ボク 慣 ホク 漢 呉 屋 pǔ
みずかき(みづかき)
意味 水鳥などの足の指のあいだの、膜状のもの。**みずかき**。

躁
⻊13(20) 2 7715 8E81
ソウ(サウ) 漢 呉 号 zào
さわ-ぐ
意味 落ち着きがない。さわがしい。**さわぐ**。 例 躁鬱病。狂躁(=くるったようにさわぐこと)。
【躁鬱】 日 愉快にはしゃぐことと、憂鬱になってふさぎこむこと。 例 —病。
【躁急】 落ち着きがない。せっかち。性急。
【躁競】 (勢力や富貴を)心せわしく人と争う。
【躁▼擾】 ①心がいらだち乱れる。②さわぎ乱れる。また、さわいで社会の秩序を乱す。
【躁進】 ①せわしなく前へ進む。②早く出世しようとしてあせる。

躅
⻊13(20) 2 7717 8E85
一 チョク 漢 沃 zhú
二 タク 漢 覚 zhuó
意味 一 「躑躅」は、❶行っては立ちどまる。❷ツツジ。 二 あしあと。また、事跡。 例 軌躅。

躄
足13(20) 2 7718 8E84
ヘキ 漢 ヒャク 呉 陌 bì
いざり(ゐざり)・いざ-る(ゐざ-る)
難読 躑躅

[躃]
⻊13(20) — 8E83
別体字。
意味 ❶両足が不自由で足が立たない。歩けない。 例 躄歩(=いざって進む)。❷たおれる。 例 躄地(=地面にたおれる)。❸「躄躄」は、止まらずに進むさま。

躋
⻊14(21) 2 7719 8E8B
セイ 漢 サイ 呉 斉 jī
あ-がる・のぼ-る
意味 高いところに上がる。**のぼる**。 例 躋升。躋攀。
【躋升】 のぼる。昇進する。
【躋▼攀】 よじのぼる。攀躋。

躊
⻊14(21) 2 7720 8E8A
チュウ(チウ) 漢 尤 chóu
ためら-う(ためら-ふ)

[踌]
⻊7(14) 4 8930 8E0C
俗字。
意味 ⇩【躊躇】
難読 躊躇う
【躊▼躇】 どうしようかと迷う。ためらう。

躍
⻊14(21) 1 4486 8E8D 常用
一 ヤク 漢 呉 薬 yuè
二 テキ 漢 錫 tì
おど-る(をど-る)

[躍]
⻊14(21) — —
旧字体。

筆順 躍

なりたち [形声]「足(=あし)」と、音「翟テキ→ヤク」とから成る。(飛びあがるように)はやい。

意味 一 ❶高く飛びあがる。はねあがる。**おどる**。 例 跳躍。飛躍。❷勢いがよい。活発な。 例 躍進。躍動。活躍。❸⇩【躍躍】一 二 ⇩【躍躍】二

古訓 中古 うくつく・ほどはしる・をづく・をどる 中世 ほとばしる・をどる 近世 こえる・すすむ・のぼる・はねる・をどる

人名 すすむ

難読 雀躍

【躍如】 ①飛び出しそうなさま。勢いのよいさま。②ありありと目の前に見えるようなさま。 例 面目—たるものがある(=その人らしい長所が現れている)。

【躍進】 日 急激に進歩する。目立って発展する。 例 業界上位に—する。

【躍動】 日 生き生きと勢いよく活動する。

【躍躍】 一 跳びはねるさま。心おどらせるさま。また、気のはやるさま。 二 趯趯。

【躍起】 ①おどりあがる。②日 あせって、懸命になる。 例 —になって反論する。

● 暗躍・一躍・活躍・欣喜雀躍・跳躍・飛躍・勇躍

躓
⻊15(22) 2 7721 8E93
チ 漢 寘 zhì
つまず-く(つまづ-く)
意味 つまさきを何かにぶつけて、よろける。**つまずく**。 例 蹶躓(=つまずく)。

躑
⻊15(22) 2 7722 8E91
テキ 漢 陌 zhí
たちもとお-る(たちもとほ-る)
意味 ❶「躑躅」は、たたずむ。①行っては立ちどまる。躊躇。②ツツジ科の常緑または落葉低木。晩春に、赤・白などの花をつける。❷⇩【躑躅】
【躑▼躅】

躔
⻊15(22) 2 7723 8E94
テン 漢 先 chán
意味 ❶行く途中で、ある場所にたちよる。ふむ。また、その場所。足跡。❷日・月・星が軌道をめぐる。へめぐる。めぐる。また、その位置を占める。やどる。やどり。 例 躔度(=日・月・星などの動きを示す度数)。

躐
⻊15(22) — 8E90
リョウ(レフ) 漢 葉 liè
意味 ❶踏みつける。ふむ。❷順序などを飛びこえる。超越する。 例 躐等。
【躐席】 順序を乱して席につく。
【躐等】 順序や等級を飛びこえて、先に進む。

躘
⻊16(23) 4 8950 8E98
リョウ 漢 冬 lóng
意味 「躘踵」は、よろよろ歩くさま。

躙
⻊16(23) 2 7724 8E99
リン 漢 震 lìn
にじ-る

【蹣】 足19(26) 2 7725 8EAA 別体字。

意味 踏みつけて、こなごなにする。ふみにじる。ふむ。例 躪轢(リンレキ)(＝ふみにじる)。蹂躪(ジュウリン)。

日本語での用法《にじる》①「側(そば)に躪(にじ)り寄(よ)る」▼座ったまま、ひざをするようにして進む。②「躪(にじ)り口(ぐち)」▼茶室で、客が身をかがめて出入りする、小さな出入り口。

躞 足17(24) 4 8951 8E9E ショウ(セフ)漢 葉 xiè

意味 ❶「躞蹀(ショウチョウ)」は、小またで歩くさま。❷書画軸の軸心。例 玉躞(ギョクショウ)。

躡 足18(25) 2 7726 8EA1 ジョウ(デフ)漢 呉 葉 niè はーく・ふーむ

意味 ❶人の足をふむ。ふむ。例 躡足(ジョウソク)。❷はきものをはく。ふむ。例 躡屐(ジョウゲキ)(＝げたをはく)。❸のぼる。ふむ。例 世冑躡二高位一(セイチュウはコウイをふむ)(＝名家の子弟は高い地位にのぼる)。〈左思・詠史詩〉❹追跡する。あとをつける。おう。例 追躡(ツイジョウ)。

【躡足附耳】(ジョウソクフジ) あしをふみみみにつく 他人に知られないよう、そっと相手の足をふんで合図し、耳もとでささやくこと。〈史記・淮陰侯伝〉

【躪】 足19(26) ⇩躙(リン)(1280ページ)

躩 足20(27) 8EA9 カク(クヮク)漢 薬 jué

意味 ❶足早に進むさま。例 躩歩(カクホ)。❷小走りに進むさま。例 躩如(カクジョ)。

【躩如】(カクジョ) 敬意をあらわして、小走りに進むさま。

【躩歩】(カクホ) 足早に進むさま。

158 7画

身 み みへん部

人のからだの意をあらわす。「身」をもとにしてできている漢字を集めた。

この部首に所属しない漢字

射→寸 390

身 身0(7) 1 3140 8EAB 教3 シン漢 呉 真 shēn み・みずか-ら(みづか-ら)

筆順 ノ 丿 亇 身 身 身 身

なりたち [形声]「人(＝ひと)」と、音「申(シ)」の省略体とから成る。人のからだ。

参考 一説に、みごもった人をかたどった象形文字。

意味 ❶人や動物の胴体。み。例 身体(シンタイ)。身長(シンチョウ)。心身(シンシン)。❷からだ。肉体。み。例 献身(ケンシン)。自身(ジシン)。銃身(ジュウシン)。刀身(トウシン)。❸木の幹。また、ものの中心部やなかみ。み。❹自分。わがみ。み。例 身上(シンジョウ)。身分(ミブン)。❺その人の地位・品行・才能など。みのうえ。み。❻自分で。みずから。例 身執二耒臿一以為二民先一(みずからライソウをとりてもってたみのさきとなる)(＝みずからすきを手にとり民衆の先頭に立つ)。〈韓非・五蠹〉❼わたし。われ。み。例 身是張益徳也(みはこれチョウエキトクなり)(＝私は張益徳である)。〈蜀志・張飛伝〉❽妊娠する。みごもる。例 身重(みおも)。❾仏教で、輪廻(リンネ)説における一世。例 前身(ゼンシン)。❿⇩【身毒】(シンドク)

日本語での用法《み》①「赤身(あかみ)・白身(しろみ)」▼魚などの肉。②「身(み)を入(い)れる」▼心。まごころ。③「身(み)も蓋(ふた)もない」▼ふたのある容器で、ものを入れる本体の部分。

古訓 中古 ただ・ちか・はらむ・み・みづから・むくろ・われ 中世 はらむ・み・みづから・むくろ・われ 近世 はらむ・み・みづから・われ

人名 これ・ただ・ちか・のぶ・みる・もと・よし

【身幹】(シンカン) からだ。身体。

【身口意】(シンクイ)〔仏〕日常生活の根本である、身(＝行動)・口(＝言語)・意(＝精神)のこと。

【身計】(シンケイ) ①自分の利益をはかる。自分自身のためのはかりごと。類 身図(シント)・身謀。②生計。

【身後】(シンゴ) 死後。例 ―の名(な)(＝死後の名声)。

【身材】(シンザイ) ①からだ。②天性の才能。

【身首分離】(シンシュブンリ) 頭と胴体が離ればなれになる。首を切られること。〈新序・善謀〉

【身上】(シンジョウ) 一 ①その人自身。②身体。③日その人の経歴や家族、あるいは趣味などの個人的な事柄。みのうえ。例 ―書。④日とりえ。ねうち。価値。例 素直なのが彼の―だ。二(シンショウ) 日財産。資産。身代(シンダイ)。例 ―を使い果たす。

【身世】(シンセイ) 身の上。境遇。経歴。

【身体】(シンタイ) 人のからだ。肉体。例 ―検査。

【身体髪膚】(シンタイハップ) 髪の毛や皮膚を含めた、からだ全体。例 身体髪膚、受二之父母一(シンタイハップ、これをフボにうく)(＝からだはすべて、両親からいただいたものだ)。〈孝経・開宗明義〉

【身代】(シンダイ) ①からだ。②日財産。資産。身上(シンショウ)。例 ―をつぶす。―を築く。

【身中】(シンチュウ) からだのなか。例 獅子(シシ)―の虫(＝内部からわざわいを生じさせるもの)。

【身長】(シンチョウ) 背の高さ。身のたけ。せたけ。例 ―を測る。

【身毒】(シンドク)〔一説に、「ケンドク」とも〕中国で、インドの古い呼び名。

【身分】(シンブン｜みブン) ①ある社会や団体の中での、地位や立場。例 ―(みブン)証明書。―(みブン)を明らかにする。②境遇。身の上。例 いいご―(みブン)だ。

【身辺】(シンペン) 身のまわり。例 ―警護。―を整理する。

【身命】(シンメイ｜シンミョウ) からだと、いのち。例 ―をなげうつ。―を賭(と)す(＝いのちをかける)。

【身若レ不レ勝レ衣】(みイにたえざるがごとし) ⇩【如レ不レ勝レ衣】(イにたえざるがごとし)(1189ページ)

【身重】(みおも) 日妊娠している。また、その身。例 ―の妻。

【身柄】(みがら) 日①その人のからだ。例 ―を保護する。②身分の程度。身のほど。例 ―をわきまえる。

【身軽】(みがる) 日①動作がすばやいさま。例 ―に飛びこえる。②着飾ることもなく、持ち物も少ないさま。例 ―な服装。③気をつかう対象がなく、自由であるさま。例 任期が満了して―になる。

【身支度】(みジタク) 日何かをするために、身なりを整える。

【身銭】(みぜに) 日自分の持っているお金。例 ―を切る。

【身元】【身許】(みもと) 日①名前・住所・育ち・経歴など、その人がどういう人かを示す、すべてのこと。素性(スジョウ)。例 ―不明。②その人にかかわるすべてのこと。例 ―保証人。

【傾レ身】(みをかたむく) ⇩【傾身】(ケイシン)(109ページ)

【殺レ身成レ仁】(みをころしてジンをなす) 命を捨てて世のため人のために仁の道をなしとげる。〈論語・衛霊公〉

● 肩身(みかた)・化身(ケシン)・終身(シュウシン)・出身(シュッシン)・親身(シンみ)・全身(ゼンシン)・単身(タンシン)・長身(チョウシン)・刀身(トウシン)・病身(ビョウシン)・満身(マンシン)

躬 身3(10) ②7727 8EAC キュウ(キウ)漢 ク・クウ呉 東 gōng み・みずか-ら(みづか-ら)

[躳] 身7(14) ④8953 8EB3 本字。

意味 ❶からだ。また、自分。**み**。例 躬身キュウシン。❷自分で(おこなう)。**みずから**。例 躬行キュウコウ。❸身をかがめる。お辞儀をする。例 鞠躬キッキュウ(=腰を曲げておこなう拝礼)。❹弓の的の上下の幅。

【躬行】キュウコウ 自らおこなう。例 実践―。

【躬耕】キュウコウ ①天子自ら籍田デンセキ(=祖先に供える穀物を作る田)を耕す。籍田の礼をおこなうこと。②自身で農作業をする。

【躬身】キュウシン ①からだ。②自分自身。③からだを曲げて礼をする。

[躯] 身4(11) ⇩軀ク(**1282**ジペー)

躮 身4(11) ④8952 8EAE 国字 せがれ

意味 ❶自分の息子をへりくだっていうことば。**せがれ**。❷二代目。

[躰] 身5(12) ⇩体タイ(**76**ジペー)

躱 身6(13) ②7730 8EB1 タ漢 哿 duǒ かわ-す(かは-す)

意味 からだを動かして避ける。身をかわす。のがれる。例 躱閃タセン。

【躱▼閃】タセン 身をかわして逃げる。

【躱避】タヒ ①逃げかくれる。②責任を回避する。

[躳] 身7(14) ⇩躬キュウ(**1282**ジペー)

躵 身7(14) ④8954 8EB5 国字 しの-ぶ

意味 ❶**しのぶ**。こらえる。❷ねらう。参考 おもに、人名や書名などに用いる字。

躻 身8(15) ④8956 8EBB 国字 うつけ

意味 愚か者。**うつけ**。

[躶] 身8(15) ⇩裸ラ(**1198**ジペー)

躾 身9(16) ②7731 8EBE 国字 しつけ・しつ-ける(しつ-く)

意味 身についた礼儀作法。みだしなみ。**しつける**。**しつけ**。例 躾しつけがいい。不躾ブしつけ。子供こどもを躾しつける。

【躾糸(絲)】しつけいと 日 衣服を仕立てるとき、形を保つために、要所を仮に縫いおさえる糸。

𨉷 身10(17) ③9241 28277 ヨウ漢 冬 róng

意味 義未詳。

日本語での用法 《しかた》▼身ぶり。しぐさ。

軀 身11(18) ③9242 8EC0 ク漢呉 虞 qū からだ・むくろ

[躯] 身4(11) ①2277 8EAF 俗字。

意味 ❶頭・手・足など、部分として区別できる、からだ。また、からだつき。例 軀幹クカン。体軀タイク。❷仏像など、人体の形をしたものを数えることば。例 菩薩像ボサツゾウ一軀イック。

【軀幹】クカン ①頭や手足をのぞいた、からだの主要な部分。胴体。②からだ。体格。

𨊂 身12(19) ④8957 28282 国字 し

意味 忍者文字の「し」。

[軄] 身12(19) ⇩職ショク(**1084**ジペー)

軅 身12(19) ②7732 8EC5 国字 たか

意味 地名に用いた字。**たか**。例 軅飛たかとび(=福島県の地名)。現在は「鷹飛たかとび」。

[軆] 身13(20) ⇩体タイ(**76**ジペー)

軈 身17(24) ②7733 8EC8 国字 やが-て

意味 ❶まもなく。ほどなく。**やがて**。例 軈やがて戻もどって来くる。❷かれこれ。およそ。**やがて**。例 軈やがて十年ジュウネンになる。❸結局。ついに。**やがて**。

159 7画 車 くるま くるまへん部

車輪のついた乗り物の形をあらわす。「車」をもとにしてできている漢字を集めた。

⓪ 1282 車 ① 1283 軋 ② 1283 軌 軏 軍 ③ 1285 軓 軒 軔 軚 ④ 1285 軣 転 軟 軛 軤 ⑤ 1287 軼 軻 軽 軹 軸 軫 軺 ⑥ 1288 較 載 輀 軾 輊 輈 輑 輌 輅 ⑦ 1289 輕 輒 輓 輔 ⑧ 1290 輝 輗 輜 輙 輟 輩 輫 輞 輛 輘 輪 輦 ⑨ 1291 輯 輳 輭 輻 輹 輸 輸 輶 ⑩ 1292 轅 轀 轄 轄 轂 輾 輿 ⑪ 1292 轉 轉 轉 轆 ⑫ 1292 轎 轍 轔 ⑬ 1293 轗 轘 ⑭ 1293 轢 轟 轜 ⑮ 1293 轡 轢 ⑯ 1293 轣 轤

この部首に所属しない漢字

斬→斤607

車 車0(7) ①2854 8ECA 教1 シャ漢呉 麻 chē くるま 付表 山車だし

筆順 一 冂 冃 冐 亘 車

なりたち 車 [象形] 両輪が車体をはさみ、真ん中を車軸が通っている乗り物の形。

意味 ❶車輪の回転によって動く乗り物。**くるま**。例 車両シャリョウ。汽車キシャ。自動車ジドウシャ。❷軸を中心にくるくる回る輪。**くるま**。例 車輪シャリン。滑車カッシャ。風車フウシャ。❸水車で水をくむ。❹下あごの骨。例 輔車ホシャ(=ほお骨と下あごの骨。互いに助け合う関係のたとえ)。

日本語での用法 《くるま》①「車海老くるまえび・車座くるまザ」▼車の輪のようにまるい形。②「車引くるまひき・車屋くるまや・車代くるまダイ・車くるまを転ころがす」▼人力車や乗用車をいう。

古訓 中古 かはち・くるま 中世 かまち・くるま 近世 くるま・むしころし

人名 くら・のり

難読 車前草おおばこ

【車座】くるまざ 回 多くの人が円形になってすわること。

【車同レ軌書同レ文】くるまはキをおなじくしショはブンをおなじくす 車軌（＝両輪の幅）を同じにし、用いる文字の字体を同じにする。天下を統一することをいう。車書。同文同軌ドウブンドウキ。〈中庸〉

【車▼轅】シャエン 牛馬に車をつなぐため、車の前部につけた二本の棒。ながえ。

【車▼駕】シャガ ①天子の乗る車。②車。乗り物。

【車蓋】シャガイ 車の上に立てた大きなかさ。日よけ・雨よけ用。

【車轄】シャカツ 車輪の軸にさしこむ、脱輪を防ぐためのくさび。

【車軌】シャキ ①車が通った車輪のあと。わだち。車轍シャテツ。②車の両輪の間。また、その幅の長さ。③車の通る道。

【車騎】シャキ 車とウマ。また、戦車と騎馬。

【車庫】シャコ 車を入れておく建物。

【車甲】シャコウ ①戦車と甲冑カッチュウ（＝よろい・かぶと）。また、戦車と兵士。②軍隊。

【車▼轂】シャコク 車輪の輻ヤ（＝スポーク）が集まる中央の部分。こしき。

【車軸】シャジク 車の心棒。

【車軸シャジクを流ながす】回 車軸のように雨脚あまあしの太い雨が降る。雨が激しく降る様子にいう。例 ―ような豪雨。

【車書】シャショ「車同レ軌書同レ文くるまはキをおなじくしショはブンをおなじくす」に同じ。

【車掌】シャショウ 回 電車やバスで、発車の合図や乗客との応対にあたる乗務員。

【車上】シャジョウ ①車の上。②回 車に乗っていること。車中。車内。例 ―荒らし。―の人となる。

【車乗】シャジョウ〔「乗」は、四頭立ての馬車〕車。また、車の総称。車両。

【車▼塵】シャジン 車が通るときにたつ土ぼこり。

【車線】シャセン 回 自動車一台分が通れるように車道を区分した路線。例 片側二―。

【車窓】シャソウ 汽車や電車、自動車などのまど。例 ―の眺め。

【車体】シャタイ 自動車や電車などで、人や荷物をのせる部分。ボディー。

【車台(臺)】シャダイ 回 車体を支えている台。シャーシー。

【車▼轍】シャテツ 車の通ったあとにできる土のくぼみ。わだち。

【車道】シャドウ 車が通る道。対 歩道。

【車馬】シャバ ①車とウマ。乗り物。②訪問客。例 無二車馬喧一シャバのかまびすしきなし（＝わずらわしい来客もない）。〈陶淵明・飲酒〉

【車夫】シャフ ①車を動かすことを仕事にしている人。②回 人力車を引く人。車引き。

【車服】シャフク ①天子が諸侯に賜る、車や礼服などの物品。②官位。爵位。

【車幅】シャフク・シャはば 回 自動車などのはば。

【車右】シャユウ ①兵車の右側に乗る武官。武器を持って防御の役をする。兵車は三人乗りで、中央には御者、左側には弓を射る武官が乗る。驂乗サンジョウ。②護衛の勇者。

【車両】シャリョウ ①車の総称。車乗。②回 自動車。例 送迎用の―。③回 鉄道で、客や貨物の輸送車。例 ―故障。
表記 ▽旧 車▼輛

【車輪】シャリン ①車のわ。②回 一生懸命に事をおこなうこと。大車輪。

【車裂】シャレツ くるまざきの刑。罪人の手や足を車につないで引きさく。類 車磔シャタク。

●貨車カシャ・牛車ギッシャ・救急車キュウキュウシャ・空車クウシャ・口車くちぐるま・下車ゲシャ・乗車ジョウシャ・水車スイシャ・戦車センシャ・山車だし・駐車チュウシャ・停車テイシャ・荷車にぐるま・拍車ハクシャ・馬車バシャ・列車レッシャ

軋

車1（8） 2 7734 8ECB

アツ 漢 黠 yà
きし-む・きし-る

意味 ❶（車輪などで）押しつぶす。また、（車輪などが）強くすれあって音をたてる。**きしむ**。**きしる**。例 軋轢アツレキ。❷おしのける。例 常恐三天下之一合而軋二己一也つねにテンカのイツゴウしておのれをアッするをおそるるなり（＝いつも天下が一つにまとまって自分をおしのけることを心配する）。〈荀子・議兵〉❸骨を押しくだく刑罰。

【軋軋】アツアツ ①機はたを織る音、車の動く音、船の艪ロのきしる音などの形容。②ものごとがなかなか進まないさま。③おしあいへしあいするさま。

【軋▼轢】アツレキ 回〔「轢」も、車輪がきしむ意〕人と人、国と国などの間の不和やもめごと。摩擦。例 官民の間の―。

軌

車2（9） 1 2116 8ECC 常用

キ（クヰ）漢 呉 紙 guǐ
わだち・みち

[軌] 車2（9） 3 9243 4844 俗字。

筆順 一 ｢ 冂 百 亘 車 軋 軌

なりたち [形声]「車（＝くるま）」と、音「九キュウ→キ（＝空間）」とから成る。車体の下、車輪の間にある空間。

意味 ❶車の両輪の間隔。レールの幅。例 狭軌キョウキ。広軌コウキ。❷車輪のあと。車の通ったあと。**わだち**。例 軌道キドウ。❸通りみち。決まった道筋。**みち**。例 軌跡キセキ。❹ふみはずしてはならない、すじみち。一定の枠。のり。例 軌範キハン。常軌ジョウキ。❺したがう。ぴったり合う。よる。例 必軌二於法一かならずホウにキす（＝必ず法律にしたがう）。〈韓非・五蠹〉❻法を犯し国を乱す人。通 宄キ。例 姦軌カンキ。

古訓 中古 あと・くるまのあと・したがふ・のり・よる 中世 あと・くるまのゆくあと・のり 近世 したがふ・のり・よこがみ・わだち

人名 のり

【軌条】キジョウ 回 電車などの車両を走らせるために、地面に敷いた長い鋼材。レール。軌道。

【軌跡】キセキ ①車の通ったあと。わだち。②人やものごとのたどってきたあと。例 心の―をたどる。③〔数〕ある条件を満たす、すべての点がつくる図形。

【軌▼躅】キタク〔「躅」も、あとの意〕①車輪のあと。わだち。②先人が残したすぐれたもの。手本。規範。

【軌▼轍】キテツ ①車輪のあと。わだち。②車。車輪。また、両輪の間の長さ。③先人のすぐれたおこない。前例。軌跡。

【軌度】キド 規則。法則。のり。

【軌道】キドウ ①法に従う。②天体が動く道筋。③ものごとの進んでいく道筋。例 ―を修正する。④回 電車などの車両が通るための道。レール。線路。軌条。

【軌範】キハン 手本。模範。規範。例 文章軌範ブンショウキハン（＝南宋ナンソウの謝枋得シャボウトク編の名文集）。

【軌物】キブツ ①規則。法度ハット。おきて。②ものごとを規範に合わせる。規則に従う。また、身分相応にする。

【一レ軌】キをイツにす ①（前の車のわだちを行くように）やり方や考え方などが同じである。②（車の両輪間の軸の長さを同じにすることから）天下が統一される。▽一レ揆キをイツにす。

【異レ軌】キをことにす〔車の両輪間の軸の長さが違うことから〕国や時代などによって規則や制度などが異なる。

●狭軌キョウキ・広軌コウキ・常軌ジョウキ

軍

車2（9） 1 2319 8ECD 教4

クン 漢 グン 呉 文 jūn
いくさ

筆順 ' 冖 冖 冖 冃 冒 冒 亘 軍

なりたち  [会意]「勹(=つつむ)」と「車(=くるま)」とから成る。兵車を囲む多くの兵士。

意味 ❶兵士の集団。例 軍隊(グンタイ)。従軍(ジュウグン)。遊軍(ユウグン)。❷軍隊を編成する。また、その単位。例 万人為二一軍一(マンニンをイチグンとなす)(=一万人で一軍を編成する)。〈管子・小匡〉 ❸陣どる。駐屯する。また、統率する。例 沛公軍二覇上一(ハイコウハジョウにグンす)(=沛公は覇上に駐屯した)。〈史記・項羽紀〉 ❹たたかい。戦争。いくさ。例 軍艦(グンカン)。軍事(グンジ)。矢軍(やいくさ)。❺宋(ソウ)代の行政単位。府・州・監と同じく「路」に従属する。

古訓 中古 いくさ・いくさだちして・もろもろ 中世 いくさ 近世 いくさ・いくさだちす・かこむ・たむろ・もろもろ

人名 いく・いさ・いさお・いさむ・かこむ・すすむ・たむろ・むら

【軍医(醫)】グンイ 日 軍隊の医師として医療を職務とする士官。

【軍営】グンエイ 軍隊が宿泊する場所。陣営。

【軍役】グンエキ ①軍隊に勤務すること。②戦争。

【軍靴】グンカ 日 兵士のはく、くつ。例 —の響き。

【軍歌】グンカ 日 ①軍隊で、兵士の士気を高めるためにうたう歌。②戦時に、軍隊生活や戦争を題材とし、戦意を高揚するために作られ、歌われた流行歌。

【軍拡】グンカク 日「軍備拡張」の略。㊫軍縮。

【軍楽隊】グンガクタイ 軍隊で、音楽の演奏を職務とする部隊。

【軍艦】グンカン 水上や水中での戦闘に従事する艦艇。

【軍紀】グンキ 日 軍隊の風紀。例 —が乱れる。

【軍記】グンキ ①〔軍隊のしるしの意〕部隊の目じるしとするもの。また、味方であることがわかるように用いる目じるし。②日「軍記物語(グンキものがたり)」の略。平安時代末期から鎌倉(かまくら)・室町時代に作られた、合戦を題材にした物語。『保元(ホウゲン)物語』『平治物語』『平家物語』『太平記』など。

【軍規】グンキ 日 軍隊の規律。

【軍旗】グンキ ①戦場で、一軍の指揮官の所在を示す旗。②日 旧日本陸軍で、歩兵や騎兵の連隊ごとに一旒(イチリュウ)ずつ、天皇が授けた旗。

【軍機】グンキ 軍事上の機密。

【軍議】グンギ 日 軍事に関する会議。例 —で決する。

【軍鶏】グンケイ|シャモ 日 ニワトリの一品種。強い足と鋭いつめをもち、闘鶏用に、また食用になる。参考「シャモ」は、江戸時代にシャム(=今のタイ国)から渡来し、「シャムケイ」と呼ばれたことによる。

【軍鼓】グンコ 昔、戦場で用いた太鼓。陣太鼓。

【軍▼伍】グンゴ 兵士の隊列。兵士のひとまとまり。隊伍。

【軍行】グンコウ ①軍隊の行進。行軍。②軍隊の隊列・組織。また、軍の官位や階級。

【軍功】グンコウ 戦争で立てた功績。いくさの手柄。

【軍候】グンコウ 敵の様子を偵察する役目の兵。斥候。

【軍港】グンコウ ①軍の使用する港。艦隊が活動の根拠地として使用するための設備をもつ港。②日 旧海軍で、鎮守府の置かれた横須賀(よこスカ)・呉(くれ)・佐世保(サセボ)・舞鶴(まいづる)の四港。

【軍国】グンコク ①軍事と国政。②日 軍事を優先して政策を立てる国家。例 —主義。

【軍使】グンシ ①朝廷が派遣する軍の監督官。賞罰をつかさどる。軍監。②日 軍中の使者。敵軍に使いする人。

【軍師】グンシ ①軍隊。②軍隊を監督する官。監軍。③日 大将を助けて戦略や戦術を考える人。参謀。④日 ぬけめのない策略をめぐらす人。策士。

【軍資】グンシ 軍事用の資金や物資。

【軍資金】グンシキン 日 ①戦争のために必要なお金。②何かをするのに必要なお金。例 —を調達する。

【軍事】グンジ 軍備や戦争に関する事柄。例 —機密。

【軍実】グンジツ ①兵器や食糧・衣服。②戦利品。また、戦果。

【軍需】グンジュ ①軍事上の需要。②軍事に必要な物資。また、その調達。㊫民需。例 —産業。

【軍縮】グンシュク 日「軍備縮小」の略。㊫軍拡。例 —会議。

【軍書】グンショ ①軍中の文書。軍事上の報告や論評など。②軍事についての論説や研究書。兵書。

【軍▼帖】グンジョウ 軍の告示書。兵士を召集する公文書。公衆にはり出す。例 昨夜見二軍帖一(サクヤグンジョウをみる)(=〈私、木蘭(モクラン)は〉昨夜、兵士召集のはり紙を見ました)。〈木蘭詩〉

【軍神】グンシン 日 ①いくさの神。戦争を支配する神。例 ローマの—マルス。②模範的な手柄を立てて戦死した軍人。

【軍人】グンジン 軍隊に所属して軍務につく人。例 職業—。

【軍陣】グンジン ①軍隊の陣営。軍営。②戦場。③戦争。

【軍制】グンセイ 軍の法令や制度。

【軍政】グンセイ ①軍事に関する政務。②日 軍事行政。軍人がおこなう統治。

【軍勢】㊀グンセイ 軍隊の勢力。㊁グンゼイ 日 軍隊。また、軍隊の人数。例 およそ十万の—。

【軍籍】グンセキ ①軍人としての身分を登録する帳簿。兵籍簿。②軍人としての地位や身分。兵籍。例 —に在る。

【軍船】グンセン 水上で戦うための船。いくさぶね。

【軍曹】グンソウ 日 もと、陸軍の下士官の階級の一つ。曹長の下、伍長の上。

【軍装】グンソウ 軍人の服装。

【軍属】グンゾク ①軍人の家族。②日 軍に所属して勤務した文官。③日 正規の軍人以外で軍務に従事した者。報道部の嘱託、軍需工場員、飛行場要員など。

【軍卒】グンソツ 兵卒。兵。

【軍隊】グンタイ 戦争を目的とし、一定の組織編制をもって活動する軍人の集団。

【軍団】グンダン 軍隊の集団。

【軍刀】グントウ 軍人が戦闘に用いる刀。

【軍馬】グンバ ①兵士とウマ。②軍隊で使うウマ。

【軍配】グンバイ|グンパイ 日「軍配団扇(うちわ)」の略。例 —を上げる(=勝負で、一方を勝ちと判定する)。

【軍配団扇】グンバイうちわ 日 ①昔、武将が戦争の指揮に用いたうちわ。㊐軍扇(グンセン)。②相撲で、行司(ギョウジ)が持つうちわ。

【軍閥】グンバツ ①〔「閥」は、功績の意〕戦場での功績。②日 軍部を中心にした政治勢力。③日 軍人の党派。

【軍備】グンビ 戦争のための兵力・武器・設備などのそなえ。

【軍費】グンピ ①軍事にかかる費用。軍事費。②戦時の軍隊にかかる費用。戦費。

【軍兵】グンピョウ 兵士。兵卒。つわもの。

【軍部】グンブ 日 (政府や民間に対して)軍の組織や勢力。例 —独裁。

【軍府】グンプ ①軍用の倉庫。武器庫。②軍中の将軍の執務室。

【軍服】グンプク 軍人の制服。

【軍帽】グンボウ 日 軍人の制帽。

【軍法】グンポウ ①軍人や軍属、捕虜などに適用する法律。例 —会議(=軍隊の特別裁判所)。②日 戦術。また、兵法。

【軍▼鋒】グンポウ 戦場の最前線で戦う部隊。先鋒。

【軍民】グンミン 軍部と民間。軍人と一般人。

【軍務】グンム 軍事に関する事務や職務。

【軍門】グンモン 陣営の門。軍営の出入り口。例 —に降(くだ)る(=降伏する)。

【軍容】グンヨウ 軍隊の装備。武装の状態。例 —を誇る。

【軍吏】グンリ ①軍隊の指揮官。②軍隊に所属する官吏(=

文官・武官)。

【軍律】軍隊の規律。軍のおきて。軍規。例 厳しい―。

【軍略】軍事上の計略。戦略。

【軍旅】①軍隊。例 ―百万を動かす。②戦争。いくさ。

【軍令】①軍事上の法令。②戦場での命令。③日(軍政に対して)軍の統帥事務。
●援軍・海軍・官軍・空軍・従軍・将軍・進軍・賊軍・大軍・友軍・遊軍・陸軍

軏
車3(10) 8ECF
ゲツ(グヱツ)・ゴツ 漢 月 yuè
意味 小さな車の轅と衡(=横木)とをつなぐためのくさび。対輗。

軒
車3(10) 1 2414 8ED2 常用
ケン 漢 カン・コン 呉 元 xuān
のき

筆順 一 ㄏ 百 亘 車 軒 軒 軒

なりたち [形声]「車(=くるま)」と、音「干カン→ケン」とから成る。轅が上に曲がり、両わきにおおいのついた車。

意味 ❶轅が高く上がった、貴人の乗る車。また、一般に車。対輊。例 軒轅。軒車(=大夫の乗る車)。❷車の前部が高いさま。対輊。例 軒輊。❸高く上がる。たかい。あがる。対輊。例 軒昂。❹屋根の端の、そり上がってつき出た部分。ひさし。**のき**。例 軒端。軒灯(=のきにかかげる灯火)。❺宮殿の前の、ひさしの下のテラス。君主が臣下を接見する場所。❻高殿の床板。❼欄干。手すり。❽(手すりのある)回廊。❾窓。また、門。例 開レ軒臨二四野一(=窓を開いて四方を眺める)。〈阮籍・詠懐詩〉❿雅号などにそえることば。例 深井志道軒(=江戸時代の講釈師)。⓫⇩【軒渠】

日本語での用法 《ケン》「軒数・一軒家・十軒店・百軒」▶家の数をかぞえることば。

古訓 中古 あがる・うてな・ながえ・のき・まど 中世 あがる・うてな・くびき・くるま・てぐるま・のき 近世 おほぎれのしし・おもし・くるま・くるまのしきみ・くるまびさし・さしみ・ながえのくるま・のき

人名 たか・たかし

【軒▼楹】〔「楹」は、丸くて太い柱〕のきと柱。また、のきの柱。

【軒▼掖】皇后の住む宮殿。

【軒▼轅】①黄帝の名。軒轅氏。②車のながえ。かじ棒。③獅子座のアルファ星。

【軒▼駕】①黄帝のこと。軒轅氏。②天子の乗り物。車駕。

【軒▼豁】(眺望などが)高く広くひらけているさま。

【軒岐】①軒轅氏(黄帝)と臣下の岐伯。医術の祖とされる。②医学。

【軒▼渠】笑うさま。満足して楽しむさま。満悦。

【軒軒】①得意なさま。②楽しげに舞うさま。③高く上がるさま。

【軒▼昂】①高くそびえるさま。②気持ちがふるいたって勢いがよいさま。例 意気―。

【軒▼輊】〔「輊」は、車の前部が低いさま〕上がり下がり。高低。優劣。

【軒▼冕】①大夫以上の人が乗る車と、儀式に着用する冠・衣服。②高位高官。貴人。

【軒▼溜】のきから落ちる雨だれ。

【軒端】日のきに近いところ。軒先。

軔
車3(10) 4 8959 8ED4
ジン 漢 震 rèn
意味 車輪が動かないようにしておく木片。とめぎ。例 発軔(=車の止め木をはずす。出発する)。

軑
車3(10) 4 8958 8ED1
タイ 漢 ダイ 呉 泰 dài
意味 ❶車の轂の端にかぶせる金属製のおおい。❷前漢の列侯の一つ。〔馬王堆は軑侯利蒼と妻子の墓〕

[軎]
車4(11) ⇩轊(1293ページ)

転
車4(11) 1 3730 8EE2 教3
一テン 漢 呉 銑 zhuǎn
二テン 漢 呉 霰 zhuàn
ころがる・ころげる・ころがす・ころぶ・ころばす・まろ-ぶ・うたた

[轉]
車11(18) 2 7759 8F49 人
旧字体。

筆順 一 ㄏ 百 亘 車 転 転 転

なりたち [形声]「車(=くるま)」と、音「專セン→テン」とから成る。めぐる。

意味 一 ❶くるくるまわる。めぐる。例 転回。空転。反転。❷たおれる。ひっくりかえる。**ころがる**。**ころぶ**。例 転倒。転落。横転。❸位置が変わる。場所を移す。例 転移。移転。❹次々と職が変わる。職を移す。例 転進。転任。❺はこぶ。順ぐりに送り届ける。例 転送。❻(方向を)変える。変わる。例 転換。転義。好転。❼次第に。いよいよ。**うたた**。例 高談転清(=高尚な会話はますます清らかになっていく)。〈李白・春夜宴桃李園序〉 二 ❶ひとめぐり。❷衣服やよろいを入れる袋。

古訓 中古 いよいよ・うぐつく・うたた・うつる・くるべく・くるめく・とこかへり・はこぶ・ひるがへす・まはす・まろばす・まろぶ・めぐる 中世 うたた・はこぶ・まろぶ・めぐる 近世 うごく・はこぶ・まろぶ・めぐらす・めぐる

人名 ひろ

難読 転筋・転寝

【転位】日位置を変える。位置が変わる。

【転移】①場所が移る。場所を移す。移転。②日〔医〕癌などが、他の場所に移って同じものを作ること。

【転運】①めぐり行く。②移し運ぶ。物資を運ぶ。③歌や音楽のリズムを転換する。また、節まわし。

【転音】①文字の発音が変わること。また、その変化した音。②日複合語で、上の語の音が変わること。例、酒倉・船宿。

【転化】ある状態から別の状態に変わる。例 熱愛が憎悪に―する。

【転▼訛】日ことばの発音がなまって別の形に変わる。「つごもり(晦日)」が「つもごり」の語形になるなど。

【転嫁】①女性が再婚する。②日自分の責任や罪を他になすりつける。例 責任を―する。

【転回】①元のところへ戻る。②日向きを変える。向きが変わる。例 コペルニクス的―(=天動説から地動説に移行するような大転換)。

【転換】①あらためる。②日今までと、がらりと変える。また、変わる。例 方針を―する。気分―に散歩をする。

【転記】日書かれたものを他に書き写す。

【転機】日これまでと違った状態になるきっかけ。変わり目。例 重大な―をむかえる。

[車] 3—4画▶ 軏 軒 軔 軑 軎 転

【転義】ギテン もとの意味から変わって生じた、別の意味。対原義・本義。
【転居】テンキョ すまいを変える。引っ越し。移転。例—通知。
【転業】テンギョウ 職業・商売を変える。
【転勤】テンキン 日(同じ組織の中で)勤務地が変わる。
【転句】テンク 漢詩の絶句で、第三句目。第一・二句とほ趣を一転させる。→【起承転結】キショウテンケツ(1270ページ)
【転向】テンコウ ①方向や態度や好みなどを変える。②日思想や信条や主義などを変える。
【転校】テンコウ 日児童や生徒が別の学校に変わる。例左翼から右翼に—する。
【転▼轂】テンコク 〔こしきを回す意〕①車を動かす。荷物を車で運ぶ。②回転する車輪。速いことのたとえ。
【転載】テンサイ 日一度刊行物にのった記事や作品などを、別の刊行物にのせる。例無断—を禁ずる。
【転▼尸】【転▼屍】テンシ 〔ころがっている死体の意〕死体を葬らないで捨て去る。
【転死】テンシ ①(道ばたや溝などで)ころがって死ぬ。②シをテンず 死ぬべき運命であったのに助かる。
【転▼徙】テンシ 〔「徙」は、移る意〕①移る。移転する。②変化する。
【転写】テンシャ 文章や絵などを別のものに書きうつす。
【転借】テンシャク 人が他から借りているものを借りる。又借り。対転貸テンタイ。
【転手】テンシュ ①手をひるがえす。たやすいことのたとえ。②手をひるがえすほどの短い時間。
【転住】テンジュウ 日すまいを変える。転居。
【転出】テンシュツ 新しい住居や勤務地に移る。例—届。
【転瞬】テンシュン まばたきをする。ほんの短い時間であることのたとえ。例—の間。
【転生】テンショウ ①〔仏〕生まれ変わること。輪廻リンネ。②生活態度や環境を変える。
【転▼餉】テンショウ 兵糧を運ぶ。
【転▼燭】テンショク ともしびの火をほかのともしびに移す。富貴貧賤ヒンセンの移り変わりや歳月の過ぎるのが早いことのたとえ。
【転職】テンショク 職業を変える。例—を希望する。
【転身】テンシン ①からだの向きを変える。②日身分・職業・主義・生き方などを変える。
【転進】テンシン ①次々に新しい役職につく。②日第二次世界大戦中、日本軍が「退却」の代わりに使ったことば。

【転成】テンセイ ①性質の違った別のものになる。②日ある品詞の語が別の品詞に変わる。動詞「ひかる」の連用形が、名詞「ひかり」になる、など。例—名詞。
【転籍】テンセキ ①本籍を移す。②日学籍を移す。
【転旋】テンセン ①まわる。めぐらす。②ひとまわりするほどの短い間。つかの間。③周囲の様子が一変する。
【転戦】テンセン あちこちと場所を変えてたたかう。転闘。
【転送】テンソウ 送ってきたものを別のところへ送る。例郵便物を—する。データを—する。
【転▼漕】テンソウ 〔「転」は車で運ぶ、「漕」は船で運ぶ意〕穀物などを運ぶ。
【転側】テンソク ①行ったり来たりする。去来。②向きを変える。寝返りをうつ。
【転属】テンゾク 所属を変える。ほかの管轄に移る。
【転対】テンタイ 宋ソウ代、多くの臣下が天子の前で、一人ずつ政治のよしあしを奏上したこと。輪対。
【転貸】テンタイ・テンがし 人から借りているものを、ほかの人に貸す。又貸し。対転借。
【転宅】テンタク 日引っ越し。転居。
【転地】テンチ ①大地をひっくり返す。天下の形勢を変える。②日住む土地を変える。例—療養。
【転注】テンチュウ 漢字の六書リクショの一つ。漢字を、その本来の意義と似た、別の意義に変えて用いること。「音楽」の「楽ガク」が「たのしい」の意味に用いられ、それにともない音が「ラク」となるような場合を指すというが、別の説もある。
【転調】テンチョウ 楽曲の途中で、調性がある調からほかの調に変わる。また、変える。
【転▼轍機】テンテツキ 日鉄道で、列車や電車の進む線路をほかの線路に切り換えるための装置。ポイント。
【転転】テンテン ①だんだん。次第に。②回転する。③次から次へと、いろいろに変化する。
【転倒】テントウ ①さかさまになる。上と下が入れかわる。例本末—。②ひっくりかえる。ころぶ。③うろたえる。動転。例気が—する。表記▽旧▼顚倒
【転闘】テントウ 「転戦テンセン」に同じ。
【転読】テンドク 〔仏〕①経文をとなえる。②大部の経典の要所要所を抜き読みする。
【転入】テンニュウ よそから新しくはいってくる。例—生。—届。
【転任】テンニン 職務または任地が変わる。

【転売】テンバイ 買ったものを、さらにほかに売る。又売り。例土地を—する。
【転覆】テンプク ①ひっくりかえる。ひっくりかえす。例列車の—。②打ちたおす。ほろぼす。例政府を—する。表記▽旧▼顚覆
【転変】テンペン うつりかわる。例有為ウイ—。—の激しい業界。
【転補】テンポ 官吏を、空席となっている職に移す。
【転▼蓬】テンポウ 風に吹かれて、(根をつけたまま)ころがり行く蓬(=ムカショモギの類)。さすらう人にたとえる。
【転用】テンヨウ 本来とは違った用途や趣旨のために使う。例宅地に—した農地。
【転落】テンラク 日①ころげ落ちる。類転墜。例がけから—する。②悪い状態に落ちていく。例—の道をたどる。
【転漏】テンロウ 〔「漏」は水時計〕水時計の目盛りが動く。ごくわずかな時間のたとえ。
●暗転アンテン・運転ウンテン・栄転エイテン・回転カイテン・機転キテン・逆転ギャクテン・急転キュウテン・動転ドウテン・変転ヘンテン・陽転ヨウテン・流転ルテン

軟

軟 車4(11) 1 3880 8EDF 常用
ゼン漢 ナン・ネン呉 銑 ruǎn
やわらか(やはらか)・やわらかい(やはらかし)

輭 車9(16) 3 9246 8F2D 本字。

筆順 一 冂 㠯 亘 車 軒 軟 軟

なりたち [形声]「車(=くるま)」と、音「耎ゼ(=やわらかい)」とから成る。やわらかい。

意味 ❶力を加えると、たやすく形が変わる。しなやか。**やわらかい**。対硬。例軟化ナンカ。柔軟ジュウナン。❷しっかりしていない。よわい。例軟弱ナンジャク。❸おだやかな。温和な。例軟語ナンゴ。❹酒食でねぎらう。もてなす。

古訓 中古へへやかなり・やはらかなり・やはらかに・やはらぐ・よわし 中世やはらかなり 近世やはらか

【軟化】ナンカ 日①かたいものがやわらかくなる。②強い態度や主張などがやわらぐ。例強硬な姿勢を—させる。▽対硬化。
【軟脚】ナンキャク 肉親・友人などが、遠方から帰った人を慰労・歓迎する酒宴。
【軟球】ナンキュウ 日野球やテニス、卓球の軟式に用いる、比較的やわらかいボール。対硬球。
【軟禁】ナンキン 遠出を禁じたり、外部との連絡を制限したりす

る、比較的ゆるい監禁。例 ―状態。
【軟語】ナンゴ　おだやかで思いやりのあることば。
【軟紅】ナンコウ　やわらかな花びら。繁華な街のたとえ。
【軟骨】ナンコツ　日 弾力性のある骨。人の鼻柱の骨など。対 硬骨。
【軟式】ナンシキ　日 野球やテニス、卓球で、軟球を使ってするもの。対 硬式。
【軟質】ナンシツ　日 質がやわらかいこと。対 硬質。例 ―ビニール。
【軟弱】ナンジャク　①やわらかくて、よわいさま。例 ―な地盤。②考えや態度がしっかりしていないさま。対 強硬。例 ―外交。―に流れる。
【軟水】ナンスイ　日 カルシウム分やマグネシウム分が少ない水。飲み水に適し、洗濯や染色にもよい。対 硬水。
【軟性】ナンセイ　①やわらかい性質。②日 厳格でない。▽対 硬性。
【軟着陸】ナンチャクリク　日 ①探査機や宇宙船などが、天体にゆっくりと着陸する。②荒立てずに事態を収拾すること。
【軟調】ナンチョウ　日 ①やわらかい調子。②写真や絵などで、明暗の対照が強くないこと。対 硬調。③相場が下がりぎみであること。対 堅調。
【軟派】ナンパ　日 ①おだやかな意見をもつ人々。②軟文学を好む人。③異性との交際や派手な流行ばかりに関心をもつ者。▽対 硬派。④俗に、遊びで女性をさそう。
【軟風】ナンプウ　ゆるく吹く風。そよ風。微風。
【軟文学】ナンブンガク　日 もっぱら情緒や感性にうったえる文学。主題に恋愛や情事を多くあつかう。
【軟便】ナンベン　便をやわらかくする。また、やわらかい大便。
【軟飽】ナンポウ　酒を飲む。
●硬軟コウナン・柔軟ジュウナン

軛
車4(11)　2 7735　8EDB
アク漢　ヤク呉　陌 è
くびき
意味 車の轅ながえの先に取り付けて、牛馬の首にかける横木。くびき。転じて、自由な動きや考えをさまたげるもの。

[軤]
車4(11)　⇩轤ロ(1293ジベー)

軼
車5(12)　2 7737　8EFC
一 イツ漢　質 yì
二 テツ漢　屑 dié
す-ぎる(す-ぐ)
意味 一 ❶後ろの車が前へ出る。また、とびこえる。こす。❷抜きん出る。すぐれる。通 逸。例 軼材ザイツ。❸失われて、わからなくなる。散逸する。通 佚ツイ・逸。例 軼事ジイツ。❹世間からかくれる。通 逸。例 軼民ミイツ(=隠棲セイインしている人)。❺おそいかかる。例 侵軼イシン。❻(水が)あふれだす。通 溢ツイ。二 かわるがわる。互いに。通 迭。
【軼材】イツザイ　すぐれた才能。また、それをもつ人。逸材。
【軼詩】イッシ　孔子の時代以前の詩で、現在伝わっている『詩経』には収められていない詩。逸詩。
【軼事】イツジ　世に知られていない、かくれた事実。逸事。

軻
車5(12)　2 7738　8EFB
カ漢呉　歌 kē
意味 ❶車軸が木をつぎ合わせた材でできている車。〔走りにくい車〕❷⇩轗カン(1293ジベー)❸人名に用いる字。例 孟軻モウカ。荊軻ケイカ。

軽
車5(12)　1 2358　8EFD　教3
ケイ漢　キョウ(キャウ)呉　庚 qīng
キン唐
かるい(かる-し)・かろやか・かろんじる(かろ-んず)

[輕]
車7(14)　2 7743　8F15　旧字体。

筆順 一 亘 亘 車 軒 軽 軽 軽

なりたち  [形声]「車(=くるま)」と、音「巠ケイ」とから成る。かるくて速いくるま。

意味 ❶重くない。かるい。例 軽重チョウケイ。軽量リョウケイ。❷程度が小さい。かるい。例 軽症ショウケイ。軽微ビケイ。❸すいすいと身がるに動く。すばやい。かるい。例 軽快カイケイ。軽舟シュウケイ。❹手がるな。簡単な。かるい。例 軽易イケイ。軽食ショクケイ。軽便ベンケイ。❺かるはずみな。かるがるしい。例 軽率ソツケイ。軽薄ハクケイ。❻みくびる。あなどる。かろんじる。例 軽視シケイ。軽侮ブケイ。軽蔑ベツケイ。

古訓 中古 あざける・あなづる・かるかるし・かるし・かろかろし・かろし・わわし 中世 かるし・かろし 近世 いくさぐるま・かるがるし・かるし・かろんずる・すみやか

人名 かる・とし

難読 足軽あしがる・軽粉はらや・軽衫カルサン・剽軽ヒョウキン

【軽業】かるわざ　日 綱渡りや空中ぶらんこ、玉乗りなど、からだを身がるに動かしてする曲芸。また、その見せ物。アクロバット。例 ―師。
【軽易】ケイイ　①かろんじ、あなどる。②日 簡単で、たやすいさま。例 ―な仕事。
【軽陰】ケイイン　①うすぐもり。②うっすらとした影。
【軽鋭】ケイエイ　すばしこくて強い。また、その兵士。
【軽音楽】ケイオンガク　日 ジャズ・ポップス・シャンソンなど、かるい曲調の大衆的な音楽。
【軽▼舸】ケイカ　船足の速い小舟。
【軽▼霞】ケイカ　あわい夕焼け・朝焼け。
【軽快】ケイカイ　①動作がかるく、すばやいさま。例 ―な足取り。②明るい気分で、うきうきとしているさま。例 ―なリズム。③日 病気や症状がかるくなる。例 やや―に向かう。
【軽寒】ケイカン　うすらさむい。
【軽▼紈】ケイガン　かるい、白のうすぎぬ。また、それで仕立てた衣服。
【軽騎】ケイキ　「軽騎兵ケイキヘイ」に同じ。
【軽騎兵】ケイキヘイ　軽装で行動のすばやい、騎馬の兵隊。軽騎。
【軽気球】ケイキキュウ　日 水素やヘリウムなど、空気よりかるい気体をつめた気球。
【軽▼裘肥馬】ケイキュウヒバ　かるくて暖かいかわごろもと、こえた良馬。富貴であること。軽肥。〔「乗二肥馬一、衣二軽裘一ヒバにのり、ケイキュウをきる〈論語・雍也〉」から〕
【軽挙】ケイキョ　①かろやかに飛び上がる。②隠遁トンインする。仙人となる。③軽率な行動。例 ―して失敗する。
【軽挙妄動】ケイキョモウドウ　かるはずみで向こうみずな行動。〈秦観・盗賊中〉例 ―を戒める。
【軽減】ケイゲン　へらして、かるくする。また、かるくなる。
【軽▼忽】ケイコツ|キョウコツ　あなどる。また、そそっかしい。軽率。粗忽。
【軽視】ケイシ　かるくみる。かろんじる。対 重視。
【軽車熟路】ケイシャジュクロ　かるくて小さな車で、慣れた道を行く。すべてによく通じていることのたとえ。〔〈韓愈・送石処士序〉から〕
【軽舟】ケイシュウ　かるくて速く走る舟。例 軽舟已過万重山ケイシュウすでにすぐバンチョウのやま(=舟は軽やかに進み、たちまちいくつもの山を後にした)。〈李白・早発白帝城〉
【軽少】ケイショウ　わずかであるさま。ほんの少し。軽微。
【軽症】ケイショウ　日 病気の程度がかるいこと。対 重症。
【軽▼捷】ケイショウ　身がるですばやいさま。例 ―な動作。
【軽傷】ケイショウ　かるいけが。対 重傷。
【軽食】ケイショク　日 かるい食事。簡単な食事。

【軽▼塵】ケイジン かるく舞い上がる、ほこり・ちり。類軽埃ケイアイ。例渭城朝雨浥二軽塵一ケイジンをうるおすイジョウのチョウウ（＝渭城の朝の雨は、土ぼこりをしっとりとぬらす）。〈王維・送元二使安西〉

【軽装】ケイソウ 身がるな服装。

【軽▼躁】ケイソウ 落ち着きがなく、そわそわしているさま。また、かるはずみなさま。

【軽卒】ケイソツ 身がるな服装の兵。また、身分の低い兵卒。

【軽率】ケイソツ よく考えずにものごとをおこなうさま。かるはずみ。対慎重。例―な判断。

【軽諾】ケイダク かるがるしく承諾する。安うけあい。

【軽暖】【軽▼煖】ケイダン ①かるくて暖かい。また、その衣服。②ほのかに暖かい。

【軽▼佻】【軽▼窕】ケイチョウ ①気持ちがうわついているさま。②かるはずみにふるまうさま。軽薄。

【軽▼佻浮薄】ケイチョウフハク かるはずみで、落ち着きがないさま。〈徐積・上楚州慎郎中書〉

【軽重】ケイチョウ｜ケイジュウ ①かるいことと、おもいこと。つまらないことと、大事なこと。例鼎かなえの―を問う（＝能力を疑う）。事の―をわきまえる。②ものの重さ。また、人の身分。③貨幣。

【軽度】ケイド 日程度がかるいこと。対重度。例―のやけど。

【軽波】ケイハ さざ波。類軽浪。

【軽輩】ケイハイ 日地位や身分の低い人。

【軽薄】ケイハク ①薄くてかるい。②ことばや態度がかるがるしいさま。あさはか。また、その人。例紛紛軽薄何須レ数フンプンたるケイハクなんぞかぞうるをもちいん（＝世間には軽々しい人たちがあふれているから、数えあげたってしかたない）。〈杜甫・貧交行〉③かろんじる。あなどる。④日ご機嫌とりのことば。へつらい。

【軽肥】ケイヒ 「軽裘肥馬ケイキュウヒバ」の略。

【軽微】ケイビ ごくわずかなさま。軽少。例―な損傷。

【軽▼慓】【軽▼剽】ケイヒョウ ①（性格が）かるがるしい。②すばしこくて、人をおびやかす。

【軽浮】ケイフ ①ふわふわとかるいさま。落ち着きがないさま。②うわべばかりよく見せて、実のところ誠意がないさま。

【軽侮】ケイブ 人をかるく見てばかにする。あなどる。軽慢。

【軽風】ケイフウ そよそよと吹く風。

【軽兵】ケイヘイ ①身がるないでたちで、行動が機敏な兵士。②（兵の数が少なく）弱い部隊。

【軽蔑】ケイベツ 人を見さげる。ばかにする。あなどる。例―のまなざし。

【軽便】ケイベン ①身のこなしがかろやかなさま。②てがるで便利なさま。例―鉄道。―な器具。

【軽慢】ケイマン 「軽侮ケイブ」に同じ。

【軽妙】ケイミョウ ①かろやかで、すぐれている。②日あっさりしていて、気がきいているさま。例―なしゃれ。―なタッチでえがく。

【軽油】ケイユ 日原油を蒸留したとき、ガソリンや灯油の次に得られる油。ディーゼルエンジンの燃料などに使う。

【軽羅】ケイラ 薄くてかるい絹織物。

【軽量】ケイリョウ 日目方がかるいこと。対重量。例―鉄骨。

軹

車5（12） 4 8961 8EF9

シ漢 紙 zhǐ

意味 車軸の末端。また、車軸を通す車輪の中央の穴。

軸

車5（12） 1 2820 8EF8 常用

チク漢 ジク（ヂク）呉 屋 zhóu

まきもの

筆順 一 冂 日 亘 車 軒 軸 軸

なりたち ［形声］「車（＝くるま）」と、音「由ユ→チク」とから成る。車輪をとりつける心棒。

意味 ❶回転するものの中心となる棒。例軸足ジクあし。車軸シャジク。地軸チジク。❷ものごとの中心となる重要な部分。かなめ。例機軸キジク。枢軸スウジク。中軸チュウジク。❸かけじく。**まきもの**。また、それを数えることば。例軸装ジクソウ（＝書画を掛け軸の形に表装する）。巻軸カンジク（＝まきもの）。三万軸サンマンジク。❹機織はたおりのたて糸を巻きつける道具。例杼軸ジョジク。❺数学で、座標や対称図形の基準となる線。例軸線ジクセン。対称軸タイショウジク。

日本語での用法《ジク》「筆軸ふでジク・ペン軸ジク」▼筆の柄えや、草の茎、マッチの棒などをいう。

古訓 中古 めぐらす・よこがみ 中世 すすむ・よこがみ 近世 すすむ・ほしいまま・よこがみ

【軸足】ジクあし 日運動をするとき、からだを支えるはたらきをする方の足。

●車軸シャジク・新機軸シンキジク・枢軸スウジク・地軸チジク・中軸チュウジク

軫

車5（12） 2 7739 8EEB

シン漢 軫 zhěn

いた-む・よこぎ

意味 ❶車の後部の底にわたした木。**よこぎ**。例車軫シャシン。❷車。例還軫カンシン（＝車で各国をめぐる）。❸弦楽器の弦を巻くためのねじ。❹ひねって向きを変える。例軫転シンテン（＝向きを転じる）。❺心をいためる。**いたむ**。かなしむ。例軫恤シンジュツ。軫念シンネン（＝いたましく思う）。❻多く集まるさま。盛んなさま。例殷軫インシン（＝数が多い）。❼二十八宿の一つ。みつかけぼし。例軫翼シンヨク（＝みつかけぼしと、たすきぼし）。

【軫懐】シンカイ 心をいためる。憂える。悲しむ。

【軫▼恤】シンジュツ いたみあわれむこと。

【軫軫】シンシン 万物が、大きく盛んなさま。

軺

車5（12） 3 9244 8EFA

ヨウ（エウ）・ショウ（セウ）漢 蕭 yáo

意味 小さな車。また、使者が乗る車。例軺車ショウシャ｜ヨウシャ（＝一頭立ての軽便な馬車）。

【軺伝】ショウデン｜ヨウデン 使者が乗る、軽快な馬車。

較

車6（13） 1 1951 8F03 常用

一カク慣 コウ（カウ）漢 キョウ（ケウ）呉 効 jiào

二カク漢呉 覚 jué

くら-べる（くら-ぶ）

筆順 一 冂 日 亘 車 軒 較 較

なりたち ［形声］本字は「較」で、「車（＝くるま）」と、音「爻コウ」とから成る。車体の両側の板に曲がってついている横木。派生して「くらべる」の意。

意味 一❶二つ以上のものを照らし合わせる。**くらべる**。例較差カクサ。比較ヒカク。❷おおよそ。あらまし。例較略コウリャク。❸はっきりしている。あきらか。例較著コウチョ。二車の両わきの、つかまるための曲がった棒。手すり。

古訓 中古 あきらかに・かむがふ・くらぶ・なほし・のこる・みる・よろこぶ 中世 あきらか・たくらぶ・のこり・やや・よろし 近世 あきらか・あたる・あらそふ・いくさぐるま・おほむね・くるまのとこ・たくらぶる・ほぼ・やや

人名 あつ・とお

難読 大較おおむね

【較差】カクサ｜コウサ 日よいものと悪いものの差。最高と最低、最大と最小などの差。

【較然】コウゼン 明らかなさま。はっきりしているさま。

【較著】コウチョ いちじるしい。際立って明らか。類較炳コウヘイ｜カクヘイ。

【較略】コウリャク おおよそ。大体。あらまし。

載

車6（13） 1 2660 8F09 常用

一サイ漢呉 隊 zài

二サイ漢 賄 zǎi

のせる（の-す）・のる

筆順 一 十 土 吉 壹 載 載 載

なりたち [形声]「車(=くるま)」と、音「𢦏(サイ)」とから成る。のせる。

意味 ━❶車・船・飛行機などに積みこむ。**のせる**。**のる**。また、になう。例 積載(セキサイ)。搭載(トウサイ)。❷充満する。みちる。例 厥声載レ路(そのこえみちにみつ)(=その声が道路にみちる)。〈詩経・大雅・生民〉❸置く。もうける。また、かざる。❹施行する。おこなう。また、事業。❺はじめる。例 自レ葛載(カツよりはじむ)(=葛国からはじめた)。〈孟子・滕文公下〉❻ふたたび。通再。❼すなわち。動詞などの前に置くことば。〔「載A載B」と繰り返す場合もある〕例 春日載陽(シュンジツすなわちあたたかなり)。〈詩経・豳風・七月〉━❶とし。一年。例 千載一遇(センザイイチグウ)。❷書物や刊行物などに文章をしるす。**のせる**。例 載録(サイロク)。記載(キサイ)。掲載(ケイサイ)。

古訓 中古 あらきはり・おこなふ・こと・ことわる・すなはち・たつ・とし・のす・のり・のる・はこぶ・はじむ・はじめ・ふたたび・まうく・やすし 中世 すなはち・とし・のす・のする・はこぶ・はじめ 近世 うくる・おこなふ・かつ・こと・しる・すなはち・とし・なす・のする・はこぶ・はじめ・まつる・みつる

人名 こと・とし・のり・はじめ

【載記】(サイキ) 正統な王朝と同時代の、ほかの列国の歴史の記録。

【載書】(サイショ) 国家間の盟約の内容を記録した文書。

【載籍】(サイセキ) 書籍。文献。また、書物に書きしるすこと。

【載筆】(サイヒツ) ①天子が外出のとき、史官が筆記用具を携帯して同行し、記録する。②史官の別称。

【載録】(サイロク) 書いてのせる。書きとどめる。

●記載(キサイ)・掲載(ケイサイ)・所載(ショサイ)・転載(テンサイ)・満載(マンサイ)・連載(レンサイ)

[輀] 車6(13) ⇨輀(ジ)(1293ジペー)

軾
車6(13) 2 7740 8EFE ショク漢 シキ呉 職 shì

意味 ❶車の前部についている横木。立ったまま車に乗るとき、また、車の上から敬礼するときにつかまる。❷(「❶」に両手をそえて挨拶(アイサツ)する)車上の礼。

輊
車6(13) 2 7741 8F0A チ漢 寘 zhì

意味 車の前部が低いさま。対軒。例 輊軒(チケン)(=ものごとの高低や優劣)。

輈
車6(13) 4 8964 8F08 チュウ(チウ)漢 尤 zhōu

意味 ❶牛馬に引かせるために車体に設置した棒。轅(ながえ)。❷⇨【輈張】(チュウチョウ)

【輈張】(チュウチョウ) ①勢力が盛んである。専横なさま。②驚き恐れるさま。

𨋳
車6(13) 4 8962 282F3 国字 とこ

意味 牛車(ギッシャ)の座席。**とこ**。

[輌] 車6(13) ⇨輛(リョウ)(1290ジペー)

輅
車6(13) 2 7742 8F05 ━ロ漢 遇 lù ━ガ漢 禡 yà

意味 ━❶車の轅(ながえ)にしばりつけた、車を引くための横木。また、(車を)ひく。❷大きな車。天子の車。例 輅車(ロシャ)(=大きな車。天子の車)。━むかえる。通迓(ガ)。

【輅馬】(ロバ) 天子の車を引くウマ。

[輕] 車7(14) ⇨軽(ケイ)(1287ジペー)

輒
車7(14) 2 7744 8F12 チョウ(テフ)漢呉 葉 zhé すなわ-ち(すなは-ち)

[輙] 車8(15) 2 7745 8F19 俗字。

意味 ❶車の箱の両側の先が前方に向かって、そり出ているもの。わきぎ。❷直立して動かないさま。例 輒然(チョウゼン)(=まっすぐ立って動かないさま)。❸「**すなわち**」と読み、そのたびごとに、の意をあらわす。例 飲少輒酔(のむことすくなくしてすなわちよう)(=少ししか飲まなかったのに、そのつど酔った)。〈欧陽脩・酔翁亭記〉

輓
車7(14) 2 7746 8F13 バン漢 阮 wǎn ひ-く

意味 ❶車や舟をひっぱる。**ひく**。通挽(バン)。❷人をひきたてる。例 輓推(バンスイ)。推輓(スイバン)。❸人の死をいたむ。〔ひつぎの車をひくことから〕通挽(バン)。例 輓歌(バンカ)。❹時代的におそい。通晩。例 輓近(バンキン)。

【輓歌】(バンカ) 弔いのとき、ひつぎをのせた車を引きながらうたう、死者をいたむ歌。挽歌(バンカ)。

【輓近】(バンキン) ちかごろ。最近。

【輓推】(バンスイ) ①前から引いたり、後ろから押したりする。②推薦する。

【輓輸】(バンユ/バンシュ) 車や船で物資を運ぶ。

輔
車7(14) 1 4269 8F14 人 ホ慣 フ漢 麌 fǔ たす-ける(たす-く)・たす-け・すけ

なりたち [形声]「車(=くるま)」と、音「甫(フ)」とから成る。車のそえ木。

意味 ❶車を補強するそえ木。例 輔車(ホシャ)。❷ほお。ほお骨。例 頰輔(キョウホ)。❸力をそえて助ける。**たすける**。**たすけ**。通補。例 輔佐(ホサ)。輔弼(ホヒツ)。

日本語での用法 《すけ》「大輔(おおいすけ/タイフ/タユウ)」▼律令制の四等(シトウ)官で、八省(ハッショウ)の第二位。大(=上位)と少(=下位)とがある。次官(すけ)。

表記 現代表記では「補」に書きかえることがある。熟語は「補」も参照。

古訓 中古 かはち・すけ・そふ・たすく 中世 すけ・たすく 近世 くるまのそへぎ・たすくる・たすけ・つらがまち

人名 たすく

【輔行】(ホコウ) 正使をたすける人。副使。

【輔佐】(ホサ) 人をたすけて、そのつとめを果たさせる。また、その役職。表記 現補佐

【輔車】(ホシャ) 〔車のそえ木と車。一説に、頰骨(ほおぼね)と下あごの骨〕互いにたすけ合う関係にあるもの。例 輔車相依(ホシャあいよる)(=互いにたすけ合う)。〈左伝・僖五〉唇歯(シシン)―の関係。

【輔賛】【輔▼讃】(ホサン) 天子を補佐する。

【輔相】(ホショウ) ①補佐する。②宰相。また、重臣。

【輔臣】(ホシン) 力をそえてたすける家臣。

【輔仁】(ホジン) 〔仁(ジン)を輔(たす)く〕友人どうしが互いにはげまし合って仁徳を養うこと。〈論語・顔淵〉

【輔成】(ホセイ) たすけて完成させる。

【輔導】【輔道】(ホドウ) たすけみちびく。表記 現補導

【輔▼弼】(ホヒツ) 天子を補佐する。また、その人。特に、宰相。例 ―の任にあたる。表記 現補▼弼

【輔翼】【輔▼翊】(ホヨク) 〔「翼・翊」は、親鳥が羽でひな鳥をかばう意〕たすけ守る。

[車] 6―7画▼ 輀 軾 輊 輈 𨋳 輌 輅 輕 輒 輓 輔

輝

車8(15) 1 2117 8F1D 常用

キ(クキ) 漢 微 huī

かがやく・かがやき・かがやかしい(かがや-かし)・て-る

[煇] 火9(13) 3 8751 7147 本字。

筆順 丨 ⺌ 业 光 炉 炉 煇 輝

なりたち 煇 [形声]「火(=ひ)」と、音「軍クン→キ」とから成る。ひかり。

意味 光りかがやく。てる。かがやかしい。かがやく。かがやき。例 光輝コウキ。

古訓 中古 あきらかに・かかやく・てる・ひかり・ひかる 中世 かかやく・ひかり・ひかる 近世 かかやく・てる・ひかり・ひかる

人名 あきら・ひかり・ひかる・みつ・みつる

【輝映】キエイ かがやき照らす。照りはえる。

【輝▼煌】キコウ かがやき、きらめく。類 輝煥キカン。

【輝度】キド 日 発光体の表面の明るさの度合い。

輗

車8(15) 4 8965 8F17

ゲイ 漢 斉 ní

意味 大きな車の轅ながえと横木とをつなぐためのくさび。対 軏ゲツ。例 輗軏ゲイゲツ(=車と、牛馬をつないだ横木とをつなぐくさび。転じて、ものごとのかなめ)。

輜

車8(15) 2 7747 8F1C

シ 漢 支 zī

ほろぐるま

意味 ❶ほろでおおった車。ほろぐるま。❷軍用品などの荷物を運ぶ車。例 輜重シチョウ。

難読 輜重にだ(=小荷駄にだ。馬に負わせる荷物)

【輜重】シチョウ ①旅の荷物を運ぶ幌車ほろぐるま。②軍隊で、糧食・被服・弾薬・武器などの荷物。例 ―兵。

[輙]

車8(15) ⇩輒チョウ(1289ページ)

輟

車8(15) 2 7748 8F1F

テツ 漢 屑 chuò

や-める(や-む)

意味 途中でやめる。やめる。中断する。すておく。例 輟耕テッコウ(=耕作をやめる)。

【輟食】テッショク|ショクをやむ 食事を途中でやめる。

【輟朝】テッチョウ|チョウをやむ 天子の病気や大臣の死により、天子が政務を一時中断する。

輩

車8(15) 1 3958 8F29 常用

ハイ 漢 呉 隊 bèi

ともがら・やから・ばら

筆順 丿 ㇇ ㇌ ㇌ 非 非 輩 輩 輩

なりたち 輩 [形声]「車(=くるま)」と、音「非ヒ→ハイ」とから成る。軍隊の両翼(=両翼)をなす百両の車。派生して「同等の仲間」の意。

意味 ❶仲間。同類。やから。ともがら。例 弱輩ジャクハイ。同輩ドウハイ。❷列をなして並ぶ。並び続く。例 輩出ハイシュツ。❸順序。次第。例 輩行ハイコウ。後輩コウハイ。先輩センパイ。

古訓 中古 たぐひ・ともがら・ひとし 中世 ともがら・ならぶ・ひとし 近世 たぐひ・たくらべる・つら・ともがら・ひとし

人名 とも

【輩行】ハイコウ ①先輩・後輩としての上下。②同輩。③⇩【排行】ハイコウ②(571ページ)

【輩出】ハイシュツ 並んで、次々と出る。例 有為の人材が―した学校。

【輩流】ハイリュウ 同輩。仲間。

●後輩コウハイ・若輩ジャクハイ・弱輩ジャクハイ・先輩センパイ・同輩ドウハイ・年輩ネンパイ・朋輩ホウバイ

輫

車8(15) 4 8966 8F2B

ハイ 漢 佳 pái

意味 車の荷を積む部分。はこ。

輞

車8(15) 3 9245 8F1E

ボウ(バウ) 漢 モウ(マウ) 呉 養 wǎng

意味 車輪の外周をおおう、たが。おおわ。

【輞川】モウセン 陝西センセイ省藍田ランデン県西南を流れる川。〔河畔に王維オウイの別荘があった〕

輛

車8(15) 2 7749 8F1B

リョウ(リャウ) 漢 漾 liàng

[輌] 車6(13) 2 7750 8F0C 俗字。

意味 ❶くるまを数えることば。例 三輛サンリョウ。〔「輛」は、古く「両(兩)」と書いた〕❷くるま。例 車輛シャリョウ。

表記 現代表記では「両」に書きかえることがある。熟語は「両」も参照。

輘

車8(15) 8F18

リョウ 漢 呉 蒸 líng

意味 ⇩【輘轢】リョウレキ

【輘▼轢】リョウレキ ①車輪がきしるさま。②ふみにじる。

輪

車8(15) 1 4656 8F2A 教4

リン 漢 呉 真 lún

わ

筆順 一 亠 亘 車 軨 軨 輪 輪

なりたち 輪 [形声]「車(=くるま)」と、音「侖リ」とから成る。輻や(=スポーク)のある車。

意味 ❶わ。㋐車のわ。また、自転車や自動車。例 車輪シャリン。㋑円形のもの。例 光輪コウリン。日輪ニチリン。❷ものの外まわり。外形。例 輪郭リンカク。❸順番に。かわるがわる。例 輪唱リンショウ。輪廻リンネ。❹高く大きい。例 輪囷リンキン(=高大なさま)。

日本語での用法 《リン》①「大輪タイリンのバラ」▼花の大きさ。②「梅うめ一輪イチリン」▼花を数えることば。

古訓 中古 いたす・くるまのわ・めぐる・わ 中世 めぐる・わ 近世 おほいなり・きたみなみ・とほる・めぐる・わ

人名 もと

難読 釣輪けう・月輪つきのわ・輪違わちがえ・井輪いどがわ・曲輪くるわ

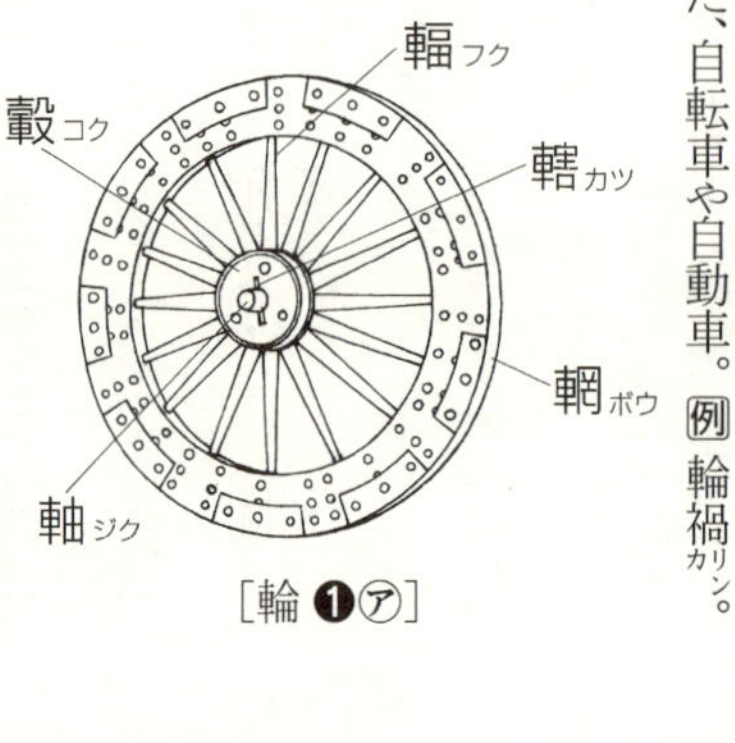

[輪 ❶㋐]

【輪▼鞅】リンオウ 車輪と、ウマのむながい。車馬のこと。

【輪禍】リンカ 日 車にひかれる災難。例 ―に遭う。

【輪郭】リンカク ①ものの形をあらわす、まわりの線。例 顔の―。②ものごとの大体の様子。例 事件の―をつかむ。表記 ▽旧 輪▼廓

【輪▼奐】【輪▼煥】リンカン 〔「奐・煥」は、鮮やかに輝く意〕建物などが壮大で美しいさま。

【輪形】リンケイ わのような丸い形。わがた。例 ―陣。―動物。

【輪講】リンコウ 日 数人が集まって、一つの書物を順番に講読する。

【輪次】リンジ 順序。順ぐりに。

【輪軸】リンジク ①車輪と車軸。②大きさの違う円筒を一つの中心軸に固定した装置。てこと同様の原理によって、小さな力で重い物を動かすことができる。
【輪唱】リンショウ 日 複数の各声部が、同じ旋律を等間隔をおいて、順次追いかけるようにうたう歌い方。
【輪状】リンジョウ 日 わのような丸い状態。輪形。例 —の光。
【輪人】リンジン ①周代、車輪の製作をつかさどった官。②車輪を作る職人。
【輪生】リンセイ 日 植物で、茎の一つの節から三枚以上の葉が、わの形をなして出ること。対 互生・対生。
【輪船】リンセン ①大きな車輪状の器具を左右につけ、その回転で推進する船。外輪船。②汽船。蒸気船。
【輪転】リンテン わのようにくるくる回る。例 —機（=印刷原版をとりつけた筒を回転させて刷る印刷機）。
【輪読】リンドク 日 数人が集まり、一つの書物を順番によんで研究する。会読。
【輪▼廻】リンネ 〔仏〕〔「リンエ」の変化〕一切衆生シイッサイシュジョウが、死後別の世に生まれ変わり、永久に生死を繰り返すこと。例 —転生テンショウ。
【輪番】リンバン 多くの人が順番を決めてものごとをおこなうこと。まわり番。例 —制。
【輪舞】リンブ 日 多くの人が、わになって踊る。また、そのような踊り。
【輪▼輿】リンヨ ①輪人（=車輪を作る人）と、輿人（=車の台を作る人）。車体を製作する職人。②車輪。また、車。
●面輪おもわ・銀輪ギンリン・競輪ケイリン・月輪ゲツリン・車輪シャリン・大輪タイリン・竹輪チクわ・動輪ドウリン・日輪ニチリン・年輪ネンリン・耳輪みみわ・指輪ゆびわ・両輪リョウリン

輦
車8（15） 2 7751 8F26
レン 漢 呉 銑 niǎn（旧 liǎn）
てぐるま

意味 人が引いて進む車。てぐるま。特に、天子の乗る車。例 輦下レンカ。輦轂下レンコクのもと。
【輦下】レンカ 天子の車のもと。天子のおひざもと。皇居のある場所。
【輦▼轂下】レンコクのもと 〔「轂」は、こしきの意〕天子の乗り物のもと。転じて、天子のいる都。輦下レンカ。〈司馬遷・報任少卿書〉
【輦道】レンドウ 宮中の道。また、天子の車が通る道。類 輦路。
【輦▼輅】レンロ 天子の乗り物。天子の車。

輯
車9（16） 1 2920 8F2F 人
シュウ（シフ）漢 緝 jí
あつ-める（あつ-む）

なりたち 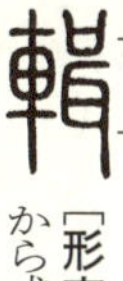 [形声]「車（=くるま）」と、音「咠シュウ」とから成る。車の積載部。借りて、あつめる。
意味 ❶材料をあつめて整理する。あつめる。通 集。例 輯佚シュウイツ。編輯ヘンシュウ。❷和睦ワボクする。やわらぐ。例 帥二其宗氏一、輯二其分族一（そのソウシをひきい、そのブンゾクをやわらぐ）（=それぞれの本家を率いて、分家と仲良くさせる）。〈左伝・定四〉❸⇩【輯輯】シュウシュウ
表記 現代表記では「集」に書きかえることがある。熟語は「集」も参照。
古訓 中古 あつまる・あつむ・したがふ・たすく・やはらかなり・やはらぐ・をさむ 中世 あつまる・あつむ・したがふ・むつまし・やはらか・をさむ 近世 あつむる・むつまし・やはらぐ・をさむる
人名 あつむ・むつ
【輯▼佚】シュウイツ 散逸した書物や文献を探し集める。
【輯輯】シュウシュウ 風がおだやかに吹くさま。そよそよ。
【輯柔】シュウジュウ おだやかで、柔和なさま。
【輯▼綴】シュウテイ ①散乱したものを集めてつづる。②文章をつづる。文章を作る。
【輯寧】シュウネイ ①人々がやわらいで安らかであるさま。平穏なさま。②なぐさめ安心させる。
【輯睦】【輯▼穆】シュウボク むつまじくして、おだやかなさま。

輳
車9（16） 2 7752 8F33
ソウ 漢 宥 còu
あつ-まる

意味 車輪の輻や（=スポーク）が轂こしきにあつまるように、多くのものが一か所にあつまる。あつまる。例 輻輳フクソウ。

[輭]
車9（16） ⇩軟ナン（1286ジペー）

輻
車9（16） 2 7753 8F3B
フク 漢 呉 屋 fú
や

意味 ❶車輪の中心から外に向かって放射状に伸び、外縁を支える木。スポーク。車のや。や。例 車輻シャフク（=車輪のスポーク）。❷放射状に。また、集中的に。例 輻射フクシャ。輻輳フクソウ。
【輻射】フクシャ 日 熱や光が、一点からまわりに発散する。放射。例 —熱。
【輻▼輳】【輻▼湊】フクソウ 〔「輳・湊」は、集まる意〕（車輪の輻やが轂こしきに集まっているように）まわりから一か所に集まる。例 事務が—する。

輹
車9（16） 2 7754 8F39
フク 漢 屋 fù
とこしばり

意味 車体の底板と車軸を固定する、ひも。とこしばり。

輸
車9（16） 1 4502 8F38 教5
ユ 慣 シュ 漢 呉 虞 shū

[輸]
車9（16） 2F9DF 旧字体。

筆順 ∩ 亘 亘 車 車^ 斡 輸 輸 輸

なりたち  [形声]「車（=くるま）」と、音「俞ユ→ユシ」とから成る。車でものをはこぶ。
意味 ❶ものを別のところへ移す。おくる。いたす。例 輸出シュツ。輸送ソウ。運輸ウン。❷ささげる。尽くす。いたす。例 輸誠セイ。❸心の中を告げる。しめす。例 輸写シャ。輸情ジョウ。❹勝負にやぶれる。例 一籌イッチュウを輸ユする（=やや劣る）。
古訓 中古 いたす・いたる・うつす・うつる・おつ・かつ・すふ・つくす・ほどこす・まく・わきまふ・をさむ 中世 いたす・ただす・まく・まくる 近世 いたす・うつす・おくりもの・おくる・かはる・つくす
【輸写】ユシャ｜シュシャ 心の内を包みかくさず告げる。
【輸▼贏】ユエイ｜シュエイ 〔「贏」は、勝ちの意〕負けと勝ち。勝負。勝敗。例 —を争う。
【輸液】ユエキ 日 水分や栄養分を注射器で体内に入れる。また、その液体。
【輸血】ユケツ 日 けがや手術などで出血が多い人に血液をおぎなうため、他の人の血液を血管に入れること。
【輸出】ユシュツ ①運び出す。②日 外国へ品物・技術・思想・制度などを送り出す。特に、産物を売り出す。対 輸入。
【輸誠】ユセイ｜シュセイ｜まことをいたす まごころを尽くす。服従する。
【輸送】ユソウ｜シュソウ 牛馬や車両・船・航空機などを使って、物や人などを運ぶ。例 —船。鉄道—。
【輸入】ユニュウ ①運び入れる。②日 外国から品物・技術・思想・制度などを取り入れる。特に、品物を買い入れる。対 輸出。例 米の—。外国の文化を—する。

❶運輸(ウンユ)・禁輸(キンユ)・空輸(クウユ)・密輸(ミツユ)

輶 車9(16) 3 9247 8F36 ユウ(イウ)漢 尤 yóu
意味 軽便な車。例 輶軒(ユウケン)(＝天子の使者が乗る軽快な車)。輶車(ユウシャ)(＝狩猟用の軽い車)。

轅 車10(17) 2 7755 8F45 エン(ヱン)漢 元 yuán ながえ
意味 馬車や牛車(ギッシャ)の、車体の両側から前方に差し出た二本のかじ棒。その先に横木をつけ、牛馬に引かせる。**ながえ**。

【轅下】(エンカ) ①車の轅(ながえ)の下。②部下。

【轅下駒】(エンカのこま) 車の轅(ながえ)につながれたウマ。自由を奪われている者のたとえ。〈史記・魏其武安侯伝〉類 轅駒(エンク)。

【轅門】(エンモン) ①軍営の門。〔車の轅(ながえ)を向かい合わせて立てて門としたもの〕②役所の門。

轀 車10(17) 4 8967 8F40 オン(ヲン)漢 元 wēn
意味 寝台車。また、霊柩(レイキュウ)車。例 轀輬車(オンリョウシャ)。
【轀▼輬車】【轀涼車】(オンリョウシャ) 〔「輬」は、窓つきで涼のとれる寝台車〕からだを横たえられるように作った車。また、霊柩車(レイキュウシャ)。轀車。

轄 車10(17) 1 1977 8F44 常用 カツ漢 黠 xiá くさび
［轄］車10(17) ―― 旧字体。
［鎋］金10(18) 4 9125 938B 別体字。

筆順 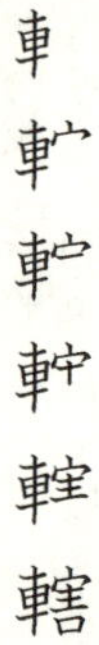

なりたち 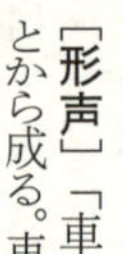 ［形声］「車(＝くるま)」と、音「害(カイ→カツ)」とから成る。車軸のくさび。
意味 ❶車輪が車軸からはずれないようにおさえとめる金具。**くさび**。❷はずれないようにおさえとめる。とりしまる。例 管轄(カンカツ)。所轄(ショカツ)。直轄(チョッカツ)。
古訓 中古 くさび・くさびさす 中世 くさび 近世 くさび・とどろく
❶管轄(カンカツ)・所轄(ショカツ)・直轄(チョッカツ)・統轄(トウカツ)

轂 車10(17) 2 7756 8F42 コク漢呉 屋 gǔ こしき
意味 ❶車輪の中央の、車軸を通し、輻(や)(＝スポーク)を集める部分。**こしき**。例 輦轂(レンコク)。❷車。おひざもと。帝都。例 轂下(コクカ)。
【轂下】(コクカ) 天子の車のもと。おひざもと。帝都。
【轂撃肩摩】(コクゲキケンマ) 並んで走る車のこしきとこしきが接触し、人々の肩と肩とがふれあう。町がにぎわい混雑するさま。肩摩轂撃。〔「臨淄之塗、車轂撃、人肩摩(リンシのみち、シャコクうち、ジンケンマす)(＝臨淄の都の道は、にぎわい混雑している)。〈史記・蘇秦伝〉」から〕

輾 車10(17) 2 7757 8F3E 一 テン漢 銑 zhǎn 二 テン慣 デン漢 霰 niǎn
意味 一 車でおしのばすように、ごろりところがる。特に、寝返りをうつ。例 輾転(テンテン)。二 臼(うす)でひく。また、うす。例 石輾(セキテン)。
【輾転】(テンテン) ころがる。寝返りをうつ。展転。例 輾転反側(テンテンハンソクす)(＝何度も寝返りをうつ)。〈詩経・周南・関雎〉

輿 車10(17) 1 4533 8F3F 人 ヨ漢呉 魚 yú こし
なりたち 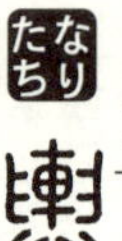 ［形声］「車(＝くるま)」と、音「舁(ヨ)」とから成る。車の積載部。

意味 ❶車の箱。人やものをのせる部分。また、車。❷人やものをのせてかついで運ぶ乗り物。**こし**。例 神輿(シンヨ)(＝みこし)。❸乗り物にのる。❹万物をのせる大地。例 坤輿(コンヨ)(＝大地。地球)。❺古代、人を十等級に分けた第六。しもべ。例 輿台(ヨダイ)一。❻多くの人。たくさんの。例 輿望(ヨボウ)。輿論(ヨロン)。

古訓 中古 こし・こしくるま・になふ・みこし 中世 こし 近世 おほし・こし・になふ・のする・はじめ
難読 神輿(みこし)・御輿(みこし)・駕輿丁(かごかき)

【輿▼駕】(ヨガ) ①天子や皇后の乗り物。②天子や皇后。

【輿▼尸】【輿死】(ヨシ) 車で戦死者などの死体を運ぶ。

【輿師】(ヨシ) おおぜいの兵士。大軍団。

【輿疾】(ヨシツ) 病をおして車に乗る。

【輿▼誦】(ヨショウ) 多くの人々のとなえる声。民の声。

【輿薪】(ヨシン) 車に積み上げたまき。大きくて目立つもののたとえ。

【輿人】(ヨジン) ①車体の台を作る職人。②従者。召し使い。③民衆。

【輿図】(ヨズ) 一 地図。二(ヨト) 土地。領地。

【輿台(臺)】(ヨダイ) 一 〔「台」は、古代、人を十等級に分けた第十〕身分の低い階級の人。召し使い。奴隷。類 輿隷。二(こしダイ) 日 輿(こし)の轅(ながえ)を支える台。

【輿地】(ヨチ) 〔「こし」のように万物を乗せる意〕①大地。坤輿(コンヨ)。②地理。

【輿地図】(ヨチズ) 地図。〈史記・三王世家〉

【輿馬】(ヨバ) 輿(こし)とウマ。車とウマ。

【輿望】(ヨボウ) 世間の人気や期待。例 ―をになう。

【輿▼梁】(ヨリョウ) 車が通行できる橋。

【輿▼輦】(ヨレン) 車。特に、天子の乗り物。

【輿論】(ヨロン) 世間一般の人々の考えや意見。例 ―調査。―に訴える。→【世論】(よロン)(23ページ)

轊 車11(18) 4 8968 8F4A エイ(ヱイ)漢 霽 wèi
意味 車軸の端。

轌 車11(18) 2 7758 8F4C 国字 そり
意味 地名に用いる字。**そり**。例 轌町(そりまち)(＝秋田県の地名)。

［轉］車11(18) ⇩転(テン)(1285ページ)

轆 車11(18) 2 7760 8F46 ロク漢 屋 lù
意味 ❶車が回転するときのきしる音。例 轆轆(ロクロク)(＝車の走る音)。轣轆(レキロク)(＝ごろごろと車の回る音)。❷⇩【轆轤】(ロクロ)
【轆▼轤】(ロクロ) ①(ものを上げたり下げたりする)滑車。万力。②日 円形の陶器を作るための回転台。ろくろ台。③日 木工・金工で用いる旋盤。例 ―でひく。④日 傘の中骨の集まったところにつける開閉装置。

轎 車12(19) 2 7761 8F4E キョウ(ケウ)漢 嘯 jiào かご・たごし
意味 山を越えるのに用いた乗り物。また、肩でかつぐ、かご。こし。例 轎夫(キョウフ)。輿轎(ヨキョウ)(＝かご)。
【轎子】(キョウシ) かご。こし。
【轎夫】(キョウフ) かごをかつぐ人。かごかき。類 轎丁(キョウテイ)。

轍 車12(19) 1 3718 8F4D テツ漢 テチ呉 屑 zhé わだち

意味 車の通ったあとに、道に残る車輪のあと。**わだち**。例 車轍シャテツ。轍テツを踏ふむ（＝前の人と同じ失敗をする）。

【轍跡】テッセキ ①道に残った車輪のあと。わだち。②ものごとのあとかた。

【轍環二天下一】テッカンをめぐる 車に乗って、天下をあまねくめぐる。〈韓愈・進学解〉

【轍▼鮒】テップ 車のわだちにできた水たまりであえいでいるフナ。困窮して救いを待っている人のたとえ。涸轍鮒魚コテツフギョの。◆荘子がある領主から食料を借りようとしたところ、その領主は「そのうち税収が入ってから貸そう」と言った。荘子は、「わだちにできた小さな水たまりで苦しんでいるフナに向かって、そのうち遠い川からたくさん水を持ってきてやると言っても、喜びはしないでしょう」と答えた。……〈荘子・外物〉

【轍▼鮒▼之急】テップのキュウ 今すぐに救わなければ命が危ないほどに緊急であること。〔〈荘子・外物〉から〕

轔

車12（19） 3 9248 8F54 一リン 漢 真 lín 二リン 漢 震 lìn

意味 一 ❶車輪。❷⇩【轔轔】リンリン 二車でふむ。例 轔轢リンレキ。

【轔轔】リンリン 車の走る音の形容。例 車轔轔馬蕭蕭くるまはリンリンうまはショウショウ（＝たくさんの戦車はガラガラと走り、あまたの軍馬はヒヒンヒヒンといななく）。〈杜甫・兵車行〉

【轔▼轢】リンレキ ①車でひきつぶす。②人をふんで痛めつける。

轗

車13（20） 2 7762 8F57 カン（カム） 漢 感 kǎn

意味 「轗軻カンカ」は、道が平坦ヘイタンでなく、車が進みにくいさま。また、ものごとが思うようにならないさま。不遇。

轘

車13（20） 4 8969 8F58 カン（クヮン） 漢 諫 huàn

意味 車で人体を裂く。車裂きの刑。

𨏍

車14（21） 3 9249 283CD 国字 いえづと（いへづと）

意味 家へのみやげ。**いえづと**。参考 歌舞伎かぶきの外題ゲダイなどに用いる字。

轟

車14（21） 1 2576 8F5F 人 コウ（クヮウ） 漢 ゴウ（グヮウ） 呉 庚 hōng とどろ-き・とどろ-く

[軣] 車4（11） 2 7736 8EE3 俗字。

なりたち 轟 [会意]三つの「車（＝くるま）」から成る。多くの車が立てる音。

意味 ❶たくさんの車が音を立てる。また、雷鳴や大砲などが鳴りひびく。例 轟音ゴウオン。轟轟ゴウゴウ。轟然ゴウゼン。❷きわめて。非常に。例 轟飲ゴウイン（＝むやみに酒を飲む）。轟酔ゴウスイ。

日本語での用法 《とどろく》①「勇名ユウメイが天下テンカに轟とどろく・名声セイが轟とどろく」▼広く世間に知れわたる。②「胸むねが轟とどろく」▼心臓が激しく打つ。どきどきする。

古訓 中古 かまびすし・がらめく・さわがし・とどめく・とどろく 中世 かばめく・くるまのこゑ・とどめく・とどろく・ののしる 近世 とどろく

【轟音】ゴウオン 日 雷鳴や砲撃、機械などから出るすさまじい音。

【轟轟】ゴウゴウ すさまじい音がひびきわたるさま。例 —たる爆音。

【轟笑】ゴウショウ 大声で笑う。哄笑コウショウ。

【轟酔】ゴウスイ ひどく酔う。酔いつぶれる。

【轟然】ゴウゼン 爆発するような大きな音がひびきわたるさま。

【轟沈】ゴウチン 日 船が爆撃や砲撃などで、一瞬のうちに沈没する。また、沈没させる。

轜

車14（21） 2 7763 8F5C ジ 漢 支 ér ひつぎのくるま

[輀] 車6（13） 4 8963 8F00 本字。

意味 ひつぎを運ぶ車。霊柩レイキュウ車。ひつぎぐるま。例 轜車ジシャ（＝ひつぎを運ぶ車）。

轡

車15（22） 1 2305 8F61 ヒ 漢 寘 pèi くつわ・たづな・くつばみ

意味 ウマのくつわにつけて、ウマをあやつる綱。**たづな**。

日本語での用法 《くつわ》▼ウマの口にかませて、たづなを結ぶ金具。

【轡▼銜】ヒカン 〔たづなと、くつわの意〕他を制御するもののたとえ。類 轡勒ヒロク。

轢

車15（22） 2 7764 8F62 レキ 漢 錫 lì ひ-く・きし-る

意味 ❶車が人などを下じきにして通る。ふみにじる。**ひく**。例 轢殺レキサツ。轢死レキシ。❷車輪がきしむ。また、人間関係がうまくいかなくなる。不和になる。例 軋轢アツレキ。

【轢殺】レキサツ 車輪でひき殺す。

【轢死】レキシ 車輪にひかれて死ぬ。

【轢断】レキダン 列車などが、車輪でひいてものを切断する。

轣

車16（23） 2 7765 8F63 レキ 漢 錫 lì

意味 ❶「轣轆レキロク」は、ごろごろと車の回る音。❷車でひく。通 轢レキ。

轤

車16（23） 2 7766 8F64 ロ 漢 虞 lú

[䡎] 車4（11） 4 8960 484E 俗字。

意味 「轆轤ロクロ」は、回転運動を利用する装置。

160 7画 辛 しん からい 部

つみの意をあらわす。「辛」をもとにしてできている漢字を集めた。

辛

辛0（7） 1 3141 8F9B 常用 シン 漢呉 真 xīn からい（から-し）・かろうじて（から-うじて）・かのと・つら-い（つら-し）

[辛] 辛1（8） 4 8970 2840C 俗字。

筆順 丶 亠 亡 立 立 辛 辛

なりたち 辛 [会意]「辛（＝つみ）」に「一」を加え、罪人の「痛くてつらい」という気持ちや、「涙が出るほどからい」の意をあらわす。

意味 ❶身を刺されるように心が痛む。苦しい。**つらい**。例 辛苦シンク。辛酸シンサン。❷ワサビやトウガラシなどのように舌を刺激する味。**からい**。例 香辛料（コウシンリョウ）。❸十干（ジッカン）の八番目。**かのと**。方位では西、五行（ゴギョウ）では金にあてる。例 辛亥（シンガイ）。

日本語での用法 《**からい**》▼きびしい。①「辛（から）みのきいた論評（ロンピョウ）・辛口（からくち）の批評（ヒヒョウ）」▼やっとのことで。ようやく。②「辛（から）くも脱出（ダッシュツ）した・辛（から）うじて助（たす）かった」

古訓 中古 かのと・からし 中世 かのと・からし 近世 あたらし・かのと・からし・からみ

難読 辛菜（からしな）・辛螺（にし）

【辛▼夷】（シンイ） 一 モクレン科の落葉低木。モクレン。 二（こぶし） 日 モクレン科の落葉高木。木筆。コブシハジカミ。

【辛▼亥】（シンガイ／かのと-い） 干支（カンシ／えと）の第四十八番目。

【辛▼亥革命】（シンガイカクメイ） 一九一一年、辛亥の年に起こった革命。清（シン）朝が滅亡し、孫文を臨時大総統とする中華民国が成立した。

【辛▼艱】（シンカン） 苦しみ悩む。難儀する。

【辛気】（シンキ） 日 心が晴れないさま。例 ―な人。―くさい。

【辛勤】（シンキン） 苦労しつつ仕事をする。また、つらいつとめ。

【辛苦】（シンク） ①からみと、にがみ。②つらく苦しい思いをする。例 辛苦遭逢起二一経一（シンクのソウホウはイッケイよりおこる）（＝学問をはじめたのが、つらく苦しい経験のはじまりだった）。〈文天祥・過零丁洋〉

【辛酸】（シンサン） ①からみと、すっぱみ。②さまざまの苦労。つらさや苦しみ。例 ―をなめる。

【辛勝】（シンショウ） 日 かろうじて勝つ。対 圧勝・楽勝・惜敗。

【辛▼楚】（シンソ） 〔「楚」は、むちで打たれ、痛み苦しむ意〕悲しみと苦痛。つらさ。

【辛抱】（シンボウ） 日 がまんする。がまん。例 ―強（づよ）い。

【辛辣】（シンラツ） ①味がぴりりとからい。②日 批評やもの言いが厳しいさま。容赦ないさま。痛烈。例 ―な批評。

【辛労】（シンロウ） 日 苦しみ。苦労。

［辛］辛1（8） ⇩辛（シ）（1293ジペー）

辜

辛5（12） 2 7767 8F9C コ 漢 虞 gū つみ

意味 ❶あやまち。とが。**つみ**。例 無辜（ムコ）（＝罪がないこと）。❷そむく。さまたげる。例 辜負（コフ）。❸八つ裂きにする。例 辜二諫者一（いさむるものをコす）（＝いさめる者を八つ裂きにする）。〈淮南・俶真〉❹陰暦十一月の別名。例 辜月（コゲツ）。❺⇩【辜権】（コカク）

【辜▼権】【辜較】（コカク） ①人民の財産を収奪する。②あらまし。大略。概略。

【辜月】（コゲツ） 陰暦で十一月。しもつき。

【辜▼磔】（コタク） 八つ裂きの刑。

【辜負】（コフ） 相手の意にそむく。

辞

辛6（13） 1 2813 8F9E 教4 シ 漢 ジ 呉 支 cí やめる（や-む）・ことば・いな-む

［辭］辛12（19） 2 7770 8FAD 旧字体。

［辤］辛8（15） 4 8971 8FA4 別体字。

筆順 ニ チ チ 舌 舌 辞 辞 辞

なりたち ［会意］「𤔔（＝おさめる）」と、「辛（＝つみ）」とから成る。いいわけする。

意味 ❶言語。文章。**ことば**。例 辞書（ジショ）。言辞（ゲンジ）。祝辞（シュクジ）。❷しりぞく。**やめる**。また、ことわる。例 辞職（ジショク）。辞退（ジタイ）。固辞（コジ）。❸別れをつげる。いとまごいをする。例 辞去（ジキョ）。辞世（ジセイ）。❹気にかける。遠慮する。例 大礼不レ辞二小譲一（タイレイはショウジョウをジせず）（＝重大な儀式のときには、小さな礼節など気にしない）。〈史記・項羽紀〉❺訴える。❻わびを言う。あやまる。例 辞服（ジフク）。❼漢文の文体の一つ。叙情性のある、韻文的な文章。例 帰去来辞（キキョライのジ）。辞賦（ジフ）。

古訓 中古 いなぶ・かたる・けがす・ことば・さる・しりぞく・まうす・わかる 中世 いなぶ・ことば 近世 いとまごひす・いなむ・うつたへ・ことば

人名 こと

【辞彙】（ジイ） ことばを集めたもの。辞書。辞典。

【辞意】（ジイ） 職務をやめたり、その地位をおりたいという気持ち。例 ―をもらす。

【辞気】（ジキ） 言い方。話しぶり。語気。

【辞儀】【辞宜】（ジギ） 日 ①頭を下げて礼をする。挨拶（アイサツ）。②遠慮。辞退。

【辞去】（ジキョ） 挨拶（アイサツ）をして立ちさる。

【辞▼訣】【辞決】（ジケツ） 〔「訣・決」は、別れる意〕別れを告げる。別れの挨拶（アイサツ）。

【辞言】（ジゲン） ことば。言辞。

【辞旨】【辞指】（ジシ） ことばの趣。文章などの品格・味わいなど。

【辞謝】（ジシャ） ①辞退する。ことわる。②謝罪する。③感謝する。④別れを告げる。

【辞書】（ジショ） 日 ①ことばを集め、一定の順序に並べて解説したもの。発音や意味・用法・用例・語源などが書かれている。辞典。例 国語―。②辞意を述べた文書。辞表。

【辞章】（ジショウ） 詩歌や文章などの総称。詞章。

【辞訟】（ジショウ） 訴訟をすること。訴える。また、訴えのことば。

【辞譲】（ジジョウ） 辞退して、ほかの人にゆずる。

【辞色】（ジショク） ことばと顔色。

【辞職】（ジショク） 職をやめる。例 ―勧告。

【辞人】（ジジン） 詩文の作家。文章の達人。

【辞世】（ジセイ） ①世間の交際を断って隠居する。②この世に別れをつげる。③日 死ぬときに残す和歌や俳句。例 ―の句。

【辞宗】（ジソウ） 詩文の大家。

【辞藻】（ジソウ） 詩文。また、修辞をこらした美しい詩文。詞藻。

【辞退】（ジタイ） ①官職をやめる。②いとまごいをする。③遠慮してことわる。例 出場を―する。

【辞典】（ジテン） ①文章が正しく上品なこと。②日「辞書（ジショ）①」に同じ。

【辞吐】（ジト） しゃべり方。話しぶり。

【辞任】（ジニン） 日 役職を自分からやめる。対 就任。例 ―に追いこまれる。いさぎよく―する。

【辞費】（ジヒ） 無駄口ばかりで、ことばをいたずらについやす。

【辞表】（ジヒョウ） 日 辞職するときに提出する文書。

【辞賦】（ジフ） 漢文の文体の一つ。『楚辞（ソジ）』の流れをくみ、押韻して対句を多用するなど、美文調の文章。

【辞服】（ジフク） 罪をわびて降参する。相手に服従する。

【辞命】（ジメイ） 人と接するときのことばづかい。外交上の使者としての弁舌。

【辞林】（ジリン） ①多くの用語や文章。②文学者の社会。③日 ことばを多く集めて解説した書物。

【辞令】（ジレイ） ①応対のことば。型どおりの言い方。例 外交―。社交上の―。②日 役所や会社などで、役職の任免を本人に通知する文書。例 ―書。―がおりる。

●訓辞（クンジ）・謝辞（シャジ）・祝辞（シュクジ）・弔辞（チョウジ）・答辞（トウジ）

辟

辛6（13） 2 7768 8F9F 一 ヘキ 漢 ビャク 呉 陌 pì 二 ヘキ 漢 陌 ヒ 漢 寘 bì 三 ヘイ 漢 霽 pì

意味 一 ❶道理にはずれ、かたよる。例 辟邪（ヘキジャ）。❷都から遠い。例 辟遠（ヘキエン）。❸（胸を）打つ。たたく。例 辟踊（ヘキヨウ）。 二 ❶法律。おきて。また、重い刑罰。つみ。例 大辟（タイヘキ）（＝死刑）。❷人々を治める人。君主。例 辟王（ヘキオウ）。❸招いて役職につかせる。例 辟除ヘキジョ。❹近づかないようにする。横へずれて、さける。通避。例 辟易ヘキエキ。辟世ヘキセイ。❺宝玉の一種。通璧ヘキ。例 辟雍ヘキヨウ。三⇩【辟倪】ヘイゲイ

【辟人】ヒジン|ひとをさく つまらない人間を避ける。人をえり好みする。避人。

【辟世】ヒセイ|よをさく けがれた世間を避けて隠居する。避世。

【辟席】ヒセキ 目上の人に敬意を表して退席する。

【辟▼倪】【辟▼睨】ヘイゲイ 横目で様子をうかがう。横目でにらむ。睥睨ヘイゲイ。俾倪ヘイゲイ。

【辟易】ヘキエキ ①相手の勢いにおされて、距離をおく。例 人馬倶驚、辟易数里ジンバともにおどろき、ヘキエキすることスウリ(=乗り手もウマもびっくりして、数里もの距離を退いた)。〈史記・項羽紀〉②日 閉口する。うんざりする。例 父親の頑固さにはーする。

【辟遠】ヘキエン 都会から遠く離れていること。また、その土地。僻遠ヘキエン。例 ーの地。

【辟王】ヘキオウ 君王。君主。

【辟公】ヘキコウ 諸侯。

【辟穀】ヘキコク|コクをさく 五穀を食べるのをやめる。仙人になるための道教の養生法。

【辟邪】ヘキジャ ①よこしまなこと。正しくないこと。邪悪。②想像上の動物。シカに似た一角獣で、邪悪をしりぞける力があるという。

【辟除】ヘキジョ ①召し出して官職に任ずる。②とりのぞく。追い払う。③払い清める。清掃する。

【辟書】ヘキショ 君主からの呼び出し状。

【辟召】ヘキショウ 任官のため召し出す。

【辟説】ヘキセツ かたよった説。つまらない議論。僻説ヘキセツ。

【辟▼雍】【辟▼廱】ヘキヨウ 周代、天子が設けた学校。璧雍ヘキヨウ。

【辟踊】ヘキヨウ 死者をいたみ、悲しみのあまり胸をたたき、じだんだをふむ。

【辟▼陋】ヘキロウ ①中央から遠く離れた土地。田舎びたさま。②議論などがかたよっていて低劣なさま。

辣

辛7 (14)　2 7769　8FA3　常用　ラツ漢　曷 là

筆順 亠 立 辛 辛 剌 辣 辣

なりたち [形声]「辛(=からい)」と、音「剌ラ」の省略体とから成る。からい。

意味 ❶味がぴりっとからい。例 辣油ラーユ(=トウガラシのからみを加えた植物油)。辣韮ラッキョウ。❷てきびしい。ひどい。また、すごい。例 辣腕ラツワン。悪辣アクラツ。辛辣シンラツ。

古訓 近世 いたむ・からし

【辣▼韮】ラッキョウ|ラッキョ 日 野菜の一種。地下茎はタマネギを細く小さくしたような形で、食用になる。

【辣腕】ラツワン 日 ものごとをすみやかに、てきぱきと処理する腕前。すごうで。例 ーをふるう。

〔辤〕辛8 (15)　⇩辞ジ(1294ジペ)

辦

辛9 (16)　3 9250　8FA6　ハン漢　ベン呉　諫 bàn

意味 ❶問題や事務を処理する。おさめる。さばく。例 辦事ベンジ。辦理ベンリ。❷買い入れる。ととのえる。例 辦装ベンソウ(=旅支度をととのえる)。

【辦厳】ベンゲン 旅装をととのえる。旅支度をする。〔「厳」は「装」の意。後漢の明帝の諱いみなが「荘」であったため、それと同音の「装」を避けて「厳」に改めたという〕類 辦装ベンソウ。

【辦事】ベンジ 事務を取りあつかうこと。また、その人。

【辦理】ベンリ ものごとを正確にとらえ、処理する。処理。

〔辨〕辛9 (16)　⇩弁ベ(457ジペ)

〔辧〕辛9 (16)　⇩弁ベ(457ジペ)

〔辭〕辛12 (19)　⇩辞ジ(1294ジペ)

〔辯〕辛14 (21)　⇩弁ベ(457ジペ)

161 7画 辰 たつ しんのたつ 部

農業によい時期の意をあらわす。「辰」をもとにしてできている漢字を集めた。

0 1295 辰　3 1295 辱　6 1296 農　12 1296 辴

この部首に所属しない漢字

唇→口 250　晨→日 631　蜃→虫 1175　震→雨 1418

辰

辰0 (7)　1 3504　8FB0　人　シン漢呉　真 chén　たつ

なりたち [形声]「乙(=春に草木が曲がりながら出る)」と「匕(=成長する)」と「二(=うえ)」と、音「厂シ」とから成り、農業に適した「とき」の意。

参考 一説に、貝が足を出している形という。

意味 ❶とき。ひ。時節。例 佳辰カシン。嘉辰令月カシンレイゲツ(=よい日とよい月)。❷十二支の五番目。方位では東南東、時刻では午前八時、およびその前後の二時間。月では陰暦の三月。動物では竜にあてる。**たつ**。例 辰巳たつみ。戊辰ボシン。❸太陽と月と星とをまとめていうことば。例 三辰サンシン。❹星。星座。また、特に北極星。例 星辰セイシン。北辰ホクシン(=北極星)。❺二十八宿の一つ。心宿シンシュウ|シンシュクの別名。なかごぼし。〔一説に、房宿〕❻早朝。あさ。通晨シン。例 辰夜シンヤ(=あさと、よる)。

古訓 中古 たつ・とき 中世 たつ・とき・ほし 近世 たつ・とき・ひ・ふるふ・ほしのやどり

人名 とき・のぶ・のぶる・よし

難読 辰とき

【辰緯】シンイ 星。星座。星辰セイシン。

【辰極】シンキョク 北極星。

【辰刻】一 シンコク 時間。時刻。二 たつのコク 日 午前八時、およびその前後の二時間。

【辰▼巳】シンシ|たつみ 方角に十二支をあてはめたときの、東と南との間。東南。

【辰砂】シンシャ 〔辰州(=今の湖南省沅陵ゲンリョウ県)でとれる砂の意〕水銀と硫黄の化合物。朱紅色で、朱色の顔料としても用いる。丹砂タンシャ。

【辰宿】シンシュウ|シンシュク 〔本来の音は「シンシュウ」〕①北辰(=北極星)と宿星(=そのほかの多くの星)。②星座。星宿。

【辰星】シンセイ ①水星。②蠍さそり座の西にある房星。房宿。そいぼし。二十八宿の一つ。③天体の総称。

辱

辰3 (10)　1 3111　8FB1　常用　ジョク漢　ニク呉　沃 rǔ

はずかしめる(はづかし-む)・はずかしめ(はづかし-め)・かたじけない(かたじけな-し)・はじ(はぢ)

筆順 一 厂 尸 斤 辰 辰 辱 辱

なりたち [会意]「寸(=きまり)」が「辰(=農業に適したとき)」の下にある。耕すべき時をのがした者が受けるはずかしめ。

意味 ❶名誉を傷つける。**はずかしめる**。**はずかしめ**。例 屈辱

[辛] 7—14画▼ 辣 辤 辦 辨 辧 辭 辯

[辰] 0—3画▼ 辰 辱

（クツジョク）。雪辱（セツジョク）。恥辱（チジョク）。忍辱（ニンジョク・ニニク）。❷ありがたい。もったいない。**かたじけない。** 例 辱知（ジョクチ）。辱臨（ジョクリン）（＝ありがたい、ご訪問）。

古訓 中古 かたじけなし・けがす・はぢ・はぢしむ・はづ・はづかし・はづかしむ 中世 かたじけなし・はぢ・はぢる 近世 けがす・にくむ・はぢ・はづかしむ

【辱知】ジョクチ 〔自分を知っていただいている、という意〕ある人と知り合いであることの、へりくだった言い方。例 —各位。

【辱命】ジョクメイ ①メイをはずかしむ 主君の期待にそむき、命令を果たさない。②メイをかたじけなくす かたじけなくもご下命をいただく。

【辱友】ジョクユウ 〔かたじけなくも、おつきあいくださっている友人の意〕友人に対して、へりくだっていうことば。辱知。

●汚辱（オジョク）・屈辱（クツジョク）・国辱（コクジョク）・雪辱（セツジョク）・恥辱（チジョク）・侮辱（ブジョク）・陵辱（リョウジョク）

農

辰6（13） 1 3932 8FB2 教3 ノウ 漢 呉 冬 nóng

筆順 冂 冊 曲 𠁁 農 農 農

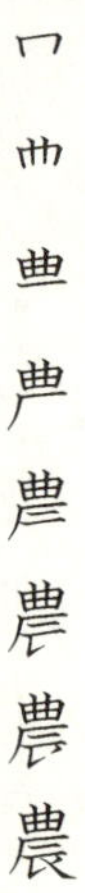

なりたち 〔形声〕「辰（＝早朝）」と、音「囟（ソウ→ノウ）」とから成る。（明るくなると、動き出して）耕す人。

参考 一説に、「農」の「曲」は「田」の変形で、「辰（＝大きな貝殻）」を用いて「田（＝た）」を耕す意という。

意味 ❶田畑を耕して作物をつくる。たがやす。また、その仕事をする人。例 農耕（ノウコウ）。帰農（キノウ）。酪農（ラクノウ）。❷つとめる。力を尽くす。例 農力（ノウリョク）（＝努力する）。

古訓 中古 とよ・なりはひ 中世 なりはひ 近世 あつし・たつくり・たつくる・たねまく

人名 あつ・あつし・たか・たみ・つとむ・とよ・みのり・みのる

【農園】ノウエン 日 野菜・果物・花・樹木などを栽培するところ。

【農科】ノウカ 日 ①農業に関する学科。②大学の農学部。

【農家】ノウカ ①生計の中心として農業をいとなむ家。②諸子百家の一つ。農業を重視した政治論を主張した。

【農稼】ノウカ 田畑を耕して作物を植えること。農業。

【農学】ノウガク 農業について研究する学問。

【農閑期】ノウカンキ 日 農作業のひまな時期。対 農繁期。

【農業】ノウギョウ 土地を耕して米や麦、野菜や果物などを栽培し、また家畜を飼うなどして、人間生活に直接必要なものを作りだす産業。

【農具】ノウグ 農業に使う道具。昔からのすき・くわ・かまなどから大規模な農作業用の機械までをさす。農機具。

【農芸（藝）】ノウゲイ 日 ①農業と園芸。②農作物を作るための技術。

【農隙】ノウゲキ 農事のひまなとき。農閑期。

【農月】ノウゲツ 立夏以降の、農事の繁忙期。

【農工】ノウコウ ①農業と工業。②農民と工場労働者。

【農功】ノウコウ 「農作（ノウサク）」に同じ。

【農郊】ノウコウ ①郊外。近郊。②耕作地。耕した田畑。

【農耕】ノウコウ 作物を作るため田畑をたがやす。例 —民族。

【農作】ノウサク 田畑を耕し、米や麦、野菜や果物などをつくる。農事。農功。例 —物。

【農蚕（蠶）】ノウサン 農業と養蚕。類 農桑。

【農事】ノウジ 農業に関する事柄。例 —暦。—試験場。

【農時】ノウジ 農事の忙しい季節・時期。農繁期。

【農商】ノウショウ 農業と商業。

【農場】ノウジョウ 日 作物を作るための設備をそなえた広い土地。

【農▼穡】ノウショク 〔「穡」は、作物の取り入れの意〕作物を耕すことと収穫すること。農業。

【農政】ノウセイ 農業についての行政や政策。例 —学。

【農戦】ノウセン ①農業と戦争を国の重要課題とする政策。〔戦国時代、商鞅（ショウオウ）らの説〕②平事は耕し、事が起これば戦うこと。屯田。

【農村】ノウソン 農業を職業とする住民の多い村。例 —地帯。

【農奴】ノウド 日 中世ヨーロッパで、領主のもとにあって、自由を制限された農民。

【農繁期】ノウハンキ 日 農作業の忙しい時期。対 農閑期。

【農夫】ノウフ ①農業を職業とする男の人。対 農婦。②農作業にやとわれる人。

【農婦】ノウフ 農業を職業とする女の人。対 農夫。

【農兵】ノウヘイ ①平時は農業をし、事があれば兵士となる者。屯田兵。②農民で組織された軍隊。

【農▼圃】ノウホ ①田畑。また、田舎。②農家。

【農畝】ノウホ 〔「畝」は、あぜ道の意〕田畑。また、農業。耕作。

【農牧】ノウボク 農業と牧畜。例 —の国。

【農末】ノウマツ 農業と商工業。〔「末」は、「本（＝食生活の根本。農業）」に対して、すえの利益を得る意で商工業のこと〕

【農民】ノウミン 農業で生計をたてる人。農夫。類 農人。

【農薬】ノウヤク 日 農業や林業で用いる、消毒・殺虫・除草などを目的としたくすり。例 —を散布する。

【農林】ノウリン 日 農業と林業。例 —学校。

●豪農（ゴウノウ）・貧農（ヒンノウ）・富農（フノウ）・酪農（ラクノウ）・離農（リノウ）

辴

辰12（19） 4 8972 8FB4 チン 漢 軫 zhěn

意味 笑うさま。例 辴然（チンゼン）。

162 7画 辵（辶・⻌） しんにょう しんにゅう部

歩く意をあらわす。文字の一部になるときは「辶（四画）」、新字体で「⻌（三画）」となる。「辵」をもとにしてできている漢字を集めた。「⻌」が「之（シ）」に似ていることから「しにょう（之繞）」、転じて「しんにょう・しんにゅう」という。

辵

辵0 (7) 3 9251 8FB5

チャク漢 薬 chuò

意味 進んだり止まったりする。

辶

辶0 (3) 4 8973 FA66

⇩部首解説

辶

辶0 (4) 4 8974 8FB6

⇩部首解説

辷

辶1 (5) 2 7772 8FB7 国字

すべ-る

意味 平らにはやく動く。なめらかに移動する。〔その位置を保つことができなくなって〕動く。**すべる**。例 地辷(じすべ)り。手(て)が辷(すべ)る。口(くち)が辷(すべ)る。試験(シケン)に辷(すべ)る。

込

辶2 (5) 1 2594 8FBC 常用 国字

こみ・こむ・こめる(こ-む)

[込]

辶2 (6) ── 旧字体。

筆順 ノ 入 入 入 込

なりたち 国字。[会意]「辶(=ゆく)」と「入(=はいる)」とから成る。はいりこむ。こめる。

意味 ❶中へ入れる。つめる。**こめる**。例 弾(たま)を込(こ)める。力(ちから)を込(こ)める。❷中にはいる。ぎっしりつまる。例 雨(あめ)が吹(ふ)き込(こ)む。教(おし)え込(こ)む。❸入り組んで複雑である。例 手(て)の込(こ)んだ料理(リョウリ)。❹中に入れること。含んでいること。**こみ**。例 税込(ゼイこ)み。送料(ソウリョウ)込(こ)み。申(もう)し込(こ)む。

古訓 中古 こむ・こもる 中世 こむ・こむる 近世 こむ・こめる

辻

辶2 (6) 1 3652 8FBB 人 国字

つじ

なりたち 国字。[会意]「辶(=ゆく)」と「十(=東西南北)」とから成る。交差路。

意味 道が十文字に交わっているところ。十字路。交差点。また、道ばた。**つじ**。例 辻強盗(つじゴウトウ)。辻風(つじかぜ)(=つむじ風)。

古訓 中古 つむじ 中世 つじ 近世 つじ

【辻占】(つじうら) 日 昔、四つつじに立ち、通りかかった人のことばによって吉凶を判断した占い。

【辻強盗】(つじゴウトウ) 日 道ばたで通行人をおそい、金品を奪い取る強盗。おいはぎ。

【辻説法】(つじセッポウ) 日 人通りの多い道ばたでおこなう説法。

【辻▼褄】(つじつま) 日 はじめと終わり。すじみち。道理。例 ―が合う。―を合わせる。

【辻堂】(つじドウ) 日 道ばたに建てられた小さな仏堂。

辺

辶2 (5) 1 4253 8FBA 教4

ヘン漢 呉 先 biān

べ・へ・あたり・ほとり

[邊]

辶15 (19) 2 7820 908A 旧字体。

[邉]

辶13 (17) 2 7821 9089 別体字。

筆順 フ 刀 刀 辺 辺

なりたち [形声]「辶(=ゆく)」と、音「臱(ベン→ヘン)」とから成る。垂直ながけのへりをゆく。

意味 ❶はし。はて。かぎり。例 辺際(ヘンサイ)。広大無辺(コウダイムヘン)。❷中央から遠く離れたところ。片田舎。国境地帯。例 辺境(ヘンキョウ)。辺塞(ヘンサイ)。辺地(ヘンチ)。❸そば。近く。**あたり**。**ほとり**。例 海辺(カイヘン・うみべ)。身辺(シンペン)。周辺(シュウヘン)。❹数学で、多角形の外がわの線。例 一辺(イッペン)。四辺(シヘン)。底辺(テイヘン)。❺隣接する。

日本語での用法 《ヘン》「右辺(ウヘン)・左辺(サヘン)」▼数式で、等号や不等号の左右にある式。

古訓 中古 あたり・かたはら・さかひ・はし・はた・ほとり 中世 あたり・かたはら・ほとり 近世 あたり・かたはら・きし・はし・ほとり

【辺患】(ヘンカン) 国境で起こっている心配事。外敵の侵入をいう。

【辺寄】(ヘンキ) 国境守備の任務。

【辺境】【辺▼竟】(ヘンキョウ) 国や文化の中心地から遠く離れた地域。片田舎。奥地。また、国境。国ざかい。類 辺界。例 ―の地。表記 旧 辺▼疆

【辺警】(ヘンケイ) ①国境への外敵侵入の知らせ。②国境の警備。

【辺月】(ヘンゲツ) 国境地域を照らす月。辺塞(ヘンサイ)の月。

【辺功】(ヘンコウ) 辺境でたてる手柄。外敵(異民族)を征服した功績。

【辺▼寇】(ヘンコウ) 国境に侵入する外敵。

【辺塞】(ヘンサイ) 外敵の侵入を防ぐため国境に築いたとりで。類 辺徼(ヘンキョウ)。

【辺際】(ヘンサイ|ヘンザイ) 果てるところ。はて。かぎり。

【辺▼朔】(ヘンサク) 北方の辺境の地。

【辺▼戍】(ヘンジュ) 国境の守備。また、その兵士。

【辺愁】(ヘンシュウ) 片田舎や国境近くに宿泊する旅のうれい。

【辺将】(ヘンショウ) 国境の守備隊の将軍。類 辺帥(ヘンスイ)。

【辺色】(ヘンショク) 国境地域の風景や事物。

【辺人】(ヘンジン) ①国境地域に住む人。辺民。②国境守備の役人や兵士。

【辺垂】【辺▼陲】(ヘンスイ) 国境。国ざかい。国の果て。

【辺地】(ヘンチ) 都会から遠く離れた地域。交通の不便な土地。僻地(ヘキチ)。辺土。

【辺庭】(ヘンテイ) ①「辺土(ヘンド)」に同じ。②異民族の朝廷。

【辺土】(ヘンド) 人里から遠く離れたところ。辺地。辺庭。

【辺▼鄙】(ヘンピ) 都会から遠く離れているさま。

【辺幅】(ヘンプク) ①織物のへりの部分。②うわべ。外観。身なり。例 ―を飾る。

【修(おさ)二飾辺幅(ヘンプクを)一】(シュウショクす) 〔布地の周囲がほころびないようにかがる意〕外見をかざる。見えを張る。〈後漢書・馬援伝〉類 修(おさ)二辺幅(ヘンプクを)一。

【辺▼烽】(ヘンポウ) 国境の異変を知らせるのろし。また、国境地域の戦い。類 辺燧(ヘンスイ)。

【辺民】(ヘンミン) 「辺人(ヘンジン)①」に同じ。

【辺▼邑】(ヘンユウ) 国境地域の町や村。また、片田舎。

【辺要】(ヘンヨウ) 国境の要害の地。

●海辺(カイヘン|うみべ)・岸辺(きしべ)・近辺(キンペン)・周辺(シュウヘン)・身辺(シンペン)・底辺(テイヘン)・等辺(トウヘン)・炉辺(ロヘン)

[辿]

辶3 (7) ⇩辿(テイ)(1300ページ)

迂

辶3 (7) 1 1710 8FC2 人

ウ漢 虞 yū

なりたち [形声]「辶(=ゆく)」と、音「于(ウ)」とから成る。避ける。

意味 ❶遠まわりする。曲がりくねる。例 迂遠(ウエン)。迂回(ウカイ)。迂曲(ウキョク)。❷(世間の事情に)うとい。にぶい。実情に合わない。役に立たない。例 迂闊(ウカツ)。迂拙(ウセツ)。❸でたらめなさま。例 怪迂(カイウ)。

古訓 中古 さかる・さる・たみたり・にごる・ひがむ・まがる・めぐる 中世 おほきなり・さかる・たみたり・めぐる 近世 おほいなり・とほし・ひろし・まがる・まはる

人名 すすむ・とお・ゆき

【迂遠】(ウエン) ①まわりくどいさま。実際の役に立たないさま。迂

疎ソウ。例 —な方法。②道が曲がりくねって遠いさま。
【迂回】ウカイ 遠回りする。例 —路。
【迂▼闊】ウカツ ①まわりくどくて、役に立たない。②日 注意が足りなくて、うっかりしている。例 —にも約束を忘れた。
【迂緩】ウカン ぐずぐずして順調に進まない。
【迂久】ウキュウ しばらくして。良久(リョウキュウ|ややひさし)。
【迂曲】ウキョク まがりくねっている。迂折。紆曲(ウキョク)。
【迂愚】ウグ 「迂拙(ウセツ)①」に同じ。
【迂儒】ウジュ 世情にうとい学者。
【迂生】ウセイ 他人に対する自分の謙称。わたくし。小生。
【迂折】ウセツ 「迂曲(ウキョク)」に同じ。
【迂拙】ウセツ ①世間の事情にうとく、愚かであるさま。迂愚。迂鈍。②自分をへりくだっていうことば。拙者。迂生(ウセイ)。
【迂疎】ウソ 「迂遠(ウエン)①」に同じ。
【迂▼叟】ウソウ 世間のことにうとい老人。
【迂誕】ウタン 〔「誕」は、大きい意〕おおげさで現実離れしたさま。また、言うことがでたらめなさま。
【迂鈍】ウドン 「迂拙(ウセツ)①」に同じ。
【迂腐】ウフ 世情にうとく、実際の役に立たないさま。
【迂余(餘)曲折】ウヨキョクセツ ①まがりくねっている。②事情がこみいっていて、たどるすじみちがいろいろに変化していること。例 —を経る。▽紆余曲折(ウヨキョクセツ)。
【迂路】ウロ 回り道。迂回路。

迄
辶3(7) 1 4388 8FC4 人 キツ 漢 物 qì まで・いた-る・およ-ぶ

なりたち [形声]「辶(=ゆく)」と、音「乞ツキ」とから成る。至る。

意味 ❶行きつく。**いたる**。**およぶ**。例 今(いま)に迄(いた)る。❷ついに。とうとう。

日本語での用法 《まで》「東京(トウキョウ)から京都(キョウト)迄(まで)の距離(キョリ)・来年(ライネン)迄(まで)待(ま)つ・それほど迄(まで)しなくても・親友(シンユウ)迄(まで)もそむく・とりいそぎお知(し)らせ迄(まで)」▼経過があって行き着く場所・程度・時間などの限度をあらわす。

古訓 中古 いたる・およぶ・ことごとく・つひに・まで・をはる 中世 いたる・およぶ・つひに・まで・をはり 近世 いたる・およぶ・まで

迅
辶3(6) 1 3155 8FC5 常用 シュン・シン 漢 ジン 呉 震 xùn はや-い(はや-し)

[迅]
辶3(7) 旧字体。

筆順 ⺄ 乁 卂 卂 迅 迅

なりたち [形声]「辶(=ゆく)」と、音「卂シ→ジン」とから成る。はやい。

意味 ❶速度がはやい。進行がはやい。すみやか。例 迅速(ジンソク)。❷勢いが激しい。例 迅雷(ジンライ)。奮迅(フンジン)。

古訓 中古 すみやかなり・とし・はやし・ふるふ 中世 すみやか・とし・はやし・ふるふ 近世 すみやか・とし・はやし

人名 とき・とし・はや・はやし

【迅雨】ジンウ 激しい雨。
【迅▼捷】ジンショウ 「迅速(ジンソク)」に同じ。
【迅速】ジンソク ものごとの進行や人の行動が、きわめてはやいさま。迅捷(ジンショウ)。類 迅疾。例 —に避難する。
【迅風】ジンプウ 激しい風。疾風。はやて。
【迅雷】ジンライ ①激しいかみなり。急に鳴りだしたかみなり。②非常に速いことのたとえ。例 疾風—の勢いで進む。

[迁]
辶3(7) ⇩遷セン(1326ジペー)

辿
辶3(7) 1 3509 8FBF 人 テン 漢 先 chān たど-る

なりたち [形声]「辶(=ゆく)」と、音「山サン→テン」とから成る。ゆっくり歩く。

意味 ゆっくり歩く。あゆむ。

日本語での用法 《たどる》①「跡(あと)を辿(たど)る・夜道(よみち)を辿(たど)る」▼さがしながら進む。②「下降線(カコウセン)を辿(たど)る・論理(ロンリ)を辿(たど)る」▼ある線にそって進む。一つの方向に進む。

古訓 中古 おこたる 中世 おこたる 近世 あゆむ・たどる

辺
辶3(6) 4 8975 28455 国字 はさ・はざ

意味 人名などに用いる字。例 辺田(はさだ|はざた)(=姓)。

迓
辶4(8) 4 8981 8FD3 ガ 漢 禡 yà

意味 出迎える。むかえる。例 迎迓(ゲイガ)。

近
辶4(7) 1 2265 8FD1 教2 キン 漢 コン・ゴン 呉 吻 問 jìn ちか-い(ちか-し)・ちか-づく

[近]
辶4(8) 旧字体。

筆順 ノ 厂 斤 斤 䜣 近

なりたち [形声]「辶(=ゆく)」と、音「斤キ→キン」とから成る。ちかづく。

意味 ❶そばによる。**ちかづく**。例 近迫(キンパク)。接近(セッキン)。❷関係がちかい。似ている。**ちかい**。例 近縁(キンエン)。近親(キンシン)。卑近(ヒキン)。❸時間や距離のへだたりが小さい。**ちかい**。例 近況(キンキョウ)。近郊(キンコウ)。最近(サイキン)。

古訓 中古 このごろ・ちか・ちかし・ちかづく・つく・となり 中世 ちかし・ちかづく 近世 ちかし・ちかづく・つく

人名 ちか・ちかし・とも・もと

難読 遠近(おちこち)

【近江】おうみ 日 旧国名の一つ。今の滋賀県にあたる。江州(ゴウシュウ)。
【近因】キンイン 日 直接の原因。対 遠因。
【近影】キンエイ 日 最近写した写真。
【近衛】キンエイ 一 天子の近くで護衛する。二 コノエ 日 ①「近衛府」の略。昔、皇居の警固や行幸(ギョウコウ)の護衛を担当した役所。例 —の大将(ダイショウ)(=近衛府の長官)。②天皇のそば近く仕えて護衛すること。例 —兵。
【近縁】キンエン 日 ①血のつながりが濃いこと。②生物の分類上で、近い関係にあること。例 —種。
【近火】キンカ 近所に起きた火事。例 遠水不ㇾ救二近火一也(エンスイはキンカをすくわざるなり)(=遠いところにある水では、近所の火事を消すことはできない)。〈韓非・説林上〉 —お見舞い。
【近海】キンカイ 陸地に近い海。対 遠海・遠洋・外海。例 —漁業。
【近懐】キンカイ 最近の心境。このごろの気持ち。
【近刊】キンカン ①近いうちに出版すること。例 —予告。②近ごろ出版されたこと。また、その本。新刊。
【近眼】キンガン 日「近視(キンシ)」に同じ。
【近畿】キンキ 〔「畿」は、都の周辺地域〕①都に近い地域。②日「近畿地方」の略。京都・大阪・奈良・兵庫・和歌山・滋賀・三重の二府五県。
【近況】キンキョウ 最近の様子。近状。近情。例 手紙で—を知らせる。
【近近】キンキン|ちかぢか 日 近い将来に。近いうちに。例 —(キンキン)に工事

を始める予定だ。

【近景】キンケイ ①近くに見える景色。②絵画や写真などで、画面の手前に見える景色。▽(対)遠景。

【近県】キンケン 近くの県。

【近古】キンコ ①あまり遠くない昔。②中古(チュウコ)の次の時代。③[日]歴史の時代区分の一つ。日本史(特に文学史)では、中古と近世の間。鎌倉(かまくら)・室町時代。中世。

【近攻】キンコウ (遠い国と同盟して)近い国を攻めること。[例]不レ如二遠交而近攻一(エンコウしてキンコウするにしかず)(=遠国と同盟して近国を攻める方がよい)。〈史記・范雎伝〉

【近幸】キンコウ そばに置いてかわいがること。また、その女性・臣下。[例]襄子必近二幸子一(ジョウシかならずシをキンコウせん)(=趙襄子(チョウジョウシ)はきっとあなたを側近としてかわいがる)。〈史記・刺客伝・予譲〉

【近郊】キンコウ ①都の城外の五十里以内の地域。②都会の周辺部。都市に近い地域。[例]—の住宅地。

【近郷】キンゴウ [日]都会に近い村里。

【近在】キンザイ [日]都会や町に近い村里。[例]近郷(キンゴウ)—。

【近作】キンサク 最近の作品。

【近思】キンシ|ちかくおもう 自分の身に近づけて考える。また、身近なことを考える。近切。

【近視】キンシ 網膜の前方に像を結ぶため、遠くのものがはっきり見えないこと。凹レンズで矯正する。近目(ちかめ)。近視眼。近眼。(対)遠視。

【近似】キンジ よく似ている。類似。[例]—値。形が—している。

【近侍】キンジ 主君のそば近くに仕える。また、その人。近習(キンジュ)。

【近時】キンジ 近ごろ。最近。

【近日】キンジツ ①近い将来。近いうち。[例]—発売。②太陽に近い。[例]—点(=惑星などの公転軌道上で、太陽に最も近い点)。

【近者】[一]キンシャ|ちかごろ 最近。このごろ。[二]キンジャ 近くにいる人。身近な人。

【近習】キンジュ|キンシュウ 主君のそば近くに仕える家来。小姓(こショウ)。近侍。

【近所】キンジョ ①その場所から近いところ。近辺。②[日]近くの家。[例]—づきあい。

【近称】キンショウ [日]文法で、指示代名詞の一つ。話し手と聞き手に近いものごと・方向・場所などを指し示すことば。日本語では、「これ」「ここ」「この」「こちら」など、「こ」で始まるのが特徴。

【近情】キンジョウ ①親しみのある情愛。②「近況(キンキョウ)」に同じ。

【近臣】キンシン 主君のそば近くに仕える家来。近侍。近習(キンジュ)。

【近信】キンシン ①近づけて信用する。②近ごろの便り。

【近親】キンシン 血縁の近い親族。身内。近属。(類)近戚(キンセキ)。

【近世】キンセイ ①近ごろの世の中。②歴史の時代区分の一つ。中世と近代のあいだ。日本史では、江戸時代。

【近切】キンセツ ①「近思(キンシ)」に同じ。②[日]ぴったり当てはまる。

【近接】キンセツ ①すぐ近くにある。[例]空港に—したホテル。②接近する。

【近属】キンゾク 「近親(キンシン)」に同じ。

【近体】キンタイ ①近ごろの体裁や様式。②漢詩の形式の一つ。唐代の初期に完成した律詩と絶句とをいう。句数・韻律などに細かい規則がある。今体(キンタイ)。近体詩。今体詩。(対)古詩・古体詩。

【近代】キンダイ ①現代に近い過去の時代。②歴史の時代区分の一つ。日本史では近世に続く時代で、明治維新以後。

【近年】キンネン 現在に近い過去の数年。ここ数年。[例]—の世界情勢。

【近迫】キンパク [日]そばに近寄る。また、親しくつき合う。

【近辺】キンペン そこに近いところ。近所。付近。[例]東京—。

【近傍】キンボウ [日]その近く。そのあたり。近所。近辺。

【近密】キンミツ ①近づき親しむ。親密。②主君のそば近く仕えること。また、その臣。

【近未来】キンミライ [日]現在に近い未来。〔過去を区分する考え方を未来にもあてはめたもの〕[例]—の社会をえがく。

【近憂】キンユウ さしせまった心配ごと。身近な心配ごと。→【遠慮】エンリョ①(1322ページ)

【近来】キンライ ちかごろ。近時。[例]—まれにみる大事件。

【近隣】キンリン ①となり近所。近所。[例]—の住民に聞く。②市町村や国などが境を接して近くにあること。[例]—諸国。

【近目】ちかめ [日]「近視(キンシ)」に同じ。

●遠近(エンキン)・最近(サイキン)・接近(セッキン)・側近(ソッキン)・卑近(ヒキン)・付近(フキン)

迎

辶4(7) [1]2362 8FCE 常用

[一]ゲイ(漢) ゴウ(ガウ)(呉) [庚]yíng
[二]ゲイ(漢) ゴウ(ガウ)(呉) [敬]yìng
むかえる(むかーふ)

[迎] 辶4(8) 旧字体。

筆順

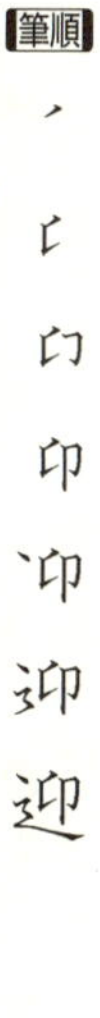

なりたち

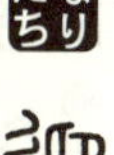

[形声]「辶(=ゆく)」と、音「卬(ゴウ→ゲイ)」とから成る。であう。

意味 [一]❶来る人やものを待ち受ける。出むかえる。[例]迎撃(ゲイゲキ)。迎春(ゲイシュン)。歓迎(カンゲイ)。❷相手の気持ちに合わせる。[例]迎意(ゲイイ)。迎合(ゲイゴウ)。[二]むかえに行く。むかえに行って連れて来る。[例]迎接(ゲイセツ)。親迎(シンゲイ)(=新郎が新婦の家まで新婦をむかえに行く儀式)。

古訓 [中古]さかさま・むかふ・むかへ [中世]むかひ・むかふ [近世]むかふ・むかへる

【迎▼阿】ゲイア 〔「阿」は、おもねる意〕人に気に入られるようにする。へつらう。

【迎意】ゲイイ 人の心をさぐって、意にそうように機嫌をとる。

【迎引】ゲイイン 「迎接(ゲイセツ)」に同じ。

【迎謁】ゲイエツ 出むかえてお目にかかる。

【迎撃】ゲイゲキ 攻めてくる敵をむかえうつ。邀撃(ヨウゲキ)。[例]—ミサイル。敵機を—する。

【迎合】ゲイゴウ ①あらかじめ日を決めて会う。②他人の気に入るように意見や行動をあわせる。おもねる。[例]大衆に—する意見。

【迎歳】ゲイサイ 新年をむかえる。迎春。(類)迎年・迎新・迎陽。

【迎日】ゲイジツ ①元旦(ガンタン)あるいは春分の日に、天子が都の郊外で太陽をむかえる。②朝になる。③将来の暦を計算して決める。

【迎春】ゲイシュン 新年をむかえる。〔年賀状などで、挨拶(アイサツ)のことばとして用いる〕

【迎接】ゲイセツ 客を出むかえ、もてなす。迎引。

【迎賓】ゲイヒン 客をむかえて接待すること。〔特に、外国からの重要な客について用いる〕[例]—館。

●歓迎(カンゲイ)・送迎(ソウゲイ)・来迎(ライゴウ)

迕

辶4(8) [4]8982 8FD5 ゴ(漢) [麌]wǔ

意味 ❶めぐり会う。出会う。あう。(通)俉(ゴ)。❷食い違う。さからう。[例]迕逆(ゴギャク)(=さからう)。❸入りまじる。[例]錯迕(サクゴ)。

[迊]

辶4(8) ⇩帀(ソウ)(188ページ)

﨤

辶4(8) [4]8978 FA24 国字 そり

意味 人名などに用いる字。例 返町（そりまち）（＝姓）。

迍 辶4（8） 4 8980 8FCD チュン 漢 真 zhūn

意味 なかなか進まない。たちもとおる。例 迍邅（チュンテン）（＝行き悩むさま）。

迚 辶4（8） 2 7773 8FDA 国字 とて-も

意味 〔「とっても」の縮約形〕❶〔下に打ち消しのことばをともなって〕どんなにしたところで。例 迚（とて）も行（い）けない。迚（とて）もかなわない。❷非常に。たいそう。例 迚（とて）も立派（リッパ）な作品（サクヒン）。❸〔「迚（とて）も斯（か）くても」の形で〕いずれにせよ。結局。❹〔「迚（とて）ものことに」の形で〕いっそのこと。同じことなら。ついでに。

返 辶4（7） 1 4254 8FD4 教3 ハン 漢 ヘン・ホン 呉 阮 fǎn かえす（かへ-す）・かえる（かへ-る）・かえし（かへ-し）

［返］ 辶4（8） 旧字体。

筆順 一 厂 万 反 反 饭 返

なりたち  ［会意］「辶（＝ゆく）」と、「反（ハン）（＝かえす）」とから成る。かえる。

意味 ❶もとにもどる。**かえる**。例 返照（ヘンショウ）。往返（オウヘン）。❷もとにもどす。**かえす**。例 返還（ヘンカン）。返却（ヘンキャク）。

日本語での用法《かえる》《かえす》「紙（かみ）が裏（うら）に返（かえ）る・手（て）のひらを返（かえ）す」▼向きが反対になる。

古訓 中古 うらむ・おそる・かへさふ・かへす・かへる・さる・そる・ひるがへす 中世 かへす・かへる・そむく・そる 近世 かへす・かへる

人名 のぶ

【返魂香】ハンゴンコウ ⇩【反魂香】ハンゴンコウ（213ジペー）

【返命】ヘンメイ／ハンメイ 命令を受けて遂行した事柄について、結果を報告する。

【返歌】ヘンカ 一かえしうた 日 贈られた歌に答えて、詠んでかえす歌。

【返還】ヘンカン いったん所有したものを、もとの持ち主にかえす。例 優勝旗一。

【返簡】ヘンカン 「返書（ヘンショ）」に同じ。

【返却】ヘンキャク 日 借りたもの、預かったものなどをかえす。例 本を一する。

【返金】ヘンキン 借りたおかね、または預かったおかねをかえす。また、そのおかね。

【返景】ヘンケイ 夕日がさしてくること。夕日の光。返照。例 返景入二深林一（ヘンケイシンリンにいる）（＝夕日が林の奥までさしこむ）。〈王維・鹿柴〉

【返済】ヘンサイ 日 借りた金品をかえす。例 借金を一する。

【返事】【返辞】ヘンジ 日 ①相手からの呼びかけや問いかけなどに対して答える。また、そのことば。例 大きな声で一をする。②手紙や文書で相手に答える。また、その手紙や文書。返書。例 一を書く。

【返書】ヘンショ 返事の手紙。返信。返簡。類 返章・返牒（ヘンチョウ）。

【返照】ヘンショウ ①光がてりかえすこと。てりかえし。②夕日がさす。また、夕日にてらされて、輝いて見える。夕照（セキショウ）。

【返上】ヘンジョウ 日 与えられたものを、おかえしする。例 休日一で働く。汚名を一する。

【返信】ヘンシン 日 返事の手紙や通信を出す。また、その手紙や通信。返書。対 往信。例 一用の切手。

【返送】ヘンソウ おくりかえす。例 不良品を一する。

【返電】ヘンデン 日 返事の電報。例 ただちに一を打つ。

【返答】ヘントウ 日 聞かれたことに対して答える。返事。

【返納】ヘンノウ 日 借りたものを、もとの場所や持ち主にかえす。

【返杯】【返▼盃】ヘンパイ 宴会などで、ついでもらった酒を飲みほし、そのさかずきを相手にかえして、酒をつぎかえす。

【返品】ヘンピン 日 いったん買った品物をかえす。また、その品物。

【返付】ヘンプ 日 お金や品物をかえす。

【返報】ヘンポウ 日 ①恨みを晴らす。報復。仕返し。②好意や親切に対して、おかえしをする。返礼。③返信。

【返本】ヘンポン 日 小売りの書店が、売れ残った本を、取次を通して出版社などにもどす。また、その本。例 一率。

【返礼】ヘンレイ 日 他人から受けた挨拶（アイサツ）や好意に対して、おかえしの挨拶や贈り物をする。また、その品物。おかえし。

【返戻】ヘンレイ 日 もとの場所や持ち主にかえす。返却。

迤 辶5（9） 3 9252 8FE4 一 イ 漢 紙 yǐ 二 イ 漢 支 yí 三 タ 漢 歌 tuó

［迆］ 辶3（7） 4 8977 8FC6 本字。

意味 一 ❶斜めに行く。❷一定の方向へ延伸する。むかう。例 迤邐（イリ）（＝曲がりくねって続くさま）。二「逶迤（イイ）」は、うねうねと続くさま。三「迤迤（タタ）」は、連なり続くさま。

迦 辶5（9） 1 1864 8FE6 人 カ 漢 呉 麻 jiā

なりたち ［形声］「辶（＝ゆく）」と、音「加（カ）」とから成る。梵語（ボンゴ）の音訳字。

意味 梵語（ボンゴ）の ka または kya の音（オン）にあてる字。例 迦葉（カショウ）（＝釈迦（シャカ）の弟子の名）。釈迦（シャカ）。

古訓 中古 かなふ 中世 かなふ・はづるる・はづれ 近世 あしかせ・たまさか・はづす

【迦陵頻▼伽】カリョウビンガ 〔仏〕〔梵語（ボンゴ） kalavinka の音訳〕極楽浄土にいて、美女の顔と美声をもつとされる鳥。迦陵頻。頻伽。

迥 辶5（9） 2 7774 8FE5 ケイ 漢 ギョウ 呉 迥 jiǒng はる-か

［逈］ 辶6（10） 3 9255 9008 俗字。

意味 遠く離れている。**はるか**。例 迥遠（ケイエン）。

【迥遠】ケイエン はるかに離れている。

【迥然】ケイゼン はるかなさま。類 迥迥（ケイケイ）。

【迥抜】ケイバツ 高くぬきんでる。

迮 辶5（9） 3 9254 8FEE サク 漢 呉 陌 zé

意味 ❶せまい。通 窄（サク）。例 迮狭（サクキョウ）（＝道・管などがせまい）。❷おし迫る。せまる。通 笮（サク）。

［迹］ 辶5（8） ⇩邇（ジ）（1328ジペー）

述 辶5（8） 1 2950 8FF0 教5 シュツ 漢 ジュツ 呉 質 shù のべる（の-ぶ）

［述］ 辶5（9） 旧字体。

筆順 一 十 才 木 朮 朮 沭 述 述

なりたち  ［形声］「辶（＝ゆく）」と、音「朮（シュツ）」とから成る。したがう。

意味 ❶すじみちを立てて話したり、書きあらわしたりする。**のべる**。例 述懐（ジュッカイ）。記述（キジュツ）。著述（チョジュツ）。❷（先人の教えなどを）そのまま受けつぎ伝える。例 述而不レ作（のべてつくらず）（＝先人の教えをそのまま伝えるだけで、新しいものは作らない《のが私の姿勢だ》)。〈論語・述而〉 祖述（ソジュツ）。

古訓 中古 きはむ・したがふ・のぶ・のり・まうす 中世 つぐる・のぶ・のぶる 近世 あつむる・したがふ・つぐ・のぶる・をさむる

人名 あきら・とも・のぶ・のぶる・のり

【述懐】（ジュッカイ） 心に思うことをのべる。例 当時の心境を―する。

【述語】（ジュツゴ） 日 文法で、文の成分の一つ。主語を受けて、その動作や状態、性質などを説明することば。対 主語。

【述作】（ジュッサク） 詩や文を作ったり本を書いたりする。また、その作品。著作。著述。

【述職】（ジュッショク） 諸侯が天子に自分の職務について報告する。

【述部】（ジュツブ） 日 文法で、文の構成部分の一つ。述語とそれにかかる修飾語をあわせたもの。対 主部。

●供述（キョウジュツ）・口述（コウジュツ）・叙述（ジョジュツ）・陳述（チンジュツ）・論述（ロンジュツ）

迠

辶5 (9) 4 8983 8FE0 ショウ(セフ) 漢 葉 chè

意味 行く。

日本語での用法 《まで》▼「迄（まで）」に同じ。

迱

辶5 (9) 4 8984 8FF1 タ 漢 ダ 呉 歌 tuó イ 漢 支 yí

意味 「逶迱（イイ／イタ）」は、うねうねと曲がって長く続くさま。委蛇（イイ）。逶迤（イイ）。

迨

辶5 (9) 3 9253 8FE8 タイ 漢 賄 dài

意味 ❶いたる。およぶ。通 逮。例 迨及（タイキュウ）（＝およぶ）。❷待ちうける。待つ。

迢

辶5 (9) 2 7775 8FE2 チョウ(テウ) 漢 蕭 tiáo たか-い(たか-し)・とお-い(とほ-し)・はる-か

意味 ❶⇩【迢迢】（チョウチョウ） ❷⇩【迢遰】（チョウテイ） ❸⇩【迢遥】（チョウヨウ）

【迢迢】（チョウチョウ） ①高いさま。②はるか遠いさま。例 迢迢牽牛星（チョウチョウたるケンギュウセイ）（＝はるか遠い空にかがやくのは、ひこぼし）。〈古詩十九首〉 ③時間が長く続くさま。例 迢迢独夜長（チョウチョウとしてドクヤながし）（＝ひとりで過ごす夜は非常に長い）。〈戴叔倫・雨〉

【迢遰】（チョウテイ） ①はるか遠いさま。②高くそびえるさま。③曲折のあるさま。複雑でこみいっているさま。④どこまでも長く続いているさま。⑤時間の長いさま。

【迢▼遥】（チョウヨウ） ①はるかに遠いさま。②時間の長いさま。

迪

辶5 (8) 2 7776 8FEA 人 テキ 漢 錫 dí みち

［迪］ 辶5 (9) ― 旧字体。

［廸］ 廴5 (8) 2 5515 5EF8 別体字。

なりたち  [形声]「辶（＝ゆく）」と、音「由（ユウ→テキ）」とから成る。みち。みちびく。

意味 ❶道理。**みち**。例 迪彝（テキイ）（＝道のおきて。正しい法）。❷教えみちびく。みちびく。例 啓迪（ケイテキ）（＝教えみちびく）。❸（道理に）従っておこなう。ふみおこなう。例 迪知（テキチ）（＝実践してみて、さとる）。❹進める。登用する。

古訓 中古 いたる・すすむ・ふむ・みち・みちびく 中世 すすむ・ふむ・みち・みちびく 近世 すすむ・ただす・ふむ・みちびく・をしゆる

人名 いたる・すすむ・ただ・ただし・ただす・ひら・ふみ・ゆう

迭

辶5 (8) 1 3719 8FED 常用 テツ 漢 テチ 呉 屑 dié か-わる(か-はる)

［迭］ 辶5 (9) ― 旧字体。

筆順 ノ ⺈ 𠂉 牛 失 失 迭 迭

なりたち  [形声]「辶（＝ゆく）」と、音「失（シツ→テツ）」とから成る。とりかえる。

意味 ❶入れかわる。**かわる**。例 迭立（テツリツ）（＝かわって立つ）。更迭（コウテツ）。❷かわるがわる。互いに。例 迭起（テッキ）。❸しばしば。何度も。例 迭次（テツジ）。

古訓 中古 かはる・かはるかはる・すみやかなり・たがひに・たがふ 中世 かはる・すみやか・たがひ 近世 かはる・さへぎる・すぐる・たがひに・つく・にげる

【迭起】（テッキ） かわるがわる起こる。類 迭興（テッコウ）。

【迭次】（テツジ） しばしば。たびたび。

【迭代】（テツダイ） 次々と入れかわる。

［迯］ 辶5 (9) ⇩逃（トウ）（1305ページ）

迫

辶5 (8) 1 3987 8FEB 常用 ハク 漢 呉 陌 pò せまる

［迫］ 辶5 (9) ― 旧字体。

［廹］ 廴5 (8) 3 8416 5EF9 別体字。

筆順 ノ 亻 亇 白 白 ⺀白 泊 迫

なりたち  [形声]「辶（＝ゆく）」と、音「白（ハク）」とから成る。近づく。

意味 ❶近づく。さしせまる。**せまる**。例 迫真（ハクシン）。迫力（ハクリョク）。切迫（セッパク）。❷追いつめて苦しめる。おさえつける。おびやかす。例 迫害（ハクガイ）。圧迫（アッパク）。脅迫（キョウハク）。

古訓 中古 おびやかす・おびゆ・すみやかに・せまる・せむ・たちまち・ちかし 中世 せまる・せむ・たちまち・ちかし 近世 いそがはし・せばし・せまる・たしなめらる

人名 とお

難読 迫（さこ）（＝姓）・笸迫（せこ／はこ）・迫合（せりあい）・迫せり上（あ）がる

【迫害】（ハクガイ） 日 権力や暴力などでおどし、害を加える。

【迫▼遽】（ハッキョ／ハクキョ） 窮屈でゆとりのないさま。さしせまって、あわてているさま。

【迫近】（ハッキン／ハクキン） 近くまでせまる。

【迫撃】（ハクゲキ） 敵陣に接近してうつ。例 ―砲。

【迫▼蹙】（ハクシュク） ①せきたてる。②困りきる。

【迫真】（ハクシン） 真実そのものであるかのように思えること。真にせまること。例 ―の演技。―の描写力。

【迫切】（ハクセツ） さしせまる。切迫する。

【迫促】（ハクソク） 近づく。さしせまる。追いつめられる。逼迫（ヒッパク）。

【迫力】（ハクリョク） 日 見る者や聞く者の心を圧倒するような力。例 ―のある演奏。

【迫間】（はざま） 日 ①物と物との間のせまいすきま。②谷。谷間。③城の壁にあけてある、矢や銃をうつための穴。銃眼。▽狭間（はざま）。

●圧迫（アッパク）・窮迫（キュウハク）・脅迫（キョウハク）・緊迫（キンパク）・切迫（セッパク）

迻

辶6 (10) 4 8986 8FFB イ 漢 支 yí

意味 移動する。うつる。うつす。通 移。

［迴］ 辶6 (10) ⇩廻（カイ）（456ページ）

适

辶6 (10) 4 8987 9002 カツ(クヮツ) 漢 曷 kuò

意味 速い。参考「適（テキ）」の簡体字としても用いられる。

逆

辶6 (9) 1 2153 9006 教5 ゲキ 漢 ギャク 呉 陌 nì さか・さか-らう(さか-らふ)・さか さま・さかさ

［逆］辶6（10）—— 旧字体。

筆順 ソ ㅛ 屰 屰 屰 逆 逆

なりたち ［形声］「辶（＝ゆく）」と、音「屰ゲキ」とから成る。むかえる。

意味 ❶来るものをむかえる。でむかえる。例 逆命ゲキメイ。逆旅ゲキリョ。❷あらかじめ。まえもって。例 逆睹ゲキト。逆料ゲキリョウ。❸そむく。はむかう。**さからう**。例 逆臣ギャクシン。逆賊ギャクゾク。反逆ハンギャク。❹方向や順序、また位置などが反対である。**さかさま**。**さかさ**。例 逆転ギャクテン。逆行ギャッコウ。逆効果ギャクコウカ。

古訓 中古 あらかじめ・さかさま・さかしまなり・さかふ・しりぞく・そむく・むかふ 中世 さかさま・さかしま・さかふ・むかふ 近世 あらかじめ・さかしま・さかふ・みだる・むかへる・もとる

【逆意】ギャクイ ①他人の気持ちにさからう。また、自分の気持ちにそぐわない。②謀反の心。逆心。③相手の気持ちをあらかじめ推量する。

【逆運】ギャクウン 順調ではない運命。不運。ふしあわせ。

【逆縁】ギャクエン〔仏〕①悪事をはたらいたことが、仏道にはいるきっかけとなること。②日 親が子の、また、年長者が年少者の、供養をすること。▽対 順縁。

【逆算】ギャクサン 逆の順序で計算する。終わりから前へとさかのぼって計算する。例 完成予定日から―して計画を立てる。

【逆耳】ギャクジ〔耳に聞きにくい意〕聞いて快く思わない。耳が痛い。例 忠言逆レ耳（＝忠告のことばはすなおに聞けない）。〈史記・留侯世家〉―の言ゲン。

【逆▼豎】ギャクジュ〔「豎」は、小僧の意〕道にそむく悪人。人をののしっていうことば。

【逆襲】ギャクシュウ 日 攻められていた方が、逆に攻め返す。反撃。

【逆順】ギャクジュン ①さからうことと、したがうこと。順逆。②日 通常とは反対の順序。

【逆上】ギャクジョウ 日 激しい怒りや悲しみなどのために、興奮してとり乱す。頭に血がのぼる。

【逆心】ギャクシン 臣下が主君にそむこうとする思い。謀反の心。

【逆臣】ギャクシン 主君にそむく臣下。

【逆接】ギャクセツ 前の文や句と、あとに続く文や句との意味が逆であること。「つかまえようとしたが、逃げられた」「花は咲いた。しかし、すぐに散ってしまった」など。対 順接。

【逆説】ギャクセツ 日 常識や真理にさからうような表現で強調される主張。パラドックス。たとえば、「負けるが勝ち」「急がば回れ」など。

【逆送】ギャクソウ 日 おくり返す。

【逆賊】ギャクゾク 主君にそむいた者。謀反人。例 ―の汚名を着せられる。

【逆手】ギャクて 日 ㊀ ①柔道などで、相手の関節を逆の方向に曲げて痛めつけること。また、そのわざ。②さかて 器械体操で、手のひらを手前に向けてにぎる、鉄棒のにぎり方。対 順手ジュンて。例 鉄棒の―大車輪。③さかて 相手の攻撃や非難などを逆に利用して、反撃すること。例 相手の論法を―に取る。㊁さかて 刀などを、普通の持ち方と逆に、小指の方が刃に近くなるように柄かをにぎること。例 短刀を―に持つ。

【逆転】ギャクテン 回転や進行の方向、上下の位置関係、勝敗の形勢などが、それまでと反対になる。例 力関係が―する。

【逆徒】ギャクト 謀反を起こした者たち。

【逆徳】ギャクトク 道にそむく行為。争いごとをすること。

【逆比例】ギャクヒレイ 日 ⇩【反比例】ハンピレイ（214ジペー）

【逆風】ギャクフウ ①（進むのをさまたげるように）進行方向から吹いてくる風。向かい風。対 順風。例 ―をついて走る。②活動や行動のさまたげになるような強い力。

【逆命】ギャクメイ ①メイをむかう 命令にそむく。②メイにさからう 自分からすすんで命令を受ける。

【逆用】ギャクヨウ 日 ①本来の目的とは反対のことに利用する。②相手かたのものを都合よく利用する。例 相手の押してくる力を―して勝つ。

【逆流】ギャクリュウ ①川の流れをさかのぼる。②水などが、本来のながれとは反対の方向にながれる。例 満ち潮で川が―する。

【逆倫】ギャクリン 人の道にそむく。親やわが子を殺すなど、人としてしてはならないことをする。

【逆浪】ギャクロウ｜ゲキロウ｜さかなみ 日 逆風にあおられ、流れや潮にさからって立つ波。さかまく波。

【逆境】ギャッキョウ 能力や個性をうまくのばせない境遇。ふしあわせな境遇。対 順境。

【逆光】ギャッコウ 日「逆光線ギャクコウセン」の略。写真や絵画などで、描きとろうとするものの後ろからさす光線。また、その状態。

【逆行】ギャッコウ ①反対の方向に進む。あともどり。例 時代に―する考え方。②道理に反するおこない。③地球から見て惑星が東から西へ動く天球上の運動。▽対 順行。

【逆詐】ゲキサ｜サをむかう 相手があざむくのではないかと疑う。

【逆▼睹】ゲキト｜ギャクト あらかじめ見通す。例 形勢は―しがたい。【逆▼覩】ゲキト｜ギャクト

【逆旅】ゲキリョ ①〔旅人をむかえる意〕宿屋。旅館。例 天地者万物之逆旅テンチはバンブツのゲキリョなり（＝天地はあらゆる生き物のための宿屋のようなものだ）。〈李白・春夜宴桃李園序〉②旅。

【逆料】ゲキリョウ あらかじめ推しはかる。予測する。

【逆▼鱗】ゲキリン 竜ののどの下にさかさに生えている鱗うろこ。それに触れた人は必ず殺されるという。例 ―に触れる。

【批二逆▼鱗一】ゲキリンにふる〔「批」は、触れるの意〕天子の激しい怒りをこうむる。逆鱗に触れる。批鱗ヒリン。嬰鱗エイリン。〈戦国策・燕三〉〈史記・刺客伝・荊軻〉から〕

【逆毛】さかげ 日 ①さか立っている毛。②毛先から根元に向けて、さかさにとかして立たせた髪の毛。

【逆夢】さかゆめ 日 夢で見たこととは逆の結果になった夢。対 正夢まさゆめ。

●悪逆アクギャク・可逆カギャク・順逆ジュンギャク・反逆ハンギャク

［逈］辶6（10）⇩迥イケ（1300ジペー）

［逅］辶6（10）②7780 9005 コウ 漢 有 hòu あ-う（あ-ふ）

意味 思いがけなくであう。ばったり会う。例 邂逅カイコウ。

［迹］辶6（10）⇩跡キセ（1274ジペー）

［送］辶6（9）①3387 9001 教3 ソウ 漢 呉 送 sòng おくる・おくり

［送］辶6（10）—— 旧字体。

筆順 ソ ㅛ 丷 关 关 关 送 送

なりたち ［会意］「辶（＝ゆく）」と「俟（＝おくる）」の省略体とから成る。人をさしむける。

意味 ❶去って行く人を見おくる。**おくる**。例 送迎ソウゲイ。送別ソウベツ。歓送カンソウ。❷目的の所へものを運ぶ。とどける。人をつかわす。**おくる**。例 送金ソウキン。送電ソウデン。輸送ユソウ。

古訓 中古 おくる・のかふ・やる 中世 おくる 近世 おくる・したがふ・つかはす・はなむけ・やる

人名 おく

【送還】ソウカン （捕虜や密入国者を、本国へ）おくりかえす。例 強制—。
【送窮】ソウキュウ 窮鬼（＝貧乏神）を追い出す、正月の行事。
【送金】ソウキン お金をおくる。また、そのお金。例 実家に—する。
【送迎】ソウゲイ おくりむかえ。例 —バス。客を—する。
【送検】ソウケン 日〔法〕犯罪者や容疑者の身柄、あるいはその調査書類を、起訴手続きのために警察から検察庁におくる。例 書類—。
【送行】ソウコウ〔コウをおくる〕 旅立つ人をおくる。
【送稿】ソウコウ 日 原稿を印刷所におくる。
【送死】ソウシ ①〔シをおくる〕 親の死を見おくる。父母を丁重にとむらう。②死をいとわないおこないを自らする。死の道を選ぶ。
【送車】ソウシャ 旅立つ人や葬式を見おくる人の車。
【送受】ソウジュ おくり出すことと、うけ取ること。送信と受信。
【送終】ソウシュウ ①人の最期をみとる。②死者を葬ったり喪に服したりする。
【送信】ソウシン 電話・放送・電子メールなどをおくる。対 受信。
【送水】ソウスイ 水道管や水路などに水を流す。例 —管。
【送葬】ソウソウ 死者を火葬場や墓場までおくる。
【送致】ソウチ （人やものを）おくり届ける。類 送達。
【送電】ソウデン 日 電力をおくる。例 —線（＝発電所から変電所に電力をおくる電線）。
【送付】ソウフ 日 （書類や品物を）おくり届ける。例 督促状を—する。
【送風】ソウフウ 風を起こしておくりこむ。例 —機。
【送別】ソウベツ 別れて行く人をおくり出す。例 —会。
【送料】ソウリョウ 日 物品を郵送や運送する際の料金。送り賃。
●運送（ウンソウ）・回送（カイソウ）・歓送（カンソウ）・護送（ゴソウ）・転送（テンソウ）・電送（デンソウ）・配送（ハイソウ）・発送（ハッソウ）・返送（ヘンソウ）・放送（ホウソウ）・郵送（ユウソウ）

退
辶6 (9)
1 3464 9000
教5

タイ 漢 呉 隊 tuì
しりぞく・しりぞける（しりぞ-く）・の-く 付表 立（た）ち退（の）く

［退］辶6 (10) 旧字体。

筆順 フ ヲ ヨ 艮 艮 艮 退 退

なりたち  〔会意〕「辶（＝ゆく）」と「日（＝ひ）」と「夂（＝ゆっくり足をひいてゆく）」とから成る。日ごとにおくれる。

意味 ❶うしろへひきさがる。あとずさる。しりぞく。例 退却（タイキャク）。退散（タイサン）。後退（コウタイ）。❷ある場所をたちさる。たちのく。のく。例 退出（タイシュツ）。退場（タイジョウ）。退席（タイセキ）。❸やめる。身をひく。例 退亦憂（しりぞくもまたうれう）（＝官職をやめても民を心配する）。〈范仲淹・岳陽楼記〉 退位（タイイ）。退職（タイショク）。引退（インタイ）。❹おとろえる。勢いがなくなる。例 退化（タイカ）。減退（ゲンタイ）。衰退（スイタイ）。❺おいはらう。しりぞける。例 退治（タイジ）。撃退（ゲキタイ）。❻消極的なさま。例 求也退、故進レ之（キュウやしりぞく、ゆえにこれをすすむ）（＝冉求（ゼンキュウ）は引っこみ思案だから、はげましたのだ）。〈論語・先進〉 退嬰（タイエイ）。❼色があせる。通 褪（タイ）。例 退色（タイショク）。

古訓 中古 いそぐ・しりぞく・にぐ・まかる・やむ 中世 いそぐ・しらます・しりぞく・まかる 近世 おくるる・さる・しりぞく・ゆづる

人名 のき

【退位】タイイ 君主・天子がその地位からしりぞく。対 即位。
【退院】タイイン ①僧侶（ソウリョ）が寺院からしりぞいて隠居する。②日 患者が病院での療養を終えて自宅に帰る。対 入院。
【退隠】タイイン 職務を離れ、世俗をさけて隠居する。
【退▼嬰】タイエイ 〔「嬰」は、赤んぼう。赤んぼうのように無力の意〕 新しいことを取り入れる意気ごみがない。消極的。対 進取。例 —的。
【退役】タイエキ 日 ①軍人が兵役を離れる。例 —将校。②艦船や飛行機などが、本来の目的では使用されなくなる。例 —した客船。
【退化】タイカ 日 ①生物のある器官や組織が、種（シュ）の進化や個体の成長のため、小さくなったり、はたらかなくなったりする。②進歩が止まって、以前の状態にあともどりする。退行。
【退会】タイカイ 日 ある会をやめて、会員でなくなる。対 入会。
【退学】タイガク 学生や生徒が卒業前に学校をやめる。例 —処分（＝学校側が罰としてやめさせること）。
【退官】タイカン 官職をしりぞく。対 任官。
【退間】【退閑】タイカン 官職をしりぞき、世俗を離れて静かに暮らす。
【退却】タイキャク 戦いや経営が不利な状態になって引き下がる。対 進出。
【退休】タイキュウ ①官職のつとめを休む。休暇をとる。②辞職する。引退する。
【退去】タイキョ ある場所を立ちのく。例 —命令。
【退勤】タイキン 日 一日の勤務を終えて、職場を出る。対 出勤。
【退屈】タイクツ ①負けてしりぞく。②日 単調でおもしろみがなく、うんざりするさま。例 —な仕事。③日 することもなく、ひまで困るさま。例 —しのぎ。
【退行】タイコウ ①あとにさがる。後退。②日 心理学で、障害に直面して精神が混乱したときなどに、すでに通過してきたはずの、未発達の状態にもどる。例 —現象。
【退校】タイコウ 日 ①退学。例 —処分。②一日の授業を終えて、学校の外へ出る。下校。
【退座】タイザ 座席を離れて、その場を去る。退席。
【退散】タイサン ①逃げるようにいなくなる。例 敵が—する。②日 その場から立ちのく。例 そろそろ—しよう。
【退治】タイジ 日 害をおよぼすものを、うち滅ぼす。例 鬼—。
【退室】タイシツ 部屋から出る。対 入室。
【退社】タイシャ 日 ①会社をやめる。退職。対 入社。②一日の仕事を終えて、会社を出る。対 出社。例 —時間。
【退出】タイシュツ （役所や目上の人の前などから）引き下がり、帰る。例 宮中を—する。
【退場】タイジョウ 日 ①競技場や会場から出る。対 入場。例 審判が—を命ずる。②舞台・小説・映画などで、ある場面から人物が引き下がる。対 登場。例 下手（しもて）に—する。
【退譲】タイジョウ しりぞいて人にゆずる。へりくだる。
【退色】タイショク 色があせてうすくなる。褪色（タイショク）。
【退食】タイショク ①料理を減らす。②朝廷をしりぞき、自宅で食事をする。また、引退する。
【退職】タイショク それまで勤めていた仕事をやめる。対 就職。例 定年—。
【退陣】タイジン 日 ①軍隊が、構えていた陣を後ろへさげる。②仕事上の地位や立場から身を引く。例 責任をとって社長が—する。
【退勢】タイセイ 勢いがだんだんおとろえていくこと。衰勢。例 —を挽回（バンカイ）する。表記 旧 ▼頽勢
【退席】タイセキ ①君主のそばの席から別の席へと移る。②日 集まりなどの場から立ち去る。退座。
【退蔵】タイゾウ ①見えない所に隠れる。②日 物品や金銭を使わずに、ひそかにしまっておく。例 —物資。
【退団】タイダン 日 劇団やチームなどの所属をやめる。対 入団。
【退庁】タイチョウ その日の仕事を終えて、役所を出る。対 登庁。
【退朝】タイチョウ 朝廷から退出する。
【退廷】タイテイ 日 裁判の関係者が、法廷から退出する。対 出廷・入廷。例 裁判官が—する。

【退転】(タイテン) ①〔仏〕修行をおこたって、以前の悪い状態に落ちる。例 不ー。②悪い方へ移り変わる。

【退任】(タイニン) それまでの任務をやめる。㊟就任。

【退廃】(タイハイ) 日 ①くずれ、すたれる。②人が健全さを失い、乱れた生活を送る。デカダン。例 ー的な生活。表記 ▽㊖▼頽廃
【退避】(タイヒ) ①世をさけてしりぞく。②日 危険をさけるために、一時的にその場所から離れる。例 ー訓練。

【退筆】(タイヒツ) 先のほうがすり切れて使えなくなった筆。

【退歩】(タイホ) ①あともどりする。②日 発達が止まり、以前より悪化する。㊟進歩。例 文化がーする。

【退路】(タイロ) 逃げ道。㊟進路。例 ーを断つ。

【退老】(タイロウ) 官職をしりぞき隠居する。
●一進一退(イッシンイッタイ)・引退(インタイ)・撃退(ゲキタイ)・減退(ゲンタイ)・後退(コウタイ)・辞退(ジタイ)・進退(シンタイ)・衰退(スイタイ)・早退(ソウタイ)・脱退(ダッタイ)・中退(チュウタイ)・撤退(テッタイ)・敗退(ハイタイ)・勇退(ユウタイ)

迺
辶6(10) 2 7782 8FFA
ダイ㊥ ナイ㊤ 賄 nǎi
の・すなわ-ち(すなは-ち)

［廼］
廴6(9) 1 3922 5EFC
別体字。

意味 ❶なんじ。㊖乃(ダイ)。❷すなわち。㊖乃(ダイ)。
日本語での用法《の》「梅廼花(うめのはな)・春廼舎朧(はるのやおぼろ)(=坪内逍遥(つぼうちショウヨウ)の別号)」▼「の」の音をあらわす万葉仮名。

追
辶6(9) 1 3641 8FFD 教3
一 ツイ㊥㊤ 支 zhuī
二 タイ㊥ ツイ㊤ 灰 duī
おう(お-ふ)

［追］
辶6(10) 旧字体。

筆順 ノ 亻 户 白 自 追 追

なりたち  ［形声］「辶(=ゆく)」と、音「𠂤(タイ→ツイ)」とから成る。おう。

意味 一 ❶あとをおいかける。おいまわす。おいはらう。おう。例 追求(ツイキュウ)。追撃(ツイゲキ)。追跡(ツイセキ)。❷あとについて行く。従う。例 追従(ツイジュウ)。追随(ツイズイ)。❸あとから付け加える。例 追加(ツイカ)。追記(ツイキ)。追伸(ツイシン)。❹過去にさかのぼる。また、過去を思いかえす。しのぶ。例 追憶(ツイオク)。追想(ツイソウ)。追悼(ツイトウ)。❺おいかけて救う。例 来者猶可ㇾ追(きたるものはなおおうべし)(=未来は、まだ救うことができる)。〈論語・微子〉 二 みがく。彫刻する。例 追琢(タイタク)。

古訓 中古 おふ・したがふ・やらふ 中世 おふ・したがふ 近世 おくる・おふ・およぶ・したがふ

【追▼琢】(タイタク) 玉や石をみがく。

【追王】(ツイオウ) 死後に王の称号を贈る。

【追憶】(ツイオク) 過ぎ去った日々や亡くなった人を、なつかしく思い出す。追懐。追思。追想。例 ーにふける。

【追加】(ツイカ) あとから付けくわえる。例 ー予算。

【追悔】(ツイカイ) あとになってからくやむ。後悔。㊩追恨。

【追懐】(ツイカイ) 過去をなつかしく思い出す。追憶。追想。

【追記】(ツイキ) あとから書き加える。また、その文章。

【追及】(ツイキュウ) ①あとから追いつく。②日 (責任・原因・理由などを)徹底的に明らかにしようとする。例 責任をーする。

【追求】(ツイキュウ) 目的のものを手に入れるために、とことん努力する。例 利益のー。幸福をーする。

【追究】(ツイキュウ) 日 (学問的に)不確かなことや不明なことを、どこまでも明らかにしようとする。例 真理をーする。

【追給】(ツイキュウ) 給与などの不足分や増加分を、あとから追加して支給する。また、その給与。

【追啓】(ツイケイ) 日「追伸(ツイシン)」に同じ。

【追撃】(ツイゲキ) 逃げて行く敵を追いかけて攻撃する。例 敵のーをふりはらう。

【追孝】(ツイコウ) 死んだ父母や祖先の霊によく仕える。死後の孝道を尽くす。

【追号】(ツイゴウ) 死後に生前の功績をたたえて名を贈る。また、その名。おくりな。例 空海にーして弘法大師(コウボウダイシ)という。

【追思】(ツイシ) 「追憶(ツイオク)」に同じ。

【追試】(ツイシ) ①「追試験」の略。あとから試験をおこなう。また、その試験。②日 他人がおこなった実験を、ふたたびそのとおりにやって確かめる。

【追▼諡】(ツイシ) 死後に諡(おくりな)を贈る。また、その名。

【追従】(ツイジュウ) 一 人のするまま言うままに行動する。追随。二(ツイショウ) 日 おべっかを使ったり、こびへつらったりする。例 おーを言う。

【追熟】(ツイジュク) 日 果実を未熟なうちに収穫し、その後の貯蔵や輸送の期間中に完熟させる。

【追叙】(ツイジョ) 古いことを思い出して話す。昔語り。

【追称】【追▼頌】(ツイショウ) 死後にその人の功績や善行をたたえる。㊩追美。

【追▼蹤】(ツイショウ) ①あとをつけて行く。追跡。②昔のことを思い起こす。追懐。

【追▼躡】(ツイジョウ) あとをつけて追いかける。また、足跡や足どりを頼りに追い求める。追跡。

【追伸】【追申】(ツイシン) 日〔付け加えて申す、の意〕手紙を書き終えたあとに、書き加える文。また、その初めに書くことば。二伸。追而書(おってがき)。追啓。㊩追白。

【追随】(ツイズイ) ①あとにつき従う。②人のあとからついて行き、同じようなことをする。追従。例 他のーを許さない。

【追跡】(ツイセキ) 日 ①逃げ去る者のあとを追いかける。追蹤(ツイショウ)。②時代をさかのぼって研究する。③ものごとの移り変わりを、ずっと続けて観察する。例 ー調査。

【追善】(ツイゼン) 〔仏〕故人の冥福(メイフク)をいのり、遺族などが法要や寄進、ほどこしなどの善事をおこなう。追福。例 ー供養。

【追訴】(ツイソ) すでにうったえた事柄に、付け加えてうったえる。

【追走】(ツイソウ) あとを追いかけて走る。例 前の走者をーする。

【追送】(ツイソウ) ①旅立つ人に途中まで同行し、宴などを開き、餞別(センベツ)を渡して見送る。㊩追餞。②日 あとからもう一度、ものを送る。

【追想】(ツイソウ) 過去のことや亡くなった人を、しみじみと思い出す。追憶。追懐。例 故人をーする。

【追贈】(ツイゾウ) ①祖先に子孫が尊称をおくる。②死後に官位や勲等をおくる。

【追尊】(ツイソン) 死者に尊号を贈る。

【追逐】(ツイチク) ①逃げる者を追いまわす。②追いつ追われつ、競いあう。追いつめる。

【追弔】(ツイチョウ) 日 死者の生前をしのんでとむらう。例 ーの会。

【追徴】(ツイチョウ) (税金などの)不足額を、あとから取り立てる。

【追討】(ツイトウ) 追いかけて、または軍勢をさしむけて、賊をうちとる。例 平家(ヘイケ)ー。

【追悼】(ツイトウ) 死者をしのび、その死をおしみ悲しむ。

【追突】(ツイトツ) 日 乗り物などが、後ろから前のものにつきあたる。

【追▼儺】(ツイナ) 日 疫病神(ヤクビョウがみ)や悪鬼を追いはらう行事。おにやらい。〔古く中国から伝わり、宮中や社寺の大晦日(おおみそか)の行事だったが、後世、節分の豆まきとなった〕

【追認】(ツイニン) 事実をあとからみとめる。例 現状をーする。

【追納】(ツイノウ) 不足額をあとからおさめる。例 料金をーする。

【追肥】(ツイヒ|おいごえ) 日 植物の、生育の途中に与える肥料。補肥。㊟基肥。例 ーを施す。

【追尾】ツイビ あとをつける。追跡。尾行。例 敵を―する。

【追捕】ツイホ|ツイブ 悪人や犯人を追いかけてとらえる。逮捕。例 ―使。

【追福】ツイフク 「追善ツイゼン」に同じ。

【追慕】ツイボ 死者や遠くへ去った人を、思い出してなつかしむ。

【追放】ツイホウ ①逃げた動物を追う。②日 有害なものを追いはらい遠ざける。例 暴力―のキャンペーン。③日 不適格とされた人を、一定の地位や職業からしめ出す。例 公職―。

【追録】ツイロク ①死後にその人の功績を公認する。②日 あとから書き加える。また、書き加えたもの。

●急追キュウツイ・訴追ソツイ

逃

辶6 (9) 1 3808 9003 常用

チョウ慣 トウ(タウ)漢 ジョウ(デウ)呉 豪 táo

にげる(に-ぐ)・にがす・のがす・のがれる(のが-る)

[逃] 辶6 (10) ―― 旧字体。 [迯] 辶5 (9) 2 7777 8FEF 俗字。

筆順 丿 丬 兆 兆 兆 兆 逃 逃

なりたち [形声]「辶(=ゆく)」と、音「兆チョウ→トウ」とから成る。にげる。

意味 危険な場所からぬけだす。前もって危険などに行き当たらないようにする。にげる。のがれる。例 逃走トウソウ。逃避トウヒ。逃亡トウボウ。

古訓 中古 かくる・ことば・さる・にぐ・のがる・ほろぶ・まどふ・まぬかる 中世 にぐる・のがる 近世 さくる・にぐる・にげる・のがるる

【逃隠】トウイン のがれて身をかくす。

【逃嫁】トウカ 夫を捨てて、別の人にとつぐ。

【逃散】一 トウサン おおぜいが、にげていなくなる。二 日 チョウサン|ジョウサン 中世や近世、領主の重税に反抗する農民が集団で逃亡したこと。

【逃世】トウセイ 世間からのがれて静かに暮らす。仕官せず、隠遁イントンする。

【逃席】トウセキ 〔席をはずす意〕宴会などで、挨拶アイサツもせず途中で帰る。

【逃禅】トウゼン ①〔禅にのがれる意〕束縛のない禅の境地ににげこむ。例 酔中往往愛二逃禅一スイチュウオウオウトウゼンをアイす(=〈蘇晋ソシンは〉酒席で酔うと時々座禅をして無心の境地にひたる)。〈杜甫・飲中八仙歌〉 ②〔禅をのがれる意〕飲酒などをして、仏道の戒めにそむく。

【逃走】トウソウ 走ってにげる。にげる。

【逃匿】トウトク にげかくれる。類 逃竄トウザン。

【逃▼遁】【逃▼遯】トウトン にげる。

【逃難】トウナン(ナンをのがる) 災いからのがれる。避難。

【逃避】トウヒ 困難に正面から取り組もうとしないで、さけて通ろうとする。例 現実から―する。

【逃避行】トウヒコウ 日 世間からのがれ、人々の目をさけながら、各地を転々とすること。

【逃亡】トウボウ にげて行くえをくらます。例 犯人が―する。

【逃名】トウメイ(なをのがる) 名誉を避けて求めない。

迥

辶6 (10) 4 8985 8FF5 トウ漢 ドウ呉 送 dòng

意味 突き抜ける。とおる。

迸

辶6 (10) ⇩迸ホウ(1314ジペー)

迷

辶6 (9) 1 4434 8FF7 教5

ベイ漢 メイ呉 斉 mí

まよう(まよ-ふ)・まよい(まよひ)

付表 迷子まいご

[迷] 辶6 (10) ―― 旧字体。

筆順 丶 丷 䒑 半 米 米 迷 迷

なりたち [形声]「辶(=ゆく)」と、音「米ベイ」とから成る。まどう。まよう。

意味 ❶道がわからなくなる。まよう。例 迷失レ道まよいてみちをうしなう(=道にまよう)。〈史記・項羽紀〉 迷走メイソウ。迷路メイロ。❷何をすべきかわからなくなる。まどう。また、まどわす。まよわす。まよい。例 迷信メイシン。迷妄メイモウ。混迷コンメイ。❸ぼんやりする。例 迷離メイリ。

日本語での用法 《メイ》「迷案メイアン・迷探偵メイタンテイ・迷文メイブン」▼「名メイ」のもじり。風刺や笑い、からかいの意をこめる。

古訓 中古 うつす・まどふ 中世 まどふ・まよふ 近世 さへぎる・まよふ・みだる

【迷子】まいご 日〔「まよいご」の約〕親や連れにはぐれた子。

【迷暗】【迷闇】メイアン 心がまよって、ものごとの道理がわからない。愚かなさま。類 迷昧メイマイ。

【迷界】メイカイ 〔仏〕まよいの世界。この世。

【迷宮】メイキュウ 日 ①はいりこむと出口がわからなくなるように、複雑につくられた宮殿。②解決の見こみが立たない事態。例 事件は―入りだ。

【迷彩】メイサイ 日 敵の目をあざむくため、兵器や戦闘服などに、まわりと区別しにくいようなまぎらわしい色を塗ること。カムフラージュ。例 ―をほどこす。

【迷信】メイシン 科学や理性が正しいと認めない、言い伝えや占いなどを信じること。例 ―家カ。

【迷津】メイシン ①〔「津」は、渡し場〕渡し場の所在がわからなくなり、まよう。転じて、方向がつかめない。②〔仏〕衆生シュジョウがまよい苦しむ三界六道。また、衆生のまよい。

【迷走】メイソウ 目的地への道やコースをはずれて進み続ける。

【迷鳥】メイチョウ 台風の影響を受けたり、渡りの途中で群れからはぐれたりして、普通には見られない土地にいる鳥。

【迷途】一 メイト(みちにまよう) 道にまよう。処世の道をあやまる。また、間違った道。例 実迷レ途其未レ遠じつにみちにまようことそれいまだとおからず(=本当に私は人生の道を間違えたが、まだ深入りはしていない)。〈陶淵明・帰去来辞〉 二 メイズ 〔仏〕まよいの境地。

【迷夢】メイム ゆめのように現実離れした考え。とりとめのない、心のまよい。例 ―からさめる。

【迷霧】メイム ①方角を見失うほどの深く濃いきり。②心のまよいのたとえ。

【迷妄】メイモウ 道理にくらく、正しくものを考えたり見たりできないこと。心のまよい。例 ―を破る。―から脱出する。

【迷▼罔】メイモウ ①人をまどわす。②心がまよい乱れる。道理がわからない。

【迷離】メイリ ぼんやりとして、はっきり見えない。区別が明らかでないさま。

【迷路】メイロ ①行くべき道がわからなくなる。②日 出口や方角もわからなくなるように、複雑に作られた道。メイズ。

【迷惑】メイワク ①道がわからなくなる。②どうすればいいか、わからなくなる。③日 他人のために、不愉快な思いやわずらわしい仕事をさせられること。例 ―をこうむる。―をかける。

●頑迷ガンメイ・混迷コンメイ・低迷テイメイ

逑

辶7 (11) 2 7783 9011 キュウ(キウ)漢 尤 qiú

つれあい(つれあひ)

意味 ❶あつまる。あつめる。❷夫婦の一方。つれあい。例 好逑コウキュウ(=似合いの相手。よい配偶者)。通 仇

逕

辶7 (11) ⇩径ケイ(473ジペー)

浴
辶7 (11) 2 7790 9027 国字

さこ・せこ

意味 山あいの小さな谷。**さこ。せこ**。おもに、人名・地名に用いる字。例 杉浴(すぎせこ)(＝岡山県の地名)。

這
辶7 (11) 1 3971 9019 人

一 ゲン漢 霰 yàn
二 シャ漢 馬 zhè
はーい(はひ)・はーう(はーふ)

なりたち [形声]「辶(＝ゆく)」と、音「言(ゲン)」とから成る。迎える。

意味 一 迎える。二 近くの事物や時間、また場所を指すことば。これ。この。例 這箇(シャコ)。這裏(シャリ)。

日本語での用法 《はい》《はう》「ヘビが這(は)う・ツタが這(は)う・横這(よこば)い」▼地面や壁に寄りそって進む。

古訓 中古 いつはる・うつす・ことどもり・ことどもる・はひいる・はふ・むかふ・よばふ 中世 うつす・この・たまる・はふ・むかふ・よばふ 近世 この・むかふ

人名 これ・ちか

難読 這入(はい)る・這般(これら)・這這(ほうほう)の体(テイ)

【這箇】(シャコ)【這個】(シャコ) これ。この。

【這般】(シャハン) ①このような。こんなに。②日 このたび。今般(コンパン)。例 ―の事情。

【這裏】(シャリ) ここ。このあたり。

迺
辶7 (11) ⇩ 遒(シュウ)(1316ページ)

逡
辶7 (11) 2 7785 9021

シュン漢 真 qūn
しりぞーく

意味 ❶しりごみする。**しりぞく**。例 逡巡(シュンジュン)。❷すばやい。通 駿(シュン)。例 逡速(シュンソク)(＝すばやい)。

【逡巡】【逡▼遁】【逡循】(シュンジュン) あとずさりする。ためらう。しりごみする。

逍
辶7 (11) 2 7786 900D

ショウ(セウ)漢呉 蕭 xiāo

意味 ⇩【逍遥】(ショウヨウ)

【逍▼遥】【逍揺】(ショウヨウ) ①気ままにぶらぶら歩く。散策。散歩。例 舟(ふな)―(＝ふな遊び)。川沿いに―する。②ものごとにこだわらず、気ままに暮らす。例 ―自適。

逝
辶7 (10) 1 3234 901D 常用

セイ漢呉 霽 shì
ゆく・いく

[逝] 辶7 (11) ―― 旧字体。

筆順 一 才 扌 扩 折 逝 逝

なりたち [形声]「辶(＝ゆく)」と、音「折(セツ→セイ)」とから成る。ゆく。

意味 ❶行ったまま帰らない。過ぎ去る。**ゆく**。例 逝者如斯夫、不舎昼夜(ゆくものはかくのごときか、チュウヤをおかず)(＝過ぎ去るものは、この《川の流れの》ようなものだろうか、昼も夜も休むことがない)。〈論語・子罕〉 ❷(この世を)去る。**ゆく**。例 逝去(セイキョ)。急逝(キュウセイ)。夭逝(ヨウセイ)。❸走る。進む。例 時不利兮騅不逝(ときりあらずしてスイゆかず)(＝めぐり合わせが悪くて、《名馬の》騅ももう走ることはない)。〈史記・項羽紀〉

古訓 中古 いたる・いぬ・およぶ・さる・ゆく 中世 さる・ゆく 近世 いたる・およぶ・さる・しぬる・ゆく

人名 ゆき

【逝去】(セイキョ) 死ぬ。亡くなる。例 ご―の報に接し…。

【逝止】(セイシ) 去ることと、とどまること。

● 急逝(キュウセイ)・長逝(チョウセイ)

造
辶7 (10) 1 3404 9020 教5

一 ソウ(サウ)漢 号 zào
ゾウ(ザウ)呉
二 ゾウ(ザウ)慣
ソウ(サウ)漢 皓 zào
つくる・つくり・みやつこ

[造] 辶7 (11) ―― 旧字体。

筆順 ⺈ 牛 生 告 告 告 浩 造

なりたち [形声]「辶(＝ゆく)」と、音「告(コウ→ソウ)」とから成る。行きつく。

意味 一 ❶ある地点や段階まで行く。いたる。例 造詣(ゾウケイ)。深造(シンゾウ)(＝奥深い意義をきわめる)。❷あわただしい。にわか。例 造次顛沛(ゾウジテンパイ)。二 ❶こしらえる。たてる。**つくる**。例 造園(ゾウエン)。建造(ケンゾウ)。製造(セイゾウ)。❷始める。はじめて。例 文王造之而未遂(ブンノウこれをはじめていまだとげず)(＝文王は建国の業を始めたが、完成しなかった)。〈呂覧・下賢〉

日本語での用法 《みやつこ》「国造(くにのみやつこ)・伴造(とものみやつこ)」▼上代の姓(かばね)の一つ。

古訓 中古 いたす・いたる・しむ・すむ・つくる・なす・なり・なる・はじむ・はじめ・ほこる・みやづこ 中世 いたる・つくる 近世 いたる・いるる・つくる・なす・にはか

人名 いたる・なり・なる・はじめ

難読 造酒(みき)・造酒司(さけのつかさ)・造次(かりそめ)一(かにわ)・造渠(さもあらばあれ)

【造意】(ゾウイ) ①(犯行などを)指図する。また、犯罪の首謀者。②工夫する。考案。

【造営】(ゾウエイ) 日 寺社や宮殿、邸宅などを建てる。例 新しく社殿を―する。

【造化】(ゾウカ) ①宇宙・天地・万物をつくりだすこと。また、つくりだした神。造物主。②宇宙。天地。自然。例 ―の妙。

【造花】(ゾウカ) 日 紙やプラスチックなどでつくった花。

【造形】【造型】(ゾウケイ) ①ものの形をつくる。②日 芸術作品としての形をつくりあげる。例 ―美術。

【造詣】(ゾウケイ) 勉強や研究によって、その分野に関する深い知識やすぐれた考えをもっていること。

【造言】(ゾウゲン) よりどころのない、いいかげんな話。つくり話。また、それを言いふらす。造語。

【造語】(ゾウゴ) ①よりどころのないことを言う。また、そのことば。②日 新しく単語をつくりだす。また、その単語。例 ―力。

【造作】(ゾウサ) 一 ①〔仏〕はからい。しわざ。②日 手間(てま)。手数。めんどう。骨折り。雑作(ゾウサ)。例 ―をかける。二(ゾウサク) ①ものを作る。②日 家を建てる。③日 家の中に、建具や装飾を作り付ける。また、その建具や装飾。例 ―の立派な家。④日 俗に、顔のつくりとしての目鼻立ち。顔つき。

【造士】(ゾウシ) ①ある分野の学問をつくりあげた、すぐれた人。②優秀な人物を養成する。

【造次】(ゾウジ) あわただしい。また、わずかな間。

【造次▼顛▼沛】(ゾウジテンパイ) 急なときや、危ないとき。〔「造次必於是、顛沛必於是(ゾウジにもかならずここにおいてし、テンパイにもかならずここにおいてす)(＝《君子は》あわただしいときも必ず仁にかない、つまずき倒れたときも必ず仁にかなった行いをする)。〈論語・里仁〉」から〕

【造成】(ゾウセイ) ①つくり上げる。②日 原野や農地に手を加えて、新たに利用できるようにする。例 宅地を―する。

【造請】(ゾウセイ) 訪問してご機嫌をうかがう。

【造船】(ゾウセン) 船舶を設計し、建造する。例 ―所。

【造物】(ゾウブツ) ①天地にあるすべての物。万物。自然。②「造物主」の略。宇宙・天地・万物をつくりだした神。造物者。

【造兵】(ヘイゾウ) ①武器をつくる。②兵乱を起こす。

【造幣】(ヘイゾウ) 貨幣を鋳造する。例 ―局。

【造本】(ホンゾウ) 日 印刷や製本や装丁など、本づくりに関すること。また、その作業。

【造昧】(マイゾウ) 世のはじまり。この世ができたときの、混沌(コントン)とした状態をいう。
●改造(カイゾウ)・偽造(ギゾウ)・建造(ケンゾウ)・構造(コウゾウ)・醸造(ジョウゾウ)・創造(ソウゾウ)・築造(チクゾウ)・鋳造(チュウゾウ)・木造(モクゾウ)・模造(モゾウ)・乱造(ランゾウ)

速 辶7 (10)

[速] 辶7 (11) 旧字体。

1 3414 901F 教3

ソク 漢 呉 屋 sù
はやい(はや-し)・はやめる(はやむ)・はやまる・すみやか

筆順 一 ｢ 𠮛 申 東 束 涑 速

なりたち [形声]「辶(=ゆく)」と、音「束ソク」とから成る。はやい。

意味 ❶はやい。すみやか。対 遅。例 速成(ソクセイ)。急速(キュウソク)。迅速(ジンソク)。❷はやさ。例 速度(ソクド)。風速(フウソク)。❸招く。呼び寄せる。例 不レ速之客(まねかざるのキャク)(=招待していない客)。〈易・需〉

古訓 中古 すみやかに・とし・はやく・はやし・まねく・めす・よばふ・よぶ 中世 すみやか・とし・はやし 近世 しかのあしあと・すみやか・はやし・まねく・よぶ・わしる

人名 すすむ・ちか・ちかし・つぎ・とし・はや・はやし・はやみ・はやむ

難読 速水(はやみ)(=地名・姓)

【速写】(ソクシャ) ①スケッチ。②日 すばやく写真をうつす。

【速射】(ソクシャ) 日 すばやく続けざまに発射する。例 ―砲。

【速成】(ソクセイ) 短期間で完成させる。例 英会話―法。

【速戦即決】(ソクセンソッケツ) 日 戦争で、すぐさま勝敗を決めてしまうこと。転じて、すばやく決着をつけてしまうこと。

【速達】(ソクタツ) ①すみやかに至る。②日「速達郵便」の略。普通の郵便物より優先してはやく届ける郵便。

【速断】(ソクダン) ①すばやく決断する。また、その決断。例 ―をお願いする。②はやまって判断する。例 ―は禁物だ。

【速度】(ソクド) 日 ①移動や回転など、ものの動くはやさ。速力。スピード。例 仕事の―がおそい。②〔物〕単位時間内に、ある方向に移動する距離。

【速答】(ソクトウ) 日 すばやく答える。例 ―を避ける。

【速読】(ソクドク) 日 普通よりもはやく本をよむ。例 ―術。

【速歩】(ソクホ) 日 普通よりもはやく歩くこと。また、その歩き方。

【速報】(ソクホウ) 日 いちはやく知らせる。また、その知らせ。

【速力】(ソクリョク) 日 はやさ。スピード。

【速記】(ソッキ) ①すばやく書きしるす。②日 符号を用いて話などを書き取る。また、その技術。速記法。例 ―者。―録。

【速決】(ソッケツ) すみやかにきめる。

【速攻】(ソッコウ) すばやく攻撃する。例 ―で得点をあげる。

【速効】(ソッコウ) ききめがはやくあらわれること。例 ―性の肥料。
●音速(オンソク)・快速(カイソク)・加速(カソク)・急速(キュウソク)・減速(ゲンソク)・高速(コウソク)・早速(サッソク)・時速(ジソク)・迅速(ジンソク)・敏速(ビンソク)・風速(フウソク)

逐 辶7 (10)

[逐] 辶7 (11) 旧字体。

1 3564 9010 常用

一 チク 漢 ジク(ヂク) 呉 屋 zhú
二 テキ 漢 錫 dí
おう(おふ)

筆順 一 ｢ 丂 豕 豕 豕 逐 逐

なりたち [形声]「辶(=ゆく)」と、音「豖チク」の省略体とから成る。追う。

意味 一 ❶追いかける。おう。例 逐レ獣者目不レ見二太山一(ジュウをおうものはめタイザンをみず)(=獣を追いかける者は泰山が目に入らない。小利に熱中する者は大局を忘れる意)。〈淮南・説林〉 ❷追いはらう。しりぞける。例 三仕三逐(みたびつかえてみたびおわる)(=三度仕えて三度とも追い出される)。〈史記・管仲伝〉 逐斥(チクセキ)(=追いはらう)。駆逐(クチク)。❸順をおう。順にしたがう。例 逐一(チクイチ)。逐語(チクゴ)。❹あらそう。きそう。例 角逐(カクチク)。二「逐逐(テキテキ)」は、速やかに利益を求めるさま。

古訓 中古 おひうつ・おふ・したがふ 中世 おひうつ・おふ・したがふ・やらふ 近世 おふ・したがふ・すみやか・はなつ

【逐一】(チクイチ／チクイツ) ①一つ一つ順を追って。例 ―説明する。②一つのこらず。くわしく。例 ―調査する。

【逐疫】(チクエキ) 厄払い。おにやらい。

【逐客】(チクカク) ①他国から来ている遊説家を国外へ追放する。②朝廷から追放された臣。

【逐語】(チクゴ) 原文の一語一語を忠実にたどること。例 ―訳。

【逐字】(チクジ) 原文の一字一字をたどること。逐語。例 ―解釈。―的。

【逐次】(チクジ) 順々に。順次。例 ―報告する。

【逐日】(チクジツ／ひをおう) ①太陽を追いかける。ウマの速いことのたとえ。②一日一日。毎日。

【逐条】(チクジョウ) ①〔「条」は、木の枝の意〕一枝ごとに。②箇条の順に従うこと。箇条の順をたどること。例 ―審議。

【逐臣】(チクシン) 追放された臣下。

【逐電】(チクデン／テンチク) ①いなずまを追う。速度のはやいさま。②日 行方をくらます。出奔(シュッポン)。例 公金を持ち出して―する。

【逐年】(チクネン) 年を追って。年々。

【逐北】(チクホク／にぐるをおう) 〔「北」は、逃げる意〕逃げ去る敵を追う。

【逐末】(チクマツ／すえをおう) 〔「末」は、商工業の意〕商工業による利益を求める。

【逐涼】(チクリョウ) 〔涼を追う意〕すずむ。納涼。

【逐鹿】(チクロク／しかをおう) ①〔「鹿」は、天子など権力のある地位のたとえ〕帝位をかけて争う。〔「秦失二其鹿一、天下共逐レ之(シンそのしかをうしない、テンカともにこれをおう)(=秦の皇帝はその地位を失い、天下はそれを争った)。〈史記・淮陰侯伝〉」から〕②日 議員選挙などで、候補者が地位を得るために争う。例 ―戦(チクロクセン)(=選挙戦)。▽中原逐レ鹿(チュウゲンにしかをおう)。
●角逐(カクチク)・駆逐(クチク)・放逐(ホウチク)

通 辶7 (10)

[通] 辶7 (11) 旧字体。

1 3644 901A 教2

トウ 漢 ツ・ツウ 呉 東 tōng
とおる(とほ-る)・とおり(とほり)・とおす(とほ-す)・かよう(かよ-ふ)・かよい(かよひ)

筆順 ㇇ マ 乃 甬 甬 甬 通 通

なりたち [形声]「辶(=ゆく)」と、音「甬ヨウ→トウ」とから成る。行きついて、とどく。

意味 ❶つきぬける。とどく。とおる。とおす。例 纔通レ人(わずかにひとをツウずるのみ)(=やっと人がとおれるだけだ)。〈陶淵明・桃花源記〉通過(ツウカ)。開通(カイツウ)。不通(フツウ)。❷うまく事がはこぶ。出世する。対 窮。例 通窮(ツウキュウ)。❸行き来する。やりとりする。例 通商(ツウショウ)。文通(ブンツウ)。❹男女がひそかに行き来する。例 私通(シツウ)。密通(ミッツウ)。❺つたえる。知らせる。とりつぐ。例 通告(ツウコク)。通信(ツウシン)。通訳(ツウヤク)。❻広くゆきわたる。例 通貨(ツウカ)。通称(ツウショウ)。共通(キョウツウ)。❼はじめから終わりまで。すべてにわたって。例 通算(ツウサン)。通史(ツウシ)。通読(ツウドク)。❽あることについてよく知っている。もの道理がよくわかっている。例 通二六芸一(=六経に精通する)。〈史記・孔子世家〉通暁。精通。❾書類や文書を数えることば。例 一通。❿⇩【通脱】

日本語での用法 一《かよう》「学校に通う」▼定期的に往復する。二《とおり》「大通り」▼道路。三《ツウ》「情報通・消息通」▼あることに詳しい人。

古訓 中古 かよふ・くそ・さとる・とほ・とほる・ともがら・まうす・みち・ゆき・ゆく 中世 かよふ・とほる・みち 近世 かよふ・とほす・とほり・とほる

人名 いたる・とお・とし・とる・なお・のぶ・ひらく・みち・みつ・やす・ゆき

難読 通草(あけび)・木通(あけび)・通夜(ツヤ)

【通院】ツウイン 日治療を受けるため、病院などにかよう。

【通韻】ツウイン ①音声のようにひびく。②漢字の韻が相互に通用すること。例えば、東・冬・江が通用することなど。③日江戸時代以前の国語学の術語で、五十音図中の同じ段の音が通じて変化することをいう。「けむり」を「けぶり」というなど。

【通運】ツウウン 荷物をはこぶ。運送。運搬。例 —業。

【通謁】ツウエツ 名刺を出して面会を求める。類 通刺。

【通家】ツウカ ①先祖以来、親しく交際してきた家。②姻戚関係にある。

【通貨】ツウカ 国内での通用を法律で決めている貨幣。

【通過】ツウカ 日①ある場所を、止まらずにとおりすぎる。例 —駅。②試験や検査に合格する。例 税関を—する。③議案などが承認され、可決される。例 法案が—する。

【通雅】ツウガ ものごとの理に通じていて、優雅である。

【通解】ツウカイ 全体にわたって解釈する。また、解釈したもの。通釈。例 古典の—をこころみる。

【通学】ツウガク ①広くまなぶ。②日児童・生徒・学生として、学校へかよう。例 —路。—区域。

【通巻】ツウカン 日雑誌や叢書などを、第一巻からとおして数えたときの番号。例 —で二百号をこえる。

【通款】ツウカン (敵に)内通する。

【通観】ツウカン 日全体を見通す。

【通気】ツウキ 空気をかよわせる。空気が出入りする。例 —孔。—の悪い部屋。

【通義】ツウギ ①世間で普通に通用する道理。②全体にわたって解説した書。例『文史通義(=清代の史論書)』。

【通窮】ツウキュウ ①うまく事が進んでいることと、行き詰まること。②困窮している状況を天子に申しあげる。

【通暁】ツウギョウ ①眠らずに朝をむかえる。徹夜。②ある分野や事柄について、きわめてくわしい知識をもっている。

【通勤】ツウキン 日つとめ先へかよう。例 —電車。

【通▼衢】ツウク 四方に通じる大通り。また、にぎやかな場所。

【通計】ツウケイ 全体をとおして計算する。通算。総計。

【通言】ツウゲン ①ことばを交わす。②日通人の使う、いきなことば。

【通語】ツウゴ ①一般に使われることば。②日その社会や職業の人たちだけで通用することば。専門語。

【通好】ツウコウ 国家や個人が交際して仲よくする。

【通行】ツウコウ ①人がとおる。往来する。例 —禁止。②世間一般におこなわれる。例 江戸時代に—していた説。

【通侯】ツウコウ 秦・漢代、二十級あった爵位の一つで、最高位。もと「徹侯」といったが、漢の武帝の諱「徹」を避けたもの。列侯。

【通航】ツウコウ 日船舶が通行する。航行。例 領海を—する。

【通告】ツウコク 日相手に公式に伝える。通知。例 最後—。

【通国】ツウコク ①国全体。②友好国。

【通才】ツウサイ ものごとの道理を正しく理解していて、才能のある人。類 通材。

【通算】ツウサン 全体をひとまとめにして計算する。また、計算したもの。通計。総計。例 ここ十年間を—する。

【通史】ツウシ 全時代、または全地域にわたって、時代の流れを追って記述された歴史。

【通事】ツウジ ①取りつぐ。また、取りつぎ。②通訳。通弁。通詞。通辞。

【通式】ツウシキ 世間一般におこなわれている方式。

【通釈】ツウシャク 全体にわたって解釈する。また、解釈したもの。

【通儒】ツウジュ 古今に通じた、博識の学者。

【通習】ツウシュウ 全体にわたってよく理解している。

【通宵】ツウショウ ひと晩じゅう。夜もすがら。通夕。通夜。

【通称】ツウショウ 一般に通用する呼び名。通り名。

【通商】ツウショウ 外国との間で売買取引をする。交易。貿易。例 —条約。

【通常】ツウジョウ 日普通であること。通例。例 —の手続き。

【通信】ツウシン ①たよりを送る。②日郵便や電話などで、情報を伝える。例 —教育。—販売。

【通人】ツウジン ①広くものごとに通じている人。②日世間なれした人情のわかる人。③日花柳界の遊びをよく知っている人。粋人。

【通性】ツウセイ 日同類のものに共通する性質。通有性。

【通夕】ツウセキ【通昔】ツウセキ 「通宵」に同じ。

【通籍】ツウセキ ①氏名・年齢などを記した札。宮門の出入りに用いた。②宮中に仕える。

【通説】ツウセツ ①道理に通じた説。②日世間一般に認められている説。対 異説。例 —に従う。

【通船】ツウセン 日①船を通行させる。例 —料。②船着き場と沖の船との間で、人や荷物を運ぶ小型の船。はしけ。

【通則】ツウソク ①一般に通用する規則。②法令や規定の中で、全体にわたって適用される規則。

【通俗】ツウゾク 世間一般のだれにもわかりやすいこと。受け入れられやすいこと。例 —的。—小説。

【通達】ツウタツ ①ある事柄について深く、くわしく知っている。例 西洋美術史に—する。②日告げ知らせる。通知。例 本社からの—を待つ。③日官庁が、その管轄する役所や職員に対して指示を出す。また、その文書。

【通脱】ツウダツ おおらかで、こだわらないさま。

【通知】ツウチ ①よく理解する。②告げ知らせる。また、その知らせ。通告。例 合格—。

【通帳】ツウチョウ 日預貯金や掛け売り・掛け買いなどの金額・数量・日付などを記録する帳面。例 預金—。

【通▼牒】ツウチョウ ①文書で知らせる。また、その文書。②官庁が、その管轄する役所に対して文書で通知する。また、その文書。通達。③相手国に対して、一方的に意思を通告する。また、その文書。例 最後—。

【通天】ツウテン ①〔天に通ずる意〕きわめて高いさま。②天子が輿の中で着用した冠、通天冠のこと。③漢の武帝が築いた、通天台のこと。陝西省の甘泉宮にあった。

【通典】ツウテン 古今に通ずる法則。

【通電】ツウデン 電流をとおす。例 —試験。

【通都】ツウト 道路が四方に通じた、交通の要衝である都市。類 通邑。

【通読】ツウドク はじめから終わりまで読みとおす。また、ひととおり目をとおす。例 報告書を—する。

【通年】ツウネン 日一年をとおしてする。一年間をとおして数える。

例 ―営業。―で四単位がもらえる。

【通念】ツウネン 日 ある時代や社会で、大多数の人々が共通してもっている考え。例 社会―。

【通判】ツウハン ①州や郡の政治を監督する、地方副長官。②公正に定める。

【通風】ツウフウ 風をとおす。かぜとおし。例 ―筒。

【通分】ツウブン 〔数〕分母の異なる二つ以上の分数について、それぞれの値を変えないで分母を同じ数にすること。

【通弊】ツウヘイ【通病】ツウビョウ 全般に共通して見られる、よくない点。通患。

【通変】ツウヘン・ツウずに ①変化する道理がわかっている。②規則にとらわれず、臨機応変に対処する。

【通弁(辯)】ツウベン ①論理的で弁舌さわやかなさま。②通訳。

【通宝】ツウホウ 〔天下に通用する貨幣の意〕唐代以降、貨幣につけられた名称。開元通宝など。

【通謀】ツウボウ・はかりごとをツウず 互いに示し合わせて悪事をたくらむ。共謀。例 敵と―。

【通問】ツウモン ①互いに挨拶(アイサツ)をする。②訪れたり、文通し合ったりする。

【通夜】ツヤ ①夜どおし。ひと晩じゅう。夜もすがら。②ツヤ 〔仏〕寺社にこもって夜どおし祈願すること。③ツヤ 日 葬式の前に近親者が夜どおしお棺(カン)を守って過ごすこと。夜伽(よとぎ)。おつや。例 ―ツヤの席。―ツヤに来た客。

【通約】ツウヤク 日〔数〕約分する。

【通訳】ツウヤク 言語が違うために話の通じない人の間に立って、それぞれの言語を翻訳して伝える。また、その人。例 同時―。現地のガイドが―する。

【通有】ツウユウ 共通にもっている。対 特有。

【通用】ツウヨウ ①世間一般に広く認められ用いられる。②日 期間や場所を限って効力をもつ。例 ―期間。③日 正式・正面のものでなく、日常の出入りに使用する。例 ―口(ぐち)。

【通覧】ツウラン はじめから終わりまで目をとおす。

【通理】ツウリ ①ものごとの道理に通じる。②世間一般に通じる道理。③すべて統合しておさめる。

【通力】ツウリキ 〔仏〕何でも自由自在におこなうことのできる不思議な力。神通力(ジンズウリキ)。

【通例】ツウレイ ①通常の規則。②世間のしきたり。一般のならわし。③日 一般に。普通。例 ―総務部があつかう仕事。

【通路】ツウロ とおりみち。

【通論】ツウロン ①道理に通じた論。②ある分野全般にわたって論じること。概論。例 経済学―。③世間一般に通用する論。

【通話】ツウワ 日 ①電話で話をする。また、その話。例 ―料金。②電話を利用するときの時間の単位。例 一―三分以内。

●開通カイツウ・貫通カンツウ・共通キョウツウ・交通コウツウ・精通セイツウ・直通チョクツウ・不通フツウ・普通フツウ・文通ブンツウ・便通ベンツウ・融通ユウズウ

逓

辶7 (10) 1 3694 9013 常用 テイ 漢 薺 dì たが-いに(たが-ひに)・か-わる

［遞］ 辶10 (14) 2 7810 905E 旧字体。

筆順 厂 戸 乕 乕 乕 乕 遞 逓

なりたち  [形声]「辶(=ゆく)」と、音「虒シ→テイ」とから成る。いれかわる。

意味 ❶かわるがわる(する)。たがいに。例 蜂逓繞(はちたがいにめぐる)(=ハチはかわるがわる(花に)まつわりつく)。〈王安石・北山暮帰示道人〉逓代テイダイ(=次々にかわる)。❷次から次へと伝え送る。つたえる。例 六人同レ食逓レ衣(ロクニンショクをともにしイをつたう)(=六人が食事を分けあい、上衣を着まわしした)。〈後漢書・李充伝〉逓信テイシン。逓送テイソウ。駅逓エキテイ(=宿場から宿場へと次々に送り届ける)。❸だんだんと。次第に。例 逓減テイゲン。逓次テイジ。

古訓 中古 おくる・たがひに・ちがふ 中世 たがひに 近世 たがひに・とほし・はるか・まとふ・めぐらす

【逓減】テイゲン だんだんに減らす。また、減る。対 逓増。例 給付金を―する。

【逓興】テイコウ かわるがわるおこる。次々と盛んになる。対 逓廃。

【逓次】テイジ つぎつぎと。順次。

【逓信】テイシン 日 郵便物や通信を順々に伝え送る。例 ―事業。

【逓送】テイソウ 郵便物や荷物などを、順送りに伝え送る。

【逓増】テイゾウ だんだんに増やす。また、増える。対 逓減。

【逓伝】テイデン ①順次に伝え継ぐ。学問などを、師から弟子へ伝えていく。②宿駅で取り継いで伝える。

逞

辶7 (11) 2 7787 901E 人 テイ 漢 梗 chěng たくま-しい(たくま-し)

なりたち  [形声]「辶(=ゆく)」と、音「呈テイ」とから成る。通ずる。

意味 ❶とおる。とどく。❷こころよく思う。満足する。例 殺レ人以逞(ひとをころしてもってたくましくす)(=人を殺して満足する)。〈左伝・襄五〉❸ときはなつ。ゆるめる。例 逞ニ顔色一(ガンショクをはなちて)怡怡如也(イイジョたり)(=表情をゆるめてにこやかにする)。〈論語・郷党〉❹思いのままにする。ほしいままにする。発揮する。例 逞ニ其才力一(そのサイリョクをたくましくす)(=その才能を発揮する)。〈曹植・求自試表〉逞志テイシ(=思いのままにふるまう)。

日本語での用法《たくましい》「逞(たくま)しい若者(わかもの)」▼身体が壮健であるさま。

古訓 中古 こころよし・たくまし・たしかに・つく・つくす・のぶ・ほしいまま 中世 こころよし・たくまし・つくす・ほしいまま 近世 こころよし・たくまし・つくす・とく・とほる・はやし・ゆく

人名 たく・たくま・たくみ・とし・ゆき・ゆた・よし

【逞意】テイイ・イをたくましくす 思いのままにふるまう。

【逞欲】テイヨク・ヨクをたくましくす 欲望のままにふるまう。

逖

辶7 (11) 2 7788 9016 テキ 漢 錫 tì とお-い(とほ-し)・はる-か

意味 はるかに遠い。とおい。はるか。例 逖矣(とおきかな)(=はるかだなあ)。〈書経・牧誓〉逖遠テキエン(=はるかに遠い)。

途

辶7 (10) 1 3751 9014 常用 ト 漢 ズ(ヅ) 呉 虞 tú みち

［途］ 辶7 (11) ― 旧字体。

筆順 ノ 𠆢 亼 今 余 余 途 途

なりたち [形声]「辶(=みち)」と、音「余ヨ→ト」とから成る。みち。

意味 ❶みちすじ。みちのり。みち。通 塗。例 途中トチュウ。一途イチズ・イット。帰途キト。❷官吏としての地位。例 官途カント。

古訓 中古 みち 中世 あと・みち 近世 みち

人名 とお

【途次】トジ どこかへ行く道のとちゅう(で)。道すがら。例 帰国の―。

【途上】トジョウ 日 ①目的地に向かうとちゅう。②ものごとの発展しつつある段階や状態。例 発展の―にある国。

【途絶】(トゼツ) 日続いてきたものがたち切れる。例 音信が―する。道路が―する。表記 旧▼杜絶

【途端】(トタン) 日〔多く「途端に」の形で〕ちょうどそのとき。

【途中】(トチュウ) ①目的地へ向かって、行き着くまでの間。例 ―下車。②ものごとのまだ終わらないうち。例 試合の―で雨が降り出す。

【途▼轍】(トテツ) 日すじみち。道理。例 ―もない(=常識はずれの)大きさ。

【途方】(トホウ) 日①ものごとのやり方。方法。例 ―に暮れる。②すじみち。道理。例 ―もない計画。

●一途(イチズ|イット)・官途(カント)・帰途(キト)・使途(シト)・先途(セント)・前途(ゼント)・壮途(ソウト)・中途(チュウト)・別途(ベット)・方途(ホウト)・雄途(ユウト)・用途(ヨウト)

透

⻌7 (10) 1 3809 900F 常用

一 トウ 漢 宥 tòu
二 シュク 漢 屋 shū
すく・すかす・すかし・すける(す-く)・とお-る(とほ-る)・とお-す(とほ-す)

[透] ⻌7 (11) ― 旧字体。

筆順 ニ 千 禾 禾 秀 透 透

なりたち [形声]「⻌(=ゆく)」と、音「秀(シュウ→トウ)」とから成る。つきぬける。通りぬける。

意味 一 ❶通りぬける。つきぬける。とおる。とおす。例 風透二重裘一(かぜはチョウキュウをとおる)(=風は二重の毛皮をつきぬける)。〈于謙・暁行〉透過(トウカ)。透水(トウスイ)(=水をとおす)。❷あるものをとおしてはっきり見える。すきとおる。すかす。すける。例 透視(トウシ)。透写(トウシャ)。❸跳ぶ。おどる。例 哀猿透却墜(アイエンとびてかえっておつ)(=哀れなサルは跳ぼうとして墜落する)。〈杜甫・泥功山〉 二 おどろく。例 驚透(ケイシュク)。

古訓 中古 おどろく・すく・すけり・すすむ・たる・つはくむ・をどる 中世 おどろく・すき・すく・とほる 近世 おどろく・すきとほる・とほる・をどる

人名 すき・ゆき

難読 透垣(すいがい|すいがき)・透頂香(トウチンコウ)(=小田原(おだわら)の外郎薬(ウイロウ))

【透過】(トウカ) ①つきぬける。②日すきとおる。③日光や放射能などが物体の内部を通りぬける。

【透視】(トウシ) 日①ものをすかして見る。例 ―画法。②普通には見ることのできない物体の内部や背後にあるものを、特殊な能力によって感知する。例 ―力(リョク)。③〔医〕エックス線を使って、からだの内部の状態を写して見ること。

【透写】(トウシャ) 日図面や書画などの上に半透明のうすい紙を置き、すかして写し取る。トレース。

【透析】(トウセキ) 日①半透膜を利用して、分子やイオンを分離する。②「人工透析」の略。半透膜を利用して、血液中の有害物質をとりのぞくこと。

【透徹】(トウテツ) ①にごりがなく、すきとおっている。例 ―した秋の空。②あいまいなところがなく、筋が通っている。例 ―した理論。

【透明】(トウメイ) 日すきとおっている。例 ―度。

逗

⻌7 (11) 1 3164 9017 人

トウ 漢 ズ(ヅ) 呉 宥 dòu
とど-まる

なりたち [形声]「⻌(=ゆく)」と、音「豆(トウ)」とから成る。止まる。

意味 ❶たちどまる。しばらく宿にとまる。とどまる。とどめる。例 円月逗二前浦一(エンゲツゼンポにとどまる)(=丸い月は前の入り江に影をとどめる)。〈常建・西山〉逗留(トウリュウ)。❷目標にあわせて与える。おくる。通投。例 逗薬(トウヤク)(=薬を与える)。

古訓 中古 あたる・いる・かよふ・ためらふ・とどまる・とどむ・みち 中世 あたる・かよふ・すすむ・とどまる・まかす・みち 近世 たゆむ・とどまる・とむる・ゆみいる

【逗宿】(トウシュク) やどを取る。投宿。

【逗▼橈】【逗▼撓】(トウドウ) 〔「橈・撓」は、かがまる意〕敵を見て恐れ、とどまり身を縮める。

【逗留】(トウリュウ) ①同じところにしばらくの間、宿泊する。滞在。滞留。②進軍を先延ばしする。

逋

⻌7 (11) 2 7789 900B

ホ 漢 虞 bū
に-げる(に-ぐ)・のが-れる(のが-る)

意味 ❶逃亡する。にげる。のがれる。例 逋逃(ホトウ)。❷滞納する。例 逋欠(ホケン)。逋租(ホソ)。❸遅延する。とどめる。例 逋慢(ホマン)。

【逋客】(ホカク) ①逃亡者。②世をのがれた人。隠者。③流れ者。さすらい人。

【逋欠】(ホケン) 租税や負債を滞納する。

【逋▼竄】(ホザン) 〔「竄」も、のがれる意〕のがれる。逃亡する。

【逋租】(ホソ) 租税を滞納すること。また、滞納している租税。

【逋逃】(ホトウ) 罪を犯して逃亡する。また、逃亡者。例 四方之多罪逋逃(シホウのタザイホトウ)(=四方の国々の、多くの犯罪者や逃亡者)。〈書経・牧誓〉

【逋慢】(ホマン) 命令を守らないでなまける。

逢

⻌7 (11) 1 1609 9022 人

ホウ 漢 ブ 呉 冬 féng
あ-い(あ-ひ)・あ-う(あ-ふ)

なりたち [形声]「⻌(=ゆく)」と、音「夆(ホウ)」とから成る。あう。

意味 ❶思いがけなく出あう。あう。例 逢二桃花林一(トウカのはやしにあう)(=モモの花咲く林に出あう)。〈陶淵明・桃花源記〉逢着(ホウチャク)。遭逢(ソウホウ)(=出あう)。❷相手の気持ちに自分をあわせる。意をむかえる。例 逢二君之悪一(きみのアクにホウす)(=主君の悪行に迎合する)。〈孟子・告子下〉逢迎(ホウゲイ)。

古訓 中古 あふ・かよふ 中世 あふ・むかふ 近世 あふ・おほいなり・むかふ

難読 逢瀬(おうせ)

【逢迎】(ホウゲイ) ①人を出迎えて接待する。②人の気に入るようにする。おもねる。迎合。

【逢原】(ホウゲン|みなもとにあう) 〔「原」は、水源の意〕ものごとの根源に至る。

【逢着】【逢著】(ホウチャク) 思いがけず出あう。出くわす。例 新たな問題点に―する。

逌

⻌7 (11) 4 8988 900C

ユウ(イウ) 漢 尤 yōu

意味 ゆったりとしたさま。通悠。例 逌然(ユウゼン)。

連

⻌7 (10) 1 4702 9023 教4

レン 漢 呉 先 lián
つらなる・つらねる(つら-ぬ)・つれる(つ-る)・つれ

[連] ⻌7 (11) ― F99A 旧字体。

筆順 一 丆 百 亘 車 連 連

なりたち [会意]「⻌(=ゆく)」と「車(=くるま)」とから成る。人が引く車。派生して「つらなる」の意。

意味 ❶一列に続く。つらなる。つらねる。通聯(レン)。例 烽火連二三月一(ホウカサンゲツにつらなる)(=戦争は何か月も続いた)。〈杜甫・春望〉連続(レンゾク)。連峰(レンポウ)。❷くっつける。あわせる。あわさる。例 連結(レンケツ)。連邦(レンポウ)。❸ひきつづいて。しきりに。例 連呼(レンコ)。連

戦連勝レンセンレンショウ。連累レンルイ。❺⇩【連娟】レンケン ❻⇩【連蹇】レンケン

日本語での用法 一《レン》①「数珠ジュズ一連イチレン・干ほし柿がき一連イチレン」▼つらなったものを数えることば。②「連中レンジュウ・常連ジョウレン」▼仲間。③「連衆レンジュウ（＝連歌ガレンを詠む仲間）・連俳レンパイ」▼連歌。④「伴天連バテレン（＝ポルトガル語で父の意をあらわすパードレ《padre》の、なまり）・紙かみ一連イチレン（＝リーム《ream》から。洋紙全紙千枚の単位）」▼欧米語の「レ」「レン」にあてる字。二《むらじ》「大連おおむらじ」▼上代の姓かばねの一つ。三《つれる》《つれ》「犬いぬを連つれる・子供こども連づれ」▼ひきつれる。ともなう。また、その人。

古訓 中古 あふ・およぶ・しきり・つら・つらなる・つらぬ・ともがら・まがる・むらじ・めぐらす 中世 あはす・およぶ・しきりに・つらなる・つらぬ・ともがら 近世 おなじうす・おもむろ・つぐ・つづく・つらなる・つらぬる・はばむ・まじゆる・めぐらす

人名 つぎ・つぐ・つづき・つづく・つら・つらね・まさ・むらじ・やす

難読 注連しめ・注連縄しめなわ・連銭草つぼくさ・連翹いたちぐさ

【連陰】レンイン ①毎日、曇りあるいは雨の日が続く。②茂った樹木が続いている。

【連歌】レンガ 日 詩歌の形式の一つ。ふたり以上の人が、五・七・五の長句と、七・七の短句を、かわるがわるに続けて詠んでいくもの。

【連関】レンカン 日 かかわりがある。つながり。関連。例 気候と収穫高は―している。表記 ⓘ▼聯関

【連環】レンカン いくつもの輪をつなぐ。また、そのつないだもの。くさり。

【連休】レンキュウ 日 休みの日が続くこと。また、その休日。

【連句】レンク ①漢詩で、何人かの人が、一句または数句ずつ作ってまとめた一編の詩。②日 詩歌の形式の一つ。連歌レンガと同じ形式だが、表現や題材が俳諧ハイカイ風で、日常的なことばを用いる。表記 ①は ⓘ▼聯句

【連係】レンケイ 日 ものごとや人と人とを結びつける。また、そのつながり。例 ―プレー。―をたもつ。表記 ⓘ連▼繫

【連携】レンケイ 日〔「連絡提携」の意〕連絡を取り合って、一つの目的のために協力する。例 ―を密にする。

【連結】レンケツ つないでひと続きのものにする。例 ―器。

【連▼娟】レンケン ①まゆが細くて曲がっているさま。美人の形容。②美人のたおやかなさま。

【連▼蹇】【連▼褰】レンケン ①行き暮れて前へ進めないさま。②不幸なさま。

【連呼】レンコ 同じ名前や文句を、何度も繰り返して呼んだり叫んだりする。

【連語】レンゴ 日 二つ以上の単語が結びついて、ひとまとまりの語となったもの。「人知れず」「夕焼け雲」など。

【連行】レンコウ ①つらなって行く。②日 強制的につれて行く。

【連衡】【連横】レンコウ 〔「衡・横」は、東西の意〕戦国時代、秦シンの張儀チョウギが主張した外交政策。東方の韓カン・魏ギ・趙チョウ・楚ソ・燕エン・斉セイの六か国のそれぞれと同盟を結び、結果的に秦に仕えさせようとしたもの。対 合従ガッショウ。→【合従連衡】ガッショウレンコウ（229ジペー）

【連合】レンゴウ ①つらねあわせる。②二つ以上の組織や軍隊、また国などが、共通の目的のために力を合わせる。例 ―軍。労働組合が―してたたかう。表記 ▽ⓘ▼聯合

【連鎖】レンサ ①つながっているくさり。②くさりのように次々とつらなる。例 ―反応。食物ショクモツ―。表記 ▽ⓘ▼聯鎖

【連座】【連▼坐】レンザ ①同じ場所に一緒にいる。②犯罪者とかかわりのある人が連帯責任を問われて、ともに罰せられる。例 ―制。

【連載】レンサイ 日 新聞や雑誌などに、記事や読み物などを、続き物としてのせる。例 ―小説。

【連作】レンサク 日 ①前の年と同じ作物を、同じ田畑に栽培する。対 輪作。例 ―障害。②ひとりの人が同じ主題や素材で、いくつもの作品を作る。また、その作品。③何人かの人が書き継いで、一編の小説などを作る。また、その作品。

【連山】レンザン ひとつづきになって並んで見える山々。

【連枝】レンシ ①つらなっている枝。②身分の高い人の兄弟や姉妹。

【連詞】レンシ 文章をつづる。

【連子】レンジ 日 窓や欄間などに、細長い角材やタケを縦または横に、一定の間隔で並べた格子コウシ。櫺子レンジ。例 ―窓。

【連日】レンジツ 何日も続くこと。来る日も来る日も。毎日。例 ―連夜。―の暑さ。

【連珠】レンジュ 〔珠たまをつなぎ並べる意〕①（対句や比喩ヒユで飾った）美しい詩文の形容にいうことば。②日 五目並べ。表記 ▽ⓘ▼聯珠

【連中】レンジュウ 日 ①レンチュウ 仕事や遊びなどの仲間。つれ。例 職場の―。②音曲ギョク・ギオンや演芸などの一座。例 おはやし―。

【連署】レンショ ①（文書などに）ふたり以上の者が連名で署名する。②日 鎌倉かまくら幕府の職名。執権の補佐役。表記 ①は ⓘ▼聯署

【連勝】レンショウ 続けて勝つ。対 連敗。例 連戦―。

【連城璧】レンジョウヘキ 〔「璧」は、輪の形をした平らな玉ギョク〕天下の名玉の名。また、貴重な宝。→【和氏之璧】カシのヘキ（244ジペー）

【連声】レンセイ 一 レンセイ 声こえをつらぬ 続けて声を出すこと。二 レンジョウ 日 漢字音の末尾の子音 m・n・t に、ア・ヤ・ワ行の音オンが続くとき、マ・ナ・タ行の音に変化する現象。「因縁エン→ネン」「陰陽オンヨウ→オンミョウ」「観音カンオン→カンノン」「雪隠セツイン→セッチン」「天皇テンオウ→テンノウ」など。

【連接】レンセツ つながっている。また、つなぐ。

【連戦】レンセン 続けて戦う。例 ―連勝。一週間に六―。

【連銭▼葦毛】レンゼンあしげ（レンセンあしげ）日 ウマの毛色の名。葦毛に灰色の丸い斑点ハンテンがまじっているもの。

【連想】レンソウ 日 あるものごとをきっかけとして、それと何らかの点で関連する他のものごとを思いうかべる。例 ―をはたらかせる。表記 ⓘ▼聯想

【連続】レンゾク 同じようなものごとが続く。同じようなものごとを続ける。例 失敗の―。

【連打】レンダ 続けざまにうつ。続けざまにうち鳴らす。

【連体】レンタイ 日 文法で、体言に続くこと。例 ―修飾語。

【連体詞】レンタイシ 日 品詞の一つ。自立語で活用はしない。体言（＝名詞・代名詞）だけを修飾する。「この・その・あの・どの」「あらゆる」「我が」「大きな・小さな」など。

【連帯】レンタイ ①つらなる。つなぐ。②日 ふたり以上の者が、共同の責任を負う。例 ―保証人。③日 人と人、集団と集団とが、共同して何かをする。例 ―感。

【連濁】レンダク 日 二語が複合するとき、あとの語の最初の清音が濁音になること。「会社カイシャ」が「株式会社」では「ガイシャ」、「月つき」が「三日月」では「づき」となるなど。

【連朝】レンチョウ 毎朝。毎日。

【連▼綴】レンテイ （兵車などが）延々とつらなる。表記 ⓘ▼聯▼綴

【連年】レンネン 毎年。

【連覇】レンパ 日 競技会で、優勝を続ける。例 五―をとげる。

【連敗】レンパイ 続けて負ける。対 連勝。例 ―からぬけ出す。

【連発】レンパツ ①同類のものごとを続けておこなう。また、立て続けに発生する。例 ―する犯罪。②矢や銃などを、続けざま

に発射する。㊀単発。例 —銃。
【連判】レンパン／レンバン 一つの文書に、ふたり以上の人が名前をつらねて、印をおす。例 —状。
【連文】レンブン 熟語の構成で、上下の二字が同じ意味内容をもつもの。「傷害」「発起」など。
【連▼袂】レンベイ ①〔たもとをつらねる意〕何人かが同じ行動をとること。②姉妹のむこ。
【連璧】レンペキ ①一対の璧玉ヘキギョク。②並び立つすぐれた人のたとえ。双璧。〈世説・容止〉
【連邦】レンポウ 法律や制度などの自主制定権をもつ二つ以上の国や州などが、共通の理念や目的のために結びついて構成する統一国家。アメリカ合衆国やスイス連邦・アラブ首長国連邦など。例 —政府。表記 旧▼聯邦
【連峰】レンポウ つらなり続くみね。つらなり続く山々。
【連名】レンメイ ふたり以上の者が氏名を並べて書くこと。
【連盟】レンメイ ①同盟を結ぶ。②日 多数の団体や国家が、同一の目的のために協力する。また、その組織体。例 国際—。表記 ▽旧▼聯盟
【連綿】レンメン 長く続いてとぎれないさま。例 —と続く家柄。表記 旧▼聯綿
【連綿語】レンメンゴ 二字の漢字を連ねてその音のみを利用し、一つの意味をあらわした語。主としてものの様子や音声などの表記に用いる。語頭音が同じ字を重ねた「双声」、語尾音が同じ字を重ねた「畳韻」などがある。類 連綿字。表記 旧▼聯綿語
【連夜】レンヤ いく晩も続くこと。毎夜。例 —の残業。
【連用】レンヨウ ①同じものを引き続き、または繰り返して使う。②日 文法で、おもに用言に続くこと。例 —修飾語。
【連絡】レンラク ①つながりをつける。また、つながりがある。②日 意思や情報を知らせる。例 —をとる。表記 ▽旧▼聯絡
【連理】レンリ ①〔「理」は、木目モクめの意〕二本の別々の木の枝がくっついて、木目もつながること。②仲むつまじい夫婦や、深く愛し合っている男女のたとえ。例 比翼—。
【連理枝】レンリのえだ 仲むつまじい夫婦や、深く愛し合っている男女のたとえ。〈白居易・長恨歌〉→【比翼連理】ヒヨクレンリ(738ジペー)
【連立】レンリツ 日 性質の違ういくつかのものが、一緒に成り立っている。例 —政権。—方程式。表記 旧▼聯立
【連累】レンルイ 他人の犯罪にかかわる。また、一緒に罰せられる。まきぞえ。連座。
● 一連イチレン・関連カンレン・注連しめ・常連ジョウレン

逶
辶8 (12) 2 7791 9036
イ(ヰ)漢 呉 支 wēi

意味 曲がりくねって続くさま。例 逶蛇イイ。
【逶蛇】【逶▼迤】【逶▼迱】【逶移】イイ ①うねうねと曲がって長く続くさま。委蛇イイ。②のびのびとしてくつろぐさま。
【逶随】イズイ ①道などが曲がりくねっているさま。②ゆったりと落ち着いているさま。
【逶遅】イチ ①曲がりくねっているさま。②(道のりが)長く遠いさま。例 行路日逶遅コウロひびイチたり(=道のりは日々長く遠い)。〈王維・送高適弟耽帰臨淮作〉③あてどなくさまようさま。④衰えていくさま。

逸
辶8 (11) 1 1679 9038 常用
イツ漢 イチ呉 質 yì
そ-れる(そ-る)・そ-らす・はや-る・はぐ-れる(はぐ-る)

[逸] 辶8 (12) 3 9257 FA67 人 旧字体。

筆順
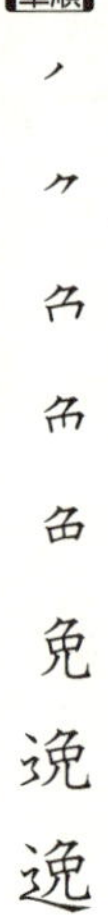

なりたち

[会意]「辶(=ゆく)」と「兔(=ウサギ)」とから成る。ウサギがにげていなくなる。

意味 ❶すりぬける。にげさる。はしる。また、にがす。例 逸二長蛇一チョウダをイッす(=長蛇(=武田信玄)をとり逃がす)。〔頼山陽・題不識庵撃機山図〕奔逸ホンイツ(=走って逃げる)。❷世間からかくれる。なくなる。うしなう。通 佚ツイ。例 逸文イツブン。隠逸インイツ。散逸サンイツ。❸はずれる。**それる**。例 逸脱イツダツ。❹気ままに楽しむ。例 逸楽イツラク。安逸アンイツ。❺わがまま。ほしいまま。例 放逸ホウイツ。❻ひときわすぐれる。抜きん出る。例 逸材イツザイ。逸品イッピン。秀逸シュウイツ。卓逸タクイツ。

日本語での用法 《**はやる**》「血気ケッキに逸はやる」▼気がせく。

古訓 中古 あやまる・おく・おごく・おごる・すぐ・すぐる・たちまち・とし・のがる・ほしいまま・ほろぶ・まぬかる・やす・やすし 中世 すぐる・すぐるる・のがる・はしる・はやし・ほしいまま・まぬかる・やすし 近世 うしなふ・うせる・すぐる・のがるる・はなつ・やすんず・わしる・をさむ

人名 いつし・すぐる・とし・はつ・はや・はやし・まさ・まさる・やす・やすし

難読 逸見へみ｜へんみ(=地名・姓)・都都逸どどいつ

【逸気】イッキ ①すぐれた気質。②世俗を脱した気性。
【逸居】イッキョ 気ままに暮らす。なまけて遊び暮らす。
【逸興】イッキョウ 特別におもしろいこと。ことさら趣が深いこと。
【逸群】イツグン おおぜいの中ですぐれて抜きん出ている。
【逸言】イツゲン 誤ったことば。失言。また、無駄なことば。
【逸才】イッサイ すぐれた才能。また、それをもつ人。逸材。例 多くの—を世に送り出す。
【逸材】イツザイ すぐれた才能。また、それをもつ人。逸才。軼材イツザイ。例 かくれた—。
【逸散】イッサン 日 ①ちるように逃げること。②〔「逸散に」の形で〕わき目もふらず。一目散。一散。例 —に走りだす。
【逸史】イッシ 正史に取り上げられることのなかった史実。また、それを記録した歴史書。
【逸志】イッシ ①すぐれたこころざし。②世俗からのがれたいと思う心。
【逸事】イツジ 世間に知られていない事実や事柄。逸話。
【逸出】イッシュツ ①逃げ出す。逃げ去る。②すぐれて抜きん出ているさま。
【逸書】イッショ 書名だけが伝わり、内容のほとんどが失われてしまった書物。散逸書。佚書イッショ。例 —として名のみ伝わる。
【逸走】イッソウ ①逃げ走る。②日 わきへそれて走る。
【逸足】イッソク ①走るのが速いこと。また、そういうウマや人。駿足シュンソク。例 良駿—。②ひときわすぐれた人材。逸材。
【逸脱】イツダツ 日 決まりや筋道から、ずれる。例 ルールを—した行動。職務の範囲を—している。
【逸致】イッチ ①すぐれた趣。②世俗を脱する趣。
【逸徳】イットク ①誤ったおこない。②すぐれた徳。
【逸品】イッピン すぐれた品物。絶品。例 まれにみる—。
【逸物】イチモツ／イツブツ 日 群をぬいてすぐれているもの。〔もとは牛馬やイヌ・タカなどについていったが、のちに刀剣や人物などにも使った〕
【逸文】イツブン ①すぐれた文章。名文。②ばらばらになって、大部分が失われた文章。例 古本コホン玉篇ギョクヘンの—。③世間一般に知られていない文章。▽佚文イツブン。
【逸聞】イツブン 世間一般に知られていない話。逸話。
【逸民】イツミン ①気ままに暮らす人。例 泰平の—。②俗世間をのがれ、かくれて暮らす人。
【逸遊】イツユウ【逸▼游】イツユウ 気ままにあそぶ。例 —に時を過ごす。

【逸予（豫）】イツヨ〔「予」は、楽の意〕「逸楽イツラク」に同じ。

【逸楽】イツラク 気ままに遊びたのしむ。逸予。佚楽イツラク。例―にふける。―の日々。

【逸労】イツロウ 安楽と苦労。

【逸話】イツワ 日世間にはあまり知られていない、ちょっとした話。おもしろい話。エピソード。例人柄をしのばせる―。

【以レ逸待レ労】イツをもってロウをまつ 安楽な状態で、疲れきった敵軍を待ち受ける。〈孫子・軍争〉

逭

辶8（12） 3 9256 902D カン（クヮン）漢 翰 huàn

意味 逃げる。のがれる。

逵

辶8（12） 2 7792 9035 キ（クヰ）漢 支 kuí おおじ（おほぢ）・ちまた・みち

意味 四方八方に通じる道。また、大きな道。大通り。通馗キ。例逵路キロ（＝四方八方に通じる大きな道路）。

週

辶8（11） 1 2921 9031 教2 シュウ（シウ）漢 尤 zhōu めぐ-る

［週］辶8（12）―旧字体。

筆順 冂 月 円 用 周 周 调 週 週

なりたち［形声］「辶（＝ゆく）」と、音「周シュウ（＝めぐる）」とから成る。めぐる。

意味 ❶ひとまわりする。めぐる。通周。例週期シュウキ。❷ひとまわりする時間の単位。通周。例週甲シュウコウ（＝満六十年）。週年シュウネン（＝満一年）。

日本語での用法《シュウ》「週間シュウカン・今週コンシュウ・毎週マイシュウ・週刊シュウカン」▼日曜から土曜までの七日間をひとまわりとした時間の単位。

古訓 近世 かへる・めぐる

【週刊】シュウカン 日新聞や雑誌を毎週一回ずつ発行すること。また、その刊行物。例―誌。

【週間】シュウカン 日①連続した七日間。一週間。例―天気予報。②特別の行事をする七日間。例交通安全―。

【週期】シュウキ ⇒【周期】シュウキ（241ジペー）

【週休】シュウキュウ 日一週間のうちに定期的な休日があること。また、その休日。例―二日制。

【週給】シュウキュウ 日一週間ごとの給料。

【週日】シュウジツ 日一週間のうち、土曜・日曜以外の日。平日。ウイークデー。〔土曜を含める場合もある〕

【週末】シュウマツ 日一週間の終わり。ウイークエンド。〔金曜と土曜、または土曜と日曜をいう〕

●隔週カクシュウ・今週コンシュウ・来週ライシュウ

進

辶8（11） 1 3142 9032 教3 シン漢 呉 震 jìn すすむ・すすめる（すす-む）

［進］辶8（12）―旧字体。

筆順 亻 亻 亻 什 隹 隹 隹 進 進

なりたち［形声］「辶（＝ゆく）」と、音「閵リン→シン」の省略体とから成る。すすむ。

意味 ❶前へ出る。先へ行く。すすむ。例進レ兵北略レ地ヘイをすすめてきたのかたちをリャクす（＝兵を進めて北方の地を侵略する）。〈史記・刺客伝・荊軻〉進行シンコウ。進退シンタイ。前進ゼンシン。❷出仕する。例進亦憂、退亦憂すすむもまたうれい、しりぞくもまたうれう（＝官にあっても心配し、官を退いても心配する）。〈范仲淹・岳陽楼記〉❸程度や技術が高くなる。例進化シンカ。進歩シンポ。❹階級や地位があがる。例進学シンガク。進級シンキュウ。昇進ショウシン。❺さしあげる。たてまつる。すすめる。例進呈シンテイ。進物シンモツ。寄進キシン。❻推薦する。例進二孫子於威王一ソンシをイオウにすすむ（＝孫子を威王に推挙する）。〈史記・孫臏伝〉

日本語での用法《ジョウ》「中宮チュウグウの進ジョウ」▼律令制で四等トウ官のうち、「職シキ」とよぶ官庁の第三位の官。

古訓 中古 すすむ・ジョウ・たてまつる・のぼる・まゐる 中世 すすむ・たてまつる・まゐらす・まゐる 近世 あぐる・すすむ・すすむる・たてまつる・のぼる

人名 すす・すすみ・つとむ・のぶ・のぼる・みち・ゆき

【進謁】シンエツ 貴人のもとに参上して面会する。類進見。

【進化】シンカ 日①生物が、簡単なものから複雑なものへ、下等なものから高等なものへと変化し、発達する。②ものごとがよりよいほうへ変わっていく。例環境に適応して―した。

【進化論】シンカロン 日生物は下等なものから高等なものへと進化してきたとする、イギリスの生物学者ダーウィンの唱えた学説。ダーウィニズム。

【進学】シンガク ①学問に励む。②日上級の学校にすすむ。

【進級】シンキュウ 等級や学年が上へすすむ。例―試験。

【進御】シンギョ ①天子のそば近くにはべる。天子の寵愛チョウアイを受ける。②天子に品物をたてまつる。

【進境】シンキョウ ①辺境に兵を進める。②日進歩した程度や様子。例―いちじるしい。

【進軍】シングン 軍隊がすすむ。軍隊をすすめる。

【進撃】シンゲキ 敵陣へとすすみ、攻撃する。

【進賢】シンケン ①賢者を推薦する。②文官や儒者が着用した冠。進賢冠。

【進言】シンゲン 目上の人に自分の意見を申し述べる。例改革の必要性を―する。

【進行】シンコウ ①目的地に向かってすすんでいく。②日ものごとがはかどる。例計画は着々と―している。

【進攻】シンコウ 軍をすすめて、せめこむ。例―作戦。

【進講】シンコウ 主君の前で講義をする。

【進士】シンシ｜ジン ①科挙（＝官吏登用試験）の科目。また、その合格者。②日律令制で、式部省がおこなった官吏登用試験の科目。また、その合格者。

【進取】シンシュ すすんでものごとに取り組む。対退嬰タイエイ。例―の気象に富む（＝性格が意欲的である）。

【進出】シンシュツ 新しい分野や地域にすすみ出ていく。対後退・退却。例海外に―する。

【進水】シンスイ ①水を流す。②日新しく造った船を、はじめて水上に浮かべる。例―式。

【進奏吏】シンソウリ 進奏院の役人。進奏院は唐・宋ソウ代に都に置かれ、詔勅や中央政府の命令を地方へ伝達し、地方からの報告を中央へ取り次ぐ役所。

【進退】シンタイ ①すすむことと、しりぞくこと。例進退維谷シンタイこれきわまる（＝窮地におちいる）。〈詩経・大雅・桑柔〉②日常的な動作。立ち居ふるまい。③その職にとどまるか、やめるか。身のふり方。去就。例―伺うかがい。

【進駐】シンチュウ 軍隊が他国の領土内に進入し、そこにとどまる。例―軍。

【進捗】シンチョク 日仕事が進みはかどる。

【進呈】シンテイ さしあげる。類進上。例著書を―する。

【進展】シンテン 日進歩発展する。新しい境地や段階にすすむ。例事態の―を見守る。

【進度】シンド 日ものごとのすすみぐあい。進行の度合い。

【進入】シンニュウ ある区域や地域の中にはいる。例―禁止。

【進歩】シンポ ものごとがよい方向へとすすんでいく。対退歩。

【進歩的】(シンポテキ) 日社会を改革し、よりよくしようとするさま。対保守的。例—な考え方。

【進奉】(シンポウ) 天子にものを献上する。また、献上されたもの。

【進物】(シンモツ) 日さしあげる品物。贈り物。

【進路】(シンロ) ①すすんでいく方向。ゆくて。対退路。例台風の—。—を妨げる。②日人が将来に向けてすすんでいく方面。例—指導。
●行進・後進・新進・増進・促進・直進・突進・発進・躍進

逮
辶8(11) 1 3465 902E 常用 タイ漢 呉 隊 dài
いた-る・およ-ぶ

[逮] 辶8(12) ——旧字体。

筆順 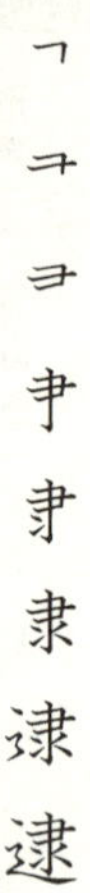

なりたち  [形声]「辶(=ゆく)」と、音「隶イ(=およぶ)」とから成る。およぶ。

意味 ❶おいつく。とどく。およぶ。例恥₂躬之不レ逮也(みのおよばざるをはずるなり)(=行動が《発言に》追いつかないのを恥じる)。〈論語・里仁〉逮及(タイキュウ)(=およぶ)。❷つかまえる。追いかけてとらえる。例逮捕。

古訓 中古およぶ・およぼす・こぼす・こぼる 中世およぶ 近世およぶ・およぼす・やはらぐ

【逮捕】(タイホ) 犯人や容疑者をとらえる。対釈放。例—状。

【逮夜】(タイヤ) ①夜になる。②〔仏〕葬儀の前の日の夜。また、命日の前夜。

[逹] 辶8(12) ⇩達(1317ジペー)

逿
辶8(12) 4 8989 9037 テキ漢 錫 tì

意味 ❶遠い。通逖。例逿遠(テキエン)。❷恐れる。通惕。例逿逿(テキテキ)(=恐れるさま)。

迸
辶8(12) 902C ホウ(ハウ)漢 ヒョウ(ヒャウ)呉 敬 bèng
はし-る・ほとばし-る・たばし-る・しりぞ-ける(しりぞ-く)

[迸] 辶6(10) 2 7794 8FF8 俗字。

意味 ❶ちりぢりになって逃げる。はしる。例迸散(ホウサン)。迸走(ホウソウ)(=走って逃げる)。❷飛び散るように噴き出す。ほとばしる。例銀瓶乍破水漿迸(ギンペイたちまちやぶれてスイショウほとばしる)(=銀のかめが突然割れて水がほとばしる)。〈白居易・琵琶行〉❸おしのける。しりぞける。

【迸散】(ホウサン) ちりぢりになって逃げる。四方に飛びちる。

遏
辶9(13) 2 7801 904F アツ漢 曷 è
とど-める(とど-む)・さえぎ-る

意味 ❶(徹底的に)おしとどめる。さえぎる。とどめる。例遏レ悪揚レ善(アクをとどめてゼンをあぐ)(=悪を抑えて善を宣揚する)。〈易・大有・象〉遏止(アッシ)(=おしとどめる)。遏雲(アツウン)。❷断ち切る。断つ。例遏絶(アツゼツ)。

【遏雲】(アツウン)〔空を流れる雲も聞きほれてとどまる意〕すぐれた音楽をほめることば。〔〈列子・湯問〉から〕例—の曲。

【遏絶】(アツゼツ) ①(一族を)残らず滅ぼす。絶滅する。族滅。②さえぎり、おしとどめる。

【遏密】(アツミツ)〔「密」は、静の意〕喪に服する期間、鳴り物をやめて静かにする。

適
辶9(13) 2 7808 9056 国字 あっぱれ

意味 あっぱれ。あっぱれな。ほめたり、驚いたりしたときのことば。でかした。天晴(あっぱれ)。例適(あっぱれ)、よくぞやった。

[違] 辶9(13) ⇩違(1321ジペー)

運
辶9(12) 1 1731 904B 教3 ウン漢 呉 問 yùn
はこ-ぶ・めぐ-る

[運] 辶9(13) ——旧字体。

筆順 

なりたち  [形声]「辶(=ゆく)」と、音「軍クン→ウン」とから成る。めぐり、うつる。

意味 ❶うごく。めぐりゆく。まわる。めぐる。例海運(うみめぐる)(=海が荒れ動く)。〈荘子・逍遥遊〉運行(ウンコウ)。運動(ウンドウ)。❷うごかす。はたらかせる。例運レ兵計謀(ヘイをめぐらしてケイボウす)(=軍を動かして謀略をめぐらす)。〈孫子・九地〉運営(ウンエイ)。運転(ウンテン)。運用(ウンヨウ)。❸ものをほかのところに持っていく。はこぶ。例以₂木牛₁運(モクギュウをもってはこぶ)(=ウシに似せた一輪車ではこぶ)。〈蜀志・諸葛亮伝〉運送(ウンソウ)。運輸(ウンユ)。海運(カイウン)。❹めぐりあわせ。例窮達之運(キュウタツのウン)(=困窮と栄達のめぐりあわせ)。〈枕中記〉運命(ウンメイ)。幸運(コウウン)。不運(フウン)。

古訓 中古いのち・うつす・うつる・おくる・おごく・さいはひ・すみやかに・はこぶ・めぐらす・めぐる 中世はこぶ・めぐる 近世うごく・うつる・はこぶ・めぐる

人名 かず・やす・ゆき

難読 運否天賦(ウンプテンプ)

【運営】(ウンエイ) 日組織や機構をはたらかせて、仕事がうまく進むようにする。例新事業の—委員。

【運河】(ウンガ) 船を通したり、水を利用したりするために、陸地を掘って人工的につくった水路。例スエズ—。

【運会】(ウンカイ) 世のめぐりあわせ。時勢。時流。

【運気】(ウンキ) 自然界の現象にあらわれるという、人間の運勢。

【運休】(ウンキュウ) 日「運転休止」「運航休止」の略。バスや電車が運転を休む。また、船や飛行機が運航を休む。

【運行】(ウンコウ) 天体や交通機関が、決まったコースを周期的にめぐって行く。例天体の—。バスの—時刻表。

【運航】(ウンコウ) 日船や飛行機が所定の航路を進む。

【運算】(ウンザン) 数式の示すとおりに計算し、答えを出す。演算。

【運掌】(ウンショウ)〔たなごころにめぐらす〕手のひらの上でものをころがす。たやすいことのたとえ。〔「治₂天下₁可レ運₂之掌上₁(テンカをおさむることこれをショウジョウにめぐらすべし)(=《思いやりのある政治をおこなうなら》天下を治めることは、手のひらの上でものをころがすように容易である)。〈孟子・公孫丑上〉から〕

【運上】(ウンジョウ) 日①室町時代の末、年貢を京都にはこび、朝廷に納めたこと。②江戸時代、商工業や運送業などに課した営業税。例—金。

【運針】(ウンシン) 日和裁で、縫いばりのはこび方。特に、基本のぐし縫い(=縫い目をそろえて縫う、普通の縫い方)についていう。

【運勢】(ウンセイ) 日これからの運の向きぐあい。幸・不幸のめぐりあわせ。例—を見る。

【運▼祚】(ウンソ)〔「祚」は、天が下す幸いの意〕①天子としての運。転じて、王朝の続く長さ。②世のめぐり合わせ。世運。

【運送】(ウンソウ) 荷物を目的地へはこぶ。また、その仕事。例—業。—屋。

【運▼漕】(ウンソウ) 船で運搬する。水運。

【運▼籌】(ウンチュウ) はかりごとをめぐらす。戦略を考える。類運策・運謀。

【運賃】チン 日乗客や貨物をはこぶ料金。

【運転】テン ①決まった動きをする。また、回転運動をする。②日自動車や機械などを動かす。例—手。③日組織や資金などをうまく動かし活用する。運用。回転。例—資金。

【運動】ドウ ①めぐりうごく。例振り子の—。②(人や動物が)活動する。例—不足。③日(健康や鍛錬のために)からだを動かす。④日(社会的な目的を達成するために)人々にはたらきかける。例選挙—。公害防止—。

【運搬】パン ものをはこぶ。例車で—できる荷物。

【運筆】ピツ 文字を書くときの、ふでの使い方。ふでづかい。ふではこび。例自由でのびのびとした—。

【運▼甓】ウンペキ(ヘキをはこぶ) 努力して心身をきたえる。〔東晋トウシンの陶侃トウカンが、毎朝甓しきがわらを百枚運び出し、毎夕運び入れて鍛錬した故事〈晋書・陶侃伝〉から〕

【運命】メイ 人の意志や努力とかかわりなくめぐってくる生と死、運と不運、幸と不幸など。また、それを与える、人間をこえた力。命運。宿命。例—のいたずら。—に従う。

【運輸】ユン 陸路や水路や空路によって、旅客リョカクや貨物を送りはこぶこと。

【運用】ヨウ 実際の場面に合わせてうまく使いこなす。

●悪運アク・海運カイ・家運カ・気運キ・幸運コウ・国運コク・水運スイ・悲運ヒ・不運フ・武運ブ・命運メイ・陸運リク

過 辶9(12) 1 1865 904E 教5

〔過〕辶9(13) 旧字体。

カ(クヮ)漢呉 簡guò

すぎる(す-ぐ)・すごす・あやまつ・あやまち・とが・よ-ぎる

筆順 冂 冂 冂 冎 冎 咼 咼 過 過

なりたち 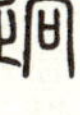 [形声]「辶(=ゆく)」と、音「咼カ」とから成る。とおりすぎる。

意味 ❶とおる。とおりすぎる。わたる。**すぎる**。**よぎる**。例微雨夜来過ビウヤライすぐ(=小雨が昨夜降った)。〈韋応物・幽居〉過客カク。一過イッカ。通過ツウカ。❷時がたつ。**すぎる**。例過去カコ。過日ジツ。経過ケイカ。❸度をこえる。ゆきすぎる。例好レ勇過レ我ユウをこのむことわれにすぐ(=勇を好むことは私以上だ)。〈論語・公冶長〉過大ダイ。過度ド。過不足フソク。❹まちがえる。**あやまつ**。また、**あやまち**。**とが**。例不レ弐レ過あやまちをふたたびせず(=同じ過ちを繰り返さない)。〈論語・雍也〉過失シツ。咎過キュウカ(=とが。あやまち)。罪過ザイカ。❺過失を責める。とがめる。例督過トッカ(=とがめる)。

古訓 中古 あやまつ・あやまる・おこたる・こゆ・すぐ・たび・つみ・とが・よぎる・わたる 中世 あやまち・あやまり・あやまる・すぐる・とが・よぎる 近世 あやまち・こえる・すぐる・とが・よぎる・わたる

【過則▼勿レ▼憚レ改】あやまちてはすなわちあらたむるにはばかることなかれ あやまちがあればためらわず改めよ。〈論語・学而〉

【過雨】ウ 通りあめ。例白帝城西過雨痕ハクテイジョウのサイカウのあと(=白帝城の西側には通り雨のあとが残っていてみずみずしい)。〈杜甫・返照〉

【過客】カク 通りすぎて行く人。旅人。例光陰者百代之過客コウインはヒャクダイのカカクなり(=月日は永遠の旅人である)。〈李白・春夜宴桃李園序〉月日は百代の過客にして…。〔芭蕉・奥の細道〕

【過患】カン あやまりや、わざわい。過失や害悪。

【過観】カン 立ち寄って見る。

【過▼雁】【過▼鴈】ガン 空を過ぎ行くガン。渡っていくガン。

【過激】ゲキ 考え方や行動がはげしいこと。また、程度がはなはだしいこと。対穏健。例—派。—な思想。

【過去】コ ①すぎさった時。むかし。以前。対現在・未来。例—の人。②日前歴。経歴。例暗い—がある。

【過去帳】カコチョウ 日〔仏〕(寺で、檀家ダンカの)死者の法名ホウミョウ・俗名ゾクミョウ・死亡年月日などを記録しておく帳面。点鬼簿。

【過午】ゴ 昼過ぎ。午後。

【過誤】ゴ あやまち。あやまり。過失。例—をおかす。論理のすじみちに—がある。

【過酷】コク 厳しすぎること。例—な訓練。

【過言】ゴン|ゲン 言いそこない。大げさな言い方。言いすぎ。例—をつつしむ。…と言っても—ではない。

【過差】サ ①過失。②おごり。ぜいたく。

【過失】シツ 不注意や見通しの甘さから生じる失敗。あやまち。しくじり。対故意。例—をおかす。—を許す。

【過日】ジツ 先日。このあいだ。例—はお世話になりました。

【過重】ジュウ おもすぎること。負担が大きすぎること。例—な労働。責任が—になる。

【過所】カショ|ソカ 旅人が関所で示す手形。通行証。

【過小】ショウ 評価や見積もりなどが、実際よりも小さすぎるさま。対過大。例—評価。—に見積もる。

【過少】ショウ 数量が実際よりも少なすぎるさま。対過多。例—な資金。費用を—に見積もる。

【過称】ショウ 「過褒ホウ」に同じ。

【過剰】ジョウ ①(数量が)多すぎて、余っていること。例生産—。②必要以上であること。例自信—。

【過食】ショク 日食べすぎる。

【過信】シン 日実際以上に評価し、それにたよりすぎる。例自分の力を—する。

【過疎】ソ 日ある地域の人口が、まばらすぎること。対過密。例—地域。—対策。

【過多】タ 必要以上に多いこと。対過少。例胃酸—症。

【過怠】タイ 日①あやまち。てぬかり。②あやまちをつぐなうための金品。例—金。

【過大】ダイ 評価や期待などが、実際よりも大きすぎるさま。対過小。例—評価。—な期待。

【過程】テイ ①度をこす。②日ものごとの進行・変化・発展の道筋。プロセス。経過。例生産—。

【過庭▼之訓】カテイのおしえ ⇒【庭訓】キン(450ジ)

【過度】㊀ド 度がすぎる。普通の程度をこえる。対適度。例—の緊張。㊁トカ ①通過する。わたる。過渡。②渡し場。

【過渡期】カトキ 日ものごとが、ある状態から次の状態へと移り変わる不安定な時期。

【過当】トウ ほどよい程度をこえていること。例—競争。

【過熱】ネツ ①温度が限度をこえて上がる。オーバーヒート。例エンジンの—。②日競争や人気などが、異常に激しくなる。例景気が—する。

【過半】ハン|なかばをすぐ 半分より多いこと。半分以上。半数以上。例—ハンを占める。

【過半数】カハンスウ 全体の半分をこえる数。

【過般】ハン さきごろ。せんだって。先般。例—通知した如ごとく。—来ライ(=この間から)。

【過敏】ビン 非常に感じやすいこと。刺激に対する反応が並はずれて強いこと。例—な神経。

【過不及】フキュウ 多すぎることと、足りないこと。過不足。例—なし(=適度である)。

【過不足】フソク 多すぎることと、足りないこと。過不及。例—のない解説。

【過分】ブン 一定のレベルや身分などにふさわしい程度をこえ

ているさま。対応分。
【過褒】カホウ ほめすぎ。過称。類過賞・過誉。例—のことばをいただいて恐縮する。
【過保護】カホゴ 日子供を育てるとき、必要以上に大事にし、子供の自主性や自立性をそこなうこと。
【過密】カミツ 日集中し、こみすぎていること。対過疎。例—ダイヤ。—なスケジュール。
【過料】カリョウ 日行政処分の一種で、軽い禁令に違反した者に払わせるお金。〔刑罰の一種の「科料(「とがリョウ」とも言う)」と区別して「あやまちリョウ」と言うことがある〕
【過労】カロウ 働きすぎて心身がひどく疲れること。例—死。
【過猶ﾚ不ﾚ及】すぎたるはなおおよばざるがごとし ゆきすぎているのは、達していないのと同じようなものだ(どちらも、ちょうどよいとはいえない)。〈論語・先進〉
●看過カン・経過ケイ・大過タイ・超過チョウ・通過ツウ

遐 辶9 (13) 2 7802 9050 カ漢 麻 xiá とお-い(とほ-し)・はる-か

意味 ❶はるかに遠い。**とおい**。**はるか**。対邇ジ。例 遐行カコウ(＝遠方へゆく)。遐邇カジ。❷期間が長い。ひさしい。例 遐年カネン。遐寿カジュ。❸「遐不…」の形で用いられ「なんぞ…ざらん」と読み、反語をあらわす。どうして…しないことがあろう。通胡コ。例 遐不ﾚ謂矣なんぞいわざらん(＝どうして言わないことがあろう)。〈詩経・小雅・隰桑〉
【遐異】カイ 風変わりである。奇妙な。例 弱齢尚ﾆ遐異ﾆジャクレイはカイをとうとぶ(＝若者は奇妙なものをとうとぶ)。〈張煌言・述懐〉
【遐域】カイキ 遠く離れたところ。
【遐観】カカン 遠くを眺める。見渡す。例 時矯ﾚ首而遐観ときにこうべをあげてカカンす(＝ときどき頭をあげて見渡す)。〈陶淵明・帰去来辞〉
【遐棄】カキ ①すてて遠ざかる。例 既見ﾆ君子ﾆ、不ﾆ我遐棄ﾆすでにクンシをみる、われをカキせず(＝すでにあなたと会えた。私をすてさらなかった)。〈詩経・周南・汝墳〉 ②天子が死去すること。〔人民をすてて遠く去ってしまう意〕
【遐挙】カキョ ①遠くへ飛ぶ。例 汎容与而遐挙兮ハンとしてヨウヨとしてカキョす(＝ふわふわとゆったり遠くまで飛んでいく)。〈楚辞・遠遊〉 ②高潔なふるまいをすることのたとえ。③死の婉曲エンキョクな表現。④仙人となって天にのぼる。
【遐荒】カコウ 遠い荒れ果てた未開の地。
【遐▼邇】カジ 遠い所と近い所。遠近。
【遐寿】カジュ 長生き。長寿。高齢。遐年。類遐齢。
【遐▼陬】カスウ 遠く離れた片田舎。
【遐想】カソウ ①はるかにおもう 遠く離れた人やもののことを考える。思いをはせる。例 遐想ﾆ管楽ﾆはるかにカンガクをおもう(＝遠く管仲カンチュウ・楽毅ガッキのことを考える)。〈袁宏・三国名臣序賛〉 ②現実離れした考え。
【遐登】カトウ はるか高くにのぼる。死の婉曲エンキョクな表現。
【遐年】カネン ①長生き。長寿。高齢。②長い年月。
【遐福】カフク 長きにわたる幸福。例 降ﾆ爾遐福ﾆなんじにカフクをくだす(＝そなたに永遠の幸せをくだす)。〈詩経・小雅・天保〉

遇 辶9 (12) 1 2288 9047 常用 グウ慣 グ漢呉 遇 yù あ-う(あ-ふ)・もてな-す・たまたま

[遇] 辶9 (13) ──旧字体。

筆順 冂 日 吕 禺 禺 禺 遇 遇

なりたち [形声]「辶(＝ゆく)」と、音「禺グ」とから成る。出くわす。

意味 ❶思いがけなく出あう。出あい。**あう**。例 遇ﾆ諸塗ﾆこれにみちにあう(＝途中で出あう)。〈論語・陽貨〉 奇遇キグウ。遭遇ソウグウ。千載一遇センザイイチグウ。❷よい機会にめぐりあう。世に認められ用いられる。例 知遇チグウ。不遇フグウ。❸接待する。**もてなす**。もてなし。例 遇ﾚ我甚厚われをグウすることはなはだあつし(＝私を手厚くもてなす)。〈史記・淮陰侯伝〉 待遇タイグウ。優遇ユウグウ。冷遇レイグウ。❹思いがけず。**たまたま**。通偶。

古訓 中古 あふ・たまさか・たまさかに・たまたま・まみる・めぐる・わづかに 中世 あふ・たまさか 近世 あひしらふ・あふ・たまたま・まつ

人名 はる

【遇合】グウゴウ (名君や幸運などに)めぐりあう。また、めぐりあって気持ちを通じあう。
【遇待】グウタイ 人をもてなす。待遇。
●奇遇キグウ・境遇キョウグウ・厚遇コウグウ・千載一遇センザイイチグウ・遭遇ソウグウ・待遇タイグウ・知遇チグウ・不遇フグウ・優遇ユウグウ・礼遇レイグウ・冷遇レイグウ

遃 辶9 (13) 4 8991 9043 ゲン漢 銑 yǎn

意味 行く。

遑 辶9 (13) 2 7803 9051 コウ(クヮウ)漢 陽 huáng オウ(ワウ)呉 いとま・ひま

意味 ❶あわただしい。いそがしい。通惶コウ。例 遑遑コウコウ。❷することがなくのんびりしたさま。**ひま**。**いとま**。例 不ﾚ遑ﾆ仮寐ﾆカビにいとまあらず(＝仮眠する暇もない)。〈詩経・小雅・小弁〉

難読 不遑いとまあらず

【遑急】コウキュウ あわてふためくさま。また、あわただしいさま。
【遑遑】コウコウ あわただしいさま。落ち着かないさま。例 胡為乎遑遑欲ﾆ何之ﾆなんすれぞコウコウとしていずくにゆかんとほっする(＝どうしてあくせくとして、どこへ行こうとするのか)。〈陶淵明・帰去来辞〉

𨕫 辶9 (12) 4 8990 2856B 国字 しめ

意味 人名などに用いる字。例 𨕫野しめの(＝姓)。

遒 辶9 (13) 2 7804 9052 シュウ(シウ)漢 尤 qiú かた-い(かた-し)・せま-る・たちま-ち・つ-くす

[逎] 辶7 (11) 2 7805 900E 本字。

意味 ❶さしせまる。**せまる**。例 百年忽我遒ヒャクネンたちまちわれにせまる(＝人生の終末が急に自分にせまる)。〈曹植・箜篌引〉 遒迫シュウハク。❷力強く、すぐれている。つよい。例 遒勁シュウケイ。

参考 字音を「ユウ」とし、「遒勁ユウケイ」「遒美ユウビ」などと読むのは誤り。

【遒逸】シュウイツ 文章や書画が力強くすぐれていること。
【遒▼勁】シュウケイ 文章や書画などが力強くすぐれていること。
【遒迫】シュウハク さしせまる。

遂 辶9 (12) 1 3175 9042 常用 スイ漢 ズイ呉 寘 suì とげる(と-ぐ)・つい-に(つひ-に)・おお-せる(おほ-す)

[遂] 辶9 (13) ──旧字体。

筆順 丷 䒑 㒸 㒸 㒸 㒸 遂 遂

なりたち [形声]「辶(＝ゆく)」と、音「㒸スイ」とから成る。勢いのままに進む。

意味 ❶なしとげる。やりおえる。例 功成名遂コウなりなとぐ(＝功績を立て、名声を獲得する)。〈墨子・修身〉 遂行スイコウ。完遂カンスイ。❷順調に成長する。例 六畜遂、五穀殖ロクチクとげ、ゴコクふゆ(＝家畜は成長し、穀物はふえる)。〈韓非・難二〉 ❸「ついに」と読む。㋐その勢いでそのまま、の意をあらわす。例 衛士仆レ地、噲遂入(=番兵が倒れたので、樊噲はその勢いで中にはいった)。〈史記・項羽紀〉 ㋑その結果こうして、の意をあらわす。例 遂成二天下之名儒一(=その結果、すぐれた儒者となった)。〈列女・母儀〉 ❹深く遠いさま。通 邃。例 遂古。

日本語での用法 《ついに》「遂に見たこともない巨大な熊」▼(下に打ち消しのことばをともなって)いまだにない。ついぞ…ない。

古訓 中古 おふ・かつ・したがふ・すすむ・つく・つくす・つひに・とぐ・とげぬ・とほる・やしなふ・やすし・ゆく・よる・をはる 中世 つひに・とぐる 近世 いたる・かなふ・したがふ・すすむ・つひに・とぐる・とどまる・なる・にげる・やすし・ゆく・よる

人名 かつ・すすむ・つぐ・とおる・なり・なる・みち・もろ・やす・ゆき・より

【遂古】 大昔。太古。邃古。

【遂行】 (任務や計画を)なしとげる。〔「ツイコウ」と読むのは誤り〕例 任務を―する。

【遂事】 いまさらやめることのできない事柄。例 遂事不レ諫(=してしまったことは問いつめない)。〈論語・八佾〉

【遂初】 初志を果たす。また、当初からの、隠退・退官の願いをとげる。

●完遂・未遂

遄

辶9 (13) 4 8992 9044

セン 漢 ゼン 呉 先 chuán

意味 すみやかに往来する。すみやか。はやい。例 遄疾(=すみやか)。

達

辶9 (12) 1 3503 9054 教4

タツ 漢 ダチ 呉 曷 dá

たち 付表 友達

[達] 辶9 (13) 旧字体。 [逹] 辶8 (12) 2 7793 9039 俗字。

筆順 一 十 土 去 查 幸 達 達 達

なりたち [形声]「辶(=ゆく)」と、音「幸タ」とから成る。何にもぶつからずに行きつく。

意味 ❶道が通じている。とおる。例 四通八達。❷とどく。ゆきつく。なしとげる。出世する。例 己欲レ達而達レ人(=《仁者は》自分が出世したいと思えば人を出世させる)。〈論語・雍也〉 達成。到達。発達。❸ものごとや道理に深く通じている。すぐれている。例 君子上達(=君子は高尚なことに通じる)。〈論語・憲問〉 達見。達人。熟達。❹伝える。とどける。例 為レ我達二揚州一(=私のために《涙を》揚州に届けよ)。〈李白・秋浦歌〉 通達。伝達。配達。

日本語での用法 《たち》「公達・子供達・友達」▼複数または多数をあらわす。ひいて、仲間や同類を示す。

古訓 中古 いたる・おぼゆ・かよふ・さとる・たつ・つかはす・つぶさに・とづく・とほす・とほる・みち・やる・ゆく 中世 いたる・かよふ・さとる・とほる 近世 いたる・かろがろし・こひつじ・さだまる・そなはる・とほる・ほしいまま・みち・みな

人名 いたる・かつ・さだむ・さと・さとし・さとる・すすむ・ただ・ただし・たつし・たて・とお・とおる・のぶ・ひろ・みち・みつ・よし

難読 伊達・手達

【達意】 自分の考えや気持ちが相手によくわかるように、述べること。例 ―の文章。

【達官】 高い官位。高位の官吏。

【達観】 ①広く全体を見通す。②細かい事柄にこだわらず、ものごとの道理を見通す。また、超越する。例 人生を―する。

【達見】 ものごとの道理を見ぬいた、すぐれた意見。達識。

【達言】 ①道理にあてはまっていることば。②どこでも、どんなときでも通ずることば。

【達士】 深く道理に通じた人。また、ある事柄に特に通じている人。達者。達人。

【達識】 ものごとの道理を見ぬいた、すぐれた意見。達見。

【達者】 ①深く道理に通じた人。達士。達人。②日 手なれていて、たくみであること。すぐれていること。例 芸―。③日 からだが丈夫であること。健康であること。例 口が―。―で暮らす。

【達人】 ①深く道理に通じた人。達士。達者。②日 学問や技芸などに深く通じた人。名人。例 剣の―。

【達成】 日 ものごとを完全にやり終える。なしとげる。成就。例 目標を―する。

【達尊】 だれもがとうとぶ事柄。爵位・年齢・学徳の三つをいう。〈孟子・公孫丑下〉

【達道】 ①世間一般、古今に通じておこなわれるべき道。君臣・父子・夫婦・兄弟・朋友における五倫の道をいう。〈中庸〉→【五倫】(45ページ) ②道を体得する。

【達徳】 一 だれもが尊ぶべき徳。二 徳を達す 有徳の人材を登用する。

【達筆】 日 字がのびのびとして勢いがあり、上手なこと。また、その字。能筆。対 悪筆。例 ―でしたためる。

【達文】 日 すじみちがよく通っていて、わかりやすい文章。また、たくみな表現を用いている文章。

【達弁(辯)】 日 話し方が、よどみなくみごとであること。能弁。

●上意下達・速達・調達・友達・発達

遅

辶9 (12) 1 3557 9045 常用

一 チ 漢 支 chí
二 チ 漢 寘 zhì

おくれる(おく-る)・おくらす・おそい(おそ-し)

[遲] 辶12 (16) 2 7815 9072 旧字体。

筆順 コ 尸 尸 㞑 屖 遅 遅

なりたち [形声]「辶(=ゆく)」と、音「犀セ→チ」とから成る。ゆっくり行く。

意味 一 ゆっくりしている。のろい。おそい。例 太子遅レ之(=太子はおそいと思った)。〈史記・刺客伝・荊軻〉 遅速。遅鈍。巧遅。二 ❶待つ。❷…に及んで。…になって。すなわち。そこで。

日本語での用法 《チ》「遅刻・遅参」▼決まった時刻に間に合わない。おくれる。

古訓 中古 うるはし・おくる・おくれたり・おそし・おもふ・ころほひ・にぶし・ぬるし・ねがふ・のどかなり・まつ・むかふ・やうやく 中世 おそし・にぶし・ぬるし・ねがふ・まつ 近世 いこふ・おそし・ながし・はるか・ひさし・まつ・ゆるやか

人名 まつ

難読 遅遅・遅稲

【遅引】 「遅延」に同じ。

【遅延】 おくれる。長引く。遅引。例 支払いが―する。

【遅回】【遅▼廻】 ①ぐずぐずしているさま。②ぶらぶらさまようさま。徘徊。

【遅疑】 ぐずぐずといつまでもうたがい迷い、決断しない。例 ―逡巡(=ためらってしりごみすること)。

【遅刻】 日 決められた時刻や、約束した時刻におくれる。

【遅参】(チサン) 日 定められた時刻におくれて来る。遅刻。例 会合に―してしまう。

【遅日】(チジツ) 昼が長く、日の暮れるのがおそい春の日。

【遅速】(チソク) おそいか、はやいか。例 作業の―で評価する。

【遅滞】(チタイ) 期日におくれて、はかどらない。のびのびになる。例 作業が―する。

【遅遅】(チチ) ①じれったいほど、進行がおそいさま。例 遅遅鐘鼓(チチたるショウコ)(=なかなか鳴らない、時を告げる鐘や太鼓)。〈白居易・長恨歌〉②日の暮れるのがおそく、のどかなさま。例 春日遅遅(シュンジツチチ)。〈詩経・豳風・七月〉

【遅鈍】(チドン) 頭のはたらきや動作がのろくてにぶいこと。また、その人。

【遅配】(チハイ) 日 配達や支給などが予定よりもおくれる。例 給料が―になる。

【遅筆】(チヒツ) 日 文章を書く速度がおそいこと。文章を書き上げるのに時間がかかること。例 ―の作家。

【遅暮】【遅▼莫】(チボ) ①だんだん年をとること。晩年。暮年。②ゆっくりしていておそい。

【遅明】(チメイ) 夜明け。類 遅旦(チタン)。

【遅留】(チリュウ) ぐずぐずとしていて、とどまる。

逞

⻌9(13) 2 7806 9049

テイ 漢 庚 zhēn
うかが-う(うかが-ふ)・さすが

意味 ひそかにさぐる。うかがう。通 偵(テイ)。

日本語での用法 《さすが》「逞(さすが)にあまり無理(ムリ)を言(い)えなかった・逞(さすが)は名人業(メイジンわざ)だ」▼それはそうだが、の意。または、いかにもふさわしく、の意。

道

⻌9(12) 1 3827 9053 教2

一 トウ(タウ) 漢 ドウ(ダウ) 呉 皓 dào
二 トウ(タウ) 漢 ドウ(ダウ) 呉 号 dǎo
みち・い-う(い-ふ)

[道] ⻌9(13) 旧字体。　[衜] 行10(16) 4 8807 885F 別体字。

筆順 丷 䒑 𦍌 首 首 首 道 道

なりたち  [会意]「⻌(=ゆく)」と「首(シュ→トウ)(=ゆきつくところ)」とから成る。人の行くみち。

意味 一 ❶人が行き来する地面。みち。例 迷失レ道(みちにまよいてみちをうしなう)(=道を見失う)。〈史記・項羽紀〉道路(ドウロ)。街道(カイドウ)。鉄道(テツドウ)。❷人として守りおこなうべき決まり。ことわり。例 吾師レ道也(われはみちをシとするなり)(=私は道義を師とする)。〈韓愈・師説〉道義(ドウギ)。道徳(ドウトク)。❸老子や荘子を祖とする教え。また、その学派。例 道家(ドウカ)。❹釈迦(シャカ)の教え。仏教。仏道。❺行政区画の名。例 河南道(カナンドウ)。❻述べる。となえる。いう。例 不レ足下為二外人一道上也(ガイジンのためにいうにたらざるなり)(=外部の人に話すまでもない)。〈陶淵明・桃花源記〉道破(ドウハ)。唱道(ショウドウ)。報道(ホウドウ)。二 教えみちびく。みちびく。通 導。例 道レ之以レ徳(これをみちびくにトクをもってす)(=道徳で教えみちびく)。〈論語・為政〉

日本語での用法 《ドウ》①「五畿七道(ゴキシチドウ)・四道将軍(シドウショウグン)・東海道(トウカイドウ)」▼昔の地域区分の名。②「道庁(ドウチョウ)・道民(ドウミン)・道立(ドウリツ)」▼地方行政機関の一つとしての「北海道」の略。③「華道(カドウ)・芸道(ゲイドウ)・書道(ショドウ)」▼学問や技芸のわざ。やり方。

古訓 中古 いふ・ことわる・ただし・つね・てだつ・てだて・とく・のり・まさし・みち・より・よる・をさむ 中世 いふ・ことわる・てだて・まさる・みち 近世 いふ・ただし・みち・みちびく・よる・をさむ・をさむる

人名 おさむ・おさめ・じ・ただし・つね・なお・なおし・のり・まさ・ゆう・ゆき・より・わたる

難読 道祖神(さえのかみ)

【道化】(ドウカ) 一 日 ①こっけいなことばや動作で、人を笑わせること。また、その人。おどけ。例 ―芝居。②歌舞伎(かぶき)の役柄の一つ。道化方(どうけがた)。道化役。例 ―役者。二(ドウケ) 道徳によって人々を感化する。

【道家】(ドウカ) 古代の思想家である老子と荘子や、その説を受けついだ人々。無為自然の道をたっとび、人為的な文化を否定する学派。例 ―の説。

【道学】(ドウガク) ①道徳について考え、人々を教え導こうとする学問。儒学のこと。②宋(ソウ)代の儒学。宋学。③道家の学問。④日 心学(シンガク)。例 江戸時代末期の―者。

【道学先生】(ドウガクセンセイ) 道徳や学問を研究し実践しようとしていながら、現実の社会生活には適応できない人。学者をあざけっていうことば。

【道観】(ドウカン) 道教の廟(ビョウ)。類 道院。

【道義】【道▼誼】(ドウギ) 人として守りおこなうべき、正しいすじみち。例 ―的。―をふみはずす。―にそむく。

【道教】(ドウキョウ) 中国固有の宗教。道家の思想と不老長生を求める古来の神仙信仰とが結びつき、仏教の影響なども受けて成長、発展したもの。

【道具】(ドウグ) ①〔仏〕仏道を修行するための器物。②日 ものを作ったり、仕事をしたりするときに使う器具。また、日常生活で使う家具や日用品。例 大工―。③日 手段。例 出世の―に利用する。

【帰二道山一】(ドウザンにキす) 人が死ぬことをいう。〔「道山(ドウザン)に帰(かえ)る」は、仙人のすむ山〕〈冷斎夜話・東坡和陶詩〉

【道士】(ドウシ) ①道義を身につけた人。②仏道を修行する人。僧侶(ソウリョ)。③道教を修行する人。例 臨邛道士鴻都客(リンキョウのドウシコウトのカク)(=臨邛出身で長安に来た修行者)。〈白居易・長恨歌〉④仙人。例 あやしい術をつかう―。

【道次】(ドウジ) ①道の途中。みちすがら。みちみち。途次。②道ばた。

【道術】(ドウジュツ) ①道徳と学術。②道教でおこなう術。また、仙人のおこなう術。

【道場】(ドウジョウ) ①〔仏〕仏道を修行するところ。②日 武芸を伝授したり練習したりするところ。例 空手(からて)の―に通う。

【道心】(ドウシン) ①道徳心。対 人心。②〔仏〕仏道を信じ、悟りを求める心。例 ―を起こす。③日〔仏〕仏道に志し、十三歳(または十五歳)以上で仏門にはいった人。例 青(あお)―(=未熟な僧)。

【道人】(ドウジン) ①道教を修行する人。道士。②神仙の術を修めた人。方士。③仏道にはいった人。僧。④俗世間を超越しようとする人。

【道説】(ドウセツ) 言い説く。話をする。

【道蔵】(ドウゾウ) ①(重要な書物をおさめた)書庫。②道教のすべての経典。

【道俗】(ドウゾク) 僧と俗人。出家と在家(ザイケ)。

【道祖神】(ドウソシン・ドウソジン) 日 悪霊(アクリョウ)から旅行中の人を守ってくれる神。村境や峠や橋のたもとなどに、石像として祭られることが多い。さいのかみ。さえのかみ。例 道祖神の招きにあひて。〔芭蕉・奥の細道〕

【道断】(ドウダン) 日 言うことばがないこと。もってのほか。例 言語(ゴンゴ)―。

【道中】(ドウチュウ) ①途中。また、路上。②日 旅行。また、旅行の途中。例 ―記(=旅日記や紀行文)。―の無事を祈る。

【道聴塗説】(ドウチョウトセツ) 〔「塗」は「途(ト)」で、道の意〕道で聞きかじったことを、すぐその道で他人に話すこと。受け売りの話をすること。〈論語・陽貨〉

【道程】ドウテイ ①目的地までの距離。行程。道里。②日(ものごとが変化していく)過程。▽道のり。例全―。
【道統】ドウトウ 上古から後代まで、儒教の道を伝えてきた人々の系統。
【道途】ドウト【道塗】ドウト 道路。道里。
【道徳】ドウトク 人が守らなければならない社会的な決まり。例―心。―観念。交通―。
【道念】ドウネン ①道徳を実践しようとする心。道義心。例―をかたく心にもつ。②道理を求めようとする心。正しい道を求めようとする心。③仏道を求める心。
【道破】ドウハ はっきりと言い切る。断言する。
【道標】ドウヒョウ|みちしるべ 日道の方向・距離・地名などを示すために、分岐点などの要所に立てた板や柱。
【道服】ドウフク ①道士の服。類道衣。②袈裟ケサの別名。僧衣。
【道傍】ドウボウ【道▼旁】ドウボウ 道ばた。
【道楽】ドウラク 日〔道を理解し、自ら楽しむ意から〕①本業以外のことで楽しむこと。趣味。例釣りがただ一つの―だ。②酒色やかけごとなどの悪い遊びにふけること。
【道里】ドウリ ①道のり。道程。②道路。
【道理】ドウリ ①ものごとが当然そうなる、すじみち。正しいすじみち。ことわり。例―にかなう。②人として守らなければならない、すじみち。例―に外れたおこない。
【道路】ドウロ 人や車の通行のために用意された道。往来。例道路阻且長ドウロけわしくかつながし(=道はけわしくその上遠い)。〈古詩十九首〉―標識。高速―。
【道話】ドウワ ①(仏教・道教の説く)人の道についての話。②日江戸時代、心学者の訓話。
【道不レ拾レ遺】みちにおちたるをひろわず 人々が道路に落ちているものを拾わない。民衆の気風が清潔で正直なこと。また、法令を犯す者のないことのたとえ。〈韓非・外儲説左上〉
【道端】みちばた 日道路のはし。路傍ロボウ。例―に寄る。
【道火】みちび 日火薬を糸で巻いてひも状にしたもの。火縄。導火線。
●沿道エンドウ・軌道キドウ・旧道キュウドウ・剣道ケンドウ・国道コクドウ・参道サンドウ・邪道ジャドウ・神道シントウ・人道ジンドウ・水道スイドウ・筋道すじみち・赤道セキドウ・伝道デンドウ・武道ブドウ・報道ホウドウ・歩道ホドウ・夜道よみち

遁
辶9(13) 1 3859 9041 人
一 トン漢呉 願 dùn
二 シュン漢 真 qūn
のが-れる(のが-る)

なりたち  [形声]「辶(=ゆく)」と、音「盾トン」とから成る。逃げる。

意味 一 逃げて、かくれる。のがれる。通遯トン。例虎大駭遠遁とらおおいにおどろきとおくのがる(=トラは大いに驚いて遠くへ逃げた)。〈柳宗元・黔之驢〉遁走トンソウ。二 ⇒【遁巡】ジュン

古訓 中古 かくる・さる・とらかす・にぐ・のがる・まぬかる 中世 かくる・さる・にぐ・のがる 近世 かくるる・のがるる

【遁巡】シュン|ジュン ためらう。しりごみするさま。逡巡シュン|ジュン。
【遁辞】トンジ 言いのがれ。逃げ口上。
【遁世】トンセイ|よをのがる ①俗世間との関係を絶って生きる。隠遁。②出家する。例山中に―トンセイする。▽遯世トンセイ。
【遁走】トンソウ 逃げ走る。逃走。類遁北。
【遁蔵】トンゾウ 逃げかくれる。
【遁逃】トントウ 逃げること。逃走。遁走。

逼
辶9(13) 1 4115 903C
ヒョク漢 ヒツ呉 職 bī
せま-る

意味 ❶ひたひたと、さしせまる。せまる。例逼迫ヒッパク。❷しいる。おどす。例逼奪ヒツダツ。

【逼塞】ヒッソク ①ふさがっているさま。②日追いつめられ、打開策がなくなる。例―して手も足も出ない。③日落ちぶれて、世間からかくれて生きる。例田舎に―する。④日江戸時代の武士や僧侶リョに対する刑罰の一つで、門を閉め昼間の出入りを禁じるもの。
【逼奪】ヒツダツ|ヒョクダツ 追いつめてうばう。また、主君の位をおびやかしてうばう。
【逼迫】ヒッパク ①さしせまる。切迫。例事態が一段と―する。②行きづまる。追いつめられる。③日経済的に行きづまる。例家計が―する。

遍
辶9(12) 1 4255 904D 常用
ヘン漢呉 霰 biàn
あまね-し・あまね-く・たび

[遍] 辶9(13) ―― 旧字体。

筆順 

なりたち [形声]「辶(=ゆく)」と、音「扁ヘン」とから成る。ゆきわたる。

意味 ❶ひろくゆきわたる。まんべんなく。あまねし。あまねく。例昇レ天入レ地求レ之遍テンにのぼりチにいりてこれをもとむることあまねし(=天地の果てまであまねくさがし求める)。〈白居易・長恨歌〉遍在ヘンザイ。普遍フヘン。❷回数を数えることば。例三遍サン。百万遍ヒャクマン。

古訓 中古 あまねし・かへり・たび・ひとへに・ひろし・ほどこす・みつ・をはる 中世 あまねし・をはる 近世 あまねし

人名 とお

【遍在】ヘンザイ 日広くゆきわたり、どこにでもある。
【遍照】ヘンジョウ|ヘンショウ 〔仏〕仏の光明が世界をすみずみまでてらすこと。例―金剛コンゴウ(=大日如来)。
【遍身】ヘンシン からだじゅう。全身。
【遍満】ヘンマン 至るところに、広くゆきわたる。
【遍歴】ヘンレキ ①諸国をめぐり歩く。周遊。例諸国―の旅に出る。②日いろいろな経験をする。例人生―。
【遍路】ヘンロ 日〔仏〕弘法大師コウボウダイシ(=空海)の修行の遺跡といわれる四国の八十八か所の霊場を巡礼すること。また、その人。例お―さん。

逾
辶9(13) 2 7807 903E
ユ漢呉 虞 yú
いよいよ・こ-える(こ-ゆ)・す-ぐ・す-ぐれる(す-ぐる)・すす-める(すす-む)

意味 ❶ものや境界をのりこえる。時間や期限をこえる。こす。こえる。通踰ユ。例逾月ユゲツ。❷さらに。ますます。いよいよ。通愈ユ。例江碧鳥逾白コウみどりにしてとりいよいよしろし(=川の水は深い緑色をたたえ、水面を飛ぶ鳥の白さがいっそうきわだつ)。〈杜甫・絶句〉

【逾月】ユゲツ 月をこえること。翌月になること。
【逾▼邁】ユマイ ①日月が過ぎ去る。②超越する。

遊
辶9(12) 1 4523 904A 教3
ユウ(イウ)漢 ユ呉 尤 yóu
あそ-ぶ・あそ-び・あそ-ばす

[遊] 辶9(13) ―― 旧字体。

筆順 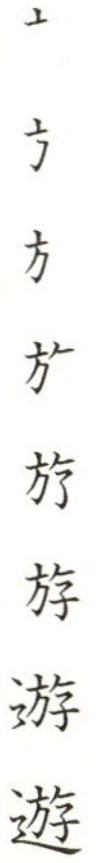

なりたち  [形声] 本字は「游」で、「㫃(=旗がなびくさま)」と、音「汓シュ…ウ」とから成る。旗につける吹き流し。派生して「ただよう」の意。

意味 ❶水中・空中に浮かびただよう。およぐ。例遊泳ユウエイ。浮遊フユウ。❷(根拠地を離れて)出かける。旅行する。動きまわる。例遊必有レ方あそぶにかならずホウあり(=外出時には必ず行き先を

はっきりさせる)。〈論語・里仁〉遊学(ユウガク)。❸つきあう。まじわる。例 秦時与レ臣遊(シンのときシンとあそぶ)(=秦の時代、私と交際していた)。〈史記・項羽紀〉交遊(コウユウ)。❹気の向くままに楽しむ。**あそぶ**。例 秉レ燭夜遊(ショクをとりてよるあそぶ)(=灯を手に夜もあそぶ)。〈李白・春夜宴桃李園序〉遊戯(ユウギ)。❺仕事につかない。職がない。例 遊民(ユウミン)。

古訓 中古 あそぶ・うかぶ・うかる・たはぶる・めぐる・をどり 中世 あそぶ・うかる・をどる 近世 あそぶ・とも

人名 なが・ゆき

難読 筆(ふで)の遊(すさび)・口遊(くちずさみ)・遊牝(ユウヒン)(さかる・つるむ)・遊侠(うでこき)

【遊逸】【遊▼佚】(ユウイツ) あそび楽しむ。

【遊泳】(ユウエイ) ①水泳。例 —禁止。②泳ぐように動く。例 宇宙—。③日 与えられた境遇の中で生きていく。世渡り。▽游泳(ユウエイ)。

【遊宴】(ユウエン) 酒盛りをしてあそぶこと。宴会。酒宴。

【遊園】(ユウエン) ①園地にあそぶ。②日 あそび場として設けられた施設。遊園地。

【遊客】(ユウカク・ユウキャク) ①旅行者。②仕事をしないで、あそび暮らす人。③日 遊郭で、遊女とあそぶ人。

【遊郭】(ユウカク) 日 かつて遊女が集まっていた一定の区域。いろざと。遊里。表記 ⑪遊▼廓

【遊学】(ユウガク) 他の土地や外国へ出かけていって、学問をする。例 江戸に—する。—先はパリだった。

【遊▼宦】(ユウカン) 他国へ行って役人になる。また、その役人。

【遊観】(ユウカン) 気の向くままに、あちらこちらと歩きながら見物して楽しむ。

【遊技】(ユウギ) 日 娯楽としておこなうあそび。例 —場。

【遊戯】(ユウギ) ①あそびたわむれる。②日 幼稚園などで、娯楽と運動をかねておこなうあそびやおどり。

【遊休】(ユウキュウ) 日 施設や資金などが、活用されずに放置されていること。例 —施設。

【遊▼侠】(ユウキョウ) 仁義を重んじることを男の生きがいとすること。また、その人。侠客(キョウカク)。おとこだて。例 —伝。

【遊興】(ユウキョウ) ①旅に遊ぶおもしろみ。②日 あそび楽しむ。特に、料理屋などで飲食しながらあそぶ。例 —に明け暮れる。

【遊吟】(ユウギン) 日 あちこち歩きまわりながら、短歌や俳句などを作る。

【遊具】(ユウグ) 日 (子供の)あそびに用いる道具。おもちゃの類や、公園のぶらんこ、すべり台など。

【遊軍】(ユウグン) 待機していて、必要に応じて、出動する軍隊。遊撃隊。〔軍隊以外の組織でも、比喩(ヒユ)的に使う〕

【遊芸(藝)】(ユウゲイ) ①芸(ゲイ)に遊(あそ)ぶ。学問をする。②日 趣味やあそびとしての芸能。謡曲・茶の湯・生け花・舞踊・琴・三味線など。

【遊撃】(ユウゲキ) ①待機していて、必要に応じて、攻撃に出かけること。また、その部隊。②日 野球で、二塁と三塁の間を守る内野手。遊撃手。ショート。

【遊行】㊀(ユウコウ) 歩き回る。㊁(ユギョウ)〔仏〕僧が各地をめぐり歩いて、修行や教化をする。行脚(アンギャ)。

【遊幸】(ユウコウ) 天子の外出。行幸。

【遊▼敖】【遊▼遨】(ユウゴウ) 楽しんで歩きまわる。気ままにあそぶ。

【遊魂】(ユウコン) 肉体を離れて、さまよっているたましい。離魂。

【遊山】(ユウザン・ユサン) ①山(やま)に遊(あそ)ぶ。野山に出かけてあそぶこと。②日 あそびに出かけること。行楽。例 物見—(ユサン)。

【遊士】(ユウシ) ①諸国をまわって遊説する人。②官吏階級で、農耕に従事しない人。③仕官をしていない人。浪人。

【遊子】(ユウシ) 故郷を離れて、他郷にいる人。旅人。旅客。例 浮雲遊子意(フウンユウシのイ)(=雲は旅人の心)。〈李白・送友人〉雲白く遊子悲しむ〔島崎藤村・千曲川旅情の歌〕

【遊糸(絲)】(ユウシ) 春や夏の晴れた日に、炎のようにゆらゆらと地面からたちのぼるもの。かげろう。陽炎(ヨウエン)。糸遊(いと・ユウ)。

【遊就】(ユウシュウ) 〔「就」は、つき従う意〕他郷に出て、立派な人に身を寄せて深く交わる。

【遊女】(ユウジョ・あそびめ) ①妓女(ギジョ)。芸者。②日 昔、歌や踊りで客を楽しませ、また売春を職業とした女性。うかれめ。

【遊人】(ユウジン) ①旅人。②侠客(キョウカク)。③定職につかないで、あそび暮らしている人。あそびにん。

【遊刃有二余(餘)地一】(ユウジンヨチあり) ⇩【遊レ刃必有二余(餘)地一矣】(ジンをあそばすにかならずヨチあり)(152ページ)

【遊星】(ユウセイ) 「惑星」の古い言い方。

【遊説】(ユウゼイ) おもに政治家などが、各地へ出向いて、自分の意見を説くこと。遊談。例 関西地方の各地で—する。

【遊惰】(ユウダ) 仕事や勉強をしないで、ぶらぶらと暮らすこと。怠惰。例 —に日を過ごす。

【遊談】(ユウダン) ①「遊説(ユウゼイ)」に同じ。②気ままに話す。無駄口をたたく。③いいかげんなことを言う。

【遊底】(ユウテイ) 日 銃で、発射のときの爆風を受けとめ、薬莢(ヤッキョウ)を出し、次の銃弾をこめる部分。

【遊▼蕩】(ユウトウ) 仕事をおろそかにして、酒や女におぼれる。例 —に身をもちくずす。

【遊道】(ユウドウ) ①道(みち)に遊(あそ)ぶ。道理を学ぶ。道理を楽しむ。②交際の方法。つきあいかた。

【遊歩】(ユウホ) ぶらぶらと歩きまわる。散歩。例 —道。

【遊牧】(ユウボク) 水や牧草を求めて、移動しながら家畜を飼う。例 —民。

【遊民】(ユウミン) 特に決まった職業をもたないで暮らしている人。例 高等—(=高等教育を受けていながら職につかない人)。

【遊目】(ユウモク) あちらこちらと目の向くままにながめ楽しむ。

【遊冶郎】(ユウヤロウ) 酒や女あそびにおぼれ、身をもちくずした男。道楽者。放蕩児(ホウトウジ)。〈李白・採蓮曲〉

【遊予(豫)】(ユウヨ) 〔「予」も、楽しむ意〕①あそび楽しむ。②天子のあそび。③ためらって決断しかねるさま。猶予。

【遊▼弋】(ユウヨク) 日 艦船などが海上を行きつもどりつして、警戒または待機する。

【遊覧】(ユウラン) 名所旧跡などを見てまわる。例 —バス。

【遊里】(ユウリ) 日 遊郭。いろざと。例 —に身をしずめる。

【遊離】(ユウリ) 日 ①かけ離れている。例 政治が国民から—する。②〔化〕物質が他の物質と化合しないで、単体としてあること。また、化合物から単体を取り出すこと。

【遊猟】(ユウリョウ) 狩猟に出かける。

【遊歴】(ユウレキ) 各地をめぐり歩く。

●回遊(カイユウ)・外遊(ガイユウ)・交遊(コウユウ)・周遊(シュウユウ)・清遊(セイユウ)・浮遊(フユウ)・漫遊(マンユウ)・来遊(ライユウ)

遥

辶9 (12) 1 4558 9065 人 ヨウ(エウ)漢呉 蕭 yáo
はる-か・はる-けし

[遙] 辶10 (14) 2 8403 9059 人 旧字体。

なりたち 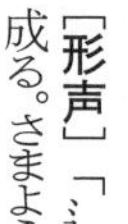 [形声]「辶(=ゆく)」と、音「䍃(ヨウ)」とから成る。さまよう。

意味 ❶ぶらぶらする。さまよう。例 逍遥(ショウヨウ)。❷距離や時間が遠く離れている。**はるか**。例 遥憐二小児女一(はるかにショウジジョをあわれむ)(=遠く離れたこの地から小さなわが子をあわれに思う)。〈杜甫・月夜〉遥遠(ヨウエン)。遥拝(ヨウハイ)。❸長く続く。長い。例 遥夜(ヨウヤ)。

古訓 中古 とほし・のぶ・はるか・はるかなり・やうやく 中世 とほし・はるかなり 近世 とほし・はるか

【人名】すみ・とお・のぶ・のり・はる・みち
【遥役】ヨウエキ 遠くの地でたずさわる兵役や労役。
【遥遠】ヨウエン はるかで、遠いさま。例 ―の地。
【遥拝】ヨウハイ はるか遠くから天子や神仏などをおがむ。
【遥▼碧】ヨウヘキ はるかな青空。
【遥夜】ヨウヤ 長い夜。
【遥遥】ヨウヨウ ①はるばる 時間も空間もはるかに遠いこと。②心の落ち着かないこと。

違

辶10(13) 1 1667 9055 常用
イ(ヰ)漢呉 微 wéi
ちがう(ちが-ふ)・ちがえる(ちが-ふ)・たが-う(たが-ふ)

[違] 辶9(13) ― 旧字体。

筆順 ㇒ 土 𠂤 ... 韋 違 違

なりたち [形声]「辶(=ゆく)」と、音「韋ヰ」とから成る。はなれる。

意味 ❶同じでない。ちがう。まちがえる。たがう。例 無レ違たがうことなかれ(=まちがえてはいけない)。〈論語・為政〉違算イサン。差違サイ。相違ソウイ。❷したがわない。さからう。そむく。また、道理にそむいたこと。よこしま。例 君子無下終食之間違上レ仁クンシはシュウショクのカンもジンにたがうことなし(=君子は食事をすませるほどのわずかな時間も仁にそむくことがない)。〈論語・里仁〉違反イハン。非違ヒイ。

古訓 中古 うらむ・かなふ・さる・そむく・たがふ・はなる・わかる 中世 そむく・たがふ・たずむ・ちがふ 近世 さる・そむく・たがふ・ちがひ・はなるる

【違憲】イケン ①きまりにそむく。②日 憲法に違反する。対合憲。例 ―訴訟。
【違言】イゲン ①相手の気持ちにさからって発することば。②道理に反したことば。③ゲンにたがう 言ったことにそむく。
【違算】イサン 日 ①計算ちがい。②見こみちがい。誤算。
【違旨】イシ (目上の)人の意志や考えにそむく。
【違失】イシツ あやまち。しくじり。失敗。
【違心】イシン ①道理に外れた、よこしまな心。②裏切りの心。ふたごころ。
【違背】イハイ 規則や命令、約束などにそむく。違戻。例 父の遺言に―する。
【違反】イハン 法令や約束などに従わない。例 選挙―。ルール―。表記 旧違▼叛
【違犯】イハン 法令にそむき、罪をおかす。
【違法】イホウ 法令にそむく。例 ―行為。
【違約】イヤク 約束や契約にそむく。
【違戻】イレイ 「違背イハイ」に同じ。
【違例】イレイ ①いつもとちがうこと。前例に反すること。②日 (いつもの様子とちがうことから)病気。不例。
【違和】イワ ①心身の調和が失われ、不快感があること。病気。②周囲の雰囲気や人間関係になじまないこと。例 からだの―をうったえる。
【違和感】イワカン 日 ①周囲のものとの間に、ずれがあって、しっくりしない感じ。例 ―がある。―を覚える。②体調が普通でないと感じられること。
●相違ソウイ・非違ヒイ

遠

辶10(13) 1 1783 9060 教2
一 エン(ヱン)漢 オン(ヲン)呉 阮 yuǎn
二 エン(ヱン)漢 オン(ヲン)呉 願 yuàn
とおい(とほ-し)・とおざかる(とほ-ざかる)・とおざける(とほ-ざく)

[遠] 辶10(14) ― 旧字体。

筆順 土 吉 声 ... 袁 遠 遠

なりたち [形声]「辶(=ゆく)」と、音「袁ヱン」とから成る。はるかに離れている。

意味 一 ❶距離や時間のへだたりが大きい。とおい。例 相去日已遠あいさることひにすでにとおし(=あなたは)去り、日々遠くへだたる)。〈古詩十九首〉遠近エンキン。永遠エイエン。久遠クオン。❷はるかかなたに広がっている。スケールが大きい。奥深い。例 遠大エンダイ。高遠コウエン。深遠シンエン。❸親しくない。うとい。例 疎遠ソエン。二 ひきはなす。とおざける。とおざかる。例 親二賢臣一遠二小人一ケンシンにしたしみショウジンをとおざく(=賢明な臣下を近づけ、小人物を遠ざける)。〈諸葛亮・出師表〉遠心力エンシンリョク。敬遠ケイエン。

日本語での用法 《エン》「遠州エンシュウ」▼旧国名「遠江とおとうみ(=今の静岡県西部)」の略。

古訓 中古 おろそかなり・さかる・さく・さる・とほさかる・とほし・はるか 中世 さかる・とほざかる・とほし・はなる 近世 とほざかる・とほざくる・とほし

人名 とお・とおし・とおる・はるか・ひろ

【難読】遠近おちこち・遠方おちかた・遠志オンジ
【遠意】エンイ ①昔の人の考え。②遠方にいる人が、故郷や離ればなれになっている人をなつかしく思う気持ち。③遠く思いをはせる。遠大な志。
【遠因】エンイン 間接的な原因。対近因。例 事件の―。
【遠泳】エンエイ 日 (多く、海で)長い距離を泳ぐ。
【遠海】エンカイ 陸地から遠く離れた海。遠洋。対近海。
【遠隔】エンカク 遠く離れていること。例 ―地。―制御(=リモートコントロール)。
【遠忌】エンキ/オンキ 〔仏〕十三年忌・三十三年忌・五十年忌など、年月を経てからの法要。また、宗祖などの遺徳をたたえ、五十年おきにいとなむ大規模な法要。
【遠境】エンキョウ 遠くへだたった土地。国境の地。類遠界。
【遠近】エンキン 遠いところと、近いところ。遠いことと、近いこと。遠邇エンジ。例 ―感のある絵。
【遠計】エンケイ 遠い将来をはかる。また、その計略。
【遠景】エンケイ ①遠くに見える景色。②絵画や写真などで、画面の遠くに見える景色。▽対近景。
【遠見】エンケン/とおみ ①遠くに見えること。また、遠くを眺めること。例 公園から富士ふじを―する。②遠い将来を見通すこと。
【遠行】エンコウ 遠方へ出かける。遠出とおでをする。
【遠交近攻】エンコウキンコウ 遠い国と仲よくし、近くの国をせめる策。〔戦国時代、范雎ハンショが説いた外交政策で、秦シンはこれによって他の六か国を滅ぼした〕〈戦国策・秦三〉
【遠国】エンゴク/オンゴク ①遠く離れた国。②都から遠く離れた地方。
【遠山】エンザン 遠くにある山。
【遠山眉】エンザンのまゆ 遠くに見える山の稜線リョウセンのように、なだらかに引いた美しいまゆ。また、美人。〔〈西京雑記・二〉から〕類遠山黛エンザンタイ。
【遠志】エンシ 一 遠大なこころざし。二 オンジ 草の名。ヒメハギ。根を去痰キョタン・鎮静薬などにする。
【遠視】エンシ ①遠くを見る。②網膜より後方に像を結ぶため、近くのものがはっきりと見えない目。凸レンズによって矯正する。遠目とおめ。遠視眼。類遠眼エンガン。対近視。
【遠▼邇】エンジ 「遠近エンキン」に同じ。
【遠人】エンジン ①遠い所にいる人。遠国の人。また、遠方へ出かけている人。②人里から離れる。人を遠ざける。例 曖曖遠人村エンジンのむらあいたり(=ぼんやりかすんで見える遠い村里)。〈陶淵

明・帰園田居〉

【遠水近火】エンスイキンカ　遠方にある水では近所の火事を消すことができない。遠くにあるものは急ぎの役には立たないことのたとえ。〔「遠水不レ救二近火一」〈韓非・説林上〉」から〕

【遠征】エンセイ　①〔「征」は、行く意〕遠くへ行く。②遠くの国を征伐する。例 良人罷二遠征一(＝夫は遠国征伐をやめ《て帰ってく》る)。〈李白・子夜呉歌〉　③日 探検や試合などのために、遠くまで出かけて行く。

【遠逝】エンセイ　①遠方へ立ち去る。②死ぬ。長逝。

【遠戚】エンセキ　血筋の遠い親類。類遠親。

【遠想】エンソウ　①高遠なことを思う。高尚な思い。②はるかに思いをはせる。

【遠足】エンソク　日①遠い道のりを歩く。②学校で、教師が引率して遠くへ出かける日帰りの校外活動。

【遠孫】エンソン　遠い子孫。類遠冑エンチュウ・遠裔エンエイ。

【遠大】エンダイ　志や計画が、遠い将来まで見通していて大きい。例 ―な計画。

【遠▼籌】エンチュウ　「遠謀エンボウ」に同じ。

【遠島】エントウ　①陸地から遠く離れた島。②日 江戸時代、罪人を遠く離れた島に送った刑罰。島流し。

【遠望】エンボウ　①はるか遠くを眺める。類遠観。例 階上から海を―する。②はるか遠くへと広がる景色。

【遠謀】エンボウ　遠い将来までを見通した計略や計画。遠籌エンチュウ。類遠猷エンユウ。例 ―深慮。

【遠方】エンポウ　遠くのほう。遠いところ。例 有レ朋自二遠方一来(＝友人が遠くからやってくる)。〈論語・学而〉

【遠目】エンモク　一(時間的・空間的に)遠くを見る。二とおめ 日 ①遠くから見ること。例 ―に見ても姿のよい人。②遠視。

【遠遊】エンユウ　故郷を離れて遠くへ行く。遠方へ旅する。

【遠洋】エンヨウ　陸地から遠く離れた海。遠海。対近海。例 ―漁業。

【遠来】エンライ　遠くから来ること。例 ―の客。

【遠雷】エンライ　遠くで鳴っているかみなり。

【遠略】エンリャク　①深遠な計画。②遠国を攻略する。

【遠流】エンリュウ　―エンル・オンル　①罪人を都から遠い辺地に流すこと。②遠くにある川。

【遠慮】エンリョ　①遠い将来を見通して深く考える。例 人無二遠慮一必有二近憂一(＝遠い将来のことを考えておかないと、必ず身近にさしせまった心配ごとが起こる)。〈論語・衛霊公〉深謀―。②日 ことばや行動をひかえる。例 ごーなさらずに、おあがりください。③日 辞退する。やめる。断る。例 タバコはご―願います。

【遠路】エンロ　遠い道のり。例 ―をお出かけくださって…。

【遠江】エンシュウ・とおとうみ　日 旧国名の一つ。今の静岡県の西部。遠州。

●以遠イエン・永遠エイエン・久遠クオン・敬遠ケイエン・高遠コウエン・深遠シンエン・疎遠ソエン

遣

辶10 (13)　1 2415　9063　常用

ケン漢 呉　銑 qiǎn

つかう(つか-ふ)・つかわす(つかはす)・つかい(つかひ)・や-る

［遣］

辶10 (14)　――　旧字体。

筆順　口 中 中 冉 胄 貴 遣 遣

なりたち　　［形声］「辶(＝ゆく)」と、音「貴ケン」とから成る。ときはなつ。

意味　❶命令して行かせる。つかわす。やる。例 遣二荊卿一(＝荊卿を派遣する)。〈史記・刺客伝・荊軻〉遣唐使ケントウシ。派遣ハケン。❷追いはらう。うさなどを晴らす。はらい除く。例 笑而遣レ之(＝笑って《油売りを》放免する)。〈欧陽脩・売油翁〉遣懐ケンカイ(＝心のうちを思う存分に述べる)。❸「(…をして)…(せ)しむ」と読み、…に…させる、の意。使役をあらわす。例 遣二一介之使至レ趙(＝ひとりの使者を趙に行かせる)。〈史記・廉頗藺相如伝〉

日本語での用法　一《つかう》「仮名遣づかい・金遣づかい・小遣づかい」▼使用する。二《つかわす》「ほめて遣わす」▼上位の者が下位の者にしてやる。

古訓　中古 おくる・しむ・せしむ・つかはす・はなる・まだす・やる・ゆるす　中世 せしむ・つかはす・やる　近世 おくる・つかはす・はなつ・やる

難読　遣水みずやり・遣戸やりど

【遣欧】ケンオウ　日 命じて、欧州(＝ヨーロッパ)へ出むかせる。例 ―使節。

【遣帰】ケンキ　妻を離縁して実家にかえす。

【遣▼隋使】ケンズイシ　日 日本の朝廷から隋につかわされた使節。〔六〇七年、小野妹子いもこのおのが最初の派遣〕

【遣唐使】ケントウシ　日 奈良時代から平安時代の初期にかけて、日本の朝廷から唐につかわされた使節。〔六三〇年、犬上御田鍬みたすきのいぬがみが最初の派遣で、八九四年に廃止〕

●先遣センケン・派遣ハケン・分遣ブンケン

遘

辶10 (14)　2 7809　9058

コウ漢 呉　宥 gòu

あ-う(あ-ふ)・かま-える(かま-ふ)・まみ-える(まみ-ゆ)

意味　❶思いがけず出あう。めぐりあう。まみえる。あう。通覯。例 遘禍コウカ(＝わざわいにあう)。遘会コウカイ(＝出あう)。❷かたちづくる。かまえる。通構。

遡

辶10 (14)　1 3344　9061　常用

ソ漢　遇 sù

さかのぼる

［遡］

辶10 (13)　――　俗字。(許容字体)

［溯］

氵10 (13)　2 6274　6EAF　別体字。

筆順　ソ 丫 屰 朔 朔 朔 遡 遡

参考　「しんにょう」は、手書きでは普通二画で書く。

なりたち　　［形声］「辶(＝ゆく)」と、音「朔サク→ソ」とから成る。さかのぼる。

意味　流れにさからってすすむ。さかのぼる。例 遡源ソゲン。遡行ソコウ。遡上ソジョウ。

古訓　中古 さかのぼる・むかふ　中世 さかのぼる　近世 うつたふ・さかのぼる・むかふ・ゆく

人名　のぼる

【遡及】ソキュウ　〔「サッキュウ」は慣用読み〕さかのぼって、ある時点またはある地点に至る。例 開始時に―して調査する。

【遡源】ソゲン　〔「サクゲン」は慣用読み〕①川の源にさかのぼる。②根本にさかのぼって明らかにする。例 年中行事の一つ一つの―を試みる。

【遡江】ソコウ　大きな川、特に長江をさかのぼる。

【遡行】ソコウ　川の流れをさかのぼって行く。遡上。例 利根ねとの流れを―する。

【遡航】ソコウ　船で川をさかのぼって行く。

【遡上】ソジョウ　川の流れをさかのぼって行く。遡行。

遜

辶10 (14)　1 3429　905C　常用

ソン漢 呉　願 xùn

ゆず-る(ゆづ-る)・へりくだ-る

【遜】辶10(13) ——俗字。(許容字体)

筆順 了 孑 孑 孫 孫 孫 遜 遜

参考 「しんにょう」は、手書きでは普通三画で書く。

なりたち [形声]「辶(=ゆく)」と、音「孫ソ」とから成る。にげる。

意味 ❶のがれる。逃げる。❷自分をさしおいて、人を先にする。ゆずる。例 遜位(ソンイ)。遜譲(ソンジョウ)。❸自分を低くする。へりくだる。例 謙遜(ケンソン)。不遜(フソン)。❹およばない。おとる。例 遜色

古訓 中古 うやまふ・さる・したがふ・とほし・にぐ・のがる・ゆづる 中世 したがふ・とほし・のがる・ゆづる 近世 さくる・したがふ・のがる・へりくだる・ゆづる

人名 やす

【遜位】ソンイ 位をゆずる。譲位。例 唐尭遜位(トウギョウソンイす)(=尭帝は譲位した)。〈史記・太史公自序〉

【遜志】ソンシ へりくだった気持ち。謙遜の心。

【遜辞】ソンジ ①へりくだったことば。②責任のがれのことば。逃げ口上。

【遜譲】ソンジョウ へりくだって人にゆずること。

【遜色】ソンショク 日 ひけをとるさま。見劣りする。例 ―がない。

【遞】辶10(14) ⇩逓(テイ)(1309ジペー)

【遝】辶10(14) 4 8993 905D トウ(タフ)漢 合 tà

意味 ❶追いつく。およぶ。❷重なるほど多い。通 沓(トウ)。例 雑遝(ザットウ)(=雑沓)。

【遙】辶10(14) ⇩遥(ヨウ)(1320ジペー)

【遨】辶11(15) 2 7811 9068 ゴウ(ガウ)漢 豪 áo あそ-ぶ

意味 あちこち歩きまわる。あそぶ。例 遨遊(ゴウユウ)。

【遨▼嬉】ゴウキ あそびたのしむ。

【遨遊】ゴウユウ ①あそぶ。また、気の向くままにあちらこちらをまわる。例 挟二飛仙一以遨遊(ヒセンをわきばさみてもってゴウユウす)(=空飛ぶ仙人を従えて遊びまわる)。〈蘇軾・赤壁賦〉②行ったり来たりして世話をやく。

【遮】辶11(14) 1 2855 906E 常用 シャ漢呉 麻 zhē さえぎる(さへぎ-る)

【遮】辶11(15) ——旧字体。

筆順 亠 广 户 庐 庐 庶 遮 遮

なりたち [形声]「辶(=ゆく)」と、音「庶ショ→シャ」とから成る。行くことをさまたげる。

意味 ❶途中でじゃまして行く手をふさぐ。さえぎる。また、おおいかくす。例 半遮レ面(なかばかおをさえぎる)(=半分顔を隠す)。〈白居易・琵琶行〉遮光(シャコウ)。遮断(シャダン)。遮蔽(シャヘイ)。❷梵語(ボンゴ) ca の音訳。例 毘盧遮那(ビルシャナ)(=大日如来)。遮那王(シャナオウ)(=源義経(みなもとのよしつね)の幼名)。

古訓 中古 かくす・かくる・さいぎる・さしかくす・さはる・さふ・さまたぐ・さまらばれ 中世 さいぎる・すくむ・ふさぐ 近世 おほふ・さへぎる・たつ・とどむる・をかす

【遮▼渠】シャキョ(さもあらばあれ) 「遮莫(シャバク)(さもあらばあれ)」に同じ。

【遮光】シャコウ 日 光をさえぎる。例 ―カーテン。

【遮絶】シャゼツ 「遮断(シャダン)②」に同じ。

【遮断】シャダン ①おおいかくす。②さえぎり止める。遮絶。例 ―機。―器(=一定以上の電気が流れると自動的に電流を止める装置。ブレーカー)。

【遮二無二】シャニムニ 日 がむしゃらに。むやみに。例 ―働く。

【遮▼莫】シャバク(さもあらばあれ) ①(不本意ではあるが、そのようにしかならないのならば、そのようにしておこうの意)…であろうとも、ままよ。例 遮莫鄰鶏下二五更一(さもあらばあれリンケイのゴコウをくだるも)(=隣のニワトリが夜明けを告げようとも、ままよ、《放っておいてもっと酒を飲もう》)。〈杜甫・書堂飲既夜復邀李尚書下馬月下賦絶句〉②たとえ…としても。▽遮渠(シャキョ)(さもあらばあれ)。

【遮蔽】シャヘイ 見られたり光に当たったりしないように、おおいさえぎる。例 窓を―する。

【遷】辶11(15) ⇩遷(セン)(1326ジペー)

【遭】辶11(14) 1 3388 906D 常用 ソウ(サウ)漢呉 豪 zāo あう(あ-ふ)

【遭】辶11(15) ——旧字体。

筆順 一 冂 冊 曲 曹 曹 遭 遭

なりたち [形声]「辶(=ゆく)」と、音「曹ソウ」とから成る。でくわす。

意味 ❶思いがけず出あう。めぐりあう。あう。例 遭遇(ソウグウ)。遭難(ソウナン)。❷周囲。めぐり。例 周遭(シュウソウ)(=周囲)。

古訓 中古 あふ 中世 あふ 近世 あふ・めぐる

【遭遇】ソウグウ めぐりあう。人や事件に出あう。遭逢(ソウホウ)。類 遭値。例 途中で突発事故に―した。

【遭難】ソウナン(ナンにあう) ①思いがけなく災難にあう。②船・飛行機・山岳などで、生死にかかわる災難にあう。例 冬山登山中に―する。

【遭▼逢】ソウホウ 「遭遇(ソウグウ)」に同じ。

【遭乱】ソウラン 動乱にあう。

●周遭(シュウソウ)・逢遭(ホウソウ)

【適】辶11(14) 1 3712 9069 教5 一 テキ慣 セキ漢 シャク呉 陌 shì 二 テキ慣 チャク呉 錫 dí 三 タク慣 チャク呉 陌 zhé かな-う(かな-ふ)・たまたま

【適】辶11(15) ——旧字体。

筆順 亠 亠 产 产 商 商 商 適 適

なりたち [形声]「辶(=ゆく)」と、音「啇シ→セキ」とから成る。(目的へ向かって)ゆく。

意味 一 ❶向かってゆく。身をよせる。例 適帰(テッキ)。❷あてはまる。ぴたりとあう。かなう。例 少無二適レ俗韻一(わかきよりゾクにかなうのインなし)(=若いころから世俗に合わせようという気質がない)。〈陶淵明・帰園田居〉適応(テキオウ)。適確(テキカク)。適材適所(テキザイテキショ)。❸心にかなう。思いのままになる。例 自喩適レ志与(みずからたのしみこころざしにかなうかな)(=自ら楽しんで思いのままであったなあ)。〈荘子・斉物論〉快適(カイテキ)。自適(ジテキ)。❹「たまたま」と読み、ちょうど・折よく、の意をあらわす。例 適出レ門(たまたまモンをいず)(=ちょうど門を出た)。〈捜神・五〉 二 ❶正妻。通 嫡(テキ)。例 適妻(テキサイ)(=正妻)。❷正妻の子。特に、その長男。通 嫡(テキ)。対 庶。例 殺レ適立レ庶(テキをころしてショをたつ)(=嫡子を殺して庶子を立てる)。〈左伝・文一八〉❸かたき。通 敵。 三 とがめられて辺境に送られる。通 謫(タク)。例 適戍(タクジュ)。

古訓 中古 あたる・あつし・えたり・かなふ・さきに・さとる・したし・

[辵(辶・辶)] 10—11画▼ 遜 遞 遝 遙 遨 遮 遮 遷 遭 遭 適 適

すなはち・たまたま・とつぐ・ととのふ・とどむ・なぐさむ・はじむ・はじめ・まさに・むかし・ゆき・ゆく・よし・より・よろこぶ・わづかに [中世]かなふ・したがふ・たまたま・まさし・ゆき [近世]あつし・あるじ・いたる・かなふ・さとる・したがふ・したしむ・たまたま・もつぱら・ゆく・よし・より

人名 あつ・あり・いたる・かのう・まさ・ゆき・ゆく・ゆた・より

【適▼戍】(テキジュク・タクジュ) 罰として遠地の守備に送られる。また、その人。

【適意】(テキイ|セキイ) 心にかなう。思いどおりになる。

【適応】(テキオウ) [日]①周囲の状況やいろいろな条件によくあてはまる。②〔生〕生物が環境にあうように、形態や習性を変化させること。

【適格】(テキカク) [日]資格や規格にあてはまること。㊍欠格。[例]教員として―である。

【適確】(テキカク|テッカク) [日]よくあてはまっていて、確実であるさま。的確。[例]―な配置。

【適帰】(テキキ) 〔「帰」は、行くべきところに行く意〕たよるべきところに身を寄せる。帰属する。[例]我安適帰矣(われいずくにかテキキせん)(=我が身を寄せるべき所とてない)。〈史記・伯夷伝〉

【適宜】(テキギ) ①状況にうまくかない、ほどよいこと。②[日]各自がよいと思うようにするさま。[例]―休憩をとる。

【適合】(テキゴウ) よくあてはまる。[例]時勢に―した商品開発。

【適材】(テキザイ) [日]その仕事に適した能力をもった人。

【適材適所】(テキザイテキショ) [日]その仕事や地位にふさわしい人を配置すること。[例]―を考えて部下を配置する。

【適作】(テキサク) [日]その土地に合った作物。[例]適地―。

【適子】(テキシ|チャクシ) 長男。あととりの息子。嫡子(テキシ|チャクシ)。

【適者生存】(テキシャセイゾン) [日]〔生〕その環境に適している生物だけが生き残ること。

【適従】(テキジュウ|セキジュウ) 人にしたがい、その人をたよりとする。適帰。

【適所】(テキショ) [日]その人の才能や人柄にみあった地位や仕事。[例]適材―。

【適職】(テキショク) [日]その人にふさわしい職業や職務。

【適人】(テキジン) 一 かたき。敵人。二(セキジン|ひとにゆく) 嫁入りする。

【適正】(テキセイ) [日]正しいとされる規準や条件にかなっていること。[例]―な価格。―に処理する。

【適性】(テキセイ) ①本性にかなう。②[日]あるものごとに向いている素質や性格。[例]―検査。―を欠く。

【適切】(テキセツ) [日]その場面やその事柄などに、ぴったりあてはまっているさま。[例]―な助言。

【適然】(テキゼン|セキゼン) ①たまたま。偶然。②あたりまえ。当然。

【適地】(テキチ) [日]ある目的にふさわしい土地。[例]―適作。工場―。

【適度】(テキド) [日]ちょうどよい程度であるさま。㊍過度・極度。[例]―な運動が必要だ。

【適当】(テキトウ) ①ちょうどよくあてはまること。[例]―することばが浮かばない。②[日]ほどよいこと。[例]―な明るさ。③[日]いいかげんなこと。[例]―にごまかす。

【適任】(テキニン) ①その任務によくかなっていること。②[日]その人の才能や性格にかなった任務。

【適▼莫】(テキバク|セキバク) 適切なことと、不適切なこと。よいことと、よくないこと。情の厚いことと、うすいこと。熱心と無関心、積極と消極など。

【適否】(テキヒ) 適することと、適さないこと。適不適。

【適評】(テキヒョウ) [日]まさにそのとおりだと納得できる批評。適切な批評。[例]―を下す。

【適不適】(テキフテキ) 適することと、適さないこと。適否。

【適役】(テキヤク) [日]その役目・役柄によく合っていること。はまり役。また、その人。

【適訳】(テキヤク) [日]原文によくかなっている翻訳。また、原語にぴったりあてはまる訳語。[例]―を考えつかない。

【適用】(テキヨウ) ①あてはめて用いる。②[日]規則や方法などを、事物にあてはめて使う。[例]今回は法規を―しない。

【適量】(テキリョウ) [日]ちょうどよい分量。[例]―の塩を加える。

【適例】(テキレイ) [日]たいへんふさわしい例。[例]―をさがす。

【適齢】(テキレイ) [日]そのことにふさわしい年齢。[例]―期。

●快適(カイテキ)・好適(コウテキ)・最適(サイテキ)・素適(すてき)・清適(セイテキ)・悠悠自適(ユウユウジテキ)

遯

辶11(15) [2]7812 906F

トン漢 ドン呉 [願] dùn
のが-れる(のが-る)

意味 ❶にげる。のがれる。㊟遁(トン)。[例]遯逸(トンイツ)。遯世(トンセイ)。❷易(エキ)の六十四卦(カ)の一つ。☰☷ 艮下乾上(ゴンカケンショウ)。天の下に山がある象。

【遯逸】(トンイツ) 俗世からのがれて、のんびり暮らす。

【遯▼竄】(トンザン) にげかくれる。

【遯世】(トンセイ|よをのがる) ①俗世間とのかかわりをたち切って生活すること。隠遁(イントン)。②出家して仏門にはいること。▽遁世。

遺

辶12(15) [1]1668 907A 教6

一 イ(ヰ)漢 ユイ呉 [支] yí
二 イ(ヰ)漢 ユイ呉 [寘] wèi
のこ-す・のこ-る

[遺] 辶12(16) 旧字体。

筆順 口 中 虫 冉 書 貴 潰 遺

なりたち 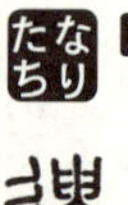 [形声]「辶(=ゆく)」と、音「貴(キ→イ)」とから成る。なくす。

意味 一 ❶なくす。落とす。置き忘れる。また、落としたもの。手落ち。[例]道不拾遺(みちおちたるをひろわず)(=道で落とし物を拾わない)。〈史記・商君伝〉遺失(イシツ)。遺漏(イロウ)。補遺(ホイ)。❷捨て去る。置き去りにする。[例]遺棄(イキ)。❸あとにのこす。のこる。[例]遺産(イサン)。遺族(イゾク)。遺言(ユイゴン)。❹忘れる。[例]遺世独立(よをわすれてひとりたつ)(=世俗を忘れてひとりでいる)。〈蘇軾・赤壁賦〉❺小便などをもらす。[例]遺尿(イニョウ)。二 ものをおくる。やる。㊟饋(キ)。[例]遺趙王書(チョウオウにショをおくる)(=趙王に手紙を送る)。〈史記・廉頗藺相如伝〉遺贈(イゾウ)。

古訓 [中古]あたふ・あまる・うしなふ・おくる・くはふ・したがふ・すつ・たれゆばりす・つくす・ともし・のこす・のこる・はなる・わする [中世]おくる・したがふ・のこす・のこる・わする [近世]いばり・うしなふ・おくる・くはふ・のこり・はづるる・へりくだる・ほろぶ・わするる

人名 おく

【遺愛】(イアイ) ①故人が残した仁愛。②死んだ人が生前に愛用していたもの。[例]亡父―の万年筆。

【遺▼佚】【遺逸】(イイツ) ①(世間や主君から)見捨てられる。[例]遺佚而不怨(イイツせらるるもうらみず)(=見捨てられてもうらまない)。〈孟子・公孫丑上〉②失う。なくなる。また、文章や書籍で、なくなったものをいう。

【遺詠】(イエイ) 故人が詠(よ)んだ詩歌。

【遺影】(イエイ) ①残された姿。②[日]葬儀のときなどに飾られる、故人の肖像写真や肖像画。[例]―に生花を供える。

【遺戒】【遺▼誡】(イカイ|ユイカイ) 後世の人にもいましめを残す。また、そのようなすぐれたいましめ。

【遺骸】(イガイ) 死体。なきがら。遺体。[例]―にひざまずく。

【遺憾】(イカン) (ものごとのなりゆきや結果に対して)心残りがすること。残念であること。[例]―の意を表する。

【遺棄】(イキ) 置き去りにして、かえりみない。[例]死体―の罪。

【遺教】(イキョウ) 先人の残した教訓。

【遺響】イキョウ 余韻。
【遺業】イギョウ 故人が成しとげて、この世に残した事業。また、やりかけてこの世に残していった事業。例 父の—をつぐ。
【遺訓】イクン 死んだ人が言い残した教え。例 先君の—をかかげる。
【遺勲】イクン 後世まで長く残っている功績。類遺功。
【遺賢】イケン 主君に用いられずに民間にうずもれている、すぐれた人材。例 野無二遺賢一（ノにイケンなし）（＝民間に賢者がうもれていない。すぐれた人物はすべて公務についていて、民間にうずもれている人はいない意）。〈書経・大禹謨〉
【遺言】一 イゲン 昔の人が残した立派なことば。例 先王之遺言（センノウのイゲン）（＝聖天子の残したことば）。〈荀子・勧学〉 二 ユイゴン イゴン 〔日本の法律では「イゴン」と読む〕自分の死後のことについて、言い残すこと。また、そのことば。
【遺孤】イコ 残されたみなしご。
【遺行】イコウ まちがったおこない。
【遺稿】イコウ 死後に残された原稿。例 —集。
【遺骨】イコツ 死者の骨。例 —収拾。
【遺恨】イコン いつまでも残る、うらみ。例 —を晴らす。
【遺作】イサク 死後に残された作品。例 —展。
【遺策】イサク ①しくじった計略。②先人の残した計略。▽類遺計。
【遺産】イサン ①死後に残された財産。例 —を相続する。②昔の人が残した業績。例 文化—。世界—。人類の—。
【遺算】【遺▼筭】イサン 計算ちがい。見こみちがい。
【遺子】イシ 親に死なれた子供。わすれがたみ。遺児。
【遺矢】イシ ①〔「矢」は「屎シ（＝くそ）」で、ふんの意〕大便をもらす。遺屎シイ。②矢ゃを失う。戦いでわずかな損害を受ける。
【遺▼址】【遺▼阯】イシ かつて建物などのあった所。遺跡。
【遺志】イシ 死んだ人が生前に実現できなかった、願いや望み。例 —をつぐ。—を重んじる。
【遺児】イジ 日①親に死なれた子供。わすれがたみ。遺子。例 —を託される。②捨て子。
【遺事】イジ ①昔から伝わっている事柄。②死後に残った事柄。③外部に伝わった事柄。
【遺失】イシツ 落としたり置き忘れたりして、ものをなくすこと。例 —物。
【遺臭】イシュウ 悪い評判を後世に残す。また、後世まで伝えられた悪名。対遺芳。

【遺書】イショ ①失われた書物。逸書イッショ。例 求二遺書於天下一（イショをテンカにもとむ）（＝国中で逸書をさがす）。〈漢書・芸文志〉②故人が書き残した著作や手紙。③自分の死後のことについて書き残した手紙や文書。書きおき。
【遺詔】イショウ 天子が死に際して言い残したみことのり。
【遺▼蹤】イショウ 残された昔のあと。あとに残ったしるし。遺跡。
【遺嘱】【遺属】イショク（ユイショク） 生前に、死後のことをたのんでおく。類遺託。
【遺臣】イシン ①滅びた王朝や諸侯などに仕えていた家来。遺民。例 明ミンの—朱舜水シュシュンスイ。②先代からの家来。
【遺世】イセイ（よをわする）（よをすつ） 世間のことを忘れる。世俗を捨てる。
【遺制】イセイ ①昔から残っている制度・様式。②故人が残した制作物。遺作。
【遺精】イセイ 夢精。
【遺跡】【遺▼蹟】イセキ 古代の建造物のあとや貝塚など、昔の人の生活や歴史的事件などがしのばれる場所。
【遺贈】イゾウ ①ものを贈る。②日遺言によって財産を人に贈る。
【遺俗】イゾク ①今にいたるまで残っている風習。②世俗を忘れる。世間からのがれる。
【遺族】イゾク 死んだ人の、あとに残された家族。例 —年金。
【遺体】イタイ ①父母が残した自分のからだ。②死んだ人のからだ。なきがら。遺骸ガイ。例 —を安置する。
【遺脱】イダツ ①ぬけ出る。もれる。②「遺漏ロウ」に同じ。
【遺著】イチョ 著者の死後に残された著書。また、著者の死後に刊行された著書。
【遺直】イチョク いにしえの人のように、心が正しくまっすぐである。また、そのような正直な心の人。
【遺伝】イデン ①思想・文物を後世に残し、つたえること。②日親や先祖の体質・性質などが子孫につたわること。
【遺徳】イトク 死後または後世に残る、すぐれた人格や立派なおこない。例 —をしのぶ。
【遺尿】【遺溺】イニョウ 寝小便。
【遺髪】イハツ 日死んだ人の形見の髪の毛。
【遺表】イヒョウ 大臣が死に際して君主にたてまつる書きつけ。
【遺品】イヒン 日死んだ人が残した品物。例 —を整理する。
【遺風】イフウ ①のちのちまで残っている前代の風習。例 封建時代の—。②先人が残した教え。例 祖父の—。
【遺物】イブツ ①ものを忘れる。また、忘れ物。②死んだ人があとに残した品物。かたみ。遺品。例 父の—。③（石器や土器など）昔の人が残したもの。例 前世紀の—。
【遺文】イブン ①生前に書き残した文章。②前の世から伝えられて残っている文書。
【遺聞】イブン ①先人の名声。②伝え残された話。一般に知られていない、珍しい話。
【遺▼秉】イヘイ ①収穫後にとり残された稲の束。②故人が著述の中で書きもらした事項。
【遺芳】イホウ ①後世にまで残っている名声。対遺臭。②「遺墨ボク」に同じ。
【遺法】イホウ ①先人が残し伝えた制度や規則。②昔から伝わっているやり方。
【遺忘】イボウ わすれる。忘却。
【遺墨】イボク 死んだ人が残した書画。遺芳。類遺筆。例 良寛リョウカンの—という作品。
【遺民】イミン ①生き残った人民。また、滅んだ国の民。亡国の民。類遺黎レイ。②「遺臣シン①」に同じ。
【遺命】イメイ 死に際して遺言を伝える。また、遺言となった命令。遺令。
【遺落】イラク ①うち捨てる。なげやり。②「遺漏ロウ」に同じ。
【遺留】イリュウ ①残りとどまる。②死後に残す。③日置き忘れる。例 犯人の—品。④日〔法〕遺産の一部を、一定の相続人が必ず受け取れるように、法律で確保すること。例 —分。
【遺類】イルイ 残存者。また、生き残っている仲間。
【遺烈】イレツ 〔「烈」は、立派な業績〕先人が残した功績。
【遺老】イロウ ①生き残りの老人。②先帝に仕えた臣。また、滅んだ国の臣。亡国の旧臣。
【遺漏】イロウ 不注意などから生じた見落とし。手落ち。遺脱。遺落。例 万ン—なきを期する。
●拾遺シュウイ・補遺ホイ

𨗈 辶12（16） 4 8994 285C8 国字
キョウ・ケイ
意味 「𨗈迹キョウジャク（キョウザク）（ケイセキ）」は、人のおこない。行跡。景迹ケイセキ。

遵 辶12（15） 1 2969 9075 常用
ジュン慣 シュン漢呉 真 zūn
したが-う（したが-ふ）

［遵］辶12（16） —— 旧字体。

筆順 丷 䒑 并 酋 尊 尊 遵 遵

なりたち [形声]「辶(=ゆく)」と、音「尊ソン→シュン」とから成る。したがう。

意味 決まりや教えを守り、そのとおりにする。したがう。通順。例 遵二先王之法一（センノウのホウにしたがう）（=先王の法に従う）。〈孟子・離婁上〉 遵行ジュンコウ（=決まりどおりに実行する）。遵守ジュンシュ。

古訓 中古 したがふ・そふ・ならふ・ひきゐる・まなぶ・みちびく・もちゐる・ゆく 中世 したがふ・ならふ・ゆく 近世 したがふ・ならふ・ひきゐる・ゆく

人名 たか・たかし・ちか・のぶ・まもる・ゆき・より

【遵守】ジュンシュ 規則や命令に従って、それに違反しないこと。遵奉。順守。例 服務上の規律を―する。

【遵奉】ジュンポウ「遵守ジュンシュ」に同じ。

【遵法】ジュンポウ 法律や規則に従って行動し、違反しないこと。順法。例 ―闘争。

遶
辶12(16) 2 7813 9076 ジョウ(ゼウ)漢 ニョウ(ネウ)呉 嘯 rào めぐ-る

意味 まわりをとりまく。かこむ。めぐる。通繞ジョウ|ニョウ。例 囲遶イジョウ|イニョウ。

[遂] 辶12(16) ⇩遂イス(1328ページ)

選
辶12(15) 1 3310 9078 教4 セン漢呉 銑 xuǎn えらぶ・え-る・よ-る・すぐ-る

[選] 辶12(16) 旧字体。

筆順 コ 己 巳 巳巳 巽 巽 巽 選 選

なりたち [会意]「辶(=ゆく)」と、音「巽ソン→セン(=遣ゃる)」とから成る。遣わす。また、えらぶ。

意味 ❶多くの中からよいものをとり出す。えりぬく。よりわける。えらぶ。例 一朝選在二君王側一（イッチョウえらばれてクンノウのかたわらにあり）（=ある日選ばれて皇帝に仕えることになった）。〈白居易・長恨歌〉 選挙センキョ。選択センタク。当選トウセン。❷よい詩文をえらんで書物を作る。また、その書物。例 選集センシュウ。『唐詩選トウシセン』。❸えらばれた人やもの。例 選手センシュ。選良センリョウ。❹よわよわしい。

古訓 中古 えらぶ・かぞふ・しばらく・すぐれたり・ととのふ 中世 えらぶ 近世 えらむ・かず・かぞふる・しばらく・すぐるる・つかはす

人名 かず・すぐる・のぶ・ひとし・より

難読 小選しばらく

【選科】センカ 日 学校が提供した一定の科目の中から、一部を選択して学習する、略式の課程。対 本科。

【選歌】センカ 日 歌をえらぶ。また、そのえらばれた歌。

【選外】センガイ 日 選にもれて、えらばれないこと。例 ―の佳作。

【選挙】センキョ ①すぐれた人物を選出して官吏に登用する。②日 ある地位や任務につく人を、候補者の中から投票でえらび出す。例 ―権。会長を―する。

【選曲】センキョク 日 多くの楽曲の中から、ある条件にかなった曲目をえらぶ。例 ―に迷う。

【選句】センク 日 多くの俳句・川柳などの中からよい句をえらぶ。また、そのえらばれた句。

【選考】センコウ 日 十分に調べた上で、適当な人やすぐれた作品などをえらび出す。銓考センコウ。例 ―にもれる。書類―。表記 旧▼銓衡

【選鉱】センコウ 日 掘り出した鉱石を、質の良否、用不用によって選り分ける。

【選次】センジ えらんで順序をつける。

【選者】センジャ 日 多くの作品の中から、すぐれたものをえらび出す人。参考「撰者センジャ」は、作者・編者の意。

【選手】センシュ 日 ①団体や組織からえらばれて、また、すぐれた能力をもち一定の基準に達している者と認められて、競技に出場する人。例 ―宣誓。②スポーツを職業とする人。例 プロ野球の―。

【選集】センシュウ|センジュウ ①ある個人の著作の中から、代表的なものをえらんでまとめた書物。②多くの詩文の中で、すぐれたものをえらんで集めること。また、集めたもの。③日『文選モンゼン』と『白氏文集ハクシモンジュウ』のこと。

【選出】センシュツ えらび出す。例 学長を―する。

【選書】センショ 日 ①多くの書物の中から、一定の基準にかなったものをえらび出す。②あるテーマを基準にまとめられた、書物のシリーズ。

【選奨】センショウ 日 すぐれたものとしてえらび出し、表彰する。例 芸術祭―作品。

【選▼懦】センダ おとなしくて弱々しいさま。

【選択】センタク（適・不適、要・不要、良否、善悪、当否などを考えて）えらび取る。例 ―肢。取捨―を誤る。

【選定】センテイ 多くの中からえらんで、適切なものを決める。例 調査の項目を―する。

【選任】センニン 多くの人の中からえらび出して、ある任務につかせる。例 書記に―される。

【選抜】センバツ 多数の中から、すぐれているものをえらび出す。例 ―試験。―チーム。

【選評】センピョウ 日 選者が、えらんだものについて批評する。また、その批評。例 文学賞の―。

【選兵】センペイ えらびぬかれた精兵。

【選別】センベツ 日 多くのものをある基準でより分ける。

【選良】センリョウ ①人々の中から特にえらび出された、すぐれた人物。②日「国会議員」をほめていうことば。[古い言い方] 例 ―にあるまじき行為。

●改選カイセン・官選カンセン・厳選ゲンセン・公選コウセン・互選ゴセン・再選サイセン・人選ジンセン・精選セイセン・当選トウセン・特選トクセン・入選ニュウセン・予選ヨセン・落選ラクセン

遷
辶12(15) 1 3311 9077 常用 セン漢呉 先 qiān うつ-る・うつ-す

[遷] 辶11(15) 旧字体。 [迁] 辶3(7) 4 8976 8FC1 別体字。

筆順 一 覀 覀 覀 覀 覀 覀 遷 遷

なりたち [形声]「辶(=ゆく)」と、音「䙴セン」とから成る。のぼる。派生して「うつる」「移動する」の意。

意味 ❶他の場所にうつす。うつる。うつす。例 五遷無二定処一（ゴたびうつりてテイショなし）（=五回遷都して決まった都がない）。〈史記・殷紀〉 孟母三遷モウボサンセン。❷うつりかわる。あらためる。例 変遷ヘンセン。❸追放する。例 遷客センカク。❹⇩【遷延】センエン

古訓 中古 あらたむ・うつす・うつる・かはる・かへる・さる・しりぞく・すすむ・なかば・はこぶ 中世 うつす・うつる・かはる 近世 うつす・うつる・かへる・のぼる

人名 のぼる

【遷移】センイ ある場所をぬけ出てほかへうつる。遷徙センシ。

【遷延】センエン ①あとにさがる。退却。②長びく。延引。

【遷化】センカ 一 うつり変わる。また、変化する。二 センゲ〔仏〕人が死ぬ。〔今は、多く高僧が死ぬことをいう〕

【遷客】センカク ①罪のため遠方に流された人。②俗世からのが

れた人。仙客(センカク)。僊客(センカク)。

【遷御】(センギョ) 日①天子が居所をほかにうつす。②神体をよそにうつす。

【遷▼喬】(センキョウ) ①鳥が谷間から高い木にうつりすむ。②官位が上がることのたとえ。▽類遷鶯(センオウ)。

【遷宮】(セングウ) 日神社の社殿の改築や移転のために、神体をうつす。また、その儀式。例伊勢(いせ)神宮の二十年ごとの━。

【遷幸】(センコウ) ①天子が宮廷を出てよそにうつる。②日天皇がみやこをうつす。

【遷▼徙】(センシ) 「遷移(センイ)」に同じ。

【遷就】(センシュウ) こじつける。理屈をつける。

【遷逝】(センセイ) ①うつりゆく。②死ぬ。

【遷善】(センゼン)(ゼンにうつる) 悪を改めて善にうつる。

【遷▼謫】【遷▼讁】(センタク) 罪のため遠方に流される。左遷。例是夕始覚レ有二遷謫意一(このゆうべはじめてセンタクのイあるをおぼゆ)(=この日の夕方、はじめて流された人の悲しみがわきおこるのを感じた)。〈白居易・琵琶行〉

【遷転】(センテン) うつり変わる。移転。

【遷都】(セント) みやこを別のところにうつす。また、みやこが別のところにうつる。

【遷怒】(センド)(いかりをうつす) いかりをほかの人にうつす。八つ当たりをする。例不レ遷レ怒、不レ弐レ過(いかりをうつさず、あやまちをふたたびせず)(=腹の立つことがあってもほかの人に八つ当たりはせず、同じ過ちは繰り返さない)。〈論語・雍也〉

【遷虜】(センリョ) 戦争に負けた国の人民で、他の場所に移住させられた者。

[遲] 辶12(16) ⇩遅チ(1317ページ)

邁

辶12(16) 2 7818 9081 バイ漢 マイ呉 卦 mài ゆ-く

意味 ❶どんどん進む。(月日が)すぎ去る。ゆく。例邁進(マイシン)。❷すぐれる。まさる。例英邁(エイマイ)。高邁(コウマイ)。❸年をとる。例老邁(ロウマイ)(=年をとっておとろえる)。❹⇩【邁邁】(マイマイ)

【邁進】(マイシン) 日先に進む。例勇往━。

【邁邁】(マイマイ) 喜ばないさま。かえりみないさま。

遼

辶12(15) 1 4643 907C 人 リョウ(レウ)漢 蕭 liáo はる-か

[遼] 辶12(16) F9C3 旧字体。

なりたち [形声]「辶(=ゆく)」と、音「尞(リョウ)」とから成る。遠く離れる。

意味 ❶距離や年月が遠く離れている。はるか。例遼遠(リョウエン)(=はるかに離れているさま)。❷契丹(キッタン)族の耶律阿保機(ヤリツアボキ)が東モンゴルに建てた王朝。渤海(ボッカイ)を滅ぼし、北宋(ホクソウ)から領土を割譲させて漢民族の一部を支配したが、女真(ジョシン)族の金(キン)に滅ぼされた。(九一六―一一二五) ❸遼河(リョウガ)。中国、東北地方を流れる川。例遼東(リョウトウ)(=地名)。❹「遼寧省(リョウネイショウ)」の略。

古訓 中古とほし・はるか・はるかなり 中世とほし・はるかに 近世とほし・はるか

人名 とお

【遼遠】(リョウエン) はるか遠いさま。距離や時間が遠く離れていること。類遼遥(リョウヨウ)。例道路遼遠糧食不レ継(ドウロはリョウエンにしてリョウショクはつがず)(=道のりははるかで食糧は続かない)。〈墨子・非攻下〉前途━。

【遼隔】(リョウカク) 距離が遠くへだっている。類遼絶。

【遼▼廓】(リョウカク) 空間的にも時間的にも、はるかにへだたっているさま。類遼闊(リョウカツ)。

【遼東▼豕】(リョウトウのいのこ) 世間知らず、ひとりよがりのたとえ。類遼豕(リョウシ)。◆遼東(=今の遼寧(リョウネイ)省)の人が、珍しい白頭のブタを献上しようと河東(カトウ)(=今の山西(サンセイ)省)へ行ってみたところ、そこでは少しも珍しくなく、恥じて帰ったという。……〈後漢書・朱浮伝〉

【遼落】(リョウラク) ①はるか遠くまで広々としているさま。②差が大きくへだたっている。

邂

辶13(17) 2 7816 9082 カイ漢呉 卦 xiè あ-う(あ-ふ)

意味 思いがけずめぐりあう。あう。例邂逅(カイコウ)。

難読 邂逅(たまさか・わくらば)

【邂▼逅】(カイコウ) めぐりあう。期せずして会う。

還

辶13(16) 1 2052 9084 常用 ━カン(クヮン)漢 ゲン(グェン)呉 刪 huán ━セン漢 先 xuán かえ-る(かへ-る)・かえ-す(かへ-す)・めぐ-る

[還] 辶13(17) 旧字体。

筆順 … 還

なりたち [形声]「辶(=ゆく)」と、音「睘(ケイ→カン)」とから成る。もとへ返る。

意味 ━❶もとにもどる。かえる。かえす。例飛鳥相与還(ヒチョウあいともにかえる)(=飛ぶ鳥は一緒に(ねぐらに)帰る)。〈陶淵明・飲酒〉還元(カンゲン)。還俗(ゲンゾク)。返還(ヘンカン)。❷報復する。むくいる。❸めぐる。通環。❹ふり返る。例還忌(カンキ)。❺また。ふたたび。例今人還対落花風(キンジンまたタイす ラッカのかぜ)(=今の世の人はまた花を散らす風に向きあう)。〈劉希夷・代悲白頭翁〉 ━❶ぐるりと向きを変える。まわる。通旋。例還風(センプウ)。❷すぐに。すなわち。例王業還起(オウギョウすなわちおこる)(=王者の大業がすぐさま起こる)。〈荀子・王覇〉

古訓 中古かへす・かへる・しりぞく・また・めぐる・もどる・やむ 中世かへる・しりぞく・もどる 近世かこむ・かへりみる・かへる・しりぞく・すなはち・つぐなふ・はやし・めぐる

難読 還城楽(ゲンジョウラク)

【還忌】(カンキ) 相手のことを気にかけて遠慮する。はばかる。

【還御】(カンギョ) 日天皇が外出先から皇居にもどる。転じて、将軍や公卿(クギョウ)が出先から帰る。還幸(カンコウ)。対出御(シュツギョ)。

【還啓】(カンケイ) 日皇后・皇太子などが外出先から皇居にもどる。

【還元】(カンゲン) ①もとにかえる。または、かえす。例利益を社会に━する。②日[化]酸化された物質から酸素をうばい、もとにもどすこと。対酸化。

【還幸】(カンコウ) 日①天皇が外出先から皇居にもどる。還御(カンギョ)。②神がお帰りになる。

【還魂】(カンコン) ①死者の魂がよみがえる。②科挙に落第した者を、再試験の成績に応じて合格させる。

【還送】(カンソウ) 送りかえす。送還。

【還丹】(カンタン) 道家のおこなった錬金術。丹砂から水銀をつくり、また、水銀から丹砂をつくること。

【還付】【還附】(カンプ) 日①もとにもどす。かえす。②税務署や裁判所などが徴収または押収した金品を、事情によって本来の持ち主にかえすこと。例━金。

【還流】(カンリュウ) ①流れがもとの方向へもどる。②日大気や海流、または血液の循環。

【還暦】カンレキ 回 数え年で六十一歳。本卦ホンケがえり。〔六十年たつと、生まれた年の干支えとがふたたびめぐってくることから〕 例 —をむかえる。—を祝う。→【干支】カンシ（438ページ）

【還俗】ゲンゾク 〔仏〕出家して僧や尼になった者が、もとの俗人にもどる。

【還▼踵】カンショウ・きびすをかえす ①足の向きを変える。退却。②動作がきわめて速いことのたとえ。

【還風】センプウ ぐるぐるまわる風。つむじかぜ。旋風。

● 往還オウカン・帰還キカン・召還ショウカン・償還ショウカン・生還セイカン・送還ソウカン・奪還ダッカン・返還ヘンカン

遽

辶13（17） ②7817 907D キョ漢 御 jù すみ-やか・にわ-か（にはーか）・あわただ-しい（あわただーし）

意味 ❶急に。突然。**にわか**。**あわただしい**。**すみやか**。例 遽契二其舟一にわかにそのふねにきざむ（＝あわてて舟に《剣を落とした場所の目印として》刀で刻みつける）。〈呂覧・察今〉 ❷あわてる。おそれうろたえる。例 遽色キョショク。 ❸駅伝の馬車。早馬。例 遽人キョジン。 ❹「何遽」「奚遽なんぞ」は、反語をあらわす。どうして。通 詎キョ・渠キョ。例 何遽不レ為レ福乎なんぞフクとならざらんや（＝どうして幸いとならないことがあろう）。〈淮南・人間〉

【遽色】キョショク あわてた顔の表情。また、けわしい顔つき。

【遽人】キョジン ①宿場の人夫ニンプ。②早馬で命令を伝える使者。

【遽然】キョゼン にわかに。突然。

【遽卒】キョソツ あわただしく行き来すること。不意であること。

邅

辶13（17） ④9002 9085 テン漢 先 zhān

意味 ❶なかなか進めない。例 迍邅チュンテン（＝行き悩むさま）。 ❷進む方向をかえる。

避

辶13（16） ①4082 907F 常用 ヒ漢 ビ呉 寘 bì さける（さーく）・よ-ける（よーく）

［避］辶13（17） 旧字体。

筆順 コ ア ア 启 辟 辟 避 避

なりたち ［形声］「辶（＝ゆく）」と、音「辟ヘキ→ヒ」とから成る。まわり道をする。

意味 わきへよける。のがれる。**さける**。例 殺レ人避レ讐ひとをころしてあだをさく（＝人を殺し、その報復をさける）。〈史記・刺客伝・聶政〉 避暑ヒショ。避難ヒナン。逃避トウヒ。

古訓 中古 さかる・さく・さる・のがる・まぬかる・ゆく 中世 さくる・さる・のがる 近世 さくる・さる・のがるる・めぐる

【避寒】ヒカン 暖かな土地に移って、寒さをさけること。対 避暑。

【避▼諱】ヒキ ①忌みさける。②諱いみなをさける。天子の諱となっている文字を、同音・同義の文字に置きかえてあらわしたり、筆画の一部をはぶいて用いたりする。「世」は「代」、「玄」は「玄」など。

【避暑】ヒショ 涼しい土地に移って、暑さをさける。対 避寒。

【避▼秦】ヒシン 〔秦代末の乱世をさける意〕戦乱をさけること。また、隠居することのたとえ。

【避匿】ヒトク さけて身をかくす。例 相如引レ車避匿ショウジョくるまをひきてさけかくる（＝藺相如リンショウジョは車を引き返させて身を隠した）。〈史記・廉頗藺相如伝〉

【避難】ヒナン 災難をさける。例 —訓練。

【避雷針】ヒライシン 回 落雷の被害をさけるため、屋根や塔などの高所に設ける金属の棒。

● 回避カイヒ・忌避キヒ・退避タイヒ・逃避トウヒ・不可避フカヒ

邉

辶13（17） ⇩辺ヘン（1297ページ）

邀

辶13（17） ②7819 9080 ヨウ（エウ）漢 蕭 yāo むか-える（むかーふ）・もと-める（もとーむ）

意味 ❶来るものを待ち受ける。**むかえる**。例 挙レ杯邀二明月一さかずきをあげてメイゲツをむかう（＝杯をあげて明月を待つ）。〈李白・月下独酌〉 ❷待ち受けて、もとめる。例 邀求ヨウキュウ（＝もとめる）。

【邀撃】ヨウゲキ 待ち受けてうつ。迎撃。要撃。

邇

辶14（18） ②7778 9087 ジ漢 ニ呉 紙 ěr ちか-い（ちかーし）

［迩］辶5（8） ①3886 8FE9 俗字。

意味 身近である。ちかいところ。**ちかい**。対 遐カ。例 邇之事レ父ちかくはちちにつかう（＝身近なところでは父に仕える）。〈論語・陽貨〉 邇来ジライ（＝ちかごろ。また、その時以来）。

日本語での用法 《に》「に」の音をあらわす万葉仮名。「久邇くにの京みや・高志こしの久邇くに」▼

【邇言】ジゲン 身近でわかりやすいことば。

邃

辶14（18） ②6768 9083 スイ漢呉 寘 suì おくぶか-い（おくぶかーし）・ふか-い（ふかーし）

［邃］辶12（16） ④9001 285C9 別体字。

意味 ❶奥まで続いている。深くとおい。**おくぶかい**。通 遂。例 邃古スイコ。幽邃ユウスイ（＝景色などが奥深く静か）。 ❷学問や道理にくわしい。例 邃暁スイギョウ。

【邃宇】スイウ 大きく奥深い家。

【邃暁】スイギョウ よく知っていて、その方面に明るい。

【邃古】スイコ 遠い昔。大昔。太古タイコ。遂古スイコ。

【邃密】スイミツ ①（屋敷などの様子が）奥深くもの静かである。②奥深くて詳しい。精密である。

【邃冥】スイメイ 奥深く暗いさま。

邈

辶14（18） ③9258 9088 バク漢 マク呉 覚 miǎo はる-か

意味 かすむほど、とおくはるか。**はるか**。例 相期邈雲漢あいきすはるかなるウンカンに（＝約束する、はるかな天の川に）。〈李白・月下独酌〉 邈然バクゼン（＝はるか）。

【邈▼焉】バクエン ①遠くはるかなさま。②ぼんやりとしたさま。いいかげんで、まとまりのないさま。

【邈▼乎】バクコ はるかなさま。

【邈志】バクシ 目前のことをよそにした、遠大なこころざし。

【邈邈】バクバク ①はるかに遠いさま。②もだえうれえるさま。

邊

辶15（19） ⇩辺ヘン（1297ページ）

邌

辶15（19） ④9003 908C レイ漢 斉 lí ね-る

意味 ゆっくり行く。ねり歩く。**ねる**。

邏

辶19（23） ②7822 908F ラ漢呉 箇 luó めぐ-る

意味 見まわる。**めぐる**。例 邏卒ラソツ。警邏ケイラ（＝見まわること）。巡邏ジュンラ（＝見まわって警備すること）。

【邏騎】ラキ 見まわりの騎兵。

【邏卒】ラソツ ①見まわりの兵士。②回「巡査ジュンサ」の古い言い方。明治時代初期に、警察の仕事をした役人。

【邏吏】ラリ 見まわりの役人。

邐 辶19 (23) 4 9004 9090 リ 漢 紙 lǐ

意味 くねくねと進むさま。例 邐迤(イ)。
【邐▼迤】(イリ) 曲がりくねって続くさま。曲がりながら進むさま。
【邐▼倚】(イリ・キ) (道などが)曲がりくねって続いているさま。

163 7画 邑 むら (⻏ (右)おおざと) 部

城壁に囲まれたまちの意をあらわす。「邑」が旁(=漢字の右側の要素)になるときは「⻏(おおざと)」(三画)」となる。「邑」をもとにしてできている漢字を集めた。なお、「阜」が偏になるときは「⻏(こざとへん)」(三画)」となる。

⓪ 1329 邑 ⻏ ③ 1329 邗 邛 邙 邕 ④ 1329 郧 邢 邪
邨 那 䢾 邦 邡 ⑤ 1330 邯 邱 邪 邵 邰 邸 邶 邳
⑥ 1331 郁 郄 郊 郃 郈 郅 郇 郲 郎 ⑦ 1332 郢 郝
郡 郤 郜 郟 郗 郛 郘 郎 ⑧ 1333 郭 鄉 郪 郯
郴 都 郫 部 郶 郵 郰 ⑨ 1335 鄆 鄈 鄂 鄄 都 鄁
⑩ 1335 鄍 鄔 鄉 鄒 ⑪ 1335 鄢 鄞 鄣 鄙 鄜 鄘 ⑫
1336 鄯 鄲 鄭 鄭 鄧 鄱 鄰 ⑬ 1336 鄴 鄶 ⑭ 1336 鄹
⑮ 1336 鄺 鄻 ⑱ 1336 酆 ⑲ 1336 酇 酈

この部首に所属しない漢字
祁→示 955　耶→耳 1080　衄→血 502　扈→戸 539　爺→父 846

邑 邑0 (7) 1 4524 9091 人 ユウ(イフ)漢 オウ(オフ)呉 緝 yì くに・さと・むら

なりたち  [会意]「囗(=囲い)」と「巴(=王命をしるした札)」とから成る。王に認められた国。

意味 ❶人が集まり、住むところ。みやこ。くに。また、領地。例 都邑(トユウ)(=みやこ)。大邑(タイユウ)(=大きなみやこ。大きな国)。❷地方の町や村里。むら。例 十室之邑(ジッシツのユウ)(=十戸の村里)。〈論語・公冶長〉邑長(チョウ)(=村長)。邑里(リ)。❸心がふさいで楽しくない。うれえる。通 悒(ユウ)。例 邑邑(ユウユウ)。

古訓 中古 うれふ・くに・さと・へつらふ 中世 さと・むら 近世 おほざと・くに・さと・むら

人名 さとし・すみ

【邑居】(ユウキョ) 村里。また、そこに住む。
【邑宰】(ユウサイ) 〔「宰」は、首長の意〕県令。町長。
【邑子】(ユウシ) 町民。邑人。
【邑人】(ユウジン) ①「邑子(シ)」に同じ。②同じ村落の人。
【邑入】(ユウニュウ) 領地からはいる租税。
【邑邑】(ユウユウ) ①多くの村々。②気がふさいで、楽しくない。うれえるさま。悒悒(ユウユウ)。③小さくか弱いさま。微弱。
【邑落】(ユウラク) 「邑里(ユウリ)」に同じ。
【邑里】(ユウリ) 村里。村落。邑落。

⻏ ⻏0 (3) 4 9005 961D ⇩部首解説

邗 ⻏3 (6) 3 9260 9097 カン 漢 寒 hán

意味 ❶古代中国の国の名。❷川の名。邗溝(カンコウ)。邗江(カンコウ)。

邛 ⻏3 (6) 3 9262 909B キョウ 漢 冬 qióng

意味 ❶漢代に異民族が今の四川省あたりに建てた国の名。❷山の名。邛崍(キョウライ)山。

邙 ⻏3 (6) 3 9261 9099 ボウ(バウ)漢 陽 máng

意味 山の名。河南省西北部にある。東部の北邙(ホクボウ)山は後漢(ゴカン)以降の王侯貴族の墓地として知られる。

邕 邑3 (10) 3 9259 9095 ヨウ 漢 冬 yōng

意味 ❶都市の四囲をとりまく池。❷やわらいださま。通 雍(ヨウ)。例 邕穆(ヨウボク)。
【邕▼穆】(ヨウボク)【邕睦】(ヨウボク) やわらぐ。
【邕邕】(ヨウヨウ) やわらぎなごむさま。

[郧] ⻏4 (7) ⇩鄖(ウン)(1335ページ)

邢 ⻏4 (7) 3 9263 90A2 ケイ 漢 青 xíng

意味 ❶周代の諸侯国の名。周公旦(シュウコウタン)の子が封じられた国。今の河北省にあった。❷姓の一つ。

[邪] ⻏4 (7) ⇩邪(ジャ)(1330ページ)

[邨] ⻏4 (7) ⇩村(ソン)(662ページ)

那 ⻏4 (7) 1 3865 90A3 常用 ❶ダ 漢 ナ 呉 歌 nuó ❷ダ 漢 ナ 呉 哿 nǎ ❸ダ 漢 ナ 呉 箇 nuò/nà なん-ぞ・いか-ん

[䢾] ⻏4 (7) 旧字体。

筆順 

なりたち  [形声]「⻏(=くに)」と、音「冄(ゼン→ダ)」とから成る。地名。借りて「多い」の意。

意味 ❶❶多い。❷安らかなさま。❸「なんぞ」「いかん(ぞ)」と読み、疑問・反語をあらわす。どうして…か。どうするのか。❷「いずくに」「なんぞ」と読み、疑問・反語をあらわす。どこで…か。どうして…か。❸❶文末に置いて「か」と読み、疑問・反語をあらわす。…か。❷近世の用法で、遠くの人や事物を示すときに用いる。あの。かの。❸梵語(ボンゴ) na の音訳。例 那落(ナラク)。刹那(セツナ)。

古訓 中古 いかでか・いづくぞ・おほし・けづる・たをやかなり・とも・なぞ・なんぞ 中世 いかぞ・いづれ・おほし・なんぞ 近世 おほいなり・おほし・ことごとく・すべて・なんぞ・やすし

人名 とも・ふゆ・やす

【那何】(いかん) いかに。どのように。奈何(いかん)。
【那辺】(ナヘン) どのあたり。どのへん。どの点。奈変(ナヘン)。例 真意は―にあるか。
【那落】(ナラク) ⇩【奈落】(ナラク)(332ページ)

邦 ⻏4 (7) 1 4314 90A6 常用 ホウ(ハウ)漢 江 bāng くに

筆順 

なりたち  [形声]「⻏(=くに)」と、音「丰(ホウ)」とから成る。大きなくに。

参考 「邦」のような字形もある。

意味 国家。領土。くに。例 邦有レ道則仕(くににみちあればすなわちつかう)(=国に道義があれば仕官する)。〈論語・衛霊公〉連邦(レンポウ)。

日本語での用法 《ホウ》「邦楽(ホウガク)・邦人(ホウジン)・邦文(ホウブン)・邦訳(ホウヤク)」▼日本の国の、わが国の、の意。

古訓 中古 くに・さかひ 中世 くに・さかひ 近世 くに・さかひ

人名 さかえ

【邦域】ホウイキ 国の領地の限界。国境。
【邦家】ホウカ 国家。邦国。例 ―にとっての慶事。
【邦貨】ホウカ 日 日本の貨幣。例 ―に換算する。
【邦画】ホウガ 日 ①日本画。②日本で作られる映画。▽対 洋画。
【邦楽】ホウガク 日 日本の伝統的な音楽。雅楽や三味線音楽など。対 洋楽。
【邦畿】ホウキ 都の近くの地域。畿内。
【邦禁】ホウキン 国が定めた禁止令。国禁。
【邦君】ホウクン 君主。天子。また、諸侯。
【邦▼彦】ホウゲン 国内のすぐれた人物。類 邦家彦ホウカの。
【邦国】ホウコク ①国家。邦家。②諸国。
【邦人】ホウジン ①その国の人。②日 日本人。特に、外国に出ている日本人。
【邦典】ホウテン 国の規則。国法。類 邦憲。
【邦土】ホウド 一国の領土。国土。
【邦伯】ホウハク ①諸侯の長。②州の長官。刺史。
【邦文】ホウブン 日 日本語の文字や文章。和文。
【邦本】ホウホン ①国家が成立しているための根本・基本。②国民。人民。
【邦訳】ホウヤク 日 外国語の単語や、外国語で書かれた文章を日本語に翻訳する。また、翻訳したもの。和訳。
●異邦ホウ・万邦バンポウ・本邦ホンポウ・盟邦メイホウ・友邦ユウホウ・隣邦リンポウ

郁
阝4 (7) 4 9006 90A1 ホウ(ハウ) 漢 陽 fāng

意味 「什郁ジュウホウ」は、四川省にある地名。

邯
阝5 (8) 2 7824 90AF カン 漢 寒 hán

意味 「邯鄲カンタン」は、❶春秋時代から知られ、戦国時代の趙チョウの都になった地。現在の河北省南部の都市。❷カンタン科の昆虫。ルルル…と美しく鳴く。

【邯▼鄲歩】カンタンのあゆみ ①本来の姿を見失って、他人のまねばかりしていると、どちらも身につかないことのたとえ。学二歩於邯鄲一(ホをカンタンにまなぶ) ②都会の洗練された歩き方。模倣しがたいすぐれた技能のたとえ。〈抱朴・雑応〉◆趙チョウの都邯鄲カンタンへ、都会ふうの歩き方を身につけようとして行った若者が、覚える前に本来の自分の歩き方も忘れてしまい、はって帰ったという。…………〈荘子・秋水〉

【邯▼鄲夢】カンタンのゆめ ⇩【黄粱一炊夢】イッスイのゆめ (1507ページ)

邱
阝5 (8) 2 7825 90B1 キュウ(キウ) 漢 尤 qiū おか(をか)

意味 おか。通 丘。〔清シ代に、孔子の名である「丘」を避けてこの字が用いられた〕

邪
阝5 (8) 1 2857 90AA 常用 一シャ 漢 ジャ 呉 麻 xié 二ヤ 漢 呉 麻 yé よこしま・ななめ 付表 風邪かぜ

[邪] 阝4 (7) ―― 旧字体。

筆順 一 ㄷ 㔾 牙 牙 邪 邪

なりたち [形声]「阝(=まち)」と、音「牙ガ→ヤ」とから成る。地名。借りて「よこしま」の意。

意味 一❶正道からはずれて、ねじまがっている。正しくない。よこしま。対 正。例 思無レ邪(おもいよこしまなし)(=考えに邪悪さがない)。〈論語・為政〉邪心ジャシン。邪道ジャドウ。❷害をおよぼすもの。わるもの。例 邪鬼ジャキ。邪神ジャシン。邪魔ジャマ。二❶「や」「か」と読み、…かどうか、の意。疑問・反語・詠嘆をあらわす。通 耶ヤ・也ヤ。例 天道是邪非邪(テンドウはぜかひか)(=天道は正しいものなのか、そうではないのか)。〈史記・伯夷伝〉❷⇩【邪許】コヤ ❸⇩【邪揄】ユヤ

古訓 中古 あし・いつはる・ななめに・なやます・なやむ・よこさま・よこしま 中世 ななめ・ゆがむ・よこさま・よこしま 近世 あしし・かなめ・や・よこしま

【邪悪】ジャアク 正義をきらい、悪をわるいと思わないこと。例 ―な心。
【邪淫】ジャイン ①道徳を守らず、性関係が乱れていること。②〔仏〕五悪の一つ。社会的に認められない男女関係。例 ―におぼれる。
【邪気】ジャキ ①病気などをもたらすとされる悪い気。例 ―をはらう。②悪い心。悪意。対 正気セイキ。例 ―のない人。―を含んだ表情。
【邪鬼】ジャキ たたりをなす悪神・悪霊。また、もののけ。
【邪教】ジャキョウ 人の心をまどわし、害悪を与える宗教。邪宗。
【邪曲】ジャキョク 心がよこしまで、まがっている。正しくない。類 邪枉ジャオウ。
【邪径】ジャケイ 曲がっている道。不正な心やおこないのたとえ。
【邪見】ジャケン ①〔仏〕因果の道理を否定する誤った考え。②正しくない見解。誤った見方。→【邪慳】ジャケン
【邪険】ジャケン ①不正。よこしま。②日「邪慳ジャケン」に同じ。
【邪▼慳】ジャケン 日 意地が悪く、思いやりに欠けるさま。邪険。〔「邪見」から派生したことば〕例 ―にする。
【邪▼侈】ジャシ よこしまで、ぜいたく。心が正しくなく、おごっている。例 苟無二恒心一、放辟邪侈、無レ不レ為已(いやしくもコウシンなければ、ホウヘキジャシ、なさざるなきのみ)(=もし〔民に〕不変の道徳心がなければ、勝手気ままでどんな悪事でもする)。〈孟子・梁恵王上〉
【邪辞】ジャジ 正しくないことば。
【邪宗】ジャシュウ 「邪教ジャキョウ」に同じ。〔江戸時代に、特にキリスト教を指した〕例 ―門。
【邪心】ジャシン 正義を好まない、正しくない気持ち。
【邪臣】ジャシン 主君に忠実でない家臣。二心ふたごころをもつ家来。姦臣カンシン。
【邪神】ジャシン 人の心をたぶらかし、わざわいを与える神。
【邪推】ジャスイ 日 悪意をもって疑う。例 ―深い。
【邪説】ジャセツ まちがった主張。正しくない説。
【邪知】【邪▼智】ジャチ よくないことをたくらむ知恵。わるぢえ。例 ―にたけた悪人。
【邪道】ジャドウ ①人の道からはずれたおこない。対 正道。②正当でないやり方や考え方。例 ―を避ける。
【邪▼佞】ジャネイ 心がねじけたさま。また、そのような悪者。
【邪念】ジャネン 正しくない考え。不純な思い。雑念。例 ―をいだく。―をはらう。―を起こす。
【邪薄】ジャハク 心がねじけていて、軽薄である。
【邪▼僻】【邪▼辟】ジャヘキ 正しい道からはずれて、かたよりがある。また、そのような品格のない人。
【邪法】ジャホウ ①正しくない方法。邪道。また、正しくない教え。例 ―を広める。②魔法。
【邪魔】ジャマ ①〔仏〕人をそそのかし、仏道修行をさまたげる悪魔。②日 さまたげること。妨害すること。また、そうするもの。例 ―者もの。―がはいる。③日 人の家を訪問すること。例 お―します。
【邪欲】【邪▼慾】ジャヨク 人の道にはずれた欲望。みだらな欲望。
【邪▼穢】ジャワイ|ジャアイ よこしまと、けがれ。
【邪許】コヤ【邪呼】コヤ|コジャ 多くの人が力を合わせて重いものを動かすときのかけ声。よいしょ、など。
【邪▼揄】ヤユ からかう。なぶる。揶揄ヤユ。
●正邪セイジャ・破邪ハジャ・風邪フウジャ|かぜ

邵 阝5(8) 2 7826 90B5 ショウ(セウ)漢 嘯 shào

意味 ❶春秋時代、晋シの国の地名。今の河南ナン省にあった。❷姓の一つ。

邰 阝5(8) 4 9008 90B0 タイ漢 灰 tái

意味 ❶古代の国の名。今の陝西セイン省武功県の西南にあった。❷姓の一つ。

邸 阝5(8) 1 3701 90B8 常用 テイ漢 薺 dǐ やしき

筆順 ノ ㇑ 乚 氏 氏 氐 氐7 邸

なりたち [形声]「阝(=くに)」と、音「氐テイ」とから成る。諸侯が都にのぼったときの宿。

意味 ❶都にある諸侯の住まい。また、高級官吏の住まい。例 官邸カン。公邸コウ。❷大きく立派な家。**やしき**。例 邸内ナイ(=やしきの中)。別邸ベッ。❸宿屋。❹停車させる。とどめる。❺至る。通 抵。

古訓 中古 もと 中世 いへ 近世 いたる・たびや・ひとや・ふるる・もと

人名 いえ

【邸閣】テイカク ①邸宅。やしき。②役所が設けた穀物の倉庫。

【邸舎】テイシャ ①邸宅。やしき。②役所。官舎。③旅館。宿屋。例 息二邸舎一ティシャにいこう(=旅館で休息する)。〈枕中記〉

【邸第】テイダイ 大きな家。立派な家。邸宅。

【邸宅】テイタク 大きな立派な家。やしき。邸第テイ。

●官邸カン・公邸コウ・豪邸ゴウ・私邸シ

邶 阝5(8) 4 9009 90B6 ハイ漢 隊 bèi

意味 周代の諸侯国の名。今の河南省にあった。参考『詩経』に、この地の民謡を集めた「邶風フウ」がある。

邳 阝5(8) 3 9264 90B3 ヒ漢 支 pī

意味 地名。今の江蘇ソウ省邳ヒ県の西南。

郁 阝6(9) 1 1674 90C1 人 イク漢 呉 屋 yù

なりたち [形声]「阝(=まち)」と、音「有ユ→イク」とから成る。地名。借りて「かぐわしい」の意。

意味 ❶香気が強い。かおりたかい。かぐわしい。例 郁郁青青イクイクセイセイ。馥郁フクイク(=かぐわしいさま)。❷文化の盛んなさま。❸⇒【郁穆】イクボク

古訓 中古 あきらなり・うべ・さかんなり・たすく 中世 うるはし・かうばし・さかり・たすく 近世 かうばし・さかんなり

人名 あきら・あや・か・かおる・たかし・ふみ・よし

難読 郁芳門ユウホウモン・郁子うべ

【郁郁】イクイク ①文化が栄えているさま。郁文ブン。例 郁郁乎文哉イクイクコとしてブンなるかな(=はなやかで文化が盛んだね)。〈論語・八佾〉②香気あふれるさま。③奥が深いさま。

【郁郁青青】イクイクセイセイ 花の香りがあふれ、木々が青々と茂るさま。例 岸芷汀蘭、郁郁青青ガンシテイラン、イクイクセイセイ(=岸辺のヨロイグサや水際のランもふくよかな香気をただよわせ、木々の緑もあざやかにおい茂っている)。〈范仲淹・岳陽楼記〉

【郁▼氛】【郁紛】イクフン かぐわしい気。あふれるばかりの香気。

【郁文】イクブン「郁郁イク①」に同じ。

【郁▼穆】イクボク やわらいで美しいさま。

【郁▼李】イクリ バラ科の果樹。ニワウメ。

【郁烈】イクレツ 香りの強いさま。

[郄] 阝6(9) ⇩郤ゲキ(1332ジペー)

郊 阝6(9) 1 2557 90CA 常用 コウ(カウ)漢 肴 jiāo

筆順 丶 亠 六 交 交 交7 郊

なりたち [形声]「阝(=まち)」と、音「交コウ」とから成る。まちの周辺部。

意味 ❶都の外。町はずれ。例 以三其郊二於大国一也、斧斤伐レ之そのタイコクにコウたるをもって、フキンこれをきる(=大きな都の郊外にあったために、おのやまさかりで伐採した)。〈孟子・告子上〉❷天子が郊外で天地をまつる祭礼。例 郊祀コウシ。郊社コウシャ。❸交通の要衝。

古訓 中古 いたる・のきは 中世 あらはす・さと 近世 ひろの・むらのそと・をか

人名 おか・さと・ひろ・ひろし

【郊外】コウガイ ①都の外の野。②都市の外側に隣接した地域。町はずれ。例 —の住宅地。

【郊▼墟】コウキョ 野や丘。郊外や田舎をいう。

【郊迎】コウゲイ 郊外まで出向いて、賓客をむかえる。国外の来客に対する礼。対 郊送。

【郊原】コウゲン 郊外の野原。類 郊野。

【郊▼祀】コウシ 古代、天子が郊外でおこなった祭り。類 郊祭。

【郊社】コウシャ ①天と地とをまつる祭り。〔冬至に南の郊外で天をまつるのを「郊」、夏至に北の郊外で地をまつるのを「社」という〕②天地の祭礼をおこなうところ。

【郊労】コウロウ 郊外で客を出むかえ、ねぎらう。

郃 阝6(9) 4 9010 90C3 コウ(カフ)漢 ゴウ(ガフ)呉 合 hé

意味「郃陽ヨウ」は、陝西セイ省の県名。〔現在は「合陽」と表記する〕

郈 阝6(9) 4 9011 90C8 コウ漢 有 hòu

意味 ❶春秋時代の魯ロの邑ユウ。今の山東省にあった。❷姓の一つ。

郅 阝6(9) 3 9267 90C5 シツ漢 質 zhì

意味 至る。この上ない。例 郅隆リュウ。

【郅隆】シツリュウ この上なくさかんなさま。

郇 阝6(9) 3 9268 90C7 シュン漢 真 xún

意味 周代の諸侯国の名。今の山西省臨猗イリン県の西南にあった。

邾 阝6(9) 3 9265 90BE チュウ(チウ)漢 チュ呉 虞 zhū

意味 周代の諸侯国の名。今の山東省鄒スウ県にあった。のち、「鄒スウ」と改めた。

郎 阝6(9) 1 4726 90CE 常用 ロウ(ラウ)漢 陽 láng

[郞] 阝7(10) 3 9271 90DE 人 旧字体。

筆順 丶 ㇇ ㇌ 自 良 良 良7 郎

なりたち [形声]「阝(=まち)」と、音「良リョウ→ロウ」とから成る。地名。借りて「男子」の意。

意味 ❶若い男子を呼ぶことば。また、妻が夫を呼ぶことば。おとこ。おのこ。例 郎騎二竹馬一来（＝あなたは竹馬に乗ってやってくる）。〈李白・長干行〉 郎君。新郎。❷秦・漢代以後の官名。例 郎中。侍郎。❸⇩【郎当】

日本語での用法 《ロウ》「太郎・次郎・三郎・金太郎・桃太郎・源九郎」▼男の子の名につけることば。多く、順序をあらわす数字とともに用いる。

古訓 中古 あきらかなり・まこと 中世 をとこ 近世 をつと・をとこ

人名 あき・あきら・お

難読 郎子・郎女

【郎君】①若い男子や身分の高い男子を敬っていうことば。②妻が夫を親しんで呼ぶことば。あなた。わがきみ。

【郎子】㊀ 他人の子の敬称。令息。㊁ 日 若者を親しんで呼ぶことば。対 郎女。

【郎将】①秦・漢代、宮中の宿衛をつかさどった官。中郎将。②宋代、諸府の兵を統轄した官。

【郎中】古代中国の官名。秦・漢代は宮中の宿直、唐代以後は、各役所の高級官僚を指す。類 郎官。

【郎当】①疲れるさま。②衣服がだぶだぶしているさま。転じて、だらしがないさま。③雪のとけたさま。

【郎等】【郎党（黨）】日 武家の家臣。特に「家の子」に対して、主君と血縁関係にない家来。類 郎従。例 一族―。

●外郎・女郎・新郎・野郎

郢

阝7（10） 2 7827 90E2 エイ 漢 梗 yǐng

意味 春秋戦国時代、楚の国の都。今の湖北省江陵県の北にあった。例 郢曲。

【郢曲】楚の国の歌。転じて、低俗な音楽、卑しいはやり歌。類 郢声。

【郢書▼燕説】こじつけて、もっともらしく説明すること。◆郢の人が燕の宰相に送った手紙の中で誤って書いた部分を、宰相がこじつけて勝手に解釈したために、かえって燕の国によい結果をもたらした。……〈韓非・外儲説左上〉

【郢人】低俗な歌をうまくうたう人。また、歌の上手な人。

【郢▼斲】〔「斲」は、けずる。余分なものをけずる意〕詩文の添削を人にたのむときのことば。類 郢正・郢斧。例 ―を請う。◆昔、郢の人が鼻の先に白土をうすく塗り、匠石にこれをけずり取らせた。匠石はうなるほどに斧を振りまわし、白土をけずり落としたが、鼻は少しも傷つかず、郢の人も態度をくずさなかった。郢の人が亡くなったのち、匠石は自分の技を支えてくれる人がいなくなった今となっては、その技を示すことはできないと語った。自分（＝荘子）も最も信頼していた論敵の恵施が亡くなって、心のよりどころを失った。もはや語り合う者はいない。……〈荘子・徐無鬼〉

郝

阝7（10） 3 9270 90DD カク 漢 薬 hǎo

意味 ❶漢代の地名。今の陝西省にあった。❷姓の一つ。

郡

阝7（10） 1 2320 90E1 教4 クン 漢 グン 呉 問 jùn こおり（こほり）

筆順 ㇇ ヨ ヨ 尹 尹 君 君 郡

なりたち  ［形声］「阝（＝まち）」と、音「君ク」とから成る。行政単位の一つ。

意味 行政区画の単位の一つ。周代では県の下、秦代以後は県の上の区画。例 郡県制度。郡守。

日本語での用法 《グン》《こおり》「郡司・郡代・郡奉行・豊多摩郡・静岡県田方郡」▼昔の地方行政区画の一つ。今は、郡役所その他を置かない、地理上の区画。

古訓 中古 くに・こほり 中世 くに・こほり 近世 あつまる・こほり・むらがる

人名 くに・とも

難読 郡上（＝岐阜県の地名）

【郡下】①郡の区画の中にある土地。②郡の行政機関のある場所。役所のある所まで行き、長官に会う）。例 及二郡下一詣二太守一（＝郡の役所のある所まで行き、長官に会う）。〈陶淵明・桃花源記〉

【郡県】郡と県。地方行政区画の一つ。

【郡県制度】中央集権制度の一環として、全国を郡と県とに分け、中央で任命された長官が、その地を統治する制度。秦の始皇帝によって始められ、郡の長官を郡守、県の長官を県令といった。

【郡国】漢代に始まる行政制度。郡や県は天子の直轄として、郡には太守、県には県令が首長として派遣され、国は王や諸侯が領地として治めた。しかし、のちには天子が任命する大臣によって各国の国政がおこなわれ、王や列侯は自領の租税を受けるだけとなった。

【郡斎】郡守の居所。

【郡主】晋代以降、皇族の娘の称号。唐代では太子の娘の、元から清代では親王の娘の称号となる。

【郡守】秦代の郡県制度で、郡を統治する長官。〔漢代は太守といった〕

【郡将】漢代、太守の別称。〔軍政を兼務したことから〕

【郡部】日 郡に属する地域。転じて、都市化されていない地域。対 市部。

【郡望】郡の中でも評判の高い家柄。郡内の名門。

●国郡

郤

阝7（10） 2 7828 90E4 ケキ 漢 ゲキ 呉 陌 xì

［郄］阝6（9） 3 9266 90C4 別体字。

意味 すきま。あいだ。仲たがい。通 隙。例 令二将軍与一レ臣有レ郤（＝将軍を私と仲たがいさせる）。〈史記・項羽紀〉 郤穴（＝あな）。郤地（＝国境の地）。

郜

阝7（10） 4 9013 90DC コウ（カウ）漢 号 gào

意味 ❶周の文王の子が封じられた国。今の山東省にあった。❷姓の一つ。

郟

阝7（10） 4 9014 90DF コウ（カフ）漢 洽 jiá

意味 ❶春秋時代の鄭の邑。今の河南省にあった。❷姓の一つ。

郗

阝7（10） 3 9269 90D7 チ 漢 支 キ 漢 微 xī

意味 ❶周代の邑の名。今の河南省にあった。❷姓の一つ。

郛

阝7（10） 2 7830 90DB フ 漢 虞 fú くるわ・しろ

意味 城壁の、さらに外側に設けた囲い。外城。**くるわ**。例 郛郭。

【郛郭】フカク ①城壁のまわりを囲む、かこい。くるわ。②防壁のたとえ。

邑
阝7（10） 4 9012 286D7 国字 むら

意味 人名などに用いる字。例 邑山やむら（＝姓）。

[郎]
阝7（10） ⇩郎ロウ（1331ページ）

郭
阝8（11） 1 1952 90ED 常用 カク（クヮク）漢 呉 薬 guō くるわ

筆順 

なりたち  【形声】「阝（＝くに）」と、音「享カ」とから成る。国名。借りて「外囲い」の意。

意味 ❶中国で、都市やとりでのまわりを囲む、外側の塀。外城。**くるわ**。通廓カク。対城。例 青山横二北郭一（セイザンホッカクによこたわる）（＝青々とした山は外城の北方に横たわる）。〈李白・送友人〉郭外カクガイ。城郭ジョウカク。五稜郭ゴリョウカク（＝城壁が星のように五つの角のある洋式の平城ひら。箱館はこだての奉行所）。❷ものの外まわり。通廓カク。例 外郭ガイカク。輪郭リンカク。❸姓の一つ。例 郭沫若カクマツジャク（＝近代中国の学者・政治家）。

日本語での用法 《カク》《くるわ》「遊郭ユウカク・郭くるわ通がよい」▼まわりが塀で囲まれていて、遊女屋の集まっているところ。色町。色里。

古訓 中古 おほきなり・おほきに・みぞ 中世 いへ・おほいなり・ほがらか 近世 おほがまへ・おほぐるわ・くるわ・のざと

人名 ひろ・ひろし

【郭外】カクガイ ①城壁で囲まれた都市などの外壁。転じて、その外。②遊郭の外。▽廓外。

【郭門】カクモン 都市などを囲んでいる城郭の出入り口。

【郭公】カッコウ ①カッコウ科の渡り鳥。春、日本に渡って来る。鳴き声が「カッコー」と聞こえるところから、この名がある。自分では巣を作らず、モズやホオジロの巣に卵を産んで、育ててもらう。閑古鳥かんこどり。呼子鳥よぶこどり。②ホトトギスの異名。

●一郭イッカク・輪郭リンカク・外郭ガイカク・胸郭キョウカク・山郭サンカク・城郭ジョウカク・遊郭ユウカク

郰
阝8（11） 4 9015 286FA キ

意味 人名などに用いる字。例 長郰チョウキ。

郷
阝8（11） 1 2231 90F7 教6

一 キョウ（キャウ）漢 ゴウ（ガウ）呉 陽 xiāng
二 キョウ（キャウ）漢 ゴウ（ガウ）呉 漾 xiàng
さと・ふるさと

[鄕]
阝10（13） 3 9276 9115 旧字体。

筆順 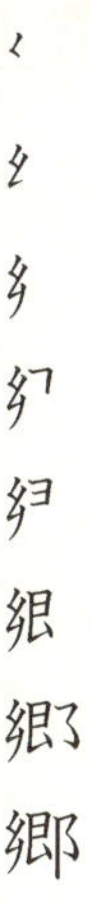

なりたち  【形声】「郒（＝となりあったまち）」と、音「皀キョウ」とから成る。むらざと。

意味 一 ❶周代の行政区画で、一万二千五百戸ある地。漢代で、県の下の行政単位。**さと**。また、村里。田舎。例 吾氏三世居二是郷一（わがシサンセイこのキョウにおる）（＝わが一族は三代この村にいる）。〈柳宗元・捕蛇者説〉郷校キョウコウ。郷党キョウトウ。近郷キンゴウ。❷生まれ育った地。**ふるさと**。例 郷愁キョウシュウ。郷里キョウリ。故郷コキョウ。❸ところ。場所。例 水郷スイゴウ。桃源郷トウゲンキョウ。理想郷リソウキョウ。
二 ❶向く。向かう。…に向かって。通向・嚮キョウ。例 郷背キョウハイ。❷以前の。さきの。さきに。通嚮キョウ。例 郷者さきに（＝以前）。

古訓 中古 さと・むかふ 中世 さと 近世 さきに・さと・まど・むかふ

人名 あき・あきら・のり・むら

【郷往】キョウオウ 心が向かっていく。慕う気持ちをいう。

【郷音】キョウオン 故郷のことばづかい。お国なまり。

【郷学】一 キョウガク 地方に設ける学校。郷校。二 ゴウガク 江戸時代、藩校にならって地方に設置された、庶民のための教育機関。たとえば、備前ビゼン（＝今の岡山県の南東部）の閑谷しずたに学校など。

【郷貫】キョウカン ①本籍。②郷里。故郷。

【郷関】キョウカン ふるさと。郷里。故郷。例 日暮郷関何処是（ニチボキョウカンいずれのところかこれなる）（＝日も暮れ故郷はどのあたりであろう）。〈崔顥・黄鶴楼〉

【郷曲】キョウキョク ①行政区画の基本単位。むら。さと。②へんぴな所。片田舎。

【郷原】キョウゲン 〔「原」は「愿」と同じで、誠実の意〕教養がなく文化的でないのに、うわべだけ徳のあるようによそおう田舎者。例 郷原徳之賊也（キョウゲンはトクのゾクなり）（＝村の偽善者は徳をそこなう者だ）。〈論語・陽貨〉

【郷校】キョウコウ 地方に設ける学校。郷学キョウガク。

【郷貢】キョウコウ 唐代、州・県の長官に選抜・推薦され、中央の科挙（＝官吏登用試験）を受ける者。

【郷国】キョウコク 生まれ故郷。ふるさと。

【郷試】キョウシ 明ミ・清シン代、科挙の一つ。三年に一度、各省都でおこなわれた官吏登用試験。〔合格者は「挙人」といい、中央の会試の受験資格を得る〕

【郷愁】キョウシュウ ①遠く離れた故郷をなつかしむ気持ち。ノスタルジア。例 —をさそう。②日 過去をなつかしむ気持ち。

【郷塾】キョウジュク 地方の学校。

【郷信】キョウシン 故郷からの便り。類 郷書。

【郷人】キョウジン ①村の人。里人さとびと。②田舎者。野人。無風流な人。

【郷土】キョウド ①ふるさと。生まれ故郷。郷里。例 —をなつかしむ。②地方。田舎。例 —芸能。

【郷党（黨）】キョウトウ ①古代の制度で、村里。②郷里の人々。郷人。例 要二誉於郷党朋友一（ほまれをキョウトウホウユウにもとむ）（＝村人や友人にほめられようと思う）。〈孟子・公孫丑上〉

【郷導】キョウドウ 道案内をする。先導する。また、その人。

【郷背】キョウハイ 向かうことと、背を向けること。味方することと、敵になること。また、正面と背後。

【郷約】キョウヤク 同郷の人々が守らなければならない規約。村のおきて。

【郷▼邑】キョウユウ 村里。

【郷里】キョウリ ①村里。また、そこに住む人々。例 —を重んじる。②生まれ故郷。ふるさと。例 —にもどって余生を送る。

【郷隣】キョウリン ①となり近所。また、同じ村の人。例 郷隣之生日蹙（キョウリンのセイひびにせばまる）（＝近所の村人の生活は日ごとに苦しくなる）。〈柳宗元・捕蛇者説〉②同郷の人。

【郷士】ゴウシ 日 江戸時代、農村に住み農業に従事した武士。また、武士として待遇された有力農民。

【入レ郷▼而随レ郷】（ゴウにいりてはゴウにしたがう）（ゴウにいってはゴウにしたがえ） ある村に初めてはいるときは、その土地の風俗や習慣に従うのが処世の法である。〔童子教〕

●異郷イキョウ・帰郷キキョウ・他郷タキョウ・同郷ドウキョウ・望郷ボウキョウ

鄀
阝8（11） 4 9018 9100 ジャク 漢 薬 ruò

郯
阝8（11） 3 9272 90EF タン（タム）漢 覃 tán

意味 春秋時代の国の名。今の湖北省宜城県にあった。

た。

郴 阝8(11) 3 9273 90F4 チン(チム)漢 侵 chēn

意味 湖南省にある地名。項羽が楚(ソ)の義帝を殺した所。

都 阝8(11) 1 3752 90FD 教3 ト漢 ツ呉 虞 dū みやこ

[都] 阝9(12) 3 9274 FA26 人 旧字体。

筆順 一 十 土 耂 者 者 者 都 都

なりたち  【形声】「阝(=まち)」と、音「者(シャ→ト)」とから成る。君主の先祖をまつる建物がある大きなまち。

意味 ❶天子のいる地。国の政府のある地。**みやこ**。また、みやこを置く。例 可三都以覇一(みやこしてもってはたるべし)(=都を置いて覇者となることができる)。〈史記・項羽紀〉 都人士(トジンシ)。首都(シュト)。遷都(セント)。❷大きな町。人口が多くにぎやかな町。都会(トカイ)。都市(トシ)。❸みやびやか。上品で美しい。例 都雅(トガ)。対 鄙(ヒ)。❹ひとつに集めてまとめる。すべる。例 都督(トトク)。❺合計。すべて。例 都合(ツゴウ)。

日本語での用法 《ト》「都営(トエイ)・都庁(トチョウ)・都道府県(トドウフケン)」▼日本の地方公共団体のうち最大のもの。「東京都」の略。

古訓 中古 あはす・おく・かつて・こころみる・ことごとく・すぶ・すべて・つね・つふと・つふに・ふさ・ふさぬ・ふつ・ふつと・ふつに・みな・みやこ・みやびかなり 中世 ああ・すべて・みやこ・みやびか 近世 ああ・さかんなり・すべて・みづたまり・みやこ・みやびやか・をる

人名 いち・くに・さと・ひろ・よし

【都合】(ツゴウ) ①合わせて。全部で。例 ―百人になる。②日 事情。わけ。例 ―が悪い。③日 お金や時間などをやりくりする。例 金を―する。

【都度】(ツド) 日 そのたびごと。毎回。例 出張の―、土産(みやげ)を買ってくる。

【都尉】(トイ) 漢代、各郡に置かれ、郡の軍事をつかさどった武官。唐代以降、功臣に与えられた称号。

【都下】(トカ) ①都(みやこ)のうち。都の範囲。②日「東京都下」の略。東京都の二十三区以外の地域。対 都内。

【都雅】(トガ) 上品でうるわしい。優美。風雅。みやび。

【都会】(トカイ) ①人が多く集まり、活気があって消費の盛んな土地。都市。例 大―。②日「東京都議会」の略。

【都議】(トギ) 日「東京都議会議員」の略。

【都護】(トゴ) ①漢代から唐代、辺境守備の軍事をつかさどった官。②日 按察使(アゼチ)の中国風の呼び名。

【都講】(トコウ) ①塾生のかしら。塾頭。②学問を教える人。講師。先生。③漢代からおこなわれた、年に一度の軍事訓練の制度。都試。

【都察院】(トサツイン) 明(ミン)・清(シン)代、地方官庁の政務を監督する官。また、その役所。長官は都御史(トギョシ)。

【都市】(トシ) 人口が多く、政治・経済・文化などで地域の中心になる土地。都会。例 ―計画。研究学園―。

【都心】(トシン) 日 都市または東京都の中心部。例 副―。

【都人士】(トジンシ) 都(みやこ)に住む人。都会人。都人。例 ―の耳目(ジモク)をおどろかす事件。

【都政】(トセイ) 日 東京都の行政。

【都電】(トデン) 日 東京都が管理し、経営する路面電車。

【都統】(トトウ) ①統(す)べ治める。②地方の軍事をつかさどる司令官。

【都道府県】(トドウフケン) 日 日本の地方公共団体の最も大きな区分をまとめていうことば。一都一道二府四十三県のこと。

【都督】(トトク) ①指揮し監督すること。また、その任にある者。②中国古代の官職で、地方の軍司令官。③日 大宰(ダザイ)の帥(ソツ)(=大宰府の長官)の中国風の呼び名。

【都内】(トナイ) ①都(みやこ)の中。②日「東京都内」の略。二十三区を指す。対 都下。

【都▼鄙】(トヒ) ①都会と田舎。②風雅と卑俗。

【都府】(トフ) ①都(みやこ)。都会。②唐代の節度使。

【都民】(トミン) 日 東京都の住民。

【都▼邑】(トユウ) ①都(みやこ)。また、都会。②都市と田舎。

【都立】(トリツ) 日 東京都が設立し、経営管理すること。例 ―高校。

【都大路】(みやこおおじ) 日 都(みやこ)のにぎやかな大通り。

郫 阝8(11) 4 9019 90EB ヒ漢 支 pí

意味 四川省にある地名。

部 阝8(11) 1 4184 90E8 教3 ホ漢 ブ呉 麌 bù べ 付表 部屋(へや)

[郶] 邑8(15) 4 9016 90F6 本字。

筆順 亠 亠 立 立 音 音 部 部

なりたち  【形声】「阝(=まち)」と、音「咅(ホウ→ホ)」とから成る。地名。借りて「わける」の意。

意味 ❶分ける。また、区分けしたものの一つ。例 部品(ブヒン)。部分(ブブン)。一部(イチブ)。❷統率する。率いる。❸官庁や役所などの区分の一つ。例 部局(ブキョク)。兵部(ヘイブ)(=軍事をつかさどる官庁)。❹軍隊の編制単位。例 部隊(ブタイ)。❺一民族の集落。また、生活共同体としての人々の集まり。例 部族(ブゾク)。部落(ブラク)。❻区分けされたものを数えることば。例 第一部(ダイイチブ)。昼(ひる)の部(ぶ)。

日本語での用法 《べ》「語部(かたりべ)・物部(もののべ)」▼上代に、ある職務を専門に朝廷や豪族に仕えた氏族。

古訓 中古 こほり・すぶ・すべて・つかさ・とも・ともがら・はかり・わかつ 中世 すぶる・つかさ・やどる・やぶる 近世 くみ・さかひ・すぶる・つかさ・わかつ

人名 きつ・もと

難読 忌部(いんべ)・斎部(いんべ)・上達部(かんだちめ)(=かんだちべ)

【部位】(ブイ) 全体の中での、部分の位置。例 癌(ガン)の発生した―。

【部員】(ブイン) 日 部のつく名の団体や組織に所属する人。例 新入―。写真―。

【部下】(ブカ) ある人の下で、命令を受けて行動する者。てした。

【部会】(ブカイ) 日 部門を分けておこなう会議。例 国語―。

【部外】(ブガイ) ある組織や団体などに属していないこと。対 部内。

【部曲】 一(ブキョク) 中国の、軍隊の編制単位。 二(かきべ) 日 日本古代の豪族の私有民。民部(かきべ)。

【部局】(ブキョク) 日 官庁や会社などで、事務を分けてあつかう局・部・課などをまとめていうことば。例 ―ごとの研究チーム。

【部▼伍】(ブゴ) 軍隊を部分けして編成した一単位。部隊。隊伍。

【部首】(ブシュ) 漢字を分類し、配列するときの基準となる、いくつかの漢字に共通する字形の一部。偏・旁(つくり)・冠(かんむり)・脚・構(かまえ)など。もと、いくつかの部に分類された漢字群の先頭(=首)にある文字。例 ―分類の字書。

【部署】ブショ 役割を決め、それぞれに受け持つものを分ける。配置する。また、割り当てられたその役。例 部ニ署諸将ー(ショショウを)(=諸将を配置する)。〈漢書・高帝紀上〉

【部将】ブショウ 軍の一部隊の指揮官。

【部数】ブスウ 雑誌や新聞などの数。特に一種を一回に発行する総数。例 発行ー。売り上げのーを増やす。

【部族】ブゾク 特定の地域に住み、人種・言語・文化などを共有する集団。

【部属】ブゾク ①部に分けて、配属すること。例 ーを替える。②部下。配下。

【部隊】ブタイ ①軍隊のなかの集団。例 歩兵ー。②日 ひとつの目的のもとにまとまった集団。例 食糧の買い出しー。

【部長】ブチョウ 部のつく名の集団や組織の責任者。まとめ役。

【部内】ブナイ ある組織や団体に属し、その一員であること。対 部外。

【部品】ブヒン 日 機械や道具などの一部分で、交換して使えるもの。

【部分】ブブン 全体を構成する、小さい一つ一つ。

【部面】ブメン 日 ものごとをいくつかに分けた場合の、ひとつの部分。ひとつの側面。

【部門】ブモン 日 全体を区分した、その一つ一つの部類。例 芸術祭の演劇ー。

【部落】ブラク 少数の家が集まり、生活共同体として機能しているところ。集落。村落。

【部類】ブルイ 種類によって、別々に分ける。また、分けたもの。

【部▼勒】ブロク 〔「勒」は、統率する意〕組織する。配置する。

【部屋】へや 日 ①家の中を区切って、人が居住するようにした場所。例 子供ーや。②大相撲で、「年寄②」が親方となって管理経営する、力士の養成所。相撲部屋べや。

●一部イチブ・外部ガイブ・各部カクブ・幹部カンブ・局部キョクブ・後部コウブ・細部サイブ・上部ジョウブ・支部シブ・全部ゼンブ・大部タイブ・頭部トウブ・内部ナイブ・本部ホンブ

郵

阝8(11) 1 4525 90F5 教6 ユウ(イウ)漢 ウ呉 尤 yóu

筆順 ニ 二 乒 垂 垂 郵 郵

なりたち 

[会意]「阝(=まち)」と「垂(=へり)」とから成る。まちはずれにある、文書を伝達する施設。

意味 ❶手紙や荷物を運ぶ人馬の中継ぎ場。宿場。例 郵亭テイ。❷手紙や荷物などを送る。例 郵政ユウセイ。郵送ユウソウ。❸あやまち。過失。また、とがめる。うらむ。通 尤ユウ。

日本語での用法《ユウ》「郵便ユウビン・郵便局ユウビンキョク」▼郵政事業に関わることばにつく。

古訓 中古 あやまつ・むまや 中世 あまさへ・むまや 近世 いへ・せむる・とが・ひとやど・もつとも

【郵館】ユウカン 「郵亭テイ②」に同じ。

【郵政】ユウセイ 郵便事業に関する行政。

【郵船】ユウセン 日 郵便物を運ぶ船。郵便船。例 ー会社。

【郵送】ユウソウ ①駅伝で送る。②日 郵便で、手紙や品物などを送る。

【郵袋】ユウタイ 日 郵便物を運送するためのふくろ。〔古くは「郵便行嚢ユウビンコウノウ」といった〕

【郵置】ユウチ 「郵亭テイ①」に同じ。

【郵亭】ユウテイ ①宿場。宿駅。郵置。郵逓。②宿場の旅館。郵館。

【郵逓】ユウテイ 「郵亭テイ①」に同じ。

【郵便】ユウビン 日 ①はがき・封書・小包などを集配する制度。②郵便物。

郲

阝8(11) 4 9017 90F2 ライ漢 灰 lái

意味 春秋時代の地名。今の河南省にあった。

鄆

阝9(12) 4 9023 9106 ウン漢 問 yùn

意味 春秋時代の魯ロの地名。今の山東省にあった。

郾

阝9(12) 4 9020 90FE エン漢 願 阮 yǎn

意味 秦シンが置いた県名。今の河南省にあった。郾城エンジョウ。

鄂

阝9(12) 2 7831 9102 ガク漢 薬 è ただ-す

意味 ❶春秋時代の楚の邑ユウ。今の湖北省鄂州ガクシュウ市にあった。❷湖北省の別名。❸はばからずに言う。通 諤ガク。例 鄂鄂ガクガク。

【鄂鄂】ガクガク ①はばからずに発言して議論するさま。例 君子出レ言以ニ鄂鄂一(クンシゲンをいだすにガクガクたるをもってす)(=君子は発言するのにはばかることがない)。〈大戴・曽子立事〉 ②しゃべり続けてさわがしいさま。③直立するさま。

鄄

阝9(12) 4 9022 9104 ケン漢 霰 juàn

意味 春秋時代の衛の邑ユウ。今の山東省にあった。

[都]

阝9(12) ⇩都ト(1334ジペー)

郿

阝9(12) 4 9021 90FF ビ漢 支 méi

意味 周の邑ユウ。今の陝西セン省、眉ビ県にあった。

鄖

阝10(13) 3 9277 9116 ウン漢 文 yún

意味 春秋時代の邑ユウ。今の湖北省にあった。

[䢵]

阝4(7) 4 9007 48B5 別体字。

鄔

阝10(13) 3 9275 9114 オ(ヲ)漢 虞 wū

意味 ❶春秋時代の鄭テイの邑ユウ。今の河南省にあった。❷小さな防塁。通 塢オ。❸姓の一つ。

[鄉]

阝10(13) ⇩郷キョウ(1333ジペー)

鄒

阝10(13) 2 7832 9112 スウ漢 尤 zōu

意味 ❶戦国時代の国名。今の山東省鄒県のあたりにあった。孟子モウシの生地。例 鄒魯スウロ。❷姓の一つ。例 鄒衍スウエン(=戦国時代の思想家)。

【鄒▼魯】スウロ ①鄒国と魯国。魯も今の山東省にあった国。②〔鄒は孟子モウシの生国であり、魯は孔子の生国であることから〕孔子と孟子、あるいはその教えを指す。また、文化や礼儀が盛んな土地をいう。

鄢

阝11(14) 3 9278 9122 エン漢 先 yān

意味 周代の国名。今の河南省にあった。鄢陵エンリョウ。

鄞

阝11(14) 4 9026 911E ギン漢 真 yín

意味 春秋時代、今の浙江セッコウ省にあった地名。鄞州ギンシュウ。

鄣

阝11(14) 3 9279 9123 一 ショウ(シャウ)漢 陽 zhāng 二 ショウ(シャウ)漢 漾 zhàng

意味 一 周代の国名。今の山東省東平県の東にあった。二 さえぎる。㊟障。

鄙

阝11（14） 2 7833 9119 ヒ㊄㊉ 紙 bǐ ひな・いや-しい（いや-し）

意味 ❶都から離れた土地。田舎。**ひな**。例 都鄙(トヒ)。辺鄙(ヘンピ)。❷**いやしい**。㋑つまらない。とるにたりない。㊟卑。㋐下品な。俗っぽい。例 鄙俗(ヒゾク)。鄙猥(ヒワイ)。㋒自分のことをへりくだっていうことば。例 鄙見(ヒケン)。鄙人(ヒジン)。

【鄙近】(ヒキン) 品(ヒン)のよくない、日常の身近なこと。鄙浅。

【鄙見】(ヒケン) ①とるにたりないつまらない意見。②自分の意見をへりくだっていうことば。卑見。㊫鄙懐。

【鄙言】(ヒゲン) 世俗のことば。いやしいことば。鄙語。

【鄙▼諺】(ヒゲン) 世間での言いならわし。鄙語。

【鄙語】(ヒゴ) ①田舎じみたことば。下品なことば。鄙言(ヒゲン)。②「鄙諺(ヒゲン)」に同じ。▽卑語。

【鄙事】(ヒジ) とるにたりないこと。下品なこと。

【鄙儒】(ヒジュ) 見識のせまい学者。頑固で道理のわからない学者。頑迷な学者。

【鄙人】(ヒジン) ①田舎者。身分のいやしい人。②自分をへりくだっていうことば。

【鄙▼賤】(ヒセン) 身分が低いこと。卑賤。例 鄙賤之人(ヒセンのひと)(＝いやしい人間《である私》)。〈史記・廉頗藺相如伝〉 —の身。

【鄙俗】(ヒゾク) 品(ヒン)がなく、いやしいさま。低俗。卑俗。

【鄙倍】(ヒバイ) 〔「倍」は、そむく意〕下品で道理にそむくさま。

【鄙薄】(ヒハク) ①いやしく、あさはかなさま。②さげすむ。見くだす。③自己の謙称。

【鄙夫】(ヒフ) ①愚かで、いやしい者。例 鄙夫寛(ヒフもカンなり)(＝つまらない男も寛大になる)。〈孟子・尽心下〉 ②自己の謙称。

【鄙野】(ヒヤ) ①田舎。②田舎じみて、いやしいさま。野鄙。

【鄙▼俚】(ヒリ) 〔「俚」も、田舎くさいさま〕風俗やことばづかいが、田舎じみて上品でないさま。

【鄙▼吝】(ヒリン) 心がいやしい。また、けちである。

【鄙劣】(ヒレツ) 品性やおこないがいやしくて、おとっているさま。卑劣。

【鄙老】(ヒロウ) いやしい老人。老人が自分をへりくだっていうことば。愚老。老生。

【鄙▼陋】(ヒロウ) いやしいさま。下品なさま。卑陋。例 —な人格。

【鄙▼猥】(ヒワイ) つつしみがなく下品なさま。卑猥。㊫鄙穢(ヒアイ)。例 —な表現。

鄜

阝11（14） 4 9025 911C フ㊄ 虞 fū

意味 隋(ズイ)代に置かれた州の名。今の陝西(センセイ)省富県(フケン)。

鄘

阝11（14） 4 9024 9118 ヨウ㊄ 冬 yōng

意味 周代の諸侯国の名。今の河南省にあった。参考『詩経』に「鄘風(ヨウフウ)」がある。

鄯

阝12（15） 3 9281 912F セン㊄ ゼン㊉ 霰 shàn

意味 「鄯善(ゼンゼン)」は、西域にあった国の名。今の新疆(シンキョウ)ウイグル自治区にあった。

鄲

阝12（15） 2 7834 9132 タン㊄ 寒 dān

意味 「邯鄲(カンタン)」は、❶戦国時代の趙(チョウ)の都。❷カンタン科の昆虫。→邯(カン)（1330ジペー）

鄭

阝12（15） 1 3702 912D 人 テイ㊄ ジョウ（ヂャウ）㊉ 敬 zhèng

［鄭］阝12（15） —— 俗字。

なりたち  ［形声］「阝（＝まち）」と、音「奠(テン→テイ)」とから成る。京兆(ケイチョウ)郡の県の名。

意味 ❶春秋時代、周の宣王が弟の桓公(カンコウ)を封(ホウ)じて建てた国。今の河南省鄭州(テイシュウ)市のあたり。戦国時代、韓(カン)に滅ぼされた。（前八〇六—前三七五）例 鄭声(テイセイ)。❷姓の一つ。例 鄭成功(テイセイコウ)（＝明(ミン)末・清(シン)初の武将。国姓爺(コクセンヤ)）。鄭玄(ジョウゲン)(テイゲン)（＝後漢の儒学者）。❸⇩【鄭重】(テイチョウ)

古訓 中古しきり・ねむごろ 中世しきり・ねむごろ 近世くにのな・ねんごろ

【鄭音】(テイオン) 「鄭声(テイセイ)」に同じ。

【鄭声】(テイセイ) 鄭の国の音楽。みだらで人心を乱す音楽。鄭音(テイオン)。例 鄭声淫(テイセイはインなり)（＝鄭の音楽はみだらだ）。〈論語・衛霊公〉

【鄭箋】(テイセン) 後漢の鄭玄(テイゲン)(ジョウゲン)による『毛詩(モウシ)』（＝毛亨(モウコウ)の伝える『詩経』）の注解。

【鄭重】(テイチョウ) ①しばしば。②丁寧でゆきとどいている。心がこもっている。ねんごろ。例 —な挨拶(アイサツ)。—にことわる。表記 ②は現丁重

鄧

阝12（15） 3 9280 9127 トウ㊄ 径 dèng

意味 ❶春秋時代の国名。今の湖北省にあった。❷姓の一つ。例 鄧小平(トウショウヘイ)。鄧石如(トウセキジョ)。

鄱

阝12（15） 3 9282 9131 ハ㊄ 歌 pó

意味 「鄱陽(ハヨウ)」は、湖の名。また、江西省にある地名。〔古くは「番陽(ハヨウ)」、現在は「波陽(ハヨウ)」〕

［鄰］

阝12（15） ⇩隣(リン)（1405ジペー）

鄴

阝13（16） 3 9283 9134 ギョウ（ゲフ）㊄ 葉 yè

意味 古代の地名。今の河北省臨漳(リンショウ)県の西、河南省安陽県の北あたりの都市。

［鄷］

阝13（16） ⇩酆(ホウ)（1336ジペー）

鄹

阝14（17） 4 9028 9139 スウ㊄ 尤 zōu

意味 ❶春秋時代の魯(ロ)の邑(ユウ)。孔子の出身地。今の山東省曲阜(キョクフ)市の東南にあった。㊟陬(スウ)・郰(スウ)。❷古代の国の名。㊟鄒(スウ)。

鄺

阝15（18） 4 9029 913A コウ（クヮウ）㊄ 養 kuàng

意味 姓の一つ。例 鄺埜(コウヤ)（＝明(ミン)の永楽年間の進士）。

［鄽］

阝15（18） ⇩廛(テン)（454ジペー）

酆

阝18（21） 4 9030 9146 ホウ㊄ 東 fēng

意味 ❶周の文王の都。今の陝西(センセイ)省戸県の東にあった。❷「酆都(ホウト)」は、俗に、あの世。

［鄷］

阝13（16） 4 9027 9137 別体字。

酇

阝19（22） 4 9031 9147 ㊀サン㊄ 翰 zàn ㊁サ㊄ 歌 cuó

意味 ㊀周代の地方行政単位の一つ。百戸の戸数。〔五戸を「隣」、五隣を「里」、四里を「酇」とした〕㊁漢代の県の名。蕭何(ショウカ)の封地(ホウチ)。今の河南省にあった。例 酇侯(サコウ)（＝蕭何）。

鄘 阝19(22) 3 9285 9148 ━リ漢 支 lí ━レキ漢 錫 lì

意味 ━春秋時代の魯(ロ)の県の名。今の山東省にあった。━姓の一つ。例 鄘食其(レキイキ)(=秦(シン)末・漢初の論客)。鄘道元(レキドウゲン)(=北魏(ホクギ)の学者・政治家)。

164 7画 酉 ひよみのとり とりへん 部

酒をつくるつぼの形をあらわす。「酉」をもとにしてできている漢字を集めた。

0 1337 酉 2 1337 酋 酋 酊 3 1337 酌 酌 酒 酎 配 4 1339 酗 酖 酔 酖 酘 酛 5 1339 酣 酤 酢 酥 酡 6 1340 酬 酪 酩 7 1340 酳 酵 酷 酷 酸 醒 醘 酴 酹 8 1341 醃 醋 醇 醉 醅 醂 9 1342 醎 醐 醍 醒 醗 10 1342 醞 醢 醜 醤 11 1343 醫 醬 醨 醪 12 1343 醮 醱 13 1343 醵 醴 醸 醲 14 1343 醺 16 1344 醼 17 1344 醸 18 1344 釁 19 1344 釃 釅 釀

酉 酉0(7) 1 3851 9149 人 ユウ(イウ)漢 有 yǒu とり

なりたち [象形] 酒を造るときに用いるつぼの形。借りて、十二支の第十に用いる。

意味 十二支の十番目。方位では西。時刻では午後六時、およびその前後の二時間。月では陰暦の八月。動物ではニワトリにあてる。**とり**。例 乙酉(イツユウ)。

日本語での用法 《**とり**》「酉の市(とりのいち)・一の酉(いちのとり)・お酉さま(おとりさま)」▼十一月の、とりの日におこなう、鷲(おおとり)神社の縁日で、商家の縁起物として熊手(くまで)を売る。

古訓 中古 つく・とり 中世 つく・とり 近世 あく・とり・なる・ひねる・をさ

人名 あき・なが・みのる

酋 酉2(9) 1 2922 914B シュウ(シウ)漢 尤 qiú おさ(をさ)

[酋] 酉2(9) ━━ 俗字。

意味 ❶よく熟した酒。また、酒の醸造をつかさどる役人。❷仲間や部族のかしら。**おさ**。例 酋長(シュウチョウ)。酋領(シュウリョウ)。

【酋長】(シュウチョウ) ①かしら。頭目。②部族の長。▽酋領。

【酋領】(シュウリョウ) 「酋長(シュウチョウ)」に同じ。

酊 酉2(9) 2 7836 914A テイ漢 迥 dǐng よ-う(ゑ-ふ)

意味 「酩酊(メイテイ)」は、ひどく酒に酔って、ふらつく。**よう**。

酌 酉3(10) 1 2864 914C 常用 シャク漢 薬 zhuó くむ

[酌] 酉3(10) ━━ 旧字体。

筆順 一 厂 万 西 西 酉 酉 酌 酌

なりたち [形声] 「酉(=さけ)」と、音「勺(シャク)(=ひしゃく)」とから成る。酒をくみかわす。

意味 ❶酒をくむ。酒をついで飲む。**くむ**。例 独酌無二相親一(ひとりくみてあいしたしむなし)(=ひとりで酒を飲んで、親しむ相手がいない)。〈李白・月下独酌〉晩酌(バンシャク)。❷他人の意見や事情を考えて加減する。気持ちをくみとる。例 酌量(シャクリョウ)。斟酌(シンシャク)。

古訓 中古 くむ・とる・みづくむ 中世 くむ・とる・ます 近世 うる・くみとる・くむ・ます

【酌婦】(シャクフ) 日 下級の宿や料理店で客を接待する女性。

【酌量】(シャクリョウ) ①米や穀物などをはかる。②気持ちや事情をくみとって、同情を示す。斟酌(シンシャク)。例 情状を―する。

●参酌(サンシャク)・対酌(タイシャク)・独酌(ドクシャク)・媒酌(バイシャク)・晩酌(バンシャク)

酒 酉3(10) 1 2882 9152 教3 シュウ(シウ)漢 シュ呉 有 jiǔ さけ・さか・ささ 付表 お神酒(おみき)

筆順 丶 冫 氵 氵 汀 汀 洒 洒 酒 酒

なりたち [会意] 「氵(=みず)」と「酉(ユウ→シュウ)(=熟す)」とから成る。熟成させた、さけ。

意味 **さけ**。さけを飲む。さかもり。例 酒無レ量(さけはリョウなし)(=酒を飲むのに決まった量はない)。〈論語・郷党〉酒宴(シュエン)。酒池肉林(シュチニクリン)。飲酒(インシュ)。

古訓 中古 さけ・めぐむ 中世 さけ 近世 さけ

人名 み

難読 酒匂(さかわ)

【酒手】(さかて) 日 ①酒の代金。②感謝の気持ちを伝えるための金銭。心づけ。チップ。類 酒代(さかダイ)。例 ―をはずむ。

【酒者天▼之美▼禄】(さけはテンのビロク) 酒は天からのすばらしい賜物(たまもの)である。〈漢書・食貨志下〉

【酒百薬▼之長】(さけはヒャクヤクのチョウ) 適量の酒は、どんな薬よりもすぐれた効果がある。〈漢書・食貨志下〉

【酒▼暈】(シュウン) 飲酒による顔の赤み。

【酒宴】(シュエン)【酒▼讌】(シュエン) 酒の出る宴会。さかもり。酒席。

【酒▼甕】(シュオウ)【酒▼瓮】(シュオウ) 酒がめ。類 酒缸(シュコウ)。

【酒家】(シュカ) ①酒を売る店。酒屋。酒舗。類 酒店。②酒食を売る店。例 長安市上酒家眠(チョウアンシジョウシュカにねむる)(=長安の町中の酒場で《酔って》寝る)。〈杜甫・飲中八仙歌〉③酒好きの人。酒飲み。酒客(シュカク)。

【酒客】(シュカク) 酒好きの人。酒飲み。

【酒▼榷】(シュカク) 政府による酒の専売。また、その税。

【酒渇】(シュカツ) 飲酒による、のどのかわき。

【酒気】(シュキ) 酒のにおい。酒を飲んだあとの酒くさいにおい。例 酒気衝入二鼻中一(シュキショウしてビチュウにいる)(=酒のにおいが立ち昇って鼻に入る)。〈捜神・一九〉 ―を帯びる。

【酒旗】(シュキ) 酒屋が看板として立てる旗。酒旆(シュハイ)。類 酒帘(シュレン)。例 水村山郭酒旗風(スイソンサンカクシュキのかぜ)(=川辺の村や山間の村には酒屋の旗を揺らす風が吹く)。〈杜牧・江南春〉

【酒器】(シュキ) 酒をつぐときに用いるうつわと、それを受けて飲むうつわ。銚子(チョウシ)やさかずきなど。

【酒狂】(シュキョウ) 「酒乱(シュラン)」に同じ。

【酒興】(シュキョウ) ①飲酒の楽しみ。②酒の上のなぐさめ。酒席の座興。

【酒戸】(シュコ) ①飲む酒の量。〔多く飲むのを大戸(タイコ)(上戸(ジョウゴ))、ほとんど飲めないのを小戸(ショウコ)(下戸(ゲコ))という〕②酒屋。

【酒▼肴】(シュコウ)【酒▼殽】(シュコウ) 酒と、酒を飲むときのごちそう。酒とさかな。例 ―料(=酒とさかなの代金)。

【酒荒】(シュコウ) 酒におぼれて心がすさむ。

【酒豪】(シュゴウ) 大量に酒を飲む人。大酒飲み。酒聖。

【酒国】(シュコク) 酒を飲んで別天地にいるような気分になる。心地よい酔い方。酔郷。

【酒債】(シュサイ) 酒の代金の借り。酒屋や飲み屋の借金。

【酒▼盞】(シュサン) 「酒杯(シュハイ)」に同じ。

【酒食】シュシ 酒と飯。例 有₌酒食₋先生饌（シュシあらばセンセイにセンす）（=酒や飯があったら年長者にすすめる）。〈論語・為政〉 二 シュショク 酒と食事。酒を飲んだり、食事をしたりする。
【酒▼肆】シュシ 酒屋。居酒屋。酒舗。例 笑入胡姫酒肆中（わらいてコキのシュシのなかにいる）（=笑いながら胡姫のいる酒場に入る）。〈李白・少年行〉
【酒失】シュシツ 飲酒による失敗。類 酒過。
【酒▼漿】シュショウ ①酒。②酒と飲み物。
【酒色】シュショク 酒と女色。飲酒と女遊び。例 ―にふける。
【酒人】シュジン ①周代、酒造をつかさどる官。②酒飲み。酒好き。③酒を売る人。酒商人（さけショウニン）。
【酒聖】シュセイ ①澄んだ酒。清酒。②酒豪。
【酒精】シュセイ 日〔化〕アルコール。例 ―飲料を禁じる。
【酒税】シュゼイ 酒類にかかる税。
【酒席】シュセキ さかもりの席。酒宴の場。類 酒坐（シュザ）。
【酒仙】シュセン 大酒飲み。〔酒を飲むことを楽しみとするさまを、仙人にたとえていうことば〕
【酒泉】シュセン ①多量の酒。〔泉のようにわくことから〕②周代、今の陝西（センセイ）省澄城県にあった地。〔酒造に適したわき水があった〕③漢代、今の甘粛省酒泉県にあった郡。
【酒銭】シュセン 酒を買う金銭。類 酒資。
【酒▼饌】シュセン 酒と食物。酒食。
【酒造】シュゾウ 日 酒をつくる。例 ―業。―家（カ）。
【酒蔵】シュゾウ｜さかぐら 酒をたくわえておく、くら。造り酒屋の倉庫。類 酒倉・酒庫。
【酒▼樽】【酒尊】【酒▼罇】シュソン 酒だる。
【酒池肉林】シュチニクリン ぜいたくで盛大な宴会のたとえ。類 肉山脯林（ホリン）。
▶殷（イン）の紂（チュウ）王が、酒をたたえて池をつくり、木の枝に肉をつり下げて林のようにし、ぜいたくな酒宴をはったという。……〈史記・殷紀〉
【酒徒】シュト ①職業をもたず酒ばかり飲んでいる者。②酒飲み仲間。
【酒毒】シュドク 酒という毒。また、飲酒による害。例 ―に中（あ）たる。
【酒肉】シュニク 酒と肉。美味な飲食物。
【酒杯】【酒▼盃】シュハイ 酒を飲むうつわ。さかずき。酒盞（シュサン）。例 ―をかたむける。
【酒▼旆】シュハイ 「酒旗（シュキ）」に同じ。
【酒▼瓢】シュヒョウ 酒を入れる、ひょうたん。
【酒癖】シュヘキ ①酒を飲むくせ。②さけぐせ 酒を飲んだときのくせ。
【酒保】シュホ ①酒屋の使用人。②酒をつくる者。また、売る者。③日 旧軍隊内で、飲食物や日用品を置いた売店。
【酒舗】シュホ 酒を売る店。酒屋。類 酒店。
【酒母】シュボ 酒を醸造するときの種となるもの。こうじ。
【酒友】シュユウ 飲み友達。類 酒敵。
【酒乱】シュラン 日 酒によって正気を失い暴力的になること。また、その習慣のある人。酒狂。類 酒困。
【酒量】シュリョウ 飲む酒の量。例 ―を減ずる。
【酒令】シュレイ 酒席でおこなう遊び。規則を定め、反則者に罰杯を与える。
【酒▼醴】シュレイ 酒と甘酒。また、各種の酒。
【酒楼】シュロウ 酒を飲ませる飲食店。料理屋。料亭。
【酒▼醪】シュロウ ①にごり酒。②酒。
◐甘酒（あまざけ）・禁酒（キンシュ）・清酒（セイシュ）・美酒（ビシュ）・神酒（みき）・洋酒（ヨウシュ）

酎

酉3（10） 1 3581 914E 常用

チュウ（チウ）漢 有 zhòu

筆順 一 丆 两 西 酉 酉 酎 酎

なりたち 
［形声］「酉（=さけ）」と、音「肘（チュウ）」とから成る。何度もかもした芳醇（ホウジュン）な酒。

意味 よくかもした濃い酒。例 醇酎（ジュンチュウ）（=濃厚でうまい酒）。

日本語での用法 《チュウ》「酎（チュウ）ハイ（=焼酎（ショウチュウ）ハイボール）」▼「焼酎」の略。

古訓 中古 さけ・つくりかへせるさけ 中世 さけ 近世 あつし・かもする・こきさけ・さけ

配

酉3（10） 1 3959 914D 教3

ハイ 漢呉 隊 pèi
くばる

筆順 一 丆 两 西 酉 酉 酉 配

なりたち 
［形声］「酉（=さけ）」と、音「妃（ヒ→ハイ）」の省略体とから成る。さけの色。借りて「つれあい・ならぶ・くばる」の意。

意味 ❶つれそわせる。つれあい。例 配偶（ハイグウ）。交配（コウハイ）。❷とりあわせる。ならべる。ならぶ。例 広大配₌天地₋（コウダイテンチにハイす）（=広大さは天地にならぶ）。〈易・繫辞上〉 配合（ハイゴウ）。配列（ハイレツ）。❸わりあてる。行きわたるようにする。くばる。例 配当（ハイトウ）。配布（ハイフ）。分配（ブンパイ）。❹島流しにする。例 配所（ハイショ）。配流（ハイル）。❺あわせて祭る。例 配享（ハイキョウ）。配食（ハイショク）。

日本語での用法 《ハイ》「差配（サハイ）・支配（シハイ）」▼管理する。統治する。

古訓 中古 あつ・くばる・たぐひ・ならぶ 中世 あたる・あはす・くばる・わかつ 近世 あたる・あはす・くばる・たぐひ・ならぶ

人名 あつ・とも

難読 下配（すそわけ）

【配下】ハイカ 日 部下。子分。手下。輩下。
【配管】ハイカン 日 水道管やガス管などを、建物の内部に設置する。例 ―工事。
【配給】ハイキュウ 数量を割り当てて、くばる。例 食糧の―制。
【配享】【配▼饗】ハイキョウ 主神にそえて祭ること。配食。
【配偶】【配▼耦】ハイグウ 夫婦の一方。つれあい。また、つれそわせること。例 ―者。
【配合】ハイゴウ ①つりあう。②複数のものを取り合わせる。また、まぜ合わせる。例 ―肥料。色の―を考える。③つれそわせる。夫婦にする。めあわす。
【配剤】ハイザイ 日 ①薬を調合する。②うまく組み合わせる。また、調和のとれた配合。例 天の―。
【配車】ハイシャ 日 自動車や車両を必要なところへわりふる。
【配所】ハイショ 流罪（ザイル）の罪人を送る、遠隔の地。例 罪なくして―の月を見る。
【配色】ハイショク 日 色を取り合わせる。また、その取り合わせ。
【配食】ハイショク 「配享（ハイキョウ）」に同じ。
【配水】ハイスイ 日 水を配給する。例 ―管。
【配線】ハイセン 日 ①電線や電話線をはりめぐらす。例 屋内―。②電気器具や部品などを、コードで接続する。例 ―工事。
【配膳】ハイゼン 日 食事の膳を、客の前にくばる。また、食事のために食卓をととのえる。例 ―台。
【配送】ハイソウ 日 荷物の配達や発送をする。例 ―料。
【配属】ハイゾク 日 人をそれぞれ適当な部署にふりわけて、所属させる。例 新人を地方支店に―する。
【配達】ハイタツ 日 品物をくばって、受け取り先に送り届ける。また、その人。例 一軒一軒―する。
【配置】ハイチ 日 人や物を必要な場所に割り当てて置く。例 ―転換。
【配天】ハイテン｜テンにハイす ①徳が天と並ぶほど偉大である。②天を祭るとき、祖先もあわせ祭る。
【配転】ハイテン 日「配置転換」の略。仕事の持ち場をかえる。

【配電】ハイデン 日電力を必要とする場所へくばる。例―盤。
【配当】ハイトウ ①割り当てる。配分。例時間―。②組み合わせる。③日銀行・会社などが、益金の中から、出資した株主にお金を分ける。また、そのお金。例―金。
【配備】ハイビ 日①人や物を必要な場所に割りふる。②事前に用意をととのえる。例警護の人を―する。
【配付】ハイフ 日各人にくばってわたす。例学生証を―する。
【配布】ハイフ 日広くゆきわたるようにくばる。例ポスターを―する。
【配分】ハイブン 分けてくばる。分配。例公平に―する。
【配本】ハイホン 日発行元が、書籍や雑誌などを契約してある書店や客に、発行のつど届ける。また、その本。
【配役】ハイヤク 日映画や演劇などで、俳優を登場人物の役に割り当てる。また、その役。キャスティング。キャスト。
【配慮】ハイリョ 日いろいろと気をくばる。心くばり。類配意。例特別の―をする。
【配流】ハイル／ハイリュウ 罪人を流罪ルザイに処する。島流し。流刑ルケイ。類配謫ハイタク。例昔、佐渡さどに―された人。
【配列】ハイレツ 一定の順序で並べる。また、その並べ方。排列。例五十音順の―。
●気配ケハイ・軍配グンバイ・交配コウハイ・支配シハイ・集配シュウハイ・心配シンパイ・宅配タクハイ・手配テハイ・年配ネンパイ・分配ブンパイ

酗
酉4(11) 4 9032 9157 ク漢 遇xù
意味 酒におぼれる。例酗酒クシュ。
【酗酒】クシュ 酒に酔って荒れ狂う。

[酙]
酉4(11) ⇨斟シン(606ペー)

酔
酉4(11) 1 3176 9154 常用 スイ漢呉 寘zuì よう(ゑーふ)・よい(ゑひ)
[醉] 酉8(15) 2 7845 9189 人 旧字体。
筆順 一 冂 丙 西 酉 酉丿 酉九 酔 酔
なりたち

[会意]「酉(=さけ)」と「卒ソツ→イス(=つくす)」とから成る。酒をのみ尽くして乱れない。
意味 ❶酒を飲んでよう。よう。よい。例酔顔スイガン。泥酔デイスイ。❷ものごとに夢中になって、われを忘れる。心をうばわれる。例心酔シンスイ。陶酔トウスイ。《よう》❸薬物により感覚を失う。例麻酔マスイ。
日本語での用法《よう》「バスに酔よう・船酔ふなよい」▼乗り物に乗って気分が悪くなる。
古訓 中古ゑふ 中世よふ・ゑふ 近世たびたび・よふ・ゑふ・をはる
難読 馬酔木あしび／あせび・宿酔ふつかよい
【酔▼臥】スイガ 酒によって寝る。
【酔漢】スイカン 酒によった男。よっぱらい。酔客。
【酔眼】スイガン 酒によったときの、しっかり定まらない目つき。類酔眸スイボウ。例―朦朧モウロウ。
【酔顔】スイガン 酒によってほてった顔。
【酔客】スイカク／スイキャク 酒によった人。よっぱらい。酔漢。類酔士。
【酔狂】スイキョウ ①酒によって正気をなくしたさま。②日ものずき。粋狂。酔興。例伊達だて―でできることではない。
【酔郷】スイキョウ 酒を飲んで、よったときの境地。酔い心地。〔酒によって快い気持ちであることを、別世界にたとえていう〕例―に帰る。―に遊ぶ。
【酔興】スイキョウ ①酒によった楽しい心持ち。②日ものずき。酔狂。粋狂。
【酔吟】スイギン 酒によって歌をうたう。酔歌。
【酔殺】スイサツ 〔「殺」は、動詞の下について意味を強める語〕十分によわせる。よいつぶす。
【酔趣】スイシュ 酒によったときの、いい気分。よい心地。
【酔生夢死】スイセイムシ 一生涯を酒によっているような気持ちで無駄に過ごすこと。〈程頤・明道先生行状〉
【酔態】スイタイ 酒にひどくよったときの様子。類酔容。
【酔▼呶】スイド 酒によって、くだをまく。
【酔罵】スイバ 酒によって大声でののしる。
【酔筆】スイヒツ 酒によった勢いでかいた書画。類酔墨。
【酔飽】スイホウ たいそう酒によい、あきるほど食べる。十分に飲食をすること。
【酔夢】スイム 酒のよいにまかせて眠りこんで見るゆめ。〔何の心配もせず気楽に過ごす状態のたとえ〕
【酔余(餘)】スイヨ 酒によったあげく。例―の不始末。
【酔裏】スイリ 酒によっている間。よった状態。類酔中。
【悪レ酔▼而強レ酒】よいをにくみてさけをしう ようのをいやがりながら、酒を無理に飲む。意志と反対の行為をすることをいう。〈孟子・離婁上〉
●心酔シンスイ・泥酔デイスイ・陶酔トウスイ・麻酔マスイ

[酉] 4—5画▼酗 酙 酔 酖 酘 酛 酣

酖
酉4(11) 2 7837 9156 一タン(タム)漢 覃dān 二チン(チム)漢 沁zhèn ふけ-る
意味 一❶酒を楽しむ。例酖酖タンタン(=酒を飲んで楽しむさま)。❷酒におぼれる。ふける。通耽タン。例酖沈タンチン(=酒に心をうばわれて酒びたりになる)。二❶毒鳥の名。通鴆チン。❷鴆の羽をひたして作る毒酒。飲むと、たちどころに死ぬという。また、毒酒を飲ませて殺すこと。例酖殺チンサツ。
【酖毒】チンドク 鴆チンという毒をもつ鳥の羽を、酒にひたしてつくる猛毒。鴆毒チンドク。

酘
酉4(11) 2 7838 9158 トウ漢 宥dòu さけ
意味 ❶酒を二度かもす。例酘酒トウシュ(=かもし直した酒)。❷迎え酒をする。

酛
酉4(11) 3 9286 915B 国字 もと
意味 酒の原料となる蒸し米やこうじの中に酵母を培養したもの。酒母シュボ。例生酛きもと。

酣
酉5(12) 2 7839 9163 カン(カム)漢 覃hān たけなわ(たけなは)
意味 ❶酒を飲んで楽しむ。たのしむ。例酣飲カンイン(=盛んに酒を飲む)。酣楽カンラク(=酒を飲んで楽しむ)。❷酒宴が最も盛んである。また、ものごとの真っ盛り。たけなわ。例酣宴カンエン。酣春カンシュン。❸眠りが深い。例酣臥カンガ。酣眠カンミン。❹思う存分に。痛快に。例酣笑カンショウ(=痛快に笑う)。
【酣宴】カンエン 酒盛りの真っ最中。
【酣歌】カンカ ①酒を飲み歌をうたって楽しむ。②心ゆくまでうたう。
【酣▼臥】カンガ 気持ちよく寝る。ぐっすり眠る。熟睡。酣眠。
【酣酣】カンカン ①春の盛り、また花の真っ盛りのさま。②酒を飲み、のびのびしているさま。
【酣▼豢】カンカン 〔「豢」は、養う意〕ぜいたくな生活をする。
【酣▼嬉】カンキ 酒に酔って楽しむ。類酣娯。
【酣春】カンシュン 春たけなわ。春の盛り。
【酣賞】カンショウ 風景や絵画などを心ゆくまで眺める。
【酣▼觴】カンショウ 〔「觴」は、杯の意〕杯を重ねる。酒を盛んに飲む。類酣飲。例酣觴賦レ詩カンショウしてシをフす(=酒に酔っては

詩を作る)。〈陶淵明・五柳先生伝〉

【酣酔】酒にひどくよう。酩酊。泥酔。

【酣戦】激しくたたかう。また、たたかいの真っ最中。

【酣▼暢】酒を飲んで、のんびりした気分になる。

【酣眠】ぐっすり眠る。酣臥。

酤

酉5 (12) 4 9035 9164

コ 漢 虞 gū

意味 ❶一晩かもした酒。例 清酤。❷酒を買う。かう。また、酒を売る。うる。通 沽。例 酤酒。

【酤▼榷】政府が酒の専売によって利益を独占する。

【酤酒】酒を売る。また、酒を買う。

酢

酉5 (12) 1 3161 9162 常用

一 サク 慣 ソ 漢 呉 遇 cù
二 サク 漢 薬 zuò
す

筆順 一 冂 西 酉 酢 酢 酢

なりたち [形声]「酉(=さけ)」と、音「乍サ→ソ」とから成る。す。

意味 一 ❶すっぱい味のする液体の調味料。すっぱい。す。通 醋。例 酢酸。木酢。❷「酢漿草」は、カタバミ科の多年草。カタバミ。二 ❶主人に酒をついでもらった客が、お返しに主人に酒をつぐ。むくいる。通 醋。対 献・酬。例 酬酢(=主人と客が互いに酒をつぎあう)。❷お返しをする。こたえる。むくいる。例 万寿攸酢(=祖霊はわれわれ一族に)かぎりない寿命をお返ししてくれる)。〈詩経・小雅・楚茨〉

古訓 中古 からさけ・す・すし・むくゆ 中世 す・すし 近世 す・すし・むくふ

難読 酢酸草・酢漿草

【酢酸】日 無色で刺激臭のある酸性の液体。酢の主成分。醋酸。

● 梅酢・三杯酢・食酢・木酢

酥

酉5 (12) 2 7840 9165

ソ 漢 呉 虞 sū

意味 ❶ウシやヒツジなどの乳からつくった食品。例 酥酪。❷酒の別名。❸点心の一種。もろくて、くずれやすい食品。❹もろくて、よわい。例 酥軟(=力なくぐったりしたさま)。❺白くてなめらかなさま。例 酥胸。

【酥胸】白くなめらかな胸。

【酥灯(燈)】①酥油(=ウシやヒツジの乳でつくった油)を用いてともすあかり。②仏前の灯火。

【酥酪】ウシやヒツジなどの乳からつくった食品。

酡

酉5 (12) 4 9034 9161

タ 漢 ダ 呉 歌 tuó

意味 酒に酔って顔が赤らむ。

酬

酉6 (13) 1 2923 916C 常用

シュウ(シウ) 漢 呉 尤 chóu
むく-いる(むく-ゆ)・むく-い

筆順 冂 西 酉 酉 酌 酬 酬

なりたち [形声]「酉(=さけ)」と、音「州シュウ」とから成る。客の返杯を主人が飲んでから、さらに客に酒をすすめる。

意味 ❶客から杯を返された主人が、ふたたび客に杯をさし出す。すすめる。〔はじめに主人が客に酒をすすめるのが「献」、次に客が主人に返杯するのが「酢」、さらに主人が客に返すのが「酬」〕例 酬酢。献酬。❷返す。返礼する。むくいる。例 応酬。報酬。❸こたえる。返事をする。例 貴酬(=あなたへのお返事)。

古訓 中古 こたふ・つくのふ・むくふ・むくゆ 中世 こたふ・たくらぶ・むくふ 近世 あつし・すすむる・むくふ

人名 あつ

【酬応】①応答する。返事。②杯を返す。返杯。

【酬酢】①応対する。②主人と客とが互いに酒をすすめあう。杯をやりとりする。

【酬唱】互いに詩文などをつくって、やりとりする。唱酬。類 酬和。

【酬対】聞かれたことに答える。類 酬答。

【酬労】労苦に報いる。報酬。

● 応酬・報酬

酩

酉6 (13) 2 7841 9169

メイ 漢 迥 mǐng

意味 酔って目がくらむ。例 酩酊。

【酩▼酊】酒にひどく酔う。泥酔する。

酪

酉6 (13) 1 4579 916A 常用

ラク 漢 薬 lào

筆順 冂 西 酉 酉 酌 酪 酪 酪

なりたち [形声]「酉(=さけ)」と、音「各カク→ラク」とから成る。乳からつくった飲み物。

意味 ウシやヒツジなどの乳を発酵させてつくった飲料。また、ミルク・バター・チーズなどの乳製品。例 酪農。乾酪(=チーズ)。牛酪(=バター)。

古訓 中古 つくりみづ・におもひ 中世 ちのしる 近世 あまざけ・つくりみづ

【酪▼漿】ウシやヒツジなどの乳を加工した飲み物。

【酪農】日 ウシやヒツジなどを飼育し、牛乳をとり、また、チーズ・バターなどの乳製品をつくる農業。

酳

酉7 (14) 2 7842 9173

イン 漢 震 yìn
くちすす-ぐ

意味 ❶礼儀作法として、食後に酒で口をすすぐ。❷祭りのとき、食後に少しだけ酒をすすめる。例 酳尸(=尸(=かたしろ。死者のかわりに祭りを受ける人)に食後の酒をすすめる)。

酵

酉7 (14) 1 2558 9175 常用

コウ(カウ) 漢 呉 効 jiào

筆順 冂 西 酉 酉 酉 酵 酵 酵

なりたち [形声]「酉(=さけ)」と、音「孝コウ」とから成る。酒をつくるもと。こうぼ。

意味 ❶酒をつくるときのもとになるもの。こうじかび。例 酵素。酵母。❷酒がかもされてあわだつ。例 発酵。

古訓 中古 さけ・しらかす 中世 しらかす 近世 しらかす・しろざけ

【酵素】日 生物のからだの中で作られ、消化・吸収・代謝など体内の化学反応を助けるはたらきをする物質。でんぷんを糖分に変えるジアスターゼなど。例 消化―。

【酵母】菌類の一種。糖分を分解して、アルコールと二酸化炭素にするはたらきがある。パンやビール、酒をつくるのに用いられる。例 ―菌。

酷

酉7 (14) 1 2583 9177 常用

コク 漢 沃 kù
きび-しい(きび-し)・むご-い(むご-し)・ひど-い(ひど-し)

[酷] 酉7 (14) ―― 旧字体。

【筆順】冂 丙 酉 酉⺈ 酉牛 酉牛 酷

なりたち [形声]「酉(=さけ)」と、音「告コク」とから成る。酒の味が濃い。

意味 ❶酒の味や香りがきつい。味わいに深みがある。❷情け容赦なくしめつける。むごい。きびしい。例 酷使コクシ。酷刑コッケイ(=厳しい刑罰)。残酷ザンコク。❸むごいしうち。苦しみ。災難。❹程度のひどいさま。はなはだしい。例 酷似コクジ。酷暑コクショ。

古訓 中古 あつし・あらあらし・いたし・からきこと・からし・はげし・はなはだ 中世 きぶし・はなはだ 近世 あらし・いたまし・からし・はなはだし

人名 あつ

【酷虐】コクギャク ①むごい。②いじめる。むごい仕打ちをする。
【酷使】コクシ 限度をこえるほど激しく使う。こき使う。例 肉体を—する。
【酷似】コクジ 非常によく似ている。類 酷肖・酷類。例 筆跡が—している。
【酷暑】コクショ 夏の、きびしい暑さ。対 酷寒。例 —の季節。
【酷熱】コクネツ きびしい熱さ。例 —の砂漠。
【酷薄】コクハク 冷酷で薄情なさま。刻薄。例 残忍で—な性格。
【酷評】コクヒョウ 日 思いやりのない、手きびしい批評をする。また、その批評。例 —を受ける。—にさらされる。
【酷法】コクホウ ひどくきびしい法律。苛法カホウ。例 —をおこなう。
【酷吏】コクリ 刑法をきびしく適用する役人。情け容赦のない役人。対 循吏。
【酷烈】コクレツ ①きびしくてむごいさま。例 —な戦い。②刑の適用が厳格なさま。③味が濃かったり、また、香りがきつかったりするさま。
【酷寒】コッカン 冬の、きびしい寒さ。厳寒。対 酷暑。例 —零下三十度。—の季節。

●過酷カコク・残酷ザンコク・冷酷レイコク

酸
酉7 (14) 1 2732 9178 教5
サン 漢 呉 寒 suān
すい(す-し)・すっぱい

【筆順】冂 丙 酉 酉 酉厶 酉夊 酸

なりたち [形声]「酉(=さけ)」と、音「夋シュン→サン」とから成る。酢す。

意味 ❶すっぱい。すい。す。辛シ(=からい)・酸サン(=すっぱい)・鹹カン(=塩からい)・苦ク(=にがい)・甘カン(=あまい)という五味ゴミの一つ。例 酸味サンミ。乳酸ニュウサン。❷鼻をつくようなつらい感じ。つらい。いたましい。みすぼらしい。例 酸鼻サンビ。辛酸シンサン。❸悲しみいたむ。例 酸楚サンソ。❹鼻につく。鼻持ちならない。陳腐な。多く文人をさげすむことばとして用いられる。例 酸文サンブン(=陳腐な文章)。酸儒サンジュ(=鼻持ちならない文人)。

日本語での用法《サン》①「酸化サンカ・酸欠サンケツ(=酸素欠乏サンソケツボウ)」▼「酸素サンソ」の略。②「酸性サンセイ・塩酸エンサン・硫酸リュウサン」▼水にとけたときに水素イオンを生じる物質。

古訓 中古 いたし・いたむ・かなし・からし・す・すさまじ・すし・ひらく 中世 す・すし 近世 いたむ・すし

難読 酸模すかんぽ・すいば・酸漿草かたばみ

【酸化】サンカ 日 物質が空気中の酸素と化合すること。対 還元。例 —物。—炎。
【酸寒】サンカン ひどく貧しいこと。
【酸▼漿】サンショウ ①ほおずき ナス科の多年草。夏に赤い実をつける。実は、中身を取り出し口に含んで吹き鳴らして遊ぶ。鬼灯ほおずき。②かたばみ「酢漿草ソショウソウ」の別名。酸漿草サンショウソウ。
【酸辛】サンシン ①すっぱさと、からさ。②つらいこと。辛酸。
【酸性】サンセイ 日 物質が酸の性質をもっていること。リトマス試験紙の青色を赤色に変える性質。例 —雨。—食品。
【酸素】サンソ 日 元素の一つ。無色・無臭の気体で、空気の約五分の一を占める。元素記号O 例 —吸入。—不足。
【酸▼楚】サンソ 〔「楚」も、悲しむ意〕悲しみいたむ。類 酸愴サンソウ・酸通。
【酸鼻】サンビ むごくいたましいこと。
【酸味】サンミ すっぱい味。例 リンゴの—。

●胃酸イサン・塩酸エンサン・核酸カクサン・硝酸ショウサン・辛酸シンサン・炭酸タンサン

醒
酉7 (14) 2 7843 9172
テイ 漢 庚 chéng
さかやまい(さかやまひ)

意味 悪酔いをする。二日酔い。例 醒酔テイスイ(=泥酔する)。

酴
酉7 (14) 4 9036 9174
ト 漢 ズ(ヅ)・ド 呉 虞 tú

意味 ❶酒を造るもと。こうじ。❷にごり酒。どぶろく。例 酴醿トビ(=どぶろく)。

酹
酉7 (14) 4 9037 9179
ライ 漢 隊 lèi

意味 酒を地に注いで神霊を祭る。

[酉] 7—8画 ▼酸 醒 酴 酹 醃 醋 醇

醃
酉8 (15) 3 9287 9183
エン(エム) 漢 塩 yān

意味 塩などの調味液で漬けものにする。つける。例 醃菜エンサイ(=菜の漬けもの)。醃蔵エンゾウ(=塩漬けにして貯蔵する)。

醋
酉8 (15) 2 7844 918B
一 サク 慣 ソ 漢 呉 遇 cù
二 サク 漢 薬 zuò
す

意味 一 強い酸性のにおいのする液体。す。通 酢。例 醋酸サクサン(=酢酸)。二 主人にさされた杯を、客がさしかえす。通 酢。

醇
酉8 (15) 1 2970 9187 人
シュン 漢 ジュン 呉 真 chún

なりたち [形声]「酉(=さけ)」と、音「享シュン」とから成る。できたままの酒。

意味 ❶水で薄めていない、こってりとした味の濃い酒。また、酒の味が濃厚なこと。例 醇酒ジュンシュ。芳醇ホウジュン。❷まじりけがない。通 純。例 醇化ジュンカ。醇正ジュンセイ(=純粋で正しい)。❸人情味がある。あつい。通 淳ジュン。例 醇厚ジュンコウ。醇朴ジュンボク。

古訓 中古 あつし・かたざけ・さけ 中世 あつし・かたざけ・こさけ・さけ 近世 あつし・くはし・すみざけ・もつぱら

人名 あつ・あつし

【醇化】ジュンカ ①まじりけを取って、純粋にする。②心をこめて、美しく正しいほうに導く。例 人心を—する。▽純化・淳化ジュンカ。
【醇厚】ジュンコウ 真心があって人情にあついさま。淳厚ジュンコウ。類 醇篤。例 —な人柄。
【醇酒】ジュンシュ まじりけのない濃い酒。
【醇醇】ジュンジュン ①手あついさま。②おろかなさま。
【醇美】ジュンビ ①純粋で美しいこと。純美。例 人情—にして素朴。②味が濃くて、おいしいさま。例 —な味を楽しむ。
【醇朴】ジュンボク 飾ることなく、すなおで善良なさま。純朴。淳朴ジュンボク。例 —な青年。
【醇▼醨】ジュンリ ①濃い酒と薄い酒。②人情・風俗の純朴さと軽薄さ。
【醇良】ジュンリョウ ①誠実で善良なさま。淳良ジュンリョウ。例 —な官吏。②まじりけがなく品質がよいさま。純良。例 —な銘酒。
【醇▼醴】ジュンレイ 濃い酒と甘酒。濃い甘酒。
【醇▼醪】ジュンロウ ①まじりけのない、濃くて上等な酒。②徳が高く才能のすぐれた人。

[醉] 酉8(15) ⇩酔（1339ジペー）

醅 酉8(15) 4 9038 9185 ハイ㊇ 灰 pēi

意味 ❶すっかり酔う。❷こしていない酒。

醂 酉8(15) 2 7846 9182 リン㊐ ラン(ラム)㊇ 感 lǎn さわ-す(さは-す)・あわ-す(あは-す)

意味 (水や酒につけて)カキの実の渋をぬく。**さわす。** 例 醂柿（＝渋ぬきしたカキ）。

日本語での用法 《リン》「味醂」▼調理用の甘い酒。

[醎] 酉9(16) ⇩鹹（1501ジペー）

醐 酉9(16) 1 2479 9190 人 コ㊇ ゴ㊄ 虞 hú

なりたち [形声]「酉(＝さけ)」と、音「胡」とから成る。「醍醐」は、最上の乳飲料。

意味 「醍醐」は、乳製品の一種。→【醍醐】（1342ジペー）

古訓 近世 あまさけ・さけ

醒 酉9(16) 1 3235 9192 常用 セイ㊇ ショウ(シャウ)㊄ 青 xǐng さ-める(さ-む)・さ-ます

筆順 醒

なりたち [形声]「酉(＝さけ)」と、音「星」とから成る。酔いがさめる。

意味 ❶酒の酔いからさめ、頭がすっきりする。**さめる。** 例 醒酔（＝酒に酔っていないことと、酔っていること）。❷夢からさめる。心の迷いがとける。めざめる。例 醒悟。覚醒。❸本心をしっかり保ち、道理に通じている。例 衆人皆酔、我独醒（＝多くの人々は皆道理にむとんちゃくなのに、私だけは正気である）。〈楚辞・漁父〉

古訓 中古 さとる・さむ・ゆるす 中世 さむる・よみがへる 近世 さむる・ゆめさむる・ゑひさむる

人名 さむる・さめ

【醒悟】迷いからめざめて、さとる。めざめる。

【醒然】①酒の酔いや夢がさめたさま。②いやな環境を脱してさわやかになるさま。

●覚醒・警醒

醍 酉9(16) 1 3473 918D 人 ㊀テイ㊇ ダイ㊄ 斉 tí ㊁テイ㊇ 薺 tǐ

なりたち [形声]「酉(＝さけ)」と、音「是シ→テイ」とから成る。清酒。

意味 ㊀⇩【醍醐】 ㊁赤色の酒。例 醍斉（＝赤色の酒）。

古訓 中古 さけ・ゑふ 中世 さけ・ゑふ 近世 すみざけ

【醍▼醐】①ウシまたはヒツジの乳でつくった、ヨーグルトのような甘い飲みもの。栄養豊富で、貴重なものとされた。②〔仏〕仏の最上の教えのたとえ。③澄んだ赤みのある酒。もともと祭祀に用いられた。

【醍▼醐味】①「醍醐①」の、この上もないおいしさ。②〔仏〕仏の最上の教えのありがたさ。③日 ものごとの真のおもしろさ、深い味わい。例 読書の―を味わう。

[醱] 酉9(16) ⇩醗（1343ジペー）

醞 酉10(17) 3 9288 919E ウン㊇ 問 yùn

意味 ❶醸造する。かもす。例 醞醸。❷⇩【醞藉】

【醞▼藉】人柄が奥ゆかしく、おだやかである。心が広く、余裕がある。

【醞醸】①酒を作る。醸造。②人を罪におとしいれる。③人物を養成する。

醢 酉10(17) 2 7847 91A2 カイ㊇ 賄 hǎi ししびしお(ししびしほ)・ひしお(ひしほ)

意味 ❶肉のしおから。**ししびしお。** 例 醢脯。❷殺して、しおからにする処刑法。

【醢▼脯】肉のしおからと、干し肉。

醜 酉10(17) 1 2925 919C 常用 シュウ(シウ)㊇ シュ㊄ 有 chǒu みにくい(みにく-し)・しこ

筆順 醜

なりたち [形声]「鬼(＝死者の霊)」と、音「酉ウ→シュウ」とから成る。にくい。派生して「みにくい」の意。

意味 ❶顔かたちがよくない。**みにくい。** 例 醜女。醜夫（＝みにくい男）。❷心やおこないが見苦しい。けがらわしい。悪い。**みにくい。** 例 醜行。醜態。美醜。❸嫌う。にくむ。例 盗賊之輩醜二吠狗一（＝盗賊のやからはほえる犬を嫌う）。〈淮南・説林〉❹恥じる。恥。例 無二此之醜一（＝このような恥をうけることがない）。〈呂覧・節喪〉❺類。たぐい。例 官有二十醜一（＝役人には十種類ある）。〈国語・楚下〉 通 儔。❻類する。似ている。同じである。等しい。たぐいす。例 今天下地醜徳斉（＝今、天下の各国は、領地の広さは似たりよったりで君主の徳も同じくらいだ）。〈孟子・公孫丑下〉

古訓 中古 あし・かたくなし・はぢ・はづ・みにくし・もろもろ 中世 かたくな・にくむべし・みにくし 近世 あしし・おほし・たぐひ・ひとし・みにくし・もろもろ

人名 むね

難読 醜男

【醜悪】みにくいさま。見苦しいさま。例 ―な政権争い。

【醜▼夷】①おおぜいの仲間。同類。同輩。②みにくい、えびす。〔外国人をいやしんでいう語〕

【醜怪】不気味なほどみにくいさま。例 ―な顔かたち。

【醜行】みにくく、恥ずかしいおこない。不正な行為。例 ―が次々に露見する。

【醜女】顔かたちのみにくい女。醜婦。対 美女。

【醜態】見苦しい姿、ありさま。醜体。例 酔って―を演じる。―をさらす。

【醜婦】「醜女」に同じ。

【醜聞】日 聞き苦しいうわさ。よくない評判。スキャンダル。醜名。類 醜声。例 失脚をねらって―を流す。

【醜名】㊀ 恥となるようなうわさ。醜聞。類 醜声。例 ―が伝わる。―が残る。㊁ 日 ①いみ名。本名。②あだ名。③自分の名をへりくだっていうことば。④力士の名乗り。四股名。

【醜虜】①〔「虜」は、野蛮人の意〕みにくい野蛮人。異民族をいやしんで呼んだことば。②捕虜。〔いやしめていうことば〕

【醜類】①仲間。ともがら。②悪人。〔敵に対する蔑称〕③似ているもの、同類のものをくらべる。

●美醜・老醜

【醬】酉10(17) ⇩醤(ショウ)(1343ページ)

【醫】酉11(18) ⇩医(イ)(188ページ)

醤

酉11(18) 3 9289 91AC 人 ショウ(シャウ)漢 漾 jiàng ひしお(ひしほ)

[醬] 酉10(17) 1 3063 91A4 俗字。

なりたち  [形声] 本字は「醬」で、「月(=にく)」と「酉(=さけ)」と、音「爿(ショウ)」とから成る。肉のしおから。

意味 ❶肉を塩やこうじなどにつけて発酵させた食品。しおから。❷コムギやダイズなどを発酵させて塩をまぜた調味料。みその類。**ひしお**。例 醤油(ショウユ)。

古訓 中古 ひしほ 中世 あへもの・たれミソ・ひしほ 近世 あへしほ・あへもの・ししびしほ・ひしほ

難読 醤蝦(あみ)・魚醤(たたき/しおから)・豆醤(たまり)

【醤油】ショウユ ダイズ・コムギ・こうじ・塩などを材料にして発酵させてつくる調味料。したじ。

醨

酉11(18) 4 9040 91A8 リ漢 支 lí

意味 ❶うすい酒。例 醇醨(ジュンリ)(=濃い酒と薄い酒。また、人情の厚さと薄さ)。❷うすい。通 漓(リ)。

醪

酉11(18) 2 7850 91AA ロウ漢 豪 láo もろみ・にごりざけ

意味 かすをこさない、どろどろした酒。**もろみ**。**にごりざけ**。例 醪醴(ロウレイ)。濁醪(ダクロウ)(=にごりざけ)。

【醪▼醴】ロウレイ にごりざけ。

醯

酉12(19) 2 7849 91AF ケイ漢 呉 斉 xī す・すーい(すーし)

意味 ❶かゆと酒とから造る調味料。**す**。例 醯醤(ケイショウ)(=酢と味噌(ミソ))。❷すっぱい。**すい**。❸⇩【醯鶏】ケイケイ

【醯鶏】ケイケイ 酒から生まれてくると考えられていた小さな虫の名。また、小さなもののたとえ。

醮

酉12(19) 4 9041 91AE ショウ(セウ)漢 嘯 jiào

意味 ❶冠婚の儀式で酒杯を受ける。例 再醮(サイショウ)(=再婚)。❷神を祭る。まつる。例 醮壇(ショウダン)(=神を祭る祭壇)。

醱

酉12(19) 3 9290 91B1 ハツ漢 曷 pō かもーす

[醗] 酉9(16) 1 4016 9197 俗字。

意味 ❶酒をもう一度かもす。❷(fā)**かもす**。例 醱酵(ハッコウ)。

【醱酵】ハッコウ 酵母菌・細菌などの微生物が有機物を分解し、アルコールや二酸化炭素などを生成すること。酒やみそ、しょうゆなどの製造に利用。表記 現 発酵

醳

酉13(20) 4 9042 91B3 一 エキ漢 陌 yì 二 セキ漢 陌 shì

意味 一 ❶新たにかもした酒。うまざけ。例 醳酒(エキシュ)。❷酒食をふるまって、ねぎらう。例 醳兵(エキヘイ)(=兵士をねぎらう)。二 ときはなつ。ゆるす。通 釈(セキ)。

醶

酉13(20) 4 9043 91B6 一 サン(サム)漢 豏 yàn 二 カン(カム)漢 ケン(ケム)呉 咸 xián えぐーい(ゑぐーし)

意味 一 酢。二 塩からい。あくが強い。**えぐい**。通 鹹(カン)。

醵

酉13(20) 2 7851 91B5 キョ漢 御 jù

意味 ❶金銭を出し合い、集まって酒を飲む。❷ある目的のために、みんなで金銭を出し合う。例 醵金(キョキン)。醵出(キョシュツ)。

【醵金】キョキン 事業や援助、また、飲食などの目的で、お金を出し合う。また、そのお金。拠金。例 ―を求める。

【醵出】キョシュツ 事業や援助などの目的で、お金や品物を出し合う。拠出。例 ―の金額が目標に達する。

醸

酉13(20) 1 3090 91B8 常用 ジョウ(ヂャウ)漢 漾 niàng かもす

[釀] 酉17(24) 2 7854 91C0 人 旧字体。

筆順 酉 酢 酢 酔 醉 醸 醸 醸 醸

なりたち  [形声]「酉(=さけ)」と、音「襄(ショウ→ジョウ)」とから成る。酒をかもす。

意味 ❶蒸した穀物の中にコウジカビを入れて発酵させ、酒・みそ・しょうゆなどをつくる。**かもす**。例 醸成(ジョウセイ)。醸造(ジョウゾウ)。吟醸(ギンジョウ)。❷酒。例 家醸(カジョウ)(=家にある酒)。❸じわじわと時間をかけてつくりあげる。例 醞醸(ウンジョウ)。❹切ってまぜあわせる。例 醸二之蓼一(これにたでをじょうす)(=これにタデを切ってまぜる)。〈礼記・内則〉

古訓 中古 かむ・さけ・さけかむ・さけつくる・つくる 中世 さけかむ・かもす 近世 さけ・かもする

【醸成】ジョウセイ ①「醸造(ジョウゾウ)①」に同じ。②次第に、ある雰囲気をかもし出す。気運を高める。醸造。例 信頼関係を―する。

【醸造】ジョウゾウ ①発酵・熟成などによって、酒・みそ・しょうゆなどをつくる。醸成。例 ―酒。②「醸成(ジョウセイ)②」に同じ。

●吟醸(ギンジョウ)

醲

酉13(20) ― 91B2 ジョウ(ヂョウ)漢 冬 nóng

意味 ❶濃厚な酒。❷濃厚で深い味わい。例 醲郁(ジョウイク)。醲醇(ジョウジュン)。

【醲▼郁】ジョウイク こまやかでかぐわしい味わい。こくのある味わい。例 沈二浸醲郁一(ジョウイクにチンシンす)(=古典を味読する)。〈韓愈・進学解〉

【醲▼醇】ジョウジュン 酒にこくがあってうまい。また、手厚い教化のたとえ。

醴

酉13(20) 2 7852 91B4 レイ漢 薺 lǐ あまざけ

意味 ❶ひと晩だけ発酵させてつくった、甘い酒。**あまざけ**。例 醴酒(レイシュ)。醪醴(ロウレイ)(=にごりざけ)。❷うまい水。また、うまい水がわく泉。例 醴泉(レイセン)。

難読 醴酒(あまざけ・ひとよざけ)

【醴酒】レイシュ (祭礼用などの)甘酒。類 醴漿(レイショウ)。

【醴泉】レイセン ①甘みのある水がわくという泉。甘泉。例 九成宮醴泉銘(キュウセイキュウレイセンメイ)(=欧陽詢(オウヨウジュン)筆の唐代の碑文)。②恵みの雨。

【醴酪】レイラク 甘酒と、乳でつくった飲み物。

醺

酉14(21) 2 7853 91BA クン漢 文 xūn よーう(ゑーふ)

意味 ❶酒のにおいがする。❷酒による。**よう**。例 微醺(ビクン)(=ほろよい)。❸酒の香りに染める。転じて、感化する。例 酒香醺レ臉(シュコウほほをクンず)(=酒の香りがほほを染める)。〈張先・行香子〉

【醺然】クンゼン 酒に酔って心地よいさま。

[醼] 酉16(23) ⇩讌(エン)(1246ページ)

[醸] 酉17(24) ⇩醸(ジョウ)(1343ページ)

釁 酉18(25) 2 7855 91C1 キン㊥漢 ギン㊥呉 震 xìn ちぬ-る・ちまつり

意味 ❶いけにえの血を(器物などに)塗って神聖にする。**ちぬる**。例 将ニ以釁ㇾ鐘(まさにもってかねにちぬらんとす)(=(このウシを殺して)その血を新しい鐘に塗ろうとする)。〈孟子・梁恵王上〉 ❷香りを塗りつける。例 釁浴(キンヨク)(=香草をからだに塗りつけ、水でからだを洗う)。❸つぎ目。すきま。ひび。例 釁隙(キンゲキ)。❹争いのきっかけ。例 釁端(キンタン)。❺わざわい。例 釁禍(キンカ)(=わざわい)。❻あやまち。罪。とが。例 釁過(キンカ)(=罪)。❼きざし。例 釁兆(キンチョウ)(=きざし)。

【釁隙】(キンゲキ) ①すきま。つけいるすき。②両者の間にみぞができること。不和。仲たがい。

【釁端】(キンタン) 争いの起こるきっかけ。例 啓ニ釁端一(キンタンをひらく)(=争いを始める。不和になる)。〈春秋胡伝〉

醨 酉19(26) 4 9044 91C3 シ㊥漢 支 shī/shāi した-む

意味 ❶酒を濾(こ)す。こす。**したむ**。❷酒をくむ。くむ。❸水路を分ける。

醾 酉19(26) 4 9045 91C4 ビ㊥漢 支 mí

意味 「酴醾(トビ)」は、❶どぶろく。❷バラ科の落葉低木。トキンイバラ。

---

165 7画 **釆** のごめ のごめへん部

けものの爪(つめ)がわかれている形で、わける意をあらわす。「釆」をもとにしてできている漢字を集めた。

釆 釆0(7) 1 4048 91C6 ハン㊥漢 諫 biàn わか-つ

意味 分ける。区別する。**わかつ**。〔「辨(ベン)」の古字とされる〕

釈 釆4(11) 1 2865 91C8 常用 一セキ㊥漢 シャク㊥呉 陌 shì 二エキ㊥漢 ヤク㊥呉 陌 yì と-く

[釋] 釆13(20) 2 7857 91CB 旧字体。

筆順 ノ ㇒ 乎 采 采 釈 釈 釈 釈

なりたち [形声]「釆(=わける)」と、音「睪(エキ→セキ)」とから成る。解きほぐす。

意味 一❶わからないところをときあかす。**とく**。例 釈義(シャクギ)。解釈(カイシャク)。❷言いわけをする。例 釈言(シャクゲン)。釈明(シャクメイ)。❸疑いや迷いがとける。理解する。例 釈然(シャクゼン)。❹着ているものをぬぐ。例 釈甲(シャクコウ)。❺消えてなくなる。とける。例 氷釈(ヒョウシャク)(=溶液を水でうすめる)。❻水でうすめる。とかす。例 希釈(キシャク)(=溶液を水でうすめる)。❼束縛をのぞいて自由にする。ゆるす。ときはなつ。例 釈放(シャクホウ)。保釈(ホシャク)。❽すてる。はなつ。例 人主釈ㇾ法用ㇾ私、則上下不ㇾ別矣(ジンシュホウをすててシをもちうれば、すなわちジョウゲわかたれず)(=君主が法をすてて私情を用いると、上下の区別がなくなってしまう)。〈韓非・有度〉 ❾置いておく。置く。例 釈奠(セキテン)。❿釈迦(シャカ)のこと。また、仏教や僧を指す。例 釈尊(シャクソン)。釈教(シャッキョウ)。二よろこぶ。通 懌(エキ)。例 懽釈(カンエキ)。

古訓 中古 おく・かす・すつ・とく・ぬふ・ぬぐ・はなつ・もむ・ゆるす 中世 かす・すつる・とく・のぞく・はなつ 近世 さる・すたる・すつる・ちらす・つく・とく・とける・のこす・はなつ・よろこぶ

人名 さとる・とき

【釈▼迦】(シャカ) ①インド古代の、王族の名。②「釈迦牟尼(シャカムニ)(=牟尼は、聖者の意)」の略。仏教の開祖。→【唯我独尊】(ユイガドクソン)(255ページ)

【釈褐】(シャクカツ|セキカツ) 褐(カツ)を釈(と)く 身分の低い者の着る服を脱いで、役人の衣服を着る。役人になること。

【釈義】(シャクギ) ①ものごとや文章の意味を説きあかすこと。また、その内容。②仏教の教義。

【釈言】(シャクゲン) 言いわけをする。また、そのことば。

【釈甲】(シャクコウ) ①よろいを脱ぐ。②戦いをやめる。

【釈氏】(シャクシ) ①釈迦(シャカ)。釈尊。②仏弟子。仏家。僧。

【釈然】(シャクゼン) 一シャクゼン|セキゼン 疑問や不満、恨みなどが消えて、さわやかなさま。〔普通、打ち消しの形で用いる〕例 気持ちが―としない。二エキゼン 愉快なさま。

【釈尊】(シャクソン) 釈迦(シャカ)を敬っていうことば。例 ―の教え。

【釈典】(シャクテン) 仏教の経典(キョウテン)。

【釈放】(シャクホウ) とらえていた者の身柄を自由にする。

【釈明】(シャクメイ) 日 批判や誤解などに対して、自分の正当性を説明する。例 事情を―する。―を求める。

【釈文】(シャクブン) ①篆書(テンショ)・行書・草書や、出土資料の文字を通行の文字に書き直す。②唐の陸徳明(リクトクメイ)が著した『経典釈文(ケイテンシャクモン)』のこと。

【釈門】(シャクモン) 仏の道。仏門。また、仏門に入った人。僧。

【釈老】(シャクロウ) 仏教と道教。

【釈教】(シャッキョウ) ①釈迦(シャカ)の教え。仏教。②日 和歌・連歌(レンガ)・俳諧(ハイカイ)で、仏教の思想・言語を含むもの。例 ―歌。

【釈菜】(セキサイ)【釈采】(セキサイ) 入学時に、聖人を祭る略式の儀式。ウシやヒツジは供えず、野菜だけをささげる。→【釈奠】(セキテン)

【釈▼奠】(セキテン|シャクテン) 学校において、孔子などの聖人や先師を祭る儀式。ウシやヒツジなどの犠牲(いけにえ)を供えて祭る。→【釈菜】(セキサイ)

●会釈(エシャク)・解釈(カイシャク)・語釈(ゴシャク)・注釈(チュウシャク)・評釈(ヒョウシャク)

釉 釆5(12) 2 7856 91C9 人 ユウ(イウ)㊥漢 宥 yòu うわぐすり(うはぐすり)

なりたち [形声]「釆(=弁別する)」と、音「由(ユ)」とから成る。焼物のうわぐすり。

意味 陶磁器の表面に塗り、つやを出すくすり。**うわぐすり**。例 釉薬(ユウヤク)(=うわぐすり)。

古訓 近世 つや・ひかり

[釋] 釆13(20) ⇩釈(シャク)(1344ページ)

---

166 7画 **里** さと さとへん部

人の住むさとの意をあらわす。「里」をもとにしてできている漢字と、「里」の字形を目じるしにして引く漢字とを集めた。

里

里0 (7)
1 4604 91CC 教2
リ 漢 呉 紙 lǐ
さと

筆順 丨 冂 冃 日 甲 甲 里

なりたち  [会意]「田(＝耕作地)」と「土(＝土地)」とから成る。人が住むところ。

意味 ❶むらざと。ふるさと。**さと**。例 郷里(キョウリ)。村里(ソンリ)。❷民間の。俗世間の。いなか風の。通 俚(リ)。例 里語(リゴ)。里謡(リヨウ)。❸長さの単位。隋(ズイ)代までの一里は三〇〇歩、唐以降は三六〇歩。❹行政区画。一里の戸数は、二十五戸、五十戸、百戸など、時代によって異なる。❺いる。住む。おる。例 里レ仁為レ美(ジンにおるをビとなす)(＝仁に基づいて行動することがすばらしい)。〈論語・里仁〉

日本語での用法 一《**リ**》「一里(イチリ)」▼長さの単位。一里は三十六町。約四キロメートル。二《**さと**》①「山から里へ(やまからさとへ)」▼いなか。②「里親(さとおや)・里子(さとご)」▼実の親に代わって育ててもらっている家。

古訓 中古 いやし・ことわざ・さと・ちかし・となり・ゐる 中世 いやし・ことわざ・さと 近世 さと

人名 さとし・さとる・のり

難読 万里小路(までのこうじ)

【里▼尹】リイン 古代、地方の下級官吏。

【里居】リキョ ①役人をやめて郷里にいる。②人家が隣り合い、軒を連ねる。③住所。

【里言】リゲン ①田舎風のひなびたことば。さとことば。②共通語にはない、いかにも方言らしい単語。俗語。▽俚言(リゲン)。里語。

【里▼諺】リゲン 民間でよく言うことわざ。俚諺(リゲン)。

【里語】リゴ ①「里諺(リゲン)」に同じ。②「里言(リゲン)」に同じ。俚語(リゴ)。

【里▼巷】リコウ 村や町。また、むらざと。

【里耳】リジ 俗世間の人の耳。俗耳。例 大声不レ入ニ於里耳一(タイセイはリジにいらず)(＝高尚な音楽は世の人々に受け入れられない。高尚な言論は俗人には理解されないことのたとえ)。〈荘子・天地〉

【里社】リシャ ①村で土地の神を祭るやしろ。②元・明(ミン)代、地方にあった小規模な自治団体。また、農業組合。

【里塾】リジュク 村の学校。村塾。

【里▼胥】リショ 村の役人。

【里人】リジン ①むらざとの人。②同郷の人。③村の長(おさ)。

【里俗】リゾク 田舎での風俗・習慣。村のならわし。俚俗(リゾク)。

【里長】リチョウ 村の長(おさ)。類 里宰(リサイ)・里正(リセイ)。

【里程】リテイ 「里(リ)」ではかった道のり。また、単に道のり。例 —標(＝起点からの距離を示した標示)。

【里門】リモン ①村の入り口の門。②郷里。むらざと。▽類 里閈(リカン)・里閭(リリョ)。

【里謡】リヨウ ①民間で歌いつがれている歌。民謡。俗謡。俚謡(リヨウ)。②民間のうわさ。

【里落】リラク むらざと。村落。

●郷里(キョウリ)・三里(サンリ)・村里(ソンリ|むらざと)・万里(バンリ)・山里(やまざと)

重

里2 (9)
1 2937 91CD 教3
一 チョウ 漢 ジュウ(ヂウ) 呉 宋 zhòng
二 チョウ 漢 ジュウ(ヂウ) 呉 冬 chóng
え(へ)・おもい(おも-し)・かさねる(かさ-ぬ)・かさなる

筆順 丿 二 千 肀 旨 亩 重 重

なりたち  [形声]「𡈼(＝高くつき出る)」と、音「東(トウ→チョウ)」とから成る。厚くおもい。

意味 一 ❶**おもい**。おもさ。対 軽。例 重量(ジュウリョウ)。重力(ジュウリョク)。❷どっしりと、おもおもしい。例 重厚(ジュウコウ)。荘重(ソウチョウ)。❸程度が大きい。はなはだしい。例 重傷(ジュウショウ)。重病(ジュウビョウ)。❹大切である。例 重要(ジュウヨウ)。❺大切であると考える。とうとぶ。手厚くする。おもんじる。例 重視(ジュウシ)。尊重(ソンチョウ)。丁重(テイチョウ)。慎重(シンチョウ)。❻おもに。重荷。荷物。例 輜重(シチョウ)(＝軍隊で物資を運ぶ車)。二 ❶**かさねる**。**かさなる**。例 重複(ジュウフク|チョウフク)。重畳(チョウジョウ)。❷二つかさなった。二つの。例 重陽(チョウヨウ)。❸ふたたび。また。さらに。かさねて。例 重修ニ岳陽楼一(かさねてガクヨウロウをおさむ)(＝ふたたび岳陽楼を改築した)。〈范仲淹・岳陽楼記〉 捲土重来(ケンドチョウライ)。❹層をなしているものを数えることば。例 三重(サンジュウ|サンチョウ)。❺かたしろ。喪礼で、位牌(イハイ)がまだできていないときに、その代用として使う木柱。

日本語での用法 《**しげ**》「重籐(しげドウ)(＝弓の作りの一種)・重山(しげやま)・重野(しげの)」▼目がつんで、すきまがない。

古訓 中古 あつし・おもくす・おもし・かさなる・かさぬ・しげ・しげし・たふとし・はばかる・ふさ・めづらし 中世 おもし・かさなる・しげし 近世 あつし・おくて・おほし・おもし・かさなる・かさぬる・くるま・たつとむ・ながし・はばむ

人名 あつ・あつし・おもし・かさぬ・かず・かたし・しげ・しげし・しげる・ただ・ただし・のぶ・ふさ

難読 重波(しきなみ)(＝次々と打ちよせる波)・重石(おもし)・重吹(しぶ)く・重舌(にこじた)(＝舌の根にできるできもの)・重頭(がさつ)

【重圧】ジュウアツ 日 強くおさえつけること。また、その力。

【重囲】ジュウイ 幾重にも取りかこむこと。また、そのかこみ。

【重科】ジュウカ ①おもい罪。重罪。②おもい罰。重罰。

【重患】ジュウカン ①大きなわざわい。②おもい病気。重病。また、その患者。

【重器】ジュウキ|チョウキ ①国家の重要な宝物。宝器。②おもい任務。政権のたとえ。③国家の要人。

【重機】ジュウキ 日 ①建設・造船など、重工業用の機械。②「重機関銃(ジュウキカンジュウ)」の略。数人であつかう、重量のある機関銃。対 軽機。

【重金属】ジュウキンゾク 日 比重が四以上の金属。金・銀・銅・鉛・鉄など。対 軽金属。

【重苦】ジュウク ひどい苦しみ。たえがたい苦しみ。

【重刑】ジュウケイ おもい刑罰。重罰。

【重険】【重▼嶮】ジュウケン|チョウケン 非常にけわしい地。要害の地。

【重言】ジュウゲン|チョウゲン ①おもおもしいことば。権威のあることば。②同じ漢字をかさねた語。畳語。「堂堂」「悠悠」など。③同じ言葉をくりかえしていう。④ゲンをおもんず 約束を守る。⑤ジュウゴン 日 同じ意味のことばをかさねること。「被害をこうむる」「馬から落馬する」など。

【重厚】ジュウコウ|チョウコウ 堂々としていて、落ち着いているさま。対 軽薄。例 —な交響曲。

【重婚】一 ジュウコン|チョウコン ①すでに婚姻関係のある両家の間で、さらに別の縁組みをする。類 重縁。②再婚する。二 ジュウコン 日 すでに結婚している者が、さらに別の人と結婚すること。法律で禁じられている。

【重罪】ジュウザイ おもい罪。重科。類 重譴(ジュウケン|チョウケン)・重辜(ジュウコ|チョウコ)。対 微罪。

【重刷】ジュウサツ 日 出版物を増し刷りする。

【重視】ジュウシ 日 大切なものとしておもくみる。重要視。対 軽視。

【重囚】ジュウシュウ 重罪を犯してとらわれている者。

【重症】ジュウショウ 症状がおもいこと。対 軽症。

【重唱】ジュウショウ 日音の高さによって一人ずつの分担を決めて合唱する。例 三―。
【重傷】ジュウショウ おもい傷。ひどいけが。深手（ふかで）。対軽傷。
【重職】ジュウショク 責任のおもい職務。重要な職。
【重心】ジュウシン 物体のおもさの釣り合いがとれる中心点。
【重税】ジュウゼイ 負担の大きい、おもい税金。苛税（カゼイ）。酷税。
【重責】ジュウセキ おもい責任。例 ―を果たす。
【重奏】ジュウソウ 日二つ以上の独奏楽器によって合奏する。アンサンブル。例 四（シ）―。
【重曹】ジュウソウ 日「重炭酸曹達（ジュウタンサンソーダ）」の略。炭酸水素ナトリウムの別名。白色の粉末で、弱アルカリ性。ふくらし粉として用いる。
【重層】ジュウソウ 何層にもなってかさなること。
【重態】ジュウタイ 日病気やけががおもいこと。重体（ジュウタイ）。
【重大】ジュウダイ ただごとでないさま。非常に大切なさま。
【重鎮】ジュウチン ①軍事上で重要な地点となる都市。また、兵をひきいて重要な場所をかためている者。②国家にとって重要な人物。類重臣。③日ある分野で重要な位置にあり、強い影響力をもつ者。例 政界の―。
【重訂】ジュウテイ|チョウテイ 書物などの内容をかさねて訂正する。再訂。例 ―版。
【重点】ジュウテン ①〔物〕てこで物体を動かすとき、そのおもさのかかる点。②日重要な点。かなめ。例 ―的に調査する。―をおく。
【重度】ジュウド 日症状・障害の程度のおもいこと。対軽度。
【重任】ジュウニン ①おもい積み荷。②重要な任務。例 ―を帯びて外国へ行く。③（チョウニン）日任期が満了した後、また同じ職務につく。再任。
【重箱読み】ジュウばこよみ 日二字熟語の読み方で、「重箱」のように上の字を音読み、下の字を訓読みにするもの。対湯桶（ゆトウ）読み。
【重罰】ジュウバツ おもい刑罰。重科。例 ―を科する。
【重犯】ジュウハン ①おもい犯罪。重罪。また、それを犯した者。②日罪をかさねる。また、その者。
【重版】ジュウハン 日一度出版した書物を、かさねて出版する。また、その書物。対初版。
【重病】ジュウビョウ 命にかかわるほどの、おもい病気。重患。
【重文】ジュウブン ①（ブンをおもんず）文化的なものをとうとぶ。②日文法で、主語・述語を構成する部分が二つ以上並列されている文。たとえば、「花が咲き、鳥が鳴く」など。対単文・複文。③日「重要文化財」の略。文化財保護法に従って、重要なものとして指定されたもの。
【重▼聘】ジュウヘイ|チョウヘイ 手厚い礼を尽くして招く。
【重幣】ジュウヘイ|チョウヘイ 手厚い贈り物をする。また、その贈り物。
【重弁（瓣）】ジュウベン 日花弁が幾重にもかさなったもの。八重（やえ）。対単弁。
【重宝】一 ジュウホウ 大切な宝物。例 先祖伝来の―。二 チョウホウ 日便利なさま。使いやすいさま。調法。例 ―な道具。
【重砲】ジュウホウ 日口径が大きく、弾が遠くまでとどく大砲。
【重名】ジュウメイ|チョウメイ ①人から受ける高い評判。②（なをおもんず）名誉を大切にする。
【重役】ジュウヤク 日①おもい役目。②会社の運営を任されるような重要な役職。取締役・監査役のこと。例 ―会。
【重油】ジュウユ 日原油から灯油・軽油などを蒸留した残りの黒い油。燃料に用いる。
【重用】ジュウヨウ|チョウヨウ 日おもく用いる。重要な仕事・役職などを任せる。
【重要】ジュウヨウ 日きわめて大切であるさま。例 ―な書類。
【重量】ジュウリョウ 日①もののおもさ。例 総―。②ものの目方のおもいこと。対軽量。例 ―感。―級。―がかかる。
【重力】ジュウリョク 地球上の物体を地球の中心へ引きつける力。
【重▼闈】チョウイ|ジュウイ ①〔「闈」は、宮中の小門の意〕宮中の幾重にもかさなった門。②奥御殿。③父母。祖父母。④閨（ねや）の中。
【重陰】チョウイン ①深い陰の気。②厚くかさなった雲。③地中。地下。④長雨。
【重華】チョウカ ①舜（シュン）が帝尭（ギョウ）を受け継いで、二代にわたり徳によってよく天下を治めたこと。②帝王の徳が代々続き、世が長く平和に治まっていること。
【重▼巌】チョウガン 遠くまで連なっている岩壁。
【重九】チョウキュウ 陰暦九月九日の重陽の節句。菊の節句。〔九（陽の数）がかさなることから〕
【重慶】一 チョウケイ 祖父母・父母ともども、みな健在であること。二 ジュウケイ 四川盆地にある政府の直轄都市。
【重五】チョウゴ【重午】チョウゴ|ジュウゴ 陰暦五月五日の端午の節句。〔五がかさなることから〕
【重光】チョウコウ ①〔累代の光の意〕立派な君主が次々にあらわれ、徳が継承されること。②太陽と月。
【重山】チョウサン ①かさなり合った山。②江西省横峰県の北にある山。南宋（ナンソウ）の謝枋得（シャボウトク）が住んだ所。
【重出】チョウシュツ|ジュウシュツ 同じものがかさねて出る。繰り返し出る。また、出す。例 ―を省いて数える。
【重畳】チョウジョウ ①幾重にもかさなる。例 ―する山なみ。②日このうえもなく満足なさま。例 ―に思う。
【重身】チョウシン|ジュウシン 妊娠する。みおも。
【重▼祚】チョウソ|ジュウソ 一度退位した天子がふたたび位につく。
【重体】一 チョウタイ 高貴な人のからだ。天子や帝王をいう。二 ジュウタイ 病気やけがが、命にかかわるほどおもいこと。重態。
【重重】一 チョウチョウ ①幾重にもかさなるさま。②おびただしいさま。濃密なさま。二 ジュウジュウ かさねがさね。十分に。よくよく。例 失礼は―承知の上で。
【重瞳】チョウドウ|ジュウドウ 一つの目にひとみが二つあること。非常にすぐれた相とされ、舜（シュン）や項羽（コウウ）がそうであったという。重瞳子（チョウドウシ）。重明（チョウメイ）。
【重複】チョウフク|ジュウフク 同じものが二つ以上かさなる。ダブる。
【重明】チョウメイ 〔明るさがかさなる意〕①賢明であること。②太陽と月とがともにかがやく。③君臣がそれぞれ正しい位にある。④「重瞳（チョウドウ）」に同じ。⑤めでたい鳥の名。
【重訳】チョウヤク|ジュウヤク 原語を一度他の言語に翻訳した上で、さらに別の言語に訳す。また、その訳文。
【重陽】チョウヨウ 〔易（エキ）で陽をあらわす数である九がかさなる意〕五節句の一つ。陰暦九月九日の節句。中国では、茱萸（シュユ）（＝カワハジカミ）の実を身に帯び高い丘に登り、菊花酒を飲んで厄除（ヤクよ）けをした。日本では、宮中などで菊花を観賞した。菊の節句。重九（チョウキュウ）。登高。
【重▼巒】チョウラン 幾重にもかさなった山。
【重賂】チョウロ|ジュウロ 多額の賄賂（ワイロ）。また、それを手厚く贈る。
【重▼禄】チョウロク|ジュウロク ①多額の俸給。大禄（タイロク）。②多額の俸禄を支給する。③国家の重臣。大臣。
●貴重（キチョウ）・軽重（ケイチョウ）・厳重（ゲンジュウ）・自重（ジチョウ）・慎重（シンチョウ）・荘重（ソウチョウ）・尊重（ソンチョウ）・体重（タイジュウ）・珍重（チンチョウ）・丁重（テイチョウ）・十重二十重（とえはたえ）・鈍重（ドンジュウ）・比重（ヒジュウ）・身重（みおも）

野
里4（11）
1 4478 91CE 教2
の ヤ 漢 呉 馬 yě
付表 野良（のら）

［𡌛］土7（10） 3 1544 2131B 俗字。

［埜］土8（11） 1 3924 57DC 人 古字。

筆順 口 日 甲 里 里 野 野 野

なりたち 野 ［形声］「里（＝むらざと）」と、音「予(ヨ)…▼ヤ」とから成る。郊外。

意味 ❶広々とした平地。のはら。**の**。例 野外(ヤガイ)。広野(コウヤ)。山野(サンヤ)。平野(ヘイヤ)。❷区域。区分したそれぞれの範囲。例 視野(シヤ)。分野(ブンヤ)。❸はたけ。例 田野(デンヤ)。❹朝廷に対して、民間のこと。対 朝。例 野党(ヤトウ)。在野(ザイヤ)。朝野(チョウヤ)。❺動植物が、自然のままであること。例 野生(ヤセイ)。野鳥(ヤチョウ)。❻いなかびた。下品な。文化がひらけていない。未開の。例 野人(ヤジン)。野蛮(ヤバン)。粗野(ソヤ)。❼規則にとらわれない。あらっぽい。勝手な。例 野心(ヤシン)。野望(ヤボウ)。

古訓 中古 いやし・の・のら 中世 いやし・の 近世 いやし・すなほ・の

人名 とお・なお・ぬ・ひろ

難読 上野(こうずけ)・下野(しもつけ)・野干(きつね)・野宮(ののみや)・野老(ところ)・野山瓜(あけび)・野一(べむ)・野茨菰(おもだか)

【野辺】(のべ) 日 ①野原。②火葬場。また、墓地。例 —の送り。

【野放図】【野放途】(のホウズ) 日 ①勝手気ままにふるまうさま。例 —に育つ。②きりがないさま。しまりがないさま。

【野分】(のわき) 日 秋、二百十日、二百二十日前後に吹く強い風。台風。また、秋から初冬にかけて吹く強い風。

【野▼嫗】(ヤウ) 田舎の老婆。対 野翁。

【野営】(ヤエイ) ①野外で夜を明かす。野宿(のジュク)。キャンプ。②軍隊が野外に陣を張って休んだり泊まったりする。また、その天幕。露営。対 舎営。

【野煙】(ヤエン) 野に立ちこめる、もや。

【野猿】(ヤエン) 野生のサル。

【野翁】(ヤオウ) 田舎の老人。野老。類 野叟(ヤソウ)。対 野嫗(ヤウ)。

【野火】(ヤカ) ①夜、野外にただようあやしげな火。鬼火(おにび)。②(のび) 春、野山や土手の枯れ草を焼きはらう火。野焼きの火。

【野歌】(ヤカ) 田舎のうた。里うた。

【野外】(ヤガイ) ①野原。郊外。例 —演習。②建物の外。屋外。例 —コンサート。

【野鶴】(ヤカク) ①野にすむツル。②宮仕えをしないで、俗世間から離れて暮らす人。例 如二野鶴在一鶏群一(ヤカクのケイグンにあるがごとし)（＝野にすむツルがニワトリの群れの中にいるようなものだ）。〈晋書・嵆紹伝〉

【野干】(ヤカン) キツネの別称。射干(ヤカン)。

【野▼卉】(ヤキ) 野原に生える草。

【野客】(ヤキャク|ヤカク) 官に仕えず民間にいる人。在野の人。

【野球】(ヤキュウ) 日 球技の一つ。ベースボール。

【野牛】(ヤギュウ) ①野原にすむ牛。②北アメリカやヨーロッパにすむ野生のウシ。バイソン。

【野▼禽】(ヤキン) 野生の鳥。野鳥。対 家禽。

【野径】【野▼逕】【野▼畦】(ヤケイ) 野原の小道。あぜ道。

【野鶏】(ヤケイ) ①キジの別称。②星の名。

【野犬】(ヤケン) 飼い主のいないイヌ。野良犬(のらいぬ)。

【野言】(ヤゲン) 田舎ことば。類 野語。

【野▼狐】(ヤコ|のぎつね) 野生のキツネ。

【野▼狐禅】(ヤコゼン) 禅を少し学んだだけで、悟りをひらいたつもりになって思い上がり、ひとりよがりなことのたとえ。

【野航】(ヤコウ) 田舎の渡し船。

【野合】(ヤゴウ) ①正式な手続きなしで夫婦となる。②野外で合奏する。③野戦。④日 党派などが、秘密に協定して手を結ぶこと。

【野▼哭】(ヤコク) 正式な礼によらず、みだりに墓前で声をあげて泣く。

【野菜】(ヤサイ) ①食用の野生の草。②日 食用にするために育てる草本の植物。あおもの。

【野史】(ヤシ) 民間の人がまとめた歴史。外史。私史。稗史(ハイシ)。対 正史。類 野乗。

【野師】(ヤシ) 日 縁日や祭りなどで、芸を見せたり露店で品物を売ったりする人。てきや。香具師(ヤシ)。

【野次】(ヤジ) 一 (ヤジ)［「次」は、やどる意］野宿(のジュク)をする。二 (じや) 日 ［あて字］①相手の気をそぐように、からかったり非難したりする。やじる。また、そのことば。②「野次馬(やじうま)」の略。人のあとについて、見物したりさわぎたてたりする人。▽弥次(やじ)。

【野趣】(ヤシュ) 人の手が加わらない自然なおもむき。素朴な味わい。類 野情。例 —に富む。

【野獣】(ヤジュウ) 野生のけもの。例 美女と—。

【野宿】(ヤシュク|のジュク) 野外で寝て夜を明かす。野営(ヤエイ)。

【野処】(ヤショ) ①都を去り、郊外に住む。②家を建てずに野外に住む。

【野色】(ヤショク) 野原の景色。平原の風景。

【野心】(ヤシン) ①なれ親しまず、たけだけしい心。転じて、謀反(ムホン)を起こそうとする心。狼子野心(ロウシヤシン)。②だいそれた望み。野望。例 —家(カ)。③田園生活を楽しむ心。

【野人】(ヤジン) ①田舎の人。素朴な人。②民間人。庶民。対 国人。③粗野な人。例 田夫(デンプ)—。④野蛮な人。未開地の人。

【野水】(ヤスイ) 野原を流れる小川。

【野生】(ヤセイ) ①動植物が山野で自然のままに成長・生育する。例 —動物。②〔野卑な人の意〕自己の謙称。小生。

【野性】(ヤセイ) ①野生動物などの、生まれたままの性質。例 —に帰った植物。②自然を愛し、田舎暮らしを楽しむ心。

【野戦】(ヤセン) ①平地でおこなう戦闘。②建造物のない所でおこなう戦闘。③通常のやり方とは異なる戦闘。④日 戦場。例 —病院。

【野草】(ヤソウ) 自然のままに野山に生える草。

【野僧】(ヤソウ) ①田舎の僧。②僧侶(ソウリョ)の謙称。▽類 野衲(ヤノウ|ヤドウ)。

【野▼蔌】(ヤソク) 野に自生する野菜。類 野蔬(ヤソ)。例 山肴野蔌雑然而前陳者、太守宴也(サンコウヤソクザツゼンとしてまえにつらなるものは、タイシュのエンなり)（＝山の幸(さち)、野の幸が入り混じって前に並べられている、これが太守の宴会である）。〈欧陽脩・酔翁亭記〉

【野▼猪】【野▼豬】(ヤチョ) イノシシ。

【野鳥】(ヤチョウ) 野生の鳥。野禽(ヤキン)。

【野渡】(ヤト) 野中の川の渡し場。

【野党】(黨)(ヤトウ) 日 政権の座にいない政党。対 与党。

【野無二遺賢一】(やにイケンなし) 賢者はことごとく登用されて、民間には残っていない。世の中がよく治まっていること。〈書経・大禹謨〉

【野馬】(ヤバ) ①かげろう。例 野馬也塵埃也、生物之以レ息相吹也(ヤバやジンアイや、セイブツのいきをもってあいふくものなり)（＝かげろうや、ちり・あくたは、生物の呼吸により生ずるものである）。〈荘子・逍遥遊〉②ウマの一種。野生のウマ。中国北方の産で小さい。

【野蛮】(ヤバン) 日 ①文化の程度が低いさま。未開。例 —人。②無作法で礼節の感じられないさま。例 —なふるまい。

【野卑】(ヤヒ) 日 粗野で教養がないさま。表記 旧 野▼鄙

【野▼鄙】(ヤヒ) ①田舎。②粗野で教養がないさま。表記 ②は 現 野卑

【野夫】(ヤフ) 田舎者。田夫(デンプ)。野人。

【野服】(ヤフク) ①田舎者の衣服。粗末な衣服。②民間人の着る衣服。

【野暮】(やぼ) 日 ［あて字］①人の気持ちや人間関係に無神経で気のきかないさま。また、その人。例 —天。②田舎くさく

て洗練されていないさま。また、その人。

【野芳】ヤホウ 野辺に咲きにおう花。例 野芳発而幽香(ヤホウひらきてユウコウあり)(=野花が咲き、奥ゆかしい香りをただよわせている)。〈欧陽脩・酔翁亭記〉

【野望】ヤボウ ①野外にいて遠くを眺める。②日 大それた望み。野心。例 —をいだく。

【野遊】ヤユウ 野外に出て遊び楽しむ。

【野路】ヤロ|のじ 野原の中を行く小道。野道。例 —に咲くキク。

【野老】ヤロウ ①田舎に住む老人。また、老人が自分をへりくだっていうことば。②ところ 日 植物のトコロの別名。

【野郎】ヤロウ 日 俗に、男をいう。また、男性をののしっていうことば。例 とんでもない—だ。この—!

●外野ガイヤ・下野ゲヤ|しもつけ・原野ゲンヤ・広野コウヤ・在野ザイヤ・山野サンヤ・視野シヤ・粗野ソヤ・朝野チョウヤ・内野ナイヤ・分野ブンヤ・平野ヘイヤ・林野リンヤ

量

里5 (12) 1 4644 91CF 教4

一リョウ(リャウ)漢呉 陽 liáng
二リョウ(リャウ)漢呉 漾 liàng
はかる・かさ

筆順

なりたち [形声]「重(=おもい)」の省略体と、音「鄉キョウ→リョウ」の省略体とから成る。めかたをはかる。

意味 一❶重さやかさ、また、大きさなどをしらべる。計算する。はかる。例 量刑リョウケイ・量検リョウケン(=はかりしらべる)。測量ソクリョウ。❷心で想像する。おしはかる。例 量知リョウチ(=推定して知る)。思量シリョウ。 二❶物のかさを計測するうつわ。ます。例 度量衡ドリョウコウ(=ものさし・ます・はかり)。❷かさや重さ、また、大きさ。例 重量ジュウリョウ。分量ブンリョウ。容量ヨウリョウ。❸能力の大きさや心の広さ。例 雅量ガリョウ・度量ドリョウ。力量リキリョウ。❹限度。例 無量ムリョウ。

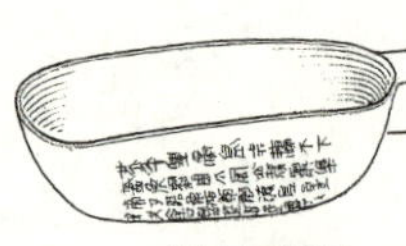
[量 二❶]

古訓 中古 かず・かぞふ・さだむ・そなふ・はからふ・はかる 中世 かず・はかる 近世 くつ・はかる

人名 かず・とも・はかり・ます

【量移】リョウイ 唐代、遠方へ左遷された役人が、恩赦などで近い任地にうつされること。

【量感】リョウカン 日 重さや量などがどっしりと感じられること。また、物の重さや厚み。ボリューム。

【量器】リョウキ ①量をはかる道具。ます。②人の才能。器量。

【量刑】リョウケイ 日 裁判で刑の軽重を決めること。

【量産】リョウサン 日「大量生産」の略。同じ製品を大量につくる。

【量子】リョウシ 日〔物〕物理量をあらわす最小の単位。例 —力学。

【量度】リョウタク 〔「量」はかさを、「度」は長短をはかる意〕物をはかる。

【量的】リョウテキ 日 量の面からものごとをみるさま。対 質的。

【量目】リョウめ|リョウモク 日 はかりではかった、物の重さ。めかた。

●音量オンリョウ・器量キリョウ・技量ギリョウ・計量ケイリョウ・軽量ケイリョウ・質量シツリョウ・重量ジュウリョウ・小量ショウリョウ・少量ショウリョウ・水量スイリョウ・推量スイリョウ・数量スウリョウ・声量セイリョウ・測量ソクリョウ・大量タイリョウ・多量タリョウ・定量テイリョウ・適量テキリョウ・度量ドリョウ・熱量ネツリョウ・分量ブンリョウ・容量ヨウリョウ・力量リキリョウ

釐

里11 (18) 2 7858 91D0

一キ漢 支 xī
二リ漢 支 lí
おさ-める(をさ-む)・さいわ-い(さいはひ)

意味 一❶幸福。さいわい。通 禧キ。例 釐福キフク。❷ひもろぎ。祭祀サイシのときに供えた肉。祭祀が終わるとみなに配って食べた。 二❶整理する。改める。ただす。おさめる。例 釐改リカイ。釐正リセイ。❷未亡人。やもめ。通 嫠リ。例 釐婦リフ。❸長さ・重さ・面積などの単位。通 厘リ。❹わずか。ほんの少し。通 厘リ。例 釐毫リゴウ(=きわめて少ない数量)。

難読 陟釐あおのり・毘舎釐国ビシャリコク・吠舎釐国ビシャリコク・銚釐ちろり(=酒の燗カンをするときに用いる、金属製で筒状の道具)

【釐改】リカイ ものごとをただして、あらためる。改正。改革。例 釐二改制量一(セイリョウをリカイす)(=法制・度量衡を改正する)。〈国語・周下〉

【釐革】リカク 改革する。あらためる。

【釐降】リコウ 〔「釐」は、仕度を整える、また、女性の心をおさめる意〕天子や王が娘を臣下の嫁にやる。降嫁させる。

【釐正】リセイ 誤りをただす。改正する。

【釐定】リテイ 制度などをととのえ、さだめる。

【釐婦】リフ 夫に死別した女性。寡婦カフ。対 鰥夫カンプ。

【釐等具】リテイグ|レイテングー 〔「レイテン」は「釐等」の唐音〕金銀など、貴重なものの重量を精密にはかる竿秤さおばかり。

(131) 7画 臣 しん部

君主に仕える家来がひれふす形をあらわす。「臣」をもとにしてできている漢字を集めた。「臣」はもと六画であるが、教育漢字では七画に数えるので、これに従った。

0 1348 臣 臣 2 1349 臥 卧 臤 8 1349 臧 10 1349 臨 11 1349 臨

臣

臣0 (7) 1 3135 81E3 教4

シン漢 ジン呉 真 chén
おみ

筆順

なりたち [象形] 君主に仕える者がひれふす形。家来。

意味 ❶主君に仕える人。家来。おみ。例 臣下シンカ。忠臣チュウシン。❷男の奴隷・召し使い。対 妾ショウ。❸家来としてのつとめを果たす。家来となる。例 臣事シンジ。臣服シンプク。❹家来とする。❺臣下が主君に対して、みずからをへりくだっていうことば。

日本語での用法 《おみ》「山上憶良やまのうえのおみおくら・大臣おおおみ」▼上代の氏族社会で、八色やくさの姓かばねの一つ。

古訓 中古 おほむ・おむ・きみ・したがふ・ひと・み 中世 おもはく・きみ・したがふ・やつかれ・やつこ 近世 うつぶす・かたし・しもべ・つかふ・つかへびと・つく・ひかるる・まくら・まとふ

人名 う・お・おか・おん・かたし・きみ・きん・しく・しげ・たか・たかし・とみ・み・みる

難読 朝臣あそん・あそ・大臣おとど

【臣一主二】シンイツシュニ 臣下となる身は一つだが、仕えるべき主君は数多い。どの主君に仕えるかは自由であるということ。〈左伝・昭三〉

【臣下】シンカ 君主に仕える者。家来。

【臣子】シンシ ①臣下と子供。②臣下。家来。臣民。③主君に対する臣下の自称。わたくし。

【臣仕】シンシ 臣下として仕える。臣事。

【臣事】シンジ 臣下として仕える。臣仕。臣服シンプク。

【臣従】シンジュウ ①臣下となってつきしたがう。例 異民族を—させる。②下働きの者。召し使い。▽臣属。

【臣庶】シンショ 臣下と人民。また、すべての臣下。臣民。
【臣▼妾】シンショウ 男女の召し使い。
【臣籍】シンセキ ①臣民としての身分。例 ―に降下する。②日 明治憲法下で、皇族以外の臣民としての身分。
【臣節】シンセツ 臣下としてのけじめ。類臣道。
【臣属】シンゾク ①臣下としてつき従う。臣従。②家来。臣下。
【臣附】シンプ 「臣服シンプク」に同じ。
【臣服】【臣復】シンプク 臣下となって服従する。臣事。臣附シンプ。
【臣僕】シンボク 召し使い。また、臣下の通称。類臣隷。
【臣民】シンミン ①君主の臣下である人民。②日 明治憲法下の日本の国民。例 忠良なる―。―の道。
【臣虜】シンリョ ①捕虜となり臣下になる。②人に服従する者。
【臣僚】シンリョウ 役人仲間。多くの官吏。百僚。
●家臣カシン・大臣ダイジン・忠臣チュウシン・陪臣バイシン

𦣝

臣0(6) 4 8554 268DD イ漢 支 yí

意味 あご。おとがい。通頤イ。

臥

臣2(9) 1 1873 81E5 人 ガ(グヮ)漢呉 箇 wò ふ-す・ふ-せる(ふ-す)

卧

臣2(9) 4 0352 5367 俗字。

なりたち [会意]「人(=ひと)」と「臣(=屈し服するさま)」とから成る。伏ふす。

意味 ❶うつぶせになる。横たわる。眠る。ふせる。ふす。例 横臥オウガ。❷寝室。

古訓 中古 ふす 中世 ふす・やすむ 近世 ねむる・ねや・ふす・やすむ

難読 臥待月ふしまちづき(=陰暦十九日夜の月)・草臥くたびれる

【臥雲】ガウン くもにふす〔雲に寝る意〕隠居して仕官しないこと。
【臥起】ガキ 寝たり起きたり。いつも。
【臥虎】ガコ〔寝ているトラの意〕①厳正な官吏。また、人民に厳しい官吏。②勇猛な者。
【臥所】ガショ ふしど 寝床ねどこ。寝所シンジョ。臥床。
【臥床】【臥▼牀】ガショウ ①寝床ねどこ。②床とこで横になる。
【臥▼蓐】【臥▼褥】ガジョク 「臥病ガビョウ」に同じ。
【臥薪▼嘗胆】ガシンショウタン〔薪たきぎの上に臥ふす(=寝る)ことと、苦い胆きもを嘗なめること〕目的をなしとげるために、つらい苦労をたえしのぶこと。〔越王句践コウセンが会稽カイケイの恥を雪すすぐために苦しい生活をたえしのんだことは〈呂覧・季秋紀・順民〉に見え、「嘗胆」の語は〈史記・越王句践世家〉に見える〕▽春秋時代、長江下流にあった呉ゴの国と越エツの国とは、互いに激しく争っていた。呉王の闔廬コウリョ(闔閭コウリョ)は越との戦いに傷ついて死に、その子夫差フサは薪の上に寝て自分の身を苦しめ、父の仇あだを討とうと心をふるいたたせた。そのかいあって、ついに越を会稽山カイケイザンで討ちやぶり、越王句践コウセンを捕虜にした。一方、句践は、苦い胆きもを嘗なめては捕虜になった屈辱を忘れまいとし、呉を討つはかりごとに専念して、二十年ののち、ついに呉を滅ぼして恨みを晴らした。…〈蘇軾・擬孫権答曹操書〉〈十八史略・春秋戦国・呉〉
【臥内】ガダイ・ガナイ 寝室。寝床ねどこ。臥所。
【臥▼榻】ガトウ 寝台。寝床ねどこ。臥床。
【臥病】ガビョウ・ガヘイ やまいにふす 病気のため床とこにつく。病臥。臥蓐。
【臥遊】ガユウ 地図や風景画を見たり、紀行文を読んだりして、寝たまま旅の気分を味わう。
【臥竜】ガリョウ ①(地に横たわっている竜リュウのように)機会を得ないで民間にかくれ住んでいる英雄や大人物。とくに、諸葛亮ショカツリョウ。伏竜。②雄大な山なみの形容。

臤

臣2(9) 4 8555 81E4 一カン漢 刪 qiān 二ケン漢 先 xián

意味 一堅固。かたい。二かしこい。通賢。

臧

臣8(15) 2 7141 81E7
一ゾウ(ザウ)慣 ソウ(サウ)漢 陽 zāng
二ゾウ(ザウ)呉 ソウ(サウ)漢 陽 cáng
三ゾウ(ザウ)呉 ソウ(サウ)漢 漾 zàng
おさ-める(をさ-む)・かく-す・よ-い(よ-し)

意味 一❶善良な。立派な。よい。例 臧否ゾウヒ。臧貶ゾウヘン(=よしあしを品評する)。❷男の奴隷。しもべ。〔いやしんだ呼び方〕例 臧獲ゾウカク。❸不正な手段で手に入れた財貨。通贓ゾウ。例 臧罪ゾウザイ(=収賄罪)。二おさめる。かくす。通蔵。例 臧匿ゾウトク。三❶くら。通蔵。例 府臧フゾウ(=くら)。❷はらわた。通臓。

【臧獲】ゾウカク〔「獲」は、女の奴隷〕召し使いをいやしんでいうことば。下男と下女。しもべ。
【臧匿】ゾウトク かくす。かくれる。
【臧否】ゾウヒ ①よしあし。善悪。例 於乎小子、未レ知二臧否一(ああショウシ、いまだゾウヒをしらず)(=ああ年若き者は、まだ事の善悪をわきまえていない)。〈詩経・大雅・抑〉②善悪の評価をおこなう。

臨

臣10(17) ⇩塩エ(297ジペー)

臨

臣11(18) 1 4655 81E8 教6
一リン(リム)漢呉 侵 lín
二リン(リム)漢呉 沁 lìn
のぞむ

筆順 一 厂 戸 臣 臣 臥 臨 臨

なりたち [形声]「臥(=ふす)」と、音「品ヒン→リン」とから成る。見おろす。

意味 一❶高い所から見おろす。のぞむ。❷おさめる。統治する。例 君臨クンリン。❸身分の高い人が姿をあらわす。貴人がある場所に出向く。例 光臨コウリン。降臨コウリン。❹目のあたりにする。直面する。立ち向かう。例 臨機応変リンキオウヘン。臨戦リンセン。❺ちょうどその時に。例 臨時リンジ。臨終リンジュウ。❻手近において見る。例 臨画リンガ。❼易エキの六十四卦カの一つ。☷☱ 兌下坤上ダカコンショウ。湿地の上に地がある象。二喪礼の一つで、葬儀のときに声をあげて泣く礼。例 臨弔リンチョウ(=泣いてとむらうこと)。

古訓 中古 かなしぶ・きたる・なく・のぞむ・みる・むかふ 中世 のぞむ・みる 近世 おほいなり・のぞむ・みる・むかふ

人名 み

【臨安】リンアン 南宋ナンソウの都。今の浙江セッコウ省杭州コウシュウ市。
【臨▼淵】リンエン ふちにのぞむ 深い淵ふちのそばに立つ。きわめて危うい状態にたとえる。類臨深リンシン(ふかきにのぞむ)。
【臨画】リンガ 手本を見ながら絵をかく。また、その絵。
【臨海】リンカイ 海に面している。海のすぐそばである。例 ―工業地帯。―学校。
【臨界】リンカイ 日 物理や化学で、物質が、ある状態から別の状態に変化する境界。例 ―温度。
【臨監】リンカン その場に出かけて取りしまる。
【臨機応変】リンキオウヘン きにのぞみへんにおうず 時と場合や状況の変化に応じて、適切に対応する。〈宋史・忠義伝・蕭資〉例 ―の処置をとる。
【臨御】【臨▼馭】リンギョ ①天子として、天下を治める。②天子が行幸してその場にのぞむ。臨幸。
【臨▼邛】リンキョウ 今の四川省邛郲キョウライ県。漢の司馬相如

(シバショウジョ)と卓文君(タクブンクン)が結婚して酒場を開いた土地。

【臨月】リンゲツ 出産予定の月。うみづき。

【臨検】リンケン 官憲が、その場へ行って調べる。㊫臨按(リンアン)。

【臨幸】リンコウ 天子が行幸してその場に出席する。

【臨港】リンコウ 港に面している。例 —地帯。—線。

【臨済宗】リンザイシュウ 〔仏〕禅宗の一派。唐の臨済義玄(ギゲン)が開祖。宋(ソウ)代、禅の主流となり、日本へは栄西(エイサイ)が一一九一年に伝えた。

【臨▼淄】リンシ 戦国時代、斉(セイ)の都。今の山東省淄博(シハク)市の東。都城の稷門(ショクモン)のもとに諸国から多くの学者が集まり、「稷下の学」と称された。

【臨時】リンジ ①そのときの必要に応じておこなわれる。㊌定例。例 —ニュース。—休業。②長く続くのではなくて、一時的なこと。例 —列車。—雇い。

【臨終】リンジュウ 命が終わるまぎわ。いまわのきわ。最期(サイゴ)。

【臨書】リンショ ①書簡を手元で見る。②手本を見ながら字を書く。また、その字。臨帖(リンジョウ)。

【臨床】リンショウ 日 ①医者として、実際に病人の診察・治療に従事する。例 —医学。②病床まで出向く。例 —尋問。

【臨照】リンショウ ①上から下を照らす。照らし見る。②太陽のように暖かく照らす。君主の人民に対する徳のたとえ。

【臨▼帖】リンジョウ 法帖(=手本)を臨書する。

【臨場】リンジョウ その場に出る。その場に居合わせる。例 —感。

【臨席】リンセキ 身分の高い人が会合や式に出席する。例 ご—を賜る。

【臨川】リンセン ①三国時代、呉の郡。今の江西省撫州(ブシュウ)市臨川区の地。②隋(ズイ)代に置かれた県。今の江西省南城県の地。北宋(ホクソウ)の王安石(オウアンセキ)の故郷。

【臨戦】リンセン ①戦場に出かける。②戦争を始める状態にある。例 —態勢。

【臨地】リンチ 現地に出向く。例 —調査。

【臨池】リンチ ①池にのぞむ。②習字。書道。〔後漢(ゴカン)の張芝(チョウシ)が池のそばで習字し、池の水が真っ黒になったという故事による〕〈晋書・衛恒伝〉

【臨眺】リンチョウ 高い所から遠くをながめる。眺臨。

【臨▼洮】リントウ 秦(シン)代、今の甘粛省岷(ビン)県にあった県。当初、万里の長城の起点となった。

【臨▼殯】リンピン|ヒンにのぞむ かりもがり(=死者を埋葬する前に、棺(ひつぎ)に入れてしばらく安置しておくこと)に出向いて、とむらう。

【臨模】リンモ|リンボ 手本を見てその形をそっくり書き写したり、手本を透き写したりする。表記 ㊥臨▼摸

【臨▼莅】【臨▼涖】【臨▼蒞】リンリ 〔「莅・涖・蒞」も、のぞむ意〕その場所に出向く。また、その位につく。

167 8画 金 かね かねへん 部

金属の意をあらわす。「金」をもとにしてできている漢字を集めた。

[0] 1350 金 [2] 1353 釜 釡 釚 釛 釗 針 釘 釖 釟 [3]
1354 釻 釬 釹 鈒 釦 釭 釵 釤 釶 釥 釮 釧 釠 釣
釣 釱 [4] 1355 鈗 鈞 釿 鈐 鈎 鈔 鈊 鈬 鈕 鈍 鈑
鈇 鈖 鈁 鈩 [5] 1356 鈳 鉞 鉛 鉠 鉗 鉅 鈺 鉉 鉆
鉱 鉤 鉀 鈼 鉈 鉃 鈠 鉇 鉨 鉥 鉏 鉦 鉊 鉎 鉐
鉙 鉄 鈿 鉖 鉑 鉢 鈸 鉡 鈹 鉧 鉋 鉚 銐 鈴 [6]
1359 鈾 銉 銙 銜 鋏 銀 銈 鉸 鉿 銗 銧 鉳 銖 銃
鉽 銫 銭 銑 銓 銛 銍 銚 銕 銅 鉼 鉾 鋩 銘 [7]
1363 鋈 鋭 銳 鋍 鋁 鋎 銲 鋏 鋗 鋧 鋙 鋐 銹 鋤
銷 銿 鋠 鋟 鋋 鋳 鋌 鋓 鋀 鋥 鎊 鋘 鋲 鋪 鋒
鋂 鋃 [8] 1365 鋞 鋿 鍈 錧 錡 鋸 錦 錮 鋼 錕 鋷
錯 錙 錫 錞 錒 錩 錠 錐 錘 錆 錆 錢 錚 錝 錟
鍃 鋹 錣 錨 錊 錻 錍 錑 鍄 錂 錬 録 錄 鋺 [9]
1368 鍜 鍇 鍔 鍰 鍥 鍵 鋻 鍠 鍯 鎡 鍬 鍫 鎝 鍾
鍼 鍤 鍛 鍮 鍖 鍉 鍗 鍍 鍋 鍑 鍪 鍚 鍱 鍊 [10]
1370 鎰 鎣 鏵 鎧 鎹 鎋 鎌 鎌 鍳 鎴 鎬 鎖 鎻 鎈
鎒 鎗 鎮 鎭 鎚 鎛 鎺 鎞 鎔 鎏 [11] 1372 鏖 鏆 鎽
鏡 鏁 鏨 鏠 鏥 鏘 鏱 鏇 鏃 鏑 鏜 鏓 鏢 鏝 鏞
鏐 鏤 鏈 鏧 [12] 1373 鏸 鐗 鐖 鏸 鏗 鐄 鐘 鐫 鐉
鐏 鐓 鐔 鐡 鐙 鐃 鐇 鐐 鏻 [13] 1374 鑊 鐶 鐻 鏽
鐸 鐲 鐵 鐺 鑁 鐴 鐳 [14] 1375 鑅 鑄 鑓 [15] 1375 鑑
鑒 鑛 鑚 鑠 鑞 鑣 鑕 鑢 鑞 [16] 1375 鑫 鑪 [17] 1375
鑵 鑱 鑲 鑯 鑰 鑭 [18] 1376 鑷 [19] 1376 鑽 鑼 鑾 [20]
1376 鑺 鑿

金

金0 (8)

[1]2266 91D1 教1

キン(キム)㊅漢 コン(コム)㊅呉 ㊅侵 jin

かね・かな

筆順 ノ 𠆢 亼 … 金

なりたち

[形声]「土(=つち)」と「ソ(=そこにあるもの)」と、音「今キ(ン)」とから成る。土中の金属。

意味 ❶金・銀・銅などの鉱物の総称。かね。例 金属(キンゾク)。合金(ゴウキン)。白金(ハッキン)。❷きん。こがね。例 金塊(キンカイ)。黄金(オウゴン)。❸ぜに。貨幣。おかね。かね。例 金銭(キンセン)。資金(シキン)。❹金属製の楽器。八音の一つ。❺金属製の器物。多く、青銅器を指す。例 金鼓(キンコ)。金石文(キンセキブン)。❻刀剣や矢じりなど、金属製の武器。例 金刃(キンジン)(=刀剣)。❼こがね色にきらきらとかがやく。例 金波(キンパ)。金髪(キンパツ)。❽こがねのように美しい。立派な。例 金言(キンゲン)。金科玉条(キンカギョクジョウ)。❾かたい。堅固なもののたとえ。例 金城鉄壁(キンジョウテッペキ)。❿五行説で、方位は西、季節は秋、色は白をあらわす。⓫星の名。金星。太白(タイハク)。⓬女真(ジョシン)族の完顔阿骨打(ワンヤンアクダ)が中国東北部に建てた王朝。一一一五年、遼(リョウ)を滅ぼし、一一二七年には北宋(ホクソウ)を滅ぼして、都を燕京(エンケイ)(=北京(ペキン))に置いて中国北部を支配した。元(ゲン)に滅ぼされた。(一一一五—一二三四)

日本語での用法 《キン》①「月水金(ゲッスイキン)」▼「金曜日」の略。②「盤上(バンジョウ)の金(キン)」▼将棋の駒(こま)の金将の略。

古訓 中古 かたし・かな・かね・きなり・こがね 中世 かね・こがね 近世 かね・きがね・こがね

人名 か

難読 金亀子(かなブン)・金雀枝(エニシダ)・金糸雀(カナリア|カナリヤ)

【金▼釘】かなくぎ 日 ①金属製のくぎ。②字がたどたどしくて、下手なこと。例 —流。

【金棒】かなボウ 日 ①鉄製の棒。例 鬼に—。②頭部に鉄の輪をつけた鉄製の棒。つき鳴らして音をたてる。▽鉄棒(かなボウ)。

【金位】キンイ 日 金製品に含まれる金の割合。純金を二十四金とし、十八金、十四金などとあらわす。

【金一封】キンイップウ 日 ひと包みのお金。報奨金・賞金・祝儀などで、金額をはっきりさせない言い方。

【金印】キンイン 金でできている印。

【金印紫▼綬】キンインシジュ ①金でできた印と、むらさき色の飾りひも。身分の高い人が用いる。②高位高官。▽金紫。

【金員】イキン 日〔「員」は、数の意〕金銭の額。金銭。
【金▼烏】キンウ 太陽の別名。㊝金鴉キンア。〔太陽に三本足の烏がすむという伝説による〕
【金運】キンウン 日お金に恵まれるか恵まれないか、という巡り合わせ。例—がない。—に恵まれる。
【金▼甌無欠(欠)】キンオウムケツ ①まったく傷のない、金でできたかめ。②ものごとが完全で不備のないこと。特に、外からの侵略を受けたことのない、確固とした独立国家をいう。〔〈南史・朱异伝〉から〕
【金屋】キンオク 黄金で飾った家屋。立派な家。㊝金殿。
【金華】キンカ ①黄金の花飾り。黄金の花模様。②漢代、未央宮ビオウキュウにあった宮殿の名。金華殿。③仙女の宮殿。④晋シン王朝のこと。〔五行説で、晋シンは金徳にあたることから〕
【金貨】キンカ 金をおもな成分として造られた貨幣。
【金階】キンカイ 黄金の階段。宮殿の階段。また、朝廷。
【金塊】キンカイ 金のかたまり。
【金科玉条】キンカギョクジョウ ①金や玉のように大切な、法律や規則。〈揚雄・劇秦美新〉②厳しく守っている事柄。
【金革】キンカク ①金属製の武器と、革かわ製の武具。兵器・武具の総称。転じて、戦争。②車につける鈴や革で作った飾り。
【金閣】キンカク ①黄金で飾った宮殿。美しい高殿たかどの。②日京都の「金閣寺(=鹿苑寺ロクオンジ)」の略称。
【金額】キンガク 日いくらと示されたお金の数量。金高キンだか。値段。
【金側】キンがわ 日外側を金でつくったもの。例—の腕時計。
【金冠】キンカン ①黄金でできているかんむり。②日歯の治療で、金を歯の形にかたどってかぶせるもの。例—をかぶせる。
【金▼柑】キンカン ミカン科の常緑低木。ミカンに似た、小さな実がなる。また、その果実。
【金漢】キンカン 天の川。銀河。銀漢。
【金管】キンカン ①黄金で軸を飾った筆。②金属製の笛。
【金環】キンカン 黄金でできている輪。指輪・腕輪など。
【金環食】【金環▼蝕】キンカンショク 日食の一種で、月が太陽の中央に来て、月のまわりに太陽の光が輪のように輝いて見えるもの。
【金丸】キンガン ①月の別称。②黄金の弾丸。③黄色の丸い果実。さくらんぼなど。
【金気】㊀キンキ ①金属の気。②秋の気配。〔五行説で秋は金に配される〕㊁かなけ 日新しい鉄製のなべなどで湯をわかしたときに出る、赤黒いしぶ。

【金▼匱】キンキ 文物・文書などを入れるのに用いた金属製の箱。
【金魚】キンギョ ①黄金で作った魚の飾りのある袋。高官が用いた。②フナの変種から、観賞用として改良された魚。
【金玉】㊀キンギョク ①黄金と宝玉。②貴重で手に入れがたいもの。③美しく磨きあげる。㊁キンたま 日睾丸コウガン。
【金玉声】キンギョクのこえ すぐれた詩文や音楽などのたとえ。
【金玉満堂】キンギョクマンドウ ①黄金・宝石などが家に満ちているさま。例金玉満レ堂、莫二之能守一(キンギョクドウにみつれば、これをよくまもるなし)(=黄金や宝石が建物にいっぱいになると、守りきることはできない)。〈老子・九〉②すぐれた才知・学識を有すること。
【金銀】キンギン ①金と銀。②金貨と銀貨。また、一般に金銭。おかね。
【金屈▼卮】キンクツシ 曲がった取っ手のついた黄金の杯。例勧レ君金屈卮、満酌不レ須レ辞(きみにすすむキンクツシ、マンシャクジするをもちいず)(=黄金の杯を手に取りたまえ、いっぱいの酒を遠慮するには及ばない)。〈于武陵・勧酒〉
【金▼閨】キンケイ ①華美な寝室。②「金馬門キンバモン」の別称。
【金穴】キンケツ ①大金持ち。富豪。〔金のつまった穴蔵の意から〕②日資金を融通してくれる人。金主。
【金▼闕】キンケツ ①道教で、天の神の住む宮殿。②天子の住む宮殿。皇居。③黄金で飾った門。
【金券】キンケン ①漢の高祖、劉邦リュウホウが、諸侯を任ずるときに与えた黄金のふだ。鉄券。②日一定の地域や商品について、お金の代わりとして使える券。商品券など。③日金貨と交換できる紙幣。
【金権】キンケン 日お金や財産によって生ずる権力。例—政治。
【金言】キンゲン 人の世の真理やいましめを、短く的確に言いあらわしたことば。箴言シンゲン。㊝金句。
【金庫】キンコ ①かねぐら。②日現金や証券などの財産を火災や盗難などから守るための、頑丈な箱。例耐火—。③日国や公共団体が現金を出し入れするための機関。また、特定の目的で設立された金融機関。例信用—。
【金▼壺】キンコ ①水時計の美称。銅壺。②黄金製の酒つぼ。また、酒つぼの美称。③墨汁を入れるつぼ。
【金鼓】㊀キンコ 鐘と太鼓。〔軍隊で、進軍には太鼓を、停止には鐘を打った〕㊁コンク〔仏〕寺院の門や入り口に掛けて合図とした楽器の類。鰐口わにぐち。

【金▼吾】キンゴ ①不吉を避けるとされた鳥の名。②漢代に、天子の警護をつかさどった官名「執金吾シツキンゴ」の略称。③日律令制の官名「衛門府エモンフ」の唐名。
【金口】㊀キンコウ ①よいことば。また、他人のことばに対する敬称。②天子のことば。㊁コンク〔仏〕釈迦シャカの口やことばの敬称。
【金口木舌】キンコウボクゼツ ①木製の舌(=振り子)のある鈴。役人が政治や教育についての法令を人民に伝えるときに鳴らした。木鐸ボクタク。②ことばで指導する人のたとえ。〈法言・学行〉
【金工】キンコウ 金属を細工して作る工芸品。彫金・鋳金・鍛金などがある。また、その職人。
【金甲】キンコウ ①黄金で飾ったよろい。②戦い。戦乱。
【金坑】キンコウ 金をとるために鉱山に掘ったあな。
【金鉱】キンコウ ①金をとる鉱石。②「①」を産出する鉱山や鉱脈。金山。
【金谷酒数】キンコクのシュスウ 西晋セイシンの石崇セキスウが、別荘の金谷園で開いた宴会で、詩のできなかった客に三斗の酒を罰として飲ませたことから、罰杯(三斗)のこと。例如詩不レ成、罰依二金谷酒数一(もしシならずんば、バッはキンコクのシュスウによらん)(=もし詩ができあがらなかったら、金谷園の故事と同様に罰杯を受けていただくことにしよう)。〈李白・春夜宴桃李園序〉
【金婚式】キンコンシキ 日結婚後五十年目の祝い。ゴールデンウエディング。
【金鎖】キンサ ①黄金のくさり。②黄金製の錠前ジョウまえ。③〔仏〕正しい教えが、かえって人を拘束すること。例—の難。
【金座】キンザ 日江戸幕府の開設した、金貨の鋳造所。
【金▼釵】キンサイ 黄金のかんざし。㊝金鈿キンデン。例鈿合金釵寄将去(デンゴウキンサイよせもちさらしむ)(=螺鈿ラデンの箱と金のかんざしを《玄宗のもとへ届けるよう》使者にことづけた)。〈白居易・長恨歌〉
【金策】キンサク ①金で作った、文字を書くふだ。②金のつえ。③日必要なお金を苦労して用意する。金かねの工面クメン。
【金錯】キンサク ①器物に黄金で文字や模様をはめこんだり塗りこんだりする。②金属や石に彫刻する書体。
【金山】キンザン ①金のとれる鉱山。例佐渡さどの—奉行ブギョウ。②道徳や教養のすぐれていることのたとえ。
【金糸(絲)】キンシ ①金色の糸。②日金箔キンパクをはった紙を細く切ってより合わせた糸。例—の刺繡シシュウの帯。

【金紙】キン｜がみ ①金粉や金箔(パク)をおした紙。②金箔。
【金紫】シキン 「金印紫綬(ジュ)」に同じ。
【金▼鵄】キンシ 日 金色のトビ。日本神話で、神武(ジム)天皇が東征したとき、天皇の弓の先に止まり、全身から放つ光で敵をこまらせたという。例 —勲章(=明治・大正・昭和の、軍功にすぐれた軍人に与えられた勲章)。
【金地】一キン｜ジ ①美しい土地。②日 金糸や金箔(パク)、また金泥(デイ)を使った、金色に輝く布や紙。二コン｜ジ 〔仏〕寺院。
【金字】キン｜コン ジ｜ジ ①金属や石に刻んだ文字。②金泥(デイ)で書かれた文字。③天子の書いた文字。また、貴重な文字。
【金字塔】キンジトウ 日 ①〔「金」の字に形が似ているところから〕ピラミッド。②後世にながく残る、すぐれた業績。例 —を打ち立てる。
【金枝玉葉】キンシギョクヨウ ①樹木や雲の美しいこと。〈古今注・輿服〉②天子の一族。皇族。王族。
【金砂】キン｜シャ サ ①砂金(サキン)。②日 金箔(パク)を細かくしたもの。日本画や蒔絵(まきエ)に用いる。金砂子(キンすなご)。③日 金粉(キンプン)。
【金▼紗】キンシャ 〔「紗」は、織り目のあらい、軽くてうすい生糸(きいと)の織物〕紗の地に金糸で模様を織り出した絹織物。錦紗(キンシャ)。例 —縮緬(ちりメン)。
【金▼雀】キンジャク スズメの飾りをつけた、黄金のかんざし。
【金主】キンシュ ①金銭の所有者。②日 資金を出す人。資本家。スポンサー。
【金将】キンショウ 日 将棋の駒(こま)の一つ。斜め後ろ以外の方向へ一ますずつ進める。金(キン)。
【金章】キンショウ ①黄金の印章。②銅の印章。
【金城】キンジョウ ①守りのかたい城郭。転じて、ものごとの堅固なこと。②城の本丸(=中心部)。③みやこ。京城。④日 〔天守閣に金の鯱(しゃちほこ)があることから〕名古屋城の別名。
【金城鉄壁】キンジョウテッペキ 〔「鉄壁」は、鉄の城壁の意〕守りがかたく、容易に落ちない城郭。転じて、非常に堅固なことのたとえ。金城湯池(トウチ)。〈馬延鸞・提挙官進上経武要略表〉
【金城湯池】キンジョウトウチ 〔「湯池」は、熱湯の満ちた堀の意〕非常に守りのかたい城郭(と堀)。金城鉄壁。金湯。〈漢書・蒯通伝〉
【金人】キンジン ①金属製の、人の像。銅像。②仏像。
【金子】キンス ①黄金。金(キン)。②お金。金銭。例 路用の—。
【金星】一キンセイ 太陽に二番目に近い惑星。明星(ミョウジョウ)。二キンぼし 日 ①大相撲で、平幕力士が横綱に勝つこと。②予想もしない大勝利。大手柄。
【金製】キンセイ 日 金でできていること。また、金製品。
【金声玉振】キンセイギョクシン 知徳が十分に備わり大成されたことのたとえ。〔「金」は鐘、「玉」は玉や石でできた打楽器。合奏の始まりは鐘の金属音で、終わりは玉の音とする意で、おこないが完全で一貫していることをいう。孟子(モウシ)が孔子の聖徳をほめたたえたことば〕〈孟子・万章下〉
【金石】キンセキ ①金属と岩石。鉱物。②金属や石で作られたもの。金属器と石器。③堅固なこと、不変であることのたとえ。④金属や石で作った打楽器。
【金石学】キンセキガク ①金石文を研究する学問。②「鉱物学」の古称。
【金石交】キンセキのまじわり 金属や石のように、いつまでも変わることのない交際。〈漢書・韓信伝〉類 金石契(キンセキのちぎり)。
【金石文】キンセキブン 古代中国の、「金文③」と石文。青銅器や石碑などに刻まれた文字。
【金節】キンセツ 〔「節」は、天子の使者であることを示す旗〕黄金の糸で竜の刺繍(シシュウ)をした袋に入れてある旗。
【金仙】キンセン｜コンセン ①神仙。②仏の別称。
【金扇】キンセン 地色が金色のおうぎ。金箔(パク)を使ったおうぎ。
【金銭】キンセン ①お金。貨幣。通貨。②金貨。
【金創】【金▼瘡】キンソウ 刀剣など刃物によるきず。刀きず。
【金属】キンゾク 日 金・銀・銅・アルミニウムなどや、その合金の総称。
【金尊】【金▼樽】キンソン 黄金の酒だる。酒だるの美称。
【金▼柝】キンタク 軍中で用いた、銅鑼(ドラ)と拍子木。
【金諾】キンダク 信頼できる確かな承諾。一諾千金。
【金丹】キンタン 昔、道士が金を練って作ったという不老長寿の薬。練金丹。
【金壇】キンダン ①総大将のいる場所。②仙境。
【金▼鎚】【金▼槌】一キンツイ｜かなづち 物をたたくための工具で、頭部が鉄でできたもの。とんかち。二かなづち 日 まったく泳げないこと。また、その人。
【金▼鍔】キンつば 日 ①金で飾った刀のつば。②「金鍔焼き」の略。あんの周囲に水でこねた小麦粉をうすくつけて、刀のつばの形に焼いた和菓子。
【金的】キンテキ 日 ①金色で小さな円形の、弓のまと。②多くの人のあこがれのまと。例 —を射とめる。
【金鉄】キンテツ ①銅と鉄。②鉄でできた、手かせ・足かせなどの刑具。
【金天】キンテン 秋の空。また、西の空。〔五行説で秋や西は金に配されることから〕
【金殿玉楼】キンデンギョクロウ 黄金や宝玉で飾った御殿。豪勢で立派な建物。〔〈李商隠・和韓録事送宮人入道〉から〕
【金▼兎】キント ①黄金製のウサギ。②月の別称。銀兎。〔月にはウサギがいるという伝説から〕
【金▼縢】キントウ 重要なものや文書を納めた箱に、封印をするためにかける金の帯。また、その箱。
【金堂】一キンドウ きらびやかな建物。二コンドウ 〔仏〕寺の本尊を安置する建物。本堂。例 唐招提寺(トウショウダイジ)の—。
【金団】キントン 日 やわらかく煮た豆やイモをつぶしてクリなどを入れ、甘く味つけした食べ物。例 栗(くり)—。
【金納】キンノウ 日 税などをお金でおさめる。対 物納。
【金波】キンパ 月などの光が映って美しく見える波。例 —銀波(ギンパ)の打ち寄せる浜辺。
【金杯】【金▼盃】キンパイ ①黄金製または金めっき製のさかずき。②日 金色の賞杯。
【金▼牌】キンパイ ①金の文字で書かれた、ふだ。②日 黄金製または金めっき製の賞牌(ショウハイ)。金メダル。
【金▼帛】キンパク 黄金と絹布。
【金▼箔】キンパク 金をたたいて、うすくのばしたもの。
【金髪】キンパツ 金色の髪の毛。ブロンド。例 —の少女。
【金馬門】キンバモン 漢の未央宮(ビオウキュウ)にあった門。学者や文人がここを通って出仕した。金閨(ケイ)。〔門外にウマの銅像があったことから〕
【金品】キンピン 日 金銭と品物。例 —の供与。
【金風】キンプウ 〔五行説で、「金」は秋にあたることから〕秋風。
【金覆輪】キンプクリン｜キンブクリン 日 鍔(つば)・鞍(くら)・茶碗(ワン)などを金でふちどったもの。
【金縁】キンぶち 日 眼鏡や額などで、金製または金色のふち。
【金仏】一キンブツ｜かなぼとけ 金属製の仏像。二かなぶつ｜かなぼとけ 日 心の冷たい人。
【金文】キンブン ①金泥(デイ)で書かれた文字。金文字。②仏典や詔勅など貴重な文字。③古代中国の鐘や器物、また貨幣などの金属器に鋳造あるいは彫刻された文字や文章。
【金粉】キンプン ①金のこな。また、金色のこな。書画などに用いる。金砂(キンシャ)。金砂子(キンすなご)。例 —を散らす。②おしろい。③黄色い花粉。

【金幣】キンペイ　黄金の貨幣。金貨。

【金▼碧】キンペキ｜コンペキ　黄金と碧玉。また、金色と青色。

【金鋪】【金▼鈽】キンポ　門の扉につける、黄金製の輪がはめてある金具。花や獣の模様がある。

【金▼鳳花】キンポウゲ　キンポウゲ科の多年草。ウマノアシガタ。山野に自生し、晩春から初夏にかけて黄色の花をつける。有毒。毛茛。

【金歩揺】キンホヨウ　歩くとゆれる、黄金や珠玉で飾られたかんざし。例 雲鬢花顔金歩揺（＝ふさふさした髪、花のかんばせ、金のかんざし）。〈白居易・長恨歌〉

【金満家】キンマンカ　日 金持ち。富豪。資産家。

【金脈】キンミャク　日 ①金の鉱脈。②利害関係で結びついていて、資金を提供してくれる人やところ。かねづる。金主。

【金無▼垢】キンムク　日 まじりけのない、純粋の黄金。純金。

【金木▼犀】キンモクセイ　日 モクセイ科の常緑小高木。秋、香りの強い赤黄色の小花をつける。

【金▼鑰】キンヤク　金属製の錠前。

【金融】キンユウ　日 金銭を融通する。また、貸借や仲介などによる、資金の動き。例 ―機関。

【金曜】キンヨウ　日 日曜から数えて、週の六番目の曜日。金曜日。

【金▼罍】キンライ　黄金で飾った酒だる。

【金▼蘭】キンラン　〔金のようにかたく、ランのようにかぐわしい意〕親密な交友。〔〈易・繋辞上〉から〕

【金▼蘭契】キンランのちぎり　非常に親しい交際。類 金蘭之交。

【金▼襴】キンラン　①僧侶が着る金色の袈裟。②日 金糸で模様を織り出した錦の一つ。高級絹織物の代表。例 ―緞子。

【金▼鑾殿】キンランデン　①唐代、天子に仕える学者や文人がひかえていた宮殿の名。翰林院の西側にあった。②翰林院の美称。

【金利】キンリ　日 貸したり借りたり、預けたりするときの、お金の利息。また、その割合。利率。

【金力】キンリョク　日（社会的な圧力や権力となるほどの）お金の威力。財力。経済力。例 ―にものを言わせる。

【金輪】一 キンリン　①金で飾った車。②太陽。③満月。二 コンリン〔仏〕四輪の一つ。大地は上から、金輪・水輪・風輪・空輪から成るとする。三 かなわ　日 ①鉄製の輪。②三本足の鉄の輪で、なべなどを火にかけるときに台として用いるもの。五徳。▽鉄輪。

【金輪際】コンリンザイ　①〔仏〕金輪（＝大地）の最も深い所。世界の果て。②日 決して。断じて。〔下に打ち消しのことばをともなう〕例 ―ゆずるつもりはない。

【金▼縷】キンル　金の細い糸。また、金糸で縫った衣服。

【金▼蓮】キンレン　①黄金で作ったハスの花。②女性の小さく美しい足、纏足の美称。

【金▼蓮歩】キンレンポ　美人のあでやかな歩き方のたとえ。

◆南朝の斉の東昏侯は道に黄金のハスの花をいくつも置いて、お気に入りの潘妃にその上を歩かせ、「歩くたびにハスの花が咲く」とよろこんだという。〈南史・斉・東昏侯紀〉

【金炉】キンロ　金属製の香炉。

【金剛】コンゴウ　〔仏〕非常にかたく、こわれにくいもの。

【金剛界】コンゴウカイ　〔仏〕煩悩を打ち砕く大日如来の知恵の世界。対 胎蔵界。

【金剛砂】コンゴウシャ　ざくろ石を粉末にした、すな。ダイヤモンドに次いでかたく、水晶や大理石の研磨に用いる。カーボランダム。あかずな。

【金剛心】コンゴウシン　〔仏〕金剛のようにかたく、何ものにも動じない信仰心。また、そのような精神力。

【金剛石】コンゴウセキ　ダイヤモンド。

【金剛不壊】コンゴウフエ　〔仏〕（仏のからだなどが）金剛石のようにかたく、こわれないこと。例 ―の志。

【金剛力】コンゴウリキ　金剛力士のような非常に強い力。大力。

【金剛力士】コンゴウリキシ　〔仏〕仏法を守護する神。荒々しい表情をし、金剛杵（＝煩悩を打ち砕く法具）を持つ。寺の山門に、左右一対の像が置かれる。金剛神。仁王。二王。

【金色】コンジキ｜キンいろ　黄金の色。こがね色。やまぶき色。

【金泥】コンデイ｜キンデイ　金粉をにかわと水でといたもの。絵や文字をかくのに用いる。例 紺地―の経文。

【金銅】コンドウ　銅・青銅に金めっきしたもの。例 ―仏。

【金▼毘羅】【金比羅】コンピラ　〔仏〕〔梵語 Kumbhīra の音訳〕もとガンジス川のワニを神格化したもので、仏法を守護する神。十二神将の一つで、宮毘羅とも。航海の安全を守る神として、信仰があつい。

●基金・献金・現金・砂金・残金・資金・借金・集金・純金・賞金・筋金・税金・送金・大金・代金・貯金・賃金・年金・罰金・針金・募金・前金・料金

釜

金2 (10)

1 1988　91DC　常用

フ 漢　麌 fǔ

かま

[釡]

金2 (10)

2 7861　91E1

俗字。

筆順 ノ ハ ク 父 쏘 斧 斧 釜

なりたち 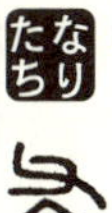 [形声]「金（＝かね）」と、音「父フ」とから成る。かまの類。

意味 ❶火にかけて飲食物を煮たきする金属のなべ。かま。例 釜中魚。❷春秋戦国時代、斉の国の容量の単位。四区（＝六十四升）。

日本語での用法《かま》「蘆屋釜・初釜」▼茶道に使う、湯わかしのかま。茶釜。

古訓 中古 かなへ・かま・まろがなへ　中世 かま　近世 かま

【釜▼甑】フソウ　かまと、こしき。炊事用具。

【釜▼竈】フソウ　かまと、かまど。炊事用具。

【釜中魚】フチュウのうお　〔かまの中で、今にも煮られようとしている魚の意〕死の危険が目前に迫っていること。釜魚。〔〈通鑑・漢・漢安元〉から〕

釚

金2 (10)

4 9046　91DA

キュウ（キウ）漢　尤 qiú

意味 弩（＝はじき弓）の弦をかけるところ。弩牙。

釛

金2 (10)

2 7862　91DB

コク 漢　職 hé

かね・きがね・こがね

意味 金。こがね。

釗

金2 (10)

3 9292　91D7

ショウ（セウ）漢　蕭 zhāo

意味 勉励する。つとめる。はげむ。

針

金2 (10)

1 3143　91DD　教6

シン（シム）漢 呉　侵 zhēn

はり

筆順 ノ 𠆢 㐅 仐 牟 金 金 金一 針

なりたち [形声] 本字は「鍼」で、「金（＝かね）」と、音「咸カン→シン」とから成る。ぬいばり。

参考 「針」と「鍼」は、ともに「はり」の意だが、日本では慣用で、「鍼」は漢方で使う治療用のものを指す。

意味 ❶はり。㋐ぬいばり。例 運針（ウンシン）。㋑漢方で、治療用のはり。からだに刺して病気を治す。例 針灸（シンキュウ）。針術（シンジュツ）。㋒注射のはり。㋓方向や値を示すはり。例 針路（シンロ）。指針（シシン）。秒針（ビョウシン）。方針（ホウシン）。❷はりのように先のとがったもの。例 針葉樹（シンヨウジュ）。避雷針（ヒライシン）。

古訓 中古 はり 中世 はり 近世 はり

【針医（醫）】（シンイ・はりイ） 針術の治療をする人。鍼医（シンイ・はりイ）。

【針▼灸】（シンキュウ） 漢方で用いる、はりと、きゅう。身体各部のつぼに針を打ち、灸をすえる治療法。鍼灸（シンキュウ）。例 ―師。

【針魚】（シンギョ・さより） サヨリ科の硬骨魚。細長い体形で、下顎（したあご）が長く突き出ている。細魚（さより）。鱵（さより）。

【針術】（シンジュツ） 金や銀、また鉄などの針を、身体各部のつぼに打つ、中国伝来の医術。はり。鍼術（シンジュツ）。

【針小棒大】（シンショウボウダイ） 日〔針ほどに小さいことを棒のように大きくする意〕ものごとをおおげさに言うこと。

【針線】（シンセン） 縫いばりと縫い糸。転じて、裁縫の仕事。

【針▼砭】（シンヘン） 〔石のはりの意〕①針灸（シンキュウ）などの医療用のはり。②いましめ。教訓。

【針葉樹】（シンヨウジュ） 日 針のようにかたく細長い葉をもつ樹木。マツやスギなど。対 広葉樹。例 ―林。

【針路】（シンロ） ①羅針盤が指示した方向。例 北西に―をとる。②船や飛行機の進むべき方角。③めざす方向。進路。

【針金】（はりがね） 日 金属を、ひも状に細長くのばしたもの。

●運針（ウンシン）・検針（ケンシン）・指針（シシン）・磁針（ジシン）・長針（チョウシン）・秒針（ビョウシン）・方針（ホウシン）・棒針（ぼうばり）・羅針盤（ラシンバン）

釘

金2（10） 1 3703 91D8 人

一 テイ 漢 青 dīng
二 テイ 漢 径 dìng
くぎ

なりたち [形声]「金（＝かね）」と、音「丁テイ」とから成る。黄金を精錬して延べ板にする。

意味 一 ❶黄金の延べ板。のべがね。❷材木などをつぎあわせ、固定するために打ちつけるもの。くぎ。例 釘鞋（テイアイ）（＝底にくぎを打った靴）。釘子（テイシ）（＝くぎ）。釘頭（テイトウ）（＝くぎのあたま）。二 くぎを打つ。くぎうつ。

古訓 中古 うつ・くぎ 中世 くぎ 近世 くぎ・くぎうつ・ほこ・まさかり

[釖]

金2（10） ⇩刀（トウ）（152ページ）

釟

金2（10） 2 7860 91DF

ハツ 漢 黠 bā
きた-える（きた-ふ）

意味 金属を加工する。

釻

金3（11） 3 9293 91FB 国字

カン
つく

意味 ❶金属製の輪。かなわ。鐶（カン）。❷弓の両端の、弦（つる）をかけるところ。ゆはず。つく。銑（つく）。

釬

金3（11） 4 9049 91EC

カン 漢 翰 hàn

[銲]

金7（15） 4 9083 92B2 別体字。

意味 ❶矢を射るとき、弓を持つ手につける覆い。ゆごて。❷溶接やはんだ付けをする。

𨥆

金3（11） 4 9048 28946 国字

キュウ
ひさ

意味 人名などに用いる字。〔一説に「釤（サン）」の俗字〕

[釼]

金3（11） ⇩剣（ケン）（165ページ）

釦

金3（11） 1 4353 91E6

コウ 漢 有 kòu
ボタン

意味 ❶金銀などをちりばめて、うつわの口やへりを飾る。例 釦器（コウキ）（＝口やへりを飾ったうつわもの）。❷衣服の合わせ目をとめるもの。ボタン。例 紐釦（チュウコウ）（＝ボタン）。

釭

金3（11） 3 9302 91ED

コウ（カウ） 漢 江 gāng
かりも

意味 ❶車軸による磨滅を防ぐために、車の轂（こしき）の内にはめる鉄枠。かりも。例 車釭（シャコウ）。❷ともしび。

釵

金3（11） 2 7864 91F5

サ 漢 麻 サイ 漢 佳 chāi
かんざし

意味 髪にさす飾り。金属でできた、ふたまたのもの。かんざし。例 釵釧（サイセン）（＝かんざしと腕輪）。金釵（キンサイ）（＝ふたまたの金のかんざし）。

[釵]

釤

金3（11） 3 9294 91E4

一 サン（サム） 漢 陥 shàn
二 セン（セム） 漢 塩 xiān

意味 一 柄の長い大きな鎌（かま）。例 釤鎌（サンレン）（＝大きな鎌）。二 するどい。例 釤利（センリ）（＝鋭利）。

釶

金3（11） 2 7865 91F6

シ 漢 支 shī
ほこ

意味 短い矛（ほこ）。ほこ。通 鉈（シ）。

釥

金3（11） 3 9301 91E5

ショウ（セウ） 漢 篠 qiǎo

意味 ❶良質な金属。❷美しい。

釮

金3（11） 4 9050 91EE

セイ 漢 サイ 呉 斉 qí

意味 するどい。

釧

金3（11） 1 2292 91E7 人

セン 漢 霰 chuàn
くしろ・うでわ

なりたち [形声]「金（＝かね）」と、音「川セン」とから成る。うでわ。

意味 古代の装飾品。うでわ。くしろ（＝「うでわ」の古語）。例 玉釧（ギョクセン）（＝玉のうでわ）。腕釧（ワンセン）（＝うでわ）。

古訓 中古 かむざし・たまき・たままき・ひぢのかざり・ひぢまき 中世 かんざし・ひぢかざり・ひぢまき 近世 かんざし・たまき・ひぢまき

人名 たまき

𨥉

金3（11） 4 9047 28949 国字

セン

意味 鋲錐（もじきり）。もじ。ギムネ。

釣

金3（11） 1 3664 91E3 常用

チョウ（テウ） 漢 嘯 diào
つり・つる

[釣]

金3（11） ―― 旧字体。

筆順 𠆢 亼 仐 全 金 釒 釣 釣

なりたち [形声]「金（＝かね）」と、音「勺シャク→チョウ」とから成る。針で魚をとる。

意味 ❶魚を針で引っかけてとる。つる。つり。例 釣果（チョウカ）。

釣魚(ギョ)。❷たくみにさそい出す。例 晋献以二璧馬一釣レ之(シンケンはヘキバをもってこれをつる)(＝晋の献公は璧玉(ヘキギョク)と馬で虞君(グクン)を誘惑した)。〈淮南・主術〉❸名声や地位などの利益を手に入れようとする。求める。例 釣名(チョウメイ)。

日本語での用法 一《つる》「釣瓶(つるべ)・棚(たな)を釣る・釣(つ)り鐘(がね)・釣(つ)り行灯(アンドン)」▼つりさげる。つるす。二《つり》「釣(つ)り銭(セン)・釣(つ)りがない」▼差額の金銭。おつり。

古訓 中古 いをつる・つり・つりす・つる 中世 つり・つる 近世 つり・つる

【釣果】(チョウカ) 魚釣りの成果。また、釣った魚の量。

【釣▼竿】(チョウカン) 釣りざお。

【釣魚】(チョウギョ) 魚を釣ること。また、その魚。

【釣戸】一(チョウコ) 漁師。二(つりど) 日 上につりあげて開ける戸。

【釣▼鉤】(チョウコウ) 釣り針。

【釣舟】(チョウシュウ) 釣りぶね。釣船(チョウセン)。類 釣舸(チョウカ)・釣艇。

【釣人】(チョウジン) 一(つりびと) 釣りをする人。類 釣客(チョウカク)。

【釣船】(チョウセン) 「釣舟(チョウシュウ)」に同じ。

【釣台(臺)】一(チョウダイ) ①魚釣りをする小高い場所。②太公望(タイコウボウ)など歴史上の名士が魚釣りをした場所。釣魚台(チョウギョダイ)。二(つりダイ) 日 物をのせて、かついで運ぶ道具。

【釣徒】(チョウト) 釣り仲間。

【釣父】(チョウホ) 魚を釣る老人。類 釣叟(チョウソウ)・釣翁。

【釣名】(チョウメイ) 一(なをつる) 実力がないのに名声を求めようとする。

【釣▼綸】(チョウリン) 釣り糸。類 釣緡(チョウビン)。

釱
金3 (11) 3 9303 91F1
一テイ 漢 霽 dì 二タイ 漢 泰 dài

意味 一 鉄のかせ。あしかせ。二 轂(こしき)の端の覆い。通 軑(タイ)。

銃
金4 (12) 4 9054 9217
イン(キン) 漢 軫 yǐn

意味 侍臣が持つ武器。

鈞
金4 (12) 2 7866 921E
キン 漢 真 jūn
ひと-しい(ひと-し)

意味 ❶重さの単位。三十斤。❷まるい陶器を作るときの回転台。ろくろ。例 鈞陶(キントウ)(＝ろくろを回して陶器を作る。すぐれた人物をつくりだすこと)。❸天のたとえ。また、万物の創造主のたとえ。例 洪鈞(コウキン)(＝天)。❹国政。例 秉二国之鈞一(くにのキンをとる)(＝国政をにぎる)。〈抱朴・漢過〉❺つりあいがとれている。ひとしい。通 均。例 鈞衡(キンコウ)(＝公平を保つ)。❻目上の人に対して用いる敬語。例 鈞慈(キンジ)(＝天子や長官の敬称)。鈞命(キンレイ)(＝上司の命令)。

【鈞軸】(キンジク) 国政をおこなう中心的な人物。重要な地位にある者。大臣。類 鈞枢。
【鈞石】(キンセキ) 秤(はかり)のおもり。〔一石は四鈞で、一二〇斤〕
【鈞天】(キンテン) ①天の中央。天帝のいる所。②天上の音楽。

釿
金4 (12) 2 7867 91FF
一キン 漢 文 jīn 二ギン 漢 真 yín
おの(をの)・ちょうな(てうな)

意味 一 ❶おの。通 斤。❷切りそろえる。二 うつわのへこんでいる部分。例 釿鍔(ギンガク)(＝うつわのでこぼこ)。

鈐
金4 (12) 3 9305 9210
ケン(ケム) 漢 塩 qián

意味 ❶錠前をあける道具。かぎ。例 鈐鍵(ケンケン)。❷印章。例 鈐記(ケンキ)(＝公印)。❸印を押す。例 鈐印(ケンイン)(＝印を押す。また割り印)。❹車軸の留め金。くさび。例 鈐制(ケンセイ)。❺兵法。

【鈐決】(ケンケツ) 兵法書。

【鈐鍵】(ケンケン) ①錠前。かぎ。②ものごとの重要な点。核心。

【鈐制】(ケンセイ) 〔車軸にくさびをさして車輪を留めるように〕制御したり支配したりする。

鈎
金4 (12) ⇩鉤(コウ)(1357ジペ)

鈔
金4 (12) 2 7868 9214
ソウ(サウ) 漢 ショウ(セウ) 呉 肴 chāo
かす-める(かす-む)

意味 ❶指でつまんで取る。奪い取る。かすめる。通 抄。例 鈔掠(ショウリャク)(＝かすめとる)。❷文字をうつし取る。うつす。通 抄。例 鈔写(ショウシャ)(＝書物をうつし取る)。鈔本(ショウホン)。❸紙に印刷したお金。紙幣。例 交鈔(コウショウ)(＝金・元代の紙幣)。

【鈔本】(ショウホン) ①手で書き写した本。写本。抄本。対 謄本(トウホン)。②日 原本の書類から必要な部分を写した文書。

鈊
金4 (12) 4 9052 920A
一シン(シム) 漢 侵 xīn 二シン(シム) 漢 沁 qìn

意味 一 金属の名。二 するどい。

釈
金4 (12) ⇩鐸(タク)(1374ジペ)

鈕
金4 (12) 2 7870 9215
チュウ(チウ) 慣 ジュウ(ヂウ) 漢 有 niǔ
つまみ・とって・ボタン

意味 ❶印章や器物のつまみ。つまんだり、ひもをかけたりする部分。つまみ。例 印鈕(インチュウ)(＝印章のつまみ)。❷衣服の合わせ目をとめるもの。ボタン。通 紐(チュウ)。例 鈕釦(チュウコウ)(＝ボタン)。

鈍
金4 (12) 1 3863 920D 常用
トン 漢 ドン 呉 願 dùn
にぶい(にぶ-し)・にぶる・のろ-い(のろ-し)・なま-る・なまくら

筆順

なりたち

[形声]「金(＝かね)」と、音「屯(チュン→トン)」とから成る。にぶい。

意味 ❶刃物の切れ味が悪い。なまくら。にぶい。例 鈍器(ドンキ)。鈍刀(ドントウ)。利鈍(リドン)(＝鋭いことと、にぶいこと)。❷動作や理解力がおそい。のろい。にぶい。おろか。例 鈍感(ドンカン)。鈍才(ドンサイ)。愚鈍(グドン)。❸鋭くない。とがっていない。にぶい。例 鈍角(ドンカク)。❹にぶらせる。にぶる。なまる。例 鈍化(ドンカ)。鈍磨(ドンマ)。

日本語での用法《にび》「鈍色(にびいろ)・青鈍(あおにび)・薄鈍(うすにび)」▼濃い灰色。

古訓 中古 おぼつかなし・なまり・にぶし 中世 にぶし 近世 にぶし・ぬるし

難読 薄鈍(うすのろ)

【鈍化】(ドンカ) 日 にぶくなる。鋭さがなくなったり、勢いが弱まったりする。例 物価の上昇率が―する。

【鈍角】(ドンカク) 〔数〕九〇度より大きく一八〇度より小さい角。対 鋭角。

【鈍感】(ドンカン) 日〔古くは「鈍漢」〕感じ方のにぶいさま。感受性にとぼしいさま。対 敏感。例 舌が―になる。

【鈍漢】(ドンカン) 愚かな男。

【鈍器】(ドンキ) ①よく切れない刃物。対 利器。②日 刃がなく、かたくて重い凶器。対 利器。③日 愚かな人。

【鈍金】(ドンキン) 切れ味の悪い刃物。なまくらもの。

【鈍行】(ドンコウ) 日 各駅に停車する列車を、俗にいうことば。対 急行・快速。

【鈍根】(ドンコン) ①生まれつきにぶくて、愚かなこと。②〔仏〕仏道修行のための資質を欠く者。

【鈍才】(ドンサイ) 才知がにぶく能力にとぼしいこと。また、その人。

【鈍重】(ドンジュウ) 日 反応がにぶくて、のろまなさま。

【鈍痛】(ドンツウ) 日 にぶく重苦しい、いたみ。対 激痛。

【鈍刀】(ドントウ) 切れ味の悪い、かたな。なまくら。

【鈍物】(ドンブツ) 日 鈍感な人。のろまな人。対 才物(サイブツ)。

【鈍兵】ドンペイ ①鋭利でない武器。また、士気のにぶった軍隊。②兵が疲れ、士気があがらない。

【鈍麻】ドンマ 日〔医〕感覚がにぶくなる。例 神経が―する。

【鈍磨】ドンマ 日 刃などがすりへって鋭利でなくなる。

●愚鈍グドン・遅鈍チドン・利鈍リドン

鈑
金4 (12) 2 7871 9211 バン慣 ハン漢 潸 bǎn いたがね

意味 うすくのばした金属の板。いたがね。例 鈑金バンキン(=いたがね。また、金属をうすく板の形にのばす)。

鈇
金4 (12) 3 9304 9207 フ漢 虞 fū おの(をの)

意味 おの。特に、腰斬ヨウザン(=腰の部分でからだを切断する刑罰)に用いる斧おの。通 斧フ。例 鈇鉞フエツ。

【鈇▼鉞】フエツ ①おのと、まさかり。②〔おのやまさかりは刑罰の道具であることから〕重い刑罰。③日 文章に手を入れる。添削。例 ―を加える。▽斧鉞フエツ。

【鈇質】【鈇▼鑕】フシツ 〔「質・鑕」は、腰斬ヨウザンの刑に使う台〕①おのと、人を切るための台。腰斬の刑具。②おので切る刑罰。

鈖
金4 (12) 4 9053 9216 フン漢 文 fēn

意味 宝玉の名。

鈁
金4 (12) 4 9051 9201 ホウ(ハウ)漢 陽 fāng

意味 古代中国で、酒などを入れる方形のつぼ。

［鈩］
金4 (12) ⇩鑪ロ(1375ページ)

鈳
金5 (13) 4 9056 9233 ア漢 歌 ē

意味 小さな釜かま。こがま。

鉞
金5 (13) 2 7872 925E エツ(ヱツ)漢 月 yuè まさかり

意味 大きなおの。まさかり。例 斧鉞フエツ。

鉛
金5 (13) 1 1784 925B 常用 エン漢 呉 先 qiān なまり

筆順 ノ 𠆢 亼 今 全 金 釒 釒八 鉛 鉛

なりたち [形声]「金(=かね)」と、音「㕣エン」とから成る。青みをおびた金属。

意味 ❶金属の一つ。なまり。例 鉛管エンカン。鉛毒エンドク。❷酸化させたなまりを使って作る、白い顔料。おしろい。また、胡粉ゴフン。例 鉛黛エンタイ。鉛粉エンフン。❸にぶいもののたとえ。〔なまりはやわらかく、刀を作るのに適さないことから〕例 鉛刀エントウ。鉛鈍エンドン(=才知のないさま)。

古訓 中古 くろなまり・なまり 中世 なまり・みづかね 近世 したがふ・なまり

【鉛華】エンカ 〔原料になまりを使ったことから〕おしろい。鉛粉。鉛白。

【鉛管】エンカン 日 なまりでできた、くだ。水道などの給水管として用いた。

【鉛黄】エンコウ 〔鉛粉(=胡粉ゴフン)と雌黄シオウ(=黄色い染料)〕①化粧品。②罫ケイを引いたり、誤字を塗り消したりする。転じて、詩文の添削。また、書物の校訂。

【鉛▼槧】エンザン 〔「槧」は、文字を書くための板〕①文字を消す鉛粉(=胡粉ゴフン)と、文字を書く板。筆記具。②文章や書物。

【鉛▼黛】エンタイ おしろいと、まゆずみ。化粧品。

【鉛直】エンチョク 日 なまりのおもりが下がる向き。水平面に対して直角であること。また、その方向。垂直。例 ―線。

【鉛刀】エントウ 切れ味の悪い、なまくらがたな。また、そのように役に立たない人物のたとえ。

【鉛刀一割】エントウイッカツ ①〔鉛刀でも一度は切れる意から〕自分の力をへりくだっていうことば。〈後漢書・班超伝〉②一度きりで二度と役に立たないこと。

【鉛毒】エンドク 日 なまりに含まれている毒。また、なまりによる中毒。精錬所などの排煙や、おしろいによる中毒など。

【鉛白】エンパク なまりから作られる白色の粉末顔料。塗料に用いる。有毒だが、かつては、おしろいにも使われた。

【鉛筆】エンピツ ①鉛粉(=胡粉ゴフン)をつけて字の修正などに用いるふで。②黒鉛と粘土をまぜて焼いたしんを、細い木の軸に入れた筆記用具。例 ―削り。色―。

【鉛粉】エンフン なまりを原料として作った白色の粉末。おしろいや顔料用。また、古く「胡粉ゴフン」の意に用いた。

●黒鉛コクエン・水鉛スイエン

鉠
金5 (13) 4 9064 9260 ヨウ(ヤウ)漢 オウ(アウ)呉 陽 yāng エイ漢 庚

意味 「鉠鉠オウエイ」は、鈴の音。

鉗
金5 (13) 2 7873 9257 カン慣 ケン(ケム)漢 塩 qián かなばさみ・くびかせ・はさ-む

意味 ❶首をはさんで、自由に動けなくする刑具。くびかせ。❷首かせをはめる。自由をうばう。例 鉗制ケンセイ。❸とじる。ふさぐ。例 鉗口カンコウ。❹かなばさみ。また、かなばさみではさむ。はさむ。例 鉗子カンシ。鉗鎚ケンツイ。

【鉗口】カンコウ・ケンコウ 口を閉じてものを言わない。箝口カンコウ。

【鉗▼梏】ケンコク 首かせと手かせ。身体を拘束して自由をうばうこと。

【鉗▼髡】ケンコン 首かせをはめ髪をそって、坊主頭にする刑罰。

【鉗子】一ケンシ ①首かせをはめられた罪人。②くぎぬき。毛ぬき。二カンシ 日 はさみのような形をした医療器具。外科医療の際に、人体の部位をはさむのに用いる。

【鉗▼赭】ケンシャ 〔「赭」は、赤い意〕首かせをはめて、赤い衣服を着せる刑罰。

【鉗制】ケンセイ おさえつけて自由をうばう。弾圧する。

【鉗▼鎚】ケンツイ かなばさみと、かなづち。鉄をきたえる道具。

【鉗徒】ケント 首かせをはめる刑罰を受けた服役囚。類 鉗奴ケンド。

鉅
金5 (13) 2 7874 9245 キョ漢 語 jù

意味 ❶かたい鉄。はがね。❷大きい。多い。通 巨。例 鉅費キョヒ(=多額の費用)。鉅万キョマン(=きわめて多い数)。❸なんぞ。いずくんぞ。疑問・反語・詠嘆をあらわすことば。通 詎キョ。

【鉅橋】キョキョウ 殷インの紂チュウ王の穀倉の名。周の武王が紂王を滅ぼしたとき、人民に開放したという。

【鉅▼卿】キョケイ 人を尊んでいうことば。大兄タイケイ。

【鉅公】キョコウ ①天子。②すぐれて名高い人物。その道に通じている人物。

【鉅鹿】キョロク 秦シン代、今の河北省平郷県の付近にあった県。項羽が秦軍を破った所。

鈺
金5 (13) 3 9308 923A ギョク漢 沃 yù

意味 貴重な宝。

鉉 金5(13) 2 7875 9249

ケン漢 ゲン(グェン)呉 [銑] xuàn つる

意味 ❶鼎(かなえ)の耳にとおして鼎を持ち上げる器具。金鉉。❷三公などの重臣。例 鉉席(ゲンセキ)。鉉台(ゲンタイ)。

【鉉席】ゲンセキ 三公の地位。

【鉉台】ゲンタイ 三公の地位。三公。

鈷 金5(13) 1 2458 9237

コ漢 [慶] gǔ

意味 ❶ひしゃくの形をした、昔のアイロン。火のし。例 鈷鉧(コボ)(=火のし)。❷仏教で、金剛杵(コンゴウショ)(=煩悩を打ち砕く法具)のきっさき。もと、古代インドの武器。例 五鈷(ゴコ)(=杵(ショ)の末端が五つの爪(つめ)になっているもの)。三鈷(サンコ)。独鈷(トッコ)。

鉱 金5(13) 1 2559 9271 教5

コウ(クヮウ)漢呉 [梗] kuàng あらがね

[鑛] 金15(23) 2 7942 945B 旧字体。

[磺] 石12(17) 4 8256 78FA 本字。

[砿] 石5(10) 1 2560 783F 俗字。

[礦] 石15(20) 2 6672 7926 別体字。

筆順 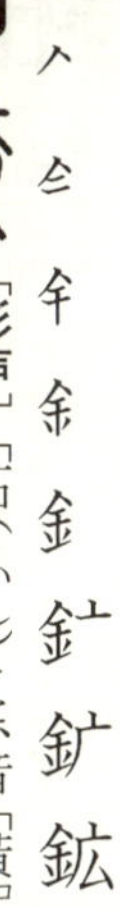

なりたち  [形声]「石(=いし)」と、音「黄(コウ)」とから成る。銅や鉄などを含む、掘り出したままの石。

意味 役に立つ金属などを含んだ天然の石。あらがね。例 鉱山(コウザン)。鉱石(コウセキ)。炭鉱(タンコウ)。

古訓 中古 あらかね 中世 あらかね 近世 あらかね

人名 かね・ひろ・ひろし

【鉱業】コウギョウ 日 鉱物などを資源として掘り出し、精錬する産業。

【鉱▼滓】コウサイ 日「「コウシ」の慣用的な読み方」鉱石を精錬するときに出る、かす。れんがやセメントの原料とする。スラグ。

【鉱山】コウザン 鉱物を掘り出す山。また、その設備。

【鉱床】コウショウ 日 有用な鉱物を含む岩石の集まっている場所。

【鉱水】コウスイ 日 ①鉱物質を多く含む水。ミネラルウオーター。②鉱山から出る、鉱毒を含む水。

【鉱石】コウセキ 精錬して金属をとるための、鉱物を含んだ岩石。

【鉱泉】コウセン 日 鉱物質を多く含んだ、わき水。浴用や飲用にする。特に、セ氏二五度未満の冷泉を指す。

【鉱毒】コウドク 日 鉱物の採掘や精錬のとき、煙や汚水となって出る有毒物質。例 —訴訟。

【鉱物】コウブツ 日 地中や岩石中に含まれる無機物。

【鉱脈】コウミャク 岩石のすきまに広がる鉱床。

【鉱油】コウユ 日 石油などの鉱物性の油。

●炭鉱(タンコウ)・鉄鉱(テッコウ)

鉤 金5(13) 2 7876 9264

コウ漢 [尤] gōu かぎ・はり・つめ

[鈎] 金4(12) 1 1935 920E 俗字。

意味 ❶ものをひっかけるための、先が折れ曲がった金具。釣り針・留め金など。**はり。かぎ。** 例 鉤餌(コウジ)。帯鉤(タイコウ)(=おびどめ。バックル)。❷鎌(かま)。❸先が曲がっていて、相手をひっかけて殺す武器。えだほこ。❹ぶんまわし。コンパス。例 鉤矩(コウク)。❺ひっかける。ひっかけて、取り出す。引き寄せる。❻さぐる。くわしく調べる。例 鉤索(コウサク)。鉤沈(コウチン)(=資料をさがし集める)。❼かぎのように折れ曲がる。例 鉤曲(コウキョク)。

難読 鉤写(かごうつし)

【鉤鼻】かぎばな 日 ①かぎのように曲がった鼻の形。わしばな。②平安時代の画法で、鼻をくの字形に描写したもの。例 引き目—。

【鉤針】かぎばり 日 先がかぎ形に曲がった編み針。

【鉤距】コウキョ ①かぎにひっかけて引き出す。②人の心情や内情などをたくみにさぐり出し、相手を窮地におとしいれる。

【鉤曲】コウキョク 釣り針のように曲がる。

【鉤▼矩】コウク ①コンパスと、さしがね。②法則やきまり。

【鉤玄】コウゲン 奥深い意味合いや道理をさぐり出す。

【鉤校】コウコウ 探し出し、つき合わせて調べる。

【鉤索】コウサク (奥義や深い真理など)かくれたものを探し求める。

【鉤止】コウシ おさえとめる。抑留。

【鉤餌】コウジ 釣り針につけた、えさ。

【鉤縄】一 コウジョウ コンパスや、すみなわ。大工道具。二 かぎなわ 日 先のほうにかぎ金具をつけた、なわ。

【鉤章▼棘句】コウショウキョクク 難解で読みにくい文章。〈韓愈・貞曜先生墓誌銘〉

鉀 金5(13) 3 9310 9240

コウ(カフ)漢 [洽] jiǎ

意味 よろい。

鈼 金5(13) 3 9309 923C

サク漢 [薬] zuó

意味 ❶釜(かま)。❷甑(こしき)。

鉈 金5(13) 2 7877 9248

シ漢 [支] shī なた

意味 短い矛(ほこ)。ほこ。通 鉇(シ)。

日本語での用法《なた》「予算編成(ヘンセイ)に大鉈(おおなた)を振(ふ)るう(=ある部分を思い切って削る)・鉈豆(なたまめ)(=さやが、なたのような形の豆)」▼まき割りや、樹木の枝打ちなどに使う刃物。

鉃 金5(13) 3 9311 9243

一 シ漢 [紙] shǐ 二 ソク漢 [屋] zú

意味 一 矢の先の突き刺さる部分。矢じり。二 するどい。また、矢じり。通 鏃(ソク)。参考「鉄(テツ)」とは別の字。

鉂 金5(13) 4 9057 9242

シ漢 [紙] shǐ

意味 ❶金属製の輪。❷刺す。

鉇 金5(13) 4 9058 9247

一 シ漢 [支] shī 二 イ漢 [支] yí

意味 一 短い矛(ほこ)。ほこ。通 鉈(シ)。二 酒や水を入れる容器。通 匜(イ)。

鉨 金5(13) 4 9068 9268

ジ慣 シ漢 [紙] xǐ

意味 印章。通 璽。例 古鉨(コジ)。

鉥 金5(13) 4 9066 9265

シュツ漢 ジュツ呉 [質] shù

意味 長い針。

鉏 金5(13) 3 9312 924F

一 ショ・ソ漢 ジョ呉 [魚] chú 二 ソ漢 [語] jǔ 三 サ漢 [麻] chá さい(さひ)

意味 一 田畑を耕す農具。すき。また、耕すこと。すく。通 鋤(ジョ)。例 鉏耘(ジョウン)(=耕す)。二「鉏鋙(ソゴ)」は、くいちがうさま。齟齬(ソゴ)。三「鉏牙(サガ)」は、のこぎりの歯のように出入りがあってふぞろいなさま。

鉦
金5 (13) 1 3064 9266
セイ㊇ ショウ(シャウ)㊄ 庚 zhēng
かね

意味 軍隊で、停止の合図などに打ち鳴らした楽器。かね。例 鉦鼓(ショウコ)。
【鉦鼓】(ショウコ|ゴショウ) ①かねと太鼓。鉦は停止・退却の、鼓は進撃の合図。②軍事。いくさ。③日 雅楽で用いる打楽器の一つ。青銅製の皿形のものを、枠につり下げて、ばちで打ち鳴らす。④日 寺院で用いる、たたきがね。

鉊
金5 (13) 4 9059 924A
ショウ(セウ)㊇ 蕭 zhāo

意味 草を刈りとる農具。かま。

鉎
金5 (13) 4 9060 924E
セイ㊇ ショウ(シャウ)㊄ 庚 shēng

意味 金属のさび。また、さびる。

鉐
金5 (13) 2 7881 9250
セキ㊇ ジャク㊄ 陌 shí

意味 「鍮鉐(チュウセキ)」は、自然銅。また、真鍮(シンチュウ)。

釲
金5 (13) 4 9063 9259
タイ㊇ 蟹 zhǎi

意味 金。参考 釲内(かんな)(=姓)。釲原(かんなばら)(=広島県の地名)。

鉄
金5 (13) 1 3720 9244 教3
テツ㊇ テチ㊄ 屑 tiě
くろがね

［鐵］金13 (21) 2 7936 9435 旧字体。
［銕］金6 (14) 2 7878 9295 古字。
［鐡］金12 (20) 2 7937 9421 俗字。

筆順 𠆢 亼 今 全 金 釒 鉄 鉄

なりたち  ［形声］「金(=かね)」と、音「戴(ツチ→ツテ)」とから成る。黒みをおびた金属。

意味 ❶金属の一つ。てつ。くろがね。例 鉄器(テッキ)。鉄橋(テッキョウ)。製鉄(セイテツ)。❷くろがねのようにかたい。つよい。かわらない。例 鉄拳(テッケン)。鉄則(テッソク)。鉄壁(テッペキ)。❸刃物。武器。例 寸鉄(スンテツ)。❹くろがねのような、黒い色。例 鉄驪(テツリ)(=黒馬)。

古訓 ［鐵］中古 あらかね・かな・かね・くろがね・ねり・ねりかね 中世 くろがね 近世 くろがね
［鉄］近世 ころもをぬふ・ぬふ

人名 かね・とし・まがね

難読 鉄敷(かなしき)・鉄床(かなとこ)

【鉄火】(テッカ) ①熱して真っ赤になった鉄。焼きがね。②日 刀剣と鉄砲。③日 銃撃で、弾丸とともに銃身の先から出る火。④日 生(なま)のマグロの赤身。例 —丼(どん)。⑤日「鉄火打ち」の略。ばくち。また、ばくち打ち。例 —場(ば)。⑥日 気性が激しく、また、義侠心(ギキョウシン)に富むさま。例 —肌。

【鉄管】(テッカン) 日 ガスや水道用の、鉄製のくだ。

【鉄器】(テッキ) 鉄製の器具。例 —時代。

【鉄騎】(テッキ) 鉄のよろいとかぶとで身をかためた騎兵。また、強く勇ましい騎兵。鉄馬。例 鉄騎突出刀槍鳴(テッキトッシュツしてトウソウなる)(=鉄騎がどっと突進してきて刀や槍(やり)がぶつかり合う《ような旋律(センリツ)》)。〈白居易・琵琶行〉

【鉄脚】(テッキャク) ①丈夫で強い足。健脚。②日 塔や橋の、鉄でできた脚(あし)。

【鉄牛】(テツギュウ) ①鉄製のウシの像。川に沈めると水害を防ぐとされ、治水や架橋で用いられた。②非常に強い精神の持ち主。

【鉄橋】(テッキョウ) 鉄で造った橋。特に、鉄道用の橋。

【鉄琴】(テッキン) 日 打楽器の一つ。音階順に長さの異なる鉄の板を並べたもの。グロッケンシュピール。

【鉄筋】(テッキン) 日 ①補強のために、コンクリートの骨組みとして入れる鉄の棒。②鉄筋コンクリートの建造物。

【鉄血】(テッケツ) 日 武器と、兵士の流す血。武力・軍備のたとえ。例 —宰相(=ドイツ首相ビスマルク)。

【鉄券】(テッケン) 功臣に与えた鉄製の割り符。本人や子孫に罪があるとき、これによって軽減された。

【鉄拳】(テッケン) 日 かたくにぎった、鉄のようなこぶし。げんこつ。例 —制裁。—を振るう。

【鉄工】(テッコウ) 鉄を主材料とする、さまざまな機器の工作。また、その工作をする人。例 —所。

【鉄甲】(テッコウ) ①鉄製のよろい。例 衣二鉄甲一(テッコウをきる)(=鉄のよろいを着る)。〈呂覧・貴卒〉②日 鉄製のかぶと。

【鉄鉱】(テッコウ) 鉄の原料にする鉱石。鉄鉱石。

【鉄鋼】(テッコウ) 鉄とはがね。銑鉄(センテツ)・鋳鉄・鋼鉄など、鉄材の総称。

【鉄格子】(テツゴウシ) 日 ①鉄の格子。②刑務所・牢屋(ロウや)の窓。

【鉄骨】(テッコツ) 日 建造物の、鉄で作った骨組み。

【鉄鎖】(テッサ) 鉄で作ったくさり。例 —のような束縛。

【鉄材】(テツザイ) 日 鉄で作った製品材料。建築・土木や工業などに使う鉄の材料。

【鉄柵】(テッサク) 鉄で作った垣根やさく。

【鉄索】(テッサク) 太い針金をより合わせた綱。鋼索。ケーブル。

【鉄▼漿】(テッショウ) 一 鉄を水にひたして作る黒色の液体。二 (かね) 日 御歯黒(おはぐろ)の液。歯を黒く染めるのに用いた。例 紅(べに)—(=化粧)。

【鉄条網】(テツジョウモウ) 日 侵入や逃亡を防ぐために設けた、とげのある針金(=有刺鉄線)の、さく。例 —を巡らす。

【鉄人】(テツジン) 鉄のように頑丈な人。不死身。例 —レース(=トライアスロン)。

【鉄心石腸】(テッシンセキチョウ) 心が鉄や石のようにかたく強いこと。意志堅固なこと。〈蘇軾・与李公択第十一首〉類 鉄腸石心。

【鉄製】(テッセイ) 鉄でできていること。例 —の扉。

【鉄石】(テッセキ) 〔鉄と石の意から〕かたいこと。堅固なものや心のたとえ。例 —の忠臣。

【鉄扇】(テッセン) 鉄で作ったおうぎ。

【鉄線】(テッセン) ①鉄製の針金。②キンポウゲ科のつる性の多年草。鉄線花。かざぐるま。クレマチス。

【鉄窓】(テッソウ) ①鉄格子(テツゴウシ)の窓。②日 獄窓。監獄。

【鉄則】(テッソク) 日 変えることのできない根本規則。必ず守るべき厳しい規則。例 民主主義の—を守る。

【鉄中▼錚▼錚】(テッチュウのソウソウ) 鉄の中では、よい音のするもの。凡人の中でも、ややすぐれた者をいう。〈後漢書・劉盆子伝〉

【鉄▼鎚】【鉄▼槌】(テッツイ) 頭部を鉄で作ったつち。かなづち。ハンマー。例 —をくだす(=厳しく懲罰などの処分をする)。

【鉄▼蹄】(テッテイ) ①ウマのひづめの下に打ちつける金具。蹄鉄。②名馬のひづめ。また、その名馬。

【鉄塔】(テットウ) 鉄で作った塔。例 高圧送電線の—。

【鉄道】(テツドウ) 日 レールの上に車両を走らせ、旅客や貨物を輸送する交通機関。例 —網。

【鉄馬】(テツバ) ①鉄のよろいで武装したウマ。また、精鋭な騎兵。鉄騎。②「風鈴(フウリン)」の別称。

【鉄鉢】(テッパツ|テッパチ) 托鉢(タクハツ)の僧が、ほどこしの食物を受ける鉄製の鉢(ハチ)。

【鉄板】(テッパン) 鉄の板。例 —焼き。

【鉄筆】(テッピツ) ①印を彫るのに用いる小刀。印刀。②日 謄写版の原紙に字を書くのに用いる、鉄のしんをつけた筆記具。

【鉄粉】テップン 鉄のこな。

【鉄瓶】㊀テツベイ 鉄製のかめ。㊁ビンテツ ㊐鋳鉄でできた湯わかし。

【鉄壁】テッペキ ①鉄の城壁。②非常に守りのかたいこと。例金城―。

【鉄棒】㊀テツボウ ①鉄製の棒。②㊐器械体操の器具。また、それを使う体操種目。㊁かなぼう ㊐⇒【金棒】かなぼう(1350ジ)

【鉄砲】テッポウ ①火薬の爆発力で弾丸を発射する兵器。特に、小銃。②㊐風呂ロの火をたく金属製の筒。例―風呂ロ。③㊐相撲で、両手でつっぱること。もろてづき。④㊐〔あたると死ぬことから〕フグ。⑤㊐かんぴょうを芯にした、細巻きのり巻き。鉄砲巻き。

【鉄面】テツメン ①鉄製の仮面。②公平公正で権勢に屈しない人。③かたく強いもの。④あつかましいこと。

【鉄面皮】テツメンピ 〔つらの皮が鉄のように強い意〕恥知らずなさま。あつかましいさま。厚顔無恥。〈虚堂録〉

【鉄冶】テツヤ 鉄鉱をより分ける。また、それをする人。

【鉄路】テツロ 鉄道の線路。鉄道。

【鉄▼牢】テツロウ 鉄で造った、堅固な監獄。

【鉄腕】テツワン 鉄のように丈夫で、強いうで。例―投手。

●鋼鉄コウテツ・砂鉄サテツ・私鉄シテツ・寸鉄スンテツ・鍛鉄タンテツ・鋳鉄チュウテツ

鈿
金5(13) 2 7879 923F
㊀テン漢 デン呉 先 tián ㊁テン漢 デン呉 霰 diàn かんざし

意味 ㊀金・銀・宝玉などで作った飾り。かんざし。例花鈿カデン(=花の形をしたかんざし)。㊁金・銀・宝玉・貝などをはめこんで作った器物。青貝あおがい細工。例螺鈿ラデン(=うすく切った貝殻をはめこんだ細工)。

【鈿合】【鈿▼盒】デンゴウ 螺鈿ラデン(=青貝あおがい細工)の箱。→【金釵】サキン(1351ジ)

【鈿車】デンシャ 黄金や青貝あおがいを散りばめて飾った車。

【鈿針】デンシン 黄金のかんざし。

鉖
金5(13) 4 9062 9256
トウ漢 冬 tóng

意味 釣り具。

鉑
金5(13) 4 9061 9251
ハク漢 薬 bó

意味 ❶金属を薄くたたきのばしたもの。通箔ハク。❷元素の名。白金ハッキン。プラチナ。

鉢
金5(13) 1 4013 9262 常用
ハツ漢 ハチ呉 曷 bō

[𥁊] 皿4(9) 4 8185 2504A 別体字。
[盋] 皿5(10) 76CB 別体字。

筆順 𠆢 亼 𠂉 牟 金 釒 針 鉢 鉢

なりたち [形声]「金(=かね)」と、音「本ホン→ハツ」とから成る。僧侶リョの食べ物を入れるうつわ。

意味 ❶〔梵語ボン pātra の音訳〕僧侶リョの用いる食器。修行のため家々をめぐって喜捨を受けるときにも用いる。はち。例衣鉢イハツ。托鉢タクハツ。❷食べ物や水などを盛るうつわ。皿より深く、碗ワンより浅い形の容器。

日本語での用法《ハチ》①「鉢肴はちざかな・皿鉢料理さわちリョウリ・擂すり鉢バチ・丼鉢どんぶりバチ・火鉢ひバチ・鉢植はちうえ・植木鉢うえきバチ」▼皿より深く瓶かめより浅いうつわ。また、それに似た形のもの。②「鉢金はちがね・兜鉢かぶとバチ」▼かぶとの頭部をおおう部分。③「鉢合はちあわせ・鉢巻はちまき」▼人の頭(のまわり)。

古訓 中古ハチ 中世ハチ 近世うつはもの・ハチ

人名 ほ

●衣鉢イハツ|イエ・鉄鉢テッパツ

鈸
金5(13) 3 9306 9238
ハツ漢 ハチ・バチ呉 曷 bó

意味 法会ホウエなどで用いる打楽器の一つ。一対の、銅製の円板状のもの。例銅鈸ドウバツ。鐃鈸ニョウハチ。

鉡
金5(13) 4 9065 9261
ハン漢 旱 bàn

意味 農具の一つ。すき。

鈹
金5(13) 3 9307 9239
ヒ漢 支 pī かわ(かは)

意味 医療用の針。はり。例鈹針ヒシン・鈹鍼ヒシン(=はり)。

日本語での用法《かわ》▼硫化鉱を製錬するとき、下層にたまる硫化金属。マット。

鉧
金5(13) 4 9067 9267
ボ漢 慶 mǔ けら

意味「鈷鉧コボ」は、火のし。

日本語での用法《けら》▼たたら炉を用いた製鋼法による、粗製の鉄。

鉋
金5(13) 2 7880 924B
ホウ(ハウ)漢 効 bào かんな

意味 木の表面を平らに削る大工道具。かんな。例鉋花カホウ(=かんなくず)。

鉚
金5(13) 2 7886 925A
リュウ(リウ)漢 有 liǔ うるわしきかね(うるはしきかね)

[𨥫] 金5(13) 4 9055 2896B 別体字。

意味 美しい金属。

鈴
金5(13) 1 4675 9234 常用
レイ漢 リョウ(リャウ)呉 リン唐 青 líng すず

筆順 𠆢 亼 𠂉 牟 金 釒 鈐 鈴 鈴

なりたち [形声]「金(=かね)」と、音「令イ」とから成る。すず。

意味 振って鳴らす小さな鐘。内部に垂れ下がった金属が当たって音を出すものや、球形で中に球を入れて振り鳴らすものがある。すず。例鈴鐸レイタク。風鈴フウリン。

古訓 中古おとづる・すず 中世あきらか・おとづる・おとづるる・すず 近世すず

【鈴虫(蟲)】すずむし ㊐コオロギ科の昆虫。秋に、雄が鈴を鳴らすように鳴く。〔古語では「松虫」を指すことがある〕

【鈴▼蘭】すずらん ㊐ユリ科の多年草。初夏、香りの強い、白い小さな釣り鐘のような花をつける。

【鈴▼鐸】レイタク 〔「鐸」は、大きいすずの意〕宮殿や楼閣などの軒下の四方にさげる、すず。風鐸フウタク。

●亜鈴アレイ・電鈴デンレイ・風鈴フウリン

鈾
金6(14) 4 9070 28988 国字
いかり

意味 人名などに用いる字。参考 鈾いかり(=姓)。

銉
金6(14) 4 9074 9289
イツ漢 質 yù

意味 針。

銙
金6(14) 4 9077 9299
カ(クヮ)漢 馬 kuǎ

意味 ❶古代、帯につけた飾り。例帯銙タイカ。❷茶の名。

銜

金6 (14) ②7882 929C

［啣］口9 (12) ②5118 5563 別体字。
［㘅］口14 (17) ④0442 3605 別体字。

ガン㊕ カン(カム)㊊ 咸 xián
くつわ・ふく-む・くわ-える(くは-ふ)・くく-む

意味 ❶手綱をつけるため、ウマの口にくわえさせる金具。**くつわ**。例 銜轡(ガンピ)(=くつわと、たづな)。❷口にくわえる。**ふくむ**。例 銜枚(カンバイ)(=バイをふくむ)。❸(感情を)心の中にいだく。**ふくむ**。例 銜怨(カンエン)(=恨みをいだく)。❹命令をいただく、うけたまわる。**ふくむ**。例 銜二君命一而使、雖レ遇レ之不レ闘(クンメイをふくみてつかいすれば、これにあうといえどもたたかわず)(=君主の命を奉じて他国に使者として赴いた場合には、この者(=兄弟の仇)に出会っても決闘をしない)。〈礼記・檀弓上〉❺くっつく。つながる。例 銜尾(ガンビ)。❻官の位。例 官銜(カンガン)。

【銜冤】(カンエン) 冤罪(=無実の罪)を受ける。また、それにより恨みをいだく。

【銜▼橛▼之変】(カンケツのヘン) 〔「橛」は、並んだウマにつけるくつわ〕ウマが暴れてくつわが外れ、車が転倒するような事故。〈司馬相如・上書諫猟〉

【銜▼恤】(カンジュツ) ①うれいをふくむ。悲しみをいだく。②父母の喪に服する。

【銜枚】(カンバイ) バイをふくむ 夜討ちや奇襲のとき、兵士やウマの口に木片をかませて、声を立てないようにする。

【銜尾】(ガンビ) 〔ウマのくつわと尾の意から〕前後につながる。

【銜尾相随】(ガンビあいしたがう) くつわと尾とがくっつくように、牛馬が連なって進んで行く。〈漢書・匈奴伝下〉

【銜▼勒】(カンロク) ウマのくつわ。

［鋏］

金6 (14) ⇩鋏(キョウ) (1363ジペー)

銀

金6 (14) ①2268 9280 教3

ギン㊊ ゴン㊒ 真 yín
しろがね

筆順 丿 𠆢 ⺈ 𠂉 钅 金 釒 釕 釕 鈤 鉬 銀 銀

なりたち  [形声]「金(=かね)」と、音「艮コン→ギン」とから成る。白みをおびた金属。

意味 ❶白色でつやのある貴金属。**ぎん**。**しろがね**。例 銀器(ギンキ)。銀山(ギンザン)。金銀(キンギン)。❷「❶」のような、白くてつやのある色。例 銀河(ギンガ)。銀世界(ギンセカイ)。銀髪(ギンパツ)。❸お金。貨幣。例 銀行(ギンコウ)。賃銀(チンギン)。

日本語での用法《ギン》「盤上(バンジョウ)の銀(ギン)」▼将棋の駒(こま)の銀将の略。

古訓 中古 しろかね 中世 しろかね 近世 しろかね

人名 かね

【銀▼鞍】(ギンアン) 銀の装飾をほどこした、くら。

【銀印】(ギンイン) 銀でできている印。

【銀花】(ギンカ) ①白色のスイカズラ。②銀製の造花。③ともしびや雪、また、白い小魚の形容。

【銀貨】(ギンカ) 銀をおもな成分として造られた貨幣。

【銀河】(ギンガ) 天(あま)の川。銀漢。天漢。例 疑是銀河落二九天一(うたごうらくはこれギンガのキュウテンよりおつるかと)(=《滝の勢いは》まるで天の川が高い空から流れ落ちてきたようである)。〈李白・望廬山瀑布〉

【銀管】(ギンカン) ①銀製の軸の筆。筆の美称。②銀文字で音の高さを記した笛。

【銀器】(ギンキ) 銀製のうつわ。

【銀▼杏】(ギンキョウ) ①(いちょう) イチョウ科の落葉高木。葉は扇形で、秋に黄色に色づく。実はギンナン。公孫樹(いちょう)。鴨脚樹(いちょう)。②(ギンナン)〔「ギンアン」の変化〕「①」の実。食用にする。

【銀甲】(ギンコウ) ①銀で飾ったよろい。②琵琶(ビワ)などの弦楽器をひくときの、銀製のつめ。

【銀行】(ギンコウ) ①両替所。②金融機関の一つ。預金・貸し付けなどをおこなう。例 普通―。③日 血液・眼球・人材などを必要に応じて確保・調達する機関。例 血液―。

【銀黄】(ギンコウ) ①金銀。②金印や銀印。高官が用いた。③黄色いひものついた銀印。銀印黄綬(コウジュ)。

【銀▼觥】(ギンコウ) 銀の杯。

【銀鉱】(ギンコウ) ①銀を含む鉱石。②「①」を産出する鉱山や鉱脈。銀山。

【銀▼鉤】(ギンコウ) ①銀製または銀色のかぎ状のもの。すだれかけや帯どめなどに用いた装飾品。②立派な筆跡。

【銀婚式】(ギンコンシキ) 日 結婚後二十五年目の祝い。シルバーウエディング。

【銀座】(ギンザ) 日 ①江戸幕府の開設した、銀貨の鋳造所。②現在の東京都中央区の町名。繁華街として知られる。③〔「②」から〕各地の地域名・町名の下につけて、繁華街の意に用いることば。

【銀山】(ギンザン) ①銀を産出する鉱山。例 石見(いわみ)―。②白い高波のさま。

【銀将】(ギンショウ) 日 将棋の駒(こま)の一つ。左右と後ろ以外の方向に一ますずつ進める。銀。

【銀子】(ギンス) ①銀。②銀貨。また、お金。貨幣。金銭。

【銀製】(ギンセイ) 日 銀でできていること。また、銀製品。

【銀世界】(ギンセカイ) 雪が降り積もって白一色になった様子。

【銀扇】(ギンセン) 銀色のおうぎ。銀箔(ギンパク)をはったおうぎ。

【銀▼箭】(ギンセン) 〔「箭」は、矢の意〕①時をはかる目盛りをつけた、銀で装飾した漏刻(=水時計)の棒。②〔きらめいて降りそそぐことから〕月光や雨。

【銀▼鍔】(ギンつば) 日 ①銀で飾った刀のつば。②「銀鍔焼き」の略。米の粉を練ってあんを包み、刀のつばの形に焼いた和菓子。

【銀泥】(ギンデイ) 銀粉をにかわと水でといたもの。絵や文字をかくのに用いる。白泥。例 紺地(コンジ)―の経文(キョウモン)。

【銀▼兎】(ギント) 月の別称。金兎。〔月にはウサギがいるという伝説から〕

【銀波】(ギンパ) ①月などの光が映って美しく見える波。例 金波(キンパ)―。②銀河。

【銀杯】(ギンパイ)【銀▼盃】(ギンパイ) 銀製のさかずき。

【銀▼牌】(ギンパイ) ①銀で文字が書かれた、ふだ。②日 銀製の賞牌(ショウハイ)。銀メダル。

【銀▼箔】(ギンパク) 銀をたたいて、紙のようにうすくのばしたもの。

【銀髪】(ギンパツ) 銀色の髪の毛。しらが。白髪(ハクハツ)。

【銀盤】(ギンバン) ①月。名月。玉盤。②銀製の皿や盆。③日 雪や氷の、美しい原野。また、スケートリンクのたとえ。

【銀粉】(ギンプン) 銀のこな。また、銀色のこな。

【銀▼屏】(ギンペイ) 銀箔(ギンパク)をほどこした屏風(ビョウブ)。例 珠箔銀屏邐迤開(シュハクギンペイリイとしてひらく)(=真珠のすだれ、銀の屏風が次々に開かれる)。〈白居易・長恨歌〉

【銀瓶】(ギンペイ) ①酒などを入れる銀のかめ。②美しい釣瓶(つるべ)。

【銀▼篦】(ギンペイ) 銀のかんざし。類 銀釵(ギンサイ)。

【銀幕】(ギンマク) 日 ①映画の映写用の幕。スクリーン。②映画。映画界。例 ―の女王(=人気映画女優)。

【銀翼】(ギンヨク) 日 銀色に輝く、飛行機のつばさ。

【銀輪】(ギンリン) ①銀で作った輪(わ)。銀色に光る輪。美しい車。②月。③日 自転車。

【銀▼鱗】(ギンリン) ①銀色に光る魚のうろこ。②魚。

【銀鈴】(ギンレイ) ①銀のすず。②澄んだ美しい声の形容。

【銀▼嶺】(ギンレイ) 雪で、銀色に輝く山。

【銀露】ギンロ 月光を受けて美しく輝く夜つゆ。

●金銀キンギン・水銀スイギン・白銀ハクギン・路銀ロギン

銈

金6（14） 3 9314 9288 ケイ㊥ 斉 jì

意味 金属製の圭ケイ。

鉸

金6（14） 3 9313 9278 コウ（カウ）㊥ 巧 jiǎo

意味 ❶はさみ。❷はさみで切る。難読 鉸具こか（＝革帯のとめ金）

鉿

金6（14） 4 9073 927F 一コウ（カフ）㊥ 洽 jiā 二コウ（カフ）㊥ 合 kē

意味 一錐きりなどで穴をあける音。例 鉿然コウゼン。二「鉿匝コウソウ」は、周囲をぐるりととりまくさま。

銗

金6（14） 4 9076 9297 コウ㊥ 尤 hóu

意味 「銗鏤コウロウ」は、青銅器の一種。釜かまの類。

銧

金6（14） 4 9079 92A7 コウ guāng

意味 元素の名。ラジウム（鐳ライ）の旧名。

銟

金6（14） 4 9078 929F サ㊥ 麻 chā

意味 魚を入れる器。

銖

金6（14） 2 7883 9296 シュ㊥㊤ 虞 zhū にぶ-い（にぶ-し）・わず-か（わづ-か）

意味 ❶重さの単位。一両の二十四分の一。❷わずかなもののたとえ。**わずか**。例 銖分シュブン。銖両シュリョウ。❸鋭くない。**にぶい**。例 其兵戈銖而無レ刃そのヘイカシュにしてやいばなし（＝その武器は切れ味が悪く、刃がついていなかった）。〈淮南・斉俗〉

【銖積寸累】シュセキスンルイ 〔わずかずつ積み重なっていく意〕地道に少しずつ努力を積み重ねること。〈蘇軾・裙靴銘〉 ㊟塵ちりも積もれば山となる。

【銖鈍】シュドン にぶい。鋭利でない。なまくらである。例 器械銖鈍キカイシュドンなり（＝武器が鋭利でない）。〈呉志・薛綜伝〉

【銖分】シュブン ①一銖と一分。わずかなこと。②細かく識別する。

【銖両】シュリョウ 一銖と一両。わずかな分量。また、わずかなこと。

銃

金6（14） 1 2938 9283 常用 シュウ（シウ）㊥ **ジュウ**（ジウ）㊤ 送 chòng つつ

筆順 銃

なりたち ［形声］「金（＝かね）」と、音「充ジュウ」とから成る。柄をとりつけるために斧おのにあけた穴。

意味 ❶斧おのの、柄をさしこむ穴。❷弾を込めて撃つ小型の火器。鉄砲。**つつ**。例 銃撃ジュウゲキ。銃声ジュウセイ。猟銃リョウジュウ。

古訓 近世 をの

人名 かね

【銃火】ジュウカ 日 銃を撃ったとき、銃口から出る火。また、その弾丸や射撃。例 ―を浴びせる。

【銃眼】ジュウガン 敵を見張り、あるいは銃撃するために、防壁にあける穴。

【銃器】ジュウキ 拳銃ケンジュウ・小銃・機関銃などの総称。

【銃撃】ジュウゲキ 銃でねらいうつ。例 ―戦。

【銃剣】ジュウケン ①銃と剣。②日 小銃の先につける短い剣。また、それをつけた銃。例 ―術。

【銃後】ジュウゴ 日 直接戦闘には加わらない一般の国民。また、戦場になっていない国内。例 ―の守り。

【銃口】ジュウコウ 銃で、弾丸の飛び出す筒先。例 ―を向ける。

【銃座】ジュウザ 日 射撃のときに銃を安定させる台。

【銃殺】ジュウサツ 日 銃で射殺する。また、その刑罰。例 ―刑。

【銃床】ジュウショウ 日 銃身を支える部分。

【銃身】ジュウシン 銃で、弾丸の飛び出す筒の部分。

【銃声】ジュウセイ 銃を撃つときの音。

【銃創】ジュウソウ 日 銃弾に撃たれて受けるきず。例 貫通―。

【銃弾】ジュウダン 銃の弾丸。

【銃把】ジュウハ 銃の、引き金を引くときににぎる部分。

【銃砲】ジュウホウ ①小銃と大砲。②銃器。例 ―店。

●機銃キジュウ・小銃ショウジュウ・短銃タンジュウ・猟銃リョウジュウ

鉽

金6（14） 4 9072 927D ショク㊥ 職 shì

意味 鼎かなえの一種。

銫

金6（14） 4 9080 92AB ショク sè

意味 元素の名。セシウム。参考 「鉋かんな」の異体字として用いられることがある。

銭

金6（14） 1 3312 92AD 教5 一**セン**㊥㊤ 銑 jiǎn 二**セン**㊥ ゼン㊤ 先 qián **ぜに**

［錢］

金8（16） 2 7902 9322 旧字体。

筆順 銭

なりたち ［形声］「金（＝かね）」と、音「戔セン」とから成る。農具のすき。また、ぜに。

意味 一すき。農具の一種。例 銭鎛センハク（＝すき。広く農具を指す）。二❶おかね。貨幣。**ぜに**。〔「ぜに」は、呉音「ゼン」の変化したものという〕例 銭貨センカ（＝ぜに。お金）。金銭キンセン。賽銭サイセン。❷重さの単位。一両の十分の一。

日本語での用法 《セン》「日歩ひぶ三銭サンセン」▼貨幣の単位。一円の百分の一。

古訓 中古 ゼニ 中世 ゼニ 近世 さかづき・ゼニ・たから

【銭形】ぜにがた 日 ①銭のかたち。②紙を銭のかたちに切りぬいたもの。神前に供える。紙銭かみぜに。

【銭貫】センカン 銭ぜにの穴に通して、ひとまとまりの銭にするひも。ぜにさし。㊟銭緡センビン。

【銭穀】センコク 金銭と穀物。また、租税。

【銭神】センシン 金銭の力を神にたとえた語。

【銭刀】セントウ 〔「刀」は、古代中国の、なたの形をした貨幣〕銭ぜに。お金。貨幣。㊟銭貨。

【銭湯】セントウ 日 入浴料金を払って入浴する湯。公衆浴場。風呂屋フロや。湯屋ゆや。洗湯。

【銭▼塘江】セントウコウ 浙江セッコウ省北部を流れる川。「海嘯カイショウ」で有名。浙江。

【銭▼帛】センパク 銭ぜにと絹織物。

【銭布】センプ 〔「布」は、古代中国の、平たい形をした貨幣〕お金。貨幣。

【銭文】センブン ①銭ぜにの表面に刻まれた文字。②貨幣。

【銭癖】センペキ 金銭を惜しむ性格。けち。

●木戸銭きどセン・金銭キンセン・小銭こぜに・身銭みぜに

銑

金6（14） 1 3313 9291 人 セン㊥ 銑 xiǎn ずく（づく）

なりたち ［形声］「金（＝かね）」と、音「先セン」とから成る。つやのある金属。

意味 ❶精錬されて、つやのある金属。❷小さな、のみ。例 銑鋧センケン。❸楽器の鐘の口の両角。❹両端を金で飾った弓。

日本語での用法 一《セン》《ずく》「銑鉄センテツ」▼鋳物や鋼はがねの

8画

［金］6画▼ 銈鉸鉿銗銧銟銖銃鉽銫銭銑

原料となる鉄。□二《つく》「銀銑(ギンくつ)の銑(くつ)」▼弓の両端の、弦(つる)をかけるところ。ゆはず。鈬(くつ)。

古訓 中古 かなかす・かなはずのゆみ・こがねのつつみ 中世 かなひかり・こがね 近世 きがね・このみ・つやあるこがね

人名 さね・てつ

【銑鉄】(センテツ・ずくテツ) 日 鉄鉱石を溶鉱炉などでとかして作った、不純物を含んだままの鉄。製鋼の材料とする。

銓

金6 (14) 2 7884 9293

セン 漢 先 quán

はかり・はか-る

意味 ❶はかりの分銅。❷はかり。❸重さをはかる。人の能力をはかる。**はかる**。例 銓衡(センコウ)。❹人物を選抜して官職を与える。例 銓選(センセン)。

【銓衡】(センコウ) 〔「衡」は、はかりのさおの意〕①はかり。②内容をよく吟味し、すぐれたもの、あるいはすばらしい人材をよりすぐる。審査。銓考。表記 ②は 現 選考

【銓次】(センジ) ①人物を評価して順序をつける。②順序どおりに並べる。順位。

【銓叙】(センジョ) 才能を評価し、優劣に応じて官位を与える。

【銓選】(センセン) 才能を評価して人物を選び出し、適切な官職に任命する。類 銓簡・銓補(センポ)。

【銓廷】(センテイ) 人物を評価して登用する役所。尚書省の吏部。類 銓部。

銛

金6 (14) 2 7885 929B

セン(セム) 漢 塩 xiān

すき・もり

意味 ❶土を掘り起こす農具。**すき**。❷投げつけて魚を刺す道具。**もり**。❸鋭い。例 銛鋭(センエイ)。銛鍔(センガク)。

【銛鋭】(センエイ) するどい。刀の切れ味がよい。類 銛利。

【銛▼戈】(センカ) 鋭いほこ。類 銛戟(センゲキ)・銛矛(センボウ)。

【銛▼鍔】(センガク) よく切れるやいば。

銍

金6 (14) 4 9075 928D

チツ 漢 質 zhì

意味 ❶イネを刈る鎌(かま)。❷刈り取る。かる。例 銍艾(チツガイ)(=刈り取る)。

銚

金6 (14) 1 3624 929A

□一 チョウ(テウ) 漢 嘯 diào

ヨウ(エウ) 漢 蕭 yáo

□二 チョウ(テウ) 漢 蕭 tiáo

意味 □一 ❶土を耕す農具。すき。例 銚耨(チョウドウ)(=すきと、くわ)。❷取っ手のついたなべの類。飲食物を温める器。例 銚銚(ドウチョウ)。□二 武器の一種。ほこ。

日本語での用法 《チョウ》「銚子(チョウシ)」▼柄の長い、酒をつぐ容器。また、酒を入れてあたためる容器。

難読 銚釐(ちろり)(=酒の燗(カン)をする、金属製で筒状の道具)

【銚子】(チョウシ) ①柄とつぎ口のある湯沸かし。②日 酒を入れる器。細長く口がすぼんでいる。徳利(トクリ)。例 お―一本をつける。③日 酒を杯につぐための、長い柄をつけた器。

［銕］

金6 (14) ⇩鉄(テツ)(1358ページ)

銅

金6 (14) 1 3828 9285 教5

トウ 漢 ドウ 呉 東 tóng

あかがね・あか

筆順 ノ 𠆢 亼 今 伞 余 金 釦 釦 銅 銅 銅

なりたち  [形声]「金(=かね)」と、音「同(トウ)」とから成る。赤みをおびた金属。

意味 ❶やわらかく、熱や電気をよく伝える金属。**どう**。**あかがね**。**あか**。例 銅器(ドウキ)。銅像(ドウゾウ)。❷お金。貨幣。例 銅臭(ドウシュウ)。銅剣(ドウケン)。❸青銅。銅とすずの合金。ブロンズ。例 銅鏡(ドウキョウ)。銅剣(ドウケン)。

古訓 中古 あかがね 中世 あかがね 近世 あかがね

人名 かね

難読 青銅(からかね)

【銅貨】(ドウカ) 銅で作った貨幣。銅銭。

【銅器】(ドウキ) 銅や青銅などで作ったうつわや道具。

【銅鏡】(ドウキョウ) 青銅で作ったかがみ。

【銅剣】(ドウケン) 青銅で作った剣。

【銅▼壺】(ドウコ) ①銅で作った水時計。漏刻。②日 長火鉢やかまどなどの灰にうめて湯をわかす、銅や鉄で作ったつぼ。

【銅虎符】(ドウコフ) トラの形に作った、銅製の割り符。一方は都に置き、他方は郡守に与え、軍を動かす際の使者のしるしとして用いた。

【銅山】(ドウザン) 銅のとれる山。例 足尾(あしお)―。

【銅▼雀台(臺)】【銅爵台(臺)】(ドウジャクダイ) 魏(ギ)の曹操(ソウソウ)が鄴(ギョウ)(=今の河北省臨漳(リンショウ)県)に築いた展望台。銅雀(=銅製の鳳凰(ホウオウ))を屋上に置いたことからいう。

【銅臭】(ドウシュウ) 金銭の力で出世した人や、財産をほこる人などをさげすんでいうことば。例 ―のある俗人。

【銅▼鉦】(ドウショウ) ①「銅鑼(ドウラ)」に同じ。②太陽。〔銅鑼(ドウラ)のように円いことから〕

【銅青】(ドウセイ) 銅の表面が酸化してできたさび。緑青(ロクショウ)。

【銅銭】(ドウセン) 「銅貨(ドウカ)」に同じ。

【銅像】(ドウゾウ) 銅や青銅で作った像。

【銅▼鐸】(ドウタク) 日 弥生(やよい)時代に作られた釣り鐘形の青銅器。祭器だったといわれる。

【銅▼牌】(ドウハイ) ①銅製のふだ。②(賞として与える)銅製の賞牌(ショウハイ)。

【銅板】(ドウバン) 板にのばした銅。銅の板。

【銅版】(ドウバン) 銅を使った印刷用の原版。銅板に直接彫りこんだり、薬品で腐食させたりして作る。例 ―画。

【銅盤】(ドウバン) 銅で作った、たらい。

【銅墨】(ドウボク) 銅印(=銅製の印章)と墨綬(ボクジュ)(=黒色のひも)。県令が用いた。銅印墨綬。

【銅▼鑼】(ドウラ・ドラ) 青銅で作った円盤状の打楽器。つるしてばちで打つ。法会(ホウエ)や出帆の合図に打ち鳴らす。銅鉦(ドウショウ)。例 ―焼(ドラや)き(=和菓子の名。形が銅鑼に似ることから)。

●赤銅(シャクドウ)・青銅(セイドウ)・分銅(フンドウ)

鉼

金6 (14) 4 9071 927C

□一 ヘイ 漢 梗 bǐng

□二 ヘイ 漢 青 píng

意味 □一 金や銀を円く平らにのばしたもの。のべがね。□二 水などを入れる器。かめ。通 瓶(へイ)。

鉾

金6 (14) 1 4340 927E

ボウ 漢 ム 呉 尤 móu

ほこ

意味 刀のきっさき。ほこさき。

日本語での用法 《ほこ》「鉾(ほこ)を収(おさ)める(=戦いをやめる)・山鉾(やまぼこ)(=祭礼の山車(だし))」▼柄の先に両刃の剣をつけた武器。矛(ほこ)。

鋩

金6 (14) 2 7890 92E9

ボウ(バウ) 漢 陽 máng

きっさき

意味 刃物などのさき。**きっさき**。例 鋒鋩(ホウボウ)。剣鋩(ケンボウ)。

銘

金6 (14) 1 4435 9298 常用

メイ 漢 ミョウ(ミャウ) 呉 青 míng

しる-す

筆順 ノ 𠆢 亼 今 伞 余 金 鈔 鈔 鈔 銘

なりたち 〔金文の字形〕 [形声]「金(=かね)」と、音「名メイ」とから成る。金属に刻んでしるす。

意味 ❶器物や刀剣に作者名や製作のいわれなどを刻む。また、その刻まれた文章。例 刀銘(トウメイ)。無銘(ムメイ)。❷文体の一つ。人の功徳(コウトク)をしるした韻文で、石板や石碑などに刻んで死者をたたえる。例 墓誌銘(ボシメイ)。墓碑銘(ボヒメイ)。❸深く心にとどめて忘れない。心に刻む。**しるす**。例 銘記(メイキ)。肝銘(カンメイ)。感銘(カンメイ)。❹戒めのことば。例 座右(ザユウ)の銘(メイ)。❺葬儀のときに用いる、死者の名前を記した旗。例 銘旌(メイセイ)。

日本語での用法 《メイ》「銘菓(メイカ)・銘柄(メイがら)・銘酒(メイシュ)・銘茶(メイチャ)」▼上質で有名な品物。

古訓 中古 あらはす・きざむ・しるし・しるす・ちりばむ・みがく 中世 あらはす・きざす・しるす・ちりばむ・ゑる 近世 あらはす・きざむ・しるす・なづくる

人名 あき・かた・な

【銘戒】(メイカイ) ①心に深く感じ入った、いましめ。 ②金属器や石碑に刻まれた、いましめのことば。

【銘柄】(メイがら) 日 ①他と区別するため、商品につける名前。商標。ブランド。また、品質のよい商品。例 —品。米の—。 ②〔経〕市場で取引される際の、商品や株式などの名前。例 —売買。

【銘記】(メイキ) ①金属器や石碑に刻みつけた文字。また、ことばや文章。例 造像—。 ②日 深く心に刻みつけ、決して忘れない。類 銘肝。例 心に—する。

【銘肌▼鏤骨】(メイキルコツ) 〔肌に刻み、骨に彫りこむ意〕心に深く刻みこんで忘れない。〈家訓・序致〉類 銘心鏤骨。

【銘刻】(メイコク) ①金属器や石碑に文字を刻みつける。また、その文字。②心に深く刻みこんで記憶する。

【銘心】(メイシン) 心に(こころに)銘ず(メイず) 深く心に刻みこむ。長く記憶して忘れない。類 銘感・銘佩(メイハイ)。

【銘仙】(メイセン) 日 絹織物の一つ。普段着・布団地などに用いる。

【銘刀】(メイトウ) 作者の名を刻みつけてある刀。

【銘文】(メイブン/メイモン) 金属器や石碑に刻みつけた文章。

【銘木】(メイボク) 日 質が高い、あるいは色や形、模様などが珍しい上等の材木。床の間の柱などに用いる。

【銘銘】(メイメイ) 日 〔「面面」の転〕おのおの。ひとりひとり。各自。例 —皿。

●肝銘(カンメイ)・感銘(カンメイ)・正真正銘(ショウシンショウメイ)・墓誌銘(ボシメイ)

鋆 金7(15) 4 9086 92C6

意味 ■一 イン(キン)漢 真 yún 金塊。■二 キン jūn 人名などに用いる字。

鋭 金7(15) 1 1752 92ED 常用 エイ 漢 呉 霰 ruì するどい(するど-し)

[銳] 金7(15) — 92B3 旧字体。

筆順 〔鋭の筆順〕

なりたち 〔篆文の字形〕 [形声]「金(=かね)」と、音「兌イタ→イエ」とから成る。草の葉のとがった先。

意味 ❶先が細くとがっている。**するどい**。例 鋭角(エイカク)。先鋭(センエイ)。❷刃物がよく切れる。**するどい**。例 鋭利(エイリ)。❸動きがすばやい。勢いがよい。はやい。かしこい。例 鋭敏(エイビン)。気鋭(キエイ)。新鋭(シンエイ)。❹するどい武器。強い兵士・軍隊。例 鋭騎(エイキ)。鋭兵(エイヘイ)。精鋭(セイエイ)。

古訓 中古 すすむ・するど・するどなり・とがる・とぐ・とし・みがく 中世 とし・ほこ 近世 するどし・とがる・とし・ほこ

人名 さとき・さとし・すすむ・とき・とし・はや・はやし

【鋭意】(エイイ) ①強い意志。類 鋭志。 ②熱心に努めるさま。懸命に。例 —努力します。

【鋭角】(エイカク) 〔数〕直角より小さい角。対 鈍角。例 —三角形。

【鋭気】(エイキ) ①するどい気性。②元気な勢い。

【鋭騎】(エイキ) よりすぐりの騎兵。

【鋭師】(エイシ) よりすぐりの軍隊。例 斉魏各出二鋭師一(セイギおのおのエイシをいだす)(=斉と魏はそれぞれ精鋭の軍団を出動させた)。〈史記・蘇秦伝〉

【鋭敏】(エイビン) ①頭の回転がはやく、かしこいさま。 ②感覚・感受性のするどいさま。敏感。例 —な感覚をもつ。

【鋭兵】(エイヘイ) ①勇敢で強い兵士。類 鋭卒。②するどい武器。

【鋭▼鋒】(エイホウ) ①攻撃などのするどい、ほこ先。厳しい攻撃。②言論などにより厳しく責めたて、批判すること。

【鋭利】(エイリ) ①刃物の切れ味がよく、するどいさま。例 —な刃物。②思考力や判断力などがするどいさま。鋭敏。例 —な判断力。

●気鋭(キエイ)・新鋭(シンエイ)・精鋭(セイエイ)・先鋭(センエイ)

錺 金7(15) 2 7905 933A 国字 かざり

意味 かんざしなどの装身具や家具などの、金属製のかざり細工。例 錺師(かざりシ)。錺職(かざりショク)。錺屋(かざりや)。

𨦺 金7(15) 4 9081 289BA 国字 かな・かま

意味 人名などに用いる字。例 𨦺口(かなぐち/かまぐち)(=姓)。

鋎 金7(15) 4 9087 92CE カン(クヮン)漢 潸 hàn

意味 ❶やいば。❷かたな。

[銲] 金7(15) ⇨ 釬カン(1354ジペー)

鋏 金7(15) 2 7887 92CF キョウ(ケフ)漢 呉 葉 jiá はさみ

[𨦇] 金6(14) 4 9069 28987 俗字。

意味 ❶(かじ屋が)熱した金属をはさむ工具。かなばさみ。かなばし。❷つるぎ。刀。また、刀のつか。例 剣鋏(ケンキョウ)(=刀のつか)。長鋏(チョウキョウ)(=長い剣)。

日本語での用法 《はさみ》「糸切(いとき)り鋏(ばさみ)・紙鋏(かみばさみ)・裁(た)ち鋏(ばさみ)・爪切(つめき)り鋏(ばさみ)・握(にぎ)り鋏(ばさみ)・花鋏(はなばさみ)」▼紙や布など、ものをはさんで切る各種の道具。

鋗 金7(15) 4 9089 92D7 ケン(クェン)漢 先 xuān

意味 ❶なべの一種。❷清掃する。通 涓ケ。例 鋗人(ケンジン)(=宮中の清掃をつかさどる役)。❸宝玉の鳴る音。

鋧 金7(15) 4 9092 92E7 ケン 漢 銑 xiàn

意味 ❶小さな矛(ほこ)のような武器。❷「銑鋧(センケン)」は、小さな、のみ。また、一種の手裏剣。

鋙 金7(15) 4 9090 92D9 ■一 ギョ 漢 ゴ 呉 語 yǔ ■二 ゴ 漢 虞 wú

意味 ■一「鉏鋙(ソゴ)」は、くいちがうさま。齟齬(ソゴ)。■二「錕鋙(コンゴ)」は、伝説上の山の名。また、その山から採れる鉄で作った宝剣の名。

鋐 金7(15) 4 9088 92D0 コウ(クヮウ)漢 庚 hóng

意味「鉱鉱(コウコウ)」は、音の大きなさま。

銹 金7(15) ②7888 92B9 シュウ(シウ)漢 宥 xiù さび
[鏥] 金11(19) ②7921 93E5 別体字。
[鏽] 金13(21) ③9339 93FD 別体字。
意味 金属の表面が酸化してできるもの。さび。さびる。例 鉄銹(テッシュウ)(=鉄さび)。

鋤 金7(15) ①2991 92E4 ショ漢 ジョ呉 魚 chú すく・すき
意味 ❶田畑を耕す農具。**すき**。また、耕す。**すく**。例 鋤穀(ジョコク)(=田を耕して穀物を作る)。鋤耨(ジョドウ)(=すき)。鋤理。❷除き去る。根だやしにする。例 鋤除(ジョジョ)(=悪いものを除く)。
【鋤▼耰】ジョユウ すきと、土をならす農具。
【鋤理】ジョリ 土を耕し、草を取り去り整地する。
【鋤▼犂】ジョレイ|ジョリ すき。農具。また、農作業。例 縦有三健婦把二鋤犂一、禾生三隴畝一無二東西一(たとえケンプのジョリをとるあるも、カはロウホにショウじてトウザイなし)(=たとえけなげな妻たちが耕具をとって働いても、作物は田畑のあちこちに勝手に生えるばかり)。〈杜甫・兵車行〉

銷 金7(15) ②7889 92B7 ショウ(セウ)漢 蕭 xiāo きえる(きゆ)・けす・とける(とく)
意味 ❶金属をとかす。とかす。**とける**。例 銷金(ショウキン)。銷鑠(ショウシャク)。❷つきる。つくす。**きえる**。**けす**。通消。例 銷失(ショウシツ)。銷暑(ショウショ)。❸衰える。例 銷弱(ショウジャク)(=衰弱する)。
表記 現代表記では「消」に書きかえることがある。熟語は「消」も参照。
【銷夏】ショウカ 暑さをしのぐ。暑さよけ。銷暑。消夏。
【銷金】ショウキン 金属をとかす。また、とかした金属。
【銷骨】ショウコツ|ほねをとかす 中傷の害がはなはだしいこと。例 積毀銷レ骨(セッキほねをとかす)(=そしりが重なると、かたい骨までとかす)。〈鄒陽・獄中上書自明〉
【銷失】ショウシツ 消えうせる。消失。
【銷▼鑠】ショウシャク とける。とけてなくなる。
【銷暑】ショウショ 暑さをしのぐ。銷夏。消暑。
【銷沈】ショウチン ①勢いがなくなる。②消失する。消える。▽消沈。
【銷▼鋒鋳▼鐻】ショウホウチュウキョ|ホウをとかしキョをいる 武器をとかして、釣り鐘をかける道具を作る。武器を廃することをいう。〈史記・太史公自序〉
【銷落】ショウラク 消えうせる。また、散り落ちる。消落。

銿 金7(15) ④9084 92BF 一ショウ漢 冬 zhōng 二ヨウ漢 冬 yōng
意味 一かね。通鐘。二大きな鐘。通鏞。

鋠 金7(15) ③9319 92E0 シン漢 軫 shèn
意味 丸い鉄のかたまり。

鋟 金7(15) ― 92DF シン漢呉 寝 qǐn
意味 刻みつける。ほる。
【鋟▼梓】シンシ|シにきざむ 版木に彫る。また、印刷する。類 鋟板(シンパン)。

鋋 金7(15) ③9316 92CB セン・エン漢 先 chán/yán
意味 鉄製の柄のついた短い矛(ほこ)。例 刀鋋(トウセン)。

鋳 金7(15) ①3582 92F3 常用 チュウ(チウ)慣 シュ漢 遇 zhù いる
[鑄] 金14(22) ②7941 9444 人 旧字体。
筆順

なりたち

[形声]「金(=かね)」と、音「壽(シュウ→シュ)」とから成る。金属をとかす。
意味 ❶金属をとかして型に流しこみ、器物を作る。**いる**。例 鋳型(チュウケイ)。鋳造(チュウゾウ)。鋳鉄(チュウテツ)。❷人材を養成する。例 鋳人(チュウジン)(=人材を養成する)。
古訓 中古 いもの・いる・ねやす 中世 いもの・いる 近世 いかた・いる
人名 い
【鋳型】いがた ①とかした金属を流しこんで器物を作るための型。②ものごとをはめこむ、一定の型。例 ―にはめる。
【鋳金】チュウキン「鋳造(チュウゾウ)」に同じ。例 ―家。
【鋳山煮海】チュウザンシャカイ|やまをいうみをにる〔山にある銅で貨幣を鋳造し、海水を煮て塩をつくる意〕資源を活用すること。〔〈史記・呉王濞伝〉から〕
【鋳銭】チュウセン 貨幣を鋳造する。また、その貨幣。類 鋳貨。
【鋳造】チュウゾウ 高熱でとかした金属を鋳型(いがた)に流しこんで、器物を作る。鋳金。例 ―貨幣。活字を―する。
【鋳鉄】チュウテツ 炭素を約二パーセント以上含む鉄。鋳造の材料にする。
【鋳物】チュウブツ|いもの 高熱でとかした金属を鋳型(いがた)に流しこんで道具や器物を作ること。また、そうして作った道具や器物。対 打ち物。例 ―師。
● 改鋳(カイチュウ)・新鋳(シンチュウ)

鋌 金7(15) ③9317 92CC 一テイ漢 迥 dìng 二テイ漢 迥 tǐng
意味 一❶銅や鉄の鉱石。あらがね。通錠。❷のべがね。通錠。❸金や銀のかたまりや墨を数える語。二疾走する。はしる。例 鋌走(テイソウ)(=速く走る)。

鋓 金7(15) ③9318 92D3 テン(テム)漢 塩 chān
意味 するどい。

鋀 金7(15) ④9085 92C0 トウ漢 尤 tōu
意味 良質の銅の鉱石。黄銅鉱。通鍮。

鋥 金7(15) ④9091 92E5 トウ(タウ)漢 敬 zèng
意味 磨いて光らせる。

𨦻 金7(15) ④9082 289BB 国字 なた
意味 地名などに用いる字。例 十𨦻平(となたひら)(=秋田県の地名)。

錵 金7(15) ②7906 9335 国字 にえ
意味 日本刀の焼き入れをしたときに刀身にあらわれる、銀砂子(ギンすなご)をまいたような模様。地の粒子は比較的粗(あら)い。沸(にえ)(=「煮え」の意)。

鋲 金7(15) ①4138 92F2 国字 ビョウ(ビャウ)
意味 頭部が丸くて大きい金属製の留め具。リベット。例 鋲釘(ビョウくぎ)。画鋲(ガビョウ)。

[鋪] 金7(15) ⇩舗(114ページ)

鋒

金7(15) 1 4315 92D2 人

ホウ 漢 冬 fēng
ほこさき・ほこ・きっさき

なりたち ［形声］本字は「鏠」で、「金(=かね)」と、音「逢(ホウ)」とから成る。武器の先端。

意味 ❶刃物の先のとがった部分。**きっさき**。**ほこさき**。また、**ほこ**。例 鋒鋩(ホウボウ)。舌鋒(ゼッポウ)。筆鋒(ヒッポウ)。❷勢いの鋭いもののたとえ。例 鋒起(ホウキ)。❸軍隊の先頭。さきて。例 先鋒(センポウ)。

古訓 中古 きり・さき・とがる・はり・ひしほこ・ほこ・ほこのさき 中世 きつさき・さき・ほこ・ほこさき 近世 きつさき・ほこさき

人名 さき

難読 鋒矢(とがりや)・先鋒(さきや)

【鋒気】(ホウキ) 鋭い気迫。激しく立ち向かう気迫。

【鋒起】(ホウキ) 次々と勢いよく起こる。蜂起(ホウキ)。類 鋒出。

【鋒▼俠】(ホウキョウ) 鋭い気性の男だて。

【鋒刃】(ホウジン) ほこさき。兵器をいう。

【鋒▼芒】【鋒▼鋩】(ホウボウ) ①刀や槍(やり)の先。きっさき。ほこさき。②議論・話しぶりや気性・気迫が鋭いこと。▽鋭鋒。

【鋒利】(ホウリ) ①鋭い。鋭利。②言論などが鋭いさま。

鋂

金7(15) 3 9315 92C2

バイ 漢 マイ 呉 灰 méi

意味 猟犬の首輪のくさり。大環が二つの小環を貫いたもの。

鋃

金7(15) —— 92C3

ロウ(ラウ) 漢 呉 陽 láng

意味 「鋃鐺(ロウトウ)」は、囚人をつなぐくさり。

錏

金8(16) 2 7891 930F

ア 漢 麻 yā
しころ

意味 かぶとの左右や後方に垂らした、首すじを覆う防具。**しころ**。例 錏鍜(アカ)(=しころ)。

錥

金8(16) 3 9324 9325

イク 漢 屋 yù

意味 水を温めるうつわ。

鍈

金8(16) 3 9325 9348

エイ 漢 庚 yīng

意味 鈴の音。通 鉠(エイ)。

錧

金8(16) 4 9110 9327

カン(クヮン) 漢 旱 guǎn

意味 轂(こしき)の外側を覆う金具。例 錧鎋(カンカツ)。

【錧▼鎋】(カンカツ) ①車軸に車輪を固定させるための器具。②もののかなめ。例 論語者、五経之錧鎋(ロンゴは、ゴケイのカンカツなり)(=論語は五経の経典のかなめである)。〈趙岐・孟子題辞〉

錡

金8(16) 3 9323 9321

キ 漢 支 qí

意味 ❶三本の足がついた釜(かま)。例 錡釜(キフ)(=三本足のかま)。❷工具の名。一種の鑿(のみ)。また、のこぎりの類。

鋸

金8(16) 1 2188 92F8 人

キョ 漢 コ 呉 御 jù
のこぎり・のこ

なりたち ［形声］「金(=かね)」と、音「居(キョ)」とから成る。のこぎり。

意味 ❶木をひき切る道具。**のこ**。**のこぎり**。例 鋸牙(キョガ)。鋸歯(キョシ)。❷のこぎりでひき切る。ひく。❸昔の刑罰の道具で、足をひき切るのこぎり。また、その刑罰。例 刀鋸(トウキョ)。

古訓 中古 のこぎり・のほぎり 中世 のこぎり 近世 のこぎり・のほぎり

難読 大鋸(おが)・大鋸屑(おがくず)・大鋸挽(おがひき)

【鋸牙】(キョガ) ①のこぎりの歯。②鋭いきば。

【鋸歯】(キョシ) ①のこぎりの歯。例 ―文(キョシモン)。②植物の葉のふちなどにあるギザギザの切りこみ。③のこぎりの歯のように鋭いきば。鋸牙(キョガ)。

【鋸匠】(キョショウ) のこぎりをたくみに用いて木材を切る職人。

【鋸▼屑】(キョセツ) ①のこぎりで木を切るときに出る、くず。おがくず。のこくず。②ことばや文章がすらすらと出ること。

錦

金8(16) 1 2251 9326 常用

キン(キム) 漢 寝 jǐn
にしき

筆順 𠆢 亼 金 釒 鈩 鉑 錦 錦

なりたち ［形声］「帛(=きぬおりもの)」と、音「金(キン)」とから成る。美しい織物。

意味 ❶さまざまな色の糸を織りこんだ、美しい模様の絹織物。**にしき**。例 錦衣(キンイ)。錦旗(キンキ)。錦繡(キンシュウ)。❷にしきのように美しい。例 錦雲(キンウン)(=美しい彩りの雲)。錦地(キンチ)。

古訓 中古 にしき 中世 にしき 近世 にしき

人名 あや・かね

【錦衣】(キンイ) にしきの着物。立派な生活のたとえ。

【錦衣玉食】(キンイギョクショク) 美しい衣服と上等の食事。ぜいたくな生活のたとえ。〈小学・善行〉例 ―を好む。

【錦官城】(キンカンジョウ) 四川省成都の別称。〔にしきを管理する役所が置かれたことから〕類 錦城。例 花重錦官城(はなはキンカンジョウにおもし)(=雨に打たれた)花は錦官城でしっとりと重たげに咲いている)。〈杜甫・春夜喜雨〉

【錦旗】(キンキ) ①にしきで作った旗。②日 赤地のにしきに金銀で日月あるいはキクの花をかたどった旗。天皇の旗、また、官軍のしるしとして用いられた。にしきのみはた。

【錦▼綺】(キンキ) にしきと、あやおり。美しい絹織物。

【錦▼衾】(キンキン) にしき織りの布団。類 錦被(キンピ)。

【錦字】(キンジ) ①前秦(ゼンシン)の竇滔(トウトウ)の妻、蘇蕙(ソケイ)が遠方にいる夫を慕って送った、にしきに織りこんだ回文の詩。錦字書。②妻が夫を慕って送る手紙。③美しい文章。

【錦▼瑟】(キンシツ) 瑟(シツ)(=琴に似た楽器)の美称。

【錦▼繡】(キンシュウ) ①にしきと、刺繡(シシュウ)をほどこした織物。美しい織物や着物をいう。例 綾羅(リョウラ)―をまとう。②美しい花・紅葉・詩文などのたとえ。

【錦▼繡腸】(キンシュウのはらわた) 自在に美しい詩文を作ること。〈蘇軾・王晋卿示詩欲奪海石復次前韻〉

【錦上添レ花】(キンジョウはなをそう) ①美しいにしきの上に美しい花をおく。美しく立派なものに、さらに磨きをかけること。〈黄庭堅・了了庵頌〉②富貴の人にこびる。対 雪中送レ炭(セッチュウすみをおくる)。

【錦心▼繡口】(キンシンシュウコウ) すばらしい考えと美しいことば。詩や文章の才能をたたえていうことば。〈柳宗元・乞巧文〉

【錦地】(キンチ) 〔美しい土地の意〕相手の住む土地を敬っていうことば。貴地。

【錦帳】(キンチョウ) ①にしきで作った美しいとばり。例 蘭省花時錦帳下(ランショウのはなのときキンチョウのもと)(=尚書省の役人として花咲く時節、にしきのとばりの下にいる)。〈白居易・廬山草堂夜雨独宿寄牛二李七庾三十二員外〉②郎官(=天子側近の官)のこと。錦帳郎。〔漢代、尚書郎(=書記官)が当直のときに「①」を支給されたことから〕

【錦▼囊】(キンノウ) ①にしきの袋。②作った詩稿を入れる袋。〔唐の詩人李賀(リガ)は、よい詩句ができると、にしきの袋に入れたという故事から〕

【錦帆】(キンパン) ①にしきで作った豪華な帆。また、にしきの帆をもつ船。②殺人・略奪をおこなう亡命の徒。〔三国時代、亡命者などを集めて各地を暴れまわった甘寧が、豪華なにしきで舟をつないだことから〕

【錦▼楓】キンプウ ①紅葉したフウ。②日紅葉したカエデ。

【錦▼袍】キンポウ ①にしきの上着。②唐の詩人、李白リハクのこと。錦袍仙。〔「①」を着て舟に乗り、自由に生きたことから〕

【錦▼鱗】キンリン にしきのようなうろこ。美しい魚。

【錦絵】にしきエ 日多色刷りの木版による浮世絵。

【衣レ錦還レ郷】にしきをきてキョウにかえる 出世し金持ちになって、晴れやかに故郷へ帰る。故郷に錦を飾る。〈南史・劉之遴伝〉

【衣レ錦▼褧衣】にしきをきてケイイす 美しいにしきの衣服の上にアサの単衣ひとえを重ねる。華麗さをかくす。美徳や功績を誇らないこと。衣レ錦尚レ絅にしきをきてケイをくわう。〈詩経・衛風・碩人〉

【衣レ錦尚レ▼絅】にしきをきてケイをくわう 「衣レ錦褧衣にしきをきてケイイす」に同じ。〈中庸〉

【衣レ錦夜行】にしきをきてよるゆく ⇩【衣レ繡夜行】シュウをきてよるゆく（1058ジペー）

錮

金8(16) 2 7894 932E 常用

コ漢 遇 gù

ふさ-ぐ

筆順 𠆢 𠂉 金 釕 釦 鈤 錮 錮

なりたち [形声]「金(=かね)」と、音「固コ」とから成る。金属を溶かして補修する。

意味 ❶とかした金属を流しこんで、すきまをふさぐ。鋳掛いかけをする。ふさぐ。❷官職につくことを禁止する。例 錮ニ商賈一不レ得ニ宦為レ吏ショウコをコしてカンしてリとなるをえざらしむ(=商人が仕えて役人となることを禁じた)。〈後漢書・桓譚伝〉 ❸とじこめる。例 禁錮キンコ。❹かたい。かたくする。通固。❺病気が治りにくい。例 錮疾コシツ(=ながわずらい)。通痼。

古訓 中古 かたし・かたむ・かためたり 中世 いる・かたし・とどむ・ふさぐ 近世 いかける・いふさぐ・ふさぐ

鋼

金8(16) 1 2561 92FC 教6

コウ(カウ)漢 陽 gāng

はがね

筆順 𠆢 𠂉 金 釕 釦 鈳 鋼 鋼

なりたち [形声]「金(=かね)」と、音「岡コウ」とから成る。焼きを入れて、きたえた鉄。

意味 ❶かたくきたえた鉄。はがね。スチール。例 鋼材ザイ。鋼鉄テツ。製鋼セイ。❷かたい。

古訓 中古 かがみ・くろがね 中世 ねりかね 近世 きたひかね・ねりかね・はがね

人名 かた・たけ・たけし

【鋼玉】コウギョク 日酸化アルミニウムから成る鉱物。赤いものをルビー、青いものをサファイアという。コランダム。

【鋼材】コウザイ 日工業・建築・機械などの材料としての鋼鉄。

【鋼索】コウサク 日針金状のはがねをより合わせて作った、つな。ワイヤロープ。例 ―鉄道(=ケーブルカー)。

【鋼鉄】コウテツ 日①炭素を二パーセント以下にして、強くかたくした鉄。はがね。スチール。鋼コウ。②強く、かたいもののたとえ。

【鋼板】コウハン 日鋼鉄の板。

●精鋼セイコウ・鋳鋼チュウコウ・鉄鋼テッコウ

錕

金8(16) 4 9107 9315

コン漢 元 kūn

意味 「錕鋙コンゴ」は、伝説上の山の名。また、その山から採れる鉄で作った宝剣の名。

錣

金8(16) 4 9102 92F7

一サイ漢 隊 zuì 二ジョウ(デフ)漢 葉 niè

意味 一錐きりの一種。二毛などを抜きとる道具。けぬき。通鑷ジョウ。

錯

金8(16) 1 2688 932F 常用

一サク漢 シャク呉 薬 cuò 二ソ漢 遇 cù

あやま-る・ま-じる

筆順 𠆢 𠂉 金 釒 鉗 錯 錯 錯

なりたち [形声]「金(=かね)」と、音「昔セキ→サク」とから成る。めっきする。

意味 一❶めっきをする。また、象眼ゾウガンする(=金銀などをはめこむ)。例 錯刀サクトウ。❷みがく。また、砥石といし。やすり。例 他山之石、可ニ以為レ錯タザンのいし、もってサクとなすべし(=ほかの山の石は、宝玉をみがくための砥石とすることができる)。〈詩経・小雅・鶴鳴〉 ❸まじる。まじわる。例 交錯コウサク。❹ふぞろいにかさなる。入り乱れる。例 錯雑ザツ。錯乱サクラン。❺くいちがう。まちがえる。あやまる。たがう。例 錯覚サッカク。❻入りまじる。交互にあらわれる。例 錯行コウ。❼入れ墨をする。例 錯臂サクヒ。二❶配置する。設置する。おく。通措。例 錯置ソチ(=うまく処置する)。❷放置する。放っておく。おく。例 刑錯而不レ用ケイはおきてもちいず(=刑罰は置いたまま用いない)。〈荀子・議兵〉 ❸ほどこす。おこなう。例 錯法ホウ(=法を施行する)。

古訓 中古 あやまち・あやまつ・あやまる・おく・きかふ・こすり・する・たがふ・まじはる・みがく・みだる・やすり 中世 あやまり・あやまる・おく・こすり・まじはる・みだる 近世 あやまる・おく・こすり・たがふ・といし・まじはる・やすり

【錯▼迕】サクゴ ①「錯雑ザツ」に同じ。②入り乱れて生ずる、意にそわないくいちがい。例 人事多ニ錯迕一ジンジサクゴおおし(=人の世は思うにまかせぬもの)。〈杜甫・新婚別〉

【錯誤】サクゴ ①あやまり。まちがい。また、不正確なさま。例 試行―。②一致しない。すれちがう。くいちがい。例 時代―。

【錯行】サッコウ コウ ①入りまじって事が進行する。めぐりゆく。②通常の状態が乱れる。

【錯雑】サクザツ まとまりなく入りまじる。また、入りまじって複雑なさま。錯迕ゴ。錯綜ソウ。例 ―した世の中。

【錯視】サクシ 日目の錯覚。視覚上の錯覚。ある図形の大きさ・長さ・方向などが、周囲の図形の影響を受けて、実際とは異なって見えること。

【錯節】サクセツ ①入りくんだ木の節ふし。②こみいっていて解決のむずかしいこと。例 盤根―。

【錯▼舛】サクセン くいちがって乱れる。秩序がない。

【錯▼綜】サクソウ ①とりまぜる。②複雑に入りまじり混乱する。錯雑。例 指示が―する。

【錯刀】サクトウ 新の王莽オウモウのときの貨幣の名。刀の形をして、黄金で象眼ゾウガンされていたという。また、刀の名。金錯刀キンサクトウ。

【錯▼臂】サクヒ 腕に入れ墨をする。〔一説に、腕組みをする〕

【錯▼繆】【錯▼謬】サクビュウ まちがっているさま。

【錯落】サクラク 入りまじっているさま。

【錯乱】サクラン ①乱す。②入りまじって混乱する。特に、心のバランスについていう。例 精神―の状態。

【錯慮】サクリョ まちがった考え。

【錯列】サクレツ 順序を乱して並ぶ。

【錯覚】サッカク 日①実際とはちがうように見えたり聞こえたりする。②思いちがい。勘ちがい。例 ―を起こす。

【錯簡】サッカン ①木簡や書物の紙が順番どおりでないこと。乱丁ランチョウ。②文字や文章が前後して、意味の通らないこと。

●介錯カイシャク・交錯コウサク・失錯シッサク・倒錯トウサク

錙

金8(16) 2 7901 9319

シ漢 支 zī

意味 重さの単位。六銖シュ(=一両の四分の一)。一説に六両、また八両。転じて、ごくわずかな。例 錙銖シュ(=わずか。とるにたりないこと)。

錫
金8(16) 1 2866 932B 人

一 セキ漢 シャク呉 錫 xī　二 シ漢呉 寘 xì

すず

なりたち [篆書] 【形声】「金(=かね)」と、音「易(エキ→シャク)」とから成る。銀と鉛との中間にあたる金属。

意味 一 ❶銀白色でつやのある金属。柔らかくさびにくい。ブリキ・はんだ・すず箔(ハク)などに用いる。すず。❷僧侶(ソウリョ)や道士が手に持つ、つえ。例 錫杖(シャクジョウ)。巡錫(ジュンシャク)(=僧侶が各地をまわって布教すること)。 二 あたえる。たまう。また、たまもの。通 賜。例 錫命(シメイ)。

古訓 中古 あたふ・しろなまり・たまふ・なまり 中世 あたふ・すず・たまふ・なまり 近世 あたふ・あたへる・しろなまり・すず・たまふ

人名 あたう・たまう・ます・やす

難読 錫蘭(セイロン)(=国名。今のスリランカ)

【錫命】(シメイ) 天子が臣下に物を下賜するという命令。

【錫▼杖】(シャクジョウ) 僧侶(ソウリョ)や道士の持つ、つえ。頭部を塔の形に作り、いくつかの小さな環(カン)をかけ、振って音を出す。

[錫杖]

錞
金8(16) 4 9109 931E

一 シュン漢 ジュン呉 真 chún　二 タイ漢 賄 duì

意味 一 「錞于(ジュンウ)」は、古代の打楽器の一種。戦陣で進退の指揮に用いた。 二 矛(ほこ)の柄の端につける金具。いしづき。通 鐓(タイ)。

鋿
金8(16) 3 9320 92FF

ショウ(シャウ)漢 陽 cháng

意味 ❶みがく。❷車輪を覆う鉄。

錩
金8(16) 4 9111 9329

ショウ(シャウ)漢 陽 chāng

意味 うつわの名。

錠
金8(16) 1 3091 9320 常用

テイ漢 ジョウ(ヂャウ)呉 径 dìng

筆順 𠆢 牟 余 金 釒 鉈 鋅 錠

なりたち [篆書] 【形声】「金(=かね)」と、音「定(テイ)」とから成る。たかつき。

意味 ❶煮た食べ物を盛るための、脚のある祭器。たかつき。❷通貨として用いられた金や銀のかたまり。のべがね。また、それを数えることば。例 銀錠(ギンジョウ)。銀一錠(ギンイッテイ)。❸薬などを小さく固めたもの。例 錠剤(ジョウザイ)(=小さく固めた薬)。

日本語での用法 《ジョウ》「錠前(ジョウまえ)・施錠(セジョウ)・手錠(てジョウ)・南京錠(ナンキンジョウ)・錠(ジョウ)をおろす」▼扉・戸・かばんなどに取り付けて、開いたり動いたりしないようにする金具。

古訓 中古 あぶみ・かなへ・くは・すき・たがね 中世 たがね 近世 あぶみ・いかり・すず

難読 海老錠(えびジョウ)・手錠(てジョウ)・南京錠(ナンキンジョウ)

錐
金8(16) 1 3177 9310 人

スイ漢 支 zhuī

きり

なりたち [篆書] 【形声】「金(=かね)」と、音「隹(スイ)」とから成る。鋭い。

意味 ❶板などに小さな穴をあける、先のとがった工具。きり。例 錐指(スイシ)。錐刀(スイトウ)。❷数学で、「錐体(スイタイ)」の略。先がとがった形。例 円錐(エンスイ)。角錐(カクスイ)。

古訓 中古 きり・やさき 中世 きり 近世 きり

【若三錐▼之処二▼嚢中一】(きりのノウチュウにおるがごとし) ふくろの中の錐(きり)は先端が外に突き出る。すぐれた人物は、必ず頭角をあらわすということ。〈史記・平原君伝〉

【錐指】(スイシ) 錐(きり)を用いて大地の深さを測る。せまい視野で大きいことを観察しようとすること。〈荘子・秋水〉

【錐刀】(スイトウ) ①とがった小さな刀。②わずか。

【錐刀▼之末】(スイトウのすえ) ①小さい刀の末端。刃先。②わずかな利益、ささいなことのたとえ。〈左伝・昭六〉

錘
金8(16) 1 3178 9318 人

スイ慣 ツイ漢 支 chuí

つむ・おもり

なりたち [篆書] 【形声】「金(=かね)」と、音「垂(スイ→ツイ)(=たれさがる)」とから成る。つるして重さをはかるための金属のおもり。

意味 ❶はかりにつりさげるおもり。分銅(フンドウ)。おもり。例 鉛錘(エンスイ)(=なまりのおもり)。❷重さの単位。六銖(シュ)。一説に八銖、また十二両。❸つち。かなづち。また、かなづちで打つ。通 鎚(ツイ)。❹たらす。通 垂。

日本語での用法 《つむ》▼綿(わた)や繭(まゆ)から繊維を引き出し、より合わせて糸にして巻き取る道具。先端がやや細い鉄製の丸棒。紡錘(ボウスイ)。

古訓 中古 おもし・はかり・はかりのおもし・ふぐり 中世 おもし・はかりのおもし・はかりふぐり 近世 おもり・たたら・はかりのおもり・はかる

錆
金8(16) 1 2712 9306 人

セイ慣 ショウ(シャウ)漢 陽 qiāng

さび・さ-びる(さ-ぶ)

[錆]
金8(16) ── 俗字。

なりたち 【形声】「金(=かね)」と、音「青(セイ)」とから成る。精錬された金属。

意味 くわしい。通 精。

日本語での用法 《さび》《さびる》「錆色(さびいろ)・錆止(さびど)め・赤錆(あかさび)・錆(さ)びたナイフ」▼金属の表面が酸化して生じるもの。〔中国では「銹」を使うことが多い〕

古訓 近世 さび

[錢]
金8(16) ⇩ 銭(セン)(1361ジペー)

錚
金8(16) 2 7903 931A

ソウ(サウ)漢 庚 zhēng

意味 金属が当たる音。例 錚錚(ソウソウ)。

【錚錚】(ソウソウ) ①金属や宝玉のぶつかりあう音。また、楽器の音のさえているさま。②特にすぐれた人の形容。例 ──たる顔ぶれ。

錝
金8(16) 4 9108 931D

ソウ漢 宋 zòng

意味 金色の毛。

錟
金8(16) 3 9322 931F

一 タン(タム)漢 覃 tán　二 セン(セム)漢 塩 xiān

意味 一 長い矛(ほこ)。 二 するどい。

𨨩
金8(16) 4 9101 28A29 国字

チュウ

ただ・ただし

意味 人名などに用いる字。

鋹
金8(16) 4 9103 92F9

チョウ(チャウ)漢 養 chǎng

意味 するどい。鋭利なこと。

錣
金8(16) 2 7904 9323

テイ漢 霽 zhuì

しころ

意味 ウマやウシを打つむちの先についている、鉄の針。

日本語での用法 《しころ》「錏板(しころいた)・錏頭巾(しころズキン)・錏葺(しころぶき)」▼かぶとやずきんの、左右や後方に垂らして首すじをおおう防具。

錨
金8(16) 1 4137 9328

ビョウ(ベウ)漢 蕭 máo
いかり

意味 船をとめておくために水底におろす、鉄のおもり。いかり。

例 投錨(トウビョウ)。抜錨(バツビョウ)。

[鉼]
金8(16) ⇨斧(606ページ)

錻
金8(16) 2 7907 933B 国字

ブ

意味 オランダ語「ブリク(=錫(すず)めっきをしたうすい鉄板)」から生じた外来語「ブリキ(錻力)」を表記するのに用いる字。

錍
金8(16) 4 9106 930D

ヘイ漢 斉 pī

意味 ❶幅が広く薄い矢じり。❷(bì)髪をとかし整える道具。かんざし。くし。通鎞(ヘイ)。

錑
金8(16) 4 9093 9311

一 ライ漢 隊 lèi
二 レイ漢 霽 lì

意味 一 かんなの類。二 ❶錐(きり)。❷のこぎり。

難読 錑錐(もじきり)(=ギムネ)

鍄
金8(16) 2 7893 9344

リョウ(リャウ)漢 漾 liàng

意味 打楽器の一種。

日本語での用法 《かすがい》▼地名に用いる字。

錂
金8(16) 4 9105 9302

リョウ漢 蒸 líng

意味 金属の名。

難読 錂(しのぎ)

錬
金8(16) 1 4703 932C 常用

レン漢 霰 liàn
ね-る

[鍊]
金9(17) 3 9327 934A 人

旧字体。

筆順 ⺈ 𠂉 ⺶ 金 金ー 金冂 錬 錬

なりたち [形声]「金(=かね)」と、音「柬(カン→レン)(=えらぶ)」とから成る。不純物をとりのぞく。

意味 ❶金属を火にとかして不純物をよりわけ、良質にする。ねる。通煉(レン)。例 錬金(レンキン)。精錬(セイレン)。❷薬などをねり合わせる。ねる。通煉(レン)。例 錬丹(レンタン)。❸きたえて純粋なよいものにする。心身・技術・文章を磨きあげる。ねる。通練。例 錬成(レンセイ)。錬磨(レンマ)。修錬(シュウレン)。

古訓 中古 かねきたふ・ねる 中世 かねきたふ・かねねる・ねやす・ねりかね・ねる・みがく 近世 きたふ・ねる

人名 きたえ

【錬金】(レンキン) ①精錬した金。②仙薬を作る。錬丹(レンタン)。

【錬金術】(レンキンジュツ) ①黄金や不老不死の薬を作り出そうとした技術。②日 たくみに必要な資金をひねり出すこと。

【錬句】(レンク) 字句をねりあげる。

【錬成】(レンセイ) ①ねりあげて立派に仕上げる。心身や人格をきたえる意にも用いる。例 —会。②詩文の句をねりあげる。

【錬丹】(レンタン) 不老不死の仙薬を作る。また、その薬。類錬薬。

【錬磨】(レンマ) 肉体・精神・技術などをきたえ、みがきあげる。練磨。鍛錬。例 百戦—。

●修錬(シュウレン)・精錬(セイレン)・製錬(セイレン)・鍛錬(タンレン)

録
金8(16) 1 4731 9332 教4

一 リョク漢 ロク呉 沃 lù
二 リョ漢 御 lǜ
しる-す

[錄]
金8(16) 3 9321 9304 人

旧字体。

筆順 ⺈ 𠂉 ⺶ 金 金ヨ 金ヨ 錄 録 録

なりたち [形声]「金(=かね)」と、音「彔(ロク→リョク)」とから成る。金の色。借りて「しるす」の意。

意味 一 ❶文字を書きしるして残す。また、書きしるしたもの。しるす。例 記録(キロク)。登録(トウロク)。目録(モクロク)。❷うつしとる。収めておく。例 録音(ロクオン)。録画(ロクガ)。収録(シュウロク)。❸採用する。任用する。例 録用(ロクヨウ)。❹とっておく。おさめる。例 録ニ其余一売レ之以収レ利(その余りをロクしてこれを売りもってリをおさむ)(=(宴会があるたびごとに)余りをとっておき、それを売って利益をおさめた)。〈新唐・王鍔伝〉❺すべる。治める。例 録ニ尚書事一(ショウショのことをロクす)(=尚書の職務をとりしきる)。〈後漢書・和帝紀〉❻捕らえる。逮捕する。差し押さえる。例 録治(ロクチ)(=逮捕し裁く)。❼⇨【録録】(ロクロク) 二 罪状を取り調べて記録する。例 録囚(リョシュウ)。

日本語での用法 《さかん》▼四等(シトウ)官の一つ。

古訓 中古 かすがひ・サウクワン・サクワン・しるし・しるす 中世 サクワン・しるす 近世 かずならず・サクワン・サツクワン・したがふ・しるす・すぶる・つかぬる・とりをさむる・まじはる・みがく

人名 とし・ふみ

【録囚】(リョシュウ) 囚人を取り調べる。類録問(リョモン)。

【録音】(ロクオン) 日 レコードやテープなど、機械を使って音や声を記録する。また、記録した音や声。

【録画】(ロクガ) 日 画像を磁気的・光学的に記録する。また、その画像。例 —を再生する。

【録事】(ロクジ) ①晋(シン)代、文書・帳簿の記録官。録事参軍。②唐代、科挙(=官吏登用試験)の合格発表後の宴会の世話役。のちには妓女(ギジョ)がこれに当たった。③妓女。

【録奏】(ロクソウ) 文書をしたため奏上する。

【録▼牒】(ロクチョウ) 名簿。

【録用】(ロクヨウ) (人材を)採用する。

【録録】(ロクロク) 主体的でなく、役に立たないさま。凡庸なさま。例 —として従う。

●記録(キロク)・言行録(ゲンコウロク)・語録(ゴロク)・採録(サイロク)・実録(ジツロク)・収録(シュウロク)・図録(ズロク)・登録(トウロク)・備忘録(ビボウロク)・付録(フロク)・漫録(マンロク)・目録(モクロク)

鋺
金8(16) 2 7892 92FA

一 エン(ヱン)漢 阮 yuǎn
二 ワン漢 旱 wǎn
かなまり

意味 一 はかりの皿。二 金属製の円い食器。かなまり。通碗(ワン)・椀(ワン)。例 金鋺(キンワン)。銀鋺(ギンワン)。仏具(ブツグ)の鋺(ワン)。

鍜
金9(17) 2 7908 935C

カ漢 麻 xiá

意味 「錏鍜(アカ)」は、首すじを守る防具。しころ。

鍇
金9(17) 4 9114 9347

カイ漢 蟹 kǎi

意味 質のよい鉄。

鍔
金9(17) 1 3655 9354

ガク漢 薬 è
つば

意味 刀の刃。また、きっさき。やいば。例 鋋鍔(センガク)(=よく切れるやいば)。

日本語での用法 《つば》 ①「刀(かたな)の鍔(つば)・鍔師(つばシ)・鍔迫(つばぜ)り

合い・鍔元」▼刀の柄と刀身の間にはさんで握る手を守る、平たい鉄の板。②「帽子の鍔・鍔釜(=はがま)・鍔広帽子」▼帽子や釜のまわりに、ひさしのように出た部分。

鍰 金9(17) 3 9331 9370 カン(クヮン)漢 刪 huán

意味 ❶重さの単位。一鍰は六両。ほか数説がある。❷貨幣の単位。難読 鍰(=鉱石を精錬するときに出る不純物)

鍥 金9(17) 3 9329 9365 ケツ漢 屑 qiè

意味 ❶鎌。❷金属や石を刻む。きざむ。例 鍥薄(=うすくけずる。また、むごい)。

鍵 金9(17) 1 2416 9375 常用 ケン漢 ゲン呉 阮 jiàn かぎ

筆順 金 金 金 鍵 鍵 鍵 鍵 鍵

なりたち [形声]「金(=かね)」と、音「建」とから成る。鼎を持ち上げる器具。

意味 ❶門を閉じるために差しこむ横木。かんぬき。❷錠前の内部の抜き差しされる部分。ばね。〔錠前の筐の部分が「閉」、「閉」にはめこまれる部分が「鍵」、「鍵」を押し出して開ける道具が「鑰」〕例 鍵鑰。❸錠前。また、重要な手がかり。例 鍵関。❹かぎをかける。閉める。❺ピアノやオルガンなどの、指先で押したりたたいたりする部分。キー。けん。例 鍵盤。黒鍵。白鍵。

日本語での用法 《かぎ》「合い鍵」▼錠前を開けたり閉めたりするための道具。鑰。

古訓 中古 かぎ・かすがひ・くるるき・とざし 中世 かぎ・くるるき・とさし 近世 かぎ・さかんなり

【鍵関】ケンカン ①かぎと、かんぬき。②戸締まりをする。③重要な手がかり。関鍵。

【鍵盤】ケンバン ピアノやタイプライター・パソコンなどで、多数の鍵が並んでいる部分。キーボード。例 —楽器。

【鍵▼鑰】ケンヤク 錠前。かぎ。

鋻 金9(17) 4 9104 92FB ケン漢 霰 jiàn

意味 刀剣がかたい。

鍠 金9(17) 2 7909 9360 コウ(クヮウ)漢 庚 huáng かねのこえ(かねのこゑ)・まさかり

意味 ❶鐘の音。例 鍠鍠(=鐘の音の形容)。❷武器の名。儀仗に用いられた。まさかり。〔一説に、剣に似たもので三つの刃があるという〕

[鍯] 金9(17) ⇩鏟(1372ジペー)

鎡 金9(17) 4 9121 93A1 ジ慣 シ漢 支 zī

意味 農具の名。すき。くわ。

鍬 金9(17) 1 2313 936C 人 シュウ(シウ)慣 ショウ(セウ)漢 蕭 qiāo くわ(くは)・すき

[鍫] 金9(17) 4 9118 936B 別体字。

なりたち [形声]「金(=かね)」と、音「秋」とから成る。農具。

意味 土を掘りおこしたり、すくいとったりするシャベル・スコップのような道具。すき。

日本語での用法 《くわ》「鋤と鍬・黒鍬」▼地を掘りおこし、土を砕きならす農具。すきと異なり、刃の部分が手前に折れ曲がって取り付けてある。

古訓 中古 くは・すき・たかね 中世 くは 近世 くは・すき

𨩃 金9(17) 4 9113 28A43 国字 シュン はる

意味 人名などに用いる字。

鍾 金9(17) 1 3065 937E ショウ漢 シュ・シュウ呉 冬 zhōng あつ-める(あつ-む)

意味 ❶金属製のさかつぼ。❷さかずき。❸春秋戦国時代、斉の国の容量の単位。十釜(=六百四十升)。例 万鍾(=一万鍾。多くの穀物・俸禄)。❹あつまる。あつめる。例 鍾愛。❺あたる。出会う。例 方今鍾二百王之季一(=今は百王(=代々の天子)の治める末世にあたります)。〈劉琨・勧進表〉❻かね。つりがね。また、そのような形のもの。通 鐘。例 鍾乳石。鍾乳洞。

[鍾❶]

【鍾愛】ショウアイ 〔愛を集める意〕特定の人をこの上なく愛する。類 鍾憐。

【鍾▼馗】ショウキ 疫病を追いはらう神。唐の玄宗皇帝の夢にあらわれて、病気を治したとされる。目が大きくひげが濃く、厳しい顔つきで右手に剣を持つ。

【鍾乳石】ショウニュウセキ 鍾乳洞の天井から氷柱のように垂れた石灰石。

【鍾乳洞】ショウニュウドウ 雨水や地下水が石灰岩をとかし、長い年月の間にできた地下の空洞。石灰洞。

鍼 金9(17) 2 7910 937C シン(シム)漢呉 侵 zhēn はり

意味 漢方医術の治療用のはり。また、衣服を縫うはり。はり。通 針。〔日本では、治療用のはりの意味で用いる〕例 鍼灸。鍼薬。

【鍼▼艾】シンガイ ①治療に用いるはりと、もぐさ。②社会や人間の悪弊をただす手段。

【鍼▼灸】シンキュウ 漢方で治療に用いる、はりと、きゅう。また、その治療法。針灸。例 —院。—術。

【鍼術】シンジュツ はりで治療する術。針術。

【鍼石】シンセキ ①病気の治療に用いる石のはり。②悪習を改めるための教訓・手段。

【鍼線】シンセン ①縫いばりと糸。②裁縫や刺繍。▽針線。

【鍼治】シンチ はりで治療する。針治。

【鍼薬】シンヤク ①はりによる治療と、くすり。②病気の治療。

鍤 金9(17) 3 9328 9364 ソウ(サフ)漢 洽 chā すき

意味 土を掘りおこす農具。すき。

鍛 金9(17) 1 3535 935B 常用 タン漢呉 翰 duàn きたえる(きた-ふ) 付表 鍛冶

筆順 金 金 金 鉦 鉦 鍛 鍛 鍛

なりたち [会意]「金(=かね)」と「段(=ものをうつ)」とから成る。金属を打ってきたえる。

意味 ❶金属を熱してかなづちで打ちたたき、質をよくする。きたえる。例 鍛鉄。鍛冶。鍛錬。❷文章をねる。例 鍛錬レン。❸たくみに論理をねり上げて無理やり人を罪におとしいれる。例 鍛錬タンレン。

古訓 中古 うつ・きたふ・とろもす・なやす・ねやす 中世 いる・きたふ・ねる 近世 きたふ・とぐ・ねる・みがく

人名 かじ・きたう・きたえ

【鍛工】タンコウ 金属を熱して打ちきたえる。また、その作業をする人。鍛冶タンヤ。例 —場。

【鍛造】タンゾウ 金属を熱し、打ちのばして加工する。例 —品。

【鍛鉄】タンテツ ①鉄をたたいて、よくきたえる。②よくきたえた鉄。錬鉄。

【鍛冶】タンヤ／かじ 熱した金属を打ちきたえて、さまざまな形を作る。また、それを仕事とする人。鍛工。鍛冶屋かじや。

【鍛錬】タンレン ①金属をきたえる。②学問や技術を磨く。からだや意志をきたえる。③詩や文章を推敲スイコウする。④拷問し痛めつける。また、人を罪におとしいれる。例 鍛錬之吏タンレンのリ（＝無理やり人に罪を着せる官吏）。〈後漢書・韋彪伝〉

鍮

金9(17) 2 7911 936E トウ漢 チュウ(チウ)呉 尤 tōu

意味 ❶「鍮石チュウセキ」は、天然に産する良質の銅。自然銅。また、真鍮シンチュウ。❷「真鍮シンチュウ」は、銅と亜鉛との合金。加工しやすくさびない。黄銅オウドウ。

難読 鍮器ギュ（＝韓国の伝統食器）

鍖

金9(17) 2 7912 9356 一 チン(チム)漢 寝 chěn 二 チン(チム)漢 侵 zhēn

意味 一 ❶「鍖銋チンジン」は、ゆるやかなさま。❷「鍖然チンゼン」は、不満なさま。二 きぬたを打つときのたたき台。通 椹チン・砧チン。

鍉

金9(17) 3 9326 9349 一 テイ漢 斉 dī 二 シ漢 支 chí

意味 一 ❶誓いをたてるときにする、いけにえの血を入れるうつわ。❷医療用のはり。例 鍉鍼テイシン（＝医療用のはりの一種）。二 錠前を開け閉めする道具。かぎ。

鍗

金9(17) 4 9116 9357 テイ漢 斉 tí

意味 うつわの名。

鍍

金9(17) 1 3753 934D ト漢 遇 dù

意味 金・銀・クロームなどのうすい層を金属の表面に付着させる。めっきをする。例 鍍金トキン。

【鍍金】トキン／めっき ①金属の表面を別の金属のうすい皮膜でおおう。また、そのうすい膜。例 —工場。金—キンめっき。②日 見せかけを飾ってよく見せようとしたもの。例 —めっきがはげる。

鍋

金9(17) 1 3873 934B 常用 カ(クヮ)漢 歌 guō なべ

筆順 𠂉 𠂉 金 釦 鈤 鈅 鍋 鍋

なりたち [形声]「金（＝かね）」と、音「咼カ」とから成る。まるい底のなべ。

意味 食物を煮たきする、まるくて底の浅い（金属製の）うつわ。なべ。例 鍋台カダイ（＝かまど）。

古訓 中古 かなべ・かなへ・さすなべ・つちなべ・なべ 中世 かななべ・なべ 近世 あぶらつぎ・かななべ・なべ

鍑

金9(17) 4 9115 9351 フウ漢 宥 フク漢 屋 fù

意味 口の大きな釜かま。例 銅鍑ドウフク。

難読 鍑さが（＝口の大きな煮炊き用の釜）

鍪

金9(17) 3 9330 936A ボウ漢 尤 móu

意味 ❶釜かまの一種。❷頭を守る武具。かぶと。例 兜鍪トウボウ（＝かぶと）。

鍚

金9(17) 4 9117 935A ヨウ(ヤウ)漢 陽 yáng

意味 ウマの額ひたいあたりにつけた金属製の飾り。

鍱

金9(17) 4 9119 9371 ヨウ(エフ)漢 葉 yè

意味 ❶薄くひきのばした金属の板。いたがね。例 銅鍱ドウヨウ。❷薄い板金でつつむ。

[錬]

金9(17) ⇩錬レン（1368ページ）

鎰

金10(18) 2 7913 93B0 イツ漢 質 yì かぎ

意味 重さの単位。二十両、一説に二十四両。

日本語での用法 《ヤク》《かぎ》「秘鎰ヒヤク」▼「鑰ヤク（かぎ）」の略字として、かぎの意に用いる。

鎣

金10(18) 3 9333 93A3 一 エイ漢 径 青 yìng 二 エイ漢 庚 yíng

意味 一 ❶首の長い瓶かめ。罌オウ。❷「華鎣カエイ」は、山の名。また、四川省の地名。二 ❶彩りのある鉄。❷磨いて光らせる。

鏵

金10(18) 4 9128 93F5 カ(クヮ)漢 麻 huá

意味 土を耕す農具。すき。例 鏵鍬カシュウ（＝すき）。

鎧

金10(18) 1 1927 93A7 人 カイ漢 ガイ呉 賄 kǎi よろい（よろひ）

なりたち [形声]「金（＝かね）」と、音「豈ガイ」とから成る。よろい。

意味 からだをおおい守る、金属製の武具。よろい。例 鎧甲ガイコウ。鎧冑ガイチュウ。

古訓 中古 よろひ 中世 よろひ 近世 よろひ

【鎧甲】ガイコウ からだを防護する武具。よろい。

【鎧袖一触】ガイシュウイッショク 日（よろいの袖そでが少し触れる意）敵を簡単に打ち負かすこと。〔日本外史・源氏上〕

【鎧▼仗】ガイジョウ 「仗」は、手に持つ武器。よろいと武器。

【鎧▼冑】ガイチュウ よろいと、かぶと。甲冑カッチュウ。

【鎧馬】ガイバ よろいをつけたウマ。

【鎧戸】よろいど 日 ①細長い板を何枚も、斜めにすきまをあけて並べた戸。ルーバー。②シャッター。

鎹

金10(18) 2 7917 93B9 国字 かすがい（かすがひ）

意味 二つの材木をつなぎとめる、コの字形の大きなくぎ。かすがい。例 子こは鎹かすがい（＝夫婦仲をつなぎとめるもの）。

[鎋]

金10(18) ⇩轄カツ（1292ページ）

鎌

金10(18) 1 1989 938C 常用 レン(レム)漢 塩 lián かま

[鎌]

金10(18) —— 旧字体。

筆順 𠂉 金 鉡 鉡 鎌 鎌 鎌

なりたち [形声]「金（＝かね）」と、音「兼ケン…→レン」とから成る。草をかる、かま。

意味 草をかりとる農具。三日月形の内側に刃があり、木の柄をつけたもの。**かま。** 例 利鎌(リレン|とがま)(=よく切れる、かま)。

古訓 中古 かま 中世 かま 近世 おほがま・かま・まがりがま

人名 かね

【鎌▼鼬】(かまいたち) 日 突然、皮膚に切り傷ができる現象。つむじ風などで空気中にできる小さな真空によるものとされる。かつてはイタチのしわざとされた。

【鎌首】(かまくび) 日 鎌の形のように曲がった首。例 ヘビが—をもたげる。

［鑒］金10(18) ⇩鑑(カン)(1375ジペー)

［鏸］金10(18) ⇩鐻(ケイ)(1373ジペー)

鎬

金10(18) 2 7914 93AC

コウ(カウ)漢 皓 hào

しのぎ

意味 ❶食物を煮たきするなべ。❷「鎬京(コウケイ)」は、周の武王の都。今の陝西(センセイ)省西安市南西にあった。

日本語での用法 《しのぎ》「鎬(しのぎ)を削(けず)る(=互いに激しく争う)」▼刀身の両面の、峰(みね)に沿って盛り上がった部分。

鎖

金10(18) 1 2631 9396 常用

サ漢呉 哿 suǒ

くさり・とざ-す・さ-す

［鎖］金10(18) ——旧字体。

［鏁］金11(19) 4 9132 93C1 別体字。

筆順

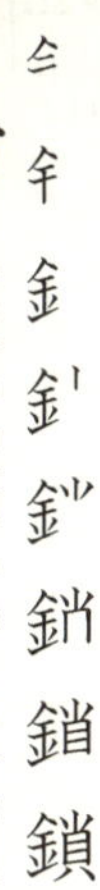

なりたち

［形声］「金(=かね)」と、音「貨(サ)」とから成る。門をとざす鉄のくさり。

意味 ❶金属の小さい輪をつなぎ合わせて、綱のようにしたもの。**くさり。** 例 鉄鎖(テッサ)。❷くさりのようにつながって続く。例 鎖線(サセン)。連鎖(レンサ)。❸錠前(ジョウまえ)。かぎ。例 鎖鑰(サヤク)。❹しめる。とじる。**さす。とざす。** 例 鎖国(サコク)。封鎖(フウサ)。閉鎖(ヘイサ)。

古訓 中古 かかる・かぎ・かどさす・かなくさり・かなづかり・くさり・くさる・さす・とづ 中世 くさり・とざす 近世 くさり・ジヤウ・とざす

【鎖▼扃】(サケイ) 〔「扃」は、かんぬきの意〕門にかんぬきをさして閉じる。

【鎖港】(サコウ) 日 港を閉鎖し船の出入りを禁じる。特に、外国船との交易を禁じる。

【鎖国】(サコク) 日 国をとざす。江戸時代に、幕府が中国・朝鮮・オランダ以外の交易を認めず、日本人の海外渡航を禁じたこと。対 開国。例 —令。

【鎖骨】(サコツ) 胸の上部から肩の前へとつながる左右一対の骨。胸骨と肩甲骨をつなぐ。

【鎖▼鑰】(サヤク) ①門や箱を閉める錠前。また、かぎをかける。②軍事上の要地。③重要な手がかり。

●鉄鎖(テッサ)・封鎖(フウサ)・閉鎖(ヘイサ)・連鎖(レンサ)

鎈

金10(18) 4 9124 9388

サ漢 麻 chā

意味 やすり。

難読 鎈(おの)ぎ(=愛知県の地名)

［鏘］金10(18) ⇩鏘(ショウ)(1372ジペー)

鎗

金10(18) 1 3389 9397

一 ソウ(サウ)漢 庚 chēng

二 ショウ(シャウ)漢 ソウ(サウ)呉 陽 qiāng

やり

意味 一 ❶鐘の鳴る音。また広く、金属や玉(ギョク)、石などの音。例 鏗鎗(コウソウ)(=金属や玉、楽器の音)。❷三本脚の、うつわ。かなえ。通 鐺(ソウ)。例 酒鎗(シュソウ)(=酒を入れるうつわ)。二 ❶長い柄の先に細長い刃物をつけた、突き刺す武器。**やり。** 通 槍(ソウ)。例 長鎗(チョウソウ)(=長いやり)。❷銃。鉄砲。

鎮

金10(18) 1 3635 93AE 常用

チン漢 震 zhèn

しず-める(しづ-む)・しず-まる(しづ-まる)

［鎭］金10(18) 2 7915 93AD 人 旧字体。

筆順

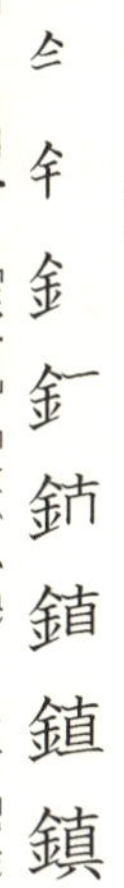

なりたち

［形声］「金(=かね)」と、音「眞(シン→チン)」とから成る。博(=すごろく)の重し。派生して「おさえ」の意。

意味 ❶おさえる。おさえつける。**しずめる。** 例 鎮圧(チンアツ)。❷やすらかにする。落ち着かせる。**しずめる。** 例 鎮静(チンセイ)。鎮魂(チンコン)。❸守る。管理する。例 鎮守(チンジュ)。❹おもし。おさえ。また、おさえとなるべき重要な人物・場所。例 重鎮(ジュウチン)。文鎮(ブンチン)。❺重要地点を防衛するために軍隊を設置した行政単位。例 藩鎮(ハンチン)。❻まち。行政区画。例 景徳鎮(ケイトクチン)(=江西省にある陶磁器の産地)。❼常に。長く。いつまでも。

古訓 中古 おく・おもし・かさなる・しきり・しづかに・しづむ・しづめ・つつしむ・つね・とこしなへ・ふせぐ・まぼる・まもる・やすし 中世 しづむ・しづむる・とこしなへ・やすし 近世 おす・おもし・しづむる・とこしなへ・やすんずる

人名 おさむ・しげ・しげる・しず・しずか・しずむ・しずめ・たね・つね・まこと・まさ・まもる・やす・やすし

【鎮圧】(チンアツ) ①おしつぶす。類 鎮厭(チンヨウ)。②反乱や暴動を力ずくでしずめる。おさえつける。類 鎮厭。③守備する。

【鎮火】(チンカ) 日 火事で、火の勢いが弱まって消える。また、火事を消す。対 出火。

【鎮御】【鎮▼禦】(チンギョ) 治安を守り、外敵を防ぐ。例 鎮二御四境一(シキョウをチンギョす)(=周囲の辺境を平定する)。〈魏志・曹植伝〉

【鎮▼圭】(チンケイ) 儀式などで天子が手に持った玉製の礼器。四方のしずめの山をかたどり、天下を安定させる意味をこめている。

【鎮護】(チンゴ) 日 外敵や天災などをしずめて国を守る。

【鎮魂】(チンコン) 日 死者のたましいをしずめなぐさめる。たましずめ。

【鎮座】(チンザ) 日 ①神霊が一定の場所にとどまっている。②俗に、人や物がある場所に長く落ち着いていること。

【鎮子】(チンシ|チンス) 敷物や掛け軸などが風にあおられないようにおさえ、または下げる、おもし。文鎮・風鎮など。

【鎮日】(チンジツ) 一日中。終日。

【鎮守】(チンジュ) ①軍隊を置いてその地域の治安を守る。例 —将軍。②日 その地域の守り神。また、それを祭った社(やしろ)。例 —の森。

【鎮守府】(チンジュフ) 日 ①古代、東北地方を鎮圧するため陸奥国(むつのくに)に置かれた役所。例 —将軍。②旧日本海軍で、主要軍港に置かれ、担当区の警備や監督をした役所。例 呉(くれ)—司令長官。

【鎮静】(チンセイ) しずまり落ち着く。また、しずかに落ち着かせる。類 鎮息。例 —剤。暴動が—化した。

【鎮台(臺)】(チンダイ) ①清(シン)代、地方を治めた軍隊。また、その長官。②日 明治初期、各地方に置かれた軍隊の単位。のちに「師団」に改められた。例 熊本—。

【鎮痛】(チンツウ) 日 いたみをしずめおさえる。例 解熱(ゲネツ)—剤。

【鎮定】(チンテイ) 反乱や暴動などをしずめ、治安を回復する。また、しずまり落ち着く。平定。類 鎮安。例 反乱を—する。

【鎮討】(チントウ) 反乱や暴動などを、武力でおさえしずめる。

【鎮▼撫】(チンブ) 反乱や暴動などをしずめて、人々を落ち着かせる。類 鎮慰・鎮綏(チンスイ)。

●重鎮・風鎮・文鎮

鎚
金10(18) 1 3642 939A
ツイ 漢 支 chuí
つち
意味 ものを打ちつけたり、たたいたりする道具。かなづち。つち。また、かなづちで打つ。例 鉄鎚(=かなづち)。

鎛
金10(18) 3 9332 939B
ハク 漢 薬 bó
意味 ❶鐘を掛ける横木の飾り。❷大きな鐘。❸農具。鋤すきの類。難読 鎛すき(=農具の名。除草の道具という)

鎺
金10(18) 3 9334 93BA 国字
はばき
意味 刀剣の鍔のきわにはめて、刀身が鞘から抜けたりしないようにする金具。鎺金。はばき。

鎞
金10(18) 4 9127 939E
ヘイ 漢 斉 bī
意味 ❶女性用の金のかんざし。くし。通 錍。例 金鎞。❷(pí)眼病を治療する器具。通 錍。例 金鎞。

鎔
金10(18) 2 7916 9394
ヨウ 漢 ユウ 呉 冬 róng
いがた・と-かす・と-ける(と-く)
意味 ❶鋳物を作るための型。いがた。例 鎔範(=鋳型)。鎔鋳。❷金属を熱して液状にする。とかす。とける。通 熔。例 鎔解。鎔鋳。
表記 現代表記では「溶」に書きかえることがある。熟語は「溶」も参照。
【鎔解】日 金属が加熱によって液体状にとけること。また、金属をとかす。溶解。
【鎔鉱炉】日 高熱で金属の鉱石をとかし、鉄や銅などをとりだす炉。溶鉱炉。
【鎔鋳】①金属をとかして型に流しこみ、器物を作る。②新たに作りあげる。

鎏
金10(18) 4 9126 938F
リュウ(リウ) 漢 尤 liú
意味 ❶美しい黄金。通 鏐。❷金の溶液を塗ったあとに火であぶる伝統工芸。鎏金。

鏖
金11(19) 2 7918 93D6
オウ(アウ) 漢 豪 áo
みなごろし
意味 みなごろしにするほど、激しく戦う。みなごろしにする。みなごろし。例 鏖戦(=全滅させるほどの激戦)。
【鏖殺】みなごろしにする。

鏆
金11(19) 3 9335 93C6
カン(クヮン) 漢 翰 guàn
意味 ❶貫き通す。❷腕輪。たまき。

［鑵］
金11(19) ⇩鑵(1375ジペー)

鏡
金11(19) 1 2232 93E1 教4
ケイ 漢 キョウ(キャウ) 呉 敬 jìng
かがみ
付表 眼鏡めがね
筆順
なりたち  [形声]「金(=かね)」と、音「竟ケイ」とから成る。光を反射し、映す金属。
意味 ❶姿かたちを映して見る道具。かがみ。例 鏡影(=かがみに映るかげ・姿)。銅鏡。明鏡。❷手本や参考(とする)。かんがみる。例 鏡戒。❸かがみに映しだす。ありのままを映しだす。明らかにする。例 鏡見(=かがみに映しだす)。❹かがみのように静かで明るい。多く、月や水のたとえに用いられる。例 鏡水(=澄んで静かな水面)。❺レンズ。めがね。例 眼鏡。顕微鏡。
古訓 中古 あきらかなり・あきらむ・うつす・かがみ・かがみる・てる・とし・み 中世 あきらむ・かがみ・てらす 近世 あきらか・かがみ・ひかり
人名 あき・あきら・かね・てる・とし・み
【鏡文字】日 鏡に映したような、左右が逆の文字。
【鏡餅】日 円く平らに作ったもち。正月や祭り、祝いのときに、大小二つを重ねて神に供える。おそなえ。おかがみ。
【鏡戒】【鏡▼誡】手本や参考となる、いましめ。鑑戒。
【鏡花水月】①鏡に映った花と水面に映った月。見るだけで手にすることのできないもののたとえ。〈法苑珠林二〉から ②表現できないほどの深い情趣。〈滄浪詩話・詩弁〉から 例 ―の趣。
【鏡考】前例と照らし合わせて考える。例 鏡ニ考己行一(=自分のおこないを過去と照らし合わせて考察する)。〈漢書・谷永伝〉
【鏡▼匣】鏡を入れる箱。かがみばこ。類 鏡奩。
【鏡台(臺)】①鏡をとりつけた台。②鏡と、引き出しを組み合わせた家具。ドレッサー。
【鏡裏】鏡の中。鏡に映った像の中。
●拡大鏡・眼鏡・顕微鏡・三面鏡・潜望鏡・双眼鏡・天眼鏡・万華鏡・明鏡

［鏁］
金11(19) ⇩鎖(1371ジペー)

鏨
金11(19) 2 7920 93E8
サン(サム) 漢 ザン(ザム) 呉 勘 zàn
きざ-む・のみ・たがね
意味 ❶金属や岩石を刻むために用いる、はがねでできた、のみ。たがね。❷彫る。きざむ。

鏟
金11(19) 3 9337 93DF
サン 漢 潸 chǎn
［𨩱］ 金9(17) 4 9112 28A71 俗字。
意味 ❶木や石を平らにけずる工具。例 鉄鏟。❷平らにけずる。例 鏟削(=平らにけずる)。

［鏥］
金11(19) ⇩銹(1364ジペー)

鏘
金11(19) 2 7922 93D8
ショウ(シャウ) 漢 ソウ(サウ) 呉 陽 qiāng
［𨪙］ 金10(18) 4 9122 28A99 俗字。
意味 金属や玉石などが当たる音。美しく澄んだ音。例 鏘然。
【鏘然】金属や玉がふれあって出る音の形容。
【鏘鏘】①金属や石・鈴の鳴る澄んだ音。また、鳳凰や虫の鳴き声。②姿・様子が立派なさま。③盛んなさま。④整然と歩くさま。

鏱
金11(19) 4 9131 93F1 国字
ショウ
意味 人名などに用いる字。例 鏱子。鏱あきら。

鏇
金11(19) 4 9133 93C7
セン 漢 霰 xuàn
意味 ❶回転させながらけずる。通 旋。❷酒を温める。また、その容器。通 旋。難読 鏇匠ひきもの

鏃 金11(19) 2 7923 93C3 ソク㊥ ゾク㊨ 屋 zú やじり

意味 ❶矢の先端の、とがった部分。矢の根。**やじり**。例 石鏃（セキゾク）（＝石のやじり）。❷するどい。例 鏃矢（ゾクシ）（＝鋭い矢）。

鏑 金11(19) 1 3713 93D1 テキ㊥ 錫 dí かぶら・かぶらや

意味 ❶矢の先端の、とがった部分。やじり。❷矢の先につけるもの。カブ（＝かぶら）の根の形をした中空のものにいくつかの穴をあけ、射ると風を切って高い音をたてる。なりや。**かぶらや**。例 鳴鏑（メイテキ）（＝かぶらや）。

鏜 金11(19) 4 9134 93DC トウ（タウ）㊥ 陽 tāng

意味 鐘や太鼓の音。例 鏜鏜（トウトウ）（＝ドンドンという音）。

鏑 金11(19) 4 9129 28AE4 国字 ひ

意味 鉱脈。**ひ**。

鏢 金11(19) 4 9135 93E2 ヒョウ（ヘウ）㊥ 蕭 biāo

意味 ❶刀のさやの末端につける飾り。こじり。❷刀の先。きっさき。❸手裏剣。㊐鑣（ヒョウ）。

鏝 金11(19) 2 7924 93DD バン㊥ マン㊨ 翰 màn こて

意味 左官などが、壁を塗る道具。**こて**。

日本語での用法 《こて》「髪（かみ）に鏝（こて）をかける・焼（や）き鏝（ごて）をあてる・移植鏝（イショクごて）」▼熱を加えて形を整えたり、ならしたりする道具。

鏞 金11(19) 3 9336 93DE ヨウ㊥㊨ 冬 yōng

意味 大きな鐘。一種の楽器。

鏐 金11(19) 2 7925 93D0 リュウ（リウ）㊥ 尤 liú こがね

意味 純度が高く美しい黄金。

鏤 金11(19) 2 7927 93E4 ロウ㊥ ル㊨ 宥 lòu え-る（ゑ-る）・きざ-む・ちりば-める（ちりば-む）

意味 ❶（金属に）ほりつける。木にほりつけるのが「鏤」、木にほりつけるのが「刻」。例 鏤刻（ルコク）。鏤骨（ルコツ）。❷鋼鉄。はがね。❸道を開通させる。例 鏤ニ霊山一（レイザンをロウす）（＝霊山を掘って道を通す）。〈漢書・司馬相如伝下〉

【鏤刻】ルコク|ロウコク ①文字や絵をきざみつける。②詩文の語句に手を入れて直す。例 ―して完成した序文。

【鏤骨】ルコツ|ロウコツ ①骨にきざみこむ。（感激して）心に忘れないことのたとえ。②日 文章を書くときなどに、非常に苦心する。例 彫心―の作品。

【鏤句】ロウク ことばをたくみに使って句を作る。また、その句。

【鏤身】ロウシン 皮膚にきざみこむ。入れ墨をする。ほりもの。㊫鏤膚（ロウフ）。

【鏤氷】ロウヒョウ｜こおりにちりばむ 氷に彫刻する。無駄な努力のたとえ。

鏈 金11(19) 2 7926 93C8 レン㊥ 先 lián くさり

意味 ❶銅の一種。❷（liàn）金属の輪をつらねたもの。**くさり**。❸（liàn）海上での距離をあらわす単位。一海里の十分の一。約一八五・二メートル。

鏧 金11(19) 4 9136 93E7 ロウ㊥ 冬 lóng

意味 「鏧鏧（ロウロウ）」は、鼓の音。

鐚 金12(20) 2 7928 941A ア㊥ 麻 yā びた

意味 しころ。㊐錏（ア）。

日本語での用法 《びた》「鐚一文（びたイチモン）出（だ）そうとしない」「鐚銭（びたセン）」の略。質の悪いぜに。▼

鐗 金12(20) 4 9140 9417 カン㊥ 諫 jiàn

意味 車軸と轂（こしき）との間にはめこむ、磨耗防止のための鉄。

鐖 金12(20) 4 9139 9416 一キ㊥ 微 jī 二キ㊥ 微 qí

意味 一釣り針の先の逆向きの突起。かかり。かえし。あぐ。二大きな鎌（かま）。かま。

鐬 金12(20) ― 93F8 ケイ（クヱイ）㊥ 霽 huì

［鐬］金10(18) 4 9123 28ACD 俗字。

鏗 金12(20) 2 7919 93D7 コウ（カウ）㊥ 庚 kēng つ-く

意味 ❶するどい。❷刃に三つの角（かど）がある矛（ほこ）。㊐恵。

意味 ❶金属などのかたいものが当たる音。楽器を鳴らした音。例 鏗鏗（コウコウ）。鏗爾（コウジ）。❷鐘などをならす。**つく**。例 鏗レ鐘（ショウをつく）（＝鐘をつく）。

【鏗鏗】コウコウ ①金属や石などをたたいたときに出る音。カンカン。②声がよく通ってひびくさま。

【鏗▼爾】コウジ 〔「爾」は、「然」の意〕金属や石・宝玉・木などをたたいたときに出る音の形容。コーン。

鐄 金12(20) 3 9338 9404 コウ（クヮウ）㊥ 庚 huáng

意味 ❶鐘の音。㊐鍠（コウ）。例 鐄鐄（コウコウ）。❷大きな鎌（かま）。

鐘 金12(20) 1 3066 9418 常用 ショウ㊥ シュ・シュウ㊨ 冬 zhōng かね

筆順 亼 全 金 金亠 金立 金音 金章 鐘

なりたち ［形声］「金（＝かね）」と、音「童（トウ→ショウ）」とから成る。金属の楽器。

意味 ❶青銅製の楽器。また、時を知らせるかね。釣りがね。**かね**。例 鐘鼓（ショウコ）。警鐘（ケイショウ）。晩鐘（バンショウ）。❷時計。例 自鳴鐘（ジメイショウ）（＝時計）。

［鐘❶］

古訓 中古 かね・つきかね・つく 中世 かね・つきがね 近世 かね・つきがね・つりがね

人名 あつ・あつむ

【鐘鼓】ショウコ ①（合図や音楽のための）かねと、つづみや太鼓。②楽器。音楽。

【鐘声】ショウセイ 釣りがねの鳴る音。かねのね。例 夜半鐘声到ニ客船一（ヤハンのショウセイキャクセンにいたる）（＝真夜中に、かねの音が船までとどいた）。〈張継・楓橋夜泊〉

【鐘▼鼎文】ショウテイブン 殷（イン）・周の時代のかねや鼎（かなえ）に刻まれた銘文の文字。金文。

【鐘銘】ショウメイ 釣りがねに記された銘文。刻んだり鋳込んだりした文字。

【鐘鳴▼鼎食】ショウメイテイショク 楽器を鳴らし、鼎（かなえ）を並べて豪華

な食事をとる。ぜいたくで豊かな生活のたとえ。〈王勃・滕王閣序〉

【鐘鳴漏尽】ショウメイロウジン｜ショウなりロウつく　時刻を知らせるかねが鳴り、水時計の水が尽きる。夜がふけること、また、老いて余命が乏しいことのたとえ。〈魏志・田予伝〉

【鐘楼】ショウロウ｜シュロウ　釣りがねをつった建物。かねつき堂。

●警鐘ケイショウ・自鳴鐘ジメイショウ・早鐘はやがね・半鐘ハンショウ・晩鐘バンショウ

鐫　金12（20）　2 7935　942B

セン 漢 先 juān

のみ・え-る（ゑ-る）・き-る・ほ-る

意味 ❶木に穴をあける工具。**のみ**。❷彫刻する。**える**。**きる**。**ほる**。例 鐫刻センコク。❸職位を削る。左遷する。例 鐫黜センチュツ。

【鐫刻】センコク　ほりつける。彫刻する。鐫勒センロク。

【鐫黜】センチュツ　〔「黜」は、しりぞける意〕左遷する。

【鐫▼鏤】センロウ　刻みつける。

【鐫▼勒】センロク　石碑に（業績などをたたえる）文字をほりつける。

鐉　金12（20）　4 9137　9409

セン 漢 先 quān

意味 門扉の枢とぼそを受ける鉄製の環わ。

難読 鐉かきがね（=掛け金）

鐏　金12（20）　4 9138　940F

ソン 漢 願 zūn

意味 矛ほこなどの柄の端にかぶせる金具。いしづき。

鐓　金12（20）　2 7930　9413

一 タイ 漢 隊 duì

二 タイ 漢 灰 duī

いしづき

意味 一 矛ほこの柄の端につける金具。**いしづき**。通 錞タイ。二 地をならす大きなかなづち。

鐔　金12（20）　2 7929　9414

シン（シム）漢 侵 xín

タン（タム）漢 覃 tán

つば

意味 ❶刀のつかと刀身の間にはめこんで、手を守る平たい鉄の板。**つば**。❷刀のつかの先端。つかがしら。❸小さな剣。

［鐵］　金12（20）　⇩鉄テツ（1358ページ）

鐙　金12（20）　1 3810　9419

一 トウ 漢 蒸 dēng

二 トウ 漢 径 dèng

あぶみ

意味 一 ❶供え物をのせる祭器。たかつき。❷火をともす皿。また、燭台ショクダイ。ひともしざら。転じて、ともしび。例 華鐙カトウ（=美しい模様のある燭台）。二 鞍くらの両わきにさげ、乗馬のときに足をかける馬具。**あぶみ**。例 馬鐙バトウ（=あぶみ）。

鐃　金12（20）　2 7931　9403

ドウ（ダウ）漢

ニョウ（ネウ）呉 肴 náo

どら

意味 ❶軍隊で使う小さな鐘。じんがね。**どら**。例 鐃歌 ❷銅製の鉢形の打楽器。二枚を打ち合わせて鳴らす。例 鐃鈸ニョウハチ。

【鐃歌】ドウカ　行軍中にどらに合わせて馬上で奏する鼓吹曲。軍楽の一つ。類 鐃吹ドウスイ。

【鐃▼鈸】ニョウハチ｜ニョウバツ　〔仏〕法会ホウエのときに用いるシンバルに似た打楽器。

［鐃❷］

鐇　金12（20）　2 7932　9407

ハン 漢 元 fán

意味 ❶おの。❷おので切る。

鐐　金12（20）　2 7933　9410

リョウ（レウ）漢 蕭 liáo

しろかね

意味 ❶美しい銀。例 鐐金リョウキン（=銀。しろがね）。❷（liào）足にはめる刑具。足かせ。

鏻　金12（20）　4 9141　93FB

リン 漢 真 lín

意味 すこやか。

鑊　金13（21）　3 9341　944A

カク（クヮク）漢 薬 huò

意味 ❶脚のない鼎かなえ。例 鼎鑊テイカク。❷釜かま。例 鑊釜カクフ（=大なべ）。

【鑊湯】カクトウ　〔仏〕かまゆで地獄。

【鑊▼亨】【鑊▼烹】カクホウ　かまゆでの刑。

鐶　金13（21）　2 7934　9436

カン（クヮン）漢 删 huán

わ

意味 ドーナツ形の金属製の輪。かなわ。**わ**。通 環。例 指鐶シカン（=指輪）。耳鐶ジカン（=耳輪）。簞笥タンスの鐶カン（=引き出しの取っ手）。蚊帳かやの釣つり手ての鐶カン。

鐻　金13（21）　4 9144　943B

一 キョ 漢 御 jù

二 キョ 漢 魚 qú

意味 一 鐘や磬ケイ（=石製の打楽器）をつり下げる台。かねかけ。例 鍾鐻ショウキョ。二 金や銀の耳輪。通 璩キョ。

［鏽］　金13（21）　⇩銹シュウ（1364ページ）

鐸　金13（21）　1 3488　9438

タク 漢　ダク 呉 薬 duó

すず・おおすず（おほすず）

［釈］　金4（12）　2 7869　922C　俗字。

意味 ❶昔、政令を発布するときに振り鳴らした金属製の大きな鈴。文事には木鐸ボクタク（=木の舌のついた鈴）、武事には金鐸キンタク（=金属の舌のついた鈴）を用いた。**おおすず**。❷軒につるす鈴。風鈴フウリン。例 鐸鈴タクレイ。風鐸フウタク。

【鐸鈴】タクレイ　大小のすず。

鐲　金13（21）　4 9142　9432

タク 漢 覚 zhuó

意味 ❶行軍のとき、太鼓のリズムを調節する合図に鳴らした小さな楽器。❷手首などにはめる飾りの輪。

［鐵］　金13（21）　⇩鉄テツ（1358ページ）

鐺　金13（21）　2 7938　943A

一 トウ（タウ）漢 陽 dāng

二 トウ（タウ）慣

ソウ（サウ）漢 庚 chēng

こじり

意味 一「銀鐺ギントウ」は、囚人をつなぐくさり。二 三本脚の、なべかまの類。通 鎗ソウ。例 鼎鐺テイソウ（=かなえと、なべ）。

日本語での用法 《こじり》「刀かたなの鐺こじり・鐺こじりとがめ（=武士が往来で、こじりが触れ合うのを無礼だとしてとがめること）」▼刀のさやの末端。また、そこにつける、飾りの金具。

鑁　金13（21）　2 7939　9441

バン（バム）漢 鎌 wǎn

意味 梵語ボンゴ vam（=ことばでとらえられないものの意）の音訳字。密教の種子シュジ（=仏・菩薩ボサツなどを象徴的に標示したもの）の一つで、金剛界コンゴウカイの大日如来ダイニチニョライをあらわす。

難読 鑁阿寺バンナジ（=寺の名）・覚鑁カクバン（=平安時代末期の

僧。新義真言宗の宗祖。興教大師(コウギョウダイシ)）

鎞
金13(21) 4 9143 9434 ヘキ 漢 陌 bì

意味 からすきの先に装着する付属品。犂耳(ジリ)。へら。

鐳
金13(21) 3 9340 9433 ライ 漢 灰 léi

意味 ❶瓶(めか)や壺(ぼつ)の類。❷元素の名。ラジウム。

鑅
金14(22) 4 9145 9445 コウ(クヮウ) 漢 庚 hēng

意味 鐘の音。

[鑄]
金14(22) ⇨鋳(チュウ)(1364ジベー)

鑓
金14(22) 1 4490 9453 国字 やり

意味 長い柄の先に細長い刃をつけた武器。やり。例 手鑓(てやり)。鑓ヶ岳(やりがたけ)(=山の名。白馬鑓(しろうまやり)とも)。

鑑
金15(23) 1 2053 9451 常用 カン(カム) 漢 陥 jiàn かんがみる・かがみ

[鑒] 金15(23) 2 7940 9452 別体字。

[監] 金10(18) 4 9120 9373 別体字。

筆順 

なりたち  [形声]「金(=かね)」と、音「監(カン)」とから成る。金属製の大きな口の鉢。

意味 ❶大きな盆。水を入れるうつわで、水かがみとしても用いられた。❷青銅のかがみ。**かがみ**。❸模範や手本となるもの。**かがみ**。また、手本とする。例 殷鑑(インカン)。亀鑑(キカン)。❹よくよく見る。**かんがみる**。例 鑑査(カンサ)。鑑賞(カンショウ)。鑑別(カンベツ)。❺資料を集めた書物。例 図鑑(ズカン)。年鑑(ネンカン)。名鑑(メイカン)。

古訓 中古 あきらかに・かがみ・かがみる・つばひらか・てらす・みみる 中世 あきらか・かがみ・かがみる・かたち・てらす 近世 あきらか・いましめ・かがみ・かたどる・かんがみる・てらす・のり・ほとぎ

人名 あき・あきら・かた・かね・てる・のり・み・みる

【鑑戒】カンカイ いましめとする。いましめ。鏡戒(キョウカイ)。

【鑑機】カンキ〔「機」は、機微の意〕微小な違いを見分ける。例 鑑レ機識レ変(キをかんがみてヘンをしる)(=きざしを見分け、変化を知る)。〈晋書・皇甫真載記〉

【鑑査】カンサ 回 展覧会などで、作品の優劣や価値などをよく調べる。審査。

【鑑札】カンサツ 役所などが発行する許可証。例 イヌの—。

【鑑識】カンシキ ①善悪や真偽などを見きわめる。また、その力。目きき。例 —眼。②回 犯罪捜査で、薬品・血液・指紋などの証拠を科学的に調査する。例 —班。

【鑑賞】カンショウ ①識別・判別する。見定める。②才能などを高く評価する。③芸術作品を味わい楽しむ。例 映画—。

【鑑定】カンテイ 善悪や真偽などを見きわめる。例 —書。筆跡を—する。

【鑑別】カンベツ 芸術品などの種類や価値、真偽などを観察して見分ける。類 鑑裁。

●印鑑(インカン)・図鑑(ズカン)・年鑑(ネンカン)・名鑑(メイカン)

[鑛]
金15(23) ⇨鉱(コウ)(1357ジベー)

[鑚]
金15(23) ⇨鑽(サン)(1376ジベー)

鑠
金15(23) 2 7943 9460 シャク 漢 薬 shuò とかす

意味 ❶金属をとかす。**とかす**。例 鑠金(シャクキン)。❷勢力を衰えさせる。よわる。❸光りかがやく。通 爍(シャク)。❹「矍鑠(カクシャク)」は、年老いてなお元気なさま。

【鑠金】シャクキン ①金属をとかす。また、熱せられてとけた金属。②人の中傷が激しいこと。例 衆口鑠レ金(シュウコウキンをとかす)(=多くの人々の言いつのることばは、金属をとかすほど激しい)。〈国語・周下〉

𨯁
金15(23) 4 9146 28BC1 国字 ひ

意味 地名などに用いる字。例 高𨯁(ひたか)(=山形県の地名)。

鑣
金15(23) 3 9342 9463 ヒョウ(ヘウ) 漢 蕭 biāo

意味 ❶ウマに手綱(たづな)をつけるため、口にくわえさせる金具。くつわ。くくみ。❷手裏剣。通 鏢(ヒョウ)。

𨯯
金15(23) 4 9147 28BEF 国字 やり

意味 長い柄の先に細長い刃をつけた武器。**やり**。鑓(やり)。

鑢
金15(23) 2 7944 9462 リョ 漢 御 lǜ やすり

意味 ❶金属などをこすり、磨く道具。**やすり**。❷やすりをかける。磨く。例 磨鑢(マリョ)。

鑞
金15(23) 2 7945 945E ロウ(ラフ) 漢 合 là すず

意味 錫(すず)と鉛との合金で、金属を溶接するときに用いるもの。はんだ。

鑫
金16(24) 3 9343 946B 一キン(キム) 漢 侵 xīn 二クン 漢 問 xùn

意味 一❶金銭や財産が多い。❷人名や屋号などに用いる字。二円い器の一種。参考 鑫(ほとぎ)(=姓)。

鑪
金16(24) 2 7946 946A ロ 漢 虞 lú いろり

[鈩] 金4(12) 2 7947 9229 俗字。

意味 ❶火を燃やすための設備や器具。金属の溶融や暖房、料理などに使う。ひばち。ひどこ。**いろり**。通 炉。例 火鑪(カロ)(=ひばちや、いろり)。香鑪(コウロ)(=香をたくためのうつわ)。❷酒がめを置いておくところ。また、酒屋。通 炉・壚(ロ)・罏(ロ)。

鑵
金17(25) 2 7949 9475 カン(クヮン) 漢 翰 guàn

[𨫝] 金11(19) 4 9130 28ADD 俗字。

意味 水をくむうつわ。つるべ。通 罐(カン)。

日本語での用法 一《かま》「機関車(キカンシャ)の鑵(かま)」▼ボイラー。鑵(かま)。二《カン》「薬鑵(ヤカン)・ブリキ鑵(カン)」▼金属製の容器。缶(カン)。鑵(カン)。

鑱
金17(25) 3 9344 9471 サン(サム) 漢 咸 chán

意味 ❶するどい。❷治療用のはり。❸土を掘りおこす農具。

鑲
金17(25) 3 9345 9472 ジョウ(ジャウ) 漢 陽 ráng

意味 鋳型(いがた)を作るときに、仮にはめこむ金属。

鑯
金17(25) 4 9149 946F セン(セム) 漢 塩 jiān

意味 ❶先のとがった道具。❷先がするどい。とがる。通 尖(セン)。

難読 内鑯(ぜうち)・外鑯(そとせん)

鑰
金17（25）
2 7948
9470
ヤク 漢呉 薬 yào/yuè
かぎ

意味 ❶門を閉める道具。かぎ。かんぬき（「関カン」という）に上からさしこみ、地面に突きさして閉める。通籥ヤク。例 関鑰カンヤク（＝錠前）。❷閉める。とざす。❸錠前をあける道具。かぎ。通籥ヤク。例 鑰匙ヤクシ（＝かぎ）。❹重要な手がかり。通籥ヤク。例 秘鑰ヒヤク（＝秘密を解くかぎ）。

鑭
金17（25）
4 9148
946D
ラン 漢 翰 làn

意味 金属がきらきらと輝くさま。

鑷
金18（26）
2 7950
9477
ジョウ（デフ）漢 葉 niè
けぬき

意味 ❶毛などを抜きとる道具。けぬき。❷毛抜きで抜きとる。ぬく。例 鑷白ジョウハク（＝しらがを抜く）。❸髪飾り。かんざしの垂らして飾る部分をいう。

鑽
金19（27）
2 7951
947D

［鑚］
金15（23）
2 7952
945A
俗字。

一 サン 漢呉 翰 zuàn
二 サン 漢呉 寒 zuān
きり・き-る・たがね

意味 一 ❶穴をあける道具。きり。❷罪人の足を切る刑具。また、その刑罰。例 火鑽サンカ。❸きりもみして火をとる道具。
二 ❶穴をあける。穴をほる。きる。うがつ。例 鑽二穴隙一相窺ケツゲキをうがちてあいうかがう（＝穴をあけてのぞきあう）。〈孟子・滕文公下〉❷深くきわめる。研究する。例 鑽仰サンギョウ。研鑽ケンサン。❸きりもみして火をとる。きる。例 鑽レ火ひをきる（＝きりもみして火をおこす）。❹占いのためにカメの甲羅に小さな穴をほる。その穴に火をあててひび割れを起こさせ、できたひびの形で吉凶を占う。例 鑽灼サンシャク。鑽亀サンキ。❺人にとりいる。きる。例 商鞅挟二三術一以鑽二孝公一ショウオウサンジュツをわきばさみてもってコウコウにきる（＝商鞅は三つの術を用いて孝公にとりいった）。〈漢書・叙伝上〉

【鑽仰】サンギョウ｜サンコウ 探究し、敬う。〔顔淵ガンエンが師の孔子をたたえたことば、「仰レ之弥高、鑽レ之弥堅これをあおげばいよいよたかく、これをきればいよいよかたし」。〈論語・子罕〉」から〕

【鑽研】サンケン 切ったり、みがいたりする。転じて研究する。研鑽。

【鑽孔】サンコウ 〔「孔」は、あなの意〕①（錐きりで）あなをあける。例 —機。②日 カードや紙テープにあなをあけて、データを記録する。穿孔センコウ。パンチ。例 —テープ。

【鑽▼鑿】【鑽▼笮】サンサク 刑罰の名。臏ヒン刑（＝足切りの刑）と黥ゲイ刑（＝入れ墨の刑）。

【鑽▼灼】サンシャク ①古代の占いの法。カメの甲羅や獣の骨に穴をあけて焼き、そのひび割れの様子で吉凶を判断する。②切ったり焼いたりする。転じて、研究する。

【鑽▼燧】サンスイ｜スイをきる 木や石をきりもみして火をおこす。例 鑽レ燧改レ火スイをきりてひをあらたむ（＝火をおこすための木を季節ごとに新しい木に取りかえる）。〈論語・陽貨〉

鑼
金19（27）
2 7953
947C
ラ 漢 歌 luó
どら

意味 銅製の盆のような形の楽器。ばちでたたいて鳴らす。どら。例 銅鑼ドウラ｜ドラ。

鑾
金19（27）
2 7954
947E
ラン 漢 寒 luán
すず

意味 ❶天子の車をひくウマのくつわにつける鈴。❷天子の馬車。例 鑾駕ランガ。

【鑾▼駕】ランガ 天子の乗る馬車。類鑾輿ランヨ。

钁
金20（28）
2 7955
9481
カク（クヮク）漢 薬 jué
おおすき（おほすき）・くわ（くは）

意味 ❶農具の名。大きなくわ。くわ。❷くわを使う。くわで土を起こす。

鑿
金20（28）
2 7956
947F
一 サク 漢 ジャク 呉 薬 záo
二 サク 慣 ソウ（サウ）漢 ゾウ（ザウ）呉 号 zǎo/zào
三 サク 漢 サク・シャク 呉 薬 zuò
のみ・うが-つ

意味 一 ❶木に穴をあける工具。のみ。例 斧鑿フサク。❷罪人に入れ墨を入れる刑具。❸穴をあける。うがつ。例 鑿井サクセイ。穿鑿センサク。❹ひらく。きりひらく。例 開鑿カイサク。
二 ほぞをさしこむための穴。ほぞ穴。例 鑿枘ソウゼイ。
三 ❶あざやかなさま。❷確かである。例 確鑿カクサク。鑿然サクゼン。❸精米する。玄米をついて米を白くする。しらげる。例 鑿鑿サクサク。

【鑿岩機】サクガンキ 日 土木工事や鉱山で、岩に穴をあけ、砕く機械。削岩機。

【鑿空】サククウ｜サックウ ①うがち開いて道を通す。トンネルを掘る。②でたらめな論を説く。空論。

【鑿鑿】サクサク ①あざやかなさま。例 白石鑿鑿ハクセキサクサクたり（＝白い石がキラキラ光っている）。〈詩経・唐風・揚之水〉②論旨が明らかなさま。

【鑿井】サクセイ 地下水や石油などをとるために、井戸を掘る。ボーリング。

【鑿▼枘】ソウゼイ｜サクゼイ ①ほぞ穴と、ほぞ。二つのものが互いによく組み合わさること、また、意気投合することのたとえ。②まるいほぞ穴と四角いほぞ。両者がくいちがうことのたとえ。円鑿方枘エンサクホウゼイ。〔「圜鑿而方枘兮エンソウにしてホウゼイ（＝円い穴に四角いほぞ）。〈楚辞・九弁〉」から〕

168 8画 長 ながい部

ながい意をあらわす。「長」と、「長」をもとにしてできている「镹」だけをここに入れた。

長
長0（8）
1 3625
9577
教2

［镸］
長0（7）
4 9150
9578
別体字。

一 チョウ（チャウ）漢 ジョウ（ヂャウ）呉 陽 cháng
二 チョウ（チャウ）漢呉 養 zhǎng
三 チョウ（チャウ）漢 ジョウ（ヂャウ）呉 漾 zhàng
ながい（なが-し）・おさ（をさ）・た-ける（た-く）

付表 八百長やおチョウ

筆順 丨 𠃊 𠄌 ⺊ 巨 镸 長 長

なりたち 
［形声］「兀（＝高く遠い）」と「匕（＝変わる）」と、音「亡ボウ→チョウ」とから成る。大きく変わってしまうほど、久しくながい。

参考 一説に、髪の長い人の形。

意味 一 ❶へだたりが大きい。ながい。遠い。対短。㋐空間的にながい。例 長身チョウシン。長蛇チョウダ。長途チョウト。㋑時間的にながい。ひさしい。永遠に。例 長期チョウキ。長久チョウキュウ。長寿チョウジュ。❷ながさ。例 身長シンチョウ。全長ゼンチョウ。体長タイチョウ。❸ながくする。ひきのばす。例 延長エンチョウ。❹すぐれる。まさる。たける。例 長所。特長。 ■二 ❶としうえ。めうえ。 例 長幼。長老。年長。 ❷いちばんとしうえ。 例 長子。長女。 ❸いちばん上の地位にある人。かしら。**おさ**。 例 会長。校長。 ❹統治する。おさになる。 例 長民者（＝民の上に立つ者）。〈荀子・富国〉 ❺のびる。そだつ。そだてる。 例 生長。成長。 ❻向上する。高まる。 例 教学相長（＝教えることと学ぶこととがあいまって向上する）。〈礼記・学記〉 ❼とうとぶ。おもんじる。 例 廃レ奢長レ倹（＝ぜいたくをやめ倹約をとうとぶ）。〈漢書・杜欽伝〉 ■三 むだな。よけいな。 例 長物。冗長。

日本語での用法 《チョウ》「長州・薩長・防長」▼旧国名「長門（＝今の山口県の西部・北部）」の略。

古訓 中古 あまり・あまる・おとなづく・たきたかし・たけ・つね・とこしなへ・なが・ながさ・ながし・なる・ひととなり・ひととなる・まさる・ます・をさ 中世 おとな・おほし・かさ・たけ・たけたかし・たけながし・とこしなへ・ながし・ひととなる・をさ 近世 あまり・おとな・おほいなり・おほし・そだつ・たけ・つかさ・とこしなへ・とほし・ながさ・ながし・のこり・はじめ・ひさし・ひととなる・をさ

人名 すすむ・たか・たかし・たけ・たけし・つかさ・つね・とこし・とこしえ・なが・ながし・のぶ・ひさ・ひさし・まさ・まさる・ます・みち

難読 長柄（＝地名）・長閑・長押・長谷川・長谷

【長安】チョウアン 陝西省西安市の古い呼び名。前漢・隋・唐の都があった。

【長囲】チョウイ ①長い堤防。 ②敵の侵入を防ぐため、城や陣地につくった長いかこい。

【長雨】チョウウ｜ながあめ 幾日も降り続く雨。霖雨。

【長円】チョウエン 横または縦に長い円。小判形。楕円。

【長煙】チョウエン ①長くたなびくけむり。 ②長くたなびくもや。 例 長煙一空（＝長いもやが空いっぱいにたなびく）。〈范仲淹・岳陽楼記〉

【長▼筵】チョウエン ①長く立派なむしろ。 ②豪華な宴会。

【長屋】■一 チョウオク 長い屋根。 ■二 ながや 日 細長い一棟の建物を区切って、何世帯も住めるようにしたもの。棟割長屋。長家。 例 ―住まい。

【長音】チョウオン 長く引きのばして発音する音。「ア」に対する「アー」など。 対 短音。 例 ―符号。

【長音階】チョウオンカイ 日 西洋音楽で、ドを主音としてドレミファソラシドであらわされる音階。明るい感じがする。 対 短音階。

【長夏】チョウカ ①陰暦六月の別称。 ②日の長い夏の日。

【長靴】チョウカ｜ながぐつ ひざのあたりまである長めの革ぐつ。雨や雪のときや作業時、乗馬の際などにはく。 対 短靴。

【長歌】チョウカ ①声を長くひきのばして歌う。 ②句数が多く長い詩歌。 ③日 和歌の形式の一つ。五音七音の句を繰り返して、五・七・七で終わりにするのが基本的な形。ながうた。 対 短歌。

【長河】チョウガ ①長い川。大河。 ②天の川。銀河。 ③黄河の別名。

【長▼駕】チョウガ ①車やウマに乗って遠くまで行く。 ②遠方までを支配下におさめる。

【長官】■一 チョウカン ①役人のかしら。 例 地方―。大宰府の―。 ②日 内閣府や「庁」と名のつく官庁、最高裁判所などで、最上位の官職。また、その地位にある人。 例 文化庁―。 ③日（旧日本海軍で）艦隊などの指揮官。 例 司令―。 ■二 かみ 日 律令制の四等官における最高位。

【長閑】■一 チョウカン ①長い期間ひまがあること。 ②のんびりして、おだやかなさま。のどか。 ■二 のどか 日 天気がよくおだやかなさま。

【長期】チョウキ 長い期間。 対 短期。 例 天候の―予報。

【長▼跪】チョウキ 両ひざをついて上体をまっすぐに伸ばす、敬意をあらわす座り方。跪坐。危座。 例 長跪読二素書一（＝ひざまずいて手紙を読んだ）。〈飲馬長城窟行〉

【長久】チョウキュウ ①長く続くこと。長く栄えること。 例 武運―をいのる。 ②長寿。

【長▼鋏】チョウキョウ 刀身の長い剣。また、長い剣の柄。 例 長鋏帰来乎、食無レ魚（＝剣よ、帰ろうか。食事に魚がついていない《待遇に対する不満をあらわす》）。〈史記・孟嘗君伝〉

【長吟】チョウギン 声を長く引いて吟じる。また、続けて吟じる。

【長句】チョウク ①字数の多い句。 ②日 連歌や連句などで、七・七の句に対して五・七・五の句。

【長▼吁】チョウク 深くため息をつく。長息。 例 仰レ天長吁（＝空を仰ぐと深いため息をついた）。〈杜子春伝〉

【長駆】チョウク ①長い距離を（ウマに乗って）走る。 ②遠くまで敵を追いかける。 例 ―して敵都に至る。

【長▼軀】チョウク 背たけが高いこと。また、その人。長身。 対 短軀。 例 痩身（＝やせたからだ）―。

【長▼衢】チョウク 長く続く道。街道。 例 長衢羅二夾巷一

【長君】チョウクン ①成年の主君。 対 幼君。 ②人の長兄に対する敬称。

【長兄】チョウケイ ①いちばん上の兄。 対 末弟。 ②年上の人を敬っていうことば。大兄。

【長径】チョウケイ 長円の長いほうの径。長軸。 対 短径。

【長計】チョウケイ ①遠い将来のことまで見通した計画。 ②すぐれた計画。良策。長策。

【長鯨】チョウゲイ ①大きなクジラ。 ②欲深い人。 ③大酒のみ。酒豪。

【長▼頸▼鳥▼喙】チョウケイウカイ 首が長く口がとがっている人相。鋭敏で忍耐強いが、残忍でうたぐりぶかい性格をあらわすという。苦労はともにできても安楽をともにはできない越王句践の性質を、范蠡が言ったことば。「長頸鳥喙」とも。〈史記・越王句践世家〉

【長剣】チョウケン 長い剣。 対 短剣。

【長江】チョウコウ ①長い大きな川。 ②中国で最長の大河。揚子江。江。大江。 例 ―下り。

【長考】チョウコウ 長い時間をかけて考える。 例 ―一番。

【長▼庚】チョウコウ ①宵の明星。金星。太白星。 ②ほうき星。彗星。兵乱の兆しとされる。 類 長星。

【長広舌】チョウコウゼツ 日 ①ながながとしゃべること。また、その話。 例 ―をふるう。 ②すぐれた弁舌。雄弁。〔仏の舌が顔をおおい、髪の生えぎわにとどくほどだという「広長舌」から生じたことば〕

【長恨】チョウコン 長く忘れることのできない、うらみや嘆き。終生のうらみ。

【長恨歌】チョウゴンカ｜チョウコンカ 唐の白居易の長編叙事詩。玄宗皇帝と楊貴妃との悲恋を描く。

【長沙】チョウサ 湖南省の省都。洞庭湖の東南にあたり、戦国時代・漢代の遺跡が多くある。

【長▼嗟】チョウサ 深いため息をついて嘆く。長嘆。 例 少婦莫二長嗟一（＝若い娘よ、深いため息をつきなさるな《どうにもならないことだ》）。〈李白・塞下曲〉

【長座】【長▼坐】チョウザ 日 訪問先に長時間いる。長居。

【長斎】チョウサイ 〔「斎」は、午後以降は食事をとらない戒律の意〕長い期間、物忌みをする。また、飲酒や肉食を避ける。

【長策】チョウサク ①長いむち。 ②すぐれた計画。長計。

【長子】チョウシ ①（男女を問わず）最初に生まれた子。総領。

第一子。㊖末子。②長男。例—相続。

【長史】チョウシ 漢代、丞相など三公に従う次官。魏晋以降は王公府や刺史の次位の官。総務の職を担当した。

【長至】チョウシ ①夏至。②冬至。

【長姉】チョウシ いちばん上の姉。

【長日】チョウジツ ①夏至。昼の時間の長い、夏の日。例—植物(=日照時間が長くなると花をつける植物)。②日が長くなりはじめる冬至のころ。③日長い時日。多くの日数をついやすこと。▽㊖短日。

【長者】チョウジャ/チョウシャ ①年上の人。年長者。例—を敬う。②徳のあるすぐれた人。位が高くて名声のある人。例—の教え。③大金持ち。富豪。例—の万灯より貧者の一灯。④日氏の統率者。例藤原氏の氏の—。

【長寿】チョウジュ ①寿命が長いこと。長生き。長命。例不老—。②日俗に、長持ちすること。長く続くこと。例—番組。▽㊖短命。

【長秋】チョウシュウ ①漢代、皇后の宮殿。長秋宮。②皇后の別称。③皇后つきの官吏。

【長袖】チョウシュウ ①長いそで。長そでの着物。②そでの長い着物を着ている人。貴族や舞姫など。③日公家・僧・神官・学者などを、武士があざけっていうことば。例—者流。

【長袖善舞多銭善▼賈】チョウシュウよくまい タセンよくコす 長いそでの着物をまとった者は上手に舞うことができるし、金持ちは何でも買える。条件がととのっていれば何ごともうまくゆく。〈韓非・五蠹〉

【長所】チョウショ 日よいところ。すぐれているところ。㊖欠点・短所。

【長女】チョウジョ いちばん上の娘。最初に生まれた女の子。

【長▼殤】チョウショウ 〔「殤」は、成年以前に死亡する意〕(十六歳から十九歳で)若死にすること。八歳から十一歳で死ぬことを「下殤」、十二歳から十五歳で死ぬことを「中殤」という。

【長▼嘯】チョウショウ ①声を長く引いて詩歌を吟じる。②(口笛のように)口をすぼめて、息を長く吐いて音を出す。

【長上】チョウジョウ ①年上。年長者。②目上。人の上に立つ人。

【長城】チョウジョウ ①長く続く城壁。②⇩【万里長城】バンリのチョウジョウ(17ジペー)

【長身】チョウシン 一 背が高いこと。また、その人。長軀。㊖短身。例—痩軀。二 なが み 日刀や槍などの長い刃。

【長針】チョウシン 時計で、分を示す長い方の針。分針。㊖短針。

【長生】チョウセイ 長生きする。長命。

【長生殿】チョウセイデン 唐の玄宗皇帝が建てた、華清宮の中にある宮殿。

【長成】チョウセイ 成長する。成人となる。

【長征】チョウセイ ①遠方に軍隊を進め動かす。特に、一九三四年から三六年にかけて、中国共産党軍が江西省から陝西省・甘粛省まで一万二千キロ余を戦いながら行軍したことをいう。②〔「征」は、行く意〕遠くまで出かけて行く。遠征。

【長逝】チョウセイ 〔遠くへ行って永久に帰らない意〕死ぬことの婉曲表現。

【長▼嘶】チョウセイ ウマが声を長く引いて、いななく。また、長いいななき。

【長舌】チョウゼツ ①舌の長いこと。長い舌。②おしゃべり。多弁。饒舌。長広舌。

【長足】チョウソク 日①速く歩くこと。早足。②ものごとの進み方の早いこと。例—の進歩をとげる。

【長息】チョウソク 長いため息をつく。長吁。長太息。

【長蛇】チョウダ ①大きく長いヘビ。また、それに似た形。例—の列。②日大物。敵将。

【逸二長蛇一】チョウダをイッす 日大物を取りにがす。例流星光底逸二長蛇一(=流れ星のごとき光をきらめかせて刀を振り下ろしたが、惜しくも大物を取りにがした)。〔頼山陽・題不識庵撃機山図〕

【長大】チョウダイ ①長くて大きいさま。例—な計画。②背が高くて大きいこと。また、その人。▽㊖短小。

【長太息】【長大息】チョウタイソク 大きなため息。また、それをつく。長息。類長嘆息。例天を仰いで—する。

【長短】チョウタン ①長いことと短いこと。長いものと短いもの。②長いか短いか。長さ。例—を測る。③長所と短所。例—相補う。④余ることと足りないこと。例—相半ばする。

【長嘆】【長▼歎】チョウタン 長いため息をついて、なげく。長息。類長嘆息。

【長調】チョウチョウ 日長音階で作られた曲の調子。㊖短調。例ハ—。ニ—。

【長▼汀】チョウテイ 長く続くみぎわ。長い水ぎわ。

【長▼汀曲浦】チョウテイキョクホ 日〔長く続くみぎわと、陸地に入り組んだ海岸〕曲がりくねって長く続く(景色のよい)浜辺。〔太平記五〕

【長弟】チョウテイ ①〔「長」は先に生まれる、「弟」はあとに生まれる意〕先後。あとさき。②年長者によく仕え(=長)、年少者をいつくしむ(=弟)こと。類長悌。③日弟のうちで最年長の者。

【長堤】チョウテイ 長い堤。長い土手。

【長途】チョウト 遠い道のり。長い旅。例—の旅行。

【長刀】一 チョウトウ 長い刀。㊖短刀。二 なぎなた 日幅が広くて先がそり返った長い刃を、長い柄につけた武器。薙刀。

【長男】チョウナン 最初に生まれた男の子。いちばん上の息子。

【長年】チョウネン ①長い年月。多年。永年。例—にわたる研究。②長生きすること。長寿。③年上。年寄り。

【長髪】チョウハツ ①男子が長くのばした髪。②女性の長く美しい髪。

【長髪賊】チョウハツゾク 太平天国の乱に結集した反乱軍を指す、清朝側の呼称。〔清朝の弁髪の風俗に従わず長髪にしていたことから〕→【太平天国】テンゴクタイヘイ(325ジペー)

【長風】チョウフウ ①遠くから吹いてくる風。大風。②雄大な気風。

【長物】チョウブツ ①役に立たない余計なもの。例無用の—。②よいもの。ちゃんとしたもの。

【長文】チョウブン 長い文。また、長い文章。㊖短文。

【長兵】チョウヘイ ①槍などの長い武器。②弓矢などの武器。飛び道具。

【長編】チョウヘン 詩歌や小説、映画などで、長いもの。㊖短編。例—時代小説。表記㊐長▼篇

【長▼鞭不レ及二馬腹一】チョウベン バフクにおよばず 強大な勢力でもおよばないことがあるということ。長すぎたり大きすぎたりしてかえって役に立たないことにもいう。例雖二鞭之長一、不レ及二馬腹一(=長いむちでもウマの腹まではとどかない)。〈左伝・宣一五〉

【長方形】チョウホウケイ 四つの角がみな直角の四角形。正方形を含む。長四角。矩形。

【長眠】チョウミン 永遠にねむる。死ぬこと。永眠。

【長命】チョウメイ ①長生き。長寿。㊖短命。例—の家系。—の人。②俗に、長もち・長続きすること。例—な内閣。

【長目飛耳】チョウモクヒジ 〔昔のことや遠方のできごとを、いながらにして見聞きする目や耳の意〕広く情報を集め、観察力にすぐれていること。また、見聞を広める書物のこと。飛耳長目。〈管子・九守〉

【長門】㊀チョウモン 漢代、宮殿の一つ。長門宮。㊁ながと [日]旧国名の一つ。今の山口県の西部と北部にあたる。長州(チョウシュウ)。

【長夜】チョウヤ ①(冬の)長い夜。夜長(よなが)。(対)短夜。②夜どおし。ひと晩中。[例]長夜之飲(チョウヤのイン)。③埋葬される。〔いつまでも夜が明けないことにたとえたもの〕[例]―の室(=墓)。④ジョウヤ〔仏〕煩悩に迷って、悟りが開けないこと。[例]無明―の眠り(ムミョウジョウヤのねむり)(=一生を夢のように暮らすこと。また、煩悩のために生死の苦境を脱することができないこと)。

【長夜▼之飲】チョウヤのイン 夜が明けても戸をあけず火をともして酒盛りを続ける。夜どおし酒を飲む。〈史記・殷紀〉

【長▼揖】チョウユウ 挨拶(アイサツ)のしかたで、両手を組み、胸のあたりまで上げたあと、下へおろす略式の礼。

【長幼】チョウヨウ 年上と年下。大人と子供。

【長幼有レ序】チョウヨウジョあり 年長者と年少者の間にある秩序。年上の者を敬い、先に立てよという儒教の教え。〈孟子・滕文公上〉

【長楽】チョウラク ①長く楽しむ。②漢代、宮殿の一つ。長楽宮。

【長吏】チョウリ ①地位の高い役人。②県の役所の長官。

【長流】チョウリュウ 川の長い流れ。

【長慮】チョウリョ 遠い将来のことまで考える。遠い先までの計画。

【長老】チョウロウ ①年をとった人。特に、ある分野で経験を積み、学識も豊かで人々に尊敬される、指導的立場の人。[例]財界の―。②〔仏〕学識が高く、徳もすぐれた僧。

【不レ挟レ長】チョウをさしはさまず 自分が年長であることを心のうちに意識せずに人と接する。〈孟子・万章下〉

【絶レ長補レ短】チョウをたちタンをおぎなう 余分な部分をたち切り、欠けているところをおぎなう。〈孟子・滕文公上〉

【長レ長】チョウをチョウとす 年長者を年長として敬い従う。〈大学〉

【長居】ながい [日]訪問先に長時間いる。[例]―は無用。

【長談義】ながダンギ [日]いやになるほど長い話。とりとめのない長話。[例]下手(へた)の―。

【長丁場】ながチョウば [日]①宿場と宿場との距離が長いこと。②時間がかかる場面。仕事や交渉などが長く続くこと。

【長月】ながつき [日]〔古く「ながづき」とも〕もと、陰暦で九月のこと。太陽暦でもいう。菊月(キクづき)。

●駅長(エキチョウ)・延長(エンチョウ)・気長(きなが)・最長(サイチョウ)・市長(シチョウ)・助長(ジョチョウ)・深長(シンチョウ)・船長(センチョウ)・増長(ゾウチョウ)・八百長(やおチョウ)・悠長(ユウチョウ)・夜長(よなが)

欸

長3(10) ④9151 9579

キュウ(キウ) 漢 [有] jiǔ

意味 長い。久しい。(通)久。

169 8画 門 もん もんがまえ部

二つの扉が左右にある入り口の形をあらわす。「門」をもとにしてできている漢字と、「門」の字形を目じるしにして引く漢字とを集めた。

⓪ 1379 門 ① 1380 閂 ② 1380 閃 ③ 1380 閆 閊 閉 閇
④ 1381 開 間 閒 閑 閎 閌 閏 閔 閍 閖 ⑤ 1384 閙
閠 閞 閟 ⑥ 1384 閣 関 閨 閤 閧 閦 閡 閥 閩 ⑦
1386 閲 閱 閴 閵 閭 閬 ⑧ 1386 閼 閾 閻 閹 閶 閽
⑨ 1387 闈 闉 闊 闃 闋 闍 闇 闌 ⑩ 1387 闓 闕 闔
闖 闐 闘 ⑪ 1388 闗 闚 [illegible] ⑫ 1388 闞 闡 ⑬ 1388 闥
闢 ⑲ 1389 [illegible]

この部首に所属しない漢字

問→口 255　悶→心 512　聞→耳 1082

門

門0(8) ①4471 9580 教2

モン 漢 呉 かど 元 mén

筆順

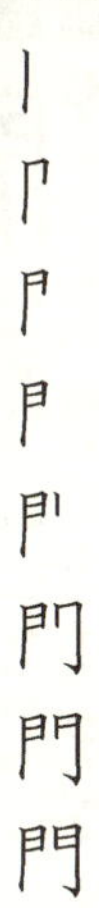

なりたち

[象形] 二つの「戸(=扉)」が左右にある入り口の形。

意味 ❶建物の出入り口。かど。[例]門限(モンゲン)。門前(モンゼン)。正門(セイモン)。❷ものが出入りしたり経由したりするところ。[例]関門(カンモン)。肛門(コウモン)。登竜門(トウリュウモン)。❸家。一族。家柄。[例]一門(イチモン)。名門(メイモン)。❹同じ先生に教えを受けた仲間。[例]門下生(モンカセイ)。破門(ハモン)。❺学問や宗教などの系統。[例]専門(センモン)。仏門(ブツモン)。❻分類上の区別。[例]部門(ブモン)。脊椎動物門(セキツイドウブツモン)。❼大砲を数えることば。[例]砲一門(ホウイチモン)。

古訓 [中古]かど・まぼる・まもる・より・よる [中世]かど [近世]かど

人名 かな・と・ひろ・まもる・ゆき

難読 水門(みと・みなと)・由良(ゆら)の門(と)

【門出】かどで [日]①旅や戦いに出かけるために、家をあとにすること。旅立ち。②新しい世界や生活・仕事にはいること。[例]人生の―。▽首途(かどで)。

【門松】かどまつ [日]新年に歳神(としがみ)を迎えるために、家の門口に立てる松飾り。

【門▼蔭】モンイン 父祖の功績。また、そのおかげ(で官位を授けられること)。

【門衛】モンエイ 門や建物の出入り口を守る人。門番。(類)門吏。

【門閲】モンエツ 家柄。門閥。

【門下】モンカ ①門の下。門のあたり。②食客。③専門分野で、師について教えを受けること。また、その人。門人。門弟(モンテイ)。[例]―生(セイ)。④「門下省(モンカショウ)」の略。

【門下省】モンカショウ 晋(シン)代に置かれた官庁。宮中の諸事をつかさどった。唐代、中書省・尚書省と並ぶ三省の一つで、勅命の審議など国家の重要な政務をおこない、強大な権力をもった。元代に廃止された。

【門下生】モンカセイ 弟子。門人。(類)門弟子(モンテイシ)。

【門外】モンガイ ①門の外。(対)門内。②専門でない。専門外。

【門外漢】モンガイカン 〔「漢」は、男の意〕①専門家でない人。しろうと。はたけちがいの人。[例]―なのでよくわからない。②直接には関係のない人。第三者。局外者。

【門外不出】モンガイフシュツ だれにも家の外に持ち出しを許さないほど大切にすること。[例]―の宝。

【門客】モンカク ①食客。②家塾の教師。

【門鑑】モンカン [日]〔「鑑」は、鑑札。許可証〕門を出入りするときに見せる許可証。

【門業】モンギョウ 家に代々伝わる職業。家業。

【門径】モンケイ ①門に入る小道。②入り口。いとぐち。また、初心者が手がかりとするもの。

【門隙】モンゲキ 門のすきま。

【門限】モンゲン ①門のしきい。②[日]夜、門を閉める時刻。帰宅しなければならない刻限。[例]―を守る。

【門戸】モンコ ①門と戸。家の出入り口。また、外部と交流するための口。②一家。家。[例]成二門戸一(モンコをなす)(=自ら家を興す。一家を成す)。〈梁書・王茂伝〉③自分の流儀。一派。

【門戸開放】モンコカイホウ [日]①出入り口をあけはなつ。②制限を取り除く。③諸外国に自国の市場を開放し、自由に貿易や経済活動をさせる。

【門功】モンコウ 祖先の功績。父祖の功名。

【門札】モンサツ 日家の門にかける名札(なふだ)。表札。類門標(モンピョウ)。

【門歯】モンシ 口の前面中央に生えている上下四本ずつの歯。前歯(まえば)。

【門主】モンシュ 日①門跡(モンゼキ)寺院の住職。②教団または教派の長。

【門塾】モンジュク ①門の両わきにある堂。〔昔はこの建物で学問を教授した〕②家塾。

【門▼牆】モンショウ ①門と垣。②学問・学芸などの入り口。

【門人】モンジン 師の教えを受ける人。門下生。門弟(モンテイ)。弟子。

【門枢】モンスウ ①門のとぼそ。②門の戸。門扉。また、入り口。

【門生】モンセイ 門人。門下生。弟子。

【門跡】モンゼキ 〔仏〕①一門の仏法を受けついでいる寺または僧。②日皇族や上流貴族の子が出家して住む、特定の格式のある寺院。また、その住職。③日本願寺の管長。

【門前】モンゼン 門の前。家の前。例—町(まち)。

【門前(モンゼン)市(いち)を成(な)す】市が立ったように人がたくさん集まる。訪問客の絶え間がないこと。また、人がおおぜい集まってくること。〔「臣門如レ市(シンがモンいちのごとし)。」〈漢書・鄭崇伝〉」から〕

【門前▼雀羅】モンゼンジャクラ 門前にスズメをつかまえるための網を張る。おとずれる人はだれもなく、寂しいこと。〔「門外可レ設二雀羅一(モンガイジャクラをもうくべし)」〈史記・汲鄭伝〉」から〕

【門地】モンチ 家柄。家格。

【門柱】モンチュウ 門のはしら。

【門弟】モンテイ 師の教えを受ける人。門下。門人。弟子。

【門徒】モント ①門人たち。例—三千人。②日宗門の信徒。特に、浄土真宗の信徒。

【門灯(燈)】モントウ 門にとりつけた明かり。

【門内】モンナイ 門の内。対門外。例—立ち入り禁止。

【門閥】モンバツ ①家柄。門地。②日いい家柄。名門。例—の出。▽類門第(モンテイ・モンダイ)。

【門番】モンバン 門の番人。門衛。

【門▼楣】モンビ ①門の上に横にわたした梁(はり)。②家門。③家名を高めた人。特に、名家に嫁いだ女性をいう。

【門扉】モンピ 門のとびら。類門扇。

【門望】モンボウ 家柄と人望。

【門流】モンリュウ 一門の流派。

【門▼閭】モンリョ 村里の入り口にある門。

【門▼聯】モンレン 門の両側にかける対聯(レンツイ)。対句を二枚に書いて、左右に貼(は)るか吊(つ)り下げる。

【門楼】モンロウ 門の上に建てた高殿。

【開レ門▼而▼揖レ盗】モンをひらきてトウにユウす 〔門をあけて盗人に挨拶(アイサツ)をする意〕自ら災難を招くこと。〈呉志・孫権伝〉

●開門(カイモン)・関門(カンモン)・山門(サンモン)・水門(スイモン)・入門(ニュウモン)・仏門(ブツモン)

閂

門1（9）
2 7957
9582

サン漢 刪 shuān
かんぬき（くわんぬき）

意味 門を閉めるための横棒。**かんぬき**。例門(かんぬき)をかける。

閃

門2（10）
1 3314
9583
人

セン（セム）漢 琰 shǎn
ひらめ-く

なりたち  〔会意〕「人(=ひと)」が「門(=もん)」の中にある。門の中をうかがう。

意味 ❶うかがい見る。❷ちらっと見える。**ひらめく**。例閃影(センエイ)。❸ぴかっと光る。**ひらめく**。例閃光(センコウ)。

古訓 中古あからさま・うかがふ・のぞく・みる 中世うかがふ・ひらめく・みる 近世うかがふ・ひらめく・みなぎる

【閃影】センエイ ちらりと見えた姿。

【閃光】センコウ 一瞬光って消える光。例—を放つ。

【閃閃】センセン ①きらきらと光り輝くさま。例—と雷電が光る。②ひらめき動くさま。

【閃電】センデン きらめくいなずま。きわめて速いこと。電光。

［閆］

門3（11）
⇩閻(エン)（1386ジペー）

閊

門3（11）
2 7959
958A
国字

つか-える（つか-ふ）

意味 ひっかかって、うまく通らない。**つかえる**。例天井(テンジョウ)に閊(つか)える。道路(ドウロ)が閊(つか)えている。

閉

門3（11）
1 4236
9589
教6

ヘイ漢呉 霽 bì
とじる（と-づ）・とざす・しめる（し-む）・しまる・た-てる（た-つ）

［閇］

門3（11）
2 7958
9587
俗字。

筆順 

なりたち  〔会意〕「門(=もん)」と「才(=とめ木)」とから成る。入り口をとざす。

意味 ❶入り口をふさぐ。戸をたてる。**とじる**。**とざす**。**しめる**。**しまる**。対開。例閉鎖(ヘイサ)。閉塞(ヘイソク)。開閉(カイヘイ)。❷おわりにする。しまう。対開。例閉会(ヘイカイ)。閉業(ヘイギョウ)。❸とじこもる。とじこめる。例閉居(ヘイキョ)。幽閉(ユウヘイ)。❹門のかんぬきをさす穴。

古訓 中古かたし・こむ・さす・とづ・ふさがる・ふさぐ・まぼる・まもる 中世とづ・とづる・とびら・ふさがる・ふさぐ・マラ 近世おほふ・とづる・ふさぐ

【閉会】ヘイカイ 日①会議や集会などが終わる。例—の辞。②国会の会期が終わる。▽対開会。

【閉関】ヘイカン（カンをとざす） ①関所をとざして通行不能とする。②門をとざして世間との交わりを断つ。

【閉居】ヘイキョ 日家にとじこもる。また、その家。蟄居(チッキョ)。籠居(ロウキョ)。屛居(ヘイキョ)。

【閉業】ヘイギョウ 日①今まで続けてきた営業・事業をやめる。廃業。②その日の営業をやめる。▽対開業。

【閉経】ヘイケイ 女性が年をとって月経がなくなること。例—期。

【閉口】ヘイコウ ①口をとじて何も言わない。②日困り果てる。どうにもならない。まいる。例今年の暑さには—した。

【閉校】ヘイコウ 日学校を閉鎖する。廃校。対開校。

【閉鎖】ヘイサ ①入り口をしめて出入りできないようにする。とざす。とじる。例—的な(=心をとざし他人を受け入れない)性格。対開放。②それまでの活動を停止する。例学級—。

【閉山】ヘイザン 日①登山期間を終わりにする。②鉱山や炭鉱で、採掘事業をやめる。▽対開山。

【閉止】ヘイシ はたらきが止まる。また、止める。例弁を—する。

【閉蔵】ヘイゾウ ①物をしまいこむ。収蔵。②人に知られないようにかくす。③陰暦十月から十二月までの三か月間。

【閉息】ヘイソク ①息を止める。静かにする。②道教でおこなう呼吸法の一つ。

【閉塞】ヘイソク 開いているところを、とじてふさぐ。また、とじふさがれる。例腸—。時代—の現状。

【閉▼蟄】ヘイチツ 冬になり、虫が土の中にとじこもる。対啓蟄。

【閉廷】ヘイテイ 日法廷をとじる。対開廷。例—を宣する。

【閉店】ヘイテン 日①店をしめて商売をしない。例本日—。②商売をやめる。▽店じまい。対開店。

【閉幕】ヘイマク 日①劇などで、幕がおりて演目が終わる。②ものごとが終わる。例首脳会議が—する。▽対開幕。

【閉門】ヘイモン ①門をとじる。対開門。例日没—。②日江戸時代の武士や僧などに対する刑罰の一つ。門をしめて出入りを禁じ、謹慎させたもの。

開
門4 (12)
1 1911 958B
教3

●開閉（ヘイカイ）・自閉（ジヘイ）・密閉（ミッペイ）・幽閉（ユウヘイ）

カイ漢呉 灰 kāi
ひらく（ひら-く）・ひらける（ひら-ける）・ひらき・あく・あける（あ-く）・はだく（はだ-く）・はだける（はだ-ける）

筆順 丨 ｢ 𠃌 門 門 閂 開

なりたち 〔形声〕「門（＝もん）」と、音「幵（ケン→カイ）」とから成る。門をひらく。

意味 ❶とじているものをひらく。とじているものがあく。**ひらく**。**あける**。**あく**。対閉。例 開閉（カイヘイ）。開門（カイモン）。❷きりひらく。通す。**ひらく**。例 開拓（カイタク）。開発（カイハツ）。開通（カイツウ）。❸広げる。ときはなつ。のびのびさせる。例 展開（テンカイ）。開放（カイホウ）。❹はじめる。もよおす。**ひらく**。例 開始（カイシ）。開催（カイサイ）。❺分かれる。離れる。裂ける。例 散開（サンカイ）。裂開（レッカイ）。❻述べる。例 開陳（カイチン）。❼理解する。理解させる。例 開悟（カイゴ）。開導（カイドウ）。❽数学で、平方根・立方根を求める。**ひらく**。例 開平（カイヘイ）。

日本語での用法 《ひらき》①「実力（ジツリョク）の開（ひら）き」▼へだたり。ちがい。②「アジの開（ひら）き」▼魚を切りひらいて干したもの。③「会（カイ）をお開（ひら）きにする」▼閉会。「終わり」の忌みことば。

古訓 中古 あく・つび・はりひらく・はる・ひらく・ゆるす 中世 あく・さく・つび・はだくる・ひらく 近世 とく・とほる・のぶる・はじめ・はる・ひらく

人名 あき・あけ・さく・さとる・とおる・のぶ・はじめ・はる・ひら

【開運】（カイウン） ①〔国家の命運を開く意で〕新王朝を建てる。②日 運がひらける。運がよいほうに向かう。

【開▼筵】（カイエン） 宴席を設ける。酒宴を開く。

【開演】（カイエン） 日 演劇・演奏会・講演などが始まる。対終演。例 —のブザーが鳴る。

【開化】（カイカ） ①教化する。②日 人の知恵が発達して、思想・文化・風俗が進歩する。文化がひらける。例 文明—。

【開花】（カイカ） ①花が咲く。②日 成長したり努力したりしたことが、よい結果となってあらわれる。例 才能が—する。③日 ものごとが盛んになる。例 町人文化が—した。

【開会】（カイカイ） 日 ①会議や競技会などが始まる。例 —宣言。②国会の会期が始まる。▽対閉会。

【開学】（カイガク） ①学校、特に大学を創設する。例 —記念日。②日 学期が始まる。

【開▼豁】（カイカツ） ①心が広くおおらかなさま。豁達（カッタツ）。例 —な気性。—に笑う。②前方が広くひらけていて、見晴らしがいいさま。例 —の地。

【開巻】（カイカン） ①巻（カン）をひらく 書物をひらく。ひらいて読む。②書物の初めの部分。書きだし。巻頭。例 —第一ページ。③（カイケン）ひらくことと、まくこと。

【開眼】 一（カイガン・カイゲン） ①目をひらく。②見識を広める。③日 ものごとの本質をさとる。学芸や技能で、こつを会得（エトク）する。二（カイゲン）〔仏〕仏像や仏画が完成したとき、仏の霊をむかえるためにおこなう式。入眼（ジュゲン）。例 大仏—。

【開顔】（カイガン） 顔をほころばせる。ほほえむ。破顔。

【開▼龕】（カイガン） 〔仏〕「開帳（カイチョウ）②」に同じ。

【開基】（カイキ） ①事業を始め、基礎をつくる。また、その人。②〔仏〕寺を新しくつくる。また、寺をつくった僧。開山。

【開業】（カイギョウ） ①治世を始める。②日 鉄道・会社・商店などが新しく事業・商売を始める。開店。店びらき。対閉業・廃業。③日 営業をしている。対閉業。例 —中。

【開襟】（カイキン） 【開▼衿】（カイキン） ①襟（えり）をひらく。また、ひらいた襟。例 —シャツ。②心をひらく。

【開元】（カイゲン） ①基礎を築く。特に、国の基（もとい）をつくる。②年号を改める。

【開悟】（カイゴ） ①さとる。②人にさとらせる。啓発する。

【開口】（カイコウ） ①口をひらく。ものを言う。例 —一番。②笑う。③飲食する。④日 外に向かって口があいている。例 部屋の—部。

【開荒】（カイコウ・コウをひらく） あれ地や山林を開墾する。

【開校】（カイコウ） 日 学校を新しくつくって、運営を始める。対閉校・廃校。例 —記念日。

【開港】（カイコウ） ①港や空港をつくって、運用を始める。②日 貿易のために、港に外国船が出入りするのを認める。

【開講】（カイコウ） 講義や講習会などが始まる。対閉講。例 —式。四月に—する。

【開▼闔】（カイコウ） ひらくことと閉じること。開閉。例 天門開闔（テンモンカイコウす）（＝万物を生む門戸が開閉する）。〈老子・一〇〉

【開国】（カイコク） ①一つの国として独立する。新しく国を建てる。例 —の祖。②日 外国との行き来や通商を始める。対鎖国。

【開墾】（カイコン） 山野を切りひらいて田畑とする。例 —地。

【開済】（カイサイ） ①志が立派なさま。②創業して完成させる。例 両朝開済老臣心（リョウチョウカイサイすロウシンのこころ）（＝二代の皇帝の朝廷に仕え、建国と興隆に老臣の心を傾けた）。〈杜甫・蜀相〉

【開催】（カイサイ） 日 集会や催し物をひらく。例 バザーを—する。

【開歳】（カイサイ） 年のはじめ。正月。類開年。

【開削】（カイサク） 土木工事をして道路・トンネル・運河などをつくる。例 地下鉄の—工事。表記 旧開▼鑿

【開山】 一（カイサン・カイザン） ①〔仏〕山をひらいて寺院を新しくつくった人。開祖。宗祖。②〔仏〕その宗派を新しくつくる。また、寺をつくった僧。開基。③日 技芸の創始者。例 日（ひ）の下（した）—（＝武芸や相撲などで、天下無敵といわれるほどに強い人）。二（カイザン） 日 ①山びらき。夏に登山ができるようになること。②鉱山や炭鉱で、採掘事業を始める。▽対閉山。

【開士】（カイシ） 〔仏〕①菩薩（ボサツ）の別名。②〔人々を教え導く〕和尚（オショウ）の尊称。

【開始】（カイシ） ものごとを始める。また、始まる。対終了。

【開秋】（カイシュウ） 秋のはじめ。初秋。秋となる。孟秋（モウシュウ）。例 開秋兆二涼気一（カイシュウリョウキをきざす）（＝初秋になって早くも涼気を催す）。〈阮籍・詠懐詩〉

【開春】（カイシュン） 春のはじめ。初春。春となる。孟春（モウシュン）。

【開除】（カイジョ） ①とりのぞく。②免職とする。

【開城】（カイジョウ） 城門をひらく。降伏して城を敵にあけわたす。例 江戸城の無血—。

【開場】（カイジョウ） 日 ①行事や催しで、会場をひらいて人を入れる。②劇場など「場」と名のつくところを新しくつくって、活動を始める。▽対閉場。

【開心】（カイシン） ①心をうち明け、誠意を示す。うちとける。②教え導き、賢くする。③気ばらしをする。また、気を楽にする。

【開成】（カイセイ） 〔「開物成務（カイブツセイム）（＝ものをひらき、つとめをなす）」〈易・繫辞上〉の略〕占いによって吉を知り、事業を成功に導く。また、人知を開発して、なすべきことを完成させる。

【開設】（カイセツ） 施設や設備などを整えて新しく活動を始める。新設。対閉鎖。例 支店を—する。

【開戦】（カイセン） 日 戦争を始める。対終戦。

【開祖】（カイソ） ①〔仏〕新しく宗派をひらいた僧。宗祖。②日 芸道や学問などで一派をひらいた人。③日 初めてその分野の事業を起こした人。

【開題】（カイダイ） ①講義を始める。②〔仏〕お経の解説。題の意味や内容の大意を書く。また、書いたもの。③日 書物の題・作者・書いた年・内容などについて解説したもの。解題。

【開拓】（カイタク） ①山林や原野などを田畑や居住用の土地にす

る。②新しい分野や運命などを切りひらく。例―精神。

【開帳】カイチョウ ①とばりをひらく。②〔仏〕寺院で、ふだんは公開しない仏像などを、一定期間だけ信者や一般の人に拝ませる。開龕。例本尊ご―。③日ふだんは見せないものを見せる。④日博打の座をひらく。開張。

【開張】カイチョウ ①いっぱいにひらく。②日博打の座をひらく。開帳。③日チョウ・ガ・トンボなどが羽をひらいたときの、はしからはしまでの長さ。

【開陳】カイチン 自分の意見を公式の場で述べる。

【開通】カイツウ ①障害をなくし、よく通じるようにする。②日鉄道・道路・トンネルなどが完成して、利用され始める。

【開廷】カイテイ 日法廷で裁判を始める。裁判をおこなうために法廷をひらく。対閉廷。

【開店】カイテン 日①店をあけて一日の商売を始める。例―休業。②初めて店をひらいて商売を始める。開業。店びらき。オープン。例―祝い。新規―。▽対閉店。

【開導】カイドウ みちびく。みちびき教える。指導。

【開幕】 一カイバク 軍隊の本営(幕府)を設置する。 二カイマク 日①幕があいて演劇などが始まる。対終幕。例―時間。②ものごとが始まる。例プロ野球の―。▽対閉幕。

【開発】カイハツ ①手紙の封を切る。開封。②教え導く。③山林や原野などを切りひらいて、資源や土地を人間が利用する。例都市―。④人間の、かくれた才能などを引き出す。例能力―。⑤日新しいものを考え、作り出し、実際に役立つものにする。

【開▼闢】カイビャク 〔「闢」も、ひらく意〕天地のはじまり。世界のはじめ。また、ものごとのはじまり。例天地―(=世界のはじまり)―以来のできごと。

【開票】カイヒョウ 日投票箱をひらいて投票の結果を調べる。

【開府】カイフ ①役所を開設し、部下の役人を勤務させること。漢代、三公だけがおこなったが、のち高級官僚・将軍もこれに従った。②地方長官である総督・巡撫の尊称。③日幕府をひらく。例江戸―。

【開封】カイフウ ①封や封印をひらく。例手紙を―する。②日封筒の一部分をあけた郵便物。ひらきふう。

【開復】カイフク ①(領土などを)取り返し、もどおりにする。②職を離れていた官吏がもとの職に復帰する。

【開腹】カイフク 手術のために腹を切りひらく。例―手術。

【開平】カイヘイ 〔数〕平方根を求める。また、平方根を求める計算方法。例―法。十六を―すると四になる。

【開閉】カイヘイ あけたり、しめたりする。開闔。例―機(=踏切の遮断機)。

【開放】カイホウ ①あけはなす。対閉鎖。例―厳禁。②制限をなくして自由に利用できるようにする。例施設―。③花が開く。

【開明】カイメイ ①先見の明があること。例―的な英主(=すぐれた君主)。②文明がひらけてくる。文化が進んでくる。

【開門】カイモン 門をひらく。対閉門。

【開朗】カイロウ ①広々とひらけて明るい。例復行数十歩、豁然開朗(=さらに数十歩ほど進むと、目の前がぱっとひらけて明るく広がった)。〈陶淵明・桃花源記〉②性格がさっぱりしていて、こだわりがない。③賢明である。

●公開・再開・散開・切開・全開・疎開・打開・展開・半開・満開・未開

間

門4 (12)
1 2054
9593
教2

一カン漢 ケン呉 jiān
二カン漢 ケン呉 諫 jiàn
三カン漢 xián
あいだ(あひだ)・ま・あい(あひ)・あわい(あはひ)・はざま

［閒］

門4 (12)
9592
旧字体。

筆順

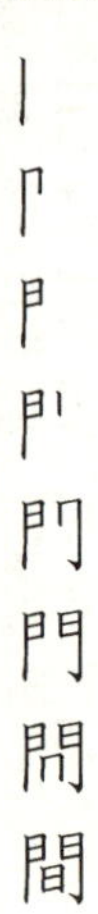

なりたち

［会意］「門(=もん)」と「月(=つき)」とから成る。月の光が見える、門のすきま。

意味 一❶ものとものとにはさまれた部分。あいだ。あい。例中間。❷うちがわ。なか。ま。例空間。時間。❸このごろ。最近。ちかごろ。例帝間顔色痩黒(=帝は最近お顔がやつれて黒ずんでおられる)。〈漢書・叙伝上〉❹⇩【間関】

二❶すきま。へだたり。すき。例間隔。間隙。❷すきまをあける。離れさせる。へだてる。例離間。❸すきをうかがう。うかがう。スパイ。例間諜。間者。❹こっそりと。ひそかに。例漢王使二間問一之、乃羽也(=漢王が人をやってひそかにこの者をたずねさせると、なんと項羽であった)。〈漢書・項籍伝〉❺まぜる。まじる。例間色。❻悪口を言う。非難する。そしる。例政不レ足二与間一也(=《くだらない人の》政治は非難するにはおよばない)。〈孟子・離婁上〉❼代わる。交代する。かわるがわる。例新不レ間レ旧(=新しいものは古いものにかわらない)。〈国語・周中〉❽病気がよくなる。いえる。例病間(=病気が治った)。〈論語・子罕〉❾⇩【間間】

三カン ひまである。静かで落ち着いている。通閑。例間暇。間居。

日本語での用法 一《ケン》「一間・三十三間堂」▼尺貫法の長さの単位。一間は、曲尺で六尺(=約一・八メートル)。二《ま》①「間数・貸間・茶の間・床の間」▼部屋。室。②「間に合う・間が悪い・間が抜ける・間のとりかたがうまい・間をはずす」▼その場の様子。ぐあい。また、邦楽で、テンポやリズム。

古訓 中古 あづかる・あひだ・いゆ・うかがふ・くはふ・ころほひ・しづかに・しばらく・せく・そしる・たがひに・はさまる・はした・ひそかに・ひま・ふさぐ・へだつ・ま・まじはる・まま 中世 あひだ・うかがふ・しばらく・そしる・はさまる・はした・ひま・へだつ・ま・まじはる・まま 近世 あひだ・いとま・そしる・はざま・ひま・へだつ・まじはる・みだる・やすし

人名 ちか・はし

【間着】あいぎ 日①上着と下着とのあいだに着る衣服。②(寒暑の厳しくない)春や秋に着る洋服。間服。

【間一髪】カンイッパツ 日〔髪の毛一本を入れるほどのすきまの意〕事態がさしせまっていること。例―で間に合った。―の差。

【間雲孤鶴】カンウンコカク 〔静かに浮かぶ雲と、一羽のツルの意〕悠々自適にふるまう境地。閑雲孤鶴。閑雲野鶴。類間雲野鶴。〈全唐詩話・貫休〉

【間暇】カンカ ひま。いとま。閑暇。例―を得る。

【間隔】カンカク 二つのもののあいだのへだたり。例―をつけようとする。例三分―。

【間間】 一カンカン ものに細かく区別をつけようとする。例小知間間(=つまらぬ知恵はこせついている)。〈荘子・斉物論〉 二まま 日おりおり。折ふし。

【間関】カンカン ①鳥がなごやかにさえずるさま。②道がけわしくて進みにくいさま。人生に困難や苦労の多いことのたとえ。

【間居】カンキョ ①することもなくひまなこと。また、のんびりと、したいことをして暮らす。↓【小人間居為二不善一】(395ページ) 例―を楽しむ。②静かな住まい。▽閑居。

【間隙】カンゲキ あいだ。すきま。例―をぬって進む。

【間欠(缺)】カンケツ ①すきま。②日一定の時間をおいて、起こったりやんだりすること。例―泉(=噴き出したりやんだりする温泉)。

【間語】カンゴ ①静かに話す。表記②は旧間▼歇 ②ひそひそ話す。内緒話。③無駄話。

【間口】□一コウ 漢代の税。 □二ぐち 日①家屋や土地などを正面から見たときの、横幅の長さ。対奥行おく。例—が広い。②知識や、事業・仕事などの範囲。例—の広い人だ。

【間行】カンコウ ①こっそり行く。しのび歩き。②悪いおこない。

【間候】カンコウ スパイとなって敵の様子を探る。

【間歳】カンサイ 一年おき。隔年。

【間作】□一カンサク ひまをみて詩文を作る。 □二カンサク/あいサク ①作物を作っている畑の、畝うねと畝のあいだにほかの作物も作る。また、その作物。②ある作物を収穫した田畑に、次に同じ作物を作るまでのあいだ、別の作物を作る。また、その作物。

【間使】カンシ 間者。スパイ。

【間▼廁】カンシ 〔「廁」は、まじる意〕ものが入りまじる。

【間事】カンジ ①ひそかにおこなう情報収集活動。スパイ活動。②自分には関係のない事柄。どうでもよい事柄。③無駄なこと。不必要なこと。

【間日】カンジツ ①一日おいた次の日。②ひまな日。閑日。

【間者】□一カンシャ ちかごろ。このごろ。 □二カンジャ しのびの者。スパイ。間諜カンチョウ。間使。類間人カンジン。

【間出】カンシュツ ①人目を避けて、ひそかに外出する。②時を隔ててあらわれる。時々出る。

【間色】カンショク ①正色(=青・赤・黄・白・黒)以外の色。②原色と原色をまぜあわせてできる色。また、原色と原色の中間の、やわらかい感じの色。中間色。

【間食】カンショク 日食事と食事とのあいだに何かを食べる。また、その食べ物。あいだぐい。

【間接】カンセツ 日あいだにものや人をおいておこなうこと。じかにかかわりをもたないこと。対直接。例—照明。

【間然】カンゼン 欠点を指摘して非難する。例—するところがない。

【間疎】【間▼疏】カンソ 他人の仲を裂く。仲たがいをさせる。例間二疏楚君臣一ソのクンシンをカンソす(=楚の国の君臣の仲を引き裂く)。〈史記・高祖紀〉

【間奏曲】カンソウキョク 日オペラや劇の幕間あいマクなどに演奏する曲。また、大曲の間にはさむ器楽曲。インテルメッツォ。

【間断】カンダン とぎれること。切れ目。絶え間。例—なく降り続く雨。

【間▼諜】カンチョウ ひそかに敵の中にはいって、様子や情報をさぐる者。スパイ。間者。

【間道】カンドウ わきみち。ぬけみち。近みち。対本道。

【間投詞】カントウシ 日感動・応答・呼びかけなどをあらわす自立語。感動詞。

【間脳】カンノウ 日脳の一部で、大脳と中脳とのあいだにあり、感覚神経や自律神経にかかわる中枢がある。

【間伐】カンバツ 日林業で、木がこんだ状態にならないよう、余分の木を切る。すかしぎり。例—材。

【間不▼容▼髪】カンハツをいれず 間まをおくことなく、ただちに。ほとんど同時に。〈大戴・曽子天円〉

【間歩】カンポ ①人目をしのんで、こっそり歩く。②静かに、のんびりと歩く。

【間房】カンボウ 静かな部屋。

【間話】カンワ ①無駄話。閑話。②かげぐち。

【為レ間】カンをなして/カンありて/しばらくありて しばらくして。例夷子憮然為レ間曰イシブゼンとしてしばらくありていわく(=夷之シイは茫然ボウゼンとしていたがしばらくして言った)。〈孟子・滕文公上〉

【間際】まぎわ 日事が起こる、あるいは事がおこなわれる、すぐ前。寸前。直前。真際まぎわ。例発車—にかけこむ。

【間尺】まシャク 日①建築物の寸法。②損得の計算。割。例—に合わない(=割が悪い。損である)。

●合間あい・居間い・期間カン・客間キャク・区間カン・週間シュウ・瞬間シュン・世間セ・谷間たに・中間チュウ・幕間マク/あい・民間ミン・夜間ヤ・洋間ヨウ・欄間ラン

閑

門4 (12) 1 2055 9591 常用

カン 漢 ゲン 呉 刪 xián
しず-か(しづ-か)・ひま

筆順 丨 ｢ 門 門 門 閑 閑

なりたち  [会意]「門(=もん)」の中に「木(=き)」がある。しきり。派生して「ふせぐ」の意。

意味 ❶しきり。さく。❷制限範囲。規則。のり。例大徳不レ踰レ閑ダイトクはのりをこえず(=大きな徳については、その枠をこえてはいけない)。〈論語・子張〉❸出入りをさまたげる。まもる。ふせぐ。例閑邪カンジャ(=邪悪をふせぐ)。❹することがない。ひま。通間。例閑暇カンカ。閑職カンショク。❺ひっそりとして、落ち着いている。しずか。通間。例閑静カンセイ。安閑アンカン。森閑シンカン。❻大切でない。なおざり。通間。例閑却カンキャク。等閑トウカン/なおざり。❼習熟する。なれる。ならう。通嫺カ。例四馬既閑シバすでにならう(=四頭のウマは調教がゆきとどいている)。〈詩経・秦風・駟驖〉

古訓 中古 いたづら・いとま・うるはし・おほきなり・かすかなり・さいぎる・しづかなり・しづかに・ならふ・のり・ひそかに・ひらく・ふさぐ・ふせく・ほのかなり・ほのめく・まなぶ・みやびかに 中世 いたづら・いとま・しづか・しづかなり・ならふ・のどか・ほのめく・みやびやかなり・むまや 近世 いたづら・いとま・おほいなり・さへぎる・しづか・のり・ふせぐ

人名 しず・のり・まもる・もり・やす・より

難読 等閑なおざり・長閑のどか

【閑雲野鶴】カンウンヤカク ⇩【間雲孤鶴】カンウンコカク(1382ジペー)

【閑暇】カンカ 静かでひまなこと。ひま。間暇。例—を得る。

【閑雅】カンガ ①もの静かでしとやかなこと。おくゆかしく、みやびやかなこと。例風姿—。②日土地や景色が静かで、趣のあるさま。例—な別荘地。

【閑閑】カンカン 静かに落ち着いているさま。また、のんびりしているさま。例悠悠—としている。

【閑却】カンキャク 捨てておく。なおざりにする。ほうっておく。

【閑居】カンキョ ①することもなく、ひまなこと。②のんびりと過ごすこと。例—を楽しむ。③閑静な住居。例山中の—。▽間居。

【閑吟】カンギン 静かに詩歌を口ずさむ。

【閑古鳥】カンコどり 日カッコウの別名。例—が鳴く(=商売などが、はやらないこと。さびれて、ひまなこと)。

【閑散】カンサン ①人けがなくて、ひっそりしているさま。例—とした町。②ひまなこと。売買や取引の少ないこと。

【閑日】カンジツ ひまな日。用のない日。間日。例—を送る。

【閑日月】カンジツゲツ ①ひまな月日。例—を楽しむ。②心にゆとりのあること。ゆったりしていること。例英雄—あり。

【閑寂】カンジャク ひっそりと静かなさま。例—の境キョウ。

【閑習】カンシュウ ものごとになれて、よく通じている。心得ている。習熟。類閑達。

【閑情】カンジョウ もの静かな心。

【閑職】カンショク 重要でない職。仕事のひまな職。例—に移る。

【閑人】カンジン/ひまジン ひまな人。用のない人。例—の寝言。

【閑▼靖】カンセイ もの静かで安らかなさま。例閑靖少レ言、不レ慕二栄利一カンセイにしてゲンすくなく、エイリをしたわず(=〔先生は〕もの静かでことば数も少なく、世の名誉や利益を求めようとはしない)。〈陶淵明・五柳先生伝〉

【閑静】カンセイ ひっそりしているさま。もの静かなさま。

【閑談】カンダン ①静かに話をする。閑話。②のんびりと話をする。

無駄話。例 友人と一夜―する。

【閑地】（カンチ） ①空き地。②ひまな身分・地位。

【閑中】（カンチュウ） ひまなとき。用事のないあいだ。例 ―忙あり（＝たまにはいそがしい用事がある）。

【閑和】（カンワ） もの静かで人柄がおだやかなさま。

【閑話】（カンワ） ①静かに話をする。閑談。②無駄話をする。雑談。閒話。例 無用の―に時を移す。

【閑話休題】（カンワキュウダイ） 本題から外れた話をしていたのを、もとにもどすときに使うことば。それはさておき。さて。閒話休題。

●深閑（シンカン）・清閑（セイカン）・等閑（トウカン）・有閑（ユウカン）

閎

門4（12） 3 9346 958E コウ（クヮウ）漢 庚 hóng

意味 ❶町の門。例 九閎（キュウコウ）。❷広大な。ひろい。通 宏（コウ）。例 閎遠（コウエン）。閎達（コウタツ）。

【閎▼衍】（コウエン） ことばが豊富で、内容に深みがある。文体が堂々としているさま。

【閎▼廓】（コウカク） 奥深く、広々としている。

【閎達】（コウタツ） 才能や知識が豊かで、ものごとに精通している。

閌

門4（12） 4 9153 958C コウ（カウ）漢 漾 kàng

意味 高大なさま。例 高閌（コウコウ）。

閏

門4（12） 1 1728 958F 人 ジュン漢 震 rùn うるう（うるふ）

[閠] 門5（13） 2 7964 95A0 俗字。

なりたち [会意]「王（＝おう）」が「門（＝もん）」の中で生活する月。閏月。

意味 ❶暦の上で、一年や一月の日数が普通の年よりも多いこと。うるう。例 閏月（ジュンゲツ）（＝うるうづき）。閏年（ジュンネン）（＝うるうどし）。❷正統からはずれた。対 正。例 正閏（セイジュン）。

古訓 中古 うるふ 中世 うるふ 近世 うるふ

人名 うる

【閏位】（ジュンイ） 正統ではない天子の位。類 閏統。対 正位。

[閔]

門4（12） ⇩憫（ビン）（526ページ）

閍

門4（12） 4 9154 958D ホウ（ハウ）漢 庚 bēng

意味 宗廟（ソウビョウ）の門。

閖

門4（12） 2 7961 9596 国字 ゆり

意味 地名に用いる字。例 閖上（ゆりあげ）（＝宮城県の地名）。

閘

門5（13） 2 7962 9598 一 オウ（アフ）漢 洽 yā 二 コウ（カフ）漢 合 zhá

意味 一 門を開けたり閉めたりする。水門。例 閘門（コウモン）。二 川などの水の流れを調節するための門。

【閘門】（コウモン） 水面の高さや水量を調節する、河川の水門。

[閠]

門5（13） ⇩閏（ジュン）（1384ページ）

[閙]

門5（13） ⇩鬧（トウ）（1477ページ）

閟

門5（13） 3 9347 959F ヒ漢 寘 bì

意味 ❶門を閉じる。とざす。❷ひきしめる。つつしむ。

【閟宮】（ヒキュウ） ①みたまや。②周の始祖后稷（コウショク）の母である姜嫄（キョウゲン）を祭る宗廟（ソウビョウ）。

閣

門6（14） 1 1953 95A3 教6 カク漢呉 薬 gé たかどの

筆順

なりたち [形声]「門（＝もん）」と、音「各（カ）」とから成る。扉を止めるもの。

意味 ❶門の扉を止める、くい。❷やめる。おく。通 擱（カク）。例 閣筆（カクヒツ）。❸ものを置く、たな。例 高閣（コウカク）（＝つりだな）。❹高い建物。たかどの。例 仏閣（ブッカク）。楼閣（ロウカク）。❺中央官庁。行政の最高機関。内閣。例 閣議（カクギ）。閣僚（カクリョウ）。❻かけはし。桟道（＝崖（がけ）にかけた橋）。また、高殿と高殿をつなぎ、地上高くにかけた渡り廊下。例 閣道（カクドウ）。

古訓 中古 さしおく・さしはさむ・とどむ・ひらく・ひろし 中世 いへ・かさなる・さしおく・はるか 近世 さしおく・たかどの・ただし・とざし

人名 はる

【閣員】（カクイン） 日「閣僚（カクリョウ）」に同じ。

【閣外】（カクガイ） 日 内閣の外部。対 閣内。例 ―から協力する。

【閣議】（カクギ） 日 内閣の会議。内閣総理大臣がそれぞれの国務大臣を集めて開く会議。例 ―にはかる。

【閣道】（カクドウ） ①地上高くに設けた渡り廊下。②険しい谷の道に作ったかけ橋。桟道。

【閣内】（カクナイ） 日 内閣の内部。対 閣外。例 ―不一致。

【閣筆】（カクヒツ）（ふでをおく） 筆をおいて書くことをやめる。文章を書き終える。擱筆（カクヒツ）（ふでをおく）。

【閣僚】（カクリョウ） 日 内閣を構成するそれぞれの国務大臣。閣員。

【閣老】（カクロウ） ①唐代、中央官庁に長年勤務していた舎人（＝官名）や官吏に対する敬称。明（ミン）以降は宰相・大臣を指した。②日 江戸時代、老中をいう。

【閣下】（カッカ）〔高殿の下の意〕役人や軍人などの、身分の高い人の敬称。例 大統領―。

●組閣（ソカク）・天守閣（テンシュカク）・倒閣（トウカク）・入閣（ニュウカク）

関

門6（14） 1 2056 95A2 教4 一 カン（クヮン）漢 ケン（クェン）呉 刪 guān 二 ワン漢 刪 wān せき・かかわる（かか-はる）

[關] 門11（19） 2 7980 95DC 旧字体。

筆順

なりたち [形声]「門（＝もん）」と、音「𢇇（カン）」とから成る。かんぬき。

意味 一 ❶門の戸をとざす横木。かんぬき。また、門。例 関鍵（カンケン）。❷とじる。とざす。例 城郭不レ関（ジョウカクはカンせず）（＝城郭は門をとじない）。〈淮南・覧冥〉❸交通の要所や国境に設けて、人などの出入りを調べる所。せきしょ。せき。例 関東（カントウ）。函谷関（カンコクカン）。難関（ナンカン）。❹ものを動かすしかけ。からくり。例 機関（キカン）。❺つながる。あずかる。かかわる。例 関係（カンケイ）。関与（カンヨ）。関連（カンレン）。❻⇩【関関】（カンカン） 二 弓を引く。ひく。通 彎（ワン）。例 越人関レ弓而射レ之（エツひとゆみをひきてこれをいる）（＝越人が弓を引いてこの者を射た）。〈孟子・告子下〉

日本語での用法 《せき》「関取（せきとり）・大関（おおぜき）・双葉山（ふたばやま）関（ぜき）」▼十両以上の力士。また、しこ名にそえて敬うことば。

古訓 中古 あづかる・いる・かよふ・くすぬく・さかひ・さす・せき・せく・つかさどる・つらぬく・とさし・とどむ・となふ・とほす・とほる・ふさぐ・ゆみひく 中世 あづかる・せき・せく・とざす・とほる 近世 あやつり・きしる・さがし・せき・つらぬく・とざす・とづる・とほる・ひく・ふさぐ

人名 とおる・み・もり

【関▼尹】カンイン 関所の役人の長。㊟関令。
【関関】カンカン 鳥がのどかに鳴くさま。例関関雎鳩カンカンたるショキュウ（＝のどかに鳴き交わす雌雄のミサゴ）。〈詩経・周南・関雎〉→
【関雎】カンショ
【関係】カンケイ ①二つ以上のものごとが、つながっている。かかわりあう。例—者。—が深い。②日男女が性的交渉をもつ。また、その交渉。③日〔名詞のあとにつけて、少しぼかしていう〕その方面。例営業—の仕事。
【関鍵】カンケン ①門のかんぬきと扉のかぎ。②戸じまり。③ものごとの重要なところ。
【関塞】カンサイ 〔「塞」は、とりでの意〕①関所と、とりで。②国境のとりで。
【関山】カンザン 険しい山々。また、関所の設けてある要害の山々。例関山度若レ飛カンザンとぶがごとし（＝関山を飛ぶように速く越えて行った）。〈木蘭詩〉
【関市】カンシ 〔関所と市場の意〕関所にある、異民族と交易をする市場。辺境の地の市場。
【関▼雎】カンショ 仲のよい夫婦。〔「関関雎鳩カンカンたるショキュウ（＝のどかに鳴き交わす雌雄のミサゴ）」〈詩経・周南・関雎〉から〕
【関心】カンシン 心をひかれること。気にとめること。例—を示す。
【関数】カンスウ〔数〕二つの変数 x と y について、x が変わるとそれに対応して y も変わるという関係。函数カンスウ。〔「函数」の、日本での用字〕例三角—。二次—。
【関西】一カンセイ 函谷関カンコクより西の地。二カンサイ 日①京阪神ケイハンシン地方。上方かみがた。例—弁。②箱根より西の地方。③昔、鈴鹿すずか・不破ふわ・愛発あらちの各関所より西、後に、逢坂おうさかの関より西の諸国。▽㊟関東。
【関税】カンゼイ 品物の輸出入のときに課せられる税。特に、輸入税についていうことが多い。
【関節】カンセツ ひじや手首・足首のように、骨と骨とが、動くようにつながっている部分。例—炎。
【関説】カンセツ/カンゼイ ①人を通じて自説を伝える。②人の意見をさまたげて、実行できないようにする。
【関知】カンチ 日かかわりがあって、事情をよく知っている。〔下に打ち消しのことばをともなって用いることが多い〕
【関中】カンチュウ 函谷関カンコクカン（または潼関ドウカン）、武関、散関、蕭関ショウカンの四関の中の地域。秦シンの根拠地で、今の陝西センセイ省の古名。
【関通】カンツウ ①互いに心が通じ合っている。ぐるになる。②賄賂ワイロを受け取る。また、贈賄する。
【関東】カントウ ①函谷関カンコクカンより東の地。また、山海関より東の地。②日関東地方。東京・神奈川・千葉・埼玉・群馬・栃木・茨城の一都六県。③日箱根より東の関東平野を中心とする諸国。坂東バンドウ。④日昔、鈴鹿すずか・不破ふわ・愛発あらちの各関所より東。後に、逢坂おうさかの関より東の諸国。▽㊟関西。
【関内侯】カンダイコウ/カンナイコウ 秦シン・漢代、列侯に次ぐ位。領地に居住せず、帝都にいて租税を得ていた。
【関白】カンパク ①重臣に意見を言う。②日平安時代以後、天皇を補佐して政治をとりしきった職。例—藤原基経もとつね。③日実権をにぎっている人。例亭主—。
【関八州】カンハッシュウ 日関東八州。昔の、相模さがみ・武蔵むさし・安房あわ・上総かずさ・下総しもうさ・常陸ひたち・上野こうずけ・下野しもつけの八か国。
【関防】カンボウ ①守備兵が配置されている関所。また、その兵。②「関防印カンボウイン」の略。
【関防印】カンボウイン ①明ミン代、偽造を防ぐため、公文書に押した割り印。②書画の右肩に押す長方形の印。
【関門】カンモン ①関所。また、関所の門。②日通過するのが難しく、そこをこえないと先へ進めない、大事なところ。例第一の—を突破する。③日下関しものせきと門司もじ。例—トンネル。
【関▼鑰】【関▼籥】カンヤク ①かんぬきと、かぎ。②ものごとの規律。しまり。③重要な部分。かなめ。関鍵カンケン。
【関与】カンヨ あるものごとにかかわりがある。また、かかわりをもつ。例国政に—する。
【関連】カンレン かかわりがある。また、かかわりあい。つながり。連関。例—性。—産業。表記 旧関▼聯
【関所】せきしょ 日①国境やおもな道路の要所に設けて、通行者や荷物を調べたところ。せき。例—破り。箱根の—。②通りにくいところ。難関。関門。
●機関キカン・玄関ゲンカン・税関ゼイカン・相関ソウカン・難関ナンカン・連関レンカン

閨
門6（14） 2 7965 95A8 ケイ漢 斉 guī ねや

意味 ❶宮中の小門。❷婦人の部屋・寝室。ねや。例閨房ケイボウ。❸婦人。女性。例閨秀ケイシュウ。
【閨怨】ケイエン 夫と離れている女性の、ひとり寝の恨み。また、その寂しい気持ち。例—詩。
【閨▼閤】ケイコウ ①宮中の小門。②奥の部屋。③妻あるいは女性の寝室。閨房。
【閨室】ケイシツ ①寝室。ねや。閨房。②妻。奥方。内室。
【閨秀】ケイシュウ 学問や芸術方面にすぐれた女性。才媛サイエン。
【閨中】ケイチュウ 婦女の寝室の中。寝床の中。㊟閨裏。例閨中只独看ケイチュウただひとりみるならん（＝(妻は)部屋の中からいちずにひとりで眺めていることだろう）。〈杜甫・月夜〉
【閨▼竇】ケイトウ ①（壁をくりぬいた）小さなくぐり戸。②貧しい人の住まい。例篳門閨竇之人ヒツモンケイトウのひと（＝枝折り戸やくぐり戸から出入りするような貧しい人）。〈左伝・襄一〇〉
【閨閥】ケイバツ 日妻の親類を中心にした仲間。例—政治。
【閨範】ケイハン 婦女の守るべき規範。
【閨房】ケイボウ ①寝室。特に、夫婦の寝室。②婦人の居間。㊟閨閫ケイコン。▽㊟閨闥ケイタツ。
【閨門】ケイモン ①城内の小さな門。②婦女の部屋の入り口。また、部屋の中。家庭。例在二閨門之内一ケイモンのうちにあり（＝家庭の中にいる）。〈礼記・楽記〉

閤
門6（14） 1 2562 95A4 人 コウ（カフ）漢 合 gé

なりたち [形声]「門（＝もん）」と、音「合コウ」とから成る。正門のわきの門。
意味 ❶大門のかたわらにある小門。くぐり戸。❷役所の門。また、役所。❸御殿。宮殿。❹婦人の部屋。例閨閤ケイコウ。
古訓 中古 おく 中世 ねや・ひろし・わきど 近世 ねや

閧
門6（14） 2 7966 95A7 一コウ漢 絳 xiàng 二コウ漢 送 hòng
とき・かちどき・たたか-う（たたか-ふ）

意味 一村の中の小道。通巷コウ。二❶たたかう。また、戦いのときにあげるさけび声。とき。例勝閧かちどきをあげる。❷さわぐ。例閧然コウゼン（＝さわがしいさま）。
参考「二」は「鬨コウ」が正しいが、「閧」と書くことが多い。

閦
門6（14） 3 9348 95A6 シク漢 シク・シュク呉 屋 chù

意味 ❶数が多いさま。例閦然シクゼン。❷梵語ボンゴの音訳に用いる字。例阿閦仏アシュクブツ。

𨴐
門6（14） 4 9155 28D10 シン漢 震 shèn

意味 門を守る。難読 閌崎(きどざき)(=姓)

閥

門6(14) 1 4022 95A5 常用

ハツ漢 バツ呉 月 fá

筆順 丨 ｢ 門 門 門 閥 閥

なりたち ［形声］「門(=もん)」と、音「伐(ハツ)」とから成る。功績を書いた門の柱。

意味 ❶功績。手柄。例 閥閲(バツエツ)。❷役人が自分の功績を書いて門の左側に立てた柱。対閲。❸家格。家柄。例 閥族(バツゾク)。門閥(モンバツ)。

日本語での用法《バツ》「学閥(ガクバツ)・軍閥(グンバツ)・派閥(ハバツ)・藩閥(ハンバツ)・閥(バツ)を作(つく)る」▼出身や利害を同じくする者の、排他的な集まり。

古訓 中古 はじめ・ひらく・よる 中世 かどのひだり 近世 ひだりのモン・ほこる

人名 いさお

【閥閲】(バツエツ) ①功績や経歴。また、功績のある家柄。名門。②功名を記してある門柱。

【閥族】(バツゾク) 日 ①身分の高い家柄。②閥を形成する一族。

●学閥(ガクバツ)・軍閥(グンバツ)・財閥(ザイバツ)・派閥(ハバツ)・門閥(モンバツ)

閩

門6(14) 3 9349 95A9

ビン漢 真 mǐn

意味 ❶周代の異民族の名。❷福建省の別の呼び方。

閲

門7(15) 1 1760 95B2 常用

エツ漢 屑 yuè

けみ-する(けみ-す)

［閱］

門7(15) ― 95B1

旧字体。

筆順 丨 ｢ 門 門 門 閂 閲

なりたち ［形声］「門(=もん)」と、音「兌(タイ→エツ)」とから成る。門のところで数える。

意味 ❶一つ一つよく見て調べる。けみする。例 検閲(ケンエツ)。校閲(コウエツ)。❷調べ見る。よむ。例 閲読(エツドク)。閲覧(エツラン)。❸年月がたつ。経過する。経験する。けみする。例 閲歴(エツレキ)。❹功績。例 閥閲(バツエツ)。❺功績を書いて門の右側に立てた柱。転じて、高い家柄。対閥。❻いれる。うけいれる。例 我躬不レ閲(わがみいれられず)(=わが身すらうけいれられない)。〈詩経・邶風・谷風〉

古訓 中古 いる・えらぶ・かぞふ・かむがふ・けみす・すぶ・ひらく・へみる・みる 中世 あらはす・えらぶ・みる 近世 いるる・けみする・ふる・みる

人名 かど・み

【閲月】(エツゲツ) 一か月が経過する。月(つき)を閲(けみ)す。

【閲歳】(エッサイ) 一年経過する。一年以上にわたる。

【閲読】(エツドク) 内容に注意しながら、書物や書類を読む。

【閲兵】(エッペイ) 元首や司令官などが、整列した軍隊を巡視し、検閲する。類閲武。例 ―式。

【閲覧】(エツラン) 書物や新聞・雑誌などを調べたり見たりする。

【閲歴】(エツレキ) ①経歴。履歴。②年月が経過する。過ぎ去る。

●検閲(ケンエツ)・校閲(コウエツ)・内閲(ナイエツ)

［閴］

門7(15) ⇨闃(ゲキ)(1387ページ)

閫

門7(15) 4 9156 95AB

コン漢 阮 kǔn

意味 ❶門の中央に立てた扉止めのくい。しきみ。しきい。例 閫外(コンガイ)。❷婦人の居住する内室。通壼(コン)。例 閫徳(コントク)。

【閫奥】【閫▼隩】(コンオウ) ①(部屋などの)奥深いところ。②学問・技芸などの奥義。

【閫外】(コンガイ) ①門のしきみの外。戸の外。②宮城・都城の外。③国境の外。④国外に出征する軍隊。また、出征軍の指揮官。閫外之臣(コンガイのシン)。

【閫徳】(コントク) 女性の守るべき徳。閫範(コンハン)。類閫則。

閭

門7(15) 2 7967 95AD

リョ漢 魚 lǘ

意味 村里(の門)。例 閭巷(リョコウ)。閭門(リョモン)。

【閭▼閻】(リョエン) ①村の入り口にある門と、村の中にある門。②村里。例 蘇秦起二閭閻一(ソシンリョエンよりおく)(=蘇秦は民間から身を起こした)。〈史記・蘇秦伝〉

【閭▼伍】(リョゴ) ①村民。庶民。②〔「伍」は、五人で一組の意〕村の組合・組織。

【閭▼巷】(リョコウ) 村里。町の中。また、民間。例 ―無名の人。

【閭左】(リョサ) 貧しい人民。〔秦(シン)代、税を免除し集落の左側に住まわせたことから〕

【閭市】(リョシ) 村里の盛り場。

【閭門】(リョモン) 村里の入り口の門。

【閭里】(リョリ) 村里。また、郷里。

閬

門7(15) 3 9350 95AC

ロウ(ラウ)漢 漾 làng

意味 門が高いさま。たかい。

閼

門8(16) 2 7968 95BC

一 ア慣 アツ漢 曷 è
二 エン漢 先 yān
ふさ-ぐ・とど-める(とど-む)

意味 一 ❶入り口をとじる。とどめる。ふさぐ。例 閼塞(アッソク)(=ふさがる)。❷梵語(ボンゴ)の音訳字。例 閼伽(アカ)。二「閼氏(エンシ)」は、匈奴(キョウド)の単于(ゼンウ)(=王)の正妻。

【閼▼伽】(アカ) 〔梵語(ボンゴ) arghya の音訳。水の意〕仏や墓に供える水。また、その水を入れるうつわ。例 ―桶(おけ)。

【閼▼伽棚】(アカだな) 日 仏に供える水や花などを置く棚。

閾

門8(16) 2 7971 95BE

キョク・ヨク漢 イキ(ヰキ)呉 職 yù

しきい(しきゐ)・しきみ

意味 ❶門の内部と外部とをわける、境の横木。しきみ。しきい。例 行不レ履レ閾(ゆくにしきみをふまず)(=通るときに、しきいをふまない)。〈論語・郷党〉❷しきり。くぎり。境界。

【閾値】(イキチ)(しきいチ) 日 反応を起こさせるために必要な最小のエネルギーの値。

閻

門8(16) 2 7969 95BB

エン(エム)漢呉 塩 yán

［閆］

門3(11) 4 9152 9586

別体字。

意味 ❶村里の中の門。村。例 閭閻(リョエン)。❷梵語(ボンゴ)の音訳字。例 閻浮(エンブ)。閻魔(エンマ)。❸(yàn) 美しい。通艶(エン)。例 閻妻(エンサイ)(=美しい妻)。

【閻王】(エンオウ) 「閻魔(エンマ)①」に同じ。

【閻浮提】(エンブダイ) 〔仏〕〔梵語(ボンゴ) jambudvipa (=フトモモの木の茂る島。インドのこと)の音訳〕①須弥山(シュミセン)の四方にある四洲(シシュウ)の一つで、南方にある島。南瞻部洲(ナンセンブシュウ)。閻浮洲。閻浮。②人間世界。この世。

【閻魔】(エンマ) 〔梵語(ボンゴ) yama の音訳〕①〔仏〕死者の霊魂を支配して生前のおこないを裁く地獄の王。閻魔大王。閻王。類閻羅。②大形のくぎぬき。〔うそをつくと「①」に舌を抜かれるという俗信による〕

【閻魔帳】(エンマチョウ) 日 ①〔仏〕地獄の閻魔王が、死者の生前の罪を書きしるすという帳面。②教務手帳の俗称。

閹 門8(16) 2 7970 95B9 エン(エム)㊥漢 塩 yān かどもり

意味 ❶宮殿の門を守る(去勢された)役人。門番。宦官。例 閹官。❷去勢する。例 閹割(=生殖器を切りとる)。❸こびへつらうさま。例 閹然。

【閹▼尹】宦官を管理する長。

【閹官】【閹▼宦】宦官。類 閹寺・閹人。

【閹然】自己の意思・信念をまげて、こびへつらうさま。例 閹然媚二於世一也者、是郷原也(=自己の意思をまげて世間にこびる者、これが郷原である)。〈孟子・尽心下〉

閽 門8(16) 3 9352 95BD コン漢 元 hūn

意味 ❶門を守る人。門番。例 閽寺。❷宮殿の門。❸宦官。

【閽寺】【閽侍】宮中の門番。類 閽者・閽人。

閶 門8(16) 3 9351 95B6 ショウ(シャウ)漢 陽 chāng

意味 「閶闔」は、天上界の門。

闈 門9(17) 4 9159 95C8 イ(ヰ)漢呉 微 wéi

意味 ❶宮中の通用門。例 宮闈。❷科挙(=官吏登用試験)の試験場。❸居住するところ。例 庭闈。

難読 闈司(=宮中の鍵と出納を管理した役職)

闉 門9(17) 4 9158 28D71 国字 かずき(かづき)

意味 地名などに用いる字。例 野闉(=広島県の地名)。

闊 門9(17) 2 7972 95CA カツ(クヮツ)漢 曷 kuò ひろ-い(ひろ-し)

［濶］氵14(17) 2 7973 6FF6 別体字。

［濶］氵17(20) 4 7945 24103 別体字。

意味 ❶遠く離れている。疎遠である。久しく会わない。例 久闊。❷まわり遠い。現実に合わない。例 迂闊。❸広々としている。ひろい。例 闊然(=からりとひらけて、広々としている)。闊達。❹ゆるめる。ゆるやかにする。例 闊略。❺細かいことにこだわらない。

【闊疎】おおざっぱである。

【闊大】広くて大きい。広大。例 闊大淵深(=広大で奥深い)。〈呂覧・論人〉

【闊達】心が広くて小さなことにこだわらないさま。豁達。例 自由―。―な性格。

【闊別】久しく別れていて会わない。長い別れ。

【闊歩】①ゆったりと歩く。堂々と大またに歩く。②日 いばって歩く。周囲に気がねしないで行動する。

【闊葉樹】日「広葉樹」の旧称。

【闊略】①罪を見のがす。ゆるす。ゆるめる。②おおまかで、いいかげんである。疎略。③そそっかしい。

闃 門9(17) 2 7974 95C3 ゲキ慣 ケキ漢 錫 qù しず-か(しづ-か)

［闃］門7(15) 4 9157 95B4 俗字。

意味 空虚なさま。また、静かなさま。しずか。例 闃寂(=ひっそりと静まりかえっているさま)。幽闃(=さびしい)。

闋 門9(17) 3 9353 95CB ケツ漢 屑 què

意味 ❶事が終わり、門を閉じる。❷停止する。やむ。❸楽曲を数える語。例 歌数闋、美人和レ之(=〔項羽は〕数曲歌い、虞美人が応じて歌った)。〈史記・項羽紀〉

難読 一闋(=謡い物・話などの、ひとまとまり)

闍 門9(17) 2 7975 95CD 一ト漢呉 虞 dū 二シャ漢 ジャ呉 麻 shé

意味 一❶城門の上の物見台。❷城の外ぐるわの内側にある町。二梵語の音訳字。例 阿闍梨。

闇 門9(17) 1 1639 95C7 常用 一アン(アム)漢 オン(オム)呉 勘 àn 二アン(アム)漢 覃 ān やみ・くら-い(くら-し)・くらがり

筆順 丨 𠃌 門 門 門 閂 闇

なりたち

［形声］「門(=もん)」と、音「音ア」とから成る。門を閉じる。

意味 一❶門をとじる。❷くらい。くらがり。やみ。通 暗。❸よく理解していない。道理がわからない。おろかな。例 闇夜。例 闇愚(=おろか)。❹暗くなる。暗くする。おおいかくす。例 不二下比以闇一上(=下位の者とつるんで君主の目をおおいかくすことはしない)。〈荀子・不苟〉❺かげで。こっそりと。二❶「諒闇」は、天子が父母の喪に服するためにこもる、いおり。❷そらんじる。通 諳。例 闇誦。

日本語での用法 《やみ》「闇取引」▼不正な。

表記 現代表記では「暗」に書きかえることがある。熟語は「暗」も参照。

古訓 中古 おぼつかなし・くらし・そらに・もだす・やみ 中世 かすかなり・くらし・はるかなり・やみ 近世 くらがり・くらし・とづる・やみ

【闇黒】真っ暗。暗やみ。くらがり。暗黒。

【闇昧】①暗い。光のささない所。転じて、人の見ていない所。②道理がわからない。▽暗昧。

闌 門9(17) 2 7976 95CC ラン漢呉 寒 lán た-ける(た-く)・たけなわ(たけなは)

意味 ❶門の柵。❷てすり。おばしま。通 欄。例 闌干。❸さえぎる。通 攔。❹勝手に。みだりに。例 闌入。❺終わりに近づく。たける。たけなわ。(「まっさかり」の意の「たけなわ」は「酣」) 例 闌暑(=暑さも終わりに近づくころ)。

【闌干】①てすり。②涙のとめどなく落ちるさま。例 玉容寂寞涙闌干(=〔楊貴妃の〕美しい顔は寂しげで、涙がとめどなくほおを伝った)。〈白居易・長恨歌〉③縦横に散り乱れるさま。④星の光がきらめくさま。例 星斗―たり。▽欄干。

【闌入】許可を得ないまま、はいりこむ。

闓 門10(18) 3 9355 95D3 ガイ慣 カイ漢 賄 kǎi

意味 ひらく。あける。

闕 門10(18) 2 7977 95D5 一ケツ(クヱツ)漢 月 què 二ケツ(クヱツ)漢 月 quē か-ける(か-く)・か-く

意味 一城門の両わきに設けた高い台。また、天子のいる宮城。例 闕掖。禁闕(=宮城)。城闕。二❶あるべきものが足りない。かける。通 欠。例 闕画。闕如。闕漏。❷削る。へらす。かく。例 闕レ吏減レ賦(=労役義務を少なくして税金をへらす)。〈漢書・谷永伝〉❸(juē) 穴を掘る。うがつ。通 掘。例 闕為二深溝一(=深いみぞを掘る)。〈国語・呉〉

【闕▼掖】ケツエキ 〔「掖」は、正門の左右の小門〕宮中。御所（ゴショ）。禁掖。

【闕下】ケッカ 〔宮殿の門のもとの意〕天子。

【闕画】ケッカク ①文字の線や点を省く。②天子や父祖の名と同じ字を書くとき、はばかってその字の最後の一画を書かずにおく。「玄」を「玄」とするなど。類闕筆（ケッピツ）。▽欠画。

【闕疑】ケツギ うたがわしいところは除く。例多聞闕レ疑（おおくききてうたがわしきをかく）（＝見聞を広めた上で、自信のないことを取り除く）。〈論語・為政〉

【闕字】ケツジ ①文章の中の脱字。欠け字。②文章の中で、天子の名や称号の上を一字分あけて書き、敬意をあらわすこと。闕如（ケツジョ）。▽欠字。

【闕如】ケツジョ ①必要なものが欠けている。足りない。類闕焉（ケツエン）・闕然（ケツゼン）。②欠けたままにしておく。また、黙っている。例君子於二其所一レ不レ知、蓋闕如也（クンシはそのしらざるところにおいて、けだしケツジョす）（＝君子はよく知らないことについては、黙っているものだ）。〈論語・子路〉③「闕字（ケツジ）②」に同じ。▽欠如。

【闕庭】ケッテイ ①宮中の庭。②朝廷。

【闕▼腋】ケッテキ 〔「ケツエキ」の転〕日①衣服の両わきの下を縫い合わせないで、あけておく。②闕腋（ケッテキ）の袍（ホウ）。平安時代、武官が節会（セチエ）や行幸（ギョウコウ）のときに着た礼服。わきあけのころも。

【闕文】ケツブン ①疑問が残る箇所を空白にした文。例吾猶及二史之闕文一也（われなおシのケツブンにおよべり）（＝私は少しでも疑わしいところがあると、（後世に誤り伝えられるのを恐れて）そこは空白にして記録しなかった）。〈論語・衛霊公〉②字句が脱落している文章。欠文。

【闕里】ケツリ 孔子の住んでいた地。今の山東省曲阜（キョクフ）市にある。類闕党。

【闕漏】ケツロウ 欠けてもれる。また、もれたもの。もれ。おち。欠漏。

闔 門10（18） 2 7978 95D4 コウ（カフ）漢 合 hé とびら・と-じる（と-づ）

意味 ❶門のとびら。**とびら**。❷とざす。**とじる**。例闔門（コウモン）（＝門をとざす）。❸すべて合わせて。残らず、すべて。例闔国（コウコク）（＝くにをあげて、みな）。❹どうして…しないのか。なんぞ…ざる。通盍（コウ）。

難読 開闔（あけたて）

【闔▼廬】コウリョ 住居。家屋。

闖 門10（18） 2 7979 95D6 チン（チム）漢 沁 chèn

意味 ❶頭を出すさま。頭を出してのぞく。❷（chuǎng）急にあらわれる。突然はいってくる。例闖入（チンニュウ）。

【闖入】チンニュウ 許しも得ずに、突然はいりこむ。乱入。

闐 門10（18） 3 9354 95D0 テン漢 先 tián

意味 ❶充満する。みちる。❷「于闐（ウテン）」は、西域の地名、ホータン、またはコータン。

闘 門10（18） 1 3814 95D8 常用 トウ漢呉 宥 dòu たたかう（たたか-ふ）・たたかい（たたかひ）

［鬪］ 門10（20） 2 8212 9B2A 旧字体。

［鬭］ 門14（24） 3 9431 9B2D 本字。

筆順

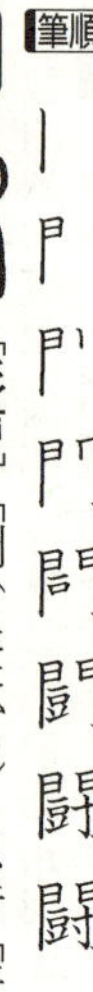

なりたち

［形声］「鬥（＝たたかう）」と、音「斲（トウ）」とから成る。出あって、たたかう。

意味 ❶切りあいや殴りあいをする。互いに争う。きそう。**たたかう**。**たたかい**。例闘争（トウソウ）。決闘（ケットウ）。戦闘（セントウ）。❷争わせる。たたかわせる。例闘牛（トウギュウ）。闘鶏（トウケイ）。

古訓 中古 あはす・あらそふ・いさかふ・たたかふ 中世 あらそふ・たたかふ 近世 あらそふ・からかふ・きそふ・たたかふ

【闘花】トウカ 唐代、長安の貴族の女性が髪にたくさんの花をさして、珍しい飾りつけの者を勝ちとした遊び。花合わせ。

【闘角】トウカク 屋根のかどがひしめいて、争っているように見えるさま。

【闘艦】トウカン 軍艦。いくさぶね。

【闘技】トウギ 力やわざをくらべ合い、優劣をきそう。

【闘牛】トウギュウ ①ウシとウシとをたたかわせる。牛合わせ。また、そのウシ。②人間とウシとがたたかう競技。また、そのウシ。スペインの国技。例―場。―士。

【闘鶏】トウケイ ニワトリをたたかわせて、勝負を争う遊び。鶏（とり）合わせ。また、そのニワトリ。

【闘犬】トウケン 日イヌをたたかわせて、勝負を争う遊び。犬合わせ。また、そのイヌ。

【闘▼很】トウコン【闘▼狠】トウコン なぐり合うような、けんかをする。

【闘魂】トウコン 日たたかいぬこうとする激しい意気ごみ。闘志。

【闘士】トウシ ①戦争やたたかいをする人。戦士。②日主義・主張のために活発に行動する人。

【闘志】トウシ たたかおうとする意志。闘魂。例―がわく。

【闘将】トウショウ ①力が強く闘争心の盛んな武将。②日スポーツや政治運動などで、人の先頭に立ち、積極的・精力的に活動する人。

【闘争】トウソウ ①相手に勝とうとして、たたかいあらそう。あらそい。例―本能。―心。②日使用者と労働者などが、自己の利益のためにあらそう。例―資金。

【闘草】トウソウ 陰暦五月五日におこなわれた女性の遊戯。草花を摘んで、その数や美しさをきそい合う。闘百草（トウヒャクソウ）。草合わせ。

【闘▼智】トウチ（ちをたたかわす） 才能をくらべ合う。知恵くらべ。

【闘病】トウビョウ 日病気を治そうという意志をもって療養する。

●格闘（カクトウ）・苦闘（クトウ）・健闘（ケントウ）・死闘（シトウ）・奮闘（フントウ）・乱闘（ラントウ）

［闗］ 門11（19） ⇩関（カン）（1384ジペー）

［闚］ 門11（19） ⇩窺（キ）（987ジペー）

［䦰］ 門11（19） ⇩鬮（キュウ）（1477ジペー）

闞 門12（20） 3 9358 95DE 一カン（カム）漢 勘 kàn 二カン（カム）漢 豏 hǎn

意味 一望み見る。みる。のぞむ。通瞰（カン）。例俯闞（フカン）（＝見下ろす）。二トラがほえる声。例闞闞（カンカン）。

【闞闞】カンカン トラのほえる声の形容。

闡 門12（20） 2 7981 95E1 セン漢呉 銑 chǎn ひら-く

意味 ❶あける。**ひらく**。❷ひらいて明らかにする。例闡究（センキュウ）。闡明（センメイ）。

【闡究】センキュウ 詳細に明らかにする。

【闡明】センメイ 今まではっきりしなかった道理や意義を明らかにする。例本義を―する。

【闡幽】センユウ（ユウをあきらかにす） かくれたものを明らかにする。

【闡揚】センヨウ はっきりとあらわす。

闥 門13（21） 2 7982 95E5 タツ漢 ダツ呉 曷 tà

意味 ❶宮中の小門。くぐり門。❷門。

難読 柴（しば）の闥（とぼそ）

闢
門13（21） ②7983 95E2 ヘキ漢 ビャク呉 陌pì ひら-く

意味 ❶あける。**ひらく**。例闢闔（=ひらくことと、とじること）。開闢（=開墾する）。❷きりひらく。開拓する。例闢田（=田畑を開墾する）。❸しりぞける。通辟。例闢邪（=悪いものをしりぞける）。

闌
門19（27） ④9160 28DFB ラン漢 寒lán

意味 みだりに宮中に入りこむ。

170 8画 阜 おか（阝（左）こざとへん）部

何層にも重なった高い土地の形をあらわす。「阜」が偏（=漢字の左側の要素）になるときは「阝（こざとへん）」（三画）」となる。「阜」をもとにしてできている漢字を集めた。なお、「邑」が旁になるときは「阝（おおざと）」（三画）」となる。

⓪ 1389 阜 ③ 1389 阡 ④ 1389 阴 ⿰阝区 阮 阬 阯 阪 防 阨 阳 ⑤ 1390 阿 阻 阼 陀 陁 ⿰阝平 陂 附 ⑥ 1392 限 降 陏 陌 陋 ⑦ 1393 院 陥 陜 陘 降 除 陞 陣 陝 陟 陡 陦 陛 ⑧ 1395 陰 陷 険 ⿰阝采 陲 陬 陳 陶 陪 陸 隆 陵 ⑨ 1399 陰 階 隅 隍 随 隋 隊 隊 隄 陽 隆 隈 ⑩ 1402 隘 隕 隖 隗 隔 隙 ⿰阝竜 ⑪ 1403 隠 ⿰阝區 隙 際 障 隝 隚 ⑫ 1404 隵 隤 隥 隣 ⑬ 1404 隩 ⿰阝義 險 隧 隨 隣 ⑭ 1405 隱 隰 隲 隯 ⑮ 1405 ⿰阝寮 ⑯ 1405 隴

阜
阜0（8） ①4176 961C 常用 フウ漢 フ呉 有fù おか（をか）

筆順 ノ ⺁ 户 户 自 自 皀 阜

なりたち ［象形］高く大きくて石のない陸地の形。

意味 ❶高くもりあがった土地。**おか**。例阜陵。❷おおきい。例駟驖孔阜（=四頭の栗毛のウマは非常に肥えている）。〈詩経・秦風・駟驖〉❸多い。豊かな。さかんな。例阜財（=豊かな財産）。

古訓 中古 あつし・おほいなり・おほし・さかゆ・さかりなり・ゆたかに・をか 中世 こえたり・さかり・ながし・ゆたかに・をか 近世 おほし・こゆる・さかんなり・つちやま・ながし・をか

人名 あつ・あつし・たか・たかし・とおる・ゆたか

参考 岐阜（=県名）。

【阜▼螽】イナゴ。

【阜成】教化して、立派にしあげる。例阜成兆民（=万民を立派にする）。〈書経・周官〉

【阜陵】大きな丘。類阜垤。

阡
阝3（6） ②7984 9621 セン漢呉 先qiān みち

意味 ❶南北に通るあぜみち。**みち**。例阡陌。❷田地。❸墓。例阡兆（=墓地）。❹草木の茂るさま。通芊。❺「千」の大字。商売や契約の文書で、数字を書きかえられないように使う。

【阡阡】草木が茂って密集しているさま。例遠樹曖阡阡（=遠くには樹木が薄暗いほどに茂る）。〈謝朓・游東田〉

【阡▼陌】〔「陌」は、東西に通るあぜ道〕あぜ道。耕地と耕地との間の道。仟佰。仟伯。例阡陌交通鶏犬相聞（=あぜ道は縦横に通じ、あちらこちらからニワトリやイヌの鳴き声が聞こえてくる）。〈陶淵明・桃花源記〉

［阴］阝4（7） ⇩陰（1395ジペ）

［⿰阝区］阝4（7） ⇩⿰阝區（1404ジペ）

阮
阝4（7） ②7986 962E ゲン（グェン）漢 阮ruǎn

意味 ❶殷・周代の諸侯国の名。今の甘粛省涇川県にあった。❷弦楽器の一種。阮咸のこと。❸姓の一つ。例阮咸・阮籍。

【阮▼咸】①西晋の文人で、竹林の七賢の一人。②楽器名。琵琶の一種。四弦で十二柱。阮。〔「①」が製作し、演奏も上手だったことからつけられた名という〕

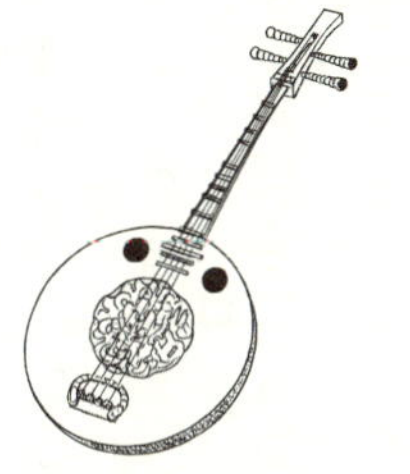
［阮咸 ②］

［阬］阝4（7） ⇩坑（284ジペ）

［阯］阝4（7） ⇩址（285ジペ）

阪
阝4（7） ①2669 962A 常用 ハン漢 清bǎn さか

筆順 ㇇ 了 阝 阝 阝 阪 阪

なりたち ［形声］「阝（=おか）」と、音「反ハ」とから成る。傾斜した土地。

意味 傾斜した土地や道。**さか**。通坂。

日本語での用法《ハン》「阪神・京阪」▼「大阪」の略。

古訓 中古 いけ・さか・なみ 中世 けはし・さか 近世 けはし・さか・つつみ・わき

参考 大阪（=府名）。

【阪神】大阪と神戸。また、大阪と神戸を中心とする地方。例―工業地帯。

防
阝4（7） ①4341 9632 教5 ホウ（ハウ）漢 ボウ（バウ）呉 陽fáng ふせぐ

筆順 ㇇ 了 阝 阝 阝 防 防

なりたち ［形声］「阝（=おか）」と、音「方ホ」とから成る。水があふれ出るのをふせぐ堤。

意味 ❶つつみ。どて。土をもりあげて、水があふれるのをふせぐもの。例堤防。❷災害や敵から守る。ふさぎとめる。そなえる。**ふせぐ**。例防衛。防火。予防。

日本語での用法《ボウ》「防長・防州」▼旧国名「周防（=今の山口県東部）」の略。

古訓 中古 いけ・かたはら・さまたぐ・ふさがる・ふさぐ・ふせく・まぼる・まもる 中世 さはる・さまたぐ・さゆる・そなふ・つつみ・ふせぐ・まぼる 近世 いましむ・そなふ・つつみ・ふせぐ

人名 ふせ・まもる・もり

【防人】日〔崎守の意〕古代、東国などから派遣されて北九州の防備にあたった兵士。

【防▼遏】ふせぎとめる。防止。例争乱を―する。

【防衛】攻撃から、あるいは奪われないように、ふせぎ守る。

例 正当━。国境を━する。

【防疫】(ボウエキ) 日 感染症をふせぐ。例 ━対策。

【防音】(ボウオン) 日 外部の音が部屋の中にはいらないようにする。また、部屋の中の音が外部に出ないようにする。

【防火】(ボウカ) 火災が発生するのをふせぐ。また、燃え広がるのをふせぐ。例 ━設備。━シャッター。

【防寒】(ボウカン) 寒さをふせぐ。例 ━具。━対策。

【防御】【防▼禦】(ボウギョ) 敵の攻撃をくいとめる。ふせぎ守る。また、その準備をする。例 ━態勢。攻撃は最大の━。

【防具】(ボウグ) 日 剣道・フェンシング・アメリカンフットボールなどの武道やスポーツで、身に着けて、からだを守る道具。

【防空】(ボウクウ) 日 爆撃機やミサイルなどによる、空からの攻撃をふせぐ。

【防護】(ボウゴ) 災害を受けないように準備し、ふせぎ守る。

【防口】(ボウコウ) 民衆の政治批判をふせぐ。口止め。

【防災】(ボウサイ) 災害をふせぐ。被害をくいとめる対策を講じる。例 ━訓練。━センター。

【防止】(ボウシ) ふせぎとめる。起きてほしくないことが起こる可能性のある場合に、それが起こらないようにする。例 危険━。

【防湿】(ボウシツ) 湿気をふせぐ。例 ━剤。

【防秋】(ボウシュウ) 秋に守備をきびしくする。北方民族が秋の収穫をめあてに侵入することに備えた。

【防臭】(ボウシュウ) 日 いやなにおいをふせぎ消す。例 ━効果。

【防除】(ボウジョ) 予防して害を受けないようにする。被害の原因となるものを、取り去っておく。例 虫害━。

【防▼塵】(ボウジン) ちりやほこりをふせぐ。例 ━マスク。

【防水】(ボウスイ) ①水が流入しないようにする。洪水をふせぐ。例 ━壁。②日 水がしみこまないようにする。例 ━加工。

【防雪】(ボウセツ) 雪による被害をふせぐ。例 ━林。

【防戦】(ボウセン) 敵の攻撃をふせぎたたかう。また、そのたたかい。

【防弾】(ボウダン) 日 銃弾が通らないようにする。例 ━チョッキ。

【防虫(蟲)】(ボウチュウ) 衣服や書物などに虫がつくのをふせぐ。また、家の中に虫がとびこむのをふせぐ。例 ━剤。━網。

【防潮】(ボウチョウ) 高潮(たかしお)や津波などの被害をふせぐ。例 ━堤。

【防▼諜】(ボウチョウ) 日 スパイの活動によって情報がもれるのをふせぐ。

【防毒】(ボウドク) ①毒をふせぐ。②日 毒ガスをふせぐ。例 ━マスク。━衣。

【防犯】(ボウハン) 日 犯罪をふせぐ。犯罪が起こらないように、ふだんから気をつける。例 ━ベル。━灯。

【防備】(ボウビ) 敵や災害などをふせぎ守る。また、そのためのそなえ。例 ━をかためる。

【防腐】(ボウフ) ものがくさらないようにする。例 ━剤。

【防風】(ボウフウ) ①風による害を防ぐ。風をふせぐ。例 ━林。②セリ科の多年草。根を、風邪や関節痛などの治療に用いる。③ハマボウフウの別名。

【防壁】(ボウヘキ) 日 敵の侵入や風雨・火事などをふせぎとめるためのかべ。例 ━を設ける。

【防塁】(ボウルイ) 日 とりで。例 ━を築く。
●海防(カイボウ)・国防(コクボウ)・砂防(サボウ)・消防(ショウボウ)・堤防(テイボウ)・予防(ヨボウ)

阨

阝4 (7) 2 7985 9628

━ アク 漢 ヤク 呉 陌 è
━ アイ 漢 卦 ài
けわ-しい(けは-し)・せま-い(せま-し)・ふさ-がる・ふさ-ぐ

意味 ━ ❶ふさぐ。ふさがる。とどめる。通隘(アイ)。例 咽喉部(インコウブ)を阨(ヤク)する(=要地・要点を支配する)。❷苦しめられる。なやむ。例 阨窮(ヤクキュウ)。━ ❶せまい。通隘(アイ)。❷地勢のけわしい場所。通隘(アイ)。例 阨塞(アイサイ)。

【阨塞】(アイサイ) けわしい土地。要害の地。

【阨▼僻】(アイヘキ) せまくてかたよっていること。せまくて小さいこと。

【阨窮】(ヤクキュウ) 行きづまる。苦しむ。例 阨窮而不レ憫(ヤクキュウすれどもうれえず)(=苦しい状況にあっても気にかけない)。〈孟子・公孫丑上〉

阳

阝4 (7) ⇨陽(ヨウ)(1401ページ)

阿

阝5 (8) 1 1604 963F 人

ア 漢 呉 歌 ē
くま・おもね-る

なりたち [形声]「阝(=おか)」と、音「可カ…→ア」とから成る。おれまがって入りくんだおか。

意味 ❶大きな丘。山。例 菁菁者莪、在二彼中阿一(セイセイたるガは、かのチュウアにあり)(=青々と茂ったアザミは、あの大きな丘の中にある)。〈詩経・小雅・菁菁者莪〉❷山や川、道などがおれまがって入りくんだところ。すみ。**くま**。❸人の機嫌をとる。へつらう。**おもねる**。例 阿世(アセイ)。阿諛(アユ)。❹家の棟。また、軒。ひさし。例 四阿(シア)(=屋根の四周にめぐらしたひさし)。❺⇩【阿那】(アダ/アナ)。❻(a)人の名前や呼称の前につけて親しみをあらわすことば。例 阿父(アフ)。阿母(アボ)。阿Q正伝(アキューセイデン)(=阿Qという人物の伝記という意で、魯迅(ロジン)の小説)。❼(a)梵語(ボンゴ)の音訳字。例 阿修羅(アシュラ)。阿鼻(アビ)。

日本語での用法 ━《ア》「阿州(アシュウ)」▼旧国名「阿波(あわ)(=今の徳島県)」の略。━《お》「阿国(おくに)・阿千(おせん)」▼女性や子供の名前の上につけて親しみをあらわすことば。

古訓 中古 おもねる・きし・きた・くま・したがふ・まがれるきし・やのむね・よる 中世 うつろ・おもねる・くま・しづかなり・たつとし・ならぶ・まがれり 近世 あづまや・おもねる・きし・くま・したがふ・まがる・よる・をか

人名 お

難読 四阿(あずまや)

【阿▼姨】(アイ) ①母や妻の姉妹を親しんで呼ぶ語。おばさん。②母。自分の母が父の正妻でない場合に多く用いる。③尼。

【阿▼吽】【阿▼呍】(アウン) 〔梵語(ボンゴ) a-hūṃ の音訳〕①〔仏〕密教で、万物の始めと終わり。②吐く息と吸う息。例 ━の呼吸(=二人以上で何かをする際、気持ちが一致する微妙な一瞬を見はからうこと)。

【阿翁】(アオウ) ①祖父。②父。③夫の父。

【阿丘】(アキュウ) 高いおか。

【阿▼嬌】(アキョウ) ①若い女性。また、愛人。②娘。少女。③漢の武帝の皇后、陳氏の幼名。

【阿衡】(アコウ) 殷(イン)代、帝王を補佐した官。伊尹(イイン)が任に当たった。のち、宰相の呼称となる。

【阿公】(アコウ) ①妻が夫の父をいうことば。阿翁。②祖父。

【阿含】(アゴン) 〔梵語(ボンゴ) āgama の音訳〕釈迦(シャカ)の教えを後世に伝えたもの。例 ━経(キョウ)。

【阿▼闍梨】(アジャリ/アザリ) 〔仏〕〔梵語(ボンゴ) ācārya の音訳〕①弟子を教え導く、徳の高い師の僧。軌範師(キハンシ)。②日 天台宗や真言宗で、修行を積んだ僧を敬っていうことば。

【阿▼戎】(アジュウ) ①いとこ。②他人の子。

【阿従】(アジュウ) へつらい従う。阿付。阿諛(アユ)。

【阿修羅】(アシュラ) 〔梵語(ボンゴ) Asura の音訳〕戦いを好むというインドの鬼神(キシン)。修羅。例 ━のごとき形相(ギョウソウ)。

【阿女】(アジョ) 娘。

【阿誰】(アスイ) だれ。だれか。

【阿世】(アセイ) 世間にこびへつらう。例 曲学阿世(キョクガクアセイ)(=学説をまげて、世の人が喜ぶような言説をとなえる)。〈史記・儒林伝・轅固生〉

【阿▼爹】タア ①父を呼ぶ語。②年長者を呼ぶときの敬称。

【阿那】ダア ナ ①しなやかなさま。②茂って盛んなさま。

【阿▼堵】トア ①〔六朝リクチョウ、唐代の俗語〕この。その。②「阿堵物ブツ」の略。

【阿▼堵物】アトブツ 銭ぜに。お金。阿堵。〔晋シンの王衍オウエンが「銭」という語を嫌って、「このもの（＝阿堵物）」と言った故事による〕〈晋書・王衍伝〉

【阿党（黨）】トウア 人におもねって仲間となる。

【阿▼媚】ビア こびへつらう。人の気にいるようなことを言って、機嫌をとる。

【阿鼻】ビア 〔仏〕〔梵語ボン avīci の音訳。無間ムケンと訳し、苦しみが絶え間なくおそう意〕「阿鼻地獄アビジゴク」に同じ。

【阿鼻叫喚】アビキョウカン ①〔仏〕阿鼻地獄と叫喚地獄。〔このほか六つの地獄とともに八大地獄・八熱地獄という〕②「①」の苦しみにさいなまれること。また、そのように逃げまどい泣き叫ぶむごたらしい状態。例 —の巷ちまたと化す。

【阿鼻地獄】アビジゴク 〔仏〕八大地獄の一つ。大罪を犯した人が落ちる所。火に焼かれたり剣つるぎの山などで絶え間なく苦しみを受ける、最も苦しい地獄。無間地獄ムゲンジゴク。阿鼻叫喚。阿鼻。

【阿父】フア 父やおじを親しんでいう語。また、おじの自称。

【阿附】フア おもねり従う。阿従。例 —迎合。

【阿片】ヘンア 〔英 opium の音訳〕ケシの未熟な実の液汁を乾燥して作った物質。鎮痛・麻酔の作用がある。鴉片ヘンア。例 —窟クツ（＝阿片を吸わせる秘密の場所）。

【阿保】ホア ①守り育てる。②守役もりとしての近臣。

【阿母】ボア 母あるいは乳母を親しんで呼ぶ語。

【阿▼呆】ホウア 愚かなさま。また、その人。

【阿房宮】アボウキュウ 秦シンの始皇帝が建てた宮殿。長安の西、渭水イスイの南岸にあった。

【阿弥▼陀】アミダ 〔梵語ボン Amitāyus（無量寿ムリョウジュ）あるいは Amitābha（無量光）の音訳〕①〔仏〕西方サイホウ極楽浄土の主とされる仏。浄土教（日本では浄土宗や浄土真宗など）の本尊。衆生シュジョウもその名をとなえると極楽浄土に往生できると説いた。阿弥陀仏。阿弥陀如来ニョライ。弥陀。②日「阿弥陀被かぶり」の略。帽子を後ろにかたむけて、額ひたいが見えるかぶり方。例 —にかぶる。③日「阿弥陀くじ」の略。数本の縦線の間に横線を段違いに書き入れ、上から線をたどって当たり外れを決める、くじ。例 —を引く。

【阿弥▼陀仏】アミダブツ 「阿弥陀アミダ①」に同じ。例 南無ナム—。

【阿▼蒙】アモウ 三国時代、呉の呂蒙リョモウが若かったころの呼び名。転じて、武骨者ブコツもののへりくだった言い方。→【呉下阿蒙ゴカアモウ】（236ページ）

【阿▼爺】【阿▼耶】ヤア 父親を親しんで呼ぶ語。例 阿爺無二大児一アヤタイジなし（＝お父さんには大きな息子はいない）。〈木蘭詩〉

【阿▼諛】ユア 人の機嫌をとる。おべっかを使う。例 —追従ツイショウ。上司に—する。

【阿羅漢】アラカン 〔梵語ボン arhan の音訳〕修行の最高の段階に達し、悟りを得た人。羅漢。

【阿波】あわ 日 旧国名の一つ。今の徳島県にあたる。阿州アシュウ。

阻

阝5（8） 1 3343 963B 常用 ショ漢 ソ呉 語 zǔ はばむ・けわ-しい（けは-し）

筆順 ７ ３ 阝 阝 阝 阝 阝 阻 阻

なりたち ［形声］「阝（＝おか）」と、音「且ショ」とから成る。けわしい。

意味 ❶山や道路の傾斜が急である。**けわしい**。また、けわしいところ。例 険阻ケンソ。❷じゃまをする。へだてる。**はばむ**。例 阻害ソガイ。阻止ソシ。❸よる。たのみにする。たのむ。例 阻レ衆陵レ寡シュウをたのみカをしのぐ（＝数の多さをたよりにして少数の者を迫害する）。〈潘岳・馬汧督誄〉❹うたがう。例 阻疑ソギ（＝うたがう）。❺気落ちする。通 沮ソ。例 阻喪ソソウ。

古訓 中古 あふ・うたがふ・うぢはやし・けはし・さがし・たのむ・とどむ・なづむ・なやむ・はじむ・はばむ・へだつ・やぶる・よる 中世 うたがふ・さがし・たのむ・とどむ・はばむ・へだつ・やぶる・よる 近世 うれひ・けはし・へだたる・へだつる

人名 たか

難読 阻はやし（＝情勢がさしせまっている）

【阻害】【阻▼碍】ソガイ さまたげる。じゃまをする。妨害。例 発育を—する。表記 旧▼沮害

【阻隔】ソカク へだてる。じゃまをして引きはなす。また、へだたる。

【阻却】ソキャク さまたげる。しりぞける。くじける。

【阻険】【阻▼嶮】ソケン 地形がけわしいさま。また、その場所。

【阻止】ソシ はばみとめる。これからおこなわれようとすることを、力ずくでやめさせる。類 阻格。表記 旧▼沮止

【阻深】ソシン （山河が）険しい。また、高山や深い川によって、遠く隔てられている。

【阻絶】ソゼツ はばまれ、さえぎられる。また、途絶える。

【阻喪】ソソウ 元気がすっかりなくなる。気落ちする。例 意気—する。表記 旧▼沮喪

【阻難】ソナン 道が険しく歩行が困難なさま。類 阻艱ソカン。

阼

阝5（8） 4 9166 963C ソ漢 遇 zuò

意味 ❶主人が上る東側の階段。客は西側の階段を上る。きざはし。例 阼階ソカイ。❷天子の位。通 祚ソ。例 践阼センソ（＝天子の位をつぐ）。

陀

阝5（8） 1 3443 9640 人 タ漢 ダ呉 歌 tuó

なりたち ［形声］「阝（＝おか）」と、音「它タ」とから成る。小高い丘。

意味 ❶（土地が）傾斜して、平らでないさま。❷梵語ボンの音訳字。例 阿弥陀アミダ。仏陀ブッダ。❸（duò）くずれおちる。

古訓 中古 おつ・かたくづれ・くづる・さがし 中世 おつ・くづる・さがし 近世 けはし・さがし

【陀羅尼】ダラニ 〔仏〕〔梵語ボン dhāraṇī の音訳〕教えの最も大切なところを含んでいることば。経文キョウモンでは梵語を音写して、意味を訳すことはしない。

陁

阝5（8） 4 9167 9641 一 チ漢 紙 zhì 二 タ漢 ダ呉 歌 tuó 三 イ漢 紙 yǐ

意味 一 くずれる。例 陁崩チホウ（＝くずれる）。二 平らでないさま。通 陀タ。三「陁靡イビ」は、地形が傾斜して、だらだら続くさま。

𨸶

阝5（8） 4 9165 28E36 国字 なる

意味 地名などに用いる字。例 𨸶なる（＝岡山県の地名）。

陂

阝5（8） 2 7988 9642 一 ヒ漢呉 支 bēi 二 ヒ漢呉 寘 bì 三 ハ漢 歌 pō いけ・かたむ-く・つつみ

意味 一 ❶山の斜面。さか。❷堤防。**つつみ**。❸池や湖沼。**いけ**。例 陂池ヒチ（＝ため池）。❹岸。ほとり。そば。例 路陂ロヒ（＝

道路のわき)。三「陂陀(ハタ)」は、斜めになっているさま。また、けわしいさま。 二❶かたむく。❷かたよっていて、正しくない。

附

阝5 (8) 1 4177 9644 常用

フ漢 ブ呉 週 fù

つ-く・つ-ける(つ-く)

筆順 ㇇ 阝 阝' 阝亻 阝仁 附 附

なりたち [形声]「阝(=おか)」と、音「付フ」とから成る。小さな丘。借りて「つく」の意。

意味 ❶つく。くっつく。**つける**。㊟付。例 附言フゲン。附属フゾク。寄附フキ。❷親しむ。つき従う。例 親附シンプ(=親しみ、なつく)。❸ことづける。例 一男附レ書至フイチダンショをフしていたれり(=一人の息子が手紙をことづけてくれました)。〈杜甫・石壕吏〉

古訓 中古 したがふ・そふ・ちかし・つく・まこと・よる 中世 したがふ・ちかし・つく・まこと・ます・よる 近世 ちかづく・つく・ます・よる

人名 ちか・ます・より・よる

【附益】フエキ ①つけ加える。増加させる。②おおげさに言う。誇張する。

【附会】フカイ ①自分に都合のいいように、こじつける。例 牽強ケンキョウ—。②つきしたがう。▽付会。

【附記】フキ つけ足して書く。また、そのことば。付記。

【附近】フキン ①ある場所の近く。付近。②近づく。

【附言】フゲン つけ加えて言う。また、そのことば。付言。

【附合】フゴウ 一 ①こじつける。附会。②日〔法〕所有者の異なる二つのものが分離不能の状態になっていること。二あつけあい 日連歌などで、次の句を詠み連ねていくこと。三つきあい 日人とつきあうこと。交際。▽付合。

【附載】フサイ ①乗り物にのる。②日本文のつけ足しとしてのせる。付載。

【附子】フシ/ブシ/ブス 多年生の毒草。トリカブト。また、その根を乾燥させた毒薬。烏頭ウズ。付子フシ/ブシ/ブス。

【附図】フズ 地図や図表をつける。その地図や図表。付図。

【附随】フズイ つき従う。付随。

【附▼贅▼懸▼疣】フゼイケンユウ 〔くっついたこぶと、ぶらさがったいぼの意〕無用の長物のたとえ。〈荘子・大宗師〉

【附設】フセツ おもなものにつけて設置する。付設。

【附説】フセツ つけ加えて説明する。また、その説明。付説。

【附箋】フセン 日用件や疑問点などを書いたり、目じるしのためにはりつけたりする、小さな紙きれ。付箋。

【附属】フゾク ①主となるものについているもの。②日「附属学校」の略。大学などにつけて設けた学校。▽付属。

【附帯】フタイ 日おもなものごとにともなって、ある。付帯。

【附置】フチ 付属して設置する。付置。

【附着】フチャク くっついて、離れない。付着。

【附注】フチュウ 注をつけること。また、その注。付注。附註フチュウ。

【附表】フヒョウ 本体にあわせてつけられている表。付表。

【附庸】フヨウ 諸侯の支配下にあって、天子に直属していない弱小国。

【附録】フロク 本体につけ加えてあるもの。付録。例 巻末—。

【附和雷同】フワライドウ しっかりした考えもなしに、他人の言動にむやみに同調する。付和雷同。〈王守仁・与席元山〉

●還附カンプ・寄附フキ・交附コウフ・送附ソウフ・添附テンプ

限

阝6 (9) 1 2434 9650 教5

カン漢 ゲン呉 潸 xiàn

かぎる・き-り

筆順 ㇇ 阝 阝' 阝ヨ 阝艮 限 限

なりたち [形声]「阝(=おか)」と、音「艮コン→カン」とから成る。さえぎる。派生して、かぎる。

意味 ❶くぎりをつける。さかいをもうける。しきりをする。**かぎる**。例 限定ゲンテイ。制限セイゲン。❷くぎり。しきり。範囲。例 限界ゲンカイ。期限キゲン。際限サイゲン。

日本語での用法 《かぎり》《かぎる》「その場ばの限かぎり・今年ことし限かぎり・夏なつは海うみに限かぎる」▼「…だけ」「…がいちばん」の意味をあらわす。

古訓 中古 かぎり・かぎる・きは・きはむ・はかる・ひとし 中世 かぎり・かぎる・きは・さかひ・ひとし 近世 かぎり・かぎる・さかひ・はかる・へだつ

【限界】ゲンカイ この先はない、これ以上はできないという、ぎりぎりのところ。さかい。例 海広大無二限界一うみはコウダイにしてゲンカイなし(=海は広く大きく果てがない)。〈漢書・郊祀志下〉

【限局】ゲンキョク 一定の限度内におさえる。

【限制】ゲンセイ 制限する。また、境界を定める。

【限定】ゲンテイ 数量や範囲などを、ある条件でくぎる。限り定める。例 —版バン。—販売。

【限度】ゲンド それ以上はできない、こえることは認められないという程度。限界。例 予算の—内でまかなう。

●極限キョクゲン・権限ケンゲン・刻限コクゲン・時限ジゲン・制限セイゲン・日限ニチゲン・年限ネンゲン・無限ムゲン・門限モンゲン・有限ユウゲン

[降] 阝6 (9) ⇩降コウ(1393ページ)

陏

阝6 (9) 2 7990 964F

一 タ漢 ダ呉 哿 duò
二 ズイ漢 支 suí

意味 一 ❶落ちる。㊟堕。❷ウリ科の植物の実。蓏ラ。〔「果カ」は、樹木になる実。木の実〕 二 周代の国の名。㊟隋ズイ・随。

陌

阝6 (9) 2 7989 964C

バク漢 ハク呉 陌 mò

あぜみち・ちまた

意味 ❶東西に通るあぜ道。❷街の中のみち。**ちまた**。例 街陌ガイハク。❸はちまき。例 阡陌センパク。❹「百」の大字ダイジ。商売や契約の文書で、数字を書きかえられないように使う。

【陌▼阡】ハクセン 縦横に通じる田畑のあぜ道。阡陌センパク。〔南北に通る道を阡、東西に通る道を陌という〕

【陌頭】ハクトウ ①はちまき。後ろから前に持ってきて結ぶ。②みちばた。

陋

阝6 (9) 2 7991 964B

ロウ漢 ル呉 宥 lòu

いや-しい(いや-し)

意味 ❶場所がせまい。小さい。〔謙称としても用いられる〕例 陋屋ロウオク。陋巷ロウコウ。固陋コロウ。❷心がせまい。見識が低い。例 陋見ロウケン。❸品性がいやしい。また、身分が低い。**いやしい**。例 陋質ロウシツ。陋劣ロウレツ。❹容貌ヨウボウがみにくい。例 醜陋シュウロウ。❺粗末である。

【陋屋】ロウオク ①せまくてむさ苦しい家。②自分の家の謙称。陋宅。▽類 陋居・陋宇・陋室。

【陋見】ロウケン ①せまい見識。あさはかな考え。②自分の意見を謙遜ケンソンしていうことば。卑見。

【陋▼巷】ロウコウ ①裏町。せまい小路こうじ。例 一箪食、一瓢飲、在二陋巷一イッタンのシ、イッピョウのイン、ロウコウにあり(=《顔回は》竹のわりご一杯のめしと、ひさご一椀ワンの飲みもので、むさ苦しい路地に住んでいる)。〈論語・雍也〉

【陋識】ロウシキ あさはかな見識。浅い知恵。

【陋質】ロウシツ ①いやしい性質。いやしい生まれつき。②とりえのない才能。

【陋儒】ロウジュ 見識のせまい学者。

【陋習】シュウ ロウ 悪い習慣。いやしい風習。因習。
【陋浅】セン ロウ 見識がせまく、考えがあさはかである。
【陋俗】ゾク ロウ 下品な風俗。悪い風習。陋習。㊫陋風。
【陋宅】タク ロウ 日①せまくてきたない住まい。②自分の家の謙称。▽陋屋。
【陋劣】レツ ロウ 心がいやしくて見苦しいさま。下劣。卑劣。

院
阝7(10) 1 1701 9662 教3
イン(ヰン)慣 エン(ヱン)漢 霰 yuàn

筆順 ㇇ 阝 阝' 阝宀 院 院 院

なりたち [形声]「阝(=おか)」と、音「完ゲン→エン」とから成る。垣根をめぐらした建物。

意味 ❶垣根。堧。また、垣根をめぐらした建物。❷役所の名。例 翰林院。人事院。❸特定の人が集まるところ。また、その施設や組織。例 寺院。書院。病院。

日本語での用法《イン》「院ノ庁・院政・後鳥羽院ゴトバイン」▼上皇・法皇・女院を敬っていうことば。また、その住まい。

古訓 中古 かき・かたし・つかさ 中世 いへ・おりゐのみかど・かき・かたし 近世 いへ・かき・かたし

難読 院本まるホン(=浄瑠璃の台本)

【院画】ガ イン 宋代、朝廷の翰林図画院でかかせた絵。十四、五世紀、日本にも影響を与えた。
【院号】ゴウ イン 日①上皇や皇太后などの、「院」の字のつく尊号。たとえば、後白河院など。②法名や戒名で「院」の字のついたもの。
【院主】シュ イン|ジュ イン〔仏〕寺院のあるじである僧。住持。住職。
【院政】セイ イン 日①天皇が退位後、上皇や法皇となって御所(院)で政治をおこなうこと。一〇八六年に白河上皇が始めた。②引退した政界や財界の実力者、また、先代の社長などが、引き続き実権をにぎっていること。例 ―をしく。
【院宣】ゼン イン 日上皇や法皇が命令して出させる公式文書。院の宣旨。
【院体】タイ イン ①文体・詩体の一つ。翰林院の学士や宮中の学術関係者が用いた。②書体や画法の一つ。伝統的で格式ばったもの。
【院長】チョウ イン ①学問の講義がおこなわれた書院の長。㊫山長。②日病院・修道院・少年院など「院」と名のつくところの最高責任者。
【院本】ポン イン ①〔俳優養成所である「行院」の本の意〕金・元代の芝居の一つ。また、その脚本。②日浄瑠璃の脚本。丸本。
【院落】ラク イン 垣根に囲まれた中庭。例 鞦韆院落夜沈沈シュウセンインラクよるチンチン(=ぶらんこのゆれる中庭に、夜は次第に更けていく)。〈蘇軾・春夜〉
●医院・下院・学院・議院・参議院・寺院・衆議院・書院・上院・退院・入院・病院・両院

陥
阝7(10) 1 2057 9665 常用
[陷] 阝8(11) 2 7992 9677 人 旧字体。
カン(カム)漢呉 陷 xiàn
おちいる・おとしいれる(おとしい-る)

筆順 ㇇ 阝 阝' 阝⺈ 阝臼 陥 陥

なりたち [形声]「阝(=おか)」と、音「臽カン」とから成る。おちいる。

意味 ❶くぼみに落ちこむ。深く入りこむ。おちいる。例 陥入カンニュウ。陥没カンボツ①。❷攻めおとされる。例 陥落カンラク。❸だます。計略にかける。おとしいれる。例 陥穽カンセイ。❹突きとおす。貫く。とおす。例 吾楯之堅、莫ニ能陥一也わがたてのかたきこと、よくとおすなきなり(=私の盾の堅さときたら、突き通せるものはない)。〈韓非・難一〉❺あやまち。また、不足する。例 欠陥ケッカン。

古訓 中古 いる・おちいる・おちる・おつ・くぼむ・しづむ・ほびこる 中世 おちいる・おちる・おとしいるる・かがまる・くぼむ・とどまる 近世 おちいる・おつる・くづるる・しづむ

【陥陣】ジン カン【陥陳】ジン カン 敵陣に攻めこむ。また、敵陣を攻めおとす。
【陥▼穽】セイ カン ①落とし穴。けものなどをとらえるために掘った穴。②人をだますための、はかりごと。わな。計略。例 ―にはまる。
【陥溺】デキ カン ①穴に落ちておぼれる。転じて、人を苦しめる。例 彼陥ニ溺其民一かれはそのたみをカンデキす(=かの国はその民を穴に落としておぼれさせるように、苦しめている)。〈孟子・梁恵王上〉②酒色などにおぼれて堕落する。
【陥入】ニュウ カン 落ちこむ。はまりこむ。
【陥没】ボツ カン ①落ちこむ。表面がくぼむ。例 地面が―する。②都市などが攻めおとされる。▽陥落。
【陥落】ラク カン 日①地面などが落ちこむ。陥没。②城や都市などが攻めおとされる。③熱心に説得されて、承知する。口説きおとされる。④下の位に落ちる。例 王座―。

[陜]
阝7(10) ⇩狭キョウ(858ジペー)

陘
阝7(10) 3 9359 9658
ケイ漢 青 xíng

意味 山脈がとぎれる所。たに。

降
阝7(10) 1 2563 964D 教6
[降] 阝6(9) 旧字体。
一 コウ(カウ)漢呉 絳 jiàng
二 コウ(カウ)漢 ゴウ(ガウ)呉 江 xiáng
おりる(お-る)・おろす・ふる・くだる・くだ-す

筆順 ㇇ 阝 阝⺈ 阝夂 降 降 降 降

なりたち [形声]「阝(=おか)」と、音「夅コウ(=おりる)」とから成る。くだる。

意味 一❶上から下へ動く。くだる。おりる。例 降下コウカ。降臨コウリン。昇降ショウコウ。❷おちる。ふる。例 降雨コウウ。降水コウスイ。霜降ソウコウ。❸高い所からおろす。おとす。さげる。また、身分の高い者から低い者にさずける。くだす。例 天降レ命テンメイをくだす(=天が使命を授ける)。〈漢書・董仲舒伝〉❹過去から現在に向かう。…からのち。…からあと。例 以降イコウ。二❶負けて敵に従う。くだる。また、負かす。くだす。例 降参コウサン。降伏コウフク。投降トウコウ。❷法力によって悪魔をおさえこむ。例 降伏ゴウブク。降魔ゴウマ。

古訓 中古 おく・おとす・おる・くだす・くだる・このかた・したがふ・しりぞく・たすく・たすく・ふる 中世 くだる・このかた・したがふ・しりぞく・たすく・ふる 近世 おつる・おとす・くだす・くだる・ふる

【降意】イ コウ|コウ イを くだす ①心を傾ける。②へりくだる。
【降雨】ウ コウ 雨がふること。また、その雨。
【降下】カ コウ ①降伏させる。くだす。②高い所から、より低い所へおりる。また、おろす。例 急―。③日地位の高い人から命令などをもらう。例 大命タイメイ―。
【降嫁】カ コウ 皇女や王女が臣下と結婚する。例 臣籍に―する。

【降格】コウカク ①戒めとして災いをくだす。②日格式や階級、資格、地位などを下げる。また、下がる。格下げ。対昇格。例―人事。
【降旗】一コウキ 降服の意志を示すための旗。白旗。二コウキ｜キをおろす ①掲げた旗をおろす。②戦旗をおろして降伏する。
【降屈】コウクツ 身分や名利などを捨てて人に従う。屈伏する。
【降参】コウサン 日①戦争や議論など、争いごとに負けて相手に従う。降伏。②困った事態などに対して、どうしようもなくなる。お手上げ。まいる。例この暑さには―だ。
【降車】コウシャ 車からおりる。対乗車。
【降首】コウシュ 〔「首」は、従う意〕降参。降伏。
【降将】コウショウ 敵に降伏した軍の将軍。
【降職】コウショク 下の位の役職にうつす。類降任。
【降人】コウジン ①降伏した者。例悉将二降人一分二配諸将一（ことごとくコウジンをもってショショウにブンパイす）（=降伏した者をすべて皆、諸将に分配した）。〈後漢書・光武紀上〉②人にへりくだる。
【降水】コウスイ 日空から地上へふってくる水。雨・雪・雹（ヒョウ）・霰（あられ）など。例―確率。
【降雪】コウセツ 雪がふること。また、その雪。例―量。
【降卒】コウソツ 降伏した兵士。
【降誕】コウタン 神仏・聖人・高僧・帝王・貴人などが生まれる。例キリスト―。―祭。
【降壇】コウダン 壇からおりる。対登壇。
【降衷】コウチュウ｜チュウをくだす 天が人に中正の徳をくだし与える。
【降伏】一コウフク 戦いに負けて敵に従う。降参。降服。例全面―。二ゴウブク 〔仏〕神仏や仏法などの力によって、仏敵や悪魔などをおさえ鎮める。調伏（チョウブク）。例―法。
【降服】コウフク 「降伏（コウフク）一」に同じ。
【降魔】ゴウマ 〔仏〕悪魔や煩悩を降伏（ゴウブク）させる。
【降魔剣】ゴウマのケン 〔仏〕不動明王が持っている、悪魔を降伏（ゴウブク）させる剣。
【降虜】コウリョ 降伏して捕虜になった者。
【降臨】コウリン 神仏が天からおりてきて、この世に姿をあらわす。例天孫―。
◐下降（カコウ）・滑降（カッコウ）・乗降（ジョウコウ）・投降（トウコウ）

除

阝7（10）
1 2992
9664
教6

ジ（ヂ）慣 チョ漢 ジョ（ヂョ）呉 魚 chú
のぞく・の-ける（の-く）・よ-ける（よ-く）

［阜（阝）］7画▼除 陞 陣

筆順 ㇇ 阝 阝 阾 险 除 除 除

なりたち 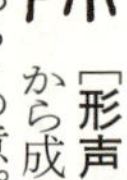 ［形声］「阝（=おか）」と、音「余ヨ→チョ」とから成る。（いつも清らかな）宮殿のきざはし。派生して「清める」の意。

意味 ❶階段。きざはし。例階除（カイジョ）。❷清める。はらう。例掃除（ソウジ）。❸整備する。修理する。例除道（ジョドウ）。❹とり去る。とりのぞく。のぞく。例除外（ジョガイ）。排除（ハイジョ）。免除（メンジョ）。❺喪に服する期間が終わり、喪服をぬぐ。例除喪（ジョソウ）。❻病気をなおす。病気が癒（い）える。例秦医雖二善除一、不レ能二自弾一也（シンイはよくのぞくといえども、みずからダンずるあたわざるなり）（=秦の医者は治療がうまいといっても、自分の病気をなおすことはできない）。〈韓非・説林下〉❼官職を与える。任命する。例除官（ジョカン）。除目（ジモク｜ジョモク）。❽割り算。例除法（ジョホウ）。加減乗除（カゲンジョウジョ）。❾一年の終わりの日。おおみそか。例除日（ジョジツ）。除夜（ジョヤ）。

古訓 中古 いゆ・おく・さらふ・さる・しりぞく・つく・のぞく・はし・はらふ・ひらく・めす・をさむ 中世 しはす・しりぞく・のぞく・はらふ・ひらく 近世 きざはし・さる・のぞく・ひらく・をさむる

人名 きよ・さる・のき

【除外】ジョガイ 日取りのけてあつかう。例適用を―する。
【除官】ジョカン 官に任命する。また、任命される。任官。
【除去】ジョキョ 取りのぞく。例障害を―する。
【除残】ジョザン｜ザンをのぞく 〔「残」は、そこなう意〕災いをのぞき去る。
【除湿】ジョシツ 湿気を取りのぞく。例―器。
【除日】ジョジツ おおみそか。歳除。
【除授】ジョジュ 官位を授ける。官位を新たに与える。
【除書】ジョショ 任官の辞令。
【除数】ジョスウ 割り算で、割る方の数。たとえば、$a \div b$ の b。対被除数。
【除夕】ジョセキ 「除夜（ジョヤ）」に同じ。
【除籍】ジョセキ 名簿や戸籍などにのっている名前を消して、その人の身分をなくす。例―処分。
【除雪】ジョセツ 積もった雪を取りのぞく。雪かき。例―車。
【除草】ジョソウ 雑草を取りのぞく。草取り。例―剤。
【除喪】ジョソウ｜もをのぞく 喪服を脱ぐ。服喪の期間が明けたことをいう。類除服。
【除霜】ジョソウ ①農作物が霜に当たって枯れるのを防ぐため、覆いや囲いをする。霜よけ。②日電気冷蔵庫などの冷却機につく霜を取りのぞく。霜取り。

【除隊】ジョタイ 日兵としての服役を解除されて、軍隊から帰る。対入隊・入営。
【除道】ジョドウ ①道路を改修したり、開通させたりする。②道路を清掃する。
【除拝】ジョハイ 官位を授かる。官位を受ける。類除任。
【除法】ジョホウ 〔数〕割り算。対乗法。
【除幕】ジョマク 日銅像や記念碑などの完成時に、覆いの幕を取り去り、正式に公開する。例―式。
【除名】ジョメイ｜なをのぞく ①罪を犯した官吏の職籍・官職を取り上げる。職員名簿からのぞく。②団体や会などから脱退させる。仲間からはずす。例―処分（ジョメイショブン）。
【除目】一ジョモク 官吏に任命する任官書。二ジモク 日平安時代、大臣以外の官職を任命した儀式。例県召（あがためし）の―。
【除夜】ジョヤ おおみそかの夜。除夕（ジョセキ）。例―の鐘。
◐解除（カイジョ）・駆除（クジョ）・削除（サクジョ）・切除（セツジョ）・免除（メンジョ）

陞

阝7（10）
2 7994
965E

ショウ漢呉 蒸 shēng
のぼ-る

意味 高い所へあがる。のぼる。通升・昇。例陞降（ショウコウ）（=のぼることと、くだること）。
【陞叙】ショウジョ 官位があがる。また、高い官位を授けられる。昇叙。
【陞任】ショウニン 上の地位や上級の役職にのぼる。また、のぼらせる。昇任。例理事長に―する。

陣

阝7（10）
1 3156
9663
常用

チン漢 ジン（ヂン）呉 震 zhèn

筆順 ㇇ 阝 阝 阝 阝 阝 陌 陣

なりたち  ［形声］「攵（=うつ）」と、音「陳チン」とから成る。つらねる。派生して「戦いのための隊列」の意。

意味 ❶軍隊の隊列の配置。戦うときの構え。陣立て。例陣営（ジンエイ）。陣中（ジンチュウ）。布陣（フジン）。❷戦場。いくさ。たたかい。例大坂（おおさか）夏（なつ）の陣（ジン）。❸短い時間。ひとしきり。例陣痛（ジンツウ）。一陣（イチジン）の風（かぜ）（=ひとしきり強く吹く風）。

古訓 中古 いさかふ・さふ・たたかふ・つらぬ・のぶ 中世 いさかふ・たたかふ 近世 つら・つらなる

人名 つら

【陣雲】ジンウン ①幾重にも重なって、陣形のように見える雲。②戦場の空にたれこめる、殺気をはらんだ雲。

【陣営】ジンエイ ①軍隊が陣どっている所。軍営。例保守—。類陣所。②日階級・党派などの組織や勢力。

【陣形】ジンケイ 戦闘するときの隊形。囲碁や将棋などの石や駒の構えについてもいう。例—を整える。

【陣▼伍】ジンゴ 兵士の隊列。類陣行。

【陣陣】ジンジン 間をおいて続くさま。

【陣太鼓】ジンダイコ 日陣営や戦場で、合図に打ち鳴らす太鼓。

【陣地】ジンチ 日戦いのために軍隊を配置してある所。陣を構えた場所。例—を構築する。

【陣中】ジンチュウ 陣地の中。また、戦場。例—見舞い（=仕事にはげむ人などを慰問することや慰問品）。

【陣痛】ジンツウ ①出産のときに、周期的に起こる腹部の痛み。②日ものごとができあがるまでの、ひとしきりの困難や苦労。

【陣頭】ジントウ 部隊の先頭。また、活動や行動する集団の第一線。最前線。例—指揮。—に立つ。

【陣風】ジンプウ 急に強く吹く風。疾風。

【陣没】ジンボツ【陣▼歿】ジンボツ 戦地で死ぬ。戦死や戦病死。

【陣門】ジンモン 陣営の出入り口。軍門。例敵の—にくだる。

【陣屋】ジンや 日①宮中を警固する衛士の詰め所。②兵士が駐屯する営舎。③代官などの役人の詰め所。

【陣容】ジンヨウ ①陣の構え方。部隊の配置。陣立て。例—を整える。②日会社や団体など組織を構成する人とその配置。顔ぶれ。例—を一新する。新内閣の—。

【陣列】ジンレツ 軍勢の配置の列。陣立て。類陣図。

●初陣・円陣・殺陣・出陣・先陣・敵陣・布陣・本陣

陝

阝7 (10) 2 8001 965D

セン(セム)漢 琰 shǎn

意味 ❶古代中国の地名。今の河南省陝県。❷「陝西省」の略。例陝甘（=陝西省と甘粛省）。

陟

阝7 (10) 2 8002 965F

チョク漢 職 zhì

すす-む・たか-い（たか-し）・のぼ-る

［徏］彳7 (10) 4 1222 5F8F 別体字。

意味 ❶高い所へ歩いていく。**のぼる**。対降。例陟降。陟升（=高い所にのぼる）。❷官位をひきあげる。**すすむ**。対黜。例黜陟（=官位のひきさげとひきあげ）。

難読 陟釐（あおのり）

【陟降】チョクコウ ①のぼることと、くだること。②天にのぼったり地にくだったりする。例文王陟降、在二帝左右一（=文王は天と地を上ったり降りたりし、帝のおそばにいた）。〈詩経・大雅・文王〉③日影の長短。

【陟罰】チョクバツ 官位を昇進させて賞することと、官位を落として罰すること。

【陟方】チョクホウ ①天子が全国の巡察に出かける。例五十載陟方乃死（=在位五十年で全国視察に出かけてそこで死んだ）。〈書経・舜典〉②天にのぼる。死ぬこと。

陡

阝7 (10) 4 9168 9661

トウ漢 有 dǒu

意味 ❶地形が険しい。けわしい。例陡峻（=山の切りたったさま）。❷突然。にわかに。例陡然（=突然）。

［陦］

阝7 (10) ⇩隯（1405ページ）

陛

阝7 (10) 1 4237 965B 教6

ヘイ漢呉 薺 bì

きざはし

筆順 ⻖ 阝 阝⻏ 阝𠤎 阝比 阝毕 陛

なりたち ［形声］「阝（=おか）」と、音「坒ヘイ」とから成る。きざはし。

意味 ❶階段。**きざはし**。❷天子の宮殿にのぼる階段。転じて、天子に関する事柄についていう。例陛衛。陛下。

古訓 中古しな・はし 中世はし・ひがくし 近世きざはし

人名 のぼる・のり・より

【陛衛】ヘイエイ 天子の護衛兵。

【陛下】ヘイカ ①天子を敬って呼ぶことば。②日天皇・皇后・皇太后・太皇太后や皇帝・国王を、敬って呼ぶことば。例女王—。

【陛▼戟】ヘイゲキ 兵士がほこを持って宮殿の階段の下に立つ。また、その護衛の兵。

【陛見】ヘイケン 階段の下から天子にお目にかかる。天子に謁見することをいう。拝謁。類陛観。

【陛対】ヘイタイ 宮殿の階段の下から、天子の問いに対してお答えする。

陰

阝8 (11) 1 1702 9670 常用

イン(イム)漢 オン(オム)呉 侵 yīn

かく-す・**かげ**・**かげる**・くも-る

［陰］阝9 (12) 4 9170 9682 俗字。

［阴］阝4 (7) 4 9164 9634 別体字。

筆順 ⻖ 阝 阝𠆢 阝今 阝侌 陰 陰

なりたち ［形声］「阝（=おか）」と、音「侌イ」とから成る。かげ。

意味 ❶日の当たらないところ。暗いところ。**かげ**。例陰影。緑陰。❷山の北側。川の南側。例山陰。淮陰。❸くもり。くもる。例天陰雨湿声啾啾（=空がくもり雨でしめる折には死者のたましいがシクシクと泣く声が聞こえる）。〈杜甫・兵車行〉陰晴。❹月。例陰暦。❺表面に出ない。かくれた。ひそかな。かげで。ひそかに。例陰徳。陰謀。❻暗く重い。例陰鬱。陰気。陰湿。❼陽に対して、消極的・受動的なものをあらわす。地・女・月・柔など。〔中国では、宇宙は陰と陽という二つの対立する性質から成り立っていると考えられていた〕対陽。例陰陽。❽〔移り行く日影から〕時間。例光陰。❾裏側。背面。例碑陰（=石碑の背面）。❿へこんでいる。くぼんでいる。例陰文。⓫男女の生殖器。例陰部。⓬死にかかわる事柄。例陰鬼。

古訓 中古おほふ・かくす・かくる・かげ・きた・くもる・くらし・くる・つび・ひそかに・ふかし・ふぐり・へのこ・もだす・もだに 中世かくる・かげ・くもる・ひそかに・もだす 近世かくす・かげ・くもる・しづまる・みづのみなみ・やまのきた

難読 陰（たき）

【陰▼蔚】インウツ 樹木が茂ってうす暗いさま。また、樹木が鬱蒼と茂った木かげ。

【陰陰】インイン ①うす暗く、寂しいさま。例—たる廃墟。②陰気なさま。例—滅滅（=陰気で気のめいるさま）。

【陰雨】インウ 降り続いて暗い気分にさせる雨。例—の季節。

【陰鬱】インウツ ①つもり重なる。②日気持ちが晴れ晴れしないさま。暗くてうっとうしい感じ。例—な顔。

【陰雲】インウン 暗く空をおおう雲。暗雲。

【陰影】【陰景】エイ ①光がさえぎられてできるかげ。②日含みのある微妙な味わい。陰翳。例—に富む文章。

【陰▼翳】エイン ①空がくもり、かげる。かげり。②樹木などが生い茂ってできる、うす暗いかげ。③日「陰影(エイン)②」に同じ。
【陰火】インカ 幽霊や妖怪(ヨウカイ)などがあらわれるときに燃えるという火。鬼火(おにび)。きつね火(び)。
【陰画】インガ 日 写真のフィルムを現像したときにできる画像。ネガ。㊉陽画。
【陰気】インキ ①万物を生成する気の一つ。暗さ、湿りけ、寒さなどを支配するもの。②日 気持ち・雰囲気・天候などが暗くしずんでいて、晴れ晴れしないさま。例 ―な性格。―くさい。▽㊉陽気。
【陰鬼】インキ ①死者の霊。亡霊。幽霊。②化け物。もののけ。
【陰教】インキョウ 女性の教育。女訓。㊊陰訓。
【陰極】インキョク 電位の低い方の電極。マイナスの極。㊉陽極。例 ―線。
【陰茎】インケイ 男性の外部生殖器。男根。ペニス。
【陰険】インケン 見かけはものやわらかだが、内心はねじけていて悪意をもっているさま。かげではひどいことをしているさま。
【陰刻】インコク ①暗くてきびしいこと。②印章や石碑などで、文字や絵の部分をへこませて彫る。㊉陽刻。
【陰惨】インサン ①悲しみ。②木などが不気味に茂ったさま。③日 むごたらしさで、気がめいるさま。例 ―な事件。
【陰山】インザン 内蒙古(ナイモウコ)自治区にある大山脈。漢民族と北方騎馬民族との境界にあたり、しばしば両者の戦いの場ともなった。
【陰私】インシ 秘密の事柄。
【陰識】インシ 「陰文(インブン)」に同じ。㊉陽識(ヨウシ)。
【陰事】インジ ①秘密のこと。隠しごと。密事。秘事。例 他人の―をあばく。②后妃や女官が天子の夜の相手にあずかること。③女性の家庭内の仕事。▽隠事。
【陰湿】インシツ ①暗くてしめっているさま。日が当たらず、じめじめしているさま。例 ―なくぼ地。②日 性質や行動などが陰険で、しつこいさま。例 ―ないじめ。
【陰▼騭】インシツ 〔「騭」は、安定させる意〕 ①天は、ものを言わないが、万民を助け安定させる。②人に知られないままなされた善行。陰徳。
【陰柔】インジュウ ①ひかえめで、もの静かなさま。②うわべは柔順で、内心は邪悪なさま。
【陰助】インジョ ひそかに助ける。また、その助力。
【陰森】インシン うす暗く、もの寂しいさま。
【陰性】インセイ ①しずみがちで消極的な性質。暗くて内にこもりがちな性質。例 ―の人。②日 検査をした結果、反応があらわれないこと。例 ―反応。▽㊉陽性。
【陰晴】インセイ【陰▼霽】インセイ くもりと、はれ。
【陰精】インセイ 月や霜雪(ソウセツ)など、陰の性質を持つもの。㊉陽精。
【陰賊】インゾク 心がねじけて残忍なさま。また、そのような人。例 少時陰賊(わかきときインゾクなり)(=若いときは陰険で残忍な心を持っていた)。〈史記・游侠伝・郭解〉
【陰中】インチュウ ①陰の気に当たる季節の真ん中。秋。七・八月ごろ。〔陰の気は陰暦五月から十月までとされる〕②ひそかに人をだまし、傷つける。
【陰虫(蟲)】インチュウ ①秋に鳴く虫。スズムシ・コオロギ・マツムシなど。例 草下陰虫葉上霜(ソウカのインチュウヨウジョウのしも)(=草の下には秋の虫が鳴き、葉の上には霜が降りている)。〈李商隠・月夕〉②ヒキガエル。
【陰徳】イントク ①人に知られない、よいおこない。例 ―あれば陽報(=よいむくい)あり。―を積む。②女性の徳。女性がそなえるべき美徳。
【陰▼慝】イントク ①災いをもたらす陰の気。②〔「慝」は、よこしまの意〕人に知れない悪事。㊊陰悪。
【陰▼嚢】インノウ 陰茎のつけ根にあって、睾丸(コウガン)を包んでいる皮膚のふくろ。ふぐり。
【陰部】インブ 日 ①隠れた部分。②体外にあらわれている男女の生殖器。恥部。隠しどころ。
【陰府】インプ 死後の世界。冥土(メイド)。
【陰符】インプ ①病気などのまじないふだ。②古代中国の兵法書。黄帝が伝えたとされる。
【陰風】インプウ ①冬の風。北風。朔風(サクフウ)。②暗くすさんだ気分にさせる風。
【陰伏】インプク ①人に知られないようにしておく事柄。隠しごと。②こっそり身をかくす。
【陰文】インブン 印章や石碑、器物などに、表面をへこませて刻んだ文字や紋様。〔押印すると文字が白く浮き出るので、白文ともいう〕陰識(インシ)。㊉陽文(ヨウブン)。
【陰房】インボウ ①日差しのない、うす暗い部屋。②牢獄(ロウゴク)。
【陰謀】インボウ ひそかにくわだてる悪だくみ。謀反(ムホン)の計画。隠謀。㊊陰計。例 ―をたくらむ。―をめぐらす。
【陰密】インミツ 心にかくしておき、表に出さないさま。
【陰毛】インモウ 男女の外部生殖器に生える毛。恥毛。ヘア。
【陰陽】インヨウ・オンヨウ・オンミョウ ①易(エキ)でいう、陰と陽の二種の気。万物を形づくる二つの相反するもの。積極的な方を陽、消極的な方を陰と呼ぶ。日月・男女・火水など。②電気・磁極の、陰極と陽極。正負。
【陰陽家】インヨウカ 戦国時代、陰陽五行説をもとにして、吉凶を占うことを説いた学派。また、この派の人。
【陰陽五行説】インヨウゴギョウセツ 古代中国の思想で、万物は陰陽の二気によって生じ、万物の現象は木(モク)・火(カ)・土(ド)・金(ゴン)・水(スイ)の五行の移動や盛衰によって起こるという説。
【陰陽師】オンヨウジ・オンミョウジ 日 天文・暦などをつかさどる役所に所属して、陰陽道に関する仕事をした職員。
【陰陽道】オンヨウドウ・オンミョウドウ 日 陰陽五行説にもとづく、天文・暦・占いなどの学問。吉凶を判断してわざわいを避け、福を求めることを目的とする。平安時代には俗信化した。
【陰▼霖】インリン 空がくもって長雨が降る。また、長雨。
【陰暦】インレキ ①漢の太初暦で一月(ひとつき)が二十九日からなる月。小の月。②日 月の満ち欠けをもとにして作った、こよみ。太陰暦。旧暦。▽㊉陽暦。
【陰口】かげぐち 日 当人のいないところで言う、その人の悪口。
【陰膳】かげぜん 日 家を長く離れている人の無事を祈って、食事のたびに供えるその人の分の膳。例 ―をすえる。
●光陰(コウイン)・山陰(サンイン)・夜陰(ヤイン)・緑陰(リョクイン)

［陥］阝8(11) ⇩陥(カン)(1393ページ)

険 阝8(11) 1 2417 967A 教5 ケン(ケム)漢呉 けわしい(けは-し) 琰 xiǎn
［險］阝13(16) 2 8010 96AA 人 旧字体。

筆順 ⻖ 阝 阝 阝 阝 険 険 険

なりたち  〔形声〕「阝(=おか)」と、音「僉(ケン)」とから成る。けわしい。

意味 ❶山が高く切り立っている。けわしい。例 険峻(ケンシュン)。険阻(ケンソ)。天険(テンケン)。❷あやうい。例 危険(キケン)。冒険(ボウケン)。❸心根が悪い。よこしまな。例 陰険(インケン)。

日本語での用法 《ケン》「顔(かお)に険(ケン)がある・険(ケン)のあることば」▼表情やことばがとげとげしい。けわしい。

古訓 中古 あし・あやふし・けはし・さがし・たかし・まがれり 中世 あやぶむ・けはし・さがし・ひがむ・まがれり 近世 あしし・あやふし・けはし・たかし・なやむ・よこしま

人名 たか・たかし・のり

【険▼隘】(ケンアイ) 地形がけわしくせまいさま。また、そのような場所。嶮隘。

【険悪】(ケンアク) ①地形がけわしく悪いさま。②顔つきや態度がけわしく、とげとげしいさま。例 ―な表情。③日 よくないことが起こりそうで、油断できないさま。例 情勢が―になる。

【険▼夷】(ケンイ) ①けわしいことと平らなこと。②世の中の平安と乱れ。また、人生の苦楽。

【険易】(ケンイ) ①困難と容易。危険と安全。②善と悪。また、平和と乱世。

【険害】(ケンガイ) ①ひねくれていて人を傷つける。心がねじけて残忍なさま。②地形がけわしく、攻撃が困難である。

【険語】(ケンゴ) 人を驚かすことば。びっくりするような話。

【険▼峻】(ケンシュン) 山などが高くけわしいさま。また、そのような所。嶮峻。例 ―な岩壁。

【険阻】(ケンソ) 山や道などが、けわしいさま。また、けわしい場所。嶮岨。例 ―な山岳地帯。

【険相】(ケンソウ) 日 顔つきがけわしく、おそろしいさま。また、その顔つき。例 すごい―でどなりこむ。

【険▼躁】(ケンソウ) 心がさわぎ、平静でないさま。

【険塞】(ケンソク) 一 地勢がけわしく四方がふさがっているさま。例 益州険塞(=益州(=今の四川省)は要害の地である)。〈蜀志・諸葛亮伝〉 二(ケンサイ) けわしく守りのかたい、とりで。

【険難】(ケンナン) ①けわしく、通るのにあぶない所。②人生の苦難をいう。嶮難。▽類 険艱。

【険▼詖】【険▼陂】(ケンピ) 陰険で邪悪なさま。

【険▼阨】(ケンヤク) ①地勢がけわしいさま。また、そのような場所。②世の苦難・災難。また、俗世の人心の、よこしまなさま。

【険要】(ケンヨウ) 地形がけわしく、敵を防ぐのに適していること。

【険塁】(ケンルイ) 日 けわしく守りのかたいとりで。険塞。

【険路】(ケンロ) けわしい道。嶮路。

●陰険・危険・邪険・探険・保険

陎

阝8 (11) 4 9169 28E89 国字 サイ さえ

意味 地名などに用いる字。例 滝ノ陎(=長崎県の地名)。

陲

阝8 (11) 2 8004 9672 スイ 漢 支 chuí あや-うい(あや-ふし)・ほとり

意味 遠い地の果て。ほとり。辺地。通 垂。例 辺陲(=国境のあたり)。

陬

阝8 (11) 2 8005 966C スウ 漢 尤 zōu すみ・むつき

意味 ❶かたすみ。すみ。例 陬隅(=すみ)。❷へんぴな所。例 僻陬(=片田舎)。❸陰暦正月の別称。むつき。例 陬月。❹春秋時代の魯の地名。例 陬邑。通 鄹・郰。❺人々が集まって居住している所。集落。通 聚。

【陬遠】(スウエン) 片田舎。へんぴな土地。類 陬僻。

【陬月】(スウゲツ) 陰暦正月の別称。むつき。孟陬。

【陬▼邑】(スウユウ) ①片田舎。へんぴな村里。②春秋時代の魯国の邑。孔子の生地。現在の山東省曲阜市にある。鄒邑。

陳

阝8 (11) 1 3636 9673 常用

一 チン 漢 ジン(ヂン) 呉 真 chén
二 チン 漢 ジン(ヂン) 呉 震 zhèn

の-べる(の-ぶ)・ひね・ひね-る

筆順 ㇋ 阝 阡 阿 陌 陣 陳

なりたち 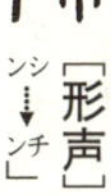 [形声]「阝(=おか)」と「木」と、音「申(シン→チン)」とから成る。地名。借りて「つらねる」の意。

意味 一 ❶ならべる。しく。つらねる。例 陳列。出陳。❷ことばをならべる。申し述べる。のべる。例 陳述。陳情。開陳。❸長い時間がたっている。古い。対 新。例 陳腐。新陳代謝。❹周代、舜の子孫が封じられたという諸侯国。現在の河南省内にあった。(?―前四七九) ❺南北朝時代の南朝の一つ。陳覇先が梁から禅譲を受けて建てた王朝。隋に滅ぼされた。(五五七―五八九) 二 軍隊の隊列。通 陣。

日本語での用法 《ひね》《ひねる》「陳大根・陳た子供」▼古い。また、子供らしさがなく、おとなびている。

古訓 中古 しく・たく・つら・つらなる・つらぬ・のぶ・ひさし・ふるし・まうす 中世 いくさ・かため・しく・つらなる・のぶ・のぶる・はかる・ひさし・ふるし 近世 おほし・こみち・しく・つぐる・つらなる・のぶる・はる・ひさし・ふるし

人名 かた・つら・のぶ・のぶる・のり・ひさ・むね・よし

【陳玄】(チンゲン) 〔古くて黒い意〕墨の別名。

【陳言】(チンゲン) ①言いふるされたことば。陳腐なことば。②ことばを述べる。

【陳謝】(チンシャ) ①あやまる。例 失言を―する。②礼を言う。

【陳述】(チンジュツ) 意見や考えなどを順序だてて申しのべる。陳説。例 くわしく―する。

【陳状】(チンジョウ) 実際の状態を申し述べる。

【陳情】(チンジョウ) ①気持ちを訴える。②日 行政機関や政治家などに実情を訴えて、対策の実現を要望する。

【陳跡】【陳▼迹】【陳▼蹟】(チンセキ) ①戦争や歴史的事件のあったあと。古跡。遺跡。②先人のあと。名残。例 六経先王之陳迹也(=六経は先王が残した跡である)。〈荘子・天運〉

【陳設】(チンセツ) 並べる。陳列。

【陳説】(チンセツ) ①「陳述」に同じ。②陳腐な説。

【陳訴】(チンソ) 実情を述べてうったえる。

【陳陳相因】(チンチンあいよる) ①古い穀物が年々積み重なる。〈史記・平準書〉②古くからのしきたりを守って新しいことをしない。

【陳▼套】(チントウ) 古くさい方法。ありきたりなこと。陳腐。

【陳皮】(チンピ) ミカンの皮を干したもの。漢方で、せき止めや薬味などに用いる。

【陳腐】(チンプ) ①食物などが古くなって、くさっているさま。②古くさいさま。ありふれていて、新しさがないさま。陳套。

【陳弁(辯)】(チンベン) わけを話して弁解する。申しひらき。類 陳疏。

【陳列】(チンレツ) 人に見せるために、品物を並べておく。

【陳者】(のぶれば) 日 候文の手紙の、本文のはじめに使うことば。申し上げますと。さて。例 拝啓、―…。

陶

阝8 (11) 1 3811 9676 常用

一 トウ(タウ) 漢 豪 táo
二 ヨウ(エウ) 漢 蕭 yáo

すえ(すゑ)・すえもの(すゑもの)・よろこ-ぶ

筆順 ㇋ 阝 阝 阝 阝 陶 陶

なりたち 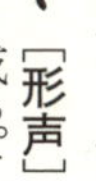 [形声]「阝(=おか)」と、音「匋(ウト)」とから成る。二重になった丘。派生して「窯(かま)(で焼いたうつわ)」の意。

[意味] 一 ❶やきもの。せともの。**すえ**。例 陶器(トウキ)。陶芸(トウゲイ)。❷やきものを作る。また、陶器を作る人。例 陶二河浜一(カヒンにトウす)(＝川のほとりでやきものを作る)。〈史記・五帝紀〉❸人を教えみちびく。やしなう。例 陶冶(トウヤ)。薫陶(クントウ)。❹ここちよい。うっとりする。**よろこぶ**。例 陶酔(トウスイ)。陶然(トウゼン)。❺「鬱陶(ウットウ)」は、心が晴れないさま。 二 ❶「皐陶(コウヨウ)」は、古代中国の聖王とされる舜(シュン)の臣下の名。❷⇩【陶陶】二(ヨウヨウ)

[古訓] 中古 すゑ・すゑもの・つくる・とらかす・ふかし・みがく・よろこぶ 中世 いもの・すゆる・すゑもの・とらかす 近世 かはる・すゑものづくり・ただし・よろこぶ・をか

[人名] と・よし

【陶▼猗】(トウイ) 陶朱公(＝范蠡(ハンレイ))と猗頓(イトン)の併称。ともに春秋時代の大金持ち。転じて、富豪をいう。朱頓(シュトン)。

【陶▼泓】(トウオウ) 〔「泓」は、すずりの水をたくわえるところ〕陶器のすずり。また広く、すずり。

【陶化】(トウカ) 養成し教化する。育成。例 天地之合和、陰陽之陶二化万物一(テンチのゴウワし、インヨウのバンブツをトウカす)(＝天地が和合し、陰陽が万物を育成する)。〈淮南・本経〉

【陶家】(トウカ) ①〔「家」は「稼」に通じ、農耕の意〕陶器の製造と、農業を営むこと。②陶器を製造する人。陶工。

【陶瓦】(トウガ) ①質素な陶器。かわらけ。②土を焼いてかわらを作る。かわらを焼く。

【陶画】(トウガ) 日 陶器や陶板(＝陶製の板。タイル)にかいた絵。

【陶器】(トウキ) ①粘土で形を作り、うわぐすりを塗って低温で焼きあげたもの。②やきもの。せともの。

【陶▼鈞】(トウキン)【陶均】 ①陶器を作るのに用いる、ろくろ。②王者が天下をよく治めること。

【陶芸(藝)】(トウゲイ) 日 陶磁器の工芸。例 ―家。

【陶▼甄】(トウケン) ①陶工が陶器を作る。②聖王が人民を教化して世を治める。

【陶工】(トウコウ) 陶磁器を作ることを職業とする人。

【陶磁器】(トウジキ) 陶器と磁器。やきもの。せともの。

【陶写】(トウシャ) 〔「写」は、取り除く意〕心を楽しみなごませ、憂いを去る。例 須下正頼二糸竹一陶写上(すべからくまさにシチクによりてトウシャすべし)(＝当然、今まさに音楽によって心を楽しませ憂いを消すべきである)。〈晋書・王羲之伝〉

【陶酔】(トウスイ) ①気持ちよく酒によう。②心をうばわれ、うっとりする。例 自然の美しさに―する。

【陶製】(トウセイ) 日 陶器でできていること。また、そのもの。

【陶然】(トウゼン) ①酒を飲んで、気持ちよく楽しむさま。例 ―たる気分。②うっとりするさま。

【陶鋳】(トウチュウ)(トウシュ) ①土を焼いて陶器を作り、金属を鋳て器物を作る。②人や物を作りあげる。例 将三猶陶二鋳尭舜一者也(まさになおギョウシュンをトウチュウせんとするものなり)(＝それでもなお尭や舜のような聖王を作ろうとする)。〈荘子・逍遥遊〉

【陶枕】(トウチン) 陶器でできたまくら。

【陶土】(トウド) 陶磁器の原料となる、白色の粘土。

【陶陶】 一(トウトウ) ①なごやかに楽しいさま。例 君子陶陶(クンシトウトウ)たり(＝君子はなごやかに楽しむ)。〈詩経・王風・君子陽陽〉②川の流れが盛んなさま。滔滔(トウトウ)。③酔ったさま。 二(ヨウヨウ) ①なごみ楽しむさま。②(夜の)長いさま。

【陶冶】(トウヤ) 〔陶器や鋳物を作る意〕性質や才能を立派に育てあげる。例 人格を―する。

【陶窯】(トウヨウ) 陶磁器を焼く、かま。

陪

阝8 (11)
1 3970
966A
常用

ハイ漢 **バイ**呉 ホイ唐 灰 péi
したが-う(したが-ふ)

筆順

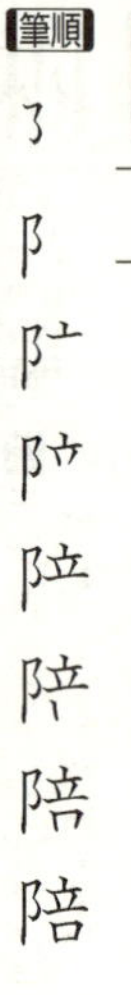

なりたち

[形声]「阝(＝おか)」と、音「咅(トウ→ハイ)」とから成る。土をかさねる。

[意味] ❶かさねて、ふやす。ます。加える。❷お供をする。つきそう。**したがう**。例 陪食(バイショク)。陪席(バイセキ)。❸臣下の臣下。例 陪臣(バイシン)。

[古訓] 中古 いよたつ・さぶらふ・そふ・つかふ・はべり・はむべり・まさる・ます 中世 くはふ・くるふ・したがふ・はんべり・まさる・ます・まじはる 近世 したがふ・たすく・ともなふ・はんべる・ます・みつる

[人名] すけ・とも・ます・みつ

【陪侍】(バイジ) 君主のそば近くに仕える。また、その臣。近侍。

【陪従】 一(バイジュウ) 貴人につきしたがう。 二(ベイジュウ) 日 昇殿を許されていない楽人。地下(ゲジ)の楽師。

【陪乗】(バイジョウ) ①高貴な人のお供をして、同じ乗り物に乗る。②お供の車。

【陪食】(バイショク) 高貴な人と一緒に食事をする。相伴(ショウバン)。伴食。例 ―の栄を賜る。

【陪臣】(バイシン) ①臣下の臣下。家来の家来。またげらい。②日 江戸時代、将軍からみて、諸大名の家臣。▽対 直参(ジキサン)。

【陪審】(バイシン) 〔法〕裁判に一般の人を参加させて、罪の有無を判断すること。アメリカなどでおこなわれている。例 ―員。

【陪席】(バイセキ) 身分の高い人と同席する。

【陪陵】(バイリョウ) 天子の墓のそばに葬られた、諸侯や功臣の墓。

【陪隷】(バイレイ) 従僕。しもべ。類 陪台(バイダイ)。

【陪堂】(バイトウ)(ホイト) ①寺で僧と一緒に食事をする。②日 ものもらい。こじき。

陸

阝8 (11)
1 4606
9678
教4

リク漢 ロク呉 屋 lù
おか(をか)・くが・みち

筆順

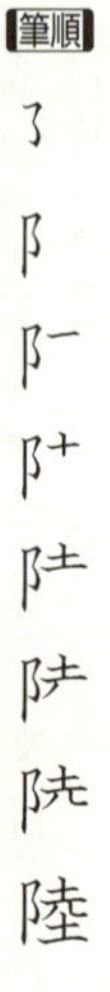

なりたち

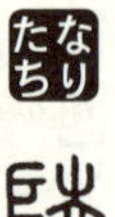

[形声]「阝(＝おか)」と、音「坴(リク)(＝土が重なる)」とから成る。高く平らな土地。

[意味] ❶水面より高く平らな土地。**おか**。**くが**。例 陸地(リクチ)。水陸(スイリク)。❷**みち**。❸とびはねる。例 翹レ足而陸(あしをあげてリクす)(＝足をあげてとびはねる)。〈荘子・馬蹄〉❹⇩【陸続】(リクゾク)❺⇩【陸離】(リクリ)❻⇩【陸梁】(リクリョウ)❼(liù)「六」の大字(ダイジ)。商売や契約の文書で、数字を書きかえられないように使う。

日本語での用法 《リク》「陸前(リクゼン)・陸中(リクチュウ)」▼「陸奥(みちのく・むつ)」の略。

[古訓] 中古 あつし・くが・くむが・みち・むつ 中世 あつし・くが・みだる・みち 近世 あつし・くが・たかし・ほし・みち

[人名] あつ・あつし・たか・たかし・ひとし・む・むつし・むつみ

[難読] 陸湯(おかゆ)

【陸奥】 日 一(みちのく) 〔「みちのおく」の意〕陸前・陸中・陸奥(むつ)・磐城(いわき)・岩代(いわしろ)の五か国の地の古名。今の福島・宮城・岩手・青森の四県と秋田県の一部にあたる。みちのくに。 二(むつ) 旧国名の一つ。①「一」の地域。明治以後、陸前・陸中・陸奥・磐城・岩代に分かれた。むつのくに。奥州(オウシュウ)。②今の青森県全域と岩手県の一部。明治以後、「二①」を分割して設置。

【陸運】(リクウン) 陸上の運送。陸送。例 ―業。

【陸海】(リクカイ) ①陸と海。海陸。②日 陸軍と海軍。

【陸軍】(リクグン) 陸上での戦闘を任務とする軍隊。例 ―軍。

【陸上】(リクジョウ) ①陸の上。陸地。対 海上。②日「陸上競技」の略。例 ―の選手。

【陸生】(リクセイ)【陸▼棲】(リクセイ) 陸地にすむ。また、陸地に生じる。対 水生。例 ―動物。

【陸戦】(リクセン) 陸上での戦い。

【陸前】(リクゼン) 日 旧国名の一つ。明治以後、陸奥国(むつのくに)を分割して設置。今の宮城県の大部分と岩手県の一部。

【陸送】(リクソウ) 陸上の輸送。陸運。例 ―業。

【陸続】(リクゾク) ひっきりなしに、つづくさま。続々。

【陸地】(リクチ) 陸である土地。地球の表面で、水におおわれていないところ。陸(クリ)。

【陸中】(リクチュウ) 日 旧国名の一つ。明治以後、陸奥(むつ)国を分割して設置。今の岩手県の大部分と秋田県の一部。

【陸沈】(リクチン) ①〔陸地にしずむ意〕世俗を超越しながら俗世に暮らす。②〔陸地がしずむ意〕敵に国土を滅ぼされる。③時代の変化に対応しきれないこと。時代おくれ。

【陸稲】(リクトウ|おかぼ) 畑でつくるイネ。対 水稲。

【陸風】(リクフウ) 日 海岸地方で、夜間、陸地から海へ向かって吹く風。陸軟風(リクナンプウ)。対 海風。

【陸棚】(リクホウ|リクだな) 日 海岸から深さ二〇〇メートルくらいまでの、傾斜がゆるやかになっている海底。大陸棚。

【陸離】(リクリ) 光や色が美しく輝くさま。例 光彩―。

【陸▼梁】(リクリョウ) 乱れ走るさま。暴れるさま。

【陸路】(リクロ) 陸上のみち。また、陸上の交通手段を使って旅をすること。例 ―京都に向かう。

【陸橋】(リッキョウ) 日 道路や線路の上をまたいでかけられた橋。

【陸行】(リッコウ) 陸上の道をいく。
●上陸(ジョウリク)・大陸(タイリク)・着陸(チャクリク)・内陸(ナイリク)・離陸(リリク)

隆

阝8 (11) 1 4620 9686 常用

リュウ(リウ)漢 東 lóng
たか-い(たか-し)・なかだか

［隆］ 阝9 (12) 3 9361 F9DC 旧字体。

筆順 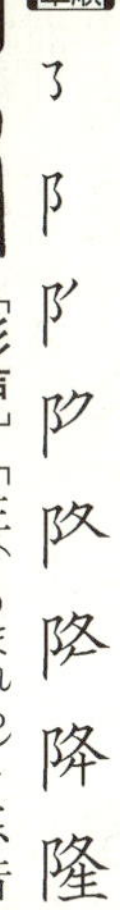

なりたち  ［形声］「生(=うまれる)」と、音「降(コウ→リュウ)」とから成る。大きく、ゆたか。

意味 ❶盛ん。盛大。例 隆盛(リュウセイ)。興隆(コウリュウ)。❷中央がもりあがって、高い。例 隆起(リュウキ)。隆鼻(リュウビ)(=鼻すじが通って高い)。❸手厚い。多い。深い。例 隆殺(リュウサイ)(=礼を手厚くすることと、うすくすること)。❹身分や位が高い。❺尊重する。とうとぶ。例 尊二先祖一而隆二君師一(センゾをとうとびてクンシをとうとぶ)(=先祖をとうとんで、主君・先生をとうとぶ)。〈荀子・礼論〉

古訓 中古 あらたむ・あらはる・いかづちなる・さがし・さかり・さかりなり・たか・たかし・たひら・たひらかに 中世 おほいなり・さかんなり・たかし・ゆたかなり 近世 おほいなり・おほし・さかんなり・たかし・たつとし・ゆたか

人名 おき・さかえ・さかり・たか・たかし・とき・なが・みち・もり・ゆたか

【隆愛】(リュウアイ) 手厚い愛情。特に、天子から受ける深い恩愛。類 隆寵(リュウチョウ)。

【隆運】(リュウウン) 日 勢いが盛んになっていく運命。栄えていく機運。盛運。例 ―に向かう。

【隆▼赫】(リュウカク) 高く盛んなさま。大いにかがやかしいさま。

【隆寒】(リュウカン) 厳しい寒さ。厳寒。

【隆顔】(リュウガン) 天子の顔。また、天子。竜顔。

【隆起】(リュウキ) 土地などが高く盛り上がる。例 海底が―する。

【隆貴】(リュウキ) 身分が非常に高い。また、その人。

【隆古】(リュウコ) 盛んであった昔の時代。

【隆▼洽】(リュウコウ) 盛んになり大いにゆきわたる。

【隆興】(リュウコウ) 盛んにおこる。繁栄するさま。

【隆準】(リュウジュン) 高い鼻。〔一説に、「リュウセツ」と読み、高いほおぼねの意〕類 隆鼻。例 高祖為レ人、隆準而竜顔、美二須髯一(コウソひととなり、リュウジュンにしてリュウガン、シュゼンうるわし)(=高祖は、鼻筋が通り、まゆの骨が高い立派な顔だちで、美しいひげを生やしていた)。〈史記・高祖紀〉

【隆▼昌】(リュウショウ) 勢いの盛んなさま。大いに栄えるさま。隆盛。

【隆盛】(リュウセイ) 勢いの盛んなさま。隆昌(リュウショウ)。

【隆然】(リュウゼン) 高く盛り上がるさま。

【隆替】(リュウタイ|リュウテイ) 盛んになったり衰えたりする。盛衰。

【隆冬】(リュウトウ) 厳冬期。

【隆隆】(リュウリュウ) ①勢いが盛んなさま。例 ―たる勢い。②日 筋肉などがたくましく盛り上がっているさま。例 筋骨―。

【隆礼】(リュウレイ) 礼をたっとぶ。盛んに礼をおこなう。

陵

阝8 (11) 1 4645 9675 常用

リョウ漢 呉 蒸 líng
みささぎ・しの-ぐ・おか(をか)

筆順 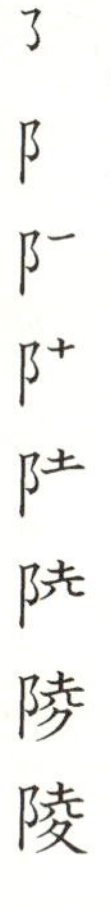

なりたち  ［形声］「阝(=おか)」と、音「夌(リョウ)」とから成る。大きな丘。

意味 ❶大きな丘。おか。例 丘陵(キュウリョウ)。陵墓(リョウボ)。❷天子の墓。みささぎ。例 陵園(リョウエン)(=天子の墓)。陵墓(リョウボ)。御陵(ゴリョウ)。宮内庁書陵部(クナイチョウショリョウブ)。❸こえる。超越する。しのぐ。通 凌(リョウ)。例 陵雲(リョウウン)。陵駕(リョウガ)。❹おかす。あなどる。通 凌(リョウ)。例 陵辱(リョウジョク)。❺衰える。例 陵遅(リョウチ)。

古訓 中古 あなづる・かろし・けがす・こゆ・しのぐ・そしる・つか・ところ・なぶる・のぼる・みささぎ・をか・をかす 中世 のぼる・はかどころ・みささぎ・をか 近世 あなどる・おほをか・しのぐ・つか・みささぎ・をかす

人名 たか・たかし

【陵▼夷】(リョウイ) ①丘陵が次第になだらかになるさま。②ものごとが衰えすたれるさま。

【陵雲】(リョウウン) ①雲を高くこえて、そびえること。②俗世間を超越すること。▽凌雲(リョウウン)。

【陵雲▼之志】(リョウウンのこころざし) ①俗世間を超越した、高いこころざし。〈漢書・楊雄伝下〉②高い地位にのぼろうとする大きな望み。▽凌雲之志(リョウウンのこころざし)。

【陵▼駕】(リョウガ) 他をこえて、上に立つ。凌駕(リョウガ)。

【陵虐】(リョウギャク) あなどり、しいたげる。

【陵丘】(リョウキュウ) 丘陵。おか。

【陵谷変】(リョウコクのヘン) 高い丘が深い谷に変わり、深い谷が高い丘となる。世の移り変わりの激しいこと。〔「高岸為レ谷、深谷為レ陵(コウガンたにとなり、シンコクおかとなる)(=高い岸が谷となり、深い谷が丘となる)。〈詩経・小雅・十月之交〉」から〕

【陵辱】(リョウジョク) ①人に恥をかかせる。侮辱。例 人前で―を受ける。②日 女性を暴力でおかす。▽凌辱(リョウジョク)。

【陵寝】(リョウシン) 天子の墓地。

【陵斥】(リョウセキ) 侵犯する。おかす。

【陵替】(リョウタイ|リョウテイ) ①下位者が上位者をしのぎ、あなどる。立場が逆転する。②ものごとが衰えすたれる。

【陵遅】(リョウチ) ①丘陵が次第に低く平らになる。②次第に衰えすたれる。③肉を切りそいでゆっくり殺す刑罰。▽凌遅(リョウチ)。

【陵▼廟】(リョウビョウ) 天子の墳墓と宗廟(ソウビョウ)。

【陵墓】(リョウボ) ①天子や諸侯の、はか。みささぎ。山陵。〔「陵」は天子や皇后など皇族のはか。類 陵域・陵園。②日 天皇・皇后・皇太后のはか、「墓」はその他の皇族のはか〕

【陵冒】(リョウボウ) (風雨や危険などを)顧みない。おかす。類 陵犯。

【陵▼轢】(リョウレキ) あなどって踏みにじる。

［陰］ 阝9 (12) ⇩陰(イン)(1395ページ)

階
阝9 (12) [1]1912 968E 教3

カイ 漢呉 佳 jiē
きざはし・はしご・しな

筆順 了 阝 阝ヒ 阝比 阝比 階 階

なりたち [形声]「阝(=おか)」と、音「皆カイ」とから成る。きざはし。

意味 ❶上り下りするための、だんだん。**きざはし**。例 階段ダンカイ。階梯カイテイ。❷**はしご**。また、はしごをかける。例 猶二天之不レ可二階而升一也なおテンのカイしてのぼるべからざるがごとし(=ちょうど天がはしごをかけてのぼることができないようなものだ)。〈論語・子張〉 ❸官位や身分の上下の等級。例 階級カイキュウ。位階イカイ。❹いとぐち。手引き。てづる。例 階梯カイテイ。

日本語での用法 《カイ》「三階サンガイ・五階ゴカイ建だてのビル」▼建物の床ゆかの重なり。それぞれの層。また、それを数えることば。

古訓 中古 かなふ・しな・すすむ・のぼる・はし・ほとり・よる 中世 きざはし・きだはし・すすむ・はし 近世 かけはし・きざはし・しな・すすむ

人名 すすむ・とも・のぼる・はし・より

難読 階子ごはし

【階位】カイイ 官位の等級。くらい。位階。階級。

【階下】カイカ ①階段のした。②日二階以上の建物で、したの階。例 —で物音がする。▽対階上。

【階級】カイキュウ ①きざはし。階段。②地位や身分などの順序づけ。くらい。等級。例 —が上がる。③日社会で、地位や財産などがほぼ同じ程度の集団。例 上流—。

【階次】カイジ 身分や官位などの順序。階級。階序。

【階序】カイジョ ①「序」は、ひさしの意〕階段とひさし。転じて、殿堂。②「階除カイジョ」に同じ。③「階次カイジ」に同じ。

【階除】カイジョ 階段。きざはし。階序。例 循二階除一而下降兮カイジョにしたがいてくだりくだる(=階段を下りる)。〈王粲・登楼賦〉

【階上】カイジョウ ①階段のうえ。②日二階以上の建物で、うえの階。例 受付は—にあります。▽対階下。

【階乗】カイジョウ 日〔数〕1からある自然数 n までの、連続するすべての自然数の積。$n!$ であらわす。たとえば、5の階乗は、$1×2×3×4×5=120$

【階前】カイゼン 建物に入るために設けられた階段のまえ。庭先にわさき。→【少年易レ老学難レ成】ショウネンおいやすくガクなりがたし(397ページ)

【階層】カイソウ 日①社会を構成している人々を、財産・地位・職業・年齢などによって分けたもの。階級。②建物の上下の階のかさなり。

【階▼闥】カイタツ ①階段と宮中の小門。②宮中。

【階段】カイダン 日①高さの異なる場所をつないで上り下りするための、段々になった通路。②地位などの、順をおって進む順序づけ。

【階庭】カイテイ 建物に入るために設けられた階段の前の庭。

【階▼梯】カイテイ ①階段。はしご段。②学問や芸能などの手引き。入門書。例 茶道—。蘭学ランガク—(=大槻玄沢おおつきゲンタクの著書。オランダ語の入門書)。

【階名】カイメイ 日音楽で、音階の一つ一つの音についた名前。ド・レ・ミ・ファ・ソ・ラ・シ。対音名。

●位階イカイ・音階オンカイ・職階ショッカイ・段階ダンカイ・地階チカイ

隅
阝9 (12) [1]2289 9685 常用

グウ 慣 グ 漢 虞 yú
すみ

筆順 了 阝 阝冂 阝日 隅 隅 隅 隅

なりたち [形声]「阝(=おか)」と、音「禺グ」とから成る。かどのところ。すみ。

意味 かたすみ。はし。はずれ。**すみ**。例 隅奥グウオウ。一隅イチグウ。

日本語での用法 《グウ》「隅州グウシュウ」▼旧国名「大隅おおすみ(=今の鹿児島県東部)」の略。

古訓 中古 かど・くま・すみ・そば 中世 すみ 近世 かど・すみ

人名 ふさ

【隅奥】グウオウ おくまった、すみの部屋。また、部屋のすみ。

【隅▼坐】グウザ かたすみに座る。

【隅隅】すみずみ 日あちらこちらのすみ。また、すべての方面。

隍
阝9 (12) [2]8006 968D

コウ(クヮウ) 漢 陽 huáng
ほり・みぞ

意味 城壁を囲む、水のないほり。からぼり。例 城隍ジョウコウ。

随
阝9 (12) [1]3179 968F 常用

スイ 漢 ズイ 呉 支 suí
したが-う(したが-ふ)・まま・まにま-に

[隨]
阝13 (16) [2]7814 96A8

旧字体。

筆順 了 阝 阝ノ 阝ナ 阝有 陏 随 随

なりたち [形声]「辶(=いく)」と、音「隋イ」とから成る。したがう。

意味 ❶ついていく。つきしたがう。**したがう**。例 随行ズイコウ。追随ツイズイ。夫唱婦随フショウフズイ。❷さからわない。なりゆきにまかせる。言いなりになる。…のままに。**したがう**。例 随意ズイイ。随時ズイジ。随筆ズイヒツ。❸すぐに。ただちに。**したがう**。例 上因随以行ショウよりてしたがいてもってゆく(=高帝はそこで即座に出かけた)。〈史記・陳丞相世家〉 ❹周代の国名。今の湖北省随県にあった。通隋ズイ。❺易キエの六十四卦カの一つ。☳☱ 震下兌上シンカダショウ。湿地の中に雷がある象。

古訓 中古 あし・したがふ・ゆく 中世 したがふ 近世 したがふ

人名 あや・みち・ゆき・より

難読 随神かんながら

【随意】ズイイ 制限がなく、思いのままであること。心のまま。

【随一】ズイイチ 日多くのなかで、いちばんであること。また、そのもの。例 当代—。

【随員】ズイイン 地位や身分の高い人に、つきしたがって行く人。お供。例 使節団の—として加わる。

【随和】ズイカ 一①随侯が持っていた珠と、卞和ベンカが持っていた璧へキ。ともに天下の至宝。②すぐれた才能と人格。▽隋和ズイカ。二ズイワ 他人の言動に調子を合わせる。付和する。

【随感】ズイカン ①感じるまま。②日感想。随想。例 —録。

【随喜】ズイキ ①〔仏〕他人の善行を見て、よろこぶ。②心からありがたく思う。例 —の涙を流す。

【随行】ズイコウ 身分や地位の高い人につきしたがって行く。随伴。例 —員。首相に—する。

【随侯▼之珠】ズイコウのシュ ⇩【隋侯之珠】ズイコウのシュ(1401ページ)

【随▼坐】ズイザ 他人の罪のまきぞえになる。連座。

【随時】ズイジ ①(適当なときに)ときどき。例 検査を—おこなう。②(必要に応じて)いつでも。例 —受け付ける。③ときにしたがう。時勢にしたがう。

【随手】ズイシュ てにしたがう ①すぐに。あとに続いて。②手あたり次第に。

【随従】ズイジュウ ①身分の高い人につきしたがう。また、その人。お供。例 長官に—して視察に行く。②人の言いなりになる。

【随順】ズイジュン したがって逆らわない。例 命令に—する。

【随処】【随所】ズイショ あちこち。どこでも。いたるところ。

【随身】一ズイシン ①身につける。②人につきしたがって行く。また、その人。二ズイジン 日平安時代、貴人の外出に護衛としてつきしたがった近衛府コノエフの武官。

【随想】ズイソウ ①心に浮かぶまま。②日 感想。また、それを書きしるした文章。随感。例 ―録。

【随伴】ズイハン ①人につきしたがって行く。随行。②日 あるものごとにともなって生じる。例 ―する諸問題。

【随筆】ズイヒツ 体験や感想など、心にうかぶままに自由に書いた文章。随想。エッセー。

【随分】ズイブン ①ブンにしたがう 本性・身分などにもとづく。②日 思ったよりずっと。かなり。例 ―(と)大きい。③日 できるだけ。十分。〔古い言い方〕例 ―お大切に。④日 非常に。例 ―寒い日。⑤日〔「ずいぶんひどい」の意〕人に対する態度があまりにひどいさま。

●追随ツイズイ・夫唱婦随フショウフズイ・不随フズイ・付随フズイ

隋

阝9(12) 2 7101 968B 一 スイ 漢 ズイ 呉 支 suí 二 タ 漢 ダ 呉 哿 duò 三 タ 漢 ダ 呉 歌 tuǒ

意味 一 ❶周代の国名。通 随。❷南朝の北周の楊堅ヨウケン(=文帝)が禅譲を受けて建てた王朝。五八九年、南朝の陳を滅ぼして中国を統一したが、三代で唐に滅ぼされた。(五八一―六一八) 例 隋書ズイショ(=隋のことを書いた歴史書)。遣隋使ケンズイシ。二 ❶おちる。通 堕。❷なまける。通 惰。三 細長い円。通 楕ダ。

【隋和】ズイカ ⇒【随和】ズイカ(1400ジペー)

【隋侯▼之珠】ズイコウのシュ 戦国時代、隋侯が傷を負った大蛇を救ったところ、大蛇が返礼にくわえてきたという宝玉。楚ソの卞和ベンカの璧ヘキとともに天下の至宝とされた。隋侯之珠。随珠。〈淮南・説山〉

隊

阝9(12) 1 3466 968A 教4 一 ツイ 漢 寘 zhuì 二 タイ 漢 隊 duì

[隊] 阝9(12) 旧字体。

筆順

なりたち [形声]「阝(=おか)」と、音「㒸スイ」とから成る。高い所から、おちる。

意味 一 おちる。おとす。うしなう。通 墜。二 ❶兵士の集団。また、その単位。例 隊伍タイゴ。軍隊グンタイ。兵隊ヘイタイ。❷列をなす人々の群れ。まとまった集団。例 隊商タイショウ。楽隊ガクタイ。縦隊ジュウタイ。

古訓 中古 いちのみち・おつ・たむろ・ほしいままに 中世 いちのみち・おつ・たむろ・ほしいまま 近世 うしなふ・おつる・たむろ・むらがる

【隊員】タイイン 日 隊を構成する人。隊のメンバー。

【隊形】タイケイ 日 軍隊などが目的に応じて並んだかたち。横隊・縦隊など。例 ―を整える。

【隊▼伍】タイゴ 隊を組んできちんと並んだ兵士の列。隊列。

【隊商】タイショウ 日 ウマ・ラクダ・馬車・自動車などに荷を積み、隊を組んで遠い地方との間を行き来する商人。キャラバン。

【隊長】タイチョウ 隊をひきいる、かしら。

【隊列】タイレツ 日 人が集まって、きちんと並んだ列。隊を組んだ列。例 ―を乱す。―を離れる。

●横隊オウタイ・楽隊ガクタイ・艦隊カンタイ・帰隊キタイ・軍隊グンタイ・鼓笛隊コテキタイ・縦隊ジュウタイ・除隊ジョタイ・入隊ニュウタイ・部隊ブタイ・兵隊ヘイタイ・編隊ヘンタイ・連隊レンタイ

[隄] 阝9(12) ⇒堤テイ(295ジペー)

陽

阝9(12) 1 4559 967D 教3 ヨウ(ヤウ) 漢 呉 陽 yáng ひ

[阳] 阝4(7) 4 9163 9633 別体字。

筆順

なりたち [形声]「阝(=おか)」と、音「昜ヨウ」とから成る。高く明らか。

意味 ❶日のあたるところ。ひなた。対 陰。❷山の南側。川の北側。対 陰。例 山陽サンヨウ。洛陽ラクヨウ。❸日。日の光。例 陽光ヨウコウ。夕陽セキヨウ。太陽タイヨウ。❹うわべ。表面に出た。例 陽報ヨウホウ。陰インに陽ヨウに。❺明るくあたたかい。例 陽気ヨウキ。陽春ヨウシュン。陽和ヨウワ。❻陰に対して、男性的・積極的・能動的なものをあらわす。天・男・日・剛など。対 陰。例 陰陽インヨウ。❼いつわる。だます。ふりをする。例 陽言ヨウゲン。陽動ヨウドウ。❽突き出ている。もり上がった。例 陽刻ヨウコク。❾⇒【陽陽】ヨウヨウ

古訓 中古 あきらかに・あざむく・あたたかなり・あらはす・いつはり・いつはる・きた・ひ・ひかり・ひのひかり・みなみ 中世 あきらか・あたたか・かみなつき・ひ・ひかり・みなみ 近世 あがる・あきらか・きよし・ならぶ・ひ・みづのきた・やまのみなみ

人名 あき・あきら・おき・きよ・きよし・たか・たかし・なか・のぼる・はる・ひかる・や

難読 陽木はるき・陽みなみ

【陽炎】ヨウエン／かげろう 春や夏の好天下で、野原などの地表近くに見られる、透明なほのおのようなゆらめき。表記 旧 陽▼焰

【陽画】ヨウガ 日 写真で、明暗や色彩が実物と同じに見えるもの。特に、ネガを感光紙に焼き付けたもの。ポジ。対 陰画。

【陽関】ヨウカン 甘粛省敦煌トンコウ県の西南にあった関所セキショ。西域との交通の要所として、玉門関とともに有名。例 西出二陽関一無二故人一(にしのかたヨウカンをいずればコジンなからん)(=西をさして、陽関を出たならば古くからの友人はいないだろう)。〈王維・送元二使安西〉 参考 この詩に曲がつけられたものを「陽関曲ヨウカンのキョク」(別名、「渭城曲イジョウのキョク」)という。

【陽気】ヨウキ ①万物を活動させる気。陽の気。対 陰気。②日 ほがらかで明るいさま。にぎやかなさま。対 陰気。例 ―な性格。③日 気候。時候。例 いい―になる。

【陽九】ヨウキュウ 災禍。凶作。〔九は陽(=奇数)の行きづまりの数であることから。また一説に、陽のわざわいをあらわす五(厄五)と陰のわざわいをあらわす四(厄四)を合わせて九となることから〕

【陽狂】ヨウキョウ 狂人のふりをすること。また、その人。佯狂ヨウキョウ。

【陽極】ヨウキョク 電池などで、電位が高い方の電極。正の電極。プラス。対 陰極。

【陽景】ヨウケイ／ヨウエイ 太陽の光。

【陽月】ヨウゲツ 陰暦十月の別称。

【陽言】ヨウゲン いつわって言いふらす。

【陽光】ヨウコウ 太陽の光。日光。例 ―を浴びる。

【陽刻】ヨウコク 印章や石碑などで、文字や絵の部分が高く、地ジが低くなるように彫る。浮き彫りにする。対 陰刻。

【陽子】ヨウシ 日 正の電気をおびた素粒子の一つ。中性子とともに原子核をつくる。プロトン。

【陽死】ヨウシ 死んだふりをする。

【陽識】ヨウシ 「陽文ヨウブン」に同じ。対 陰識インシ。

【陽春】ヨウシュン ①暖かく生気あふれる春。例 ―の候。②陰暦正月の別称。

【陽遂】ヨウスイ【陽▼燧】ヨウスイ 昔、太陽から火をおこすために用いた銅製の鏡。

【陽性】ヨウセイ ①ほがらかで明るいこと。陽気な性質。②日 検査で、反応がはっきりあらわれること。例 ―反応。▽対 陰性。

【陽精】ヨウセイ 太陽や玉ギョクや山など、陽の性質をもつもの。対陰精。
【陽沢】ヨウタク 万物を生育する春の恵み。天子の恩恵にたとえる。陽徳。
【陽転】ヨウテン 日〔医〕ツベルクリン反応で、陰性から陽性に変わる。〔結核菌がはじめて体内にはいったことを示す〕
【陽道】ヨウドウ ①君主・父・夫としての道。②太陽の軌道。③男性の生殖力。
【陽動作戦】ヨウドウサクセン 日 真の作戦意図をかくすために、別の行動をして、敵の注意をそらす作戦。
【陽徳】ヨウトク ①「陽気ヨウキ①」に同じ。②太陽。また、太陽の光。陽光。
【陽物】ヨウブツ ①陰と陽のうち、陽に属するもの。②男性の生殖器。
【陽文】ヨウブン 印章や石碑、器物などに、表面を浮き出させて刻んだ文字や紋様。陽識ヨウシ。対陰文インブン。
【陽報】ヨウホウ 現実となってはっきりあらわれる報い。
【陽明学】ヨウメイガク 明ミンの王守仁オウシュジン(号、陽明)の学説。南宋ソウの陸九淵リクキュウエンの学を継承し、知行合一チコウゴウイツなどの道徳論を説いた。
【陽陽】ヨウヨウ ①あや模様の美しいさま。②温暖なさま。③得意なさま。揚揚。④気楽なさま。平静なさま。
【陽暦】ヨウレキ ①漢の太初暦で、一月ひとつきが三十日からなる月。大の月。②日 地球が太陽のまわりを一周する時間を一年(=約三六五日)とする、こよみ。太陽暦。新暦。▽対陰暦。
【陽和】ヨウワ ①春ののどかさ。②陽の気。
●陰陽インヨウ・山陽サンヨウ・斜陽シャヨウ・太陽タイヨウ・重陽チョウヨウ

[隆] 阝9(12)
⇩隆リュウ(1399ページ)

隈 阝9(12)
1 2308 9688 人 ワイ 漢 灰 wēi くま

なりたち 【形声】「阝(=おか)」と、音「畏イ→ワイ」とから成る。川の湾曲した所。

意味 山や川、また道が曲がって、はいりこんだ所。奥まった所。かくれた所。すみ。くま。例 隈曲ワイキョク(=山や川が湾曲している所)。隅隈グウワイ(=すみ)。

日本語での用法 《くま》「隈取くまどり・目めに隈くまができる」▼色やかげが濃く、黒ずんだ部分。

古訓 中古 くま・はら 中世 くま 近世 くま・たかし

人名 たかし

【隈▼澳】【隈▼隩】ワイイク 湾曲して、入り組んでいる水際。

隂 阝10(13)
2 8007 9698
一 アイ 漢 呉 卦 ài 二 アク 漢 ヤク 呉 陌 è せま-い(せま-し)

意味 一 ❶地形がせまくけわしい。せまい。通阨アイ。例 隂巷アイコウ。隂路アイロ。❷心がせまい。❸苦しむ。例 困隂コンアイ。二 とどめる。阻止する。ふさがる。通阨アク。

【隂▼巷】アイコウ せまくて、きたない町。
【隂路】アイロ ①せまい道。せまくて通りにくい道。②日 ものごとをなしとげるのに、さまたげとなるもの。支障。

隕 阝10(13)
2 8008 9695
イン(ヰン) 漢 呉 軫 yǔn お-ちる(お-つ)・お-とす

意味 ❶高いところからおちる。おとす。おちる。例 隕石インセキ。❷うしなう。命をおとす。死ぬ。通殞イン。例 隕命インメイ(=命をおとす)。❸くずれる。こわれる。例 隕潰インカイ(=壊滅する)。

【隕越】インエツ ①ころがり落ちる。②死ぬことの婉曲エンキョク表現。③願望をとげるため、限度をこえた言動をする。
【隕星】インセイ 「隕石インセキ」に同じ。
【隕石】インセキ 燃え尽きないで地上に落ちてきた、流星の破片。隕星。
【隕絶】インゼツ 人命や国家の運命が絶える。滅亡する。
【隕落】インラク 落ちる。類隕墜。
【隕涙】ルイ インなみだ おつ 涙を流す。類隕涕インテイ・隕泗インシ。

[隖] 阝10(13)
⇩塢オ(297ページ)

隗 阝10(13)
2 8009 9697
カイ(クヮイ) 慣 ガイ(グヮイ) 漢 賄 wěi たか-い(たか-し)

意味 ❶高くけわしい。通嵬カイ。❷くずれ落ちるように、倒れる。❸姓の一つ。また、人名。例 郭隗カクカイ。

【先従▼隗始】まずカイよりはじめよ 大きなものごとを成しとげるには、まず身近なことから始めよ、というたとえ。また、言い出した当人から始めよ、の意にも用いる。◆戦国時代、燕エンの昭王に郭隗カクカイが言ったことば。もし王が賢者を得たいならば、まず最初にわたくしを優遇しなさい。そうすれば、「郭隗程度の人物でさえあれだけ重く用いられるのだから、自分ならもっと優遇されるにちがいない」と考えて、すぐれた人物が集まってきますよ、と進言した。王はこのことばに従い、多くの人材が燕に集まった。……〈戦国策・燕一〉〈史記・燕召公世家〉

隔 阝10(13)
1 1954 9694 常用
カク 漢 キャク 呉 陌 gé へだてる(へだ-つ)・へだたる・へだたり

筆順 ３ 阝 阝 阝 隔 隔 隔

なりたち 【形声】「阝(=おか)」と、音「鬲レキ→カク」とから成る。ふさぎ、へだてる。

意味 ❶さえぎる。遠ざける。へだてる。また、間が離れている。へだたる。例 隔世カクセイ。隔絶カクゼツ。遠隔エンカク。❷しきり。また、離れている程度。へだたり。例 間隔カンカク。❸一つおきの。例 隔月カクゲツ。隔日カクジツ。隔週カクシュウ。

古訓 中古 うつ・かくる・さふ・ふさぐ・へだたる・へだつ 中世 さふ・ふさぐ・へだつ 近世 ふさぐ・へだつ

【隔意】カクイ (遠慮や警戒などのため)心がうちとけないこと。隔心。例 —なく話し合う。
【隔月】カクゲツ 一か月おき。例 —刊行。
【隔日】カクジツ 一日おき。例 —勤務。
【隔週】カクシュウ 日 一週間おき。例 —土曜休日。
【隔心】カクシン|キャクシン うちとけない心。隔意。
【隔世】カクセイ ①時代をへだてること。時代が大きく異なること。例 —の感がある。②世代を一つ、またはそれ以上へだてること。例 —遺伝。
【隔絶】カクゼツ 遠く離れて、他との関係がたたれる。
【隔年】カクネン 一年おき。例 調査を—におこなう。
【隔壁】カクヘキ ①壁をへだてている。②隣家。③日 仕切りとなる壁。例 防火—。
【隔膜】カクマク 生物体の内部を仕切る膜状のもの。横隔膜など。
【隔離】カクリ ①他からへだて、はなす。へだたりはなれる。例 世間から—する。②日〔医〕感染症の患者を、他からはなして、一定の場所におく。例 —病棟。
【隔靴▼搔▼痒】カッカソウヨウ 〔はいているくつの上から、中のかゆいところをかく意〕もどかしく、じれったいこと。〈景徳伝灯録〉
●遠隔エンカク・間隔カンカク

隙 阝10（13） 1 2368 9699 常用

ケキ㊜ ゲキ㊐ 陌 xì
すき・ひま

［隙］阝11（14） ―― 28EF6 俗字。

筆順 ㇿ 阝 阝 阝 阝 陥 陥 隙

なりたち ［形声］「阝(＝おか)」と、音「𡭴ケキ(＝壁の接する部分の上下が見えるさま)」とから成る。すきま。

意味 ❶物と物との間の小さなすきま。われめ。**すき**。例 間隙カンゲキ。隙間ゲキカン・すきま。❷あいた時間。**ひま**。❸仲たがい。いざこざ。❹つけこむことのできる機会。

古訓 中古 たまのきず・ひま・むくゆ 中世 あひだ・しづか・つらぬ・ひま 近世 あな・うらむ・きず・さく・しづか・すきま・ひま

人名 ま

【隙間】一 ゲキカン 物と物とのあいだの、あいている部分。あき。すき。例 ―風すきまかぜ。二 すきま 日 あいた時間。ひま。

【隙駒】ゲキク 戸のすきまから、走りすぎるウマの姿をちらりと見る。またたくまに、月日が過ぎ去ること。駒隙。〔「若二白駒過レ隙すぐるがごとし(＝あたかも白い駿馬シュンメがもののすきまを走り過ぎるようなものだ)。〈荘子・知北遊〉」から〕

【隙欠(缺)】ゲキケツ すきま。ひび割れ。亀裂キレツ。あな。㊝ 隙罅ゲキカ。

［隴］ 阝10（13） ⇩隴ウロ（1405ジペ）

隱 阝11（14） 1 1703 96A0 常用

一 イン㊜ オン㊐ 吻 yǐn
二 イン㊜ オン㊐ 問 yìn
かくす・かくれる(かく-る)

［隱］阝14（17） 2 8012 96B1 旧字体。

筆順 ㇿ 阝 阝 阝 阝 陉 隠 隠

なりたち ［形声］「阝(＝おか)」と、音「㥯イ」とから成る。おおい、かくす。

意味 一 ❶覆って見えないようにする。**かくす**。例 隠匿イントク。隠蔽インペイ。隠密オンミツ。❷外から見えない。**かくれる**。例 隠顕インケン。隠然インゼン。隠棲インセイ。❸世の中とのかかわりを断つ。身をかくす。例 隠者インジャ。❹奥深い。かすかな。例 隠深インシン(＝奥深い)。隠微インビ。❺あわれむ。親身になって心配する。いたむ。例 隠恤インジュツ(＝いたみあわれむ)。惻隠ソクイン。❻苦しみ。いたみ。例 勤恤二民隠一いとめてたみのいたみをうれう(＝力を尽くして民の苦しみをあわれむ)。〈国語・周上〉 ❼推し量る。はかる。例 隠情インジョウ。❽⇩【隠隠】イン 二 よりかかる。よる。例 隠レ机而坐キによりてすわる(＝ひじかけによりかかってすわる)。〈荘子・斉物論〉

日本語での用法 《イン》「隠州インシュウ」▼旧国名「隠岐おき(＝今の島根県隠岐郡)」の略。

古訓 中古 あやつる・いたむ・おほきなり・かかる・かくす・かくる・かすかなり・すたる・はかる・ふるし・よる 中世 あきらか・いたむ・かくる・かくるる・ひそか・やすし・わたくし・わたる 近世 いたむ・うれふ・おほふ・かくす・かくる・きづく・はかる・やすんず・よる・わたくし

人名 やす

【隠逸】インイツ わずらわしい世間をのがれ、かくれること。また、その人。例 ―を好み世に出ない。

【隠隠】インイン ①雷や車、水の音、声などの、大きい音の形容。②盛んなさま。③かすかで、はっきりしないさま。④憂えるさま。

【隠▼晦】インカイ かくれる。姿をくらます。

【隠花植物】インカショクブツ 日「胞子植物」の旧称。

【隠括】【隠▼栝】インカツ ⇩【檃栝】インカツ（712ジペ）

【隠▼几】【隠机】インキ ①キによる 机やひじかけによりかかる。②ひじかけ。脇息キョウソク。

【隠宮】インキュウ 宮刑のこと。〔宮刑に処してから暗い所に閉じこめておくことから〕

【隠居】インキョ ①俗世を離れて静かに暮らす。また、その人。②日 官職を退いたり家督を譲ったりして、隠退する。また、その人。例 楽ラク―。③日 老人。例 ご―さん。

【隠君子】インクンシ ①世を避けてかくれ住む、すぐれた人物。②キクの別名。

【隠見】【隠顕】インケン ①かくれたり見えたりする。見えかくれ。②世に知られないことと、知られること。

【隠語】インゴ ①ひそかに相談する。②なぞなぞ。③特定の仲間だけに通じることば。たとえば、デカ(＝刑事)・スケ(＝女性)など。

【隠士】インシ 世間からのがれて静かに暮らす人。隠者インジャ。

【隠疾】インシツ 衣服にかくれて見えない、また、人にかくすべき病気。あざ・性病など。

【隠者】インジャ わずらわしい世間を避け、ひっそりとかくれ住む人。隠士。例 長明チョウメイや兼好ケンコウら―の文学。

【隠情】インジョウ ①ジョウをかくす 実情をかくす。また、かくされた事実。②ジョウをはかる 事情を推測する。

【隠▼棲】【隠▼栖】インセイ 世間を離れて静かに住む。

【隠然】インゼン 表面にあらわれないが、かげで強い力をもっているさま。例 ―たる勢力をもつ。

【隠退】インタイ 社会的な活動や世間の雑事から身を引いて、静かに暮らす。例 故郷に―する。

【隠退蔵】インタイゾウ 日「隠匿退蔵インタイゾウ」の略。かくして、役立てないでしまっておく。例 ―物資。

【隠宅】インタク ①かくれて住む家。かくれが。②隠居した人の住む家。隠居所。

【隠地】インチ ①役所にかくして、納税をしない田地。②隠居するのに適当な地。

【隠匿】イントク 人や品物などをかくす。秘密にする。〔普通、かくしてはいけない人や品物についていう〕例 ―物資。

【隠徳】イントク 人に知られていない善行。陰徳。

【隠▼慝】イントク ①かくれた悪事。また、かくすべき悪事。②かくす。隠匿。

【隠▼遁】【隠▼遯】イントン 世間をのがれて、静かにかくれ住む。

【隠忍】インニン 苦痛や不満を表面に出さず、じっと我慢をする。

【隠忍自重】インニンジチョウ 日 軽はずみな行動をとらず、苦しみやいかりを、たえしのぶ。

【隠微】インビ 表にはっきりあらわれず、かすかでわかりにくいさま。

【隠秘】インピ ①かくれさける。また、秘密にする。②奥深く、はかり知れない真理。わかりにくい真理。

【隠▼憫】【隠▼閔】インビン いたみあわれむ。

【隠伏】インプク ①かくれて身をふせる。②つつみかくす。

【隠蔽】インペイ 見えないように、おおいかくす。

【隠謀】インボウ 秘密のはかりごと。特に、よくないことをたくらむこと。また、その計画。悪だくみ。陰謀。例 ―をくわだてる。

【隠密】一 インミツ 他に知られないように、ものごとをひそかにすること。例 ―オンミツに事を進める。二 オンミツ 日 江戸時代、幕府や諸大名が使ったスパイ。忍びの者。かくし目付めつけ。例 幕府方の―。

【隠滅】インメツ ①かくれて見えなくなる。②あとかたもなく消す。湮滅インメツ。堙滅インメツ。例 証拠を―する。

【隠黙】インモク ①退いて黙っている。おしだまる。②世俗を避け、静かに住むさま。

【隠約】①ことばは簡単であるが、意味は奥深いさま。例—の間に。②はっきりしないさま。かすかなさま。

【隠喩】日「…のようだ」などのことばを使わないで、たとえを表現する方法。「真珠の涙」「人生は旅だ」など。暗喩。メタファー。対直喩。

【隠憂】いたみうれえる。また、人知れぬうれい。

【隠▼耀】光をかくしてあらわさない。才能を表に出さず、かくしていること。

【隠▼淪】①世俗を避けて静かに暮らす。また、その人。②世に認められないまま、落ちぶれる。

【隠岐】日旧国名の一つ。今の島根県の隠岐郡にあたる。隠州。

䧢
阝11(14) 49E2 ク漢 虞qū

𨸟
阝4(7) 4 9161 28E1F 俗字。

意味 けわしいさま。通嶇。

隟
阝11(14) ⇩隙(1403ページ)

際
阝11(14) 1 2661 969B 教5 セイ漢 サイ呉 霽jì きわ(きは)

筆順 … 際

なりたち [形声]「阝(=おか)」と、音「祭セ」とから成る。壁と壁とのさかいめ。

意味 ❶二つのものが接するさかいめ。ほとり。きわ。例 天際テンサイ。瀬戸際せとぎわ。❷ものごとのかぎり。はて。例 際限サイゲン。辺際ヘンサイ。❸あいだ。中間。関係。例 君臣之際クンシンの(=君臣の関係)。❹まじわる。まじわり。例 学際的ガクサイテキ。交際コウサイ。国際コクサイ。❺(何かが起ころうとしている)とき。機会。場合。きわ。例 間際まぎわ。❻(ある機会に)であう。いきあう。例 際会サイカイ。際遇サイグウ(=であう)。

日本語での用法《きわ》①「やんごとなき際きわ」▼身のほど。身分。②「手際てぎわ」▼才能や実力の程度。

古訓 中古 あひだ・かぎる・きは・ほとり・まじふ 中世 あひだ・かぎる・かざり・かなふ・きは 近世 あたり・あひだ・あふ・きは・けた・ほとり・まじはる

難読 今際いまわの際きわ

【際物】きわもの 日①ある時期に集中して売れる品物。ひな人形・こいのぼりなど。②流行や社会的事件など、人々の一時的な関心をあてこんで作った商品や作品。

【際会】①会合。特に、婚礼の会合。また、それをおこなう。②事件や時機にたまたま出くわす。例 経済の危機に—する。③よい機会。

【際涯】広い土地などのはて。かぎり。

【際可▼之仕】サイカのシ 〔「際可」は、礼遇する意〕礼をもって待遇してくれる君主に仕えること。〈孟子・万章下〉

【際限】ものごとが終わるところ。かぎり。きり。はて。際涯。類際畔。例 欲を言っても—がない。

●往生際オウジョウぎわ・交際コウサイ・国際コクサイ・金輪際コンリンザイ・不手際ふてぎわ・分際ブンザイ・山際やまぎわ

障
阝11(14) 1 3067 969C 教6 ソウ(サウ)慣 ショウ(シャウ)漢呉 漾zhàng さわる(さはる)・さわり(さはり)

筆順 … 障

なりたち [形声]「阝(=おか)」と、音「章ショウ」とから成る。へだて、さえぎる。

意味 ❶間にじゃまなものをおいて通れないようにする。はばむ。へだてる。さえぎる。さわる。じゃま。さわり。例 障害ショウガイ。故障コショウ。支障シショウ。❷へだて。しきり。さかい。例 障子ショウジ。障蔽ショウヘイ。障壁ショウヘキ。❸ふせぐ(もの)。まもり。とりで。例 障塞ショウサイ。保障ホショウ。

古訓 中古 おほふ・かくる・さはり・さはる・さふ・つつむ・はし・へだつ・まがき 中世 さはり・さはる・へだつ 近世 あふり・おほふ・さかひ・へだつ

難読 気障きざ

【障▼翳】ショウエイ ①おおって日光や風雨をさえぎる。②日光をさえぎるための大きな扇。

【障害】ショウガイ ①何かをするときに、じゃまになるものごと。さまたげ。例 多くの—をのりこえる。②日身体の器官がなんらかの原因で十分に機能を果たさないこと。例 胃腸—。表記 ▽旧障▼碍

【障▼扞】ショウカン さえぎり防ぐ。防ぎ守る。

【障子】ショウジ ①とばり、ついたての類。②日和室を仕切る建具の一つ。格子コウシに組んだ木の枠に和紙をはったもの。明かり障子。

【障塞】一ショウソク ①ふさがる。②障害物。二ショウサイ とりで。敵の進行をさえぎる壁。

【障泥】デイ/あおり 馬具の一つ。鐙あぶみとウマの腹の間にかける、革製の泥よけ。

【障蔽】ショウヘイ ①さえぎり、おおう。②仕切り。へだて。障屛。

【障▼屛】ショウヘイ 屛風ビョウブ。ついたて。

【障▼屛画】ショウヘイガ 日屛風ビョウブ絵と障壁画の総称。

【障壁】ショウヘキ ①仕切りの壁。また、仕切りにするもの。②じゃまになるもの。さまたげ。障害。例 —を取り除く。表記 ▽旧▼牆壁

【障壁画】ショウヘキガ 襖ふすまや壁面に描かれた絵。表記 旧▼牆壁画

●支障シショウ・白内障ハクナイショウ・万障バンショウ・保障ホショウ

隝
阝11(14) ⇩島(415ページ)

隚
阝11(14) 4 9172 969A トウ(タウ)漢 ドウ(ダウ)呉 陽táng

意味 建物の土台。

⿰阝荟
阝12(15) ⇩蔭(1151ページ)

隤
阝12(15) 3 9363 96A4 タイ漢 灰tuí

意味 ❶下へ落ちる。おちる。おとす。❷くずれる。

隥
阝12(15) 3 9364 96A5 トウ漢 径dèng

意味 ❶石を敷いた山道。通磴。例 石隥セキトウ。❷険しい山道。例 隥道トウドウ。

隣
阝12(15) ⇩隣(1405ページ)

隩
阝13(16) 4 9175 96A9 一イク(ヰク)漢 屋yù 二オウ(アウ)漢 号ào

意味 一水辺が深く陸地に入りこんだ所。くま。二❶住みよい所。❷部屋のすみ。通奥。

䧧
阝13(16) 4 9174 49E7 ギ漢 紙yǐ

意味「岌䧧キュウギ」は、山が高くそびえるさま。

險
阝13(16) ⇩険(1396ページ)

隧
阝13 (16) 2 8011 96A7
スイ(漢) ズイ(呉) 寘 suì

意味 ❶斜めに掘りさげた、墓室への通路。例 隧道(ズイドウ)①。墓隧(ボスイ)(=地中の柩(ひつぎ)を納めてある部屋に通じる道)。❷地下を掘ってつくった通路。トンネル。例 隧道(ズイドウ)②。❸みち。❹回る。例 若二磨石之隧一(マセキのまわるがごとし)(=石うすが回るようなものだ)。〈荘子・天下〉

【隧道】(ズイドウ・スイドウ) ①平地から斜めに下りる、墓室に通じる通路。②トンネル。

[隨]
阝13 (16) ⇩随(イズ)(1400ジペー)

隣
阝13 (16) 1 4657 96A3 常用
リン(漢)(呉) 真 lín
となる・となり

[隣]
阝12 (15) ── 旧字体。

[鄰]
阝12 (15) 2 7835 9130 本字。

筆順 阝 阝' 阝兰 阝米 阝粦 隣

なりたち [形声]「阝(=むら)」と、音「粦(リン)」とから成る。となりあった五つの家。

意味 ❶最も近くに接している家・土地・国など。**となり**。例 隣家(リンカ)。隣国(リンゴク)。近隣(キンリン)。❷となりあう。近づく。**となる**。例 隣接(リンセツ)。❸行政区画。周代、五戸を「隣」としたという。❹ ⇩【隣隣】(リンリン)

古訓 中古 かたはら・さと・したし・ちか・ちかし・ちかづく・つづく・つらなる・となり・ならぶ 中世 あたり・ちかし・となり・となる 近世 うごく・したし・ちかし・となり・やぶるる

人名 さと・ただ・ちか・ちかし・なが

【隣家】(リンカ) となりの家。

【隣近】(リンキン) となり近所。また、その人たち。隣伍(リンゴ)。類 隣比(リンピ)・隣保(リンポ)。

【隣▼伍】(リンゴ) ①周代の制度で、五戸を一組にして治安にあたった組織。②「隣近(リンキン)」に同じ。

【隣交】(リンコウ) となりとのまじわり。隣人や隣国とのつきあい。

【隣好】(リンコウ) となり近所と親しくすること。隣家や隣国との親しいつきあい。

【隣国】(リンゴク) となりの国。隣邦(リンポウ)。

【隣人】(リンジン) となりの人。となり近所の人。例 ―愛。

【隣席】(リンセキ) となりの席。例 ―の客。

【隣接】(リンセツ) となりあっている。すぐとなりに続いている。

【隣村】(リンソン・となりむら) となりのむら。

【隣邦】(リンポウ) 「隣国(リンゴク)」に同じ。

【隣睦】(リンボク) となりあい、仲のよいさま。

【隣里】(リンリ) 周代の制度で、隣(=五戸)と里(=五隣、すなわち二十五戸)。転じて、となり近所。

【隣里郷党(黨)】(リンリキョウトウ) となり近所や村里。また、同郷の人。郷里の仲間。〈論語・雍也〉

【隣隣】(リンリン) ①多くの車が走る音の形容。轔轔(リンリン)。②連なり続くさま。つき従うさま。

● 近隣(キンリン)・四隣(シリン)・善隣(ゼンリン)

[隱]
阝14 (17) ⇩隠(イン)(1403ジペー)

隰
阝14 (17) 2 8014 96B0
シツ(慣) シュウ(シフ)(漢) 緝 xí
さわ(さは)

意味 低くて湿気の多い土地。**さわ**。例 隰皐(シッコウ)(=沢)。

[隲]
阝14 (17) ⇩騭(シツ)(1468ジペー)

隯
阝14 (17) 4 9176 96AF
トウ(タウ)(漢) 皓 dǎo
しま

[陦]
阝7 (10) 2 8003 9666 俗字。

意味 まわりを海や湖に囲まれた陸地。なかす。**しま**。通 島。

隳
阝15 (18) 4 9177 96B3
キ(漢) 支 huī

意味 ❶破壊する。こわす。こわれる。やぶる。やぶれる。例 隳突(キトツ)。隳廃(キハイ)。❷なまける。おこたる。例 隳惰(キダ)(=おこたる)。

【隳突】(キトツ) つき破る。あばれ回る。

【隳廃】(キハイ)【隳敗】(キハイ) ①こわしてだめにする。②やぶれすたれる。毀敗。

隴
阝16 (19) 2 8015 96B4
ロウ(慣) リュウ(リウ)(漢) 腫 lǒng
おか(をか)

[陇]
阝10 (13) 4 9171 28EEB 別体字。

意味 ❶**おか**。通 壟(ロウ)。例 隴断(ロウダン)。❷うね。通 壟(ロウ)。例 隴畝(ロウホ)。❸甘粛省の別名。例 得レ隴望レ蜀(ロウをえてショクをのぞむ)。

【隴山】(ロウザン) 今の陝西(センセイ)省と甘粛省の境にある山。古来、異民族との境界をなし、隴関(ロウカン)などの関所が設けられた。
【隴上】(ロウジョウ) ①今の陝西(センセイ)省と甘粛省、およびそれ以西の地域。②畑のそば。あぜ。例 茅苫一月隴上宿(ボウセンイチガツロウジョウにやどる)(=ひと月もの間、あぜのそばにかやぶきの仮の小屋を作って寝泊まりした)。〈蘇軾・呉中田婦嘆〉
【隴西】(ロウセイ) ①隴山の西。甘粛省の地。②秦(シン)代、今の甘粛省臨洮(リントウ)県の南に置かれた郡。③隋(ズイ)代、今の甘粛省隴西県付近に置かれた県。
【隴断】(ロウダン) ⇩【壟断】(ロウダン)(305ジペー)
【隴頭】(ロウトウ) 隴山のほとり。
【隴畝】(ロウホ) ①畑。畑のうね。②田舎。農村。
【得レ隴望レ▼蜀】(ロウをえてショクをのぞむ) 隴の地を平定した上、さらに蜀の地を取ろうと望む。一つのものに満足しないで、さらにそれ以上のものを求めること。人の欲の限りないことのたとえ。望蜀(ボウショク)。〔〈後漢書・岑彭伝〉から〕

171 8画 隶 たい れいづくり 部

追いついてつかまえる意をあらわす。「隶」と、「隶」をもとにしてできている「隸」とを集めた。

隶
隶0 (8) 2 8016 96B6
タイ(漢) 隊 dài
およ-ぶ

意味 おいつく。つかまえる。**およぶ**。通 逮。

隷
隶8 (16) 1 4676 96B7 常用
レイ(漢) ライ(呉) 霽 lì
しもべ

[隸]
隶9 (17) 2 8017 96B8 旧字体。

筆順 十 士 𠀐 𣦵 隷 隷 隷

なりたち [形声]「隶(=おいつく)」と、音「柰(ダイ→レイ)」とから成る。つく。

意味 ❶つき従う。付属する。つく。例 隷従(レイジュウ)。隷属(レイゾク)。❷身分の低い召し使い。下僕(ゲボク)。しもべ。例 隷僕(レイボク)。奴隷(ドレイ)。❸罪人。❹漢字の書体の一つ。例 隷書(レイショ)。篆隷(テンレイ)。

古訓 中古 つかふ・つく・ならふ 中世 いやし・やつこ 近世 しもべ・つく・やつこ

【隷役】(レイエキ) 召し使い。

【隷下】(レイカ) 日 その人に従属すること。配下。例 ―の部隊。

【隷▼圉】(レイギョ) 〔召し使いと馬飼いの意〕卑しい身分・地位。

【隷従】(レイジュウ) 手下となってしたがう。隷属。従属。

【隷書】(レイショ) 漢字の書体の一つ。篆書(テンショ)の字画を略して、直線的にしたもの。〔隷人が用いた書体。あるいは、篆書に隷属する書体の意、という〕

【隷臣】(レイシン) ①臣下。②臣下が君主に対して用いた謙称。

【隷人】(レイジン) ①召し使い。しもべ。また、奴隷。②罪人。

【隷属】(レイゾク) 他の支配を受けて言いなりになる。手下として従う。隷従。従属。

【隷僕】(レイボク) ①周代、宮中の清掃にあたった役人。②召し使い。しもべ。

［隸］隶9 (17) ⇩隷(レイ)(1405ジペー)

172 8画 隹 ふるとり部

尾の短い鳥の形をあらわす。「隹」をもとにしてできている漢字を集めた。部首名の「ふるとり」は、「旧(=ふるい)」の旧字体「舊」の字の中の、「とり」の意という。

0 1406 隹 2 1406 隺 隼 隽 隻 3 1406 寉 雀 4 1406 雅 雁 雇 雇 集 雋 雄 5 1408 雅 雎 雉 雄 雍 6 1409 雑 雌 雒 8 1411 雜 雕 9 1411 藿 雖 臒 10 1411 雞 雜 雛 雙 難 雝 11 1412 讎 難 離 20 1413 雧

この部首に所属しない漢字

焦→灬 830　翟→羽 1072　霍→雨 1420　讎→言 1246

隹

隹0 (8)

2 8018 96B9

スイ漢 呉 支 zhuī

とり・ふるとり

隺

隹2 (10)

4 9178 96BA

カク漢 薬 hè

意味 尾の短い鳥。とり。

［寉］隹3 (11)

2 5369 5BC9

俗字。

意味 ❶鳥が高く飛び去る。たかい。❷ツル。通 鶴(カク)。

隼

隹2 (10)

1 4027 96BC 人

シュン漢 ジュン呉 軫 sǔn

はやぶさ

［鶽］鳥10 (21)

4 9433 9DBD

別体字。

なりたち

〔会意〕「隹(=とり)」と「一(=ひとつ)」とから成る。鳥の名。

意味 ハヤブサ科の鳥。空中を高速で飛び、たか狩りに使う。ハヤブサ。例 隼鷹(シュンヨウ)(=ハヤブサ)。

古訓 中古 はやぶさ 中世 はやぶさ 近世 うづら・はやぶさ

人名 たか・たかし・とし・はや・はやし・はやと

難読 小隼(こはやぶさ)

【隼人】(はやと・はいと) 日 古代の薩摩(さつま)地方に住んだ、勇猛な人々。

［隽］隹2 (10) ⇩雋(シュン)(1408ジペー)

隻

隹2 (10)

1 3241 96BB 常用

セキ漢 陌 zhī

ひと-つ

筆順 亻 亻' 亻" 亻＋ 隹 隹 隻 隻

なりたち

〔会意〕「又(=て)」で「隹(=一羽のとり)」をもつ。鳥一羽。

意味 ❶ただ一つ。ただひとり。ひとつ。例 形単影隻(かたちタンにしてかげセキなり)(=からだも一つ、影も一つ《=孤独な身の上》だ)。〈韓愈・祭十二郎文〉隻影(セキエイ)。隻身(セキシン)(=自分ひとり)。❷二つひと組みのものの一方。かたほう。例 隻眼(セキガン)。隻手(セキシュ)。❸わずかな。ほんの少し。例 隻語(セキゴ)。片言隻句(ヘンゲンセキク)。❹船・車・動物などを数えることば。例 船一隻(ふねイッセキ)。羊千隻(ひつじセンセキ)。

古訓 中古 かたおもて・かたきなし・かたつかた・つがひ・ひとつ・ひとり 中世 あやし・かたかた・ひとり 近世 かたかた・ひとり

人名 うく・かた

【隻影】(セキエイ) ただ一つのものの姿。片影。例 ―もない。

【隻眼】(セキガン) ①片目。独眼。②独特のすぐれた見識。→【一隻眼】(イッセキガン)(5ジペー)

【隻句】(セキク) わずかなことば。隻言(セキゲン)。隻語。例 片言(ヘンゲン)―。

【隻言】(セキゲン) ちょっとしたことば。隻語。隻句。

【隻語】(セキゴ) ①わずかなことば。隻句。隻言(セキゲン)。例 片言(ヘンゲン)―。②日 (子供の)かたこと。

【隻手】(セキシュ) ①片方の手。片手。対 双手(ソウシュ)。②独力。

【隻輪無レ反】(セキリンかえるなし) 戦車の片方の車輪さえも戻らない。全滅したことのたとえ。〈公羊・僖三〉

［寉］隹3 (11) ⇩隺(カク)(1406ジペー)

雀

隹3 (11)

1 3193 96C0 人

ジャク慣 シャク漢 サク呉 薬 què/qiāo/qiǎo

すずめ

なりたち

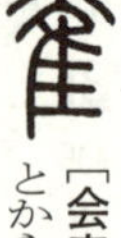

〔会意〕「小(=ちいさい)」と「隹(=とり)」とから成る。人の近くにすむ小鳥。

意味 ハタオリドリ科の鳥。スズメ。また、小さな存在のたとえ。例 欣喜雀躍(キンキジャクヤク)。→【燕雀安知二鴻鵠之志一哉】(エンジャクいずくんぞコウコクのこころざしをしらんや)(841ジペー)

古訓 中古 すすみ・すすめ 中世 すずめ 近世 うぐひす・すずめ

難読 雀部(ささべ・さざいべ)(=姓)・四十雀(しじゅうから)・雀子斑(そばかす)・雀麦(からすむぎ)・孔雀(クジャク)・朱雀(スザク)・麻雀(マージャン)

【雀舌】(ジャクゼツ) 茶のやわらかな若芽。また、それで作った茶。上等な茶をいう。

【雀▼鼠耗】(ジャクソコウ) 年貢米の付加税。輸送の途中で米穀がスズメやネズミに食われて目減りするという名目で、余分に租税を徴収された。〈梁書・張率伝〉

【雀斑】(ジャクハン・そばかす) 顔などにできる、茶色のこまかい斑点。

【雀躍】(ジャクヤク) (スズメがとびはねるように)こおどりして喜ぶ。例 欣喜(キンキ)―する。

【雀羅】(ジャクラ) スズメをとらえる網。訪問客がなく、落ちぶれた家のたとえ。→【門前雀羅】(モンゼンジャクラ)(1380ジペー)

【雀立】(ジャクリツ) 〔「雀」は隺(カク)で、鶴(つる)の意〕ツルのようにからだをのばして、つま先立つ。

［雅］隹4 (12) ⇩雅(ガ)(1408ジペー)

雁

隹4 (12)

1 2071 96C1 人

ガン漢 諫 yàn

かり・かりがね

［鳫］鳥2(13) 2 8279 9CEB 別体字。［鴈］鳥4(15) 2 8278 9D08 別体字。

なりたち ［形声］「隹(=とり)」と「人(=ひと)」と、音「厂ガ」とから成る。鳥の名。

意味 ガンカモ科の水鳥。ガン。秋、北方から来て、春、北に帰る代表的な渡り鳥。隊列をつくって飛ぶ。**かりがね**。**かり**。例 雁行ガンコウ。過雁カガン。帰雁キガン。

古訓 中古かり 中世かり 近世かり

難読 雁来紅もみじぐさ|はゲイトウ|かまつか

【雁影】ガンエイ ガンの飛んで行く姿。

【雁首】ガンくび 日 ①キセルの頭部。②俗に、人の首や頭。例 ―をそろえる。

【雁行】ガンコウ ①空を飛ぶガンの列。②(ガンが飛んでいくように)斜めに並んでいく。やや遅れて進むこと。③優劣なく同じように並んでいること。例 両者は―している。

【雁歯】ガンシ (橋の構造や石段が)ガンの列のように整然と並んでいるさま。例 雁歯之階ガンシのカイ(=整然と並ぶ石段)。〈庾信・温湯碑〉

【雁書】ガンショ 手紙。たより。〔前漢の蘇武ソブが匈奴キョウドにとらえられたとき、ガンの足に手紙を結びつけて、故郷に送ったという故事〈漢書・蘇武伝〉から〕 類 雁信・雁帛ガンパク・雁素。

【雁序】ガンジョ ①順序よく飛ぶガンの列。②兄弟のたとえ。

【雁陣】ガンジン 飛んで行くガンの列。

【雁柱】ガンチュウ 琴柱ことじ。〔琴のそれぞれの弦を支える琴柱が、ガンが飛ぶときの列のようであることから〕

【雁皮】ガンピ 日 ①ジンチョウゲ科の落葉低木。暖地の山に自生。夏、黄色の花をつける。②「①」の樹皮から作った良質の和紙。雁皮紙。

【雁来紅】ガンライコウ ハゲイトウの別名。〔秋、ガンが渡ってくるころ、紅色になるところから〕

雇

隹4(12) 1 2459 96C7 常用

コ 漢 呉 遇 gù

やとう(やと-ふ)・**やとい**(やとひ)

［雇］隹4(12) ―― 旧字体。

筆順 ヨ ヨ 戸 戸 戸 雇 雇 雇

なりたち ［形声］「隹(=とり)」と、音「戸コ」とから成る。鳥の名。借りて「やとう」の意。

意味 ❶賃金を払って、人を働かせる。**やとう**。例 雇用ヨウ。解雇カイコ。❷代価を払う。報いる。

古訓 中古さそふ・たより・やとふ 中世やとふ 近世やとふ

【雇役】コエキ 公用の労役をまぬがれた者に金銭を納めさせ、その金で代理の者をやとって使役する。

【雇用】【雇▼傭】コヨウ 人をやとう。対 解雇。例 終身―制度。―の拡大をはかる。

集

隹4(12) 1 2924 96C6 教3

シュウ(シフ) 漢 ジュウ(ジフ) 呉 緝 jí

あつまる・**あつめる**(あつ-む)・**あつまり**・**つどう**(つど-ふ)・すだ-く

［雧］隹20(28) ―― 96E7 本字。［倠］亻12(14) 4 0189 20371 別体字。

筆順 亻 亻 仁 忙 件 隹 隼 集

なりたち ［会意］「雥(=鳥のむれ)」と「木(=き)」とから成る。たくさんの鳥が木にむらがる。

意味 ❶多くのものが寄りあう。**あつまる**。**つどう**。例 集合シュウゴウ。雲集ウンシュウ。群集グンシュウ。❷よせあわせる。**あつめる**。通 輯シュウ。例 集録シュウロク。収集シュウシュウ。編集ヘンシュウ。❸詩文などをあつめた書物。例 歌集カシュウ。詩集シシュウ。❹完成する。成就する。なる。例 我行既集わがコウすでになる(=わが遠方での労役はなしとげられた)。〈詩経・小雅・黍苗〉❺安定する。やすんずる。例 天下未レ集テンカいまだやすんぜず(=天下はまだ安定していない)。〈史記・魯周公世家〉❻やわらぐ。むつむ。例 武庚未レ集ブコウいまだやわらがず(=武庚は(周に)親しみなごめなかった)。〈史記・衛康叔世家〉集服シュウフク。

古訓 中古あつまる・あつむ・いたる・うる・つく・つどふ・なる・ゐる・をり 中世あつまる・あつむ・あふ・すたく・つどふ・やすし 近世あつまる・あはす・おなじ・おほし・つく・なる・まじはる・やすし・ゐる

人名 あい・あつむ・ため・ち・ちか・つどい・やす・やすし

難読 物集もずめ・物集女もずめ

【集印】シュウイン 日 寺や神社の印や観光地のスタンプを記念にあつめる。例 ―帳。

【集英】シュウエイ すぐれた人やものをあつめる。

【集荷】シュウカ 日 荷物を各地から一か所にあつめる。また、その荷物。例 農産物の―場。表記 旧▼蒐荷

【集貨】シュウカ 貨物や商品をあつめる。また、あつまる。また、その貨物や商品。

【集会】シュウカイ 多くの人が、ある目的であつまる。また、そのあつまり。例 ―場。

【集解】シュウカイ|シッカイ 多くの解釈を一つにあつめて、注釈書を作ること。また、その書物。例 論語集解ロンゴシッカイ。

【集義】シュウギ よいおこないを積みかさねる。また、積みかさねた善行。積善。

【集議】シュウギ あつまって相談する。

【集金】シュウキン 日 代金や会費などをあつめる。また、あつめたお金。例 ―係。―人ニン。

【集計】シュウケイ いくつかの数を寄せあつめて計算する。合計。

【集結】シュウケツ 日 散らばっていたものを、一か所にあつめる。また、あつまる。結集。例 艦隊が―する。

【集権】シュウケン 日 権力を一か所にあつめる。対 分権。例 中央―。

【集合】シュウゴウ ①一か所にあつまる。また、あつめる。また、そのあつまり。対 解散。②日〔数〕ある条件や範囲にあてはまるものを、ひとまとまりとして考えたもの。例 三の倍数の―。

【集散】シュウサン ①あつまることと、ちらばること。あつめることと、ちらすこと。例 離合―を繰り返す。②日 産地からあつめた生産物を各地へ送り出す。例 ―地。

【集字】シュウジ 碑文や法帖ホウジョウの中から、必要とする文字をあつめる。また、先人の作品から字句をあつめて、自作の中で用いる。

【集成】シュウセイ 同種のものを多くあつめ、一つにまとめあげる。また、そのもの。集大成。例 判例を―した書物。

【集積】シュウセキ 日 多くのものがあつまって、つみかさなる。また、あつめてつみかさねる。例 ―回路。木材を―する。

【集大成】シュウタイセイ 多くのものをあつめて、一つにまとめあげる。また、そのもの。集成。例 孔子之謂二集大成一コウシをこれシュウタイセイという(=孔子こそが聖人の集大成なのだ)。〈孟子・万章下〉

【集団】シュウダン 日 多くの人やものなどのあつまり。例 ―生活。

【集中】シュウチュウ 日 ①一か所にあつめる。また、あつまる。集注。例 ―豪雨。②一つのことに意識を向ける。例 ―力。

【集注】シュウチュウ ①シッチュウ 多くの注釈をあつめた書物。特に、朱子の『四書集注』を指す。集註シュウチュウ|シッチュウ。例 論語集注ロンゴシッチュウ。②日 すべてを、ただ一点にあつめる。集中。

【集配】シュウハイ 日 郵便物や貨物などをあつめたり、くばったりする。例 ―局。

【集部】シュウブ 経部ケイブ・史部・子部と並ぶ、中国古典の分類

（四部分類）の一つ。詩文の書籍や個人の全集。

【集服】(シュウフク) 服従する。なつき従う。

【集約】(シュウヤク) 日寄せあつめて一つにまとめる。

【集落】(シュウラク) 日①人家のあつまっている所。例 山間に―が散在する。②バクテリアなどが培養基の上につくった集団。コロニー。表記 ①は旧▼聚落

【集録】(シュウロク) いくつかの文章をあつめて記録する。また、そのもの。輯録(シュウロク)。

●画集(ガシュウ)・結集(ケッシュウ)・採集(サイシュウ)・参集(サンシュウ)・召集(ショウシュウ)・招集(ショウシュウ)・選集(センシュウ)・文集(ブンシュウ)・募集(ボシュウ)・密集(ミッシュウ)

雋

隹4 (12) 2 8020 96CB

一 セン 漢 銑 juàn
二 シュン 慣 シン 漢 震 jùn
こ-える（こ-ゆ）・すぐ-れる（すぐ-る）

[隽] 隹2 (10) 4 9179 96BD 俗字。

意味 一 ❶鳥の肉が肥えている。こえる。❷文章などが味わい深い。❸姓の一つ。例 雋不疑(センフギ)。二 才知がぬきんでてすぐれている(人)。すぐれる。通俊。例 雋才(シュンサイ)。雋秀(シュンシュウ)。

雄

隹4 (12) 1 4526 96C4 常用

ユウ(イウ) 漢 オウ(ヲウ) 呉 東 xióng
お(を)・おす(をす)・おん(をん)

[雄] 隹5 (13) 4 9180 49FA 別体字。

筆順 一 ナ 厷 厷 厷 雄 雄 雄

なりたち [形声]「隹(=とり)」と、音「厷(コウ)→(ユウ)」とから成る。鳥のおす。

意味 ❶動植物のおす。お。おん。対雌。例 雄鶏(ユウケイ)(=おんどり)。雄蕊(ユウズイ)。雌雄(シユウ)。❷武力や知力にすぐれた者。例 固一世之雄也(まことにイッセイのユウなり)(=(曹操は)まことに時代の英雄である)〈蘇軾・赤壁賦〉 英雄(エイユウ)。群雄(グンユウ)。❸力づよい。おおしい。例 雄大(ユウダイ)。雄叫(おたけ)び(=勇ましい、さけび声)。❹覇者となる。例 方今唯秦雄二天下一(ホウコンただシンのみテンカにユウたり)(=現在秦だけが天下に覇をとなえている)〈戦国策・趙三〉

古訓 中古 うるはし・かつ・さき・すぐる・を・をどり 中世 かつ・のり・をどり・をん・をんどり 近世 をん・をんどり

人名 いさみ・いさむ・かず・かた・かつ・すぐる・たか・たかし・たけ・たけお・たけし・たける・つよし・のり・まさ・まさる・よし

【雄滝】(おだき) 日滝が一対あるとき、大きくて水流の激しい方の滝。男滝(おだき)。対雌滝(めだき)。

【雄花】(おばな) 日おしべだけあって、めしべがないか、あるいは退化した花。カボチャ・キュウリなど。対雌花(めばな)。

【雄強】(ユウキョウ) 勇ましく、力づよい。

【雄▼勁】(ユウケイ) 力がみなぎっているさま。例 ―な筆法。

【雄傑】(ユウケツ)【雄▼桀】(ユウケツ) 才知や武勇がすぐれている人。英傑。

【雄健】(ユウケン) 勇ましく、たくましい。

【雄▼渾】(ユウコン) 文字や文章などが、力づよくて勢いがよい。

【雄才】(ユウサイ)【雄材】(ユウザイ) すぐれた才能。また、それをもつ人。

【雄志】(ユウシ) 大いに何かをやりとげようとする気持ち。

【雄姿】(ユウシ) 堂々とした姿。例 ―をあおぐ。

【雄雌】(ユウシ) ①おすと、めす。②優劣。勝敗。▽雌雄。

【雄俊】(ユウシュン) すぐれた才能をもつこと。また、その人。英俊。

【雄将】(ユウショウ) 強く勇ましい大将や将軍。勇将。

【雄勝】(ユウショウ) ①すぐれてまさる。特に、地形や景色がすばらしいさま。②要害の地。

【雄心】(ユウシン) 何か大きいことをしようとする気持ち。例 ―勃勃(ボツボツ)として(=盛んに)起こる。

【雄深】(ユウシン) 文章の構想が堂々としていて規模が大きく、意味が深いさま。

【雄▼蕊】(ユウズイ・おしべ) 日花の器官の一つ。花粉を作るところ。対雌蕊(シズイ)。

【雄壮】(ユウソウ) おおしく意気盛んなこと。勇壮。

【雄大】(ユウダイ) 堂々として、規模が大きい。例 ―な眺め。

【雄断】(ユウダン) 思い切りのよい判断。勇断。

【雄長】(ユウチョウ)【雄張】(ユウチョウ) 覇を唱えて勢力を盛んにする。

【雄鎮】(ユウチン) 「雄藩(ユウハン)」に同じ。

【雄図】(ユウト) 規模の大きい計画。壮図(ソウト)。雄略。

【雄途】(ユウト) 日(大きな計画を果たすための)力づよい出発。壮途。例 ―につく。

【雄抜】(ユウバツ) 雄大で群をぬいている。

【雄藩】(ユウハン) ①勢力の強大な藩鎮。②日強大な大名。例 西国(ゴク)の―島津(しまづ)。▽雄鎮。

【雄飛】(ユウヒ) 意気盛んに活躍する。対雌伏。例 大丈夫当二雄飛一、安能雌伏(ダイジョウフまさにユウヒすべし、いずくんぞよくシフクせん)(=立派な男は高く飛躍すべきで、低い地位に甘んじていられようか)〈後漢書・趙温伝〉 海外に―する。

【雄風】(ユウフウ) ①強く盛んに吹く風。対雌風。②威勢のあるさま。威風。

【雄文】(ユウブン) 力づよいすぐれた詩文。また、その文才。

【雄編】(ユウヘン) 構想が大きく、堂々とした著作。例 ―大作。表記 旧雄▼篇

【雄弁】(ユウベン)(辯) ①力づよく、よどみなく話すさま。能弁。対訥弁(トツベン)。例 ―をふるう。②日ある内容をはっきりとあらわしている。例 事実を―に物語る資料。

【雄峰】(ユウホウ) 大きく堂々とした山。例 ―富士。

【雄▼邁】(ユウマイ) (気性が)勇ましく、すぐれているさま。

【雄略】(ユウリャク) 大きく立派な、はかりごと。雄大な計略。

【雄烈】(ユウレツ) ①勇ましく、はげしいさま。②大きな功績。

●英雄(エイユウ)・群雄(グンユウ)・雌雄(シユウ)・両雄(リョウユウ)

雅

隹5 (13) 1 1877 96C5 常用

ガ 漢 ゲ 呉 馬 yǎ
みやび・みやび-やか

[雅] 隹4 (12) 旧字体。

筆順 一 工 牙 牙 邪 邪 雅 雅

なりたち [形声]「隹(=とり)」と、音「牙(ガ)」とから成る。鳥の名。借りて「ただしい」の意。

意味 ❶正しく、規範的な。例 雅直(ガチョク)(=正直)。❷上品で味わいがある。洗練されている。みやび。みやびやか。対俗。例 雅尚(ガショウ)(=上品で高尚)。優雅(ユウガ)。❸『詩経(シキョウ)』の六義(リクギ)の一つ。宮中の儀式のための詩。小雅(ショウガ)と大雅(タイガ)に分かれる。❹他人に関することを、敬っていうことば。例 雅鑑(ガカン)。雅兄(ガケイ)。❺つねづね。平素。もとより。例 雅意(ガイ)。雅素(ガソ)。❻とても。はなはだ。❼さかずき。例 雅量(ガリョウ)。

古訓 中古 うた・うたふ・うるはし・おだひかなり・たくまし・のり・ひたふと・まさ・まさし・みやびかなり・もと・もとより 中世 さすが・たくまし・まこと・まさし・まさに・みやびやかなり・もとより・よし 近世 さかづき・そろふ・ただし・つね・のり・ひとし・みやびやか・もと

人名 ただ・ただし・つね・なり・のり・ひとし・まさ・まさし・まさる・みやび・もと

【雅意】(ガイ) ①上品で優美な趣。②平素の心。③他人の意の敬称。貴意。おぼしめし。

【雅歌】(ガカ) ①雅楽(ガガク)にのせて伝統的に正しく歌唱される詩歌。②優美で格調高く歌う。

【雅会】(ガカイ) 詩文を作って楽しむ風雅なつどい。類雅集。

【雅懐】(ガカイ) みやびやかな心。風流な思い。例 不レ有二佳詠一、

何伸二雅懐一（カエイあらずんば、なんぞガカイをのべん）（＝傑作ができなければ、どうして風流心を満足できようぞ）。〈李白・春夜宴桃李園序〉

【雅楽】ガガク ①伝統的で上品な音楽。②日 奈良・平安時代に宮中でおこなわれた音楽と、それにともなう舞。現在でも、宮中や社寺などでおこなわれる。

【雅鑑】ガカン ①他人の推察をほめていうことば。明察。②他人が見ることをいう敬語。ご覧に入れる。〔自作の書画などを贈呈する際に用いる〕

【雅曲】ガキョク 優美で伝統的な音楽。

【雅兄】ガケイ 日 男の友人を敬っていう呼び方。男性が手紙文などで用いる。

【雅健】ガケン 詩文などが上品で力づよいさま。

【雅言】ガゲン ①標準的な正しい発音。例 子所二雅言一（シのガゲンするところは）、詩書執礼、皆雅言也（シショシツレイ、みなガゲンなり）（＝先生が標準音を用いるのは、『詩経』『書経』を読むときと礼を行うときで、すべて標準音である）。〈論語・述而〉②正しいことば。例 察二納雅言一（ガゲンをサツノウす）（＝道理あることばを聞きいれる）。〈諸葛亮・出師表〉③優雅なことば。雅語。対 俗言（ゾクゲン）・俚言（リゲン）。

【雅故】ガコ ①〔「故」は、訓詁（クンコ）の「詁」の意〕正しい意味。②もともとの気持ち。常に思っていること。③旧友。

【雅語】ガゴ みやびやかなことば。雅言（ガゲン）。

【雅号】ガゴウ ①書家や画家、文人などが、本名以外にもつ、風流な名前。筆名。雅名。②他人の号をいう敬称。

【雅士】ガシ ①風流人。高尚な人。②才知・品行に、ともにすぐれた人。類 雅人（ガジン）。

【雅志】ガシ ①風流な心。②ふだんのこころがけ。

【雅趣】ガシュ 上品で風流なおもむき。みやびやかなおもむき。雅致。例 ―に富む庭園。

【雅▼馴】ガジュン 文章が正しく洗練されているさま。

【雅称】ガショウ （詩や歌などで用いる）風流な呼び方。日本を「瑞穂（みずほ）の国」、富士山を「芙蓉峰（フヨウホウ）」というなど。

【雅▼頌】ガショウ 『詩経』の詩の分類で、雅と頌のこと。「雅」は朝儀や天子・諸侯の宴会のときの歌、「頌」は宗廟（ソウビョウ）の祭祀（サイシ）のとき祖先の功徳をたたえる歌。→【六義】（リクギ）（130ページ）

【雅素】ガソ ①平素。ふだん。②ふだんの交際。

【雅俗】ガゾク 優雅なことと俗っぽいこと。上品と下品。

【雅致】ガチ みやびやかな趣。風流で上品な味わい。例 ―のある作品。

【雅文】ガブン ①風雅で上品なさま。②正統な文章・学問。③日 上品でみやびやかな文章。特に江戸時代におこなわれた平安時代のかな文や、それをまねた文章。例 ―体。

【雅味】ガミ 風流で上品な趣。例 ―豊かな文章。

【雅名】ガメイ ①すばらしい名声。②日 風流な呼び名。③日 雅号。

【雅友】ガユウ 風流の道の友。

【雅遊】【雅▼游】ガユウ ①常に人と交際する。また、交際ぶりのよいさま。②日 詩歌・書画・音楽など、風雅なあそび。

【雅量】ガリョウ ①大きな度量。②大酒飲み。

●温雅（オンガ）・高雅（コウガ）・典雅（テンガ）・風雅（フウガ）・優雅（ユウガ）

睢

隹5（13） 2 8019 96CE ショ 漢 魚 jū みさご

意味 ⇩【睢鳩】

【睢▼鳩】ショキュウ ミサゴ。トビに似た大きな鳥。例 関関睢鳩、在二河之洲一（カンカンたるショキュウは、カのシュウにあり）（＝のどかに鳴き交わすミサゴは川の中州にいる）。〈詩経・周南・関睢〉

雉

隹5（13） 2 8021 96C9 チ 漢 紙 zhì きじ

意味 ❶キジ科の鳥。**キジ**。きぎす。例 雉子（きぎす）。❷かきね。城壁。例 楼雉（ロウチ）（＝楼門と城壁）。❸城壁などの計量に用いる面積の単位。一雉（チ）は、高さが一丈で、長さが三丈。例 百雉門（ヒャクチモン）（＝五つの天子の宮門のうち、南の第二門）。❹ウシの鼻に結ぶ綱。例 雉経（チケイ）。

難読 山雉（やまどり）

【雉経】チケイ 〔「経」は、首をくくる意〕綱で首をくくって死ぬ。〔晋（シン）の申生（シンセイ）がウシの鼻に結ぶ綱で首をくくったことから〕

【雉▼堞】チチョウ 城壁の上にある低いかきね。ひめがき。

【雉▼兎】チト ①キジとウサギ。②猟をする。また、猟師。

[雄]

隹5（13） ⇩雄（ユウ）（1408ページ）

雍

隹5（13） 2 8022 96CD ヨウ 漢 冬 yōng むつ-まじい（むつ-まじ）・やわ-らぐ（やは-らぐ）

[雝] 隹10（18） 4 9184 96DD 本字。

意味 ❶鳥の名。❷おだやかに、なごむさま。**むつまじい**。**やわらぐ**。例 雍睦（ヨウボク）。雍容（ヨウヨウ）。❸だきかかえる。だく。また、有する。持つ。守る。通 擁。❹さまたげる。ふさぐ。通 壅（ヨウ）。例 雍遏（ヨウアツ）（＝さえぎり、とどめる）。❺周代、天子が祖先を祭る際に奏した楽曲の名。膳（ゼン）を下げるときに奏した。例 三家者以レ雍徹（サンカヨウをもってテッす）（＝三家老は《身分をわきまえずに》雍を奏して祭りを終えた）。〈論語・八佾〉❻古代中国の九州の一つ。雍州（ヨウシュウ）。今の陝西（センセイ）省北部から甘粛省にかけての地域。

【雍▼熙】ヨウキ 〔「熙」も、やわらぐ意〕やわらぎ楽しむ。天下がよく治まって平和なさま。

【雍樹】ヨウジュ 小児をだきかかえること。〔大人の首にしがみついている小児の姿が、木にしがみついているように見えることから〕

【雍州】ヨウシュウ ①⇩意味❻ ②楚（ソ）の項羽が秦（シン）の将軍であった章邯（ショウカン）を封（ホウ）じた地。現在の陝西（センセイ）省興平市。③三国時代の魏（ギ）に置かれた州の名。現在の陝西省西安市の北西。④日 京都府の旧国名。「山城（やましろ）」の別称。

【雍睦】ヨウボク なごやかで、むつまじいこと。親しみあうさま。

【雍容】ヨウヨウ おだやかなさま。ゆったりと落ち着いているさま。

【雍雍】ヨウヨウ ①音楽の音が調和するさま。②穏やかなさま。やわらいでいるさま。

雑

隹6（14） 1 2708 96D1 教5 ザツ 慣 ゾウ（ザフ） 呉 合 zá ソウ（サフ） 漢 ま-じる・ま-ざる・ま-ぜる（ま-ず）

付表 雑魚（ざこ）

[雜] 隹10（18） 2 8024 96DC 人 旧字体。

[襍] 衤12（17） 2 8023 894D 別体字。

筆順 ノ 九 卆 杂 刹 斜 新 雑

なりたち  [形声]「衣（＝ころも）」と、音「集（シュウ）」とから成る。青・黄・赤・白・黒の色をまじえて作ったころも。

意味 ❶いろいろなものが一緒になる。入り交じる。**まじる**。**まざる**。例 純粋而不レ雑（ジュンスイにしてまじわらず）（＝純粋で、まじりけがない）。〈荘子・刻意〉雑居（ザッキョ）。複雑（フクザツ）。乱雑（ランザツ）。❷乱れる。みだす。例 寒暑雑至（カンショみだれていたる）（＝暑さ寒さが、入り乱れてやってくる）。〈墨子・非攻下〉❸純一でない。どの分類にもはいらない。例 雑費（ザッピ）。雑収入（ザツシュウニュウ・ザッシュウニュウ）。❹ぐるりと回る。めぐる。通 帀（ソウ）。❺いっしょに。ともに。

日本語での用法《ザツ》「粗雑(ザッソ)・雑(ザツ)にあつかう」▼丁寧でない。いいかげんな。

古訓 中古 いろふ・かつ・くさ・くさぐさ・さまざま・まじはる・まじふ 中世 あつまる・くさぐさ・つひに・まじはる・もつとも 近世 あつまる・うがつ・おなじ・かざる・ともに・まじはる・まじへる・めぐる

人名 かず・とも

難読 雑賀(サイカ|ガサイ)(=地名・姓)・雑魚寝(ザコね)

【雑魚】ザコ ①ザツギョ いろいろの小ざかな。②日 小者(こもの)。下っぱ。

【雑詠】ザツエイ ①折々の季節や事物を、心のおもむくままによんだ詩歌。類雑吟。②日 兼題など特定の題によらずに、短歌や俳句を自由によむこと。また、その作品。対題詠。

【雑役】ザツエキ|ゾウヤク こまごました雑多な肉体労働。

【雑音】ザツオン 日 ①不快に感じる騒がしいおと。また、通信のさまたげとなる、おと。騒音。ノイズ。例 ―がはいる。②直接に関係がない人の無責任な意見。例 世間の―が多過ぎる。

【雑家】ザッカ 漢代の九学派の一つ。儒家(ジュカ)・道家(ドウカ)・法家(ホウカ)などの諸説を総合して、一つの説を立てた。

【雑貨】ザッカ 毎日の生活に使う、こまごまとした品物。なべ・洗面器・ほうきなど。例 日用―。

【雑学】ザツガク 系統だっていない、多方面にわたる知識。

【雑感】ザッカン さまざまな感想。まとまりのない感想。

【雑記】ザッキ ①いろいろ書きしるすこと。また、その書いたもの。例 身辺―。②正史以外の史料。

【雑技】【雑伎】ザツギ ①いろいろな芸。特に、手品や曲芸など。例 中国の―団。②つまらない芸。

【雑戯】ザツギ 手品や曲芸、歌舞、格闘技など、民間の演芸の総称。雑技。

【雑議】ザツギ 集まって討議する。

【雑居】ザッキョ ①同じ場所に、いろいろな人がまじって住む。類 雑処(ザッショ)。例 さまざまな人が―する地区。②日 一つの建物に種類の違う店や会社が入っていること。例 ―ビル。

【雑業】ザツギョウ つまらない、いろいろな仕事。

【雑菌】ザッキン 日 いろいろな細菌。特に、ある細菌を培養するとき、外部から入る別の余計な細菌。

【雑具】ザツグ いろいろな道具。さまざまな種類の器具。

【雑芸(藝)】 一 ザツゲイ 民間でおこなわれる、いろいろな演芸。二 ゾウゲイ 日 今様(いまヨウ)など、平安時代末期から民間でおこなわれた歌謡。

【雑劇】ザツゲキ 宋(ソウ)代のこっけいな風刺劇に始まり、元(ゲン)代に歌劇に発展した演劇。→【元曲】ゲンキョク(118ページ)

【雑件】ザッケン あまり重要でない、こまごまとした事件や用件。

【雑言】 一 ザツゲン ①とりとめのない話。雑談。②一句の字数が一定しない詩体。二 ゾウゴン|ゾウゲン 日 いろいろな、ひどいことば。わるくち。例 悪口(アッコウ)―(ゾウゴン)。

【雑穀】ザッコク さまざまな穀類。日本では、コメとムギ以外の、アワ・ヒエ・マメ・キビ・ソバなど。

【雑婚】ザッコン 日 原始社会で、男女が特定の相手を決めずに夫婦の関係を結ぶこと。乱婚。

【雑砕】ザッサイ ごちゃごちゃと、わずらわしい。

【雑作】 一 ザッサク|ザッサ いっしょに働く。二 ゾウサ 日 ①手間のかかること。例 ―もない仕事。②もてなし。例 ご―にあずかる。▽造作(ゾウサ)。

【雑錯】ザッサク 「雑糅(ザツジュウ)」に同じ。

【雑▼纂】ザツサン さまざまな文章などを集めて編纂する。また、その書物。

【雑誌】ザッシ 日 ①雑多な事柄について記した本。例 ファッション―。②毎号同じ書名で定期的に出す本。

【雑史】ザッシ ①紀伝体や編年体などとは違い、事件や見聞した事柄を記録しただけの歴史書。②民間に伝わる史伝や小説(=つまらない話)の類。

【雑▼厠】ザッシ 〔「厠」も、入り交じる意〕 いろいろなものが入り交じる。

【雑事】ザツジ ①各種の事柄。②本来の仕事以外の、こまごまとした用事。雑務。雑用。例 ―に追われる。

【雑種】ザッシュ ①いろいろの種類。例 ―のイヌ。②日 種の異なる雌と雄との間に生まれた動物や植物。

【雑襲】ザッシュウ 多くのものが入り乱れ、積み重なるさま。

【雑▼糅】【雑▼揉】【雑▼蹂】ザツジュウ いろいろなものが入り交じる。雑錯(ザッサク)。

【雑書】ザッショ ①まとまりなく雑多な事柄を記した書物。②日 書物の分類上、どの部門にも入らない書物。

【雑▼擾】ザツジョウ 入り乱れて秩序がなくなる。

【雑色】 一 ザッショク ①いろいろな色。また、たくさんの色がまじりあった色。②いろいろな種類の人々。二 ゾウシキ 日 宮中で雑役(ザツエキ)をつとめた、身分の低い役人。

【雑食】ザッショク 日 (動物が)動物性と植物性の食物を、両方食べること。なんでも食べること。

【雑然】ザツゼン まとまりなく入り交じるさま。ごちゃごちゃしているさま。対整然。例 ―と積まれた本。

【雑草】ザッソウ ①栽培植物以外の、自然に生えた、いろいろな草。②日 生命力の強いもののたとえ。

【雑則】ザッソク 日 (法令などで)主要な規則以外の規則。

【雑多】ザッタ 日 いろいろ入り交じっているさま。例 種種(ジュ)―。

【雑談】ザツダン 特に目的もなく、いろいろな話を気楽に話す。また、そのとりとめのない話。世間話。

【雑踏】【雑▼沓】【雑▼遝】ザットウ 多くの人でこみあう。また、こみあっている場所。人ごみ。例 ―にまぎれる。

【雑肉】ザツニク 日 ①すね肉など、上等でない部分の肉。ひき肉などに用いる。対正肉。②牛肉・豚肉・とり肉以外の肉。

【雑念】ザツネン 精神の集中に、さまたげとなる考え。気を散らす余計な考え。例 ―をはらう。

【雑▼嚢】ザツノウ 日 いろいろなものを入れて持ち運ぶための袋。

【雑▼佩】【雑▼珮】ザッパイ 腰に帯びる、いろいろな玉石を連ねた飾り。

【雑▼駁】ザッパク いろいろな考えなどが入り交じっていて、まとまりのないさま。例 ―な知識。

【雑費】ザッピ こまごまとしたことにあてる費用。例 日用の―。

【雑物】ザツブツ|ゾウモツ こまごまとしたもの。つまらないもの。

【雑文】ザツブン 日 軽い内容の文章。気楽に書き流した文章。

【雑木】ザツボク|ゾウき いろいろな種類の木。また、材木としては役に立たない木。例 ―林(ゾウきばやし)。

【雑務】ザツム おもな業務以外の、こまごまとした仕事。雑事。雑用。例 ―に追われる。

【雑用】ザツヨウ ①まぜて用いる。②日 いろいろなこまかい用事。つまらない用事。雑事。雑務。例 ―が多い。

【雑流】ザツリュウ ①科挙(=官吏登用試験)など正式の道を踏まないで任用された下級の役人。②官吏以外の雑多な職業。また、それに従事する者たち。

【雑類】ザツルイ ①いろいろな種類がまじり合った品物。②正業のない者たち。とるに足りない者たち。

【雑録】ザツロク いろいろなことを、とりとめなく書きとめること。また、その記録。

【雑話】ザツワ さまざまなはなし。とりとめのないはなし。

【雑巾】ゾウキン 日 床や家具などをふく布きれ。例 ―がけ。

【雑炊】ゾウスイ 日 野菜などの具を入れて、しょうゆなどで味つけをしたおかゆ。おじや。

【雑煮】ゾウに 日 野菜や肉などとともに、餅(もち)を入れて煮た汁料理。正月料理の一つ。

【雑兵】ゾウヒョウ 回①身分の低い兵卒。陣笠ジンがさ。②地位が低く、責任のない人。

◐交雑コウザツ・混雑コンザツ・粗雑ソザツ・煩雑ハンザツ・繁雑ハンザツ・複雑フクザツ

雌

隹6(14) 1 2783 96CC 常用 シ漢呉 支 cí(旧cī) め・めす・めん

[鴜] 鳥6(17) 4 9410 4CC4 別体字。

筆順 丨 ト 止 此 此 此 此 雌 雌

なりたち [形声]「隹(=とり)」と、音「此シ」とから成る。鳥のめす。

意味 ❶動植物の、めす。め。めん。対雄。例雌蕊シズイ。雌雄シユウ。❷弱々しい。力のない。例雌声シセイ(=力の弱い声)。雌伏シフク。❸やわらかさ。柔弱さ。また、ひかえめであること。例知二其雄一守二其雌一(そのユウをしりてそのシをまもる)(=強さを理解した上で柔弱であり続ける)。〈老子・二八〉❹負ける。敗れる。

古訓 中古 かつ・のち・まく・めどり 中世 のち・めどり・めんどり・やはらか 近世 めどり・めん・めんどり

【雌黄】シオウ|コウ ①硫黄イオウと砒素ヒソの混合物。薬剤や黄色の顔料に用いた。②文字を書き改める。〔昔、紙は黄色であり、黄色の顔料を修正用として文字を書き直したことから〕

【雌▼蕊】シズイ|めしべ 回花の器官の一つ。花の中央にあり、おしべから花粉を受けて、実を結ぶもの。対雄蕊ユウズイ。

【雌風】シフウ ①しめっていて気持ちの悪い風。対雄風。②ねちねちとした、女性のねたみ心。嫉妬シット心。

【雌伏】シフク 強い者の下に従い、我慢をして実力を養いながら、機会がくるのを待つ。対雄飛。例—十年。

【雌雄】シユウ ①めすと、おす。例—の区別。②勝ち負け。優劣。強弱。

【決二雌雄一】シユウをケッす 戦って勝ち負けを決める。例願与二漢王一挑戦、決二雌雄一(ねがわくはカンオウとチョウセンし、シユウをケッせん)(=ひとつ漢王(=劉邦リュウホウ)と戦いを交え、勝敗を決しようではないか)。〈史記・項羽紀〉

【雌竹】めだけ 回タケの一種。幹が細く、節ふしと節の間が長い。釣りざおやキセルなどに用いる。なよたけ。女竹めだけ。

【雌花】めばな 回めしべだけあって、おしべがないか、あるいは退化した花。キュウリ・カボチャなど。対雄花おばな。

8画

雒

隹6(14) 3 9365 96D2 ラク漢 薬 luò

意味 ❶鳥の名。❷たてがみの白い黒馬。❸川の名。洛水ラクスイ。通洛ラク。❹地名。洛陽ラクヨウのこと。〔漢王朝は火徳なので水を嫌い、「洛」を「雒」に改めた、という〕

[雞] 隹8(16) ⇩鶏ケイ(1496ジペー)

雕

隹8(16) 2 8026 96D5 チョウ(テウ)漢呉 蕭 diāo わし・きざ-む・え-る(ゑ-る)

[鵰] 鳥8(19) 3 9462 9D70 別体字。

意味 ❶大形のタカ。ワシ。例雕悍チョウカン。❷きざむ。える。ほる。通彫。例朽木不レ可レ雕也(キュウボクはほるべからず)(=腐った木には彫刻できない)。〈論語・公冶長〉雕琢チョウタク。❸しぼむ。衰える。通凋チョウ。

【雕肝】チョウカン きもに銘ずる。心に刻みこむ。

【雕▼悍】チョウカン ワシのように、たけだけしい。

【雕題】チョウダイ ①ひたいに入れ墨をする。②回書物の紙面の上欄に注釈を入れる。頭注。

【雕▼琢】チョウタク ①宝石などを刻んでみがく。②文章や詩を、何度も直してよくする。例—をきわめた文章。▽彫琢チョウタク。

【雕虫(蟲)▼篆刻】チョウチュウテンコク 虫の形や篆刻をこまかくほるように、こまかい技巧で文章の字句を飾りたてること。彫虫篆刻チョウチュウテンコク。類雕虫小技。〈法言・吾子〉

【雕竜】チョウリュウ|チョウリョウ 竜の模様を彫刻するように、文章をあざやかに飾る。

雚

隹9(17) 4 9183 96DA ━カン(クヮン)漢 翰 guàn ━カン(クヮン)漢 寒 huán

意味 ━コウノトリ。通鸛カン。━アシ類の植物。通萑カン。

雖

隹9(17) 2 7413 96D6 スイ漢呉 支 suī いえど-も(いへど-も)

意味 ❶「(…と)いえども」と読み、㋐…であっても…ではあるが、の意。譲歩をあらわす。例雖レ有甚稀(ありといえどもはなはだまれなり)(=あるにはあるが、非常にまれだ)。㋑かりに…だとしても・たとえ…であっても、の意。仮定の譲歩をあらわす。例雖レ不レ中不レ遠矣(あたらずといえどもとおからず)(=ぴったり当たっていないにしても、大きな見当違いはない)。〈大学〉❷「ただ…(のみ)」と読み、限定・強意をあらわす。❸「あに」と読み、反語の語気を示す。

[隹] 6—10画▼雌 雒 雞 雕 雚 雖 雘 雞 雜 雛 雙 難

雘

隹9(17) 4 9182 96D8 ワク漢 薬 wò

意味 質の良い丹砂。上質の顔料とされる。例青雘セイワク。

[雞] 隹10(18) ⇩鶏ケイ(1496ジペー)

[雜] 隹10(18) ⇩雑ザツ(1409ジペー)

雛

隹10(18) 1 3187 96DB 人 スウ漢 虞 chú ひな・ひよこ

[鶵] 鳥10(21) 4 9431 9DB5 別体字。

なりたち [形声]「隹(=とり)」と、音「芻ス…スウ」とから成る。ニワトリの子。

意味 ❶鳥の子。ひよこ。ひな。例雛禽スウキン(=ひなどり)。❷幼い。一人前でない。例雛僧スウソウ。

日本語での用法《ひな》①「雛飾ひなかざり・雛祭ひなまつり」▼ひな人形。②「雛菊ひなギク・雛罌粟ひなげし」▼小さなもの。小形の。

古訓 中古 ひな 中世 ひな 近世 ひな

【雛▼鷇】スウコウ〔「鷇」も、ひなの意〕鳥のひな。ひなどり。類雛禽スウキン。

【雛僧】スウソウ 小坊主。

【雛孫】スウソン 幼いまご。

【雛鳥】スウチョウ|ひなどり ①鳥のひな。ひよこ。②ニワトリのひな。

【雛▼鳳】スウホウ おおとりのひな。将来性のある、すぐれた素質をもった少年のたとえ。鳳雛。

【雛形】ひながた 回①本物を小さくかたどったもの。模型。例百分の一の—。②書き方などの見本。書式。例書類の—。

[雙] 隹10(18) ⇩双ソウ(212ジペー)

難

隹10(18) 1 3881 96E3 教6 ━ダン漢 ナン呉 寒 nán ━ダン漢 ナン呉 翰 nàn ━ダ漢 ナ呉 歌 nuó かたい(かた-し)・むずかしい(むつか-し)・むつか-しい(むづか-し)

[難] 隹11(19) 3 9367 FA68 人 旧字体。

筆順 一 艹 廿 苎 莫 剪 剪 難

なりたち 𩁶（篆文） [形声]「隹(=とり)」と、音「𦰩キン→ナン」とから成る。鳥の名。借りて「むずかしい」の意。

意味 一 ❶なしとげるのがたやすくない。**かたい。むずかしい。むつかしい。** 対易。例 少年易レ老学難レ成（ショウネンおいやすくガクなりがたし）(=年若い者が老人になるのはたやすいが、学問は成就しがたい)。〈朱熹の作といわれる詩「偶成」〉 難関（ナンカン）。困難（コンナン）。❷むずかしいと考える。かたしとする。二 ❶つらく苦しいこと。わざわい。例 難儀（ナンギ）。苦難（クナン）。難（ナン）を避（さ）ける。❷戦乱。反乱。例 難解（ナンカイ）。❸欠点・過ち(を責める)。そしる。とがめる。例 於二禽獣一又何難焉（キンジュウにおいてまたなにをかナンぜん）(=鳥獣相手に何を責められよう)。〈孟子・離婁下〉 難詰（ナンキツ）。非難（ヒナン）。難（ナン）を言（い）えば。❹おそれをなす。はばかる。❺仇敵（キュウテキ）。かたき。あだ。三 ❶葉が茂るさま。❷おにやらい。通儺（ダ）。

古訓 中古 うぢはやし・うれふ・かたし・くるしぶ・たしなむ・なやます・なやむ・はばかる・もゆ 中世 かたし・なづむ・なやむ・はばかる 近世 うれふ・おにやらひ・おもし・かたし・さかんなり・せむる・たしなめらる・つかるる・はばむ

難読 難波（なにわ・なんば）・難寝（いねがて）・難面（つれない）(=思いやりがない)

【難易】（ナンイ） むずかしいことと、やさしいこと。また、その程度。

【難解】（ナンカイ） ①戦乱が終わる。②むずかしく、わかりにくいさま。例 —な文章。

【難関】（ナンカン） 日〔たやすく越えられない関所の意〕通るのが、また切りぬけるのが、むずかしいこと。例 —を突破する。

【難疑】（ナンギ） 相手の欠点を非難し、疑わしい点を問いただす。

【難儀】（ナンギ） 日①苦しむこと。困ること。例 雪道に—する。②むずかしく、面倒なさま。困難。例 —な仕事をかかえる。

【難詰】（ナンキツ） きびしく非難する。欠点を取り上げて、問いつめること。例 責任者を—する。

【難行】（ナンギョウ） ①（ナンコウ）通りにくいこと。②おこないがたいこと。③たいそうつらい修行。たいへんな苦労。〔本来は仏教で用いられたことば〕例 —苦行。

【難曲】（ナンキョク） 日 歌いにくい、また、演奏しにくい、むずかしい曲。例 —をこなす。

【難局】（ナンキョク） むずかしい事態や局面。例 —を切りぬける。

【難句】（ナンク） むずかしい文句。(俳句などで)わかりにくい句。

【難癖】（ナンくせ） 日 悪いところ。欠点。例 —をつける(=何かと欠点を見つけて責める)。

【難訓】（ナンクン） 日 漢字で書かれた、読み方のむずかしいことば。「飛鳥（あすか）」「土産（みやげ）」など。例 —索引。

【難件】（ナンケン） かたづけるのにむずかしい事件や事柄。

【難険】（ナンケン） けわしくて通りにくい(場所)。難阻。

【難語】（ナンゴ） むずかしく、わかりにくいことば。例 —集。

【難航】（ナンコウ） ①悪天候などのため、船や飛行機がたやすく進まない。②日 ものごとがうまく進まない。例 交渉が—する。

【難攻不落】（ナンコウフラク） 日 ①城などがせめにくくて、なかなか落ちないこと。②こちらの思いどおりにならないことのたとえ。

【難産】（ナンザン） ①通常より困難な出産。対安産。②日 ものごとがなかなか成立しない。例 —の末の組閣。

【難事】（ナンジ） ①解決や処理が困難な事件。難件。例 —に直面する。②仕えにくい。

【難治】（ナンジ・ナンチ） ①国などをおさめにくいこと。②日 病気がなおりにくいこと。例 —の病。

【難渋】（ナンジュウ） ①通行や運行がなめらかでない。②日 ものごとがすんなり進まない。例 審議が—する。③日 苦しむこと。悩むこと。難儀。例 山道に迷って—する。

【難所】（ナンショ） 日 道が険しく、通りぬけるのに危険な場所。

【難色】（ナンショク） 賛成できない顔つきや様子。例 —を示す。

【難船】（ナンセン） 日 船がこわれたり、ひっくり返ったりする。また、その船。難破。例 暴風で—する。

【難阻】（ナンソ） ①「難険（ナンケン）」に同じ。②はばむ。③はばむことが困難である。

【難題】（ナンダイ） ①解くのにむずかしい問題。難問。例 —に取り組む。②詩歌や文章の、作りにくい題。③日 相手を困らせるような注文。言いがかり。例 —をふっかける。

【難聴】（ナンチョウ） ①音が聞きとりにくいこと。例 —地域。②日 耳がよく聞こえないこと。

【難敵】（ナンテキ） 日 てごわい敵や相手。例 —を倒す。

【難点】（ナンテン） 日 ①困難な点。むずかしいところ。例 —を克服する。②欠点。よくないところ。例 かさばるのが—だ。

【難度】（ナンド） むずかしさの度合い。例 —の高い技術。

【難読】（ナンドク） 読むのがむずかしいこと。例 —地名。

【難破】（ナンパ） ①議論で相手を論破する。②日 暴風雨などで、船がこわれたり、沈んだりする。難船。例 —船。

【難▼駁】（ナンバク） 人の説を非難して、反論する。

【難病】（ナンビョウ） 日 治りにくい病気。原因も治療法も、まだよくわかっていない病気。例 —とたたかう。

【難物】（ナンブツ） とりあつかいにくい物や人。例 相手は—だ。

【難民】（ナンミン） 生活に困っている人。特に天災・戦争・政治上の圧迫などにあって、逃げてきた人々。避難民。②日 むずかしい

【難問】（ナンモン） ①疑問をたずねる。問いつめる。②日 むずかしい問題や質問。難題。例 —を抱える。

【難役】（ナンヤク） 日 むずかしい役割や仕事。例 —を引き受ける。

【難路】（ナンロ） 険しい道など、通るのにむずかしい道。

● 海難（カイナン）・困難（コンナン）・至難（シナン）・受難（ジュナン）・水難（スイナン）・遭難（ソウナン）・多難（タナン）・盗難（トウナン）・非難（ヒナン）・避難（ヒナン）・無難（ブナン）・論難（ロンナン）

[雝] 隹10（18） ⇩雍（ヨウ）（1409ページ）

雟 隹11（19） 4 9185 4A04 アン（アム）漢 覃 ān

意味 キジ科の鳥。フナシウズラ。

[難] 隹11（19） ⇩難（ナン）（1411ページ）

離 隹11（19） 1 4605 96E2 常用 一 リ漢呉 支 lí 二 リ漢呉 霽 lì はなれる（はな-る）・はなす

筆順

なりたち 𩀤（篆文） [形声]「隹(=とり)」と、音「离リ」とから成る。鳥の名。借りて「はなれる」の意。

意味 一 ❶あいだをあける。わける。**はなす。** 例 離間（リカン）。分離（ブンリ）。❷遠ざかる。別れる。**はなれる。** 例 離京（リキョウ）。離散（リサン）。別離（ベツリ）。❸心がはなれる。そむく。例 離弐（リジ）。離心（リシン）。❹開く。例 離二朱唇一而微笑兮（シュシンをひらいてビショウす）(=赤いくちびるを開いてほほえむ)。〈張衡・思玄賦〉 ❺ならぶ。つらなる。例 離立（リリツ）。❻出会う。遭遇する。❼易（エキ）の卦（カ）。㋐八卦（ハッカ）の一つ。☲ 自然では火、方位では南をあらわす。㋑六十四卦（カ）の一つ。☲☲ 離下離上（リカリショウ）。明がふたたびおこる象。❽かかる。とりつかれる。通罹（リ）。例 離憂（リユウ）。❾⇩【離奇】（キリ）❿⇩【離披】（ヒリ）⓫⇩【離離】（リリ）(=つき従う)。離附（リフ）(=つく)。二 ❶付着する。つく。通麗（リ）。例 離従（リジュウ）❷「離支（リシ）」は、果物の名。茘枝（レイシ）。離枝。

古訓 中古 あふ・かかる・かく・かはる・かふ・つく・つくす・つらなる・つらぬ・はなつ・はなる・ひらく・みなみ・わかつ・わかる・わかれる 中世 あきらか・あふ・かかる・さる・はなる・はなるる・みなみ・わかる 近世 あきらか・あふ・うぐひす・かかる・さる・つく・つらなる・つらぬる・はなる・ふたつ・わかつ・わかるる

人名 あきら・つら

【離宴】【離▼筵】リエン 送別の宴席。
【離縁】リエン 日夫婦または養子の関係を取り消すこと。
【離会】リカイ ①別れることと会うこと。離合。 ②二国の君主が会見する。
【離隔】リカク ①長い間、別れたままでいる。 ②不仲となる。また、故意に仲たがいさせる。
【離▼闊】リカツ (遠くへだたって)離れ離れになる。
【離間】リカン 互いの仲をひきさくようにする。例 —策。
【離奇】【離▼詭】リキ ①曲がりねじれているさま。②珍奇なさま。
【離宮】リキュウ 皇居や王宮のほかに建てられた宮殿。
【離居】リキョ 別れて住む。離れ離れになって暮らす。
【離京】リキョウ ①都を離れる。②日東京または京都を離れる。
【離郷】リキョウ ふるさとを離れる。出郷。対帰郷。例 —して十年になる。
【離見】リケン 日離れて見ること。
【離見の見】リケンのケン 日自分の舞い姿を観客の目で見ること。転じて、自己を客観的に見ること。〔世阿弥・花鏡〕
【離合】リゴウ ①別れたり会ったりする。離れたり付いたりする。例 政党が—集散を繰り返す。②離れること。別れ。③詩の一種。偏や旁つくりを組み合わせて詩句を作る文字遊び。
【離恨】リコン 別離の悲しみ・つらさ。離愁。
【離婚】リコン 夫婦の関係を取り消して、他人になる。離縁。対結婚。
【離魂】リコン ①からだから離れた、たましい。 ②夢の中にあらわれた、たましい。
【離▼坐】リザ ①座席を離れる。②並んで座る。例 離坐離立リザリリツならびザしならびたつ(=二人が並んで座ったり立ったりする)。〈礼記・曲礼上〉
【離散】リサン ①ちりぢりになる。離ればなれになる。例 一家が—する。②(気持ちが)ゆるむ。
【離弐】リジ ふたごころを抱いて離れる。変心してそむく。
【離愁】リシュウ 別れの悲しみ。別離のさびしさ。例 —にたえる。
【離床】リショウ 日目が覚めたり病気が治ったりして、寝床を離れる。例 全快して—する。
【離職】リショク ①職務を離れる。 ②つとめをやめ職場を離れる。退職。失業。対就職。例 —者。
【離心】リシン 離れてそむこうとする、こころ。
【離人】リジン ①離れ行く人。旅人。②夫と離別あるいは死別した人。
【離水】リスイ ①水の中から出る。例 魚離レ水必死うおみずをはなればかならずシす(=魚は水中から出れば必ず死ぬ)。〈雲笈七籤・弄丸〉②日水上飛行機などが、水面を離れて飛び立つ。対着水。
【離声】リセイ 別れの歌。類離歌・離曲。
【離析】リセキ 分裂する。ばらばらになる。
【離籍】リセキ 日旧民法で、戸主が家族を戸籍から除くこと。
【離絶】リゼツ かかわり合いを絶つ。絶縁する。
【離船】リセン 乗組員や乗客などが、乗っている船から離れる。
【離騒】リソウ 戦国時代の屈原の作品。讒言ザンゲンにより楚ソの王から退けられた憂愁をうたう。『楚辞ソジ』の中の代表作。
【離俗】リゾク ①世間のわずらわしいことから離れる。脱俗。 ②非凡でとびぬけている。
【離村】リソン 住んでいた村を離れて、他の土地に移る。
【離脱】リダツ 自分が属しているところから、ぬけ出す。離れて行く。例 戦線を—する。
【離亭】リテイ ①町外れの亭やあずま。別れの酒宴をする席であった。②日別棟ベツむねの座敷。はなれ。
【離党(黨)】リトウ 属していた党派や政党を離れる。対入党。
【離島】リトウ ①住んでいた島を離れる。 ②日陸から遠く離れた島。はなれ島。例 —に赴任する。
【離日】リニチ 日滞在していた外国人が日本を離れ去る。対来日。
【離乳】リニュウ 日赤ん坊が母乳やミルク以外の食べ物をとりはじめる。ちばなれ。例 —食。—がおそい。
【離任】リニン 官職などの任務を離れる。また、任地を離れる。対着任・就任。
【離農】リノウ 日農業をやめて、ほかの職業につく。
【離杯】リハイ 別れのさかずき。送別の酒杯。
【離反】【離畔】リハン 今までついていたものから離れ、そむく。類離背。例 人心が—する。表記 旧離▼叛
【離披】リヒ ①盛んなさま。②ばらばらになる。分離する。
【離別】リベツ ①人とわかれる。別離。例 —の悲しみ。 ②日夫婦の関係を解消して、わかれる。離婚。
【離憂】リユウ ①うれいにあう。心配ごとができる。 ②別離の悲しみ。
【離離】リリ ①稲穂や果実が垂れ下がっているさま。また、草木が盛んに茂っているさま。②次々にきれいに並ぶさま。③明らかなさま。あざやかなさま。④縁遠くなり、むなしいさま。⑤憂い悲しむさま。
【離陸】リリク 日飛行機などが、陸地から飛び立つ。対着陸。
【離立】リリツ ①並んで立つ。②鳳凰ホウオウのように立つ。
【離▼婁】リロウ 視力のたいへんすぐれた人物。百歩離れた所からでも、毛の先が見えたという。例 離婁之明リロウのメイ(=視力のすぐれていること)。〈孟子・離婁上〉
◯隔離カクリ・距離キョリ・電離デンリ・別離ベツリ・遊離ユウリ・流離リュウリ

［雧］ 隹20(28) ⇩集シュウ(1407ジペー)

173 8画 雨 あめ あめかんむり部

空から水滴の落ちる形で、あめの意をあらわす。「雨」をもとにしてできている漢字を集めた。

0	1413	雨	3	1414	雩	雪	雪	雫	4	1415	雲	雰	雯	5
1416	電	雹	雷	零	6	1418	需	7	1418	霄	震	霆	霈	霊
8	1420	霙	霍	霓	霔	霎	霑	霏	霖	9	1421	霞	霜	10
1421	霣	霤	霡	11	1422	霪	霵	霧	12	1422	霰	霳	13	1422
霸	霹	霿	霶	露	14	1423	霽	霾	15	1423	靁	16	1423	靄
靆	靈	靂	龗	17	1423	靉	18	1423	霻	19	1423	靍	靎	21
1423	靏													

雨

雨0(8) 1 1711 96E8 教1

一 ウ 漢 呉 麌 yǔ
二 ウ 漢 呉 遇 yù
あめ・あま
付表 五月雨さみだれ・時雨しぐれ・梅雨つゆ

筆順 一 丆 冂 币 币 雨 雨 雨

なりたち  [象形]「一(=天)」の「冂(=雲)」から水のつぶが落ちてくる形。

意味 一 ❶あめ。あま。あめふり。例 雨天ウテン。雨量ウリョウ。降雨コウウ。❷うるおす。また、恵みや恩沢のたとえ。例 雨露ウロ。❸降るもの。または、雨の降るようなもののたとえ。例 弾雨ダンウ。❹友人のたとえ。〔杜甫ホトの『秋述』から〕例 旧雨キュウウ(=古い友)。今雨キンウ(=新しい友)。二 ❶雨が降る。あめふる。❷雨の

［隹］20画▼雧 ［雨］0画▼雨

ように降る。ふらす。あめふる。例 雨レ雪(ゆきをあめふらす)。

古訓 中古 あめ・あめふる・ふる 中世 あめ・ふる 近世 あめ・あめふる・ふる

人名 ふる

難読 雨雪(みぞれ)・白雨(ゆうだち)・急雨(むらさめ)・黴雨(つゆ)・暴雨(にわかあめ)

【雨▼霰】(あめあられ) 日 (雨やあられのように)弾丸などが激しく飛んでくるさまのたとえ。例 敵の砲弾が―と降る。

【雨不レ破レ塊】(あめつちくれをやぶらず) 〔雨が静かに降り、土のかたまりさえくずさないの意〕世の中が平和であることのたとえ。〈塩鉄・水旱〉

【▼沐レ雨▼櫛レ風】(あめにかみあらいかぜにくしけずる) ⇩【櫛風沐雨】(シップウモクウ)(715ページ)

【雨雲】(ウン/あまぐも) 雨を降らせる雲。雨を降らせそうな雲。

【雨下】(カ) ①雨が降る。②弾丸などが激しく落ちてくる。例 砲弾が―する。

【雨花】(カ) ①雨の中に咲いている花。②雨のように散る花。③雪の別名。

【雨気】(キ/あまけ) 雨の降りそうな気配。類 雨意。

【雨期】(キ) ①雨の降る時刻。例 問二雨期一(ウキをとう)(=雨がいつ降るかを尋ねた)。〈夢渓筆談・七〉 ②日 一年のうちで雨が多く降る時期。日本では梅雨の時期をいうことが多い。雨季。例 ―に入る。

【雨奇晴好】(ウキセイコウ) 雨のときも晴れたときも、景色がすばらしいこと。晴好雨奇。〔〈蘇軾・飲湖上初晴後雨〉から〕

【雨脚】(キャク/あまあし) ①降りそそぐ雨が、白い線のように見えること。例 ―(あまあし)が激しい。②日 雨が降り過ぎていくこと。雨の移動の速さ。例 ―(あまあし)が速い。▽雨足(ソク/あまあし)。

【雨泣】(キュウ) 「雨涙(ルイ)」に同じ。

【雨月】(ゲツ) 日 ①雨のために中秋の名月が見られないこと。雨名月(あめめいげつ)。②陰暦五月の別名。

【雨後】(ゴウ) ①雨の降ったあと。雨あがり。雨余。例 ―の筍(たけのこ)(=雨の降ったあとのたけのこのように、次から次へと出てくること)。②穀雨(=四月二十日ごろ)のあと。また、そのころに摘んだ茶。

【雨傘】(サン/あまがさ) 雨をよけるために差すかさ。

【雨散】(サン) ①雨が広い範囲に降る。また、雨のように広くゆきわたる。②雨のように散る。〈家族や仲間が〉ちりぢりになること。③雨がやむ。④男女の交歓が終わる。雨散雲収。

【雨水】(スイ) ①雨が降って、たまった水(あまみず)。②二十四節気の一つ。太陽暦で、二月十八、九日ごろ。

【雨雪】(セツ) ①雨と雪。②(ゆきをあめふらす) 雪が降る。また、降る雪。

【雨足】(ソク/あまあし) 「雨脚(キャク)」に同じ。

【雨中】(チュウ) 雨の降るなか。類 雨裏。例 ―の熱戦。

【雨滴】(テキ) 雨のしずく。あまだれ。雨点。例 ―の音。

【雨天】(テン) 雨が降る天気。雨の日。例 ―順延。

【雨点】(テン) 「雨滴(テキ)」に同じ。

【雨飛】(ヒ) ①雨雲がとび去って晴れる。②日 弾丸などが雨のように激しくとんでくる。例 砲弾―の中。

【雨氷】(ヒョウ) 日 〇度以下になった雨のつぶが、地面や木などにふれた瞬間に氷となったもの。

【雨風】(フウ/あめかぜ) 雨と風。雨まじりの風。例 ―をしのぐ。

【雨余(餘)】(ヨ) 「雨後(ゴウ)①」に同じ。

【雨▼暘】(ヨウ) 雨天と晴天。

【雨量】(リョウ) 日 地表に降った雨や雪などの量。降雨量。降水量。雨量計にたまった水の高さをミリメートルであらわす。

【雨涙】(ルイ/あまなみだ) 涙が雨のようにとめどなく流れる。また、その涙。雨泣。

【雨露】(ロ) ①雨とつゆ。あめつゆ。例 ―をしのぐ。②(雨やつゆが万物をうるおすことから)大きな恵み。例 ―の恩。

【雨▼潦】(ロウ) 雨が降ってできた水たまり。

●霧雨(きりさめ)・豪雨(ゴウウ)・小雨(こさめ)・時雨(ジウ/しぐれ)・晴雨(セイウ)・長雨(ながあめ)・梅雨(バイウ/つゆ)・氷雨(ひさめ)・風雨(フウウ)・村雨(むらさめ)・雷雨(ライウ)

雩
雨3(11) 3 9368 96E9 ウ漢 虞 yú

意味 雨が降ることを祈る祭祀(サイシ)。あまごい。

雪
雨3(11) 1 3267 96EA 教2

セツ漢 セチ呉 屑 xuě
ゆき・すす-ぐ・そそ-ぐ
付表 雪崩(なだれ)・吹雪(ふぶき)

［雪］雨3(11) 旧字体。 ［霻］雨11(19) 4A2E 本字。

筆順

なりたち
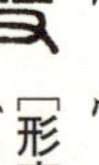
［形声］「雨(=あめ)」と、音「彗(セイ→セツ)」とから成る。こおった雨。

意味 ❶ゆきがふる。ゆき。例 雪原(ゲン)。新雪(シン)。積雪(セキ)。❷ゆきのように白い。また、清い。例 朝如二青糸一暮成レ雪(あしたにはセイシのごときもくれにはゆきとなる)(=朝には黒い絹糸のような髪も夕べには白い雪のよう)。〈李白・将進酒〉 雪肌(キ)。❸洗い清めるように、汚名をのぞき去る。そそぐ。すすぐ。例 雪辱(ジョク)。

古訓 中古 あらふ・きよし・きよむ・けす・すすく・のごふ・ゆき 中世 きよむ・すすぐ・のごふ・ゆき 近世 きよむ・すすぐ・のごふ・ゆき

人名 きよ・きよし・きよみ・きよむ・すすむ

難読 雪花菜(おから/きらず)・丸雪(あられ)・沫雪(あわゆき)・細雪(ささめゆき)

【雪案】(アン) 〔「案」は、机の意〕雪の明かりで、苦労して勉強すること。→【蛍雪之功】(ケイセツのコウ)(1172ページ)

【雪▼冤】(エン/エンをすすぐ) 無実の罪をすすぐ。

【雪煙】(エン/ゆきけむり) 雪が風などで煙のように舞い上がったもの。

【雪花】(カ)【雪華】(カ) ①木や山への積雪を花に、また舞う雪を散る花にたとえたことば。ゆきのはな。ゆきばな。②白いもののたとえ。白い花、白い鳥、白米など。

【雪害】(ガイ) 多量の雪によって、農作物や交通機関などが受ける被害。

【雪気】(キ) 雪が降りそうな気配。類 雪意。

【雪肌】(キ/ゆきはだ) 雪のように白く清らかな、はだ。雪膚(プ)。

【雪虐】(ギャク) 〔雪にしいたげられる意〕冷気の厳しいさま。

【雪渓】(ケイ) ①雪におおわれた渓流。②日 高山の谷あいなどに、夏でも雪がとけずに残っている所。例 ―を登る。

【雪景】(ケイ) 雪の降り積もった景色。ゆきげしき。

【雪月花】(セツゲッカ) 雪と月と花。四季の代表的な自然美をいう。つきゆきはな。

【雪原】(ゲン) ①雪が一面に積もった平地。例 ―が広がる。②高山や極地などで、一年中雪に覆われている広い平地。

【雪山】 一(ザン/ゆきやま) ①雪の積もっている山。②一年中雪に覆われている山。二(セン) ヒマラヤ山脈の別名。

【雪辱】(ジョク) 以前に受けた恥をそそぐ。失った名誉をとりもどす。雪恥(チ)。例 ―を果たす。

【雪線】(セン) 日 高山などで、雪が残っている所と残っていない所との境界をつないだ線。

【雪然】(ゼン) 雪が降るように、シラサギなどが舞いおりるさま。

【雪駄】(タ)【雪踏】(タ) 日 タケの皮の草履の裏に革を張り、かかとの部分に鉄片をうちつけた、はきもの。

【雪恥】(チ) 「雪辱(ジョク)」に同じ。

【雪中】(チュウ) 雪の降る中。雪の積もった中。例 ―行軍。

【雪中送炭】(セッチュウソウタン/セッチュウにすみをおくる) 困窮している人を救うこと。〈高登・覓蠹椽〉

【雪中高士】(セッチュウのコウシ) ウメの別名。〔〈高啓・梅花〉から〕

【雪隠】(チン/イン) 便所。かわや。

【雪泥】セツデイ 雪どけのぬかるみ。

【雪泥▼鴻爪】セツデイのコウソウ 雪どけのどろに残されたヒシクイのつめあと。過ぎ去った事柄の痕跡。〔〈蘇軾・和子由澠池懐旧〉から〕

【雪洞】一セツドウ 雪を掘って作った穴。雪山での露営などに使う。二セットウ 日茶の湯で、風炉の上の覆いに用いるもの。木やタケのわくに白い紙を張り、小さな窓が開けてある。三ぼんぼり 日木のわくに紙を張った照明器具。小型のあんどん。

【雪白】セッパク ①ゆきじろ 雪のように白い。まっしろ。純白。②気持ちやおこないに、うしろぐらいところがないこと。潔白。③汚れをおとしてきれいにする。

【雪髪】セッパツ 雪のように白い髪。

【雪▼庇】セッピ 一ゆきびさし 日山の尾根などの片側に、積もった雪がひさしのようにつき出たもの。例 ―がくずれ落ちる。

【雪膚】セップ 「雪肌」に同じ。

【雪片】セッペン 降ってくる雪のひとひら。例 ―が舞う。

【雪▼嶺】セツレイ ①雪の積もっている山。雪をかぶった山頂。②大波・高波のたとえ。

【雪崩】なだれ 積もっていた雪が、山の斜面を急速度でくずれ落ちること。例 ―注意報。

【雪景色】ゆきゲシキ 日雪が、降っている、また、降り積もったときの景色。

【雪化粧】ゆきゲショウ 日雪が降り積もって、化粧したように白く美しく見えること。例 ―した街路樹。

●淡雪あわゆき・豪雪ゴウセツ・残雪ザンセツ・除雪ジョセツ・根雪ねゆき・氷雪ヒョウセツ

雫

雨3 (11) 1 2822 96EB 人

ダ漢 馬 nǎ しずく(しづく)

なりたち [会意]「雨(=あめ)」と「下(=くだる)」とから成る。

意味 字義未詳。〔漢語としての用例はない〕

日本語での用法 《しずく》「雫しずくが垂たれる・朝露あさつゆの雫しずく」▼したたる水のつぶ。

古訓 中世 あまだり・しづく 近世 しづく

雲

雨4 (12) 1 1732 96F2 教2

ウン漢呉 文 yún くも

筆順 一 亠 币 帀 雨 雫 雲 雲

なりたち [会意]「雨(=あめ)」と「云(=うずまく、くも)」とから成る。山や川の気。くも。

意味 ❶空にうかぶ、くも。例 雲散ウンサン。雲雨ウンウ。暗雲アンウン。行雲流水コウウンリュウスイ。❷雲のように、散り、ただよう。例 雲散ウンサン。❸雲のように集まり、多い。例 其従如レ雲そのしたがうものくものごとし(=つき従う者は雲のように多い)。〈詩経・斉風・敝笱〉 雲集ウンシュウ。雲屯ウントン。❹高いそら。天。例 雲漢ウンカン。青雲セイウン②。❺はるか高い。例 雲桟ウンサン。雲樹ウンジュ。❻品性や心境がけだかい。すばらしい。例 雲翰ウンカン。❼朝廷。宮中。例 雲客ウンカク。雲上ジョウ。❽世代が遠い。例 雲孫ウンソン。

日本語での用法 《ウン》「雲州ウンシュウ」▼旧国名「出雲いずも(=今の島根県の東部)」の略。

古訓 中古 あつまる・あつむ・くも・くもる 中世 くも 近世 くも

人名 も・ゆく

難読 雲呑ワンタン・雲脂ふけ・東雲しののめ

【雲丹】うに 日ウニ(海胆)の卵巣・精巣を食用にするために加工したもの。例 粒つぶ―。

【雲雨】ウンウ ①雲と雨。②〔雲のように広く覆い、雨のように降りそそぐ意から〕恵み。恩恵。③〔竜が雲や雨に乗って天に昇ると考えられたことから〕大事をなす、ちょうどよい機会。④男女のちぎり。例 ―の情。→【巫山之夢】フザンのゆめ (424ジペー) ⑤天空・天界。⑥移ろいやすい世相・人情。

【雲英】ウンエイ 雲母ウンモの別称。

【雲影】ウンエイ 雲の姿。雲のかたち。例 一片の―もない。

【雲煙】【雲▼烟】ウンエン ①雲と、もや。また、雲と、かすみ。②書や山水画の、鮮やかな墨の色。転じて、みごとな書や山水画。例 揮レ毫落レ紙如二雲煙一ふでをふるいてかみにおとせばウンエンのごとし(=(張旭チョウキョクは)筆を紙上にふるうと、雲がわき起こるかのようにすばらしい)。〈杜甫・飲中八仙歌〉 ③消え去りやすいこと。④多いさま。

【雲煙過眼】【雲▼烟過眼】ウンエンカガン 雲やかすみが目の前を過ぎ去るように、ものごとを深く心にとめないこと。また、執着しないこと。〈戴復古・再賦惜別呈李実夫運使〉

【雲▼霞】ウンカ ①朝焼け。夕焼け。②高い空。③俗世を離れた所。④美しい色彩やすばらしい文章。⑤日雲と、かすみ。⑥日人などがたくさん集まること。例 ―のごとき大軍。

【雲▼臥】ウンガ 雲の中に寝る。世俗をのがれて隠居すること。

【雲海】ウンカイ ①果てしなく広がった雲。例 ―が広がる。②大空。③大海。

【雲外】ウンガイ 「雲表ウンピョウ」に同じ。例 ―に蒼天ソウテンあり(=努力すればいつか報われる)。

【雲客】ウンカク ①雲の中に住む人。仙人・隠者・僧などをいう。②日雲の上人うえびと。殿上人テンジョウびと。

【雲漢】ウンカン ①天あまの川。銀河。天漢。銀漢。例 相期邈雲漢あいキすはるかなるウンカンに(=はるかなる銀河での再会を期待しよう)。〈李白・月下独酌〉 ②空のはて。大空。

【雲▼翰】ウンカン 美しい手紙。他人の手紙の敬称。類 雲箋ウンセン。

【雲▼鬟】ウンカン 雲のように豊かに結った、女性の黒髪。霧鬟ムカン。例 香霧雲鬟湿コウムにウンカンうるおう(=かぐわしい夜霧に妻の豊かなまげもしめやかにぬれている)。〈杜甫・月夜〉

【雲気】ウンキ ①雲のようにたちのぼる気。②天にたちこめる雲。

【雲脚】ウンキャク 一くもあし ①雨雲など、低く広がった雲。②日雲の動いていく速さ。

【雲級】ウンキュウ 日形や高さによる雲の分類。層雲・積雲・積乱雲など。

【雲錦】ウンキン ①朝のかすみ。②雲の形を刺繡シシュウした、にしき。

【雲形】ウンケイ 一くもがた ①雲のかたち。例 ―による分類。②日雲のたなびいたかたちの、模様や彫刻。例 ―定規くもがたジョウギ。

【雲▼霓】【雲▼蜺】ウンゲイ ①雲と虹にじ。また、虹。→【若三大旱之望二雲霓一】タイカンのウンゲイをのぞむがごとし (318ジペー) ②雨。③大空。天空。④悪気。悪人にたとえる。⑤かけ橋。

【雲合霧集】ウンゴウムシュウ 雲や霧のように群がり集まる。一時に多くが集合するさま。〈史記・淮陰侯伝〉

【雲根】ウンコン ①雲が生ずるもと。山の高い所、岩石の間などを指す。②岩石。③雲。

【雲斎】ウンサイ 日「雲斎織ウンサイおり」の略。太い木綿糸で、地を粗く目を斜めに織った、厚い布。足袋たびの底などに用いる。

【雲際】ウンサイ ①雲の果て。はるか空のかなた。雲辺。②俗世を離れた所。

【雲桟】ウンサン 雲にもとどく高い所にかけられた、かけはし。高山の桟道。例 雲桟縈紆登二剣閣一ウンサンエイウケンカクにのぼる(=雲桟をうねうねとめぐって剣閣山を登って行く)。〈白居易・長恨歌〉

【雲散】ウンサン 雲がちりぢりになって消えるように、消えてなくなる。対 雲集。例 疑惑が―する。

【雲散鳥没】ウンサンチョウボツ 〔雲が散り鳥が姿をかくす意〕あとかたもなく消えうせる。雲散霧消。〈蘇軾・荅劉沔都曹書〉

【雲散霧消】ウンサンムショウ 〔雲が散り霧が消える意〕あとかたも

なく消えうせる。㊮雲消霧散。例 疑いが—する。
【雲車】ウンシャ ①〔天までとどくほどの高い車の意〕敵情をさぐるための、高いやぐらのついた車。②雲の模様のついた車。③仙人が車のようにして乗る雲。
【雲樹】ウンジュ 雲がかかるほどの高い木。
【雲集】ウンシュウ 雲のようにたくさん集まる。㊉雲散。
【雲▼翔】ウンショウ ①雲のように、分かれ散る。②雲のように、あちこちにわき起こる。③雲の流れるように速く行動する。
【雲▼霄】ウンショウ ①大空。天空。②高位・高官。青雲。
【雲上】ウンジョウ ①雲の上。(雲がかかっている)高空。②宮中。例 —人とび。
【雲壌】ウンジョウ ①雲と土。天と地。②二つのものの違いが、はなはだしいことのたとえ。雲泥。天地。例 —の差。
【雲▼擾】ウンジョウ 雲が散るように世の中が大いに乱れる。
【雲蒸竜変】ウンジョウリョウヘン|ウンジョウリュウヘン 〔雲のようにわき起こり、竜のように変幻自在に活動する意〕英雄が機会を得て活躍すること。〈史記・魏豹彭越伝・賛〉
【雲心月性】ウンシンゲッセイ|ウンシンゲッショウ 名誉や利益を求めない無欲な心。〔〈孟郊・憶周秀才素上人時聞各在一方〉から〕
【雲水】ウンスイ ①雲や水の景色。②行く雲や流れる水のように諸国をめぐり歩いて修行する僧。行脚ギャン僧。
【雲▼棲】ウンセイ 〔雲の中に住む意〕世俗をのがれて隠居する。
【雲孫】ウンソン 自分から八代のちの孫。また、遠い子孫。〔子・孫・曽孫ソウソン・玄孫・来孫・昆孫・仍孫ジョウソン・雲孫の順〕
【雲▼梯】ウンテイ 〔雲にとどくはしごの意〕①昔、城を攻めるときに用いた高いはしご。②昇天して仙人になるための道。③高官にのぼる手だて。④日運動用具の一つ。金属製のはしご状のものを横にして、両端を支柱でささえたもの。
【雲泥】ウンデイ ①雲と、どろ。②二つのものの違いが、はなはだしいことのたとえ。雲壌。天地。例 —の差。
【雲天】ウンテン ①雲のたなびいている空。天空。②天子のいるところ。朝廷。
【雲屯】ウントン 雲のようにたくさん集まる。
【雲版】【雲板】ウンバン ①青銅あるいは木を雲にかたどって作り、打ち鳴らす楽器の類。寺院や役所などで連絡などに用いた。②日色紙などを入れて壁にかける額。
【雲表】ウンピョウ 雲の上。雲の外。はるかに遠い所をいう。雲外。例 —にそびえる山々。
【雲▼鬢】ウンビン 〔「鬢」は、耳ぎわの髪の毛の意〕①雲のようにふさふさして、美しい髪。例 当レ窓理ニ雲鬢一まどにあたりてウンビンをおさむ(=窓べに向かって雲のような髪をくしけずる)。〈木蘭詩〉②美しい女性。
【雲物】ウンブツ ①太陽のまわりにある雲の色。それにより吉凶を占った。②景色。
【雲陛】ウンペイ 〔高い階段の意〕宮中のきざはし。
【雲辺】ウンペン 「雲際サイ①」に同じ。
【雲房】ウンボウ 雲がたちこめる高所にある家。道士や僧の居室をいう。
【雲夢】【雲▼瞢】ウンボウ 春秋戦国時代にあった湖沼地帯。今の湖北・湖南両省にわたる広い地域に存在したという。
【雲峰】ウンポウ ①雲のかかっている高いみね。②夏空に、山のみねのように立ちのぼる雲。
【雲霧】ウンム 雲ときり。例 —がたちこめる。
【雲母】ウンモ|ウンボ|きらら 珪酸塩ケイサンエン鉱物。六角板状の結晶で、うすくはがれる性質がある。絶縁体などに用いる。
【雲遊】【雲▼游】ウンユウ ①雲の中であそぶ。②雲のように自由に旅をする。
【雲路】ウンロ ①天空の雲が移動する道。②青雲の道。高位高官に昇ることのたとえ。㊮雲居路くもいじ。二くもじ 日(鳥や月などが通る)空中のみち。例 —はるかに飛び去る。
【雲和】ウンワ ①琴の材を産出した山の名。②琴。
【雲居】くもい 日①雲のある所。空。例 —を鳴きわたる雁かりの群れ。②はるかに高い所。遠くはなれた所。例 —のかなた。③宮中。皇居。例 —の庭。
【雲▼雀】ひばり 日ヒバリ科の小鳥。スズメほどの大きさで、畑や河原などにすみ、空高く舞い上がって、よくさえずる。
●暗雲アンウン・雨雲ウンウン|あまぐも・星雲セイウン・積乱雲セキランウン・白雲ハクウン・風雲フウウン・浮雲フウン・雪雲ゆきぐも・雷雲ライウン・乱層雲ランソウウン

雰
雨4 (12)
1 4223 96F0
常用
フン 漢 文 fēn

筆順

なりたち  [形声]「雨(=あめ)」と、音「分フン」とから成る。もやもやとたちこめる気。

意味 ❶霧のようにたちこめる香りや空気。きり。㊣氛フン。❷「雰雰フンフン」は、雪が乱れとぶように降るさま。❸気配。その場の空気。㊣氛フン。例 雰囲気フンイキ。

古訓 中古きり 中世きり・ゆきのおつる 近世きり・きりたつ・ゆきふる

【雰囲気】フンイキ 日①〔オランダ lucht の訳語〕地球をとりまく大気。②その場やそこにいる人々が、自然に作り出す気分。その場にただよう独特の感じ。ムード。気配。

雯
雨4 (12)
3 9369 96EF
ブン 漢 文 wén

意味 美しく見える雲。

電
雨5 (13)
1 3737 96FB
教2
テン 漢 デン 呉 霰 diàn
いなずま(いなづま)

筆順

なりたち 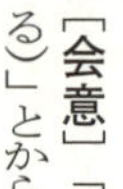 [会意]「雨(=あめ)」と「申シン→テン(=のびる)」とから成る。いなずま。

意味 ❶いなずま。いなびかり。また、いなずまのようにはやい。例 電影デンエイ。電撃デンゲキ。電光石火デンコウセッカ。❷〔明るく照らす意から〕その人が見ることを、敬っていうことば。例 電覧デンラン。❸〔英 electricity の訳語〕電気。電気の。例 電灯デントウ。電力デンリョク。

日本語での用法 《デン》①「電停デンテイ・市電シデン・終電シュウデン」▼「電車」の略。②「祝電シュクデン・弔電チョウデン」▼「電報」の略。

古訓 中古いなづま・いなつるび・いなびかり・ひらめく 中世いなづま・いなびかり・ひらめく 近世いなびかり

人名 あきら・ひかり

【電圧】デンアツ 二点間を電気が流れるときの、両方の電気の強さの差。単位はボルト。記号V 例 —計。
【電位】デンイ 日二点間を電気が流れるのに必要なエネルギー。電流は電位の高い方から低い方へ流れる。
【電影】デンエイ ①いなずま。電光。②時間がすばやく過ぎ去ることのたとえ。③矢の名。④映画。
【電化】デンカ 日熱や光、動力などを生ずるのに、電力を利用すること。特に、家庭生活や鉄道で使うものにいう。例 鉄道の—。—製品。
【電荷】デンカ 日ある物体が帯びている電気(量)。正と負の二種類があり、同種のものは反発し、異種のものは引き合う。荷電。
【電解】デンカイ 日「電気分解」の略。電流を通すことによって、物質を分解すること。

【電気】デンキ ①絹の布でこすったガラス棒が、軽いものをひきつける現象の、もとになっている力。光や熱、動力などのエネルギーとして用いる。例 静―。②日 電灯。例 ―をつける。
【電器】デンキ 日 電力を用いて動かす器具。電気器具。例 ―店。
【電機】デンキ 電力を用いて動かす機械。電気機械。例 ―工業。
【電球】デンキュウ 日 電気によって発光する光源体をガラスでおおったもの。電灯のたま。例 ―が切れる。
【電極】デンキョク 日 電池や発電機などで、電流が出入りする所。出る方を陽極(プラス)、入る方を陰極(マイナス)という。例 ―をつなぐ。
【電撃】デンゲキ ①いなずまのように、すばやく激しく敵をうつこと。また、急に行動すること。例 ―作戦。②からだに強い電流が流れたときの衝撃。例 ―を感じる。
【電激】デンゲキ いなずま。また、いなびかりのように速く激しいこと。
【電源】デンゲン 日 ①発電機など、電気を供給するもと。また、動力源となる電気。例 ―を入れる。②発電所など、大量の電気を作り出す所。例 ―開発。
【電光】デンコウ ①いなびかり。いなずま。例 ―がきらめく。②時間がとても短い。また、行動がすばやいことのたとえ。③日 電気による光。電灯の光。例 ―掲示板。
【電光石火】デンコウセッカ 〔いなびかりと、火打ち石を打ち合わせて出る火の意〕非常に短い時間のたとえ。また、すばやく行動すること。〈五灯会元・三〉例 ―の早わざ。
【電光朝露】デンコウチョウロ 〔すぐ消えてしまう、いなずまと、朝おりている、つゆの意〕人生のはかないことのたとえ。
【電子】デンシ 日 原子を作っている素粒子の一つで負の電気を帯びた最も小さいつぶ。電気的現象を引き起こす。エレクトロン。
【電子計算機】デンシケイサンキ 日 電子回路を用いて高速で情報を処理する機械。コンピューター。電算機。
【電磁気】デンジキ 日 ①電気と磁気。②電流によって起こる磁気。
【電磁石】デンジシャク 日 鉄の芯シンにコイルを巻いたもの。コイルに電流を流すと磁石になる。
【電車】デンシャ 客や貨物を運ぶための、電力でモーターを動かしてレールの上を走る車両。例 ―賃。路面―。
【電飾】デンショク 日 たくさんの電灯をともして建物や樹木などをかざった照明。イルミネーション。電灯装飾。
【電信】デンシン 文字や映像などを電気信号に変え、電流や電波として送る通信。例 ―機。
【電▼掣】デンセイ いなずまがはしる。また、瞬時に過ぎ行くさま。
【電▼閃】デンセン いなずまがひらめく。また、そのように速いさま。
【電線】デンセン 電流を通すための金属線。例 高圧―。
【電送】デンソウ 日 電流や電波によって、文字や写真などを遠く離れた所に送ること。例 ―写真。
【電卓】デンタク 日「電子式卓上計算機」の略。
【電池】デンチ 化学反応などによって電流を起こす装置。乾電池・蓄電池・太陽電池など。
【電柱】デンチュウ 日 電線を支えるために立てたはしら。電信柱デンシンばしら。
【電灯(燈)】デントウ 電気を用いてともす明かり。
【電動】デンドウ 日 機械などを電気で動かすこと。例 ―工具。
【電熱】デンネツ 日 電気抵抗のあるところを電流が流れるときに生じる熱。また、電力によって加熱すること。例 ―器。
【電場】デンば 日 電気の力が作用している場所。
【電波】デンパ ①電磁波のうち、周波数が三〇〇〇ギガヘルツ以下(波長が〇・一ミリメートル以上)のもの。例 ―を発する。②ラジオやテレビの放送。例 歌声を―にのせる。
【電文】デンブン 日 電報の文句。例 祝電の―を考える。
【電▼鞭】デンベン いなびかり。
【電報】デンポウ 電信によって送る知らせ。また、その文書。
【電滅】デンメツ いなずまのように、たちまち消える。
【電覧】デンラン ①人が見ることを敬っていう語。高覧。②天子がご覧になること。
【電離層】デンリソウ 日 大気圏の上層部にある、電波を反射する領域。これによって無線通信が可能となる。類 電離圏。
【電流】デンリュウ 二点間を流れる電気。単位はアンペア。記号A
【電力】デンリョク ①一定の時間に電流がする仕事量。電流と電圧の積であらわす。単位はワット。記号W ②電気の力。エネルギーとしての電気。例 ―の需要。
【電鈴】デンレイ 日 電磁石を用いて鳴らすようにしたベル。
【電話】デンワ 日 音声を電気信号に変えて、離れた所と話をすること。また、その装置。例 公衆―。携帯―。
●外電ガイデン・感電カンデン・終電シュウデン・充電ジュウデン・節電セツデン・送電ソウデン・帯電タイデン・弔電チョウデン・停電テイデン・発電ハツデン・放電ホウデン・無電ムデン・漏電ロウデン

雹
雨5(13) 2 8027 96F9

ハク漢 バク・ホウ(ハウ)呉 覚 báo
ひょう

意味 雨のつぶが凍って地上に降るもの。ひょう。例 雹霰ハクセン。
【雹▼霰】ハクセン ひょうと、あられ。

雷
雨5(13) 1 4575 96F7 常用

一 ライ漢呉 灰 léi
二 かみなり・いかずち(いかづち)

[靁] 雨15(23) 4 9190 9741 本字。

筆順 

なりたち  [会意]「雨(=あめ)」と「畾(=回転する)」とから成る。かみなり。

意味 一 ❶空中の電気の放電によって生じる音。**かみなり。いかずち。** 例 雷雨ライウ。雷鳴ライメイ。❷名声などが知れわたること。例 雷名ライメイ。❸爆薬をつめこんだ兵器。例 魚雷ギョライ。地雷ジライ。
二 たたく。うつ。通 擂ライ。

古訓 中古 いかづち・なるかみ 中世 いかづち 近世 いかづち

難読 雷丘いかずちのおか(=地名)・雷公なるかみ・雷神なるかみ・雷鳴かみなり

【雷雨】ライウ かみなりや、いなずまをともなって激しく降る雨。
【雷雲】ライウン・かみなりぐも かみなりを起こし、雨を降らす雲。多く、積乱雲をいう。
【雷火】ライカ ①いなびかり。②落雷による火災。
【雷管】ライカン 日 点火薬をつめた、火薬や爆薬に点火する金属製の装置。
【雷魚】ライギョ 淡水魚のカムルチーやタイワンドジョウのこと。
【雷撃】ライゲキ ①かみなりが落ちるように、迅速に激しく敵を攻撃すること。例 ―を受ける。②日 魚雷で敵の艦船を攻撃する。
【雷鼓】ライコ ①かみなりのとどろく音。②太鼓の一種。面が八つある。③鼓つづみを打つ。
【雷公】ライコウ かみなりのこと。かみなりさま。電公。類 雷師。
【雷▼吼】ライコウ「雷鳴ライメイ」に同じ。
【雷獣】ライジュウ 想像上の怪物。落雷とともに地上にあらわれ、樹木を裂き、人や家畜に害を与えるという。
【雷震】ライシン かみなりの音がひびきわたる。
【雷神】ライジン かみなりを起こすと考えられた神。なるかみ。
【雷鳥】ライチョウ ライチョウ科の鳥。ハトぐらいの大きさで、羽毛が夏は茶、冬は白になる。日本の特別天然記念物。
【雷▼霆】ライテイ ①（「霆」も、かみなりの意）激しいかみなり。例 たちまちに—を聞く。②勇壮なさま。勇ましい軍隊のたとえ。③天子や目上の人の怒り。
【雷電】ライデン ①かみなりと、いなずま。雷鳴と電光。②天子の怒り。③激しく怒ること。
【雷同】ライドウ 自分の考えをはっきりともたず、すぐ他人の意見に同調する。〔かみなりが鳴ると万物が応じてひびくことから〕 例 付和—。何の見識もなく—するだけの人。
【雷▼斧】ライフ ①雷神がいなずまを起こすのに用いたとされる、おの。②器物が精巧に作られているさま。〔人の手ではなく、雷神のおので作られたようであるから〕
【雷名】ライメイ 日①世間に広く知れわたった名声や評判。例 —をとどろかす。②相手の名前を敬っていうことば。例 ご—はうけたまわっております。
【雷鳴】ライメイ かみなりの鳴りひびく音。また、それに似た大きな音の形容。雷吼ライコウ。例 —がとどろく。
【雷文】ライモン【雷紋】ライモン いなずまのような折れ曲がった線で描いた模様。
●遠雷エンライ・春雷シュンライ・迅雷ジンライ・万雷バンライ・落雷ラクライ

零

雨5（13） 1 4677 96F6 常用

レイ漢 リョウ（リャウ）呉 青 líng
お-ちる（お-つ）・こぼ-れる（こぼ-る）・こぼ-す・ゼロ

筆順 一 冖 帀 雨 雫 零 零

なりたち  ［形声］「雨（＝あめ）」と、音「令レ」とから成る。静かに降る雨。

意味 ❶雨が静かに降る。例 霊雨既零レイウすでにあめふる（＝生命を与える、あらたかな雨が降る）。〈詩経・鄘風・定之方中〉 零雨レイウ。❷涙を流す。涙が落ちる。おちる。例 泣涕零如レ雨キュウテイおつることあめのごとし（＝涙が落ちるさまは雨のようだ）。〈古詩十九首〉 零涙ルイ。❸落ちぶれる。おちる。例 零落ラク。❹規模の小さい。わずか。例 零細サイ。零星セイ。❺端数。あまり。はんぱ。例 零本ホン。零余ヨ。❻⇩【零丁】テイ

日本語での用法 一《レイ》「零時レイジ・零点レイテン」▼ゼロ。何もないこと。二《こぼす》《こぼれる》「水みずを零こぼす・涙なみだが零こぼれる・零こぼれ幸ざいわい（＝思いがけない幸運）」▼外に出す。すてる。また、あふれ出る。

古訓 中古 おつ・すずし・ふる 中世 おつる 近世 あまだり・おつる

【零雨】レイウ 静かに降る雨。
【零下】レイカ 日 温度や気温がセ氏〇度以下であること。氷点下。
【零砕】レイサイ ①落ちてくだける。②細かでわずらわしい。こまごまとしたさま。
【零細】レイサイ ①ごくわずかな。②規模が非常に小さい。例 —企業。
【零歳】レイサイ 日 年齢の数え方で、生まれて一年未満を指す。ゼロ歳。例 —児保育。
【零散】レイサン 落ちぶれて、ちりぢりとなる。
【零時】レイジ 日 午前十二時、または午後十二時。
【零星】レイセイ 少ない。まばら。わずか。
【零▼凋】レイチョウ 花がしぼんで落ちる。
【零丁】レイテイ ①孤独で頼るもののないさま。②体がやせて弱々しいさま。③文章に内容がないさま。▽伶丁レイテイ。
【零点】レイテン 日 ①点数がないこと。②セ氏温度計の氷点。
【零度】レイド 日 度数をはかるときに、もとになる点。例 経度—。セ氏—。
【零敗】レイハイ 日 試合で、得点がなくて、勝負に負けること。ゼロ敗。例 —を喫する。
【零墨】レイボク 墨でかいた書画の切れはし。筆跡の断片。例 断簡—（＝切れはしだけの文書）。
【零本】レイホン 日 全巻そろっていない、書物のひと組み。端本はホン。例 一冊欠けた—。
【零余（餘）】レイヨ わずかばかりの残り。はした。例 —の残金。
【零余（餘）子】レイヨシ ヤマノイモのつるなどにできる珠芽や肉芽。むかご
【零落】レイラク ①草木が枯れて葉が落ちる。②落ちぶれる。例 商売にしくじり—する。③死ぬ。
【零涙】レイルイ なみだを落とす。落ちるなみだ。
【零露】レイロ したたり落ちるつゆ。

需

雨6（14） 1 2891 9700 常用

一 ジュ慣 シュ漢 虞 xū
二 ダ漢 箇 nuò
もと-める（もと-む）

筆順 一 冖 帀 雨 雫 需 需

なりたち  ［会意］「雨（＝あめ）」と「而（＝待つ）」とから成る。雨やどりする。待つ。

意味 一 ❶待ちうける。まつ。❷必要とする。欠くことのできないものとして、もとめる。また、もとめ。例 需給ジュキュウ。需要ジュヨウ。必需ジュ。❸進むことができない。ためらう。❹易キエの六十四卦カの一つ。☵☰ 乾下坎上ケンカカンショウ。雲が天にのぼる象。二 気が弱い。よわい。通 懦ダ。

古訓 中世 まつ・もとむ 近世 うたがふ・なめらか・まつ・もとむる・やはらか

人名 まち・みつ・もと・もとむ・もとめ

【需給】ジュキュウ 日 需要と供給。例 —のバランスがくずれる。
【需用】ジュヨウ ①必要な出費。②日 電気やガスなどを消費すること。例 電力—。
【需要】ジュヨウ 日 ①物を必要とすること。②〔経〕商品を買いたいという要求。対 供給。例 —を満たす。
●軍需グンジュ・特需トクジュ・内需ナイジュ・必需ヒツジュ・民需ミンジュ

霄

雨7（15） 2 8028 9704

ショウ（セウ）漢 蕭 xiāo
そら

意味 ❶雨まじりの雪。みぞれ。❷雲。かすみ。例 赤霄セキショウ（＝赤い雲）。❸高く遠い空。そら。例 霄壌ショウジョウ。❹天高くそびえるさま。❺夜。通 宵。例 霄明ショウメイ（＝夜明け）。

難読 凌霄花のうぜんかずら

【霄漢】ショウカン 大空。天空。
【霄▼峙】ショウジ 空高くそびえ立つ。
【霄壌】ショウジョウ 天と地。雲泥。例 —の差（＝非常に大きなへだたり）。

震

雨7（15） 1 3144 9707 常用

一 シン漢呉 震 zhèn
二 シン漢呉 真 shēn
ふるう（ふる-ふ）・ふるえる（ふる-ふ）

筆順 一 冖 帀 雨 雫 震 震

なりたち  ［形声］「雨（＝あめ）」と、音「辰シ」とから成る。とどろくかみなり。

意味 一 ❶激しくゆれる。ふるう。ふるえる。例 震天動地シンテン。震動シンドウ。激震ゲキシン。❷身ぶるいさせる。ふるえおののく。例 震駭シンガイ。震怖シンプ。❸雷が落ちる。雷にうたれる。例 暴雷、武乙震死ブイツシンしてシす（＝突然雷が鳴って、武乙はうたれて死んだ）。〈史記・殷紀〉❹感情がゆさぶられる。おそれる。おそれさせる。❺易キエの卦カ。㋐八卦ハッカの一つ。☳ 自然では雷、方位では東をあらわす。㋑六十四卦カの一つ。☳☳

三 震下震上シンカシンショウ。しきりに雷が鳴る象。二みごもる。はらむ。通娠。

古訓 中古うごく・おそる・おそろし・おどす・ひむがし・ふるふ 中世うごく・おそる・ひんがし・ふるふ・をののく 近世いかづち・いかる・うごく・おこる・おそるる・おどす・はらむ・ふるふ

人名 おと・なり・なる・のぶ

【震▼恚】シンイ ひどく怒る。

【震域】シンイキ 日地震のとき、ゆれを感じる区域。例—が広い。

【震央】シンオウ 日地震で、震源の真上の地上の点。

【震▼駭】シンガイ おそれ驚いて、ふるえる。震撼シンカン。例天下を—させる。

【震▼撼】シンカン ①ふるえ動く。ふるわして動かす。例大地を—させる。②驚かせて、ふるえあがらせる。震駭シンガイ。例世間を—させた事件。

【震▼悸】シンキ ふるえ恐れる。こわくて、ぶるぶるふるえる。

【震宮】シンキュウ 〔易エキで「震」は東方をあらわし、長男を示すことから〕皇太子の宮殿。東宮トウグウ。

【震恐】シンキョウ ふるえ、おそれる。震懼シンク。

【震驚】シンキョウ ふるえ、驚く。また、ふるえあがらせる。

【震▼懼】シンク 「震恐シンキョウ」に同じ。

【震▼眩】シンゲン ふるえ驚いて目がくらむ。

【震源】シンゲン 日地下の、地震が発生した場所。例—地。

【震災】シンサイ 地震による災害。例—復興。

【震▼慴】【震▼慄】【震▼竦】シンショウ ふるえあがって恐れる。身がちぢむほど恐れる。

【震震】シンシン ①かみなりなどの鳴りひびく音の形容。②勢いの盛んなさま。

【震旦】シンタン|シンダン 中国。→【支那】シナ(588ページ)

【震天動地】シンテンドウチ (天地をゆり動かすほど)世間が驚き騒ぐこと。驚天動地。例—の大事件。

【震度】シンド 日地震のときに感じられる、ゆれの程度。

【震怒】シンド 激しくおこる。おもに天子の怒りについていう。

【震悼】シントウ 大いになげき悲しむ。

【震▼蕩】シントウ【震▼盪】シントウ ふるえ動く。ゆり動かす。例脳—。

【震動】シンドウ ①ゆれうごく。②非常に驚き、恐れる。

【震怖】シンプ ふるえあがって恐れる。類震慄シンリツ。

【震服】シンプク ふるえあがって服従する。

【震幅】シンプク 日地震計にあらわれた、震動のはば。ゆれはば。

【震雷】シンライ 鳴りとどろく、かみなり。

●地震ジシン・耐震タイシン・余震ヨシン・烈震レッシン

霆

雨7(15) 2 8029 9706

テイ漢 青 tíng いかずち(いかづち)

意味 ❶激しいかみなり。いかずち。例震霆シンテイ(=激しく鳴るかみなり)。❷いなびかり。いなずま。

難読 霆はたたく

【霆撃】テイゲキ いなずまのように一挙に猛攻撃をかける。

霈

雨7(15) 2 8030 9708

ハイ漢 泰 pèi おおあめ(おほあめ)

意味 ❶雨や雪が激しく降るさま。また、そのような雨。おおあめ。通沛ハイ。例霈然ハイゼン。❷降りそそぐ雨。また、天子の恵みのたとえ。例霈沢ハイタク(=恩沢)。

【霈然】ハイゼン 雨や雪が盛んに降るさま。

霊

雨7(15) 1 4678 970A 常用

レイ漢 リョウ(リャウ)呉 青 líng たま・たましい(たましひ)

【靈】雨16(24) 2 8045 9748 旧字体。

【㚑】大3(6) 4 0531 3691 俗字。

【灵】火3(7) 3 8736 7075 俗字。

【𩆜】雨10(18) 4 9188 4A29 別体字。

筆順 一 广 币 雨 雫 雫 雫 霊 霊

なりたち 靈 [形声]「巫(=みこ)」と、音「霝レイ」とから成る。(雨ごいする)みこ。

意味 ❶神降ろしをする巫フ。みこ。例霊保レイホ。❷神。精気。例神霊シンレイ。精霊セイレイ。❸死者の魂。たま。例霊界レイカイ。怨霊オンリョウ。幽霊ユウレイ。❹神秘。不思議なはたらき。例霊異レイイ。霊感レイカン。❺よい。立派な。例霊雨レイウ。霊沢レイタク。

古訓 中古あやし・かみ・すたま・たましひ・ねがふ・みかげ・みたま 中世すだま・たましひ・みたま 近世いつくしむ・さいはひ・たましひ・みたま・よし

人名 よし

【霊▼鷲山】リョウジュセン 〔仏〕古代インドの山。釈迦シャカが説法をした所と伝えられる。鷲山ジュセン。霊山リョウゼン。

【霊位】レイイ ①霊界での官位。②位牌イハイ。霊牌。

【霊威】レイイ (神仏の)不思議な力。例神の—。

【霊異】レイイ 人知でははかりがたい、非常に不思議なこと。例神の—にふれる。

【霊域】レイイキ ①墓地。②(社寺の敷地など)神聖な所。霊場。霊地。例—をけがす。③清らかで風光のすぐれた所。

【霊雨】レイウ 都合のよいときに降ってくれる、よい雨。慈雨。

【霊園】レイエン【霊▼苑】レイエン 日墓地。特に、大規模な共同墓地の名につける。

【霊応】レイオウ 「霊験ゲイゲン|レイケン」に同じ。

【霊屋】レイオク 死者の魂を祭っておく所。おたまや。霊廟レイビョウ。

【霊怪】レイカイ ①妖怪ヨウカイ。もののけ。②あやしく不思議なさま。

【霊界】レイカイ 日①現世とは別にあるという、霊の世界。死者の魂の住む世界。あの世。②精神の世界。

【霊感】レイカン ①人知をこえた不思議な感覚。②神仏が人間の祈りに応じて示す、不思議なはたらき。神仏のお告げ。例—を受ける。③日急にものを悟ったり気づいたりする、頭のはたらき。ひらめき。インスピレーション。例—を得る。

【霊鑑】レイカン ①すぐれた見識。②天の神が見ていること。照覧。

【霊気】レイキ ①人の精神的な感受性。②聡明ソウメイな気質。③仙人の備えている気。④日神秘的な気配。

【霊亀】レイキ 霊力をもったカメ。長寿の縁起をもつカメ。

【霊▼柩】レイキュウ 死者のからだを納めた棺。ひつぎ。例—車。

【霊剣】レイケン 不思議な力をもっている剣。

【霊験】【霊現】【霊顕】ゲイゲン|レイケン 神仏が人間の祈願に対して示す、不思議なしるし。霊応。例—あらたかな観音様。

【霊光】レイコウ ①霊妙な神秘の光。②天子の威光・恩徳。

【霊魂】レイコン 人間のからだに宿り、精神の活動をつかさどると考えられているもの。たましい。例—の不滅。

【霊座】レイザ【霊▼坐】レイザ 死者の魂を祭る場所。位牌イハイなどを置く所。

【霊▼犀】レイサイ ①霊妙な働きをもつとされていた、サイの角。②〔サイの角に霊感があるように〕人の心が通じ合うこと。例心有二霊犀一点通一(こころにレイサイのイッテンツウずるあり)(=私の心は、霊が宿りすばやく感応するというサイの角のように、あなたに通じている)。〈李商隠・無題〉

【霊刹】レイサツ 霊験ゲイゲンのある寺。

【霊山】一レイザン ①神や仏を祭った神聖な山。②蓬萊山ホウライサン。二リョウゼン 「霊鷲山リョウジュセン」に同じ。例—浄土。

【霊芝】レイシ サルノコシカケ科の、きのこの一種。かさはかたくて、つやがある。マンネンタケ。

【霊▼轜】【霊▼輀】レイジ 「霊車レイシャ」に同じ。
【霊室】レイシツ 神仏などを祭ってある部屋。
【霊車】レイシャ ひつぎを乗せた車。霊轜レイジ。
【霊舎】レイシャ 「霊廟レイビョウ」に同じ。
【霊秀】レイシュウ きわだってすぐれているさま。秀霊。
【霊獣】レイジュウ 神聖で、めでたいけもの。麒麟キリンや竜など。
【霊床】【霊▼牀】レイショウ ①なきがらを安置する台。②死者の冥福メイフクを祈るために設けた場所。③神仏を祭る場所。
【霊沼】レイショウ ①周の文王の離宮にあった、ぬま。②帝王の恩沢のおよぶ所。③池やぬまの美称。例 神池霊沼シンチレイショウ。〈班固・西都賦〉
【霊場】レイジョウ 日 神仏の霊験レイゲンあらたかな所。社寺のある神聖な所。霊地。霊域。例 ―めぐり。
【霊▼辰】レイシン ①めでたくよい日、よい時。佳日カジツ。②正月七日。人日ジンジツ。
【霊神】レイシン 不思議な力をもつ神。
【霊水】レイスイ 病気やけがが治るなど、不思議なききめのある水。
【霊▼瑞】レイズイ 天が与える不思議なめでたい前兆。
【霊性】レイセイ 非常にすぐれた性質。
【霊跡】【霊▼迹】【霊▼蹟】レイセキ 不思議ないわれのある所や奇跡のあった所。特に、神仏にかかわる古跡。
【霊泉】レイセン ①病気やけがなどに不思議なききめのある泉。②道教で、唾液ダエキのこと。
【霊前】レイゼン 死者のみたまを祭ってある所の前。例 御ゴ―(=霊前に供える供物や香典コウデンなどに書くことば)。
【霊草】レイソウ めでたい草。仙薬とされている草。瑞草ズイソウ。
【霊代】レイダイ/たましろ 日 神のシンボルや死者の魂のしるしとして祭るもの。かたしろ。
【霊台(臺)】レイダイ ①魂のあるところ。心。②天体や気象を観測して、占う物見台。
【霊宅】レイタク ①道士や隠者の住まい。②墓。
【霊沢】レイタク 天の恩恵。特に、万物をうるおす雨をいう。
【霊地】レイチ 神仏が祭ってある神聖な土地。霊場。霊域。
【霊知】【霊▼智】レイチ はかりしれないほど不思議で、すばらしい知恵。
【霊長】レイチョウ はかりしれないほどのすばらしい能力をもった、最もすぐれたもの。例 人間は万物バンブツの―である。
【霊長類】レイチョウルイ 日 大脳が最も発達した哺乳動物の総称。人間や類人猿など。
【霊鳥】レイチョウ 神聖でめでたい鳥。鳳凰ホウオウなど。
【霊的】レイテキ 日 魂や精神についての。例 ―世界。―な体験。
【霊殿】レイデン 先祖などの霊を祭った建物。霊廟レイビョウ。
【霊徳】レイトク すぐれてたっとい徳。
【霊肉】レイニク 魂と肉体。例 ―一致。
【霊能】レイノウ 日 不思議で、すぐれた能力。例 ―者。
【霊▼牌】レイハイ 先祖の位牌イハイ。
【霊媒】レイバイ 日 死者の魂や神仏と人間との意思の仲立ちができるといわれている人。巫女みこや口寄せなど。
【霊▼魄】レイハク たましい。みたま。霊魂。
【霊▼廟】レイビョウ 祖先の霊を祭った建物。みたまや。おたまや。霊殿。霊舎。
【霊府】レイフ ①精神のやどるところ。心。霊台。②神仙の住まい。③住宅の美称。
【霊武】レイブ ①非常にすぐれた武勇。②今の寧夏ネイカウイグル自治区霊武県の西北にあった唐の郡。
【霊物】レイブツ ①めでたいしるしのもの。②鬼神。妖怪ヨウカイ。
【霊保】レイホ 神霊に仕え、神降ろしをする人。みこ。
【霊宝】レイホウ ①道教で、精神修養の一つ。また、長生法。②道教の経典キョウテンの名。③たっとい宝物ホウモツ。神社や寺の宝物。例 ―館。
【霊峰】レイホウ 神聖でおごそかな山。神仏の祭ってある山。例 ―富士の山。
【霊木】レイボク 神の霊が宿っている神聖な木。神木。
【霊妙】レイミョウ 人間の知恵でははかれないほど、すぐれているさま。たっとく神秘的なさま。例 ―な仏像。
【霊夢】レイム 神仏がお告げをする、不思議なゆめ。
【霊薬】レイヤク 治りにくい病気やけがを治す、不思議なききめのある薬。妙薬。例 ―と称する水。
【霊▼囿】レイユウ 周の文王が設けた、鳥獣を放し飼いにした園。
【霊曜】【霊▼耀】レイヨウ ①天。②日月。
【霊力】レイリョク 日 人間の知恵でははかれない不思議な力。神秘的な力。例 ―を得た不思議な体験。
●悪霊アクリョウ/アクレイ・慰霊イレイ・言霊ことだま・心霊シンレイ・全霊ゼンレイ・亡霊ボウレイ・幽霊ユウレイ

霙
雨8 (16) 2 8036 9719
エイ 漢 庚 yīng
みぞれ

意味 ❶雨まじりの雪。**みぞれ**。❷花の散るように降る雪。

霍
雨8 (16) 2 8025 970D
カク(クヮク) 漢 薬 huò
にわ-か(には-か)

意味 ❶はやい。すみやか。**にわか**。例 霍然カクゼン。霍乱カクラン。❷豆の葉。通 藿カク。例 霍食カクショク(=粗食)。❸姓の一つ。例 霍去病カクキョヘイ(=前漢の将軍)。
難読 霍公鳥ほととぎす
【霍▼奕】カクエキ 速く走るさま。
【霍霍】カクカク ①すみやかなさま。にわかに。たちまち。②(刃物などが)きらりとひらめくさま。また、さっとふるうさま。例 磨レ刀霍霍向二猪羊一(かたなをみがきカクカクとしてチョヨウにむかう)(=包丁をといですぐさまブタやヒツジの料理にとりかかる)。〈木蘭詩〉
【霍▼閃】カクセン いなびかり。
【霍然】カクゼン ①すみやかなさま。②広大なさま。
【霍乱】カクラン ①長時間炎天下にいたため、急に頭痛や下痢、はきけなどを起こす病気。日射病。暑気あたり。例 鬼の―(=ふだん丈夫な人が病気になること)。②コレラ。

霓
雨8 (16) 2 8031 9713
ゲイ 漢 呉 斉 ní
にじ

意味 にじ。虹コウ(=雄のにじ)に対して、雌のにじ。副虹フクコウ(=主虹コウの外側の色のうすいにじ)。通 蜺ゲイ。例 霓裳羽衣ゲイショウウイ(=天女などのまとう、にじのように美しい衣。また、舞曲の名)。虹霓コウゲイ(=にじ)。
【霓▼裳】ゲイショウ にじのように美しい衣。天女の着物。
【霓▼旌】ゲイセイ 羽毛を五色に染めてつづった美しい旗。天子の儀仗ギジョウの旗。

霔
雨8 (16) 4 9186 9714
シュ(シウ) 漢 遇 zhù

意味 ❶雨が降り注ぐ。そそぐ。❷ほどよい雨。難読 霔雨しぐれ

霎
雨8 (16) 2 8032 970E
ショウ(セフ) 漢 葉
ソウ(サフ) 漢 洽 shà
こさめ

意味 ❶さっと降る、わずかな雨。**こさめ**。❷一瞬の。例 霎時ショウジ(=しばし。少時)。

霑
雨8 (16) 2 8033 9711
テン(テム) 漢 呉 塩 zhān
うるお-う(うるほ-ふ)・うるお-い(うるほ-ひ)・うるお-す(うるほ-す)

意味 ❶水分を含んで、しめる。**うるおす**。**うるおう**。通 沾テン。

例 君臣相顧尽霑レ衣（＝君臣互いに顔を見合わせ、みな流す涙に衣服をぬらす）。〈白居易・長恨歌〉 ❷恩恵を受ける。また、施す。例 均霑（＝平均に施す）。

【霑酔】（酒で襟もとがしめるほど）ひどく酒によう。泥酔。

【霑被】①ぬれる。しみる。②恵みを施す。また、恩恵を受ける。

霏

雨8（16） 2 8034 970F　ヒ 漢 微 fēi　もや

意味 ❶雨や雪の降るさま。例 霏霏。❷薄くたなびく雲。もや。❸風に吹かれて、舞い上がる。

【霏霏】①雪や雨のしきりに降るさま。例 雨レ雪霏霏（＝雪が降りしきる）。〈詩経・小雅・采薇〉 白雪―として降る。②話が細かくて長引くさま。

霖

雨8（16） 2 8035 9716　リン（リム）漢 侵 lín　ながあめ

意味 降り続く雨。ながあめ。例 秋霖（＝秋の長雨）。

【霖雨】①何日も降り続く雨。長雨。例 ―川をなす。②適時に降る雨。恩沢のたとえ。

【霖▼瀝】長雨が降ること。例 いつ止むともなき―。

【霖▼潦】長雨。また、長雨による洪水。

霞

雨9（17） 1 1866 971E 人　カ 漢 呉 麻 xiá　かすみ・かす-む

なりたち 〔形声〕「雨（＝あめ）」と、音「叚カ」とから成る。赤い雲気。

意味 ❶日の出や日暮れどきに、東や西の空が赤く染まって見える現象。朝焼け。夕焼け。例 霞光。彩霞（＝色美しい雲気）。夕霞（＝夕焼け）。❷はるか。遠く。奥深いところ。通 遐カ。例 霞洞。霞志（＝高尚な志）。❸衣服の色あざやかなさま。

日本語での用法 《かすみ》《かすむ》「霞が深い・月が霞んだ夜景・目が霞む」▼春、野や山のすそに、うす雲がかかったように帯状にたなびいて見えるもの。また、そのようにぼんやりして見えること。

古訓 中古 かすみ 中世 かすみ 近世 かすみ

【霞光】朝焼けや夕焼けの、美しい輝き。

【霞彩】朝焼け、夕焼けの美しさ。

【霞網】日 小鳥を捕らえるために林や山の中に張る、非常に細い糸で作った網。

【霞洞】一 仙人のいる所。仙洞御所。二 日 上皇の御所。

霜

雨9（17） 1 3390 971C 常用　ソウ（サウ）漢 呉 陽 shuāng　しも

筆順 ⼀ 干 雫 雫 霁 霜 霜

なりたち 〔形声〕「雨（＝あめ）」と、音「相ソ」とから成る。露が凍って固まったもの。

意味 ❶空気中の水蒸気が冷やされて、細かい氷となったもの。しも。例 霜露（＝しもと、つゆ）。❷しものように白い。また、冷たく厳しいもののたとえ。例 霜鬢。❸高潔な。例 霜操。❹冬の季節のたとえ。また、年月。とし。例 星霜（＝年月）。

古訓 中古 しも 中世 しも 近世 しも・はげし

【履レ霜堅氷至】霜を踏んで歩く季節になると、やがて堅い氷の張る真冬がやってくる。ものごとは、まず小さな兆しから始まってだんだんと大きくなるので、用心せよということ。〈易・坤〉

【霜威】①草木を枯らす霜の威力。②厳しい威光。

【霜▼戈】霜のように白く光る鋭いほこ。類 霜矛。

【霜花】【霜華】①霜。〔霜を美しい花にたとえたことば〕例 鴛鴦瓦冷霜華重（＝オシドリにかたどった屋根の瓦は冷たく、花のような霜が真っ白に降りている）。〈白居易・長恨歌〉 ②白い髪やひげ。③白く明るい月。例 霜華浄二碧空一（＝白く明るい月は青い空に清らかに輝いている）。〈唐太宗・秋暮言志〉

【霜害】霜によって農作物が受ける害。例 ―注意報。

【霜月】一 ①霜の降りる寒い冬の夜の月。②中国で、陰暦七月。二 日 陰暦十一月。太陽暦でもいう。

【霜降】一 ①霜が降りること。②二十四節気の一つ。太陽暦で、十月二十三、四日ごろ。二 日 牛肉などで、脂肪が網の目状に入っているもの。

【霜▼鬚】白いあごひげ。

【霜鐘】【霜▼鍾】冬の明け方に鳴る鐘。

【霜信】ガンの一種、白雁。〔霜の降りたのを知らせるかのように飛来することから〕類 霜雁。

【霜▼晨】霜の降りた朝。

【霜刃】霜のように白く光る鋭い、やいば。類 霜刀。

【霜雪】①霜と雪。例 ―にたえて花を咲かせる（＝苦労が実を結ぶ）。②心が清く正しいことのたとえ。例 ―の志。③白髪。④白く冷たい剣の光。

【霜操】潔白な節操。類 霜節。

【霜▼蹄】ウマの白いひづめ。転じて、駿馬。

【霜天】①霜の降りた寒い冬の日の空。②晩秋の天気。

【霜眉】霜のように白いまゆ。老人のまゆ。

【霜▼鬢】霜のように白い鬢の毛。例 霜鬢明朝又一年（＝鬢の毛もめっきり白くなったが、一夜明ければまた一年を重ねることになる）。〈高適・除夜作〉

【霜▼蓬】霜にうたれたムカシヨモギ。ぼさぼさな白髪のたとえ。例 緑鬢成二霜蓬一（＝黒々とした鬢もぼさぼさの白髪となってしまった）。〈李白・怨歌行〉

【霜毛】①白い羽毛。②しらが。白髪。

【霜葉】霜のため黄や赤に変色した木の葉。特に、カエデをいう。例 霜葉紅二於二月花一（＝霜で紅葉した木々の葉は春の盛りの花よりもはるかに赤くて美しい）。〈杜牧・山行〉

【霜烈】霜のように、冷酷で厳しいさま。

【霜露▼之感】霜が降り、つゆのおく寒さのころ、父母の身を案じ、祖先を思いおこすこと。〔〈礼記・祭義〉から〕類 霜露之思。

【霜露▼之病】寒さのためにかかる病気。風邪。かぜ。〈史記・平津侯伝〉類 霜露之疾。

●秋霜・星霜・晩霜

霣

雨10（18） 4 9187 9723　イン（ヰン）漢 軫 yǔn

意味 天空から落下する。おちる。通 隕。例 霣石。

霤

雨10（18） 2 8037 9724　リュウ（リウ）漢 宥 liù　あまだれ

意味 ❶軒から流れ落ちる雨水。軒の糸水。あまだれ。例 霤穿レ石（＝あまだれが石に穴をあける。努力すれば大業を成就できる意）。〈枚乗・上書諫呉王〉 ❷あまだれを受けるおけ。例 霤槽（＝あまだれうけ）。❸のき。ひさし。

［霛］雨10（18） ⇩ 霊（1419ページ）

霪

雨11(19) ②8038 972A

イン(イム)漢 侵 yín

ながあめ

意味 長く降り続く雨。**ながあめ**。例 霪雨(インウ)。

【霪雨】インウ ながあめ。淫雨(インウ)。霖雨(リンウ)。例 霪雨霏霏(インウヒヒ)たり(＝長雨がしとしと降り続く)。〈范仲淹・岳陽楼記〉

［霫］

雨11(19) ⇩雪(セツ)(1414ページ)

霧

雨11(19) ①4424 9727 常用

ブ漢 ム呉 遇 wù

きり

筆順 一 冖 雨 雫 雺 雺 雺 霧 霧

なりたち 【形声】「雨(＝あめ)」と、音「敄(ブ)」とから成る。地から発生した気で、天が応じないために雨とならないもの。

意味 ❶大気中の水蒸気が、地表近くで細かい水滴となって、ただよっているもの。**きり**。例 五里霧中(ゴリムチュウ)。濃霧(ノウム)。❷きりのように細かい。また、きりのように集まり消える。例 霧雨(きりさめ)(＝細かい雨)。霧散(ムサン)。霧集(ムシュウ)。

古訓 中古 いぶせし・おぼつかなし・きり・きりふる・くらし 中世 きり 近世 きり

【霧会】ムカイ 霧のように多く集まる。霧集。類 霧合。

【霧海】ムカイ 一面に霧のかかった海。

【霧▼鬟】ムカン 女性の美しい黒髪。雲鬟。

【霧▼縠】ムコク 霧のようにうすくて軽い絹。仙人・美女などの着物をいう。

【霧散】ムサン ①霧が晴れる。②霧が晴れるように、あとかたもなく消え去る。霧消。例 嫌疑が―する。③非常に多く、広範囲に広がる。例 武騎霧散(ブキムサン)す(＝たくさんの軍馬は霧のように広がっていった)。〈曹植・七啓〉

【霧集】ムシュウ【霧▼聚】ムシュウ 霧のように多く集まる。

【霧消】ムショウ 霧が晴れるように、あとかたもなく消えてしまう。霧散。例 疑惑が雲散―する。

【霧▼瘴】ムショウ 熱い地方で、霧のように漂う毒気。

【霧鐘】ムショウ 日 霧が深くて見通しの悪いとき、船舶の事故を防ぐために灯台や船が鳴らす鐘。例 ―を鳴らす。

【霧塞】ムソク 霧がたちこめたように多い。霧集。

【霧中】ムチュウ ①霧の中。例 ―の音響信号。②霧の中にいるように、前後の事情がまったくつかめず、見通しが立たないで、どうしようか迷うこと。→【五里霧中】ゴリムチュウ(45ページ)

【霧笛】ムテキ 日 霧が深くて見通しの悪いとき、船舶の事故を防ぐために灯台や船が鳴らす汽笛。例 ―信号。

【霧氷】ムヒョウ 日 氷点下に冷やされた霧が木の枝などに凍りついたもの。

【霧露】ムロ ①霧と露(つゆ)。②霧や露にさらされてかかる病気。風邪。かぜ。

●煙霧(エンム)・狭霧(さぎり)・濃霧(ノウム)

霰

雨12(20) ②8039 9730

サン慣 セン漢 霰 xiàn

あられ

意味 秋や冬に、大気中の水分が氷結して降ってくるもの。**あられ**。例 霰雪(サンセツ)(＝あられ交じりの雪)。

日本語での用法 《あられ》「霰小紋(あられこモン)・霰(あら)れに刻(きざ)む・雛霰(ひなあられ)」▼降るあられのような、小さな角(かど)だった球形。

霳

雨12(20) ③9370 9733

リュウ(リウ)漢 東 lóng

意味 「豐霳(ホウリュウ)」は、雷神。

［霸］

雨13(21) ⇩覇(ハ)(1205ページ)

霹

雨13(21) ②8040 9739

ヘキ漢 錫 pī

いかずち(いかづち)

意味 急に激しく鳴りわたるかみなり。**いかずち**。

【霹▼靂】ヘキレキ 激しく鳴り出すかみなり。雷鳴。また、大きな音。例 青天の―(＝突然起こった思いがけないできごと)。

［靁］

雨13(21) ⇩雷(ライ)(1423ページ)

［霶］

雨13(21) ⇩滂(ボウ)(804ページ)

露

雨13(21) ①4710 9732 常用

ロウ慣 ロ漢呉 遇 lù/lòu

つゆ・あらわ-れる(あらは-る)・あらわ-す(あらは-す)・あらわ(あらは)

筆順 雨 雫 雫 霏 霔 霰 露 露

なりたち 【形声】「雨(＝あめ)」と、音「路(ロ)」とから成る。万物をうるおすもの。

意味 ❶空気が冷えて草の上などにできる、しずく。**つゆ**。例 雨露(ウロ)。甘露(カンロ)。❷(朝には消えるつゆのように)はかないもの。例 露命(ロメイ)。朝露(チョウロ)。❸むきだし。屋根などのおおいがない。さらす。例 露座(ロザ)。露台(ロダイ)。露店(ロテン)。❹あらわになる。むきだしにする。**あらわれる**。**あらわ**。例 露見(ロケン)。露骨(ロコツ)。暴露(バクロ)。

日本語での用法 一《ロ》「日露(ニチロ)・米露(ベイロ)」▼「露西亜(ロシア)」の略。二《つゆ》「そうとは露(つゆ)知(し)らず…」▼少しも。まったく。

古訓 中古 あらはす・あらはる・うるふ・つかる・つゆ・はだか・ひとり 中世 あらはす・あらはる・つゆ 近世 あらはる・つかるる・つゆ

人名 あきら

【露霜】つゆじも 日 晩秋につゆが凍って、しものようになったもの。水霜(みずしも)。例 ―にすがれゆく残菊。

【露悪】ロアク 日 自分の欠点などを、わざとさらけ出すこと。例 ―趣味。

【露営】ロエイ 軍隊などが野外に陣を張って、休養や宿泊をする。野営。対 舎営。例 ―の夢。

【露華】ロカ ①つゆの美称。例 春風払(はら)レ檻露華濃(シュンプウカンをはらいてロカこまやかなり)(＝春風が欄干を吹き過ぎて花に降りた夜つゆは月光に輝いている)。〈李白・清平調詞〉②ひんやりとした色あいの月。

【露芽】ロガ【露牙】ロガ 銘茶の一つ。また、茶の別名。

【露眼】ロガン 飛び出た目。

【露見】ロケン【露顕】ロケン 隠していた秘密や悪事がばれる。例 裏工作が―する。

【露語】ロゴ 日「露西亜(ロシア)語」の略。

【露光】ロコウ ①つゆの光。②日「露出(ロシュツ)③」に同じ。

【露骨】ロコツ ①骨をさらす。野ざらしの骨。②やせて骨があらわなさま。③感情や隠すべきものごとなどを、隠そうとしないで、ありのままにあらわすさま。例 ―な表現。

【露座】ロザ【露▼坐】ロザ 屋根のない所にすわる。特に、仏像などが野外に置かれる。例 鎌倉(かまくら)の―の大仏。

【露地】ロジ ①屋根におおわれていない土地。例 ―栽培。②〔仏〕煩悩を脱した境地。③日 茶室に付属した庭。茶庭。

【露次】ロジ 〔「次」は、宿る意〕野宿。露宿。

【露車】ロシャ 大きな荷車など、おおいのない車。

【露宿】ロシュク 屋根のない所に寝て、夜を過ごす。野宿。

【露出】ロシュツ ①内部にあるものが外にあらわれる。②日 普通なら人に見せないで隠しているものを、むき出しにする。例 肌を―するデザインの服。③日 写真を撮るとき、カメラのシャッターを開いてフィルムに光をあてる。露光。例 ―計。

【露章】ロショウ ①人の悪事をあばくため、だれでも読めるように封をしないで奉る上書。②上書して不正の責任を追及する。③上奏文。
【露草】ロソウ ①つゆの降りた草。②つゆくさ ツユクサ科の一年草。夏、あい色の小さな花が咲く。ホタルグサ。
【露台(臺)】ロダイ ①屋根のない見晴らしのよい高台。②建物の外側に張り出した、手すりのついた屋根のない台。バルコニー。
【露頂】ロチョウ（チョウをあらわす・いただきをあらわす） 冠をかぶらず頭髪を見せる。非礼とされた。露頭。例 脱レ帽露レ頂王公前(ボウをダッしていただきをあらわすオウコウのまえ)(=王公貴人の御前でもかぶりものを脱ぎ捨てて頭をむき出しにする)。〈杜甫・飲中八仙歌〉
【露呈】ロテイ 日 隠していたことをさらけ出す。また、それがおもてにあらわれ出る。例 未熟さを―する。
【露天】ロテン 屋根のない所。野外。野天(のテン)。例 ―風呂(ぶろ)。
【露店】ロテン 道ばたで商品を売る、屋台のみせ。例 ―商。
【露電】ロデン つゆと、いなずま。すぐ消えるもの、はかないもののたとえ。〈〈金剛経〉から〉
【露頭】ロトウ ①「露頂(ロチョウ)」に同じ。②日 地表にあらわれている岩石や鉱脈の一部。例 鉱脈の―。
【露盤】ロバン 五重の塔などの屋根の上にある四角い台。仏塔の最上部にある相輪(ソウリン)の基部を受ける。
【露布】ロフ ①公衆の目に触れるよう、封をしない文書。赦令・大喪などに用いた。②軍事上の文書で、檄文(ゲキブン)、また、戦勝の報告文。
【露仏】ロブツ 日 野外に置かれ、雨ざらしになっている仏像。ぬれぼとけ。例 野道(みち)の―。
【露文】ロブン 日〔「露」は「露西亜(ロシア)」の略〕①ロシア語の文章。②「露西亜文学(科)」の略。
【露命】ロメイ 日 つゆのようにはかないいのち。例 ―をつなぐ(=なんとか生活している)。
●玉露(ギョクロ)・結露(ケツロ)・松露(ショウロ)・吐露(トロ)・発露(ハツロ)・披露(ヒロウ)

霽
雨14(22) 2 8041 973D
セイ漢 霽 jì
はーれる(はーる)・はーらす

意味 ❶雨や雪がやむ。霧などが消え去る。**はれる**。例 霽日(セイジツ)(=晴天)。❷怒りがおさまり、気がはれる。機嫌を直す。例 霽威(セイイ)(=怒りがとけ、機嫌が直る)。
【霽月】セイゲツ ①雨があがったあとに出る、澄みきった月。②はればれとした、さわやかな心境のたとえ。例 光風―。

霾
雨14(22) 2 8042 973E
バイ漢 マイ呉 佳 mái
うずーむ(うづーむ)・かくーす・つちふーる

意味 ❶風で土ぼこりがおこり、雨のように降る。また、空が土ぼこりにおおわれて暗くなる。**つちふる**。**かくす**。❷土にうずまる。**うずむ**。通 埋。

霤
雨15(23) ⇨雷(ライ)(1417ページ)

靄
雨16(24) 2 8043 9744
アイ漢 泰 ǎi
もや

意味 ❶低く立ちこめた気。深い霧。**もや**。例 山靄(サンアイ)(=山のもや)。暮靄(ボアイ)(=夕暮れのもや)。❷すっぽりとおおう。めぐる。❸⇨【靄靄】アイアイ
【靄靄】アイアイ ①雲が盛んに集まるさま。②もややかすみがかかっているさま。③なごやかなさま。藹藹(アイアイ)。例 和気―。

靆
雨16(24) 2 8044 9746
タイ漢呉 隊 dài

意味 「靉靆(アイタイ)」は、雲のたなびくさま。

靈
雨16(24) ⇨霊(レイ)(1419ページ)

靂
雨16(24) 2 8046 9742
レキ漢 錫 lì

意味 「霹靂(ヘキレキ)」は、急に激しく鳴りわたる雷。

靇
雨16(24) 4 9191 9747
ロウ漢 東 lóng

意味 「靇靇(ロウロウ)」は、雷鳴のとどろくさま。

靉
雨17(25) 2 8047 9749
アイ漢呉 隊 ài

意味 雲がわき起こり、たなびくさま。
【靉靉】アイアイ ①雲が盛んにわき起こるさま。②樹木が茂っているさま。
【靉靆】アイタイ ①雲が盛んにたなびくさま。例 青雲―としてたなびく。②暗いさま。例 ―とした妖気(ヨウキ)。③眼鏡の古い言い方。

靊
雨18(26) 974A
ホウ漢 東 fēng

[霻] 雨13(21) 3 9371 973B 別体字。

意味 「靊霳(ホウリュウ)」は、雷神。

[靍] 雨19(27) ⇨鶴(つる)(1498ページ)

[靏] 雨21(29) ⇨鶴(つる)(1498ページ)

[靎] 雨19(27) ⇨鶴(つる)(1498ページ)

174 8画 靑(青) あお部

あおい色の意をあらわす。新字体では「青」となる。「靑」をもとにしてできている漢字を集めた。

青
青0(8) 1 3236 9752 教1
セイ漢 ショウ(シャウ)呉
チン唐 青 qīng
あお(あを)・あおーい(あをーし)
付表 真っ青(まっさお)

[靑] 青0(8) 9751 旧字体。

筆順 一 十 キ 主 丰 青 青 青

なりたち [会意]「生(=うむ)」と「丹(=赤い石)」とから成る。赤を生む色。あお。

参考 五行思想で「木(=青)」は「火(=赤)」を生むことによる。

意味 ❶藍(あい)から取れる染料。また、藍(あい)・緑・水色などの系統の色。**あお**。**あおい**。例 青磁(セイジ)。群青(グンジョウ)。緑青(ロクショウ)。❷草木が茂る。また、その色。例 青山(セイザン)。青松(セイショウ)。青嵐(セイラン)。❸五行説で、東方・春・年少などをあらわす。例 青春(セイシュン)。青年(セイネン)。青竜(セイリュウ)。❹黒。例 青羊(セイヨウ)(=黒い羊)。❺竹簡になるタケ。例 青史(セイシ)。殺青(サッセイ)(=タケを火であぶって青みをとり、竹簡とする)。❻古代の九州の一つ。青州(セイシュウ)。今の山東省から遼寧(リョウネイ)省にかけての地域。

日本語での用法《あお》①「青毛・栗毛」▼青みがかった黒毛のウマ。また、一般にウマのことをいう。②「青侍・青二才・青臭い議論」▼未熟の意。

古訓 中古 あをし・なまし 中世 あをし 近世 あをし・たけのあまはだ

人名 きよ・しげ・しげる・はる

難読 青梅・青面金剛・青梗菜・青魚・冬青・青樹・刺青・緑青

【青息吐息】日 苦しいときや困りはてたときにつく、ため息。また、困りはてて、苦しんでいる状態。

【青▼黴】日 青緑色をしたかび。餅やパンなどに多く生える。抗生物質のペニシリンは、このかびの一種から作られる。

【青道心】日 修行がまだ十分でない、若い僧。

【青二才】日 若くて経験などが未熟な男。

【青葉】日 （初夏のころの）若々しい緑色の木の葉。若葉。例 目には青葉山ほととぎす初鰹。［山口素堂］

【青出二▼於藍一、▼而青二▼於藍一】青色の染料は、アイという草からとるが、それで染めた色はアイよりも青い。出藍。◆「学問は中断してはいけない」という句に続き、人間は努力すればするほど向上するものだという趣旨。現在、一般には「出藍の誉れ」という形で、弟子（＝青）が先生（＝藍）をこえること（＝誉れ）の意味に用いられる。………（「青取二之於藍一、而青二於藍一」から）〈荀子・勧学〉

【青▼瓢▼簞】日 ①まだ青くて、十分に熟していないヒョウタン。②やせて顔色の青白い人を悪くいうことば。例 うらなりの―。

【青物】日 ①緑色をしている野菜。②野菜類。例 ―市場。③皮の青い魚。イワシやサバなど。

【青▼蛙】背が緑色で、腹が白いカエル。

【青▼鞋】わらじ。例 黄帽青鞋帰去来（＝タケの皮の帽子とわらじでさあ帰ろう）。〈杜甫・発劉郎浦〉

【青▼靄】青みがかった、もや。

【青衣】①青黒い色のころも。天子が春に着用。②身分の低い者が着用した青い衣服。③侍女や召し使いの服。また、侍女や召し使い。

【青雲】①青い雲。②よく晴れた、高く青い空。③高い地位。すぐれた人格。④俗世を逃れて住むこと。

【青雲▼之志】①立身出世を願う気持ち。〈王勃・滕王閣序〉例 ―をいだいて国を出る。②俗世を離れた高潔な志。

【青雲▼之士】①人格や学問のすぐれている人。〈史記・伯夷伝〉②立身出世した人。③俗世間からぬけ出している人。

【青果】①果物。②オリーブ。③日 野菜と果物。例 ―市場。

【青▼娥】①（「娥」は、美人の意）若く美しい女性。例 椒房阿監青娥老（＝皇后宮の女官をとりしまる官女の美しく若やいだ顔も、今はすっかり老けこんでしまった）。〈白居易・長恨歌〉②雲や霜をつかさどる女神。類 青女。

【青▼蛾】①まゆずみでかいた、青くて美しいまゆ。②若くて美しい女性。美人。

【青海】①青々とした海。②中国西部にある省の名。③青海省にある塩水湖。ココノール湖。例 君不レ見青海頭、古来白骨無二人収一（＝諸君、ご存じであろう。かの青海のほとりには昔から戦死者の白骨が野ざらしにされ、葬る人もないのだ）。〈杜甫・兵車行〉

【青海波】日 ①舞楽の曲名。また、その曲に合わせて二人で舞う舞の名。②「①」の舞に着る衣装の、波形の模様。

【青▼翰】①アホウドリあるいはアオサギの別名。②鳥の彫刻をへさきにつけ、青く塗った船。

【青眼】①好きな人や親しい人を迎えるときの目つき。〔晋の阮籍は、気に入らない客は白眼で迎え、好きな客は青眼で迎えたという故事から〕〈晋書・阮籍伝〉↓【白眼】（912ジペー）②芽ぶいたばかりのヤナギの葉。③硯の名。④日⇩【正眼】②（724ジペー）

【青旗】①青いはた。②酒屋のしるしのはた。▽青旆。類 青帘。

【青宮】〔東は、五行説で青に当たることから〕東宮。皇太子の御殿。また、皇太子の敬称。

【青牛】①黒毛のウシ。②道士や仙人が乗るウシ。〔老子が乗っていたとされることから〕

【青玉】①鋼玉の一種。透明で青い。②青々とした植物。タケやヒノキ、ハスなど。

【青筋】①皮膚をとおして、すけて見える静脈。例 ―を立てる（＝激しく怒る）。②日 青色のすじ。

【青襟】【青▼衿】①青いえりの衣服。②学生。〔昔、中国で、学生が青いえりの服を着ていたことから〕

【青空】一 よく晴れた青い空。碧空。蒼空。二 日 屋外。野外。例 ―駐車。―市場。

【青▼熒】青く光るさま。玉・月光・灯火などにいう。

【青玄】大空。青空。

【青黄】〔青と黄の意〕①色の美しさ。また、色のこと。②春の新緑と秋の黄葉。転じて、四季の自然の楽しみ。③刀剣の色。

【青▼瑣】王宮の門。〔門の扉に、鎖の模様の彫刻が施され、青く塗ったことから〕

【青菜】緑色の葉の野菜。例 ―に塩（＝青菜に塩をかけるとしおれるように、元気がなくなるたとえ）。

【青▼衫】〔「衫」は、ひとえの衣服の意〕①青色のひとえの服。学生の服装。転じて、学生・若者。②〔青い服を着たことから〕下級の官吏。例 江州司馬青衫湿（＝《最も涙を流したのは》江州司馬の職にあるこのわたしだ、青衫が涙ですっかりぬれてしまった）。〈白居易・琵琶行〉

【青酸】日 シアン化水素の水溶液。無色で酸性、猛毒。例 ―カリ。

【青山】①草木が青々と茂っている山。例 青山横二北郭一（＝青々とした山並みが町を取り囲む城壁の北方に横たわっている）。〈李白・送友人〉②死んで骨をうずめる地。墓地。例 人間到処有二青山一（＝世間にはどこで死んでも骨をうずめる所はあるのだから、志を大きくもって、故郷を出て大いに活躍すべきだ）。［月性・将東遊題壁］③隠逸の地。

【青山一髪】遠くにかすむ青い山が、地平線のかなたに一本の髪の毛のように細く横たわって見える景色。〈蘇軾・澄邁駅通潮閣〉類 青一髪。

【青山可レ埋レ骨】男子はどこにでも骨をうずめることができる。必ずしも故郷で死ぬことには、こだわらない。〈蘇軾・獄中寄子由〉

【青史】記録。また、歴史書。〔紙のない時代、青竹を火であぶって青みをぬき、その竹簡に記したことから〕例 ―に名をとどめる。

【青糸（絲）】①青い糸。②ヤナギの枝が細く青々としているさま。③髪の黒々としたさま。例 朝如二青糸一暮成レ雪（＝朝は黒々としていた髪も、暮れには

真っ白になる)。〈李白・将進酒〉

【青紫】セイシ 高官。〔青色や紫色の印綬ジュを用いたことから〕

【青詞】セイシ 道教で、天を祭る際に用いる文体・文章。

【青磁】セイジ うわぐすりをかけて、青緑色に焼いた磁器。

【青▼雀】セイジャク ①鳥の、イカルや鶍ゲキ(=水鳥の一種)。②鶍を船首に描いた船。

【青春】セイシュン ①春。〔四季について、朱夏シュカ・白秋ハクシュウ・玄冬ゲントウと並べていう〕②若い時代。例―時代。

【青松】セイショウ 青々としたマツ。例白砂ハクシャ―。

【青▼霄】セイショウ ①青く澄んだ空。②仰ぎ見る朝廷。また、帝都のたとえ。③清らかな夜空。

【青条】セイジョウ 青い枝。

【青青】セイセイ ①青々としたさま。②黒髪の豊かなさま。③草木が茂っているさま。菁菁セイセイ。例緑竹青青リョクチクセイセイたり(=緑のタケが盛んに茂っている)。〈詩経・衛風・淇奥〉

【青銭】セイセン ①青銅の貨幣。青銅銭。②緑色でまるい形の葉。ニレやウキクサの葉。③優秀な人材。例―学士。

【青草】セイソウ ①あおくさ 青い草。②青色に生える穀類や野菜。

【青▼葱】セイソウ ①青いネギ。②青々と茂るさま。また、そのような山。③あたりが青々としてさわやかなさま。

【青▼蒼】セイソウ ①深い青色。②青天。

【青▼苔】セイタイ あおごけ 青い色の苔こけ。

【青▼黛】セイタイ ①青黒いまゆずみ。また、それでかいた美しいまゆ。②濃い青色。

【青▼冢】【青塚】セイチョウ ①王昭君オウショウクンの墓。〔寒い地にもかかわらず、そこの草は青々としていたという〕②墓。

【青鳥】セイチョウ ①青色の鳥。②使者。また、書簡。〔西王母が青い鳥を使者とした故事による〕〈漢武故事〉

【青帝】セイテイ 五天帝の一つ。東方にあって、春をつかさどる。〔青は五行説で、東・春に当たることから〕

【青天】セイテン よく晴れた青空。

【青天▼霹▼靂】セイテンのヘキレキ 〔青空に突然鳴りひびく雷の意〕急に起こる、思いがけない大事件や異変。晴天霹靂。

【青天白日】セイテンハクジツ ①よく晴れた青空と、輝く太陽。〈韓愈・与崔群書〉②心にやましいところがないこと。例―のごとき心境。③政治が公明正大であること。④日 無実であることが明らかになる。例―の身となる。

【青田】セイデン あおた イネが実る前の、まだ青々としている田。

【青▼桐】セイトウ あおぎり アオギリ科の落葉高木。幹は緑色で葉は大きく、初夏にうす黄色の小さい花をつける。梧桐ゴトウ。

【青▼鞜】セイトウ 日 女流文学者。また、婦人解放を主張した女性たち。〔十八世紀のロンドンで、女性の文学者や解放運動家がつどったサロンの常客に青い靴下(=ブルーストッキング)をはいて出席する男性がいたことから〕→鞜トウ(1431ページ)

【青童】セイドウ ①仙人に仕える子供。仙童。②仙人の一人。青童君。青童大君。③少年。

【青銅】セイドウ 銅とすずの合金。ブロンズ。例―器。

【青年】セイネン ①若者。十代後半から二十代の人。対幼年・少年・壮年・老年。②若い時期。

【青▼嚢】セイノウ ①五行説・天文・占いに関する書物。転じて、道家の典籍。〔西晋セイシンの郭璞カクハクが郭公という人から青い袋に入れたこれらの書を授かったという故事から〕②印鑑を入れる袋。③医薬を入れる袋。転じて、医術。

【青▼旆】セイハイ 酒屋の目じるしの青い旗。

【青白眼】セイハクガン 好きな人を迎えるときの目つき(=青眼)と、気に入らない人を迎えるときの目つき(=白眼)。→【白眼】ハクガン(912ページ)

【青票】セイヒョウ 日 国会などで採決のとき、反対の意思を示すのに用いる青色の票。対白票。

【青▼蕪】セイブ ①青く茂った草むら。②草が青く茂った土地。

【青▼蒲】セイホ 青い蒲がま。また、それで作った、天子の用いる敷物。天子の内廷を指す。

【青▼袍】セイホウ 青色の上衣。下級の官吏や学生、身分の低い者が着用した。

【青冥】セイメイ ①青く奥深いさま。青空・仙境・山並み・海水・竹林などの形容。②高い地位や要職。③宮廷や王宮。④名剣の名。

【青盲】セイモウ 目はあいていても見えない眼病。

【青陽】セイヨウ ①春の別称。陽春。②孟春モウシュン(=陰暦一月)に天子のいる御殿。東堂。③目が清らかで明るいさま。

【青▼蠅】セイヨウ ①青みをおびたハエ。あおばえ。②(君子の)悪口を言う、にくむべき小人ショウジン。〈楚辞・九歎・怨思〉

【青▼蘿】セイラ 青いツタ。

【青嵐】一 セイラン 青々とした山の気。また、竹林のもや。二 あおあらし 日 新緑のころ、青葉をわたる風。

【青柳】一 セイリュウ|あおやぎ 青々としたヤナギ。例―あおやぎの糸(=アオヤギの枝)。二 あおやぎ 日 バカガイのむき身。

【青竜】セイリュウ|セイリョウ ①青色の竜。②漢代のころ、東西南北の四方に配した神の一つ。東方を守る。〔白虎ビャッコ(=西)・朱雀スザク(=南)・玄武ゲンブ(=北)と並べていう〕

【青竜刀】セイリュウトウ 「青竜偃月刀エンゲツトウ」の略。刀の幅が広く、なぎなたのようにそっている中国の刀。柄つかに青い竜の飾りがある。

【青林】セイリン ①青々とした林。②清く静かな山林。③寺院。叢林ソウリン。

【青▼廬】セイロ ①古代の北方民族の婚礼で、新婦が控えるための、青い幕を張った小屋。②結婚。

【青楼】セイロウ ①青く塗った美しい高殿。美人が住む高殿。②花柳界の建物。遊女屋。妓楼ギロウ。

●群青グンジョウ・紺青コンジョウ・刺青シセイ・緑青ロクショウ

靕

青5(13) 4 9192 9755 シン 漢 真 zhēn

意味 品行が正しい。

靖

青5(13) 1 4487 9756 人 セイ 漢 梗 jìng

やす・やす-い(やす-し)・やす-んじる(やす-んず)

[靖] 青5(13) FA1C 旧字体。

なりたち [形声]「立(=たつ)」と、音「青セイ」とから成る。立つ姿がやすらか。

意味 ❶やすらかにする。**やすんじる**。例靖国セイコク。❷へりくだる。つつしむ。例靖共セイキョウ。❸策謀する。はかる。❹安静な。しずか。通静。例清靖セイセイ(=やすらか)。

古訓 中古 ことわる・しづかに・しづむ・やすし・やはらかなり・をさむ 中世 おもふ・ことわり・しづむ・しづむる・はかりこと・やすし 近世 おもふ・きよし・しづか・つまびらか・はかりごと・はかる・やすし・をさむ

人名 おさむ・きよし・しず・しずか・のぶ・はかる・やすし

【靖共】【靖恭】セイキョウ 職務を大切にする。つつしんで勤める。

【靖献】セイケン 臣下がまごころをつくして主君に仕える。

【靖国】セイコク|くにをやすんず 国をやすらかに治めること。例―やすくに神社(=国難におもむいて死んだ人を祭る社)。

【靖▼綏】セイスイ 平定する。綏靖スイセイ。

【靖難】セイナン 国難を救い天下を安らかにする。乱れた世を平定する。

【靖兵】セイヘイ|ヘイをやすんず 戦いをやめる。停戦する。息兵。

【靖辺】(セイヘン) 辺境を鎮圧し、安らかな地とする。

【靖乱】(セイラン) 世の乱れをしずめて、平安をもたらす。
●閑靖(カンセイ)・綏靖(スイセイ|ゼイ)

静 青6(14) 1 3237 9759 教4
セイ 漢 ジョウ(ジャウ) 呉 梗 jìng
しず(しづ)・しずか(しづ-か)・しずまる(しづ-まる)・しずめる(しづ-む)

[靜] 青8(16) 2 8048 975C 人 旧字体。
[竫] 立8(13) 3 8956 7AEB 本字。

筆順 一 十 青 青 静 静 静 静

なりたち [形声]「立(=たつ)」と、音「爭ソウ→イセ」とから成る。安定している。

意味 ❶動かない。じっとしている。**しずまる**。㊌動。例 樹欲レ静而風不レ止(きしずかならんとほっすれども かぜやまず)(=樹木は動かずにいようとしても風はやまない)。〈韓詩外伝・九〉 ❷音がしない。ひっそりとしている。**しずか**。例 静寂(セイジャク)。閑静(カンセイ)。 ❸心を落ち着ける。**しずめる**。例 静座(セイザ)。冷静(レイセイ)。 ❹平定する。やすんじる。通靖。 ❺きよらか。すみわたる。通浄。例 静嘉(セイカ)。 ❻思いはかる。通靖(イセ)。

古訓 中古 あきらかに・しづかなり・しづまる・やすむ・やはらかなり 中世 しづか・しづかなり・しづまる 近世 しづか・しづまる・すむ・つまびらか・はかる・やすし・やはらぐ

人名 きよ・きよし・ちか・やす・やすし・よし

【静脈】(ジョウミャク) 日 からだの各部分から、よごれた血を心臓に運ぶ血管。㊌動脈。例 —注射。

【静▼淵】(セイエン) ①水をたたえた、しずかで深いふち。②心がしずかで考えが深い。

【静穏】(セイオン) しずかでおだやかなさま。世の中が平和で落ち着いているさま。平穏。例 —な毎日。—な社会。

【静▼嘉】(セイカ) 清らかで美しい。また、安らかでよい。

【静閑】(セイカン) ものしずかなさま。閑静。例 —な田園地帯。

【静観】(セイカン) ①冷静に観察する。②日 事のなりゆきをしずかに見守る。例 事態を—する。

【静虚】(セイキョ) しずかで心にわだかまりがない。

【静好】(セイコウ) しずかでなごやか。また、夫婦仲がむつまじい。

【静座】(セイザ)【静▼坐】(セイザ) 心を落ち着けて、しずかにすわる。例 —して一日をかえりみる。


【静止】(セイシ) じっとしていて動かない。㊌運動。例 —画像。

【静思】(セイシ) 心を落ち着けて、しずかに考える。例 —黙考。

【静寂】(セイジャク) しんとして、しずかなさま。例 —な夜の森。

【静修】(セイシュウ) 心を落ち着けて学問をおさめる。

【静粛】(セイシュク) 物音や声を出さず、しずかにしてつつしんでいること。例 ご—に願います。

【静淑】(セイシュク) ものしずかで、しとやか。淑静。

【静女】(セイジョ) しとやかな女性。淑女。

【静▼邃】(セイスイ) しずかで奥深いさま。

【静▼躁】(セイソウ) しずかなことと、さわがしいこと。静と動。

【静泰】(セイタイ) しずかで安らかなさま。

【静態】(セイタイ) 日 ものがしずかに止まっている状態。また、つりあいを保って動かない状態。㊌動態。

【静聴】(セイチョウ) しずかにきく。例 講演を—する。

【静的】(セイテキ) 日 しずかで動かないさま。㊌動的。

【静▼謐】(セイヒツ) (世の中などが)しずかで、おだやかなさま。例 —を保つ。

【静物】(セイブツ) ①静止したまま動かないもの。㊌動物。②日 絵の題材としての花や果物など。例 —画。

【静黙】(セイモク) 思うところがあって、しずかにだまっている。

【静養】(セイヨウ) からだや心をしずかに休めて、病気や疲れをなおす。例 病後の—。

【静和】(セイワ) 心しずかで、おだやかなさま。
●安静(アンセイ)・閑静(カンセイ)・沈静(チンセイ)・鎮静(チンセイ)・動静(ドウセイ)・平静(ヘイセイ)・冷静(レイセイ)

靘 青6(14) 4 9193 9757 テイ 漢 庚 chēng
意味 正視する。

靚 青7(15) 3 9375 975A セイ 漢 敬 jìng
意味 ❶化粧する。よそおう。例 靚粧(セイソウ|セイショウ)・靚飾(セイショク)(=化粧する)。 ❷静寂なさま。しずか。通静。例 靚深(セイシン)(=静か)。間靚(カンセイ)。

[靜] 青8(16) ⇩ 静(セイ)(1426ジペー)

靛 青8(16) 4 9194 975B テン 漢 霰 diàn
意味 アイ(藍)から作った染料。あい。例 靛青(テンセイ)・靛藍(テンラン)(=あい)。

175 8画
非 あらず部
鳥のそむきあったつばさの形で、そむく意をあらわす。「非」をもとにしてできている漢字を集めた。

0 1426 非 7 1427 靠 11 1427 靡

この部首に所属しない漢字
韭→韭1433 悲→心511 斐→文604 罪→罒1062 翡→羽1072 蜚→虫1176 裴→衣1198 輩→車1290

非 非0(8) 1 4083 975E 教5
一 ヒ 漢 呉 微 fēi
二 ヒ 漢 呉 尾 fěi
あら-ず

筆順 丿 ㇓ 㓁 非 非 非 非 非

なりたち [象形] 鳥のつばさが垂れて、そむきあっている形。そむく。

意味 一 ❶そむく。たがう。例 非違(ヒイ)。 ❷あやまりとする。また、あやまち。㊌是。例 非レ非(ひをひとす)。非心(ヒシン)。 ❸せめる。そしる。例 非議(ヒギ)。非難(ヒナン)。 ❹「あらず」と読み、…ではない、の意。否定をあらわす。例 非レ常(つねにあらず)。非レ非(ひにあらず)。非レ凡(ボンにあらず)。
二 悪口を言う。そしる。通誹(ヒ)。例 非謗(ヒボウ)。

古訓 中古 あし・あらず・そしる・とが 中世 あらず・そしる・たがふ 近世 あらず・おとす・かくるる・せむる・そしる・たがふ

難読 似非(えせ)

【非意】(ヒイ) ①思いもよらないこと。だしぬけ。不意。②悪意。

【非違】(ヒイ) 法にそむき道徳に外れていること。また、その行為。例 —をとがめる。

【非運】(ヒウン) 運が悪いこと。不運。例 身の—を嘆く。

【非核】(ヒカク) 日 核兵器を持たないこと。例 —化。

【非義】(ヒギ) 道義にかなっていない。正しくない。

【非議】(ヒギ) 非難する。悪口を言う。誹議(ヒギ)。

【非業】 一(ヒギョウ) 自分がすべきでないこと。しなくてもよいこと。 二(ヒゴウ) 〔仏〕前世の報いによるのではなく、現世の思いがけない災難によってそうなること。例 —の死をとげる。

【非行】(ヒコウ) 日 青少年の、社会的にみてよくないおこない。例 —に走る。—少年。

【非公式】ヒコウシキ 日正式でないこと。表向きでないこと。
【非合法】ヒゴウホウ 日法律や規則に合っていないこと。
【非国民】ヒコクミン 日国民として果たさなければならないつとめを果たしていない者。国家を裏切るような行為をする者。
【非才】ヒサイ 才能がないこと。菲才ヒサイ。〔自分の才能をへりくだっていう〕例浅学—。
【非次】ヒジ 順序どおりでないこと。不次。
【非時】ヒジ 〔仏〕①食事をしてはならない、正午から後夜ゴヤまで。②「①」にとる食事。非時食ヒジキ。
【非笑】ヒショウ 人をそしってわらう。
【非常】ヒジョウ ①危険などがさしせまっている状態。例—階段。②程度が普通でないさま。はなはだしいさま。例—に大きい。—な熱意。
【非常時】ヒジョウジ 日戦争や災害などの、危険や困難に直面しているとき。対平時。
【非情】ヒジョウ ①〔仏〕木や石などのように、心をもたないこと。対有情ウジョウ。②日喜び・悲しみ・優しさなどの、人間らしい感情がなく、心が冷たいさま。例—な仕打ち。
【非常勤】ヒジョウキン 日限られた日数や時間だけ勤務すること。また、その人。例—講師。
【非常識】ヒジョウシキ 日世間一般の常識とかけはなれているさま。例—な人間。
【非職】ヒショク ①その任務でないこと。②日公務員などが、ある地位を与えられたまま、実際に受け持つ任務がないこと。また、その人。非役ヒヤク。
【非心】ヒシン 正しくないこころ。
【非人】ヒニン 一ヒジン ①身体に障害のある人。②その職にふさわしくない者。③悪人。二ひとをそしる 人を非難する。三ニン ①〔仏〕人間でないもの。夜叉ヤシャ・竜神リュウジン・悪鬼アッキなど。②日こじきや罪人をいやしめていうことば。③日江戸時代、刑場の雑役などをつとめた者。
【非斥】ヒセキ 非難して退ける。
【非俗】ヒゾク 俗人でないこと。出家した僧など。
【非族】ヒゾク 同族でない者。
【非道】ヒドウ 人として守るべき道理や人情に外れているさま。例極悪—な犯人。
【非難】ヒナン 日ほかの人のおこないのあやまりや欠点などを強く責めて、とがめること。批難。例—をあびせる。—の的。
【非人情】ヒニンジョウ 日①人に対する思いやりや優しさがないこと。不人情。例—な仕打ち。②義理や人情を超越して、それらにわずらわされないこと。〔夏目漱石なつめソウセキが『草枕くさまくら』の中で説いた〕
【非番】ヒバン 日交代で務めることになっている仕事で、当番にあたっていないこと。また、その人。対当番。
【非非】ヒヒ ①ヒをヒとす 悪いことを悪いとする。②ヒにあらず 悪いことではない。
【非分】ヒブン 本分ではないさま。分を越える。
【非法】ヒホウ 法に外れること。不法。非合法。
【非望】ヒボウ ①身分を越えた、のぞみ。大それた、のぞみ。②予期していないさま。
【非▼謗】ヒボウ 悪口を言う。そしる。誹謗ヒボウ。類非毀ヒキ。
【非凡】ヒボン 平凡ではなく、すぐれているさま。対平凡。例—な才能。
【非命】ヒメイ ①天命を全まっとうしないこと。思いがけない災難で死ぬこと。対正命セイメイ。②運命を認めない考え方。墨子ボクシなどが唱えた。③命令に従わない。
【非役】ヒヤク 日現職でないこと。名義だけで実務についていないこと。
【非理】ヒリ 道理に外れたこと。非道。
【非力】ヒリキ 日力が弱いこと。実力がないこと。〔自分の力量をへりくだってもいう〕例—な自分を責める。
【非類】ヒルイ ①同族でない者。②身分などが自分と同類でないこと。③人類でないもの。鳥獣など。④おこないの正しくない者。
【非礼】ヒレイ 礼儀に外れること。また、そのおこない。無礼。例—をわびる。
【非礼▼之礼】ヒレイのレイ 礼にかなっていない、外見だけの礼。似て非なる礼。〈孟子・離婁下〉
●似非えせ・是非ゼヒ・先非センピ・前非ゼンピ・理非リヒ

靠
非7(15)　2 8049　9760

コウ(カウ)漢 号 kào
よ-りかかる・よ-る・もた-れる(もた-る)

意味 ❶信用して、よりどころとする。たよる。**よる**。❷**よりかかる。もたれる**。

靡
非11(19)　2 8351　9761

一 ビ漢 ミ呉 紙 mǐ
二 ビ漢 ミ呉 支 mí
三 バ漢 マ呉 歌 mó
なび-く

意味 一 ❶したがう。**なびく**。例靡然ビゼン。風靡フウビ。❷美しい。例靡衣ビイ。靡麗ビレイ。❸…ない。なし。通無。二 ❶散らす。分ける。分かつ。例靡散ビサン。❷滅びる。滅ぼす。こわす。例靡敝ビヘイ。❸ぜいたくをする。浪費する。例靡薄ビハク。淫靡インビ(=ぜいたく)。❹ただれる。例靡爛ビラン。三 こすりあわせる。通摩。

【靡衣▼婾食】ビイトウショク 美しい服を着て、ひとときの美食をむさぼる。将来のことは考えずに、目先のことだけに心をうばわれること。〈漢書・韓信伝〉
【靡散】ビサン ①散り散りになる。②消滅する。
【靡然】ビゼン (草木が風になびくように)勢いになびき従うさま。例—として大勢タイセイのおもむくところに従う。
【靡薄】ビハク ぜいたくであさはか。侈靡軽薄シビケイハク。例愍二世俗之靡薄一セゾクのビハクをあわれむ(=ぜいたくであさはかな世の中を痛ましく思う)。〈漢書・董仲舒伝〉
【靡靡】ビビ ①なびき従うさま。②ゆっくり歩むさま。③声や音が繊細で美しいさま。④尽きて消滅するさま。
【靡▼敝】【靡弊】ビヘイ 破壊される。国力などが衰える。
【靡▼曼】【靡▼嫚】ビマン ①肌が細やかで、やわらかく美しいさま。②美しい文章。
【靡▼爛】ビラン ただれる。糜爛ビラン。例—した皮膚。
【靡麗】ビレイ 華やかで、美しいさま。華美。

176 9画 面 めん おもて 部

人の顔の形をあらわす。「面」をもとにしてできている漢字を集めた。

面
面0(9)　1 4444　9762　教3

ベン漢 メン呉 霰 miàn
おも・おもて・つら・も
付表 真面目まじめ

筆順 一 丆 丆 丙 丙 而 而 面 面

なりたち  [象形]「百(=あたま)」と、人の顔の輪郭の形。正面を向いた人の顔。

意味 ❶かお。**つら。おもて**。例面識メンシキ。面相メンソウ。顔面ガンメン。❷顔につけるかぶりもの。マスク。例仮面カメン。能面ノウメン。鬼おに

[非] 7—11画▼靠 靡 [面] 0画▼面

面。❸物のおもてがわ。うわべ。例 面積。断面。表面。❹ものごとの一方の側。向き。方向。例 側面。方面。あらゆる面ですぐれている。❺顔を向ける。面と向かう。向く。例 面ㇾ山而居(=山に向かいあう所に居住している)。〈列子・湯問〉面壁。直面。❻向かいあう。まのあたりにする。例 面会。面談。❼顔をそむける。そむく。例 馬童面ㇾ之(=呂馬童は項羽に背をむけた)。〈史記・項羽紀〉❽平らな広がり。また、平らなものを数えることば。例 図面。帳面。三面鏡。

日本語での用法 《メン》「面をつける」▼剣道で頭部をおおう防具。また、そこを打つ技。

古訓 中古 おもて・おもむく・かほ・そむく・まのあたり・まへにす・むかふ 中世 おもて・かほ・つら・まのあたり・むかふ 近世 おもて・かほ・つら・ほほつき・まのあたり・まへ・まみゆる・みる・むかふ

難読 面皰(にきび)・難面(つれない)

【面影】(おもかげ) 日 ①目の前に浮かんでくる人の顔かたち。おもざし。例 亡き母の―。②昔のことを思い出させる、ものごとのありさま。例 昔の―をとどめた街並み。▽俤。

【面魂】(つらだましい) 日 強い心や激しい性質が、顔にあらわれていること。また、その顔つき。例 不敵な―。

【面衣】(メンイ) 女性が、風やちりをよけるため顔をおおう、うすぎぬ。外出や乗馬の折に用いた。

【面会】(メンカイ) 訪ねてきた人と会う。また、訪ねていって人と会う。例 ―謝絶。―時間を制限する。

【面戒】【面▼誡】(メンカイ) 面と向かっていましめる。

【面欺】(メンギ) 面と向かって人をけなす。目の前でだましたり、あざむいたりする。類 面謾(メンマン)。

【面詰】(メンキツ) 面と向かって、相手の悪いところなどを責めとがめる。面責。例 責任者を厳しく―する。

【面具】(メング) ①仮面。めん。②戦いなどで、顔につける防具。

【面結】(メンケツ) ①じかに対面し約束する。②うわべだけの交際。

【面▼晤】(メンゴ) 〔「晤」も、会う意〕面会。

【面語】(メンゴ) じかに会って話す。面談。

【面交】(メンコウ) 表面上の交際。誠意のないつきあい。

【面子】 一(メンシ) 顔。 二(メンツ) 〔中国語音〕①顔。②体面。例 ―がつぶれる。

【面試】(メンシ) 直接会ってためす。

【面識】(メンシキ) 日 会ったことがあって、互いに顔を見知っていること。顔見知り。例 一―もない。―がある。

【面従後言】(メンジュウコウゲン) 人前では服従しているようによそおい、陰では悪口を言う。〔〈書経・益稷〉から〕

【面従腹背】(メンジュウフクハイ) 日 表面では服従しているように見せかけながら、内心では反抗していること。類 面従背違。

【面称】(メンショウ) 本人の目の前でほめる。

【面▼牆】【面▼墻】(メンショウ) かきねの方を向く。先の見えないこと、見聞が狭く進歩しないことをいう。

【面色】(メンショク) 顔いろ。例 ―を失う。

【面責】(メンセキ) 日 面と向かってせめる。面詰。

【面積】(メンセキ) 平面や曲面の広さ。例 床の―を測る。

【面折】(メンセツ) 面と向かって過失・誤りを責める。

【面折廷争】【面折廷▼諍】(メンセツテイソウ) 朝廷で天子とじきじきに論争し、いさめる。〈史記・呂后紀〉

【面接】(メンセツ) 日 (その人の能力や人柄などを知るために)直接会う。例 ―試験。―を受ける。

【面前】(メンゼン) 人の見ている前。目の前。例 公衆の―。

【面争】(メンソウ) 面と向かって欠点・過失を責める。面折。例 ―廷論(=天子の面前で論争する)。

【面奏】(メンソウ) 天子に直接会って申し上げる。

【面相】(メンソウ) 日 顔の様子。顔つき。面体(メンテイ)。例 百―。驚くばかりの御―(=普通でない顔つき)。

【面談】(メンダン) じかに会って話をする。面語。面陳。類 面話。

【面陳】(メンチン) 「面談(メンダン)」に同じ。

【面体】(メンテイ) 日 (いかにも怪しい雰囲気をもった)顔つき。面相。例 異様な―の男。

【面倒】(メンドウ) 日 ①手数がかかって、わずらわしいこと。例 ―な仕事。―をおこす。②世話をすること。例 ―をみる。

【面罵】(メンバ) 面と向かって、ひどくののしる。

【面縛】(メンバク) 手を後ろでしばり、顔を前にむける。投降することや死の儀式・覚悟を示すこと、など諸説ある。

【面皮】(メンピ) ①つらの皮。例 ―を剝ぐ(=平然とふるまっている者の、真の姿をあばき出す)。鉄―(=あつかましくて恥知らず)。②体面。体裁。③顔の表情。

【面部】(メンブ) 顔の部分。顔面。

【面▼冪】(メンベキ) 死者の顔を布や紙でおおう。幎冒(ベキボウ)。

【面壁】(メンペキ) ①かべのほうを向くこと。②かべに向かって座禅を組むこと。例 ―九年(=達磨大師が九年間かべに向かって座禅を続けたこと)。③門を閉ざして周囲とかかわらない。

【面貌】(メンボウ・メンミョウ) 顔つき。

【面▼皰】(メンポウ) ①顔にできるふきでもの。かさ。②日 にきび。

【面目】(メンボク・メンモク) ①顔かたち。容貌(ヨウボウ)。②世間に対する体裁。体面。例 我何面目見ㇾ之(=わたしはどんな顔をして面会できようか)。〈史記・項羽紀〉③日 世間の人から受ける高い評価。世間の人に対する名誉。例 ―をほどこす。

【面目躍如】(メンモクヤクジョ・メンボクヤクジョ) 日 その人らしい姿が生き生きとよくあらわれているさま。

【面命】(メンメイ) 面と向かって命じる。また、対面して教える。

【面面】(メンメン) ①各方面。②日 おのおの。めいめい。多くの人々の中のひとりひとり。例 同志の―。一座の―。

【面▼諛】(メンユ) 人の面前でこびへつらう。

【面友】(メンユウ) まごころのない、うわべだけの友人。類 面朋(メンポウ)。

【面妖】(メンヨウ) 日 怪しいさま。不思議なさま。ぶきみなさま。〔古い言い方〕例 ―な事件。はて―な。

【面容】(メンヨウ) 顔つき。顔の様子。容貌。例 こっけいな―。

●一面・画面・局面・地面・正面・赤面・洗面・体面・直面・内面・背面・反面・文面・壁面・満面・路面

靤

面5 (14) 2 8050 9764

ホウ(ハウ)漢 効 pào
にきび・もがさ

意味 顔面にできる吹き出もの。**にきび**。**もがさ**。通 皰(ホウ)・疱(ホウ)。

靦

面7 (16) 2 8051 9766

一 テン 漢 銑 tiǎn
二 メン miǎn
は-じる(は-づ)

意味 一 ❶顔つき。容貌(ヨウボウ)。❷面と向かって平気で人を見る、あつかましいさま。例 靦然(テンゼン)(=平気で人の顔を見つめるさま)。❸恥ずかしく思う。面目ないと恥じる。**はじる**。例 靦顔(テンガン)。 二 ⇩【靦䩄】(テンメン)

【靦汗】(テンカン) 恥ずかしさに顔からあせが出る。

【靦顔】(テンガン) ①あつかましいこと。厚顔。②恥じる顔つき。

【靦▼慙】(テンザン) 恥じ入る。類 靦愧(テンキ)。

【靦▼䩄】(テンメン) 恥ずかしがるさま。

靨

面14 (23) 2 8052 9768

ヨウ(エフ)漢 葉 yè
えくぼ(ゑくぼ)

意味 ❶笑うと、頰(ほお)にできる小さいくぼみ。**えくぼ**。例 靨笑ショウ（＝えくぼを作って笑う）。片靨（かたえくぼ）（＝片方の頬にだけできるえくぼ）。❷頬（ほお）。

【靨▼輔】ヨウ ホ えくぼ。

177 9画 革 つくりがわ かわへん 部

毛を取り去ってひろげた皮の形をあらわす。「革」をもとにしてできている漢字と、「革」の字形を目じるしにして引く漢字とを集めた。

革

革0（9） 1 1955 9769 教6

━カク漢呉 陌 gé ━キョク漢 職 jí

かわ（かは）・あらた-まる・あらた-める（あらた-む）

筆順 一 廿 廿 廿 廿 芦 芦 莒 革

なりたち [象形] 毛を取り去った、獣の皮をひろげた形。

意味 ━❶獣皮の毛を取りのぞいたもの。かわ。例 牛革（ギュウカク）。皮革（ヒカク）。❷かわでつくった武具。例 金革（キンカク）（＝刀やよろい）。❸かわを張った楽器。八音の一つ。例 革木（カクボク）（＝かわを張った楽器と、木の楽器）。❹古いものを新しくかえる。あらためる。あらたまる。例 革新（カクシン）。革命（カクメイ）。改革（カイカク）。❺易（エキ）の六十四卦（カ）の一つ。☱☲ 離下兌上（リカダショウ）。湿地の中に火がある象。━病気が非常に重い。危篤になる。あらたまる。例 夫子之病革矣（フウシのやまいあらたまる）（＝父上は危篤です）。〈礼記・檀弓上〉

古訓 中古 あらたむ・かは・つくりかは 中世 あらたむ・かは・かはごろも・つくりかは・はねひろぐる・すみやか・つくりかは・なめしがは 近世 あつかは・あらたむ・かは・かは

【革易】カクエキ 改める。改めて変える。

【革質】カクシツ 日植物の表面の皮などに見られる、革のような固さをもつ性質。ケラチン。例 ―層。

【革車】カクシャ 革でおおいをした戦車。

【革新】カクシン 日古い制度や組織、方法などを改めて、新しいものにする。対保守。例 ―政党。技術―。

【革正】カクセイ 改正する。

【革帯】カクタイ｜かわおび 革で作った帯。ベルト。バンド。

【革▼囊】カクノウ ①革で作った袋。皮袋。②人のからだ。

【革弊】【革▼敝】カクヘイ 弊害を改める。

【革命】カクメイ ①メイをあらたむ 王朝が替わること。〔天命を受けて、新たな天子が位につくという考え方から〕②日支配されている人々が力で権力を奪いとって、国家や社会の組織を変える。③日急激で根本的な変革。例 産業―。

【革面】カクメン 顔色や態度を変えて表面的には服従しているようだが、本心は改めていないさま。

【革令】カクレイ 暦で、甲子（コウシ｜きのえね）の年。革命が起こりやすいとされた。

【革緒】かわお 日太刀（たち）などにつける、革のひも。

【革細工】かわザイク 日革で作った製品。

●沿革（エンカク）・帯革（おびかわ）・改革（カイカク）・牛革（ギュウカク｜ギュウがわ）・行革（ギョウカク）・皮革（ヒカク）・変革（ヘンカク）・保革（ホカク）

靪

革2（11） 4 9201 976A テイ漢 青 dīng

意味 靴底をつくろう。

難読 屩靪（はたち）（＝露地ぞうり）

靫

革3（12） 2 8054 976B サ漢 麻 chā サイ漢 佳 chāi うつぼ・ゆぎ

意味 矢を入れる道具。うつぼ。ゆぎ。例 鞴靫（ホサイ）（＝矢づつ）。

【靫負】ゆげい 日平安時代、靫（ゆぎ）を背負って皇居の警護にあたった、衛門府（エモンフ）の武官。

靭

革3（12） ―― ジン漢 震 rèn しな-やか・うつぼ・ゆぎ

[靭] 革3（12） 1 3157 976D 俗字。

[靱] 革3（12） 2 8055 9771 俗字。

[韌] 韋3（12） 4 9211 97CC 別体字。

意味 しなやかでつよい。柔らかでつよい。しなやか。例 靭帯（ジンタイ）。靭皮（ジンピ）。強靭（キョウジン）。

日本語での用法 《うつぼ》「靭猿（うつぼざる）（＝狂言の演目の一つ）・靭蔓（うつぼかずら）」▼「靫（うつぼ）」の誤用。

難読 靭負（ゆげい｜ゆきえ｜ゆぎえ）

【靭帯】ジンタイ 日関節の骨をつなぐ、弾力性のある繊維質の筋。関節の動きが、なめらかで自由になるように調節する。

【靭皮】ジンピ 日植物の外皮の下の、柔らかい繊維質の皮。

靮

革3（12） 3 9376 976E テキ漢 錫 dí

意味 ウマの頭にかける革ひも。おもがい。

靴

革4（13） 1 2304 9774 常用 カ（クヮ）漢 歌 xuē くつ

[鞾] 革10（19） 4 9210 97BE 本字。

筆順 一 廿 廿 芦 革 靪 靪 靴

なりたち [形声]「革（＝かわ）」と、音「華（カ）」とから成る。かわぐつ。

意味 革製のはきもの。かわぐつ。くつ。例 軍靴（グンカ）。

古訓 中古 かはわらうづ・くつ・クワのくつ 中世 くつ・ふかぐつ 近世 くつ・わらぐつ

【靴▼笏】カコツ くつと、しゃく。礼装時に身につけるもの。

●雨靴（あまぐつ）・軍靴（グンカ）・短靴（タンカ｜タンぐつ）・長靴（チョウカ｜ながぐつ）

靳

革4（13） 3 9377 9773 キン漢 問 jìn

意味 ❶ウマの首にめぐらしてかける革ひも。むながい。❷ものおしみする。おしむ。

靹

革4（13） 2 8056 9779 ドウ（ダフ）漢 合 nà

意味 やわらかな土壌。

鞅

革5（14） 2 8057 9785 オウ（アウ）漢呉 養 yāng むながい

意味 ❶ウマの首にめぐらしてかける革ひも。むながい。例 羈鞅（キオウ）（＝おもがいと、むながい）。❷名前に用いる字。例 商鞅（ショウオウ）（＝戦国時代、秦（シン）の政治家）。❸⇩【鞅鞅】オウオウ。❹⇩【鞅

掌(ショウ)

【鞅鞅】(オウオウ) 心に不平や不満があって、楽しくないさま。心がはればれしないさま。快快(オウオウ)。例 ―として楽しまない。

【鞅掌】(オウショウ) ①いそがしく働く。仕事が多くて身なりを整えるひまもないさま。②多いさま。例 遊者鞅掌(あそぶものはオウショウたり)（＝放浪する者がたくさんいる）。〈荘子・在宥〉

靼 革5(14) ②8058 977C タン漢 旱 タツ漢 曷 dá なめしがわ(なめしがは)

意味 ❶毛を取りのぞいて柔らかくした、かわ。**なめしがわ**。❷「韃靼(ダッタン)」は、蒙古(モウコ)にいた部族。

鞆 革5(14) ②8061 9786 国字 とも

意味 弓を射るとき、弦(つる)にふれるのを防ぐため左の手首につける、丸い革製の道具。例 鞆絵(ともエ)（＝もと、鞆(とも)の形にかいた絵。水のうず巻きの形の模様。巴(ともえ)）。

鞁 革5(14) ②8059 9781 ヒ漢 寘 bèi くらお-く

意味 ❶馬具の総称。❷馬具をつける。**くらおく**。

鞄 革5(14) ①1983 9784 人 ホウ(ハウ)漢 肴 巧 páo/bào かばん

［鞄］ 革5(14) ― 俗字。

なりたち  [形声]「革(＝かわ)」と、音「包(ホウ)」とから成る。革を柔らかく加工する職人。

意味 ❶革を柔らかくする職人。また、なめしがわ。❷太鼓のばち。

日本語での用法 《かばん》「旅行鞄(リョコウかばん)・手提(てさ)げ鞄(かばん)・鞄持(かばんも)ち」▼ものを入れて持ち運ぶための、革製の用具。〔日本の用法が中国でも俗用として使われる〕

古訓 中世 ゆがけ 近世 かはつくり・ゆがけ

靺 革5(14) ②8060 977A 一バツ漢 月 wà 二バツ漢 マツ呉 曷 mò えびす

意味 一革のくつした。通 韈(ベツ)。二「靺鞨(マッカツ)」は、中国古代の少数民族の名。**えびす**。

鞋 革6(15) ②8062 978B アイ慣 カイ漢 佳 xié わらじ(わらぢ)・くつ

［鞵］ 革10(19) ― 97B5 本字。

意味 革で作った、はきもの。**くつ**。例 鞋底(テイアイ)（＝くつのそこ）。

難読 草鞋(わらぐつ・わろうず・わらじ)・糸鞋(シガイ)

【鞋▼韈】(アイベツ) くつと、くつした。

鞍 革6(15) ①1640 978D 人 アン漢呉 寒 ān くら

なりたち  [形声]「革(＝かわ)」と、音「安(アン)」とから成る。騎乗用の馬具。くら。

意味 人が乗ったり物をのせたりするために、ウマの背に置く道具。**くら**。例 鞍馬(アンバ)。

古訓 中古 くら・くらほね・したくら 中世 くら 近世 くら

【鞍▼銜】(アンカン) ウマのくらと、くつわ。

【鞍橋】(アンキョウ) ウマのくら。〔形が橋に似ていることから〕

【鞍上】(アンジョウ) ウマにつけたくらの上。例 ―人無く鞍下(アンカ)馬無し（＝たくみにウマを乗りこなしていることのたとえ）。

【鞍▼韉】(アンセン) ウマのくらと、その下に敷く革の敷物。例 西市買二鞍韉一(セイシにアンセンをかう)（＝西の市場でくらや、くらの敷物を買う）。〈木蘭詩〉

【鞍馬】(アンバ) ①くらと、ウマ。②くらをつけたウマ。③戦争に明け暮れた生活。④日 ウマの背の形をした台の上に、二つの取っ手をつけた用具。男子体操競技の種目の一つ。

【鞍▼轡】(アンピ) ウマのくらと、たづな。

【鞍部】(アンブ) 日 山の尾根の中ほどが低くくぼんでいる所。コル。〔中央部がやや低くなって、くらの形に似ているところから〕

鞏 革6(15) ②8063 978F キョウ漢 腫 gǒng かた-い(かた-し)

意味 ❶革でしばって、かたくする。かためる。つかねる。また、**かたい**。例 鞏固(キョウコ)。❷おそれる。通 恐。

【鞏固】(キョウコ) かたく、しっかりしているさま。表記 現 強固

鞐 革6(15) ②8064 9790 国字 こはぜ

意味 足袋(たび)や脚絆(キャハン)、また、書物を包む帙(チツ)などの合わせ目を留める、つめ。金属や象牙(ゾウゲ)などでできている。**こはぜ**。

𩊠 革6(15) ④9202 292A0 国字 ぬめかわ

意味 牛皮をタンニンでなめした、柔らかく光沢のある革。

鞕 革7(16) ③9378 9795 一ゴウ(ガウ)漢 敬 yìng 二コウ(カウ)漢 梗 gěng 三ヘン漢 先 biān

意味 一かたい。通 硬。二ふさぐ。ふさがる。通 鯁(コウ)。三むち。通 鞭(ヘン)。

鞖 革7(16) ④9204 9796 サイ漢 灰 suī しおで(しほで)

意味 鞍(くら)から垂らすひも飾り。

日本語での用法 《しおで》▼鞍(くら)の前輪(まえわ)と後輪(しずわ)の左右につけて、むながい・しりがいを結びつける革ひも。四方手。

𩊱 革7(16) ④9203 292B1 国字 しころ

意味 かぶとの左右や後方に垂らして、首すじをおおう防具。**しころ**。

鞘 革7(16) ①3068 9798 人 一ショウ(セウ)漢 嘯 qiào 二ソウ(サウ)漢 ショウ(セウ)呉 肴 shāo さや

［鞘］ 革7(16) ― 俗字。

なりたち  [形声]「革(＝かわ)」と、音「肖(ショウ)」とから成る。刀のさや。

意味 一刀身を入れる、細長い筒状のもの。**さや**。例 刀鞘(トウショウ)（＝刀のさや）。二むちの先端に結びつけた細い革ひも。例 鞭鞘(ベンショウ)（＝むちの先端）。

古訓 中古 きさや・さや・むちのを 中世 さや 近世 かたなざや・かたなのさや・さや・むち

難読 素鞘(しらさや)・海鞘(ほや)

鞠 革8(17) ①2139 97A0 人 一キク漢 屋 jū 二キク漢 屋 qū まり

［毱］ 毛8(12) ④7813 6BF1 別体字。

なりたち  [形声]「革(＝かわ)」と、音「匊(キク)」とから成る。けまり。

（鞠 つづき）

意味 一 ❶なめしがわで作った、けまり。**まり**。 例 蹴鞠（シュウキク）。 ❷そだてる。やしなう。 例 鞠育（キクイク）。 ❸年がわかい。おさない。 例 鞠子（キクシ）。 ❹からだを折り曲げる。かがむ。かがめる。 例 鞠躬（キッキュウ）。 ❺きわめる。とりしらべる。ただす。 通 鞫（キク）。 例 鞠訊（キクジン）。 二 酵母。こうじ。 通 麹（キク）。 例 鞠塵（キクジン）。

古訓 中古 きはまる・きはむ・つぐ・つくす・とふ・まり・みつ・やしなふ・をさなし 中世 きはまる・すすむ・つくす・まり・やしなふ 近世 おす・かうぢ・きはまる・くるしむ・つぐる・まり・みつる・やしなふ・をさなし

人名 つぐ・みつ

【鞠衣】（キクイ） 天子や皇后の衣服の一つで、青みを帯びた黄色（鞠塵（キクジン））のもの。

【鞠域】（キクイキ） けまりで遊ぶ場所。

【鞠育】（キクイク） 養いそだてる。養育。鞠養。

【鞠戯】（キクギ） けまり。けまりの遊び。

【鞠子】（キクシ） 幼い子。稚児（ちご）。稚子（チシ）。

【鞠▼訊】（キクジン） 罪を調べ問いただす。 類 鞠按（キクアン）・鞠問。

【鞠▼塵】（キクジン） ①青みをおびた黄色の塵（ちり）のように見える、こうじかび。 ②衣服の色の一つ。青みをおびた黄色。 ▽麹塵（キクジン）。

【鞠断】（キクダン） 取り調べて罪を決める。 類 鞠決（キクケツ）。

【鞠治】（キクチ） 罪をただし調べる。

【鞠養】（キクヨウ） 「鞠育（キクイク）」に同じ。

【鞠▼躬】（キッキュウ） ①おそれつつしむこと。 ②腰を曲げてする礼。 ③気をつかい、力を尽くす。

【鞠▼躬如】（キッキュウジョ） からだをかがめて、おそれつつしむさま。

鞚

革8（17） 4 9205 979A

コウ 漢 送 kòng

意味 くつわと、おもがい。 難読 承鞚（みずつき・みずき）

鞜

革8（17） 2 8065 979C

トウ（タフ） 漢 合 tà
くつ

意味 革製のはきもの。かわぐつ。**くつ**。 例 革鞜（カクトウ）（＝かわのくつ）。

日本語での用法 《トウ》「青鞜（セイトウ）」▼ブルーストッキングを誤訳して、「鞜」を、足袋や靴下と考えた。→【青鞜】（セイトウ）（1425ページ）

鞞

革8（17） 4 9206 979E

一 ヘイ 漢 迥 bǐng
ヒ 漢 紙 bǐ
二 ヘイ 漢 斉 pí

意味 一 刀のさや。さや。 例 鞞鞛（ヘイホウ）。 二 おおつづみ。 通 鼙（ヘイ）。

例 鞞鼓（ヘイコ）。

【鞞鼓】（ヘイコ） 戦場で打ち鳴らす、つづみ。鼙鼓（ヘイコ）。

【鞞▼琫】（ヘイホウ／ヒホウ） 刀のさやの飾り。

鞨

革9（18） 2 8066 97A8

一 カツ 漢 曷 hé
二 バツ 漢 黠 mò
えびす

意味 一 「靺鞨（マッカツ）」は、中国古代の少数民族の名。**えびす**。 二 頭巾（ズキン）。

鞫

革9（18） 2 7581 97AB

キク 漢 屋 jū
きび-しい（きび-し）・きわ-まる（きはま-る）・きわ-める（きは-む）・つ-くす

意味 ❶きびしく問いただす。**きわめる**。 例 鞫獄（キクゴク）（＝裁判すること）。鞫訊（キクジン）。 ❷困窮したさま。**きわまる**。

【鞫▼訊】（キクジン） 尋問する。取り調べる。鞠訊（キクジン）。

鞦

革9（18） 2 8067 97A6

シュウ（シウ） 漢 尤 qiū
しりがい

意味 ❶ウマのしりにかける、革ひも。**しりがい**。 ❷ ⇩【鞦韆】

【鞦▼韆】（シュウセン） ぶらんこ。〔祝辞「千秋万歳（センシュウバンザイ）」の「千秋」を転倒した「秋千（シュウセン）」の表記を変えた語という〕 例 鞦韆院落夜沈沈（シュウセンインラクよるチンチン）（＝ぶらんこのある中庭の夜はひっそりふけてゆく）。〈蘇軾・春夜〉

鞣

革9（18） 2 8068 97A3

ジュウ（ジウ） 漢 尤 róu
なめしがわ（なめしがは）・なめ-す

意味 動物の毛皮から毛や脂肪をとりのぞいて柔らかくした皮。**なめしがわ**。

鞢

革9（18） 4 9207 97A2

ショウ（セフ） 漢 葉 xiè

意味 たづな。 難読 鞢（ゆがけ）

鞮

革9（18） 3 9379 97AE

テイ 漢 斉 dī

意味 革ぐつ。

鞳

革9（18） 2 8069 97B3

トウ（タフ） 漢 合 tà

意味 「鞺鞳・鏜鞳（トウトウ）」は、ドンドンという太鼓の音。

鞭

革9（18） 1 4260 97AD 人

ヘン 漢 ベン 呉 先 biān
むち・むち-う-つ

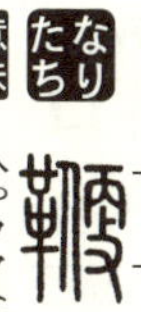

なりたち ［形声］「革（＝かわ）」と、音「便ベ」とから成る。ウマを駆りたてる。

意味 人やウマなどを打つための、革で作ったむち。ものを指し示すのにも用いる。**むち**。また、むちで打つ。**むちうつ**。 例 鞭撻（ベンタツ）。鞭笞（ベンチ）。教鞭（キョウベン）。

古訓 中古 うつ・はげます・ぶち・むち・むちうつ 中世 うつ・はげます・むち 近世 むち・むちうつ

【鞭策】（ベンサク） ①ウマを打つためのむち。 ②むち打つ。 ▽鞭捶（ベンスイ）。 ③励ます。

【鞭▼尸】（ベンシ／シにむちうつ） しかばねにむち打つ。死者をはずかしめ、恨みを晴らす。

【鞭▼杖】（ベンジョウ） ①むち。むち打つ。 ②むちなどでたたく刑罰。

【鞭▼捶】（ベンスイ） 「鞭策（ベンサク）①②」に同じ。

【鞭声】（ベンセイ） ウマなどをむちで打つ音。 例 鞭声粛粛夜渡レ河（ベンセイシュクシュクよるかわをわたる）（＝むちの音も静かに《軍勢は》夜陰に乗じて川を渡った）。〔頼山陽・題不識庵撃機山図〕

【鞭▼撻】（ベンタツ） ①むち打つ。 ②征服する。 ③日（なまけたりしないように）励ます。 例 自ら―して働く。今後とも御指導御―のほどを。

【鞭▼笞】（ベンチ） ①革のむちと竹のむち。 ②むちで打つ。 ③力でおさえつける。

【鞭▼辟】（ベンペキ） ①むちをふるい、励ます。 ②分析する。解明する。 例 ―近裏（＝徹底して分析・解明し、奥義にせまる）。

【鞭▼仆】【鞭▼撲】（ベンボク） ①むち。 ②むち打つ。むち打ちの刑。

【投レ鞭断レ流】（ベンをトウじてながれをたつ） 〔むちを投げ入れて流れをせきとめる意〕 渡河する兵の数が多いこと。〈晋書・符堅載記下〉

【▼雖ニ鞭▼之長一、不レ及ニ馬腹一】（むちのながきといえども、バフクにおよばず） ⇩【長鞭不レ及ニ馬腹一】（チョウベンバフクにおよばず）（1378ページ）

鞵

革10（19） ⇩ 鞋（アイ）（1430ページ）

韡

革10（19） ⇩ 靴（カ）（1429ページ）

鞲

革10（19） 4 9209 97B2

コウ 漢 尤 gōu
ゆごて

意味 矢を射るとき、袖が弦（つる）に当たるのを防ぐため、左手首から肩にかけておおうもの。**ゆごて**。 難読 鞲（たまき）

鞱

革10（19） ⇩ 韜（トウ）（1432ページ）

鞴 革10(19) 2 8070 97B4
■一 ヒ漢 寘 bèi ■二 ハイ漢 卦 bài ■三 ホ漢 遇 bù
ふいご

意味 ■一 鞍(くら)や手綱(たづな)などをウマにつける。例 鞴馬(バヒ)(=馬具をつけたウマ)。■二 火をおこすために風を送る革製の道具。**ふいご**。ふいごう。通 鞴(ハイ)。■三「鞴靫(ホサイ)」は、矢を入れる道具。やづつ。

難読 踏鞴(たたら)・手鞴(てふき|ふいご)

鞺 革11(20) 3 9380 97BA
トウ(タウ)漢 陽 tāng

意味「鞺鞳(トウトウ)」は、ドンドンという太鼓の音。

韁 革13(22) 3 9381 97C1
キョウ(キャウ)漢 陽 jiāng

意味 手綱(たづな)。端綱(はづな)。例 韁絡(キョウラク)(=たづなと、おもがい)。

韃 革13(22) 2 8071 97C3
ダツ慣 タツ漢 曷 dá
むち

意味 ❶むちで打つ。むちうつ。通 撻(タツ)。❷「韃靼(ダッタン)」は、蒙古(モウコ)にいた部族。

[韈] 革14(23) ⇩ 韤(ベツ)(1433ジペー)

韆 革15(24) 2 8072 97C6
セン漢 先 qiān

意味「鞦韆(シュウセン)」は、ぶらんこ。ふらここ。

難読 鞦韆(かるわざ)

韉 革16(25) 3 9382 97C9
セン漢 先 jiān

意味 鞍(くら)の下に敷いて、ウマの背を保護するもの。したぐら。

178 9画 韋（韋）なめしがわ部

柔らかくなめした皮の意をあらわす。「偉・違・緯」など常用漢字の構成部分となるときは「韋(十画)」の形になる。「韋」をもとにしてできている漢字を集めた。

韋 韋0(9) 2 8074 97CB
イ(ヰ)漢呉 微 wéi
なめしがわ(なめしがは)

参考「表外漢字字体表」では「韋」とする。

意味 ❶加工して柔らかくした皮。**なめしがわ**。例 韋応物(イオウブツ)(=中唐の詩人)。❷姓の一つ。

【韋弦▼之▼佩】(イゲンのハイ)〔「佩」は、身につける意〕柔らかいなめしがわ(韋)を身につけて自分のきつい性格をやさしく改め、ぴんと張ったゆみづる(弦)を身につけておっとりとした性格を厳しいものに改めること。気質を改めることをいう。佩韋佩弦(ハイイハイゲン)。〔〈韓非・観行〉から〕

【韋▼袴布被】(イコフヒ)なめしがわのはかまと、木綿の着物。質素な身なり、また、貧しいことをいう。

【韋柔】(イジュウ)なめしがわのように柔らかい。おだやかな性格で人に逆らわないこと。〈後漢書・祭遵伝〉

【韋駄天】(イダテン)①〔仏〕仏法を守る神。非常に足が速いといわれる。②日 駆けるのが非常に速い人。例—走り。

【韋布】(イフ)なめしがわの帯と、木綿の着物。人民、また貧しい人の服装。

【韋編三絶】(イヘンサンゼツ|イヘンみたびたつ)何度も繰り返して熱心に書物を読むことのたとえ。▶孔子が『易経(エキキョウ)』を精読し、何度もひもといたので、竹簡をとじていた革ひもが三度も切れたという。……〈史記・孔子世家〉

[韌] 韋3(12) ⇩ 靭(ジン)(1429ジペー)

韑 韋6(15) 4 9212 97D1
イ(ヰ)漢 尾 wěi

意味 ひかり。

韓 韋8(18) 1 2058 97D3 常用
カン漢 寒 hán
から

[韓] 韋8(17) —— 旧字体。

筆順 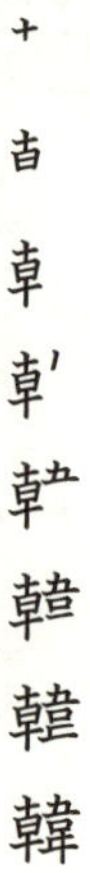

なりたち  [形声]「韋(=なめしがわ)」と、音「倝(カン)」とから成る。井げた。

意味 ❶井げた。❷春秋時代末期、晋(シン)が分裂した三晋(=魏(ギ)・趙(チョウ)・韓)の一国。戦国の七雄の一つにあげられたが、秦(シン)に滅ぼされた。(前四〇三—前二三〇) ❸古代、朝鮮半島南部の国。三韓(サンカン)。(=今の大韓民国)にあった馬韓(バカン)・辰韓(シンカン)・弁韓(ベンカン)の三つの国。三韓(サンカン)。❹「大韓民国」の略。例 日韓(ニッカン)会談(カイダン)。❺姓の一つ。例 韓信(カンシン)。韓非(カンピ)。韓愈(カンユ)。

古訓 中古 からくに・ゐつつ 中世 から・ゐづつ 近世 から・ゐげた

難読 韓衣(からころも)・韓紅(からくれない)・韓櫃(からびつ)

【韓海▼蘇潮】(カンカイソチョウ)韓愈(カンユ)の文章は海のように広々として雄大であり、蘇軾(ソショク)の文章は波乱があって潮のようである、という評語。〔〈丹鉛総録・一八〉から〕類 韓潮蘇海。

韔 韋8(17) 4 9213 97D4
チョウ(チャウ)漢 漾 chàng
ゆぶくろ

意味 弓を入れる袋。**ゆぶくろ**。

韙 韋9(18) 4 9215 97D9
イ(ヰ)漢 尾 wěi

意味 正しい。よい。例 不韙(フイ)(=不正。まちがい)。

韘 韋9(18) 4 9214 97D8
ショウ(セフ)漢 葉 shè
ゆがけ

意味 弓の弦を引くために親指のつけ根にはめる用具。**ゆがけ**。

[弽] 弓9(12) 3 8424 5F3D 別体字。

韡 韋10(19) 4 9216 97E1
イ(ヰ)漢 尾 wěi

意味「韡韡(イイ)」は、輝くように華やかなさま。

韞 韋10(19) 3 9383 97DE
ウン漢 吻 yùn

意味 中に入れて、しまう。つつむ。おさめる。例 韞玉(ウンギョク)。

【韞価】(ウンカ)価値のあるものを、つつみかくしておく。才知がありながら世人に知られていないこと。

【韞玉】(ウンギョク|ギョクをつつむ)玉をつつみかくす。美質を内に秘めている、また、それを世人に知らせないこと。

【韞▼匵】【韞▼櫝】(ウントク|ひつにおさむ)箱の中にしまっておく。才知がありながら、認められないこと。〈論語・子罕〉

韜 韋10(19) 2 8075 97DC
トウ(タウ)漢 豪 tāo
ふくろ・かく-す

[韜] 革10(19) 4 9208 97B1 別体字。

意味 ❶剣や弓を入れる革のふくろ。**ふくろ**。例 弓韜キュウトウ。❷(ふくろの中に入れるように)つつみかくす。**かくす**。例 韜晦トウカイ。韜蔵トウゾウ。❸収容する。つつむ。例 韜筆トウヒツ。❹(兵法書の『六韜リクトウ』から)用兵の術。はかりごと。例 韜略トウリャク。

【韜▼晦】トウカイ ①自分の身分や才能などをかくす。韜光。②うす暗い。③行くえをくらます。例 —戦術。

【韜光】トウコウ ひかりをつつむ ①(宝玉などの)ひかりを外にあらわさない。②「韜晦トウカイ①」に同じ。

【韜蔵】トウゾウ 才知などをつつみかくし、外にあらわさない。類 韜隠トウイン。

【韜筆】トウヒツ ふでをつつむ ふでをしまって使わない。執筆をやめること。

【韜略】トウリャク ①兵法書の『六韜リクトウ』と『三略』のこと。②兵法書。兵法。

韛
韋10(19) 3 9384 97DB ハイ 漢 卦 bài ふいご

意味 火をおこすために風を送る、革製の道具。**ふいご**。例 炉韛ロハイ。

難読 蹈韛たたら

韤
韋14(23) — 97E4 ベツ 慣 バツ 漢 月 wà したぐつ・たび

[韈] 革14(23) 2 8073 97C8 別体字。

意味 くつした。**たび**。

参考 訓「したぐつ」は、靴の下(内側)に用いる布製のはきもの。今の、くつした。

179 9画 韭 にら部

地上に生えたニラの形をあらわす。「韭」をもとにしてできている漢字を集めた。

0 1433 韭 3 1433 韮 8 1433 韱 10 1433 韲

この部首に所属しない漢字

殲→歹 733

[韭] 韭0(9) ⇩韮キュウ(1433ページ)

韮
韭3(12) 1 3903 97EE キュウ(キウ) 漢 有 jiǔ にら

[韭] 韭0(9) 2 8076 97ED 本字。

意味 ユリ科の多年草。**ニラ**。葉を食用とする。

難読 韭みら・韭かみら・韭ふたもじ(=ニラの古名)

韱
韭8(17) 4 9217 97F1 セン(セム) 漢 塩 xiān

意味 ❶ユリ科の多年草。ヤマラッキョウ。❷細い。通 纖。

韲
韭10(19) 2 8078 97F2 セイ 漢 斉 jī なます・あえもの(あへもの)・あ-える(あ-ふ)

[齏] 齊9(23) 2 8077 9F4F 別体字。

[虀] 艹19(22) 4 8723 8640 別体字。

意味 ❶野菜を細かくきざみ、調味料や香辛料であえた料理。**あえもの**。**なます**。例 韲塩セイエン(=野菜の料理。また、粗末な食事)。❷混ぜ合わせる。**あえる**。❸細かく砕く。くだく。例 韲身セイシン(=身をささげる)。韲粉セイフン(=くだく)。

参考 「韲」は本来、あえもの。のちに、「なます(膾・鱠)」と混同されるようになった。

180 9画 音 おと おとへん部

節ふしをつけて言う意をあらわす。「音」をもとにしてできている漢字を集めた。

0 1433 音 4 1434 韵 韴 5 1434 韶 10 1434 韻 11 1435 響 13 1435 響

この部首に所属しない漢字

章→立 990 意→心 513 黯→黒 1509

音
音0(9) 1 1827 97F3 教1 イン(イム) 漢 オン(オム) 呉 侵 yīn おと・ね

筆順 丶 亠 亡 立 产 音 音

なりたち  [指事]「言(=いう)」に「一(=ふし)」を加えた形。心に生じた声が節度をもって外にあらわれたもの。

意味 ❶空気などの振動が聴覚に伝わり、聞こえるもの。こえ。**おと**。例 音声オンセイ。音波オンパ。雑音ザツオン。❷調子のついた、おと。ふし。うた。**ね**。例 音楽オンガク。音色オンショク。❸文字の発音。例 音韻オンイン。音義オンギ。❹たより。通信。知らせ。おとずれ。例 音信インシン。無音ブイン。福音フクイン。❺木かげ。かげ。通 蔭イン。

日本語での用法 《オン》「音訓オンクン・字音ジオン」▼中国語としての発音にもとづいた、日本での漢字の読み方。対 訓。

古訓 中古 おと・おとづる・おとなふ・かげ・こゑ・わたる 中世 おと・こゑ・ね 近世 おと・こゑ・ね

人名 お・と・なり

【音物】インモツ 日 進物。また、賄賂ワイロ。

【音沙汰】おとサタ 日 便り。知らせ。例 まったく—がない。

【音域】オンイキ 日 声や楽器の、出すことのできる音の範囲。

【音韻】オンイン ①音。音色。②漢字の音(=頭子音シイン)と韻(=尾音部ビイン)。③言語を形成している音声の要素で、ことばの意味の区別をしている音オン。

【音階】オンカイ 日 音楽に用いられる音を、一定の基準に従って高さの順に並べたもの。例 長—。短—。

【音楽】オンガク 人の声や楽器で表現する、音による芸術。

【音感】オンカン 日 ①音の高低や音色などを聞き分ける能力。例 —がするどい。絶対—。②音から受ける感じ。

【音義】オンギ ①漢字の字音(=発音)と意味。②経典キョウテン—テンや古典などで用いられている漢字の、音と意味とを説明したもの。例 一切経イッサイキョウ—。

【音響】オンキョウ 音のひびき。ひびいてくる音。例 —効果。

【音曲】一オンキョク ①音楽のふし、しらべ。②音楽。二オンギョク 日 日本風の楽器の演奏や、うた。特に、三味線などに合わせて歌う俗曲。例 歌舞—。

【音訓】オンクン ①文字の発音と意味。②(音の同じ、あるいは近い字は、意味が似通うとして)音により字の意味を解釈すること。例、「政セイ」は「正セイ」なり。声訓。③日 漢字の音と訓。例 —索引。

【音源】オンゲン 日 音を発するもとになる物体や装置。

【音▼叉】オンサ 日 楽器の調音などに用いる、U字形の金属の棒に柄をつけた道具。

【音質】オンシツ 日 音や声の特徴や性質。音のよしあし。

【音書】一オンショ 便り。音信。二インショ 音韻についての書物。

【音色】オンショク ねいろ 日 その楽器独特の、音の感じ。例 バイオリンの豊かな—。

【音信】オンシン インシン 手紙や電話などによる知らせ。たより。通信。消息。音訊オンジン。音塵オンジン。類 音耗・音問。例 音信若為通

か分からない)。〈王維・送秘書晁監還日本国〉

【音▼訊】【音▼塵】オンシン・オンジン 「音信」に同じ。

【音数】オンスウ ことばの音や音節の数。例 ―律(=音節の数によって組み立てられる、ことばのリズム。たとえば、短歌は五・七・五・七・七)。

【音声】オンセイ ①音楽。②オンジョウ 音や声。また、人の声。例 ―言語。大―を張り上げる。

【音制】オンセイ ことばづかい。ことばのリズム。

【音節】オンセツ ①音楽のリズム。②日 ことばを発音するときの、音声のいちばん小さい単位。日本語では、普通、かな一字であらわされる。シラブル。例 ―文字(=日本のかなのように、一字で一音節をあらわす文字)。

【音速】オンソク 日 音が伝わる速さ。常温の空気中では、秒速約三四〇メートル。例 超―。

【音痴】オンチ 日 ①音に対する感覚がにぶくて、音程がはずれてうまく歌えないこと。また、そういう人。②俗に、ある特定の感覚がにぶいこと。また、そういう人。例 方向―。

【音調】オンチョウ ①音の高低。音の調子。②音楽の調子。ふし。③詩や歌のリズム。④話をするときのアクセントやイントネーション。

【音程】オンテイ 日 二つの音の高低の差。例 ―がくるう。

【音吐】オント 詩歌をうたったり文章を朗読したりするときの、声の出し方。声音。例 ―朗々と詩を吟じる。

【音頭】オンド 日 ①雅楽の合奏で、管弦の第一奏者。②多人数で歌うとき、先に歌ったり調子をとったりすること。例 ―をとる。③先導すること。例 乾杯の―。④多人数で、はやしに合わせて歌ったり踊ったりすること。また、その歌や踊り。例 東京―。

【音読】オンドク ①漢字の字音。②日 漢字を字音で読むこと。「草木」を「くさき」ではなく「ソウモク」と読むなど。対 訓読。③日 声に出して文章などを読む。対 黙読。

【音波】オンパ 日 物体の振動によって生じ、空気中や水中を伝わる音の波動。

【音博士】オンハカセ 日 平安時代、大学で漢字の音(漢音・呉音)を教授した教官。こえのはかせ。

【音標文字】オンピョウモジ 文字自体が決まった意味をもたず、音だけをあらわす文字。かなやローマ字など。表音文字。

【音便】オンビン 日 日本語で、単語がつながった場合に発音しやすいように、ある部分の発音が別の音に変化すること。イ音便・ウ音便・撥音便・促音便の四種類がある。

【音符】オンプ 日 ①楽譜で、音の長短を示す記号。♩(=四分音符)、♪(=八分音符)など。②文字の補助記号。濁音符「゛」や半濁音符「゜」、反復音符「く」など。③漢字で、形声文字の発音をあらわす部分。「紙」では「氏」の部分。

【音譜】オンプ 日 一定の記号を用いて、楽曲を書きあらわしたもの。楽譜。例 ―を読む。

【音訳】オンヤク ①漢字の音を用いて、外国語の音を書きあらわす。「倶楽部」「亜米利加」「伯林」「巴里」など。類 音写。例 梵語を―する。②日 目の不自由な人に伝えるため、文字などを音声化する。例 ―ボランティア。

【音容】オンヨウ 声と容貌。例 一別音容両渺茫(=お別れして以来、(天子の)お声もお顔もすっかり遠くはるかなものとなった)。〈白居易・長恨歌〉

【音律】オンリツ 音や音楽の調子。メロディーやリズムなど。

【音量】オンリョウ 日 音の大きさ。ボリューム。例 ―をしぼる。

●擬音ギオン・高音コウオン・声音こわね・雑音ザツオン・清音セイオン・騒音ソウオン・促音ソクオン・低音テイオン・同音ドウオン・発音ハツオン・半音ハンオン・鼻音ビオン・防音ボウオン・録音ロクオン

［韵］ 音4(13) ⇩韻イ(1434ページ)

韴 音4(13) 3 9385 97F4 ソウ(サフ)漢 合 zá

意味 断つ音。難読 韴霊ふつのみたま(=神剣の名)

韶 音5(14) 2 8080 97F6 ショウ(セウ)漢 蕭 sháo

意味 ❶中国の伝説上の聖王、舜シュンが作ったといわれる音楽。❷美しい。明るく、うららかな。

【韶華】ショウカ ①春の光。春景色。韶気。類 韶景。②青年時代。青春。

【韶気】ショウキ 「韶華ショウカ①」に同じ。

【韶武】ショウブ 帝舜シュンの音楽(韶)と、周の武王の音楽(武)。みやびな古い音楽。

韻 音10(19) 1 1704 97FB 常用 イン(ヰン)漢 震 ウン漢 問 yùn ひびき

［韵］ 音4(13) 2 8081 97F5 別体字。

筆順 立 音 音 音 韵 韻 韻

なりたち 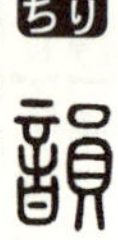 [形声]「音(=おと)」と、音「員ウ」とから成る。音が調和する。

意味 ❶快くととのった音や声。ひびき。例 松韻ショウイン(=松風の音)。余韻ヨイン。❷漢字の音韻で、一音節中の初めの子音(頭子音トウシイン)をのぞいた残りの部分。韻母。❸漢詩などで、同一または類似の韻を文中の定まった位置に繰り返して用いること。例 韻律インリツ。押韻オウイン。❹風流な。みやびな。例 韻士インシ。韻致インチ。❺風情。風格。趣。態度。例 少無適俗韻(=若いころから世俗に合わせる態度がない)。〈陶淵明・帰園田居〉 神韻シンイン(=高尚な風情)。風韻フウイン(=みやびな趣)。

古訓 中古 しらぶ 中世 こゑ・しらぶ・ひびき・ひびく 近世 ひびき・ひびく

人名 おと

【韻学】インガク 音韻を研究する学問。

【韻脚】インキャク 漢詩などで、調子をととのえるために句の終わりに用いる韻。例 ―をそろえる。

【韻語】インゴ 漢詩など、韻をふんでいる文章。韻文。

【韻士】インシ 詩歌を作る人。風流な人。

【韻字】インジ 漢詩などで、韻をふむために置かれる文字。

【韻事】インジ 詩歌・書画など、風雅な遊び。

【韻書】インショ 四声ごとに、韻の違いで漢字を分類した書物。『切韻』『広韻』『集韻』など。

【韻▼籤】インセン 日 韻字を記した小さい札。多人数が集まって詩を作るとき、それぞれが使う韻を決めるために、くじ引きのように用いた。

【韻致】インチ 風流な趣。

【韻▼紐】インチュウ 漢字の韻と紐(=頭子音トウシイン)。また、韻の部分だけを指す場合もある。

【韻文】インブン ①韻をふんだ漢詩や漢文。②日 特別のリズムや調子をもった文。特に、詩や短歌や俳句など。▽対 散文。

【韻母】インボ 漢字の音韻学で、一つの音節のうちの頭子音トウシインをのぞいた部分。対 声母。

【韻律】インリツ 詩や短歌や俳句の、ことばのリズムや調子。

●押韻オウイン・音韻オンイン・気韻キイン・脚韻キャクイン・神韻シンイン・頭韻

響
音11 (20) 1 2233 97FF 常用

キョウ(キャウ)漢 コウ(カウ)呉 養 xiǎng
ひびく・ひびき・どよ-めく

人名 トウ・百韻(ヒャクイン)・風韻(フウイン)

[響]
音13 (22) 3 9386 FA69 人

旧字体。

筆順 ⺃ 乡 纟 ⺄ 绉 绾 郷 鄉 響

なりたち [形声]「音(=おと)」と、音「鄉(キョウ)」とから成る。こだま。

意味 ❶音が何かにぶつかって、はねかえる。こだま。❷音が広がって伝わる。ひびく。また、その音声。ひびき。例 但聞二人語響一(ただジンゴのひびきをきくのみ)(=ただ人の話し声が聞こえるばかりだ)。〈王維・鹿柴〉反響(ハンキョウ)。❸呼応する。応答する。例 響応(キョウオウ)。❹音信。たより。

古訓 中古 ひびき・ひびく 中世 ひびき・ひびく 近世 ひびき・ひびく

人名 おと・なり

難読 動響(どよむ)・響(どよみ)・響(とどろく)・玉響(たまゆら)

【響応】キョウオウ (声に応じてひびきが起こるように)人の言動に応じて、すぐ行動を起こす。

【響▼箭】キョウセン 鳴りひびいて飛ぶ矢。かぶら矢。

●影響(エイキョウ)・音響(オンキョウ)・反響(ハンキョウ)

[響]
音13 (22) ⇩ 響(キョウ)(1435ジペー)

181 9画 頁 おおがい いちのかい 部

人のあたまの意をあらわす。「頁」をもとにしてできている漢字と、「頁」の字形を目じるしにして引く漢字とを集めた。

1446 顳

この部首に所属しない漢字

煩→火837
穎→水805
穎→禾978
囂→口268

頁
頁0 (9) 1 4239 9801 人

一 ケツ漢 ケチ呉 屑 xié
二 ヨウ(エフ)漢呉 葉 yè
かしら・ページ・おおがい(おほがい)

なりたち [会意]「𦣻(=かお)」と「儿(ひと)」とから成る。あたま。

意味 一 あたま。かしら。二 書物を開いたときの、左右の紙の面。本来は袋とじの紙の両面を指す。ページ。〔紙を数えることば「葉」の字音「ヨウ」と通じるところから〕

古訓 中世 かしら・まさし 近世 からべ・かしら

【頁岩】ガッガン 日 堆積岩(タイセキガン)の一つ。泥板岩(デイバンガン)の別名。板状にはがれやすく、砥石(といし)や硯(すずり)に用いる。

頄
頁2 (11) 4 9218 9804

キ漢 支 kuí
キュウ(キウ)漢 尤 qiú

意味 ほおぼね。

頃
頁2 (11) 1 2602 9803 常用

一 ケイ漢 キョウ呉 庚 qīng
二 ケイ漢 キョウ呉 梗 qǐng
三 キ漢 紙 kuǐ
ころ

筆順 ⺊ 匕 匕 匕 匕 匼 頃 頃

なりたち [会意]「匕(=ひと)」と「頁(=あたま)」とから成る。頭がまっすぐでないさま。

意味 一 かたむく。かたむける。通 傾。二 ❶このごろ。ここのところ。例 頃日(ケイジツ)。頃年(ケイネン)。❷短い時間。しばらくの間。例 頃刻(ケイコク)。少頃(ショウケイ)(=しばらく)。❸面積の単位。百畝(ホ)。例 雒陽負郭田二頃(ラクヨウフカクのデンニケイ)(=洛陽(ラクヨウ)郊外の二頃の田地)。〈史記・蘇秦伝〉凌二万頃之茫然一(バンケイのボウゼンたるをしのぐ)(=果てしもない広い水面をこいでいく)。〈蘇軾・赤壁賦〉三 片足を踏み出すこと。通 跬(キ)。例 頃歩(キホ)(=片足一歩)。

日本語での用法 《ころ》「年(とし)の頃(ころ)・食(た)べ頃(ごろ)・頃(ころ)は好(よ)しと決断(ケツダン)する」▼ある一定の条件にかなう時刻や時間。ころあい。

古訓 中古 あひだ・このごろ 中世 あひだ・このごろ・ころほひ・しばらく 近世 かたぶく・このごろ・ころ・そばだつ・にはか

難読 頃日(このごろ)・先頃(さいつころ)

【頃▼筐】キョウ 前のへりが低く、後ろが高い形のかご。

【頃刻】コクケイ しばらく。ちょっとの間。

【頃日】ジツケイ 近ごろ。このごろ。頃来。

【頃年】ネンケイ ここ数年の間。

【頃来】ライケイ 「頃日(ケイジツ)」に同じ。

【頃▼之】しばらくして 〔「之」は、語調を整える助字〕(=しばらくたって。例 頃之一人又告レ之(しばらくしてイチニンまたこれをつぐ)(=しばらくして、また《別の》ひとりが告げた)。〈戦国策・秦二〉

頂
頁2 (11) 1 3626 9802 教6

テイ漢 チョウ(チャウ)呉 迥 dǐng
チン唐
いただく・いただき

筆順 丁 丁 丁 丁 丁 丁 頂 頂 頂

なりたち [形声]「頁(=あたま)」と、音「丁(テイ)」とから成る。頭のいちばん上。

意味 ❶頭の最上部。あたま。例 丹頂鶴(タンチョウづる)。❷もののいちばん高いところ。てっぺん。いただき。また、これ以上がないというところ。最高の。例 頂上(チョウジョウ)。山頂(サンチョウ)。絶頂(ゼッチョウ)。❸ものを頭の上にのせる。高くさし上げる。いただく。例 頂戴(チョウダイ)。

日本語での用法 《いただく》「賞状(ショウジョウ)を頂(いただ)く・食事(ショクジ)を頂(いただ)く」▼ありがたく受ける。

古訓 中古 いただき・いただく 中世 いただき 近世 いただき・かみ

人名 かみ

【頂角】カクチョウ 日〔数〕三角形の底辺に対する頂点の角。

【頂光】コウチョウ 〔仏〕仏の頭の後ろから放たれる光。後光。

【頂上】ジョウチョウ ①山のいちばん高い所。いただき。てっぺん。また、もののいちばん上。トップ。例 ―をきわめる。―会談。②日 それより上がないこと。最高。絶頂。例 今が人気の―だ。

【頂戴】一 チョウタイ ①頭にいただく。②「頂礼(チョウライ)」に同じ。二 チョウダイ 日 ①目上の人から物をもらうことの謙譲語。例 ありがたく―します。②人から物をもらったり、人に何かをしてもらうときの、親しみをこめた言い方。例 一つ―。早く来て―。

【頂点】テンチョウ 日 ①いちばん高いところ。てっぺん。②ものごとの最も盛んな状態。絶頂。ピーク。例 人気の―。―に立つ。③〔数〕角をつくる二本の直線が交わる点や、多面体で三つ以上の平面が交わる点。例 三角形の―。

【頂門一針】【頂門一▼鍼】イッシンチョウモンの 〔「頂門」は、頭のてっぺんの意。頭のてっぺんに刺す針はよく効いたことから〉急所をずばりとついた、厳しい戒め。頂門上の一針。頂門針。〈鶴林玉露・三から〉

【頂礼】（チョウライ） 頭を相手の足につけて拝むこと。仏や賢者・貴人に対する最高の礼拝。古代インドで始まる。頂戴。例 帰命—。—昂じて尼になる（=信仰にこりすぎて尼になってしまう）。

【頂相】（チンソウ｜チンゾウ｜チョウソウ） 禅宗で、師または高僧の肖像画。

◐山頂・真骨頂・丹頂・天頂・登頂・頭頂

項

頁3 (12)　1 2564　9805　常用

コウ（カウ）漢　キョウ呉　講 xiàng

うなじ

筆順 一 丅 工 工ｰ 巧 项 項 項 項 項

なりたち ［形声］「頁（=あたま）」と、音「工ウコ」とから成る。頭のうしろ。

意味 ❶首すじのうしろ。うなじ。❷首。例 項縮（コウシュク）。項領（コウリョウ）（=首。また、要害）。短項（タンコウ）。❸冠のうしろ。❹肥大した。大きい。❺ものごとを分類した一つ一つの部分。例 項目（コウモク）。条項（ジョウコウ）。要項（ヨウコウ）。❻数学で、式を組み立てている要素。例 多項式（タコウシキ）。❼姓の一つ。例 項羽（コウウ）（=秦シ末の楚ソの武将。名は籍セキで、羽は字な）。

古訓 中古 あひだ・うなじ・くび 中世 うなじ・くび・このごろ 近世 うなじ・おほいなり・くび

人名 うじ・のぞく

難読 項垂（うなだ）れる

【項縮】（コウシュク） 首がちぢまる。恥じ入るさま。

【項背相望】（コウハイあいのぞむ） ①前後の者が互いに首すじやせなかを見合う意〉②人の往来が絶えないさま。〈前後の者が協力し合う。かばい合う。〈後漢書・左雄伝〉

【項目】（コウモク） ①ものごとをある基準で区分けした一つ一つの部分。例 分類—。②日 辞書などの見出し。例 —数。

◐移項・後項・前項

順

頁3 (12)　1 2971　9806　教4

シュン（スン）漢　ジュン呉　震 shùn

したが-う（したが-ふ）

筆順 丿 川 川一 川丆 川丙 川頁 川頁 順

なりたち ［会意］「頁（=頭の上から、かかとまで）」と「川セン→シュン（=川の流れ）」とから成る。したがう。

意味 ❶さからわない。すなお。したがう。例 六十而耳順（ロクジュウにしてみみしたがう）（=六十歳になって人のことばがすなおに聞ける）。〈論語・為政〉 順守（ジュンシュ）。従順（ジュウジュン）。❷ものごとがすじみちにそっている。思いどおりにすすむ。例 順境（ジュンキョウ）。順調（ジュンチョウ）。順風（ジュンプウ）。❸ものごとのあとさきの関係。事の次第。例 順位（ジュンイ）。順次（ジュンジ）。順序（ジュンジョ）。❹おだやかなこと。例 順気（ジュンキ）。柔順（ジュウジュン）。❺教訓する。教える。例 教順（キョウジュン）（=教える）。❻慎む。例 謹順（キンジュン）（=慎む）。❼巡視する。めぐる。

古訓 中古 あり・したがふ・しなふ・のぶ・まさ・まさし・むね・ゆく 中世 したがふ・とし 近世 したがふ・ついづる・はなつ・やはらぐ

人名 あや・あり・おさ・おさむ・かず・しげ・すなお・ただ・ただし・つぎ・つぐ・とし・なお・のぶ・のり・はじめ・まさ・まさし・みち・むね・もと・やさし・やす・ゆき・よし・より

【順位】（ジュンイ） 日 ある基準にもとづいて決められた、全体における位置づけ。順序。順番。例 優先—。—に従って並べる。

【順延】（ジュンエン） 日 予定していた日程を順ぐりに延ばす。繰り延べ。例 雨天—。予定を一日ずつ先に—する。

【順縁】（ジュンエン） 〔仏〕 ①年老いた者から順に死んでいくこと。②よいことをしたことがきっかけとなって、仏道に入ること。▽対 逆縁。

【順化】（ジュンカ） ①〔「化」は、死ぬこと〕 僧の寿命が尽きる。②日 その土地の気候や風土に適するように変化する。馴化（ジュンカ）。例 乾燥した土地に—する。③日 野生の動物を、人間に役立てるために飼いならす。馴化。

【順気】（ジュンキ） ①おだやかな気。②季節・気候の移り変わりに従う。③人の気性・性質にすなおに順応する。

【順義】（ジュンギ｜ギにしたがう） ①道理にかなっていることと、そむいていること。正しい道理に従う。

【順逆】（ジュンギャク） ①道理にかなっていることと、そむいていること。例 —の理。—をわきまえる。②従うことと、さからうこと。例 —の道を誤る。③正しい順序と逆の順序。

【順境】（ジュンキョウ） ものごとが具合よく運ぶ境遇。対 逆境。

【順行】（ジュンコウ） ①順序どおりに進む。②道理に従っておこなう。③地球から見て、惑星が西から東へ動く天球上の運動。▽対 逆行。

【順孝】（ジュンコウ） 祖父母・父母の言いつけに従い、孝を尽くす。孝順。

【順次】（ジュンジ） 順をおって次々に。例 —報告する。

【順時】（ジュンジ｜ときにしたがう） その時その時の機会・機運に、適切に従う。

【順守】（ジュンシュ） ①できあがった成果を、そのまま守る。②日 法律や命令などをよく守る。遵守。例 法を—する。

【順序】（ジュンジョ） ①一定の決まりに従った並べ方。順。例 —不同。②決まった手順。段取り。例 —をふむ。

【順職】（ジュンショク） 職務どおりにおこなう。職務に忠実に従う。

【順正】（ジュンセイ） ものの道理に従っていて、正しいこと。

【順接】（ジュンセツ） 日 前の文や句とあとの文や句が、意味の上で順当につながること。「A。そしてB」「A。だからB」「AなのでB」など。対 逆接。

【順治】（ジュンチ） 世の中が平和におさまる。

【順調】（ジュンチョウ） 日 ものごとが調子よく運ぶさま。例 病気が—に回復する。工事が—にはかどる。

【順適】（ジュンテキ） 相手の気持ちにすなおに合わせる。

【順天】（ジュンテン｜テンにしたがう） 天の道に従う。

【順当】（ジュントウ） そうなるのがあたりまえであること。例 —に勝つ。

【順徳】（ジュントク） 柔順な徳。また、徳に従う。

【順応】（ジュンノウ｜ジュンオウ） 環境になれて、その中でうまく生きられるようになる。例 —性がある。

【順番】（ジュンバン） 日 ものをおこなうときの順序。順。例 —を待つ。

【順風】（ジュンプウ） ①（船が）進む方向に吹く風。追い風。対 逆風。②風の吹く方向に従う。

【順風満帆】（ジュンプウマンパン） ①船が帆に順風を受けて快調に進むこと。②日 すべてのことがうまく運んでいくこと。

【順服】（ジュンプク） 相手の徳に心服する。服従する。

【順奉】（ジュンポウ） 道徳・法律・教えなどを尊重して守る。遵奉。例 師の教えを—する。

【順法】（ジュンポウ） 法律や規則を正しく守ること。遵法。例 —精神。

【順民】（ジュンミン） ①よく道理に従う民。②支配者の法令に従順な人民。③民の心に従う。

【順流】（ジュンリュウ） ①水が水路に従って流れる。②水の流れに従って下る。

【順良】（ジュンリョウ） すなおで性質のよいさま。例 —な民。

【順礼】（ジュンレイ） ①礼儀に従う。②日 聖地や寺社などをめぐり歩いて、参拝する。また、その人。巡礼。

【順列】（ジュンレツ） 日〔数〕 いくつかのものの中から順番に取り出し

て、一列に並べる並べ方。また、その並べ方の総数。

【順路】ジュンロ 回順序よく進んで行ける道筋。例見学—。

◐温順オンジュン・帰順キジュン・語順ゴジュン・柔順ジュウジュン・席順セキジュン・手順てジュン・筆順ヒツジュン・不順フジュン

須

頁3 (12) 1 3160 9808 常用

シュ漢 ス呉 虞 xū

すべから-く・もち-いる(もち-ゐる)・ま-つ

筆順 丿 彡 須 須 須 須 須

なりたち  [会意]「頁(=あたま)」と「彡(=ひげ)」とから成る。あごひげ。借りて「もとめる」の意。

意味 ❶必要とする。もとめる。もちいる。通需ジュ。例満酌不レ須レ辞マンシャクジするをもちいず(=杯になみなみとついだ酒を遠慮する必要はない)。〈于武陵・勧酒〉 須要シュヨウ。必須ヒッス。❷(相手が来るのを)まつ。例須待シュタイ(=まつ)。❸少しの時間。しばらく。例須臾シュユ。❹梵語ボンの音訳。例須弥山シュミセン。恵比須エビス。❺「すべからく…(す)べし」と読む再読文字。…する必要がある・ぜひとも…すべきである、の意。例君須レ記きみすべからくきくすべし(=君はぜひとも覚えておく必要がある)。❻あごひげ。ひげ。通鬚シュ。例須髯シュゼン。❼遅延する。遅れる。❽頼りにする。あてにする。頼る。❾任用する。❿きっと。必ず。⓫とうとう。ついに。

古訓 中古かならず・しばらく・すべからく・すべし・たもつ・べし・まつ・もちゐる・もて・もてす・もとむ 中世おもてのけ・すべからく・べし・もちゆる・もちゐる・もちゐる 近世しばらく・すべからく・たすくる・ひげ・まつ・もとむ

人名 もち・もとむ

難読 須臾しばし・しばらく・たちまち

【須▼髯】シュゼン あごひげと、ほおひげ。

【須髪】シュハツ あごひげと頭髪。

【須眉】シュビ【須▼麋】シュビ あごひげと、まゆ。

【須弥山】シュミセン・スミセン〔仏〕「須弥」は、梵語ボン Sumeru の音訳〕仏教の宇宙観で、世界の中心にそびえる高い山。香木が茂り、四方に四天王が控え、頂上には帝釈天タイシャクテンが住むという。例—と丈くらべ(=とても比べものにならないこと)。

【須弥壇】シュミダン・スミダン 仏像を安置する台座。須弥山シュミセンをかたどったものという。

【須▼臾】シュユ ①ほんのわずかの間。例哀二吾生之須臾一わがせいのしゅゆなるをかなしむ(=私の一生がほんのしばらくの間でしかないのを悲しむ)。〈蘇軾・赤壁賦〉—にして雷雨やむ。②のんびりしている。ゆったりしている。

【須要】シュヨウ 必ずなくてはならないこと。ぜひ必要なさま。必須ヒッス。例—な条件。学問上—とする研究題目。

頑

頁4 (13) 1 2072 9811 常用

ガン(グヮン)漢 ゲン(グェン)呉 刪 wán

かたくな

筆順 二 亓 元 元 頑 頑 頑 頑

なりたち  [形声]「頁(=あたま)」と、音「元ゲン→ガン」とから成る。かたくなな頭。

意味 ❶融通がきかない。かたいじ。かたくな。例頑固ガンコ。頑迷ガンメイ。❷道理にくらい。才知のはたらきが十分でない。おろか。例頑愚ガング。❸よくばる。むさぼる。例頑夫ガンプ。❹強い。かたい。ごつい。いかつい。例頑健ガンケン。頑丈ガンジョウ。❺もてあそぶ。たわむれる。通玩ガン。例頑戯ガンギ(=ふざける)。❻凶悪な。また、凶悪な人。異民族への蔑称ベッショウ。例凶頑キョウガン(=悪党)。❼足腰の動作がにぶい。しびれる。例頑麻ガンマ(=しびれ)。

古訓 中古おろかなり・かたくなし・かたくななり・にぶし・みくるし・みにくし・わるし・わろし 中世おろかなり・かたくなし・にぶし 近世おろか・かたくなし・にぶし

【頑▼闇】ガンアン「頑愚ガング」に同じ。

【頑強】ガンキョウ 回①からだが丈夫なさま。頑健。例—な生まれつき。②頑固で、簡単には負けないさま。手ごわいさま。例—に抵抗する。

【頑▼軀】ガンク 頑丈なからだ。自分のからだを謙遜ケンソンしていうことば。

【頑愚】ガング ものの道理がわからない。頑固で、おろかなさま。頑闇ガンアン。頑昧ガンマイ。類頑魯ガンロ。

【頑健】ガンケン からだがきわめて丈夫なさま。頑強。

【頑固】ガンコ ①他人のいうことに耳を貸さず、かたくなに自分の考えをおし通すさま。例—一徹。②回しつこくて、悪い状態がよくならないさま。例—なよごれ。

【頑丈】ガンジョウ 回堅固で丈夫なさま。岩乗。

【頑童】ガンドウ ①子供のように道理がわからない者。②愚かな子供。きわけのない子供。

【頑頓】ガントン「頑鈍ガンドン①」に同じ。

【頑鈍】ガンドン ①相手の気をそらさずにふるまうが、誠実さに欠け、気骨がない。頑頓ガントン。②切れ味のにぶい刃物。

【頑▼鄙】ガンピ「頑陋ガンロウ」に同じ。

【頑夫】ガンプ ①かたくなで、ものわかりの悪い人。②欲の深い人。③「頑民ガンミン」に同じ。

【頑昧】ガンマイ「頑愚ガング」に同じ。

【頑民】ガンミン ①旧習をかたくなに守り、新しい体制を喜ばない人。〔もと、周の統治を拒んだ殷インの遺民をいう〕〈書経・畢命〉②かたくなに命令に従わない民。▽頑夫。

【頑迷】【頑冥】ガンメイ 回かたくなで、自分の考えをおし通すさま。例—固陋コロウ。—に自説に固執する。

【頑▼陋】ガンロウ 頑固で、ものわかりが悪い。頑鄙ガンピ。

頍

頁4 (13) 4 9219 980D

キ(クヰ)漢 紙 kuǐ

意味 ❶冠を頭に戴いただいたさま。例頍然キゼン(=冠をつけたさま)。頍弁キベン(=かんむり)。❷髪飾り。

頎

頁4 (13) 4 9220 980E

キ漢 微 qí

意味 背が高い。

頊

頁4 (13) 3 9387 980A

キョク漢 沃 xū

意味 ❶謹むさま。例頊頊キョクキョク(=謹むさま。また、失意したさま)。❷「顓頊センギョク」は、伝説上の帝王の名。

頏

頁4 (13) 2 8082 980F

一コウ(カウ)漢 陽 gāng 二コウ(カウ)漢 陽 háng

くび・のど

意味 一人のくび。くび。のど。通亢コウ。例頏顙ソウコウ(=のど)。二鳥が飛び上がる。対頡ケツ。例頡頏ケツコウ(=鳥が飛び上がったり舞い下りたりする)。

頌

頁4 (13) 2 8083 980C 人

一ショウ漢 ジュ呉 宋 sòng 二ヨウ漢 冬 róng

ほ-める(ほ-む)・たた-える(たた-ふ)

なりたち 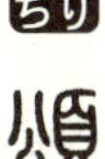 [形声]「頁(=あたま)」と、音「公コウ→ショウ」とから成る。容貌ヨウボウ。借りて「ほめたたえる」の意。

意味 一❶人格や功績をほめたたえる。ほめる。たたえる。例頌歌ショウカ。頌徳ショウトク。頌美ショウビ。❷『詩経シキョウ』の六義リクギの一つ。祖先を祭り、その徳をたたえる詩。例周頌シュウショウ。❸朗詠する。朗読する。通誦ショウ。❹文体の一つ。功績をたたえた美文。❺仏徳をたたえたり、教理を述べたりした詩。偈ゲ。例偈頌ゲジュ。二❶容貌ヨウボウ。姿。ありさま。通容。例 頌礼ヨウレイ。❷収容する。通容。❸大目にみる。ゆるやかにする。通容。例 頌繋ヨウケイ。

古訓 中古 となふ・ながむ・ほむ 中世 うたふ 近世 うたふ・かたどる・ほめる

人名 うた・おと・つぐ・のぶ・よむ

【頌歌】ショウカ 神仏の栄光や君主の徳行、英雄の偉業などを、ほめたたえるうた。賛歌。

【頌辞】ショウジ 人徳や偉業などをほめたたえることば。賛辞。類 頌詞。例 —をささげる。

【頌述】ショウジュツ ことばや文章で、ほめたたえる。

【頌春】ショウシュン 新春をたたえること。賀春。〔年賀状に用いることば〕

【頌声】ショウセイ 人徳や功績をほめ、太平の世をたたえる歌。

【頌徳】ショウトク 人徳や功績をほめたたえること。例 —碑。

【頌美】ショウビ 美徳をほめたたえる。

【頌▼繫】ヨウケイ 手かせ足かせをつけずに牢ロウに入れる。

【頌礼】ヨウレイ 容貌ボウについての礼儀。

頓

頁4 (13) 1 3860 9813 常用

一 トン 漢 呉 願 dùn
二 トツ 漢 呉 月 dú
とみ-に

筆順 ノ ㇄ 屯 屯 屯 頓 頓 頓

なりたち  [形声]「頁(=あたま)」と、音「屯トン」とから成る。頭を下げる。

意味 一❶頭を地につけて礼をする。ぬかずく。例 頓首トンシュ。❷急に。すぐに。とみに。例 頓死トンシ。❸とどまる。やどる。通屯。例 頓舎トンシャ。❹順調に進まずつかえる。とどこおる。つまずく。例 頓挫トンザ。❺足踏みをする。じだんだを踏む。例 牽レ衣頓レ足欄レ道哭ころもをひきあしをとんしみちをさえぎりてコクす(=《出征兵士を見送る人々は》衣服にすがりつき足を踏みならし、行く手をさえぎって泣きわめく)。〈杜甫・兵車行〉❻苦しむ。例 困頓コントン(=苦しみ疲れる)。❼こわれる。やぶれる。例 頓弊トンペイ。❽ととのえる。例 整頓セイトン。❾一度。一回。ひとたび。例 頓服トンプク。❿鋭利でない。にぶい。通鈍。二「冒頓ボクトツ」は、秦シン末から漢初のころの匈奴キョウドの王(=単于ゼンウ)の名。

古訓 中古 うやまふ・かたぶく・くだる・すみやかに・そばだつ・たちまち・つくろふ・とどむ・にはかに・にぶし・ひたぶる・やぶる・をがむ 中世 かたぶく・たちまち・にはか・ひたぶる・やぶる 近世 かしらさげる・そばだつ・たくはふ・にはか・にぶし・ひとたび・やがて・やぶるる

人名 はや

【頓狂】トンキョウ 日 突然調子外れなことをするさま。すっとんきょう。例 —な声を出す。

【頓宮】トングウ 日 天皇が行幸するときの仮の宮殿。行在所アンザイショ。

【頓悟】トンゴ 〔仏〕段階的な修行を積むことなく、にわかにさとりを開く。

【頓挫】トンザ ①音の調子がつまったり変わったりする。②詩文・絵画・舞踊の調子が急に変わる。③調子よく運んでいたものごとが、急にうまくいかなくなる。例 計画が—する。

【頓才】トンサイ 日「頓知トンチ」に同じ。

【頓死】トンシ 元気だった人が急にあっけなく死ぬ。急死。

【頓舎】トンシャ とまる。宿る。また、軍隊が野営をする。

【頓首】トンシュ ①礼法で、頭を地面につけて丁寧にお辞儀をすること。②手紙の終わりに書いて、相手に敬意をあらわすことば。例 —再拝。草草—。③髪を整える。

【頓証(證)▼菩提】トンショウボダイ 〔仏〕①すみやかに悟りを開くこと。②供養で、亡者モウジャが成仏するよう祈ることば。

【頓▼悴】【頓▼萃】【頓▼顇】トンスイ 苦しみ悩む。

【頓足】トンソク (悲しみ・喜び・怒りなどで)強く足をふみ鳴らす。じだんだをふむ。類 頓脚。

【頓知】【頓▼智】トンチ 日 時と場合に応じて、とっさに気のきいた対応のできる知恵。機知。頓才。ウイット。例 —のきく人。—をはたらかせる。

【頓▼躓】トンチ ①つまずいて倒れる。②窮地におちいる。苦境に立つ。

【頓着】【頓著】 一 トンチャク 安置する。二 トンジャク トンチャク ①〔仏〕むさぼる。②日 気にかける。心配する。例 無—。

【頓服】トンプク ①(薬を)ひと息に飲む。②症状が出たときに、その改善のためにその場限りで(薬を)飲む。例 —薬。

【頓弊】トンペイ やぶれすたれる。いたんでだめになる。

【頓▼踣】【頓▼仆】トンボク トンフ つまずき倒れる。例 饑渇而頓踣キカツしてトンボクす(=飢えかつえ、つまずいて倒れる)。〈柳宗元・捕蛇者説〉

【頓馬】【頓間】とんま 日 言動にぬかりのあること。また、そのような人。間抜け。

頒

頁4 (13) 1 4050 9812 常用

一 フン 漢 文 fén
二 ハン 漢 刪 bān
わ-ける(わ-く)・わ-かつ

筆順 ハ 分 分 分 頒 頒 頒 頒

なりたち  [形声]「頁(=あたま)」と、音「分フン→ハン」とから成る。頭の大きいさま。借りて「わける」の意。

意味 一頭の大きいさま。例 有レ頒其首フンたるそのかしらあり(=大きな頭をもっている)。〈詩経・小雅・魚藻〉二❶ほうびとして分け与える。たまう。わかつ。わける。例 頒賜ハンシ。❷広く行きわたらせる。公布する。例 頒布ハンプ。❸まだら。通斑ハン。例 頒白ハンパク。

古訓 中古 あかつ・おほきに・わかつ 中世 あかつ・あまねし・わかつ 近世 おほあたま・おほし・しく・しらがまじり・たまふ

【頒賜】ハンシ 臣下にほうびとして分け与える。上の者が下位者に物をとらす。また、その物。類 頒賚ハンライ。

【頒白】ハンパク しらがまじりの髪。斑白ハンパク。半白。

【頒布】ハンプ ①(法令などを)公布する。②(物品などを)広く行きわたるよう配る。例 無料で—する。

預

頁4 (13) 1 4534 9810 教5

ヨ 漢 呉 御 yù
あず-ける(あづ-く)・あず-かる(あづ-かる)・あらかじ-め

筆順 マ ㇇ 予 予 預 預 預 預

なりたち  [形声]「頁(=かお)」と、音「予ヨ」とから成る。安らかにする。借りて「あらかじめ」の意。

意味 ❶前もって準備する。あらかじめ。通予。例 預言ヨゲン。❷かかわる。あずかる。通与。例 干預カンヨ(=関与)。参預サンヨ。❸楽しむ。通予。例 遊預ユウヨ(=遊び楽しむ)。

日本語での用法《あずける》《あずかり》「銀行ギンコウにお金かねを預あずける・勝負ショウブを預あずける・一時イチジ預あずかり」▼預金する。まかせる。保管する。

古訓 中古 あづかり・あづかる・あらかじめ・たのしぶ・たのしむ・やすし 中世 あづかる・あらかじめ・やすし 近世 あづかる・あらかじめ・おこたる・およぶ・たのしむ・まじはる

人名 さき・まさ・やす・よし

【預金】ヨキン 日 銀行にお金をあずける。また、そのお金。例 普通—。定期—。

【預言】ヨゲン ①未来のことをあらかじめいう。②日 神の霊感を受けた者が、神のお告げを人々に伝える。また、そのことば。例 —者。▽予言。

【預度】(ヨタク) 前もっておしはかる。類預料。

【預託】(ヨタク) 日お金などを一時あずける。例株券を—する。

[頚] 頁5(14) ⇩頸(イケ)(1440ジペー)

䪼 頁5(14) 4 9223 4ABC セツ漢 屑 zhuó

意味 両ほおの突き出たあたりの骨。ほおぼね。

頔 頁5(14) 4 9221 9814 テキ漢 錫 dí

意味 よい。

頗 頁5(14) 1 3192 9817 人 ハ漢 呉 歌 pō すこぶ-る

なりたち [形声]「頁(=あたま)」と、音「皮(ヒ→ハ)」とから成る。頭部がかたよっているさま。

意味 ❶正しい位置や向きを失って、かたむく。かたよる。例偏頗(ヘンパ)(=かたよる)。❷いささか。すこし。また、かなり。相当に。なかなか。**すこぶる**。例頗似二楚漢時一(すこぶるソカンのときににたり)(=楚と漢の興亡のころにかなり似ている)。〈李白・猛虎行〉

古訓 中古 かたし・かたぶく・すこぶる・もし・やや 中世 かたし・すこぶる・ひとへに 近世 かたぶく・かたよる・すこぶる

【頗▼僻】(ハヘキ) 不正。よこしま。

【頗偏】(ハヘン) かたよる。偏頗(ヘンパ)。

頖 頁5(14) 4 9222 9816 ハン漢 翰 pàn

意味 ❶分離する。わける。通泮(ハン)。❷「頖宮(ハンキュウ)」は、周代に諸侯が設けた学校。泮宮(ハンキュウ)。

領 頁5(14) 1 4646 9818 教5 レイ漢 リョウ(リャウ)呉 梗 lǐng うなじ・えり

筆順

なりたち [形声]「頁(=あたま)」と、音「令(レイ)」とから成る。くびまわり。

意味 ❶くび。衣服のえり。例領巾(リョウキン)。項領(コウリョウ)(=くびすじ)。また、要害)。❷大事なところ。かなめ。例綱領(コウリョウ)。要領(ヨウリョウ)。❸ひきいる。おさめる。例領率(リョウリツ)(=ひきいる)。❹頭首。かしら。例首領(シュリョウ)。統領(トウリョウ)。❺受ける。受けとる。あずかる。例領収(リョウシュウ)。受領(ジュリョウ)。❻支配下におく。占有する。おさめる。例領域(リョウイキ)。領土(リョウド)。占領(センリョウ)。❼さとる。理解する。例領会(リョウカイ)。❽衣類や甲冑(カッチュウ)などの、ひとそろいを数えることば。かさね。例具足(グソク)一領(イチリョウ)。

古訓 中古 あづかる・きぬのくび・くび・しる・をさむ 中世 あづかる・えり・くび・つかさどる 近世 うくる・えり・くび・しるす・すぶる・をさむる

人名 おさ・おさむ・かなめ・さとし・さとる・むね

【領域】(リョウイキ) 日①国家の主権がおよぶ範囲。領土と領海と領空をあわせたもの。例自国の—。②学問や研究の分野。例化学の—。

【領会】(リョウカイ) ①出会う。めぐりあい。②会得する。さとる。わかる。了解。類領悟。

【領海】(リョウカイ) 日国家の主権がおよぶ範囲の海洋。対公海。例—侵犯。

【領解】(リョウカイ) ①はっきりと理解する。了解。②科挙(=官吏登用試験)の郷試に合格すること。

【領巾】(リョウキン) ①昔、婦人が首から肩にかけて、飾りとしたうすい布。ひれ。②えりのまわりにつけた飾り布。

【領空】(リョウクウ) 日国家の主権がおよぶ範囲の上空。

【領国】(リョウゴク) ①国家が領土として所有している土地。国土。②日大名などが所有していた領地。

【領事】(リョウジ) 日外国に駐在し、自国との貿易の促進や、その国にいる自国民を保護し、監督する仕事の役人。例—館。総—(=領事たちの最上官)。

【領主】(リョウシュ) 日①荘園(ショウエン)の所有者。②江戸時代、城のない領地を支配していた大名。

【領収】(リョウシュウ) お金などを受け取る。例—書。

【領袖】(リョウシュウ) ①えりと、そで。②人の上に立つ人。集団のリーダー。例党の—。③模範となる人。

【領承】(リョウショウ) ①受け入れる。承認する。②日承知する。了承。諒承(リョウショウ)。

【領掌】(リョウショウ) ①領有して支配する。②受けとる。領収。③日聞き入れる。了承。例命令を—する。

【領地】(リョウチ) ①所有している土地。②日大名や貴族、また寺社などが所有し、支配していた土地。

【領土】(リョウド) 日国家の主権がおよぶ範囲の土地。

【領分】(リョウブン) 日①所有している土地。領地。②勢力のおよぶ範囲。なわばり。例他人の—を侵す。

【領有】(リョウユウ) 土地や物を自分のものとして所有する。例—権。資源の—を争う。

【領略】(リョウリャク) 意味を理解する。さとる。

●横領(オウリョウ)・大統領(ダイトウリョウ)・天領(テンリョウ)・本領(ホンリョウ)

頞 頁6(15) 3 9388 981E ア・アン慣 アツ漢 曷 è

意味 鼻すじ。例縮頞(シュクアツ)(=鼻すじにしわをよせる)。

頤 頁6(15) 2 8085 9824 イ漢 支 yí おとがい(おとがひ)・あご

[頥] 頁8(17) 4 9228 9825 俗字。

意味 ❶したあご。**おとがい**。例頤使(イシ)。❷養い育てる。例頤育(イイク)(=養う)。❸「夥頤(カイ)」は「ああ」と読み、詠嘆をあらわす。❹易(エキ)の六十四卦(カ)の一つ。☶☳ 震下艮上(シンカゴンショウ)。山の下に雷がある象。

【頤使】【頤指】(イシ) 人をあごで使う。えらそうに人に指図する。頤令。例俗吏の—を受ける。

【頤養】(イヨウ) 養う。保つ。

【頤令】(イレイ) 「頤使(イシ)」に同じ。

[頟] 頁6(15) ⇩額(ガク)(1442ジペー)

頡 頁6(15) 2 8086 9821 ■一キツ慣 ケツ漢 屑 xié ■二キツ慣 ケツ漢 屑 jié ■三カツ漢 黠 jiá

意味 ■一❶首をまっすぐにする。人に屈しないさま。❷鳥が舞い下りる。対頏(コウ)。❸⇩【頡頏(キッコウ)】❹⇩【頡滑(コッケツ)】 ■二人名に用いる字。例蒼頡(ソウケツ)(キツ)(=伝説上の、文字の発明者)。■三上前をはねる。かすめとる。へずる。例盗頡(トウカツ)。

【頡▼頏】(キッコウ)(ケッコウ) ①鳥が飛び上がったり、舞い下りたりする。頏頡(コウケツ)。②互いに優劣がつかず、張り合う。拮抗(キッコウ)。③首筋が強い。転じて、気が強くて人に屈しないさま。④とらえどころのないような巧みな弁舌。

【頡滑】(コッケツ)(カッケツ) 入り乱れる。錯乱する。

𩒐 頁6(15) 4 9224 29490 シ漢 紙 chǐ

意味 顔が大きい。

頫 頁6(15) 3 9389 982B ■一フ漢 麌 fǔ ■二チョウ(テウ)漢 嘯 tiào

意味 ■一うつむく。ふす。通俯(フ)。例頫仰(フギョウ)(=俯仰)。■二ながめる。㊎眺。
【頫視】フシ 見おろす。

[頬] 頁6 (15) ⇩頰 (1441ジペー)

[頴] 頁7 (16) ⇩穎 (978ジペー)

頷
頁7 (16) 2 8087 9837
カン(カム)㊊ ガン(ガム)㊉ 感 hàn
あご・うなず-く(うなづ-く)

意味 ❶下あご。**あご**。あぎと。おとがい。例 燕頷ガンエン(=ツバメのようなあご。貴相とされる)。❷(頭を前に上下に動かして)承知する。**うなずく**。例 頷首ガンシュ。

【頷首】ガンシュ うなずいて承知する。
【頷▼聯】ガンレン 漢詩で、律詩の第三・第四の句。

頸
頁7 (16) 2 8084 9838
ケイ㊊ キョウ(キャウ)㊉ 梗 jǐng
くび

[頚] 頁5 (14) 1 2359 981A 俗字。

意味 ❶頭を支えている部分。**くび**。のどくび。例 頸椎ケイツイ。❷物のくびに相当する部分。

【頸▼枷】かせくび 日 ①昔、罪人の首にはめた刑具。②行動の自由をさまたげるもの。足手まとい。例 子は三界サンガイの—(=親は、子を思う心のために、一生自分の自由を束縛される)。▽首枷。
【頸木】くびき 日 ①牛車ギッシャや馬車などの車のながえの先の横木。車を引く牛馬の首に当てる部分。②自由をさまたげるもの。例 旧来の—を脱して思想の自由を得る。▽軛くびき。
【頸骨】ケイコツ 首の骨。例 —骨折の重傷。
【頸飾】ケイショク|くびかざり 首にかける、宝石や貴金属などをつないだ装飾品。例 真珠の—くびかざり。大勲位菊花章—キッカショウケイショク。
【頸椎】ケイツイ 日 脊椎セキツイの上部にある七個の骨。
【頸部】ケイブ 首の部分。
【頸領】ケイリョウ 首すじ。
【頸▼聯】ケイレン 漢詩で、律詩の第五・第六の句。

頣
頁7 (16) 4 9225 9823
シン㊊ 軫 shěn

意味 眉まゆを上げて人を見るさま。

頹
頁7 (16) — 9839
タイ㊊㊉ 灰 tuí
くず-れる(くづ-る)・くずお-れる(くづほ-る)

[頽] 頁7 (16) 2 8088 983D 俗字。

意味 ❶くずれ落ちる。**くずれる**。例 頽壊タイカイ(=崩壊)。頽毀タイキ。❷衰える。例 頽勢タイセイ。衰頽スイタイ(=衰える)。❸落ちこむ。落ちる。沈む。また、落とす。例 頽思タイシ。頽陽タイヨウ。❹水が流れ下る。流れ去る。❺従順なさま。例 頽乎タイコ。❻つむじ風。旋風。はやて。例 頽風タイフウ。

難読 胡頽子ぐみ・頽風わきの・雪頽なだれ

【頽岸】タイガン くずれかかった、がけ。山くずれをいう。
【頽毀】タイキ くずれ、こわれる。
【頽▼乎】タイコ ①従順なさま。②酒に酔いくずれるさま。
【頽思】タイシ 思いに沈む。沈思。
【頽勢】タイセイ 日 衰えていく傾向やいきおい。表記 ㊍退勢
【頽然】タイゼン ①くずれるさま。ぐったりするさま。②衰えたさま。だらしがないさま。
【頽堕】タイダ 「頽唐タイトウ①」に同じ。
【頽墜】タイツイ くずれすたれる。
【頽替】タイテイ
【頽唐】タイトウ ①くずれて乱れるさま。デカダン。頽廃。頽墜。例 —期。②気力が衰えるさま。
【頽波】タイハ ①くずれかかる波。②ものごとが衰えゆく。
【頽廃】タイハイ【頽敗】タイハイ ①くずれて、あれはてる。例 —した都市。②健全な気風や道徳がくずれて乱れる。デカダン。例 男女間の倫理の—。—した生活。表記 ▽㊍退廃
【頽風】タイフウ ①くずれ乱れた風俗。すさんだ気風。②暴風。
【頽弊】タイヘイ【頽▼敝】タイヘイ 風俗や制度などがくずれる。衰えて、だめになる。
【頽陽】タイヨウ 沈む夕日。入り日。
【頽齢】タイレイ 年をとって衰えていること。老齢。

頲
頁7 (16) 4 9226 9832
テイ㊊ 迥 tǐng

意味 頭をまっすぐにする。正直なさま。

[頳] 頁7 (16) ⇩赬 (1269ジペー)

頭
頁7 (16) 1 3812 982D 教2
ト㊌ トウ㊊ ズ(ヅ)㊉ チュウ(チウ)㊃ 尤 tóu
あたま・かしら・かみ・こうべ(かうべ)・かぶり・つむり

筆順 一 ㄷ 豆 豆' 頭 頭 頭 頭

なりたち [形声]「頁(=あたま)」と、音「豆トウ」とから成る。あたま。

意味 ❶人のからだの最上部や動物のからだの最前部。**あたま**。**かしら**。**こうべ**。例 頭蓋ズガイ。頭部トウブ。❷髪の毛。髪。例 初頭ショトウ。年頭ネントウ。❸はじめの部分。はじまり。例 頭蓬トウホウ。白頭ハクトウ(=白髪)。❹物の最上部。いただき。頂上。例 山頭サントウ(=山の頂上)。❺物の先端部。さき。例 頭緒トウショ。竿頭カントウ(=さおの先)。杖頭ジョウトウ(=つえの先)。❻いちばん上に立つ人。**かしら**。おさ。例 頭目トウモク。頭領トウリョウ。❼そのあたり。その場所。ほとり。例 駅頭エキトウ。街頭ガイトウ。店頭テントウ。❽ウシやウマを数えることば。例 四頭立シトウだての馬車バシャ。❾名詞につく接尾語。また、動詞や形容詞について名詞化する語。例 口頭コウトウ(=口)。石頭セキトウ(=石)。甜頭テントウ(=うまみ)。

日本語での用法 《かみ》《トウ》「蔵人頭くろうどのかみ|くろうどのトウ」▼律令制の四等シトウ官の最上官。

古訓 中古 からべ・かしら・かみ・さき・はし・ほとり 中世 かうべ・かしら・かみ・つかさどる・つぶり・ほとり 近世 かうべ・かしら・くび・さき・はじめ・ひとり・ほとり

人名 あき・あきら・はじめ

難読 お頭つむ・頭垢ふけ・塔頭タッチュウ・五百旗頭いおきべ(=姓)

【垂レ頭塞レ耳】こうべをたれみみをふさぐ かかわりをもたぬよう、耳も聞こえず、口もきけないふりをする。〈後漢書・殤帝紀〉
【以レ頭▼搶レ地】こうべをもってチをつく ①あたまを地面にこすりつけ、あわれみを請う。〈戦国策・魏四〉②怒るさま。
【頭蓋骨】ズガイコツ|トウガイコツ 日 脳をおおって、頭を形づくる骨。
【頭寒足熱】ズカンソクネツ 日 頭が冷えて足が暖かいこと。また、そういう状態にすること。健康によいとされる。
【頭巾】ズキン 防寒や頭部の保護、また、人目を避けるために、頭や顔をおおう、布でつくった袋状のかぶりもの。
【頭▼陀】ズダ 〔仏〕〔梵語ボンゴ dhūta の音訳〕僧が欲望を捨てて修行に励む。特に、托鉢タクハツして歩くこと。例 —袋ぶくろ。
【頭痛】ズツウ|トウツウ ①頭がいたむこと。例 —、発熱に苦しむ。②日 気がかりなこと。例 子供の素行が—ズツウのたねだ。
【頭脳】ズノウ ①(人間の)脳。②頭のはたらき。知力。判断力。記憶力。思考力。例 —労働。③頭のはたらきのすぐれた人。例 世界的な—。④首脳。例 会社の—。
【頭韻】トウイン 押韻法の一つ。語句の初めに同じ韻を繰り返して用い、快いリズムを生み出す表現法。㊥脚韻。
【頭会▼箕▼斂】トウカイキレン 「「会」は数える、「箕斂」は箕みでか

き集める意）あたまかずを数えて税を取り立てる。租税の取り立ての厳しいこと。〈史記・張耳陳余伝〉

【頭角】トウカク ①頭に生えた、つの。②ものごとの始まるきっかけ。③若者の意気ごみ。④抜群の才知。

【見二頭角一】トウカクをあらわす すぐれた才能を発揮して、目立つようになる。例 嶄然見二頭角一（ザンゼンとしてトウカクをあらわす）（＝ひときわ目立って才能を発揮していた）。〈韓愈・柳子厚墓誌銘〉

【頭首】トウシュ ①頭と首。②頭領。かしら。

【頭書】トウショ 日 文書の初めに書いてあること。例 ―の成績を収めたので表彰する。

【頭緒】トウショ ①（糸のはしの意）ものごとの糸口。②心に生ずるいろいろな思い。

【頭数】一 トウスウ 牛馬などの数。二 あたまかず 日 人の数。人数。例 ―をそろえる。

【頭足異レ処】トウソクところをことにす 切り殺されて頭と足とが別々になる。〈史記・淮陰侯伝〉

【頭注】【頭▼註】トウチュウ 日 本文の上の欄につける注釈。対 脚注。

【頭頂】トウチョウ （頭の）てっぺん。脳天。例 ―骨。

【頭童歯▼豁】トウドウシカツ 〔「童」は、はげているさま。「豁」は、抜けているさま〕年老いて、頭がはげ歯が抜けたさま。〈韓愈・進学解〉

【頭取】とうどり 日〔もと、音頭（ドオン）を取る人の意〕代表者として指図をする人。銀行などの取り締まりの責任者。

【頭髪】トウハツ 頭に生える毛。

【頭髪上指】トウハツジョウシ （激しい怒りのあまり）髪の毛が逆立つ。例 頭髪上指、目眥尽裂（トウハツジョウシし、モクシことごとくさく）（＝頭髪は逆立ち、目じりも裂けんばかりである）。〈史記・項羽紀〉

【頭部】トウブ 頭の部分。

【頭風】トウフウ／ズフウ 頭痛。

【頭▼蓬】トウホウ 頭髪が蓬（＝ムカシヨモギの類）のように乱れているさま。

【頭面】トウメン ①頭と顔。②顔。③風貌（ボウ）。④髪飾り。

【頭目】トウモク ①頭と目。②先頭に立つ指導者。リーダー。〔日本では「悪者のかしら」をいうことが多い〕例 山賊の―。

【頭領】トウリョウ （ある集団の）かしら。親分。首領。統領。棟梁（トウリョウ）。例 一味の―。

【頭▼盧】【頭▼顱】トウロ 〔「盧・顱」は、頭の骨の意〕野ざらしになった頭蓋骨（ズガイコツ）。どくろ。されこうべ。

●音頭（ドオン）・巨頭（キョトウ）・出頭（シュットウ）・船頭（センドウ）・台頭（タイトウ）・塔頭（タッチュウ）・念頭（ネントウ）・旗頭（はたがしら）・筆頭（ヒットウ）・冒頭（ボウトウ）・没頭（ボットウ）・毛頭（モウトウ）

9画

[頻] 頁7(16) ⇩頻ヒン（1441ジペー）

頰
頁7(16) 3 9390 9830 常用

キョウ（ケフ）漢 呉 葉 jiá

ほお（ほほ）・ほほ

[頬] 頁6(15) 1 4343 982C 俗字。

筆順 一 ア ズ 双 夾 夾 頰 頰

なりたち  [形声]「頁（＝あたま）」と、音「夾（キョウ）」とから成る。顔面の両わき。

意味 顔の両横。**ほお。ほほ。** 例 頰輔（キョウホ）。豊頰（ホウキョウ）（＝ふっくらとしたほお）。

古訓 中古 つら・ほほ 中世 つら・ほほ 近世 つら・ほほ

人名 つら・ほ

【頰骨】キョウコツ／ほおぼね ほおの上部の、少し高く出ている骨。

【頰車】キョウシャ ①下あご（の骨）。はぐき。〔歯を乗せるので「車」という〕②鍼灸（シンキュウ）のつぼの一つ。③他人の話しぶり。

【頰上添▼毫】キョウジョウゴウをそう 〔「毫」は、細い毛の意〕わずかな加筆で文章や絵画が精彩を放つこと。類 頰上益二三毛一（キョウジョウサンモウをます）。▶東晋（トウシン）の顧愷之（コガイシ）が裴楷（ハイカイ）の像を描いたとき、ほおに三本のひげをそえたら、生き生きとした絵となったという。…〈世説・巧芸〉〈晋書・顧愷之伝〉

【頰▼輔】キョウホ 〔「輔」も、ほおの意〕ほお。ほお骨。

【頰▼杖】ほおづえ 日 手のひらをほおに当て、ひじをついて頭部を支えること。考えごとなどをするポーズ。例 ―をつく。

【頰▼髯】ほおひげ 日 ほおに生えるひげ。例 ―をたくわえる。

頼
頁7(16) 1 4574 983C 常用

ライ 漢 呉 泰 lài

たのむ・たのもしい（たの-もし）・たよる・たより

[賴] 貝9(16) 3 9226 8CF4 人 旧字体。

筆順 一 口 申 束 束 剌 頼 頼 頼

なりたち  [形声]「貝（＝たから）」と、音「剌（ラツ→ライ）」とから成る。もうけ。

意味 ❶利益。もうけ。例 無頼（ブライ）（＝何の利益にもならない）。❷よりかかる。たのみにする。**たよる。** また、**たより。** たのみ。例 頼庇（ライヒ）。依頼（イライ）。信頼（シンライ）。❸おかげをこうむる。さいわいに。❹だまし取る。また、取る。❺怠惰である。怠ける。

日本語での用法 一《たのみ》《たのむ》「頼（たの）みを聞（き）いてやる・家政婦（カセイフ）を頼（たの）む」▼願う。請う。二《たのもしい》「頼（たの）もしい青年（セイネン）」▼たよりになる。たのむに足る。

古訓 中古 かうぶる・さいはひ・たのむ・たのもし・たより・とる・みたまのふゆ・よし・より・よる 中世 かうむる・さいはひ・たのむ・たのもし・よし・より・よる 近世 あまり・かが・さいはひ・たのむ・よし・よる

人名 のり・よし・より

【頼子】ライシ ならず者。無頼漢。

【頼▼庇】ライヒ たよりとする。他の力や助けをたのみとする。

●依頼（イライ）・信頼（シンライ）・無頼（ブライ）

[頤] 頁8(17) ⇩頤イ（1439ジペー）

顆
頁8(17) 2 8089 9846

カ（クヮ）漢 哿 kē

つぶ

意味 ❶小さくて丸いかたまり。**つぶ。** 例 顆顆（カカ）（＝ひとつぶひとつぶ）。顆粒（カリュウ）。❷ミカンなどの果物や宝石・真珠など、丸いものを数えることば。

【顆粒】カリュウ 小さいつぶ。つぶ。例 ―の飲み薬。

顇
頁8(17) 4 9229 9847

スイ 漢 寘 cuì

意味 ❶やせおとろえる。やつれる。通 悴（スイ）・瘁（スイ）。例 顦顇（ショウスイ）（＝憔悴（ショウスイ））。❷ゆきづまる。苦しむ。例 貧顇（ヒンスイ）。

頻
頁8(17) 1 4149 983B 常用

ヒン 漢 ビン 呉 真 pín

しき-りに・しき-る

[頻] 頁7(16) 3 9391 FA6A 旧字体。

筆順 ト 止 步 步 頻 頻 頻

なりたち  [会意] 本字は「瀕」で、「頁（＝あたま）」と「渉（＝わたる）」とから成る。さしせまる。派生して「しきりに」の意。

参考 「瀕」は、さしせまる、「頻」は、しきりに、の意に使い分け

[頁] 7―8画▼ 頻 頰 頼 頤 顆 顇 頻

られている。

意味 ❶しばしば。**しきりに。** 例 頻出(ヒンシュツ)。頻発(ヒンパツ)。頻繁(ヒンパン)。 ❷顔をしかめる。ひそめる。通 顰(ヒン)。例 頻蹙(ヒンシュク)。 ❸くっついて、ならぶ。例 頻行(ヒンコウ)。 ❹切迫する。さしせまる。通 瀕(ヒン)。

古訓 中古 しきりなり・しばしば・すみやかに 中世 しきり・しきりに 近世 いそがはし・しきり・しばしば・つらなる・とどまる・ならぶ・ほとり

人名 かず・しげ・つら・はや

【頻▼伽】(ビンガ) ⇩【迦陵頻伽】(カリョウビンガ)(1300ページ)

【頻行】(ヒンコウ) ならんで行く。

【頻数】(ヒンサク) しばしば。しきりに。

【頻▼蹙】(ヒンシュク) 顔をしかめて、いやがること。顰蹙(ヒンシュク)。

【頻出】(ヒンシュツ) 日 何度も繰り返し、あらわれる。

【頻度】(ヒンド) 日 (あることが)繰り返し起こる度合い。例 —数。—が高い。

【頻年】(ヒンネン) 〔年々ひき続く意〕毎年毎年。何年も。

【頻発】(ヒンパツ) 何度も繰り返し、続けざまに起こる。

【頻繁】【頻▼煩】(ヒンパン) 何度もおこなわれたり、たびたび起こるさま。例 三顧頻繁天下計(サンコヒンパンなりテンカのけい)(＝劉備(リュウビ)は孔明(コウメイ)の草ぶきのいおりを)三度も訪れて天下統一の計を問うた)。〈杜甫・蜀相〉

【頻頻】(ヒンピン) 同じことが何度も繰り返し起こるさま。

額

頁9(18) 1 1959 984D 教5

ガク漢 カク呉 陌 é

ひたい(ひたひ)・ぬか

[頟] 頁6(15) ― 981F 本字。

筆順 宀 宊 客 客 客 額 額 額

なりたち [形声]「頁(＝あたま)」と、音「各(カク→ガク)」とから成る。ひたい。

意味 ❶まゆ毛から髪の毛の生えぎわまでの部分。**ぬか。ひたい。** ❷規定の数量。金銭の量。例 金額(キンガク)。総額(ソウガク)。定額(テイガク)。 ❸書画を書いて、門や部屋などに掛けておくもの。**がく。** 例 題額(ダイガク)(＝がくに文字を書く)。扁額(ヘンガク)。 ❹⇩【額額】(ガクガク)

古訓 中古 ぬか・ひたひ 中世 ひたひ 近世 ひたひ

難読 月額(さかやき)・額田(ぬかた)(＝地名・姓)

【額額】(ガクガク) ①高く突き出たさま。例 古城何額額(コジョウなんぞガクガクたる)(＝古城がなんと高々とそびえていることか)。〈梅堯臣・依韻和韓子華陪王舅道損宴集〉 ②やかましく、さわぎたてる。

【額黄】(ガクコウ) 女性がひたいに塗った黄色の顔料。また、その化粧法。六朝(リクチョウ)時代から唐代までおこなわれた。

【額手】(ガクシュ)(てをガクにす) 両手を合わせてひたいに当てて、敬意をあらわす。

【額縁】(ガクぶち) 日 ①絵画などを入れて飾るための枠。フレーム。②窓のまわりなどにはめる、飾りの枠。例 —をつける。

【額面】(ガクメン) 日 ①貨幣や証券などに書かれている金額。例 —価格。②ものごとの表面上の意味。例 彼のことばを—どおりには受け取れない。

●巨額(キョガク)・減額(ゲンガク)・高額(コウガク)・残額(ザンガク)・全額(ゼンガク)・増額(ゾウガク)・多額(タガク)・低額(テイガク)・半額(ハンガク)

顎

頁9(18) 1 1960 984E 常用

ガク漢 薬 è

あご

筆順 丶 口 吅 咢 咢 顎 顎 顎

なりたち [形声]「頁(＝あたま)」と、音「咢(ガク)」とから成る。いかめしい顔。

意味 ❶顔つきが、いかめしいさま。 ❷うやうやしく謹むさま。

日本語での用法 《**ガク**》《**あご**》「顎骨(ガッコツ)(あごぼね)・下顎(カガク)(したあご)・上顎(ジョウガク)(うわあご)」▼人や動物の口の上下にある器官。上あごと下あご。

古訓 中古 ひたひ 近世 つつしむ・つらさしあぐる

顔

頁9(18) 1 2073 9854 教2

ガン漢 ゲン呉 刪 yán

かお(かほ)

[顏] 頁9(18) 2 8090 984F 旧字体。

筆順 亠 立 产 彦 彦 彦 顔 顔 顔

なりたち [形声]「頁(＝あたま)」と、音「彦(ゲン→ガン)」とから成る。まゆの間。

意味 ❶まゆとまゆとの間。眉間(ミケン)。例 竜顔(リュウガン)(リョウガン)(＝まゆの骨の丸く高い人相。また、天子の顔)。 ❷ひたい。おでこ。 ❸**かお。**かおつき。かおかたち。かおいろ。例 顔色(ガンショク)。顔貌(ガンボウ)。童顔(ドウガン)。 ❹いろどり。例 顔料(ガンリョウ)。 ❺建物や門に掲げる扁額(ヘンガク)。 ❻扁額や書物の扉に題字を書く。 ❼姓の一つ。例 顔回(ガンカイ)(＝孔子の弟子)。

日本語での用法 《**かお**》「顔役(かおヤク)・顔(かお)をきかせる」▼信望や権威をもつ人のたとえ。

古訓 中古 おもて・かたち・かほ・かほばせ 中世 おもて・かほ・かほばせ・かんばせ 近世 かほ・かんばせ・ひたひ

難読 花(はな)の顔(かんばせ)・強顔(つれない)

【顔厚】(ガンコウ) 恥知らずであつかましい。厚顔。

【顔▼巷】(ガンコウ) 〔孔子の弟子の顔回が住んでいた町の意〕狭くてむさくるしい所。

【顔色】(ガンショク)(かおいろ) ①(体調のよしあしがうかがえるような)かおの色つや。血色。例 —(かおいろ)がいい。②(感情の動きがうかがえるような)かおの様子。表情。気色。例 —(ガンショク)なし(＝すっかり圧倒されて精彩を欠くこと)。→【粉黛】(フンタイ)(1014ページ) ③色彩。また、絵の具。例 深知好顔色(ふかくしらんとすよきガンショクを)(＝すばらしい色彩をもっと深く知ろうとする)。〈杜甫・花底〉

【犯二顔色一】(ガンショクをおかす) 目上の相手が不快な表情でもかまわずにおこなう。君主の怒りを恐れず直言する。犯顔(ハンガン)(かおをおかす)。〈史記・太史公自序〉

【顔貌】(ガンボウ) かおかたち。容貌。例 柔和な—。

【顔面】(ガンメン) ①かお(の表面)。例 —蒼白(ソウハク)(＝恐怖などのために血の気(ケ)が引く)。②面子(メンツ)。体裁。

【顔容】(ガンヨウ) かおかたち。容貌(ヨウボウ)。

【顔料】(ガンリョウ) ①ものに一定の色をつける物質。水や油にとけない着色料で、塗料やインクなどの原料。②絵の具。

●朝顔(あさがお)・汗顔(カンガン)・紅顔(コウガン)・新顔(シンがお)・素顔(スがお)・尊顔(ソンガン)・拝顔(ハイガン)・目顔(めがお)・夕顔(ゆうがお)

顒

頁9(18) 3 9392 9852

ギョウ漢 冬 yóng

意味 ❶大きな頭。 ❷あおぎしたう。あおぐ。例 顒望(ギョウボウ)(＝仰望)。

顕

頁9(18) 1 2418 9855 常用

ゲン慣 **ケン**漢呉 銑 xiǎn

あき-らか・あらわ-れる(あらは-る)・あらわ-す(あらは-す)

[顯] 頁14(23) 2 8093 986F 人 旧字体。

筆順 口 日 早 昰 显 顕 顕 顕

なりたち [形声]「頁(＝あたま)」と、音「㬎(ケン)」とから成る。頭の飾り。派生して「あきらか」の意。

意味 ❶はっきりと目立つ。**あきらか。** 例 顕著(ケンチョ)。明顕(メイケン)(＝あきらか)。❷おもてに出る。**あらわれる。** 例 顕現(ケンゲン)。表顕(ヒョウケン)(＝はっきりと公表する)。露顕(ロケン)。❸評判を呼ぶ。世に知られる。例 孫臏以レ此名顕二天下一(ソンピンこれをもってなテンカにあらわる)(＝孫臏はこの《魏(ギ)を破った》ことによって名が天下に広まった)。〈史記・孫子伝〉❹高くあげて明らかにする。表彰する。ほめたたえる。**あらわす。** 例 顕彰(ケンショウ)。顕揚(ケンヨウ)。❺名高い。身分が高い。例 顕学(ケンガク)。顕官(ケンカン)。貴顕(キケン)。❻高貴なものや祖先に対する敬称。例 顕考(ケンコウ)。

古訓 中古 あき・あきら・あきらか・あきらかに・あらはす・あらはる・しろし・みる 中世 あきらか・あらはす・あらはる・みる 近世 あきらか・あらはす・あらはる・みる

人名 あき・あきら・たか・てる

【顕位】(ケンイ) 高い地位。

【顕栄】(ケンエイ) ①仕官する。②「顕達(ケンタツ)」に同じ。

【顕▼赫】(ケンカク) きわだって、かがやかしいさま。

【顕学】(ケンガク) 世に広く知られている学問・学派。また、名高い学者。

【顕官】【顕▼宦】(ケンカン) 地位の高い官職。また、その職についている人。高位高官。

【顕▼諫】(ケンカン) あからさまにいさめる。公的な場で諫言する。

【顕貴】(ケンキ) ①「顕達(ケンタツ)」に同じ。②名声の高い人。

【顕教】(ケンキョウ｜ケンギョウ｜ゲンキョウ) 〔仏〕真言宗や天台宗の一部で、他の仏教の宗派を指していうことば。〔明らかに説かれた教えの意で、究極の教えとしての密教に対し、ことばによって具体的に説かれた仮の教えをいう〕 対 密教。

【顕顕】(ケンケン) ①明らかなさま。例 ―たる令徳。②盛んなさま。

【顕現】【顕見】(ケンゲン) 姿かたちなどが、明らかにあらわれる。はっきりと目に見える。例 神が―する。

【顕考】(ケンコウ) ①初代の先祖(高祖)の敬称。②亡父の敬称。先考。対 顕妣(ケンピ)。

【顕在】(ケンザイ) はっきりと目に見える形で存在する。対 潜在。例 影響が―化する。

【顕士】(ケンシ) 地位・名声の高い人。名士。顕者(ケンシャ)。

【顕示】(ケンジ) はっきりと目立つように示す。例 自己―欲。

【顕者】(ケンシャ) ①「顕士(ケンシ)」に同じ。②富貴な人。

【顕彰】【顕章】(ケンショウ) (人に知られていない)よいことを表彰して、世間に広く知らせる。例 ―碑。功績を―する。

【顕職】(ケンショク) 地位の高い重要な官職。顕官。顕宦(ケンカン)。

【顕然】(ケンゼン) はっきりと明らかなさま。例 結果が―とする。

【顕祖】(ケンソ) ①祖先の名誉をあらわす。②祖先の敬称。

【顕達】(ケンタツ) 高い地位にのぼる。栄達。顕栄。顕貴。

【顕著】(ケンチョ) ①はっきりと目立っているさま。例 ―な功績。②はっきりあらわれる。

【顕微】(ケンビ) ①はっきりあらわれていることと、かすかではっきりしないこと。②ごく小さなものをはっきりとあらわす。

【顕▼妣】(ケンピ) 亡母の敬称。先妣。対 顕考。

【顕報】(ケンポウ) 〔仏〕はっきりあらわれた、むくい。

【顕密】(ケンミツ) ①機密事項に関与する高位の官職。②〔仏〕顕教と密教。

【顕明】(ケンメイ) はっきりしている。また、あきらかにする。類 顕白(ケンパク)。

【顕要】(ケンヨウ) 地位が高くて重要な職。要職。

【顕揚】(ケンヨウ) 世間に広く知らせて、名声などをほめたたえる。

【顕▼戮】(ケンリク) 罪人の死体を公衆にさらし、見せしめとする。

【顕露】(ケンロ) はっきりと表面にあらわれる。対 秘密。

●隠顕(インケン)・貴顕(キケン)・露顕(ロケン)

顋

頁9 (18) 2 8091 984B サイ 漢 灰 sāi あぎと・えら

[腮] 月9 (13) 2 7108 816E 別体字。

意味 ❶ほお(の下のあたり)。あご。**あぎと。** ❷魚の呼吸器。**えら。** 例 顋呼吸(えらコキュウ)。例 顋(えら)が張(は)る。

難読 顋門(ひよめき)(＝乳児の前頭部の柔らかい部分。顖門(シンモン)。泉門(センモン))

顓

頁9 (18) 3 9393 9853 セン 漢 先 zhuān

意味 ❶うやうやしく謹むさま。例 顓顓(センセン)。❷融通がきかない。おろか。例 顓童(センドウ)。❸善良な。例 顓民(センミン)。❹もっぱらにする。通 専。例 顓権(センケン)(＝権力をふるう)。❺「顓頊(センギョク)」は、伝説上の帝王の名。

【顓制】(センセイ) 一人でほしいままに事をおこなう。専制。

【顓顓】(センセン) ①融通がきかず、愚かなさま。②うやうやしく、つとめるさま。

【顓童】(センドウ) 無知で愚かなさま。類 顓蒙(センモウ)。

【顓民】(センミン) 善良な民衆。

【顓門】(センモン) 一つの分野だけを研究し修める。専門。

題

頁9 (18) 1 3474 984C 教3

一 テイ 漢 ダイ 呉 斉 tí
二 テイ 漢 ダイ 呉 霽 dì

筆順 ⺆ 日 旦 早 是 題 題 題

なりたち [形声]「頁(＝あたま)」と、音「是シ→イテ」とから成る。ひたい。

意味 一 ❶ひたい。例 彫題(チョウダイ)(＝ひたいに入れ墨をする)。❷物の先端の部分。例 榱題(スイダイ)(＝たるきの端の木口)。❸(内容を短くまとめて)あらわしたことば。タイトル。例 題名(ダイメイ)。表題(ヒョウダイ)。❹文や話の内容。解決を求められている事柄。テーマ。例 課題(カダイ)。議題(ギダイ)。主題(シュダイ)。❺(詩や文をその場で)書きしるす。例 題画(ガダイ)。題署(ダイショ)(＝額(ガク)などに書きつける)。題壁(ダイヘキ)。❻書物などの巻頭に置く序文。対 跋(バツ)。例 題跋(ダイバツ)。❼品定めをする。例 題評(ダイヒョウ)・品題(ヒンダイ)(＝品定め)。二 見つめる。みる。通 睇(テイ)・諦(テイ)。

古訓 中古 あらはす・あらはる・しるす・ぬか・ひたひ 中世 あらはす・しるす・ひたひ 近世 あらはす・しな・しるす・なづく・ひたひ・みる

人名 みつ

【題意】(ダイイ) 表題や問題の意味。例 ―をくわしく説く。

【題詠】(ダイエイ) 決められた題によって詩や歌を作ること。また、その詩や歌。対 雑詠。

【題画】(ダイガ) 絵画に詩や文を書きそえること。また、詩や文を書きそえた絵画。

【題号】(ダイゴウ) 書物や新聞・雑誌などの題目。タイトル。

【題材】(ダイザイ) 日 作品の主題となる材料。例 湖を―にした絵。

【題詩】(ダイシ) 感興をもよおして作った詩句を、その場で壁や書画などに書き付ける。また、その詩。

【題字】(ダイジ) 記念のために文字を書き付ける。また、そうして書かれた文字。

【題辞】(ダイジ) ①(編著者以外が)書物の初めに内容や評価を述べ、ほめたたえる文章。例 孟子(モウシ)―。②記念や励ましのために書き付けることば。類 題詞。

【題▼簽】(ダイセン) (和本や唐本の)表紙に書名を書いてはる、細長い紙や布。

【題柱】(ダイチュウ｜チュウにダイす) ①はしらに詩文を書き記す。㋐功名を自負すること。題橋柱(ダイキョウチュウ｜キョウチュウにダイす)。〔前漢の司馬相如(シバショウジョ)が、昇仙橋に立身出世の志を書き記した故事

〈華陽国志・蜀志〉から〕 ㋑容貌ヨウボウの立派な官吏。〔後漢の霊帝が、尚書郎の田鳳デンポウの堂々たる姿を賛嘆して宮殿の柱に書き記した故事〈三輔決録・田鳳〉から〕 ②楹聯エイレン(＝建物などの入り口の両柱の柱掛けの連句)を書く。

【題▼跋】ダイバツ ①題辞と跋文(＝巻末などに書く批評や感想の文)。②跋文を書き記す。

【題品】ダイヒン 品評。批評。品定め。

【題壁】ダイヘキ|ヘキにダイす かべに詩文を書きつける。また、その詩文。

【題名】ダイメイ 日書物・絵画・映画・音楽などの作品につけられた名前。タイトル。

【題目】ダイモク ①書物や講義などの内容を簡潔なことばで示したもの。②品評。③テーマ。主題。④日〔仏〕日蓮ニチレン宗で、表題としての「妙法蓮華経ミョウホウレンゲキョウ」と、その経に帰依キエする意の「南無ナム妙法蓮華経」。例 お―をとなえる。

●演題エンダイ・宿題シュクダイ・出題シュツダイ・難題ナンダイ・表題ヒョウダイ・副題フクダイ・放題ホウダイ・本題ホンダイ・話題ワダイ

類

頁9(18) 1 4664 985E 教4

一ルイ漢呉 寘 lèi
二ライ漢 隊 lèi
たぐい(たぐひ)・たぐ-う(たぐ-ふ)・たぐ-える(たぐ-ふ)

[類] 頁10(19) 3 9404 F9D0 人 旧字体。

筆順 丷 半 米 米 类 类 類 類 類

なりたち 〔形声〕「犬(＝いぬ)」と、音「頪ライ→ルイ(＝わかりにくい)」とから成る。イヌどうしのように、互いに似ている。

意味 一❶共通点がある。にる。例 類語ルイゴ。類似ルイジ。類推ルイスイ。❷共通点によってものを分ける。例 類別ルイベツ。分類ブンルイ。❸共通する性質をもつもの。仲間。たぐい。例 魚類ギョルイ。同類ドウルイ。❹並べくらべる。たぐえる。例 比類ヒルイ。無類ムルイ。❺法律。規律。❻おおむね。みな。二平らでない。かたよる。通 類ライ。

古訓 中古 おほむね・ごとし・したし・たぐひ・とも・ともがら・にたり・やから・よし 中世 たぐひ・ともがら・にたり・よし 近世 かたどる・かたよる・たぐひ・にたり・のつとる・のり・よし

人名 とも・なお・なし・よし

【類縁】ルイエン ①血筋や結婚などによって、つながりのある人々。親類縁者。身うち。例 ―関係。②形や性質が似ていて、近い関係にあること。例 ―種。

【類火】ルイカ 日よそから燃え移った火事。もらい火。類焼。

【類義語】ルイギゴ 日意味が似通っていることば。「いえ」と「うち」、「準備」と「支度シタク」と「用意」など。類語。

【類句】ルイク ①意味が似通っている語句。②日表現や意味が似ている俳句や川柳。③日和歌や俳句を、五十音順、いろは順などに並べて引きやすくした書物。例 万葉集―。

【類型】ルイケイ 日①似たものの間に共通して認められる型かた。タイプ。例 ―化する。②ありふれて個性のないもの。例 ―的な表現。

【類語】ルイゴ 日「類義語ルイギゴ」に同じ。

【類▼纂】ルイサン 種類ごとに集めて、まとめる。また、そうして編集した書物。類編。

【類字】ルイジ 日形の似ている文字。「瓜カ」「爪ソウ」、「己キ」「已イ」「巳シ」など。

【類次】ルイジ 分類して順序をつける。種類ごとに並べる。

【類似】ルイジ よく似通っている。例 ―品。

【類▼聚】ルイジュ|ルイジュウ 同じ種類のものを集めること。また、その集めた書物。㊥類集。例 芸文類聚ゲイモンルイジュウ(＝唐代の代表的な類書)。

【類従】ルイジュウ|ルイジュ 同じ種類のものを集める。また、その書物。例 群書―(＝江戸時代初期までの和書の叢書ソウショ)。

【類書】ルイショ ①さまざまな多くの書物の中から、語句や故事、天文・地文・歳事などの内容を引用して編集した書物。『芸文類聚ゲイモンルイジュウ』など。②日内容や形式が似ている書物。同じ種類の書物。類本。例 ―がない。

【類焼】ルイショウ 日ほかからの出火が燃え移って、焼けること。もらい火。類火。例 ―をまぬかれる。

【類人猿】ルイジンエン 日サルの中で人類に最も近い種類。オランウータン・チンパンジー・ゴリラ・テナガザルなど。

【類推】ルイスイ 似ている点をもとにして、ほかのものごとをおしはかる。類比。

【類同】ルイドウ 似通っていること。同じ種類であること。

【類比】ルイヒ ①似通ったものをくらべる。比較。②日「類推ルイスイ」に同じ。

【類別】ルイベツ 種類ごとに分ける。分類。

【類編】ルイヘン 分類して編集する。また、その書物。類纂ルイサン。例 駢字類編ベンジルイヘン(＝二字熟語の分類辞典。一七二九年成立)。雑字類編ザツジルイヘン(＝江戸中期の日漢辞書。柴野栗山しばのリツザン著)。表記 ㊐類▼篇

【類本】ルイホン 日同種類の本。類似した本。類書。

【類例】ルイレイ ①日分類と格式。特に、文章の体裁をいう。②日似通った例。例 ―がない。―の多い著作。

【絶レ類離レ倫】ルイをたちリンをはなる 仲間から、かけはなれてすぐれていること。〈韓愈・進学解〉

【以レ類▼聚】ルイをもってあつまる 似た者どうしが集まる。〈易・繫辞上〉

●菌類キンルイ・穀類コクルイ・種類シュルイ・書類ショルイ・親類シンルイ・人類ジンルイ・藻類ソウルイ・鳥類チョウルイ・部類ブルイ

願

頁10(19) 1 2074 9858 教4

ゲン漢 ガン(グヮン)呉 願 yuàn
ねが-う(ねが-ふ)・ねがい(ねがひ)

筆順 一 厂 厈 原 原 原 原 願 願

なりたち 〔形声〕「頁(＝あたま)」と、音「原ゲン」とから成る。大きな頭。借りて「ねがう」の意。

意味 ❶のぞむ。ねがう。また、ねがい。例 富貴非二吾願一フウキはわがねがいにあらず(＝富貴は私の願いではない)。〈陶淵明・帰去来辞〉願望ガンボウ。宿願シュクガン。❷神仏に祈る。例 願主ガンシュ。祈願キガン。誓願セイガン。❸たのむ。請う。例 請願セイガン。嘆願タンガン。❹「ねがわくは」と読み、願望をあらわす。…したいものです。どうか…してください。例 在レ天願作二比翼鳥一テンにありてはねがわくはヒヨクのとりとならん(＝空にあってはどうか雌雄一体の鳥となりたいものです)。〈白居易・長恨歌〉

古訓 中古 いのる・おもふ・こふ・ちかふ・ねがふ 中世 おもふ・ねがふ 近世 おもふ・ねがはくは・ねがふ

【願意】ガンイ 日こうなってほしいと願う強い思い。

【願糸(絲)】ガンシ 七夕たなばたの行事の一つ。裁縫の上達を牽牛ケンギュウ・織女の二星に祈るため、竹ざおの先に糸をかけて願うこと。

【願主】ガンシュ 日神仏に願をかけた当人。願人。例 ―となって仏塔を建てる。

【願書】ガンショ 日①願いの趣旨を記した文書。②入学などの許可を得るために出す書類。

【願人】ガンニン 神仏に願をかけた人。願主。

【願望】ガンボウ|ガンモウ 強く思うこと。また、その思い。

【願文】ガンモン 日神仏への願いごとを記した文。発願文ホツガンモン。

【願力】ガンリキ ①〔仏〕阿弥陀アミダ仏が人々の救済を願う力。②神仏に祈って願いをとげようとする意気ごみ。

●哀願アイガン・依願イガン・懇願コンガン・志願シガン・出願シュツガン・大願

（ガタイ）・念願（ネンガン）・悲願（ヒガン）・満願（マンガン）

顗
頁10（19） 3 9401 9857 ギ㊊ 尾 yǐ

意味 静かで落ち着いている。

[顖]
頁10（19） ⇩囟（シン）（273ジペー）

顙
頁10（19） 3 9402 9859 ソウ（サウ）㊊ 養 sǎng

意味 ❶ひたい。❷ひたいを地につける。ぬかずく。

顚
頁10（19） 3 9403 985A 人 ㊀テン㊊㊉先 diān ㊁テン㊊㊉先 tián いただき・たお-れる（たふ-る）

[顛] 頁10（19） 1 3731 985B 俗字。

なりたち  [形声]「頁（=あたま）」と、音「眞（シン→テン）」とから成る。いただき。

意味 ㊀❶頭のてっぺん。いただき。例 顚毛（テンモウ）。❷山の頂。また、もののてっぺん。いただき。例 鶏鳴桑樹顚（にわとりはなくソウジュのいただき）（=クワの木の梢（こずえ）ではニワトリが鳴いている）。〈陶淵明・帰園田居〉 山顚（サンテン）（=山頂）。❸もと。はじめ。例 顚末（テンマツ）。❹さかさまになる。ひっくりかえる。例 顚倒（テントウ）。顚覆（テンプク）。❺落ちる。例 顚落（テンラク）（=ころがり落ちる）。❻つまずく。たおれる。例 顚沛（テンパイ）。❼正常でない。㊟癲（テン）。例 顚狂（テンキョウ）。風顚（フウテン）。❽⇩【顚連（テンレン）】 ㊁❶充満する。みちる。㊟闐（テン）。例 顚実（テンジツ）。❷⇩【顚顚（テンテン）】

古訓 中古 いただき・おつ・くつがへす・くつがへる・さかさま・たふる 中世 いただき・くつがへる・たふる・たふるる 近世 いただき・うれふ・さかしま・たふる・たふれぎ・つきびたひ・ひたひ・みね・もつぱら

人名 かみ

【顚▼隕】（テンイン）【顚▼殞】（テンイン） ころがり落ちる。滅びる。顚越（テンエツ）。

【顚越】（テンエツ） ①道に外れるさま。②「顚隕（テンイン）」に同じ。

【顚狂】（テンキョウ） ①狂気。癲狂（テンキョウ）。②道徳や礼儀にとらわれないさま。③激しく動く。

【顚▼蹶】（テンケツ） つまずいてたおれる。転じて、危険にあって苦しむ。失敗する。㊟顚躓（テンチ）・顚跌（テンテツ）。

【顚実】（テンジツ） 気力を体内に満たす。

【顚墜】（テンツイ）【顚隊】（テンツイ） ひっくりかえって落ちる。ころがり落ちる。転落。㊟顚落。

【顚顚】（テンテン） ①うれいに沈むさま。心配するさま。②ひとつのことだけに打ちこむさま。専一（センイツ）。③正常でないさま。愚かなさま。

【顚倒】（テントウ） ①順序がさかさまになる。例 本末—。②たおれる。③平常心を失い、うろたえる。例 気が—する。表記 ▽㊐転倒

【顚頓】（テントン） たおれる。ひっくりかえる。

【顚▼沛】（テンパイ） ①つまずきたおれる。転じて、とっさの時。危急の時。例 造次必於レ是、顚沛必於レ是（ゾウジにもかならずここにおいてし、テンパイにもかならずここにおいてす）（=《君子は》あわただしいときも必ず仁にかない、つまずき倒れたときも必ず仁にかなったおこないをする）。〈論語・里仁〉②滅亡する。③失敗する。④うろたえる。

【顚▼仆】（テンプ） つまずいてたおれる。

【顚覆】（テンプク） ①ひっくりかえる。例 列車が—する。②打ちたおす。滅ぼす。例 幕府の—をはかる。表記 ▽㊐転覆

【顚▼踣】（テンボク） ころがる。

【顚末】（テンマツ） ものごとの始めから終わりまで。一部始終。例 —書。事故の—。

【顚毛】（テンモウ） 頭髪。

【顚連】（テンレン） ひどく苦しむ。

[類]
頁10（19） ⇩類（ルイ）（1444ジペー）

顧
頁12（21） 1 2460 9867 常用 コ㊊㊉ 遇 gù かえりみる（かへり-みる）

[顧] 頁12（21） 旧字体。

筆順 

なりたち 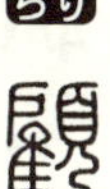 [形声]「頁（=あたま）」と、音「雇（コ）」とから成る。かえりみる。

意味 ❶ふりかえって後ろを見る。見まわす。かえりみる。例 一顧傾二人城一（ひとたびかえりみればひとのしろをかたむく）（=一度ふりかえるだけで町を滅ぼしてしまう《ほどの美女》）。〈漢書・外戚伝上・李夫人〉 顧眄（コベン）。❷過去をかえりみる。反省する。例 回顧（カイコ）。❸関心を寄せる。気にかける。例 顧慮（コリョ）。❹目をかける。かわいがる。おもう。例 愛顧（アイコ）。恩顧（オンコ）。❺よく見る。見つめる。❻おとずれる。たずねる。例 三顧二臣於草廬之中一（シンをソウロのうちにサンコす）（=《先帝劉備（リュウビ）は》私を粗末な草ぶきのいおりに三度もお訪ねくださった）。〈諸葛亮・出師表〉❼戻る。返る。例 顧返（コヘン）。❽反対に。かえって。❾「あに」と読み、反語をあらわす。どうして…だろうか。かえって。❿「ただ」と読み、逆接の限定をあらわす。しかし、ただ。例 顧計不レ知レ所レ出耳（ただケイのいだすところをしらざるのみ）（=しかし、どう計画を立てればよいのかわからなかっただけだ）。〈史記・刺客伝・荊軻〉⓫姓の一つ。例 顧炎武（コエンブ）（=清（シン）代の学者）。

古訓 中古 あたる・おもふ・おもみる・かへりみる 中世 かへりみる 近世 おもふ・かへりみる・みる

人名 み

【顧▼而言レ他】（かえりみてタをいう）〔横を向いてほかの話をする意〕返答に窮するさま。本題をごまかすこと。例 顧二左右一而言レ他（サユウをかえりみてタをいう）。〈孟子・梁恵王上〉

【顧景】【顧影】（コエイ） 〔自分の姿をかえりみる意〕自分の才能をほこるさま。

【顧懐】（コカイ） 思いを寄せる。なつかしむ。慕う。

【顧忌】（コキ） 遠慮する。気がねする。

【顧客】（コキャク・コカク） ひいきにしてくれる客。お得意。得意客。

【顧遇】（コグウ） 手厚くもてなす。厚遇。

【顧▼眷】（コケン） 気にかける。また、目をかけて、ひいきにする。

【顧指】（コシ） 目で指図をする。

【顧視】（コシ） ふりかえって見る。㊟顧瞻（コセン）。

【顧▼恤】【顧▼卹】（コジュツ） あわれみをかける。

【顧惜】【顧籍】（コセキ） 自分の身を気にかけて、おしく思う。大切にする。自重する。

【顧託】（コタク） 「顧命（コメイ）①」に同じ。

【顧▼兎】【顧▼菟】（コト） ①月にいるという（あたりを見まわす）ウサギ。〈楚辞・天問〉②月。

【顧念】（コネン） いつくしみ、思いを寄せる。また、大切にし、気づかう。心配する。

【顧反】（コハン） 「顧返（コヘン）①」に同じ。

【顧返】（コヘン） ①ふりかえって見る。顧反（コハン）。例 遊子不二顧返一（ユウシコヘンせず）（=旅に出る《夫の》あなたは、ふりかえりもしなかった）。〈古詩十九首〉②〔「返」も、帰る意〕帰ろうとする。

【顧▼眄】（コベン・コメン） ①ふりかえって見る。㊟顧盼（コハン・コヘン）。②あたりを見まわす。得意げなさま。③かえって。逆に。

【顧歩】（コホ） ふりかえりながら歩く。

【顧望】（コボウ） ①あたりを見わたす。②見まわして状況をうかがう。③遠慮する。ためらう。

【顧命】（コメイ） ①君主が死に際して、後事を近臣に頼む。また、

その頼み。顧託。②(かえりみる)メイを 命を惜しむ。

【顧問】(コモン) 日会社や学校、団体などで、相談を受けて指導や助言をする役目や地位(の人)。例 会社の―。

【顧慮】(コリョ) 気配りする。心にとめる。例 周囲への―が足りない。

【顧恋】(コレン) 思いしたう。恋いこがれる。

●愛顧(アイコ)・恩顧(オンコ)・回顧(カイコ)

顥

頁12(21) 3 9405 9865

コウ(カウ)漢 皓 hào

意味 ❶天空などが白いさま。通 昊(コウ)。例 顥穹(コウキュウ)。 ❷大きい。通 皓(コウ)。例 顥顥(コウコウ)。

【顥気】(コウキ) 天空の澄んだ広大な気。

【顥▼穹】(コウキュウ) 大空。青空。類 顥蒼(コウソウ)。

【顥顥】(コウコウ) 白くかがやくさま。光明が広大なさま。

顦

頁12(21) 4 9230 9866

ショウ(セウ)漢 蕭 qiáo

意味 「顦顇(ショウスイ)」は、やつれたさま。憔悴(ショウスイ)。

顫

頁13(22) 2 8092 986B

一 セン漢 霰 zhàn/chàn 二 セン漢 先 shān

ふる-える(ふる-ふ)

意味 一 手足が振動する。わななく。**ふるえる**。通 戦。 二 鼻がよくきく。

【顫動】(センドウ) こきざみにふるえ動く。例 空気の―。

[顯]

頁14(23) ⇩顕(ケン)(1442ページ)

顬

頁14(23) 3 9406 986C

ジュ漢 虞 rú

意味 「顳顬(ショウジュ)」は、こめかみ。

顰

頁15(24) 2 8094 9870

ヒン漢 真 pín

しか-める(しか-む)・ひそ-める(ひそ-む)・ひそ-み

意味 まゆのあたりにしわをよせる。(顔を)**しかめる**。(まゆを)**ひそめる**。**ひそみ**。通 頻。例 顰蹙(ヒンシュク)。効レ顰(ひそみにならう)。

【効レ顰】(ひそみにならう) ⇩【効矉】(コウヒン)(176ページ)

【顰▼蹙】(ヒンシュク) 不快に感じて顔をしかめる。まゆをひそめる。頻蹙(ヒンシュク)。例 ―を買う。

顱

頁16(25) 2 8101 9871

ロ漢 虞 lú

かしらのほね・ひたい(ひたひ)

意味 ❶頭蓋骨(ズガイコツ)。どくろ。顱骨(ロコツ)。 ❷頭。かしら。 ❸**ひたい**。ぬか。

【顱頂骨】(ロチョウコツ) 日頭蓋骨(ズガイコツ)の一部で、頭頂部を形成する平たくて四角形の骨。頭頂骨。

顴

頁17(26) 2 8102 9874

カン(クヮン)慣 ケン漢 先 quán

つらぼね

意味 ほおぼね。顴骨(カンコツ)。

顳

頁18(27) 2 8103 9873

ショウ(セフ)慣 ジョウ(ゼフ)漢 葉 niè

意味 「顳顬(ショウジュ)」は、こめかみ。

182 9画 風 かぜ部

かぜの意をあらわす。「風」をもとにしてできている漢字を集めた。

0 1446 風 3 1449 颪 4 1449 颫 5 1449 颯 颭 颱 颰 6 1449 颳 8 1449 颶 颷 9 1449 颸 颺 10 1449 颼 飀 飖 11 1450 飄 飃 飂 12 1450 飆 飈 飇 13 1450 飉

風

風0(9) 1 4187 98A8 教2

一 フウ漢 フ・フウ呉 東 fēng 二 フウ漢 フ・フウ呉 送 fèng

かぜ・かざ・ふり

付表 風邪(かぜ)

[凬]

几6(8) 3 1457 51EE 俗字。

筆順

なりたち

[形声]「虫(=むし)」と、音「凡(ハン→フウ)」とから成る。八方から吹く(季節ごとの)かぜ。

参考 かぜによって虫(=生き物)が発生するので、「風」の字形には「虫」が含まれている、という。

意味 一 ❶ゆれ動く大気の流れ。**かぜ**。例 風雨(フウウ)。暴風(ボウフウ)。 ❷自然の眺め。例 風景(フウケイ)。風致(フウチ)。 ❸しきたり。ならわし。例 風習(フウシュウ)。気風(キフウ)。 ❹人柄や様式。ありさま。趣。例 風格(フウカク)。風采(フウサイ)。威風(イフウ)。 ❺(かぜのように)それとなく広がるうわさ。例 風説(フウセツ)。風評(フウヒョウ)。 ❻さかりがつく。例 風馬牛(フウバギュウ)。 ❼病気。例 風邪(フウジャ)。痛風(ツウフウ)。 ❽常軌を逸した。通 瘋(フウ)。例 風漢(フウカン)。風狂(フウキョウ)。 ❾『詩経(シキョウ)』の六義(リクギ)の一つ。地方の歌謡。例 風騒(フウソウ)。 ❿民謡。例 土風(ドフウ)(=その土地の民謡)。 二 ❶かぜが吹く。また、風に吹かれる。 ❷(かぜが草木をなびかせるように)人に影響を与える。例 風教(フウキョウ)。風靡(フウビ)。 ❸それとなくいう。ほのめかして教える。さとす。通 諷(フウ)。例 風刺(フウシ)。風諭(フウユ)。

古訓 中古 おとづる・かぜ・かぜふく・きざす・こゑ・しるす・すぐる・すずし・すみやかに・そよめく・つぐ・つたふ・とし・はなつ・はなる・はやし・ふく・ほのかなり・をしふ 中世 おと・おとづるる・かぜ・きざす・つく・ほのか・をしふ 近世 おと・かぜ・きざす・さとす・そしる・つぐる・ものぐるはし

人名 のり

難読 風巻(しまき)・風采(みなり)・風俗(くにぶり|ならわし)・風信子(ヒヤシンス)・風聴(ふいチョウ)・風疼(かざぼろし)・風流(おもしろし)・風聞(ほのきく)

【風見】(かざみ) 日風の方向を調べるための器具。矢やニワトリの形をしているものが多い。例 ―鶏(どり)。

【風圧】(フウアツ) 日物体に加わる風の圧力。

【風位】(フウイ) 日風の吹く方位。かざむき。風向。

【風韻】(フウイン) ①すぐれた人格。気品。風格。②姿かたちの美しいさま。③風の音。風声。風籟(フウライ)。

【風雨】(フウウ) ①風と雨。②風とともに降る雨。例 ―注意報。③艱難辛苦(カンナンシンク)のたとえ。

【風雲】(フウウン) ①風と雲。②天下が乱れ、事変が起こりそうな様子。例 ―急を告げる。③竜が風と雲に乗って天にのぼるように、英雄が機会を得て世に出ること。例 ―の志。

【風雲児】(フウウンジ) 日世の中が大きく変わろうとするときにあらわれて活躍する人。例 戦国の―織田信長(おだのぶなが)。

【風煙】【風▼烟】(フウエン) ①かぜと、かすみやもや。②のろし。戦乱のこと。

【風▼鳶】(フウエン) 凧(たこ)。いかのぼり。

【風化】(フウカ) ①徳や業績の影響によって、人心が変化する。②日地表の岩石が、水や熱や風などで次第にくずれ、土になる。例 ―作用。③日年月がたつにつれて生々しい経験や記憶がうすれ、忘れ去られる。例 戦争体験の―。

【風花】 一(フウカ) ①風に散る花。例 風花日将レ老(フウカひにまさにおいんとす)(=風に舞う花が日々に移ろいゆく)。〈薛濤・春望詞〉 ②風が吹く前に一面にわく霧。③まだら雲。 二(かざはな|かざばな) 日①空は晴れているのに、ちらつく雪。また、風上(かざかみ)で積もった雪が、風で舞い上がって降るもの。②発熱による発疹

ハッシン。かざほろし。

【風華】(フウカ) ①すぐれた人柄と才能。②姿かたちの美しさ。

【風雅】(フウガ) ①『詩経(シキョウ)』の国風と大雅・小雅。②俗でなく、優雅な趣のあるさま。例 ―な茶室。③詩や文章。また、文芸。例 ―をたしなむ。―の道。

【風懐】(フウカイ) 風流な心。

【風害】(フウガイ) 強い風による被害。例 ―を受けた森林。

【風概】(フウガイ) ①品のある人柄。②節操。③詩文などの格調高い趣。風骨。

【風角】(フウカク) ①風の方向や音によっておこなう占い。②風に乗って聞こえてくる角笛(つのぶえ)。

【風格】(フウカク) ①おのずとにじみでる人格や人柄。例 横綱の―。②ものの味わいや趣。例 ―のある書体。

【風患】(フウカン) 「風疾(フウシツ)③」に同じ。

【風漢】(フウカン) 〔「漢」は、男の意〕ことばや行動が正常でない人。

【風▼諫】(フウカン) 遠まわしに言って、いさめる。

【風鑑】(フウカン) ①人を見抜く力。②人相術。占いの術。

【風岸】(フウガン) ①風の吹く川岸。②〔「岸」は、いかめしい意〕人となれなれしくしない、気骨のある性質。

【風眼】(フウガン) 膿漏(ノウロウ)性結膜炎。膿漏眼。

【風気】 一(フウキ) ①風。②気候。③気風。気品。風格。④風俗。風潮。⑤中風などの病気。⑥日かぜ。風邪。二(かざけ・かぜけ) 日かぜぎみ。

【風紀】(フウキ) 〔教化や綱紀の意〕①風俗習慣に関する規律。社会生活上の決まり。例 ―の乱れ。②日異性との交遊の節度。

【風軌】(フウキ) ①すぐれた人柄。人品。②教化のありさま。風教。③よるべき規範。

【風義】(フウギ) ①模範となるような立派な態度。また、堅い節操。②師友の親しい交わり。③詩文の風格と意義。

【風儀】(フウギ) ①身なり。容姿。身のこなし。②日しきたり。習わし。風習。例 田舎の―。③日行儀作法。しつけ。

【風狂】(フウキョウ) ①精神が錯乱していること。また、その人。瘋狂。②日度をこして風流に熱中すること。また、その人。

【風教】(フウキョウ) 上に立つ者が、人々をよい方向へ教え導くこと。

【風魚▼之災】(フウギョのわざわい) 暴風や鰐魚(ガクギョ)(=ワニ)などによる災い。海上での災難をいう。〈韓愈・送鄭尚書序〉

【風琴】(フウキン) ①琴の一種。②風鈴。③日オルガン。④日「手風琴(てフウキン)」の略。アコーディオン。

【風景】(フウケイ) ①風と光。②自然の景色。ながめ。風光。例 田園―。③その場の光景。様子。例 ほほえましい―。

【風穴】 一(フウケツ) 山腹などにあり、夏でも冷たい風を吹き出すあな。二(かざあな) 日風通しをよくするためのあな。

【風月】(フウゲツ) ①さわやかな風と明るい月。転じて、美しい景観。風光。例 花鳥―。②風流を楽しむこと。③詩文。また、詩文を作ること。例 ―を友とする。

【風憲】(フウケン) 風紀を取りしまる決まり。また、その役人。

【風光】(フウコウ) ①風に吹かれた草木に日光が反射して、きらめくこと。②自然の景色。風景。例 ―明媚(メイビ)。③風格。立派な人柄。

【風向】(フウコウ) 日風の吹く方角。風向き。風位。例 ―計。

【風候】(フウコウ) ①気候。時候。季節。②風向き。

【風告】(フウコク) それとなく遠まわしに告げる。諷告(フウコク)。

【風骨】(フウコツ) ①からだつき。様子。体格や風采(フウサイ)。②作品の叙情性(風)と理論性(骨)。

【風沙】【風砂】(フウサ) 風がすなを巻き上げる。また、そのすな。

【風災】(フウサイ) 強風による災害。風害。

【風采】(フウサイ) 人の顔つきや身なりなど、外見から受ける印象。風姿。風体(フウテイ)。風容。例 ―が上がらない。

【風▼餐露宿】(フウサンロシュク) 風が吹きあたる所で食事をし、露にぬれながら寝る。旅の苦労をいう。餐風宿露(サンプウシュクロ)。〈范成大・元日〉

【風示】(フウシ) それとなくしめす。諷示(フウシ)。

【風旨】(フウシ) 人の姿かたちや考え。風指。

【風刺】(フウシ) 政治や社会的な事件、人物などを、遠まわしに、からかったり批判したりする。諷刺(フウシ)。例 ―画。社会―。

【風姿】(フウシ) 姿かたち。身なり。風体(フウテイ)。

【風指】(フウシ) ①「風旨(フウシ)」に同じ。②それとなくさとし教える。

【風疾】(フウシツ) ①風のように速い。②精神に障害のあること。また、その病気や人。③中気・中風・リューマチなど。風患。風疹(フウシン)。風湿。

【風日】(フウジツ) ①風と日光。例 環堵蕭然、不レ蔽二風日一(カントショウゼンとして、フウジツをおおわず)(=狭い住まいはがらんとしていて、風や日ざしを防げない)。〈陶淵明・五柳先生伝〉②気候。天候。

【風車】(フウシャ) ①風で羽根車を回し、動力として利用する装置。例 ―小屋。②(かざぐるま) 軸にとりつけた数枚の羽根が風を受けて回るおもちゃ。

【風邪】(フウジャ) ①(かぜ) かぜひき。感冒。例 ―発熱(フウジャハツネツ)。―(かぜ)をひく。②悪いうわさ。

【風趣】(フウシュ) 上品な味わい。趣。例 ―のある庭園。

【風習】(フウシュウ) その土地に根づいている、生活上の習わしやしきたり。風俗習慣。例 日本古来の―。

【風従】(フウジュウ) (風に吹かれた草のように)なびきしたがう。

【風樹▼之嘆】【風樹▼之▼歎】(フウジュのタン・フウジュのなげき) 親孝行しようと思うときには、親はすでに亡くなっていてできない、というなげき。風樹悲(フウジュのかなしみ)。風木之悲(フウボクのかなしみ)。〔「樹欲レ静而風不レ止、子欲レ養而親不レ待也(きしずかならんとほっすれどかぜやまず、こやしなわんとほっすれどおやまたず)。〈韓詩外伝・九〉」から〕

【風尚】(フウショウ) ①(人柄や作品が)気高いさま。風格のあるさま。また、節操のあるさま。②人々の好み。

【風情】 一(フウジョウ) ①容姿。顔つき。②(フウゼイ) 上品な趣。みやびで趣のあるさま。情趣。例 ―(フゼイ)のある庭。③男女の情愛。風情月思。二(フゼイ) 日①ありさま。様子。例 町の―。②自らをへりくだったり、他人をおとしめたりする意をそえることば。例 私―が申しても……。

【風壌】(フウジョウ) 「風土(フウド)」に同じ。

【風色】(フウショク) ①景色。ながめ。②風向き。また、天候。③人の態度や顔色。

【風食】【風▼蝕】(フウショク) 風に吹き飛ばされた砂が岩石を浸食する。

【風▼燭】(フウショク) 「風灯(フウトウ)」に同じ。

【風信】(フウシン) ①季節ごとに吹く風。風のおとずれ。②便り。消息。

【風神】 一(フウシン) ①人柄。人品(ジンピン)。風格。例 ―高邁(コウマイ)。②芸術のもつ気品。趣。二(フウジン) 風の神。類 風師・風伯。例 ―雷神。

【風▼疹】(フウシン) ①「風疾(フウシツ)③」に同じ。②高熱や発疹をともなう、はしかに似た感染症。子供に多く、二、三日で治る。みっかばしか。

【風人】(フウジン) ①詩人。②人を感化する。③風が人を包みこむようにいたわる。恵みを施す。

【風▼塵】(フウジン) ①風に舞い立つ砂やほこり。②ごく軽いもののたとえ。例 命―より軽し。③人の世のこまごまとしたわずらわしさ。また、その俗世間。④戦乱。兵乱。⑤官途。官界。

【風水】(フウスイ) ①風と水。②陰陽思想をもとに、方位や地形などをみて、建築物や墓などの位置を決める占い。
【風水害】フウスイガイ 強風と洪水による被害。
【風生】フウセイ ①風が立つ。②風のように激しく速いさま。すみやか。
【風声】フウセイ 風の音。風韻。
【風声鶴▼唳】フウセイカクレイ 風の音やツルの鳴き声。わずかな物音におじけづくこと。◆前秦ゼンシンの苻堅フケンの大軍は、東晋トウシンの謝玄シャゲンらの率いる精鋭に襲撃されると壊滅状態に陥った。残兵たちは夜の闇やみに逃げ出したが、風の音やツルの声を聞いても、東晋の軍に追いつかれたかと恐れた。………〈晋書・謝玄伝〉
【風政】フウセイ すぐれた人柄で人民を感化し、よい政治をすること。
【風勢】フウセイ ①風向き。②風のいきおい。風力や風圧。例 ―とみに加わる。
【風跡】フウセキ 教化の影響。人民を徳化したなごり。
【風雪】フウセツ ①風と雪。また、強い風をともなう雪。②日 苦労のたとえ。例 ―に耐える。
【風節】フウセツ 態度と気構え。また、気概。
【風説】フウセツ 日 世間に伝わるうわさ。風評。風聞。
【風船】フウセン 日 紙やゴムなどで作り、中に空気や水素ガスを入れてふくらませ、飛ばしたりして遊ぶもの。風船玉。
【風前】フウゼン かぜが正面から吹きつける所。例 風前灯レ滅フウゼンのともしびメッしやすし（＝風のあたる、ともしびは消えやすい）。〈劉希夷・故園置酒〉
【風前灯(燈)】フウゼンのともしび 風でいつ消えるかわからない灯。転じて、危険な状態にあって、命があやういこと。また、人の命のはかないこと。類 風前燭フウゼンのともしび・風中灯フウチュウのともしび・風中秉レ燭フウチュウにショクをとる。
【風窓】 一 フウソウ ①風が窓に吹きつける。②窓。二 かざまど 日 ①風通しをよくするための窓。例 ―を開ける。②家の床下や天井裏などに、通風のためにあけた穴。
【風葬】フウソウ 死者のほうむり方の一つ。死体を風雨にさらして、自然にまかせるもの。対 火葬・水葬・土葬。
【風▼筝】フウソウ ①凧たこ。風鳶フウエン。②風鈴。
【風操】フウソウ 気品のあるみさお。信念や行動を固く守ること。
【風霜】フウソウ ①風と、しも。例 ―に耐えて咲くウメの花。②世の中の、つらい苦難や試練。③年月の移り変わり。星霜。例 短からぬ―を経る。④高潔な節操。

【風騒】フウソウ ①『詩経シキョウ』の国風と『楚辞ソジ』の離騒。詩文の模範とされた。②風雅に親しむ。風流な遊びを好む。③詩人。
【風速】フウソク 日 風の吹くはやさ。一秒間に進む距離で表示。
【風俗】フウゾク ①ある一定の地域や時代に広まっている、衣・食・住など生活のしきたりや習わし。例 ―習慣。②民間歌謡。③日 性的好奇心を刺激する興行や営業など。
【風帯】フウタイ ①舞をしている人の、風にひらめくおび。②日 掛け軸の上部から垂らす、二本の細長い布や紙。
【風袋】フウタイ 日 ①はかりで重さをはかるときの、品物を包んでいる袋やうつわなど。また、その重さ。例 ―込みの重さ。②うわべ。みかけ。
【風態】フウタイ 趣。情趣。
【風▼鐸】フウタク 寺の堂や塔などの軒のきの角かどごとにつるす、鐘の形をした風鈴。
【風致】フウチ ①風格。品格。②自然の景色などの趣。風趣。例 ―地区。
【風竹】フウチク 風にそよぎ、音をたてるタケ。
【風潮】フウチョウ ①風向きと潮の干満。②大風と大波。③時代によって移り変わる、世の中の雰囲気や傾向。例 なげかわしい―。現代の―。
【風調】フウチョウ ①趣。様子。②（音楽の）調子。（詩歌などの）しらべ。③風が穏やかに吹くさま。④調和がとれている。
【風鎮】フウチン 日 風でゆれ動かないように、掛け軸の両下端につるす、おもり。
【風体】フウテイ／フウタイ ①趣。風格。②日 人の様子。身なり。例 怪しい―の男がうろついている。
【風▼顛】フウテン 異常な考えや行動をする人。瘋癲フウテン。
【風土】フウド そこに住む人々の慣習や文化に影響を与える要素である、気候・地質・地形など。風壌。例 ―病（＝特定の地域に持続的に発生する病気）。
【風土記】一 フウドキ 地方ごとに風土・産物・文化・伝説などを書いた本。二 フドキ 日 日本の上代の地理書。
【風度】フウド ①様子。深い趣。また、立派な風格。気高い人格。②（「度」は、わたる意）風が吹きわたる。
【風灯(燈)】フウトウ 風前のともしび。転じて、人生のはかなさ、また、はかない寿命のたとえ。風燭フウショク。
【風▼濤】フウトウ ①風と波。②風によって立つ波。風浪。③人生の困苦。

【風洞】フウドウ 日 人工的に風を起こしてどんな影響を受けるかを調べるための、トンネル形の装置。例 ―実験。
【風動】フウドウ ①風が動く。風力で動かす。②風で草がなびくように従う。
【風波】フウハ ①風と波。また、風によって起こる荒波。かざなみ。風浪。例 ―が高い。②争いやもめごと。例 会社内に―が立つ。
【風馬】フウバ ①風のように速く走るウマ。②風。③無関係なこと。→【風馬牛】フウバギュウ
【風馬牛】フウバギュウ さかりのついたウマやウシは、遠く離れていても誘い合うが、それもできないほどに遠く離れていること。転じて、まったく無関係なことのたとえ。〔「風馬牛相不レ及也フウするバギュウもあいおよばざるなり。〈左伝・僖四〉」から〕
【風媒花】フウバイカ 日 〔「媒」は、媒介の意〕風によって運ばれた花粉が、めしべの柱頭について受粉する花。マツ・スギなど。対 水媒花・虫媒花・鳥媒花。
【風▼旆】フウハイ 風にひるがえる旗。類 風旗。
【風発】フウハツ ①風が吹き起こる。②勢いが盛んなさま。③雄弁なこと。例 談論―。④非常に速い。⑤発奮する。
【風▼靡】フウビ （風が吹いて草木をなびかせる意）①多くの人々をなびき従わせる。②もてはやされる。流行する。例 一世を―する。
【風表】フウヒョウ ①外見。みかけ。②態度。ふるまい。
【風▼猋】【風▼飆】フウヒョウ つむじ風。
【風評】フウヒョウ 日 うわさ。評判。風説。風聞。例 ―被害。
【風標】フウヒョウ ①目立った人柄。また、その品位。②外にあらわれたありさま。また、風情あるいずまい。
【風物】フウブツ ①目に映る景色や眺め。②日 その季節のものとして特色づけられているもの。例 四季折々の―。
【風物詩】フウブツシ 日 ①風景や季節を詠んだ詩。②その季節をよく感じさせるもの。例 風鈴は夏の―。
【風聞】フウブン どこからともなく伝わるうわさ。また、あることをとりざたすること。風説。風評。
【風防】フウボウ 日 風をふせぐこと。かざよけ。例 ―ガラス。
【風望】フウボウ すぐれた風格と人望。
【風貌】フウボウ 身なりや顔かたちの様子。
【風木▼之悲】フウボクのかなしみ 「風樹之嘆フウジュのタン」に同じ。
【風味】フウミ その食べ物の上品な味わい。例 ―をそこなう。
【風紋】フウモン 風が吹いて砂などの上にできた模様。

【風諭】【風喩】フウユ　たとえなどを引いて、遠回しにそれとなく教えさとす。諷喩。例 —詩。
【風容】フウヨウ　「風采」に同じ。
【風葉】フウヨウ　風にゆれる木の葉。
【風謡】フウヨウ　①『詩経』の国風の詩。②各地の民謡。俗謡。
【風来】フウライ　①風が吹いてくる。②日 風来坊のこと。例 —者。
【風来坊】フウライボウ　日 風に吹き動かされるようにあらわれ、定まった住まいや決まった仕事をもたず、気ままに生きている人。
【風雷】フウライ　①風と、かみなり。②大きな音、勢いのあるものなどのたとえ。
【風▼籟】フウライ　風の音。風韻。
【風流】フウリュウ　①風が流動する。②先人の遺風。余流。③風格。品格。④上品でしみじみとした趣のあるさま。風雅。例 —な庭。⑤詩歌や書画、茶道など、俗を離れた、みやびな世界。例 —を解する。⑥男女の恋愛ごと。
【風流韻事】フウリュウインジ　①自然を友とし、詩歌を作るなどして楽しむこと。〈隋唐演義・七六〉例 —をたしなむ。②男女の色ごと。
【風流雲散】フウリュウウンサン　〔風のように流れ、雲のように散る意〕人がちりぢりになる。〈王粲・贈蔡子篤詩〉
【風力】フウリョク　①風の力。風の強さ。例 —発電。②日 風力階級。風の強さを0から12までの段階に分けたもの。
【風林】フウリン　風にそよぐ林。
【風鈴】フウレイ／フウリン　軒下などにつるし、風が吹くとゆれて鳴る鈴。金属・ガラス・陶器などで作る。風鐸。
【風▼厲】フウレイ　①風が激しく強い。また、速やかなさま。②さとして励ます。
【風烈】フウレツ　①風が激しく吹く。烈風。②立派な態度や業績。
【風露】フウロ　風と、つゆ。冷たい風と寒気。
【風浪】フウロウ　①風と波。また、風によって起こる波。風波。②困難で危険なこと。
【風呂】ふろ　日 からだをきれいにしたり、中に入ったりする湯。また、その湯を入れた湯ぶね。例 —にはいる。—をたてる(=風呂の湯を沸かす)。
【風呂敷】ふろしき　日 ものを包んで持ち運ぶための正方形の布。例 大—を広げる(=大言壮語する)。
【風炉】フロ　日 茶道で、茶席に置き、釜をかけて湯をわかすための炉。五月から十月ごろまで使う。
●海風カイフウ・家風カフウ・寒風カンプウ・逆風ギャクフウ・古風コフウ・順風ジュンプウ・新風シンプウ・台風タイフウ・無風ムフウ・和風ワフウ

颪　風3(12)　2 8104　98AA　国字　おろし
意味 高い所から吹きおろす風。おろし。例 赤城颪あかぎおろし。伊吹颪いぶきおろし。

颫　風4(13)　4 9231　98AB　フ 漢　虞 fú
意味 大風。難読 颫しおろし

颯　風5(14)　2 8105　98AF　人　サツ 慣　ソウ(サフ) 漢 呉　合 sà
なりたち  [形声]「風(=かぜ)」と、音「立リュウ→ソウ」とから成る。風の音。
意味 ❶風がさっと吹く音。例 颯颯サッサツ。❷きびきびしたさま。例 颯爽サッソウ。❸乱れている。また、衰える。例 衰颯スイサツ(=落ちぶれたさま)。❹⇩【颯沓】トウサッ
古訓 中古 あがる・さめく・しなふ・すずし・ちる・ふく 中世 かぜのこゑ・しなへたり・すずし 近世 かざおと・かぜのおと・きたかぜ・まじはる
【颯颯】サッサツ　風の吹くさま。また、風が音をたてるさま。例 風颯颯兮木蕭蕭かぜサッサツとしてきショウショウたり(=風はさっと吹き、木々はざわざわと音をたてる)。〈楚辞・九歌・山鬼〉
【颯爽】サッソウ　姿や行動がきびきびとして、さわやかなさま。例 —と歩く。—たる雄姿を見せる。
【颯▼沓】サットウ／ソウトウ　①盛んなさま。②すばやいさま。

颭　風5(14)　4 9232　98AD　セン(セム) 漢　琰 zhǎn
意味 風が吹いて動く。そよぐ。そよがす。

颱　風5(14)　2 8106　98B1　タイ tái
意味 「颱風タイフウ」は、台風。また、おおかぜ。〔「颶風グフウ」よりも強い季節風を指し、英語 typhoon の音オンをもとに大風の意で「颱」を用いたという〕

颰　風5(14)　4 9233　98B0　ハツ 漢　曷 bá
意味 疾風。はやて。難読 颰こがらし・木颰こがらし

𩗏　風6(15)　4 9234　295CF　ヒョウ piāo
意味 地名などに用いる字。例 𩗏水巌ヒョウスイガン(=江西省の地名)。参考 四ツ𩗏よつならい(=岩手県の地名)。

颶　風8(17)　2 8107　98B6　ク 漢　グ 呉　遇 jù
意味 海上に発生する暴風。台風。つむじかぜ。例 颶風グフウ。
【颶風】グフウ　①大きなつむじ風。②台風やハリケーンなどの、熱帯性の暴風雨。

[颷]　風8(17)　⇩飆ヒョウ(1450ページ)

颸　風9(18)　4 9236　98B8　シ 漢　支 sī
意味 ❶涼しい風。すずかぜ。例 涼颸リョウシ。❷疾風。はやて。例 颸風シフウ(=疾風)。

颺　風9(18)　3 9407　98BA　ヨウ(ヤウ) 漢　陽 yáng
意味 ❶風に吹き上げられる。ひるがえる。あがる。通 揚。例 颺颺ヨウヨウ(=飛び舞うさま)。❷舟がゆっくりと進む。あがる。例 舟遥遥以軽颺ふねはヨウヨウとしてもってかるくあがる(=舟はゆらゆらと軽やかに進む)。〈陶淵明・帰去来辞〉❸(鳥などが)飛び去る。通 揚。❹声高こわだかに言う。通 揚。例 颺言ヨウゲン。❺ほめたたえる。称揚する。あげる。通 揚。
【颺言】ヨウゲン　①声を張りあげていう。②おおっぴらに言いふらす。▽揚言。

颼　風10(19)　4 9238　98BC　ソウ 慣　シュウ(シウ) 漢　尤 sōu
意味 ❶そよ風。❷風の音の形容。例 颼颼ソウソウ／シュウシュウ(=風が吹く音)。❸寒そうなさま。

颿　風10(19)　4 9239　98BF　ハン 漢　咸 fān
意味 ❶ウマが疾走する。❷すばやい。例 颿風ハンプウ(=疾風)。❸船の、ほ。通 帆。例 颿船ハンセン(=帆船)。

飖　風10(19)　4 9237　98BB　ヨウ(エウ) 漢　蕭 yáo

意味 風に揺れる。ひるがえる。例 飄颻（ヒョウヨウ）。

飄 風11(20) 2 8108 98C4
ヒョウ（ヘウ）漢呉 蕭 piāo
つむじかぜ・ひるがえ-る（ひるがへ-る）

[飃] 風11(20) 2 8109 98C3 別体字。

意味 ❶旋回する風。**つむじかぜ**。例 飄風（ヒョウフウ）（＝つむじかぜ）。❷風が吹く。ひるがえす。❸風に吹かれて、舞い上がる。**ひるがえる**。例 飄飄（ヒョウヒョウ）。飄揚（ヒョウヨウ）。❹（風に吹かれたように）ふらふらとさすらう。俗世間から離れた。例 飄如二陌上塵一（ヒョウとしてハクジョウのちりのごとし）（＝さすらうさまは路上のちりのようなものだ）。〈陶淵明・雑詩〉飄逸（ヒョウイツ）。飄然（ヒョウゼン）。

難読 飄石（ずんばい）—（ふりずんばい）（＝つぶて。つぶてを打つ遊び）

【飄逸】ヒョウイツ ①すばやく飛ぶさま。②世間離れしていて、細かいことにこだわらないさま。例 —な表情。③作品が高尚で洒脱（シャダツ）なこと。

【飄瓦】ヒョウガ 屋根から突然落ちてくる、かわら。偶然の災難や天災のたとえ。

【飄客】ヒョウカク 酒色に遊びほうける男。放蕩者（ホウトウもの）。遊冶郎（ユウヤロウ）。嫖客（ヒョウカク）。

【飄▼寓】ヒョウグウ 故郷を離れてさすらい、他郷に住む。

【飄▼忽】ヒョウコツ ①風の速く吹くさま。②せわしいさま。たちまち。忽然（コツゼン）。

【飄疾】ヒョウシツ すばやいさま。すみやか。

【飄然】ヒョウゼン ①気ままにさすらうさま。例 —として去る。②世間のわずらわしさにこだわらないさま。例 飄然思不レ群（ヒョウゼンとしておもいグンせず）（＝《李白（リハク）よ、君の詩は天下無敵》世俗にとらわれず詩想はずば抜けている）。〈杜甫・春日憶李白〉

【飄墜】ヒョウツイ ①ひらひらと舞い落ちる。②落ちぶれる。▽飄落。飄零。

【飄▼蕩】ヒョウトウ ①（空中や水面で）ゆれ動く。②流浪する。例 世乱遭二飄蕩一（よみだれてヒョウトウにあう）（＝世が乱れたため漂泊生活をしなければならなくなった）。〈杜甫・羌村〉

【飄泊】ヒョウハク ①ふるさとを離れ、他国を流れさすらう。漂泊。放浪。流浪（ルロウ）。②飛び散る。舞い落ちる。

【飄▼泛】ヒョウハン ①ただよい浮かぶ。②さすらい行く。

【飄飄】ヒョウヒョウ ①風が静かに軽く吹くさま。例 風飄飄而吹レ衣（かぜはヒョウヒョウとしてころもをふく）（＝風はそよそよと我が衣服を吹く）。〈陶淵明・帰去来辞〉②風に吹かれてひるがえるさま。例 落花—。③行くあてもなくさまようさま。例 —とただよう小舟。④（人柄や態度について）小さなことにはこだわらず、大らかで、とらえどころのないさま。例 —とした人。

【飄飄▼乎】ヒョウヒョウコ 軽やかに風にひるがえるさま。例 飄飄乎、如二遺レ世独立、羽化而登仙一（ヒョウヒョウコとして、よをわすれてひとりたち、ウカしてトウセンするがごとし）（＝ふわりふわりと世俗から抜け出し一人になり、羽が生えて飛行する仙人になったようだ）。〈蘇軾・赤壁賦〉

【飄▼眇】ヒョウビョウ 澄んだ声があとまで長く引くさま。

【飄風不レ終レ朝】ヒョウフウはチョウをおえず〔つむじ風は吹き続けることはなく、朝のうちにはやむ意〕不自然なもの、勢いのあるものは、早く衰えること。〈老子・二三〉

【飄▼蓬】ヒョウホウ 風に吹かれて転がっていく蓬（ホウ）（＝ムカシヨモギの類）。落ちぶれて流浪すること。

【飄揚】【飄▼颺】ヒョウヨウ 風に吹かれて空中に舞う。転じて、気ままにさすらうさま。飄泊。

【飄揺】【飄▼颻】ヒョウヨウ ①風にひるがえり、定まらないさま。②気ままにさすらうさま。

【飄落】ヒョウラク ①（風に吹かれて）ひらひらと舞い落ちる。②落ちぶれる。零落。▽飄零。

【飄零】ヒョウレイ 「飄落（ヒョウラク）」に同じ。

飂 風11(20) 4 9240 98C2
一 リュウ（リウ）漢 宥 liù
二 リョウ（レウ）漢 蕭 liáo

意味 一 ❶高い所を吹く、速い風。❷西風。例 飂風（リュウフウ）。
二 ❶⇩【飂飂】（リョウリョウ）❷⇩【飂戾】（リョウレイ）

【飂飂】リョウリョウ 風の吹く音のさま。

【飂戾】リョウレイ ①風の吹く音のさま。②速いさま。

飆 風12(21) 2 8110 98C6
ヒョウ（ヘウ）漢 蕭 biāo
つむじかぜ

[颷] 風8(17) 4 9235 98B7 俗字。

[飈] 風12(21) 3 9408 98C8 俗字。

[飊] 風12(21) 4 9241 98C7 別体字。

意味 下から巻き上げるように吹く強い風。**つむじかぜ**。通 飄（ヒョウ）。例 飆塵（ヒョウジン）（＝風の吹き上げるちり）。

【飆回】ヒョウカイ あれくるう。乱れて落ち着かないさま。

飋 風13(22) 4 9242 98CB
シツ漢 質 sè

意味 ❶秋風。❷風の音の形容。

183 9画 飛 とぶ部

とりがつばさを広げてとぶ形をあらわす。「飛」と、「飛」をもとにしてできている「飜」とを集めた。

0 1450 飛
12 1451 飜

飛 飛0(9) 1 4084 98DB 教4
ヒ漢 微 fēi
とぶ・とばす

筆順
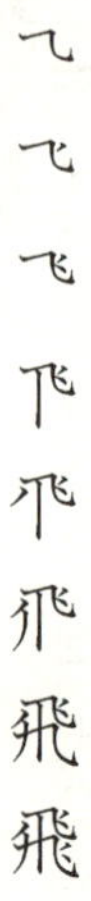

なりたち

[象形] 鳥が首をのばし羽を広げてとぶ形。

意味 ❶鳥のように空中を進む。また、高くとびあがる。**とぶ**。例 飛行（ヒコウ）。飛翔（ヒショウ）。雄飛（ユウヒ）。❷とぶように速い。とぶように行かせる。**とばす**。例 飛二羽觴一而酔レ月（ウショウをとばしてつきによう）（＝スズメが羽を広げたような形の杯を盛んにやりとりして、月をながめながら酔う）。〈李白・春夜宴桃李園序〉飛脚（ヒキャク）。飛流（ヒリュウ）。❸高くそびえる。たかい。例 飛桟（ヒサン）。飛軒（ヒケン）（＝高いのき）。❹架空の。根拠のない。例 飛語（ヒゴ）。

日本語での用法 《ヒ》①「飛州（ヒシュウ）」▼「飛驒（ひだ）（＝今の岐阜県の北部）」の略。②「4八飛（よんハチヒ）」▼将棋の駒（こま）の飛車の略。③「邪飛（ジャヒ）」▼野球で「飛球（＝フライ）」の略。

古訓 中古 とぶ 中世 とばす・とぶ 近世 とぶ・はたき・はふる

人名 たか

難読 飛竜頭（ヒリュウズ）—（ヒリョウズ）・飛沫（しぶき）・飛礫（つぶて）・飛泉（たき）

【飛宇】ヒウ 高くそり上がった軒（のき）。類 飛檐（ヒエン）・飛軒。

【飛雨】ヒウ ①風にあおられて飛ぶように降る雨。②にわか雨。驟雨（シュウウ）。

【飛▼燕】ヒエン 空を飛ぶツバメ。例 —のような身のこなし。

【飛花】【飛華】ヒカ ①風に飛び散る花びら。例 —落葉。②舞い散る雪。

【飛蓋】ヒガイ ①馬車の上の日よけ。また、おおいをかけた立派な馬車。②馬車を走らせる。

【飛閣】ヒカク ①高くそびえる建物。飛楼。②高いがけなどにかけた、かけ橋。

【飛▼蛾赴レ火】ヒガひにおもむく〔飛んでいるガが火の中にとびこむ

意〉自ら危険の中にとびこむこと。飛んで火に入る夏の虫。〈梁書・到漑伝〉㊩飛蛾投レ火(ひにトウず)。

【飛観】ヒカン　高くそびえる高殿(たかどの)。

【飛脚】ヒキャク　①武術の動作の一つ。②日急な事件や用事などを遠方へ知らせるための使者。③日昔、手紙や金品などの配達を仕事とした人。

【飛球】ヒキュウ　日野球で、フライ。

【飛鏡】ヒキョウ　月。〔空高くにある鏡のようであることから〕

【飛行】一ヒギョウ〔仏〕空を自由にかけめぐる。例―の術。二ヒコウ　空を飛ぶ。例―距離。低空―。

【飛行機】ヒコウキ　日プロペラやジェットエンジンなどの推進力によって空を飛ぶ、翼のある乗り物。航空機。

【飛行場】ヒコウジョウ　日航空機が離着陸する設備のある場所。空港。

【飛▼檄】ヒゲキ　①急ぎの檄文(＝まわしぶみ)。②檄文を急いで方々に発する。→【飛レ檄】(ゲキをとばす)(713ジペー)

【飛言】ヒゲン「飛語ゴヒ」に同じ。

【飛語】ヒゴ　根拠のない、いいかげんなうわさ。デマ。飛言。蜚語ゴヒ。例流言―。

【飛黄】ヒコウ　背に角(つの)があるという神馬。転じて、名馬。

【飛▼蝗】ヒコウ　群れて飛ぶバッタ科の昆虫。バッタ。イナゴ。

【飛札】ヒサツ　急ぎの手紙。また、急いで手紙を送る。㊩飛翰カンヒ・飛書。

【飛桟】ヒサン　高く険しい所に造られた桟道。㊩飛橋。

【飛散】ヒサン　飛び散る。例ガラス片が―する。

【飛矢】ヒシ　飛んでくる矢。㊩飛箭センヒ。

【飛耳長目】ヒジチョウモク　①遠方のことをよく聞き分ける耳と、よく見分ける目。〔〈管子・九守〉から〕②するどい観察力。

【飛車】ヒシャ　①空を飛ぶという車。②飛ぶように速い車。③日将棋の駒(こま)の一つ。縦横に何ますでも動ける。

【飛舟】ヒシュウ　足の速い舟。㊩飛舸カヒ。

【飛書】ヒショ　①文書に矢をつけて放つ。②緊急の文書(を送る)。③匿名の投書。④速く書く。

【飛▼絮】ヒジョ　風に吹かれて飛ぶヤナギの綿毛。

【飛将】ヒショウ　行動がすばやく武勇にすぐれた名将。特に、漢の李広(リコウ)を匈奴(キョウド)がこう呼んだ。飛将軍。

【飛章】ヒショウ　①急ぎ天子に奏上する文書。②急ぎの手紙。③人をおとしいれようとする匿名の投書。飛書。

【飛▼翔】ヒショウ　大空を飛ぶ。飛行。例―する大ワシ。

【飛信】ヒシン　急ぎの手紙。例―こもごもいたる。

【飛仙】ヒセン　空を飛ぶ仙人。㊩飛客カクヒ。例挟ニ飛仙一以遨遊(ヒセンをわきばさみてもってゴウユウす)(＝飛行自在の仙人を従えて天界を遊びまわる)。〈蘇軾・赤壁賦〉

【飛泉】ヒセン　①滝。②ほとばしるようにわき出る泉。

【飛走】ヒソウ　①飛び、走るように行く。②鳥獣。〔鳥は飛び、獣は走ることから〕

【飛▼騨】ひだ　日旧国名の一つ。今の岐阜県の北部にあたる。飛州シュウヒ。

【飛▼湍】ヒタン　急流。早瀬。急湍。

【飛弾】ヒダン　飛んでくる弾丸。

【飛鳥】一ヒチョウ　空を飛ぶ鳥。例飛鳥相与還(ヒチョウともにかえる)(＝鳥たちが一緒に(山のねぐらに)帰って行く)。〈陶淵明・飲酒〉二あすか　日奈良盆地南部の飛鳥川流域。飛鳥時代の都の地。明日香(あすか)。

【飛鳥尽良弓蔵】ヒチョウつきてリョウキュウかくる〔飛ぶ鳥がいなくなれば、よい弓もしまわれるの意〕有能な者も無用となると、見捨てられること。〈論衡・骨相〉

【飛沈】ヒチン　①飛ぶことと沈むこと。②鳥や魚。〔鳥は飛び、魚は水に沈むことから〕

【飛伝】ヒデン　急使を乗せるウマ。宿駅ごとにウマを取りかえて急いだ。

【飛電】ヒデン　①いなびかり。②名馬の名。③日急ぎの電信。急電。

【飛棟】ヒトウ　高い屋根のむなぎ。

【飛騰】ヒトウ　とびあがる。

【飛動】ヒドウ　飛ぶように動く。生き生きとしているさま。

【飛白】一ヒハク　漢字の書体の一つ。かすれたような字にする書き方。例―体。二かすり　日白くかすれたように見える模様。また、その織物や染め物。絣(かすり)。

【飛▼瀑】ヒバク　高所から落ちる滝。

【飛飛】ヒヒ　ひらりひらりと飛ぶさま。

【飛▼鳧】ヒフ　①空を飛ぶ水鳥。一説に、カモ。②競争用の速度のはやい舟。

【飛文】ヒブン　①根拠のない文。匿名で誹謗(ヒボウ)中傷する文書。流言飛文。②筆をふるう。すばやく文章を書く。③きらめくさま。

【飛報】ヒホウ　急ぎの知らせ。急報。例突如として―至る。

【飛▼蓬】ヒホウ　①風に飛ばされて転がっている蓬(ホウ)(＝ムカシヨモギの類)。転蓬(テンポウ)。②旅人。また、旅の身のたとえ。③乱れた頭髪。

【飛▼沫】ヒマツ　はね散る液体。しぶき。例―を浴びる。

【飛躍】ヒヤク　①高く飛びはねる。②日急速に進歩や発展をする。③日順序立った進展でないこと。例論理に―がある。

【飛揚】【飛▼颺】ヒヨウ　①飛びあがる。舞いあがる。例大風起兮雲飛揚(タイフウおこりてくもヒヨウす)(＝風が激しく吹き起こって、雲は大空高くへ飛んでいく)。〈史記・高祖紀〉②心が落ち着かないさま。乱れるさま。③意気盛んなさま。

【飛来】ヒライ　飛んで来る。例白鳥の―する湖。

【飛流】ヒリュウ　①飛ぶように速く流れる。②滝。

【飛竜】ヒリュウ｜ヒリョウ　①空飛ぶ竜。②聖人や英雄のたとえ。

【飛竜乗レ雲】ヒリュウくもにのる｜ヒリョウくもにのる　竜が空を飛び雲に乗る。英雄が所を得て、活躍すること。〈韓非・難勢〉

【飛竜在レ天】ヒリュウテンにあり｜ヒリョウテンにあり　竜が空を飛び天にのぼる。聖人が天子として国をよく治めること。〈易・乾〉

【飛輪】ヒリン　太陽の別名。

【飛廉】ヒレン　①風の神。〈楚辞・離騒〉②長い毛と翼のある怪獣。〈淮南・俶真〉▽蜚廉ヒレン。

【飛楼】ヒロウ　①城攻めに用いる、高いやぐらをつけた車。楼車。②「飛閣カクヒ①」に同じ。

●雨飛ウヒ・突飛トッピ・雄飛ユウヒ

［飜］飛12(21)　⇩翻ホン(1074ジペー)

184　9画

食しょく(飠・𩙿しょくへん)部

たべものの意をあらわす。「食」が偏(＝漢字の左側の要素)になるときは「飠(しょくへん)」、常用漢字では「𩙿(八画)」となる。「食」をもとにしてできている漢字を集めた。

0 1452 食 食 𩙿 飠 2 1453 飢 飢 飡 飣 3 1453 飧 飥 4 1453 飲 飲 飪 飱 飭 飩 飯 飯 飰 飫 5 1454 飴 飴 飼 飼 飾 飾 飳 飽 飽 6 1455 餃 餈 餌 餌 餉 餞 餅 餅 養 養 7 1456 餋 餓 餓 餐 餝 餗 餕 餖 餔 餘 8 1457 餡 餜 館 館 餚 餛 饒 餞 餤 餅 9 1457 餲 餬 餱 餸 餮 餳 10 1458 饂 餽 餼 餻 餾

餺 饁 餾 ⑪ 1458 饗 饉 餫 饅 ⑫ 1458 饐 饋 饑 饎 饒 饌 饍 ⑬ 1459 饗 饘 饕 饔 ⑭ 1459 饜 ⑰ 1459 饞 饟 ⑲ 1459 饠

この部首に所属しない漢字

蝕→虫 1177

食

食0（9） ①3109 98DF 教2

■一 **ショク**㊥漢 **ジキ**㊥呉 職 shí
■二 シ㊥漢㊥呉 寘 sì
■三 イ㊥漢㊥呉 寘 yì
くう（くーふ）・**くらう**（くーらふ）・**たべる**（たーぶ）・はーむ・け・めし

［食］食0（9） 旧字体。

筆順 ノ 𠆢 𠆢 今 今 食 食 食 食

なりたち ［会意］「亼（＝あつめる）」と「皀（＝かんばしい穀物）」とから成る。集めた穀物。

意味 ■一 ❶たべもの。食事。例食餌（ショクジ）。食糧（ショクリョウ）。断食（ダンジキ）。❷**たべる。くらう。くう。**のむ。例食事（ショクジ）。食前（ショクゼン）。飲食（インショク）。❸給与としてのたべもの。扶持（フチ）。例食禄（ショクロク）。❹日や月が欠ける。通蝕（ショク）。例月食（ゲッショク）。日食（ニッショク）。❺なかったことにする。いつわる。例食言（ショクゲン）。❻利益を受ける。享受する。**はむ**。例食二旧徳一（キュウトクをはむ）（＝昔の財産で生活する）。〈易・訟〉 ❼受け入れる。受ける。❽食用の。例食塩（ショクエン）。食肉（ショクニク）。■二 ❶たべさせる。やしなう。通飼。例謹食レ之（つつしみてこれをやしなう）（＝大切に〔このヘビを〕飼育する）。〈柳宗元・捕蛇者説〉 ❷たべもの。**めし**。例一箪食、一瓢飲、在二陋巷一（イッタンのシ、イッピョウのイン、ロウコウにあり）（＝〔顔回は〕竹のわりご一杯のめしと、ひさご一椀（ひとわん）の飲みもので、狭い路地に住んでいる）。〈論語・雍也〉 ■三 人名に用いる字。例審食其（シンイキ）（＝漢の高祖の臣）。

古訓 中古 いつはる・くひもの・くふ・くらふ・け・はむ・めす・もちゐる・やしなふ 中世 くらふ・はむ・めし 近世 いつはる・いひ・かて・かみこなす・くひもの・くふ・くらふ・けす・のみつくす・はむ・めし・やしなふ

人名 あき・あきら・うけ・くら・みけ

難読 食国（おすくに）

【食不二二味一】（ショクあじわいをふたつにせず） 一食におかずを二品つけない。質素な食事をいう。〈左伝・哀元〉 類食不レ重レ肉（ショクはニクをかさねず）。

【食案】（ショクアン） 食卓。

【食咽】（ショクエツ） ものを食べてむせる。

【食塩】（ショクエン） ①塩を食べる。②食用に精製した、しお。

【食牛▼之気】（ショクギュウのキ） ウシをまるごとのみこむほどの大きな気性。幼くして、大きな気概のあること。呑牛之気（ドンギュウのキ）。〈尸子・下〉

【食言】（ショクゲン） 〔一度言ったことばを食べる意〕言ったことを実行しない。いつわる。約束を破る。〈書経・湯誓〉

【食後】（ショクゴ） 日 食事をしたあと。対食前。例一のデザート。

【食指】（ショクシ） 人さし指。例一を動かす（＝求めようと思う）。

【食指動】（ショクシうごく） ①人さし指がひとりでに動く。やがてごちそうが食べられる感じがすることをいう。染指（センシ）。②日 そのものが欲しいという気持ちがおきる。食指を動かす。◆春秋時代、鄭（テイ）の公子の宋（ソウ）が、自分の人さし指が自然に動いたのを感じて、以前にもこういうときにはごちそうに出あったので、今度もその前ぶれだと思った。……〈左伝・宣四〉

【食事】（ショクジ） ごはんを食べる。また、その食べ物。

【食餌】（ショクジ） ①焼き菓子などを食べる。②釣りなどのえさ。③日（病気を治すものとしての）食べ物。

【食餌療法】（ショクジリョウホウ） 日 治療の一つとして、食事の内容や食事法を改善すること。

【食酒】（ショクシュ） 酒を（たくさん）飲む。

【食傷】（ショクショウ） 日 ①食あたり。食中毒。②同じ食べ物が続いて飽きる。転じて、同じものごとが繰り返されて、うんざりする。例一ぎみ。

【食色】（ショクショク） ①食欲と色欲。②食べ物があり、飢えている気配がないこと。

【食性】（ショクセイ） ①食べ物についての好み。②日 食べ物についての動物の習性。肉食・草食など。

【食前】（ショクゼン） 日 食事をする前。対食後。例一酒。

【食前方丈】（ショクゼンホウジョウ） 席の前に一丈四方も並ぶような豪華なごちそう。はなはだしいぜいたくをいう。〈孟子・尽心下〉

【食膳】（ショクゼン） ①〔「膳」は、料理の意〕食べ物。②日 食べ物を並べる食事用の台。例一に供する（＝料理して食卓に出す）。

【食卓】（ショクタク） 食事をするためのテーブル。例一を囲む。

【食通】（ショクツウ） 日 食べ物のこと、特に材料や味、あるいは店などについて詳しいこと。また、そういう人。グルメ。

【食田】（ショクデン） ①田畑からの収入で暮らす。②領地。

【食堂】■一（ショクドウ） ①食事をするための部屋。②食事を提供する店。■二（ジキドウ） 〔仏〕寺院で、僧が食事をする部屋。

【食道】（ショクドウ） ①食糧を運ぶ道。糧道。②日 消化器官の一つ。のどから胃につながる管。例一癌（ガン）。

【食肉】（ショクニク） ①動物の肉を食べること。例一獣。②高官にのぼる。例一の相（＝高官になる人相）。③日 食用の肉。例一販売業。

【食費】（ショクヒ） 食事にかかる費用。例一がかさむ。

【食品】（ショクヒン） ①肉料理。②食べ物。食料品。

【食分】（ショクブン） 日食や月食で、太陽や月の欠ける割合。蝕分（ショクブン）。

【食封】■一（ショクホウ） 封建時代、諸侯や家臣に与えられた領地。知行所（チギョウショ）。■二（ジキフ） 日 律令制で、王族や貴族などに支給した俸禄（ホウロク）の一つ。

【食俸】【食奉】（ショクホウ） 俸禄（ホウロク）。扶持（フチ）。食禄。

【食味】（ショクミ） 食べ物の味。例京の一をさぐる。一を落とす。

【食物】（ショクモツ） 食べ物。食品。

【食物連鎖】（ショクモツレンサ） 日 自然界で、生物が食う・食われるという関係でできる一つのつながり。例、プランクトンをミジンコが食べ、ミジンコを小魚が食べ、小魚を鳥が食べる、など。

【食▼邑】（ショクユウ） ①天子から賜った領地。②領地からの税で生活する。

【食用】（ショクヨウ） 食べるために用いる。また、食べ物として適していること。例一になる。一油。

【食欲】【食▼慾】（ショクヨク） 食べたいという欲求。くいけ。

【食料】（ショクリョウ） ①食べ物。調理して食べる材料。例一品。非常用一。②日 食事の費用。食事料。

【食糧】（ショクリョウ） 食べ物。特に、主食。例一不足。

【食▼禄】（ショクロク） ①主君からもらう、くいぶち。俸禄。食俸。②禄（ロク）をはむ。俸禄を受ける。

【以レ食為レ天】（ショクをもってテンとなす） 食物をいちばん大切なものとする。食を民の生活の根本とする考え方。〈史記・酈食其伝〉

【食貨】（ショッカ） ①穀物と財貨。②経済。

【食客】（ショッカク・ショッキャク） ①客としてむかえられた人。②日 好意で他人の家に養われている人。居候（いそうろう）。

【食間】（ショッカン） 日 食事と食事とのあいだ。例一に服用する薬。

【食気】キ ショッ ㈠①鬼神が供物をめしあがる。②食物のにおい。③道家の養生法の一つ。今の深呼吸のようなもの。㈡シキ 飯の分量。㈢けい 日食欲。

【食器】ショッキ 食事に用いる器具。うつわ。例一戸棚。

【食頃】ショッケイ 食事をとるほどの、わずかな時間。

●衣食イショク・会食カイショク・外食ガイショク・間食カンショク・給食キュウショク・試食シショク・主食シュショク・少食ショウショク・常食ジョウショク・侵食シンショク・浸食シンショク・寝食シンショク・草食ソウショク・粗食ソショク・美食ビショク・副食フクショク・腐食フショク・夜食ヤショク・立食リッショク・和食ワショク

食
飠0(8) 4 9243 98E0

⇩部首解説

飠
飠0(9) 4 9244 2967F

⇩部首解説

飢
飠2(10) 1 2118 98E2 常用

キ漢 ケ呉 支 jī

うえる(うーう)・うえ(うーゑ)・かつーえる(かつーう)

［飢］飠2(11) 旧字体。

筆順

なりたち [形声]「食(=たべもの)」と、音「几キ」とから成る。食べ物がなくて苦しむ。

意味 ❶食べ物がなくて、空腹で苦しむ。うえる。うえ。通饑キ。例牛困人飢日已高(うしつかれひとうえてひすでにたかし)(=ウシも疲れ老人も空腹になるころ、日はすでに高い)。〈白居易・売炭翁〉飢餓ガキ。❷穀物が実らない。通饑キ。例飢饉キン。飢歳サイ。

古訓 中古 いひにうゑたり・うう・うゑたり・つかる 中世 うゆる・うう・うゑたり・うゑる・かつゆる・つかる 近世 うゆる・うゑる

【飢火】キカ 腹の中が焼けるように我慢できない、ひもじさ。ひどいうえをいう。

【飢餓】キガ 食べ物がなくなり、空腹に耐えられなくなること。うえ。饑餓キガ。例飢餓不レ能レ出二門戸一(キガしてモンコをいずるあたわず)(=ひもじくて門外に出ることもできない)。〈孟子・告子下〉

【飢渇】キカツ ①食べ物や飲み水がなく、ひどく空腹でのどがかわくこと。②切望すること。▽饑渇キカツ。

【飢寒】キカン うえと寒さ。ひどく空腹で、こごえること。饑寒キカン。

【飢▼饉】キキン ①天候不順や虫害などで農作物が不作となり、人々がうえに苦しむこと。②日必要とするものが、はなはだしく不足すること。例水ずみ一。▽饑饉キキン。

【飢歳】キサイ 農作物の不作の年。饑歳キサイ。

【飢色】キショク 食べ物にうえている顔つきや様子。例民有二飢色一(たみにキショクあり)(=民は飢えた顔つきをしている)。〈孟子・梁恵王上〉

【飢飽】キホウ うえることと、腹いっぱい食べること。

飡
食2(11) ⇩餐サ(1456ジペー)

飣
飠2(11) 4 9246 98E3 テイ漢 径 dìng

意味 ❶食べ物を器に盛りつける。❷「飣餖テイトウ」「餖飣トウテイ」は、食べ物をむやみに盛りつけたさま。また、内容のない文章。

飧
食3(12) 3 9409 98E7 ソン漢 元 sūn

［飱］食4(13) 4 9250 98F1 俗字。

意味 ❶夕食。夕めし。対饔ヨウ。例飧饔ソンヨウ(=夕食と朝食)。❷夕食をとる。❸加熱した食べ物。❹簡単な食事。❺汁を飯にそそぐ。また、その飯。湯づけ。

飥
飠3(12) 4 9247 98E5 タク漢 薬 tuō

意味 小麦粉をこねて加熱した食品。例餺飥ハクタク。

難読 餺飥ほうとう

飲
飠4(12) 1 1691 98F2 教3

㈠イン(イム)漢 オン(オム)呉 寝 yǐn ㈡イン(イム)漢 オン(オム)呉 沁 yìn

のむ

［飲］飠4(13) 2 6127 98EE 旧字体。

［㱃］欠11(15) 3C43 本字。

筆順

なりたち [形声]「欠(=口をあける)」と、音「酓イ」とから成る。のむ。

意味 ㈠❶酒や水などをのむ。のむ。例飲酒インシュ。飲料インリョウ。鯨飲ゲイイン。❷のみもの。特に酒を指す。例冷飲レイイン(=冷酒)。❸さかもり。例宴飲エンイン。長夜チョウヤの飲イン。❹のみこむ。こらえる。例飲恨インコン。㈡酒や水を飲ませる。のます。例飲馬インバ。

古訓 中古 つつしむ・のむ・みづかふ・みづのむ 中世 すする・のむ・みづかふ・みづのむ 近世 すする・のむ・みづかふ

【飲宴】【飲▼燕】【飲▼讌】インエン 酒盛り。宴会。

【飲禍】インカ 酒宴の席での災い。酔った上での災い。酒禍。

【飲河満腹】インカマンプク ⇩【偃鼠飲レ河不レ過二満腹一】(エンソかわにのむもマンプクにすぎず)(102ジペー)

【飲器】インキ 酒を飲むためのうつわ。一説に、便器。〔趙襄子ジョウシは憎い敵の頭を「飲器」としたという話がある〕

【飲泣】インキュウ(なみだをのむ) 〔「泣」は、涙の意〕涙が流れて口に入るくらい、激しく泣く。類飲涙。

【飲恨】インコン(うらみをのむ) うらみを晴らしたり、うったえたりできないまま、じっとこらえる。

【飲至策勲】インシサックン 〔「策」は、竹簡の意〕戦いから帰って宗廟ソウビョウ(=先祖のみたまや)に勝利を報告し、祝宴を開いて、竹簡に勲功を記すこと。〈左伝・桓二〉から

【飲酒】インシュ ①酒を飲む。例一運転。②古代の宴会で、食前に口をすすぐための酒。

【飲食】インショク ①飲んだり食べたりする。飲み食い。例一店。無銭一。②食べ物と飲み物。

【飲▼餞】インセン 儀式の一つ。遠方に旅立つ人の無事を祈って道祖神を祭り、そのかたわらで酒盛りをする。

【飲▼啄】インタク 鳥が水を飲むことと、えさをついばむこと。自由気ままに生活すること。〈荘子・養生主〉から

【飲馬】インバ ウマに水を飲ませること。

【飲用】インヨウ 飲むために用いる。例一水。

【飲料】インリョウ 日㈠飲み物。例清涼一。㈡(のみリョウ) 飲む酒の代金。飲みしろ。

●痛飲ツウイン・暴飲ボウイン

飪
飠4(13) 4 9248 98EA ジン(ジム)漢 寝 rèn

意味 よく煮て、食べられるようにする。にる。例烹飪ホウジン。

飧
食4(13) ⇩飧ソ(1453ジペー)

飭
飠4(13) 2 5012 98ED チョク漢 職 chì いまし-める(いまし-む)

意味 ❶整理する。整える。治める。正す。通勅。例飭正チョクセイ。飭励チョクレイ。❷慎重である。つつしむ。通勅。例謹飭キンチョク(=つつしむ)。❸命令する。いましめる。通勅。例飭戒チョッカイ。❹教え導く。教えさとす。おしえる。通勅。

【飭正】チョクセイ 整える。正す。勅正。

【飭励】(チョクレイ) いましめ、はげます。考えや言動を止す。

【飭▼躬】(チョクキュウ) 身を正す。自己の言動をいましめつつしむ。

飩
飠4(13) 2 8111 98E9 トン 漢 元 tún

意味 「餛飩(コントン/ワンタン)」は、小麦粉をこねて作った生地(きじ)で肉などを包んだ食品。

日本語での用法 《ドン》▼「饂飩(ウドン)」は、小麦粉をこねてのばし、細長く切った食品。

飯
飠4(12) 1 4051 98EF 教4 ハン 漢 ボン 呉 願 fàn めし・いい(いひ)・まま・まんま

[飯] 飠4(13) ― FA2A 旧字体。 [飰] 飠4(13) 4 9249 98F0 別体字。

筆順 ノ 𠆢 今 食 飠 飣 飯 飯

なりたち [形声]「食(=たべもの)」と、音「反(ハ)」とから成る。食べる。派生して「めし」の意。

意味 ❶ごはん。**めし**。**いい**。例 飯米(ハンマイ)。炊飯(スイハン)。米飯(ベイハン)。❷食べる。食事をとる。くらう。また、食べさせる。くらわす。くわせる。やしなう。例 飯二疏食一飲レ水(ソシをくらいみずをのむ)(=粗末な食事をして水を飲む)。〈論語・述而〉飯牛(ギュウ)。

古訓 中古 あたふ・いひ・おもの・かふ 中世 いひ・おもの・かふ・くらふ・めし 近世 いひ・くひもの・くらふ・めし

【飯▼盂】(ハンウ) 飯(めし)を盛る容器。類 飯鉢(ハツ)。

【飯▼顆】(ハンカ) 「飯粒(ハンリュウ)」に同じ。

【飯牛】(ハンギュウ) ①(うしにくらわす) ウシを飼う。②牛飼い。また、才能ある者が身をやつしていることのたとえ。●春秋時代、秦(シン)の牛飼いの百里奚(ヒャクリケイ)が穆公(ボクコウ)に見こまれて、のちに宰相にまでなり秦を強国にした。………〈管子・小問〉

【飯▼磬】(ハンケイ) 寺院で食事を知らせる石板の楽器。

【飯▼盒】(ハンゴウ) 日 野外で飯(めし)をたくための、アルミニウム製の深い容器。例 ―炊爨(スイサン)。

【飯食】 一(ハンシ) 飯。めし。二(ハンショク) 飯を食う。

【飯▼匙】(ハンシ) 飯(めし)を盛るのに使う、しゃもじ。

【飯台(臺)】(ハンダイ) 日 食事をするための台。食卓。ちゃぶ台。

【飯単】(ハンタン) ①食事のとき、からだの前にかける布。ナプキン。②料理の献立表。メニュー。

【飯店】(ハンテン) ①飯屋(めしや)。②〔現代中国語で〕ホテル。例 北京(ペキン)―。③日 中国料理店の名につけることば。

【飯筒】(ハントウ) ちまき。〔もと、竹筒に米をつめて蒸したことから〕

【飯▼嚢】(ハンノウ) 飯(めし)を入れる袋。転じて、むだめしを食って暮らす人をあざけっていう。類 飯袋(タイ)。

【飯米】(ハンマイ) 日 飯(めし)にたく米。食用の米。自家用の米。例 ―農家(=自分の家で食べる量の米を作る農家)。

【飯粒】(ハンリュウ/めしつぶ) ごはんの一つぶ一つぶ。ごはんつぶ。飯顆(ハンカ)。

【飯▼櫃】(ハンキ/めしびつ) 日 ごはんを保存するための容器。おひつ。おはち。
●残飯(ザンパン)・炊飯(スイハン)・赤飯(セキハン)・麦飯(バクめし/むぎめし)・晩飯(バンめし)

飫
飠4(13) 2 8112 98EB ヨ 漢 御 yù あ-きる(あ-く)・いと-う(いと-ふ)

意味 ❶さかもり。宴会。❷十分に食べる。**あきる**。例 飫足(ヨソク)(=食事に満足する)。

日本語での用法 《お》「飫肥(おび)(=宮崎県の地名)」▼地名の場合、「お」の音にあてる万葉仮名。

【飫宴】(ヨエン) 宴会。酒盛り。

【飫賜】(ヨシ) 飽きるほどの酒食をたまわること。

【飫聞】(ヨブン) 飽きるほど聞く。聞き飽きる。飽聞。

飴
飠5(14) 1 1627 98F4 一 イ 漢 支 yí 二 シ 漢 ジ 呉 寘 sì あめ

[飴] 飠5(13) ― 俗字。

意味 一 ❶でんぷんを糖化した食品。**あめ**。例 飴蜜(イミツ)(=あめと、はちみつ)。❷うまい食べ物。❸贈る。通 貽(イ)。二 食物を与える。やしなう。通 飼。

飼
飠5(13) 1 2784 98FC 教5 シ 漢 寘 sì かう(か-ふ)

[飼] 飠5(14) ― FA2B 旧字体。

筆順 ノ 𠆢 今 食 飠 飤 飼 飼

なりたち [形声]「食(=たべもの)」と、音「司(シ)」とから成る。食べ物を与えて、育てる。

意味 食わせて育てる。やしなう。**かう**。例 飼育(シイク)。

古訓 中古 かふ・やしなふ 中世 かふ 近世 あめ・かて・かふ・くひもの・やしなふ

難読 飼面(もかす)(=そばかす)

【飼育】(シイク) 日 生き物を飼い育てる。例 ―係。

【飼料】(シリョウ) 日 家畜にやるえさ。例 牛馬の―。

飾
飠5(13) 1 3094 98FE 常用 ショク 漢 シキ・ジキ 呉 職 shì かざる・かざり

[飾] 飠5(14) ― 旧字体。 [餝] 飠7(16) 2 8119 991D 別体字。

筆順 ノ 𠆢 今 食 飠 飣 飭 飾

なりたち [形声]「巾(=ぬの)」と「人(=ひと)」と、音「食(ショ)」とから成る。よごれをぬぐい、きれいにする。

意味 ❶人やものの表面に美しさを加える。**かざる**。**かざり**。例 修飾(シュウショク)。装飾(ソウショク)。落飾(ラクショク)(=かざりをおろす。出家)。❷きよめる。ぬぐう。❸襟や袖(そで)にへりをつける。❹よそおい。服装。❺うわべをつくろい、ごまかす。あざむき、とのえる。例 虚飾(キョショク)。粉飾(フンショク)。

古訓 中古 かざり・かざる・ととのふ 中世 かざり・かざる・しつらふ 近世 あらはる・おほふ・かざる・つくらふ・とのへる・もとほし・よそほふ

人名 あきら・よし

難読 飾磨(しかま)・葛飾(かつしか)(=地名・姓)・華飾(ソク)

【飾偽】(ショクギ) うわべをとりつくろって、人をだます。

【飾言】(ショクゲン) ことばをうまくとりつくろう。また、かざりたてた、うそのことば。類 飾辞・飾説。

【飾▼智】(ショクチ) 知恵があるように見せかけて、人をあざむく。

【飾非】(ショクヒ) 過ちをとりつくろう。

【飾弁(辯)】(ショクベン) ことばを巧みにかざる。
●虚飾(キョショク)・修飾(シュウショク)・装飾(ソウショク)・服飾(フクショク)・落飾(ラクショク)

飳
飠5(14) 4 9251 98F3 トウ 漢 有 tǒu

意味 「餢飳(ホウトウ)」は、小麦粉をこねて発酵させた食べ物。

難読 餢飳(とふ)

飽
飠5(13) 1 4316 98FD 常用 ホウ(ハウ) 漢 ボウ(バウ) 呉 巧 bǎo あきる(あ-く)・あき・あかす

[飽] 飠5(14) ― 旧字体。

筆順 ノ 今 今 食 飣 飥 飦 飽

なりたち [形声]「食（＝たべもの）」と、音「包ホ」とから成る。食べあきる。

意味 ❶食べて腹がふくれる。**あきる**。例 君子食無レ求レ飽クンシはショクあかんことをもとむるなし（＝君子は満腹になるまで食べることを求めない）。〈論語・学而〉 飽食ホウショク。飽満ホウマン。❷満腹にさせる。**あかす**。❸十分に満ち足りる。いっぱいになる。**あきる**。例 飽和ホウワ。❹満足するまで。あくまで。

古訓 中古 あきだる・あく・あくまで・いとふ 中世 あきみつ・あく・いとふ 近世 あく

人名 あき・あきら・あく

難読 飽浦あくら・塩飽しわく（＝地名）

【飽食】ホウショク あきるほど十分に食べる。例 飽食終日ホウショクシュウジツ（＝一日中たらふく食べる）。〈論語・陽貨〉

【飽食▼煖衣】【飽食暖衣】ホウショクダンイ 腹いっぱい食べて、あたたかい着物を着る。不自由なく暮らすこと。煖衣飽食。〈孟子・滕文公上〉 類 飽暖・飽煖ホウダン。

【飽徳】ホウトク 恩恵を十分に受ける。

【飽満】ホウマン あきるほど、腹いっぱい食べる。

【飽和】ホウワ 日 ①他の物質をそれ以上ふくむことのできない状態。例 ―溶液。②これ以上入れられないほど、いっぱいになっていること。例 ―状態。

餃 飠6（15） ②8113 9903 ギョウ 慣 コウ（カウ） 漢 効 jiǎo

意味 ❶⇩【餃子】ギョーザ ❷飴あめ。

【餃子】ギョーザ|ギョウザ|チャオズ ［「チャオズ」は中国語音］ 中華料理の点心の一つ。小麦粉をこねた皮に、ブタのひき肉や白菜、ニラなどを包み、焼いたり、ゆでたり、蒸したりして食べる。

餈 食6（15） ④9252 9908 シ 漢 支 cí

意味 もち米を原料として作った、もち。

餌 飠6（15） ①1734 990C 常用 ジ 漢 寘 ěr えさ（ゑさ）・え（ゑ）

［餌］ 飠6（14） 俗字。（許容字体）

筆順 ノ 今 今 食 食 飣 飦 餌

参考 「しょくへん」は、手書きでは普通八画で書く。

なりたち [形声]「食（＝たべもの）」と、音「耳ジ」とから成る。米の粉をこねて作った食べ物。

意味 ❶粉食の一種。米・キビ・アワ・マメなど、穀物を粉にして加工した食品。団子の類。❷食べ物。特に、嗜好シコウ品や薬になるような食物。例 腊レ之以為レ餌これをセキにしてもってジとなす（＝干し肉にして薬とする）。〈柳宗元・捕蛇者説〉 食餌ショクジ。薬餌ヤクジ。❸**えさ**。**え**。また、えさで釣る。例 餌敵ジテキ（＝えさで敵をさそいだす）。好餌コウジ。❹食べる。食う。くらう。❺食べさせる。くらわす。❻飲みこむ。併呑ヘイドンする。

古訓 中古 くふ・くらふ・やしなふ・ゑ 中世 くらふ・もちひ・ゑ 近世 もち・やむる・ゑ・ゑば

【餌口】ジコウ ①食事をする。②生計を立てる。

【餌食】一 ジショク ①仙薬を飲む。②えさ。 二 えジキ 日 ①動物のえさになって食われる生き物。②他人の欲望などのために犠牲となるもの。

●好餌コウジ・食餌ショクジ・薬餌ヤクジ

餉 飠6（15） ②8114 9909 ショウ（シャウ） 漢 養 xiǎng かれいい（かれいひ）

［饟］ 飠17（26） ④9274 995F 別体字。

意味 ❶（食べ物などを）おくる。プレゼントする。届ける。また、その食べ物。❷えさをやる。飼う。❸（持ち運びに便利なように）干した飯。兵糧ヒョウロウ。弁当。**かれいい**。かれい。

難読 朝餉あさがれい・あさげ・昼餉ひるげ・夕餉ゆうげ

【餉遺】ショウイ 物をおくり届ける。また、贈り物。

【餉▼饋】【餉▼餽】ショウキ 食糧をおくり届ける。また、食糧、特に兵糧ヒョウロウをいう。

【餉給】ショウキュウ 食糧・兵糧ヒョウロウをおくり届ける。

餞 飠6（14） ⇩餞セン（1457ジベー）

餅 飠6（15） ①4463 9905 常用 ヘイ 漢 ピン 唐 梗 bǐng もち

［餠］ 飠8（17） ②8122 9920 旧字体。

［餅］ 飠6（14） 俗字。（許容字体）

筆順 ノ 今 今 食 飠 飣 餅 餅

参考 「しょくへん」は、手書きでは普通八画で書く。

なりたち [形声]「食（＝たべもの）」と、音「并ヘイ」とから成る。小麦粉をこねて作った食べ物。

意味 ❶小麦粉をこねて焼いたり、蒸したり、煮たり、油で揚げたりした食品。例 餅餌ヘイジ。画餅ガベイ。巻餅ケンペイ|ピン（＝菓子の一種）。❷「❶」のようなまるくて平たい形のもの。例 餅金ヘイキン（＝丸く平たい金のかたまり）。

日本語での用法 《もち》「鏡餅かがみもち・草餅くさもち」▼もち米を蒸してついた食品。

古訓 中古 もちひ 中世 もち・もちひ 近世 もち・もちひ

【餅餌】ヘイジ 穀物の粉を原料とする食品。もち。だんご。

【餅肌】もちはだ 日 つきたてのもちのように、なめらかな白い肌。

養 食6（15） ①4560 990A 教4 一 ヨウ（ヤウ） 漢 呉 養 yǎng 二 ヨウ（ヤウ） 漢 呉 漾 yàng やしなう（やしなーふ）・やしない（やしなひ）

［養］ 食6（15） 旧字体。

［养］ 羊4（10） ④8484 517B 俗字。

筆順 丷 羊 关 兲 养 養 養 養

なりたち [形声]「食（＝たべもの）」と、音「羊ヨウ」とから成る。食べ物を与える。

意味 一 ❶生み育てる。成長させる。**やしなう**。**やしない**。例 養育ヨウイク。養父ヨウフ。❷動物を飼い、育てる。例 養蚕ヨウサン。飼養シヨウ。❸おしえる。心を豊かにする。例 涵養カンヨウ。修養シュウヨウ。❹生活の面倒をみる。例 養老ヨウロウ。扶養フヨウ。❺病気をなおす。からだを大事にする。例 静養セイヨウ。療養リョウヨウ。❻炊事をする。まかなう。まかない。例 廝養シヨウ（＝炊事人。雑役夫）。❼ほしいままにさせる。例 養欲ヨウヨク（＝欲望をほしいままにする）。❽かゆくなる。かゆみ。通 痒ヨウ・癢ヨウ。 二 ❶父母や目上の人に仕える。❷心配する。うれえる。通 恙ヨウ。例 養養ヨウヨウ。

古訓 中古 うなり・うなりす・おなりす・かふ・かへりみる・たくはふ・とる・まぼる・やしなふ 中世 かふ・やしなふ 近世 うれふ・かふ・たのしむ・とる・まもる・やしなふ

人名 おさ・かい・きよ・のぶ・まもる・やす・よし

難読 犬養（いぬかい）（＝姓）・養父（やぶ）（＝兵庫県の地名）

【養育】ヨウイク めんどうをよくみて、そだてる。例 養₋育宗親₋（ソウシンをヨウイクす）（＝一族をやしない繁栄させた）。〈史記・始皇紀〉

【養家】ヨウカ 日 養子としてむかえられた家。養子先の家。

【養▼晦】ヨウカイ 〔「晦」は、くらます意〕いったん身を引いて修養につとめる。

【養気】ヨウキ ①広く大きな気分にひたり、人徳を高める。浩然（コウゼン）の気を養う。②呼吸を整え、身体を壮健にする。道家の修養法。錬気。③生物を育成する気。

【養魚】ヨウギョ 魚を飼い育てて、繁殖させること。例 ―場。

【養形】ヨウケイ 〔「形」は、身体・肉体の意〕肉体を健康にする。

【養鶏】ヨウケイ 卵や肉を利用するために、ニワトリを飼い育てる。

【養虎】ヨウコ 〔トラを飼う意〕後日の災いのもとを、自ら大きくすること。〈史記・項羽紀〉

【養護】ヨウゴ ①やしない守る。保養する。②日 子供の健全な成育を助け、保護する。例 ―施設。

【養蚕（蠶）】ヨウサン まゆを取るために、カイコを飼い育てる。

【養子】ヨウシ ①子を生み育てる。やしなう。②血縁関係はないが、法律上の手続きにより、子としてむかえた者。対 実子。例 ―縁組（エンぐみ）。婿（むこ）―。

【養志】ヨウシ ①上品な精神をやしない育てる。②親の意向にかなうように、親に仕える。

【養寿】ヨウジュ 〔寿命をやしなう意〕長生きできるように、健康に気をつける。

【養女】ヨウジョ 法的な手続きにより、子としてむかえた女子。

【養生】ヨウジョウ|ヨウセイ ①生命をやしなう。健康に気をくばる。摂生。例 吾聞₋庖丁之言₋、得₋養₋生焉（われホウテイのゲンをききて、セイをやしなうをえたり）（＝わたしは庖丁のことばを聞いて生命をやしなうということを会得した）。〈荘子・養生主〉②生きているものをやしなう。また、親が生きているうちに親に仕える。③日 病気などが早く回復するようにつとめる。例 温泉で―する。

【養殖】ヨウショク 日 魚や貝などを、人工的に増やすために飼い育てる。例 ―真珠。ハマチの―。

【養心】ヨウシン 修養を積んで、立派な心をやしなう。精神力をきたえる。

【養真】ヨウシン 〔本性（ホンセイ）をやしなう意〕もって生まれた純真な心を育てはぐくむ。

【養親】ヨウシン ①親をやしなう。例 可₋以養₋親（もっておやをやしなうべし）（＝親に孝養を尽くすことができる）。〈荘子・養生主〉②法律上の手続きにより、親となった者。養い親。養父母。

【養成】ヨウセイ 一人前に育てあげる。やしない育てる。例 養₋成之₋者人也（これをヨウセイするものはひとなり）（＝《最初に万物を生じたのは天であり》これを養い育てるのは人である）。〈呂覧・本生〉

【養性】ヨウセイ ①もって生まれた本性（ホンセイ）を、そのまま立派に育てあげる。②生命を大切にする。

【養▼鱒】ヨウソン 日 マスを養殖する。例 ―場。

【養徳】ヨウトク 人格をすぐれたものにするため修養する。

【養豚】ヨウトン 食肉用に、ブタを飼い育てる。

【養病】ヨウビョウ 病気を治療する。類 養痾（ヨウア）。

【養父】ヨウフ ①父をやしなう。②養子をむかえた家の父。義理の父。対 実父。

【養分】ヨウブン 日 生物体の成長に必要な成分。栄養分。滋養分。例 根から―を吸収する。

【養母】ヨウボ ①母をやしなう。②養子をむかえた家の母。義理の母。対 実母。

【養蜂】ヨウホウ 蜜（ミツ）をとるために、ミツバチを飼い育てる。

【養養】ヨウヨウ 思いわずらい、心が落ち着かないさま。

【養▼鯉】ヨウリ 食用や観賞用に、コイを養殖する。

【養廉】ヨウレン 私欲のない、潔白な心を育てあげる。

【養老】ヨウロウ|ロウをやしなう 老人をいたわり世話する。また、老後を平穏に過ごす。例 一日慈₋幼、二日養₋老（イチにいわくヨウをいつくしみ、ニにいわくロウをやしなう）（＝第一に幼い者をいつくしみ、第二に老人をいたわる）。〈周礼・地官・大司徒〉―施設。

【養和】ヨウワ ①調和のとれた心を育てる。②背をもたせかけるための道具。

● 休養（キュウヨウ）・教養（キョウヨウ）・孝養（コウヨウ）・滋養（ジヨウ）・保養（ホヨウ）

餋

食7（16）　4 9254　296F0　国字

あさ-る

意味 食べ物をさがし求める。**あさる**。

餓

飠7（15）　1 1878　9913　常用

ガ 漢 呉　箇 è

う-える（う-う）・かつ-える（かつ-う）

［餓］

𩙿7（16）　旧字体。

筆順 今 今 食 飠 飣 飫 餓 餓

なりたち  ［形声］「食（＝たべもの）」と、音「我（ガ）」とから成る。食べ物がなくて苦しむ。

意味 食べ物がなく、腹が減って死にそうになる。ひどくひもじい。**うえる**。うえ。例 家有₋常業₋、雖₋飢不₋餓（いえにジョウギョウあれば、ううといえどもうえず）（＝安定した仕事があれば、ひもじいことはあっても餓死はしない）。〈韓非・飾邪〉餓死（ガシ）。飢餓（キガ）。凍餓（トウガ）。

古訓 中古 うう・うゑたり　中世 うゆる・うゑたり・うゑる・つかる　近世 うゆる・うゑる

【餓鬼】ガキ ①〔仏〕生前の悪業（アクゴウ）の報いで、餓鬼道に落ちた亡者。いつも飢えと渇きに苦しむという。②日 子供をいやしめていうことば。例 悪（わる）―。―大将（ダイショウ）。

【餓鬼道】ガキドウ 〔仏〕人が死後に行くとされる世界の一つ。飲食が自由にならず、飢えに苦しむという。例 ―に落ちる。

【餓虎】ガコ 飢えたトラ。危険なもの、また、欲深く強暴な者のたとえ。

【餓死】ガシ 食べるものがなくなり、飢えて死ぬ。飢え死に。

【餓▼莩】【餓▼殍】ガヒョウ 飢えて死んだ人。

【餓▼羸】ガルイ 飢えて疲れ、弱る。

【餓▼狼】ガロウ 飢えたオオカミ。強欲で残忍な人のたとえ。

餐

食7（16）　1 2733　9910

サン 漢 呉　寒 cān

［飡］

食2（11）　4 9245　98E1　俗字。

［湌］

氵9（12）　4 7887　6E4C　別体字。

意味 ❶食べる。飲食する。食べさせる。例 餐食（サンショク）（＝食う。また、食事）。❷ごちそう。食べ物。食事。例 加餐（カサン）（＝栄養をとり、からだを大切にする）。晩餐（バンサン）。❸賛美する。たたえる。

【餐銭】サンセン 臣下が天子からたまわる賄（まかな）い料。食禄（ショクロク）。

【餐飯】サンパン めしを食う。また、めし。食事。

［餝］

飠7（16）　⇩飾（ショク）（1454ページ）

餗

飠7（16）　4 9256　9917

ソク 漢　屋 sù

意味 鼎（かなえ）に盛られた食べ物。ごちそう。

餒

飠7（16）　2 8115　9912

タイ 慣　ダイ 漢　賄 něi

う-える（う-う）・くさ-い（くさ-し）

意味 ❶食べ物がなくて、空腹で苦しむ。**うえる**。うえ。例 餒飢（ダイキ）（＝うえる）。凍餒（トウダイ|トウタイ）（＝こごえて、うえる）。❷気力がなくなる。おびえる。❸空っぽである。乏しい。❹魚などが腐る。例 餒敗（ダイハイ）（＝腐る）。

【餒▼饉】(ダイキン) 飢え死にする。

【餒虎】(ダイコ) 飢えたトラ。非常に危険なことのたとえ。餓虎(ガコ)。例 譬若㆔以㆑肉投㆓餒虎㆒(たとえばニクをもってダイコにトウずるがごとし)(=たとえると、飢えたトラに肉を与えるようなものだ)。〈史記・魏公子伝〉

【餒士】(ダイシ) 有能でありながら食事にありつけない者。

【餒▼斃】(ダイヘイ) 飢えて倒れ死ぬ。餓死する。

餖

飠7(16) 4 9255 9916 トウ漢 宥 dòu

意味 「餖飣(トウテイ)」「飣餖(テイトウ)」は、食べ物をむやみに盛りつけたさま。また、内容のない文章のたとえ。

餔

飠7(16) 2 8116 9914 ホ漢 虞 bū くーう(くーふ)・くーらわす(くーらはす)

意味 ❶申(さる)の刻(=午後四時ごろ)の食事。夕食。❷夕方。例 餔時(ホジ)。❸食べる。くう。例 餔食(ホショク)。❹人に食べさせる。くらわす。

【餔時】(ホジ) 夕暮れどき。申(さる)の刻。午後四時ごろをいう。

【餔▼啜】(ホセツ) ものを食べ、すする。飲食する。

[餘]

飠7(16) ⇩余ヨ(79ジペー)

餡

飠8(17) 2 8118 9921 カン(カム)漢 アン唐 陥 xiàn

意味 まんじゅうやギョーザなどの中に入れる、肉や野菜などの中身。あん。

日本語での用法 《アン》①「餡(アン)かけ料理(リョウリ)・葛餡(くずアン)」▼くず粉やかたくり粉で作り、料理にかけるとろみのある食べ物。②「餡(アン)ころ餅(もち)・餡(アン)パン・漉(こ)し餡(アン)」▼アズキやインゲンマメなどを甘く煮つめ、練った食品。あんこ。

餜

飠8(17) 4 9260 991C カ(クヮ)漢 哿 guǒ

意味 小麦粉や米の粉を原料とした食品。菓子の類。

館

飠8(16) 1 2059 9928 教3 カン(クヮン)漢 翰 guǎn やかた・たて・たち

[館] 飠8(17) — FA2C 旧字体。 [舘] 舌10(16) 1 2060 8218 俗字。

筆順 ノ 今 今 食 飠 飠 飠 館 館 館

なりたち [形声]「食(=たべもの)」と、音「官(カ)」とから成る。客のための宿舎。

意味 ❶使者や賓客などを泊める建物。やど。例 迎賓館(ゲイヒンカン)。大使館(タイシカン)。❷公共の建物。例 館長(カンチョウ)。図書館(トショカン)。博物館(ハクブツカン)。❸大きな邸宅。やかた。例 館舎(カンシャ)。洋館(ヨウカン)。❹飲食を提供する店。例 菜館(サイカン)(=料理屋)。❺やどる。やどす。

古訓 中古 かくる・たち・むろつみ 中世 いへ・かくる・すむ・たち・たびや 近世 たち・やかた・やど

人名 いえ

【館駅】(カンエキ) 宿場。宿駅。

【館閣】(カンカク) ①屋敷。やかた。②宋(ソウ)代、経書などの管理や歴史編纂(ヘンサン)をつかさどった役所の総称。→【翰林院】(カンリンイン)(1073ジペー)

【館舎】(カンシャ) 屋敷。建物。やかた。類 館宇。

【▼捐㆓館舎㆒】(カンシャをすつ) 〔住んでいた屋敷をすてる意〕貴人が死ぬこと。〈戦国策・趙三〉類 捐館(エンカン)。

【館職】(カンショク) ①宋(ソウ)代、「館閣(カンカク)②」で従事した職。学者や文人がつとめた。②日 修史局で、歴史の編纂(ヘンサン)に従事した官職。

【館人】(カンジン) 屋敷を守り、来客の世話をする人。

【館長】(カンチョウ) 図書館・博物館・美術館など「館」という名をもつ機関の、いちばん上の人。

【館第】(カンテイ) 貴族や官僚の邸宅。屋敷。

●会館(カイカン)・旧館(キュウカン)・新館(シンカン)・別館(ベッカン)・本館(ホンカン)

[餚]

飠8(17) ⇩肴コウ(1088ジペー)

餛

飠8(17) 4 9259 991B コン漢 元 hún

意味 「餛飩(コントン)」は、小麦粉をこねた生地(きじ)に肉や野菜のあんを入れて蒸したりゆでたりした食品。

[饒]

飠8(16) ⇩饒ジョウ(1458ジペー)

餞

飠8(17) 2 8120 991E セン漢 霰 jiàn はなむけ

[餞] 飠6(14) 4 9253 4B3B 俗字。

意味 ❶酒や食べ物を用意して旅立つ人を送る。また、別れて行く人への贈り物。うまのはなむけ。はなむけ。例 餞宴(センエン)。餞別(センベツ)。❷去りゆく季節などを見送る。おくる。例 餞春(センシュン)(=酒を飲んで、行く春を惜しむ)。

【餞宴】・【餞▼筵】(センエン) 送別の宴席。別れの酒盛り。

【餞送】(センソウ) 酒宴を設けて旅立つ人を見送る。

【餞別】(センベツ) ①旅立つ人を見送る。餞送。類 餞行(センコウ)。②日 旅立つ人や引っ越しなどで別れていく人に贈る、お金や品物。はなむけ。

餤

飠8(17) 2 8121 9924 一タン(タム)漢 勘 dàn 二タン(タム)漢 覃 tán

意味 一❶くう。くらう。通 啖(タン)。❷利益を与えて人をさそう。くらわす。通 啗(タン)。❸小麦粉を練って作った食べ物。うすい餅(もち)で中に肉を巻いて、切って食べる。二進む。増す。

[餠]

飠8(17) ⇩餅ヘイ(1455ジペー)

餲

飠9(18) 4 9263 9932 一アイ漢 卦 ài 二カツ漢 曷 hé

意味 一飯がくさって味が変わる。すえる。二小麦粉をこねて輪の形にして油で揚げた菓子。

餬

飠9(18) 2 8123 992C コ漢 虞 hú かゆ・のり・もらーう(もらーふ)

意味 ❶人にたよって生活する。わずかなかゆで満足する。のりす。通 糊(コ)。例 餬口(ココウ)(=くちにのりす)(=どうにか食物にありつく)。〈荘子・人間世〉❷濃いかゆ。かゆ。また、のり。通 糊(コ)。

餱

飠9(18) 4 9262 9931 コウ漢 尤 hóu

意味 乾燥させた食糧。ほしいい。かれいい。

[餈]

飠9(18) ⇩糍シ(1018ジペー)

餮

食9(18) 2 8124 992E テツ漢 呉 屑 tiè むさぼーる

意味 むさぼり食う。むさぼる。例 饕餮(トウテツ)(=むさぼる)。

餳

飠9(18) 4 9264 9933 一セイ漢 庚 xíng 二トウ(タウ)漢 陽 táng

意味 一水飴(みずあめ)。二❶あめ。通 糖。❷甘味料。砂糖。通 糖。

饂
飠10(19) 2 8127 9942 国字 ウン・ウ

意味「饂飩(ドン)」は、小麦粉をこね、のばして細長く切った食品。

餽
飠10(19) 2 8125 993D キ(クヰ)漢 寘 kuì おく-る・まつ-る

意味 ❶死者の霊を祭る。まつる。❷食料などを運び与える。おくる。通饋(キ)。例 餽運(キウン)。

【餽運】(キウン) 食料を運送する。饋運(キウン)。

【餽▼餉】(キショウ) ①食物を送る。②食糧。

餼
飠10(19) 4 9267 993C キ漢 未 xì おく-る

意味 ❶祭祀(サイシ)や贈り物に用いる犠牲(いけにえ)。例 餼羊(キヨウ)。❷穀物などを贈る。おくる。

【餼▼牽】(キケン) 生きたままの牛・羊・豚などの犠牲(いけにえ)。

【餼羊】(キヨウ) 神にささげる、犠牲(いけにえ)の羊。

【餼▼稟】(キリン) 〔生の肉と穀物の意〕官から支給される扶持米(フチマイ)。

[餻]
飠10(19) ⇩糕(コウ)(1019ジペー)

饀
飠10(19) 4 9268 9940 一トウ(タウ)漢 豪 táo 二トウ(タウ)漢 豪 tāo 三カン(カム)漢 アン唐 覃 xiàn

意味 一小麦粉などで作った食品。二❶むさぼる。通饕(トウ)。❷食べさせる。食べる。三あんこ。通餡(アン)。

餺
飠10(19) 4 9265 993A ハク漢 薬 bó

意味「餺飥(ハクタク)」は、小麦粉や米の粉をこねて汁に入れた食べ物。すいとん。難読 餺飥(ホウトウ)

饁
飠10(19) 4 9269 9941 ヨウ(エフ)漢 葉 yè

意味 田畑で働く人に食事をとどける。おくる。

餾
飠10(19) 2 8126 993E リュウ(リウ)漢 宥 liù

意味 ❶食品を蒸しなおす。❷加熱などの方法で成分を抽出する。例 蒸餾(ジョウリュウ)(=蒸留)。

[饗]
食11(20) ⇩饗(キョウ)(1459ジペー)

饉
飠11(20) 2 8128 9949 キン漢呉 震 jǐn う-える(う-う)

意味 ❶農作物がとれない。〔一説に、穀物がとれないことを「饑(キ)」というのに対して、野菜がとれないことを「饉(キン)」という〕例 饑饉(キキン)。❷食物がない。うえる。例 餓饉(ガキン)。飢饉(キキン)。

饆
飠11(20) 4 9270 9946 ヒツ漢 質 bì

意味「饆饠(ヒツラ)」は、米飯料理の一つ。ピラフ。また、唐菓子の一種。ひちら。

饅
飠11(20) 2 8129 9945 バン漢 マン呉 寒 mán ぬた

意味 ⇩【饅頭】一(マントウ/マンジュウ)

【饅頭】一(マントウ/マンジュウ) 小麦粉などを練って丸い形にし、蒸した食べ物。肉などの餡(アン)が入っているものと入っていないものがある。〔諸葛亮(ショカツリョウ)が濾水(ロスイ)を渡ったとき、その土地の、人の頭を神に供える風習の代わりに、小麦粉で人の頭をかたどったものを用いさせたのが始まりという〕 二(マンジュウ) 日 小麦粉などをこねた皮で、餡などを包んで蒸した菓子。例 栗(くり)—。そば—。

饐
飠12(21) 2 8130 9950 一イ漢 寘 yì 二エツ漢 屑 yē す-える(す-ゆ)・むせ-ぶ

意味 一食べ物が腐る。すえる。例 食饐(イシ)(=飯が腐る)。饐(す)えた飯(めし)。二食べ物がのどにつまる。むせぶ。通噎(エツ)。

饋
飠12(21) 2 8131 994B キ(クヰ)漢 寘 kuì おく-る

意味 ❶食料などを贈る。また、送る。おくる。通餽(キ)。例 饋遺(キイ)。❷食事する。

【饋遺】(キイ) 贈り物をする。

【饋歳】(キサイ) 年末に贈り物をすること。歳暮。

【饋食】(キシ/キショク) ①祭祀(サイシ)の礼の一つで、煮た食物を廟(ビョウ)に供えること。②食物。食事。

【饋▼饌】(キセン) 目上の人に食事をすすめる。また、その食事。

【饋▼奠】(キテン) 喪中に供え物をして神を祭る。また、その供え物。

【饋糧】(キリョウ) 食糧を送る。

【饋賂】(キロ) 贈り物をする。

【饋路】(キロ) 食糧を運ぶための道路。

饑
飠12(21) 2 8132 9951 キ漢 微 jī う-える(う-う)・ひだる-い(ひだる-し)

意味 ❶農作物(特に穀物)がとれない。通飢。例 年饑用不足(としうえてヨウたらず)(=凶作で税収が足りない)。〈論語・顔淵〉饑饉(キキン)。❷食物がない。うえる。通飢。例 饑餓(ガキ)。饑渇(キカツ)。

【饑餓】(キガ) 食べ物がなく、空腹にたえきれなくなること。飢え。飢餓。

【饑渇】(キカツ) 飢えと、のどのかわき。飢渇。

【饑▼饉】(キキン) ①凶作で人々が飢え苦しむこと。②日 必要なものが極度に不足すること。例 水—。▽飢饉。

【饑溺】(キデキ) 〔飢えることと、おぼれることの意〕人民がひどく苦しむこと。

【饑▼狼】(キロウ) 〔飢えたオオカミの意〕危険で残忍なもの。

饎
飠12(21) 4 9272 994E シ漢 寘 キ漢 支 chì

[糦]
米12(18) 4 8405 7CE6 別体字。

意味 ❶酒と食事。❷煮炊きする。

饒
飠12(21) 2 8133 9952 ジョウ(ゼウ)漢 ニョウ(ネウ)呉 蕭 ráo ゆた-か

[饒]
飠8(16) 4 9257 29719 俗字。

意味 ❶たっぷりとあまるほど、たくさんある。多い。ゆたか。例 饒舌(ジョウゼツ)。豊饒(ホウジョウ)。❷土地が肥えている。ゆたか。例 饒沃(ジョウヨク)。肥饒(ヒジョウ)(=土地が肥える)。❸多く与える。ゆたかにする。❹増やす。ます。❺心を広くして許す。大目にみる。例 寛饒(カンジョウ)(=寛大に許す)。❻…であるけれども。たとい。❼比べると、おとる。ゆずる。

【饒益】一(ジョウエキ) 財貨が豊かである。二(ニョウヤク) 〔仏〕御利益(ごリヤク)を与える。

【饒▼衍】(ジョウエン) 自然の恵みが豊かである。また、物資が満ちたりている。類饒侈(ジョウシ)。

【饒舌】ジョウゼツ 口数が多い。よくしゃべる。おしゃべり。冗舌。例 —な人。
【饒足】ジョウソク 豊かで、十分満ちたりている。類饒贍ジョウセン。
【饒沃】ジョウヨク 土地が肥えているさま。

饌 食12(21) 2 8134 994C セン漢 ゼン呉 霰 zhuàn そな-える(そな-ふ)
意味 ❶ごちそうをととのえて、すすめる。例 饋饌キセン。❷ごちそう。例 佳饌カセン(=よいごちそう)。盛饌セイセン(=たくさんのごちそう)。
日本語での用法《セン》「神饌シンセン」▼神へのお供え。
難読 撤饌おさがり

饍 食12(21) ⇒膳ゼン(1103ページ)

饗 食13(22) 1 2234 9957 人 キョウ(キャウ)漢 養 xiǎng もてな-す・あえ(あへ)
[饗] 食11(20) —俗字。
なりたち [形声]「食(=たべもの)」と、音「鄉キョウ」とから成る。郷の人びとが酒を飲む。
意味 ❶酒や食べ物を用意してごちそうする。もてなす。もてなし。例 饗宴キョウエン。饗応キョウオウ。❷飲食する。くらう。❸神に飲食物を供える。神が供え物を受ける。例 饗告キョウコク。❹うける。例 饗福キョウフク(=幸福をうける)。
古訓 中古 あふ・あへす・あるじ・うく・たてまつる・みつきもの 中世 あるじ・うく・たてまつる・まうく・もてなす 近世 うくる・ひびき・むかふ・もてなす
難読 饗庭あいば・あえば(=姓)・早苗饗さなぶり
【饗宴】キョウエン 人をもてなす盛大な宴会。例 —をもよおす。
【饗応】キョウオウ 日 ごちそうや酒で、人をもてなす。例 —を受ける。表記 現供応
【饗告】キョウコク 祖先の霊に供え物をして、報告する。
【饗報】キョウホウ ①神に供え物をして、恩恵にむくいる。②手厚い恵みに対して、ごちそうをしてむくいる。

饘 食13(22) 3 9410 9958 セン漢 先 zhān
意味 濃いかゆ。かたかゆ。例 饘粥センシュク(=濃いかゆと、薄いかゆ。かゆ)。

饕 食13(22) 2 8135 9955 トウ(タウ)漢呉 豪 tāo むさぼ-る
意味 非常に欲深く、食物や財貨を求める。むさぼる。例 貪饕ドントウ(=むさぼる)。
【饕▼餮】トウテツ ①伝説上の悪獣の名。古代の青銅器の模様に用いられた。例 —文モン(=饕餮の文様)。②貪欲ドンヨクで飽くことがないこと。また、貪欲な者。③尭ギョウ・舜シュンの時代の異民族の名。
【饕戻】トウレイ 貪欲ドンヨクで人の道にもとること。また、その者。

饔 食13(22) — 9954 ヨウ漢 冬 yōng
意味 ❶煮た食物。❷朝食。対飧ソン。例 饔飧ヨウソン。❸調理する。
【饔▼餼】ヨウキ 殺した犠牲にいけにえと、生きたままの犠牲。
【饔人】ヨウジン 料理を担当した官職。
【饔▼飧】ヨウソン 朝食と夕食。食事。また、食事をつくる。

饜 食14(23) 4 9273 995C エン(エム)漢 艶 yàn
意味 食べ飽きる。満足する。あきる。通厭エン。例 不レ奪不レ饜うばわずんばあかず(=奪い取らなければ満足しない)。〈孟子・梁恵王上〉
【饜足】エンソク 食べ飽きる。飽食。

饞 食17(26) — 995E サン漢 ザン呉 咸 chán
意味 むさぼる。
【饞▼涎】ザンセン 食べたくて、よだれをたらす。

饟 食17(26) ⇒餉ショウ(1455ページ)

饠 食19(28) 4 9275 9960 ラ漢 歌 luó
意味 ⇒饆ヒツ(1458ページ)

185 9画 首 くび部

髪の毛の生えたあたまの形をあらわす。「首」をもとにしてできている漢字を集めた。

首 首0(9) 1 2883 9996 教2 一シュウ(シウ)漢 シュ呉 有 shǒu 二シュウ(シウ)漢 シュ呉 宥 shǒu くび・こうべ(かうべ)・かしら・しるし・はじめ
筆順 、 ソ 䒑 䒑 䒑 产 首 首 首
なりたち [象形] 髪の毛の生えているあたまの形。
意味 一❶あたま。かしら。こうべ。くび。例 首級シュキュウ。首尾シュビ。頓首トンシュ。❷いちばん上の地位にある人。かしら。おさ。例 首長シュチョウ。首領シュリョウ。元首ゲンシュ。❸いちばん上の。例 首位シュイ。首席シュセキ。❹いちばんはじめ(に)。はじまり。はじめ。例 首唱シュショウ。巻首カンシュ。部首ブシュ。❺首唱する。はじめる。例 首レ事ことをはじむ(=反乱を首唱する)。〈史記・項羽紀〉❻詩歌を数えることば。例 唐詩トウシ三百首サンビャクシュ。二❶罪に服する。例 降首コウシュ(=降伏して罪に服する)。❷罪を申し出る。もうす。例 首伏シュフク。自首ジシュ。❸告発する。❹頭を向ける。かしらする。むかう。例 首丘シュキュウ。東首トウシュ(=東を向く)。
日本語での用法《くび》①「首くびかざり・首くびをしめる」▼頭と胴の間の、細くなった部分。②「首くびにする・首くびがつながる」▼解雇。免職。
古訓 中古 おもむく・かうべ・かしら・かみ・すすむ・はじむ・はじめ・むかふ 中世 かうべ・かしら・くび・つぶり・はじめ 近世 かうべ・かしら・くび・さき・はじめ・もと
人名 おびと・かみ・さき・はじめ
【首実検】くびジッケン 日 ①昔、討ち取った敵の首を、本物かどうか調べたこと。②実際に見て、本人かどうかを確かめる。例 容疑者の—をする。
【首悪】シュアク 悪人たちの頭目。類首虐シュギャク。
【首位】シュイ 第一位。例 —の座を守る。
【首▼魁】シュカイ ①先駆者。さきがけ。②集団の指導者。多く、悪人の頭目をいう。張本人。主謀者。
【首巻】一シュカン ①何巻にもわたる著作の第一巻。②試験の成績の最上位者。二くびまき 日 えりまき。マフラー。
【首義】シュギ ①最初に要旨を示す。②正義のために、ほかにさきがけて兵を挙げる。
【首丘】シュキュウ|おかにかしらす 故郷を忘れないこと。→【狐死首丘】コシシュキュウ(858ページ)
【首級】シュキュウ|しるし 討ち取った敵の首。〔古代中国で、敵の首

を一つとれば位が一級上がる決まりがあったことによる〉例―をあげる。

【首功】シュコウ ①戦場で敵の首を討ち取った手柄。②日最もすぐれた功績。

【首肯】シュコウ うなずく。同意する。例その件は―しがたい。

【首座】一シュザ ①最上位の席。②最上位の人。二ソシュ〔仏〕僧堂の上席に座る僧の職名。

【首歳】シュサイ 年の初め。正月。

【首子】シュシ 初めて生まれた子。長子。総領。

【首時】シュジ 四季のそれぞれの最初。陰暦一・四・七・十月。

【首相】シュショウ ①大臣の中の最も上位の者。②日内閣総理大臣。総理。

【首唱】シュショウ ①考えや意見などを、まっさきに主張する。例―者。②一座の中で最初に詩ができる。

【首章】シュショウ 初めの章。第一章。

【首飾】一シュショク 頭につけるかざり。かんざしなど。二くびかざり 日首につけるかざり。ネックレス。

【首席】シュセキ 成績や地位などが第一位であること。また、その人。対次席。例―全権大使。

【首選】シュセン 科挙(=官吏登用試験)に第一位で合格する。また、その人。

【首足】シュソク ①首と足。②首から足まで。からだ全体。

【首足異レ処】シュソクところをことにす 首と足とが別々になる。死刑になる。〈呂覧・順民〉

【首▼鼠両端】シュソリョウタン どちらかに態度を決めかねていること。〔ネズミが巣の穴から首を出して、あたりの様子をうかがうことから〕〈史記・魏其武安侯伝〉類首施両端シュシリョウタン。

【首題】シュダイ ①〔仏〕経の題目。②文書の最初にある題目。例―の件につき通達する。

【首長】シュチョウ ①組織を統率する人。かしら。リーダー。首領。②日地方自治体の長。例―選挙。

【首途】シュト|かどで 旅立つ。旅立ち。

【首都】シュト 日国の中央政府の所在地。首府。

【首脳】シュノウ 日組織などをまとめる最高責任者。例―部。

【首班】シュハン 日①第一位の席次や地位。首席。②内閣総理大臣。例―に指名する。

【首尾】シュビ 〔頭としっぽの意〕①ものごとの初めと終わり。また、初めから終わりまで。例―の整わない文章。②日ものごとのなりゆき。例―は上々。

【首尾一貫】シュビイッカン 初めから終わりまで一つの態度や方針を変えないこと。

【首府】シュフ 「首都シュト」に同じ。

【首部】シュブ あたまの部分。はじめの部分。

【首伏】シュフク 白状して罪に服する。首服。

【首服】シュフク ①「首伏シュフク」に同じ。②成人したしるしとして髪を結い、冠をつける儀式。③冠や首飾りなど。

【首謀】シュボウ 中心になって、悪事や陰謀を計画したり、実行したりすること。また、その者。主謀。例ハイジャックの―者。

【首陽山】シュヨウザン 山西省永済県の南にある山。伯夷ハクイ・叔斉シュクセイの兄弟が義を守って餓死したという山。

【首虜】シュリョ 討ち取った首と、捕虜。

【首領】シュリョウ ①首。あたま。②集団を統率する長。親分。ボス。ドン。

●襟首えりくび・元首ゲンシュ・絞首コウシュ・船首センシュ・党首トウシュ・部首ブシュ

馗

首2 (11) 2 8136 9997 キ(クヰ)漢 支 kuí

意味 ❶みち。九方に通じるみち。通逵キ。❷「鍾馗ショウキ」は、疫病ヤクビョウをはらうという鬼神の名。大きな眼と濃いあごひげに黒装束で剣を持つ。日本では五月人形として飾られる。

馘

首8 (17) 2 8137 9998 一カク(クヮク)漢 陌 guó 二ケキ漢 錫 xù くびき-る

意味 一❶耳を切りとる。また、切りとった耳。例馘耳カクジ。❷首を切る。くびきる。例馘首カクシュ。二顔面。かお。例黄馘コウケキ(=やつれ顔)。

【馘耳】カクジ 耳を切る。また、切り取った耳。〔敵を殺したしるしとして、首の代わりに耳を持ち帰った〕

【馘首】カクシュ ①首を切る。②日従業員をやめさせる。くびきり。解雇。

186 9画 香 かおり部

よいかおりの意をあらわす。「香」をもとにしてできている漢字を集めた。

香

香0 (9) 1 2565 9999 常用

キョウ(キャウ)漢 コウ(カウ)呉 陽 xiāng か・かおり(かをり)・かおる(かをる)・こう-ばしい(かう-ばし)

筆順 一 二 千 禾 禾 香 香

なりたち  [会意]「黍(=きび)」と「甘(=うまい)」とから成る。キビがうまそうにかおる。

意味 ❶よいにおい(がする)。かおり。かおる。か。こうばしい。例香気コウキ。芳香ホウコウ。❷よいかおりがする(ように作った)もの。こう。例香炉コウロ。焼香ショウコウ。線香センコウ。❸味や姿がすばらしい。❹仏にかかわる。例香国コウコク(=仏が住むという国)。

日本語での用法《キョウ》▼将棋の駒まの香車キョウシャの略。

古訓 中古か・かうばし 中世か・かうばし・にほふ 近世か・かうばし・くさし・にほひ

人名 かぐ・たか・よし

難読 香魚あゆ・香港ホンコン

【香案】コウアン 香炉をのせる机。

【香雲】コウウン ①群がって咲く花が、雲のように見えること。花がすみ。②女性の髪の形容。③〔仏〕たいた香の煙が、雲のようにたなびくこと。

【香煙】コウエン ①かぐわしいけむり。かすみやもやの美称。②香をたいたけむり。③仏に供える焼香のけむり。④タバコのけむり。また、タバコ。

【香火】コウカ ①仏に供える香をたくための火。また、灯明ミョウ。②香をたいて誓う。

【香界】コウカイ 寺。仏寺。

【香閣】コウカク ①かぐわしい建物。女性の寝室をいう。香閨コウケイ。②寺院の建物。

【香気】コウキ よいにおい。かおり。例―の強い花。

【香魚】コウギョ 日アユの別名。

【香具】コウグ 日①たき物の材料。香料。②香料や香道に用いる道具。

【香具師】日一コウグシ 香具を作る人。また、それを売る人。二やし 祭りや縁日などで、見せ物をしたり露店で品物を売ったりする人。てきや。

【香華】【香花】コウゲ|こうばな〔仏〕仏前に供える香と花。例―を手向たむける。

【香▼閨】コウケイ かぐわしい部屋。女性の寝室をいう。香閣。

【香香】コウコウ 回 キュウリ・ナス・ハクサイなどを塩やぬかみそに漬けこんだ食品。こうのもの。つけもの。おこうこ。

【香合】㊀ゴウ 香を入れる箱。香盒ゴウ。香箱。㊁あわせ 回 香をたき、そのにおいをかぎ分けたり、かおりの優劣を競ったりする遊び。

【香魂】コウコン 花の精。美女のたましいのたとえ。

【香刹】コウサツ／コウセツ 寺院。

【香車】㊀コウシャ 香木で作った、ぜいたくな車。美しい車。㊁キョウシャ 回 将棋の駒こまの一つ。まっすぐ前へ進むことができる。香キョウ。香子キョウス。やり。

【香辛料】コウシンリョウ 回 胡椒コショウ・生姜ショウガ・山椒サンショウ・芥子からしなど、料理にかおりやからみをつける調味料。スパイス。

【香水】㊀コウスイ ①よいかおりの水。②泉の名。③香料をアルコールにとかした化粧品。からだや衣服につける。㊁コウズイ〔仏〕仏前に供える水。いろいろな香を入れて作る。閼伽アカ。

【香雪】コウセツ〔かおりのよい雪の意〕①かぐわしい、白い花。②ウメの花。③おしろい。

【香袋】コウタイ 香を入れておくふくろ。においぶくろ。類香嚢コウノウ。

【香台(臺)】コウダイ ①香炉をのせる台。②仏殿の別称。

【香典】コウデン 回 香の代わりとして、死者の霊前に供えるお金や品物。香料。例 ―返し。表記 旧香▼奠

【香道】コウドウ 回 香をたいてその香の名をあてたり、かおりを味わったりする芸道。香合わせ。

【香箱】コウばこ 回 香を入れておく容器。香合ゴウ。例 ―を作る(=ネコが背をまるめて、うずくまる)。

【香粉】コウフン〔かおりの良い粉の意〕おしろい。

【香木】コウボク ①よいかおりのする木。沈香ジンコウや白檀ビャクダンなど。②回 寺院で、厠かわやを出たとき手を清めるための香材の棒。

【香味】コウミ かおりと味わい。例 ―料。

【香夢】コウム 春に見る夢。また、うっとりとした気分になる夢。甘い夢。

【香油】コウユ よいかおりのする油。からだや髪の毛につける。

【香料】コウリョウ ①薫たき物の材料。香具。②食品や化粧品などに、かおりをつけるための物質。③回 香典。

【香▼奩】コウレン ①女性の化粧道具を入れる箱。②神仏に供えるための香を入れる箱。

【香▼奩体】コウレンタイ 詩の一体。女性の心情・色っぽさなどを歌った詩。

【香炉】コウロ 香をたくための、うつわ。例 青磁の―。

【香炉峰】コウロホウ 江西省廬山ザンの北方の、景勝として名高い山。形が香炉に似ている。

●色香かいろ・焼香ショウコウ・線香センコウ・芳香ホウコウ・抹香マッコウ

馞

香7(16) 3 9411 999E

ホツ漢 月 bó

意味 香りが盛んなようす。

馣

香8(17) 4 9276 99A3

アン(アム)漢 覃 ān

意味 かぐわしい香り。

馥

香9(18) 2 8138 99A5

フク漢呉 屋 fù

かお-る(かを-る)・かお-り(かをり)

意味 ふくよかなよいにおい。かおり。かおる。例 馥郁フクイク。馥気フッキ(=よいかおり)。芳馥ホウフク。

【馥▼郁】フクイク かおりのよいさま。類馥馥フクフク。例 ―とした梅のかおり。

馦

香10(19) 4 9277 99A6

ケン(ケム)漢 塩 xiān

意味 香りが満ちるさま。

馨

香11(20) 1 1930 99A8 人

ケイ漢 キョウ(キャウ)呉 青 xīn

かお-り(かをり)・かお-る(かを-る)・か・かぐわ-しい(かぐは-し)・かんば-しい(かんば-し)

なりたち [形声]「香(=かおる)」と、音「殸ケイ」とから成る。遠くまでかおる。

意味 ❶よいにおいが遠くまでとどく。かおる。かおり。か。例 馨香ケイコウ(=よいかおり)。❷よい感化や名声が遠くまでおよぶ。例 馨徳ケイトク(=すぐれた徳。立派な人格)。

古訓 中古 か・かうばし 中世 あまねし・かうばし 近世 かうばし・にほふ

人名 きよ・よし

187 10画 馬 うま うまへん 部

たてがみと尾と四本足のある馬の形をあらわす。「馬」をもとにしてできている漢字を集めた。

馬

馬0(10) 1 3947 99AC 教2

バ漢 メ呉 マ唐 馬 mǎ

うま・ま

付表 伝馬船テンマセン

筆順 丨 ㄏ 𠃌 ⺊ 䭾 馬 馬 馬 馬 馬

なりたち [象形] たてがみ、尾、四本の足のあるウマの形。〔『説文解字セツモンカイジ』には「馬」は、「怒」であり「武」である、とある〕

意味 ❶ウマ科の哺乳動物。ウマ。例 軍馬グンバ。乗馬ジョウバ。牝馬ヒンバ。❷(いたずらに)大きい。多い。例 馬食バショク。馬齢バレイ。馬路バロ。❸勝負ごとで数取りに使う道具。例 籌馬チュウバ(=数をかぞえる道具)。❹姓の一つ。例 馬謖バショク。

日本語での用法《うま》①「馬うまで一山ひとやま当あてる」▼競馬のこと。②「馬うまを取とる」▼将棋の駒こまの桂馬ケイマや竜馬リュウメの略。

古訓 中古 うま・むま 中世 いかる・むま 近世 いかる・たけし・むま

人名 かず・たけし

難読 馬勃ふくべ おに

【馬方】うまかた 回 ウマに人や荷物を乗せて運ぶのを職業とした人。馬子まご。

【馬▼纓】バエイ 馬具の一つ。ウマの胸から鞍くらにかけて渡すひも。むながい。類馬鞅バオウ。

【馬▼嵬】バカイ 唐代、楊貴妃ヨウキヒが殺された場所。今の陝西セイ省興平県の西にある。馬嵬坡バカイハ。

【以二馬革一▼裹レ▼屍】バカクをもってしかばねをつつむ 戦場で死ぬ勇士の覚悟をいう。ウマの革で死体を包み、故郷に持ち帰って葬ら

れれば本望(ホンモウ)である。〈後漢書・馬援伝〉

【馬▼銜】(バカン) ①ウマのくつわ。類馬勒(バロク)。②馬頭竜体をした海神。

【馬脚】(バキャク) ウマのあし。例―を露(あら)す（＝包みかくしていた本性や真相があらわれる。化けの皮がはがれる。芝居で、馬の脚に扮(フン)する役者が姿を見せてしまうことからいう）。

【馬具】(バグ) ウマを使うとき、ウマにつける用具。鞍(くら)・鐙(あぶみ)・轡(くつわ)・手綱(たづな)など。

【馬▼圉】(バギョ) ウマを飼育する人。うまかい。圉人(ギョジン)。

【馬▼喰】(バクロウ) 日ウシやウマの売買や仲介をする人。博労(バクロウ)。伯楽(バクロウ)。例―稼業。

【馬子】 一(バシ) 便器。おまる。二(まご) 日ウマで人や荷物を運ぶ職業の人。うまかた。

【馬史】(バシ) 司馬遷(シバセン)の著『史記』のこと。

【馬矢】(バシ) 馬糞(バフン)。

【馬耳東風】(バジトウフウ) 人の意見や忠告をまったく気にしないこと。馬の耳に念仏。〔「世人聞レ之皆掉レ頭、有レ如三東風射二馬耳一（セジンこれをきけばみなこうべをふるい、トウフウのバジをいるがごときあり）（＝世の人は、それを聞いても頭を振って否定し、まるで春風がウマの耳に当たっているかのようだ）」〈李白・答王十二寒夜独酌有懐〉から〕

【馬車】(バシャ) ウマに引かせて、人や荷物を運ぶ車。例荷―。

【馬首】(バシュ) ①ウマの頭。②ウマの進む方向。

【馬術】(バジュツ) 日ウマをうまく乗りこなす技術。例―競技。

【馬上】(バジョウ) ウマの背の上。また、ウマに乗っていること。例―の人となる（＝ウマに乗る）。―豊かな（＝ゆったりとウマにまたがる）勇姿。

【馬場】 一(バジョウ) ウマを飼うところ。牧場。二(ばば) 日乗馬の練習や競馬をする所。例―先(さき)。

【馬食】(バショク) ウマのようにたくさん食べる。例牛飲―。

【馬▼謖】(バショク) 三国時代の蜀(ショク)の武将。→【泣斬二馬謖一(ないてバショクをきる)】(758ジ)

【馬身】(バシン) 日〔ウマ一頭分の長さの意〕競馬で、ウマとウマの距離をあらわすことば。例一―差で勝つ。

【馬▼箠】【馬▼棰】(バスイ) ウマに使うむち。類馬策。

【馬酔木】(バスイボク／あしび／あせび) 日ツツジ科の常緑低木。春、スズランに似た白い花をふさ状につける。葉は有毒。〔ウマが食べると酔ったような状態になるというので「馬酔木」と書く〕

【馬前】(バゼン) ウマの前。ウマに乗っている人の前。例殿の―。

【馬賊】(バゾク) ①ウマを盗むどろぼう。②清朝(シンチョウ)末期、中国東北部を騎馬で荒らし回った盗賊集団。例満州―。

【馬丁】(バテイ) 日①ウマをあつかったり、乗馬の世話をしたりすることを仕事とする人。〔厩務員(キュウムイン)の旧称〕②ウマの口を取って引く人。

【馬▼蹄】(バテイ) ウマのひづめ。例―のひびき。

【馬▼蹄銀】(バテイギン) 明(ミン)・清(シン)代の銀貨。〔馬蹄形をしていたことから〕

【馬▼蹄形】(バテイケイ) ウマのひづめの形。U字形。

【馬▼絛】(バトウ) ウマの腹帯。

【馬頭】 一(バトウ) ①ウマのあたま。②ウマの上。③舟着き場。波止場。二(めズ) 〔仏〕人身馬首の姿の鬼。地獄の獄卒。例牛頭(ゴズ)―。

【馬頭観音】(バトウカンノン) 「馬頭観世音菩薩(バトウカンゼオンボサツ)」の略。頭上にウマの頭(かしら)をいただいた観音。ウマの守護神ともなった。馬頭明王。

【馬▼鐙】(バトウ) 馬具の一つ。あぶみ。

【馬肉】(バニク) ウマの肉。さくら肉。

【馬班】(バハン) ①漢代の史家、司馬遷(シバセン)と班固(ハンコ)。②後漢(ゴカン)の武将で、国外に遠征して功を挙げた馬援(バエン)と班超(ハンチョウ)。

【馬匹】(バヒツ) ウマ。例―の改良。

【馬腹】(バフク) ウマの腹の部分。

【馬▼糞】(バフン／まぐそ) ウマのくそ。

【馬▼勃】(バボツ) ①きのこの名。ホコリタケ。薬用になる。②日ウマのくそ。例牛溲(ギュウシュウ)―（＝つまらぬようで、役に立つもの。「牛溲」はオオバコ。日本ではウシの尿とウマのくそと解し、値打ちのないもののたとえとする）。

【馬力】(バリキ) ①(バリョク) ウマの力。②日荷馬車。③日〔物〕〔英 horsepower の訳語〕仕事率の単位。一秒間に七五キログラムの物体を一メートル動かす仕事率を、日本では一馬力という。国によって定義が異なる。④日精力的な力。活力。体力。例―をかける。

【馬料】【馬糧】(バリョウ) ウマの飼料。ウマのえさ。

【馬齢】(バレイ) 日①ウマの年齢。例―四歳。②自分の年齢をへりくだっていうことば。犬馬の齢(よわい)。例―を重ねる。

【馬鈴▼薯】(バレイショ) 日ジャガイモの別名。

【馬▼櫪】(バレキ) ウマの飼い葉おけ。また、うまや。

【馬▼楝】【馬連】(バレン) 日版画を刷るとき、版木に当てた紙の上をこする道具。

【馬▼簾】(バレン) 日纏(まとい)の下部に垂れ下げる、細長い飾り。

【馬路】(バロ) ウマが通行できる道路。大通り。

【馬鹿】 一(バロク) ①ウマとシカ。②シカの一種。スイロク。二(バカ) 日〔梵語(ボンゴ) moha（莫迦(バカ)。無知の意）によるなど、諸説がある〕①愚かなこと。また、その人。②不合理なこと。無益なこと。例―をみる。③はたらきが悪くなること。例ねじが―になる。④度をこしていること。例―でかい。▽莫迦(バカ)。破家(バカ)。馬嫁(バカ)。母嫁(バカ)。

【馬手】(めて) 日ウマの手綱(たづな)を持つ手。右手。また、右の方角。右手(めて)。対弓手(ゆんで)。

●絵馬(エマ)・河馬(カバ)・騎馬(キバ)・出馬(シュツバ)・竹馬(チクバ／たけうま)・跳馬(チョウバ)・天馬(テンバ／テンマ)・伝馬(テンマ)・早馬(はやうま)・木馬(モクバ)・落馬(ラクバ)

馭

馬2 (12) 2 8139 99AD ギョ 漢 御 yù

意味 ❶ウマをうまくあやつる。乗りこなす。また、その人。通御。例排レ空馭レ気奔如レ電（くうをひらききにギョしてはしることいなずまのごとし）（＝空気を押しわけ、大気に乗っていなずまのように走る）。〈白居易・長恨歌〉馭者(ギョシャ)。駕馭(ガギョ)。騎馭(キギョ)。❷馬車。例竜馭(リュウギョ)（＝皇帝の馬車）。❸人をうまくあやつる。おさめる。通御。例馭民(ギョミン)（＝民をおさめる）。制馭(セイギョ)（＝相手を思いどおりにあやつる。また、操作する）。統馭(トウギョ)（＝統御）。

表記 現代表記では「御」に書きかえることがある。熟語は「御」も参照。

【馭者】(ギョシャ) ウマをあやつって馬車を動かす人。御者(ギョシャ)。

馮

馬2 (12) 2 8140 99AE 一ヒョウ 漢 蒸 píng 二フウ 漢 東 féng よ-る・たの-む

意味 一❶ウマが速く走る。❷よりかかる。よる。通凭(ヒョウ)。例馮几(ヒョウキ)（＝脇息(キョウソク)）。❸たよりにする。たのむ。通憑(ヒョウ)。例馮依(ヒョウイ)（＝たよりにする）。❹あなどる。しのぐ。例馮陵(ヒョウリョウ)。❺乗る。のぼる。例馮虚(ヒョウキョ)。❻盛んに。大いに。例馮怒(ヒョウド)。❼憤慨する。いきどおる。例馮気(ヒョウキ)。❽舟を使わずに、歩いて川をわたる。かちわたりする。例馮河(ヒョウガ)。❾⇒【馮馮】(ヒョウヒョウ)。二姓の一つ。例馮夷(フウイ)。馮道(フウドウ)（＝唐代の末から五代の政治家）。馮諼(フウケン)（＝戦国時代の斉(セイ)の人）。

【馮河】(ヒョウガ) 大河を歩いてわたる。→【暴虎馮河(ボウコヒョウガ)】(638ジ)

【馮気】(ヒョウキ) 胸につかえて腹立たしく思う気持ち。

【馮虚】ヒョウキョ 大空にのぼる。例 浩浩乎如二馮レ虚御レ風、而不レ知二其所一レ止(コウコウコとしてキョによりかぜをギョして、そのとどまるところをしらざるがごとし)(=心は広々として、まるで虚空に浮かび風に乗って、とどまるところを知らないようである)。〈蘇軾・赤壁賦〉

【馮怒】ヒョウド 大いにいかる。激怒。

【馮馮】ヒョウヒョウ ①盛んなさま。満ちるさま。②見分けがつかず、はっきりしないさま。混沌(コントン)としているさま。③かたいものをたたく音。

【馮▼翊】ヒョウヨク 三輔(サンポ)(=漢代、都近くの三地区の行政区画)の一つ。今の陝西(センセイ)省大茘(タイレイ)県のあたり。

【馮陵】ヒョウリョウ (他国などを)侵し迫る。

【馮▼夷】ヒョウイ(フウイ) ①黄河の神。河伯。氷夷。〈荘子・大宗師〉②雨の神。雨師。③陰陽をつかさどる天神。

馴

馬3(13) 1 3875 99B4 人 シュン漢 ジュン呉 真 xùn なーれ・なーれる(なーる)・なーらす

なりたち [形声]「馬(=うま)」と、音「川セン→シュン」とから成る。馬が従うさま。

意味 ❶(ウマが)すなおに従う。(動物が人に)**なれる**。**ならす**。例 馴致ジュンチ。馴養ジュンヨウ(=動物を飼いならす)。❷すなお。すぐれる。例 馴良ジュンリョウ(=すなお)。雅馴ガジュン(=ことばづかいがすぐれる)。

古訓 中古 したがふ・なつく・なる・ひとし・むつる 中世 したがふ・なつく・なるる・むつる 近世 したがふ・なるる・よし

人名 すなお・よし

難読 水馴棹(みなれざお)・馴鹿(トナカイ)

【馴行】ジュンコウ よいおこない。善行。

【馴▼擾】ジュンジョウ [「擾」も、なれる意] すなおに従う。また、従わせる。従順である。

【馴致】ジュンチ ある状態になるように、少しずつ慣れさせる。例 民心を—する。

【馴服】【馴伏】ジュンプク なれ従う。また、従わせる。

【馴鹿】ジュンロク ①なれたシカ。②シカ科の哺乳動物。シフゾウ(四不像)。③日 シカ科の哺乳動物。トナカイ。

[駄] 馬3(13) ⇩駄ダ(1464ページ)

馳

馬3(13) 1 3558 99B3 人 チ漢呉 支 chí はーせる(はーす)

なりたち [形声]「馬(=うま)」と、音「也ヤ→チ」とから成る。大いにはしらせる。

意味 ❶(馬車を)はやく走らせる。**はせる**。例 項王大呼馳下(コウオウタイコしてはせくだる)(=項羽は大声を出して馬で駆け下った)。〈史記・項羽紀〉 馳駆チク。馳走チソウ。奔馳ホンチ(=ウマに乗って勢いよくかける)。❷追いかける。追う。❸すばやく伝える。広める。広まる。例 馳名チメイ。❹色を加える。ほどこす。❺移しかえる。移す。

古訓 中古 おほみゆき・とし・はしる・はす 中世 はす・はする 近世 はする・はせる

人名 とし・はやし

【馳駆】チク ①ウマを走らせる。例 戦場を—する。②走り回って力をつくす。奔走。例 —の労。

【馳▼檄】チゲキ 急使を用いて檄文ゲキブン(=ふれぶみ)を送る。また、そのふれぶみ。

【馳車】チシャ 攻撃用の速い戦車。また、車を速く走らせる。

【馳▼驟】チシュウ ①ウマや馬車に乗ってかけ回る。②速く走る。

【馳走】チソウ ①ウマを走らせる。例 南出馳走(みなみにいでてチソウす)(=南に出て馬を走らせた)。〈史記・項羽紀〉②日 食事などのもてなしをする。また、おいしい料理や酒。ごちそう。[用意のためにかけまわることから] 例 ご—にあずかる。

【馳逐】チチク ①(馬車で)追いかける。②競馬。

【馳▼騁】チテイ ①ウマや馬車を走らせる。②奔走する。また、追い回す。

【馳伝】チデン ①宿駅ごとに待機している馬車。②(宿駅の)馬車を走らせる。

【馳道】チドウ ①馬車の通る道。②天子や貴人の通る道。

【馳突】チトツ 勢いよく進む。突進する。

【馳▼騖】チブ ①ウマを走らせる。②奔走する。

【馳弁(辯)】チベン 弁舌があざやかである。

【馳名】チメイ(なをはす) 名声が遠くまで広まる。

駅

馬4(14) 1 1756 99C5 教3 エキ漢 ヤク呉 陌 yì うまや

[驛] 馬13(23) 2 8167 9A5B 旧字体。

筆順 丨 厂 冂 馬 馬 馬 駅 駅 駅

なりたち [形声]「馬(=うま)」と、音「睪エキ」とから成る。乗り継ぐための馬を置いてあるところ。

意味 ❶公用の文書を伝達する人が、途中で休んだり、ウマや車などをとりかえたりした所。**うまや**。例 駅站エキタン。宿駅シュクエキ。❷乗り継ぐためのウマや車。つぎうま。はやうま。例 駅伝エキデン。

日本語での用法 《エキ》「駅弁エキベン・東京駅トウキョウエキ」▼電車や列車が発着する所。

古訓 中古 つらぬ・はしる・はす・むまや 中世 みち・むまや 近世 つぎむま・ひとやどり・むまやど

難読 駅馬(はゆま・はいま)

【駅員】エキイン 日 駅の仕事をする係の人。

【駅使】エキシ ①宿駅のウマで文書などを届ける使者。②ウメの別名。③ヤク 通訳する人。また、翻訳した文書を届ける人。

【駅舎】エキシャ ①宿場の宿。②日 駅の建物。

【駅▼站】エキタン 「駅亭エキテイ①」に同じ。

【駅長】エキチョウ ①古代の、宿駅の長。②日 駅の仕事を運営し、指揮する最高責任者。例 東京駅—。

【駅亭】エキテイ ①宿場。宿駅。駅站エキタン。②宿場の旅館。

【駅逓】エキテイ 宿場から宿場へ荷物などを送ること。

【駅程】エキテイ 宿駅と宿駅の間の道のり。

【駅伝】エキデン ①古代、各宿駅にウマを用意して宿駅間をつなぎ、役人や文書などを運んだ制度。②日「駅伝競走」の略。道路でおこなわれる長距離のリレー競走。

【駅頭】エキトウ 駅。また、駅の近く。例 —で演説する。

【駅馬】エキバ 宿駅で用意するウマ。

【駅鈴】エキレイ 日 律令制で、朝廷が宿駅のウマの使用を許可したしるしとして与えた、すず。これを鳴らして、人やウマを徴発した。

【駅路】エキロ 宿駅のある道路。街道。

●宿駅シュクエキ・着駅チャクエキ・発駅ハツエキ

駆

馬4(14) 1 2278 99C6 常用 ク漢呉 虞 qū かける(かーく)・かる

[驅] 馬11(21) 2 8160 9A45 旧字体。

[駈] 馬5(15) 1 2279 99C8 人 俗字。

筆順 丨 厂 冂 馬 馬 馬 駆 駆 駆

なりたち [形声]「馬(=うま)」と、音「區ク」とから成る。ウマを走らせる。

意味 ❶ウマにむち打ち、はやく走らせる。**かる**。はやく走る。例 駆馬(バク)(＝ウマを走らせる)。疾駆(シック)。馳駆(チク)。❷追う。追い出す。追い払う。例 駆除(クジョ)。駆逐(クチク)。❸追いたてる。かりたてる。例 駆役(クエキ)。駆使(クシ)。❹強要する。迫る。❺導く。例 先駆(センク)(＝さきがけ)。

古訓 中古 おふ・かり・かる・とし・はしる・はす・はやむ 中世 かる・はしる・はす・はやむ・ゆく 近世 おふ・かる・はする・わしる

【駆役】(クエキ) 人を追いたてて使う。

【駆遣】(クケン) 追い出す。使用人などをやめさせる。

【駆使】(クシ) ①追いたてて使う。例 妾不レ堪二駆使一(ショウクシにたえず)(＝私は追いたて使われることにたえられない)。〈玉台・為焦仲卿妻作〉馬車馬(うまバシャ)を―する。②日 自在に使いこなす。例 伝統のわざを―して仕上げる。

【駆除】(クジョ) ①(敵や災難を)追い払う。②(虫やネズミなどを)追い払ったり殺したりして、とりのぞく。例 害虫を―する。

【駆▼馳】(クチ) ①ウマを走らせる。②奔走する。

【駆逐】(クチク) 追い払う。例 鬼神を―する。

【駆逐艦】(クチクカン) 日 魚雷やミサイルなどを装備して高速で進み、敵艦を攻撃する小型の軍艦。

【駆虫(蟲)】(クチュウ) 寄生虫や害虫を、薬などでとりのぞく。

【駆▼騁】(クテイ) ウマや馬車を走らせる。

【駆動】(クドウ) 日 機械や装置の回転部分に動力を伝えて、うごかす。例 前輪―。四輪(よんリン)―。

【駆略】【駆▼掠】(クリャク) 追いたてる。追いつめて人の持ち物や財貨を奪い取る。

●疾駆(シック)・先駆(センク)・前駆(ゼンク)

駃

馬4 (14) 4 9281 99C3

一 ケツ(クヱツ)漢 屑 jué 二 カイ(クワイ)漢 卦 kuài

意味 一「駃騠(ケッテイ)」は、❶足の速い名馬。❷雄のウマと雌のロバとをかけ合わせた家畜。驢騾(ロラ)。〔騾馬(バラ)より能力が劣る〕二 ウマの足が速い。はやい。通 快。例 駃疾(カイシツ)。駃馬(カイバ)。

駬

馬4 (14) 4 9278 99B9

ジツ漢 質 rì

意味 ❶宿駅に備えられたウマ。駅馬。❷宿駅。

駄

馬4 (14) 1 3444 99C4 常用

一 タ漢 ダ呉 歌 tuó 二 タ漢 ダ呉 箇 duò

[馱]

馬3 (13) ― 99B1

本字。

筆順 丨 厂 F 馬 馬 馬 駄 駄

なりたち 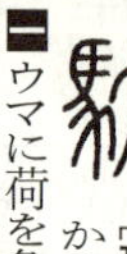 [形声]「馬(＝うま)」と、音「大(イタ→タ)」とから成る。ウマに物を負わせる。

意味 一 ウマに荷を負わせる。のせる。例 駄載(ダサイ)(＝ウマの背に荷をのせる)。二 ❶荷物を運送するウマ。例 駄馬(ダバ)。❷ウマ一頭に負わせる荷物の量。また、それを数えることば。例 一駄(イチダ)。千駄(センダ)。

日本語での用法 一《ダ》「駄菓子(ダガシ)・駄作(ダサク)・駄洒落(ダじゃれ)」▼つまらない。くだらない。二《タ》「下駄(ゲタ)・雪駄(セッタ)」▼はきもの。

古訓 中古 おそきむま・おほす・におひむま 中世 おほす・におひむま 近世 おふ・おふする

【駄句】(ダク) 日 下手で、つまらない俳句。

【駄犬】(ダケン) 日 雑種の、たいしたことのないイヌ。雑犬。

【駄作】(ダサク) 日 取るに足らない、つまらない作品。愚作。凡作。対 秀作・傑作。

【駄駄】(ダダ) 日 子供などが、すねたり甘えたりして、わがままを言うこと。また、人の言うことを聞かないこと。例 ―をこねる。

【駄賃】(ダチン) 日〔荷を運ぶ駄馬の運賃の意〕使い走りや子供の手伝いなどに対して与える、ささやかなお金や物。例 行きがけの―(＝ついでに別のことをする)。

【駄馬】(ダバ) ①荷物を運ぶウマ。②日〔荷物を運ぶだけで、競走に使えないウマの意〕役に立たないウマ。例 ―にも劣る。

【駄文】(ダブン) 日 ①へたで、つまらない文章。例 書き飛ばした―。②自分の書いた文章をへりくだっていうことば。

【駄弁(辯)】(ダベン) 日 くだらないおしゃべり。むだぐち。例 ―を弄(ロウ)する。

●下駄(ゲタ)・雪駄(セッタ)・無駄(ムダ)

馽

馬4 (14) 4 9279 99BD

チュウ(チフ)漢 緝 zhí

意味 ウマの足をつなぐ。また、その縄。きずな。ほだし。例 羈馽(キチュウ)(＝ウマのおもがいと、ほだし)。

駁

馬4 (14) 1 3993 99C1

バク慣 ハク漢 覚 bó

まだら・ぶち・ま-じる

意味 ❶ウマの毛の色が入り交じっているさま。**ぶち**。**まだら**。例 駁馬(ハクバ)(＝ぶちのウマ)。❷純正でない。入り交じっている。**まじる**。例 駁錯(ハクサク)(＝入り交じって純正でない)。雑駁(ザッパク)。❸相手の説に反論する。また、反論。例 駁論(バクロン)。反駁(ハンバク)。弁駁(ベンバク)。

【駁撃】(バクゲキ) 他人の言論を攻撃する。例 語気鋭く―する。

【駁雑】(バクザツ) 日 入り交じって純正でない。雑駁(ザッパク)。類 駁錯(ハクサク)。

【駁説】(バクセツ) 他人の意見を非難し、攻撃する。また、その説。駁論。類 駁議。

【駁論】(バクロン)「駁説(バクセツ)」に同じ。

駇

馬4 (14) 2 8141 99BC

ブン漢 文 wén

意味 ❶赤いたてがみで、からだは白く、目は黄金のようなウマ。❷毛に美しい模様のあるウマ。

[馿]

馬4 (14) ⇨ 驢ロ(1470ジ一)

駕

馬5 (15) 1 1879 99D5 人

一 ガ慣 カ漢 呉 禡 jià 二 カ漢 麻 jiā

の-る・しの-ぐ

なりたち 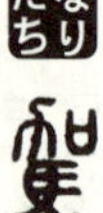 [形声]「馬(＝うま)」と、音「加(カ)」とから成る。ウマをくびきにつなぐ。

意味 一 ❶車に牛馬をつけてあやつる。馬車などに乗る。**のる**。例 駕御(ガギョ)。❷乗り物。特に天子の乗り物。例 駕幸(ガコウ)。枉駕(オウガ)(＝貴人の来訪を敬っていうことば)。車駕(シャガ)。❸…にまさる。こえる。**しのぐ**。例 凌駕(リョウガ)。❹伝える。例 駕説(ガセツ)。❺架設する。通 架。❻ウマが一日に走る距離。例 駑馬十駕(ドバジュウガ)。二 加える。通 加。例 駕病(カヘイ)。

古訓 中古 あがる・かかる・かく・しのぐ・のぼる・のりもの・のる・ゆく 中世 あがる・かく・しのぐ・のりもの・のる・ゆく 近世 あげる・しのぐ・のりもの・のる・ゆく

人名 のり

【駕御】【駕▼馭】(ガギョ) ①ウマを自由に乗りこなす。②人を思いのままに使いこなす。

【駕籠】(かご) 日 江戸時代に普及した乗り物。人の乗る部分の上に棒をわたして、前後をかついで運ぶ。例 ―かき。

【駕幸】(ガコウ) 天子の外出。行幸。

【駕説】(ガセツ) ①(先王の道を)伝え述べる。②かこつけて言う。でたらめ。

【駕病】(カヘイ) 一(やまいにくわう) 病気がさらに重くなる。

[駈]

馬5 (15) ⇨ 駆ク(1463ジ一)

駉
馬5 (15) 4 9282 99C9 ケイ 漢 青 jiōng

意味 ウマの放牧場。

駒
馬5 (15) 1 2280 99D2 常用 ク 漢 虞 jū こま

筆順 丨 ｢ Ｆ 馬 馬 駒 駒 駒

なりたち  [形声]「馬(=うま)」と、音「句ク」とから成る。二歳のウマ。

意味 元気さかんな若いウマ。二歳馬。また、元気な若者や子供のたとえ。例 白駒ハク(=白毛のウマ)。駒こまの、いななき。

日本語での用法 《こま》「将棋ショウギの駒こま・バイオリンの駒こま」▼小さなもの。盤上で動かしたり、楽器の弦を支えたりするもの。

古訓 中古 こま 中世 こま・こむま 近世 こま・ふたとせむま

【駒影】エイ 日影かげ。日光。類 駒光。

【駒隙】ゲキ 月日が早く過ぎること。→【若ニ白駒之過レ隙】ハックのゲキをすぐるがごとし(914ペー)

【駒下駄】こまゲタ 日 台と歯がつながった形で、材木をくりぬいて作ったはきもの。

駟
馬5 (15) 2 8142 99DF シ 漢 呉 寘 sì

意味 ❶四頭立ての馬車。速いもののたとえ。例 駟不レ及レ舌シもしたにおよばず。❷四頭のウマ。例 駟馬バシ。❸ウマを四頭単位で数えることば。

【駟▼之過レ隙】ゲキをすぐ 〔四頭立ての馬車がすきまを通り過ぎる意〕時の過ぎゆくのが速いこと。〈礼記・三年問〉類 若ニ白駒之過レ隙ハックのゲキをすぐるがごとし。

【駟馬】バシ 四頭立ての馬車。また、その四頭のウマ。

【駟不レ及レ舌】シもしたにおよばず 一度口に出したことばは、たちまちに伝わって、四頭立ての馬車で追っても追いつくことができない。ことばはつつしむべきであるということ。〈論語・顔淵〉

駛
馬5 (15) 2 8143 99DB シ 漢 紙 shǐ はーせる(はーす)・はやーい(はやーし)

意味 ❶(ウマが)はやく走る。はせる。例 駛走ソウ(=はやく走る)。❷(激しく)はやい。例 駛雨シ。

【駛雨】ウシ にわか雨。夕立。

駔
馬5 (15) 4 9283 99D4 ソウ(サウ) 漢 養 zǎng

意味 ❶立派なウマ。❷ウマの仲買人。例 駔儈カイ(=ばくろう)。

駝
馬5 (15) 2 8144 99DD タ 漢 ダ 呉 歌 tuó

[駞] 馬5 (15) 4 9285 99DE 別体字。

意味 ❶大形の哺乳動物。ラクダ。例 駝馬バ・橐駝タク(=ラクダ)。駱駝ラク。❷南国産の大形の鳥。通 鴕ダ。例 駝鳥チョウ。

【駝鳥】ダチョウ ダチョウ科の鳥。アフリカのサバンナなどに生息する。鳥類の中では最も大きい。速く走れるが、飛べない。

駘
馬5 (15) 2 8145 99D8 一 タイ 漢 灰 tái 二 タイ 漢 賄 dài

意味 一 ❶ウマのくつわをはずす。また、くつわがはずれる。例 駘銜カン(=くつわをはずす)。❷のろのろした、にぶいウマ。また、愚か者のたとえ。例 駑駘ドタイ(=のろいウマ)。二 ⇒【駘蕩】

【駘▼蕩】トウ ①大きくのびのびとしているさま。②気ままなさま。③春ののどかなさま。例 春風シュン―。

駐
馬5 (15) 1 3583 99D0 常用 チュウ(チウ) 漢 呉 遇 zhù とどーまる・とどーめる(とどーむ)

筆順 丨 ｢ Ｆ 馬 馬 馬 駐 駐 駐

なりたち  [形声]「馬(=うま)」と、音「主シュ→チュ」とから成る。ウマをとどめる。

意味 ❶車馬がとまる。とめておく。とどまる。とどめる。例 駐駕ガ。駐車シャ。❷(軍隊などが)一定の地にとどまる。例 駐屯トン。駐留リュウ。進駐シン。❸ひきとめる。とどめる。例 駐顔ガン。

古訓 中古 たつ・とどまる・とどむ 中世 たちとどまる・とどまる 近世 とどまる

人名 とどむ

【駐▼駕】ガ 天子や貴人が外出の際、車をとめる。また、天子や貴人が滞在する。

【駐顔】ガン 容色が衰えないようにする。

【駐在】ザイ ①任務のために派遣された土地に、とどまっていること。②日「駐在所」「駐在巡査」の略。

【駐在所】チュウザイショ 日 巡査が泊まりこみで、受け持ち区域内の警察事務を処理するところ。

【駐▼扎】【駐札】【駐▼紮】【駐▼箚】サツ 役人が任地に滞在して政務をとる。

【駐車】シャ ①車や馬車をとめておく。例 ―違反。②日 自動車を一定時間以上とめておく。

【駐屯】トン 軍隊がある地域にとどまっていること。

【駐日】ニチ 外国から派遣されて、仕事のため日本に滞在すること。例 ―イギリス大使。

【駐▼蹕】ヒツ 天子が御幸の際、車をとめる。また、天子が滞在する。類 駐鸞ラン・駐輦レン。

【駐留】リュウ ある期間、一定の地域にとどまる。例 ―軍。

●常駐ジョウ・進駐シン

駑
馬5 (15) 2 8146 99D1 ド 漢 虞 nú

意味 ❶のろくてにぶいウマ。例 駑馬バ。❷能力が劣っている。おろか。また、愚か者。例 相如雖レ駑ショウジョドなりといえども(=私、藺相如リンは愚か者ではあるが《廉頗レン将軍を恐れない》)。〈史記・廉頗藺相如伝〉駑材ザイ(=劣っている才能)。駑鈍ドン。

難読 駑馬おそうま

【駑下】カ にぶくて、能力が人より劣る。自分の謙称。

【駑▼怯】キョウ にぶくて、意気地がない。

【駑▼駿】シュン ①のろいウマと、速いウマ。②愚人と賢人。

【駑▼駘】タイ ①足がのろいウマ。駄馬。②劣った才能。また、愚か者。

▽類 駑驥キ。

【駑鈍】ドン 才能がとぼしく、動作がにぶい。愚鈍。

【駑馬】バ ①速く走れない、のろまなウマ。対 駿馬シュンメ。②才能の劣っている者。例 ―にむち打つ(=能力のない者に能力以上のことをさせる。自分の努力をへりくだっていう)。

【駑馬十▼駕】ジュウガ 駑馬が十日間馬車を引くこと。才能のない者も努力を重ねれば、才能のある者に追いつける、ということのたとえ。〈荀子・勧学〉

駙
馬5 (15) 4 9284 99D9 フ 漢 遇 fù

意味 数頭のウマで車を引くとき、予備としてわきにいるウマ。

そえうま。例 駙馬(バフ)。

【駙馬】(バフ) ①天子の副車(そえぐるま)につけるウマ。②「駙馬都尉(フバトイ)」の略。天子に近侍し、「①」をつかさどって天子を護衛する官。③公主(=天子の娘)の夫。駙馬都尉の官についた。④むすめむこ。女婿(ジョセイ)。

駰 馬6(16) 4 9287 99F0 イン漢 真 yīn

意味 浅黒い毛に白い毛が交じった毛色のウマ。

駭 馬6(16) 2 8147 99ED カイ漢 ガイ呉 蟹 hài おどろ-く

意味 ❶びっくりする。**おどろく**。おどろかす。例 駭世(ガイセイ)(=世の中をびっくりさせる)。駭目(ガイモク)(=見ておどろく)。震駭(シンガイ)。❷騒ぎたてる。みだす。

【駭▼愕】(ガイガク) 驚く。驚愕。

【駭汗】(ガイカン) 驚いて冷や汗を流す。

【駭▼懼】(ガイク) 驚き恐れる。

【駭▼惶】(ガイコウ) 驚きあわてる。

【駭嘆】【駭▼歎】(ガイタン) 驚きなげく。

【駭▼栗】【駭▼慄】(ガイリツ) 驚き恐れて、身ぶるいする。

【駭▼惋】(ガイワン) 驚きなげく。

駲 馬6(16) 2 8150 99F2 国字 シュウ

意味 字義未詳。〔一説に、「州(シュウ)」の俗字、また、「馴(ジュン)」の俗字という〕

駮 馬6(16) 2 8148 99EE ハク漢 覚 bó ぶちうま・まだら

意味 ❶伝説上の猛獣の名。ウマに似て、トラやヒョウを食らう。❷ウマの毛の色が入り交じっているさま。**まだら**。通駁(ハク)。❸純正でない。入り交じっている。まじる。通駁(ハク)。例 駮雑(ハクザツ)(=入り交じっている)。❹相手の説に反論する。通駁(ハク)。例 駮議(ハクギ)。

【駮議】(ハクギ) ①漢代、皇帝に対しておこなう上書の一つ。群臣の討議による決定に対して、異議をとなえる者がある場合におこなった。②異議をとなえる。

𩣆 馬6(16) 4 9286 298C6 国字 ばち

意味 地名に用いる字。例 𩣆川原(ばちがわら)(=秋田県の地名)。

［駢］ 馬6(16) ⇩駢(ベン)(1468ジペー)

駱 馬6(16) 2 8149 99F1 ラク漢呉 薬 luò

意味 ❶黒いたてがみのある白馬。例 駱馬(ラクバ)(=黒いたてがみの白馬)。❷南方の異民族の名。駱越(ラクエツ)。❸⇩【駱駅】(ラクエキ) ❹⇩【駱駝】(ラクダ)

【駱駅】(ラクエキ) 人馬の往来が絶えないさま。絡繹(ラクエキ)。例 行人(コウジン)―たる街道。

【駱▼駝】(ラクダ) ①北アフリカや西アジアにすむ、ラクダ科の哺乳動物。背中に一つまたは二つのこぶがある。②日 ラクダの毛で織った布。例 ―のシャツ。

騃 馬7(17) 3 9413 9A03 ガイ漢呉 蟹 ái

意味 おろか。例 愚騃(グガイ)・痴騃(チガイ)(=おろか)。

駻 馬7(17) 2 8151 99FB カン漢 翰 hàn はねうま

意味 ❶気性の荒いウマ。**はねうま**。例 駻馬(カンバ)。❷凶暴な。また、凶暴な敵。

【駻馬】(カンバ) 気性が荒くて御(ギョ)しにくいウマ。荒馬。悍馬(カンバ)。

駿 馬7(17) 1 2957 99FF 人 スン慣 シュン漢 震 jùn

なりたち  [形声]「馬(=うま)」と、音「夋(シュン)」とから成る。すぐれたウマ。

意味 ❶足の速い、すぐれたウマ。例 駿足(シュンソク)。駿馬(シュンメ)。❷すぐれている。また、才能のある人。通俊。例 駿逸(シュンイツ)。駿才(シュンサイ)。❸高大な。偉大な。通峻(シュン)。例 駿功(シュンコウ)(=大功)。❹速い。また、すみやかに。❺きびしい。通峻(シュン)。例 駿刑(シュンケイ)(=厳刑)。

日本語での用法 《スン》「駿州(スンシュウ)・駿豆(スンズ)(=駿河(するが)と伊豆(いず))・駿府(スンプ)」▼旧国名「駿河(するが)(=今の静岡県東部・中部)」の略。

古訓 中古 おほきなり・おほきに・ときむま・とし・はやし 中世 とし・はやし・よし 近世 おほいなり・きびし・すぐれむま・すみやか・ながし

人名 すぐる・たかし・とし・はや・はやお・はやし

【駿逸】(シュンイツ) ①(ウマの)足がきわめて速いこと。②才能がすぐれていること。また、その持ち主。俊逸。

【駿▼驥】(シュンキ) すぐれて足の速いウマ。

【駿骨】(シュンコツ) ①すぐれたウマ。②すぐれた人物。

【駿才】(シュンサイ) すぐれた才能。また、その持ち主。表記 現俊才

【駿足】(シュンソク) ①走るのが速いすぐれたウマ。②すぐれた才能。また、その持ち主。③日 走るのが速い人。例 ―をほこる。▽俊足。

【駿▼厖】(シュンボウ) 徳が高く信頼できる性質である。

【駿馬】(シュンメ/シュンバ) すぐれたウマ。対駑馬(ドバ)。

【駿良】(シュンリョウ) ①足の速い、よいウマ。②かしこい人物。俊良。

【駿河】(するが) 日 旧国名の一つ。今の静岡県東部・中部にあたる。駿州(スンシュウ)。

駸 馬7(17) 2 8152 99F8 シン(シム)漢 侵 qīn か-ける(か-く)

意味 「駸駸(シンシン)」は、ウマが速く走るさま。

騂 馬7(17) 3 9412 9A02 セイ漢 庚 xīng

意味 ❶赤毛のウマ。❷赤い。

騁 馬7(17) 2 8153 9A01 テイ漢 チョウ(チャウ)呉 梗 chěng は-せる(は-す)

意味 ❶(ウマを)走らせる。**はせる**。例 馳騁(チテイ)(=ウマを走らせる)。❷(力・才能などを)思う存分に発揮する。例 騁能(テイノウ)(=能力を十分に発揮する)。❸気ままにする。ほしいままにする。例 騁懐(テイカイ)。❹思う存分に。極限に至るまで。例 騁望(テイボウ)。

参考 しばしば「ヘイ」と誤読する。「馳騁」は、正しくは「チテイ」。

【騁懐】(テイカイ) 胸のうちを気ままに述べる。例 遊レ目騁レ懐(めをあそばせおもいをはす)(=思いのままに眺め、胸中を開く)。〈王羲之・蘭亭序〉

【騁望】(テイボウ) ①はるか遠くをながめる。見わたす。②ウマで出かけて見物してまわる。

駼 馬7(17) 4 9289 99FC ト漢 虞 tú

意味 「騊駼(トウト)」は、良馬の名。

駹 馬7 (17) 4 9288 99F9 ボウ(バウ) 漢 江 máng

意味 顔の白い黒ウマ。

騎 馬8 (18) 1 2119 9A0E 常用

一 キ 漢 支 qí 二 キ 漢 寘 qí (旧 jì)

のる

筆順 丨 冂 馬 馬一 馬大 騎 騎

なりたち [形声]「馬(=うま)」と、音「奇キ」とから成る。ウマにまたがる。

意味 一 ウマに乗る。**のる**。またがる。例 吾騎二此馬一五歳(われこのウマにのることゴサイ)(=私はこの馬に乗ること五年)。〈史記・項羽紀〉 騎射(キシャ)。騎乗(キジョウ)。 二 くらを置き、たづなをつけたウマ。また、それに乗った兵士。例 騎士(キシ)。騎兵(キヘイ)。

古訓 中古 のりもの・のる・むまのり 中世 のる・むまのり 近世 のする・のる

人名 のり

【騎虎▼之勢】(キコのいきおい) トラに乗って走り出したら降りられないように、いったん始めたことが途中でやめられなくなること。〈魏書・司馬衍伝〉

【騎士】キシ ①ウマに乗った兵士。②日 中世ヨーロッパの武人。ナイト。例 アーサー王と円卓の―の物語。

【騎士道】キシドウ 日 中世ヨーロッパの騎士階級(=ナイト)が守るべき道徳。敬神・忠誠・武勇・名誉・婦人への奉仕などを重んじた。例 ―精神。

【騎射】キシャ ①ウマに乗りながら弓を射る。②日「①」をおこなう行事。特に、流鏑馬(やぶさめ)。

【騎手】キシュ 日 競馬や競技のときのウマの乗り手。ジョッキー。

【騎従】キジュウ ウマに乗ってつきしたがう。また、その従者。

【騎将】キショウ 騎馬隊の指揮官。

【騎▼牆】キショウ 〔土塀にまたがり、どちら側に降りるか決めかねている意〕どっちつかずにしている。

【騎乗】キジョウ ウマに乗る。例 ―で遠出する。

【騎都尉】キトイ 宮中を警備する騎兵を監督する官。

【騎馬】キバ ①ウマに乗る。例 ―武者。②人が乗るウマ。

【騎馬戦】キバセン 日 ①騎兵どうしのたたかい。②ひと組み二、三人でウマの形を作って一人が乗る、「①」に模した遊戯。

【騎兵】キヘイ ウマに乗って戦う兵士。類 騎卒。例 ―隊。

●軽騎(ケイキ)・単騎(タンキ)・鉄騎(テッキ)

騏 馬8 (18) 2 8154 9A0F キ 漢 支 qí

意味 ❶青黒い色のウマ。❷足の速い、すぐれたウマ。例 騏驥(キキ)。騏驎(キリン)。

【騏▼驥】キキ ①足の速いすぐれたウマ。②優秀な人材。

【騏▼驎】キリン ①一日に千里を走るという、すぐれたウマ。例 ―も老いては駑馬(ドバ)に劣る(=どんなにすぐれた人でも年をとれば衰えて、凡人にもおよばなくなる)。〔「麒驥之衰也駑馬先レ之(キキのおとろうるや、ドバこれにさきんず)」〈戦国策・斉五〉から〕②想像上の霊獣。麒麟(キリン)。

験 馬8 (18) 1 2419 9A13 教4

[驗] 馬13 (23) 2 8168 9A57 人 旧字体。

ケン 慣 ゲン(ゲム) 漢 呉 艶 yàn

しるし・あかし・ため-す・ため-し

筆順 丨 冂 馬 馬 馬 験 験

なりたち [形声]「馬(=うま)」と、音「僉セン→ゲン」とから成る。ウマの名。借りて「ためす」の意。

意味 ❶**ためす**。しらべる。こころみる。例 験算(ケンザン)。試験(シケン)。体験(タイケン)。❷証拠となるもの。**しるし**。また、効果。ききめ。例 修験(シュゲン)。霊験(レイゲン)。

日本語での用法 《ゲン》「験(ゲン)をかつぐ・験(ゲン)が悪(わる)い」▼縁起。前兆。

古訓 中古 あきらかに・あらはす・あらはる・かむがふ・しるし・しるす 中世 あきらか・かんがふ・こころみる・しるし・しるす 近世 あらはす・かんがふ・こころみる・しるし

人名 とし

【験効】ケンコウ 効果。ききめ。

【験左】ケンサ 証拠。あかし。

【験者】ゲンジャ(ゲンザ) 日 修験道の行者(ギョウジャ)。祈りによって霊験(レイゲン)(=神仏の利益(リヤク))をあらわす僧。

【験算】ケンザン 日 計算の数値が、正しいかどうか確かめるためにする計算。試し算。検算。

●経験(ケイケン)・試験(シケン)・実験(ジッケン)・受験(ジュケン)・体験(タイケン)・治験(チケン)

騅 馬8 (18) 2 8155 9A05 スイ 漢 支 zhuī

あしげ

意味 ❶青白色の毛のまじるウマ。葦毛(あしげ)。❷楚(ソ)の項羽の愛馬の名。例 時不レ利兮騅不レ逝(ときにりあらずスイゆかず)(=時の運は悪く、騅も走ることはない)。〈史記・項羽紀〉

騒 馬8 (18) 1 3391 9A12 常用

[騷] 馬10 (20) 2 8159 9A37 人 旧字体。

一 ソウ(サウ) 漢 豪 sāo 二 ソウ(サウ) 漢 号 sǎo

さわぐ・さわがしい(さわ-がし)

筆順 丨 冂 馬 馬 馬又 騒 騒

なりたち [形声]「馬(=うま)」と、音「蚤ソウ」とから成る。馬を搔(か)く。派生して「さわぐ」の意。

意味 一 ❶秩序なくあばれる。**さわぐ**。**さわがしい**。例 騒音(ソウオン)。騒然(ソウゼン)。喧騒(ケンソウ)。❷思いなやむ。うれえる。うれい。❸漢文の文体の一つ。戦国時代、楚(ソ)の屈原の「離騒」にはじまる韻文風の文章。転じて、詩歌や文芸の趣味をいう。例 騒客(ソウカク)。❹⇩【騒屑】ソウセツ ❺⇩【騒騒】ソウソウ 二 すべてかき集める。通 掃。

古訓 中古 うごく・うれへ・さわがし・さわぐ 中世 うごく・うれふ・さわぐ 近世 うれふ・さわぐ・すみやか・みだる

難読 潮騒(しおさい)

【騒音】ソウオン 耳ざわりなおと。雑音。

【騒客】ソウカク 詩人。詩客。騒人。

【騒▼擾】ソウジョウ 多数の者が集団でさわぎを起こし、社会の秩序を乱す。例 ―罪(=現在は「騒乱罪」)。

【騒人】ソウジン ①楚(ソ)の屈原やその門人らと同じ作風の文人。〔屈原が「離騒」を作ったことから〕②「騒客(ソウカク)」に同じ。

【騒人墨客】ソウジンボッカク 詩文や書画をよくする風流人。〈宣和画譜・宋迪〉

【騒▼屑】ソウセツ そよ風の吹くさま。

【騒然】ソウゼン ざわざわとさわがしいさま。また、不穏なさま。例 物情―たる世の中。

【騒騒】ソウソウ ①風が強く吹き、ざわめくさま。②せわしいさま。急ぐさま。

【騒体】ソウタイ 楚(ソ)の屈原の「離騒」にならって作った文体。

【騒動】ソウドウ ①さわぎ乱れる。動乱。②心がさわぎ落ち着かない。③統制がとれず多くの人がさわぐ、もめごと。例 米―。

【騒乱】ソウラン 事件が起こって社会の秩序がみだれること。また、そのさわぎ。例 ―をしずめる。

◐風騒(ソウフウ)・物騒(ブッソウ)

駒
馬8（18）　4 9290　9A0A　トウ（タウ）漢　豪 táo

意味「駒駼(トウト)」は、良馬の名。

騑
馬8（18）　4 9291　9A11　ヒ漢　微 fēi

意味 ❶馬車を引く四頭立てのウマのうちの外側の二頭のウマ。そえうま。対服（＝内側の二頭のウマ）。例騑驂(ヒサン)。❷

⇩【騑騑(ヒヒ)】

【騑▼驂(ヒサン)】四頭立ての馬車の、外側の二頭のウマ。そえうま。

【騑騑(ヒヒ)】①ウマが休まず進み行くさま。②疲れるさま。

駢
馬8（18）　―　9A08　ヘン漢　ベン呉　先 pián　なら-ぶ・なら-べる（なら-ぶ）

［騈］
馬6（16）　2 8156　99E2　俗字。

意味 二つのものを対にする。**ならべる。ならぶ。** 例駢偶(ベングウ)。駢儷(ベンレイ)。

難読 駢拇(むつゆび)

【駢脅(ヘンキョウ)】【駢脇】肋骨(ロッコツ)が一枚の板のように並んでいること。一枚あばら。

【駢偶(ヘングウ・ベングウ)】語句を対句にして並べる。また、その詩文。類駢文。

【駢肩(ヘンケン)】〔肩を並べる意〕人が多くて混雑しているさま。

【駢死(ヘンシ)】首を並べて死ぬ。例駢二死於槽櫪之間一(ソウレキのカンにヘンシす)（＝馬小屋の中で、平凡なウマと首をならべて死ぬ）。〈韓愈・雑説〉

【駢植(ヘンチ)】（樹木などが）並び立つ。

【駢田(ヘンデン・テンデン)】【駢▼闐】並び連なるさま。また、多いさま。

【駢▼拇(ヘンボ・ベンボ)】足の親指と第二指とが、生まれたときからくっついて一本の指のようになっているもの。

【駢▼拇枝指(ヘンボシシ・ベンボシシ)】〔「枝指」は、親指の横に余分に一本の指がある意〕役に立たないもののたとえ。〈荘子・駢拇〉

【駢▼儷体(ベンレイタイ)】〔「駢儷」は、二つ並べて対にする意〕漢文の文体の一つ。四字と六字とから成る対句を多用し、故事をふまえ、音調を整えた装飾的な文体。六朝(リクチョウ)時代に流行した。四六(シロク)駢儷体。駢儷文。駢体。駢文。四六文。四六。

【駢列(ヘンレツ)】並び連なるさま。類駢比(ヘンピ)。

騤
馬9（19）　3 9414　9A24　キ（クヰ）漢　支 kuí

意味「騤騤(キキ)」は、ウマが威風堂々としているさま。

騚
馬9（19）　4 9293　9A1A　セン漢　先 qián

意味 ひづめが四つとも白いウマ。

難読 騚原(はきばら)（＝姓）

［騨］
馬9（19）　⇩騨(タ)（1470ジペー）

騠
馬9（19）　4 9294　9A20　テイ漢　斉 tí

意味「駃騠(ケッテイ)」は、足の速い名馬。また、驢騾(ロラ)。

騖
馬9（19）　4 9292　9A16　ブ漢　遇 wù

意味 ❶縦横に駆けまわる。また、速く走る。はせる。例騖馳(ブチ)。❷追求する。つとめる。通務(ブ)。

【騖▼馳(ブチ)】ウマや車を速く走らせる。馳騖(チブ)。

騙
馬9（19）　2 8157　9A19　ヘン漢　霰 piàn　かた-る・だま-す

意味 **だます。かたる。** 例騙取(ヘンシュ)。欺騙(キヘン・ギヘン)。

【騙取(ヘンシュ)】だまし取る。

驊
馬10（20）　3 9418　9A4A　カ（クヮ）漢　麻 huá

意味「驊騮(カリュウ)」は、名馬の名。

騱
馬10（20）　4 9301　9A31　ケイ漢　斉 xí

意味 前足の白いウマ。

騫
馬10（20）　2 8158　9A2B　ケン漢呉　先 qiān

意味 ❶高く上がる。とぶ。例騫騰(ケントウ)。❷かかげる。あげる。❸欠ける。

【騫汚(ケンオ)】〔欠けてけがれる意〕面目をつぶす。

【騫騰(ケントウ)】高くとびあがる。

騭
馬10（20）　3 9415　9A2D　シツ漢　質 zhì

意味 ❶雄のウマ。❷安定させる。さだめる。例陰騭(インシツ)（＝天が人に知られることなく世の中を安定させる。また、陰徳）。

［隲］
阝14（17）　2 8013　96B2　別体字。

騶
馬10（20）　4 9302　9A36　スウ漢　尤 zōu

意味 ❶ウマの世話をする役人。うまかい。例騶御(スウギョ)。❷貴人の外出の供をする騎馬の従者。例騶従(スウジュウ)。

【騶御(スウギョ)】ウマの世話をし、ウマをあやつる人。御者。

【騶従(スウジュウ)】貴人につく騎馬の従者。

【騶唱(スウショウ)】ウマに乗って、貴人の先払いをする人。

【騶僕(スウボク)】ウマの世話や主人の雑役をする、しもべ。従僕。

騸
馬10（20）　3 9417　9A38　セン漢　霰 shàn

意味 ウマを去勢する。例騸馬(センバ)（＝去勢したウマ）。

［騒］
馬10（20）　⇩騒(ソウ)（1467ジペー）

騰
馬10（20）　1 3813　9A30　常用　トウ漢呉　蒸 téng　あ-がる・のぼ-る

筆順 刀 月 月ｿ 胖 胖 勝 騰 騰

なりたち［形声］「馬（＝うま）」と、音「朕チン→トウ」とから成る。（ウマを走らせて）つたえる。派生して「はねあがる」の意。

意味 ❶ウマが高くはねあがる。例騰馬(トウバ)（＝暴れウマ）。❷ウマが疾走する。はせる。❸物価などが高くなる。**のぼる。あがる。** 例騰貴(トウキ)。高騰(コウトウ)。沸騰(フットウ)。

古訓 中古 あがる・あぐ・のぼる・はす　中世 あがる・のぼる・をどる　近世 あがる・のぼる・わしる・をどる

人名 たか・たかし

難読 行騰(むかばき)

【騰貴(トウキ)】ものの値段や値打ちがはねあがる。対下落。例地価が―する。

【騰▼驤(トウジョウ・トウショウ)】身軽にとびあがる。おどりあがる。

【騰践(トウセン)】踏み越えてゆく。類騰藉(トウセキ)。

【騰躍(トウヤク)】①おどりあがる。とびあがる。②物価がはねあがる。▽類騰踊(トウヨウ)。

◐急騰(キュウトウ)・高騰(コウトウ)・沸騰(フットウ)・暴騰(ボウトウ)・奔騰(ホントウ)

驀
馬10 (20) ②8162 9A40 バク漢 マク呉 陌 mò

意味 ❶ウマに乗る。❷のりこえる。こえる。❸たちまち。にわかに。例 驀進。驀然（＝にわかに。不意に）。驀地。

【驀進】バクシン 日まっしぐらに進む。例 ―する列車。

【驀地】バクチ／まっしぐら ①不意に。突然。②日目標に向かって、激しい勢いで進むさま。

騮
馬10 (20) ③9416 9A2E リュウ（リウ）漢 尤 liú

意味 黒いたてがみの赤ウマ。くりげ。例 驊騮（＝名馬の名）。騏騮（＝黒ウマと栗毛のウマ）。

驅
馬11 (21) ⇩駆（1463ページ）

驁
馬11 (21) 9A41 ゴウ（ガウ）漢 号 ào

意味 ❶駿馬。❷軽んじる。あなどる。通傲。❸おごり高ぶる。おごる。通傲。例 驁放。

【驁放】ゴウホウ おごって、気ままなさま。類 驁蹇。

驂
馬11 (21) ②8161 9A42 サン（サム）漢 覃 cān そえうま（そへうま）・ならーぶ

意味 ❶三頭のウマを一台の車につなぐ。例 載驂載駟（＝あるいは三頭、あるいは四頭のウマをつける）。〈詩経・小雅・采菽〉❷四頭立ての馬車の外側の二頭のウマ。そえうま。騑。対 服（＝内側の二頭のウマ）。❸馬車を御する。乗る。例 驂御。驂乗。

【驂御】【驂▼馭】サンギョ そえのり。驂乗。

【驂乗】サンジョウ ⇩【参乗】（210ページ）

【脱レ驂】サンをダッす 手厚い香典をおくること。また、人の急場に際して援助することのたとえ。◐孔子が衛の国へ行った際、以前に泊まったことのある宿屋の主人が亡くなった。孔子は弔問に行って声を上げて泣き、帰ってから馬車のそえうまをはずさせて香典としておくった。〔原文では「脱」の字を「説」とする〕……〈礼記・檀弓上〉

驄
馬11 (21) ④9303 9A44 ソウ漢 東 cōng

意味 青黒い毛と白い毛の交じったウマ。葦毛。例 驄馬（＝あしげの馬）。

驃
馬11 (21) ②8163 9A43 一ヒョウ（ヘウ）漢 嘯 biāo 二ヒョウ（ヘウ）漢 嘯 piào すみーやか

意味 一白いまだらのある栗毛のウマ。二❶ウマが速く走るさま。❷勇猛な。勇ましい。例 驃悍。

【驃▼悍】ヒョウカン 荒々しく勇ましいさま。

【驃騎】ヒョウキ ①驃騎将軍。前漢の武帝の時に霍去病が任じられた。当初は大将軍に並ぶ高い地位であったが、後世は名誉職となった。②霍去病のこと。

騾
馬11 (21) ②8164 9A3E ラ漢 歌 luó

［驘］馬13 (23) ④9305 9A58 本字。

意味 動物のラバ。雌のウマと、雄のロバとをかけ合わせた家畜。ロバより大きく、力も強く、性質はおとなしい。

【騾馬】ラバ ①ラバとウマ。②日ラバ。

驚
馬12 (22) ①2235 9A5A 常用 ケイ漢 キョウ（キャウ）呉 庚 jīng おどろーく・おどろーかす

筆順

なりたち ［形声］「馬（＝うま）」と、音「敬ケイ」とから成る。ウマがおどろく。

意味 ❶意外なことに出合ってびっくりする。あわて、おそれる。おどろく。おどろき。例 九華帳裏夢魂驚（＝華麗なとばりの中で夢見心地であった楊貴妃の霊は驚いた）。〈白居易・長恨歌〉驚愕。驚喜。❷震撼する。おどろかす。ゆりうごかす。例 驚天動地。❸激しく速いさま。乱れたさま。例 驚湍。驚風。

古訓 中古 いなく・いばゆ・おそる・おどろかす・おどろく・おびゆ・はしる・はす 中世 おどろく・はす 近世 おそるる・おどろく・にげる

人名 とし

難読 驚破（すわ・すわや・そよ）

【驚異】キョウイ ①おどろきあやしむ。②日びっくりするほどすばらしいこと。例 ―的な記録を達成する。

【驚▼愕】【驚▼鄂】キョウガク 非常におどろく。類 驚駭。

【驚▼悸】キョウキ 〔「悸」は、動悸の意〕おどろき恐れて、激しくおびえる。

【驚喜】キョウキ 思いがけない、よいことにおどろき、喜ぶ。

【驚呼】キョウコ おどろいてさけぶ。類 驚号。例 驚呼熱二中腸一（＝驚きの声を発して胸が熱くなる）。〈杜甫・贈衛八処士〉

【驚▼鴻】キョウコウ ①おどろいて飛び立つハクチョウ。②美女のからだのしなやかなさま。

【驚砂】【驚沙】キョウサ 強風で舞い上がる、すな。

【驚殺】キョウサツ 〔「殺」は、程度のはなはだしいことをあらわす〕非常におどろく。驚倒。

【驚騒】【驚▼譟】キョウソウ 人々がおどろきさわぐ。類 驚擾。

【驚▼湍】キョウタン 流れの急な川の瀬。早瀬。

【驚嘆】【驚▼歎】キョウタン ①すばらしさにおどろき、感心する。例 成果は―に値する。②おどろきなげく。

【驚天動地】キョウテンドウチ （天地をゆりうごかすほど）世間をおどろかせる。例 曽有二驚天動地文一（＝むかし世間を驚かす名文をのこした）。〈白居易・李白墓〉

【驚倒】キョウトウ おどろいて、たおれそうになる。びっくり仰天。

【驚動】キョウドウ ①おどろかす。②おどろきさわぐ。

【驚破】キョウハ 大いにおどろかす。例 驚破霓裳羽衣曲（＝安禄山の反乱軍は「霓裳羽衣」の舞曲を楽しんでいた玄宗と楊貴妃を大いにおどろかせた）。〈白居易・長恨歌〉

【驚▼飆】キョウヒョウ 急に吹きおこる、強い風。激しい、はやて。

【驚怖】キョウフ 身に危険がありそうで、非常に不安なこと。おそろしさに、びくびくする。類 驚懼・驚怕。

【驚風】キョウフウ ①激しい風。②小児病の一つ。髄膜炎。

【驚雷】キョウライ 激しいかみなり。類 驚霆。

【驚浪】キョウロウ 荒波。おおなみ。類 驚瀾・驚濤。

【驚▼惋】キョウワン おどろきなげく。

驕
馬12 (22) ②8165 9A55 キョウ（ケウ）漢 蕭 jiāo おごーる

意味 ❶いい気になる。ほしいままにする。おごりたかぶる。おごる。例 富而無レ驕（＝金持ちであってもおごらない）。〈論語・為政〉驕傲。驕慢。驕陽。❷ウマが従順でないさま。❸寒暖などがきびしいさま。例 驕陽。❹六尺の高さのウマ。❺⇩【驕驕】

【驕▼佚】【驕逸】キョウイツ おごりたかぶって、気ままに遊ぶ。

【驕▼溢】（キョウイツ） おごりたかぶって、自分の思うままにする。㊊驕盈（キョウエイ）。

【驕横】（キョウオウ） いばって勝手なふるまいをする。㊊驕蹇（キョウケン）。

【驕▼悍】（キョウカン） おごって荒々しいさま。

【驕気】（キョウキ） おごりたかぶる気持ち。

【驕▼倨】（キョウキョ） おごりたかぶって、えらそうにふるまう。

【驕驕】（キョウキョウ） 草などが盛んに高く茂るさま。

【驕誇】【驕▼夸】（キョウコ） おごりたかぶり、ほこらしげにしているさま。得意がっているさま。㊊驕矜（キョウキョウ）。

【驕傲】（キョウゴウ） えらそうにふるまうさま。例 ―な態度。

【驕▼肆】【驕恣】（キョウシ） おごりたかぶって、わがままなこと。

【驕児】（キョウジ） わがままな子供。だだっ子。また、我が子への愛称。㊊驕子。

【驕▼奢】（キョウシャ） 非常におごって、ぜいたくなこと。奢侈（シシャ）。㊊驕侈（キョウシ）。例 ―をきわめた生活。

【驕色】（キョウショク） おごりたかぶった顔つきや様子。

【驕惰】（キョウダ） おごりたかぶって、仕事をなまける。㊊驕怠。

【驕泰】（キョウタイ） おごりたかぶって、ぜいたく気ままにふるまう。

【驕暴】（キョウボウ） おごりたかぶって、乱暴であること。

【驕慢】（キョウマン） おごりたかぶって、勝手気ままにふるまうさま。憍慢（キョウマン）。例 ―な態度。

【驕陽】（キョウヨウ） 夏の暑く厳しい陽気。また、照り輝く太陽。

驍

馬12（22） 2 8166 9A4D 人

ギョウ（ゲウ）慣 キョウ（ケウ）漢 蕭 xiāo

なりたち 驍 [形声]「馬（＝うま）」と、音「堯（ギョウ→キョウ）」とから成る。良馬。

意味 ❶すぐれたウマ。例 驍騰（ギョウトウ）（＝良馬。また、勇ましく強い）。❷すぐれて、強い。例 驍名（ギョウメイ）。驍勇（ギョウユウ）（＝強くて勇ましい）。

古訓 中古 いさむ 中世 いさむ・とし・ほこる・よきむま 近世 いさむ・すぐれむま・たけし・とし・はやし・よきむま

人名 いさ・いさむ・すぐる・たかし・たけ・たけし

【驍果】（ギョウカ） 勇ましく思いきりがよい。

【驍▼悍】（ギョウカン） 勇ましく気性が荒いさま。また、その人。

【驍騎】（ギョウキ） 勇猛な騎兵隊。荒々しく行動する騎兵。

【驍将】（ギョウショウ） 強く勇ましい大将。勇将。

【驍名】（ギョウメイ） 勇ましくて強いという評判。例 ―をはせる。

【驍雄】（ギョウユウ） 勇猛で男らしいさま。また、その人。

驒

馬12（22） 3 9420 9A52

一タ漢 ダ呉 歌 tuó 二テン漢 先 diān 三タン漢呉 寒 tān

[騨]

馬9（19） 1 3445 9A28 俗字。

意味 一白い銭形の模様のある黒馬。連銭葦毛（レンゼンあしげ）。二「驒騱（テンケイ）」は、野生のウマ。三「驒驒（タンタン）」は、疲れあえぐさま。

難読 飛驒（ひだ）（＝旧国名）

驎

馬12（22） 3 9419 9A4E

リン漢 真 lín

意味 ❶うろこのような斑紋（ハンモン）のあるウマ。まだらうま。❷くちびるの黒い白馬。❸⇩【騏驎】（キリン）（1467ジペー）

[驛]

馬13（23） ⇩駅（エキ）（1463ジペー）

[驗]

馬13（23） ⇩験（ケン）（1467ジペー）

驌

馬13（23） 4 9304 9A4C

シュク漢 屋 sù

意味 「驌驦（シュクシュク）」は、疾走するさま。

[驘]

馬13（23） ⇩騾（ラ）（1469ジペー）

驟

馬14（24） 2 8169 9A5F

シュウ（シウ）漢 宥 zhòu

は-せる（は-す）・にわ-か（には-か）

意味 ❶ウマが速く走る。**はせる**。❷はやい。突然。**にわか**。例 知レ不レ可二乎驟得一（にわかにはうべからざるをしる）（＝《永遠に生きることは》急には得られないことを知る）。〈蘇軾・赤壁賦〉驟雨（シュウウ）。❸たびたび。しばしば。

【驟雨】（シュウウ） 急に強く降りだして、すぐにやむ雨。にわかあめ。例 ―沛然（ハイゼン）としていたる。

驥

馬16（26） 2 8171 9A65

キ漢呉 寘 jì

意味 ❶一日に千里を走る名馬。すぐれたウマ。例 騏驥（キキ）（＝一日千里を行く良馬）。❷すぐれた才能（の人）。例 驥足（キソク）。驥尾（キビ）。

【驥足】（キソク） 〔名馬の足の意〕すぐれた才能。

【展二驥足一】（キソクをのぶ） ゆたかな才能を十分に発揮する。〈蜀志・龐統伝〉

【驥尾】（キビ） 〔足の速い名馬の尾の意〕すぐれた人の後ろ。

【附二驥尾一】（キビにフす） すぐれた人物のあとに従い、その恩恵をこうむること。また、後輩が先輩のあとについて、恩恵を受けること。附驥（フキ）。〔「顔淵雖二篤学一、附二驥尾一而行益顕（ガンエンはトクガクなりといえども、キビにフしておこないますますあらわる）（＝顔淵は学問に熱心な人だが、《孔子という》優れた師に従ったからこそ、そのおこないが広く世に知られることとなった）。〈史記・伯夷伝〉」から〕

驢

馬16（26） 2 8170 9A62

リョ漢 ロ呉 魚 lǘ

うさぎうま

[馿]

馬4（14） 4 9280 99BF 俗字。

意味 ロバ。ウマ科の哺乳動物。ウマより小さく、耳が長い。古くから家畜として飼われる。**うさぎうま**。例 騎レ驢賦レ詩（ロにのりシをフす）（＝ロバに乗り詩を作る）。〈唐詩紀事・賈島〉驢鳴犬吠（ロメイケンバイ）。

【驢馬】（バロ） ①ロバとウマ。②日ロバ。

【驢鳴犬▼吠】（ロメイケンバイ） 〔ロバやイヌの鳴き声のような〕つまらない文章。〈朝野僉載・六〉

【驢▼騾】（ロラ） ①ロバとラバ。凡愚なものにもたとえられる。②ケッテイ（＝雄のウマと雌のロバの雑種）。駃騠（ケッテイ）。

驩

馬17（27） 2 8173 9A69

カン（クヮン）漢 寒 huān

よろこ-ぶ・よろこ-び

意味 ❶ウマの名。❷**よろこぶ**。**よろこび**。通歓。例 驩喜（カンキ）（＝よろこぶ）。❸よしみを結ぶ。仲良くする。また、親しみ。例 卒相与驩、為二刎頸之交一（ついにあいともによろこびて、フンケイのまじわりをなす）（＝最後にはうちとけあって、刎頸の交わりをなした）。〈史記・廉頗藺相如伝〉

驤

馬17（27） 2 8172 9A64

ジョウ（ジャウ）・ショウ（シャウ）漢 陽 xiāng

あ-がる・は-しる

意味 ❶ウマなどが首を持ち上げる。❷上にあがる。高くあがる。**あがる**。❸（ウマが首を上げて）全力を発揮する。**はしる**。

驪

馬19（29） 2 8175 9A6A

リ漢 支 レイ漢 斉 lí

くろうま・なら-ぶ

意味 ❶黒いウマ。純黒色の毛色のウマ。また、黒い。例 驪駒（リク）。❷ウマを並べる。また、ウマを並べてつないだ（二頭立ての）馬車。例 駢驪（ベンレイ）。❸黒い竜。例 驪珠（リシュ）。

【驪駒】（リク） ①黒いウマ。くろこま。②送別のときにうたう歌。

【驪山】（リザン｜リサン） 陝西（センセイ）省西安にある山。ふもとに唐の玄宗ゲンソウ(玄宗)が楊貴妃(ヨウキヒ)のために建てた華清宮(カセイキュウ)がある。

【驪珠】(リシュ) 黒い竜のあごの下にある珠玉。得がたい宝物。

【驪竜】(リリョウ・リリュウ) 黒い竜。

驫

馬20 (30) 2 8174 9A6B

ヒョウ(ヘウ)漢 蕭 biāo はし-る

意味 多くのウマが走るさま。例 驫驫(ヒョウヒョウ)(=多くのウマが走るさま)。

驫

馬24 (34) 4 9306 4BC2

シン漢 真 shēn

意味 たいへん多いさま。

188 10画 骨 ほね ほねへん部

肉の中にあるほねの意をあらわす。「骨」をもとにしてできている漢字を集めた。

⓪ 1471 骨 ③ 1471 骭 ④ 1471 骯 骰 ⑤ 1471 䯊 骷 骶 ⑥ 1471 骸 骼 [illegible] 骹 ⑦ 1472 骾 ⑧ 1472 髁 髀 ⑨ 1472 [illegible] 髃 髄 ⑩ 1472 髆 ⑪ 1472 髎 髏 ⑫ 1472 髐 髒 ⑬ 1472 髓 體 髑 ⑭ 1472 髖 髕

骨

骨0 (10) 1 2592 9AA8 教6

コツ漢 コチ・コツ呉 月 gǔ ほね

筆順 丨 冂 冂 冎 冎 骨 骨

なりたち  [会意]「冎(=ほね)」と「月(=にく)」とから成る。肉のついた、ほね。

意味 ❶人や動物のほね。例 骨格(コッカク)。遺骨(イコツ)。獣骨(ジュウコツ)。鉄骨(テッコツ)。❷ものごとを組み立てる中心となるもの。例 骨子(コッシ)。❸からだ。例 心骨(シンコツ)(=精神と肉体)。老骨(ロウコツ)。❹人柄。気質。精神。風格。例 気骨(キコツ)。仙骨(センコツ)。反骨(ハンコツ)。❺⇩【骨董】(コットウ)

日本語での用法 《ほね》「骨(ほね)の折(お)れる仕事(シごと)・なかなか骨(ほね)だ」▼努力や、力を尽くすことにたとえる。

古訓 中古 あら・いきどほり・いきどほる・ほね 中世 ほね 近世 ひとり・ほね

【骨格】【骨▼骼】(コッカク) ①動物のからだの骨組み。また、からだつき。例 がっちりした―の人。②ものごとを支えて、形づくっている枠組み。例 事業の―が決まる。

【骨柄】(コツがら) 日 ①からだつき。骨格。②からだつきから感じられる人柄。例 人品―いやしからず。

【骨幹】(コッカン) ①からだの主要な骨組み。②全体の基本となる重要な部分。

【骨梗】【骨▼骾】【骨▼鯁】(コッコウ) ①剛直なさま。また、剛直・正直な人。②〔魚の小骨(こぼね)(鯁)がのどにつかえているさまをたとえて〕諫言(カンゲン)が主君になかなか聞き入れられないこと。

【骨子】(コッシ) 考えや計画の中心となる、骨組み。要点。

【骨身】 一(コッシン) ほねと肉。また、からだ全体。からだ。例 北風が―(ほねみ)にしみる。二(ほねみ) 日 心とからだ。心身。例 健康のありがたみが―にしみる。

【骨酔】(コッスイ) ①ほねまで酔う。泥酔する。②美人の姿態がしなやかなさま。③酒漬けにして殺害する。

【骨髄】(コツズイ) ①ほねの中心部にある、やわらかい組織。赤血球・白血球・血小板を作る。例 ―移植。②心の奥深いところ。例 恨み―に徹す。

【骨折】 一(コッセツ) 外の力が加わったり、ほね自体がもろくなったりして、ほねが折れる。二(ほねおり) 日 力を尽くすこと。

【骨相】(コッソウ) 骨格の形にあらわれた、その人の性格や運命。

【骨頂】【骨張】(コッチョウ) 日 ①強く主張する。意地を張る。②張本人。③この上ない状態にあること。程度が最もはなはだしいこと。例 真骨―(シンコッチョウ)(=本領。本来のすがた)。愚の―。

【骨▼董】(コットウ) ①古くて価値があり、収集や鑑賞の対象となる道具や器物。例 ―品。②古いばかりで、役に立たないもの。例 ―的人物。

【骨肉】(コツニク) ①身体。②親子や兄弟など、血縁関係にある者。例 ―の情。

【骨肉相食】(コツニクあいはむ) 血縁者どうしが互いに争う。

【骨▼牌】(コッパイ) ①獣のほねで作ったマージャンのパイ。② 日 カルタ 遊戯やばくちに使う札。

【骨盤】(コツバン) 日 腰部を形づくっているほね。

【骨粉】(コップン) ①薬として飲む骨の粉末。例 虎骨粉(ココップン)。② 日 牛馬の骨を砕いて乾燥させ、粉末にした肥料や飼料。

【骨法】(コッポウ) ①からだの骨組み。骨格。②書画の用筆法の中核。また、詩文などの風格。③ 日 礼儀作法。④ 日 芸術や芸道で、最も大切な要領。こつ。例 舞の―をのみこむ。

【骨膜】(コツマク) ほねの表面をおおっている膜。ほねの成長や保護、再生などにかかわる。例 ―炎。

【骨立】(コツリツ) やせて、ほねが目立つほどになること。

【骨力】(コツリョク) ①詩文・書画にこめられた力強い風格。②堅い意志。類 骨気(コッキ)。

●遺骨(イコツ)・気骨(キコツ/きぼね)・筋骨(キンコツ)・鎖骨(サコツ)・人骨(ジンコツ)・接骨(セッコツ)・軟骨(ナンコツ)・納骨(ノウコツ)・白骨(ハッコツ)・武骨(ブコツ)・埋骨(マイコツ)・無駄骨(むだぼね)・露骨(ロコツ)

骭

骨3 (13) 2 8176 9AAD

カン漢 翰 gàn はぎ

意味 ❶すねの骨。❷すね。例 骭毛(カンモウ)(=すね毛)。

骯

骨4 (14) 4 9307 9AAF

コウ(カウ)漢 養 kǎng

意味 「骯髒(コウソウ)」は、不屈の高い志をもったさま。

骰

骨4 (14) 2 8177 9AB0

トウ漢 尤 tóu さい

意味 すごろくやばくちなどに用いる、小さい立方体。各面に数などが示される。さいころ。さい。例 骰子(シトウ)(=さいころ)。

難読 骰子(さい)の目(め)・骰子(さいころ)

䯊

骨5 (15) 4 9308 4BCA

一 カ漢 禡 qià 二 カ(クヮ)漢 歌 kē

意味 一 ひざの骨。かわら。二 腰の骨。

骷

骨5 (15) 4 9309 9AB7

コ漢 虞 kū

意味 「骷髏(コロウ)」は、されこうべ。枯骨。

骶

骨5 (15) 3 9421 9AB6

テイ漢 薺 dǐ

意味 尾骨の上のあたり。例 尾骶骨(ビテイコツ)。

骸

骨6 (16) 1 1928 9AB8 常用

カイ漢 ガイ呉 佳 hái かばね・むくろ

筆順 冂 冂 冎 骨 骨 骸 骸 骸

なりたち  [形声]「骨(=ほね)」と、音「亥(カイ)」とから成る。すねの骨。

意味 ❶人の骨。例 骸筋(ガイキン)(=骨と、すじ。からだ)。骸骨(ガイコツ)。❷死者のからだ。なきがら。むくろ。例 遺骸(イガイ)。死骸(シガイ)。

古訓 中古 かばね・ほね 中世 かばね・すね・ほね 近世 かばね・はぎ

ぼね・ほね

難読 骸炭(コークス)・亡骸(なきがら)

【骸▼軀】(ガイク) からだ。身体。

【骸骨】(ガイコツ) ①からだの骨組み。骨格。また、骨だけになった死体。例 ―と化す。②からだ。身体。

【乞二骸骨一】(ガイコツをこう) 官職を辞する。辞職を願い出る。〔仕官のとき君主に差し上げた自分のからだを、今は返してほしいと願い出る意から〕〈晏子・外篇〉

【賜二骸骨一】(ガイコツをたまわる) 辞職を許される。〈史記・項羽紀〉

●形骸(ケイガイ)・残骸(ザンガイ)・死骸(シガイ)

骼 骨6(16) 2 8178 9ABC カク漢 陌 gé ほね

意味 ほねぐみ。**ほね**。例 骨骼(コッカク)。

骭 骨6(16) 4 9310 4BD2 コウ(カウ)漢 庚 héng

意味 脛骨(ケイコツ)の上部。

骹 骨6(16) 4 9311 9AB9 コウ(カウ)漢 肴 qiāo

意味 すねの骨の下端の細い部分。

骾 骨7(17) ― 9ABE コウ(カウ)漢 梗 gěng

意味 ❶のどに引っかかった骨。❷剛直で正しい。通 鯁(コウ)。例 骨骾(コッコウ)(=正直な)。

【骾▼訐】(コウケツ) 直言して人の悪をあばく。

髁 骨8(18) 3 9422 9AC1 カ(クヮ)漢 箇 kē

意味 大腿骨(ダイタイコツ)。また、骨の両端の突起。

髀 骨8(18) 2 8179 9AC0 ヒ漢 薺 bì もも

意味 足の、ひざより上の部分。**もも**。また、ももの骨。例 髀骨(ヒコツ)(=ももの骨)。髀肉(ヒニク)(=ももの肉)。

【髀肉▼之▼嘆】【髀肉▼之▼歎】(ヒニクのタン) 実力を発揮して活躍する機会がないのをなげくこと。◆三国時代、蜀(ショク)の劉備(リュウビ)が、数年の間ウマに乗って戦うことがなかったため、内ももにむだな肉がついてしまったのをなげいた。……〈蜀志・先主伝・注〉から〕

【拍レ髀】【▼搏レ髀】【▼拊レ髀】(ヒをうつ) 〔ももをたたく意〕喜び

勇むさま。

𩩲 骨9(19) 4 9312 29A72 カツ漢 曷 hé

意味 胸骨。

髃 骨9(19) 3 9423 9AC3 グ漢 虞 yú

意味 肩の前面の骨。

髄 骨9(19) 1 3181 9AC4 常用 スイ漢 ズイ呉 紙 suǐ

[髓] 骨13(23) 2 8182 9AD3 旧字体。

[膸] 月13(17) 2 7127 81B8 別体字。

筆順 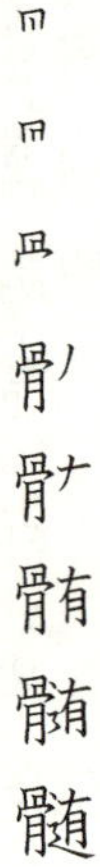

なりたち  [形声]「骨(=ほね)」と、音「隓(キ→イス)」とから成る。骨の中の脂(あぶら)。

意味 ❶骨のしんにある、あぶらのようなもの。例 骨髄(コツズイ)。脊髄(セキズイ)。❷ものごとの中心となる要点。欠くことのできない主要部分。例 神髄(シンズイ)。精髄(セイズイ)。

古訓 中古 すね・ほねのなづき 中世 すね・ほねすぢ 近世 すね

人名 あや・すね・ゆき・より

【髄脳】(ズイノウ) ①脳。脳髄。②ものごとの最も大切なところ。奥義や秘説。また、それを書いた書物。例 和歌の―。

【髄膜】(ズイマク) 日 脳と脊髄(セキズイ)をおおっている膜。硬膜(コウマク)・蜘蛛膜(クモマク)・軟膜(ナンマク)の三層から成る。例 ―炎。

●延髄(エンズイ)・骨髄(コツズイ)・神髄(シンズイ)・真髄(シンズイ)・精髄(セイズイ)・脳髄(ノウズイ)

髆 骨10(20) 4 9313 9AC6 ハク漢 薬 bó

意味 肩甲骨。

髎 骨11(21) 3 9424 9ACE リョウ(レウ)漢 蕭 liáo

意味 骨の関節のすきま。

髏 骨11(21) 2 8180 9ACF ロウ漢 ロ呉 尤 lóu

意味 風雨にさらされた頭の骨。されこうべ。しゃれこうべ。例 髑髏(ドクロ)。

髐 骨12(22) 4 9314 9AD0 ギョウ慣 コウ(カウ)漢 肴 xiāo

意味 白骨が野ざらしになっているさま。例 髐然(ギョウゼン)。

髒 骨12(22) 4 9315 9AD2 ソウ(サウ)漢 養 zǎng

意味 「骯髒(コウソウ)」は、不屈の高い志をもったさま。

[髓] 骨13(23) ⇩髄(ズイ)(1472ページ)

[體] 骨13(23) ⇩体(タイ)(76ページ)

髑 骨13(23) 2 8181 9AD1 トク漢 ドク呉 屋 dú

意味 風雨にさらされて肉がとれ、白くなった頭の骨。されこうべ。例 髑髏(ドクロ)。

難読 髑髏(されこうべ・しゃれこうべ・ひとがしら)

【髑▼髏】(ドクロ) 風雨にさらされた頭蓋(ズガイ)骨。されこうべ。

髖 骨14(24) 3 9425 9AD6 カン(クヮン)漢 寒 kuān

意味 骨盤を構成する骨。こしぼね。通 臗(カン)。例 髖骨(カンコツ)(=こしぼね)。

[髕] 骨14(24) ⇩臏(ヒン)(1105ページ)

189 10画 高 たかい部

ものみやぐらの形をあらわす。「高」をもとにしてできている漢字を集めた。

この部首に所属しない漢字

嵩→山 418 敲→攴 599 稾→禾 977

高 高0(10) 1 2566 9AD8 教2 コウ(カウ)漢呉 豪 gāo たかい(たか-し)・たか・たかまる・たかめる(たか-む)

[髙] 高1(11) ― 9AD9 俗字。

筆順 

なりたち  [象形] ものみやぐらの形。たかくそびえる。

意味 ❶人の背たけや、ものの位置がたかい。対 低。例 高山だ。高所。高度。❷数値や程度が大きい。等級が上すぐれた。㊉低。例高価。高級。❸格調がたかい。けだかい。例高潔。高尚。❹相手の行為や言説を敬っていうことば。例高配。高覧。❺敬う。尊ぶ。❻思いあがる。おごる。たかぶる。例高言。高慢。

日本語での用法《たか》「今日の水揚げ高・高の知れた奴・高をくくる」▼数量や程度をあらわす。

古訓 中古 あきら・かみ・たか・たかさ・たかし・たかぶる・たく・たふとし・めづらし 中世 あきら・たか・たかし・たかぶる・たけ 近世 うやまふ・かみ・たかさ・たかし・とほし・ながし

人名 あきら・うえ・すけ・たかし・たけ・ほど・まさ・まさる

難読 高天原・高市・高砂・高麗鼠・高麗人・高麗芝

【高圧】コウアツ ①上からおさえつけること。おおいかぶさること。例—的な態度。②日 気圧・水圧・電圧などが強い、または、高いこと。㊉低圧。例—線（=高電圧の送電線）。

【高位】コウイ 高い地位。また、高い地位の人。㊉低位。例—高官。

【高逸】コウイツ ひときわすぐれている。また、世俗を超越している。

【高詠】コウエイ 声高らかにうたう。

【高遠】コウエン ①高くて遠い。②志や思想がけだかく、すぐれて立派なさま。例—な理想を述べる。

【高恩】コウオン 日 非常に深い恩。相手から受けた恩を敬っていうことば。例ご—に報いるよう努力します。

【高温】コウオン 日 高い温度。㊉低温。例—多湿の風土。

【高価】コウカ 値段や価値が高いさま。また、高い価格。㊉安価・廉価。例—な宝石。

【高架】コウカ 高くかけわたされていること。また、そうなっている橋・線路・電線など。例—線の下。

【高科】コウカ 科挙（=官吏登用試験）に最上位で合格する。高第。

【高▼廈】コウカ 高くそびえる大きな家。

【高歌】コウカ 大きな声で歌う。例—放吟。

【高▼臥】コウガ ①まくらを高くして寝る。平穏な生活のたとえ。②俗世間のわずらわしさをさけて、かくれ住む。

【高雅】コウガ けだかく、みやびやかなさま。例—なふるまい。

【高会】コウカイ 盛大な会合。また、豪勢な宴会。

【高▼晦】コウカイ 気品のある行動をとり、世俗を離れて暮らす。

【高閣】コウカク ①高い建物。高楼。たかどの。②高い棚。例—に束ねる（=書物をたばねて高い棚にのせたまま読まない）。

【高額】コウガク 日 大きい金額。大きな額面。多額。㊉低額・小額。例—所得者。—紙幣。

【高牙大▼纛】コウガダイトウ 高くかかげた象牙の飾りのある旗と、ウシの尾で飾りをつけた大きなさしもの。高位高官の行列に用いた。〈欧陽脩・相州昼錦堂記〉

【高官】コウカン 地位の高い官職（にある人）。例高位—。

【高冠】コウカン 高くて立派なかんむり。

【高館】コウカン 立派なやかた。他人の家の敬称。

【高岸】コウガン ①高い崖。険しい崖。②気位が高く、心にかどがあるさま。

【高気】コウキ けだかい気性。すこぶる上品な雰囲気。

【高奇】コウキ 人並みはずれてすぐれているさま。

【高貴】コウキ ①身分が高く、尊いさま。㊉下賤・卑賤。②日 価値があること。値段が高いこと。例—な家の出。

【高義】コウギ 立派なおこないをして、道義をつらぬいているさま。

【高▼誼】コウギ ①高い徳義。②親しい交わり。並々ならぬよしみ。〔多く手紙文で、相手から受けた好意に感謝していう〕例ご—を賜る。

【高議】コウギ ①すぐれた議論。また、相手の議論を敬っていうことば。②さかんに議論する。

【高気圧】コウキアツ 日 大気中で、まわりよりも気圧の高いところ。中心区域は天気がよい。㊉低気圧。例移動性—。

【高級】コウキュウ 等級や品質・性能・程度などが高いこと。㊉低級。例—官僚。

【高給】コウキュウ 日 高い給料。例—取り。

【高挙】コウキョ ①空高く飛びあがる。②高位につく。③俗世間を離れて生きる。

【高▼拱】コウキョウ 両手を上にあげて胸のあたりで組む。こまぬく。なにもしないで静かにしているさま。

【高吟】コウギン 声高らかに詩などを吟ずる。例放歌—する。

【高▼衢】コウク 〔「衢」は、四方に通じる大通り〕①立派な道。大きな道。②日や月が通る天の道。

【高空】コウクウ 空の高いところ。㊉低空。例—を飛行する。

【高句麗】【高勾麗】コウクリ 古代、中国北東部から朝鮮半島北部にかけてあった国。紀元前後に建国され、唐と新羅に滅ぼされた。狛。高麗。（？—六六八）

【高訓】コウクン ①高尚で尊い教え。②他人の教訓の敬称。

【高家】コウケ 日 ①平安時代、身分の高い家柄。②江戸幕府の諸儀式をつかさどった家柄。

【高下】コウゲ ①（身分や価格の）高いことと低いこと。優劣。②（価格などが）上がり下がりする。上下。例相場の乱—。

【高潔】コウケツ 心がけだかく清らかなこと。例—の士。

【高見】コウケン ①すぐれた意見。②相手の意見を敬っていうことば。例ご—をうかがいたい。

【高軒】コウケン ①高い軒。高い家。②貴人が乗る立派な車。

【高言】コウゲン ①えらそうに、大きなことを言う。また、そのことば。大言。例自分が第一人者だと—する。②高尚なことば。

【高原】コウゲン 高地にある平原。例—野菜。

【高古】コウコ 高尚で古風なさま。

【高校】コウコウ 日「高等学校」の略。

【高興】一 コウコウ ものごとが盛んになる。二 コウキョウ 高尚な興味や趣。

【高座】コウザ ①いす、こしかけなどの座具。また、それにすわる。地面にすわるのに対していう。②聴衆より一段高くなっている席。③日 寄席などで、演芸をおこなうために、一段高く設けられた席。例—に上がる。

【高才】コウサイ 才能のすぐれたさま。また、その人。

【高斎】コウサイ ①立派な書斎。②みごとな屋敷。人の住まいの敬称。

【高札】コウサツ 日 ①昔、布告や命令などを書いて、人通りの多い場所に高く掲げたふだ。制札。例—場。②相手の手紙を敬っていうことば。例ご—拝見。

【高山】コウザン 高い山。例—植物。

【高山流水】コウザンリュウスイ ①互いに心が通じあうこと。②絶妙にすぐれた音楽。●春秋時代、琴の名手伯牙が、高山を思い浮かべながら琴を弾くと、鍾子期はその音色を高山のごとしと評し、流水を心に描いて弾けば同様に流水のごとしと評した。…………〈列子・湯問〉

【高士】コウシ 人格のすぐれた人。また、官に仕えない脱俗の人。例市井に—あり。

【高旨】コウシ 立派な心。立派な考え。他人の意見の敬称。

【高志】コウシ ①けだかいこころざし。立派な心。②相手のこころざしを敬っていうことば。例ご—をお受けします。

【高視】コウシ ①高い所を見る。転じて、大いなる気概。②高い所から見る。転じて、人を見くだす。

【高次】コウジ 日 ①程度が高いこと。例—の技術。②〔数〕式の次数が三次以上であること。例—方程式。

【高直】コウジキ|コウチ 〔「直」は、値段の意〕値段の高いさま。たかね。高価。例諸式―な時節。

【高姿勢】コウシセイ 日相手に対して威圧的な態度をとること。高飛車(たかびしゃ)。対低姿勢。例―に出る。

【高▼榭】コウシャ 屋根のある高い台。展望台。

【高手】コウシュ (詩文などの)技にすぐれている人。

【高趣】コウシュ すぐれた趣向。高尚な趣味。

【高▼岫】コウシュウ 高い峰。

【高秋】コウシュウ 天高く晴れわたる秋。

【高▼峻】コウシュン ①高く険しい。また、その場所。②人格がけだかくすぐれている。

【高所】コウショ 日①高いところ。対低所。例―恐怖症。②高い見地。例大所(タイショ)―から論じる。

【高尚】コウショウ 志やおこないが高潔でけだかい。対低俗。例南陽劉子驥、高尚之士也(ナンヨウのリュウシキ、コウショウのシなり)(=南陽の劉子驥は、けだかい人であった)。〈陶淵明・桃花源記〉

【高唱】コウショウ 大きな声で歌ったり、となえたりする。

【高▼敞】コウショウ 高く広々としていて見晴らしがよい。

【高▼翔】コウショウ (鳥などが)空高く飛ぶ。あまがける。

【高▼蹤】コウショウ 立派な事跡。高尚なおこない。

【高情】コウジョウ ①けだかい心。②人の厚情に対する敬称。

【高世】コウセイ ①世間に高くぬきんでる。名声が高い。②世俗を超越する。脱俗。③上古の世。

【高節】コウセツ けだかく清い節操。また、みさおを高くする。

【高説】コウセツ ①すぐれた意見。卓説。例卓論―。②相手の意見を敬っていうことば。例ご―拝聴しました。

【高専】コウセン 日「高等専門学校」の略。中学校教育の基礎の上に、専門の学芸と職業に必要な能力を育成するための教育機関。

【高祖】コウソ ①遠い先祖。②四代前の先祖。曽祖父(ソウソフ)の両親。③古代中国で、王朝の初代皇帝。例漢の―劉邦(リュウホウ)。④〔仏〕宗派や宗義を始めた高僧。

【高爽】コウソウ ①志がけだかく、さわやかなさま。②土地が高くて、さわやかなさま。

【高僧】コウソウ 知徳のすぐれた僧。また、地位の高い僧。

【高層】コウソウ ①層がいくつも重なっていること。建物などで階数の多いこと。例―建築。②日空の高いところ。空の上層。高空。例―の気流。

【高燥】コウソウ 土地が高くて乾燥しているさま。

【高足】一 コウソク ①足の速いウマ。駿馬(シュンメ)。②弟子の中で、特にすぐれた者。高弟。例高足弟子伝授而已(コウソクのテイシのみデンジュす)(=高弟が(学問を)伝授してくれるだけであった)。〈世説・文学〉 二 たかあし 日①(膳(ゼン)などの)足の高いもの。例―のお膳。②竹馬。

【高速】コウソク 日①速度が非常にはやいこと。高速度。対低速。例―回転。②「高速道路」の略。例名神―。

【高率】一 コウソツ けだかく飾りけがないさま。 二 コウリツ 日割合が高いこと。対低率。例―の利息。

【高祖父】コウソフ 祖父母の祖父。

【高祖母】コウソボ 祖父母の祖母。

【高大】コウダイ 高く大きい。また、非常にすぐれている。

【高台(臺)】一 コウダイ ①楼台を高くする。また、高い建物。たかどの。②都。③日茶碗(チャワン)などの外側の底にある、輪状の台。糸底。糸切り。④日相手を敬っていうことば。あなたさま。貴台。 二 たかダイ 日周囲の土地よりも高い台地。

【高第】コウダイ ①優秀な成績で及第する。また、科挙(=官吏登用試験)に最高位で合格する。高科。高弟(コウダイ)。②官吏としてのおこないがすぐれている人。

【高卓】コウタク ぬきん出る。すぐれている。

【高達】コウタツ ①才能に富み、ものごとの道理に通じているさま。②精神を高く保ち、世俗を超越して、ものにこだわらないさま。③空高くまで達する。

【高段】コウダン 日武道・囲碁・将棋などで、段位が高いこと。普通五段以上をいう。例―者。

【高談】コウダン ①世俗を離れた高尚な話。例高談転清(コウダンうたたきよし)(=高尚な話は話すほどにますます世俗離れした高雅なものとなる)。〈李白・春夜宴桃花園序〉②人の話に対する敬称。③まわりの人にかまわず大声で話す。また、元気よく盛んに話す。

【高地】コウチ 標高の高い土地。例―に生きる動物。

【高致】コウチ ①けだかい趣。格調の高いさま。②極致。きわみ。

【高著】コウチョ ①高く目立つ。例県幟甚高著(はたをかくることはなはだコウチョ)(=旗じるしを高々とかかげる)。〈韓非・外儲説右上〉②日相手の著書を敬っていうことば。

【高潮】日 一 コウチョウ ①満潮で海面が最も高くなった状態。②ものごとの程度や調子が最も盛んになる。また、その状態。絶頂。ピーク。例議論が―する。 二 たかしお 海面が異常に高くなった状態。例―にさらわれる。

【高鳥尽良弓蔵】コウチョウつきてリョウキュウおさめらる 空高く飛ぶ鳥が射つくされると、良い弓もしまいこまれる。用が無くなれば有能な者でも捨てられてしまうということ。〈史記・淮陰侯伝〉

【高枕】コウチン|たかきにまくらす|まくらをたかくす まくらを高くして眠る。安心するさま。

【高低】コウテイ ①高いことと低いこと。例―差がある。②日上がることと下がること。上がり下がり。例気温の―。

【高弟】一 コウテイ 弟子の中で特にすぐれた者。高足。 二 コウダイ 「高第(コウダイ)①」に同じ。

【高度】コウド 日①地面や海面からの高さ。例―一万メートルを飛行する。②地平面から天体までの角距離。例地平から―を増していく月。③程度が高いこと。例―の技術。

【高等】コウトウ ①優秀な成績で科挙(=官吏登用試験)に合格した人。②日程度や等級が高い。対下等・初等。例―教育。

【高等学校】コウトウガッコウ 日中学校教育のあとに、高等普通教育または専門教育をおこなう学校。

【高踏】コウトウ 日俗世の欲を超越して、自分を高く保つこと。例―的な生活。表記旧高▼蹈

【高▼蹈】コウトウ ①足を高くあげて歩く。遠くまで行く。②足音高く踏み鳴らす。怒りや喜びのさまをあらわす。③隠居すること。また、隠者。④ひときわすぐれる。⑤世俗を超越する。表記⑤は現高踏

【高騰】コウトウ ①たかくのぼる。②日ものの値段が上がる。騰貴。例地価が―する。表記②は旧▼昂騰

【高堂】コウドウ ①高く立派な家。②相手を敬って、その家をいうことば。③父母。

【高徳】コウトク 徳が高いこと。また、徳の高い人。例―の僧。

【高熱】コウネツ 日①温度が高いこと。高温。②体温が高いこと。

【高年】コウネン 年齢が高いこと。高齢。

【高配】コウハイ 日①相手の心配りを敬っていうことば。例ご―を感謝いたします。②「高配当」の略。配当率の高いこと。

【高▼庇】コウヒ ①高い木や建物のかげ。②相手が与えてくれる庇護を敬っていうことば。おかげ。例ご―をいただく。

【高批】コウヒ 日「高評(コウヒョウ)①」に同じ。

【高評】コウヒョウ 日①相手の批評を敬っていうことば。高批。例ご―乞う(こう)。②評判が高いこと。例―を受けている品。

【高標】コウヒョウ ①高い木の枝。②高くぬきん出ている。③学識などが豊かで、人よりはるかにすぐれている。また、その人。

【高風】コウフウ ①空高くに強く吹く風。②節操が堅い、すぐれた人柄。けだかい風格。③秋風。
【高文】コウブン ①すぐれた詩文。②他人の文章の敬称。
【高▼謨】コウボ すぐれたはかりごと。類高猷(コウユウ)。
【高峰】コウホウ 高くそびえているみね。高い山。類高嶺(たかね)。
【高望】コウボウ ①高い所から眺める。また、その眺め。②志望を高める。また、大きな志望。③高い名声や人望。
【高木】コウボク ①たけの高い木。②日 一本の太い幹が高くのびる木。スギやヒノキの類。〔高さが三メートル以上になるもの。もと「喬木(キョウボク)」といった〕対低木。
【高▼邁】コウマイ 人格や見識が非常にすぐれているさま。例 ―な精神を秘めた作品。
【高慢】コウマン 自分だけが偉いと思い上がって、他人を見くだすさま。驕慢(キョウマン)。例 ―な態度。
【高眠】コウミン ①まくらを高くしてねむる。心地よく寝る。安眠。②世俗をのがれて暮らす。閑居。
【高名】①コウメイ ②コウミョウ ①評判の高いさま。有名なさま。例 ―な小説家。②日 いくさで手柄を立てること。功名。例 関ヶ原の合戦で―を上げた。③日 他人の名前を敬っていうことば。例 ご―はうかがっております。
【高明】コウメイ ①高くて明るい場所。天や高殿をいう。②地位が高く、富んでいること。また、その人。③徳が高く賢明であること。④相手を敬ってよぶことば。あなた。
【高門】コウモン ①高い門。②門を高くする。子孫が繁栄することのたとえ。〔前漢の于定国(テイコク)の父、于公が子孫の富み栄えることを予期して門を高く作ったことから〕〈漢書・于定国伝〉③高貴な家。
【高野豆腐】コウヤドウフ 日 豆腐を凍らせて乾燥させた食品。凍り豆腐。しみ豆腐。〔もと、高野山で僧が作っていた〕
【高揚】コウヨウ 日 精神や気分などが、高まる。また、高める。例 士気が―する。表記 旧▼昂揚
【高覧】コウラン 日 ①はるかな上の方を見る。②他人が見ることを敬っていうことば。例 ご―に供する。
【高欄】コウラン ①高い建物に設けた欄干や手すり。②日 建物の周囲などに設けた欄干。
【高利】コウリ ①大きな利益。巨利。②日 利率が高いこと。対低利。例 ―貸し。
【高▼粱】コウリョウ｜コーリャン 〔「コーリャン」は中国語音〕中国で栽培されるモロコシの一種。食料や飼料とする。

【高塁】コウルイ 高く築いたとりで。また、とりでを高くする。
【高▼厲】コウレイ ①高く険しい場所をわたり行く。②気性がけだかく厳しいさま。志が大きく、すぐれているさま。
【高齢】コウレイ 年齢が高いこと。高年。例 ―化社会。
【高麗】一コウレイ たいへんに美しいさま。二コウライ｜こま ①王建が建てた朝鮮の王朝。朝鮮半島を統一して栄えたが、李朝(リチョウ)をおこした李成桂(リセイケイ)に滅ぼされた。(九一八―一三九二) ②⇩【高句麗】コウクリ ③朝鮮半島。
【高炉】コウロ 日 鉄鉱石から銑鉄(センテツ)をつくる、円筒形の高い炉。溶鉱炉。
【高楼】コウロウ 高く造った建物。高殿(たかどの)。また、立派な家。
【高▼禄】コウロク 多額の俸禄。例 ―を食(は)む。
【高論】コウロン ①現実離れした議論。②すぐれた論。卓論。例 ―卓説。③相手の論を敬っていうことば。
【高話】コウワ ①好き放題に論ずる。②日 立派な話。高尚な話。③日 他人の話を敬っていうことば。例 ご―を拝聴したい。
【高瀬】たかせ 日 川の瀬の浅いところ。浅瀬。例 ―をわたる。
【高瀬舟】たかせぶね 日 浅瀬を通るために舟底を浅く平らにした川舟。
【高▼坏】たかつき 日 食物を盛るのに用いた、長い足のついた台。例 ―に神饌(シンセン)をのせて神前に供える。
【高手小手】たかてこて 日 両手を後ろに回し、首から手首や二の腕に縄をかけて、厳重に縛り上げること。
【高飛車】たかビシャ 日 相手をおさえつけるようにするさま。高圧的なさま。〔将棋で、前面に出た飛車が相手をおさえつけるはたらきをすることから〕例 ―な発言。
●孤高(ココウ)・最高(サイコウ)・座高(ザコウ)・残高(ザンだか)・至高(シコウ)・標高(ヒョウコウ)

[髙] 高1(11) ⇩高(コウ)(1472ジペー)

亳 高3(13) 4 9317 4BE8 一コウ(カウ)漢 肴 qiāo 二カク漢 薬 hè
意味 一たたく。通敲(コウ)。二大きい。

翯 高8(18) 4 9318 9ADC キョウ(ケウ)漢 篠 qiǎo
意味 高い。

髞 高13(23) 2 8184 9ADE ソウ(サウ)漢 号 sào たか-い(たか-し)
意味 高いさま。また、せっかちなさま。

190 10画
髟 かみがしら かみかんむり 部

かみの毛が長く垂れている意をあらわす。「髟」をもとにしてできている漢字を集めた。

髟 髟0(10) 2 8185 9ADF ヒョウ(ヘウ)漢 蕭 biāo ながきかみ
意味 髪の毛が長く垂れているさま。

[髠] 髟2(12) ⇩髡(コン)(1475ジペー)

髡 髟3(13) 9AE1 コン漢 元 kūn

[髠] 髟2(12) 4 9319 9AE0 俗字。
意味 ❶髪をそる。例 髡首(コンシュ)(＝坊主頭になる)。❷髪をそり落とす刑罰。例 髡者(コンシャ)。❸木の枝を切りはらう。例 髡樹(コンジュ)。
【髡者】コンシャ 髪をそり落とされた受刑者。

髢 髟3(13) 2 8186 9AE2 テイ漢 霽 dí(旧 dì) かもじ
意味 少ない髪の毛に、加えて入れる髪。添え髪。入れ髪。**かもじ**。

[髥] 髟4(14) ⇩髯(ゼン)(1476ジペー)

髪 髟4(14) 1 4017 9AEA 常用 ハツ漢 ホチ・ホツ呉 月 fà かみ 付表 白髪(しらが)

[髮] 髟5(15) 2 8191 9AEE 人 旧字体。

筆順 一 厂 F 長 髟 髟 髟 髪

10画 [高] 1―13画 ▼髙 亳 翯 髞 [髟] 0―4画 ▼髟 髠 髡 髢 髥 髪

なりたち [形声]「髟(=かみ)」と、音「犮(ハツ)」とから成る。頭の上の毛。

意味 ❶頭部に生える毛。かみの毛。**かみ**。例 整髪(セイハツ)。頭髪(トウハツ)。白髪(ハクハツ)。❷〔地上の毛の意で〕草木。例 窮髪(キュウハツ)(=草木の生えないこと。不毛)。❸ごくわずかな量。例 毫髪(ゴウハツ)(=ごくわずか)。

古訓 中古 かみ・たちかみ 中世 かみ・びんづら 近世 あをのり・いのちながし・かはごけ・かみ・くさ・ふたつがしら・へび・みづわた

難読 髪文字(かもじ)・御髪(みぐし|おぐし)・髪搔(こうがい)・髪際(こうぎわ|はえぎわ)

【髪型】【髪形】(かみがた) 日 結い上げたり整えたりした髪の形。

【髪膚】(ハップ)〔髪の毛と、肌の意〕からだ。例 身体髪膚、受二之父母一(シンタイハップ、これをフボにうく)(=からだはすべて、父母からいただいたものだ)。〈孝経・開宗明義〉

●散髪(サンパツ)・長髪(チョウハツ)・前髪(まえがみ)・毛髪(モウハツ)・螺髪(ラホツ)・理髪(リハツ)

[髩] 髟4(14) ⇨鬢(ビン)(1477ジベー)

髣 髟4(14) 2 8187 9AE3

ホウ(ハウ)漢 養 fǎng

ほの-か

意味 ⇩【髣髴】(ホウフツ) ①ぼんやりとしてはっきりしないさま。例 遠くに島影が—と浮かぶ。②姿や形がよく似ていてまぎらわしいさま。③日 ありありと心にうかぶ。例 当時の記憶が—としてよみがえる。▽彷彿(ホウフツ)。

髦 髟4(14) 2 8188 9AE6

ボウ漢 豪 máo

たてがみ

意味 ❶長い髪の毛。❷ウマのたてがみ。❸子供の、眉(まゆ)まで垂れた髪の毛。❹すぐれた人物。例 髦秀(ボウシュウ)(=才知のすぐれた人)。❺カラウシの尾で作った旗飾り。また、それを付けた旗。通 旄(ボウ)。

【髦士】(ボウシ) すぐれた人物。類 髦彦(ボウゲン)。例 烝二我髦士一(わがボウシをすすむ)(=優秀な人材を推薦する)。〈詩経・小雅・甫田〉

【髦▼髫】(ボウチョウ) 下げ髪の子供。

髥 髟5(15) 2 8189 9AEF

ゼン(ゼム)漢 塩 rán

ひげ

[髯] 髟4(14) 4 9320 9AE5

本字。

意味 ほおに生えるひげ。ほおひげ。例 鬚髥(シュゼン)(=あごひげと、ほおひげ)。美髥(ビゼン)。

髫 髟5(15) 2 8190 9AEB

チョウ(テウ)漢 蕭 tiáo

うない(うなる)

意味 子供の(うなじのあたりまで)垂れた髪型。**うない**。また、子供。幼児。例 髫齔(チョウシン)。

【髫▼齔】(チョウシン) 垂れ髪をしていて、歯のぬけかわるころの七、八歳の子供。また、幼いころ。齠齔(チョウシン)。

[髮] 髟5(15) ⇩髪(ハツ)(1475ジベー)

髴 髟5(15) 2 8192 9AF4

フツ漢 物 fú

意味 ⇩【髣髴】(ホウフツ)(1476ジベー)

髱 髟5(15) 2 8193 9AF1

ホウ(ハウ)漢 効 bào

たぼ

意味 ひげが濃い。ひげが多い。

日本語での用法 《たぼ》「髱(たぼ)をふっくらと出(だ)す」▼日本髪で、結い髪の後方に張り出した部分。たぼがみ。また、若い女性。

髹 髟6(16) 3 9426 9AF9

キュウ(キウ)漢 尤 xiū

意味 うるしを塗る。例 髹漆(キュウシツ)(=うるしを塗る)。

髷 髟6(16) 2 8194 9AF7

キョク漢 沃 qū

まげ・わげ

意味 「髷鬌(キョクキョク)」は、髪の毛がちぢれているさま。

日本語での用法 《まげ》「髷(まげ)を結(ゆ)う・丁髷(ちょんまげ)・丸髷(まるまげ)」▼昔の髪型で、折り返したり曲げたりして整えた、髪の毛の束。なまって「わげ」ともいう。

髻 髟6(16) 2 8201 9AFB

ケイ漢 呉 霽 jì

もとどり・たぶさ・みずら(みづら)

意味 髪の毛を頭の上で束ねる。また、その束ねた部分。**たぶさ**。**もとどり**。例 椎髻(ツイケイ)(=後ろに垂れた髪をひと束ねにしたまげ。さいづちまげ)。

日本語での用法 《みずら》▼古代の男子の髪型。髪の毛を頭のいただきから左右に分け、それぞれ耳のあたりで輪の形に結んだもの。鬟(みずら)。

難読 髻華(うず)(=冠や髪にさした飾り。かざし)

髭 髟6(16) 1 4106 9AED

シ漢 支 zī

ひげ

意味 口の上方に生えるひげ。くちひげ。例 髭鬚(シシュ)。

【髭▼鬚】(シシュ) くちひげと、あごひげ。また、ひげ。

【髭面】(ひげづら) 日 ひげが生えた顔。例 むさくるしい—。

[鬂] 髟7(17) ⇩鬢(ビン)(1477ジベー)

鬈 髟8(18) 3 9428 9B08

ケン漢 先 quán

意味 髪が美しいさま。

鬆 髟8(18) 2 8202 9B06

ショウ・ソウ漢 冬 sōng

す

意味 ❶髪の毛が乱れているさま。❷緩んでいる。しまりがない。その構造などがあらい。例 骨粗鬆症(コツソショウショウ)(=骨がもろくなった症状)。

日本語での用法 《す》「鬆(す)の入(はい)った豆腐(トウフ)」▼豆腐・大根などの食品や、鋳物の内部にできたすきま。

鬃 髟8(18) 4 9322 9B03

ソウ漢 冬 zōng

意味 ❶ウマやイノシシの首すじの長い毛。たてがみ。❷頭髪。

鬌 髟9(19) 4 9323 9B0C

タ漢 哿 duǒ

意味 頭頂部をそり残した幼児の髪型。すずしろ。

鬐 髟10(20) 4 9324 9B10

キ漢 支 qí

意味 ウマのたてがみ。例 鬐鬣(キリョウ)(=ウマのたてがみ)。

鬒 髟10(20) 4 9325 9B12

シン漢 軫 zhěn

意味 美しく豊かな黒髪。例 鬒髪(シンパツ)(=美しい黒髪)。

鬖 髟11(21) 4 9326 9B16

サン(サム)漢 覃 sān

意味 「鬖鬖(サンサン)」は、髪が垂れ下がるさま。

鬘 髟11(21) 2 8203 9B18

バン漢 マン呉 刪 mán

かつら・かずら(かづら)

意味 花やつる草などを髪の飾りにしたもの。花かんざし。髪飾り。**かずら。** 例 華鬘（=花をひもに通して首などにかける飾り。転じて、仏殿の内陣を飾る仏具）。

日本語での用法 《**かつら**》《**かずら**》「鬘をつける・鬘師・鬘髭」▼演劇の扮装や、おしゃれなどのためにかぶる、人工の頭髪を植えたもの。

鬜

髟12（22） 4 9327 9B1C カン 漢 刪 qiān

意味 髪がぬけ落ちたさま。 難読 鬜

鬚

髟12（22） 2 8204 9B1A シュ 漢 虞 xū ひげ

意味 ❶あごに生えるひげ。あごひげ。 例 鬚髯。 ❷動物のひげや、植物のひげ状の部分。 例 虎鬚（=トラのひげ）。

【払二鬚▼塵一】人のひげのちりをはらう。権力者にこびへつらうこと。〈宋史・寇準伝〉から〕

【鬚▼髯】あごひげと、ほおひげ。 例 —をたくわえた紳士。

【鬚眉】①ひげと、まゆ。須眉。 ②男子。〔男子の美しさは、ひげとまゆにあるとされたことから〕

鬠

髟13（23） 3 9429 9B20 カツ（クヮツ）漢 曷 kuò

意味 髪を束ねる。 難読 鬠

鬟

髟13（23） 2 8205 9B1F カン（クヮン）漢 刪 huán わげ・みずら（みづら）

意味 ❶女性が髪の毛を束ねて丸く輪にしたもの。**わげ。みずら。** 例 翠鬟（=つやのあるまげ。美人の髪）。 ❷下女。

日本語での用法 《**みずら**》▼「髻」（1476ジペー）に同じ。

鬢

髟14（24） 2 8206 9B22 ヒン 漢 ビン 呉 震 bìn

［髩］髟4（14） 4 9321 9AE9 別体字。

［鬂］髟7（17） 3 9427 9B02 別体字。

意味 耳ぎわの髪の毛。びん。びんずら。 例 鬢糸。鬢髪。

【鬢糸（絲）】白くなって、ばらばらに乱れたびんの毛。

【鬢糸（絲）茶煙感】年老いて静かな生活の中で、青春の日々をしのぶ感慨。〔「今日鬢糸禅榻畔、茶煙軽颺落花風」〈杜牧・酔後題僧院〉」から〕

【鬢雪】〔びんの毛が白い意〕年老いたさま。鬢霜。

【鬢霜】「鬢雪」に同じ。

【鬢髪】①耳の近くの、左右両側にある頭の毛。②びんの毛と髪の毛。また、頭髪。

【鬢斑】びんの毛に白髪がまじる。

鬣

髟15（25） 2 8207 9B23 リョウ（レフ）漢 葉 liè たてがみ

意味 ❶動物の首すじの毛。**たてがみ。** 例 馬鬣（=ウマのたてがみ）。 ❷ひげ。

難読 鬣・鬣

191 10画 鬥 たたかいがまえ とうがまえ 部

武器を持ったふたりがあらそう形をあらわす。「鬥」をもとにしてできている漢字を集めた。

鬥

鬥0（10） 2 8208 9B25 トウ 漢 宥 dòu たたか-う（たたか-ふ）

意味 あらそう。**たたかう。** 通 闘。

鬧

鬥5（15） 2 8209 9B27 トウ（タウ）慣 ドウ（ダウ）漢 効 nào さわ-ぐ・さわ-がしい（さわ-がし）

［閙］門5（13） 2 7963 9599 俗字。

意味 ❶にぎやかなさま。**さわがしい。** 例 鬧熱。 ❷さわがしくする。**さわぐ。**

【鬧熱】こみあって、さわがしい。にぎやかで活気のあること。

鬨

鬥6（16） 2 8210 9B28 コウ 漢 送 hòng とき・かちどき・たたか-う（たたか-ふ）

意味 ❶いくさをする。**たたかう。** 例 鄒与レ魯鬨（=鄒の国と魯の国とが戦った）。〈孟子・梁恵王下〉 ❷戦うときに発する声。ときのこえ。**とき。** 例 鬨声（=戦いのとき、勢いを示すために出すかけ声）。鬨の声。勝鬨。 ❸集まり、さわぐ。さわがしい。 例 喧鬨（=がやがやとさわぐ）。

鬩

鬥8（18） 2 8211 9B29 ゲキ 慣 ケキ 漢 錫 xì せめ-ぐ・たたか-う（たたか-ふ）

意味 仲たがいする。言いあらそう。**せめぐ。** 例 鬩牆。

【鬩▼牆】同じ垣の中で争うこと。兄弟げんかをする。また、内輪もめ。→【兄弟鬩二于牆一、外禦二其務一】（119ジペー）

［鬪］鬥10（20） ⇩闘（1388ジペー）

鬫

鬥12（22） 4 9328 9B2B カン（カム）漢 豏 hǎn

意味 トラのようにほえるさま。 通 闞。

［鬭］鬥14（24） ⇩闘（1388ジペー）

［鬮］鬥11（21） ⇩鬮（1477ジペー）

鬮

鬥16（26） 2 8213 9B2E キュウ（キウ）漢 尤 jiū くじ

［鬮］門11（19） 3 9356 49B0 俗字。

［鬮］門11（21） 3 9430 4C17 俗字。

意味 くじを引く。**くじ。**

192 10画 鬯 ちょう においざけ 部

祭りで神を呼び降ろすのに用いる香りの強い酒の意をあらわす「鬯」と、「鬯」をもとにしてできている「鬱」とを集めた。

鬯

鬯0（10） 2 8214 9B2F チョウ（チャウ）漢 漾 chàng かおりぐさ（かをりぐさ）・の-びる（の-ぶ）・ゆぶくろ

意味 ❶祭祀に用いられた、香りのよい酒。 例 鬯酒。 ❷香草の名。鬱金。 例 鬯草（=鬱金草）。 ❸のびのびとする。 通 暢。 例 鬯浹。鬯茂（=繁茂する）。 ❹盛んなさま。鬱鬯（=香草を用いて造った、香りのよい酒）。

［髟］12—15画 ▼ 鬜鬚鬠鬟鬢鬣　［鬥］0—16画 ▼ 鬥鬧鬨鬩鬪鬫鬭鬮　［鬯］0画 ▼ 鬯

弓を入れる袋。**ゆぶくろ**。㊟韔(チョウ)。

【鬯▼浹】(シチョウ／チョウ) のびやかに広く行きわたる。

【鬯人】(チョウジン) 官名。鬯酒を神に供えることをつかさどる官。

鬱

[欝]

鬯19 (29) ②6121 9B31 常用

木21 (25) ①1721 6B1D 俗字。

ウツ㊥漢 ウチ㊥呉 物 yù

ふさ-ぐ

筆順 缶 柚 桝 欝 欝 欝 欝 欝 鬱

なりたち [形声]「林(＝はやし)」と、音「鬱(ウツ)」の省略体とから成る。木が群がり生える。

意味 ❶樹木がこんもりと茂る。しげる。例 鬱蒼(ウッソウ)。❷盛んなさま。例 鬱泱(ウツオウ)。❸とどこおって通じない。蒸れる。例 鬱燠(ウツオウ)。❹気がふさがる。**ふさぐ**。例 鬱屈(ウックツ)。鬱積(ウッセキ)。憂鬱(ユウウツ)。❺バラ科の落葉低木。果実は小球形で食べられる。郁李(イクリ)。ニワウメ。コウメ。❻⇩【鬱金】(ウッコン)。❼⇩【鬱律】(ウツリツ)

古訓 中古 いきどほり・いきどほる・うれふ・かすか・かすかなり・くらし・さかり・さかりなり・しげし・しなふ・つもる・とどこほる・にほひ・にほふ・ふさぐ・むせぶ 中世 いきどほり・いきどほる・うれふ・おぼつかなし・かすか・さかんなり・しげし・つもる・とどこほる 近世 かがまる・からばし・くちくさし・さかんなり・さすもも・しげる・ながきおもひ・にほひ・ふさがる・ほのか

人名 しげる

【鬱▼伊】(ウツイ) ①心がふさぎこむさま。鬱快(ウツオウ)。鬱抑。②ひどくむごいさま。③蓄積する。

【鬱▼郁】(ウツイク) ①盛んに茂るさま。②ふくよかな香りの立ちのぼるさま。

【鬱▼紆】(ウツウ) ①不満やわだかまりがあり、心が晴れないさま。②山路などの曲がりくねるさま。

【鬱鬱】(ウツウツ) ①気分がふさぐさま。例 —として楽しまない。②樹木がこんもりと茂っているさま。鬱蒼(ウッソウ)。例 美哉国乎、鬱鬱芊芊(ビなるかなくにや、ウツウツセンセンたり)(＝なんとも美しい国ではないか。こんもりと樹木が茂っている)。〈列子・力命〉③ものごとが盛んなさま。

【鬱▼快】(ウツオウ) 心中にうらみがあり、気がふさぐさま。

【鬱▼泱】【鬱▼鞅】(ウツオウ) 広大で盛んなさま。

【鬱▼燠】【鬱▼懊】(ウツオウ) 蒸し暑いさま。

【鬱気】(キウッ) 気分が晴れ晴れしないこと。気鬱。

【鬱屈】(ウックツ) ①気分が晴れ晴れせず、ふさぎこむこと。鬱結。例 —した日々を過ごす。②地勢などが曲がりくねっていること。

【鬱血】(ウッケツ) 静脈の血液の流れがさまたげられて、からだの一部に血液が異常なほどたまる。

【鬱結】(ウッケツ) 気がふさぐ。鬱屈。

【鬱▼乎】(ウッコ) 草木の盛んに茂るさま。

【鬱金】(ウッコン／コンコン) ショウガ科の多年草。根や茎を健胃薬や黄色の染料とする。また、その染料や色。

【鬱金香】(ウッコンコウ／ウコンコウ) ①鬱金の香り。また、鬱金を用いて作った香料。例 蘭陵美酒鬱金香(ランリョウのビシュウッコンコウ)(＝蘭陵の美酒には鬱金香が香る)。〈李白・客中行〉②チューリップの別名。③サフランの別名。

【鬱生】(ウッセイ) 草木がこんもりと茂るさま。

【鬱積】(ウッセキ) ①ものがとどこおり、ふさがる。②不満や怒りが心にたまる。例 不平が—する。

【鬱然】(ウツゼン) ①草木がこんもりと茂っているさま。例 昼なお暗い—たる森にはいる。②ものごとが勢いよく盛んなさま。③気分がふさぎこむさま。例 賛成の気運が—として起こる。

【鬱▼葱】(ウッソウ) ①草木がこんもりと茂るさま。例 被災後—とした日々を送る。②天地に気が盛んに満ちるさま。③夕暮れの薄暗いさま。

【鬱▼蒼】(ウッソウ) 樹木がこんもり茂って、うす暗いさま。

【鬱塞】(ウッソク) 気がふさがって、晴れ晴れしない。鬱積。

【鬱▼鬯】(ウッチョウ) ①祭りで用いる酒を造るのに必要な香草の一種。鬱金草(ウッコンソウ)。②鬱金草から造られた神酒。宗廟(ソウビョウ)に奉るほか、賓客をもてなすのにも用いる。

【鬱怒】(ウツド) 積もり積もって容易にとけない怒り。鬱憤。

【鬱陶】(ウットウ／ヨウトウ) ①気分が重くて、晴れ晴れしない。例 —(ウットウ)しい。②蒸し暑い。

【鬱病】(ウツビョウ) 精神障害の一つ。気分が沈みこんで、なにごとにも無気力で、無関心になる。

【鬱憤】(ウップン) 心にたまっている怒りや不満。腹立ち。

【鬱勃】(ウツボツ) ①意気が盛んにわき起こるさま。例 —たる闘志。②草木がこんもり茂るさま。

【鬱▼悶】(ウツモン) 気がふさいで、もだえ苦しむ。

【鬱▼悒】【鬱▼邑】(ウツユウ) 心がふさいで楽しめないさま。鬱紆(ウツウ)。

【鬱抑】(ウツヨク) 心が沈んで、気がふさがる。抑鬱。

【鬱律】(ウツリツ) ①煙が立ちのぼるさま。②声が小さくこもったさま。③地形が深く入りくんで険しいさま。④字体の曲がりくねったさま。

193 10画 鬲 れき れきのかなえ 部

腹部に模様のある三本足のかなえの形をあらわす。「鬲」をもとにしてできている漢字を集めた。

鬲

鬲0 (10) ②8215 9B32

㊀レキ㊥漢 錫 lì
㊁カク㊥漢 キャク㊥呉 陌 gé
あしがなえ(あしがなへ)・かなえ(かなへ)・もたい(もたひ)

意味 ㊀❶古代の炊事に用いられた、陶製や青銅製のうつわ。鼎(かなえ)の一種で、三本の足が空洞になっているもの。**かなえ**。**もたい**。❷葬送の儀式に用いる陶器。かめ。㊁❶へだてる。へだたる。㊟隔。❷横隔膜。㊟膈(カク)。❸古代の地名。

鬳

鬲6 (16) ④9329 9B33

ゲン・ケン㊥漢 願 yàn

意味 鬲(かなえ)の一種。

鬵

鬲12 (22) ②6888 9B3B

㊀シュク㊥漢 屋 zhōu
㊁イク㊥漢 屋 yù
かゆ・ひさ-ぐ

意味 ㊀**かゆ**。㊟粥(シュク)。㊁❶売る。**ひさぐ**。㊟賣(クイ)。❷そだてる。そだつ。㊟育。

194 10画 鬼 おに きにょう 部

死者のたましいの意をあらわす。「鬼」をもとにしてできている漢字を集めた。

鬼

鬼0 (10) ①2120 9B3C 常用

キ(クヰ)㊥漢 尾 guǐ

おに

筆順 ノ ｲ 白 白 由 甶 鬼 鬼

なりたち ［象形］「由（＝鬼(キ)の頭）」と「儿（＝ひと）」と「ム（＝陰の気）」とから成る。人が死ぬと鬼(キ)となる。

意味 ❶死者のたましい。霊魂。特に、祖先のたましいをいう。例 焉能事レ鬼(いずくんぞよくキにつかえん)（＝どうして祖先の霊に仕えられよう）。〈論語・先進〉鬼神(キシン)。鬼籍(キセキ)。幽鬼(ユウキ)。❷草や木、鳥や獣など、いろいろのものが変化した妖怪(ヨウカイ)。例 悪鬼(アッキ)。百鬼夜行(ヒャッキヤコウ)。❸人間わざとは思えない、すぐれたしわざ。例 鬼才(キサイ)。鬼謀(キボウ)。❹人をののしることば。例 鬼子(キシ)。債鬼(サイキ)（＝借金取り）。❺二十八宿の一つ。たまおのぼし。例 鬼宿(キシュク・キシュウ)。

日本語での用法《おに》①「青鬼(あおおに)・赤鬼(あかおに)・鬼(おに)に金棒(かなボウ)」▼想像上の生き物。人の形をして、頭に角、口には牙(きば)があり、人を食うという。②「鬼検事(おにケンジ)・鬼婆(おにばば)」▼無慈悲な者の形容。③「鬼将軍(おにショウグン)・鬼武者(おにムシャ)」▼すぐれて勇猛な者の形容。④「鬼海星(おにひとで)・鬼百合(おにゆり)」▼普通より特に大きいものの形容。

古訓 中古 おに 中世 おに・さかし・たましひ 近世 おに・かへる・さとし

人名 さとし

【鬼瓦】(おにがわら) 日 屋根の棟の端に置く、大きな飾りのかわら。魔除けのため、おにや獣の顔にする。

【鬼火】(キカ・おにび) 夜間、墓地や湿った土地でゆれ動く、青白い火。きつね火。火の玉(たま)。鬼灯(キトウ)。類 鬼燐(キリン)。例 墓地に―(おにび)が飛ぶ。

【鬼気】(キキ) ①人を病気にさせたり死亡させたりする悪い気。②身の毛がよだつような、非常に恐ろしい気配。例 ―せまる熱演。

【鬼工】(キコウ)【鬼巧】(キコウ) 鬼神の細工によるかのような、人間わざとは思えないほどみごとなできばえ。類 鬼斧(キフ)・鬼設。

【鬼▼哭】(キコク) 霊魂が泣く。亡霊の泣き声。

【鬼▼哭▼啾▼啾】(キコクシュウシュウ) 霊魂がしのび泣くさま。恐ろしい気配がただようさま。〈王翰・古長城吟〉例 ―たる闇(やみ)。

【鬼才】(キサイ) 人間のものとは思われない、すぐれた才能。また、その持ち主。例 映画界の―。

【鬼子】(キシ) 一 人をののしる語。二(おにご・おにっこ) 日 ①親に似ていない子。例 親に似ぬ子は―。②歯が生えて生まれた子。

【鬼子母神】(キシモジン・キシボジン) 〔仏〕安産と保育の女神。もと、人の子を食う悪女であったが、仏に自分の末子をかくされ、親の嘆きを知って仏教に帰依(キエ)した。

【鬼女】(キジョ) ①女の妖怪(ヨウカイ)。②日 女の姿をしたおに。③日 おにのように冷酷な女。

【鬼神】(キシン・キジン) ①超人的な力をもつ霊的存在。②死者の霊魂。祖先の霊魂。③荒々しく恐ろしい力をもつ神。おにがみ。〔「断而敢行、鬼神避レ之(ダンじてカンコウすれば、キシンもこれをさく)」（＝決断しておこなえば鬼神も避け（必ず成功し）ます）。〈史記・李斯伝〉」から〕

【鬼薪】(キシン) 秦(シン)・漢代、刑罰の一つ。皇室の先祖の宗廟(ソウビョウ)に供えるためのたきぎを、山から切り出す労役。

【鬼籍】(キセキ) 死んだ人の名前、戒名、命日などを記入しておく帳面。過去帳。点鬼簿(テンキボ)。類 鬼録・鬼籙(キロク)。例 ―に入(い)る（＝死ぬ）。

【鬼胎】(キタイ) ①人間以外の生物をみごもる。②心中ひそかに恐れをいだく。③鬼から生まれた子。

【鬼畜】(キチク) 日 おにや畜生。人間らしい感情をもたず、むごいことをする人をいう。例 ―のしわざ。

【鬼灯（燈）】一(キトウ)「鬼火(キカ)」に同じ。二(ほおずき) 日 ナス科の多年草。果実を口に含んで鳴らして遊ぶ。

【鬼道】(キドウ) ①鬼神の道。対 人道。②祭壇に設けた神霊の通り道。③〔仏〕「餓鬼道(ガキドウ)」の略。→【餓鬼道】(ガキドウ)（1456ジベー）

【鬼伯】(キハク) 百鬼のかしら。また、閻魔(エンマ)。

【鬼方】(キホウ) 北または西の遠方に住む異民族。

【鬼謀】(キボウ) ①吉凶を占う。②人が思いつかないような、すぐれたはかりごと。例 神算―（＝非常にたくみなはかりごと）。

【鬼魅】(キミ) 怪異なもの。化け物。妖怪(ヨウカイ)。もののけ。魑魅(チミ)。類 鬼物(キブツ)。

【鬼面】(キメン) ①鬼神の仮面。②日 おにの顔。おにの仮面。例 ―人をおどす（＝見せかけの威勢のよさで人をこわがらせる）。

【鬼門】(キモン) ①陰陽道(オンミョウドウ)で、悪鬼が出入りするとされる艮(うしとら)（＝東北）の方角。②日 その人にとって、苦手な人物や事柄、場所など。例 数学は―だ。

【鬼▼瞼▼嚇レ人】(キレンひとをおどす) 日〔「瞼」は、顔、また、舞台で俳優がつける面の意〕空威張りをして人をおびやかす。

【鬼話】(キワ) ①怪談。②でたらめな話。

●餓鬼(ガキ)・吸血鬼(キュウケツキ)・疑心暗鬼(ギシンアンキ)・債鬼(サイキ)

［彪］鬼3(13) ⇩魅(ミ)（1480ジベー）

魁

鬼4 (14)　1 1901　9B41　人

一 カイ（クヮイ）漢 ケ（クェ）呉 灰 kuí
二 カイ（クヮイ）漢 隊 kuài

かしら・さきがけ・さきがーける（さきがーく）

なりたち ［形声］「斗（＝ひしゃく）」と、音「鬼(キ)→カイ」とから成る。スープをくむ大きなひしゃく。

意味 一 ❶北斗七星のひしゃくの頭部にあたる四つの星。特に、その第一星をいう。❷首領。首長。おさ。**かしら**。例 巨魁(キョカイ)・首魁(シュカイ)（＝かしら）。❸まっさき。第一。**さきがけ**。例 花魁(カカイ)。❹堂々としている。大きくすぐれている。おおきい。例 魁偉(カイイ)。魁傑(カイケツ)。魁然(カイゼン)①②。❺頭に冠などをつけていないさま。例 魁頭(カイトウ)。二 孤独なさま。通 塊。例 魁然(カイゼン)③。

古訓 中古 いくさ 中世 いくさぼし・さきがけ・はじめ 近世 いさを・おほいなり・おほわらは・かしら・きのこぶ・さきがけ・つかさどる・ひきゆる・ほし

人名 いさ・いさお・いさむ・おさ・さき・つとむ・はじめ・やす・やすし

難読 花魁(おいらん)

【魁偉】(カイイ) からだが並はずれて大きく、立派なさま。例 ―な紳士。容貌(ヨウボウ)―な人物。

【魁奇】(カイキ) とび抜けてすぐれていること。傑出していること。類 魁殊。

【魁傑】(カイケツ) ①からだつきがすぐれて、大きく立派なこと。②すぐれた人物。

【魁▼梧】(カイゴ) からだが大きくたくましい。魁偉(カイイ)。類 魁岸・魁健・魁壮。

【魁甲】(カイコウ) 科挙（＝官吏登用試験）の進士科に首席で合格すること。状元。類 魁選。

【魁士】(カイシ) すぐれた男子。大人物。

【魁首】(カイシュ) 集団のかしら。頭目(トウモク)。首魁。首領。魁帥(カイスイ)。

【魁帥】(カイスイ)「魁首(カイシュ)」に同じ。

【魁然】(カイゼン) ①高大なさま。②とびぬけているさま。③他人と親しまず一人で気高くかまえているさま。例 魁然無レ徒(カイゼンとしてともなし)（＝一人離れていて仲間がいない）。〈漢書・東方朔伝〉

【魁党（黨）】(カイトウ) 賊のかしらとその手下。

【魁頭】(カイトウ) 帽子をかぶらず、露出している頭。科頭。例 魁頭露紒(カイトウロカイ)(=なにもかぶらずまげを露出している)。〈後漢書・東夷伝〉

魂 鬼4(14)

1 2618 9B42 常用

コン 漢 呉 元 hún
たましい(たましひ)・たま

筆順 魂

なりたち [形声]「鬼(=たましい)」と、音「云(ウン→コン)」とから成る。陽の気。たましい。

意味 ❶(人間の)心のはたらきをつかさどり、死ぬと肉体を離れて天に帰ると考えられているもの。**たましい**。**たま**。対 魄(ハク)。例 魂魄(コンパク)。鎮魂(チンコン)。人魂(ひとだま)。❷こころ。おもい。精神。例 魂胆(コンタン)。商魂(ショウコン)。闘魂(トウコン)。

古訓 中古 たましひ・をたましひ 中世 たましひ 近世 さかんなり・たましひ

人名 もと

難読 魂消(たまげ)る

【魂気】(コンキ) 霊魂。たましい。

【魂消】(コンショウ)【魂▼銷】(コンショウ) 大いに驚き、たましいが消えるさま。魂消(たまげ)る。

【魂胆】(コンタン) ①たましいと、きも。心。②日 たくらみ。計画。〔好ましくない意味で使う〕例 見えすいた—だ。

【魂飛▼魄散】(コンとびハクサンず) びっくりして、あわてふためく。我を忘れて呆然(ボウゼン)となるさま。魂消魄喪(コンきえハクうしなわる)。〈水滸伝・七六〉

【魂▼魄】(コンパク) たましい。霊魂。〔「魂」は心に、「魄」は肉体に宿るたましいで、「魂」は死ぬと天にのぼり、「魄」は骨となって地に帰るという。また「魂」は雄(お)たましい、「魄」は雌(め)たましい、という〕

●詩魂(シコン)・招魂(ショウコン)・霊魂(レイコン)

魌 鬼5(15)

4 9331 4C20

シン 漢 真 shén

意味 鬼神。

難読 魌(やまのかみ)(=愛知県の地名)

魄 鬼5(15)

2 8216 9B44

一 ハク 漢 呉 陌 pò
二 タク・ハク 漢 呉 薬 bó/tuò

たましい(たましひ)

意味 一 ❶人の肉体に宿り、その人が死ぬと地に帰るとされるもの。精神。**たましい**。例 気魄(キハク)。魂魄(コンパク)。❷月の細いときのかげの部分。例 死魄(シハク)(=陰暦のついたち)。二「落魄(ラクハク・ラクタク)」は、こころざしを得ず落ちぶれたさま。

難読 落魄(おちぶ)れる

魃 鬼5(15)

2 8217 9B43

ハツ 漢 バツ 呉 曷 bá
ひでり

意味 ❶日照りをおこす神。❷干害。**ひでり**。例 旱魃(カンバツ)。

魅 鬼5(15)

1 4405 9B45 常用

ビ 漢 ミ 呉 寘 mèi

[鬽] 鬼3(13)

4 9330 9B3D

本字。

筆順 魅

なりたち [会意]「鬼(=たましい)」と「彡(=毛)」とから成る。年老いたものの精。

意味 ❶もののけ。化け物。すだま。例 鬼魅(キミ)(=化け物)。魑魅(チミ)(=山林の精気から生じる妖怪(ヨウカイ))。❷人の心をひきつける。まどわす。みいる。例 魅了(ミリョウ)。魅力(ミリョク)。魅惑(ミワク)。

古訓 中古 いへのかみ・すだま・みつは 中世 いへのかみ・すだま 近世 こだま・すだま

【魅了】(ミリョウ) 日 人の心をひきつけ夢中にさせる。

【魅力】(ミリョク) 日 人の心をひきつける力。

【魅惑】(ミワク) 日 人の心をひきつけ迷わす。

魏 鬼8(18)

2 8218 9B4F

一 ギ(グヰ) 漢 呉 未 wèi
二 ギ(グヰ) 漢 微 wéi

たかーい(たかーし)

意味 一 ❶宮殿の出入り口にある楼台。❷春秋時代末期、晋(シン)が分裂した三晋(=魏・趙(チョウ)・韓(カン))の一国。戦国の七雄の一つにあげられたが、秦(シン)の始皇帝に滅ぼされた。(前四〇三—前二二五) ❸三国時代、三国(=魏・呉(ゴ)・蜀(ショク))の一つ。曹操の子の曹丕(ソウヒ)が、後漢から禅譲を受けて建てた王朝。西晋(セイシン)に滅ぼされた。(二二〇—二六五) ❹姓の一つ。例 魏徴(ギチョウ)(=唐の名臣)。二高く大きい。**たかい**。通 巍(ギ)。例 魏魏(ギギ)(=高く大きい)。

【魏▼闕】(ギケツ) 〔高大な門の意〕①宮城の正門。②朝廷。

魋 鬼8(18)

4 9332 9B4B

一 タイ 漢 灰 tuí
二 ツイ 漢 支 chuí

意味 一 獣の名。小さなクマの一種。二 髪型の一つ。さいづちまげ。通 椎(ツイ)。

魍 鬼8(18)

2 8219 9B4D

ボウ(バウ) 漢 モウ(マウ) 呉 養 wǎng

意味 山川(サンセン)木石の精。もののけ。すだま。例 魍魎(モウリョウ)(=すだま)。

魎 鬼8(18)

2 8220 9B4E

リョウ(リャウ) 漢 呉 養 liǎng

意味 山川(サンセン)木石の精。もののけ。すだま。例 魍魎(モウリョウ)(=すだま)。

魑 鬼11(21)

2 8221 9B51

チ 漢 呉 支 chī
すだま

意味 山林にいるといわれる化け物。もののけ。**すだま**。例 魑魅(チミ)。魑魅魍魎(チミモウリョウ)。

【魑魅▼魍▼魎】(チミモウリョウ) 〔「魑魅」は山林の、「魍魎」は山川(サンセン)木石の精気から生じるという妖怪(ヨウカイ)〕いろいろな化け物。さまざまな妖怪変化(ヨウカイヘンゲ)。〈張衡・西京賦〉

魔 鬼11(21)

1 4366 9B54 常用

バ 漢 マ 呉 歌 mó

[魔] 鬼11(21)

——旧字体。

筆順 魔

なりたち [形声]「鬼(=たましい)」と、音「麻(バ)」とから成る。まもの。

意味 ❶人の心を乱し、仏道修行をさまたげるもの。例 魔界(マカイ)。魔障(マショウ)。魔道(マドウ)。❷人をまどわし、害を与えるもの。転じて、そのような力をもつもの。例 魔性(マショウ)。魔神(マジン)。悪魔(アクマ)。

古訓 中古 おに・ここめ・たましひ 中世 おに 近世 おに・たはれおに

【魔王】(マオウ) ①〔仏〕天魔の王。衆生(シュジョウ)が仏道にはいるのをさまたげる悪鬼(アッキ)。②悪魔の王。暴君。

【魔界】(マカイ) 悪魔がいる世界。心を迷わすところ。魔境。

【魔境】(マキョウ) ①悪魔がいる世界。魔界。②日 何がいるかわからないような、神秘的なところ。例 アマゾンの—。

【魔窟】(マクツ) ①悪魔がいるところ。魔界。②日 人を堕落させるようなところ。

【魔軍】マグン 〔仏〕悪魔の兵士。また、仏道修行をさまたげるもの。
【魔手】マシュ 悪魔の手。人に危害を加える者や、悪の道に引きこむ者のたとえ。例 誘惑の―がのびる。
【魔術】マジュツ 日 ①人の心を迷わす不思議な術。奇術。魔法。②大がかりな手品。マジック。例 ―師。
【魔女】マジョ ①魔界の女性。②仙女。③日 魔術を使って人を迷わす女性。例 ―狩り。
【魔性】マショウ 悪魔の性質。人を迷わす力があること。
【魔障】マショウ 〔仏〕悪魔の障害。仏道修行のさまたげとなるもの。
【魔神】マジン 災いを起こす魔の神。
【魔道】マドウ ①〔仏〕悪魔のすむ世界。②不正な道。堕落の道。邪道。
【魔物】マもの 一 マブツ 化け物。妖怪ヨウカイ。例 ―のすむ森。二 マもの 日 人を迷わせ堕落させるもの。例 お金は―だ。
【魔法】マホウ 人間がすることとは思えない、不思議なことをおこなう術。魔術。妖術ヨウジュツ。例 ―にかかる。
【魔魅】マミ 化け物。魔物。
【魔羅】マラ ①〔仏〕心を迷わし、修行のさまたげとなるもの。②日 俗に、男性の性器。
【魔力】マリョク ①悪魔の力。②不思議な力。
●邪魔ジャマ・断末魔ダンマツマ・病魔ビョウマ・夢魔ムマ

魘

鬼14 (24)　2 8222　9B58

エン(エム)漢 琰 yǎn
うな-される(うな-さる)・おそ-われる(おそ-はる)

意味 おそろしい夢を見ておびえる。**うなされる**。悪夢。例 夢魘ムエン(=夢にうなされる)。

195 11画 魚 うお うおへん 部

さかなの形をあらわす。「魚」をもとにしてできている漢字を集めた。

0 1481 魚 2 1482 魞 4 1482 魥 魦 魳 魣 魫 魶 魹 魬 魵 魴 魷 魯 魲 5 1483 鮖 鮗 鮓 鮏 鮎 鮊 鮒 鮄 鮃 鮑 6 1483 鮟 鮱 鮠 鮨 鮭 鮬 鮫 鮲 鮴 鮞 鮮 鮧 鮦 鮪 7 1484 鯏 鯎 鯑 鯇 鯁 鯒 [illegible] 鯀 鯊 鮹 鮻 鮸 鯆 [illegible] 鯉 8 1485 鯣 鯨 鯢 鯱 鯝 鯤 鯔 鰙 鯫 鯧 鯳 鯕 鯖 鯯 鯮 鯵 鯘 鯛 鯛 鯲 鯰 [illegible] 鯡 鯥 鯪 9 1486 [illegible] 鰄 鰛 鰕 鰐 鰔 鰀 鰉 鯸 鰓 鰍 鰌 鰆 鯺 鯽 鯍 鰈 鯷 鰚 [illegible] 鰒 鰘 鰊 10 1487 鰯 鰯 鰪 鰮 鰥 鰭 鰝 鰤 鰣 鰧 鰢 鰰 鰩 鰡 11 1488 [illegible] 鱇 鰲 鱆 鰷 鰶 鱈 鰺 鱁 鰾 鰻 鱅 鰱 12 1489 鱎 鱛 鱚 鰹 鱏 鰽 鱘 鱓 鱔 鱒 鱒 鱝 鱉 鱋 鱗 13 1489 鱫 鱠 鱜 鱥 鱟 鱪 鱐 鱮 鱣 鱬 鱗 鱧 14 1490 鱰 鱭 15 1490 鱶 鱵 鱲 16 1490 鱷 鱸 19 1490 鱺

魚

魚0 (11)　1 2191　9B5A　教2

ギョ漢 ゴ呉 魚 yú
うお(うを)・**さかな**
付表 雑魚ざこ

筆順 ノ ク ク 各 备 角 角 魚

なりたち  [象形] さかなの形。

意味 ❶海や川にすむ、うろこやひれのある動物の総称。**うお**。**さかな**。例 魚介ギョカイ。魚腹ギョフク。鮮魚センギョ。❷「❶」の形をしたもの。例 魚雷ギョライ。木魚モクギョ。❸手紙。例 魚雁ギョガン。❹魚をとらえる。すなどる。通 漁。

古訓 中古 いを・うを 中世 うを・まな 近世 うを・とと・すなどり
人名 お・な
難読 魚おいと・魚子なな・魚狗かわせみ・魚虎はりセンボン・魚河岸うおがし・秋刀魚さんま・紙魚しみ

【魚影】ギョエイ 日 水中を泳ぐ魚の姿。例 ―が濃い。
【魚塩】ギョエン ①魚や塩。海産物の総称。②魚や塩を売る者。
【魚▼鰕】【魚▼蝦】ギョカ 魚とエビ。魚類の総称。
【魚介】ギョカイ 日 〔「介」は、甲羅や貝殻の意〕魚類やエビ・カニ・貝類などの海産動物の総称。魚貝ギョカイ。
【魚潰】ギョカイ ①魚が腐って肉がくずれる。転じて、国家や組織などが内部からこわれる。類 魚爛ギョラン。②魚群が乱れ散る。転じて、戦いに大敗して軍がくずれさる。例 ―鳥散。
【魚▼膾】ギョカイ 魚肉をつかった、なます。
【魚▼醢】ギョカイ 魚のしおから。
【魚客】ギョカク 魚料理でもてなす中位の客。戦国時代、斉セイの孟嘗君モウショウクンの食客の中で、この待遇を受けることができた者。
【魚貫】ギョカン 魚を串くしに刺したように、一列に進軍する。
【魚眼】ギョガン ①魚の目。②湯が沸くときに立つ泡。〔大きな泡を「魚眼」、小さな泡を「蟹眼カイガン」という〕例 蟹眼已過魚眼生カイガンすでにすぎてギョガンショウず(=小さな泡の立つ状態は過ぎ、大きな泡が立ちはじめている)。〈蘇軾・試院煎茶〉
【魚▼雁】ギョガン ①魚とカリ。②手紙。魚書。〔魚は鯉こいをいい、カリと同じく手紙を運んだという故事による〕→【鯉素】リソ(1485ページ)→【雁書】ガンショ(1407ページ)
【魚群】ギョグン 日 水中の魚の群れ。例 ―探知機。
【魚▼繭】ギョケン 魚子箋ギョシセンや蚕繭紙サンケンシ。紙のこと。
【魚▼肆】ギョシ 魚屋。魚市場。
【魚須】【魚▼鬚】ギョシュ ①サメのひげ。サメの皮。また、これを飾りにした高官用の笏しゃく。②サメのひげを飾りにつけた旗ざお。
【魚書】ギョショ ①手紙。書信。②魚の形の割り符。魚符。
【魚信】ギョシン ①手紙。書簡。書信。②日 魚がえさをつついている感じが、竿さおを持つ手に伝えられること。当たり。
【魚水】ギョスイ 魚と水のように、人どうしが離れられない親密な関係にあること。夫婦や君臣などの関係にたとえる。例 ―の契りをかわす。→【水魚之交】スイギョのまじわり(744ページ)
【魚箋】ギョセン ①魚のたまごをなめらかにし、すかし模様として作った紙。②手紙。魚雁ギョガン。
【魚拓】ギョタク 日 釣った魚に墨を塗って紙をあて、その形を写し取ったもの。例 鯛たいの―を取る。
【魚田】ギョデン 日 「魚田楽ギョデンガク」の略。魚の田楽(=みそをつけて焼いた料理)。
【魚肉】ギョニク ①魚の肉。また、魚と獣の肉。②他から侵略されたり殺害される者のたとえ。例 人方為二刀俎一、我為二魚肉一(ひとはまさにトウソたり、われはギョニクたり)(=相手は包丁とまな板で、私のほうは魚や肉のように料理される対象だ)。〈史記・項羽紀〉
【魚板】ギョバン 魚の形に彫った木の板。禅寺などで、時刻を知らせるのにたたく。類 魚鼓。
【魚符】ギョフ 役人が所持した魚の形をした割り符。類 魚袋。
【魚服】ギョフク ①矢を入れる筒。えびら。〔魚や獣の皮で作ったことから〕②貴人が落ちぶれたかっこうをする。不測の事態を招くおそれがあることのたとえ。〔白竜が魚の身なりをしたため射られたという伝説による〕③魚の模様をあしらった衣服。

[鬼] 14画▼魘 [魚] 0画▼魚

【魚腹】ギョフク 魚のはら。例 葬₌於江魚之腹中₋（コウギョのフクチュウにほうむらる）（＝水死する）。〈楚辞・漁父〉
【魚粉】ギョフン 魚の頭や骨を干して粉にしたもの。飼料や肥料などにする。
【魚▼鼈】ギョベツ 魚類。また、水産動物の総称。
【魚網】ギョモウ ①漁のときに用いる網。漁網(ギョモウ)。②紙。
【魚網▼鴻離】ギョモウコウリ 欲しいものが手に入らず、余計なものを得ること。〔「魚網之設、鴻則離レ之（ギョモウをこれもうけて、コウすなわちこれにかかる）（＝魚を捕る網を仕掛けたのに、水鳥がかかった）。〈詩経・邶風・新台〉」から〕
【魚目】 一 ギョモク ①魚の目。魚眼。②まがいもの。にせもの。〔魚の目が珠玉に似ているところから〕③涙にぬれた目。④独り寝の夜に閉じられない目。⑤駿馬(シュンメ)の名。魚の目のように両方の目が白いウマ。二 うおのめ 日 足の裏などの皮膚の角質層が変化して厚くなったもの。〔魚の目のような形状であることから〕
【魚目▼燕石】ギョモクエンセキ にせもの。〔魚の目も燕山の石も、ともに玉(ギョク)に似ているが、本物の玉ではないところから〕
【魚紋】ギョモン ①魚の模様。また、うろこの模様。魚文(ギョモン)。②日 魚が泳ぐとき、水面にできる波の模様。例 池のコイが―をえがく。
【魚油】ギョユ 魚類からとった油。石鹸(セッケン)などに利用する。
【魚雷】ギョライ 日「魚形水雷」の略。水中を走り艦船に当たって爆発する兵器。頭部に爆薬をつめ尾部にスクリューがある。例 ―艇（＝魚雷などを装備した小型高速艇）。
【魚▼籃】ギョラン 釣った魚を入れておくかご。魚籠(びく)。
【魚麗】ギョリ 魚群のような形をした戦闘の陣形。
【魚竜】ギョリュウ 漢代、西域の魔術の一つ。姿・形を変える術。
【魚▼梁】ギョリョウ 魚をとるため、水流をせきとめた所に設けるしかけ。やな。
【魚▼鱗】ギョリン ①魚のうろこ。②魚のうろこのように相次いで並んでいるさま。雲やかわら、家などの形容。例 ―図冊(ズサツ)（＝一種の土地台帳の名）。③昔の兵法で、中央がつき出た陣形。→【鶴翼】カクヨク②（1499ジペー）
【魚▼儷】ギョレイ 魚の群れのように並んだ陣形。
●稚魚(チギョ)・釣魚(チョウギョ)・人魚(ニンギョ)・木魚(モクギョ)・養魚(ヨウギョ)

魞 魚2（13） ③9432 9B5E 国字 えり
意味 魚の通り道にすのこを立て、魚をとるしかけ。**えり**。

魥 魚4（15） ④9334 9B65 キョウ（ケフ）漢 葉 qiè
意味 魚の干物。参考 魥池(こちがいけ)（＝愛知県の地名）。

魦 魚4（15） ③9434 9B66 サ 漢 麻 shā いさざ
意味 スズキ目の淡水魚。**イサザ**。ハゼの一種。参考 魦口(はえのくち)（＝愛知県の地名）。

魳 魚4（15） ④9337 9B73 一 シ 漢 支 shī 二 ソウ（サフ）漢 合 zā かます
意味 一 毒のある魚。また、老魚。通 鰤(シ)。二 魚名。**カマス**。

魣 魚4（15） ④9333 9B63 一 ショ 漢 語 xù 二 ヨ yú かます
意味 一 コイ科の淡水魚。鰱魚(レンギョ)。通 鱮(ショ)。二 カマス科の海魚。**カマス**。

魫 魚4（15） ④9335 9B6B 一 シン（シム）漢 寝 shěn 二 チン（チム）漢 侵 zhēn
意味 一 魚の卵。二 ❶魚の頭の骨。❷「玉魫蘭(ギョクチンラン)」は、ラン科の多年草。

魶 魚4（15） ④9338 9B76 ドウ（ダフ）漢 合 nà
意味 ❶サンショウウオ。❷スッポンの一種。難読 魶子(ななこ)

魹 魚4（15） ③9433 9B79 国字 とど
意味 アシカ科の海獣。**トド**。

魬 魚4（15） ④9336 9B6C ハン 漢 濟 bǎn はまち
意味 海にすむ魚。ヒラメやカレイ。
日本語での用法 《**はまち**》▼ブリの若魚。

魵 魚4（15） ③9436 9B75 フン 漢 文 fén
意味 ❶魚の名。❷甲殻類の一種。エビ。

魴 魚4（15） ②8223 9B74 ホウ（ハウ）漢 陽 fáng
意味 淡水魚。からだは平たく青白色。魴魚(ホウギョ)。
日本語での用法 《**ホウ**》▼「魴鮄(ホウボウ)」は、カサゴ目の海魚。竹麦魚(ホウボウ)。
【魴魚▼赬尾】ホウギョテイビ 〔「赬」は、赤色の意〕魴魚の尾は白いが、疲労で赤くなる。人民が疲れ苦しんでいること。〈詩経・周南・汝墳〉

魷 魚4（15） ④9339 9B77 ユウ yóu
意味 イカの一種。ヤリイカ。

魯 魚4（15） ①4705 9B6F 人 ロ 漢 呉 麌 lǔ おろ-か

なりたち [形声]「日（＝ことば）」と、音「魚ギョ…▼ロ」とから成る。鈍い。おろか。
意味 ❶**おろか**。にぶい。例 参也魯(シンやロ)（＝曽参(ソウシン)は、にぶい）。〈論語・先進〉 魯鈍(ロドン)。❷周代、山東省曲阜(キョクフ)を都とした国。武王の弟、周公旦(タン)を始祖とする。孔子の出身地。春秋時代末期、楚(ソ)に滅ぼされた。（前一〇五五？—前二四九）❸姓の一つ。例 魯粛(ロシュク)（＝三国時代、呉(ゴ)の将軍）。
古訓 中古 おろかなり・つつしむ・にぶし・のぶ・みち 中世 おろか・にぶし 近世 おろか・にぶし・ぬるし
【魯魚▼亥▼豕】ロギョガイシ 文字の誤り。焉馬(エンバ)の誤り。亥豕(ガイシ)の誤り。例 書三写魚成レ魯、虚成レ虎（ショみたびうつせばギョはロとなり、キョはコとなる）（＝書物は三度写すと、魚は魯となり、虚は虎となる）。〈抱朴・遐覧〉
【魯▼縞】ロコウ 魯の国に産する白絹。薄くてきめ細かいことで有名。→【彊弩之末】キョウドのすえ（467ジペー）
【魯詩】ロシ 漢代初期に魯の申培(シンバイ)が伝えた『詩経』のテキスト。今は伝わらない。〔韓詩(カンシ)・斉詩(セイシ)とあわせて三家詩という〕
【魯酒薄▼而▼邯▼鄲囲】ロシュうすくしてカンタンかこまる 魯の酒が薄いと趙(チョウ)の都である邯鄲が包囲される。思いがけない原因から大事に至ることのたとえ。◆魯から献上された酒が薄かったことに怒った楚(ソ)王が魯を攻めたところ、そのすきに魏(ギ)が趙の邯鄲を襲撃したという。一説に、魯と趙とが楚に酒を献じた際、魯の酒は薄く趙の酒は濃かったが、個人的に趙から酒をもらえなかった楚の役人が腹いせに魯の酒と趙の酒とをすりかえたため、趙の酒が薄いと思った楚王が怒って趙を攻めたともいう。……〈荘子・胠篋〉
【魯▼叟】ロソウ 魯の長老。孔子のこと。
【魯鈍】ロドン おろかで頭のはたらきがにぶいこと。愚鈍。
【魯論】ロロン 魯の国に伝わった『論語』のテキスト。〔漢代に

は、このほかにも斉(セイ)の国に伝わった斉論、孔子の旧宅の壁中から出たという古論があったが、現在は魯論が残るのみ〕

[魲] 魚4(15) ⇩鱸(ロ)(1490ジペー)

鮖 魚5(16) 2 8227 9B96 国字 かじか

意味 淡水魚の名。**カジカ**。〔おもに地名に用いる字〕 例 鮖谷(かじかだに)(=新潟県の地名)。

鮗 魚5(16) 2 8228 9B97 国字 このしろ

意味 ニシン目の近海魚。**コノシロ**。背は青く黒い斑点(ハンテン)があり、腹は銀白色。体長二、三〇センチメートルで、小形のものはコハダと呼ぶ。

鮓 魚5(16) 2 8224 9B93 サ漢 馬 zhǎ すし

意味 塩とこうじや酢などにつけこんだ、食品用の魚。なれずし。

日本語での用法 《すし》「鮓種(すしだね)・鮎鮓(あゆずし)・鮓屋(すしや)」▼「鮨(すし)」に同じ。

鮏 魚5(16) 3 9439 9B8F セイ漢 青 xīng さけ

意味 魚が生臭い。

日本語での用法 《さけ》《しゃけ》▼「鮭(さけ)」に同じ。

難読 鮏川(あゆかわ)(=姓)・鮏川(さけかわ)(=姓)

鮎 魚5(16) 1 1630 9B8E 人 デン(デム)漢 ネン(ネム)呉 塩 nián あゆ

なりたち [形声]「魚(=うお)」と、音「占(セン→デン)」とから成る。ナマズ。

意味 ナマズ科の淡水魚。ナマズ。からだは長く、頭が平たくて、口が大きく口ひげがある。鯰(なまず)。 例 瓢鮎図(ヒョウネンズ)。

日本語での用法 《あゆ》「鮎釣(あゆつ)り・鮎(あゆ)の姿鮓(すがたずし)・落(お)ち鮎(あゆ)・若鮎(わかあゆ)」▼川魚の一種で、その味だけではなく、姿や香りも賞される。

古訓 中古 あゆ 中世 あい・あゆ・なまづ 近世 あゆ・なまづ

鮊 魚5(16) 3 9438 9B8A ■一 ハ漢 禡 bà ■二 ハク漢 陌 bó

意味 ■一 サバ科の海魚。サワラ。■二 コイ科の淡水魚。ニゴイ。

難読 鮊子(いかなご)・鮊岳(しかべだけ)

鮒 魚5(16) 1 4211 9B92 フ漢 遇 fù ふな

意味 ❶コイに似た小形の淡水魚。**フナ**。 例 轍鮒(テップ)(=わだちにあえぐフナ)。紅葉鮒(もみじぶな)(=琵琶湖(ビワコ)産の、ひれの紅(あか)くなったフナ)。❷カエル。

難読 池鯉鮒(チリュウ)(=東海道の宿駅。今の愛知県知立(チリュウ)市)

鮄 魚5(16) 3 9437 9B84 フツ漢 ホツ呉 物 fú

意味 海魚の名。 参考 鮄川(いながわ)(=姓)。

日本語での用法 《ボウ》▼「魴鮄(ホウボウ)」は、カサゴ目の海魚。

鮃 魚5(16) 2 8225 9B83 ヘイ漢 庚 píng ひらめ

意味 海にすむ魚。**ヒラメ**。平たいからだの左側に両眼があり、左側は灰色、右側は白い。比目魚(ヒモクギョ)。

鮑 魚5(16) 2 8226 9B91 ホウ(ハウ)漢 巧 bào あわび(あはび)

[鮑] 虫5(11) 2 7359 86AB 別体字。

意味 ❶魚を開いて塩漬けにしたもの。また、それを干したもの。ひもの。 例 鮑魚(ホウギョ)。❷磯(いそ)の岩にはりついている大形の巻き貝。**アワビ**。 例 のし鮑(あわび)。❸姓の一つ。 例 鮑叔牙(ホウシュクガ)(=春秋時代の斉(セイ)の人)。

【鮑魚】(ホウギョ) ①身を開いて塩漬けにした魚。また、干し魚。においが強い。②アワビ。

【鮑魚▼之▼肆】(ホウギョのシ) ①「鮑魚①」を売る店。②悪人や小人(ショウジン)などの集まる場所。 例 与二不善人一居、如レ入二鮑魚之肆一(フゼンニンとおるは、ホウギョのシにいるがごとし)(=鮑魚を売る店の強いにおいも、慣れると感じなくなるように、悪人とつきあっていると気づかぬうちに彼らに染まってしまう)。〈家語・六本〉→【芝蘭之室】(シランのシツ)(1120ジペー)

鮟 魚6(17) 2 8229 9B9F アン漢 翰 ān

意味 魚の名。

参考 日本でいう「鮟鱇(アンコウ)」は、海底にすむ魚で平たい頭部に大きな口がついている。アンコウ、アンゴウは、本来山椒魚(サンショウうお)を指すことばで、頭部の扁平(ヘンペイ)な形状が似ているところから転用されたものか。中国では「老頭魚」ともいわれるが、今は「鮟鱇」も用いる。

鮱 魚6(17) 4 9342 9BB1 国字 おおぼら(おほぼら)

意味 ボラ科の海魚ボラの大きなもの。

難読 鮱名(えびな)・河鮱(かわばた)(=姓)

鮠 魚6(17) 2 8230 9BA0 ガイ(グヮイ)漢 灰 wéi はや

意味 ナマズに似て、白くうろこのない魚。ギギ。

日本語での用法 《はや》▼小形の淡水魚。ウグイ、オイカワの別名。

鮨 魚6(17) 2 8231 9BA8 ■一 キ漢 支 qí ■二 ゲイ漢 霽 yì すし

意味 ■一 ❶塩漬けにした魚。うおびしお。魚のしおから。❷細く切った肉のなます。■二 古代の伝説上の魚。鯢(ゲイ)(=サンショウウオ)に似るという。

日本語での用法 《すし》「押(お)し鮨(ずし)・散(ち)らし鮨(ずし)・握(にぎ)り鮨(ずし)」▼酢で味つけした飯に、魚や貝の刺身・卵焼きなどをそえた食べ物。寿司(すし)。鮓(すし)。

鮭 魚6(17) 1 2690 9BAD ■一 ケイ漢 斉 guī ■二 カイ漢 佳 xié さけ・しゃけ

意味 ■一 海にすむ魚。フグ。丸い体形で口が小さく、刺激を受けると腹をふくらませる。河豚(カトン)。■二 魚の料理。 例 鮭菜(カイサイ)(=料理した、酒のさかな)。

日本語での用法 《さけ》《しゃけ》「荒巻(あらま)き鮭(ざけ|じゃけ)・塩鮭(しおざけ|しおじゃけ)・紅鮭(べにざけ|べにじゃけ)」▼北の海にすむ魚。全長一メートルほどで、川に産まれ海で成長し、秋に産卵のため川にもどってくる。

鮬 魚6(17) 4 9341 9BAC ■一 コ漢 虞 kū ■二 コ漢 遇 kù

意味 ■一 コイ科の淡水魚。タナゴの一種。■二 魚の卵。

難読 鮬(ごせい)(=スズキの若魚)

鮫 魚6(17) 1 2713 9BAB コウ(カウ)漢 肴 jiāo さめ

意味 ❶海にすむ魚。**サメ**。からだは円錐(エンスイ)形で長く、尾びれが大きい。性格はあらく、鋭い歯をもつ。❷竜に似た伝説中の怪物。みずち。通蛟(コウ)。

難読 鮫函(さめざや)(=サメの皮で飾った刀のさや)

【鮫人】(コウジン) 人魚。南海にすみ、水中で機(はた)を織り、真珠の涙をこぼすという。〈博物志・九〉

【鮫肌】(さめはだ) 日 サメのはだのように、ざらざらした皮膚。

鮲 魚6(17) 4 9345 9BB2 国字 こち・まて

意味 ❶コチ科の海魚。**コチ**。鯒(こち)。❷マテガイ科の二枚貝。**マテ**。蟶(まて)。

鮴 魚6(17) 2 8232 9BB4 国字 ごり・めばる

意味 魚の名。❶**ゴリ**。人名にも用いる。例 鮴谷(ごりや)(=姓)。❷**メバル**。地名にも用いる。例 鮴崎(めばるざき)(=広島県の地名)。

鮞 魚6(17) 3 9440 9B9E ジ漢 支 ér はららご

意味 孵化(フカ)したばかりの魚。稚魚。例 鯤鮞(コンジ)(=魚の卵と稚魚)。難読 鮞脯(からすみ)・鮞(はらご)

鮮 魚6(17) 1 3315 9BAE 常用 一セン漢呉 先 xiān 二セン漢呉 銑 xiǎn あざやか・すくな-い(すくな-し)

筆順 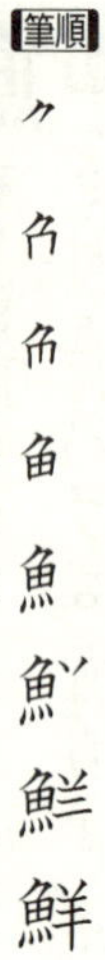

なりたち  [形声]「魚(=うお)」と、音「羴(セン)」の省略体とから成る。魚の名。借りて「新しい、すくない」の意。

意味 一❶なまのさかな。なまぐさ。例 小鮮(ショウセン)(=こざかな)。❷魚のなます。❸とりたての食料。あたらしいもの。例 鮮魚(センギョ)。鮮度(センド)。新鮮(シンセン)。❹色がはっきりしていて美しい。うるわしい。**あざやか**。例 鮮紅(センコウ)。鮮明(センメイ)。二❶まれである。**すくない**。ほとんどない。例 巧言令色鮮矣仁(コウゲンレイショクすくなしジン)(=口が達者で愛想がいいのは、真心がこもっていないものだ)。〈論語・学而〉鮮少(センショウ)。❷⇩【鮮腆】(センテン)

古訓 中古 あきらかに・あざやかに・あざらけし・うるはし・すくなし・なます・よし・よみす 中世 あざやかなり・うるはし・すくなし 近世 あざやか・あざらけし・いさぎよし・うるはし・すくなし・まれなり

人名 あき・あきら・あらた・き・まれ・よし

【鮮衣】(センイ) あざやかな美しい衣服。美服。類鮮服(センプク)。

【鮮花】(センカ) あざやかな色の花。

【鮮華】(センカ) あざやかで、はなやかなさま。

【鮮魚】(センギョ) 食用にする新鮮なさかな。生魚(セイギョ)。

【鮮血】(センケツ) からだから流れ出たばかりの、真っ赤な血液。生き血。例 —がほとばしる。

【鮮潔】(センケツ) 清らかで、あざやかなさま。

【鮮▼妍】(センケン) あざやかで、うるわしいさま。類鮮好。

【鮮紅】(センコウ) あざやかな赤色。例 —色。

【鮮少】(センショウ) 非常に少ない。例 利に敏(さと)く、徳義心は—。

【鮮食】(センショク) ①新鮮な食物。とりたての生の鳥獣や魚肉。②少なく食べる。

【鮮飾】(センショク) あざやかな飾り。また、きれいに着飾る。

【鮮▼腆】(センテン) えらそうにする。尊大なさま。

【鮮度】(センド) 日 新鮮さの度合い。例 —のいい魚。

【鮮白】(センパク) あざやかな白。真っ白。

【鮮美】(センビ) あざやかで、うるわしい。類鮮麗。

【鮮▼媚】(センビ) あざやかで美しい。景色や筆力についていう。

【鮮肥】(センピ) 新鮮でよく肥えている肉。

【鮮卑】(センピ) 蒙古(モウコ)の遊牧民族。戦国時代から歴史にあらわれ、後漢(ゴカン)末期に勢力を強めた。三国時代、その内の拓跋(タクバツ)氏が盛んになり、後魏(コウギ)を建国。隋(ズイ)・唐以降、漢民族に帰服した。

【鮮民】(センミン) 孤独で貧しい民。〈ほかに、斯(こ)の民、あるいは離ればなれになった民など解釈に諸説ある〉〈詩経・小雅・蓼莪〉

【鮮明】(センメイ) あざやかで、はっきりしている。例 旗幟(キシ)—。

【鮮烈】(センレツ) 印象が強烈で、はっきりしている。例 —な印象を与える作品。

● 新鮮(シンセン)・生鮮(セイセン)

鮧 魚6(17) 3 9441 9BA7 一テイ漢 斉 tí 二イ漢 支 yí

意味 一ナマズ科の淡水魚。ナマズ。二「鯸鮧(コウイ)」は、フグ科の海魚。フグ。難読 鱁鮧(うるか)(=アユの内臓や子の塩漬け)

鮦 魚6(17) 4 9340 9BA6 トウ漢 東 tóng

意味 タイワンドジョウ科の淡水魚。鱧魚(レイギョ)。カムルチー。ライギョ。

鮪 魚6(17) 1 4378 9BAA ユウ(イウ)漢 有 イ(ヰ)漢呉 紙 wěi まぐろ・しび

意味 寒帯の海にすむ魚。チョウザメ。体長一・五メートルぐらい。背と腹にひし形のかたいうろこが並ぶ。卵の塩漬けをキャビアと呼ぶ。

日本語での用法 《**まぐろ**》《**しび**》「黄肌鮪(きはだまぐろ|きわだまぐろ)・鮪節(しびぶし)」▼海にすむ体長三メートルにおよぶ大形の魚。刺身などにして食べる。

鯏 魚7(18) 2 8237 9BCF 国字 あさり・うぐい(うぐひ)

意味 ❶浅い海の砂地にすむ二枚貝。**アサリ**。❷コイ科の淡水魚。**ウグイ**。

鯎 魚7(18) 3 9443 9BCE 国字 うぐい(うぐひ)

意味 コイ科の淡水魚。**ウグイ**。イグイ。

鯑 魚7(18) 2 8238 9BD1 国字 かずのこ

意味 ニシンの卵を乾燥したり、塩漬けにしたりした食べ物。**かずのこ**。

鯇 魚7(18) 4 9348 9BC7 カン(クヮン)漢 潸 huàn

意味 コイ科の淡水魚。ソウギョ。草魚。通鯶(カン)。難読 鯇(あめのうお)(=ビワマスの異名)

鯁 魚7(18) 3 9442 9BC1 コウ(カウ)漢 梗 gěng のぎ

意味 ❶魚の骨。**のぎ**。通骾(コウ)。❷魚の骨がのどに刺さる。❸骨っぽい。剛直な。例 鯁骨(コウコツ)。骨鯁(コッコウ)。❹災難。わざわい。通梗(コウ)。❺ふさがる。ふさぐ。通梗(コウ)。

【鯁▼諤】(コウガク) 遠慮せずに思うままを率直に言う。

【鯁▼毅】(コウキ) 言動や気性が強く正しいさま。

【鯁言】(コウゲン) 正論。類鯁論。

【鯁骨】(コウコツ) 信念や意志がかたく、正義感の強いこと。また、その人。骨鯁(コッコウ)。表記 現硬骨

【鯁正】コウセイ 性格がすなおで正直である。類鯁直。

鯒
魚7(18) 2 8239 9BD2 国字 こち

意味 近海にすむ魚。**コチ**。ハゼに似て頭が大きくて平たい。沿岸の砂底にすむ。鮲こち。

𩷛
魚7(18) 4 9343 29DDB 国字 こち

意味 地名などに用いる字。例 𩷛尾おこち(=愛知県の地名)。

鯀
魚7(18) 2 8233 9BC0 コン漢 阮 gǔn おおうお(おほうを)

意味 ❶大魚の名。❷伝説上の人物。夏カの禹ウ王の父。

鯊
魚7(18) 2 8234 9BCA サ漢 麻 shā はぜ

意味 ❶沿岸や河口の水底にすむ小魚。**ハゼ**。〔分字して「沙魚」とも〕❷サメ。鮫コウ。

鮹
魚7(18) 2 8235 9BB9 ショウ(セウ)漢 肴 shāo たこ

意味 深海魚の一種で、からだはキセルのように細長い。

日本語での用法 《たこ》「鮹壺たこつぼ・鮹坊主たこボウズ」▼海底の岩の間などにすむ軟体動物。蛸たこ。

鮾
魚7(18) 4 9347 9BBE ダイ漢 賄 něi あざ-る

[鯘] 魚8(19) 4 9350 9BD8 別体字。

意味 魚が腐る。**あざる**。通餒ダイ。

鮸
魚7(18) 4 9346 9BB8 ベン漢 銑 miǎn にべ

意味 ニベ科の海魚。**ニベ**。鰾うきぶくろを振動させて鳴く。また、鰾から膠にかわを製する。例 鮸べにも無なく(=そっけなく。とりつく島もなく。にべは、膠の意)断ことわる。難読 鮸膠にべにかわ

鯆
魚7(18) 2 8236 9BC6 ホ漢 虞 pū いるか

意味 海にすむ哺乳動物。**イルカ**。体長は一メートルから四メートル。先のとがった口をもつ。例 鯆䱐フホ(=イルカ)。

𩸽
魚7(18) 4 9344 29E3D 国字 ほっけ

意味 アイナメ科の海魚。**ホッケ**。

鯉
魚7(18) 1 2481 9BC9 人 リ漢 紙 lǐ こい(こひ)

なりたち  [形声]「魚(=うお)」と、音「里リ」とから成る。コイ。

意味 ❶コイ科の淡水魚。**コイ**。黒色のほか、赤や白などの交じった観賞用のものもある。例 鯉魚ギョ(=コイ)。緋鯉ごい。❷手紙。例 鯉素ソ。双鯉ソウ(=手紙。便り)。

古訓 中古こひ・なまづ 中世こひ 近世こひ

【鯉口】こいぐち 日刀のさやの口。〔形がコイの口に似ているところから〕例 ―を切る(=刀がすぐ抜けるように親指を鍔つばにかけて、はばきの部分を抜く)。

【鯉▼幟】こいのぼり 日布や紙でコイの形をつくり、青や赤に彩色したのぼり。端午の節句に立てる。鯉の吹き流し。

【鯉素】リソ 「鯉魚尺素リギョセキソ」の略。手紙。コイの腹中から尺素(=一尺シャクの白絹)に書かれた手紙が出てきたことによる。双鯉ソウリ。〔飲馬長城窟行〉から〕

【鯉庭】リテイ 子が父の教えを受ける所。家庭教育の場。〔孔子が自分の子の鯉リ(=字あざなは伯魚ハクギョ)を庭で諭した故事〈論語・季氏〉から〕→【庭訓】キンテイ(450ページ)

鯣
魚8(19) 2 8240 9BE3 エキ漢 陌 yì するめ

意味 「鯣鱺エキレイ」「鱺鯣レイエキ」は、魚の名。

日本語での用法 《するめ》「鯣烏賊するめいか」▼イカを開き、内臓を取って干した食品。

鯨
魚8(19) 1 2363 9BE8 常用 ゲイ慣 ケイ漢 庚 jīng くじら(くぢら)

筆順 

なりたち 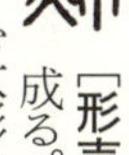 [形声]「魚(=うお)」と、音「京ケイ」とから成る。海の大きな魚。

意味 ❶海にすむ大形の哺乳動物。**クジラ**。大きなものは全長約三〇メートル。例 鯨飲ゲイイン。捕鯨ホゲイ。❷特に、雄のクジラ。対鯢ゲイ。例 鯨鯢ゲイゲイ。❸巨大な。大きい。例 鯨波ハゲイ。鯨海カイゲイ(=大海)。

古訓 中古あぐ・くぢら・をくぢら 中世くぢら・をくぢら 近世くぢら・をくぢら

難読 鯨魚いさな・鯨取いさなとり・鯨波ときのこえ

【鯨幕】くじらマク 日黒と白の布を交互に縫い合わせた幕。葬式などの不祝儀シュウギに用いる。

【鯨飲】ゲイイン クジラが海水を飲みこむ。酒などを一度にたくさん飲むこと。牛飲。

【鯨飲馬食】ゲイインバショク 日大量に飲み食いする。牛飲馬食。

【鯨音】ゲイオン 釣り鐘の大きな音。また、その響き。

【鯨▼鯢】ゲイゲイ 〔古くは「ケイゲイ」〕①雄のクジラと雌のクジラ。また、小さな魚を食いつくすことから、悪党の首領。②罪がないのに殺されること。〈李陵・答蘇武書〉

【鯨▼呑】ゲイドン ①大きな口で一気に飲みこむ。②強いものが弱いものを併合する。

【鯨波】ゲイハ ①大波。②戦場であげる、鬨ときの声。鯢波ゲイハ。

●白鯨ハクゲイ・捕鯨ホゲイ・山鯨やまくじら(=イノシシの肉)

鯢
魚8(19) 2 8241 9BE2 ゲイ漢 斉 ní くじら(くぢら)

意味 ❶山中の谷川にすむ、イモリに似た両生類。サンショウウオ。例 鯢魚ゲイギョ(=サンショウウオ)。❷雌のクジラ。**クジラ**。対鯨ゲイ。例 鯨鯢ゲイゲイ(=雄のクジラと雌のクジラ)。❸小魚。例 鯢鮒ゲイフ(=小さな魚類)。

難読 鯢波ときのこえ(=鯨波ゲイハ)

鯱
魚8(19) 2 8247 9BF1 国字 コ しゃち・しゃちほこ

意味 ❶海にすむ哺乳動物で、イルカの仲間。**シャチ**。体長九メートルほどで、鋭い歯をもち、群れをなしてクジラなどをおそう。❷想像上の魚。**シャチホコ**。城などの屋根の両端に飾る。例 鯱立しゃちほこだち。金キンの鯱しゃちほこ。金鯱キンコ(=金色のシャチホコ)。

鯝
魚8(19) 4 9351 9BDD コ漢 遇 gù

意味 ❶魚のはらわた。❷コイ科の淡水魚。ワタカ。

鯤
魚8(19) 2 8242 9BE4 コン漢 元 kūn

意味 ❶魚の卵。❷北の海にいるという伝説上の巨大な魚の

名。例 北冥有レ魚、其名為レ鯤(ホクメイにうおあり、そのなをコンとなす)(=北の海に魚がいて、その名を鯤という)。〈荘子・逍遥遊〉

鯔
魚8 (19) 2 8243 9BD4 シ漢 支 zī ぼら・いな

意味 スズキ目ボラ科の魚。**ボラ**。河口や浅い海にすみ、淡水と海水を行き来する。卵の塩漬けを、からすみと呼ぶ。日本では、幼魚から成長するにつれて、オボコ、スバシリ、**イナ**、**ボラ**、トドと名が変わる、出世魚の一つ。鯔(ぼら)。

鰙
魚8 (19) 4 9364 9C19 ジャク ruò わかさぎ

意味 ヒラメ科の海魚。

日本語での用法 《**わかさぎ**》▼ワカサギ科の魚。

鯫
魚8 (19) 4 9354 9BEB シュ漢 虞 ソウ漢 有 zōu

意味 ❶小さな魚。こざかな。ざこ。❷ちっぽけで取るに足りない。例 鯫生(ソウセイ・シュセイ)。

【鯫生】(ソウセイ・シュセイ) ①取るに足りない小人物。〔人をさげすんでいう語〕②自己の謙称。

鯧
魚8 (19) 4 9352 9BE7 ショウ(シャウ)漢 陽 chāng

意味 マナガツオ科の海魚。マナガツオ。

鯳
魚8 (19) 4 9349 9BF3 国字 すけとうだら

意味 タラ科の海魚。**スケトウダラ**。

鯖
魚8 (19) 1 2710 9BD6 一 セイ漢 庚 zhēng 二 セイ漢 青 qīng さば

［鯖］魚8 (19) ―― 俗字。

意味 一 鳥などの肉と魚とをあわせて煮た料理。例 五侯鯖(ゴコウセイ)(=多くの珍味を集めた料理。また、珍味)。二 コイ科の淡水魚。セイギョ。青魚。

日本語での用法 《**さば**》「鯖雲(さばぐも)・鯖鮓(さばずし)・秋鯖(あきさば)・しめ鯖(さば)」▼サバ科の海魚。体長三〇―五〇センチメートル。背は青緑色で、まだらがある。

鯯
魚8 (19) 4 9355 9BEF セイ漢 霽 zhì さっぱ

意味 魚の名。

日本語での用法 《**さっぱ**》▼ニシン科の海魚。ママカリ。

鯮
魚8 (19) 4 9356 9BEE ソウ漢 東 zōng

意味 コイ科の淡水魚。ズナガウオ。参考 鯮沢(さわじか)(=秋田県の地名)。

［鰺］魚8 (19) ⇩鰺(ソウ)(1488ジペー)

［鯘］魚8 (19) ⇩鮾(イダ)(1485ジペー)

鯛
魚8 (19) 1 3468 9BDB 人 チョウ(テウ)漢 蕭 diāo たい(たひ)

［鯛］魚8 (19) ―― 旧字体。

なりたち [形声]「魚(=うお)」と、音「周(シュウ→チョウ)」とから成る。魚の名。

意味 近海にすむタイ科の魚。**タイ**。楕円(ダエン)形のからだで、頭は大きく、姿が美しい。例 黒鯛(くろだい)。桜鯛(さくらだい)。真鯛(まだい)。

古訓 中古 たひ 中世 たひ 近世 たひ

鰌
魚8 (19) 2 8246 9BF2 国字 どじょう(どぢゃう)

意味 ドジョウ科の淡水魚。**ドジョウ**。小川や水田の泥の中にすみ、体長一五センチメートルほどで、細長い。

鯰
魚8 (19) 2 8248 9BF0 国字 ネン なまず(なまづ)

意味 ナマズ科の淡水魚。**ナマズ**。

鱧
魚8 (19) 4 9357 29E15 国字 はも

意味 ハモ科の海魚。**ハモ**。参考 鱧網代(あじろ)(=長崎県の地名)。

鯡
魚8 (19) 2 8244 9BE1 ヒ漢 未 fēi にしん

意味 海魚。**ニシン**。体長は三〇―四〇センチメートル。卵は、かずのこ。鰊(にしん)。

鯥
魚8 (19) 3 9444 9BE5 リク漢 屋 lù むつ

意味 ❶伝説上の怪魚の名。ウシのようなからだに、ヘビのような尾と翼をもつという。❷深海魚の名。

日本語での用法 《**むつ**》▼ムツ科の海魚。

鯪
魚8 (19) 4 9353 9BEA リョウ漢 蒸 líng

意味 ❶伝説上の怪魚の名。魚身で人面人手という。❷哺乳動物の一種。センザンコウ。鯪鯉(リョウリ)。

鯱
魚9 (20) 4 9359 29E8A 国字 あら

意味 スズキ科の海魚。オキスズキ。**アラ**。

鰄
魚9 (20) 2 8258 9C04 イ漢 灰 wēi かいらぎ

意味 魚の名。

日本語での用法 《**かいらぎ**》「鰄作(かいらぎづくり)・鰄柄(かいらぎづか)の太刀(たち)」▼刀の鞘(さや)・柄(つか)の装飾に用いる魚の皮。東南アジアに産するエイに似た魚の皮の、梅花形の粒々したかたい突起を用いる。また、茶道で、茶碗(チャワン)の釉薬(ユウヤク)が十分にとけきらず、縮れたさまをいう。

［鰛］魚9 (20) ⇩鰮(オン)(1487ジペー)

鰕
魚9 (20) 2 8249 9C15 カ漢 麻 xiā えび

意味 ❶水中にすむ節足動物。**エビ**。殻におおわれ、長い触角と十本の足がある。通 蝦(カ)。❷サンショウウオ。鯢(ゲイ)。

鰐
魚9 (20) 1 4744 9C10 ガク漢 薬 è わに

［鱷］魚16 (27) 3 9455 9C77 別体字。

意味 熱帯の水中にすむ爬虫(ハチュウ)類。**ワニ**。体長二―一〇メートル、全身かたいうろこにおおわれる。鋭い歯をもち、水辺にいる動物をとらえて食う。例 鰐魚(ガクギョ)(=ワニ)。鰐口(わにぐち)。鰐皮(わにがわ)。

【鰐口】(わにぐち) 日 ①神社の正面の軒下に、縄とともにつりさげてある、円形で中空のもの。参詣人(サンケイニン)が縄を当てて打ち鳴らす。②がま口。

鰔
魚9 (20) 2 8250 9C14 カン(カム)漢 咸 jiān かわはぎ・きりきり・さより

意味 魚の名。参考「さより」の訓は、「鱵」との類似による。

鰀 魚9(20) 3 9447 9C00 カン(クヮン)漢 [潸] huàn
意味 コイ科の淡水魚。ソウギョ。草魚。通 鯇（カン）。参考 鰀目（うのめ・えのめ・なつめ・ゆのめ・よなめ・よのめ）(=姓)。

鰉 魚9(20) 2 8251 9C09 コウ(クヮウ)漢 [陽] huáng ひがい
意味 魚の名。チョウザメ科の一種。
日本語での用法 《ひがい》▼コイ科の淡水魚。〔明治天皇が琵琶湖（びわこ）産の、この魚を好んだことから、魚偏に「皇」の、この字があてられたという〕

鯸 魚9(20) 3 9445 9BF8 コウ漢 [尤] hóu
意味 フグ科の海魚。フグ。鯸魚（コウギョ）。例 鯸鮧（コウイ）(=フグ)。

鰓 魚9(20) 2 8252 9C13 一 サイ漢 [灰] sāi 二 シ漢 [紙] xǐ えら
意味 一 魚類の呼吸器官。**えら**。あぎと。例 鰓裂（サイレツ）。二「鰓鰓（シシ）」は、おそれるさま。
【鰓裂】（サイレツ）日 えらあな。

鰍 魚9(20) 1 1966 9C0D シュウ(シウ)漢 [尤] qiū かじか
意味 泥の中にすむ淡水魚。ドジョウ。通 鰌（シュウ）。
日本語での用法 《かじか》「川鰍（かわかじか）・鰍沢（かじかざわ）(=地名)」▼カジカ科の淡水魚。

鰌 魚9(20) 2 8253 9C0C シュウ(シウ)漢 [尤] qiū どじょう(どぢゃう)
意味 小川や水田などの泥の中にすむ淡水魚。**ドジョウ**。例 泥鰌（デイシュウ・どじょう）。

鰆 魚9(20) 2 8254 9C06 シュン漢 [真] chūn さわら(さはら)
意味 サメの一種。
日本語での用法 《さわら》▼サバ科の近海魚。体長一メートルに達し、背は青緑色。

鯺 魚9(20) 4 9358 9BFA ショ漢 [魚] zhū
意味 虫の名。参考 広鯺（ひろはた）(=姓)。

鯽 魚9(20) 3 9446 9BFD 一 ソク漢 ゾク呉 [職] zéi 二 セキ漢 [陌] jì
意味 一「烏鯽（ウソク）」は、イカ。二 コイ科の淡水魚。フナ。
難読 海鯽（ちぬ）(=クロダイの異名)

鰖 魚9(20) 4 9362 9C16 タ漢 [哿] tuǒ たかべ
意味 ❶魚の名。❷孵化（フカ）したばかりの稚魚。
日本語での用法 《たかべ》▼タカベ科の海魚。

鰈 魚9(20) 2 8255 9C08 チョウ(テフ)漢 [葉] dié かれい(かれひ)
意味 海にすむ魚。**カレイ**。平たいからだの右側に両眼があり、左側は白い。比目魚（ヒモクギョ）。
【鰈域】（チョウイキ）朝鮮のこと。〔鰈（かれい）が朝鮮を代表する魚と見なされていた〕

鯷 魚9(20) 4 9360 9BF7 テイ漢 [斉] tí しこ
意味 ❶大形のナマズ。❷カタクチイワシ科の海魚。**しこ**。
難読 鯷鰯（ひしこいわし）

鰚 魚9(20) 4 9365 9C1A 国字 はらか
意味 鱒（ます）や鯇（にべ）の別称。**はらか**。

𩹉 魚9(20) 4 9361 29E49 ヒ漢 [微] fēi
意味 トビウオ科の海魚。トビウオ。参考 𩹉越崎（あごごえざき）(=島根県の地名)。

鰒 魚9(20) 2 8256 9C12 フク漢 [屋] fù あわび(あはび)・ふぐ
意味 磯（いそ）の岩にはりついている巻き貝。**アワビ**。石決明（セッケツメイ）。鮑（あわび）。
日本語での用法 《ふぐ》《ふく》「鰒毒（ふぐドク）」▼フグ科の海魚。河豚（ふぐ）。

鰘 魚9(20) 4 9363 9C18 国字 むろ・むろあじ
意味 アジ科の海魚。**ムロアジ**。**ムロ**。例 青鰘（あおむろ）(=ムロアジの一種。クサヤモロ)。

鰊 魚9(20) 2 8257 9C0A レン漢 [霰] liàn にしん・かど
意味 小魚の名。
日本語での用法 《にしん》「身欠（みがき）鰊（にしん）」▼北太平洋や北大西洋に産する海魚。体長は三〇—四〇センチメートル。卵は、かずのこ。

鰯 魚10(21) 1 1683 9C2F 人 国字 いわし
[鰯] 魚10(21) —— 俗字。
なりたち 国字。[会意]「魚(=うお)」と「弱(=よわい)」とから成る。イワシ。
意味 海にすむ魚。**イワシ**。からだは銀白色。体長一五—三〇センチメートル。群れをなして泳ぐ。食用のほか、飼料や肥料にもする。鰮（いわし）。
参考 室町時代初期に成立したといわれる、日本の字書『倭玉篇（ワゴクヘン）』には「ジャク」の音を示す。広く用いられたらしく、現在は中国でも使われる。
古訓 中古 いわし 中世 いわし 近世 いわし
難読 干（ほ）し鰯（か）

鰪 魚10(21) 4 9370 9C2A オウ(アフ)漢 [合] é まながつお・たなご
意味 コイ科の淡水魚。バラタナゴ。
日本語での用法 《まながつお》▼マナガツオ科の海魚。
参考 鰪橋（たなごばし）(=福島県の地名)。

鰮 魚10(21) 2 8259 9C2E オン(ヲン)漢 [元] wēn いわし
[鰛] 魚9(20) 2 8260 9C1B 俗字。
意味 ニシン科の海水魚。**イワシ**。

鰥 魚10(21) 2 8261 9C25 カン(クヮン)漢 [删] guān おとこやもめ(をとこやもめ)・やもお(やもを)
[𩻄] 魚11(22) 4 9371 29EC4 俗字。

意味 ❶大きな魚の名。一説に、草魚。❷年をとって妻のいない男子。**やもお**。例 鰥寡孤独カンカコドク。鰥居カンキョ。❸⇩【鰥鰥カンカン】

【鰥寡孤独】カンカコドク 〔妻のいない男と、夫のいない女と、みなし子と、老いて子のない人の意〕身寄りのない人。例 老而無レ妻曰レ鰥、老而無レ夫曰レ寡、老而無レ子曰レ独、幼而無レ父曰レ孤（おいてつまなきをカンといい、おいておっとなきをカといい、おいてこなきをドクといい、おさなくしてちちなきをコという）(=年老いて妻がいない人を鰥といい、年老いて夫がいない人を寡といい、年老いて子がいない人を独といい、幼いのに父がいない人を孤という)。〈孟子・梁恵王下〉

【鰥鰥】カンカン 寝ようとしても眠れないさま。〔魚が水中でいつも目を開いていることにたとえたものともいわれる〕

【鰥居】カンキョ 年老いて妻のいない、ひとり暮らし。また、その人。類 鰥処カンショ。

【鰥夫】カンプ・やもお 妻のいない男。男やもめ。対 寡婦カフ。

【鰥▼寡】カンカ 妻をなくした男と、夫をなくした女。やもおと、やもめ。

鰭

魚10(21) 1 4141 9C2D キ漢 支 qí ひれ・はた

意味 魚の背や胸、腹や尾にあって、泳いだりバランスをとったりするための運動器官。**ひれ**。古語で、**はた**。

難読 鰭板はたいた

鰝

魚10(21) 4 9366 9C1D コウ(カウ)漢 皓 hào

意味 大形のエビ。

鰤

魚10(21) 2 8262 9C24 シ漢 支 shī ぶり

意味 毒のある魚。また、老魚ともいう。

日本語での用法 《**ぶり**》「塩鰤しおぶり」▼近海にすむアジ科の魚。体長約一メートル。背は濃い青色、腹は銀白色。日本では代表的な出世魚とされ、イナダ、ワラサ、ブリと、呼び名が変わる。

鰣

魚10(21) 3 9448 9C23 シ漢 ジ呉 支 shí はす

意味 ニシン科の海魚。ヒラ。

日本語での用法 《**はす**》《**はそ**》▼コイ科の淡水魚。

参考 鰣谷えそたに(=姓)。

鰧

魚10(21) 4 9368 9C27 トウ漢 蒸 téng おこぜ

意味 伝説上の魚の名。頭が大きく、海底で小魚を食す。

日本語での用法 《**おこぜ**》「鬼鰧おにおこぜ」▼カサゴ目の海魚。オコゼ類の総称。背びれに毒腺ドクセンを持つものが多い。虎魚おこぜ。

鰢

魚10(21) 4 9367 9C22 バ漢 馬 mǎ

意味 魚の名。

日本語での用法 《**つくら**》《**すばしり**》▼ボラの幼魚。

鰰

魚10(21) 2 8264 9C30 国字 はたはた

意味 海にすむ魚。**ハタハタ**。体長約二〇センチメートル。冬に、青森・秋田・山形県などの沿岸でとれる。カミナリウオ。鱩はたはた。〔「はたはた」は雷鳴の音。雷が鳴る時期にとれることから〕

鰩

魚10(21) 4 9369 9C29 ヨウ(エウ)漢 蕭 yáo

意味 ❶トビウオ科の海魚。トビウオ。アゴ。❷エイ目の海魚。エイ。

鰡

魚10(21) 2 8263 9C21 リュウ(リウ)漢 尤 liú ぼら

意味 ❶ハゼの一種。❷サメの一種。

日本語での用法 《**ぼら**》▼スズキ目ボラ科の魚。いわゆる出世魚の一つで、大きくなるにつれて、オボコ・スバシリ・イナ・ボラ・トドなどの順に名がかわる。鯔ぼら。

[鰥]

魚11(22) ⇩鰥カン(1487ページ)

鱇

魚11(22) 2 8265 9C47 国字 コウ kāng

意味 「鮟鱇アンコウ」は、海底にすむ魚。→鮟アン(1483ページ)

参考 もと魚の「アンコウ」を示すのに「鮟鱇」とした国字だが、現在は中国でも使われる。

[鰲]

魚11(22) ⇩鼇ゴウ(1510ページ)

鱆

魚11(22) 2 8267 9C46 ショウ(シャウ)漢 陽 zhāng たこ

意味 海中にすむ軟体動物。**タコ**。章魚ショウギョ。〔日本では「鮹」「蛸」「章魚」と書く〕

鰷

魚11(22) 4 9374 9C37 チョウ(テウ)漢 ジョウ(デウ)呉 蕭 tiáo

意味 コイ科の淡水魚。ハエ。ハヤ。

鰶

魚11(22) 4 9373 9C36 セイ漢 霽 jì このしろ

意味 ニシン科の海魚。**コノシロ**。

鱈

魚11(22) 1 3513 9C48 国字 セツ xuě たら

意味 北洋の深海にすむ魚。**タラ**。体長約七〇センチメートル。肝臓から油がとれる。例 干鱈ひだら。

参考 もと国字だが、現在は中国でも使われる。

鰺

魚11(22) 2 8245 9C3A ソウ(サウ)漢 豪 sāo あじ(あぢ)

[鯵] 魚8(19) 1 1619 9BF5 俗字。

意味 なまぐさい。臊ソウ。

日本語での用法 《**あじ**》「鰺あじの塩焼しおやき・鰺あじのたたき」▼アジ科の近海魚で、体長二〇—三〇センチメートル。

鰼

魚11(22) 3 9449 9C41 チク漢 屋 zhú

意味 ❶イルカの一種。ヨウスコウカワイルカ。❷魚のうきぶくろ。例 鰼鮧チクイ(=魚のうきぶくろで作ったしおから)。

難読 鰼鮧うるか・鰼鱗うるか

鰾

魚11(22) 2 8268 9C3E ヒョウ(ヘウ)漢 篠 biào ふえ・うきぶくろ

意味 魚の腹中にあって、浮き沈みの調節や肺の役割をするふくろ。**ふえ**。**うきぶくろ**。例 鰾膠ヒョウコウ｜にべ｜にかわ(=にかわ。にべ)。

鰻

魚11(22) 1 1723 9C3B バン漢 マン呉 寒 mán うなぎ

意味 ウナギ科の魚。**ウナギ**。深海で産まれ、成魚となってからは川や湖沼にすむ。からだは細長い。例 鰻重ジュウうな。養鰻ヨウマン。

鱅

魚11(22) 4 9375 9C45 ヨウ漢 冬 yóng

意味 ❶伝説上の海魚の名。 ❷コイ科の淡水魚。コクレン。黒鰱(コクレン)。

日本語での用法 《このしろ》▼ニシン科の海魚。

鰱 魚11(22) 4 9372 9C31 レン 漢 先 lián

意味 コイ科の淡水魚。レンギョ。鰱魚(レンギョ)。白鰱(ハクレン)。

日本語での用法 《たなご》▼コイ科の淡水魚。

鱊 魚12(23) 4 9379 9C4A イツ(キツ) 漢 質 yù いさざ

意味 コイ科の淡水魚。バラタナゴ。

日本語での用法 《いさぎ》▼シロウオの別称。

鱛 魚12(23) 4 9383 9C5B 国字 えそ

意味 エソ科の海魚。**エソ**。

鱚 魚12(23) 2 8269 9C5A 一キ 漢 支 xī 二キ xǐ きす

意味 一あきらか。通熹(キ)。 二キス科の海魚。〔日本語での意味が使われるようになったもの〕

日本語での用法 《きす》「鱚(きす)のフライ」▼キス科の海魚。シロギス・アオギス・ホシギスなど。食用とする。

鰹 魚12(23) 1 1979 9C39 ケン 漢 先 jiān かつお(かつを)

意味 タイワンドジョウ科の淡水魚。カムルチー。雷魚。

日本語での用法 《かつお》「鰹節(かつおぶし)」▼温帯や熱帯の海にすむサバ科の魚。マグロに似ているが、からだに青い線がある。干しても食べる。

難読 学鰹(まながつお)

鱏 魚12(23) 3 9450 9C4F シン(シム) 漢 ジン(ジム) 呉 侵 xún えい(えひ)

意味 長江・黄河に産する淡水魚。シナヘラチョウザメ。

日本語での用法 《えい》▼海にすむ軟骨魚類。ひし形の平たいからだに、長い尾をもつ。

𩻛 魚12(23) 4 9380 29EDB シン(シム) 漢 侵 cén めいただき

意味 チョウザメの一種。

日本語での用法 《めいただき》▼メダカの別称。

鱘 魚12(23) 4 9382 9C58 シン(シム) 漢 ジン(ジム) 呉 侵 xún

意味 ❶チョウザメ科の魚。チョウザメ。 ❷白鱘(ハクジン)。ハシナガチョウザメ。

鱓 魚12(23) 3 9452 9C53 一セン 漢 銑 shàn 二タ 漢 歌 tuó うつぼ・ごまめ

意味 一タウナギ科の淡水魚。タウナギ。通鱔(セン)。 二アリゲーター科の爬虫(ハチュウ)類。ヨウスコウワニ。通鼉(タ)。

日本語での用法 一《うつぼ》▼ウツボ科の海魚。ウナギに似る。 二《ごまめ》▼カタクチイワシの幼魚の素干し。田作り。

鱔 魚12(23) 4 9381 9C54 セン 漢 銑 shàn

意味 タウナギ科の淡水魚。タウナギ。

鱒 魚12(23) 1 4380 9C52 人 ソン 漢 阮 zūn ます

[鱒] 魚12(23) ── 俗字。

なりたち  [形声]「魚(=うお)」と、音「尊(ソン)」とから成る。赤目の魚。

意味 ❶コイ科の淡水魚。紅眼魚。カワアカメ。 ❷海にすむサケ科の魚。**マス**。サケに似ているが、やや小さい。初夏に産卵のため川をさかのぼる。

古訓 中古 なこ・ます・めあかし 中世 ます・めあかし 近世 あめ・うぐひ・ます

鱝 魚12(23) 4 9384 9C5D フン 漢 吻 fèn えい(えひ)

意味 軟骨魚類。**エイ**。例 赤鱝(あかえい)。

[鱉] 魚12(23) ⇩鼈(ベツ)(1511ページ)

𩻩 魚12(23) 4 9377 29EE9 国字 まぐろ・しび

意味 サバ科の海魚。**マグロ**。

[鱗] 魚12(23) ⇩鱗(リン)(1489ページ)

鰀 魚13(24) 4 9388 9C6B 国字 アイ

意味 「鰀鱜(アイキョウ)」は、越年したアユ。また、子持ちアユの塩漬けを干した食品。

鱠 魚13(24) 2 8270 9C60 カイ(クヮイ) 漢 泰 kuài なます

意味 細く切った魚肉。**なます**。通膾(カイ)。

鱜 魚13(24) 4 9376 9C5C 国字 キョウ

意味 「鰀鱜(アイキョウ)」は、越年したアユ。また、子持ちアユの塩漬けを干した食品。

鱥 魚13(24) 3 9454 9C65 ケイ(クェイ) 漢 霽 guì うぐい(うぐひ)

意味 ❶スズキ科の淡水魚。ケイギョ。 ❷コイ科の淡水魚。**ウグイ**。

鱟 魚13(24) 4 9385 9C5F コウ 漢 有 hòu

意味 カブトガニ科の節足動物。カブトガニ。鱟魚(コウギョ)。

鱪 魚13(24) 4 9387 9C6A 国字 しいら

[鱰] 魚14(25) 4 9391 9C70 別体字。

意味 スズキ目の海魚。**シイラ**。

鱐 魚13(24) 3 9451 9C50 シュク 漢 屋 sù

意味 干し魚。 難読 鱐(しゃちほこ)

鱮 魚13(24) 4 9390 9C6E ショ 漢 語 xù たなご

意味 コイ科の淡水魚。レンギョ。

日本語での用法 《たなご》▼コイ科の淡水魚。

鱣 魚13(24) 3 9453 9C63 一セン 漢 銑 shàn 二テン 漢 先 zhān

意味 一❶タウナギ科の淡水魚。タウナギ。通鱔(セン)・鱓(セン)。 ❷「鱣序(センジョ)」は、学校のこと。 二チョウザメの一種。

日本語での用法 《うなぎ》▼ウナギ科の淡水魚。

鱩 魚13(24) 4 9386 9C69 国字 はたはた

意味 ハタハタ科の海魚。**ハタハタ**。

鱗 魚13(24) 1 4658 9C57 人 リン 漢 真 lín うろこ・こけら・こけ

［鱗］魚12(23) — 旧字体。

なりたち [形声]「魚（＝うお）」と、音「粦リン」とから成る。魚のうろこ。

意味 ❶魚類や爬虫ハチュウ類などのからだをおおい、身を保護する、かたい小片状のもの。**うろこ。こけら。** 例 魚鱗ギョリン。逆鱗ゲキリン。片鱗ヘンリン。❷魚類やうろこのある動物の総称。古語で、いろくず。例 鱗介リンカイ。鱗甲リンコウ。

古訓 中古 いるか・いろくづ・いろこ・こひ・つらぬ・まがる 中世 いろくづ・いろこ・うろくづ・うろこ 近世 いろくづ・いろこ・うろこ・こけら

【鱗羽】リンウ 魚類と鳥類。

【鱗雲】リンウン｜うろこぐも うろこ状の雲。

【鱗介】リンカイ 〔「介」は、甲羅や貝殻の意〕魚類と、甲殻類や貝類。魚介。

【鱗形】リンケイ｜うろこがた 日 うろこに似たかたち。例 —のつぼみ。

【鱗茎】リンケイ 日 地下茎の一種。短い茎のまわりに養分をたくわえた葉が、球形に密生したもの。ユリ根・ラッキョウ・タマネギなどに見られる。

【鱗甲】リンコウ ①〔うろこと甲羅の意〕魚類と甲殻類などの総称。②うろこ状の、かたい甲羅。③心の中のわだかまり。例 腹中有二鱗甲一フクチュウにリンコウあり（＝心の中にわだかまりがある）。〈蜀志・陳震伝〉④日 金属や革の小片を魚鱗のように配置して作った、よろい。また、よろいの小札こざね。

【鱗集】リンシュウ うろこが並ぶように、たくさん連なって集まる。群集すること。類 鱗萃リンスイ。

【鱗虫（蟲）】リンチュウ 魚類など、うろこのある動物。

【鱗比】リンピ うろこのように連なり並ぶこと。類 鱗次・鱗接・鱗羅。

【鱗布】リンプ うろこのようにびっしり敷きつめること。

【鱗文】リンブン 竜のうろこなど、うろこの模様。

【鱗粉】リンプン 日 チョウやガの羽の表面を覆う、うろこ状のこな。

【鱗片】リンペン うろこの一片。また、うろこ状をしたもの。

【鱗鱗】リンリン ①雲や波などの、うろこのように並んでいるさま。②うろこのように美しくあざやかなさま。

鱧 魚13(24) 2 8271 9C67 レイ 漢 薺 lǐ はも

意味 タイワンドジョウ科の淡水魚。ライギョ。通 鱺レイ。

［魚］13—19画▼鱧 鰼 鰿 鱶 鱵 鱲 鱷 鱸 鱺 ［鳥］0画▼鳥

日本語での用法 《はも》「鱧はもの骨切ほねきり」▼ウナギに似た細長い海魚。肉は白身で小骨が多く、骨切りをして吸いものや、かば焼きなどにする。

［鰼］魚14(25) ⇩鰼らしい（1489ジペー）

鰿 魚14(25) 4 9389 9C6D セイ 漢 霽 jì

意味 タチウオ科の海魚。タチウオ。

日本語での用法 《えつ》▼カタクチイワシ科の海魚。鰿魚えつ。

鱶 魚15(26) 2 8272 9C76 ショウ（シャウ）漢 養 xiǎng ふか

意味 干した魚。ひもの。

日本語での用法 《ふか》「鱶ふかの鰭ひれのスープ」▼大形のサメ。ワニザメ。

鱵 魚15(26) 4 9393 9C75 シン（シム）漢 侵 zhēn さより

意味 サヨリ科の海魚。**サヨリ。**

鱲 魚15(26) 4 9392 9C72 リョウ（レフ）漢 葉 liè

意味 コイ科の淡水魚。オイカワ。難読 鱲子からすみ（＝ボラなどの卵巣を塩漬けにして干して作った食品）

［鱷］魚16(27) ⇩鰐ガク（1486ジペー）

鱸 魚16(27) 2 8273 9C78 ロ 漢 虞 lú すずき

［鲈］魚4(15) 3 9435 9B72 俗字。

意味 ❶浅海にすむ、カジカ科の魚。鰓えらのように見える体紋から、四鰓魚シサイギョとも呼ばれる。夏に河川に進入する。古来、呉の松江の産（松江之鱸ショウコウのロ）は美味で有名。❷浅海にすむ魚。**スズキ。**夏に河川に進入する。日本では出世魚の一つで、セイゴ、フッコ、スズキと、呼び名が変わる。例 鱸膾ロカイ（＝スズキのなます）。

鱺 魚19(30) 4 9394 9C7A 一 レイ 漢 斉 lí 二 レイ 漢 薺 lǐ

意味 一 ウナギ科の淡水魚。ウナギ。二 タイワンドジョウ科の淡水魚。カムルチー。通 鱧レイ。難読 鰻鱺うなぎ

---

196 11画 鳥 とり とりへん部

尾の長いとりの形をあらわす。「鳥」をもとにしてできている漢字を集めた。

この部首に所属しない漢字

烏→灬 827 嶌→山 415 蔦→艹 1153

鳥 鳥0(11) 1 3627 9CE5 教2 チョウ（テウ）漢 呉 篠 niǎo とり

筆順

なりたち [象形] 長い尾と足のあるとりの形。

意味 ❶翼をもち空を飛ぶ動物の総称。**とり。** 例 鳥獣チョウジュウ。野鳥ヤチョウ。不死鳥フシチョウ。❷二十八宿のうち、南方の朱鳥七宿を指す。

古訓 中古 とり 中世 とり 近世 とり

参考 鳥取とっとり（＝県名）。

難読 鳥養とりかい・鳥屋とや・鳥羽とば・鳥甲とりかぶと

【鳥歌】チョウカ 鳥が鳴く。また、その鳴き声。

【鳥▼喙】チョウカイ ①とりのくちばし。鳥嘴チョウシ。②星宿の名。

柳宿（シリュウ｜シリュク）。

【鳥▼瞰図】（チョウカンズ） 日高い所から見下ろした視点でかいた絵図面や地図。俯瞰（フカン）図。

【鳥▼罟】（チョウコ） 鳥をとらえる網。類鳥羅。

【鳥語】（チョウゴ） ①鳥のことば。鳥声。例—を解する。②異民族の言語。〔鳥のさえずりのようで意味がわからないことから〕

【鳥▼竄】（チョウザン） 鳥が飛びたつように、ちりぢりに逃げかくれる。

【鳥▼嘴】（チョウシ） とりのくちばし。鳥喙（チョウカイ）。

【鳥獣】（チョウジュウ） とりやけもの。例—戯画。

【鳥人】（チョウジン） 日飛行家や、スキーのジャンプなどの飛ぶ競技にすぐれた選手などを、飛ぶ鳥にたとえていうことば。

【鳥声】（チョウセイ） とりの鳴きごえ。さえずり。

【鳥跡】（チョウセキ） ①とりの足あと。②漢字。〔黄帝（コウテイ）の時代に、蒼頡（ソウキツ｜ソウケツ）がとりの足あとを見て、文字を作ることを思いついたという伝説による〕

【鳥葬】（チョウソウ） 宗教上の理由で、遺体を山野に置いて鳥につ いばませる葬り方。チベット・内陸アジアの一部に見られる。

【鳥▼黐】（チョウチ） 日とりもち。

【鳥▼篆】（チョウテン） 書体の一つ。篆書の一種。〔鳥の足あとに似ていることから〕類鳥籀（チョウチュウ）。

【鳥道】（チョウドウ） 鳥でなければ通うことができないような険しい山道。類鳥路。

【鳥目】（チョウモク） 一①鳥の目。②日中央に穴のあいた昔のお金。〔中央の穴が「①」に似ていることから〕例お—を頂く。

二（とりめ） 日暗くなると、あたりが見えなくなる、目の病気。ビタミンAの不足で起こる。夜盲症。

【鳥類】（チョウルイ） 脊椎（セキツイ）動物の一つ。全身に羽毛があり、くちばし、二つの翼、二本の足をもつ。卵生。多くは空を飛ぶ。

【鳥▼哢】【鳥弄】（チョウロウ） 鳥の鳴き声。

【鳥籠】（チョウロウ｜とりかご） 鳥を入れて飼うためのかご。

【鳥居】（とりい） 日神社の入り口に立ててある、二本柱の門。

【鳥肌】【鳥膚】（とりはだ） 日（寒さや恐ろしさで）毛穴が収縮して鳥の皮膚のように、ぶつぶつになった、はだ。例—が立つ。

●益鳥（エキチョウ）・害鳥（ガイチョウ）・千鳥（ちどり）・白鳥（ハクチョウ）・留鳥（リュウチョウ）

鳦
鳥1（12） 4 9401 9CE6 イツ漢 質 yǐ

意味 ツバメ科の鳥。ツバメ。

［鳫］
鳥2（13） ⇩雁（ガン）（1406ページ）

鳩
鳥2（13） 1 4023 9CE9 人 キュウ（キウ）漢 ク呉 尤 jiū はと

なりたち  ［形声］「鳥（＝とり）」と、音「九（キュウ）」とから成る。ハト。

意味 ❶ハト科の鳥。**ハト**。キジバト。例鳩舎（キュウシャ）。伝書鳩（デンショばと）。❷カッコウ科の鳥。カッコウ。例鳩居（キュウキョ）。❸あつまる。あつめる。通糾。例鳩合（キュウゴウ）。鳩首（キュウシュ）。❹安定させる。やすんじる。

古訓 中古あつまる・あつむ・いへばと・はと・やまばと 中世あつまる・はと・やまばと 近世あつまる・きじばと・はと・やすんず・やまばと

人名 あつむ・やす

難読 斑鳩（いかるが）・鳩尾（みずおち｜みぞおち｜うまめ｜うましほむね）

【鳩居】（キュウキョ） ①女性が嫁いで夫の家をわが家とすること。〔カッコウはカササギの巣にすむということから〕例維鵲有レ巣、維鳩居レ之（これかささぎすあれば、これはとこれにおる）（＝カササギに巣があり、カッコウがそこにすみこむ）。〈詩経・召南・鵲巣〉②仮住まいや粗末な家のたとえ。

【鳩合】（キュウゴウ） 集める。また、集まる。糾合。類鳩集。

【鳩舎】（キュウシャ） 日伝書バトを飼うための小屋。

【鳩首】（キュウシュ） 日みんなが集まって相談する。例—協議する。

【鳩▼杖】（キュウジョウ｜はとづえ） 上部にハトの飾りがついた、つえ。長寿の功臣の慰労のため、天子から与えられた。〔ハトは飲食のとき、むせないということによる〕

【鳩巣】（キュウソウ） ①ハトの巣。②粗末な住まい。〔ハトは巣づくりが下手なことから〕

【鳩尾】（キュウビ） ①胸と腹のあいだの、くぼんでいるところ。みずおち。みぞおち。心窩（シンカ）。②日「鳩尾の板」の略。よろいの左の肩ひもの上をおおう鉄板。ハトの尾の形をしている。

【鳩派】（はとハ） 日ものごとをおだやかに解決しようとする人々。穏健派。対鷹派（たかハ）。

【鳩笛】（はとぶえ） 日ハトの鳴き声に似た音を出す、また、ハトの形をした、素焼きの笛。

【鳩麦】（はとむぎ） 日イネ科の一年草。実や種は食用・薬用となる。種子は薏苡仁（ヨクイニン）。

【鳩胸】（はとむね） 日（ハトの胸のように）前方に張り出した胸部。

【鳩目】（はとめ） 日ひもを通すために靴や紙ばさみなどにあけた円い穴。また、そこにつけた円い金具。

鳰
鳥2（13） 2 8276 9CF0 国字 にお（にほ）

意味 カイツブリ科の水鳥。**にお**。カイツブリの古名。例鳰海（におのうみ）（＝琵琶湖（ビワコ）の別名）。

鳧
鳥2（13） 2 8274 9CE7 フ漢呉 虞 fú けり・かも

［凫］
几7（9） 2 8275 9CEC 別体字。

意味 カモに似た水鳥。野ガモ。

日本語での用法 《けり》①▼水辺にすむチドリ科の鳥。②「鳧（けり）がつく・鳧（けり）をつける・鳧鴨（けりかも）（＝助動詞「けり」と助詞「かも」が多く使われることから、和歌や歌人をひやかしていうことば）」▼詠嘆の助動詞「けり」のあて字。また、文末によく用いられるので、ものごとの結末や決着の意をあらわす。〔『万葉集』や『和名抄（ワミョウショウ）』では、カモ〕

【鳧翁】（フオウ） ①雄ガモ。②カモの首の毛。

【鳧舟】（フシュウ） カモの形をした小舟。類鳧船。

【鳧藻】（フソウ） 〔水鳥が水藻（みずも）にたわむれる意〕喜びさわぐ。はしゃぐ。

鳶
鳥3（14） 1 3848 9CF6 人 エン漢 先 yuān とび・とんび

なりたち  ［形声］本字は「鳥（＝とり）」と、音「弋（キゲ）…▼（エン）」とから成る。猛禽（モウキン）の名。

意味 ワシタカ科の鳥。**トビ**。くちばしの先端が、とがって下に曲がる。ピーヒョロロと鳴いて輪をえがいて飛ぶ。**とんび**。例鳶肩（エンケン）。紙鳶（シエン）（＝凧（たこ））。

日本語での用法 《とび》「鳶職（とびショク）・加賀鳶（かがとび）」▼「鳶（とび）の者」の略。江戸時代の火消し。また、現在では建設作業で、高い所で仕事をする人をいう。

古訓 中古とび 中世とび 近世とび

【鳶肩】（エンケン） トビのような、いかった肩。怒り肩（がた）。例鳶肩豺目（エンケンサイモク）（＝怒り肩で山犬のような鋭い目）。〈後漢書・梁冀伝〉

【鳶尾】（エンビ） アヤメ科の多年草、イチハツ。

【鳶飛魚躍】（エンピギョヤク｜とびとんでうおおどる） 〔鳥や魚がのびのびと満足しているさまから〕君子の徳が天下に行きわたっていること。

11画

［鳥］1—3画▼ 鳦 鳫 鳩 鳰 鳧 鳶

〈詩経・大雅・旱麓〉から〕

【鳶色】とびいろ 日トビの羽の色のような茶褐色。こげ茶色。例—の大きな瞳(ひとみ)。

鳲

鳥3（14） 4 9402 9CF2 シ㊥漢 支 shī

意味 「鳲鳩(シキュウ)」は、カッコウ科の鳥。カッコウ。

鳳

鳥3（14） 1 4317 9CF3 人 ホウ㊥漢 送 fèng おおとり（おほとり）

なりたち 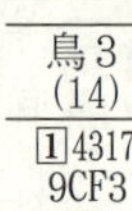[形声]「鳥(=とり)」と、音「凡(ハン→ホウ)」とから成る。おおとり。

意味 ❶昔の中国で、めでたいときにあらわれると考えられた、想像上の鳥。**おおとり**。「鳳」は雄、雌は「凰(オウ)」。例鳳凰(ホウオウ)。瑞鳳(ズイホウ)(=めでたいしるしとしてあらわれた、おおとり)。❷天子に関する事物につけることば。例鳳輦(ホウレン)。❸聖人やすぐれた人物のたとえ。例鳳穴(ホウケツ)。

古訓 中世をんどり 近世おほとり

人名 たか

【鳳▼掖】ホウエキ 太子の宮殿・宮廷。

【鳳▼凰】ホウオウ 昔、すぐれた天子の世になるとあらわれるといわれた、中国の想像上のめでたい鳥。「鳳」は雄、「凰」は雌、とされる。類鳳鳥。

【鳳▼駕】ホウガ ①(屋根に黄金の鳳凰(ホウオウ)の飾りがついている)天子の乗り物。②仙人の乗り物。▽類鳳車。

【鳳蓋】ホウガイ ①天子の乗り物のおおい。②天子の乗り物。

【鳳挙】ホウキョ ①天子の使者が遠方へ行く。〔鳳凰(ホウオウ)が空高く飛び立つことにたとえた〕②高く舞いあがる。③高位に昇進する。④退官して遠隔地へ行く。

【鳳穴】ホウケツ すぐれた文人たちが集まる所。

【鳳▼闕】ホウケツ ①宮城の門。〔門の上に銅製の鳳凰(ホウオウ)が飾ってあったことから〕②宮城。

【鳳姿】ホウシ 鳳凰(ホウオウ)のようにけだかい容姿。

【鳳字】ホウジ ①〔「鳳」の字を分解すると「凡」と「鳥」となることから〕凡人をあざけっていう隠語。②〔鳳凰(ホウオウ)の雌を指すことから〕皇太后・皇后などのたとえ。

【鳳▼峙】ホウジ 鳳凰(ホウオウ)のように堂々と立派に立つ。また、威厳のあるさま。

【鳳▼翔】ホウショウ 〔鳳凰(ホウオウ)が飛ぶ意〕威勢が盛んなこと。

【鳳詔】ホウショウ 天子の詔書。みことのり。

【鳳城】ホウジョウ 宮城。また、帝都。

【鳳▼雛】ホウスウ ①鳳凰(ホウオウ)のひな。②大人物になる資質をもった子供。③まだ世にあらわれていない英雄。臥竜(ガリョウ)。伏竜(フクリョウ)。例—の出現を待つ。

【鳳声】ホウセイ ①鳳凰(ホウオウ)の鳴き声。②日手紙の用語で、他人にたのむ伝言を敬っていうことば。鶴声(カクセイ)。例お父上にもご—のほど願い上げます。

【鳳仙花】ホウセンカ ツリフネソウ科の一年草。夏に赤・白・紫などの花が咲く。実が熟すると種がはじけ出る。

【鳳池】ホウチ ①「鳳凰池(ホウオウチ)」の略。宮中にある池。②中書省。また、宰相。〔「①」のそばにあったことから〕③宮中。

【鳳徳】ホウトク 〔鳳凰(ホウオウ)の徳の意〕立派な徳。

【鳳舞】ホウブ 〔鳳凰(ホウオウ)が舞う意〕①太平の世のたとえ。②すぐれた舞。例—鸞歌(ランカ)(=すぐれた歌舞)。

【鳳毛】ホウモウ 〔鳳凰(ホウオウ)の毛の意〕①尊いもののたとえ。②子が父に似てすぐれていること。③文才や容姿がすばらしいこと。

【鳳▼輦】ホウレン ①行幸のときに天子が乗った輿(こし)。屋根の上に黄金の鳳凰(ホウオウ)の飾りがついている。類鳳輿(ホウヨ)。②仙人の乗る車。

鳴

鳥3（14） 1 4436 9CF4 教2 メイ㊥漢 ミョウ(ミャウ)㊥呉 庚 míng なく・なる・ならす

筆順 丨 口 叮 叩 咱 鳴 鳴 

なりたち [会意]「鳥(=とり)」と「口(=くち)」とから成る。鳥の声。また、(鳥が)声を出す。

意味 ❶鳥や獣が声を出す。**なく**。例鶏鳴(ケイメイ)。鹿鳴(ロクメイ)(=賓客をもてなす宴会)。❷音が出る。音を出す。**なる**。**ならす**。例鳴弦(メイゲン)。共鳴(キョウメイ)。雷鳴(ライメイ)。❸名声が広く伝わる。❹感情を吐露する。例鳴謝(メイシャ)。

古訓 中古いななく・いばゆ・なく・ならす・なる・ほゆ 中世いななく・なく・なる・ほゆる 近世なく・なる

人名 なり

【鳴神】なるかみ 日かみなり。いかずち。〔古い言い方〕

【鳴子】なるこ 日田畑をあらす鳥を追い払う道具。縄に下げた板に細い竹を並べてつけ、縄を引くと音が出るしかけ。

【鳴門】【鳴戸】なると 日①潮の干満のとき、大きな渦を巻き、音を立てる海峡。②「鳴門巻き」の略。切り口が渦巻き状になっている、かまぼこ。

【鳴▼珂】メイカ 〔「珂」は、貴人が乗るウマのくつわにつける玉や貝でできた飾り〕①珂を鳴らす。また、珂。②身分の高いこと。

【鳴琴】メイキン ①琴(キン)。②琴(キン)を演奏する。例鼓二鳴琴一(メイキンをこす)(=琴をかなでる)。③役人が清廉で、地方がよく治まっていること。〈呂覧・察賢〉

【鳴弦】【鳴▼絃】メイゲン ①琴(キン)を奏でる。また、琴や琵琶(ビワ)などの弦楽器。②日〔病気やもののけを追いはらうまじないとして〕弓のつるを鳴らす。

【鳴号】メイゴウ 鳴きさけぶ。

【鳴糸（絲）】メイシ 〔琴(キン)や琵琶(ビワ)などの〕弦楽器。

【鳴謝】メイシャ 心から厚く礼を述べる。

【鳴条】メイジョウ ①風に鳴る枝。②今の山西省安邑(アンユウ)県の北にあった地。殷(イン)の湯(トウ)王が夏(カ)の桀(ケツ)王を破った所。

【鳴▼箭】メイセン 先端にかぶら形の筒をつけた矢。風で音を立てて飛び、信号などに用いた。かぶらや。類鳴鏑(メイテキ)。

【鳴虫（蟲）】メイチュウ 秋にいい声でなく虫。

【鳴動】メイドウ 日山々や大地が大きな音を立てて、揺れ動く。例大山(タイザン)—して鼠(ねずみ)一匹(=大騒ぎをしたのに、実際はつまらない結果だったこと)。

【鳴▼吠】メイハイ ①ニワトリが鳴き、イヌがほえる。②低劣な技能。③反乱など騒動。

【鳴▼鑾】【鳴▼鸞】メイラン ①天子の車につける鈴。②天子の車。また、天子が外出すること。

●共鳴(キョウメイ)・鶏鳴(ケイメイ)・悲鳴(ヒメイ)・百家争鳴(ヒャッカソウメイ)・雷鳴(ライメイ)・鹿鳴(ロクメイ)

鴉

鳥4（15） 2 8277 9D09 ア㊥漢 麻 yā からす

[𩿎] 鳥4（15） 4 9405 29FCE 俗字。

[鵶] 鳥8（19） 4 9423 9D76 別体字。

[鴉] 鳥5（16） —— 俗字。

意味 ❶カラス科の鳥。**カラス**。例鴉鷺(アロ)。❷カラスの羽のように黒い。例鴉鬢(アビン)。❸⇩【鴉片】アヘン

【鴉▼鬟】アカン ①髪型の一つ。あげまき。また、それを結う年ごろの若い男女。②召し使いの女。③黒髪。

【鴉▼髻】アケイ 女性の黒髪。黒いまげ。

【鴉▼鬢】アビン 女性の真っ黒なびんの毛。

【鴉片】(アヘン) ⇩【阿片】(アヘン)(1391ジペ)
【鴉▼鷺】(アロ) ①黒いカラスと白いサギ。②黒と白。烏鷺(ウロ)。

[鴎] 鳥4(15) ⇩鷗(オウ)(1499ジペ)

[鴈] 鳥4(15) ⇩雁(ガン)(1406ジペ)

鴃 鳥4(15) 2 8280 9D03

一ケツ漢 屑 jué 二ゲキ慣 ケキ漢 錫 jú 三ケイ漢 霽 guì
もず

[鴂] 鳥4(15) 4 9404 9D02 本字。

意味 一ミソサザイ科の鳥。ミソサザイ。 二モズ科の鳥。**モズ**。通鵙(ゲキ)。例 鴃舌(ゲキゼツ)。 三ホトトギス科の鳥。ホトトギス。
【鴃舌】(ゲキゼツ) (モズの鳴き声のように)やかましく聞こえてくるが、意味のわからない、異民族のことば。例 南蛮—。

鴆 鳥4(15) 2 8281 9D06

チン(チム)漢 沁 zhèn

意味 ❶伝説上の毒鳥。この鳥の羽を酒にひたして飲むと、たちどころに死ぬという。例 鴆毒(チンドク)。 ❷「❶」の羽をひたして作った毒酒。また、それを用いて人を毒殺する。通酖(チン)。

【鴆酒】(チンシュ) 鴆の羽をひたして作った酒。毒酒。

【鴆毒】(チンドク) ①鴆の羽を酒にひたして作った毒薬。 ②猛毒。 ③毒酒で人を殺す。▽酖毒(チンドク)。

鴇 鳥4(15) 1 3830 9D07

ホウ漢 皓 bǎo
とき

意味 ❶ガンに似た鳥。ノガン。 ❷遊女。例 鴇母(ホウボ)(=遊女を取りしきる、やりて婆(ばば))。

日本語での用法 《とき》▼トキ科の鳥。全身は白く、翼はうすも色をおび、くちばしが長く前に曲がっている。特別天然記念物。国際保護鳥。朱鷺(シュロ|とき)。鴇(とき)。

鴋 鳥4(15) 4 9403 9D0B

ホウ(ハウ)漢 陽 fāng

意味 サギ科の鳥。オスメドリ。 **難読** 鴋沢(ざわ|ばん)(=姓)

[鴉] 鳥5(16) ⇩鴉(ア)(1492ジペ)

鴪 鳥5(16) 2 8282 9D2A

イツ漢 質 yù
と-ぶ

[鴥] 鳥5(16) 9D25 別体字。

意味 鳥が速く飛ぶさま。通鵻(ツイ)。

鴛 鳥5(16) 1 1785 9D1B

エン(ヱン)漢 オン(ヲン)呉 元 yuān
おしどり(をしどり)

意味 ガンカモ科の水鳥。オシドリの雄。〔「鴦」は、雌のオシドリ。また、雄の冬羽は非常に美しいことでも知られる〕例 鴛鴦(エンオウ)。鴛侶(エンリョ)。

【鴛▼鴦】(エンオウ|おしどり) ガンカモ科の水鳥。雌雄の仲がよい。例 —の契りを結ぶ(=夫婦になる)。—(おしどり)夫婦(=いつも一緒で仲のいい夫婦)。

【鴛▼衾】(エンキン) 夫婦がともに寝るときの夜具。オシドリの刺繡(シシュウ)がしてある。

【鴛行】(エンコウ) 朝廷に居並ぶ官吏の列。

【鴛侶】(エンリョ) ①オシドリのつがい。 ②配偶者。つれあい。 ③役人の同僚。

【鴛▼鷺】(エンロ) ①オシドリと、サギ。 ②朝廷に居並ぶ官吏。

鴨 鳥5(16) 1 1991 9D28 人

オウ(アフ)漢 洽 yā
かも

なりたち  [形声]「鳥(=とり)」と、音「甲(コウ→オウ)」とから成る。アヒル。

意味 ガンカモ科の家禽(カキン)。アヒル。例 家鴨(カオウ)(=アヒル)。

日本語での用法 《かも》①「野鴨(のがも)」▼ガンカモ科の水鳥。カモ。アヒルに似るが、やや小さい。 ②「妹(いも)に鴨(かも)あらむ」▼古代の和歌の中で、感動の助詞「かも」を示す。

古訓 中古 かも 中世 かも 近世 あひる・かも

人名 まさ

難読 鴨脚樹(いちょう)

【鴨脚】(オウキャク) イチョウの木の別名。〔葉の形がアヒルのあしに似ていることから〕
【鴨黄】(オウコウ) カモのひな。〔毛が黄色いことから〕
【鴨頭】(オウトウ) ①アヒルの頭。 ②〔カモの首が緑色であることから〕水の色の緑。
【鴨緑江】(オウリョクコウ) 朝鮮と中国との国境を流れて黄海に注ぐ川。水源は白頭山。
【鴨居】(かもい) 日 ふすまや障子を立てるところの、上の横木。溝があり、下の横木(=敷居)と対になる。対敷居。

鴦 鳥5(16) 2 8283 9D26

オウ(アウ)漢呉 陽 yāng
おしどり(をしどり)

意味 ガンカモ科の水鳥。オシドリの雌。例 鴛鴦(エンオウ)。

[鴬] 鳥5(16) ⇩鶯(オウ)(1498ジペ)

鴞 鳥5(16) 3 9457 9D1E

キョウ(ケウ)慣 ヨウ(エウ)漢 蕭 xiāo

意味 フクロウ科の鳥。フクロウ。通梟(キョウ)。例 鴟鴞(シキョウ)(=フクロウ)。
【鴞▼炙】(キョウシャ) フクロウのあぶり肉。美味とされる。

鴝 鳥5(16) 3 9456 9D1D

ク漢 虞 qú

[鸜] 鳥18(29) 4 9448 9E1C 別体字。

意味 「鴝鵒(クヨク)」は、ムクドリ科の鳥。ハッカチョウ。

鴣 鳥5(16) 2 8285 9D23

コ漢 虞 gū

意味 「鷓鴣(シャコ)」は、キジ科の鳥。→鷓(シャ)(1499ジペ)

鴟 鳥5(16) 2 8286 9D1F

シ漢呉 支 chī
とび・ふくろう(ふくろふ)

意味 ❶トビに似た鳥。ハイタカ。 ❷ネコに似た頭をもつ、肉食で夜行性の鳥。ミミズク。**フクロウ**。例 鴟梟(シキョウ)。 ❸⇩【鴟夷】(シイ)

【鴟▼夷】【鴟▼鶃】(シイ) 酒を入れる革の袋。

【鴟▼梟】【鴟▼鴞】(シキョウ) ①夜に活動する鳥、フクロウ。 ②凶悪な者。

【鴟顧】(シコ) 首だけを回して後ろを見る体操。古来の健康法の一つ。

【鴟視】(シシ) ①欲の深い、また、むごいことを平然とするような目つき。 ②頭をあげて上を見る体操。古来の健康法の一つ。

【鴟張】(シチョウ) フクロウが羽を広げたように、相手をおびやかす態度をとる。凶暴なさま。

【鴟尾】(シビ) 城や仏殿などの屋根の両端に取りつける、魚の尾の形の飾り。しゃちほこなど。とびのお。沓形(くつがた)。

【鴟目虎▼吻】(シモクコフン) 〔フクロウの目つきと、トラの口つきの意〕凶暴で貪欲(ドンヨク)な顔つき。〈漢書・王莽伝中〉

11画
[鳥] 4—5画▼鴎 鴈 鴃 鴂 鴆 鴇 鴋 鴉 鴪 鴥 鴛 鴨 鴦 鴬 鴞 鴝 鴣 鴟

鴫 鳥5(16) 1 2818 9D2B 国字 しぎ

意味 シギ科の水鳥。**シギ**。長いくちばしと長い足をもち、海岸や湿地、たんぼなどに群れをなしてすむ。イソシギ・ハマシギ・タシギなど。例 磯鴫(いそしぎ)。

鴕 鳥5(16) 2 8288 9D15 タ漢 ダ呉 歌 tuó

意味 熱帯の草原にすむ大きな鳥。ダチョウ。首と足が長く、飛べないが、走るのは速い。通 駝(ダ)。

鴑 鳥5(16) 4 9406 9D11 ド漢 虞 nú

意味 ミフウズラ科の鳥。ミフウズラ。 難読 鴑沼(ぬまうそ)(=山形県の地名)・尾鴑(おぬか)(=姓)

鴘 鳥5(16) 4 9408 9D18 ヘン漢 銑 biǎn

意味 二歳のタカの羽の色。例 鴘鷹(ヘンヨウ)(=二歳のタカ)。

難読 鴘田(ときた)(=姓)

鴗 鳥5(16) 4 9407 9D17 リュウ(リフ)漢 緝 lì

意味 カワセミ科の鳥。ソニドリ。

鴒 鳥5(16) 2 8289 9D12 レイ漢 青 líng

意味 「鶺鴒(セキレイ)」は、セキレイ科の小鳥。→鶺(セキ)(1498ページ)

𪀯 鳥6(17) 4 9409 2A02F 国字 うそ

意味 地名などに用いる字。例 𪀯張(うそばり)(=福島県の地名)。

鵂 鳥6(17) 4 9414 9D42 キュウ(キウ)漢 尤 xiū

意味 フクロウ科の鳥。ミミズク。 難読 鵂鶹(いいどよ)(=フクロウの古名)

鴻 鳥6(17) 1 2567 9D3B 人

一 コウ漢 ゴウ呉 東 hóng
二 コウ漢 董 hǒng
三 コウ漢 送 hòng
おおとり(おほとり)

なりたち  [形声]「鳥(=とり)」と、音「江(コウ)」とから成る。オオハクチョウ。

意味 一 ❶ガン類の大きな鳥。また、ハクチョウの類。**おおとり**。❷手紙。便り。また、それを運ぶ人。❸ 例 鴻鵠(コウコク)。鴻毛(コウモウ)。洪水。大水。通 洪。❹大きい。すぐれた。盛んな。通 洪。例 鴻業(コウギョウ)。 二 ⇩【鴻濛(コウモウ)】 三 ⇩【鴻洞(コウドウ)】

古訓 中古 おほきなり・かり 中世 おほいなり・かり・かりがね・ひしくひ 近世 おほがり・かり・ひしくひ

人名 つよし・とき・ひろ・ひろし

【鴻恩(コウオン)】大きな恵み。大恩。洪恩。

【鴻▼雁(コウガン)】①ガン。カリ。秋の渡り鳥。〔大形のものを「鴻」、小形のものを「雁」という〕②さすらいの民。

【鴻基(コウキ)】帝王がおこなう大事業の基礎となるもの。

【鴻業(コウギョウ)】大きな仕事。大事業。特に、帝王の大業。

【鴻荒(コウコウ)】大昔。太古。

【鴻溝(コウコウ)】①河南省滎陽(ケイヨウ)県あたりを流れる川。漢の劉邦(リュウホウ)(=高祖)と楚(ソ)の項羽とが天下を二分したときの境界線となった。②大きな隔たり。ものごとの区分。

【鴻号(コウゴウ)】偉大な名。天子の名。

【鴻▼鵠(コウコク)】オオハクチョウなどの大きな鳥。

【鴻▼鵠▼之志(コウコクのこころざし)】大人物がいだいている大志。↓

【燕雀安知二鴻鵠之志一哉(エンジャクいずくんぞコウコクのこころざしをしらんや)】(841ページ)

【鴻儒(コウジュ)】偉大な儒学者。大儒(タイジュ)。

【鴻緒(コウショ)】国を治める帝王の大事業。

【鴻爪(コウソウ)】ガンが北へ帰るとき、雪や泥につめあとを残すが、やがて消えてしまうこと。頼りがいのないことをいう。→【雪泥鴻爪(セツデイのコウソウ)】(1415ページ)

【鴻大(コウダイ)】非常に大きい。巨大。広大。

【鴻図(コウト)】①大きな計画。洪図(コウト)。②広い領土。

【鴻都(コウト)】①漢代の宮門の一つ。内部に学校や書庫が設置された。②洛陽(ラクヨウ)。また、都。例 臨邛道士鴻都客(リンキョウのドウシコウトのキャク)(=臨邛からやって来た道士で都に滞在中の客人)。〈白居易・長恨歌〉

【鴻洞(コウドウ)】【鴻▼絅(コウトウ)】①(天と地が分かれていない)混沌(コントン)としたさま。②果てもなく連なっているさま。

【鴻範(コウハン)】天下を治めるための偉大な規範。大法。

【鴻筆(コウヒツ)】すぐれた文章。また、それを書くこと。

【鴻名(コウメイ)】大きな名誉・名声。立派な名前。

【鴻毛(コウモウ)】おおとりの羽。非常に軽いものにたとえる。例 死或重二於泰山一、或軽二於鴻毛一(シはあるいはタイザンよりおもく、あるいはコウモウよりかろし)(=死には泰山より重いものもあれば、鴻毛より軽いものもある)。〈司馬遷・報任少卿書〉

【鴻▼蒙】【鴻▼濛(コウモウ)】①天地の気。自然の気。〔一説に、海上の気〕②(天地がまだ分かれていない)はっきりとしないさま。③(太陽の出る)東方の野。④広大なさま。

【鴻門(コウモン)】今の陝西(センセイ)省にある地名。関中の地を争う劉邦(リュウホウ)(=漢の高祖)と楚(ソ)の項羽が会見した「鴻門の会」で名高い。

【鴻▼臚(コウロ)】①外国の使節を接待する役目の官。官庁は「鴻臚寺」、長官は「鴻臚卿(ケイ)」といった。②日「鴻臚館」の略。平安時代、京都、難波(なにわ)、太宰府(ダザイフ)などにあった、外国の使者の接待所。

鵁 鳥6(17) 2 8290 9D41 コウ(カウ)漢 肴 jiāo

意味 「鵁鶄(コウセイ)」は、サギ科の水鳥。アカガシラサギ。また、ゴイサギ。

鴿 鳥6(17) 2 8291 9D3F コウ(カフ)漢 ゴウ(ガフ)呉 合 gē いえばと(いへばと)・どばと・はと・やまばと

意味 ハト科の鳥の総称。**ハト**。例 鳩鴿(キュウコウ)(=ハト)。

鴴 鳥6(17) — 9D34 コウ(カウ)漢 庚 héng ちどり

意味 チドリ科の鳥の総称。**チドリ**。鵆(ちどり)。

鵄 鳥6(17) 2 8287 9D44 シ漢呉 支 chī とび

意味 タカ科の鳥。**トビ**。例 金鵄(キンシ)(=日本の建国説話に見える金色のトビ)。

鴲 鳥6(17) 4 9412 9D32 シ漢 支 zhī しめ

意味 アトリ科の小鳥。**シメ**。

［鴜］ 鳥6(17) ⇩雌(シ)(1411ページ)

𪀚 鳥6(17) 4 9411 2A01A シュウ漢 東 sōng

意味 タカ科の鳥。ツミ。 難読 雀𪀚(えっさい)(=ツミの雄)

鵆 鳥6(17) 2 8293 9D46 国字 ちどり

意味 チドリ科の鳥の総称。**チドリ**。千鳥(ちどり)。
参考 中国では、「鴴(コウ)」。

鵃
鳥6(17) 3 9458 9D43
一 トウ(タウ)漢
チョウ(テウ)呉 肴 zhōu
二 チョウ(テウ)漢 篠 diāo

意味 一 ❶「鶻鵃(コツチョウ)」は、ハトの一種。❷「鵃鵝(トウガ)」は、伝説上の鳥の名。二「鵃舠(チョウリョウ)」は、細長い形の快速船。
難読 鵃岳(びしゃごだけ)(=鹿児島県の山名)・鵃沢(みさござわ)(=福島県の地名)

鴾
鳥6(17) 3 9459 9D47 国字
とき

意味 トキ科の鳥。**トキ**。鴇(とき)。鵇(とき)。例 鴾色(ときいろ)(=灰色をおびた淡紅色)。

鵈
鳥6(17) 2 8294 9D48 国字
とび・ひえどり

意味 ❶**トビ**。❷ヒヨドリ。**ヒエドリ**。❸ミサゴ。

鴾
鳥6(17) 2 8292 9D3E
ボウ漢 尤 móu
つき・とき

意味 「鴾母(ボウボ)」は、ウズラの一種。中国に夏に来る渡り鳥。
日本語での用法 《つき》《とき》「鴾毛(げつき)」▼「鴇(とき)」に同じ。
【鴾毛】(げつき) 日 赤みをおびたウマの毛色。また、そのウマ。月毛。

鴮
鳥6(17) 4 9413 4CD1
ユウ(イウ)漢 有 yǒu
あじ(あぢ)

意味 キジ科の鳥の一種。
日本語での用法 《あじ》▼カモ科の鳥。アジガモ。

鵞
鳥7(18) 2 8302 9D5E
ガ漢 歌 é

[鵝]
鳥7(18) 2 8301 9D5D
別体字。

意味 ガンカモ科の家禽(カキン)。ガンを飼いならしたもの。飛べない。ガチョウ。鵞鳥(ガチョウ)。例 鵞毛(ガモウ)。

難読 鵞腸草(はこべ)・天鵞(くぐい)・天鵞絨(ビロード)

【鵞眼】(ガガン) 唐代、穴のあいた銭。穴あき銭。また、銭の別称。

【鵞黄】(ガコウ) 〔ガチョウのひなの毛が黄色いことから〕黄色。また、黄色く美しいものの形容。

【鵞口▼瘡】(ガコウソウ) 口内炎のように、口の中にたくさんの白い斑点(ハンテン)ができる病気。幼児に多い。

【鵞鳥】(ガチョウ) 日 野生のガンを飼いならして家畜とした鳥。

【鵞毛】(ガモウ) ①ガチョウの羽。②雪やヤナギのわたなど、ごく軽いもののたとえ。〔ガチョウの羽が白くて軽いことから〕例 身の軽きこと―の如(ごと)し。

鵤
鳥7(18) 2 8303 9D64
カク
いかる・いかるが

意味 字義未詳。〔一説に、音「サン」〕
日本語での用法 《いかる》《いかるが》「鵤(いかるが)(=兵庫県の地名)・鵤木町(いかるぎチョウ)(=栃木県の地名)」▼アトリ科の小鳥。イカル。〔おもに地名や人名に用いる字〕

鵊
鳥7(18) 4 9415 9D4A
コウ(カフ)漢 キョウ(ケフ)呉 洽 jiá

意味 カッコウ科の鳥。ホトトギス。

鵟
鳥7(18) 4 9416 9D5F
キョウ漢 陽 kuáng

意味 タカ科の鳥。ノスリ。
難読 沢鵟(チュウヒ)(=タカ科の鳥)

鵙
鳥7(18) 2 8306 9D59
ゲキ慣 ケキ漢 錫 jú
もず

意味 モズ科の鳥。**モズ**。スズメに似るが、尾が長い。性質は荒く、昆虫やカエルなどの小動物をとって食べる。

鵑
鳥7(18) 2 8304 9D51
ケン漢 先 juān
ほととぎす

意味 ホトトギス科の鳥。**ホトトギス**。杜鵑(トケン)。

鵠
鳥7(18) 1 2584 9D60
一 コク漢 沃 hú
二 コク漢呉 沃 gǔ
くぐい(くぐひ)

意味 一 ❶湖沼にすむ大形の水鳥。白鳥。**くぐい**。からだは白く、首は長く、天高く飛ぶ。例 鴻鵠(コウコク)。❷白い。例 鵠髪(コクハツ)。二 弓を射る的の中心。例 正鵠(セイコク)(=弓を射る的の中心)。
難読 鵠沼(くげぬま)(=神奈川県の地名)
【鵠志】(コクシ) ⇩【鴻鵠之志】(コウコクの こころざし)(1494ページ)
【鵠的】(コクテキ) 弓の的(まと)。
【鵠髪】(コクハツ) 白髪。しらが。霜髪。
【鵠望】(コクボウ) ハクチョウのように首をのばし、足をつま立てて待ち望む。類 鵠企・鵠立。

鵢
鳥7(18) 4 9417 9D62
シン漢 真 shēn

意味 鳥の名。
難読 鵢崎(みさざき)(=岩手県の地名)

[鵗]
鳥7(18)
⇩ 鵗(キセ)(1498ページ)

鵜
鳥7(18) 1 1713 9D5C 人
テイ漢 斉 tí
う

なりたち 【形声】「鳥(=とり)」と、音「弟(イテ)」とから成る。ペリカン。
意味 「鵜鶘(テイコ)」は、ペリカン。伽藍鳥(ガランチョウ)。
日本語での用法 《う》「鵜匠(うショウ)・鵜飼(うかい)・鵜養(うかい)・鵜呑(うのみ)」▼黒色の水鳥。長いくちばしで魚をとらえ、のどの袋にたくわえる。
古訓 中古 う・つぶり 中世 う 近世 う
【鵜匠】(うショウ|うジョウ) 日 ウを飼いならしてアユなどの魚をとらせる人。鵜飼い。

鵐
鳥7(18) 2 8305 9D50
ブ漢 虞 wú
しとど

意味 ホオジロ科の小鳥の総称。**しとど**。

鵒
鳥7(18) 3 9460 9D52
ヨク漢 沃 yù

意味 「鴝鵒(クヨク)」は、ムクドリ科の鳥。ハッカチョウ。

鶆
鳥7(18) 3 9461 9D63
ライ漢 泰 lài

意味 鳥の名。
難読 鶆川(うがわ)(=姓)・鶆(おしどり)

[鵶]
鳥8(19)
⇩ 鴉(ア)(1492ページ)

鶍
鳥8(19) 4 9427 9D8D 国字
いすか

意味 アトリ科の鳥。**イスカ**。くちばしの上下が食い違っている。
例 鶍(いすか)の嘴(はし)(=ものごとが食い違っていること)。

鵷
鳥8(19) 4 9424 9D77
エン(ヱン)漢 元 yuān

意味 ❶鳳凰(ホウオウ)に似た伝説上の鳥の名。また、朝廷の百官をたとえる。❷ガンカモ科の水鳥。オシドリの雄。通 鴛(エン)。
【鵷▼鴻】(エンコウ) 朝廷に百官が居並ぶさま。

【鵷▼雛】エンスウ ①鳳凰に似た伝説上の鳥。②鳳凰のひな。才能があり有望な青年をたとえる。

【鵷▼鸞】エンラン ①鵷と鸞。伝説上のめでたい鳥。鴛鸞エンラン。②朝廷に居並ぶ官吏。鵷列。鵷鷺エンロ。③賢者。

【鵷列】エンレツ 朝廷に居並ぶ百官の行列。㊜鵷行エンコウ・鵷班・鵷鸞エンラン。

【鵷▼鷺】エンロ 鵷雛エンスウとサギ。飛ぶ姿が整然としているところから、朝廷の百官の並ぶさまにたとえる。

鶾

鳥8（19） 4 9421 2A082

カン 漢 寒 hàn

意味 ❶祭礼の供物とする肥えたニワトリ。翰音カンオン。❷キジ科の鳥。キンケイ。錦鶏キンケイ。

鶏

鳥8（19） 1 2360 9D8F 常用

ケイ 漢 呉 斉 jī

にわとり（にはとり）・とり

［鷄］鳥10（21） 2 8317 9DC4 人 旧字体。

［雞］隹10（18） 3 9366 96DE 本字。

［鸂］隹8（16） 4 9181 28FF8 俗字。

筆順

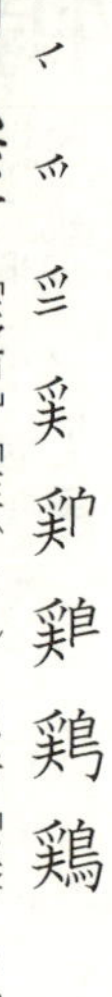

なりたち

［形声］「隹（＝とり）」と、音「奚ケイ」とから成る。ニワトリ。

意味 肉や卵を食用にするために飼われる鳥。**ニワトリ**。例 鶏卵ケイラン。闘鶏トウケイ。養鶏ヨウケイ。

古訓 中古 にはとり 中世 にはとり 近世 にはとり

難読 鶏冠木かえでのき・軍鶏シャモ・水鶏くいな

【鶏冠】ケイカン ①とさか ニワトリの頭の上についている、赤いかんむりのような部分。②ケイトウの花。鶏頭。③ニワトリの毛で飾ったかんむり。

【鶏群一鶴】ケイグンのイッカク おおぜいの平凡な人々の中に、ただひとり非凡な人物がいること。〈世説・容止〉から

【鶏犬相聞】ケイケンあいきこゆ ニワトリやイヌの鳴き声が聞こえ合う。村里がすぐに隣り合っているさま。また、平和な村里のさま。〔「隣国相望、鶏犬之声相聞リンゴクあいのぞみ、ケイケンのこえあいきこゆ（＝隣の国が互いに見え、ニワトリやイヌの鳴き声が聞こえ合う）。〈老子・八〇〉」から〕

【鶏口】ケイコウ ニワトリの口。小さな組織の中の最高位のたとえ。㊜牛後。

【寧為二鶏口一、無レ為二牛後一】むしろケイコウとなるも、ギュウゴとなるなかれ 小さな組織の長となるほうが、大きな組織に従っているよりもよい。鶏口牛後。◆斉セイ・楚ソ・秦シン・燕エン・韓カン・魏ギ・趙チョウの七強国が互いに争う戦国時代、諸国をまわって軍事や外交の政策を進言する遊説家がいた。その一人、蘇秦ソシンが諸国の王に説いてまわったとき使ったのが、このことわざ。当時最も強大で、おそれられていた秦に対抗する他の六か国に同盟を結ばせようとして、各国を説いてまわった。…………〈戦国策・韓一〉〈史記・蘇秦伝〉

【鶏子】ケイシ ①ニワトリの子。ひな。②ニワトリのたまご。鶏卵。

【鶏舎】ケイシャ 日 ニワトリを飼うための小屋。とり小屋。

【鶏樹】ケイジュ 中書省。〔三国時代、魏ギの中書省の木にニワトリが巣を作っていたという話〈魏志・劉放伝注・世語〉から〕

【鶏▼黍】ケイショ ニワトリであつものを作り、キビの飯をたく。客を心からもてなすこと。〔孔子の弟子の子路が隠者から鶏黍のごちそうを受けたという故事による〕〈論語・微子〉

【鶏▼晨】ケイシン 〔ニワトリが鳴いて暁あかつきを告げることから〕夜明け。

【鶏人】ケイジン 周代、宮中で、祭祀サイシの夜、夜明けのときを報じた役人。

【鶏▼栖】【鶏▼棲】ケイセイ ニワトリのねぐら。とり小屋。㊜鶏塒ケイジ。

【鶏▼跖】【鶏▼蹠】ケイセキ ニワトリのけづめ。珍味とされる。㊜鶏距。

【鶏頭】ケイトウ ①ニワトリの頭。②オニバスの実。③日 ヒユ科の一年草。夏から秋にかけて、ニワトリのとさかに似た、赤や黄色の花が咲く。

【鶏▼鶩】ケイボク 〔ニワトリとアヒルの意〕平凡な人のたとえ。〈楚辞・懐沙〉

【鶏鳴】ケイメイ ①ニワトリの鳴き声。例 有三能為二鶏鳴一よくケイメイをなすものあり（＝ニワトリの鳴きまねの上手な者がいた）。〈史記・孟嘗君伝〉②一番どりの鳴き声。また、夜明け。鶏晨ケイシン。

【鶏鳴▼狗盗】ケイメイクトウ ものまねやこそどろなど、つまらない特技をもつ者。〈漢書・游俠伝〉◆戦国時代、斉セイの国の王族、孟嘗君モウショウクンが西方の強国、秦シンの王に招かれて、やがて気が変わった秦王にとらえられてしまった時のこと、秦王お気に入りの女に救いを求めた。女は見返りとして、白狐しろぎつねの毛皮のコートを要求してきた。それはすでに秦王に献上ずみであったので、食客（＝客分としての家来）の一人でイヌ（狗）をまねて泥棒する（盗）のが得意な者にコートをぬすみ出させ女に贈り、孟嘗君は首尾よく釈放された。一行は急いで逃げ出し、国境の函谷関カンコクカンまで来たが、関所の決まりで一番鶏どりが鳴かないと門は開かない。今度はニワトリの鳴きまねのうまい者が鳴いてみせると（鶏鳴）、あたりのニワトリがあちこちで鳴きだし、関所の門は開けられ、一行は無事に斉に帰りつくことができた。…………〈史記・孟嘗君伝〉

【鶏盲】ケイモウ 日 夜盲症。とりめ。

【鶏卵】ケイラン ニワトリのたまご。

【鶏林】ケイリン 新羅シラの別称。のち、朝鮮全域を指す称。

【鶏▼肋】ケイロク ①〔ニワトリのあばら骨。食べるほどの肉はついていないが、捨ててしまうには惜しいことから〕あまり役には立たないが、捨ててしまうには惜しいもの。〈後漢書・楊脩伝〉②からだの骨組みが弱く、やせていること。

【割レ鶏▼焉用二牛刀一】にわとりをさくにいずくんぞギュウトウをもちいん ニワトリを料理するのに、ウシを切り分けるための大きい刀は必要でない。小さいことをおこなうのに、大人物や大きな手段を用いる必要はないということ。〈論語・陽貨〉

鶊

鳥8（19） 4 9422 9D73

ケン 漢 先 jiān

意味 「鶊鶊ケンテイ」は、ワシタカ科の鳥。ハイタカ。

鵼

鳥8（19） 3 9463 9D7C

コウ 漢 東 kōng

ぬえ

意味 怪鳥の名。

日本語での用法 《ぬえ》▼「鵺ぬえ」に同じ。

鶄

鳥8（19） 3 9464 9D8A

コウ（カウ） 漢 庚 gēng

意味 「鶬鶄ソウコウ」は、コウライウグイス科の鳥。コウライウグイス。チョウセンウグイス。

［鵰］鳥8（19） ⇩鵰コ（1497ジペー）

鵲

鳥8（19） 2 8307 9D72

ジャク 慣 シャク 漢 呉 薬 què

かささぎ

意味 カラス科の鳥。**カササギ**。からだ全体は黒く、肩と腹は白色で、尾の長い鳥。〔その鳴き声はめでたい知らせを告げるといわれ、七夕の夜には天の川に橋をかけるという伝説がある〕例 鵲語ジャクゴ。烏鵲ウジャク（＝カササギ）。

【鵲語】ジャクゴ カササギの鳴き声。喜び事の前兆とされる。鵲喜。

【鵲巣▼鳩居】ジャクソウキュウキョ ①嫁して夫の家を住みかとする。〔巣を作らないカッコウがカササギの巣にすみつくとされたこと〈詩経・召南・鵲巣〉から〕②他人の地位をうばうこと。

【鵲起】ジャッキ チャンスをのがさず、カササギのように、機敏に行動する。また、奮起する。

【鵲喜】ジャッキ 〔カササギが騒ぐと喜び事があるという言い伝えから〕吉事キチジの前ぶれ。鵲語。

【鵲橋】ジャッキョウ 七夕の夜、天の川にカササギがかけるという橋。鵲かささぎの橋。

鶉 鳥8(19) 2 8308 9D89
一シュン漢 ジュン呉 真 chún 二タン漢 寒 tuán うずら(うづら)

意味 一キジ科の小さくて、ずんぐりした鳥。ウズラ。からだは赤茶色で黒白のまだらがある。例鶉衣ジュンイ。鶉色うずらいろ(=ウズラの羽の色)。二大形のタカ。ワシ。

難読 鶉斑うずらふ

【鶉豆】うずらまめ 日インゲンマメの一種。色はウズラに似て、うすい白地に赤みがかった斑点ハンテンがある。煮豆などにする。

【鶉衣】ジュンイ 短くて継ぎはぎのある、みすぼらしい衣服。〔ウズラの尾が短く切れていることから〕類鶉服ジュンプク。

【鶉火】ジュンカ 朱鳥七宿(=井・鬼・柳・星・張・翼・軫シン)の星座のうち、柳・星・張の三宿。〔他の井・鬼を「鶉首」、翼・軫を「鶉尾」という〕

【鶉居】ジュンキョ ①定住しないこと。また、野宿をすること。〔ウズラが決まった巣を持たないことから〕②関中(=今の陝西センセイ省)の地。〔鶉首の二星は秦シンにあたることから〕類鶉野。

鶄 鳥8(19) 4 9426 9D84
一セイ漢 庚 jīng 二セイ漢 青 qīng

意味 一「鵁鶄コウセイ」は、サギ科の水鳥。アカガシラサギ。また、ゴイサギ。二「鶄鶴セイカク」は、水鳥の名。

【鵰】 鳥8(19) ⇨雕チョウ(1411ページ)

鶇 鳥8(19) 2 8309 9D87
トウ漢 東 dōng つぐみ

【鶫】 鳥9(20) 2 8310 9DAB
別体字。

意味 ❶ツグミ科の鳥。ツグミ。スズメに似た、黒っぽい茶色の鳥で、美しい声で鳴く。冬の渡り鳥。〔日本では「鶫」と書くことが多い〕❷「鶇鴳トウカン」は、鳥の名。美しい姿をしているという。

鵫 鳥8(19) 4 9420 9D6B
トウ(タウ)漢 効 タク漢 覚 zhuó

意味 キジ科の鳥。ハッカン。

鵯 鳥8(19) 2 8311 9D6F
ヒ漢 支 ヒツ漢 質 bēi ひよどり

意味 「鵯鶋ヒキョ」は、ミヤマガラス。大群をなして飛んで来る冬の渡り鳥。

日本語での用法 《ひよどり》「鵯上戸ひよどりジョウゴ(=つる性の多年草。赤く丸い実をヒヨドリが好む)・鵯越ひよどりごえ(=神戸市北方の山道)の逆落さかおとし」▼全身が暗い灰色の鳥。おもに山林にすみ、やかましい声で鳴く。ひえどり。

鵩 鳥8(19) 4 9419 9D69
フク漢 屋 fú

意味 フクロウ科の鳥。フクロウ。また、ミミズク。

鵬 鳥8(19) 1 4318 9D6C 人
ホウ漢 蒸 péng おおとり(おほとり)

なりたち  【形声】「鳥(=とり)」と、音「朋ホウ」とから成る。おおとり。

参考 「鳳」の古字。

意味 想像上の巨大な鳥。背は数千里にもおよび、翼は天をおおう雲のようだという。おおとり。転じて、すぐれたもの、大きなもののたとえ。例化而為レ鳥、其名為レ鵬(かしてとりとなり、そのなをホウとなす)(=〈鯤コンという巨大な魚は〉変じて鳥となり、その名を鵬という)。〈荘子・逍遥遊〉

古訓 中古 とび・ほとどぎす 中世 おほとり・ほとどぎす 近世 おほとり

人名 とも・ゆき

【鵬雲】ホウウン おおとりの翼のように大きな雲。

【鵬際】ホウサイ おおとりが飛ぶような果てしなく遠い空。

【鵬程】ホウテイ おおとりが飛んでいくほどの、はるかに遠い道のり。例—万里。

【鵬図】ホウト 大きな計画。大事業。〔おおとりがとてつもない距離をひと息に飛ぼうとくわだてた話〈荘子・逍遥遊〉から〕

【鵬翼】ホウヨク ①おおとりのつばさ。②大きな計画。大事業のくわだて。③日飛行機のつばさ。飛行機。例—を連ねる。

鵡 鳥8(19) 1 4425 9D61
ブ漢 ム呉 麌 wǔ

意味 「鸚鵡オウム」は、オウム科の鳥の総称。

鵺 鳥8(19) 2 8312 9D7A
ヤ漢 禡 yè ぬえ

意味 「白鵺ハクヤ」は、キジに似た尾の長い鳥。ぬえどり。トラツグミ。

日本語での用法 《ぬえ》「頼政よりまさの鵺ぬえ退治タイジ・鵺的ぬえテキ(=正体不明のさま)・鵺式ぬえシキの文章ブンショウ(=首尾不統一の文)」▼源三位ゲンザンミ頼政が退治した正体不明の怪物。頭はサル、からだはタヌキ、手足はトラ、尾はヘビに似る。

鶚 鳥9(20) 2 8313 9D9A
ガク漢 薬 è みさご

意味 海岸や湖沼にすむ鳥。ミサゴ。頭・首・腹が白く、背は茶色、くちばしはタカのように曲がり、つめは鋭く、魚を見つけると急降下して足でつかみ取る。例鶚鮨みさごずし(=ミサゴが岩かげなどにたくわえた魚が、自然に発酵し酢漬けのようになったもの)。

鶡 鳥9(20) 4 9429 9DA1
カツ漢 曷 hé

意味 キジ科の鳥。ヤマドリ。勇猛な鳥とされる。

【鶡冠】カッカン ヤマドリの羽を飾りにつけたかんむり。武官や隠者が用いた。〔前者は勇猛さ、後者は勇退の意をこめたもの〕例鶡冠子カッカンシ(=鶡冠を着けた隠者に仮託して記された、諸子の思想書)。

鶤 鳥9(20) 2 8314 9DA4
コン漢 元 kūn とうまる(たうまる)・にわとり(にはとり)

【鵾】 鳥8(19) 4 9425 9D7E
別体字。

意味 ❶(ツルに似た)大きな水鳥。❷「鶤鶏コンケイ」は、㋐大きな水鳥の一種。㋑鳳凰ホウオウの別名。㋒鳴き声の長い、大きなニワトリ。とうまる。

鴜 鳥9(20) 3 9466 9DC0
シ漢 支 cí

［鷟］鳥9(20) 4 9430 9DBF 別体字。

意味「鸕鷀(ロシ)」は、ウ科の水鳥。ウ。

鶖 鳥9(20) 3 9465 9D96 シュウ(シウ)漢 尤 qiū

意味 コウノトリ科の鳥。ハゲコウ。禿鶖(トクシュウ)。

鶙 鳥9(20) 4 9428 9D99 テイ漢 斉 tí

意味「鶙鶘(テイケン)」は、ワシタカ科の鳥。ハイタカ。

［鶫］鳥9(20) ⇩鶇(ウト)(1497ジペー)

鶩 鳥9(20) 2 8315 9DA9 一ボク漢 屋 mù 二ブ漢 遇 wù あひる

意味 一カモを家畜化した飼い鳥。**アヒル**。例 鶩列(ボクレツ)。野鶩(ヤボク)(=野にいるカモ)。二はやく走る。例 鶩馳(ブチ)(=疾走)。

【鶩▼櫂】(ボクトウ) 形がアヒルに似た小舟。類 鶩舲(ボクレイ)。

【鶩列】(ボクレツ) アヒルのように並んだ、宮廷の百官の列。

鴳 鳥10(21) 4 9434 9DC3 アン漢 諫 yàn

意味 キジ科の鳥。ウズラの一種。例 鴳雀(アンジャク)・斥鴳(セキアン)(=ウズラの類)。

鶯 鳥10(21) 2 8284 9DAF オウ(アウ)漢 庚 yīng うぐいす(うぐひす)

［鴬］鳥5(16) 1 1809 9D2C 俗字。

［鸎］鳥14(25) 9E0E 別体字。

意味 コウライウグイス科の鳥。コウライウグイス。**ウグイス**。例 鶯囀(オウテン)。晩鶯(バンオウ)(=春の終わりに鳴くウグイス)。老鶯(ロウオウ)(=夏に鳴いているウグイス)。

日本語での用法《**うぐいす**》▼ヒタキ科の小鳥。

【鶯豆】(うぐいすまめ) 日 青エンドウを、甘くやわらかく煮た食べ物。

【鶯▼燕】(オウエン) ①ウグイスとツバメ。春の景物を代表するもの。②華やかな若い娘や妓女(ジョギ)。

【鶯谷】(オウコク) ①ウグイスのいる深い谷間。②人がまだ世に認められない境遇にいることのたとえ。

【鶯声】(オウセイ) ①ウグイスの鳴き声。②美しい歌声。類 鶯歌・鶯語。

【鶯遷】(オウセン) ①ウグイスが深い谷間から出て高い木に移る。②出世や進学などを祝うことば。〔〈詩経・小雅・伐木〉から〕

【鶯▼囀】(オウテン) ウグイスがさえずること。また、その声。例 春鶯囀(シュンノウテン)(=舞楽の一つ)。

鶲 鳥10(21) 2 8316 9DB2 オウ漢 東 wēng ひたき

意味 ヒタキ科の小鳥の総称。**ヒタキ**。

［鷄］鳥10(21) ⇩鶏(イケ)(1496ジペー)

鷁 鳥10(21) 2 8318 9DC1 ゲキ漢 錫 yì ふね

意味 ❶サギに似た想像上の水鳥の一種。❷船首に「❶」を描いた船。例 鷁舟(ゲキシュウ)。

【鷁首】(ゲキシュ) 船首に「鷁❶」を刻んだり、また、描いたりした船。例 竜頭(リュウトウ)——。

鶼 鳥10(21) 3 9468 9DBC ケン(ケム)漢 塩 jiān

意味「鶼鶼(ケンケン)」は、伝説上の鳥の名。一目一翼一足の鳥で、二羽が合して飛ぶという。

鷇 鳥10(21) 4 9435 9DC7 コウ漢 宥 kòu

意味 生まれたばかりの小鳥。ひな。例 鷇音(コウオン)。

【鷇音】(コウオン) ①卵から出ようとしている、ひなの鳴き声。②意味不明のおしゃべり。

【鷇食】(コウショク) ひなが母鳥から餌(えさ)を口移しに与えられるように、他人から恩恵を受けること。

鶻 鳥10(21) 2 8319 9DBB 一コツ漢 月 gǔ 二コツ漢 月 hú はやぶさ

意味 一「鶻鵃(コッチョウ)」は、ハトの一種。二❶ハヤブサ科の鳥。**ハヤブサ**。隼(はやぶさ)。❷⇩【鶻突】(コツトツ) ❸⇩【鶻淪】(コツリン)

【鶻突】(コツトツ) ①はっきりしないさま。ぼんやりしているさま。〔「糊塗(コト)」に同じ〕②だんごの一種。餛飩(コントン)。

【鶻▼淪】(コツリン) ①全部。すべて。欠けていない。②ものごとが入り混じってはっきりしないさま。

鶸 鳥10(21) 2 8320 9DB8 ジャク漢 薬 ruò ひわ(ひは)

意味 ニワトリの一種。とうまる。

日本語での用法《**ひわ**》「鶸色(ひわいろ)・鶸茶色(ひわちゃいろ)」▼スズメ目アトリ科の小鳥。

［鶽］鳥10(21) ⇩隼(シュン)(1406ジペー)

［鶵］鳥10(21) ⇩雛(スウ)(1411ジペー)

鶺 鳥10(21) 2 8321 9DBA セキ漢 陌 jí

［鴡］鳥7(18) 4 9418 2A0F9 別体字。

意味「鶺鴒(セキレイ)」は、セキレイ科の小鳥。水辺にすみ、ほっそりした美しいからだつきをしている。石をたたくように長い尾羽を上下にふり動かす。

難読 鶺鴒(いしたたき・にわたたき・とつぎおしえ・とつぎどり・いしくなぎ・にわくなぎ・にわくなぶり)

鶬 鳥10(21) 3 9467 9DAC ソウ(サウ)漢 陽 cāng

意味 ❶ツル科の鳥。マナヅル。❷「鶬鶊(ソウコウ)」は、コウライウグイス科の鳥。コウライウグイス。

鶴 鳥10(21) 1 3665 9DB4 常用 カク漢 薬 hè つる

［鸖］雨19(27) 3 9372 974D 別体字。

［靏］雨21(29) 3 9374 974F 別体字。

［靎］雨19(27) 3 9373 974E 別体字。

筆順

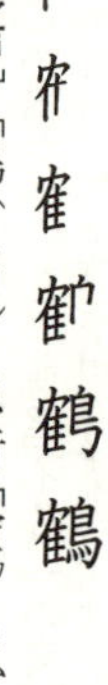

なりたち 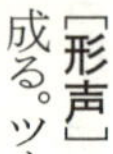 [形声]「鳥(=とり)」と、音「隺(カク)」とから成る。ツル。

意味 ❶ツル科の鳥の総称。**ツル**。足と首が長い。一般にからだは白く、翼を広げて飛ぶ姿は美しい。長生きをするので、昔からめでたい鳥とされている。例 鶴翼(カクヨク)。❷白い。例 鶴首(カクシュ)。❸すぐれた人物のたとえ。例 鶴鳴(カクメイ)。

古訓 中古 つる 中世 たづ・つる 近世 しろし・つる

人名 ず・たず

難読 田鶴(たず)

【鶴▼駕】(カクガ) 〔皇太子でもあった仙人の王子喬(オウシキョウ)が、白鶴(ハッカク)に乗っていたということから〕①皇太子の乗る車。②仙人の乗る車。

【鶴▼馭】(カクギョ) ①皇太子の乗る車。また、皇太子。鶴駕(カクガ)。②〔ツルに乗って飛び行くことから〕仙人。

【鶴▼脛▼雖レ長断レ▼之則悲】(カクケイながしといえどもこれをたたばすなわちかなしまん) ツルの脛(はぎ)は長いけれども、長すぎるからといって、切って短くすればツルは悲しむ。自然のままが最も良いのであって、むやみに手を加えてはならないということ。〈荘子・駢拇〉

【鶴膝】(カクシツ) ①矛(ほこ)の一種。②竹。また、竹の杖(つえ)。③梅の枝。④作詩上の八病(ハチヘイ)(=八つの禁止事項)の一つ。五言詩の五字目と、十五字目とに同じ平仄(ヒョウソク)を用いること。⑤書道の悪い筆づかいの一つ。永字八法の趯(テキ)(=はね)が力なく伸びたもの。

【鶴首】(カクシュ) ①しらが頭。②日 首を長くして待ち望む。〔ツルの首が長いことから〕 例 —して待つ。

【鶴寿】(カクジュ) 〔ツルの寿命の意。ツルは千年も生きるといわれていることから〕長生き。長寿。また、長寿を祝うことば。

【鶴書】(カクショ) 天子が賢人を呼び出すときの文書。類 鶴頭書(カクトウショ)。

【鶴▼氅】(カクショウ) ツルの羽で織った衣服。

【鶴髪】(カクハツ) しらが。白髪(ハクハツ)。皓髪(コウハツ)。例 須臾鶴髪乱如レ糸(シュユにしてカクハツみだれていとのごとし)(=たちまち乱れた糸のような白髪頭になってしまう)。〈劉希夷・代悲白頭翁〉

【鶴歩】(カクホ) ツルのようにゆっくりした歩き方。

【鶴俸】(カクホウ) 官吏の俸給。類 鶴料(カクリョウ)。

【鶴望】(カクボウ) 首を長くのばし、つま先立って、待ちのぞむ。しきりに待つ。類 鶴企(カッキ)・鶴立。

【鶴鳴】(カクメイ) ①ツルが鳴く。また、その声。②『詩経』小雅の篇名(ヘンメイ)。周の宣王が世に隠れた賢人を求めるうた。

【鶴鳴▼之士】(カクメイのシ) 用いられないで、野にいる賢人。〔「鳴鶴在レ陰(メイカクインにあり)(=鳴くツルが木かげにいる)。〈易・中孚〉」から〕

【鶴翼】(カクヨク) ①ツルのつばさ。②ツルがつばさを広げたように、軍隊をV字形に配置する陣形。中央部分に敵を入れ、左右から取り囲む。例 —の陣。↓【魚鱗】(ギョリン)③(1482ページ)

【鶴林】(カクリン) 〔仏〕①沙羅双樹(サラソウジュ)の林。〔釈迦(シャカ)が入滅したとき、常緑の沙羅双樹がすべてツルの羽のように白く枯れたといわれる〕②寺。

【鶴▼唳】(カクレイ) ①ツルが鳴く。また、その声。↓【風声鶴唳】(フウセイカクレイ)(1448ページ) ②〔ツルの鳴き声のように〕悲しげなさま。また、そのような響きをもつ文章やことば。

【鶴鶴】(カッカク) (鳥の羽が)白くてつやのあるさま。

【鶴鳴二▼于九▼皐一声聞二▼于天一】(つるキュウコウになきこえテンにきこゆ) 〔「鶴」は、人格のすぐれた人のたとえ、「九皐」は、山深い沼沢。ツルは山深い沢で鳴いても、その声は天まで聞こえる、の意〕すぐれた君子は、うもれていても名声は世に知れる、ということ。〈詩経・小雅・鶴鳴〉

鷉 鳥10 (21) 4 9436 9DC9 テイ 漢 斉 tí

意味 「鸊鷉(ヘキテイ)」は、カイツブリ科の水鳥。カイツブリ。

鷆 鳥10 (21) 2 8322 9DC6 テン 漢 先 tián よたか

[鷏] 鳥10 (21) 2 8323 9DCF 俗字。

意味 ヨタカ科の鳥。**ヨタカ**。鷆鳥(テンチョウ)。

鷂 鳥10 (21) 2 8324 9DC2 一 ヨウ(エウ) 漢 嘯 yào 二 ヨウ(エウ) 漢 蕭 yáo はいたか

意味 一 ワシタカ科の鳥。**ハイタカ**。二 キジ科の鳥の一種。鷂雉(ヨウチ)。

鶹 鳥10 (21) 4 9432 9DB9 リュウ(リウ) 漢 尤 liú

意味 フクロウ科の鳥。ミミズク。鵂鶹(キュウリュウ)。

鷖 鳥11 (22) 4 9437 9DD6 エイ 漢 呉 斉 yī

意味 カモメ科の水鳥。カモメ。例 鳧鷖(フエイ)(=カモやカモメ)。

鷗 鳥11 (22) 3 9469 9DD7 人 オウ 漢 尤 ōu かもめ

[鴎] 鳥4 (15) 1 1810 9D0E 俗字。

なりたち  [形声]「鳥(=とり)」と、音「區(オ)」とから成る。カモメ。

意味 カモメ科の水鳥。**カモメ**。からだは灰色または白色で、海や川にすみ、魚や虫をとらえて食べる。通 漚(オ)。例 白鷗(ハクオウ)(=白いカモメ)。

古訓 中古 うみかも・かも・かもめ 中世 かもめ 近世 かもめ

【鷗▼渚】(オウショ) カモメのいる水ぎわ。類 鷗汀(オウテイ)。

【鷗盟】(オウメイ) ①カモメを友とする。隠居すること。②世俗を離れ、風流を楽しむ交わり。鷗鷺盟(オウロのちかい)。鷗鷺約(オウロヤク)。

鷠 鳥11 (22) 4 9440 9DE0 ギョ 漢 魚 yú

意味 鳥の名。難読 鷠森(うもり)|(うぐもり)(=姓)

鷟 鳥11 (22) 4 9439 9DDF サク 漢 覚 zhuó

意味 伝説上の鳥の名。例 鳳鷟(ホウサク)(=鳳凰(ホウオウ)の一種)。鸑鷟(リンサク)(=麒麟(キリン)と鳳凰)。

鷙 鳥11 (22) 2 8325 9DD9 シ 漢 寘 zhì

意味 ❶ワシやタカなど、凶暴な鳥。鷙鳥(シチョウ)。❷凶暴な。荒々しい。例 鷙猛(シモウ)(=たけだけしく強い)。

【鷙▼悍】(シカン) たけだけしくて強い。勇猛である。類 鷙強・鷙猛・鷙勇。

【鷙鳥】(シチョウ) ①どうもうな鳥。ワシやタカなどの猛禽(モウキン)をいう。②ツバメの別名。

【鷙鳥累レ百不レ如二一▼鶚一】(シチョウヒャクをかさぬるもイチガクにしかず) 〔「鶚」は、ミサゴ。猛禽(モウキン)の類〕ツバメが百羽束(たば)になっても一羽のミサゴにはかなわない。無能な者が百人集まっても一人の有能な人物におよばないこと。〈漢書・鄒陽伝〉

【鷙戻】(シレイ) 凶暴でねじけていること。

鷓 鳥11 (22) 2 8326 9DD3 シャ 漢 禡 zhè

意味 「鷓鴣(シャコ)」は、キジ科の鳥。ウズラ類よりも大形で、キジ類よりも小形の種類をいう。

鷚 鳥11 (22) 4 9438 9DDA リュウ(リウ) 漢 宥 liù

意味 ❶ヒバリ科の小鳥。ヒバリ。天鷚(テンリュウ)。❷鳥のひな。

鷧 鳥12 (23) 3 9471 9DE7 イ 漢 寘 yì

意味 ウ科の鳥。ウ。

鷸 鳥12 (23) 2 8327 9DF8 イツ 漢 質 yù しぎ

意味 ❶水辺にすむ鳥。**シギ**。例 鷸蚌之争(イツボウのあらそい)。❷カワセミ。❸はやく飛ぶことの形容。

【鷸冠】(イッカン) ①シギの羽毛で作ったかんむり。②シギにかたどっ

たかんむり。天文をつかさどる人が用いた。〔シギは降雨を予知できるということから〕

【鷸▼蚌▼之争】イツボウのあらそい ⇩【漁父之利】ギョフのリ/ギョホのリ（806ジペー）

鷣
鳥12(23) 4 9441 9DE3 イン(イム)漢 侵 yín

意味 ワシタカ科の鳥。ハイタカ。ハシタカ。

鷴
鳥12(23) 4 9442 9DF4 カン漢 刪 xián

意味 キジ科の鳥。ハッカン。 難読 鷴ひまどり

鷲
鳥12(23) 1 4741 9DF2 人 シュウ(シウ)漢 ジュ呉 宥 jiù わし

なりたち  【形声】「鳥(=とり)」と、音「就シュ」とから成る。鳥の名。

意味 ワシタカ科の大形の鳥。ワシ。鋭いつめを使って、他の鳥や獣をおそう。例 鷹鷲ヨウシュウ(=タカとワシ)。

古訓 中古 こわし・わし 中世 わし 近世 こわし・わし

【鷲山】ジュセン 〔仏〕「霊鷲山リョウジュセン」の略。インドの山で、釈迦シャカが説法をした所。霊山ゼンリョウ。鷲嶺レイジュ。〔山頂の形がワシに似ていることから〕

【鷲▼嶺】ジュレイ 「鷲山ジュセン」に同じ。

【鷲鼻】わしばな 日 ワシのくちばしのように、鼻の先が下向きに曲がっている鼻。かぎ鼻。

鷦
鳥12(23) 2 8328 9DE6 ショウ(セウ)漢 蕭 jiāo みそさざい

意味 ❶「鷦鷯ショウリョウ」は、ミソサザイ科の小鳥。ミソサザイ。❷「鷦明ショウメイ」「鷦鵬ショウホウ」は、鳳凰ホウオウに似た伝説上の鳥の名。

【鷦枝】ショウシ ミソサザイが巣を作る一本の枝。自らの分ブに合った境遇をいう。

【鷦▼鷯巣二▼於深林一不レ過二一枝一】ショウリョウはシンリンにすくうもイッシにすぎず ミソサザイは奥深い林に巣を作るが、一本の枝で事足りる。人は、その分ブにふさわしい境遇に満足すべきであること。〈荘子・逍遥遊〉

𪆐
鳥12(23) 3 9470 2A190 国字 とり

意味 鳥。

鷭
鳥12(23) 2 8329 9DED バン慣 ハン漢 元 fán もず

意味 クイナ科の水鳥。バン。

日本語での用法 《もず》▼モズ科の小鳥。百舌鳥もず。

鷯
鳥12(23) 2 8330 9DEF リョウ(レウ)漢 蕭 liáo みそさざい

意味 ❶「鷦鷯ショウリョウ」は、ミソサザイ。❷ウズラの別名。

鷽
鳥13(24) 2 8331 9DFD カク漢 ガク呉 覚 xué うそ

意味 ❶カササギに似た鳥。くちばしと足が赤く、尾は長い。山鵲サンジャク。❷小鳩こばと。ジュズカケバト。例 鷽鳩カクキュウ(=小鳩。また、小人物)。

日本語での用法 《うそ》「鷽替うそかえ・鷽姫うそひめ」▼アトリ科の小鳥。スズメに似ているが、少し大きい。ウソドリ。コトヒキドリ。

鸂
鳥13(24) 4 9445 9E02 ケイ漢 斉 xī

意味 「鸂鶒ケイチョク」は、オシドリに似た水鳥の名。

鸇
鳥13(24) 3 9472 9E07 セン漢 先 zhān さしば

意味 タカの一種。コノリ。晨風シンプウ。一説に、ハヤブサ。

日本語での用法 《さしば》▼タカ科の鳥。差羽さしば。

鸊
鳥13(24) 4 9444 9E0A ヘキ漢 錫 pì

意味 「鸊鷉ヘキテイ」は、カイツブリ科の水鳥。カイツブリ。

鷹
鳥13(24) 1 3475 9DF9 人 ヨウ(ヰョウ)漢 オウ(ヲウ)呉 蒸 yīng たか

なりたち  【形声】「鳥(=とり)」と、音「應オウ→ヨウ」の省略体とから成る。タカ。

意味 ワシタカ科の鳥。タカ。くちばしとつめが鋭く、性質は荒々しい。例 鷹狩たかがり。鷹匠たかジョウ。

古訓 中古 たか 中世 たか 近世 たか

【鷹揚】ヨウヨウ ①タカが空に飛び上がるように力強く勇ましいさま。②日 落ち着いて、ゆったりとしているさま。こせこせしないさま。大様おおよう。例 ―にかまえる。

【鷹匠】たかジョウ 日 タカを飼いならし、鷹狩りをする人。

【鷹派】たかハ 日 相手の主張を受け入れず、自分たちの意見を強硬に主張する人々。武力行使による解決も辞さない立場をいう。対 鳩派はとハ。

【鷹犬】ヨウケン 〔タカとイヌの意〕①狩猟に使われるもの。②他人のために働く才能があり、役に立つ者。例 ―の才。③手先にされる者。

【鷹視】ヨウシ タカのような鋭い目で見る。

【鷹▼隼】ヨウジュン 〔タカとハヤブサの意〕①猛鳥。②筆勢の強いこと。

【鷹▼鸇】ヨウセン 〔タカとハヤブサの意〕忠勇の士のたとえ。

【鷹爪】ヨウソウ ①タカのつめ。②「①」の形をした、上等な茶。

䴇
鳥13(24) 4 9443 4D07 レイ漢 青 líng

意味 ツルの別称。

鷺
鳥13(24) 1 2677 9DFA 人 ロ漢 遇 lù さぎ

なりたち 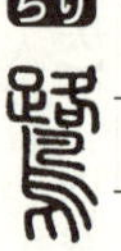 【形声】「鳥(=とり)」と、音「路ロ」とから成る。シラサギ。

意味 サギ科の水鳥。サギ。足・首・くちばしが長く、ツルに似ているがからだは小さく、頭部に冠状の毛がある。例 烏鷺ウロ(=カラスとサギ。黒と白)。白鷺ハクロ(=しらさぎ)。

古訓 中古 さぎ・しらさぎ 中世 さぎ・しらさぎ 近世 さぎ・しらさぎ

【鷺吟】ロギン サギの鳴き声。

【鷺約】ロヤク 俗世間を離れた風流の交わり。鷗盟オウメイ(=脱俗の交わり)。

〔鸎〕
鳥14(25) ⇩鶯オウ（1498ジペー）

鸍
鳥14(25) 4 9446 9E0D シ漢 支 shī

意味 カモ科の水鳥。コガモ。たかべ。

鸕
鳥16(27) 3 9473 9E15 ロ漢 虞 lú

意味 「鸕鷀ロジ」は、ウ科の水鳥。ウ。 難読 鸕鷀う・養鸕うかい

鸚
鳥17(28) 2 8332 9E1A オウ(アウ)漢 イン唐 庚 yīng

意味 ❶「鸚鵡オウム」は、オウム目の南方産の鳥。人によく馴なれ、ことばをまねることができる。❷「鸚哥インコ」は、小形のオウム

目の鳥。音呼コイン。

鸛

鳥17(28) ②8333 9E1B
カン(クヮン)漢 翰 guàn
こうのとり(こふのとり)

意味 コウノトリ科の大形の渡り鳥。**コウノトリ**。ツルに似ているが、頭が赤くない。多くは樹上に巣を作る。こうづる。例 鸛雀カンジャク・鸛鶴カンジャク(＝コウノトリ)。

【鸛▼鵲楼】カンジャクロウ 今の山西省永済セイイ県にあった三層の楼閣の名。黄河を見下ろす地にあり、その名はコウノトリの巣があったことから付けられたといわれる。唐の王之渙シカンの「登二鸛鵲楼一(カンジャクロウにのぼる)」の詩で知られる。

鸙

鳥17(28) ④9447 9E19
ヤク漢 薬 yuè
ひばり

意味 ヒバリ科の小鳥。**ヒバリ**。天鸙テンヤク。

[鸜]

鳥18(29) ⇩鴝ク(1493ジペー)

鸞

鳥19(30) ②8334 9E1E
ラン漢呉 寒 luán

意味 ❶想像上の霊鳥。鳳凰ホウオウの一種。太平の世にあらわれるという。例 鸞鳳ランポウ。❷天子の乗る車につける鈴。また、その車。例 鸞駕ランガ。鸞車ランシャ。❸天子が使用する事物の名にそえる尊称。例 鸞旗ランキ。❹仙人が使用する事物の名にそえる美称。また、仙人。例 鸞衣ランイ(＝仙衣)。鸞鶴ランカク(＝仙人)。❺すぐれた人物のたとえ。例 鸞翔鳳集ランショウホウシュウ。❻すぐれた。美しい。例 鸞歌鳳舞ランカホウブ(＝すぐれた歌舞)。鸞吟鳳唱ランギンホウショウ(＝美しい歌)。

【鸞和】ランカ｜ランワ 〔「和」は、車の前部の横木に取りつけた鈴〕天子のウマや車につける金の鈴。和鸞カラン。和鑾カラン。

【鸞▼駕】ランガ 天子の乗り物。鳳駕ホウガ。類 鸞輿ランヨ・鸞軫ランシン・鸞輅ランロ。

【鸞旗】ランキ 鸞のぬいとりのある旗。天子の車につける。

【鸞鏡】ランキョウ 背面に鸞を刻んで模様としたかがみ。

【鸞車】ランシャ ①天子の乗る車。鸞駕ランガ。②神仙の乗る車。

【鸞▼翔▼鳳集】ランショウホウシュウ すぐれた才能の人物がおおぜい集まっていること。〈傅咸・申懐賦〉

【鸞台(臺)】ランダイ 唐代、門下省の別称。類 鸞掖ランエキ。

【鸞刀】ラントウ 鸞の形の鈴を飾りにつけた刀剣。祭祀シサイのとき、犠牲にえを裂くのに用いた。

【鸞▼鳳】ランホウ｜ランポウ ①想像上の霊鳥。鳳凰ホウオウの一種で、すぐれた天子の世にあらわれるという。②徳の高い天子やすぐれた人物。③仲のいい夫婦。

【鸞▼鷺】ランロ 〔鳳凰ホウオウとサギの意〕貴人・高官の立派な姿や地位。

鸝

鳥19(30) ④9449 9E1D
リ漢 支 lí

意味 「黄鸝コウリ」は、コウライウグイス科の鳥。コウライウグイス。

難読 黄鸝うぐいす

197 11画 鹵 しお部 ろ

西方の岩塩を産する土地の意をあらわす。「鹵」をもとにしてできている漢字を集めた。

⓪ 1501 鹵 ⑧ 1501 鹸 ⑨ 1501 鹹 ⑩ 1501 鹻 ⑬ 1501 鹼 ⑭ 1501 鹽

鹵

鹵0(11) ②8335 9E75
ロ漢 麌 lǔ

意味 ❶塩分を含んだ土地。作物が育たない、やせた土地。しおち。しおち。例 鹵地ロチ(＝塩を産する土地)。❷(海からとれる塩に対して)海以外からとれる塩。岩塩。しお。例 塩鹵エンロ(＝しお)。❸おろか。にぶい。また、あらく雑なさま。通 魯ロ。例 鹵鈍ロドン(＝おろか)。❹矢を防ぐ大きな盾。通 櫓ロ。例 鹵簿ロボ。❺うばいとる。かすめる。うばう。例 鹵獲ロカク。

【鹵獲】ロカク 戦闘の結果、敵の兵器・軍用品などをぶんどる。例 ―兵器。

【鹵田】ロデン 塩分を含んだ、作物のできない土地。

【鹵簿】ロボ 天子が外出するときの行列。〔鹵(＝大盾)で先導し、行列の順序を帳簿に記すことから〕

【鹵▼莽】ロモウ ①塩分を含んだ荒れ地と、雑草の生えた土地。荒れ果てた土地。②おおまかにものごとをすませる。粗略なさま。③はっきりしないさま。

【鹵▼掠】ロリャク 〔金銭や物品を〕うばいとる。かすめとる。奪掠。

[鹸]

鹵8(19) ⇩鹼ケン(1501ジペー)

鹹

鹵9(20) ②8336 9E79
カン(カム)漢 ケン(ケム)呉 咸 xián
から-い(から-し)・しおから-い(しおから-し)

[醎]

酉9(16) ④9039 918E
別体字。

意味 **しおからい**。塩分が多い。例 鹹味カンミ(＝塩からい味)。海鹹河淡カイカンカタン(＝海は塩からく、河は味がうすい)。〈千字文〉

難読 鹹草あしたば

【鹹苦】カンク 塩からく、にがい。

【鹹湖】カンコ 塩分を含んだ湖。鹹水湖。対 淡水湖。

【鹹▼鹺】カンサ 〔「鹺」も、塩からい意〕①塩からい。②祭祀サイシに用いる塩。

【鹹水】カンスイ 塩分を含んだ水。塩水。対 淡水。

【鹹地】カンチ 塩分を含んで、農業に向かない土地。類 鹹土。

【鹹▼鹵】カンロ 塩分を含んだ土地。荒れ地。

[鹻]

鹵10(21) ⇩鹼ケン(1501ジペー)

鹼

鹵13(24) ③9474 9E7C
カン(カム)漢 ケン(ケム)呉 鹻 jiǎn
あく

[鹸]

鹵8(19) ①2420 9E78
俗字。

[鹻]

鹵10(21) ④9450 9E7B
別体字。

意味 ❶地中に含まれる塩分やアルカリ分。しおけ。例 鹼化ケンカ(＝アルカリに変ずる)。❷アルカリ分から作った洗剤。例 石鹼セッケン。

[鹽]

鹵14(25) ⇩塩エン(297ジペー)

198 11画 鹿 しか部

シカの形をあらわす。「鹿」をもとにしてできている漢字を集めた。

⓪ 1502 鹿 麻 ② 1502 麁 麀 ⑤ 1502 麇 麈 麅 ⑥ 1502 麋 ⑦ 1502 麌 ⑧ 1502 麒 麕 麑 麗 麓 ⑨ 1503 麛 ⑩ 1503 麝 ⑪ 1503 麞 ⑫ 1503 麟 ⑬ 1503 麟 ㉒ 1504 麤

この部首に所属しない漢字

麈→土300

鹿

鹿0 (11)　1 2815　9E7F　常用

ロク漢呉　屋 lù
しか・か・しし

［麻］　鹿0 (9)　4 9451　22218　俗字。

筆順　亠 广 庐 庘 声 唐 鹿

なりたち  ［象形］頭に角のある四本足のシカの形。

意味 ❶シカ科の哺乳動物。**シカ**。雄には角がある。性質はおとなしい。例 鹿角(ロッカク)。❷王位のたとえ。例 逐鹿(チクロク)。❸粗末な。あらい。例 鹿布(ロクフ)(=粗い布)。❹四角い穀物倉。対 囷(キン)(=丸い穀物倉)。例 鹿布(ロクフ)(=粗い布)。❺山のふもと。通 麓(ロク)。❻「鹿鹿(ロクロク)」は、平凡なさま。また、奔走するさま。❼⇩【鹿盧(ロクロ)】

古訓 中古 か・かせき・かのしし・しか・をしか　中世 しか・しし　近世 か・かのしし・しか・しし

難読 鹿毛(かげ)・鹿(か)の子(こ)・鹿爪(しかつめ)らしい・鹿尾菜(ひじき)

【逐レ鹿】(しかをおう)　①シカを追いかける。②政権を得ようと争うことのたとえ。→【逐鹿(チクロク)】(1307ページ)→【中原逐レ鹿(チュウゲンにしかをおう)】(27ページ)

【逐レ鹿者不レ顧レ▼兎】(しかをおうものはうさぎをかえりみず)　〔シカを追いかけている者は、ウサギなど目に入らない意〕大事を成そうとする者は、小事にこだわらないということ。〈淮南・説林〉

【逐レ鹿者不レ見レ山】(しかをおうものはやまをみず)　〔シカを追いかけて夢中になっている者は、シカのすむ険しい山全体のことを考えない意〕何かに熱中すると他のことに気が回らず、全体が見えなくなる。また、目先の欲にとらわれている者は、道理を忘れる。鹿を追う猟師山を見ず。〈虚堂録〉〔「逐レ獣者目不レ見二太山一(けものをおうものは。めタイザンをみず)。〈淮南・説林〉」から〕

【指レ鹿為レ馬】(しかをさしてうまとなす)　強引に無理を通すこと。また、いつわって人をおとしいれること。鹿を馬。〈後漢書・竇憲伝〉

◆秦(シン)の趙高(チョウコウ)は、謀反を起こそうと考えていた。そこで、二世皇帝にシカを献じてウマであると言い張り、シカと答えた重臣を皆殺しにして他の重臣にもウマであると答えさせて自分の力を誇示した。………〈史記・始皇紀〉

【鹿▼苑】 ㊀(ロクエン) シカを放し飼いにしてある庭園。㊁(ロクオン) 釈迦(シャカ)が悟りをひらいたのち、はじめて説法をしたという所。鹿野苑(ロクヤオン)。例 —寺(=京都の金閣寺の正式の名)。

【鹿▼砦】【鹿▼柴】(ロクサイ)　木や竹をシカの角のように組んで、敵の侵入を防ぐもの。逆茂木(さかもぎ)。鹿角(ロッカク)。

【鹿▼豕】(ロクシ)　〔シカとブタの意〕愚か者。

【鹿車】(ロクシャ)　小さい車。〔シカ一頭しか入らないことから〕

【鹿▼茸】(ロクジョウ)　生えて間もない、まだ皮をかぶっているシカの袋角(ふくろづの)。取ってかげ干しにし、漢方薬とする。

【鹿台(臺)】(ロクダイ)　殷(イン)の紂(チュウ)王が財宝をたくわえた倉。

【鹿鳴】(ロクメイ)　①シカが鳴く。②『詩経』小雅の篇名。賓客をもてなすときに歌われた。また、それを歌った宴会。

【鹿鳴宴】(ロクメイエン)　科挙(=官吏登用試験)の及第者をもてなす宴会。鹿鳴筵(ロクメイエン)。〔宴会で、『詩経』小雅の「鹿鳴」を歌ったことから〕

【鹿鳴館】(ロクメイカン)　日 一八八三(明治十六)年外国の賓客接待のために東京に建てた、れんが造りの洋風建築。

【鹿▼盧】(ロクロ)　物を引っ張ったり、つり上げたりするのに使う滑車。轆轤(ロクロ)。

【鹿角】(ロッカク)　①シカの角。②敵の侵入を防ぐため、地上に木・竹を植えて垣のようにめぐらすもの。

【鹿▼裘】(ロッキュウ)　シカの皮で作った服。

［麁］

鹿2 (13)　⇩麤(ソ)(1504ページ)

麀

鹿2 (13)　4 9452　9E80

ユウ(イウ)漢　尤 yōu

意味 ❶雌のシカ。めじか。例 麀鹿(ユウロク)(=めじか。また、シカの総称)。❷動物の雌。例 麀牡(ユウボ)。

【麀▼牡】(ユウボ)　雌のシカと雄のシカ。めじかと、おじか。

【▼聚レ麀】(ユウをともにす)　〔父と子のシカが同じめじかを共有する意〕父と子が同じ女と関係をもつ。親子間の道徳の乱れをいう。

麇

鹿5 (16)　—　9E87

㊀キン漢　真 jūn
㊁クン漢　グン呉　文 qún
くじか・のろ

［麕］

鹿8 (19)　2 8343　9E95

別体字。

意味 ㊀シカ科の哺乳動物。シカより小形で角がなく、牙(きば)がある。**ノロ**。ノロジカ。㊁群れをなす。むれる。通 群。

麈

鹿5 (16)　2 8339　9E88

シュ漢　麌 zhǔ

意味 ❶シカの一種で大きなもの。オオジカ。❷シカの尾で作った払子(ホッス)(=ちりやハエなどをはらう道具)。例 麈尾(シュビ)。

難読 麈尾(はらい)

【麈談】(シュダン)　麈尾(シュビ)(=払子(ホッス))を手にして話をする。また、文人や僧の談話。麈論(シュロン)。

【麈尾】(シュビ)　払子(ホッス)。文人や僧が談話の際、手にしたもの。

麅

鹿5 (16)　4 9453　9E85

ホウ(ハウ)漢　肴 páo
のろ

意味 シカ科の哺乳動物。**ノロ**。ノロジカ。

麋

鹿6 (17)　2 8340　9E8B

ビ漢　支 mí
かもしし・おおじか(おほじか)

意味 ❶シカ科の哺乳動物。シカの一種。**オオジカ**。シフゾウ。〔角はシカに、尾はロバに、ひづめはウシに、首はラクダに似るが、全体はどれにも似ていないことから「四不像(シフゾウ)」と名づけられたという〕例 麋鹿(ビロク)。❷まゆ毛。通 眉(ビ)。例 須麋(シュビ)(=ひげとまゆ毛)。❸川べり。水辺。通 湄(ビ)。❹かゆ。通 糜(ビ)。例 麋粥(ビシュク)(=かゆ)。麋沸(ビフツ)。

【麋沸】(ビフツ)　〔粥(かゆ)が煮えかえる意〕騒ぎ乱れること。

【麋鹿】(ビロク)　①オオジカ。シフゾウ。また、シフゾウとシカ。例 友二麋鹿一(ビロクをともとす)(=オオジカやシカを友として暮らす。〈蘇軾・赤壁賦〉)。②山野に隠棲(インセイ)することのたとえ。③下品でいやしいこと。例 —の志(こころざし)(=俗世を離れて山野にかくれ住むという願い)。例 麋鹿姿(ビロクのすがた)(=下品な服装)。〈蘇軾・和陶飲酒〉

麌

鹿7 (18)　2 8341　9E8C

ゴ漢　虞 グ漢　麌 yǔ
おくじか・めくじか

意味 ❶シカ科の哺乳動物、ノロの雄。❷むらがり集まるさま。例 麌麌(ゴゴ)。

麒

鹿8 (19)　2 8342　9E92　人

キ漢　支 qí

なりたち 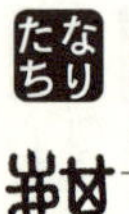 ［形声］「鹿(=しか)」と、音「其(キ)」とから成る。オオジカのからだで、牛の尾をもち、一つの角をもつ仁獣。麒麟(キリン)。

意味 ❶⇩【麒驥(キキ)】❷⇩【麒麟(キリン)】

【麒▼驥】(キキ)　足の速いすぐれた馬。騏驥(キキ)。

【麒▼麟】(キリン)　①中国古代の想像上の霊獣。からだはシカ、尾はウシ、ひづめはウマに似て、頭に一本の角がある。五色にかがやく毛をもち、翼で飛ぶという。聖人が世に出たときにあらわれる。「麒」が雄、「麟」が雌。騏驎キリン。②聖人や才能のすぐれた人。例―児。③日アフリカ産の哺乳動物。首と足が長く、あざやかな斑紋ハンモンがある。ジラフ。中国では「長頸鹿チョウケイロク」という。

【麒▼麟閣】キリンカク 漢の武帝が麒麟をとらえたときに築いた高殿。宣帝が功臣の画像を掲げさせた。麒閣。麟閣。

【麒▼麟児】キリンジ 将来が期待される子供。〈杜甫・徐卿二子歌〉

[麕] 鹿8(19) ⇩麇キン（**1502**ジペー）

麑

鹿8(19) 2 8344 9E91 ゲイ漢 斉 ní かのこ

意味 ❶シカの子。**かのこ**。例麑鹿ゲイロク。❷「狻麑サンゲイ」は、想像上の猛獣の名。また、獅子シ。ライオン。通猊ゲイ。

日本語での用法 《ゲイ》「麑城ゲイジョウ（＝鹿児島城）」▼「鹿児島」に「麑」の字をあてて用いたもの。

【麑鹿】ゲイロク シカの子。こじか。古代、卿大夫ケイタイフが贈り物として用いた。

麗

鹿8(19) 1 4679 9E97 常用

一レイ漢 ライ呉 霽 lì
二リ漢呉 支 lí
三レイ漢 齊 lí
うるわしい（うるは-し）・うら-らか

筆順 一 丽 丽 严 严 麗 麗 麗

なりたち [会意]「鹿（＝しか）」と「丽（＝ならんで行く）」とから成る。シカがならんで行く。

意味 一❶ならぶ。対になる。通儷レイ。例麗馬レイバ（＝一対のウマ）。麗皮レイヒ。❷連続する。つらなる。例麗沢レイタク。❸つながる。くっつく。つく。例日月麗㆓乎天㆒、百穀草木麗㆓乎土㆒ジツゲツはテンにつき、ヒャッコクソウモクはドにつく（＝日月は天に付属し、穀物や草木は地に付属する）。〈易・離・彖〉❹華やかで美しい。あでやか。**うるわしい**。例麗人レイジン。華麗カレイ。妙麗ミョウレイ。❺あでやかな人。美人。例佳麗カレイ（＝美人）。❻明るくほがらか。あきらか。**うららか**。例麗日レイジツ。❼射あてる。当たる。❽施行する。ほどこす。また、執行する。例麗法レイホウ（＝法律を施行する）。二❶ひっかかる。かかる。通罹リ。例麗法リホウ（＝法律にひっかかる）。例麗禍リカ（＝災難にあう）。❷「高句麗コウクリ」は、昔の朝鮮半島北部の国。三数。かず。例麗億レイオク（＝無数）。

古訓 中古 あきらかに・うるはし・かず・かほよし・つく・つぐ・つらなる・つらぬ・ななめ・ならぶ・へる・よし・より 中世 うるはし・かず・つく・ほどこす・よし・をかし 近世 あきらか・うるはし・かず・たぐひ・つく・つらなる・ひく・よし

人名 あき・あきら・うらら・かず・つぐ・つら・よし・より

難読 高麗コウライ・こま

【麗▼譙】リショウ・レイショウ 美しくて大きい高殿。

【麗雅】レイガ うるわしく、しとやかなさま。類麗閑。

【麗句】レイク 美しい語句。例美辞―。

【麗姿】レイシ 美しくあでやかな姿。類麗容。例―をあらわす。

【麗質】レイシツ 生まれつき備わった美しさ。例天生麗質難㆓自棄㆒テンセイのレイシツはおのずからすてがたし（＝生まれつきの美しさはそのまま捨てておかれるはずもない）。〈白居易・長恨歌〉

【麗日】レイジツ うららかな日。のどかな日。例陽春の―。

【麗▼姝】レイシュ 美しい女性。麗人。類麗女。

【麗春花】レイシュンカ ヒナゲシの別名。虞美人草グビジンソウ。類麗春草。

【麗色】レイショク ①美しい色。また、美しい景色。②美しい顔色。

【麗飾】レイショク はなやかにかざる。美しいかざり。

【麗人】レイジン 美しい女の人。美人。例男装の―。

【麗藻】レイソウ 美しくすぐれた詩文。

【麗沢】レイタク・リタク ①連なる二つの沢。②友人どうし、はげまし合って学問に努めること。〔二つの沢が、互いにうるおし合うことから〕〈易・兌・象〉

【麗皮】レイヒ 二枚一対のシカの皮。結納の品として用いた。

【麗▼靡】レイビ ①うるわしく、あでやかなさま。②長く連なっているさま。

【麗筆】レイヒツ ①美しく書かれた字。②美しい詩や文章。

【麗服】レイフク 美しい衣服。

【麗文】レイブン 美しい文章。また、美しい模様。

【麗容】レイヨウ 美しい姿。うるわしい姿。麗姿。例富士山の―。

●奇麗キレイ・秀麗シュウレイ・壮麗ソウレイ・端麗タンレイ・美麗ビレイ・豊麗ホウレイ・流麗リュウレイ

麓

鹿8(19) 1 4728 9E93 常用 ロク漢 屋 lù ふもと

筆順 十 木 林 芦 莽 麓 麓 麓

なりたち [形声]「林（＝はやし）」と、音「鹿ロク」とから成る。山につらなる林。

意味 山すそ。**ふもと**。例山麓サンロク。

古訓 中古 ふもと 中世 ふもと 近世 しるす・ふもと

麛

鹿9(20) 4 9454 9E9B ベイ漢 斉 mí

意味 ❶幼いシカ。かのこ。❷幼い獣。

麝

鹿10(21) 2 8345 9E9D シャ漢 ジャ呉 禡 shè

意味 小形で、角のないシカ。ジャコウジカ。腹部から香料の麝香ジャコウがとれる。

【麝香】ジャコウ 麝香鹿ジャコウじかからとれる香料。

【麝香鹿】ジャコウじか 日シカ科の動物。麝の日本名。雄の腹部に香嚢コウノウがあり、そこから香料の麝香がとれる。

麞

鹿11(22) 3 9475 9E9E ショウ（シャウ）漢 陽 zhāng くじか・のろ

意味 ❶シカ科の哺乳動物。**くじか**。**のろ**。❷「皇麞オウジョウ」は、雅楽の大曲の一つ。

[麟] 鹿12(23) ⇩麟リン（**1503**ジペー）

麟

鹿13(24) 1 4659 9E9F 人 リン漢 真 lín

[麟] 鹿12(23) ―― 旧字体。

なりたち [形声]「鹿（＝シカ）」と、音「粦リン」とから成る。大きな、雄のシカ。

意味 ❶「麒麟キリン」（**1502**ジペー）❷「麟麟リンリン」は、ひかりかがやくさま。燐燐リンリン。→【麒麟】

古訓 中世 おほしか 近世 かかやく

【麟角】リンカク ①麒麟キリンの角の。②珍しくてとうといもの。

【麟閣】リンカク ⇩【麒麟閣】キリンカク（**1503**ジペー）

【麟経】リンケイ 『春秋』の別称。〔「西狩獲㆑麟にしにかりしてリンをえたり」の句で終わっていることから〕類麟史。

【麟▼趾】リンシ 〔麒麟キリンの脚の意〕①すぐれた王子がたくさんいて、王室が繁栄していること。②徳や才のある人。

【麟台（臺）】リンダイ 唐代の秘書省。〔則天武后が改称した〕
【麟筆】リンピツ 史官の筆。〔『春秋』を「麟経リンケイ」と称することから〕
【麟▼鳳】リンホウ 〔麒麟キリンと鳳凰ホウオウの意〕きわめてまれな賢人。聖賢。

麤
鹿22（33） 3 9476 9EA4 ソ 漢 呉 虞 cū あら-い（あら-し）・おろ-か・ふと-い（ふと-し）

［麁］ 鹿2（13） 2 8338 9E81 俗字。

意味 ❶シカがばらばらに離れる。❷おおまかなさま。あらい。通粗。例 麤密ソミツ（＝密度のあらいことと、こまかいこと）。❸荒々しい。通粗。例 麤暴ソボウ（＝荒々しくて、乱暴なこと）。

【麤粗】【麤▼觕】【麤麤】ソソ 〔「粗・觕・麤」も、あらい意〕おおざっぱで粗末なさま。
【麤疎】【麤▼疏】ソソ ①「麤粗ソソ」に同じ。②そそっかしいさま。粗漏。疎忽ソコツ。
【麤▼糲】ソレイ 精白していない米。あらいつき方をした米。玄米。

199 11画 麥（麦） むぎ むぎへん部

ムギの意をあらわす。常用漢字では「麦（七画）」となる。「麥」をもとにしてできている漢字を集めた。

麦
麦0（7） 1 3994 9EA6 教2 バク 漢 陌 mài むぎ

［麥］ 麥0（11） 2 8346 9EA5 旧字体。

筆順 一 十 キ 主 麦 麦 麦

なりたち ［会意］「來（＝穂のある穀物）」と「夊（＝足でふむ）」とから成る。ムギ。

意味 イネ科の穀物。ムギ。オオムギ・コムギなど。例 麦芽バクガ。麦秋バクシュウ。米麦ベイバク（＝コメとムギ）。

古訓 中古 むぎ 中世 むぎ 近世 むぎ

難読 麦麩ふすま・麦麨むぎこがし・麦酒ビール・蕎麦そば・瞿麦なでしこ

【麦雨】バクウ ムギが熟するころに降る雨。晩春から初夏にかけて降る雨。
【麦芽】バクガ ①ムギの芽。②日 オオムギを発芽させて干したもの。ビールや水あめの原料になる。
【麦気】バクキ ①ムギがのびるころの気候。②ムギの穂の上を吹きわたる風の香り。
【麦酒】バクシュ ①ムギを原料とした酒。②日 ビール。
【麦舟】バクシュウ ①ムギを運ぶ舟。②物品を贈って葬儀の援助をする。〔北宋ホクソウの范純仁ハンジュンジン（＝范仲淹ハンチュウエンの子）が石曼卿セキマンケイの喪に舟でムギを贈って助けた故事による〕〈冷斎夜話・麦舟助喪〉
【麦秀】バクシュウ ムギの穂がのびること。
【麦秀歌】バクシュウのうた 箕子キシが、廃墟ハイキョとなってしまった殷インの都にムギが穂を出しているのを見て、故国の滅亡を嘆いて作った詩。〔〈史記・宋微子世家〉から〕類 麦秀の嘆。
【麦秋】バクシュウ・むぎあき 陰暦四月の呼び名。ムギが熟するころ。初夏。むぎの秋。類 麦節。
【麦穂両岐】バクスイリョウキ 一本の麦に二つの穂がついていること。豊作のしるし。麦秀両岐バクシュウリョウキ。〈後漢書・張堪伝〉
【麦飯】バクハン・むぎめし ムギを炊いたごはん。また、コメにオオムギをまぜて炊いたごはん。
【麦門冬】バクモンドウ ユリ科の多年草。根は咳せき止めの薬となる。リュウノヒゲ。ジャノヒゲ。類 麦冬バクトウ。
【麦浪】バクロウ 畑の青いムギが、風で波のようにゆらぐさま。
【麦▼隴】【麦▼壟】バクロウ 麦畑のうね。また、麦畑。
【麦▼稈】バッカン・むぎわら ムギの実を取ったあとの茎。例 ―真田さなだ（＝むぎわらを漂白して真田ひもに編んだもの）。
【麦▼藁】むぎわら ムギの実を取ったあとの茎。麦稈バッカン。
【流レ麦】むぎをながす ⇒【流麦】リュウバク（780ページ）

麨
麥4（15） 4 9455 9EA8 ショウ（セウ） 漢 篠 chǎo はったい

意味 ムギやコメを炒いって粉にした食品。むぎこがし。香煎コウセン。はったい。

麩
麥4（15） 2 8347 9EA9 フ 漢 虞 fū ふすま

［麸］ 麦4（11） 2 8348 9EB8 俗字。

［麬］ 麥5（16） 3 9477 9EAC 別体字。

意味 コムギをひいて粉にするときに出る、皮のかす。ふすま。例 麩皮フヒ（＝ふすま）。

日本語での用法 《フ》「焼やき麩フ・生麩なまフ」▼小麦粉のたんぱく質で作った食品。

［麪］ 麥4（15） ⇒麺メン（1505ページ）

［麬］ 麥5（16） ⇒麩フ（1504ページ）

麭
麥5（16） 2 8350 9EAD ホウ（ハウ） 漢 効 pào こなもち

意味 ❶コムギなどの粉を練って蒸して作ったもち。だんご。❷「麺麭メンポウ」は、パン。

［麯］ 麥6（17） ⇒麴キク（1504ページ）

［𪎌］ 麦7（14） ⇒麳ライ（1504ページ）

麴
麥8（19） 3 9479 9EB4 キク 漢 屋 qū こうじ（かうぢ）

［麹］ 麦8（15） 1 2577 9EB9 俗字。

［麯］ 麥6（17） 3 9478 9EAF 別体字。

意味 コメ・ムギ・ダイズなどを蒸して、こうじ菌を繁殖させたもの。酒・しょうゆ・みそなどの原料。こうじ。例 麴塵キクジン。

難読 鼠麴草ははこぐさ

【麴院】キクイン ①酒を造る所。酒坊。②浙江セッコウ省の西湖十景の一つ。ハスの花の名所。
【麴君】キククン 酒の別名。
【麴▼糵】【麴▼櫱】キクゲツ ①酒を造るための、こうじ。②酒。
【麴車】キクシャ 酒を積んだ車。例 道逢二麴車一口流レ涎（みちにキクシャにあいてくちによだれをながす）（＝道で麴車に出くわすと口からよだれを流す（ほどの酒好き））。〈杜甫・飲中八仙歌〉
【麴▼塵】キクジン ①〔「塵」は、ちりの意〕ちりのようにこうじに生える、かび。②こうじのかびのような、青みがかった黄色。例 麴塵糸キクジンのいと（＝若葉をつけたヤナギの枝）。―の袍ホウ（＝天子の着る、麴塵色の袍）。

麳
麥8（19） 9EB3 ライ 漢 灰 lái

［𪎌］ 麦7（14） 4 9456 2A38C 俗字。

意味 イネ科の穀物。コムギ。

麺

麦9 (16) 1 4445 9EBA 常用

ベン㊇ **メン**㊉ 㔾 miàn
むぎこ

[麵] 麥9 (20) 3 9480 9EB5 旧字体。 [麪] 麥4 (15) 2 8349 9EAA 本字。

筆順 十 𡗗 麦 麦 麺 麺 麺 麺

なりたち [形声]「麥(=むぎ)」と、音「丏ベン」とから成る。ムギの粉末。

意味 ❶ムギの粉。**むぎこ**。また、むぎこを練ってつくる食品。例 麺類メンルイ。拉麺ラーメン。❷「麺麭メンポウ」は、パン。

古訓 中古 かむだち・むぎこ・むぎのこ 中世 こむぎのこ・むぎ・むぎこ・むぎのこ・もやし 近世 むぎこ・むぎのこ

【麺棒】メンボウ 日 粉などをこねた生地を、広げのばすのに使う棒。のべ棒。類 麺杖メンジョウ。

【麺包】メンパウ【麺▼麭】メンポウ 食品のパン。

【麺類】メンルイ 日 うどん・そば・そうめん・ラーメン・マカロニ・スパゲッティなどの総称。

200 11画 麻(麻) あさ あさかんむり部

アサの意をあらわす。常用漢字では「麻」となる。「麻」をもとにしてできている漢字を集めた。

0 1505 麻 麻 3 1505 麼 麽 4 1505 麾 7 1505 麿

この部首に所属しない漢字

摩→手 580 磨→石 952 糜→米 1019 靡→非 1427 魔→鬼 1480

麻

麻0 (11) 1 4367 9EBB 常用

バ㊇ **マ**㊉ 㔾 má
あさ・お(を)

[麻] 麻0 (11) 旧字体。 [蔴] 艹11 (14) 4 8674 8534 別体字。

筆順 亠 广 广 庁 庐 府 麻 麻

なりたち [会意]「𣏟(=あさをつむぐ)」と「广(=やね)」とから成る。やねの下でつむぐアサ。

意味 ❶クワ科の一年草。**アサ**。また、その茎の皮の繊維から作った糸や布。あさぬの。**お**。例 麻布マフ。❷喪服に用いるアサの布で作った帯。絰テツ。また、それを身につける。❸詔書。〔唐・宋ソウ代、詔書には麻紙を用いたことから〕❹ゴマ。例 芝麻シマ(=ゴマ)。❺感覚がなくなる。しびれる。通 痲マ。例 麻酔マスイ。麻痺ヒマ。麻薬マヤク。

古訓 中古 あさ・あさを・を 中世 あさ 近世 あさ・を

人名 ぬさ

難読 麻生あそう・麻実おのみ・麻笥おけ・麻婆豆腐マーボーどうふ・胡麻ゴマ・綱麻つなそ・黄麻つなそ・夏麻なつそ・大麻おおぬさ

【麻衣】マイ アサの布で作った衣服。白色のものを朝服・喪服などに用いる。

【麻黄】マオウ マオウ科の常緑低木。茎は、咳きせどめや解熱の漢方薬にする。

【麻幹】マカン おがら 皮をはいだアサの茎。例 迎え火に―おがらを焚たく。

【麻▼姑】マコ 鳥のような長い爪つめを持っていたという仙女。

【麻▼姑▼搔▼痒】マコソウヨウ ものごとが思いのままになること。〔後漢の蔡経サイケイが仙女の麻姑の爪つめが鳥のように長いのを見て、その爪でかゆいところをかいたらさぞ気持ちがいいだろうと思った故事〈神仙伝・麻姑〉による。また、「まご」の手のもととなったとも〕

【麻沙本】マサボン 宋ソウ・元代の刊本のうちで粗悪な書物。〔麻沙は福建省にある地名で、榕樹ジョウジュという木を産し、これで版木が盛んに作られたが木は磨滅しやすく、そうしてできた書物には誤りも多かったことから〕

【麻紙】マシ アサの繊維から作った紙。

【麻▼雀】マジャク 一 スズメ。二 マージャン 中国で始まったゲーム。四人で一つの卓を囲み、一三六枚の牌パイを使って遊ぶ。

【麻▼疹】マシン はしか 子供がかかることが多い感染症。熱が高く、赤い発疹ハッシンができる。はしか。痲疹マシン。

【麻酔】マスイ 日 薬などを使って、全身またはからだの一部の知覚を一時的に失わせる。痲酔マスイ。例 局部―。

【麻中▼之▼蓬】マチュウのよもぎ 環境によって悪いものも正しい方向に自然に向かうこと。→【蓬生二麻中一不レ扶而直】よもぎマチュウにショウずればたすけずしてなおし(1154ページ)

【麻▼苧】【麻▼紵】マチョ あさお ①アサとカラムシ。②アサとカラムシの繊維で作った糸。また、それで織った布。

【麻頭】マトウ アサの切れはし。麻くず。

【麻▼痺】マヒ ①しびれる。感覚がなくなる。また、からだのある部分の神経や筋肉のはたらきが止まる。例 心臓―。②日 正常なはたらきをしなくなる。例 交通が―する。▽痲痺マヒ。

【麻布】マフ あさぬの アサの繊維で織ったぬの。

【麻沸】マフツ 乱れたアサのようになって、わきあがる。天下が騒然として、アサのように乱れる。

【麻▼冕】マベン アサの布で作った冠。

【麻木】マボク 〔「木」は、しびれる意〕①感覚がなくなる。麻痺ヒマする。②感覚の鈍いさま。また、鈍い人。

【麻薬】マヤク 麻酔や鎮痛に使うくすり。中毒になりやすい。モルヒネ・アヘン・コカインなど。痲薬マヤク。例 ―中毒。

麼

麻3 (14) 2 5487 9EBC

一 バ㊇ マ㊉ 二 マ・モ モ㊥ 㔾 mó ma/me

[麽] 麻3 (14) 4 9457 9EBD 俗字。

意味 一 細かい。かすか。例 麼虫マチュウ(=小さい虫)。二 語にそえて、語調をととのえたり、疑問や驚きをあらわしたりする。いかに。なに。か。や。例 什麼ジュウマ(=なに)。作麼生ソモサン(=どうだ。いかに)。恁麼インモ(=そのように。このように)。

麾

麻4 (15) 2 6164 9EBE

キ(クヰ)㊇㊉ 㔾 huī
さしまねく

意味 ❶指図するための旗。例 麾下カキ。❷指揮する。**さしまねく**。

【麾下】カキ ①将軍の旗のもと。将軍の陣所。②将軍直属の兵士。旗本はたもと。また、部下。旗下カキ。例 麾下壮士カキのソウシ(=旗本の勇士)。〈史記・項羽紀〉。③将軍の敬称。

【麾▼旌】キセイ 軍に指示を与える際、指揮官が用いる旗。類 麾節キセツ。

麿

麻7 (18) 1 4391 9EBF 人 国字

まろ

なりたち 国字。[会意] 日本語で「まろ」をあらわす二字の万葉仮名「麻呂」を一字にした合字。

意味 ❶自分を指していうことば。わたし。例 麿まろが父ちち(=わたしの父)。❷男子の名の下につける字。例 柿本人麿かきのもとのひとまろ。❸動物名の下につける字。例 稲子麿いなごまろ。

古訓 近世 まろ

201 12画

黄（黃）きいろ部

きいろの意をあらわす。常用漢字では「黄（十一画）」となる。「黄」と、「黃」の字形を目じるしにして引く「黌」とを集めた。

0 1506 黄 黃 13 1507 黌

黄 黄0 (11) 1 1811 9EC4 教2

［黃］ 黄0 (12) 3 9481 9EC3 人 旧字体。

コウ（クヮウ）漢 オウ（ワウ）呉 陽 huáng

き・こ

付表 硫黄（いおう）

筆順 一 艹 卄 苎 苗 苗 黄

なりたち  ［形声］「田（＝土地）」と、音「炗コウ」とから成る。大地の色。

意味 ❶きいろ。き。五方（＝東・西・南・北・中央）の中央の色として、たっとばれる。皇帝の色。例 黄金ゴン。黄土コウド。天地玄黄ゲンコウ。❷きいろになる。きばむ。例 黄熟ジュク（＝植物の実が黄色に熟れる）。黄葉ヨウ。❸幼い子。〔隋イズ代は三歳以下、唐代は新生児をいった〕例 黄口コウ。❹伝説上の古代の帝王「黄帝」の略。例 黄老ロウ。

古訓 中古 き・きなり・きばむ・きばめり 中世 き・きなり・きなるいろ 近世 あわてる・き

人名 かつみ

難読 黄昏たそがれ・黄精あまどころ・黄牛あめうし・黄楊つげ・黄鳥うぐいす・黄櫨はじのき・黄蘗きはだ・黄鶏かしわ・黄蜀葵とろろあおい・黄麻つな・黄心樹おがたまのき

【黄金】（コウキン／オウゴン）①こがね。金キン。例 ―の冠。②銅。③こがね。金銭。貨幣。④非常に価値のあるもの。例 ―の右腕。

【黄▼疸】（オウダン）胆汁が血中に入り、皮膚や粘膜などが黄色くなる病気。

【黄▼檗宗】（オウバクシュウ）〔仏〕禅宗の一派。唐代、福建省の黄檗山で正幹禅師が創始。日本では江戸時代初期、明ミンの隠元隆琦リュウキが帰化し、宇治に黄檗山万福寺を建立して広めた。

【黄麻】（コウマ／オウマ）①シナノキ科の多年草。茎の皮から採れるジュートという繊維から穀物を入れる袋を作る。つなそ。②みことのり。詔書。〔唐代、「①」をすいた紙に詔勅を記したことから〕

【黄身】（きみ）日 卵のなかみの黄色い部分。卵黄。対 白身。

【黄▼埃】（コウアイ）黄色い土ぼこり。例 黄埃散漫風蕭索（＝黄色い土ぼこりが立ちこめ、風がもの寂しげに吹いている）。〈白居易・長恨歌〉

【黄衣】（コウイ／コウエ）①黄色い服。②僧や道士、宦官ガンが着た服。③皇帝の服。黄袍ホウ。

【黄雲】（コウウン）〔黄色い雲の意〕①吉事キチの前兆とされる雲。②空に舞い上がって雲のように見える黄砂。③イネやムギなどが実り、一面が黄色くなったさま。

【黄▼鉞】（コウエツ）黄金で飾ったまさかり。天子が自ら出陣するとき、天子のしるしとして用いた。

【黄▼鶯】（コウオウ）コウライウグイス。黄鸝コウリ。

【黄屋】（コウオク）①天子の車のおおい。〔裏地に黄色の絹を用いたことから〕②天子の居室。③天子。例 ―車（＝天子の車）。―憂うれい（＝天子の憂慮）。

【黄花】（コウカ）①キクの花の別名。②菜の花の別名。

【黄河】（コウガ）青海省に源を発し、甘粛・陝西セン・山西・河南・山東の各省を流れ渤海ボッカイに注ぐ川。長江に次ぐ、中国第二の大河。中・下流域は古代文明の発祥地で、古代中国の中心地。河。河水。

【黄海】（コウカイ）山東・江蘇コウソ両省と朝鮮半島に囲まれた海域。黄色くにごっている。

【黄閣】（コウカク）①黄色く塗った門。また、その門のある役所。黄扉。②宰相のいる役所。また、宰相。③唐代、門下省の別称。また、門下省の官職、給事中をいう。

【黄鶴楼】（コウカクロウ）今の湖北省武漢市武昌のあたりで、長江に臨む蛇山ダサンにあった楼。現在の楼は蛇山の西端の高観山の西側にある。仙人が黄色いツルに乗ってこの楼で休んだり、また、絵からぬけ出たツルに乗って仙人が飛び去ったなどの伝説がある。例 此地空余黄鶴楼このチむなしくあます コウカクロウ（＝《遠い昔の仙人はすでに黄鶴に乗って飛び去り》この地にはただ黄鶴楼だけが残されている）。〈崔顥・黄鶴楼〉

【黄冠】（コウカン）①草で作った、農夫などがかぶった黄色いかんむり。②道士が用いたかんむり。また、道士。

【黄巻】（コウカン）書物。〔古代の本は、黄色の紙を用いたことから〕

【黄巾】（コウキン）後漢の霊帝の時、乱を起こした農民集団。黄巾（＝目印の黄色い布）を頭につけ、張角を首領に太平道という宗教結社を組織した。乱はおよそ十年にもおよび、後漢滅亡の要因をなした。黄巾の賊。

【黄口】（コウコウ）①鳥のひなの黄色いくちばし。また、ひなどり。②幼い子供。また、経験の浅い未熟な者。対 二毛ニモウ。▽黄吻コウフン。

【黄▼耇】（コウコウ）〔「黄」は、老人の黄ばんだ白髪。「耇」は、老人の顔のしみ〕老人。

【黄▼鵠】（コウコク）①大鳥の一種。黄ばんだ色をした白鳥。②湖北省武漢市武昌の西にある山。黄鶴コウカク山。蛇山ダサン。

【黄▼昏】（コウコン）一 たそがれ。夕ぐれどき。たそがれ。夕方。例 惟有二黄昏鳥雀悲一（ただコウコンチョウジャクのかなしむあるのみ）（＝夕ぐれどきに小鳥たちが悲しくさえずるばかりだ）。〈劉希夷・代悲白頭翁〉 二 たそがれ 日 人生の盛りを過ぎたころ。人生の終わりに近いころ。例 人生の―。

【黄沙】【黄砂】（コウサ／コウシャ）①黄色の砂。黄土。例 古来惟見白骨黄沙田（コライただみるハッコツコウサのデン）（＝昔から《国境のあたりは》黄沙の田畑に白骨がころがっているのを見るばかりだ）。〈李白・戦城南〉②砂漠。③墓地。

【黄▼衫】（コウサン）単衣ひとえの、黄色で短い衣服。隋イズ・唐代、富貴な家庭の若者が着た。

【黄▼綬】（コウジュ）①官印や佩玉ハイギョクにつけた黄色いひも。②丞ジョウ・尉イなどの官。

【黄鐘】【黄▼鍾】一（コウショウ）①銅製のつりがね。廟堂ビョウドウで使われる。②音律で、十二律の一つ。六律六呂リクリツリクリョの基本の音。③陰暦十一月の別称。二（オウシキ）日 日本の十二律の一つ。中国十二律の林鐘リンショウにあたる。黄鐘調オウシキチョウ。

【黄▼塵】（コウジン）①黄色い土煙。また、戦塵。②わずらわしい世俗の事柄。

【黄泉】（コウセン）①地下の泉。②よみ。死者が行くといわれている所。よみのくに。よみじ。冥土メイド。例 ―路よみジ。―に旅立つ。

【黄鳥】（コウチョウ）①コウライウグイス。黄鸝コウリ。②カナリア。③日 ウグイスの別名。

【黄土】一（コウド）①（オウド）黄色がかった土。中国では北部の土地の表面を厚くおおっている細かい土。②大地。③あの世。よみの世界。黄泉コウセン。また、墓。二（オウド）日 赤土から作った赤黄色の顔料。オークル。例 ―色いろ。

【黄堂】（コウドウ）太守（＝郡の長官）のいる役所。また、太守。

【黄道】（コウドウ／オウドウ）①地球から見て、一年をかけて太陽が天球上を一周するように見える、そのみちすじ。例 ―十二宮(キュウ)。②天子の通る道。③よい日柄。吉日。

【黄梅】(一)(コウバイ) ①熟して色づいたウメの実。②ウメの実の熟すころ。陰暦五月ごろ。(二)(オウバイ) 日 モクセイ科の落葉低木。早春、黄色の花をつける。迎春花。

【黄梅雨】(コウバイウ) ウメの実が熟して色づいたころの雨。梅雨。つゆ。〈白居易・送客之湖南〉

【黄白】(コウハク) ①黄色と白色。ともに正色(セイショク)とされる。②黄金(こがね)と白銀(しろがね)。また、金銭のこと。③仙人や道士が丹薬を焼いて金銀をつくること。また、その術。黄白の術。

【黄髪】(コウハツ) 老人の黄ばんだ頭髪。転じて、老人。例 黄髪垂髫、並怡然自楽(コウハツスイチョウ、みなイゼンとしてみずからたのしむ)(=老人や子供たちも、みなそれぞれ楽しそうであった)。〈陶淵明・桃花源記〉

【黄▼吻】(コウフン) 「黄口(コウコウ)」に同じ。

【黄▼袍】(コウホウ) 黄色い上衣。隋(ズイ)代以降は皇帝専用の常服となり、一般の着用は禁じられた。

【黄▼榜】【黄▼牓】(コウボウ) ①勅命を記した黄色い紙。転じて、勅命。②財産の多い者。〔南朝梁(リョウ)の蕭宏(ショウコウ)(=武帝の弟)は金銭がたまるごとに黄色の札を掲げたという故事から〕〈南史・臨川靖恵王宏伝〉

【黄門】(コウモン) ①宮中の門。〔宮中の小門を黄色に塗ったことから〕②宮中の門内の役所。③散騎官(=天子に仕えていさめる官)の別称。④宦官(カンガン)の別称。⑤日 日本の官名「中納言」を、中国の官職制度にあてはめて呼んだもの。⑥日〔中納言の官職にあったことから〕水戸藩主徳川光圀(とくがわみつくに)(=水戸黄門)。

【黄葉】(コウヨウ) (もみじ) 秋に木の葉が黄色になること。また、黄色になった葉。例 ―さま。

【黄▼鸝】(コウリ) コウライウグイス。黄鳥。黄鶯(コウオウ)。例 両箇黄鸝鳴二翠柳一(リョウコのコウリ スイリュウになく)(=二羽の黄鸝が緑のヤナギの枝で鳴いている)。〈杜甫・絶句〉

【黄▼粱】(コウリョウ) アワの一種。オオアワ。

【黄▼粱一炊夢】(コウリョウイッスイのゆめ) 栄枯盛衰のはかないこと。黄粱一夢(コウリョウのイチムゆめ)。一炊之夢(イッスイのゆめ)。邯鄲夢(カンタンのゆめ)。盧生之夢(ロセイのゆめ)。呂翁枕(リョオウのまくら)。◆邯鄲(カンタン)という町の宿屋で、盧生(ロセイ)という青年が呂翁(リョオウ)という道士(=道教の僧)に出会った。盧生は自らの貧しい境遇をうったえているうち、眠くなってきた。呂翁は袋からまくらをとりだして盧生に貸してくれた。夢の中で盧生はとんとん拍子に出世して、宰相にまでのぼりつめ、子孫も繁栄し、天寿をまっとうして死んだ。夢はそこで終わり、盧生は目をさました。見れば自分は宿屋の店先で寝ていて、そばには呂翁がいる。盧生が寝る前、宿屋の主人が黄粱を炊きかけていたが、まだそれも炊きあがっていない。呂翁は笑って盧生に言った。「世の中のことはみんなこんなものだ」。盧生もまったくそのとおりだと思った。そして「わたしの欲心を消そうとして、こんな夢を見せてくださったのでしょう。この夢を忘れないようにします」と礼を言って立ち去ったという。……………〈枕中記〉

【黄▼蘆】(コウロ) 黄色に枯れたアシ。

【黄▼櫨】(コウロ) ウルシ科のハゼノキ。ハゼ。

【黄老】(コウロウ) ①黄帝と老子。②老子をはじめとする道家の学説。無為自然の思想を主張し、尭舜(ギョウシュン)を理想とした儒家に対抗して、黄帝をあがめた。

黌

黄13 (25)　2 8352 9ECC

コウ(クヮウ) 漢 庚 hóng

まなびや

意味 学校。**まなびや**。例 黌校(コウコウ)(=学校)。昌平黌(ショウヘイコウ)(=江戸の湯島にあった、幕府の学校)。

【黌宇】(コウウ) 〔「宇」は、建物の意〕校舎。類 黌舎。

【黌序】(コウジョ) 〔「序」も、学校の意〕学校。類 黌学・黌校・黌堂。

202 12画 黍 きび部

キビの意をあらわす。「黍」をもとにしてできている漢字を集めた。

黍

黍0 (12)　1 2148 9ECD

ショ 漢 語 shǔ

きび

意味 イネ科の一年草。**キビ**。モチキビ。例 黍稷(ショショク)。黍団子(きびダンゴ)(=キビの粉で作っただんご)。

【黍▼稷】(ショショク) モチキビと、ウルチキビ。

【黍離】(ショリ) 〔「離」は「離離(=穂が垂れたさま)」の意〕『詩経』王風の篇名(ヘンメイ)。西周の旧都の荒廃を嘆いた詩。類 麦秀歌(バクシュウのうた)。

【黍離麦秀▼之嘆】(ショリバクシュウのタン) 国が滅び宮殿のあとがキビやムギの畑となったのをなげくこと。亡国のなげき。類 黍離之悲(ショリのかなしみ)。黍離之嘆(ショリのタン)。

黎

黍3 (15)　2 8353 9ECE　人

レイ 漢 ライ 呉 斉 lí

くろ-い(くろ-し)

なりたち 〔形声〕「黍(=きび)」と、音「枌(リ→レイ)」の省略体とから成る。くつ作りに使う、のり。借りて「くろい、おおい」の意。

意味 ❶うすぐらい。**くろい**。例 黎黒(レイコク)(=色が黒い)。黎老(レイロウ)。黎明(レイメイ)。❷たくさんの。多い。例 黎民(レイミン)。❸…に及んで。例 黎

古訓 中古 くろし・ころほひ・たみ・もろもろ 中世 ころほひ・たみ 近世 くろし・さく・もろもろ・わる

人名 あき・あきら・あけ・たみ

【黎献】(レイケン) 庶民の中の賢者。

【黎元】(レイゲン) 多くの人民。民衆。庶民。類 黎民・黎庶。

【黎明】(レイメイ) ①夜明け。引き明け。例 ―を告げる鶏の声。②日 ものごとが始まろうとするころ。例 近代日本の―期。

【黎老】(レイロウ) 黒ずんだ肌をした老人。

黏

黍5 (17)　⇩粘(ネン)(1014ページ)

黐

黍11 (23)　2 8355 9ED0

チ 漢 支 chī

もち

意味 モチノキの樹皮から採る、粘りけの強い物質。鳥をとらえるのに用いる。とりもち。**もち**。例 黐木(ボクチ)(=モチノキ)。

203 12画 黑(黒) くろ部

くろい色の意をあらわす。新字体では「黒(十一画)」となる。「黑」をもとにしてできている漢字を集めた。

この部首に所属しない漢字
墨→土301

黒

黒0（11） 1 2585 9ED2 教2
コク㊥㊐ くろ・くろい（くろ-し） 職 hēi

［黑］ 黑0（12） 3 9482 9ED1 人 旧字体。

筆順 丶 冂 日 甲 甲 里 里 黒

なりたち  ［会意］「炎（＝ほのお）」と「囗（＝まど）」とから成る。いぶされた窓の色。

意味 ❶色がくろい。**くろ**。**くろい**。五方（＝東・西・南・北・中央）の、北の色。例 黒衣（コクイ）。漆黒（シッコク）。❷くらい。やみの。例 暗黒（アンコク）。❸悪い。正しくない。例 黒白（コクビャク）。❹むごい。ひどい。例 黒波（コクハ）。黒風（コクフウ）。

日本語での用法 《くろい》「襟（えり）が黒（くろ）い」▼よごれている。

古訓 中古 くらし・くろし・くろむ・すみぬる 中世 くろし 近世 くろし

【黒星】（くろぼし） 日 ①黒い丸い点。②相撲で、負けたとき取組表につける黒い丸じるし。また、勝負での敗戦。③失敗。落ち度。例 警察の―。▽㊚白星。

【黒枠】（くろわく） 日 ①黒いわく。②黒いわくのついた、死亡通知や死亡広告など。例 ―の通知が来た。

【黒衣】 一（コクイ・コクエ） ①黒い色の衣服。②王宮の警護をする兵士。〔黒い衣を着たことから〕③黒の僧服。墨染めの衣。二（くろご・くろこ） 日「黒子三（くろご）」に同じ。

【黒鉛】（コクエン） 黒い光沢のある、やわらかい鉱物。炭素でできていて、鉛筆のしんや電極などに使う。石墨。

【黒子】 一（コクシ・ほくろ） ①皮膚にできる黒い点状のもの。ほくろ。例 左股有二七十二黒子一（ひだりのももにシチジュウニのコクシあり）（＝〔劉邦（リュウホウ）は〕左のももに七十二のほくろがある）。〈史記・高祖紀〉②きわめて小さなもの。せまい土地。例 弾丸―（コクシ）の地。二（くろご・くろこ） 日 ①芝居で、役者の後見役。②表立たずに人を助けたり、ものごとをすすめたりする人。例 ―に徹する。▽黒衣（くろご・くろこ）。

【黒漆】（コクシツ・くろうるし） ①黒色のうるし。また、それを塗った物。②真っ黒なさま。

【黒死病】（コクシビョウ） 日 ペスト。

【黒心】（コクシン） ①腹黒いさま。悪心。邪心。㊚赤心。②嫉妬（シット）心。ねたみごころ。

【黒人】（コクジン） ①皮膚の色が黒色または黒褐色をしている人々。②日 黒色人種。

【黒炭】（コクタン） 石炭の一種。黒くて光沢があり、やわらかい。瀝青（レキセイ）炭。

【黒▼檀】（コクタン） 日 カキノキ科の常緑高木。材はかたく黒色で光沢がある。上質の家具や装飾品などに使う。烏木（ウボク）。

【黒鳥】（コクチョウ） ①カラス。②日 ハクチョウに似たガンカモ科の水鳥。全体がほぼ黒色で、くちばしが赤い。ブラックスワン。

【黒点】（コクテン） ①黒い色の点。黒星。②日 太陽の表面の、黒い点のように見える部分。

【黒▼甜】（コクテン） 気持ちよく眠る。熟睡する。また、昼寝。午睡。

【黒土】（コクド・くろつち） 腐敗した植物質を多く含み、植物の生育に適した豊かな土。例 ―（コクド）地帯。

【黒頭公】（コクトウコウ） ①〔「黒頭」は、青年の意〕若くして三公の位についた人。②毛筆の別名。

【黒波】（コクハ） 荒波。

【黒幕】 一（コクバク・コクマク・くろマク） 黒い色の幕。二（くろマク） 日 かげで指図する実力者。例 政界の―。

【黒髪】（コクハツ・くろかみ） 黒いかみの毛。例 みどりの―（くろかみ）（＝つやがある美しい黒い髪）。

【黒板】（コクバン） 日 チョークで字や絵を書き示す、黒または深緑色の板。

【黒白】（コクビャク） ①黒色と白色。②ものごとの善と悪。正と不正。例 ―を明らかにする。

【黒表】（コクヒョウ） 日 要注意人物や危険人物の一覧表。ブラックリスト。例 ―に載せる。

【黒風】（コクフウ） 暴風。

【黒竜江】（コクリュウコウ） 中国東北部とシベリアの境を流れ、間宮（まみや）海峡に注ぐ川。アムール川。

● 暗黒（アンコク）・漆黒（シッコク）・大黒（ダイコク）

黔

黑4（16） 2 8356 9ED4
ケン（ケム）㊥ 塩 qián
くろ-い（くろ-し）

意味 ❶黄色がかった黒色。あさぐろい。**くろい**。また、（冠（カン）をつけない）黒い頭の。例 黔愚（ケングツ）。黔首（ケンシュ）。❷黒くなる。黒ずむ。黒く染める。例 黔突（ケントツ）。❸（刑罰としての）いれずみ。❹貴州省の別名。

【黔首】（ケンシュ） 人民。民衆。㊚黔庶・黔細・黔黎（ケンレイ）・黔愚。

【黔突】（ケントツ） すすで黒ずんだ煙突。

【黔▼驢▼之技】（ケンロのギ） 見かけだおしの技能のたとえ。自分の能力についてへりくだっていう。◆黔州（ケンシュウ）（＝今の貴州省のあたり）へ、ある人がロバ（驢）を連れて行った。初めてロバを見たトラはその大きさに恐れをなした。しかしロバには足でける以上の能力のないことを知って、ロバを食い殺したという。……………〈柳宗元・三戒〉

默

黒4（15） 1 4459 9ED9 常用
ボク㊥ モク㊐ 職 mò
だまる・もだ-す

［默］ 黑4（16） 2 6452 9ED8 人 旧字体。

筆順 口 日 甲 里 里 默 默 默

なりたち  ［形声］「犬（＝イヌ）」と、音「黑（コク→ボク）」とから成る。イヌがひそかに人のあとを追う。借りて「しずかにする、だまる」。

意味 ❶声を出さない。ものを言わない。**だまる**。例 黙読（モクドク）。黙礼（モクレイ）。沈黙（チンモク）。❷しずか。しずまる。❸こっそり。ひそかに。例 黙而識レ之（モクしてこれをしるす）（＝ひそかに覚えておく）。〈論語・述而〉黙認（モクニン）。黙許（モッキョ）。

古訓 中古 くらし・しづかなり・もだす 中世 しづかなり・もだす 近世 おふ・かすか・しづか・だまる・もだす

【黙吟】（モクギン） 声を出さずに詩歌を読む。

【黙劇】（モクゲキ） 日 せりふを言わず、からだの動きや表情で演じる劇。無言劇。パントマイム。

【黙座】【黙▼坐】（モクザ） 何も言わず静かにすわっている。

【黙殺】（モクサツ） 日 相手の存在や言動を無視する。何も反応せず相手にしない。例 人の話を―して返事もしない。

【黙止】（モクシ） 日 何も言わず、そのままにさせておくこと。

【黙示】（モクシ・モクジ） 日 ①ことばに出さず、それとなく気持ちを知らせる。例 ―の同意。②キリスト教などで、神が人に真理を知らせる。啓示。例 ―録。

【黙思】（モクシ） 何も言わず、じっと考える。黙考。黙想。例 来（こ）し方行く末を―する。

【黙視】（モクシ） 何も言わずに、ただ見ている。口出ししない。例 ―することはできない。

【黙識】（モクシ） ①他人が言おうとしている真意を、無言のうちに

12画

理解する。②黙って心に記憶しておく。

【黙▼誦】モクショウ ①暗誦する。②声を出さないで読む。黙読。

【黙然】モクゼン|モクネン 何も言わず、じっとしているさま。

【黙想】モクソウ 何も言わずに、じっと何かを考えこむ。黙思。黙考。例 熟思―する。

【黙▼禱】モクトウ 目を閉じ、声を出さず、心の中で祈る。

【黙読】モクドク 声を出さないで読む。対音読。

【黙認】モクニン 日 気づかないふりをして見のがす。公式には何も言わないまま許可する。黙許。類黙諾。

【黙念】モクネン 無言で考える。黙考。黙思。黙想。

【黙秘】モクヒ 日 内容をかくして何も言わない。例 ―権。

【黙黙】モクモク ①口を閉じて何も言わないさま。例 ―と働く。②静かで声の聞こえないさま。③ひっそりとして音のしないさま。例 至道之極、昏昏黙黙(シドウのキョクは、コンコンモクモクたり)(=至道の極限は、暗くひっそりとしていてとらえがたい)。〈荘子・在宥〉④虚無であるさま。また、無知であるさま。⑤不満なさま。

【黙礼】モクレイ 日 何も言わずにお辞儀をする。声を出さずに敬礼する。

【黙過】モッカ 日 気づかないふりをして、そのままにしておく。見のがす。例 不正を―する。

【黙許】モッキョ 公然と認めるわけではないが、気づかないふりをして見のがす。めこぼし。黙認。類黙諾。

【黙契】モッケイ 互いに口に出さなくても、気持ちが通じあうこと。考えが一致すること。

【黙考】モッコウ 何も言わず、じっと考え続ける。黙想。黙思。例 沈思―する。

【黙稿】モッコウ 心の中でできあがっている草稿。腹稿。

●暗黙(アンモク)・寡黙(カモク)・沈黙(チンモク)

黖
黑5(17) 4 9458 2A437 国字

くろ・くろ-い(くろ-し)

意味 黒。くろ。くろい。

黛
黑5(16) 1 3467 9EDB 人

タイ漢 隊 dài

まゆずみ

[黛]
黑5(17)

旧字体。

なりたち [形声] 本字は「黱」で、「黑(=くろ)」と、音「朕(チン→イタ)」とから成る。眉(まゆ)を画(か)く墨。

意味 ❶眉(まゆ)を画(か)くために用いる青黒色の墨。まゆずみ。例 黛眉(ビタイ)(=まゆずみで画いた眉)。粉黛(フンタイ)。❷女性のまゆ。また、美女のたとえ。例 黛蛾(タイガ)(=美女)。❸(遠くに見える山や樹木などの)青黒い色。例 翠黛(スイタイ)。

古訓 中古 くろし・まゆかき・まゆずみ 中世 まゆずみ 近世 まゆずみ

【黛色】タイショク まゆずみのような、青みがかった黒い色。遠くに見える山の色をいう。

【黛青】タイセイ まゆずみのような、濃い青い色。例 粉白湖上雲、黛青天際峰(フンパクたるコジョウのくも、タイセイたるテンサイのみね)(=湖の上にかかる雲はおしろいのように白く、天のかなたの峰はまゆずみのように青い)。〈岑参・劉相公中書江山画障〉

【黛面】タイメン まゆずみをつけた顔。

【黛▼螺】タイラ ①青緑色の絵の具。②女の、まゆずみで画(か)いた眉毛(まゆげ)と、タニシの貝殻のような形に結った髪型。

【黛緑】タイリョク まゆずみの色が青い。若い美女の形容。

黜
黑5(17) 2 8357 9EDC

チュツ漢 質 chù

しりぞ-ける(しりぞ-く)

意味 ❶官位を下げる。おとす。しりぞける。例 黜免(チュツメン)。❷へらす。❸捨て去る。とりのぞく。例 黜棄(チュッキ)(=捨てておく)。❹けなす。例 黜責(チュッセキ)(=しかる)。

【黜遠】チュツエン 遠くへ追いやる。

【黜斥】チュッセキ 退けて、用いない。黜免。

【黜▼陟】チュッチョク 功のない者を退け、功ある者を取り立てて用いる。類黜升(チュッショウ)。

【黜罰】チュツバツ 免職にして処罰する。

【黜否】チュッピ 才能のない者を退ける。

【黜免】チュツメン 官職をやめさせる。免職にする。黜斥。類黜棄・黜遣(チュッケン)・黜廃・黜放。

[點]
黑5(17)

⇒点(テン)(826ジペー)

黝
黑5(17) 2 8359 9EDD

ユウ(イウ)漢 有 yǒu

あおぐろ-い(あをぐろ-し)

意味 ❶青みがかった黒色。あおぐろい。例 黝牛(ユウギュウ)(=あおぐろい色の牛)。❷木が茂って暗い。例 黝黝(ユウユウ)。

【黝▼堊】ユウアク 〔黒色と白色を塗る意〕地面を平らにし黒い土を敷き、土塀は白く塗って飾る。一説に、黒ぬりの柱と白い壁をいう。

【黝黝】ユウユウ (樹木が茂って)うす暗いさま。類黝然(ユウゼン)。

黟
黑6(18) 4 9459 9EDF

一 エイ漢 斉 yī 二 イ漢 支 yī

意味 一 黒い木。二 黒い。例 黟黒(イコク)。黟然(イゼン)。

【黟黒】イコク 黒いさま。

黠
黑6(18) 2 8360 9EE0

カツ漢 黠 xiá

かしこ-い(かしこ-し)・さと-い(さと-し)

意味 ❶ずるがしこい。悪がしこい。例 黠猾(カッカイ)。黠吏(カツリ)(=悪がしこい役人)。❷かしこい。さとい。例 黠児(カッジ)(=かしこい子)。慧黠(ケイカツ)(=かしこい)。

【黠▼猾】カッカイ 悪がしこいこと。ずるがしこいこと。

【黠▼慧】カッケイ 利発な。かしこい。

【黠虜】カツリョ 〔「虜」は、異民族をさげすんでいうことば〕悪がしこい異民族。

黥
黑8(20) 2 8361 9EE5

ゲイ慣 ケイ漢 庚 qíng

いれずみ

意味 ❶罪人の顔にいれずみをする、古代の刑罰。いれずみ。例 黥罪(ゲイザイ)。黥首(ゲイシュ)。❷(習俗として)いれずみをする。

【黥罪】ゲイザイ いれずみの刑になる罪。

【黥首】ゲイシュ 刑罰で、顔にいれずみをする。また、いれずみをした額(ひたい)。

【黥徒】ゲイト いれずみの刑罰を受けた者。

【黥面】ゲイメン 顔にいれずみをする。また、いれずみをした顔。

[黨]
黑8(20)

⇒党(トウ)(124ジペー)

黧
黑8(20) 4 9460 9EE7

リ漢 呉 支 レイ漢 斉 lí

意味 黄色みをおびて黒い。例 黧牛(リギュウ)(=黒と黄色のまだらウシ)。

難読 黧(じっ)むし(=肌に青黒い斑点(ハンテン)がつく)

黯
黑9(21) 2 8363 9EEF

アン(アム)漢 豏 àn

くろ-い(くろ-し)・くら-い(くら-し)

意味 (気持ちが沈んで)くらい。また、くろい。例 黯然(アンゼン)。

【黯▼靄】アンアイ うす暗くたちこめた、もや。

【黯然】アンゼン ①真っ黒なさま。また、真っ暗なさま。②悲しくて気が晴れないさま。▽暗然。類黯爾(アンジ)。

【黯淡】【黯▼湛】【黯▼澹】アンタン ①うす暗いさま。②失望して暗い気持ちになるさま。

【黯▼黮】(アンタン) ①くもっていて、うす暗いさま。はっきりしないさま。②がっかりするさま。

黮
黑9 (21) 4 9461 9EEE

一 タン(タム)漢 覃 dǎn 二 シン(シム)漢 寝 shèn

意味 一 クワの実のように黒い。くろい。例 黯黮(アンタン)。二 クワの実。通 葚(シン)。例 桑黮(ソウシン)。

黴
黑11 (23) 2 8364 9EF4

バイ慣 ビ漢 支 méi
かび・かび-る

意味 ❶飲食物や衣類などの表面に生える菌。かび。例 黴菌(バイキン)。❷かびが生える。黒くよごれる。かびる。

【黴雨】(バイウ) ⇩【梅雨】(バイウ)(683ジペー)

【黴菌】(バイキン) 日 腐敗をおこしたり病原になったりする微生物の、俗な言い方。バクテリア。細菌。

【黴黒】(バイコク/ビコク) 垢(あか)でよごれて黒ずんでいるさま。また、すすけているさま。

【黴毒】(バイドク) ⇩【梅毒】(バイドク)(683ジペー)

黶
黑14 (26) 2 8365 9EF6

エン(エム)漢 琰 yǎn
ほくろ

意味 皮膚の表面にある黒い斑点(ハンテン)。ほくろ。

黷
黑15 (27) 2 8366 9EF7

トク漢 ドク呉 屋 dú
くろ-い(くろ-し)・けが-れる(けが-る)・けが-す・にご-る

意味 ❶清らかなもの、おかしてはならないものをそこなう。けがす。けがれる。通 瀆(トク)。例 黷職(トクショク)。❷乱用する。みだりにする。例 黷武(トクブ)。❸色が黒い。くろい。❹むさぼる。例 黷財(トクザイ)(=財貨をむさぼる)。

【黷職】(トクショク) 日 役人がその地位・権限を利用して不正をおこなう。汚職。

【黷武】(トクブ) みだりに武力を用いる。理由もなくいくさをすること。類 黷征・黷兵。

204 12画 黹 ぬいとり部 ち

ぬいとりをしたきものの意をあらわす。「黹」をもとにしてできている漢字を集めた。

黹
黹0 (12) 2 8367 9EF9

チ漢 紙 zhǐ
かざり・ぬ-う(ぬ-ふ)

意味 刺繡(シシュウ)を施した衣(ころも)。ぬいとり。

黻
黹5 (17) 2 8368 9EFB

フツ漢 物 fú
くろあお(くろあを)

意味 ❶中国古代の礼服の模様。黒と青とで「亞」の形を連ねたもの。また、(大夫(タイフ)の)礼服。例 黼黻(ホフツ)(=礼服の模様)。❷祭礼時に着用する牛革製のひざかけ。通 韍(フツ)。例 黻冕(フツベン)(=ひざかけと冠)。❸官印をつなぐひも。通 紱(フツ)。

黼
黹7 (19) 2 8369 9EFC

フ漢 麌 fǔ
しろくろ

意味 中国古代の礼服の模様。白と黒とで斧(おの)の形を連ねたもの。また、(諸侯の)礼服。例 黼衣(フイ)(=礼服)。黼黻(ホフツ)。

【黼▼扆】【黼依】(フイ) 黒糸と白糸で斧(おの)の模様の刺繡(シシュウ)を施した屛風(ビョウブ)。古代、天子の御座の後ろに立てた。

【黼座】(フザ) 〔後ろに黼扆(フイ)のある座席という意〕天子の御座。玉座。また、天子。

【黼▼黻】(フフツ) ①天子や貴族の礼服に用いられる美しい刺繡(シシュウ)の模様。また、その礼服。②美しくする。③美しい文章。④天子を補佐する。

205 13画 黽 べんあし部 かえる

カエルの形をあらわす。「黽」をもとにしてできている漢字を集めた。

黽
黽0 (13) 2 8370 9EFD

一 ボウ漢 梗 měng 二 ビン漢 軫 mǐn 三 ベン漢 メン呉 銑 miǎn 四 ボウ(バウ)漢 庚 méng
かえる(かへる)・つと-める(つと-む)

意味 一 カエルの一種。例 黽窟(ボウクツ)(=カエルのすみか)。二 努力する。つとめる。例 黽勉(ビンベン)。三 地名に用いる字。例 黽池(ベンチ)(=澠池(ベンチ/メンチ))。四 地名に用いる字。例 黽阨(ボウアイ)。

【黽勉】(ビンベン) ①つとめはげむ。例 黽勉同レ心(ビンベンしてこころをおなじくす)(=つとめはげんで心を合わせる)。〈詩経・邶風・谷風〉②いやいやながら、むりやりする。

【黽▼阨】(ボウアイ) 戦国時代、秦(シン)の要塞があった地。今の河南省信陽市の南西にあたる。黽阨塞(ボウアイサイ)。黽塞(ボウサイ)。

黿
黽4 (17) 4 9462 9EFF

ゲン(グェン)漢 元 yuán
おおがめ(おほがめ)

意味 大きなカメの一種。おおすっぽん。例 黿鼉(ゲンダ)。

【黿▼鼉】(ゲンダ) 大きなスッポンとワニ。

【黿鳴▼鼈応】(ゲンメイベツオウ) 〔大きなスッポンが鳴くと、それに呼応して普通のスッポンも鳴きだす意〕同じ志をもつものが、互いに感じ合うこと。〈後漢書・張衡伝〉

鼂
黽5 (18) 4 9463 9F02

一 チョウ(テウ)漢 蕭 cháo 二 チョウ(テウ)漢 蕭 zhāo

意味 一 ❶カメの一種。オオガメ。❷姓。例 鼂錯(チョウソ)。二 早朝。あさ。通 朝。

[䵷]
黽6 (19) ⇩蛙(ア)(1173ジペー)

[鼃]
黽6 (19) ⇩蛙(ア)(1173ジペー)

鼇
黽11 (24) 2 8371 9F07

ゴウ(ガウ)漢 豪 áo
おおがめ(おほがめ)

[鰲]
魚11 (22) 2 8266 9C32

俗字。

意味 海の中にすみ、蓬萊(ホウライ)山を背負うといわれる、大きなカメ。おおうみがめ。例 鼇頭(ゴウトウ)。

【鼇山】(ゴウザン) ①おおうみがめが背負っているという、伝説上の山。仙人が住んでいる。〔〈列子・湯問〉から〕②おおうみがめをかたどった山車(だし)。③湖南省常徳市の北にある山。獣歯山。

【鼇頭】(ゴウトウ) ①おおうみがめの頭。②科挙(=官吏登用試験)で第一位の合格者。③日 書物の本文の上の欄につけた注釈。頭注。

【鼇峰】(ゴウホウ) 〔鼇山の峰の意。仙人が住む所から〕翰林(カンリン)院のたとえ。院の学士は名誉ある職で仙人のようだとされた。

鼉
黽12 (25) — 9F09

タ漢 ダ呉 歌 tuó

意味 ワニの一種。ヨウスコウワニ。その皮で太鼓を作る。例 鼉鼓。黿鼉(=大きなスッポンとワニ)。

鼈

黽12(25) 2 8372 9F08 ヘツ漢 ベツ呉 屑 biē すっぽん

[鱉] 魚12(23) 4 9378 9C49 別体字。

意味 淡水にすむカメの一種。スッポン。肉は美味で栄養がある。どろがめ。

【鼈▼裙】スッポンの甲羅のまわりの肉。珍味とされた。

【鼈甲】①カメ、特にスッポンの甲羅。漢方薬にする。②〔その形から〕霊柩車を覆うふた。③日 タイマイ(=ウミガメの一種)の甲羅に熱を加えて加工したもの。黄褐色で、装飾品や櫛などにする。例 ―色(=黄褐色)。

206 13画 鼎 かなえ部

二つの取っ手がある三本足のかなえの意をあらわす。「鼎」と、「鼎」をもとにしてできている「鼐」とを集めた。

鼎

鼎0(13) 1 3704 9F0E 人 テイ漢 迥 dǐng かなえ(かなへ)

[鼑] 日7(11) 3 8526 231C4 俗字。

なりたち [象形] 三つ足で両耳があり、五味を調和させる宝器。

意味 ❶三本の足と、二つの耳(=取っ手)のある青銅器。食物を煮たり盛ったりする。方形で四本足のものや、陶製のものもある。かなえ。〔宗廟での祭祀などに多く用いられる〕例 鼎彝。鼎俎。❷〔夏の禹王が九つの鼎を鋳造して王位継承の象徴としたという伝説から〕王権。帝位。例 問二鼎軽重一。❸罪人を煮殺す刑具。❹三本の足のように、三者がならび立つ。また、三つの高位の官位(=三公)のたとえ。例 鼎談。鼎立。❺勢力が盛んなさま。例 鼎族。鼎盛。❻ちょうど…だ。まさに。例 鼎盛。❼易の六十四卦の一つ。☲☴ 巽下離上。木の上に火がある象。例 鼎革。鼎新。❽⇩【鼎鼎】

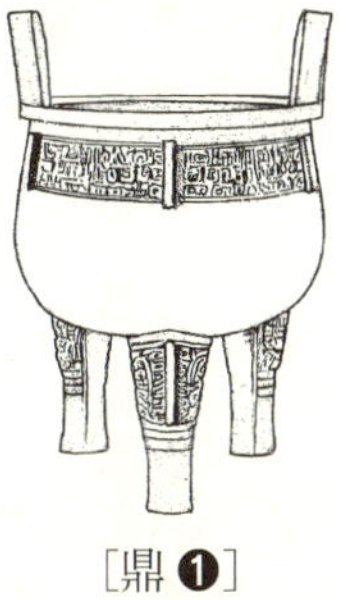

[鼎❶]

古訓 中古 あしがなへ 中世 かなへ 近世 あらた・かなへ・まさに・ゆるやか

人名 かな・かない・かね

【問二鼎軽重一】①かなえの重さを聞く。相手を滅ぼしてその地位をうばおうとすることのたとえ。〔「問二鼎之大小軽重一焉」(=《天下をねらう野心のあった楚の荘王は周王の使者に、周王室に伝わる天子の象徴としての》鼎の大小軽重をたずねた)。〈左伝・宣三〉」から〕②(為政者の)権威や実力を疑う。

【鼎位】朝廷で最高の要職にある、宰相あるいは三公。

【鼎▼彝】〔「彝」は、五穀を盛る祭器。功臣の事跡を刻み、常時宗廟に備えられていた〕かなえと、祭器。

【鼎革】革命。〔易で、「鼎」は更新、「革」は改革の卦とされることから〕

【鼎▼鑊】〔「鑊」は、大きくて足のないかなえの意〕大きなかなえ。古代の調理器。また、かまゆでの刑に用いた。

【鼎▼鉉】①かなえの取っ手。転じて、かなえ。②朝廷の最高位、宰相・三公・大臣の位。

【鼎座】【鼎▼坐】三人が、かなえの足のように、向き合ってすわる。例 ―して歓談する。

【鼎食】①かなえに盛りつけた、たくさんのごちそうを食べる。②豊かな生活をすること。

【鼎臣】王位を支える、三公など高位の大臣。

【鼎新】古いものごとを改めて、新しくする。革新。

【鼎盛】ちょうど真っ盛りであるさま。人生の最盛期をいう。

【鼎▼俎】〔かなえと、まないたの意〕①祭祀のいけにえや供物を盛るうつわ。②調理。また、その用具。

【鼎▼祚】①帝王の位。皇祚。②国家の命運。

【鼎足】①かなえの三本の足。②三人が協力して助け合うこと。③三公(=三人の重要な大臣)。④三人が三方に分かれて対立すること。

【鼎▼餗】①かなえに盛った料理。②国家の政務。大臣の任務。

【鼎族】身分の高い立派な家柄。

【鼎▼鼐】〔「鼐」は、大きなかなえの意〕①かなえ。②宰相の位。

【鼎談】日 三人で話し合う。〔かなえの足が三本であることから〕例 ―会。

【鼎鼎】①ゆるやかなさま。からだにしまりのないさま。②盛んなさま。盛大。③年月の過ぎ去るのが速いさま。

【鼎沸】①かなえの湯がわき立つように、騒ぎが起こる。議論が沸騰する。②天下が乱れる。

【鼎▼輔】朝廷で最も高い三つの位、三公のこと。

【鼎味】①料理。また、その味。②国政のたとえ。

【鼎銘】〔「銘」は、銘文の意〕かなえに刻みこんだ文章。

【鼎立】かなえの三本の足のように、三つに分かれて対立する。類 鼎峙。例 ―する三党。

鼐

鼎2(15) 3 9483 9F10 ダイ漢 隊 nài

意味 大きな鼎。〔一説に、小さな鼎〕

207 13画 鼓 つづみ部

つづみの意をあらわす。「鼓」をもとにしてできている漢字を集めた。

鼓

鼓0(13) 1 2461 9F13 常用 コ漢 ク呉 麌 gǔ つづみ

[皷] 皮9(14) 2 8373 76B7 俗字。

筆順 一 十 士 吉 壴 壴 鼓 鼓

なりたち [会意] 「壴(=楽器をならべたてる)」と「屮(=かざり)」と「又(=手でうつ)」とから成る。つづみ。

意味 ❶打楽器の一つ。太鼓。つづみ。例 鳴レ鼓而攻レ之(=太鼓を打ち鳴らして攻めたてる)。〈論語・先進〉鼓笛(コテキ)。鐘鼓(ショウコ)。❷（太鼓などを）打ち鳴らす。たたく。例 鼓吹(コスイ)。鼓腹(コフク)。❸琴などを演奏する。ひく。例 鼓レ瑟(シツをコす)（＝大型の琴をひく）。❹ふるいたたせる。例 鼓舞(コブ)。鼓レ勇(ユウをコす)。

古訓 中古 うごく・うつ・たたく・つづみ・ならす 中世 つづみ 近世 つづみ

【鼓▼枻】【鼓▼栧】(コエイ｜エイをコす) ①舟のかいを動かす。舟をこぐ。②ふなばたをたたいて、舟歌などの拍子をとる。

【鼓下】(コカ) 陣営内で死刑を執行する場所。

【鼓角】(コカク) 軍中で号令のために用いる太鼓と角笛。

【鼓弓】(コキュウ) 日 小形の弦楽器。ウマの尾を張った弦を弓でこすってひく。胡弓(コキュウ)。

【鼓▼篋】(コキョウ) 太鼓を打って学生の意識や注意を喚起し、篋(はこ)を開いて書物を出させる。学習を始めること。

【鼓行】(ココウ) 太鼓を鳴らして行進する。堂々とした進軍。

【鼓掌】(コショウ｜ショウをうつ) てのひらをうつ。手をたたく。拍手。

【鼓鐘】【鼓▼鍾】(コショウ) 鐘を打ち鳴らして時刻を知らせる。また、太鼓と鐘で時刻を告げる。

【鼓吹】(コスイ) ①太鼓をたたき笛をふく。②はげまし勇気づける。鼓舞。③意見や思想などを盛んに宣伝する。例 民族主義を—する。

【鼓舌】(コゼツ｜したをコす) ①〔舌を鳴らして話す意〕弁説をふるう。②〔舌をたくみに動かす意〕口先だけで言い逃れる。

【鼓▼譟】【鼓▼噪】(コソウ) ①太鼓を鳴らし、鬨(とき)の声をあげる。②はやしたてる。

【鼓笛】(コテキ) 太鼓と、ふえ。例 —隊（＝打楽器や管楽器を中心とした、行進しながら演奏する音楽隊）。

【鼓怒】(コド) ①水がすさまじい音をたてて、さかまくさま。②すさまじい勢いで、いかる。激怒。

【鼓刀】(コトウ｜トウをコす) 〔包丁を鳴らす意〕腕をふるって料理する。

【鼓▼纛】(コトウ) 軍中で用いる太鼓と大きな旗。

【鼓動】(コドウ) ①太鼓のひびき。②なんらかの活力によって、ものごとがふるえ動く。また、ふるえ動かす。例 春の—が聞こえる。③日 心臓が脈打つ。また、そのひびき。

【鼓舞】(コブ) ①つづみを打って舞をまう。②はげまし勇気づける。激励。鼓吹。例 士気を—する。

【鼓腹】(コフク) ①腹つづみを打つ。②満腹して楽しむさま。

【鼓腹撃壌】(コフクゲキジョウ) 腹つづみを打ち、地面を足で踏みならして歌の拍子をとる。一説に、満腹して地面に置いた木片に、木片をぶつける遊びをする。平和で満ち足りた生活を楽しむ様子。〈十八史略・五帝・帝尭陶唐氏〉

【鼓▼鞞】【鼓▼鼙】(コヘイ) ①攻撃をうながす太鼓。攻め太鼓。②軍事。戦争。

【鼓盆】(コボン｜ボンをコす) 〔「盆」は、素焼きの鉢の意〕妻の死。鼓レ盆而歌(ボンをコしてうたう)。〔荘子が妻を亡くしたとき、悲しむことなく盆をたたいて歌をうたった。人間の生死は天地自然の理法にかなっていて、死も悲しむにはおよばないという考えによる〕〈荘子・至楽〉

【鼓膜】(コマク) 日 耳の奥にある膜。振動して音を伝えるはたらきをする。例 —が破れる。

【鼓楼】(コロウ) ①太鼓を打って時刻を知らせるために設けた高殿(たかどの)。②盗賊を警戒するために太鼓を置いた高殿。

鼕

鼓5（18）　2 8374　9F15

トウ 漢 冬 dōng

意味 太鼓の音。また、そのさま。例 鼕鼕(トウトウ)。

【鼕鼕】(トウトウ) 太鼓の音の形容。

鼗

鼓6（19）　4 9466　9F17

トウ（タウ）漢 豪 táo

意味 楽器の名。柄(え)のついた小さな太鼓。胴の両わきに、先端に玉をつけた糸を結びつけ、振り動かして鳴らす。ふりつづみ。鼗鼓(トウコ)。例 播鼗(ハトウ)（＝ふりつづみを鳴らす）。〈論語・微子〉

鼙

鼓8（21）　4 9467　9F19

ヘイ 漢 斉 pí

意味 騎乗して用いる鼓。攻め太鼓。鼙鼓(ヘイコ)。

208 13画 鼠 ねずみ ねずみへん部

ネズミの形をあらわす。「鼠」をもとにしてできている漢字を集めた。

鼠

鼠0（13）　1 3345　9F20

ショ 漢 ソ 呉 語 shǔ

ねずみ

〔鼡〕⺍5（8）　2 8375　9F21　俗字。

意味 ❶齧歯目(ゲッシモク)の小動物。**ネズミ**。人家やその周辺にすみ、よくふえる。例 鼠害(ソガイ)（＝ネズミによる害）。窮鼠(キュウソ)。❷こそこそと悪事をはたらく者や、つまらぬ人物のたとえ。例 鼠賊(ソゾク)（＝こそどろ）。城狐社鼠(ジョウコシャソ)（＝奸臣(カンシン)。また、それを取り除きがたいこと）。❸うれえる。例 鼠思(ソシ)。

難読 栗鼠(りす)・田鼠(もぐら・もち)・天鼠(こうもり)

【鼠肝虫(蟲)▼臂】(ソカンチュウヒ) 〔ネズミの肝(きも)と、虫の臂(ひじ)の意〕取るに足りないもの。〈荘子・大宗師〉

【鼠▼蹊部】(ソケイブ) 日 ももつけ根の部分。

【鼠▼竄】(ソザン) ネズミが逃げるように、こそこそと身をかくす。類 鼠遁(ソトン)。

【鼠矢】【鼠▼屎】(ソシ) ネズミのふん。鼠糞(ソフン)。

【鼠思】(ソシ) 心配する。うれえる。

【鼠盗】(ソトウ) 〔ネズミのようにこそこそ盗む意〕こそどろ。類 鼠賊。

【鼠輩】(ソハイ) ①ネズミの群れ。②つまらない、たいしたことのない人間。例 取るに足りぬ—ども。

【鼠伏】(ソフク) ネズミのように、からだをふせてかくれる。

【鼠▼樸】【鼠朴】(ソボク｜ソハク) ネズミの干からびた死体。無用なもののたとえ。類 鼠璞(ソハク)。

【鼠算】(ねずみザン) 日 ネズミが子を産みふやすように、短期間に急速に数量が増えていくこと。また、その計算。

【投レ鼠忌レ器】(ねずみにトウずるにキをいむ) 〔ネズミを追い払おうと物を投げつけようとするが、近くの道具をこわすことをおそれて投げるのをさける意〕君主の側近で悪人を退治しようにも、君主に災いがおよぶことを心配する。〈漢書・賈誼伝〉

鼬

鼠5（18）　2 8376　9F2C

ユウ（イウ）漢 ユ 呉 宥 yòu

いたち

意味 イタチ科の哺乳動物。**イタチ**。赤茶色で太い尾があり、活発に動きまわる。敵に追いつめられると、くさいにおいを放つ。例 鼬(いたち)ごっこ。鼬(いたち)の最後(サイゴ)っ屁(ぺ)。鎌鼬(かまいたち)。

鼯

鼠7（20）　4 9468　9F2F

ゴ 漢 虞 wú

むささび

意味 リス科の小動物。**ムササビ**。また、モモンガ。例 鼯鼠(ゴソ)。

【鼯▼鼠】(ゴソ｜むささび) リス科の、夜行性の小動物。前後の足の間にある皮膜を使い、木から木へと飛び移る。のぶすま。例 —五技(ゴギ)（＝技は多いが、役に立つものがないこと）。

【鼯▼鼠五能】ゴソゴノウ　つまらない技能。〔ムササビは五つの技をもっているが、どれも役に立たないものであることから〕〈家訓・省事〉㊩鼯鼠之技ゴソのギ。

鼹　鼠10（23）　3 9484 9F39　エン㊥　阮 yǎn
意味 モグラ科の哺乳動物。モグラ。鼹鼠エンソ。難読 鼹鼠もぐら・うころもち・もぐらもち

鼷　鼠10（23）　4 9469 9F37　ケイ㊥㊤　斉 xī
意味 ネズミの一種。ハツカネズミ。鼷鼠ケイソ。

鼺　鼠15（28）　4 9470 9F3A　ルイ㊥　支 léi
意味 ムササビの別称。鼺鼠ルイソ。

209 14画 鼻（鼻） はな はなへん部

はなの意をあらわす。常用漢字では「鼻」となる。「鼻」をもとにしてできている漢字を集めた。

鼻　鼻0（14）　1 4101 9F3B　教3　ヒ㊥　ビ㊤　寘 bí　はな

［鼻］　鼻0（14）　旧字体。

筆順　丶 白 自 畠 畠 畠 畠 鼻

なりたち　［会意］空気を「自（＝みずから）」に「畀（＝あたえる）」。空気を吸う、はな。

意味 ❶**はな**。呼吸をしたり、においをかいだり、声を出したりするときに使う器官。例 鼻音ビオン。鼻孔ビコウ。❷はじまり。はじめ。例 鼻祖ビソ。❸印章や銅鏡などの器物のつまみ。例 鼻鈕ビチュウ（＝印章のつまみ）。❹梵語ボンゴの音訳。例 阿鼻アビ（＝最悪の地獄。無間ムゲン地獄）。

古訓 中古 つらぬく・はじめ・はな　中世 はな　近世 はじめ・はな

【鼻緒】おはな　日 下駄ゲタやぞうりについている、足の指を入れるための、ひも。例 ―をすげる。

【鼻液】ビエキ　①はなじる。②人をそしることば。㊩鼻洟ビイ。

【鼻炎】ビエン　日 鼻の粘膜が炎症を起こし、くしゃみ・鼻水が盛んに出る病気。鼻カタルビ。

【鼻音】ビオン　日 鼻腔ビコウに息が共鳴して出る音。日本語ではナ行・マ行と、ガ行の鼻濁音の子音など。

【鼻下長】ビカチョウ　日〔鼻の下がながい意〕男性が女性に甘いこと。また、女好きな男性。

【鼻▼鼾】ビカン　いびき。

【鼻孔】ビコウ　鼻のあな。

【鼻▼腔】ビコウ　日 鼻のあなの、奥のほうの空間。〔医学界では「ビクウ」という〕

【鼻骨】ビコツ　鼻を形成しているほね。

【鼻子】ビシ　①鼻。②最初の子。第一子。

【鼻▼哂】ビシン　鼻でせせら笑う。

【鼻祖】ビソ　あるものごとを最初に始めた人。元祖。始祖。〔動物は胎内で最初に鼻ができると考えられていたことから〕例 わが国の西洋医学の―。

【鼻息】ビソク・はないき　①鼻から出す息。例 ―はないきが荒い（＝言動に意欲があふれ威勢がいい）。②他人の意向や機嫌。

【仰二鼻息一】ビソクをあおぐ　相手の機嫌や意向をさぐりながら頼りにする。〈後漢書・袁紹伝上〉

【鼻濁音】ビダクオン　日 鼻にかけて発音する、やわらかい感じのガ行の子音。共通語では、語中や語尾にあらわれる。「ハガキ」のガ、「サンゴ」のゴなど。ガ行鼻音。

【鼻柱】一 ビチュウ　鼻の真ん中を通る骨。はなすじ。鼻梁ビリョウ。㊩鼻茎・鼻準ビセツ。二 はなばしら　日 向こう気。はなっぱし。例 ―はなっぱしらが強い（＝負けず嫌いで妥協しない、強い気性）。

【鼻頭】ビトウ　鼻の先。㊩鼻端。例 鼻頭出レ火ビトウひをいだす（＝鼻の先から火をだす。勢いのさかんなさま）。〈梁書・曹景宗伝〉

【鼻翼】ビヨク　日 鼻の両側のふくらんだ部分。小鼻こばな。

【鼻▼梁】ビリョウ　鼻の真ん中を通る骨。はなすじ。鼻柱。

●酸鼻サンビ

鼽　鼻2（16）　4 9471 9F3D　キュウ（キウ）㊥　尤 qiú
意味 ❶鼻がつまる。鼻づまり。❷鼻水が垂れる。鼻水。

鼾　鼻3（17）　2 8377 9F3E　カン㊥　寒 hān　いびき
意味 ねいき。**いびき**。例 鼾声カンセイ。鼾息カンソク（＝いびき）。

【鼾声】カンセイ　いびき。

齁　鼻5（19）　4 9472 9F41　コウ㊥　尤 hōu
意味 眠っているときの鼻息。いびき。

齆　鼻10（24）　4 9474 9F46　オウ（ヲウ）㊥　送 wèng
意味 鼻づまり。鼻がふさがる。

［齅］　鼻10（24）　⇩嗅キュウ（261ページ）

210 14画 齊（斉） せい部

穀物がはえそろう形をあらわす。常用漢字では「斉（八画）」となる。「齊」をもとにしてできている漢字を集めた。

斉　斉0（8）　1 3238 6589　常用
一 セイ㊥　サイ㊤　斉 qí
二 セイ㊥　サイ㊤　斉 jì
三 セイ㊥　ザイ㊤　霽 jì
四 サイ㊥　佳 zhāi
五 シ㊥　支 zī
ひと-しい（ひと-し）・ととの-う（ととの-ふ）・ととの-える（ととの-ふ）

［齊］　齊0（14）　2 8378 9F4A　人　旧字体。

［斊］　文6（10）　4 1373 658A　別体字。

筆順　丶 亠 ナ 文 产 斉 斉 斉

なりたち　［象形］イネやムギが土地の高低に応じて同じように穂を出した形。ひとしく、そろう。

意味 一 ❶きちんとそろえる。**ととのう**。そろう。例 斉家セイカ。整斉セイセイ（＝ととのっていること）。❷同じにする。**ひとしい**。ひとしく。みな。例 斉唱セイショウ。均斉キンセイ（＝釣り合いがとれていること）。❸周代、太公望タイコウボウ呂尚リョショウが、今の山東省に封ホウぜられた国。春秋時代初期、桓公カンコウが最初の覇者となり、春秋五覇の一人に数えられる。のち、重臣の田デン氏に滅ぼされた。（？

—前三七九）❹春秋時代の「一❸」をうばって田氏がおこした国。戦国七雄の一つにあげられたが、戦国時代末、秦シンに滅ぼされた。田斉デンセイ。（前三八六—前二二一）□二高い所にあがる。のぼる。㊟躋セイ。□三❶調合する。**ととのえる**。㊟剤。❷限界。限り。例斉限セイゲン。❸なしとげる。なす。㊟済セイ。例斉美セイビ。□四飲食などをつつしみ、心身を清める。物忌み。㊟斎。例斉戒サイカイ。□五❶衣服のすそ。もすそ。例斉衰シサイ。❷祭祀サイシ用の穀物。㊟粢シ。例斉明シメイ。

古訓 中古 いむ・おもひ・かぎる・ただ・ただし・ただす・ととのふ・なり・ひとし・へそ・ほそ・まく・まさ・もたり 中世 あやめもしらず・とき・ひとし・ものいみ 近世 あへしほ・かざる・きる・さかんなり・しな・すみやか・ただし・たつ・つつしむ・ととのほる・はやし・ひとし・ものいみ

人名 あき・あきら・きよ・きよし・ただ・ただし・とき・とし・なお・なり・のぼる・ひとし・ひろ・ひろし・まさ・むね・よし

【斉戒】サイカイ 物忌みをして心身を清める。斎戒サイカイ。

【斉敬】セイケイ／サイケイ ①つつしみ、うやまう。②心身を清めて、ひかえめにする。

【斉明】□一セイメイ 物忌みをして心身を清める。□二セイメイ 正しく明らかである。□三シメイ 祭器に盛った穀物の供え物。

【斉慄】【斉▼栗】サイリツ つつしみ、おそれるさま。

【斉衰】シサイ 喪服の一つ。一年の喪に着るもので、アサのすそが縫いそろえてある。

【斉一】セイイツ ①等しいさま。同一。例—な条件。②一つにそろえる。そろっている。

【斉家】セイカ 家庭をきちんと、整えおさめること。例欲レ斉二其家一者、先修二其身一（その いえを ととのえんと ほっする ものは、まず その みを おさむ）（＝家族を仲むつまじくさせようとする者は、それに先だって自分自身がおこないを正しくする）。〈大学〉

【斉均】セイキン つり合いがとれている。

【斉駆】セイク ①いっせいに並んでウマを走らせる。②才能が同等である。

【斉肩】セイケン 肩を並べる。同等であるさま。

【斉限】セイゲン かぎり。限度。また、制限する。

【斉粛】セイシュク／サイシュク うやうやしくつつしむ。

【斉唱】セイショウ ①声をそろえて同じメロディーを歌う。例校歌—。②いっせいに同じことばをとなえる。

【斉心】セイシン／こころをひとしくす 心を一つに合わせる。

【斉聖】セイセイ つつしみ深く、徳にすぐれ賢いさま。

【斉整】セイセイ ①きちんとしている。ととのっている。整斉。②女性の容姿がととのって美しいさま。

【斉東野人▼之語】セイトウヤジンのゴ 愚かな田舎者のことばは信用できないということ。〔斉の国、東方の人々についていった〕〈孟子・万章上〉㊟斉東野語。

【斉美】セイビ／サイビ／ビをなす 祖先の事業を立派に完成する。済美。

【斉民】セイミン ①庶民。②民を平等に扱う。平等な生活ができるように治める。

【斉▼魯】セイロ 戦国時代、斉の国と魯の国。孔子や孟子モウシの生誕の地で、儒教が生まれ育った地。

【斉論】セイロン 漢代に伝えられた三種の『論語』の一つ。斉の国の人が伝えたもの。現在は伝わらない。

斎

斉3 (11) 1 2656 658E 常用

[齋] 齊3 (17) 2 6723 9F4B 旧字体。

サイ㊥㊉ 佳 zhāi

ものいみ・とき・いつ-き・い-む

筆順 亠 ナ 文 文 产 斉 斉 斎

なりたち  [形声]「示（＝かみ）」と、音「齊セイ→サイ」の省略体とから成る。物忌みする。

意味 ❶一定の期間、食事や行動を制限して、心身を清める。物忌み。例斎戒サイカイ。潔斎ケッサイ。❷物忌みのための部屋。また、静かに学問などをするための部屋。例山斎サンサイ（＝山中の居室）。書斎ショサイ。❸仏事のときの食事。特に、正午の食事をいう。**とき**。例斎食サイジキ（＝法会ホウエのときの食事）。

古訓 中古 いつく・いはひ・いはふ・いもひ・つつしむ・ものいみ 中世 とき・ものいみ 近世 いへ・おごそか・つつしむ・とき・ものいみ

人名 いつ・いつく・きよ・きよし・ただ・よし

【斎院】サイイン ①祭りの前に、関係者が心身を清めるところ。②日 京都の賀茂かも神社で、神に仕えた未婚の皇女。また、その女性がいるところ。いつきのみや。かものいつき。

【斎王】サイオウ／いつきのみこ 日 天皇即位の際、伊勢いせ神宮・賀茂かも神社に奉仕した未婚の内親王、または女王。

【斎戒】サイカイ 神を祭るときなどに、心身を清めること。

【斎戒▼沐浴】サイカイモクヨク 神を祭るとき、髪やからだを洗い清め、飲食や言動をつつしむこと。〈孟子・離婁下〉

【斎外】サイガイ 書斎や居間の外。

【斎祈】サイキ 物忌みしていのる。㊟斎禱サイトウ。

【斎宮】□一サイキュウ 天子が祖先の霊を祭るとき、物忌みをする建物。□二サイグウ／いつきのみや 日 伊勢いせ神宮で神に仕えた未婚の皇女。また、その女性のいたところ。〔天皇の即位ごとに選び出された〕

【斎日】サイジツ／サイニチ 心身を清め、物忌みをする日。精進日。

【斎舎】サイシャ ①物忌みをするための建物。②書斎。学舎。

【斎主】サイシュ ①祭祀サイシをおこなう人々の長。②日 伊勢いせ神宮の長。

【斎宿】サイシュク 祭祀サイシの前夜、物忌みをして一夜を過ごす。

【斎場】サイジョウ ①神や祖先を祭るために清めた場所。いつきの庭。②日 葬式をおこなう場所。葬儀場。

【斎▼沐】サイモク 「斎戒沐浴サイカイモクヨク」の略。

齎

齊7 (21) 2 7658 9F4E

□一セイ㊥ サイ㊉ 斉 jī
□二シ㊥ 支 zī
もたら-す

意味 □一❶持ってくる。持ってゆく。**もたらす**。例齎志セイシ。齎送セイソウ。❷人に物を贈る。あたえる。❸「齎咨・齎嗟あ」は、詠嘆の声。□二持ちもの。金品。㊟資。例齎用シヨウ。

【齎用】シヨウ 日常に必要な金品。

【齎志】セイシ 〔志を死後の世に持って行く意〕望みを果たせず死ぬ。

【齎送】□一セイソウ 持って行ってわたす。□二シソウ 葬式で、死者と一緒に墓にうめる品物。

【齎糧】セイリョウ 道中必要な食糧。また、食糧を持って行って与える。

[齏] 齊9 (23) ⇩虀イセ（1433ジペー）

211 15画

齒(歯) はへん部

はの意をあらわす。常用漢字では「歯（十二画）」となる。「齒」をもとにしてできている漢字を集めた。

歯

歯0 (12) 1 2785 6B6F 教3 シ 漢 呉 紙 chǐ

は・よわい(よはひ)

[齒] 齒0 (15) 2 8379 9F52 旧字体。

筆順 丨 卜 止 屮 止 歩 歯 歯 歯

なりたち [形声]「齒(=口の中の、は)」と、音「止シ」とから成る。は。

意味 ❶口の中に並び、食物をかみくだく器官。は。〔古くは、特に前歯をいった〕例 歯牙シガ。歯列シレツ。犬歯ケンシ。❷「❶」の形をしたもの。「❶」に似たはたらきをするもの。例 歯車はぐるま。鋸歯キョシ。❸象牙ゾウゲ。例 歯革シカク(=象牙と犀サイの皮)。❹とし。年齢。よわい。例 尚歯ショウシ。年歯ネンシ。❺一列に並ぶ。仲間に加わる。例 共ともに歯シする(=同列に並ぶ。仲間に加わる)。❻登録する。例 歯録シロク。

古訓 中古 かぞふ・つらなる・は・はぐき・よはひ 中世 かぞふ・は・よはひ 近世 いのちながし・しるす・ついづる・とし・は・よはひ

人名 かた・とし

【歯牙】シガ ①歯と、きば。また、歯。②口の端は。口先。ことば。例 —にもかけない(=相手にしない。とりあわない)。

【置ニ歯牙一】シガにおく 取り上げて問題にする。注意をはらう。〔「何足レ置ニ之歯牙間一なんぞこれをシガのカンにおくにたらん(=陳勝チンショウなどはただのこそ泥です)問題とするに足りません)」〈史記・叔孫通伝〉から〕

【歯▼齦】【歯▼斷】シギン 歯ぐき。歯肉。例 —炎。

【歯決】シケツ 歯でものをかみきる。

【歯▼垢】シコウ 歯の表面につく黄色い、かす。歯くそ。

【歯根】シコン 歯ぐきにうもれている、歯の根の部分。

【歯算】シサン 年齢。年歯。

【歯次】シジ 年齢順に並ぶ。年齢による序列。類 歯序。

【歯宿】シシュク 年をとる。

【歯▼杖】シジョウ 七十歳になったとき、天子から賜るつえ。

【歯髄】シズイ 日 歯の真ん中のやわらかい部分。血管や神経が多く集まっている。

【歯石】シセキ 日 歯の表面についた歯垢シコウが石灰質に変わったもの。歯槽膿漏シソウノウロウや歯周病の原因になる。

【歯槽】シソウ 歯の根がはまりこんでいる、上下のあごの骨の穴。例 —膿漏ノウロウ。

【歯▼朶】しだ 日〔あて字〕①ワラビやゼンマイなど、シダ類の植物。花が咲かず胞子でふえる多年生植物。②葉の裏が白いシダ科の植物。ウラジロ。▽羊歯しだ。

【歯長】シチョウ ①としより。長老。②年が上である。年長。

【歯徳】シトク 年齢が高くて徳にすぐれた人。

【歯肉】シニク 日 歯の根もとを支える肉の部分。歯ぐき。歯齦シギン。例 —炎。

【歯冷】シレイ あざけり笑う。見さげる。〔笑いで歯がつめたくなることから〕

【歯列】シレツ 歯の並び方。歯並び。例 —を矯正する。

【歯録】シロク ①登録する。②科挙(=官吏登用試験)に合格した者の身元を記した冊子。

【歯車】はぐるま 日 ①円盤状のものの周囲に凹凸(=歯)をきざみつけて、動力を伝えるようにした装置。ギア。②全体を構成している一つ一つの部分。例 組織の—。

【歯亡舌存】はほろびしたソンす 〔かたい歯は早くなくなり、やわらかい舌は後までも残る意〕柔弱なものの方が剛強なものよりも長く残る。〈説苑・敬慎〉から〕類 歯敝舌存はやぶれしたソンす。

● 齲歯ウシ・義歯ギシ・臼歯キュウシ・犬歯ケンシ・年歯ネンシ・門歯モンシ

[齓] 齒1 (16) ⇨齔シン(1515ページ)

齔

齒2 (17) 2 8380 9F54 シン 漢 震 chèn

[齓] 齒1 (16) 4 9475 9F53 俗字。

意味 ❶乳歯が抜けかわる。また、抜け落ちた乳歯。例 齔歯シンシ(=子供の歯が抜けかわること)。❷歯が生えかわるころの子供。例 齔童シンドウ(=歯が生えかわる年ごろの子供)。

齕

齒3 (18) 4 9476 9F55 コツ 漢 月 hé

意味 歯でかじる。かむ。例 齕レ草くさをかむ。

【齕▼呑】コツドン かまないで飲みこむ。

齘

齒4 (19) 4 9477 9F58 カイ 漢 卦 xiè

意味 歯ぎしりする。

齗

齒4 (19) 3 9485 9F57 ギン 漢 文 yín

意味 ❶歯の根を包んでいる肉。はぐき。通 齦ギン。❷⇨【齗齗】ギン

【齗齗】ギンギン ①歯ぐきをむき出すさま。②歯ぐきをむき出して論争するさま。③怒り憎むさま。

齣

齒5 (20) 2 8381 9F63 シュツ 漢 質 セキ 漢 呉 陌 chū

こま・くぎり

意味 戯曲や小説などの場面のひと区切り。

日本語での用法《こま》「映画ガイの一齣ひとこま」▼映画や写真のフィルムの画面のひと区切り。一場面。また、それを数える語。

難読 一齣ひとくさり

齟

齒5 (20) 2 8382 9F5F ショ 漢 ソ 呉 語 jǔ

か-む

[齟] 齒5 (17) 4 9478 2A5F1 俗字。

意味 ❶⇨【齟嚼】ソシャク ❷⇨【齟齬】ソゴ

【齟▼齬】ソゴ ①上下の歯がうまくかみあわないさま。②ものごとが食い違い、うまくいかないさま。例 —をきたす。

【齟▼嚼】ソシャク 食べ物をよくかむ。咀嚼ソシャク。

齝

齒5 (20) 4 9479 9F5D チ 漢 支 chī

にげか-む・にれか-む

意味 ウシが反芻ハンスウする。にげかむ。にれかむ。

齠

齒5 (20) 2 8383 9F60 チョウ(テウ) 漢 蕭 tiáo

意味 ❶乳歯が抜けかわる。例 齠歯チョウシ(=歯が生えかわること)。❷子供の(うなじのあたりまで)垂れた髪型。うない。通 髫チョウ。❸幼い子供。

【齠歳】チョウサイ 歯の抜けかわる年ごろ。幼年。類 齠年。

【齠▼齔】チョウシン 〔「齔」は、歯が生えかわる意〕垂れ髪をしていて、歯が生えかわる年ごろ。七、八歳の年ごろ。幼年。また、その年ごろの子供。髫齔チョウシン。

齢

齒5 (17) 1 4680 9F62 常用 レイ 漢 青 líng

よわい(よはひ)

[齡] 齒5 (20) 2 8384 9F61 旧字体。

筆順 丨 卜 止 屮 歩 歯 歯 齢

なりたち [形声]「齒(=は)」と、音「令レイ」とから成る。とし。

意味 ❶人の生きてきた年数。とし。**よわい**。例 高齢コウレイ。年齢ネンレイ。妙齢ミョウレイ。❷経過した年数。

古訓 中古 よはひ 中世 とし・よはひ 近世 とし・よはひ

人名 とし・よ

【齢級】レイキュウ 日 樹木の年齢を五年で一単位とする数え方。❶学齢ガクレイ・月齢ゲツレイ・樹齢ジュレイ・馬齢バレイ・老齢ロウレイ

齦

齒6 (21) 2 8385 9F66

一 ギン 漢 文 yín　二 コン 漢 阮 kěn

はぐき

意味 一 歯の根を包んでいる肉。**はぐき**。例 歯齦シギン。二 かむ。例 齦割コンカツ(=かんで割く)。

【齦▼齶】ギンガク｜コンガク 歯ぐきのように、岩石がでこぼこしているさま。

齧

齒6 (21) 2 8386 9F67

ゲツ 漢　ケチ・ケツ 呉 屑 niè

かじ-る・か-む・かぶ-る

[囓]

歯6 (18) 4 9480 2A602

俗字。

[嚙]

口21 (24) 2 5187 56D3

別体字。

意味 歯でかみ切る。**かじる**。**かむ**。例 齧歯類ゲッシルイ(=ネズミやウサギなど、哺乳動物の一種)。

齩

齒6 (21) 4 9481 9F69

コウ(カウ)・ゴウ(ガウ) 漢 巧 yǎo

意味 歯でくわえる。かじる。かむ。通 咬コウ。

齬

齒7 (22) 2 8387 9F6C

ギョ 漢　ゴ 呉 語 yǔ

[齬]

歯7 (19) 4 9482 2A61A

俗字。

意味 「齟齬ソゴ」は、上下の歯が食い違って、かみあわないさま。

齪

齒7 (22) 2 8388 9F6A

セク 慣　サク 漢 覚 chuò

意味 ❶歯と歯との間がせまい。❷「齷齪アクセク｜アクサク」は、度量がせまく、こせこせしたさま。

齰

齒8 (23) 4 9484 9F70

サク 漢 陌 zé

意味 歯でかむ。

齭

齒8 (23) 4 9483 9F6D

ソ 漢　ショ 呉 語 chǔ

い-る(ゐ-る)

意味 すっぱいものなどを食べて、歯が浮く。**いる**。

齷

齒9 (24) 2 8389 9F77

アク 漢 覚 wò

意味 「齷齪アクセク｜アクサク」は、度量がせまく、こせこせしたさま。

齲

齒9 (24) 2 8390 9F72

ウ 慣　ク 漢 麌 qǔ

むしば

意味 **むしば**。例 齲歯シウ(=むしば)。

齶

齒9 (24) 2 8391 9F76

ガク 漢 薬 è

あご・はぐき

[腭]

月9 (13) 3 9051 816D

別体字。

意味 ❶うわあご。例 上齶ジョウガク。❷**はぐき**。

齵

齒9 (24) 4 9485 9F75

ゴウ 漢 尤 óu

意味 歯並びがよくない。また、物がふぞろいであるさま。

難読 齵歯ばおそ(=八重歯)

212 16画 龍(竜) りゅう部

リュウの意をあらわす。常用漢字では「竜(十画)」となる。「龍」の字をもとにしてできている漢字を集めた。

竜

竜0 (10) 1 4621 7ADC 常用

リョウ 漢　リュウ(リウ) 呉 冬 lóng

たつ

[龍]

龍0 (16) 1 4622 9F8D 人

旧字体。

筆順 丶 亠 立 立 产 音 音 竜

なりたち [形声]「月(=にく)」と「𠂤(=飛ぶ)」と、音「童トウ→リョウ」の省略体とから成る。うろこのある生き物の長。りゅう。

意味 ❶想像上の動物。からだは大蛇のようで、四本の足と角の、長いひげがあり、雲をおこし雨を降らせるという。**りゅう**。**たつ**。例 竜虎リュウコ。竜頭蛇尾リュウトウダビ。❷天子に関するものごとについていうことば。例 竜顔リュウガン。竜車リュウシャ。❸英雄や豪傑のたとえ。例 臥竜ガリョウ。❹高さ八尺以上のウマ。名馬にたとえる。例 竜駿リュウシュン(=すぐれた馬)。竜馬リュウバ。❺細長くうねる山脈。❻蒼竜ソウリュウ(=東方七宿)の略称。❼歳星(=木星)。❽竜巻。❾⇒【竜鍾】リュウショウ

日本語での用法 《リュウ》「竜リュウを取とる」▼将棋の駒こまの「竜王リュウオウ」の略。

古訓 中古 たつ 中世 きざす・たつ・やはらか 近世 いつくしむ・きざす・きみ・しげみ・たつ・とほる・まだら・やはらぐ

人名 かみ・きみ・しげみ・しげる・たか・たかし・とおる・めぐむ

難読 竜胆リンドウ｜えやみぐさ・竜眼木さかき・土竜もぐら

【竜巻】たつまき 日 空気の大きな渦巻き。水や砂を激しい勢いで巻き上げる。つむじ風。

【竜▼淵】リュウエン｜リョウエン ①竜のすむ淵ふち。深淵。②古代の名剣の一つ。③漢の武帝が築いた宮殿。

【竜王】リュウオウ｜リョウオウ ①竜の中の王。雨や水をつかさどる。竜神。②日 将棋で、飛車が成ったこま。成り飛車。竜。

【竜▼駕】リュウガ｜リョウガ ①竜に乗ること。②天子が用いる乗り物。竜車。竜馭リュウギョ。

【竜眼】リュウガン｜リョウガン ①天子の目の敬語。②ムクロジ科の常緑高木。果実は球形で甘く、竜眼肉といい、食用や薬用にする。

【竜▼頷】リュウガン｜リョウガン 竜のあご。

【探ニ竜▼頷ー】リュウガンをさぐる｜リョウガンをさぐる 〔竜のあごの下にある珠玉をさぐる意〕大切なものを得るために危険をおかすこと。〈荘子・列禦寇〉から〕

【竜顔】リュウガン｜リョウガン ①眉まゆの骨が高く盛り上がった顔立ち。②天子の顔を敬っていうことば。例 ―に咫尺シセキする(=ごく近くで天子の顔を拝する)。

【竜忌】リュウキ｜リョウキ ①〔竜は春に現れる星座の名。一説に、晋シンの功臣、介之推カイシスイが焼死した故事から〕火をたくことを避ける日。②鬼神の日として避ける日。

【竜旗】【竜▼旂】リュウキ｜リョウキ 天子のはた。上り竜と下り竜

が描かれている。

【竜▼馭】リュウギョ|リョウギョ 〔竜が車をひく意〕①天子の車。例天旋日転廻二竜馭一（＝天下の情勢は回復し天子の車は都へ帰ることとなった）。〈白居易・長恨歌〉②天子が民を治める。

【竜駒】リュウク|リョウク ①すぐれたウマ。②才能のある少年。天才少年。また、素質のすぐれた少年。

【竜宮】リュウグウ ①竜王が住んでいるという、海中の宮殿。竜宮城。例—の乙姫。②寺。

【竜虎】リュウコ|リョウコ ①竜とトラ。②天子の気。天子となるしるし。③英雄や豪傑。例—相搏つ（＝二人のすぐれた強者が勝敗を争う）。④文章や筆づかいがすぐれている。⑤道教で、水と火。

【竜光】リュウコウ|リョウコウ ①〔竜が発する光の意〕君主の恵み。寵愛。②人の容姿のすばらしさに対する敬称。③名剣の放つ光。

【竜行虎歩】リュウコウコホ|リョウコウコホ 〔竜やトラのように歩く意〕威厳のある歩き方のさま。〈宋書・武帝紀上〉

【竜骨】リュウコツ ①太古の巨大な動物の骨の化石。②水車。竜骨車。〔形が「①」に似ることから〕③船底の中央を背骨のようにわたしてある力材。キール。

【竜▼袞】リュウコン|リョウコン ①竜の模様のある、天子だけが着用する衣服。②古代の大臣の衣服。

【竜塞】リュウサイ|リョウサイ 「竜城」に同じ。

【竜子】リュウシ|リョウシ ①竜。また、竜の子。竜神の子。②帝王の子孫。③駿馬の名。④トカゲの別名。

【竜車】リュウシャ|リョウシャ ①天子の乗る車。竜駕。竜馭。②神仙の乗る車。

【竜種】リュウシュ|リョウシュ ①駿馬。類竜駿。②帝王の子孫。③賢い子。俊才。④タケの別名。

【竜舟】リュウシュウ|リョウシュウ ①へさきに竜の首の飾りをつけた、天子の乗る舟。②大きな船。③端午の節句におこなう舟の競争。また、その舟。

【竜▼湫】リュウシュウ|リョウシュウ 〔「湫」は、淵の意〕深い滝壺をともなう滝。

【竜女】リュウニョ|リョウニョ ①竜宮に住む竜王の娘。乙姫。②賢い女。

【竜章】リュウショウ|リョウショウ ①竜の模様。また、その服。皇帝の服。②「①」を描いた旗。③すぐれた容姿。例—鳳姿。

【竜城】リュウジョウ|リョウジョウ 漢代、匈奴が集合して天を祭った地。転じて、匈奴の地。竜塞。

【竜▼驤虎視】リュウジョウコシ|リョウジョウコシ 〔「驤」は、おどりあがる意〕竜のように勢いよく天に昇り、トラのように鋭い目で相手をにらみすえること。威勢を示して、意気盛んに天下をねらうさま。〈蜀志・諸葛亮伝〉

【竜▼攘虎▼搏】リュウジョウコハク 〔「攘」は、はらいのける、「搏」は、打つ、の意〕互角の二人の英雄や豪傑が激しく戦う。竜虎相搏つ。

【竜神】リュウジン|リョウジン 竜の姿をした水の神。竜王。

【竜潜】リュウセン|リョウセン 天子となるべき人が世に出ないでいること。潜竜。

【竜▼髯】リュウゼン|リョウゼン ①竜の口ひげ。②天子のひげ。③松葉。

【竜▼涎香】リュウゼンコウ|リョウゼンコウ マッコウクジラの胆嚢にある物質から作った香料。麝香に似たかおりがある。

【竜孫】リュウソン|リョウソン ①タケの一種。また、たけのこ。②駿馬。③他人の孫の尊称。

【竜蛇】リュウダ|リョウダ ①竜とヘビ。②きわめてすぐれた人のたとえ。③才能がありながら世間からのがれている人。④草書体の筆勢のみごとなさま。⑤水流の勢いが盛んなさま。⑥矛などの兵器。⑦〔仏〕聖者と凡人。竜を聖者、ヘビを凡人にたとえる。

【竜庭】リュウテイ|リョウテイ ①匈奴の王の庭。匈奴が天を祭る所。②すぐれた顔立ち。

【竜笛】リュウテキ|リョウテキ 頭に飾りのある笛。また、立派な笛。

【竜図】リュウト|リョウト ①伝説で、黄河から出た竜馬が背負っていた図。占いの易のもとになったという。河図。②天子が立てた計画。また、すぐれた計画。③北宋の真宗の時におかれた官府の名。皇帝の文物や宝物を集め、管理した。竜図閣。④北宋の名臣、包拯のこと。〔竜図閣の官だったことから〕

【竜灯（燈）】リュウトウ ①竜の絵が描かれているともし火。②日海上に遠くあらわれ、ちらちら見える光。鬼火。③日神社に納める明かり。また、神前にともす火。ご神灯。

【竜頭】㊀リュウトウ|リョウトウ ①竜のあたま。②グループの中のリーダー。③科挙（＝官吏登用試験）に第一位で合格した人。④竜の頭を彫刻した飾り。㊁リュウズ 日①竜の飾りがある、つり鐘のつり手の部分。②腕時計などの、針を動かしたりするつまみ。

【竜頭▼鷁首】リュウトウゲキシュ|リョウトウゲキス 日〔「鷁」は、想像上の水鳥。水難よけの力があるという〕天子が用いる、二隻でひと組みの船。一方の船首には竜の頭、もう一方の船首には鷁の首の飾りがある。平安時代の貴族が、庭の池に浮かべて管弦などの遊びをした。

【竜頭蛇尾】リュウトウダビ 初めは勢いがあるが、終わりに近づくと弱まること。〔頭は竜のように立派だが、しっぽはヘビのようにみすぼらしいことから〕〈景徳伝灯録・景通禅師〉

【竜徳】リュウトク|リョウトク 天子の徳。また、すぐれた徳。

【竜脳】リュウノウ 熱帯産のフタバガキ科の竜脳樹の樹液から採った香料。樟脳に似た香りがする。竜脳香。ボルネオール。

【竜馬】㊀リュウバ|リュウメ|リョウマ ①古代伝説中の、竜の頭とウマのからだをもつ神獣。伏羲の時、黄河から易に関する図を背負ってあらわれたという。②すぐれたウマ。駿馬。③健康な老人。㊁リュウマ 日将棋で、角が成ったこま。成り角。

【竜媒】リュウバイ|リョウバイ ①駿馬。②モグラ。

【竜▼蟠虎▼踞】【竜盤虎▼踞】リュウバンコキョ|リョウバンコキョ 〔竜がわだかまり、トラがうずくまる意〕地勢が険しいさま。〈西京雑記・六〉

【竜飛】リュウヒ|リョウヒ ①竜が飛ぶ。②天子が即位する。③英雄が時運に乗り、行動を始める。

【竜文】リュウブン|リュウモン ①竜の模様。②詩文を作る力がすぐれていること。また、勢いのある筆跡。③名馬。④神童。

【竜▼袍】リュウホウ|リョウホウ 〔竜の模様が施されているところから〕皇帝の衣服。

【竜▼鳳】リュウホウ|リョウホウ ①竜と鳳凰。②すぐれた人物。

【竜▼鳳▼之姿】リュウホウのすがた すぐれた顔かたち。また、天子となるべき相。〈旧唐・太宗紀上〉

【竜門】リュウモン|リョウモン ①山西・陝西両省の境にある、黄河の激流の地。ここを無事に登った魚は竜になると伝えられた。→【登竜門】トウリュウモン（911ページ）②司馬遷。〔「①」の出身だったことから〕③人望の高いすぐれた人物。④科挙（＝官吏登用試験）の試験会場の正門。⑤河南省洛陽市の南の地。多くの洞窟と仏像で有名な石窟寺院がある。竜門石窟。

【竜門点額】リュウモンテンガク|リョウモンテンガク 〔竜門を登りきった魚は竜

となるが、失敗した魚はひたいを傷つける意）科挙（＝官吏登用試験）の進士の試験に落第して帰る。〈水経注・河水四〉から〕
【竜門扶風】『史記』と『漢書』。〔司馬遷は竜門の、班固は扶風の生まれであることから〕
【竜▼鍾】①年老いて衰えたさま。②涙の流れ出るさま。③行きなやむさま。④タケの別名。
●恐竜・青竜・独眼竜・飛竜

龐
龍3（19） 3 9486 9F90 ホウ（ハウ）漢 ボウ（バウ）呉 江 páng

意味 ❶たっぷりと大きい。❷乱雑なさま。例 龐錯（＝乱れたさま）。❸白髪まじりの。例 龐眉。
【龐眉▼皓髪】白毛のまじった眉と白い頭髪。老人のこと。〈王維・賀古楽器表〉 類 龐眉黄髪・龐眉皓首

龕
龍6（22） 2 8392 9F95 カン（カム）漢 ガン（ガム）呉 覃 kān

意味 ❶神仏の像をおさめる石室や容器。厨子。例 龕灯。❷仏塔の下の部屋。僧の墓穴を指す。また、僧のひつぎ。❸平定する。勝つ。通 戡。例 龕世（＝天下を平定する）。龕定（＝平定する）。
【龕灯（燈）】一 仏壇にともす明かり。灯明。二 日「龕灯提灯」の略。つり鐘形で中にろうそくを立て、前だけを照らす提灯。強盗提灯。

龔
龍6（22） 3 9487 9F94 キョウ漢 冬 gōng

意味 ❶供える。❷うやうやしい。通 恭。❸姓の一つ。

龗
龍17（33） 3 9488 9F97 レイ漢 青 líng

意味 ❶竜。❷神霊。通 霊。

213 16画 龜（亀） かめ部

カメの形をあらわす。新字体では「亀（十一画）」となる。「亀（龜）」と、「亀」をもとにしてできている「𪚲」とを集めた。

0 1518 亀 龜 4 1518 𪚲

亀
亀0（11） 1 2121 4E80 常用 かめ
一 キ（クヰ）漢呉 支 guī
二 キン漢 真 jūn
三 キュウ（キウ）漢 ク呉 尤 qiū

［龜］ 亀0（16） 2 8393 9F9C 旧字体。

筆順
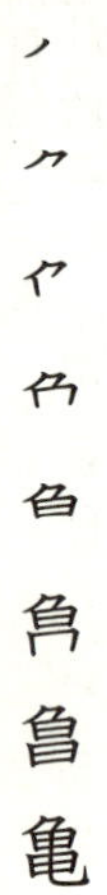

なりたち

［象形］ヘビのような頭で、足と甲羅と尾のあるカメの形。

意味 一 ❶かたい甲羅をもつ爬虫類。**カメ**。古代、その甲羅を占いや貨幣に利用した。例 亀甲。❷カメの甲羅。甲羅を焼いてできるひび割れによって、占いをおこなった。例 亀鑑。亀卜。二 ひび。あかぎれ。例 亀裂。三「亀茲」は、西域にあった古代の地名。クチャ。

古訓 中古 かがまる・かめ・せなか・つつまる・つつむ 中世 かがまる・かめ 近世 かめ・すすむ・たからがめ・ひさし・ひびきるる

人名 あや・すすむ・たか・たかし・たから・ながし・ひさ・ひさし

【亀殻】カメの甲羅。

【亀鑑】〔「亀」は、占いに使うもの、「鑑」は、ものを映し出す鏡〕行動や判断の基準となるもの。手本。模範。類 亀鏡。例 世の人の―となるような人物。

【亀策】【亀▼筴】「亀筮」に同じ。

【亀書】古代、禹の時に、洛水から見つかった神亀の背の九つの模様。

【亀▼筮】占いに用いる道具。カメの甲羅と筮竹。亀策。

【亀▼坼】一「亀卜」に同じ。二 ①日照りで地面がカメの甲羅のようにひび割れる。②手足のひび。あかぎれ。

【亀▼鈕】【亀▼紐】カメをかたどった印章のつまみ。また、カメを彫刻した印章のつまみ。

【亀兆】亀卜によりあらわれた模様。

【亀甲】①カメの甲羅。②日 カメの甲羅に似た六角形。また、六角形がつながっている模様。例 ―形。

【亀甲獣骨】カメの甲羅と、獣の骨。殷代、これを焼いて占いに用い、その結果を文字に刻んだ。例 ―文字（＝甲骨文字）。

【亀▼鼎】①〔大きなカメと九つの鼎の意。ともに天子が代々受け継いだことから〕国家の宝。②天子の位。

【亀頭】①亀趺の頭の部分。②日 陰茎の先端部分。

【亀背】①カメの背中。②背骨が曲がる病気（の人）。

【亀▼趺】カメの形に刻んだ、石碑の台座。

【亀▼鼈】①カメとスッポン。②人をいやしめていうことば。

【亀▼卜】カメの甲羅を焼き、そのひび割れの形によって吉凶を判断する古代の占い。亀坼。

【亀毛】⇩【兎角亀毛】（123ページ）

【亀齢】〔カメは長生きをすることから〕きわめて長い寿命。長寿。

【亀手】一 手にあかぎれができる。また、その手。

【亀裂】一 ひび。あかぎれ。二 日 割れ目。裂け目。

𪚲
亀4（15） 4 9486 2A6B2 国字 キ

意味 人名などに用いる字。例 集𪚲（＝姓）。

214 17画 龠 やく やくのふえ部

三つの孔のある竹のふえの意をあらわす。「龠」と、「龠」をもとにしてできている「龢」とを集めた。

0 1518 龠 5 1518 龢

龠
龠0（17） 2 8394 9FA0 ヤク漢 薬 yuè ふえ

意味 ❶古代中国の竹笛。**ふえ**。通 籥。❷容量の単位。キビ千二百粒の量で、一合の二分の一。一説に十分の一。

［龢］ 龠5（22） ⇩和（243ページ）

付録

1 人名解説

（漢文と関わりのある主要な人物をまとめた）

●あ●

【安積艮斎】（あさかゴンサイ） 一七九一—一八六〇 江戸末期の儒学者。名は重信、艮斎は号。陸奥（福島県）の人。二本松藩儒、昌平黌（幕府の学問所）教授。吉田松陰・高杉晋作・岩崎弥太郎など、幕末維新をリードした多くの人材を教育した。

【阿倍仲麻呂】（あべのなかまろ） 六九八—七七〇 奈良時代の人。七一七年、遣唐使として唐に渡り、玄宗に仕え、多くの文人と交流した。七五三年、帰国しようとした際には、李白や王維も交えた送別会が開かれた。「三笠の山に出でし月かも」の歌は、この時の作。船が難破したために唐に戻り、そのまま没した。

【新井白石】（あらいハクセキ） 一六五七—一七二五 江戸中期の学者・政治家。名は君美、白石は号。常陸（茨城県）の人。朱子学を学び、徳川家宣・家継に仕えて幕政に参与、「正徳の治」と呼ばれる改革を実施した。博識で詩文にすぐれ、数多くの著作がある。

【晏嬰】（アンエイ） ?—前五〇〇 春秋時代、斉の政治家。字は仲、諡は平。三代の君主に仕えて、節倹をもってよく国を治め、名宰相として諸侯に知られた。『晏子春秋』は、その言行録。

【晏子】（アンシ） →晏嬰

【晏平仲】（アンヘイチュウ） →晏嬰

【安禄山】（アンロクザン） 七〇三?—五七 唐の武将。玄宗に信任されて軍事の実権を握ったが、やがて楊国忠と対立。七五五年、反旗を翻して安史の乱を起こした。反乱の最中、子の安慶緒に殺された。

●い●

【伊尹】（イイン） 殷の政治家。名は摯。湯王を助けて殷王朝の成立に貢献、その後も宰相として歴代の王たちを補佐した。

【韋応物】（イオウブツ） 七三七?—九〇? 中唐の詩人。自然をうたう詩にすぐれる。秋の夜の静けさの中に友への思いをこめた五言絶句「秋夜寄丘二十二員外」は、その代表作。

【韋后】（イコウ） ?—七一〇 唐の人。中宗の后。中宗の復位後、則天武后にならって自ら帝位につくことを望み、中宗を毒殺。直後に李隆基（後の玄宗）のクーデターによって殺された。

【韋荘】（イソウ） 八三六—九一〇 唐末五代の詩人。字は端己。戦乱に苦しむ庶民の姿を描いた長編の七言古詩「秦婦吟」で有名。

【伊藤仁斎】（イトウジンサイ） 一六二七—一七〇五 江戸前期の儒学者。名は維楨、仁斎は号。京都の人。新しい注釈による朱子学を排し、経典から直接、聖人の教えを学ぶ古義学を創始。幕府や藩には仕えず、京都の堀川に古義堂を開いて多くの門弟を教育した。

【伊藤東涯】（イトウトウガイ） 一六七〇—一七三六 江戸中期の儒学者。名は長胤、東涯は号。京都の人。父仁斎の後を継いで古義学を大成、多くの門弟を教育し、数多くの著作を残した。

【隠元】（インゲン） 一五九二—一六七三 明末の僧。一六五四年、来日。宇治に万福寺を開き、日本黄檗宗の祖となった。インゲン豆や煎茶をもたらしたとも言われる。

【尹文子】（インブンシ） 戦国時代、斉の思想家。『尹文子』の著者。

●う●

【禹王】（ウオウ） 伝説上、夏の初代の王。舜に仕えて黄河の治水に従事、各地を奔走して、自宅の前を通りかかっても立ち寄ることができないほどであった。一三年かかってついに治水に成功、その功によって位を譲られ、王となったという。

【尉繚子】（ウツリョウシ） 戦国時代の兵法家。『尉繚子』の著者と言われる。

【于武陵】（ウブリョウ） 八一〇—? 晩唐の詩人。名は鄴。武陵は字。詩と音楽と自然を愛し、放浪の生活を送ったという。『唐詩選』に収録された「勧酒」は、井伏鱒二による「サヨナラダケガ人生ダ」の名訳もあって有名。

【宇文泰】（ウブンタイ） 五〇五—五五六 北朝西魏の政治家。鮮卑族の出身。政治の実権を握り、府兵制など後の隋唐王朝の制度の原型を作った。死後、子の宇文覚が皇帝となり、北周王朝を開いた。

●え●

【衛青】（エイセイ） ?—前一〇六 前漢の武将。字は仲卿。武帝に重んぜられて、北方の異民族、匈奴との戦いに七度、出撃して功績を挙げた。

【英宗】（エイソウ） →正統帝

【永楽帝】（エイラクテイ） 一三六〇—一四二四 明の第三代皇帝、成祖。姓は朱、名は棣。太祖朱元璋の第四子であったが、甥の建文帝を倒して即位した。北方にたびたび親征を行い、また鄭和に南海を探検させるなど。対外政策に積極的であったほか、『永楽大典』『五経大全』など文化事業にも力を注いだ。在位、一四〇二—一四二四。

【慧遠】（エオン） 三三四—四一六 東晋の僧。廬山（江西省）の東林寺で修行し、念仏を重視する白蓮社を起こして中国浄土宗の祖とされる。

【易牙】（エキガ） 春秋時代、斉の料理人。幼児の蒸し焼きが美味らしいと桓公が言ったので、我が子を殺して料理して献上したという話が、『管子』に見える。

【袁凱】（エンガイ） 明の詩人。字は景文。「白燕」という詩を作って有名になったので、「袁白燕」とも呼ばれる。

【袁宏道】（エンコウドウ） 一五六八—一六一〇 明の詩人。字は中郎。盛唐詩を重んずる当時の風潮に対し、心のままに自由にうたうことを主張した。

【閻若璩】（エンジャッキョ） 一六三六—一七〇四 清の学者。字は百詩。考証学を修め、『古文尚書』の一部が偽作であることを論証した。

【袁紹】（エンショウ） ?—二〇二 後漢末の政治家。字は本初。混乱した世相の中、名門に生まれたことから諸侯に盟主として仰がれた。後に曹操と対立して官渡の戦いで敗れ、ほどなく病死した。

【円仁】 七九四—八六四　平安初期の僧。慈覚大師。最澄に師事し、八三八年に渡唐。帰国後、天台宗山門派の開祖となった。著に『入唐求法巡礼行記』がある。

【燕太子丹】 ?—前二二六　戦国時代、燕の太子。秦の始皇帝を恨み、荊軻に暗殺を依頼したが失敗、責任を問われ殺された。

【袁枚】 一七一六—九七　清の詩人。字は子才。宋の詩を重んじ、心のままに自由にうたうことを主張した。食通としても知られる。

●お●

【王安石】 一〇二一—八六　北宋の政治家・文人。字は介甫。北宋中期、宰相となり、行き詰まっていた財政状況を打開すべく、発達をとげつつあった貨幣経済への対応を重視した「新法」を実施。しかし、保守派の猛反発にあい、所期の目的は達成できないままに引退した。以後の北宋王朝は、新法党と旧法党の激しい党派争いの中で、衰退していくこととなる。文章家としても名高く、「読孟嘗君伝」などの名文を残し、唐宋八大家の一人に数えられる。

【王維】 七〇一?—六一?　盛唐の詩人・画家。字は摩詰。幼少のころより文才を発揮、一五歳の時に作った詩が現在まで伝わる。政治家として栄達し、尚書右丞という高官にまで至った。その一方で、仏教に深く帰依しつつ、自然と一体になった高雅な生活を好み、五言絶句「竹里館」「鹿柴」など、自然美をうたい上げた傑作を多く残している。また、画家としても優れ、南画の祖として仰がれている。

【王翰】 六八七?—七二六?　盛唐の詩人。字は子羽。豪放な性格で酒や狩りを好み、辺境に生きる兵士たちの心情をよくうたった。『唐詩選』にも収録された七言絶句「涼州詞」は、「古来征戦幾人回」の名句を含み、絶唱として名高い。

【王徽之】 三三八—八六　東晋の文人。字は子猷。王羲之の子。竹を愛した話や、雪の夜に友人を訪ねてその門前まで行き、気が変わって会わずに帰った話など、風流で知られる。

【王羲之】 三〇三—六一　東晋の書家。字は逸少。名門の一族の生まれで、政治家として活躍した時期もあったが、上官との確執から辞任し、会稽山(浙江省)のふもとに隠居して晩年を過ごした。伝統的な書法を学びつつ新風を創始し、後世の書に絶大な影響を与え、「書聖」と仰がれる。真筆は一つも残されておらず、模写によって伝えられるのみであるが、「蘭亭序」は行書の名筆として特に名高い。

【王建】 七六六?—八三〇?　中唐の詩人。字は仲初。韓愈と親交があり、楽府体の名手として知られた。

【王献之】 三四四—八六　東晋の書家。字は子敬。王羲之の子。父と違い政治的に恵まれた生涯を送り、また生前から父と並び称される書家でもあった。残念ながら、真筆と確定できる作品は伝わっていない。

【王粲】 一七七—二一七　後漢末の詩人。字は仲宣。曹操のサロンに集まった建安七子の一人。戦乱の苦しみをうたった五言古詩「七哀詩」が有名。

【王之渙】 六八八—七四二　盛唐の詩人。字は季陵。政治家としては不遇であったが、辺境の風物をうたった詩は、当時から広く愛唱された。七言絶句「涼州詞」、五言絶句「登鸛鵲楼」の二首は、特に有名。

【王子喬】 東周の人。霊王の太子で、仙人となって白い鶴に乗り飛び去ったという話が、『列仙伝』に見える。

【王士禛】 →王士禎

【王実甫】 元の戯曲作家。名は徳信、実甫は字。『西廂記』の作者。

【王士禎】 一六三四—一七一一　清の詩人。もと、士禛といったが、雍正帝の諱を避けるために改名。字は子真。号は漁洋山人。深い余韻を行間にかもし出そうとする神韻説を唱え、詩壇をリードした。

【王充】 二七—九七?　後漢の思想家。字は仲任。合理主義的な考え方で、儒教を批判した。著に『論衡』がある。

【王戎】 二三四—三〇五　西晋の文人。字は濬沖。若いころは嵇康や阮籍と交わったが、晩年は蓄財に走った。竹林の七賢の一人。

【王粛】 一九五—二五六　三国時代、魏の学者。鄭玄の経学を批判して、『孔子家語』などを偽作したとされる。

【王守仁】 一四七二—一五二八　明の思想家。字は伯安、号は陽明。心の外にも理を求める朱子学を批判して、理は心の内にしかないと主張、陽明学の祖となった。個人を重視するその思想は実践主義を生み、日本の大塩平八郎や吉田松陰にも大きな影響を与えた。著に『伝習録』がある。

【王昭君】 前漢の人。名は嬙、昭君は字。元帝に使えた女官で、前三三年、北方の異民族、匈奴の王と結婚し、やがてその地に没した。絶世の美女であったが、画家に賄賂を贈らなかったために肖像画を醜く描かれ、そのために元帝は彼女を手放したという伝説がある。後世、悲劇の女性として、数多くの詩や戯曲などの題材となった。

【王昌齢】 六九〇?—七五六?　盛唐の詩人。字は少伯。何度も左遷の憂き目にあい、「一片氷心在玉壺」の句で有名な七言絶句「芙蓉楼送辛漸」は、その心情を吐露した名作として知られる。李白と並ぶ、七言絶句の名手。

【王世貞】 一五二六—九〇　明の文人。字は元美。李攀竜とともに、文は秦漢を、詩は盛唐を貴ぶべきと主張した。

【応瑒】 ?—二一七　後漢末の詩人。字は徳璉。曹操のサロンで活躍した、建安七子の一人。

【王導】 二七六—三三〇　東晋の政治家。字は茂弘。異民族の圧迫によって南方へ逃れた東晋王朝の初期を支えた功臣。

【王弼】 二二六—二四九　三国時代、魏の学者。字は輔嗣。儒学とともに老荘思想にも造詣が深く、『老子』や『易経』に注を付けたことで知られる。

【王符】 八五?—一六三?　後漢の学者。字は節信。『潜夫論』の著者。

【王勃】(オウボツ) 六四八―七五?　初唐の詩人。字は子安。文才は高かったが行跡が納まらず、放浪のうちに若くして死んだ。「滕王閣序」は名文とされる。

【淡海三船】(おうみのみふね) 七二二―八五　奈良時代の学者。詩文に秀で、歴代天皇の中国風の諡を選定したり、正史の編集に参与したりした。『懐風藻』の編者とされることもある。

【王莽】(オウモウ) 前四五―後二三　新の皇帝。字は巨君。後漢末、外戚として実権を握り、やがて位を譲り受けて自ら皇帝となり、新という王朝を開いた。しかし、周王朝の制度にならった復古的な政策が失敗し、在位一五年で反乱軍に殺された。

【欧陽脩】(オウヨウシュウ) 一〇〇七―七二　北宋の文人。字は永叔、号は酔翁。幼くして父を失い、苦学して科挙(官吏登用試験)に合格した後も左遷を経験するなどしたが、最後は宰相に準ずる地位にまで栄達して引退した。文章では古文を尊重し、唐宋八大家の一人。「酔翁亭記」「朋党論」などが代表作。また、『新唐書』『新五代史』の編集にあたるなど、歴史家としても業績を残した。

【欧陽詢】(オウヨウジュン) 五五七―六四一　唐の書家・学者。字は信本。楷書にすぐれ、特に「九成宮醴泉銘」は名品とされる。また、『芸文類聚』の編集にも参加した。

【王陽明】(オウヨウメイ) →王守仁

【大江匡房】(おおえのまさふさ) 一〇四一―一一一一　平安時代後期の学者。天皇の信頼が厚く、当代随一の学者として知られた。その博識ぶりを示す談話を記録した『江談抄』がある。

【大塩平八郎】(おおしおへいはちろう) 一七九三―一八三七　江戸後期の学者。号は中斎。大坂の人。陽明学を学び、天保の飢饉の際、貧民救済を訴えて乱を起こした。敗れて自害したが、幕末の社会に大きな影響を与えた。

【大槻磐渓】(おおつきバンケイ) 一八〇一―七八　江戸末期・明治初期の学者。名は清崇、磐渓は号。仙台の人。儒学を学び詩文をよくしたが、同時に西洋砲術も修めた開国論者でもあった。『近古史談』の著者。

【荻生徂徠】(おぎゅうソライ) 一六六六―一七二八　江戸中期の儒学者。朱子学の経典解釈を批判し、経典の記述そのものを重視する古文辞学を確立した。若くして柳沢吉保の顧問となり、その後、私塾蘐園塾を開き多くの門弟を教え、晩年には徳川吉宗の顧問も務めた。また、赤穂浪士の切腹を主張したことでも知られる。

【小野妹子】(おののいもこ) 聖徳太子の時の遣隋使。六〇七年、隋に渡り、有名な「日出づる処の天子」の国書を届けた。

【温庭筠】(オンテイイン) 八一二?―七〇?　晩唐の詩人。字は飛卿。詩・詞ともに華麗な作風を誇ったが、試験で不正答案の手助けをしたり、酔っていさかいをおこしたりなどで、科挙(官吏登用試験)には合格できず、流浪の生涯を送った。

●か●

【何晏】(カアン) 一九〇―二四九　三国時代、魏の学者。その著『論語集解』は「古注」と呼ばれ、長く『論語』解釈の基礎とされた。

【懐王】(カイオウ) ①戦国時代、楚の王。姓は熊、名は槐。屈原を退けて秦と同盟したが、裏切られて殺された。在位、前三二八―前二九八。②?―前二〇八　秦末の人。姓は熊、名は心。「①」の孫。秦討伐軍によって楚の王に擁立されたが、項羽に殺された。

【蒯聵・蕢聵】(カイカイ/ガイカイ) 春秋時代、衛の王族。父の霊公の夫人、南子を殺そうとして失敗、亡命した。後、帰国して荘公として即位したが、やがて反乱にあって殺された。

【夏育】(カイク) 周代、衛の勇士。孟賁とともに、怪力で有名。

【介之推・介子推】(カイシスイ) 春秋時代、晋の人。重耳(後の文公)の亡命に従い陰ながら尽くしたが認められず、帰国後、山中に隠遁。呼び戻そうとした文公が山に火を付けたが、現れず焼死した。

【蒯通】(カイトウ/カイツウ) 秦末漢初の人。韓信に説いて斉を滅ぼさせ、さらに劉邦から自立させようとしたが入れられなかった。

【貝原益軒】(かいばらエキケン) 一六三〇―一七一四　江戸中期の儒学者。筑前(福岡県)の人。名は篤信。実生活に役立つ学問を目指し、『養生訓』や『慎思録』を始めとする数多くの著作を残し江戸時代の文化に大きな影響を与えた。

【賈誼】(カギ) 前二〇〇―前一六八　前漢の政治家・文人。文帝に信任されたが、周囲にねたまれて左遷され、不遇の生涯を送った。文章にすぐれ、「鵩鳥賦」「過秦論」などは、古来、名文とされる。

【郭隗】(カクカイ) 戦国時代、燕の政治家。昭王から賢者を招く方法を尋ねられたとき、「先ず隗より始めよ」と言って自分を推薦した話で有名。

【楽毅】(ガクキ/ガッキ) 戦国時代、燕の将軍。昭王に仕え、斉と戦って七十余城を落とすなど華々しい軍功を挙げた。昭王の死後、新王に信頼されなかったため、趙へ亡命した。

【霍去病】(カクキョヘイ) 前一四〇―前一一七　前漢の武将。叔父の衛青とともに、北方の異民族、匈奴と戦って功績があったが、若くして病死し、武帝を悲しませた。

【郭子儀】(カクシギ) 六九七―七八一　唐の武将。安史の乱の平定に功績があった。

【郭象】(カクショウ) ?―三一二?　西晋の学者。字は子玄。『荘子』に注を付けた。

【岳飛】(ガクヒ) 一一〇三―四二　南宋の武将。字は鵬挙。北方を支配する金と戦って武勲を立てたが、和平派の秦檜と対立、謀殺された。後世、漢民族のために戦った英雄として神格化された。

【郭茂倩】(カクモセン) 北宋の文人。『楽府詩集』の編者。

【夏珪】(カケイ) 南宋の画家。字は禹玉。山水画の大家で、日本の水墨画にも影響を与えた。

【華佗・華陀】(カダ) ?―二〇八　後漢末の名医。全身麻酔の外科手術を行ったという。曹操に仕えたが、怒りを買って殺された。

【賀知章】(ガチショウ) 六五九―七四四　盛唐の詩人。字は季真。書にも優れた文壇の重鎮で、李白の才能を見抜いて宮中に推薦した。また、杜甫の「飲中八仙歌」には「知章騎馬似乗船、眼花落井水底眠」

」とうたわれた。

【楽毅】 →楽毅

【葛洪】 二八四―三六三　東晋の学者。字は稚川、号は抱朴子。不老長生の方法を研究し、『抱朴子』などを著した。

【葛天氏】 伝説上の帝王。特に教化せずに天下を治めたという。

【賈島】 七七九―八四三　中唐の詩人。字は浪仙。韓愈に才能を認められたが、苦吟する詩人であったことは、「推敲」の故事からも知られる。

【韓偓】 八四四?―九二三?　晩唐の詩人。字は致尭。香匳体と呼ばれる艶麗な詩で知られる。

【関羽】 一六〇?―二一九　三国時代、蜀の武将。字は雲長、また長生。劉備に仕えて名将として活躍したが、最後は呉に捕らえられ殺された。義に厚く文武両道の将軍として、『三国志演義』の群雄の中で最も愛された一人。中国では「関帝」という神として、信仰の対象となっている。

【灌嬰】 ?―前一七六　前漢の武将。劉邦に仕え、垓下の戦いの直後には項羽の追撃を命じられた。

【甘英】 後漢の人。班超の使者として大秦国へと赴き、地中海岸まで至ったが渡海を断念して帰ったという。

【顔淵】 →顔回

【顔延之】 三八四―四五六　南朝宋の詩人。字は延年。詩文にすぐれ、謝霊運と並び称された。

【桓温】 三一二―七三　東晋の武将。字は元子。北方との戦いで挙げた軍功を背景に、帝位をも左右するほどの実権を握ったが、自ら帝位を譲り受けることは実現できぬまま、病死した。

【顔回】 前五二一―前四九〇?　春秋時代、魯の人。字は子淵。「顔淵」とも呼ばれる。孔子の弟子、十哲の一人。学問を好み、その聡明さを孔子に最も愛されたが、困窮のうちに若くして死んだ。『論語』によればそのとき、孔子は「天、予を喪ぼせり」と嘆いたという。

【桓寛】 前漢の政治家。字は次公。『塩鉄論』の著者。

【関漢卿】 一二三〇?―八〇?　元の戯曲作家。「竇娥冤」はその代表作。

【韓琦】 一〇〇八―七五　北宋の政治家。字は稚圭。王安石の新法に終始反対した。

【桓玄】 三六九―四〇四　東晋の武将。字は敬道。桓温の子。軍事力を背景に自ら帝位についたが、わずか三か月で劉裕に討たれた。

【桓公】 ?―前六四三　春秋時代、斉の君主。姓は姜、名は小白。管仲を宰相として国力を増強、諸侯の盟主となった。春秋五覇の筆頭。在位、前六八五―前六四三。

【菅茶山】 一七四八―一八二七　江戸後期の学者。備後（広島県）の人。名は晋帥、茶山は号。詩人として高く評価され、また、私塾黄葉夕陽村舎（後に廉塾と改称）で多くの門弟を教育したことで知られる。

【寒山】 唐の隠者、詩人。拾得とともに天台山（浙江省）に住み、奇行で知られるが、詳しい事跡は不明。その著とされる『寒山詩集』が伝わる。

【管子】 →管仲

【顔師古】 五八一―六四五　唐の学者。字は籀。また、名が籀で師古は字ともいう。『漢書』の注を書いたことで有名。

【顔之推】 五三一―六〇二?　南北朝時代の学者。字は介。『顔氏家訓』の著者。

【韓信】 ?―前一九六　秦末漢初の武将。若いころから大志を抱き、眼前の恥を気にしなかったことは、「韓信の股くぐり」として有名。劉邦に仕えてからは大将軍となり、「背水の陣」で劣勢の戦いを勝利に導くなど、軍功を重ねた。しかし漢王朝の成立後、反逆の意を疑われて殺された。

【鑑真】 六八八―七六三　唐の僧。日本から授戒の師として招かれ、五度の渡航を試みたが失敗。失明の苦難に見舞われつつも七五三年、ついに来日。日本における仏教の戒律を確立した。後、唐招提寺を建てて日本律宗の祖となった。

【顔真卿】 七〇九―八五　唐の政治家・書家。字は清臣。安史の乱で功績を立てたが、後、反乱軍に捕らえられた際、その部下になることを拒否して殺された。忠臣として名高いだけでなく、書においても力強い革新的な書風を創始して、長く後世の模範とされる。

【桓魋】 春秋時代、宋の政治家。孔子を殺そうとした話が、『論語』などに見える。

【韓侂冑】 一一五二―一二〇七　南宋の政治家。字は節夫。外戚として権力を握り、朱熹などの学者を弾圧したが、北方の金との戦いに敗れた責任を問われ、刑死した。

【菅茶山】 →菅茶山

【管仲】 ?―前六四五　春秋時代、斉の政治家。名は夷吾、仲は字。桓公に仕えて宰相となり、商業を重視した富国強兵策によって斉の国力を大いに高めた。友人の鮑叔牙から才能を絶対的に信頼された物語は、「管鮑の交わり」として語り伝えられている。

【韓非】 ?―前二三三　戦国時代、韓の思想家。法家の代表的な人物。韓の王族の一人で、荀子に学び、法の厳格な運用によって人間の欲望を統制して、強力な支配体制を構築すべきと主張した。弁舌は下手であったが文章に優れ、やがて、彼の文章を読んだ秦王（後の始皇帝）に招かれるに至る。しかし、かつて荀子の下で共に学んだ秦の宰相李斯に才能を恐れられ、罪を問われて自殺した。その思想は、『韓非子』の中に見ることができる。

【干宝】 東晋の学者。字は令升。志怪小説集『捜神記』の作者として知られる。

【韓愈】 七六八―八二四　中唐の文章家。字は退之。幼いころに父を失い、苦労して官職についた後も、二度の左遷を味わっている。しかし、文章家としてはまぎれもない重鎮であり、当時、流行していた美文を排し、『孟子』『史記』のような達意を旨とする「古文」復興の運動を主導した。人材登用の難しさを名馬発見にたとえた「雑説」や、若くして死んだ甥の霊に捧げられた「祭十二郎文」など有名。唐宋八大家の筆頭に挙げられる。

【関竜逢】 夏の政治家。桀王の暴政をいさめて聞き入れられず、殺されたという。

●き●

【義和】 古代、伝説上の人。太陽が乗るという馬車の御者。また、太陽を生んだ女神ともいう。

【魏源】 一七九四―一八五六 清の学者。字は黙深。アヘン戦争を機に世界情勢を説いた『海国図志』を著し、日本でも読まれた。

【鬼谷子】 春秋時代の思想家。縦横家の祖とされ、蘇秦や張儀はその弟子だという。『鬼谷子』の著者とされる。

【季札】 春秋時代、呉王寿夢の末子。賢明さゆえに王となることを求められたが断り、諸国を巡って多くの賢者たちと交わりを結んだ。

【箕子】 殷末の人。紂王の叔父で、王の暴政をいさめたが聞き入れられず、精神を病んだふりをして逃れた。後、朝鮮半島に行きその地で王となったという。

【魏収】 五〇六―五七二 北斉の歴史家。字は伯起。『魏書』編集の中心的役割を果たした。

【義浄】 六三五―七一三 唐の僧。海路でインドにわたって二五年間の長きにわたって学び、多くの仏典を持ち帰って翻訳した。その旅行記に『南海寄帰内法伝』がある。

【徽宗】 一〇八二―一一三五 北宋の第八代の皇帝。女真族の金と共謀して遼を滅ぼそうと計画し、かえって金の侵入を招き、北宋王朝滅亡の原因を作った。文人として書画をよくしたことでも知られる。在位、一一〇〇―一一二五。

【魏忠賢】 一五六八―一六二七 明の宦官。皇帝に重用され、「東林党」と呼ばれる官僚勢力を徹底的に弾圧したが、皇帝が代わると失脚し、自殺した。

【魏徴】 五八〇―六四三 唐の政治家。字は玄成。太宗に仕えてよくいさめ、貞観の治に貢献した。その五言古詩「述懐」は、結びに「人生感意気、功名誰復論」の名句を含み、愛唱されている。

【義堂周信】 一三二五―一三八八 南北朝時代の僧。土佐(高知県)の人。詩文に秀で、足利義満に招かれて建仁寺・南禅寺の住持となり、絶海中津とともに五山文学の中心的存在であった。

【吉備真備】 六九五?―七七五 奈良時代の学者・政治家。遣唐使として唐へ渡り、多くの文物・制度を日本にもたらした。

【季布】 秦末漢初の武将。初め項羽に仕えたが、後に劉邦の下に移り、功績を挙げた。一度承諾したことは必ず果たしたという人柄は、「季布の一諾」の故事として伝わる。

【仇英】 ?―一五五二? 明の画家。字は実父。山水と人物にすぐれた。日本では、京都の知恩寺に伝わる「桃李園図」と「金谷園図」が有名。

【牛僧孺】 七七九―八四七 唐の政治家。字は思黯。李徳裕らとの間に「牛李の党争」と呼ばれる激しい政権争いを繰り広げた。

【尭】 古代、伝説上の帝王。その徳はあらゆるものに行きわたり、その存在を意識しないほどであったという「鼓腹撃壌」の故事が有名。舜とともに理想的な帝王とされる。「陶唐氏」とも呼ばれる。五帝の一人。

【姜維】 二〇二―二六四 三国時代、蜀の武将。諸葛亮の死後を引き継ぎ、よく魏と戦ったが、最後は降服した。

【魚玄機】 八四三?―八六八 晩唐の女流詩人。字は幼微、また蕙蘭。詩文の才をうたわれ、温庭筠らと交流があったが、侍女を殺した罪で処刑された。

【許衡】 一二〇九―一二八一 元の学者。字は仲平。フビライに仕え、朱子学の普及に尽力した。

【許行】 戦国時代の思想家。王侯も農業に携わるべきだと説いたことが、『孟子』に見える。

【許渾】 晩唐の詩人。字は仲晦。七言律詩「咸陽城東楼」の「山雨欲来風満楼」の句が、しばしば引用される。

【許劭】 一五〇―一九五 後漢の学者。人物を見抜くのにすぐれ、曹操を「乱世の姦雄」と評した話が名高い。

【許慎】 三〇?―一二四? 後漢の学者。字は叔重。中国最初の文字学書『説文解字』の著者。

【許由】 古代、伝説上の隠者。尭から帝位を譲ろうと言われたが拒否し、汚らわしいことを聞いたと言って、川の水で耳を洗ったという。

【金聖歎】 一六〇八?―一六六一 明末清初の文芸評論家。本姓は張、名には諸説あり、聖歎は字とも号とも言われる。『水滸伝』など、通俗と思われがちな文学を高く評価した。

【欽宗】 一一〇〇―一一六一 北宋の第九代、最後の皇帝。北方の金が侵入してきた際に、父の徽宗から譲位されたが、やがて金軍に捕らえられ、配所で没した。在位、一一二五―一一二七。

●く●

【孔安国】 →孔安国

【空海】 七七四―八三五 平安時代の僧。弘法大師。讃岐(香川県)の人。唐に渡って密教を学び、帰国後、高野山に金剛峰寺を開いて真言宗の祖となった。詩書にすぐれ、また、私立の学校、綜芸種智院を設立して庶民を教育したという。

【孔穎達】 五七四―六四八 唐初の学者。字は仲達。『五経正義』の編集に参加して経典解釈の統一に貢献、また、『隋書』の編集にも加わった。

【虞姫】 →虞美人

【虞集】 一二七二―一三四八 元の学者。字は伯生。文宗に仕え、漢民族の文化復興に指導的な役割を果たした。

【虞初】 前漢の文人。周代の伝説を集めた『周説』を著し、小説の祖とされる。

【虞世南】 五五八―六三八 唐の書家。字は伯施。王羲之の書法を伝え、楷書にすぐれた。代表作に「孔子廟堂碑」がある。

【屈原】 前三四三?―前二七七? 戦国時代、楚の王族、文人。名は平、原は字。迫り来る秦の脅威への対抗策を主張したが受け容れられず、失望して汨羅江に身を投げて死んだ。「漁父辞」「離騒」などの韻文作品は、『楚辞』中の名作として、その悲劇的な生涯とともに、後世、長く語り継がれることとなった。

【屈平】 →屈原

【虞美人】 ?―前二〇二　秦末の人。項羽に愛された女性。項羽に常に付き従い、垓下(安徽省)で劉邦の軍に包囲されたときに詩を唱和し、後に自殺したという。虞姫。

【熊沢蕃山】 一六一九―九一　江戸前期の儒学者。名は伯継、蕃山は号。京都の人。中江藤樹に陽明学を学んだが、時事を論じたために幕府から嫌われ、幽閉されて死んだ。

【鳩摩羅什】 西域の亀茲出身の僧。インドに学び、五胡十六国の後秦の時に招かれて長安に至り、多くの仏教経典を翻訳し、中国仏教の発展に大きな貢献をした。クマラジーヴァ。

【瞿佑】 一三四一―一四二七　明の文人。字は宗吉。伝奇小説集『剪灯新話』の著者。

【孔穎達】 →孔穎達

● け ●

【恵王】 春秋時代、魏の王。恵施や孟子を登用した。孟子との対話は『孟子』に収められて有名。「梁の恵王」とも呼ばれる。

【荊軻】 ?―前二二七　戦国時代、衛の人。燕の太子丹に頼まれて、秦王(後の始皇帝)を暗殺するため宮殿まで乗り込んだが、あと一歩及ばず殺された。燕を旅立つ時に易水のほとりで歌ったという「風蕭々兮易水寒」の歌が有名。

【嵇康】 二二三―二六二　三国時代、魏の文人。字は叔夜。老荘思想を好み、詩・書・画・琴をよくしたという。世俗を嫌って清談にふけったが、その生き方が権力者の反感を買い、結局は殺された。竹林の七賢の一人。

【景公】 春秋時代、斉の君主。晏嬰が仕えたことで有名。また、魯の大臣であった孔子と、夾谷(山東省)で会見したことでも知られる。在位、前五四七―前四九〇。

【倪瓚】 一三〇一―一三七四　元の画家。字は元鎮。山水画に長じ、世俗を超絶した独自の画風を開いた。

【恵施】 前三七〇ごろ―前三一〇ごろ　戦国時代、宋の思想家。荘子の友人で、さまざまな論理的な命題について考察したことが、『荘子』によって知られる。恵子。

【黥布】 ?―前一九六　秦末漢初の武将。姓は英。黥はいれずみの意味で、罪を犯していれずみを入れられたのでこう呼ばれる。劉邦に仕えて功績を立てたが、やがて反乱を起こして失敗し、殺された。

【恵文王】 戦国時代、趙の王。廉頗や藺相如が仕えたことで知られる。在位、前二九八―前二六六。

【桀王】 夏の最後の王。妹嬉との愛欲にふけり暴政を行い、殷の湯王に滅ぼされた。殷の紂王とともに、暴君の代表とされる。

【桀溺】 春秋時代、楚の隠者。孔子が時流に従わないことを長沮とともに批判した話が、『論語』に見える。

【厳羽】 南宋の詩人。字は儀卿・丹邱。詩の評論書『滄浪詩話』の著者。

【阮瑀】 一六五?―二一二　後漢末の詩人。字は元瑜。曹操のサロンに集まった建安七子の一人。

【軒轅氏】 →黄帝

【阮咸】 西晋の文人。字は仲容。阮籍の甥。音楽にすぐれ、「阮咸」という弦楽器は彼が作ったという。竹林の七賢の一人。

【元結】 七二三―七七二　中唐の文人。字は次山。古文復興運動の先駆者。

【原憲】 春秋時代、魯の人。字は子思。孔子の弟子。学を好み、貧を恥じなかったという。

【元好問】 一一九〇―一二五七　金の詩人。字は裕之。詩人としての名声は高かったが、金の滅亡後は仕官せず、各地を遊歴しつつ金の詩の選集『中州集』を編んだ。

【玄奘】 六〇二―六六四　唐の僧。通称、三蔵法師。国禁を犯してインドへ旅し、多くの経典を持ち帰って翻訳し、中国仏教の発展に大きく寄与した。その旅行記に『大唐西域記』がある。また、『西遊記』の三蔵法師のモデルとしても知られる。

【元稹】 七七九―八三一　中唐の詩人。字は微之。科挙(官吏登用試験)に首席で合格し、後には宰相となった。同期で合格した白居易とは終生の友情を結び、共に平明な詩風で知られた。また、伝奇小説「鶯鶯伝」の作者。

【阮籍】 二一〇―二六三　三国時代、魏の文人。字は嗣宗。老荘思想を好み、酒を愛して清談にふけり、世俗を嫌った。その「詠懐詩」八二首は、哲学性の高い名作とされる。竹林の七賢の一人。

【玄宗】 六八五―七六二　唐の第六代皇帝。姓は李、名は隆基。クーデターによって時の皇后一族を倒して実権を奪い皇太子となり、二十代半ばで帝位に就いて、「開元の治」と呼ばれる唐の全盛期を現出した。しかし、晩年は楊貴妃への愛におぼれて政治を省みず、安史の乱を招いた責任を取って帝位を退き、失意のうちに死んだ。楊貴妃との悲劇的な恋愛物語は、白居易の「長恨歌」をはじめ、数々の芸術作品の素材となった。在位、七一二―七五六。

【厳武】 七二六―七六五　唐の政治家。剣南節度使に在任中、成都(四川省)で杜甫に保護を与えたことで有名。『唐詩選』に一首の詩を収める。

【建文帝】 明の第二代皇帝。洪武帝の孫。皇族や諸王に対する抑圧政策を採ったため、叔父の燕王(後の永楽帝)の反乱を招き、帝位を失った。南方に逃れて消息不明となったという。

【乾隆帝】 一七一一―九九　清の第六代皇帝、高宗。台湾や新疆を領土に加え、『四庫全書』を編集させるなど、清の最盛期を築いたが、「文字の獄」と呼ばれる言論弾圧も行った。在位、一七三五―九五。

【黔婁】 春秋時代、斉の人。貧しかったが仕官を拒否し続けたという。

● こ ●

【胡安国】 一〇七四―一一三八　北宋の学者。字は康侯。程顥・程頤の高弟で、『春秋伝』を著したことで知られる。

【呉偉業】 一六〇九―七一　明末清初の文人。字は駿公、号は梅村。白居易に学んだ詩で名高い。

【孔安国】前漢の学者。字は子国。孔子の一二代目の孫。古文『尚書』の注釈を書いたと言われる。

【耿湋】七三四?―?　中唐の詩人。字は洪原。秋の田舎の風景に憂いを託した五言絶句「秋日」が、『唐詩選』に収録されて名高い。

【項羽】前二三二―前二〇二　秦末の武将。名は籍。羽は字。戦国楚の将軍の家に生まれ、叔父の項梁と共に挙兵。常に先頭に立って戦場に赴き、秦の滅亡に大きな功績を立てて「西楚の覇王」として君臨した。しかし、自己中心的な手腕が諸侯の反発を買い、やがて劉邦と対立、垓下(安徽省)の一戦に敗れて烏江(同)で自殺した。その生涯は『史記』項羽本紀に詳しく描かれ、特に悲劇的な最期は名場面として、「四面楚歌」の故事を生んだ。

【侯嬴】?―前二五七　戦国時代、魏の人。信陵君から厚遇された恩義に報いるため、趙が攻められたとき、その救援策を信陵君に授けた。

【孔穎達】→孔穎達

【姮娥・嫦娥】古代、伝説上の美女。不老不死の仙薬を盗んで飲み、仙女となって月に昇ったという。

【黄蓋】?―二一五?　後漢末の武将。呉の孫権に仕え、赤壁の戦いでは、偽って寝返ると見せかけ、曹操の軍船に火を放つことに成功、大勝利をもたらした。

【康熙帝】一六五四―一七二二　清の第四代皇帝、聖祖。若くして即位した直後に三藩の乱を平定し、その後も台湾・モンゴルなども服属させるなど、外征で大きな成果を挙げた。内政面でも、租税の軽減や文化事業の推進など指導力を発揮、清朝の全盛期を作り出した。学問を好んで禁欲的な生活を送り、理想の帝王たろうと努力を怠らず、中国史上随一の名君として、その名はヨーロッパにまで喧伝された。在位、一六六一―一七二二。

【孔伋】→子思

【高啓】一三三六―七四　明の詩人。字は季迪。号は青邱子。詩文の才に恵まれていたが、その作品が洪武帝の怒りに触れ、死刑となった。明を代表する詩人として、「尋胡隠君」などが知られる。

【黄堅】宋末元初の文人。『古文真宝』の編者とされる。

【寇謙之】三六三―四四八　北魏の道士。道教を改革して体系化。太武帝の信任を受け、道教を国教として廃仏を行った。

【孝公】前三八一―前三三八　戦国時代、秦の君主。商鞅を登用して国政を改革し、始皇帝による天下統一の基礎を築いた。在位、前三六一―三三八。

【黄公望】一二六九―一三五四　元の画家。本姓は陸、名は堅、字は子久。山水画に巧みで、「富春山居図」はその代表作。

【孔子】前五五一?―前四七九　春秋時代、魯の思想家。名は丘、字は仲尼。幼いころに父を、十代半ばで母を亡くし、苦学しながら成長した。五十代のとき、魯の高官となって国政改革に乗り出したが、反発にあって辞任した。後、諸国を遍歴して伝統の尊重と徳治主義を説いたが受け容れられず、故郷に帰り、晩年は、門人の教育と古典の整理に尽力した。その思想と言動は、『論語』によって生き生きと伝えられている。後世、儒教の祖として「聖人」と仰がれ、中国のみならず日本や朝鮮半島の文化に決定的な影響を与えた。

【洪秀全】一八一四―六四　清の人。キリスト教の影響を受けて上帝会を組織。一八五一年、太平天国の乱を起こして一時は南京を占領したが、やがて西洋列強の援助を受けた官軍に敗れ、内紛の末、自殺した。

【黄遵憲】一八四八―一九〇五　清末の外交官・詩人。字は公度。一八七七(明治一〇)年から四年間、書記官として日本に駐在。アメリカやイギリスにも駐在した後、帰国して戊戌の変法に参加した。改革が失敗すると引退して郷里に帰った。詩人としても名高く、『日本雑事詩』『日本国志』などの著書がある。

【后稷】古代、伝説上の賢者。尭に仕え、農業をつかさどったという。周の始祖とされる。

【光緒帝】一八七一―一九〇八　清の第一一代皇帝。日清戦争後、康有為らを登用して内政の改革を目指したが(戊戌の変法)、伯母の西太后を中心とした保守派の反撃にあい、わずか一〇〇日で失敗。幽閉されて死んだ。在位、一八七四―一九〇八。

【公西華】→公西赤

【高青邱】→高啓

【公西赤】前五〇九―?　春秋時代、魯の人。字は子華。孔子の弟子。儀礼に通じていた。

【項籍】→項羽

【高適】→高適

【黄石公】秦の隠者。まだ世に出る前の張良に会い、兵法書を授けたという話が『史記』によって伝わる。

【句践・勾践】?―前四六五　春秋時代、越の王。呉王夫差と争い、一度は敗れて会稽山(浙江省)に追い詰められたが許され、後に名臣范蠡らの助けを得て逆襲、呉を滅ぼした。「会稽の恥を雪ぐ」の故事の主人公。

【高仙芝】?―七五五　唐の武将。七五一年、中央アジアのタラス川でアラビア軍と決戦。敗れた際に製紙法が西伝したと言われる。安史の乱で敗死。

【高漸離】戦国時代、燕の人。筑という弦楽器の名手で、友人の荊軻の遺志を継ぎ、始皇帝暗殺を試みたが失敗した。

【高祖】①漢の高祖。→劉邦　②唐の高祖。→李淵

【項荘】秦末の武将。項羽のいとこ。「鴻門の会」の時に剣舞の合間に劉邦を殺そうとしたが、果たせなかった。

【高宗】①六二八―八三　唐の第三代皇帝。周囲の反対を押し切って則天武后を皇后にしたが、彼女に実権を奪われた。在位、六四九―六八三。②一一〇七―八七　南宋の初代皇帝。徽宗の子で欽宗の弟。靖康の変で北宋が金に滅ぼされた際、逃れて臨安(杭州)に南宋王朝を樹立、金との講和を果たした。在位、一一二七―一一六二。

【黄巣】?―八八四　唐末の商人。科挙(官吏登用試験)

に落第後、塩の密売で財産を築いた。八七五年、同業者の反乱に呼応して挙兵し、一時は長安を奪った。やがて鎮圧されたものの、黄巣の乱は、唐王朝滅亡の一因となった。

【黄宗義】 一六一〇―九五　明末清初の学者。字は太沖。明王朝の復興を画策したが果たせず、清王朝に仕えることを拒否して学問に専念した。史学を重んじ実践を尊ぶその姿勢は、清朝の考証学に大きな影響を与えた。著書に『明夷待訪録』『明儒学案』などがある。

【公孫衍】 戦国時代、魏の人。縦横家として、蘇秦や張儀とともに活躍した。官名から犀首とも呼ばれる。

【公孫鞅】 →商鞅

【公孫僑】 →子産

【公孫弘】 前二〇〇―前一二一　前漢の政治家。字は季。控えめな人柄が評価され、武帝に仕えて宰相となったが、政敵も多かったという。

【公孫述】 ?―三六　後漢初の政治家。字は子陽。赤眉の乱の際、蜀で自立して天子を称したが、劉秀に討たれた。

【公孫丑】 戦国時代、斉の人。孟子の弟子。師との問答が数多く『孟子』に見える。

【公孫竜】 前三二〇?―前二五〇?　戦国時代、趙の思想家。字は子秉。弁論を得意とした。『公孫竜子』の著者。

【黄帝】 古代、伝説上の帝王。暦・音楽・医薬など、多くの文物制度を定め、在位一〇〇年で崩じたという。老荘思想や道教の祖として尊ばれるほか、中国医学の世界でも尊崇される。一名、「軒轅氏」ともいう。五帝の一人。

【黄庭堅】 一〇四五―一一〇五　北宋の文人。字は魯直、号は山谷。政治家としても活躍したが、晩年は流刑にあい、流刑先で死んだ。蘇軾の門人で、詩書において師と並び称される。

【高適】 七〇二?―六五　盛唐の詩人。字は達夫。豪放な性格で、若いころは放浪生活を送っていた。詩を作り始めたのは五〇歳以後だったが、七言絶句「除夜作」「塞上聞吹笛」など辺境をうたう作品にすぐれ、たちまち文名が上がった。李白や杜甫とも交際があった。

【項伯】 ?―前一九二　秦末の武将。項羽の叔父。名は纏、伯は字。張良と親しかったことから劉邦を助け、「鴻門の会」を演出した。

【光武帝】 →劉秀

【洪武帝】 →朱元璋

【高駢】 ?―八八七　晩唐の詩人、武将。字は千里。黄巣の乱で功績があった。夏の庭の風景をうたった七言絶句「山亭夏日」の作者として有名。

【公冶長】 春秋時代、斉の人。姓は公冶で、長は名、字は子長。牢獄に入れられたことがあったが、孔子は人柄を見込んで娘を結婚させた。

【孔融】 一五三―二〇八　後漢末の詩人。字は文挙。孔子の二〇代目の孫。学識が高く、曹操のサロンに集まった建安七子の一人であったが、反骨心も強く、曹操と対立して殺された。

【康有為】 一八五八―一九二七　清末の学者・政治家。字は広夏。春秋公羊学を奉じて変革の思想を抱き、『孔子改制考』などの著書を著した。光緒帝の信頼を得て、一八九八年に「戊戌の変法」と呼ばれる政治改革に乗り出したが、わずか一〇〇日で西太后らの反撃に敗れ、香港に亡命した。

【孔鯉】 春秋時代、魯の人。字は伯魚。孔子の子で、父に先立って死んだ。

【高力士】 六八四―七六二　唐の宦官。玄宗に寵愛されたが、安禄山の反乱の責任を問われ、流された。

【闔閭・闔廬】 ?―前四九六　春秋時代、呉の王。伍子胥を用いて楚を破り、ついで越と争ったが、戦場での傷がもとで死んだ。

【伍員】 →伍子胥

【顧炎武】 一六一三―八二　明末清初の学者。字は寧人。明の滅亡後は清には仕えず、著述に専念。実用の学を重んじ、清朝考証学の基礎を打ち立てた。『日知録』を初め多くの著作がある。

【胡亥】 前二三〇―前二〇七　秦の二世皇帝。趙高によって擁立されたが、彼によって自殺に追い込まれた。在位、前二〇九―二〇七。

【顧愷之】 三四五?―四〇六?　東晋の画家。字は長康。人物画に優れ、代表作に「女史箴図」などがある。

【古賀精里】 一七五〇―一八一七　江戸後期の学者。名は樸、精里は号。肥前(佐賀県)の人。初め陽明学を学んだが後に朱子学に転じ、昌平黌(幕府の学問所)で教えた。

【呼韓邪単于】 ?―前三一　前漢、匈奴の単于(王)。内部の勢力争いから前漢と和親する政策を採り、王昭君を妃に迎えた。

【呉起】 前四四〇?―前三八一?　戦国時代、衛の兵法家。用兵に優れ、さまざまな国で功績を挙げたが、最後は楚で貴族に恨まれ、殺された。『呉子』の著者とされる。呉子。

【呉兢】 六七〇―七四九　唐の歴史家。『貞観政要』の編者。

【告子】 戦国時代の思想家。名は不害。人の本性には善も不善もないと主張して孟子と論争したことが、『孟子』に見える。

【呉敬梓】 一七〇一―五四　清の文人。字は敏軒。『儒林外史』の著者。

【呉広】 ?―前二〇八　秦末の人。陳勝とともに反乱を起こし、秦滅亡の口火を切った。後、敗れて殺された。

【古公亶父】 殷の人。周の文王の祖父で、周の開祖。後に太王と諡された。

【呉三桂】 一六一二―七八　明末清初の武将。明が李自成の乱によって滅びると、清に降服し、清の中国統一を助けた。後、清に対抗して三藩の乱を起こしたが、病死。孫に引き継がれた反乱も平定された。

【呉子】 →呉起

【伍子胥】 ?―前四八四　春秋時代、楚の人。名は員、字は胥。父と兄を楚王に殺されたので、呉に亡命。呉王に仕えて楚を討ち、報復を果たした。その後、越への備えを王に進言したがかえってうとまれ、自害させられた。

【伍奢】春秋時代、楚の政治家。伍子胥の父。太子の教育係であったが、中傷によって王に憎まれて殺された。

【瞽瞍】伝説上の人。舜の父。後妻の子を愛して、先妻の子、舜を殺そうとしたという。

【呉道玄】唐の画家。玄宗に仕え、あらゆる画題をよくこなしたという。その「孔子像」は、孔子の肖像としてよく使われる。呉道子。

【顧野王】五一九—八一　南朝梁の学者。字は希馮。『玉篇』の著者。

● さ ●

【蔡琰】後漢の人。字は文姫。蔡邕の娘。北方の異民族、匈奴に捕らえられたが、一二〇年後に連れ戻された。自らの数奇な運命をうたった「胡笳十八拍」「悲憤詩」が有名。

【宰我】→宰予

【蔡元定】一一三五—九八　南宋の学者。字は季通。朱熹に学び、朱熹も老友として敬った。

【崔顥】七〇四?—五四　盛唐の詩人。素行は修まらなかったが、その「黄鶴楼」は七言律詩の名作中の名作として、現在に至るまで高く評価されている。

【崔浩】三八一?—四五〇　北魏の政治家。太武帝の宰相となり、寇謙之とともに廃仏を行ったが、漢民族優遇の政策が恨みを買い、粛清された。

【犀首】→公孫衍

【最澄】七六七—八二二　平安時代の僧。伝教大師。近江(滋賀県)の人。比叡山で修行、唐に渡って天台山(浙江省)で密教を学び、日本に天台宗を広めた。

【宰予】前五二二—前四五八　春秋時代、魯の人。字は子我。孔子の弟子、十哲の一人。弁舌にすぐれていたが、実利に走りがちで孔子にたしなめられることがあった。

【蔡邕】一三二—一九二　後漢末の学者。字は伯喈。博学で、経書を校訂して石碑に刻んで建てたという。

【蔡倫】?—一二一?　後漢の人。字は敬仲。宦官として仕え、製紙法を改良して「蔡侯紙」を発明。書写の用具として実用に耐える紙を生み出し、人類の文化に大きな貢献をした。

【左丘明】春秋時代、あるいは戦国時代の魯の人。左が姓とも、左丘が姓ともいう。『春秋左氏伝』『国語』の著者とされる。

【佐久間象山】一八一一—六四　江戸末期の洋学者。名は啓、象山は号。信濃(長野県)の人。初め朱子学を学んだが、後に洋学に転じ、江戸で勝海舟や吉田松陰を教えた。開国論を唱えたため、攘夷派に暗殺された。

【左思】二五〇?—三〇五?　西晋の文人。字は太沖。代表作の「三都賦」は非常によく読まれ、そのために洛陽の紙価が高くなったという。

【佐藤一斎】一七七二—一八五九　江戸後期の儒学者。名は坦、一斎は号。美濃(岐阜県)の人。朱子学と陽明学に通じ、佐久間象山や渡辺崋山など数多くの門人を育てた。著書に『言志四録』などがある。

【散宜生】西周の政治家。文王・武王に仕え、周王朝樹立に功績があった。

【三蔵法師】→玄奘

【山濤】二〇五—八三　西晋の文人。字は巨源。竹林の七賢の一人であるが、同時に官界に身を置き、栄達も遂げた。

● し ●

【子嬰】?—前二〇六　秦の最後の王。趙高に擁立されて秦王となったが、逆に趙高の罪を責めて殺した。在位四六日で劉邦に降服し、後に項羽に殺された。

【塩谷宕陰】一八〇九—六七　江戸末期の儒学者。名は世弘、宕陰は号。天保の改革を行った水野忠邦の顧問。後、昌平黌(幕府の学問所)教授。名文家として知られた。

【子夏】春秋時代、衛の人。姓はト、名は商、子夏は字。孔子の弟子、十哲の一人。文学に優れていたという。

【子貢】春秋時代、衛の人。姓は端木、名は賜、子貢は字。孔子の弟子、十哲の一人。弁舌に優れ、諸侯に仕えて外交の場でしばしば才能を発揮した。また、実業家としても成功し、孔子の名声を影で支えたといわれる。

【子曠】春秋時代、晋の音楽家。音感にすぐれた伝説的な人物として引き合いに出されることが多い。

【始皇帝】前二五九—前二一〇　秦の初代皇帝。姓は嬴、名は政。戦国秦の第三一代の王として中国を統一、前二二一年、史上初めて「皇帝」と称した。封建制を廃して郡県制を導入、度量衡や貨幣・文字を統一するなど、強力な支配体制を築いた。しかし、急激な改革に加えて、万里の長城などの土木事業や「焚書坑儒」と呼ばれる思想統制の厳しさは反発を買い、秦王朝滅亡の原因となった。在位、前二四七—前二一〇。

【子産】?—前五二二　春秋時代、鄭の政治家。姓は公孫、名は僑、子産は字。弱小国をよく保った宰相として評価が高い。また、中国初の成文法を制定したことでも知られる。

【子思】前四九二?—前四三一?　春秋時代の学者。姓は孔、名は伋、子思は字。孔子の孫。曽子に学び、『中庸』の著者とされる。

【史思明】?—七六一　唐の武将。安禄山に従って反乱を起こし、一時は長安を占領したが、やがて子の史朝義に殺された。

【師襄】春秋時代、魯の音楽家。孔子が琴を学んだ。

【施耐庵】元末明初の人。『水滸伝』に著者として名があるが、詳細は不明。

【子張】前五〇三—?　春秋時代、陳の人。姓は顓孫、名は師、子張は字。孔子の弟子。孔子との問答が多く『論語』に見える。

【悉達多】→釈迦

【拾得】唐の隠者・詩人。寒山とともに天台山(浙江省)に住み、奇行で知られたというが、詳しい事跡は不明。

【司馬懿】(シバイ) 一七九―二五一 三国魏の政治家。字は仲達。蜀の諸葛亮としばしば五丈原(陝西省)で戦い、持久戦に持ち込んで防ぎ切った。孫の司馬炎が、西晋の初代皇帝となった。

【司馬睿】(シバエイ) 二七六―三二二 東晋の初代皇帝、元帝。字は景文。西晋が滅びたとき、王導の助けを得て江南に逃れ、皇族の一人として南京で即位した。在位、三一七―三二二。

【司馬炎】(シバエン) 二三六―九〇 西晋の初代皇帝、武帝。字は安世。司馬懿の孫。初め魏に仕えたが、皇帝に迫って譲位させ、自ら王朝を開いた。二八〇年、呉を滅ぼして三国時代に終止符を打つ。在位、二六五―二九〇。

【司馬徽】(シバキ) ?―二〇八 後漢末の隠者。字は徳操。諸葛亮を劉備に推挙したことで有名。

【司馬牛】(シバギュウ) 春秋時代、宋の人。名は耕あるいは犂。孔子の弟子。

【司馬光】(シバコウ) 一〇一九―八六 北宋の学者、政治家。字は君実。王安石の新法に反対して政界を離れ、歴史家として『資治通鑑』を著した。王安石が失脚した後、政界に復帰、新法を廃止して旧法党の中心人物となった。

【司馬相如】(シバショウジョ) 前一七九―前一一七 前漢の文人。字は長卿。華麗な作風で宮廷詩人として重んじられ、漢代から六朝にかけての文学の模範となった。

【司馬遷】(シバセン) 前一四五?―八六? 前漢の歴史家。字は子長。若いころより、父、司馬談とともに歴史書の編集を志し、広く典籍に親しんだり旅行をしたりするなどして見聞を広めた。父の死後、編集事業を引き継いだが、その半ばで、敵に降服した将軍李陵を弁護したため、武帝の怒りに触れ死刑を宣告された。死刑を免れるために宮刑(生殖器を切り落とす刑罰)を受け容れた後は、歴史書の完成に心血を注ぎ、ついに大著『史記』を書き上げた。中国歴史学の父と言われる。

【謝安】(シャアン) 三二〇―八五 東晋の政治家。字は安石。華北を統一した前秦の軍との対決では、部下たちに淝水(安徽省)で迎撃させ、撃退した。

【車胤】(シャイン) 東晋の学者。字は武子。孫康とともに、「蛍窓雪案」の故事で有名。

【釈迦】(シャカ) 釈迦牟尼の略。紀元前六～五世紀ごろ、北インドの人。仏教の開祖、ゴータマ・シッダルタのこと。王族の子であったが、息子の誕生直後に出家、六年間の修行の後に悟りを開いた。その教えは東南アジアや中国、朝鮮半島や日本にまで広まり、東洋文化に大きな位置を占める。

【謝恵連】(シャケイレン) 三九七―四三三 南朝宋の詩人。若いころから文才をうたわれ、また書画にも秀でていた。同族の謝霊運・謝朓とともに、「三謝」と称される。

【謝朓】(シャチョウ) 四六四―九九 南朝斉の詩人。字は玄暉。五言詩に優れ、その清麗な詩風が李白に慕われるなど、唐代の詩人たちに大きな影響を与えた。

【謝肇淛】(シャチョウセイ) 一五六七?―一六二四? 明の学者。字は在杭。『五雑組』の著者。

【謝枋得】(シャボウトク) 一二二六―八九 南宋の文人。字は君直。宋の滅亡後、元に仕えず絶食して死んだ。『文章軌範』の編者。

【謝霊運】(シャレイウン) 三八五―四三三 南朝宋の詩人。祖父の後を継いで康楽公となったので、「謝康楽」とも呼ばれる。詩文書画のいずれにもすぐれていたが、特に山水の美をうたう詩で名高く、『文選』に多くの作品を残している。

【子游】(シユウ) 前五〇六―? 春秋時代、呉の人。姓は言、名は偃、子游は字。孔子の弟子、十哲の一人。文学にすぐれた。

【蚩尤】(シユウ) 古代、伝説上の人。争いを好み、黄帝と戦って敗死したという。

【周公】(シュウコウ) 西周の政治家。姓は姫、名は旦。武王の弟。武王が殷を討つのを助け、武王の死後はその子、成王を補佐して周王朝の基礎を固めた。孔子が理想とした政治家であり、儒教の聖人の一人。

【周敦頤】(シュウトンイ) 一〇一七―七三 北宋の学者。字は茂叔、号は濂渓。『太極図説』『通書』などを著し、宇宙論と道徳論を結びつけて、宋学の先駆者となった。

【周弼】(シュウヒツ) 南宋の文人。『三体詩』の編者。

【周勃】(シュウボツ) ?―前一六九 前漢の政治家。劉邦の挙兵に従い、またその死後は呂氏の専横を打倒するなど、漢王朝の樹立と安定に功績があった。

【周瑜】(シュウユ) 一七五―二一〇 三国時代、呉の武将。字は公瑾。孫権に仕え、赤壁の戦いでは劉備と同盟して曹操の大軍を撃破するなど、数々の軍功を挙げた。後、流れ矢の傷がもとで、若くして病死。「周郎」とも呼ばれる。

【朱雲】(シュウン) 前漢の学者。字は遊。皇帝をいさめて、しがみついた檻(手すり)が折れるまで離れなかったという「折檻」の故事が有名。

【朱熹】(シュキ) 一一三〇―一二〇〇 南宋の思想家。字は元晦、また仲晦。一九歳で科挙(官吏登用試験)に及第するほどの秀才であり、先行する程顥・程頤などの学説を集大成して、儒教を体系化して朱子学を作り上げた。『四書章句集注』『朱子語類』『近思録』など、多くの著書がある。朱子。

【祝允明】(シュクインメイ) 一四六〇―一五二六 明の書家。字は希哲。草書にすぐれ、「赤壁賦」などが代表作。また奇行が多いことでも知られる。

【叔斉】(シュクセイ) 殷末の人。孤竹君の子。周の武王が殷を滅ぼした後、周の禄を食むのを恥じて兄の伯夷とともに首陽山に隠れ、そのまま餓死したという。

【叔孫通】(シュクソントウ) 秦末漢初の学者。儒学の考え方に基づき、漢王朝の儀礼制度を制定した。

【朱元璋】(シュゲンショウ) 一三二八―九八 明の初代皇帝、太祖。年号にちなみ洪武帝ともいう。字は国瑞。貧しい生活から身を起こし、元末の混乱を収めて明王朝を創始した。在位、一三六八―九八。

【朱子】(シュシ) →朱熹

【朱之瑜】(シュシユ) →朱舜水

【朱舜水】(シュシュンスイ) 一六〇〇―八二 明末清初の学者。名は之瑜、舜水は号。朱子学を修め、明の再興運動を行ったが失敗。日本に亡命して水戸藩に仕え、日本の儒学者たちと交流しつつ、そのまま没した。

【朱全忠】(シュゼンチュウ) 八五二―九一二 五代後梁の初代皇帝、

太祖。名は温。初め黄巣の乱に味方し、後には唐に帰順したが、やがて帝位を奪い、唐を滅ぼした。在位、九〇七—九一二。

【朱買臣】 ?—前一〇九　前漢の政治家。字は翁子。貧苦のうちに勉学に励み、年を取ってから出世し、武帝に仕えて宰相となった。

【舜】 古代、伝説上の帝王。継母に憎まれて何度も殺されそうになりつつもよく親に仕えたので、その孝によって尭に見出され、位を譲られたという。尭とともに、理想的な帝王として崇拝される。「有虞氏」とも呼ばれる。五帝の一人。

【淳于髠】 戦国時代、斉の人。博覧強記とユーモアを交えた巧みな弁論によって、斉王に重んじられた。

【荀況】 →荀子

【荀子】 前三一三?—前二三八?　戦国時代、趙の思想家。名は況。孔子の学問を受け継ぎつつ、性悪説を主張した。韓非や李斯の師。その思想は『荀子』に見ることができる。「荀卿」と尊称され、また前漢の宣帝の諱を避けて「孫卿」とも呼ばれる。

【春申君】 ?—前二三八　戦国時代、楚の政治家。姓は黄、名は歇、春申君は封号。多数の食客を養い、宰相を二十数年務めたが、最後は臣下に殺された。

【順治帝】 一六三八—一六六一　清の第三代皇帝。幼少で即位、一六四四年、摂政のドルゴンの下で北京を攻略。親政を始めてからは内政を改革しつつ、中国統一に努力した。在位、一六四三—一六六一。

【蕭衍】 四六四—五四九　南朝梁の初代皇帝、武帝。仏教に帰依し文化を厚く保護して南朝文化の黄金時代を築いたが、治世の後半には放縦さが目立ち、王朝の衰退を招いた。在位、五〇二—五四九。

【商鞅】 前三九〇?—前三三八　戦国時代、秦の政治家。姓は公孫。領地として商という土地を賜ったので商鞅という。孝公に仕えて、法家思想に基づく数々の改革を断行して国力を強大にしたが、孝公の死後、恨みを買って処刑された。その思想は『商君書』に見ることができる。

【昭王】 ?—前二七九　戦国時代、燕の王。斉に攻め込まれて荒廃した自国を、郭隗の助言を得て立て直し、楽毅を将軍として斉を打ち破ることに成功した。在位、前三一二—前二七九。

【蕭何】 ?—前一九三　前漢の政治家。劉邦の挙兵以来の側近で、内政と物資の補給を担当して、天下統一を支えた。漢の成立後は宰相となり、法律を制定して王朝の基礎固めをした。

【嫦娥】 →姮娥・嫦娥

【章邯】 ?—前二〇五　秦末の武将。秦の将軍であったとき、項羽に投降して助命されたが、部下の兵卒はみな生き埋めにされた。後、韓信に敗れた。

【鄭玄】 一二七—二〇〇　後漢の学者。字は康成。古文を中心としつつ、今文も含めた諸説を取り入れて、漢代の儒学を集大成。『礼記』や『論語』など多くの経書に注を施し、解釈の発展に大きく寄与した。

【召公】 西周の政治家。姓は姫、名は奭。武王の弟で、武王の死後、その子の成王を周公とともに補佐した。召伯とも呼ばれる。

【葉公】 春秋時代、楚の政治家。姓は沈、名は諸梁、字は子高。『論語』や『荘子』に名が見える。

【襄公】 ?—前六三七　春秋時代、宋の君主。徳義を重んじたために戦いに敗北した「宋襄の仁」の故事で有名。春秋五覇の一人に数えられることがある。在位、前六五一—前六三七。

【邵康節】 →邵雍

【簫史】 春秋時代、秦の人。簫という管楽器の名手で、穆公の娘、弄玉を妻とした。後、夫婦ともに鳳凰に乗って飛び去ったという。

【鍾子期】 春秋時代、楚の人。琴の名手伯牙との友情が、「知音」の故事として有名。

【蕭子顕】 四八九—五三七　南朝梁の歴史家。字は景陽。『南斉書』の著者。

【向秀】 二二七?—二七二　西晋の文人。字は子期。老荘の学を好み、『荘子』に注を付けた。竹林の七賢の一人。

【聶政】 戦国時代、斉の人。人から敵討ちを頼まれたが老母がいたので断り、母の死後、その頼みを果たした上で自殺した。

【蕭統】 南朝梁の皇族。武帝蕭衍の長子。諡は昭明太子。『文選』の編者。

【召伯】 →召公

【湘妃】 古代、伝説上の人。尭の二人の娘、娥皇と女英。ともに舜の妃となり、舜の死を悲しむ余り湘江に身を投げ、神となったという。

【昭明太子】 →蕭統

【接輿】 →接輿

【邵雍】 一〇一一—一〇七七　北宋の学者。字は尭夫、諡は康節。易学に通じ、その学派を百源学派という。

【鍾繇】 一五一—二三〇　後漢末から三国魏の書家。字は元常。草書に巧みで、王羲之と並称される。

【女媧】 古代、伝説上の女帝。蛇身人首で、天が崩れそうになったとき、修復したという。

【徐鍇】 九二〇—九七四　北宋の学者。字は楚金。徐鉉の弟。『説文解字』の初めての注釈書『説文解字繋伝』を著した。

【諸葛孔明】 →諸葛亮

【諸葛亮】 一八一—二三四　三国時代、蜀の政治家。字は孔明。隠れ住んでいたところを劉備に招かれた話は「三顧の礼」の故事として有名。「天下三分の計」によって蜀の建国に努力し、劉備の死後は、その子、劉禅を補佐して魏と争ったが、五丈原(陝西省)で陣没した。出陣の際に劉禅に差し出した「出師表」は、主君を思う真情あふれる名文として、日本でも愛読された。

【徐幹】 一七一—二一八　後漢末の文人。字は偉長。曹操に仕えた建安七子の一人。

【徐鉉】 九一六—九九一　北宋の学者。字は鼎臣。徐鍇の兄。皇帝の命令により、『説文解字』を校訂した。

【徐光啓】 一五六二—一六三三　明の学者。字は子先。早くからキリスト教を信奉し、『幾何原本』や『農政全書』などの訳書・著書を通じて西洋の学問を紹介した。

【徐庶】 後漢末の政治家。字は元直。諸葛亮を劉備に推挙したことで知られる。後、母を人質に取られたため、曹操に仕えた。

【徐福】ジョフク　秦の人。始皇帝の命令で不老不死の仙薬を求めて東海に旅立ったが、帰らなかった。日本にやってきたという伝説もあり、和歌山県新宮市に墓がある。徐市とも呼ばれる。

【徐陵】ジョリョウ　五〇七―八三　南朝陳の詩人。字は孝穆。『玉台新詠』の編者。

【子路】シロ　春秋時代、魯の人。姓は仲、名は由、子路は字。孔子の弟子、十哲の一人。正義感が強く実行力があり、武勇に優れていたが、衛に仕えていたときに内乱に巻き込まれて殺され、孔子を悲しませた。

【秦檜】シンカイ　一〇九一―一一五五　南宋の政治家。宰相として、中国北部を支配する金王朝との和平に尽力したが、そのために主戦派の将軍岳飛を処刑したこともあって、後世、売国奴の代表とされる。

【沈括】シンカツ　一〇三〇？―九四？　北宋の学者。字は存中。博学で著作も多いが、『夢渓筆談』が特に有名。

【沈既済】シンキセイ　中唐の歴史家・文人。伝奇小説「枕中記」の作者。

【辛棄疾】シンキシツ　一一四〇―一二〇七　南宋の詞人。字は坦夫、幼安。北方の金の支配下で生まれたが、南宋に亡命。北方回復を訴える力強い作品を多く残した。

【成吉思汗】ジンギスカン／チンギスハン　一一六七？―一二二七　モンゴル帝国の始祖。名は鉄木真。幼くして父を失ったが苦労して諸部族を統一、一二〇六年に大ハーンに即位した。活発に外征を行い、その勢力は北中国から西アジア・南ロシアにまで及んだ。在位、一二〇六―一二二七。

【慎子】シンシ　→慎到

【申子】シンシ　→申不害

【岑参】シンジン　七一五―七〇　盛唐の詩人。二度にわたって北方の辺境地帯に赴任し、その地の景物や人情をうたった。「平沙万里絶人煙」の結句が印象的な七言絶句「磧中作」は、その代表作。

【沈佺期】シンセンキ　六五六？―七一四？　初唐の詩人。字は雲卿。宋之問とともに、初唐を代表する詩人。

【神宗】シンソウ　一〇四八―八五　北宋の第六代皇帝。王安石を登用して新法を実施させたが、成果を上げられぬままに没した。在位、一〇六七―八五。

【慎到】シントウ　戦国時代、趙の思想家。黄老思想を学び、法家の先駆けをなした。著書に『慎子』がある。慎子。

【沈徳潜】シントクセン　一六七三―一七六九　清の文人。字は確士。六五歳で科挙(官吏登用試験)に合格。批評家としても活躍し、盛唐の詩を重んじた。『唐宋八家文読本』『古詩源』の編者とされる。

【沈南蘋】シンナンピン　清の画家。名は銓、南蘋は号。花鳥画にすぐれた。一七三一年に長崎を訪れ、二年滞在して日本の花鳥画に多大な影響を及ぼした。

【神農】シンノウ　古代、伝説上の帝王。人々に農業を教え、医薬を作ったという。「炎帝」とも呼ばれる。

【申不害】シンフガイ　前三八五？―前三三七　戦国時代、韓の思想家。宰相となり、富国強兵に努めた。韓非とともに、法家の祖とされる。申子。

【沈約】シンヤク　四四一―五一三　南朝梁の詩人・学者。字は休文。四声の説を唱えて平仄を重視し、近体詩の基礎を築いた。また、『宋書』の編集にも参加した。

【信陵君】シンリョウクン　？―前二四三　戦国時代、魏の政治家。姓は魏、名は無忌。信陵君は封号。食客を多数養い、魏が秦に攻められたとき、彼らの活躍で窮地を脱した。

●す●

【燧人氏】スイジンシ　古代、伝説上の帝王。人々に火の使用を教えたという。

【鄒衍】スウエン　前三〇五―前二四〇　戦国時代、斉の思想家。陰陽五行説を唱えて諸侯に尊崇された。陰陽家の祖。

【菅原道真】すがわらのみちざね　八四五―九〇三　平安時代の学者、政治家。天皇に信任されて右大臣になったが、藤原氏との争いに敗れて大宰府に左遷され、その地で没した。漢詩・和歌・書にすぐれ、また学問の神として信仰を集める。

●せ●

【成王】セイオウ　西周の第二代の王。姓は姫、名は誦。幼くして即位したが、周公・召公の補佐を得て王朝の基礎を固めた。

【西王母】セイオウボ　伝説上の仙女。西の果ての崑崙山に住み、不老不死の仙薬を持つという。

【西施】セイシ　春秋時代、越の人。非常な美女で、呉王を惑わせるために越王から遣わされ、呉滅亡の一因をなしたという。古来、美女の代表。胸を病んでおり、その苦しむ表情も美しかったという「西施捧心」や「顰みに効う」の故事が有名。

【西太后】セイタイコウ　一八三五―一九〇八　清末の人。同治帝の母として権勢を振るった。帝の死後も実権を握り、光緒帝が戊戌の変法を開始するとこれを弾圧。保守的な政治は義和団事変を引き起こし、清朝滅亡の一因となった。

【正統帝】セイトウテイ　一四二七―六四　明の第六代皇帝、英宗。一四四九年、北方のオイラート部族と戦って捕らえられた(土木の変)。後に釈放されて復位、八代天順帝となった。在位、一四三五―四九、五七―六四。

【赤松子】セキショウシ　古代、伝説上の仙人。神農の時、雨をつかさどり、後に崑崙山に入って仙人となったという。

【石崇】セキスウ　二四九―三〇〇　西晋の政治家。巨万の富を得て、金谷園という別荘で豪華な生活を楽しんだが、ねたまれて処刑された。

【石勒】セキロク　二七四―三三三　五胡十六国、後趙の高祖。字は世竜。仏図澄を崇拝して仏教を擁護した。在位、三一九―三三三。

【絶海中津】ゼッカイチュウシン　一三三六―一四〇五　南北朝時代の僧。土佐(高知県)の人。約一〇年にわたって明に留学し、洪武帝とも会見。帰国後、将軍や守護大名から尊崇を受けた。義堂周信とともに五山文学を代表する存在。

【薛存義】セツソンギ　唐の政治家。地方官として善政を行った。柳宗元に「送薛存義序」の名文がある。

【薛濤】セットウ　七七〇？―八三二？　中唐の女流詩人。字は洪度。詩にすぐれ、白居易や元稹・劉禹錫などと唱和した。

【接輿】春秋時代、楚の隠者。心の働きが正常でないふりをして世を逃れた。孔子のことを、むだな努力をする人間だと批判した話が、『論語』に伝わる。

【銭起】七二二―八〇　中唐の詩人。字は仲文。自然美を好んでうたい、『唐詩選』に「江行無題」「帰雁」などの詩を収める。

【冉求】前五二二―前四八九　春秋時代、魯の人。字は有、子有。孔子の弟子、十哲の一人。政治にすぐれていた。

【顓頊】古代、伝説上の帝王。黄帝の孫で、都を高陽に置いたので「高陽氏」とも呼ばれる。五帝の一人。

【銭大昕】一七二八―一八〇四　清の学者。字は暁徴。二十代で科挙(官吏登用試験)に合格したが、四十代後半に引退、故郷に帰って学問に専念した。きわめて博学で、特に歴史の考証に秀で、その著書『二十二史考異』は、清朝考証学の代表的成果とされる。

【宣統帝】一九〇六―六七。　清の第一二代、最後の皇帝。名は溥儀。三歳で即位するも、辛亥革命により六歳で退位。後、日本に擁立されて満州国皇帝になり、また第二次世界大戦の戦犯となるなど、数奇な運命を送ったが、最後は一市民として生涯を終えた。在位、一九〇八―一二。

【冉伯牛】前五四四―?　春秋時代、魯の人。名は耕、伯牛は字。孔子の弟子、十哲の一人。徳行にすぐれていたが、病に悩まされた。

【冉有】→冉求

【冉雍】→仲弓

●そ●

【宋璟】六六三―七三七　唐の政治家。字は広平。玄宗の治世前半に宰相となり、「開元の治」を支えた。

【荘王】?―前五九一　春秋時代、楚の王。周王を脅かして「鼎の軽重」を問うた話は有名。春秋五覇の一人。在位、前六一三―前五九一。

【宋応星】一五九〇?―一六五〇?　明の学者。『天工開物』の著者。

【曽鞏】一〇一九―八三　北宋の文人。字は子固。ものごとを客観的に説き尽くす文章を得意として、清代の文人に追慕された。唐宋八大家の一人。

【宋玉】戦国時代、楚の文人。屈原の弟子といわれ、『楚辞』にその作品が伝わる。

【蒼頡・倉頡】古代、伝説上の賢者。黄帝に仕え、鳥獣の足跡を見て文字を発明したという。

【桑弘羊】前一五二―前八〇　前漢の政治家。武帝に使えて財政を担当、物価安定政策や塩鉄の専売などを行った。

【曽国藩】一八一一―七二　清の政治家。字は滌生。太平天国の乱の際、義勇軍を率いて乱を平定。後、軍事技術を中心に西洋文明を積極的に取り入れようとする洋務運動を推進した。

【曹参】?―前一九〇　前漢の政治家。劉邦の天下統一を助けて功があった。蕭何の没後、その政策を受け継いで宰相となり、初期の漢王朝を支えた。

【曽子】→曽参

【荘子】戦国時代、宋の思想家。名は周。字は子休。現実世界のあらゆる差別や相対的な価値観を否定し、絶対的な道に立ち返ることを主張した。老子とともに道家の祖として尊崇され、中国のみならず東アジア文化圏の世界観に大きな影響を与えた。その思想は『荘子』によって見ることができる。

【宋之問】?―七一二　初唐の詩人。字は延清。沈佺期とともに初唐を代表する詩人で、近体詩の成立に貢献した。

【荘周】→荘子

【曹松】晩唐の詩人。字は夢徴。「一将功成万骨枯」の名句を含む詩「己亥歳」で有名。

【曹植】一九二―二三二　三国時代、魏の詩人。字は子建。詩文に巧みで、父の曹操にその才を愛されたが、兄の曹丕と相続を争い、曹丕が皇帝となった後は不遇の生涯を送った。魏晋南北朝期を代表する詩人。

【曽参】前五〇五?―前四三六　春秋時代、魯の人。字は子輿。親への孝を重視し、『孝経』の著者とされる。孔子の孫、子思を教え、孔子の学問を後世に伝えるのに最も大きな役割を果たした。曽子。

【曹雪芹】→曹霑

【曽先之】宋末元初の文人。字は孟参、一説に従野。『十八史略』の著者。

【曹操】一五五―二二〇　後漢末の政治家。字は孟徳。持ち前の知略と実行力を武器に頭角を現して実権を握ったが、赤壁の戦いで敗れたため、天下統一は果たせなかった。長子曹丕が後漢を滅ぼして魏王朝を開いた後、太祖、武帝と諡された。詩人としての才にも恵まれ、「短歌行」などの作品を残す。また、その著『魏武帝注孫子』は、現在でも『孫子』解釈の基本とされる。

【曹大家】→班昭

【曹植】→曹植

【曹霑】一七二四?―六三?　清の文人。字は雪芹、また夢阮。長編小説『紅楼夢』の作者。

【曹丕】一八七―二二六　三国時代、魏の初代皇帝、文帝。字は子桓。曹操の子。後漢の皇帝に迫って譲位させ、魏王朝を開いた。詩文の才に恵まれ、特に「文章は経国の大業、不朽の盛事なり」と主張する論文「典論」は名高い。

【巣父】古代、伝説上の隠者。尭の時代、山で暮らし、木の上で寝たという。

【曹無傷】秦末の武将。劉邦の部下であったが、項羽に劉邦のことを中傷したため、鴻門の会の直後に処刑された。

【則天武后】六二四―七〇五　中国史上唯一の女帝。姓は武、則天武后は諡。唐の高宗の皇后。高宗の死後、実権を握り、やがて子の中宗・睿宗を相次いで廃して自ら帝位につき、国号を周に改めた。その死の直前、中宗が復位し、唐の復興がなされた。「武則天」とも呼ばれる。

【蘇洵】一〇〇九―六六　北宋の文人。字は明允。若いころは学問に励まず、科挙(官吏登用試験)にも合格しなかったが、四十代で欧陽脩に認められて文名を揚げた。蘇軾・蘇轍の父。唐宋八大家の一人。

【蘇軾】（ソショク） 一〇三六—一一〇一 北宋の文人。字は子瞻、号は東坡居士。王安石の新法に反対したためたびたび左遷されるなど、政治的には不遇であったが、北宋最大の文豪であり、豪放な作風で知られる。『三国志』の古戦場に遊んで悠久の時の流れに思いをはせた代表作「赤壁賦」は、千古の名文とされ、日本でも愛唱者が多い。また、「春宵一刻直千金」の名句で始まる「春夜」など、詩人としても北宋を代表する。

【蘇秦】（ソシン） ?—前三一七 戦国時代、周の政治家。字は季子。秦を除く六国を遊説して、同盟して秦に対抗する合従策を説き、一時、六国全ての宰相を兼任したという。縦横家の代表的人物。

【蘇轍】（ソテツ） 一〇三九—一一一二 北宋の文人。字は子由。兄の蘇軾と同じく新法に反対し、政治的には恵まれなかったが、文章に業績を残した。唐宋八大家の一人。

【蘇東坡】（ソトウバ） →蘇軾

【蘇武】（ソブ） 前一四〇?—前六〇 前漢の政治家。字は子卿。匈奴に使いした際、捕らえられて降服を強要されたが、志を曲げなかった。そのまま一九年も拘留されたが、和平がなって帰国し、忠臣として称賛された。

【孫堅】（ソンケン） 後漢末の武将。字は文台。孫権の父。黄巾の乱の平定に功績があり、群雄の一人として知られたが、劉表と戦って戦死した。

【孫権】（ソンケン） 一八二—二五二 三国時代、呉の初代皇帝。字は仲謀。暗殺された兄、孫策の後を継ぎ、南下する曹操に対抗。劉備と同盟して赤壁の戦いでこれを撃破した。後、曹操と結んで劉備と戦い、さらに曹操の子の曹丕の代には自立して、皇帝と称した。在位、二二二—二五二。

【孫康】（ソンコウ） 東晋の学者。車胤とともに、「蛍窓雪案」の故事で有名。

【孫策】（ソンサク） 一七五—二〇〇 後漢末の武将。字は伯符。孫権の兄。武勇に優れ、若くして長江の下流域で勢力を拡大したが、暗殺に倒れた。

【孫子】（ソンシ） ①→孫武 ②→孫臏

【孫叔敖】（ソンシュクゴウ） 春秋時代、楚の政治家。子どものころから他人を思いやる性格で知られ、長じて荘王の宰相となった。

【孫楚】（ソンソ） 二一八?—二九三 西晋の文人。字は子荊。うっかり言い間違いをしたときも理屈をこねて引かなかったという、「漱石枕流」の故事で有名。

【孫臏】（ソンピン） 戦国時代の兵法家。魏に仕えた友人の龐涓に才能をねたまれ、臏刑（両足を効かなくする刑罰）に処せられたが、後に斉の軍師となって魏軍を大いに破り、龐涓を戦死させた。『孫臏兵法』は、その著とされる。孫子。

【孫武】（ソンブ） 春秋時代、斉の兵法家。呉王闔閭に仕えて功績を挙げた。『孫子』の著者とされる。後世、兵家の祖として「孫子」と尊称された。

● た ●

【太公望】（タイコウボウ） →呂尚

【戴震】（タイシン） 一七二四—七七 清の学者。考証学を学び、文字を厳密に理解することによって、経書の解釈を再構築した。著書に『孟子字義疏証』などがある。

【太祖】（タイソ） ①三国魏の太祖。→曹操 ②五代後梁の太祖。→朱全忠 ③遼の太祖。→耶律阿保機 ④宋の太祖。→趙匡胤 ⑤金の太祖。→完顔阿骨打 ⑥明の太祖。→朱元璋 ⑦一五五九—一六二六 清の初代皇帝、太祖。名はヌルハチ。中国東北部に居住していた女真族を統一、後金王朝（後の清）を開いた。八旗の制や女真文字を創始して、王朝発展の基礎を築いた。在位、一六一六—一六二六。

【太宗】（タイソウ） ①唐の太宗。→李世民 ②宋の太宗。→趙匡義 ③一五九二—一六四三 清の第二代皇帝、太宗。名はホンタイジ。内モンゴルを平定、朝鮮を属国とするなど、王朝を発展させた。一六三六年、国号を清と改めた。在位、一六二六—四三。

【泰伯・太伯】（タイハク） 春秋時代の呉の始祖。周の古公亶父の長子で、末弟（その子が後の文王）に位を継がせるため、南方に去ったという。

【太武帝】（タイブテイ） 四〇八—五二 北魏の第三代皇帝。中国北部の統一を完成、また寇謙之と崔浩を重用して道教を貴び、仏教を排斥した。在位、四二三—五二。

【卓文君】（タクブンクン） 前漢の人。富豪の娘であったが、文人の司馬相如と駆け落ちし、貧窮の生活を支えた。才媛として有名。

【太宰春台】（ダザイシュンダイ） 一六八〇—一七四七 江戸中期の学者。名は純、春台は号。信濃（長野県）の人。荻生徂徠に学び、農業を中心に経済を重視する主張を展開した。

【妲己】（ダッキ） 殷末の人。紂王の愛妃で、王とともに酒池肉林の歓楽にふけり、殷の滅亡を招いたという。

【達磨・達摩】（ダルマ） ?—五三二? インドの僧。南朝梁の時代に中国へ渡り、洛陽郊外の少林寺で面壁九年の修行をして禅宗の始祖となった。

【段玉裁】（ダンギョクサイ） 一七三五—一八一五 清の学者。字は若膺。戴震に師事し、文字と音韻の学をよくした。著書に『説文解字注』などがある。

【譚嗣同】（タンシドウ） 一八六五—九八 清末の学者。字は復生。康有為とともに戊戌の変法を推進したが、失敗して処刑された。

【段成式】（ダンセイシキ） ?—八六三 唐の文人。字は柯古。『酉陽雑俎』の著者。

【澹台滅明】（タンダイメツメイ） 春秋時代、魯の人。字は子羽。孔子の弟子。容姿はすぐれなかったが行動はすぐれていたという。

● ち ●

【紂王】（チュウオウ） 殷の最後の王。妲己を愛して酒池肉林にふけるなど暴政を行い、反乱によって殷の滅亡を招いた。夏の桀王とともに、暴君の代表とされる。

【仲弓】（チュウキュウ） 前五二二—? 春秋時代、魯の人。姓は冉、名は雍、仲弓は字。孔子の弟子、十哲学の一人。徳行にすぐれていた。

【仲尼】（チュウジ） →孔子

【中宗】（チュウソウ） 六五六—七一〇 唐の第四代皇帝。即位直後に、実母の則天武后に廃され、彼女の死の直前に復位。後、帝位をねらった皇后の韋后に暗殺された。在位、六八三―八四、七〇五―一〇。

【仲由】 →子路

【張説】 六六七―七三〇　盛唐の詩人。字は道済、また説之。政治家として栄達し、宰相を三度も務め、当時の文壇でも指導的な役割を果たした。

【張華】 二三二―三〇〇　西晋の学者・詩人。字は茂先。著書に『博物志』がある。

【趙嘏】 八〇六?―?　晩唐の詩人。美しい夜景に情緒を託した七言絶句「江楼書感」が『唐詩選』に採られて名高い。

【張角】 ?―一八四　後漢末の人。宗教結社太平道を創始、数十万の農民を信徒として黄巾の乱を起こしたが、鎮圧された。

【趙岐】 一〇八?―二〇一　後漢の学者。字は邠卿。その著『孟子章句』は、『孟子』解釈の基本文献。

【張儀】 ?―前三〇九　戦国時代、魏の政治家。秦に仕え、連衡策を唱えて、秦以外の六国を個別に秦に服属させようとした。蘇秦とともに、縦横家の代表的な人物。

【張九齢】 六七八―七四〇　盛唐の詩人。字は子寿。位は宰相にまで至ったが、李林甫と対立して辞職した。

【趙匡胤】 九二七―七六　北宋の初代皇帝、太祖。北周の武将であったが、帝位を譲り受けて宋王朝を開き、軍閥を解体して強固な皇帝独裁体制を築いた。在位、九六〇―九七六。

【趙匡義】 九三九―九七　北宋の第二代皇帝、太宗。太祖趙匡胤の弟。兄の後を受け、天下統一を完成。また、『太平御覧』の編集など文化事業にも力を注いだ。在位、九七六―九七。

【張居正】 一五二五―八二　明の政治家。字は叔大。幼少期の万暦帝の補佐として、政治を主導。税制を改革して国庫を豊かにし、明朝中興の名臣とされる。一方で独裁的な手腕が多くの者から反感を買い、死後、その一族は弾圧された。

【張継】 中唐の詩人。字は懿孫。七言絶句「楓橋夜泊」は、『唐詩選』にも収録された名作。

【張騫】 ?―前一一四　前漢の武将。武帝の命令で中央アジアの異民族へ使節として赴き、苦難の末、十数年後に帰国した。その探検は、東西の交通路を開拓し、中国に西方世界の情報や文物をもたらす契機となった。

【張彦遠】 唐の文人。字は愛賓。書画に明るく、『歴代名画記』の著者。

【萇弘】 春秋時代の人。周の史官で、孔子に音楽を教えた。

【趙高】 ?―前二〇七　秦の宦官。始皇帝に仕え、その死後、詔勅を偽って二世皇帝を擁立、さらにその二世皇帝を殺すなど、専権を振るった。その後、新たに擁立した子嬰に憎まれ、殺された。

【張弘範】 一二三八―八〇　元の武将。字は仲疇。文天祥を捕らえ、南宋を滅亡させた。

【張載】 一〇二〇―七七　北宋の学者。字は子厚。宋学の先駆者として、朱熹にも影響を与えた。

【張鷟】 唐の文人。字は文成。『遊仙窟』の作者。

【張若虚】 初唐の詩人。『唐詩選』にも収録された長編の七言古詩「春江花月夜」は、絶唱と言われる。

【趙勝】 →平原君

【張世傑】 ?―一二七九　南宋の武将。最後まで元軍に抵抗したが、敗走の途中、嵐にあって水死。忠臣として知られる。

【長沮】 春秋時代、楚の隠者。孔子が時流に従わないことを桀溺とともに批判した話が、『論語』に見える。

【鼂錯・晁錯】 ?―前一五四　前漢の政治家。景帝の時、諸侯の領地を削減しようとして呉楚七国の乱を引き起こし、殺された。

【張僧繇】 南朝梁の画家。描いた竜に瞳を書き入れると、その竜が絵から抜け出して飛び去ったという「画竜点睛」の故事で有名。

【長孫無忌】 ?―六五九　唐の政治家。字は輔機。太宗に仕えて天下統一を助け、唐王朝の体制整備に尽力した。

【張湯】 ?―前一一五　前漢の政治家。武帝に仕え、五銖銭の鋳造、塩鉄の専売などを進言して厳酷な官僚として知られたが、後に罪を問われて自殺した。子どものとき、ネズミを裁判にかけた逸話は有名。

【張道陵】 →張陵

【趙盾】 春秋時代、晋の政治家。君主を殺した者を罰しなかったため、記録係の董狐に「君主を殺した」と記録された。

【張飛】 ?―二二一　三国時代、蜀の武将。字は益徳、翼徳。若いころから劉備に仕え、数々の武勲を立てて勇猛で知られたが、最後は恨みを抱いた部下に暗殺された。『三国志演義』では、粗暴だが愛すべき猛将として描かれている。

【趙飛燕】 ?―前一　前漢の人。皇帝の后となったが、帝の死後、庶民の身分に落とされて自殺した。

【張文成】 →張鷟

【晁補之】 一〇五三―一一一〇　北宋の文人。字は无咎。陶淵明を慕い、世俗を超えた自由な詩を作った。

【晁无咎】 →晁補之

【趙孟頫】 一二五四―一三二二　元の文人。字は子昂。書では王羲之の正統を継ぎ、画では文人画を復興した。

【趙翼】 清の詩人・学者。字は耘松。史学にすぐれ、著書に『二十二史箚記』『陔余叢考』などがある。

【張陵】 後漢末の人。道教の源流の一つとされる宗教結社、五斗米道を開いた。「張道陵」とも呼ばれる。

【張良】 ?―前一八九　前漢の政治家。字は子房。韓の貴族の出身で、秦の始皇帝を暗殺しようとして失敗。後に劉邦に仕え、軍師として数々の策を授けて戦いを勝利に導き、「籌策を帷張の中に運らし、勝ちを千里の外に決す」と評された。

【張魯】 ?—二一六　後漢末の人。張陵の孫。五斗米道の首領として勢力を築いたが、後に曹操に降った。

【褚遂良】 五九六—六五八　唐の書家。字は登善。太宗に信任されたが、高宗が武后を立てるときに反対し、南方に左遷されてその地で没した。楷書に巧みで、「雁塔聖教序」などが伝わる。

【陳寿】 二三三—二九七　西晋の歴史家。字は承祚。『三国志』の著者。

【陳勝】 ?—前二〇八　秦末の人。字は渉。呉広とともに反乱を起こし、秦滅亡の口火を切った。後、王を称して国号を張楚としたが、部下に殺された。旗揚げの際に言ったという「王侯将相、寧くんぞ種有らんや」ということばは有名。

【陳寔】 一〇四—一八七　後漢の政治家。字は仲弓。公平で寛容な施政で慕われた。盗賊を更生させたという「梁上の君子」の故事が有名。

【陳子昂】 六六一—七〇二　初唐の詩人。字は伯玉。六朝以来の華美な詩風を排して、盛唐詩の先駆けとなった。『唐詩三百首』に収められた五言古詩「登幽州台歌」は、その代表作。

【陳平】 ?—前一七八　前漢の政治家。美男で才能に富み、知謀の士として劉邦の天下統一を助け、また呂氏一族の反乱を治めて漢王朝の安定に貢献した。

【陳琳】 ?—二一七　後漢末の文人。字は孔璋。曹操のサロンに集まった建安七子の一人。

●て●

【程頤】 一〇三三—一一〇七　北宋の学者。字は正叔。性理学の大家で、その「性即理」「格物致知」などの考え方は、朱熹に大きな影響を与えた。「伊川先生」と称され、また、兄の程顥とともに「二程子」と呼ばれる。

【鄭玄】 →鄭玄

【程顥】 一〇三二—一〇八五　北宋の学者。字は伯淳。弟の程頤とともに「二程子」と呼ばれ、朱熹に大きな影響を与えた。「明道先生」と称される。

【鄭樵】 一一〇四—一一六二　南宋の歴史家。字は漁仲。『通志』の著者。

【鄭芝竜】 一六〇四—一六六一　明末清初の人。字は飛黄。鄭成功の父。明朝再興のために戦ったが、後、清に降服して処刑された。

【鄭成功】 一六二四—一六六二　明末清初の人。鄭芝竜の子。台湾を拠点に明朝再興のために戦った。明王室の姓を賜ったので国姓爺とも呼ばれる。母が日本人であったことから日本でもよく知られ、近松門左衛門の浄瑠璃「国姓爺合戦」のモデルともなった。

【程邈】 秦の人。獄中にあるときに、漢字の簡略な書体の一つ、隷書を考案し、始皇帝に献上したという。

【鄭和】 一三七一—一四三四?　明の武将。宦官として永楽帝に仕え、七回にわたって南海に遠征。東南アジア、インド、アラビア半島、アフリカ東岸にまで至り、明への朝貢貿易を促した。

【田横】 ?—前二〇二　秦末の人。戦国時代の斉の王族で、劉邦の天下統一の際、従わずに自殺した。

【田単】 戦国時代、斉の武将。斉が燕に破られたとき、「火牛の計」を用いて燕軍を打ち破り、奪われた七十余城を取り返した。

●と●

【陶淵明】 三六五?—四二七　東晋の詩人。名は潜、淵明は字。また、淵明は名で、字は元亮ともいう。没落貴族の家に生まれ、たびたび仕官したが長続きせず、四〇歳のころ、彭沢（江西省）の県令を辞して故郷に帰り、以後は仕官しなかった。酒と自然を賛美する詩を多く作り、田園詩人として中国のみならず日本の文学・芸術にもはかり知れない影響を与えた。「帰りなんいざ」で始まる「帰去来辞」や、「採菊東籬下、悠然見南山」の句が有名な五言古詩「飲酒」などが代表作。

【湯王】 殷の初代の王。有徳の人で、宰相伊尹を登用して善政を行い、暴虐な夏の桀王を滅ぼして殷王朝を開いた。

【董其昌】 一五五五—一六三六　明の画家、書家。字は玄宰。政治的にも活躍したが、政争に巻き込まれることも多かった。自ら多くの書画を制作すると同時に、文人画を重視する画論を執筆、後世に大きな影響を残した。

【道元】 一二〇〇—一二五三　鎌倉時代の僧。南宋に渡って禅を学び、帰国後、越前（福井県）の永平寺などを開いて日本曹洞宗の開祖となった。『正法眼蔵』などの著書がある。

【湯顕祖】 一五五〇—一六一七　明の戯曲作家。字は義仍。「牡丹亭還魂記」「邯鄲記」などが代表作。

【董狐】 春秋時代、晋の人。権力を恐れず、事実をありのままに史書に記録し、孔子に評価されたことが、『春秋左氏伝』に見える。

【湯若望】 一五九一—一六六六　ドイツのイエズス会宣教師、アダム・シャール。一六二二年に中国に入り、明末清初の宮廷に仕えて、暦法や大砲の鋳造など、西洋の技術を伝えた。

【盗跖・盗蹠】 伝説的な大盗賊。数千人を率いて天下に横行したという。

【陶潜】 →陶淵明

【陶宗儀】 ?—一三六九?　元末明初の学者。字は九成。農耕生活のかたわら、著述を行った。『説郛』の編者。

【董卓】 ?—一九二　後漢末の武将。軍事力を背景に実権を握ったが、その専横が恨みを買い、群雄たちは反董卓の連合を結成。最後は部下で養子の呂布に暗殺された。

【同治帝】 一八五六—一八七五　清の第一〇代皇帝。その治世は比較的安定していたので「同治中興」と呼ばれるが、実権は生母の西太后に握られていた。在位、一八六一—一八七五。

【董仲舒】 前一七六?—前一〇四?　前漢の学者。春秋公羊学を修め、武帝に認められて儒学を国教とする道を開き、中国の政治理念に大きな影響を残した。著書に『春秋繁露』がある。

【道武帝】 三七一—四〇九　北朝の北魏の初代皇帝。姓

は拓跋、名は珪。鮮卑族を統一して、中国的な王朝を創始した。在位、三八六―四〇九。

【東方朔】 前一五四―前九三　前漢の人。字は曼倩。武帝に仕え、ユーモアと奇行で寵愛された。

【徳川光圀】 一六二八―一七〇〇　江戸前期、水戸藩第二代藩主。号は梅里など。水戸黄門とも呼ばれる。朱子学に傾倒し、学者を集めて『大日本史』の編集を開始。水戸学の基礎を築いた。

【杜康】 伝説上の人。周代あるいは黄帝の時、中国で初めて酒を造ったという。

【杜荀鶴】 八四六―九〇七　晩唐の詩人。字は彦之。七言絶句「夏日題悟空上人院」の結句「滅得心中火自涼」が有名。

【杜如晦】 五八五―六三〇　唐初の政治家。字は克明。太宗に仕え、房玄齢とともに「貞観の治」と呼ばれる善政を演出した。

【杜審言】 六四五?―七〇八　初唐の詩人。字は必簡。『唐詩選』に八首の詩を収める。杜甫の祖父。

【杜甫】 七一二―七七〇　盛唐の詩人。字は子美、号は少陵。授けられた官職から、「杜拾遺」「杜工部」とも呼ばれる。実直な人柄で政治への意志は強かったが、地位には恵まれず、貧困と流浪のうちに生涯を終えた。「国破山河在」で始まる五言律詩「春望」や、戦争に駆り出される庶民の姿をリアルに描いた五言古詩「石壕吏」の詩など、内乱に苦しむ人々の暮らしを歌った数々の名作は、日本でも広く愛唱されている。李白と並び、中国史上最高の詩人と評価される。

【杜牧】 八〇三―八五二　晩唐の詩人。字は牧之、号は樊川。若いころは政治家として活躍する一方、「風流才子」とうたわれたが、政争に巻き込まれたり弟が失明したりするなど、晩年は意に満たない日々を過ごした。「千里鶯啼緑映紅」と春景色を美しく描いた七言絶句「江南春」や、秋の紅葉は春の花より鮮やかだとうたった七言絶句「山行」など、独特の着想に裏打ちされた色彩感覚豊かな詩は、現在でも愛好者が多い。

【杜佑】 七三五―八一二　唐の学者。字は君卿。『通典』の著者。

【杜預】 二二二―二八四　西晋の政治家・学者。将軍として功績が高く、「破竹の勢い」の語は彼のことばに基づく。また、自ら「左伝の癖あり」と称するほど『春秋左氏伝』を愛読し、その著『春秋経伝集解』は後世の『左伝』解釈の土台となった。杜審言・杜甫の遠祖。

●な●

【中井履軒】 一七三二―一八一七　江戸後期の学者。名は積徳、履軒は号。大坂の人。豪商たちの設立した私塾、懐徳堂で門人を教育しつつ、大きな学問的業績を残した。

【中江藤樹】 一六〇八―四八　江戸初期の学者。名は原、藤樹は号。近江(滋賀県)の人。学問の実践を尊び、陽明学に傾倒して日本の陽明学の祖と言われる。後世、「近江聖人」と呼ばれた。

【南懐仁】 一六二三―一六八八　ベルギーのイエズス会宣教師、フェルビースト。一六五九年に中国に入り、天文学や暦法、また原始的な蒸気車を造るなど、西洋の技術を伝えた。

●は●

【梅尭臣】 一〇〇二―六〇　北宋の詩人。字は聖兪。晩唐以来流行していた華麗な詩風に対して、身近なものを題材に平明にうたい、その詩風は宋詩の基調となった。

【沛公】 →劉邦

【裴松之】 三七二―四五一　南朝宋の歴史家。字は世期。『三国志』に詳細な注を付けた。

【裴世清】 隋の人。六〇八年、遣隋使小野妹子の帰国の際、答礼使として来日した。

【裴迪】 七一六―?　盛唐の詩人。王維と詩を唱和したことで有名。

【裴度】 七六五―八三九　唐の政治家。字は中立。数々の功績を上げて宰相にまでなったが、晩年は引退し、白居易らと親交を結んだ。

【馬援】 前一四―後四九　後漢の武将。字は文淵。光武帝に仕えてしばしば戦功を挙げた。六〇歳を過ぎてなお鎧を着て馬に乗り、光武帝から「矍鑠たるかな、この翁」と言われた話は有名。

【伯夷】 殷末の人。孤竹君の子。周の武王が殷を滅ぼした後、周の禄を食むのを恥じて、弟の伯夷とともに首陽山に隠れ、そのまま餓死したという。

【伯牙】 春秋時代の伝説的な音楽家。琴の名手であったが、よき理解者であった鍾子期が死んだ後は、弦を断ち切って二度と琴を弾かなかったという。

【白起】 ?―前二五七　戦国時代、秦の武将。用兵に優れ、趙と戦って捕らえた四〇万人を生き埋めにした。

【白居易】 七七二―八四六　中唐の詩人。字は楽天。号は香山居士。科挙(官吏登用試験)に合格して官僚となり、途中、左遷にはあったものの、政治的にはおおむね恵まれた生涯を送った。社会批評を意図した「新楽府」と呼ばれる作品を作る一方、庶民にも愛される平明でわかりやすい作品も作った。暴政に苦しむ老人の苦しみを描いた七言古詩「売炭翁」は前者の代表作であり、楊貴妃の悲劇を歌った七言古詩「長恨歌」は後者の代表作である。その詩は早くから日本に伝わり、平安時代の貴族に愛読された。

【白行簡】 七七六?―八二六　中唐の文人。字は知退。白居易の弟。伝奇小説「李娃伝」「三夢記」の作者。

【白進】 一六五六―一七三〇　フランスのイエズス会宣教師、ブーヴェ。一六八八年に中国に入り、康熙帝に仕えた。『康熙帝伝』を著し、中国事情をヨーロッパに紹介した功績は大きい。

【伯嚭】 ?―前四七三　春秋時代、呉の政治家。呉王夫差に仕えたが、越に買収され、伍子胥を無実の罪に陥れて呉の滅亡の原因をなした。

【伯楽】 春秋時代の人。姓は孫、名は陽。馬のよしあしを見分ける名人であったという。

【白楽天】 →白居易

【馬謖】（バショク） 一九〇―二二八 三国時代、蜀の武将。字は幼常。諸葛亮から才能を評価されていたが、命令に反した勝手な判断で蜀軍を大敗させたために処刑された。いわゆる「泣いて馬謖を斬る」の故事の当事者。

【馬端臨】（バタンリン） 一二五四―一三二三 宋末元初の学者。字は貴与。『文献通考』の著者。

【馬致遠】（バチエン） 元の戯曲作家。号は東籬。元曲の代表的な作者の一人。「漢宮秋」は傑作として名高い。

【馬超】（バチョウ） 一七六―二二二 後漢末の武将。字は孟起。西方の異民族が住む地域を地盤に、しばしば曹操と争ったが、後、劉備を頼りその配下となった。

【妹嬉・妹喜・末嬉・末喜】（バッキ） 夏の人。桀王の妃で、王とともに歓楽にふけり、夏を滅ぼしたという。

【服部南郭】（はっとりナンカク） 一六八三―一七五九 江戸中期の儒学者。名は元喬、南郭は号。荻生徂徠に学び、詩文にすぐれた。

【林述斎】（はやしジュッサイ） 一七六八―一八四一 江戸後期の儒学者。名は衡、述斎は号。美濃（岐阜県）の岩村藩主松平家から幕命で林家に入り、昌平黌（幕府の学問所）を作るなど林家中興の祖となった。

【林羅山】（はやしラザン） 一五八三―一六五七 江戸初期の儒学者。名は忠、また信勝、羅山は号。京都の人。朱子学を修め、徳川家康以下四代の将軍に政治顧問として仕えた。また、江戸に家塾を開いて門弟を教育し、後の昌平黌（幕府の学問所）の基を築いた。

【馬融】（バユウ） 七九―一六六 後漢の学者。字は季長。『論語』『易経』など多くの経書の注釈を書いた。鄭玄の師。

【原念斎】（はらネンサイ） 一七七四―一八二〇 江戸後期の学者。名は善、念斎は号。下総（茨城県）の人。『先哲叢談』の著者。

【馬良】（バリョウ） 一八七―二二二 後漢末の武将。字は季常。劉備に仕えた。兄弟五人がみな有名であったが、眉に白い毛の混じった馬良が最もすぐれていたことから、「白眉」の語が生まれた。

【樊於期】（ハンオキ） ?―前二二七 戦国時代、秦の武将。燕に亡命し、荊軻の始皇帝暗殺の際、自ら首をはねて荊軻に与え、始皇帝に謁見しやすくした。

【樊噲】（ハンカイ） ?―前一八九 前漢の武将。劉邦の挙兵時からの側近で、鴻門の会のとき、殺されそうになった劉邦を救った。

【潘岳】（ハンガク） 二四七―三〇〇 西晋の文人。字は安仁。美男として知られ、外出時には女性に取り巻かれたという。妻の死を悲しんだ「悼亡詩」は、『文選』中でも情緒あふれる作品。

【班固】（ハンコ） 三二―九二 後漢の歴史家。字は孟堅。父、班彪の遺志を継いで二十余年かけて『漢書』を執筆したが、未完のうちに獄死した。文人としても「両都賦」などの名文を残す。

【盤古】（バンコ） 古代、伝説上の帝王。天地創造の時に世界を支配していたという。

【范雎】（ハンショ） ?―前二五五 戦国時代、魏の人。字は叔。雄弁をもって聞こえ、秦に仕えて遠交近攻の策を建言して、諸国を侵略した。

【班昭】（ハンショウ） 四五?―一一七? 後漢の歴史家。班固の妹。兄の死後、未完のまま残された『漢書』を補った。夫の姓から曹大家とも呼ばれる。

【班婕妤・班倢伃】（ハンショウヨ） 前漢の人。成帝の後宮に入り寵愛されたが、やがて趙飛燕の中傷によって退けられた。その悲しみをうたった詩「怨歌行」が名高く、後世、多くの文学作品の素材とされた。

【范成大】（ハンセイダイ） 一一二六―一一九三 南宋の政治家・文人。字は致能。著作が多く、また詩人としても知られる。

【范祖禹】（ハンソウ） 一〇四一―一〇九八 北宋の歴史家。字は夢得。司馬光の『資治通鑑』の編集を助けた。

【范増】（ハンゾウ） 前二七五―前二〇四 秦末、楚の軍師。項羽を助けて覇を唱えさせたが、後、疑われて去り、間もなく病没した。

【樊遅】（ハンチ） 春秋時代、魯の人。名は須、遅は字。孔子に仁や知について尋ねたことが、『論語』に見える。

【范仲淹】（ハンチュウエン） 九八九―一〇五二 北宋の文人・政治家。字は希文。その「岳陽楼記」は名文で、「先憂後楽」の語の出典としても知られる。

【班超】（ハンチョウ） 三二?―一〇二? 後漢の武将。字は仲升。班固の弟。西域経営の任にあたり、五十余国を服属させた。「虎穴に入らずんば虎子を得ず」は、その苦労の中で発せられた名言。部下の甘英を大秦（ローマ帝国）へ派遣したことでも知られる。

【班彪】（ハンピョウ） 三―五四 後漢の歴史家。字は叔皮。『史記』を継ぐ歴史書の執筆を企てたが果たさぬまま没し、その志は子の班固に受け継がれた。

【范曄】（ハンヨウ） 三九八―四四五 南朝宋の歴史家。字は蔚宗。『後漢書』の著者。

【范蠡】（ハンレイ） 春秋時代、越の政治家。字は少伯。越王句践を助けて呉を滅ぼした後、退いて姓名を変え、商人として巨万の富を築いたという。

● ひ ●

【比干】（ヒカン） 殷末の人。紂王の叔父で、王の暴政をいさめたが聞き入れられず、胸を裂かれて殺された。

【微子】（ビシ） 殷末の人。名は啓。紂王の兄で、王の暴政をいさめたが聞き入れられず、逃亡。殷の滅亡後、周公に領地を与えられて宋の始祖となった。

【弥子瑕】（ビシカ） 春秋時代、衛の人。美少年で霊公に愛されたが、容姿が衰えると憎まれた話が、『韓非子』に見える。

【皮日休】（ヒジッキュウ） 八三四?―八八三? 晩唐の詩人。字は襲美、逸少。酒を好み、白居易にならって、政治の腐敗を憤る詩を多く作った。

【百里奚】（ヒャクリケイ） 春秋時代、秦の政治家。字は井伯。穆公に仕えて秦の国力を強化した。

【飛廉】（ヒレン） 殷末の人。紂王に仕えてともに暴政を行った。

【広瀬旭荘】（ひろせキョクソウ） 一八〇九―一八六三 江戸後期の詩人。豊後（大分県）の人。名は謙。旭荘は号。淡窓の弟。感情の起伏に富んだ詩を作り、高く評価される。

【広瀬淡窓】（ひろせタンソウ） 一七八二―一八五六 江戸後期の詩人。豊後（大分県）の人。名は建。淡窓は号。旭荘の兄。平明な詩で知られ、「桂林荘雑詠 示諸生」などがその代表。また、私塾咸宜園を開いて四〇〇〇人以上と言われる多くの門弟を教育した。

【閔子騫】 春秋時代、魯の人。名は損、子騫は字。孔子の弟子、十哲の一人。徳行にすぐれ、親孝行で、不義を嫌ったという。

● ふ ●

【馮驩】 →馮煖・馮諼

【馮煖・馮諼】 戦国時代の人。斉の孟嘗君の食客。自負心が高かったが、内政・外交の両面でそれに見合うだけの功績を挙げて、孟嘗君の名声を高めた。

【馮道】 八八二―九五四 唐末五代の政治家。王朝がめまぐるしく興亡する中、五つの王朝、一一人の君主に仕え、政治的混乱を防いだ。

【馮夢竜】 一五七四―一六四六 明末の文人。字は猶竜、耳猶。白話小説を集めた『喩世明言』、笑い話を集めた『笑府』などを編集した。

【傅説】 殷の政治家。高宗武丁に仕えて中興の業を助けた。高宗の夢に現れて見出されたという伝説がある。

【武王】 西周の初代の王。姓は姫、名は発。前一一〇〇年ごろ、紂王を討って殷を滅ぼし、周王朝を開いた。後世、聖王として尊崇された。

【伏羲・伏犠】 →伏羲・伏犠

【苻健】 三一七―三五五 五胡十六国、前秦の初代皇帝。字は建業。氐族の出身。長安に都を置き、善政を行った。在位、三五一―三五五。

【苻堅】 三三八―三八五 五胡十六国、前秦の第三代皇帝。苻健の甥。中国の北半分を統一し、南方の東晋へ攻め入ったが、淝水の戦いで大敗。その結果、国内が分裂して殺された。在位、三五七―三八五。

【夫差】 ?―前四七三 春秋時代、呉の王。姓は姫。越との戦いで死んだ父の仇を討つため、越王句践を破って一度は会稽山（浙江省）に追い詰めたが、嘆願を容れて助命。後、句践の逆襲にあって滅ぼされた。

【藤井竹外】 一八〇七―一八六六 江戸末期の漢詩人。名は啓、竹外は号。摂津（大阪府）の人。七言絶句の名手といわれ、吉野の春景色に南朝の昔をうたった「芳野懐古」はその代表作。

【藤田東湖】 一八〇六―一八五五 幕末の儒学者。名は彪、東湖は号。水戸の人。朱子学に基づいて尊皇攘夷を強く主張し、幕末維新に大きな影響力を持った。安政の大地震で母を救おうとして圧死した。

【藤原惺窩】 一五六一―一六一九 江戸初期の儒学者。名は粛、惺窩は号。播磨（兵庫県）の人。初めは僧であったが、朱子学に転じ、林羅山など多くの門人を教育して、江戸儒学の始祖とされる。

【扶蘇】 ?―前二一〇 秦の始皇帝の長男。始皇帝の政治の行き過ぎをしばしば抑えたが、帝の死後、宦官の趙高の策略によって自殺に追い込まれた。

【武則天】 →則天武后

【伏羲・伏犠】 伝説上の帝王。狩や漁の仕方を教え、文字を作ったという。「伏」は「宓」とも書き、また「庖」「包」とも書いてホウギと読まれることもある。三皇の一人。

【仏図澄】 二三二?―三四八? 五胡十六国時代、亀茲の僧。呪術をもって後趙の石勒の信任を得、数多くの寺院を建て、中国仏教の基礎を築いた。

【武帝】 ①前一五六―前八七 前漢の第七代皇帝。姓は劉、名は徹。中央集権体制を整備、儒学を国教とし、また盛んに外征を行って版図を拡大するなど、前漢の最盛期を築いた。在位、前一四一―前八七。②魏の武帝。→曹操 ③西晋の武帝。→司馬炎 ④南朝宋の武帝。→劉裕 ⑤南朝梁の武帝。→蕭衍

【武丁】 殷の第二二代の王、高宗。傅説を登用して国政を刷新し、衰えかけていた殷を復興した。

【忽必烈】 一二一五―一二九四 元の初代皇帝、世祖。成吉思汗の孫。南宋を滅ぼして中国を統一、朝鮮半島や東南アジアにも支配を及ぼしたが、日本への侵攻は失敗した。モンゴルの伝統を残しつつ、中国的な制度も取り入れて王朝の支配体制を固めた。在位、一二七一―九四。

【文王】 →文王

【文公】 前六九七?―前六二八 春秋時代、晋の君主。名は重耳。政権争いに敗れ長い亡命生活を送ったが、一九年後に帰国して即位、国力を高めて覇者となった。春秋五覇の一人。在位、前六三六―前六二八。

【文之】 一五五五―一六二〇 江戸初期の僧。号は南浦・狂雲など。河内（大阪府）の人。朱子学を修め、その解釈に従って四書に「文之点」と呼ばれる訓点を施し、日本儒学の発展に寄与した。

【文徴明】 一四七〇―一五五九 明の文人。名は璧、徴明は字。詩・書・画ともにすぐれ、画では当時の文人画の代表的存在。また書においては日本の唐様の書道に大きな影響を与えた。

【文帝】 ①魏の文帝。→曹丕 ②隋の文帝。→楊堅

【文天祥】 一二三六―一二八三 南宋の政治家。字は宋瑞、履善。南宋が元に滅ぼされたとき、最後まで抵抗し、捕らえられて処刑された。南宋への忠誠心をうたう五言古詩「正気歌」は、幕末から近代にかけての日本でも広く愛唱された。

【文王】 殷末の諸侯。姓は姫、名は昌。諸侯の間に徳望があり、西伯と呼ばれた。子の武王が周王朝を開いてから、文王と諡された。儒家では理想の天子として崇拝されている。

● へ ●

【平王】 ?―前七二〇 東周初代の王。西周の幽王の子で、内紛と異民族の侵入で西周が滅びた後に即位。前七七〇年、洛邑（洛陽）に都を置いて周王朝を再建した。在位、前七七〇―前七二〇。

【平原君】 ?―前二五一 戦国時代、趙の政治家。姓は趙、名は勝。多くの食客を養い、趙が秦に攻められた時、彼らの活躍で危機を脱した。

【米芾】 一〇五一―一一〇七 北宋の書家・画家。字は元章。号は海岳外史、南宮。書は行書を得意とし、画では山水画・人物画をよくした。常識の逆をつく行動で知られ、米顛と呼ばれる。

【卞和】 春秋時代、楚の人。山中で見つけた宝玉の原石を王に献上したが、なかなか本物だと認められ

なかった。後にその宝玉は「和氏の璧」と呼ばれる非常に価値の高い宝玉となった。

【扁鵲】(ヘンジャク) 戦国時代、鄭の伝説的な名医。姓は秦、名は越人。名医の代名詞的存在とされる。

●ほ●

【龐涓】(ホウケン) ?―前三四一 戦国時代、魏の武将。鬼谷子の下でともに学んだ孫臏の才能をねたみ、策略にかけて退けたが、後に斉の将軍となった孫臏と戦って敗れ、自殺した。

【房玄齢】(ボウゲンレイ) 五七八―六四八 唐初の政治家。字は喬。一五年間、太宗の宰相を務め、杜如晦とともに「貞観の治」と呼ばれる善政を演出、また『晋書』を編集した。

【方孝孺】(ホウコウジュ) 一三五七―一四〇二 明の学者。字は希直、希古。建文帝の側近。建文帝が永楽帝に敗れた後、永楽帝の即位の詔勅を起草するよう命ぜられたが従わず、殺された。

【褒姒】(ホウジ) 西周の人。幽王の妃で、彼女を笑わせるために王がむやみにのろしを上げたことが、西周滅亡の一因となったとされる。

【鮑叔牙】(ホウシュクガ) 春秋時代、斉の政治家。親友の管仲が政争に敗れたところを救い、桓公に推挙した。管仲との友情は「管鮑の交わり」として知られる。「鮑叔」とも呼ばれる。

【鮑照】(ホウショウ) 四〇五?―四六六 南朝宋の詩人。字は明遠。政治的には不遇で、最後は反乱に巻き込まれて殺されたが、南朝宋を代表する詩人として名を残す。

【彭祖】(ホウソ) 古代、伝説上の人。堯・舜の時代から、七〇〇～八〇〇年生きたという。長寿の代表として言及される。

【庖丁】(ホウテイ) 伝説的な料理の名人。『荘子』にその名が見える。

【龐統】(ホウトウ) 一七九―二一四 後漢末の武将。字は士元。諸葛亮と並び称されるほどの才能の持ち主で、劉備に仕え、軍師として活躍したが、流れ矢に当たって死んだ。

【穆王】(ボクオウ) 西周の第五代の王。西方に旅をして西王母に会ったという伝説が、『列子』や『穆天子伝』に記されている。

【穆公】(ボクコウ) ?―前六二一 春秋時代、秦の君主。賢者を集めて国力を増強し、西方に覇を唱えた。春秋五覇の一人。

【墨子】(ボクシ) 前四六八?―前三七六? 戦国時代の思想家。名は翟。平等に人を愛することを説き、戦争に反対した。墨家の祖。その思想は戦国時代には大きな力を持ったが、やがて孟子を始めとする儒家に攻撃にあい、廃れたと言われる。

【墨翟】(ボクテキ) →墨子

【冒頓単于】(ボクトツゼンウ) ?―前一七四 前漢、匈奴の単于(王)。モンゴル・中央アジアの遊牧民族を支配して前漢に対抗し、匈奴の最盛期を築いた。

【蒲松齢】(ホショウレイ) 一六四〇―一七一五 清初の文人。字は留仙、筆名は聊斎。科挙(官吏登用試験)を目指したが合格できず、教師として生涯を送った。怪奇小説集『聊斎志異』の著者として名高い。

【法顕】(ホッケン) 三三七?―四二二? 東晋の僧。六〇歳を超えてから西域・インドへと旅し、仏典を持ち帰って翻訳した。著書に『仏国記』がある。

●ま●

【妹嬉】(マッキ) →妹嬉・妹喜・末嬉・末喜

●む●

【無懐氏】(ムカイシ) 古代、伝説上の帝王。陶淵明の「五柳先生伝」にその名が見える。

【室鳩巣】(むろキュウソウ) 一六五八―一七三四 江戸中期の儒学者。江戸の人。名は直清、鳩巣は号。新井白石の推挙で徳川吉宗に仕え、しばしば政策を献言した。著書に『駿台雑話』などがある。

●も●

【孟軻】(モウカ) →孟子

【孟姜女】(モウキョウジョ) 秦の人。長城建設に徴用された夫を訪ねたが、すでに死んだと知って泣いていると、長城が崩れて夫の遺体が現れたという伝説がある。

【孟棨】(モウケイ) 晩唐の文人。字は初中。『本事詩』の作者。

【孟郊】(モウコウ) 七五一―八一四 中唐の詩人。字は東野。韓愈と親しく、韓愈に「送孟東野序」の名文がある。

【孟浩然】(モウコウネン) 六八九―七四〇 盛唐の詩人。浩然は字で名は浩、また字も名も浩然ともいわれる。科挙(官吏登用試験)には合格できず、隠遁と放浪の生涯を送った。田園詩人として名高く、五言絶句「春暁」の冒頭「春眠不覚暁」はあまりにも有名。また、当時一流の詩人たちにも敬慕され、李白に七言絶句「黄鶴楼送孟浩然之広陵」の絶唱がある。

【孟子】(モウシ) 前三七二?―前二八九? 戦国時代、魯の思想家。名は軻、字は子輿。子思の門人に学び、性善説を唱え仁義を基本とする王道政治を説いて、儒教思想を確立した。後世、「亜聖」と尊称される。他の諸子と激しい議論をくり返したり、諸侯を遊説したりしたが、時勢とは合わず、用いられなかった。『孟子』に収められたその議論は、達意の名文として名高い。

【毛嬙】(モウショウ) 伝説上の美女。西施と並び称される。『荘子』などにその名が見える。

【孟嘗君】(モウショウクン) 戦国時代、斉の王族。食客を多く抱えて、その才能をうまく発揮させた。特に秦に赴いて軟禁された時、彼らの活躍で脱出した話は、「鶏鳴狗盗」の故事として、日本でもよく知られている。

【毛遂】(モウスイ) 戦国時代の人。趙の平原君の食客。趙が秦に攻められたとき、平原君とともに使節として楚に赴き、王に迫って救援軍を派遣させることに成功した。

【蒙恬】(モウテン) ?―前二一〇 秦の武将。始皇帝に仕え、北方の防備に当たって万里の長城を修築した。二世皇帝の時、趙高にはかられて自殺。毛筆の発明者とも言われる。

【孟賁】(モウホン) 戦国時代の伝説的な勇士。夏育とともに怪力で有名。

●や●

【安井息軒】（やすいソッケン） 一七九九―一八七六 幕末・維新の儒学者。名は衡、字は仲平、息軒は号。日向(宮崎県)の人。昌平黌(幕府の学問所)教授。私塾三計塾を開き二〇〇〇人以上の門弟を育て、また四書に注釈を施した。「三計塾の記」は名文として知られる。

【梁川星巌】（やながわセイガン） 一七八九―一八五八 江戸後期の詩人。名は孟緯、星巌は号。美濃(岐阜県)の人。妻の紅蘭とともに全国を周遊し、当代を代表する詩人として慕われた。安政の大獄で逮捕される直前、コレラにて急死。

【山鹿素行】（やまがソコウ） 一六二二―八五 江戸前期の儒学者・兵学者。会津(福島県)の人。朱子学を批判したために幕府に排斥されたが、許された後、儒教を元に武士道を体系づけた。

【山崎闇斎】（やまざきアンサイ） 一六一八―八二 江戸前期の儒学者。名は嘉、闇斎は号。京都の人。神道と朱子学を融合して「垂加神道」を創始、尊皇攘夷思想の基盤となった。

【耶律阿保機】（ヤリツアボキ） 八七二―九二六 遼の初代皇帝、太祖。中国東北部に居住していた契丹族を統一し、漢族の官僚も登用して中国風の王朝遼を開いた。在位、九一六―九二六。

【耶律楚材】（ヤリツソザイ） 一一九〇―一二四四 元の政治家。字は晋卿。チンギス、オゴタイの両ハーンに仕え、北中国の統治に当たって中国風の制度を整えたとされる。

【耶律大石】（ヤリツタイセキ） ?―一一四三 西遼の初代皇帝。遼の皇族で、遼が金によって滅ぼされたとき、西方へ逃れて即位、西遼王朝を開いた。在位、一一二四―四三。

●ゆ●

【幽王】（ユウオウ） ?―前七七一 西周第一二代、最後の王。姓は姫、名は宮涅。褒姒を溺愛して太子を廃したため、西方の異民族と結んだ太子の生母の一族に攻められて殺され、西周王朝は滅んだ。

【有若】（ユウジャク） 前五三八―? 春秋時代、魯の人。字は子有。孔子の弟子。容姿が孔子に似ていたので、孔子の死後、門人の一部が師としたという。

【兪樾】（ユエツ） 一八二一―一九〇六 清末の文人。字は蔭甫、号は曲園。考証学者、書家として知られる。日本漢詩をまとめた『東瀛詩選』を編むなど、日本人との交流もあった。

【庾信】（ユシン） 五一三―八一 北周の詩人。字は子山。南朝梁に仕えていたが、北朝に使いしている間に梁が滅び、その後の三十余年、帰国できぬまま望郷の念をうたいつつ過ごした。

●よ●

【楊炎】（ヨウエン） 七二七―八一 唐の政治家。字は公南。七八〇年、夏と秋の年二回徴収する両税法を実施して財政の再建を図った。

【楊儀】（ヨウギ） ?―二三五 三国時代、蜀の武将。諸葛亮の部下であったが、亮の死後、反意を疑われて自殺した。

【楊貴妃】（ヨウキヒ） 七一九―五六 唐の人。貴妃は称号、幼名は玉環、号は太真。玄宗に愛されてその妃となったが、溺愛は楊氏一族の専横を招いた。安禄山が反乱したとき、玄宗とともに成都へ逃げる途中で、反乱の元凶として殺された。絶世の美女として知られる。

【楊炯】（ヨウケイ） 六五〇―六九二? 初唐の詩人。『唐詩選』に三首の詩を収める。

【楊堅】（ヨウケン） 五四一―六〇四 隋の初代皇帝、文帝。北周の皇帝から位を譲り受けて隋王朝を開き、南朝の陳を討って天下を統一した。均田制や科挙などの政治体制を整備し、次の唐王朝に受け継がれた。

【陽虎】（ヨウコ） 春秋時代、魯の政治家。反乱を起こして亡命した。孔子を臣下にしようとしたことがあった話が『論語』に見える。

【楊国忠】（ヨウコクチュウ） ?―七五六 唐の政治家。楊貴妃のまたいとこで、玄宗に信任されて宰相となったが、安禄山が反乱を起こすと、その責任を問われて殺された。

【楊子】（ヨウシ） →楊朱ヨウシュ

【楊朱】（ヨウシュ） 戦国時代の思想家。人間の欲望を肯定し、極端な個人主義を唱えたという。『列子』『孟子』『荘子』などでその思想が伝わる。楊子。

【楊守敬】（ヨウシュケイ） 一八三九―一九一四 清末の学者。字は惺吾。一八七九(明治一二)年、外交官として来日、四年滞在して日本の文人と交流し、日本に残る漢籍の研究などを行った。

【姚崇】（ヨウスウ） 六五〇―七二一 唐の政治家。字は元之。玄宗の治世初期に宰相となり、「開元の治」の基礎を築いた。

【雍正帝】（ヨウセイテイ） 一六七八―一七三五 清の第五代皇帝。康熙帝の治世を受けて、財政の充実を図ったり、ロシアと国境を確定したりして、繁栄を継続させた。在位、一七二二―三五。

【煬帝】（ヨウダイ） 五六九―六一八 隋の第二代皇帝。姓は楊、名は広。父の文帝を殺して即位。華美を好み、大運河を作ったり、対外遠征をくり返したりして国力は衰退。ついに反乱を招いて殺され、隋王朝は滅亡した。在位、六〇四―六一八。

【楊万里】（ヨウバンリ） 一一二七―一二〇六 南宋の詩人。字は廷秀。陸游と並称される南宋を代表する詩人。

【楊雄・揚雄】（ヨウユウ） 前五三―後一八 前漢の文人・学者。字は子雲。辞賦の作者として評価が高く、また、『法言』など著作も多い。

【養由基】（ヨウユウキ） 春秋時代、楚の人。伝説的な弓の名人で、柳の葉を射て百発百中だったことが『戦国策』に見える。

【吉田松陰】（よしだショウイン） 一八三〇―五九 幕末の志士。長門(山口県)の人。名は矩方、松陰は号。郷里の萩で松下村塾を開き、多くの志士を育てたが、安政の大獄で刑死。陽明学に基づいて実行を重視するその思想は、明治維新の理論的な支柱となった。

【予譲】（ヨジョウ） 春秋時代、晋の人。かつて仕えた主君を滅ぼした敵を殺そうとして、さまざまな労苦を重ねてつけ狙ったが、果たせずに自殺した。

● ら ●

【頼山陽】ライサンヨウ　一七八〇―一八三二　江戸後期の学者・詩人。名は襄、山陽は号。安芸(広島県)の人。雄大な海の景色を詠じた七言古詩「泊天草洋」や、「鞭声粛々」で始まる七言絶句「題不識庵撃機山図」などの詩は、広く愛唱されている。また、歴史家としては尊皇思想に立った『日本外史』『日本政記』を著して、幕末維新の志士たちの精神的支柱となった。

【羅貫中】ラカンチュウ　一三三〇?―一四〇〇　元末明初の小説家。名は本、貫中は字。『三国志演義』の作者。

【駱賓王】ラクヒンノウ　?―六八四?　初唐の詩人。則天武后の専制を打倒しようと檄文を書いたが、それを読んだ武后もその文才を絶賛したという。長編の七言古詩「帝京篇」、五言絶句「易水送別」などが『唐詩選』に採られて有名。

【羅敷】ラフ　戦国時代、趙の人。趙王の家臣の妻で、王に言い寄られたが、「陌上桑」という詩をうたって退けたという伝説がある。

● り ●

【李煜】リイク　九三七―九七八　五代十国、南唐の最後の君主、後主。字は重光。華やかな宮廷の暮らしや、亡国の悲しみを詞にうたい、文人としてすぐれた才能を示した。

【李淵】リエン　五六五―六三五　唐の初代の皇帝、高祖。字は叔徳。次男の李世民の勧めで挙兵、隋を滅ぼして唐王朝を開いた。後、李世民に位を譲った。在位、六一八―六二六。

【李延年】リエンネン　?―前八七　前漢の音楽家。妹が武帝の妃となったため武帝に信任されたが、妹の死後はうとまれ、殺された。

【李華】リカ　七一五?―七六六?　盛唐の文人。字は遐叔。「弔古戦場文」が有名。

【李賀】リガ　七九〇―八一六　中唐の詩人。字は長吉。若いころから才能を高く評価されたが、科挙(官吏登用試験)の受験をはばまれ、失意のうちに二七歳で夭折した。奇抜な表現に特色があり、鬼才と評される。

【陸雲】リクウン　二六二―三〇三　西晋の文人。字は士竜。陸機の弟。詩文に秀でていたが、八王の乱に巻き込まれて殺された。

【陸機】リクキ　二六一―三〇三　西晋の文人。字は士衡。陸雲の兄。当時の文壇の指導者的存在として活躍したが、八王の乱に巻き込まれて殺された。鴨長明の『方丈記』の冒頭は、その「歎逝賦」の影響を受けたものとも言われる。

【陸亀蒙】リクキモウ　晩唐の詩人。字は魯望。友人の皮日休と唱和した詩が知られる。

【陸九淵】リクキュウエン　一一三九―九二　南宋の学者。字は子静、号は象山。人間の心は一体としてそのまま宇宙の理であるとする心即理の説を唱え、朱熹と対立した。その思想は後に王陽明に引き継がれた。

【陸秀夫】リクシュウフ　一二三八―七九　南宋の政治家。字は君実。宋滅亡の際、最後まで抵抗し、幼帝を背負って入水して果てた。

【陸象山】リクショウザン　→陸九淵

【陸徳明】リクトクメイ　五五六?―六二七?　隋末唐初の学者。名は元朗、徳明は字。『経典釈文』の著者。

【陸法言】リクホウゲン　隋の学者。名は詞、法言は字。顔之推などとの議論を踏まえ、『切韻』を著した。

【陸游】リクユウ　一一二五―一二一〇　南宋の詩人。字は務観、号は放翁。金王朝に奪われた北方の回復を訴え、愛国的な詩を作るとともに、田園生活をうたった繊細な詩も多作した。日本では、後者に属する七言律詩「遊山西村」がよく知られる。現存詩数は約九二〇〇で、質量ともに南宋最大の詩人。

【李元昊】リゲンコウ　一〇〇三―四八　西夏の初代皇帝、景宗。中国風の政治制度を整えて国力を増強し、宋や遼に対抗した。在位、一〇三八―四八。

【李広】リコウ　?―前一一九　前漢の武将。弓の名手で、匈奴を討ってしばしば軍功があり、「飛将軍」と恐れられた。後、戦場での過失をとがめられ、自殺した。

【李翺】リコウ　七七二―八四一　晩唐の文人。字は習之。韓愈の弟子で古文復興運動を継承。また、宋の性理学の先駆者としても知られる。

【李鴻章】リコウショウ　一八二三―一九〇一　清末の政治家。曽国藩の幕僚で、太平天国の平定、洋務運動に参加。後、西欧列強との外交交渉を任され、日清戦争集結にあたっては、来日して下関条約を結んだ。

【李斯】リシ　?―前二〇八　秦の政治家。始皇帝に仕えて法家思想を実践、郡県制や文字の統一、焚書坑儒などを行った。二世皇帝の時、趙高の策略によって処刑された。

【李贄】リシ　→李卓吾

【李自成】リジセイ　一六〇六―四五　明末の人。貧農の反乱を組織して、北京を占領、明王朝を滅ぼしたが、清の援軍を得た呉三桂によって破られ、自殺した。

【李時珍】リジチン　一五一八?―九三?　明の医師・学者。字は東壁。二五年以上の歳月をかけて『本草綱目』を書き上げ、世界の博物学に大きな貢献を果たした。

【離朱】リシュ　→離婁

【李商隠】リショウイン　八一二―五八　晩唐の詩人。字は義山。党派争いに巻き込まれて政治的には恵まれなかったが、故事を多く踏まえ、修辞に凝った象徴的な詩風は、当時から高く評価された。

【李靖】リセイ　五七一―六四九　唐の武将。字は薬師。李淵・李世民に仕えて天下統一に大功を立てた。『李衛公問対』の著者とされる。

【李清照】リセイショウ　一〇八四?―一一五一?　北宋の詞人。女流詞人の最高峰と言われる。また、夫の趙明誠の『金石録』編集を助けたことでも名高い。

【李世民】リセイミン　五九八―六四九　唐の第二代皇帝、太宗。父とともに挙兵して隋を滅ぼし、唐王朝を開くのに貢献した。後、帝位をめぐって兄と弟と争い殺害したが、即位後は勤倹に務め、杜如晦・房玄齢などの意見をよく取り入れ、律令制度を整備するなど、唐王朝の基礎を固めた。後世、理想的な皇帝の一人として、その治世は「貞観の治」と讃えられる。在位、六二六―四九。

【李勣】リセキ　五九四―六六九　唐の武将。元の姓は徐。李淵・李世民の下で軍功を挙げた。唐の建国後、李姓を賜った。

【李善】(リゼン) 六三〇?—六八九　唐の学者。『文選』に注釈を施したことで有名。

【李存勗】(リソンキョク) 八八五—九二六　五代後唐の初代皇帝、荘宗。戦術にすぐれ、後梁を破って建国したが、反乱により殺された。

【李卓吾】(リタクゴ) 一五二七—一六〇二　明の思想家。名は贄。卓吾は字。人間の自然で純真な状態を貴び、儀礼にとらわれる儒教を徹底的に攻撃した。危険思想の持ち主として迫害され、獄中で自殺。

【李徳裕】(リトクユウ) 七八七—八四九　唐の政治家。字は文饒。牛僧孺との間に「牛李の党争」と呼ばれる激しい党派争いをしたことで著名。

【李白】(リハク) 七〇一—七六二　盛唐の詩人。字は太白、号は青蓮居士。酒をこよなく愛する奔放な自由人で、一時、玄宗に仕えたこともあったが、生涯の大半を放浪して過ごした。その詩は典型的な天才肌で、望郷の念を月光に託した五言絶句「静夜思」や、旅の喜びをスピード感満点にうたった七言絶句「早発白帝城」など、絶句を中心に名作が多い。杜甫とともに、中国文学を代表する詩人であり、日本でも愛好者が多い。

【李攀竜】(リハンリョウ) 一五一四—一五七〇　明の文人。字は于鱗。文は秦漢、詩は盛唐を貴ぶべきと主張した。『唐詩選』の編者とされるが、書店が彼の名を使って出版したものという。

【李夢陽】(リボウヨウ) 一四七二—一五二九　明の文人。字は献吉。秦漢の文、盛唐の詩を第一とする主張を展開して、文壇に大きな影響力を持った。

【利瑪竇】(リマトウ) 一五五二—一六一〇　イタリアのイエズス会宣教師、マテオ・リッチ。一五八三年、同会の最初の中国伝道者として中国に入る。明に仕え、中国最初の世界地図『坤輿万国全図』を作るなど、西洋の学術を伝えた。

【李密】(リミツ) 二二四—二八七　西晋の政治家。字は令伯。祖母の世話をするために辞職する際に書いた「陳情表」は、『文選』に載せられた名文。

【劉安】(リュウアン) 前一七九—前一二二　前漢の王族、淮南王。学問を好み、学者を集めて討論をさせた。その一部が『淮南子』として伝わる。後、反乱を計画して失敗し、自殺。

【劉禹錫】(リュウウシャク) 七七二—八四二　中唐の詩人。字は夢得。白居易や柳宗元と交友があった。五言絶句「秋風引」は『唐詩選』に採られて有名。

【柳永】(リュウエイ) 北宋の詞人。色町に遊んで詞を作り、庶民に人気があった。詞の文学性を高めた、北宋を代表する詞人。

【柳下恵】(リュウカケイ) 春秋時代、魯の政治家。姓は展、名は獲、字は禽。賢者として『論語』や『孟子』で称賛されている。

【劉希夷】(リュウキイ) 六五一—六七九?　初唐の詩人。字は廷芝とも、希夷が字とも言われ、諸説がある。「年年歳歳花相似、歳歳年年人不同」の名句を含む七言古詩「代悲白頭翁」は、名作。

【劉義慶】(リュウギケイ) 四〇三—四四四　南朝宋の人。『世説新語』の著者。

【劉向】(リュウキョウ) 前七七?—前六?　前漢の学者。字は子政。宮中の蔵書を整理・校訂し、その目録を作った。また、著書に『列女伝』『説苑』などがある。

【劉勰】(リュウキョウ) 四六五?—五二一?　南朝梁の文人。字は彦和。『文心雕竜』の著者。

【劉歆】(リュウキン) 前五三?—後二三　前漢の学者。字は子駿。劉向の子。父の後を継いで書籍の目録『七略』を編集した。王莽を殺そうとして失敗し、自殺。

【劉昫】(リュウク) 八八七—九四六　五代、後晋の政治家。字は耀遠。『旧唐書』の編者。

【竜樹】(リュウジュ) 二～三世紀ごろのインドの僧、ナーガールジュナ。大乗仏教の根本教義を確立して、後世の仏教思想に大きな影響を与えた。

【劉秀】(リュウシュウ) 前六—後五七　後漢の初代皇帝、光武帝。字は文叔。前漢の高祖九代の子孫。豪族勢力をよく束ねて新末の混乱を平定、漢王朝を再興した。学問を奨励し、礼教を重んじた。在位、二五—五七。

【劉禅】(リュウゼン) 二〇七—二七一　三国時代、蜀の第二代皇帝、後主。字は公嗣。劉備の子。魏に降服した後、歓楽にふけり、蜀のことは忘れてしまったという。

【柳宗元】(リュウソウゲン) 七七三—八一九　中唐の文人。字は子厚。韓愈とともに古文復興運動を推進した唐宋八大家の一人。また、自然をうたう詩を得意とし、水墨画のような味わいを持つ五言絶句「江雪」などがよく知られる。政治的には不遇で、南方の柳州に左遷されたまま、その地で没した。

【劉知幾】(リュウチキ) 六六一—七二一　唐の歴史家。字は子玄。『史通』の著者。

【劉長卿】(リュウチョウケイ) 七〇九?—七八六?　中唐の詩人。字は文房。『唐詩選』に七首の作品を収める。

【劉楨】(リュウテイ) ?—二一七　後漢末の文人。字は公幹。曹操のサロンに集まった建安七子の一人。

【劉廷芝】(リュウテイシ) →劉希夷

【劉備】(リュウビ) 一六一—二二三　三国時代、蜀の初代皇帝、昭烈帝。字は玄徳。漢の王室の末裔と自称。関羽や張飛を従えて黄巾の乱平定に功績があったが、その後はしばらく各地を放浪した。四十代の後半になって諸葛亮を迎えて以降、勢力を拡大。蜀を根拠地に魏・呉と天下を三分したが、漢室再興を果たすことなく病没した。『三国志演義』では、儒教的な理想の君子として描かれ、関羽や張飛と義兄弟となった「桃園の契り」や、諸葛亮を迎えた「三顧の礼」などの名場面が有名。在位、二二一—二二三。

【劉邦】(リュウホウ) 前二五六—前一九五　前漢の初代皇帝、高祖。字は季。農民の出身で、秦末の混乱に呼応して挙兵。その際の地名から「沛公」と称した。部下をうまく使いこなす人間的な度量の広さで頭角を現し、いち早く秦の子嬰を降服させて、秦王朝を滅ぼした。その際、功を項羽にねたまれ危うく殺されそうになったいきさつは、『史記』の名文によって「鴻門の会」として語り継がれている。後、激戦の末に項羽を倒し、漢王朝を開いた。在位、前二〇二—前一九五。

【劉夢得】(リュウボウトク) →劉禹錫

【劉裕】(リュウユウ) 三六三—四二二　南朝宋の初代皇帝、武帝。東晋の武将として功績を挙げ、帝位を譲り受けて即位。

土地制度の改革を行って豪族の勢力を抑制した。在位、四二〇―二二。

【劉伶】リュウレイ　西晋の文人。字は伯倫。酒好きで知られ、「酒徳頌」が『文選』に収録されて伝わる。竹林の七賢の一人。

【梁啓超】リョウケイチョウ　一八七三―一九二九　清末の学者、政治家。字は卓如。康有為に師事して戊戌の変法に取り組んだが、失敗して日本へ亡命した。

【呂后】リョコウ　前二四一?―前一八〇　前漢の人。高祖劉邦の后。名は雉。高祖の覇業を助けたが、高祖の死後、実権を握り、呂氏一族は専権を振るった。呂后が死ぬと、一族は劉氏擁護派によって誅殺された。

【呂尚】リョショウ　西周の政治家。字は子牙。武王が殷を討つのを助け、周王朝の成立に大功を立てた。魚釣りをしていたところを文王に見出されたという伝説がある。文王の父（太公）から待ち望まれていた人物という意味で、「太公望」とも呼ばれる。

【呂祖謙】リョソケン　一一三七―八一　南宋の学者。字は伯恭。朱熹との共著に『近思録』がある。

【呂布】リョフ　?―一九八　後漢末の武将。字は奉先。董卓に仕えて信任されていたが、裏切って董卓を暗殺。群雄の一人として名を知られたが、最後は曹操に破れて殺された。

【呂不韋】リョフイ　?―前二三五　戦国時代、秦の政治家。もと豪商であったが、荘襄王に仕えて宰相となった。秦王政（後の始皇帝）に恨まれて自殺。政の実父とも言われる。『呂氏春秋』を作らせたことでも有名。

【呂蒙】リョモウ　一七八―二一九　後漢末の武将。字は子明。呉の孫権に仕え、蜀の関羽を討った。若いころは無学だったが長じて学問に励み、「呉下の阿蒙にあらず」と讃えられたことは有名。

【李陵】リリョウ　?―前七四　前漢の武将。字は少卿。李広の孫。北方の異民族、匈奴と戦って敗れて降服したため、武帝の怒りを買い、一族すべてが処刑された。この時、司馬遷は李陵を弁護したために宮刑に処せられている。李陵自身は、二〇年以上匈奴に仕え、その地で没した。

【李林甫】リリンポ　?―七五二　唐の政治家。玄宗のときに宰相となったが、専横がはなはだしく、安史の乱の一因をなした。

【離婁】リロウ　伝説上の人。百歩離れたところから毛の先を見分けることができたという、すぐれた視力の持ち主。離朱とも呼ばれる。

【藺相如】リンショウジョ　戦国時代、趙の政治家。圧迫を続ける秦によく対抗して弱小国の面目を保ったことは、「完璧」の故事として有名。また、廉頗との「刎頸の交わり」も名高い。

【林則徐】リンソクジョ　一七八五―一八五〇　清の政治家。字は元撫、少穆。大臣として広東に赴いてアヘンの輸入を厳禁、アヘン戦争を引き起こした。

【林逋】リンポ　九六七―一〇二八　北宋の文人。字は君復、諡は和靖。博学で詩書画にすぐれていたが、杭州西湖の孤山に隠れ住んで、梅と鶴を友として生涯、仕えなかった。

れ

【厲王】レイオウ　?―前八二八　西周の第一〇代王。暴政を行ったため反乱を引き起こして亡命。その後しばらく、諸侯による共和政治が行われた。

【霊公】レイコウ　?―前四九三　春秋時代、衛の君主。孔子とも交流があったが、夫人を愛するあまり国政を乱した。在位、前五三四―前四九三。

【酈食其】レキイキ　?―前二〇四　秦末漢初の人。使者として斉に赴き、弁論のみで劉邦に帰属させたが、直後に韓信が約束を破って斉に攻め込んできたため、恨まれて殺された。

【酈道元】レキドウゲン　四六六?―五二七　北魏の学者。字は善長。『水経注』の著者。

【列禦寇】レツギョコウ　↓列子

【列子】レッシ　戦国時代の思想家。名は禦寇。道家に属し、『列子』の著者と言われるが、事跡は明らかでない。

【廉頗】レンパ　前二八三―前二四〇　戦国時代、趙の将軍。斉や魏を破って功績を挙げた。藺相如との間に「刎頸の交わり」を結んだことは有名。後、同僚との争いから魏に亡命、楚で客死した。

ろ

【老子】ロウシ　春秋時代の思想家。姓は李、名は耳。「老聃」とも呼ばれる。道家思想の祖。周の役人だったことがあり、孔子に礼を問われたこともあるというが、具体的な事跡は不明。周王朝の衰えを察して立ち去ろうとしたとき、関所の役人に請われて『老子』を書き残したという。

【郎世寧】ロウセイネイ　一六八八―一七六六　イタリアのイエズス会宣教師、カスティリオーネ。一七一五年に中国に入り、宮廷画家として雍正帝、乾隆帝に仕え、西洋の絵画技術を伝えた。

【魯粛】ロシュク　一七二―二一七　後漢末の武将。字は子敬。呉の孫権に仕え、赤壁の戦いでは、周瑜を助けて曹操の大軍を破った。

【盧照鄰】ロショウリン　六三七?―八〇?　初唐の詩人。字は昇之。『唐詩選』に七言古詩「長安古意」の大長編が伝わる。

【魯仲連】ロチュウレン　戦国時代、斉の人。諸侯を遊説して功績があったが、富貴を嫌い、仕官しようとはしなかった。高節の士として知られる。

【盧綸】ロリン　七四八―八〇〇?　中唐の詩人。字は允言。『唐詩選』に七言律詩「長安春望」ほか二編を収める。

わ

【王仁】ワニ　朝鮮半島の百済の人。応神天皇の一六年に来日し、『論語』と『千字文』を初めて伝えたという話が、『古事記』に見える。

【完顔阿骨打】ワンヤンアクダ　一〇六八―一一二三　金の初代皇帝、太祖。中国東北部に居住していた女真族を統一して金王朝を開き、北宋と結んで遼の支配を覆し、中国北部に勢力を広げた。在位、一一一五―二三。

2 書名解説

（漢文と関わりのある主要な書物をまとめた）

●あ●

【晏子春秋】春秋時代、斉の晏嬰の言行を、後人がまとめたもの。

●い●

【韻鏡】唐代の漢字の発音を整理して表した図表。中国では失われたが、日本に伝わったものが現存する。中古漢語の音韻を研究する際の基本資料の一つ。

【尹文子】戦国時代、斉の尹文子の著。主に道家思想に基づいた内容を説くが、現在伝わるものは偽書とされる。

●う●

【尉繚子】戦国時代の兵法家、尉繚子の著とされる兵法書。兵法の七書の一つ。

●え●

【永楽大典】明の永楽帝の命令で編集された、一種の百科事典。もとは二万二〇〇〇巻近くあったが、次第に散逸し、現在まで伝わるのはわずか八〇〇巻ほどである。

【易経】中国古代の占いの書。本文の「経」と、「十翼」と呼ばれる注釈の「伝」とから成る。陰陽の二つの符号を組み合わせた六四卦をもとに、万物の変化を解き明かそうとするもの。倫理・哲学の書として読むこともでき、五経の一つとして重視された。単に易とも、また周易とも呼ばれる。

【淮南子】前漢の淮南王劉安の編。当時に伝わった諸家の思想を、道家を中心としながら総合的にまとめたもの。

【塩鉄論】前漢の桓寛の著。武帝の時代に実施された塩鉄の専売に関する議論をまとめたもの。

●か●

【懐風藻】現存する日本最古の漢詩集。七世紀後半から八世紀前半ごろの六四人の一二〇首を、作者別、年代順に収めたもの。

【下学集】室町時代の辞書。漢字で書き表される約三一〇〇語を、意味によって一八に分類して収め、片仮名で読みを、漢文で意味を記したもの。

【楽経】儒家の経典の一つで、音楽について述べたものだというが、現在は伝わらない。五経と併せて、六経とされる。

【鶡冠子】諸子百家の思想書。道家・法家の思想を基本に、名家の思想なども交えながら説く。

【楽経】→楽経

【楽府詩集】北宋の郭茂倩の編。上古から五代までの楽府体の詩五二九〇首をまとめたもの。

【漢宮秋】元の馬致遠の戯曲。前漢の王昭君の伝説を題材とするが、最後に彼女は黒竜江に身を投げて悲劇的な死を遂げる。元曲の傑作の一つ。

【菅家後集】平安時代の菅原道真の著。太宰府に流されて以降の作品を収めた漢詩集。「菅家後草」とも呼ばれる。

【菅家文草】平安時代の菅原道真の著。太宰府配流の前に、自らの作品をまとめた漢詩文集。

【管子】春秋時代の斉の管仲の著とされる政治論集。実際には、後人の手になる部分が多いと考えられ、法家思想を主としつつも諸子の説が混在している。

【韓詩外伝】前漢の韓嬰の著。『詩経』の注釈書の一つで、本書の伝えた『詩経』の本文を「韓詩」と呼ぶ。「吐哺握髪」「蟷螂の斧」などの故事成語の出典。

【顔氏家訓】南北朝時代、北斉の顔之推の著。子弟への教訓を述べたものだが、内容が具体的で、当時の貴族社会を知る資料としても重視される。

【漢書】後漢の班固の著。前漢一代の歴史書。父、班彪の書き始めたものを班固が引き継ぎ、さらに妹の班昭が完成させた。『史記』の紀伝体を踏襲し、その客観的な叙述は後世の歴史家から模範とされた。二十四史の一つ。

【韓非子】戦国時代の思想家、韓非の著作を中心に、その一派の思想をまとめた書物。君主の法による支配を説いた法家の代表的な書物であり、役人が職務を越えた場合はいかにそれが善行であろうと処罰すべきだとする、いわゆる「侵官の害」の話は、その端的な例として、特に有名。同時に、数多くの説話をも収めるのが特徴で、「矛盾」「株を守る」などは、故事成語として日本でも広く知られている。

【干禄字書】唐の顔元孫の著。約八〇〇種の漢字について、字体の正・通・俗を明らかにしたもの。漢字の字体研究の基本資料の一つ。

●き●

【鬼谷子】戦国時代の思想家で、縦横家の祖といわれる鬼谷子の著とされるが、恐らくは後人の偽作。

【魏書】北斉の魏収の著。北魏の歴史を記した書物。二十四史の一つ。「北魏書」とも呼ばれる。

【旧五代史】北宋の薛居正らの編。唐の滅亡から北宋の成立までの五つの王朝の歴史を記す。二十四史の一つ。

【九章算術】前漢末に著されたと思われる算術書。田畑の面積計算や、利息計算の方法などを記す。単に「九章」とも呼ばれる。

【玉台新詠】南朝陳の徐陵が、梁の簡文帝の命令で編集した詩文集。五三〇年ごろの成立。漢から南朝梁までの、多くは男女の情愛をうたった詩を収める。

【玉篇】南朝梁の顧野王の著。一万

六九一七の漢字を四九二の部首に分けて解説した字書。原本は中国では失われた。近世までの日本では、字書の代名詞的な存在であった。

【儀礼】(ギライ) 周公旦の著と伝えられるが、戦国末ごろの成立と思われる。周代の支配階級の儀式の作法を説いたもの。『周礼』『礼記』と併せて、「三礼」と呼ばれる。また、十三経の一つ。

【近古史談】(キンコシダン) 幕末維新の大槻磐渓の著。主に戦国時代の武将たちの逸話を、平易な漢文で記した書物。初学の入門書として、明治から昭和にかけて広く読まれた。

【金史】(キンシ) 元の脱脱らの編。金の歴史を記した書物。二十四史の一つ。

【近思録】(キンシロク) 南宋の朱熹・呂祖謙の共編。北宋の代表的な儒学者たちの語録から、初学者向けの約六〇〇条を選び、項目別にまとめた、宋学の入門書。

【金石索】(キンセキサク) 清の馮雲鵬の著。金属器や石器に見える図を集めて考証を加えた書物。

【金瓶梅】(キンペイバイ) 明の長編口語小説。著者は笑笑生とあるが、不詳。『水滸伝』に登場する西門慶と潘金蓮の物語を拡大して、欲望にまみれた人間の姿を写実的に描く。性描写と社会批判の故に何度も発禁となったが、中国リアリズム文学の先駆けとして評価は高い。四大奇書の一つ。

●く●

【旧唐書】(クトウジョ) 後晋の劉昫らの編。唐の歴史を記した書物。二十四史の一つ。

【公羊伝】(クヨウデン) →春秋公羊伝

●け●

【経国集】(ケイコクシュウ) 平安初期の勅撰漢詩文集。もと二〇巻あったが、六巻のみ現存。『凌雲集』『文華秀麗集』とともに、勅撰三集の一つ。

【荊楚歳時記】(ケイソサイジキ) 南朝梁の宗懍の著。荊楚地方（長江中流域）の年中行事や習慣を一年の流れに沿って記したもの。

【経典釈文】(ケイテンシャクモン) 隋末唐初の陸徳明の著。儒教の経典および『老子』と『荘子』など一四の典籍について、文字の異同や音義などの注を記した書物。単に「釈文」とも呼ばれる。

【芸文類聚】(ゲイモンルイジュウ) 唐の高祖李淵の命令で、欧陽詢ほか十数人の学者が編集した「類書」の一つ。

【元史】(ゲンシ) 明の宋濂らの編。二十四史の一つであるが、記述が粗略で評判が悪く、後に『新元史』が作られた。

【言志四録】(ゲンシシロク) 江戸後期の佐藤一斎の著。学問や政治について、漢文で記した語録。『言志録』『言志後録』『言志晩録』『言志耋録』の総称。

【元朝秘史】(ゲンチョウヒシ) 一三世紀に成立したと思われる、モンゴル語で書かれたモンゴルの歴史書。伝説時代からオゴタイの時代までを記す。明の初めに漢語に翻訳された。

●こ●

【広韻】(コウイン) 北宋の陳彭年らが勅命によって編纂した韻書。『切韻』を引き継ぎ、約二万六〇〇〇字を二〇六の韻によって分類したもの。正式名称は、「大宋重修広韻」。

【康熙字典】(コウキジテン) 清の康熙帝の命令により編集された字書。約四万七〇〇〇の漢字を、二一四の部首に分けて解説する。歴代の字書を集大成したもので、その配列や字体は、以後の中国の字書や日本の漢和辞典の標準ともなった。

【孝経】(コウキョウ) 孔子の弟子の曽子またはその門人の手になるとも言われる。孔子と曽子との対話を通して、孝について説いた書物。「身体髪膚、之を父母に受く」から始まる冒頭の対話は、特に有名。十三経の一つ。

【孔子家語】(コウシケゴ) 孔子とその門人の言行録。現存のものは、三国時代、魏の王粛による偽作とされる。

【高僧伝】(コウソウデン) 南朝梁の慧皎の著。後漢から梁までの徳の高い僧約四五〇人の伝記を集めたもの。

【公孫竜子】(コウソンリュウシ｜コウソンリョウシ) 戦国時代の公孫竜の著。名家と呼ばれる論理学派に属する著作で、「白馬非馬」や「堅白同異」などの命題を論じて名高い。

【黄帝内経】(コウテイナイケイ｜コウテイダイケイ) 医学書。黄帝の対話録の形で理論的な内容を記した「素問」と、より実践的な「霊枢」とから成る。前漢のころに成立したとされるが、現存するのは唐代に再編されたもの。

【紅楼夢】(コウロウム) 清の長編小説。全一二〇回のうち、曹霑が八〇回までを書き、残りを高鶚が補った。大貴族の賈宝玉と林黛玉の恋愛を軸に、貴族たちのこまやかな心情とその栄枯盛衰を華麗に描く。古典小説の傑作として、中国では熱狂的なファンを生み出している。

【呉越春秋】(ゴエツシュンジュウ) 後漢の趙曄の著。春秋時代の呉越二国の抗争を描いた書物。フィクションが多いとされる。

【後漢書】(ゴカンジョ) 南朝宋の范曄の著。後漢の歴史を本紀と列伝に分けて記す。二十四史の一つ。東晋の司馬彪の『続漢書』の志三〇巻を合わせて一二〇巻としている。

【五経】(ゴキョウ) 前漢以降、儒教で尊崇され続けてきた五つの経典。『易経』『書経』『詩経』『礼（儀礼。後に礼記）』『春秋』。

【五経正義】(ゴキョウセイギ) 唐の孔穎達らが太宗の命を受けて編纂した、五経の注釈書。科挙（官吏登用試験）のための標準的な解釈書として長く尊ばれた。

【五経大全】(ゴキョウタイゼン) 明の胡広らが、永楽帝の命令で編集した、五経の注釈書。朱子学の解釈に従っており、科挙（官吏登用試験）の基準となった。

【国語】(コクゴ) 著者は左丘明とも言われるが、不詳。春秋時代の諸国の歴史を記した書物。『春秋』に対して、「春秋外伝」と呼ばれることもある。『春秋左氏伝』『史記』『漢書』と並ぶ歴史書として、「左国史漢」と称された。

【穀梁伝】(コクリョウデン) →春秋穀梁伝

【古今図書集成】(ココントショシュウセイ) 清の康熙帝の命令で編集が開始された、それぞれの項目に関連する記述を、さまざまな書物から抜き出してまとめた「類書」の一つ。雍正帝の時代に完成。一万巻。

【五雑組・五雑俎】ゴザッソ　明の謝肇淛の著。さまざまな社会現象・自然現象について考証した随筆集。

【呉子】ゴシ　戦国時代の呉起の著とされる。問答体で実践的な兵法に関して記した書物。兵法の七書の一つ。

【古事記】コジキ　七一二年に成立した、現存する日本最古の歴史書。稗田阿礼が記憶していたものを太安万侶が記録したもの。漢字の中国音を当て字的に用いたり、意味を訓読み的に用いたりして記述されている。

【古詩源】コシゲン　清の沈徳潜の編。上古から隋までの詩七〇〇余首を、時代別・作者別にまとめたもの。

【五代史記】ゴダイシキ　北宋の欧陽脩の著。五代の歴史を記したもの。二十四史の一つ。「旧五代史」に対して「新五代史」とも呼ばれる。

【古文真宝】コブンシンポウ　宋末/元初の黄堅の編といわれる。戦国時代から宋までの有名な詩文を集めたもの。初学者用の簡便なテキストとして、日本でも人気があった。

●さ●

【菜根譚】サイコンタン　明の洪応明の著。儒教を中心に道教や仏教の思想を加えて、わかりやすく処世訓を説く。日本でよく読まれ、近代に入ってからも政治家や実業家などに愛読者が多い。

【西遊記】サイユウキ　明の呉承恩の著とされる長編口語小説。唐の玄奘三蔵が、孫悟空・沙悟浄・猪八戒を供にしてインドへ仏典を取りに行く旅を描く。その波乱に富んだ想像力豊かな内容から、四大奇書の一つとして、中国のみならず日本でも非常な人気を博し、現在でもファンは多い。

【茶経】サケイ　→茶経チャキョウ

【左氏伝】サシデン　→春秋左氏伝シュンジュウサシデン

【冊府元亀】サップゲンキ　北宋の王欽若らが皇帝の命令で編纂した書物。唐・五代を中心に、歴代の政治的な事柄を分類してまとめたもの。

【左伝】サデン　→春秋左氏伝シュンジュウサシデン

【三国志】サンゴクシ　西晋の陳寿の著。三国時代の歴史を、魏を正統としつつ、「魏志」「蜀志」「呉志」に分けて記す。後、南朝宋の裴松之が詳細な注を付した。二十四史の一つ。

【三国志演義】サンゴクシエンギ　元末明初の羅貫中の著。三国時代の歴史に材を取りつつ、さまざまなフィクションを加えた長編小説。群雄たちの活躍を生き生きと描き、『水滸伝』と並んで中国の民衆に広く愛読された。「三国演義」「三国志通俗演義」とも呼ばれる。四大奇書の一つ。

【三才図会】サンサイズエ　明の王圻の著。天文・地理・人物などさまざまな事物を図入りで説明した、一種の百科事典。江戸時代に寺島良安が、本書に日本のことを付け加えて『和漢三才図会』を作った。

【三字経】サンジキョウ　南宋の王応麟の著とされる、児童用の教科書。全編、三字の句から成る。日本でもよく使われた。

【三体詩】サンタイシ｜サンテイシ　南宋の周弼の編。唐代の詩から、七言絶句・七言律詩・五言律詩の三種類を選んで集めたもの。中唐・晩唐の作品を多く収める。

【三略】サンリャク　前漢の張良が黄石公から授けられたという兵法書に仮託して、三国時代に作られた書物といわれる。兵法七書の一つ。

●し●

【爾雅】ジガ　前漢のころに作られた、中国最古の辞書。経書に出てくる語の解釈を集めたもの。十三経の一つに数えられる。

【史記】シキ　前漢の司馬遷の著。上古より武帝までの歴史を、帝王の事跡を記した本紀と、臣下の伝記である列伝を中心としてまとめた書物。この体裁は「紀伝体」と呼ばれ、長く後世の史書に受け継がれることとなった。歴史を動かし、また歴史に翻弄される個人の運命を描き出したその文章は、千古の名文として愛読されてきた。日本には奈良時代に伝来し、圧倒的な影響を及ぼしてきた。現在でも、『史記』を題材とした文芸作品が数多く生み出されている。二十四史の一つ。

【詩経】シキョウ　中国現存最古の詩集。春秋時代中ごろまでの詩、約三〇〇編をまとめたもの。伝承によれば、現在の形にまとめたのは孔子だという。かつては知識人にとって必須の教養であり、「小心翼々」「切磋琢磨」など多くの故事成語の出典となった。現在では、中国古代の風俗を知る資料としても重要な書物。五経の一つ。前漢の毛亨が伝えたので、「毛詩」とも呼ばれる。

【四庫全書】シコゼンショ　清の乾隆帝の命令で編集された叢書。当時入手可能であった主な文献を、経(経典)・史(史書)・子(諸子)・集(詩文集)の四つに分類して集めたもの。全体で八万巻近くに及ぶ。

【資治通鑑】シジツガン　北宋の司馬光の著。戦国時代から五代末までの一三六二年間の歴史を、編年体で記した書物。多くの学者の協力を得ながらも、司馬光が一貫した歴史意識の下に一九年の歳月をかけて執筆したもので、編年体の歴史書の代表とされる。

【資治通鑑綱目】シジツガンコウモク　南宋の朱熹が門人とともに、『資治通鑑』から重要な箇所を抜き出して作った書物。

【四書】シショ　南宋の朱熹が重視し、以後、儒教で五経とともに尊ばれるようになった四つの経典。もと『礼記』の一編であった『大学』と『中庸』に、『論語』『孟子』を加えたもの。

【四書集注】シショシッチュウ　南宋の朱熹が著した、四書の注釈書。朱子学の基本文献。

【四書大全】シショタイゼン　明の胡広らが、永楽帝の命令で編集した、四書の注釈書。朱子学の解釈に従っており、科挙(官吏登用試験)の基準となった。

【詞綜】シソウ　清の朱彝尊の編。唐から元までの五〇〇余人の詞をまとめたもの。

【七書】シチショ　代表的な七つの兵法書。『孫子』『呉子』『司馬法』『尉繚子』『六韜』『三略』『李衛公問対』。「武経七書」とも言う。

【七略】シチリャク　前漢の劉歆の編。七つの分野に分類して作られた、中国最古の書籍目録。

【史通】唐の劉知幾の著。歴史書の体裁・叙述方法・内容などを論じたもの。中国最初の体系的な歴史論と言われる。後世、歴史研究者必読の著作とされた。

【実語教】平安時代の空海の著と伝えられる、儒教の経典から格言などを抜き出してまとめた書物。初学者用の教科書として、長く使われた。

【司馬法】春秋時代の司馬穰苴の著とされる兵法書。兵法の七書の一つ。

【詩品】南朝梁の鍾嶸の著。歴代の五言詩を上中下の三つに分けて論評したもの。中国詩論書の先駆けとして重要。

【釈名】後漢の劉熙の著。同音の別の漢字を用いて、漢字の字義を説明した字書。

【謝小娥伝】唐の李公佐の小説。父と夫を殺された謝小娥が、夢のお告げで犯人を知り、仇討ちをするという伝奇小説。

【集韻】北宋の丁度らが、皇帝の命令で編集した韻書。『広韻』を増補改訂して、五万三五二五字を収録。

【周易】→易経

【十三経】儒教の基本的な一三種類の経典。『易経』『書経』『詩経』『礼記』『周礼』『儀礼』『春秋左氏伝』『春秋公羊伝』『春秋穀梁伝』『論語』『孝経』『爾雅』『孟子』。

【周書】唐の令狐徳棻らの編。北周の歴史を記す。二十四史の一つ。

【十八史略】宋末元初の曽先之の著。『史記』から宋代に至る一八種の史書の内容を、初学者向けにまとめた書物。特に日本において、漢文の入門書として重宝された。

【朱子語類】南宋の黎靖徳の編。朱熹と門人の問答を、朱熹の没後に分類してまとめたもの。

【周礼】周公旦の著とされる、周代の官制を説いた書物。実際は後代のもの。儒教の十三経の一つ。

【儒林外史】清の呉敬梓の著。科挙に翻弄される知識人たちを風刺した白話小説。特定の主人公はなく、短編をつなぎあわせた形式による。

【荀子】戦国時代の荀子の思想をまとめた書物。人間の本性は悪であるから、礼によって本能を抑制する必要があるという性悪説が説かれる。その主張は法家に受け継がれた。

【春秋】孔子が編集したと伝えられる歴史書。魯の記録をもとに、前七二二年から前四八一年までの各国の歴史を編年体で述べる。歴史上の人物に対する孔子の批判が、その言葉遣いに示されているとされる。五経の一つ。

【春秋公羊伝】春秋時代の公羊高の著といわれる、『春秋』の注釈書。『春秋』の言葉遣いに隠された孔子の理想を読み解くことを重視し、その解釈は公羊学と呼ばれる。十三経の一つ。単に「公羊伝」とも呼ぶ。

【春秋穀梁伝】春秋時代の穀梁赤の著といわれる、『春秋』の注釈書。十三経の一つ。単に「穀梁伝」とも呼ぶ。

【春秋左氏伝】春秋時代の左丘明の著といわれる、『春秋』の注釈書。多くのエピソードを含み、物語性が高いのが特色。『国語』『史記』『漢書』と並び、古来、歴史書の代表とされてきた。十三経の一つ。単に「左氏伝」「左伝」とも呼ばれる。

【春秋繁露】前漢の董仲舒の著。公羊学の立場から『春秋』を解釈した書物。

【小学】南宋の朱熹の門人、劉子澄の著。経書や史書などから、儒教の入門に役立つことばを抜き出してまとめたもの。

【貞観政要】唐の呉兢の編。太宗が臣下たちと交わした対話をまとめたもの。政治論の教科書として、中国だけでなく日本の為政者の間でもよく読まれた。

【傷寒論】後漢の張仲景の著。急性の発熱性疾患の治療法を、具体的にまとめたもの。中国医学の古典として広く読まれた。

【商君書】戦国時代、秦の商鞅の著とされる、法家思想をまとめた書物。「商子」とも呼ばれる。

【商子】→商君書

【尚書】→書経

【笑府】明末の馮夢竜の編。唐以来の笑い話七〇八話を収める。中国では早くに失われたが、日本に伝存し、落語の種本となった。

【笑林】後漢末の邯鄲淳の著。中国現存最古の笑い話集。原本は散逸したが、二十数話が伝わる。

【書経】尭・舜から周代までの政治の記録をまとめた書物。秦の始皇帝の焚書坑儒によって失われた後、「今文尚書」と「古文尚書」の二種類のテキストが復元され、現行のものは後者の系統に属する。ただし、その五八編のうちの二五編は偽作。「書経」という名称は宋以降のもので、それ以前は「尚書」と呼ばれた。五経の一つ。

【新五代史】→五代史記

【新序】前漢の劉向の著。春秋時代から前漢初めまでの人物の言行を、儒教の立場から分類し、まとめた逸話集。

【新書】前漢の賈誼の著。秦滅亡の原因を論じた「過秦論」をはじめ、政治や学問に関する論説を収める。

【晋書】唐の房玄齢らの編。東晋・西晋に加えて、五胡十六国の歴史を記す。二十四史の一つ。

【慎思録】江戸中期の学者、貝原益軒の著。学問や道徳に関する意見を、漢文で記した随想集。

【新撰字鏡】平安時代の僧、昌住の著。約二万の漢字に、読みと意味を付した漢字字書。和訓を含む字書としては、現存する日本最古のもの。

【新唐書】北宋の欧陽脩らの編。『旧唐書』の不備を改修する意図で、唐の歴史を記す。現在では、単に「唐書」と言えば、ふつうこちらを指す。二十四史の一つ。

● す ●

【水経注】北魏の酈道元の著。三国時代の書と思われる『水経』に、詳細な注を施したもの。中国各地の水路について、流域の都市・旧跡・自然などを記した地理書。

【水滸伝】(スイコデン) 元末明初の施耐庵の著。北宋の末に実在した反乱を素材に、一〇八人の豪傑たちの活躍を描いた長編小説。七〇回、一〇〇回、一二〇回などの諸本がある。江戸時代に日本に輸入され、多くの翻訳・翻案が生まれた。四大奇書の一つ。

【隋書】(ズイショ) 唐の魏徴らの編。隋の歴史を記す。中でも「経籍志」は、当時の図書目録として資料性が高い。また、「東夷伝」に、聖徳太子が派遣した遣隋使に関する記事が含まれていることでも有名。二十四史の一つ。

●せ●

【説苑】(ゼイエン) 前漢の劉向の著。春秋から漢初までの人物の逸話集。

【西京雑記】(セイケイザッキ) 東晋の葛洪の編とされる、前漢の都長安(西京)の人々の逸話や風俗を記した書物。

【西廂記】(セイショウキ|セイソウキ) 元の王実甫の著。書生の張君瑞と、亡き宰相の娘崔鶯鶯が困難を乗り越えて結ばれるまでを描いた長編戯曲。

【西廂記】(セイソウキ) →西廂記(セイショウキ)

【斉民要術】(セイミンヨウジュツ) 北魏の賈思勰の著。現在の山東省近辺での農業や牧畜のやり方を記した、現存する中国最古の農業書。

【性理大全】(セイリタイゼン) 明の胡広らが、永楽帝の命令で編集した、宋の性理学の学説をまとめた書物。

【世説新語】(セセツシンゴ) 南朝宋の劉義慶の著。後漢から東晋までの人物の逸話を、三六の部門に分けてまとめた書物。「志人小説」と呼ばれる人物逸話集の代表として、大いに流行した。単に「世説」とも呼ばれる。

【切韻】(セツイン) 隋の陸法言がまとめた、当時の中国語の標準的な発音を記した韻書。一万二一五八字を収録し、中国のみならず、朝鮮半島や日本の漢字の発音を研究する上での基本資料。原本は失われたが、増補改訂された『広韻』が伝わる。

【説郛】(セップ) 元末明初の陶宗儀の編。歴代の書物数百種から、記述を抜き出して集めたもの。引用元には現在では散逸してしまった書物も多く、資料価値が高い。

【説文解字】(セツモンカイジ) 後漢の許慎の著。九三五三字の漢字を、五四〇の部首に分けて、その意味や形を解説した書物。部首分類を行った最初の書物であり、また、「六書」と呼ばれる造字法によって体系的に漢字の成り立ちを説明した最初の書物でもある。中国文字学の基本文献として、現在に至るまで参照され続けている。「説文」と略称される。注釈書としては、清の段玉裁による『説文解字注』が名高い。

【節用集】(セツヨウシュウ) 室町時代の国語辞書。漢字で書き表される語を、イロハ順に配列してその書き方を示す。江戸時代にかけて大いに流行し、多くの改訂版が作られた。

【山海経】(センガイキョウ) 戦国時代から秦漢のころに書かれたと思われる地理書。神話や伝説を多く含む。現在は、西晋の郭璞が注を付けたものが伝わる。

【戦国策】(センゴクサク) 前漢の劉向の編。戦国時代の諸国の歴史や、遊説家たちの弁論をまとめたもの。戦国時代の歴史を知る基本図書として、古来、よく読まれ、「漁父の利」「鶏口牛後」「虎の威を借る狐」など多くの故事成語の出典となった。

【千字文】(センジモン) 南朝梁の周興嗣の著。一〇〇〇の漢字を一度も重複せずに用いて書かれた、四字句二五〇から成る古詩。韻を踏み、覚えやすいので、漢字学習や習字の教科書として、中国のみならず日本でも広く用いられた。

【先哲叢談】(センテツソウダン) 江戸後期の原念斎の著。江戸時代の儒者七二人の伝記を、漢文で記した書物。

【全唐詩】(ゼントウシ) 清の彭定求らが皇帝の命令で編集した、唐詩の総集。唐代の詩すべてを収録することを意図し、二二〇〇余人、四万八九〇〇余首を収録している。

【剪灯新話】(セントウシンワ) 明の瞿佑の著。「牡丹灯記」「愛卿伝」など二一編を収める伝奇小説集。怪奇談を男女の情愛を絡めて流麗に描き、日本の江戸時代の怪談に大きな影響を与えた。

【全唐文】(ゼントウブン) 清の董誥らが皇帝の命令で編集した、唐代の散文の総集。『全唐詩』にならい、三〇〇〇余人、約一万八〇〇〇の作品を収める。

【潜夫論】(センプロン) 後漢の王符の著。腐敗した政治を批判し、道徳と農業の重要性を説く。

●そ●

【宋史】(ソウシ) 元の脱脱らの編。北宋・南宋の歴史を記す。二十四史の一つ。

【荘子】(ソウジ|ソウシ) 戦国時代の思想家、荘子の著作を中心に、後人の言説を付加してまとめた書物。道家を代表する書物であり、鮮やかなイメージを伴うたとえ話を引きながら議論を展開するその文章は、文学的にも高く評価されている。巨大な魚が鳥と化して大空を飛んでいく「逍遥遊」の話や、夢の中で蝶となって現実との区別が付かなくなる「蝴蝶の夢」の話などは、特に名高い。

【宋書】(ソウジョ) 南朝梁の沈約らの編。南朝宋の歴史を記す。二十四史の一つ。

【捜神記】(ソウジンキ|ソウシンキ) 東晋の干宝の著。超現実的な説話を集めた志怪小説集の先駆として、高く評価されている。

【楚辞】(ソジ) 戦国時代、楚の屈原の作品を中心に、それにならって作られた韻文を集めたもの。中国北方の作品を集めた『詩経』に対して、南方の文学の代表であり、神秘的で豊かな情感を華麗な言葉遣いでうたい、中国韻文の一つの源流となった。「離騒」「漁父辞」などがよく知られる。

【素問】(ソモン) →黄帝内経(コウテイダイケイ)

【孫子】(ソンシ) 春秋時代、呉王に仕えた孫武の著とされる兵法書。単なる戦争の方法だけでなく、広く内政や外交、人心掌握の術までを説いたもので、一種の思想書として、中国や日本のみならず、遠くヨーロッパでも熱心に読まれた。特にナポレオンが傾倒していたのは、有名。兵法の七書の一つ。

【孫臏兵法】(ソンピンヘイホウ) 戦国時代、斉王に仕えた孫臏の著。一九七二年に漢代の墓から発見されて、実在が判明した兵法書。

●た●

【大学】(ダイガク) 春秋時代の曽子の著ともされる、もと『礼記』の一編。学問をして己を修めることの意義を説いたもの。南宋の朱熹によって高く評価されて以後、儒教の入門書として尊ばれるようになった。四書の一つ。

【大蔵経】(ダイゾウキョウ) 仏教の経典を集大成したもの。中国では、南北朝以降、国家公認のもとに国庫に納められた漢訳仏典を総称して呼ぶ。

【大唐西域記】(ダイトウサイイキキ｜ダイトウセイイキキ) 唐の玄奘の著。西域・インドを旅した際の記録。記述は正確で、資料性が高いと評価されている。

【大日本史】(ダイニホンシ) 一六五七年、徳川光圀の命令で編集が開始された歴史書。神武天皇から後小松天皇までの日本史を、紀伝体で記した書物。尊皇思想に基づき南朝を正統として書かれたことから、幕末の思想に大きな影響を与えた。最終的な完成は、一九〇六年。

【太平御覧】(タイヘイギョラン) 北宋の李昉らが太宗の命令によって編集。それぞれの項目に関連する記述を、さまざまな書物から抜き出してまとめた「類書」の一つ。一〇〇〇巻。現在では失われてしまった書物からの引用も多く、資料性が高い。

【太平広記】(タイヘイコウキ) 北宋の李昉らが太宗の命令によって編集した「類書」の一つ。当時伝わっていた逸話や伝説、怪談など七〇〇〇編余りを九二に分類して収める。

【大戴礼】(ダタイレイ) 前漢の戴徳の編。儒教の礼に関する議論を集めたもの。戴聖の編んだ『礼記』と区別して、この名で呼ばれる。

●ち●

【茶経】(チャキョウ｜サケイ) 唐の陸羽の著。茶の歴史や飲み方についてまとめた最古の茶書。

【中庸】(チュウヨウ) 孔子の孫、子思の著と伝えられる。中庸の徳と、本性としての誠とを説く。もと『礼記』の一編であったが、南宋の朱熹が注釈を著して以来、四書の一つとして尊重されるようになった。

【長生殿】(チョウセイデン) 清の洪昇の戯曲。唐の玄宗と楊貴妃の悲恋を描く。

【陳書】(チンジョ) 唐の姚思廉らの編。南朝陳の歴史を記す。二十四史の一つ。

【枕中記】(チンチュウキ) 唐の沈既済の小説。主人公が邯鄲の町で仙人の枕を借りて眠った後、立身出世して栄華を極めるが、それがすべて夢であったと知り、世のはかなさを悟る伝奇小説。「邯鄲の夢」の故事の出典として有名。

●つ●

【通志】(ツウシ) 南宋の鄭樵の著。上古から唐までの制度の変遷を記した歴史書。

【通典】(ツウテン) →通典(ツテン)

【通鑑】(ツガン) →資治通鑑(シジツガン)

【通典】(ツテン｜ツウテン) 唐の杜佑の著。上代から唐の玄宗期までの諸制度の変遷を九つの部門に分けて記し、その由来を明らかにしようとしたもの。

●て●

【天工開物】(テンコウカイブツ) 明の宋応星の著。衣服や陶器の作り方などを、図入りで説明した書物。中国の産業技術史の貴重な資料として評価が高い。

【伝習録】(デンシュウロク) 明の王守仁の語録や書簡を、弟子たちがまとめた書物。

●と●

【竇娥冤】(トウガエン) 元の関漢卿の戯曲。無実の罪で処刑された女性、竇娥の悲劇を描く。

【桃花扇】(トウカセン) 清の孔尚任の戯曲。明朝の滅亡を背景に、侯方域と李香君の悲恋を描く。

【東京夢華録】(トウケイムカロク) 南宋の孟元老の著。かつて暮らした北宋の都汴京の繁栄を記した回想録。

【唐詩紀事】(トウシキジ) 南宋の計有功の著。唐の詩人一一五〇人の逸話を収めた書物。「推敲」の故事の出典として有名。

【唐詩三百首】(トウシサンビャクシュ) 清の孫洙(蘅塘退士)の編。唐詩約三一〇首を詩体別に集めた書物。初唐・盛唐・中唐・晩唐の各時代の詩をバランスよく採録しているのが特色。中国では、唐詩の入門書として、現在でも初等教育で用いられる。

【唐詩選】(トウシセン) 明の李攀竜に仮託して編集されたと言われる、唐詩の選集。一二七人の四六五首を詩体別に収める。初唐・盛唐の詩に偏って採録しているが、特に日本では江戸時代に大いに流行し、現在でも唐詩の手ごろな入門書として読まれる。

【唐詩別裁集】(トウシベッサイシュウ) 清の沈徳潜の編。唐詩一九〇〇余首を詩体別にまとめた書物。

【唐書】(トウジョ) ①→新唐書(シントウジョ) ②→旧唐書(クトウジョ)

【唐宋八家文読本】(トウソウハッカブントクホン) 清の沈徳潜の編。古文学習の便宜を図るため、唐宋八大家の代表作を集めて評釈を付したもの。

●な●

【南史】(ナンシ) 唐の李延寿の著。南朝の宋・斉・梁・陳の四つの王朝の歴史を記す。二十四史の一つ。

【南斉書】(ナンセイショ) 南朝梁の蕭子顕の著。南朝斉の歴史を記す。二十四史の一つ。

●に●

【二十四史】(ニジュウシシ) 清の乾隆帝の命令で選定された、二四種の歴史書。『史記』『漢書』『後漢書』『三国志』『晋書』『宋書』『南斉書』『梁書』『陳書』『魏書』『北斉書』『周書』『隋書』『南史』『北史』『旧唐書』『新唐書』『旧五代史』『新五代史』『宋史』『遼史』『金史』『元史』『明史』。

【日知録】(ニッチロク) 明末清初の顧炎武の著。幅広い分野にわたって精密な考証を展開する、清朝考証学の古典。

【日本外史】ニホンガイシ　江戸後期の頼山陽の著。源氏・平氏から徳川氏に至るまでの武家の歴史を漢文で記す。必ずしも史実に忠実ではないため、歴史書としての評価は高いとは言えないが、情熱的な名文として数多くの読者を魅了してきた。また、勤皇思想に基づいて書かれており、幕末維新に大きな影響を与えた。

【日本書紀】ニホンショキ　奈良時代、舎人親王らの著。上古から持統天皇までの歴史を漢文で記した、編年体の歴史書。六国史の筆頭。

●の●

【農政全書】ノウセイゼンショ　明の徐光啓の著。古来の農業関係の書籍を集大成し、西洋から伝わった技術なども取り入れて書かれた農業技術書。

●は●

【佩文韻府】ハイブンインプ　清の張玉書らが康熙帝の命令で編集した、詩文の用例集。作詩に用立てるため、韻ごとに熟語を分類し、詩文での使用例を豊富に収める。

【白氏文集】ハクシブンシュウ｜ハクシモンジュウ　中唐の白居易の詩文集。友人の元稹が編集した『白氏長慶集』に、自らがまとめた部分を併せたもの。日本にも早くから伝来し、特に平安貴族の間でよく読まれ、以後の文学に大きな影響を与えた。

●ひ●

【飛燕外伝】ヒエンガイデン　後漢の伶元の著と言われるが未詳。前漢の飛燕と昭儀の趙姉妹が、皇帝の愛を争う物語を描く。

【白虎通義】ビャッコツウギ　後漢の班固の著。白虎観という宮殿で、学者たちが行った儒教の経典に関する議論を、皇帝の命令でまとめたもの。

【琵琶記】ビワキ　元末明初の高明の戯曲。後漢の蔡邕が都で出世する様子と、故郷に残されたその妻の苦労を描く。

●ふ●

【武経七書】ブキョウシチショ　→七書

【仏国記】ブッコクキ　東晋の法顕の著。一五年に及ぶ西域・インドの旅で訪れた三〇余国の見聞録。

【文苑英華】ブンエンエイガ　北宋の李昉らが、太宗の命令で編集した詩文集。梁末から唐までの詩文を収める。一〇〇〇巻。

【文華秀麗集】ブンカシュウレイシュウ　平安時代、藤原冬嗣らが嵯峨天皇の命令で編集した漢詩集。『経国集』『凌雲集』とともに、勅撰三集の一つ。

【文献通考】ブンケンツコウ｜ブンケンツウコウ　宋末元初の馬端臨の著。『通典』にならって、上古から南宋の寧宗期までの諸制度の変遷を記した書物。

【文章軌範】ブンショウキハン　南宋の謝枋得の編。科挙（官吏登用試験）の受験者のために、模範となるような文章を集めた書物。名文集として、日本でも広く読まれた。

【文心雕竜】ブンシンチョウリョウ　南朝梁の劉勰の著。文体と修辞法を論じた、中国最初の体系的な文章評論。

●へ●

【碧巌録】ヘキガンロク　雪竇重顕の選んだ禅の公案一〇〇則に、北宋の僧、圜悟克勤の解説を付けてまとめた禅問答集。日本でもよく読まれた。

●ほ●

【方言】ホウゲン　前漢の楊雄の著。各地方から長安にやって来る人々の話す方言を集めた、中国最古の方言辞典。

【法言】ホウゲン　前漢の楊雄の著。『論語』にならって、対話形式で儒教倫理を説いたもの。

【抱朴子】ホウボクシ　東晋の葛洪の著。内編は不老長生の方法を説き、外編は当時の社会状況を論じる。

【北史】ホクシ　唐の李延寿の著。北朝の北魏・北斉・北周および隋の歴史を記す。二十四史の一つ。

【墨子】ボクシ　戦国時代の思想家、墨子の思想をまとめた書物。博愛・非戦・節倹などを説いているが、前漢王朝が儒学を国教として以来、中国ではあまり顧みられなくなった。

【北斉書】ホクセイショ　唐の李百薬の著。北朝の北斉の歴史を記す。二十四史の一つ。

【穆天子伝】ボクテンシデン　著者、成立年代とも未詳。周の穆王が西方へ旅をしたという伝説を記したもの。

【本事詩】ホンジシ　晩唐の孟棨の著。作詩の事情を記した一種の歌物語。「人面桃花」が京劇の題材とされるなどして有名。

【本草綱目】ホンゾウコウモク　明の李時珍の著。約一九〇〇種の薬物について、独自の分類に従って解説を加えたもの。中国史上、薬物に関する最高の書籍と言われる。

【本朝文粋】ホンチョウモンズイ　平安時代、藤原明衡の編。九世紀初めから一一世紀初めまでの日本漢詩文四二七編を、『文選』にならってまとめたもの。

●み●

【明史】ミンシ　清の張廷玉らの編。明の歴史を記す。二十四史の一つ。

●む●

【夢渓筆談】ムケイヒツダン｜ボウケイヒッタン　北宋の沈括の著。幅広い分野に関する随筆を収める。特に医薬・天文・数学など、科学的な分野に関する考証で知られる。

【無門関】ムモンカン　南宋の無門慧開の著。四八の公案によって東洋的「無」の思想を説く禅問答集。

●も●

【蒙求】モウギュウ　唐の李瀚の著。著名人の逸話を、「孔明臥竜」「孫楚漱石」のような五九六の四字句にまとめてつづった、初学者用の教科書。後に南宋の徐子光が各句に詳しい注を付け、それと共に読まれるようになった。日本では平安時代以降、漢文の入門書として広く用いられた。

【孟子】モウシ　戦国時代の思想家、孟子の思想をまとめた書物。朱子によって四書の一つとされたことにより、儒家の重要な経典としての地位が確立された。日本でも江戸時代にはさかんに読まれ、「五十歩百歩」「助長」などの故事成語は広く親しまれている。

【毛詩】→詩経

【文選】南朝梁の昭明太子蕭統の編。周から梁までのおよそ一三〇人の詩文約八〇〇編を体裁別・年代順に収録した書物。日本でも奈良・平安時代に大いに愛読された。

ゆ

【遊仙窟】唐の張鷟の著。黄河の奥地に迷い込んだ主人公が、二人の仙女に歓待をうける様子を描いた伝奇小説。中国では早くに失われたが、日本に伝わって愛読され、『万葉集』に関連する記述が見られる。

【酉陽雑俎】唐の段成式の著。民間の風俗や事件から、怪奇な現象に至るまで、著者の見聞を中心に書きつづった書物。西洋のシンデレラ物語のルーツが収められていることでも知られる。

ら

【礼記】儒教の礼に関する議論と実際を集めたもの。前漢の戴徳が編集した『大戴礼』と、戴聖が編集した『小戴礼』がある。現在では、単に「礼記」といえば、後者を指す。五経の一つ。

【洛陽伽藍記】北魏の楊衒之の著。当時の都、洛陽について、寺院を中心に記録したもの。

り

【李衛公問対】唐の李靖の著とされる兵法書。太宗の問いに李靖が答える形式で書かれている。兵法の七書の一つ。

【六韜】周の太公望の著に仮託されて、後世に作られた兵法書。文・武・竜・虎・豹・犬の六章からなり、『三略』とあわせて「韜略」と呼ばれ、奥義書の意味で用いられるようになった。兵法の七書の一つ。

【六諭衍義】明の范鋐の著。洪武帝が示した六つの教訓に解説を施したもの。琉球を通じて江戸時代の日本にも伝来し、道徳書として広く読まれた。

【凌雲集】平安時代初期、小野岑守らが嵯峨天皇の命令で編纂した、日本最初の勅撰漢詩集。『文華秀麗集』『経国集』とともに、勅撰三集の一つ。

【聊斎志異】清初の蒲松齢の怪異短編文言小説集。中国で愛好されただけでなく、江戸時代に日本にも伝来し、多くの作家が作品の素材として利用している。

【遼史】元の脱脱らの編。遼の歴史を記す。二十四史の一つ。

【梁書】唐の姚思廉の著。南朝梁の歴史を記す。二十四史の一つ。

【呂氏春秋】戦国時代、秦の呂不韋が、食客たちに作らせた書物。道家思想を中心にして、当時の学説や説話を集大成した一種の百科全書。「呂覧」とも呼ばれる。

【呂覧】→呂氏春秋

る

【類聚名義抄】平安時代末に作られた字書。部首によって漢字を配列し、和訓を付す。日本漢字の研究上、資料的価値がきわめて高い。

れ

【歴代名画記】唐の張彦遠の著。絵画の技法や画家の逸話などを集めた書物。「画竜点睛」の故事の出典として著名。

【列子】戦国時代の思想家、列子の思想を伝える書物。漢代か魏晋のころにまとめられたと考えられる。道家思想に属し、「朝三暮四」「杞憂」など、多くの故事成語の元となった説話を含む。

【列女伝】前漢の劉向の編。中国古代の徳行ある女性の伝記を集めた書物。

【列仙伝】前漢の劉向の著とされる、神仙の伝記を集めた書物。

ろ

【老子】春秋時代の老子の著とされる。「無為にして為さざること無し」「大道廃れて仁義有り」など、多くの警句を含み、既成の価値観にとらわれることを戒める。人為を否定して自然状態に帰ることを主張して、中国のみならず広く東洋の社会、またヨーロッパの思想にまで大きな影響を与えている。

【論語】春秋時代の孔子の言行を、門人たちがまとめた書物。政治や学問のあり方、「仁」という概念などについて、問答形式で親しみやすく説き、孔子の思想を知る最も重要な書物として、古来、愛読されてきた。「巧言令色、鮮し仁」「温故知新」「過ぎたるは猶お及ばざるがごとし」など、よく知られた名文句は数知れない。中国のみならず東アジア世界の古典中の古典として、大きな存在感を放っている。注釈書としては、三国魏の何晏の『論語集解』と、南宋の朱熹の『論語集注』がよく知られている。四書の一つ。

【論衡】後漢の王充の著。合理的・論理的な思考によって、儒教の復古主義や、神秘思想などを批判したもの。

わ

【和漢朗詠集】平安時代の藤原公任の編。朗詠を目的として、日本漢詩を含めた漢詩の秀句と、和歌の名句を、季節や事項ごとに集めたもの。平安貴族必須の教養書として、よく読まれた。

【和名類聚抄】平安時代中期、源順の著。漢字で書き表される語について、意味を漢文で記し、和訓を万葉仮名で示す。平安時代の日本語を研究する上で、きわめて重要な資料。「和」は「倭」とも書き、また単に「和名抄」とも呼ばれる。

3 中国文化史年表

西暦	時代	皇帝	中国 歴史的事項	中国 人名・書名・作品名など
	伝説時代 三皇五帝	三皇 五帝	▼三皇とは、一説に伏羲（フッキ）・神農（シンノウ）・女媧（ジョカ）。神農は医薬の神として仰がれる。 ▼五帝とは、黄帝・顓頊（センギョク）・帝嚳（テイコク）・尭（ギョウ）・舜（シュン）とされるが、異説もある。尭・舜は特に後世、理想の天子とされる。 ◎黄帝の時代に蒼頡（ソウケツ）が文字を作ったという。	「撃壌歌（ゲキジョウカ）」
	伝説時代 夏	禹王 桀王	▼禹（ウ）、治水に尽力して舜から帝位を譲られ、夏（カ）王朝を開く。 ▼桀王（ケツオウ）、政治を忘れ横暴の限りを尽くす。	
前一六〇〇	殷	湯王 盤庚 紂王	▼前一六〇〇頃…湯王（トウオウ）、夏（カ）の桀王を倒して殷（イン）王朝を開く。伊尹（イイン）を宰相とする。 ▼前一三〇〇頃…盤庚（バンコウ）、商（河南省安陽市小屯（ショウトン））に遷都。（後世この地を殷墟（インキョ）と呼ぶ） ◎この頃、現存する最古の漢字である甲骨（コウコツ）文字が使われる。また、やや遅れて青銅器に鋳込まれた金文（キンブン）が現れる。 ▼前一一三〇頃…紂王（チュウオウ）、酒池肉林の暴虐をきわめる。周の姫昌（キショウ）（文王）、太公望呂尚（リョショウ）を重用して善政をしき人望を集め、西伯（セイハク）と称される。	箕子（キシ）「麦秋之歌（バクシュウのうた）」
前一二〇〇	西周	武王 成王 穆王 厲王 宣王 幽王	▼前一一〇〇頃…文王の子の武王、殷（イン）の紂王を滅ぼして周王朝を開く。鎬（コウ）（西安）に遷都。 ◎成王の摂政、周公旦（シュウコウタン）、封建制を創設。諸侯にそれぞれの領土を支配させる。 ▼前一〇〇〇頃…穆王（ボクオウ）、異民族の犬戎（ケンジュウ）を討つ。 ▼前八八〇頃…厲王（レイオウ）、暴虐を尽くし周室衰える。 ▼前八三〇頃…宣王、周室を中興。 ▼前七七一…幽王、悪政の果てに犬戎に攻められて殺される。	伯夷（ハクイ）・叔斉（シュクセイ）「采薇歌（サイビのうた）」 『易経（エキキョウ）』 『書経（ショキョウ）』
前八〇〇		平王	▼前七七〇…平王、都を洛邑（ラクユウ）（洛陽）に移す。	

日本 時代	日本
縄文時代	◎紀元前一万五〇〇〇年頃から、縄文（ジョウモン）時代。竪穴（たてあな）住居・環状集落・紋様（モンヨウ）のある大型土器が特徴。

前六〇〇 — 前三〇〇

東周：春秋時代（襄王・霊王・敬王・元王）／戦国時代（威烈王・顕王・赧王・恵王・秦王政）
秦：始皇帝

▼前六五一…斉の桓公、宰相管仲の補佐を得て初めて諸侯を集めて会盟し、覇者となる。以後、晋の文公、楚の荘王などを合わせて春秋五覇と呼ぶ。
▼前五五八…晏嬰、斉の宰相となる。
▼前五五一？…孔丘(孔子)、魯に生まれる。
▼前五〇一？…この頃から、孔子、政治家として活躍。
▼前四九七？…孔子、諸国遍歴の旅に出る。
▼前四九四…呉王夫差、越王句践を会稽山に破る。
▼前四八四？…孔子、魯に戻る。古典を整理、弟子を教育しつつ晩年を送り、後世、儒教の祖として崇められる。
▼前四七九？…孔子没。
▼前四七三…越王句践、呉王夫差を破り雪辱。呉滅ぶ。
▼前四〇三…晋が三分され、韓・魏・趙が独立して諸侯となる。以後、戦国七雄(秦・楚・斉・燕・韓・魏・趙)が争いをくり広げる。
▼前三五九…秦の孝公、商鞅を用いて変法を行う。秦の国力が次第に強大になる。
▼前三三六…蘇秦、六国が同盟して秦に対抗する合従を成立させる。
▼前三二八…張儀、六国が個別に秦と同盟する連衡を説き、秦の宰相となる。
◎この頃、斉の孟嘗君・趙の平原君・魏の信陵君・楚の春申君(戦国の四君子)が大勢の食客たちを召しかかえて活躍。
▼前二八三…趙の藺相如、宝玉の璧を奉じて秦に使いし、秦の要求に屈することなく璧を完うして帰国。
▼前二四九…秦の荘襄王、呂不韋を宰相とする。秦、周王朝を滅す。
▼前二四六…嬴政、秦の王位に就く。
▼前二二七…燕の太子丹、荊軻に秦王政を刺殺させようとしたが、荊軻失敗する。
▼前二二一…始皇帝(秦王政)、天下を統一し、秦王朝を開く。
◎李斯、篆書(小篆)を作り、文字を統一する。

管仲『管子』
『詩経』
晏嬰『晏子春秋』
孫武『孫子』
呉起『呉子』
『春秋』
『論語』
『孝経』
【おもな孔子の弟子たち】
顔回・子貢・曽参・子路・子游・冉有
老聃『老子』
墨翟『墨子』
商鞅『商子』
孟軻『孟子』
荘周『荘子』
鄒衍
荀況『荀子』
呂不韋『呂氏春秋』
韓非『韓非子』
【『楚辞』の文学】
屈原「離騒」「九歌」「漁父」
宋玉「招魂」

弥生時代

◎紀元前五世紀頃から、弥生時代。北九州に稲作と金属器をともなう文化が成立。

前二〇〇　前一〇〇　紀元元年

秦

二世皇帝
子嬰

▼前二二四…蒙恬、匈奴を討伐、万里の長城を築く。
▼前二一三…焚書を行う。医薬・卜占・農業以外の書物の私蔵を禁じる。
▼前二一二…坑儒を行い、儒学者たちを弾圧。
▼前二〇九…陳勝・呉広の乱。
▼前二〇七…趙高、二世皇帝胡亥を殺し子嬰を立てる。
▼前二〇六…子嬰、沛公(劉邦)に降伏し、秦滅亡。以後、漢の劉邦と楚の項羽の抗争が続く。

項羽「垓下歌」

前漢

高祖
恵帝
少帝弘
景帝
武帝
元帝
平帝

▼前二〇二…項羽、垓下の戦いに敗れて自決。劉邦(高祖)、長安(西安)を都に漢王朝を開く。秦の苛酷な政治を改め、民心の安定をはかる。
▼前一九五…高祖が没して恵帝が即位するが、皇太后の呂太后の一族が実権を握る。
▼前一八〇…周勃・陳平らが呂氏一族を滅ぼす。
▼前一五四…呉楚七国の乱。
▼前一四〇…武帝即位。その治世は前漢の最盛期とされる。また、この年、初めて年号を定める。
▼前一三九…張騫を大月氏に派遣。十三年後に帰国。
▼前一三六…董仲舒の献策で初めて五経博士を置き、儒教を国教とする。
▼前一二九…衛青、匈奴を撃退。
▼前一二一…霍去病、匈奴を征討。
◎この頃、楽府を設置し、各地の民歌を採取。
▼前一〇五…劉細君(烏孫公主)、烏孫に嫁す。
▼前一〇〇…蘇武、匈奴に使いし幽閉される。十九年後、苦難の末、帰国。
▼前九九…李陵、匈奴に降る。司馬遷、李陵を弁護して武帝の怒りに触れ、宮刑に処される。
▼前三三…王嬙(王昭君)、匈奴の単于に嫁す。
▼前一…皇帝の祖父の王莽が実権を握る。

劉邦「大風歌」
賈誼『新書』
戴聖『礼記』
劉安『淮南子』
董仲舒『春秋繁露』
【「五経」の成立】
『易経』『書経』『詩経』『礼記』『春秋』
【楽府の新声・辞賦の流行】
「飲馬長城窟行」
「白頭吟」
司馬相如「子虚賦」
枚乗「七発」
武帝「秋風辞」
烏孫公主「悲愁歌」
司馬遷『史記』
劉向『戦国策』『説苑』
王昭君「怨詩」
班婕妤「怨歌行」
◎陰陽五行説流行

新

王莽

▼八…王莽、新を建国。漢王朝がいったん滅びる。
▼一八…赤眉の乱起こる。
▼二二…劉秀、挙兵。

揚雄『方言』『法言』
劉歆『七略』

弥生時代

◎紀元前一世紀頃、倭に百余国があり、漢の楽浪郡に朝貢していたという。

一〇〇　二〇〇

▼二三…劉秀軍に王莽敗死。新、滅ぶ。

後漢

光武帝　明帝　章帝　和帝　桓帝　霊帝　少帝弁　献帝

▼二五…劉秀（光武帝）、洛陽を都として漢を再興。
▼二七…光武帝、赤眉の乱を鎮圧。
▼六八…中国で最初の仏寺、白馬寺が建立されたという。
▼七三…竇固・班超、西域を討つ。
▼七九…儒学者たちが白虎観に集まり五経の解釈を討論、班固がその記録を『白虎通義』としてまとめる。
▼九七…班超、使者甘英を大秦国（ローマ帝国）に送る。
▼一〇〇…許慎、『説文解字』を著す。初の文字学書。
▼一〇五…蔡倫、紙の製法を大成し、皇帝に献上。
▼一六六…党錮の獄。宦官が儒教官僚を弾圧する。また、この年、大秦国王安敦の使者が洛陽に至る。
▼一七五…蔡邕らが五経の文字を碑に刻み、太学門外に立てる。
▼一八四…黄巾の乱。漢の支配力が衰微する。
▼一八九…董卓、朝政を牛耳って少帝を廃し、献帝を立てる。
▼一九二…虐政を極めた董卓が部下に暗殺される。
▼二〇〇…官渡の戦いで曹操が袁紹を破り、中国北部での勢力を確立する。
▼二〇七…劉備、諸葛亮の草廬を訪れる。亮は備の謀臣となり、天下三分の計を立てる。
▼二〇八…赤壁の戦い。劉備・孫権の連合軍が曹操軍を大破。曹操の天下統一の望みが打ち砕かれる。

王充『論衡』
班固『漢書』
班昭（曹大家）、兄、班固の『漢書』を書き継ぎ、完成。
「古詩十九首」
「孔雀東南飛」
【訓詁の学隆盛】
馬融（多くの経典に注釈）
鄭玄（多くの経典に注釈）
何休『春秋公羊解詁』
【建安の文学活動】
曹操「短歌行」
曹丕「典論」
曹植「洛神賦」
建安七子（孔融・陳琳・王粲・徐幹・阮瑀・応瑒・劉楨）
蔡琰「悲憤詩」

三国時代

（魏）文帝　明帝　斉王　元帝

▼二二〇…曹操（魏の武帝）没。子の曹丕（文帝）、後漢の献帝を廃して即位。洛陽を都に魏を建国。
▼二二一…劉備（昭烈帝）、成都で即位。蜀漢を建国。
▼二二二…呉の孫権、自立。以後、魏・蜀・呉の三国が鼎立。
▼二二三…劉備、諸葛亮に後事を託し、白帝城で病死。
▼二二七…諸葛亮、「出師表」を上奏して北伐に出陣。
▼二二九…孫権（大帝）、建業（南京）で即位。
▼二三四…諸葛亮、五丈原に布陣中、病死。
▼二四九…魏で司馬懿が実権を握る。
▼二六三…蜀漢、魏に降る。

【清談の流行】
竹林の七賢（嵆康・阮籍・山濤・向秀・劉伶・阮咸・王戎）

弥生時代

▼五七…倭奴国、使者を後漢に送り、洛陽で金印を受ける。
◎この頃、倭国が大いに乱れる。やがて、争いを収めるために女王卑弥呼が共立される。
▼二三九…邪馬台国の女王卑弥呼、使者を魏に送る。

三〇〇　四〇〇

西晋

武帝　恵帝　懐帝　愍帝

▼二六五…司馬炎(武帝)、魏を滅して即位。洛陽を都に晋を建国。(後年の司馬睿の東晋に対して西晋という)
▼二八〇…晋、呉を滅ぼし天下を統一。
▼二九〇…八王の乱始まる。晋の皇室の内部抗争。
▼三〇四…八王の乱に乗じて、匈奴が山西に前趙を建国。五胡十六国の初め。
▼三一一…永嘉の乱。五胡の兵力が華北を席捲。
▼三一六…愍帝、前趙に捕らえられ、西晋滅ぶ。

李密「陳情表」
陳寿『三国志』
陸機「文賦」
左思「三都賦」

五胡十六国

東晋

元帝　簡文帝　孝武帝　安帝

▼三一八…司馬睿(元帝)、建康(南京)に遷都し帝位につく。
▼三七一…この頃、敦煌の石窟開かれる。
▼三七六…前秦の苻堅(宣昭帝)、華北を統一。
▼三八三…淝水の戦い。東晋が前秦の苻堅を大破。前秦は互解し、鮮卑・氐・羌・匈奴など割拠。
▼三八六…北方に拓跋珪(道武帝)、北魏を建国。
▼三九九…この頃、東晋の僧法顕、仏典を求めてインドに向かう。十三年後に帰国し、『仏国記』を著す。
▼四〇一…鳩摩羅什、長安に迎えられる。以後、多くの仏典を漢訳。

王羲之「蘭亭序」
葛洪『抱朴子』
陶淵明「帰去来辞」

北朝

南朝

(南朝)武帝　文帝　孝武帝　高帝　武帝　鬱林王

▼四二〇…劉裕(武帝)、東晋を滅して建康(南京)を都に宋(南朝宋)を建国。宋の後、江南には斉・梁・陳が相次ぎ、この四朝を南朝という。対して、北方に興亡した各国を北朝という。
▼四三九…北魏の太武帝、華北を統一。鮮卑族の北朝が漢族の南朝と対立を強める。
▼四四二…この頃から、道教を大成した寇謙之が、北魏で実権を握り、道教を国教化、仏教を迫害する。
▼四六〇…この頃、北魏の文成帝、雲岡に石窟寺院を開く。
▼四七九…蕭道成(高帝)、宋を滅ぼし斉(南斉)を建国。
▼四八五…北魏の孝武帝、均田制を実施。国家が国民に農地を支給して自作農とし、直接、税を取り立てるこの制度は、唐代にまで受け継がれただけでなく、日本をはじめとする周辺地域の国家体制にも大きな影響を与えた。
▼四九四…北魏の孝文帝、平城(大同)から洛陽に遷都。竜門に石窟寺院を開き始める。また、鮮卑語の使用を禁止、漢族化

謝霊運「石壁精舎還湖中作(セキヘキショウジャよりコチュウにかえるのサク)」
劉義慶『世説新語』
范曄『後漢書』
鮑照「擬行路難」
沈約『宋書』『四声譜』
◎四六駢儷文流行
劉勰『文心雕竜』
酈道元『水経注』
賈思勰『斉民要術』
蕭統(昭明太子)『文選』
徐陵『玉台新詠』
顧野王『玉篇』
庾信「哀江南賦」

古墳時代

▼二六六…倭の女王壱与、使者を晋に送る。
◎この頃から古墳時代。
▼二八四…百済から阿直岐が来朝、経典を進講したという。
▼二八五…王仁、百済から『論語』『千字文』を伝えたという。
▼三九一…朝鮮半島を攻め、新羅・百済を破ったという。
▼四七八…倭王武(雄略天皇)、宋に使者を送る。

年代	五〇〇	六〇〇	
王朝		隋	唐
皇帝	武帝 / 簡文帝 / 武帝 / 宣帝 / 文帝	煬帝	高祖 / 太宗 / 高宗

につとめる。
▼五〇二…蕭衍（武帝）、斉を滅ぼし梁を建国。南朝に最盛期をもたらし、仏教文化の花が開く。
▼五二七…この頃、インド僧の達磨大師、禅宗を開く。
▼五三四…北魏の孝文帝が臣下の宇文泰に殺され、東魏（都は洛陽）と西魏（都は長安）とに分裂。
▼五五〇…高洋（文宣帝）が東魏を滅ぼし、北斉を建国。
▼五五七…宇文覚（孝閔帝）が西魏を滅ぼし、北周を建国。陳覇先（武帝）、梁を滅ぼし陳を建国。
▼五七七…北斉が北周に滅ぼされる。
▼五八一…隋王楊堅（隋の文帝）、北周を滅ぼし、即位して隋王朝を開く。
▼五八三…文帝、大興城（長安）を造営。
▼五八九…文帝、陳を滅ぼし、天下統一。
▼五九八…この頃、科挙の制度が始まる。以後、一時的な中断はあるものの二〇世紀初頭まで続けられ、中国の官僚制度の根幹となる。
▼六〇四…楊広（煬帝）、父の文帝を殺して即位。
▼六〇五…黄河と淮水とを結ぶ通済渠開通。その後、永済渠など大運河が建設される。
▼六一八…煬帝が殺され、隋滅ぶ。
▼六一八…李淵（高祖）即位。長安を都とし、唐王朝を開く。
▼六二一…祆教（ゾロアスター教）の布教を許す。
▼六二六…玄武門の変。李世民（太宗）が兄を殺し、父高祖から位を譲られて即位。翌々年には天下を統一。房玄齢や杜如晦・魏徴などの名臣に支えられ、「貞観の治」と呼ばれる安定した治世を行う。
▼六二九…玄奘、仏典を求めて国禁を犯して出国、インドに旅す。十六年後に帰国して持ち帰った仏典の漢訳に努めたほか、『大唐西域記』を著した。
▼六三五…ペルシャ人オロボン（阿羅文）、景教（キリスト教の一派）を伝える。
▼六五一…この頃、回教（イスラム教）伝わる。
▼六六八…高句麗を滅ぼす。

【六朝志怪小説】
干宝『捜神記』
任昉『述異記』

顔之推『顔氏家訓』
陸法言『切韻』

欧陽詢『芸文類聚』
陸徳明『経典釈文』
孔穎達『五経正義』
李瀚『蒙求』
【初唐の詩】
王勃「滕王閣」
駱賓王「易水送別」
盧照鄰「長安古意」
陳子昂「登幽州台歌」
劉希夷「代悲白頭翁」
呉兢『貞観政要』
李華「弔古戦場文」

飛鳥時代

▼五一三…百済から五経博士が来訪。
▼五三八…百済から仏教が公式に伝来。
▼五九二…推古天皇、即位。
▼五九三…聖徳太子、摂政となる。
▼六〇三…冠位十二階制定。
▼六〇四…十七条憲法制定。
▼六〇七…小野妹子を遣隋使として派遣。
◎この頃、法隆寺建立。
▼六三〇…第一回遣唐使を派遣。
▼六五四…大化の改新
▼六六三…白村江の戦い

七〇〇　八〇〇　九〇〇

唐

中宗　則天武后　中宗　睿宗　玄宗　粛宗　代宗　徳宗　憲宗　穆宗　文宗　武宗　僖宗　太祖

▼六七一…義浄、海路インドへ赴く。二十五年後に帰国、『南海寄帰内法伝』を著す。
▼六八四…高宗没。中宗が即位するが、皇太后の則天武后の独裁が始まる。
▼六九〇…武后帝位につき、国号を周に改める。唐朝一時中断。
▼七〇五…武后退けられ中宗復位。同年、武后没。
▼七一〇…皇后の韋氏が中宗を毒殺。皇族の李隆基が武力で韋氏一族を滅し、父の睿宗を復位させる。
▼七一二…李隆基(玄宗)即位。その治世前半は国政が安定し、「開元の治」と称される。
◎この頃、長安は国際都市として繁栄し、人口は百万を超える。
▼七四四…ウイグルがモンゴルを統一。
▼七四五…玄宗、楊太真を貴妃とする。以後、楊氏一族が政権を握り、政治が乱れ始める。
▼七五一…タラス河畔で高仙芝がイスラム軍に敗れる。唐軍の捕虜が製紙法を西方に伝える。
▼七五五…安禄山が反乱を起こし、安史の乱が始まる。
▼七五六…玄宗、反乱軍に追われ蜀に避難。その途中で楊貴妃が殺される。粛宗即位。
▼七六三…安史の乱が平定されるも、唐王朝の威信は大きく揺らぐ。
▼七八〇…土地の私有化が進み小作農が増えた結果、均田制が維持できなくなった現実に対応するため、両税法を施行。財政がやや回復し、唐の支配もやや安定。
▼七八一…長安に「大秦景教中国流行碑」が建てられる。
▼八一九…憲宗が仏教に傾倒、仏骨を宮中に祭る。
▼八二二…宣明暦の採用。日本にも伝えられ、八六二年から一六八五年までの長きにわたって用いられた。
▼八二七…この頃から、「牛李の党争」と呼ばれる党派争いが激化する。宦官の政治介入も絡み、唐王朝衰退。
▼八四五…武宗が道教に傾倒、道教以外の宗教を禁止。
▼八七五…黄巣の乱起こる。
▼八八四…朱温、黄巣を殺し唐に投降。全忠の名を賜る。
▼九〇七…朱全忠(太祖)、唐の哀帝を殺して梁(後梁

【盛唐の詩】
王之渙「登鸛鵲楼」
孟浩然「春暁」
王昌齢「閨怨」
崔顥「黄鶴楼」
王維「送元二使安西」
李白「早発白帝城」
「静夜思」
杜甫「春望」「登高」
呉道玄(画家)
顔真卿(書家)
【古文復興運動】
韓愈「師説」「雑説」
柳宗元「捕蛇者説」
【中唐の詩】
李賀「将進酒」
柳宗元「江雪」
白居易「長恨歌」
劉禹錫「秋風引」
賈島「度桑乾」
段成式『酉陽雑俎』
【晩唐の詩】
杜牧「江南春」
李商隠「楽遊原」
【唐代伝奇小説】
張鷟『遊仙窟』
白行簡「三夢記」
元稹「鶯鶯伝」
沈既済「枕中記」
李公佐「謝小娥伝」
李復言「杜子春伝」
陳玄祐「離魂記」
陳鴻「長恨歌伝」

飛鳥時代

▼六七二…壬申の乱
▼六九四…藤原京に遷都。
▼七〇一…大宝律令制定。

奈良時代

▼七一〇…平城京(奈良)に遷都。
▼七一二…『古事記』
▼七一七…吉備真備・阿倍仲麻呂ら遣唐使に従って渡唐。
▼七二〇…『日本書紀』
▼七五一…『懐風藻』
▼七五二…東大寺大仏開眼。
▼七五四…鑑真来朝。
▼七五九頃…『万葉集』
▼七七〇…阿倍仲麻呂、唐で客死。
▼七八八…最澄、延暦寺創建。
▼七九四…平安京(京都)に遷都。
▼八〇四…最澄・空海、渡唐。
▼八一八…『文華秀麗集』
▼八二七…『経国集』
▼八三五頃…空海『性霊集』
▼八五七…藤原良房、太政大臣となり、摂関政治が始まる。
▼八九四…遣唐使を中止。
▼九〇〇頃…『新撰字鏡』
▼九〇三…菅原道真没。『菅家文

一〇〇〇
一一〇〇

五代

末帝 荘宗 高祖 出帝 高祖 太祖 世宗

を興す。都は汴(開封)。以後に興亡する後唐・後晋・後漢・後周を合わせて五代と呼ぶ。

▼九一六…耶律阿保機、契丹を興す。

▼九二三…李存勗(荘宗)、後梁を滅して後唐を興す。都は洛陽。

▼九三六…石敬瑭(高祖)、後唐を滅して後晋を興す。契丹に援助を受けた代償として、燕雲十六州を割譲。

▼九三七…後晋、汴に遷都。契丹、国号を遼と改める。

▼九四六…遼、出帝を殺し、後晋滅ぶ。

▼九四七…劉知遠(高祖)、後漢を興す。

▼九五一…郭威(太祖)、後漢を滅して後周を興す。

▼九五六…『九経』出版。儒教経典の印刷出版の初め。

【詞の流行】
趙崇祚『花間集』
温庭筠「木蘭花」
韋荘「応天長」
李煜「虞美人」

北宋

太祖 太宗 真宗 仁宗 英宗 神宗 哲宗 徽宗

▼九六〇…趙匡胤(太祖)、恭帝から位を奪い、後周を滅ぼす。汴(開封)を都として宋王朝を開く。

◎宋代には商品経済が発達、大量に流通した貨幣は、「宋銭」と呼ばれ日本でも用いられた。また、世界最初の紙幣も発行された。

▼九七六…太宗即位。天下統一を達成したほか、李昉らに命じて『太平広記』『文苑英華』『太平御覧』を編纂させ文化事業を興す。

▼九八三…遼、国号を再び契丹と改める。

▼一〇〇四…澶淵の盟。宋が毎年、絹や銀を納めるという条件で、契丹との和平成立。

◎この頃、木版印刷が普及する。

▼一〇三八…タングート、西夏を建国。

▼一〇四四…慶暦の和約。宋が毎年、絹や銀を納めるという条件で、西夏との和平成立。

▼一〇六六…契丹が国号を遼に戻す。

▼一〇六九…王安石、財政難打破と軍事改革を目指し、新法を実施。以後、新旧両法の争いが起こる。

▼一〇八四…司馬光が編年体の通史『資治通鑑』を完成。

▼一〇八六…司馬光、宰相となり新法を廃止。

▼一一〇二…この頃以後、新旧両法の党派争いがますます激しくなる。

▼一一一五…女真の完顔阿骨打、金を建国。

▼一一一八…宋、使者を金に派遣、遼を共同で攻撃することを提案。

陳彭年『広韻』
范仲淹「岳陽楼記」
欧陽脩ら『新唐書』
【宋学の形成】
周敦頤『太極図説』
程顥『明道集』
程頤『伊川文集』
【古文復興運動】
欧陽脩「朋党論」
蘇洵「上韓枢密書」
蘇軾「赤壁賦」
蘇轍「黄州快哉亭記」
曽鞏「戦国策目録序」
王安石「読孟嘗君伝」
沈括『夢渓筆談』
曽鞏「虞美人草」
黄庭堅「寄黄幾復」
米芾(書家・画家)
郭茂倩『楽府詩集』
【詞の盛行】
晏殊・柳永・周邦彦・徽宗・李清照

金

平安時代

草』『菅家後集』

◎この頃、『竹取物語』が書かれ、物語文学が起こる。

▼九〇五…『古今和歌集』

▼九三四頃…『和名類聚抄』

▼九三五…平将門の乱

▼九九六…藤原道長、実権を握る。藤原氏の全盛期始まる。

▼一〇〇一頃…『枕草子』

▼一〇〇四頃…『源氏物語』

▼一〇一三頃…『和漢朗詠集』

▼一〇五一…前九年の役

▼一〇六〇頃…『本朝文粋』

▼一〇八六…白河上皇、院政開始。

▼一一〇〇頃…『類聚名義抄』

一二〇〇　一三〇〇

金・北宋

欽宗

▼一一二五…金、宋との同盟に基づき遼を攻撃。遼滅ぶ。
▼一一二六…宋と金の同盟が破れ、金が宋の都、汴を落とす。
▼一一二七…徽宗・欽宗・后妃ら大勢が金に捕らえられ、北宋滅亡。

金・南宋

(南宋)高宗　孝宗　寧宗　理宗　度宗　恭帝　端宗

▼一一二七…高宗(欽宗の弟)、南京で即位、宋室を再興する。
▼一一二九…南宋、臨安(杭州)を国都と定める。
▼一一三八…南宋、金に臣下を称す。この頃、華北に全真教おこる。
▼一一四一…秦檜、金との和議を主張。主戦派の岳飛を殺す。翌年、金との和議成立。
▼一一七七…朱熹、『論語』『孟子』の集注を完成。やがて宋学を大成し、以後の東アジアの思想に大きな影響を与える。
▼一二〇六…テムジン、蒙古を統一しチンギス・ハンと称す。
▼一二三四…蒙古、金を滅す。
▼一二三六…蒙古が西征、東ヨーロッパにまで侵入。
▼一二六〇…蒙古でフビライ・ハン即位(元の世祖)。
▼一二六四…蒙古、大都(北京)に遷都。
▼一二七一…蒙古、国号を元と改める。
▼一二七五…マルコ・ポーロ、元の世祖に謁見。
▼一二七六…元、臨安を攻め落とす。文天祥が抗戦するも、敗れて捕らえられる。

陸九淵(心学の祖)
朱熹・呂祖謙『近思録』
【四書】の成立
『大学』『中庸』『論語』『孟子』
范成大「田園雑興」
楊万里「憫農」
陸游「沈園」「遊山西村」
厳羽『滄浪詩話』
劉淵「平水韻」
周弼『三体詩』
元好問『中州集』
黄堅『古文真宝』
趙孟頫(書家・画家)

元

世祖　成宗　仁宗　順帝

▼一二七九…崖山の戦い。宋、滅亡。元、中国を統一。
▼一二八〇…郭守敬、イスラム天文学に学んで、授時暦を作る。
▼一二八三…文天祥、「正気歌」を残して刑死。
▼一二九四…モンテ・コルヴィノ、大都に来たり、カトリックを布教。
▼一三一三…中断していた科挙の制、復活するも、蒙古や西域の諸民族に有利な形となる。
▼一三四六…イスラムの旅行家イブン・バットゥータが大都に来たる。
▼一三五一…紅巾の乱起こる。

謝枋得『文章軌範』
曾先之『十八史略』
【元曲(元の雑劇)の隆盛】
馬致遠「漢宮秋」
関漢卿「竇娥冤」
王実甫『西廂記』
高明「琵琶記」
周徳清『中原音韻』
【長編小説の発生】
施耐庵『水滸伝』

太祖

▼一三六八…順帝、大都(北京)を放棄し北方へ退去し、元、滅亡。朱元璋(太祖洪武帝)、応天府(南京)を都にし、明

陶宗儀『輟耕録』
高啓「尋胡隠君」

平安時代

▼一一二〇以後…『今昔物語集』
▼一一五六…保元の乱
▼一一五九…平治の乱
▼一一八五…平氏滅亡。

鎌倉時代

▼一一九二…源頼朝、征夷大将軍となる。
▼一二〇五…『新古今和歌集』
▼一二二一…承久の乱
▼一二四〇以前…『平家物語』
▼一二七四…蒙古襲来(文永の役)
▼一二八一…蒙古襲来(弘安の役)
◎この頃、金沢文庫創設。
▼一三三一頃…『徒然草』
▼一三三三…鎌倉幕府滅亡。

南北朝時代

▼一三三三…建武の新政
▼一三三八…足利尊氏、室町幕府を開く。
▼一三六七…足利義満、将軍となる。

一四〇〇　一五〇〇　一六〇〇

明：恵帝　成祖　英宗　孝宗　世宗　穆宗　神宗　熹宗　毅宗

清：世祖

王朝を開く。
▼一三六九…倭寇、山東に侵入。(一五六〇年頃まで、中国沿岸各地に出没)
▼一三八〇…洪武帝、宰相の制度を廃止。皇帝の独裁権力が確立。
▼一三九九…燕王朱棣、靖難の変を起こす。
▼一四〇二…朱棣(成祖永楽帝)、恵帝(建文帝)を破って即位。その後、軍事・行政の両面で成功を収めたほか、『永楽大典』『五経大全』の編纂など文化事業も行い、明の最盛期を現出。
▼一四〇五…鄭和、船団を率いて南海へ遠征。(一四三三年まで七回)
▼一四二一…北京に遷都。
▼一四四九…土木の変。英宗、オイラート(瓦剌)に捕らえられる。
▼一五〇四…この頃、万里の長城がほぼ現在の姿となる。
▼一五四一…安南、明に降伏。
▼一五五二…フランシスコ・ザビエル、布教中に広東で没。
▼一五五七…ポルトガル、マカオに居住権を得る。
▼一五七〇…韃靼(タタール)のアルタン・ハンと和議成る。
▼一五七二…神宗万暦帝即位。宰相張居正を重用して、国政の改革に乗り出す。銀の流通拡大に伴い、人頭税と土地税を一括して銀で納めさせる一条鞭法を全国で施行。
▼一五八二…マテオ・リッチ(利瑪竇)、マカオに来る。
▼一六〇七…徐光啓、マテオ・リッチの助けを得て、ユークリッド幾何学を漢訳。
▼一六一一…この頃から東林党と宦官との政争が起こる。
▼一六一六…女真のヌルハチ(太祖)、後金を建国。
▼一六二四…オランダ、台湾を占領。
▼一六二七…東林党を弾圧した宦官魏忠賢、失脚し自殺。
▼一六三一…李自成の乱、起こる。
▼一六三六…後金の太宗(ホンタイジ)、国号を清と改める。
▼一六四三…清、世祖順治帝即位。
▼一六四四…李自成、北京に侵入。毅宗崇禎帝が自殺、明滅亡。
▼一六四四…世祖、李自成を破り、北京に遷都。
▼一六四五…辮髪令。女真の民俗を漢族にも強制。
▼一六四六…中断していた科挙を実施。

【小説の盛行】
羅貫中『三国志演義』
瞿佑『剪灯新話』
李禎『剪灯余話』
呉承恩『西遊記』
笑笑生『金瓶梅』
【古文辞学派】
何景明『大復論』「秋日雑興」
李夢陽『空同子集』「開元寺」
李攀竜『唐詩選』
王世貞『芸苑卮言』
◎王陽明(守仁)が陽明学を樹立。
徐愛・薛侃ら『伝習録』
仇英(北宗画)
【実学の発展】
王圻『三才図会』
李時珍『本草綱目』
宋応星『天工開物』
徐光啓『農政全書』
李贄(卓吾)『焚書』
【戯曲の発展】
湯顕祖「牡丹亭還魂記」
臧懋循『元曲選』
【白話小説の流行】
馮夢竜『三言』
凌濛初『二拍』
董其昌(南宗画)
石濤(画家)
金聖歎(文芸評論)
呉偉業「永和宮詞」

室町時代
▼一三九二…南北朝合体。
▼一四〇一…足利義満、明と国交を開く。
◎五山文学隆盛。絶海中津・義堂周信ら活躍。
▼一四三九…足利学校再興。
▼一四六七…応仁の乱
▼一四七四頃…『文明本節用集』
▼一五四三…鉄砲伝来。
▼一五四九…キリスト教伝来。

戦国時代
▼一五七三…室町幕府滅亡。

安土桃山時代
▼一五八二…本能寺の変
▼一五八五…豊臣秀吉、関白となる。
▼一五九二…朝鮮出兵(慶長の役)
▼一六〇〇…関ヶ原の戦い

江戸時代
▼一六〇三…徳川家康、江戸幕府を開く。
▼一六〇八頃…朱子学が官学となり、林羅山が儒官に就く。
▼一六二八…陳元贇、日本に帰化、拳法を伝える。
▼一六三七…島原の乱
▼一六三九…鎖国令
▼一六四八…中江藤樹没。日本の陽

一七〇〇　一八〇〇

清

聖祖　世宗　高宗　仁宗　宣宗　文宗　穆宗

▼一六五〇…鄭成功、廈門・金門を奪回して清に抵抗。
▼一六六一…鄭成功、オランダを破り台湾を根拠地とする。
▼一六六二…聖祖（康熙帝）即位。
◎以後、世宗雍正帝・高宗乾隆帝の三代が、清の最盛期とされる。この間、『全唐詩』『佩文韻府』『古今図書集成』『四庫全書』などの大規模な出版事業が行われる一方で、「文字の獄」と呼ばれる厳しい思想弾圧も行われた。
▼一六七三…三藩の乱。一六八一年に平定され、清の中国支配が固まる。
▼一六八三…鄭氏降伏し、台湾が清領となる。
▼一六八九…ロシアとネルチンスク条約締結。
▼一六九七…外蒙古、清に帰属。
▼一七〇六…中国の伝統儀礼を認めない宣教師の布教を禁じる。
▼一七一三…盛世滋生人丁制を施行。古代から続いてきた人頭税の制度が実質的に廃止される。
▼一七一六…『康熙字典』完成。
▼一七二〇…清、チベットを支配。
▼一七二三…キリスト教全面禁止。宣教師をマカオに追放。
▼一七五七…外国貿易港を広東一港に限定。
▼一七九三…英国の使節マカートニー、北京に来る。
▼一七九六…白蓮教徒の乱。清の支配力が弱まる。
▼一八〇七…英国の宣教師モリソン、広東に来る。
▼一八一五…アヘンの輸入禁止。
▼一八三八…林則徐、アヘンの害を奏上。英国商人のアヘンを焼却。
▼一八四〇…英国との間にアヘン戦争起こる。
▼一八四二…アヘン戦争終結。南京条約で香港を割譲、続いて米国及び仏国と不平等条約を締結。
▼一八五〇…洪秀全、太平天国の乱を起こす。
▼一八五三…太平天国軍、南京を攻略。
▼一八五六…アロー戦争始まる。
▼一八五八…英・仏・米・露と天津条約を締結、貿易が大幅に自由化され、欧米列強による経済侵略が強まる。
▼一八六〇…英仏連合軍、北京を占領。アロー戦争終わる。
◎この頃から曽国藩・李鴻章ら洋務運動開始。
▼一八六四…南京陥落し、洪秀全自殺。太平天国の乱、終結。
▼一八六五…上海に江南製造局を設け、翻訳事業を行う。

李漁「笠翁十種曲」
王夫之『読通鑑論』
【考証学の興隆】
顧炎武『日知録』
黄宗羲『明夷待訪録』
【戯曲の発展】
洪昇『長生殿伝奇』
孔尚任『桃花扇伝奇』
【怪奇小説集】
蒲松齢『聊斎志異』
紀昀『閲微草堂筆記』
【長編小説】
呉敬梓『儒林外史』
曹雪芹・高鶚『紅楼夢』
王士禎『漁洋詩話』
沈徳潜『唐宋八家文読本』『古詩源』
袁枚『随園詩話』
【考証学の成果】
戴震『毛鄭詩考正』
銭大昕『十駕斎養新録』
趙翼『二十二史箚記』
段玉裁『説文解字注』
阮元『十三経注疏校勘記』
文康『児女英雄伝』
魏源『海国図志』
石玉崑『三俠五義』
王先謙『荀子集解』

江戸時代

明学の祖。
▼一六五四…明の隠元、日本に渡り、黄檗宗を開く。
▼一六五九…明の朱舜水、日本に帰化。
▼一六六二…伊藤仁斎、古義堂を開き、多くの弟子を教育。
▼一六八二…井原西鶴『好色一代男』
▼一六九〇…湯島聖堂落成。
▼一七〇二…松尾芭蕉『おくのほそ道』
▼一七〇三…近松門左衛門『曽根崎心中』
▼一七一一…室鳩巣、新井白石の推挙により幕府の儒官となる。
▼一七一六…享保の改革
▼一七二八…荻生徂徠没。古文辞学を大成。
▼一七七六…上田秋成『雨月物語』
▼一七八七…寛政の改革
▼一七九七…湯島聖堂を拡張。昌平坂学問所創設。
▼一八二九…頼山陽『日本外史』
▼一八三七…大塩平八郎の乱
▼一八四一…天保の改革
▼一八四二…曲亭馬琴『南総里見八犬伝』
▼一八五三…ペリー来航。
▼一八五六…広瀬淡窓没。『桂林荘雑詠』
▼一八五九…安政の大獄。佐藤一斎没。『言志四録』
▼一八六八…明治維新

一九〇〇

中華民国

徳宗

▼一八七一…日清修好条規締結。
▼一八七四…日本、台湾に出兵。
▼一八七五…西太后、妹の子の徳宗光緒(コウショ)帝を擁立し、みずから摂政となる。
▼一八九四…日清戦争始まる。孫文、ハワイで興中会を結成。
▼一八九五…日清戦争終結。下関条約で、日本に台湾を割譲。
◎この頃から康有為(コウユウイ)・梁啓超(リョウケイチョウ)らが変法運動開始。
▼一八九八…ドイツは膠州湾(コウシュウワン)、露国は関東州、英国は威海衛(イカイエイ)を租借。中国の半植民地化が進む。戊戌(ボジュツ)の政変が起こり康有為・梁啓超は日本に亡命。
▼一八九九…河南省安陽市小屯(ショウトン)の殷墟(インキョ)から、甲骨文字が発見される。
▼一九〇〇…義和団事件。民衆が排外運動を起こすが、列強に鎮圧される。
▼一九〇五…科挙廃止。孫文、東京で中国同盟会を組織。
▼一九〇七…英国のスタインが敦煌(トンコウ)より大量の文書を持ち帰る。翌年には仏国のペリオが続き、西欧の中国学が発展する。

宣統帝

▼一九一一…辛亥(シンガイ)革命起こる。

▼一九一二…中華民国建国。宣統帝が退位して清滅ぶ。
▼一九一六…大総統袁世凱(エンセイガイ)没。軍閥(グンバツ)割拠の時代となる。
▼一九一九…五四運動。第一次大戦の講和会議に対する不満が愛国運動として爆発。孫文、中国国民党結成。
▼一九二一…中国共産党結成。以後、国民党と共産党が対立しつつ、軍閥や列強に抵抗していく。
▼一九二五…孫文没。翌年、蒋介石(ショウカイセキ)が国民党の実権を握る。
▼一九二八…国民党による中国統一成る。
▼一九三一…満州事変。日本との戦争状態が続く。
▼一九三四…共産党が国民党の圧迫を避けて根拠地を移動。長征と呼ばれるこの過程で、毛沢東(モウタクトウ)が指導者となる。
▼一九三六…西安事件。翌年、国民党と共産党が協力して日本軍に抵抗する体制が実現。
▼一九三七…日中戦争始まる。
▼一九四五…日中戦争終わる。翌年、国共内戦が始まる。
▼一九四九…共産党による中国統一。中華人民共和国成立。

文化

康有為(コウユウイ)『孔子改制考』
李宝嘉(リホウカ)『官場現形記』
劉鶚(リュウガク)『老残遊記』
黄遵憲(コウジュンケン)『日本国志』
王国維『人間詞話』
◎白話運動(文学革命)
胡適(コセキ)(白話運動を提唱)
陳独秀(チンドクシュウ) 雑誌『新青年』
魯迅(ロジン)『阿Q正伝』『狂人日記』

明治

▼一八七一…廃藩置県。中村正直(なかむらまさなお)『西国立志編(サイゴクリッシヘン)』
▼一八七二…福沢諭吉『学問のすすめ』
▼一八七七…西南戦争
▼一八八九…大日本帝国憲法発布。
▼一八九四…日清(ニッシン)戦争
▼一九〇三…重野安繹(しげのやすつぐ)ら『漢和大字典』刊。最初の漢和辞典。
▼一九〇四…日露(ニチロ)戦争
▼一九一〇…日韓併合

大正

▼一九一四…第一次世界大戦
▼一九二三…関東大震災

昭和

▼一九三一…満州事変
▼一九三七…日中戦争始まる。
▼一九三九…第二次世界大戦始まる。
▼一九四五…第二次世界大戦終わる。

4 中国王朝興亡表

年	王朝〔都〕	
	殷〔小屯(殷墟)〕	
前1100頃	西周〔鎬(長安)〕	
前770	東周〔洛邑(洛陽)〕	春秋時代
前403		戦国時代
前256		
前221	秦〔咸陽〕	
前206	前漢〔長安〕	
8	新〔長安〕	
25	後漢〔洛陽〕	
220	三国時代	
265	西晋〔洛陽〕	
317	東晋〔洛陽〕(五胡十六国)	
420	南北朝時代	
581	隋〔大興(長安)〕	
618	唐〔長安〕	
907	五代十国＊2	
960	北宋〔汴京(開封)〕	(遼)
1127	南宋〔臨安(杭州)〕	(金)
1279	元〔大都(北京)〕	
1368	明〔南京-北京〕	
1616 / 1644	清〔北京〕	
1912	中華民国(台湾)〔台北(公式には南京)〕	
1949	中華人民共和国〔北京〕	

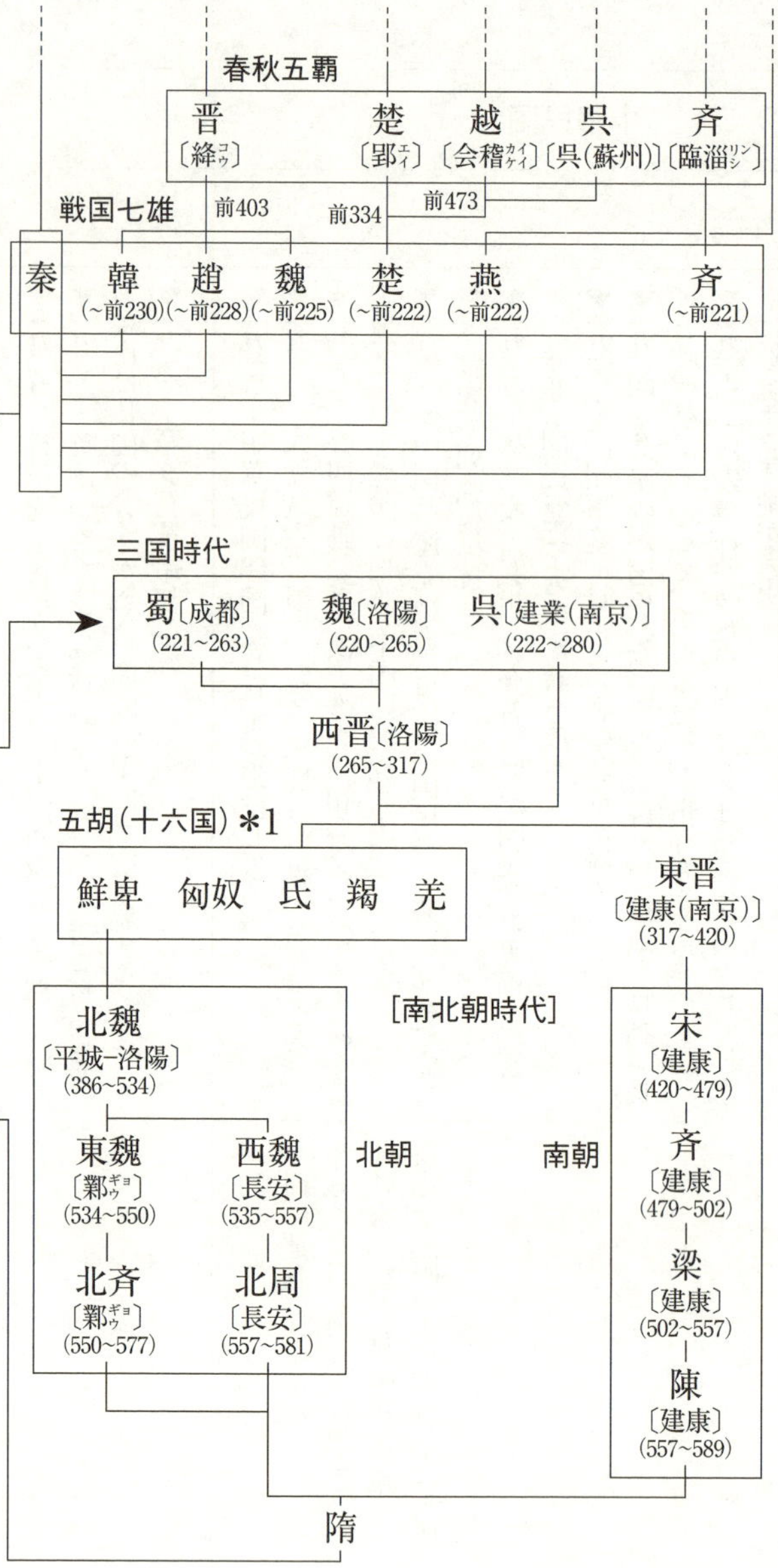

＊1 五胡十六国

種族	国名
●匈奴	前趙(304~329)
	北涼(397~439)
	夏 (407~431)
●羯	後趙(319~351)
●鮮卑	前燕(337~370)
	後燕(384~409)
	西秦(385~431)
	南涼(397~414)
	南燕(398~410)
●氐	成漢(304~347)
	前秦(351~394)
	後涼(386~403)
●羌	後秦(384~417)
●漢人	前涼(301~376)
	西涼(400~421)
	北燕(409~436)

＊2 五代十国

●五代	●十国
後梁(907~923)	前蜀(907~925)
後唐(923~936)	後蜀(934~965)
後晋(936~946)	荊南(907~963)
後漢(947~950)	楚 (907~951)
後周(951~960)	呉 (902~937)
	南唐(937~975)
	呉越(907~978)
	閩 (909~945)
	南漢(917~971)
	北漢(951~979)

5 中国歴史地図

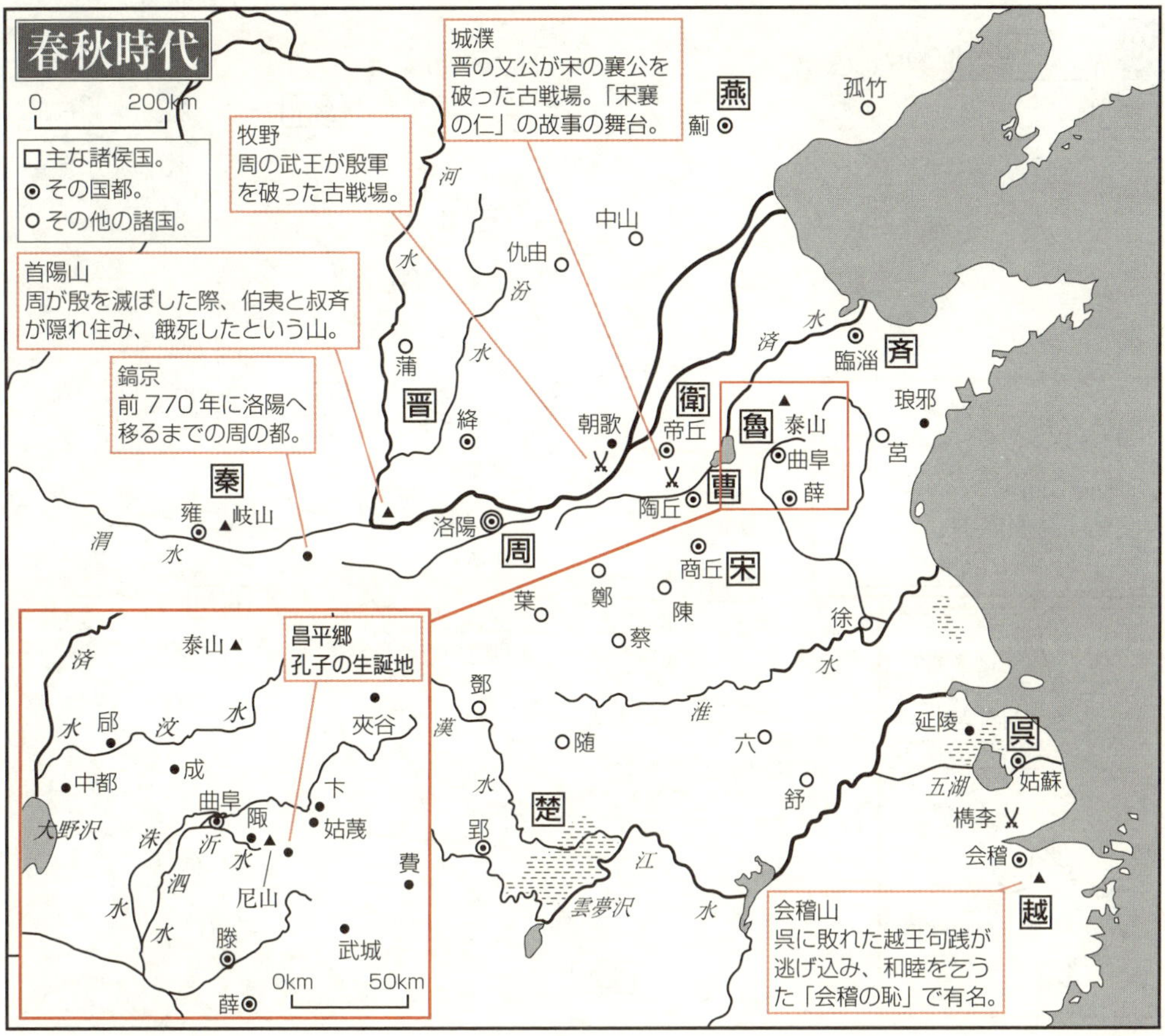
春秋時代
0 200km
□主な諸侯国。
◎その国都。
○その他の諸国。
城濮
晋の文公が宋の襄公を破った古戦場。「宋襄の仁」の故事の舞台。
牧野
周の武王が殷軍を破った古戦場。
首陽山
周が殷を滅ぼした際、伯夷と叔斉が隠れ住み、餓死したという山。
鎬京
前770年に洛陽へ移るまでの周の都。
昌平郷
孔子の生誕地
会稽山
呉に敗れた越王句践が逃げ込み、和睦を乞うた「会稽の恥」で有名。
燕
薊
孤竹
中山
仇由
河
水
汾
蒲
晋
絳
朝歌
衛
帝丘
済
臨淄
斉
琅邪
魯
泰山
曲阜
薛
莒
曹
陶丘
秦
雍
岐山
洛陽
周
渭
商丘
宋
葉
鄭
陳
蔡
徐
鄧
漢
随
淮
六
延陵
呉
五湖
姑蘇
舒
檇李
会稽
越
楚
郢
江
雲夢沢
泰山
汶
邱
成
中都
夾谷
曲阜
卞
陬
姑蔑
大野沢
洙
沂
泗
尼山
費
滕
武城
薛
0km 50km

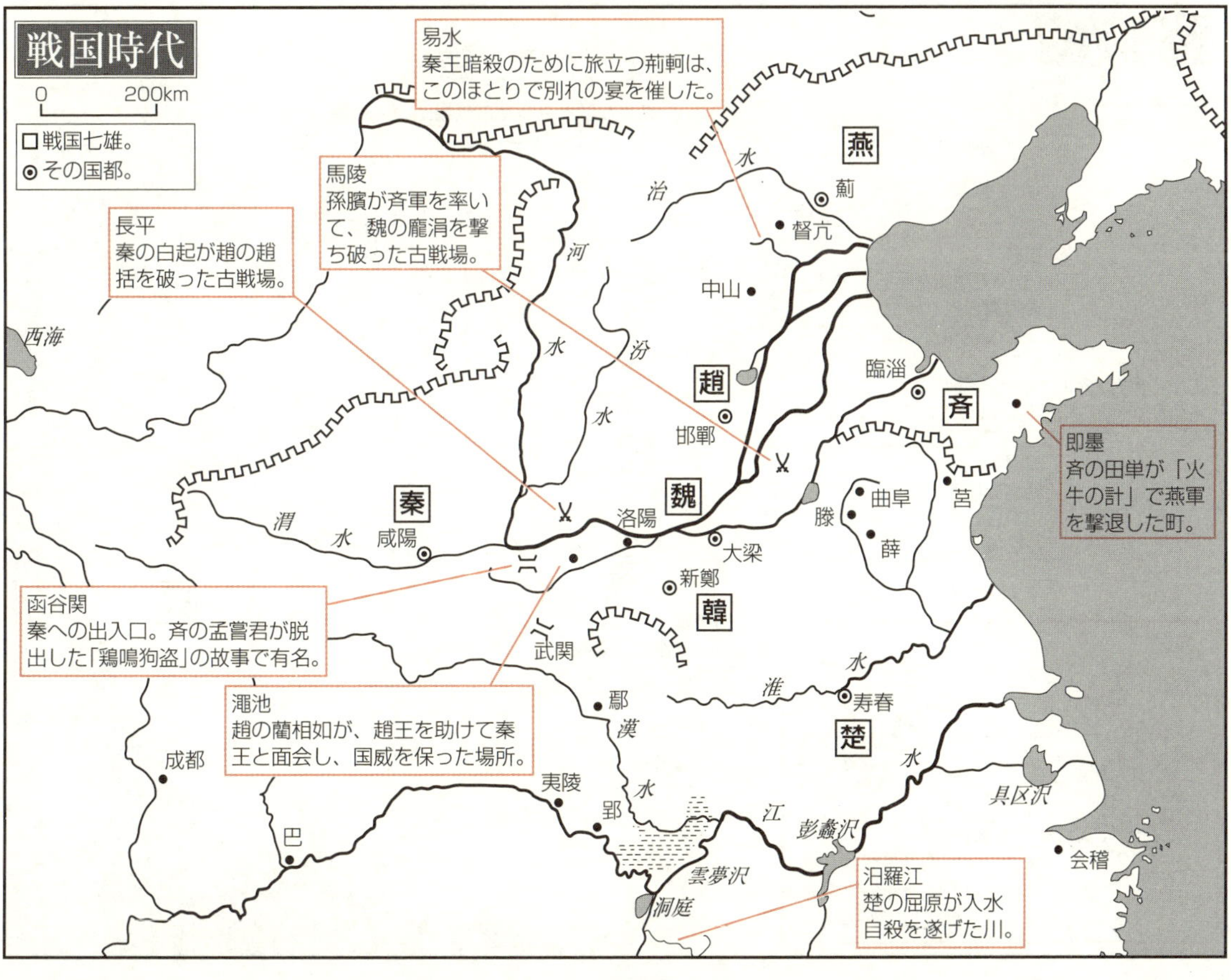
戦国時代
0 200km
□戦国七雄。
◎その国都。
易水
秦王暗殺のために旅立つ荊軻は、このほとりで別れの宴を催した。
馬陵
孫臏が斉軍を率いて、魏の龐涓を撃ち破った古戦場。
長平
秦の白起が趙の趙括を破った古戦場。
即墨
斉の田単が「火牛の計」で燕軍を撃退した町。
函谷関
秦への出入口。斉の孟嘗君が脱出した「鶏鳴狗盗」の故事で有名。
澠池
趙の藺相如が、趙王を助けて秦王と面会し、国威を保った場所。
汨羅江
楚の屈原が入水自殺を遂げた川。
燕
薊
督亢
治
水
中山
河
汾
西海
臨淄
斉
趙
邯鄲
秦
渭
水
咸陽
魏
洛陽
大梁
曲阜
滕
薛
莒
新鄭
韓
武関
淮
寿春
鄢
漢
楚
成都
夷陵
郢
江
彭蠡沢
具区沢
巴
雲夢沢
洞庭
会稽

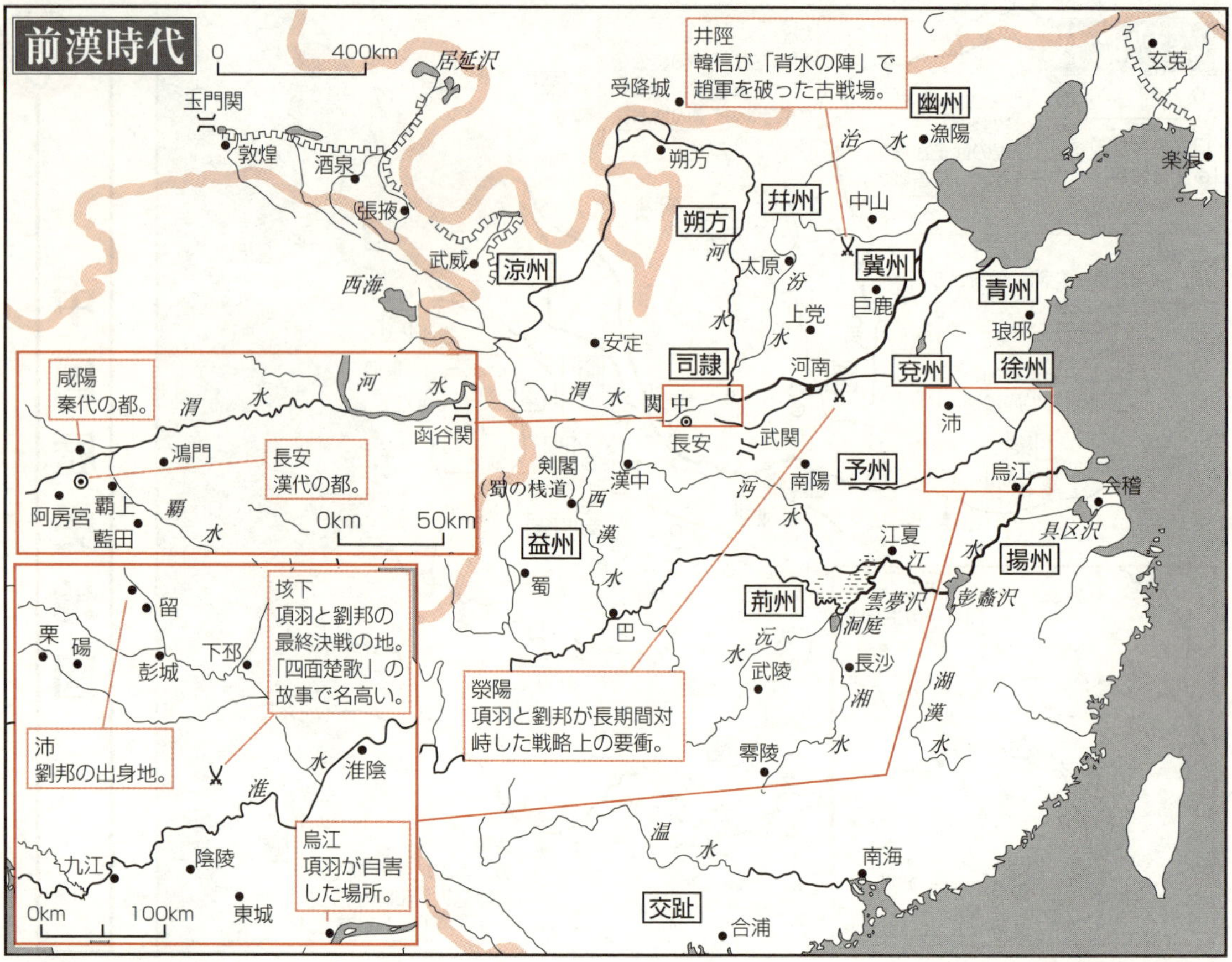
前漢時代
0
400km
居延沢
玉門関
敦煌
酒泉
張掖
武威
涼州
西海
受降城
井陘
韓信が「背水の陣」で
趙軍を破った古戦場。
幽州
漁陽
玄菟
楽浪
朔方
朔方
并州
中山
河
太原
汾
冀州
巨鹿
上党
水
青州
琅邪
安定
司隷
河南
兗州
徐州
咸陽
秦代の都。
渭
水
河
水
函谷関
鴻門
長安
漢代の都。
阿房宮
覇上
藍田
覇
水
0km
50km
渭
水
関
中
長安
武関
剣閣
（蜀の桟道）
漢中
沛
烏江
南陽
予州
汚
西
漢
水
益州
蜀
巴
江夏
江
雲夢沢
洞庭
荊州
沅
水
武陵
長沙
湘
水
零陵
会稽
具区沢
揚州
彭蠡沢
湖
漢
水
留
栗
碭
下邳
彭城
垓下
項羽と劉邦の
最終決戦の地。
「四面楚歌」の
故事で名高い。
沛
劉邦の出身地。
水
淮陰
淮
九江
陰陵
東城
烏江
項羽が自害
した場所。
0km
100km
滎陽
項羽と劉邦が長期間対
峙した戦略上の要衝。
温
水
南海
交趾
合浦

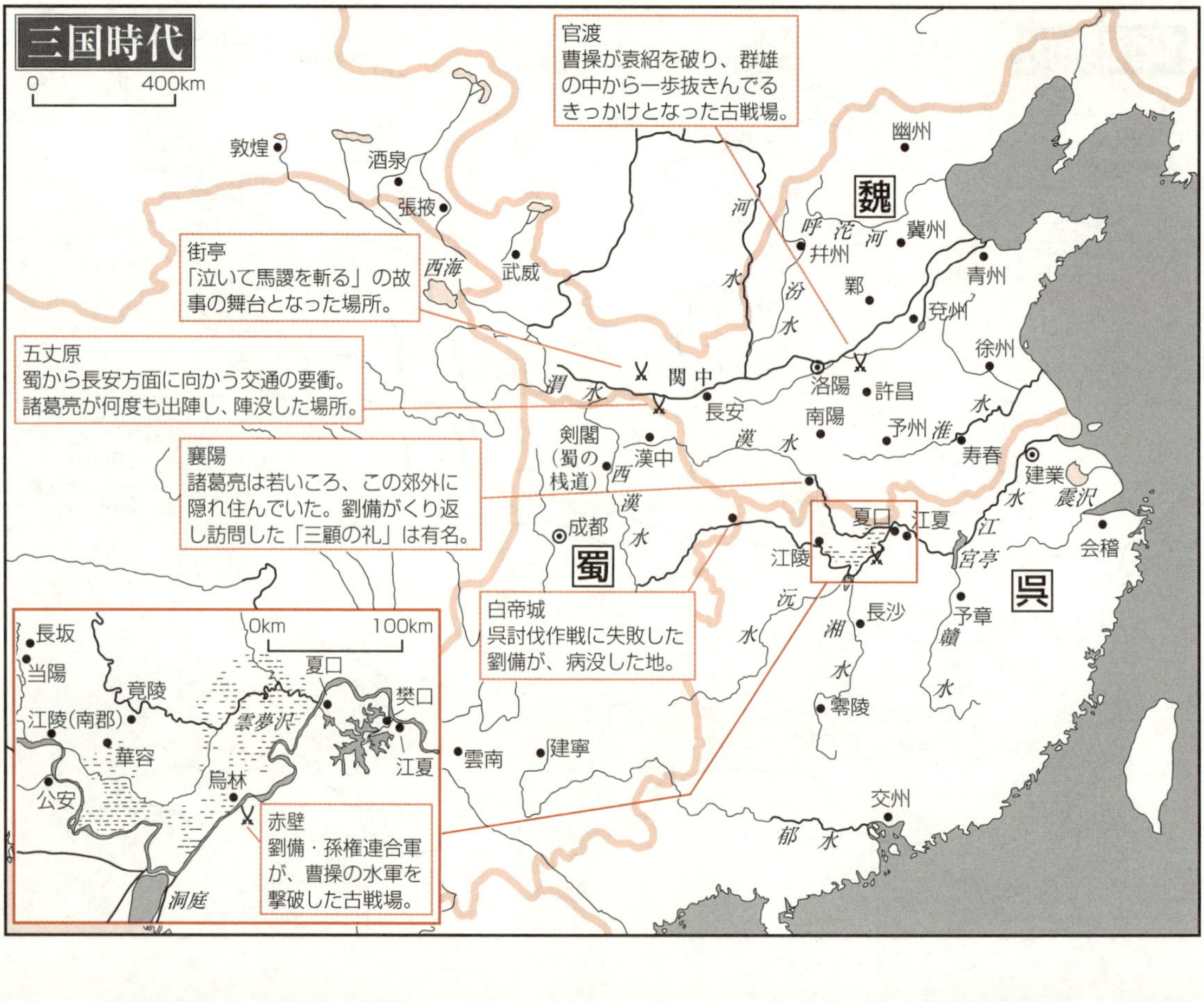
三国時代
0
400km
官渡
曹操が袁紹を破り、群雄
の中から一歩抜きんでる
きっかけとなった古戦場。
敦煌
酒泉
張掖
武威
西海
幽州
魏
河
水
呼
沱
河
并州
冀州
鄴
汾
水
青州
兗州
徐州
街亭
「泣いて馬謖を斬る」の故
事の舞台となった場所。
五丈原
蜀から長安方面に向かう交通の要衝。
諸葛亮が何度も出陣し、陣没した場所。
渭
水
関
中
長安
洛陽
許昌
南陽
予州
淮
水
寿春
剣閣
（蜀の
桟道）
漢中
西
漢
水
漢
水
襄陽
諸葛亮は若いころ、この郊外に
隠れ住んでいた。劉備がくり返
し訪問した「三顧の礼」は有名。
成都
蜀
建業
震沢
江
水
夏口
江夏
江陵
宮亭
会稽
呉
長沙
沅
水
湘
水
零陵
予章
贛
水
白帝城
呉討伐作戦に失敗した
劉備が、病没した地。
雲南
建寧
交州
郁
水
長坂
当陽
竟陵
0km
100km
夏口
樊口
江陵（南郡）
雲夢沢
華容
江夏
公安
烏林
赤壁
劉備・孫権連合軍
が、曹操の水軍を
撃破した古戦場。
洞庭

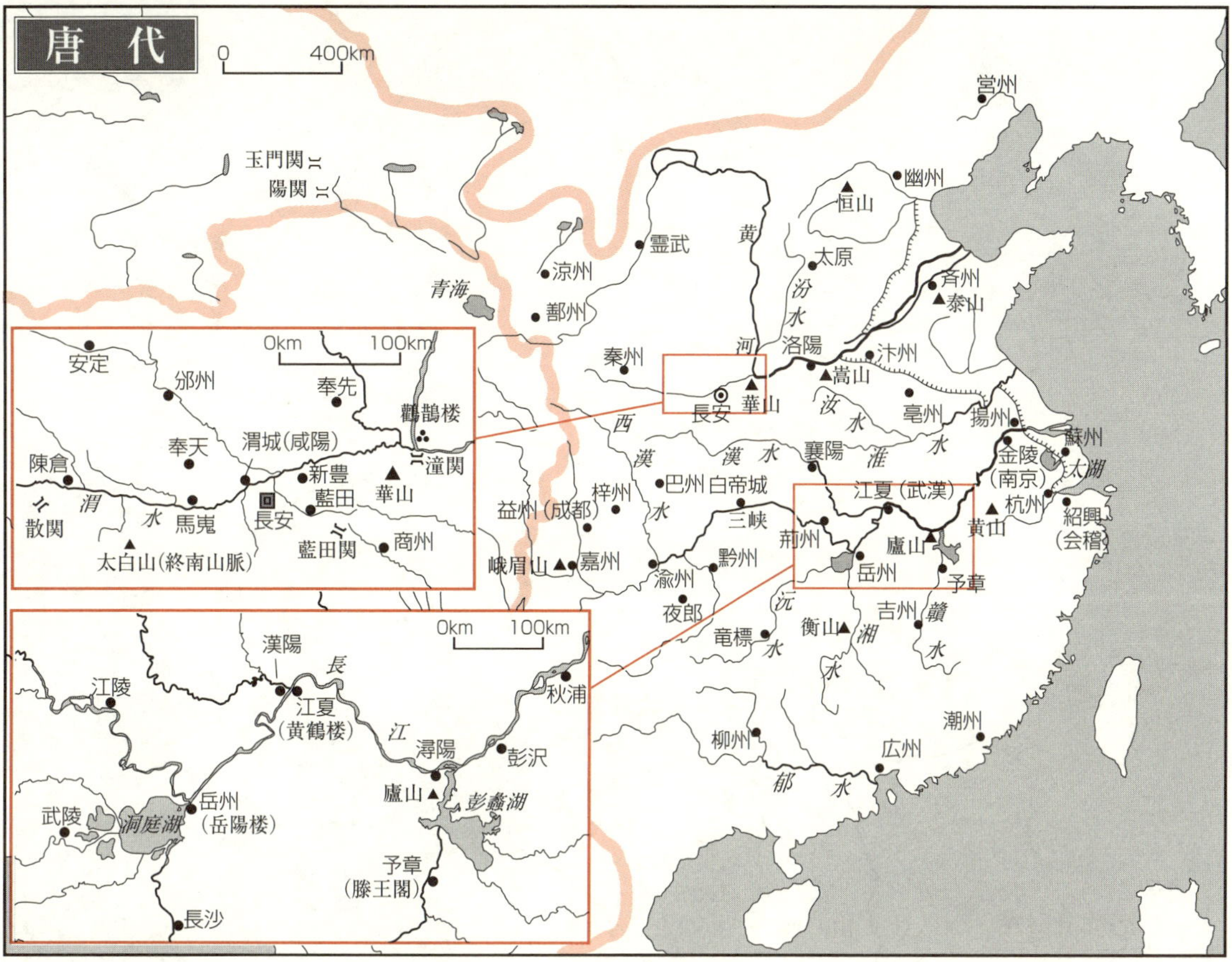
唐代
0 400km
營州
玉門関
陽関
幽州
恒山
霊武
黄
太原
涼州
汾
水
斉州
泰山
青海
鄯州
河
洛陽
汴州
秦州
長安
華山
嵩山
汝
亳州
西
水
揚州
蘇州
漢
漢
水
襄陽
淮
水
金陵
(南京)
太湖
巴州
白帝城
江夏(武漢)
杭州
益州(成都)
梓州
三峡
紹興
(会稽)
水
荊州
黄山
廬山
峨眉山
嘉州
黔州
岳州
予章
渝州
夜郎
沅
吉州
竜標
衡山
贛
湘
水
水
水
潮州
柳州
広州
郁
水
安定
0km 100km
邠州
奉先
鸛鵲楼
奉天
渭城(咸陽)
潼関
陳倉
新豊
華山
渭
藍田
散関
水
馬嵬
長安
商州
太白山(終南山脈)
藍田関
0km 100km
漢陽
長
江陵
秋浦
江夏
(黄鶴楼)
江
潯陽
彭沢
盧山
彭蠡湖
武陵
洞庭湖
岳州
(岳陽楼)
予章
(滕王閣)
長沙

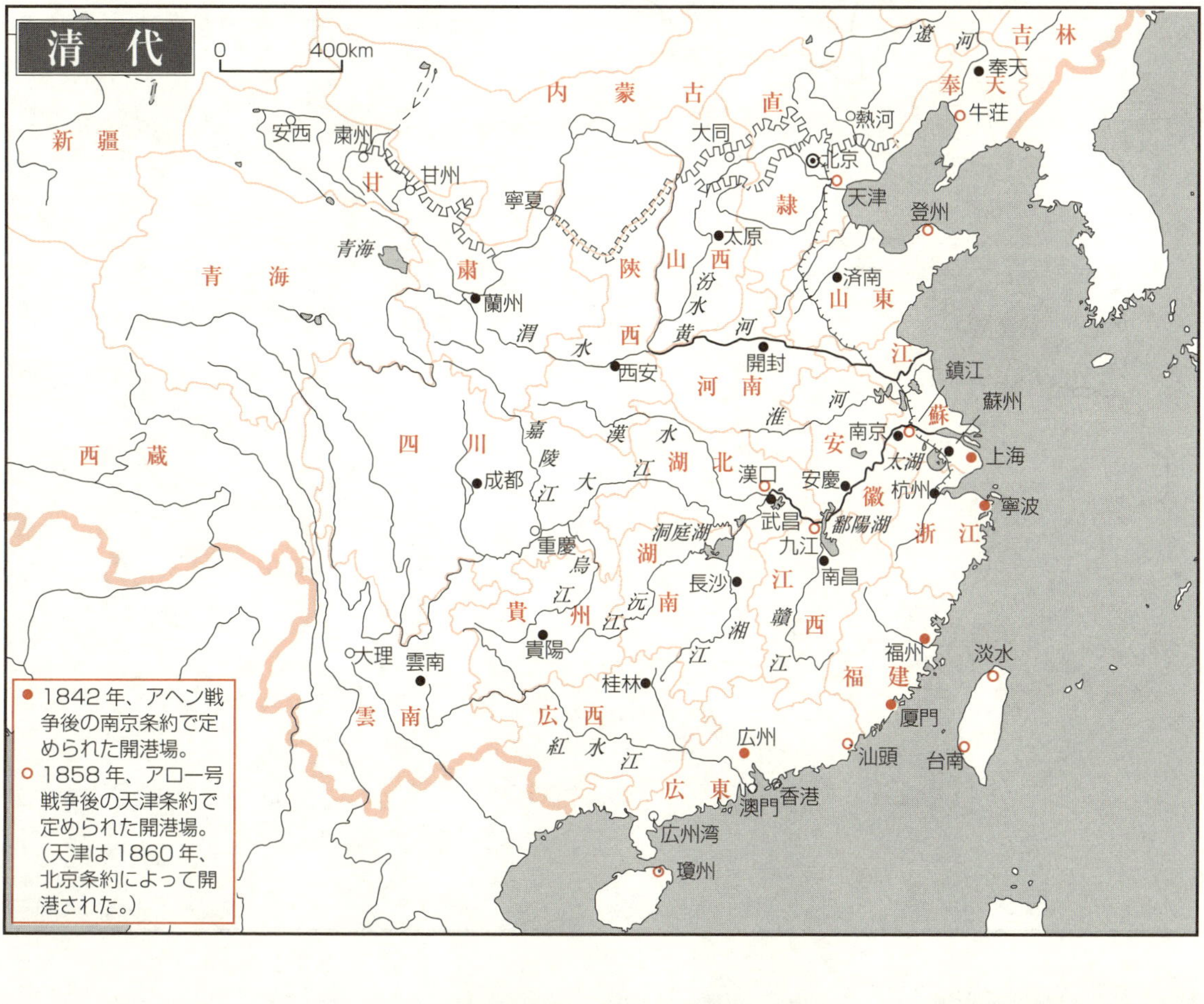
清代
0 400km
遼
河
吉
林
奉天
奉
天
牛荘
内
蒙
古
直
熱河
新
疆
安西
粛州
大同
北京
甘
甘州
天津
隷
寧夏
登州
太原
青海
青
海
粛
陝
山
西
済南
汾
山
東
蘭州
水
渭
水
西
黄
河
開封
江
鎮江
西安
河
南
蘇
蘇州
淮
河
嘉
漢
水
安
南京
四
川
陵
湖
北
太湖
上海
成都
江
大
江
漢口
安慶
徽
杭州
寧波
江
武昌
鄱陽湖
洞庭湖
九江
浙
江
重慶
烏
湖
南昌
長沙
江
江
沅
南
贛
西
貴
州
江
湘
貴陽
江
福州
淡水
大理
雲南
江
福
建
桂林
雲
南
広
西
厦門
広州
紅
水
汕頭
台南
江
広
東
澳門
香港
広州湾
瓊州
1842年、アヘン戦争後の南京条約で定められた開港場。
1858年、アロー号戦争後の天津条約で定められた開港場。(天津は1860年、北京条約によって開港された。)

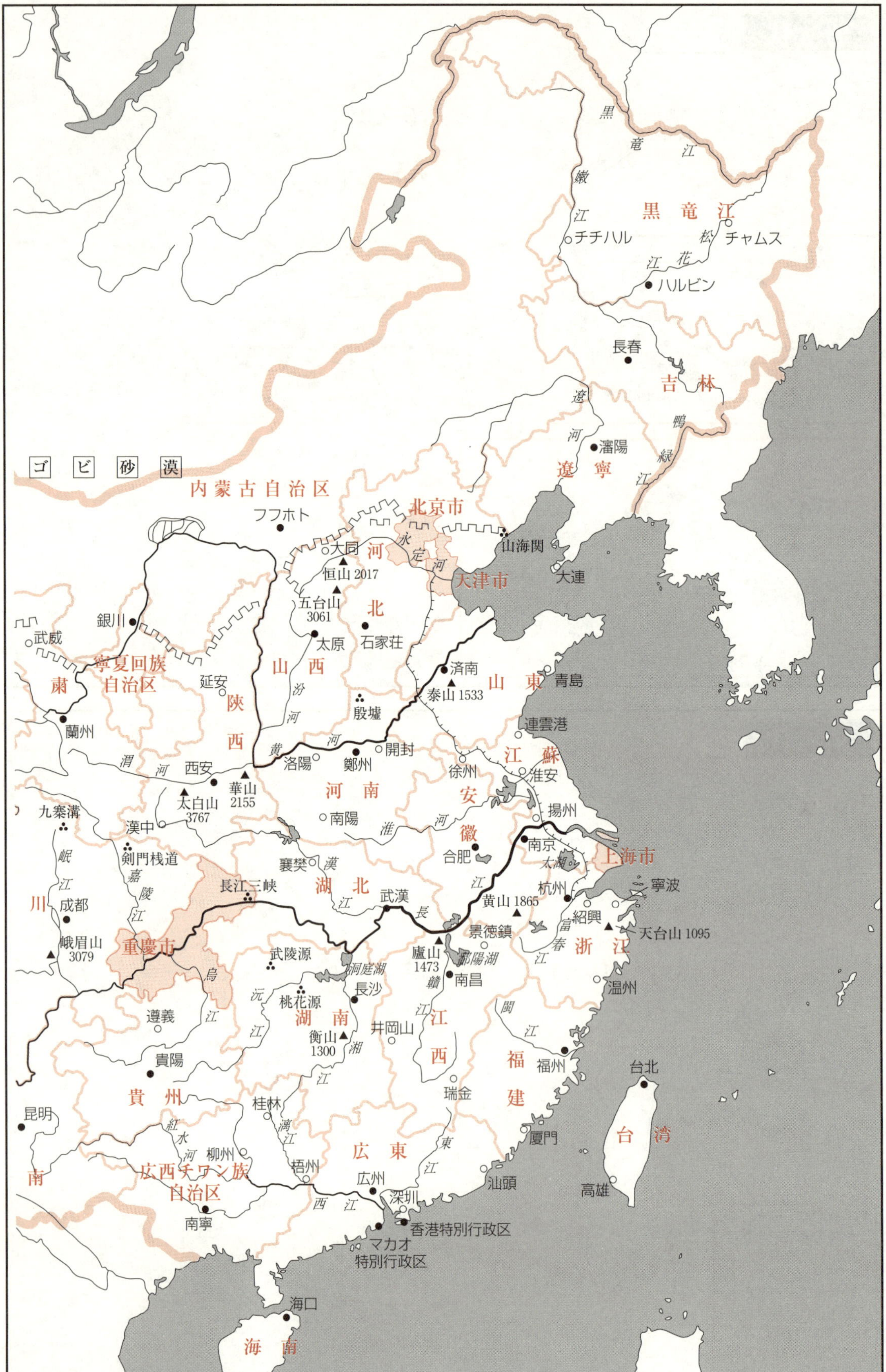
黒竜江
嫩江
黒竜江
チチハル
松花江
チャムス
ハルビン
長春
吉林
遼河
鴨緑江
瀋陽
遼寧
ゴビ砂漠
内蒙古自治区
フフホト
北京市
永定河
山海関
大同
河北
恒山 2017
天津市
大連
五台山 3061
石家荘
銀川
武威
太原
寧夏回族自治区
延安
山西
済南
山東
青島
粛
泰山 1533
汾河
殷墟
陝西
蘭州
連雲港
黄河
開封
江蘇
渭河
西安
洛陽
鄭州
徐州
淮安
華山 2155
河南
安徽
九寨溝
太白山 3767
南陽
揚州
漢中
淮河
岷江
剣門桟道
嘉陵江
襄樊
漢
合肥
南京
太湖
上海市
長江三峡
湖北
寧波
川
成都
武漢
長
江
黄山 1865
杭州
紹興
峨眉山 3079
重慶市
景徳鎮
富春江
浙江
天台山 1095
武陵源
洞庭湖
廬山 1473
鄱陽湖
烏江
長沙
贛
南昌
温州
沅江
桃花源
湖南
遵義
井岡山
江西
閩江
衡山 1300
湘江
貴陽
福建
福州
台北
貴州
瑞金
昆明
桂林
紅水河
灕江
柳州
東江
厦門
台湾
南
広西チワン族自治区
梧州
広東
広州
汕頭
高雄
西江
深圳
南寧
香港特別行政区
マカオ特別行政区
海口
海南

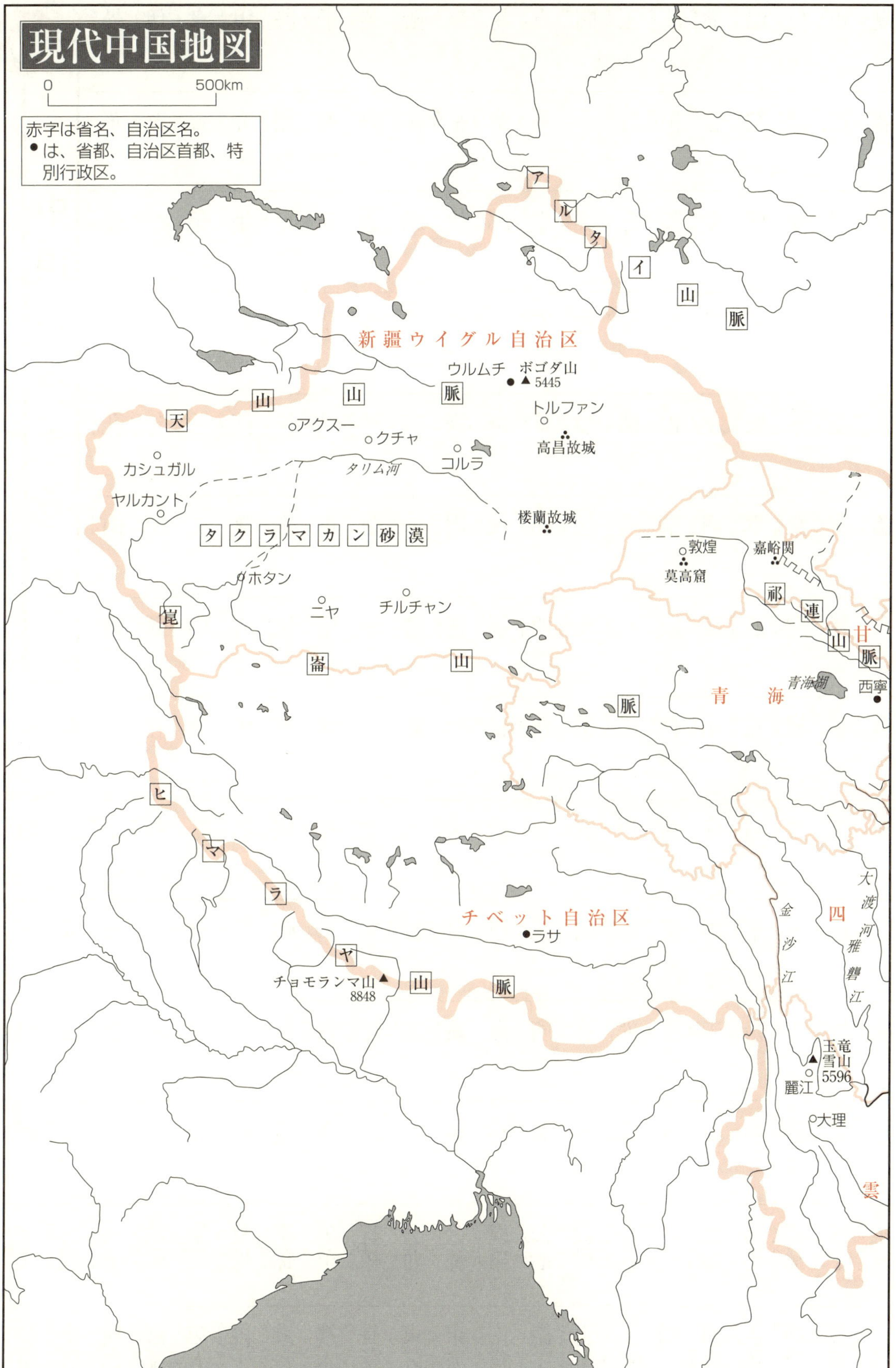
現代中国地図
0
500km
赤字は省名、自治区名。
●は、省都、自治区首都、特別行政区。
アルタイ山脈
新疆ウイグル自治区
ウルムチ
ボゴダ山
5445
トルファン
高昌故城
天山山脈
アクスー
クチャ
コルラ
カシュガル
タリム河
ヤルカント
楼蘭故城
タクラマカン砂漠
敦煌
莫高窟
嘉峪関
ホタン
ニヤ
チルチャン
崑崙山脈
祁連山
甘
青海湖
西寧
青海
ヒマラヤ山脈
チベット自治区
ラサ
チョモランマ山
8848
金沙江
四
大渡河
雅礱江
玉竜雪山
5596
麗江
大理
雲

6 中国の姓（主なもの）

晏（アン） 伊（イ） 韋（イ） 尹（イン） 殷（イン） 于（ウ） 英（エイ） 衛（エイ） 嬴（エイ） 易（エキ） 袁（エン） 閻（エン） 王（オウ） 汪（オウ） 翁（オウ） 温（オン） 何（カ） 和（カ） 夏（カ）

華（カ） 賈（カ） 賀（ガ） 介（カイ） 蒯（カイ） 郝（カク） 郭（カク） 霍（カク） 岳（ガク） 楽（ガク） 葛（カツ） 干（カン） 甘（カン） 桓（カン） 管（カン） 関（カン） 簡（カン） 韓（カン） 灌（カン）

顔（ガン） 季（キ） 紀（キ） 姫（キ） 鬼（キ） 箕（キ） 義（ギ） 魏（ギ） 仇（キュウ） 邱（キュウ） 牛（ギュウ） 許（キョ） 魚（ギョ） 姜（キョウ） 喬（キョウ） 龔（キョウ） 金（キン） 瞿（ク） 虞（グ）

屈（クツ） 邢（ケイ） 京（ケイ） 荊（ケイ） 恵（ケイ） 嵇（ケイ） 倪（ゲイ） 桀（ケツ） 黔（ケン） 元（ゲン） 玄（ゲン） 言（ゲン） 阮（ゲン） 原（ゲン） 厳（ゲン） 胡（コ） 顧（コ） 伍（ゴ） 呉（ゴ）

孔（コウ） 句（コウ） 后（コウ） 江（コウ） 侯（コウ） 洪（コウ） 耿（コウ） 高（コウ） 寇（コウ） 康（コウ） 黄（コウ） 項（コウ） 闔（コウ） 告（コク） 左（サ） 柴（サイ） 宰（サイ） 崔（サイ） 蔡（サイ）

山（サン） 子（シ） 史（シ） 施（シ） 蚩（シ） 車（シャ） 謝（シャ） 朱（シュ） 周（シュウ） 祝（シュク） 荀（ジュン） 徐（ジョ） 向（ショウ） 邵（ショウ） 商（ショウ） 章（ショウ） 葉（ショウ・ヨウ） 蔣（ショウ） 蕭（ショウ）

鍾（ショウ） 聶（ジョウ） 申（シン） 岑（シン） 沈（シン） 辛（シン） 秦（シン） 慎（シン） 任（ジン） 鄒（スウ） 西（セイ） 成（セイ） 石（セキ） 戚（セキ） 接（セツ） 薛（セツ） 詹（セン） 銭（セン） 冉（ゼン）

祖（ソ） 蘇（ソ） 宋（ソウ） 荘（ソウ） 桑（ソウ） 曽（ソウ） 曹（ソウ） 臧（ゾウ） 孫（ソン） 戴（タイ） 卓（タク） 翟（タク） 覃（タン） 譚（タン） 段（ダン） 仲（チュウ） 褚（チョ） 長（チョウ） 晁（チョウ） 張（チョウ） 萇（チョウ）

趙（チョウ） 陳（チン） 丁（テイ） 程（テイ） 鄭（テイ） 狄（テキ） 田（デン） 杜（ト） 唐（トウ） 陶（トウ） 湯（トウ） 董（トウ） 鄧（トウ） 竇（トウ） 馬（バ） 裴（ハイ） 梅（バイ） 白（ハク） 莫（バク） 范（ハン） 班（ハン）

樊（ハン） 潘（ハン） 万（バン） 皮（ヒ） 飛（ヒ） 費（ヒ） 弥（ビ） 畢（ヒツ） 閔（ビン） 付（フ） 苻（フ） 傅（フ） 武（ブ） 馮（フウ） 伏（フク） 文（ブン） 丙（ヘイ） 米（ベイ） 卞（ベン） 蒲（ホ） 包（ホウ）

房（ホウ） 法（ホウ） 彭（ホウ） 鮑（ホウ） 龐（ホウ） 卜（ボク） 墨（ボク） 穆（ボク） 毛（モウ） 孟（モウ） 蒙（モウ） 兪（ユ） 庾（ユ） 有（ユウ） 熊（ユウ） 与（ヨ） 予（ヨ） 余（ヨ） 羊（ヨウ） 姚（ヨウ） 楊（ヨウ）

羅（ラ） 雷（ライ） 李（リ） 離（リ） 陸（リク） 柳（リュウ） 竜（リュウ） 劉（リュウ） 呂（リョ） 梁（リョウ） 廖（リョウ） 林（リン） 藺（リン） 黎（レイ） 酈（レキ） 列（レツ） 廉（レン） 魯（ロ） 盧（ロ） 婁（ロウ）

宇文（ウブン） 尉遅（ウッチ） 尉繚（ウツリョウ） 欧陽（オウヨウ） 楽正（ガクセイ） 夏侯（カコウ） 季孫（キソン） 公羊（クヨウ） 軒轅（ケンエン） 公西（コウセイ） 公孫（コウソン） 皇甫（コウホ） 公冶（コウヤ） 穀梁（コクリョウ） 左丘（サキュウ） 散宜（サンギ） 漆彫（シッチョウ） 司馬（シバ） 叔孫（シュクソン） 淳于（ジュンウ） 上官（ジョウカン）

諸葛（ショカツ） 申屠（シント） 西門（セイモン） 顓孫（センソン） 第五（ダイゴ） 段干（ダンカン） 澹台（タンダイ） 端木（タンボク） 長孫（チョウソン） 東郭（トウカク） 東方（トウホウ） 南宮（ナンキュウ） 微生（ビセイ） 百里（ヒャクリ） 巫馬（フバ） 聞人（ブンジン） 慕容（ボヨウ） 孟孫（モウソン） 閭丘（リョキュウ） 令狐（レイコ）

7 二十四節気（二十四気・二十四節）

一年を二十四等分し、その時期にふさわしい名称をつけたもの。旧暦では、月の前半を節（セツ）、後半を中（チュウ）という。

［春］

立春（リッシュン） 二月四日ごろ。太陽の黄経三一五度。節分の翌日で、この日から春が始まる。旧暦では正月節。

雨水（ウスイ） 二月十八日ごろ。太陽の黄経三三〇度。地上があたたかくなって雪や氷が雨に変わる。旧暦では正月中。

啓蟄（ケイチツ） 三月六日ごろ。太陽の黄経三四五度。地中があたたかくなって虫類がはい出る。旧暦では二月節。

春分（シュンブン） 三月二十一日ごろ。太陽の黄経〇度。昼と夜の時間がほぼ等しくなる。春の彼岸の中日。旧暦では二月中。

清明（セイメイ） 四月五日ごろ。太陽の黄経一五度。草木が芽ぶき万物が明らかになる。旧暦では三月節。

穀雨（コクウ） 四月二十日ごろ。太陽の黄経三〇度。百穀に春雨がそそぎ、農作物が盛んに成長する。旧暦では三月中。

［夏］

立夏（リッカ） 五月六日ごろ。太陽の黄経四五度。日ざしや草木の色に夏の気配（ケハイ）があらわれる。旧暦では四月節。

小満（ショウマン） 五月二十一日ごろ。太陽の黄経六〇度。穀物や草木が、盛んな陽気を受けて成長する。旧暦では四月中。

芒種（ボウシュ） 六月五日ごろ。太陽の黄経七五度。穀物の種まき、田植えの時期。旧暦では五月節。

夏至（ゲシ） 六月二十二日ごろ。太陽の黄経九〇度。一年のうちで昼が最も長く、夜の最も短い日。旧暦では五月中。

小暑（ショウショ） 七月七日ごろ。太陽の黄経一〇五度。真夏の前の梅雨あけの前後のころ。暑くなり始める。旧暦では六月節。

大暑（タイショ） 七月二十三日ごろ。太陽の黄経一二〇度。一年中で最も暑さのきびしい時期。旧暦では六月中。

［秋］

立秋（リッシュウ） 八月八日ごろ。太陽の黄経一三五度。吹く風に秋の立つ気配が感じられるが、残暑はまだきびしい。旧暦では七月節。

処暑（ショショ） 八月二十三日ごろ。太陽の黄経一五〇度。暑さがやむ意。朝夕、秋の訪れを感じるころ。旧暦では七月中。

白露（ハクロ） 九月八日ごろ。太陽の黄経一六五度。秋の気配が増し、草や葉に露を結ぶころ。旧暦では八月節。

秋分（シュウブン） 九月二十三日ごろ。太陽の黄経一八〇度。昼と夜の時間がほぼ等しくなる。秋の彼岸の中日。旧暦では八月中。

寒露（カンロ） 十月八日ごろ。太陽の黄経一九五度。冷気が増し、露が霜に変わるころ。旧暦では九月節。

霜降（ソウコウ） 十月二十三日ごろ。太陽の黄経二一〇度。霜が降（お）り、冬の近づくのが感じられるころ。旧暦では九月中。

［冬］

立冬（リットウ） 十一月八日ごろ。太陽の黄経二二五度。まだ冬のきびしさはないが、日差しは日ごとに短くなる。旧暦では十月節。

小雪（ショウセツ） 十一月二十二日ごろ。太陽の黄経二四〇度。寒い土地ではそろそろ里雪が舞い始めるころ。旧暦では十月中。

大雪（タイセツ） 十二月八日ごろ。太陽の黄経二五五度。根雪となる雪が降りつもるころ。旧暦では十一月節。

冬至（トウジ） 十二月二十二日ごろ。太陽の黄経二七〇度。一年のうちで夜が最も長く、昼の最も短い日。旧暦では十一月中。

小寒（ショウカン） 一月六日ごろ。太陽の黄経二八五度。寒の入りにあたる。本格的な寒さが始まるころ。旧暦では十二月節。

大寒（ダイカン） 一月二十日ごろ。太陽の黄経三〇〇度。一年中で最も寒さのきびしい時期。旧暦では十二月中。

8 十干十二支／時刻・方位

年・月・日や時刻・方位をあらわすときには、「十干（ジッカン）」と「十二支（ジュウニシ）」およびその組み合わせである「干支（カンシ）」を用いることがある。

「十干」とは「甲・乙・丙・丁・戊・己・庚・辛・壬・癸」をさし、ものの順序をあらわしていたが、のち陰陽五行説にもとづいて万物を構成する要素である「木・火・土・金・水」の五行にも配された。日本では五行をそれぞれ「兄（え）（陽）」と「弟（と）（陰）」とに分け、「甲・乙・丙・丁…」にそれぞれ「きのえ（木の兄）・きのと（木の弟）・ひのえ（火の兄）・ひのと（火の弟）…」という訓読みをあてた（**図1**）。「干支」を「えと」とも読むのはこれにもとづく。

図1　五行と十干

五行（ゴギョウ）		十干（ジッカン）
木（モク・き）	陽（兄）	甲（コウ・きのえ）
	陰（弟）	乙（オツ・きのと）
火（カ・ひ）	陽（兄）	丙（ヘイ・ひのえ）
	陰（弟）	丁（テイ・ひのと）
土（ド・つち）	陽（兄）	戊（ボ・つちのえ）
	陰（弟）	己（キ・つちのと）
金（ゴン・か）	陽（兄）	庚（コウ・かのえ）
	陰（弟）	辛（シン・かのと）
水（スイ・みず）	陽（兄）	壬（ジン・みずのえ）
	陰（弟）	癸（キ・みずのと）

図2　十二支

子	シ・ね	ねずみ
丑	チュウ・うし	うし
寅	イン・とら	とら
卯	ボウ・う	うさぎ
辰	シン・たつ	たつ
巳	シ・み	へび
午	ゴ・うま	うま
未	ビ・ひつじ	ひつじ
申	シン・さる	さる
酉	ユウ・とり	にわとり
戌	ジュツ・いぬ	いぬ
亥	ガイ・い	いのしし

「十二支」とは「子・丑・寅・卯・辰・巳・午・未・申・酉・戌・亥」をさし、時刻や方位などをあらわしていた（**図3**・**図4**）。のちに「十二支」には「鼠・牛・虎・兎・竜・蛇・馬・羊・猿・鶏・犬・猪」の動物があてられた（**図2**）。

また、「十干」と「十二支」は、「甲子・乙丑・丙寅・丁卯…」などのように組み合わせると六十通りになり、これによって年・月・日をあらわすこともあった。

日本では「十干」の訓読みに「十二支」の動物名を組み合わせた「甲子（きのえね）・乙丑（きのとうし）・丙寅（ひのえとら）・丁卯（ひのとう）…」などの読みかたも、広く用いられている（**図5**）。

なお、満六十歳を「還暦」というのは、六十年で干支が一巡して元に「還る」ことによっている。

図3　時刻

＊日没から夜明けまでを五等分して、初更（ショコウ）・二更（ニコウ）・三更（サンコウ）・四更（シコウ）・五更（ゴコウ）とする示し方もある。

図4　方位

＊北東・南東・南西・北西は、となり合う名称を時計まわりにつないで「うしとら」「たつみ」「ひつじさる」「いぬい」と呼ぶ。

図5　干支表

＊六十で一巡するので、六十一以降は繰り返しとなる。

番号	干支	音読み	訓読み
①	甲子	カッシ／コウシ	きのえね
②	乙丑	イッチュウ／オッチュウ	きのとうし
③	丙寅	ヘイイン	ひのえとら
④	丁卯	テイボウ	ひのとう
⑤	戊辰	ボシン	つちのえたつ
⑥	己巳	キシ	つちのとみ
⑦	庚午	コウゴ	かのえうま
⑧	辛未	シンビ	かのとひつじ
⑨	壬申	ジンシン	みずのえさる
⑩	癸酉	キユウ	みずのととり
⑪	甲戌	コウジュツ	きのえいぬ
⑫	乙亥	イツガイ／オツガイ	きのとい
⑬	丙子	ヘイシ	ひのえね
⑭	丁丑	テイチュウ	ひのとうし
⑮	戊寅	ボイン	つちのえとら
⑯	己卯	キボウ	つちのとう
⑰	庚辰	コウシン	かのえたつ
⑱	辛巳	シンシ	かのとみ
⑲	壬午	ジンゴ	みずのえうま
⑳	癸未	キビ	みずのとひつじ
㉑	甲申	コウシン	きのえさる
㉒	乙酉	イツユウ／オツユウ	きのととり
㉓	丙戌	ヘイジュツ	ひのえいぬ
㉔	丁亥	テイガイ	ひのとい
㉕	戊子	ボシ	つちのえね
㉖	己丑	キチュウ	つちのとうし
㉗	庚寅	コウイン	かのえとら
㉘	辛卯	シンボウ	かのとう
㉙	壬辰	ジンシン	みずのえたつ
㉚	癸巳	キシ	みずのとみ
㉛	甲午	コウゴ	きのえうま
㉜	乙未	イツビ／オツビ	きのとひつじ
㉝	丙申	ヘイシン	ひのえさる
㉞	丁酉	テイユウ	ひのととり
㉟	戊戌	ボジュツ	つちのえいぬ
㊱	己亥	キガイ	つちのとい
㊲	庚子	コウシ	かのえね
㊳	辛丑	シンチュウ	かのとうし
㊴	壬寅	ジンイン	みずのえとら
㊵	癸卯	キボウ	みずのとう
㊶	甲辰	コウシン	きのえたつ
㊷	乙巳	イツシ／オツシ	きのとみ
㊸	丙午	ヘイゴ	ひのえうま
㊹	丁未	テイビ	ひのとひつじ
㊺	戊申	ボシン	つちのえさる
㊻	己酉	キユウ	つちのととり
㊼	庚戌	コウジュツ	かのえいぬ
㊽	辛亥	シンガイ	かのとい
㊾	壬子	ジンシ	みずのえね
㊿	癸丑	キチュウ	みずのとうし
51	甲寅	コウイン	きのえとら
52	乙卯	イツボウ／オツボウ	きのとう
53	丙辰	ヘイシン	ひのえたつ
54	丁巳	テイシ	ひのとみ
55	戊午	ボゴ	つちのえうま
56	己未	キビ	つちのとひつじ
57	庚申	コウシン	かのえさる
58	辛酉	シンユウ	かのととり
59	壬戌	ジンジュツ	みずのえいぬ
60	癸亥	キガイ	みずのとい
①	甲子	カッシ／コウシ	きのえね
②	乙丑	イッチュウ／オッチュウ	きのとうし
③	丙寅	ヘイイン	ひのえとら
……			

9 親族関係表

我〔わたし〕から見た親族の関係をあらわす。
漢語の名称を主とし、日本での表記と呼び名は〔　〕で入れた。

表1　父系

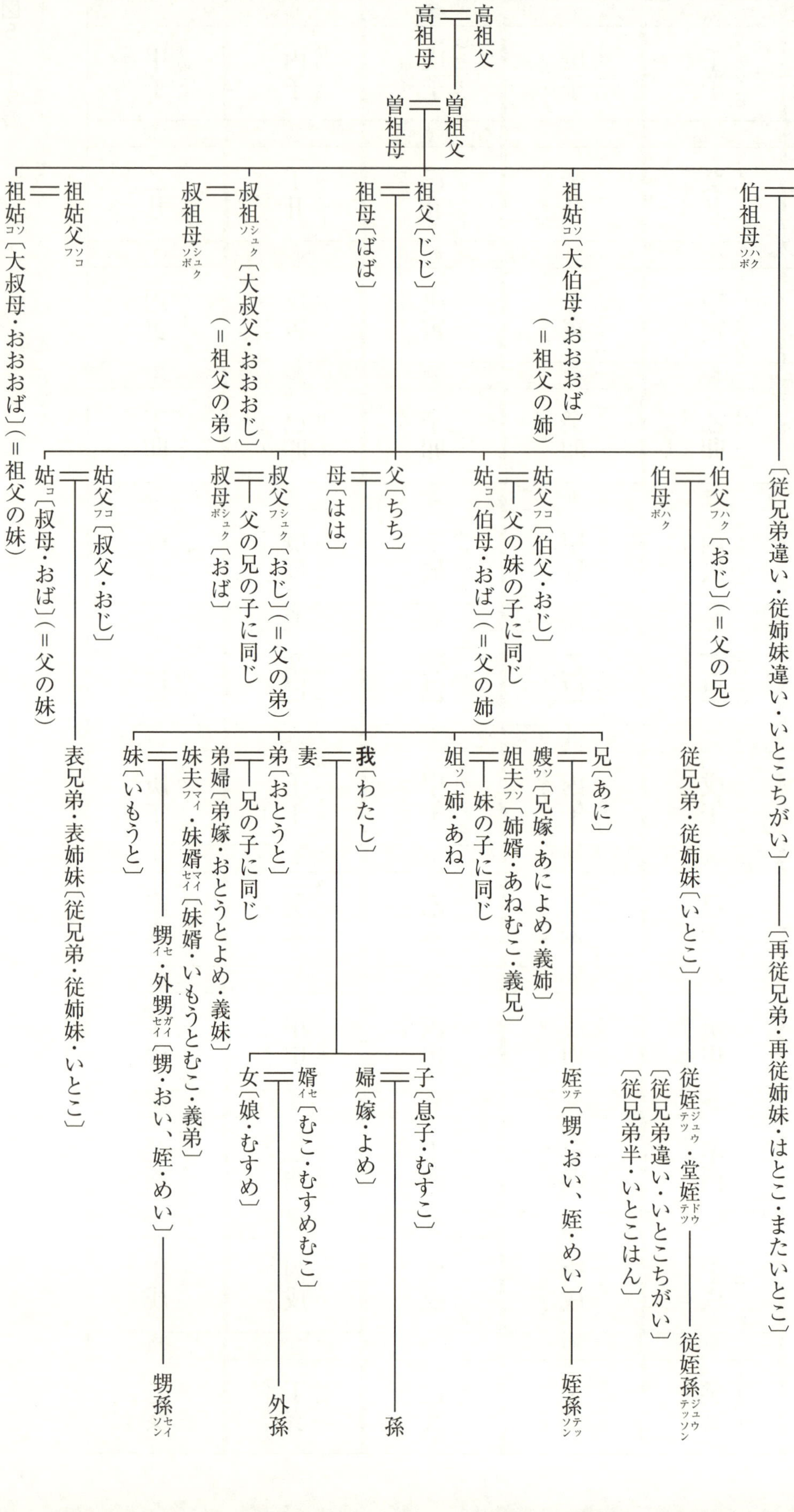

表2　母系

- 外祖父＝外祖母
  - 舅(キュウ)・舅父(キュウフ)〔伯父・おじ〕（＝母の兄）＝舅母(キュウボ)〔伯母・おば〕
    - 舅兄弟・内兄弟〔いとこ〕
    - 舅姉妹・内姉妹〔いとこ〕
  - 姨父(イフ)〔伯父・おじ〕＝姨(イ)・姨母(イボ)・従母〔伯母・おば〕（＝母の姉）
    - 姨（母の妹）の子に同じ
  - 母
    - **我**〔わたし〕
  - 舅(キュウ)・舅父(キュウフ)〔叔父・おじ〕（＝母の弟）＝舅母(キュウボ)〔叔母・おば〕
    - 舅（母の兄）の子に同じ
  - 姨父(イフ)〔叔父・おじ〕＝姨(イ)・姨母(イボ)・従母〔叔母・おば〕（＝母の妹）
    - 姨兄弟・従母兄弟〔いとこ〕
    - 姨姉妹・従母姉妹〔いとこ〕

表3　妻系

- 岳父(ガクフ)・外舅(ガイキュウ)〔義父・しゅうと〕＝岳母(ガクボ)・外姑(ガイコ)〔義母・しゅうとめ〕
  - 大舅(タイキュウ)〔義兄・こじゅうと〕（＝妻の兄）
  - 姨(イ)・大姨(タイイ)〔義姉・こじゅうとめ〕（＝妻の姉）
  - **我**〔わたし〕＝妻
  - 小舅(ショウキュウ)〔義弟・こじゅうと〕（＝妻の弟）
  - 姨(イ)・小姨(ショウイ)〔義妹・こじゅうとめ〕（＝妻の妹）

表4　夫系

- 舅(キュウ)〔義父・しゅうと〕＝姑(コ)〔義母・しゅうとめ〕
  - 大伯(タイハク)〔義兄・こじゅうと〕（＝夫の兄）
  - 大姑(タイコ)〔義姉・こじゅうとめ〕（＝夫の姉）
  - 夫＝**我**〔わたし〕
  - 小叔(ショウシュク)〔義弟・こじゅうと〕（＝夫の弟）
  - 小姑(ショウコ)〔義妹・こじゅうとめ〕（＝夫の妹）

表5　①**我**―②子―③孫―④曽孫(ソウソン)〔ひまご〕―⑤玄孫(ゲンソン)〔やしゃご〕―⑥来孫(ライソン)―⑦昆孫(コンソン)―⑧仍孫(ジョウソン)―⑨雲孫(ウンソン)〔つるのこ〕

［日本の度量衡］

度（長さ）				量（かさ）		
毛		0.0001 尺	0.03mm			
厘	10 毛	0.001 尺	0.3mm			
分	10 厘	0.01 尺	3.03mm	勺	0.01 升	18mL
寸	10 分	0.1 尺	3.03cm	合	0.1 升	180mL
尺（曲尺）			30.3cm	**升**		1804mL
〔鯨尺の長さは，曲尺の 1.25 尺			37.8cm〕			
間		6 尺	181.8cm	斗	10 升	18L
丈		10 尺	303cm	石	100 升	180L
町	60 間	360 尺	109m			
里	36 町	12960 尺	3.9km			

衡（重さ）			面積（広さ）			
毛	0.001 匁	0.00375g	**坪・歩**		6 尺平方	3.3m²
厘	0.01 匁	0.0375g	（坪は宅地，歩は田畑などに用いる）			
分	0.1 匁	0.375g	畝		30 歩	99.2m²
匁		3.75g	反・段	10 畝	300 歩	992m²
斤	160 匁	600g	町	10 反	3000 歩	99.2a
貫	1000 匁	3750g				

［欧米の度量衡］

		度（長さ）	量（かさ）	衡（重さ）
		メートル	リットル	グラム
ミリ	（× 0.001）	粍	竓	瓱
センチ	（× 0.01）	糎	竰	甅
デシ	（× 0.1）	粉	竕	瓰
	（× 1.0）	米	立・立突	瓦
デカ	（× 10）	籵	竍	瓧
ヘクト	（× 100）	粨	竡	瓸
キロ	（× 1000）	粁	竏	瓩

度	インチ	吋
度	フィート	呎
度	ヤード	碼
度	マイル	哩
度	シーマイル（かいり）	海里・浬
量・衡	トン	屯・瓲・噸
衡	ポンド	封・听・封土 封度・英斤

数の単位

10^{-23}	浄（ジョウ）	10^{-11}	渺（ビョウ）	10^{1}	十（ジュウ）	10^{40}	正（セイ）
10^{-22}	清（セイ）	10^{-10}	埃（アイ）	10^{2}	百（ヒャク）	10^{44}	載（サイ）
10^{-21}	空（クウ）	10^{-9}	塵（ジン）	10^{3}	千（セン）	10^{48}	極（ゴク）
10^{-20}	虚（キョ）	10^{-8}	沙（シャ）	10^{4}	万（マン）	10^{52}	恒河沙（ゴウガシャ）
10^{-19}	六徳（リットク）	10^{-7}	繊（セン）	10^{8}	億（オク）	10^{56}	阿僧祇（アソウギ）
10^{-18}	刹那（セツナ）	10^{-6}	微（ビ）	10^{12}	兆（チョウ）	10^{60}	那由多（ナユタ）
10^{-17}	弾指（ダンシ）	10^{-5}	忽（コツ）	10^{16}	京（ケイ）	10^{64}	不可思議（フカシギ）
10^{-16}	瞬息（シュンソク）	10^{-4}	糸（シ）	10^{20}	垓（ガイ）	10^{68}	無量大数（ムリョウタイスウ） （無量数）
10^{-15}	須臾（シュユ）	10^{-3}	毛（モウ）	10^{24}	秭（シ）		
10^{-14}	逡巡（シュンジュン）	10^{-2}	厘（リン）	10^{28}	穣（ジョウ）		
10^{-13}	模糊（モコ）	10^{-1}	分（ブ）	10^{32}	溝（コウ）		
10^{-12}	漠（バク）			10^{36}	澗（カン）		

＊吉田光由『塵劫記（ジンコウキ）』寛永 11（1634）年版を参考にした。

10 度量衡／数の単位

［中国の度量衡］ 度量衡については不明確な点が多い。ここでは出土文物と従来の文献資料とを考え合わせて，おおよその値を示した。

《時代別換算表》

時代＼単位	度（長さ） 尺（cm）	量（かさ） 升（mL）	衡（重さ） 斤（g）	面積（広さ） 畝（m^2）
殷	15.8	—	—	—
戦国	23.1	（楚）225 （斉）206	（楚）250 （趙）250	192
秦	23.1	200	253	320
前漢	23.1	200	248	320
後漢	23.8	200	220	340
魏・晋	24.2	205	220	351
隋	29.6	（小升）200 （大升）600	（小斤）220 （大斤）661	526
唐	（小尺）30.0 （大尺）36.0	（小升）200 （大升）600	661	778
宋	31.2	670	633	584
元	31.2	950	633	584
明	（建築用）32.0 （測量用）32.7 （裁縫用）34.0	1000	590	642
清	（建築用）32.0 （測量用）34.5 （裁縫用）35.5	1000	597	714
中華民国	33.3	1000	500	666

※畝について，秦代は6尺四方×100，それ以降は5尺四方×240で計算した。

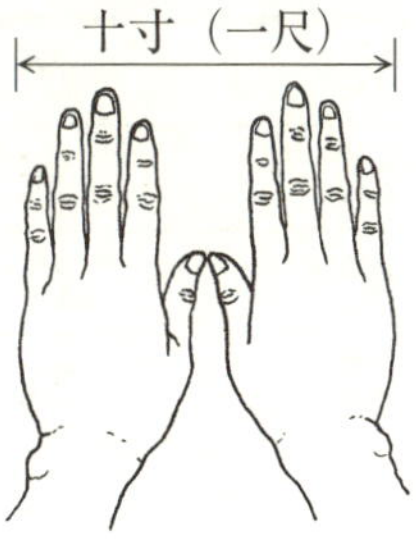

《度量衡の単位》

度（長さ）

	毫	0.0001尺
	釐・厘	0.001尺
五度	分	0.01尺
五度	寸	0.1尺
五度	尺	10寸
五度	丈	10尺
五度	引	100尺
土地	跬・武	3尺
土地	歩	6尺（唐以降5尺）
土地	里	300歩（唐以降360歩）
	咫（小尺）	8寸
	弓	6尺・5尺
	仞	7尺・8尺
	尋	8尺
	常	16尺
布地	純	1丈5尺
布地	端	2丈
布地	匹・疋	4丈

量（かさ）

	圭		0.00025升
	抄		0.001升
	撮	4圭	0.001升
	勺		0.01升
五量	龠		0.05升
五量	合	2龠（10龠）	0.1升
五量	升	10合	
五量	斗	10升	
五量	斛	10斗（南宋末以降5斗）	
	石	10斗	
	藪	16斗	
	缶	16斗・32斗	
斉の四量	豆	4升	
斉の四量	区	4豆	
斉の四量	釜	4区	
斉の四量	鍾	10釜	
	秉	16斛	

衡（重さ）

	毫	0.0001両
	釐・厘	0.001両
	分	0.01両
	銭	0.1両
五権	銖	0.0471両
五権	両	24銖
五権	斤	16両
五権	鈞	30斤
五権	石	4鈞
	鍰	6両
	鎰	20両・24両

面積（広さ）

畝	100平方歩（秦以降240平方歩）
頃	100畝
畹	30畝
畦	50畝

11 韻目表

仄			平		平仄
入声	去声	上声	下平声	上平声	四声
					圏発
屋	送	董	先	東	1
沃	宋	腫	蕭	冬	2
覚	絳	講	肴	江	3
質	寘	紙	豪	支	4
物	未	尾	歌	微	5
月	御	語	麻	魚	6
曷	遇	麌	陽	虞	7
黠	霽	薺	庚	斉	8
屑	泰	蟹	青	佳	9
薬	卦	賄	蒸	灰	10
陌	隊	軫	尤	真	11
錫	震	吻	侵	文	12
職	問	阮	覃	元	13
緝	願	旱	塩	寒	14
合	翰	潸	咸	刪	15
葉	諫	銑			16
洽	霰	篠			17
	嘯	巧			18
	効	皓			19
	号	哿			20
	箇	馬			21
	禡	養			22
	漾	梗			23
	敬	迥			24
	径	有			25
	宥	寝			26
	沁	感			27
	勘	琰			28
	艶	豏			29
	陥				30

12 漢字解説

漢字について古来さまざまな議論があり、今も多くの人がいろいろな意見を述べている。漢字はその数が多く、複雑であり、したがって、簡単にまとめることは難しい。

古代から現代に至るまで使われ続けている漢字もあれば、ある一時期に現れてすぐ忘れられてしまった漢字もある。長い歴史から見ればつい最近生まれたような漢字もあり、今後新しい漢字が作られないとも限らないし、使われ方は変わるであろう。

時代により、分野により、漢字の使われ方は異なるものであり、どんな漢字が必要かは人ごとに違う。一方、言葉も文字も意思疎通のために役立つべき公共のものであり、漢字についても一定の共通認識が求められる。

漢字とは何なのか、厳密な議論はさておき、本書の利用に役立ちそうな範囲で、身近なところから確認してみよう。

一、漢字の現在（現行の漢字分類）

【学習漢字】　身近な漢字として「学習漢字」がある。日本で小学校に入学すると、一年生から漢字を学習する。平仮名・片仮名それぞれ四八字のほかに日本語の読み書きに使われる文字としての漢字である。現在、小学校では一〇〇六字の漢字を学習する。小学校の教育であつかわれる漢字ということで「教育漢字」ともいう。

一〇〇六字の学習漢字は、学年別に配当され、どの学年で学習するかが指定されている。一年生は八〇字、二年生は一六〇字、三年生は二〇〇字、四年生は二〇〇字、五年生は一八五字、六年生は一八一字、六年間の合計で一〇〇六字である。

本書においては 教1 教2 …として示した。具体的に見ておこう。一年生で学習する八〇字とは、

一右雨円王音下火花貝学気九休玉金空月犬見五口校左三山子四糸字耳七車手十出女小上森人水正生青夕石赤千川先早草足村大男竹中虫町天田土二日入年白八百文木本名目立力林六

これが小学一年生の学習漢字（教育漢字）である。小学校六年間で合計一〇〇六字の漢字を学習し、中学校ではさらにその他の常用漢字を学習する。『学習指導要領』によれば、中学三年間の学習によって「常用漢字の大体を読むこと」、高校（国語総合）では「常用漢字の読みに慣れ、主な常用漢字が書けるようになること」とされている。

【常用漢字】　常用漢字とは「常用漢字表」に記載されている漢字である。一九八一年（昭和五六年）に一九四五字が定められ、二〇一〇年（平成二二年）に二一三六字となった。どんな漢字があるか、これも具体的に見ておこう。五十音順に掲げられたはじめの三〇字を示すと、

亜哀挨愛曖悪握圧扱宛嵐安案暗以衣位囲医依委威為畏胃尉異移萎偉

右のうち「悪安暗医委」の五字は小学三年生、「愛案以衣位囲胃」の七字は小学四年生、「圧移」の二字は小学五年生、「異」の一字は小学六年生で学習し、のこりの「亜哀挨曖握扱宛嵐依威為畏尉萎偉」の一五字が中学校で学習することになっている。学習漢字の一〇〇六字はすべて常用漢字に含まれる。すなわち、中学校で新たに学習する常用漢字は一一三〇字となる。

その一一三〇字を、本書においては常用として示した。なお、現行の「常用漢字表」は文化庁のホームページなどで見ることができる。

【人名用漢字】　さらに、身近な漢字ということでは人名（子の名）に使われる漢字がある。子の名として使える漢字は戸籍法によって定められており、常用漢字二一三六字のほか、「人名用漢字別表」に掲げられた漢字に限られている。この「人名用漢字別表」は法務省のホームページで見ることができる。現在、「人名用漢字別表」には八六一字が掲載されており、常用漢字と合わせると計二九九七字となる。常用漢字以外の人名用漢字とはどのようなものか。これも「人名用漢字別表」冒頭の三〇字を示すと、

丑丞乃之乎也云亘亙些亦亥亨亮仔伊伍伽佃佑伶侃侑俄俠俣俐倭俱倦

これらはいずれも常用漢字には含まれていない。子の名として使える漢字であり、本書においては人として示した。

【表外漢字】　二〇〇〇年（平成一二年）に国語審議会が「表外漢字字体表」を答申した。当時の常用漢字表に掲載された一九四五字以外の字体の標準を示したもので、印刷標準字体（印刷文字において標準とすべき字体）として一〇二二字および簡易慣用字体（印刷標準字体に替えて用いることのできる字体）として二二字が公表された。これも冒頭の三〇字を示すと、

啞（唖）蛙鴉挨埃曖靄軋斡按庵鞍闇已夷畏韋萎帷椅葦彙飴謂閾溢鰯尹咽殷

「唖」が簡易慣用字体であり、それ以外は印刷標準字体である。このうち現在では「挨曖闇畏萎椅彙咽」の八字が常用漢字となり、「斡按庵鞍已夷葦謂溢鰯」の一〇字は人名用漢字となっている。のこりの「啞蛙鴉埃靄軋韋帷飴閾尹殷」の一二字と「唖」とが現在でも「表外漢字」ということになる。

「表外漢字」の「表」は、本来は「常用漢字表」（一九八一年内閣告示）を指した。いま、「常用漢字表」（二〇一〇年内閣告示）と「人名用漢字別表」（法務省「子の名に使える漢字」一覧表）とを現在の漢字表とすると、その「表内漢字」は二九九七字となる。

【ＪＩＳ漢字】　表外漢字が問題になったのは、ワープロおよびパソコンの普及による。多くの人が電子機器を利用して文字を読み書きするようになり、常用漢字以外の漢字が注目されるようになったためである。ワープロで使える漢字が足りない、正しい漢字が使えないとして話題になった。

文字は公共の場で通用しなければならず、そのため、「情報交換用符号化文字集合」として、日本工業規格（ＪＩＳ）によって定められた。その漢字が「ＪＩＳ漢字」と呼ばれる。一九七八年の第一次規格制定に始まり、一九九七年に第四次規格が制定された段階で、六三五五字がＪＩＳ漢字（JIS X 0208）として一般に使えるようになった。この六三五五字では足りないとされ、見直しが行われたのである。

小学校から高校までの検定済み教科書をはじめとする多くの資料から収集した用例をもとに、「現代日本での利用が確認できているすべての文字」（『増補改訂ＪＩＳ漢字字典』序）として一〇〇四〇字の漢字を収録した新しいＪＩＳ漢字（JIS X 0213）が二〇〇〇年に制定された。その後、「表外漢字字体表」に適合するように改定され、一六八字を印刷標準字体に変更し、一〇字が新たに追加された。

現在、ＪＩＳ漢字は一〇〇五〇字である。使用頻度によって第一水準二九六五字、第二水準三三九〇字、第三水準一二五九字、第四水準

二四三六字と区分され、本書においては、各水準を1 2 3 4として示した。四桁の数字は区点コードである。その下には国際コードである「ユニコード」を示した。いずれもそのコードによって、該当する漢字を特定することができる。

また「ユニコード」を利用すると、「高」と「髙」とのような異体字を使い分けることができるほか、ＪＩＳ漢字の一〇〇五〇字以外に数万字の漢字を使うこともできる。その他、現在ではさまざまな方法によってさらに多くの漢字が利用可能になっている。

今や漢字が足りないという声はほとんど聞かれなくなった。しかるべき工夫をすれば、使えない漢字は無いと言える。しかし、漢字に関する不満や問題が解消されたわけではない。表内漢字の中でも、新しい「常用漢字表」をめぐってさまざまな疑義が提起されており、人名用漢字もこれまでに段階的に増やされてきたものであり、司法判断しだいでさらに追加される可能性がある。その他の漢字についてはその実態の把握すら難しい。

遥かな時を超え、中国から周辺の地域を経て日本列島にまで伝わってきた漢字。現在ではインターネットに載って、漢字は世界中に流通している。膨大な漢字をどのようにあつかったらよいのか。漢字について今一度ふりかえってみよう。

二、漢字の歴史（書体の成立）

現在の漢字はどのようなものか、その全貌は容易につかめないものの、書籍・新聞・雑誌などの印刷物を読んだり、テレビやパソコンなどの画面を見たりして、日々たくさんの漢字と接している。今ふつうに目にしている漢字がいつからこうなったのか。

印刷の技術が普及する以前は、漢字に限らずすべての文字は手で書かれた。筆記具を使って紙に書き、紙の発明以前には木簡や帛（ハク）（＝絹布）などに書き、また、石や亀甲（キッコウ）や獣骨に刻んだりした。

亀甲や獣骨に刻まれた文字は甲骨文字と呼ばれる。一八九九年に発見され、研究の結果、およそ紀元前一四〇〇年から一一五〇年ころに使われたとされる。文字数は約二二〇〇字を数え、うち千余字は未解読という。未解読の文字の多くは固有名詞らしく、その他の繰り返し使われる文字は、既知の文字との比較検討から判読できた。甲骨文字の発見以前にすすめられていた古代文字の研究成果を踏まえることによって解読できたのである。

甲骨文字が知られる以前の古い文字資料として、殷周時代の青銅器の銘文などがある。青銅は金属であることから、そこに記された文字は金文と称され、石碑など石に刻まれた文字と合わせて金石文と呼ばれる。金文・金石文の「文」とは文字の意味であり、甲骨文字は甲骨文ともいう。紙が普及する以前の文字として、甲骨文・金文のほかには帛に書かれた文字である帛書がある。帛書の「書」も文字の意味である。

古代の漢字は、それが記された物に即して、甲骨文・金石文・帛書などに分類できる。さらに『説文解字』序によると、秦の八体として、大篆・小篆・刻符・虫書・摹印（ボイン）・署書（シュショ）・殳書・隷書が挙げられており、このうち刻符・摹印・署書・殳書の四体はその文字が使われる場による分類であり命名であると見られる。割り符・印章・題額・武器という特別な場、特定の用途に使用する意匠文字の性質を帯びた応用的な書体である。用途に応じて書体が異なることがあり、使われる場によって文字を区別することがあった。

甲骨文は専ら卜占（ボクセン）（＝うらない）のために使われ、青銅器や石碑は記録して後世に伝えるためのものであった。同じように漢語を表記する文字として共通部分を含みながらも、使われる語彙には相違があり、筆記具や書き方（刻み方）なども異なる。

時代の進展とともに、文字を使う場が広がるにつれて、文字の種類も増えることとなり、必要に応じて文字の形にも新たな工夫が加えられていく。秦の八体の後、六体として古文・奇字・篆書・隷書・繆篆(ビュウテン)・虫書や、十体として古文・大篆・籀文(チュウブン)・小篆・八分(ハップン)・隷書・章草・行書・飛白・草書、さらにはより意匠化した文字として数十種にも及ぶ雑体書と呼ばれる一群の書体が生まれた。それぞれの書体について、その書体名の解釈をはじめ、相互にどのように違うものであるのか、さまざまな見解がある。

今日、一般に漢字の書体としては楷書・行書・草書の三体が挙げられ、さらに篆書・隷書の二体を加えた五体が一般的である。篆・隷・楷・行・草と並べられ、およその成立順とも見られる。しかし、歴史的事実としては楷・行・草の三体の中では草書が古く、次に行書が現れ、楷書は現在の書体の中では最後に確立されたものといえる。文献上の事実として「楷書」という用語は最も新しい。

行書・草書は俗に「崩し字」「続け字」と呼ばれ、独自に字画を崩したり続けたりして書かれることもある。しかし、読めなくては文字とは言えない。文字として読めるように書くことがまず必須であり、書き方の学習は古来尊重されてきた。

文字の書きぶりに対する関心も古くからあり、文字が増えるとともにその使用者が多くなれば、字形はますます多様となり、その解釈に関する異論や俗説も生まれた。

世間に横行した俗説に対して反発し、文字の正確な解説を試みたのが後漢の許慎『説文解字』であった。許慎は篆書(小篆)を基本とし、古文の経書や金石文に見える古代文字を参考として、厖大な漢字を体系的に整理した。漢字を整理するための原則となったのが六書(リクショ)である。

許慎は、六書によって漢字を分析整理して合理的に並べて見せた。「一」に始まり「亥」に終わるという配列は、太一元初から十干(ジッカン)十二支に終わるものであり、中国古代の宇宙観を反映しているという。

許慎は、およそ一万字の漢字を五四〇部に分け、「人」に「人」がつき従う「从」部のつぎに二人が並ぶ「比」部が続き、つぎには二人が背をむけあう「北」部が続くというように、字形の似た部を並べるような工夫を施し、字形に即してあらゆる漢字を体系的にまとめた。

五四〇部は篆書を標準とする分類であり、後に字形の標準が楷書になると部首は整理統合されて、明の『字彙』(一六一五年刊)では二一四部となった。しかし部首分類という方法は許慎の創始したものである。そして、許慎の不滅の功績として現在に至るまで漢字分析の原理として用いられているのが六書の説である。

六書とは、指事・象形・形声・会意・転注・仮借(カシャ)の六つ。「六書」の語自体は『周礼』に見えるほか、『漢書』芸文志には「象形・象事・象意・象声・転注・仮借」として示されている。しかし具体的な内容を説いたのは許慎が最初である。ただ、許慎の解説は散文ではなく、押韻した四字句からなっていて難解である。記憶の便が図られたもののようで、あるいは許慎以前から伝承されてきたものかもしれない。いま、ここではごくおおまかな一解釈を示すにとどめる。

［指事］見て識別でき、観察すればその意がわかるようにしたもの。たとえば「上」「下」など。

［象形］その実物を描くように、形体に合わせて字画を屈曲したもの。たとえば「日」「月」など。

［形声］事物によって区別し、その語の意味に相当する音声を示したもの。たとえば「江」「河」など。

［会意］類型的な文字を適宜に組み合わせて、新たな意味を指し示したもの。たとえば「武」「信」など。

［転注］ある文字を、それが表した語と同じ意味、あるいは意味の上で関係のある他の語を表すのに用いる。たとえば「老」で「考」の意味を表すなど。

［仮借］それを示す文字がないとき、発音が同じ文字を借りて用いる。たとえば「令」や「長」など。

六書のうち、転注と仮借については、古来さまざまな解釈があって、定説がない。許慎のあげた例に対しても異論があったりして不明である。しかし、指事・象形・形声・会意の四つが、漢字の成り立ちを説く原則であることは定論として認められている。本書においても［なりたち］として、示すこととした。ついでながら、当該の漢字の成り立ちが六書の何によるかについて許慎は明言していない。本書においては段玉裁の注を参照しつつ、判断した。また、本書の［なりたち］は許慎の解説の全文を翻訳したものではなく、その主旨を段玉裁の注に従って解釈し、その漢字の構造が理解できるように必要最小限の要点のみを紹介したものである。

三、漢字の形・書き方

紙が普及して以来、漢字は筆で書かれるものとしてあり、やがて印刷が始まると製版作業に適する字形が工夫されるようになり、さらに活字として一層の字形整理が進んだ。

現在の印刷において、活字そのものは実際にはほとんど用いられなくなったものの、印刷に使われる文字の字形を指して活字体という。活字体のなかでも古くから現在まで一般に最も普通に使われているのは明朝体である。明朝体は楷書の現代化した書体とも見られる。

活字の書体として、まず明朝体があり、別にゴシック体や楷書体があり、さらに小学生向けの教科書用として教科書体がある。

本書の親字をはじめとする本文の文字としては明朝体を用いている。筆順は教科書体を用いてあり、親字の明朝体と比べると、多少の違いが見つかる。なお、細かな点まで注視すると同じ書体同士でも食い違いがあるのは活字としてのデザインによるものであって、間違いとすべきではない。

活字の字形は確かに見事に整理されていて、一般に正しい漢字とは活字のような字形であり、活字のように書くことが正しいと主張されるようにもなった。ところで、字形と字体という用語を区別すること自体が難しい。一応は、実際に目に見える字形に対して、字体というのは「文字の骨組み」と説明されている。漢字の形に関する議論において、どの字とどの字とが同じか違うのか、字形と字体とさらに書体という用語の解釈に一致を見ないこともあって、字形・字体をめぐる論争は尽きない。

正しい漢字の基準はないのか。漢字の標準となる古典的文献として『説文解字』以後、歴代の字書の集大成として『康熙字典』がある。四七〇三五字が親字として収められ、字形から二一四部に分類され、画数順に配列してある。最も権威ある字典として漢字の規範としても認められている。

一般常識的には、漢字はすべて『康熙字典』に合わせればよい。少なくとも漢字の形に関する問題はそれで解決するはずである。ところが、詳しく調べると、『康熙字典』の字形にも不統一な部分があり、画数にも矛盾が見つかる。

字形不統一の一例として、「扁」を含む字のうち「戶」の部分が「戸」になっている字がある。「扁」や「編」は「戶」の形であるのに対して、「偏」や「遍」は「戸」になっているのである。

康熙字典体の「戶」に対して常用漢字では「戸」とされた。「戶」と「戸」とは字体が異なると見なし、「戶」に替えて新たにした字体として「戸」を新字体とすれば、それに対して「戶」は旧字体ということになる。そこで本書では、「偏」「遍」の旧字体として「偏」「遍」を示した。しかし、『康熙字典』は「偏」ではなく「偏」のようになっているのである。

旧字体・新字体という用語から常識的に判断すれば、新字体で「戸」となっている字形は旧字体ではすべて「戶」のようになるはずである。ところが『康熙字典』を調べると、「扁」の「戶」が「戸」のようになっている字として他にも「篇」などがある。

本書においては、部分字形はなるべく統一することとして、親字は「篇」とし、実は康熙字典体である「篇」は俗字とした。

もう一つの例として「虚」の字がある。常用漢字は「虚（11画）」、人名用漢字は「虛（12画）」とされている。康熙字典体は「虛（12画）」である。ところがこの「虛（12画）」に「口」を加えた「噓」の字ではなく「噓」を『康熙字典』では正しいとしている。しかし、本書では「噓」を親字とし、「嘘」は俗字とした。

実際に書かれた字形としては「虚」よりは「虛」のほうが一般的であり、さらに「虍」の部分は変形されることもある。一つ一つの漢字の字形を資料に即して調べてみると、実に多様なのであり、一定の標準として『康熙字典』に従おうとしても実は矛盾してしまう。多くの漢字について、字典体と筆写の字形とで差異が見られ、正しい字形とは何かということは容易には確定できないのである。

書かれる文字はよほど慎重にしなければ一定し難い。複数の字画が組み合わされる漢字は、同じように書こうとどんなに努力しても多少の違いは生じる。正しい漢字を追求するあまり、瑣末な点に気を取られるようなことにならないようにしたい。

「戸」と「戶」さらには「户」のような字形もあり、このような違いは実は瑣末と言ってよい。「戸」と書くか「戶」と書くか「户」と書くか、どう書くべきかにこだわる必要はない。しかし一見して異なるため、さらに現在では電子機器などでも使い分けが可能となって、問題は一層複雑化している。

この「戸・戶・户」の場合などは、実は使い分けできない場合もある。電子機器でどの字が使えてどの字が使えないか、その判定はなかなか難しい。字形の細部にまでこだわると、常用漢字の中にも電子機器で表記できない字が存在することが報告されている。ただ、微細ともいえる差異をどう見るべきか、一般の利用者に見分けがつかないような違いまで点検すべきかいなか。現代における新たな漢字問題の課題であろうか。↓付録「活字の字形と筆写の字形」（1611ページ）

なお、筆順というものは字形を整えて書くための便宜であって、ある一つの筆順のみが正しくて、それ以外の筆順は誤りであるというものではない。本書に示した筆順は代表的と見られる一例にすぎない。

画数も実は絶対的なものではない。『康熙字典』では「瓜」は五画とされているが本書では六画と見なし、同じく「臣」は六画とされているが本書では七画と数えた。「廴」や「阝」は実際には二画でも書けるが三画としておいた。その他、共通する部分字形は同じ画数になるように調整した。

四、漢字の読みと意味

漢字の読み方として音と訓とがある。「上下」は「ジョウゲ」とも読み、「うえした」とも読む。さらに「ショウカ」と読み、「かみしも」と読み、「あがりおり」「あげさげ」「のぼりくだり」といろいろな読み方ができる。

「ジョウゲ」や「ショウカ」は音読み、「うえした」「かみしも」などは訓読みという。音は字音、訓は和訓ともいう。ただし「音訓」というと、漢字の字音と字義とを指すこともある。和訓としての訓と字義としての訓との違いおよびその関係がいささか微妙であり、注意が必要である。

音読みは、古代中国語の発音に由来する。中国語の歴史的な漢字音は、紀元前六世紀ころの「上古音」、七世紀ころの「中古音」、一四世紀ころの「近世音」などに分けられる。漢字の発音字書である韻書や『詩経』をはじめとする多くの資料に基づき、漢字音についての詳細な研究が積み重ねられている。

今、中国語の音韻について概略を確認しておこう。まず、中国語とは、漢民族の言語である。多くの少数民族を含む多民族国家である中華人民共和国では、漢族の言語として、正式には「漢語」と呼ぶ。

中国語において、一つの漢字は一つの音節をあらわす。中国語の特徴として、音節のくぎれが明瞭であることがあげられ、音節の一くぎりとして漢字一字がそっくり対応する。

中国語の音節は、声母と韻母とからなる。韻母はさらに介音・主母音・韻尾に分けられ、さらに声調が加わる。たとえば、現代中国語の「天」[tiān]（本来は発音記号で表記すべきところ、ピンインで代用する）は、[t]が声母、[i]が介音、[a]が主母音、[n]が韻尾に相当する。[ā]の[ˉ]が声調を示す。「馬」[mǎ]のように介音や韻尾を欠く場合もある。

声調とは音節の高低昇降や長短の音調をいう。中古音では、平声（ヒョウショウ）・上声・去声・入声（ニッショウ）の四種類があり、四声（シセイ）と呼ばれる。現代中国語でも四声といい、一声・二声・三声・四声と呼んでいる。おおむね中古音の平声は、現代中国語では一声・二声に対応し、上声は三声に対応（一部は四声）、去声は四声に対応、入声は消滅して一声から四声までに分かれた。ほかに語尾や助詞の声調が弱まって生じた軽声がある。

同じ[ma]という音節でも、一声で発音すれば「媽」（＝お母さん）、二声で発音すれば「麻」（＝あさ）、三声で発音すれば「馬」（＝うま）、四声で発音すれば「罵」（＝しかる）、軽声で発音すれば「麼」（＝疑問の気持ちをあらわす助字）となるなど、声調は単語を区別する重要な要素である。

現代中国語の音節は四二七種あり、これに声調の違いを区別すると（各音節に四声すべてが備わってはいないので）およそ一三〇〇種となる。すなわち、音節の違いに合わせて文字を作るなら、漢字の数は一三〇〇字程度に収まる。その何倍もの漢字が存在しているということは、漢字には多くの同音異義語を識別するための役割があり、同音の漢字が複数あることにもそれなりに意味があるともいえる。

ある漢字が現実にはどう発音されていたのか、どの字とどの字との発音が同じであったのか、または違ったのか。細かく区別していくと、中国語の音韻体系は極めて複雑な構成となる。声調によって中国語は抑揚に富んだ音楽的な印象を与えており、音韻についての知識は韻文の理解や鑑賞に際しては重要な意義を持つ。ただ、一般の漢文を訓読によって解釈する場合には差し当たり不急のものと考え、本書では中国漢字音としては、詩韻と現代中国語のピンインを示すにとどめた。

詩韻とは、作詩の基準として用いられる韻である。従来の『広韻』に示された二〇六韻は実際には細かすぎるため、自然に韻目は一〇七韻（実質的には一〇六韻）に落ち着いた。一〇七韻とした最初の韻書が出版された地名が平水（山西省臨汾市）であったことから平水韻ともいう。→付録「韻目表」（1578ページ）

ピンイン（拼音）は、中国語のローマ字表記。一九五八年に公布された「漢語拼音方案」に基づき、現代中国語としての読み方を表す。

さて、日本で漢字の音読みというときの音は、日本漢字音、すなわち日本における漢字の音である。中国において歴史的に漢字音は変化したため、漢字が伝わった時代によって日本漢字音にも変化が生じた。また、伝わる経路によっても違いが生じたらしく、日本漢字音もかなり複雑となった。まず、一応の区別として、漢音・呉音・唐音・慣用音などがある。

漢音は、奈良時代から平安時代初期にかけて、遣唐使を中心にして伝えられた。漢音の漢は、漢王朝の漢ではなく、「から」の国つまり中国のことである。当時の中国は唐の時代、唐の都の長安で使われていた語音に基づくという。七九二年(延暦一一年)、桓武天皇の詔勅によって新しい正式な漢字音であるとして奨励され、正音とも呼ばれる。

呉音は、漢音以前に伝わっていた音である。呉音の呉は、地域名としての呉、つまり今の江蘇省南部から浙江省北部あたりを指す。都から離れた南方の地であり、その方言が海路により、あるいは朝鮮半島を経由して伝わったとされ、その実態は明確でない。もとは日本語風の発音と見なされて和音と称された。

漢音の奨励以降、漢文の本文は一般に漢音で読むように改められても、その書名のよみ方の中には『論語(ロンゴ)』『文選(モンゼン)』のように呉音が遺り、その他、一般の語彙においても早くに呉音で定着した読み方が現在まで伝わっているものも少なくない。漢字表記は同じでも漢音と呉音とに読み分けて意味を区別することも行われている。さらには漢音・呉音をまぜて読む場合もある。

「人間」を「ひと」の意の場合は呉音で「ニンゲン」と読み、「ジンカン」と読むときは「人の世」の意とし、「学校(ガクコウ・ガッコウ)」の「ガク」は呉音で、「コウ」は漢音によっている。

唐音は、呉音・漢音の定着以後、主に江戸時代に、禅僧や貿易商人などによって伝えられた。明から清初にかけての中国南方系の字音に基づくとされる。この唐とは、その当時の中国の意で、室町時代には「宋音」、また、近世には「華音」とも呼ばれた。特定の語彙とともに伝わり、その数は限られている。

中国語と比べて日本語の音節は単純である。そのため、漢字の中国語としての音を日本漢字音としてとらえたとき、本来の中国語には存在した差異が区別されなくなる。その欠点を多少でも補うために、最新の成果をふまえて字音仮名遣いを表示した。

漢字の訓とは、その漢字にあてた日本語の読み方である。和訓ともいう。ある漢字を日本語としてどう読むか。日本語としての訳語であり、その訳語が特定の漢字の読み方として定着したものである。

日本語から考えると、既にあった日本語の「うえ」を「上」という漢字に当てはめたもの。この「うえ」の場合などは、和訓であるとともに「上」の字義すなわち意味であると見なしてよいものか。和訓と意味との関係は単純ではない。和訓が直ちに意味に通じる場合もあれば、和訓とその漢字の意味とが隔たっている場合もある。和訓によって漢語・漢文を解釈する場合、和訓がその漢字の意味を的確に指し示しているか否か、常に考慮すべきことがらである。

一つの漢字に対して、古来さまざまな訓読みの試みがなされた。古い時代の訓のなかに、最近では忘れられてしまった漢字解釈のための貴重なヒントが見つかることがある。日本語の古語理解の参考資料としても有効である。本書には[古訓]として、確実な資料から精選して示した。

漢字は一般に表意文字であると言われる。確かに「人」一字で「ひと」という意味を表していると見ることもできる。しかし意味だけを表す文字も、音声だけを表す文字も存在しない。漢字は基本的に一字が一語を表す表語文字である。さらに詳しく見ると、連綿語の場合は漢字二字で一語を表しており、漢字一字は一つの形態素であると見なせる。形態素とは有意味の最小言語形式であり、あらゆる文字は形態素を表示することを使命としているのである。

「人」は日本語で「ひと」と読めば和語形態素となり、「ジン」と読めば漢語形態素となる。一つの漢字が別種の形態素を表示することから日本独自の用字法が広がった。日本語のなかに漢字は深く浸透している。漢字は日本語の語彙体系を支える重要なはたらきをしており、日本語を正しく理解して使いこなすためにも漢字は大切なものである。

13 同訓異義

●あ行●

あう

【会(カイ)】約束してあう。人と人とがいっしょになる。「会見」「再会」「集会」

【合(ゴウ)】一つになる。一致する。同じになる。「合意」「合一」

【▼逢(ホウ)】向こうからやってくるものにあう。「逢着(ホウチャク)」

【遇(グウ)】❶思いがけなく出あう。出あい。「遭遇」❷よい機会にめぐりあう。「不遇」

【遭(ソウ)】思いがけず出あう。めぐりあう。「遭遇」「遭難」

【値(チ)】ある事態に出あう。「値遇」

【▼邂(カイ)】思いがけずめぐりあう。「邂逅(カイコウ)」

【▼遘・▼覯(コウ)】思いがけず出あう。まみえる。「遘禍(コウカ)」

【▼晤(ゴ)】面会する。「面晤(メンゴ)」

あきる

【飽(ホウ)】❶食べて腹がふくれる。「飽食」「飽満」❷満ち足りる。いっぱいになる。「飽和」

【▼厭(エン)】❶満足する。満ち足りる。「厭足(エンソク)」❷いやになる。いとう。「厭世(エンセイ)」「禁厭(キンエン)」

【▼倦(ケン)】あきていやになる。うむ。「倦怠(ケンタイ)」

【▼饜(エン)】食べあきる。たらふく食べる。

【▼飫(ヨ)】じゅうぶんに食べる。「飫足(ヨソク)」

あげる・あがる

【上(ジョウ)】低いところから高いほうへ移動する。のぼる。(対)下。「上昇」「向上」「浮上」

【挙(キョ)】❶上にあげる。持ちあげる。「挙手」❷人をとりたて用いる。「挙用」「選挙」

【揚(ヨウ)】❶高いほうへ動く。飛びあがる。「高揚」「浮揚」❷高く持ちあげる。よく目立つようにする。「掲揚」「発揚」

【▼昂(コウ)】高く上にあがる。たかぶる。「意気軒昂(イキケンコウ)」

【騰(トウ)】ウマがとびはねるように高くあがる。「騰貴」「高騰」

【称(ショウ)】ほめたたえる。たたえる。ほめる。「称賛」「称揚」

【抗(コウ)】高くあげる。はりあげる。「抗声」

【▼扛(コウ)】❶両手で重いものを持ちあげる。「扛鼎(コウテイ)」❷力を合わせて持ちあげる。❸肩でになう。かつぐ。

あざむく

【欺(ギ)】❶だます。いつわる。「欺瞞(ギマン)」「詐欺」❷ばかにする。あなどる。

【詐(サ)】うそを言う。いつわる。いつわり。「詐欺」「巧詐」

【▼誑(キョウ)】でたらめなことを言って人をだます。たぶらかす。「誑誕(キョウタン)」

【▼紿・▼詒(タイ)】いつわる。「欺詒(ギタイ)」

【▼瞞・▼謾(マン)】❶人の目をごまかして、実情をかくす。ごまかす。「瞞着(マンチャク)」「欺瞞(ギマン)」❷でたらめを言って、うそをほんとうと思わせる。「謾誕(マンタン)」

【誕(タン)】でたらめを言う。むやみに大言をはく。いつわる。「誕言」「妄誕」

あずかる

【与・預(ヨ)】加わる。かかわる。「関与」「干預」「参与」「参預」

【参(サン)】加わる。かかわる。「参加」「参画」

【干(カン)】❶分をこえておこなう。おかす。「干犯」❷関係する。かかわる。「干渉」「干与」

あたる

【中(チュウ)】物事の中心にあたる。あてる。「中毒」「卒中」「的中」

【当(トウ)】❶あてはまる。かなう。あてる。「該当」「正当」「相当」❷になう。受け持つ。事にあたる。「当直」「当番」「担当」

【方(ホウ)】ちょうど。まさしく。「方今」

【抵(テイ)】❶あるものにつりあう。相当する。「抵当」❷さからう。こばむ。はばむ。「抵抗」❸ぶつかる。「抵触」

【抗(コウ)】こばむ。てむかう。さからう。対等にはりあう。「抗議」「抗争」「対抗」「反抗」

【直(チョク)】番にあたる。とのい。「宿直」「当直」

あつまる・あつめる

【集(シュウ)】❶多くのものが寄りあう。つどう。(対)散。「集合」「雲集」「群集」❷よせあわせる。「集録」「収集」「編集」

【▼萃(スイ)・▼聚(シュウ)】人や物をあつめる。たくわえる。「聚散(シュウサン)」

【▼輯(シュウ)】材料をあつめて整理する。「輯佚(シュウイツ)」

【▼叢(ソウ)】多くのものが一か所に集まる。むらがる。「叢書(ソウショ)」

【▼湊(ソウ)】あつまる。あつめる。「輻湊(フクソウ)」

【屯(トン)】多くのものが寄りあつまって、そこにとどまる。たむろする。また、その場所。たまり。「屯営」「屯所」「駐屯」

【▼鳩(キュウ)】あつまる。あつめる。「鳩合(キュウゴウ)」「鳩首(キュウシュ)」

【▼鍾(ショウ)】気や情などが、ぐっと寄りかたまる。「鍾愛(ショウアイ)」

【▼纂(サン)】文書や詩文をあつめて整理し、書物にまとめる。「編纂(ヘンサン)」

あなどる

【侮(ブ)】ばかにする。「侮辱」

【慢・▼嫚(マン)】おごりたかぶる。相手を軽くみる。おごる。見さげる。ばかにする。「高慢」

【蔑(ベツ)】見くだして、かろんじる。ないがしろにする。さげすむ。「蔑視(ベッシ)」「軽蔑(ケイベツ)」

【易(イ)】かろんじる。「軽易」

あばく

【暴(バク)】外に出し人に見せる。さらす。「暴露」

【発(ハツ)】かくれているものを外に出す。あきらかにする。ひらく。あらわれる。「発掘」「発明」「告発」

【▼訐(ケツ)】相手の過ちや欠点などを明らかにしてせめる。「訐告(ケッコク)」

【摘・▼擿(テキ)】つまみ出して、あばき出す。ほじくり出す。「摘発」「擿発(テキハツ)」「摘抉(テッケツ)」

あまる・あます・あまり

【余(ヨ)】みちたりて、あまる。あまり。「余剰」「余分」「残余」

【剰(ジョウ)】数が多すぎてのこる。余分。あまり。「剰員」「剰余」

【▼衍(エン)】❶水があふれる。満ちひろがる。いっぱいになってあふれる。「衍漫(エンマン)」❷よけいなもの。「衍字(エンジ)」

【▼羸(エイ)】余分に手に入れる。あまる。「羸余(エイヨ)」

【羨(セン)】あふれる。「羨余(センヨ)」

あやまる・あやまつ

【誤(ゴ)】うっかりしてしそこなう。まちがえる。あやまり。「誤解」「誤認」「錯誤」

【過(カ)】悪意無くまちがえる。あやまち。「過失」「過怠」「罪過」

【▼繆・▼謬(ビュウ)】❶道理に反する。もとる。いつわる。「繆言(ビュウゲン)」「誤謬(ゴビュウ)」❷事実とくいちがった、でたらめなこと。まちがい。あやまり。「謬見(ビュウケン)」

【▼訛(カ)】文字やことばをまちがえる。「訛字(カジ)」

【錯(サク)】くいちがう。まちがえる。「錯覚」

【失(シツ)】やりそこなう。しくじる。「失敗」「過失」

【▼愆(ケン)】❶過失。あやまち。つみ。とが。「愆過(ケンカ)」❷しくじる。誤る。

あらう

【洗(セン)】水でよごれをおとす。すすぐ。けがれをとりのぞく。すすぐ。「洗濯」「水洗」

【濯(タク)】水でよごれをおとす。あらいきよめる。すすぐ。そそぐ。ゆすぐ。「濯足」「洗濯」

【▼滌(デキ)】水であらいすすいでよごれをおとす。「洗滌(センデキ)」

【▼沐(モク)】かみの毛をあらう。「沐浴(モクヨク)」「櫛風沐雨(シップウモクウ)」

【▼浣(カン)】衣服や身体のよごれをおとす。すすぐ。「浣衣(カンイ)」

【▼洒(サイ|セイ)】水をそそいできよめる。「洒濯(セイタク)」

【▼澡(ソウ)】手を洗う。洗いきよめる。「沐澡(モクソウ)」「澡盥(ソウカン)」

【▼盪(トウ)】水をためたうつわをゆり動かして洗う。「盪滌(トウデキ)」

あらためる

【改(カイ)】それまでのものをやめて新しいものにかえる。新しいものにかわる。「改革」

【更(コウ)】以前からあるものをとりかえて、なおす。あらたまる。かえる。「更改」「更新」

【革(カク)】古いものを新しくかえる。一挙にかえる。「革命」

【▼悛(シュン)】過ちをくいあらためる。「改悛(カイシュン)」

あらわれる・あらわす

【表(ヒョウ)】明らかにする。はっきりさせる。頭の中にあるものを外に出す。「表現」「公表」

【見・現(ゲン)】❶かくれていたものが表面に出てくる。㊉隠。「現象」「隠見」「出現」「露見」❷はっきり見えるようにする。

【章・彰(ショウ)】❶りっぱな模様が外にあらわれる。明らかになる。❷明らかにする。世間に知らせる。

【著(チョ)】❶書きしるす。「著作」「著述」「名著」❷目立って世に知られる。「著聞」「著名」

【顕(ケン)】❶おもてに出る。「顕現」「表顕」「露顕」❷たかくあげて明らかにする。ほめたたえる。「顕彰」「顕揚」

【露(ロ)】あらわになる。むきだしにする。あらわ。「露見」「露骨」「暴露」

【暴(バク)】日にさらす。また、人の目にふれるようにする。あばく。「暴露」

ある

【有(ユウ)】存在する。持つ。持っている。㊉無。「有志」「含有」

【在(ザイ)】その場にある。生存している。いる。特定の場所・地位・環境などにいる。「在世」

【▼或(ワク)】はっきりしないものごとや、はっきりさせたくないものごとをさすことば。「或時(あるとき)」「或所(あるところ)」「或人(あるひと)」

あわれむ

【▼憐(レン)】❶かわいそうだと思う。「憐憫(レンビン)」「哀憐(アイレン)」❷かわいがって、だいじにする。いつくしむ。「可憐(カレン)」

【哀(アイ)】❶かわいそうだと思う。情けをかける。「哀愍(アイビン)」「哀憐(アイレン)」❷心をいためる。かなしむ。かなしい。「哀愁」「悲哀」

【▼矜(キョウ)・▼閔・▼憫・▼愍(ビン)】❶気のどくに思う。いたむ。「矜恤(キョウジュツ)」❷かわいそうに思う。かなしむ。「不愍(フビン)」「憐憫(レンビン)」

【▼恤(ジュツ)】あわれんで恵みを施す。うれえる。「恤民(ジュツミン)」

いう

【言(ゲン)】ことばに出していう。語る。話す。つげる。述べる。「言行」「言論」「断言」

【▼謂(イ)】❶人に向かって話しかける。つげる。❷ある人やものごとについて話す。批評する。❸名づけていう。よぶ。

【▼曰(エツ)】発言や書物の引用など、直接話法に用いる。いわく。のたまわく。「子曰(しいわく)」

【▼云(ウン)】他人のことばや書物から引いていう場合に用いられることば。「云云(ウンヌン)」

【道(ドウ)】述べる。となえる。「道破」「唱道」「報道」

いかる

【怒(ド)】腹を立てる。おこる。いかり。㊉喜。「怒気」「怒声」

【憤(フン)】いかりが心の中に鬱積(ウッセキ)する。はげしくいかる。いきどおる。「憤慨」「鬱憤(ウップン)」

【▼忿(フン)】いらだって、いかる。おこる。「忿懣(フンマン)」

【▼慍(ウン)】心の中にいかりを募らせる。むっとする。不満を抱く。「慍色(ウンショク)」

【▼嗔・▼瞋(シン)】目を見ひらく。いからす。目をむいておこる。「嗔恚(シンイ)」「瞋恚(シンイ|シンニ)」

【嚇(カク)】(顔を真っ赤にして)声をあららげて激しくいかる。しかる。「嚇怒」

【▼恚(イ)】うらむ。「恚怒(イド)」「瞋恚(シンイ|シンニ)」

いだく

【抱(ホウ)】両手で包みかかえる。だく。かかえる。「抱擁」

【懐(カイ)】❶心に、思いや考えをもつ。おもう。おもい。また、心のなかであたためる。なつかしむ。「懐疑」「懐古」「感懐」❷胸のあたり。ふところ。ふところにだく。「懐中」

【擁(ヨウ)】❶だきかかえる。❷だくようにして助ける。まもる。「擁立」❸だくように取り囲んで、さえぎる。ふさぐ。「擁蔽(ヨウヘイ)」

いたむ

【痛(ツウ)】❶傷などがいたむ。いたみ。「苦痛」「頭痛」❷心をいためる。「沈痛」「悲痛」

【傷(ショウ)】悲しい思いをする。心をいためる。「傷心」「感傷」

【悼(トウ)】人の死をかなしむ。いたましく思う。「悼辞」「悼惜」

【▼愴(ソウ)】かなしむ。胸をいためる。「悲愴(ヒソウ)」

【▼悽(セイ)】心が切られるように感じる。いたましい。「悽惨(セイサン)」「悽絶(セイゼツ)」

【惨(サン)】胸がしめつけられるような。いたましい。みじめ。「惨禍」「惨敗」「悲惨」

【▼悵(チョウ)】心のこりに思う。うらむ。「悵恨(チョウコン)」「惆悵(チュウチョウ)」

【戚(セキ)】身近にひしひしと感じる。うれえる。「戚戚(セキセキ)」

【▼惻(ソク)】かなしむ。かわいそうに思う。「惻隠(ソクイン)」

【隠(イン)】あわれむ。親身になって心配する。「惻隠(ソクイン)」

いたる

【至(シ)】❶あるところまで行きつく。とどく。「必至」❷果てまで行きつく。これ以上ない。いたって。きわめて。「至高」

【到(トウ)】目的地に行きつく。「到着」「殺到」

【造(ゾウ)】ある地点や段階まで行く。「造詣(ゾウケイ)」「深造」

【詣(ケイ)】❶ゆく。おとずれる。❷学問や芸術などが深いところに達する。行きつく。「造詣(ゾウケイ)」

【格(カク)】ものごとをきわめる。「格物致知」

【▼臻(シン)】到達する。やって来る。およぶ。

【▼訖・▼迄(キツ)】行きつく。およぶ。

いつわる

【偽(ギ)】真実でないことを、ほんとうのように見せかける。つくりごとをする。㊀真。「偽善」「真偽」

【詳(ショウ)・▼佯(ヨウ)】うわべだけそれらしく見せかける。ふりをする。「佯狂(ヨウキョウ)」「佯言(ヨウゲン)」

【陽(ヨウ)】うわべをよそおう。だます。ふりをする。「陽動」

【詐(サ)】うそを言う。あざむく。いつわり。「詐欺」「巧詐」

【▼詭(キ)】普通でないやり方であざむく。だます。「詭計(キケイ)」

【矯(キョウ)】事実でないことを事実のようにいつわる。「矯飾」

【▼譎(ケツ)】たくらんで人をあざむく。「譎詐(ケッサ)」「譎略(ケツリャク)」

いましめる

【戒(カイ)】❶非常事態に備えて用心する。「戒厳」「警戒」❷あやまちをしないように注意する。さとす。「戒告」「自戒」

【警・▼儆(ケイ)】(ことばで)注意をよびおこす。いましめ。「警戒」「警告」「警世」

【誡(カイ)】ことばで注意して、さとらせる。「訓誡(クンカイ)」

【▼箴(シン)】人のあやまちを正し、教えさとす。「箴言(シンゲン)」

【勅・▼敕・▼飭(チョク)】とがめる。たしなめる。「戒勅」「譴勅(ケンチョク)」

いむ

【忌(キ)】(道理にはずれたり、不吉でけがらわしかったりして、)いやがってさける。「忌憚(キタン)」「忌避」「禁忌」

【▼諱(キ)】はばかってさける。口に出すのをはばかる。いみきらう。いみな。「諱忌(キキ)」

いれる

【入(ニュウ)】❶外から内にはいる。ある範囲の中にうつる。㊀出。「入院」「入門」「侵入」❷おさめる。「納入」

【納・内(ノウ｜トウ)】❶おさめる。なかにいれる。㊀出。「納経」「収納」「出納」❷うけいれる。とりいれる。「納得」

【容(ヨウ)】❶人や物を、ある場所や器などにいれる。つつみこむ。「容器」「収容」❷うけいれる。ゆるす。提案などをとりあげる。「容認」「寛容」

うえる

【植(ショク)】まっすぐに立てる。草木をうえつける。うわる。「植樹」「植物」「移植」

【種(シュ)】たねをまく。苗を植える。「播種(ハシュ)」

【栽(サイ)】植物の苗を植え、育てる。「栽植」「栽培」

【樹(ジュ)】木を植える。しっかりと立てる。「樹立」

【芸(ゲイ)】種をまいたり草木を植えて育てる。「園芸」「農芸」

うえる

【飢(キ)】❶食べ物がなくて、空腹で苦しむ。うえ。「飢餓」❷穀物が実らない。「飢饉(キキン)」「飢歳」

【餓(ガ)】食べ物がなく、腹がへって苦しむ。ひどくひもじい。うえ。「餓死」「飢餓」「凍餓」

【▼饑(キ)】❶農作物(とくに穀物)がとれない。「饑饉(キキン)」❷食物がない。「饑渇(キカツ)」

【▼饉(キン)】❶農作物がとれない。「饑饉(キキン)」❷食物がない。「餓饉(ガキン)」「飢饉(キキン)」

【▼餒(ダイ)】食べ物がなくて、空腹で苦しむ。うえ。「餒飢(ダイキ)」「凍餒(トウタイ｜トウダイ)」

うかがう

【伺・▼覗(シ)】❶人の動きをさぐる。ひそかにようすをうかがう。「伺察」「奉伺」❷そばにいて、せわをする。「伺候」

【▼窺(キ)】すきまからこっそりとようすを見る。機会をねらう。「窺見(キケン)」「管窺(カンキ)」

【候(コウ)】❶うかがい見る。ようすをさぐる。「斥候」❷待つ。待ち受ける。「候補」

【偵(テイ)】こっそりようすをさぐる(人)。「偵察」「探偵」「内偵」

【▼覘(テン)】すきまからのぞくようにして見る。偵察する。うかがいみる。「覘察(テンサツ)」

【狙(ソ)】ひそかにすきをうかがう。ねらう。「狙撃(ソゲキ)」

うける

【受(ジュ)】❶うけとる。さずかる。もらう。㊀授。「受賞」「伝受」❷うけいれる。ひきうける。こうむる。「受難」「甘受」

【承(ショウ)】❶前のものや上のものをうける。うけつぐ。「承前」「継承」❷相手の意向をうけいれる。ききいれる。「承知」

【享(キョウ)】(天や他人から)あたえられ自分のものとする。「享受」「享年」「享楽」

【▼稟(ヒン)】あたえられる。天からさずかる。「稟性(ヒンセイ)」

【▼饗(キョウ)】神に飲食物をそなえる。神がそなえ物を受ける。

うごく・うごかす

【動(ドウ)】(ゆれ)うごく。うごかす。うごき。力をはたらかせる。㊀静。「移動」「運動」

【揺(ヨウ)】手でゆりうごかす。ゆする。ゆさぶる。ゆれる。「動揺」

【▼撼(カン)】急に強い力を加えて、ゆりうごかす。「震撼(シンカン)」

【▼蕩・▼盪(トウ)】(水が)ゆれうごく。ゆりうごかす。「盪舟(トウシュウ)」

うしなう

【失(シツ)】なくす。手ばなして、なくす。わすれる。うせる。㊀得。「失格」「失礼」「消失」

【亡(ボウ)】❶あったものがなくなる。なくす。「亡失」❷死ぬ。なくなる。「亡父」「死亡」

【喪(ソウ)】なくす。ほろびる。「喪志」「喪失」

うたう

【歌(カ)】ふしをつけて、または音楽に合わせてうたう。また、ふしのついたことば。うた。「歌謡」「校歌」「唱歌」

【詠(エイ)】声を長くのばして詩や歌をうたう。「吟詠」「朗詠」

【唱(ショウ)】声を上げてうたう。「唱歌」「合唱」「独唱」

【謡(ヨウ)】❶楽器の伴奏なしでうたう。「謡詠」「謡吟」❷はやりうた。「歌謡」「俗謡」「民謡」

【唄ハイ・バイ】仏の功徳をほめたたえるうた。「梵唄」

【嘯ショウ】口をすぼめて声を出す。声を長くのばして詩や歌をうたう。うそぶく。「長嘯」

【謳オウ】声をそろえてうたう。うたってほめたたえる。「謳歌」「謳頌」

うつ

【討トウ】罪をとがめてうつ。武力でせめる。「討伐」「追討」

【伐バツ】(ほこで)人をきりころす。進発して敵をうつ。「殺伐」「征伐」

【征セイ】たいらげる。うって罰を正す。「征伐」「征服」「遠征」

うつ

【打ダ・チョウ】たたく。ぶつ。うつ。「打撃」「打擲」「殴打」

【撃ゲキ】❶手などで強くうつ。たたく。「撃殺」「打撃」❷敵をうつ。せめる。「撃退」「攻撃」

【撲ボク・扑ボク】少し打つ。たたく。勢いよくうつ。なぐる。「撲殺」「打撲」

【殴オウ】強く打つ。むちや杖で打つ。たたく。なぐる。「殴打」

【搏ハク】❶手でたたく。「搏撃」「搏闘」「手搏」❷脈をうつ。「脈搏」

【拍ハク・ヒョウ】手のひらでたたく。「拍手」

【鼓コ】(たいこなどを)うちならす。たたく。「鼓吹」「鼓腹」

【捶スイ・撻タツ】棍棒やむちで打ちすえる。むちでたたく。むちうつ。「鞭捶」「鞭撻」

うつす・うつる

【移イ】位置や時間がしだいにずれる。うごかす。「移転」「移動」「推移」

【遷セン】他の場所にうつす。うつる。「遷都」「左遷」

【徙シ】場所をかえる。

うつす

【写シャ】もとの姿や形をそのとおりにえがきだす。「写生」

【抄ショウ】書きうつす。また、ぬき書きする。「抄本」「抄録」

【謄トウ】原本をそのまま書きうつす。うつし。「謄写」「謄本」

【映エイ】光があたって形をあらわす。「映画」「映写」

【臨リン】書くすぐそばに手本を置き、そのとおり書きうつす。

うったえる

【訴ソ】❶上の者に申し出てさばきを求める。「訴訟」「起訴」「告訴」❷不満や苦しみを言いたてる。「哀訴」「愁訴」

【訟ショウ】裁判であらそう。うったえ。「訟訴」「訴訟」

【愬ソ】❶不満や苦しみを言いたてる。つげる。❷他人を悪く言う。そしる。

うばう

【奪ダツ】他人のものをむりに取り上げる。「奪取」「強奪」

【簒サン】よこどりする。うばう。とくに、臣下が君主の位をうばいとる。「簒奪」

【褫チ】❶衣服をうばいとる。衣服をぬぐ。❷力ずくでとりのぞく。「褫奪」

うらむ・うらみ

【怨エン】相手に対して不満や不快な気持ちをいだく。「怨恨」「宿怨」

【恨コン】心に根が張るように、いつまでもうらみが消えない。心残りに思う。うらめしい。「遺恨」「怨恨」

【憾カン】心に不満がのこる。残念である。「遺憾」

【望ボウ】あるべきことがそうなっていないと不足に思う。「怨望」

うるおす・うるおう

【潤ジュン】水分をたっぷりふくむ。また、そのしめりけ。うるおい。うるむ。「潤滑」「湿潤」

【湿シツ】水けがあってじめじめする。しめる。しめす。(対)乾。「湿原」「湿潤」「陰湿」

【沾セン・テン・霑テン】水にひたる。ぬれる。水分をふくんで、しめる。「沾洽」

【濡ジュ】水がかかって、しっとりする。ぬらす。「濡衣」

【沢タク】(水けが)たっぷりある。つやつやとうるおいがある。「潤沢」

うれえる

【憂ユウ】心をいため、気づかう。ふさぐ。うれえ。「憂」は心を主にし、「患」は事を主にいう。「憂国」「憂慮」「杞憂」

【愁シュウ】心がうかない。思いなやむ。何となくものがなしい。「愁傷」「哀愁」「憂愁」

【患カン】災難にあってそれを辛く思う。思いなやむ。「憂」が事の起こる前に心配するのに対する。「内憂外患」

【憫ビン・愍ビン】かわいそうに思う。かなしむ。あわれむ。心配する。「不愍」「憐憫」

【恤ジュツ】あれこれ心配する。あわれむ。「恤民」

【戚セキ】身近にひしひしと感じる。いたむ。「戚戚」

【悒ユウ】心配で落ちつかない。ふさぎこむ。「悒鬱」

えがく

【描ビョウ】絵や文章にうつしとる。かく。形やようすを手でかく。「描写」「描出」「素描」

【画ガ・カク】絵をかく。えがく。「画家」「画竜点睛」

【絵カイ・繢カイ】ものの形やありさまを、いろどりえがいたもの。え。また、えがく。「絵画」

えらぶ

【選セン】多くの中からよいものをとり出す。えりぬく。よりわける。「選択」「選集」

【撰セン】えらぶ。よりわける。ことばを吟味して、詩や文章を作る。「撰者」「杜撰」

【択タク・揀カン】よいものをえらびとる。えらぶ。また、よりわける。区別する。「二者択一」

【簡カン】えらぶ。えり分ける。「簡閲」

おおう

【覆フク】上からおおいかぶせる。かくす。おおい。「覆面」「被覆」

【蔽ヘイ】上からかぶせて、かくす。おおう。「隠蔽」

【蓋ガイ】ふたをしておおう。かぶせる。「蓋世」

【奄エン・掩エン・弇エン・揜エン】❶おおいかぶせる。「奄有」❷手でさえぎってかくす。ふさぐ。とじる。「掩蓋」「掩耳」

【庇ヒ】おおいかくす。まもりたすける。かばう。「庇護」

【被ヒ】おおいかぶせる。かぶる。また、身につける。「被服」

【蒙モウ】おおいかくす。かぶさる。こうむる。「蒙塵」

おかす

【侵シン】相手のなわばりにはいりこみ、害をあたえる。「侵害」「侵攻」「侵入」

【犯ハン】❶境界をこえてはいりこむ。法をやぶる。「違犯」「侵犯」❷罪をおかすこと。つみびと。「犯罪」「犯人」

【冒（ボウ）】危険なことや困難なことをむりにする。おしきって、あえて進む。「冒険」

【干（カン）】分をこえておこなう。「干犯」

【▼奸（カン）】おかす。みだす。

おく

【置（チ）】すえる。「位置」「安置」

【居（キョ）】ある場所に身をおく。すわる。すむ。とどまる。おる。いる。「居室」「起居」「住居」

【措・錯（ソ）】考えて配置する。とりはからう。「措辞」「措置」

【▼擱（カク）】（ひっかかって動きを）とめる。とどまる。やめる。「擱筆（カクヒツ）」

おくる

【送（ソウ）】❶去って行く人をみおくる。㊀迎。「送迎」「送別」「歓送」❷ものをとどける。人をつかわす。「送金」「輸送」

【贈（ゾウ・ソウ）】❶金品や詩文をおくりあたえる。「贈詩」「贈与」「寄贈」❷死後、官位・称号をおくる。「贈位」「追贈」

【遺・▼貽（イ）】人にものをのこしておく。のこす。やる。「貽訓（イクン）」「遺贈」

【▼餞（セン）・▼贐（シン・ジン）】酒や食べ物を用意して旅立つ人を送る。また、別れて行く人への贈りもの。はなむけ。「餞別（センベツ）」

【▼餉（ショウ）】（食べ物などを）贈る。プレゼントする。

【▼饋・▼餼・▼餽（キ）】食料などを贈る。「饋遺（キイ）」「餽運（キウン）」

【▼賵（ボウ）・▼賻（フ）】死者をとむらって車馬を贈る。死者に物を贈る。「賵賻（ボウフ）」

おこたる

【怠（タイ）】気が張らず、だらける。なまける。㊀敬。「怠慢」

【解・▼懈（カイ・ケ）】気がゆるむ。なまける。たるんでいる。㊀勤。「懈怠（カイタイ・ケタイ）」

【惰（ダ）】気持ちがだらける。だらしない。なまける。「怠惰」

【慢（マン）】心がゆるむ。なまける。

おこる・おこす

【起（キ）】❶おきあがる。たつ。「起床」❷ものごとをはじめる。はじまる。「起源」「起工」

【興（コウ）】❶いきおいがさかんになる。㊀廃。「興亡」「興隆」「振興」❷新しくはじめる。さかんにする。「興業」

【作（サク）】新たにつくりおこす。ふるいおこす。「振作」

【発（ハツ）】中から外にあらわれ出る。はじめる。生じる。「発刊」「発起」「発端」

おごる

【▼奢（シャ）】ぜいたくをする。度をすごす。おごりたかぶる。㊀倹。「奢侈（シャシ）」「豪奢（ゴウシャ）」

【▼驕（キョウ）】いい気になる。ほしいままにする。おごりたかぶる。㊀謙。「驕傲（キョウゴウ）」「驕慢（キョウマン）」

【傲・▼敖（ゴウ）】横柄な態度をとる。いばる。好きかってなことをする。「傲慢（ゴウマン）」

【▼倨（キョ）】自分をほこり、人を見くだしたようなふるまいをする。おごりたかぶる。㊀恭。「倨気（キョキ）」「倨傲（キョゴウ）」

【▼侈（シ）】❶おごりたかぶる。えらそうにする。㊀約。「侈傲（シゴウ）」❷ぜいたくをする。度をすごす。「奢侈（シャシ）」

おさめる

【収（シュウ）】❶一つにとりまとめる。「収集」❷（作物を）取り入れる。手に入れる。「収穫」

【納（ノウ）】❶なかにいれてしまう。「納経」「収納」「出納」❷とりいれる。うけいれる。「納得」

【蔵（ゾウ）】見えないところなどにしまっておく。かくす。「貯蔵」

おさめる・おさまる

【治（チ）】❶管理する。乱れたものを整える。㊀乱。「治水」「政治」❷病気がおさまる。なおる。なおす。「治療」「完治」

【修・▼脩（シュウ）】❶手に入れて形をととのえる。「修飾」「修正」「編修」❷学んで身につける。心を正しくする。「修学」「修養」

【理（リ）】ととのえる。物ごとの筋道を正す。「理髪」「整理」

【易（エキ・イ）】治める。治まる。

おしえる

【教（キョウ）】❶ものの考え方や知識・経験・技能をさずける。「教育」「示教」❷神仏や聖人のおしえ。「教主」「宗教」

【訓（クン）】おしえさとす。みちびく。いましめる。「訓育」「教訓」

【▼誨（カイ）】人に言いきかせる。おしえさとす。「教誨（キョウカイ）」

おしむ

【惜（セキ）】失われるものごとに対して心を痛める。なごりおしく思う。「惜春」「惜別」

【愛（アイ）】もったいないと思う。大切に思う。いつくしむ。「愛惜」

【▼吝・▼悋（リン）】ものおしみする。けちけちする。「悋惜（リンセキ）」

【▼嗇（ショク）】ものおしみする。節約して使う。けち。「吝嗇（リンショク）」

おそれる

【恐（キョウ）】こわがる。おびえる。気づかいおそれる。「恐怖」

【怖（フ）】びくびくおそれおののく。こわがる。「畏怖」「恐怖」

【畏（イ）】はかりしれないものに対しておそれうやまう。こわがる。おそれおののく。「畏敬（イケイ）」「畏怖（イフ）」

【▼懼（ク・グ）】事に当面してこわがってびくびくする。おじけづく。「恐懼（キョウク）」

【▼悚・▼竦・▼聳（ショウ）】おそれおののく。ぞっとして、身がすくむ。「悚然（ショウゼン）」「聳動（ショウドウ）」

【▼慴・▼懾・▼讋（ショウ）】おびえて、びくびくする。身がすくむほどおびえる。「慴悸（ショウキ）」

【慄（リツ）】こわがってからだがふるえる。おそれおののく。「慄然（リツゼン）」「戦慄（センリツ）」

【▼惶（コウ）】おどおどする。あわてる。「惶恐（コウキョウ）」「恐惶（キョウコウ）」

【▼怯（キョウ）】こわがって、びくびくする。しりごみする。おびえる。ひるむ。「卑怯（ヒキョウ）」

【▼怕（ハ）】❶こわがる。❷…ではないかとおそれる。心配する。「恐怕（キョウハ）」

おちる・おとす

【落（ラク）】❶上から下へおちる。ぬけおちる。「落下」「墜落」「脱落」❷おくれる。「落伍（ラクゴ）」❸おちぶれて、あれはてる。「没落」「零落」

【堕（ダ・タ）】くずれこわれておちる。おろす。「堕罪」「堕落」

【墜（ツイ）】くずれて下におちる。高いところからおちる。

【▼隕・▼殞（イン）】❶高いところからまっすぐにおちる。落下する。「隕石（インセキ）」❷命を落とす。死亡する。ほろびる。「隕命（インメイ）」

【零（レイ）】こぼれおちる。雨が静かに降る。おちぶれる。「零落」

【▼貶（ヘン）】❶悪くいう。おとしめる。けなす。そしる。「貶称（ヘンショウ）」❷官位を下げる。

おどす

【脅（キョウ）】つめ寄っておどす。力

でおびやかす。「脅威」「脅迫」

【威】力ずくでおそれさせる。「威圧」「威嚇」

【▼恫】おそろしい思いをさせる。「恫喝」

【嚇】(ことばで)おどす。おびやかす。「威嚇」「脅嚇」

おどろく

【驚】意外なことに出あってびっくりする。あわて、おそれる。「驚愕」「驚喜」

【▼愕】おどろきあわてる。びっくりする。「驚愕」

【▼駭】びっくりする。おどろく。「驚」より強くて急。「駭世」「駭目」「震駭」

おもう

【思】あたまをはたらかせて、あれこれと考える。「思考」

【想】思いめぐらす。心の中にえがく。「想像」「予想」

【▼惟】よく考える。「思惟」

【念】いつも心にとめている。「念願」「専念」

【意】心のなかで、あれこれとおもいめぐらす。「意図」

【懐】心に、思いや考えをもつ。心のなかであたためる。なつかしむ。「懐疑」「感懐」

【▼謂】判断してこうだとおもう。「愚謂」

【以】おもう。「以為」

【憶】❶あれこれ考える。おもい起こす。「憶測」「追憶」❷心にとどめて忘れない。おぼえる。「憶念」「記憶」

おもむく

【赴】目的地に急いで行く。行きつく。「赴任」

【趣】急いで行く。「趣走」

【▼趨】❶小走りに行く。足早に行く。「趨走」❷ある方向にむかう。「趨勢」

おわる

【終】❶ものごとがしあがる。おわり。「終了」「有終」❷命がつきる。死ぬ。「臨終」

【▼卒】❶終える。やむ。しめくくる。「卒業」❷死ぬ。また、身分の高い人の死をいう。「卒去」

【▼竟】おしまいまで行きつく。つきる。「終竟」

【了】一つのことがすっかりおわる。けりがつく。「完了」

【▼畢】おえる。「畢生」

【▼訖】完結する。終了する。やめる。

●か行●

かえりみる

【省】注意して見る。自分自身のことをよく考える。「内省」「反省」

【顧】ふりかえって見る。見まわす。「顧眄」「一顧」

【▼眷】ふり返って見る。目をかける。いつくしむ。「眷顧」

かえる

【帰】本来いるべきところにおちつく。もとのところへもどってくる。「帰還」「帰朝」

【還】行った先からくるりとまわって元のところにかえる。「還元」「返還」

【回・▼廻】❶もとにもどす。「回復」❷ぐるりとまわる。まわす。めぐる。めぐらす。「回転」「巡回」「巡廻」「輪廻」

【反・返】❶ひっくりかえす。向きを逆にする。「反手」「反転」「反覆」❷はねかえす。はねかえる。「反映」「反響」

【復】来た道をひきかえす。かえる。(対)往。「復路」

かかる・かける

【掛・▼挂】高いところにひっかける。ひっかけてつり下げる。「掛冠」「挂冠」

【懸・県】糸や縄で宙にぶらさげる。つるす。また、心にかける。「懸念」「懸賞」

【係・▼繋】つなぎとめる。むすびつける。つなぐ。つながる。「係留」「繋累」「連係」

【▼罹】(あみにかかるように)病気になったり、災難にあう。「罹患」「罹災」

【架】かけわたす。「架設」

かくれる・かくす

【隠】❶外から見えない。かくれる。(対)顕。「隠顕」「隠微」❷おおって見えないようにする。かくす。「隠匿」

【蔵】見えないところなどにしまっておく。おさめる。かくす。「所蔵」「貯蔵」

【匿】外にあらわさない。かくれてじっとしている。「匿名」「隠匿」「秘匿」

【秘】人にかくして知らせない。ひめる。「秘伝」「秘密」

【潜】かくれる。ひそかにする。静かにそっとひそんでいる。「潜在」「潜入」「潜伏」

かける

【欠(▼缺)】割れたりかけたりして不完全である。かける。かく。(対)完。「欠陥」「欠点」

【▼闕】あるべきものが抜けおちていて足りない。(対)全。「闕画」「闕如」「闕漏」

【▼虧・▼騫】ものの一部がうしなわれる。そこなわれる。(対)盈。「虧欠」「盈虧」

かさねる・かさなる

【重】いくえにもかさなる。かさねる。「重複」「二重」

【累】上へ上へと積みかさねる。「累加」「累積」

【畳】同じものを積みかさねる。かさなる。「重畳」

【襲】衣をかさねて着る。あることをもとに次のことにひきつぐ。「襲衣」「世襲」「踏襲」

【申】重ねてのべる。

かたい

【固】❶しっかりしていて、ゆるがない。丈夫で動かしがたい。「固執」「確固」❷かためる。かたまる。「固形」「凝固」

【堅】❶中身がつまっていて、じょうぶな。(対)脆。「堅強」「堅牢」❷しっかりした。手がたい。「堅持」「堅実」

【硬】❶物体のかたさがかたい。(対)軟。「硬度」「硬軟」❷(意志が)つよい。❸(文章などが)かたくるしくて練れていない。「生硬」

【▼牢】がっしりとしてじょうぶである。「堅牢」

【剛】曲がらない。「剛柔」

【確】しっかりしている。「確信」「確固」

【▼鞏】かわでしばって、かたくする。「鞏固」

【難】なしとげるのがたやすくない。むずかしい。むつかしい。(対)易。「難解」「困難」

かつ

【勝】相手をまかす。(対)負・敗。「勝敗」「決勝」「全勝」

【克・▼剋】欲望や困難にうちかつ。「克服」「克己」「剋己」「下剋上」

【▼捷】戦いに勝つ。「捷報」「戦捷」

【▼贏】勝負に勝つ。(対)輸。「輸贏」

【▼戡カン】乱を平定する。さしころす。「戡定(カンテイ)」

かむ

【▼齧ゲツ】歯でかみ切る。かじる。「齧歯類(ゲッシルイ)」

【▼咬コウ・▼嚙コウ|ゴウ】かじる。「咬傷(コウショウ)」

【▼咋サク】むしゃむしゃと食う。しゃぶる。かむ。

【▼嚼シャク】食べ物をかみくだく。かみしめて味わう。「咀嚼(ソシャク)」

【▼咀ソ】かみくだいて味わう。

【▼噬セイ|ゼイ】かみつく。「呑噬(ドンゼイ)」

かりる

【借シャク|シャ】他のものを一時つかわせてもらう。かり。(対)貸。「借用」「借金」「拝借」

【▼藉シャ】たよりとする。「藉口(シャコウ)」

【仮カ|ケ】一時的なものとして、かりる。(対)真。

かれる

【枯コ】❶水分やうるおいがなくなる。木がひからびる。「枯渇」「枯木」❷おとろえる。おちぶれる。(対)栄。「栄枯」

【▼涸コ】水がなくなる。「涸渇(コカツ)」

【▼槁コウ】水分がなくなる。かれ木。「槁木(コウボク)」「枯槁(ココウ)」

かわ

【皮ヒ】❶動植物の表皮。❷動物のからだの表面をおおっている毛がわ。「皮革」「牛皮」

【革カク】加工した皮。獣皮の皮を取りのぞいたもの。「牛革」

【▼韋イ】加工してやわらかくした皮。なめしがわ。「韋編三絶(イヘンサンゼツ)」

かわく

【乾カン】水分がなくなる。ほす。(対)湿。「乾季」「乾燥」

【渇カツ】のどがかわく。また、のどがかわいて水を求めるように、強くほしがる。「渇望」

【燥ソウ】水分がなくなる。からからになる。(対)潤。「乾燥」

【▼晞キ】太陽にさらしてかわかす。かわかす。

かわる・かえる

【変ヘン】ちがうものになる。時とともにうつりゆく。「変化」「変遷」「転変」

【代タイ|ダイ】かわりになる。かわっておこなう。「代理」「交代」

【替タイ】すたれて同種・同等のものとかわる。「交替」「代替」

【易エキ】とりかえる。あらためる。「改易」「交易」「貿易」

【換カン】とりかえる。いれかえる。別の物と交換する。「換気」「交換」「変換」

【更コウ】以前からあるものをやめて、あたらしくする。あらためる。あらたまる。「更新」

【交コウ】やりとりする。とりかえる。「交易」「交換」「交代」

【▼渝ユ】変更する。「渝平(ユヘイ)」

かんがえる

【考コウ・▼攷コウ】❶思いめぐらす。「考慮」「思考」❷しらべて明らかにする。「攷究(コウキュウ)」「考査」「考察」「論攷(ロンコウ)」

【勘カン】くらべあわせる。しらべる。「勘案」「勘定」「校勘」

【稽ケイ】よく考える。吟味する。「稽古(ケイコ)」

きえる・けす

【消ショウ】なくなる。ほろびる。おとろえる。きえうせる。「消失」「消滅」「解消」

【滅メツ】❶つきてなくなる。ほろびる。ほろぼす。「滅亡」「消滅」❷あかりを消す。火が消える。「点滅」「明滅」

【▼熄ソク】❶火が消える。❷消えてなくなる。また、おわる。やむ。「熄滅(ソクメツ)」「終熄(シュウソク)」

【▼銷ショウ】❶金属をとかす。とける。「銷金(ショウキン)」「銷鑠(ショウシャク)」❷つきる。つくす。「銷失(ショウシツ)」「銷暑(ショウショ)」

きく

【聞ブン|モン】音声を耳でとらえる。音声が耳に入る。(対)見。「見聞」「聴聞」「伝聞」

【聴チョウ】注意してきく。身を入れてきく。「聴講」「傾聴」

【可カ】ききいれる。許可する。「可否」「許可」「認可」

きざむ

【刻コク】素材の表面に刀を入れて形をつくる。また、模様や文字をほる。「刻印」「彫刻」

【彫チョウ】ほりきざんで模様をつける。「彫刻」「彫像」

【▼雕チョウ】きざむ。ほる。「雕琢(チョウタク)」

【刊カン】❶(誤りを)けずりとる。けずる。「刊正」❷(版木に)ほる。きる。書物を出版する。「刊行」「刊刻」「創刊」

きる

【切セツ】刃物でたちきる。きりさく。「切除」「切断」

【伐バツ】ばっさりと木をきりたおす。「伐採」「乱伐」

【斬ザン】刃物で、きる。きりころす。「斬殺(ザンサツ)」「斬首(ザンシュ)」

【剪セン・▼翦セン】はさみなどで、きる。きりそろえる。「翦定(センテイ)」

【裁サイ】衣服を作るために布をきる。「裁衣」「裁断」「裁縫」

【▼截セツ】切断する。たちきる。たつ。「截断(セツダン)」「半截(ハンセツ)」

【▼斫シャク】うちきる。「斫木(シャクボク)」

【▼鑽サン】小さい穴をあける先のとがった道具。きり。また、きりで穴をあける。きりもみする。きる。「鑽孔(サンコウ)」

きわめる・きわまる

【究キュウ】❶ものごとを深くさぐる。本質をつきつめて明らかにする。きわめる。「究明」「研究」❷行きつくところまで行く。「究竟(キュウキョウ)」「究極」

【窮キュウ】❶この上ないところまで行きつく。おわる。きわまる。「窮極」「無窮」❷(学問や芸術などで)深いところまでつきつめる。きわめる。「窮理」

【極キョク】ものごとの最高最終に達する。きわめる。きわまる。「極限」「極力」

【谷コク】進むこともしりぞくこともできなくなる。きわまる。

くう・くらう

【食ショク】たべる。「食事」「飲食」

【▼啖タン・▼噉タン】むさぼりくう。たべる。「健啖家(ケンタンカ)」

【▼啗タン】くわせる。たべる。「呑啗(ドンタン)」

【▼茹ジョ】草や野菜を食べる。また、むさぼるように食う。「茹素(ジョソ)」「茹草(ジョソウ)」

【▼餐サン】たべる。飲食する。「餐食(サンショク)」

【喫キツ・▼吃キツ】❶食べる。「満喫」❷すう。のむ。「喫煙」「喫茶」

くむ

【▼汲キュウ】水を引き入れる。「汲引(キュウイン)」

【酌シャク・▼斟シン】❶酒をくむ。また、酒をついで飲む。「独酌」❷他人の意見や事情を考えて加減する。気持ちをくみとる。「酌量」「参酌」「斟酌(シンシャク)」

【▼掬キク】両手ですくいとる。「一掬(イッキク)」

くらい

【暗・闇】アン ❶光が少なく、ものがよく見えない。くらがり。やみ。「暗黒」「明暗」❷ものをよく知らない。道理や知識にくらい。おろか。「暗愚」

【昏】コン 日暮れになってくらい。道理にくらい。おろか。「昏昧」

【▼昧】マイ ❶夜明け前でほのぐらい。「昧爽」「暗昧」❷ものごとをよく知らない。おろか。「愚昧」「蒙昧」

【▼晦】カイ ❶月の見えない、くらい夜の日。陰暦の月末。❷くらくてよくわからない。「晦渋」

【冥】メイ・ミョウ ❶くらくてはかり知れない。明らかでない。「晦冥」「幽冥」❷道理にくらい。「頑冥」「愚冥」

【幽】ユウ おく深くて、くらい。ものの静かな。ほのか。かすか。「幽遠」「幽玄」

【▼杳】ヨウ 深くはるかではっきりしない。「杳然」「杳冥」

【▼罔】モウ 道理にくらい。

【▼蒙】モウ おおわれてくらい。ものごとがわからない(子供)。「蒙昧」「啓蒙」「童蒙」

けずる

【削】サク・【▼刮】カツ けずりとる。そぎおとす。えぐる。「削減」「削除」「刮削」

【▼刪】サン 余分な字句をとりのぞく。「刪改」「改刪」

【刊】カン (版木に)ほる。きる。きざむ。「刊行」「刊刻」「創刊」

こえる

【越】エツ ある区切り目を乗りこえる。わたる。こす。「越境」「越年」「越権」「僭越」

【超】チョウ ❶とびこえて上に出る。「超過」「出超」❷ぬきんでている。はるかにすぐれる。「超越」「超人」

【▼逾・▼踰】ユ またいで、こえる。進んでいってこえる。「踰越」「逾月」「踰月」

こたえる

【答】トウ 問いかけに返してこたえる。(対)問。「答礼」「返答」

【応】オウ 他からのはたらきかけを受け、それに従って動く。(対)呼。「応答」「呼応」

【対】タイ・ツイ 相手の問いに向かいあい、一つ一つにこたえる。応じる。「対策」「応対」

【諾】ダク 承知する。ひきうける。うべなう。「諾否」「承諾」

ころす

【殺】サツ・セツ ころす。あやめる。「殺意」「殺人」「暗殺」「殺生」

【死】シ 命が尽きる。しぬ。「死命」「致死」

【▼弑】シ・シイ 臣下が主君を殺す。子が親を殺す。「弑逆」

【▼戮】リク 罪人を殺す。死刑にする。「殺戮」「誅戮」

【▼誅】チュウ 罪を責めて殺す。「誅殺」

【▼殛】キョク 罪する。罪にあてて殺す。誅する。

●さ行●

さかん

【盛】セイ まっさかりである。勢いが増していっている。(対)衰。「盛唐」「隆盛」

【壮】ソウ 強く勇ましい。勢いがよい。(対)老。「壮健」「勇壮」

【旺】オウ 日の光が四方にかがやき広がるように、さかん。「旺盛」

【▼熾】シ 火が勢いよく燃える。勢いが激しい。「熾烈」

【隆】リュウ 高く厚く勢いがもりあがる。(対)替。「隆盛」「興隆」

【昌】ショウ かがやかしく、あかるい。「昌運」「繁昌」

【▼殷】イン ゆたかな。さかえた。さかんな。また、大きい。おおい。「殷賑」

さく・さける

【裂】レツ 布の切れはし。また、布地を引きさく。引っ張ってはなれさせる。「裂帛」

【割】カツ (刀で)切りさく。「割腹」

【剖】ボウ・ホウ 二つにさき割る。切りさく。分ける。「解剖」

【析】セキ ❶木をおので割る。「析薪」❷分解する。入り組んだものを、わけてはっきりさせる。「解析」「分析」

【▼劈】ヘキ 刃物で二つに切りさく。「劈開」

【▼擘】ハク 指を使って二つに分ける。「擘裂」

【▼坼・▼拆】タク 打ち割って二つにする。ひらく。「拆字」

さぐる・さがす

【探】タン わからないものごとをどこまでもさぐり求める。「探求」「探検」「探索」「探勝」

【捜】ソウ 見えなくなったものをさがす。さがしもとめる。「捜査」「捜索」

【▼摸】モ・バク なでるようにして、手さぐりする。「摸索」

【索】サク たぐりよせるようにしてさがす。「索引」「索敵」

さけぶ

【叫】キョウ 大声をあげる。よぶ。「叫喚」「叫号」「絶叫」

【喚】カン 大声でわめく。よび出す。「喚声」「叫喚」

【号】ゴウ 大声でさけぶ。大声で泣く。「号泣」「怒号」

【▼喊】カン ときの声をあげる。「喊声」「吶喊」

さす

【刺】シ するどい刃物や針でさす。つきさす。「刺客」「刺激」

【指】シ さしずする。さし示す。ゆびさす。「指揮」「指令」

【▼螫】セキ 毒虫がさす。「螫刺」

さとる

【悟】ゴ はっと思いあたる。心の迷いが開ける。さとり。「悟得」「悟入」「覚悟」

【覚】カク はっと気づいて理解する。目ざめる。わかる。「覚悟」「自覚」「先覚」

【暁】ギョウ 明らかになる。はっきりとわかる。「通暁」

【了】リョウ よくわかる。明らかになる。「了解」「了承」

【諭・▼喩】ユ ものごとの意義がよくわかる。さとす。「説諭」

さめる

【覚】カク 迷いがさめる。目をさます。「覚醒」

【醒】セイ ❶酒のよいからさめ、頭がすっきりする。「醒酔」❷夢からさめる。心の迷いがとける。めざめる。「覚醒」

【▼寤】ゴ めざめる。ねむった状態から意識のある状態になる。(対)寐。「寤寐」

さらす

【暴・▼曝】バク ❶日にさらす。また、人の目にふれるようにする。あばく。「暴露」❷日光に当ててかわかす。風雨にさらす。「曝書」「曝涼」

【漂】ヒョウ 水で布や綿を白くする。「漂白」

【▼晒】サイ 日に当ててかわかす。日に当てたり、水で洗い流したりして白くする。虫干しする。「晒書」

さわぐ・さわがす・さわがしい

【騒ソウ】秩序なくあばれる。「騒音」「騒然」「喧騒」

【▼擾ジョウ】じゃれついて、うるさくさわがしい。みだれる。みだす。「擾乱」「騒擾」

【躁ソウ】落ちつきがない。さわがしい。「狂躁」

【▼噪・▼譟ソウ】(鳥などが)さわがしい。やかましい。「噪音」「喧噪」

しげる・しげし

【繁ハン】❶草木がさかんにそだち、ふえる。「繁殖」「繁茂」❷くりかえしが多い。わずらわしい。(対)簡。「繁雑」「頻繁」

【茂モ・ボウ】草木がさかんにのびる。「繁茂」

【▼蕃ハン】草がさかんに生える。ふえひろがる。

【▼蕪ブ】雑草がしげってあれる。「荒蕪」

【滋ジ】水がうるおうようにふえる。そだつ。「滋育」

【▼稠チュウ】❶イネがすきまなくしげる。❷まんべんなくびっしりつまっている。「稠密」

しずむ・しずめる

【沈チン】❶(水中に)深くはいる。(対)浮。「沈下」「沈没」「浮沈」❷ものごとにふける。おぼれる。「沈酔」「沈溺」

【没ボツ】水中に深くはいる。うもれて見えなくなる。おちぶれる。「没落」「水没」「埋没」

【▼淪リン】おちこむ。おちぶれる。ほろびる。しずむ。「淪落」

【▼湎メン】酒などにおぼれる。夢中になる。ふける。「沈湎」

【▼湮イン】❶(水中に)しずむ。うずもれる。❷(気が)ふさぐ。ふさがる。「湮鬱」

したがう

【従ジュウ】離れずについて行く。おとなしくつきしたがう。「従順」「従属」「服従」

【順ジュン】そのとおりにしてさからわない。すなお。(対)逆。「順序」「順応」「従順」

【随ズイ】相手にまかせきりにしてついていく。つきしたがう。「随行」「追随」「夫唱婦随」

【遵ジュン】決まりや教えを守り、そのとおりにする。「遵行」「遵守」

【循ジュン】つきしたがう。そのとおりにする。「因循」

しりぞく・しりぞける

【退タイ】❶うしろへひきさがる。あとずさる。(対)進。「退却」「退散」「後退」❷やめる。身をひく。「退位」「退職」「引退」

【斥セキ】おしのけて、しりぞける。「斥退」「斥力」「排斥」

【却キャク】受け入れずに返す。しりぞける。あとずさりする。「却下」「返却」「退却」

【▼黜チュツ】官位を下げる。おとす。「黜免」

【▼擯ヒン】はらいのける。のけ者にする。「擯斥」

【▼屏ヘイ】うしろにさがる。たちのかせる。「屏居」

しるす

【記キ】書きとめる。おぼえる。心にとどめる。「記憶」「記述」

【紀キ】順を追って書きあらわす。「紀行」「紀要」

【志・誌・識シ】書きしるす。記録する。「志怪」「識語」

【署ショ】きめられたところに書きしるす。「署名」

【銘メイ】金石などに文字をきざむ。深く心にとどめて忘れない。「銘記」「感銘」「刀銘」

【録ロク】文字を書きしるして残す。また、書きしるしたもの。「記録」「登録」「目録」

すくう

【救キュウ】危険や困難からのがれさせる。たすける。「救援」

【振シン】こまっている人を元気づける。めぐんでたすける。

【済サイ】わたす。川や難路をまた、苦しみ・困難からすくう。「済度」「救済」

【▼拯ジョウ・ショウ】落ちたところからひきあげる。「拯救」

【▼掬キク】両手ですくいとる。「掬水」「一掬」

すすむ・すすめる

【進シン】しだいに向こうへ行く、向上する。前へ出る。先へ行く。(対)退。「進行」「進歩」

【勧カン】言葉で人にすすめてはげます。「勧誘」

【奨ショウ】そばからほめて助けすすめる。「奨励」

【薦セン】よいと思う人やものが、えらばれるようにする。「推薦」

【前ゼン】前方にすすみ出る。(対)後。「前進」

【漸ゼン】じわじわとすすむ。じりじりと増してくる。「漸進」

【▼晋シン】日がのぼり万物がすすむ。

すてる

【捨・舎シャ】手ばなして、放っておく。すてて用いない。(対)用。「捨象」

【棄キ】役にたたぬものとしてなげ出す。なげすて、かえりみない。「投棄」「放棄」

【遺イ】あとに残していく。置きざりにする。「遺棄」

【▼捐エン】持っていたものを手ばなす。「捐棄」「義捐金」

【委イ】なりゆきにまかせる。放っておく。「委棄」「委託」

【釈シャク】手を離して下におく。放っておく。「釈巻」

【廃ハイ】やめる。すてさる。(対)興。「廃棄」「廃止」

【去キョ】とりのぞく。「除去」「撤去」

する

【刷サツ】版木に紙を当ててこする。「印刷」

【拓タク・▼搨トウ】石碑などにきざまれた文字・模様を紙に写しとる。「拓本」「搨本」

【擦サツ】こする。かする。「摩擦」「擦過傷」

【摩マ】こする。なでる。さする。「摩擦」「按摩」

【磨マ】すりへる。すりへらす。みがく。「磨滅」「磨耗」

【▼摺ショウ】こすりつける。印刷する。「摺り粉木」

【▼擂ライ】すりつぶす。「擂り鉢」

せまる

【迫ハク】近づく。せわしくせまる。「急迫」「切迫」

【薄ハク】近づく。すきまなくぴったりとせまる。「薄暮」「肉薄」

【▼逼ヒツ】間近につめよる。さしよる。「逼迫」

【促ソク】間をつめる。せきたてる。「促音」「催促」

【▼蹙シュク】さしせまる。ちぢまる。「顰蹙」

せめる

【攻コウ】城や敵をせめる。相手の欠点をとがめる。(対)守。「攻撃」「侵攻」

【責セキ】果たすべきことを求める。罪をとがめる。「自責」

【▼譴】ことばでとがめる。しかる。つみ。とが。「譴責」
【譲】りくつで相手をせめる。「責譲」
【▼誚】非難する。しかる。そしる。「誚責」
【▼謫】罪をとがめる。「謫咎」「謫居」

そう・そえる

【添】つけくわえる。つけたす。「添加」「添削」
【沿】はなれないようにしたがって行く。「沿岸」「沿道」
【副】主となるもののつぎ。ひかえ。㊌正。「副本」
【傍】かたわらによりそう。「傍観」「路傍」
【弍】そばにつく。一つのものにもう一つ加える。「弍室」

そこなう

【損】へらす。少なくする。きずつける。㊌益。「損壊」
【残】こわす。だめにする。「残雪」「敗残」
【賊】おびやかし、害する。そむく。「賊害」「賊徒」
【害】さまたげになる。きずつける。㊌利。「殺害」「迫害」
【傷】きずつける。いためる。「傷害」「殺傷」

そしる

【非・▼誹】他人の非をとりあげ、陰口を言う。㊌是。「誹謗」
【刺】相手を針でさすように言う。せめる。「諷刺」
【毀】人の不善を悪く言う。㊌誉。「毀誉褒貶」
【▼讒】事実を曲げて悪く言い、傷つける。「讒言」
【▼謗】こもごもに人の悪口を言う。「謗議」「誹謗」
【▼譖】うその訴えをして傷つける。「譖毀」「譖言」
【▼譏】遠まわしにするどいことばでとがめる。「譏諷」
【▼呰・▼訿】人のきずを見つけてそしる。「呰毀」
【▼詆】人の過ちや不善をとりあげ、悪く言う。とがめる。「詆訶」「面詆」
【▼訕】悪く言う。特に下のものが上のものを悪く言う。「訕謗」

そそぐ

【注】水などを一ところに流しこむ。つぐ。「注射」「注入」
【沃】どろどろしたものを流しこむ。「沃灌」
【▼洒・▼灑】水をかけて清める。「洒掃」
【▼灌】水をかけて、まんべんなくうるおす。「灌仏」
【▼漑】溝をつけて田に水を引く。「灌漑」
【▼瀉】水をどっと流す。「一瀉千里」
【▼澆】水をかけてうるおわせる。「澆灌」
【▼濺】しぶきをふりかける。「濺沫」

そなえる・そなわる

【備】❶前もって用意する。「備品」「準備」❷じゅうぶんにととのっている。「完備」
【具】欠けることなくそろう。ととのう。「具備」「不具」
【供】神仏や貴人に、ものをささげる。「供花」「供養」

そむく

【背・倍】せなかをむける。うらぎる。二つにはなれる。「背信」「倍心」
【▼畔・▼叛】さからう。そむいて去る。「叛逆」
【反】さからう。天子や国家にそむく。「反逆」
【負】相手に背をむける。したがわない。「欺負」
【▼乖】しっくり合わずに離れる。「乖離」「乖戻」
【違】たがう。筋ちがいになる。道理にそむく。「違反」

●た行●

たえる

【耐】もちこたえる。がまんする。こらえる。「耐久」「忍耐」
【堪】がまんする。こらえる。「堪忍」
【任】自分の務めとしてやりとげる。「兼任」「担任」
【勝】持ちこたえる。できる。「不レ勝レ簪」

たおす・たおれる

【倒】上下や順序が、さかさまになる。ひっくりかえす。「倒置」「倒立」
【▼仆】うつぶせにたおれる。ふす。「仆偃」
【▼顛】❶さかさまになる。ひっくりかえる。「顛倒」❷つまずく。「顛沛」
【▼斃】たおれて死ぬ。「斃死」
【▼踣】つまずきたおれる。行き倒れになる。「頓踣」
【▼僵】体がこわばる。たおれて死ぬ。「僵臥」
【▼殪】死ぬ。死亡する。

たくわえる

【貯】いつもあるようにためておく。しまっておく。「貯金」
【畜・蓄】少しずつつみ重ね、ためておく。「蓄積」「貯蓄」
【▼儲】かわりにためておき不足したときにそなえる。「儲君」「儲積」

たすける

【助】力をかして相手の力を増してやる。すくう。「救助」
【援】手をさしのべてたすける。「援護」「救援」
【介】あいだにはいって、たすける。「介護」「介抱」
【扶】手をそえてささえる。せわをする。「扶助」「扶養」
【佐】第二の地位にあって力ぞえする。「佐幕」「補佐」
【▼佑・▼祐】天や神仏がたすける。かばって、たすける。「神佑」「天祐」
【補】足りない部分をおぎないたすける。「補佐」「補助」
【▼輔】力をそえてたすける。「輔佐」「輔弼」
【資】もとで・必要なものをあたえて援助する。「資給」
【▼裨】衣服につぎをあてるように、おぎないたすける。「裨益」「裨補」
【▼弼】あやまちを正し、たすける。「輔弼」
【相】君主に助言する。大臣。「相国」「首相」
【翼】そばにいて守りたすける。「翼賛」「補翼」
【賛】賛意を表わし、同調して事の進行を容易にする。「賛助」「賛成」「協賛」

たずねる

【訪】たずねていって問う。人をおとずれる。さがし求める。「訪問」「探訪」
【尋】さがす。聞きただす。問い求める。「尋究」「尋問」
【▼訊】罪などを問いただす。とり調べる。上から下に問う。「訊問」「審訊」
【原】もとにさかのぼって、たずねる。ものごとのおこり。みなもと。「原因」「起原」

【温(オン)】学んだことをくりかえしならう。復習する。「温故知新」「温習」

【討(トウ)】ものごとをくわしく調べ、ただす。たずね求める。「討究」「討論」「検討」

【▼繹(エキ)】糸口を引き出し、もとをたどって明らかにする。「演繹(エンエキ)」

たたく

【▼敲(コウ)】とんとんと強くたたく。むちで打つ。「推敲(スイコウ)」

【叩・▼扣(コウ)】こつこつと軽くうつ。「叩門(コウモン)」「叩頭(コウトウ)」

【款(カン)】門をたたく。訪れる。

ただす・ただしい

【正(セイ・ショウ)】まっすぐに、ただしくする。(対)邪。「矯正」「是正」

【▼矯(キョウ)】まがったものをまっすぐにする。悪いものをただす。ためる。「矯正」「矯風」

【▼匡(キョウ)】悪いところを直す。「匡正(キョウセイ)」

【質(シツ)】罪や真偽・事実などを問い調べる。「質疑」「質問」

【糾(キュウ)】(悪事を)とり調べて明らかにする。「糾弾」「糾明」

【格(カク)】法式にあてはめておこないをただしくする。「格心」

【訂(テイ)】文字や文章の誤りをあらためる。「訂正」「改訂」

【貞(テイ)】節操がかたい。「貞潔」

【規(キ)】規則にのっとってただしくする。「規正」「規則」

【督(トク)】よくみてただす。下の者をひきいる。とりしまる。「督学」「監督」

【▼董(トウ)】全体をまとめおさめる。とりしまる。「董正(トウセイ)」

たつ・たえる

【絶(ゼツ)】つづいていたものを終わりにする。とぎれてあとがなくなる。「絶縁」「絶望」

【断(ダン)】❶ずばりとたちきる。二つにきりはなす。「断絶」❷つづけていたものをやめる。(対)続。「断食」「断酒」

【▼截(セツ)】切断する。たちきる。「截然(セツゼン)」「截断(セツダン)」

【裁(サイ)】❶衣服を作るために布を切る。「裁断」❷ものごとを処置する。さばく。「裁決」

【▼殄(テン)】消滅する。つきる。

たつ・たてる

【建(ケン)】新しくつくる。うちたてる。きずく。「建国」「再建」

【立(リツ・リュウ)】両足を地につけてしっかりとたつ。転じて成立する意に広く用いる。「立身」

【作(サ・サク)・起(キ)】❶おきあがる。たちあがる。「起立」❷はじめる。おこる。「起工」「振作」

【植(ショク)・樹(ジュ)】しっかりとたてる。草木をうえつける。「植樹」「樹立」

【興(キョウ・コウ)】さかんになる。おこる。(対)廃。「興起」「興廃」

【▼竪(シュ・ジュ)】しっかりとたてる。横になったものをたてにする。「竪立(ジュリツ)」

たっとぶ

【尊(ソン)】地位や身分が高いものを大切にし、うやまう。(対)卑。「尊貴」「尊敬」「尊重」

【貴(キ)】地位や身分が高い。うやまう。重んじる。(対)賤(セン)。「貴賤(キセン)」「顕貴」「高貴」

【尚(ショウ)】重んじる。とうとぶ。「尚歯」「尚武」

【上(ジョウ)】上に置く。「上賢」

【宗(ソウ)】大本のものとしてたっとぶ。あがめ重んずる。「宗師」「宗主」「宗匠」

【崇(スウ)】この上ないものとして尊敬し、大切にする。うやまいあがめる。「崇拝」「尊崇」

【右(ユウ・ウ)】上の位にある。(対)左。「右文」

たてまつる

【奉(ホウ・ブ)】両手でうやうやしくさしあげる。「奉呈」「奉納」

【献(ケン)】神仏や目上の人に物をさしあげる。「献身」「貢献」

【上(ジョウ)】目上にさしあげる。「上申」「献上」

たとえる

【▼譬(ヒ)】例をあげて説明する。「譬喩(ヒユ)」

【諭・喩(ユ)】他のものごとを引いて説明する。「比喩」

【況(キョウ)】他のものと引きくらべる。「比況」

たのしむ

【楽(ラク)】苦しみがなくこころよい。やすらか。(対)苦。「逸楽」

【娯(ゴ)】なぐさみをしてたのしむ。「娯楽」

【▼嬉(キ)】あそびたわむれる。よろこぶ。「嬉嬉(キキ)」「嬉遊(キユウ)」

【▼怡(イ)】こころがなごむ。よろこぶ。「怡怡(イイ)」「怡然(イゼン)」

【予(▼豫)(ヨ)】ゆったりとたのしむ。「悦予」「不予」

たのむ

【頼(ライ)】よりかかる。たのみにする。たよる。「依頼」「信頼」

【▼恃(ジ)】心のたよりにする。あてにする。自負する。「矜恃(キョウジ)」「自恃(ジジ)」

【負(フ)】荷物や人を背におうように、後ろにたよりにするものがある。「負担」「自負」

【▼怙(コ)】たよりにする。よりどころにする。「怙恃(コジ)」

【▼憑(ヒョウ)】よりかかる。もたれる。よりどころ(とする)。「憑拠(ヒョウキョ)」「信憑(シンピョウ)」

たまわる

【給(キュウ)】足りないものを足して十分にする。あたえる。「給付」「供給」「支給」

【賜(シ)・▼賚(ライ)】目上の人からものをあたえられる。「賜与」

たりる・たす

【足(ソク)】じゅうぶんにある。そなわる。「充足」「満足」

【▼贍(セン)】じゅうぶんにみたす。たっぷりとある。「贍足(センソク)」

【給(キュウ)】足りないものを足してじゅうぶんにする。また、じゅうぶんにある。「供給」「補給」

ちかう

【誓(セイ)】たがうことのないよう言葉で約束する。「誓約」

【盟(メイ)】いけにえの血をすすりあい、神にちかいをたてる。かたくちかう。「血盟」「同盟」

つかえる

【仕(シ)】役所につとめる。官職につく。「仕官」「出仕」

【事(ジ)】目上の人に奉仕する。「事大」「兄事」「師事」

つかさどる

【司(シ)】公事の責任者として全体をとりしきる。「司会」

【宰(サイ)】長としてきりもりする。おさめる。「宰相」「主宰」

【掌(ショウ)】役目として担当し、とりあつかう。支配・管理する。「掌握」「職掌」

【主(シュ)】中心となってはたらく。「主査」「主宰」「施主」

【典(テン)】中心となっておこなう。「典獄」「典衣」

【宰(サイ)】長としてきりもりする。おさめる。「宰相」「主宰」

【掌(ショウ)】役目として担当し、とりあつかう。支配・管理する。「掌握」「職掌」

【職ショク】ある役目を責任をもっておこなう。「職掌」「官職」

つきる・つくす

【尽ジン】あるものをすべて出しきる。あったものがすっかりなくなる。「尽瘁」「尽力」

【▼竭ケツ】あるものをすべて出しきる。「尽竭」

【既キ】限界までゆきついてなくなる。「皆既蝕」

【▼悉シツ】すべてをきわめつくす。のこらず。ことごとく。「悉皆」「知悉」

【▼殫タン】❶つきる。なくなる。「殫竭」❷ことごとく。きわめる。「殫見洽聞」

【▼殲セン】ひとり残らず殺す。「殲滅」

つく・つける

【付フ】つけくわえる。つきしたがう。さげわたす。「付与」「添付」

【就シュウ】つきしたがう。身をよせる。とりかかる。仕事や役目につく。㊀去。「就職」

【即ソク】したがいつく。ある地位・場所に身を置く。「即位」

【著チョ・着チャク】❶身につける。きる。「着衣」❷ぴったりついてはなれない。「執着」「密着」

【属ゾク】ある集団や範囲のなかにつらなっている。つきしたがう。「属性」「隷属」

つく

【突トツ】だしぬけにつき出る。いきおいよくぶつかる。「突撃」

【衝ショウ】まっすぐつき出る。「衝撃」「衝突」

【▼舂ショウ・▼搗トウ】うすで穀物をつく。「舂炊」

【▼撞トウ|シュウ】先のとがったものでつく。「撞木」「撞球」

つぐ

【継ケイ】あとを受けついでとぎれないようにする。「継承」

【続ゾク】とぎれないように前のものとつながる。つづく。㊀断。「続出」「接続」「連続」

【嗣シ】家系をつぐ。あとをつぐ。あとつぎ。「嗣子」「継嗣」

【襲シュウ】前のとおりにする。受けつぐ。「襲名」「踏襲」

【接セツ】両方の端をくっつける。つなぐ。「接合」「接着」

【亜ア】主となるものにつぐ。準じる。二番目の。「亜熱帯」

【紹ショウ・▼纘サン】前の事業を受けつぐ。引きつぐ。「紹述」

【次ジ|シ】❶つぎ。二番目の。「次善」「次点」❷順番をつけて並べる。「次第」「順次」

つぐなう

【賠バイ】他人にあたえた損害を金品でうめあわせる。「賠償」

【償ショウ】借りたものに相当するものを返す。「償還」「弁償」

つくる

【作サク】新たにつくりおこす。こしらえる。「作成」「創作」

【造ゾウ】ものをつくりあげる。こしらえる。「造園」「建造」

【創ソウ】はじめてつくる。興す。「創刊」「創業」「創造」

【為イ】人の手によってつくる。おこなう。なす。「作為」

【▼撰セン】ことばを吟味して、詩や文章をつくる。書物をあらわす。「撰者」「杜撰」

【製セイ】ものをきちんとつくる。「製紙」「製本」

つげる

【告コク】広く、つげ知らせる。「告示」「告諭」「報告」

【語ゴ】はなす。かたる。つげる。「語調」「豪語」

【詔ショウ】天子がつげる。「詔勅」

【▼誥コウ】上位の者が下位の者につげ知らせる。いましめる。「誥告」

【赴・訃フ】人の死を知らせる。「赴告」「訃報」

つつしむ

【謹キン】心をこめて、ていねいにおこなう。「謹厳」「謹慎」

【慎シン】すみずみまで心をつくす。注意深く用心する。「慎思」「慎重」「謹慎」

【粛シュク】身心をひきしめ、うやまった態度をとる。「厳粛」

【恭キョウ】態度や行儀をよくし、つつしみぶかくする。うやうやしい。「恭敬」「恭順」

【敬ケイ】心で相手をうやまう。「敬愛」「尊敬」

【▼虔ケン】うやうやしくかしこまる。「恭虔」「敬虔」

【▼恪カク】ものごとを厳密にきちんとおこなう。「恪勤」

【▼欽キン】うやまいしたう。うやまう。「欽仰」「欽慕」

つとめる

【勤キン】精を出してはたらく。いそしむ。ほねおり、つとめる。㊀惰。「勤勉」「勤労」

【務ム】仕事にはげむ。いちずにつとめる。「勤務」

【勉ベン】むりをおしてがんばる。力をつくす。はげむ。「勉強」

【▼努ド】ちからを出して、つとめる。ちからをつくす。はげむ。「努力」

【力リョク|リキ】ちからをこめる。精を出す。「力行」「努力」

【▼孜シ】こつこつと休まずにつとめ、はげむ。「孜孜」

【▼勗キョク】まめまめしくはげむ。

【▼懋ボウ】努力する。つとめ、はげむ。「懋遷」

つらねる・つらなる

【列レツ】順序正しくならべる。ならぶ。「列挙」「整列」「配列」

【連レン】一つずつ次々につづく。「連続」「連発」「連峰」

【▼聯レン】前後がつづいてとぎれない。「聯珠」

【陳チン】多くのものを規則正しくならべる。「陳列」「出陳」

【▼羅ラ】あみの目のようにぎっしりとならぶ。「羅列」

【綿メン】かぼそいものをつらねる。「綿綿」「連綿」

とう

【問モン】❶わからないことをたずねる。ききだす。㊀答。「質問」❷おとずれる。「訪問」

【▼訊ジン】罪などを問いただす。とりしらべる。「訊問」

【訪ホウ】意見をもとめる。たずね問う。聞く。「訪議」

【諮シ・▼咨シ】意見を求める。たずねる。はかる。「諮議」「諮問」

【▼詢ジュン】意見をきく。相談する。はかる。「諮詢」

とおる・とおす

【通ツウ】つかえずにつきぬける。よどみなくとおる。㊀塞。「通過」「開通」「不通」

【徹テツ】つきぬけてとおる。最後までつらぬく。「徹頭徹尾」

【透トウ】すきとおる。とおりぬける。つきぬける。「透過」

【▼亨コウ】とどこおりなくすらすらと事が運ぶ。「亨通」

【融ユウ】通じる。流通する。「融資」「融通」「金融」

とじる

【閉ヘイ】門をとざす。戸をたてる。とざす。しめる。しまる。㊀開。「閉会」「閉塞」

【鎖サ】錠をおろす。とざす。「鎖

国」「封鎖」「閉鎖」

【関（カン）】かんぬきをかける。門をとざす。「関鍵（カンケン）」

【▼闔（コウ）】門のとびらをとざす。㊀闢（ヘキ）。「闔門（コウモン）」

【▼杜（ト）】とざす。ふさぐ。「杜絶（トゼツ）」「杜門（トモン）」

【▼綴（テイ）】ぬいあわせる。つくろう。「補綴（ホテイ）」

【閑（カン）】出入りをさまたげる。

ととのえる

【整（セイ）】乱れなくそろえる。きちんとする。「整備」「調整」

【斉（セイ）】一様にそろえる。そろう。「斉家」「斉唱」「整斉」

【調（チョウ）】ちょうどよくする。物事が調和する。「調整」

とどまる・とどめる

【止（シ）】動かずにじっとしている。とまる。㊀行。「止水」

【留（リュウ）】一つのところに居つづける。㊀去。「留意」「駐留」

【停（テイ）】動いているものがとまる。途中でやめる。「停止」

【住（ジュウ）】あるところから動かないでいる。とどまり、そこで生活する。「居住」「定住」

【駐（チュウ）】車馬がとまる。とめておく。（軍隊などが）一定の地にとどまる。「駐車」「駐屯」

【▼逗（トウ）】たちどまる。しばらく宿にとまる。「逗留（トウリュウ）」

【▼遏（アツ）】向こうから来るものをおしとどめる。さえぎる。「遏悪（アツアク）」「遏雲（アツウン）」「防遏（ボウアツ）」

【▼淹（エン）】長くとどまる。とどこおる。「淹滞（エンタイ）」

【稽（ケイ）】一か所にとどこおる。「稽止（ケイシ）」「稽留（ケイリュウ）」

となえる

【唱・▼倡（ショウ）】先立って言いはじめる。声高く読みあげる。みちびく。「唱導」「主唱」「提唱」

【称（ショウ）】呼ぶ。名づける。「称号」「愛称」「名称」

【▼誦（ショウ）】声を出してよむ。節をつけてよむ。「吟誦（ギンショウ）」

【▼徇（ジュン）】ゆくゆく多くの人に告げ知らせる。

とらえる

【捕（ホ）】にげるものを追いかけて、とりおさえる。つかまえる。「捕獲」「捕鯨」「逮捕」

【捉（ソク）】つかまえる。しっかりにぎる。「捕捉（ホソク）」

【囚（シュウ）】つかまえて自由をうばう。獄につなぐ。「囚獄」「囚人」

【拘（コウ）】つかまえて、にげないようにする。とどめる。「拘束」

【▼禽・▼擒（キン）】いけどりにする。とりこにする。「禽獲（キンカク）」

【▼俘（フ）】いけどる。とりこにする。「俘囚（フシュウ）」「俘虜（フリョ）」

【執（シツ）】罪びとをとらえる。とりおさえる。

とる

【取（シュ）】手に持つ。自分のものにする。うばいとる。㊀捨。「取捨」「取得」「搾取」「奪取」

【捕（ホ）】にげるものを追いかけて、とりおさえる。とらえる。つかまえる。「捕獲」「逮捕」

【執（シュウ・シツ）】❶手でにぎる。「執刀」「執筆」❷仕事や職務を引き受ける。とりあつかう。「執行」「執務」❸かたく守る。こだわる。「執心」「固執」

【採・▼采（サイ）】❶指先でつまむ。「採摘」❷えらんで、とりこむ。あつめる。「採集」「採択」

【把（ハ）】しっかりにぎりもつ。「把握」「把持」

【捉（ソク）】しっかりにぎる。つかむ。「捉筆（ソクヒツ）」「把捉（ハソク）」

【▼秉（ヘイ）】手ににぎって持つ。「秉燭（ヘイショク）」

【操（ソウ）】❶しっかりと手に持つ。「操持」❷手に持って、使いこなす。あやつる。「操縦」

【摂（セツ）】取り入れて、うまくあつかう。「摂取」

【撮（サツ）】（必要なだけの少量を）つまんで、取る。「撮要」

【▼攬（ラン）】あつめ、つかさどる。とりまとめる。「総攬（ソウラン）」

【▼搴（ケン）】ぬき取る。ぬく。うばい取る。「搴旗（ケンキ）」

【資（シ）】とってもとでにする。

● な行 ●

なく

【鳴（メイ）】鳥やけものが声を出す。広く、声を発する。「鶏鳴」

【泣（キュウ）】声を立てずになみだを流してなく。すすりなく。「感泣」「号泣」「哭泣（コッキュウ）」

【▼啼・▼嗁（テイ）】❶けものや鳥が鳴き声をあげる。「啼鳥（テイチョウ）」❷悲しくて、声をあげて泣く。「啼泣（テイキュウ）」

【▼哭（コク）】大声をあげて泣く。かなしむ。「哭泣（コッキュウ）」「慟哭（ドウコク）」

【号（ゴウ）】大声でさけぶ。泣きさけぶ。「号泣」「怒号」

【▼歔（キョ）・▼欷（キ）】すすり泣く。「歔欷（キョキ）」「欷歔（キキョ）」

【▼呱（コ）】赤んぼうの泣き声。「呱呱（ココ）の声」

【▼唳（レイ）】ツルなどがかん高い声で鳴く。「風声鶴唳（フウセイカクレイ）」

なす・なる

【為（イ）】広く事をおこなうこと一般をいう。つくる。する。「為政者」「作為」

【成（セイ）】なしとげる。できあがる。「成就」「成功」「達成」

【就（シュウ）】ものごとができあがる。なしとげる。「成就」

【作（サク）・▼做（サ）】事をおこす。おこなう。「作為」「作用」「動作」

【済（サイ）】ものごとをなしとげる。すませる。すむ。「決済」

ならう

【習（シュウ）】くりかえしまねて、身につける。まなぶ。「習得」

【倣（ホウ）】あるものを手本にして同じようにする。まねる。「模倣」

【効・▼傚（コウ）】手本や先例をまねる。まなぶ。「傚慕（コウボ）」

【▼肄（イ）】学習する。訓練する。「肄業（イギョウ）」「肄習（イシュウ）」

ならぶ・ならべる

【並（ヘイ）】二つ以上のものがならび立つ。「並存」「並置」「並列」

【併・▼幷（ヘイ）】二つ以上のものをならべて合わせる。「併合」

【双（ソウ）】同じような二つのものがならぶ。匹敵する。「双璧（ソウヘキ）」「無双」

【列（レツ）】ならべつらねる。つらなる。「列挙」「整列」「陳列」

【陳（チン）】ならべつらねる。「陳列」

【排（ハイ）】順序よくならべる。「排行」「排列」

【▼駢（ヘン・ベン）】二頭の馬をならべて車につける。二つのものを対にする。「駢偶（ベングウ）」「駢儷（ベンレイ）」

【▼儷（レイ）】二つのものが対になっている。「駢儷体（ベンレイタイ）」

なれる

【慣（カン）】前からくりかえしていて、なれている。「慣習」「慣例」

【▼狎（コウ）】なれなれしい。親しすぎてけじめが無くなる。「狎近（コウキン）」「狎侮（コウブ）」

【▼馴（ジュン）】馬がすなおにしたがう。（動物が人に）なれる。ならす。「馴致（ジュンチ）」「馴養（ジュンヨウ）」

【▼昵（ジツ）】遠慮なく、仲よくする。

なれしたしむ。ちかづく。「昵近（ジッキン）」「昵懇（ジッコン）」「親昵（シンジツ）」

【▼褻・▼媟（セツ）】うちとけすぎる。心やすくなる。なれすぎる。「狎褻（コウセツ）」

【▼狃（ジュウ）】習慣になり何とも思わなくなる。「狃習（ジュウシュウ）」

にくむ

【疾・嫉（シツ）】うらむ。やきもちをやく。ねたむ。「疾悪」「疾視」「嫉妬（シット）」

【悪（オ）】いやがる。きらう。㊉好。「嫌悪」「好悪」「憎悪」

【憎（ゾウ）】ひどくきらう。いやがる。㊉愛。「憎悪」「愛憎」

にげる

【逃（トウ）】危険な場所からぬけだす。のがれる。「逃走」「逃避」

【亡（ボウ）】姿をかくす。「逃亡」

【北（ホク）】敵にうしろを見せる。「敗北」

【逸（イツ）】不意をついてすりぬける。にげさる。はしる。「奔逸」

【▼遁・▼遯（トン）】にげて、かくれる。のがれる。「遁走（トンソウ）」

【▼竄（ザン）】のがれる。にげかくれる。穴の中にもぐりこむ。「竄入（ザンニュウ）」「遁竄（トンザン）」

【▼逋（ホ）】逃亡する。のがれる。

にる

【似（ジ）】広く、事物が同じように見える。「疑似」「類似」

【肖（ショウ）】形やようすが同じようである。かたどる。あやかる。「肖像」「不肖」

にる

【煮（シャ）】ものを、水に入れて熱する。「煮沸」「煮物」

【▼烹（ホウ）】魚肉や野菜をゆでる。料理する。「割烹（カッポウ）」

【煎（セン）】煮て成分を出す。煮つめて水分をとる。「煎茶（センチャ）」

【熟（ジュク）】火にかけてやわらかくする。よく煮る。「半熟」

【▼飪（ジン）】加減よく煮る。

ぬく

【抜（バツ）】引きぬく。たくさんの中からぬき取る。ぬきん出る。「抜群」「抜粋」「抜擢（バッテキ）」

【▼擢（テキ）】引っ張って、（よいものを）取り出す。ひきぬく。ぬきん出る。「抜擢（バッテキ）」

【抽（チュウ）】全体のなかからある部分をとり出す。ぬき出す。ひく。「抽出」「抽象」「抽選」

【▼挺（テイ）】ひきぬく。ぬきん出る。みずからすすんで、ぬけ出る。「挺身（テイシン）」

ぬすむ

【盗（トウ）】人のものをとる。「盗難」

【窃（セツ）】気づかれないようにこっそりとる。「窃盗」

【▼偸（トウ）】他人のものを気づかれないようにぬきとる。人に気づかれぬように物事をおこなう。「偸盗（チュウトウ）」「偸閑（トウカン）」

【賊（ゾク）】人をおびやかして物をとる。ぬすびと。どろぼう。「海賊」「盗賊」

【▼攘（ジョウ）】横領する。ごまかして横どりする。「攘奪（ジョウダツ）」

ねる

【寝（シン）】事を終え、夜、体を横たえて休む。病気で床につく。「寝台」「就寝」

【▼寐（ビ）】ねむる。ねむりこむ。「寤寐（ゴビ）」「夢寐（ムビ）」

【▼臥（ガ）】うつぶせになる。よこたわる。ふせる。「横臥（オウガ）」

【眠（ミン）・▼瞑（メイ）】ぐっすりねむる。「安眠」「睡眠」

【睡（スイ）】目をとじて精神を休める。うたた寝する。ねむる。「睡眠」「仮睡」「熟睡」

のこる・のこす

【残（ザン）】損なわれたあとにのこる。わずかにのこったもの。あまり。「残存」「残留」

【遺（イ）】あとにのこす。とどめる。のこる。「遺産」「遺族」

【剰（ジョウ）】余分。あまる。あます。「剰員」「剰余」「余剰」

【▼貽（イ）】人にものをあたえる。おくる。「貽訓（イクン）」

のぞむ

【望（ボウ）】❶遠くを見る。見上げる。「望見」「展望」❷ねがう。ほしがる。「希望」「待望」

【臨（リン）】❶高いところから見おろす。❷身分の高い人が姿をあらわす。「光臨」「降臨」

【▼莅・▼涖（リ）】ある立場に身を置く。たずさわる。「莅政（リセイ）」

【▼覦（ユ）・▼覬（キ）】分に過ぎたことをのぞみねがう。「覬覦（キユ）」

のべる・のびる・のばす

【延（エン）】長くのびる。時間を予定よりおくらせる。「延期」

【申・伸・信（シン）】まっすぐにのばす。㊉屈。「伸縮」「伸長」

【述（ジュツ）】❶筋道にしたがって話したり、書きあらわしたりする。「述懐」「記述」「著述」❷（先人の教えなどを）受けつぎ伝える。「祖述」

【叙（ジョ）】（ことばや位などを）順序よくならべる。「叙位」

【▼暢（チョウ）】のびのびとする。のびやか。「流暢（リュウチョウ）」

【展（テン）】❶たたんであったものや巻き物をひろげる。ならべる。「展開」「展示」「展覧」❷力や勢いが大きくなる。ひろがる。「展性」「進展」「発展」

【演（エン）】おし広げて説明する。「演繹（エンエキ）」「演義」「演説」

【陳（チン）】❶つらねる。「陳列」「出陳」❷ことばをならべる。述べる。「陳述」「陳情」「開陳」

【▼舒（ジョ）】❶ゆったりとのばす。のんびりとゆるやか。「寛舒（カンジョ）」「展舒（テンジョ）」❷述べあらわす。「舒懐（ジョカイ）」「舒情（ジョジョウ）」

【▼衍（エン）】おし広げる。延長する。広めて説く。「衍義（エンギ）」

【布・敷（フ）】しきひろげる。広く行きわたらせる。「散布」

のぼる

【上（ジョウ・ショウ）】低いところから高いほうへ移動する。あげる。あがる。㊉下。「上昇」「向上」

【登（トウ）】❶だんだんと高いところへ行く。「登高」「登頂」「登山」❷人をより高い地位に引き上げる。「登第」「登用」

【昇（ショウ）】上にあがる。太陽がのぼる。㊉降。「昇降」「上昇」

【升（ショウ）】上にあがる。㊉降。「升降」「升堂」

【▼陞（ショウ）】高いところへあがる。官位が昇る。「陞降（ショウコウ）」

【▼陟（チョク）】高いところへ歩いていく。官位をあげる。㊉降。「陟降（チョクコウ）」「陟升（チョクショウ）」

【騰（トウ）】物価などが高くなる。あがる。はねあがる。「騰貴」

のむ

【飲（イン）】酒や水などをのむ。「飲酒」「飲料」「鯨飲」

【▼呑（ドン）】のどを通してからだの中へ入れる。丸のみする。「呑吐（ドント）」「呑舟（ドンシュウ）」

【咽・▼嚥（エン）】のみくだす。（食物を）胃にくだす。「咽下（エンカ）」「嚥下（エンゲ・エンカ）」

のる

【乗（ジョウ）】❶ウマ・車・船などにのる。「乗客」「同乗」❷いきおいにのって相手につけこむ。

【騎（キ）】ウマに乗る。またがる。

「騎射」「騎乗」「騎馬」

【▼駕ガ】車に牛馬をつけてあやつる。馬車などに乗る。「駕御(ガギョ)」

● は行 ●

はかる

【計ケイ】❶数や時間を数える。「計算」「合計」❷くわだてる。はかりごと。「計画」「早計」

【測ソク】❶水の深さをはかる。また、ものの高さ・長さ・広さなどをはかる。「測定」「目測」❷未知のことに見当をつける。おしはかる。「推測」「予測」

【量リョウ】❶重さやかさ、また、大きさなどをしらべる。「量刑」「測量」❷心で想像する。おしはかる。「量知」「思量」

【度タク】ものさしではかるように、みつもり計画する。「支度」

【衡コウ】重さをはかる。はかり。また、つりあいがとれていること。たいらか。「均衡」「度量衡」「平衡」

【権ケン】❶はかりにかけて、重さを調べる。大小・軽重を区別する。❷計画をたてる。

【称ショウ】❶ものの重さをはかる。「称量」❷つりあう。かなう。「相称」「対称」

【図ト】くわだてる。もくろむ。はかりごと。目指す。「意図」「企図」「雄図」

【諮・▼咨シ】政治上の意見をもとめる。「諮議」「諮問」

【謀ボウ】❶思いめぐらす。相談して計画をねる。「遠謀」「無謀」❷人をあざむくようなことを計画する。たくらむ。

【▼詢ジュン】広く意見をきき、可否を決する。たずね、はかる。「諮詢(シジュン)」

【▼銓セン】くらべてえらぶ。「銓考(センコウ)」「銓衡(センコウ)」

【校・▼挍コウ】見くらべて、あやまりをただす。しらべる。くらべる。「校合(キョウゴウ)」「校正」

【▼忖ソン】(人の心中を)おしはかる。「忖度(ソンタク)」

【商ショウ】ものごとをくらべあわせて考える。相談する。

【料リョウ】❶ますで穀物や液体をはかる。また、かぞえる。「料民」「計料」❷おしはかる。かんがえる。「料得」「思料」

【▼揆キ】考えをめぐらして、はかる。はかりごと。「揆策」「百揆」

【▼揣シ】手さぐりで、はかる。おしはかる。「揣摩(シマ)」

【評ヒョウ】ものごとのよしあしを話し合って決める。しなさだめする。あげつらう。「品評」

【▼謨ボ】大規模な計画をくわだてる。大きなはかりごと。「謨訓(ボクン)」「宏謨(コウボ)」

【議ギ】意見を出しあい、すじの通った相談をする。事のよしあしを論じあう。「審議」

【▼籌チュウ】はかりごと。「籌策(チュウサク)」「算籌(サンチュウ)」

はく

【吐ト】口からものをはき出す。もどす。「吐血」「嘔吐(オウト)」

【欧・▼嘔オウ】食べたものをもどす。「嘔吐(オウト)」

【▼喀カク】口からはき出す。「喀血(カッケツ)」「喀痰(カクタン)」

【噴フン】勢いよくふき出す。はき出す。ふく。「噴火」「噴射」

はじめ・はじめる・はじめて

【初ショ】❶ものごとのはじまり。起こり。「初夏」「初志」「最初」❷はじまりのころ。…したばかり。「初期」「当初」❸第一の。はじめての。「初陣」「初物」

【始シ】ものごとのおこり。新しくおこす。はじまる。(対)末・終。「始業」「開始」

【創・▼剏ソウ】新しくはじめる。興す。「創業」「創造」「独創」

【首シュ】いちばんはじめ(に)。「首唱」「巻首」「部首」

【▼甫ホ】はじめたばかり。

【▼肇チョウ】はじめてひらく。はじめ。「肇国(チョウコク)」

【元ゲン・ガン】ものごとのはじめ。「元祖」「元旦」「元年」

【一イチ】ひとつの。最初。はじめの。「一月」「一姫二太郎」

【端タン】ものごとのはじめ。きっかけ。いとぐち。「端緒」「発端」

はしる

【走ソウ】❶はや足で行く。かける。「走破」「暴走」❷にげる。「脱走」「逃走」「敗走」

【奔・▼犇ホン】❶勢いよくかけまわる。あわてて走る。「奔走」「狂奔」❷にげる。「出奔」

【▼趨スウ】小走りに行く。貴人の前を通るときの礼。「趨走(スウソウ)」

はじる

【恥チ】はずかしく思う。はじらう。はじ。「恥辱」「羞恥」

【辱ジョク】名誉をきずつける。はずかしめる。はずかしめ。(対)栄。「屈辱」「恥辱」「侮辱」

【羞シュウ】はずかしく思う。はじらう。はずかしめる。はじ。「羞悪」「羞恥」「含羞」

【▼慙ザン】自分の不面目にはじいる。きまりが悪い。「慙愧(ザンキ)」

【▼媿・▼愧キ】自分の見苦しさをはずかしく思う。はじる。「愧死(キシ)」「慙愧(ザンキ)」

【▼忸ジク・▼怩ジ・▼恧ジク】はじて気がひける。「忸怩(ジクジ)」

【▼赧タン】はじて顔を赤くする。あからめる。「赧愧(タンキ)」

【▼怍サク】はじて顔を赤くする。

はらう

【払フツ】打ったり振ったりしてはらいのける。とりのぞく。「払拭(フッショク)」「厄払い」

【▼祓フツ】神仏にいのって、わざわいや心身のけがれをのぞく。のぞきさる。あらいきよめる。「祓除(フツジョ)」

【掃ソウ】❶ほうきでちりをはらい、きれいにする。はく。「掃除」「清掃」❷すっかり取り除く。ほろぼす。「掃討」「一掃」

【除ジョ】❶清める。「掃除」❷とり去る。とりのぞく。「除外」「排除」❸古いものをとり去って新しくする。「除夜」

【▼攘ジョウ】しりぞける。おしのける。はらいのける。「攘夷(ジョウイ)」「厄攘(やくはらい)」

【▼禊ケイ】水浴して身のけがれや罪をはらいきよめる。みそぎ。「禊宴(ケイエン)」

【▼禳ジョウ】神にいのって、わざわいをのぞき去る。「禳災(ジョウサイ)」

ひげ

【髭シ】口の上の方に生えるひげ。くちひげ。「髭鬚(シシュ)」

【▼髯ゼン】ほおに生えるひげ。ほおひげ。「鬚髯(シュゼン)」「美髯(ビゼン)」

【▼鬚シュ】❶あごに生えるひげ。あごひげ。「鬚髯(シュゼン)」❷動物のひげや、植物のひげ状になった部分。「虎鬚(コシュ)」

ひたす・ひたる

【浸シン・▼漸ゼン】水が少しずつしみこむ。「浸水」「浸潤」

【淫イン】❶じわじわとしみこむ。うるおう。「浸淫(シンイン)」❷しみこむように深入りする。ふける。

「淫酒(インシュ)」「書淫(ショイン)」

【涵(カン)】水の中につけて、たっぷりとうるおす。「涵養(カンヨウ)」

【▼淹(エン)】長いあいだ水につける。

【漬(シ)】液体にひたす。つける。つかる。

【▼漚(オウ)】水につけてやわらかくする。

ひらく

【開(カイ)】❶門をあける。とじているものをひらく。あける。㊀閉。「開口」「開閉」❷きりひらく。「開墾」「開拓」❸ひらいてはじめる。「開会」「開催」

【発(ハツ)】かくれていたものを外に出す。あらわれる。あばく。「発掘」「発明」「告発」

【啓(ケイ)】人の目をひらいて、わからせる。おしえさとす。ひらく。「啓示」「啓発」「啓蒙(ケイモウ)」

【拓(タク)】荒れ地を切り開いて、利用できるようにする。「拓殖」「開拓」「干拓」

【披(ヒ)】手で左右にひろげる。心中の思いをうちあける。「披見」「披瀝(ヒレキ)」

【▼坼・▼拆(タク)】打ち割って二つにする。さく。「坼裂(タクレツ)」

【▼闢・▼辟(ヘキ・ビャク)】門をあける。きりひらく。はじめる。㊀闔(コウ)。「開闢(カイビャク)」

【墾(コン)】荒れた土地をきりひらく。「墾田」「開墾」

【▼闡(セン)】あける。ひらく。ひらいて明らかにする。「闡明(センメイ)」

ふくむ

【含(ガン)】❶口の中にものを入れたままにする。「含味」❷中につつみもつ。「含蓄」「包含」

【哺(ホ)】❶口の中に食物をふくむ。また、口にふくんだ食物。「含哺(ガンポ)」❷親鳥がひなに口にふくんだ食物をあたえる。そだてる。「哺育(ホイク)」

【▼銜・▼啣(カン・ガン)】❶口にくわえる。「銜枚(カンバイ)」❷(感情を)心の中におさめる。くわえる。「銜怨(カンエン)」

ふさぐ

【塞(ソク)】すきまをふさぐ。ふさいで通れなくする。「閉塞(ヘイソク)」

【▼杜(ト)】とざす。とじて通れなくする。「杜絶(トゼツ)」「杜門(トモン)」

【窒(チツ)】ふさいでいっぱいにする。「窒息」

【填(テン)】穴を土でふさぐ。うめる。「填塞(テンソク)」

【▼壅(ヨウ)】ふさいで、通れないようにする。さえぎる。

【鬱(ウツ)】気分がふさがる。気が結ぼれる。「鬱屈(ウックツ)」

【梗(コウ)】草木が茂って道がふさがる。「梗塞(コウソク)」

ふせぐ

【防(ボウ)】災害や敵から守る。あらかじめそなえる。「防備」

【御・▼禦(ギョ)】おさえる。まもる。くいとめる。「制禦(セイギョ)」「防御」

【拒・距(キョ)】ことわる。はねつける。こばむ。「拒絶」「拒否」

【▼扞・▼捍(カン)】❶さえぎる。こばむ。「扞拒(カンキョ)」❷侵されないようにくいとめる。まもる。

ふせる・ふす

【伏(フク)】❶うつぶせになる。「平伏」❷ひれふして、したがう。服従する。「屈服」❸ふせて、かくす。かくれる。「潜伏」

【▼俛・▼俯(フ)】身をかがめ、顔を下の方へ向ける。うつぶせになる。うつむく。㊀仰。「俯瞰(フカン)」「俯仰(フギョウ)」「俛伏(フフク)」

【▼仆(フ)】うつぶせにぱったりとたおれる。「仆偃(フエン)」

【▼偃(エン)】あおむけにたおれる。たおす。「偃臥(エンガ)」「偃草(エンソウ)」

ふむ

【踏・▼蹈(トウ)】❶足ぶみする。足をふみならす。「踏歌」❷ふみあるく。「踏査」「踏破」

【践(セン)】❶足でものの上にのる。ふまえて立つ。「践氷」❷実行する。ふみおこなう。「実践」

【履(リ)】ふみおこなう。経験する。ふむ。「履行」「履歴」

【▼蹂・▼躙(ジュウ・リン)】ふみにじる。ふみあらす。ふみつけて、こなごなにする。「蹂躙(ジュウリン)」

【▼躡(ジョウ)】❶人の足をふむ。「躡足(ジョウソク)」❷追跡する。

ふるう

【奮(フン)】気力をふるう。ふるいたつ。いきごむ。いさむ。かきたてる。「奮起」「発奮」

【振(シン)】ふりうごかす。ふるえる。左右前後に大きく動かす。「振動」「振鈴」

【震(シン)】❶激しくゆれる。「震動」❷身ぶるいさせる。ふるえおののく。「震怖(シンプ)」

【揮(キ)】(勢いよく)手でふりうごかす。ふるいおこす。「発揮」

【▼掉(トウ)】ゆりうごかす。「掉尾(トウビ)」

【▼顫(セン)】手足がふるえる。小刻みにふるえる。「顫動(センドウ)」

【▼篩(シ)】ふるいでより分ける。

へつらう

【▼諂(テン)】気に入られようと、おべっかを使う。こびる。「諂佞(テンネイ)」「諂諛(テンユ)」

【▼諛(ユ)】おもねる。こびる。事実以上にほめて人の気を引く。「阿諛(アユ)」

【阿(ア)】自分を曲げて人のごきげんをとる。おもねる。「阿世」

【▼佞(ネイ)】口がうまい。ことばたくみに相手にとりいる。口先だけで心がねじけている。「佞臣(ネイシン)」「佞人(ネイジン)」「便佞(ベンネイ)」

へる

【経(ケイ)】とおりすぎる。時間がたつ。「経過」「経由」「経歴」

【歴(レキ)】つぎつぎと経過していく。経過したことがら。「歴任」「歴訪」

【閲(エツ)】一つ一つ経過していく。年月がたつ。「閲歴」「閲覧」

ほえる

【吠(バイ)】イヌがほえる。「鶏鳴狗吠(ケイメイクバイ)」

【吼(ク)】猛獣がほえる。大声でさけぶ。「獅子吼(シシク)」

【咆(ホウ)】動物が、たけりほえる。「咆哮(ホウコウ)」

【▼哮・▼嘷(コウ)】動物がたけりほえる。「哮吼(コウコウ)」「咆哮(ホウコウ)」

ほこる

【誇・▼夸(コ)】大言し、自慢する。大げさに言う。「夸言(コゲン)」「誇示」「誇大」「誇張」

【▼矜(キョウ)】自分を立派だと思い、ほこる。うぬぼれる。「矜持(キョウジ)」

【伐(バツ)】手がらをほこる。

ほしいまま

【恣・▼肆(シ)】自分の思うままにわがままにする。「恣意(シイ)」「肆意(シイ)」「放恣(ホウシ)」「放肆(ホウシ)」

【縦(ジュウ)】気のむくまま、わがままにする。「縦覧」「放縦」

【▼擅(セン)】ひとりじめにして、自分のしたいようにする。「擅断(センダン)」「独擅場(ドクセンジョウ)」

【横(オウ)】枠をはみでる。かってな。「横死」「横暴」「専横」

ほめる

【褒(ホウ)】りっぱなおこないをほめる。ほめたたえる。「褒美」「過褒」「毀誉褒貶(キヨホウヘン)」

【称(ショウ)】ほめたたえる。たたえ

る。「称賛」「称揚」

【誉ヨ】ことばで、ほめたたえる。㊟毀（キ）。「毀誉（キヨ）」

【美ビ】たたえる。㊟刺。「賛美」

【賛・讃サン】ほめたたえる。「賛辞」「賞賛（ショウサン）」「礼賛」

【頌ショウ】人格や功績をほめたたえる。たたえる。「頌歌（ショウカ）」「頌徳（ショウトク）」「頌美（ショウビ）」

【賞ショウ】功績や美点をほめたたえる。「賞賛」「賞罰」「激賞」

ほろびる

【滅メツ】つきてなくなる。「滅亡」「消滅」

【亡ボウ】あったものがなくなる。㊟存。「亡国」「存亡」「滅亡」

【喪ソウ】なくす。うしなう。「喪志」「喪失」「阻喪」

【▼泯ビン】消滅する。つきてなくなる。ほろぶ。「泯滅（ビンメツ）」

● ま行 ●

まがる・まげる

【曲キョク】❶まっすぐでない。㊟直。「曲折」「曲線」❷真実をゆがめる。よこしま。「曲解」

【屈・▼詘クツ】おりまげる。おれまがる。つまって、まがる。「屈曲」「屈指」「屈折」

【▼枉オウ】まっすぐなものをまげる。ねじまげる。「枉道（オウドウ）」

【▼迂ウ】遠まわりする。まがりくねる。「迂遠（ウエン）」「迂回（ウカイ）」

【▼彎ワン】弓のような形にまがる。「彎曲（ワンキョク）」「彎月（ワンゲツ）」

まさる

【勝ショウ】他の上に出る。相手をしのぐ。（景色などが）すぐれる。「勝景」「絶勝」「名勝」

【優ユウ】他よりも内容や程度が上である。余力があり、ゆたか。㊟劣。「優秀」「優劣」

【賢ケン】才知がすぐれている。りこうな。かしこい（人）。㊟愚。「賢才」「賢人」「聖賢」

【▼愈ユ】他をこえてすぐれる。

まじわる・まじる

【交コウ】いりくむ。いりまじる。たがいにやりとりする。「交錯」「交尾」「混交」

【混・▼渾コン】異質のものがまざって一つになる。一つにまじりあう。とけ合う。「混在」

【雑ザツ】いろいろなものがいっしょの所にいる。入りまじる。㊟純。「雑居」「混雑」「乱雑」

【▼糅ジュウ】いろいろなものをまぜ合わせる。まじえる。まじる。「糅飯（かてめし）」「雑糅（ザツジュウ）」

【▼淆・▼殽コウ】雑然といりみだれる。にごる。「玉石混淆（ギョクセキコンコウ）」

【錯サク】ふぞろいにかさなる。入れちがいになる。まざる。「錯雑」「錯乱」「交錯」

【参サン】かかわりあう。関係する。くわわる。「参加」「参画」

【接セツ】❶くっついて、つながる。両端が合する。つなぐ。「接合」「接続」❷向こうから来た人を迎える。「接見」「面接」

また

【又ユウ】その上。さらに。加えて。

【▼亦エキ】（助字）「…（も）また」と読み、別のものがおなじことをすることをあらわす。

【復フク】（助字）ふたたび。同じことをもう一度くり返す。

【還カン】ふたたび。

【有ユウ】加えて。さらに。

みがく

【磨マ】❶こすりみがく。（刃物を）とぐ。❷努めはげむ。きたえる。「研磨」「錬磨」

【研ケン】❶石でこする。とぐ。❷深く調べる。きわめる。「研究」「研鑽（ケンサン）」「研磨」

【▼琢タク】玉をみがいて美しくする。学問やわざを向上させる。「彫琢（チョウタク）」

【▼瑳・▼磋サ】象牙や玉をみがいて美しくする。はげむ。努力する。「切磋琢磨（セッサタクマ）」

【▼厲・▼礪レイ】刃物をとぐ。学問や技術をみがく。つとめはげむ。「厲行（レイコウ）」「礪行（レイコウ）」

みだれる・みだす

【乱ラン】秩序やまとまりがない。いりまじる。㊟治。「乱雑」

【▼紊ビン・ブン】糸がもつれるように、入り組んでみだれる。「紊乱（ビンラン・ブンラン）」

【▼擾ジョウ】うるさくさわがしい。「擾乱（ジョウラン）」「騒擾（ソウジョウ）」

【淫イン】深入りして、正しい道をふみはずす。「淫蕩（イントウ）」

【紛フン】ものごとがまとまらず、入り乱れる。ごたごたともめる。「紛糾」「紛紛」「内紛」

【▼攪コウ・カク】かきみだす。「攪乱（コウラン・カクラン）」

みる

【見ケン】目でみる。ながめる。目にはいる。みえる。視覚でもののようすを知る。「見学」

【視シ】❶目を向ける。注意してよくみる。「視察」「注視」「直視」❷…としてあつかう。みなす。「軽視」「重視」「敵視」

【看カン】❶手をかざしてながめる。目の前にあるものをしっかりとみる。「看花」「看破」❷みまもる。みはる。「看護」

【観カン】❶広い範囲をぐるりとながめる。みわたす。「観光」「観覧」❷注意して、よくみる。みきわめる。「観察」「観照」

【診シン】病気のぐあいをしらべる。ことばでたずねてからみる。「診察」「診断」「検診」

【察サツ】こまかいところまで明らかにする。よく見る。「観察」「検察」「診察」

【覧ラン】全体に目をとおす。みわたす。「閲覧」「博覧」

【▼瞥ベツ】ちらっと見る。「瞥見（ベッケン）」「一瞥（イチベツ）」

【相ソウ】よく見る。よく見てうらなう。「相術」

【▼睹ト】たしかに見る。じっと見る。よく見る。「目睹（モクト）」

【▼瞰カン】高所から見下ろす。「鳥瞰（チョウカン）」「俯瞰（フカン）」

【▼矚ショク】注目する。目をつける。「矚望（ショクボウ）」「矚目（ショクモク）」

【▼瞻セン】見上げる。見やる。あおぎ見る。「瞻仰（センギョウ）」

【▼覯コウ】思いがけなく出あう。ふと目にとまる。「稀覯（キコウ）」

【▼覲キン】天子や君主にお目にかかる。まみえる。「覲見（キンケン）」

【▼覿テキ】面会する。まみえる。あう。「覿見（テキケン）」「覿面（テキメン）」

むかう・むかえる

【向コウ・郷・▼嚮キョウ】あるほうに面する。むく。あるほうに進む。「向上」「嚮壁（キョウヘキ）」「意嚮（イコウ）」「志向」

【迎ゲイ】来る人やものを待ち受ける。出むかえる。㊟送。「迎撃」「迎春」「歓迎」

【逆ゲキ・ギャク】途中まで出かけて来るものをむかえる。でむかえる。「逆命」「逆旅（ゲキリョ）」

【▼邀ヨウ】来るものを途中で待ち受ける。「邀撃（ヨウゲキ）」

【対タイ】❶向かい合う。「対座」「対面」❷相手になる。はりあう。「対戦」「対立」「敵対」

むくいる

【報】しかえしをする。また、恩返しをする。「報恩」「報復」

【酬・▼醻】❶主人が、客にさかずきをかえす。すすめる。「酬酢」「献酬」❷返す。お返しする。「応酬」「報酬」

【▼讐】うけこたえをする。また、しかえしをする。「復讐」

むちうつ

【▼笞】❶むち打ちの刑。五刑の一つ。「笞刑」❷罪人などを打つタケでつくった細長い棒。

【策】むちうつ。ウマを打つタケのむち。

【▼鞭】人やウマなどを打つための、かわでつくったむち。ものをさし示すのにも用いる。また、むちで打つ。「鞭撻」「鞭笞」「教鞭」

【▼撻】むちで打つ。「鞭撻」

【▼捶・▼箠】棍棒やむちで打ちすえる。うつ。「鞭捶」

めぐる

【巡】まわり歩く。各地をめぐり歩く。見まわる。「巡視」

【回・▼廻】❶ぐるりとまわる。めぐる。めぐらす。「回転」「回廊」「巡回」❷もとにもどす。かえす。「回復」

【旋】❶ぐるりとまわって、もどってくる。かえる。「凱旋」❷ぐるぐるまわる。「旋回」

【周】ぐるりと一周する。まわる。「周航」「周遊」

【運】途切れなくめぐりゆく。まわる。「運行」「運動」

【環】輪のように取り囲む。めぐらす。「環境」「循環」

【▼繞】四囲をとりかこむ。めぐらす。「囲繞」

【▼紆】まがりくねって続く。「紆回」「紆曲」

【循】たどって行く。もののまわりをまわる。「循環」

めす

【召】上の者が下の者を呼び寄せる。「召喚」「召集」「応召」

【徴】国家や君主がめし出す。とりたてる。「徴兵」「徴用」

【▼聘】礼をつくしてすぐれた人物をまねく。「招聘」

【▼辟】まねいて役職につかせる。「辟除」

もえる

【然・燃】もやす。もす。「燃焼」

【▼萌】植物が芽を出す。「萌芽」

【▼燎】(山野を)やきはらう。燃やす。やく。「燎原」

【炎】火がさかんに燃える。「炎炎」「炎上」

もとめる

【求】みずから得ようとつとめる。さがす。「探求」「求職」

【要・▼徼・▼邀】❶入り用とする。「要求」「必要」❷待ち受ける。「要撃」「邀求」

【需・▼須】必要とする。欠くことのできないものとして、もとめる。「需給」「需要」

【索・▼覓】なわをたぐり寄せるように、さがしもとめる。「索引」「思索」「捜索」

【干】自分からすすんでもとめる。「干禄」

もとる

【▼悖】(道理に)そむく。あるべきすがたに反する。「悖逆」「悖徳」「悖乱」

【戻】道理にそむく。もとる。たがう。「暴戻」

【很】言うことをきかず、さからう。たがう。「很忤」

【▼愎】自分をえらいもののように思って、人の言に従おうとしない。おごる。たがう。「剛愎」

●や行●

やく

【焼・▼焚・▼燔】火をつけて燃やす。やく。「焼却」

【▼灼】あぶる。「灼熱」

【▼烙】鉄を熱して焼きつけ、しるしをつける。あぶる。「烙印」「焙烙」

【▼炮】つつみやきする。まる焼きにする。あぶる。「炮煎」「炮烙」

やすむ

【休】❶からだや心のつかれがなおるようにする。「休息」❷一時的にやめる。「休止」

【息】くつろぐ。やすむ。やめる。「安息」「休息」

【憩】ひと息いれて、ゆったりとくつろぐ。いこう。「休憩」

やめる・やむ

【止】やめる。やむ。「終止」「中止」「廃止」

【▼已】中止する。おわる。やめる。「已往」

【休】一時的にやめる。「休止」「休戦」

【罷】❶仕事を中止する。「罷業」❷役目をやめさせる。しりぞける。「罷免」

【息】なくなる。やめる。「息災」「終息」

【▼熄】消えてなくなる。また、おわる。「熄滅」「終熄」

【▼輟】途中でやめる。「輟耕」

【▼歇】つきる。なくなる。「間歇」

【▼遏】おしとどめる。さえぎる。「遏悪」「遏雲」

ゆく

【行】すすむ。ある方向に向かっていく。うつる。うごく。いく。「行進」「行程」「運行」

【往】❶目ざす方向へゆく。㊟復・来。「往復」「往来」❷むかし。すぎ去ったこと。「往時」「往年」❸去る。死ぬ。「往生」

【征】遠くを目ざして(旅に)行く。戦いにゆく。「征途」

【逝】行ったままかえらない。(この世を)去る。「逝去」

【▼徂】❶(一歩一歩と遠ざかって)ゆく。「徂徠」❷あの世へゆく。死ぬ。「徂没」

【適】向かってゆく。身をよせる。「適帰」

【▼邁】どんどん進む。(月日が)すぎ去る。「邁進」

【▼之】いたる。ゆく。

【如】ゆく。

ゆずる

【譲】❶自分のものを人にあたえる。「譲渡」「分譲」❷人を先にし自分をあとにする。へりくだる。「謙譲」「辞譲」

【遜】❶自分をさしおいて、人を先にする。「遜位」「遜譲」❷自分を低くする。へりくだる。「謙遜」

【禅】天子の位を有徳者にゆずる。「禅譲」

ゆるす

【許】相手のいうことをききいれる。みとめる。ゆるす。「許可」「許容」「免許」

【赦】罪やあやまちをとがめないでおく。ゆるす。「赦免」

【▼宥】罪や過失をかばって、とがめだてしない。おおめにみる。「宥恕」「宥和」「寛宥」

【釈シャク】束縛をのぞいて自由にする。ときはなつ。「釈放」

【聴チョウ】相手の言うことにしたがって聞き入れる。ゆるす。「聴許」

【▼恕ジョ】広い心でゆるす。「寛恕(カンジョ)」「宥恕(ユウジョ)」

【▼允イン】ききいれ、みとめる。ゆるす。「允可(インカ)」「允許(インキョ)」

【縦ジュウ】自由にさせる。ゆるす。「放縦」

【免メン】罪・罰・義務から自由にしてやる。「免除」「放免」

よむ

【読ドク】文章の一語一句を目で追って理解する。文章や本をよむ。「読書」「熟読」「朗読」

【詠エイ】❶声を長くのばして詩や歌をうたう。「吟詠」「朗詠」❷詩や歌をつくる。「詠歌」

【▼誦ショウ】❶声を出してよむ。節をつけてよむ。となえる。「朗誦(ロウショウ)」❷記憶によってよむ。そらんじる。「暗誦(アンショウ)」

【訓クン】字句の意味を明らかにする。よみ方。「訓詁(クンコ)」「訓読」

【念ネン】くちずさむ。となえる。「念仏」

【▼諷フウ】そらで読む。また、ふしをつけて読む。「諷詠(フウエイ)」

よる

【因イン】もとづく。ふまえる。㊌果。「因習」「因循」

【縁エン】たよりにする。手がかりにする。そこにそって。「縁由」「由縁」

【由ユ(ユウ)】そこを通って。「由来」「経由」

【▼仍ジョウ】もとづく。「仍旧(ジョウキュウ)」

【▼仗ジョウ】つえにする。「仗剣(ジョウケン)」「仗策(ジョウサク)」

【依イ】❶よりかかる。もたれかかる。「依存」「帰依」❷そのことにもとづく。よりどころにする。「依願」「依拠」

【拠・据キョ】たよりにする。よりどころにする。もとづく。たてこもる。「依拠」

【▼倚イ】よりかかる。もたれる。たよる。「倚子(イス)」「倚門(イモン)」

【寄キ】人にたよって世話になる。身をよせる。「寄宿」

【▼凭ヒョウ】(ひじかけなどに)よりかかる。もたれる。「凭几(ヒョウキ)」「凭欄(ヒョウラン)」

【▼馮・▼憑ヒョウ】❶よりかかる。もたれる。よる。「憑欄(ヒョウラン)」❷よりどころ(とする)。たよりにする。たのむ。「馮依(ヒョウイ)」

【頼ライ】たのみにする。たよる。「頼庇(ライヒ)」「依頼」「信頼」

【▼藉シャ】たよりとする。かりる。「藉口(シャコウ)」

【託タク】たよる。身を寄せる。あずける。まかせる。「託児」「委託」「嘱託」

よろこぶ

【喜キ】うれしがる。㊌怒・悲。「喜悦」「悲喜」

【歓・▼懽・▼驩カン】にぎやかに、よろこぶ。なごやかにたのしむ。よろこび。「歓喜」「歓迎」

【悦・説エツ】よろこぶ。たのしむ。うれしく思う。「悦楽」「喜悦」

【慶ケイ】めでたいと祝う。めでたいこと。よろこび。「慶賀」

【愉ユ】こころよい。たのしい。たのしむ。「愉悦」「愉快」

【▼忻・▼欣・▼訢キン】❶心が開かれる。「忻然(キンゼン)」❷わらい。よろこぶ。「欣喜(キンキ)」「欣求(ゴング)」❸よろこびたのしむ。

【▼懌エキ】たのしく、うれしいと思う。たのしむ。「喜懌(キエキ)」

【賀ガ】(ことばや金品をおくって)めでたいことであると祝う。「賀状」「慶賀」「祝賀」

【予・▼豫ヨ】よろこびたのしむ。「悦予」「不予」

【台・怡イ】よろこぶ。心がなごむ。たのしむ。「怡然(イゼン)」

● わ行 ●

わける

【分ブン】❶全体をいくつかにばらばらにする。「分割」「分散」「分析」「分裂」❷他と区別する。「分類」「区分」

【別ベツ】❶ちがいに従ってわける。わかつ。「識別」「性別」❷はなればなれになる。はなれる。わかれる。「別離」「送別」

【弁ベン】❶わける。区別する。❷ものごとのちがいをはっきりさせる。識別する。「弁別」

【判ハン】ものごとのよしあしなどを見分ける。区別する。「判決」「判別」「裁判」

【析セキ】❶木をおので割る。さく。「析薪」❷分解する。入り組んだものを、わけてはっきりさせる。「解析」「分析」

【剖ボウ】二つに割る。切りさく。「解剖」

【▼訣ケツ】いとまごいをする。(死者に)わかれをつげる。わかれる。「訣別(ケツベツ)」

【班・頒ハン】わけあたえる。分配する。「班田」「頒布」

わたる

【渡ト】横ぎって向こうがわへ行く。わたす。「渡河」「渡航」

【済サイ】(川や難路を)わたる。わたす。また、(苦しみ・困難から)すくう。「済度」「救済」

【渉ショウ】川を歩いてわたる。また、ふねや橋でわたる。「徒渉」「跋渉(バッショウ)」

【度ト(ド)】❶わたす。❷この世の人をすくう。彼岸にわたす。「済度」❸出家する。僧尼になる。「得度」「滅度」

【▼亘コウ】端から端へつらなる。

【弥・▼瀰ビ】❶ひろくゆきわたる。「弥漫(ビマン)」❷いっぱいにひろがる。はびこる。「瀰漫(ビマン)」

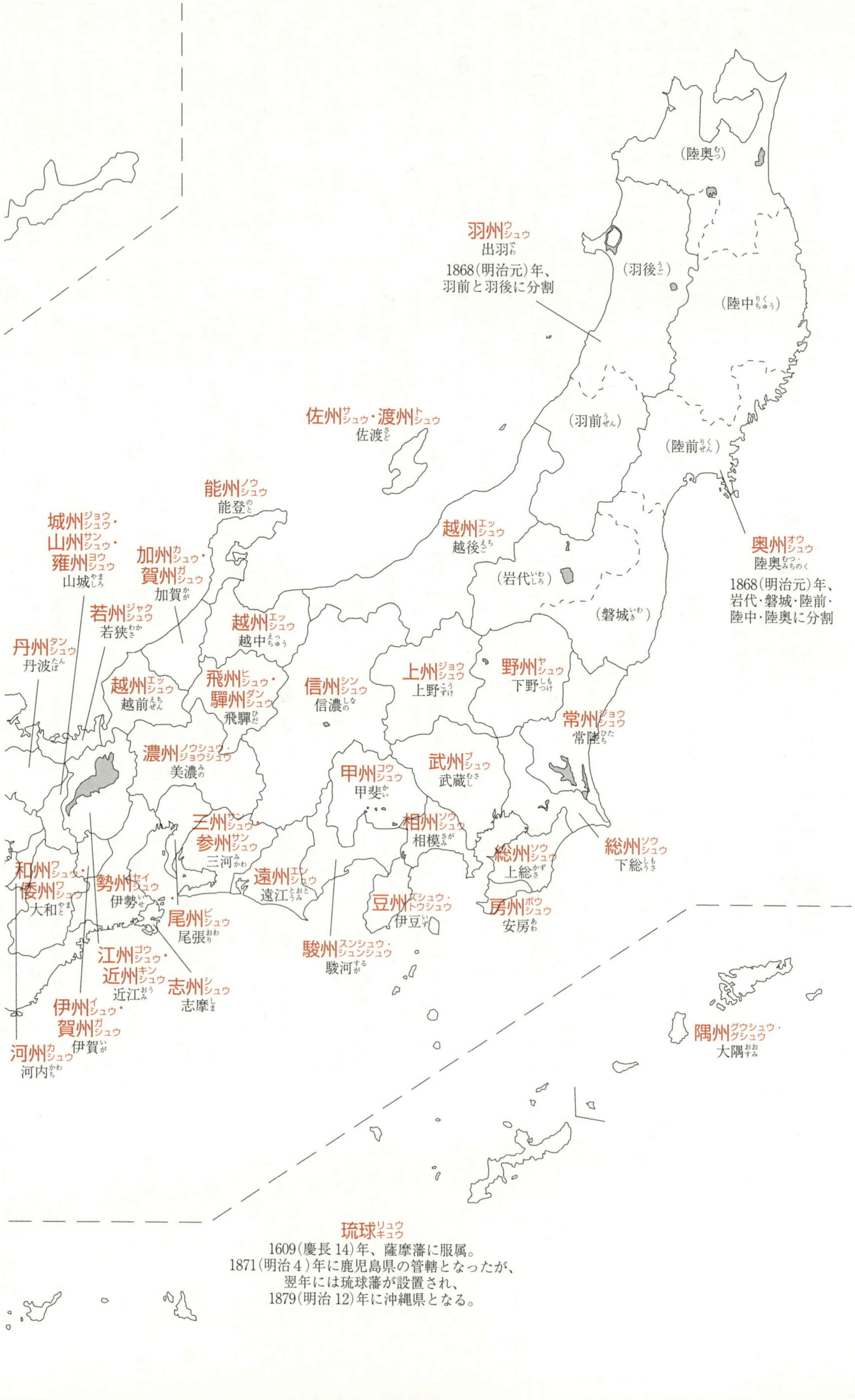
(陸奥むつ)
羽州ウシュウ
出羽でわ
1868(明治元)年、
羽前と羽後に分割
(羽後うご)
(陸中りくちゅう)
(羽前うぜん)
(陸前りくぜん)
佐州サシュウ・渡州トシュウ
佐渡さど
能州ノウシュウ
能登のと
城州ジョウシュウ・
山州サンシュウ・
雍州ヨウシュウ
山城やましろ
加州カシュウ・
賀州ガシュウ
加賀かが
越州エッシュウ
越後えちご
奥州オウシュウ
陸奥むつ・みちのく
1868(明治元)年、
岩代・磐城・陸前・
陸中・陸奥に分割
(岩代いわしろ)
(磐城いわき)
若州ジャクシュウ
若狭わかさ
越州エッシュウ
越中えっちゅう
丹州タンシュウ
丹波たんば
上州ジョウシュウ
上野こうずけ
野州ヤシュウ
下野しもつけ
越州エッシュウ
越前えちぜん
飛州ヒシュウ・
騨州ダンシュウ
飛騨ひだ
信州シンシュウ
信濃しなの
常州ジョウシュウ
常陸ひたち
濃州ノウシュウ・ジョウシュウ
美濃みの
甲州コウシュウ
甲斐かい
武州ブシュウ
武蔵むさし
三州サンシュウ・
参州サンシュウ
三河みかわ
相州ソウシュウ
相模さがみ
総州ソウシュウ
上総かずさ
総州ソウシュウ
下総しもうさ
和州ワシュウ・
倭州ワシュウ
大和やまと
勢州セイシュウ
伊勢いせ
遠州エンシュウ
遠江とおとうみ
豆州ズシュウ・トウシュウ
伊豆いず
房州ボウシュウ
安房あわ
尾州ビシュウ
尾張おわり
駿州スンシュウ・シュンシュウ
駿河するが
江州ゴウシュウ・
近州キンシュウ
近江おうみ
志州シシュウ
志摩しま
伊州イシュウ・
賀州ガシュウ
伊賀いが
河州カシュウ
河内かわち
隅州グウシュウ・グシュウ
大隅おおすみ
琉球リュウキュウ
1609(慶長 14)年、薩摩藩に服属。
1871(明治 4)年に鹿児島県の管轄となったが、
翌年には琉球藩が設置され、
1879(明治 12)年に沖縄県となる。

14 旧国名（州名）地図

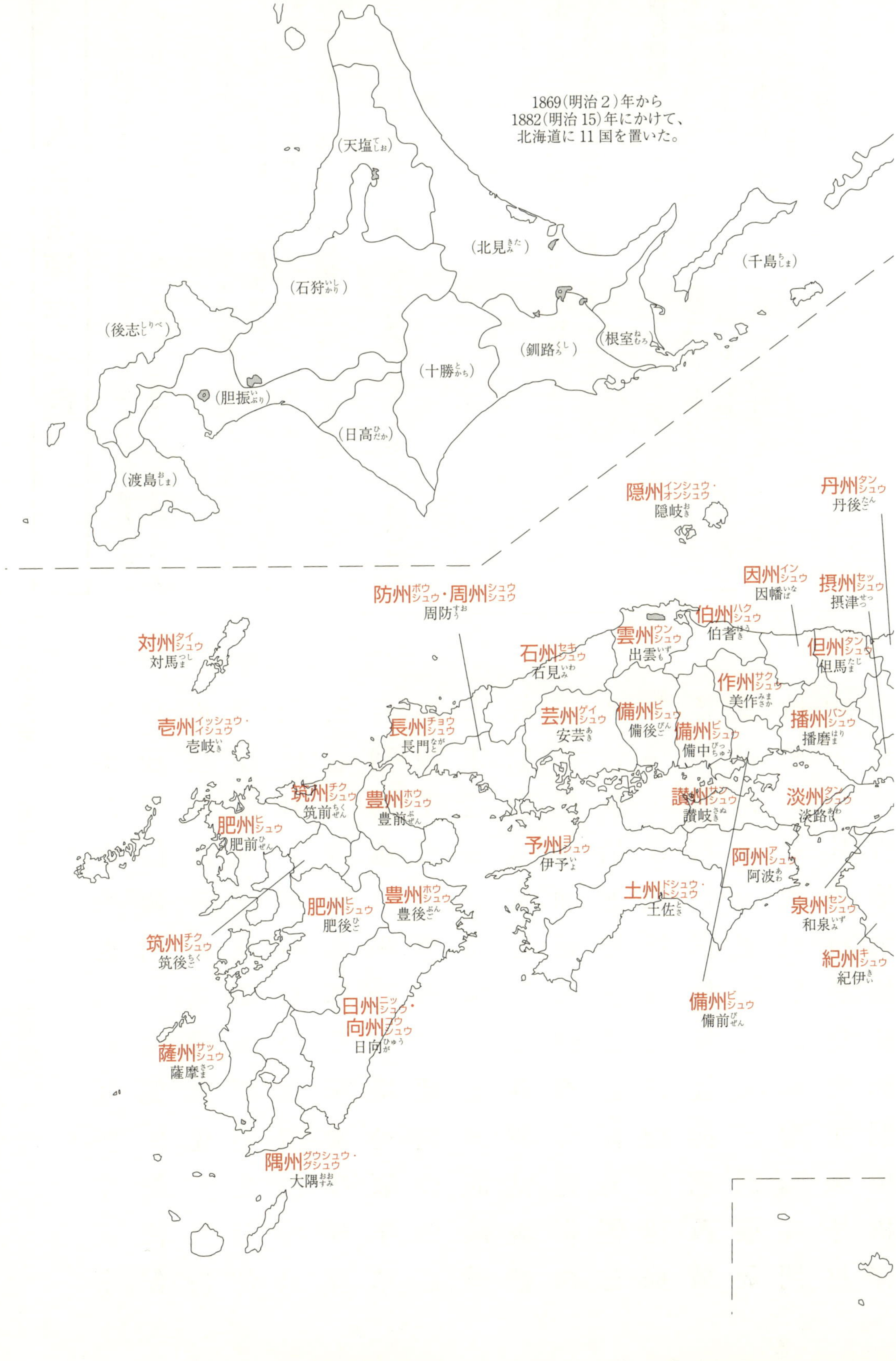
1869(明治２)年から
1882(明治15)年にかけて、
北海道に11国を置いた。
(天塩てしお)
(北見きたみ)
(千島ちしま)
(石狩いしかり)
(後志しりべし)
(根室ねむろ)
(釧路くしろ)
(十勝とかち)
(胆振いぶり)
(日高ひだか)
(渡島おしま)
隠州インシュウ・オンシュウ 隠岐おき
丹州タンシュウ 丹後たんご
因州インシュウ 因幡いなば
摂州セッシュウ 摂津せっつ
防州ボウシュウ・周州シュウシュウ 周防すおう
伯州ハクシュウ 伯耆ほうき
対州タイシュウ 対馬つしま
雲州ウンシュウ 出雲いずも
石州セキシュウ 石見いわみ
但州タンシュウ 但馬たじま
作州サクシュウ 美作みまさか
芸州ゲイシュウ 安芸あき
備州ビシュウ 備後びんご
備州ビシュウ 備中びっちゅう
播州バンシュウ 播磨はりま
壱州イッシュウ・イシュウ 壱岐いき
長州チョウシュウ 長門ながと
筑州チクシュウ 筑前ちくぜん
豊州ホウシュウ 豊前ぶぜん
讃州サンシュウ 讃岐さぬき
淡州タンシュウ 淡路あわじ
肥州ヒシュウ 肥前ひぜん
予州ヨシュウ 伊予いよ
阿州アシュウ 阿波あわ
豊州ホウシュウ 豊後ぶんご
肥州ヒシュウ 肥後ひご
土州ドシュウ・トシュウ 土佐とさ
泉州センシュウ 和泉いずみ
筑州チクシュウ 筑後ちくご
紀州キシュウ 紀伊きい
備州ビシュウ 備前びぜん
日州ニッシュウ・向州コウシュウ 日向ひゅうが
薩州サッシュウ 薩摩さつま
隅州グウシュウ・グシュウ 大隅おおすみ

15 人名用漢字一覧

子供の名前に用いることのできる文字は、戸籍法と戸籍法施行規則によって定められている。このうち、漢字は、常用漢字と人名用漢字別表（「別表第二」）の漢字に制限されている。

人名用漢字別表の漢字は、常用漢字表の改定（平成二二年一一月三〇日内閣告示）に伴い、常用漢字表に追加された一二九字を削除、常用漢字表から削除された五字を加え、八六一字となった。常用漢字二一三六字と合わせて、合計二九九七字の漢字を子供の名前に用いることができる。

以下、「戸籍法」第五十条、「戸籍法施行規則」第六十条および、「別表第二　漢字の表」を掲げた。

戸籍法　第五十条

①子の名には、常用平易な文字を用いなければならない。

②常用平易な文字の範囲は、法務省令でこれを定める。

戸籍法施行規則　第六十条

戸籍法第五十条第二項の常用平易な文字は、次に掲げるものとする。

一　常用漢字表（平成二十二年内閣告示第二号）に掲げる漢字（括弧書きが添えられているものについては、括弧の外のものに限る。）

二　別表第二に掲げる漢字

三　片仮名又は平仮名（変体仮名を除く。）

別表第二　漢字の表（第六十条関係）

一

丑丞乃之乎也云亘-亙些亦亥亨
亮仔伊伍伽佃佑伶侃侑俄侠俣
俐倭俱倦倖偲傭儲允兎兜其冴
凌凜-凛凧凪凰凱函劉劫勁勺勿
匁匡廿卜卯卿厨厩叉叡叢叶只
吾吞吻哉哨啄哩喬喧喰喋嘩嘉
嘗噌噂圃圭坐尭-堯坦埴堰堺堵
塙壕壬夷奄奎套娃姪姥娩嬉孟
宏宋宕宥寅寓寵尖尤屑峨峻崚
嵯嵩嶺巌-巖已巳巴巷巽帖幌幡
庄庇庚庵廟廻弘弛彗彦彪彬徠
忽怜恢恰恕悌惟惚悉惇惹惺惣
慧憐戊或戟托按挺挽掬捲捷捺
捧掠揃摑摺撒撰撞播撫擢孜敦
斐斡斧斯於旭昂昊昏昌昴晏晃-
晄晒晋晟晦晨智暉暢曙曝曳朋
朔杏杖杜李杭杵杷枇柑柴柘柊
柏柾柚桧-檜栞桔桂栖桐栗梧梓

梢梛梯桶梶椛梁棲椋椀楯楚楕
椿楠楓椰楢楊榎樺榊榛槙｜槇槍
槌樫槻樟樋橘樽橙檎檀櫂櫛櫓
欣欽歎此殆毅毘毬汀汝汐汲沌
沓沫洸洲洵洛浩浬淵淳渚｜渚淀
淋渥湘湊湛溢滉溜漱漕漣澪濡
瀕灘灸灼烏焰焚煌煤煉熙燕燎
燦燭燿爾牒牟牡牽犀狼猪｜猪獅
玖珂珈珊珀玲琢｜琢琉瑛琥琶琵
琳瑚瑞瑶瑳瓜瓢甥甫畠畢疋疏
皐皓眸瞥矩砦砥砧硯碓碗碩碧
磐磯祇祢｜禰祐｜祐祷｜禱禄｜祿禎｜禎
禽禾秦秤稀稔稟稜穣｜穰穹穿窄
窪窺竣竪竺竿笈笹笙笠筈筑箕
箔篇篠簞簾籾粥粟糊紘紗紐絃
紬絆絢綺綜綴緋綾綸縞徽繫繡
纂纏羚翔翠耀而耶耽聡肇肋肴
胤胡脩腔脹膏臥舜舵芥芹芭芙
芦苑茄苔苺茅茉茸茜莞荻莫莉
菅菫菖萄菩萌｜萠萊菱葦葵萱葺

萩董葡蓑蒔蒐蒼蒲蒙蓉蓮蔭蔣
蔦蓬蔓蕎蕨蕉蕃蕪薙蕾蕗藁薩
蘇蘭蝦蝶螺蟬蟹蠟衿袈袴裡裟
裳襖訊訣註詢詫誼諏諄諒謂諺
讃豹貰賑赳跨蹄蹟輔輯輿轟辰
辻迂迄辿迪迦這逞逗逢遥｜遙遁
遼邑祁郁鄭酉醇醐醍醬釉釘釧
銑鋒鋸錘錐錆錫鍬鎧閃閏閣阿
陀隈隼雀雁雛雫霞靖鞄鞍鞘鞠
鞭頁頌頗顚颯饗馨馴馳駕駿驍
魁魯鮎鯉鯛鰯鱒鱗鳩鳶鳳鴨鴻
鵜鵬鷗鷲鷺鷹麒麟麿黎黛鼎

注 「｜」は、相互の漢字が同一の字種であることを示したものである。

二

亞(亜) 惡(悪) 爲(為) 逸(逸) 榮(栄) 衞(衛)
謁(謁) 圓(円) 緣(縁) 薗(園) 應(応) 櫻(桜)
奧(奥) 橫(横) 溫(温) 價(価) 禍(禍) 悔(悔)
海(海) 壞(壊) 懷(懐) 樂(楽) 渴(渇) 卷(巻)
陷(陥) 寬(寛) 漢(漢) 氣(気) 祈(祈) 器(器)
僞(偽) 戲(戯) 虛(虚) 峽(峡) 狹(狭) 響(響)
曉(暁) 勤(勤) 謹(謹) 驅(駆) 勳(勲) 薰(薫)
惠(恵) 揭(掲) 鷄(鶏) 藝(芸) 擊(撃) 縣(県)
儉(倹) 劍(剣) 險(険) 圈(圏) 檢(検) 顯(顕)
驗(験) 嚴(厳) 廣(広) 恆(恒) 黃(黄) 國(国)
黑(黒) 穀(穀) 碎(砕) 雜(雑) 祉(祉) 視(視)
兒(児) 濕(湿) 實(実) 社(社) 者(者) 煮(煮)
壽(寿) 收(収) 臭(臭) 從(従) 澁(渋) 獸(獣)
縱(縦) 祝(祝) 暑(暑) 署(署) 緖(緒) 諸(諸)
敍(叙) 將(将) 祥(祥) 涉(渉) 燒(焼) 奬(奨)
條(条) 狀(状) 乘(乗) 淨(浄) 剩(剰) 疊(畳)
孃(嬢) 讓(譲) 釀(醸) 神(神) 眞(真) 寢(寝)
愼(慎) 盡(尽) 粹(粋) 醉(酔) 穗(穂) 瀨(瀬)
齊(斉) 靜(静) 攝(摂) 節(節) 專(専) 戰(戦)
纖(繊) 禪(禅) 祖(祖) 壯(壮) 爭(争) 莊(荘)

搜(捜) 巢(巣) 曾(曽) 裝(装) 僧(僧) 層(層)
瘦(痩) 騷(騒) 增(増) 憎(憎) 藏(蔵) 贈(贈)
臟(臓) 卽(即) 帶(帯) 滯(滞) 瀧(滝) 單(単)
嘆(嘆) 團(団) 彈(弾) 晝(昼) 鑄(鋳) 著(著)
廳(庁) 徵(徴) 聽(聴) 懲(懲) 鎭(鎮) 轉(転)
傳(伝) 都(都) 嶋(島) 燈(灯) 盜(盗) 稻(稲)
德(徳) 突(突) 難(難) 拜(拝) 盃(杯) 賣(売)
梅(梅) 髮(髪) 拔(抜) 繁(繁) 晚(晩) 卑(卑)
祕(秘) 碑(碑) 賓(賓) 敏(敏) 冨(富) 侮(侮)
福(福) 拂(払) 佛(仏) 勉(勉) 步(歩) 峯(峰)
墨(墨) 飜(翻) 每(毎) 萬(万) 默(黙) 埜(野)
彌(弥) 藥(薬) 與(与) 搖(揺) 樣(様) 謠(謡)
來(来) 賴(頼) 覽(覧) 欄(欄) 龍(竜) 虜(虜)
凉(涼) 綠(緑) 淚(涙) 壘(塁) 類(類) 禮(礼)
曆(暦) 歷(歴) 練(練) 鍊(錬) 郞(郎) 朗(朗)
廊(廊) 錄(録)

注　括弧内の漢字は、戸籍法施行規則第六十条第一号に規定する漢字であり、当該括弧外の漢字とのつながりを示すため、参考までに掲げたものである。

16 活字の字形と筆写の字形

漢字は数が多く、一つの漢字にもさまざまな形がある。ある文字が書き方によって違う字に見えては、ことばとして意味が通じなくなるので、標準となる字形を決める必要が生じる。印刷に用いられる字形の標準は明朝体活字であり、手で書くときの字形の標準は楷書である。活字の形は楷書をもとにしてデザインされたものなので、活字と楷書とはだいたい同じ形である。しかし、よく見ると多少の違いが見つかり、気になることがある。

常用漢字表の（付）「字体についての解説」の「第2　明朝体と筆写の楷書との関係について」にはつぎのような説明と、例がある。

第2　明朝体と筆写の楷書との関係について

常用漢字表では、個々の漢字の字体（文字の骨組み）を、明朝体のうちの一種を例に用いて示した。このことは、これによって筆写の楷書における書き方の習慣を改めようとするものではない。字体としては同じであっても、1、2に示すように明朝体の字形と筆写の楷書の字形との間には、いろいろな点で違いがある。それらは、印刷文字と手書き文字におけるそれぞれの習慣の相違に基づく表現の差と見るべきものである。

さらに、印刷文字と手書き文字におけるそれぞれの習慣の相違に基づく表現の差は、3に示すように、字体（文字の骨組み）の違いに及ぶ場合もある。

以下に、分類して、それぞれの例を示す。いずれも「明朝体―手書き（筆写の楷書）」という形で、上（原文は左側）に明朝体、下（原文は右側）にそれを手書きした例を示す。

1　明朝体に特徴的な表現の仕方があるもの

(1) 折り方に関する例

衣―衣　去―去　玄―玄

(2) 点画の組合せ方に関する例

人―人　家―家　北―北

(3) 「筆押さえ」等に関する例

芝―芝　史―史

入―入　八―八

(4) 曲直に関する例

子―子　手―手　了―了

(5) その他

辶・辶―辶　⺮―⺮　心―心

2　筆写の楷書では、いろいろな書き方があるもの

(1) 長短に関する例

雨―雨雨　戸―戸戸戸

無―無無

(2) 方向に関する例

風―風風　比―比比

仰―仰仰

糸―糸糸　ネ―ネネ　衤―衤衤

主―主主　言―言言

年―年年年

(3) つけるか、はなすかに関する例

又―又又　文―文文

月―月月

条―条条　保―保保

(4) はらうか、とめるかに関する例

奥―奥奥　公―公公

角―角角　骨―骨骨

(5) はねるか、とめるかに関する例

切―切切切　改―改改改

酒―酒酒　陸―陸陸陸

穴―穴穴穴

木―木木　来―来来

糸―糸糸　牛―牛牛

環―環環

(6) その他

令―令令　外―外外外

女―女女　叱―叱叱叱

3　筆写の楷書字形と印刷文字字形の違いが、字体の違いに及ぶもの

以下に示す例で、括弧内は印刷文字である明朝体の字形に倣って書いたものであるが、筆写の楷書ではどちらの字形で書いても差し支えない。なお、括弧内の字形の方が、筆写字形としても一般的な場合がある。

(1) 方向に関する例

淫―淫（淫）　恣―恣（恣）

煎―煎（煎）　嘲―嘲（嘲）

(2) 点画の簡略化に関する例

溺―溺（溺）　蔽―蔽（蔽）

葛—葛（葛）
嗅—嗅（嗅）
僅—僅（僅）
餌—餌（餌）
箋—箋（箋）
塡—塡（塡）
賭—賭（賭）
頰—頰（頰）

(3) その他

惧—惧（惧）
稽—稽（稽）
詮—詮（詮）
捗—捗（捗）
剝—剥（剝）
喩—喻（喩）

2012年1月10日 発　　行
2012年6月25日 大字版発行

大きな活字の 新明解 現代漢和辞典

二〇一二年六月二五日 第一刷発行

編著者 影山輝國（かげやま・てるくに）〔編集主幹〕
伊藤文生（いとう・ふみお）
山田俊雄（やまだ・としお）
戸川芳郎（とがわ・よしお）

発行者 株式会社 三省堂 代表者 北口克彦
印刷者 三省堂印刷株式会社
発行所 株式会社 三省堂
〒一〇一-八三七一
東京都千代田区三崎町二丁目二十二番十四号
電話 編集 (〇三) 三二三〇-九四一一
営業 (〇三) 三二三〇-九四一二
振替口座 〇〇一六〇-五-五四三〇〇
商標登録番号 三六二五四四
http://www.sanseido.co.jp/

〈大字新明解現代漢和・1,776 pp.〉

落丁本・乱丁本はお取替えいたします

ISBN978-4-385-13757-5

◉見やすい「大きな活字」シリーズ

大きな活字の新明解国語辞典 第七版

現代日本語の用法を過不足無く記述した小型国語辞典のトップセラー、待望の大字版。

大きな活字の全訳漢辞海 第三版

親字数一万二千五百、熟語数八万、「小さな大漢和」の大字版。

大きな活字の三省堂国語辞典 第六版

新語・新用法をいち早く収録、現代人の生活に密着した国語辞典の大字版。

大きな活字のコンサイスカタカナ語辞典 第4版

類書中最大級五万六千三百語収録、定評あるカタカナ語辞典の大字版。

大きな活字の新明解故事ことわざ辞典 第七版

ことわざ、慣用句、格言・名言、故事成語をわかりやすく解説。本格派ことわざ辞典の大字版。

◉ハンディな「見やすい」シリーズ

見やすい 現代国語辞典

文字が大きい！ 一般社会人のための現代国語辞典。

見やすい 漢字表記・用字辞典

文字が大きい！ 一般社会人のための漢字使い方辞典。

部首索引

・上の数字は部首番号。◉の部首は、↓の下の部首に属す。
・下の数字は本文の掲載ページ。